Pharos

Pharos

AFRIKAANS-ENGELS
ENGLISH-AFRIKAANS

Woordeboek • Dictionary

Eerste uitgawe • First edition

Die L.W. Hiemstra Trust
het die publikasie van hierdie boek
met 'n ruim skenking gesteun

The L.W. Hiemstra Trust
has supported the publication of this book
with a generous donation

Eerste uitgawe

Eerste druk 2005
© Pharos Woordeboeke,
'n afdeling van NB-Uitgewers Beperk, Heerengracht 40, Kaapstad
www.pharos.co.za

ISBN 1868900444

Tipografie en setwerk deur Nazli Jacobs
Omslagontwerp deur Abdul Amien
Gedruk en gebind deur Paarl Print, Oosterlandstraat, Paarl, Suid-Afrika

First edition

First impression 2005
© Pharos Dictionaries,
a division of NB Publishers Ltd, 40 Heerengracht, Cape Town
www.pharos.co.za

ISBN 1868900444

Typography and typesetting by Nazli Jacobs
Cover design by Abdul Amien
Printed and bound by Paarl Print, Oosterland Street, Paarl, South Africa

Inhoud • Contents

Redaksionele span • Editorial team

HOOFREDAKTEUR • CHIEF EDITOR

Madaleine du Plessis

SENIOR REDAKTEURS • SENIOR EDITORS

Fred Pheiffer

Wanda Smith-Müller

Jana Luther (termyn/term)

PROEFLEES EN DATAVERWERKING • PROOFREADING AND DATA PROCESSING

Annie Saayman

Terence Burke

Louw Badenhorst

Manny Pereira

TAALADVISEURS EN MEDEREDAKTEURS • LANGUAGE CONSULTANTS AND ASSOCIATE EDITORS

Fritz Ponelis

Johan Combrink †

Ernst Kotzé

Tom McLachlan

Louise Voigt

George Boshoff (termyn/term)

Voorwoord • Foreword

Hierdie nuwe woordeboek, gerugsteun deur omvattende papier- en elektroniese teksbronne, dra al die gesag van Suid-Afrika se voorste woordeboekuitgewer. Om op die hoogte te bly van die vinnige veranderings wat in tale plaasvind, hou Pharos 'n gesaghebbende naslaanbiblioteek en databasisse vir hedendaagse Afrikaans en Engels in stand. Die elektroniese bronne, wat onder meer die Pharos-NB- en Pharos-Media24-tekskorpusse insluit, is enorme, steeds groeiende manuskrip-, koerant- en tydskrifversamelings. Hieruit word gereeld, vir sifting en ontleding met gevorderde rekenaarprogramme, alfabetiese, retrograde, frekwensie- en woord-in-konteks-lyste onttrek.

Die bydertydse dekking van al die terreine van die mens se denke en leefwêreld, plus 'n magdom noukeurige vertalings, maak van dié woordeboek 'n gesaghebbende en onontbeerlike naslaanwerk vir skrywers, redakteurs, vertalers, onderwysers, studente, sakelui en tolke, kortom, almal wat doeltreffend wil kommunikeer en hulle mondeling en skriftelik idiomaties korrek wil uitdruk.

Die wêreld het die afgelope dekades ingrypend verander, en Engels en Afrikaans daarmee saam. As gevolg van die verreikende elektroniese, tegnologiese, wetenskaplike, mediese, ekonomiese, sake-, maatskaplike en politieke vooruitgang wat gemaak is, sal gebruikers baie nuwe stof in dié boek vind: *snuffelaar, blitstrein, rekenaarvrees, opvoedkundige vermaak, euro, toekomsskok, vaderskap(s)verlof, spermbank, veegkaart, virtuele werklikheid, stempos,* ens. Die woordeboek bevat ook 'n uitgebreide lys algemene afkortings en akronieme.

Stippels tussen die lettergrepe van die trefwoorde dien as nuttige riglyn vir woordafbreking, terwyl onderstreping aantoon waar die klem val. Nog 'n pluspunt is die ruim gebruik van stilistiese, tyds-, geografiese en tegniese etikette wat na uitdrukkingswyses, taalregisters en -vorme, vakgebiede, en dies meer verwys om die teks in sy geheel verstaanbaarder te maak. (Raadpleeg die *Gebruiksriglyne* op bl. viii vir die breë redaksionele benadering.)

Besondere moeite is met die teksontwerp gedoen. Die oopheid van die uitleg en tipografie laat belangrike inligting in die oog val, wat dit maklik maak om by inligting uit te kom.

Pharos glo dat hierdie splinternuwe, omvattende, gebruikersvriendelike woordeboek die gesaghebbende plek sal vol staan van sy voorganger, die *Tweetalige Woordeboek/Bilingual Dictionary* (1931-1984) – oorspronklik opgestel deur D.B. Bosman en I.W. van der Merwe, van 1962 af versorg deur L.W. Hiemstra, en ná 1967, met nagelate bydraes deur wyle dr. Hiemstra, deur P.A. Joubert en J.J. Spies herontwerp en vergroot vir die laaste, agtste uitgawe in 1984.

Erkenning
Met hartlike dank aan P.A. Joubert vir die verlof om gebruik te maak van die waardevolle stof wat opgesluit lê in sy *Tweetalige Frasewoordeboek,* wat in 1997 by Pharos Woordeboeke verskyn het.

This new dictionary is founded on a comprehensive array of paper and electronic text sources, and carries the authority of South Africa's foremost dictionary publisher. To stay abreast of the rapid change in languages, Pharos maintains a voluminous reference library and databases of present-day English and Afrikaans. The electronic sources, which include the Pharos-NB and Pharos-Media24 text corpora, are expansive collections of manuscripts, newspapers and magazines. Alphabetical, retrograde, frequency and word-in-context lists are regularly extracted from these corpora and sifted and analysed by advanced computer programs.

The up-to-date coverage of all fields of human thought and habitat, coupled with a myriad of accurate translations, makes this dictionary the definitive reference work in its field. Writers, editors, translators, interpreters, teachers, students and business people will find this an indispensable tool for effective communication and idiomatically correct expression in speech and writing.

The world has changed dramatically over the past few decades, and with it English and Afrikaans. Far-reaching electronic, technological, scientific, medical, economic, business, social and political progress has taken place. *Browser, bullet train, cyberphobia, edutainment, euro, future shock, paternity leave, sperm bank, swipe card, virtual reality* and *voice mail* are just a few of the new terms users will find in this book. The dictionary also contains an extensive list of general abbreviations and acronyms.

The syllables of headwords are separated by dots, which serve as a useful hyphenation aid, while the stressed syllables are underlined. Another advantage is the extensive use of stylistic, temporal, geographical and technical labels that refer to aspects such as modes of expression, language register and form, and subject fields, making the text as a whole more understandable. (Please refer to the *Usage guidelines* on p. viii for the broad editorial approach.)

Much effort went into the design of the text. The openness of the layout and typography allows important information to stand out and be easily accessible.

Pharos believes this brand-new, comprehensive and user-friendly dictionary will be a worthy successor to the *Tweetalige Woordeboek/Bilingual Dictionary* (1931-1984). This standard-bearer was originally compiled by D.B. Bosman and I.W. van der Merwe, in the care of L.W. Hiemstra from 1962, and redesigned and expanded after 1967 by P.A. Joubert and J.J. Spies, with a posthumous contribution by Dr. Hiemstra, for the last, eighth edition in 1984.

Acknowledgement
Liberal use was made of the examples in P.A. Joubert's *Bilingual Phrase Dictionary*, published in 1997 by Pharos. Sincere thanks to the author for permitting the use of this valuable material.

Gebruiksriglyne • Usage guidelines

1 Struktuur van die woordeboekartikels

'n Artikel bevat 'n trefwoord (enigeen van die hoofinskrywings in vet gedruk en alfabeties gerangskik) (1); en een of meer vertalings (2).

Sommige artikels bevat inligting oor fleksievorm(e) (3) en/of woordsoortlike funksie(s) (4).

Artikels kan ook een of meer frases (5) bevat wat die gebruik van die trefwoord illustreer. Die frases volg ná die vertaalkomponent, in kursief. Elke frase is van een of meer vertaling(s) (6) voorsien.

Samestellings met die trefwoord as eerste deel word as subtrefwoorde (7) in dieselfde artikel as die trefwoord behandel. Afleidings (8) van die trefwoord word afsonderlik as trefwoorde opgeneem sodat die alfabetiese volgorde van die samestellings nie versteur word nie.

Waar 'n artikel geen samestellings bevat nie, maar wel afleidings, word hulle alfabeties in dieselfde artikel opgeneem.

1.1 DIE FUNKSIE VAN DIE WEGLAATTEKEN (=)

Wanneer die weglaatteken aan 'n reëleinde staan, beteken dit bloot die kolom is te smal om die hele woord in te pas. So 'n woord kry geen koppelteken nie, maar word vas geskryf. Lees en skryf die afgebreekte woorde hieronder dus as *homogenous, homogenic, homogenisation* en *homogeniteit.*

Dié teken word ook gebruik om aan te dui dat 'n deel van 'n trefwoord of vertaling weggelaat is. In die eerste voorbeeld hieronder beteken

1 Structure of the dictionary articles

An article contains a headword (any of the main entries printed in bold and arranged alphabetically) (1); and one or more translations (2).

1 → **gaas** gauze, netting; (embroidery) canvas; lint; lawn; network; ... ← 2

Some articles contain information on inflected forms (3) and/or parts of speech (4).

3 → **pa·pa·raz·zo** =*razzi, n. (gew. i.d. mv.), (It.)* paparazzo, steelfotograaf. ← 4

Some articles also contain one or more phrases (5) that illustrate the use of the headword. The phrase follows after the translations, in italics. A translation (6) is provided for each phrase.

kerm *ge*= moan, grumble, gripe, ... *oor iets ~, (infml.)* moan/grouch about s.t.; ... (5, 6)

Compounds formed with the headword are treated as subheadwords (7) in the same article as the headword. Derivatives (8) of the headword are, however, entered separately as headwords so that the alphabetical order of the compounds is not disturbed.

wag·(g)on wa; vragwa; *(spw.)* goederewa, ... **~ bed** wa=buik. **~ boiler** *(hist.)* koffer(stoom)ketel *(v. 'n lokomo=tief).* **~ box** wakis ... ← 7

8 → **wag·(g)on·er** wadrywer, voerman; ...

Where an article contains derivatives of the headword but no com=pounds, they are arranged alphabetically in the same article.

ro·ja·lis =*liste* royalist. **ro·ja·lis·me** royalism. **ro·ja·lis=ties** =*tiese* royalist(ic).

1.1 THE FUNCTION OF THE OMISSION SIGN (=)

The omission sign at the end of a line merely indicates the column is too narrow for the whole word and that it is written as one word and not hyphenated. Therefore, read the divided words in the example below as *homogenous, homogenic, homogenisation* and *homogeniteit.*

ho·mo·geen =*gene* homogeneous, uniform; *(biol.)* ho=mogenous. **ho·mo·ge·ne·ties** =*tiese* homogenetic, ho=mogenic, homogenous. **ho·mo·ge·ni·sa·sie** homogeni=sation. **ho·mo·ge·ni·seer** *ge*= homogenise. **ho·mo·ge=ni·teit** homogeneity, homogeneousness.

This sign is also used when part of a headword or translation is omitted. Therefore, *ge*= in the first example below means *gehaal.* In the second *ge*= dus *gehaal*. In die tweede voorbeeld is *langbeen*= en *langpoot*= inkortings van *langbeenspinnekop* en *langpootspinnekop*.

example *langbeen*= and *langpoot*= are abbreviated forms for *langbeen*=*spinnekop* and *langpootspinnekop*.

haal² *ge*=, *vb.* fetch, go for; get; draw, pull; realise *(price)*;
...

daddy-long-legs *(entom., infml.)* langpoot; langbeen=, langpoot=, basterspinnekop, hooiwa, janlangpoot.

Die weglaatteken word voorts gebruik by woorddele wat trefwoord=status het.

Furthermore, the omission sign is used where word elements have head=word status.

aer·o= *komb.vorm* aëro=, lug=; vlieg=.

1.2 DIE FUNKSIE VAN HAKIES ( )

Hakies word geplaas om dele van 'n trefwoord of vertaling wat weg=gelaat kan word.

1.2 THE FUNCTION OF BRACKETS ( )

Brackets are placed around parts of a headword or translation that may be omitted.

syl·lab·i(·fi)·ca·tion = **syllabication** *or* **syllabification.**

lig·te·kop blond(e) = **blond** *or* **blonde.**

'n Koppelteken tussen hakies beteken dat die woord twee skryfwyses het: met 'n koppelteken of vas, sonder 'n koppelteken.

A hyphen between brackets indicates that the word can be written in two ways: with a hyphen or as one word, without a hyphen.

heu·wel(-)af = **heuwel-af** *of* **heuwelaf.**

oes·ter-en-spekvleis(-)rolletjies = **oester-en-spekvleis-rolletjies** *of* **oester-en-spekvleisrolletjies.**

non(-)ac·tive = **non-active** *or* **nonactive.**

1.3 DIE FUNKSIE VAN DIE SKUINSSTREEP (/)

'n Skuinsstreep skei sinonieme of verwante en onverwante alterna=tiewe in frases of vertalings.

1.3 THE FUNCTION OF THE SLASH (/)

A slash separates synonyms or related and unrelated alternatives in phrases or translations.

a·cous·tic akoesties, akoestiek=, ... ~ *coupler, (rek.)* akoestiese koppel=/verbindingstuk;

gaan *ge*= go; move, ...; *die erfenis/prys/ens. ~ aan* ... the inheritance/prize/etc. goes to ...;

1.4 DIE FUNKSIE VAN DIE TILDE (~)

Die tilde (~) vervang die trefwoord by onverboë verledetydsvorme van die werkwoord, asook in frases en samestellings.

1.4 THE FUNCTION OF THE TILDE (~)

The tilde (~) is used as a substitute for the headword in uninflected past-tense forms of the verb, as well as in phrases and compounds.

be·heer *het ~, vb.* manage, control, conduct, operate, administer *(affairs)*; ... *~de grondwet/maatskappy/prys* controlled constitution/company/price; ... **~eenheid** *(comp.)* control unit. **~karakter** *(comp.)* control char=acter.

'n Dubbele tilde (~ ~) vervang los geskrewe samestellings in die frase=veld. In die voorbeeld hieronder staan die twee tildes vir *hot feet*.

A double tilde (~ ~) represents unhyphenated two-word compounds in the phrase field. In the example below the two tildes stand for *hot feet*.

hot =*tt*=, *ww.* verhit; ... ~ **favourite** algehele gunsteling. ~ **feet:** *have* ~ ~ van verandering hou.

2 Trefwoorde

Alle trefwoorde is in vet druk en streng alfabeties georden.

2.1 VOLGORDE VAN INSKRYWINGS
Woorde wat dieselfde spelvorm het, maar in betekenis en herkoms verskil, is apart opgeneem, elk gevolg deur 'n boskrifnommer.

2 Headwords

All headwords appear in bold letters and are listed in strict alphabetical order.

2.1 ORDER OF ENTRIES
Words spelt similarly but with different meanings and origins are entered separately, each followed by a superscript number.

do·seer¹ *(ge)*- lecture, teach ...
do·seer² *(ge)*- dose *(an animal)*; drench; ...

'n Woord met 'n hoofletter gaan dieselfde woord met 'n kleinletter vooraf – **Yank** word bv. deur **yank** gevolg.

A word with an initial capital letter precedes the same word written in lower-case letters, e.g. **Yank** precedes **yank**.

2.2 VARIANTE
Alternatiewe spelvorms vir 'n trefwoord is volgens frekwensie opgeneem met, indien nodig, 'n kruisverwysing na die voorkeurvorm – **elegance** is byvoorbeeld gebruikliker as **elegancy**.

2.2 VARIANTS
Alternative spellings for a term are included according to usage frequency, if necessary with a cross-reference to the preferred form – **elegance**, for example, is more commonly used than **elegancy**.

el·e·gance, el·e·gan·cy elegansie, sierlikheid, verfyndheid, grasie, swier.

Wisselvorme word nie in alle gevalle gegee nie. Byvoorbeeld, in die Afrikaans-Engelse deel word -***ize***- en -***ization***-variante van Engelse vertalings weggelaat en net die -***ise***- en -***isation***-vorm gegee.

Variant spellings are not given in all cases. For example, in the Afrikaans-English part of the dictionary the -*ize* and -*ization* variants of English translations are omitted; only the -*ise* and -*isation* forms are given.

druk *drukke, n.* pressure ...; *(die) ~ van* ***maats*** peer pressure; ***onder*** *~ plaas (av., aeron.)* pressurise; ...
be·sef *n.* idea, notion; realisation; understanding, sense; ...

2.3 WOORDELEMENTE AS TREFWOORDE
Prefikse (bv. *hiper*-, *infra*-, *ko*-) en kombinasievorms (bv. *bio*-, *elektro*-, *gastro*-) is as aparte trefwoorde opgeneem.

2.3 WORD ELEMENTS AS HEADWORDS
Prefixes (e.g. *hyper*-, *infra*-, *co*-), combining forms (e.g. *bio*-, *electro*-, *gastro*-) and English suffixes (e.g. -*ish*, -*less*, -*tion*) are entered as separate headwords.

3 Vertalings

Vir elke betekenisonderskeid van 'n trefwoord is daar een of meer vertalings. Absolute of gedeeltelike sinonieme word deur 'n komma geskei, terwyl 'n kommapunt tussen vertalings 'n betekenisverskil aandui. Algemene betekenisse word voor informele, sleng- en tegniese betekenisse aangebied. Gebruikliker betekenisse kom voor minder gebruiklikes.

3 Translations

For each sense of a headword one or more translations are given. Absolute or partial synonyms are separated by a comma. A semicolon between translations indicates a difference in meaning. The general meaning is placed before informal, slang and technical meanings. More common meanings are given before less common ones.

bal·ance *ww.* balanseer, in ewewig wees/hou; weeg, vergelyk; teen mekaar opweeg; vergoed; skommel, slinger, weifel; afsluit, vereffen *(rekening)*; *(rekening)* sluit, klop; laat klop; ...

4 Fleksievorme

Fleksievorme word in kursief direk ná die trefwoord gegee vir sommige naamwoorde, werkwoorde en adjektiewe.

By eenlettergrepige woorde word hulle voluit geskryf en by meerlettergrepige woorde verkort tot die laaste lettergreep of twee, voorafgegaan deur die weglaatteken -.

4 Inflected forms

Inflected forms for some nouns, verbs and adjectives are given in italics immediately after the headword.

They are written in full in the case of monosyllabic words but shortened to the last syllable or two in the case of polysyllabic words, preceded by the omission sign -.

buurt *buurte, (rare)* **buur·te** *-tes* neighbourhood, vicinity ...

As 'n trefwoord een of meer variante met verskillende verbuigingsuitgange het, volg die fleksievorm(e) direk ná die trefwoord en betrokke variant(e).

If a headword has one or more variants with different inflected forms, the inflection(s) follow immediately after the headword and relevant variant(s).

e·phem·er·a *-as, -ae,* **e·phem·er·id** *-ids,* **e·phem·er·op·ter·an** *-ans, n., (entom.)* eendagsvlieg; ...

As 'n trefwoord meer as een fleksievorm het, staan die gebruiklikste vorm eerste.

If a headword has more than one inflection, the most frequently used form comes first.

her·in·ne·ring *-ringe, -rings* recollection, remembrance, reminiscence, memory; ...

Ter wille van helderheid is sommige fleksievorme volledig uitgeskryf.

Some inflected forms are written in full for the sake of clarity.

baa *baas baaed baaing, ww.* blêr, mê maak.

bad·ly *worse worst* sleg; erg; hard; ...

ca·fé-chan·tant *cafés-chantants, (Fr.)* café-chantant.

Meervoudsvorme word gegee waar die spelling problematies kan wees.

Plural forms are given where the spelling could present a problem.

gal·ley *-leys, (druk.)* setplank, setselpan, galei; ...

ie·ter·ma·go *-go's,* **ie·ter·ma·gô** *-gôs,* **ie·ter·ma·gog** *-gogge, -gogs* (Cape) pangolin, scaly anteater.

va·lu·ta *-tas* currency; value, rate of exchange, ...

As 'n naamwoord 'n reëlmatige en onreëlmatige meervoudsvorm het, word albei vorme gegee, volledig uitgeskryf of tot die laaste lettergreep of twee verkort.

If a noun has a regular as well as an irregular plural form, both forms are given, either in full or shortened to the last syllable or two.

ab·a·cus *-cuses, -ci* telraam, abakus; *(bouk.)* abakus.

mu·si·kus, mu·si·kus *musikusse, musici* musician (virtuoso), musical expert ...

Naamwoorde wat gewoonlik in die meervoud gebruik word, is afsonderlik met die etiket *(pl.)* opgeneem.

Nouns that are usually employed in the plural are entered as separate headwords and labelled *(mv.)*.

A·fri·ca·na, A·fri·ka·na *(pl.)* Africana; ...

gib·lets *n. (mv.)* voëlafval, pluimveeafval; ...

By adjektiewe staan trappe van vergelyking wat in Afrikaans reëlmatig met *-er* en *-ste* of *meer* en *meeste* gevorm word direk ná die trefwoord. By eenlettergrepige woorde word hulle voluit geskryf en by meerlettergrepige woorde tot die laaste lettergreep of twee verkort, voorafgegaan deur die weglaatteken -. 'n Tilde (~) verteenwoordig die trefwoord. Trappe van vergelyking wat in Engels reëlmatig met *-er* en *-est* gevorm word (bv. *smaller smallest*), is weggelaat.

Regular degrees of comparison that are formed in Afrikaans with the suffixes *-er* and *-ste* or with *meer* and *meeste* follow immediately after an adjectival headword. They are written in full in the case of monosyllabic words but shortened to the last syllable or two, preceded by the omission sign -, in the case of polysyllabic words. A tilde (~) represents the headword. Regular degrees of comparison formed in English with *-er* and *-est* (e.g. *smaller smallest*) are not given.

naak *naakte naakter naakste,* **na·kend** *-kende -kender -kendste, adj. & adv.* naked, nude, bare; ...

re·ak·si·o·nêr *-nêre -nêrder -nêrste* (of *meer ~ die mees -nêre), adj.* reactionary.

Trappe van vergelyking wat onreëlmatig gevorm word, is volledig uitgeskryf.

Irregularly formed comparatives and superlatives are written in full.

good *better best, adj. & adv.* goed; bekwaam, geskik; gaaf; eg; soet, gehoorsaam; ...

glue·y *gluier gluiest* lymerig, lymagtig; klewerig.

'n Tilde (~) ná 'n adjektiwiese trefwoord of ná die wisselvorm van 'n adjektiwiese trefwoord dui aan dat die attributiewe vorm van die byvoeglike naamwoord onverbuig is.

A tilde (~) after an adjectival headword or variant of an adjectival headword indicates that the attributive form of the adjective carries no flection.

wak·ker ~ *-kerder -kerste, adj. & adv.* awake, wakeful, unsleeping, ...

Die manlike of vroulike vorme en verkleinwoorde van trefwoorde word soms as afsonderlike trefwoord(e) opgeneem en, waar nodig, met die etikette *masc.* (manlik), *fem.* (vroulik) en *dim.* (verkleinwoord) toegelig.

Gender forms and diminutives are sometimes entered as separate headwords. Where necessary, the masculine gender is labelled with *(ml.)*, the feminine gender with *(vr.)* and the diminutive with *(vkw.)*.

blonde, *(ml.)* **blond** *n.* blondine, blonde meisie, vaalhaar-, witkopmeisie; ...

blon·de·kop *(fem.)* blonde; *(masc.)* blond.

chuck·ie *(vkw.)* hoender; liefste, skat.

gaat·jie *-jies, (dim.)* (little) hole; finger hole, ventage *(of a flute)*, orifice; ...

5 Woordsoortkategorieë

Die woordsoortlike funksie van 'n trefwoord word ná die fleksievorm in kursief aangedui. Die standaardkategorieë is: nomen of naamwoord *(n.)*, adjektief of byvoeglike naamwoord *(adj.)*, adverbium of bywoord *(adv.)*, voegwoord *(conj.)*, tussenwerpsel *(interj.)*, voorsetsel *(prep.)*, voornaamwoord *(pron.)* en werkwoord *(vb.)*. Die volledige stel woordsoortafkortings is in die lys redaksionele afkortings opgeneem.

As 'n trefwoord meer as een woordsoortelike funksie het, word eers die naamwoord *(n.)* behandel, dan die adjektief *(adj.)*, bywoord *(adv.)* en/of werkwoord *(vb.)*.

5 Part-of-speech categories

The part-of-speech category of a headword follows in italics after the inflected form. The standard categories are: noun *(n.)*, adjective *(adj.)*, adverb *(adv.)*, conjunction *(voegw.)*, interjection *(tw.)*, preposition *(prep.)*, pronoun *(pron.)* and verb *(ww.)*. The full range of part-of-speech abbreviations is included in the list of editorial abbreviations.

If a headword has more than one part-of-speech function, it is first treated as a noun *(n.)*, then as adjective *(adj.)*, adverb *(adv.)* and/or a verb *(ww.)*.

6 Lettergreepverdeling en klemaanduiding

Trefwoorde en afleidings met meer as een lettergreep word deur gesentreerde stippels verdeel. 'n Strepie onder die vokaal of diftong dui aan waar die hoofklem val.

6 Syllabification and accent

Headwords and derivatives of more than one syllable are divided by centred dots. Primary word stress is indicated by underlining the vowel or diphthong that carries the stress.

waag·hals daredevil; stunt man; chancer. **waag·hal·sig** *-sige* daredevil, reckless, venturesome, audacious, foolhardy, devil-may-care *(infml.)*, intrepid, daring. **waag·hal·sig·heid** daredevil(t)ry, foolhardiness, temerity, recklessness, audacity, intrepidity, derring-do *(infml.)*.

7 Grammatikale inligting

Grammatikale inligting by trefwoorde en vertalings word tussen hakies in kursief gegee.

7 Grammatical information

Grammatical information on headwords and translations is in brackets and shown in italics.

7.1 NAAMWOORDE

Engelse naamwoorde wat lyk asof hulle enkelvoud of meervoud is, maar onderskeidelik saam met meervouds- en enkelvoudswerkwoorde gebruik word, is met *(fungeer as mv.)* of *(fungeer as ekv.)* gemerk. As 'n naamwoordtrefwoord as enkelvoud of meervoud kan optree, lui die etiket *(fungeer as ekv. of mv.)*.

7.1 NOUNS

English nouns that appear to be singular or plural but respectively take plural and singular verbs are marked *(fungeer as mv.)* or *(fungeer as ekv.)*. If a noun headword may take a singular or plural verb, the label *(fungeer as ekv. of mv.)* is used.

peo·ple *n. (fungeer as mv.)* mense, persone; ...

ki·net·ics *n. (fungeer as ekv.)* kinetika, kinetiek, bewegingsleer.

hi·er·o·glyph·ics *n. (fungeer as ekv. of mv.)* beeldskrif, hiërogliewe.

7.2 ADJEKTIEWE

Byvoeglike naamwoorde word as *(attr.)* of *(pred.)* geëtiketteer as hulle onderskeidelik voor of ná die woord wat hulle bepaal, geplaas word.

7.2 ADJECTIVES

Adjectives are labelled *(attr.)* when they are placed before the word they qualify, and *(pred.)* when they come after the word they qualify.

jong[3] *(attr.)*, **jonk** *(pred.), jonger jongste, adj.* young; ...

7.3 WERKWOORDE

Die verledetyds- *(p.t.)* en verlededeelwoordsvorm *(p.p.)* van sommige werkwoorde word as trefwoorde in onderskeidelik die eerste en tweede deel van die woordeboek gegee.

7.3 VERBS

The past-tense *(verl.t.)* and past-participle form *(verl.dw.)* of some verbs are included as headwords in respectively the first and second part of the dictionary.

bought *verl.dw.* gekoop; ...

is is, are; *(p.t.)* was, were; ...

ont·bon·de *(p.p.)* dissolved; decomposed; disintegrated; resolved; undone;

Oorganklike en onoorganklike werkwoorde kry onderskeidelik die etikette *(tr.)* en *(intr.)* in die eerste deel van die woordeboek. In die tweede deel is die bewoording *(oorg.)* en *(onoorg.)*.

Transitive and intransitive verbs are labelled *(tr.)* and *(intr.)* respectively in the first part of the dictionary. In the second part the wording is *(oorg.)* and *(onoorg.)*.

bad *ge-, vb., (intr.)* bath, have/take a bath; *(tr.)* bath *(a child etc.)*; ...

re·lax *ww. (onoorg.)* ontspan; 'n blaaskans(ie) geniet/neem/vat; ...

Van sommige Engelse werkwoorde word die verledetydsvorm *(verl.t.)* en die verlede deelwoord *(verl.dw.)* gegee. By **learn** hieronder kan *learned* of *learnt* as verledetydsvorm en as verlede deelwoord gebruik word.

Some of the entries for English verbs may include inflected forms such as the past tense *(p.t.)* and the past participle *(p.p.)*. With **learn** below, *learned* or *learnt* may be used for the past tense and the past participle.

be·gin *began begun* begin, aanvang; aan die gang sit; ...

learn *learned learned; learnt learnt, ww.* leer; verneem, te hore/wete kom; ...

Staan 'n gebruiksetiket voor 'n werkwoord, dui dit aan dat die werkwoord onoorganklik gebruik word. Is die volgorde omgekeer, is die werkwoord oorganklik.

A usage label placed before a verb indicates that the verb is used intransitively. In reverse order the verb is used transitively.

rog·gel *ge-, vb. ...; (horses)* roar.

rook *ge-, vb.* smoke *(a pipe etc.; meat, fish)*; ...

8 Etikette

In die Afrikaans-Engelse deel van die woordeboek is die etikette in Engels en in die Engels-Afrikaanse deel in Afrikaans. Die volledige lys afgekorte redaksionele etikette wat in elke deel gebruik word, verskyn net voor die A-tot-Z-komponent (sien bl. xvii en xix).

8.1 Die volgende stilistiese etikette word gebruik om die sosiolinguistiese waarde en gebruiksfeer van woorde te merk:

Informeel *(infml.)*
Woorde en uitdrukkings wat as informeel geëtiketteer word, kom meestal in die spreektaal voor, of in geskrewe taal met 'n geselstrant. Dit sal nie in formele dokumente gebruik word nie.

Formeel *(fml.)*
Die gebruik van woorde en uitdrukkings wat as formeel geëtiketteer is, is beperk tot kontekste waar verhewe taalgebruik gepas is, soos in vergaderings, amptelike dokumente en regstaal.

Neerhalend *(derog.)*
Dié etiket waarsku gebruikers dat 'n term beledigend kan wees.

Plat *(coarse)* en vulgêr *(vulg.)*
Plat en vulgêre taalgebruik is onbeskaaf en moet liefs vermy word.

Sleng *(sl.)*
Dié etiket dui aan dat 'n woord of uitdrukking buite die grense van algemeen aanvaarbare taal val, synde óf baie informeel óf eie aan 'n bepaalde sosiolinguistiese groep.

8.2 Temporele etikette word gebruik om woorde wat nie meer tot die standaardtaal behoort nie, as sodanig te merk. Dit sluit in:

Argaïes *(arch.)*
Dit slaan op woorde en uitdrukkings wat nie meer algemeen in gebruik is nie, maar wel in literêre werke of historiese dokumente voorkom.

Verouderd *(obs.)*
Dié etiket dui aan dat 'n woord of betekenis in onbruik geraak het. In vaktaal beteken dit dikwels dat die term deur 'n ander verdring is.

8.3 'n Geografiese etiket dui aan dat 'n woord nie standaardtaalstatus het nie, omdat dit slegs in 'n sekere gebied gebruik word. Voorbeelde van sulke etikette is *(Am.)* = American; *(Br.)* = British; *(Du.)* = Dutch.

8.4 Vaktaaletikette word gebruik om woorde binne vaktaalverband te merk. In die Afrikaans-Engelse deel van die woordeboek sluit dit etikette in soos *(agric.)* = agriculture; *(gym.)* = gymnastics; *(psych.)* = psychology; *(telecomm.)* = telecommunications.

Die plasing van 'n etiket dui aan watter woord(e) deur die etiket gemerk word. In die voorbeeld hieronder gee die plasing van die etiket *(infml.)* regs van die vertaling *mate* te kenne dat die vertaling informeel is. Die trefwoord *man* word nie deur dié etiket geraak nie. Hierteenoor merk die etiket *(mil.)* beide die trefwoord *man* en die vertaling *number* as militêre terme, omdat die etiket vóór die vertaling staan.

8 Labels

The labels in the Afrikaans-English section of the dictionary are in English; those in the English-Afrikaans section in Afrikaans. The complete list of abbreviated editorial labels used in each section can be found just before the A-Z component (see pp. xvii and xix).

8.1 The sociolinguistic value and the domain of words are indicated by the following stylistic labels:

Informal *(infml.)*
Words and expressions labelled as informal are characteristic of colloquial language, whether spoken or written. It will not be used in formal documents.

Formal *(fml.)*
The use of words and expressions labelled as formal is limited to contexts in which conventional language is appropriate, such as at meetings or in official documents and legal language.

Derogatory *(neerh.)*
This label warns users that a term has offensive connotations.

Coarse *(plat)* and vulgar *(vulg.)*
Coarse and vulgar language is unrefined and should be avoided.

Slang *(sl.)*
This label suggests that a word or expression falls outside the boundaries of what is generally regarded as acceptable speech, being either very informal, or unique to a particular sociolinguistic group.

8.2 Temporal labels are assigned to words no longer part of the standard language. These include:

Archaic *(arg.)*
It designates words and expressions that are out of date but may still be found in literary works or historical documents.

Obsolete *(vero.)*
This label denotes a word or meaning that is no longer in use. In technical terminology it often implies that the term has been superseded.

8.3 A geographical label indicates that a word does not belong to the standard language because it is only used in a certain region. Examples of such labels are *(Am.)* = Amerikaans; *(Br.)* = Brits; *(Holl.)* = Hollands.

8.4 Technical labels indicate words within technical and specialist contexts. In the English-Afrikaans part of the dictionary these include labels such as *(landb.)* = landbou; *(gimn.)* = gimnastiek; *(psig.)* = psigiatrie; *(telekom.)* = telekommunikasie.

The position of the label indicates which word(s) the label describes. In the example below, the position of the label *(infml.)* to the right of the translation *mate* implies that the translation is informal. This label does not apply to the headword *man*. However, the label *(mil.)* marks both the headword *man* and the translation *number* as military terms, as the label precedes before the translation.

man *manne, mans* man; mate *(infml.)*; male; *(mil.)* number; ...

9 Kruisverwysings

Kruisverwysings het twee funksies: om duplisering van inligting te vermy en om aan te dui waar verdere inligting oor 'n woord in die woordeboek te kry is. 'n Kruisverwysing word aangedui deur 'n pyltjie (→) of

9 Cross-references

Cross-references have two functions: to avoid duplication of information and to indicate where else in the dictionary additional information about a word can be found. A cross-reference is indicated by an arrow (→)

'n gelyk-aan-teken (=), gevolg deur die kruisverwysing. 'n Kruisverwysing kan uit een of meer as een woord bestaan. By 'n meerwoordige kruisverwysing in die vorm van 'n frase sal die trefwoord waar die inskrywing behandel word, vet gedruk wees. In die voorbeeld wat volg, sal 'n gebruiker *peach Melba* by die trefwoord **Melba** gaan soek.

or an equals sign (=), followed by the cross-reference. A cross-reference can consist of one or more than one word. In a multi-word cross-reference presented as a phrase, the keyword where the full explanation can be found is printed in bold. In the example below the reader is directed to the headword **Melba** for *peach Melba*.

pêche Mel·ba *(Fr.)* →PEACH **MELBA**.

Wanneer 'n verboë vorm van 'n trefwoord as verwyswoord binne 'n kruisverwysing voorkom, word die verwysing by die onverboë vorm van die verwyswoord gehanteer. In die voorbeeld hieronder is die frase *jou hakke lig* onder die trefwoord **hak**[1] *n.* te vind.

When an inflected form of a headword appears as the keyword in a cross-reference, the cross-reference is entered at the uninflected form of the keyword. In the example below the phrase *jou hakke lig* is to be found under the headword **hak**[1] *n.*.

hiel *hiele* heel; bead *(of a tyre)*; calx; shoe *(of a lance)*; *die ~ lig* →DIE **HAKKE** LIG; ...

Die lettertipe waarin kruisverwysings verskyn, dui aan waar 'n gebruiker die verwyswoord moet gaan soek. 'n Kruisverwysing in klein kapitale ná die pyltjie of gelyk-aan-teken verwys die gebruiker na 'n ander artikel in die woordeboek.

'n Kruisverwysing in vet kursiewe letters beteken dat die verwyswoord in dieselfde artikel as die kruisverwysing voorkom. Die frase *go **round*** hieronder word dus hoër op in die alfabetiese ordening by die sekondêre trefwoordgroep ***around/round*** gehanteer.

The typeface of cross-references indicates where a user has to search for the keyword. A cross-reference in small capitals after the arrow or equals sign refers the user to another article in the dictionary.

A cross-reference in bold italics means the keyword can be found in the same article as the cross-reference. The phrase *go **round*** below is, therefore, dealt with at the secondary headword group ***around/round*** higher up in the alphabetical arrangement.

go *went gone, ww.* gaan; loop; wandel; ... *~ **round*** ***→around/round;*** ...

Wanneer 'n trefwoord, afleiding, samestelling of frasevoorbeeld deur 'n pyltjie (of gelyk-aan-teken) en 'n kruisverwysing in klein kapitale gevolg word in plaas van 'n vertaling, dui dit aan dat die verlangde vertaling by 'n inskrywing elders in die woordeboek te vind is. In die voorbeeld hieronder beteken die kruisverwysing dat die frase *go on the stage* by die lemma **stage** (en nie **go** nie) vertaal word.

When a headword, derivative, compound or phrase example is followed by an arrow (or equals sign) and a cross-reference in small capital letters instead of a translation, it means that the required translation is given at another headword elsewhere in the dictionary. In the example below the cross-reference implies that the phrase *go on the stage* is translated at the headword **stage** (and not **go**).

go *went gone, ww.* gaan; loop; wandel; ... *~ on the **stage*** →STAGE *n.*; ...

'n Kruisverwysing met 'n gelyk-aan-teken impliseer dat die verwyswoord se gebruiksfrekwensie hoër is as dié van die trefwoord. Om dié rede sal **gallig** nie as variant naas **galagtig** in die voorbeeld hieronder opgeneem word nie.

A cross-reference with an equals sign implies that the keyword has greater frequency than the headword. For this reason **gallig** will not be entered as a variant next to **galagtig** in the example below.

gal·lig = GALAGTIG.
gal·ag·tig *-tige* bilious *(lit.)*; choleric *(fig.)*.

Wanneer 'n samestelling 'n kruisverwysing het wat na die samestelling self verwys, beteken dit dat die samestelling trefwoordstatus het. In die voorbeeld hieronder beteken die kruisverwysing dat **knockout** as trefwoord opgeneem is. Relevante frases en samestellings word dáár gehanteer.

When a compound cross-refers to the compound itself, it means that the compound has full headword status. In the example below the cross-reference indicates that **knockout** is entered as a headword. Relevant phrases and compounds can be found there.

knock *n.* klop; stamp, stoot, hou, slag; ... **~out** →KNOCKOUT.
knock·out kopskoot; nekslag; treffer; knoeivendusie, -vandisie; knoeikoper; knoeikopery; *s.o. is a ~, (infml.: baie aantreklik)* iem. slaan jou asem skoon weg. **~ blow** uitklophou; genadeslag, doodhou; ...

'n Artikel kan meer as een kruisverwysing bevat. In die voorbeeld hieronder toon die eerste verwysing (tussen hakies voor die eerste kommapunt) aan dat die gebruiker (opsioneel) nog moontlike vertalings van **drom** in die betekenis "houer" *(container)* by die lemmas **konka** en **trommel** kan kry. Die tweede verwysing (tussen hakies voor die tweede kommapunt) het slegs op **drom** in musiekverband betrekking en dui op nog vertalings by die trefwoord **trom.**

An article may have more than one cross-reference. The first cross-reference in the example below (in brackets before the first semicolon) implies that the user will find more information about **drom** in the sense of "container" at the headwords **konka** and **trommel**. The second cross-reference (in brackets before the second semicolon) refers to the use of **drom** in a musical context only and points to further translations at the head-word **trom**.

drom² *dromme, n., (< Eng.), (container)* drum (→KONKA, TROMMEL); *(mus.)* drum (→TROM); ...

10 Afkortings

Gebruik die redaksionele afkortings op bl.xix saam met die afkortingslys op bl. 1530.

Afkortings en akronieme is alfabeties gerangskik.

As dieselfde afkorting vir meer as een stamverwante woord gebruik kan word, word die woorde alfabeties na die afkorting gelys. Na die skeidingsteken (◆) volg 'n vertaling vir elke woord waarvoor die afkorting gebruik kan word.

10 Abbreviations

Use the editorial abbreviations on p.xvii with the abbreviations list on p. 721.

Abbreviations and acronyms are arranged alphabetically.

If the same abbreviation is used for more than one cognate word, the words are listed alphabetically after the abbreviation. Following the separator (◆) there is a translation of each word for which the abbreviation can be used.

kw. kwartaal; kwartaalliks(e) ◆ quarter; quarterly **q., quart.**

Sinonieme word deur 'n komma geskei. Stamverwante woorde met verskillende woordsoortlike funksies word deur 'n kommapunt geskei.

Commas separate synonyms. Semicolons separate cognate words with different parts of speech.

prep. preposition; prepositional ◆ preposisie **prep.**, voorsetsel **voors.**, **vs.**; preposisioneel **prep.**

As een of meer afkortings slegs een keer direk na die vertaling(s) volg, beteken dit dat die afkorting(s) vir al die vertalings geld. In die voorbeeld hieronder kan beide *pathology* en *pathological* met **path**. of **pathol**. afgekort word.

If two or more translations are followed by just one set of abbreviations, it implies that these abbreviations apply to all the translations. In the example below **path**. or **pathol**. can serve as abbreviation for both *pathology* and *pathological*.

patol. patologie; patologies(e) ◆ pathology; pathological **path.**, **pathol.**

As die vertalings verskillende afkortings het, volg die afkorting direk na elke vertaling. In die voorbeeld word *telegraphy* met **teleg.** afgekort, *telegraphic* met **tel.** of **teleg.**, en *telegram* ook met **tel.** of **teleg.**.

If the translations have different abbreviations, each translation is followed by its own abbreviation. In the example below **teleg**. is the abbreviation for *telegraphy*, **tel**. or **teleg**. the one for *telegraphic*, while **tel**. or **teleg**. also serves as the abbreviation for *telegram*.

telegr. telegrafie; telegrafies(e); telegram ◆ telegraphy **teleg.**; telegraphic **tel.**, **teleg.**; telegram **tel.**, **teleg.**

As daar geen afkorting na die vertaling(s) volg nie, beteken dit dat daar nie 'n erkende afkorting vir die vertaling(s) bestaan nie.

If no abbreviation is given after the translation(s), it means there is no recognised abbreviation for the translation(s).

TLC tender loving care ◆ liefdevolle aandag

Editorial abbreviations in the Afrikaans-English part

Use this list in conjunction with the abbreviations on p. 721

A

abbr. abbreviation
acc. accusative
acr. acronym
adj. adjective
admin. administrative
adv. adverb(ial)
advt. advertising
aeron. aeronautics
Afr. Afrikaans; Africa(n)
agric. agriculture
alg. algebra
Am. America(n)
anat. anatomy
Angl. Anglicism
anthr. anthropology
Arab. Arabia(n); Arabic
arch. archaic; archaism
archaeol. archaeology
archit. architecture
arith. arithmetic
art. article
astrol. astrology
astron. astronomy
astronaut. astronautics
athl. athletics
attr. attributive
Austr. Australia(n)
AV Authorised Version (King James Bible)
av. aviation

B

bacteriol. bacteriology
Bib. Bible; Biblical
biochem. biochemistry
biol. biological; biology
bookk. bookkeeping
bot. botany
Br. Britain; British
Braz. Brazil(ian)
Buddh. Buddhism; Buddhist

C

Can. Canada; Canadian
Cant. Cantonese
cap. capital (letter)
carp. carpentry
cartogr. cartography; cartographic(al)
cent. century
chem. chemistry
Chin. China; Chinese
Chr. Christian (Church); Christianity
cin. cinematography
class. classic(al)
C. of E. Church of England
collect. collective (noun)
comb. combining form
comm. commerce
comp. computer (science)
conj. conjunction
constr. construction
contr. contraction
cook. cooking
cosmogr. cosmography
cr. cricket
cryst. crystallography

D

Dan. Danish
dat. dative
derog. derogatory
det. determiner
dial. dialect(ic)
dim. diminutive
dressm. dressmaking
Du. Dutch

E

eccl. ecclesiastical
ecol. ecology
econ. economics
educ. education
Eg. Egypt(ian)
e.g. for example
elec. electricity; electric(al)
electron. electronic(s)
embryol. embryology
Eng. English; England
eng. engineering
entom. entomology
esp. especially
ethnol. ethnology
euph. euphemism
Eur. Europe(an)
exch. exchange
ex-pres. ex-president

F

fac. facetious(ly)
fam. family
fem. female; feminine
fig. figure; figurative(ly)
fin. finance; financial
fml. formal
Fr. French; France

G

gen. general(ly)
geneal. genealogy
genet. genetics
geog. geography
geol. geology; geological
geom. geometry
geomorphol. geomorphology
geoph. geophysics
Germ. German(y); Germanism
Gr. Greece; Greek
gram. grammar
gym. gymnastics

H

Hebr. Hebrew
her. heraldry
Hind. Hindu(ism)
hist. history; historical
hort. horticulture
hum. humorous(ly)
Hung. Hungarian; Hungary

I

icht. ichthyology
idm. idiom; idiomatic(ally)
imit. imitative
imp. imperative
incorr. incorrect(ly)
Ind. India(n)
Indon. Indonesia(n)
indef. indefinite
indef. pron. indefinite pronoun
inf. infinitive
infml. informal
ins. insurance
instr. instrument
int. international
interj. interjection
interr. pron. interrogative pronoun
intr. intransitive
Ir. Ireland; Irish
iron. ironically
Islam. Islamic
Isr. Israel(i)
It. Italy; Italian

J

Jap. Japan(ese)
joc. jocular(ly)
journ. journalism
Jud. Judaism
jur. jurisprudence

L

lang. language
Lat. Latin
l.c. lower case
libr. librarianship
ling. linguistics
lit. literal(ly)
liter. literary; literature
loco. locomotive
log. logic

M

m million
mach. machine
Mal. Malay
masc. masculine
math. mathematics
mech. mechanics; mechanical
med. medical, medicine; medieval
metall. metallurgy
metaphys. metaphysics
meteorol. meteorology
Mex. Mexico; Mexican
microbiol. microbiology
mil. military
min. mining; mineralogy
mot. motoring
mus. music(al)
myth. mythology; mythologic(al)

N

n. noun
NAB New Afrikaans Bible translation
N.Afr. North Africa(n)
N.Am. North America(n)
nat. national
naut. nautical
nav. navigation
N.Eng. North English
Neth. Netherlands
Ngu. Nguni
NIV New International Version
non-tech. nontechnical
no pl. no plural
Norw. Norwegian
N.So. Northern Sotho
NT New Testament
num. numeral
NZ New Zealand

O

OAB Old Afrikaans Bible translation
obs. obsolete
obst. obstetrics
onom. onomatopoeia
opp. opposite
opt. optics
optom. optometry
orig. original(ly)
orn. ornithology
o.s. oneself
osteol. osteology
OT Old Testament

P

palaeontol. palaeontology
parapsych. parapsychology
parl. parliament(ary)
pass. passive (voice)
pathol. pathology
pej. pejorative
pers. person
pers. pron. personal pronoun
pharm. pharmacy; pharmacology
philat. philately
philol. philology
philos. philosophy
phon. phonetics
phot. photography
phys. physics
physiol. physiology
pl. plural
poet. poetic; poetry
pol. political; politics
pop mus. popular music
Port. Portugal; Portuguese
poss. pron. possessive pronoun
p.p. past participle
pred. predicative
pref. prefix
prehist. prehistoric
prep. preposition
print. printing
pron. pronoun
pros. prosody
Prot. Protestant(ism)
prov. proverb; provincial

psych. psychology
p.t. past tense

R
rad. radio
RC Roman Catholic
refl. pron. reflexive pronoun
relig. religion; religious
rel. pron. relative pronoun
rhet. rhetoric; rhetorical(ly)
rly. railway(s)
Rom. Roman; Romans
Russ. Russia(n)

S
SA South Africa(n)
S.Am. South America(n)
sanit. sanitation
Sc. Scotland; Scottish
sc. science; scientific
Scand. Scandinavia(n)
sci-fi science fiction
sing. singular
Skt. Sanskrit
sl. slang
So. Sotho
s.o. someone
sociol. sociology
Sp. Spain; Spanish
sp. species (singular)
spp. species (plural)
s.t. something
stat. statistics
subsp. subspecies
surg. surgery
surv. surveying
Sw. Sweden; Swedish
Swah. Swahili
symb. symbol

T
tech. technical
technol. technology
telecomm. telecommunications
telegr. telegraphy
teleph. telephone
text. textiles
theatr. theatre
theol. theology; theological
tr. transitive
trad. traditional(ly)
transl. translation
Tsw. Tswana
Turk. Turkey; Turkish
TV television
typ. typography

U
univ. university
US United States
usu. usually

V
var. various
vb. verb
Ven. Venda
vet. veterinary (science)
vit. vitamin
vulg. vulgar

W
W. West
woodw. woodwork

X
Xh. Xhosa

Y
Yidd. Yiddish

Z
Zim. Zimbabwe
zool. zoology
Zu. Zulu

Redaksionele afkortings in die Engels-Afrikaanse deel

Gebruik hierdie lys saam met die afkortings op bl. 1530

A

a.d. aan die
adj. adjektief (byvoeglike naamwoord)
admin. administrasie; administratief, =tiewe
adv. adverbium (bywoord)
advt. advertensiewese
afk. afkorting
Afr. Afrikaans
akk. akkusatief
akr. akroniem
alg. algemeen
Am. Amerika; Amerikaans(e)
anat. anatomie
Angl. Anglikaans(e); Anglisisme
Anglo-Ind. Anglo-Indies(e)
antr. antropologie
Arab. Arabies(e)
arg. argaïsme; argaïes(e)
argeol. argeologie
argit. argitektuur
astrol. astrologie
astron. astronomie; astronomies(e)
atl. atletiek
attr. attributief, =tiewe
Austr. Australië; Australies(e)
AV Authorised Version (King James-vertaling)

B

bakteriol. bakteriologie
bankw. bankwese
b.d. by die
bedryfsekon. bedryfsekonomie
beeldh. beeldhoukuns
bep. bepaalde; bepaler
bes.bep. besitlike bepaler
bes.vnw. besitlike voornaamwoord
betr.vnw. betreklike voornaamwoord
bibl. biblioteekwese
binneargit. binneargitektuur
biochem. biochemie
biol. biologie
bl. bladsy
Boeddh. Boeddhisme
boekh. boekhou
boekw. boekwese
bosb. bosbou
bot. botanie
bouk. boukunde; boukundig(e)
Br. Brittanje; Brits(e)
Bras. Brasiliaans(e); Brasilië
Byb. Bybel; Bybels(e)

C

chem. chemie
Chin. Chinees; Chinees, =nese
chir. chirurgie; chirurgies(e)
Chr. Christelik(e); Christelike godsdiens

D

D. Duits(e); Duitsland
d. die
datakomm. datakommunikasie
dept. departement
dial. dialek(ties)
dieetk. dieetkunde
dies. dieselfde
digk. digkuns
dikw. dikwels
dim. diminutief
dipl. diplomasie
dm. duim
druk. drukkuns; drukwerk

E

e.a. en ander
eenh. eenheid
Eg. Egipte; Egipties(e)
ekol. ekologie
ekon. ekonomie
ekv. enkelvoud
elek. elektrisiteit
elektron. elektronika
embriol. embriologie
Eng. Engels(e); Engeland
entom. entomologie (insektekunde)
etnol. etnologie (volkekunde)
euf. eufemisme; eufemisties(e)
Eur. Europa; Europees, =pese

F

farm. farmakologie
fig. figuur; figuurlik(e)
filat. filatelie
filmk. filmkuns
filol. filologie
filos. filosofie
fin. finansiewese
fis. fisika
fisiol. fisiologie
fml. formeel
fonet. fonetiek
fonol. fonologie; fonologies(e)
fot. fotografie
Fr. Frans; Frans(e); Frankryk

G

gebr. gebruik
geldeenh. geldeenheid
gen. genitief
geneal. genealogie; genealogies(e)
genet. genetika
geofis. geofisika
geog. geografie; geografies(e)
geol. geologie; geologies(e)
geom. geometrie (meetkunde)
geomorfol. geomorfologie; gemorfologies(e)
Germ. Germanisme; Germaans(e)
gesk. geskiedenis; geskiedkundig(e)
gew. gewoonlik
gh. gholf
gimn. gimnastiek
Gr. Grieks(e); Griekeland
gram. grammatika
grondk. grondkunde

H

han. handel
Hebr. Hebreeus(e)
her. heraldiek
hfst. hoofstuk
Hind. Hindoeïsme
hist. histories(e)
hl. hoofletter
Holl. Holland; Hollands(e)
hoofs. hoofsaaklik
hor. horologie
houtw. houtwerk

I

i.d. in die
idm. idioom; idiomaties(e)
iem. iemand
Ier. Ierland; Iers(e)
igt. igtiologie (viskunde)
immunol. immunologie
imp. imperatief (gebiedende wys[e])
imperf. imperfektum (onvoltooide verlede tyd)
Ind. Indië; Indies(e)
Indon. Indonesies(e); Indonesië
infml. informeel
inf. infinitief
ing. ingenieurswese
instr. instrument
int. internasionaal, =nale
iron. ironies
Islam. Islamities(e)
Isr. Israel; Israelities(e); Israels(e)
It. Italiaans; Italiaans(e); Italië

J

Jap. Japannees, =nese; Japans(e)
Jidd. Jiddisj
joern. joernalistiek
jr. junior
Jud. Judaïsme
jur. juridies

K

Kan. Kanada; Kanadees, =dese
Kant. Kantonnees
kartogr. kartografie; kartografies(e)
kernfis. kernfisika
kindert. kindertaal
kl. kleinletter
klass. klassiek(e)
kll. kleinletters
komb.vorm kombinasievorm
kookk. kookkuns
kosmogr. kosmografie
kosmol. kosmologie
kr. krieket
krim. kriminologie
krist. kristallografie
KZN KwaZulu-Natal

L

landb. landbou
landm. landmeetkunde
Lat. Latyn; Latyns(e)
Lat.Am. Latyns-Amerikaans(e)
leenw. leenwoord
lett. letterlik(e)
lettk. letterkunde; letterkundig(e)
ling. linguistiek; linguisties(e)
liter. literêr
LO liggaamlike opleiding
log. logika
lugv. lugvaart
lw. lidwoord

M

m miljoen
Ma. Maandag
maateenh. maateenheid
Mal. Maleis(e)
masj. masjien; masjienbou
m.d. met die
Me. Middeleeue; Middeleeus(e)
med. medies(e)
meg. meganika
meg.ing. meganiese ingenieurswese
met. meteorologie
metaalw. metaalwerk
metafis. metafisika
metal. metallurgie
Mex. Mexikaans(e)
Mid.Oos. Midde-Oosters(e)
mil. militêr(e)
min. mineralogie
mit. mitologie; mitologies(e)
ml. manlik(e)
mot. motorwese
mpy. maatskappy
mus. musiek
mus.instr. musiekinstrument
mv. meervoud
MW maatskaplike werk
mynb. mynbou

N

n. nomen (selfstandige naamwoord)
naaldw. naalwerk
NAB Nuwe Afrikaanse Bybelvertaling
N.Afr. Noord-Afrika; Noord-Afrikaans(e)
N.Am. Noord-Amerika; Noord-Amerikaans(e)
nas. nasionaal, =nale
nav. navigasie
n.d. na die
Ndl. Nederland; Nederlands(e)
neerh. neerhalend(e)
N.Eng. Noord-Engels(e); Noord-Engeland
neurol. neurologie
Ngu. Nguni
nieteg. nietegnies
NIV New International Version
nom. nominatief
NS Nieu-Seeland; Nieu-Seelands(e)
N.So. Noord-Sotho
NT Nuwe Testament; Nuwe-Testamenties(e)

NW noordwes
NW.Afr. Noordwes-Afrika
NW.It. Noordwes-Italië

O

OAB Ou Afrikaanse Bybelvertaling
o.d. op die
O.Eur. Oos-Europa; Oos-Europees, ≈pese
ON Oudnoors(e)
onbep. onbepaald(e)
ong. ongeveer
onom. onomatopee
onoorg. onoorganklik(e)
oorg. oorganklik(e)
oorspr. oorspronklik(e)
opt. opties(e); optika
optom. optometrie
opv. opvoedkunde
org. organies(e); organisasie
orn. ornitologie (voëlkunde)
osteol. osteologie
OT Ou Testament; Ou-Testamenties(e)
oudhk. oudheidkunde

P

paleont. paleontologie
par. paragraaf
parapsig. parapsigologie
parl. parlement; parlementêr(e)
part. partisipium
patol. patologie
pej. pejoratief
pers. persoon
poët. poëties
pol. politiek(e)
Port. Portugal; Portugees, ≈gese
pred. predikatief
pref. prefiks (voorvoegsel)
prehist. prehistories(e)
prep. preposisie (voorsetsel)
pron. pronomen (voornaamwoord)
pros. prosodie (versleer)
Prot. Protestant; Protestants(e)
prov. provinsie
psig. psigiatrie; psigologie

R

rad. radio
refl. refleksief, ≈siewe
rek. rekenaarwetenskap
rekeningk. rekeningkunde
relig. religie, religieus(e)
ret. retoriek; retories(e)
RK Rooms-Katoliek(e)
Rom. Romeins(e)
ruimtev. ruimtevaart
Rus. Rusland; Russies(e)
rymsl. rymslang, ≈sleng

S

SA Suid-Afrika; Suid-Afrikaans(e)
S.Am. Suid-Amerika; Suid-Amerikaans(e)
sametr. sametrekking
seeversek. seeversekering
sek. sekonde
S.Fr. Suid-Frankryk
Shakesp. Shakespeare; Shakespeariaans(e)
simb. simbool
Sk. Skotland; Skots(e)
sk. skeepvaart
Skand. Skandinawië; Skandinawies(e)
skermk. skermkuns
skerts. skertsend
skilderk. skilderkuns
Skt. Sanskrit
sl. slang, sleng
snaarinstr. snaarinstrument
So. Sotho
soöl. soölogie
sosiol. sosiologie
Sp. Spaans(e)
sp. spesie (soort)
Sp.Am. Spaans-Amerikaans(e)
spp. spesies (soorte)
sprw. spreekwoord
spw. spoorweë
statist. statistiek
strykinstr. strykinstrument
suff. suffiks (agtervoegsel)
Sw. Swede; Sweeds(e)
Swah. Swahili

T

takson. taksonomie
tandh. tandheelkunde
teat. teater
teat.sl. teaterslang, ≈sleng
teenw.dw. teenwoordige deelwoord
teenw.t. teenwoordige tyd
teg. tegnies(e)
tegnol. tegnologie
tekenk. tekenkuns
tekst. tekstielkunde; tekstielbedryf
telef. telefonie
telegr. telegrafie
telekom. telekommunikasie
telw. telwoord
teol. teologie; teologies(e)
timm. timmerwerk
tip. tipografie
toek. toekoms
townshipsl. townshipslang, ≈sleng
Tsw. Tswana
tuinb. tuinbou
tuss. tussen
TV televisie
tw. tussenwerpsel

U

uitbr. uitbreiding
univ. universiteit; universitêr(e)

V

v. van
v.d. van die
veearts. veeartsenykunde
Ven. Venda
verl.dw. verlede deelwoord
verlosk. verloskunde
verl.t. verlede tyd
vero. verouderd(e)
versek. versekeringswese
verw. verwysing
VK Verenigde Koninkryk
vkw. verkleinwoord
vlgs. volgens
vnl. vernaamlik
vnw. voornaamwoord
voegw. voegwoord
volt.dw. voltooide deelwoord
vr. vroulik(e)
Vrym. Vrymesselary
VS Verenigde State
vulg. vulgêr(e)

W

W.Afr. Wes-Afrika; Wes-Afrikaans(e)
weerk. weerkunde
wet. wetenskap; wetenskaplik(e)
w.g. weinig gebruiklik
W.Ind. Wes-Indië; Wes-Indies(e)
wisk. wiskunde
ww. werkwoord
wynb. wynbou

X

Xh. Xhosa

Z

Z. Zoeloe, Zulu
Zim. Zimbabwe; Zimbabwies(e)

Afrikaans • Engels

A a

a *a's, (dim. a'tjie), (first letter of the alphabet)* a; *klein* ~ small a.

A *A's* A; *g'n* ~ *voor/van 'n B ken nie* not know A from B; *as jy* ~ *gesê het, moet jy ook B sê* in for a penny, in for a pound; *van* ~ *tot Z* from A to Z, from beginning to end; *iets van* ~ *tot Z lees* read s.t. from cover to cover *(a book)*. **A1, A2, A3,** *ens., -'s, (paper size)* A1, A2, A3, *etc.; A4-papier* A4 paper. **~-baan** *(educ.)* A stream. **~-kruis** *(mus.)* A sharp. **~-kruis majeur** *(mus.)* A sharp major. **~-kruis mineur** *(mus.)* A sharp minor. **~-lyn-romp** A-line skirt. **~-majeur** *(mus.)* A major. **~-mineur** *(mus.)* A minor. **~-mol** *(mus.)* A flat. **~-mol majeur** *(mus.)* A flat major. **~-mol mineur** *(mus.)* A flat minor. **~-raam-huis** A-frame house.

a *interj.* ah, oh, O; *(~) ja* ~ certainly, decidedly, to be sure, of course; *(~) nee* ~ oh no, by no means, not at all, of course not; shame on you.

à *prep.:* ~ *pari* at par.

aag *interj.* oh, O; →AG[1]; ~, *ek gee nie om nie!* oh, I don't care!; ~, *foei tog!* shame!; ~, *hene/jene!* oh dear!, dear me!, oh my!, my goodness!, good gracious!; ~, *hoe lieflik/fraai!* oh, how lovely!; ~, *nonsens/nonsies!* oh, what nonsense!; ~ *wat* ho-hum *(infml.)*.

aai *interj.* ah, oh, O, oi; oh dear, dear me; →AI[1].

aak·lig *-lige -liger -ligste, adj. & adv.* awful, ghastly, horrible, nasty *(person)*; terrible, horrid *(dream)*; bad, foul, nasty, vile *(smell, taste)*; dreadful *(book, music, etc.)*; awful, atrocious, beastly, rotten *(weather)*; horrible, nasty, gruesome, ugly *(sight)*; hideous *(face, noise, etc.)*; grim *(premonition)*; grisly, horrid *(tale)*; *(sl.)* godawful *(stench etc.)*; ~ ***bleek*** ghastly pale; ~*e* ***gedaante*** ghastly apparition; ***hoe*** ~*!* oh horrors!; ~*e* ***skrif*** horrid scrawl; ~ ***skryf/skrywe*** write badly, write a bad (*or* an illegible) hand; write poorly (*or* a bad style); ~ ***voel*** feel awful/terrible/wretched. **aak·lig·heid** afwulness, ghastliness, nastiness; terribleness, horridness; foulness, vileness; dreadfulness; beastliness; gruesomeness, ugliness; hideousness, hideosity; grimness; grisliness; *aakliighede van oorlog* dogs of war *(poet., liter.)*.

aal *ale, (rare)* eel; →PALING.

aal·bes·sie *-sies* currant; →ROOIAALBESSIE, SWART(AAL)-BESSIE, WITAALBESSIE. **~bos** currant bush. **~jellie** currant jelly. **~wyn** currant wine.

aal·moes *-moese* alms, charity, handout; *van ~e leef/lewe* live on charity; *~e uitdeel/gee* dispense/give alms; *~e vra* ask for charity. **aal·moe·se·nier** *-niers, -niere* distributor of alms; *(hist.)* almoner.

aal·wee *-wees* aloe; →AALWYN.

aal·wurm *-wurms* eelworm, roundworm, nematode.

aal·wyn *-wyne* aloe; *(med.)* aloes; *mak* ~ agave. **~bitter** aloin. **~blaar** aloe leaf. **~boom** aloe (tree). **~hars** aloetic resin. **~hennep** silk grass. **~hout** *(Aquilaria sp.)* eaglewood, aloeswood, agalloch. **~sap** aloe juice.

aal·wyn·ag·tig *-tige* aloetic.

aam *ame, n., (obs.: liquid measure)* aum; →HALFAAM.

aam·beeld *-beelde* anvil; incus *(in the ear)*; *altyd op dieselfde ~ hamer/slaan* harp on the same string. **~baan** face of an anvil.

aam·bei *-beie* pile, haemorrhoid; *bloeiende ~e* bleeding/wet piles; *droë ~e* dry piles; *jeukende ~e* itching piles. **~bossie** *(bot.)* piles bush, Christmasberry, wild gentian. **~wortel** *(bot.)* piles root.

aam·bors·tig *-tige* short-winded, wheezy, asthmatic. **aam·bors·tig·heid** short-windedness, wheeziness.

aan *adj. & adv.* in; on; *iem. wil graag weet waar hy/sy (met ...)* ~ *of **af** is* s.o. would like to know where he/she stands (with ...); ***agter*** *iets ~ wees* be out for s.t. *(money etc.)*; *R1000/ens.* ~ ***belasting*** R1000/etc. in taxes; ~ *die **brand/ens.** wees* be burning/etc.; ***hoog*** ~ *wees, (infml.)* be high/tight/drunk; *met 'n **jas/ens.*** ~ wearing a coat/etc.; ***jy*** *is ~!, (in children's games)* you're on!; *die **kerk** is* ~ the service has commenced; *die **lig/televisie/ens.** is* ~ the light/television/etc. is on; *die **pyp/vuur/ens.** is* ~ the pipe/fire/etc. has been lit; *iem. se **skoene** is* ~ s.o. has put on his/her shoes; *die **skool** is* ~ school has started; ***van*** *daardie dag af* ~ from that day on. **aan** *prep.* at; against; by, by way of; for; in, in the way of; near, next to; of; on, upon; with; to, up to; ~ *die been **beseer/gewond*** injured/wounded in the leg; ~ ***dek*** →DEK *n.*; ~ *die **huil/lag/ens. gaan/wees*** start/be crying/laughing/etc.; ~ *iets **eet*** eat s.t.; *iem.* ~ *iets **herken*** recognise s.o. by s.t.; ~ *'n deur **klop*** knock at/on a door; *kop* ~ ***kop*** *bots* →KOP *n.*; ~ *'n rivier **lê*** lie on a river, be (situated) on a river; ~ *iets **ly*** →LY[2] *vb.*; ~ ***mekaar*** *skryf/skrywe* write to each other; *iets* ~ ***moedersknie*** *leer* →MOEDERSKNIE; ~ *'n **muur*** on a wall; ***na*** ~ →NA *adv.*; *iem.* ~ *die hand **neem*** take s.o. by the hand; *daar is **niks*** ~ *nie* there is nothing to it; *'n **ring*** ~ *jou vinger* a ring on one's finger; ***rug*** ~ *rug* →RUG[1]; *iets* ~ *iem.* ***sê*** tell s.o. s.t.; *'n **seer/ens.*** ~ *jou voet/ens.* a sore/etc. on one's foot/etc.; ***skoene*** ~ *jou voete* shoes on one's feet; *iets* ~ *iem.* ***stuur*** send s.t. to s.o.; ~ ***'t*** *huile/lag/ens. gaan/wees, (dated)* →***die***; ~ *iem. se **voete sit*** sit at s.o.'s feet; ***waarde*** ~ *juwele/ens.* value in jewels/etc.; ~ *iets **werk*** →WERK *vb.*; ~ *die **werk** gaan/spring* →WERK *n.*.

aan-aan (last) touch, tag; ~ *speel* play (last) touch, play touches/tag.

aan·bak *-ge-* stick to the pan, get burnt; *(coal etc.)* cake together. **aan·bak·sel** *-sels* crust.

aan·be·stee *(rare)* put out to contract; ask/invite tenders for, call for tenders. **aan·be·ste·de** *adj.:* ~ *werk* work given out on tender, contract work. **aan·be·ste·ding** *-dings, -dinge* tender.

aan·be·tref concern; *wat dit* ~ as to this/that; when it comes to that; for that matter, for the matter of that; on that score; speaking of that; *wat my* ~ for all I care; for my part; as far as I am concerned; I for my share ...; speaking for myself.

aan·be·veel recommend; advocate; *iem./iets by iem.* ~ recommend s.o./s.t. to s.o.; *sterk ~ word* be highly/strongly recommended; *aan te beveel* recommendable; *iem. vir iets* ~ recommend s.o. for s.t. *(a post etc.)*. **aan·be·ve·lend** *-lende* commendatory, favourable. **aan·be·ve·lens·waar·dig** *-dige* recommendable. **aan·be·ve·ling** *-lings, -linge* recommendation; *'n* ~ *by iem. doen* make a recommendation to s.o.; *iem. 'n* ~ *gee* recommend s.o.; *op* ~ *van ...* at/on the recommendation of ... **aan·be·ve·lings·brief** letter of introduction/recommendation.

aan·be·vo·le recommended *(book etc.)*; ~ *hotel* recommended/approved hotel; *ek hou my* ~ *vir wenke/ens., (fml.)* suggestions/etc. are invited (*or* will be welcome).

aan·bid worship, adore *(s.o.)*; *(stronger)* hero-worship; *(relig.)* worship, venerate, adore; *bid jou (dit) aan!* I ask you!, did you ever?. **aan·bid·de·lik** *-like* adorable *(person)*; divine, superb *(God)*. **aan·bid·der** admirer *(of a person)*; worshipper *(of a deity)*. **aan·bid·ding** worship; adoration; *die* ~ *van die Lam* the Adoration of the Lamb; *in ~ neerkniel* kneel in worship; *met oë vol* ~ *na ... kyk* look at ... adoringly (*or* with adoring eyes); *in stille* ~ in silent worship/adoration.

aan·bied *-ge-* offer, give, bid, proffer, tender; propose; present, tender; volunteer; *(TV)* front *(a programme)*; ***dienste*** ~ offer/tender/volunteer services; *as die **geleentheid** hom* ~ →GELEENTHEID; *iem. 'n **geskenk*** ~ present a gift to s.o., present s.o. with a gift; *(iem.) jou **hulp*** ~ offer to help (s.o.); ***iem.*** *iets* ~ offer s.o. s.t., offer s.t. to s.o.; make s.o. an offer of s.t.; present s.t. to s.o., present s.o. with s.t., make s.o. a presentation of s.t.; *50c **in** die R* ~ offer/tender 50c in the R; ***jou*** ~ come forward; *iets te **koop*** ~ →KOOP *n.*; *iem. kan nie **meer*** ~ *nie* this is as far as s.o. can go; ~ ***om*** *iets te doen* offer/volunteer to do s.t.; volunteer for a task; ***raad*** ~ offer advice; *R750/ens. **vir** iets* ~ offer R750/etc. for s.t.; *aangebied **word,** (also)* be on offer. **aan·bie·der** *-ders, (rad., TV)* presenter; *(jur.)* offerer; dispenser. **aan·bie·ding** *-dings, -dinge* offer, overture, tender; *(jur.)* presentation, presentment; →AANBOD; AANGEBODE; *by* ~ *van ...* on presentation of ...; *kantoor van* ~ office of origin.

aan·bind *-ge-* bind, fasten, tie (on); *die stryd met iem. oor iets ~, (arch.)* →DIE **STRYD** MET IEM. OOR IETS AANKNOOP.

aan·blaas *-ge-* blow, fan; stir (up), (a)rouse, kindle, foment; ***haat*** ~ fan the flames of hatred; ***ontevredenheid*** ~ fan dissatisfaction; ***opstand*** ~ stir up rebellion/revolt; *die **vlam/vuur*** ~ fan the flame/fire; *die **vuur** van twis/tweedrag* ~ stir up (*or* foment) discord.

aan·blaf *-ge-, (fig.)* bark at.

aan·blik *n.* aspect; glance, look; sight, view; *by die eerste* ~ at first sight.

aan·bly *-ge-* stay on; *(teleph.)* hang/hold on, hold the line; *bly aan, asseblief!* hold on (*or* hold the line), please!; *in 'n betrekking* ~ continue/remain in (*or* retain) office; *iets laat* ~ leave s.t. on.

aan·bod *-biedings, -biedinge* offer; supply; *'n* ~ ***aan*** ... an offer to ...; *'n **aanloklike*** ~ an attractive proposition; *'n* ~ ***aanneem/aanvaar*** accept (*or* take up) an offer; *'n* ~ *van iem. **aanneem/aanvaar,** (also)* take s.o. up on s.t.; *iem. 'n* ~ ***doen/maak*** make s.o. an offer; make s.o. a proposition; *'n nuwe* ~ ***doen/maak*** rebid; *van 'n* ~ ***gebruik*** *maak* take up an offer; *'n* ~ *van die **hand** wys* decline/refuse (*or* turn down) an offer; *die* ~ *is nog van **krag*** (of ***staan*** *nog*) the offer holds; *'n* ~ ***oorweeg*** entertain an offer; *'n* ~ ***vir*** ... an offer for ...; ***vraag*** *en* ~ supply and demand. **~kant** *(econ.)* supply side. **~kantekonomie** supply-side economics. **~ontvanger** *(jur.)* offeree. **~prys** offer price.

aan·bou *n.: in* ~ *wees* be under (*or* in course/process of) construction. **aan·bou** *-ge-, vb.* build/add on *(a room etc.)*; *'n garage/ens. aan/by 'n huis* ~ build a garage/etc. onto (*or* on to) a house; *'n kamer* ~ add another room; *teen 'n muur* ~ build against a wall. **aan·bou·sel** *-sels* annexe, extension, extra room/wing.

aan·brand *-ge-* burn, be/get burnt, stick to the pan/pot/saucepan; *die rys/ens. het aangebrand* the rice/etc. got stuck to the saucepan (*or* is burnt). **aan·brand·sel** *-sels* burnt layer (in the bottom of a pan/pot/saucepan).

aan·breek *n.: die* ~ *van 'n nuwe tydvak* the dawn of a new age/era. **aan·breek** *-ge-, vb., (day)* break, dawn; *(night)* fall, close in; *(age)* dawn; *(autumn, winter)* set in; *(spring, summer)* begin; *(time)* come, be at hand; *mag ... spoedig ~!* roll on ...!; *die uur het aangebreek* the hour has come/struck.

aan·brei *-ge-* knit on *(a collar etc.)*; keep on knitting; *'n hak aan 'n kous* ~ heel a sock; *'n voet aan 'n kous* ~ foot a sock.

aan·bring -*ge*- fix, affix, fasten; put in, fit; install *(electricity)*; put up *(a sign, plaque, etc.)*; make *(a correction)*; bring about, introduce *(changes)*; make, introduce *(improvements)*; bring on *(fever)*; let *(a door into a wall)*; insert *(a comma etc.)*; add; put on, apply; bring in *(capital, customers)*; accuse, inform against *(s.o.)*; *iets aan ...* ~ affix s.t. to ...; *lym op iets* ~ apply glue to s.t.; *iets op die regte plek* ~ place s.t. correctly; *'n slot op 'n deur* ~ fasten a lock on/to a door.

aand *aande* evening; night; **een** ~ of an evening; *iets het* **een** ~ *gebeur* s.t. happened one evening; **elke** ~ every evening; night after night; *die* **hele** ~ all evening; all through (*or* throughout) the evening; *die* **hele** ~ *daar(mee)/hier(mee) deurbring* make an evening of it; **in** *die* ~ in the evening; at night; after dark; **in** *die* ~*e* in the evenings; **in** *die* ~ *van jou lewe, (liter.)* in the twilight/evening/autumn of one's life, in one's twilight years; **laat** *in die* ~ late at night; at a late hour; *so* **laat** *in die* ~ at this time of night; *dis* **nog nie** ~ *nie, (also)* don't bless the day before it is over; **nou** *die* ~, *'n paar* ~*e* (of *'n* ~ *of wat*) **gelede** the other night; **op** *'n* ~ on an evening; **op** *die* ~ *van die 21ste/ens.* on the evening of the 21st/etc.; *iets het* **op** *'n (sekere)* ~ *gebeur* s.t. happened one evening; **teen** *die* ~ *(se kant)* toward(s) evening; at the close of day; *die* ~ **tevore** the evening/night before; *'n* ~ **uit** a night out; *'n* ~ **uitgaan** have a night out; *die* ~ **voor** *die fees/slag/ens.* on the eve of the festival/battle/etc.; *die* **vorige** ~ the previous evening. ~**baadjie** dinner jacket, tuxedo *(Am.)*. ~**blad** →AANDKOERANT. ~**blom** (spp. of *Freesia, Gladiolus, Hesperantha, Oenothera*) evening flower, evening primrose. ~**diens** evening service/prayers, evensong. ~**drag** evening dress, black tie. ~**ete** supper, evening meal; dinner; *by (die)* ~ at dinner/supper; *(die)* ~ *geniet/nuttig* have dinner/supper; *voor/ná (die)* ~ before/after dinner/supper. ~**gebed** evening prayer; *kerklike* ~ compline. ~**gesang** evening hymn. ~**gloed** evening glow. ~**godsdiens** evening prayers. ~**hemel** evening sky. ~**hemp** dress shirt. ~**klas** evening/night class. ~**klere** evening dress/wear, dress clothes. ~**klok,** ~**klokreël(ing)** curfew. ~**koerant** evening (news)paper. **A~land:** *die* ~, *(poet., liter.)* the Occident/West. ~**lied** evening song/hymn, evensong, vespers. ~**lig** twilight, dusk, gloaming, evening light. ~**lug** night air; evening sky. ~**luggie** evening breeze. ~**maal(tyd)** supper, evening meal. ~**pak** dress suit, evening suit/dress. ~**praatjies** →MÔREPRAATJIES. ~**pypie** *Gladiolus* spp.. ~**rok** (lady's) evening dress. ~**rooi** evening glow. ~**sakkie** (lady's) evening bag. ~**sang** →AANDGESANG. ~**sitting** evening session. ~**skemer(ing)** dusk, nightfall, gloaming, twilight. ~**skoen** evening shoe. ~**skof** -*skofte* evening shift. ~**skool** evening classes/school, night school. ~**skyn(sel)** evening glow. ~**son** setting sun. ~**ster** evening star, Hesperus. ~**stond** -*stonde*, ~**stonde** -*stondes, (fml.)* evening hour. ~**tabberd** *(arch.)* →AANDROK. ~**tenue** (military) evening dress. ~**wandeling** evening walk. ~**wydte** *(astron.)* amplitude.

aan·da·dig -*dige* accessory; *aan iets* ~ *wees* be an accessory to s.t. *(a crime)*; be implicated/involved in s.t.. **aan·da·di·ge** -*ges* accessory, accomplice. **aan·da·dig·heid** complicity, collusion.

aan·dag attention, notice, observation; **aandag!**, *(mil.)* attention!; *die* ~ **aflei/aftrek** divert attention from s.t., draw attention away from s.t.; create a diversion, draw a red herring across the track/trail; *iem. se* ~ *van iets* **aflei/aftrek** distract/divert s.o.'s attention from s.t., distract s.o. from s.t., take s.o.'s mind off s.t.; *die* ~ *van die hoofsaak* **aflei** draw a red herring across the trail; *die* **algemene** ~ *trek* be in the public eye; *jou* ~ *by ...* **bepaal** confine one's attention to ...; keep one's attention on ...; **besondere** ~ *aan iets bestee* be particular about/over s.t.; *met* **besondere** ~ *aan ...* with special reference to ...; *meer* ~ *aan iets* **bestee,** *(also)* take more care over s.t.; ~ **bestee/gee/skenk/wy** *aan ...* pay/give/devote (*or* turn one's) attention to ..., take up ..., deal with ...; apply one's mind to ...; *iem. se* ~ **boei** hold s.o.'s attention; *die ene* ~ *wees* be all attention; ~ **geniet/kry/ontvang** enjoy/gain/receive attention; *iets* **geniet** ~, *(also)* s.t. is being attended to; *met die* ~ *op ...* **gerig** *wees* be intent on/upon ...; *met* **gespanne** ~ with rapt attention; with bated breath; **met** ~ attentively, closely, carefully, intently; *iets* **onder** *die* ~ *bring* draw attention to s.t.; *iets* **onder** *iem. se* ~ *bring* draw s.o.'s attention to s.t., bring s.t. to s.o.'s attention/knowledge/notice; **onder** *iem. se* ~ *kom* come to s.o.'s attention/notice; *iets het iem. se* ~ **ontglip,** *iets het (aan) iem. se* ~ **ontsnap** s.t. has escaped s.o.'s attention; *(aan) die* ~ **ontsnap,** *(also)* escape observation; *jou* **onverdeelde** ~ *aan ... gee/skenk/wy* give one's undivided attentiont to ...; **op** ~ *staan, (mil.)* stand at/to attention; **op** ~ *gaan staan, (mil.)* come to attention; *soldate tot* ~ **roep** call soldiers to attention; *jou* ~ *op ...* **toespits** fix one's attention on/upon ...; focus (one's attention) on/upon ...; keep one's mind on ...; *iem. se* ~ **trek** attract/catch/draw s.o.'s attention, catch s.o.'s eye; *(die)* ~ *probeer* **trek** seek attention; *al die* ~ **trek** steal the limelight; *die* ~ *wil* **trek** show off; *die* ~ *op ...* **vestig** call/draw attention to ...; highlight ... *(problems etc.)*; *iem. se* ~ *op iets* **vestig** call/direct/draw s.o.'s attention to s.t.; bring s.t. to s.o.'s notice/attention; **vir** *die* ~ *van ...* for the attention of ...; **(vir)** ~ *mnr. X* attention Mr X; ~ *vir ...* **vra** draw attention to ...; *iets* **vra** *al iem. se* ~ s.t. requires all s.o.'s attention. ~**(s)gebrek(sindroom)** attention deficit disorder *(abbr.:* ADD*)*. ~**soekery,** ~**trekkery** attention-seeking. ~**span, aandagsomvang** attention span. ~**streep** dash.

aan·dag·tig -*tige, adj.* attentive; *(adv.)* attentively, closely, carefully, intently; ~ *luister* listen closely (*or* with rapt attention), be all ears. **aan·dag·tig·heid** attention, attentiveness. **aan·dag·tig·lik** →AANDAGTIG.

aan·deel -*dele* share *(in profits, a business, etc.)*; portion *(of an inheritance)*; *(fin.)* share, interest; quota, share, cut *(infml.)*, allotment; contribution; part; *'n* ~ **aan** *iets hê, (also)* have a hand in s.t.; *'n daadwerklike* ~ **aan** *iets hê* take an active part in s.t.; *in aandele* **belê** invest in (stocks and) shares; *iem. het* **geen** ~ *daaraan gehad nie* it is none of s.o.'s doing; *'n* **groot** ~ *aan ... hê* play an important (*or* a leading part) in ...; *'n* ~ **in** *iets hê* have an interest in s.t. *(a business)*; *aandele* **in** *'n maatskappy besit* hold shares in a company; *aandele van 30%* **in** *'n maatskappy hê* have a 30% interest/share in a company; *met aandele* **spekuleer** play the market; *iem. se aandele* **styg,** *(fig.)* s.o.'s prospects are improving; *'n* **uitgifte** *van aandele* an issue of shares; *aandele* **uitreik** issue shares; *aandele* **val/styg** shares (*or* share/stock prices) are falling/rising. ~**besitvergroting** *(fin.)* stakebuilding. ~**bewys** share certificate. ~**houding** →AANDELEBESIT. ~**houer** shareholder, stockholder. ~**sertifikaat** -*kate* share certificate.

aan·deel·hou·ers-: ~**belang** shareholders' equity. ~**register** shareholders' register. ~**vergadering** shareholders' meeting.

aan·de·le-: ~**besit** share-, stockholding. ~**beurs** stock exchange. ~-**indeks** share index. ~**kapitaal** share capital, capital stock. ~**maatskappy** joint-stock company. ~**makelaar** stock-, sharebroker. ~**mark** stock exchange/market. ~-**opsie** share option. ~**portefeulje** share portfolio. ~**premie** share premium. ~**register** transfer register. ~**sertifikaat** -*kate* share certificate. ~-**uitgifte** share issue.

aan·den·king, aan·den·king -*kings,* -*kinge* memory, remembrance; memorial, token; memento, souvenir, keepsake; *iets as 'n* ~ *gee* give s.t. as a keepsake/memento/souvenir; *'n* ~ *aan die oorlog* a souvenir/memento of the war; *ter* ~ *aan ...* in memory/remembrance of ...

aan·dien -*ge*- announce, introduce, present, usher in.

aan·dik -*ge*- exaggerate; *(dit/lekker)* ~ pile it on.

aand·jie -*jies* social evening; *iem. kon net een* ~ *tuis wees* s.o. could spend only one evening at home.

aan·doen -*ge*- cause, give *(trouble etc.)*; impose, inflict *(hardship etc.)* (up)on; offer *(insult)* to; affect, move, touch *(the heart)*; try *(the nerves)*; **aangenaam/onaangenaam** ~, *(fml.)* make a pleasing/unpleasant impression, be pleasing/pleasant (*or* grating/jarring); *iem.* **eer** ~ honour s.o., render honour to s.o.; *iem. doen sy/haar naam* **eer** *aan* s.o. is living up to his/her reputation; *die waarheid* **geweld** ~ stretch the truth; *'n* **hawe** ~ →HAWE[2] *n.*; *iem.* **iets** ~ do s.t. to s.o.; *dit* **kan** *jy my nie* ~ *nie!* you can't do that to me!; *hoe* **kon** *jy my so iets* ~? how could you do that to me?; *iem.* **ongerief** ~ put s.o. out, inconvenience s.o., give s.o. trouble; *(by) 'n* **plek** ~ stop/call at a place. ~**plek** point/port of call.

aan·doe·ning -*nings,* -*ninge* complaint, ailment; emotion; →HARTAANDOENING, KEELAANDOENING, MAAGAANDOENING; *van* ~ *beef/bewe* shake/tremble with emotion; *met* ~ *na iets kyk* be moved by the sight of s.t.; *van (pure)* ~ *kon iem. nie meer praat nie* s.o. was choked with emotion.

aan·doen·lik -*like* moving, touching, poignant, stirring. **aan·doen·lik·heid** poignancy.

aan·dra -*ge*- bring (along), carry, fetch; *iets agter iem.* ~ take s.t. to where s.o. is; *(derog.)* wait on s.o.; *nuus/stories oor iem. by iem.* ~ tell tales about s.o. to s.o., tell/split/sneak on s.o. to s.o. *(infml.)*.

aan·draai -*ge*- tighten, fasten; turn/switch on; *(die) briek* ~, *(fig.)* apply (*or* put on) the brakes, ease off; cut back, apply the financial brakes; *die gas* ~ turn on/up the gas.

aan·draf -*ge*- run/trot along; jog along; *agter iem.* ~ tag after (*or* tag along behind) s.o..

aan·drang insistence, instigation, instance, urging; demand, request; →AANDRING; *iets* **met** ~ *versoek* request s.t. earnestly/urgently; *die* ~ **op** *iets* the call/clamour for s.t.; **op** *algemene* ~ by popular demand/request; **op** ~ *van die publiek* by public demand/request; **op** *iem. se* ~, **op** ~ *van iem.* at s.o.'s insistence/instigation/instance, at the instigation/instance of s.o.; **uit** *eie* ~ on one's own initiative, of one's own free will, of one's own accord.

aan·dren·tel -*ge*- saunter/amble along; *agter iem.* ~ traipse after s.o..

aan·drib·bel -*ge*- dribble *(a ball)*.

aan·drif -*drifte, (arch.)* impulse, urge; instinct.

aan·dring -*ge*-*: daarop* ~ *dat ...* insist that ...; *daarop* ~ *dat iem. iets doen (of dat iets gedoen word)* insist on s.o. doing s.t. (*or* on s.t. being done), press s.o. to do s.t. (*or* for s.t. to be done); *daarop* ~ *om iets te doen* insist on doing s.t.; *op iets* ~ insist on (*or* press for) s.t.; *by iem. op iets* ~ press s.o. for s.t., press/urge s.o. to do s.t.; →AANDRANG. **aan·drin·ge·rig** →OPDRINGERIG.

aan·druk -*ge*- drive on/along *(animals)*; hurry (up), get a move on *(infml.)*; *met iets* ~ press ahead/forward/on with s.t.; *iem. teen jou* ~ hug s.o.; *jou teen iem.* ~ cuddle up against (*or* nestle close to) s.o.; *teen iets* ~ press against s.t..

aan·dryf, aan·dry·we -*ge*-, *(mech.)* drive, power *(a vehicle)*; drive (on/along) *(animals)*; →AANGEDREWE; *deur/met elektrisiteit/ens. aangedryf word* be driven by electricity/etc.; *aangedryf kom* come floating along. **aan·dry·wer** *(comp.)* driver. **aan·dry·wing** -*wings,* -*winge, (mech.)* drive, power.

aan·dui -*ge*- indicate, point out, show; mark *(with an asterisk etc.)*; indicate, point to; designate, signify; hint, imply, intimate; denote, mean, stand for, betoken; denominate *(in units)*; *tensy* **anders** *aangedui* unless otherwise specified; *iem./iets* **as** *...* ~ designate s.o./s.t. as ...; describe s.o./s.t. as ...; *iets dui aan* **dat** *...* s.t. indicates that ...; s.t. is significant of ...; *iets word* **deur** *... aangedui* s.t. is marked with ... *(an asterisk etc.)*; *'n* **eerlike inbors** ~, *(fml.)* indicate/signify an honest mind; *iets* **nader** ~ specify s.t. (in detail), indicate s.t. more precisely, spell s.t. out *(infml.)*; **soos** *hier aangedui* as indicated here; along/on these lines. **aan·dui·dend** -*dende* indicative, symptomatic. **aan·dui·ding** -*dings,* -*dinge* indication; designation; hint, intimation; sign, clue, evidence; *(med.)* signature; ~*s dat ...* evidence that ...; *'n* ~ *gee* give an indication; *iets gee/is 'n* ~ *van ...* s.t. gives/is an indication of ...; s.t. gives/is a pointer to ...; s.t. is a measure of ... *(s.o.'s determination etc.)*; *geen* ~ *hê nie* have nothing to go by/(up)on; *'n* ~ *hê* have something to go by/(up)on; ~*s van iets,* *(also)* evidence of s.t.; *'n ~ van hoe/wat/wanneer ...* an indication as to how/what/when ...; a pointer to how/what/when ...; *'n ~ van wanneer iem. kom/ens.* an indication as to when s.o. is coming/etc.; *volgens die ~s is dit ...* indications are that it is ...

aan·durf *=ge=* dare, risk, venture (up)on; *iem. ~* square up to (*or* confront) s.o.; *iets ~* tackle s.t., venture (up)on s.t., take s.t. on; *iets nie ~ nie* shrink (*or* shy away) from doing s.t., hang back from s.t..

aan·een consecutively, continuously, solidly, at a stretch; together; *dae/ens. ~* for days/etc. on end; *drie dae ~* for three straight days; *twaalf/24 uur ~* round the clock. **~geheg** *=de, =te* linked (together), fastened/clamped together; →AANEENHEG. **~geryg** *=de, =te* strung together; →AANEENRYG. **~geskakel** *=de* connected, linked, concatenated, interlocking; →AANEENSKAKEL; *~de relaas* connected account. **~geslote** connected, unbroken; *(fig.)* united; →AANEENSLUIT; *~ front* united front; *~ geledere* closed/serried ranks. **~heg** *=ge=* link up, fasten/clamp together; →AANEENGEHEG. **~loop** *=ge=* be continuous. **~lopend** continuous; *~e papier* continuous paper/stationery. **~ryg** *=ge=* string together; *(needlework)* tack, baste. **~skakel** *=ge=* link (together), link (up), concatenate, couple, shackle. **~skakelend** *(also)* copulative. **~skakeling** chain, string, series; sequence, succession, train, concatenation; *~ van ongelukke* series of accidents; *~ van leuens* string of lies. **~sluit** *=ge=* join/link together, couple; fit well; close up; join, unite, combine; →AANEENGESLOTE. **~sluiting** closing, joining, linking, uniting. **~smee, ~sweis** *=ge=* weld together. **~vriesing** regelation.

aan(-en)-af-ska·ke·laar on-off switch.

aan·erd *aangeëerd* earth/bank up, tump. **~ploeg** tumping plough.

aan·gaan *=ge=* continue, go on, proceed; carry on, take on *(violently)*; enter into, conclude *(an arrangement, a transaction, treaty, etc.)*; contract *(a marriage)*; incur *(debts, expenses)*; enter into *(a marriage, partnership)*; negotiate *(loans)*; concern, regard; *(light etc.)* go on; ***agter** iem. ~* follow s.o.; imitate s.o.; ***by** iem. ~* drop/call in on s.o.; ***by** 'n winkel/ens. ~* pop into a shop/etc.; ***goed** ~* do well; *by 'n **hawe** ~* →HAWE[2] *n.*; *dit gaan jou **nie** aan nie* it doesn't concern you, it is none of your business; *dit gaan **niemand** aan nie* it's nobody's business; ***so** kan dit nie ~ nie* that/this will never do; *'n **stryd** ~* join issue/battle; ***wat** ... ~* as for/regards/to ...; ***wat** dit ~* as regards that/this, as for/to that/this; ***wat** gaan hier aan?* what's going on here?; ***wat** gaan dit jou aan?* what is it to you?; ***wat** kan dit my ~?* what's that to me?; ***wat** my ~* as far as I am concerned, as for me, for my part; speaking for myself; *'n **weddenskap** met iem. ~* make a bet with s.o.; *aan **wie** dit mag ~* to whom it may concern. **~plek** *(fig.)* port of call.

aan·gaan·de as for/regards/to, regarding, concerning, with regard/reference/respect to.

aan·gaap *=ge=* gape/stare/goggle/gawk at.

aan·ge·be·de *(fml.)* adored, worshipped, idolised; →AANBID. **aan·ge·be·de·ne** *=nes, (fml.)* adored (one), idol.

aan·ge·bo·de offered; tendered *(vote)*; proffered *(help)*; →AANBIED.

aan·ge·bo·re inborn *(talent)*; innate *(ideas)*; inbred *(piety)*; congenital *(disease)*; natural *(taste)*; native *(intelligence)*; hereditary *(trait)*; constitutional *(defect)*; inherent, inbuilt *(quality)*; *iets is iem. ~* s.t. comes naturally to s.o.; *iets doen asof dit ~ is* do s.t. as to the manner born; *leer van ~ idees* nativism.

aan·ge·brand *=brande* burnt; →AANBRAND; *~e kos* burnt food, *(hum.)* burnt offering.

aan·ge·daan *=dane* moved, touched, affected; *iem. was geweldig ~* s.o. was overcome by/with emotion; *diep ~ wees oor iets* be deeply moved by s.t.; *~ raak* give way to one's emotions; *met 'n aangedane stem* in a voice touched by emotion, with a break/catch in one's voice.

aan·ge·dik *=dikte* coloured, exaggerated; →AANDIK.

aan·ge·dre·we: *elektries ~* electrically powered/driven. **-aan·ge·dre·we** *comb.* -powered; →AANDRYF; *battery~* battery-powered; *kern~* nuclear-powered.

aan·ge·dui·de *=des, n., (chiefly log.)* implicate.

aan·gee *=geë, n., (sport)* pass; →VORENTOEAANGEE.

aan·gee *=ge=, vb.* give, hand, pass (on); reach (down); indicate, mark *(on a map etc.)*; record *(time)*; register *(temperature)*; allege *(as reason)*; declare *(goods)*; report *(a thief, theft, etc.)*; give notice of *(a birth)*; mention *(points)*; state *(particulars)*; suggest *(means)*; report *(a matter)*; notify *(a disease)*; *(athl.)* relay; *(sport)* (make a) pass; *die **bal** na ... ~* pass the ball to ...; *in **besonderhede** ~* specify; *iem. **by** die polisie ~* report s.o. to the police; ***jou** ~* give oneself up; *die **pas** ~* →PAS[1]; *'n **saak** ~* lay a charge; ***soos** hierbo* (of *hier bo) aangegee* as specified above; *die **toon** ~* →TOON[2]; *iets **vir** iem. ~* pass s.t. to s.o.; hand s.o. s.t., hand s.t. to s.o.; pass on s.t. to s.o.; *kan jy die ... **vir** my ~?, sal jy asseblief die ... ~?* can/could/may I bother/trouble you for the ...?. **~beweging** *(sport)* passing movement.

aan·ge·ër, aan·ge·wer *(football etc.)* passer; →PASAANGEËR.

aan·ge·ge·we given; indicated, recorded, registered; quoted; alleged; notified, stated, reported; *~ tyd* scheduled time.

aan·ge·heg *=hegde, =hegte* attached, enclosed *(document)*; →AANHEG.

aan·ge·hou·de·ne *=nes* detainee; →AANHOU.

aan·ge·huud *=hude* →AANGETROUD.

aan·ge·kap *=kapte, (infml.)* tipsy; →AANKAP.

aan·ge·klaag·de *=des* accused, defendant; →AANKLA.

aan·ge·klam *=klamde, (infml.)* tipsy, pickled, merry, tight; *~ raak, (infml.)* get tipsy, get/grow merry.

aan·ge·ko·me·ne *=nes,* **aan·ge·lan·de** *=des: pas ~* newcomer, new arrival; →AANKOM; AANLAND.

aan·ge·lê: *vir iets ~ wees* have a bent/flair/gift (*or* have an aptitude *or* be cut out) for s.t.; *artistiek/musikaal ~ wees* have an artistic (*or* a musical) bent; *prakties/tegnies/wiskundig/ens. ~ wees* be practically/technically/mathematically/etc. minded; →AANLEG.

aan·ge·le·ë *adj.* adjacent, adjoining, neighbouring, contiguous.

aan·ge·leent·heid *=hede* affair, occasion, business, concern, matter; *'n ~ van openbare belang* a matter of public interest.

aan·ge·leer(d) *=leerde* acquired; →AANLEER; *~de gedrag* acquired behaviour; *~de refleks* conditioned reflex.

aan·ge·maak *=maakte* prepared *(mustard)*; diluted; →AANMAAK *vb.*; *met olie ~* oil-bound.

aan·ge·meet *=mete* made to measure, tailored, bespoke *(Br.)*.

aan·ge·naam *=name =namer =naamste, adj.* agreeable, gracious, genial *(person)*; pleasant *(company, surprise)*; pleasing *(sight)*; gratifying *(result)*; acceptable *(gift)*; smooth *(passage)*; mild, kindly *(weather)*; comfortable *(house)*; enjoyable *(experience, way, etc.)*; *~ (kennis te maak), aangename kennis(making)* delighted/pleased/nice to meet you (*or* to make your acquaintance); how do you do?; *jou by iem. ~ maak* →IN IEM. SE **GUNS** PROBEER KOM; *dit is vir my ~ om te ...* I have pleasure in/to (*or* it's a pleasure to) ... **aan·ge·naam** *adv.* agreeably, pleasantly, favourably, *etc.* (→*adj.*). **aan·ge·naam·heid** agreeableness, pleasantness; pleasure; comfort.

aan·ge·no·me *adj.* accepted, approved, received *(opinion)*; assumed, fictitious *(name)*; adopted *(child, country)*; current *(system)*; →AANNEEM; *aangenome!* agreed!, done!; *~ werk* contract work. **aan·ge·no·me** *conj.*: *~ dat ...* assuming that ...

aan·ge·o·lie *=liede* oiled-up *(spark plug)*; *~ raak* oil up.

aan·ge·pak *=pakte: die ketel/pyp is ~* the kettle/pipe is furred (up); *'n ~te tong* a furry/furred tongue; *iem. se skoene is ~ van die modder* s.o.'s shoes are caked with mud.

aan·ge·pas *=paste, =pasde* fitted; modified, adapted; →AANPAS; *by ... ~ wees* fit in with ...; be geared to ...; *~te/~de gemiddeld(e)* weighted average. **aan·ge·past·heid** adaptedness, adap(ta)tion.

aan·ge·plak pasted on; *'n ~te glimlag* a feigned/simulated smile.

aan·ge·plant: *~e weiding* established pasture; →AANPLANT.

aan·ge·se·te·ne *=nes, (rare)* (lunch/dinner) guest; →AANSIT[1].

aan·ge·sien considering, seeing (that), inasmuch as, whereas, in view of the fact that, since, taking into account that; *~ dit so is* since that is so.

aan·ge·sig *=sigte* countenance, visage, face; ***in** die ~ staar* →IN DIE **GESIG** STAAR; *van ~ **ken*** →VAN **SIEN** KEN; *wie sy **neus** skend, skend sy ~* →NEUS; *in die **sweet** van jou ~* →SWEET *n.*; *met **twee** ~te* two-faced, double-faced, deceitful, hypocritical, Janus-faced, insincere; ***van** ~ tot ~* face to face, personally; *iem. **van** ~ tot ~ ontmoet* come face to face with s.o., meet s.o. face to face; *in die ~ **van** ...* in the face of ...; in the teeth of ... **~doek** face cloth *(for a corpse)*.

aan·ge·sit: *~ kom, (s.o.)* roll in *(infml.)*.

aan·ge·skre·we, aan·ge·skryf, aan·ge·skry·we *(fml.)* estimated, known, noted, reputed; →AANSKRYF; *goed/sleg ~ staan* be of good (*or* bad/evil/ill) repute; *by iem. goed/sleg ~ staan/wees* be in s.o.'s good/bad books, be in/out of favour with s.o.; *hoog ~ staan* be held in high regard/repute.

aan·ge·slaan *=slane* coated; furred, furry *(tongue)*; blurred *(windowpane)*; tarnished *(copper)*; assessed, rated, valued *(property)*; estimated *(merits, taxes)*; *(rugby)* knocked-on; →AANSLAAN *vb.*; *~ raak* fog/mist over/up.

aan·ge·slib *=slibde* alluvial *(soil)*; →AANSLIB.

aan·ge·slo·te, aan·ge·sluit →AANSLUIT.

aan·ges·pe *=ge=* buckle on, gird on *(arch.)*.

aan·ge·spoel: *~de grond* alluvium; →AANSPOEL.

aan·ge·spro·ke addressed; →AANSPREEK. **aan·ge·spro·ke·ne** *=nes* person addressed.

aan·ge·tas *=taste, =tasde* affected; unsound; upset *(stomach)*; *(comp.)* infected; *deur ... ~* →AANTAS.

aan·ge·te·ken(d) *=kende* noted.

aan·ge·trok·ke attracted; →AANTREK; *tot iem. ~ voel* feel attracted/drawn to s.o.; take (a liking) to s.o.; feel an affinity for/to s.o.. **aan·ge·trok·ken·heid:** *iem. se ~ tot iets* s.o.'s fascination with s.t..

aan·ge·troud *=troude* related by marriage; →AANTROU; *'n ~e oom/ens.* an uncle/etc. by marriage; *~e familie* relatives by marriage, in-laws.

aan·ge·vang *=vange* commenced; →AANVANG *vb.*.

aan·ge·vreet *=vrete* eaten away; corroded; carious; moth-eaten; →AANVREET.

aan·ge·wer →AANGEËR.

aan·ge·we·se proper, appropriate, right; appointed, specified, indicated, designated, assigned; allotted, allocated; *~ **direkteur/ens.*** director/etc. designate; ***op** iem. ~/aangewys wees* be dependent on/upon s.o.; ***op** iets ~/aangewys wees* have to rely on s.t.; ***op** jouself ~/aangewys wees* be left to (*or* be thrown on) one's own resources; ***op** mekaar ~/aangewys wees* be mutually dependent; be thrown upon each other; *die ~ **persoon*** the best/ideal (*or* most suitable) person; *~ **president*** president elect; *~ **taak*** appointed/designated task; *~ **weg*** obvious/proper way.

aan·ge·wys →AANGEWESE.

aan·gif·te *=tes* declaration, entry *(of goods)*; notification *(of birth)*; return *(of official forms)*; denunciation, information; *~ van ... doen* give notice of ...; declare ... *(goods)*.

aan·glip slip on. **~skoen** slip-on (shoe); *(moccasin-like shoe)* loafer.

aan·gluur *=ge=* glare/glower/scowl at; leer at; *(derog.)* ogle (at).

aan·gooi *=ge=* cast/fling/throw along; slip/throw/whip on *(clothes)*; *gooi vir my die bal aan* pass me the ball, throw the ball to me; *'n geweer ~* (of *aan die skouer gooi*) take aim, aim/level/point a gun; *na ... ~* pass/throw to ...

aan·gord *=ge=, (arch.)* gird on *(a sword); jou ~, (fig.)* brace/steel/gird o.s.; *die wapens ~* gird o.s. with armour; *jou vir die stryd ~* gird o.s. for the battle.

aan·grens *=ge=* →GRENS AAN. **aan·gren·send** *=sende* adjacent, adjoining, bordering, neighbouring, contiguous, co(n)terminous, conterminal, vicinal, abutting; *~e hoek* adjacent angle. **aan·gren·sing** contiguity, juxtaposition.

aan·groei *=ge=* accrue, augment, grow (on), increase, swell, wax; grow faster; snowball; *(broken bone)* heal (up); *tot ... ~* grow to ... *(a thousand etc.);* swell into ... *(a roar etc.).* **aan·groei·ing** accession, accretion, augmentation, growth; increase, increment; waxing *(of the moon).* **aan·groei·sel** *=sels* accretion.

aan·gryns *=ge=* grin at; leer at; *(fig.)* stare in the face.

aan·gryp *=ge=* catch/grab/lay hold of; grip; snatch at *(an offer);* jump at *(a chance, an opportunity);* capture, catch, stir *(the imagination);* seize (on), take; assail, attack, fall upon *(the enemy);* fasten upon *(a pretext);* tell upon, affect *(one's health, nerves); 'n geleentheid ~* seize (*or* jump at *or* embrace *or* snap up *or* grasp) an opportunity, take time by the forelock; *iets met albei* (of *al twee) hande ~* jump at s.t., accept s.t. eagerly *(an opportunity, offer, etc.).* **aan·gry·pend** *=pende* moving, gripping, touching, poignant, affecting, stirring, impressive; pathetic, thrilling. **aan·gry·pings·punt, aan·gryp·punt** point of attack; point of application; centre *(of parallel forces);* working point; abutment line.

aan·haak *=ge=* couple/hitch/hook/join on *(a trailer to a car etc.);* hook up, inspan *(oxen etc.).* **~lyn** line of hitch.

aan·haal *=ge=* quote *(s.o., text);* quote, give, offer, cite *(an example);* give, offer *(proof); (jur.)* cite, quote; *(fml., jur.)* adduce; *"haal aan ... sluit die aanhaling"* "quote ... unquote"; *iem. oor iets ~* quote s.o. on s.t.; *uit ... ~* quote from ...; *verkeerd ~* misquote; *aangehaalde werk, (abbr.:* a.w.*)* work quoted *(abbr.:* op. cit.*).* **aan·ha·ling** *=lings, =linge* citation, quotation, *(infml.)* quote; adduction; passage; extract; *afgesaagde ~* trite quotation, stock phrase, tag; *'n ~ sluit* close a quotation, unquote; *'n ~ uit ...* a quotation from ... *(a book etc.).* **aan·ha·lings·te·ken** quotation mark, inverted comma; *tussen ~s* in quotation marks, in inverted commas, in quotes.

aan·hang *n.* following, followers, adherents, hangers-on, partisans; *algemene ~ vind* find general favour/support; *'n groot ~ hê* have a large following; have a great vogue. **aan·hang** *=ge=, vb.* adhere/cling/stick to, be attached to; follow, favour, hang onto (*or* on to), support; add/append/attach/hang/tack on; *'n leerstuk ~* subscribe to a doctrine; *'n saak ~* espouse/support a cause. **~motor** *=motore* detachable motor; →BUITEBOORDMOTOR.

aan·han·ger *=gers* adherent, disciple, votary, devotee, follower, partisan, supporter. **aan·han·gig** *=hangige* pending, under consideration, sub judice; *'n hofsaak ~ maak* institute legal proceedings; *iets ~ maak* raise s.t. *(for consideration/discussion); iets by iem. ~ maak* take s.t. up with s.o.. **aan·hang·sel** *=sels* addendum, annexe, addition, appendage, supplement, accessory; appendix; codicil *(of a will);* rider *(to a legal document); (anat.)* appendage, appendix; *(also, in the pl., fml.)* paral(e)ipomena; *'n ~ van ...* an appendix to ... *(a book);* an appendage of ... *(s.o.); 'n ~ by ...* an annexe to ... *(a document).* **aan·hank·lik** *=like* attached; clinging *(nature);* devoted *(follower); aan iem. ~ wees* be attached to s.o.. **aan·hank·lik·heid** attachment; *iem. se ~ aan ...* s.o.'s attachment to ... *(s.o.).*

aan·hard·loop *=ge=: agter iem. ~* chase/run after s.o.; *aangehardloop kom* come running up.

aan·hê have on, wear, be dressed in.

aan·hef *n.* beginning, commencement; introduction, opening remarks; *(fml.)* exordium *(of a discourse);* preamble *(to an act);* recital *(of a deed).* **aan·hef** *=ge=, vb.* begin, commence; raise *(a shout);* set up *(a cry);* strike up *(a song); "hef aan" lê nog voor* the worst is yet to come.

aan·heg *=ge=* affix, attach, fasten, fix, join; *(infml.)* tack on; *(knitting)* cast on; attach, enclose; *(med.)* attach, insert; →AANGEHEG; *iets by 'n brief ~* enclose s.t. in/with a letter, annex s.t. to a letter. **aan·heg·sel** *=sels* addendum, appendix *(to a document);* attachment; enclosure. **aan·heg·ting** *=tings, =tinge* affixture; attachment, fastening, sticking; *(bot., med.)* insertion. **aan·heg·tings·punt** juncture; point of contact/attachment/insertion.

aan·help *=ge=* help on/along/forward; expedite, hasten *(an action, process, etc.);* promote, further *(a scheme, undertaking, cause, etc.); iem. sy/haar jas ~* →IEM. IN SY/HAAR JAS **HELP.**

aan·hits *=ge=* incite, egg on, instigate, prompt, put up to, spur (on), stir up, provoke; *iem. ~ om iets te doen, iem. tot iets ~* put s.o. up (*or* incite s.o.) to s.t.; *twee mense teen mekaar ~* set two people by the ears; *'n hond teen iem. ~* set a dog on s.o.. **aan·hit·send** *(also)* inflammatory, seditious. **aan·hit·ser** *=sers* inciter, instigator, provoker, firebrand, *(infml.)* stirrer; abetter; spur. **aan·hit·sing** *=sings, =singe* incitement, instigation, provocation.

aan·hol *=ge=* keep on running; *aangehol kom* come running/tearing along.

aan·hoor *=ge=* hear, listen to; give a hearing (to); entertain, hear *(an application, a claim); iem. billik ~* give s.o. a fair hearing; *ek kan dit nie langer ~ nie!* I can't bear it any longer!, I can't bear to hear any more of it!; *iem. stilswyend ~* listen to s.o. in silence. **~dag** date of hearing. **aan·hoor·der** *=ders* hearer, listener; *(in the pl.)* audience. **aan·ho·re:** *ten ~ van iem.* in s.o.'s hearing, in the presence of (*or* in front of *or* before) s.o..

aan·ho·rig *=rige* belonging/appertaining to; dependent (up)on. **aan·ho·ri·ge** *=ges* relative; dependant, servant, retainer. **aan·ho·rig·heid** reliance, dependence; appurtenance.

aan·hou *=ge=* continue, follow on, go on, hold (on); keep on, persevere, persist; last, endure; insist; apprehend, arrest, stop, hold *(a thief);* detain *(a suspect);* hold, keep, sustain *(a musical note etc.);* keep, hold onto (*or* on to) *(a friend, room, etc.);* keep on *(a light, clothes, etc.);* keep *(a servant);* farm, keep *(sheep etc.);* keep up *(a correspondence, friendship, etc.);* ***eenstryk*** *~* keep up a steady pace; ***hou** aan!, (teleph.)* hold the line!, hang on!; ***hou** so aan!* keep it up!; *iets hou **lank** aan* s.t. is lasting (for) a long time *(a meeting, bad weather, etc.);* ***met** iets ~* go on with s.t.; keep at s.t., persevere with s.t.; persist in/with s.t.; ***oor** iets ~* keep on about s.t.; *~ (met) **praat/ens.*** keep on talking/etc.; ***so** kan dit nie ~ nie* it/things cannot go on like this (any longer), this can't go on; *~ **wen*** →AANHOUER WEN; *klein begin, ~ **win*** perseverance will be rewarded, never say die; *aangehou **word*** be detained, be in detention. **aan·hou·dend** *=dende, adj.* constant, continual, continuous; incessant, ceaseless, interminable, never-ending, nonstop, perpetual, unceasing; continuing *(differences etc.).* **aan·hou·dend** *adv.* continually, constantly, *etc.* →*(adj.);* be forever *(doing s.t.).* **aan·hou·dend·heid** continuance, persistence, ceaselessness, unceasingness, incessancy.

aan·hou·ding apprehension, detainment, detention; *in ~ wees* be in detention; *iem. is in ~ terwyl sy/haar saak uitgestel is* s.o. is on/under remand; *lasbrief/bevel(skrif) tot ~* warrant of arrest; *'n lasbrief vir iem. se ~ uitreik* issue a warrant for s.o.'s arrest. **~sentrum** detention centre.

aan·hou·er stayer, sticker, persister, trier; *~ wen* dogged does it, it's dogged as does it; never say die!.

aan·hup·pel *=ge=* skip/hop/caper/frisk along.

aan·ja(ag) *=ge=* drive on/along *(an animal);* hurry (up), rush, hustle, urge (on), spur (on) *(a person);* supercharge, boost *(an engine);* make a mess of, mess up, bungle, botch; *(infml.)* botch it, *(sl.)* cock up; *agter iem. ~* chase after s.o.; *iem. met werk ~* hurry s.o. on/along with work; *hard ~* force the pace; *aangejaag kom* come hurrying/galloping/racing/rushing/tearing along, *(infml.)* come bombing along; *iem. laat hom/haar nie ~ nie* s.o. refuses to be rushed; *skrik ~* cause terror, terrorise, intimidate; *vrees ~* frighten, scare. **~druk** boost. **~vuurpyl** booster rocket.

aan·ja·er *=ers* driver *(of animals); (hunting)* beater; supercharger, blower, booster.

aan·kap *=ge=, (horse)* cut, interfere, overreach, click; *iem. se knieë kap aan* s.o. is knock-kneed (*or* has knock knees); *iem. se kop kap aan* s.o. is daft. **~hakke** cow hocks. **~knieë** knock knees; *met ~* knock-kneed. **~kous(ie), ~kussinkie** hoof pad, brushing boot. **~yster** feather-edged/knocked-up (horse)shoe.

aan·keer *=ge=* round up, gather; herd *(people)* together; *(fig.)* rope in *(infml.);* drive; shepherd; *(police)* pick up, arrest.

aan·kla *=ge=* accuse, charge, indict, impeach, denounce, prosecute; *iem. van/weens iets ~* charge s.o. with s.t.; accuse s.o. of s.t. *(in a court);* indict/arraign s.o. for s.t. *(murder etc.); iem. by ... ~* report s.o. to ..., lodge a complaint with ... against s.o.; *iem. vals ~* incriminate s.o. on a false charge, concoct a false charge against s.o., frame s.o. *(sl.).* **aan·klaag·baar** *=bare* amenable to justice, accusable, impeachable. **aan·kla·er** *=ers, (fem. aanklaagster)* accuser, denouncer; prosecutor; *openbare/publieke ~* →STAATSAANKLAER.

aan·klag *=klagte,* **aan·klag·te** *=tes* charge, count; complaint; indictment, arraignment, impeachment; accusation; *(also, in the pl.)* finger pointing; *'n ~ teen iem. **aanhangig** maak* bring/lay/lodge/prefer a charge against s.o.; *op **al** die ~te(s)* on all counts; *met 'n ~ **deurgaan/volhou*** press a charge; *'n ~ **inbring*** make an accusation; *'n ~ teen iem. **inbring*** level a charge against/at s.o.; *'n ~ **indien*** lay a charge; *'n ~ **maak*** make an accusation; ***op** al drie/ens. ~te(s) skuldig bevind* convicted on all three/etc. charges; ***op** 'n ~ van ... teregstaan* face a charge of ...; ***op** 'n ~ van moord verskyn* be tried for murder; *'n ~ **opstel*** frame a charge; *'n ~ **terugtrek*** drop a charge; *'n **vals(e)/versonne** ~* a trumped-up charge; *iem. moet hom/haar op 'n ~ **verantwoord*** s.o. has to answer a charge. **aan·klag·kan·toor** charge office.

aan·klam *=ge=, (rare)* become damp/moist/wet; damp(en), moisten, wet; damp(en), sprinkle *(washing);* →AANGEKLAM.

aan·klamp *=ge=: by iem. ~, (infml.)* curry favour with s.o.; →VASKLAMP.

aan·klank: *by iem. ~ vind* find favour with s.o.; →WEERKLANK.

aan·klee *=ge=, (arch.)* dress; →AANTREK; *jou ~* attire o.s., get dressed, dress o.s..

aan·kleef, aan·kle·we *=ge=* adhere/cling/stick to, be attached to; →KLEEF; *die skande kleef/klewe iem. vandag nog aan* the disgrace remains with s.o. even today; *gebreke wat die stelsel ~* shortcomings attached to the system. **aan·kleef·sel** *=sels* what adheres/clings/sticks to; appurtenance, appendage. **aan·kle·wend** *=wende* adhesive. **aan·kle·wing** adhesion, attachment, traction, gripping power.

aan·klop *=ge=* knock (at/on); *by ... ~* knock at ...; *by iem. om iets ~* approach/ask/request (*or* apply/go to) s.o. for s.t. *(help, money, etc.).*

aan·knip *=ge=* clip (on); *(dressm.)* cut on; *aangeknipte moue* sleeves cut in one piece with the bodice/garment, Magyar sleeves. **~dop** snap-on cap.

aan·knoop *=ge=* button on; fasten (to), tie on (to); start up, enter into, strike up *(a conversation);* open, start, begin *(negotiations);* establish *(relations, business links);* form, start up *(a relationship);* strike up *(an acquaintance); by iets ~* link up with s.t.; follow on s.t.; *die stryd met iem. oor iets ~* →DIE **STRYD** MET IEM. OOR IETS AANKNOOP; *vriendskap(sbande) met iem. ~* become friendly with s.o.. **aan·kno·ping** entering into; tying on; linking up. **aan·kno·pings·punt** link; starting point *(for a/the conversation);* point of contact; *'n ~ vind* find a point of contact; *'n ~ vir 'n opmerking* a peg to hang a remark on.

aan·ko·ling *(mot.)* carbonisation; →AANKOOL.

aan·kom *=ge=* come, arrive; approach, come on/along; come home; *(bus, train, plane)* arrive, get in; *(baby, young)* arrive, be born; come on, improve, pick up; ***by** ... ~* arrive at ...; ***by** iem. ~* call (in) on s.o., drop/look in on s.o.; ***by/op** 'n plek ~* come to a place; reach a place; ***daar** ~* get there; *as dit **daarop** ~* when it comes to the point; at a push; *as dit **daarop** ~ om ...* when it comes to ...; *dit kom nie **daarop** aan nie* it doesn't matter, it makes no difference, it is of no consequence, it's neither here nor there, it's immaterial; never mind!; *dit kom nie **daarop** aan wat iem. doen/ens. nie, (also)* what s.o. does/etc. is of no significance; *nou kom dit **daarop** aan* now's the time, now for it *(infml.)*, now the chips are down *(infml.)*; *iem. **hoor*** ~ hear s.o. approaching; ***in*** ... ~ arrive in ... *(a city)*; *haar derde/ens. **kind** het pas aangekom* she has just had her third/etc. child; *te **laat*** ~ arrive (*or* get in) late, be overdue; ***met** iets* ~ come forward with *(a proposal, excuse, etc.)*; ***moenie** daarmee by my* ~ *nie!* I'll have none of that!, you needn't try that one on me!, that won't go down with me!; ***mooi*** ~ come along/on nicely/well; ***na** iem. toe* ~ advance (up)on/towards s.o.; ***op*** ... ~ arrive at ...; *waar dit **op** ~, is* ... the point (*or* what counts/matters *or* what's at issue) is ...; *dit kom nie **op** geld aan nie* money is no object; *iem./iets **sien*** ~ see s.o./s.t. coming; *ek het dit **sien*** ~ I saw it coming, I foresaw/expected it, I knew (all along) that it would happen; ***toe** iem. by die kantoor ~, het hy/sy onmiddellik* ... on arriving at the office s.o. immediately ...; *die **trein** moet om vieruur/ens.* ~ the train is due (to arrive) at four/etc.; ***waarop** dit* ~ what counts/matters; the sixty-four (thousand) dollar question; ***wat** kom dit daarop aan?* what (does it) matter?. **aan·ko·me·ling** *-linge* newcomer, (new) arrival, beginner, novice; →AANGEKOMENE. **aan·ko·mend** *-mende* incoming, approaching, arriving *(train)*; incoming *(mail)*; *(rare)* coming, forthcoming *(events)*; prospective, future *(teacher etc.)*; adolescent, growing *(boys, girls)*. **aan·ko·men·de,** *(arch.)* **aan·kom·de** next, coming, following, ensuing, forthcoming; ~ *week* next week.

aan·koms arrival, advent, approach, coming (in); ~ *by* ... arrival at ...; *by (iem. se)* ~ on (s.o.'s) arrival. **~hawe** port of arrival/destination. **~saal** arrivals hall. **~tyd** time of arrival.

aan·kon·dig *ge-* announce; give notice of; proclaim, promulgate; gazette; advertise, publish, bill; be a sign of, signify, indicate, betoken, be a harbinger of, augur; warn of, forebode, foreshadow, portend; herald (in), usher in; review; *met klokgelui* ~ peal *(for celebration)*; knell, toll *(for funerals)*. **aan·kon·di·ger** *-gers* announcer; compère; harbinger; reviewer; advertiser. **aan·kon·di·ging** *-gings, -ginge* announcement, advertisement; notification; billing; (press) notice *(of a book)*; *'n ~ doen* make an announcement; ~ *van die stemming* declaration of the poll.

aan·kool *ge-* carbonise; →AANKOLING.

aan·koop *-kope, n.* purchase, acquisition, buy. **aan·koop** *ge-, vb.* purchase, acquire, buy, obtain. **~order** purchase order. **~plek, ~punt** place of purchase. **~prys** purchase price. **~som** purchase amount.

aan·ko·per buyer, purchaser; purchasing agent; owner (by purchase).

aan·kop·pel *ge-* couple *(carriages)*; join; leash *(dogs)*. **aan·kop·pe·ling** coupling.

aan·kors *ge-* crust over; encrust, form a crust. **aan·kors·ting** encrustation.

aan·krui·e *ge-* trudge along, plod along/on, lumber along.

aan·kruip *ge-* crawl/creep along; crawl/creep nearer; *teen iem.* ~ snuggle (close) up to s.o., cuddle/nestle up to/against s.o..

aan·kry *ge-* get into *(clothes)*; get on *(shoes)*; get going *(a fire)*; get to light *(a match, pipe)*; get to burn *(a lamp)*; get going, get to start *(an engine)*.

aan·kui·er *ge-* saunter/stroll/amble along.

aan·kweek *n.* cultivation; →AANKWEKING. **aan·kweek** *ge-, vb.* cultivate, grow, raise *(plants)*; culture *(bacteria, pearls)*; get into *(a habit)*; *(fig.)* foster, nurture; *(fig.)* develop, breed, generate, engender; *goeie gewoontes* ~ get into (*or* form/acquire) good habits; *slegte gewoontes* ~ get/fall into (*or* pick up) bad habits; *slegte maniere* ~ become ill-mannered. **aan·kwe·king** cultivation, growing, raising; culture; nurture; development.

aan·kwis·pel *-ge-: aangekwispel kom, (a dog)* come along wagging its tail.

aan·kyk *-ge-* look at; eye; *iem. **afkeurend/skeef*** ~ look askance at s.o., regard s.o. with displeasure/distrust; give s.o. a dirty look *(infml.)*; *iem. **betekenisvol/veelseggend*** ~ look at s.o. significantly; *iem. **boos/kwaad/nors/suur/woedend*** ~ glare/glower/scowl at s.o.; *iem. **deurdringend/ondersoekend/skerp*** ~ give s.o. a searching look; *iem. met **groot oë** (of **grootoog/verbaas**)* ~ look at s.o. wide-eyed; *iem. uit die **hoogte*** ~ →HOOGTE; *iem. **kwaai/streng*** ~ give s.o. a severe look; *iem. met die **nek*** ~ →NEK *n.*; *iem. **nie** ~ nie* ignore s.o., cut s.o. (cold/dead); *iem. **skerp*** ~ look hard at s.o.; *iem. **skuins*** ~ look askance at s.o., eye s.o. with suspicion; *iem. **stip*** ~ stare at s.o.; *iem. **sydelings*** ~ glance at s.o.; *iem. **veelbetekenend*** ~ →VEELBETEKENEND; *iem. **verliefderig*** ~ cast/make sheep's eyes at s.o. *(infml.)*; *iem. **vorsend*** ~ give s.o. a searching look; look at s.o. with a beady eye; *iem. **woedend/boos*** ~ look daggers at s.o..

aan·laat *-ge-* keep/leave on; leave burning *(a lamp)*.

aan·lag *-ge-* smile at; favour; *die fortuin/geluk het iem. aangelag* fortune smiled (up)on s.o..

aan·land *-ge-* arrive, land; *êrens* ~ arrive somewhere. **aan·lan·dig** *-dige* inshore, shoreward, onshore *(wind, gale)*; *~e aanleg* onshore establishment. **aan·lan·ding** arrival, landing.

aan·lap *-ge-, (lit.)* sew on; *(fig.)* tack on; *ek laat my dit nie ~ nie* I don't buy/swallow that *(infml.)*.

aan·las *-ge-* add, attach, join, connect; tack on; couple on; weld on *(metal)*; subjoin *(a postscript)*; *(fig.)* exaggerate, inflate, blow up *(infml.)*; *aan* ... ~ add/attach/join/connect to ...; weld (on)to (*or* on to) ...; couple onto (*or* on to) ...; *(with ropes etc.)* lash to ...; *iets by* ... ~ add s.t. to ...; tack s.t. onto (*or* on to) ...

aan·lê *-ge-* come alongside; *(ship)* dock, berth, moor; aim, take aim; build, construct *(a road, railway, bridge, etc.)*; build, lay, make *(a fire)*; cut, dig *(a canal)*; lay on *(electricity, telephone, gas, water)*; lay *(a pipe, cable, etc.)*; lay out *(a town, garden, park, plantation, streets)*; make *(flowerbeds)*; start, open *(a file)*; draw up, make, open, start *(a list)*; start *(a collection)*; *(golf)* address; manage *(things)*; →AANGELÊ; ***by** 'n hawe* ~ call/touch at a port; ***by** iem.* ~ flirt with (*or* chat up *or* make a pass at) s.o.; ***elektrisiteit** in 'n huis* ~ electrify a house, wire a house for electricity; *'n **maatstaf*** ~ apply a standard; ***op** iem./iets* ~ take aim at s.o./s.t. *(with a firearm)*; ***teen*** ... ~ lay/place against ...; *iets **verkeerd*** ~ set about s.t. the wrong way. **~geld** wharfage, jettage, quayage. **~hawe, ~kaai** →AANLEGKAAI. **~paal** bollard, mooring post. **~plaas, ~plek, ~steier** →AANLEGPLAAS.

aan·lê·er *-ers* builder, constructor, founder, originator, prime mover; fitter.

aan·leer *-ge-* learn *(a language, trade)*; acquire *(a skill)*; master *(an art)*; →AANGELEER(D); *slegte gewoontes* ~ acquire (*or* get/fall into *or* pick up) bad habits. **~kromme** acquisition curve.

aan·leer·der learner. **~(s)woordeboek** learner's dictionary.

aan·leg *-lêe, -legte* construction, structure; arrangement, design, layout, plan; siting; township; installation, plant; aptitude, bent, disposition, inclination; ability, faculty, flair, gift, knack, talent; predilection, predisposition, propensity, tendency; *(med.)* rudiment, anlage; *(bot.)* incept; →AANGELÊ; *'n ~ vir iets hê* have an aptitude (*or* a bent/flair/gift/talent) for s.t.; *hof van eerste ~, (jur.)* court of first instance; *'n ~ vir musiek/ens.* a talent for music/etc.; *'n ~ vir tale* a gift for languages, a flair for (learning) languages; *'n ~ vir iets toon* show an aptitude for s.t.. **~hawe, aanlêhawe** port of call. **~kaai, aanlêkaai** quay. **~kantoor** construction office. **~plaas, ~plek** landing place; berth, moorage. **~plan** layout. **~steier** landing stage; dolphin berth. **~toets** aptitude test. **~vee** foundation/mother stock.

aan·leg·ging *-gings, -ginge* construction; siting; installation.

aan·lei *-ge-* lead; *tot iets* ~ →TOT IETS **AANLEIDING** GEE. **aan·lei·dend** *-dende* contributory, contributive; *~e oorsaak* contributory cause. **aan·lei·ding** *-dings, -dinge* cause, reason, inducement, motive, occasion, provocation; *tot iets ~ **gee*** lead (up) to s.t.; give occasion to s.t.; give rise to s.t.; spark/touch/trigger s.t. off *(a war etc.)*; *iem. ~ **gee** om te* ... give s.o. reason to ...; *daar is **geen** ~ om ... te wees/doen nie* there is no call to be/do ...; *by die **geringste*** ~ on the slightest pretext/pretence; at/on the slightest provocation; for the slightest reason; ***met*** ~ under provocation; *sonder die **minste*** ~ without the least/slightest provocation; ***na** ~ van* ... apropos of ...; arising from ...; in connection with ...; following on ...; with reference (*or* referring) to ...; on the strength of ...; ***sonder** enige (of die minste)* ~ without rhyme or reason, out of the blue; *die (onmiddellike) ~ **tot** iets* the (immediate) cause of s.t.; ~ ***tot*** ... *wees* be the cause of ...; *'n ~ **tot** 'n opmerking* a peg to hang a remark on.

aan·leun *-ge-: teen* ... ~ lean/recline against ...

aan·lig·gend *-gende* adjacent, adjoining, contiguous; *~e hoek, (math.)* adjacent/contiguous angle.

aan·lok *-ge-* attract, entice, lure, allure, appeal to, charm, pull *(infml.)*, tempt; decoy; draw, invite; solicit, tout; *iem./iets na* ... ~ attract s.o./s.t. to ... **aan·lok·king** *-kings, -kinge* attraction, lure, enticement, temptation, allurement, appeal, charm, pull; decoy; draw, invitation; soliciting, touting. **aan·lok(·kings)·mid·del** lure, allurement, bait; decoy. **aan·lok·lik** *-like* attractive, luring, enticing, tempting, alluring, appealing, charming, inviting, seductive, bewitching. **aan·lok·lik·heid** attraction, attractiveness, lure, enticement, enticingness, temptation, allurement, appeal, charm, seductiveness, glamour. **aan·lok·sel** *-sels* bait, decoy, lure.

aan·loop *n.* start; *(sport)* approach run, run-up; *(av.)* takeoff run; introduction, opening remarks, preamble; catchment (area) *(of water)*; *(archit.)* cavetto; *'n groot ~ hê* have many visitors; *(a shop etc.)* be well patronised; *'n ~ neem, (sport)* run up, take a run-up; be long in coming to the point; *'n sprong met/sonder* ~ a running/standing jump. **aan·loop** *-ge-, vb.* walk along; keep on walking; call, drop/pop in; ***agter** iem.* ~ tag after (*or* tag along behind) s.o.; chase after s.o.; throw o.s. at s.o.; ***by** iem.* ~ call (in) on (*or* call [round] to see *or* drop/look in on) s.o., drop by s.o.'s house; ***by** 'n winkel* ~ call/drop/look in at (*or* drop/pop into) a shop; *aangeloop **kom*** come walking along; ***laat*** ~, *(print.)* run on; ***reguit*** ~ keep/walk straight on. **~baan** runway, flight strip, approach. **~hawe** port of call. **~kleur** annealing/tempering colour. **~plek** house of call, halfway house. **~sprong:** *'n ~ doen* take a running jump. **~vlak** butting face. **~weerstand** →AANSITWEERSTAND.

aan·luis·ter *-ge-* listen (closely) to.

aan·lym *-ge-* stick/glue on.

aan·lyn *adj. & adv., (comp.)* online. **~diens** online service.

aan·maak *n.* making, manufacture; mixing, preparation; mix, mixture; dilution. **aan·maak** *-ge-, vb.* make, manufacture; mix *(cake, cement, dough, paint, etc.)*; prepare; →AANGEMAAK; *dit dik ~, (fig.)* lay it on thick, lay it on with a trowel, pile/pour it on. **aan·maak·sel** mixture, mix; batch.

aan·maan *-ge-* exhort *(fml.)*, admonish, urge; warn; press; *(jur.)* send a letter of demand to; *iem. ~ om te betaal* press s.o. for payment; *iem. oor iets* ~ admonish/warn s.o. about s.t.. **aan·ma·nend** *-nende* admonitory; warning; hortative, hortatory. **aan·ma·ning** *-nings, -ninge* exhortation; reminder; letter of demand; warning; relapse, recurrence, touch *(of a disease)*; *'n ~ om te betaal* a reminder (to pay); *iem. 'n ~ gee* give s.o. a warning; *laaste* ~ final demand notice; *skriftelike* ~ letter of demand, dunning letter; *'n vriendelike* ~ a gentle reminder. **aan·ma·nings·brief** prompt note. **aan·ma·nin·kie** *-kies* gentle reminder; twinge *(of illness)*.

aan·mars *n.* advance, approach *(of an army)*. **~strook** zone of advance.

aan·mar·sjeer *-ge-* march along; keep on marching; advance, approach.

aan·ma·tig *-ge-: jou iets* ~ claim s.t. (for o.s.); take s.t. upon o.s.; assume s.t.; arrogate s.t. to o.s.; usurp s.t.;

jou 'n oordeel oor iets ~ presume to pass judgement on s.t., presume to have an opinion about s.t.; *jou te veel* ~ get above o.s.. **aan·ma·ti·gend, aan·ma·ti·gend** *-gende -gender -gendste* (of *meer* ~ *die mees -gende*) arrogant, presumptuous, assuming, self-assertive, conceited, bumptious; haughty, overbearing, imperious, high-handed, overweening, *(infml.)* uppity, high and mighty, *(infml.)* snooty; swaggering *(arrogance)*. **aan·ma·ti·ging** *-gings, -ginge* arrogance, presumption, presumptuousness, self-assertiveness, conceit, bumptiousness; haughtiness, imperiousness, high-handedness, snootiness; arrogation.

aan·meet →AANGEMEET.

aan·me·kaar together; constantly, continuously, continually, ceaselessly, unceasingly, incessantly, interminably, perpetually, forever, for ever, eternally, nonstop; be forever (*or* for ever) *(doing s.t.)*; at all hours (of the day and/or night); in succession, successively, consecutively, in a row, running, on end, at a stretch; →AAN *prep.*; *dae* ~ for days at a stretch (*or* on end); *vyf/ens. dae* ~ for five/etc. days consecutively/running (*or* in a row), on five/etc. consecutive days; ~ *kla* complain incessantly; ~ *praat* talk nonstop; ~ *wees* be at loggerheads, be arguing/quarrelling/squabbling/bickering. **~bind** *-ge-* tie/bind together, join. **~bly** *-ge-* keep/remain/stick/hold together. **~brei** *-ge-* knit in one piece. **~groei** *-ge-* grow together. **~hang** *-ge-* hang together; *soos droë sand/semels* ~ stick together like grains of sand; be incoherent/disjointed; *van leuens* ~ be a tissue of lies. **~heg** *-ge-* bind/stitch/sew/fasten/fix/tack/join together. **~kleef, ~klewe** *-ge-* stick together. **~knoop** *-ge-* knot/tie together. **~koek** *-ge-* cake, stick together, be matted together. **~koekerig** *-rige* adhering/sticking together; caked; matted; cliquish, cliqu(e)y, clannish. **~koppel** *-ge-* couple together *(carriages)*; link up *(spacecraft)*. **~las** *-ge-* join (together); dovetail, mortise *(wood)*; weld *(metal)*. **~loop** *-ge-* form a whole; come to blows, clash. **~pas** *-ge-* fit together. **~plak** *-ge-* glue/paste/stick together. **~ryg** *-ge-* string *(beads)*; baste/tack together *(clothes)*. **~sit** *-ge-* put/piece/fit/fix together; cause a fight. **~skakel** *-ge-* link/join together, concatenate; shackle. **~skryf, ~skrywe** *-ge-* write as one word; join *(letters)*. **~speld:** *velle papier* ~ fasten sheets of paper (together) with a pin. **~spring** *-ge-* go for one another, start fighting/quarrelling, come to blows. **~spyker** *-ge-* fix/tack together. **~voeg** *-ge-* fit/put together; join (together). **~werk** *-ge-* sew together.

aan·meld *-ge-* announce *(guests)*; report *(an accident etc.)*; notify *(a fact)*; *iets by iem.* ~ report s.t. to s.o.; *jou* ~ come forward, present o.s.; *(jou)* ~, *(comp.)* log in/on; *jou by ...* ~ report to ...; *(jou) vir diens* ~ report for duty; *(jou) vir 'n eksamen* ~ enter (*or* present o.s.) for an exam(ination); *jou laat* ~ have o.s. announced, send in one's name/card. **aan·meld·baar** *-bare* reportable; notifiable *(disease)*. **aan·mel·ding** *-dings, -dinge* announcement, notice, notification; presentation *(of o.s.)*; *(comp.)* login, logon. **aan·meld·tyd, aan·mel·dings·tyd** check-in time.

aan·merk *-ge-*, *(fml.)* consider, regard, perceive; observe, see, mark, notice; remark, say, declare; note, make (a) note of, mark; find fault (with), criticise; *as 'n belediging* ~ consider an insult; *ek kan niks daarop* ~ *nie, ek het niks daarop aan te merk nie* I have no fault to find with it. **aan·mer·king** *-kings, -kinge, (dim. -kinkie)* consideration; observation; remark, comment; criticism, stricture *(fml.)*; objection; *'n* ***bitsige/bytende/snydende*** ~ a cutting remark; *alles* ***in*** ~ *geneem/genome* after/when all is said and done, all things considered, taking everything into consideration, all things taken together, taking one thing with another; *iem. het, alles* ***in*** ~ *geneem/genome, goed gevaar* s.o. did well, considering; *...* ***in*** ~ *geneem/nemende* in view of ...; *vir iets* ***in*** ~ *kom* be considered for s.t.; be eligible (*or* qualify *or* be in line *or* be in the running) for s.t. *(a post etc.)*; *nie* ***in*** ~ *kom nie, (also)* be out of the running; *iets* ***in*** ~ *neem* take s.t. into account/consideration, take account of (*or* pay regard to) s.t.; allow (*or* make allowance) for s.t.; *iets nie* ***in*** ~ *neem nie* leave s.t. out of account/consideration, disregard/discount/dismiss/overlook s.t.; *iets ten volle* ***in*** ~ *neem, (also)* give due/full weight to s.t.; *'n* ***kwetsende/honende*** ~ a snide remark; *'n* ~ ***maak*** make/pass a remark; *'n sarkastiese/snedige* ~ ***maak*** make a crack *(infml.)*; *'n* ~ *op ...* ***maak*** remark (up)on ...; *~s op iets* ***maak*** find fault with (*or* criticise) s.t.; ***op-*** *en ~s* suggestions and comments; *~s* ***uitlok*** invite comment/criticism. **aan·merk·lik** *-like -liker -likste, adj.* marked, noticeable, considerable, significant, substantial, appreciable; *van ~e grootte* siz(e)able. **aan·merk·lik** *adv.* markedly, noticeably, considerably, significantly, substantially, appreciably.

aan·moe·dig *-ge-* encourage, hearten, buoy up, inspire, support; give *(s.o.)* moral support; cheer on *(runners)*; foster, promote; stimulate, give/be a fillip to *(trade)*; tempt; lead on; *iem.* ~ *om te ...* encourage s.o. to ... **aan·moe·di·ger** *-gers* encourager; supporter. **aan·moe·di·ging** *-gings, -ginge* encouragement, heartening, buoying up, inspiring, inspiration, support; moral support; cheering; incentive; *'n bietjie* ~ a word of encouragement; *met 'n bietjie "~"* with a bit of arm-twisting; *ter* ~ as an encouragement.

aan·mon·ster *-ge-*, *(naut.)* sign on.

aan·na·me *-mes* acceptance; assumption, presumption; taking on; *(parl.)* passing *(of a bill)*; approval, adoption *(of a resolution)*; →AANNEMING.

aan·neem *-ge-* assume, presume, suppose, believe, presuppose, take; admit; accept *(a gift, invitation, apology)*; take *(money, food, a message)*; receive, take *(orders)*; accept, take (on) *(a task, job)*; accept, take up *(an offer)*; pass *(a bill)*; approve, adopt *(a resolution)*; accept, adopt *(a proposal)*; carry, adopt *(a motion)*; take on, engage *(a worker)*; adopt *(a child)*; adopt, form, acquire, get/fall into, pick up *(a habit)*; adopt, assume *(a name, an attitude)*; put on *(airs and graces)*; take on *(a look, form, tone, colour)*; embrace *(a faith, religion)*; assume *(proportions)*; take delivery of *(goods)*; confirm *(as member of a church)*; *iets word* ***algemeen*** *aangeneem* s.t. is generally accepted; *daar word* ***algemeen*** *aangeneem dat ...* it is generally believed/accepted that ...; *die* ***begroting*** ~, *(parl.)* vote the estimates; *iets (sonder* ***bewys****)* ~ take s.t. for granted; *sonder* ***bewys*** *as vasstaande* ~, *(jur.)* postulate; ~ ***dat****...* assume that ...; take it that ...; *ek neem aan* ***dat*** *...* I assume (*or* take it) that ...; *jy kan gerus* (of *met gerustheid*) ~ ***dat*** *...* you can safely assume that ...; *('n) mens kan met gerustheid* ~ ***dat*** *...* it is a safe assumption that ...; *daar is aangeneem* ***dat*** *iem./iets ... is* s.o./s.t. was assumed to be ...; ***eenparig*** *aangeneem word* be carried unanimously; *iets* ***gretig*** *aanneem* ~ grasp at s.t.; *'n* ***houding*** ~ →HOUDING; *'n kind* ***laat*** ~ put a child up for adoption; ***laat*** *ons* ~ *dat iem. dit gedoen het* assuming that s.o. did it; ***maklik*** *aangeneem word, (a proposal, bill)* have a smooth passage; ***moet*** *ek* ~ *dat ...?* do I (*or* am I to) understand that ...?; *die* ***notule*** ~ →NOTULE; *iets* ***onvoorwaardelik*** (of *sonder* ***voorbehoud****)* ~ accept s.t. without reserve; *die* ***sluier*** ~ →SLUIER; *iets* ***sommer*** ~ accept/take s.t. at face value; *'n voorstel met ...* ***stemme*** *teen ...* ~ adopt a motion by ... votes to ...; *dit word* ***stilswyend*** *aangeneem* that is understood; *'n* ***uitdaging*** ~ →UITDAGING; *dit* ***van*** *iem.* ~ take s.o.'s word for it; *jy kan* ***van*** *my* ~ *dat ...* (you may) take it from me that ...; *neem dit* ***van*** *my aan* you can take my word for it; *iets as* ***vanselfsprekend*** ~ →VANSELFSPREKEND; *geen/g'n* ***weiering*** ~ *nie* not take no for an answer; *ek* ***wil*** ~ *dat ...* I assume that ... **~ouers** adoptive parents.

aan·neem·baar *-bare* acceptable, adoptable; assumable; plausible.

aan·neem·lik *-like* acceptable *(offer)*; reasonable *(terms, price)*; plausible *(theory)*; credible *(story)*; viable, feasible *(plan, proposition)*; admissible *(evidence)*. **aan·neem·lik·heid** acceptableness, acceptability, reasonableness; plausibility, credibility; viability, feasibility; admissibility.

aan·ne·me *-mes, (rare)* confirmation *(of a church member)*; →AANNEMING. **aan·ne·me·ling** *-linge* candidate for confirmation, confirmand. **aan·ne·mer:** *geen* ~ *van die persoon wees nie* be no respecter of persons; →BOUAANNEMER. **aan·ne·ming** *-mings, -minge* acceptance; adoption; assumption, presumption, supposition, belief, presupposition; admission; approval; passage, passing *(of a bill)*; taking on; embracement; *(relig.)* confirmation; *(racing)* acceptance; →AANNEEM.

aan·ne·mings-: **~diens** *(relig.)* confirmation service. **~pak** confirmation suit. **~rok** confirmation dress.

aan·pak *-ge-* grip, take/catch/seize hold of, grasp; tackle, come to grips with, grapple with, approach, take on, set about, turn one's hand to; confront, attack; go/set to work on *(s.o.)*; build, lay, make *(a fire)*; *(kettle, pipes, etc.)* fur (up); adhere/cling/stick to, cake, encrust; undertake; handle, manage, treat, deal with; →AANGEPAK; *iem. kan* ***alles*** ~ s.o. can turn his/her hand to anything; *'n saak* ***anders*** ~ change one's (*or* try another) tack; *iets* ***groots*** ~ think big; *iem.* ***hard/streng*** ~ get tough with s.o. *(infml.)*; handle/tackle s.o. without gloves; *geen* ***kat(jie) om sonder handskoene aan te pak nie*** →KAT; *harde water sal die* ***ketel/ens.*** *laat* ~ hard water will fur (up) the kettle/etc.; *die* ***ketel/ens.*** *het aangepak* the kettle/etc. has furred (up); *'n* ***kwessie*** ~ address an issue; *iets met* ***mag/mening*** ~ buckle/knuckle down to (*or* get stuck into) s.t.; *'n* ***onderwerp*** ~ tackle a subject; *iem.* ***oor*** *iets* ~ give s.o. a dressing-down/talking-to for (doing) s.t.; *iets* ***reg/verkeerd*** ~ set about s.t. (in) the right/wrong way; ***ru*** ~ handle/treat roughly; *'n* ***saak*** ~ take a matter up (*or* in hand); *iets* ***saam*** *met iem.* ~ go in with s.o. on s.t.; *iem.* ***saggies*** ~ deal gently with s.o., handle s.o. with kid gloves; *iem.* ***verkeerd*** ~ rub s.o. up (*or* stroke s.o.) the wrong way; *iets* ***verkeerd*** ~, *(also)* go the wrong way about s.t.. **aan·pak·sel** *-sels* film, layer, coating *(of dirt etc.)*; encrustation, crust, overlay, cake, caking; sediment, deposit; tartar, plaque *(on teeth)*; scale, fur *(in a kettle etc.)*; fur *(on the tongue)*; *(med.)* accretion, concretion.

aan·pas *-ge-* fit/try on *(clothes, shoes)*; adjust, adapt; customise; →AANGEPAS; *die straf* ***aan/by*** *die misdaad* ~ suit the punishment to the crime; *iets volgens iem. se* ***behoeftes*** ~ tailor s.t. to s.o.'s needs; ***by*** *... aangepas wees* be adapted to ...; fit in with ...; be geared to ...; *iets* ***by*** *iets* ~ adjust/adapt s.t. to s.t.; ***(jou)*** ~ settle down/in, shake down; conform, step into line; *(jou)* ***by*** *...* ~ adapt (o.s.) to ...; adjust o.s. to ...; accommodate o.s. to ...; conform to ...; *(jou)* ***maklik*** ~ be a good mixer, mix well; *jou nie* ***maklik*** ~ *nie* be a bad mixer; *iem. wat (hom/haar)* ***maklik*** ~ an adaptable/adaptive person, a good mixer; *kinders pas (hulle)* ***makliker*** *aan as volwassenes* children adapt (themselves) more easily (*or* are more adaptable) than adults; *'n gebou* ***vir*** *gestremdes* ~ adapt a building for the disabled. **~hokkie** fitting cubicle. **~kamer** fitting room. **~kleurtelevisie** compatible colour television.

aan·pas·baar *-bare* adaptable, adjustable. **aan·pas·baar·heid** →AANPASSINGSVERMOË. **aan·pas·baar·heids·toets** adaptability test.

aan·pas·sing *-sings, -singe* adaptation, adjustment; accommodation; conformation; ~ *aan/by ...* adaptation to ...

aan·pas·sings-: **~meganisme** *(sociol.)* adaptation mechanism. **~probleme** difficulties in adapting. **~vermoë, aanpasbaarheid** adaptability, adaptive capacity, flexibility, adjustability, adjustableness; accommodation *(of eyes)*; *gebrek aan* ~ inadaptability.

aan·peil *-ge-*, *(av.)* home; *op 'n baken* ~ home (in) on a target. **~instink** homing instinct. **~torpedo** homing torpedo.

aan·pei·ler homing device. **aan·pei·ling** homing.

aan·pie·kel *-ge-* drag along, lug; plod/struggle along/on, trudge along, *(<Yidd.)* schlep(p) along.

aan·plak *-ge-* stick/glue/paste on; stick/post (up), put up *(a notice etc.)*; placard, bill; *aangeplakte deel, (also)* unintegrated part; ~ *verbode* stick no bills. **~biljet** poster, placard, bill. **~bord** notice board, billboard *(Am.)*, hoarding.

aan·plak·ker billposter, billsticker.

aan·plant *-ge-* plant, grow *(trees)*; grow, cultivate *(crops)*; →AANGEPLANT. **aan·plan·ting** *-tings, -tinge* planting, growing; cultivation; plantation.

aan·pleis·ter *=ge=* plaster on; plaster onto (*or* on to). **aan·por** *=ge=* urge/spur on, inspire, prod, goad on; incite, provoke, prompt, egg on *(infml.)*, stir/whip/work up, rouse; *iem. ~ om iets te doen* prod s.o. into doing s.t.; *iem. tot iets ~* spur s.o. on to s.t.. **~boodskap** *(comp.)* prompt. **aan·por·der** *=ders, (rare)* inciter, prodder. **aan·por·ring** *=rings, =ringe, (rare)* encouragement, prodding, goading; incitement.

aan·pos *=ge=* forward, send on *(a letter, parcel, post)*.

aan·praat *=ge=* reprimand, scold, chide, reprove, rebuke, reproach, admonish, rap over the knuckles *(infml.)*; *iem. oor iets ~* expostulate with s.o. about/on s.t.; *osse/ens. ~* urge oxen/etc. on.

aan·pre·sen·ta·sie offer; →AANBOD, PRESENTASIE. **aan·pre·sen·teer** *=ge=* offer, proffer; →AANBIED, PRESENTEER.

aan·prys *=ge=* extol, exalt, praise, laud, commend, recommend, sing the praises of, eulogise; tout, push, plug *(infml.)*; *iets as ... ~* extol s.t. as being ...; *iem./iets by iem. ~* extol the virtues of s.o./s.t. (*or* recommend s.o./s.t. highly) to s.o.. **aan·pry·sing** *=sings, =singe* praise, commendation, recommendation; touting, plugging.

aan·raai *=ge=* advise, recommend, suggest, commend, counsel *(fml.)*; *iem. ~ om te ...* advise s.o. to ...; *iem. dringend ~ om te ...* warn s.o. to ...

aan·raak *=ge=* touch, handle; *(fig.)* touch, lay a hand/finger on; *(fig.)* touch on/upon *(a subject)*; *'n (gevoelige/teer/tere) snaar ~* →SNAAR *n.*. **~skerm** touch(-sensitive) screen. **~toets** touch control *(of a microwave oven, laser printer, etc.)*.

aan·ra·king *=kings, =kinge* touch, contact; ***in ~ met ... bly*** keep in touch with ...; *iem. met ... **in ~ bring*** bring s.o. into contact (*or* put s.o. in touch) with ...; *met iem. **in ~ kom*** get in touch with s.o.; establish/make contact with s.o.; communicate with s.o.; *baie met iem. **in ~ kom*** see much of s.o.; *met iem./iets **in ~ kom**, (also)* come into contact with s.o./s.t.; *met iem. **in ~ wees*** have contact (*or* be in contact/touch) with s.o.; communicate (*or* be in communication) with s.o.; ***in noue ~ met ... wees*** be in close touch with ...; ***'n ligte/sagte ~*** a light/soft touch; ***met ... ~ kry*** establish/make contact with ...; *geen/g'n punte van ~ **met** iem. hê nie* have nothing in common with s.o..

aan·ra·kings=: **~hoek** angle of contact. **~punt** point of contact; →RAAKPUNT; *geen/g'n ~e met iem. hê nie* have nothing in common with s.o.. **~vlak** contact surface; →RAAKVLAK.

aan·rand *=ge=* assault, attack, assail, set/fall upon; beat up, batter, maul; assault (sexually), rape, violate. **aan·ran·der** *=ders* assaulter, assailant, attacker. **aan·ran·ding** *=dings, =dinge* assault, attack; beating, battering, mugging; rape; *'n ~ pleeg* commit an assault; *onsedelike ~, (jur.)* indecent assault.

aan·re·ken *=ge=* charge; *iem. iets ~* charge s.o. for s.t.; accuse s.o. of (*or* charge s.o. with) s.t.; *iem. iets as 'n fout ~* count s.t. as s.o.'s mistake, consider s.t. as a fault on s.o.'s part; *iem. iets as 'n verdienste ~* count s.t. to s.o.'s credit.

aan·rig *=ge=* cause, bring about; do; *skade ~* cause/do damage, do harm; *kattekwaad ~* →**KATTEKWAAD** AANVANG; *wat het jy nou weer aangerig?* what have you gone and done now? *(infml.)*.

aan·roei *=ge=* row along; keep on rowing.

aan·roep *=ge=* call/shout to *(a passer-by)*; challenge *(as a sentry)*; appeal to, call upon, invoke; *die hemel ~* call to heaven; *die Here ~* call upon God. **aan·roe·per** caller, invoker. **aan·roe·ping** *=pings, =pinge* calling (upon); challenge; invocation.

aan·roer *=ge=* touch; mention, touch (up)on, broach, raise, bring up *(a subject, issue, question)*; *iets by iem. ~* take s.t. up with s.o.; *'n saak terloops ~* mention (*or* refer to) a matter in passing; *'n saak weer ~* return/revert to a matter/question; *'n (gevoelige/teer/tere) snaar ~* →SNAAR *n.*.

aan·rol *=ge=* roll along; roll towards; *aangerol kom, (a lorry etc.)* lumber up; *teen iets ~* roll against s.t.. **~deodorant** roll-on (deodorant).

aan·ruk *=ge=, (troops)* advance; *op ... ~* advance (up)on/towards ... *(the enemy positions)*; march on ... *(a city)*.

aan·ry *=ge=* ride/drive up; ride/drive along; ride/drive on; keep on riding/driving; ride/drive faster; transport, convey, carry, bring, take *(by car etc.)*; cart; ***by ... ~*** call/stop/touch at ...; ***by iem. ~*** drop by; ***êrens ~*** stop somewhere, touch at a place; *aangery **kom*** drive up; *mense **laat** ~* move people along/on; have people transported *(to a place)*; *iem./iets van A **na** B ~* transport/convey s.o./s.t. from A to B; ***reguit** ~* keep/drive/ride straight on.

aans *(rare)* →AANSTONS.

aan·sê *=ge=* order, direct, instruct, command; *(fml.)* announce, give notice of, notify, inform; *iem. ~ om iets te doen* order s.o. to do s.t.; *'n beskuldigde ~ om voor die hof te verskyn* warn an accused to appear in court; *'n land die oorlog ~* →TEEN 'N LAND **OORLOG** VERKLAAR; *iem. die stryd ~, (fig.)* declare war on s.o..

aan·seil *=ge=* keep on sailing; sail for/towards, make for; *aangeseil kom* come sailing along; come sailing up.

aan·set·ting setting *(teeth of a saw)*; sharpening *(tools)*; incitement, instigation, provocation; →AANSIT[2].

aan·sien *n.* appearance; aspect, light, complexion; prestige, status, standing, eminence, esteem, regard; *iem. se ~ **daal/styg*** s.o.'s stock is falling/rising *(fig.)*; *dit **gee** die saak 'n ander ~* that puts a different aspect/complexion (*or* casts a new/fresh light) on the matter; *~ aan ... **gee/verleen*** bring credit to (*or* reflect credit on *or* lend credence to *or* give/add authority to *or* enhance the status of) ..., give ... a high profile; *'n feestelike ~ aan iets **gee*** lend a festive air to s.t.; ***hoë ~ geniet, hoog in*** (of *in **hoë***) *~ staan* be held in high repute, be held in (great) respect, enjoy/have prestige; *sonder ~ van (die) **persoon**, sonder ~ des **persoons*** irrespective/regardless (*or* without respect) of persons, without fear or favour; *jou ~ **red*** save (one's) face; *by iem. in ~ **styg*** go up (*or* rise) in s.o.'s esteem, go up in s.o.'s estimation; ***ten ~ van ...*** in respect of (*or* regarding *or* with regard to) ...; *'n man/vrou **van** ~* a man/woman of consequence/distinction/note; *'n man/vrou/handelaar/ens. **van** ~* a man/woman/dealer/etc. of repute; *iem. **van** ~, (also)* s.o. of (high) standing; *jou ~ **verhoog*** raise one's reputation; *iets **verhoog** iem. se ~* s.t. sends s.o.'s stock(s) up; *die ~ van 'n plek **verhoog/verlaag*** raise/lower the tone of a place; *~ aan ... **verleen** →**gee/verleen**; 'n **verlies** van ~* a loss of face; *~ **verloor*** lose credit/standing, fall into discredit, lose face; *iem. het sy/haar ~ heeltemal **verloor*** s.o.'s reputation is in shreds; *~ **verwerf*** make/gain a reputation (for o.s.), gain credit/credence/status; *aan ~ **wen*** gain (in) prestige. **aan·sien** *=ge=, vb.* look at; regard, consider, look upon; tolerate, put up with; *ek kan ... **eenvoudig** nie ~ nie* I can't bear watching (*or* can't stand by and watch) ...; *iem./iets **vir** ... ~* mistake s.o./s.t. for ...; take s.o./s.t. for (*or* take s.o./s.t. to be) ...; *iem. **vir** iem. anders ~* confuse s.o. with s.o. else; *ek het hom (verkeerdelik) **vir** sy broer aangesien* I (mis)took him for his brother; ***vir** dood aangesien word* be given up for dead; *... sal iem. slaan dat hy sy (ou)ma **vir** 'n eendvoël ~* →EENDVOËL; ***waarvoor** sien jy my aan?* what do you take me for?. **~redder** face-saver. **~soeker** social climber.

aan·sien·de *(her.)* guardant.

aan·sien·lik *=like, adj.* considerable, siz(e)able, substantial, large, significant, impressive; pretty, tidy *(sum)*; marked, significant, appreciable *(difference)*; important, eminent, distinguished; *'n ~e firma* a firm of good/high standing; *van ~e grootte* siz(e)able; *'n ~e persoon* a person of good birth/breeding. **aan·sien·lik** *adv.* considerably, substantially, significantly, markedly. **aan·sien·lik·heid** distinction, high standing, note, importance, eminence, prominence; considerableness, substantiality, significance; handsomeness, attractiveness, comeliness, goodliness.

aan·sies →AANSTONS.

aan·sig *=sigte* aspect, elevation, view; *'n ander ~ aan 'n saak gee* put a different aspect/complexion on a matter.

aan·sir·kel *n.* escribed circle.

aan·sit[1] *=ge=* sit at a table; sit down (at a table *or* to a meal *or* to lunch/dinner); *gaste vra om aan te sit* ask guests to take their places (for lunch/dinner); *in dié vertrek kan 20/ens. ~* this room dines 20/etc.. **~ete** formal/sit-down meal.

aan·sit[2] *=ge=* put on *(a tie etc.)*; put/slip on *(a ring)*; fit; attach, fasten, join, connect, fix; sew on *(a button)*; switch/turn/put on *(a radio, TV, light, etc.)*; *(infml.)* pop on *(a kettle etc.)*; start (up) *(a motor)*; incite, instigate, prompt, egg on *(infml.)*, put up to, spur (on), stir up, provoke; activate; set *(dogs)* on *(to fight)*; sharpen, whet *(a knife, axe, etc.)*; set *(a saw)*; hone *(a razor on a whetstone)*; strop *(a razor on a strip of leather)*; feign, be affected/pretentious; ***gewig** ~* gain (*or* put on *or* pick up) weight; *aangesit **kom*** arrive unexpectedly, turn up out of the blue *(infml.)*; *aangesit **kom** met ...* come along with ...; ***stoele** by 'n tafel ~* draw chairs up to a table; ***'n toom** vir 'n perd ~* bridle a horse; *iem. **tot** iets ~, iem. ~ om iets te doen* encourage s.o. (*or* urge/spur s.o. on) to do s.t.; put s.o. up to s.t.; incite s.o. to (do) s.t.. **~bout** thrust screw. **~klep** starting valve. **~knop** starter button. **~magneto** starting magneto. **~motor** starting/starter motor. **~riem** strop. **~skakelaar** starting switch. **~sleutel** ignition key. **~slinger** crank (handle), starting handle. **~slot** ignition lock. **~span** *(av.)* starting crew. **~staal** steel (knife) sharpener. **~steen** hone. **~straler** starting/starter jet. **~toestel** starting device. **~vyl** →GLADDEKANTVYL. **~weerstand** starting resistance. **~wiel** starting wheel.

aan·sit·ter *=ters* inciter, instigator, prompter; (self-)starter; starting/starter motor.

aan·sit·terig affected, pretentious.

aan·skaf *=ge=* buy, purchase; acquire, obtain, get, procure, secure; *iets ~* get (o.s.) s.t., buy s.t.. **aan·skaf·fing** *=fings, =finge* buying, purchasing, purchase; acquisition, acquiring, obtaining, getting, procurement, procuring, securing.

aan·skaf·fings=: **~prys** purchase price. **~waarde** purchase value.

aan·ska·kel *=ge=* switch/turn/put on *(a radio, TV, light, etc.)*; *(infml.)* pop on *(a kettle etc.)*; connect.

aan·skok *(mot.)* jump-start.

aan·skou *n.*: *in ~ neem* look at; examine, inspect; *ten ~e van iem.* before/under s.o.'s eyes, in/within sight of s.o.. **aan·skou** *het ~, vb.* behold, see, contemplate, eye, look at, observe, regard, view; *iem. kan iets nie langer ~ nie* s.o. cannot bear to look at s.t. any longer; *die (eerste) lewenslig ~* →LEWENSLIG. **aan·skou·baar** *=bare* visible. **aan·skou·ens·waar·dig** worth seeing. **aan·skou·er** *=ers* beholder, onlooker. **aan·skou·ing** *=ings, =inge* contemplation, view, observation; *innerlike ~* intuition.

aan·skou·ings=: **~les** object lesson. **~materiaal, ~middele, ~middels** visual aids. **~onderrig, ~onderwys** visual education/instruction, object teaching/lessons, teaching by illustration. **~vermoë** visualisation, power of imagination.

aan·skou·lik *=like* worth seeing; clear, vivid, realistic, graphic *(description)*; *~e onderrig/onderwys* object teaching/lessons, visual education/instruction; *~ voorstel* make vivid, bring to life; illustrate *(by examples)*; *~e voorstelling van karakters* realistic/vivid portrayal/depiction of characters. **aan·skou·lik·heid** clearness, vividness, realism, graphicness. **aan·skou·lik·heids·hal·we** for the sake of clarity.

aan·skroef *=ge=* screw on; *iem. ~/opskroef om te betaal* dun/press/push s.o. for payment.

aan·skryf, ~skry·we *=ge=, aangeskrewe* notify; demand payment; summons, sue; keep on writing; *iem. ~, (jur.)* send a letter of demand to s.o.; *by iem. goed/sleg aangeskrewe staan/wees* →AANGESKREWE. **aan·skry·wing** *=wings, =winge* letter of demand; summons, writ; *~ as getuie* writ of subpoena.

aan·skuif, aan·skui·we *=ge=* shuffle along; *die horlosie/oorlosie skuif aan* time is passing.

aan·skyn appearance, look; face, visage, countenance;

iets 'n nuwe ~ gee give s.t. a facelift; *iets kry 'n nuwe ~* s.t. gets a facelift.

aan·slaan *=slane, n., (rugby)* knock-on. **aan·slaan** *=ge=, vb., (mus.)* strike *(a string, key, etc.);* play *(a note); (rugby)* knock on; nail on; stick/post (up), put up *(a notice etc.);* apply, put on *(brakes);* assess *(tax);* rate *(a share etc.); (horse)* cut, interfere, overreach, click; become blurred; become smoky (black); *(windscreen etc.)* frost over/up; *(pane, mirror, car windows)* steam up; *(kettle, pipe, etc.)* fur (up), get furred; *(metal)* tarnish, get tarnished; *(dated)* switch/turn/put on *(a light); iem./iets **hoog** ~* rate s.o./s.t. highly; *iets **hoog** ~, (also)* value s.t. highly (*or* very much); *iem./iets te **hoog** ~* set too high a valuation on s.o./s.t.; overrate s.o./s.t.; *... nie **hoog** ~ nie* not think much of ...; *iem. vir **inkomstebelasting** ~* assess s.o. for income-tax purposes; *te **laag** ~* underrate; *aangeslaan **raak**, (a mirror, glass, etc.)* film/fog over/up; ***teen** ... ~* strike/knock against ...; *'n ander **toon** ~* adopt a different tone, change one's tune, sing another (*or* a different) tune; *iem. 'n ander **toon** laat ~* make s.o. change his/her tune, take/bring s.o. down a peg or two; *'n hoë **toon** ~* be/act high and mighty, be/get on one's high horse, give o.s. (*or* put on) airs; *die regte **toon** ~* strike/hit the right note, touch the right chord; *'n vriendelike/vyandige **toon** ~* adopt a friendly/hostile attitude; ***vir** R1750/ens. ~* assess at R1750/etc.; *na **waarde** ~* rate.

aan·sla·er *=ers* assessor, assessing officer.

aan·slag *=slae* touch *(of a pianist, typist);* click *(of a horse);* attack, assault; impact *(of a bullet);* beating *(of waves);* tarnish *(on metal);* scale, fur *(in a kettle etc.);* fur *(on the tongue);* lampblack; fogging *(on glass);* bloom *(on a lens etc.); (tax)* assessment; *(share etc.)* rating; sediment, deposit; *(rly.)* stop; *(mech.)* check; *(woodwork)* stock; ledge *(of a plane, try square, etc.);* cheekpiece *(of a rifle); kwaai onder die aanslae* (of *onder meedoënlose aanslae)* ***deurloop,*** *hewige/strawwe aanslae* ***verduur,*** *(economy etc.)* take a pounding; *'n ~ **maak*** make an assessment; *'n ~ op ... **maak/doen*** make an assault on ...; make an attempt on ... *(s.o.'s life); 'n ~ op iem. se eer **maak/doen*** try to bring s.o. into disrepute (*or* to ruin s.o.'s reputation); cast aspersions (up)on s.o.; *'n ~ op 'n rekord **maak/doen*** make an attempt on (*or* try to break/improve) a record. **~jaar** year of assessment. **~kantoor** assessing office. **~koers** assessment rate.

aan·sleep *=ge=* drag/haul/lug along.

aan·slib, aan·slik *=ge=, (soil sc.)* accrete; *(river etc.)* silt (up). **aan·slib·bing** *=bings, =binge,* **aan·slik·king** *=kings, =kinge* accretion, alluviation; silting. **aan·slib·bings·kus** alluvial coast. **aan·slib·sel, aan·slik·sel** *=sels* alluvium, alluvial deposit; silt.

aan·slin·ger *=ge=* hurl at; *aangeslinger kom* come staggering/reeling/lurching along.

aan·slof *=ge=* shuffle along.

aan·sluip *=ge=* creep/steal/sneak along; approach stealthily.

aan·sluit *=ge=* connect (up), join, link; join together, unite, conjoin; *(teleph.)* connect, put through; follow; enrol, become a member; *(mil.)* join up, sign on; *u is **aangesluit,** (teleph.)* you are through; ***by** ... ~* fit in (*or* be in keeping) with ...; correspond with ...; join in ... *(a strike);* ***by*** *'n klub/koor/ens. ~* join a club/choir/etc.; ***by*** *die leër/vloot/ens. ~* join (*or* enlist in) the army/navy/etc.; *iets sluit **by** ... aan* s.t. connects with ...; s.t. corresponds with ...; *jou **by** ... ~* link/hook up with ...; associate o.s. with ... *(a movement, campaign, etc.);* agree/concur with ... *(s.o.);* endorse, give one's approval/support to *(a statement etc.);* subscribe to ... *(views); (jou)* ***by*** *iem. ~* join s.o.; ***by*** *mekaar ~* meet up with each other; *(fig.: nations, parties, etc.)* unite, join hands; *A en B sluit nie netjies **by** mekaar aan nie* A and B don't fit properly together; *hierdie pad sluit **by** die N2/ens. aan* this road links up with the N2/etc.; *iem. se redenering sluit aan **by** wat die vorige spreker gesê het* s.o.'s argument links up with what the previous speaker said; *iem. **met** iem. ~, (teleph.)* connect s.o. with (*or* put s.o. through to) s.o.; *aangesluit wees **met** ..., (infml.: rad., TV)* be hooked up with ... **~bout** terminal bolt. **~kas** junction box. **~stuk** adapter; union *(of pipes).*

aan·sluit·baar·heid *(comp.)* connectivity.

aan·slui·ter joiner; adapter; *(mot.)* terminal.

aan·slui·ting *=tings, =tinge* connection, joining *(of a club, the army, etc.);* linking; union, conjoining, conjunction; enrolment, membership; joint, junction; (railway) junction; *(infml.: rad., TV)* link-up, hook-up; *(comp.)* port; *~ **by** ...* affiliation to/with ... *(a trade union etc.);* association with ... *(a movement etc.); in ~ **by** ...* in addition to ... *(what s.o. has said);* with reference (*or* further) to ..., apropos of ... *(s.o.'s letter);* after/following (*or* subsequent to) ... *(a report etc.);* ***enkelvoudige*** *~, (teleph.)* exclusive line; *(geen) ~ met 'n nommer **kry** (nie)* (not) get through to a number; *~ met 'n bus/trein **kry*** catch/make a connection; *die trein het ~ **met** die skip* the train makes a connection with (*or* runs in connection with *or* is timed to meet) the boat; *die ~ **na** ... haal/mis, (transport)* catch/miss the connection to ...; *~ **by** ... **vind*** relate to (*or* feel an affinity with) ... **~stasie** junction station.

aan·slui·tings= **~koste** installation charges. **~punt** junction; point of connection. **~vlug** connecting flight.

aan·smee *=ge=* forge/weld on.

aan·smeer *=ge=* smear (over); grease; daub on *(paint, make-up);* apply, put on *(ointment).*

aan·smyt *=ge=* throw/fling/hurl/chuck/sling toward(s); slip/throw/whip on *(clothes).*

aan·snel *=ge=: aangesnel kom* come hurrying/rushing/racing/running along. **aan·snel·lend** *=lende* onrushing; *voor 'n ~e trein spring* jump in front of an onrushing train.

aan·sny *=ge=* cut into, cut (the first slice of *or* the first piece from); *(dressm.)* cut on; *(fig.)* broach, raise, touch on *(a subject, topic); aangesnyde moue* sleeves cut in one piece with the bodice/garment, Magyar sleeves.

aan·soek *=soeke* application *(to court, for shares, etc.); (ins.)* proposal; request, solicitation; →HUWELIKSAANSOEK; *'n ~ **by** ...* an application to ... *(the court etc.); ~ **doen*** apply, make (*or* put in) an application; *om iets ~ **doen*** apply for s.t. *(a post etc.);* put in for s.t. *(leave etc.); by iem. om iets ~ **doen*** apply to s.o. for s.t. *(a post etc.); om 'n **hofbevel** ~ doen* apply (*or* make an application) to the court for relief; *'n ~ **om** ...* an application for ... *(a post etc.); ~ om **versekering*** insurance proposal. **~brief** letter of application. **~vorm** *=vorms* application form; *(ins.)* proposal form.

aan·soe·ker *=kers* applicant; *(jur.)* petitioner; *'n ~ om 'n betrekking* an applicant for a job; *~ (om 'n polis)* proponent, proposer.

aan·sol·deer *=ge=* solder on.

aan·speld *=ge=* pin on.

aan·spoel *=ge=* wash up/ashore; be washed up/ashore. **aan·spoe·ling** *=lings, =linge,* **aan·spoel·sel** *=sels* alluvium.

aan·spoor *=ge=* spur on *(a horse);* encourage, stimulate, animate, inspire, urge/spur on, actuate *(fml.);* incite, rouse, egg on, prod, stir/whip/work up, goad on, prompt; cheer on *(runners); iem. ~ om te ...* spur s.o. on to ...; encourage s.o. to ...; *iem. tot iets ~* spur s.o. on to s.t.. **aan·spo·rend** *=rende* encouraging, inspiring, heartening; cheering. **aan·spo·ring** *=rings, =ringe* encouragement, incentive, impetus, prod, spur, fillip, inducement, stimulus; sweetener *(infml.); 'n ~ om te ...* an incentive to ...; *geen ~ vir iem. wees om iets te doen nie* act as (*or* be) a disincentive to s.o. to do s.t.; *iets is vir iem. 'n ~ om te ...* s.t. gives s.o. an incentive to ...; *op ~ van ...* at the instigation of ... **aan·spo·rings·loon** incentive wage.

aan·spraak *=sprake* claim, demand, right, title; company; *iem. ~ op iets **gee*** entitle s.o. to s.t.; *'n ~ **hê,** (arch.)* have s.o. to talk to; *('n) ~ op iets **hê*** have a claim on/to s.t., be entitled to s.t.; *die eerste/oudste ~ op ... **hê*** have the first claim to ...; *op iets ~ **maak*** claim (*or* lay claim to) s.t., stake (out) a claim for/to s.t.; *~ **op** iem. se tyd maak* take up s.o.'s time; *iets maak geen/g'n ~ **op** volledigheid/ens. nie* s.t. does not pretend to be (*or* s.t. makes no pretence to being) exhaustive/etc.; ***sonder*** *~ wees, (arch.)* be without company, have no one to talk to. **~maker** claimant, pretender, aspirant, candidate; *'n ~ op ...* a candidate for ...; *(sport)* a contender for ...; *'n ~ op die troon* a claimant/pretender/heir to the throne.

aan·spreek *=ge=* speak/talk to; address; reprimand, admonish, dress down, haul/rake over the coals, harangue; *(jur.)* sue; tuck into *(food);* dip into, draw on *(savings); iem. as ... ~* address s.o. as ...; *die bottel ~* punish the bottle; *nog 'n bottel ~* crack another bottle; *iem. oor iets ~* take s.t. up with s.o., speak/talk to s.o. about s.t., admonish s.o. for s.t.; *iem. oor sy/haar skuld ~* press s.o. for payment of his/her debt. **~vorm** *=vorme* form of address.

aan·spreek·lik *=like* accountable, answerable, liable, responsible; *iem. vir iets ~ hou* hold s.o. accountable for s.t.; hold s.o. liable for s.t.; *teenoor iem. ~ wees vir iets* be accountable to s.o. for s.t.; *jou nie vir ... ~ hou nie* accept/take no responsibility for ... **aan·spreek·lik·heid** accountability, accountableness, answerability, liability, responsibility; *beperkte ~* limited liability. **aan·spreek·lik·heids·grens** limit of liability.

aan·spring *=ge=: aangespring kom* come bounding/leaping/jumping/hopping along.

aan·staan *=ge=* please, like, suit; *iets staan iem. nie aan nie* s.o. doesn't like s.t.; *... staan my nie aan nie* I don't like the look of ... *(infml.).* **aan·staan·de** *=des, n.* husband/wife/bride-to-be, future husband/wife, intended *(joc.).* **aan·staan·de** *adj., (fml.)* next, coming *(week etc.);* forthcoming *(elections);* approaching *(marriage, move, etc.);* prospective *(father/mother/son-in-law); ~ bruid/vrou/man* future wife/husband, bride/husband-to-be.

aan·staar *=ge=* stare/gaze at.

aan·stal·te(s): *~ maak (om iets te doen), ~ met iets maak* make a move, get ready to do s.t.; show signs of wanting to do s.t.; set about s.t.; *~ maak, (also)* get ready to go; *geen ~ maak om te ... nie* show no signs of ...

aan·stap *=ge=* walk/stride along; keep on walking; *aangestap kom* walk up; *~ (of stap aan)!* keep moving!, move on!; hurry (up)!, get a move on! *(infml.); mense laat ~* move people along/on; *iem. stap vinnig aan* s.o. strides out; *die horlosie/oorlosie/tyd stap aan* time marches on.

aan·steek *=ge=* pin on *(a badge, brooch, etc.);* light *(a fire, candle, pipe, lamp, etc.);* kindle *(wood, fire);* set fire to, set on fire, set alight; *(med.)* infect; *(infectious disease)* be infectious/catching; *(contagious disease)* be contagious; *(fig.: laughter, enthusiasm, etc.)* be infectious/contagious; *by iem. ~* catch a disease from s.o., *(infml.)* get s.o.'s bug; *ek wil jou nie ~ nie* I don't want to give you my cold/germs/etc.; *mekaar ~, (fig.)* be a good/bad influence on one another; *iem. met iets ~* infect s.o. with s.t. *(a disease); iets vir iem. ~* pin s.t. on s.o. *(a flower etc.);* light s.t. for s.o. *(a cigarette).* **~tyd** period of infection. **~vlam(metjie)** pilot light *(of a gas burner).*

aan·steek·lik *=like* infectious, catching *(disease); (by contact)* contagious; *~e bloedarmoede* infectious anaemia, swamp fever *(in horses); ~e lag* infectious/contagious laughter. **aan·steek·lik·heid** infectiousness; contagiousness, contagion. **aan·ste·ker** (cigarette) lighter; igniter. **aan·ste·king** lighting; kindling; ignition; infection *(of a disease); (by contact)* contagion.

aan·stel *=ge=* employ, take on, engage; appoint; pretend, feign; *jou ~* give o.s. (*or* put on) airs, put on side, act posh, swagger, swank *(infml.),* show off, be affected/conceited/pompous; *iem. as voorsitter/ens. ~* appoint s.o. as chairperson/etc.; *iem. in 'n amp/pos ~* appoint s.o. to a post. **aan·stel·le·rig, aan·stel·le·rig** *=rige* affected, pretentious, genteel; *'n ~e Britse aksent* a larney/la(a)nie/lahnee/larnie British accent; *~e maniertjies* genteel/affected manners; *~ praat* speak in an affected manner. **aan·stel·le·rig·heid, aan·stel·le·rig·heid** affectation, staginess, histrionics. **aan·stel·le·ry:** *vol ~ wees* give o.s. (*or* put on) airs. **aan·stel·ling** *=lings, =linge* appointment; commission *(as an officer); 'n ~ aanvaar* take up an appointment; *'n ~ doen* make an appointment *(to a post); 'n ~ kry* get an appointment; *iem. se ~ as ...* s.o.'s appointment as ...; *vol ~s wees* give o.s. (*or* put on) airs, show off, be affected/con=

ceited/pompous. **aan·stel·lings·brief** letter of appointment.

aan·sterk *=ge=* get stronger/well/better, recuperate, recover, convalesce, rally, regain one's strength/health, be on the mend. **aan·ster·king** recuperation, recovery, convalescence.

aan·ste·wen *=ge=, (arch.)* sail along; ~ *op, (fig.)* bear down on.

aan·stig *=ge=* instigate, provoke, stir up, cause, bring about. **aan·stig·ter** instigator, inciter, firebrand, fomenter. **aan·stig·ting** instigation, incitement; *op ~ van ...* at the instigation of ...

aan·stip *=ge=* jot down; make a note of, note (down).

aan·sto·ker agitator, fomenter, inciter, instigator, troublemaker, firebrand, prime mover. **aan·sto·king** *=kings, =kinge* instigation, incitement.

aan·stons soon, before long, presently, in a (little) while, in a minute/moment, shortly, directly, anon *(dated, joc.)*, by and by *(dated)*.

aan·stook *=ge=* stir *(a fire)*; fan, foment, sow (the seeds of) *(discord etc.)*; stir up *(trouble etc.)*; incite, provoke *(violence etc.)*; egg *(s.o.)* on *(to do s.t.)*, put *(s.o.)* up *(to s.t. or to doing s.t.)*; prompt *(s.o. to do s.t.)*.

aan·stoom *=ge=* keep on steaming; *aangestoom kom* come steaming along.

aan·stoot *=stote, n.* offence; annoyance; ~ *gee* give offence, arouse/cause resentment; make o.s. obnoxious; *iem. ~ gee* offend (*or* give offence to) s.o.; be obnoxious to s.o.; step/tread on s.o.'s toes/corns *(infml.)*; *aan iets ~ neem* take offence at (*or* take exception to *or* take umbrage about/at) s.t.; *nie ~ neem nie, (also)* think nothing of it; *geen ~ bedoel nie!* no offence meant/intended, no hard feelings!; *geen ~ geneem nie!* no hard feelings!; *'n steen des ~s wees* →STEEN. **aan·stoot** *=ge=, vb.* push; hurry (up), rush, get a move on *(infml.)*, make haste *(fml.)*; hurry on/along; push on *(with a journey)*; ~ *teen* bump against; *iem. met die elmboog ~* nudge s.o.. **aan·stoot·lik** *=like* offensive, objectionable, abhorrent, deplorable, exceptionable, obnoxious, repugnant; indecent, distasteful, improper. **aan·stoot·lik·heid** offensiveness, objectionableness, abhorrence, obnoxiousness, repugnance, *(infml.)* sleaze.

aan·storm *=ge=* charge, rush, tear; *aangestorm kom* come charging/rushing/tearing along; *op ... ~, (mil.)* storm/attack ...

aan·streep *=ge=* mark.

aan·strom·pel *=ge=* stagger/stumble/hobble along.

aan·stroom *=ge=, (water)* flow along; *(people)* stream along.

aan·strui·kel *=ge=* stumble along.

aan·stryk *=ge=* walk/stride/strut along; go/move on/ahead/forward, proceed on one's way; apply *(paint, plaster)*; *(sewing)* iron on. **aan·stry·ker** *(phot.)* squeegee.

aan·stuur *=ge=* forward, send on *(a letter, parcel)*; pass on; →AFSTUUR; *op ... ~* shape a course for/to ...; aim at/for ...; *(an aircraft)* home in on (*or* on to *or* onto) ... *(a beacon)*; lead up to ... **~instruksies** *(pl.)* forwarding instructions *(for mail)*.

aan·sui·ker *=ge=, (infml.)* saunter along.

aan·sui·wer *=ge=* pay (off), settle, discharge *(fml.)*, clear *(a debt etc.)*; *agterstallige betalings ~* pay arrears; *'n tekort ~* make good a deficit; *'n verstek ~, (jur.)* purge a default. **aan·sui·we·ring** payment, settlement, discharge, clearing, clearance; *(jur.)* purging.

aan·suk·kel *=ge=* struggle/plod along/on, trudge/bumble along; muddle along.

aan·suur *=ge=* sour, make sour; go/turn sour; *(chem.)* acidify; *(swak) ~* acidulate; *aangesuurde room/melk* cultured cream/milk; *aangesuurde water* acidulated water. **aan·su·ring** souring; acidification; *(swak) ~* acidulation.

aan·sweef, aan·swe·we *=ge=* glide/float along.

aan·sweet *=ge=, (metals)* sweat.

aan·swel *=ge=* swell (up); *(water, river)* rise; *(noise)* become louder. **aan·swel·ling** *=lings, =linge* swelling; increase.

aan·swem *=ge=* swim along.

aan·swerm *=ge=: aangeswerm kom* come swarming along.

aan·swe·we →AANSWEEF.

aan·swoeg *=ge=* struggle/plod along/on, trudge along; *(fig.)* plod/slave/slog away.

aan·syn *(fml.)* existence, being; presence; *iets in ~ roep, (die) ~ aan iets gee* bring s.t. into being, create s.t..

aan·tal *=talle* number; *'n groot ~* a great/large number; *'n groot ~ mense* a great many people; *'n hele ~ ...* numbers (*or* quite a number) of ...; *'n ~ ...* a number of ... *(people etc.)*.

aan·tas *=ge=, (detrimentally)* affect *(s.o.'s health etc.)*; impair, weaken *(s.o.'s hearing etc.)*; affect *(a constitution)*; *(comp.)* infect; derogate from *(a legal force)*; ***deur** ... aangetas* affected with/by ...; infected with ...; ***deur** die goudkoors aangetas wees* be seized by gold fever; ***deur** insekte aangetas wees* be infested with insects; ***deur** kanker aangetas wees, (s.o.'s liver etc.)* be affected with cancer; ***deur** 'n siekte aangetas wees, (plant)* be diseased; *(pers.)* be stricken with a disease; ***deur** siekte aangetas word* become diseased; *(iem. in) sy/haar **eer** ~* →EER[1] *n.*; *iem. se **geloofwaardigheid** ~* impair/shake s.o.'s credibility; *iem. in sy/haar **swak** ~* →SWAK *n.*; *die **wortel** van iets ~* strike at the root of s.t.. **aan·tas·baar** *=bare* vulnerable; open to attack. **aan·tas·ting** attack; detrimental effect; impairment; *(comp.)* infection; *'n ~ van ...* an invasion of ... *(s.o.'s rights etc.)*; *~ van iem. se goeie naam* defamation; *~ van kopiereg* infringement of copyright; *sonder ~ van iem. se posisie* without prejudice to s.o.'s position.

aan·teel *n.* breeding, rearing, raising *(of animals)*; increase; offspring, progeny; *om die helfte van die ~* for half of the offspring. **aan·teel** *=ge=, vb.* breed, rear, raise *(animals)*; increase; reproduce; multiply. **~aalwyn** *(Aloe claviflora)* Karoo aloe. **~goed** breeding cattle/stock, breeders. **~merrie** brood/breeding mare. **~ooi** stud/breeding ewe. **~vee** breeding cattle/stock, breeders.

aan·te·ken *=ge=* note/write down, note, make a note of; *(quickly)* jot down; take (down) *(particulars)*; mark; record, register, enter; score *(goals, tries, runs)*; rack up *(points)*; ***appèl** ~* →APPÈL; ***lopies** teen 'n bouler ~, (cr.)* score runs off a bowler; *iets **op** die agterkant van 'n dokument ~* endorse s.t. on (the back of) a document; ***protes** ~* →PROTES; *'n **punt** ~* →PUNT *n.*; *aangeteken **staan*** be on record; *'n indrukwekkende **telling** ~* rack up an impressive score; ***verskyning** ~* →VERSKYNING; *aangeteken **word*** go on record.

aan·te·ke·ning *=nings, =ninge, (dim. =ninkie)* note; mark; record, entry; comment, annotation; endorsement; *~s/~e **by** ...* notes to ... *(a report etc.)*; *van iets ~ **hou*** make a note of s.t.; keep a record of s.t.; keep a tally of s.t.; ***los** ~s/~e* jottings; *~s/~e **maak*** take notes; make notes; ***spesiale** ~, (jur.)* special entry; ***uitvoerige** ~s/~e* copious notes; ***volgens** iem. se ~s/~e* according to s.o.'s records. **~boek** notebook, jotter.

aan·te·ling breeding, rearing, raising.

aan·tog *n.* approach, advance; *in ~ wees, (enemy)* be advancing; *(storm)* be approaching; *(danger)* be imminent; *(fever, illness)* be coming on.

aan·toon *=ge=* show, indicate *(temperature, time, etc.)*; prove, show, demonstrate; point out *(mistakes)*. **aan·to·nend** *=nende: ~e wys(e), (gram.)* indicative mood. **aan·to·ner** *=ners* indicator, gauge; pointer. **aan·toon·baar** *=bare* demonstrable, provable; identifiable, discernible.

aan·tou *=ge=* straggle along; *agter iem./iets ~* follow in a line (*or* straggle along) behind s.o./s.t..

aan·tree *=ge=, (mil.)* line up, muster; form up; fall in; *laat ~* line up, muster *(soldiers, troops)*; form up *(a battalion, platoon)*.

aan·tref *=ge=* find, meet (with); *(by chance)* come across, run across/into, chance/happen/hit/light (up)on, stumble across/(up)on; *by die Grieke/ens. tref ('n) mens dit nie aan nie* one does not find it among the Greeks/etc.; *iets word êrens aangetref* s.t. is found somewhere.

aan·trek *=ge=* draw, pull; tighten, pull tight *(a rope, wire, chain, etc.)*; dress, clothe *(s.o.)*; get dressed, dress o.s., put on one's clothes; draw on *(stockings, gloves, etc.)*; attract *(a magnet etc.)*; attract, draw, appeal to, take/catch s.o.'s fancy; ***ander** klere ~* change (one's clothes), get changed, put on other clothes; *iets **anders** ~* change into s.t. else; ***armoedig** aangetrek wees* be poorly/shabbily dressed; *trek aan jou **baadjie/ens.!*** put on your jacket/etc.!; *jou iets **baie/erg** ~* take s.t. badly; feel strongly about s.t.; *jou **deftig/netjies** vir ... ~* dress up for ...; ***dun** aangetrek wees* be scantily clad; ***goed** aangetrek wees* be well dressed; *altyd **goed** aangetrek wees* (always) dress well; *jou **iets** ~* take offence at (*or* feel/be offended at/by) s.t.; take s.t. to heart, be upset by s.t.; *jou **iets** nie ~ nie* make light/little of s.t.; ***niks** om aan te trek nie* nothing to wear; *jou iets **persoonlik** ~* →PERSOONLIK *adv.*; *jou **piekfyn/netjies** ~* spruce o.s. up, get spruced up; *as die **skoen** jou pas, trek hom aan* →SKOEN; *die stoute **skoene** ~* →SKOEN; ***skoon** ~* put on clean clothes. **~hokkie** changing cubicle.

aan·trek·king attraction. **~sfeer** *(astron.)* attraction sphere, centrosphere.

aan·trek·kings: ~krag *(phys.)* (force of) attraction, attractive force; *(fig.)* attraction, draw, appeal, pull; *iets het vir iem. **geen** ~ nie* s.t. has/holds no attraction/appeal for s.o.; *iets **het** 'n ~ vir iem.* s.t. has an attraction (*or* a fascination) for s.o.; *iets het **min** ~ vir iem.* s.t. has little appeal for s.o.; *iets het sy ~ vir iem. **verloor*** s.t. has lost its appeal for s.o.. **~punt** centre of attraction/admiration, cynosure. **~vermoë** *(lit.)* attractive power, power of attraction, magnetism; *(fig.)* attraction, personal charm, magnetism.

aan·trek·lik *=like =liker =likste* attractive, good-looking, charming, appealing, inviting; *baie ~, (also, infml.)* dishy; *iem. vind ... ~* s.o. finds ... attractive; *vir iem. ~ wees* be attractive to s.o.. **aan·trek·lik·heid** attractiveness, charm, appeal, attraction, allure.

aan·trip·pel *=ge=* trip/patter along.

aan·trou *=ge=* become related by marriage; →AANGETROUD.

aan·tuur *=ge=* stare/gaze at.

aan·tyg *=ge=: iem. iets ~* impute s.t. to s.o., lay s.t. to s.o.'s charge. **aan·ty·ging** *=gings, =ginge* accusation, charge, allegation, imputation, inculpation; *'n ~ maak* make an allegation; *'n ~ oor ...* an allegation about ...; *'n ~ teen ...* an allegation against ...

aan·vaar[1] *=ge=* sail along; keep on sailing; *'n hawe ~* →'N HAWE AANDOEN; *teen ... ~* run into (*or* hit *or* collide with) ... **aan·va·ring** *=rings, =ringe* collision *(at sea)*.

aan·vaar[2] *het ~* accept *(an offer, a gift, proposal, principles, conditions, defeat, etc.)*; agree to *(arrangements etc.)*; assume *(responsibility)*; *(jur.)* adiate, accept *(an inheritance)*; come to terms with, resign o.s. to, reconcile o.s. (*or* become reconciled) to, learn to live with *(s.t. unpleasant)*; take *(the consequences)*; *'n **amp** ~* assume/take office; *'n **betrekking** ~* take up a position; *die **bevel** oor ... ~* take/assume command of ...; *die **bewind** ~* →BEWIND; *iets **gelate** ~* accept s.t. without complaining; *sake ~ soos hulle **kom*** take things as they come; *jou **lot** ~* resign o.s. to one's fate; ***minder** ~* settle for less; *jou **pligte** ~* take up one's duties; *'n **reis/tog** ~* set out on a journey; *iets **sommer** ~* accept/take s.t. at face value; *die **terugtog** ~* retreat, beat a retreat; *iem. **wil nie** ~ dat ... nie* s.o. won't face up to the fact that ...; *~ **word*** be accepted. **aan·vaar·baar** *=bare =baarder =baarste* acceptable. **aan·vaar·baar·heid** acceptability, acceptableness. **aan·vaar·ding** *=dings, =dinge* acceptance, (taking) possession; acceptance, resignation; assumption, taking on; accession *(to an office)*; *(jur.)* adiation. **aan·vaar·dings·brief** letter of acceptance.

aan·val *=valle, n.* attack, assault, onset, onslaught, raid, strike; attack, bout *(of an illness)*; *aan die ~ wees* be on the attack/offensive; *'n ~ **aanvoer/lei*** conduct an attack; *'n ~ **afslaan/afweer*** beat off (*or* repel) an attack; *'n ~ **op** ... **doen*** launch/make an attack on ...; *'n **ernstige/hewige/kwaai** ~* a bad/severe attack, a paroxysm *(of coughing etc.); die ~* ***hernieu/hernu(we)/hervat/vervat*** return to the attack; return to the charge; *'n* ***ligte*** *~ van ...* a touch (*or* slight attack) of ... *(an illness); 'n* ***onbeheerste*** *~* an unbridled attack; *'n ~* ***onderneem*** stage an attack; *'n ~ teen ...* ***ontketen/rig*** launch/make an attack on ...; *tot die ~* ***oorgaan*** go over to the attack, take the offensive; swing into action; *weer/opnuut tot die ~* ***oorgaan*** return to the attack; *'n ~* ***op*** *...* an attack on ...; *tot die ~* ***oproep*** sound the attack; sound the charge; *'n* ***striemende*** *~* a slashing attack; *'n ~* ***van*** *... hê* have an attack of ... *(a disease); 'n ~* ***van*** *griep* a bout of flu; *'n* ***venynige*** *~* a blistering/stinging attack; *~ is die beste* ***verdediging*** attack is the best form/means of defence. **aan·val** *=ge=, vb.* attack, assail, assault, fall/set/pounce (up)on; charge, rush, strike (at); *(fig.)* tilt at; *die* ***agterhoede*** *~* fall (up)on the rear; *die vyand in die* ***flank*** *~* attack the enemy's flank, take the enemy in the flank; *iem.* ***verwoed*** *~* go for s.o. hammer and tongs *(infml.); die* ***voorhoede*** *~* make a frontal attack; *aangeval* ***word*** be/come under attack. **~sein** signal of attack.

aan·val·lend *=lende* attacking, aggressive, offensive; *~ optree* take (*or* go on) the offensive; *~e oorlog* war of aggression. **aan·val·len·der·wys, =wy·se, aan·val·len·der·wys, =wy·se** aggressively, offensively. **aan·val·ler** *=lers* attacker, assailant, assaulter, aggressor. **aan·val·le·tjie** *=tjies* (s)light attack. **aan·val·lig** *=lige* charming, delightful, lovely, appealing, attractive, engaging. **aan·val·lig·heid** charm, appeal, attractiveness.

aan·vals=: ~houding: *teen iem. in die ~ kom* square up to s.o.. **~kreet** war cry. **~mag** strike force. **~oorlog** war of aggression. **~plan** plan of attack. **~punt** point of attack. **~taktiek** offensive/attacking tactics. **~uur** zero hour. **~vaartuig** *(mil.)* assault craft/ship. **~verkenning** offensive reconnaissance. **~vermoë** offensive power/capacity. **~vliegtuig** strike aircraft/plane. **~wapen** offensive weapon, weapon of offence.

aan·vang *n., (fml.)* beginning, start, commencement, inception, onset, *(fig.)* dawn; ***by*** *die ~* at the start; *'n ~* ***maak*** make a start, start, begin; *'n ~* ***neem*** commence; ***ten*** *~* to begin/start with. **aan·vang** *=ge=, vb., (fml.)* begin, start, commence; initiate; *wat het jy* ***met*** *... aangevang?* what have you done to ...?; *('n) mens kan* ***niks*** *met iem. ~ nie* s.o. is useless; *daarmee kan ek* ***niks*** *~ nie* that's no good to me; ***streke*** *~* get up to tricks; ***wat*** *kan ('n) mens met iem. ~?* what can one do about/with s.o.?; ***wat*** *moet ek met ... ~?* what am I supposed to do with ...?; what's the use of ...?; ***wat*** *vang iem. aan?* what is s.o. at?; ***wat*** *het iem. nou weer aangevang?* what has s.o. been up to now?; ***wat*** *vang jy nou aan?* what do you think you're doing?; *iem. weet nie* ***wat*** *om met hom=/haarself aan te vang nie* s.o. doesn't know what to do with him=/herself, s.o. is at a loose end. **~salaris** starting salary. **~snelheid** starting speed; *(phys.)* initial velocity. **~spanning** initial stress. **~stadium** initial stage.

aan·vangs=: ~druk initial pressure. **~gebed** opening prayer. **~kapitaal** starting/initial capital. **~klas** beginners' class. **~kolwer** *(cr.)* opening batsman, opener. **~koste** start-up costs. **~loon** starting wage. **~moeilikhede** teething troubles. **~onderwys** elementary education. **~punt** starting point. **~tyd** starting time.

aan·vank·lik *=like, adj.* initial, original, primary, early, first, incipient. **aan·vank·lik** *adv.* at first, initially, at/in the beginning, at the outset/start, first, originally, to begin with.

aan·va·ring →AANVAAR[1].

aan·vat *=ge=* take hold of, seize; start, begin, undertake; turn one's hand to.

aan·veg *=ge=* challenge, dispute *(a statement etc.)*; assail; tempt. **aan·veg·baar** *=bare* disputable, contestable, debatable, questionable, moot, contentious, controversial, open to criticism/question *(a statement etc.); (jur.)* impeachable, impugnable. **aan·veg·baar·heid** disputable/contestable nature, disputability, disputableness, contestableness, contentiousness, controversiality. **aan·veg·ting** *=tings, =tinge* challenging, disputing, contesting; temptation; *die ~ van 'n omstrede beleid* challenging a controversial policy; *die ~s/~e van die bose* the temptations of evil.

aan·ver·want *=wante, (fml.)* →VERWANT. **aan·ver·want·skap** *(fml.)* →VERWANTSKAP.

aan·vlieg *=ge=* fly along; keep on flying; *(av.)* approach; *(op) ... ~* fly at (*or* rush upon) ...; *teen iets ~* fly against s.t.. **~baken** landing beacon. **~duik** approach dive. **~hoek** angle of approach. **~hoogte** approach altitude/height.

aan·vloei *=ge=* flow along; keep on flowing.

aan·vlug approach *(of an aircraft)*.

aan·vly *=ge=: jou teen iem. ~* snuggle (close) up to (*or* cuddle/nestle up to/against) s.o..

aan·voeg *=ge=* adjoin, join. **aan·voe·gend:** *~e wys(e), (gram.)* subjunctive (mood), conjunctive. **aan·voe·ging** *=gings, =ginge* adjunction.

aan·voel *=ge=* feel, sense, get the impression, have a hunch, suspect, pick up; experience. **aan·voe·ling** feeling, impression, hunch, suspicion; experience; *'n ~ vir iets hê* be attuned to s.t..

aan·voer *=ge=* bring, convey; argue, hold, maintain, claim, plead; quote, cite, instance; head, lead *(a gang etc.)*; command *(an army)*; captain *(a team)*; give, offer *(a reason, proof, example, etc.)*; raise *(an objection)*; conduct *(an attack); 'n* ***argument*** *~* present (*or* put forward) an argument; make a point; ***getuienis*** *~, (jur.)* adduce/lead evidence; ***gronde/redes*** *~ waarom ..., (jur.)* show cause why ...; *iets* ***teen*** *iem. ~* bring s.t. up against s.o.; *onwetendheid as* ***verontskuldiging*** *~* plead ignorance; *iets ter* ***versagting*** *~* say s.t. in mitigation. **aan·voer·der** *=ders* commander, captain, leader. **aan·voe·ring** citing; giving, offering; leadership, command; *onder ~ van ...* under the command of ...; led by ...

aan·voor *=ge=* initiate, begin, start, do the groundwork, lay the foundations of; *(agric.)* draw the first furrow(s); *'n saak ~* take the initial steps in a matter. **~aanleg, ~installasie** pilot plant. **~werk** ground=, spadework, preparation(s), preliminaries; *die ~ vir iets doen* prepare the ground (*or* do the groundwork) for s.t..

aan·vra *=ge=* ask/apply for, request, seek, put in for, requisition, call for, solicit; *'n lisensie/patent by iem. ~* apply to s.o. for a licence/patent; *'n oudiënsie by ... ~* →OUDIËNSIE; *'n egskeiding ~* file/sue for (*or* seek a) divorce; *'n hoofdelike stemming ~, (parl.)* call for a division; *regshulp ~* apply to court for relief; *aangevraagde verlof* leave applied for.

aan·vraag inquiry, enquiry; request, application, requisition; demand; call; *daar is* ***baie*** *(of 'n* ***groot/sterk****) ~ na iets* s.t. is in great demand; s.t. is at a premium; s.t. is sought after; *om ... ~* ***doen*** make a request for ...; *daar is* ***geen*** *~ na/om nie* there is no demand for it; there is no market for it; it goes begging; *die ~* ***na/vir*** *iets* the demand for s.t.; *'n ~* ***om*** *...* a request for ...; an application for ... *(a patent, leave, etc.)*; ***op*** *~* on application/demand/request; at call; *uitkeerbaar* ***op*** *~* payable at sight (*or* on demand); *aan 'n ~* ***voldoen*** meet/supply a demand. **~brief** letter of application *(for shares)*. **~wissel** demand draft.

aan·vra·er *=ers* applicant; *(jur.)* requesting party; *'n ~ van ...* an applicant for ...

aan·vreet *=ge=* corrode; →INVREET.

aan·vryf, aan·vry·we *=ge=* rub on; apply, put on *(ointment)*; →AANSMEER; *teen ... ~* rub against ...

aan·vul *=ge=* add to; fill up; complete; supplement; replenish *(stock)*; make up *(an amount, a number, etc.)*; amplify *(a remark, statement, etc.)*; make up/good *(a shortage, deficiency, etc.)*; supply *(an omission)*; eke out, supplement *(money, income); mekaar ~* complement (*or* be complementary to) each other (*or* one another); *iets met ... ~* supplement s.t. with ... **aan·vul·lend** *=lende* complementary; supplementary, ancillary, additional, added, subsidiary; *~e* ***begroting*** supplementary budget; *~* ***by*** *... wees* be supplementary to ...; be complementary to ...; *~e* ***geneeskunde*** complementary medicine; *~e* ***kleure*** complementary colours. **aan·vul·ling** *=lings, =linge* addition; completion; supplement; replenishment; amplification; making up; supply(ing); complement; *ter ~ van ...* supplementary to ...; *'n ~ van ...* a supplement to ...

aan·vul·lings=: ~begroting supplementary budget. **~eksamen** supplementary examination, re-examination. **~hoek** complementary angle. **~kursus** refresher course. **~lys** supplementary list. **~onderwys** supplemental instruction.

aan·vu·ring *(fig.)* firing, arousal, incitement, stimulation, inflaming; spurring on. **aan·vuur** *=ge=, (fig.)* fire, arouse, incite, inflame, inspire, inspirit, quicken, rouse, stir/whip/work up; spur on; *deur vaderlandsliefde aangevuur* inspired/motivated by patriotism. **aan·vuur·der** *=ders, (fig.)* firebrand, fomenter, inciter, instigator; spur.

aan·waai *=ge=* blow along; be blown towards; *(fig.)* blow/drop in, arrive unexpectedly, turn up out of the blue *(infml.); iem. kom aangewaai* s.o. blows in; *by iem. aangewaai kom* drop in on s.o..

aan·wag·gel *=ge=, (walk unsteadily)* stagger/totter/wobble/reel along; *(short-legged person, duck, etc.)* waddle along; *(young child)* toddle along.

aan·wak·ker *=ge=* enliven, animate, arouse, rouse, awaken, fire (up); stir up *(animosity)*; fan, foment *(discord)*; stimulate, foster *(interest)*; encourage *(the desire to buy)*; give a fillip to *(sales)*; promote *(trade)*; *(wind)* freshen, gather strength; fan *(flames, a fire)*; prime *(a machine); emosies ~* fan the flames of passion; *haat ~* fan hate, brew up hatred; *iem. tot groter inspanning ~* animate s.o. to greater efforts. **aan·wak·ke·ring** enlivenment, animation, arousal, awakening, firing; stirring; fanning, fomenting; stimulation; encouragement; fillip; promotion; priming.

aan·was *n.* growth; increase *(of population)*; accrual *(of capital)*; accretion *(of a forest)*; rise *(of water, a river)*; aggradation *(of a coast)*. **aan·was** *=ge=, vb.* grow; increase; accrue; rise; mount (up).

aan·wa·sem: *'n ruit laat ~* cloud/fog up a window.

aan·wen *=ge=* get into the habit of, accustom o.s. to, become accustomed to; *jou ~ om iets te doen* make a custom/habit of doing s.t.; *jou slegte maniere ~* become ill-mannered. **aan·wen(d)·sel** *=sels* habit, custom; mannerism, quirk; *'n lelike ~* a bad habit.

aan·wend *=ge=* apply, employ, use, make use of, put to use, utilise; bring/call into play; bring to bear *(energies, powers of persuasion, etc.)*; employ *(capital)*; appropriate *(funds, income, etc.)*; harness *(a natural source of energy);* ***alles*** *~* make every effort, put everything into it, strain every nerve, leave no stone unturned; ***geweld*** *~* resort to (*or* use/employ) force; *(baie/groot)* ***moeite*** *~* take (great) trouble/pains; *'n* ***poging*** *~* make an attempt/effort; *iets* ***vir*** *... ~* apply s.t. towards ...; *fondse* ***wederregtelik*** *~* misappropriate funds, convert funds to one's own use. **aan·wend·baar** *=bare* applicable, employable, usable; appropriable. **aan·wen·ding** *=dings, =dinge* application, employment, use, utilisation; appropriation; *'n verskeidenheid (van) ~s* a variety of uses.

aan·wen(d)·sel →AANWEN.

aan·werk *=ge=* sew on *(a button etc.)*; continue working.

aan·we·sig *=sige* present; existing, existent; on hand; *by ... ~ wees* be present at (*or* sit in at/on) ...; *nie heeltemal ~ wees nie, (fig.)* not be quite with it. **aan·we·si·ge** *=ges* person present; *die ~s* those present; the spectators; the audience; *die ~es uitgesonder(d)* present company excepted/excluded. **aan·we·sig·heid** presence, attendance; existence; *in ~ van ...* in the presence of ...

aan·wins gain; asset, benefit, boon; valuable acquisition; valuable addition; *'n (groot) ~ vir die span/ens.* a valuable addition to the team/etc.; *'n ~ vir die biblioteek/ens.* an accession to the library/etc.; *'n waardevolle ~ vir ... wees* be a valuable acquisition to ...

aan·wip *=ge=* hop along.

aan·wys *=ge=* indicate, point out, show; assign, allot, allocate, earmark; register, read, mark, measure, point to; denote; specify, pinpoint, identify, single out; designate, appoint, nominate, name, select; →AANGEWESE, AANWYSEND; *iem.* ***as*** *... ~* designate/name s.o. as ...;

*iem. ~ **om** iets te doen* choose s.o. to do s.t.; appoint/assign s.o. to do s.t. *iem. **vir** iets ~* mark s.o. out for s.t. *(special training etc.); iem. **vir** 'n rol ~* cast s.o. in a role/part; *iets **vir** ... ~* appropriate s.t. for ...; ***water** ~* divine water, dowse. **~bord** indicator board. **~stok** pointer. **~vlag** signal(ling) flag.

aan·wy·send *=sende* indicating, indicative; directory; *~e modus, (gram.)* indicative (mood); *~e voornaam=woord, (gram.)* demonstrative (pronoun).

aan·wy·ser *=sers* indicator, pointer; annunciator; diviner, dowser; *(med.)* detector; *(math.)* →EKSPONENT, INDEKS, MAGSAANWYSER; WYSER.

aan·wy·sing *=sings, =singe* indication; assignment, allotment, allocation; direction *(for use)*, instruction; registering, reading; denotation; designation, appointment; selection *(of a candidate)*; divination; mark, sign, clue, hint, pointer, index; *(med.)* signature; *(also, in the pl.)* signage; *die ~s volg* follow the directions *(for using medicine etc.)*.

aap *ape* monkey; *(tailless)* ape; *(infml., derog.)* monkey, fool, ass, git, bimbo; →APE=, APIE; *al **dra** 'n ~ 'n goue ring, hy is en bly 'n lelike ding* fine feathers don't make fine birds; an ape's an ape, a varlet's a varlet, though they be clad in silk and scarlet; *jy lyk 'n **mooi** ~* you look like doing it; you fancy yourself; *die ~ uit die **mou** laat* let the cat out of the bag, spill the beans, give the game/show away; blow the gaff; *soos 'n ~ in 'n **porse=leinkas*** like a bull in a china shop; *jou 'n ~ **skrik*** get the fright of one's life; *jy dink jy het 'n ~ aan die **stert** beet* you think that you can kid/fool me; you think that I will swallow anything; *dit weet die ~ se **stert*** everybody knows that; that is common knowledge. **~hok, apehok** monkey house, monkey's cage; ape house, ape's cage. **~klier** monkey gland. **~kop** *(Acacia gerrardii)* red thorn. **~kos, aapsekos, apieskos** *(Rothmannia capensis)* candlewood. **~mens** apeman. **~stert** monkey's tail; whip, lash, sjambok; chain wrench; rascal, imp, brat; *jou klein ~!* you little monkey/rascal!; *iem. ~ gee* give s.o. a hiding; *onder die ~ deurloop* run the gauntlet. **~streke** *(pl.)* mischief, monkey business/tricks *(infml.)*, monkey shines *(Am., infml.)*. **~stuipe** *(infml.)* freak-out; →BOBBEJAANSTUIPE; *iem. die ~ gee* freak s.o. out; *iets gee iem. die ~, iem. kry die ~ oor iets* s.t. drives/sends s.o. up the wall; s.t. puts s.o. into a (blue) funk; *die ~ kry* have kittens; go through (*or* hit) the roof, go into orbit, fly into a rage/fury; freak (out); go into a (blue) funk.

aap·ag·tig, aap·ag·tig *=tige* like a monkey, monkeyish, monkeylike; apelike; *(zool.)* pithecoid, simian; apish, stupid, foolish.

aap·ske·loe·der *=ders, (arch.)* blighter, rascal.

aar[1] *are* ear *(of corn)*; *(bot.)* spike; *in die ~ skiet* shoot ears. **~pluim** *(bot.)* panicle. **~snymasjien** header. **~vormig** *=mige* spicate.

aar[2] *are* vein *(in one's body; in marble; underground; etc.)*; nerve *(in a leaf)*; underground watercourse; lode, seam *(of an ore)*; *(elec.)* core *(of a cable)*; *humoristiese ~* streak of humour; *in iem. se are* in s.o.'s veins. **~afbinder** tourniquet. **~bloed** venous blood. **~bos(sie)** *(Walafrida geniculata)* water finder. **~inspuiting** intravenous injection. **~laat** *=ge=* →BLOEDLAAT. **~lating** *=tings, =tinge* →BLOEDLATING. **~ontsteking** phlebitis. **~pers** tourniquet. **~slag** →POLSSLAG. **~spat** →SPATAAR. **~steen** *(geol.)* gangue, veinstone. **~stelsel** venation, nervation. **~verdikking, ~verharding, ~verkalking** *(hardening of the veins)* phlebosclerosis, venosclerosis; →SLAGAARVERDIKKING. **~vernouing** vasoconstriction. **~verwyding** vasodil(at)ation. **~voeding** intravenous feeding; *deur ~* intravenously.

aar[3] *are, (metric unit of measure)* are.

aar·bei *=beie* strawberry; *~e met room* strawberries and cream. **~boom** strawberry tree, arbutus. **~druif** fox grape. **~framboos** strawberry raspberry. **~klawer** strawberry clover. **~konfyt** strawberry jam. **~sewejaartjie** strawberry everlasting. **~stoel** strawberry bush. **~vlek** *(a reddish birthmark)* strawberry mark. **~vrot** strawberry rot.

aard[1] *n.* character, disposition, temper, nature; kind, sort, type; complexion, cast, stamp, temperament; *van **hierdie** ~* of this nature; *dit **lê** nie in iem. se ~ om te ... nie* it is not in s.o.'s nature to ...; ***niks** van die ~ nie!* nothing of the kind/sort!; *dit lê in die ~ van die **saak*** it is in the nature/order of things; *uit die ~ van die **saak*** naturally, in/from/by the nature of things; (as a matter) of course; *iets is **strydig** met iem. se ~* s.t. is out of character for s.o.; *... **van** allerlei ~* ... of all kinds/sorts, all kinds/sorts of ...; *iets **van** die ~* something of the kind; ***van** ~* by nature; *driftig **van** ~ wees* be quick/hot/short-tempered, have a quick temper; *goed **van** ~ wees* be good-natured/kind-hearted; ***van** so 'n ~ dat* ... such that ... **aard** *ge=, vb.* take after, resemble; *goed ~, (animals, plants, etc.)* do well, thrive, flourish; *iem. kan nie hier ~ nie* s.o. does not feel at home here; the climate/environment/place does not agree with (*or* suit) s.o.; *na iem. ~* take after s.o.; *nie na iem. ~ nie, (also)* be unlike s.o.. **aard·jie:** *'n ~ na sy vaartjie* a chip off the old block.

aard[2] *n.* →AARDE. **aard** *ge=, vb., (elec.)* earth, ground *(Am.)*. **~alkali** alkaline earth. **~artisjok** Jerusalem artichoke. **~as** axis of the earth, earth's axis. **~baan** orbit of the earth, earth's orbit. **~beweging** earth movement. **~bewing** *=wings, =winge* earthquake, seism, seismic shock; →AARDBEWINGS=; *'n ~ in 'n miershoop* a storm in a teacup. **~bewoner** earthling, earth dweller, inhabitant of the earth, mortal, terrestrial, tellurian. **~bodem** surface of the earth, earth's surface; *van die ~ verdwyn* disappear from/off the face of the earth; *o ~!* heavens!. **~bol:** *'n ~* a (terrestrial) globe; *die ~, (planet)* the (terrestrial) globe, the earth. **~boontjie** *(dial.)* groundnut, peanut, monkey nut; →GRONDBOON. **~brand** subterranean fire. **~draad** earth/ground wire. **~gas** natural gas. **~gebonde** earthbound. **~gees** earth spirit. **~gehuggie** global village. **~geleier** *(elec.)* earth conductor. **~godin** *(myth.)* earth mother. **~gordel** *(geog.)* zone. **~kabel** *(elec.)* earth/ground cable. **~kern** earth's core, barysphere. **~klem** *(elec.)* earth clip. **~kleur** earth (colour). **~kors** earth's crust; *(vaste) ~* lithosphere. **~kring** earth circuit. **~laag** *(geol.)* layer (of earth), stratum. **~leiding** earth/ground lead. **~lig** →AARDSKYN. **~magneties** geomagnetic. **~magnetisme** geomagnetism, terrestrial magnetism. **~man** *(sci-fi)* earthman; →AARDVROU. **~mannetjie** gnome, goblin, brownie; troll; →ERDMAN(NETJIE). **~meetkunde** geodesy. **~meetkundig** geodetic. **~meetkundige** *=ges* geodesist. **~metaal:** *seldsame ~* rare-earth metal. **~middelpuntig** geocentric. **~olie** petroleum, rock/natural oil. **~opkoms, ~opgang** earthrise. **~oppervlak** surface of the earth, earth's surface. **~oppervlakte** surface area of the earth. **~pen** *(elec.)* earth pin. **~plaat** →AARDINGSPLAAT. **~roos** *Cytinus* spp.; *(Hyobanche sanguinea)* ink plant. **~ryk** earth, world; *die ~ nutteloos beslaan* be useless/worthless, not be worth one's keep/salt. **~satelliet** earth satellite. **~skaduwee** shadow of the earth. **~skok** earth/seismic shock. **~skuddend** *(infml., fig.)* earthshaking, earthshattering, world-shaking *(announcement etc.)*; *van ~e belang* of world-shaking import. **~skudding** earth tremor. **~skyn, ~lig** earthshine, earthlight. **~sluiting** *(elec.)* earth fault. **~spleet** earth fissure. **~stasie** earth station. **~ster** *(Geastrum* spp.*)* earthstar. **~straling** earth/terrestrial radiation. **~stroom** earth/telluric current. **~teleskoop** terrestrial telescope. **~terugleiding** *(elec.)* earth return circuit. **~trilling** earth tremor. **~trog** canyon. **~tydperk** geological age. **~vas** earthfast. **~veld** *(elec.)* field of earth. **~verbinding** *(elec.)* earth/ground connection. **~verfstof** earth (colour). **~verwarming** global warming. **~vlieg** →LANGPOOT *n.*. **~vrou** *(sci-fi)* earthwoman; →AARDMAN. **~was** mineral wax, ozocerite. **~werk** earthwork. **~wetenskappe** earth sciences. **~wolf, erdwolf** *(Proteles cristatus)* aardwolf.

aard·ag·tig, aard·ag·tig *=tige* earthy.

aard·be·wings=: **~aanwyser** seismograph. **~gebied** earthquake/seismic zone. **~golf** earthquake/seismic wave. **~haard** epicentre. **~leer** seismology. **~meter** seismometer.

aar·de earth, world; ground; soil, earth; *(elec.)* earth, ground *(Am.)*; →ERD[2]; *die ~ nutteloos **beslaan*** cumber the earth; *die **beste** op ~* the best in the world; *iem. ter ~ **bestel**, (fml.)* bury s.o., commit s.o. to the earth, lay s.o. to rest; *op **dees(ke)/dese** ~!* bless my soul!, (good) heavens!; *op **Gods** ~* on God's earth; *in/op **goeie** ~ val* fall on fertile soil; ***hemel** en ~ beweeg* →HEMEL; *ek het gevoel of ek in die ~ kon **(in)sink/(weg)sink*** I wanted the earth to swallow me up (*or* to open under my feet), I wished I could sink through the floor, I nearly died of shame; *met die ~ **kennis maak*** come a cropper, fall heavily; *die ~ was te **koud** vir iem. om op te trap* they rolled/put out the red carpet for s.o., nothing was too good for s.o.; *iem. uit die ~ **loop*** bowl s.o. over; ***(o)** ~(tjie)!, **my/onse** ~!* (good) heavens/gracious!, good grief!, (oh) my goodness!, goodness (gracious) me!, oh dear!, dear me!; ***onder** die ~ lê/rus* be in one's grave; ***op** die ~* on earth; *(Bib.)* in earth; *geen rede **op** ~ nie* no earthly reason; *hier **op** ~* here on earth, on this earth, here below; *hoe **op** ~ kon iem. ...?* how could s.o. possibly ...?; *waar **op** ~?* where on earth?, wherever?; *wat **op** ~?, (expressing desperation/impatience)* what on earth?, what the dickens?; *(expressing surprise)* what on earth?, whatever?; *wie **op** ~?* who on earth?, whoever?; ***seldsame** ~s, (chem.)* rare earths; *die ~ **skeur*** run like mad; *in die **skoot** van die ~* in the bowels of the earth; *iem. aan die **skoot** van die ~ toevertrou* commit s.o. to earth, bury s.o.; *met albei voete/bene* (of *vierkant*) *op die ~ **staan**, (fig.)* have one's/both feet firmly on the ground, be down to earth; *tot die **uiterstes** van die ~* to the utmost confines of the earth; *die **uithoeke** van die ~* the four corners of the earth; ***vaste** ~* solid ground. **~baan** orbit of the earth, earth's orbit.

aar·dig *=dige =diger =digste* sizeable, fair, tidy; bad foul, offensive, nasty; *(dated or liter., poet.)* nice, pretty, attractive; *(dated or liter., poet.)* enjoyable, pleasant; *'n ~e fortuintjie* a small/tidy fortune; *'n ~e kind* a nice/likeable child; *'n ~e sommetjie* →SOMMETJIE; *~ voel* feel queasy/sick/queer/nauseous; feel awkward/uncomfortable/uneasy. **aar·dig·heid** *=hede* fun, enjoyment; joke, jest; queasiness, giddiness; *die ~ is daarvan **af*** the gilt is off the gingerbread; ***dat** dit 'n ~ is* like anything (*or* nobody's business), *(infml.)* like billyo(h); *'n **hele** ~* a real/regular treat; *dit is **nie meer** 'n ~ nie* it has lost its attraction (*or* appeal *or* novelty value); *(net) **vir** die ~* (just) for fun, (just) for the fun/hell of it *(infml.)*, for kicks, in sport.

=aar·dig *comb.* -natured, -tempered; *goed~* good-natured/tempered; *sag~* sweet-tempered.

aar·ding *(elec.)* earthing. **aar·dings·plaat, aard·plaat** *(elec.)* earth/ground plate.

aard·jie →AARD[1].

aard·ryks·kun·de geography. **~onderwyser** geography master/teacher.

aard·ryks·kun·dig *=dige* geographic(al); *~e woordeboek* gazetteer. **aard·ryks·kun·di·ge** *=ges* geographer.

aards *aardse* earthly *(joys, love, paradise)*; mortal, earthborn *(poet.)*; earthly *(creature, being)*; worldly, mundane *(possessions, pleasures, problems)*; *(of the earth)* terrestrial, tellurian, sublunar; down-to-earth *(person)*; coarse, crude, earthy *(joke)*; *~e gesag* temporal power *(of the Pope etc.)*; *~e slyk* filthy lucre. **~gesind** *=gesinde, meer =gesind die mees =gesinde* worldly-minded. **~gesindheid** worldly-mindedness, worldliness, earthliness. **aards·heid** earthiness.

aar·loos *=lose* veinless; *(bot.)* nerveless.

A·ä·ron *(OT)* Aaron; *~ se kierie, (OT)* Aaron's rod.

aars *aarse, (rare)* arse *(coarse)*, ass *(Am., sl.)*; anus; vent *(in animals)*; *iem. se nek laat weet wat sy ~ weeg* hang a person. **~derm** →NERSDERM. **~maaier** pinworm. **~opening** anus. **~uitsakking** vent prolapse *(in animals)*. **~verswering** vent gleet *(in animals)*. **~vin** anal fin.

aar·sel *ge=* hesitate, delay, dither, hold/hang back, pause, waver, vacillate; *iets laat iem. ~* s.t. holds s.o. back; *~ om iets te doen* hesitate to do s.t.; *nie ~ om iets te doen nie* not hesitate to do s.t., have no hesitation in (*or* make no bones about) doing s.t.. **aar·se·lend** *=lende* hesitant, hesitating, dithering, wavering, vacillating, half-hearted, tentative, tremulous. **aar·se·ling** *=linge* hesitation, delay, hesitancy, vacillation, half-heartedness; *iets sonder ~ doen* not hesitate to do s.t., have no hesitation in doing s.t., do s.t. without hesitation.

aar·tap·pel, er·tap·pel *-pels* potato; *(infml.)* large hole, potato *(in a sock/stocking); ~ in die skil* (of *met skil en al gebak/gekook), (cook.)* jacket potato; *~s nie twee keer skil nie, (fig.)* not repeat one's words; *fyn(gemaakte) ~s* →KAPOKAARTAPPELS. **~akker** potato patch. **~boer** potato grower. **~boerdery** potato growing. **~bredie** potato/Irish stew. **~dis, ~gereg** potato dish. **~drukker, ~fynmaker** potato masher. **~kewer** potato beetle/bug, Colorado beetle. **~kluitjie** potato dumpling. **~koekie** potato cake. **~land** potato field. **~loof, ~lowwe** potato tops/stalks. **~meel** potato flour. **~messie, ~skiller** potato peeler. **~moer** seed potato. **~mot** potato tuber moth. **~oes** potato crop/harvest. **~pastei** cottage/shepherd's pie. **~poffertjie** potato fritter. **~re(i)sies** potato race. **~roes** potato blight. **~siekte** potato blight/disease/murrain. **~skil** potato skin; *(peeled)* potato peel(ing). **~skiller** potato peeler. **~skyfies** *(pl.)* (potato) chips, *(Br.)* (potato) crisps. **~slaai** potato salad. **~sop** potato soup. **~stoel** potato plant. **~suurdeeg** potato yeast. **~uithaalmasjien, ~uithaler** potato lifter. **~vratsiekte** potato wart, black scab. **~wedloop** →AARTAPPELRE(I)SIES.

aar·tjie[1] *-tjies* little ear *(of corn)*; spikelet.

aar·tjie[2] *-tjies, (anat.)* veinlet, venule; *(geol.)* veinlet; *(min.)* stringer.

aarts-: **~bedrieër** arrant cheat. **~bisdom** archbishopric, archdiocese. **~bisdomlik** *-like* archdiocesan. **~biskop** *-koppe* archbishop. **~biskoplik** *-like* archiepiscopal; *~e episkopaat* archiepiscopate, archiepiscopacy. **~boosdoener, ~booswig** archvillain; *(Satan)* archfiend. **~deken** archdeacon. **~deugniet** out-and-out scoundrel, arrant rogue/knave. **~dom** incredibly stupid, brainless, dense, thick, boneheaded. **~engel** archangel. **~hertog** archduke. **~hertogdom** archduchy. **~hertogelik** archducal. **~hertogin** archduchess. **~huigelaar** arch-hypocrite, arrant hypocrite. **~ketter** heresiarch, leader/founder of a heresy. **~konserwatief** ultraconservative, *(pol.)* dyed-in-the-wool conservative. **~leuenaar** incorrigible/unmitigated liar. **~lui** bone idle/lazy. **~luiaard** inveterate idler, regular lazybones. **~moeder** earth mother. **~priester** archpriest. **~skelm, ~skurk** archvillain, out-and-out scoundrel, arrant rogue/knave. **~sondaar** archsinner, incorrigible sinner. **~vabond** thorough rascal. **~vader** *(OT)* patriarch. **~vaderlik, ~vaderlik** patriarchal. **~verleier** archtempter. **~vyand** archenemy; *(theol.)* archfiend.

aas[1] *ase, n., (cards, dice)* ace; *dubbele ~, (dice)* ambsace, amesace.

aas[2] *n.* bait; carrion; *(fig.)* bait, lure; *aan die ~ byt* swallow/take (*or* rise to) the bait; *waar die ~ lê, daar sal die aasvoëls bymekaarkom* wheresoever the carcase is, there will the eagles be gathered together. **aas** *ge-, vb.: op ... ~* feed/prey on ...; *iets te ase* something to be had; something to eat. **~blom** carrion flower, stapelia, toad plant. **~bossie** Cape may. **~dier** scavenger. **~jag** *(game)* scavenger hunt. **~joggie** gillie. **~kewer** carrion beetle; scavenger beetle. **~stok** *(fishing)* bait hook. **~uintjie** *(Ferraria undulata)* Cape fritillary. **~vlieg** carrion fly. **~vretend** *-tende* necrophagous. **~vreter** scavenger. **~vretery** necrophagia; scavenging.

aas·vo·ël *-voëls, (lit., fig.)* vulture; *(fig.)* glutton; →SWARTAASVOËL, WITAASVOËL; *gewone ~* Cape vulture; *jou lyf ~ hou* be a sponger; *iem. lyk of die ~s hom/haar beetgehad het* s.o. is tattered and torn, s.o.'s clothes are in tatters; *lyk of die ~s jou kos afgeneem/afgevat het* be down in the mouth. **aas·vo·ël·ag·tig** *-tige, (lit.)* vulturine, vulture-like; *(fig.)* vulturine, vulturous, rapacious, predatory, greedy. **~bessie** *(Maurocenia frangularia)* wild cherry. **~tarentaal** vulturine guinea fowl.

ab *abte* abbot. **ab·dis** *-disse* abbess. **ab·dy** *-dye* abbey. **ab·dy·kerk** abbey (church).

AB-ab →AB-JAB.

ab·ak·si·aal *-ale, (bot.)* abaxial.

a·ba·kus *-kusse* abacus.

a·ban·don·neer *ge-, (jur.)* abandon; *ge~de goedere* abandoned goods.

a·bat·toir *-toirs* abattoir, (public) slaughterhouse.

Ab·ba *(NT; used of God)* Abba; *~, Vader* Abba, Father.

ab·ba *ge-* piggyback; *iem. ~* carry s.o. piggyback, give s.o. a piggyback (ride). **~hart** twin/piggyback heart. **~karos** *-rosse* baby kaross. **~-ma** surrogate mother. **~oond** built-on/lean-to oven. **~sak** papoose. **~skoorsteen** outside chimney. **~vliegtuig** piggyback plane. **~wa** piggyback lorry/truck.

ab·bé *-bés, (Fr.: abbot; cleric)* abbé.

ABC *(alphabet)* ABC; *(fig.)* ABC, rudiments, fundamentals, first principles; *nie die ~ ken nie* not know the alphabet; be an ignoramus. **~-boek** *(obs.)* primer.

ab·del·ka·ter, ab·dol·ka·ter →ABLOU.

ab·di·ka·sie *-sies* abdication. **ab·di·keer** *ge-* abdicate.

ab·do·men *-mens, -mina* abdomen. **ab·do·mi·naal** *-nale* abdominal. **ab·do·mi·no·sko·pie** abdominoscopy.

ab·duk·sie *-sies* abduction.

A·bed·ne·go *(OT)* Abednego.

a·beel *-bele, (bot.)* abele, white poplar.

A·bel *(OT)* Abel.

a·bel: *~e spel* kind of medi(a)eval secular drama.

a·bel·mos *(bot.)* abelmosk, musk mallow.

A·ber·deen *(geog.)* Aberdeen; *(citizen)* Aberdonian. **A·ber·deens** *adj.* Aberdonian.

a·ber·ra·sie *-sies* aberration.

A·bes·si·ni·ë *(geog., hist.)* Abyssinia; →ET(H)IOPIË. **A·bes·si·ni·ër** *-niërs* Abyssinian; →ET(H)IOPIËR. **A·bes·si·nies** *-niese* Abyssinian; →ET(H)IOPIES.

a·bie·kwa(s)·boom, a·bie·kwa(s)·geel·hout wild tamarisk.

A·bi·ga·jil *(OT)* Abigail.

A·bi·me·lek *(NAB),* **A·bi·mé·leg** *(OAB), (OT)* Abimelech.

a·bi·o·ge·ne·se *(biol.)* abiogenesis, spontaneous generation, autogenesis, autogeny. **a·bi·o·ge·ne·ties** *-tiese* abiogenetic, autogenetic.

a·bis·saal *-sale, (geol.)* abyssal.

AB-jab *(obs.)* primer.

Ab·ja·tar *(OT)* Abiathar.

ab·ja·ter *-ters* scamp, wretch; good-for-nothing.

ab·lak·ta·sie ablactation, weaning.

ab·la·sie *-sies* ablation.

ab·la·tief *-tiewe, (gram.)* ablative.

ab·laut *(ling.)* ablaut, vowel gradation.

a·blou →HASIE(ABLOU).

ab·lu·sie *-sies* ablution, washing.

ab·nor·maal *-male -maler -maalste* abnormal; *abnormale psigologie/sielkunde* abnormal psychology. **ab·nor·ma·li·teit** *-teite* abnormality. **ab·nor·mi·teit** *-teite* abnormity.

a·bo·mi·na·bel *-bele* abominable.

a·bo·raal *-rale, (zool.)* aboral.

a·bor·sie *-sies* abortion; *drukgroep teen ~* anti-abortionists; *teen-/teëstander van ~* anti-abortionist. **~kliniek** abortion clinic. **~pil** abortion pill. **~teenstander, ~teëstander** anti-abortionist.

a·bor·teer *ge-* abort; *laat ~, (med.)* abort *(a foetus)*. **a·bor·teur** *-teurs* abortionist. **a·bor·tief** *-tiewe* abortive. **a·bor·tus** *-tusse* abortion.

a·bou·lie →ABULIE.

A·bra·ham *(OT)* Abraham; *in ~s* (of *~ se) skoot* in Abraham's bosom, in heaven/paradise; *in ~s* (of *~ se) skoot sit* be/live in clover (*or* the lap of luxury); *iem. het in ~ se skoot grootgeword* s.o. was a pampered child.

a·bra·ka·da·bra abracadabra.

A·bram *(Hebrew patriarch)* Abram; →ABRAHAM.

a·bro·ga·sie *-sies* abrogation, repeal. **a·bro·geer** *ge-* abrogate, repeal.

ab·rup *-rupte -rupter -rupste* abrupt. **ab·rupt·heid** abruptness.

ab·seil *vb., (Germ.)* abseil.

ab·sens *-sense, (psych.)* absence. **ab·sen·sie** *-sies* absence, non(-)attendance; absent-mindedness.

ab·sent *-sente* absent; absent-minded. **ab·sen·teer** *ge-: jou ~, (obs.)* absent o.s.. **ab·sen·te·ïs·me** absenteeism. **ab·sen·tia:** *in ~, (Lat., jur.)* in absentia.

ab·ses *-sesse* abscess.

ab·sint *(plant)* absinth(e), wormwood; *(liqueur)* absinth(e). **~olie** wormwood oil.

ab·sis *-sisse, (math.)* abscissa.

ab·so·lu·sie *-sies, (RC, jur.)* absolution; *~ verleen, (RC)* grant/give absolution; *~ van die instansie, (jur.)* absolution from the instance. **ab·so·lu·tis** *-tiste* absolutist. **ab·so·lu·tis·me** absolutism. **ab·so·lu·tis·ties** *-tiese* absolutist.

ab·so·luut *-lute -luter -luutste, adj.* absolute; perfect, complete, total; real, pure, utter, sheer; pure *(lyricism, art); (metaphys.)* unconditioned; *absolute* ***gehoor/toonhoogtesin,*** *(mus.)* absolute/perfect pitch; *absolute* ***heerser*** absolute ruler; *absolute* ***helderheid,*** *(astron.)* absolute magnitude; *absolute* ***hoogte-/laagtepunt*** all-time high/low; *absolute* ***minimum*** irreducible minimum; *absolute* ***temperatuur*** absolute temperature; *absolute* ***toonhoogte,*** *(mus.)* absolute pitch; *absolute* ***veiligheid*** copper-bottomed safety. **ab·so·luut** *adv.* absolutely; *~* ***fantasties/wonderlik/skitterend/manjifiek/ongelooflik,*** *(infml.)* super-duper; *~* ***nie*** not at all, most certainly not; *~* ***niks*** absolutely nothing, nothing at all, nothing what(so)ever; *dis ~* ***onmoontlik*** it's/that's quite/absolutely impossible; *~* ***seker*** absolutely sure, quite/dead certain; *~* ***verruklik*** devastatingly beautiful. **ab·so·luut·heid** absoluteness.

ab·sor·beer *ge-, (lit. & fig.)* absorb; absorb, engage *(attention)*. **~middel** *-dele, -dels* absorbent. **~watte** absorbent cotton wool. **ab·sor·be·rend** *-rende* absorbent, absorptive; *~e middel* absorbent.

ab·sorp·sie absorption. **~bevorderend** *(med.)* sorbefacient. **~meter** *(phys.)* absorptiometer. **~vermoë** absorbency, absorbability, absorbing/absorption/absorptive power; *(phys.)* absorptivity.

ab·ster·geer *ge-, (rare)* absterge; *abstergerende middel* abstergent.

ab·strac·to: *in ~, (Lat.)* in the abstract.

ab·stra·heer *ge-* abstract; *uit ... ~* abstract from ... **ab·stra·he·ring** abstraction, abstracting.

ab·strak *-te -ter -ste* (of *meer ~ die mees -te)* abstract; *~te ekspressionisme* abstract expressionism; *~te selfstandige naamwoord* abstract noun; *~te skildery* abstract (painting), abstraction. **ab·strak·sie** *-sies* abstraction. **ab·strak·sio·nis·me** abstractionism. **ab·strakt·heid** abstractness.

ab·surd *-surde -surder -surdste* (of *meer ~ die mees -surde)* absurd, preposterous; *~e teater* theatre of the absurd. **ab·sur·dis** *(philos.)* absurdist. **ab·sur·dis·me** *(philos.)* absurdism. **ab·sur·dis·ties** *(philos.)* absurdist. **ab·sur·di·teit** *-teite* absurdity.

a·buis: *per ~* by mistake, in error, owing to (*or* through) an oversight, inadvertently.

a·bu·lie, a·bou·lie *(psych.)* abulia, aboulia.

a·bu·sief *-siewe* erroneous, mistaken, inadvertent, wrong. **a·bu·sief·lik, a·bu·sie·we·lik** →PER ABUIS.

a cap·pel·la *adj. & adv., (mus.)* a cappella. **~ ~-koor** a cappella choir.

A·cha·je *(geog.)* Achaea, Achaia. **A·cha·ïes** *-chaïese* Achaean, Achaian. **A·cha·jer** *-jers* Achaean, Achaian.

A·cher·nar *(astron.)* Achernar.

A·chil·les, A·gil·les *(Gr. myth.)* Achilles. **~hiel** *(also a~), (fig.)* Achilles heel, weak (*or* most vulnerable) point. **~pees** *(also a~), (anat.)* hamstring *(in animals);* Achilles/heel tendon *(in humans)*. **~peesrefleks** *(also a~)* Achilles tendon reflex.

a·chon·driet *(min.)* achondrite.

a·chro·maat *-mate, n.* achromat; achromatic lens. **a·chro·ma·sie** achromasia, achromia. **a·chro·ma·ties** *-tiese* achromatic. **a·chro·ma·tis·me** achromatism.

A·cre *(geog.)* Acre.

a·cre *-(cres), (measure)* acre.

ac·ta: *A~ Synodi, (Lat., relig.)* transactions of the synod.

ac·ti·va *(pl.)* assets; *~ en passiva* assets and liabilities.

Ac·tu·a·ri·us: *~ Synodi* Registrar of the Synod.

ad *(Lat.)* ad; ~ *hoc* ad hoc; ~ *hoc-beleid* adhocracy; ~ *hoc-komitee* ad hoc committee; ~ *hominem, (relating to or associated with a particular person)* ad hominem; ~ *infinitum* ad infinitum; ~ *valorem* ad valorem.

a·da·gio *=gio's, n., (mus.: adagio movement/passage)* adagio. **a·da·gio** *adv., (mus.: in slow time)* adagio.

a·dak·si·aal *=siale, (bot.)* adaxial.

A·dam *(first man)* Adam; →ADAMS=, ADAMS=; ~ *sê dis Eva en Eva sê dis die slang* everyone is passing the buck; ***familie*** *van ~ se kant (af) wees* be distantly/remotely related; *iem. nie van ~ se kant (af)* ***ken*** *nie* not know s.o. from Adam; *die* ***ou*** *~, (sinful element in human nature)* the old Adam/man; *die* ***ou*** *~ aflê* mend one's ways, turn over a new leaf. **A·da·miet** *=miete, (nudist)* Adamite. **A·da·mi·ties** *=tiese* Adamitic.

A·dams=: **~geslag** *(also a~)* mankind; males. **~gewaad, ~pak** *(also a~): in ~, (infml., said of a man)* in the altogether/raw, without a stitch on, in nature's garb, in one's birthday suit; *in ~ swem* skinny-dip. **~kant** *(also a~): iem. van geen/g'n ~ af ken nie* not know s.o. from Adam. **~kind** *(also a~)* Adamite, human being.

a·dams=: **~appel** Adam's apple. **~naald** yucca. **~vy** Adam's fig.

a·dap·ta·sie *=sies* adaptation. **a·dap·teer** *ge=* adapt.

ad·daks *=dakse, (zool.: an antelope)* addax.

ad·deer *(ge)=, (chem.)* add.

ad·den·dum *=dums, =da* addendum.

ad·der *=ders* adder, viper; *(fig.)* snake, serpent, viper; *'n ~ aan/in die/jou bors koester, (fig.)* nourish/nurse/nurture a viper (*or* cherish a serpent) in one's bosom; *daar skuil 'n ~ in die gras, (fig.)* there is a snake in the grass. **~gebroedsel** *(fig.)* nest of vipers, viper's brood. **~geslag** *(fig.)* generation of vipers. **~gif** viper's venom. **~kruid, ~wortel** *(bot.)* snakeweed. **~tong** *(bot.)* adder's tongue; *(fig.)* slanderer, backbiter.

ad·der·ag·tig *=tige* viperine, viperous, viper-like; *(fig.)* viperish, viperous.

Ad·dis A·be·ba *(geog.)* Addis Ababa.

ad·di·sie *=sies* addition. **~stof** additive. **ad·di·si·o·neel** *=nele* additional, added, further, supplementary.

Ad·di·son·siek·te *(also a~)* Addison's disease.

ad·di·tief *=tiewe, n. & adj.* additive.

ad·duk *(chem.)* adduct.

ad·duk·sie *(anat.)* adduction.

ad·duk·tor *=tors,* **ad·duk·tor·spier** *=spiere, (anat.)* adductor (muscle).

ad·du·seer *ge=, (a muscle)* adduct. **ad·du·se·rend** *=rende, (anat.)* adducent.

a·de·kwaat *=kwate* adequate.

a·del *n.* nobility, aristocracy, nobles, *(liter.)* noblesse; peerage; *(fig.)* nobility, dignity, loftiness, nobleness *(of mind etc.)*; *van ~ wees* be a peer, be of noble birth/blood, belong to (*or* be a member of) the nobility, be titled; *die hoë(r) ~* the higher nobility/nobles, the aristocracy; *die lae(r) ~* the lesser nobility/nobles, the gentry. **a·del** *ge=, vb.* raise to the nobility/peerage, ennoble; *(fig.)* dignify, exalt; *arbeid ~* hard work ennobles the soul (*or* the human spirit). **~boek** peerage, baronage. **~bors** *=borste* midshipman. **~brief** patent of nobility. **~stand** nobility, nobles, *(liter.)* noblesse; peerage; aristocracy; *in/tot die ~ verhef* raise to the nobility/peerage, ennoble. **~trots** aristocratic pride.

a·de·laar *=laars* eagle; →AREND; *Amerikaanse ~* bald eagle.

a·de·laars=: **~blik** *(fig.)* eagle eye; *met 'n ~* eagle-eyed. **~nes** (eagle's) eyrie. **~neus** aquiline nose. **~oog** *(fig.)* eagle eye. **~varing** *(bot.)* bracken. **~vlug** flight of an eagle.

a·del·dom nobility, *(liter.)* noblesse.

A·dé·lie·land Adélie Land.

a·del·lik *=like* noble, aristocratic, blue-blooded, high-born, titled, nobiliary; *(fig.)* noble, lofty; high *(game)*; *~e bloed* noble blood. **a·del·lik·heid** nobleness, *(liter.)* noblesse; loftiness.

a·dem *n.* →ASEM *n.*. **a·dem** *ge=, vb., (fig.)* breathe; *die roman/ens. ~ ('n gees van) wanhoop* the novel/etc. is pervaded by despair. **a·dem·loos** *=lose, (poet., fig.)* breathless.

A·den *(geog.)* Aden; *Golf van ~* Gulf of Aden.

a·de·ni·tis *(pathol.)* adenitis, glandular inflammation.

a·de·no·ïed *=noïede, n.* adenoid. **a·de·no·ïed** *=noïede, adj.* adenoid(al).

a·de·noom *=nome, (med.)* adenoma.

a·dep *=depte, n.* adept.

a·der= →AAR². **~laat** →BLOEDLAAT. **~lating** →BLOEDLATING. **a·der·lik** *=like* venous.

ad·he·sie *=sies* adhesion; *~ aan ..., (fig.)* adhesion to ...

ad hoc →AD.

ad ho·mi·nem →AD.

a·di·a·baat *=bate, (phys.)* adiabatic. **a·di·a·ba·ties** *=tiese* adiabatic.

a·di·eer *ge=, (jur.)* adiate. **a·di·a·sie** adiation.

a·dieu *=dieus, (Fr.)* adieu, goodbye.

ad in·fi·ni·tum →AD.

ad·jek·tief *=tiewe* adjective. **ad·jek·ti·wies** *=wiese* adjectival.

ad·ju·dant *=dante* adjutant; aide(-de-camp); equerry *(at the Br. court)*; *(orn.)* adjutant (bird/stork). **~-generaal** *adjudante-g.* adjutant general. **~-offisier** *a.-offisiere* warrant officer. **~-offisiersrang** warrant rank.

ad·junk *=junkte* deputy. **~bestuurder** deputy manager. **~direkteur** deputy director. **~-direkteur-generaal** *~-direkteurs-g.* deputy director-general. **~hoofbestuurder** deputy general manager. **~kommissaris** deputy commissioner. **~(-) mediese direkteur** deputy medical director. **~minister** deputy minister. **~premier** deputy premier. **~sekretaris** deputy secretary. **~voorsitter** deputy chair(person).

ad·mi·nis·tra·sie *=sies* administration; management. **~gebou** administrative building. **~kantoor** administrative office(s). **~koste** administration/administrative/overhead charges/costs/expenses, overheads. **~personeel** administrative staff/personnel. **ad·mi·nis·tra·teur** *=teurs* administrator; manager. **ad·mi·nis·tra·tief** *=tiewe* administrative; *administratiewe reg* administrative law; *administratiewe werk* desk work. **ad·mi·nis·tra·tri·se** *=ses, (jur.)* administratrix. **ad·mi·nis·treer** *ge=* administer; manage.

ad·mi·nis·tra·teurs=: **~kantoor** administrator's office. **~vrou** administrator's wife. **~woning** administrator's residence.

ad·mi·raal *=raals* admiral; *(butterfly)* red admiral. **~skip** admiral's ship, flagship. **~skoenlapper, ~vlinder** *(entom.)* red admiral.

ad·mi·raals=: **~adjudant** *=dante* flag lieutenant. **~rang** rank of admiral.

ad·mi·raal·skap admiralship.

ad·mi·ra·li·teit *=teite* admiralty; navy office. **ad·mi·ra·li·teits·hof** admiralty court.

ad·mis·sie *=sies* admission. **~-eksamen** preparatory theological examination.

a·do·les·sen·sie adolescence. **a·do·les·sent** *=sente, n. & adj.* adolescent.

A·do·nis *(Gr. myth.)* Adonis; *(also a~, fig.: handsome young man)* Adonis, Greek god. **a~blom** pheasant's eye.

a·doons *=doonse, (joc.)* baboon.

a·dop·sie *=sies* adoption. **a·dop·teer** *ge=* adopt. **a·dop·tief** *=tiewe* adoptive.

a·do·ra·sie *=sies* adoration, veneration. **a·do·reer** *ge=* adore.

a·dre·na·lien *(biochem.)* adrenalin(e), *(Am.)* epinephrin(e); *die ~ laat pomp/vloei, (infml.)* get the adrenalin(e) going/flowing.

a·dres *=dresse, (also comp.)* address; direction; petition, memorial; ***aan*** *iem. se ~ wees* be meant/intended for s.o.; *dis* ***aan*** *die regte ~, (fig.)* the shoe is on the right foot; *'n waarskuwing* ***aan*** *iem. se ~ rig* address a warning to s.o.; ***by*** *'n ~* at an address; ***by*** *die verkeerde ~ wees, (fig.)* bark up the wrong tree; ***per*** *~, (abbr.:* p.a.) care of *(abbr.:* c/o); ***sonder*** *~* undirected, unaddressed; ***sonder*** *vaste ~* of no fixed address/abode. **~boek** directory; *(private)* address book. **~bus, ~hooflyn** *(comp.)* address bus. **~etiket** address label. **~hooflyn** →ADRESBUS. **~kaart(jie)** label, tag *(on luggage etc.)*. **~kant** address side. **~lys** mailing list. **~ruimte** *(comp.)* address space. **~verandering** change of address.

a·dres·sant *=sante* sender; *(comm.)* consignor; petitioner.

a·dres·seer *ge=* address, direct, label; *(comp.)* address; →GEADRESSEERDE; *'n brief aan iem. ~* address a letter to s.o.; *'n brief na/aan 'n plek ~* address a letter to a place. **~masjien** addressing machine; Addressograph *(trade name)*.

a·dres·seer·baar *=bare, (comp.)* addressable.

A·dri·a·no·pel *(geog., hist.)* Adrianople, Adrianopolis; →EDIRNE.

A·dri·a·tie·se See Adriatic (Sea).

ad·sor·beer *ge=* adsorb. **ad·sorp·sie** adsorption.

ad·strin·gens *=gentia* astringent. **ad·strin·ge·rend** *=rende* astringent; *~e middel* astringent.

A·du·a *(geog.)* Aduwa, Adowa, Adua.

a·du·laar, a·du·la·ri·a *(min.)* adularia.

ad va·lo·rem →AD.

ad·vek·sie *(meteorol.)* advection.

Ad·vent Advent. **Ad·ven·tis** *=tiste* Adventist.

ad·ven·tief *=tiewe, (biol.)* adventive *(animal, plant)*; adventitious *(root etc.)*; adventitious, accidental, casual.

ad·ver·bi·aal *=biale, (gram.)* adverbial. **ad·ver·bi·um** *=biums, =bia* adverb.

ad·ver·sa·tief *=tiewe, (gram.)* adversative.

ad·ver·teer *ge=* advertise; announce; *alom geadverteer word* be widely advertised. **ad·ver·teer·der** advertiser.

ad·ver·ten·sie *=sies* advertisement, *(infml.)* ad(vert); announcement; *geklassifiseerde/klein ~s* smalls, classified advertisements/ads. **~afdeling** advertising department. **~agent** advertising agent. **~agentskap** advertising agency. **~bedryf, ~wese** advertising (industry). **~bestuurder** advertising manager, head of advertising/promotions. **~blad** advertisement page; advertising leaflet; advertising pamphlet/brochure/prospectus. **~bord** advertisement board; hoarding, *(Am.)* billboard. **~buro** advertising agency. **~koste** advertising charges/costs/expenses. **~man** *(infml.)* adman. **~medium** advertising medium. **~mens** *(infml.)* adperson. **~ruimte** advertising space. **~tarief** advertising rate. **~veldtog** advertising campaign. **~werwer** advertisement/advertising canvasser, advertising representative. **~wese** →ADVERTENSIEBEDRYF.

ad·vies *=viese* advice, counsel; opinion *(of a doctor, lawyer, etc.)*; ~ ***aan*** ... advice to ...; *iem. ~* ***gee*** advise s.o., give s.o. advice; *~* ***inwin/kry*** get/take/obtain advice; *die ~ van 'n deskundige* ***inwin*** obtain expert advice, get the opinion of experts, get expert opinion; *mediese/regskundige ~* ***inwin*** take medical/legal advice, consult a doctor/lawyer; ***kommissie*** *van ~* advisory committee; ***op*** *~ van ...* on the advice of ...; *(iem. se) ~* ***vra*** ask (s.o.) for advice, seek (s.o.'s) advice, ask (an expert) for an opinion. **~brief** letter of advice; advice note. **~geld** fee for advice; lawyer's fee. **~komitee** advisory/consultative committee. **~raad** advisory board/council. **ad·vi·seer** *ge=* advise, counsel; *iem. ~ om te ...* advise s.o. to ...; *iem. oor iets ~* advise s.o. on s.t.. **ad·vi·se·rend** *=rende* advisory, consultative, consultatory, consultive; consulting; *~e bank* advising bank; *in 'n ~e hoedanigheid* in an advisory (*or* a consultative) capacity. **ad·vi·seur** *=seurs* adviser, advisor, counsellor, consultant; *~ van iem.* adviser/advisor to s.o..

ad·vo·kaat *=kate, (jur.)* advocate, barrister(-at-law), counsel; *(liqueur)* advocaat, eggnog, egg flip; *~ by die* ***Hooggeregshof*** advocate of the High Court; *'n ~* ***kry*** (of ***opdrag gee***) brief counsel; *vir ~* ***leer*** study law; ***praat/pleit*** *soos 'n ~, 'n* ***bek*** *soos 'n ~ hê* have a glib tongue (*or* the gift of the gab); *'n ~* ***raadpleeg*** seek legal counsel; ***senior*** *~* silk; ***senior*** *~ word* take silk; *as ~* ***toegelaat*** *word* be called to the bar, be admitted as an advocate. **~-generaal** *advokate-g.* advocate-general.

ad·vo·kaats-: ~**gelde** barrister's fees. ~**opdrag** brief. ~**rekening** fee list. ~**toga** barrister's gown.

ad·vo·ka·te-: ~**kamers** barristers' chambers. ~**streek** clever ploy.

ad·vo·ka·tuur: *die* ~ the bar (*or* legal profession), advocates, barristers.

Ae·ne·as →ENEAS.

a·ë·ra·di·o aeradio. **a·ë·ra·sie** aeration. **a·ë·reer** *ge-* aerate.

a·ë·ro- *comb.* aero-.

a·ë·ro·ba·tiek aerobatics. **a·ë·ro·ba·ties** aerobatic.

a·ë·ro·bies aerobic; *~e klas* aerobics class; *~e oefeninge* aerobics.

a·ë·ro·bi·o·se *(biol.)* aerobiosis.

a·ë·ro·dien *(heavier-than-air machine)* aerodyne.

a·ë·ro·di·na·mi·ka aerodynamics. **a·ë·ro·di·na·mies** aerodynamic. **a·ë·ro·di·na·mi·kus** *-mikusse, -mici* aerodynamicist.

a·ë·ro·em·bo·lis·me *(pathol.)* aeroembolism.

a·ë·ro·fo·bie *(psych.: morbid fear of flying)* aerophobia. **a·ë·ro·foob** aerophobe.

a·ë·ro·graaf aerograph. **a·ë·ro·gra·fie** aerography.

a·ë·ro·gram *-gramme* aerogram(me), air letter.

a·ë·ro·liet *(geol.)* aerolite, aerolith.

a·ë·ro·lo·gie *(dated: study of the atmosphere)* aerology.

a·ë·ro·me·ga·ni·ka aeromechanics.

a·ë·ro·me·ter aerometer. **a·ë·ro·me·trie** aerometry.

a·ë·ro·mo·tor aeromotor.

a·ë·ro·neu·ro·se *(psych.)* aeroneurosis.

a·ë·ro·no·mie *(study of the upper atmosphere)* aeronomy.

a·ë·ro·nout *-noute* aeronaut. **a·ë·ro·nou·tiek, a·ë·ro·nou·ti·ka** aeronautics. **a·ë·ro·nou·ties** aeronautical.

a·ë·roob *-robe, n., (biol.)* aerobe. **a·ë·roob** *-robe, adj., (biol.)* aerobic. **a·ë·ro·bies** *-biese, (sport)* aerobic; *~e oefeninge* aerobics.

a·ë·ro·sfeer aerosphere.

a·ë·ro·sol aerosol.

a·ë·ro·staat aerostat, lighter-than-air aircraft/dirigible. **a·ë·ro·sta·ties** aerostatic(al). **a·ë·ro·sta·ti·ka** aerostatics.

Aes·chy·lus →AISCHULOS.

Ae·so·pus, Ae·so·pus, E·so·pus, E·so·pus *(Gr. storyteller)* Aesop.

af *adj. & adv.* off; down; downward(s); from; from ... on; broken, fractured; completed, finished, done *(work etc.)*; polished, masterful *(performance etc.)*; →AFARM-; AFBEEN-; AFKOP-; AFOOR-; ~ *en* **aan** →*af en* **toe**; *iem. wil graag weet waar hy/sy (met ...)* **aan** *of* ~ *is* →AAN *adj. & adv.*; **af!** (get) down!; **almal** ~, *(theatr.)* all exit (*or* leave the stage), exeunt omnes; *'n* ~ **arm/been** *hê* have a broken/fractured arm/leg; have only one arm/leg, have lost an arm (*or* a leg); *die man/ens. met die* ~ **arm/been** the man/etc. with the broken/fractured arm/leg; the one-armed/one-legged man/etc.; **beter** ~ *wees* →BETER *adj. & adv.*; *van* **bo** ~ →BO *adv.*; **daar/hier** ~ down there/here; *van jou* **eetlus** ~ *wees* have no appetite, be off one's food; *op goeie* **geluk** ~ →GELUK *n.*; **goed** ~ *wees* →GOED[1] *adv.*; **Hamlet/ens.** ~ exit Hamlet/etc.; *die* **handvatsel/ens.** *is* ~ the handle/etc. has come off; **heeltemal** ~ right off; **hoede** ~! hats off!; *'n* **knoop/ens.** *van iem. se hemp/ens. is* ~ s.o.'s shirt/etc. has a button/etc. missing; *iem. se* **koors** *is* ~ s.o.'s temperature is down (*or* has dropped); **laer** ~ lower/further down; *die volgende straat* **links/regs** ~ the next street (off) to/on the left/right; ~ **nek** broken neck; **op** *en* ~ →OP[1] *adj. & adv.*; **op** *gevaar* ~ *van* ... →GEVAAR; **op** *die gevoel/minuut/oog* ~ →GEVOEL *n.*, MINUUT, OOG; *die* **prys** *is* ~ the price is down (*or* has dropped); *my* **rug** *is* ~ my back is killing me; **sleg** ~ *wees* →SLEG[1] *adv.*; **teen** *die berg/ens.* ~ down the mountain/etc.; ~ *en* **toe** (every) now and then/again, occasionally, from time to time, at times, on occasion, sometimes, intermittently, on and off; *van* **toe** ~ →TOE *adv.*; **van** *15/ens.* ~ from (the age of) 15/etc. up; **van** *R100* ~ →VAN[2] *prep.*; **van** *die 15de* ~ →VAN[2] *prep.*; **van** *Amsterdam/ens.* ~ from Amsterdam/etc.; **van** *dié/daardie dag* ~ from that day on; *(~)* **van** *die dak* ~*!* get off the roof!; **van** *die drank* ~ *wees* have given up drink(ing), *(infml.)* be on the (water) wag(g)on; *tien/ens. kilometer* **van** *die end/einde* ~ →VAN[2] *prep.*; *iem. is* **van** *geboorte* ~ *blind/ens.* →GEBOORTE[1]; **van** *jongs/kindsbeen/kleins* ~ →JONGS, KINDSBEEN, KLEIN *adj.*; **van** *jou man/vrou* ~ *wees* be divorced; **van** *nou* ~ →NOU[2] *adv.*; *'n entjie* **van** *die pad* ~ just off the road; *'n hele ent* **van** *die pad* ~ well back from the road; *nie ver/vêr* **van** *die pad* ~ *nie* not far (away) from the road; **van** *die president/ens.* ~ *tot* ... from the president/etc. down to ...; *hulle het drie tafels* **van** *ons* ~ *gesit* they sat three tables away from us; **van** *die verhoog* ~ offstage; *ek wag al* **van** *wanneer* ~ →WANNEER[1] *adv.*; *van* **vandag** ~ *(aan)* →VANDAG; *hul* **verlowing** *is* ~ they have broken off their engagement (*or* have broken it off).

a·faat →AFASIELYER.

A·far-en-Is·sa-land *(geog., hist.)* Territory of the Afars and (the) Issas; →DJIBOETI.

af·arm- with a/the broken/fractured arm; one-armed, armless; *die ~man* the man with the broken/fractured arm; the one-armed man.

a·fa·sie aphasia, loss of speech. **a·fa·sie·ly·er, a·faat** *(med.)* aphasic. **a·fa·ties** aphasic.

af·baan *-ge-* mark off/out.

af·baard *-ge-* (de)burr *(metal)*.

af·ba·ken *-ge-* mark off/out, stake out, delimit, demarcate *(an area, region)*; *(naut.)* buoy, mark with a buoy (*or* buoys); *(fig.)* define, delimit, restrict, circumscribe *(rights, power, etc.)*. **af·ba·ke·ning** *-nings, -ninge* delimitation, demarcation. **af·ba·ke·nings·kom·mis·sie** delimitation commission. **af·ba·ke·nings·raad** demarcation board.

af·bars *-ge-* burst/crack off.

af·bas *-ge-, afgebaste, afgebasde* (de)bark, decorticate. **af·bas·ting** debarking, decortication.

af·be·del *-ge-: iets by/van iem.* ~ beg s.t. from (*or* scrounge s.t. off/from) s.o. *(infml.)*.

af·beeld *-ge-, afgebeelde* portray, depict, show, represent, picture, paint, delineate; *'n seiljag/ens. is op ... afgebeeld* there's a picture of a yacht/etc. on ... *(the dust jacket etc.)*. **af·beel·der** *-ders* portrayer, depicter, depictor, delineator. **af·beel·ding** *-dings, -dinge* picture, illustration, plate; portrayal, depiction, representation, delineation, portrait, image; *sien* ~ *op bl. 29/ens.* see the illustration on p. 29/etc.. **af·beeld·sel** *-sels* image, portrait, effigy, likeness.

af·been- with a/the broken/fractured leg; one-legged; crippled, disabled; *die ~man* the man with the broken/fractured leg; the one-legged man; the cripple (*or* disabled man).

af·bei·tel *-ge-* chisel off, carve/chip off with a chisel.

af·be·taal pay off, pay in/by instalments; pay (off), discharge, clear *(a debt)*; settle *(an account)*; pay off *(an employee)*; *iets maandeliks* ~ pay for s.t. in/by monthly instalments; *elke maand R2000 op 'n huis/ens.* ~ pay off R2000 per month (*or* make monthly payments of R2000) on a house/etc.; *'n ou wrok* ~, *(fig.)* settle (*or* pay off) a score (*or* an old score *or* old scores), pay off a(n old) grudge. ~**stelsel, afbetalingstelsel** instalment plan/system, hire-purchase system, easy/deferred payment system. **af·be·ta·ling** payment; instalment; *iets op* ~ *koop* buy s.t. on account/terms; buy s.t. on the instalment plan; buy s.t. on hire purchase; ~ *op maklike voorwaardes* payment on easy terms. **af·be·ta·ling·stel·sel** →AFBETAALSTELSEL. **af·be·ta·lings·voor·waar·des** instalment terms, terms of repayment.

af·bid *-ge-* pray for, invoke *(God's blessing)*; obtain by prayer.

af·bie *-ge-* →AFDING.

af·bind *-ge-* put a tourniquet on, apply a tourniquet to *(an arm, leg, etc.)*; tie *(an umbilical cord)*; tie off *(a wart etc.)*; *(surgery)* tie up, ligate, ligature, apply a ligature to *(a bleeding artery etc.)*. ~**draad** ligature. **af·bin·ding** ligature.

af·blaar *-ge-* strip ... (of its/their leaves); husk, shuck *(maize)*; *(rocks, minerals)* exfoliate.

af·blaas *-ge-* blow off *(dust etc.)*; blow clean *(a book etc.)*; release, let off, discharge *(steam, gas, etc.)*; *(balloon etc.)* deflate; *(mil.)* sound the retreat; *iets laat* ~ deflate s.t., let s.t. down *(a balloon, tyre, etc.)*; *stoom* ~, *(fig.)* →STOOM *n.*. ~**klep** blow-off valve. ~**kraan** blow(-off) cock. ~**pyp** blow-off pipe.

af·bly *-ge-: van iets* ~ keep off s.t. *(grass)*; keep one's hands off s.t., leave s.t. alone.

af·boek *-ge-* →AFSKRYF; AFSLUIT.

af·bor·sel *-ge-* brush off *(dust)*; brush (down) *(a garment)*; brush *(shoes)*.

af·bot·tel *-ge-* bottle *(wine etc.)*.

af·bou *-ge-, (biol.)* break down, disassimilate; *(min.)* stope. ~**dikte** stoping/stope width. ~**front** stope face. ~**plek** stope.

af·bou·er stoper. **af·bou·ing** *(biol.)* breakdown, disassimilation, catabolism; *(min.)* stoping.

af·braak pulling down, demolition; rubble, debris; *iets vir* ~ *verkoop* sell s.t. for scrap.

af·brand *-ge-* burn down *(a building)*; burn off *(paint etc.)*; burn *(grass)*; cauterise *(a wart)*; be destroyed by fire, be burned/burnt down; *(farm)* be burned/burnt out; *(fuse)* burn away; *(candle)* burn down; *die donse van 'n geplukte hoender/ens.* ~ singe a plucked chicken/etc.; *tot op die grond afgebrand wees* be burned/burnt to ashes; *iem. se haarpunte* ~ singe s.o.'s hair; *die hare van 'n vark* ~ singe a pig. **af·bran·ding** *-dings, -dinge* burning down/off; cauterisation.

af·breek *-ge-* break/snap off *(a branch, twig)*; *(a pencil, thread, etc.)* break, snap; break down *(a door, fence, etc.)*; strike *(a tent, camp)*; demolish, pull/tear/knock down *(a building)*; dismantle, take down *(scaffolding)*; disassemble *(a piece of machinery)*; tear/strip off *(a roof)*; strip (down) *(a machine)*; break up *(a ship)*; break off *(a conversation, negotiations, relations, discussions, etc.)*; cut, sever *(ties)*; discontinue *(a conversation, correspondence, etc.)*; stop *(a fight)*; break *(a journey)*; cut short *(one's studies, a holiday, etc.)*; interrupt *(a story etc.)*; break off *(in the middle of a sentence)*; abort *(a flight)*; divide *(a word)*; *(fig.)* run down, belittle, disparage, denigrate, cry down; *(chem.)* break down, decompose; *(chem.)* degrade; →AFGEBROKE; *van ...* ~ break away from ...; split off from ...; *iets van iets* ~ break s.t. off s.t.; *iets tot op die grond* ~ raze s.t. to the ground; *skielik* ~ stop dead/short. **af·breek·baar** degradable. **af·breek·baar·heid** degradability. **af·bre·kend** unconstructive; *~e kritiek* scathing/destructive criticism. **af·bre·ker** demolisher; destructive person, wrecker; denigrator. **af·bre·king** breaking off *etc.* (→AFBREEK); demolition, dismantling; severance; discontinuance; interruption; division; belittlement, disparagement, denigration; decomposition; ~ *van woorde* word division. **af·bre·kings·te·ken** dividing sign.

af·breuk harm, damage, injury; ~ *aan ... doen* do harm/damage (*or* be detrimental/prejudicial) to ...; mar/damage/harm/injure (*or* detract from) ... *(s.o.'s fame, reputation, etc.)*; diminish (*or* detract/derogate from) ... *(quality, value)*; *sonder om* ~ *aan ... te doen* without harm/damage/detriment/prejudice to (*or* without detracting/derogating from) ...

af·bring *-ge-* bring down; lower, reduce; pull down *(marks)*; *jou* **gewig** ~ reduce one's weight; *die gesprek* **van** *die onderwerp* ~ change the subject; *iem.* **van** *iets* ~ put s.o. off s.t., put s.t. out of s.o.'s head, persuade s.o. not to do s.t., dissuade s.o. from (*or* from doing) s.t.; *iem.* **van** *'n dwaling* ~ reason s.o. out of an error; *iem.* **van** *die goeie pad/weg* ~ lead s.o. astray; *iem.* **van** *die onderwerp* ~ get s.o. off (*or* away from) the subject; *'n* **vrug** ~ = 'N VRUG **AFDRYF.**

af·brok·kel *-ge-* crumble away; decline, deteriorate; *van ...* ~ break away from ... **af·brok·ke·ling** *-lings, -linge* crumbling away, erosion; decline, deterioration.

af·buig *-ge-* bend down; *(road, river, etc.)* bend *(to the left/right)*.

af·byt *-ge-* bite off; bite *(one's nails)*; clip *(one's words)*;

pickle *(metals with acid); die spit* ~ →SPIT *n.; meer* ~ *as wat jy kan opeet/kou* = TE VEEL **HOOI** OP JOU VURK NEEM.

af·daal =*ge*= come/go down, descend; *afdalende* ***reeks,*** *(math.)* descending progression; ***tot*** *...* ~ stoop to ...; ***tot*** *iem.* ~ come down to s.o.'s level; condescend to s.o.; ***tot*** *in besonderhede* ~ go into details. **af·da·ling** descent; condescension.

af·dak =*dakke* lean-to; shed, outhouse; shelter.

af·dam =*ge*= dam (up), embank *(a river);* dam off *(land);* dyke, dike *(the sea).* **af·dam·ming** =*mings,* =*minge* damming (up), embanking; damming off; dyking, diking; dam, embankment; dyke, dike.

af·dank =*ge*=, *(from employment)* dismiss, discharge, give notice to, *(infml.)* sack, give *(s.o.)* the sack, *(infml.)* fire, make redundant, *(infml.)* give *(s.o.)* his/her marching orders (*or* walking papers); pay off *(workmen, seamen);* lay off *(workers, usu. for a short time);* cashier *(an army officer);* demobilise *(troops); iem. weens ouderdom* (of *met pensioen*) ~ pension s.o. off, retire/superannuate s.o.. **af·dan·king** =*kings,* =*kinge* dismissal, discharge, sacking, the sack, firing, marching orders *(infml.),* walking papers *(infml.),* retirement, superannuation.

af·deel =*ge*= divide (up); divide off *(an area);* partition off *(a room);* parcel out *(land);* graduate, calibrate *(a measuring instr.);* →AFDELING.

af·dek =*ge*= clear *(a table);* remove *(a cloth etc.);* cope *(a wall); (phot.)* block out; bank *(a fire);* cut *(playing cards).*

af·de·ling =*lings,* =*linge* dividing (up); dividing off; partition; parcelling out; graduation, calibration; *(mil., bot., physiol.; also of an institution, book, etc.)* section; compartment *(of a drawer etc.);* department *(in a company, store, etc.);* section, division *(of an organisation);* ward *(in a hospital);* branch *(of a union, society); (mil.)* detachment *(of cadets etc.); A~ Grondbewaring* Division of Soil Conservation. **~sekretaris** divisional secretary.

af·de·lings=: ~bestuurder *(comm.)* departmental manager. **~hoof** head of a department/section, departmental/section head, chief of a division; departmental manager *(in a store).* **~raad** divisional council. **~raadskantoor** divisional council office(s). **~winkel** department store.

af·demp =*ge*= →DEMP *vb..*

af·dig =*ge*= seal (up), stop (up) *(a hole etc.);* seal *(a container);* plug *(a leak);* obturate *(the breech of a gun);* make airtight/draughtproof/watertight/damp-proof. **af·dig·ting** sealing/stopping (up); seal; obturation; draughtproofing, waterproofing, damp-proofing.

af·ding =*ge*= bargain, haggle, chaffer; *op die prys* ~ beat down the price. **af·din·gery, af·din·ging** bargaining, haggling.

af·doen =*ge*= settle, dispose of; finish, end; *sonder om aan ... af te doen* without detracting from ...; without prejudice to ...; *dit doen niks aan ... af nie* it detracts/takes nothing from ...; *dit doen niks daaraan af nie* it makes no difference, it's neither here not there. **af·doen·de** conclusive *(proof, evidence);* cogent, compelling, convincing, sound, valid *(reason, argument);* satisfactory *(explanation, answer);* decisive *(reply);* adequate *(protection); (jur.)* definitive *(sentence); dit is* ~ that (*or* the matter) is settled, that clinches it/matters; *sonder* ~ *rede* without good cause; ~ *pleit, (jur.)* plea in abatement, peremptory plea. **af·doend·heid** conclusiveness, cogency, decisiveness; satisfactoriness, adequacy. **af·doe·ning** disposal, settlement.

af·don·der =*ge*=, *(vulg.)* clatter down; *by die trap afgedonder kom* come tumbling down the stairs; *van 'n dak/ens.* ~ tumble off a roof/etc..

af·dop =*ge*= shell *(peas, eggs, nuts);* hull *(peas, nuts, rice);* pod *(peas);* husk *(grains, seeds); die verf/pleister dop af* the paint/plaster is flaking/peeling (off) (*or* scaling off); *iem. (se vel) dop af* s.o.('s skin) is peeling.

af·dra =*ge*= carry *(s.t.)* down.

af·draad =*ge*= string *(beans);* fence off *(a field).*

af·draai =*ge*= turn/switch off *(a light, radio, etc.);* turn off *(gas, water, a tap, etc.);* screw off *(a lid, top); (a vehicle, road, path, etc.)* branch off; unwind *(a thread);* unreel *(a film, tape);* uncoil *(a hose etc.); in 'n pad* ~ turn down a road; *links/regs* ~ turn (off to the) left/right; *(a road)* branch off to the left/right; *'n hoender se kop* ~ wring a chicken's neck; *'n blom se kop* ~ twist the head off a flower; *die draad van 'n skroef* ~ strip a screw, strip the thread (off a screw). **~pad** turnoff. **~plek** turnoff; lay-by.

af·draand =*draand(e)s,* **af·draan·de** =*des, n.* decline, descent, declivity, (downward) slope, downgrade, incline; *met/teen 'n steil* ~ *afry* drive down a steep slope; *op die* ~ *beland* hit the skids; *'n skotige* ~ →SKOTIG; *op die* ~ *wees, (fig.)* be going downhill, be declining/deteriorating, be on the decline/downgrade; *(infml.)* be on the skids. **af·draand, af·draan·de** *adv.* downhill; *die pad loop steil* ~ the road goes steeply downhill; *dit gaan nou alles* ~ the rot has set in; *dit gaan* ~ *met iem., (fig.)* s.o. is going downhill (*or* is declining/deteriorating *or* is on the downgrade), s.o. is on the skids *(infml.).* **af·draan·de** *adj.* downhill, sloping, inclined; *op die* ~ *pad wees, (fig.)* be on the downhill path, be declining/deteriorating, be on the downgrade.

af·draf =*ge*= trot down; trot off.

af·dreig =*ge*= blackmail *(s.o.); geld/ens. van iem.* ~ extort money/etc. from s.o.. **af·drei·ger** =*gers* blackmailer. **af·drei·ging** blackmail, extortion; *iem. deur* ~ *dwing om iets te doen* blackmail s.o. (*or* force s.o. by extortion) into doing s.t..

af·drink =*ge*= drink off.

af·dro·ging drying, wiping; towelling (down), rubbing down.

af·droog =*ge*= dry (up), wipe dry *(dishes);* do the drying-up; dry *(one's hands, face, eyes, tears);* wipe away *(tears);* dry (off), become dry; *jou* ~ dry o.s., wipe o.s. dry, towel o.s. (down), *(vigorously)* rub o.s. down.

af·droog=: ~doek, ~lap tea towel/cloth, dishcloth, *(Am., Sc.)* dishtowel, kitchen towel, drying-up cloth. **~kraal** draining pen. **~lap** →AFDROOGDOEK.

af·druk =*drukke, n.* copy, reproduction *(of a painting); (phot., graphic arts)* print; offprint, *(Am.)* separate, reprint *(of an article); (finger=, foot=)* print; imprint, impress(ion) *(in wax, of type, etc.); (dentistry, min.)* cast; mould *(of a key); 'n* ~ *maak* make a print. **af·druk** =*ge*=, *vb.* push off; push away; press/push down, *(fml.)* depress *(a lever);* shove down; pull down *(the dollar, sterling, etc.); (lit.)* weigh down; *(fig.)* force down *(prices);* leave an imprint/impression/mark; *(phot.)* print; *(phot.)* trigger *(a shutter);* copy, reproduce; reprint; imprint, impress, make an impression of; cast; mould; *iets in iem. se keel* ~ ram s.t. down s.o.'s throat; *iem. van iets* ~ push s.o. off s.t.. **~maker** printmaker. **~papier** *(phot.)* printing paper; transfer paper. **~raam** *(phot.)* printing frame.

af·druk·ker *(med.)* depressor.

af·druk·sel =*sels* imprint, impress(ion), mark.

af·drup(·pel) =*ge*= drip off; trickle down; distil. **af·drup·kraal** draining pen. **af·drup·sel** =*sels* dripping(s); guttering *(of a candle).*

af·dryf, af·dry·we =*ge*= drift/float down *(a river);* drive/chase away/off; liquate, refine *(metals); (med.)* abort *(a foetus); (med.)* expel *(worms);* cupel *(precious metals);* liquate *(alloys, impure metals);* force down *(prices); met die stroom* ~, *(fig.)* go with the stream; *van koers* ~ drive/carry off course; be driven/carried off course; *'n vrug* ~ carry out (*or* do/perform) an abortion; *'n vrug laat* ~ have an abortion. **af·dryf·mid·del** =*dels,* =*dele,* **af·dry·wings·mid·del** =*dels,* =*dele* abortifacient; expellant, =lent. **af·dryf·sel** →OPDRIFSEL. **af·dry·wend** =*wende* abortifacient; expellant, =lent; ~*e middel* →AFDRYFMIDDEL. **af·dry·wing** =*wings,* =*winge* expulsion; cupellation; liquation; abortion; driftage. **af·dry·wings·mid·del** →AFDRYFMIDDEL.

af·duik: *op ...* ~, *(a bird)* dive-bomb ...

af·dui·wel =*ge*=, *(infml.)* tumble down *(the stairs);* tumble off *(a roof etc.).*

af·dun =*ge*= taper (off). **af·dun·ning** tapering (off).

af·dwaal =*ge*= stray, wander away/off; get lost, lose one's way; *(speaker)* digress; *(mind)* stray, wander; →AFGEDWAAL; *van die geloof* ~ wander from the faith; *van die onderwerp* ~ digress, deviate/wander/digress from the subject, stray (away) from (*or* go off) the point; *van die pad* ~ wander/stray from the path; *van die regte pad* ~, *(fig.)* stray from the path of virtue, stray/wander/err from the straight and narrow, go astray, go wrong; *van die waarheid* ~ diverge from the truth. **af·dwa·ling** =*lings,* =*linge* straying, wandering; losing one's way; digression; deviation; divergence; lapse, aberration; *(astron., opt.)* aberration.

af·dwing =*ge*= enforce *(silence, obedience, discipline);* →AFGEDWONGE; *iem. se bewondering/respek/simpatie* ~ command s.o.'s admiration/respect/sympathy; *iets op iem.* ~ foist/force s.t. (up)on s.o.; *jou wil op iem.* ~ impose one's will (up)on s.o.; *iets van iem.* ~ force/extort/wring s.t. from s.o. *(a confession);* wring s.t. out of s.o. *(a promise);* compel/exact s.t. from s.o. *(obedience);* extort s.t. from s.o. *(money);* force s.t. out of s.o. *(the truth).* **af·dwing·baar, af·dwing·baar** =*bare* enforceable, compellable. **af·dwin·ging** enforcement; imposition; extortion; exaction.

af·eet *afgeëet* eat off.

a·fe·li·um =*ums, (astron.)* aphelion.

af·end *afgeënd* end off.

a·fe·re·se, a·fe·re·sis *(ling.)* aph(a)eresis.

af·fair =*fairs, (<Eng.)* affair; *'n* ~ *met iem. aanknoop/hê* have an affair with s.o..

af·fek =*fekte, (psych.)* affect. **af·fek·sie** =*sies* affection. **af·fek·ta·sie** =*sies* affectation, affectedness. **af·fek·teer** *ge*= affect; →GEAFFEKTEER(D). **af·fek·tief** =*tiewe, (psych.)* affective; ~*tiewe versteuring* affective disorder.

af·fen·pin·scher *(Germ., breed of dog)* affenpinscher.

af·fê·re =*res* affair, business, matter; thing, contraption, doodah; to-do, commotion, hubbub; do; *'n groot* ~ a big do; *die hele* ~ the whole concern, *(infml.)* the whole caboodle/shebang (*or* bang shoot *or* shooting match); *'n mooi* ~ a nice mess, a pretty kettle of fish, a fine/pretty how-do-you-do/how-d'ye-do; *'n snaakse* ~ a queer/odd thing; a queer contraption.

af·fe·rent =*rente, (physiol.)* afferent *(nerves, vessels).*

af·fê·ring =*rings* →AFFÊRE. **af·fê·rin·kie** *(infml.)* gizmo, gismo.

af·fien =*fiene* affined, related.

af·fiks, af·fiks =*fikse, (gram.)* affix.

af·fi·li·a·sie =*sies* affiliation; *iem. se* ~ *by ...* s.o.'s affiliation with ... **af·fi·li·eer** *ge*= affiliate; *by ... geaffilieer wees* be affiliated with/to ...

af·fi·neer *ge*=, *(chem.)* refine *(a precious metal).* **af·fi·neer·der** =*ders* refiner. **af·fi·neer·de·ry** =*rye* refinery. **af·fi·neur** =*neurs* →AFFINEERDER.

af·fi·ni·teit =*teite* affinity.

af·fo·dil =*dille* daffodil, Lent lily, asphodel.

af·fri·kaat =*kate, (phon.)* affricate.

af·front =*fronte* affront, insult. **af·fron·teer** *ge*= affront, insult; *geaffronteer wees/voel* be/feel affronted.

af·fuit =*fuite, (mil.)* gun carriage, mount.

af·gaan =*ge*= go down, descend; walk down; *(gun, bomb, alarm clock, etc.)* go off; *(paint, polish, etc.)* come off; *(prices, temperature, water level)* go down, drop, fall; *(fever)* subside; *(moon)* wane; *(tide)* go out; *(novelty)* wear off; *(health etc.)* decline, deteriorate, degenerate, fail; lose *(attraction etc.);* be deducted *(for expenses etc.); (theatr.)* exit, go off, make one's exit; move/evacuate/empty one's bowels, have a bowel movement, *(euph.)* relieve o.s., defecate; *die blomme/ens. is* ***aan*** *die* ~ the flowers/etc. are fading; ***in*** *'n myn* ~ go down a mine; *iets* ***laat*** ~ set/touch s.t. off, detonate s.t.; ***links/regs*** ~ turn left/right; ***ontydig*** ~, *(firearm)* go off at half cock; ***op*** *...* ~ head/make for ...; depend/rely/count/bank (up)on ...; go (*or* be guided) by ..., judge by/from ...; *reg* ***op*** *die saak* ~ go straight to the point; ***op*** *iem. se woord* ~ take s.o. at his/her word; ***van*** *...* ~ leave ... *(the road etc.);* change ... *(the subject);* ***van*** *koers* ~, *(a ship etc.)* veer off course; ***van*** *die regte koers/pad/weg* ~, *(fig.)* stray/wander/err from the straight and narrow, go astray, go wrong; *niks* ***waarop*** *('n) mens kan* ~ *nie* nothing to go by/(up)on. **~reël** *(theatr.)* exit line.

af·gaan·de: ~ *gety* ebb tide; ~ *koors* remittent fever; ~ *maan* waning moon; ~ *trein* down train.

af·gang coming/going down, descent; decline, declivity, slope, descent; drop, fall; decline, deterioration, degeneration, failing; exit; bowel movement(s); *reëlmatige ~ hê* have regular motions.

Af·ga·ni·stan →AFG(H)ANISTAN.

af·ge·be·te abrupt, curt, crisp, brisk, brusque *(manner)*; terse *(style)*; clipped *(speech)*.

af·ge·bro·ke broken, disturbed, interrupted, discontinuous; disconnected *(sentences, words)*; disjointed, incoherent *(speech, writing)*; *(tech.)* intermittent; →AFBREEK; ~ *lig* occulting light *(of a lighthouse)*.

af·ge·daan -*dane* →AFGEHANDEL.

af·ge·dank -*dankte* dismissed, discharged, sacked, fired; →AFDANK.

af·ge·dank·ste confounded, dratted, *(infml.)* darn(ed), blessed, bloody, blooming; severe; *'n ~ loesing* (of *pak slae)* a sound thrashing (*or* good beating *or* darn[ed] good hiding); *'n ~ skelm* a downright cheat.

af·ge·dwaal -*dwaalde* stray *(animal)*; lapsed *(church member)*; →AFDWAAL.

af·ge·dwon·ge forced, extorted; →AFDWING.

af·gee -*ge*- hand/give in *(a visiting card etc.)*; leave *(s.t. for s.o.)*; part with *(jewels, money, etc.)*; give away *(a bride)*; give off, emit *(a smell, heat, smoke, gas)*; *(colour)* come off; *(material etc.)* stain; *(wet paint etc.)* leave marks; cause, result in, lead to *(strife etc.)*; give off *(a day)*; *iets **aan** iem.* ~ hand s.t. over to s.o. *(money etc.)*; give s.t. up to s.o. *(land, territory)*; surrender s.t. to s.o. *(an object of value)*; *'n kind/ens.* (***aan** die dood*) ~ lose a child/etc.; *'n pakkie/ens.* ***by** iem.* ~ leave a parcel/etc. with s.o.; *iets **by** 'n bank/ens.* ~ hand s.t. in at a bank/etc.; *jou **met** iem.* ~ associate/consort with s.o.; ***op** iets* ~ come/rub off on s.t..

af·ge·haal -*haalde* taken down; →AFHAAL; ~ *voel oor iets* be offended/hurt (*or* be put out *or* feel affronted/insulted/humiliated) by s.t.; be piqued at (*or* miffed at/by *or* peeved about) s.t.; ~ *te word, word* ~ to be called for.

af·ge·han·del -*delde* finished, over and done with; *(infml.)* in the can; *'n onderwerp as ~ beskou* consider/regard a subject (as) closed; *die saak is* ~ the matter is closed; *daarmee is die saak ~, dit is 'n ~de/afgedane saak* that's the end of the matter, that's that, that settles it.

af·ge·kant -*kante* bevelled, chamfered *(edge)*; →AFKANT.

af·ge·keur -*keurde* rejected *(plan, proposal, etc.)*; condemned *(building, meat, etc.)*; disallowed *(claim)*; banned *(film)*; →AFKEUR.

af·ge·knot -*knotte* pruned *etc.* (→AFKNOT); stunted; *~te keël/piramied, (math.)* truncated cone/pyramid.

af·ge·las *(fml.)*, **af·las** -*ge*-, *vb.* call off *(a strike, match)*; cancel *(a meeting)*; abandon *(a match)*; countermand *(an attack)*; *weens reën/sneeu afgelas word* be rained/snowed off. **af·ge·las·ting** *(fml.)*, **af·las** *n.* call(ing)-off, cancellation, abandonment, abandoning.

af·ge·le·ë -*leëner* -*leënste* (of *meer ~ die mees ~*) remote, outlying *(region, village)*; remote, out-of-the-way, isolated *(farmhouse etc.)*; distant, far-off *(country)*; out-of-the-way, secluded, sequestered *(spot)*; faraway, unfrequented, lonely *(place)*; *op 'n baie ~ plek woon* live at the back of beyond (*or* in the middle of nowhere). **af·ge·le·ën·heid** remoteness, seclusion, isolation, loneliness.

af·ge·leef -*de*, -*te* decrepit *(person, animal, object)*; doddering, doddery, infirm, senile *(person)*; old and weak *(animal)*; worn-out *(clothes)*; effete, spent, worn out. **af·ge·leefd·heid** decrepitude, dodderiness, infirmity, senility; effeteness.

af·ge·lei -*leide* derived; derivative; inferential; →AFLEI; *~de **akkoord**, (mus.)* secondary chord; *~de **bewys**, (jur.)* derivative evidence; *~de **gesag**, (jur.)* delegated authority; *~de **stroom**, (elec.)* shunt current; *~de **verbinding**, (chem.)* derived compound; *~de **verlating**, (jur.)* constructive desertion. **af·ge·lei·de** -*des* derivative, derivation.

af·ge·loop -*loopte* run-down *(watch)*; worn-out *(shoes)*; flat *(battery)*.

af·ge·lo·pe ended, over, finished; past, last *(week, month, year)*; past *(parliamentary session etc.)*; *pas* ~ recent; *in die ~ vyf weke/maande/jaar* in/during the past/last five weeks/months/years, these past/last five weeks/months/years.

af·ge·mat -*matte* worn out, exhausted, dead tired, *(infml.)* fagged (out), jaded, burnt/burned out; →AFMAT. **af·ge·mat·heid** exhaustion, fatigue, weariness.

af·ge·me·te *adj. & adv.* measured; formal, dignified, stiff, starchy; →AFMEET; ~ *kilometer* measured kilometre; ~ *praat* speak in measured tones; *met ~ treë loop/stap* walk with measured steps. **af·ge·me·ten·heid** formality, stiffness, starchiness; measuredness.

af·ge·plat -*platte* flattened; tabular; *(of flatfishes, certain plant parts, etc.)* compressed; →AFPLAT; ~ *(by die pole)* oblate, flattened at the poles; *~te bol, (geom.)* oblate sphere.

af·ge·rand -*rande* skirted *(fleece)*; →AFRAND.

af·ge·rem -*remde* worn out, run-down, exhausted, dead tired, *(infml.)* fagged (out), jaded, raddled; →AFREM.

af·ge·rond -*ronde* rounded (off); well rounded, *(attr.)* well-rounded; complete; →AFROND; *'n ~e geheel vorm* form a unified whole, be complete in itself; *'n ~e hoek/sin/ens.* a rounded corner/sentence/etc.; *'n ~e persoon/tegniek/opvoeding/ens.* a well-rounded person/technique/education/etc.; *'n ~e som* a round sum/figure.

af·ge·saag -*saagde, (lit.), (pred.)* sawn off, *(attr.)* sawn-off *(shotgun etc.)*; →AFSAAG; *(fig.)* stale, timeworn, *(infml.)* corny, threadbare, stock *(joke)*; unoriginal *(subject)*; *~de gesegde/uitdrukking* cliché, hackneyed/trite/well-worn saying/expression/phrase, platitude, commonplace; ~ *raak, (joke etc.)* get stale. **af·ge·saagd·heid** staleness; triteness.

af·ge·sant -*sante* envoy, emissary.

af·ge·set -*sette* dismissed *(minister, official)*; deposed *(king, emperor)*; unfrocked *(clergyman)*; →AFGESIT, AFSIT.

af·ge·sien: ~ *van* ... besides (*or* apart from *or* except for *or [Am.]* aside from) ...; irrespective/regardless of (*or* without regard to *or* discounting *or* setting aside *or* not to mention) ...; ~ *daarvan dat* ... apart from the fact that ...; let alone that ...

af·ge·sit -*sitte* amputated *(leg)*; →AFGESET, AFSIT.

af·ge·skeep -*skeepte* slipshod, slapdash, *(infml.)* sloppy, careless, shoddy *(work)*. **af·ge·skeept·heid** carelessness, shoddiness, slipshod(di)ness *(of work)*; →AFSKEEP.

af·ge·skei·de, *(fml.)* **af·ge·skei·e** separated *(milk)*; separate(d); secluded, isolated; dissenting, nonconformist; secessionist; separatist; ~ *staat* breakaway state; ~ *van* ... apart from ... **af·ge·skei·de·ne** -*nes* dissenter, dissident, nonconformist; secessionist; separatist. **af·ge·skei·den·heid** privacy, seclusion, isolation, separation.

af·ge·skerf -*de*, -*te* chipped *(crockery)*.

af·ge·skre·we written off; copied; →AFSKRYF.

af·ge·sle·te →VERSLETE.

af·ge·sloof -*de*, -*te* worn out, wearied, fagged (out), jaded; →AFSLOOF.

af·ge·slo·te enclosed, fenced/railed/roped off; secluded, isolated, solitary; closed, private; →AFSLUIT; ~ *geheel* separate entity; ~ *woon* live in isolation, lead a secluded life. **af·ge·slo·ten·heid** seclusion, isolation, privacy.

af·ge·slyt -*slyte* threadbare, ragged, tattered, *(pred.)* worn (out) *(clothes)*; →AFSLYT.

af·ge·son·der(d) -*derde* separate(d), isolated, lonely, secluded, sequestered, cloistered, remote; discrete; →AFSONDER; *van ... ~ wees* stand apart from ...; ~ *woon* live in isolation, lead an isolated existence (*or* a secluded life). **af·ge·son·derd·heid** isolation, seclusion, remoteness.

af·ges·pe -*ge*- unbuckle, unclasp.

af·ge·spro·ke agreed (upon), arranged, settled; →AFSPREEK; *(dis) ~!* done!, it's a deal!; *op 'n ~ plek* at an agreed place, at a place arranged; *'n ~ teken* a prearranged signal.

af·ge·stem: *op iets ~ wees* be attuned to s.t.; →AFSTEM.

af·ge·stomp -*stompte* truncate(d); (apathetic and) insensitive *(person)*; deadened, dulled, blunted *(conscience, feelings)*; →AFSTOMP; *~te blaar* truncate leaf. **af·ge·stompt·heid** (apathy and) insensitivity, indifference; dullness, bluntedness.

af·ge·stor·we dead, deceased, departed, late; →AFSTERF. **af·ge·stor·we·ne** -*nes* dead person, dead man/woman; *die ~s* the dead/deceased/departed.

af·ge·ta·kel(d) -*kelde* dismantled *(machine etc.)*; unrigged *(ship)*; stripped *(factory)*; worn out, decrepit, wasted, senile; faded *(beauty)*; decayed *(society etc.)*; *(infml.)* strung out *(from long drug use)*; →AFTAKEL.

af·ge·tob worn out, weary, *(infml.)* fagged (out); careworn; →AFTOB.

af·ge·trap -*trapte* down at heel, worn out *(shoes)*; →AFTRAP.

af·ge·tree -*trede* retired; →AFTREE. **af·ge·tre·de·ne** -*nes* retired person.

af·ge·trok·ke withdrawn, absent-minded, preoccupied, absorbed, absent; distracted, abstracted, lost/wrapped in thought, in a brown study; →AFTREK *vb.*; *'n ~ voorkoms* a withdrawn look. **af·ge·trok·ken·heid** absent-mindedness, absence of mind, preoccupation, absorption, abstraction, brown study.

af·ge·vaar·dig·de -*des* delegate, representative; *(parl.)* deputy; *Kamer van A~s* Chamber of Deputies; *Raad van A~s, (SA, parl., hist.)* House of Delegates.

af·ge·val -*valde*, -*valle* fallen; →AFVAL *vb.*; *~de blare* fallen leaves; *~de vrugte* windfalls; *~le lede* renegade members. **af·ge·val·le·ne** -*nes, (derog.)* apostate, renegade.

af·ge·wa·ter(d) *(fig.)* watered-down *(agreement, version, etc.)*.

af·ge·werk -*werkte* worn (out), spent, effete; finished, trimmed; →AFWERK; ***goed/sleg/ens.** ~ wees, (car, dress, etc.)* be well/badly/etc. finished; *met die **hand*** ~ hand-finished; *~te **hande*** work-worn hands; *~te **lug*** exhaust air; *~te **stoom*** exhaust/dead steam; *~te **stoompoort*** eduction port.

Af·g(h)a·ni·stan *(geog.)* Afghanistan. **Af·g(h)aan** -*g(h)ane, (inhabitant)* Afghan(i); *(also a~, breed of dog)* Afghan (hound). **Af·g(h)aans** *n., (language)* Pashto, Pushto, Pushtu, Afghan. **Af·g(h)aans** -*g(h)aanse, adj.* Afghan; *~e jas* afghan; *~e (wind)hond* Afghan (hound).

af·giet -*ge*- pour/strain off; *(cook.)* strain, drain; *(sculpture)* cast; *(chem.)* decant; *(die water van) die groente* ~ strain (the water from) the vegetables; *iets in brons* ~ cast s.t. in bronze.

af·giet·sel -*sels* cast(ing); copy; *'n ~ maak* cast. **~diertjies** *(biol.)* infusoria.

af·gif·te -*tes* delivery *(of a letter etc.)*; *(comm.)* issue *(of a bill etc.)*; *dag van ~* day of issue.

af·glad -*ge*- smooth (down) *(with a file etc.)*.

af·glip -*ge*- slip off; slip down; *in iets ~* slip down into s.t.; ~ *kafee toe* pop down to the café; *van iets ~* slip off s.t.; *dié wyn glip lekker in die keel af* this wine slips down easily.

af·gly -*ge*- slide/slip off; slide/slip down; *(by/met) die trap* ~ glide down the stairs; *in ... ~* slide (down) into ...; *teen ... ~* slide down ... *(a banister etc.)*; slip down ... *(a muddy embankment etc.)*; *van ... ~* slip off ... *(a table etc.)*; skid off ... *(the road)*.

af·god -*gode* idol; *~e aanbid* worship false gods; *van iem. 'n ~ maak* idolise s.o.; *van iets 'n ~ maak* make a fetish of s.t.; make a god of s.t.. **af·go·de·ry** idolatry. **af·go·dies** -*diese* idolatrous.

af·gods-: **~beeld** *(Bib.)* idol, graven image. **~dienaar** idolater. **~diens** idolatry. **~tempel** pagan temple.

af·gooi -*ge*- throw down *(from a roof etc.)*; drop *(supplies etc.)*; throw off *(clothing)*; *(fig.)* cast/throw off *(the yoke of bondage etc.)*; throw, unseat, unhorse *(a rider)*; shed, drop *(leaves)*; shed, cast *(skin, feathers, antlers)*; slip *(a calf, lamb, foal)*; *die water van die groente* ~ pour the water off the vegetables.

af·gord -*ge*- unbuckle.

af·gra·deer -ge- grade down.

af·gra·we -ge- dig down; dig off; level *(dunes etc.)*.

af·grens -ge-, *afgegrensde*, -te mark off/out, demarcate, delimit. **af·gren·sing** marking off/out, demarcation, delimitation.

af·grond abyss, chasm, gulf; precipice; *'n gapende ~* a yawning chasm/gulf; *in 'n ~ (af)stort* fall down a precipice, fall into an abyss (*or* a chasm); *iem. in die ~ stort, (fig.)* push s.o. over the precipice, bring disaster to s.o., plunge s.o. into ruin/misery/misfortune, ruin/wreck s.o.; *op die rand van die ~ wees, (fig.)* teeter on the edge of the abyss, be on the brink/verge of disaster/ruin. **af·gron·de·lik** -like unfathomable, bottomless; *(fig.)* abysmal *(ignorance etc.)*.

af·gry·se, af·gry·sing horror, dread; abhorrence, repugnance, repulsion; *met ~* in horror; *iem. met ~ vervul* horrify/appal/disgust/repel s.o.; *met ~ oor iets vervul wees* be horrified/appalled at/by (*or* horror-stricken/struck at *or* overcome with horror at) s.t.; *'n ~ van iem./iets hê* loathe/detest/abhor s.o./s.t.. **af·grys·lik** -like -liker -likste ghastly, dreadful, repugnant, horrible, horrid, horrific, horrendous, grisly, gruesome, hideous, revolting, repellent, repulsive, abominable; gory *(details)*. **af·grys·lik·heid** ghastliness, horror, gruesomeness, hideousness, repulsiveness.

af·guns envy, jealousy; *geel/groen van ~ word* turn/go green with envy; *iem. se ~ op ...* s.o.'s envy of ...; *~ (op)wek* arouse/excite envy; *deur ~ verteer wees* be consumed/green (*or* eaten up) with envy; *iem. met ~ vervul* arouse s.o.'s envy/jealousy; *iets uit ~ doen* do s.t. out of envy/jealousy. **af·guns·tig** -tige envious, jealous; *iem. ~ maak* make s.o. jealous; *op iem./iets ~ wees* be envious/jealous of s.o./s.t.. **af·guns·tig·heid** enviousness, jealousy.

af·haak -ge- unhook, unfasten; take/lift off the hook; uncouple, disconnect, detach, unhitch; unlimber *(a gun)*; get married, *(infml.)* get hitched/spliced; start, begin; *~ en iem. slaan* up and hit s.o., go for (*or* lash out at *or* let fly at *or* pitch into) s.o.; *~ en vir iem. sê wat jy van hom/haar dink* tear into s.o., tear s.o. off a strip, tear a strip off (*or* let rip at) s.o..

af·haal -ge- take off, remove; clean off ; *(off high shelf etc.)* take down; take off, *(fml.)* doff *(a hat)*; call for, collect, pick up *(s.o., goods)*; *(fig.)* offend, affront, insult, slight, snub *(s.o.)*; *(knitting)* lift (off); strip *(a bed)*; cut *(playing cards)*; →AFHALERIG; *iem. by die stasie/lughawe ~* collect/fetch s.o. from (*or* meet s.o. at) the station/airport; *(by car)* pick s.o. up; *aanhaal, "...", ~* quote, "...", unquote; *jou hoed vir iem. ~* →HOED[1]; *af te haal, word afgehaal* to be called for; *iets van ... ~* reach/take s.t. down from ... *(a shelf etc.)*. **~boot** tender. **~koste** collection charges. **~wa** collecting van.

af·haar -ge- remove the hair from, *(fml.)* depilate; unhair *(a hide)*; string *(beans)*; lose hair.

af·hak -ge- →AFKAP.

af·ha·le·rig -rige disparaging, derogatory; →AFHAAL.

af·han·del -ge- conclude, dispatch, despatch, discharge, dispose of, settle, finish (off), get through, finalise, decide, *(infml.)* wrap/sew up; see to, take care of, deal with; *daarmee is dit afgehandel* that settles it; so much for that; *dit is dan afgehandel!, (also)* that takes care of that!. **af·han·de·ling** dispatch, despatch, settlement, finalisation, disposal *(of a matter)*.

af·hang -ge- hang (down), droop; depend; *laat ~* hang down, dangle; *van ... ~, (fig.)* depend (*or* be dependent/conditional) (up)on ..., hinge on ...; *dit hang (heeltemal) daarvan af* it all depends; *van mekaar ~* depend (up)on each other, be interdependent; *iets hang daarvan af* s.t. is at stake; *iets hang van iem. af, (also)* s.t. lies/rests with s.o.; *dit hang van iem. af, (also)* that/it is for s.o. to say; *as dit van my afgehang het, (also)* if I had my way. **af·han·gend, af·han·gend** -gende hanging, drooping, dangling, *(fml.)* pendulous, *(fml.)* pendent; depending.

af·hank·lik -like dependent; subordinate; ***te ~*** overdependent; ***van ... ~ wees*** depend (*or* be dependent) (up)on ...; be contingent (up)on ...; ***van 'n dwelm(middel) ~ wees*** be addicted to (*or* dependent on/upon) a drug; *iets **van** ... ~ maak* make s.t. conditional (up)on ...; subordinate s.t. to ...; ***van mekaar ~ wees*** be dependent (up)on each other, be mutually dependent, be interdependent. **af·hank·li·ke** -kes dependant, dependent; hanger-on. **af·hank·lik·heid** dependence; addiction; *onderlinge ~* interdependence.

af·hank·lik·heids-: **~kultuur** *(derog.)* dependency culture. **~vormend:** *~e dwelm(middel)* hard drug.

af·hap -ge- bite off.

af·hark -ge- rake off.

af·hê have off.

af·heg -ge-, *afgehegte*, -de, *(knitting)* cast off; fasten off; finish (off).

af·heid finish, completeness.

af·hel -ge- slant/slope down(wards), shelve (down), decline, dip (down).

af·help -ge- help *(s.o.)* down *(the stairs etc.)*; help *(s.o.)* off *(a horse etc.)*; rid *(s.o. of s.o./s.t. unpleasant/unwanted)*; *(infml., joc.)* relieve *(s.o. of his/her money etc.)*.

af·he·wel -ge- siphon off.

af·hok -ge- separate; *(fig.)* isolate; wall off; box off.

af·hol -ge- run/rush down.

af·hoor -ge-, *(jur.)* take a statement from; →AFLUISTER *vb.*.

af·ho·ring- with one horn.

af·hou -ge- keep *(s.o./s.t.)* away *(from s.o./s.t.)*; hold/keep *(an enemy etc.)* at bay; stop, prevent; hold down; keep off *(a hat etc.)*; keep back, deduct, withhold *(money)*; *(naut.)* bear away/off; keep clear *(of a rock)*; *'n kind ~* hold a child over the toilet/pot; *links/regs ~* turn (off to the) left/right; *iem. van iets ~* keep s.o. from s.t. *(drinking, working, etc.)*; *jou hande van iem./iets ~* keep one's hands off s.o./s.t; *iem./iets van jou lyf ~* fend s.o./s.t. off; *hou jou mond van my meisie af!* not another word about my girl!; *hy kon sy oë nie van haar ~ nie* he couldn't take his eyes off her, his eyes were glued to her.

af·ja(ag) -ge- chase *(a person, animal)* off *(s.t.)*; drive *(cattle etc.)* down *(a hill)*; force down *(prices)*; override *(a horse)*; *langs/teen 'n bult ~, (a car etc.)* speed/tear/race down a hill; *(a person, dog, etc.)* fly/tear down a hill; *(a horse, rider)* gallop down a hill; *op iem./iets ~* rush at (*or* charge [at]) s.o./s.t.; *'n stuk werk ~* rush a job.

af·jak -jakke, *n.* rebuff, snub, brushoff; insult, affront, slight; refusal, rejection; *iem. 'n ~ gee* snub/rebuff s.o., give s.o. a snub (*or* the brushoff); *'n ~ kry* be snubbed/rebuffed, get/receive a snub. **af·jak** -ge-, *vb.* rebuff, snub, cold-shoulder; insult, affront, slight.

af·kal·we(r) -ge- cave in; crumble away. **af·kal·wing** caving in; crumbling away.

af·kam -ge- comb off; comb out; *(fig.)* run down, decry, disparage, denigrate, depreciate, belittle, *(infml.)* knock, slate *(a book, play, writer)*. **af·kam·mend** -mende disparaging, derogatory.

af·kamp -ge- fence/hedge (off).

af·kant -ge- edge; chamfer; trim; *(print.)* justify; →AFGEKANT; *(skuins) ~* bevel, cant. **~skaaf** chamfer plane.

af·kan·tel -ge- topple/tumble down.

af·kan·ting -tings, -tinge chamfer(ing); *(skuins) ~* bevel(ling), cant(ing).

af·kap -ge-, *(with an axe, sword, etc.)* chop/cut off, sever *(an arm etc.)*; chop/lop/hew/strike off *(branches)*; *(with rough heavy blows)* hack off; chop/cut down, fell, hew (down) *(a tree)*; dock *(an animal's tail)*; sunder *(arch. or liter.)*; *(ling.)* apostrophise *(a word)*. **af·kap·ping** -pings, -pinge chopping off *etc.* (→AFKAP); aph(a)eresis *(at the beginning of a word)*; apocope *(at the end of a word)*. **af·kap·pings·te·ken** apostrophe.

af·keer *n.* dislike, aversion, distaste, loathing, antipathy, disinclination; disgust, repugnance, revulsion; side furrow *(in irrigation)*; ***by** iem. ~ wek* put s.o. off; ***met** ~* disgustedly; *'n ~ **van** ... hê* have an aversion to/for ...; have a dislike of/for ...; have a loathing for ...; feel (a) repulsion for ...; have a revulsion against/from ...; have a thing about ...; *'n ~ **van** iem. hê* feel/have an antipathy against/for/to(wards) s.o.; *iem. het 'n ~ **van** iets, (also)* s.t. is distasteful to s.o.; s.t. turns s.o. off; *'n ~ **van** ... kry* take a dislike to ...; *iem. se ~ **van** ..., (also)* s.o.'s distaste for ...; s.o.'s repugnance for/to(wards) ...; ***vol** ~* disgustedly. **af·keer** -ge-, *vb.* avert *(danger)*; fend/ward off, parry, deflect *(a blow)*; *(cause to move in a different direction)* head off *(a flock, mob, etc.)*; divert *(traffic, water)*; turn away *(one's head etc.)*; *jou van ... ~* turn (away) from (*or* turn one's back on) ...; *'n paar skape van die trop ~* separate a few sheep from the flock. **~hou** *(cr.)* glance. **~sloot** diversion furrow. **~wal** diversion weir.

af·ke·rig -rige estranged, alienated, disaffected; backsliding; *van ... ~ wees* be averse to (*or* dislike) ...; *iem. van iets ~ maak* estrange/alienate s.o. from s.t.. **af·ke·rig·heid** aversion, dislike.

af·keur -ge- disapprove (of), censure, condemn, frown (up)on, deprecate; reject, turn down *(on medical grounds etc.)*; declare unfit *(for consumption, habitation, etc.)*; disqualify; →AFGEKEUR; *dit ~ dat iem. iets doen* disapprove of s.o. doing s.t.; *iem. vir diens ~* reject s.o. for service. **af·keu·rend** reproachful, disapproving, reproving, deprecating, deprecative, frowning; judg(e)mental; *jou ~ oor ... uitlaat* comment adversely (up)on ... **af·keu·rens·waar·dig** -dige -diger -digste blameworthy, censurable, objectionable, reprehensible. **af·keu·rens·waar·dig·heid** blameworthiness. **af·keu·ring** censure, reprobation, disapproval, deprecation, disapprobation; rejection; *mosie van ~* vote of censure; *jou ~ oor iets uitspreek* express one's disapproval of s.t.; *iem. se ~ van ...* s.o.'s disapproval of ... **af·keu·rings·re·ke·ning** disallowance account.

af·klap -ge- fold down, turn down; *(infml.)* pop off, peg out. **~bed** pull-down bed.

af·klim -ge-, *(mountaineer)* climb down, descend *(from a summit, into a valley)*; get off *(a bicycle etc.)*; *in 'n boot/ens. ~* step down into a boat/etc.; *iem. laat ~* set s.o. down; *op iem. ~, (fig.)* come down on (*or* lay into) s.o.; *van 'n bus/trein ~* get off (*or [fml.]* alight from) a train/bus; *van 'n kar/ens. ~* get down from a cart/etc.; *van 'n leer ~* climb down a ladder; *van 'n perd ~* get off a horse, dismount. **~plek** alighting point.

af·klink -ge-, *(infml.)* pop off, peg out.

af·klits -ge- shoot down; knock/strike off.

af·klop -ge- knock/tap off; beat *(a carpet)*; dust down; beat, thrash *(a child)*; *(infml.)* pop off, peg out, kick the bucket, croak, snuff it, turn up one's toes.

af·klou·ter -ge- clamber/climb/scramble down; *teen 'n paal ~* shin down a pole.

af·knaag -ge- gnaw off; gnaw (at), pick *(a bone)*.

af·knab·bel -ge- nibble off; nibble at.

af·knak -ge- snap/break (off).

af·knib·bel -ge- beat down *(a price)*; →AFDING; nibble off; *R25 van die prys ~* get R25 knocked off the price.

af·knie -ge- knock down *(dough)*.

af·knip -ge- cut/snip off; *(with clippers etc.)* nip off; cut, clip *(hair, fingernails)*; trim *(a wick)*; trim off *(rough edges)*; flick off *(ash)*; *bo ~ en onder wegsny, (fig.)* burn the candle at both ends; *kort ~* cut short, crop; *'n sigaar ~* cut the end off a cigar. **af·knip·sel** -sels clipping, cutting, snipping.

af·knot -ge- cut back, prune, lop *(a tree)*; truncate *(a cone, pyramid)*; →AFGEKNOT.

af·knou -ge- bully, push around, manhandle. **af·knou·er** -ers bully. **af·knou·e·ry** bullying.

af·knyp -ge- pinch/nip off; scrimp and save, skimp.

af·koel -ge- cool (off/down); *(in refrigerator)* chill; *(in ice)* ice; *(in water)* quench; *(fig.)* cool, damp(en) (down) *(s.o.'s ardour)*; calm *(s.o.'s anger)*; *(s.o.)* cool/calm/simmer down; *(love)* grow cold; *(enthusiasm)* wane; *(weather)* become cooler; →KOEL *vb.*, VERKOEL; *jou ~* cool o.s.; *iets laat ~* allow s.t. to cool, let s.t. cool down. **~(ings)tydperk, ~(ings)periode** cooling-off period. **~oond** annealing furnace/oven. **~rak(kie)** cake rack.

af·koe·ling cooling (off/down); chilling; calming down.

af·koe·lings-: **~aanleg, ~inrigting, ~installasie** refrigerating plant, cold storage plant. **~middel** -middele, -middels coolant, cooling agent. **~oppervlak** cooling surface.

af·kom -ge- come down, descend; *(prices)* drop, fall,

come down; *(foetus)* abort; *met 'n boete* ***daarvan*** ~ get off with a fine; *iem. met 'n boete* ***daarvan*** *laat* ~ let s.o. off with a fine; *goed/sleg* ***daarvan*** ~ come off well/badly; *heelhuids* ***daarvan*** ~ →HEELHUIDS; *kaal* ***daarvan*** ~ →KAAL; *lewendig* ***daarvan*** ~ escape with one's life; *lig(gies)* ***daarvan*** ~ get off lightly; *iem. lig(gies)* ***daarvan*** *laat* ~ let s.o. off lightly; *net-net* ***daarvan*** ~ be saved by the bell *(fig.)*; *ongedeerd* ***daarvan*** ~ escape unhurt; *die slegste* ***daarvan*** ~ get/have the worst of it; get the worst of the bargain; *met 'n waarskuwing* ***daarvan*** ~ get *(or* be let) off with a caution; ***op*** ... ~ come across ...; come (up)on ...; happen (up)on ...; blunder (up)on ...; alight (up)on ...; descend (up)on ...; hit (up)on ...; bear down (up)on ...; turn up ...; *onverwags met iets* ***op*** *iem.* ~ catch/take s.o. unawares; *skielik met iets* ***op*** *iem.* ~ spring s.t. on s.o.; *toevallig* ***op*** ... ~ chance (up)on ...; *met 'n* ***prys*** ~ lower/reduce/cut a price; *die* ***rivier*** *kom af* the river is in flood/spate; ***van*** ... ~ come down from ... *(a place in the north)*; get off ... *(a horse etc.)*; be derived from ... *(Latin etc.)*; descend *(or* be descended) from ... *(a good family etc.)*; get out of ... *(an engagement)*. **af·ko·me·ling, af·ko·me·ling** *-linge* descendant. **af·koms** descent, origin(s), birth; origin *(of a language)*; derivation, origin *(of a word)*; *van* ***adellike/hoë*** ~ *wees* be of noble birth/ancestry, have pedigree; *van* ***Duitse/ens.*** ~ *wees* be German/etc. by birth/origin; be of German/etc. descent/extraction/stock/origin; ***'n Duitser/ens.*** *van* ~ *wees* be a German/etc. by birth/descent; *van* ***edel*** ~ *wees* be of noble ancestry; *van* ***fatsoenlike*** ~ *wees* be of gentle birth; *van* ***goeie*** ~ *wees* come of a good family/line/strain, be/come of good stock; *van* ***koninklike*** ~ *wees* be of royal descent, be born in/to the purple; *van* ***lae/nederige*** ~ *wees* be of low/humble birth, be of humble origin/parentage, have humble origins; ... ***van*** ~, *(also)* ... by blood. **af·koms·tig:** ***uit/van*** *Engeland/ens.* ~ *wees, (s.o.)* be/come from England/etc., be of English/etc. descent/extraction/origin; *(product)* come from England/etc.; *(ship, s.o.)* hail from England/etc.; ***uit/van*** *Londen/ens.* ~ *wees* be/come from London/etc., have been born in London/etc., be London-born/etc., be a native of London/etc., be a native Londoner/etc.; ***uit*** *Latyn/ens.* ~ *wees* be derived from Latin/etc.; *bloed/ens.* ***van*** *'n dier* ~ blood/etc. of an animal; *melk is* ***van*** *koeie* ~ milk comes from cows; *dié ring/ens. is* ***van*** *my ouma/ens.* ~ this ring/etc. used to belong *(or* originally belonged) to my grandmother/etc.; *die gerug is* ***van*** *iem.* ~ s.o. started the rumour; *die idee/plan is* ***van*** *iem.* ~ the idea/plan originates from/with *(or* emanates from) s.o.; ***van*** *koninklike voorsate* ~ *wees* be descended from royalty, come from a line of kings.

af·kon·dig *-ge-* announce; call *(a strike)*; proclaim *(peace)*; promulgate *(a law)*; *die (huweliks)gebooie* ~ read/publish *(or* put up) the banns; *krygswet* ~ →KRYGSWET. **af·kon·di·ging** *-gings, -ginge* announcement; proclamation, declaration, promulgation, publication; *'n* ~ *doen* make an announcement. **af·kon·di·ging·stel·sel** public address system.

af·kon·kel *-ge-* lure/entice *(s.o.)* away *(from s.o.)*.

af·kook *-ge-* boil off; boil *(bones)*; boil down *(vegetables)*; decoct *(medicinal plants)*. **~water** stock.

af·kook·sel *-sels* decoction, extract.

af·koop *n.* buying off; redemption; commutation; surrender; ransom. **af·koop** *-ge-, vb.* buy off *(a claim)*; redeem *(a mortgage, loan)*; commute *(one's pension, annuity)*; surrender *(an ins. policy)*. **~boete** spot fine; *'n* ~ *betaal* pay an admission of guilt. **~geld, ~prys, ~som** compensation, ransom (money), redemption money, indemnity; hush money *(sl.)*. **~waarde** surrender value *(of a policy)*.

af·koop·baar *-bare* redeemable; commutable.

af·kop- headless, decapitated.

af·ko·per redeemer. **af·ko·ping** buying off; redemption; commutation; surrender.

af·kop·pel *-ge-* disconnect *(a machine)*; uncouple, detach, unhook, unhitch *(a wag[g]on, carriage, trailer)*. **af·kop·pe·ling** disconnection; uncoupling, unhitching.

af·kort *-ge-* shorten; abbreviate *(a word)*; *tot* ... ~ abbreviate to ... **af·kor·ting** *-tings, -tinge* shortening; abbreviation; *Tom is 'n* ~ *van Thomas* Tom is short for Thomas; *Kie. is die* ~ *van/vir Kompanjie* Co. is the abbreviation of/for Company. **af·kor·tings·te·ken, af·kort·te·ken** abbreviation mark.

af·kou *-ge-* chew/gnaw off.

af·kraak *-ge-* slam, slate, tear to pieces *(a play, performance, etc.)*; run down *(s.o.)*.

af·krab·bel *-ge-* scribble (down).

af·krap *-ge-* scratch/scrape *(mud, rust, etc.)* off *(s.t.)*; scrape/strip *(paint etc.)* from *(a door etc.)*; scribble (down), dash off *(a note, letter)*. **af·krap·sel** *-sels* scrapings.

af·krum·mel *-ge-* crumble (away).

af·kry *-ge-* get *(s.o./s.t.)* down *(from above)*; get off *(paint, dirt, a ring, etc.)*; get out *(a stain)*; get down *(food, medicine)*; get off *(a day etc.)*; get done/finished *(work)*; get *(a few rands)* knocked off *(a price)*; *iem. van iem.* ~ get s.o. away from s.o.; *iem. van iets* ~ put s.o. off s.t., put s.t. out of s.o.'s head, persuade s.o. not to do s.t., dissuade s.o. from (doing) s.t..

af·kyk *-ge-* look down *(on a valley etc.)*; copy, crib; spy; *'n antwoord by iem.* ~ copy/crib an answer from s.o.; *iem. iets* ~ learn s.t. by watching s.o..

af·laai *-ge-* unload, off-load *(luggage, goods, a vehicle)*; discharge, unload *(a ship)*; unship *(a cargo)*; dump *(sand, rubble)*; *(vehicle)* discharge, unload *(passengers)*; *(comp.)* download; *jou kinders/werk op iem.* ~ unload/dump one's children/work on s.o.; *iets van* ... ~ unload s.t. from ...; discharge s.t. from ... **~plek** dumping ground, dump, refuse/rubbish dump/tip.

af·laat[1] *-late, n., (RC)* indulgence; *gedeeltelike/volle* ~ partial/plenary indulgence. **~brief** *(hist.)* letter of indulgence.

af·laat[2] *-ge-, vb.* let down, lower; leave *(a hat etc.)* off.

af·la·ding *(comp.)* download.

af·lan·dig *-dige* offshore.

af·las →AFGELAS *vb.*.

af·la·tok·sien *(chem.)* aflatoxin.

af·lê *-ge-, afgelêde, afgelegde* lay down *(arms)*; shed *(cares, worry, fear, etc.)*; cast off, discard *(old clothes)*; cover, travel, walk *(a distance)*; layer *(shoots, vines)*; *'n* ***bekentenis/belydenis*** ~ make a confession; *'n* ***belofte*** ~ make a promise; *'n* ***besoek*** *by iem.* ~ →BESOEK *n.*; *'n* ***eed*** ~ →EED; *'n* ***eksamen*** ~ →EKSAMEN; *'n* ***gelofte*** ~ *om iets te doen* →GELOFTE; *'n* ***geloofsbelydenis*** ~ declare one's faith formally; ***getuienis*** ~ →GETUIENIS; *'n* ***gewoonte*** ~ get out of *(or* give up *or* stop *or* break o.s. of) a habit; *die afstand* ***in*** *vier/ens. minute* ~ clock *(or* cover the distance in) four/etc. minutes; *die marat(h)on* ***in*** *ses/ens. uur* ~ clock six/etc. hours for the marathon; *250/ens.* ***km*** *per dag* ~ cover 250/etc. km a day; *die* ***lewe*** ~ die, pass away/on; *'n* ***verklaring*** ~ →VERKLARING. **af·lê·er** *(hort.)* layer; dropper *(of a fence)*. **af·leg·ging** laying down; shedding; discarding; layering; taking *(of an oath etc.)*.

af·leer *-ge-* unlearn; break, get out of *(a habit)*; forget *(one's French etc.)*; overcome, cure o.s. of *(stammering)*; stop, cure o.s. of *(smoking)*; ~ *om te* ... get out of the habit of ...; *iem. iets* ~ teach s.o. not to do s.t.; break s.o. of *(a habit)*; cure s.o. of *(stammering)*; get s.o. to give up *(or* stop) *(smoking)*.

af·lees *-ge-* read (off); read *(a speech, meter, etc.)*; read out *(a list, an ordinance, etc.)*; call out *(names)*; *die temperatuur op 'n termometer* ~ read off the temperature on a thermometer. **~skaal** measuring scale.

af·lei *-ge-* lead/guide *(s.o.)* down *(the stairs)*; divert *(a stream, river, traffic)*; conduct *(lightning)*; deflect *(steam, an air current)*; distract, divert *(s.o.'s attention)*; avert *(suspicion)*; derive *(a formula)*; *moet ek* ***daaruit*** ~ *dat* ...? do I *(or* am I to) understand that ...?; ~ ***dat*** ... conclude that ...; ***iem.*** ~ take s.o.'s mind off s.t., amuse/divert/distract s.o.; *iets* ***uit*** ... ~ conclude s.t. from ...; infer s.t. from ...; ***uit*** ... ~ *dat* ... gather from ... that ...; *die woord is* ***uit*** *Latyn/ens. afgelei* the word is derived from Latin/etc.; *te veel* ***uit*** *'n verslag/ens.* ~ read too much into a report/etc.; *iets* ***van*** ... ~ deduce s.t. from ...; derive s.t. from ...; *'n gesprek* ***van*** *die onderwerp* ~ divert a conversation, lead a conversation away from the matter in hand. **~kanaal** →AFLEI(DINGS)KANAAL. **~ketting** antistatic chain.

af·lei·baar derivable.

af·lei·ding *-dings, -dinge* diversion; distraction; derivation *(of words from Latin/etc.)*; derivative; conduction; aversion; deduction; *'n* ~ *uit iets maak* draw a conclusion from s.t.; *iets vir* ~ *doen* do s.t. for diversion; ~ *soek* seek diversion; *daar is te veel* ~ there are too many diversions/distractions; *'n* ~ *van* ... *wees, (ling.)* be a derivative of ... **af·lei·dings·aan·val** feint, diversion, diversionary attack. **af·lei·(dings·)ka·naal** drainage canal.

af·lei·er (lightning) conductor; dropper *(of a fence)*.

af·lek *-ge-* lick off; *jou vingers* ~ lick one's fingers.

af·le·wer *-ge-* deliver *(goods)*; turn out, produce; *iets by iem.* ~ deliver s.t. to s.o.; *afgelewerde etes* meals-on-wheels. **~diens** delivery service.

af·le·we·raar delivery man, *(Br.)* roundsman.

af·le·we·ring *-rings, -ringe* delivery *(of goods)*; part, instalment *(of a book)*; number, issue *(of a magazine, periodical)*; episode *(on radio, TV)*; *bewys van* ~ delivery note; *by* ~ on delivery; *kontant by* ~ →KONTANT; *'n ou/vorige/vroeër(e)* ~ a back number (of a periodical); *in* ~*s verskyn* be published serially *(or* in parts *or* in instalments); *gereed wees vir* ~ await delivery.

af·le·we·rings-: ~advies advice of delivery. **~brief** delivery note. **~diens** delivery service. **~wa** delivery van.

af·lig *-ge-* lift *(s.o./s.t.)* down *(from s.t.)*; lift/take off *(a lid etc.)*.

af·loer *-ge-* peep at; spy on; copy; *iem. deur 'n sleutelgat* ~ peep at s.o. through a keyhole; *iem. iets* ~ copy s.t. from s.o.. **af·loer·der** *(derog.)* peeping/Peeping Tom, voyeur; peeper, spy, snoop(er). **af·loer·de·ry** voyeurism; peeping, spying.

af·lok *-ge-* lure/entice away.

af·loop *-lope, n.* running off, draining; drain, outlet, gutter; termination, expiry, expiration *(of a contract etc.)*; finish, completion *(of a course)*; result, outcome, issue; end, close; course *(of events)*; slope; guttering *(of a candle)*; *'n gelukkige* ~ *hê* have a happy ending; *'n ongeluk met dodelike* ~ a fatal accident; *(skuins)* ~ slope; *ná* ~ *van die vergadering/ens.* after the meeting/etc.. **af·loop** *-ge-, vb.* go/walk down *(the stairs etc.)*; wear out *(shoes)*; wear down *(heels, tyres, etc.)*; cover, walk, do *(a distance, route)*; tramp, beat *(the streets)*; scour, range *(the woods)*; *(meeting)* (come to an) end, conclude; *(contract etc.)* expire, terminate, lapse, run out; *(battery, alarm clock)* run down; *(land, ground)* slope/shelve (away/down), fall away; *(liquid)* drain/run away/off; *(tears)* flow/run down *(cheeks)*; *(candle)* gutter; *(road)* branch off *(in a different direction)*; *jou* ***bene*** ~ walk one's legs off; ***geleidelik*** ~ shelve down; ***goed/sleg*** ~, *(party etc.)* turn out well/badly; *(operation)* be successful/unsuccessful; *(story)* have a happy/sad ending; ***laat*** ~ run off *(water)*; run out *(a line, rope)*; launch *(a ship)*; ***langs*** *die rivier* ~ walk along the river; ***met*** *die straat* ~ walk down the street; ***na*** ... ~ slope down to ...; ***op*** *iem.* ~ walk straight to s.o.; ***steil*** ~ slope down steeply, have a steep slope; *die* ***sweet*** *loop iem. af* s.o. is dripping with perspiration/sweat; *die* ***winkels*** ~ go/walk from shop to shop. **~gebied** drainage area. **~groefie** *(geol.)* rill mark. **~kraal** draining pen. **~plank** draining board. **~water** waste/effluent water; effluent(s); *(min.)* tail water.

af·los *-ge-, afgeloste, -de* take *(s.o.'s)* place, take the place of *(s.o.)*; take over from *(a colleague)*; relieve *(a guard, sentry)*; *(sport)* substitute for, relieve *(a player)*; pay off, repay *(a loan)*; pay (off), settle, discharge *(debts)*; redeem *(a mortgage, loan)*; *afgelos word* go off duty; *mekaar* ~ take (it in) turns *(at doing s.t.)*; *(drivers, colleagues, guards, etc.)* relieve each other *(or* one another). **~klerk** relief clerk. **~magistraat** relieving magistrate. **~personeel** relief staff. **~(wedloop)** relay (race).

af·los·baar *-bare* redeemable, repayable.

af·los·ser substitute, stand-in.

af·los·sing relieving; relief; paying off, repayment; redemption; discharge, amortisation *(of a debt)*.

af·los·sings-: ~**afdeling** relief detachment. ~**fonds** redemption fund. ~**gewys(e)** in relays. ~**plan** plan of redemption. ~**termyn,** ~**tyd** period/term of redemption/repayment.

af·lui *=ge=, (teleph.)* ring off, hang up.

af·luis·ter *n.: die ~ van telefoongesprekke* telephone tapping. **af·luis·ter** *=ge=, vb.* listen in on/to, intercept, monitor, bug *(a conversation); iem. ~* eavesdrop on s.o.; overhear s.o.; *iem. (se telefoongesprekke) ~* bug/(wire)tap s.o.'s (tele)phone. ~**apparaat** listening device; *'n ~ in ... aanbring* bug *(an office etc.)*.

af·luis·te·raar eavesdropper; wiretapper.

af·luis·te·ry eavesdropping; *telefoniese ~* phone-tapping, wiretapping, *(infml.)* bugging.

af·maai *=ge=, (fig.)* mow down *(people, soldiers); (disease)* decimate *(a population); (arch.)* cut, reap *(corn etc.);* mow *(a field)*.

af·maak *=ge=* husk, shuck *(maize);* settle *(an affair);* kill/finish off, put down, destroy; run down, slate, slam, tear to pieces *(a book etc.);* demolish *(an argument); iets as onbelangrik ~* downplay s.t.; *iets gou ~* not take long over s.t.; *jou lag-lag/laggend daarvan ~* laugh it off/away; *iets met 'n skouerophaling ~* shrug s.t. off.

af·mars *n.* marching off, departure. **af·mar·sjeer** *=ge=* march/move off; *die soldate laat ~* march off the soldiers.

af·mat *=ge=* fatigue, exhaust, *(infml.)* fag (out), wear/tire out, weary; →AFGEMAT. **af·mat·tend, af·mat·tend** *=tende* tiring, exhausting, fatiguing, wearying, wearisome, trying; gruelling *(fight);* enervating *(heat, climate);* debilitating *(illness)*. **af·mat·ting** exhaustion, fatigue, weariness; enervation; debilitation.

af·meet *=ge=* measure off *(3 m of material etc.);* measure out *(sugar etc.);* measure up *(ground); (fig.)* measure, auge, assess; *(fig.)* measure, weigh *(words);* →AFGEMETE *adj. & adv.; die straf na die oortreding ~* make the punishment fit the crime. **af·me·ting** *=tings, =tinge* dimension, measurement, proportion, size; *ernstige ~s aanneem* reach alarming proportions; *na dieselfde ~s maak* standardise; *'n gebou/ens. van reusagtige ~s* a gigantic building/etc..

af·meld: *(jou) ~, (comp.)* log out/off. **af·mel·ding** *(comp.)* logout, logoff.

af·merk *=ge=* mark off *(a separate area);* mark out *(a car park etc.);* tick off *(s.t. on a list)*.

af·me·ting →AFMEET.

af·mon·ster *=ge=* discharge, pay off. **af·mon·ste·ring** discharge, paying off.

af·na·el *=ge=* sprint down, cover *(a distance)* by running.

af·na·me *=mes* decline, diminution, decrease, reduction, fall-off, shrinkage, waning, dwindling, lessening; tail-off *(in customers etc.);* decay; →AFNEMING; *~ in geboortes* decrease in the birth rate, *(infml.)* baby bust; *die ~ van ...* the decrease in ... *(the number of accidents etc.)*.

af·neem *=ge=* take down *(a picture, washing, etc.);* take off, *(fml.)* doff *(a hat);* remove *(a lid etc.);* take away *(s.o.'s driving licence etc.);* shorten *(a dress etc.);* cut *(playing cards);* photograph, take a picture/photograph (of); *(accidents etc.)* decrease (in number); *(membership)* drop; *(strength)* diminish, fail, decline; *(power)* wane; *(pain)* ease, lessen; *(fever)* lessen, go down; *(enthusiasm)* ebb, flag, wane; *(anger)* subside; *(interest)* fade, dwindle, wane; *(tension, traffic)* ease off; *(wind)* subside; *(storm)* abate; *(flood waters)* recede; *(temperature)* fall, drop; *(demand)* fall off, decline; *(standard)* go down; *(stocks)* get low, run out; *(moon)* wane; *(days)* grow/get shorter, draw in; ***aan** die ~ wees* be on the decrease; be on the wane; *die **belangstelling** het merkbaar afgeneem* there's been a distinct cooling-off (of interest); *'n **eed** van iem. ~* →EED; *'n **eksamen** ~* →EKSAMEN; *iem. se **geld** ~* rob s.o. of his/her money; *iem. se **getuienis** ~* →GETUIENIS; *iem. se **kragte** neem vinnig af* s.o. is sinking fast; ***met** ... ~* decrease by ...; *'n **pak** van iem. se hart ~* take a load/weight off s.o.'s mind; *... **van** ... ~* remove *(a cloth)* from *(a table);* relieve *(s.o.)* of *(a burden, his/her worries);* take/subtract *(money)* from ...; take/capture *(a town)* from *(the enemy); iets **van** iem. ~* take s.t. from s.o.; take s.t. away from s.o.; administer s.t. to s.o. *(an oath); iets **van/by** iem. ~* take s.t. from s.o. by force; *iets neem **van** ... tot ... af* s.t. decreases from ... to ... ~**masker** *(phot.)* matte.

af·neem·baar *=bare* detachable, removable.

af·nek with a broken neck; *'n ~man* a man with a broken neck.

af·ne·mend, af·ne·mend *=mende* decreasing; diminishing, failing, declining; subsiding; abating; *~e koors* remittent fever; *~e maan* waning moon.

af·ne·mer *=mers, (dated)* photographer. **af·ne·ming** *=mings, =minge* removal; decrease; decline, diminution; administration *(of an oath);* →AFNAME; *A~ van die Kruis, (Chr.)* Descent/Deposition from the Cross.

af·nerf *=ge=* grain *(leather); (arch.)* thrash. **af·ner·wing** graining.

af·nom·mer *=ge=* number.

af·oes *=ge=, afgeoeste, =de* harvest.

a·fo·nie *(med.)* aphonia, aphony, loss of voice.

af·oor crop-eared; *'n ~koppie* an earless cup.

a·fo·ris·me *=mes* aphorism. **a·fo·ris·ties** *=tiese* aphoristic.

af·paar *=ge=* pair off; *met iem. ~* pair off with s.o.. **af·pa·ring** pairing off.

af·pak *=ge=* unload, unpack.

af·pak·kie *(bridge)* undertrick.

af·pas *=ge=* pace (out) *(a distance); (math.)* measure.

af·pa·trol·leer *=ge=* patrol.

af·peil *=ge=* fathom *(depth);* sound *(a harbour etc.);* gauge *(a distance)*.

af·pel *=ge=* peel (off) *(fruit);* shell *(peas, eggs);* husk *(grains);* hull *(peas, nuts, rice)*.

af·pen *=ge=* peg out, stake (out) *(a claim);* mark out *(a piece of land)*.

af·perk *=ge=* peg/stake out; fence in; *(fig.)* define, delimit, circumscribe *(powers, functions)*.

af·pers *=ge=* extort, extract, force, wring, wrest; *'n bekentenis van iem. ~* extort/wring/wrest a confession from s.o.; *'n belofte van iem. ~* wring a promise out of s.o.; *iem. ~* blackmail s.o.. **af·per·send** *=sende* extortive. **af·per·ser** *=sers* blackmailer, extortioner, extortionist, extorter. **af·per·sing** blackmail, extortion.

af·pie·kel *=ge=, (infml.)* schlep(p) down *(<Yidd.)*.

af·piets *=ge=* flick/hit (off).

af·pik *=ge=* peck off.

af·plat *=ge=* flatten, even out. **af·plat·ting** flattening; levelling out *(of a graph)*.

af·pleis·ter *=ge=* plaster, finish with plaster.

af·pluis *=ge=* pick; pick fluff off.

af·pluk *=ge=* pick (off); pluck *(feathers);* gather *(flowers)*.

af·poot with a/the broken/fractured leg; with a leg missing; one-legged; *die ~voël* the bird with the broken/fractured leg; the one-legged bird.

af·praat *=ge=* dissuade from; *iem. van iets ~* dissuade s.o. from (*or* talk s.o. out of) s.t..

af·pyl *=ge=: op ... ~* make straight for ...; make a beeline for ...; dash for (*or* make a dash at/for) ...; *reguit op ... ~, (also)* home in on (*or* home onto) ...; *in die straat ~* shoot down the street.

af·raai *=ge=* advise against; *iem. ~ om iets te doen* advise s.o. not to do s.t., advise s.o. against (*or* discourage s.o. from) doing s.t.; *iem. iets ~* advise s.o. against s.t..

af·raak *=ge=* stray from; *van iets ~* drop s.t., give s.t. up; *van koers ~* go off course; *van die onderwerp ~* digress, deviate/wander/digress from the subject, stray (away) from (*or* go off) the point; *van die pad ~* lose one's way.

af·ram·mel *=ge=* rattle off *(a poem, prayer, speech, etc.);* reel off *(names, dates, etc.);* gabble through *(grace, a sermon); (car, bus, etc.)* rattle down.

af·rand *=ge=* edge, neaten the edges; trim *(bacon etc.);* skirt *(fleece);* →AFGERAND. ~**stukkies** *(pl.), (cook.)* trimmings.

af·rand·sel *=sels* skirting(s).

af·ran·sel *=ge=* beat (up), thrash, whack, cane, whip, cudgel, flog, lash, wallop; *(defeat)* beat, overpower, trounce, thrash, crush, drub; *behoorlik/deeglik afgeransel word, (sport)* take a pounding; *... met 5-0 ~, (sport)* whitewash ... 5-0. **af·ran·se·ling** *=lings, =linge* beating, thrashing, whacking, caning, whipping, flogging, lashing; beating, trouncing, drubbing.

af·rat *=ge=, (driver)* gear down.

af·ra·tel →AFRAMMEL.

af·re·ën *=ge=, (paint etc.)* wash off (in the rain).

af·reis *n.* departure. **af·reis** *=ge=, vb.* depart, leave, set out *(on a journey); die land ~* travel (all over) (*or* tour) the country; *na ... ~* depart for ...

af·re·ken *=ge=, (arch.)* settle/pay one's bill/account(s); *met iem. ~, (lit.)* settle/square (up) with s.o.; *(fig.)* settle/square accounts (or get even/quits) with s.o., get one's own back on s.o.. **af·re·ke·ning** *(arch.)* settlement, payment *(of accounts);* statement; *die dag van ~, (fig.)* the day of reckoning.

af·rem *=ge=* pull down; exhaust, tire/fag (out), sap; →AFGEREM; *jou ~* wear o.s. to a shadow.

A·fri·ca·na, A·fri·ka·na *(pl.)* Africana; *stuk ~* Africana. ~**versamelaar** Africana collector.

af·rig *=ge=, afgerigte, =de* train *(a person, animal);* break in *(a horse);* coach *(a swimmer etc.); iem. in/vir iets ~* coach/drill s.o. in/for s.t.; *iem. afrig om te ...* coach s.o. to ...; *afgerigte/afgerigde dier, (also)* performing animal. **af·rig·ter** *=ters* trainer; coach, instructor. **af·rig·ting** training; breaking (in); coaching.

A·fri·ka *(geog.)* Africa; *geld/bier/ens. vir ~, (infml.)* money/beer/etc. for Africa. **a~-moordby** killer bee. **a~-olifant** African elephant. ~**staat** African state. ~**taal** African language.

A·fri·kaan *=kane, n.* African.

A·fri·kaans *n.* Afrikaans; *goed in ~ wees* be good at Afrikaans; *iem. iets in plat ~ sê* tell s.o. s.t. in plain English. **A·fri·kaans** *=kaanse, adj.* Afrikaans; *(arch.)* African; *~e **buffel*** →BUFFEL; *(Hollands-)~e **kerke*** Afrikaans(-speaking) churches; *die ~e **taal*** the Afrikaans language. ~**gesind** Afrikaans-minded. ~**onderwys,** ~**onderrig** teaching of Afrikaans. ~**onderwyser** Afrikaans teacher. ~**sprekend** *=kende* Afrikaans-speaking. ~**sprekende** *=kendes* Afrikaans-speaking person, Afrikaans speaker. ~**talig** *=talige* Afrikaans-medium, Afrikaans(-language) *(newspaper etc.)*.

A·fri·ka·na →AFRICANA.

A·fri·ka·ner *=ners* Afrikaner. ~**bond** *(hist.)* Afrikaner Bond. ~**dom** Afrikanerdom. ~**skap** Afrikaner character. ~**volk** Afrikaner people.

a·fri·ka·ner *=ners, (Gladiolus spp.; Homoglossum spp.)* afrikaner; *(Gladiolus spp.)* painted lady; *(breed of cattle)* Afrikaner; *(also, in the pl.)* Afrikaners, Afrikaner cattle; *stink ~* →STINKAFRIKANER. ~**bees** head of Afrikaner cattle. ~**bul,** ~**kalf,** ~**koei,** ~**os** Afrikaner bull/calf/cow/ox. ~**skaap** Afrikaner (sheep), fat-tailed South African sheep, Cape sheep.

A·fri·ka·nis *=niste* Africanist. **A·fri·ka·nis·me** *=mes* Africanism. **A·fri·ka·nis·tiek** African studies.

a·fri·ka·ni·seer *ge=* Africanise. **a·fri·ka·ni·se·ring** Africanisation.

af·rit exit, slip road *(for leaving a freeway);* ramp; *op- en ~te* slip roads.

af·rits *=ge=* rattle/reel off.

A·fro *n., (hairstyle)* Afro. **A·fro=** *comb.* Afro-. ~**-Amerikaans** African/Afro-American. ~**-Amerikaner** African/Afro-American. ~**-Asiaties** Afro-Asian. ~**-haarstyl** Afro hairstyle. ~**sentries** Afrocentric. ~**sentrisme** Afrocentrism.

A·fro·di·te, A·phro·di·te *(Gr. myth.)* Aphrodite.

af·roep *=ge=* call *(s.o.)* down *(from the roof etc.);* call *(s.o.)* away from *(his/her work etc.);* call out *(names, numbers, etc.)*.

af·roes =*ge*= rust away.

af·rok·kel =*ge*= woo away *(a customer etc.)*; *iem. van ... ~* entice/lure s.o. away from ... *(an employer etc.)*; *iem. se kêrel/nooi ~* pinch/steal s.o.'s boyfriend/girlfriend; *iets van iem. ~* do s.o. out of s.t..

af·rol =*ge*= roll down; unroll *(a carpet, map, etc.)*; unwind *(string, thread, etc.)*; unreel *(a film etc.)*; uncoil *(a cable, hose, etc.)*; run out *(a line etc.)*; duplicate, make copies of *(a document etc.)*; unroll (itself), come unrolled; unwind (itself), come unwound; uncoil (itself), come uncoiled; *(comp.)* scroll down. **~masjien** duplicator, duplicating machine.

af·ro·mer =*mers* separator. **af·ro·ming** skimming.

af·rond =*ge*= round off *(numbers, corners)*; round down *(a price etc.)*; complement *(a dress etc.)*; polish *(a speech, an article, etc.)*; →AFGEROND; *iets na bo/onder ~* round s.t. up/down; *iets finaal ~* give/put the finishing touch(es) to s.t..

af·ron·ding rounding off; finishing (off), finalisation; polish; rounding up/down; *laaste ~* finishing touch(es). **~skool** finishing school.

af·room =*ge*= skim, cream *(milk)*; *afgeroomde melk* skim(med) milk.

af·ruk =*ge*= tear/rip off; *(violently)* wrench off; *(bomb etc.)* blow off *(s.o.'s hand etc.)*; tear down *(a notice etc.)*; pull/strip off *(wallpaper etc.)*; pull/tear off *(a button)*; break off *(a shoelace etc.)*.

af·ry =*ge*=, *(in a vehicle)* drive down; *(on horseback)* ride down *(a hill)*; cover by driving/riding; *van ... ~* swerve from ... *(the road etc.)*.

af·ryg =*ge*= unstring *(beads)*; reel off *(names, dates)*.

af·saag =*ge*= saw off; saw down, shorten; →AFGESAAG.

af·saal =*ge*= unsaddle; break a journey; *êrens ~*, *(arch.)* be courting somewhere.

af·sak =*ge*= come/slip down, sag; decline, sink, set; move down *(a hill)*; settle, deposit; drop/float/sail down *(a river)*; slide down *(a pole)*; *iets laat ~* lower s.t., let s.t. down; *langs 'n tou ~* lower o.s. (*or* let o.s. down) on a rope. **af·sak·king** =*kings*, =*kinge* sagging; sedimentation; *(med.)* prolapse. **af·sak·sel** =*sels* sediment, deposit; crud *(sl.)*.

af·sê =*ge*= jilt, break (up) with, throw over, *(infml.)* ditch *(a boyfriend, girlfriend)*. **~brief** Dear John letter *(infml.)*.

af·send =*ge*= send (off), forward, dispatch, despatch, consign; ship. **af·sen·der** =*ders* sender, consigner; shipper; remitter. **af·sen·ding** sending, forwarding, dispatch, despatch, consignment; shipment. **af·sen·dings·kan·toor** forwarding/dispatching/despatching office. **af·sen·ding·sta·sie** forwarding/dispatching/despatching station.

af·set *n.* sale(s), turnover, sales volume; *die ~ het toegeneem* sales increased; *~ vind* sell, be in demand. **af·set** =*ge*=, *vb.* market, sell, dispose of; deposit *(silt)*; block/close/cordon off; set off, trim *(a dress)*; →AFSIT. **~bevordering** sales promotion, merchandising. **~gebied** market, marketing area. **~koste** sales/distribution costs. **~saag** tenon saw.

af·set·sel =*sels* trimming, facing; layer; deposit, sediment; *'n ~ vorm* form a deposit.

af·set·ting =*tings*, =*tinge* amputation; dismissal, removal; deposition, dethronement *(of a monarch)*; sediment; deposition, precipitation; accretion; *(min.)* deposit.

af·set·tings=: **~gesteente** sedimentary rock. **~vlak** bedding plane, plane of deposition. **~wyse** mode of deposition.

af·sien =*ge*= see off; →AFGESIEN; *van iets ~* part with s.t.; give s.t. up; dispense with s.t.; waive s.t. *(a claim)*; ditch s.t. *(a plan, project)*. **af·sien·baar** =*bare* measurable; *in/binne afsienbare tyd* in/within the foreseeable (*or* in the not too distant) future.

af·sig·te·lik =*like* hideous, ghastly, horrible, ugly, unsightly, gruesome. **af·sig·te·lik·heid** hideousness, ghastliness.

af·sit =*ge*= dash off, start (off); start *(runners)*; run away/off; amputate, cut off *(a limb)*; put down, drop (off) *(a passenger)*; dismiss, remove *(s.o. from office)*; cashier *(an army officer)*; unfrock *(a clergyman)*; dethrone, depose *(a monarch)*; shut off, stop, cut (off) *(a motor)*; switch off, disconnect *(a telephone)*; put out *(a light)*; *deur die **dokter** van jou werk afgesit word* be boarded *(SA)*; *die **geweer** ~* order arms; *sommer **met** die ~* right from the start; ***na** ... ~* head for ...; *iem. **van** 'n erf/perseel ~* evict s.o. from premises; *iets **van jou** ~* put s.t. out of one's mind; distance o.s. from s.t.. **~pistool** starting gun/pistol.

af·sit·baar =*bare* deposable, removable, dismissible.

af·sit·ter starter; *op die ~ se teken wag* be under starter's orders.

af·skaaf, af·ska·we =*ge*= plane down *(planks etc.)*; abrade; skin, scrape, graze, bark; *die vel van jou knieë/ens. ~* graze one's knees/etc.. **af·ska·wing** planing (down); chafing, abrasion.

af·skaal =*ge*= exfoliate; scale down, downscale; downsize; de-escalate *(war etc.)*; *(s.o.)* downshift. **af·ska·ler** downshifter. **af·ska·ling** exfoliation; scaling down, downscaling; downsizing; de-escalation; downshift(ing).

af·ska·du =*ge*= silhouette; *(fig.)* foreshadow, portend, adumbrate. **af·ska·du·wing** silhouette; *(fig.)* foreshadowing, portent, adumbration.

af·skaf =*ge*= abolish; do away with; repeal, abrogate *(a law)*; cut out *(drink)*; part with, scrap; discontinue. **af·skaf·fer** =*fers* abolisher; (total) abstainer, teetotaller; *'n ~ word* take/sign the pledge. **af·skaf·fing** =*fings*, =*finge* abolition; repeal, abrogation; abstinence, teetotalism. **af·skaf·fings·be·we·ging** prohibition/temperance movement.

af·ska·kel =*ge*= switch off, put out, turn off *(a light etc.)*; *(infml.)* relax. **af·ska·ke·ling** switching off.

af·ska·we, af·ska·wing →AFSKAAF.

af·skeep =*ge*= neglect, do carelessly/superficially, do in a slipshod/slapdash way/fashion/manner, botch, skimp, scamp *(work)*; treat shabbily, fob off; stint, scrimp; *jouself ~* stint o.s.; *jouself nie ~ nie, (also)* do o.s. well. **~werk** slipshod/slapdash work, botching; slipshod/slapdash piece of work, botched job; *~ doen* do sloppy work, work sloppily. **af·ske·per** =*pers* botcher. **af·ske·pe·rig** =*rige* slipshod, slapdash, sloppy. **af·ske·pe·ry** neglect; negligence; botching. **af·ske·ping** neglect, botching, skimping.

af·skeer =*ge*= shave off *(beard, hair)*; shear off *(wool)*.

af·skei =*ge*= separate; divide off; segregate; discharge *(pus)*; secrete *(urine etc.)*; excrete *(waste matter, sweat, etc.)*; *iets uit ... ~* extract s.t. from ...; *(jou) van ... ~* break away from (*or* break with) ...; secede from ...; detach o.s. from ...; retire from ...; dissociate o.s. from ...; *van ... afgeskei wees* be divided from ...; be apart from ... **af·skei·baar, af·skei·baar** =*bare* separable. **af·skei·er** =*ers* separator; secessionist, separatist. **af·skei·sel** =*sels* secretion.

af·skeid =*skeide* farewell, goodbye, parting, leave-taking, send-off; *van ... ~ neem* say goodbye (*or* bid farewell) to ..., take (one's) leave of ..., part company with ...; *deeglik van iem. ~ neem* give s.o. a good send-off; *tot/ten ~* in parting. **~soen** farewell/goodbye/parting kiss; *iem. 'n ~ gee* kiss s.o. goodbye.

af·skeid·baar →AFSKEIBAAR.

af·skei·ding =*dings*, =*dinge* separation; secession; breakaway; dissociation; segregation *(of people)*; partition; discharge; secretion; excretion; *voorstander van ~* secessionist.

af·skei·dings=: **~muur** partition wall. **~orgaan** secretory/secretive organ. **~produk** waste/differentiation product. **~teken** diaeresis. **~weefsel** secretory tissue.

af·skeids=: **~beker** grace cup; stirrup cup. **~besoek** farewell call/visit. **~boodskap** farewell message, valedictory, valediction. **~brief** farewell/leave-taking/valedictory letter. **~drankie, ~glasie** farewell drink, *(infml.)* one for the road. **~geskenk** farewell/parting gift, goodbye present. **~groet** goodbye, farewell, *(infml.)* send-off, valediction; *'n ~ aan iem. bring* send s.o. off; *'n ~ toewuif* give a last wave. **~kus** farewell/goodbye/parting kiss. **~lied** parting song. **~maal(tyd)** farewell dinner. **~party(tjie)** farewell party, sendoff, going-away party. **~preek** valedictory sermon. **~rede** valedictory/farewell speech, valediction. **~resepsie** farewell reception. **~voorstelling** farewell performance. **~woord** farewell/parting word(s); valediction.

af·skei·er, af·skei·sel →AFSKEI.

af·skep =*ge*= skim/take/scoop off; *iets van iets ~* skim *(the cream)* from *(the milk)*; skim *(the fat)* off *(the soup)*; *die room ~*, *(fig.)* cream off the best.

af·ske·per, af·ske·ping →AFSKEEP.

af·skerf =*ge*=, *(crockery)* chip.

af·skerm =*ge*= screen (off); mask *(a window)*. **af·sker·ming** screening (off); masking.

af·skets =*ge*= sketch.

af·skeur =*ge*= tear/pull/peel/rip off; tear, get torn; *(state etc.)* secede. **~masjien** *(comp.)* burster. **~strokie** tear-off slip.

af·skeur·der *(comp.)* burster.

af·skeu·ring tearing/pulling/peeling/ripping off.

af·skiet =*ge*= fire, discharge *(a firearm)*; fire *(a bullet)*; shoot (off), let/loose off *(an arrow)*; send up *(a rocket)*; shoot down *(an aeroplane)*; shoot off *(a limb)*; →NEERSKIET; *op ... ~* rush at ..., pounce (*or* swoop down) (up)on ...

af·skil =*ge*= peel, pare *(fruit etc.)*; skin *(grapes)*; blanch *(almonds)*; hull *(peas, nuts, rice)*; husk *(grains, seeds)*; bark, rind, decorticate *(a tree)*; skive *(leather)*; *(bark)* exfoliate.

af·skil·der =*ge*= paint, depict, portray, picture, describe.

af·skil·fer =*ge*= peel (off), flake away/off, scale, exfoliate; *(med.)* desquamate. **af·skil·fe·ring** flaking off, scaling, exfoliation; desquamation.

af·skof·fel =*ge*= hoe away/off.

af·skom·mel: *iem. ~*, *(taboo sl.)* jerk s.o. off.

af·skop *n.* kickoff. **af·skop** =*ge*=, *vb.* kick off; kick down *(the stairs)*. **~tyd** *(rugby, soccer)* kickoff (time), starting time.

af·skort =*ge*= partition off, box (off). **af·skor·ting** =*tings* partition; cubicle; bulkhead *(of a ship, an aircraft)*; *(min.)* brattice; *(biol.)* dissepiment; partitioning.

af·skor·tings=: **~balk** divider. **~muur** partition wall.

af·skot =*skotte* brattice; partition.

af·skraap =*ge*= scrape (off); scale *(fish)*; excoriate. **af·skraap·sel** scraping(s). **af·skra·ping** scraping off; scaling *(of fish)*; excoriation.

af·skram =*ge*= glance off, deflect; *iets van ... laat ~* deflect s.t. from ...; *van iets ~* glance off (*or* deflect from) s.t..

af·skrif =*skrifte* copy, duplicate; transcript; →AFSKRYF; *'n gewaarmerkte ~* a certified copy; *'n ~ van iets maak* make a copy of s.t..

af·skrik *n.* deterrent; aversion; horror; *'n ~ van ... hê* abhor (*or* have an aversion to) ...; *tot ~ van ander* as a warning to others; *tot ~ dien* act as a deterrent. **af·skrik** =*ge*=, *vb.* deter; frighten (off/away), daunt, discourage, dishearten, put off; scare *(birds)*; *iem. **daarvan** ~ om iets te doen* deter s.o. from doing s.t.; *deur iets **daarvan** afgeskrik word om ... te doen* be deterred by s.t. from doing ...; *nie **deur** ... afgeskrik word nie* be undaunted by ...; *sonder om jou te **laat** ~* nothing daunted; *iem. sal hom/haar nie **laat** afskrik nie* s.o. won't be deterred; *jou nie deur ... **laat** ~ nie* be undeterred by ...; *iem. **van** iets ~* deter s.o. from s.t.. **~taktiek** scare tactic. **~wekkend** =*kende* deterrent *(measures)*; frightening, terrifying, chilling *(experience)*; daunting *(task)*; prohibitive *(price)*; forbidding *(rocks, cliffs)*; *'n ~e voorbeeld* a warning/deterrent.

af·skrik·kend =*kende* deterrent; *~e straf* exemplary/deterrent punishment; *~e werking* deterrent effect.

af·skrik·king deterrence. **af·skrik·(kings·)mid·del** deterrent; *as ~ dien* act as a deterrent.

af·skroef, af·skroe·we =*ge*= screw off, unscrew; screw down.

af·skroei =*ge*= singe (off), burn off; *die donse van 'n geplukte hoender/ens.* ~ singe a plucked chicken/etc.; *die hare van 'n vark* ~ singe a pig.

af·skrop =*ge*= scrub, scour *(a floor)*; scrape off *(soil)*.

af·skryf, af·skry·we =*ge*= copy, transcribe; crib; cancel, countermand *(an order)*; give up as a bad job; write down *(for depreciation)*; →AFGESKREWE; ***by/van iem.*** ~ copy from s.o. *(in school)*; ***iem.*** ~ write s.o. off *(as a dead loss etc.)*; *jy* (of *['n] mens) kan* ***iem.*** *nog nie ~ nie* there's life in the old dog yet; ***kapitaal*** *~, op* ***kapitaal*** ~ write down capital; *R100 op 'n* ***rekening*** ~ debit R100 to an account; ***skuld*** ~ write off (as bad) debt; *'n* ***verlies*** ~ cut a loss; *jou* ***vingers*** ~ write one's fingers to the bone. **af·skryf·baar, af·skryf·baar** =*bare, (mil.)* expendable; bad *(debts)*. **af·skry·wer** copyist, transcriber; copier, cribber. **af·skry·we·ry** writing-off; copying, transcribing; cribbing. **af·skry·wing** =*wings,* =*winge* copying; transcription; writing-off; *(accounting)* write-down; depreciation. **af·skry·wings·re·ke·ning** depreciation account.

af·sku horror, repugnance, abhorrence, loathing, detestation, execration; abomination; ***met*** ~ disgustedly; *'n* ~ ***van*** *... hê* detest/abhor/loathe ...; *iem. se* ~ ***van*** ... s.o.'s repugnance for/to(wards) ...; *met* ~ ***vervul wees*** be filled with horror, be horrified/appalled; ***vol*** ~ disgustedly; *'n* ***voorwerp*** *van* ~ an abomination. **af·sku·wek·kend** =*kende* gruesome, frightful, horrific, horrifying, hideous. **af·sku·we·lik** =*like* =*liker* =*likste* horrible, abominable, atrocious, loathsome, abhorrent, detestable, revolting, disgusting, awful, terrible, ghastly, grisly, vile, odious, execrable; heinous *(crime)*; *iets is vir iem.* ~ s.o. finds s.t. abhorrent, s.t. is abhorrent to s.o.. **af·sku·we·lik·heid** abhorrence, loathsomeness, detestation, vileness; heinousness.

af·skub =*ge*= scale (off).

af·skud =*ge*= shake off; shed; brush off *(fig.)*; *iets/iem. van jou* ~ shake s.t./s.o. off.

af·skuif, af·skui·we =*ge*= slide down *(a sash etc.)*; slip off *(a ring etc.)*; push away; push off; push back; shove down; shake off; →AFSKUIWING; *iem./ iets* ***na*** *...* ~ relegate s.o./s.t. to ...; *iets* ***op*** *iem.* ~ off-load s.t. onto (*or* on to) s.o., foist s.t. (up)on s.o.; *die skuld* ***op*** *iem. anders* ~ shift the blame onto (*or* on to) s.o. else; *die verantwoordelikheid* ***op*** *iem. anders* ~ pass the buck *(infml.)*, shift the responsibility onto (*or* on to) s.o. else; *iets* ***van*** *...* ~ slip s.t. off ...; *die bed/ens.* ***van*** *die muur* ~ push/shove the bed/etc. away from the wall; *die skuld* ***van*** *jou* ~ exculpate o.s. from blame *(fml.)*; *die verantwoordelikheid* ***van*** *jou* ~ shirk one's responsibility. **~draad** shearing wire. **~klou** *(phot.)* pull-down claw. **~krag** shearing force.

af·skuim =*ge*= skim, scum, remove the scum from; despumate; scour *(the seas)*. **~lepel** skimmer.

af·skui·ming skimming; despumation.

af·skuins =*ge*=, *afgeskuinste,* =*de* bevel, chamfer, cant. **~hoek** bevel angle. **af·skuin·sing** bevel(ling); grading.

af·skui·we →AFSKUIF.

af·skui·wing =*wings,* =*winge* slide; shifting; landslide; *(geol.)* normal/drop/gravity fault.

af·sku·ring →AFSKUUR.

af·skut =*ge*= partition off, screen (off), fence, board off, hedge. **af·skut·ting** =*tings,* =*tinge* fence, partition, railing.

af·skuur =*ge*= scour *(pots, pans)*; scour off *(dirt)*; sand/sandpaper (down), rub down, give a rubdown; abrade, graze; erode. **af·sku·ring** scouring (off); sanding (down), rubdown, rubbing down; abrasion; erosion; attrition.

af·sku·we·lik →AFSKU.

af·skyn =*ge*= shine down. **af·skyn·sel** =*sels* reflection; poor image.

af·slaan =*slane, n., (tennis)* service, delivery; *(golf)* tee off; *iem. se* ~ *deurbreek, (tennis)* break s.o.'s service. **af·slaan** =*ge*=, *vb.* beat/dash/knock/strike off; flick off *(ash)*; brush off *(a fly etc.)*; repel/repulse/fight/beat off *(an attack)*; sell by Dutch auction; decline *(an offer)*; refuse, reject, turn down *(a request)*; reduce *(a price)*; close *(an umbrella)*; *(dated)* switch off *(a light etc.)*; branch/turn off; *(tennis)* serve; *(golf)* tee off; *links/regs* ~ bear to the left/right; *iets van ...* ~ knock s.t. from/off ...; flick s.t. from/off ...; *iets van die prys* ~ knock s.t. off the price; *water* ~, *(infml.)* urinate, piddle, (have a) pee/widdle, *(baby talk)* (make a) wee (*or* [go] wee-wee), *(fml.)* make/pass water; *wie moet* ~?, *(tennis)* whose service is it?. **~blok, ~hok** *(tennis, badminton, etc.)* service court. **~-en-vlughou(-)speler** *(tennis)* serve and volleyer, serve-and-volley player. **~kant** serving side. **~kap** folding/collapsible hood/top; *'n (motor met 'n) sagte* ~ a soft top. **~koepee** convertible/drophead coupé. **~kraag** turndown collar. **~rand** snap-down/turndown brim. **~rug** adjustable back. **~spel** service game. **~tafel** drop-leaf/folding/collapsible table.

af·sla·er =*ers* auctioneer.

af·slag¹ *n.* abatement, reduction; rebate, discount; decrease, fall; *('n)* ~ *gee/kry* give/get a discount; *by* ~ *verkoop* sell by Dutch auction; ~ *vir kontant* cash discount; *met* ~ at a discount; ~ *op die prys* discount. **~reisagentskap** bucket shop. **~winkel** discount shop/store.

af·slag² =*ge*=, *afgeslagte,* =*de* flay, skin *(an animal)*; flense *(a whale, seal, etc.)*; *iem.* ~, *(infml.)* skin s.o. alive, have s.o.'s guts for garters. **af·slag·ter** flayer, skinner.

af·sla·ner =*ners, (tennis)* server.

af·sleep =*ge*= drag down; pull/tow off *(a sandbank)*.

af·slen·ter =*ge*= saunter/stroll down/away.

af·slin·ger =*ge*= hurl/toss/fling/sling off; reel down *(a street)*; meander down *(a hill)*.

af·slof =*ge*= shuffle down.

af·slons =*ge*= wear out by neglect.

af·sloof, af·slo·we =*ge*=: *jou* ~ drudge, slave, slog, *(fml., rhet.)* toil, work one's fingers to the bone; *jou* ~ *om te ..., (also)* break one's back to ...; *jou vir iem./iets* ~ wear o.s. out (*or* kill o.s.) for s.o./s.t.; →AFGESLOOF.

af·sluip =*ge*= slink/sneak off.

af·sluit =*ge*= bar; cut off *(steam)*; cut (off) *(a motor etc.)*; shut/seal/turn off *(gas)*; close (off), block *(a road)*; disconnect, cut out, put out of circuit *(current)*; round off; shut out *(a light)*; fence/rail off, hedge in *(a space)*; partition/rope/cordon off; close *(an account)*; wind up *(business)*; balance *(books)*; conclude *(a treaty)*; effect *(insurance)*; close *(a bargain)*; enter into *(a contract)*; *(med.)* occlude; →AFGESLOTE; *jou* ~ seclude o.s., retire/withdraw from society; *die verhaal sluit af met ...* the story concludes with ...; *van ... afgesluit wees* be cut off (*or* shut away) from ... *(society etc.)*. **~boom** bar, barrier; boom. **~dam** coffer(dam), enclosing dam. **~datum** cutoff date. **~deksel** insulating lid. **~doppie** valve cap. **~klep** throttle (valve); stop/cutoff/cutout/shut-off valve. **~kraan** stopcock. **~skakelaar** lockout switch. **~tyd** deadline; *'n* ~ *haal* meet a deadline *(on a newspaper)*.

af·slui·ter throttle, stop valve *(in a boiler)*; shut-off valve; stopcock; turncock; *(elec.)* circuit breaker, cutout.

af·slui·ting conclusion, finalisation, wind-up; closing *(of an account)*; balancing *(of books)*; occlusion, blocking *(of a passage)*; cutting off *(of steam)*; barrier, enclosure, partition, fence; *ter* ~ in conclusion.

af·sluk =*ge*= swallow (down); *(quickly or greedily)* gulp/bolt (down), down.

af·slyp =*ge*= grind away/down/off, abrade; polish; fine away/down. **af·sly·ping** grinding away/down/off, abrasion; polishing.

af·slyt =*ge*= wear out *(clothes, shoes)*; wear away *(steps etc.)*; wear down *(the tread on tyres etc.)*; wear off *(glaze etc.)*; wear thin *(a bit etc.)*; wear away, erode *(a cliff face etc.)*; *(fig.)* dull *(wits etc.)*; *(carpet etc.)* wear, get worn; →VERSLETE. **af·sly·ting** attrition, erosion, wear and tear, detrition.

af·smeek =*ge*= beseech, implore, invoke, call down. **af·sme·king** imploration, invocation, supplication.

af·smeer =*ge*= rub off; palm off; *iets aan iem.* ~ fob/foist/palm s.t. off on(to) s.o., fob s.o. off with s.t..

af·sme·king →AFSMEEK.

af·smelt =*ge*= melt off. **af·smel·ting** melting down *(of a nuclear reactor)*.

af·smyt =*ge*=, *(infml.)* fling/throw/hurl off/down.

af·sne·de =*des,* **af·snee** =*sneë, (math.)* intercept; offcut; exergue *(on a coin)*.

af·snel =*ge*= hurry down; *op iets* ~ dash for (*or* make a dash at/for) s.t..

af·snoei =*ge*= lop/prune/clip off.

af·snoer =*ge*= tie/choke off; ligate; tape off; abscise. **af·snoe·ring** abstriction; abscission.

af·snou =*ge*=: *iem.* ~ snap/snarl at (*or* be curt/short/brusque with) s.o.; bite/snap s.o.'s head off. **af·snou·e·rig** =*rige* snappish.

af·sny =*ge*= cut/slice off; cut *(flowers)*; cut/clip off *(locks of hair)*; cut, pare *(nails)*; snip off *(a piece of thread)*; lop (off) *(branches)*; dock *(a tail)*; sever *(a rope, limb)*; *(surgically)* amputate *(a limb)*; cut off, disconnect *(water supply, electricity, telephone)*; cut off, block, bar *(s.o.'s entry, escape, retreat)*; intercept *(s.o.)*; break off *(negotiations)*; cut *(a corner)*; cut short *(a career)*; cut off, disinherit; *(poet., liter.)* sunder; *'n mens/dier se* ***keel*** ~ cut/slit s.o.'s (*or* an animal's) throat; *iets* ***kort*** ~ cut s.t. short; *iem. se* ***lewensdraad*** ~ cut s.o.'s thread of life; *die toevoer van* ***lewensmiddele*** ~ cut off (*or* stop) food supplies; *'n stuk van 'n* ***ompad*** ~ take a short cut; ***onder*** *~ om bo aan te las* rob Peter to pay Paul; *'n* ***sigaar*** ~ cut the end off a cigar; *iets* ***stomp*** ~ →STOMP *adv.*; *'n groot* ***stuk*** ~ slice off a big piece; *vir iem. 'n* ***stukkie*** *brood/vleis* ~ slice s.o. a piece of bread/meat, slice a piece of bread/meat for s.o.; ... ***van*** *iets* ~ cut ... from s.t.; *die* ***weg*** *vir onderhandelinge* ~ close the door to negotiations. **~datum** cutoff date. **~masjien** cropping machine. **~punt** cutoff point. **~stuk** →AFSNYSEL.

af·sny·ding cutting off, abscission, interception, *etc.* (→AFSNY).

af·sny·sel, af·sny·stuk offcut; clipping, cutting; *(in the pl., cook.)* trimmings.

af·soe·bat: *iets van iem.* ~ wheedle s.t. out of s.o..

af·soek =*ge*= search, beat *(the woods)*; scour *(the country)*; hunt high and low, hunt/search everywhere; comb *(an area)*.

af·soen =*ge*= kiss away *(tears)*; kiss and be friends.

af·son·der =*ge*= separate, set/put apart/aside; detach; block off; section off; quarantine; single out; isolate, segregate *(patients)*; shut away; →AFGESONDER(D); *jou* ~ keep to o.s.; *van ... afgesonder wees* be isolated from ...; *jou van 'n geselskap* ~ separate/detach o.s. from a party; *jou van die wêreld* ~ seclude o.s. (*or* retire/withdraw) from the world, cloister o.s. (away), sequester o.s. from the world *(fml.)*; *iets vir ...* ~ set/put s.t. aside for ...; appropriate s.t. for ... **af·son·de·ring** separation; seclusion, isolation, insulation, segregation; retirement, privacy, solitude; *in* ~ in isolation; in purdah; *iem. in* ~ *hou* hold s.o. incommunicado (*or* in solitary confinement). **af·son·de·ring·saal** isolation ward. **af·son·de·rings·hos·pi·taal** isolation hospital.

af·son·der·lik =*like, adj.* separate, single, private *(entrance)*; individual *(case)*; special *(treatment)*; independent; distinct, discrete; *in 'n ~e klas* in a class by itself; *onder ~e omslag* under separate cover, by separate post; *~e skole vir seuns en meisies* single-sex schools. **af·son·der·lik** *adv.* separately, individually, one by one, singly; ~ *aanspreeklik* severally liable. **af·son·der·lik·heid** separateness, apartness, distinctness.

af·spat =*ge*=, *(liquid)* splash off; *(mud, mortar, etc.)* splatter off; *(sparks)* fly off; *(ore, rock, stone)* spall.

af·speel =*ge*= be enacted, take place, happen; *die handeling speel (hom) op 'n plaas af* the scene is laid (*or* is placed *or* takes place) on a farm; *'n drama het (hom) daar afgespeel* dramatic events took place there; *iem. het nie die vaagste benul gehad van wat daar afgespeel het/is* (of *van wat hom daar afgespeel het) nie* s.o. didn't have the slightest notion of what was going on.

af·speld =*ge*= pin off.

af·spe·ning *(physiol.)* ablactation.

af·sper =*ge*= block/close off; fence off; section off; blockade.

af·spie·ël =*ge*= reflect, mirror, be reflected. **af·spie·ë·ling** reflection.

af·spit *-ge-* dig away/off; *die rande van 'n grasperk ~* edge a lawn with a spade.

af·spits *-ge-* taper.

af·splin·ter *-ge-, (wood)* splinter off; *(lacquer, paint)* chip off; *(ore, rock, stone)* spall; split away *(from a group/ party)*. **af·splin·te·ring** splintering off; chipping off; spalling; breakaway *(of a group/party)*.

af·splits *-ge-* split off; break away; *van ... ~* break away from ... **af·split·sing** chipping off; breakaway *(of a group)*; delamination.

af·splyt *-ge-* split off.

af·spoel *-ge-* rinse, wash; wash away *(land)*; wash down; hose down. **af·spoe·ling** rinsing; washing (away). **af·spoel·sel** wash.

af·spons *-ge-, afgesponste, -de* sponge down. **af·spon·sing** sponge-down, sponging.

af·spraak *-sprake* appointment, engagement; assignation, *(liter., arch.)* tryst; agreement, arrangement; understanding; *'n ~ **afsê/afstel*** cancel (*or* put off) an appointment; *'n ~ **hê*** have an appointment, *(infml.)* have a date; have s.t. on; *(reeds) 'n ander ~ **hê*** have s.t. else on, be otherwise engaged, *(fml.)* have a previous/ prior engagement; *'n ~ met iem. **hê*** have an appointment with s.o., *(infml.)* have a date with s.o.; *'n ~ **hou/ nakom*** keep an appointment; *jou aan 'n ~ **hou*** keep to an agreement; *'n ~ **kry*** get an appointment; *'n ~ **maak*** make an appointment, *(infml.)* make a date; ***na** ~* by appointment; *'n ~ nie **nakom** nie,* (fml.) *'n ~ **versuim*** break an appointment; ***volgens** ~* as agreed ([up]on), according to agreement; by arrangement; by appointment. **~boek(ie)** engagements diary. **~oproep** fixed-time call.

af·spreek *-ge-* arrange, agree ([up]on), fix, settle (on); →AFGESPROKE; *dis afgespreek/afgesproke* it's settled; *iets met iem. ~* arrange s.t. with s.o.; *~ om te ...* arrange to ...; *soos afgespreek* as arranged, as agreed ([up]on); *vantevore afgespreek* prearranged.

af·spring *-ge-* jump/leap off; jump/leap down; hop off; hop down; alight; *(button)* burst/fly off; *(sparks)* fly off; *(enamel)* splinter off; *(paint)* flake off; *(varnish)* chip/ crack off; *(sale, marriage)* fall through; *(negotiations)* break down; *die koop het afgespring, (rare)* the deal is off (*or* has fallen through); *op ... ~* pounce (up)on ...; *van iets ~* jump off s.t.. **~plek** starting point; *(fig.)* springboard, launch(ing) pad.

af·spuit *-ge-* hose down.

af·staan *-ge-* give up, yield (up) *(a possession)*; part with *(a treasure)*; cede *(territory)*; renounce, relinquish, surrender *(a right)*; forgo *(esp. s.t. pleasant)*; sacrifice; part with; yield, relinquish *(an inheritance, rights)*; dispose of; lend, place/put at the disposal of; *iets aan iem. ~* let s.o. have s.t.; yield s.t. to s.o.; *'n setel aan die opposisie ~* lose a seat to the opposition; *iem. (tydelik) aan ... ~* second s.o. to ...; *kan jy my 'n sigaret/ens. ~?* can you spare me (*or* let me have) a cigarette/etc.?.

af·stam *-ge-: van ... ~, (s.o.)* descend (*or* be descended *or* spring) from ...; come from ...; come of ...; *(ling.)* derive (*or* be derived) from ... **af·stam·me·ling** *-linge* descendant, scion; *(also, in the pl.)* progeny, offspring, issue; *~ in regte lyn* lineal descendant; *~ in die sylinie* collateral descendant. **af·stam·ming** descent, lineage, ancestry, parentage; derivation *(of a word)*; *van Franse/ ens. ~ wees* be of French/etc. extraction.

af·stamp *-ge-, vb.* bump/dash/knock off; *(rugby)* hand off. **af·stamp** *n.* handoff.

af·stand *-stande* distance, range *(of a projectile etc.)*; interval; cession; abdication; relinquishment, renunciation, surrender; detachment, aloofness; waiver, divestment; →AFSTAAN; *'n ~ **aflê*** cover a distance; ***akte** van ~* deed of cession; *die ~ **bepaal*** find the range; *die ~ **bewaar*** keep one's distance; *van ... ~ **doen*** part with ...; relinquish ...; surrender ...; cede ...; divest o.s. of ...; *skriftelik van iets ~ **doen*** sign s.t. away; *~ **doen** van jou setel* vacate one's seat; *~ **doen van die troon*** abdicate (the throne), renounce the throne; *~ **doen** van die wêreld* renounce the world; *'n **groot** ~* a long way; *iem./iets op 'n ~ **hou*** keep s.o./s.t. off; hold/keep s.o./s.t. at bay; *iem. op 'n ~ **hou,** (also)* keep s.o. at arm's length; keep s.o. at a distance; *jou op 'n ~ **hou*** stand aloof; *'n **kort** ~* a short distance; *op **kort** ~* at close range; at close quarters; *oor **lang** ~e* over long distances; *~ **neem** →(op)neem; **op** 'n ~* at/from a distance; *iem. **op** 'n ~ behandel* be standoffish/distant with s.o.; ***op** 'n ~ **bly*** keep one's distance, remain aloof, hold/keep to o.s.; hold off, keep away; ***op** 'n ~ van ... **bly*** keep away from ...; fight shy of ...; *~ **(op)neem*** take range; ***van** 'n ~* from a distance. **~bediening, ~beheer** remote control, telecontrol. **~doening** abandonment, renunciation, renouncement, relinquishment; *(jur.)* waiver. **~loper** long-distance runner/horse. **~reëling** remote control. **~(s)beheer** remote control. **~(s)beheerder** remote control. **~skakelaar** remote-control switch. **~(s)klousule** waiving clause. **~skoot** *(phot.)* long shot. **~(s)mars** route march. **~(s)meter** mil(e)ometer, *(Am.)* odometer; taximeter *(of a taxi)*; rangefinder; telemeter. **~(s)onderrig** distance learning/ teaching, teletuition. **~stuk** distance piece, spacer. **~(s)verkenning** long-distance reconnaissance. **~(s)vliegtuig** long-distance aeroplane. **~(s)waarneming** remote sensing. **~wyser** scale of distances.

af·stap *-ge-* step off/down; walk down; get off, alight, dismount; detrain; pace *(a road)*; cover *(a distance)* by walking; *op iem. ~* walk up to s.o.; *van ... ~* step off ...; go off (*or* depart from) ... *(the gold standard)*; abandon ... *(a resolution)*; change/drop ... *(a subject)*; *van die punt ~* proceed to the next item on the agenda.

af·steek *-ge-* cut *(sods)*; mark out *(plots with a spade)*; chisel off; bevel; *(infml.)* deliver, make *(a speech)*; ***gunstig** by ... ~, (s.o., s.t.)* compare favourably with ...; *(s.t.)* contrast favourably with ...; *iem. die **loef** ~* →LOEF; *'n **pad** ~* site a road; ***sleg** by ... ~, (s.o., s.t.)* compare poorly/unfavourably with ...; *(s.t.)* contrast poorly/unfavourably with ...; ***teen** ... ~* stand out against ...

af·stel *n.* postponement; cancellation. **af·stel** *-ge-, vb.* turn off, disconnect, disengage *(an instrument)*; call off, cancel, abandon *(a fixture)*; turn down *(a heater etc.)*.

af·stem *-ge-* reject, turn/vote down *(a proposal)*; *(parl.)* throw out *(a bill)*; tune *(to the same frequency)*; *op ... ~* tune in to ... **~knop** tuning control. **af·stem·ming** rejection; tuning (in).

af·stem·pel *-ge-* stamp *(documents)*; cancel *(postage stamps)*; postmark; *op ... ~, (fig.)* leave its/their mark on ... **af·stem·pe·ling** stamping; cancellation; postmarking.

af·sterf, af·ster·we *-ge-* die, decease; *(animals, plants)* die off; *(bot.)* die back; *(organs)* mortify; *(friendships)* die out; forget, get out of (*or* lose) touch with *(a friend etc.)*; →AFGESTORWE; *jou familie ~* become alienated from one's family. **af·ster·we** *n., (euph., fml., jur.)* demise; *by ~* at death. **af·ster·wing** death, decease; *(bot.)* dieback; mortification, necrosis; gangrene; *droë ~* mummification; *geleidelike ~* necrobiosis.

af·stert *-* tailless; →STOMPSTERT. **~aap** tailless monkey.

af·ster·wing →AFSTERF.

af·stig *-ge-, afgestigte, -de* secede, hive off; break away; *die gemeente het afgestig* the congregation has branched out (on its own); *van ... ~* break away from ... **af·stigting** secession, (new) formation, devolution.

af·stof *-ge-* dust (off), dust down.

af·stomp *-ge-* blunt; deaden, dull *(feelings)*; take the edge off; truncate. **af·stom·pend** stultifying *(effect etc.)*. **af·stom·ping** blunting; deadening, dulling; truncation.

af·stook *-ge-* distil.

af·stoom *-ge-* steam away/off, start off; steam down *(a river)*.

af·stoot *-ge-* bump/dash/knock/push/thrust down/off; push/shove off; repel; repulse, rebuff; *iem./iets van ... ~* push s.o./s.t. off ...; *mense van jou ~* alienate people. **af·stoot·lik** *-like -liker -likste* repellent, repulsive; abhorrent, abominable, repugnant. **af·stoot·lik·heid** repulsiveness. **af·sto·ting** repulsion. **af·sto·tings·krag** repulsive force.

af·storm *-ge-* rush down; *op ... ~* bear down (up)on ...; run at ...; make a rush for (*or* rush at) ...; sweep down on ...; swoop (down) on ...

af·stort *-ge-* tumble down; fling/hurl down; *van iets ~* tumble (down) from s.t.; plunge (down) from s.t.; spill (down) from s.t..

af·sto·ting →AFSTOOT.

af·straal *-ge-* radiate; reflect; shine forth; *op ... ~* shine down on ... **af·stra·ling** radiation; reflection.

af·strooi·ing *(sc.)* variance.

af·stroom *-ge-* flow/stream down.

af·stroop *-ge-* strip off; flay, skin, strip *(an animal)*; lay waste, denude, pillage, ransack, ravage *(a country)*; roll down *(sleeves)*; *iets van ... ~* strip s.t. from/off ... **af·stro·ping** stripping (off); denudation.

af·stryk *n., (mus.)* down-bow. **af·stryk** *-ge-, vb.* smooth down; iron off, transfer *(a pattern)*; float *(plaster)*; level off. **~patroon** transfer/reverse pattern. **af·stryk·sel** print-on.

af·stu·deer *-ge-* complete one's studies.

af·stuur *-ge-* dispatch, send off, consign *(goods)*; *op ... ~* bear down (up)on ...; head (*or* be heading) for ...; *iem. stuur op iets af, (also)* s.o. works up to s.t.; *van die wal ~* steer away from the bank.

af·suig *-ge-* suck off; *iem. ~, (taboo sl.: perform fellatio on s.o.)* suck s.o. off, give s.o. a blow job.

af·suk·kel *-ge-* get down with difficulty; hobble along *(a road)*.

af·swaai *n., (econ.)* downshift. **af·swaai** *-ge-, vb.* turn aside; *(econ.)* downshift.

af·sweef, af·swe·we *-ge-* glide down. **af·swe·wing** gliding down.

af·sweer[1] *-ge-* abjure, forswear; swear off *(drink)*; renounce *(one's faith, principles, the world)*. **af·swe·ring** abjuration; swearing off; renunciation.

af·sweer[2] *-ge-* come/fall off by ulceration.

af·swenk *-ge-* turn off; turn away.

af·swe·we, af·swe·wing →AFSWEEF.

af·swoeg *-ge-* slave, toil.

af·sy·dig *-dige* withdrawn, aloof, detached; unaffectionate; *jou ~ hou* hold/keep to o.s., keep/remain aloof; *jou ~ hou van ...* not mix with (*or* remain aloof from) ... *(others)*. **af·sy·dig·heid** aloofness, detachment.

af·tak *-ge-* branch/fork (off), bifurcate. **af·tak·ker** *-kers, (elec.)* adaptor; *(mech.)* takeoff. **af·tak·king** branch, fork, bifurcation.

af·ta·kel *-ge-* unrig *(a ship)*; demolish, disassemble, pull/ tear/knock down *(a building)*; dismantle, take down *(scaffolding)*; strip (down) *(a machine)*; *(fig.)* run down, discredit, decry, disparage, denigrate, depreciate, belittle, pull down, pick/pull to pieces; *(fig.)* fade, decay, disintegrate; *(fig.)* be on the decline, go downhill; *(med.)* pull down; *... geleidelik ~* nibble (away) at ... *(s.o.'s soul)*; *afgetakel raak, (fig.)* go/run to seed. **af·ta·ke·ling** unrigging; dismantling; discrediting, denigration; decay, disintegration; *iets vir ~ verkoop* sell s.t. for scrap.

af·tand *-* broken-toothed; broken-tusked *(elephant)*; broken-pronged *(fork)*. **af·tan·dig** *-dige,* **af·tands** *-tandse* long in the tooth, past one's prime; senile, decrepit.

af·tap *-ge-* draw off; bottle *(wine)*; tap *(a cask)*; siphon off *(petrol)*; tap *(a tree, electricity)*; milk *(venom, sap)*; drain *(a wound)*; (wire)tap *(a telephone)*; trickle down; *bloed van iem. ~* take blood from s.o.; *die sweet tap iem. af* s.o. is dripping with sweat. **~klep** drain valve. **~kraan** petcock, drain cock. **~prop** drain plug. **~pyp** drainpipe.

af·tap·ping draining; runoff.

af·tas *-ge-* feel; *(elec., electron., med., phys., radar)* scan. **~(-)elektronmikroskoop** scanning electron microscope.

af·tas·ter feeler; *(comp., elec., med., rad., etc.)* scanner. **af·tas·ting** feeling; *(elec., med., etc.)* scanning.

af·te·ken *-ge-* copy, draw, sketch *(an object)*; delineate, depict, paint, portray *(a character)*; visa *(a passport)*; endorse *(a ticket)*; mark off; trace; outline; check out; sign off; *teen ... afgeteken staan/wees* stand out (*or* be outlined/silhouetted) against ...

af·tel[1] *-ge-* lift down; *iets van ... ~* lift s.t. down from ...

af·tel[2] *-ge-* count off/down, count out. **af·tel·ling** countdown. **~rympie** counting-out rhyme.

af·tik =*ge*= tick off; type; *ongeluk* ~ touch wood; *iets van* ... ~ flick s.t. from/off ...

af·tjop =*ge*=, *(infml.: die)* cash in (one's checks/chips), cop/snuff it; *(infml.: not pass a test/examination)* plug *(SA)*.

af·tob =*ge*=, *(lit.)* fag, tire/wear out.

af·tog retreat; *die ~ blaas* sound/give the retreat; beat a retreat; *haastig die ~ blaas* beat/make a hasty/swift retreat; *die ~ dek* cover the retreat/withdrawal; *in (volle) ~ wees* be in (full) retreat. **~sein** signal for retreat. **~(s)lyn** line of retreat.

af·ton·nel =*ge*= tunnel down; *(min.)* winze.

af·toom =*ge*= unbridle.

af·top =*ge*= head *(a tree, plant)*.

af·tor·ring =*ge*= unrip.

af·trans·for·ma·tor =*tors* step-down transformer. **af·trans·for·meer** =*ge*= step down.

af·trap =*ge*= wear down *(heels)*; step down, kick off; explode, detonate *(a mine)*; →AFGETRAP; *'n stel* ~ →STEL *n.*.

af·tre·de =*des*, **af·tre·ding** =*dings* retirement, resignation; *by iem. se* ~ on s.o.'s retirement.

af·tree =*ge*= retire *(from office)*; resign *(one's post)*; abdicate; go off, leave *(the stage)*; pace, measure by pacing, step off; →AFGETREDENE; *iem. laat* ~ retire s.o.; *op ~ staan* be due for retirement, be due to retire. **~huis, ~oord, ~woonstel** retirement home. **~-ouderdom** retirement age. **~plan** retirement plan. **~voordeel** retirement benefit.

af·trek *n.* abatement, deduction; demand, sale; *~ **kry/vind** by* ... be in demand with ...; *goeie ~ **kry/geniet/vind*** sell well, find a ready market, be in great demand, find a ready sale, be a good seller; ***ná** ~ van* ... after deducting (*or* after deduction of) ...; after provision for ...; ***ná** ~ van belasting* after (deduction of) tax(es). **af·trek** =*ge*=, *vb.* pull down/off; go/march off; deduct, subtract; extract; *(pharm.)* decoct; divert *(attention)*; trace *(a pattern etc.)*; fire *(a weapon)*, pull the trigger; blow/pass over; *(min.)* downcast; *(min.)* trigger; *die **bui** trek af* the storm is blowing over; *iets **van** ... ~* subtract s.t. from ...; deduct s.t. from ...; take s.t. from ...; take s.t. out of ...; *jou hande **van** iem.* ~ wash one's hands of s.o.; ***van** die pad ~ (en stilhou)* pull in to the side of the road; *jou **van** die wêreld* ~ retire from the world; *die **vel*** ~ flay. **~fout** subtraction error. **~hand** trigger hand. **~order** stop order. **~papier** tracing paper. **~plek** lay-by, pull-off. **~prent** transfer. **~skag** downcast shaft. **~som** subtraction sum, sum in subtraction. **~spier** abductor (muscle). **~tal** *(math.)* minuend. **~teken** minus/negative sign. **~tou** *(mil.)* lanyard. **~wiel(etjie)** tracing wheel.

af·trek·baar, af·trek·baar deductible *(expenses)*; subtractive.

af·trek·ker puller; *(math.)* subtrahend; *(comp.)* subtracter; *(anat.)* depressor.

af·trek·king deduction; *(math.)* subtraction; *(taxation)* rebate.

af·trek·sel =*sels* extract, infusion, tincture; *(pharm.)* decoction; essence; *(cook.)* stock. **~blokkie** *(cook.)* stock cube.

af·trip·pel =*ge*= trip down.

af·tuig =*ge*= outspan, unharness *(horses)*; unrig, strip *(a ship)*.

af·tui·mel =*ge*= tumble down; *van iets* ~ tumble off s.t.; tumble (down) from s.t..

af·tyd time off.

af·vaar =*ge*=, *(ship)* sail, depart, put to sea. **~bevel** sailing orders.

af·vaar·dig =*ge*= delegate, depute, send to represent; →AFGEVAARDIGDE; *iem. na 'n kongres/ens.* ~ appoint s.o. as one's delegate at (*or* send s.o. as one's delegate to) a conference/etc.; *iem. ~ om iets te doen* depute s.o. to do s.t.. **af·vaar·di·ging** =*gings*, =*ginge* deputation, delegation; *'n ~ ontvang* (of *te woord staan*) see a deputation; *'n ~ na ... stuur* send a deputation to ...

af·vaart =*vaarte* departure *(of a ship)*, sailing. **~dag** sailing day/date, day/date of sailing. **~lys** list of sailings.

af·val *n.* refuse, rubbish, waste, garbage; trash *(Am.)*, dross; sullage; scraps, leavings; cuttings, clippings *(of leather etc.)*; defection *(from a party)*; *(relig.)* desertion, apostasy, backsliding; *(cook.)* offal; giblets *(of poultry)*; *radioaktiewe* ~ radioactive waste/fallout. **af·val** =*ge*=, *vb.* drop, fall off, fall/tumble down; be thrown, come to grief; lose weight; *(s.o.)* waste away, decline; *(fruit)* shank; →AFGEVAL, AFVALLEND; *by 'n krans* ~ fall down a precipice; *van ... ~* desert ... *(a pol. party)*; secede from ... *(a church)*; apostatise from ... *(a religion)*; fall away from ...; *van 'n leer* ~ fall off a ladder. **~afbou** waste mining. **~bestuur** waste management. **~blik, ~houer** waste bin. **~erts** spalls. **~glas** cullet. **~goed** scrap. **~handelaar** scrap dealer. **~herverwerking** waste reprocessing. **~herverwerkingsaanleg** waste reprocessing plant. **~hoop** scrap/refuse/rubbish heap. **~hout** scrap wood. **~katoen** cotton waste. **~meul(e), ~verwerker** waste/garbage disposal unit, garbage disposer. **~papier** scrap paper. **~produk** waste/residual/residuary product. **~stof** waste (product). **~stuk** offcut. **~verwerking** refuse/waste/garbage disposal. **~vesel** fibre waste. **~vleis** scrap meat, scraps. **~ware** scrap. **~warmte, ~hitte** waste heat. **~water** effluent/waste water. **~werf** scrapyard. **~yster** scrap iron.

af·val·lend =*lende* deciduous *(leaves, antlers, teeth, etc.)*; caducous *(gills of amphibians etc.)*.

af·val·lig =*lige* faithless, disloyal, unfaithful; *(relig.)* lapsed, renegade, apostate; *~ word van die geloof/kerk* desert the Church, leave/desert (*or* break with) the faith, renounce one's faith, backslide, *(fml.)* apostatise; *~ word van 'n party* desert (*or* break with) a party. **af·val·li·ge** =*ges* deserter, renegade, defector; apostate, backslider. **af·val·lig·heid** disloyalty; desertion, defection; apostasy, backsliding.

af·vang =*ge*= catch/snatch from; *iem. vlieë* (of *'n vlieg*) ~ →VLIEG *n.*.

af·vat =*ge*= take away (from); cut *(playing cards)*; *iets van/by iem.* ~ take s.t. away from s.o..

af·vee =*ge*= wipe (off), clean off, wipe away; mop *(one's forehead)*; dry *(tears)*; polish *(spectacles)*; dust *(furniture)*; sweep *(a floor)*; *jou aan iem./iets ~*, *(infml.)* not give/care a fig for s.o./s.t..

af·ver·huur let a portion *(of property)*.

af·ver·koop sell a portion *(of property)*.

af·vlak =*ge*= level (off), smooth (down); plane.

af·vlieg =*ge*= fly down/off; be blown off; run down; *(aeroplane)* take off; →AFVLUG; *op ... ~* swoop (down) on ...

af·vloei *n.* runoff, drain(age). **af·vloei** =*ge*=, *vb.* flow down; drain/flow (away), run off; *iets laat* ~ drain s.t. off. **~water** drainage.

af·vloei·ing drainage; depletion; discharge, outflow. **af·vloei·sel** =*sels* effluent.

af·vlug departure *(of an aircraft)*; →AFVLIEG.

af·voer *n.* flow(ing)-off; eduction; drainage, discharge; outlet; removal, transport; *(elec., comp.)* output. **af·voer** =*ge*=, *vb.* carry off; lead away, remove; convey, transport *(goods)*; abduct; drain; discharge; *(mil.)* evacuate; *iem. van 'n onderwerp* ~ divert s.o. from a topic; *gewonde soldate van die front na 'n hospitaal* ~ evacuate wounded soldiers from the front to a hospital. **~buis** drain, excretory/efferent duct. **~gebied** drainage area. **~kanaal** drainage canal, outlet; *(min.)* tailrace. **~kap** exhaust cowl. **~middel** =*s*, =*e* aperient, evacuant, laxative, purgative. **~pyp** outlet pipe; downpipe, *(Am.)* downspout; drainpipe; discharge/soil/waste pipe; exhaust (pipe); delivery pipe. **~sloot** drainage ditch. **~sluis** waste gate. **~vat** →AFVOERBUIS. **~waaier** exhaust fan. **~water** effluent (water); storm water.

af·voe·rend =*rende*, *(anat.)* deferent, efferent, emunctory; *~e senu(wee)* efferent nerve.

af·vor·der =*ge*= exact/demand (from), wring from (*or* out of); command *(respect)*. **af·vor·de·ring** exaction.

af·vra =*ge*= ask (for), demand; *die boer die kuns* ~ →KUNS; *ek vra my af of* ... I wonder (*or* ask myself) whether ...

af·vreet =*ge*= eat off; graze, crop, browse.

af·vrot =*ge*= rot away.

af·vry =*ge*=: *iem. se kêrel/nooi* ~ pinch/steal s.o.'s boyfriend/girlfriend, supplant a rival, take s.o.'s place (*or* oust s.o.) in a boy's/girl's affections.

af·vryf, af·vry·we =*ge*= rub off; rub down, polish, scour; clean off.

af·vuur =*ge*= discharge, fire (off), shoot off.

af·vyl =*ge*= file away/down/off.

af·waai =*ge*=, *(wind)* blow off *(a roof, hat, etc.)*; be blown off; *afgewaaide vrug* windfall.

af·waarts =*waartse*, *adj.* down(ward); *~e mobiliteit*, *(sociol.)* downward mobility; *~e waardasie*, *(fin.)* write-down. **af·waarts** *adv.* downward(s).

af·wag =*ge*= await, wait for; *jou **beurt*** ~ wait one's turn; *~ wat **gebeur*** wait and see; *die **gevolge*** ~ abide the consequences; *jou **tyd*** ~ bide one's time, *(infml.)* sit tight. **af·wag·tend** =*tende* waiting; *~e **beleid*** wait-and-see policy; *'n ~e **houding** aanneem* play a waiting game, wait and see. **af·wag·ting** expectation, suspense; *'n **beleid** van ~ volg* follow a policy of wait and see; *van ~ **bewe/tril*** be aflutter with anticipation; *(die) **ene** ~ wees* be all agog (with expectation); ***in** ~ van ...* awaiting ...; in anticipation/expectation of ...; ***spannende*** ~ suspense.

af·was =*ge*= wash/clean off; wash down *(a car, horse, etc.)*; swab *(a wound)*; wash away *(sins)*; wipe out *(a disgrace)*; *iets van ... ~* wash s.t. off ... **af·was·baar** =*bare* washable. **af·was·sing** washing; ablution.

af·wa·ter =*ge*= drain *(marsh, vegetables)*; flow away; pour off; *(fig.)* →VERWATER *vb.*. **af·wa·te·ring** drainage; drain, outlet. **af·wa·te·ring·sluis** discharging sluice.

af·wa·te·rings-: ~gebied drainage/catchment area, basin *(of a river)*. **~kanaal** drainage channel, drain outlet.

af·weeg =*ge*= weigh (out).

af·week =*ge*= soak off; steam; weaken down; unglue; come off/unglued.

af·weer *n.* warding off; defence. **af·weer** =*ge*=, *vb.* fight/beat off, repulse, repel *(an attack, attacker)*; parry, fend/ward off *(a blow)*; prevent *(an accident)*; fend off *(s.o.'s kisses, caresses)*; avert, stave off *(danger, disaster)*; keep at bay *(dangerous animals etc.)*; avert *(suspicion, consequences)*; parry, dodge *(awkward questions etc.)*. **~geskut** anti-aircraft/ack-ack guns. **~middel** =*s*, =*e* repellent. **~salf** repellent ointment. **~swak** immunodeficient. **~swakte** immunodeficiency.

af·weer·baar =*bare* preventable. **af·weer·baar·heid** preventability.

af·wei =*ge*= graze, crop; depasture.

af·wen[1] =*ge*=, *(arch.)* →AFLEER.

af·wen[2] =*ge*= unreel, unwind, wind off, uncoil.

af·wend =*ge*= avert, turn aside/away; parry, ward/fend off; distract, divert *(attention)*; stave off *(defeat)*; avert, prevent *(danger)*; ward off *(an illness)*; *jou van ... ~* turn (away) from ...; *jou oë/ens. van iets* ~ avert one's eyes/etc. from s.t.. **af·wend·baar** =*bare* avertable, =ible. **af·wen·ding** diversion.

af·wen·tel =*ge*= shift, transfer; *gesag/mag aan iem.* ~ devolve authority/power to s.o.; *die koste/ens. op die verbruiker/ens.* ~ pass the expenses/etc. on to the consumer/etc.; *die skuld/verantwoordelikheid op iem. anders* ~ shift the blame/responsibility on to s.o. else. **af·wen·te·ling** devolution *(of power)*.

af·we·rend =*rende* preventive, preventative. **af·we·ring** defence; prevention; resistance; parrying.

af·werk =*ge*= complete, finish (off); finish, give the finishing touch(es) to, round off; work off *(debt)*; catch up on *(correspondence)*; conclude, get through *(a programme)*; cover *(a curriculum)*; trim, dress *(a stone)*; face *(a wall)*; set *(plaster)*; *iets finaal* ~ give/put the finishing touch(es) to s.t.; *iets glad* ~ smooth s.t. off; *goed/sleg/ens. afgewerk wees* →AFGEWERK. **~kant, ~rand** fair edge. **~laag** white coat *(of plaster)*. **~middel** =*s*, =*e* finishing agent.

af·wer·ker finisher, trimmer. **af·wer·king** finish(ing), completion, finalisation; workmanship; trimming; coping; dressing; *'n gladde ~* a close finish; *die laaste ~* the finishing touch(es).

af·werp *=ge=* throw off; cast, shed *(skin)*; drop *(leaves)*; yield *(a profit)*; shake off *(a feeling)*.

af·we·sig *=sige* absent; missing; wanting; abstracted; preoccupied, absent-minded, inattentive; *~e blik* absent/faraway look, vacant stare; *~ sonder verlof* absent without leave *(abbr.:* AWOL, awol*)*; *van ... ~ wees* be absent from ... **af·we·sig·heid** absence; non(-)attendance; non(-)appearance; preoccupation, inattentiveness, inattention, abstraction, absent-mindedness; *(jur.)* default; non(-)residence; ***by** ~ van ...* in the absence of ...; *iem. **in** sy/haar ~ verhoor* try a person in his/her absence (*or* in absentia); *in 'n **oomblik** van ~* in a moment of (mental) aberration; *deur jou ~ **skitter*** be conspicuous by one's absence; *~ **sonder** verlof, **ongemagtigde** ~* absence without leave; *'n ~ **van** ...* a lack of ... *(formality etc.)*.

af·wik·kel *=ge=* unwind, unroll, uncoil, wind off; roll/run out; wind up, liquidate *(an estate)*. **af·wik·ke·ling** unwinding, uncoiling; liquidation, winding-up.

af·wip *=ge=* skip down; hop off; tip off.

af·wis·sel *=ge=* alternate, change, vary; diversify, variegate; ***iets** ~* (inter)change s.t.; ***mekaar** ~* take s.t. in turns, take turns with s.t.; *... en ... wissel **mekaar** af* ... alternates with ...; ***met** ... ~* alternate with (*or* diversify by/with) ...; ***met** iem. ~* relieve s.o.; *die toneel **word** afgewissel* the scene is changed. **af·wis·se·lend, af·wis·se·lend** *=lende* alternate, varied, varying; intercurrent; *~e belasting* alternating load; *~e blare* alternate leaves; *~e koors* intermittent/remittent fever; *met ~e sukses* with varying success. **af·wis·se·ling** alternation, interchange, succession *(of seasons)*; change, variety, variation; relief; diversity; variegation; remission *(of fever)*; *as ~* for (*or* by way of) a change; *dit is darem ~* it makes a change; *~ krui(e) die lewe* variety is the spice of life; *sonder ~* unvarying; *vir/ter ~* by way (*or* for the sake) of variety; by way of relief.

af·wit *=ge=* whitewash, limewash. **af·wit·ting** whitewashing, limewashing.

af·wring *=ge=: iem. 'n belofte ~* wring/wrest/force a promise from s.o..

af·wurg *=ge=* gulp down; manage to swallow, swallow with difficulty.

af·wyk *=ge=* deflect, deviate, diverge; digress; swerve *(from duty, truth)*; depart *(from a programme)*; differ *(from a sample etc.)*; dissent *(from a doctrine)*; *geen* (of *nie 'n*) ***duimbreed(te)** ~ nie* →DUIMBREED(TE); *van **koers** ~, (a ship)* deviate/depart from a course, yaw; *iem. van ... **laat** ~* deflect s.o. from ...; ***na** ... ~* swerve to(wards) ...; ***van** ... ~* swerve from ...; deviate from ...; diverge from ...; depart from ... *(a programme, the text of a speech, etc.)*; ***van** die regte pad ~* go astray/wrong, stray from the path of virtue, stray/wander/err from the straight and narrow. **af·wy·ke·ling, af·wy·ke·ling** *=linge* deviant, deviate; *(pol.)* deviationist. **af·wy·kend, af·wy·kend** *=kende* divergent, different; dissentient, dissenting *(views)*; deviate; nonconforming, nonconformist; abnormal, anomalous, aberrant, atypical; *~e **gedrag*** deviance, deviancy, deviant behaviour; *~e **grootte*** outsize; *~e **persoon*** deviant; *~ **van** ...* at variance with ...; *~e **vorm**, (biol.)* sport. **af·wy·ker** *=kers* deviator. **af·wy·king** *=kings, =kinge* yaw, sheer; deviation, deflection, digression, diversion, divergence; defect, abnormality, aberration, anomaly; difference, variance, variation; dip, inclination *(of a magnetic needle)*; declination *(of a compass)*; aberration, deflection *(of rays of light)*; departure *(from the truth, a tradition, etc.)*; *(biol.)* sport; *(stat.)* deviance; *'n **aangebore** liggaamlike ~* a congenital physical defect; *'n **geestelike** ~* a mental aberration/abnormality; *in ~ **van** die reëls* in contravention of (*or* contrary to) the rules; *'n ~ **van** ...* a deviation from ...; a lapse from ...; a departure from ...; *~ **van** die loodregte, (geol.)* hade.

af·wy·kings=: **~druk** deflection pressure. **~grootte** magnitude of deflection. **~hoek** angle of deflection/deviation; vectorial angle. **~krag** deflecting force. **~kromme** departure curve. **~meter** declinometer. **~reël** rule of deflection.

af·wys *=ge=, afgewese* reject *(an idea, charge)*; turn down *(an applicant, suitor, request)*; decline *(an offer, reward, invitation, proposal)*; disallow *(a claim)*; dismiss *(an action, case, complaint, idea)*; not admit, refuse admittance to, turn away *(a visitor)*; *iets sonder meer ~* turn s.t. down cold; *summier afgewys word* be ruled out of court. **af·wy·send** *=sende* negative; dismissive; cold, chilly *(look, tone of voice)*; *'n ~e antwoord* a negative reply, a denial/refusal; *met 'n ~e handgebaar* with a dismissive wave of one's hand. **af·wy·sing** *=sings, =singe* denial, rejection, refusal; disclaimer *(of responsibility)*; dismissal.

ag[1] *interj.* ah, oh, O, oi; ah, *(poet., liter., hum.)* alas; bah, pooh; *~ nee!* →NEE; *twee-, ~ drie-uur* two, I mean three o'clock.

ag[2] *n.* attention, care; ***gee** ~!* attention!; *op ... ~ **gee/slaan*** pay attention to ...; give/pay heed to ..., take heed (*or* be heedful) of ...; take notice of ...; regard (*or* have regard for) ... *(s.o.'s advice etc.)*; *geen ~ op iets **gee/slaan** nie* pay no attention to (*or* disregard *or* take no notice of) s.t.; have no regard for s.t.; *alles in ~ **geneem/genome*** after/when all is said and done, all things considered, taking everything into consideration, all things taken together, taking one thing with another; *... in ~ **geneem/nemende*** in view of ...; *iem. het, alles in ~ **geneem/genome**, goed gevaar* s.o. did well, considering; *iets in ~ **neem*** take s.t. into consideration/account, take account of (*or* pay regard to) s.t.; allow (*or* make allowance) for s.t.; be heedful/regardful of s.t.; keep to s.t. *(the rules etc.)*; *iets ten volle in ~ **neem*** give due/full weight to s.t.. **ag** *ge=, vb.* deem, think, consider, regard, judge, count, hold; esteem, respect, value; →GEAG; *jou gelukkig ~ om te ...* consider/think o.s. fortunate to ...; *gering ~* →GERINGAG; *iets nodig ~* consider s.t. necessary; *iets reg ~* regard something as right; *iem. tot iets in staat ~* give s.o. credit for s.t..

ag[3] →AGT.

a·ga *=gas* ag(h)a; *die A~ Khan, (head of the Ismaili sect of Muslims)* the Aga Khan.

a·gaat *=gate, (min.)* agate.

A·gab *(OT)* Ahab.

a·ga·lak·tie *(med.)* agalactia.

a·ga·mi *=mi's* agami, trumpeter (bird).

a·ga·mie *(nonregulation of marriage)* agamy.

a·ga·pant *=pante* agapanthus, African lily.

a·gar(-a·gar) *(Mal.)* agar(-agar).

a·ga·we *=wes* agave, sisal plant.

ag·baar *=bare* estimable, honourable, respectable, creditable; venerable; *die agbare Burgemeester* His Worship the Mayor; *agbare heer* Your Worship. **ag·baar·heid** estimableness, honourableness, respectability; creditableness, creditability; venerability, venerableness.

a·geer *(ge)=, (fml.)* act; serve in an acting capacity; *(jur.)* institute action. **a·ge·rend** *=rende* acting.

a·gen·da *=das* agenda; *(parl.)* order paper; *iets in die ~ opneem* put s.t. on the agenda; *hoog op die ~ plaas* prioritise; *op die ~ wees* be on the agenda; be down for discussion; *'n verskuilde/geheime/verborge ~ hê* have a hidden agenda. **~komitee** steering committee. **~punt** item on the agenda.

a·ge·ne·sie *(med.)* agenesis, imperfect development; agenesia, impotence, sterility.

a·gens *=gense, =gentia, (phys.)* agent.

a·gent *=gente* agent; *(comm.)* factor; *geheime ~* secret agent, spy; *~ van die CIA/ens.* CIA/etc. agent. **a·gent·skap** *=skappe* agency; branch; *die ~ vir iets hê* hold the franchise for s.t..

ag·ge nee *interj.* oh no; →AG[1] *interj.*.

ag·glo·me·raat *=rate* agglomerate. **ag·glo·me·ra·sie** *=sies* agglomeration.

ag·glu·ti·na·sie *=sies, (biol.)* agglutination. **ag·glu·ti·neer** *ge=* agglutinate.

ag·glu·ti·nien *(bacteriol.)* agglutinin.

ag·gra·da·sie *=sies* aggradation.

ag·gre·gaat *=gate* aggregate.

ag·gre·ga·sie aggregation. **~toestand** state of aggregation.

ag·gres·sie *=sies* aggression, *(Br., infml.)* aggro. **ag·gres·sief** *=siewe* aggressive. **ag·gres·si·wi·teit** aggressiveness. **ag·gres·sor** *=sors* aggressor.

a·gie *=gies: (nuuskierige) ~, (infml.: prying/inquisitive person)* nosy parker, Paul Pry; *nuuskierige ~s hoort in die wolwehok* curiosity killed the cat.

A·gil·les →ACHILLES.

a·gi·o *=o's, (fin.)* agio, premium.

a·gi·ta·sie *=sies* agitation; excitement, flutter. **a·gi·ta·tor** *=tors* agitator, troublemaker. **a·gi·teer** *ge=* agitate; stir up, fluster; *om/vir iets ~* agitate for s.t..

A·gito·fel *(OT)* Ahithophel, Achitophel.

ag·naat *=nate* agnate. **ag·na·sie** agnation. **ag·na·ties** *=tiese* agnate, agnatic.

ag·no·sie *(med.)* agnosia.

ag·nos·ties *=tiese* agnostic. **ag·nos·ti·kus, ag·nos·ti·kus** *=tikusse, =tici* agnostic. **ag·nos·ti·sis·me** agnosticism.

Ag·nus De·i *(Lat.: Lam of God, Chr.)* Agnus Dei.

a·go·ra·fo·bie *(fear of open/public spaces)* agoraphobia.

a·gra·fie *(loss of the ability to write)* agraphia.

a·gra·ri·ër *=riërs* agrarian. **a·gra·ries** *=riese* agrarian.

a·gre·tjie *=tjies, (Tritonia* spp.*)* mayflower.

a·gri= *comb.* agri-.

a·gri·mo·nie →AKKERMONIE.

a·gro= *comb.* agro-.

a·gro·bi·o·lo·gie agrobiology. **a·gro·bi·o·lo·gies** agrobiological. **a·gro·bi·o·loog** agrobiologist.

a·gro·bos·bou agroforestry.

a·gro-e·ko·lo·gies agroecological.

a·gro·lo·gie agrology, pedology, soil science. **a·gro·loog** agrologist, pedologist, soil scientist.

a·gro·no·mie agronomy, field husbandry. **a·gro·no·mies** *=miese* agronomic(al). **a·gro·noom** *=nome* agronomist.

ag·saam *=same* careful, considerate. **ag·saam·heid** carefulness, considerateness.

ag·ste →AG(T)STE.

agt *agte, agts,* **ag** *agte, ags, (dim. aggie)* eight; *~ **duisendstes*** eight thousandths; *~ **honderdduisendstes*** eight hundred thousandths; *~ **honderdstes*** eight hundredths; *~ **maal*** eight times; *~ **miljoenstes*** eight millionths; ***oor** ~ dae* in a week('s time); *môre/Maandag **oor** ~ dae* tomorrow/Monday week, a week tomorrow (*or* on Monday); *vandag **oor** ~ dae* a week today, today (*or* this day) week; *~ jaar **ou/oud/oue**, (attr.)* eight-year-old, eight years'; *~ jaar **oud**, (pred.)* of eight years; *~ **uur*** eight hours; *met ~ **vermenigvuldig*** octuple, multiply by eight.

ag(t)=: **~armig** *=e* octopod. **~blarig** *=e* octopetalous. **~daags** *=e* eight-day, eight days'. **~daegeneesbossie** *Lobostemon fruticosus*. **~delig** *=e* octopartite, eight-part; *~e notasie, (comp. etc.)* octal *(notation)*. **~dimensioneel** *=nele* eight-dimensional. **~dubbel** *=e* eightfold. **~duisend, ~ duisend** eight thousand. **~duisend-en-een, ~duisend en een** eight thousand and one. **~duisend-en-eerste, ~duisend en eerste, ~ duisend en eerste** eight thousand and first. **~duisendjarig** *=e* eight thousand years old, eight thousand years'. **~duisendste, ~ duisendste** eight thousandth. **~-en-twintig, ~ en twintig** twenty-eight. **~-en-twintigjarig** *=e, (pred.)* twenty-eight years old, of twenty-eight years; *(attr.)* twenty-eight years', twenty-eight-year-old. **~-en-twintigjarige** *=s* twenty-eight-year-old *(person, thing)*. **~helmig** *=e, (bot.)* octandrous. **~hoek** octagon. **~hoekig** *=e* eight-sided, octagonal. **~honderd, ~ honderd** eight hundred. **~honderdduisend, ~honderd duisend, ~ honderd duisend** eight hundred thousand. **~honderdduisendste, ~ honderd duisendste** eight hundred thousandth. **~honderd-en-eerste, ~honderd en eerste, ~ honderd en eerste** eight hundred and first. **~honderdste, ~ honderdste** eight hundredth. **~jarig** *(attr.)* eight-year-old, eight years'; *(pred.)* of eight years. **~jarige** *=s* eight-year-old *(person, thing)*. **~kantig** *=e* octagonal, eight-sided. **~knoop** figure-of-eight knot. **~miljoen, ~ miljoen** eight million. **~miljoenjarig** *=e, (pred.)*

eight million years old, of eight million years; *(attr.)* eight million years'. **~miljoenste, ~ miljoenste** eight millionth. **~ostou** *(bot.), Aspalathus mollis.* **~potig** -*e* eight-legged, octopod. **~puntig** -*e* eight-pointed. **~silindermotor** eight-cylinder car. **~sitplekmotor** eight-seater car. **~sporig** -*e* octosporous. **~steek** *(embroidery)* figure-of-eight stitch. **~sydig** -*e* →AG(T)VLAKKIG. **~tal** group/set/series of eight, octave, octad, octet(te); team of eight; *(rugby)* pack, forward line, forwards. **~tallig** -*e* octagonal, octonary. **~tien** eighteen. **~tiende** eighteenth; ~ *eeu* eighteenth century. **~tiende-eeus** -*eeuse* eighteenth-century, of the eighteenth century. **~urig** -*urige* eight-hour; ~*e werkdag* eight-hour day. **~uur** eight o'clock; *om* ~ at eight. **~vlak** octahedron. **~vlakkig, ~sydig** -*e* octahedral. **~voetig** -*e* eight-footed; *(pros.)* consisting of eight metrical feet; ~*e jambe* iambic octameter; ~*e vers* octameter. **~voud** eightfold, octuple. **~voudig** -*e* eightfold, octuple. **~waardig** octavalent.

ag·te·loos →AGTE(R)LOSIG.

ag·tens·waar·dig -*dige* respectable, reputable, honourable, estimable, worthy (of esteem). **ag·tens·waar·dig·heid** respectability, worthiness.

ag·ter *adv.* at the back, in the rear, behind; *iem. is* ~ ***af*** s.o. went down the back way; *'n skoot* ~ ***deur*** a shot through the hindquarters; ***een/ens.*** ~ *wees* be one/etc. down; ***heel*** ~ →HEEL *adv.*; ~ ***langs*** →LANGS; ***na*** ~ back, backward(s); ~ ***om*** round the back (way); ~ ***om*** *gaan* go round the back; *die vyand* ***van*** ~ *aanval* take the enemy in the rear; ***van*** ~ *af* from behind; from the rear; ***van*** ~ *(af) beskou* in hindsight, with (the benefit of) hindsight, in retrospect; ***van*** ~ *neem, (taboo sl.: have anal sex)* bugger; *met die wind* ***van*** ~ before the wind; ***ver/vêr*** ~ *wees* be a bad last; ~ ***wees*** trail *(in opinion polls etc.)*; *(watch, clock)* be slow; *tien/ens. punte* ~ ***wees*** trail by ten/etc. points; ~ ***wees*** *met* ... be behind with ... *(work)*; be in arrears (*or* behind[hand]) with ... *(payments, rent)*. **ag·ter** *prep.* behind *(a door etc.)*; at the back/rear of *(a house etc.)*; *iets* ~ *iem.* ***aan*** *doen* copy s.o.; *iets* ~ *iem.* ***aan*** *sê* repeat/say s.t. after s.o.; ~ *iem./iets* ***aan*** *hardloop* run after s.o./s.t.; ~ *iem./iets* ***aan*** *loop* walk (along) behind s.o./s.t., tag (along) behind (*or* tag after) s.o., follow s.o. (about); ~ *iem./iets* ***aan*** *ry* ride after (*or* follow) s.o./s.t. *(on horseback, by car, etc.)*; ~ *iem.* ***aan*** *wees* be/get after (*or* be in pursuit of) s.o.; be out to get s.o., be after (*or* be out for *or* seek) s.o.'s blood; *die* ***deur*** ~ *jou toemaak* shut the door behind/after one; ~ ***geslote*** *deure* →DEUR *n.*; ~ *jou* ***hand*** *lag* →HAND; *iem.* ~ *jou* ***hê,*** *(fig.)* have s.o.'s backing; *die mense* ~ ***iem.*** the people behind s.o. (*or* at s.o.'s back); ***kort*** ~ ... close/right behind (*or* hard upon) ...; in the wake of ...; ***kort*** ~ *die vyand* in close/hot pursuit of the enemy; ~ ***mekaar*** behind each/one another, one behind the other; in single/Indian file; *(sequence in time)* in succession, consecutively, running, in a row; *iets* ~ ***mekaar*** *doen* do s.t. in turn (*or* by turns); ~ ***mekaar*** *loop* walk behind one another (*or* one behind the other *or* in single/Indian file); ~ ***mekaar*** *ry* drive/ride behind one another (*or* one behind the other *or* in tandem); ~ ***mekaar*** *ingespan wees* be harnessed in tandem; *twee* ~ ***mekaar*** two deep; ~ ***'n rekenaar/tikmasjien*** in front of (*or* at) a computer/typewriter; *iets* ~ *iem. se* ***rug*** *(om)* (of ~ *iem. om) doen* do s.t. (*or* go) behind s.o.'s back; *daar* ***sit/steek/skuil*** *iets* ~, *(fig.)* there's s.t. behind it; *daar* ***sit/steek/skuil*** *meer* ~ *(as wat jy dink), (fig.)* there's more to it (than meets the eye); *agterkom wat* ~ *iets* ***sit/steek/skuil,*** *(fig.)* get to the bottom of s.t.; ~ *die* ***skerms*** →SKERM *n.*; ~ ***slot*** *wees* →SLOT; ~ *iem.* ***staan*** →STAAN; *iets* ~ ... ***stel*** place/put s.t. behind ...; ~ *(die)* ***tralies*** *sit/wees* →TRALIE; ***ver/vêr*** ~ *iem. staan, (fig., infml.)* not be in the same street with s.o.; ***'n vraagteken*** ~ *iets sit* →VRAAGTEKEN; ~ *die* ***waarheid*** *kom* →WAARHEID; ~ *iem./iets* ***wees,*** *(lit.)* be behind s.o./s.t.; ~ *die* ***wiel*** at the wheel; *'n komma* ~ ***'n woord*** a comma after a word.

ag·ter-: **~aan** *adv. & prep.*, ~ **aan** *prep.* behind, at the back, in the rear; *heel* ~ far in the rear; ~ *kom* follow behind; follow, come after; be/come last, bring up the rear; ~ *loop* follow, walk behind; ~ *tou* trail behind. **~aansig** back view, rear elevation. **~af** *adj., adv. & prep.*, ~ **af** *prep.* backward *(person, place, etc.)*; back, backward(s), in the rear; out of the way; covertly, on the sly, secretly, surreptitiously, on the quiet; ~ ***buurt*** slummy quarter (*or* part of town); *jou* ~ ***hou*** hold/keep to o.s., keep aloof; *iets* ~ ***hou*** keep s.t. back/quiet, hush s.t. up; ~ ***mense*** backward/uneducated people; ~ ***praat*** talk behind people's back. **~afheid** secrecy; lack of breeding. **~agterkleinkind** great-great-grandchild. **~as** rear/back axle. **~asverhouding** *(mot.)* differential ratio. **~baan** *(tennis)* back court. **~bak** *(hist.)* dick(e)y. **~baks** -*bakse, adj.* sly, sneaky, shady, scheming *(person)*; underhand(ed), hole-and-corner *(methods etc.)*. **~baks** *adv.* stealthily, by stealth, behind one's back, on the sly; *jou* ~ *gedra* behave deviously. **~balk** transom. **~band** rear/back tyre. **~bank** back seat; back bench; *(naut.)* stern bench. **~banker** backbencher. **~been** hind leg. **~bly** -*ge-* remain/stay behind; lag behind; fall behind; be retarded/backward; remain; stay/keep back; hang back; be left behind; *(orphans etc.)* survive; *iem./iets laat* ~ leave s.o./s.t. behind; ~ *wen* the tortoise beats the hare; *iem. wou nie agterbly* ~ *nie* s.o. did not want to stay behind; s.o. was not to be outdone. **~blyer** -*s* straggler, laggard; *(educ.)* underachiever, backward pupil; also-ran; *(infml.)* dropout; *(derog.)* runt; *(infml.)* stick-in-the-mud; *(min.)* misfire. **~blywend** -*e* remaining; residual; ~*e gade* surviving spouse. **~blywende** -*s* survivor. **~boom** cantle *(of a saddle)*. **~boot** *(naut.)* stern sheets. **~borg** rear surety, surety for a surety. **~bors(kas)** metathorax. **~boud** hindquarter. **~buurt** -*e, (rare)* **~buurte** -*s* slum (quarter/area), low neighbourhood. **~deel** back/rear (part), hind/after part; buttocks, *(infml.)* backside, *(infml.)* behind; rump, hindquarters *(of an animal)*; crupper *(of a horse)*; stern *(of a ship)*; rear portion *(of a train)*. **~dek** stern, poop, quarterdeck. **~deur** back door; rear door *(of a car)*; postern; *(fig.)* back door, loophole, means of escape, way out, let-out; *op iem. se* ~ *lê* visit s.o. very often; *by die* ~ *inkom/inkruip, (fig.)* get in through/by the back door; *'n* ~*(tjie) oophou/ooplaat, (fig.)* leave o.s. a loophole (*or* a way out). **~deurnotering** *(stock exchange)* backdoor listing. **~dier** wheeler, wheel horse. **~doek** *(theatr.)* backdrop, backcloth. **~dog** suspicion, mistrust, distrust; ... *met* ~ *bejeën* be suspicious of ...; mistrust ...; look askance at ...; *geen greintjie* ~ *nie* not a breath of suspicion; ~ *koester* harbour suspicion(s); ~ *saai* sow suspicion; ~ *wek* arouse/rouse suspicion. **~dogtig** -*e* suspicious, mistrustful, distrustful, untrusting; ~ *raak/word* become suspicious; ~ *teen/jeens* ... *wees* be suspicious of ...; *iem. word* ~ s.o.'s suspicions are aroused/roused. **~dogtigheid** suspiciousness. **~een** →AANEEN, AGTERMEKAAR *adv.*. **~eenvolgend** -*e* consecutive, successive, continuous; *op drie/ens.* ~*e dae* on three/etc. successive days; three/etc. days running; *die derde/ens.* ~ *dag* for the third/etc. straight day; *die derde/ens.* ~*e pot/spel wen* win three/etc. straight games. **~eenvolgens** consecutively, successively, in succession, *(fml.)* seriatim. **~enjinmotor** rear-engined car. **~ent** back/rear (part), hind part; butt (end); buttocks, posterior; *(infml.)* backside, behind, butt, bum, *(SA)* guava. **~erf** backyard. **~geblewe** disadvantaged. **~geblewene** -*s* person who has remained/stayed behind; relative of a deceased; survivor; deprived, disadvantaged. **~gestel(d)** deprived, disadvantaged. **~gewel** back gable. **~grond** background; setting; *(fig.)* backdrop; ***op*** *die* ~ in the background; ***op*** *die* ~ *bly* keep/remain in the background; *geluide/geraas/lawaai* ***op*** *die* ~ background noises; *jou* ***op*** *die* ~ *hou, (also)* keep a low profile; ***op*** *die* ~ *raak, (s.o.)* be in eclipse; ***teen*** *'n donker/ens.* ~ against a dark/etc. background; ***teen*** *die* ~ ***van*** ... against the background (*or* in the context) of ...; ***teen*** *hierdie* ~ against this background, in this context; *die* ~ ***van*** *iets* the background information on s.t.. **~grondinligting** background information. **~grondmusiek** background/incidental music, backing; piped music *(in a hotel etc.)*. **~grondprogram** *(comp.)* background program. **~grondsanger** backing singer. **~grondstemme** *(mus.)* backing vocals. **~grondverligting** *(phot.)* backlighting. **~haal** *het* ~ overtake, catch up with; hunt down; →INHAAL. **~hand** wrist, *(med.)* carpus. **~hek** back gate, postern (gate). **~hoede** -*s, (mil.)* rearguard; *(rugby)* backline, backs; *(athl.)* back markers; *die* ~ *vorm* bring up the rear. **~hoedegeveg** rearguard action. **~hoef** hind hoof. **~hoek** remote corner, outlying district, out-of-the-way place. **~hoof** →AGTERKOP. **~hou** -*ge-* hold/keep back, keep behind, retain; withhold, stop, defer *(payment)*; hold over; conceal, suppress *(facts)*; reserve *(one's energy)*; detain *(a bill)*. **~houdend** -*e* →TERUGHOUDEND. **~houdendheid** →TERUGHOUDENDHEID. **~houding** keeping back; concealment; stoppage, deferment *(of pay)*; recoupment. **~huis** back (part) of a/the house, back premises. **~in** *adv. & prep.*, ~ **in** *prep.* in the back; at the back; ~ *iem. se kop* at the back of s.o.'s mind; ~ *die saal* at the back of the hall; ~ *sit* put in the back. **A~-Indië** Indochina, Indo-China, Further India. **~ingang** rear entrance. **~juk** hind yoke. **~kamer** back room. **~kant** back (part); reverse (side), wrong side *(of fabric)*; backside, buttocks; haunch *(of an animal)*; tail end; verso *(of a coin)*; *aan die* ~ at the back; at the rear; *die wêreld staan met sy* ~ *na iem., (infml.)* the world is treating s.o. badly; *op die* ~, *(also)* overleaf. **~kants(t)e** *adj. (attr.)* rear, back. **~klap** -*pe* back/hind/rear flap; tailboard. **~kleindogter** great-granddaughter. **~kleinkind** great-grandchild. **~kleinneef** *(son of one's parent's second cousin)* third cousin, first cousin twice removed; *(grandson of one's cousin; son of one's grandparent's cousin)* great-great-nephew, great-grandnephew. **~kleinniggie** *(daughter of one's parent's second cousin)* third cousin, first cousin twice removed; *(granddaughter of one's cousin; daughter of one's grandparent's cousin)* great-great-niece, great-grandniece. **~kleinseun** great-grandson. **~kom** -*ge-* find (out), discover, detect, get wind of, *(infml.)* catch on to; *uit* ... ~ tell by/from ...; *mooi* ~ *wat iets is* pin s.t. down (exactly). **~koor** retrochoir *(of a cathedral etc.)*. **~kop** back of the head, occiput; poll *(of an animal)*; *iets in jou* ~ *hê* have s.t. at the back of one's mind. **~kopbeen** occipital (bone). **~kopholte** nape of the neck. **~koring** offal wheat. **~kwart** hindquarter; gammon. **~laai** stock *(of a gun)*. **~laaier** breech-loader, breech-loading gun/rifle. **~laat** -*ge-* leave (behind); pull away from *(other runners etc.)*; outdistance *(competitors etc.)*; maroon *(a car etc.)*; *iem.* ***arm*** ~ leave s.o. poorly off; *iem. vir* ***dood*** ~ leave s.o. for dead; *vir* ***dood*** *agtergelaat wees* be left for dead; *'n* ***slegte smaak*** ~ leave a bad taste; *iem.* ***ver/vêr*** ~ leave s.o. standing. **~lamp** →AGTERLIG. **~land** hinterland, interior; *(Austr.)* back country. **~langs** in the rear, at the back. **~lap** heelpiece *(of a shoe)*. **~las** load in the stern. **~lating** abandonment, leaving behind, dereliction; *met* ~ *van* ... leaving (behind) (*or* sacrificing/abandoning) ... **~leisel** wheel rein. **~lig, ~lamp** rear light, tail light/lamp; *(naut.)* stern light. **~loper** *(sport)* back marker. **~lyf** hindquarters, haunches *(of an animal)*; abdomen *(of an insect)*. **~lyn** *(tennis)* baseline; *(football)* goal line; *(rugby)* touchline; *(defensive players in rugby)* backline, backs. **~lynbeweging** *(rugby)* back(line) movement. **~mas** aftermast. **~mekaar** *adj.* neat (and tidy), in good order, orderly, shipshape *(room, house, etc.)*; neat, smart, fine, stylish, spick and span, spruce, tiptop *(person)*; (well kept/tended *when placed predicatively*) well-kept, well-tended *(garden, park)*; (well run *when placed predicatively*) well-run *(farm, hotel, etc.)*; efficient *(businessman etc.)*. **~mekaar** *adv.* on end; without a pause/stop, at a stretch; successively, in due order; *alles* ~ ***hê*** be well organised; *alles* ~ ***kry*** get organised; *iets* ~ ***kry*** get s.t. organised; tidy s.t. (up); get s.t. into shape; piece s.t. together *(the facts, a story, etc.)*; *sake* ~ ***kry*** get things organised (*or* in order); *jou sake* ~ ***kry,*** *(also)* get one's act together; ~ ***sit*** put in order; *drie* ***vakansiedae/ens.*** ~ three days' vacation/etc. in succession (*or* in a row), three straight/successive/consecutive days' holiday/etc.. **~middae, ~middags** *adv.* in the afternoons. **~middag** afternoon; *in die* ~ in/during the afternoon. **~mid·dags** →AGTERMIDDAE *adv.*. **~muur** back wall. **~na** after, behind; afterwards, later, subsequently; *(van)* ~ *beskou* in hindsight, with (the benefit/wisdom of) hindsight, in retrospect; ~ *betaal* pay afterwards (*or* in arrears); *met al die ... (op 'n streep)* ~ with all the ... in/on tow. ~**naam** →VAN[1] *n..* ~**nadoen, ~na doen** →NADOEN. ~**naja(ag)** *-ge-*, ~**na ja(ag)** *agterna ge-* give chase *(to s.o.)*. ~**nakyk** *-ge-*, ~**na kyk** *agterna ge-* look/gaze after, follow with one's eyes. ~**naloop** *-ge-*, ~**na loop** *agterna ge-: iem.* ~ dance attendance on s.o.; →NALOOP *vb..* ~**napraat** *-ge-*, ~**na praat** *agterna ge-: iem.* ~ repeat/echo s.o.'s words. ~**naroep** *-ge-*, ~**na roep** *agterna ge-* call after. ~**nasit** *-ge-*, ~**na sit** *agterna ge-* pursue, give chase *(to)*, go/run after. ~**neef** →KLEINNEEF. ~**nek** back of the neck, nape; scruff; scrag *(of an animal)*. ~**nekstuk** scrag end. ~**niggie** →KLEINNIGGIE. ~**oor** back, backward(s); on one's back, supinely; *jou kop* ~ ***buig*** (of ***laat hang***) tilt back one's head; ~ ***geboë/gekantel,*** *(anat., med., biol.)* retroverse, retroverted, retroflex(ed); ~ ***gooi*** throw/toss back/backward(s); fling back *(one's head)*; ~ ***hang*** hang/slant back/backward(s); ~ ***lê*** lie back; lie on one's back, lean/recline backward(s); ~ ***leun*** lean back; tilt back *(in one's chair)*; ~ ***sit*** sit back; ~ ***skryf/skrywe*** write backhand; ~ ***slaan*** fall (over) backward(s), fall on one's back; somersault; ~ ***val*** fall (over) backward(s), fall on one's back. ~**oorbuiging** retroflexion, retroflection. ~**oorsalto** backflip. ~**op** *adv. & prep.*, ~ **op** *prep.* behind, at the back, in the rear; overleaf; ~ *ry* ride on the back *(of a truck etc.)*; ride pillion. ~**opskop** *-ge-*, *(horse)* kick; frisk, caper, cavort, gambol; *(fig.)* kick up one's heels; *(fig.)* get out of hand, revolt. ~**os** hind ox; *(fig.)* plodder, tailender; *(athl.)* back marker; ~ *kom ook in die kraal, (fig.)* slow but sure; better late than never. ~**pant** back *(of a dress)*. ~**perd** hind/wheel horse, wheeler, pole horse, poler; *(also, in the pl.)* wheel team. ~**plaas** backyard. ~**poot** hind leg; hind foot; *op jou agterpote wees, (infml.)* have one's hackles up, be up in arms, be in a furious temper; *gou op jou agterpote staan/wees, (infml.)* be quick-tempered, have a very short temper, be quick to take offence; *op sy agterpote staan, (a horse)* rear (up). ~**projeksie** *(phot.)* back projection. ~**raak** *-ge-: by iem.* ~ drop/fall/lag behind s.o.; *met ...* ~ get/fall behind with ... *(work etc.)*; get/fall behind (*or* fall into arrears) with ... *(payments, rent, etc.)*. ~**rand** trailing edge. ~**reling** *(naut.)* taffrail. ~**rem** rear brake. ~**ruim** afterhold. ~**ruit** rear window *(of a car)*. ~**ryer** *(hist.)* mounted attendant, outrider, batman, groom; musket bearer; henchman; *(infml.)* hanger-on. ~**saal** pillion. ~**sak** hip/back pocket. ~**setsel** *-s* postposition. ~**skeeps** *-e* astern. ~**skip** stern, poop. ~**skort** back apron. ~**skot** tailboard; back pay; (payment of) balance; deferred/final payment *(on crops)*. ~**slag** thong *(of a whip)*. ~**snyhou** *(cr.)* late cut. ~**span** wheel team. ~**spel** back play. ~**speler** back(-liner). ~**staan** *-ge-* be behind/inferior, rank below; *by ...* ~ be inferior to ...; *by ander ~, (also)* be handicapped; *by niemand ~ nie* be second to none. ~**stallig** *-e* back, behind, behindhand, overdue, outstanding, in arrears; *~e* ***bestelling*** back order; *~e* ***betaling/loon/salaris*** back pay; *~e* ***betalings*** arrears; *~e* ***boeke*** overdue books; *~e* ***huur*** back rent, rent arrears; *~e* ***loon*** back wages/pay; *daar is* ***nog*** *R500/ens. ~, R500/ens. is* ***nog*** ~ there is R500/etc. still outstanding; *iem. se* ***paaiemente*** ***is*** ~ s.o. is in arrears with his/her payments, s.o.'s payments are in arrears; ~ ***raak*** *met ...* get behind with ...; get in arrears with ... *(payments)*; *~e* ***rekening*** overdue account; *~e* ***rente*** interest in arrears, arrears of interest; *~e* ***skulde*** arrears, outstanding debts; ~ ***wees*** *met ...* be behind (*or* in arrears) with ... *(payments)*; be behind with ... *(one's work)*; *~e* ***werk*** outstanding work. ~**stand** arrear(s), arrearage; shortfall, deficit; backward position; lag; backlog; handicap; *'n ~ afwerk/bywerk* catch up on arrears; *'n ~ inhaal, (worker)* catch up on a backlog; *(athlete, competitor)* close the gap; make up a deficit; catch up on arrears; make up leeway, make up for (*or* recover) lost time; *regstelling/uitwissing van ~e* affirmative action. ~**standstoelaag** *-lae*, ~**standstoelae** *-laes* disability allowance. ~**steek** backstitch. ~**stel**[1] *n.* back, tail (end) *(of a wag[g]on)*; *(mot.)* rear chassis; *(infml.)* backside, *(infml.)* behind, *(euph.)* fundament, buttocks, bottom, posterior *(of a person)*; hindquarters *(of an animal)*. ~**stel**[2] *-ge-, vb.* subordinate, place at a disadvantage; neglect; *iets by ...* ~ subordinate s.t. to ... ~**stelling** subordination; neglect. ~**stewe** *-we(n)s* stern(post), poop; *(infml.)* backside, behind. ~**stoep** back veranda(h). ~**straat** backstreet, bystreet. ~**straataborsie** backstreet abortion. ~**straataborteur** backstreet abortionist. ~**string** wheel trace. ~**stuk** back piece/part; breech *(of a cannon)*; haunch; heelpiece; butt end. ~**swaar** tail-heavy. ~**tand** molar, back tooth. ~**tang** afterguide *(of a wag[g]on)*. ~**toe** to the back/rear; back, backward(s); astern; ~ ***beweeg*** move back; *jou hoed ~* ***druk*** tilt back one's hat; ~ ***gaan*** go to the rear; *iem. ~* ***stuur*** send s.o. to the rear. ~**toon** back toe. ~**tou** stern fast/line. ~**trap** back stairs. ~**tuig** wheel harness. ~**tuin** back garden. ~**uit** →AGTERUIT. ~**veld** *(SA)* backveld, *(SA, Zim.)* bundu; back country, backblocks, *(Austr.)* outback; *(Am.)* backwoods. ~**velder** *-s* backvelder; *(Am.)* backwoodsman, hillbilly, hick. ~**velds** *-e* countrified. ~**venster** rear window. ~**vin** back fin. ~**voeg** *-ge-, (gram.)* suffix. ~**voeging** *(gram.)* suffixation, suffixion; paragoge, paragogue. ~**voegsel** *-s* suffix. ~**volg** chase, follow, hunt, pursue, give chase to, go after; *(a thought)* haunt; hound, dog. ~**volger** pursuer. ~**volging** pursuit, chase; *die ~ laat vaar* give up (*or* abandon) the chase. ~**wa** trailer. ~**waarts** retrograde. ~**wêreld** back (of beyond), backveld; buttocks, bottom; *(infml.)* backside, behind, butt, bum, *(SA)* guava. ~**werk** backing; stern *(of a ship)*; backside, behind; rejects. ~**wiel** rear/back wheel. ~**wielaandrywing** rear-wheel drive. ~**wielaangedrewe** *(attr.)* rear-wheel-drive.

ag·ter·lik *-like* backward, underdeveloped, behind the times *(region, country)*; backward, (mentally) retarded, mentally handicapped, slow, Neanderthal; (physically) retarded. **ag·ter·lik·heid** backwardness; mental retardation/deficiency, subnormality.

ag·te(r)·lo·sig *-sige -siger -sigste* careless, heedless, unheeding, negligent, inattentive, indifferent. **ag·te(r)·lo·sig·heid** carelessness, heedlessness, negligence, inattention; *pure* ~ sheer carelessness; *uit* ~ through carelessness.

ag·ter·ste *-stes, n.* back/rear (part), hind part; *(infml.)* backside, *(infml.)* behind, *(euph.)* fundament, buttocks, bottom, posterior *(of a person)*; hindquarters *(of an animal)*. **ag·ter·ste** *adj.* hind, hindmost, backmost, posterior; *(naut.)* sternmost; *~ ent* back end; *~ oogkamer* posterior chamber of the eye.

ag·ter·ste·voor *-voorder -voorste, adj.* back to front; upside down; clumsy. **ag·ter·ste·voor** *adv.* back to front, the wrong way round; tail first, hind part (*or* back end *or* hind/wrong side) foremost; upside down, topsy-turvy; *iets ~ doen* do s.t. in reverse; *'n perd ~ ry, (lit.)* ride a horse facing backwards; *(fig.)* put the cart before the horse; *~ suinig* penny wise, pound foolish; *~ te werk gaan* put the cart before the horse.

ag·ter·uit backward(s), back; *(naut.)* aft, abaft; *agteruit!* stand back!; *agteruit uit 'n garage/ens. ry* back/reverse a/the car out of a garage/etc.; *die pasiënt is baie ~* the patient has taken a turn for the worse (*or* is in very poor health); *'n stap ~* a backward/retrograde step. ~**beweeg** move back. ~**boer** *-ge-* farm at a loss; do bad business, lose money, go downhill, deteriorate, decline, sink, fail. ~**gaan** *-ge-* go back/backward(s); *(a car)* reverse, back; *(a patient, s.o.'s health)* get worse, deteriorate, decline; *(morals)* degenerate; *(performance)* deteriorate; *(quality)* deteriorate, decline; *(s.o., a country, firm)* go downhill; *(economy)* be on the decline; *(business)* drop/fall off; *(turnover)* go down, fall off; *~ in die lewe* come down in the world; *laat ~, (med.)* pull down. ~**gaande** retrograde. ~**loop** *-ge-* walk backward(s); *(a vehicle)* run/move backward(s). ~**roei** *-ge-* back water. ~**ry** *-ge-* ride/drive backward(s); sit/ride with one's back to the driver/engine; back, reverse *(a vehicle)*. ~**sit** *-ge-* sit back; set/put back *(a clock)*; throw/put/set back *(a patient)*; handicap; make worse, cause to deteriorate. ~**staan** *-ge-* stand/hang back, yield; *vir ... ~* give place to ...; *vir niemand ~ nie* be second to none, be as good as the best; *dit staan vir niks agteruit nie* it is second to none. ~**stap** *-ge-* step back; walk backward(s). ~**stel** *-ge-* set/put back *(a clock)*. ~**vaar** *-ge-* sail backward(s), gain/make sternway. ~**vlieg** *-ge-* fly backward(s).

ag·ter·uit·gang[1] *n.* decline, fall, fall(ing)-off; degeneration, deterioration, retrogression, decadence, decay; backward step; *(econ.)* downturn; *die ~ het begin* the rot has set in.

ag·ter·uit·gang[2] *n.* back/rear exit.

ag·ter·uit·sig rear view.

ag·ter·waarts *-waartse, adj.* backward, retrograde; *~e beweging* backward movement; retrograde step; *~e vuur* reverse fire. **ag·ter·waarts** *adv.* back, backward(s), rearward(s); *~ gerig/gekeer(d)/kerend* turned back/down; *(biol.)* retrorse.

ag·ter·we·ë: *~ bly* not take place; not be made, be left undone; not come off, fail to materialise; fail to arrive, not turn up; remain in abeyance; *iets ~ hou* hold/keep s.t. back, withhold s.t.; keep s.t. in abeyance; *iets ~ laat* drop/omit s.t.; leave s.t. in abeyance.

ag·ting esteem, regard, respect; →HOOGAGTING; ~ ***afdwing*** command/compel respect; *~ aan iem.* ***betoon*** show deference/respect to s.o.; *in iem. se ~* ***daal*** sink in s.o.'s esteem/estimation; *iets laat iem. in iem. anders se ~* ***daal*** s.t. lowers s.o. in s.o. else's esteem; *(groot) ~* ***geniet*** be held in (great/high) esteem, be (greatly) respected; ***groot/hoë*** *~ vir iem. hê* have a great regard for s.o., hold s.o. in high regard, think much of s.o.; *~ vir iem.* ***hê*** respect (*or* have regard/respect for) s.o., hold s.o. in (high) esteem, think highly of s.o.; ***in*** *iem. se ~ styg/daal* go up/down in s.o.'s esteem/estimation; ***in*** *die algemene ~ daal* lose face/credit/reputation; ***met*** ~ yours faithfully/truly; ***met alle*** ~ with great respect; ***met*** *alle verskuldigde ~ vir ...* with all due deference/respect to ...; ***met*** *die meeste ~* most respectfully (yours); ***uit*** *~ vir ...* out of consideration/regard for ...; in (*or* out of) deference to ...; *~ aan ...* ***verskuldig*** *wees* owe respect to ...; *daar is* ***weinig*** *~ vir iem.* s.o. is held in low esteem.

ag(t)·ste *-stes, n.* eighth part; *(mus.)* quaver; *sewe ~s, sewe-~s* seven eighths. **ag(t)·ste** *adj.* eighth; *~ eeu* eighth century; *ten ~* eighthly, in the eighth place; *die ~ wêreldwonder* →WÊRELDWONDER. ~**man** *(rugby)* eighth man.

A·gul·has *(geog.)*: *Kaap ~* Cape Agulhas.

a·gur·kie *-kies* gherkin; *(wilde)~, (Cucumis africanus)* wild cucumber.

a·ha *interj.* aha. ~**-ervaring** aha experience. ~**-reaksie** aha reaction.

A·has·ve·ros *(OT)* Ahasuerus.

a·him·sa *(Sanskr.)(Hind. & Buddh.: law of non[-]violence)* ahimsa.

a·his·to·ries ahistoric(al).

a·hooi *interj.* ahoy.

ai[1] *interj.* ah, oh; oh dear, dear me; *ai(, ai)* tsk (tsk); *~ jai jai (jai jai)!* (boy) oh boy!; *~ tog!* oh heavens!; *~ tog die kinders!* oh these kids!.

ai[2] *ais, n., (zool.)* ai, three-toed sloth.

ai·a *-as, (derog.)* elderly black woman; *(obs.)* ayah, maidservant, nanny.

aide de camp *aides de camp* aid(e)-de-camp.

aide-mé·moire *-moires* aide-mémoire.

ai·grette *-grettes* aigret(te); spray, sprig.

ai·ki·do *(a Jap. martial art)* aikido.

ai·kô·na, ai·kô·na, hai·kô·na, hai·kô·na *interj., (infml.)* (h)aikona, no (way), never, certainly not, not on your life, *(Br., infml.)* not on your nelly.

Ai·noe *-noes, (member of a people)* Ainu.

air *airs* air, appearance, look; *'n ~ van ... aanneem* assume an air of ... *(innocence etc.)*; *'n ~ van ... hê* have an air of ...; *vol ~s wees* give o.s. (*or* put on) airs, think o.s. the Queen of Sheba.

aire·dale(·ter·ri·ër) *(also A~)* Airedale (terrier).

Ais *(mus.)* A sharp.

Ais·chu·los *(Gr. dramatist)* Aeschylus.

aits, ait·sa *interj.* my (word); hello, hallo, hullo; ooh-la-la, look at that; (wh)oops; *~, maar jy is mos slim!* my (word), but you are clever!.

a·ja·tol·la *-las* ayatollah.

a·jo·sie *-sies, (bot.: Phellorina* spp.) (kind of) puffball; *Diosma aspalathoides*.

a·juin ⸗*juine* onion stew; *(bot.: Urginea maritima)* squill.

AK47(-[aan·vals·]ge·weer) AK47 ([assault] rifle).

A·ka·ba *(geog.)* Aqaba, Akaba.

a·ka·de·mie ⸗*mies* academy. **~lid** member of the/an academy; academician. **a·ka·de·mies** ⸗*miese* academic; scholastic; *nie* ~ ***aangelê*** *nie* unacademic; *~e* ***drag*** academic dress, academicals; ~ ***(goed)*** *presteer,* ***goed*** *op ~e gebied vaar* do well academically; *~e* ***graad*** university degree; ~ ***ingestel*** *wees* be academically inclined/minded; *~e* ***kap*** hood; *~e* ***kwessie*** academic question; *~e* ***mus*** mortarboard; *~e* ***opleiding*** university education; *~e* ***vryheid*** academic freedom; *die ~e* ***wêreld/omgewing*** the grove(s) of Aacademe, academia *(liter.).* **a·ka·de·mi·kus, a·ka·de·mi·kus** ⸗*mikusse,* ⸗*mici* academic. **a·ka·de·mis·me** academicism.

A·ka·di·ë *(geog., hist.)* Acadia, *(Fr.)* Acadie; →NIEU-SKOTLAND. **A·ka·di·ër** ⸗*diërs, n.* Acadian. **A·ka·dies** ⸗*diese, adj.* Acadian.

a·kant ⸗*kante, (bot.)* acanthus.

a·ka·ri·a·se *(med.)* acariasis.

a·ka·rus ⸗*russe, (zool.)* acarid, acarus.

a·ka·si·a ⸗*as* acacia. **~gom** gum arabic, (gum) acacia.

a·ka·ta·lek·ties ⸗*tiese* acatalectic.

a·ke·lei ⸗*leie* columbine, aquilegia.

A·ken Aachen *(Germ.),* Aix-la-Chapelle *(Fr.).*

a·ki·ta *(breed of dog)* akita.

Ak·ka →ACRE.

ak·ka, ak·kies *n., (children's language)* poo(h). **ak·ka, ak·kies** *ge*⸗, *vb.* poo(h), do a poo(h), do number two.

Ak·kad *(geog.)* Akkad, Accad. **Ak·ka·der, Ak·ka·di·ër** ⸗*diërs* Akkadian, Accadian. **Ak·ka·dies** *n., (Semitic language)* Akkadian, Accadian. **Ak·ka·dies** ⸗*diese, adj.* Akkadian, Accadian.

ak·ke·dis ⸗*disse* lizard, skink. **~leer** lizard. **~poot** lizard's leg; *(bot.), Teucrium capense.* **~valk, ~vanger** lizard buzzard.

ak·ke·dis·ag·tig ⸗*tige* lacert(il)ian.

ak·kel *(rare): ~s maak* put on airs; cut capers; *'n ~ maak* accomplish s.t..

ak·ker[1] ⸗*kers* field, plot *(of land);* acre; *(also* akkertjie*)* (flower)bed; *(also* akkertjie*)* (vegetable) patch. *Gods water oor Gods ~ laat loop* let things slide (*or* take their own course *or* take care of themselves); *'n ~(tjie) bone/ ens.* a patch of beans/etc.. **~bou** agriculture; agronomy, field husbandry; tillage, tilth. **~bougewas** agricultural crop. **~boustelsel** cropping system. **~voet** acre-foot.

ak·ker[2] ⸗*kers, (dim.* ⸗*tjie)* acorn; *(in the pl., as feed)* mast; *jou ~ sal kraak/bars!* you'll be/land in the soup!, you'll catch it!; *iem. se ~s brand* s.o. is in trouble (*or* in a fix/jam *or* in a tight spot). **~boom** oak (tree). **~dopluis** oak-tree scale. **~dop(pie)** acorn cup. **~ertjie** maple pea. **~hout** oak (wood). **~klawer** hop clover *(Am.),* hop trefoil. **~koffie** acorn coffee. **~vormig** ⸗*e* acorn-shaped.

ak·ker·mo·nie, a·gri·mo·nie *(bot.)* agrimony.

ak·ker·wa·nie cuscus (grass), tambookie/tambuki grass.

ak·ker·win·de convolvulus, (field) bindweed.

ak·kies →AKKA.

ak·kla·ma·sie acclamation; *iets by ~ aanneem* pass s.t. by acclamation.

ak·kli·ma·ti·seer *ge*⸗ acclimatise, become/get acclimatised. **ak·kli·ma·ti·sa·sie, ak·kli·ma·ti·se·ring** acclimatisation, acclimation.

Ak·ko →ACRE.

ak·ko·la·de ⸗*des* accolade; *(mus.)* accolade, brace.

ak·kom·mo·da·sie ⸗*sies* accommodation. **~vermoë** power of accommodation. **~wissel** *(comm.)* accommodation bill, kite.

ak·kom·mo·deer *ge*⸗ accommodate; *(eye)* focus.

ak·koord ⸗*koorde* arrangement, settlement, (gentlemen's) agreement; covenant; composition *(with creditors); (mus.)* chord; *'n ~* ***aangaan/maak*** drive/strike a bargain; *'n ~ met iem.* ***aangaan/tref*** come to an arrangement with s.o.; ***akkoord!*** agreed!, done!, it's a bargain/ deal!; *'n ~ met iem.* ***bereik*** come to terms with s.o.; *met iem. ~* ***gaan*** agree (*or* be in agreement *or* concur *or* see eye to eye) with s.o.; *met iets ~* ***gaan*** agree to (*or* concur in) s.t., fall in (*or* go along) with s.t., subscribe to s.t. *(a viewpoint etc.); hulle* ***gaan*** *~* they agree; they see eye to eye. **ak·kor·deer** *ge*⸗ agree; come to terms; *met iem. ~* get along/on with s.o.; *kreef/ens. ~ nie met iem. nie* lobster/etc. does not agree with s.o..

ak·kor·de·on ⸗*ons* accordion.

ak·kre·di·teer *ge*⸗ accredit; *by ... geakkrediteer wees* be accredited to ... **ak·kre·di·te·ring** accreditation.

ak·kul·tu·ra·sie acculturation. **ak·kul·tu·reer** *ge*⸗ acculturate.

ak·ku·mu·la·sie ⸗*sies* accumulation. **ak·ku·mu·la·tor** ⸗*tors,* ⸗*tore* accumulator, storage battery, secondary battery. **ak·ku·mu·la·tor·sel** storage cell. **ak·ku·mu·leer** *ge*⸗ accumulate.

ak·ku·raat ⸗*rate* ⸗*rater* ⸗*raatste* accurate; exact; precise; meticulous. **ak·ku·raat·heid** accuracy; exactness, *(fml.)* exactitude; precision; meticulousness.

ak·ku·sa·tief ⸗*tiewe, n. & adj., (gram.)* accusative.

ak·ku·sa·to·ries *(jur.)* accusatorial, accusatory.

ak·nee acne.

a·koes·tiek acoustics. **~plafon** acoustic ceiling.

a·koes·ti·ka *(science of sound)* acoustics. **a·koes·ties** ⸗*tiese* acoustic; *~e ghitaar/kitaar* acoustic guitar; *~e koppelstuk/verbindingstuk, (comp.)* acoustic coupler. **a·koes·ti·kus** ⸗*tikusse,* ⸗*tici* acoustician.

a·koes·to- *comb.* acousto-. **~-elektries, ~ëlektries** acoustoelectric. **~-opties, ~öpties** acoustooptic(al).

a·ko·liet ⸗*liete* acolyte.

a·ko·niet ⸗*niete, (bot.)* aconite, wolfsbane, monkshood.

a·ko·ni·tien *(chem.)* aconitine.

a·ko·tiel ⸗*tiele, n., (bot.)* acotyledon. **a·ko·tiel** ⸗*tiele, adj.* acotyledonous.

a·kra·nie *(med.)* acrania.

a·kri·bie acuity, scrupulous exactitude.

a·kriel-: ~hars acrylic resin. **~suur** acrylic acid. **~verf** acrylic paint. **~vesel** acrylic fibre.

a·kri·fla·vien *(med.)* acriflavine.

a·kro·baat ⸗*bate* acrobat. **a·kro·ba·tiek** acrobatics. **a·kro·ba·ties** ⸗*tiese* acrobatic; *~e toere* acrobatics.

a·kro·fo·bie *(fear of heights)* acrophobia. **a·kro·fo·bies** acrophobic. **a·kro·foob** acrophobe.

a·kro·geen ⸗*gene, n., (bot.)* acrogen. **a·kro·geen** ⸗*gene, adj.* acrogenic, acrogenous.

a·kro·niem ⸗*nieme* acronym.

a·kro·pe·taal ⸗*tale, (bot.)* acropetal.

a·kro·po·lis ⸗*lisse* acropolis, citadel.

a·kros·ti·gon ⸗*gons* acrostic.

aks *akse* eighth *(of an inch);* bit, small part, just a degree.

ak·sent ⸗*sente* accent, stress; accent (mark); accent, intonation; *'n ~ aan iets gee* give a slant to s.t.; *'n plat ~* a broad accent; *met/sonder 'n ~ praat* speak with/ without an accent; *'n sterk ~* a heavy/strong/thick accent. **~kleur** *(cosmetics)* highlighter. **~kleurstiffie** *(cosmetics)* highlighter. **~teken** accent mark. **~verskuiwing** shift in emphasis. **~verspringing** shift of accent/emphasis.

ak·sen·tu·eer *ge*⸗ accentuate, stress, emphasise, accent. **ak·sen·tu·a·sie** accentuation.

ak·sep ⸗*septe* accepted bill; acceptance *(of a bill).* **~bank** merchant bank, accepting house. **ak·sep·ta·bel** ⸗*bele* acceptable. **ak·sep·tant** ⸗*tante, (comm.)* acceptor *(of a bill, draft).* **ak·sep·ta·sie** ⸗*sies* acceptance *(of a bill).* **ak·sep·teer** *ge*⸗*: 'n eis ~* allow/entertain a claim; *'n wissel ~* accept a bill. **ak·sep·tor** *(chem., electron.)* acceptor.

ak·ses access. **ak·ses·seer** access. **ak·ses·sie** ⸗*sies* accession. **ak·ses·so·ries** ⸗*riese* accessory; *~e senu(wee)* accessory nerve.

ak·si·aal ⸗*ale* axial; *aksiale las* axial load.

ak·si·den·teel ⸗*tele* accidental.

ak·sie[1] ⸗*sies* action; lawsuit; movement, campaign; *iem. tot ~* ***aanspoor*** galvanise s.o. into action; ***buite*** *~* out of action; *in die ~* ***deel*** get in on the act; *'n ~ teen iem.* ***hê*** have a grudge against s.o.; have a bone to pick with s.o.; ***in*** *~* ***kom*** swing into action; ***in*** *~ wees* be in action; *'n ~ teen iem.* ***instel,*** *(jur.)* bring/institute an action against s.o., institute/start/take (legal) proceedings (*or* proceed) against s.o.; *'n ~* ***om*** *skadevergoeding* an action for damages; *'n ~ is* ***ontvanklik*** an action lies; *tot ~* ***oorgaan*** take (*or* swing into) action; *~ en* ***reaksie*** interplay, interaction; ***regstellende*** *~* affirmative action; *'n ~ teen ...* ***voer*** agitate/campaign against ...; ***vol*** *~s wees* = VOL AANSTELLINGS WEES. **~fliek, ~(rol)prent** action film, *(infml.)* actioner. **~foto** action photo(graph). **~komitee** action committee. **~plan** action plan/sheet. **~radius, ~straal** action radius, range of flight, cruising range.

ak·sie[2] ⸗*sies* minute degree, shade; jot, tittle; →AKS.

ak·sil·lêr ⸗*lêre, (anat., bot.)* axillary.

ak·si·niet *(min.)* axinite.

ak·si·o·ma ⸗*mas,* ⸗*mata,* **ak·si·oom** ⸗*ome* axiom, postulate. **ak·si·o·ma·ties** ⸗*tiese* axiomatic.

ak·si·o·na·bel ⸗*bele, (jur.)* actionable.

ak·son ⸗*sone, (anat., zool.)* axon(e).

ak·syns ⸗*synse* excise (duty), inland duty; *doeane en ~* →DOEANE. **~beampte** excise officer. **~kantoor** excise office. **~pligtig** ⸗*tige* excisable. **~reg** excise duty; *~ op iets betaal* pay excise duty on s.t.. **~vry** non(-)excisable, duty-free. **~wet** excise law.

ak·te ⸗*tes* deed; certificate; diploma; *(hist.)* act; *~ van* ***afstand*** waiver; *~ van* ***beskuldiging*** indictment; *~ van* ***boedelafstand*** deed of assignment; *by* ***notariële*** *~* by notarial deed; *~ van* ***oordrag*** →TRANSPORTAKTE; *~ van* ***oprigting*** memorandum of association; ***registrateur*** *van ~s* registrar of deeds; *'n ~* ***verly,*** *(jur.)* execute a deed. **~besorger** conveyancer. **~besorging** conveyancing. **~(s)kantoor** deeds office/registry. **~tas** briefcase, portfolio, attaché case; dispatch box/case. **~trommel** deed box.

ak·teur ⸗*teurs* actor, performer, player; →AKTRISE. **ak·teurs·ka·mer** greenroom.

ak·tief ⸗*tiewe* ⸗*tiewer* ⸗*tiefste* active, energetic; *(med.)* nascent; *in aktiewe diens* on active service; *aktiewe woordeskat* active vocabulary. **ak·tie·wes:** *lys van ~, (mil.)* active list.

ak·ti·nie ⸗*nieë, (zool.)* actinia, sea anemone. **ak·ti·nies** ⸗*niese* actinic. **ak·ti·nis·me** actinism.

ak·ti·ni·um *(chem., symb.: Ac)* actinium.

ak·ti·no·graaf ⸗*grawe* actinograph. **ak·ti·no·gra·fie** actinography.

ak·ti·no·liet *(min.)* actinolite.

ak·ti·no·mi·ko·se *(vet. sc.)* actinomycosis.

ak·ti·no·morf ⸗*morfe, adj., (biol.)* actinomorphic, actinomorphous.

ak·ti·veer *ge*⸗ activate. **ak·ti·va·tor** ⸗*tors,* ⸗*tore,* **ak·tiveer·mid·del** ⸗*dels,* ⸗*dele* activator. **ak·ti·ve·ring** activation. **ak·ti·vis** ⸗*viste* activist. **ak·ti·vis·me** activism. **ak·ti·vis·ties** ⸗*tiese* activist(ic). **ak·ti·wi·teit** ⸗*teite* activity.

ak·tri·se ⸗*ses* actress; →AKTEUR.

ak·tu·a·li·teit ⸗*teite* topicality, current relevance; timeliness; seasonableness; →AKTUEEL. **ak·tu·a·li·teits·pro·gram** actuality programme.

ak·tu·a·ri·eel ⸗*riële* actuarial. **ak·tu·a·ris** ⸗*risse* actuary. **ak·tu·a·ri·us** ⸗*usse* registrar (of a synod); →ACTUARIUS.

ak·tu·eel ⸗*tuele* ⸗*tueler* ⸗*tueelste* topical, current; up-to-the-minute; relevant (to our times); *van aktuele belang* of relevance to the present/current situation, of topical interest; *aktuele sake* current affairs, topical issues.

ak·tu·eer *ge*⸗ actuate.

a·ku·ï·teit acuity.

a·ku·punk·tuur acupuncture.

a·kuut ⸗*kute* ⸗*kuter* ⸗*kuutste* acute; *akute longontsteking/ ens. hê* be acutely ill with pneumonia/etc.. **~aksent** *(gram.)* acute accent. **~teken** *(phon.)* acute.

a·kuut·heid acuteness.

a·kwa·a·ë·ro·bies: *~e oefeninge* aqua(e)robics.

a·kwa·duk ⸗*dukte* aqueduct.

a·kwa·fo·bie aquaphobia.

a·kwa·ma·ryn =ryne, *(min.; a colour)* aquamarine.

a·kwa·nout aquanaut.

a·kwa·rel =relle watercolour, aquarelle. **a·kwa·rel·lis** =liste aquarellist, watercolourist, watercolour painter.

a·kwa·ris =riste aquarist.

a·kwa·ri·um =riums, =ria aquarium.

A·kwa·ri·us, A·qua·ri·us *(astron.)* Aquarius, the Water Carrier/Bearer; *tydperk van ~ (of die Waterdraer), (astrol.)* Age of Aquarius.

a·kwa·room aqueous cream.

a·kwa·tint =tinte aquatint.

A·kwi·la, A·qui·la *(astron.)* Aquila, the Eagle.

A·kwi·taans →AQUITAANS.

al *adj., adv., pron.* all, everything; all, every, only; already, yet; completely; (al)though, even if/though; *dit **alleen** ~* that alone; *~ die **ander*** everybody/everyone else; *~ die **ander (dinge)*** everything else; *iem. het ~ drie/ens. **dae** niks geëet nie* s.o. hasn't had anything to eat for/in three/etc. days; *iem. is ~ **dae** (lank) dood* s.o. has been dead for some days; *dis ~ **dag** dat iem. kan kom* it is the only day s.o. can come; *~ **dan** nie* →DAN *conj.*; *~ **die kinders/ens.*** all the children/etc.; ***dis** ~* that's (*or* that will be) all; and that is (*or* that's) that; that's all there is to it; ***dis** dan ~* that's it; *~ **doende** leer ('n) mens* →DOENDE; *~ **drie/ens.*** all three/etc.; *hulle/julle/ons ~ **drie/ens.*** all three/etc. of them/you/us; *~ **en** ~* all in all; *met ... **en** ~* ... and all; *het dit ~ **gebeur?*** has it happened yet?; *het jy dit ~ **gedoen?*** have you done it (already)?; *~ het iem. dit (ook) **gedoen*** in spite of the fact that s.o. did it; ***geheel** en ~* →GEHEEL *adv.*; *~ **na gelang*** = NA **GELANG**; *... is ~ **genoeg*** just ... is good enough; *dis ~ duur/ens. **genoeg*** it's expensive/etc. enough as it is; *~ **'n hele tyd*** for a long time now; *iem. is ~ **hier*** s.o. is already here (*or* has already arrived); *~ **hoe** groter/kleiner* bigger and bigger (*or* smaller and smaller); *~ **(hoe)** meer* more and more, ever more; *~ **hoe** meer getuienis* increasing evidence; *~ **(hoe)** minder* decreasingly; *~ **hoe** ongewilder raak/word* become decreasingly unpopular; ***hoe** ook ~* →HOE *n., adj. & adv.*; *~ **in** 1935/ens.* as early as 1935/etc.; back in 1935/etc.; *~ **is** iem. arm* though s.o. is poor; *~ **is** iem. arm, is hy/sy gelukkig* s.o. may be poor, but he/she is happy; *~ **is** dit ...* even if it is ...; *hy/sy **is** ~ 'n man/vrou* he/she is grown up; *hy/sy is ~ **kind** wat ons het* he/she is our only child; *as iem. dit gedoen het, was dit ~ **klaar*** if s.o. had done it, it would have been finished by now; *dis ~ **laat*** it is quite late; *~ **laggend(e)/ens.** met die straat af loop* walk down the street, laughing/etc.; *iem. woon ~ **lank** daar* s.o. has been living there for a long time; *hoe **lank** is iem. ~ hier?* how long (*or* since when) has s.o. been here?; *wag jy ~ **lank?*** have you been waiting (for) long?; *iem. moes ~ **lankal** hier gewees het* s.o. should have been here a long time ago; *~ **maar deur*** all the time, continually; ***met** dit ~* for all that, nevertheless; ***met** klere en ~ inval* fall in, clothes and all; ***met** ~ wat iem. in die hande kon kry* with anything s.o. could lay (his/her) hands on; *~ **na** ...* according as ...; *~ **nader** en nader* closer and closer; *~ **net so** sleg as ...* quite as bad as ...; *(nog) **nie** ~ nie* not all yet; not the half of it; *dis **nie** ~ nie, (also)* that's not the whole/entire story; *iem. moet **nou** ~ daar wees* →NOU *adv.*; *dis ~ **of** ...* I seem to ... *(hear s.t. etc.)*; *dis ~ vir my **of** ...* I have a feeling that ... *(s.o. is avoiding me etc.)*; *~ **om** die ander dag* →OM[1] *prep.*; *dis ~ **plan** om iets te doen* that's the only way to do s.t.; *iem. het die **prent** ~ gesien* s.o. has already seen the film, s.o. has seen the film before; *~le **rede** hê* have every reason; *~le **reg** hê om te ...* have every right to ...; *~ **sê** ek dit self* if/though I say so myself; *iem. het ~ **singend(e)/ens.** gestryk/ens.* s.o. sang/etc. as he/she ironed/etc.; *~ **sou** dit al wees* if nothing else; *~ **speler/ens.** wees* be the only player/etc.; *~ **staan** iem. op sy/haar kop* →KOP *n.*; *iem. ~le **sukses** toewens* wish s.o. every success; *~ **te** oud wees om te ...* be too old to ...; →ALTE; ***toe** ~* even then; even at that time (*or* in those days); *~ **twee*** both; →ALBEI; *hulle/julle/ons ~ **twee*** both of them/you/us; *~ die **tyd*** all the time; *te ~le **tye*** at any time, at all times; *~ **na** dit **val*** →VAL *vb.*; *~ **van** Maandag/Januarie/ens. af* since Monday/January/etc.; *~ die **volke/ens.*** all the nations/etc.; *~le **volke/ens.*** all nations/etc.; *~ **voor** 1970/ens.* even before 1970/etc.; *~ **vroeg*** early on; *~ **wat** ...* anything which ...; all that ...; *~ **wat** iem. kan doen* all (*or* the only thing) s.o. can do; *~ **wat** iem. nou kan doen, is om te ...* the only thing now is to ...; *dis ~ **wat** gebeur het* that's all there is to it; *(so) ~ **wat** iem. kan* for all s.o. is worth; *maar ~ **wat** kom, is hy/sy* but he/she does/did not turn/show up; *~ **wat** leef en beef* →LEEF; *dis ~ **wat** ek (daarvan) weet* that is all (*or* as much as) I know (about it); *~ **weer*** (once) again, once more; *met ~le goeie **wense*** →WENS *n.*.

à la *prep., (Fr.)* à la; *~ ~ carte* à la carte; *hoender ~ ~ koning* chicken à la king; *'n ~ ~ carte-maaltyd* an à la carte dinner.

a·la·ba·ma, a·li·ba·ma =mas something big; pug(g)ree, pug(g)aree.

A·la·man·ne, A·la·man·nies →ALEMANNE, ALEMANNIES.

A·lands·ei·lan·de Åland Islands.

a·lant =lante, *(bot.)* elecampane, inula, scabwort.

A·la·rik *(king of the Visigoths)* Alaric.

a·larm =larms alarm; tumult, uproar; *~ maak* give/raise/sound the alarm; *'n vals/blinde ~* a false alarm; *~ verby!, (mil.)* stand down!. **~fluit** warning whistle. **~klok** alarm bell. **~kreet** cry of alarm. **~sein** alarm signal. **~skoot** warning shot; alarm gun. **~toestel** alarm (device).

a·lar·meer ge= alert, give the alarm. **a·lar·me·rend** =rende alarming *(news)*; alarmist *(speech)*; disturbing *(reports)*; *verspreiding van alarmerende berigte* scaremongering. **a·lar·mis** =miste alarmist, panicmonger, scaremonger. **a·lar·mis·ties** =tiese alarmist.

Alaska *(geog.)* Alaska; *gebakte ~, (cook.)* baked Alaska; *in ~* Alaskan *(customs, winter, etc.)*; *inwoner van ~* Alaskan; *van ~* Alaskan *(fish, produce, etc.)*. **a~malemoet** *(also A~, breed of dog)* Alaskan malamute/malemute.

a·las·trim *(med.)* alastrim; →AMAAS.

Al·baan·se Ber·ge Alban Hills.

al·ba·koor →HALFKOORD.

Al·ba·ni·ë *(geog.)* Albania. **Al·ba·nees** =nese, *n. & adj.* Albanian.

Al·ba·nie *(SA, hist.)* Albany.

Al·ba·nus *(saint)* Alban.

al·barm·har·tig all-merciful *(God)*.

al·bas *(rare)*, **al·bas·ter** *n. (no pl.)* alabaster. **al·bas** *(rare)*, =baste, *adj.*, **al·bas·ter**= *comb.* alabaster; *albaste fles, (Bib.)* alabaster box; *albaste beeldhouwerk* (rare), *albasterbeeldhouwerk* alabaster sculpture. **al·bas·ter** =ters marble; *(game)* marbles.

al·ba·tros =trosse, *(orn.)* albatross.

al·be =bes, *(Chr.: white vestment)* alb.

Al·be·hoe·der (All-)Preserver.

al·bei both; *hulle is ~ geskik* either of them is suitable; *in ~ gevalle* in either case, in both cases; *julle ~* both of you; *ons ~* both of us; *jy kan nie ~ tegelyk hê nie* you cannot have your cake and eat it (*or* eat your cake and have it) *(infml.)*.

Al·ber·ta *(geog.)* Alberta.

al·be·skik·king supreme providence.

al·be·stuur supreme rule.

al·biet *(min.)* albite.

Al·bi·gen·se *(pl.), (hist., a sect)* Albigenses. **Al·bi·gen·sies** =siese Albigensian.

al·bi·nis·me albinism. **al·bi·no** =no's albino. **al·bi·no·ties** =tiese albinotic.

Al·bi·on *(ancient or poetic name for Britain or England)* Albion; *perfide ~* perfidious Albion.

al·bum =bums, *(dim. =bumpie)* album; (record) album.

al·bu·men albumen, egg white; *(bot.)* albumen, endosperm.

al·bu·mien *(biochem.)* albumin. **al·bu·mi·neus** albuminous.

al·che·mie alchemy. **al·che·mis** =miste alchemist. **al·che·mis·ties** =tiese alchemic(al), alchemistic.

al·daag·se →ALDAGSE *adj.*.

al·daar *(fml.)* (over) there, at that place/spot.

al·dag, al·da·e *adv.* always, every day; continually; *heeldag en ~* continually, always, constantly, eternally, forever, perpetually; *liewer ~ wat as een dag sat* waste not, want not. **al·dag·se** *adj.* everyday; *~ dinge* everyday events/occurrences; *nie 'n ~ hierjy nie* not just anybody; *~ koors* quotidian (fever).

Al·de·ba·ran, Al·de·ba·ran *(astron.)* Aldebaran.

al·de·hied =hiede, *(chem.)* aldehyde.

al den·te *adj. (pred.), (It., cook.)* al dente.

al·deur all the time, continually, constantly, all along, all day (long), right through, throughout. **al·deur·dring·end** =ende all-pervasive.

al·dis·lamp Aldis lamp.

al·do·se =ses, *(chem.)* aldose.

al·dus thus, so, in this fashion/manner/way, as follows.

al·eer *(poet. or arch.)* before, ere.

A·leks·an·dri·ë, A·lex·an·dri·ë *(geog.)* Alexandria. **A·leks·an·dryn, A·lex·an·dryn** =dryne, *n.* Alexandrine. **A·leks·an·dryns, A·lex·an·dryns** =drynse, *adj.* Alexandrian.

a·leks·an·driet *(min.)* alexandrite.

a·leks·an·dryn =dryne, *(pros.)* alexandrine.

a·lek·sie *(psych.)* alexia, word blindness.

A·le·man·ne *(pl.), (a West Germanic people)* Alemanni. **A·le·man·nies** *n., (language)* Alemannic. **A·le·man·nies** =niese, *adj.* Alemannic.

a·lem·biek =bieke, *(obs. type of distilling retort)* alembic.

A·le·oet =oete, *n., (member of a people)* Aleut(ian). **A·le·oe·te:** *die ~* the Aleutians (*or* Aleutian Islands). **A·le·oe·ties** =tiese, *adj.* Aleutian.

a·le·wee =wees →AALWYN.

al·e·wig =wige, *adj.* incessant, continual, constant, endless, eternal, perpetual, everlasting, interminable. **al·e·wig** *adv.* continually, always, constantly, eternally, forever, perpetually, everlastingly, incessantly; at all hours (of the day and/or night).

A·lex·an·der: *~ die Grote, (356-323 B.C.)* Alexander the Great. **~argipel, ~eilandgroep** *(geog.)* Alexander Archipelago. **a~tegniek** Alexander technique.

A·lex·an·dri·a *(geog., SA)* Alexandria.

A·lex·an·dri·ë, A·lex·an·dryn →ALEKSANDRIË, ALEKSANDRYN.

a·lex·an·dryn →ALEKSANDRYN.

al·fa alpha; *die A~ en die Omega, (Bib.)* the Alpha and Omega; *die ~ en (die) omega, (fig.)* the beginning and the end; the be-all and end-all; *van ~ tot omega* from beginning to end. **~deeltjie** *(phys.)* alpha particle. **~golf** *(physiol.)* alpha wave. **~numeriek, ~(nu)meries** alpha(nu)meric; *~e kode* alpha(nu)meric code. **~straal** alpha ray.

al·faam →HALFAAM.

al·fa·bet =bette alphabet; *(comp.)* character set. **al·fa·be·ties** =tiese, *adj.* alphabetic(al), alphabetically arranged; *in ~e volgorde* alphabetically, in alphabetical order. **al·fa·be·ties** *adv.* alphabetically. **al·fa·be·ti·seer** ge= alphabetise, arrange alphabetically. **al·fa·be·ti·se·ring** alphabetisation, alphabetical arrangement.

al·fa·gras *(bot.)* esparto (grass), Spanish grass.

Al Fa·tah *(Palestinian terrorist organisation)* Al Fatah.

alg *alge* alga.

al·gaan·de gradually, by degrees, as one goes along; →AL *adj., adv., pron.*.

al·gar →ALMAL.

Al·ge·bie·der: *die ~* the Omnipotent.

al·ge·bra algebra; *vir iem. ~ wees* be (all) Greek to s.o.; *~ van Boole* Boolean algebra. **al·ge·bra·ïes** =braïese, *adj.* algebraic(al). **al·ge·bra·ïes** *adv.* algebraically. **al·ge·bra·ï·kus** =braïkusse, =braïci algebraist.

al·ge·heel =hele complete, entire, total, whole; utter *(nonsense)*; wholehearted, unqualified *(support)*; *algehele gunsteling* hot favourite; *algehele verbod* global ban; *algehele wenner* overall winner.

al·ge·meen *n.*: *in/oor die ~* in general, generally (speaking), on the whole, as a (general) rule, by and large, for the most part, in most cases, mainly, in the main, broadly (speaking), largely; *die samelewing in die ~* the society at large. **al·ge·meen** -*mene, adj.* general *(rule, dealer, strike, assembly, meeting, election, anaesthetic, hospital);* universal, global; common *(experience, property);* public *(interest);* prevalent *(disease);* broadbrush *(approach, method, etc.);* across-the-board *(wage increase etc.);* overall; indefinite, vague, unspecific; *~mene* ***agent*** universal agent; *~mene* ***bank*** general bank; *in (die) ~mene* ***belang*** in the common/public interest; in everybody's interest; *van ~mene* ***belang*** of general interest; *~mene* ***deskundige*** generalist; *~mene* ***dwaling*** common error, popular fallacy; *~mene* ***geboortesyfer*** crude birth rate; *~mene* ***geskiedenis*** world history; *~mene* ***hulp*** general assistant, girl/man Friday; *met ~mene* ***instemming*** →INSTEMMING; *~mene* ***jaarvergadering*** annual general meeting; *~mene* ***kennis*** general knowledge; *~mene* ***koste*** overhead expenses/charges/costs, overheads; *die ~mene* ***mening*** the general (*or* generally held) opinion; *'n ~mene* ***oorsig*** →OORSIG; *~mene* ***polis*** all-in policy; *~mene* ***praktisyn,*** *(med.)* general practitioner; *~mene* ***praktyk,*** *(med.)* general practice; *in ~mene* ***sin*** in a general/broad sense, in broad terms; *~mene* ***soektog,*** *(comp.)* global search; *met ~mene* ***stemme*** unanimously; *~mene* ***stemreg*** universal suffrage/franchise; *~mene* ***verkoopbelasting*** general sales tax; *op ~mene* ***versoek*** by popular/general request. **al·ge·meen** *adv.* generally, commonly, widely, universally, globally; *'n ~* ***aanvaarde*** *feit* an accepted fact; *dit is ~* ***bekend*** it is common knowledge; *'n ~* ***bekende*** *persoon* a public figure; *dit het ~* ***byval*** *gevind* it met with universal approval; *dis ~* ***gebruiklik*** *om te ...* it's commonly/generally the practice (*or* it's [the] common practice) to ...; *~* ***geldend*** universally applicable; *~* ***geldig*** *wees, (law, rule)* be universally/generally applicable; *(law of nature, definition, thesis)* be universally/generally valid; *dit word ~* ***goedgekeur*** it is generally approved (of); *~* ***menslik*** common to all people (*or* to human nature), common human *(characteristic etc.);* *~ in* ***swang*** *wees* be fashionable/popular everywhere, *(infml.)* be all the vogue; *~* ***voorkomend*** common, frequent. **~beskaaf(d):** *A~de Afrikaans* →STANDAARDAFRIKAANS; *~de taal* →STANDAARDTAAL. **al·ge·meen·heid, al·ge·meen·heid** commonness, generality, universality; platitude, commonplace.

al·ge·na·dig all-merciful *(God).*

al·ge·noeg·saam, al·ge·noeg·saam -*same* all-sufficient. **al·ge·noeg·saam·heid** all-sufficiency.

Al·ge·ri·ë *(geog.)* Algeria. **Al·ge·ryn** -*ryne* Algerian. **Al·ge·ryns** -*rynse* Algerian.

al·ge·sie *(physiol.)* algesia. **al·ge·ties** algesic, algetic.

al·gien·suur *(chem.)* alginic acid.

Al·giers *(geog.)* Algiers.

al·gi·ne·suur →ALGIENSUUR.

Al·goei·e: *die ~* the All-Munificent/All-Bountiful.

Al·gol *(astron.)* Algol.

al·go·lag·nie *(psych.)* algolagnia.

al·go·lo·gie *(bot.)* algology. **al·go·lo·gies** -*giese* algological. **al·go·loog** -*loë* algologist.

al·go·ris·me →ALGORITME.

al·go·rit·me -*mes, (math.)* algorithm. **al·go·rit·mies** -*miese* algorithmic.

al·hei·lig -*lige* all-holy.

al·heil·mid·del -*dels,* -*dele* panacea.

al·(h)i·da·de *(surv., astron.)* alidad(e).

al·hier *(fml.)* here, at this place, locally.

al·hoe·wel *conj.* (al)though; →HOEWEL.

al·hon·derd-en-tien all the same, nevertheless, even so, nonetheless.

a·li·as -*asse, n.* alias, assumed name; *'n ~ hê/gebruik* have/use an alias. **a·li·as** *adv.* alias, also called (*or* known as), otherwise (known as).

a·li·ba·ma →ALABAMA.

a·li·bi -*bi's* alibi; *'n ~ vir ... hê* have an alibi for ...

a·li·da·de →AL(H)IDADE.

a·lie[1] -*lies, (infml.: playing marble)* →ALBASTER.

a·lie[2] -*lies, (infml.)* behind, bottom, rear end, backside, bum, *(SA)* guava, *(Am.)* butt; *sy ~(, man)!, (sl.)* he can get stuffed, to hell with him!, *(vulg.)* bugger him!.

a·li·ë·na·sie -*sies, (jur.)* alienation. **a·li·ë·neer** *ge-* alienate.

a·li·fa·ties -*tiese, (chem.)* aliphatic.

a·li·kreu·kel, a·li·krui·kel →ARIKREUKEL.

a·li·kwant *(math.)* aliquant.

a·li·kwot *(math.)* aliquot.

a·li·men·ta·sie *(fml.)* alimony; maintenance, support, alimentation; sustenance.

a·li·ne·a -*as, (print.)* paragraph, break.

a·li·sa·rien *(chem.)* alizarin.

al·jan·der *(children's game)* oranges and lemons.

al·jim·mers *(arch. or joc.)* always, repeatedly, continually, time and (time) again; invariably.

alk *alke, (orn.)* auk, razorbill, razor-billed auk.

al·ka·li -*li's,* -*lië, (chem.)* alkali; base. **al·ka·lies** -*liese* alkaline; basic; *~e gesteente* alkaline rock(s). **al·ka·li·ni·teit** alkalinity.

al·ka·lo·ïed -*loïede, n., (chem.)* alkaloid. **al·ka·lo·ïed** -*loïede, adj.* alkaloidal.

al·kan·na(·wor·tel) *(bot.)* alkanet.

al·kant, al·kan·te on all/both sides, everywhere; *alkant selfkant* reversible; *(infml., euph.: bisexual)* AC/DC, ambivalent; *(dis) alkant selfkant* it makes no difference, it's all the same (*or* six of one and half a dozen of the other); *alkant(e) toe* in both directions; both ways. **al·kant-self·kant-woord, -sin** palindrome. **al·kant·slot** reversible lock.

al·keen -*kene, (chem.)* alkene.

al·kiel -*kiele, (chem.)* alkyl.

al·klaps *(dial.)* constantly, every now and then.

al·ko·hol -*hole* alcohol; spirits; *absolute/suiwer/onvermengde ~* absolute alcohol. **~gehalte** alcoholic strength/content. **~meter** alcoholometer. **~petrol** gasohol. **~toetser** alcotester. **~vergiftiging** alcoholic poisoning. **~vry** -*vry(e)* non(-)alcoholic, alcohol-free, no-alcohol, non(-)intoxicating, soft *(drink).*

al·ko·ho·lies -*liese* alcoholic, spirituous; *~e gisting* vinous fermentation; *~e koeldrank* alcoholic soft drink. **al·ko·ho·lis** -*liste* alcoholic, dipsomaniac; *A~te Anoniem* Alcoholics Anonymous. **al·ko·ho·li·sa·sie** alcoholisation. **al·ko·ho·li·seer** *ge-* alcoholise. **al·ko·ho·lis·me** alcoholism, dipsomania.

al·koof -*kowe* alcove.

al·kyn -*kyne, (chem.)* alkyne.

al·la *interj.* (good) gracious, goodness (me), gosh, ooh, whew. **al·la-, al·le-: allegenugtig, allakragtie, allakragtig, ~mag(gies), ~magtig, ~mapstieks, ~maskas, ~mastig, ~matjies(goed), ~mensig, ~mintig, ~wêreld** *interj.* (good) gracious, goodness (me), gosh, my word, by Jove, great Scott, (good) Lord/heavens, well I never, (well) I'm jiggered, God bless my soul, holy smoke.

Al·lah Allah.

al·lan·to·ïed -*toïede, adj., (bot.)* allantoid, sausage-shaped.

al·lan·to·ïen -*toïene, (chem.)* allantoin.

al·lan·to·ïs *n., (zool.)* allantois. **al·lan·to·ïes** -*toïese* allantoic.

al·le →AL *adj., adv., pron..*

al·le- →ALLA-.

al·le·daags, al·le·daags -*daagse* -*daagser die mees* -*daagse* everyday, daily; common (or garden), ordinary, commonplace, plain, conventional, dull, humdrum, familiar, mundane, run-of-the-mill, usual, routine, prosaic, workaday; trite, pedestrian, stale, stock; unglamorous; *oor ~e dinge praat* talk about everyday matters, chat about unimportant things, make small talk; *~e gesegde* household word. **al·le·daags·heid** commonness, commonplaceness, dul(l)ness, mundaneness; triteness, staleness, insipidity; commonplace, platitude, banality.

al·lee -*leë, (rare)* avenue; walk.

al·leen *adj.* alone, lonely, lonesome; by oneself/itself, solitary; isolated, unaccompanied, unattended; unpaired; unassisted, unaided; single-handed; *iem. was ~ in die kamer* s.o. was alone in the room; *heeltemal ~* →HEELTEMAL; *iem. ~ laat* leave s.o. alone. **al·leen** *adv.* only, merely; solely; *die* ***gedagte*** *daaraan ~* the mere/very thought of it; *~ met iem.* ***gesels*** have a one-to-one chat with s.o., talk to s.o. one-to-one; *~* ***hy/sy*** *wil iem. spreek* only he/she wants to speak to s.o.; ***hy/sy*** *wil iem. ~ spreek* he/she wishes to speak to s.o. in private; *~* ***hy/sy*** (*of* ***hy/sy*** *~) het geweet wat die antwoord is* only he/she (*or* he/she alone) knew the answer; ***hy/sy*** *kan dit ~ doen* he/she can do it by himself/herself (*or* on his/her own); *die materiaal/ens. ~* ***kos*** *...* the material/etc. alone costs (*or* just the material/etc. is) ...; *~* ***maar*** *omdat ...* only because ...; for no other reason than that ...; ***nie*** *~ ... nie, maar ook ...* not only ..., but also ...; *iem. wil iets* ***vir*** *hom/haar ~ hê* s.o. wants s.t. for his/her very own; *'n kamer* ***vir*** *jou ~ hê* have a room to o.s.; *~* ***vir*** *lede* members only. **~agent** sole agent. **~agentskap** sole agency. **~beheer** sole control/management. **~besit** sole possession/ownership. **~handel** monopoly. **~handelaar** sole trader. **~heerser** autocrat, despot, dictator. **~heerskappy** autocracy, despotism, dictatorship, autocratic rule, absolute power. **~lewend** solitary. **~lopend** unattached; single, unmarried; solitary. **~loper** loner, solitary person, *(infml.)* lone wolf; lone animal, rogue; *'n ~ wees, (also)* plough a lonely furrow. **~loperkroeg** singles bar. **~mense** *(pl.), (also)* lonely hearts. **~opsluiting** solitary confinement. **~reg** monopoly, sole/exclusive right. **~saligmakend** -*kende* only true *(faith, doctrine).* **~spraak** monologue, soliloquy. **~staande** detached, isolated; single, solitary; unattached; individual *(case).* **~tentoonstelling** one-person exhibition. **~verkoop** sole agency; monopoly. **~verkoper, ~verteenwoordiger** sole agent/representative. **~verteenwoordiging** sole agency/representation. **~vlug** solo flight. **~wedvaart:** *~ (om die wêreld)* single-handed (round-the-world) race. **~wyse** *n.* wiseacre; *die A~e* the only wise God.

al·leen·heid loneliness, aloneness, lonesomeness, solitude, solitariness.

al·leen·lik only, merely.

al·le·gaar·tjie -*tjies* mixed grill; mixture, mix, mishmash, jumble, farrago, hotchpot(ch), *(Am.)* hodgepodge, ragbag, medley, omnium gatherum; potpourri; mixed bag/bunch.

al·le·ge·nug·tig →ALLA-.

al·le·go·rie -*rieë* allegory. **al·le·go·ries** -*riese, adj.* allegoric(al). **al·le·go·ries** *adv.* allegorically.

al·le·gret·to *(mus.)* allegretto, fairly brisk.

al·le·gro *(mus.)* allegro, brisk.

al·le·mag(·gies), al·le·mag·tig *interj.* →ALLA-. **al·le·mag·tig,** -*men·sig,* -*min·tig* -*tige, adj.* mighty, enormous, huge, immense, massive; remarkable. **al·le·mag·tig,** -*men·sig,* -*min·tig* *adv.* mightily *etc.;* *~ groot* colossal, huge, enormous, massive, mighty big.

al·le·man: *Jan A~* Tom, Dick, and/or Harry, the man in the street, Mr Average, Everyman *(often e~).*

al·le·mans-: **~geheim** open secret. **~gek:** *alte goed is ~* do not be generous to the point of foolishness. **~goed:** *~ wees/word, (songs etc.)* be in the (*or* become) public domain. **~reg** street law. **~vriend** everybody's friend; *'n ~ wees* be a hail-fellow-well-met (*or* pally) sort; *~ is niemandsvriend* a friend to all is a friend to none.

al·le·map·stieks, -**mas·kas,** -**mat·jies,** -**mat·tie(·kas),** -**men·sig,** -**min·tig** *interj.* →ALLA-.

al·le·min·tig, al·la·min·tig -*tige: 'n ~e gedoente* a hullabaloo/commotion, *(infml.)* a big hoo-ha, a great to-do; *'n ~e hou* a punishing blow.

al·len- *(tech.):* **~skroef** Allen screw. **~sleutel** Allen key.

al·lengs *(arch.)* by degrees, gradually.

al·le·nig -*nige* alone, lone, lonely; sole; →ALLEEN *adj..*

al·ler: *in ~ haas/yl* in a great hurry, posthaste, with great haste/speed. **~bekoorliks** -*te, adj.* most charming. **~bekoorliks** *adv.* most charmingly. **~bes:** *jou ~ doen om te* ... do one's utmost to ...; bend/lean over backwards to ... **~beste** *n.* the very best (thing), the best of all, *(fig.)* the cream; *op jou ~ wees* be at one's very best, be in (tip)top form. **~beste** *adj. & adv.* very best, best of all, best ... of all, best possible/ever, tip-top, top-notch. **~christeliks** *-te: ~te koning* most Christian king. **~dringends** *-te* most pressing/urgent. **~eers** first of all, first and foremost, in the first place; initially, to begin with; *iets ~(te) doen* do s.t. first (of all) (*or* before anything else). **~eerste** very first, first of all. **~ergs** *-te* very worst, worst of all; *in die ~te geval* if the worst comes to the worst. **~gerings** *-te* least/lowest/smallest possible, least/lowest/smallest ... of all. **~grootste** by far the biggest, the biggest by far; *van die ~ belang* of paramount (*or* the utmost) importance, of world-shaking import. **~hande** *adj.* all kinds/sorts/manner of, various, diverse, miscellaneous, sundry; *~ kleure* various colours; *~ soorte koekies* assorted biscuits/cookies; *~ mense* people of all sorts (*or* of every sort and kind); *iem. hou hom/haar nie met ~ mense op nie* s.o. doesn't associate with all and sundry. **A~heilige(dag)** *(1 Nov.)* All Saints' Day, All Hallows' Day, Allhallows. **A~heilige(fees)** feast of All Saints, Hallowmas(s). **~heiligs** *-te, adj.* most holy/sacred. **A~heiligste** *n., (God)* All-holy; *(inner chamber of a Jewish tabernacle)* Holy of Holies; *(RC)* Blessed Sacrament, Host. **~heiligste** *n., (fig.)* holy of holies, inner sanctum, sanctum sanctorum. **~hoogs** *-te* highest of all, paramount, supreme; *die A~te* the Most High, the Supreme Being, God. **~jongste** youngest of all; latest of all; up-to-the-minute *(information, technology, etc.)*; *die ~ nuus* hot news, news hot off the press. **~laags** *-te* lowest; basest. **~laas** *-te* very last; very latest; *op die ~te* at the very end; at the last minute/moment; *31 Mei op die ~te* 31 May at the very latest. **~lei** *n.* all kinds/sorts of things; miscellanea, sundries. **~lei** *adj.* all sorts/kinds of, of all sorts/kinds, miscellaneous, sundry; *van ~ aard* of various sorts/kinds; *~ mense* people of all sorts (*or* of every sort and kind). **~liefs** *-te, adj.* dearest, sweetest, most charming/delightful; *my ~te* my darling/dearest, my most beloved (one). **~liefs** *adv.* most charmingly; preferably, by choice; most of all. **~mees(te)** most of all. **~mins(te)** least of all, least ... of all; *van almal die ~minste ... hê* have the least ... of all; *op die/sy ~minste* at the very least; *die ~minste wat iem. kon doen* the very least s.o. could have done; *dit het ek ~mins (of die ~minste) verwag* I had not expected that in the least, that was the last thing in the world that I had expected; *dit het ek ~mins van hom/haar verwag* I would never have expected that from him/her. **~mooiste** far the prettiest, the prettiest by far. **~naaste** nearest of all; *die ~ toekoms* the immediate future; *elkeen is homself die ~* charity begins at home. **~nodigs** *-te* absolutely/most necessary; *die ~te* the bare necessities/essentials; *die ~te klere/ens.* the absolutely necessary/essential clothes/etc.; *wat ek die ~te het, is* ... what I'm most badly in need of is/are ... **~nuuts** *-te* newest; latest; *die ~te* the very latest, (the) up-to-the-minute *(fashion, style, design, etc.)*. **~oudste** very oldest. **~pragtigs** *-te* most beautiful, loveliest. **A~siele(dag)** *(RC)* All Souls' Day. **~uiterste** extreme, utmost; worst; *op die/sy ~* at (the) most, at the very most. **~vreesliks, ~verskrikliks** atrocious, dreadful, terrible, appalling, *(sl.)* god-awful; *die ~te rusie, (also, infml.)* the mother of all arguments/rows, the mother and father (*or* the father and mother) of an argument (*or* a row). **~vroegste:** *op die/sy ~* at the very earliest. **~weë** everywhere; on all sides, in all respects, universally; widely; *daar word ~ erken dat* ... it is universally recognised that ...

al·ler·geen *-gene, n., (med.)* allergen. **al·ler·geen** *-gene, adj.* allergenic.

al·ler·gie *-gieë* allergy; *'n ~ vir ... hê* have an allergy to ... **~wekker** allergen.

al·ler·gies *-giese* allergic; *vir ... ~ wees* be allergic to ... **al·ler·gis** *-giste* allergist, specialist in allergy.

al·les all, everything; all of it, it all, the lot; *~ in aanmerking/ag geneem/genome* after all; all in all; after/when all is said and done; *vir **almal** ~ wees* be all things to all men; *~ **behalwe*** ... anything but ...; far from ...; everything except/barring ...; →ALLESBEHALWE; *~ wat iem. **besit*** s.o.'s all; *~ aan ... **bestee/uitgee*** spend every cent/penny on ...; ***bo** ~* above all (things), more than anything else; ***bo** ~ ...* nothing if not ...; *iem. se ... (gaan) **bo/voor** ~* s.o.'s ... comes first, ... comes first with s.o.; *~ **daarop** sit* go all out; ***dit** ~* all this; all of it; ***dit** is ~* that's the lot; *~ **doen** om te* ... do anything (*or* all one can *or* everything in one's power) to ...; *~ **en** ~* all in all; the (whole) works; *'n **end** maak aan ~* end it all; ***genoeg** van ~* enough of everything; *~ **goed** en wel* all very well; *~ wat iem. in die **hande** kan kry* anything s.o. can get hold of; ***meer** as ~* more than anything; ***met** dit ~* still, nevertheless, yet; be that as it may, for all that, even so; *dit is **nie** ~ nie* it is not the be-all and end-all; *~ of **niks*** all or nothing, no half measures; *dis **nog** nie ~ nie* that's not everything (*or* quite the whole story); *~ **en nog** wat* all sorts/kinds of things; miscellanea; *(hum.)* everything but the kitchen sink; *oor ~ **en nog** wat gesels* chat about this, that and the other (*or* about anything under the sun); ***ondanks** ~* in spite of everything; against (all) the odds; *dis ~ **onsin*** that's a lot of nonsense; *~ ter wille van ... **opoffer*** give one's all for ...; *dis nie ~ **pluis/wel** nie* all is not well; *die blaam **rus** nie ~ op hom/haar nie* he/she is not entirely to blame; *dis ~ sy/haar **skuld!*** it's all his/her fault!; *nie **sommer** ~ dra/eet nie* be finicky about what one wears/eats; *iem. is tot ~ in **staat*** s.o. will do anything; *tot ~ in **staat** wees, (also)* stick/stop at nothing; *~ in ... **steek*** spend every cent/penny on ...; *iem. het ~ **teen** hom/haar, ~ is **teen** iem.* the dice are heavily loaded against s.o.; *~ **tesame*** all in all; *~ op sy **tyd*** →TYD; ***van** ~ voorsien wees, (a room etc.)* be well appointed; *dis feitlik ~ **verby*** it is all over bar/but the shouting *(infml.)*; *(nie) ~ is **verlore** (nie)* all is (not) lost; *~ is **veroorloof*** anything goes; *~ **vir** iem. wees* be all the world to s.o.; ***voor** ~* first and foremost, above all; *~ **wat*** ... everything that ...; ***wat** praat jy ~?* what on earth are you talking about?; *~ van iets **weet*** know all about s.t.. **~behalwe** not at all, far from it; →ALLES BEHALWE .... **~etend** *-e* omnivorous. **~eter** omnivore. **~leser** voracious reader. **~-of-niks-** do-or-die. **~omvattend** *-e* all-embracing, (all-)inclusive, comprehensive, exhaustive, catholic; global; *~e klousule* basket clause; *~e magtiging* blanket authority. **~oorheersend** *-e* predominant, overriding, all-important. **~oortreffend** *-e* record-breaking; outclassing, outmatching. **~vernielend** *-e* all-destroying, devastating. **~verslindend** *-e* all-devouring, omnivorous. **~verterend** *-e* all-devouring.

al·le·sins in every respect/way, in all respects; *~ geregverdig* fully justified; *dit mag ~ waar wees* it may indeed be true.

al·le·wê·reld →ALLA-.

al·li·an·sie *-sies* alliance; *'n ~ met ... aangaan* conclude/form (*or* enter into) an alliance with ...; *in ~ met* ... in alliance with ...; *'n ~ tussen state* an alliance between states.

al·li·a·sie *-sies* alloy. **al·li·eer** *ge-* ally; alloy *(metals)*.

al·lig *(arch.)* probably, in all probability; possibly, conceivably; →WELLIG.

al·li·ga·tor *-tors* alligator.

al·li·te·ra·sie *-sies, (pros.)* alliteration; stave rhyme *(esp. in old Germanic poetry)*. **al·li·te·reer** *ge-* alliterate. **al·li·te·re·rend** *-rende* alliterative.

al·loch·toon, al·log·toon *-tone, adj., (geol.)* allochthonous.

al·lo·di·aal *-diale* allodial.

al·lo·faan *n., (min.)* allophane.

al·lo·ga·mie *(bot.)* allogamy. **al·lo·gaam** *-game* allogamous.

al·log·toon →ALLOCHTOON.

al·lo·ku·sie *-sies* allocution.

al·lo·morf *-morfe* allomorph. **al·lo·mor·fies** *-fiese* allomorphic. **al·lo·mor·fis·me** allomorphism.

al·lon·ge·pruik *(hist.)* full-bottomed wig.

al·looi *-looie* alloy; quality, standard; *van die beste/suiwerste ~* of the finest quality; *iem. van daardie ~* s.o. of that kidney; *van verdagte ~* suspect, of a suspect nature. **~metaal** alloy metal. **~staal** alloy steel.

al·lo·paat *-pate, (med.)* allopath(ist). **al·lo·pa·tie** allopathy. **al·lo·pa·ties** *-tiese* allopathic.

al·lo·troop *-trope, n., (chem.)* allotrope. **al·lo·troop** *-trope,* **al·lo·tro·pies** *-piese, adj., (chem.)* allotropic; *(bot.)* allotropous; *allotrope vorm* allotrope. **al·lo·tro·pie, al·lo·tro·pis·me** *(chem.)* allotropy, allotropism.

al·lu·re *-res, (fml.)* air, manner, pretension.

al·lu·vi·aal *-viale* alluvial. **al·lu·vi·um** *-viums, -via* alluvium.

al·maar·deur *(rare)* all the time, continually.

al·mag omnipotence; *die A~* the Almighty/Omnipotent. **al·mag·tig** *-tige* almighty, all-powerful, omnipotent; *die A~e* the Almighty/Omnipotent. **al·mag·tig·heid** omnipotence.

al·mal all, everyone, everybody; *~ **behalwe*** ... →BEHALWE; *Tom/ens. **en** ~* Tom/etc. and all of them; ***hulle** ~* all of them; *(infml.)* the lot of them; *ek hou van **hulle** ~* I like them all; ***hulle** is ~* ... all of them are ...; *hou **hulle** maar ~* you may keep all of them (*or* the lot); *~ **is/was*** ... all are/were ..., everybody/everyone is/was ...; ***julle** ~* all of you; *(infml.)* the lot of you; *daar is genoeg vir **julle** ~* there is enough to go round; ***ons** ~* all of us; *~ **praat** daarvan, (also, infml.)* it is all over the place; *~ **saam*** all together; *~ **sonder uitsondering*** one and all, to a man; *dit is ~ **teen** ~* it is (a case of) dog eat dog; *~ **tegelyk*** all at the same time; as one; ***vir** ~* all round; ***vir** ~ alles wees* be all things to all men; *~ voor die **voet*** all and sundry.

al·ma ma·ter *(often A~ M~)* alma mater.

al·ma·nak *-nakke* almanac, calendar.

al·man·dien *(min.)* almandine.

al·mas·kie →ALMISKIE.

al·me·le·we *(arch.)* always, all the time, continually; usually; *~ laat wees* keep coming late.

al·mid·del *-dels, -dele* panacea.

al·mis·kie *(arch.)* all the same, notwithstanding, nevertheless, even so; *dis (nou) nie ~ nie* that's a fact; there is no doubt about it; there are no two ways about it.

al·mo·ënd·heid almightiness, omnipotence; *die A~* the Almighty/Omnipotent.

al·mu·kan·tar *(astron.)* almucantar.

a·lo·ïen *(chem.)* aloin.

al·om, al·om everywhere, on all sides; *dit is ~ bekend* it is common knowledge. **al·om·be·kend, al·om·be·kend** *-kende* widely known. **al·om·be·kend·heid, al·om·be·kend·heid** wide reputation/renown. **al·om·teen·woor·dig, al·om·teen·woor·dig** omnipresent, ubiquitous. **al·om·teen·woor·dig·heid, al·om·teen·woor·dig·heid** omnipresence, ubiquity. **al·om·vat·tend, al·om·vat·tend** *-tende* all-embracing, (all-)inclusive, comprehensive, exhaustive, catholic; *~e magtiging* blanket authority.

al·ou·e ancient, antique; time-honoured *(tradition)*.

al·pak·ka[1] *-kas, (zool.)* alpaca. **~(wol)** alpaca.

al·pak·ka[2] nickel/German silver.

Al·pe: *die ~* the Alps; *ten suide van die ~* ultramontane.

al·pe- *comb.* Alpine. **~bessie** *Empetrum nigrum.* **A~dal** Alpine valley. **~gloed** alpenglow. **~horing** alp(en)horn. **~roos** rhododendron, mountain rose. **~sport** Alpine sports. **~stok** alpenstock. **~viooltjie** cyclamen, sowbread.

al·phonse la·val·lée *(grape)* Alphonse Lavallée.

Al·pien *-piene* Alpine. **Al·pyns** *-pynse* Alpine.

al·pi·nis *-niste, (mountaineer)* alpinist. **al·pi·nis·me** *(mountaineering)* alpinism.

al·reeds already; →REEDS.

al·ruin *-ruine, (bot.)* mandrake, mandragora.

als[1] →ALLES.

als[2], **al·sem(·kruid)** *(Artemisia absinthium)* wormwood, absinth(e).

al·sien·de, al·sien·de all-seeing; *die A~* the All-seeing. **al·siend·heid** all-seeingness.

al·sy·dig =*dige* universal, all-round; many-sided; all-purpose *(vehicle etc.)*; *~e kennis* all-round knowledge. **al·sy·dig·heid** universality; many-sidedness.

alt *alte* alto; contralto. **~blokfluit** alto/treble recorder. **~fluit** alto flute. **~hobo** cor anglais, English horn. **~horing** althorn, alto horn. **~party** (contr)alto part. **~saksofoon** alto sax(ophone). **~sangeres** contralto; alto. **~sleutel** alto clef. **~speler, ~violis** viola player, *(Am.)* violist. **~stem** contralto (voice). **~viool** viola.

al·taar, al·taar =*tare* altar; *draagbare ~* viaticum; *'n meisie na die ~ lei* lead a girl to the altar. **~brood** altar bread. **~dienaar** acolyte. **~doek, ~kleed** altar cloth, frontlet, frontal. **~kelk** chalice. **~klokkie** *(RC)* sacring bell. **~skildery, ~stuk** reredos, altarpiece; predella.

Al·ta·ïes =*taïese* Altaic *(languages)*.

Al·ta·ïr *(astron.)* Altair.

al·tans at least, anyway, anyhow, at any rate.

al·te very, extremely; all/only too, *(infml.)* crashingly *(obvious etc.)*; →AL *adj., adv., pron.*, ALTEVEEL; *~ bekommerd* overanxious; *~ eerlik* honest to a fault; *'n ~ gawe meisie/ou* a really nice girl/guy; *~ goed* good to a fault; *iets maar ~ goed weet* know s.t. only too well; *dis ~ jammer* it's/that's too bad; *~ oud* quite too old, too old altogether; *~ seker* most certainly, by all means; *~ slim, (infml., derog.)* clever-clever; *~ veel* overmuch; far too much; undue; unduly; *~ versigtig* (far) too careful; *nie ~ vinnig nie* not of the quickest; *dis maar ~ waar* it's only too true.

al·te·mit(s) perhaps, maybe; *dis (nou) nie ~ nie* that's a fact; there is no doubt about it; there are no two ways about it.

al·te·ra·sie =*sies, (mus.)* alteration; *(rare)* commotion, excitement.

al·ter e·go =*go's* alter ego.

al·ter·na·tief =*tiewe, n.* alternative; *as ~* in the alternative; *'n ~ vir ...* an alternative to/for ... **al·ter·na·tief** =*tiewe, adj.* alternative *(fuel, comedy, energy, technology, therapy, etc.)*; *~tiewe gemeenskap* alternative society; *~tiewe geneeskunde* alternative/complementary medicine; *~tiewe kultuur* alternative society; counterculture; *~tiewe standaard, (coinage)* double standard, bimetallism. **al·ter·na·tie·we·ling** counterculturist. **al·ter·na·tor** =*tors,* =*tore, (elec.)* alternator. **al·ter·neer** *ge*= alternate; *alternerende reeks/stroom* alternating series/current.

al·te·saam, al·te·sa·me (al)together, in all/total, all told; *vir ~ ...* for a total of ...

al·te·veel, al·te·vol *(arch.)* all too, extremely, definitely; →ALTE VEEL; *~ 'n mooi kind* certainly a lovely child.

al·ti·me·ter *(aeron.)* altimeter. **al·ti·me·trie** altimetry.

al·to·cu·mu·lus *(meteorol.)* altocumulus.

al·toos *(arch.)* always; →ALTYD.

al·tri·si·eel =*siële, (orn.)* altricial; *altrisiële voël* altricial (bird).

al·tru·ïs·me altruism. **al·tru·ïs** =*truïste* altruist. **al·tru·ïs·ties** =*tiese* altruistic.

al·twee →AL TWEE, ALBEI.

al·tyd always, at all times, all along; in actual fact, actually; *~ so bly* go on forever (*or* for ever); *ewig en ~* →EWIG *adj. & adv.*; *as iem. te laat kom vir die bus, kan hy/sy (nog) ~ loop* if s.o. misses the bus he/she could always walk; *dit was ~ 'n leeu/ens.* it actually was a lion/etc.; *iem. het iets nog ~ gedoen* s.o. has always done s.t.; *ek het jou nog ~ liefgehad* I have always loved you, I have loved you with an everlasting love; *iem. woon nog ~ in ...* s.o. is still living in ...; *ongelukke gebeur ~* accidents will happen; *oral(s) en ~, ~ en oral(s)* whenever and wherever, wherever and whenever; *soos ~* as always; *van ~ af, (referring to the past)* always; *vir (ewig en) ~* forever, for ever; *(more emphatic)* for evermore, forever more; for keeps; for all time; for good (and all); *vir ~ aanhou/(voort)duur* go on forever (*or* for ever); *vir eens en ~* once and for all; *vir eens en ~ verby wees* be over and done with; *~ weer* again and again. **~bos(sie)** *Staavia radiata*. **~deur** continually, throughout, all the time. **~durend** =*e* everlasting, permanent, perpetual. **~groen** evergreen.

a·lu·del =*dels, (chem.)* aludel.

a·luin =*luine, (chem.)* alum. **~aarde** aluminium oxide, alumina. **~houdend** =*e* aluminiferous, aluminous. **~leer** whitleather, white leather. **~looiery** tawery; tawing. **~poeier** powdered alum. **~steen** alum stone; →ALUNIET.

a·luin·ag·tig =*tige* aluminous.

a·lu·mi·na *(chem.)* alumina, aluminium oxide. **~houdend** =*e* aluminous.

a·lu·mi·naat =*nate* aluminate. **a·lu·mi·ni·seer** *ge*= aluminise.

a·lu·mi·ni·um *(chem., symb.: Al)* aluminium. **~foelie** aluminium foil. **~houdend** =*e* aluminiferous, aluminous. **~verf** aluminium paint.

a·lu·mi·ni·um·ag·tig =*tige* aluminous.

a·lum·nus =*lumni, (masc.)* alumnus, ex-student. **a·lum·na** =*nas, (fem.)* alumna, ex-student.

a·lu·niet alunite; →ALUINSTEEN.

a·lu·ro- *comb.* ailuro-.

a·lu·ro·fi·lie *(love of cats)* ailurophilia. **a·lu·ro·fiel** ailurophile.

Al·va·der All-father.

al·ve·ool =*veole* alveolus. **al·ve·o·lêr** =*lêre, n. & adj.* alveolar.

al·ver·mo·ë omnipotence. **al·ver·mo·ënd** =*moënde* omnipotent; *die A~e* the Omnipotent.

al·ver·slin·dend =*dende* all-devouring, omnivorous.

al·vlees-, al·vleis-: **~klier** pancreas. **~klierontsteking** pancreatitis. **~sap** pancreatic fluid/juice.

al·vo·rens *(fml.)* before, until, previous/prior to.

al·waar *(fml.)* where; wherever.

al·we·tend =*tende* all-knowing, omniscient. **al·we·tend·heid** omniscience. **al·we·ter** =*ters, (derog.)* know-all, wise guy, smart alec(k), *(sl.)* smartarse.

al·wys =*wyse* all-wise; *die A~e* the All-wise. **al·wys·heid** supreme wisdom.

Alz·hei·mer·siek·te *(also a~, med.)* Alzheimer's (disease).

a·maas *(med.)* amaas, alastrim.

A·ma·bo·ko·bo·ko: *die ~, (infml.: SA rugby team)* Amabokoboko.

a·ma·lai·ta, ma·lai·ta =*tas, (arch.)* amalaita, gangster, ruffian, thug.

A·ma·lek *(OT)* Amalek. **A·ma·le·kiet** =*kiete* Amalekite.

a·mal·gaam =*game* amalgam. **a·mal·ga·ma·sie** =*sies* amalgamation. **a·mal·ga·meer** *ge*= amalgamate.

a·man·del =*dels* almond; *(geol.)* amygdale. **~(boom)** almond (tree). **~boord** almond orchard. **~geursel** almond essence. **~houdend** =*e, (geol.)* amygdaloidal. **~koekie** macaroon. **~olie** almond oil, oil of almonds. **~oog** almond-shaped eye. **~pasta** almond paste. **~perske** almond peach. **~steen** *(min.)* amygdaloid. **~suur** mandelic acid. **~tameletjie** hardbake. **~vlokkies** *(pl.)* flaked almonds. **~vormig** =*e* almond-shaped, amygdaloid; *met ~e oë* almond-eyed.

a·man·del·ag·tig =*tige* almond-like, amygdaline.

a·ma·ndla *(Xh.: power)* amandla.

a·ma·nu·en·sis =*sisse, (Lat.)* amanuensis, assistant.

a·ma·ra bitter medicine.

a·ma·rant =*rante, (bot. or poet.)* amaranth; love-lies(-a)-bleeding; tumbleweed; pigweed. **~hout** blue ebony, purple wood.

a·ma·ril emery. **~doek, ~katoen** emery cloth. **~papier** emery paper. **~skyf** emery wheel. **~vyl** emery board.

a·ma·ril·lis =*lisse, (bot.)* amaryllis, belladonna/March lily.

A·ma·so·ne *(Gr. myth.)* Amazon; *die ~(rivier)* the Amazon (River).

a·ma·so·ne *(tall, strong, masculine woman; tropical Am. parrot)* amazon. **~mier** amazon ant. **~steen, a·ma·so·niet** amazon stone, amazonite.

a·ma·teur =*teurs* amateur, non(-)specialist; *rou ~* rank amateur. **~skilder** amateur/Sunday painter. **~toneel** amateur acting/theatre.

a·ma·teur·ag·tig =*tige* amateurish, unprofessional, dilettant(e)ish, dilettante. **a·ma·teu·ris·me** amateurism. **a·ma·teurs·werk** amateurish/unskilled work.

A·ma·ton·ga·land →TONGALAND.

a·mau·ro·se →AMOUROSE.

am·bag =*bagte* (handi)craft, trade; occupation; *'n ~ beoefen/uitoefen* carry on (*or* pursue) a trade; ply/practise a craft; *'n ~ kies* take up a trade; *'n ~ leer* learn a trade, learn/master a craft; *'n man van twaalf ~te en dertien ongelukke* (a) jack of all trades (and master of none); *'n timmerman/ens. van ~* a carpenter/etc. by trade. **~skool** trade school.

am·bags-: **~kuns** (arts and) crafts. **~leerling** apprentice. **~man** =*manne,* =*lui,* =*mense* artisan, craftsman. **~opleiding** vocational/technical training.

am·bags·heer *(hist.)* lord of the manor. **am·bags·heer·lik·heid** *(hist.)* manor.

am·bag·te·lik =*like, (fml.)* professional, craft.

am·bas·sa·de =*des* embassy. **~raad** counsellor of an embassy.

am·bas·sa·deur =*deurs* ambassador; *buitengewone ~* ambassador extraordinary; *gevolmagtigde ~* ambassador plenipotentiary. **am·bas·sa·dri·se** =*ses (fem., rare)* ambassadress.

am·bas·sa·deurs-: **~vrou** ambassador's wife. **~woning** embassy.

am·ber amber. **~boom** (American) sweet gum, liquidambar; *Anthospermum* spp. **~geur** odour of amber(gris). **~grys** ambergris. **~hout** satin walnut. **~kleurig** =*e* amber(-coloured), fustic. **~steen** (yellow) amber. **~vet** *(chem.)* ambrein.

am·bi- *comb.* ambi-.

am·bi·ance *(Fr.)* ambience, ambiance.

am·bi·dek·ster =*sters* ambidexter. **am·bi·deks·trie** ambidexterity.

am·bi·gu·ï·teit ambiguity.

am·bi·sek·su·eel, am·bo·sek·su·eel =*ele, (biol.)* ambi-, ambosexual.

am·bi·sie =*sies* ambition; *iem. se ~ is om te ...* s.o.'s ambition is (*or* s.o. is ambitious) to ...; *iem. se sterk ~* s.o.'s towering/vaulting ambition; *jou ~ verwesen(t)lik* achieve/realise one's ambition; *vol ~ wees* be full of ambition, *(infml.)* be a go-getter. **am·bi·si·eus** =*euse meer* =*euse die mees* =*euse* ambitious, aspiring; *(al)te ~* overambitious.

am·bi·so·ni·ka ambisonics. **am·bi·so·nies** ambisonic.

am·bi·va·len·sie ambivalence. **am·bi·va·lent** =*lente* ambivalent; *(infml., euph.: bisexual)* ambivalent, AC/DC.

am·bli·go·niet *(min.)* amblygonite.

Am·boi·na, Am·bon *(geog.)* Amboina, Ambon. **Am·bo·nees** =*nese, n. & adj.* Amboinese.

am·bo·sek·su·eel →AMBISEKSUEEL.

am·braal *(arch.: children's game)* ambraal.

am·bra·ïen *(chem.)* ambrein.

am·bro·si·a *(myth.; fig.; bot.)* ambrosia. **~kewer** ambrosia beetle.

am·bu·lans =*lanse* ambulance. **~diens** ambulance service. **~man, ~vrou** ambulanceman, -woman. **~trein** hospital train. **~wese** ambulance service.

am·bu·lant =*lante* ambulant, ambulatory *(patient etc.)*.

a·me·be =*bes* amoeba. **~disenterie, ~buikloop** amoebic dysentery.

a·me·be·ag·tig =*tige* amoeba-like, amoeboid, amoebiform. **a·me·bi·a·se** amoebiasis. **a·me·bies** =*biese* amoebic. **a·me·bo·ïed** =*boïede, adj.* amoeboid.

a·meg·tig =*tige, (rare)* breathless, out of (*or* panting for) breath, winded, blown. **a·meg·tig·heid** breathlessness.

A·men, A·mon *(Eg. myth.)* Amen, Amon.

a·men =*mens* amen; *~ op iets sê* say amen (*or* give one's blessing) to s.t.; *op alles (ja en) ~ sê* agree to anything; *so seker soos ~ in die kerk* you can bet your bottom dollar.

a·men·deer *ge*= amend. **a·men·de·ment** =*mente* amendment; *'n ~ aanvaar* accept an amendment; *van 'n ~ kennis gee* give notice of an amendment; *'n ~ voorstel* propose an amendment; *'n ~ op 'n voorstel* an amendment to a motion.

a·me·nor·ree *(med.)* amenorrhoea.
A·me·ra·si·ër Amerasian. **A·me·ra·sies** Amerasian.
A·me·ri·ca·na, A·me·ri·ka·na Americana.
A·me·ri·ka America. **A·me·ri·kaans** *-kaanse* American; *~e adelaar* American eagle; ***eksklusief*** *(of* ***deur en deur*** *of* ***tipies****)* ~ all-American; *~e* ***Engels*** American English; *~e* ***Indiaan/inboorling*** Native American; *~e* ***orrel,*** *(mus.)* American organ; *~e* ***veghond/vegbulterriër*** (American) pit bull (terrier); *die ~e* ***vlag*** the American flag *(or [infml.]* Stars and Stripes *or* Star-Spangled Banner). **A·me·ri·ka·ner** *-ners* American. **a·me·ri·ka·ni·sa·sie, a·me·ri·ka·ni·se·ring** Americanisation. **a·me·ri·ka·ni·seer** *ge-* Americanise. **A·me·ri·ka·nis·me** *-mes* Americanism. **A·me·ri·ka·nis·tiek** American studies.
a·me·ri·ki·um, a·me·ri·si·um *(chem., symb.:* Am.*)* americium.
a·me·tis *-tisse, -tiste* amethyst. **~kleurig** *-e* amethyst(ine).
a·me·tis·ag·tig *-tige* amethystine.
a·meu·ble·ment, meu·bel·ment, meu·ble·ment *-mente* furniture; set/suite of furniture.
am·fe·ta·mien *-miene, (med.)* amphetamine.
am·fi·bie *-bieë, (zool.)* amphibian (animal); *(in the pl., A~)* Amphibia. **am·fi·bies** *-biese, (zool.)* amphibian; *(biol., mil.)* amphibious; *~e* ***dier*** amphibian (animal); ***paddas*** *is ~ (of ~e diere)* toads are amphibious; *~e* ***ruspe(r)-/ruspe(r)band-/kruipbandvoertuig,*** *(mil.)* amtrac(k); *~e* ***tenk*** amphibious tank; *~e* ***vliegtuig/voertuig*** amphibian.
am·fi·bo·liet *(min.)* amphibolite.
am·fi·bool *-bole, (min.)* amphibole.
am·fi·brag *-bragge, (pros.)* amphibrach. **am·fi·brag·gies** *-giese* amphibrachic.
am·fik·ti·o·nie *(Gr. hist.)* amphictyony.
am·fi·oen →OPIUM.
am·fi·pode amphipod. **am·fi·po·dies** amphipod.
am·fi·te·a·ter *-ters* amphitheatre; *natuurlike ~* cirque.
am·foor *-fore,* **am·fo·ra** *-ras, (ancient Gr./Rom. jar/jug with two handles)* amphora.
Am·ha·ra *(geog.)* Amhara. **Am·haar** *-hare, (inhabitant)* Amhara. **Am·haars** *-haarse,* **Am·ha·ries** *-riese, n. & adj.* Amharic.
a·mi·ce *(Lat.)* (my) dear friend.
a·mied *-miede, (chem.)* amide.
a·miel *-miele, (chem.)* amyl. **~asetaat** amyl acetate.
a·mien *-miene, (chem.)* amine.
A·mies *adj.* Amish; *die ~e Doopsgesindes* the Amish.
a·mig·da·lien *-liene, (chem.)* amygdalin.
a·mi·kaal *-kale, (rare)* amicable, friendly.
a·mikt *-mikte, (relig.)* amice; superhumeral.
a·mi·la·se *-ses, (chem.)* amylase.
a·mi·lo·ïed *-loïede, n. & adj., (chem., med.)* amyloid.
a·mi·lo·li·se *(biochem.)* amylolysis. **a·mi·lo·li·ties** *-tiese* amylolytic.
a·mi·lo·se *-ses, (biochem.)* amylose.
a·mi·no-: **~(-)alkohol** amino alcohol. **~suur** *(chem.)* amino acid; *essensiële/noodsaaklike ~* essential amino acid.
a·mi·o·tro·fie *(pathol.)* amyotrophy.
a·mi·to·se *(biol.)* amitosis. **a·mi·to·ties** *-tiese* amitotic.
am·me·ter *-ters* →AMPÈREMETER.
am·mo·ni·a ammonia (water), liquid/aqueous ammonia.
am·mo·ni·ak ammonia. **~gas** ammonia. **~gom** (gum) ammoniac. **~sout** sal ammoniac.
Am·mo·niet *-niete, (OT)* Ammonite. **Am·mo·ni·ties** *-tiese* Ammonite.
am·mo·niet[1] *-niete, (palaeontol.)* ammonite.
am·mo·niet[2] *-niete, (explosive)* ammonite.
am·mo·ni·um *(chem.)* ammonium. **~chloried** ammonium chloride, sal ammoniac. **~diuranaat** *(phys.)* yellowcake. **~hidroksied** ammonium hydroxide, spirits of hartshorn.
am·mons·ho·ring *(palaeontol.)* ammonite.
am·mu·ni·sie ammunition. **~wa** ammunition wag(g)on, caisson.
am·ne·sie, am·ne·sie amnesia, loss of memory.
am·nes·tie *-ties,* **am·nes·tie** *-tieë* amnesty; *'n ~* ***afkondig*** declare an amnesty; *'n* ***algemene*** *~ vir ...* a general amnesty for ...; *A~* ***Internasionaal,*** *(abbr.: AI)* Amnesty International; *~* ***aan iem. verleen*** grant (an) amnesty to s.o.; *ingevolge 'n ~* ***vrygelaat*** *word* be released under an amnesty.
am·ni·o·sen·te·se *(med.)* amniocentesis.
a·mok amok, amuck; *~ maak* run amok/amuck, go berserk, be/go on the rampage, run riot.
A·mor *(Rom. god of love)* Amor.
a·mo·ra·lis·me, a·mo·ra·li·teit amoralism, amorality. **a·mo·reel** *-rele* amoral, non(-)moral.
a·mo·reus *-reuse* amorous.
a·morf *-morfe,* **a·mor·fies** *-fiese* amorphous, undifferentiated. **a·mor·fis·me** amorphism.
A·mo·riet *-riete, (OT)* Amorite.
a·mor·ti·sa·bel *-bele* amortisable, redeemable.
a·mor·ti·sa·sie *-sies* amortisation, redemption *(of a loan).* **~fonds** sinking fund.
a·mor·ti·seer *ge-* amortise, redeem *(a loan).*
A·mos *(OT)* Amos.
a·mo·siet *(min.)* amosite.
a·mou·ro·se *(med.)* amaurosis.
amp *ampte* position, office, place, post, charge; incumbency, dignity; →AMPS-; *'n ~* ***aanvaar*** assume (an) *(or* take) office; *'n ~* ***beklee*** hold *(or* serve in an) office; *iem. in 'n ~* ***herstel*** reinstate s.o. in an office; *uit* ***hoofde*** *van sy/haar amp ~* by virtue of his/her office; *'n ~* ***neerlê*** retire from office; *iem. van 'n ~* ***onthef*** relieve s.o. of an office; *('n) bakker/ens.* ***van*** *~ wees* be a baker/etc. by trade; *'n ~* ***vervul*** perform a function. **~genoot** →AMPSGENOOT. **~saak** official matter. **~seël** official seal, seal of office. **~serp** sash of office. **~sierade** *(pl.)* regalia. **~staf** *(parl.)* mace.
am·per almost, nearly, *(poet., liter.)* well-nigh; ***baie*** *~* very nearly; ***ek dink*** *~ ...* I am inclined to think ...; *dit is ~* ***maar*** *nog nie* it is near the mark; *~* ***nie*** hardly, barely, scarcely; *~* ***nooit*** scarcely/hardly ever; *dis ~* ***sesuur/ens.*** it's going on (for) six/etc. o'clock; *~* ***sewentien/ens.*** *wees* be sixteen/etc. going on (for) seventeen/etc.; ***so*** *~* very nearly; ***so*** *~ ...* all but ...; *dit was* ***so*** *~(tjies)* it was a close/near thing *(or* a narrow squeak); *~ is (nog) nie* ***stamper*** *nie* a miss is as good as a mile; don't count your chickens (before they are hatched). **~-amper** very nearly, within an inch/ace of. **~broekie** *(dated)* scanties, scanty panty. **~-dood-ervaring** near-death experience. **~hoekig** subangular. **~-kook** scald.
am·pè·re *-père(s), (elec.)* ampere. **~meter** ammeter.
am·pers, am·per·tjies →AMPER.
am·per·sand *(the character &)* ampersand.
am·pli·fi·ka·sie amplification. **am·pli·fi·seer** *ge-* amplify.
am·pli·tu·de *-des* amplitude. **~modulasie** amplitude modulation.
amps-: **~aanvaarding** assumption of *(or* accession to) office. **~bediening** (tenure of) office, incumbency; discharge of duties. **~bekleder, ~bekleër** office bearer/holder, official, functionary, *(eccl.)* incumbent. **~bekleding** →AMPSBEDIENING. **~besigheid** official duty/function. **~besoek** official visit. **~beurt** tour of duty. **~broeder** *(eccl.)* colleague. **~draer** office bearer/holder, official, functionary, *(eccl.)* incumbent. **~duur** term/period/tenure of office. **~eed** oath of office. **~gebied** jurisdiction. **~geheim** official secret; professional secret. **~genoot** colleague; counterpart, opposite number. **~gewaad** official robes, robes of office. **~halwe** officially, by virtue of one's office, ex officio. **~ketting** chain of office. **~kleed, ~kleding** →AMPSGEWAAD. **~misbruik** abuse of office/power. **~misdryf, ~oortreding** *(jur.)* misfeasance; *(jur.)* malfeasance; official misdemeanour. **~motor** official car. **~ontrou** *(jur.)* malversation. **~plig** official duty; professional duty. **~reis** official journey/tour/trip. **~taal** →AMPTELIKE TAAL. **~teken** badge/symbol/insignia of office. **~termyn, ~tyd** →AMPSDUUR. **~titel** official title. **~toelaag, ~toelae** official allowance. **~versuim** dereliction of (official) duty. **~vervulling** discharge of (official) duties. **~voorganger** predecessor in office. **~wag** *(SA Nat. Assembly)* sergeant (at arms), serjeant at arms; *(SA: Nat. Council of Provinces)* (Usher of the) Black Rod. **~weë:** *van ~* →AMPSHALWE. **~woning** official residence.
amp·te·lik *-like* official; formally; professional; *~e geheim* official secret; *Wet op A~e Geheime* Official Secrets Act; *~e ondersoek* public inquiry *(into s.o.'s death etc.)*; *~e taal* official language.
amp·te·naar *-nare* functionary, official, officer; →STAATSAMPTENAAR; *A~ belas met die uitoefening van die uitvoerende gesag, (hist.)* Officer administering the government; *'n (verwaande) ~tjie* a petty official/bureaucrat, *(Br.)* a jack-in-office. **amp·te·naars·wê·reld** officialdom, official world. **amp·te·na·re·dom** officialdom, bureaucracy. **amp·te·na·re·stad** city of officials *(or* civil servants). **amp·te·na·re·taal** officialese. **amp·te·na·ry** officialdom, bureaucracy.
am·pul *-pulle* ampulla; *(med.)* ampoule.
am·pu·ta·sie *-sies* amputation. **am·pu·teer** *ge-* amputate.
Am·ster·dam·mer *-mers* inhabitant/native of Amsterdam, Amsterdam(m)er. **Am·ster·dams** *n.* Amsterdam dialect. **Am·ster·dams** *-damse, adj.* (of) Amsterdam.
a·mu·let *-lette* amulet, periapt; charm, mascot, talisman.
a·mu·sant *-sante -santer -santste* amusing, entertaining, diverting; *iets ~ vind* be amused at/by s.t., find s.t. amusing. **a·mu·seer** *ge-* amuse, divert, entertain, *(infml.)* tickle; *jou ~* have fun *(or* a good time), enjoy o.s.; *jou ~ deur te ...* amuse o.s. by ...; *deur iets geamuseer word* be amused at/by s.t.; *jou met iets ~* have fun *(or* amuse o.s.) with s.t.; keep o.s. amused with s.t.. **a·mu·se·ment** *-mente, (rare)* amusement, pastime, entertainment.
a·naal *-nale* anal; *anale aanhangsel* cercus, anal appendage; *anale opening* anal (orifice).
A·na·bap·tis·me Anabaptism. **A·na·bap·tis** *-tiste* Anabaptist. **An·a·bap·tis·ties** *-tiese* Anabaptist.
a·na·bo·lie, a·na·bo·lis·me *(biol.)* anabolism. **a·na·bo·lies** *(biol., med.)* anabolic; *~e steroïed* anabolic steroid.
a·na·boom *-bome, (Acacia albida)* ana tree.
a·na·cho·reet *-rete, (hist.)* anchorite, anchoret, hermit.
a·na·chro·nis·me, a·na·kro·nis·me *-mes* anachronism. **a·na·chro·nis·ties, a·na·kro·nis·ties** *-tiese* anachronistic.
an·a·ë·roob *-robe, n., (biol.)* anaerobe, anaerobium. **an·a·ë·roob** *-robe,* **an·a·ë·ro·bies** *-biese, adj.* anaerobic. **an·a·ë·ro·bi·o·se** *(life in the absence of free oxygen)* anaerobiosis.
a·na·fi·lak·sie *(med.)* anaphylaxis. **a·na·fi·lak·ties** *-tiese* anaphylactic.
a·na·foor *-fore,* **a·na·fo·ra** *-ras, (gram., rhet.)* anaphora. **a·na·fo·ries** *-riese* anaphoric.
an·a·fro·di·sie *(med.)* anaphrodisia. **an·a·fro·di·si·a·kum** anaphrodisiac. **an·a·fro·di·sies** anaphrodisiac.
a·na·gram *-gramme* anagram.
a·na·ko·loet *-loete, (rhet.)* anacoluthon.
a·na·kon·da *-das, (zool.)* anaconda.
A·na·kre·on *(Gr. poet)* Anacreon. **A·na·kre·on·ties** *-tiese* Anacreontic.
a·na·kro·nis·me →ANACHRONISME.
an·al·fa·beet *-bete, n.* illiterate (person), non(-)reader. **an·al·fa·be·ties** *-tiese, adj.* illiterate. **an·al·fa·be·tis·me** illiteracy.
a·nal·ge·sie, a·nal·gie *(med.: inability to feel pain)* analgesia, analgia. **a·nal·ge·ties** *-tiese* analgesic. **a·nal·ge·ti·kum** *-tikums, -tika* analgesic.
a·na·lis *-liste,* **a·na·li·ti·kus** *-tikusse, -tici* analyst. **a·na·li·sant** analysand. **a·na·li·sa·tor** *-tors, -tore* analyser;

(electronic) probe. **a·na·li·se** -ses analysis. **a·na·li·seer** ge- analyse. **a·na·li·seur** -seurs →ANALISATOR. **a·na·li·ties** -tiese analytic(al); ~e sielkunde/psigologie analytic(al) psychology.

a·na·lo·gie -gieë analogy; 'n ~ tussen ... en ... aantoon draw an analogy between ... and ...; na ~ van ... on the analogy of ...; by analogy with ... **~rekenaar** analog computer. **~vorm** analogical form.

a·na·lo·gies -giese analogic(al). **a·na·lo·gon** -logons, -loga analogue. **a·na·loog** -loë, adj. analogous, similar; ~ aan/met ... analogous to/with ...; analoë orgaan, (biol.) analogue.

an·am·ne·se -ses, (med.) anamnesis.

an·a·mor·fis·me (geol.) anamorphism.

an·a·mor·fo·se -ses, (opt., biol.) anamorphosis; anamorphism.

a·nan·dries -driese, (bot.) anandrous (flower).

a·na·pes -peste, (pros.) anapaest. **a·na·pes·ties** -tiese anapaestic.

a·na·plas·mo·se (vet. sc.) anaplasmosis, gallsickness.

a·na·plas·tiek (med.) anaplasty.

a·nap·tik·sie (ling.) anaptyxis.

a·nar·gie anarchy. **a·nar·gies** -giese anarchic(al). **a·nar·gis** -giste anarchist. **a·nar·gis·me** anarchism. **a·nar·gis·ties** -tiese anarchist.

an·as·tig·maat -mate anastigmat. **an·as·tig·ma·ties** -tiese, anastigmatic (lens, optical device).

a·na·stro·fe -fes, (rhet.) anastrophe, inversion.

a·na·taas (min.) anatase, octahedrite.

a·na·te·ma, a·na·te·ma -mas anathema.

A·na·to·li·ë (geog.) Anatolia. **A·na·to·li·ër** -liërs Anatolian. **A·na·to·lies** -liese Anatolian.

a·na·to·mie anatomy. **a·na·to·mies** -miese anatomical. **a·na·to·mi·seer** ge- anatomise, dissect. **a·na·toom** -tome anatomist.

An·da·lu·si·ë (geog.) Andalusia. **An·da·lu·si·ër** -siërs Andalusian. **An·da·lu·sies** -siese Andalusian.

an·da·lu·siet (min.) andalusite.

An·da·ma·ne (geog.) Andamans, Andaman Islands. **An·da·ma·nees** -nese, n. & adj. Andamanese. **An·da·mans** -manse: ~e See Andaman Sea.

an·dan·te (mus.) andante, moderately slow. **an·dan·ti·no** (mus.: slightly faster than andante) andantino.

an·der n.: al die ~ all the others; ***ander(e)*** others; ***die*** ~ other people, others; die ***een*** het die ~ verwyt they blamed each other (or one another); die ***een*** met die ~ taken as a whole; ***'n*** ~ another; ***nes*** (of ***net soos***) al die ~ like the rest of them; ***onder*** ~e among(st) other things, inter alia, including; ***tot*** ~ gerigte samelewing other-directed society. **an·der** adj. another; other; die ~ ***dag*** (the) next day; the other day, recently; al om die ~ ***dag*** every other/second day; al om die ~ ***dag*** werk work on alternate days; 'n ~ ***deuntjie/liedjie/wysie*** sing, (fig.) change one's tune, sing another (or a different) tune; jy is (ook) 'n ~ ***een!*** you're a nice one!; aan die ~ ***ent*** van die wêreld at the back of beyond; daar is geen ~ ***genade*** nie as om te ... →GENADE; die ~ ***geslag*** the opposite sex; ***glad*** 'n ~ ding/saak quite another matter; a different (or whole new) ball game; ~ ***jaar/maand/week*** next year/month/week; ~ ***kant/sy,*** (fig.) flip side; aan die ~ ***kant*** →KANT[1] n.; ~ ***klere*** aantrek →AANTREK; 'n ~ ***(man)*** →ANDERMAN; die ~ ***man/vrou*** the other man/woman; 'n ~ ***mens*** wees be a changed/different/new man/person/woman; ***niks*** ~s as ... nie →ANDERS adj. & adv.; iem. na die ~ ***plek*** wens/stuur send s.o. packing; 'n ***totaal*** ~ persoon quite another person; in die ~ ***tyd*** wees, (infml.: be pregnant) have a bun in the oven, be preggers/preggy (or in the pudding club or in the family way); 'n lawaai van die ~ ***wêreld*** →WÊRELD; met ~ ***woorde*** →WOORD. **~daags** -e on every second day; ~e koors tertian fever. **~dag** (on) another day, another time, later (on). **~deels** on the other hand; partly; eensdeels ..., ~ ... partly ..., partly ...; on the one hand ..., on the other hand ... **~ding** →DINGES. **~half** -halwe one and a half; ~/anderhalwe jaar a year and a half, eighteen months; ~ maal soveel half as much/many again; ~/anderhalwe minuut one and a half minutes; ~/anderhalwe uur an hour and a half. **~kant** adv. on the other/far side, at the far end, beyond; overleaf; ~ toe across, to the other/far side; ~ toe kyk look the other way; net toe iem. ~ toe kyk as soon as s.o.'s back was turned. **~kant** prep. across, beyond, on the other/far side of. **~kants(t)e** opposite. **~land** foreign country; in ~ abroad; ~ toe gaan go abroad. **~maal** again, once more, a second time. **~man, 'n ander (man)** s.o. else; a stranger; ~ se boeke/briewe (of andermansboeke/-briewe) is duister om te lees no one can read another's mind; dis ~ se goed (of andermansgoed) that doesn't belong to you; met ~ se kalf ploeg →KALF n.; jou voete onder ~ se tafel (of andermanstafel) steek live under s.o.'s roof, eat at s.o.'s table. **~pad** (by) another way/road; in a different direction; ~ kyk look away, look the other (or another) way. **~plek** elsewhere, in another place. **~sins** otherwise, in another way. **~soortig** -e different (in kind), dissimilar, unlike. **~syds** on the other hand. **~talig** →ANDERSTALIG.

an·ders -derse, adj. & adv. different(ly); else; otherwise, or else; unalike; (infml.) funky; usually, normally; →ANDER adj.; ~ ***as...*** as distinct from ...; unlike ...; ~ ***as*** ... wees differ from ...; be different from ...; be dissimilar to ...; X, ~ ***as*** Y, ... X, unlike Y, ...; ***ek dink*** ~ daaroor I disagree with you there, I hold/take a different view, I have/hold (or am of) a different opinion; hoe kan iem. dit ~ ***doen?*** how else can s.o. do it?; wat kon iem. ~ ***doen*** (as om ...)? what else could s.o. do (but ...)?; ***êrens*** ~ →ÊRENS; ***glad*** iemand ~ quite another person; ***glad*** iets ~ a horse of another (or of a different) colour; iets is ***glad/heel*** ~ s.t. is far/quite different; iets ***glad/heeltemal/totaal*** ~ something quite different; ***iemand*** ~ →IEMAND; dit is ***iets*** ~, (also) that is something else; iets ~ ***insien*** see s.t. differently; have second thoughts about s.t.; iem. ***is*** ~ s.o. has changed; dit ***kan*** nie ~ nie it can't be helped, there's no alternative (or no other way); iem. ***kan*** nie ~ nie s.o. has no alternative; s.o. can do no other; s.o. cannot help him-/herself; iem. ***kan*** nie ~ as (om iets te doen nie) s.o. has no choice/option but (to do s.t.); 'n mens ***kan*** nie ~ nie as om in te sien dat ... one cannot fail to see that (or to see the reason why) ...; hoe ***kon*** dit ~? how could it be otherwise?; iem. ***kon*** nie ~ nie s.o. couldn't help it/him-/herself; iem. ***kon*** nie ~ as lag/ens. nie s.o. couldn't help laughing/etc.; ~ ***lyk*** be unalike; ~ ***maak*** change; die huis is oud, ***maar*** ~ baie gerieflik/ens. the house is old, but otherwise (or for the rest) quite commodious/etc.; 'n ~***e mens*** a different sort of person; ***nêrens*** ~ (nie) →NÊRENS; ***niemand*** ~ as ... nie →NIEMAND; ***niks*** ~ as ... nie purely and simply ...; iets is ***niks*** ~ as ... nie s.t. is nothing else than (or nothing [else] but) ...; s.t. is sheer/plain ..., s.t. is ... pure and simple; s.t. is nothing short of ...; ***niks*** ~ te doen hê nie, (also) not be otherwise engaged; in ***niks*** ~ belang stel (of belangstel) nie not be interested in anything else; dis ***nooit*** ~ nie of course, undoubtedly, without (a) doubt; that's just/precisely it, that's just the way it is (or things are), that's exactly how it is; ***of*** ~ otherwise, or else, alternatively; dit is 'n ***slag*** iets ~ it makes a change; nie meer ***so*** baie as/soos ~ nie less than (or not as much as) usual; ***net soos*** ~ just as usual; iem. is ongesteld, ~ ***sou*** hy/sy gekom het s.o. is ill, otherwise he/she would have come; iets ~ ***stel/uitdruk*** reword/rephrase s.t.; ***waar*** ~? where else?; ~ ***wees*** be different; ***wie*** ~? →WIE interr. pron.; ~ ***word*** change. **~denkend, ~gesind** -e, adj. dissident, dissenting, dissentient, of a different opinion. **~denkende, ~gesinde** -s, n. dissident, dissenter, dissentient; refus(e)nik. **~luidend** -e differently worded. **~om** the other way round/about; iets ~ draai turn s.t. the other way; dis net (mooi) ~! quite the contrary!, just the opposite!, the very opposite/reverse is true (or the case)!; en/of ~ and/or vice versa. **~talig, andertalig** -e speaking another (or a different) language.

an·ders·geit (infml.) crankiness.

an·ders·heid otherness, dissimilarity.

an·der·ste(r) adj. & adv., (infml.) funky; →ANDERS adj. & adv.; 'n ~ entjie mens an oddball (or odd bod/fish).

An·des: **~gebergte:** die ~ the Andes. **~wolf** (also a~) Andean wolf.

An·dies -diese, adj. Andean.

an·doe·lie -lies, (sausage) andouille.

an·do·ring (Stachys spp.) woundwort.

An·dor·ra (geog.) Andorra. **An·dor·rees** n. & adj. Andorran.

An·dre·as (NT) Andrew. **~kruis** St Andrew's cross.

an·dre·si·um (bot.) androecium.

an·dro·geen -gene, n. androgen. **an·dro·geen** -gene, adj., (biochem.) androgenic; (bot.) androgenous.

an·dro·gi·nie n., (hermaphroditism) androgyny. **an·dro·gien** -giene, n., (hermaphrodite) androgyne. **an·dro·gien** -giene, adj. androgynous.

an·dro·ïed -droïede, n., (sci-fi: robot with a human appearance) android. **an·dro·ïed** -droïede, adj. android.

an·dy·vie -vies endive.

a·nek·do·te -tes, (dim. -tetjie) anecdote. **a·nek·do·ties** -tiese anecdotal.

a·ne·mie (med.) anaemia. **a·ne·mies** -miese anaemic.

a·ne·mo·fi·lie (bot.) anemophily. **a·ne·mo·fiel** -fiele, adj. anemophilous.

a·ne·mo·fo·bie (fear of winds/draughts) anemophobia.

a·ne·mo·graaf -grawe anemograph, self-recording anemometer.

a·ne·mo·lo·gie (the study of winds) anemology.

a·ne·mo·me·ter anemometer, wind gauge.

a·ne·moon -mone anemone, windflower.

a·ne·mo·skoop -skope, (meteorol.) anemoscope.

a·ne·ro·ïed·ba·ro·me·ter aneroid barometer.

a·nes·te·sie anaesthesia. **a·nes·te·ties** -tiese anaesthetic. **a·nes·te·ti·kum** -tikums, -tika anaesthetic. **a·nes·te·ti·kus** -tikusse, -tici anaesthetist.

a·neu·rien →TIAMIEN.

a·neu·ris·me -mes, (med.) aneurysm, aneurism.

an·ga·rie (jur.) angary.

an·gel -gels sting (of an insect); (bot.) awn; tang (of a knife etc.); (fig.) sting (of a remark); barb (of wit); agony (of remorse etc.); die ~ uit iets haal, (fig.) take the sting out of s.t.; die ~ sit in die stert the sting is in the tail; sonder ~ stingless. **an·gel·rig** -rige full of awns.

An·ge·le -gele, (member of a Germanic people) Angle.

an·ge·lier -liere carnation; →WILDEANGELIER.

an·ge·li·ka -kas, (bot.) angelica.

An·gel-Sak·ser, An·glo-Sak·ser -sers Anglo-Saxon. **An·gel-Sak·sies, An·glo-Sak·sies** -siese, n. & adj. Anglo-Saxon, Old English.

an·ge·lus (RC) Angelus.

An·ge·vyn -vyne, (inhabitant of Anjou) Angevin. **An·ge·vyns** -vynse Angevin.

an·gi·na (med.) angina.

an·gi·o·gra·fie (med.) angiography.

an·gi·o·gram (med.) angiogram.

an·gi·o·plas·tiek (med.: surgical unblocking of a blood vessel) angioplasty.

an·gi·o·sperm -sperme, -sperms, n., (bot.) angiosperm. **an·gi·o·sperm, an·gi·o·sper·mies** -sperm(ies)e, adj. angiospermous, angiospermic, angiospermal.

an·gi·o·spoor -spore, **an·gi·o·spo·ries** -riese, (bot.) angiosporous.

An·gli·kaan -kane Anglican, (Am.) Episcopalian. **An·gli·kaans** -kaanse Anglican; ~e Kerk Anglican Church, Church of England, Church of the Province (of South Africa). **An·gli·ka·nis·me** Anglicanism.

An·glis -gliste, (also a~) Anglicist, Anglist.

an·gli·seer ge- anglicise, anglify. **an·gli·se·ring** anglicising, anglicisation.

An·gli·sis·me -mes, (also a~) Anglicism. **~vrees** fear of Anglicisms.

An·gli·sis·ties -tiese, (also a~) Anglicist(ic). **An·glis·tiek** (also a~) English studies.

An·glo- comb. Anglo-. **~-Boereoorlog** (Anglo-)Boer War, South African War. **~fiel** -e Anglophil(e). **~fo·bie** Anglophobia. **~foob** -fobe Anglophobe. **~-Indiër**

n. Anglo-Indian. ~-**Indies** *adj.* Anglo-Indian. ~-**Katoliek** *n. & adj.* Anglo-Catholic. ~-**Katolisisme** Anglo-Catholicism. ~**maan** *=mane* Anglomaniac. ~**man** *=manne, (hist.)* Angloman. ~**manie** Anglomania. ~-**Normandies** *n. & adj.* Anglo-French. ~-**Sakser** →ANGEL-SAKSER. ~-**Saksies** →ANGEL-SAKSIES *n. & adj.*.

An·go·la *(geog.)* Angola. **An·go·lees** *=lese, n. & adj.* Angolese.

an·go·ra *=ras, (also A~)* angora. ~**bok** Angora goat. ~**haar** mohair. ~**kat** Angora cat. ~**konyn** Angora rabbit. ~**lam** Angora kid. ~**wol** angora (wool).

an·gos·tu·ra angostura. ~**bas** angostura bark. ~**bitter** angostura bitters.

angs *angste* fear, dread, terror; anxiety, anguish; ***beef/bewe/bibber/sidder van*** ~ shake/tremble with fear; ~ ***beleef/belewe/deurstaan/uitstaan*** suffer fears, be terrified/anxious; *byna* ***beswyk/doodgaan/sterf/sterwe*** *van* ~ almost die (*or* pass out) with fear; *met ~ en* ***bewing*** in fear and trembling, beset by fears, with terror in one's heart; ***in dodelike/doodse*** *~ verkeer* be in mortal fear, be mortally afraid; *(infml.)* be scared stiff (*or* to death); *iem. die* ***doodse*** *~ op die lyf ja(ag)* put the fear of God into s.o.; ***rasend*** *van ~* ***wees*** be beside o.s. with fear/terror; *met* ***stygende*** *~* with growing fear(s)/anxiety; ***uit*** *~ vir ...* for fear of ...; *in ~ oor iem./iets* ***verkeer*** be anxious/worried about s.o./s.t.. ~**bevange** petrified (with fear), terrified, terror-stricken/struck, panic-stricken/struck, panicky, beside o.s. with fear/terror; *~ raak* get into a panic, get panicky, *(infml.)* freak (out). ~**droom** anxiety dream. ~**geroep** cries of distress. ~**gevoel** feeling of anxiety, *(Germ.)* angst. ~**kreet** cry of terror. ~**neurose** anxiety neurosis. ~**sweet** cold sweat.

ang·stig *=stige =stiger =stigste* afraid, fearful, terrified, distressful; anxious; shuddering; *(sl.)* hyped up. **ang·stig·heid** fearfulness, anxiety. **angs·val·lig** *=lige* anxious, nervous, apprehensive, timid, timorous; scrupulous, meticulous, painstaking, studious; *~e vermyding* studious avoidance. **angs·val·lig·heid** timidity; scrupulousness. **angs·vol** *=volle* anxious *(moment);* agonised *(look).* **angs·wek·kend** *=kende* frightening, terrifying, daunting, scary, alarming, horrifying, petrifying, appalling, unnerving, fearful, hair-raising, hairy, harrowing; scarifying *(sight);* white-knuckled *(moment); ~e rit, (also, infml.)* white-knuckle ride. **angs·wek·kend·heid** alarming nature.

an·hi·dried *=driede, (chem.)* anhydride. **an·hi·dries** *=driese* anhydrous.

an·hi·driet *(min.)* anhydrite, anhydrous calcium sulphate.

a·nil *(bot.)* anil, indigo (plant); *(dye)* indigo(tin), indigo blue.

a·ni·lien *(chem.)* aniline, phenylamine.

a·ni·ma *(psych.)* anima.

a·ni·ma·lis·me animalism. **a·ni·maal** *=male, adj.* animal. **a·ni·ma·li·seer** *ge=* animalise.

a·ni·ma·sie *(cin.)* animation. ~**kunstenaar** animator, animater. ~**(rol)prent** (animated) cartoon.

a·ni·ma·tro·ni·ka animatronics. **a·ni·ma·tro·nies** animatronic.

a·ni·meer *ge=* animate, enliven, stimulate; encourage, urge (on); *(cin.)* animate. **a·ni·meer·der** *(cin.)* animator, animater.

a·ni·mis·me animism. **a·ni·mis** *=miste* animist. **a·ni·mis·ties** *=tiese* animistic.

a·ni·mo gusto, zest, zeal, *(infml.)* go, spirit.

a·ni·mo·si·teit *=teite* animosity.

a·ni·mus animus.

a·ni·oon *=one, (chem.)* anion.

a·ni·set, a·nys·li·keur anisette, aniseed liqueur.

a·ni·sool *(chem.)* anisole.

an·ker *=kers, n.* anchor; stay; brace, cramp, iron, tie *(of a wall); (mech.)* armature, keeper *(of a magnet); (liquid measure)* anker; *(tug of war)* anchor(man), anchor(person), anchor(woman); *~* ***gooi,*** *die ~* ***laat val*** (of ***uitgooi***) cast/drop anchor; *êrens* (of *by iem.*) *~* ***gooi,*** *(fig.)* settle down somewhere (*or* with s.o.); *~ (in iem. se* ***lewe****), (fig.)* security blanket; *(die) ~* ***lig*** raise (the) (*or* weigh) anchor; *~* ***los!*** anchor aweigh!; *~s* ***uitgooi,*** *(infml.)* slam on the brakes; ***voor*** *~ kom/gaan* anchor; ***voor*** *~ lê* be/lie/ride at anchor, be anchored. **an·ker** *ge=, vb.* anchor, drop/cast anchor; brace, stay. ~**arm** anchor arm. ~**blad** fluke. ~**boei** anchor buoy. ~**bout** anchor bolt; stay bolt. ~**brug** →ANKERRUS. ~**draad** stay wire; armature conductor. ~**geld** anchorage (dues), ground-age. ~**grond** →ANKERPLEK. ~**hand** →ANKERBLAD. ~**horlosie** lever watch. ~**ketting** anchor cable/chain, chain cable; mooring. ~**kluis** hawse. ~**lig** anchor light, riding lamp/light. ~**lip** bill. ~**man,** ~**persoon,** ~**vrou** anchor(man/person/woman). ~**mas** mooring mast. ~**meester** berthing master. ~**paal** straining post, stay pole. ~**plek** anchorage, moorage, mooring; roadstead, road(s). ~**pyp** stay pipe. ~**rus,** ~**brug** billboard. ~**(-)sel** *=selle* anchorage cell. ~**spoel** armature coil. ~**staaf** tie rod. ~**stang** truss rod. ~**stok** stock. ~**tou** *(naut.)* anchor hawser/rope, mooring rope, rode; dragrope, dragline, guide rope *(of a balloon/airship);* guy *(of a radio mast etc.).* ~**wikkeling** armature winding. ~**ys** ground ice.

an·ki·lo·sou·rus ankylosaur.

An·na: *koningin ~, (1665-1714)* Queen Anne.

an·na *=nas, (coin)* anna; *kwart~* pice.

an·na·le *(pl.)* annals; *in die ~* in the annals.

an·na·lis *=liste* annalist.

An·nam *(geog., hist.)* An(n)am. **An·na·mees** *=mese,* **An·na·miet** *=miete, n.* Annamese, Annamite. **An·na·mees, An·na·mi·ties** *n., (language)* Annamese. **An·na·mees** *=mese,* **An·na·mi·ties** *=tiese, adj.* Annamese, Annamite.

an·na·te *(pl.), (RC)* annates.

a(n)·nat·to *=to's* an(n)atto (tree); *(no pl.: dye)* an(n)atto.

an·neks *=nekse, n.* annexe. **an·neks** *=nekse, adj.* adjacent (to). **an·nek·sa·sie** *=sies* annexation. **an·nek·seer** *ge=* annex; take; *iem. het my boek/ens. ge=* s.o. took my book/etc. and kept it. **an·nek·si·o·nis·me** annexationism.

an·no·ta·sie *=sies* annotation; note. **an·no·teer** *ge=* annotate. **an·no·teer·der, an·no·teur** annotator.

an·nu·ï·teit *=teite* annuity.

an·nu·leer *ge=* annul, cancel.

an·nun·si·a·sie annunciation.

a·no·de *=des, (elec.)* anode. **a·no·dies** *=diese* anodic. **a·no·di·seer** *ge=* anodise.

a·no·fe·les *=les(se), (mosquito)* anopheles.

a·no·maal *=male* anomalous. **a·no·ma·lie** *=lieë* anomaly.

a·no·mie *(sociol.)* anomy, anomie.

a·no·niem *=nieme* anonymous, nameless; unattributably. **a·no·ni·mi·teit** anonymity, namelessness. **a·no·ni·mus** *=musse* anonymous writer; nameless person, anonym.

a·no·rak *=raks, =rakke* anorak, parka.

a·no·rek·sie *(med.)* anorexia; →APTYTVERLIES. ~**lyer** anorectic, anorexic. **a·no·rek·ties** *=tiese* anorectic, anorexic. **a·no·rex·i·a ner·vo·sa** anorexia nervosa.

an·or·ga·nies *=niese* inorganic.

a·nor·tiet *(min.)* anorthite.

a·nor·to·siet *(geol.)* anorthosite.

a·nos·mie *(med.)* anosmia.

an·si·ën·ni·teit *(rare)* seniority.

an·sjo·vis *=vis(se)* anchovy. ~**smeer** anchovy paste.

an·ta·fro·di·ties *=tiese, (med.)* antaphroditic.

an·ta·go·nis *=niste* antagonist; *(anat.)* opponent (muscle). **an·ta·go·ni·seer** *ge=* antagonise. **an·ta·go·nis·me** antagonism. **an·ta·go·nis·ties** *=tiese* antagonistic; *~e spier, (anat.)* opponent (muscle).

An·ta·res, An·ta·res *(astron.)* Antares.

Ant·ark·ti·ka Antarctica, the Antarctic. **Ant·ark·ties** *=tiese* Antarctic.

an·te·da·teer *ge=* antedate.

an·te·di·lu·vi·aal *=viale,* **an·te·di·lu·vi·aans** *=viaanse* antediluvian.

an·ten·na *=nas,* **an·ten·ne** *=nes, (rad.)* antenna, aerial; *(zool.)* antenna. ~**kam** *(entom.)* strigil *(in bees).*

an·ter *=ters, (bot.)* anther.

an·te·se·deer *ge=* precede. **an·te·se·dent** *=dente, n. & adj.* antecedent; *iem. se ~e* s.o.'s antecedents/past/history/life/background.

an·the·li·on, an·the·li·um *(astron.)* anthelion.

an·ti·a·bor·sie= *comb.* anti-abortion, antichoice.

An·ti·At·las: *die ~, (geog.)* the Anti-Atlas.

an·ti·bal·lis·ties antiballistic *(missile etc.).*

An·ti·ban·die·te·be·we·ging *(hist.)* Anti-Convict Movement.

an·ti·bi·o·ti·kum *=tikums, =tika* antibiotic. **an·ti·bi·o·ties** *=tiese* antibiotic.

an·ti·cham·bre *=bres* antechamber. **an·ti·cham·breer, an·ti·sjam·breer** *ge=, (obs.)* wait in the antechamber; *iem. laat ~* keep s.o. waiting.

an·ti·chloor *(chem.)* antichlor.

An·ti·chris *=christe* Antichrist, the Beast. **an·ti·Chris·te·lik** Antichristian.

an·ti·do·tum *=dotums, =dota, (med.)* antidote.

an·tiek *=tieke, n.: 'n stuk ~* an antique; *~e* antiques; *die A~e* Antiquity. **an·tiek** *=tieke, adj.* antique; ancient; *~e beskawing/literatuur* ancient civilisation/literature; *~e motor, (made before 1919 or, strictly, before 1905)* veteran car; *(made between 1919 and 1930)* vintage car; *in ~e styl* in (a) period style; *die A~e Wêreld* the Ancient World, Antiquity. ~**handelaar** antique dealer. ~**versamelaar** collector of antiques. ~**winkel** antique shop.

an·ti·es·ta·blish·ment anti-establishment.

an·ti·fe·de·raal *=rale* antifederal. **an·ti·fe·de·ra·lis** *=liste* antifederalist.

an·ti·foon *=fone, (mus.)* antiphon. **an·ti·fo·naal** *=nale,* **an·ti·fo·nies** *=niese* antiphonal. **an·ti·fo·nie** antiphony.

an·ti·geen *=gene, n., (med.)* antigen. **an·ti·geen** *=gene, adj.* antigenic.

an·ti·guer·ril·la·veg·ter, =stry·der counterinsurgent.

an·ti·held antihero.

an·ti·his·ta·mien *=miene, (med.)* antihistamine.

an·ti·kern·groep antinuclear group.

an·ti·ki·teit →ANTIK(W)ITEIT.

an·ti·kli·maks anticlimax, bathos; letdown; non(-)=event.

an·ti·kli·naal *=nale, n., (geol.)* anticline. **an·ti·kli·naal** *=nale, adj.* anticlinal; *antiklinale plooi* anticline.

an·ti·klop·stof →KLOPWEERDER.

an·ti·kwaar *=kware* antiquary, antique dealer; antiquarian bookseller. **an·ti·kwa·ri·aat** *=riate* antique shop; antiquarian bookshop; *(of more modern books)* second-hand bookshop. **an·ti·kwa·ries** *=riese* antiquarian; second-hand *(books); 'n boek ~ koop* buy a book second-hand.

an·ti·k(w)i·teit *=teite, (no pl.: ancient times)* antiquity; antique; *(in the pl.)* antiquities, ancient relics. **an·ti·k(w)i·tei·te·win·kel** antique shop.

An·ti·Li·ba·non: *die ~, (geog.)* the Anti-Lebanon.

an·ti·lig·gaam(·pie) →TEENLIGGAAM(PIE).

An·til·le: *die (Groot/Klein) ~, (geog.)* the (Greater/Lesser) Antilles. **An·til·li·aan** *=liane, n.* Antillean. **An·til·li·aans** *=liaanse, adj.* Antillean.

an·ti·lo·ga·rit·me *(math.)* antilogarithm.

an·ti·loop, an·ti·loop *=lope, (rare)* antelope.

an·ti·ma·kas·sar *=sars* antimacassar, *(Am.)* tidy.

an·ti·mo·niet *(min., chem.)* antimonite.

an·ti·moon *(chem., symb.: Sb)* antimony. ~**houdend** *=dende* antimonial.

an·ti·na·si·o·naal *=nale, adj.* antinational.

an·ti·no·mie *=mieë, (philos.)* antinomy. **an·ti·no·mies** *=miese* antinomic.

an·ti·nu·kle·êr, an·ti·kern= antinuclear.

An·ti·o·chi·ë, An·ti·o·chi·ë *(geog.)* Antioch. **An·ti·o·chi·ër** *=chiërs* Antiochian. **An·ti·o·chies** *=chiese* Antiochian.

An·ti·o·chus *(king)* Antiochus.

an·ti·pas·saat(·wind) antitrade (wind).

an·ti·pa·tie *-tieë* antipathy, aversion, (strong) dislike, hostility; *my grootste ~* my pet aversion; *~ teen iem./iets* antipathy to(wards)/for s.o./s.t.. **an·ti·pa·tiek** *-tieke* antipathetic(al).

an·ti·pi·rien *(chem.)* antipyrine.

an·ti·po·de *-des* antipode; *(bot.)* antipodal; *die A~s, (Australia & New Zealand)* the Antipodes; *die ~ van ... wees, (geog.)* be antipodal to ... **A~-eilande** Antipodes Islands. **~sel** *-selle, (bot.)* antipodal (cell). **an·ti·po·dies** *-diese, (geog.)* antipodal.

an·ti·ra·gi·ties *-tiese, (med.)* antirachitic.

an·ti·ras·sis antiracist. **an·ti·ras·sis·me** antiracism. **an·ti·ras·sis·ties** antiracist.

an·ti·re·pu·bli·kein *-keine* antirepublican. **an·ti·re·pu·bli·keins** *-keinse* antirepublican.

an·ti·re·vo·lu·si·o·nêr, an·ti·re·wo·lu·si·o·nêr *-nêre, n.* antirevolutionary, antirevolutionist; conservative. **an·ti·re·vo·lu·si·o·nêr, an·ti·re·wo·lu·si·o·nêr** *-nêre, adj.* antirevolutionary.

an·ti·ro·man antinovel.

an·ti-Se·miet *-miete* anti-Semite, Jew-baiter. **an·ti-Se·mi·ties, an·ti·se·mi·ties** *-tiese* anti-Semitic. **an·ti-Se·mi·tis·me, an·ti·se·mi·tis·me** anti-Semitism.

an·ti·sep·sis *n., (med.)* antisepsis. **an·ti·sep·ties** *-tiese, adj.* antiseptic. **an·ti·sep·ti·kum** *-tikums, -tika, n.* antiseptic.

an·ti·se·rum antiserum.

an·ti·si·kloon *(meteorol.)* anticyclone, high. **an·ti·si·klo·naal** *-nale* anticyclonic.

an·ti·si·klus *(econ.)* countercycle. **an·ti·si·klies** countercyclical.

an·ti·si·pa·sie *-sies* anticipation. **an·ti·si·pa·to·ries** *-riese* anticipatory, anticipative. **an·ti·si·peer** *ge-* anticipate.

an·ti·sjam·breer →ANTICHAMBREER.

an·ti·skor·bu·tiek *-tieke,* **an·ti·skor·bu·ties** *-tiese* antiscorbutic; *~e middel* antiscorbutic (agent).

an·ti·so·si·aal *-ale* antisocial.

an·ti·sta·ties *(text.)* antistatic.

an·ti·steu·rings·an·ten·na, ·an·ten·ne antistatic antenna.

an·ti·stof *(med.)* antibody.

an·ti·stol·mid·del *-dels, -dele* anticoagulant.

an·ti·ter·ro·ris·me, an·ti·ter·reur counterterrorism. **an·ti·ter·ro·ris** counterterrorist. **an·ti·ter·ro·ris·ties** counterterrorist.

an·ti·te·se *-ses* antithesis. **an·ti·te·ties** *-tiese* antithetic(al).

an·ti·te·ta·nies *-niese, (med.)* antitetanic.

an·ti·ti·pe antitype.

an·ti·tok·sien *-siene* antitoxin. **an·ti·tok·sies** *-siese* antitoxic, antidotal.

an·ti·ve·nien *-niene, (med.)* antivenin, antivenene.

an·ti·vi·raal *-rale, (med.)* antiviral.

An·tjie Ta·te·rat gossip(monger), scandalmonger, blabber(mouth).

an·to·fiel *-fiele, adj.* anthophilous *(insect)*.

an·to·fiet *-fiete* anthophyte, flowering plant.

an·to·fil·liet *(min.)* anthophyllite.

an·to·niem *-nieme, n., (ling.)* antonym. **an·to·niem** *-nieme, adj.* antonymous. **an·to·ni·mie** antonymy.

An·to·ni·nus: *~ Pius, (Rom. emperor, 138-161)* Antoninus Pius; *Markus Aurelius ~, (Rom. emperor, 161-180)* Marcus Aurelius Antoninus. **An·to·nyns** *-nynse* Antonine.

An·to·ni·us·kruis: *(Sint) ~, (a T-shaped cross)* Saint Anthony's cross, tau cross.

an·to·no·ma·si·a *-sias, (ling.)* antonomasia.

An·to·nyns →ANTONINUS.

an·trak·no·se anthracnose, black rust *(in vines)*.

an·tra·ko·se *(med.)* anthracosis.

an·traks *(med.)* malignant pustule; *(vet.)* anthrax.

an·tra·seen *(chem.)* anthracene.

an·tra·siet anthracite, hard/blind/stone coal.

an·tri·tis *(med.)* antritis.

an·tro·po·faag *-fae* anthropophagus, cannibal, *(rare)* anthropophagite. **an·tro·po·fa·gie** anthropophagy, cannibalism.

an·tro·po·ge·nie anthropogenesis, anthropogeny.

an·tro·po·gra·fie anthropography.

an·tro·po·ïed *-poïede, n.* anthropoid; →MENSAAP. **an·tro·po·ïed** *-poïede, adj.* anthropoid.

an·tro·po·lo·gie anthropology; *fisiese ~* physical anthropology; *sosiale ~* social anthropology. **an·tro·po·lo·gies** *-giese* anthropological. **an·tro·po·loog** *-loë* anthropologist.

an·tro·po·me·trie anthropometry. **an·tro·po·me·tries** *-triese* anthropometric.

an·tro·po·morf *-morfe, adj.* anthropomorphic. **an·tro·po·mor·fis·me** anthropomorphism.

an·tro·po·pa·tie anthropopathy, anthropopathism.

an·tro·po·sen·tries *-triese* anthropocentric.

an·tro·po·so·fie anthroposophy. **an·tro·po·so·fies** *-fiese* anthroposophical.

an·trum *-trums, (anat.)* antrum.

Ant·wer·pen *(geog.)* Antwerp. **Ant·wer·pe·naar** *-naars* inhabitant of Antwerp. **Ant·werps** *n.* Antwerp dialect. **Ant·werps** *-werpse, adj.* of Antwerp; of the Antwerp dialect.

ant·woord *-woorde, n.* answer, reply, response; ***in afwagting** van 'n ~* pending a reply; ***as/in** ~ **op** ...* in answer to ...; in reply to ...; in response to ...; *~ **betaal(d)*** reply paid; *'n **droewe** ~* a dusty answer; ***'n dwars/gevatte/skerp/skewe/ens.** ~* →DWARS *adj. & adv.,* GEVAT, SKERP *adj.,* SKEEF *adj. & adv., ens.; **'n eerlike** ~* a straight answer; *iem. 'n ~ **gee*** give s.o. an answer; *daarop het ek **geen** ~ **nie!*** you have me there!, there you have me!; *met 'n ~ **gereed** wees* have an answer pat; *die **gereelde/onveranderlike** ~* the stock answer; *die ~ **is ja*** the answer is in the affirmative; *'n ~ **klaar** hê* have an answer pat; *'n ~ **kry*** get an answer; *die ~ **is nee*** the answer is in the negative; ***op** alles 'n ~ hê, altyd 'n ~ **klaar** hê, altyd **klaar** met 'n ~ wees* never be at a loss for an answer; have an answer for everything; *die ~ **op** ...* the answer to ... *(a question etc.)*; *'n ~ **op** 'n brief* an answer to a letter; *~ **gee op** ...* answer (*or* reply to) ...; ***op/vir** 'n ~ **wag*** wait for an answer (*or* a reply); *'n **sagte** ~ laat woede bedaar* (of, OAB *keer die grimmigheid af)* a gentle answer turns away wrath; *iem. die/'n ~ **skuldig** bly* →SKULDIG; *'n **spoedige** ~* an early answer; ***ten** ~* in reply; *'n **vernietigende/verpletterende** ~* a crushing reply/retort. **ant·woord** *ge-, vb.* answer, reply, rejoin; retort; respond; ***astrant** ~* talk back; ***bevestigend** ~* answer in the affirmative; ***met** ... ~* counter with ...; *~ **my!*** answer me!; ***namens** iem. ~* answer for s.o.; ***ontkennend** ~* answer in the negative; ***op** ... ~* reply to ... *(a letter, question, etc.)*; respond to ... *(a toast etc.)*; ***op** 'n brief/vraag/versoek ~* reply to a letter/question/request; *~ **op** die naam (van) ...* answer to the name of ...; ***op** so 'n vraag ~ ek nie* I don't answer such a question; ***skerp** ~* retort sharply; *die **telefoon** ~* answer the telephone. **~berig** return message. **~diens** answering service. **~(e)boek** examination/answer book. **~kaart** reply card. **~kode** answer-back code. **~koepon** reply coupon. **~masjien, ~(tele)foon** answering machine, answerphone. **~sender** transponder. **~stel** answer paper *(in an exam)*.

a·nu·rie *(med.)* anuria.

a·nus *-nusse* anus, arse.

a·nys *(spice)* aniseed; *(plant)* anise; aniseed brandy; anisette, aniseed liqueur. **~brandewyn** aniseed brandy. **~koekie** aniseed biscuit. **~likeur** →ANISET. **~olie** aniseed oil. **~saad** aniseed. **~wortel** *Annesorrhiza* spp..

An·zac: **~dag** *(25 April)* Anzac Day *(in Austr. & NZ)*. **~soldaat** *(WW I)* Anzac.

a·o·ris *-riste,* **a·o·ris·tus** *-tusse, (gram.)* aorist.

a·or·ta *-tas, (anat.)* aorta. **~breuk** aortic aneurysm. **~klep** aortic valve.

A·pa·che *-ches, (member of an Am. Indian people)* Apache.

a·pa·che *-ches, (Fr.)* apache.

a·part *-parte* apart, separate; distinctive; *~e behandeling* separate treatment; special treatment; *elke ~e boontjie/ens.* every single bean/etc.; *iets ~ hou* set s.t. apart. **a·part·heid** *(SA, hist.)* apartheid, racial segregation; apartness, separateness; distinctness; *groot ~* grand apartheid; *klein ~* petty apartheid. **a·part·heids·beleid** *(SA, hist.)* apartheid policy, policy of apartheid (*or* racial segregation). **a·part·heid·skole** *(hist.)* racially segregated schools.

a·pa·tie apathy, lifelessness *(fig.)*. **a·pa·ties** *-tiese* apathetic, lifeless *(fig.)*.

a·pa·tiet *(min.)* apatite.

a·pe-: **~broodboom** monkey bread tree; →BAOBAB, KREMETART(BOOM). **~gape:** *op ~ lê* be at one's last gasp. **~hok** →AAPHOK. **~kos** →AAPKOS. **~liefde** foolish love. **~spel** monkey show; tomfoolery, buffoonery, monkey tricks. **~streke** →AAPSTREKE.

A·pen·ny·ne *(geog.)* Apennines. **A·pen·nyns** *-nynse* Apennine.

a·pe·ri·o·diek *-dieke,* **a·pe·ri·o·dies** *-diese* aperiodic. **a·pe·ri·o·di·si·teit** aperiodicity.

a·pe·ri·tief *-tiewe* aperitif, appetiser. **~wyn** aperitif wine.

a·pe·ry *-rye, (rare)* tomfoolery, buffoonery, nonsense; aping, apery, mimicry.

a·pe·taal *-tale, adj., (bot.)* apetalous.

a·phe·li·um →AFELIUM.

A·phro·di·te →AFRODITE.

a·pie *-pies* little monkey; →AAP; APE-; *apie!* cheated!, fooled!; *jou 'n ~ lag* laugh one's head off, laugh o.s. sick; *~ op 'n stokkie* jackanapes.

a·pies-: **~doring(boom)** *Acacia* spp.; →SWARTAPIESDORING, WITAPIESDORING. **~kos** →AAPKOS.

a·pi·rek·sie *(med.: absence of fever)* apyrexia. **a·pi·re·ties** apyretic.

a·plas·ties aplastic.

a·plomb aplomb, self-possession, poise.

a·po·dik·ties *-tiese* positive, dogmatic, self-assured, assertive; apod(e)ictic.

a·po·fi·se *-ses (bot., zool., geol.)* apophysis.

a·pof·teg·ma apophthegm, *(Am.)* apothegm.

a·po·gee *-geë,* **a·po·geum** *-geums, (astron.)* apogee.

a·po·ka·lips, a·po·ka·lip·sis *(Bib., often A~)* apocalypse. **a·po·ka·lip·ties** *-tiese* apocalyptic.

a·po·ko·pee *-pees, (gram.)* apocope.

a·po·krief *-kriewe* apocryphal; *die Apokriewe Boeke* the Apocrypha.

A·pol·lo *(Gr. myth.)* Apollo. **A·pol·li·nies** *-niese* Apollonian.

a·po·lo·gie *-gieë* apology; *by iem. ~ aanteken/maak* make one's apologies to s.o.. **a·po·lo·geet** *-gete* apologist. **a·po·lo·ge·tiek** apologetics. **a·po·lo·ge·ties** *-tiese* apologetic; *~ wees omdat jy iets gedoen het* be apologetic for doing s.t.; *~ wees oor iets* be apologetic about s.t..

a·po·plek·sie *(med.)* apoplexy. **a·po·plek·ties** *-tiese* apoplectic.

a·po·si·o·pe·se, a·po·si·o·pe·sis *(rhet.)* aposiopesis.

a·po·si·sie *(med., dated)* apositia.

a·po·sta·sie apostasy. **a·po·staat** *-state* apostate.

a·pos·tel *-tels* apostle. **~lepel** apostle spoon. **~perde** *(pl.): met ~ reis, (rare)* go on Shanks's pony/mare, go on foot. **a·pos·tel·skap** apostolate, apostleship. **a·pos·tel·tjie** *-tjies* apostle spoon; *(bot.)* passionflower.

a pos·te·ri·o·ri *(Lat.),* **a·pos·te·ri·o·ries** *adj. & adv.* a posteriori.

a·pos·to·laat *-late* apostolate, apostleship.

a·pos·to·lies *-liese* apostolic; *A~e Geloofsbelydenis* Apostles' Creed, Creed of the Apostles; *A~e Geloofsending* Apostolic Faith Mission.

a·po·stroof *-strowe* apostrophe.

a·po·te·ma *-mas, (geom.)* apothem.

a·po·te·o·se =*ses* apotheosis, deification.
Ap·pa·la·che Appalachians, Appalachian Mountains. **Ap·pa·la·chies** =*chiese* Appalachian.
ap·pa·raat =*rate* apparatus; appliance, device; *(fig.)* machinery, apparatus *(of a pol. party etc.); elektriese/huishoudelike* ~ electrical/household appliance. **ap·pa·raat·jie** =*jies* gadget. **ap·pa·ra·tuur** apparatus, equipment; *(comp.)* hardware; *(fig., pol.)* machinery, apparatus.
ap·pa·rat·sjik =*sjiks, (hist.; derog. or hum.)* apparatchik.
ap·pel =*pels* apple; apple, ball, pupil *(of the eye)*; pommel *(of a sword); die ~ val nie ver/vêr van die **boom/stam** nie* like father, like son; *hulle **deel** ~s uit, (infml.)* fists fly; *vir 'n ~ en 'n **ei**, (also)* on the cheap; *iets het 'n ~ en 'n **ei** gekos* s.t. was dirt cheap, s.t. cost a mere (*or* only cost a) trifle; *iets vir 'n ~ en 'n **ei** koop/verkoop* buy/sell s.t. for a song (*or* for next to nothing *or* for peanuts); *vir 'n ~ en 'n **ei** verkoop word* go for a song; *~s, **kyk** hoe ...!* by Jove, look at ...!; *'n **suur** ~ deurbyt, (fig.)* take one's medicine, bite the bullet, grin and bear it; *'n **vrot** ~, (lit. & fig.)* a bad/rotten apple; *een **vrot** ~ steek al die ander aan* one rotten apple can spoil the whole barrel; *die ~s **waai**, (infml.)* fists fly. **~asyn** cider vinegar. **~bloedluis** *(entom.)* woolly apple aphid. **~bloeisel** apple blossom. **~blou, ~skimmel** dapple-grey. **~bol** apple dumpling. **~boom** apple tree. **~boor** apple corer. **~boord** apple orchard. **~brandewyn** apple brandy, applejack. **~de(r)liefde** →APPELLIEFIE. **~drank** cider. **~frummelpoeding** apple crumble. **~grou, ~grys** dapple-grey. **~jellie** apple jelly. **~koekie** apple fritter. **~moes** apple purée; *(as side dish)* apple sauce. **~mot** codlin(g) moth. **~pers** cider press. **~plantluis** *(entom.)* apple aphid. **~pulp** pomace. **~sap** apple juice. **~sider** (apple) cider, *(Br.)* scrumpy. **~skil** apple peel. **~skimmel** →APPELBLOU. **~skurfsiekte** fusicladium. **~strudel** apple strudel. **~suur** malic acid. **~tert** apple pie/tart. **~vormig** =*mige* pomiform. **~vrug** pome. **~wyn** (apple) cider.
ap·pèl =*pèlle, (jur. or fig.)* appeal; *(mil.)* roll call; *~ **aanteken*** note an appeal; *'n ~ **afwys/verwerp*** (of *van die **hand** wys)* dismiss/reject an appeal; *'n ~ **handhaaf*** uphold an appeal; ***hof** van ~* appeal court, court of appeal; *daar is ~ na 'n hoër **hof*** an appeal lies to a higher court; *~ **hou*** call the roll; *in ~* on appeal; *die **reg** van ~* the right of appeal; *'n ~ **toestaan*** allow/grant an appeal. **~afdeling** appellate division. **~hof** appeal court, court of appeal. **~reg** right of appeal. **~regter** judge of appeal. **~saak** appeal (court case).
ap·pel·koos =*kose* apricot; →WILDEAPPELKOOS. **~boom** apricot tree. **~hout** apricot (wood). **~konfyt** apricot jam/preserve. **~perske** plumcot. **~pit** apricot stone. **~siekte** summer diarrhoea, apricot sickness. **~smeer** apricot leather. **~tert** apricot pie/tart.
ap·pel·leer *ge=* appeal; *na 'n hoër hof ~* appeal to a higher court; *teen ... ~* appeal against ... **ap·pel·la·bel** =*bele* appealable. **ap·pel·lant** =*lante* appellant.
ap·pel·lie·fie =*fies* (Cape) gooseberry. **~konfyt** gooseberry jam.
ap·pel·tjie =*tjies* little apple; *'n ~ vir die dors bewaar, (fig.)* keep s.t. for a rainy day; *'n ~ met iem. te skil hê, (infml.)* have a bone to pick (*or* have a crow to pick/pluck) with s.o., have a rod in pickle for s.o..
ap·pen·da·sie =*sies, (usu. in the pl.)* appendage; fitting, mounting.
ap·pen·diks =*dikse, (anat.)* appendix, appendix vermiformis. **ap·pen·dek·to·mie, ap·pen·di·sek·to·mie** *(med.: removal of the appendix)* appendectomy, appendicectomy. **ap·pen·di·si·tis** appendicitis.
ap·per·sep·sie apperception. **~massa** apperception/apperceptive/apperceiving mass.
ap·per·si·pi·eer *ge=* apperceive.
Ap·pi·a·nus *(Gr. historian)* Appian.
Ap·pies: *die ~e Weg* the Appian Way, *(Lat.)* the Via Appia.
ap·pliek(·werk), ap·pli·kee =*kees, (ornamental needlework)* appliqué.
ap·pli·kant =*kante* applicant. **ap·pli·ka·sie** =*sies* application.
ap·pli·kee →APPLIEK(WERK). **ap·pli·keer** *ge=* appliqué.
ap·pli·seer *ge=, (med.)* apply *(a bandage, ointment);* →AANSOEK DOEN.
ap·plou·dis·seer *ge=, (rare)* applaud, cheer, clap.
ap·plous =*plouse* applause, plaudits, cheers; *(vir) iem. **geesdriftige/luide** ~ gee* give s.o. a big hand; ***goedkoop** ~ soek* play to the gallery; *met **groot** ~ begroet word* win loud applause; bring the house down; *die ~ in **ontvangs** neem* take a bow; *'n **sarsie** ~* a round of applause; *'n **warm** ~ kry* get a big hand; *met die ~ **wegloop*** steal the scene. **~trekker** *(infml.)* show stopper.
ap·po·si·sie apposition; *in ~ by ...* in apposition to ... **ap·po·si·si·o·neel** =*nele* appositional.
ap·pre·si·a·sie =*sies* appreciation; *~ van die geldeenheid* currency appreciation. **ap·pre·si·eer** *ge=* appreciate; prize, value.
ap·pro·ba·sie =*sies* approbation.
ap·pro·beer *ge=* approve.
ap·prok·si·ma·sie approximation. **ap·prok·si·meer** *ge=* approximate.
A·pril April; *een ~* first of April, April the first; April/All Fool's Day. **~boodskap** April-fool message. **~gek** April fool. **~grap** April-fool joke/trick/hoax. **~maand** the month of April. **~vlieg:** *so lastig soos 'n ~ wees* be a perpetual nuisance, *(infml.)* be an absolute pest .
a pri·o·ri =*ri's, n., (Lat.)* a priori. **a pri·o·ri** *adv.* a priori. **a·pri·o·ries** =*riese, adj.* a priori. **a·pri·o·ris·ties** =*tiese, adj.* aprioristic.
a·pro·pos *adj. & adv., (Fr.)* apropos, appropriate, pertinent; apropos, by the way, incidentally, that reminds me; *~ van ...* apropos of (*or* with regard to *or* in respect of) ...
ap·sis =*sisse*, **ap·si·de** =*des, (archit., astron.)* apse, apsis. **ap·si·daal** =*dale* apsidal.
ap·so *(breed of dog)* →LHASA-APSO.
ap·teek =*teke, (dim.* =*tekie)* pharmacy, chemist's (shop), *(Am.)* drugstore; dispensary *(in a hospital); by 'n ~* at a chemist's. **ap·te·ker** =*kers* pharmacist, (dispensing) chemist, *(Am.)* druggist; dispenser; *(arch.)* apothecary.
ap·te·kers=: **~boek** pharmacopoeia. **~gewig** apothecaries' weight. **~maat** apothecaries' measure. **~paraffien** liquid paraffin. **~wese** pharmacy, dispensing.
ap·tyt appetite; *'n goeie ~ hê* have a good appetite; *geen ~ hê nie* have no appetite; *~ vir iets hê* have an appetite for s.t.; *iem. se ~ vir iets (op)wek/prikkel* whet s.o.'s appetite for s.t.. **~verlies** loss of appetite; →ANOREKSIE. **~wekker(tjie)** appetiser, aperitif.
ap·tyt·lik =*like* appetising.
A·pu·li·ë *(geog.)* Apulia, *(It.)* Puglia. **A·pu·li·ër** =*liërs* Apulian. **A·pu·lies** =*liese* Apulian.
A·qua·ri·us →AKWARIUS.
A·qui·la →AKWILA.
A·qui·no: *Thomas van ~* Saint Thomas Aquinas.
A·qui·ta·ni·ë, A·kwi·ta·ni·ë *(geog.)* Aquitaine, *(hist.)* Aquitania. **A·qui·taans, A·kwi·taans** =*taanse* Aquitanian. **A·qui·ta·ni·ër, A·kwi·ta·ni·ër** =*niërs* Aquitanian.
a·ra =*ras, (parrot)* macaw, ara.
a·ra·besk =*beske, (ballet, mus., art)* arabesque.
a·ra·bi·ca *(also A~)* arabica. **~boon(tjie)** arabica bean. **~koffie** arabica coffee.
A·ra·bi·ë *(geog.)* Arabia. **A·ra·bier** =*biere* Arab. **a·ra·bier(·perd)** *(also A~)* Arab (horse). **A·ra·bies** *n., (language)* Arabic. **A·ra·bies** =*biese, adj.* Arabian, of Arabia; *~e Bond* Arab League; *~e gom* gum arabic, (gum) acacia; *~e syfers* Arabian numerals.
A·ra·gon *(geog.)* Aragon. **A·ra·go·nees** =*nese, n. & adj.* Aragonese.
a·ra·go·niet *(min.)* aragonite.
a·rak, a·rak arrack, arak.
A·ral·meer: *die ~* the Aral Sea.
A·ram *(geog., hist., OT)* Aram. **A·ra·me·ër** =*meërs, n.* Aram(a)ean. **A·ra·mees** *n., (language)* Aramaic. **A·ra·mees** =*mese, adj.* Aram(a)ean; Aramaic.
a·ra·roet *(bot.)* arrowroot.
ar·bei *ge=* labour, toil, work; *aan iets ~* work (away) at s.t.; *aan iem. ~* work (up)on s.o.; *tevergeefs ~, (also)* plough the sands.
ar·beid labour, toil, work; *~ adel* labour ennobles; *beskutte ~* sheltered employment; *die daaglikse ~* the daily round; *gedwonge ~* forced labour; *onverdrote ~* unremitting toil. **~skaarste** labour scarcity.
Ar·bei·der =*ders, (pol.)* Labourite, member of the Labour Party.
ar·bei·der =*ders* labourer, workman, worker, hand; *(also, in the pl.)* shop floor; *die ~ is sy loon werd* the labourer is worthy of his hire. **~stand** working/lower class(es).
Ar·bei·der(s)=: **~beweging** Labour movement. **~kandidaat** Labour candidate. **~lid** Labour member. **~party** Labour Party. **~regering** Labour government.
ar·bei·ders=: **~bevolking** labouring/working population/classes. **~beweging** labour movement. **~buurt(e)** working-class district. **~klas** working/lower class(es). **~versekering** industrial assurance/insurance. **~woning** labourer's cottage, working-class dwelling.
ar·beids=: **~agentskap** employment agency. **~besetting:** *volledige ~* full employment. **~besparend** labour-saving. **~betrekkinge** *(pl.)* industrial/labour relations. **~buro** employment bureau/office, *(infml.)* job centre, *(dated)* employment/labour exchange. **A~dag** Labour Day. **~diens** labour service. **~eenheid** unit of work/energy; →ERG[2] *n.*. **~faktor** power factor. **~geskil** labour/industrial dispute. **~intensief** labour-intensive. **~kolonie** labour colony. **~kontrak** labour contract. **~koste** labour costs. **~kragte** manpower; labour force, workforce, hands. **~las** workload. **~lied** shanty, work song. **~loon** wage, pay, earnings; wages, labour (costs). **~mark** labour market. **~metode** method of working. **~omset** labour turnover. **~ongeskiktheid** disablement. **~onrus** industrial/labour unrest. **~potensiaal** manpower; labour potential. **~reg** labour law. **~tekort** labour shortage, shortage/scarcity of labour. **~tempo** rate of work; power *(of a machine)*. **~terapeut** occupational therapist. **~terapie** occupational therapy. **~toevoer** labour supply. **~veld** field of activity, sphere of action. **~verdeling** division of labour. **~verhoudinge, ~betrekkinge** *(pl.)* labour relations. **~vermoë** capacity for work; energy; output. **~voorraad** labour reservoir. **~voorwaardes** *(pl.)* labour/working conditions, conditions of employment. **~vraagstuk** labour problem/question. **~vrede** industrial peace. **~werwing** labour recruitment. **~wetgewing** labour/industrial legislation.
ar·beid·saam =*same* industrious, hard-working, diligent. **ar·beid·saam·heid** industriousness, diligence, industry.
ar·bi·ter =*ters* arbiter, arbitrator; *~ wees tussen ...* arbitrate between ... **ar·bi·traal** =*trale* arbitral. **ar·bi·tra·geur** =*geurs, (comm.)* arbitrageur.
ar·bi·tra·sie =*sies* arbitration; arbitrage *(of exchange); iets deur ~ besleg* settle s.t. by arbitration; *hulle aan ~ onderwerp, (parties)* go to arbitration; *iets aan ~ onderwerp* submit s.t. to arbitration; *na ~ verwys word, (a dispute)* go to arbitration. **~beslissing** arbitration award. **~hof** court of arbitration.
ar·bi·treer *ge=* arbitrate; umpire.
ar·bi·trêr =*trêre* =*trêrder* =*trêrste* arbitrary.
Ar·chan·gelsk *(geog.)* Archangel, *(Russ.)* Arkhangelsk.
Ar·chi·me·des *(Gr. mathematician)* Archimedes. **Ar·chi·me·dies** =*diese, (also a~)* Archimedean; *~e skroef* Archimedes'/Archimedean screw.
ar·chi·va·li·a *(Lat.)* →ARGIVALIA.
Arc·tu·rus *(astron.)* Arcturus.
Ar·den·ne: *die ~* the Ardennes. **~offensief** *(WW II)* Ardennes Offensive, Battle of the Bulge.
ar·duin ashlar, ashler, freestone.
a·re·a =*as* area; →OPPERVLAKTE, STREEK.
a·re·ka =*kas* areca. **~neut** areca/betel nut, penang/pinang nut. **~palm** areca/betel palm.
a·re·na =*nas* arena; ring; sawdust ring. **~teater** *(building)* arena theatre, theatre-in-the-round. **~toneel** arena theatre, theatre-in-the-round.

a·rend -rende eagle; fang, spike *(of a file);* tang *(of an anvil); (golf)* eagle. **a·rend·jie** -jies eaglet.

a·rends-: ~**blik** eagle eye; *met 'n* ~ eagle-eyed. ~**klou** eagle's claw/talon. ~**nes** eyrie, eagle's nest. ~**neus** aquiline/Roman nose, hooknose. ~**oog** eagle eye. ~**vlug** eagle's flight.

a·re·o·la -las, *(biol., anat.)* areola. **a·re·o·lêr** -lêre areolar, areolate.

a·re·o·me·ter areometer, hydrometer.

ar·ga·ïes -gaïese archaic. **ar·ga·ïs** -gaïste archaist. **ar·ga·ï·seer** ge- archaise. **ar·ga·ïs·me** -gaïsmes archaism. **ar·ga·ïs·ties** -tiese archaistic.

Ar·ge·ër -geërs Argive.

Ar·ge·ï·kum *n., (geol.)* Archaean. **Ar·ge·ïes** *adj.* Archaean.

ar·ge·loos, arg·loos -lose -loser -loosste innocent, unsuspecting, unsuspicious, trusting; guileless, harmless, inoffensive. **ar·ge·loos·heid, arg·loos·heid** innocence, naivety, naïvety; guilelessness, harmlessness, inoffensiveness.

ar·gen·taan nickel/German silver.

ar·gen·tiet *(min.)* argentite, silver glance.

Ar·gen·ti·ni·ë *(geog.)* Argentina, the Argentine. **Ar·gen·tyn** -tyne Argentine, Argentinian. **Ar·gen·tyns** -tynse Argentine, Argentinian.

ar·ge·o·lo·gie archaeology. **ar·ge·o·lo·gies** -giese archaeological. **ar·ge·o·loog** -loë archaeologist.

ar·ge·ti·pe -pes archetype. **ar·ge·ti·pies** archetypal.

ar·gief -giewe archive(s), record office/room; *(also, in the pl.)* public records; →ARGIVAAL, ARGIVEER. ~**afskrif** file copy. ~**bewaarplek** archives depot. ~**gebou** record office; archives building. ~**stuk** -ke archival document; *(also, in the pl.)* archivalia, (public) records; archival records. ~**wese** archives service.

ar·gil·liet *(geol.)* argillite.

ar·gi·man·driet -driete, *(Gr. Orthodox Church)* archimandrite.

ar·gi·pel -pels, -pelle archipelago.

ar·gi·tek -tekte architect. **ar·gi·teks·te·ke·ning** architectural drawing. **ar·gi·tek·to·nies** -niese architectonic. **ar·gi·tek·tu·raal** -rale architectural. **ar·gi·tek·tuur** architecture.

ar·gi·traaf -trawe, *(archit.)* architrave, epistyle.

ar·gi·vaal -vale, **ar·gi·va·lies** -liese archival. **ar·gi·va·li·a** *(pl.)* archivalia, (public) records. **ar·gi·va·ris** -risse archivist, keeper of the archives/records. →ARGIEF.

ar·gi·veer ge- archive.

arg·lis, arg·lis·tig·heid craft(iness), cunning, guile. **arg·lis·tig** -tige crafty, cunning, guileful, designing.

arg·loos →ARGELOOS.

Ar·go *(astron.)* Argo.

Ar·go·lis *(geog., hist.)* Argolis.

ar·gon[1] *(chem., symb.: Ar)* argon.

ar·gon[2] -gons, **ar·gont** -gonte, *(chief magistrate in ancient Athens)* archon.

Ar·go·nout -noute, *(Gr. myth.)* Argonaut.

ar·go·nout -noute, *(zool.)* argonaut, paper nautilus.

ar·gont →ARGON[2].

Ar·gos *(ancient city)* Argos.

ar·got *(Fr.)* argot.

ar·gu·ment -mente argument; plea; *'n ~ **aanvoer/opper*** put forward (*or* raise) an argument; *'n ~ **afmaak*** demolish an argument; *'n ~ **beantwoord/weerlê*** meet an argument; *die ~ **gaan** nie op nie* the argument doesn't hold water (*or* is not valid); ***geen** ~ hê nie* have no argument, have no leg (*or* not have a leg) to stand on; *die ~ is (goed) **gegrond*** the point is well taken; *'n **gegronde** ~* a solid/sound argument; *'n **goeie** ~ hê* have a strong argument/point; *'n ~ ten **gunste** van iets* an argument for s.t.; *teen daardie ~ kan jy niks **inbring** nie* that argument is unanswerable; ***krag** by 'n ~ sit* reinforce an argument; *dit is **'n** ~* you have a point there; *die ~ hou **steek*** the point is well taken; *'n ~ **stel*** make a point; *jou ~ duidelik **stel*** make one's point very clear; *'n ~ **teen** iets* an argument against s.t.; *'n ~ met iem. **uitlok*** pick an argument with s.o.; *'n **vals(e)** ~* a specious argument; *~e **vir** en teen ...* arguments for and against ... **ar·gu·men·ta·sie** -sies argumentation. **ar·gu·men·teer** ge- argue, reason; *ten gunste van iets ~* argue for s.t.; *oor ... ~* argue about/over ...; *teen iets ~* argue against s.t.. **ar·gu·ments·hal·we** for argument's sake.

Ar·gus *(Gr. myth.)* Argus. **a~oë:** *met ~* Argus-eyed; *iem. met ~ dophou* keep a jealous watch over (*or* a jealous eye on) s.o..

arg·waan suspicion, mistrust, distrust; *sonder ~* unsuspecting, unsuspicious; *~ teen iem. hê/koester* have doubts about (*or* be suspicious of) s.o.; *~ wek* arouse/create suspicion. **arg·wa·nend** -nende, *(rare)* distrustful, suspicious.

a·ri·a -as, *(mus.)* aria, air.

A·ri·aan -riane, *n.* Arian. **A·ri·aans** -riaanse, *adj.* Arian. **A·ri·a·nis·me** Arianism.

a·ried -riede arid. **a·ri·di·teit** aridity.

A·ri·ër -riërs, *n.* Aryan. **A·ries** -riese, *adj.* Aryan.

A·ri·ës *(astron.)* Aries, the Ram.

a·rig →AARDIG.

a·ri·kreu·kel, a·ri·krui·kel, a·li·kreu·kel, a·li·krui·kel -kels, *(shellfish)* (peri)winkle.

A·ri·ma·te·a: *Josef van ~, (NT)* Joseph of Arimathea.

a·ring veining, venation; graining; →AAR[2], BEARING.

A·ri·on *(Gr. poet)* Arion.

A·ris·ti·des *(Athenian general)* Aristides.

A·ris·to·fa·nes, A·ris·to·pha·nes *(Gr. comic dramatist)* Aristophanes. **A·ris·to·fa·nies, A·ris·to·pha·nies** -niese Aristophanic.

a·ris·to·kraat -krate aristocrat. **a·ris·to·kra·sie** -sieë aristocracy. **a·ris·to·kra·ties** -tiese aristocratic; *~e agtergrond* upper-class background.

A·ris·to·pha·nes →ARISTOFANES.

A·ris·to·te·les *(Gr. philosopher)* Aristotle. **A·ris·to·te·li·aan** -liane, *n.* Aristotelian, Peripatetic. **A·ris·to·te·li·aans** -aanse, **A·ris·to·te·lies** -liese, *adj., (also a~)* Aristotelian. **A·ris·to·te·lis·me** *(also a~)* Aristotelianism.

a·rit·me·ti·ka arithmetic. **a·rit·me·ties** -tiese arithmetic(al).

a·rit·mie arrhythmia. **a·rit·mies** -miese arrhythmic(al).

A·ri·us *(Gr. Christian theologian)* Arius.

ark arke ark; *uit die (of Noag se) ~ kom* come out of the ark, be as old as Adam (*or* the hills); *uit die ~ se dae* from time immemorial. ~**mark** *(infml.)* pet shop.

ar·ka·de -des arcade.

Ar·ka·di·ë *(dept of Gr.)* Arcadia, *(liter.)* Arcady. **Ar·ka·di·ër** -diërs, *n.* Arcadian. **Ar·ka·dies** -diese, *adj.* Arcadian.

Ark·ti·ka the Arctic. **Ark·ties** -tiese Arctic.

arm[1] *arms, (dim. armpie), n., (anat., tech., fig.)* arm; arm, sleeve *(of a garment);* arm *(of a chair, sofa);* branch *(of a river, pipe, duct, candelabrum);* beam *(of scales);* bracket *(on a wall);* jib *(of a crane);* limb *(of a cross);* arm, limb *(of the sea);* crank *(of a machine); iem. **aan** jou ~* s.o. on one's arm; *~ **in** ~* arm in arm, with arms linked; *iem. **in** jou ~s sluit* →SLUIT; *'n **lang** ~ hê, (fig.: have far-reaching power)* have a long arm; *die **lang** ~ van die gereg* the long arm of the law; *die ~ **lig*** drink, be a drinker; *iem. in jou ~s **neem*** take s.o. in one's arms; *iem. met **oop** ~s ontvang, (fig.)* welcome s.o. with open arms; *met jou ~s **oorkruis/oormekaar** sit* sit with one's arms folded (*or* with folded arms); *'n kind **op** die ~* an infant in arms; *'n kind **op** iem. se ~* a baby on s.o.'s arm (*or* in s.o.'s arms); *woes met die ~s **swaai*** flail one's arms; *~ **vol,** (pl. ~s vol)* armful; *~s **vol** blomme aan iem. stuur* send s.o. flowers by the armful; *jou ~s om iem. **vou*** wrap one's arms around s.o.; *jou ~s (oormekaar) **vou*** fold one's arms; *jou in iem. se ~s **werp*** fling/throw o.s. into s.o.'s arms. ~**band** *(jewellery)* bracelet, *(usu. without a clasp)* bangle; *(band of material for identification etc.)* armband, armlet, *(esp. with a uniform)* brassard; wristband *(of a watch).* ~**draaiery** arm-twisting; *met 'n bietjie ~* with a bit of arm-twisting. ~**druk** arm wrestling. ~**geswaai** waving of arms. ~**holte** armpit, *(dial.)* oxter. ~**horlosie,** ~**oorlosie** wristwatch. ~**kandelaar** girandole, candelabrum, sconce, branched candleholder. ~**ketting** wrist chain. ~**klem** *(wrestling)* armlock. ~**kraan** jib crane. ~**lengte** arm's length; *'n ~ ver/vêr* at arm's length. ~**leuning** armrest, arm. ~**plaat** armpiece. ~**potig** -e brachiopodous. **A~potiges** Brachiopoda. ~**pyp** brachial bone. ~**ring** armlet. ~**sein** arm signal. ~**slagaar** brachial artery. ~**slinger** arm sling. ~**stoel** armchair, easy chair. ~**stuk** armlet. ~**swaai** sweep of the arm; *met 'n ~* with a sweep of the arm.

arm[2] *arme armer armste* poor, needy, impoverished, indigent, penurious, badly off; *(attr.:* arme*)* poor, pitiable, unfortunate; low-grade *(mine, ore);* →ARME, ARMOEDE; *~ **aan** ... wees* be somewhat lacking in ... *(poets etc.);* be low/lacking in ... *(vitamins etc.);* be poor in ... *(nutrients);* be short of ... *(water); ~e **drommel*** miserable wretch, poor beggar; *uit 'n ~ **huis** kom, ~ **grootword*** come from a poor background; *~e **kêrel*** poor chap; *iem. se dood/vertrek **laat/maak** ons ~er* we are the poorer for s.o.'s death/departure; *~ **maar** eerlik* poor but honest; *so ~ **soos** Job* (*of 'n kerkmuis*) (as) poor as a church mouse (*or* as church mice); *~ **van gees** wees* be poor in spirit. ~**beurs,** ~**bus** *(hist.)* poor box; *'n stuiwer in die ~ gooi* →STUIWER. ~**blanke** *(SA, hist.)* poor white. ~**blankedom** *(SA, hist.)* poor whites. ~**blankevraagstuk** *(SA, hist.)* poor white problem. ~**bus** →ARMBEURS. ~**huis** →ARMEHUIS. ~**manskoek** poor man's cake. ~**mansrib** chuck rib. ~**mansvriend** friend of the poor. ~**rig** →ARMERIG. ~**sorg** →ARMESORG.

ar·ma·da -das armada.

ar·ma·dil -dille armadillo.

Ar·ma·ged·don *(NT or fig.)* Armageddon.

ar·me -mes pauper; poor person; →ARM[2]; *die ~s het julle altyd by julle, (NT)* the poor you will always have with you; *die ~s van gees* the poor in spirit; *~s en rykes* rich and poor. ~**blanke** →ARMBLANKE. ~**gestig** *(hist.)* workhouse. ~**huis, armhuis** *(hist.)* poorhouse; workhouse. ~**rig, armrig** -rige rather poor. ~**skool** *(hist.)* ragged school. ~**sorg, armsorg** poor relief. ~**versorging** poor relief. ~**wet** *(hist.)* poor law.

Ar·me·ni·ë *(geog.)* Armenia. **Ar·meen** -mene, **Ar·me·ni·ër** -niërs Armenian. **Ar·meens** *n., (language)* Armenian. **Ar·meens** -meense, **Ar·me·nies** -niese, *adj.* Armenian.

ar·mil·laar·sfeer armillary sphere.

Ar·mi·ni·us *(Germanic chieftain)* Arminius, Hermann; *Jacobus ~, (theologian)* Jacobus Arminius. **Ar·mi·ni·aan** -ane, *(eccl.: follower of the doctrines of Jacobus Arminius)* Arminian. **Ar·mi·ni·aans** -aanse Arminian. **Ar·mi·ni·a·nis·me** Arminianism.

arm·las·tig -tige indigent, needy, destitute, poverty-stricken. **arm·las·ti·ge** -ges pauper; *die ~s* the paupers/destitute/needy. **arm·las·tig·heid** pauperism, indigence.

arm·lik -like needy, poor; shabby.

ar·moe·de poverty, want, need, penury, indigence, destitution, pauperism, *(fml. or liter.)* paucity; *iem. tot ~ **bring*** reduce s.o. to poverty; *iem. in ~ **dompel*** plunge s.o. into poverty; *~ aan **gedagtes*** lack of ideas; *in ~ **leef/lewe,** ~ **ly*** live in poverty/want; *~ **leer** bene kou* necessity is the mother of invention; hunger breaks/pierces stone walls; *as ~ by die deur inkom, vlieg die **liefde** by die venster uit* when poverty comes in at the door, love flies out at the window; ***nypende** ~* grinding poverty; *uit ~ **ophef*** free from poverty; *~ is geen/g'n **skande** nie* poverty is no disgrace/crime/sin; ***uit** ~* from poverty; *in/tot ~ **verval*** be reduced to poverty; ***volslae** ~* abject poverty. ~**strik** poverty trap.

ar·moe·dig -dige -diger -digste poor, needy, poverty-stricken, impoverished *(family etc.); (fml.)* penurious; shabby *(house, appearance);* cheap, shabby *(clothing);* down-at-heel *(shoes, person);* out-at-elbows *(garment, person);* meagre *(meal);* starved *(plant);* barren *(soil); ~ geklee(d) wees* be poorly clad (*or* shabbily dressed); *'n ~e indruk maak, ~ daar uitsien* look poor/shabby; *dit ~ hê, 'n ~e lewe lei, in ~e omstandighede verkeer/wees* live in poverty (*or* in impoverished/straitened circumstances), lead a meagre existence; *'n ~e huisie* a mean little house, a run-down cottage. **ar·moe·dig·heid** poorness, poverty; shabbiness; meagreness; barrenness.

ar·moeds·grens poverty line; *onder die ~ leef/lewe* live under the breadline.

ar·mo·ri·aal -*ale, (her.)* armorial.

arm·sa·lig -*lige* -*liger* -*ligste* miserable, wretched, beggarly, poor; pathetic, pitiful, piteous; paltry *(sum, salary, fee)*; meagre *(meal)*; miserable, wretched *(dwelling)*; *'n ~e R5* a paltry/lousy R5, five paltry/lousy rands; *'n ~e bestaan voer* lead/live a miserable life, eke out a bare/miserable existence; *'n ~e figuur slaan* cut a poor/sorry figure. **arm·sa·lig·heid** (state of) misery.

ar·ni·ka *(plant, tincture)* arnica.

a·roe·na -*nas, Carallum* spp..

a·ro·ma -*mas* aroma, fragrance. **~terapeut** aromatherapist. **~terapeuties** aromatherapeutic. **~terapie** aromatherapy.

a·ro·maat -*mate* fragrant substance. **a·ro·ma·ties** -*tiese* aromatic.

a·rons·kelk -*kelke* arum lily, calla (lily); *(gevlekte) ~* cuckoopint, lords-and-ladies.

a·room -*rome* →AROMA.

ar·peg·gi·o -*o's, (It., mus.)* arpeggio.

ar·ran·geer *ge-, (rare)* arrange; *(mus.)* orchestrate, score, arrange. **ar·ran·ge·ment** -*mente, (Fr., rare)* arrangement; orchestration, scoring.

ar·res arrest; custody, detention; *geslote ~* close arrest/confinement; *in/onder ~* under arrest, in custody; *iem. in/onder ~ hou* detain s.o., keep s.o. in custody/detention. **~kamer** guardroom. **ar·res·tant** -*tante* detainee, arrested person, *(jur.)* arrestee. **ar·res·ta·sie** -*sies* arrest, apprehension; *~ uitlok* court arrest. **ar·res·teer** *ge-* arrest, apprehend, take into custody; *iem. weens ... ~* arrest s.o. for ... *(murder etc.)*; *niemand is gearresteer nie* no arrest has been made.

ar·rie *interj., (arch.)* (I) say, goodness, my; *~, maar dis vir jou 'n ...!* some ..., what?; *~ nee!* oh Lord no!.

ar·ri·veer *ge-* arrive. **ar·ri·vis** arriviste *(Fr.)*.

ar·ro·gan·sie arrogance, presumption. **ar·ro·gant** -*gante* arrogant; presumptuous; swaggering *(confidence)*.

ar·ron·dis·se·ment -*mente, (Fr.)* arrondissement.

ar·seen *(chem., symb.: As)* arsenic. **~houdend** -*dende* arsenical. **~piriet** *(min.)* arsenopyrite, mispickel. **~suur** arsenic acid. **~verbinding** arsenic compound. **~vergiftiging** arsenic poisoning.

ar·seer *(ge)-* shade, hatch *(a drawing etc.)*; →ARSERING; *dubbel ~* crosshatch. **~lyn** hachure, hatch.

ar·se·naal -*nale* arsenal, armoury.

ar·se·naat -*nate, (chem.)* arsenate.

ar·se·nied -*niede, (chem.)* arsenide.

ar·se·niet -*niete, (chem.)* arsenite.

ar·se·nig·suur arsen(i)ous acid.

ar·se·nik, ar·se·ni·kum →ARSEEN.

ar·se·ring -*rings,* -*ringe* shading, hatching, hachure, hachuring; →ARSEER; *dubbele ~* crosshatching.

ar·sien -*siene, (chem.)* arsine.

ar·sis *(classical pros.)* arsis.

Art: **~ Brut** *(also a~ b~)* Art Brut. **~ Deco** *(also a~ d~)* Art Deco. **~ Deco-gebou** *(also a~ d~-)* Art-Deco building. **~ Nouveau** *(also a~ n~)* Art Nouveau. **~ Nouveau-spieël** *(also a~ n~-)* Art-Nouveau mirror.

ar·te·fak -*fakte* artefact.

ar·te·rie -*ries* artery. **ar·te·ri·ool** -*riole* arteriole. **ar·te·ri·o·skle·ro·se** arteriosclerosis, hardening of the arteries. **ar·te·ri·o·to·mie** arteriotomy.

ar·te·sies -*siese* artesian; *~e put* artesian well.

ar·ties -*tieste* artiste *(Fr.)*.

ar·ti·kel -*kels, (written)* article; *(gram.)* article; piece, item; *(jur.)* section, article; *(trade)* article, commodity; *die koerant het die ~ geplaas, die ~ het in die koerant verskyn* the paper carried the article; *ingevolge/volgens/kragtens die ~ (van die wet)* under the section (of the Act); *'n ~ oor ...* an article on ...; *'n ~ skryf/skrywe* write an article.

ar·ti·ku·la·sie -*sies* articulation. **ar·ti·ku·leer** *ge-* articulate.

ar·til·le·rie artillery, ordnance, guns. **~kaserne** artillery barracks. **~-offisier** artillery officer. **~park** artillery park, ordnance yard. **~skietbaan** gunnery range. **~skool** artillery school. **~sterkte** gunpower. **~trein** artillery train. **~vuur** artillery fire, shellfire, shelling. **~werkplaas** ordnance factory. **~wetenskap** gunnery. **ar·til·le·ris** -*riste* artilleryman, gunner.

ar·ti·sjok -*sjokke* (globe) artichoke; *Spaanse ~* cardoon.

ar·tis·tiek -*tieke* -*tieker* -*tiekste* (of *meer ~ die mees -e*), **ar·tis·ties** -*tiese* -*tieser* -*tiesste* (of *meer ~ die mees -e*) artistic, tasteful. **ar·tis·tie·ke·rig** -*rige* arty, *(infml.)* arty-crafty. **ar·tis·tie·ke·rig·heid** artiness.

ar·tri·tis *(med.)* arthritis.

ar·tro·se *(med.)* arthrosis. **ar·tro·skle·ro·se** arthrosclerosis.

arts *artse, (fml.)* doctor, medical practitioner; physician; *inwonende ~* houseman, intern.

art·se·ny -*nye* medicine, medicament. **~bereikunde** pharmaceutics. **~handboek** pharmacopoeia. **~kundig** -*e* pharmaceutical. **~middel** →GENEESMIDDEL.

Ar·tur Arthur; *koning ~, (legendary king of the Britons)* King Arthur. **~legende** Arthurian legend.

Ar·tu·ri·aans -*aanse, (also a~)* Arthurian.

ar·vaal·fees, ar·wel·fees harvest festival/home.

ar·we -*wes, (bot.)* arolla (pine), (Swiss) stone pine.

as[1] *n.* ash *(of a cigarette, volcano, etc.)*; cinders *(of a stove)*; *(after destruction or burning)* ashes, ruins; *(mortal remains)* ashes; →ASSE; ***die A~**, (cr.)* the Ashes; ***gloeiende ~*** (glowing) embers, cinders; ***in die ~ lê*** reduce to (*or* lay in) ashes; ***in die ~ sit*** = IN **SAK** EN AS SIT/WEES; *iem. se hand **in die ~** slaan (by 'n meisie)* →HAND; *daar is ~ op jou **toon*** your fly is open; *jy kan iem. **uit die ~ skop*** s.o. is a nonentity/nincompoop; *iets tot ~ **verbrand*** burn/reduce s.t. to ashes; *tot ~ **verbrand wees*** be in (*or* burnt/reduced to) ashes; *uit die ~ **verrys**, (fig.)* rise/emerge from the ashes. **~baan** cinder track. **~bak** →ASBLIK. **~bak(kie)** ashtray. **~bek** *(hum.)* donkey. **~blik, ~bak** dustbin, litter/refuse/rubbish bin, *(Am.)* garbage/trash/ash can. **~bliksak** bin bag/liner. **~blom** cineraria. **~blond** ash blond; *~e hare* ash-blond hair. **~bos(sie)** lye bush; *Psilocaulon* spp.; *Salsola aphylla; Mesembryanthemum* spp.. **~gat** -*gate* ash/dust hole; *(pl. -gatte, fig., vulg.)* nincompoop. **~hoender** ash-coloured fowl. **~hoop** ash heap; (refuse/rubbish) dump/tip, *(Am.)* garbage dump; refuse/rubbish heap, *(Am.)* garbage/trash heap *(in a garden)*; *'n plan op die ~ gooi* dump a plan, throw a scheme on the scrap heap, relegate a scheme to the wastepaper basket; *op die ~ gegooi word, op die ~ beland* be thrown on (*or* consigned to) the scrap heap; *jy* (of *['n] mens) kan hom nog nie op die ~ gooi nie* there's life in the old dog yet; *op die ~ sit* be down in the dumps. **~jas** ninny, nana, silly(-billy); rascal, scoundrel, wretch, scallywag, scal(l)awag, blighter; *jou ~!, (infml.)* you silly-billy (*or* little blighter/devil/monkey)!. **~kar** dustcart, *(Am.)* garbage truck. **~(kar)ryer** dustman, *(Am.)* garbage man, *(Am.)* trash collector. **~kleur** ash colour. **~kleurig** -*e* ashen, ash-coloured, cinereous. **~klip** tuff. **~koek** askoek; *(fig.)* simpleton, good-for-nothing, num(b)skull, (silly) fool; nincompoop; →ASJAS; *jou ~!, (infml.)* you silly ass!; *jou klein ~!, (infml.)* you little scamp!; *~ slaan* dance a reel. **~kruik** funerary urn. **~lêer** good-for-nothing. **~pan** ashpan. **~patat** baked sweet potato; *(fig.)* ninny, nana, silly(-billy); *(fig.)* rascal, scoundrel, wretch, scallywag, scal(l)awag, blighter. **~soda** kelp. **~steen** breeze brick. **~vaal** ashen, pale, grey, ash-coloured, pallid, wan; *jou ~ skrik* go/turn pale with fright; *~ word* turn ashen. **~wa** dustcart, rubbish cart/van, *(Am.)* garbage truck. **As(·woens)·dag** *(RC)* Ash Wednesday.

as[2] *asse, n.* axle *(of a wheel)*; axletree *(of a wag[g]on)*; *(geom., bot., opt., astron.)* axis; *(tech.)* spindle; shaft *(of a propeller)*; rod *(of a piston)*; arbor *(of a clock)*; pin *(of a pulley, block)*; *die aarde draai/wentel om sy ~* the earth revolves on its axis; *iem. se ~ het vasgebrand* s.o. got into a fix; *'n ~ smeer* grease an axle. **~afstand** wheelbase, axle base, axial distance. **~arm** axle arm. **~bedding, ~bodem** axle bed/seat(ing). **~belasting** →ASLAS. **~bok** axle stand. **~bus** axle box, shaft bush. **~draaibank** shafting lathe. **~hals** axle neck. **~hoek** axial angle. **~hoogte** road clearance, axle height. **~huls(el)** axle housing/casing/tube. **~klou** axle(tree) bracket. **~koker** axle housing/casing/tube. **~laer** axle bearing. **~las** axle load, load on an/the axle. **~leiding** shafting. **~lyf** axle body. **~lyn** axial line, axis. **~motor** direct-drive motor. **~pot** axle box. **~punt** pole. **~reëlaar** fly governor. **~skelet** axial skeleton. **~skommeling** *(astron.)* nutation. **~smeer** axle grease. **~spy** shaft key. **~stand** axle base. **~standig** -*e* axial. **~tap** axle(tree) arm, (axle/shaft) journal. **~teller** axle counting mechanism. **~waarts:** *~ gekeer(d), (bot.)* introrse. **~wenteling** rotation. **~werwel** *(anat.)* axis.

as[3] *asse, n., (coin of ancient Rome)* as.

as[4] *conj.* as; like; than; but, except; when; if; *~ dit nie **anders** kan nie* if there's no other way; ***anders ~ ...*** *wees* →ANDERS *adj. & adv.*; *~ **antwoord/ens.*** as an answer/etc.; *~ ... **bekend** staan* →BEKEND; ***beter/ens.*** *~ ...* better/etc. than ...; *~ **bewys*** as proof; *~ **burgemeester/ens.*** as (*or* in his/her capacity as) mayor/etc.; *gebreke/ens., ~ **daar is*** defects/etc., if any; *iem. is beter ~ leier **dan** ~ spreker* →DAN *conj.*; ***dieselfde*** *~* the same as, just like; *~ iem. **eers** ...* →EERS; *~ **gevolg** van ...* →GEVOLG; *so **goed** ~ (wat) iem. kan* →KAN[2] *vb.*; *hy is **groter/ens.*** *~ sy broer/ens.* he is taller/etc. than his brother/etc.; *~ jy **het*** if you have any; *~ ek **jy** (*of* **in jou plek**) was, ~ ek **in jou skoene** gestaan het* if I were you (*or* in your place/shoes); *~ iem. dit **kan** doen* if s.o. can do it; *elke **keer** ~ iem. ...* whenever s.o. ...; *~ **kind/meisie/seun*** as a child/girl/boy; *~ ek **maar** ... gehad het!* →MAAR[2] *adv. & conj.*; ***meer/minder*** *~* more/less than; ***meer** ~ (wat) jy dink* more than you think; ***meer** ~ (wat) iem. kan bekostig* more than s.o. can afford; *so gou (as) ~ **moontlik*** →MOONTLIK *adj. & adv.*; *~ iem. **nie** daar was (of gehelp het) nie, sou ek ...* if it had not (*or* or had it not) been for s.o., I would have ...; *~ ek dit **nie** mis het nie* unless I'm mistaken; ***niks*** *~ ... nie* nothing but ...; ***niks** anders ~ ... nie* →ANDERS *adj. & adv.*; *~ dit **reën**, bly iem. tuis* when it rains s.o. stays at home; *~ ek moet **sê** ...* →SÊ *vb.*; ***selfs*** *~ ...* even though ...; ***selfs*** *~ dit ... is* even if it is ...; *~ jy hom/haar **sien*** if/when you see him/her; *~ **sodanig*** →SODANIG; *die bewering ~ **sou** iem. ...* the allegation that s.o. ...; ***soveel*** *~* →SOVEEL; ***sowel*** *~* →SOWEL; *~ arme/ens. **sterf/sterwe*** die a pauper/etc.; *~ **is verbrande hout*** if wishes were horses, beggars would ride; if ifs and ands were pots and pans (, there'd be no work for tinkers' hands); *~ **volg*** →VOLG; *laat ons ~ (goeie) **vriende** uitmekaar gaan* let us part friends; *~ en **wanneer*** if and when; *~'t* (of *~ 't*) ***ware*** →WARE[1] *vb.*; *~ **wat?*** in what capacity?.

as·ag·tig -*tige* ashy, ashen, ash-like, cinereous.

a·sa·le·a -*as, (bot.)* azalea.

as·bes *(min.)* asbestos; →BLOUASBES. **~papier** asbestos paper. **~plaat** -*plate, (constr.)* asbestos sheet/lumber; *(also, in the pl.)* asbestos sheeting; *(cook.)* asbestos mat. **~sement** asbestos cement. **~vesel** asbestos fibre.

as·bes·to·se *(med.)* asbestosis.

As·cen·sion *(geog.)* Ascension.

As·dod *(geog., OT)* Ashdod.

a·se·faal *(zool.)* acephalous *(skeleton)*.

a·sek·su·eel -*ele* asexual.

a·sem -*sems, n.* breath; wind; *in **dieselfde** ~, (fig.)* in the same breath; *in **een** ~, (fig.)* (all) in one breath; *na (jou) ~ **hyg/snak*** gasp/pant for breath; *met **ingehoue** ~, (lit.)* holding one's breath; *(fig.)* with bated breath; *(jou) ~ **inhou/ophou*** hold one's breath; *(weer) ~ **kry*** get one's breath back, recover one's breath/wind; *'n **lang** ~ hê* have a good wind; *jy **mors** jou ~* you're wasting breath, save your breath, keep your breath to cool your porridge; *iem. se ~ **slaan** weg* s.o.'s heart misses a beat; ***slegte*** *~* bad breath, halitosis; *na jou ~ **snak*** catch one's breath, gasp/pant for breath; *(die alkoholinhoud van) iem. se ~ **toets*** breathalyse/breath-test s.o.; *jou **tweede** ~ **kry*** get one's second wind; *jou (laaste) ~ **uitblaas*** draw one's last breath, breathe one's last; *jou ~ laat **wegslaan*** take one's breath away. **a·sem** *ge-, vb.* breathe, draw breath. **~beheersing** breath control.

~benemend →ASEMROWEND. ~haal *ge-* breathe; *diep* ~ breathe deeply, take a deep breath; *haal diep asem!* take a deep breath!; *ruimer* ~ breathe more freely; *vlak* ~ breathe shallowly. ~haalapparaat →ASEMHALINGS-TOESTEL. ~haling breathing, respiration; *flou* ~ shallow breathing; *swaar* ~ laboured breathing. ~halingsiekte respiratory disease. ~(halings)meter spirometer. ~nood difficulty in breathing, *(med.)* dyspnoea. ~opening *(bot.)* lenticel. ~pyp *(tech.)* breather (pipe/tube). ~rowend, ~benemend *-e* breathtaking; ~ *(mooi)* devastating, devastatingly beautiful. ~skep *-ge-, (lit.)* take/draw a breath; *(fig.)* have/take a breather; *('n) bietjie* ~ have/take a break, *(infml.)* take five; *iem. kan weer* ~ s.o. can breathe again. ~stilstand respiratory failure. ~stoot gasp, puff. ~teken *(mus.)* breathing mark. ~teug, ~tog breath; *tot die laaste* ~ till death. ~toets breath test; *'n ~ ondergaan/doen/aflê* be breath-tested. ~toetser breath analyser, breathalyser. ~wortel *(bot.)* aerating/breathing root.

a·sem·ha·lings-: ~apparaat →ASEMHALINGSTOESTEL. ~blaas *(zool.)* allantois. ~kanaal respiratory tract. ~kwosiënt respiratory quotient. ~meter spirometer. ~oefening breathing exercise. ~opening *(entom.)* spiracle. ~orgaan respiratory organ. ~toestel, ~apparaat breathing apparatus. ~versaking respiratory failure.

a·sem·loos *-lose* breathless.

a·sep·sie, a·sep·sis *(med.)* asepsis. **a·sep·ties** *-tiese* aseptic.

A·ser *(OT)* Asher. **A·se·riet** *-riete* Asherite.

a·se·taat *-tate, (chem.)* acetate. ~film acetate film. ~rayon acetate rayon.

a·se·tiel *(chem.)* acetyl. ~salisielsuur *(chem. name for aspirin)* acetylsalicylic acid.

a·se·ti·leen *(chem.)* acetylene. ~lamp acetylene lamp. ~sweising acetylene welding.

a·se·to·me·ter acetometer.

a·se·toon *(chem.)* acetone, propanone.

as·falt asphalt. ~baan *(tennis)* asphalt court. ~bestrating asphalt paving. ~pad asphalt road. ~plaveisel asphalt paving.

as·fal·teer *ge-* asphalt, cover with asphalt.

as·fal·tiet *(min.)* asphaltite.

as·fik·si·a·sie asphyxiation. **as·fik·sie** asphyxia. **as·fik·si·eer** *ge-* asphyxiate. **as·fik·sie·ka·mer** lethal chamber.

as·gaai *-gaaie* →AS(SE)GAAI.

A·si·aat, A·si·ër, A·si·a·ties →ASIË.

a·si·di·teit acidity.

a·si·do·se *(med.)* acidosis.

a·si·do·ti·mi·dien *(med.: a drug used in the treatment of Aids)* zidovudine, *(trademark)* azidothymidine *(abbr.: AZT)*.

A·si·ë *(geog.)* Asia. **A·si·aat** *-ate,* **A·si·ër** *-ërs* Asian, Asiatic; **A·si·a·ties** *-tiese* Asian, Asiatic.

a·siel *-siele* asylum; *(hist.)* sanctuary *(for fugitives)*; *om (politieke) ~ aansoek doen* apply for (political) asylum; *~ vra/soek* ask for *(or* seek) asylum; *(politieke) ~ aan iem. verleen* grant s.o. (political) asylum. ~reg *(jur.)* right of asylum/sanctuary.

a·sim·me·trie asymmetry. **a·sim·me·tries** *-triese* asymmetrical, unsymmetrical.

a·simp·toot *-tote, (math.)* asymptote. **a·simp·to·ties** *-tiese* asymptotic(al).

a·si·mut *-muts, (astron.)* azimuth. **a·si·mu·taal** *-tale* azimuthal.

a·sin·chroon *-chrone,* **a·sin·kroon** *-krone, adj.* asynchronous.

a·sin·de·ton *-detons, -deta, (ling.)* asyndeton. **a·sin·de·ties** *-tiese* asyndetic.

A·sjan·ti *(no pl.: geographic region; language)* Ashanti; *(pl. -'s: inhabitant)* Ashanti.

Asj·ke·na·sim *(pl.)* Ashkenazim.

as·ka·ri *-ri's* askari.

as·ka·ri·a·se *(med.)* ascariasis.

as·keet *-kete* ascetic. **as·ke·se** ascesis, asceticism. **as·ke·ties** *-tiese* ascetic(al). **as·ke·tis·me** asceticism.

As·ke·lon *(OT)* Ashkelon.

as·kies *(infml.): ~ (tog)* 'scuse me; →EKSKUUS.

as·kor·bien·suur, vi·ta·mien C ascorbic acid, vitamin C.

as·ma asthma. ~lyer asthmatic. **as·ma·ties** *-tiese* asthmatic.

as·me·de *(arch.)* and also, as also, as well as, besides.

as·nog *(rare)* (as) yet, still.

as·of as if/though; ***kompleet/net/publiek*** ~ ... just as if ...; *dit* ***lyk*** *~ dit gaan reën* it looks like *(or* as if/though it is going to) rain; ***maak*** *~ jy huil* pretend to cry; ***maak*** *~ jy slaap* pretend to be asleep; ***maak*** *~ jy tuis is* make yourself at home; *~ iem. wou* ***sê*** ... as much as to say ...; ***voel*** *~ jy iem. kan vermoor* feel like murdering s.o..

a·so·ïes *-soïese, (geol.)* azoic.

as·ook as well as.

A·so·re: *die ~, (geog.)* the Azores.

a·so·si·aal *-siale -sialer -siaalste* asocial, unsocial.

as·paai *(children's game)* I spy, hide-and-seek.

as·pek *-pekte* aspect. **as·pek·ties** *(gram.)* aspectual.

as·per·sie *-sies* asparagus. ~punt asparagus tip. ~sop asparagus soup. ~stingel asparagus spear.

a·spe·si·fiek non(-)specific.

as·pi·dis·tra *-tras, (bot.)* aspidistra.

as·piek *(cook.)* aspic.

as·pi·raat *-rate, (phon.)* aspirate.

as·pi·rant *-rante* aspirant, candidate, applicant; *'n ~ na ...* an aspirant to ... ~dominee prospective minister, minister-to-be. ~kandidaat prospective/aspirant candidate, candidate seeking nomination. ~lid candidate for membership, prospective member. ~onderwyser prospective teacher, teacher-to-be, teacher in training *(or* in the making). ~skrywer would-be writer.

as·pi·ra·sie *-sies, (phon.)* aspiration; *(med.)* aspiration, breathing; *~ na 'n amp* aspiration(s) for/after an office; *hoë ~s hê* have great ambitions/expectations, aim high. **as·pi·reer** *ge-* aspire; *(phon.)* aspirate *(a consonant)*; *~ na* aspire to, aim for.

as·pi·rien *-riene, (med.)* aspirin.

as·pis *-pisse, (zool.)* asp.

As·poes·ter(·tjie) *(fairy-tale character)* Cinderella; *(a~, fig.: disregarded or neglected person/thing)* Cinderella.

as·pris, as·pres on purpose, purposely, intentionally, deliberately; expressly.

As·sam *(geog.)* Assam. ~sy *(also a~)* Assam silk.

As·sa·mees *-mese,* **As·sa·miet** *-miete, n., (inhabitant of Assam)* Assamese. **As·sa·mees, As·sa·mi·ties** *n., (language)* Assamese. **As·sa·mees** *-mese,* **As·sa·mi·ties** *-tiese, adj.* Assamese.

As·sas·syn *-syne, (hist.)* Assassin.

as·se *(rare)* ashes; →AS[1] *n.*; *mag sy/haar ~ in vrede rus* peace be to his/her ashes, may his/her ashes rest in peace.

as·se- *comb.:* ~kruis, ~paar *(math.)* pair of axes, co(-)ordinate axes. ~vlak axial plane.

as·se·blief please; ***doen*** *dit ~ (tog)!* please do it!; ***groot*** *~!* please, please!; *~ is* ***'n groot woord*** I am asking humbly; ***ja,*** *~!* yes, please!; ***moet*** *~ nie!* please don't!; ***nee,*** *~ nie!* no, please don't!; ***sê/ens.*** ***my*** *~* would you mind telling/etc. me?; ***sit*** *~* please/do sit down; *~* ***tog*** *nie!* please don't!; *laat my ~* ***weet*** kindly let me know.

as(·se)·gaai *-gaaie* assegai, assagai, (light) spear. ~(boom), ~(hout) *(Curtisia* sp.) assegai (wood). ~gras assegai grass. ~hout assegai wood; →AS(SE)GAAI(BOOM). ~wortel *Aspalathus mollis.*

as·ser·to·ries *-riese, (jur.)* assertive.

as·ses·sor *-sors, -sore* assessor; *(ins.)* loss adjuster; assistant; *A~ Synodi* Deputy Chairman of the Synod. ~lid associate (member).

as·sies →AS[1] *n.*.

as·si·mi·la·sie *-sies* assimilation. ~vermoë assimilative capacity. **as·si·mi·leer** *ge-* assimilate.

as·sin·jaat *-jate, (hist.)* assignat.

As·si·ri·ë *(geog.)* Assyria. **As·si·ri·ër** *-riërs, n.* Assyrian. **As·si·ries** *n., (language)* Assyrian. **As·si·ries** *-riese, adj.* Assyrian.

As·si·si *(geog.)* Assisi. ~borduurwerk *(also a~)* Assisi embroidery.

as·sis·teer *ge-* assist, help. **as·sis·ten·sie** assistance, help.

as·sis·tent *-tente,* assistant; *assistent(-) mediese beampte* assistant medical officer; *die ~ van ...* the assistant to ... ~onderwyser assistant teacher. ~sekretaris assistant secretary.

as·so·nan·sie *-sies* assonance, vowel rhyme. **as·so·neer** *ge-* assonate.

as·soois →ASSOUS.

as·sor·teer *ge-* assort. **as·sor·ti·ment** *-mente* assortment; range.

as·so·si·aat *-siate* associate. ~lid *-lede* associate member. **as·so·si·a·sie** *-sies* association. **as·so·si·a·tief** *-tiewe, (also math.)* associative. **as·so·si·eer** *ge-* associate; *iets met iets ~* associate s.t. with s.t.; *jou met ... ~* associate o.s. with ...

as·sous *-souse, (icht.)* silverside, whitebait.

as·su·meer *ge-* coopt, co-opt; *ge~de eksekuteur* assumed executor. **as·sump·sie** assumption; coopt(a-t)ion, co-opt(at)ion; *met mag van ~* with power of assumption; *met reg van ~* with the right to coopt/co-opt, with the right of coopt(at)ion/co-opt(at)ion.

As·sur *(myth. god; geog., hist.)* A(s)sur, A(s)shur.

as·su·ra·deur *-deurs* →VERSEKERAAR.

as·su·ran·sie *-sies, (life)* assurance; *(fire, theft, etc.)* insurance; underwriting. ~agent insurance agent. ~kantoor insurance office. ~maatskappy insurance company. ~makelaar insurance broker. ~polis insurance policy. ~premie insurance premium. ~wese assurance; insurance.

as·su·reer *ge-* →VERSEKER.

as·taat *(chem., symb.: At)* astatine.

As·tar·te *(OT: goddess of the Sidonians)* Ashtoreth; *(goddess of the Phoenicians)* Astarte; *(goddess of the Babylonians and Assyrians)* Ishtar.

as·ta·sie *(med.)* astasia. **as·ta·ties** *-tiese, (phys.)* astatic.

as·te: *so nooit ~ nimmer, so nimmer ~ nooit* →NOOIT.

As·teek *-teke, n.* Aztec. **As·teeks** *-teekse, adj.* Aztec.

as·te·nie *(med.)* asthenia, astheny. **as·te·nies** *-niese* asthenic.

as·ter *-ters* aster, chrysanthemum; *(infml.: girlfriend)* girl, *(sl.)* chick; →WILDEASTER.

as·te·risk *-riske, (typ.)* asterisk, star.

as·te·ro·ï·daal *-dale* asteroidal, planetoidal. **as·te·ro·ïed** *-roïede, n.* asteroid, planetoid.

a·stig·ma·tis·me *(med.)* astigmatism. **a·stig·maat** *-mate* sufferer from astigmatism. **a·stig·ma·ties** *-tiese* astigmatic.

a·straal *-strale* astral. ~lamp astral lamp. ~liggaam astral body.

as·tra·gaal *-gale, (archit.)* astragal.

as·tra·ga·lus *-lusse, (anat.)* astragalus.

a·strak *-strakte, (dial.)* →EKSTRAK.

As·tra·kan *(geog.)* Astrakhan.

as·tra·kan *-kans, (fur)* astrakhan.

a·strant *-strant(e), -stranter -strantste, adj. & adv.* cheeky, impudent, impertinent, insolent, forward, brazen, presumptuous, pert, brash, saucy, cocky, lippy; *~ antwoord* talk back; *jou baie ~ hou* give s.o. a lot of cheek/jaw/lip; *moenie jou ~ hou nie!* none of your cheek/jaw/lip/sauce!; *jy's 'n regte klein ~!* you're a cheeky little monkey!; *so ~ wees om te ...* have the cheek/face/impudence to ... **a·strant·heid** cheek, impudence, insolence, impertinence, sauciness, effrontery, *(infml.)* brass, *(infml.)* gall, *(infml.)* nerve; *dit is niks anders as ~ nie* it is sheer impudence; *iem. kom met ~ daardeur* s.o. brazens it out; *dis vir jou ~!* of all the cheek!, the cheek of it!, what (a) cheek!.

as·tro- *comb.* astro-. ~fisies astrophysical. ~fisika astrophysics. ~fisikus astrophysicist. ~fotografie astrophotography. ~labium *-s, (astron.)* astrolabe. ~logie astrology. **~logies** =*e* astrological. **~loog** =*loë* astrologer. **~nomie** astronomy. **~nomies** =*e* astronomic(al); *~e jaar* astronomical/solar/tropical year; *~e getal* astronomical figure. **~noom** =*nome* astronomer. **~nout** =*e, (rare)* astronaut. **~noutiek** astronautics.

As·tu·ri·ë *(geog.)* (the) Asturias. **As·tu·ri·ër** =*riërs* Asturian. **As·tu·ries** =*riese* Asturian.

A·sun·ci·ón *(geog.)* Asunción.

a·su·riet *(min.)* azurite.

a·suur *n. & adj.* azure, sky blue. **~steen** *(min.)* lapis lazuli; lazulite.

As·wan *(geog.)* Aswan, Ass(o)uan.

a·syn vinegar; *met 'n gesig so suur soos ~* sour-faced. **~flessie** vinegar cruet. **~gees** acetone, propanone. **~lug** smell of vinegar, vinegarish smell. **~moer** mother of vinegar. **~smaak** vinegarish taste, taste of vinegar. **~stander, ~stel(letjie)** →OLIE-EN-ASYN(-)STEL(LETJIE). **~suur** *n., (chem.)* acetic acid. **~suur** *adj.* acetous; as sour as vinegar. **~suursout** acetate. **~vlieg(ie)** vinegar fly, drosophila.

a·syn·ag·tig =*tige* vinegary, vinegarish, acetous; sour.

a·ta·ka·miet *(min.)* atacamite.

a·tak·sie *(pathol.)* ataxia, ataxy.

a·ta·vis·me *(biol., psych.)* atavism. **a·ta·vis·ties** =*tiese* atavistic.

a·te·ïs·me atheism. **a·te·ïs** =*teïste* atheist. **a·te·ïs·ties** =*tiese* atheistic(al).

a·tel·jee =*jees* studio; workshop. **~gehoor** studio audience. **~orkes** studio orchestra. **~woning** studio apartment. **~woonstel** studio flat.

a·te·ne·um =*neums,* =*nea* athenaeum.

a·te·room =*rome, (med.)* atheroma.

a·te·ro·se, a·te·ro·skle·ro·se *(med.)* atherosis, atherosclerosis.

a·te·to·se *(med.)* athetosis.

A·t(h)a·na·si·os, A·t(h)a·na·si·us *(saint)* Athanasius; *van ~* Athanasian. **A·t(h)a·na·si·aan** =*ane, n.* Athanasian. **A·t(h)a·na·si·aans** =*aanse, adj.* Athanasian.

A·t(h)e·na, A·t(h)e·ne *(Gr. myth.)* Athena, Athene.

A·t(h)e·ne *(geog.)* Athens. **A·t(h)e·ner** =*ners* Athenian. **A·t(h)eens** =*t(h)eense* Athenian.

a·tie·sjoe *interj.* atishoo.

a·ti·pies =*piese* atypical.

at·jar pickles.

at·lant =*lante, (archit.)* atlas, telamon.

At·lan·ties =*tiese* Atlantic; *~e Handves* Atlantic Charter; *~e Oseaan* Atlantic (Ocean).

At·las *(Gr. myth.)* Atlas. **~gebergte** Atlas Mountains. **~vlinder** *(also a~, entom.)* atlas moth.

at·las =*lasse, (geog., anat., print.)* atlas.

at·leet =*lete* athlete.

at·le·tiek athletics. **~afrigter** athletics coach. **~baan** (athletics) track.

at·le·ties =*tiese* =*tieser* =*tiesste* (of meer ~ die mees =*e*) athletic.

at·mo·li·se *(phys.)* atmolysis.

at·mos·feer, at·mos·feer =*fere* atmosphere, ambience, ambiance; *(infml.)* vibe(s); *in die yl ~* in the thin atmosphere. **at·mos·fe·ries** =*riese* atmospheric(al).

a·tol =*tolle* atoll.

a·to·mêr →ATOMIES.

a·to·mies =*miese* atomic.

a·to·mis·me, a·to·mis·tiek *(chiefly philos.)* atomism. **a·to·mis** =*miste* atomist. **a·to·mi·seer** *ge=* atomise. **a·to·mi·si·teit** atomicity. **a·to·mis·ties** =*tiese* atomistic(al).

a·to·naal =*nale, (mus.)* atonal. **a·to·na·li·teit** atonality.

a·to·nie *(med.)* atony. **a·to·nies** =*niese* atonic.

a·toom =*tome* atom; *'n ~ splyt* split an atom. **~afval** atomic/nuclear/radioactive waste. **~bom** atom(ic) bomb, A-bomb, *(sl.)* nuke. **~bou** atomic structure. **~bunker, ~skuilkelder** fallout shelter. **~duikboot** nuclear submarine. **~eeu** atomic/nuclear age. **~energie** →KERNENERGIE. **~gedrewe** atom-powered. **~getal** atomic/proton number. **~gewig** atomic weight. **~horlosie** atomic clock. **~kern** atomic nucleus. **~krag** atomic/nuclear power/energy. **~navorser** →KERNFISIKUS. **~nommer** →ATOOMGETAL. **~oorlog** atomic/nuclear war. **~oorlogvoering** nuclear warfare. **~reaktor** →KERNREAKTOR. **~splitsing, ~splyting** →KERNSPLITSING. **~teorie** atomic theory. **~tydperk** →ATOOMEEU. **~wapen** atomic/nuclear weapon.

At·recht *(geog.)* Arras.

a·tri·um =*triums,* =*tria, (archit.)* atrium; *(anat.)* auricle.

a·tro·fie *(med.)* atrophy. **a·tro·fi·eer** *ge=* atrophy, waste away. **a·tro·fies** =*fiese* atrophic.

a·tro·pien *(med.)* atropin(e).

a·tsjie, a·tsjoe →ATIESJOE *interj.*.

at·ta·ché =*chés* attaché.

at·tar attar; →ROOSOLIE.

at·ten·sie =*sies* attention, consideration, considerateness, thoughtfulness. **at·tent** =*tente* =*tenter* =*tentste* attentive; considerate, thoughtful; *iem. op iets ~ maak* draw s.o.'s attention to s.t., bring s.t. to s.o.'s attention.

at·tes·taat =*tate* certificate, testimonial; *~ van lidmaatskap* certificate of membership *(of a church)*; *'n ~ lig* transfer membership. **at·tes·tant** =*tante* attestant. **at·tes·ta·sie** =*sies* attestation, certification. **at·tes·teer** *ge=* attest, certify.

At·ties *n., (ancient Gr. dial.)* Attic. **At·ties** =*tiese, adj.* Attic.

At·ti·ka *(geog.)* Attica.

At·ti·la *(406?-453)* Attila; *~ die Hunnekoning, ~ die koning van die Hunne* Attila the Hun.

at·trak·sie =*sies* attraction; drawcard; *die vernaamste ~ wees* head/top the bill.

at·tri·bu·eer *ge=* attribute. **at·tri·bu·tief** =*tiewe* attributive. **at·tri·buut** =*bute, n.* attribute, characteristic.

au *interj.* ow, ouch.

au·ba·de, ou·ba·de =*des, (pros., mus.)* aubade.

au·ber·gine →EIERVRUG.

au·er-: **~haan** capercaillie, capercailzie. **~hen, ~hoender** capercaillie/capercailzie (hen).

Auf·klä·rung *(Germ., philos.)* the Enlightenment *(esp. in Germany)*.

Au·gi·as *(Gr. myth.)* Augeas. **~stal** *(fig.)* Augean stables *(liter.)*, dunghill; *die ~ reinig* cleanse the Augean stables, create order out of chaos.

Augs·burgs: *~e Geloofsbelydenis* Augsburg Confession.

au·gur, ou·gur =*gure,* =*gurs, (Rom. hist.)* augur, auspex; soothsayer.

Au·gus·te·ër =*teërs, (a writer of the Augustan age)* Augustan. **Au·gus·te·ïes** =*teïese, (pertaining to the Rom. emperor Augustus or to the Augustan age of literature)* Augustan.

Au·gus·ti·nus *(saint)* Augustine.

Au·gus·tus *(month)* August; *(emperor)* Augustus; *~ die Sterke* Augustus the Strong. **~maand** the month of August.

Au·gus·tyn =*tyne,* **Au·gus·ty·ner** =*ners, (also a~), (adherent of the doctrines of St Augustine; monk/nun of an Augustinian order)* Augustinian, Augustine. **Au·gus·tyns** =*tynse, (also a~)* Augustinian, Augustine.

au·la, ou·la =*las* auditorium, great hall, aula.

au pair(-mei·sie) au pair (girl).

au·ra =*ras* aura; *epileptiese ~* epileptic aura.

Au·re·li·a·nus *(Rom. emperor, 270-275 AD)* Aurelian.

Au·re·li·us: *Markus ~ Antoninus* →ANTONINUS.

Au·ri·ga *(astron.)* Auriga, the Charioteer.

Au·ro·ra, Ou·ro·ra *(Rom. goddess of dawn)* Aurora; *(a~, meteorol., astron.)* aurora.

Aus·sie *(infml.: Australian)* Aussie. **~land** *(infml.: Australia)* Oz.

au·ste·niet *(metall.)* austenite.

Au·stra·la·si·ë *(geog.)* Australasia. **Au·stra·la·si·ër** Australasian. **Au·stra·la·sies** Australasian.

Au·stra·li·ë *(geog.)* Australia. **Au·stra·li·ër** =*liërs* Australian. **Au·stra·lies** =*liese* Australian; *~e Reëls(-rugby/voetbal)* Australian Rules (football); *~e skaaphond* kelpie; *~e terriër* Australian terrier.

au·stra·liet *(min.)* australite.

au·stra·lorp =*lorps, (orn.)* Australorp.

Au·stra·si·ë *(hist., geog.)* Austrasia.

au·to·da·fé, au·to·de·fé =*fés, (hist.: the burning of a heretic)* auto-da-fé.

au·tu·niet, ou·tu·niet *(min.)* autunite.

a·val *(jur.)* aval, guarantee (for a bill).

a·vant-garde *n.: die ~* the avant-garde. **a·vant-gar·dis** =*diste* avant-gardist. **a·vant-gar·dis·me** avant-gardism. **a·vant-gar·dis·ties** =*tiese* avant-garde.

A·ve Ma·ri·a =*as* Ave Maria, Hail Mary.

a·ven·tu·rien *(min.)* aventurin(e), avanturine, sunstone.

A·ven·tyn: *die ~, die Aventynse Heuwel, (one of the seven hills on which Rome was built)* the Aventine (Hill).

a·ver·sie aversion. **~terapie** *(psych.)* aversion therapy.

a·vi·o·ni·ka avionics.

a·vi·ta·mi·no·se *(med.)* avitaminosis.

a·voir·du·pois(·stel·sel) avoirdupois (weight).

a·vo·ka·do =*do's:* **~(groen)** avocado (green). **~(peer)** =*pere* avocado (pear), alligator pear.

A·vond·maal, A·wend·maal *(eccl., rare)* Communion, Lord's Supper; →NAGMAAL.

a·vond·stond →AANDSTOND.

a·von·tu·rier =*riers* adventurer.

a·von·tuur =*ture* adventure; *'n ~ beleef/belewe/hê* have an adventure; *iets is 'n groot ~* s.t. is high adventure. **~lus** thirst for adventure. **~park** adventure playground. **~roman** adventure novel. **~speletjie** *(comp.)* adventure game. **~verhaal** adventure story.

a·von·tuur·lik =*like* =*liker* =*likste* adventurous; full of adventure, exciting *(story)*. **a·von·tuur·lik·heid** adventurousness.

A·waar =*ware, (member of a people; their language)* Avar.

a·we·gaar =*gaars,* **a·we·gaar·boor** =*bore* auger.

A·wend-: **~land** →AANDLAND. **~maal** →AVONDMAAL.

a·wend: **~stond** →AANDSTOND. **~uur** *(liter.)* eventide.

a·we·regs =*regse* wrong, reverse; *(knitting)* purl; misplaced *(sense of humour etc.)*; unsound, perverse *(judg[e]ment etc.)*; preposterous, absurd *(idea)*; *(sl.)* kinky; *regs en ~ brei* knit and purl; *~e kant* purl/reverse/wrong side.

a·we·ruit *(bot.)* southernwood.

a·we·ry =*rye, (maritime law)* average, damage; *algemene ~* general/gross average; *besondere/eenvoudige/partikuliere ~* particular average. **~assessor** average adjuster. **~reëling** average adjustment.

ax·is(·hert) *(zool.)* axis.

A·za·ni·ë Azania. **A·za·ni·ër** Azanian. **A·za·nies** Azanian.

A·zer·bei·djan, A·zer·bai·djan *(geog.)* Azerbaijan. **A·zer·bei·djan·ner, A·zer·bai·djan·ner** =*ners* Azerbaijani. **A·zer·bei·djans, A·zer·bai·djans** =*djanse* Azerbaijani.

A·zof *(geog.): See van ~* Sea of Azov.

Bb

b *b's, (dim. -'tjie), (second letter and first consonant of the alphabet)* b; *klein ~* small b.

B *B's* B. **~-kruis** *(mus.)* B sharp. **~-mol** *(mus.)* B flat.

B1-B-bom·wer·per, B2-bom·wer·per Stealth bomber/plane, B1-B/B2 bomber.

ba *n.: iem. kan nie boe of ~ sê nie* →BOE. **ba** *interj.* bah, pah, pshaw.

baad·jie *-jies, (dim. -jietjie)* coat, jacket; *'n ~ **aantrek/uittrek*** put on (*or* take off) a jacket; *die **geel** ~ aanhê* be consumed/green (*or* eaten up) with envy; ***kort*** *~* coatee; *iem. **op** sy ~ gee* give s.o. a hiding, dust/trim/warm s.o.'s jacket; ***op** jou ~ kry* get a hiding; *moenie iem. **op** sy ~ takseer nie, (fig.)* don't judge a book by its cover; ***sonder*** *~* in one's shirtsleeves; *~ **uittrek**, (fig.)* roll up one's sleeves; *ek sou my ~ vir ... **uittrek**, (infml.)* I'd give ... the shirt off my back. **~mou** coat sleeve. **~pak** *(a woman's matching jacket and skirt)* suit, ensemble, *(dated)* costume. **~pant** coat tail.

baai[1] *baaie, n.* bay, bight. **baai·tjie** *-tjies* cove, creek, inlet, small bay.

baai[2] *n., (text.)* baize.

baai[3] →BAAI(TABAK).

baai[4] *ge-* bathe; *in iets ~* bathe in s.t.; be bathed in s.t. *(tears);* swim in s.t. *(luxury etc.).* **~broek** bathing suit/costume, (swimming) costume, *(infml.)* cossie, cozzie; swim(ming) trunks. **~hokkie** bathing box/cubicle. **~klere, ~kostuum, ~pak** bathing suit/costume, (swimming) costume **~mus** bathing cap. **~plek** bathing place. **~strand** bathing beach.

baai·er *-ers* bather. **baai·e·ry** bathing.

baai·erd *-erds* chaos.

baai·sie·kel *(infml.)* (push)bike, bicycle; *'n ~ wees, (sl.: be bisexual)* be ambivalent (*or* AC/DC).

baai(·ta·bak) Maryland (tobacco).

baak·hout *(Greyia sutherlandii)* Natal bottlebrush, beacon tree.

baal *bale, n.* bale *(of wool etc.);* ten reams *(of paper).* **baal** *ge-, vb.* bale, pack in bales. **~draad** baling wire. **~pers** baler, wool press, baling press/machine. **~sak** woolsack, woolpack. **baal·tjie** *-tjies* little bale; cube *(of diamond).*

Ba·äl *(ancient fertility god)* Baal; *die knie voor ~ buig, (NT)* bow the knee to Baal. **Ba·äls·pries·ter** priest of Baal.

baan *bane, (dim. baantjie), n.* way, path, course; channel; orbit; trajectory *(of a shell, projectile, etc.); (elec.)* circuit; track *(of railway; for running);* (traffic) lane; face, plate *(of an anvil);* poll *(of a hammer);* runner *(of a door etc.);* runway; race; *(anat.)* tract; panel *(of a skirt etc.);* width, breadth *(of cloth);* stripe *(of a flag); (golf, racing)* course; *(tennis)* court; *(bowls, skating)* rink; *(skittles)* alley, ground; floor *(for dancing); in 'n ~ **beweeg*** go into orbit; *'n ~ **breek*** beat a path; ***geslote*** *~* closed circuit; ***kaatjie** van die ~* →KAATJIE; *iets op die **lange** ~ skuif/skuiwe* put s.t. on ice (*or* on the back burner); *iets is op die **lange** ~* s.t. has been put off, s.t. has been put into cold storage *(fig.);* ***meetkundige*** *~* locus; *die ~ **open*** open the ball/dance; *'n ~ **opskop**, (infml.)* make a scene; *iem. op die **(regte)** ~ bring* →IEM. OP DIE (REGTE) **SPOOR** BRING; ***skuins** toelopende ~* gore *(of a skirt, umbrella); die aarde se ~ om die **son*** the earth's orbit around/round the sun; *iets is **van** die ~* s.t. is off; ***van** die ~ skuif/skuiwe* call off, cancel, abandon. **baan** *ge-, vb.* clear *(a way, path);* →GEBAAN; *vir jou 'n pad/weg deur ... ~* make/force one's way through ... *(a crowd); die weg ~, (fig.)* blaze a/the trail *(in the field of heart surgery etc.); die weg vir iemand ~, (fig.)* pave/prepare/smooth the way for s.o., smooth s.o.'s path; *die weg tot ... ~* open the door to/for ... **~atleet** track athlete. **~beampte** steward, track official. **~bed** permanent way. **~blad** roadbed; *(cr.)* →KOLFBLAD. **~brekend** *-e* pioneering, epoch-making, path-breaking, trailblazing. **~breker** pioneer, frontiersman; pioneer, trailblazer, pathfinder. **~brekerboek** path-breaking book. **~brekerswerk** pioneering work; *~ doen* do pioneering work, break fresh/new ground, blaze a/the trail. **~doel** *(basketball)* field goal. **~ en veld** *(athl.)* track and field. **~-en-veldatlete** track and field athletes. **~-en-veld-atletiek** track and field. **~-en-veld-byeenkoms** track and field meet. **~-en-veld-kampioenskapsbyeenkoms, -toernooi** track and field championships. **~- en veldnommers** track and field events. **~-en-veld-span** track and field team. **~fietsry** track racing. **~geld** *(golf)* green fees. **~karretjie** caddie/caddy cart. **~meester** *(rly.)* platelayer. **~nommer** track event. **~opsiener** *(sport)* steward, marshal. **~opsigter** groundsman; *(golf, bowls)* green keeper. **~punt** *(comp.)* track point. **~rekord** track record; *(golf)* course record. **~ruimer** *(rly.)* cowcatcher. **~stang** *(rly.)* trackrod; tie rod. **~syfer** *(golf)* bogey, par; *beter/minder as die ~* over/under par; *gelyk aan die ~* level par; *twee houe aan ~ afstaan* double-bogey. **~top** vertex *(of a projectile).* **~vak** section *(of a railway line).* **~veër** track sweeper. **~vernuf** *(tennis)* court craft. **~vyl** valve file. **~wagter** *(rly.)* lineman; *(rly.)* flagman, patrolman. **~weddenskap** course bet. **~wedloop** track race; *(in the pl.)* track racing. **~(wed)ren** track race; *(in the pl.)* track racing. **~werk** *(elec.)* circuitry. **~werker** *(rly.)* permanent-way worker; *(roads)* surfaceman.

baan·der·heer *(hist.)* banneret.

baan·tjie *-tjies* job, billet, berth; →BAAN *n.; ~s vir boeties* jobs for the boys, jobs for pals; *maklike/lekker ~* soft job; *vet ~* plum job. **~houer** *(derog.)* placeman. **~soeker, baan·tjies·ja(gt)er** job-hunter, job-seeker; place-hunter, place-seeker; office-seeker, careerist. **~soekery** job-hunting, job-seeking; place-hunting, place-seeking.

baar[1] *bare, n., (arch.)* wave, billow.

baar[2] *bare, n.* bier *(for a corpse);* stretcher, litter *(for sick/wounded people).* **~draer** stretcher bearer. **~kleed** pall, hearse cloth.

baar[3] *bare, n.* ingot, bar *(of gold).* **~goud** gold in bars.

baar[4] *baars, n., (icht.: Tachysurus feliceps)* (sea) barbel, bag(g)er, barger, catfish.

baar[5] *baar baarder baarste, adj.* raw, green, unskilled, unfledged, callow, untutored; untrained, inexperienced; *~ kêrel* greenhorn, tenderfoot, tyro, tiro; *nog ~ wees* be new to the business. **baar·heid** rawness, inexperience.

baar[6] *bare, adj., (dated): die bare duiwel* the devil himself/incarnate, the devil undisguised, the very devil; *~ geld* ready money, cash; *bare onsin* sheer nonsense. **baar·lik** *-like: die ~e duiwel* the devil himself/incarnate; *die ~e waarheid* the unadorned truth.

baar[7] *ge-, (fml.)* bear, give birth to *(a child);* bring forth; engender, cause *(anxiety); die berg het 'n muis ge~* the mountain produced a mouse; *oefening ~ kuns* practice makes perfect; *opsien ~* create a stir, cause a sensation. **baar·saam** *(fml., rare): van baarsame leeftyd* of child-bearing age. →BAARMOEDER, BAREND, BARENSNOOD, BARENSWEE, BARING.

baard *baarde* beard *(of a person, animal, cereal);* tassel(s), arista *(of cereals);* bit, web *(of a key);* whiskers *(of a cat);* barb *(of barbel, catfish, etc.);* byssus *(of sea mussels); (rough edge)* burr; ***bietjie*** *~ maar klipsteenhard* not as green as one is cabbage-looking; *in jou ~ **brom*** mutter under one's breath; *~ **dra*** have/sport a beard; *jou ~ laat **groei*** grow a beard; *iets **het al** ~* s.t. has whiskers *(a story, joke, etc.); om/vir die **keiser** se ~ speel* play for fun/love; *'n ~ **kweek*** grow a beard; ***sonder*** *'n ~* beardless; *met 'n ~ **spog*** sport a beard. **~aap** wanderoo; langur. **~aar** bearded ear *(of cereal).* **~angelier** sweet william. **~draer** bearded man; *(bot.)* →BAARDSUIKERBOS. **~gras** bearded grass. **~haar** hair of beard. **~iris** bearded iris. **~keep** ward *(of a key).* **~kollie** *(breed of dog)* bearded collie. **~koring** bearded wheat. **~man** *-ne* bearded man, beard-wearer. **~man(netjie)** *(icht.: Umbrina capensis)* tassel/white fish, baardman; *(orn.: Sporopipes squamifrons)* scaly-feathered finch, bearded finch; *(bot.) Melasphaerula graminea; (zool., infml.)* male lion. **~siekte, ~skimmel, ~skurfte, ~uitslag** sycosis, barber's itch/rash, tinea barbae. **~skeerder** solifuge (spider). **~stoppels** stubbly beard. **~suikerbos** *(bot.), Protea magnifica/barbigera.* **~vin** sycosis. **~vis** barbel; beard fish. **~voël** barbet. **~vyl** warding file. **~walvis** baleen/whalebone/Greenland whale, bowhead (whale), filter/toothless whale. **~wurm** *(skin disease), Herpes tonsurans.*

baard·jie *-jies* small beard; *(in the pl. also)* indications of a beard; *(biol.)* barbule.

baard·loos *-lose* beardless, smooth-faced.

baar·moe·der womb, uterus; →BAAR[7]. **~kanker** uterine cancer, cancer of the womb, cervical cancer. **~krans** →BAARMOEDERRING. **~nek** cervix. **~ontsteking** metritis, uteritis. **~ring** pessary. **~slymvlies** endometrium. **~snee, ~sny** hysterotomy. **~spier** myometrium. **~uitsnyding, ~verwydering** hysterectomy.

baas *base* employer, master, *(infml.)* boss, *(infml.)* higher-up; taskmaster *(infml.);* manager, head, chief; overseer; crack, star, champion; *sorg dat jy ~ **bly*** see to it that you have the whip hand, do not lose your authority; *daar is altyd ~ **bo** ~* there's always a bigger fish; *iem. is ~ **daar*** s.o. is the head/chief there, *(infml.)* s.o. bosses the show there, s.o. has all the say there; s.o. is in charge/control/command there; *hy is sy **eie** ~* he is his own master/man; *sy is haar **eie** ~* she is her own mistress/woman; *~ van die **huis*** master of the house; *eers ~ (en) dan **Klaas*** important people come/go first; *~ en **kneg*** master and servant/man; *die ~ **maak** die plaas* like master, like man; the farmer makes the farm; *~ **oor** ... wees* be in charge of ...; be master of ...; be mistress of ...; *'n ~**skaakspeler/ens.** wees* be an expert (*or* a dab hand *or* an ace) at chess/etc.; ***soos** die baas is, so is die kneg* (of ***so** die baas, so die kneg*) like master, like man; *die ~ **wees*** be in charge, be the boss *(infml.);* wear the pants/trousers *(said of a wife); iem. wil altyd ~ **wees*** s.o. wants to be top dog (*or* rule the roost); *~ **wees** van ...* be master of ... **~ambagsman** *-ne* leading artisan. **~bakker** →MEESTERBAKKER. **~bakleier** champion/crack fighter. **~bouer** →MEESTERBOUER. **~jaer** ace, champion racer. **~kok** expert cook. **~raak** *-ge-* get the better of *(s.o.);* outfight, overcome, conquer, overpower, defeat; master, cope with *(a subject); (also, infml.)* get licked *(s.t.); ek kan dit nie ~ nie* it is too much for me, it is more than I can manage; I cannot cope with it. **~seeman** *-ne* leading seaman. **~seiner** leading signalman. **~skut** crack/expert/dead shot. **~speel** *-ge-* domineer, rule the roost; *oor iem. ~* order/boss s.o. about/around, lord/queen it over s.o.; ride roughshod over s.o.; *geheel en al oor iem. ~* trample all over s.o. *(fig.).* **~speler** crack player; bully, tyrant, blusterer. **~spelerig** bossy, arrogant, domineering, imperious, lordly, overbearing, peremptory. **~spelerig=heid** bossiness, arrogance. **~spelery** hectoring. **~spioen** master spy. **~vlieër** ace flyer, air ace.

baas·ag·tig *=tige* domineering.

baas·skap dominance, domination, dominion, mastery, power, sway, supremacy; authority, control, command.

baat *n.: iets te ~ neem* take advantage (*or* avail o.s.) of s.t. *(an opportunity etc.)*; make use of s.t.; *by iets ~ vind* benefit from/by (*or* derive benefit from) s.t.; be the better for s.t.; derive profit from s.t., do s.t. to one's profit; *jy sal ~ daarby vind, (also)* it will do you good; →BATE. **baat** *ge=, vb.* avail, profit, benefit, serve; *iem. sal* ***daardeur*** *ge~ word* s.o. will benefit from/by it; *dit ~* ***nie*** *om te ... nie* it's useless to ...; *iets sal iem.* ***nie*** *~ nie* s.t. will be of no avail to s.o.; *dit ~* ***niks*** it is no (*or* not much) good; it is no use; it counts for naught; *iets ~* ***niks,*** *(also)* s.t. is to no purpose, s.t. serves no (good/useful) purpose; *dit sal* ***niks*** *~ nie* it won't do any good; ***teen*** *... ~* avail against ...; *dit ~ nie* ***veel*** *nie* it is not much use; ***wat*** *~ dit?* what's the good (of it)?, what's the use?; ***wat*** *~ dit om so iets te doen?, (also)* what's the sense of doing a thing like that?; ***wat*** *~ dit om te pro=beer/ens.?* what's the use of trying/etc.?; ***wat*** *sal dit jou ~?* what will you gain by/from it?. **baat·sug** selfishness, self-interest, self-seeking, egoism; *uit ~* from ulterior motives. **baat·sug·tig** *=tige* selfish, egoistic, self-interested, mercenary. **baat·sug·tig·heid** →BAAT=SUG.

Baath *(<Arab.: resurgence)* Baath, Ba'ath. **~party** *(pan-Arab socialist party)* Baath/Ba'ath Party; *lid van die ~* Baathist, Ba'athist.

Baa·this·ties Baathist, Ba'athist.

ba·ba *=bas, (dim. =batjie)* baby, infant (in arms); *'n pap ~* a helpless baby; *iem. vertel waar ~(tjie)s vandaan kom, (infml.)* tell/teach s.o. the facts of life; *~ vang, (infml.)* deliver a baby; *die ~ met die badwater uitgooi* →BADWATER. **~baadjie** matinee coat/jacket. **~bed(jie)** (baby's) cot. **~bedruktheid** baby/maternity blues. **~bottel** nursing/baby bottle. **~dief** baby snatcher. **~doek** (baby's) nappy. **~dogter(tjie)** baby girl. **~ge=sig(gie)** baby-face. **~kos, ~voedsel** baby food. **~mis=handeling** baby battering. **~ontploffing** baby boom. **~poeier** baby powder. **~pop** baby doll. **~seun(tjie)** baby boy. **~slaner** baby batterer. **~taal** baby talk/language. **~tentoonstelling** baby show. **~uitset** layette. **~waentjie** pram, baby buggy. **~wagter, ~oppasser** babysitter, baby-minder.

ba·ba·äg·tig, ba·ba·ag·tig baby-like.

ba·ba·la *(cereal)* babala. **~gras** *(Pennisetum* spp.*)* babala grass.

ba·ba·tjie = BABA.

bab·bel *ge=* chatter, babble, jabber, gab, cackle, prate, prattle; chat; *(baby)* babble away/on; *aanmekaar/aan=houdend/aaneen/onafgebroke* (*of een stryk deur*) *~* babble away/on; ya(c)k, yackety-yak *(infml.)*. **~bek, ~kous** chatterbox, chatterer, prattler, babbler, jabberer, gabber; gossip. **~sug** talkativeness; garrulousness, garrulity, *(infml.)* verbal diarrhoea; *sieklike ~* lalorrhoea.

bab·be·laar *=laars* chatterbox, chatterer, prattler, babbler, jabberer, gabber; gossip.

ba(b)·be·las, ba·be·laas, ba·ba·laas *=lase* hangover, the morning after (the night before), the morning-after feeling; *~ hê/voel/wees* have a hangover, be hung over.

bab·bel·joen·tjie *=tjies, (hist.)* bed canopy; four-poster (bed).

bab·bel·rig *=rige,* **bab·bel·siek** talkative, chatty, garrulous, loquacious. **bab·bel·ry, bab·be·la·ry** chatter, tittle-tattle, chit-chat.

Ba·bel *(OT)* Babel. **Ba·bels** *=belse: ~e spraakverwar=ring* confusion (*or* veritable Babel) of tongues.

ba·be·la(a)s →BABBELAS.

ba·ber *=bers, (SA, icht.)* barbel.

ba·be·sie·be·smet·ting *(vet. sc.)* babesiosis, babesiasis, piroplasmosis.

ba·be·tjie →BABA.

Ba·bi·lon *(geog., hist.)* Babylon. **Ba·bi·lo·ni·ë** *(southern kingdom of ancient Mesopotamia)* Babylonia. **Ba·bi·lo=ni·ër** *=niërs* Babylonian. **Ba·bi·lo·nies** *n., (language)* Babylonian. **Ba·bi·lo·nies** *=niese, adj.* Babylonian; *~e gevangenskap* Babylonian captivity.

ba·bi·roe·sa *=sas (zool.: a wild pig)* babirusa.

ba·boesj·ka *(<Russ.: headscarf; old woman)* babushka.

bac·ca·lau·re·aat *=ate,* **bac·ca·lau·re·us·graad** *=grade* baccalaureate, bachelor's degree. **bac·ca·lau=re·us** *=reusse, =rei* bachelor (graduate); *B~ Artium, (abbr.: B.A.)* Bachelor of Arts *(abbr.: BA)*; *B~ Scientiae, (abbr.: B.Sc.)* Bachelor of Science *(abbr.: BSc)*.

bac·cha·naal *=nale, n., (follower of Bacchus; reveller)* bacchanal. **bac·cha·naal** *=nalieë, n., (drunken and riotous celebration)* bacchanal. **Bac·cha·na·lie·ë** *(pl.), (Rom. festival)* Bacchanalia. **bac·cha·na·lies** *=liese* bacchanal(ian). **bac·chant** *=chante, (fem.)* **bac·chante** *=chantes* bacchant, bacchante *(fem.)*, m(a)enad *(fem.)*. **bac·chan·ties** *=tiese* bacchanal(ian).

Bac·chus *(Gr. myth.)* Bacchus. **~fees(te)** Bacchanalia, festival of Bacchus. **~lied** Bacchanalian song. **~priester** bacchant, priest/votary of Bacchus. **~staf** thyrsus.

bad *baddens, (dim. badjie), n.* bath(tub); dip; (mineral) spring; *(chem. etc.)* bath; *iem. 'n ~ gee* bath s.o.; *'n ~ neem* have/take a bath; *Turkse ~* Turkish bath; *water in die ~ tap* (*of laat loop*) run/draw a bath. **bad** *ge=, vb., (intr.)* bath, have/take a bath; *(tr.)* bath *(a child etc.)*; *gaan ~* take/have (*or* go and have) a bath. **~geneeskunde** balneology; balneotherapy. **~greep** grab bar. **~hand=doek** bath towel; *groot ~* bath sheet. **~hokkie** bathing box/cabin/cubicle. **~huis** bathhouse, (public) bath(s), bathing establishment. **~huisie** bathing box/cabin/cubicle. **~japon, ~jas** bathrobe, dressing gown. **~kamer** bathroom; *('n slaapkamer) met eie ~* (*of met ~ en suite*) (a bedroom) with bathroom en suite. **~kom** hip/portable bath. **~kuip** bathtub. **~kuur** stay at a health resort, taking the waters. **~mantel** bathrobe, dressing gown. **~mat** bath mat. **~mus** →BAAIMUS. **~olie** bath oil. **~plaas, ~plek** spa, health resort; →SWEMPLEK. **~seep** bath/toilet soap. **~skuim** bubble bath. **~sout** bath salts. **~spons** bath sponge. **~water** bath water; *die baba/kind met die ~ uitgooi, (fig.)* throw the baby out/away with the bath water.

bad·de·le·yiet *(min.)* baddeleyite.

bad·de·ry bathing, taking baths.

ba·di·neer *ge=, (rare)* banter.

Bad·or·de Order of the Bath; *ridder van die ~* Knight of the Bath.

bads·ka·mer →BADKAMER.

Ba·fa·na Ba·fa·na *(pl.), (SA nat. soccer team)* Bafana Bafana.

baf·ta coarse blue material. **~blou** deep blue, lead-coloured.

ba·ga·sie luggage, baggage; kit; *oortollige ~ dra, (fig.)* carry too much fat. **~bak** boot, luggage compartment. **~kaartjie** luggage ticket. **~kamer, ~kantoor** baggage room/office. **~kontrole** baggage check. **~meester** baggage master. **~net** luggage net; *(rly.)* cradle. **~rak** luggage rack; roof rack; *(rly.)* (luggage) carrier. **~rol** swag *(Austr.)*. **~ruim** luggage compartment. **~saal** baggage claim/reclaim *(at an airport)*. **~trein** regimental train. **~wa** luggage van.

ba·gas·se *(Fr.)* bagasse; megass(e).

ba·ga·tel →BAKATEL[1].

ba·ga·tel·li·seer *ge=* pooh-pooh, trivialise, minimise, play down.

Bag·dad *(geog.)* Bag(h)dad.

ba(g)·ger[1] *=gers* →BAAR[4].

bag·ger[2] *ge=* dredge. **~boot** dredge(r). **~gryper** dredge(r) scoop. **~masjien** dredge(r), dredging machine. **~net** dredge, scoop net. **~skuit** dredging boat, hopper, mud boat.

bag·ge·raar *=raars* dredger.

Ba·ha·ïs *=ïste, n.* Baha'i(st). **Ba·ha·ïs·me** Baha'ism. **Ba·ha·ïs·ties** *=tiese, adj.* Baha'i(st), Baha'ite.

Ba·ha·ma·ei·lan·de Bahama Islands, Bahamas.

Bah·rein(·ei·lan·de) Bahrain, Bahrein.

bai·e *indef. num.* much; many; numerous; ***besonder*** *~* very much; *'n* ***bietjie*** *~* rather (*or* a bit) much; *~ hart=lik* ***dank*** thank you ever so much; *~* ***dankie*** many thanks, thank you very much; *~* ***dink*** *dit* many people think so; ***een*** *uit/van ~* one among many; *~* ***geliefde*** *troeteldier/ens.* well-loved pet/etc.; ***geweldig*** *~ ...* no end of ...; *dit* ***lyk*** *~ so* it does look like it; *~* ***mense*** many (*or* a lot of) people; *regtig ~* ***mense*** very many people; *~* ***petrol*** *gebruik* be heavy on petrol; ***so*** *~* so many; *is dit regtig/werklik* ***so*** *~?* is it as much as all that?; ***sommer*** *~* quite a lot; quite often; ***taamlik*** *~* a good many; *~* ***vrugte*** much fruit. **bai·e** *meer mees(te), adv.* very; extremely; much; far; a great deal; *dit* ***ge=beur*** *~* it happens frequently; it is quite common; *~* ***meer*** much/far more; many/far more; *~* ***minder*** much less; far fewer; *~* ***moeilik*** very difficult; *~* ***moeiliker*** much/far more difficult; *~* ***nodig*** *hê, ~* ***graag*** *wil hê* want badly; *iem. ~* ***sien*** see s.o. quite often; *~* ***weg,*** *(infml.)* clean gone, vanished completely. **~keer, ~ keer, ~maal, ~ maal** frequently, often, many a time.

bai·ley·brug Bailey bridge.

bain-ma·rie *bains-marie, (Fr., cook.)* bain-marie.

bais·se *(Fr., econ.)* slump, drop, fall in the price; bear account/position; →HAUSSE.

ba·jo·net *=nette* bayonet; *met gevelde ~* with fixed bayonet; *~te op!* fix bayonets!; *iem. met die/jou/'n ~ (dood)=steek* bayonet s.o.. **~ring** ferrule. **~sluiting** *(elec.)* bayonet catch/fitting.

bak[1] *bakke, n.* bowl *(for flowers etc.)*; cistern *(for water)*; tank *(for liquids, gases)*; basin *(for liquids)*; dish *(for food)*; bucket *(for water etc.)*; tub *(of margarine etc.)*; bin *(for coal, grain, wool, rubbish, etc.)*; carrier *(for luggage)*; box; trough *(for food/water for animals)*; tray *(for cigarette ash etc.)*; container *(for cutlery etc.)*; *(theatr.)* pit; *(navy)* mess; body, boot *(of a car)*; hood *(of a car/snake)*; *gou by die ~ maar lui by die vak/werk wees* be a good eater but a bad worker; *iem. in die ~ werk* outwork s.o., make rings round s.o.. **bak** *adj. & adv.* hollow; protruding; *(sl.)* groovy, fab, great, fantastic, cool; *jou hande ~* ***hou/maak*** →HAND; *die slang* ***maak*** *(sy kop) ~* the snake spreads its hood; *~* ***staan*** →BAKSTAAN; *iem. se bene* ***staan*** *~* s.o. is bandy-legged; *met jou hande ~* ***staan*** extend (*or* hold/stretch out) begging hands; *iem. se ore* ***staan*** *~* s.o.'s ears protrude (*or* stand out); *~* ***trek*** pull askew, buckle, warp. **~bal** *(cr.)* wide. **~barometer** cistern/cup barometer; mercurial barometer. **~bene** bandy legs; *~ hê* be bandy-legged. **~bouer** *(mot.)* body builder. **~(gat)** *(sl.)* groovy, fab, great, fantastic. **~geut** trough gutter. **~graaf** shovel. **~hand:** *~ staan* beg, stand begging; expect charity. **~hout(boom)** *(Lannea discolor)* wild plum. **~kar** →SKOTSKAR. **~klep** bucket valve. **~kop(slang)** cobra. **~krans** open cave, overhang. **~ont=werp** body design. **~oor** *n., (derog.)* bumpkin; *(in the pl.)* protruding ears; *iem. het bakore* s.o.'s ears protrude (*or* stand out). **~oor=** *comb.* jug-eared *(person)*. **~oor=jakkals** bat-eared/long-eared fox/jackal, Delalande's fox, Cape fennec. **~pypie** *(Gladiolus bullatus)* bluebell. **~staan:** *iem. moet ~* s.o. has to work all out; *iem. moet ~ om te ...* s.o. has his/her work cut out to ... **~tand** grinder (tooth). **~werk** bodywork, coachwork. **~werk=winkel** *(mot.)* body shop.

bak[2] *vb.* bake *(bread)*; grill *(meat, fish, etc.)*, broil *(meat)*; fry *(eggs, fish)*; bake *(clay)*; fire *(pottery)*; *~ en* ***brou*** *(soos jy wil)* do as you please, do things anyhow; *wat ~ en* ***brou*** *jy?* what are you up to (*or* concocting)?; *daar word baie ge~ en* ***gebrou*** *in die saak* there is a lot of wangling/intriguing (*or* underhand dealing) in the matter; ***hard*** *ge~ wees, (eggs)* be well done; ***kluitjies*** *~, (lit.)* make dumplings; *(fig.)* tell fibs; *iem. 'n* ***poets*** *~* play s.o. a trick; *in die* ***son*** *~* sun o.s., bask in the sun. **~blik** baking tin. **~bos(sie)** *(Passerina filiformis; Conyza ivaefolia)* oven bush. **~dag** baking day. **~gehalte** baking quality. **~huis** bakery. **~kis, ~trog** baker's trough. **~klaar** oven-ready. **~meel** baking flour. **~mengsel** baking mix. **~oond** oven; *op die ~ sit, (fig., dated, a girl)* remain on the shelf; *(so warm) soos 'n ~, (infml.)* like an oven.

~**pan** baking tin; bread pan; frying pan. ~**plaat** baking sheet. ~**poeding** baked pudding. ~**poeier** baking powder. ~**sak(kie)** cooking bag. ~**skottel** baking dish, casserole; *vlak* ~ baking tray. ~**stapel** clamp *(of bricks)*; clamp kiln. ~**steen** →BAKSTEEN. ~**vastheid** baking strength. ~**vet** shortening. ~**vis(sie)** *(lit.)* fish for frying; *(fig., infml.)* chit of a girl, young miss, teenybopper. ~**vormpie** baking cup. ~**werk** baking.

ba·ka·tel[1], **ba·ga·tel** *(game)* bagatelle; bar billiards.

ba·ka·tel[2] *-telle* trifle, bagatelle.

bak·bees *(arch.)* jumbo, colossus; unwieldy/huge object; *'n ~ van 'n man* a giant of a man, a man of enormous size; *'n ~ van 'n motor* an unwieldy car.

bak·boord *(naut.)* port; *aan* ~ aport; *van ~ na stuurboord* from pillar to post.

ba·ke·liet *(resin)* Bakelite *(trademark)*.

ba·ken *-kens* beacon, landmark; seamark; marker; ~ *steek, (arch.)* come a cropper, come to grief, take a toss; *die ~s versit* change course/tactics; *die ~s is versit* circumstances have changed. ~**landing** beacon landing. ~**lig** beacon light. ~**punt** beacon point. ~**stasie** beacon station. ~**toring** beacon tower. ~**vuur** beacon fire.

ba·ker *-kers, n., (arch.)* dry nurse. **ba·ker** *ge-, vb., (arch.)* dry-nurse. ~**mat** *(fig.)* cradle, origin, home, birthplace.

bak·ke·baard sideburns, sideboards, (side) whiskers, mutton chops, mutton chop whiskers.

bak·ker *-kers, (fem. bakster)* baker. ~**strooisel** baker's cones.

bak·kers-: ~**brood** baker's bread; white bread. ~**jeuk** baker's itch. ~**marge** bakers' margin.

bak·ke·ry baking. **bak·ke·ry, bak·ke·ry** *-rye* bakery.

bak·kie *-kies* small bowl/dish, porringer; (light) open truck/van (*or* utility vehicle), pick-up, *(SA)* bakkie; (fishing) smack, small (fishing) boat; →BAK[1].

bak·kies *-kiese, (sl.: face)* mug; *kyk so 'n ~!* what a face!.

bak·kies-: ~**blom** *(Disa uniflora)* red disa, pride of Table Mountain. ~**hyser** bucket elevator. ~**pomp** bucket pump, Persian wheel, tub wheel. ~**vis** Bacchus fish.

ba·kla·va *(Turk. cook.)* baklava, baclava.

ba·klei *n.: aan die ~ wees* be fighting; →BAKLEIERY, BAKLEISLAG. **ba·klei** *ge-, vb.* fight, scuffle, scrap, exchange (*or* engage in) fisticuffs, exchange (*or* come to) blows; be at loggerheads; *liewer* ***dood*** *~ as dood eet* rather die a soldier's than a glutton's death; *daar sal* ***enduit*** *ge~ word* it is a fight to the finish; *iem. (se hande)* ***jeuk*** *om te ~, (infml.)* s.o. is spoiling for a fight; ***lus*** *vir ~ wees* be in a fighting mood; ***met*** *iem. ~* have a fight with s.o.; scrap with s.o. *(infml.)*; ***met*** *iem. oor iets ~* fight with s.o. over s.t.; *soos 'n* ***tier*** *~* fight like a tiger. ~**os** fighting ox. ~**slag** fisticuffs, fight, scrap; →BAKLEIERY.

ba·klei·er *-ers* fighter, scrapper; bully. **ba·klei·e·rig** *-rige* quarrelsome, pugnacious, bellicose. **ba·klei·e·ry** *-rye* fight(ing), fisticuffs, scrap, punch-up, dust-up *(infml.)*, fracas, set-to; *algemene ~* free-for-all; *hewige ~* stand-up fight; *in 'n ~ wees* be in a scrap *(infml.)*.

bak·sel *-sels* batch *(of rusks etc.)*; baking.

bak·spel backgammon.

bak·stag *(naut.)* backstay.

bak·steen (burnt) brick; *harde ~* clinker; *iem. is drie bakstene hoog* s.o. is knee-high to a grasshopper; *rou ~* →ROUSTEEN; *sak soos 'n ~, (infml.)* fail hopelessly *(in an exam)*; *sink soos 'n ~* sink like a stone. ~**huis** →STEENHUIS. ~**muur** →STEENMUUR. ~**oond** →STEENOOND. ~**rooi** brick red. ~**vorm** →STEENVORM.

bak·te·rie *-rieë, -ries* bacterium. ~**gifstof** toxin. ~**siekte** bacterial disease. ~**telling** bacterial count.

bak·te·ri·eel *-riële*, **bak·te·ries** *-riese* bacterial.

bakterio-: ~**faag** *-fage* bacteriophage. ~**logie** bacteriology. ~**logies** *-giese* bacteriological; *~e oorlogvoering* bacteriological/germ warfare. ~**loog** *-loë* bacteriologist.

Bak·tri·ë *(hist., geog.)* Bactria. **Bak·tries** Bactrian; *~e kameel* Bactrian/two-humped camel.

bal[1] *balle, n.* ball; *(bowls)* wood; *(cr.)* ball, delivery; *(pl. ballas, balle)* testicle, testis; *(in the pl., taboo sl.)* balls, bollocks; →BALLETJIE; *speel die ~, nie die* ***man*** *nie!* play the ball, not the man!; *die ~* ***mis slaan,*** *(lit.)* miss (*or* fail to hit) the ball; *(fig.)* be mistaken, be wide of the mark; *die ~ aan die* ***rol*** *hou* keep the ball rolling; *die ~ aan die* ***rol*** *sit* set the ball rolling; *die ~* ***stel,*** *(rugby)* place the ball; *die ~* ***stuur,*** *(tennis)* place the ball; *~ van die* ***voet*** ball of the foot. **bal** *ge-, vb.* clench; *jou vuis ~* clench one's fist; *met ge~de vuiste* with clenched fists. ~**-bal** ball game; *~ speel* play ball. ~**beheer** *(sport)* ball control. ~**bos(sie)** *Asclepias physocarpa.* ~**byter** *(entom.)* ball-biter (ant), pugnacious ant; small bush tick. ~**doktery** *(cr.)* ball-tampering. ~**-en-klou(-)poot** ball-and-claw foot. ~**klep** ball valve. ~**ontsteking** orchitis. ~**peutery** *(cr.)* ball-tampering. ~**punt(pen)** →BOL(PUNT)PEN. ~**roos** guelder rose, snowball, viburnum. ~**sak** scrotum. ~**spel** ball game. ~**stikker** *(bot.) Sansevieria lanuginosa.*

bal[2] *balle, bals, n.* ball, dance; *'n ~ gee* give a ball; *gemaskerde ~* masked ball; *die ~ open* open the ball. ~**dans** ballroom dance. ~**danse** *(also)* ballroom dancing. ~**saal** ballroom. ~**skoen** pump. ~**tenue** *(mil.)* ball dress.

Ba·la·kla·wa *(geog.)* Balaklava, Balaclava. **b~(mus)** balaclava (helmet).

ba·la·lai·ka *-kas, (musical instrument)* balalaika.

ba·lans *-lanse* balance; *(elec.)* push-pull; balance, equilibrium; balance (sheet); *natuurlike/ekologiese ~* balance of nature ; *die ~ opmaak* balance the books; *~ per ...* balance sheet as at ... ~**bylae** balance-sheet exhibit; balance-sheet schedule. ~**moment** balance moment. ~**ploeg** swing/drill plough. ~**pos** balance-sheet item. ~**staat** balance sheet. ~**stang** balancing pole. ~**veer** hairspring, balance spring. ~**vlak** *(av.)* tab. ~**waarde** balance value. ~**waardering** balance-sheet valuation.

ba·lan·seer *ge-* balance, poise, equilibrate; counterbalance, counterpoise; *balanserende fout* compensating error. ~**gewig** balance weight. ~**toertjie** balancing act; *'n ~ uitvoer, (fig.)* perform a balancing act, walk a tightrope.

ba·lan·seer·der *-ders* equilibrist.

bal·da·dig *-dige* rowdy, boisterous, rollicking; frisky, playful, sportive; wanton. **bal·da·dig·heid** rowdiness, boisterousness; friskiness; exuberance.

bal·da·kyn *-kyne* canopy, baldachin(o), baldaquin, tester.

bal·der·jan *(bot.)* valerian, allheal; *wilde ~* →WILDEBALDERJAN.

Ba·le·a·re, Ba·le·a·rie·se Eilande Balearic Islands.

ba·lein *-leine* baleen, whalebone; whalebone bristle; stiffener, stay; bone, busk *(of a corset)*; rib *(of an umbrella)*. ~**walvis** whalebone/baleen whale.

ba·lein·tjie *-tjies* busk.

ba·ler *-lers* →BAALPERS.

balg *balge* bellows *(of a camera etc.)*.

bal·ho·rig *-rige* obstreperous, intractable, out of control/hand, refractory, stubborn, unmanageable, *(infml.)* bolshie, bolshy. **bal·ho·rig·heid** obstreperousness, intractability, refractoriness, stubbornness.

Ba·li *(geog.)* Bali. **Ba·li·nees** *-nese, n. & adj.* Balinese.

ba·lie[1] *-lies* tub. ~**vormig** *-mige* tub-shaped.

ba·lie[2] *-lies, (law)* bar; bar (of the House); *aan die ~* at the bar; *iem. tot die ~ toelaat* admit/call s.o. to the bar. ~**raad** bar council.

bal·jaar *ge-* caper, cavort, frisk, frolic, gambol, rollick, romp, play (boisterously). **bal·jaar·de·ry** fun, high jinks; horseplay.

bal·ju *-ju's, (dim. -'tjie)* sheriff; *(Br.)* bailiff. ~**veiling,** ~**verkoping** sheriff's sale.

bal·ju·skap post of sheriff, sheriffship.

balk[1] *balke, n.* beam; *(in the pl.)* timberwork; bail; rafter *(of a roof)*, girder *(of a bridge, building, etc.)*; shore *(to support a wall, building, ship in dry dock, etc.)*; joist *(of a floor, roof, etc.)*; *(under 12 cm in breadth)* scantling; shore beam *(of a plough)*; outrigger *(of a boat)*; instep *(of a shoe, stocking, etc.)*; *(mus.)* staff, stave; *(ballet)* barre *(<Fr.)*; rectangular prism; *(her.)* bar, fesse; →BALKIE; *die ~e laat* ***dreun,*** *(infml.)* raise the roof; *die ~ in iem. se eie* ***oog*** the beam in s.o.'s own eye; *'n ~ in iem. se* ***oog*** *wees* be a thorn in s.o.'s side; ***ruwe*** *~* balk; *~e* ***saag,*** *(infml.)* saw wood, snore loudly. ~**anker** crampon. ~**brug** girder bridge. ~**draer** corbel. ~**hegsel** bar/tailor's tack. ~**hoogte** roof height. ~**hout** beamwood. ~**huis** blockhouse; log cabin. ~**kap** joist head. ~**-kieslys** *(comp.)* pull-down menu; *'n ~ oopmaak* pull down a menu. ~**laag** joisting. ~**rem** post brake. ~**skrif** *(mus.)* staff notation. ~**stapel(ing)** crib(work). ~**werk** beams and rafters.

balk[2] *ge-, vb., (donkey)* bray.

Bal·kan: *die ~, (geog.)* the Balkans. **bal·ka·ni·seer** *ge-* Balkanise.

bal·kie *-kies* small beam, scantling; bar *(on a boot; with a medal)*; *(cr.)* bail; →BALK[1]; *medalje met ~* medal and bar.

bal·kon *-konne, -kons* balcony; platform *(of a train/tram)*; dress circle *(in a theatre)*. **bal·kon·ne·tjie** *-tjies* small balcony, balconette *(rare)*.

bal·la·de *-des* ballad. ~**sanger,** ~**skrywer** ballade(e)r.

bal·las[1] ballast; lumber, encumbrance; *(fig.)* excess baggage; *in ~* in ballast; *skip met ~ gelaai* ship in ballast. ~**mandjie** bushel basket, lug.

bal·las[2] *(pl.), (taboo sl.: testicles)* balls, bollocks.

bal·le·ri·na *-nas* ballerina, ballet dancer.

bal·let *-lette* ballet; *'n ~ uitvoer/dans* perform a ballet. ~**dans** ballet dance; ballet dancing. ~**danser** ballet dancer. ~**danseres** ballet dancer, ballerina. ~**geselskap** ballet company. ~**liefhebber** balletomane. ~**meester** ballet master, maître de ballet. ~**meesteres** ballet mistress. ~**meisie** ballet girl. ~**rompie** tutu, ballet skirt. ~**skoen** ballet pump/shoe/slipper. ~**skool** school of ballet.

bal·le·tjie *-tjies* little ball, pellet; →BAL[1].

bal·ling *-linge* →BANNELING. **bal·ling·skap** exile, banishment; *in ~ gaan* go into exile; *in ~ wees/verkeer* be in exile; *in ~ leef/lewe* live in exile. **bal·lings·oord** place/country of exile, *(derog.)* Babylon.

bal·lis·tiek ballistics. **bal·lis·ties** *-tiese* ballistic.

bal·lon *-lonne, (dim. -lonnetjie)* balloon. ~**angioplastiek** *(med.)* balloon angioplasty. ~**anker** balloon anchor. ~**band** balloon tyre. ~**kelk** balloon glass. ~**reisiger** balloonist. ~**versperring** balloon barrage.

bal·lo·ta·sie *-sies, (rare)* ballot(ing). **bal·lo·teer** *ge-, (rare)* (vote by) ballot.

bal·ne·o·lo·gie balneology. **bal·ne·o·te·ra·pie** balneotherapy, -therapeutics.

Ba·loe·tsji *-tsji's, (member of a Muslim people; their language)* Baluchi, Balochi. **Ba·loe·tsji·stan** *(geog.)* Baluchistan, Balochistan.

ba·lo·rig →BALHORIG.

bal·sa·boom balsa tree, corkwood. **bal·sa·hout** balsa(wood).

bal·sem *-sems, n.* balm, balsam, ointment, salve; →WILDEBALSEM; *~ van Gilead* balm of Gilead; *~ in die wonde giet* pour balm into the wounds. **bal·sem** *ge-, vb.* embalm *(a corpse)*. ~**asyn, balsemieke asyn** balsamic vinegar. ~**geur** odour of balm, balsamic odour. ~**hout** xylobalsamum. ~**kopiva, kopivabalsem** copaiba (balsam), copaiva (balsam). ~**kruid** →BASIELKRUID; WATERMENT.

bal·sem·ag·tig *-tige* balsamic, balsamy, balmy. **bal·se·mer** *-mers* embalmer. **bal·se·miek** *-mieke* balsamic, balsamy, balmy; *~e asyn* →BALSEMASYN. **bal·se·ming** embalming, embalmment. **bal·se·mi·nie** balsamine, garden balsam.

bal·stu·rig →BALHORIG.

Balt *Balte* Balt. **Bal·ties** *-tiese* Baltic; *~e greinhout* Scots pine; *die ~e See* the Baltic (Sea).

Bal·ta·sar *(Bib.)* Balthasar.

ba·lus·ter *-ters* baluster.

ba·lus·tra·de *-des* balustrade, railing; ban(n)ister(s) *(of a staircase)*; parapet *(of a roof)*.

bam *n., (sound of a large bell)* dong. **bam** *vb.* dong.

bam·boes *-boese* bamboo; →WILDEBAMBOES. ~**beer** (giant) panda. ~**gordyn** bamboo curtain. ~**gras** switch cane. ~**loot** →BAMBOESSPRUIT. ~**riet** giant reed, bamboo reed. ~**spruit,** ~**loot** bamboo shoot. ~**vis** *(Box salpa)* gold-stripe fish.

ban¹ *banne, n., (relig.)* excommunication, ban; interdict; curse; *iets in die ~ doen* ban/prohibit s.t., place/put a ban on s.t.; *in die ~ gedoen, (also)* taboo; *onder die ~ van ...* under the spell of ... **ban** *ge-, vb.* banish *(lit. & fig.),* exile, expel; ostracise. ~**vloek** ban, anathema. ~**vonnis** interdiction, sentence of exile.

ban² *banne,* **ba·nus** *-nusse, n., (hist.)* ban, governor. **ba·naat** *-nate* banat(e); *die B~, (geog.)* the Banat.

ba·naal *-nale -naler -naalste* banal, corny, commonplace, trite, trivial. **ba·na·li·teit** *-teite* banality, commonplace, platitude.

band *bande* band *(round a hat, arm; of a skirt; of iron, elastic);* ribbon *(for hair);* string *(of an apron);* fastening, waist *(of trousers); (rad.)* channel, band; tyre *(of a car etc.);* hoop *(round a barrel); (anat.)* cord; *(anat.)* ligament; *(surgery)* ligature; truss *(for a rupture);* sling *(for an arm);* cushion *(of a billiard table);* tape *(round a parcel);* binding, cover *(of a book); (book)* volume; belt; strap; fillet *(round the head, for binding hair);* brace; bond; tie *(of friendship, blood); (in the pl. also)* bondage, fetters; *~e met ... **aanknoop*** establish/form ties with ...; *iem. se ~ **bars*** s.o. has a blowout; *'n **breë** ~* a wide band *(round a hat etc.); 'n **ekstra** ~* a spare tyre; *aan ~e **gelê** wees* be tied up; ***harde** ~* hard cover/binding *(of a book); ~e met ... **hê*** have affiliations/ties with ...; *iem. aan ~e **lê*** restrict s.o.; keep s.o. in check; *~e van **liefde*** bonds of love/affection; ***noue** ~e met ...* close ties with ...; *'n **pap** ~* a flat tyre; *'n **pap** ~ kry* get/have a puncture; ***slap/sagte** ~* paperback, limp cover/binding *(of a book); ~e **smee,** (fig.)* forge links; *uit die ~ **spring*** kick over the traces, go too far, get out of hand, exceed the limit; *op ~ **vaslê/opneem*** tape, record; *(die) ~e met ... **verbreek*** cut/sever ties with ...; *'n ~ aan 'n **wiel** sit* put a tyre on a car; *'n ~ om 'n **wiel** sit* shoe a wheel. ~**aandrywer** *(comp.)* tape drive. ~**aandrywing** belt drive. ~**aanvoering** belt feed. ~**blits** ribbon lightning. ~**bouer** tyre maker. ~**breedte** *(rad.)* bandwidth. ~**breuk** tyre failure. ~**brief** tape(-recorded) letter. ~**(deurlaat)filter** *(electron.)* band-pass filter. ~**druk** tyre pressure. ~**drukmeter** tyre(-pressure) gauge. ~**eenheid** *(comp.)* tape streamer. ~**kasset** tape cassette. ~**koppeling** belt coupling. ~**laag** cordon, string/belt course, table. ~**leser** *(comp.)* tape reader. ~**ligter** tyre lever. ~**lintsaag** →BANDSAAG. ~**masjien** →BANDOPNEMER. ~**ontwerp** cover design *(of a book).* ~**opname** tape recording. ~**opnemer,** ~**masjien** tape recorder. ~**rem** band brake. ~**saag** band/ribbon/endless/belt/strap saw. ~**skakelaar** wave changer, wave-change switch. ~**skuif** belt shifter. ~**skyf** band wheel. ~**slagaar** mesenteric artery. ~**speler** tape deck. ~**staal** strip steel. ~**vat** *-ge-, (arch.)* →KORTVAT. ~**versiering** *(archit.)* strap work. ~**versoler** (tyre) retreader. ~**vormig** *-mige* ribbon-shaped; *~e blits* band lightning. ~**walsery** strip mill. ~**wand** tyre wall. ~**werk** belting. ~**wewer** tape weaver. ~**yster** hoop/strip/band iron; hoops.

ban·da·na *-nas* bandan(n)a.

ban·de·fa·briek tyre factory.

ban·de·lier *-liere, -liers* bandolier, bandoleer.

ban·de·loos *-lose* unrestrained, unbridled; lawless, riotous; dissolute, licentious. **ban·de·loos·heid** lawlessness, licence; licentiousness.

ban·diet *-diete* convict, prisoner. ~**klere** convict's clothes.

ban·die·te·ar·beid convict labour.

band·om *-oms,* **ban·tom** *-toms* banded pebble, bandom; banded/belted ox/cow.

bang *bang(e) banger bangste, adj.* afraid, frightened, scared, fearful; faint-hearted, timid; nervous; anxious, uneasy; ***baie** ~ wees* be very frightened; *~ wees **dat** ...* be afraid/fearful that ...; *~ **gevoel*** sinking feeling; *iem. word **gou** ~* s.o. scares easily; *geen ~ **haar** op jou kop hê nie* not be afraid of the devil himself, not know the meaning of fear; *liewer(s) ~ **Jan** as dooi(e) Jan* discretion is the better part of valour; better a living dog than a dead lion; *iem. ~ **maak*** frighten/scare s.o., *(infml.)* put the wind up s.o.; *iem. vir iets ~ **maak*** put s.o. in fear of s.t.; ***moenie** ~ wees (dat dit sal gebeur) nie* there's no fear of it happening; never fear! *(infml.); ~ wees **om** te ...* be afraid to ...; *so ~ wees dat jy iets kan **oorkom*** be frightened/scared out of one's senses/wits, be scared silly/stiff *(infml.); ~ **plek*** hot/tight spot; *iem. ~ **praat*** put the wind up s.o. *(infml.); vir iem./iets so ~ wees **soos** 'n bok vir 'n skoot hael* (of ***soos** die duiwel vir 'n slypsteen)* be scared to death (*or* mortally afraid *or* terrified) of s.o./s.t.; ***vir** ... ~ wees* be afraid/frightened/scared (*or* go in fear *or* be fearful) of ...; ***vir** iem. ~ wees, (also)* hold s.o. in awe, be/stand in awe of s.o.; *iem. is nie ~ **vir** iets nie, (also)* s.t. has/holds no terrors for s.o.; ***vrek** ~ wees/word, (infml.)* be petrified/terrified (*or* frightened/scared out of one's wits), be/get scared half to death; *~ **wees,** (also)* have cold feet; *nie **weet** wat dit is om ~ te wees nie* not know (the meaning of) fear, be a stranger to fear; *(vir iem./iets) ~ **word*** become/get frightened (of s.o./s.t.); *gou ~ **word*** scare easily; *vir iets ~ **word,** (also)* take fright at s.t.. **bang** *ge-, vb., (infml.)* fear, funk. ~**-bang:** *~ speel, (infml.)* play chicken. ~**broek** *(derog., infml.)* chicken, scaredy-cat, mouse, sissy, cissy, *(poet., liter.)* poltroon. ~**broek(e)r)ig** *-ige* cowardly, faint-hearted, timid, *(infml.)* chicken; sissified, cissified. ~**broek(er)igheid** cowardliness, faint-heartedness, timidity. ~**gat** *-gatte, (sl.)* coward, chicken. ~**maakpraatjie** scare story. ~**maaktaktiek** scare tactic. ~**maker** intimidator. ~**makery** intimidation, scaring; bluff. ~**pratery** intimidation.

ban·ge·rig *-rige* timid, jittery, cowardly, faint-hearted, (rather) fearful, bashful, shy, timorous. **ban·ge·rig·heid** timidity, (slight) fearfulness. **bang(·ig)·heid** fear, anxiety; timidity; cowardice.

Ban·gla·desj *(geog.)* Bangladesh *(formerly* East Pakistan*)*. **Ban·gla·de·sji, Ban·gla·de·sjer** Bangladeshi. **Ban·gla·de·sjies** Bangladeshi.

ba·ni·aan *-ane,* **ba·ni·aan·boom** *-bome* banyan (tree), banian (tree).

ba·nier *-niere* banner, standard, pennon; *onder die ~ van ...* under the banner of ...; *jou onder iem. se ~ skaar* become a follower/supporter of s.o.. ~**kop** banner headline, streamer.

ban·jo *-jo's* banjo. ~**speler** banjo player, banjoist.

bank¹ *banke, n.* bench, seat; *(bench-type)* seat *(in car);* sofa, settee; pew *(in a church); (long seat without a back)* form; desk *(in a school);* bank, ridge *(of sand, snow);* dock *(for a prisoner in court);* box *(for a witness); (geog.)* ledge, shelf; *(unploughed strip)* ridge; *(in the pl. also)* (baboon's) bottom/backside; *deur die ~ (geneem)* on (the/an) average, by and large, generally; right across the board; without exception; *~e ploeg* leave narrow strips unploughed. ~**aambeeld** stake, bench anvil. ~**bed** studio couch. ~**blok** shooting block. ~**bloue** *-bloues, (icht.)* steenbras. ~**duiker** *(orn.)* bank cormorant. ~**golwe** overfalls. ~**gordel** seat/safety belt *(in a car).* ~**haak** bench claw, side hook. ~**hamer** fitter's hammer. ~**maat** seat mate. ~**oortreksel** seat cover. ~**skaaf** bench/jack plane. ~**skroef** bench/standing/screw vice. ~**steenbras** river steenbras, tiger fish. ~**vas** (jam-)packed, chock-a-block, chock-full, jammed; *~ staan* throng *(the pavements etc.); ~ agter iem. staan* rally round s.o.; *~ stem* vote solidly. ~**vis** line fish. ~**werker** bench fitter; benchman, bench worker. ~**ys** shelf ice.

bank² *banke, n., (fin.)* bank; *'n ~ bankrot laat raak* break a bank; *geld in die ~ hê* have money in the bank; *geld in die ~ sit* bank money; *heelpad (of die hele pad) ~ toe lag, (fig., infml.)* laugh/cry all the way to the bank. **bank** *ge-, vb.* bank *(money).* ~**aksep** bank(er's) acceptance. ~**bestuurder** bank manager. ~**boek(ie)** bankbook, passbook. ~**dekking** bank cover. ~**dienste** banking services. ~**diskonto** bank rate, bank(er's) discount. ~**garansie** →BANKWAARBORG. ~**houer** *(gambling)* banker. ~**instelling** bank, banking institution. ~**kaart** bank(er's) card. ~**klerk** bank clerk. ~**kluis** safe deposit. ~**koers** bank rate. ~**kommissie** bank commission. ~**koste** bank(ing) charges. ~**krediet** bank(ing) credit. ~**noot** banknote; *banknote in omloop bring* issue banknotes. ~**oordrag** bank transfer. ~**oortrekking** overdraft. ~**outomaat** autobank. ~**papier** paper currency. ~**referensie** bank reference. ~**rekening** bank account. ~**roof** bank robbery. ~**sake** banking matters/affairs/business. ~**saldo** bank balance. ~**staat** bank statement/return. ~**stelsel** banking system. ~**ure** *(pl.)* banking hours, opening hours, hours of opening. ~**vakansiedag** bank holiday. ~**voorskot** overdraft. ~**waarborg** bank guarantee. ~**wese** banking. ~**wissel** bank bill.

bank·baar *-bare, (econ.)* bankable *(cheque).*

ban·ket *-kette* banquet; confectionery; almond rock; *(min.)* banket, auriferous conglomerate. ~**bakker** confectioner, pastry cook. ~**bakkery** confectionery, patisserie; confectionery trade. ~**saal** banqueting hall. ~**winkel** confectioner's shop.

ban·ket·teer *ge-* banquet, feast.

ban·ke·veld broken country; scraped/tilted plain; *die B~* the Bankeveld.

ban·kie *-kies* small bench; stool; ridge *(of the eye); (in the pl. also)* monkey's bottom. **ban·kies·ploeg** vineyard plough.

ban·kier *-kiers* banker. **ban·kiers·huis,** *-***kantoor** banking house, banker's office.

ban·koel-: ~**neut** candlenut, candleberry, kemiri (nut). ~**olie** candlenut oil.

ban·krot *-krotte, n.* →BANKROTSKAP. **ban·krot** *-krot -krotter -krotste, adj.* bankrupt, insolvent; broke *(sl.),* on the rocks *(sl.); ~ gaan/raak/speel* become/go insolvent, go bankrupt/under, go broke/bust *(infml.); (a firm)* crash, fail, go under; *iem./iets ~ maak* bankrupt s.o./s.t.. ~**gras** *(Brachiaria mutica)*Dutch grass. ~**speler** bankrupt, insolvent. ~**veiling,** ~**vendusie,** ~**vandisie** bankruptcy auction/sale. ~**verkoping** bankruptcy sale. ~**wurm** bankrupt worm.

ban·krot·skap *-skappe* bankruptcy, insolvency, crash *(infml.).*

ban·ne·ling, bal·ling *-linge* exile, deportee, outcast; →BAN¹, BALLINGSKAP.

ba(n)·sê·la →PASELLA.

ban·tam *-tams* bantam. ~**gewig** *(boxing)* bantamweight. ~**haan** bantam cock. ~**hen** bantam hen. ~**hoender** bantam (fowl). ~**skraper** calf dozer.

Ban·toe *-toes, (arch., derog.)* Bantu. **Ban·toe·stan** *-stans, (hist., derog.)* Bantustan. ~**taal** Bantu language.

ban·tom →BANDOM.

ba·nus →BAN².

ba·o·bab *-babs* baobab (tree); →KREMETART(BOOM).

Ba·pe·di *-di's* →PEDI.

Bap·tis *-tiste* Baptist. **Bap·tis·te·kerk** Baptist Church. **bap·tis·te·ri·um** *-riums, -ria* baptist(e)ry. **Bap·tis·ties** *-tiese* Baptist.

bar¹ *bars, n., (unit of pressure)* bar; *200 ~* 200 bars.

bar² *bar(re) barder barste, adj.* barren *(land);* stark *(landscape);* gruff *(manner);* inclement, severe *(weather).* **bar** *adv.* extremely, awfully, terribly, exceedingly, utterly *(boring etc.).* **bar·heid** barrenness; inclemency, severity.

Bar·ab·bas, Bar·ab·bas *(NT)* Barabbas.

Ba·rak *(OT)* Barak.

ba·rak *-rakke* barracks.

ba·ra·the·a *(text.)* barathea.

ba·rat·te·rie *(hist., jur.)* barratry, barretry; *pleger van ~* barrator. **ba·rat·teer** *ge-* commit barratry/barretry.

bar·baar *-bare* barbarian, savage; philistine. **bar·baars** *-baarse -baarser -baarsste* barbarian; barbaric, barbarous, inhumane, brutal, savage; *~ word/maak* barbarise. **bar·baars·heid** barbarism; barbarity, barbarousness, brutality, savagery. **bar·ba·re·dom** barbarians. **bar·ba·ri·seer** *ge-* barbarise. **bar·ba·ris·me** barbarism.

bar·ba·ra·kruid *(Barbarea vulgaris)* wintercress.

Bar·ba·ry·e *(geog.)* Barbary. **Bar·ba·rys** *-ryse* (of) Barbary; *~e perd* Barbary horse, Barb.

bar·beel *-bele, (icht., Eur.)* barbel.

bar·bet *-bette, (mil.)* barbette.

bar·bier *-biers, (arch.)* barber, (men's) hairdresser.

bar·biers=: ~**paal, barbierstok** barber's pole. ~**winkel** barber's/hairdresser's shop, hairdressing salon.
bar·bi·tal *(chem.)* barbitone, barbital *(Am.)*.
bar·bi·tu·raat *=rate, (chem.)* barbiturate.
bar·bi·tuur·suur *(chem.)* barbituric acid, malonylurea.
bar·bot *=botte,* **slyk·vis** *(icht.)* burbot.
bar·ca·rol·le *=les, (Venetian boat song)* barcarol(l)e.
bard *barde, (poet)* bard.
bar·deer *(ge)=, (hist.)* bard(e) *(horse); (cook.)* bard(e). ~**reep** *(cook.)* bard(e).
ba·rend *=rende, (fml., tech.)* parturient; →BAAR[7].
ba·rens=: ~**nood** labour, *(poet., liter.)* travail; *in ~ verkeer/wees* be in labour (pains); *(lit. & fig.)* be in travail. ~**wee** *=weë* labour pain, birth pang; *(fig., in the pl.)* birth pangs; →BAAR[7].
Ba·rentsz-see Barents Sea.
ba·ret *=rette* beret; cap; *(RC)* biretta, berretta, barret; *toga en ~* cap and gown.
bar·goens jargon, argot, cant; *(arch.)* thieves' cant/Latin, criminal cant.
ba·ri·bal *=bals (zool.)* cinnamon bear.
ba·ries *=riese* baric.
ba·riet *(min.)* barite, barytes, heavy spar. ~**aarde** baryta.
ba·ring *=rings, =ringe* (child)birth, parturition; →BAAR[7]. ~**snelheid** oxytocia. ~**versnellend** oxytocic.
ba·ri·sfeer *(geomorphol.)* barysphere.
ba·ri·ton *=tons* baritone.
ba·ri·um *(chem., symb.: Ba)* barium. ~**klisma** barium enema. ~**maal** barium meal.
bark *barke, (naut.)* barque, *(Am.)* bark.
bar·kaan *=kane, (geol.)* barchan(e), bark(h)an.
bar·kas *=kasse* longboat; *(hist.)* launch.
bark·haan *=hane, (orn.)* ptarmigan.
bar·le·wiet barley wheat.
barm·har·tig *=tige* merciful, clement; charitable, beneficent; compassionate; *~e Samaritaan, (NT; fig.)* good Samaritan. **barm·har·tig·heid** mercy, mercifulness, clemency; charitableness, charity; compassion; *jou op iem. se ~ beroep* cast/throw o.s. (up)on s.o.'s mercy; *Diens van ~* Social Services; Poor Relief *(of a church)*; *iets uit ~ doen* do s.t. out of charity; *laat geregtigheid deur ~ getemper word* let mercy season justice.
bar·mits·wa *(Jud.)* Bar Mitzvah *(sometimes b~ m~)*.
barn·steen amber. ~**olie** amber oil. ~**suur** *(biochem.)* succinic acid.
ba·ro(e) *(bot.: Cyphia spp.)* bar(r)oe, baroo.
ba·ro·graaf *=grawe, (meteorol.: self-recording aneroid barometer)* barograph.
ba·ro·gram *=gramme, (meteorol.)* barogram.
ba·rok *(also B~), =rokke, (archit., art, mus.)* baroque *(also B~)*; highly ornate. **b~(styl)** *(also B~)* baroque (style) *(also B~)*.
Ba·ro·long *=long(s)* Barolong.
ba·ro·me·ter *=ters* barometer. ~**druk** barometric pressure. ~**hoogte,** ~**stand** barometric height/reading. **ba·ro·me·trie** barometry. **ba·ro·me·tries** *=triese* barometric.
ba·ron *=ronne* baron. **ba·ro·nes** *=nesse* baroness. **ba·ro·net** *=nette* baronet. **ba·ro·nie** *=nieë* barony.
ba·ro·skoop *=skope* baroscope.
Ba·rot·se *(geog.)* Barotse.
bar·ra·ge *=ge'e, =ges* barrage.
bar·re·voets *(arch.)* →KAALVOET.
bar·riè·re *=rières, (Fr.)* barrier, fence. **B~-rif:** *die Groot ~* the Great Barrier Reef.
bar·ri·ka·de *=des* barricade. **bar·ri·ka·deer** *ge=* barricade.
bars[1] *barste, (dim. barsie), n.* burst; crack, crevice, chink, cranny, rift, split; cleft, fissure *(in the earth)*; chip *(in a mug etc.)*; chap *(in the skin)*; shake *(in growing timber)*; *(med.)* rupture; *'n ~ **boul*** bowl with great effect, be a crack bowler; *'n ~ **kyk*** have a piercing/penetrating look; *'n ~ **speel*** play a blinder *(or* a terrific game); ***vol** ~ies, (bot.)* rimose; *'n ~ **werk*** work like a Trojan. **bars** *ge=, vb.* burst; *(wall etc.)* crack; *(wood)* split (open), shake; *(skin)* chap, get chapped; *(earth)* crack; *(shell)* explode, burst; *(tyre)* blow out; *(infml.)* have a hard/rough time; *iem. se **band** het ge~* s.o. blew a tyre *(or* had a blowout), s.o.'s tyre burst; ***buig** of ~* (of *al ~ die bottel [en al buig die fles])* by hook or by crook, come hell or high water, by fair means or foul, no matter what happens; ***gaan/loop** ~!, (infml.)* go to blazes!, drop dead!, go and boil your head!; ***hardloop/hol** dat dit ~* run like mad/hell/blazes; *~tende **hoofpyn*** splitting headache; *(met 'n **klapgeluid**) ~, (balloon)* go pop; *iem. se **kop** wil ~ (van pyn)* s.o. has a splitting headache; ***lieg** dat jy (so) ~* lie like a trooper, be a damned liar; *iem. **sal** ~, (infml.)* s.o. is (in) for it *(or* will get it in the neck *or* will catch it); *jou **te** ~te eet* gorge o.s., overeat (o.s.), make a pig of o.s.; *wil ~ **van** ...* swell *(or* be bursting) with ... *(pride, confidence, etc.)*; *~ **van** die lag* split one's sides. ~**hou** *(fig.): 'n ~ slaan* hit a terrific shot; *'n ~ speel* play a blinder *(or* a terrific game); *'n ~ werk* work one's fingers to the bone. ~**lek** blowout. ~**vorming** chipping, cracking, crazing. ~**vrag** bumper load.
bars[2] *bars(e) barser barsste, adj.* harsh, rough; gruff *(voice)*; blunt, brusque *(speech, manner)*; stern, grim, forbidding *(face)*. **bars** *adv.* sternly; harshly; crustily; *dit gaan maar ~ met iem.* s.o. is having a hard/tough time; *dit sal ~ gaan om te ...* it will be a tough job to ... **bars·heid** harshness, roughness.
bar·stens: *dit het ~ gegaan* it was an uphill battle/job/struggle/task, have a devil of a job/time; *tot ~ (toe) vol wees* be full to bursting.
bars·te·rig *=rige* cracked, full of cracks.
Bar·to·lo·meus·nag, Bar·tho·lo·me·üs·nag *(hist.)* Massacre of St Bartholomew, St Bartholomew's Eve.
bas[1] *basse, n., (mus.)* bass; *~ sing* sing bass. ~**bariton** bass baritone. ~**blokfluit** bass recorder. ~**fluit** bass flute. ~**klarinet** bass clarinet. ~**luidspreker** low-frequency speaker, woofer. ~**noot** bass note. ~**sanger** bass (singer). ~**sleutel** bass clef. ~**stem** bass (voice). ~**toon** bass note. ~**viool** double bass, contrabass, *(infml.)* bass; *(jazz)* string bass.
bas[2] *baste, n.* bark *(of a tree)*; *(bot.)* bast, phloem; rind *(of a plant)*; *(anat., bot.)* cortex; skin; body, bulk; *(fig.)* hide; *(infml.)* behind, bottom, backside, *(Am.)* butt; *tussen die **boom** en die ~* fair to middling, neither good nor bad, betwixt and between, so-so, indifferent; *uit die pad (uit) met jou **groot** ~!* move your fat carcass/carcase!; *alles aan jou ~ **hang*** spend everything on clothes; *een aan die ~, een in die **kas,** een in die was* s.o. has only three shirts/etc.; ***lig** jou ~* get up off your backside; ***met** ~, (bot.)* corticate; *iem. **op** sy ~ gee* tan/whip s.o.'s hide, give s.o. a (good) hiding/licking; ***op** jou ~ kry* get a hiding; *jou ~ **probeer red*** try to save one's skin/hide/bacon; *iets aan eie ~ **voel*** experience s.t. personally; *dit aan jou ~ **voel** dat ...* have a gut feeling that ... **bas** *ge=, vb., (rare), (lit.)* tan; *(fig.)* thrash, tan; →ONTBAS. ~**af:** *'n boom ~ maak* (de)bark a tree. ~**doek** tapa. ~**-enting** rind/bark grafting. ~**vesel** bast/bass fibre. ~**weefsel** bast tissue, phloem.
ba·saal *=sale* basal; *(anat.)* basilar.
ba·saar *=saars* bazaar; fête.
ba·salt *(geol.)* basalt. ~**lawa** basaltic lava. ~**suil** basaltic column.
ba·salt·ag·tig *=tige,* **ba·sal·ties** *=tiese* basaltic.
ba·sal·tien basaltine.
Ba·san *(OT)* Bashan.
ba·sa·niet *(geol.)* basanite.
Ba·sar·wa *Masarwa* Basarwa, Bushman.
Ba·se·dow: *~ se siekte* goitre, hyperthyroidism, Basedow's disease.
ba·seer *(ge)=: iets op ... baseer* base s.t. (up)on ...; *op iets ge~ wees* be based on s.t.. **ba·se·ring** basing.
Ba·sel *(geog.)* Basel, Basle.
ba·se·rig self-assertive, domineering. **ba·se·rig·heid** self-assertiveness.
ba·siel·kruid, ba·si·lie·kruid, bal·sem·kruid (common/sweet) basil.
ba·sies *=siese, adj. & adv.* basic; basically; *~e sout* basic salt.
ba·sil *=sille, (bacterium)* bacillus. **ba·sil·le·dra·er** (germ) carrier, vector. **ba·sil·lêr** *=lêre* bacillar(y). **ba·sil·vor·mig** *=mige* bacilliform.
ba·si·lek *(ling.)* basilect. **ba·si·lek·ties** *=tiese* basilectal.
ba·si·liek *=lieke,* **ba·si·li·ka** *=kas, (archit.)* basilica.
ba·si·lie·kruid →BASIELKRUID.
ba·si·li·kum *(herb)* basil; *(ointment)* basilicum.
ba·si·lisk *=liske* basilisk, cockatrice.
Ba·si·li·us *(saint)* Basil.
ba·sis *=sisse, (geom., chem., mil.)* base; basis, grounding; heel *(of the hand)*; *mengeldrankie met rum as ~* rum-based cocktail ; *na die/jou ~ terugkeer* return to base. **B~engels** Basic English. ~**hoek** base angle. ~**kleur** primary colour. ~**koers** *(fin.)* base rate. ~**kursus** foundation course *(in a foreign language etc.)*. ~**lyn** baseline, datum line. ~**vlak** basal plane.
ba·si·si·teit *(chem.)* basicity.
Basj·kir *=kire, (person)* Bashkir.
Bask *Baske, n., (person)* Basque. **Bas·ke·land:** *die ~* the Basque country, Biscay. **Bas·kies** *n., (language)* Basque. **Bas·kies** *=kiese, adj.* Basque.
bas·ket·bal (American) basketball.
bas·ku·le *=les* bascule *(of a bridge)*; platform weighing machine/scale. ~**brug** bascule (bridge), balance/counterpoise bridge.
bas·ma·ti *(Hindi):* ~**(rys)** basmati (rice).
Ba·soe·to=: ~**land** *(hist.)* Basutoland; →LESOTHO. **b~ponie** Basuto pony.
Ba·so·tho *=tho's* Basuto; →SOTHO.
bas·re·li·ëf →VLAKRELIËF.
bas·set·ho·ring *(mus.)* basset horn.
bas·sin *=sins, (dock)* basin.
bas·so: *(It., mus.): ~* **ostinato** ground bass. *~* **profundo** *(singer with a very deep bass voice)* basso profundo.
bas·ta *interj.* stop; *en **daarmee** ~!* and that's final/flat/that *(or* the end of it!, full stop!, that's all there is to it; so there!; *ek gaan dit nie doen nie, en **daarmee** ~!* I'm not going to do it, period!; *kom ons ~ **daarmee*** let's drop it; *~ **nou!*** that's enough!; *~ **raas!*** stop that noise!.
Bas·te·na·ken *(geog.)* Bastogne.
Bas·ter *=ters, (member of a Namibian people)* Baster.
bas·ter *=ters, n., (derog.)* bastard; half-caste, half-breed; mulatto; *(animal, plant)* cross, hybrid; *(animal, plant)* mongrel. **bas·ter** *adj.* a sort of; *daar het 'n ~ orkaan gewaai* it was practically a hurricane. **bas·ter** *adv.* rather; kind of; *'n ~ mooi nooi* quite a pretty girl; *~ warm/koud* rather/quite warm/cold; *ek het dit so ~ verwag* I half expected it. **bas·ter** *ge=, vb.* hybridise; interbreed; *laat ~* hybridise. ~**brak** mongrel. ~**dawidjie(s)** *(bot.), Kedrostis africana.* ~**-eland** →BASTERGEMSBOK. ~**-esse(n)hout** Cape oak. ~**galjoen** *(icht.)* bastard/banded galjoen; bastard/beaked galjoen; parrotfish. ~**geelhout** smooth-barked yellowwood; →OUTENIEKWA-GEELHOUT, KALANDER[3]. ~**gemsbok,** ~**-eland** roan (antelope). ~**gesteente** hybrid rock. ~**harder** *(icht.)* threadfin. ~**hart(e)bees** tsessebe. ~**hond** mongrel. ~**hottentot** *(species of)* rockfish. ~**kameeldoring** *(Acacia tortilis)* umbrella thorn. ~**karee** false karree. ~**koedoe** nyala. ~**krag** heterosis, hybrid vigour. ~**loot** *(bot.)* sympodium. ~**mielie(s)** hybrid maize. ~**perdepis** *(bot.: Hippobromus pauciflorus)* false horsewood. ~**plataan** *(bot.)* sycamore. ~**saffraan(hout)** *(Pleurostylia capensis)* mountain hard pear. ~**skaap** crossbred sheep. ~**soort** hybrid. ~**spinnekop** harvestman, harvest spider, daddy-long-legs. ~**stingel** sympodium. ~**suiker** bastard sugar. ~**suikerappel** *(Hexalobus monopetalus)* shakama plum. ~**(swart)ysterhout** *(Linociera foveolata)* bastard (black) ironwood. ~**vloek(woord)** mild/minced oath. ~**vorm** hybrid (form). ~**vrou** *(derog.)* mulatto woman. ~**vyl** bastard file. ~**waterbok** lechwe. ~**witysterhout** *(Drypetes gerrardii)* bastard white ironwood. ~**wol** crossbred wool. ~**woord** hybrid (word); loan word.

bas·ter·deer *ge=* bastardise. **bas·ter·de·ring** bastardisation, hybridisation.

bas·ter·skap bastardy.

bas·ti·on *=ons* bastion.

bast·na·siet *(min.)* bastna(e)site.

bas·ton·na·de *=des, (punishment, torture)* bastinado. **bas·ton·neer** *ge=* bastinado.

ba·suin *=suine* trumpet; trombone; *die laaste ~* the last trumpet; *jou eie ~ blaas* = JOU EIE BEUEL BLAAS. **~blaser** trombonist. **~geskal** sound/blast of trumpets, trumpet blast, fanfare.

Ba·taaf *=tawe* Batavian. **Ba·taafs** *=taafse* Batavian; *~e Republiek* Batavian Republic. →BATAVIA.

ba·tal·jon *=jonne, =jons* battalion. **~kommandant** *=dante* battalion commander.

Ba·ta·vi·a *(geog., hist.)* Batavia; →DJAKARTA; BATAAF.

ba·te *=te(s)* asset; benefit, profit; →BAAT; *~(s) en laste* assets and liabilities; *ten ~ van ...* on/in behalf of ...; for the benefit of ...; in aid/support of ... *(a good cause etc.)*. **~bestuur** asset management. **~bestuurder** asset manager. **~stroper** *(comm., often derog.)* asset-stripper. **~stroping** *(comm., often derog.)* asset-stripping.

ba·ti·aal *=tiale* bathyal.

ba·tig: *~e saldo* credit balance; surplus.

ba·tik, ba·tik *=tiks, n.* bat(t)ik. **ba·tik, ba·tik** *ge=, vb.* bat(t)ik. **~werk** bat(t)ik work.

ba·tis *(text.)* lawn, cambric, batiste.

ba·ti·sfeer *=sfere* bathysphere.

ba·ti·skoop *=skope* bathyscope.

bat·mits·wa *(Jud.)* Bat Mitzvah *(sometimes b~ m~)*.

ba·to·liet *=liete, (geol.)* batholite, batholith.

ba·to·me·ter bathometer.

ba·ton·neer *ge=* play at singlestick. **~stok** singlestick.

ba·tos bathos.

Bat·se·ba *(OT)* Bathsheba.

bat·sja·pin·boon·tjie black-eyed bean, cowpea.

Ba·tswa·na *(pl.)* Batswana.

bat·te·ry *=rye* battery; *'n ~ laai* charge a battery; *'n pap ~* a dead/flat battery; *die ~ word pap* the battery runs down; *'n ~ laat pap word* run down a battery. **~aandrywing:** *met ~* battery-powered. **~(aan)gedrewe** battery-powered. **~boerdery** battery farming. **~dek** gun deck. **~herlaaier** recharger. **~hoender** battery hen. **~kabel** battery cable. **~laaier** battery charger. **~spanning** voltage. **~suur** battery acid, electrolyte. **~toetser** battery tester. **~weerstand** resistance of battery.

baud *(comp.)* baud. **~snelheid** baud rate.

bau·hi·ni·a *(bot.)* bauhinia.

baux·iet, bouk·siet *(min.)* bauxite.

Ba·ven·da *(pl.)* →VENDA.

ba·zaar →BASAAR.

BBP *(abbr.)* = 'N BAIE BELANGRIKE PERSOON. **~behandeling** VIP treatment.

bdel·li·um *(tree; gum resin)* bdellium.

be·aam *het ~* confirm, endorse, echo; corroborate; assent to, agree *(with)*, concur *(with s.o., in s.t.)*; say ditto/yes/amen to; *iem. se woorde ~* bear s.o. out. **be·a·ming** confirmation, assent, corroboration.

be·amp·te *=tes* official.

be·angs *=angste* anxious, uneasy, alarmed, fearful, anguished, panicky, terror-stricken, terror-struck, harrowed, *(infml.)* white-knuckled; *~ wees* be in fear, be stricken with terror. **be·angst·heid** anxiety, uneasiness, alarm. **be·angs·tig** *vb.* alarm. **be·angs·ti·gend** frightening; alarming.

be·ant·woord *het ~* answer, reply to *(a question, speaker, letter, the fire of the enemy, a toast)*; meet *(an argument)*; acknowledge *(a greeting)*; return *(love)*; ***aan** ... ~* answer to ... *(a description etc.)*; measure up to ... *(requirements etc.)*; *nie **aan** die vereistes/ens. ~ nie, (also)* fall short of the requirements/etc.; ***aan** die verwagtinge ~* come up to *(or* realise) expectations; ***met** stilswye ~* pass over in silence, ignore. **be·ant·woor·ding** answer(ing), reply(ing); *ter ~ van* in reply to.

be·ar·bei *het ~* work, cultivate, till *(ground)*; treat *(material)*; *(fig.)* woo, use one's influence with, work (up)on *(s.o.)*; ply with arguments; try to persuade; canvass *(constituency etc.)*; manipulate; minister to the spiritual needs of, preach the gospel to; →BEWERK. **be·ar·bei·ding** canvassing; ministration, ministering.

be·a·ring *(anat.)* venation, veining; *(bot.)* nervation.

bé·ar·naise(·sous) *(Fr. cook.: rich white sauce)* Béarnaise (sauce).

be·a·sem *het ~* breathe upon.

Beau·fort: **~see** *(geog.)* Beaufort Sea. **~skaal** *(meteorol.)* Beaufort scale.

beau·jo·lais *(Fr. wine)* beaujolais *(sometimes B~)*.

be·baard, ge·baard *=baarde* bearded, hirsute.

be·ba·ken *het ~* beacon.

be·bei·tel *het ~* tool. **be·bei·te·ling** tooling.

be·blaar(d) *=blaarde, (bot.)* leafy; blistered.

be·bloed *=bloede* blood-stained, bloody, ensanguined *(fml.)*.

be·boet *het ~* fine; *iem. met R500 ~* fine s.o. R500; *~e lede* members fined; *met R500 ~ word* be fined R500. **be·boet·baar** *=bare* fin(e)able, liable/subject to a fine. **be·boe·ting** fine, fining.

be·bord *het ~* board. **be·bor·ding** boarding; backing.

be·bos *het ~, vb.* plant with trees, (af)forest. **be·bos** *=boste, adj.* forested, (well-)wooded, woody, bushy, timbered; *dig ~ wees* be thickly wooded. **be·bos·sing** (af)forestation.

be·bou *het ~, vb.* build (up)on; till, cultivate, crop, plant, farm *(land)*. **be·bou** *=boude, adj.* tilled; built upon, built-up *(area)*. **be·bou·baar** *=bare* arable, cultivable, tillable; fit/suitable for building. **be·bou·baar·heid** cultivability, arability. **be·bou·ing** building upon; development; tillage, cultivation, croppage; *onder ~* under crop.

be·bril(d) *=brilde* (be)spectacled, wearing glasses.

be·broei *het ~, vb.* sit on, hatch *(eggs)*. **be·broei(d)** *=broeide, adj.* hard-set, partly hatched *(egg)*. **be·broei·de·ei·ers** *(bot.)* abutilon.

be·brou *het ~* spoil, mess up, botch.

bé·cha·mel(·sous) *(Fr. cook.: rich white sauce)* béchamel (sauce).

bec·que·rel *(phys., symb.: Bq)* becquerel.

bed *beddens* bed *(to lie on, of a river, of flowers)*; channel *(of a river)*; berth *(on a ship)*; ***by** iem. se ~* at s.o.'s bedside; *~ toe **gaan*** go to bed; *met iem. ~ toe **gaan*** (of *in die ~ **klim/spring**), (infml.)* have sex with s.o., hop into bed with s.o., *(sl.)* have it off with s.o.; *iem. vra om met jou ~ toe te **gaan*** proposition s.o.; *net voor iem. ~ toe **gaan*** last thing at night; ***goed** in die ~ wees* be good in bed; ***in** die ~* in bed; between the sheets; ***in** die ~ bly* stay in bed; keep to one's bed; *iem. moet **in** die ~ bly* s.o. is confined to bed; ***in** die ~ wees* be in bed; lie in; be laid up; *in die ~ **klim*** get into bed; go to bed; *met enige man in die ~ **klim*** be an easy lay *(taboo sl.)*; *uit die ~ **klim*** get out of bed; *soos jy jou ~ **maak**, so sal jy gaan slaap, (fig.)* as you make your bed, so you must lie (up)on it; *~ en **ontbyt*** bed and breakfast; *'n ~ skoon **oortrek*** change the bed linen; *'n ~ **opmaak*** make (up) a bed; *die ~ **opsoek**, (fml.)* seek one's bed; *iem. in die ~ **sit**, (lit.)* put s.o. to bed; *(fig.)* be too much for s.o.; *~ **toe** jy!, (infml.)* to bed with you!; ***vroeg/laat** in die ~ klim* (of *~ toe gaan)* have an early *(or* a late) night. **~bad** bed/blanket bath. **~bank** sofa bed, studio couch. **~boog** cradle *(of a bed)*. **~deken** bedspread, coverlet, counterpane. **~genoot** →BEDMAAT. **~gordyn** bed curtain; *(in the pl.)* bed hangings. **~jakkie** bed jacket. **~jonker** gigolo. **~kaartjie** bedding ticket. **~kassie** bedside cabinet, night table. **~kussing** pillow. **~laken** bed sheet. **~lamp** bedside lamp. **~lêend** *=lêende* bedridden, confined to one's bed, laid up. **~lêendheid** being confined to one's bed, being laid up. **~linne** bed linen. **~maat, ~genoot** bedfellow. **~natmaker** bed-wetter. **~natmakery** bed-wetting, enuresis *(tech.)*; incontinence. **~opmaker** bedmaker. **~pisser** →BEDNATMAKER. **~pissery** →BEDNATMAKERY. **~seer** bedsore, pressure sore, *(tech.)* decubitus ulcer. **~seiltjie** rubber sheet. **~sprei** bedspread, coverlet, counterpane. **~stoel** chair bed. **~stut** bed rest. **~styl** bedpost. **~tafel(tjie)** bedside/night table. **~tyd** bedtime. **~valletjie** valance, valence. **~veer** bedspring. **~watering** →BEDNATMAKERY.

Be·da *(saint)* (the Venerable) Bede.

be·daar *het ~* calm down; *(storm, tumult, excitement)* die down, subside; *(wind)* abate, drop, blow (itself) out; *(laat) ~* calm, quiet(en), soothe, sober, still, moderate; mollify, pacify; *(med.)* tranquillise; ***bedaar!*** steady!, calm down!, compose yourself!, relax!. **~middel** tranquilliser, calmative.

be·daard *=daarde =daarder =daardste* calm, quiet, cool(-headed), composed, sedate, tranquil, temperate, staid, dispassionate, sober, collected, unruffled, even-tempered; *~ bly* keep one's temper, keep one's cool *(infml.)*; *(ewe) ~* unfazed *(infml.)*. **be·daard·heid** calmness, coolness, cool-headedness. **be·daard(·weg)** dispassionately; collectedly.

be·dag: *op ... ~ wees* be prepared for ...; *nie op iets ~ wees nie, (also)* be taken unawares by s.t; *op wins ~te handelaar* profit-seeking merchant. **be·dag·saam** *=same =samer =saamste* thoughtful, considerate, mindful *(of)*, careful *(of)*, obliging; *baie ~ van jou!* how thoughtful of you!; *teenoor iem. ~ wees* have/show consideration for s.o.; *'n ~same gasvrou* an attentive hostess. **be·dag·saam·heid** thoughtfulness *etc.*.

be·dags by day, during the day.

be·dank *het ~* thank; resign; ***daarvoor** ~ ek!* no, thank you!, no thanks!; *iem. ~ hartlik **daarvoor** om te ...* s.o. does not in the least want to ...; *as **lid** van ... ~* resign one's membership of ...; ***uit** ... ~* resign from ... *(a position, association, etc.)*; resign one's membership of ... *(an association etc.)*; ***(vir)** iets ~* decline s.t. *(a post, an invitation, a call, etc.)*; *iem. **vir** iets ~* thank s.o. for s.t.; *iem. ~ hartlik **vir** iets ~* s.o. does not want s.t. at all. **be·dan·ke·ry** thanking; resigning. **be·dan·king** *=kings, =kinge* resignation, demission *(fml.)*; expression of thanks, acknowledg(e)ment; →DANKBETUIGING; *jou ~ indien* hand/send in *(or* tender) one's resignation.

be·dan·kings: **~brief** letter of resignation. **~brief(ie), ~kaartjie** thank-you letter/note/card.

be·da·ring calming down; subsidence, lull, calm, quiet, abatement; *tot ~ bring* calm (down) *(s.o.)*; pacify, soothe *(baby)*; *tot ~ kom* calm/settle down.

bed·de·goed bedding, (bed)clothes, covers; litter *(for animals)*.

bed·ding *=dings* bed *(of a river, of flowers)*; *(geol.)* layer, stratum; seat(ing) *(of valves etc.)*. **~gras** silky grass. **~plant** bedding plant. **bed·din·kie** *=kies* bed *(of flowers)*; *in ~s plant* bed out.

be·de *=des, (fml.)* prayer; entreaty, supplication. **~huis** house of worship/prayer. **~klokkie** prayer bell. **~vaarder** pilgrim; →BEDEVAART.

be·deel *het ~* endow *(with talents etc.)*; *met ... ~* equip with ... **be·deel(d):** *(bolangs) goed ~* busty *(woman)*; *met ... ~ wees* be blessed/endowed/favoured with ... **be·deel·de** *=des* beneficiary, grantee *(jur.)*.

be·dees *=deesde meer ~ die mees ~de* bashful, timid, shy, diffident, coy, shrinking. **be·deesd·heid** bashfulness, timidity, diffidence, shyness.

be·dek *het ~, vb.* cover (up); conceal, hide, veil, cloak, mask; shroud; cap; coat; face; overlie, mantle, clothe, blanket; deck; fleece *(with down)*; *iets met ... ~* cover s.t. with ...; *met ... ~ wees* be covered with ...; be spread with ... *(flowers etc.)*; be topped with ... **be·dek** *=dekte, adj.* covered, coated, mantled; plated; concealed, disguised, veiled; covert *(threat)*; undercover; *~te beweegredes* ulterior motives; *~te brand* stinking smut *(in plants)*; *~te seën* blessing in disguise; *op ~te wyse* covertly. **~bloeiend** *=ende* cryptogamous; *~e plant* cryptogam. **~bloeiende** *=endes* cryptogam. **~sadig** *=dige* angiospermal, angiospermic, angiospermous. **~sadige** *=diges* angiosperm; *(B~, in the pl.)* Angiospermae. **~sporig** *=rige* →ANGIOSPOOR.

be·dek·king *=kings* covering, cover; *(mil.)* covering party; coat(ing); integument; topping; *(astron.)* obscuration, occultation; *onder ~ van ...* under cover of ... *(darkness etc.)*. **be·dek·te·lik** covertly, in an underhand way.

be·del *ge=* beg; cadge, bum *(infml.); by iem.* ~ beg from s.o.; *iets by/van iem.* ~ beg (for) s.t. from s.o.; scrounge s.t. from/off s.o. *(infml.); (om) iets* ~ beg for s.t.. **~brief** begging letter. **~broeder** mendicant friar. **~kind** child beggar. **~monnik** mendicant friar. **~orde** mendicant order. **~staf** beggar's staff; *iem. tot die* ~ *bring* reduce s.o. to beggary, leave s.o. a pauper.

be·de·laar *=laars* beggar, mendicant; cadger. **be·de·laars·le·we** beggar's life. **be·de·la·ry** begging, mendicancy.

be·de·ling endowment; distribution of alms; *'n nuwe* ~ a new deal/dispensation; *die nuwe* ~ the new order; *die ou* ~ the old order.

be·del·ry →BEDELARY.

be·den·king *=kings, =kinge* doubt, qualm, misgiving; objection; heart-searching; consideration; *jou ~s hê* have one's doubts; *iem. iets in* ~ *gee, (arch.)* suggest s.t. to s.o., ask s.o. to consider s.t.; *iets in* ~ *neem, (arch.)* take s.t. into consideration; *~s oor iets hê* have misgivings/doubts/reservations about s.t.; have qualms about s.t.; *~s oor iem./iets hê, (also)* wonder about s.o./s.t.; *~s oor iets hê/kry* have/get second thoughts about/on s.t.; *~s opper/uitspreek/uit(er)* raise objections; voice misgivings; *~s teen iets hê* have scruples about s.t.; *~s teen iets opper, (also)* demur at s.t.. **be·denk·lik** *=like =liker =likste* risky, dangerous; serious, precarious; alarming, grave *(situation);* critical *(condition);* doubtful *(look);* suspicious; *in 'n ~e toestand wees* be in a critical condition; be critically ill. **be·denk·lik·heid** seriousness. **be·denk·sel** *=sels* notion, conceit, imagining, figment; contrivance, invention. **be·denk·tyd** →BEDINKTYD.

be·derf *n.* decay, rotting; putrefaction, decomposition; taint; rot *(in wood);* corruption, depravity; deterioration; spoilage, ruin; *aan* ~ *onderhewig* perishable. **be·derf** *het ~, vb.* go bad, rot, decay, putrefy; deteriorate; spoil *(child, fun, chance);* ruin *(prospects, health);* mar *(an effect);* corrupt *(morals);* contaminate; bedevil; upset, derange; disorder *(stomach); iem. tot in die (af)grond* ~ spoil s.o. rotten *(esp. a child); jou oë* ~ spoil one's eyesight; *iem. se saak* ~ spoil s.o.'s chances, queer s.o.'s pitch. **be·derf** *=derfde, =derfte, p.p.* rotten; spoilt; blown *(tin of meat);* →BEDORWE. **~werend** *=rende* preservative; *~e middel* preservative.

be·derf·baar *=bare =baarder =baarste* perishable; *bederfbare goedere/(voedsel)produkte* perishables. **be·derf·baar·heid** perishableness.

be·derf·lik *=like* →BEDERFBAAR. **be·derf·lik·heid** corruptibility.

be·der·we *het* ~ →BEDERF *vb.*. **be·der·wer** *=wers* spoiler.

be·de·vaart pilgrimage. **~ganger** pilgrim. **~plek** place of pilgrimage, shrine. **be·de·vaarts·tog** pilgrimage. →BEDE.

be·dien *het* ~ serve, attend to *(guests, customers);* wait (up)on *(table guests);* minister to; attend to, handle, service, tend, operate, actuate, manipulate *(a machine);* man *(a gun); iets aan iem.* ~ administer s.t. to s.o. *(the sacraments); aan tafel* ~ serve/wait at (the) table; *'n kanon* ~ serve/man a gun; *iem. met iets* ~ help s.o. to s.t.; *die Nagmaal* ~ serve/give (Holy) Communion; *(die) Nagmaal aan iem.* (of *iem. met [die] Nagmaal*) ~ administer/give the Eucharist to s.o.; *jou van iets* ~ help o.s. to s.t.; use (*or* make use of *or* avail o.s. of) s.t.; *iem. van raad* ~ give s.o. advice. **be·die·naar** *=naars* minister; ~ *van die Woord* minister of the gospel. **be·die·ner** *=ners* attendant; minder, operator *(of a machine).*

be·dien·de *=des* servant, domestic *(in a house); (infml.)* dogsbody. **~kamer** servant's/maid's room; *(in the pl.)* servant's/maid's quarters. **~kappie** maid's cap.

be·die·ner *(comp.)* server.

be·die·ning service *(in a shop/café);* serving *(of customers);* waiting, serving; handling, control, servicing; operating, operation *(of a machine);* ministration(s), ministry; preaching *(the gospel);* administration *(of sacraments);* office; *in die (kerklike)* ~ *gaan/tree* enter/join the church; take (holy) orders; *die* ~ *neerlê* resign the ministry; *in die* ~ *staan* be in (holy) orders.

be·die·nings-: **~as** operating shaft. **~deur** service door. **~geld** service charge. **~man** *=manne* member *(of a gun crew).* **~voorskrif** operational instruction.

be·dil *(arch.)* find fault with, carp/cavil at; criticise. **~al** *=alle* faultfinder, caviller, captious critic. **be·dil·le·rig·heid** faultfinding, captiousness; censoriousness.

be·ding *het* ~ stipulate; bargain *(for); tensy anders* ~ unless otherwise stipulated. **~stand** bargaining position. **~vermoë** bargaining power.

be·ding·baar *=bare* negotiable *(principles); die beste bedingbare voorwaardes* the best terms obtainable. **be·din·ging** bargaining. **be·ding·ings·middel, ~faktor, ~hefboom, ~instrument, ~kaart, ~troef** bargaining chip/counter.

be·dink *het* ~ think (about), consider *(a matter);* think out/up, contrive, invent, devise, conceive *(a story etc.);* imagine, conceive of, ideate *(psych.);* plan *(ways and means);* bear in mind, remember; *jou* ~ reconsider, think it over; change one's mind, have second thoughts, think better of it; wiser counsels have prevailed; *die saak* ~ think the matter over; *sonder om jou 'n oomblik te* ~ without a moment's thought, without stopping to think/reflect. **~tyd** time for reflection, time to reflect (on the matter), time to consider (the matter).

be·dis·sel *het ~, (rare)* fix (up), arrange.

bed·jie *=jies* cot.

Be·doe·ïen *=doeïene* Bedouin, Beduin. **Be·doe·ïen·e·stam** Bedouin/Beduin tribe.

be·doel *het* ~ mean, imply, drive at, purport; intend, contemplate, have in mind, mean, purpose; aim at; destine; *as ...* ~ *wees* be meant/intended as ...; *iets is* ~ *as ...* s.t. is supposed to be ...; *wat* ~ *jy daarmee?* what do you mean by that?; ~ *jy dit?* are you serious?; *wat iem. eintlik* ~ what s.o. actually means; *ek* ~ ... I mean to say ...; *iets ernstig* ~ mean s.t. seriously; *iets is vir gebruik* ~ s.t. is meant to be used; *dit goed* ~ mean well, intend/mean no harm; *dit goed* ~ *met iem.* mean well by s.o.; *dit was goed* ~ no harm was meant/intended; *goed ~de* well-meant, well-intentioned *(advice, effort, question, etc.);* ~ *wees om te ...* be meant to ...; be designed to ...; be supposed to ...; *op ...* ~ *wees* refer to ...; *wat iem. presies* ~ what exactly s.o. means; ~ *wat jy sê* mean what one says; *ek het dit nie so* ~ *nie* I didn't mean it like that; *vir ...* ~ *wees* be intended/meant for ...; be designed for ...; be directed at ...; be angled at ... **be·doe·ling** *=lings, =linge* meaning, implication, purport; intention, object, purpose, aim; *met die beste ~s* with the best (of) intentions; *met bose* ~, *(jur.)* with malice aforethought, of malice prepense; *met bose/kwade ~s* with evil/malicious intent; *dis die* ~ that's the idea; *eerlike ~s hê* have honourable intentions; *dit is glad nie iem. se* ~ *nie* it is the last thing s.o. would do; *die pad na die hel is met goeie ~s geplavei* the road to hell is paved with good intentions; *sonder kwade ~s* without meaning harm; *die* ~ *van iets snap* catch/get the drift of s.t. *(infml.).*

be·dol·we buried; *onder die stof* ~ covered in/with dust.

be·dom·pig *=pige =piger =pigste* stuffy *(room, atmosphere);* airless, muggy *(weather, air, etc.);* stale, musty, stifling, close; sultry *(atmosphere);* suffocating, oppressive. **be·dom·pig·heid** stuffiness, airlessness.

be·don·der *het ~, (infml.)* cheat (on), do down *(s.o.);* mess up *(things).* **be·don·derd** *=derde, (infml., derog.)* moody, crotchety, crabby, cantankerous, gruff, churlish; cussed; *moet jou nie* ~ *hou nie* don't be obstreperous; don't be a damned fool; *'n ~e spul* a mess-up; an unreasonable crowd. **be·don·derd·heid** obstreperousness, intractability, wrong-headedness, cussedness.

be·dons *=donsde, =donste* cantankerous.

be·dor·we *=wener =wenste* (of *meer* ~ *die mees* ~) bad, off, contaminated; tainted *(meat);* putrid *(fish);* foul *(air);* spoilt *(fruit, child);* bad, corrupt, vicious; diseased; blown; fly-blown; carious *(teeth);* →BEDERF *p.p.;* ~ *brokkie* spoilt brat; *tot in die grond* ~ *wees* be rotten to the core; ~ *stemme* spoilt votes. **be·dor·wen·heid** corruptness, viciousness, depravity.

be·dot *het ~, vb., (rare)* fool, kid, trick, take in. **be·dot** *adj., (infml.)* cuckoo, screwy, potty, round the bend/twist, nuts.

be·dou *het ~, vb.* bedew. **be·dou** *=doude, adj.* dewy; *(bot., zool.)* pruinose.

be·dra *het* ~ amount to; →BEDRAG; *'n salaris wat ses syfers* ~ a salary running into six figures.

be·draad *het* ~ wire (up); *'n huis vir elektrisiteit* ~ wire a house for electricity. **be·dra·ding** wiring.

be·drag *=drae* amount, sum; *'n aansienlike* ~ a considerable amount, a respectable sum; *'n aardige/mooi/taamlike ~(gie)* a tidy sum; *'n* ~ *byeenbring* raise an amount; *in één* ~ in a lump sum; *'n gegewe* ~ a stated amount; *'n groot* ~ a large amount of money; *ten bedrae van ...* to the amount of ..., amounting to ..., in the amount/sum of ...; to the tune of ... *(infml.); 'n tjek ten* ~ *van R950/ens.* a cheque for R950/etc..

be·dreig *het* ~ threaten, intimidate, menace; endanger, put at risk; *~de soort(e)* endangered species. **be·drei·ging** *=gings, =ginge* threat, intimidation, menace, danger, risk; *onder* ~ *van ...* under threat of ...; *'n* ~ *vir ... inhou/wees* be a menace/threat to ..., pose a threat to ...

be·drem·meld *=melde* bewildered; sheepish, shamefaced; puzzled. **be·drem·meld·heid** sheepishness, confusion.

be·dre·we *=wener =wenste* skilled, skilful; proficient, practised, competent; adept, accomplished; expert, experienced; *in iets* ~ *wees* be adept/expert at/in s.t.; be skilled in s.t.; be well-versed in s.t.. **be·dre·wen·heid** skill, proficiency, mastery, adeptness, know-how; *iem. se* ~ *in iets* s.o.'s expertness at/in s.t..

be·drieg *het* ~ deceive, cheat, mislead, delude, dupe, fool, hoax, hoodwink, impose (up)on, trick, swindle, *(infml.)* con, take in, double-cross, two-time; *jou* ~ deceive/delude o.s.; *skyn* ~ appearances are deceptive. **be·drie·ër** *=drieërs* deceiver, cheat, diddler, fraud, fraudster, defrauder, swindler, con man, confidence man/trickster, humbug, double-crosser, double-dealer; *die* ~ *bedroë* the biter bit. **be·drie·ë·ry** *=rye* deceit, fraud, deception, trickery, cheating, imposture, double-dealing; →BEDROG. **be·drieg·lik** *=like* deceptive, misleading, deceiving, false; fraudulent, deceitful, bogus; tricky; delusory, illusory; *~e insolvensie* fraudulent insolvency. **be·drieg·lik·heid** deceptiveness; deceitfulness.

be·dro·ë deceived, taken in; →BEDRIEG; ~ *daarvan afkom* fall (flat) on one's face *(infml., fig.); iem. het* ~ *(anderkant) uitgekom* s.o.'s hopes were disappointed/dashed; s.o. drew a blank *(infml.).*

be·droef *het ~, vb.* grieve, sadden; distress; *dit* ~ *my* it grieves me. **be·droef** *=droefde =droefder =droefste, adj.* sad, sorrowful, dejected, grieved, mournful, dismal; *diep* ~ *wees* be deeply/profoundly distressed; be deeply afflicted; *oor iets* ~ *wees* grieve over s.t.; feel sorrow at s.t.; be distressed about s.t.; *die ~de ouers* the bereaved parents; ~ *stem* sadden. **be·droef** *adv.:* ~ *lelik* awfully/frightfully ugly; ~ *min/weinig* precious little, very little indeed; precious few *(people).* **be·droefd·heid** grief, sorrow, sadness; distress. **be·droe·wend** *=wende* sad, pitiful, saddening.

be·drog deceit, deception, fraud, fraudulence, cheating, trickery; deception, delusion; *optiese* ~ optical illusion; ~ *pleeg* commit fraud. **~afdeling, ~eenheid, ~span** fraud squad. **~spul** fraud, swindle, scam.

be·druip *het* ~ baste *(meat);* besprinkle. **~sous** basting sauce.

be·druk *het ~, vb.* print; burden, depress. **be·druk** *=drukte, adj.* printed; depressed, dejected, downcast, downhearted, down, low, gloomy, glum, down in the dumps; →MANIES-DEPRESSIEF; ~ *maak* depress; *~te stof* printed material, print. **be·drukt·heid** depression, dejection, melancholy, the blues/mopes.

be·dryf *=drywe, n.* trade; business, concern, establishment, company, firm, enterprise; industry; *(theatr.)* act *(of a play); 'n* ~ *beoefen* practise a trade; *buite* ~ *wees* be out of commission; *iets buite* ~ *stel* put s.t. out of commission; *in* ~ *wees* be in operation (*or* up and running); be in commission; *iets in* ~ *stel* put s.t. into operation; put s.t. in/into commission; *'n saak in* ~ a going concern. **be·dryf** *het* ~, *vb.* do, practise; *'n misdaad* ~ perpetrate a crime; *rou* ~ mourn; *sonde* ~ commit sin; *bedrywende vorm, (gram.)* active voice. **~seker** reliable, foolproof *(machine)*. **~sielkunde** industrial psychology. **~slapte** industrial slump. **~snelheid** working speed. **~spanning** working voltage. **~spioenasie, nywerheidspioenasie** industrial espionage. **~stand** working position. **~stelsel** *(comp.)* operating system. **~steuring, ~storing** interruption of work, breakdown.

be·dryfs-: **~aanleg** industrial aptitude. **~bate(s)** current assets. **~belasting** trade tax; working load. **~besering** industrial injury. **~druk** working pressure. **~drukte** briskness of trade. **~duur** working time. **~eenheid** industrial unit. **~ekonomie** industrial/business economics, business management. **~ekonomies** *-miese* managerial. **~geheim** trade secret. **~geneeskunde** industrial medicine. **~geraas** industrial noise. **~herstelwerk** *(rly., min., etc.)* running repairs. **~hoof** chief executive. **~ingenieur** works engineer. **~kapitaal** working/business/trading/operating capital, capital employed. **~klaar** in working order. **~klassifikasie** industrial classification. **~koste** working/running costs/expenses, operating costs; *algemene* ~ overhead costs/expenses. **~krediet** industrial credit. **~laste** current liabilities. **~leer** business administration; business economics. **~leiding** business/industrial management. **~leier** (business/industrial) executive, executive officer; works manager. **~lewe:** *die* ~ trade and industry. **~maatskappy** operating company. **~materiaal** plant (and machinery); working stock. **~omstandighede** working conditions. **~ongeval** industrial accident. **~ontvangste** trading receipts. **~organisasie** trade/industrial organisation. **~pers** trade press. **~personeel** operating staff. **~plan** working plan. **~praktyk** industrial practice. **~prognose** industrial forecast(ing). **~raad** industrial council. **~reg** *(comm.)* franchise. **~rekening** trading account. **~rekenmeester** works accountant. **~reklame** industrial advertising/publicity. **~resultate** trading results. **~risiko** trade risk, industrial hazard. **~tak** (branch of) industry; line of business, trade/business sector. **~takunie** industrial union. **~toestande** →BEDRYFSOMSTANDIGHEDE. **~tyd** *(comp.)* uptime. **~uitgawes** working expenditure. **~veiligheid** industrial safety. **~verlies** operating/working loss. **~vermoeidheid** industrial fatigue. **~versekering** industrial insurance. **~voorskrifte** service/operational/working instructions. **~vryheid** free enterprise, freedom of enterprise. **~waarde** service value. **~wese** →BEDRYFSLEWE. **~wins** operating/working profit.

be·dry·we →BEDRYF *vb.*. **be·dry·wer** *-wers* doer; operator; perpetrator. **be·dry·wig** *-wige* busy, active; bustling. **be·dry·wig·heid** activity; stir; bustle; industry; busyness; *dit gons van die* ~ it buzzes/hums with activity; *'n miernes van* ~ *wees* →MIERNES; *'n skielike groot* ~ a burst of activity.

be·dug *-dugte -dugter -dugste* (of *meer* ~ *die mees -te*), *(fml.)* apprehensive, anxious; afraid, fearful *(of)*; ~ *wees dat* ... be apprehensive that ...; *oor iets* ~ *wees* be apprehensive (*or* have apprehensions) about s.t.; ~ *wees vir* ... be apprehensive for ... *(s.o.'s safety etc.)*; be apprehensive of ... *(changes, the future, etc.)*. **be·dugt·heid** fear, dread, apprehension.

be·dui·dend *-dende* significant, considerable; *'n ~e verskil* a marked difference. **be·dui·de·nis** *-nisse* indication, sign, token, suggestion, hint; meaning, significance; *daar is geen* ~ *van ... nie* there is no sign of ...

be·dui·e *het* ~ signal, motion, indicate, gesticulate, wave; make clear; mean, signify, imply, indicate; portend, spell; *vir iem.* ~ *om nader te kom* wave s.o. on; *iem.* ~ *om te stop* wave s.o. down, signal (to) s.o. to stop; *vir iem.* ~ *om (weg) te gaan* wave s.o. away/off; *na iets* ~ point s.t. out; *iem. die pad na* ... ~ direct s.o. (*or* tell s.o. the way) to ... *vir iem.* ~ *om voort te gaan* wave s.o. on. **be·dui·e·ry** gesticulation; directing, directions.

be·dui·mel(d) *-melde, adj.* dog-eared, well-thumbed *(book etc.)*; thumb-marked *(mirror etc.)*.

be·dui·wel *het* ~ bedevil; confuse, derange. **be·duiweld** *-welde* cantankerous, crabby, crusty, grumpy, bad-tempered, ill-tempered, crotchety.

be·dwang control, restraint, check; *iets in* ~ *bring* bring s.t. under control; *iets goed in* ~ *hê* have s.t. well in hand; *iem. in* ~ *hou* keep s.o. in check; *iets in* ~ *hou* keep s.t. under control (*or* in check), keep a tight rein on s.t.; control/curb s.t.; *jou in* ~ *hou* control/restrain o.s., keep o.s. in check; *in* ~ *wees, (fire)* be under control; *onder* ~ *wees* be under restraint.

be·dwelm *het* ~ daze, stun, stupefy; intoxicate; drug, dope. **be·dwelm(d)** *-dwelmde* dazed, stunned, stupefied; anaesthetised; drugged, *(infml.)* doped, *(infml.)* high, *(infml.)* stoned, *(infml.)* zonked (out); *half* ~ dazed, groggy. **be·dwel·mend** *-mende* stupefying *(gas)*; stupefacient *(drug)*; *~e middel* narcotic, drug. **be·dwelming** daze, stupor, stupefaction; intoxication; high *(infml.)*, jag *(sl.)*; narcosis.

be·dwing *het* ~ control, contain, suppress, restrain, keep in *(one's anger)*; repress, restrain, keep under control, (hold in) check, keep down *(one's feelings etc.)*; control, curb, restrain, bridle *(one's passion)*; swallow, restrain, choke/hold/keep back *(one's tears)*; stifle, suppress *(a yawn)*; quell *(an insurrection)*; bring/get under control *(a fire)*; *jou* ~ restrain/control o.s., exercise/show constraint; get/take hold of o.s.. **be·dwing·baar** *-bare* restrainable, containable. **be·dwon·ge** *(rare)* restrained, suppressed.

be·ë·dig *het* ~, *vb.* swear in *(s.o. as president etc.)*; put on oath *(a witness)*; take *(s.o.'s)* oath; swear to *(a statement)*. **be·ë·dig** *-digde, p.p.* given on oath, sworn; *~de taksateur/waardeerder* sworn appraiser/valuator/valuer; *~de verklaring* affidavit, sworn statement; *~de vertaler* sworn translator. **be·ë·di·ging** swearing in; putting *(a witness)* to the oath.

beef, be·we *ge-* tremble *(with anger, cold, excitement, fear)*; shudder *(with cold, horror, fear, repugnance)*; shiver *(with cold)*; shake, quake *(with fear)*; dodder *(because of old age)*; *(voice)* quaver; *(wings)* flutter; vibrate; *(flame)* waver; *(person, leaf, voice)* quiver; *jou broek* ~ *van angs, (infml.)* quake in one's boots; ~ *by die gedagte* shudder/tremble at the thought; ~ *soos 'n riet* shake like a leaf, tremble all over, s.o.'s whole body was shuddering. **beef·aal** *-ale, (icht.)* electric eel.

be·ëin·dig *het* ~ end, finish, terminate, conclude, bring to an end; close *(a meeting)*; discontinue *(a subscription etc.)*; *(voortydig)* ~ abort *(a mission etc.)*. **be·ëin·di·ging** finishing, termination, conclusion, *(infml.)* wind-up; break-up *(of a friendship/relationship)*.

beek *beke, (rare)* brook, stream, rivulet, rill, beck.

beeld *beelde, n.* image; reflection *(in water)*; effigy; *(moulded figure)* statue; likeness, picture; metaphor, figure of speech; symbol; notion, idea, conception; ***fisieke/reële/werklike*** ~ real image; ***gesnede*** ~ graven image; *na die* ~ *van* ***God*** *geskape, as* ~ *van* ***God*** *geskep* created in the image of God; *duidelik* ***in*** ~ *kom* come into focus; *'n* ~ *van die* ***toestand*** a picture of the situation; *'n* ~ ***van*** *'n vrou/meisie* a beautiful woman/girl, a real beauty; *jou* ~ ***verbeter*** improve one's image; *'n* ~ *van iem.* ***verbrand*** burn s.o. in effigy; ***virtuele*** ~ virtual image; *'n* ~ *van iets* ***vorm*** picture s.t. to o.s., form an idea of (*or* conceptualise) s.t.. **beeld** *ge-, vb.* form, shape; depict, portray. **~bou, ~skepping** image-making, image-building. **~bouer, ~skepper** image-maker, image-builder. **~buis** *(TV)* picture tube. **~draaiboek** *(TV, films, advt.)* storyboard. **~draer** image bearer. **~gieter** statue founder. **~gietery** statue foundry. **~hou** *ge-* sculpture, sculpt; carve *(wood)*; chisel *(stone)*. **~hou(d)ster, ~houeres** *-sters* sculptress, woman sculptor. **~houer** sculptor. **~houershamer** bushhammer. **~houery** statuary, sculpture; sculptor's studio. **~houkuns** sculpture. **~houwerk** (piece of) sculpture/statuary; carving *(in wood)*; *(in the pl. also)* statuary. **~materiaal** artwork *(in a book)*. **~menger** *(TV)* vision mixer. **~poetser** *(infml.)* spin doctor. **~punte** symmetrically opposite points. **~radio** →TELEVISIE. **~ryk** imaginative, full of imagery, vivid; ornate, flowery *(style)*. **~rykheid** imaginativeness; ornateness, floweriness. **~saai, ~send** *ge-* televise, telecast. **~sein** video signal. **~sender** telecaster, television transmitter. **~sending** telecast. **~skerm** (viewing) screen; television screen. **~skermteks** videotext; viewdata. **~skerpte** definition, resolution, clarity/sharpness (of a/the image/picture). **~skoon** (devastatingly/ravishingly/stunningly) beautiful, ravishing, stunning, gorgeous, *(infml.)* quite a (*or* a real) looker. **~skrif** pictographic writing system, picture writing, pictography. **~sny** *ge-* carve. **~snyer** (wood)carver; (ivory) carver. **~snykuns** (art of) carving. **~snywerk** carving. **~soeker** viewfinder *(of a camera)*. **~spraak** figurative/metaphorical language, imagery; metaphor. **~spra·kig** *-kige* metaphorical, tropologic(al). **~stormer** →BEELDESTORMER. **~stuiter** *(films, TV)* freeze frame. **~stuiting** *(films, TV)* freeze frame. **~teken** pictograph. **~telegrafie** phototelegraphy. **~vlak** focal plane. **~werk** →BEELDHOUWERK.

beel·de-: **~dienaar** idolater. **~diens** image worship, iconolatry, idolatry. **~groep** statuary, sculpture group. **~storm** *(hist., fig.)* iconoclasm. **~stormer** *(hist., fig.)* iconoclast. **~stormery** iconomachy.

beel·dend *-dende* plastic *(art)*; graphic *(style)*; expressive; figurative; *~e kunste* fine arts; plastic arts. **beelding** *-dinge* portrayal. **beeld·jie** *-jies* statuette, figurine.

Be·ël·se·bul *(NT)* Beelzebub.

beel·te·nis *-nisse* image, likeness, portrait; effigy.

been *bene* bone; leg *(of a person/animal/stocking)*; shank; side *(of a triangle)*; *(pl. beendere)* bones; →BEENTJIE; *'n* ~ ***afknaag/afeet*** pick a bone; *met die verkeerde* ~ *uit die* ***bed*** *klim* get out of bed on the wrong side; *jou* ~ ***breek*** break one's leg; *(fig.)* fall in love; *iets op die* ~ ***bring*** set s.t. up, establish s.t.; raise s.t. *(an army)*; *iem. weer op die* ~ ***bring,*** *(fig.)* get/put s.o. back on his/her feet again; *jou bene* ***dra,*** *(infml.)* leg it; take to one's heels; *op jou* ***eie*** *bene* on one's own; *op jou* ***eie*** *bene staan* stand on one's own (two) legs/feet; *op jou* ***eie*** *bene moet staan, (also)* be left to (*or* thrown on) one's own resources; *met* ***gekruiste*** *bene* with crossed legs; *met een* ~ *in die* ***graf*** *staan* have one foot in the grave; *ander nie die bene* ***gun*** *wat jy self nie kan kou nie* be a dog in the manger; ***harde*** *bene kou* suffer hardship(s), have a hard time (of it); *iem. het al* ***harde*** *bene gekou, (also)* s.o. has been through deep waters; *iem. op die* ~ ***help*** help s.o. to his/her feet, give s.o. a hand up; *(fig.)* help/put s.o. (back) on his/her feet (again); *(fig.)* give s.o. a start (in life); *op die* ~ ***kom*** get on one's feet; find one's feet/legs; *weer op die* ~ ***kom*** regain one's feet/footing; *(fig.)* get back on one's feet again; *op jou* ***laaste*** *bene wees/loop* be on one's last legs; ***lam*** *in die bene voel/word* feel/go weak at/in the knees; *~/bene in die* ***lug*** *lê* lie flat on one's back; ***onvas*** *op jou bene* not steady on one's legs; *met die bene* ***oorkruis/oormekaar*** with crossed legs; ***op*** *die* ~ ***bly*** remain on one's feet; keep going; ***op*** *die* ~ *wees* be on one's feet/legs; be about/astir (*or* out/up and about); *die hele dag* ***op*** *die* ~ *wees* (of ***op*** *jou bene staan)* be on one's feet/legs all (*or* the whole) day; *vroeg* ***op*** *die* ~ *wees* be up/about early; *weer* ***op*** *die* ~ *wees* be back on one's feet (*or* up and about) again; ***ou*** *bene maak* make old bones, live to a ripe old age; ***ou*** *bene kou* rake up old stories, rip up old sores; ~ *voor* ***paaltjie,*** *(cr.)* leg before wicket; *op drie bene* ***spring*** limp badly; *bene* ***uithaal*** bone *(meat)*. **~aarde** bone earth. **~af** *(lit.)* with a broken leg; *(fig.)* in love; ~ *op iem. wees, (infml.)* have a crush on s.o., fancy s.o. (like mad), be crazy about s.o.; ~ *op iem. raak, (infml.)* fall for s.o. (in a big way), take a fancy/shine to s.o.. **~agtig** *-tige* bony; osseous; osteoid. **~as** bone ash. **~band** puttee. **~bank** bone bank. **~bederf** caries; necrosis. **~bek** *(joc.)* rooster; *(icht.)* (white) musselcracker. **~bekleding** leggings. **~beskrywing** osteography. **~boor** bone drill; trepan; trephine. **~breekkoors** breakbone fever, dengue/dandy (fever). **~breker** *(orn.)* lammergeier, lammergeyer; osprey. **~breuk** (bone) fracture; fracture of the leg; *gewone* ~ (simple) fracture. **~dokter** bonesetter. **~eelt** bone callus. **~-en-gewrigsontsteking** osteoarthritis, degenerative joint disease. **~eter** →BEENVRETER. **~etter-**

ing caries. **~gewas** osteoma. **~heelkundige** orthopaedist. **~holte** bone cavity, antrum. **~honger** osteophagia. **~kanker** bone cancer, osteosarcoma, osteocarcinoma. **~kool** boneblack, animal charcoal. **~korreksieleer** orthopaedics. **~kunde** osteology. **~kundig** osteological. **~kundige** *=ges* osteologist. **~loos** *=lose* boneless; legless. **~lym** gluten. **~meel** bone meal; bone dust. **~mis** bone manure. **~murg** bone marrow. **~murgontsteking** osteomyelitis. **~murg·sel** myelocyte. **~naat** suture. **~ontsteking** osteitis. **~ontwikkeling** osteogenesis. **~plaat** bone plate. **~plastiek** osteoplasty. **~porselein** bone china/porcelain. **~pyp** leg bone, diaphysis. **~setter** osteopath, bonesetter. **~settery** osteopathy. **~siekte** osteopathy. **~skag** diaphysis. **~skraper** xyster, raspatory; →RASPATORIUM. **~skroewe** Spanish boots. **~skut** *(cr., hockey)* pad; shin pad/guard; *~te aansit, (cr.)* pad up. **~spalk** bone splint. **~spat** bone spavin. **~spier** leg muscle. **~stelsel** skeleton. **~stuk** joint *(of meat)*. **~swart** boneblack, animal charcoal. **~sweer** ulcerated leg. **~tering** →BEENBEDERF. **~uitwas** bony excrescence. **~verdigting** eburnation. **~verharding** osteosclerosis. **~versterf, ~verweking** osteomalacia; cripples *(in cattle)*. **~vis** osseous/bony fish, teleost(ean). **~vlies** periosteum. **~vliesontsteking** periostitis. **~voeg** symphysis. **~vormende sel** osteoblast. **~vorming** formation of bone, ossification, osteogenesis. **~vreter** bone-eater; *(med.)* →BEENBEDERF. **~weefsel** bony/osseous tissue. **~windsel** →BEENBAND. **~wording** ossification.

been·der=: **~huis** ossuary, charnel (house). **~stelsel** skeleton, frame.

been·de·re·leer osteology.

been·tjie *=tjies* little leg; small bone, ossicle *(anat.)*; *jou beste ~ voorsit* put one's best foot forward, be on one's best behaviour; *kort ~* double crochet; *lang ~* treble crochet. **~passer** inside and outside callipers.

Beer *(name of the bear in the epic* Reynard the Fox*)* Bruin; *die Groot ~, (astron.)* the Great Bear, Ursa Major; the Plough; *die Klein ~, (astron.)* the Little Bear, Ursa Minor.

beer *(bere)* bear; *(male pig)* boar; buttress, counterfort, spur *(of a wall)*; *(tech.)* monkey, ram(mer); *(stock exchange)* bear; →BEERTJIE; *die vel verkoop voor die ~ geskiet is* →VEL. **~dekking** *(stock exchange)* bear covering. **~diertjie** →MOSBEERTJIE. **~greep** *(wrestling)* bear hug. **~jag, be·re·jag** bear hunt. **~mannetjie** he-bear, male bear. **~mark** *(stock exchange)* bear market. **~mus** bearskin cap; muff cap. **~vel** bearskin. **~verkope** *(stock exchange)* bear sales. **~welpie** bear cub. **~wyfie** she-bear, female bear.

beer·ag·tig *=tige* ursine.

be·ërf, be·ër·we *het ~* inherit.

beer·tjie *=tjies* teddy bear; *(klein) ~,* little bear/boar; bear cub.

bees *beeste, (lit.)* beast; *(bull, cow, ox)* bovine; *(in the pl.)* cattle; *(fig.)* beast, brute, animal; ***een*** *~* one head of cattle; ***elf/ens.*** *~te* eleven/etc. head of cattle; ***'n heilige*** *~, (lit.)* a sacred cow; ***jou*** *~!* you brute!; ***'n*** *~* a cow *(or* an ox); ***ou*** *~!* great lad!, good chap!, good for you!; *dag,* ***ou*** *~* hallo, you *(or* old mate); ***'n trop*** *~te* a herd of cattle. **~bak** →BAKBEES. **~biltong** beef biltong. **~boer** cattle farmer; rancher. **~bors** brisket. **~boud** round of beef. **~brommer, ~maaier** screwworm. **~bul** bull; →BEESTEBUL. **~byter** mamba; *(dog)* mastiff. **~filet** →BEESHAAS. **~gal** ox bile. **~gasie** →BEESKASIE. **~gras** *Aristida* spp.; *Danthonia drakensbergensis*. **~haas** fillet of beef, fillet steak, tenderloin, silverside. **~helfte** side of beef. **~kamp** cow paddock. **~kasie, ~gasie** monster, beast. **~klou(tjie)** ox's/cow's hoof; cowheel; *(bot.), Eriospermum burchellii*. **~kool** (tree) kale/kail, cow cabbage. **~kop** head of an ox *(or* a cow/bull). **~koper** cattle dealer. **~kraal** cattle kraal. **~leer** oxhide, cowhide. **~lek** cattle/salt lick. **~lende** sirloin (of beef). **~lenderol** rolled sirloin of beef. **~mark** cattle market. **~melk** cow's milk. **~mens** brute, beast in human shape. **~mis** cow dung. **~nier** ox kidney. **~pens** ox tripe. **~plaas** cattle farm, ranch. **~pokke, ~pokkies** →KOEIPOKKE. **~poot** cowheel. **~ras** breed of cattle. **~siekte** cattle disease. **~stal** cowshed. **~stapel** cattle population. **~steler** cattle rustler. **~stert** cow tail; *(cook.)* oxtail. **~stertsop** oxtail soup. **~sult** *(form of brawn)* cowheel. **~swart** →BESOAR. **~teelt** cattle breeding/rearing/raising. **~tering** bovine tuberculosis. **~tong** oxtongue. **~trop** herd of cattle. **~vel** oxhide, cowhide; *iem. laat ~ ry* toss s.o. in a blanket. **~veld** ranchland, cattle pasture. **~vet** suet. **~vleis** beef. **~vleisrol** beef roll. **~vlieg** warble fly. **~voer** cattle fodder. **~wagter** cowherd; *die B~, (astron.)* Boötes. **~wêreld** ranching country. **~wors** beef sausage.

bees·ag·tig *=tige* beastly, brutal, bestial; brutally, in a beastly way; *jou ~ gedra* behave like a beast; *~ groot* tremendous, colossal; *~ warm* beastly hot. **bees·ag·tig·heid** beastliness, brutality, brutishness, bestiality.

bees·te cattle; *twee/ens. ~* two/etc. head of cattle. **~bul, beesbul** *(bot.), Crassula arborescens*. **~klou** *ens.* →BEESKLOU(TJIE) *ens.*. **bees·te·lik** *=like* beastly.

beet *bete, n.* beet(root). **~bossie** *Leontonyx angustifolius*. **~slaai** beetroot salad. **~suiker** beet sugar. **~wortel** beetroot.

beet= *comb.:* **~gryp** *=ge=* →BEETKRY; BEETPAK. **~hê** *=gehad* have hold of; *iem. het dit* ***by*** *die verkeerde ent beet* →ENT[1] *n.*; *iets* ***goeds*** *~* be on to *(or* onto) a good thing; *daar het jy* ***iets*** *beet* there is s.t. in what you say, you've got s.t. there. **~kry** *=ge=* get/take/seize hold of, seize, grasp, grip. **~pak** *=ge=* lay hold of, seize, grab, grip; *'n* ***geleentheid*** *~* snap up an opportunity; *die* ***verbeelding*** *~* grip the imagination.

bef *beffe, bewwe, (dim. beffie)* (pair of) bands; front; bib; *~ en toga* bands and gown.

be·faam(d) *=faamde* famous, famed, noted, renowned; *~ wees om/vir/weens ...* be famous/famed/renowned for ... **be·faamd·heid** fame, renown.

be·foe·ter *het ~* spoil, bedevil, make a mess of, mess up. **be·foe·ter(d)** *=terde* cantankerous, contrary, crabby, crotchety, grumpy, difficult, impossible, cussed, crusty, wrong-headed; *jou ~ hou* be cantankerous/contrary/wrong-headed. **be·foe·terd·heid** cantankerousness, contrariness, grumpiness, crustiness, wrong-headedness; *skone ~* pure contrariness.

be·fom·faai, be·fonk·faai →VERFOMFAAI.

beg →BEI.

be·gaaf(d) *=gaafde =gaafder =gaaf(d)ste (meer =gaaf[d] die mees =gaafde)* gifted, talented; *met ... ~ wees* be gifted/endowed with ... **be·gaafd·heid** talent(s), giftedness, ability.

be·gaan[1] *het ~, vb.* tread *(a path)*; make *(a mistake)*; commit, perpetrate *(a crime)*; commit, make *(a blunder)*; *iem. laat ~* leave/let s.o. be; *(also)* leave s.o. to himself/herself, let s.o. have his/her way. **be·gaan** *=gane, adj., (rare)* beaten *(track)*; *begane grond* ground level; *weer op begane grond wees* be on terra firma again; *begane weë* the beaten track/path. **be·gaan·baar** *=bare* negotiable, passable *(road)*; *nie ~ nie* cannot be used, be impassable. **be·gaan·baar·heid** negotiability, passableness.

be·gaan[2] *adj.: ~ oor ... wees* be concerned about/at/for/over ...; be solicitous about/for/of ... *(fml.)*; *moenie so oor jouself ~ wees nie!* don't feel so sorry for yourself!. **be·gaand·heid** concern; *~ oor ...* concern about/at/for/over ...

be·gas *het ~, vb.* (contaminate with) gas. **be·gas** *=gaste, p.p.* gassed. **be·gas·sing** gassing, contamination with gas.

be·geef, be·ge·we *het ~* forsake, leave in the lurch, fail; *ek wil my nie* ***daarin*** *~ nie* I do not wish to enter into that; *jou in die* ***huwelik*** *~* marry, get married; ***jou in iets*** *~* embark (up)on s.t.; lets o.s. in for s.t.; engage in s.t. *(war)*; *jou halsoorkop* ***in ...*** *~* plunge into ...; *sy* ***krag*** *het hom ~* his strength failed him *(or* gave out); *iem. se* ***moed*** *het hom/haar ~* →MOED; *jou* ***na*** *... ~* proceed to ...; wend one's way to ...; *jou op die* ***pad*** *van ... ~* go the way of ...; *jou ter* ***ruste*** *~* →RUS *n.*; *nie weet* ***waarheen*** *jy jou moet ~ nie* not know where to go; not know which way to turn; *nie weet* ***waarin*** *jy jou ~ nie* not know what one is letting o.s. in for.

be·geer *het ~* desire, want, wish for, covet; seek, aspire to; →BEGERIG; *al wat ('n) mens (se hart) kan ~* all that one could wish for; *jy mag nie jou naaste (*of *iem. anders) se vrou ~ nie* you shall not covet your neigbour's wife; *iets sterk ~* be keen on s.t.; be keen on s.t. happening; *iem./iets vurig ~* lust after/for s.o./s.t.. **~kope** impulse buying; →OOMBLIKSKOPE. **be·geer·lik** *=like* desirable; tempting, enticing; *(infml.)* dishy; eager, greedy *(eyes)*; covetous. **be·geer·lik·heid** desirability; greed(iness), cupidity; covetousness; *die begeerlikhede van die vlees* the lusts of the flesh; *die wêreld gaan verby en sy ~, (NT)* the world and its desires pass away. **be·geer·te** *=tes* desire, wish, craving, appetite, thirst; eagerness; lust; *iem. se ~* ***bevredig*** gratify s.o.'s desire; *'n* ***brandende*** *~* ***na*** *...* a fervent desire for ...; *'n ~* ***hê*** *om te ...* have a desire to ...; *'n ~* ***koester*** cherish a desire; *'n ~* ***na*** *...* a desire for ...; a hankering after/for ...; *'n ~* ***na*** *iets hê* have a craving for s.t.; *by iem. die ~* ***opwek*** *om te ...* kindle the desire in s.o. to ...

be·gees·ter *het ~* inspire. **be·gees·ter(d)** *=terde* spirited, zestful, enthusiastic; inspired. **be·gees·te·ring** inspiration, enthusiasm.

be·ge·lei *het ~* accompany *(s.o. to a place or on the piano)*; *(pop mus.)* back *(a singer etc.)*; escort *(s.o.)*; *(arch.)* squire *(a lady)*; chaperon(e) *(a girl)*; escort, convoy *(a ship)*; *na* ***buite*** *~* usher out; *~* ***deur*** *die hofdames* attended by the ladies-in-waiting; *~de* ***toer*** conducted/guided tour. **be·ge·lei·dend** *=dende* accompanying, concomitant; *~e brief* covering letter; *~e sel* companion cell. **be·ge·lei·ding** *=dings, =dinge, (also mus.)* accompaniment; *(pop mus.)* backing; escort; convoy; *(obs.)* chaperonage; *onder/met ~ van ...* to the accompaniment of ...; *die ~ waarneem* act as accompanist. **be·ge·lei·dings·band** backing tape. **be·ge·lei·dings·groep** backing group. **be·ge·lei·er** *=ers, (fem. =leidster)* attendant, companion; *(mus.)* accompanist.

be·ge·na·dig *het ~, vb.* pardon, reprieve, grant amnesty; favour. **be·ge·na·dig** *=digde, adj.,* pardoned, reprieved *(prisoner)*; heaven-favoured, heaven-graced *(poet)*; *~de kunstenaar* artist by the grace of God. **be·ge·na·di·ging** *=gings, =ginge* pardon, reprieve; *~ van regeringsweë* executive clemency.

be·ge·rig *=rige* desirous, keen, eager *(look)*; covetous; greedy; →BEGEER; *~ na iets kyk* look longingly at s.t.; *~ na iets wees* be eager for s.t.; be greedy for s.t. *(power etc.)*; *~ wees om iets te doen* be (desperately) eager/keen to do s.t.; be anxious to do s.t. *(help etc.)*. **be·ge·rig·heid** eagerness, keenness; covetousness, greed(iness); cupidity.

be·ge·we →BEGEEF.

be·giet *het ~, (rare)* water, drench, wet, douse.

be·gif·tig *het ~* endow; *iem. met ... ~* bestow/confer ... (up)on s.o.; endow s.o. with ...; invest s.o. with ... *(a rank)*. **be·gif·tig·de** *=des* recipient of a donation, donatory *(rare)*, grantee *(jur.)*, presentee, donee *(jur.)*. **be·gif·ti·ger** *=gers* donor, endower. **be·gif·ti·ging** *=gings, =ginge* donation, endowment. **be·gif·ti·gings·fonds** endowment fund.

be·gin *n.* beginning, start, commencement, outset, inception, origin; opening; start-up; *~* ***2007/ens.*** *verhuis ons* we are moving early in 2007/etc.; ***aan/by/in*** *die ~* at the beginning/start; at the outset; ***aan/in*** *die ~ van (*of *~) Desember/ens.* at/in the beginning of December/etc.; ***aan/in*** *die ~ van die jaar* early in the year, in the early part of the year; ***aan*** *die ~ van die oorlog* in the early days of the war; ***alle*** *~ is moeilik* all beginnings are difficult; ***by*** *die ~ van ...* at the first onset of ...; *die ~ en die* ***einde/end*** the alpha and omega; the be-all and end-all; *van (die) ~ tot (die)* ***einde/end*** from beginning to end; from A to Z; from first to last; from start to finish; *'n* ***goeie*** *~ is halfpad gewin* well begun is half done; *'n* ***goeie*** *~ maak* be/get off to a good start; get off on the right foot; ***heel*** *aan/in die ~* at the very beginning/start/outset; *van die* ***heel*** *~ af,* ***heel*** *van die ~ af* right from the beginning/start/outset; ***in*** *die ~* early on; at first, initially; in the first place; *van 'n* ***klein*** *~* from small beginnings; *'n ~* ***maak*** make a start, get started, begin; *'n ~ met iets* ***maak*** get started on s.t.; *'n* ***nuwe*** *~ maak* make a fresh start; turn over a new leaf; *die ~ van 'n **nuwe** tydvak* the dawn of a new age/era; *'n **slegte** ~* a bad start; *aan die ~ van ... **staan*** be at the start (*or* stand on the threshold) of ... *(one's career etc.)*; ***van** die ~ (af)* from the beginning/start/outset; *'n **verkeerde** ~* a false start. **be·gin** *het ~, vb.* begin, start, commence; set up, start, initiate; open *(a school)*; *(rain)* set in; →BEGINNEND, BEGONNE; ***aan** iets ~* begin on s.t. *(a task etc.)*; *(jou loopbaan)* ***as*** ... ~ begin life as ...; ***by*** ... ~ begin/start at ...; ***by/met** iets ~* begin with s.t.; ***daarmee** kan 'n mens niks ~ nie* that is useless (*or* no good); ***dit** ~ koud (te) word* it is getting cold; *iets ~ (te) **doen**, ~ om iets te **doen*** begin/start doing s.t., begin to do s.t.; ***goed** ~* make (*or* be/get off to) a good start; ***goed** ~ is half gewin* well begun is half done; ***klein** ~* start in a small way; *met 'n skoon **lei** ~* →LEI[1]; *om **(mee)** te ~* for a start, to begin/start with, *(infml.)* for openers/ starters; as a beginning; *iets om **mee** te ~* s.t. to carry on with; *van **meet/nuuts/voor** af ~* start afresh, start (all) over again, begin/start anew; *met **mening** ~* wade in *(infml.)*; *~ **met** (iets te doen)* begin by (doing s.t.); ***met** ... ~* launch into ...; lead off with ...; ***met** iets ~, (also)* set about s.t.; make a start (*or* start *or* get started) on s.t.; start in on s.t. *(infml.)*; start off on s.t. *(a long story etc.)*; *iem. **met** iets laat ~* start s.o. off on s.t.; *('n) mens kan **niks** met iem. ~ nie* there is no doing anything with s.o.; ***opnuut** ~* start afresh, start (all) over again, begin/start anew; *~ **praat/ens.*** start talking/etc.; *~ **praktiseer*** set up a practice; *dit het ~ **reën/ens.*** it started raining/etc. (*or* to rain/etc.); *~ **skiet*** open fire; ***sleg** ~* make (*or* be/get off to) a bad start; ***stadig** ~* make (*or* get off to) a slow start; ***swak** ~* make a shaky start; ***verkeerd** ~* make a false start; get/start off on the wrong foot; *daar moet van **voor** af ~ word, (also)* it is back to the drawing board; ***vroeg** ~* start early, make (*or* get off to) an early start; ***vyandelikhede** ~* open hostilities; *terug wees **waar** jy ~ het, **weer** van voor af moet ~* be back to square one; ***weer** ~* begin again, start afresh/anew, start (all) over again. **~datum, ~dag** starting date, date of commencement. **~druk** initial pressure. **~fase** initial phase; *(biol.)* prophase. **~jaar** year of inception. **~kapitaal** initial/opening/start-up capital. **~klank** initial sound. **~kudde** foundation herd. **~letter** initial (letter). **~paal** starting post. **~prys** opening/initial price. **~punt** starting point; boarding point; bench mark; *(biol.)* primordium; *by die ~ terugkom* come full circle. **~snelheid** initial velocity; initial speed. **~spanning** initial stress. **~stadium** initial stage. **~term** first term *(of a series)*. **~tyd** starting time.

be·gin·ne →BEGIN *vb.*. **be·gin·ne·ling** *-linge* →BEGINNER. **be·gin·nend** *-nende, (also)* inchoate, inceptive, incipient. **be·gin·ner** *-ners* beginner, novice, fledg(e)ling, neophyte, tiro, tyro, learner, amateur, apprentice, *(infml.)* rookie; *'n volslae ~* a rank novice.

be·gin·sel *-sels* principle; tenet; *'n ~ **bepaal/vasstel*** lay down a principle; *by 'n ~ **bly/hou**, 'n ~ **handhaaf/volg**, aan 'n ~ **vashou*** adhere/keep to a principle; *die **eerste** ~s van ...* the first principles of ...; *'n ~ **huldig*** recognise a principle; ***in** ~* in principle; *teen 'n ~ **indruis**, met 'n ~ **stry*** violate (*or* cut across) a principle; ***teen** iem. se ~s* against s.o.'s principles; ***uit** ~* on (*or* as a matter of) principle; *... ~s **volg*** follow ... principles. **~beswaar** objection in principle. **~loos** *-lose* unprincipled, unscrupulous. **~loosheid** unprincipledness, lack of principles, unscrupulousness. **~program** programme of principles. **~ruiter** stickler for principle(s). **~ruitery** undue attention to principle(s). **~vas** (highly) principled, high-principled, scrupulous, high-minded; *'n ~te man* a man of principle (*or* of firm principles). **~vastheid** firmness of principle, consistency. **~verklaring** declaration of principles.

be·gint →BEGIN *vb.*.

be·gluur *het ~* glare at; eye, ogle. **be·gluur·der** *-ders* ogler, peeper, peeping/Peeping Tom *(derog.)*.

be·go·gel *het ~* bewitch, enchant; delude; hallucinate. **be·go·ë·ling, be·go·ge·ling** bewitchment; spell; delusion; glamour; charm.

be·go·ni·a *-as, (bot.)* begonia. **~varing, skeefblaarvaring** elephant('s)-ear fern.

be·gon·ne: *goed ~ is half gewonne* well begun is half done; *vroeg ~ is half gewonne* a stitch in time saves nine; →BEGIN *vb.*.

be·graaf →BEGRAWE *vb.*. **be·graaf·de** →BEGRAWE *p.p.*. **~plaas** *-plase* burial place/ground; cemetery, churchyard, graveyard; *~ vir vreemdelinge, (NT)* potter's field.

be·graf·nis *-nisse* funeral, burial, interment; *by/op 'n ~* at a funeral; *iem. sal laat wees vir sy/haar eie ~* s.o. is a real slowcoach. **~brief** funeral notice; list of mourners. **~diens** burial/funeral service, obsequies. **~fonds** burial fund. **~formulier** office of the dead, order for the burial of the dead. **~gebruike** funeral/burial customs. **~gelde** funeral charges. **~genootskap** burial society. **~koek** funeral cake. **~koste** funeral expenses/ costs. **~kranse** floral tributes. **~lys** list of mourners. **~ondernemer** undertaker, funeral director/furnisher, *(Am.)* mortician. **~onderneming** funeral parlour. **~pas, ~stryk** slow movement; slow/tedious progress. **~plegtigheid** obsequies, funeral ceremony. **~rys** *(SA)* yellow rice (with raisins); funeral rice, rice with turmeric. **~stoet** funeral procession, cortège, cortege. **~versekering** burial/funeral insurance.

be·gra·we *het ~, vb.* bury, inter; entomb; *(golf)* founder. **be·gra·we** *p.p.* buried; subterranean; *onder ... ~ wees, (lit.)* be buried under ...; be smothered in ...; *(fig.)* be immersed in ... *(work etc.)*. **be·gra·wing** burying, burial.

be·grens *het ~, vb.* border, bound; limit, restrict, confine, circumscribe; *deur ... ~ word* be bordered/ bounded by ... **be·grens** *-de, -te, p.p.* limited, confined; constrained; measurable; finite. **be·grensd·heid** limitedness. **be·gren·ser** *(comp.)* delimiter. **be·grensing** limitation; confinement; bounds.

be·gre·pe understood; *in ... ~ wees* be contained in ...; be included in ...

be·grip *-grippe* idea, concept, notion; conception; grasp; comprehension, insight; →BEGRYP; *iets is **bo** iem. se ~, iets gaan iem. se ~ te **bowe*** s.t. is beyond s.o.'s comprehension/understanding; s.t. is beyond/outside s.o.'s ken; s.t. is above/over s.o.'s head; *'n **flou/vae** ~ van iets hê* have a faint idea of s.t.; *nie die **flouste/geringste/ minste/vaagste** ~ van iets hê nie* not have the faintest/ foggiest/vaguest idea/notion of s.t., not have the remotest conception of s.t.; ***gebrek** aan ~* incomprehension; *dit **gee** jou enigsins 'n ~ daarvan* it gives one an/some idea of it; ***geen** ~ van iets hê nie* have no notion of s.t.; *'n **goeie** ~ van 'n vak hê* have a good grasp/ grip of a subject; *'n **goeie** ~ het 'n halwe woord nodig* a word to the wise is enough, a nod is as good as a wink (to a blind man/horse); ***kort** ~* →KORTBEGRIP; ***stadig/ traag** van ~ wees* be slow to understand, be slow on the uptake *(infml.)*; *~ vir ... **toon*** show understanding of ...; *iem. se ~ **van/vir** iets* s.o.'s understanding of s.t.; *iem. se ~ **van** goed en kwaad* s.o.'s concept of good and evil; ***vlug/vinnig** van ~ wees* be quick to understand, be quick on the uptake *(infml.)*; *(also)* have quick/ sharp wits; *'n ~ van iets **vorm*** conceive of s.t.; ***wedersydse** ~* mutual understanding. **~vormend** *-mende* ideational, ideative.

be·grip·loos uncomprehending; *begriplose blik* blank look.

be·grips-: **~inhoud** (semantic) content. **~toets** comprehension test. **~vermoë** comprehension, apprehension, comprehensive faculty. **~verwarring** confusion of ideas/concepts, mental confusion.

be·groei *het ~* overgrow. **be·groei(d)** *-groeide* overgrown, grown over.

be·groet *het ~* greet, salute; *iem./iets as ... ~* hail s.o./ s.t. as ...; *met ... ~ word* be greeted with ... **be·groeting** *-tings, -tinge* greeting, salutation, hail, welcome.

be·groot *het ~* estimate, rate; budget; *begrote bedrag* budgeted amount; *op ... ~* budget for ... **be·gro·ting** *-tings* estimate; *die ~ aanneem, (parl.)* pass/vote the estimates; *'n ~ in ewewig hou (of laat klop)* balance a budget; *'n knap ~* a tight budget; *'n ~ opstel, (parl.)* draft a budget; *'n miljoen op die ~ uittrek* budget for a million.

be·gro·tings-: **~debat** budget debate. **~komitee** budgetary committee. **~pos** vote/item in the budget/ estimates, budgetary appropriation. **~rede** budget speech. **~tekort** budgeted deficit. **~voorskot** part appropriation. **~wet** appropriation act.

be·grui·sing gravelling.

be·gryp *het ~* understand, grasp, comprehend, see, follow, apprehend; understand, take, gather; *~ jou **aan!*** just imagine (that)!, can you beat that/it!, would you believe it?; *~ **dat** ...* understand that ...; *iets **duidelik** ~* be clear about s.t.; ***ek** ~* I see/understand; *iets **goed** ~* get s.t. clear; *~ my **goed*** don't misunderstand me, don't get me wrong; *~ **jy?*** (do you) see?; *~ **jy** my (of wat ek bedoel)?* do you follow (*or* are you with) me?; *iem./iets **reg** ~* get s.o./s.t. right; *dis **te** ~e dat ...* it is understandable (*or* it stands to reason) that ...; *iem./ iets **verkeerd** ~* misunderstand s.o./s.t., get s.o./s.t. wrong; ***weinig** van iets ~* make/understand little of s.t.. **be·gry·pend:** *~e blik* sympathetic look. **be·gry·per** *-pers: 'n goeie ~ het 'n halwe woord nodig* a word to the wise is enough, a nod is as good as a wink (to a blind man/horse). **be·gryp·lik** *-like* understandable, comprehensible, intelligible, conceivable. **be·gryp·li·kerwys, be·gryp·li·ker·wy·se** understandably. **be·gryp·lik·heid** comprehensibility, intelligibility.

be·gun·stig *het ~* favour; patronise, sponsor; *mees ~de nasie* most favoured nation; *iem. met iets ~* favour s.o. with s.t.; *met ... ~ wees* be favoured with ... **be·gun·stig·de** *-des* beneficiary; payee *(of a cheque)*; concessionary. **be·gun·sti·ger** *-gers* patron; supporter; well-wisher. **be·gun·sti·ging** *-ginge* favour; patronage; preference; favouritism, preferential treatment.

be·gyn *-gyne,* **be·gyn·tjie** *-tjies, (member of a Chr. sisterhood)* Beguine. **be·gyn·hof** *-howe* Beguinage.

be·haag *het ~* please, gratify; →BEHAE; ***begerig/gretig** wees om te ~* be anxious to please; *as dit **God** ~* please God, God willing; *dit het die **Here** ~ om ...* the Lord has seen fit to ...; *dit het Sy/Haar **Majesteit** ~ om ...* His/Her Majesty has been graciously pleased to ...; ***probeer** om ... te ~* pander to ...; ***so lank** dit iem. ~* pending s.o.'s pleasure; ***so lank** dit die Koning/President ~* at His Majesty's (*or* the President's) pleasure. **~siek** ingratiating, unctuous. **~sug** unctiousness.

be·haag·lik *-like, adj.* pleasant; cosy, snug, comfortable; satisfying; soothing *(warmth etc.)*. **be·haag·lik** *adv.* pleasantly; cosily, snugly, comfortably. **be·haag·lik·heid** pleasantness; well-being, (state of) comfort; cosiness, snugness; euphoria.

be·haal *het ~* achieve *(fame, success, a record, triumph, etc.)*; achieve, gain, score, win, chalk up, *(infml.)* pull off *(a victory)*; win, get, take, land *(a prize)*; attain *(a target etc.)*; get, receive, secure *(a majority)*; accomplish *(a feat)*; fetch *(price)*; gain, get *(an advantage)*; get *(a head start, good/high/top marks, etc.)*; get, take, obtain *(degree)*; score, notch/rack up *(points)*; gain *(third place etc.)*; *(cr.)* hit, make, score *(a century)*; *(rugby)* drop *(a goal)*; perform *(a hat trick etc.)*; *R3 miljoen met verkope* (of *verkope van R3 miljoen) ~* rack up R3 million in sales (*or* sales of R3 million).

be·haar(d) *-haarde* hairy, hirsute, crinite *(biol.)*; furred; pilose, pilous *(biol.)*.

be·ha·e pleasure; →BEHAAG; *in iets ~ skep* (take) delight (*or* find/take pleasure) in s.t.; crow over s.t. *(s.o.'s misfortune etc.)*; *geen ~ in ... skep nie, (also)* have no relish for ...

be·hal·we except, but, save; ***almal** ~ ...* all save ...; ***almal** ~ een* all but/except/bar one; ***almal** het gekom ~ hy/sy* all came except(ing) him/her; *dit het met **almal** ~ hom/haar gebeur* it happened to everybody except(ing) him/her; *~ **as** ...* unless ...; *~ wat dit **betref*** except(ing) for that; ***bo** en ~* →BO *prep.*; ***buite** en ~* in addition to, besides; *~ **dat** hy/sy laat was* except that he/she was late, except for his/her being late; *~ **dit** moet iem. nog ... betaal* in addition s.o. has to pay ...; *en ~ **dit**, jy het nooit ...* and besides, you never ...; ***niemand** ~ hy/sy nie* no one but him/her.

be·han·del *het ~* treat, attend, take care of *(a patient etc.)*; behave ... to(wards), be ... on/to(wards)/with, deal ... with *(s.o.)*; treat *(s.o. well/badly/etc.)*; handle *(s.o. roughly* *etc.);* deal with, treat, discuss, discourse (up)on, enter into *(a subject etc.);* manage *(affairs);* attend to, nurse *(an injury etc.);* dress, put a dressing on *(a wound); iets* ***laat*** ~ have s.t. attended to *(a wound etc.); dis nou vir jou 'n* ***manier*** *om 'n vriend te ~, is dit hoe jy 'n vriend ~?, (iron.)* that's a nice way to treat a friend; *iem./iets* ***met*** *... ~* treat s.o./s.t. with ...; *iem.* ***sleg*** ~ ill-treat/maltreat/mishandle s.o.; behave badly to(wards) s.o.; *iem.* ***vir*** *... ~* treat s.o. for ... **be·han·de·lend:** *~e geneesheer* physician attending, medical attendant. **be·han·de·ling** treatment *(of a person/subject);* dealing with, handling; approach; *(jur.)* hearing *(of a case);* discussion; ***billike/regverdige*** ~ fair/square deal; ***harde/streng(e)*** ~ severe treatment; ***in*** *~ kom* come up for discussion; *iets* ***in*** *~ neem* take s.t. up (for discussion); attend to (*or* deal with) s.t.; ***in*** *~ wees* be under discussion; ***onder*** *~ van dr.A wees* be treated by Dr A; *~* ***teen*** *rumatiek/ens. kry/ontvang* get/undergo treatment for rheumatism/etc.. **be·han·de·lings·leer** therapeutics.

be·hang *het ~* hang/decorate with; drape with; paper *(a room); iets met ... ~* hang s.t. with ...; drape s.t. with ...; festoon s.t. with ...; *met juwele ~* bejewelled. **be·han·gers·mes** casing/paperhanger's knife.

be·hang·sel *-sels* hanging(s); wall hanging, tapestry; wallpaper, paperhangings. **~tapyt** Gobelin (tapestry).

be·ha·ring hairiness; *(biol.)* pilosity; →BEHAAR(D).

be·har·tig *het ~* look after, promote, serve, further *(s.o.'s interests);* take care of, care for; manage, handle *(affairs, business); iem. kan die werk nie ~ nie* s.o. cannot cope with the work, the work is too much for s.o.; *'n saak ~* attend to (*or* deal with) a matter. **be·har·ti·gens·waar·dig** worthy of consideration. **be·har·ti·ging** furtherance.

be·ha·vi·o·ris·me *(psych.)* behaviourism. **be·ha·vi·o·ris** behaviourist. **be·ha·vi·o·ris·ties** behaviourist(ic).

be·heer *n.* management, administration, control, direction; →TOESIG; ***buite*** *~ wees* be out of control; ***buite*** *~ raak* run out of control; *die ~* ***hê*** be in charge; be in control; *die ~ oor ...* ***hê/voer*** be in charge of ...; control (*or* have control of/over) ...; ***onder*** *~ van ...* under the control of ...; under the management of ...; *die ~* ***oorneem*** take charge; *die ~ oor iets* ***oorneem*** take control of s.t.; ***raad*** *van ~* board of control; ***strenger*** *~ uitoefen* exercise stricter control, tighten up control; *~ oor iets aan iem.* ***toevertrou*** put s.o. in charge of s.t.; *~ oor iets/iem.* ***uitoefen*** exercise control over s.t./s.o.; *die ~ oor iets* ***verkry*** get control of s.t.; *die ~ oor iets* ***verloor*** lose control of s.t.. **be·heer** *het ~, vb.* manage, control, conduct, operate, administer *(affairs);* →BEHEREND; *~de grondwet/maatskappy/prys* controlled constitution/company/price; *wetlik ~de medisyne/(genees)middel* controlled drug/substance. **~eenheid** *(comp.)* control unit. **~karakter** *(comp.)* control character. **~knoppie** →BEHEERTOETS. **~liggaam** governing body. **~maatskappy** holding company. **~module** command module. **~pos** control post/point. **~punt** control point. **~raad** board of control, control board; regulatory board. **~sentrum** control centre. **~toets, ~knoppie** *(comp.)* control key.

be·heer·baar *-bare* manageable, controllable. **be·heer·der** *-ders* manager, director, controller; curator *(of an estate).*

be·heers *het ~, vb.* control, restrain *(o.s., one's passions, etc.);* master; govern, rule *(people);* be master of *(a situation);* dominate *(a situation, scene);* command *(a terrain);* contain *(one's anger);* keep in hand; *jou ~* collect/control o.s.; discipline o.s.; take a grip on (*or* get/take hold of) o.s.; *die situasie ~* be in control of the situation; *'n taal goed ~* have a good command of (*or* be proficient in) a language; *'n vak goed ~* have a good grasp/grip of a subject. **be·heers** *-heerste, -heersde, p.p.* controlled, collected, cool, composed; disciplined *(behaviour, emotions, etc.);* restrained *(response etc.);* dominated; *~te/~de optrede* cool/collected action; *~te/~de spel, (theatr.)* restrained acting; *met 'n ~te/~de stem* in a controlled voice. **be·heer·send:** *~e punt* vantage point. **be·heer·ser** *-sers* master; ruler; captain *(of one's fate);* dominator. **be·heer·sing** control; command; mastery, grasp; domination; rule. **be·heerst·heid** self-control, command, control, mastery, self-possession, restraint.

be·heks *het ~, vb.* bewitch. **be·heks** *-te, -de, p.p.* bewitched; jinxed; hag-ridden; crazy, possessed.

be·help *het ~: jou met iets ~* make do with s.t., make s.t. do *(infml.).*

be·hels *het ~* include, embrace, comprise; contain; involve.

be·hen·dig *-dige* dext(e)rous, skilful, adroit, handy; deft, nimble; clever, smart; *~ met iets wees* be deft with s.t.; be adroit at/in s.t.. **be·hen·dig·heid** dexterity, skill, adroitness, handiness; deftness. **be·hen·dig·heid·spel** game of skill.

be·hep: *met iets ~ wees* be obsessed by/with (*or* have an obsession about) s.t.; have a bee in one's bonnet about s.t. *(infml.).* **be·hept·heid:** *iem. se ~ met iem./iets* s.o.'s obsession with s.o./s.t.; *~ met kos* foodism.

be·he·rend *-rende* managing, controlling; governing; *~e aandeel* controlling interest; →MEERDERHEIDSBELANG.

be·hoed *het ~* guard, protect, keep, watch over, save, preserve; *God ~e die Koning/Koningin* God save the King/Queen; *mag die Here jou seën en ~* may the Lord bless you and keep you; *iem. van/vir iets ~* preserve s.o. from s.t. *(danger etc.).* **be·hoe·der** *-ders* protector, defender, preserver, safekeeper. **be·hoed·saam** *-same* cautious, careful, wary, heedful, prudent, circumspect, guarded. **be·hoed·saam·heid** cautiousness, caution, wariness, prudence, circumspection, discretion; *hy is die ene ~* he is the soul of discretion.

be·hoef *het ~, (dated)* →HOEF[2] *vb.*. **be·hoef·te** *-tes* need, want; demand *(for); (in the pl.)* necessities, requirements; *die ~* ***aan*** *iets* the demand for s.t.; the need for s.t.; *'n ~* ***aan*** *iets hê* need (*or* be in need of *or* have need of) s.t.; have a craving for s.t.; *dringend ~* ***aan*** *iets hê* be in urgent need of s.t.; *daar is geen ~* ***aan*** *nie, (also)* there is no necessity for it; *'n* ***bewese*** *~* a demonstrated need; *jou ~* ***doen*** relieve o.s., answer the call of nature; *'n* ***dringende*** *~* an urgent need; a crying need; *na* ***gelang*** *van ~* as required; *in 'n ~* ***voorsien*** meet/answer/fill a need; satisfy a want; *in iem. se ~s* ***voorsien*** provide for s.o. (*or* for s.o.'s needs); cater for s.o.; ***weens*** *~* from/through (*or* out of) (sheer) necessity. **be·hoef·tig** *-tige* needy, in need, poor, impoverished, destitute, indigent; distressed. **be·hoef·tig·heid** neediness, indigence, penury. **be·hoe·we:** *ten ~ van ...* on behalf of ...; for the benefit of ...; *ten ~ van hom/haar* on his/her behalf.

be·hoor *het ~, (arch.)* →BEHOORT.

be·hoor·lik *-like, adj.* proper, appropriate, fit(ting), becoming, due; decent, respectable, presentable. **be·hoor·lik** *adv.* properly, duly; decently, respectably; thoroughly, completely; *jou ~ gedra* behave properly; *~ geklee(d)* properly dressed; *iem. ~ inklim* tell s.o. exactly what you think of him/her, tell s.o. a few home truths. **be·hoor·lik·heid** propriety, suitability. **be·hoor·lik·heids·hal·we** for decency's sake.

be·hoort *het ~* belong *(to);* ought; →HOORT; *iets ~* ***aan*** *iem.* s.t. belongs to s.o., s.t. is owned by s.o.; ***aan*** *wie ~ dit?* whose is it?, to whom does it belong?; *iem. ~* ***te*** *...* s.o. ought to ...; it behoves s.o. to ... *(fml.); iem. ~ iets* ***te*** *gedoen het* s.o. ought have done s.t.; *iem. ~ binnekort hier* ***te*** *wees* s.o. ought to be here soon; *iem. ~ (dit)* ***te*** *weet* you should (*or* ought to) know (this/that); *iem. ~ dit nie* ***te*** *weet nie* s.o. is not supposed to know it.

be·ho·re: *na ~* properly, as it should (be); fittingly, suitably.

be·hou *het ~* keep, retain *(quality, condition);* maintain *(good name);* save; preserve, conserve. **be·hou·baar** *-bare* preservable, conservable. **be·houd** retaining, retention; maintenance; preservation, conservation; salvation, *(infml.)* life-saver; ***met*** *~ van ...* with retention of ...; ***met*** *~ van salaris* on full pay/salary; *verlof* ***met*** *~ van salaris* paid leave; *iets is iem.* ***se*** *~* s.t. is s.o.'s salvation; *iets was iem.* ***se*** *~, (also)* s.t. saved s.o.; ***tot*** *~ van ...* for the preservation of ...; *~* ***van*** *energie* conservation of energy; *~* ***van*** *die sterkste* survival of the fittest. **be·hou·dend** *-dende* conservative. **be·hou·dend·heid** conservatism, conservativeness. **be·hou·de·nis** salvation. **be·houd·sug** (extreme) conservatism.

be·hou·dens except/but for, excepting, barring; apart from; contingent (up)on; save for; subject to *(the approval of);* without prejudice to; *~ foute en weglatings* errors and omissions excepted.

be·hou·e safe, unhurt, unharmed, unscathed; *~ aankom* arrive safely; *~ bly* survive; be preserved; *sodat (of om te verseker dat) die geur/ens. ~ bly, (cook.)* to seal in the flavour/etc..

be·hou·er[1] *-ers* preserver, preservationist.

be·hou·er[2] *het ~* containerise. **be·hou·e·ring** containerisation.

be·huil(d) *-huilde* tear-stained.

be·huis *het ~, vb.* provide accommodation/shelter (*or* a home), house. **be·huis** *-huisde, -huiste, p.p.: goed/swak ~ wees* be well/poorly housed; *ruim ~ wees* live in a large house, have ample accommodation. **be·hui·sing** dwelling; accommodation; housing.

be·hui·sings-: **~kompleks** housing estate. **~toestande** *(pl.)* housing conditions. **~vereniging** housing association.

be·hulp: *met ~ van iets* with the help/aid of s.t., by means of s.t.. **be·hulp·saam** *-same* helpful, obliging, cooperative; instrumental; *iem. ~ wees* be of assistance/help to s.o.; *iem. met iets ~ wees* help s.o. with s.t.; *'n ~same hand bied* lend a helping hand. **be·hulp·saam·heid** helpfulness; cooperativeness.

bei *beis,* **beg** *begs, (title)* bey.

bei·aard *-aards* chimes, carillon. **bei·aar·dier** *-diers* bellmaster, carillonneur, carillon player; →KLOKKESPELER.

bei·de both; *~ broers/ens.* both (the) brothers/etc.; *een van ~* one or the other; either; *geen van ~* neither (of the two). **bei·der·lei** of both sorts; *van ~ geslag* of both sexes, of either sex. **bei·der·syds** *(rare)* on both sides.

bei·er *ge-, (bells)* toll, chime, peal, ring.

Bei·er *-ere, n.* Bavarian. **Bei·e·re** *(geog.)* Bavaria. **Bei·ers** *n., (dial.)* Bavarian. **Bei·ers** *-erse, adj.* Bavarian; *die ~e Woud* the Bavarian Forest.

Bei·jing *(geog.)* Beijing.

be·ïn·druk *het ~* impress (favourably); →INDRUK *n.; deur ... ~ wees* be impressed by/at/with ...; *dit ~ my nie, ek is nie ~ nie, (also, infml.)* big deal!; *nie juis ~ met iets wees nie, (also, infml.)* be underwhelmed by s.t..

be·ïn·vloed *het ~* influence, affect; *iets ongunstig ~* affect s.t. adversely, have an adverse effect (up)on s.t., have a bad effect (up)on s.t.; *'n getuie onregmatig ~* tamper with a witness. **be·ïn·vloed·baar** *-bare* influenceable, persuadable. **be·ïn·vloe·ding** influencing.

Bei·roet *(geog.)* Beirut, Beyrouth.

bei·tel *-tels, (dim. -teltjie), n.* chisel; cutter. **bei·tel** *ge-, vb.* chisel, grave. **~gat** throat *(of a plane).* **~gereedskap** firmer tools. **~hef** chisel handle. **~houer** tool post. **~lem** chisel blade. **~slee** tool rest. **~vormig** *-e* chisel-shaped, *(rare)* scalpriform *(incisors of rodents).* **~werk** chiselling.

bei·te·laar *-laars* chiseller.

beits *beitse, n.* stain *(for wood);* mordant *(for leather, textiles).* **beits** *ge-, vb.* stain *(wood);* mordant *(leather, textiles).* **~kleurstof** mordant dye. **~middel** *-s, -e,* **~stof** staining agent.

beit·ser *-sers* stainer *(of wood).* **beit·sing** staining.

be·jaard *-jaarde* elderly, advanced in years, aged. **be·jaar·de** *-des* aged person, senior citizen. **be·jaard·heid** elderliness, advanced/old age.

be·jag pursuit *(of),* striving after.

be·jam·mer *het ~* pity, commiserate with *(s.o.);* bewail, bemoan; deplore. **be·jam·me·rens·waar·dig** *-dige* pitiable, piteous. **be·jam·me·rens·waar·dig·heid** pitiableness. **be·jam·me·ring** commiseration.

be·je·ën *het ~: iem./iets met ... ~* regard s.o./s.t. with ... *(disapproval, suspicion, etc.).* **be·je·ë·ning** treatment.

be·joeks *-joekste, (infml.)* kinky, crotchety.

bek *bekke* mouth *(of an animal, bag, cave, furnace, shaft, etc.)*; beak, bill *(of a bird)*; snout *(of an animal)*; *(sl., derog.: mouth)* trap, gob; muzzle *(of a firearm)*; jaws *(of a vice)*; bit *(of pincers)*; nozzle *(of a syringe)*; collar *(of a shaft)*; portal *(of a tunnel)*; spout; opening; backchat, cheek; ***baie** ~ hê, (infml.)* talk a lot; *meer ~ as **binnegoed** hê, (infml.)* be all talk; *iem. het 'n **dik** ~, iem. se ~ is **dik*** s.o. is sulking; *nie op die/jou ~ **geval** wees nie, (infml.)* be lippy; ***glad** met die ~ wees, 'n **gladde** ~ hê, (infml.)* have the gift of the gab; *'n **goeie/slegte/harde** ~* a good/bad/hard mouth *(of a horse)*; *'n **groot** ~ hê, (infml.)* have a big mouth, be a loudmouth; ***hard** in die ~* hard-mouthed; ***hou** jou ~!, (infml.)* shut up!, shut your trap/gob!, hold/stop your jaw!, put a sock in it!; *ek wil niks van **jou** ~ hê nie, (infml.)* I want no backchat, none of your lip; ***net** ~ wees, (infml.)* be all talk; *so moet 'n ~ **praat**!, (infml.)* that's the way to talk!, well spoken!; you can say that again!; *~ van 'n **put*** wellhead; *jou ~ **rek**, (infml.)* shoot one's mouth off; *iem. in die ~ **ruk**, (infml.)* pull s.o. up (short); tell s.o. where to get off; ***sag** in die ~* good-mouthed; *met die/jou ~ **vol tande** staan/sit* be speechless, be at a loss for s.t. to say; have nothing to say for o.s.; *jou ~ **verbrand** (of jou ~/mond **verbypraat**)* give the show away; put one's foot in it; let one's tongue run away with one; drop a brick. **~af** down (in the mouth/dumps), down(-hearted), downcast, mortified; glum, despondent, dejected, crestfallen; dog-tired, worn out; *~ lyk* look sorry for o.s.. **~broeier** *(icht.)* mouthbreeder, mouthbrooder, buccal incubator. **~broei(ing)** buccal incubation, mouthbreeding. **~drywer** *(infml.)* back-seat driver. **~-en-klou(-seer)** *(vet. sc.)* foot-and-mouth (disease). **~fluitjie** →MONDFLUITJIE. **~praatjies** *(infml.)* boasting, bragging, big/empty/mere talk; *dit is (net) ~* it is all talk. **~prater** boaster, braggart; flatterer. **~sleutel** jaw spanner. **~snyer** stabber, slasher. **~snyersbende** razor gang. **~veg** *ge=* argue hotly. **~vegter** braggart.

be·ka·bel *het ~* cable. **be·ka·be·ling** cabling.

be·kamp *het ~* fight (against), combat; control *(pests)*. **be·kam·ping** combating; control *(of pests)*.

be·kap[1] *het ~* hew, axe; hammer-dress *(stone)*; lop, top *(branches)*; *~te klip* hewn stone. **be·kap·ping** *=pings, =pinge* hewing; hammer-dressing; lopping, topping.

be·kap[2] *het ~* cope; roof in/over. **be·kap·ping** *=pings, =pinge* coping, cowling; roofing (in/over).

be·keer *het ~* convert; proselytise *(to another party/creed/opinion)*; →BEKERING; *jou ~* be converted; mend one's ways, reform; *iem. tot ... ~* convert s.o. to ... *(Christianity etc.)*; *~de roker/nasionalis/sosialis/ens.* born-again smoker/nationalist/socialist/etc.. **be·keer·de** *=des* convert; proselyte; *pas ~, (also* pasbekeerde*)* neophyte; *vir die ~s preek* preach to the converted. **be·keer·ling** *=linge* convert; proselyte; *'n ~ tot ...* a convert to ...

be·ken *het ~* acknowledge, admit, confess, own (up); see, make out; *(arch.: have sexual intercourse with)* know; ***alles** ~* make a clean breast (of s.t.); *~ **dat** jy iets gedoen het* own to having done s.t.; ***kleur** ~* show one's colours, nail one's colours to the mast; *(cards)* follow suit; *nie **kleur** ~ nie, (cards)* revoke; ***skuld** ~* admit/confess one's guilt; plead guilty; *iets **teenoor** iem. ~* confess s.t. to s.o.. **be·ken·te·nis** *=nisse* confession, avowal, admission; *'n ~ aflê/doen* make a confession; *'n ~ van iem. afpers* extract a confession from s.o..

be·kend *=kende =kender =kendste* known; well known, noted; familiar; *iets is **aan** iem. ~* s.t. is known to s.o.; s.t. is within s.o.'s knowledge; *dit is **algemeen** ~* it is common/general/public knowledge, it is a well-known fact; ***algemeen** ~ raak/word* become public knowledge; ***algemeen** ~ wees* be widely known; have a wide reputation; *dis ~ **dat** iem. ... het/is* s.o. is known to have/be ...; *die **enigste** ~e ...* the only known ..., the only ... on record; ***goed** ~, sleg geëerd* familiarity breeds contempt; *die **grootste/ens.** wat ~ is* the biggest/etc. on record; *iem. is **hier** ~, (also)* s.o. knows this place/part; *iem./iets **kom** (iem.) ~ voor* s.o./s.t. looks/seems familiar (to s.o.); *in breë **kring** ~ wees* be widely known; *iets ~ **maak*** (of **bekendmaak**) announce s.t., make s.t. known; *alles/dinge/dit/ens. algemeen ~ **maak*** (of **bekendmaak**) go public; ***met** iem. ~ wees* know (*or* be acquainted with) s.o.; ***met** iets ~ wees* know s.t., be acquainted with s.t.; be cognisant of s.t.; be privy to s.t.; *~ wees/staan **om/vanweë/vir/weens** ...* be known (*or* have a name *or* be distinguished/noted) for ...; *iets is aan iem. **persoonlik** ~* s.o. has personal knowledge of s.t.; *~e **persoonlikheid*** public figure; *~ **raak/word*** become known; *iets **raak** ~, (also)* s.t. gets around; *as ... ~ **staan*** (of **bekendstaan**) be known as ...; have a reputation for ...; *iem. aan iem. anders ~ **stel*** (of **bekendstel**) introduce s.o. to s.o. else; *iets ~ **stel*** (of **bekendstel**) introduce s.t.; publicise s.t.; launch s.t. *(a product, book, etc.)*; *iets weer ~ **stel*** (of **bekendstel**) relaunch s.t. *(a product, book, etc.)*; *so **ver/vêr** ~ het dit nie gebeur nie* there is no record that it happened; *iem. is ~ **vir** sy/haar eerlikheid* s.o. has a name for honesty; ***wyd** en syd ~ wees* be widely known. **~making** *=kings, =kinge* announcement; notice; notification; publication; declaration. **~stelling** *=s, =e* introduction; publication, (press) release; launch(ing) *(of a new book)*; roll-out *(of a new service, product, aircraft, etc.)*.

be·ken·de *=des* acquaintance; well-known person.

be·kend·heid name, reputation; acquaintanceship *(with)*; prominence; familiarity; *~ aan ... gee* put ... on the map; *~ verwerf* acquire/gain (*or* come into) prominence.

be·kend·stel·lings=: **~aanbod** introductory offer. **~brief** letter of introduction.

be·ken·te·nis →BEKEN.

be·ker *=kers* jug, pitcher, ewer; mug; beaker; goblet; *(sport)* cup; *(Communion)* cup, chalice; *(bot.)* scyphus; *'n **bitter** ~, (fig.)* a bitter cup; *tussen **lip** en ~ lê 'n groot onseker* there's many a slip 'twixt the cup and the lip; *'n ~ **melk/ens.*** a jug of milk/etc.; ***vir** die ~, (also)* with might and main; *iem. se ~ is **vol**, (fig.)* s.o.'s grief is unbearable; *die ~ **wen*** take the cup. **~eindstryd** *(Br. soccer)* Cup Final. **~finalis** *(Br. soccer)* Cup Finalist. **~(glas)** *(chem.)* beaker. **~mos** cup lichen/moss. **~plant** *(bot.)* pitcher plant, monkey cup. **~-sel** goblet cell. **~vormig** *=e* cup-shaped; calyciform; *~e kraakbeen* arytenoid cartilage. **~wedstryd** cup match/tie.

be·ke·ring *=rings, =ringe* conversion; *iem. tot ~ bring* convert s.o.; *tot ~ kom* be converted; *die ~ van ... tot ...* the conversion from ... to ...

be·ke·rings=: **~gees** proselytising spirit. **~werk** proselytisation; mission work. **~ywer** proselytism, proselytising zeal; missionary zeal.

be·ker·tjie *=tjies* mug; noggin.

be·kis *het ~, (in building operations)* shutter; *~te beton* shielded concrete. **be·kis·ting** shuttering; boxing, casing, formwork, forms; timbering.

bek·ken *=kens* basin; catchment basin/area; *(anat.)* pelvis; *(mus.)* cymbal. **~bad** bidet. **~been** pelvic bone. **~beenbreuk** pelvis fracture. **~bodem** floor of the pelvis. **~gordel** pelvic girdle. **~holte** pelvic cavity. **~kolon** sigmoid colon. **~vliesontsteking** pelvic peritonitis, pelveoperitonitis. **~weefsel** parametrium.

bek·kie *=kies* little mouth/beak; kiss.

bek·kig *=kige* cheeky, impudent, forward/ready (in speech), pert, saucy; mouthy, lippy; *iem. is ~ genoeg, al is hy/sy nog nie mondig nie* s.o. has more than enough to say for him-/herself. **bek·kig·heid** cheek(iness), impudence, sauciness.

be·kla *het ~* bemoan *(one's lot)*; bewail, lament; *jou oor iets ~* bemoan (*or* complain of) s.t.; regret s.t.; *jy sal jou (daaroor) nog ~* you'll regret (*or* be sorry for) it yet. **be·kla·ens·waar·dig** *=dige* pitiable; lamentable, deplorable.

be·klad *het ~* blot, stain; blacken, sully, tarnish; slander, defame, malign, denigrate, asperse, calumniate, besmirch; sling/fling/throw mud at; bedaub; bespatter, smudge; *iem. ~* blacken s.o.'s name, put a slur on s.o.'s character, blemish/smear/tarnish s.o.'s reputation/image. **be·klad·der** *=ders* defamer, slanderer, mudslinger. **be·klad·ding** *=dings, =dinge* defamation, slandering, calumniation, calumny, smear campaign, mudslinging, muckraking.

be·kle·der *=ders,* **be·kle·ër** *=kleërs* upholsterer; trimmer, fabric worker; holder, occupant, incumbent *(of office)*; →BEKLEDING, BEKLEE. **be·kle·ërs·win·kel, =werk·plaas** fabric/trimming shop; upholstery.

be·kle·ding *=dings, =dinge* cover(ing); coating; upholstering; upholstery; cladding; lining; *(archit.)* facing; facing *(of a robe)*; *(min.)* lagging *(of a boiler)*; casing, sheeting, sheath(ing). **~stof** upholstery fabric.

be·kle·dings=: **~bord** wallboard. **~hout** lagging. **~muur** retaining wall, revetment (wall).

be·klee *het ~* clothe; coat; line; face, revet *(a wall etc.)*; panel *(a wall)*; upholster, cover *(furniture)*; trim; case, encase; endue; drape *(with a cloth)*; lag *(a boiler)*; sheathe *(with metal)*; fill, occupy, hold *(a post)*; (in)vest *(with power)*; →BEKLEDER, BEKLEDING; *'n amp/pos/plek ~* fill a position/post/place; *iem. met ... ~* invest s.o. with ... *(powers, an order, etc.)*; clothe s.o. with ... *(powers etc.)*; *iem. (met 'n toga) ~* robe s.o.; *iets met lood ~* lead s.t.; *beklede sel* padded cell. **~werk** trimming; upholstering, upholstery.

be·kleed·sel *=sels* cover(ing); coating; upholstery; trimming.

be·klem *het ~* oppress, weigh down, lie heavy on; cramp. **be·klem(d)** *=klemde* oppressed; heavy *(heart)*; *~de breuk* strangulated/incarcerated hernia; *~de tand* impacted tooth. **be·klemd·heid** oppression, heaviness. **be·klem·mend** oppressive, heavy; depressing *(thought)*; sinking *(feeling)*. **be·klem·ming** oppression, heaviness; strangulation, incarceration *(of a hernia)*; impaction *(of a tooth)*; angina *(in the chest)*; *~ van die oomblik, (jur.)* agony of the moment. **be·klem·to·ning** accentuation, stressing, emphasis. **be·klem·toon** stress, emphasise, accentuate, accent, place/put the accent on, lay stress/emphasis on, underline, highlight; *ek wil ~ dat ...* I want to stress (*or* my point is) that ...; *deur iets ~ word* be punctuated by/with s.t.; *~de lettergreep* stressed syllable; *iets sterk ~* underline s.t. heavily *(fig.)*; *iets ten sterkste ~* lay/put the utmost stress on s.t..

be·klim *het ~* climb *(a mountain)*; mount, ascend *(a throne)*; mount *(a pulpit)*; scale *(a wall)*; cover, serve *(a mare)*. **be·klim·baar** *=bare* climbable; mountable; scalable. **be·klim·ming** climbing; mounting, ascent; scaling.

be·klink *het ~* settle, clinch, finalise, swing, tie up *(a deal etc.)*. **be·klon·ke** *(dated)* settled, arranged, fixed up.

be·klop *het ~* tap/knock on; sound; *(med.)* percuss. **be·klop·ping** *=pings, =pinge* tapping; sounding; *(med.)* percussion; *(in massage)* tapotement.

be·klou *het ~* paw.

be·klou·ter *het ~* climb, scale, clamber up.

be·knaag *het ~* gnaw at/on.

be·knab·bel *het ~* nibble (at).

be·knel *het ~* pinch, oppress, constrict. **be·knel(d)** *=knelde* pinched, pinned down, wedged.

be·knoei *het ~* mess up, spoil; wangle, rig, cook (up) *(the books)*; fix *(a competition)*.

be·knop *=knopte =knopter =knopste, adj.* concise, compact *(dictionary)*; condensed *(report)*; abridged; succinct, brief, terse, compact; clipped; poky *(room)*; confined, cramped *(space)*; *(mus.)* short *(score)*. **be·knop** *adv.* concisely, summarily, tersely; *~ woon* be cramped for room. **be·knopt·heid** conciseness; briefness, brevity; succinctness, terseness, compactness; pokiness.

be·knor *het ~* scold, reprimand, chide, upbraid.

be·koel *het ~* cool (down); *laat ~, (fig.)* damp. **be·koe·ling** cooling; flagging.

be·kom *het ~* get, obtain; come round, recover *(from fright)*; *dit sal iem. suur ~* s.o. will regret it; *iem. ~ van iets* s.o. recovers from s.t. *(fright, shock, etc.)*. **be·kom·baar** *=bare* obtainable; attainable, reachable, accessible, *(infml.)* get-at-able.

be·kom·mer *het ~* worry; *iem. ~ hom/haar **daaroor** dat ...* it is a worry to s.o. that ...; *iem. ~ hom/haar **daaroor** dat iets kan gebeur* s.o. is worried that s.t. could happen; *~ jou nie **daaroor** nie!* don't worry (*or* bother yourself) about it!; don't let it trouble you!; *dit ~ my* *dat...* I worry because ...; ~ *jou **nie!*** don't worry (yourself)!; *jou **oor** ...* ~ worry about/over ...; care about ...; concern o.s. with ...; *iem.* ~ *hom/haar baie/erg **oor** iets* s.t. is a great worry to s.o.; *iem.* ~ *hom/haar dood/siek **oor*** ... s.o. is worried sick about ...; *jou nog die minste **oor** ...* ~ ... is the least of one's worries; *jou **oor** niks (ter wêreld)* ~ *nie* not have a care in the world. **be·kom·merd** *=merde* worried, uneasy, anxious, concerned, troubled, distressed; solicitous; ***baie*** ~ *wees* be very/much worried; ***moenie*** ~ *wees nie!* don't worry (yourself)!, not to worry!; ***moenie daaroor*** ~ *wees nie* don't worry about it, don't let it concern you; ***oor*** *iets* ~ *wees* be anxious/worried about s.t.; be concerned about/over s.t.; fear for s.t. *(s.o.'s safety etc.)*; ***oor*** *iem.* ~ *voel, (also)* feel concern for s.o.. **be·kom·merd·heid** uneasiness, anxiety, solicitude; concern(edness); ~ *oor ..., (also)* preoccupation with ... **be·kom·mer·nis** *=nisse* anxiety, trouble, concern, worry; *~se hê* have worries; *iem. se* ~ *oor iets* s.o.'s concern about/over s.t.; ~ *uitspreek* voice concern; *vol* ~ *wees* be filled with anxiety.

be·koms: *jou* ~ *eet, (infml.)* eat more than one's fill.

be·kon·kel *het* ~ scheme, plot, wangle, manoeuvre; frame. **be·kon·kel(d)** *=kelde, adj.* muddled (up); capricious, full of whims; ill-tempered; *~de aanklag* framed charge.

be·kook *het* ~ cook, doctor, massage, tamper with *(data, statistics, etc.)*.

be·koop: *iets met die dood* ~ pay for s.t. with one's life.

be·koor *het* ~ charm, fascinate, enchant, bewitch, beguile, captivate; appeal (strongly) to; tempt. **be·koor·der** *=ders* charmer; enchanter, *(fem.)* enchantress; tempter, *(fem.)* temptress. **be·koor·lik** *=like* charming, enchanting, fascinating, captivating, attractive, appealing, winsome; beguiling, spellbinding; *~e maniertjies, (also)* taking ways. **be·koor·lik·heid** charm, appeal, fascination. **be·ko·ring** *=ringe* charm, fascination, enchantment; glamour, beguilement; *onder die* ~ *van ... kom/wees* fall/be under the spell of ...; ~ *aan ... verleen* lend enchantment to ...

be·kors *het* ~, *vb.* encrust, incrust. **be·kors** *=korste, p.p.* encrusted, incrusted. **be·kors·ting** encrustation, incrustation.

be·kort *het* ~ shorten, cut short, curtail; condense, abridge *(a book)*; *~e boek* condensed/abridged book. **be·kor·ting** shortening, curtailment; abridg(e)ment, condensation.

be·kos·tig *het* ~ afford; defray, finance, pay the expenses of; *iem. kan dit beswaarlik/kwalik* ~ s.o. can ill afford it; *iem. kan iets* ~ s.o. can afford s.t.; *iem. kan (dit)* ~ *om te ...* s.o. can afford to ...; *iem. kan (dit) nie* ~ *dat iets gebeur nie* s.o. cannot afford s.t. happening. **be·kos·ti·ging** defrayal, defrayment, payment.

be·krab·bel *het* ~ scribble over; →BEKRAP.

be·krag·tig *het* ~ ratify, confirm *(an agreement, treaty, etc.)*; uphold *(a decision, verdict, etc.)*; *(fml., jur.)* homologate *(a document etc.)*; *(RC)* preconise; *met 'n handtekening* ~ countersign; validate. **be·krag·ti·ging** ratification, confirmation; validation; *(RC)* preconisation; *behoudens* ~ *deur iem.* subject to s.o.'s confirmation; *aan* ~ *onderworpe wees* be subject to ratification. **be·krag·ti·ging·stuk** ratification instrument.

be·krans *het* ~, *vb.* wreathe, adorn with garlands. **be·krans** *=kranste, =kransde, p.p.* garlanded, wreathed. **be·kran·sing** garlanding; laureation *(arch.)*.

be·krap *het* ~ scratch/scribble/scrawl on/over, bescratch, bescribble, bescrawl; prick up *(plaster)*. **be·krap·ping** bescratching, bescribbling, bescrawling; pricking up *(of plaster)*.

be·kreun *het* ~, *(rare)* worry; *iem.* ~ *hom/haar oor niks* s.o. can't be bothered about anything.

be·kri·ti·seer *het* ~ criticise (adversely), cry down, disparage, pull to pieces, knock.

be·krom·pe *=pener =penste* confined *(space)*; narrow(-minded), small(-minded), bigoted, parochial, strai(gh)t-laced, insular, hidebound; stuffy. **be·krom·pen·heid** narrow(-minded)ness, bigotry, parochialism; stuffiness.

be·kroon *het* ~ crown; award a prize; *~de gedig/ens.* prize(-winning) poem/etc.; *die boek is (met 'n prys)* ~ the book received an award; *~de skrywer* award-winning writer; *iem. se pogings is met sukses* ~ s.o.'s efforts were crowned with success. **be·kro·ning** *=nings, =ninge* crowning; award. **be·kroon·de** *=des* prizewinner, laureate.

be·kruip *het* ~ creep/steal up on, surprise; stalk *(game)*; take at a disadvantage; *die lus om ... het iem.* ~ the desire to ... came upon s.o.. **~(melk)bos** *Euphorbia rectirama*. **~mus** stalking cap.

be·krui·per *=pers* stalker; sneaker.

be·kwaald *=kwaalde* sickly.

be·kwaam *=kwame =kwamer =kwaamste, adj.* able, competent, capable, proficient, efficient, qualified, fit; mature, edible, ripe *(fruit, vegetables)*; *met bekwame spoed* expeditiously, as soon as possible, with (all) due speed, with (all/great) dispatch/despatch/expedition. **be·kwaam** *het* ~, *vb.* fit, qualify; *jou as aktuaris/ens.* ~ qualify as an actuary/etc.; *jou vir ...* ~ study/train for ... *(a profession)*; *jou vir 'n eksamen* ~ study/read for an examination; *jou vir 'n betrekking* ~ prepare for an appointment. **be·kwaam·heid** *=hede* ability, competence, capability, capacity; proficiency, efficiency, prowess, skill; fitness; *(in the pl. also)* accomplishments, attainments, skills. **be·kwaam·heid·ser·ti·fi·kaat** proficiency certificate. **be·kwaam·heids·toets** proficiency test.

be·kwyl *het* ~ beslaver, slaver over, beslobber, drool.

be·kyk *het* ~, *(lit. & fig.)* look at, view; inspect, scrutinise, scan, survey, examine, eye; *iem. van **bo** tot onder (of van **kop** tot tone of **op** en af)* ~ look/eye s.o. up and down, measure s.o. with one's eyes, look s.o. through and through; ***hoe** jy dit ook al* ~ any way you look at it; *'n saak van alle **kante*** ~ thrash out a matter; *iets van **naby*** ~ have a good look at s.t.; *iets van **nader(by)*** ~ take a closer look at s.t., look at s.t. more closely; *iets **noukeurig*** ~ look closely at s.t.; *iets **noulettend*** ~ take a hard look at s.t.; *iets/iem. **vlugtig*** ~ run one's eyes along/down/over s.t./s.o.; give s.t./s.o. the once-over *(infml.)*.

bel[1] *belle, n.* bell; bubble; caruncle, gill *(of fowls)*; wattle *(of a turkey)*; eardrop; →OORBEL; *die kat die* ~ *aanbind* bell the cat; *~le blaas* blow bubbles; *die klok hoor lui, maar nie weet waar die ~/klepel hang nie* →KLOK; ~ *(van 'n waterpas)* bubble (of a spirit level). **bel** *ge~, vb.* ring (up), (tele)phone, call, give a ring, *(infml.)* give a buzz/tinkle; ring for *(one's secretary etc.)*. **~boei** bell buoy. **~hokkie** (tele)phone booth/box/kiosk, call box. **~knop** bell push. **~koord** bell pull. **~kraan** wattled crane. **~program** *(rad., TV)* phone-in. **~trommel** tambourine. **~vis** tassel fish.

bel[2] *bels, n., (unit)* bel; *twee* ~ two bels; *baie/etlike ~s* many/several bels.

be·laai *het* ~ load; burden; *met ...* ~ *wees* be laden/loaded with ...; *(table etc.)* be spread with ... *(delicacies etc.)*; *swaar* ~ *wees, (vehicle, person, tree)* be heavily laden; *swaar met ...* ~ *wees, (also)* be weigh(t)ed down with ...; *die swaar ~de* ... the heavily laden ...

be·la·de laden; *die swaar* ~ ... the heavily laden ... **be·la·ding** load(ing), freight(ing); weighting.

be·lag·lik *=like* ridiculous, ludicrous, farcical; preposterous; *iem.* ~ *laat lyk* make s.o. look silly/stupid/ridiculous; *iem.* ~ *maak* make a fool of s.o.; hold s.o. up (*or* subject s.o.) to ridicule; *jou* ~ *maak* make a fool of o.s., make o.s. look silly, make o.s. (look) ridiculous; lay o.s. open to ridicule; make an exhibition (*or* a sight) of o.s.. **be·lag·lik·heid** ridiculousness, ludicrousness.

be·land *het* ~ land *(in a ditch, an asylum, etc.)*; end up; ***êrens*** ~ end up somewhere; fetch/land up somewhere *(infml.)*; ***in** iets* ~ land in s.t.; get/run into s.t. *(trouble etc.)*; *iem. **in** die moeilikheid laat* ~ land s.o. in difficulties; ***onder** diewe* ~ fall among thieves; ***waar** het jy ~?* where have you got to?; ***waar** moet ek ~?* where am I to go?, what is to become of me?.

be·lang *=lange, n.* interest, concern; importance, significance, consequence, import, account, moment; *van **aktuele*** ~ *wees* be of current/topical interest; *van die **allergrootste/allerhoogste/uiterste*** ~ of paramount importance; of vital importance, vitally important; ***baie** ~e hê* have many interests; *iem. se ~e **behartig*** promote (*or* look after) s.o.'s interests; *van **besondere*** ~ *word* take on a special interest; ***bestaande/gevestigde** ~e* vested interests; *die ~e van ... **bevorder*** further/promote the interests of ...; ***daadwerklike*** ~ active interest; *in iem. se **eie*** ~ in s.o.'s own interests, for s.o.'s own good; ***eie** ~e dien* have an axe to grind; *van **geen*** ~ *nie* unimportant, of no importance/consequence/account/moment; *iets is vir iem. van **geen*** ~ *nie, (also)* s.t. is of no concern to s.o.; *dit is van **geen*** ~ *nie, (also)* it does not signify; *iets van **geen/weinig*** ~ *beskou, (also)* make light of s.t.; *niemand het* ~ ***gestel** nie* there were no takers; *van **groot*** ~ very important, of great importance/consequence/account/moment; *dit is van **groot*** ~ *vir ..., (also)* it has great significance for ..., it is of great significance to ...; *van die **grootste/hoogste*** ~ *wees* be highly important, be of the first (*or* of primary) importance; *vir ... van die **grootste/hoogste*** ~ *wees, (also)* be vital to ...; *van **groter*** ~ *as ... wees* be paramount to ...; preponderate over ...; outweigh ...; *by ...* ~ ***hê*** have an interest in ...; have a vested interest in ...; be concerned with ...; *daarby* ~ ***hê** om te ...* be concerned with ...; *~e in iets **hê*** have interests in s.t.; ***in** (die)* ~ *van ...* in the interest(s) of ...; ***in** iem. se* ~ in s.o.'s (best) interest(s); *dit is **in** iem. se* ~*, (also)* it serves s.o.'s interests; *van **lewendige*** ~ *vir ... wees* be of vital interest to ...; *van **min/weinig*** ~ *wees* be of little account/consequence/importance/moment, be unimportant; *iets is van **minder*** ~ s.t. is unimportant (*or* of minor importance); *van **minder*** ~ *as ... wees* be subordinate to ...; *van **ondergeskikte*** ~ *wees* be a matter of detail; *van **oorwegende*** ~ of paramount importance; *in iets* ~ ***stel*** be interested (*or* take an interest) in s.t.; *iem. **stel** baie in iets* ~ s.t. interests s.o. greatly; *iem. **stel** in baie dinge* ~ s.o. has many interests; *iem. in iets laat* ~ ***stel*** interest s.o. in s.t.; *iem. **van*** ~ s.o. of weight/consequence; *iets **van*** ~ s.t. of interest/note; *iets is vir iem. **van*** ~ s.t. is important to s.o.; s.t. is of concern to s.o.; *iem. **weet** wat sy/haar* ~ *is* s.o. knows where his/her interest lies; ***weinig*** ~ *aan iets heg* make little of s.t.; *... is van **wesenlike*** ~ ... is of the essence. **be·lang** *het ~, vb., (arch.)* concern. **~hebbend** *=e, adj.* interested; *~e partye* parties concerned, interested parties; *~e voorwerp* indirect object. **~hebbende** *=s, n.* interested party, person concerned; *alle ~s* all interested parties, all concerned. **~stellend** *=e* interested; sympathetic. **~stellende** *=s* interested person; *(in the pl. also)* those interested; *~s en partye wat geraak word (abbr.:* BPG's*)* interested and affected parties *(abbr.:* IAPs*)*. **~stelling** interest; interestedness; concern; sympathy; *'n **daadwerklike/lewendige*** ~ *in/vir iets hê* have/take an active or a lively interest in s.t.; *die* ~ ***gaande** hou* keep (the) interest alive; *'n **gebrek** aan* ~ a lack of interest; indifference; *iem. het **geen*** ~ *vir iets nie* s.o. is indifferent to s.t.; *met **groot*** ~ with great interest; with deep concern; ~ ***in** iem.* an interest in s.o.; ~ ***in/vir** iets* an interest in s.t.; *'n **lewendige/sterk*** ~ a keen interest; ***met*** ~ with interest, interestedly; *die **middelpunt** van* ~ the centre of attraction; *in die **middelpunt** van die* ~ in the spotlight *(fig.)*; *iem. se* ~ *vir iets **(op)wek/prikkel*** whet s.o.'s interest in s.t.; whet s.o.'s appetite for s.t.; ***sonder*** ~ without interest; ~ ***toon*** show interest; (sit up and) take notice; *iem. se* ~ ***verflou*** s.o.'s interest flags; ~ ***verloor*** lose interest; *met* ~ ***verneem** dat ...* be interested to know that ...; *dankie vir jou/u* ~ thank you for inquiring/calling/writing; ~ ***wek*** (*of **gaande maak***) arouse/excite interest. **~wekkend** *=e* interesting, of interest; *hoogs* ~ profoundly interesting. **~wekkendheid** →BELANGRIKHEID.

be·lan·ge-: **~botsing** conflict of interest. **~gemeenskap** community of interest. **~groep** interest group. **~sfeer** sphere of interest.

be·lan·ge·loos *=lose* disinterested; unselfish. **be·lan·ge·loos·heid** disinterestedness; unselfishness.

be·lan·gen·de *(arch.)* concerning.

be·lang·rik *=rike =riker =rikste* important, significant;

outstanding, notable, momentous; material, substantial, weighty; *iets* ~ ***ag*** regard s.t. as important; *iets nie* ~ ***ag*** *nie, (also)* not make/think anything of s.t.; ***minder*** ~ *wees* be less important; be secondary; ***onder*** *die* ~*ste kunstenaars/ens. wees* be in the first/top flight of artists/etc.; *nie* ***so*** ~ *nie* not all that important; *iets is vir ...* ***uiters*** ~ s.t. is extremely important to ...; s.t. is crucial for/to ... **be·lang·rik·heid** importance, prominence, weightiness; *in volgorde van* ~ in order of precedence; *iets in volgorde van* ~ *aanpak/afhandel/dek/plaas/vereffen/ens.* prioritise s.t..

be·las *het* ~, *vb.* load *(a machine)*; burden; rate *(locally)*; tax *(farmers etc.)*; assess *(s.o., property)*; impose a tax on; (en)cumber; weight *(statistics)*; *iem. met ...* ~ load s.o. with ... *(work etc.)*; burden s.o. with ... *(one's problems etc.)*; charge s.o. with ... *(an investigation)*; entrust s.t. to s.o., entrust s.o. with ... *(a [cabinet] portfolio)*; *iem. met 'n verband* ~ mortgage/encumber s.o.. **be·las** *-laste, (p.p.), adj.* loaded; burdened; rated; taxed; laden; ~ *en* ***belade/belaai*** heavily laden; ***erflik*** ~ *wees* be a victim of heredity; ~*te* ***gemiddeld(e)*** weighted average; ***met*** *iets* ~ *wees* be burdened/loaded/saddled with s.t.; be responsible for s.t.; be in charge of s.t.; *iem. is* ***met*** *iets* ~, *(also)* s.t. is s.o.'s responsibility; ***swaar*** ~ *wees, (property)* be heavily mortgaged; be heavily taxed. **be·las·baar** *-bare* taxable; rat(e)able *(value)*; dutiable *(imports)*; assessable. **be·las·baar·heid** taxability; load capacity.

be·las·ter *het* ~ slander, defame, calumniate, traduce, malign; libel. **be·las·te·ring** slandering, defamation; libel; *'n* ~ *van ...* a libel on ...

be·las·ting *-tings* taxation; tax; duty; *(local)* rate; load(ing), stress, strain; weighting; *R10 000* ***aan*** ~ *betaal* pay R10 000 in taxes; ~ *met* ***fideikommis,*** *(jur.)* entailment; ~ *op* ***geskenke*** gift tax; *'n* ~ ***hef*** raise a tax; impose/levy a tax; ~ *op goedere* ***hef*** levy taxes on goods; *die staat* ***hef*** *direkte en indirekte* ~*s* the state levies direct and indirect taxes; ~ *deur* ***inflasie*** fiscal drag; ***ná*** *(aftrek van)* ~ after tax(es); ***nuttige*** ~ payload; ***onregstreekse/indirekte*** ~ indirect tax; ~ *aan mense* ***oplê*** levy taxes on people; ***regstreekse/direkte*** ~ direct tax; ~ *op* ***toegevoegde*** *waarde (abbr.:* BTW*)* value-added tax *(abbr.:* VAT*)*; *'n* ~ ***verhoog*** raise a tax; ~ *na* ***vermoë*** faculty tax; *inkomste/wins/ens.* ***voor*** ~ pre-tax income/profit/etc.. **~aanslag** tax assessment. **~aansporing** tax incentive. **~aftrekbaar** tax-deductible. **~amptenaar** tax official; revenue officer. **~betaler** taxpayer; ratepayer. **~betalersvereniging** ratepayers' association. **~bevryde:** ~ *goedere* open stocks. **~bewys** tax clearance. **~druk** tax burden, burden/incidence of taxation. **~gaarder** tax collector, *(infml.)* taxman; receiver of revenue. **~grens** taxable limit. **~groep** →BELASTINGKATEGORIE. **~inkomste** tax revenue. **~inspekteur** inspector of revenue. **~invordering** tax collection. **~jaar** year of assessment, fiscal/financial/tax year. **~kantoor** (inland) revenue office, tax-collector's office. **~kategorie, ~groep** tax bracket. **~koers** rate of taxation. **~konsultant** tax consultant. **~korting** tax allowance *(regarding investment etc.)*; tax rebate *(regarding children etc.)*. **~ontduiker** tax evader/dodger. **~ontduiking** tax evasion/dodging. **~ontwyking** →BELASTINGVERMYDING. **~opbrengs** tax revenue. **~opgawe** tax return. **~paradys** →BELASTINGTOEVLUGSOORD. **~pligtig** *-e* rat(e)able; taxable. **~pligtige** *-s* taxpayer; ratepayer. **~seël** revenue/fiscal stamp. **~skuiling** tax shelter. **~stelsel** tax system, system of taxation. **~struktuur** tax structure. **~tarief** scale of taxation. **~toegewing, ~vergunning** tax concession, *(infml.)* tax break. **~toeslag** surtax. **~toevlugsoord, ~paradys** tax haven. **~vergunning** →BELASTINGTOEGEWING. **~verhoging** tax increase, increased taxation. **~verlaging, ~vermindering** tax reduction/cut. **~verligting** tax relief. **~vermyding, ~ontwyking** tax avoidance *(by lawful methods)*. **~vlugteling** tax exile. **~voet** incidence/rate of taxation. **~vorm** tax form. **~vry** tax-free, tax-exempt; duty-free, uncustomed; ~*e winkel* duty-free shop. **~wet** fiscal law.

be·lat *het* ~ batten; slat, lath. **be·lat·ting** battening; slatting, lathing; strapping *(of a wall)*.

bel can·to *(It., mus.)* bel canto.

be·lê *het* ~ invest, place *(money)*; call, convene, arrange *(a meeting)*; belay *(a rope)*; overlay *(woodwork)*; *geld* ~ invest money, make an investment; *in ...* ~ invest in ...; *vas* ~ *wees, (money)* be tied up.

be·le·dig *het* ~ offend, give offence to, insult, affront, hurt *(the feelings of)*; *dodelik* ~ *wees* be mortally offended; ~ *wees/voel deur ...* be/feel affronted by ... **be·le·digde** *-des* insulted person/party. **be·le·di·gend** *-gende* offensive, insulting, abusive; opprobrious *(fml.)*. **be·le·di·ger** *-gers* insulter. **be·le·di·ging** *-gings, -ginge* offence, insult, affront; contumely, indignity; *'n* ***griewende*** ~ a stinging insult; *'n* ***opsetlike*** ~ a calculated/studied insult; ~*s op iem. laat* ***reën*** heap abuse (up)on s.o.; *'n* ~ *na iem.* ***slinger*** fling/hurl an insult at s.o.; *iem. moet* ~*s (maar)* ***sluk*** s.o. has to swallow insults; *iem.* ~*s* ***toeskree(u)*** shout abuse at s.o.; *'n* ~ ***verdra*** take an insult; ~*s* ***verduur*** suffer indignities; *'n* ~ ***vir*** *...* an insult to ...; *iets is 'n* ~ ***vir*** *iem., (also)* s.t. is a reflection (up)on s.o.; s.t. is a slap in the face for s.o.; ~*s met iem.* ***wissel*** trade insults with s.o..

be·le·ë mature(d) *(fruit, wine, cheese, etc.)*; cured *(meat, fish, etc.)*; ripe *(wine, cheese)*; seasoned *(wood)*. **be·le·ën·heid** maturity, matureness.

be·leef, be·le·we *het* ~ experience; witness; go through *(three editions, the war, etc.)*; *iem. sal iets nog* ~ s.o. will live to see s.t.; *iem. sal iets nooit* ~ *nie* s.o. will never live to see s.t.; *ek het nog nooit so wat* ~ *nie* I have never seen anything like it; *slegte tye* ~ fall upon evil days (*or* hard times); *jou honderdste verjaardag* ~ live to be a hundred; *die boek het vier drukke* ~ the book ran into four editions.

be·leef(d) *-leefde, adj.* polite, courteous, civil, well-mannered, mannerly, obliging; *dit is nie juis* ~ *om te ... nie* it is not/scarcely polite to ...; *so* ~ *wees om te ...* have the grace to ...; ~ *wees teenoor iem.* be polite to s.o.. **be·leef(d)** *adv.* politely, courteously, civilly; *ek versoek u* ~ I request you kindly; *u word* ~ *versoek* you are kindly requested. **be·leef·de·lik** →BELEEF(D) *adv.*. **be·leefd·heid** *-hede* politeness, courtesy, courteousness, mannerliness; urbanity; civility; *die* ~ *beantwoord* return the compliment; *(aan) iem. beleefdhede bewys* pay attentions to s.o.; *iem. met min/weinig* ~ *behandel* treat s.o. with scant courtesy; *met onveranderlike/volgehoue* ~ with unfailing courtesy; *iem. is die* ~ *self* s.o. is courtesy itself.

be·leefd·heids-: **~besoek** courtesy visit, duty/courtesy call. **~betuiging** *-s, -e* civilities, compliments. **~frase** complimentary phrase. **~(ont)halwe** out of politeness, as a (matter of) courtesy. **~vorm** *-e* formality, conventionality; polite/complimentary form; honorific.

be·le·ër *het* ~ besiege, lay siege to; invest; beleaguer. **be·le·ë·raar** *-raars* besieger; beleaguerer. **be·le·ë·ring** *-rings, -ringe* siege; →BELEG[1] *n.*.

be·le·ë·rings-: **~geskut** siege artillery. **~kanon** siege gun/piece, battering gun. **~kuns** siege craft. **~oorlog** siege warfare. **~trein** siege/battering train. **~troepe** besieging/siege troops. **~werktuig** siege implement.

be·leg[1] *-leërings, -leëringe, n.* siege; *'n* ~ *opbreek/ophef* raise a siege; *die* ~ *slaan voor 'n stad* lay siege to a town; *in staat van* ~ in a state of siege; *die staat van* ~ *afkondig* declare/proclaim a state of siege.

be·leg[2] *-legde, p.p.* trimmed *etc.* (→BELÊ); ~*de geld, (rare)* money invested. **~klos** belaying cleat. **~laag** overlay. **~lat** *(constr.)* fur. **~latte** furring. **~pen** *(naut.)* belaying pin. **~stuk** lining (piece). **~werk** overlay work; trimming.

be·leg·baar *-bare* investable, investible.

be·leg·ger *-gers* investor *(of money)*; convener, convenor *(of a meeting)*. **be·leg·gers·land** investing country.

be·leg·ging *-gings, -ginge* covering; trimming; investment *(of money)*; convening, convocation *(of a meeting)*; encrustation, incrustation; *'n* ~ *in ...* an investment in ...; *'n* ~ *maak/doen* make an investment; ~*s aan 'n land onttrek* disinvest from a country; *onttrekking van* ~*s* disinvestment; *veilige* ~ safe/sound/blue-chip investment. **~sekretaris** investment secretary.

be·leg·gings-: **~aandele** financials. **~aansporing** investment incentive. **~bank** investment bank. **~bestuur** investment management. **~effek** investment bond. **~inkomste** investment income. **~maatskappy** investment company. **~trust** investment trust.

be·leg·sel *-sels* covering; facing; trim(ming). **~slip** faced opening.

be·leid *-leide* policy; policies; *'n* ~ ***bepaal*** lay down a policy; ***kragtens/volgens*** *'n* ~ under a policy; ***met*** ~ *te werk gaan* act with discretion; *'n* ~ ***oor*** (*of* ***met betrekking tot*** *of* ***ten opsigte van****) iets* a policy on s.t.; *'n* ~ ***toepas*** implement a policy; *'n* ***uitgesproke*** ~ a declared policy; *'n* ~ ***volg*** pursue a policy. **~vormend** *-e* policy-making. **~vorming** policy making.

be·leid·loos *-lose* without a policy. **be·leid·loos·heid** lack/absence of a policy.

be·leids-: **~bepaler** policy maker. **~bepaling** policy making. **~punt** point of policy; *(in the pl. also)* policies. **~rigting** (trend of) policy. **~verklaring** statement of policy. **~vormer** policy maker.

be·lek *het* ~ lick; beslaver, beslobber.

be·lem·mer *het* ~ impede, retard *(progress)*; (en)cumber, cramp, hamper, handicap; obstruct *(the way/view)*; clog; foul; bedevil; interfere with; interrupt; *die groei van ...* ~ stunt/dwarf the growth of ... **be·lem·me·rend** *-rende* hampering, obstructive, *etc.*; inhibitive, inhibitory. **be·lem·me·ring** *-rings, -ringe* hindrance; impediment *(in one's speech)*; obstruction; disincentive; interference; handicap; stunting, dwarfing *(in growth)*; clog(ging).

be·lem·niet *-niete, (mollusc)* belemnite.

be·le·se well read *(pred.)*, well-read *(attr.)*, widely read; *'n* ~ *man,* a well-read (*or* widely read) man, a man of wide reading. **be·le·sen·heid** (wide) reading, extent of one's reading; *iem. se (groot)* ~ s.o.'s wide reading.

be·let *het* ~ bar, prevent, stop; forbid, prohibit, ban; inhibit, preclude, interdict, debar; *iem.* ~ *om iets te doen* forbid s.o. to do s.t.; prohibit s.o. from doing s.t.; stop s.o. from doing s.t.; *iem. is* ~ *om wyn te drink* s.o. has been forbidden (to drink) wine. **be·let·sel** *-sels* impediment, obstacle, bar; *'n* ~ *vir iets wees* be a bar to s.t.; *'n wetlike* ~ a legal obstacle. **be·let·sel·te·ken** *(sequence of three dots [...])* ellipsis. **be·let·tend** *-tende* inhibitory, inhibitive, prohibitive. **be·let·ting** *-tings, -tinge* ban, prohibition.

be·let·ter *het* ~ letter. **be·let·te·ring** lettering.

be·le·we *het* ~ →BELEEF. **be·le·we·nis** *-nisse* experience; adventure; perception. **be·le·we·nis·veld** range of perception. **be·le·wing** *-wings, -winge* experience, experiencing.

Belg *Belge* Belgian. **Bel·gi·ë** *(geog.)* Belgium. **Bel·gies** *-giese* Belgian.

belg *vb., (obs.)* →GEBELG(D).

Bel·gra·do *(geog.)* Belgrade.

bel·ham·bra →BELLOMBRA.

bel·ha·mel *(fig.)* ringleader; *(leading sheep of a flock)* bellwether.

Be·li·als·kind *(worthless/wicked person)* son of Belial.

be·lieg *het* ~ lie to *(s.o.)*.

be·lig *het* ~, *vb.* light; *(phot.)* expose; candle *(eggs)*; throw light on, elucidate, illuminate; illustrate. **be·lig** *-ligte, p.p.* exposed *etc.*; *van agter* ~ backlit. **be·lig·ting** lighting; *(phot.)* exposure; illumination, irradiation. **be·ligtings·tyd** *(phot.)* exposure time.

be·lig·gaam *het* ~ embody, personify; incarnate; *in ...* ~ *wees* be embodied in ... **be·lig·ga·ming** embodiment, personification.

Be·lize *(geog.)* Belize *(formerly* British Honduras*)*; *(die stad)* ~ Belize City.

bel·la·don·na *(bot.)* belladonna, deadly nightshade. **~lelie** belladonna/Easter/March lily, SA amaryllis.

bel·le·tjie *-tjies* little bell; bead *(of water)*. **~heide** *(Erica regia)* royal/Elim heath.

bel·let·trie belles-lettres. **bel·let·tris** *-triste* belletrist. **bel·let·tris·ties** *-tiese* belletristic.

bel·lom·bra *-bras* bellombra (tree), umbra tree.

be·loe·ga =*gas* beluga, white whale.

be·loer *het* ~ watch, spy (up)on, peep at. **be·loer·der** =*ders* peeping/Peeping Tom, peeper.

Be·loe·tsji →BALOETSJI. **Be·loe·tsji·stan** →BALOE=TSJISTAN.

be·lof·te =*tes* promise, solemn word; *(jur.)* affirmation *(to speak the truth);* committal; →BELOOF; *'n ~ **aflê/doen/maak*** make a promise; *'n ~ **breek/verbreek*** break a promise, go back on/upon one's word; *'n ~ aan iem. **doen/maak*** promise s.o. s.t., make a prom=ise to s.o., give s.o. an undertaking; *'n ~ **gestand** doen* (of ***hou/nakom***) keep (*or* stand by *or* fulfil) a promise; keep faith; ***holle** ~s* empty promises; *dit is **holle** ~s, (also)* it is pie in the sky *(infml.); iem. aan sy/haar ~ **hou*** hold/keep s.o. to his/her promise; *'n ~ teenoor iem. **hou/nakom,** (also)* keep faith with s.o.; *('n) groot ~ **in=hou*** show great promise; ***land** van ~* promised land, land of promise; *'n leë ~* an idle promise; *iem. se ~ **om** te ...* s.o.'s promise to ...; *'n **onvervulde** ~* an unre=deemed promise; *~ maak **skuld*** a promise is a prom=ise; *~ maak **skuld,** wie dit glo raak gekuld* promises are like piecrust, made to be broken; *'n **vaste** ~* a firm promise; *aan 'n ~ **voldoen*** fulfil a promise. **be·lof·te=ryk** =*ryke* promising.

be·lo·ning =*nings,* =*ninge* reward, recompense; remu=neration; →BELOON; ***as** ~ vir ...* as a reward for ...; ***om'n** ~* for a consideration; ***ter** ~ vir ...* in reward for ...; *'n ~ vir iets **uitloof*** offer a reward for s.t.; *iem. 'n ~ **voorhou*** hold out a carrot to s.o. *(infml.); 'n **vorste=like** ~* a princely reward. **be·lo·nin·kie** =*kies* small re=ward, pittance.

be·loof, be·lo·we *het ~, vb.* promise, undertake; bid fair; →BELOFTE; *iets **aan** iem.* (of *iem. iets*) *~* promise s.t. to s.o., promise s.o. s.t.; *~ **dat** ...* promise that ...; *dit sal nie so maklik gaan nie, **dit** ~ ek jou* I promise you it will not be so easy; ***goed** ~* promise well; *dit ~ **goed/veel** vir ..., (also)* it augurs/bodes well for ...; *(met) **hand** en mond ~ dat ...* →HAND; *iem. **laat** ~ om te ...* make s.o. promise to ...; *iem. plegtig **laat** ~ om iets geheim/ens. te hou* swear s.o. to secrecy/etc.; ***min/weinig** belowend* unpromising; *die debat ~ **om** lewendig te wees* the de=bate should (*or* promises to) be a lively one; *dit ~ **om** ... te word* it promises to be ...; *~ **om** iets te doen* prom=ise to do s.t.; undertake to do s.t.; ***plegtig** ~ dat ...* give one's solemn word that ...; ***plegtig** ~, (also)* give/pledge one's word; *dit ~ **sleg/weinig** vir ...* it augurs/bodes ill for ...; ***vas** ~* promise faithfully; ***veel** ~* be very prom=ising, show (*or* be full of) promise; shape (up) well. **be=loof** =*de, adj.* promised; *~de land* land of promise, promised land.

be·loon *het ~* reward; remunerate; recompense; →BE=LONING; *die deug ~ homself* virtue is/brings its own re=ward; *iem. met ... vir ... ~* reward s.o. with ... for ...; *ryklik/ruimskoots ~ word* be rewarded abundantly; *iem. vir iets ~, (also)* repay s.o. for s.t..

be·loop *n.* way, course; march; shape, lines, run *(of a ship); dit is nou maar die ~* that's the way the cookie crumbles *(infml.); dit is die (ou) wêreld se ~* that/such is the way of the world. **be·loop** *het ~, vb.* amount to *(millions etc.); bloedbelope* (of *met bloed belope*) *oë* blood=shot eyes; *'n salaris wat ses syfers ~* a salary running into six figures.

be·lo·we →BELOOF. **be·lo·wend** =*wende, meer* =*wend die mees* =*wende* promising; *~ lyk* show promise.

bel pa·e·se(-kaas) *(<It.)* bel paese (cheese) *(often B~ P~).*

bel·roos *(med.)* erysipelas, St Anthony's fire, the rose.

Bel·sa·sar *(OT)* Belshazzar.

bels(·bos) *(bot.: Osmitopsis asteriscoides)* bels *(infml.).*

Belt: *die Groot/Klein ~, (strait in Denmark)* the Great/Little Belt.

be·lug *het ~, vb.* ventilate; aerate; activate. **be·lug** =*lugte, p.p.* ventilated *etc.*. **be·lug·ting** ventilation; aeration; activation.

be·luik *het ~* shutter. **be·lui·king** shuttering.

be·luis·ter *het ~* listen to; auscultate. **be·luis·te·ring** listening to; *(med.)* auscultation. **be·luis·te·rings·klank** auscultatory sound.

be·lus =*luste* eager, keen, desirous, greedy; *op iets ~ wees* be eager after/for s.t., crave (*or* have a craving for) s.t.. **be·lust·heid** craving; *~ op ...* desire for ...

be·ly *het ~* profess *(Christ, religion);* confess *(guilt, sins);* avow. **be·ly·dend:** *~e Christen* practising Christian; *~e lidmaat* communicant.

be·ly·de·nis =*nisse* confession; credo; creed; *(religious body)* denomination; declaration of purpose; *jou ~ aflê* be confirmed (as a member of the church); *~ van jou sonde doen* confess one's sins. **~poësie** confes=sional poetry. **~skrif** =*te* confession of faith, formal creed/confession; *(in the pl. also)* articles of faith.

be·ly·er =*ers* confessor; professor *(of religion); Eduard die B~* Edward the Confessor.

be·lyn *het ~* rule *(paper);* outline; *skerp ~de gelaatstrek=ke* clear-cut features. **be·ly·ning** outlining; outline. **be=ly·nings·troe·pe** street-lining troops.

be·maak *het ~* bequeath, leave, make over, will, settle on, endow; *iets aan iem. ~* bequeath s.t. to s.o., be=queath/leave s.o. s.t.; will s.t. to s.o.; settle s.t. (up)on s.o.. **be·ma·ker** bequeather. **be·ma·king** =*kings,* =*kinge* bequest; bequeathment, endowment, settlement; *'n ~ aan ...* a bequest to ...

be·mag·tig *het ~* empower; take possession of, seize; make o.s. master of; obtain, secure, get hold of; usurp *(office, property, throne).* **be·mag·ti·ging** empowerment; taking possession of; seizure, seizing; usurpation.

be·man *het ~* man, staff *(a factory etc.);* crew *(a ship);* garrison *(a fortress).* **be·man·de** manned *(spacecraft etc.).* **be·man·ning** =*nings* crew, company, hands, com=plement *(of a ship);* garrison *(of a fortress);* manning; crewing; garrisoning; *agt van die ~* eight crew (mem=bers). **be·man·nings·lid** crew member.

be·man·tel *het ~* cloak; wall round; sheathe; veil. **be=·man·te·ling** cloaking; veiling; sheathing.

be·mark *het ~* market. **be·mark·baar** =*bare* mar=ketable; saleable. **be·mark·baar·heid** marketability. **be·mar·ker** marketer. **be·mar·king** marketing; *~ en kleinhandel* merchandising and retailing. **be·mar=kings·foe·fies** bells and whistles *(infml.).* **be·mar=kings·kunde** merchandising.

be·mas *het ~* mast *(a vessel).*

be·mees·ter *het ~* master; gain, get hold of.

be·merk *het ~* notice, observe, perceive, spot. **be·merk=baar** =*bare* noticeable, perceptible. **be·merk·baar=heid** perceptibility.

be·mes *het ~* manure, fertilise, dress; fructify. **be=mes·ting** manuring, fertilisation.

be·mes·tings-: ~leer science of manuring. **~waarde** manurial value.

be·mid·del *het ~* mediate, intercede; *tussen ... ~* me=diate between ... **be·mid·de·laar** =*laars* mediator, in=tercessor, intermediary, go-between, conciliator, hon=est broker. **be·mid·deld** =*delde* affluent, moneyed, monied, well off, well-to-do, comfortable; *~de man* man of means. **be·mid·de·lend** =*lende* conciliatory, mediative, mediatory; intercessory; *~ optree* mediate, act as mediator. **be·mid·de·ling** mediation; interces=sion; *jou ~ aanbied* offer one's good offices; *deur ~ van ...* by/through the agency of ...; through the instru=mentality of ...; *deur (die vriendelike) ~ van ...* through the good offices of ...

be·mid·de·lings-: ~komitee good offices (*or* medi=ating) committee. **~voorstel** mediatory proposal, pro=posed compromise.

be·min *het ~* love. **be·min(d)** =*minde* (well-)loved, be=loved, well-liked, popular; *jou by iem. ~ maak* endear o.s. to s.o.; *iets maak iem. by iem. anders ~* s.t. endears s.o. to s.o. else. **be·min·de** =*des* love, darling, sweet=heart, beloved, loved one, lover. **be·min·lik** =*like* lov(e)=able, amiable, lik(e)able, endearing, engaging. **be·min=lik·heid** lov(e)ableness, amiability; winning ways.

be·mis *het ~* dung; befoul; muck up. **be·mis·ting** be=fouling.

be·mod·der *het ~* bemire, besmirch, drabble. **be·mod=der(d)** =*derde* muddy, muddied, mud-stained, mud-covered, miry.

be·moe·der *het ~* mother. **be·moe·de·ring** mother=ing.

be·moe·dig *het ~* encourage, cheer (up), hearten, inspirit, reassure, comfort. **be·moe·di·gend** =*gende* en=couraging, cheering, heartening, reassuring, com=forting; *~e tekens* hopeful signs. **be·moe·di·ging** en=couragement, cheer, reassurance, comfort.

be·moei *het ~: jou met ... ~* concern o.s. with ...; in=terfere in/with ...; meddle in ...; tamper with ... *(wit=nesses); jou nie met iets ~ nie, (also)* keep out of s.t.; *iem. is aangesê om hom/haar nie met ... te ~ nie* s.o. has been told to stay away from ...; *jou met iem. se sake ~* med=dle in s.o.'s affairs; *~ jou met jou eie sake!* mind your own business!, don't poke/stick your nose into my affairs!. **~siek** =*sieke* interfering, meddling, meddle=some, officious. **~sug** meddlesomeness, officiousness.

be·moei·al =*alle* busybody, meddler, nos(e)y parker. **be·moei·e·nis** =*nisse* →BEMOEIING. **be·moei·ing** =*ings,* =*inge* interference, meddling; intervention, interposi=tion; concern, involvement; exertion, effort, endeav=our, pains, trouble.

be·moei·lik *het ~* complicate; impede, hinder, ham=per, encumber, handicap; obstruct, put obstacles in the way of; embarrass. **be·moei·li·king** hampering; obstruction.

be·mors *het ~, vb.* dirty, soil; besmear, smudge, be=grime; beslaver, beslobber; mess. **be·mors** =*morste,* =*morsde, adj.* dirtied; littered *(road).*

be·mos =*moste,* =*mosde* mossy, moss-grown, lichened.

be·myn *het ~* mine *(a harbour, road).*

be·na·deel *het ~* harm, damage, impair, injure; do an injustice to, wrong *(s.o.);* be injurious to; infringe (up)on; prejudice, be prejudicial to *(s.o.'s rights, in=terests); iem. ~ en boonop beledig* add insult to injury; *sonder om ... te ~* without detriment to ...; *~de persoon* aggrieved party. **be·na·deel(d)** disadvantaged. **be·na=de·ling** harm, damage, impairment, detriment, in=jury; infringement; prejudice.

be·na·der *het ~* approach; *(math.)* approximate; es=timate; *~de waarde* approximate value, approxima=tion. **be·na·de·rend** =*rende* approximative. **be·na·de=ring** =*rings,* =*ringe* approach; approximation; ***by** ~ 100* approximately (*or* an estimated) 100; ***by** ~ 100 is dood* 100 are estimated to have died; *'n nuwe ~ **tot** motor=bestuur/ens.* a new concept in driving/etc.; *iem. se ~ **van** ...* s.o.'s approach to ... **be·na·de·rings·me·to·de** method of approximation.

be·na·druk emphasise, stress, lay stress on, underline, place/put the accent on; *iets sterk ~* lay great stress on s.t., underline s.t. heavily *(fig.); deur iets ~ word* be punctuated by/with s.t..

be·na·ming =*mings,* =*minge* name, designation, appel=lation, term; denomination; *verkeerde ~* misnomer.

be·nard =*narde* critical *(situation);* hard *(times);* trying, tough, desperate, distressful; straitened *(circumstances).* **be·nard·heid** distress; hardness *(of times).*

be·nat *het ~* wet. **be·nat·baar** =*bare* wettable *(powder).* **be·nat·ting** wetting; irrigation. **be·nat·tings·mid·del** *(chem.)* wetting agent.

ben·de =*des* gang, band, pack, mob, horde, crew *(infml.),* troupe; *'n ~ diewe/ens.* a band of thieves/etc.. **~leier** gang leader. **~lid** gangster, mobster. **~oorlog** gang war. **~verkragting** gang rape, gangbang *(taboo sl.),* gangshag *(taboo sl.).* **~wese** gangsterism.

be·ne·de *adv.* down, below; downstairs; →ONDER; *hier ~* here below; *na ~ gaan* go down; go to the bottom. **be·ne·de** *prep.* under(neath), below, beneath; →NE=DER-; *iem. ~ jou ag* despise/disdain/contemn (*or* look down on/upon) s.o.; *~ die **jare*** under age; *~ (alle) **kritiek*** beneath criticism/contempt; *dit is ~ **my*** that is beneath me; *~ **pari,** (econ.)* below par, at a discount; *~ **peil*** below standard; *~ die **waarde*** below the value. **B~-Egipte, Laag-Egipte** Lower Egypt. **B~-Kanada** Lower Canada. **~liggend** =*e* underlying *(rock).* **~loop** lower course/reaches *(of a river).* **B~-Nyl** Lower Nile. **B~-Palts:** *die ~, (geog., hist.)* the Lower Palatinate. **~ruim** lower hold. **~stad** lower town. **B~windse Eilande** Leeward Islands.

be·ne·dik·sie -*sies* benediction.

be·ne·dik·tien *(liqueur)* benedictine.

Be·ne·dik·tus, *(Lat.)* **Be·ne·dic·tus** *(saint, pope)* Benedict; *(mus., Chr.)* Benedictus. **b~eiers** *(cook.)* eggs Benedict.

Be·ne·dik·tyn -*tyne,* **Be·ne·dik·ty·ner** -*ners* Benedictine. **Be·ne·dik·ty·ne(r)·kloos·ter** Benedictine monastery.

be·neem *het* ~ take away; deprive of; *iem. die moed* ~ discourage s.o..

be·ne·fi·si·eer *ge-, vb.* benefit; beneficiate. **be·ne·fi·si·êr** -*êre, adj.* beneficiary. **be·ne·fi·si·ë·ring** *(min.)* beneficiation.

Be·ne·lux *(Belgium, Netherlands, Luxemburg)* Benelux.

be·ne·pe small-minded, narrow-minded, petty, mean-spirited, *(infml.)* stuffy. **be·ne·pen·heid** small-mindedness, narrow-mindedness, pettiness.

be·ne·rig -*rige* bony, skinny, scraggy, scrawny; →BENIG.

be·net *het* ~, *vb.* reticulate. **be·net** -*nette, p.p.* reticulate(d). **be·net·ting** reticulation.

be·neuk *het* ~, *vb., (vulg.)* spoil, bedevil. **be·neuk** -*neukte, adj., (vulg.)* →BEFOETER(D).

be·ne·wel *het* ~ fog; *(fig.)* befog, obscure, cloud, obfuscate; bemuse; (be)fuddle *(with drink)*; haze, dim; muddle; *die verstand* ~ cloud the mind/intellect, warp judg(e)ment. **be·ne·wel(d)** -*welde* hazy, misty, foggy, befogged, fuzzy; muzzy, woozy, fuddled, muddled; dop(e)y, clouded *(intellect)*; purblind. **be·ne·we·ling** (be)fogging, clouding, obscuration, obfuscation; scumbling *(of paint)*.

be·ne·wens besides, over and above; together with, in addition to.

Ben·ga·le *(geog.)* Bengal; *Golf van* ~ Bay of Bengal. **Ben·gaals, Ben·ga·li** *n., (language)* Bengali. **Ben·gaals** -*gaalse, adj.* Bengal; Bengalese, Bengali; ~*e tier* Bengal tiger; ~*e vuur* Bengal light/fire. **Ben·ga·lees** -*lese* Bengalese, Bengali.

ben·ga·li·ne *(text.)* bengaline.

be·nieud *(rare)* anxious.

be·nig -*nige* bony; osseous; →BENERIG; *die ~e skedel* the osteocranium.

-**be·nig** *comb.* -legged; *lang~* long-legged *(girl etc.)*.

Be·nin *(geog.)* Benin. **Be·ni·ner** -*ners* Beninean. **Be·ni·nies** -*niese* Beninean.

Ben·ja·min *(OT)* Benjamin. **Ben·ja·mi·niet** -*niete* Benjaminite.

ben·ja·mi·niet *(min.)* benjaminite.

be·no·dig -*digde* needed, wanted, required, requisite, necessary; *hulp word* ~ help is needed; *klerk* ~ clerk wanted. **be·no·dig(d)·heid** -*hede* requisite; requirement; *(in the pl. also)* needs, wants, supplies, requirements, necessaries.

be·noem *het* ~ nominate; appoint; name, give a name to; *iem.* **in** *'n amp* ~ appoint s.o. to a post; *iem.* **in** *'n raad* ~ nominate s.o. to a council; *iem.* **tot** *'n amp/pos* ~ appoint s.o. to a post; *iem.* **tot** ... ~, *(also)* name s.o. as ...; *iem. (as kandidaat)* **vir** ... ~ nominate s.o. (as a candidate) for ... **be·noem·baar** -*bare* eligible, qualified. **be·noem·baar·heid** eligibility. **be·noem(d)** -*noemde* nominated; appointed; ~*de getal* concrete number. **be·noem·de** -*des* nominee, appointee. **be·noe·mer** -*mers* namer; nominator; appointer. **be·noe·ming** -*mings,* -*minge* nomination; appointment; naming; designation; creation; *'n* ~ **doen** make a nomination; make an appointment; *iem. se* ~ **in** *'n amp/pos* s.o.'s appointment to a post; ~ **tot** *offisier* commissioning; *iem. se* ~ **vir** *'n setel* s.o.'s nomination for a seat.

be·noe·mings-: ~**dag** nomination day. ~**vergadering** nomination meeting; *(Am.)* primary (meeting).

be·noor·de (to the) north of.

be·nou *het* ~, *(rare)* oppress. **be·noud** -*noude* oppressive, suffocating, stifling, stuffy, close *(room, atmosphere, etc.)*; sultry, muggy *(air, weather)*; tight-chested, breathing with difficulty; anxious, afraid, frightened, anguished; distressful, terrifying *(dream)*; *'n ~e oomblik* an anxious moment; *die pasiënt is* ~ the patient's breathing is laboured, the patient breathes with difficulty; ~ *voel* feel faint; ~ *wees, (also)* nip *(SA sl.)*; *die wêreld vir iem.* ~ *maak, (infml.)* make it/things warm for s.o.. **be·noud·heid** anxiety, fear, trouble; oppression, tightness of the chest, constriction; sultriness; stuffiness; anguish; *in die* ~ *wees* be in fear. **be·nou·end** -*ende* oppressive; eerie. **be·nou·e·nis** -*nisse* anxiety, distress. **be·nou·ing** -*inge* feeling of oppression.

be·nou·de-: ~**bors** asthma. ~**siekte** croup.

ben·seen benzene. **ben·si·dien** benzidine. **ben·siel** benzyl. **ben·sien** benzin(e). **ben·so·aat** -*ate* benzoate.

ben·so·ë-: ~**balsem** friar's/friars' balsam. ~**suur** benzoic acid. **ben·so·ïen** benzoin.

ben·sol *(chem.)* benzol(e).

ben·so·pi·reen, bens·pi·reen *(chem.)* benz(o)pyrene.

ben·ton →BENTOS.

ben·to·niet *(geol.)* bentonite.

ben·tos, ben·ton *(ecol.)* benthos, benthon. **ben·ties, ben·taal, ben·to·nies** benthic, benthal, benthonic.

be·nul notion; *geen* (of *nie die flouste/geringste/minste/vaagste*) ~ *van iets hê nie* not have the faintest/foggiest/slightest/vaguest idea/notion (*or* not have the remotest conception) of s.t., not know the first thing about (*or* have no idea of) s.t.; not have a clue (*or, infml.* be clueless) about s.t.; *ek het geen* (of *nie die vaagste*) ~ *nie* I wouldn't know, search me!.

be·nut *het* ~ use, make use of, utilise, put to use, exploit, avail o.s. of, turn to account, harness; *nie ten volle* ~ *nie* underuse, underutilise. **be·nut·ting** use, utilisation.

be·ny *het* ~ envy, be envious of; begrudge; *almal* ~ *hom/haar* he/she is the envy of all; *beter* ~ *as bekla* better envied than pitied. **be·ny·baar** -*bare* enviable. **be·ny·dens·waar·dig** -*dige* enviable. **be·ny·dens·waar·dig·heid** enviability. **be·ny·ding** envy, jealousy.

be·oe·fen *het* ~ practise *(a trade, profession, art)*; follow *(a trade, profession)*; pursue *(a career)*; do, go in for *(sport)*; exercise *(patience)*; *die boerderybedryf* ~ farm, carry on farming operations; *'n vak* ~ ply a trade; study a subject. **be·oe·fe·naar** -*naars* practitioner *(of an art)*. **be·oe·fe·ning** pursuit, practice; *in* ~ *bring* put into practice.

be·oog *het* ~ aim at, have in mind/view, intend; contemplate, mean, plan, envisage, design, purpose; *die ~de doel* the intended purpose; ~ *om te* ... aim to ...

be·oor·deel *het* ~ judge, adjudicate; review *(book)*; rate, value, evaluate. **be·oor·de·laar** -*laars* judge *(at a show)*; adjudicator *(of a competition)*; critic *(of art, mus., etc.)*; reviewer *(of a book)*; ~ *wees in 'n kompetisie* adjudicate in a competition. **be·oor·de·ling** -*lings,* -*linge* judging, adjudication; judg(e)ment; criticism, review; rating, evaluation; *iem. se* ~ *van iets* s.o.'s estimate of s.t..

Be·o·si·ë *(geog., hist.)* Boeotia. **Be·o·si·ër** -*ërs* Boeotian. **Be·o·ties** -*tiese* Boeotian.

be·paal *het* ~ fix *(a date, price, place, etc.)*; appoint *(the time, place)*; determine *(a date, s.o.'s fate, what is to be done, etc.)*; ordain, order, direct; stipulate; decide; ascertain *(value)*; define; state; lay down *(by law)*; provide, decree, enact; *(gram.)* qualify, modify; *(min.)* locate; gauge; establish; *jou* **by** ... ~ confine o.s. to ... *(the subject etc.)*; concentrate on *(one's work)*; *iem. kan hom/haar* **by** *niks* ~ *nie* s.o. cannot settle to anything; *die* **dag** ~ name the day, fix the date; *iets word tot groot hoogte* **deur** ... ~ s.t. is largely determined by ...; *iem./iets is bepaal* **om** *om ... te vertrek* s.o./s.t. is scheduled to leave at ...; *jou* **tot** ... ~ confine/restrict/limit o.s. to ...; *iets is* **vir**... ~ s.t. is scheduled to take place at ...; *die* **wet** ~ *dat* ... the law says (*or* lays down) that ... **be·paal·baar** -*bare* determinable, definable. **be·paal(d)** -*paalde, adj.* fixed *(date, price)*; specified *(details)*; appointed *(time)*; stated *(times)*; stipulated; definite *(reply, aim, number)*; specific, explicit; decided, distinct; determinate *(solution, equation)*; well-defined *(role etc.)*; *op die ~de* **dag** on the appointed day; *'n ~de* **streek** a particular area. **be·paald** *adv.* positively, decidedly, undoubtedly, definitely, doubtless, unmistakably; **bepaald!** sure! *(infml.)*; *nie* ~ **lelik** *nie* not exactly/really ugly; **meer** ~ specifically; *jy* **moet** *dit* ~ **doen** you should/must really do it; *iem.* **sal** ~ *daar wees* s.o. is sure to be there; *dis* ~ **vriendelik** *van jou* it is really kind of you. **be·paald·heid** definiteness, positiveness. **be·pa·lend** -*lende* defining, determining; qualifying, modifying; ~*e lidwoord, (gram.)* definite article. **be·pa·ler** *(gram.)* modifier, qualifier; determiner. **be·pa·ling** -*lings,* -*linge* fixing; determining, determination; *(gram.)* modifier; definition; stipulation, term, clause *(of an agreement)*; *(jur.)* provision, regulation; *(date)* fixture; computation, evaluation; direction *(in a will)*; *op die fyner ~s let* read the fine/small print; *kragtens/volgens die ~s van* ... under the provisions of ...; ~*s en voorwaardes* terms and conditions.

be·pak *het* ~ load, pack.

be·pant·ser *het* ~ armour. **be·pant·se·ring** armour(ing), armour plate/plating.

be·peins *het* ~, *vb.* ponder over, muse/meditate on, pore over, cogitate. **be·peins** -*de,* -*te, adj.* pondered. **be·pein·sing** -*sings,* -*singe* pondering, meditation, musing, speculation; *in diepe* ~ *wees* be deep in meditation.

be·pê·rel *het* ~ adorn with pearls. **be·pê·rel(d)** -*relde* pearled.

be·perk *het* ~, *vb.* limit, confine, restrict; reduce, cut down, trim back *(expenses, losses, etc.)*; keep within limits/bounds, localise; stint; curtail; qualify; *jou* ~ keep within bounds; *jou tot* ... ~ confine o.s. to ...; *iem./iets tot* ... ~ limit s.o./s.t. to ...; restrict s.o./s.t. to ... **be·perk** -*perkte* -*perkter* -*perkste, adj.* limited; circumscribed; confined *(space)*; restricted *(choice etc.)*; parochial *(view)*; scant *(means)*; ~*te* **aanspreeklikheid** limited liability; ~*te* **bevoorregting** qualified privilege; ~*te* **beweging** restricted motion/movement; ~*te* **gebied** restricted area; ~*te* **oplaag** limited edition *(of a book etc.)*; *iem. se* **tyd** *is (baie)*~ s.o. is (hard-)pressed for time. **be·per·kend** -*kende* limiting, restrictive, restricting; ~*e praktyke, (pl.)* restrictive practices. **be·per·king** -*kings,* -*kinge* limiting, restricting; restriction, limitation; qualification; cutting down, reduction; *(in the pl. also)* trammels, shackles; *jou (eie) ~s* **ken** know one's (own) limitations; *die ~s* **op** *iets* the constraints on s.t.; the restrictions on s.t.; ~*s aan iem.* **oplê** place restrictions (up)on s.o.; *'n* ~ *op iets* **plaas/stel** put/set a limit on/to s.t.; **sonder** ~ without restriction. **be·perkt·heid** limitation, restriction; limitedness, restrictedness; parochialism.

be·pik[1] *het* ~ peck at.

be·pik[2] *het* ~ pitch, cover with pitch.

be·pis: *jou* ~, *(vulg.)* piss o.s..

be·plaat *het* ~ sheet, sheathe. **be·pla·ting** sheeting, sheathing.

be·plak *het* ~ paper *(a wall)*; paste over; *iets met* ... ~ daub s.t. with ...; plaster s.t. with ...

be·plan *het* ~ plan. **be·plan·ner** -*ners* planner. **be·plan·ning** planning. **be·plan·nings·ka·len·der** year planner.

be·plank *het* ~ board. **be·plank·ing** boarding.

be·plant *het* ~ plant; *met bome* ~ plant with trees. **be·plan·ting** planting *(with)*.

be·pleis·ter *het* ~ plaster (over). **be·pleis·te·ring** plaster(ing).

be·pleit *het* ~ plead (for); champion, maintain; advocate *(the necessity of)*; call for; *(jur.)* advocate, speak in favour of, argue *(a case)*; *iem. se saak by* ... ~ plead for s.o. with ... **be·plei·ter** -*ters* pleader, champion, advocate. **be·plei·ting** pleading, championing, advocacy.

be·pluim *het* ~ plume, decorate with plumes.

be·poei·er *het* ~ powder.

be·praat *het* ~ talk over, discuss; persuade, talk into; talk at.

be·preek *het* ~ preach at, sermonise.

be·proef *het* ~, *vb.* attempt, try; essay, experiment (with); (put to the) test; afflict, visit; *jou geluk* ~ try one's luck; *iem.* ~ put s.o. to the test (*or* through his/her paces). **be·proef** -*proefde,* -*proefte, adj.* (well-)tried; trusted, trusty, staunch *(friend, supporter)*; efficacious, approved *(remedy)*; well-proved, well-proven; *swaar ~ wees/word* be deeply afflicted; be severely/sorely tried. **be·proe·wing** *-wings, -winge* trial; visitation, affliction; testing; tribulation; ordeal; cross; *'n ~ deurmaak/deurstaan* go through an ordeal; *iets is vir iem. 'n ~* s.t. is an ordeal for s.o.; *iets is vir iem. 'n swaar ~* s.t. is a sore trial to s.o..

be·pyp *het ~* pipe, fit pipes. **be·py·ping** piping.

be·raad conference; deliberation; *ná ryp(e) ~* after serious thought; *ná ryper ~* on second thoughts. **be·raad·slaag** *het ~* deliberate; confer, take counsel; *(met mekaar) ~* confer together; *met iem. (oor iets) ~* confer with s.o. (on/about s.t.); deliberate with s.o. (about/on/over s.t.). **be·raad·sla·gend** *-gende* consultative, deliberative; *~e liggaam* deliberative body. **be·raad·sla·ging** *-gings, -ginge* deliberation, consultation. **be·raad(s)·lig·gaam** deliberative body. →BERADE.

be·raam *het ~* devise *(a plan, scheme, etc.)*; contrive, design, plan; calculate, estimate, project *(costs)*. **be·ra·ming** *-mings, -minge* devising, contriving, planning; calculation, estimate; →RAMING; *na ~ ...* it is estimated that ...

be·raap *het ~* render *(walls)*. **be·ra·ping** rendering *(of walls)*.

be·ra·de *-dener -denste (meer ~ die mees ~)* well-considered, deliberate.

be·rand *het ~, vb.* kerb. **be·rand** *-rande, adj.* kerbed. **be·ran·ding** kerbing.

be·rank *-rankte* covered *(by a climbing plant)*.

Ber·ber *-bers* Berber. **Ber·bers** *n., (language)* Berber. **Ber·bers** *-berse, adj.* Berber.

ber·be·ris *-risse, (bot.)* barberry.

ber·ceu·se *-ses, (Fr.)* berceuse, lullaby, cradlesong.

ber·de: *iets te ~ bring* bring s.t. up; put s.t. forward; broach s.t..

be·re-: **B~-eiland** Bear Island. **~jag, beer·jag** bear-hunt. **~klou** *(archit.)* acanthus; *(bot.)* bear's-breech(es), brankursine. **~kuil** bear-pit. **B~meer:** *Groot ~* Great Bear Lake. →BEER.

bê·re *ge-* put/set aside, store, put/lay away; stow; save (up); *jou hoogmoed ~ (tot later)* put your pride in your pocket; *jou lyf ~* save one's strength; loaf; save o.s.; *so skaam wees dat jy nie weet waar om jou te ~ nie* not know where to hide one's head for shame. **~boekie** (pull-out) supplement. **~geld** storage (fee), yardage; demurrage. **~kas** locker; filing cabinet. **~koop, ~kopie** lay-by. **~plek, berg·plek** storage; storehouse, storeroom, depository; boxroom; shed; receptacle.

be·red·der *het ~* put in order, arrange; administer *(an estate)*; wind up. **be·red·de·raar** *-raars* arranger; administrator *(of an estate)*; fixer. **be·red·de·ring** arranging, arrangement; administration *(of an estate)*.

be·re·de mounted *(troops)*; on horseback; *~ artillerie* field artillery; *~ diens* mounted duty; *Kanadese B~ Polisie* Royal Canadian Mounted Police; *~ soldaat* cavalryman, trooper.

be·re·de·neer *het ~* argue, reason out; discuss, debate; *~de betoog* reasoned exposition; *logies ~(d) wees* be closely argued/reasoned. **be·re·de·ne·ring** *(jur.)* argument; discussion.

be·reg *het ~, vb.* try *(a case)*; adjudicate; set to rights; *(RC)* administer the last rites to. **be·reg** *-regte, adj.* decided, tried, adjudicated. **be·reg·baar** *-bare* triable, justiciable. **be·reg·ting** *-tings, -tinge, (jur.)* trial; adjudication, adjudg(e)ment; *(RC)* administration of the last sacraments; *hardhandige/haastige ~* rough justice; *summiere ~* summary justice.

be·rei *het ~* prepare, get ready *(food)*; curry, dress, cure *(leather)*; *~de karringmelk* cultured buttermilk; *~de spek* cured bacon; *die weg ~* clear the way. **be·reid** prepared, willing, happy, *(infml.)* game; ready, (all) set; *~ wees om te ...* be willing/prepared to ...; *tot iets ~ wees* be agreeable to s.t.. **be·rei·der** *-ders* preparer; dresser; curer, salter; blender. **be·reid·heid** readiness. **be·rei·ding** *-dings, -dinge* preparation; dressing, currying; get-up. **be·reid·wil·lig** *-lige* willing, ready. **be·reid·wil·lig·heid** willingness, readiness.

be·reik *n. (no pl.)* reach, range, grasp; compass; radius; *(ling.)* scope; ***binne** ~ wees* be within reach; be within striking distance; ***binne** iem. se ~ wees, (also)* be within s.o.'s grasp; ***buite** ~ wees* be out of reach; be out of range; ***buite** iem. se ~ wees, (also)* be beyond s.o.'s grasp; ***buite** ~ van ... bly* steer clear of ...; ***buite** ~ van ..., (also)* beyond the sweep of ... *(the eye etc.)*; ***onder** ~ van die geskut* within range of the guns. **be·reik** *het ~, vb.* reach; attain *(a ripe age)*; gain, secure, achieve *(one's object)*; reach, make *(a place)*; *maklik te ~* within easy reach; *niks ~ nie* get nowhere, get no results; *niks daarmee ~ nie* gain nothing by it; *wat ~ jy daarmee?* what do you gain by that?; *iem. wil hê iets moet ~ word* s.o. wants to see results. **be·reik·baar** *-bare* attainable, accessible, reachable, within (easy) reach, *(infml.)* get-at-able; achievable; feasible. **be·reik·baar·heid** attainability, accessibility. **be·rei·king** reaching; attaining, attainment; achievement.

be·reis *het ~, vb.* travel, travel over/through, traverse; tour. **be·reis** *-reisde, adj.* (much/well-)travelled *(person)*; much-frequented *(area etc.)*. **be·reis·baar** *-bare* fit to be travelled in/over, traversable. **be·reisd·heid** experience of travel.

be·re·ken *het ~* calculate, compute *(an amount)*; figure, cipher; cast up *(an account)*; rate; evaluate; charge *(interest)*; find *(by calculation)*; *daarop ~ wees om te ...* be calculated/intended to ..., be geared towards ...; *~ dat ...* calculate that ... **be·re·ke·naar** *-naars, (pers.)* calculator, computer. **be·re·ken·baar** *-bare* calculable; predictable; computable. **be·re·ken(d)** *-kende* calculated, computed; deliberate, calculated. **be·re·ke·nend** *-nende* calculating, selfish. **be·re·ke·ning** *-nings, -ninge* calculation, computation; *by die ~ van die bedrag* in calculating the amount; *'n ~ van iets maak* calculate (*or* make a calculation of) s.t.; *volgens iem. se ~* by (*or* according to) s.o.'s calculation. **be·re·ke·nings·tyd** →REKENTYD.

bê·rend·lang·a·sem, bê·rend·plat·hals, bê·rend·slap·arm *(orn.)* hammerhead.

be·re·se (much/well-)travelled *(person)*. **be·re·sen·heid** →BEREISDHEID.

berg[1] *berge, n.* mountain, mount; *(also, fig.)* Everest; *~ **af*** →BERGAF; *oor ~ en **dal**, oor ~e en **dale*** up hill and down dale; *iem. **goue** ~e beloof/belowe* promise s.o. the earth/moon; *iem. se **hare** het te ~e gerys* s.o.'s hair stood on end; *so **hoog** soos ~e* mountain-high; *as die ~ nie na **Mohammed** wil kom nie, moet Mohammed na die ~ (gaan)* if the mountain will not come to Mahomet, Mahomet must go to the mountain; *'n ~ van 'n **molshoop** maak, (fig.)* make a mountain out of a molehill, make mountains out of molehills, get things (all) out of proportion; *die ~ het 'n **muis** gebaar* the mountain brought forth a mouse; *~e en dale **ontmoet** mekaar* this is an unexpected meeting; *van **oor** die ~e* ultramontane; *~ **op*** →BERGOP; *die ~ **Sinai*** Mount Sinai; *~ **toe** gaan, (fig., rare)* be visited by the stork; *~e **versit*** move mountains; *'n ~ **wasgoed*** a huge pile of washing. **~aalwee, ~aalwyn** *(various spp.)* mountain aloe. **~aarde** ochre. **~aartappel, ~patat** *Pelargoneum rapaceum*. **~adder** mountain viper. **~af** downhill, down the mountain; on the downgrade; *dit gaan ~ met iem.* s.o. is in a bad way (*or* is sinking). **~angelier** *(Dianthus* sp.; *Lachnaea purpurea)* flowering mountain shrub. **~arend** bateleur (eagle). **~aster** *Lachnaea filamentosa*. **~bamboes** Cape bamboo. **~baro(e)** *Fockea crispa*. **~bas** *(Osyris compressa)* barkbush. **~beskrywing** orography. **~bewoner** mountain dweller, highlander. **~blou** mountain/mineral blue, bice (blue). **~boegoe** *(Rutaceae* spp.*)* mountain buchu shrub. **~brand** mountain fire. **~bruid(jie)** *(bot.: Serruria florida)* blushing bride. **~bruin** umber. **B~damara** Mountain Damara. **~dorp** mountain village. **~eend** shelduck, *(masc.)* sheldrake; *Afrikaanse ~* African shelduck. **~(e)hoog** mountain-high, mountainous. **~engte** defile. **~fiets** mountain bike. **~fietsry** mountain biking. **~fietsryer, ~fietser** mountain biker. **~forel** char. **~formasie** mountain system. **~gans** mountain/Egyptian goose. **~geel** yellow ochre. **~gees** mountain spirit, gnome. **~groen** mountain/mineral green, glauconite. **~haan** bateleur (eagle), mountain eagle. **~haas** mountain hare. **~hang, ~helling** mountainside, mountain slope. **~hoender** francolin. **~hut** mountain hut, chalet. **~iep** wych/witch elm. **~jakkalsvoël** mountain buzzard. **~kaap** *(mountaineering)* buttress. **~kam** (mountain) ridge/crest. **~kamille** *Gamolepis pectinata*. **~kanarie** black-throated/Namaqua canary. **~kanon** mountain gun. **~karee** *Rhus amerina*. **~ketting** mountain chain/range. **~klapper** *Montinia caryophyllacea*. **~klim** *bergge-* go mountaineering (*or* mountain climbing), mountaineer, climb mountains. **~klimekspedisie** mountaineering expedition. **~klimmer** mountaineer, mountain climber. **~klim(mery)** mountaineering, mountain climbing. **~klip** mountain stone, *(fig.)* monkey face. **~klipwagter** ant-eating chat. **~kloof** gorge, ravine. **~kristal** rock/mountain crystal, transparent quartz. **~kruin** mountain peak/top, summit. **~kurk** mountain/rock cork. **~kwagga** (Cape) mountain zebra. **~land** highlands; mountainous country/region. **~landskap** mountain scenery, mountain(ous) landscape. **~leer** mountain leather. **~leeu** mountain lion, puma, cougar. **~lelie** *(Vallota speciosa)* Knysna/George lily; *Amaryllidaceae* spp.. **~likkewaan** mountain leguan. **~lyster** *(orn.)* rockjumper; *Kaapse ~, (Chaetops frenatus)* Cape rockjumper. **~mannetjie** gnome. **~massief** massif. **~meel** infusorial earth. **~meer** mountain lake. **~meertjie** tarn. **~nael(tjie)** *Lachenalia rubida*. **~newel** mountain/Scotch mist. **~nimf** oread. **~op** uphill; *~ en bergaf* up hill and down dale. **~pad** mountain/hill road. **~palm(boom)** *Encephalartos eugene-maraisii*. **~palmiet** *Tetraria thermalis*. **~panter** →SNEEULUIPERD. **~party:** *die B~, (hist.)* the Mountain. **~pas** (mountain) pass. **~patrys** grey-winged francolin. **~piek** (mountain) peak. **~pik** asphalt. **B~predikasie** →BERGREDE. **~pruim** wild plum. **~puin** talus. **~pypie** *(bot.)* painted lady, white afrikaner. **B~rede:** *die ~* the Sermon on the Mount. **~reeks** mountain chain/range. **~rooi** cinnabar, red ochre. **~roos** *(Protea nana; Protea pityphylla)* mountain rose; *(Orothamnus zeyheri)* marsh/mountain rose. **~rot** mountain rat. **~rug** (mountain) ridge. **~sapree, ~sipres** *(Widdringtonia cupressoides)* mountain cypress. **~seldery** *(Peucedanum galbanum)* blister bush. **~sering** *(Burkea africana)* wild syringa, Rhodesian ash. **~siekte** →HOOGTESIEKTE. **~skaap** mountain sheep, mouf(f)lon. **~skilpad** mountain/leopard tortoise. **~skoen** mountaineering boot. **~skool** initiation school. **B~skot** Highlander. **~spits** (mountain) peak. **~spoor(weg)** mountain railway. **~sport** mountaineering. **~stelsel** mountain/orographical system. **~storting** *(rare)* landslide, -slip. **~streek** mountain(ous) region. **~stroom** (mountain) torrent. **~swa(w)el** (European) bee-eater. **~tee** *(Cyclopia* spp.*)* bush tea. **~top** summit, mountain top; peak, pinnacle. **~vesting** mountain fortress. **~viool(tjie)** *Brachycarpaea varians*. **~voet** *(rare)* foot of a/the mountain. **~volk** mountain people. **~vorming** orogenesis. **~wagter** *(orn.)* mountain chat. **~wand** mountain face. **~was** earth/mineral wax, ozocerite, ozokerite. **~wêreld** mountain(ous) country/region. **~wind** mountain/berg wind.

berg[2] *ge-* salvage, salve *(cargo)*; store; →BÊRE; BERGINGS-. **~geld** salvage money/charges. **~kapasiteit, ~vermoë** storage capacity *(of a silo, warehouse, etc.)*. **~loon** storage charge(s); salvage money/fee. **~plek** →BÊREPLEK. **~ruimte** storage space. **~solder** storage loft.

berg·ag·tig *-tige* mountainous, hilly.

ber·ga·mot *-motte, (pear; orange)* bergamot. **~olie** bergamot oil. **~(peer)** bergamot (pear).

berg·baar *-bare* salvable.

Ber·gen *(geog.)* Bergen *(in Norway)*; *(Fr.)* Mons, *(Flemish)* Bergen *(in Belgium)*.

ber·ger *-gers* salvor.

ber·gie *-gies* small mountain; *(SA infml.: vagrant)* bergie.

ber·ging storage; salvage. **~skip** salvage ship/vessel. **~sleepboot** salvage tug.

ber·gings-: **~diens** salvage undertaking. **~geheue** *(comp.)* backing store. **~kapasiteit, ~vermoë** storage capacity *(of a silo, warehouse, etc.)*. **~operasie** salvage operation. **~oplossing** soaking solution *(for contact lenses)*. **~wa** breakdown truck. **~werk** salvage (operations).

be·ri·be·ri, ber·rie·ber·rie *(med.)* beriberi.

be·rig *-rigte, n.* message, communication, word, tidings, intimation; report, news, dispatch, despatch; notice; *die ~ **bevestig*** confirm the news; *daar het ~ **gekom** dat* ... word came that ...; *~ van iets **kry*** receive news of s.t.; ***laaste/jongste** ~te* latest news; ***luidens/volgens** 'n ~* according to a report; *tot **nader** ~* until further notice; *~ **omtrent/van** ...* news of ...; *~ van ... **ontvang*** have word of ...; *~ van **ontvangs*** acknowledg(e)ment (of receipt); *'n ~ **oor** ...* a report on ...; *~ aan iem. **stuur*** send word to s.o.; *'n interessante ~ **uitmaak*** make good copy; ***volgens** ~ het X dit gedoen* X is reported to have done it. **be·rig** *het ~, vb.* report; send word, inform; notify, apprise *(of)*, acquaint *(with)*; *daar word ~ **dat*** ... it is reported that ...; *daar is ~ **dat***... it was reported that ...; *van betroubare **kant** word ~ dat* ... it is reliably reported that ...; ***na** ~ word* reportedly, according to reports (*or* a report); *van **oral(s)** word ~ dat* ... it is widely reported that ...; ***uitvoerig** oor iets ~* give a lot of coverage to s.t.. **~gewer** *-s* reporter; correspondent, news(paper)man; informant. **~gewing** reporting, (news) coverage; report(s); *die ~ oor 'n gebeurtenis* the coverage of an event.

be·ril *-rille, (min.)* beryl.

be·ril·li·um *(chem., symb.: Be)* beryllium.

be·rin *-rinne* →BEERWYFIE.

Be·ring- *(geog.)*: **~see** Bering Sea. **~straat** Bering Strait.

be·ris·pe *het ~* reprimand, rebuke, reprove, chide, take to task, correct, censure; *iem. oor iets ~, iem. ~ omdat hy/sy iets gedoen het* rebuke/reprove s.o. for s.t.; admonish s.o. for s.t.; censure s.o. for s.t.; lecture s.o. about s.t.; remonstrate with s.o. about s.t.. **be·ris·pe·lik** *-like* reprehensible, censurable, blameworthy; →ONBERISPELIK. **be·ris·pe·lik·heid** blameworthiness. **be·ris·pend** reproving(ly). **be·ris·per** *-pers* rebuker. **be·ris·ping** *-pings, -pinge* reprimand, reproof, rebuke, admonition, reproach, *(infml.)* dressing-down, *(infml.)* dusting down, *(infml.)* talking-to; *iem. met 'n ~ ontslaan* caution and discharge s.o..

berk *berke*, **ber·ke·boom** birch (tree). **ber·ke·hout** birch(wood).

Ber·lyn Berlin. **Ber·ly·ner** *-ners* Berliner. **Ber·lyns** *-lynse* (of) Berlin; *~e silwer* nickel/German silver. **ber·lyns·blou** Prussian blue.

berm *berms, berme, (mil.)* berm(e).

ber·mot·(ser·san·)peer →BERGAMOT.

Ber·mu·da Bermuda. **b~(broek)** Bermudas, Bermuda shorts. **~driehoek** Bermuda Triangle. **~-eilande** Bermudas.

Bern Berne. **Ber·ner** *-ners, n.* Bernese. **Ber·ner** *adj.* Bernese; *die ~ Oberland* the Bernese Oberland. **Bern·se Sen·nen·hond** Bernese mountain dog.

ber·na·gie →KOMKOMMERKRUID.

ber·nards·kreef hermit crab.

be·roem *het ~: jou op iets ~* pride o.s. on s.t.; boast about s.t.; plume o.s. on s.t.. **be·roemd** *-roemde -roemder -roemdste (meer ~ die mees ~de)* famous, famed, celebrated, distinguished, illustrious; *as ... ~ wees* be celebrated as ...; *om/vir/weens ... ~ wees* be celebrated/famous for ...; *~e persoon, (also)* celebrity. **be·roemd·heid** fame, renown, celebrity, eminence; *(famous person)* celebrity, star, VIP.

be·roep *-roepe, n.* occupation, calling, pursuit, walk of life; trade; *(med., jur.)* profession; vocation; invitation, call *(to a minister of religion)*; *'n ~ **aanneem*** accede to a call; *vir 'n ~ **bedank*** decline a call; *'n ~ **beoefen*** follow/practise/pursue a profession; *'n ~ op iem. **doen*** (make an) appeal to s.o.; call (up)on s.o.; *op iem. 'n ~ om iets **doen*** appeal to s.o. for s.t.; *'n ~ **doen** op die kiesers* go to the country; *in hoër ~ **gaan*** appeal, go on appeal; *by 'n hoër hof in ~ **gaan*** appeal to a higher court; *in 'n ~ **gaan*** take up a profession; *'n ~ **kies*** choose a career; take up a profession; *dis iem. se ~ **om** te* ... it's s.o.'s business to ...; ***sonder** ~* of no occupation; *die predikant **staan** onder ~ na* ... the clergyman has had a call (*or* has been called) to ...; *'n ~ (op 'n predikant) **uitbring*** call (a minister); *('n) ... **van** ~ wees* be a ... by occupation/profession/trade. **be·roep** *het ~, vb.* call *(a minister)*; *~ word* receive a call; *jou op ... ~* appeal to ...; invoke ...; refer to (*or* quote/cite) ...; *jou op iem. se genade ~* cast o.s. on s.o.'s mercy. **~siekte** vocational/occupational disease. **~skool** vocational school. **~soldaat** professional/career soldier, regular. **~spel** professional game; professionalism. **~speler** professional (player), *(infml.)* pro; *~ word* become a (*or* turn) professional. **~sport** professional sport; professionalism.

be·roep·baar *-bare, (Protestantism)* eligible; callable; within cry. **be·roe·ping** calling.

be·roeps-: ~atleet professional athlete. **~bokser** professional boxer. **~danser,** *(fem.)* **~danseres** professional dancer. **~diplomaat** career diplomat. **~eer** professional honour. **~gedrag** professional conduct. **~geheim** professional/trade secret. **~geneeskunde** occupational medicine. **~gerig** *-te* vocationally directed. **~gholfspeler** professional golfer, golf professional, *(infml.)* golf pro. **~gids** career guide. **~halwe** professionally, by virtue of one's profession. **~inslag** vocational bias. **~keuse** choice of profession. **~leër** regular/professional army. **~leiding** vocational guidance. **~mens** *-mense, -lui* professional person. **~naywer** professional jealousy. **~offisier** professional/career officer. **~onderrig, ~onderwys** vocational education. **~opleiding** vocational training. **~politikus** professional politician. **~risiko** occupational hazard. **~toneel** professional theatre. **~voorligter** vocational guidance officer. **~voorligting** vocational guidance. **~vrou** career woman. **~wedder** bookmaker, *(infml.)* bookie; betting man.

be·roer *het ~* stir, disturb, perturb, agitate, trouble. **be·roerd** *-roerde -roerder -roerdste (meer ~ die mees ~e)* miserable, wretched, horrid, awful, terrible, rotten, abysmal; nasty; *'n ~e spul* a confounded/rotten business. **be·roerd·heid** wretchedness. **be·roe·ring** *-rings, -ringe* disturbance; commotion; stir, flutter; turmoil, unrest, unquiet; trouble; agitation; convulsion, turbulence; *(in the pl. also)* troubles, (civil) disturbance; *iets in ~ bring* set s.t. astir; *heftige ~* cataclysm; *in ~ wees* be in (a) turmoil; be in a ferment; be in a tumult; *in ~ oor ... wees* be abuzz with ...; *'n ~ veroorsaak* cause a stir; cause turmoil.

be·roer·te *-tes* stroke, apoplectic fit/seizure; apoplexy; ictus; *~ met verlamming* paralytic stroke; *eensydige ~* hemiplegia. **~aanval** = BEROERTE.

be·roet *het ~* smoke, blacken (with soot).

be·ro·ker *-kers* fumigator; →BEROOK. **be·ro·king** smoking *(of food)*; fumigation. **be·ro·kings·mid·del** *-dele, -dels* fumigant.

be·rok·ken *het ~* cause *(harm, sorrow, etc.)*; *iem. het iem. baie moeite ~* s.o. gave s.o. a lot of trouble.

be·roof *het ~, vb.* rob; hold up; deprive *(of rights)*; bereave *(of hope)*; *iem. van iets ~* rob s.o. of s.t. *(a car, possessions, dignity, victory, a try, etc.)*; deprive s.o. of s.t. *(freedom, hopes, rights, etc.)*; *iem./iets van iets ~* rob s.o./s.t. of s.t. *(s.o. of self-confidence, an instrument of its significance, etc.)*; *van alle hoop ~ wees/word* be bereft of (*or* lose) all hope; *iem. van sy/haar lewe ~* take s.o.'s life, rob s.o. of his/her life; *van al sy skatte ~* despoiled of all its treasures. **be·roof** *-roofde, -roofte, p.p.* robbed; *van jou sinne ~ wees* be bereft of one's senses; *van jou titels ~ wees* be shorn of one's titles.

be·rook *het ~, vb.* blacken with smoke; smoke, cure; fumigate; fume. **be·rook** *-rookte, p.p.: ~te eikehout* fumed oak; *~te glas* smoked glass; *~te tabak* flue-cured tobacco.

be·rou *n.* repentance, remorse; contrition; regret; ***geen** ~ hê nie* have no (*or* be without) remorse; *~ oor iets **hê*** feel (*or* be full of *or* be filled with) remorse for s.t.; regret s.t.; repent (of) s.t. *(one's sins)*; *~ kom altyd te **laat*** repentance always comes too late; ***sonder** ~* unrepentant, unremorseful, impenitent; *~ oor iets **toon*** show/express remorse for s.t.; ***trane** van ~* tears of remorse/repentance/regret, penitential tears. **be·rou** *het ~, vb.* repent, regret; *gou getrou, lank ~* marry in haste, repent at leisure; *dit sal iem. (of iem. sal dit) ~* s.o. will (live to) regret it; *dit sal iem. (of iem. sal dit [nog]) ~, (also)* s.o. will rue the day, s.o. will (live to) rue it; *dit sal jou (of jy sal dit) ~!* you'll be sorry!, you'll (live to) regret this!. **~vol** *-le* remorseful, repentant, penitent, regretful, contrite.

be·ro·we →BEROOF. **be·ro·wing** *-wings, -winge* robbing, robbery, hold-up.

ber·rie·ber·rie →BERI-BERI.

Ber·se·ba *(geog.)* Beersheba.

ber·serk berserk; *~ raak* go berserk. **ber·ser·ker** *-kers* berserk(er).

ber·thie·riet *(min.)* berthierite.

ber·tram(·kruid) pyrethrum.

be·rug *-rugte -rugter -rugste (meer ~ die mees ~te)* notorious, disreputable, infamous, ill-famed, of ill fame/repute; *~ wees om/oor/vir/weens ...* be notorious/infamous for ...; *~te huis* house of ill fame/repute. **be·rugt·heid** notoriety, disrepute, ill fame, infamy, evil fame; *~ om/oor/vir/weens* ... notoriety for ...

be·ruik *het ~* smell at.

be·rus *het ~: iets ~ **by** iem.* s.t. is at (*or* s.t. is/lies in/within) s.o.'s discretion, s.t. lies/rests with (*or* is up to) s.o.; *dit ~ **by** iem. om te* ... it is for s.o. to ...; *die besluit ~ **by** iem. (of dit ~ **by** iem. om te besluit)* the decision rests with s.o., it is for s.o. to decide; *dit ~ **by** jou, (also)* it is for you to say; *die mag ~ **by** ...* the power is vested in ...; *dit ~ **by** ... om op te tree* it is for ... to act; *laat dit **daarby** ~* let the matter rest there; *ons sal **daarin** moet ~* we shall have to live with (*or* resign ourselves to) it; ***in** ... ~* be resigned/reconciled (*or* resign/reconcile o.s.) to ..., learn to live with ...; abide by ...; acquiesce in ...; put up with ...; come to terms with ...; *jou **in** jou lot ~* resign o.s. to one's fate; ***op** iets ~* be based/founded on s.t.; be built on s.t.; be predicated (up)on s.t.; rest (up)on s.t.; ***op** 'n misverstand ~* be due to a misunderstanding. **be·rus·tend** *-tende* resigned, acquiescent, submissive. **be·rus·ting** resignation, acquiescence; *onder ~ van ...* in the custody/keeping of ...; *tot ~ kom, ~ vind* resign o.s. to s.t., accept s.t. with resignation.

be·rym *het ~* rhyme; put into verse, versify; *~de Psalm* metrical Psalm; *(in the pl.)* metrical Psalms/Psalter. **be·ry·ming** *-mings, -minge* rhymed version; versification.

bes[1] *n., (mus.)* B flat minor.

bes[2] *n.* best; *jou ~ doen* do/try one's best; exert o.s.; *jou uiterste ~ doen* do one's utmost, do/try one's level/very best; *~ gee* give up. **bes** *adv.* very well; *~ geklede/~geklede vrou/ens.* best-dressed woman/etc.; *~ moontlik, ~moontlik* quite possibly, very likely, arguably.

be·saai *het ~* sow; strew. **be·saai(d)** *-saaide* sown; strewn; *met ... ~ wees* be covered with ...; be littered with ... *(broken glass, rubbish, etc.)*; be strewn with ... *(litter, papers, etc.)*; *met sterre ~* star-studded *(attr.)*; bejewelled/studded with stars *(pred.)*.

be·saan *(naut.)* miz(z)en; spanker. **~seil** miz(z)en(sail). **be·saans·mas** miz(z)enmast.

be·sa·dig *-digde -digder -digste* cool(-headed), calm; sober(-minded), level-headed, moderate, dispassionate. **be·sa·digd·heid** cool-headedness, calmness; moderation, dispassionateness, sober-mindedness.

be·sand·straal *het ~* sandblast.

be·se·ël *het ~* seal, put the seal on; clinch; *met 'n soen ~* seal with a kiss; *iem. se lot is ~* s.o.'s fate is sealed. **be·se·ë·ling** sealing.

be·seer *het ~* injure, hurt, scathe; →BESERING; *jou ~* hurt o.s., get hurt; *erg/swaar ~ wees* be badly hurt, be badly/seriously/severely injured; *lig ~ wees* be slightly injured; *~ word* get hurt, be/get injured, suffer/sustain an injury (*or* injuries). **be·seer·de** *-des* casualty; *die ~s* the/those injured.

be·sef *n.* idea, notion; realisation; understanding, sense; *iem. tot die ~ **bring** dat ...* make s.o. realise that ...; ***in** die ~ dat ...* realising that ...; *tot die ~ **kom** dat ...* realise (*or* come to realise) that ...; *nie die **minste/flouste** ~ nie* not the faintest notion; ***onder** die ~ van ...* realising that ...; *in die **volle** ~ van ...* fully aware of ...; ***weinig** ~ van iets hê* have little appreciation of s.t.. **be·sef**

het ~, vb. realise, see, grasp; *~ dat* ... realise that ...; *iem.* ***moet*** *~ dat* ... s.o. has to appreciate that ...; *iets ten* ***volle*** *~* be clear in one's mind about s.t.; *~ jy* ***wat*** *jy sê?* do you know what you are saying?.

be·seil *het ~* sail *(the seas).*

be·sem *-sems* broom; besom *(of twigs); nuwe ~s vee skoon* a new broom sweeps clean. **~boom** stock (of a broom). **~bos** *Rhus dregeana; Arthrosolen* spp.. **~goed** broom reeds; →BESEMRIET. **~gras** *(Eragrostis* spp.*)* broom grass; *(Aristida* spp.*)* Bushman grass. **~koring** *(Sorghum* spp.*)* broomcorn. **~maker** broom maker. **~riet** *Restionaceae* spp.. **~saad** broomcorn. **~steel** broomstick. **~stok** broomstick, broom handle; *onder die ~ staan* be henpecked; *iem. onder die ~ steek* give s.o. the (*or* belabour s.o. with a) broomstick.

be·sen·ding *-dings* consignment; *~s op bestelling* the forward on order position.

be·se·ring *-rings, -ringe* injury; *'n ernstige ~* a serious/severe injury; *'n ligte ~* a slight injury; *'n ~ opdoen* suffer/sustain an injury. **be·se·rings·tyd** injury time; *(fig.)* borrowed time; *in die ~ van jou loopbaan wees* be in the twilight of one's career.

be·set *het ~, vb.* occupy *(a strategic position, seat);* fill *(a seat);* set *(with gems);* line *(the way with troops);* garrison *(a fort);* staff; *iets met ... ~* staff s.t. with ...; set s.t. with ... *(gems);* trim s.t. with ... *(lace); 'n vakature ~* fill a vacancy. **be·set** *-sette, p.p.* engaged *(seat, phone);* booked *(room);* occupied *(town, strategic position, time, seat);* set; *(a mare)* with young, in/with foal; *(a cow)* in/with calf; *heeltemal ~ wees* be full up; *is die stoel ~?* is the chair taken?; *vol ~* full house, house full. **~toon** engaged tone.

be·se·te *-tener -tenste* possessed; mad, crazy; demoniac(al). **be·se·te·ne** *-nes* one possessed; *soos 'n ~* like a madman (*or* a mad person), like one possessed, like the devil; like mad *(infml);* like grim death. **be·se·ten·heid** madness.

be·set·sel *-sels* trimming.

be·set·ting *-tings, -tinge* occupation *(of an area);* garrison; strength *(of an orchestra);* cast *(of a play).* **be·set·tings·leër** army of occupation.

be·sie *-sies, (entom.)* cicada; small ox/cow/calf/etc.; →BEES.

be·siel *het ~* inspire, inspirit, animate, infuse *(with life/spirit);* vivify, vitalise; *iem. met iets ~* imbue s.o. with s.t., instil s.t. in(to) s.o.; *iem. ~ om iets te doen* inspire s.o. to do s.t.; *wat ~ jou om te ...?* what prompts you to ...?; *wat het jou ~?* what possessed you?. **be·siel(d)** *-sielde* inspired, animated, inspired, impassioned, passionate, spirited, zestful; *met ... ~ wees* be imbued with ... **be·sie·lend** *-lende* inspiring, stirring *(speech etc.);* uplifting *(effect etc.); ~e leiding* inspired leadership; *dit was ~ om iem. te hoor* it was an inspiration to hear s.o.. **be·sie·ling** inspiration, animation; *~ uit ... put* draw inspiration from ...

be·sien *het ~* look at, view; *dit staan (nog) te ~* it remains to be seen.

be·siens-: **~waardig** *-e* worth seeing, remarkable. **~waardigheid** sight (worth seeing); *die ~hede bekyk/besigtig* see the sights; be out sightseeing.

be·sig *-sige -siger -sigste, adj.* busy; bustling; occupied, engaged; ***aan/met*** *iets ~ wees* be busy at/with s.t.; ***baie/druk*** *~ wees* be very busy; be tied up; have one's hands full; *iem.* ***bly*** *'n jaar/ens. met iets ~* s.o. takes a year/etc. over s.t.; *~e* ***by(tjie)****, (infml., sometimes derog.)* eager beaver; ***hard*** *met iets ~ wees* be in the throes of s.t.; *iem. ~* ***hou*** (of ***besighou***) keep s.o. busy; *iem. baie/druk ~* ***hou*** (of ***besighou***) keep s.o. very busy; tie s.o. up *(fig.); jou ~* ***hou*** (of ***besighou***) *deur te* ... amuse o.s. by ...; *jou met iets ~* ***hou*** (of ***besighou***) busy/occupy o.s. (*or* keep o.s. busy) with s.t.; *jou so 'n bietjie met iets ~* ***hou*** (of ***besighou***) dabble in s.t.; *die kinders ~* ***hou*** (of ***besighou***) entertain the children; ***lank*** *met iets ~ wees* take long over s.t.; ***lank*** *met iets ~ bly, (also)* linger over s.t. *(a task etc.);* ***met*** *iets ~ wees* be (in the act/middle/process of) doing s.t., be at work on (*or* be occupied in/with *or* be engaged in) s.t.; go about s.t.; work (away) at s.t.; *~* ***met*** *oes* harvesting; ***te*** *~ oor*busy; ***terwyl*** *jy (daarmee) ~ is* while you are about/at it; ***terwyl*** *iem. met iets besig was, het hy/sy* ... in the process s.o. ...; ***verskriklik*** *~ wees* be terribly busy, *(infml.)* be rushed off one's feet; ***waarmee*** *is jy besig?* what are you doing?. **be·sig** *ge-, vb., (fml.)* employ, make use of, use *(words, flowery language, etc.).* **~hou** →*iem.* ***besig*** *hou.*

be·sig·heid *-hede* business, pursuit, occupation; *(in the pl. also)* activities, pursuits, avocations; *ek het vandag groot ~ in die stad* I have important business (*or* matters to attend to) in town today.

be·sig·heids-: **~kaart(jie)** business card. **~klas** *(av.)* business/club class.

be·si·ging using, use.

be·sig·tig *het ~* view, look at, inspect, survey; *'n huis ~* look over (*or* see round) a house. **be·sig·ti·ging** inspection, view(ing); *op ~ gaan* go sightseeing; *ter ~* on view.

be·sig·ti·gings-: **~brief** bill of sight, order to view. **~rit** sightseeing drive.

be·sim·peld *-pelde* silly, foolish, daft, ridiculous, inane, stupid; *~ raak* go gaga *(infml.).*

be·sin *het ~* reflect, think; *~ eer jy begin* look before you leap; *oor/omtrent iets ~* reflect (up)on s.t.; *jou ~* think better of it, change one's mind, have second thoughts. **be·sin·ning** reflection; introspection, consciousness, senses; *iem. tot ~ bring* bring s.o. to his/her senses; *iets bring iem. tot ~, (also)* s.t. brings/pulls s.o. up with a jerk, s.t. pulls s.o. up (short); *tot ~ kom* come to one's senses; see reason.

be·sing *het ~* sing *(the praises of);* sing about; celebrate; →BESONGE.

be·sink *het ~* settle (down), subside, precipitate, form a sediment, deposit; sink in; →BESONKE; *laat ~* let settle. **~bak** settler, clarifier. **~put** settling tank.

be·sin·king settling (down), precipitation, sedimentation.

be·sink·sel *-sels* sediment, deposit, residue, dregs, settling(s), precipitate, grounds.

be·sit *n.* possession; *(valuable)* asset; holding; *iets* ***in*** *~ hê,* ***in*** *~ van iets wees* possess (*or* be in possession of) s.t.; ***in*** *Suid-Afrikaanse ~ wees* be South African-owned; *in iem. se ~* ***kom*** come into s.o.'s possession; *in die ~ van iets* ***kom,*** *iets in ~* ***kry*** come into (*or* get) possession of s.t.; *iets in ~* ***neem,*** *van iets ~* ***neem*** take possession of s.t.; *iets wederregtelik in ~* ***neem*** usurp s.t.; *in* ***privaat/private*** *~* in private ownership/hands; *iets is iem.* ***se*** *~* s.t. is owned by s.o.; *iem. in ~ van iets* ***stel*** give s.o. possession of s.t.. **be·sit** *het ~, vb.* possess, have, own; hold *(a degree); alles wat iem. ~* all s.o. has; all s.o. is worth; *as iem. so iets ~* if s.o. has any. **~name, ~neming** occupation, taking possession. **~nemer** occupant, occupier. **~reg** right of possession, tenure. **~voorwaarde** condition of tenure.

be·sit·lik *-like* possessive. **be·sit·lik·heid** possessiveness.

be·sit·loos *-lose* penurious, penniless, have-not. **be·sit·loos·heid** penury. **be·sit·lo·se** *-ses* pauper.

be·sits-: **~aksie** possessory action. **~interdik** possessory interdict.

be·sit·tend *-tende* propertied *(class);* proprietary, possessory.

be·sit·ter *-ters* possessor, owner, proprietor; occupant; *salig is die ~s, (prov.)* possession is nine points of the law; *die ~s en die besitloses/niebesitters* the haves and the have-nots.

be·sit·ting *-tings, -tinge* possession; property; *(in the pl. also)* effects; *koloniale ~s* colonial possessions, colonies.

be·skaaf *het ~* civilise, humanise, refine. **be·skaaf(d)** *-skaafde -skaafder -skaaf(d)ste (meer ~ die mees ~de)* civilised *(nation);* refined *(manners, language);* polished; well-bred, genteel, urbane; cultured, educated; *beskaafde aksent* upper-class accent. **be·skaafd·heid** civilisation; good manners/breeding, refinement.

be·skaam *het ~, vb.* (put to) shame, mortify; discomfit; disappoint *(hope);* abash; *die hoop ~ nie, (NT)* hope does not disappoint us. **be·skaam(d)** *-skaamde, adj.* ashamed; shamefaced; bashful; *iem. ~ maak* put s.o. to shame. **be·skaamd·heid** shame, shamefacedness, bashfulness.

be·ska·dig *het ~, vb.* damage; injure; mar, impair. **be·ska·dig** *-digde, adj.* damaged; scathed; injured; *etc.; ~de goedere* damaged goods. **be·ska·di·ging** damage; injury; impairment.

be·ska·du *het ~* shade. **be·ska·du·wing** shading.

be·ska·mend humiliating, mortifying, shaming, shameful; →BESKAAM *vb.*. **be·ska·ming** shaming, mortification.

be·ska·wend *-wende* civilising. **be·ska·wing** *-wings, -winge* civilisation; refinement; culture; polish, breeding; humanisation; *iem. van ~* cultured person.

be·ska·wings-: **~geskiedenis** history of civilisation. **~peil** standard of civilisation.

be·skei·den·heid modesty; diffidence; *in alle ~* in all modesty; *iem. is die ~ self* s.o. is modesty itself, modesty is s.o.'s middle name; *uit vals(e) ~* out of false modesty. **be·skei·e** *beskeidener beskeidenste (meer ~ die mees ~)* modest, unassuming, unobtrusive; mild; diffident, unassertive, undemanding; *na/volgens my ~ mening* in my humble opinion; *my ~ deel* my allotted portion; my modest portion.

be·skenk *het ~* = BEGIFTIG.

be·skerm *het ~* protect; shelter, screen, shield, guard, cover; keep, safeguard, secure; preserve; patronise *(art);* →BESKERMING; *~de beroep* sheltered occupation; *~de mededeling* privileged communication; *~de spesie* protected species; *iem./iets teen ... ~* protect s.o./s.t. from ...; screen/shield s.o./s.t. from ...; *iem. teen iets ~, (also)* insulate s.o. against/from s.t.. **~draad** sheathing wire. **~engel** guardian angel. **~gees** tutelary spirit, (tutelary) genius. **~heer** patron; protector. **~heerskap** patronage, patronship, patronate. **~heilige** patron saint. **~kap** safety guard; protecting cover. **~vrou** patroness.

be·sker·me·ling →BESKERMLING.

be·sker·mend *-mende* protecting *(friendship);* protective *(duties);* tutelary; *in ~e bewaring/hegtenis* in protective custody; *~e invoerreg* protective customs duty; *~e laag* protective coating; *~e maatreëls* protective measures/devices; *~e tariewe* protective tariffs; *~e verpakking* protective packaging.

be·sker·mer protector, defender, guardian; patron *(of the arts).*

be·sker·ming protection; shelter; screen; patronage; control, conservation; safeguarding; *~ teen ...* ***bied*** be a defence against ...; *iem. in ~* ***neem*** take s.o. under one's protection; *iem. onder jou ~* ***neem*** take s.o. under one's wing; ***onder*** *~ van ...* under the auspices of ...; under the aegis of ...; under the patronage of ...; under the protection of ...; under the umbrella of ...; ***onder*** *hoë ~ van ...* under the distinguished patronage of ...; *onder ... se ~* ***staan*** be sponsored by ...; *~* ***teen*** ... protection against ... *(rain, cold, etc.); 'n ~* ***teen*** *..., (also)* a hedge against ... *(inflation etc.);* ***ter*** *~ van ...* for the protection of ... **~sertifikaat** certificate of protection. **~stelsel** protective system. **~swendelary** *(infml.)* protection racket.

be·sker·mings-: **~beleid** protective policy; protectionist policy. **~geld** protection money. **~tarief** protective tariff.

be·skerm·ling *-linge* protégé, *(fem.)* protégée.

be·skiet *het ~* fire at, shell, bombard; batter, pound *(with guns).* **be·skie·ting** firing at, bombardment, shelling.

be·skik *het ~* dispose, determine; ordain, order; *dit was* ***anders*** *~* it was otherwise ordered; *die mens wik,* ***God*** *~* man proposes, God disposes; ***God*** *~ ons lot* God rules our destiny; ***oor*** *iets ~* have s.t.; have s.t. at one's disposal; *die bestuur ~* ***oor*** *die fondse* the funds are vested in the committee; ***oor*** *lewe en dood ~* have the power of life and death; ***oor*** *'n giftige linker ~, (boxing)* pack a nasty left. **be·skik·baar** *-bare* available, at one's disposal; disposable, at command, to hand; at/

within call; *iets ~ hê* have s.t. available; *~ **kom/word*** become available; *iets aan iem. ~ **stel*** make s.t. available to s.o., place s.t. at s.o.'s disposal; *geld vir iets ~ **stel*** appropriate money for s.t.; ***vir** iem. ~ wees* be available to s.o.. **be·skik·baar·heid** availability. **be·skik·baar·stel·ling** appropriation, provision; release. **be·skik·ker** *-kers: ~ oor eie lot* master of one's fate. **be·skik·king** *-kings, -kinge* disposal; decree, dispensation *(of Providence); die ~ oor ... **hê*** have the disposal of ...; *... tot jou ~ **hê*** have ... available (*or* at one's disposal); *tot **nader(e)** ~* until further orders; *iets tot iem. se ~ **stel*** make s.t. available to s.o., place s.t. at s.o.'s disposal; ***ter** ~ wees* be available; be on call/standby; be in attendance; ***ter** ~ staan* be available; ***ter** ~ van* ... at the disposal of ...; ***testamentêre** ~* testamentary disposition; ***tot** jou ~ hê* have at one's disposal; *iets is/staan **tot** iem. se ~* s.t. is available to s.o. (*or* is at s.o.'s disposal).

be·skil·der *het ~* paint (over); *~de stof* hand-painted fabric. **be·skil·de·ring** painting (over).

be·skim·mel *het ~* grow mouldy. **be·skim·mel(d)** *-melde* mouldy, musty, mildewed, mildewy; bashful, timid, sheepish, unconfident; gawky. **be·skim·meld·heid** mouldiness; bashfulness, sheepishness.

be·skimp *het ~* abuse, mock, scoff at, disparage, jeer (at), asperse. **be·skim·ping** *-pings, -pinge* scoffing, abuse, mockery.

be·skin·der *het ~* slander, blacken, backbite, vilify, calumniate, traduce, malign, speak evil of, defame. **be·skin·de·ring** slandering, backbiting, *etc.*.

be·skoei *het ~* timber *(a mine shaft).* **be·skoei·ing, be·skoei·sel** timbering, shoeing.

be·skon·ke *adj.* drunk, intoxicated, inebriate(d), tipsy, under the influence, tight. **be·skon·ke·ne** *-nes, n.* drunk. **be·skon·ken·heid** drunkenness, intoxication, inebriation, tipsiness.

be·skool·mees·ter *het ~, (rare)* find fault with, carp/cavil at.

be·sko·re allotted; *iets is iem. ~* s.t. falls to the lot of s.o.; *dit is iem. ~ om iets te wees/doen* it is s.o.'s lot/destiny/fate to be/do s.t.; *dit was nie vir iem. ~ om te ... nie* it was not given to s.o. (*or* s.o. was not granted the opportunity) to ...

be·skot *-skotte* panelling, wainscot(ing); planking, boarding; partition; bulkhead *(of a ship).* **~leer** side frames *(of a wagon).*

be·skou *het ~* look at, view, regard; consider, contemplate; behold; examine, inspect, survey; *iem. **aandagtig** ~* regard s.o. intently; *van **agter** (of [van] **agteraf/agterna**) ~* with hindsight, looking back, in retrospect; after all; *iem./iets **as** ... ~* regard/see (*or* look [up]on) s.o./s.t. as ...; class s.o./s.t. as ..., take s.o./s.t. to be ...; ***as** ... ~ word* be considered ...; be classed as ...; go down as ...; be reputed (to be) ... *(the best etc.);* be seen as ...; rank as ...; be reckoned to be ...; ***as** gelese ~* take(n) as read; ***goed** ~ is dit* ... in the cold light of day it is ...; *iets van alle **kante** ~* turn s.t. over in one's mind; *iem. van **kop** tot tone ~* look s.o. up and down (*or* through and through); *iets **nader(by)** ~* look at s.t. more closely, take a closer look at s.t.; ***noukeurig** ~* in the strict sense; *iets **noukeurig** ~* look closely at s.t.; *iem. **noukeurig** ~, (also)* take stock of s.o.; *sake **nugter** ~* get/keep things in perspective; *iets **objektief** ~* look at s.t. objectively; take a detached view of s.t.; ***oppervlakkig** ~* on the surface; *op **sigself** ~* in (*or* taken by) itself. **be·skou·end** *-ende* speculative, contemplative. **be·skou·er** *-ers* viewer, spectator, onlooker. **be·skou·ing** *-ings, -inge* looking at, viewing; consideration, contemplation; examination, inspection; study; view, opinion *(of a matter);* approach; review, critique *(of a book, picture, etc.); iets **buite** ~ **laat*** leave s.t. out of consideration/account; rule s.t. out; set s.t. aside; *iem. se ~ **deel*** share s.o.'s view; ***na** iem. se ~* in s.o.'s view; *by **nader(e)** ~* on closer examination, looked at more closely; *~s **omtrent/oor** iets hê* have views (up)on s.t.; *die jaar **onder** ~* the year under review; *'n ~ oor iets **skryf/skrywe*** write a review of s.t..

be·skou·ings-: **~bevel** deeming order. **~wyse** approach, way of thinking.

be·skou·lik *-like* contemplative, speculative.

be·skree(u) *het ~* shout/scream at.

be·skre·we written; →BESKRYF.

be·skroomd *-beskroomde -skroomder -skroomdste (meer ~ die mees ~e)* shy, diffident, bashful, timid, timorous. **be·skroomd·heid** shyness, diffidence, bashfulness, timidity.

be·skry *het ~, (arch.)* bestride.

be·skryf, be·skry·we *het ~* describe, portray, depict; put in (*or* commit to) writing; give an account of; write on; *iem. se toestand is as ernstig ~* s.o.'s condition was described as serious; *... met geur en kleur ~* give a vivid description of ...; *iets haarfyn ~* describe s.t. in detail; *iets presieser ~* be more specific; *'n sirkel ~,* draw a circle, *(fml.)* describe a circle; *in 'n sirkel ~, (fml.)* inscribe in a circle. **be·skry·wend** *-wende* descriptive; *~e lyn, (math.)* generating line, generator. **be·skry·wer** *-wers* describer. **be·skry·wing** *-wings, -winge* description, account; depiction, portrayal; *'n **aanskoulike** ~ van ... gee* give a vivid description of ...; ***alle** ~ te bowe gaan* beggar/defy description; *aan 'n ~ **beantwoord*** answer to a description; *'n ~ van iem./iets **gee*** give a description of s.o./s.t.; *met 'n ~ **klop/ooreenkom*** answer to a description; *'n **uitvoerige** ~ gee, (also)* give a detailed account *(of s.t.).* **be·skry·wings·punt** point for discussion, (draft) resolution; *'n ~ aanneem* pass a resolution; *van 'n ~ afstap* abandon a resolution; *'n ~ indien* move (*or* put down) a resolution.

be·skuit *-skuite* rusk(s); biscuit; *droë ~* rusk(s); *'n (stuk) ~* a rusk. **~blik** tin for rusks. **~porselein** biscuit, bisque, bisk.

be·skui·tjie *-tjies* small rusk; biscuit. **~kleurig** biscuity.

be·skui·tjie·ag·tig biscuity *(texture etc.).*

be·skul·dig *het ~* accuse *(of);* incriminate; charge *(with);* impeach *(for);* blame, lay the blame/fault on; *daarvan ~ word dat ..., van ... ~ staan* be accused (*or* face a charge) of ..., be charged with ...; *ek ~ niemand (nie)* I make no charge against anyone; *iem. van iets ~* accuse s.o. of s.t.; charge s.o. with s.t.; indict s.o. for s.t. *(sedition etc.);* tax s.o. with s.t.. **be·skul·dig·de** *-des* accused. **be·skul·dig·de·bank** dock; *in die ~* in the dock. **be·skul·di·gend** *-gende* accusing, accusatory, imputative, denunciatory; *~ na iem. kyk, iem. ~ aankyk* give s.o. an accusing look; *~ met die vinger na iem. wys* point an accusing finger at s.o.. **be·skul·di·ger** *-gers* accuser. **be·skul·di·ging** *-gings, -ginge* accusation, charge, imputation; *(in the pl. also)* finger pointing; *akte van ~* indictment; *'n ~ van diefstal/ens. teen iem. inbring* bring/lay/make an accusation of theft/etc. against s.o.; *'n ~ inbring/indien* make an accusation; *'n vals(e) ~* a false accusation; *wedersydse ~s* (mutual) recriminations.

be·skut *het ~* protect, shelter; screen; guard; shield; *~te **arbeid*** sheltered employment; *~te **draad*** shielded wire; *~te **huisvesting*** sheltered housing; *iem./iets **teen** iets ~* protect/shelter s.o./s.t. from s.t.; ***teen** iets ~ wees* be safe/protected/sheltered from s.t.. **be·skut·ting** protection, shelter; security; ***onder** ~ van ...* under cover of ... *(darkness etc.);* ***onder** die ~ van ...* in the shelter of ...; *~ **teen** ...* protection against ... *(rain, cold, etc.); ~ **teen** ... gee* give shelter from ...

be·skyn *het ~* shine (up)on, light (up), illuminate.

be·skyt *(taboo sl.)* shit on; *jou ~* shit o.s..

be·slaan *het ~, vb.* occupy, fill, take up *(space);* cover, extend over *(an area);* comprise, run to *(many pages);* shoe *(a horse);* mount *(with metal);* stud *(with nails);* hoop *(a cask);* tire *(a wheel);* →AANPAK; AANSLAAN; *die aarde nutteloos ~* cumber the earth; *'n perd laat ~* have a horse shod. **be·slaan** *-slaande, -slane, p.p.* shod *(horse);* →AANGEPAK; AANGESLAAN; *met silwer ~* silver-mounted.

be·slag *(ornamental metal parts)* mounting, mount; final decision; metalwork *(on a door);* scutcheon *(around a keyhole);* sheeting; fittings, furniture *(of a door etc.);* hoops, bands *(of a cask);* clamps *(on a chest);* clasps *(of a book);* batter *(for a cake);* attachment, seizure, distress, distraint *(on goods);* embargo *(on a ship); aan iets ~ **gee*** settle s.t.; *iets het sy ~ **gekry*** s.t. has been settled; *iets **in** ~ neem* take up (*or* occupy) s.t. *(space, time, etc.);* absorb s.t. *(s.o.'s attention);* confiscate/seize s.t.; *iets neem ... sterk **in** ~* s.t. makes heavy calls (up)on ... *(s.o.'s time etc.); ten volle **in** ~ neem* monopolise *(s.o.'s time/attention); ten volle **in** ~ geneem wees, (also)* be fully extended; *deur ... **in** ~ geneem word* be monopolised by ...; be preoccupied with ...; ***op** iets ~ lê* confiscate/seize s.t.; take possession of s.t.; trespass (up)on s.t. *(s.o.'s time etc.).* **~deeg** batter. **~dop** ferrule *(of a cane).* **~legging** attachment, seizure, distress, distraint; confiscation; →INBESLAGNEMING; *die ~ op iets* the confiscation of s.t.. **~ring** trim ring, ferrule. **~skuldenaar** garnishee.

be·sleg *het ~* settle, decide *(a dispute);* settle, patch up *(a quarrel); 'n ~te geskil* a settled dispute. **be·sleg·ting** settlement; *~ deur die swaard* trial by battle/combat.

be·slis *het ~, vb.* decide; settle; adjudicate; determine; *'n eis ~* decide a claim; *ten gunste van ... ~* decide in favour of ..., decide for ...; *teen (of ten nadele van) iem. ~* decide against s.o.; *teen iets ~* rule against s.t..

be·slis *-sliste -slister -ste (meer ~ die mees -sliste), adj.* decided, resolute, firm *(action);* definite, unquestionable, positive, decisive, distinct *(improvement); 'n ~te teken van ...* a copper-bottomed sign of ... **be·slis** *adv.* decidedly, positively, certainly, definitely, surely, for sure; *jy moet ~ ...!* be sure and/to ...!; *~ optree* act firmly; take a strong line; *... sal ~ ...* it's (*or* it is) a racing certainty (that) ...; *iem. sal iets ~ doen* s.o. is certain/sure/guaranteed to do s.t.; *~ teenoor iem. optree* be firm with s.o.. **be·slis·send** *-sende* decisive *(battle);* conclusive; deciding, determining; final; casting *(vote);* critical, crucial *(moment);* determinant *(fml.);* make-or-break *(significance etc.); ~e botsing/stryd* decisive struggle/clash, showdown; *~e hou* winning blow/hit; *~e pot, (tennis)* deciding game; *~ vir ... wees* be decisive of ...; *~e wedstryd, (also)* decider; *~e woord* operative word. **be·slis·sing** *-sings, -singe* decision; ruling; verdict; award; *'n ~ **gee*** give a decision; give a ruling; *tot 'n ~ **kom/geraak*** arrive at (*or* come to *or* reach/take) a decision; reach finality; *'n ~ **neem*** arrive at (*or* come to *or* reach/take) a decision; *voor 'n ~ **staan*** be faced with a decision; *wanneer die ~ moet **val,** (also)* when the chips are down *(infml.).*

be·slis·sings-: **~boom** decision tree. **~reg** right of determination.

be·slist·heid resolution, resoluteness, determination, firmness, decision, decisiveness, positiveness.

be·slom·me·ring *-rings, -ringe,* **be·slom·mer·nis** *-nisse* trouble, worry, care, bother, botheration, *(infml.)* schlep(p) *(<Yidd.); die aardse beslommerings* this mortal coil.

be·slo·te private, intimate *(circle of friends); ~ korporasie, (abbr.:* BK*)* close(d) corporation *(abbr.:* CC*); in ~ kring* privately, confidentially; at a private gathering; *~ ruimte* closed space; *~ testament* closed/sealed will.

be·slui·er(d) *-erde* veiled.

be·sluip *het ~* steal/creep up on; stalk *(game).*

be·sluit *-sluite, n.* resolution *(of a meeting);* decision, resolve; conclusion, close; ***koninklike** ~* order in council; *'n ~ **neem**, tot 'n ~ **kom/geraak*** arrive at (*or* come to *or* reach/take) a decision; make up one's mind; *'n ~ **oor** iets* a decision about/on s.t.; ***ten** ~e* in conclusion; *'n **vaste/definitiewe** ~* a firm decision. **be·sluit** *het ~, vb.* decide, resolve; pass a resolution; infer, conclude; end, wind up, conclude *(by saying); ~ **dat** ...* decide that ...; resolve that ...; *ten **gunste** van iets ~* decide in favour of s.t.; decide on s.t.; *iets **laat** iem. ~ om iets te doen* s.t. decides s.o. to do s.t.; *iets **laat** iem. ~ om iets nie te doen nie, (also)* s.t. determines s.o. not to do s.t.; *iets het iem. **laat** ~, (also)* s.t. decided s.o.; *~ om iets **nie** te doen nie* decide against doing s.t.; *~ **om** te bly/ens.* decide to stay/etc., decide on staying/etc.; ***oor** iets ~* decide about s.t.; decide on s.t.; fix (up)on s.t. *(a date etc.); **op/tot** iets ~* decide on s.t.; settle on s.t.; ***soos** ~* as planned. **~neming** decision making. **~nemingsbevoegdheid, -vermoë** decision-making ability. **~vormer** decision maker. **~vorming** decision making.

be·slui·te·loos *-lose* undecided, wavering, vacillating, irresolute, dithering. **be·slui·te·loos·heid** indecision, wavering, vacillation, irresolution.

be·slyk *het* ~ cover with mud.

be·smeer *het* ~ (be)smear, plaster *(fig.)*; dirty, mess up, besmirch, soil, foul, begrime, (be)daub; *iets met ...* ~ plaster s.t. with ...; smear s.t. with ...; daub s.t. with ... **be·smeer(d)** *-smeerde* (be)smeared, begrimed, grimy, greasy.

be·smet *het* ~, *vb.* infect *(the air, body, mind)*; pollute *(water)*; *(lit. & fig.)* contaminate, taint; *(comp.)* infect; defile, soil, sully; vitiate. **be·smet** *-smette, adj.* infected; polluted; contaminated; *(med.)* septic; infested *(with insects)*; *(comp.)* infected; *~te melk* tainted/contaminated milk; *met ...* ~ *wees* be infected with ...; be tainted with ...; *met maaiers* ~ flyblown. **be·smet·lik** *-like* infectious, contagious; pestilential; zymotic; ~ *deur* ***aanraking*** contagious, contaminative, catching; *~e* ***bloedarmoede*** infectious anaemia; *~e* ***jeuksiekte*** infectious itch *(in sheep)*; *~e* ***larwes*** infective larvae; *~e* ***misgeboorte*** contagious abortion, brucellosis; *~e* ***siekte*** infectious disease, zymosis. **be·smet·lik·heid** infectiousness, infectivity, contagiousness; ~ *deur aanraking* contagiousness. **be·smet·ter** contaminant. **be·smet·ting** infection; contamination; pollution, vitiation, taint; *(med.)* sepsis; *(comp.)* infection; ~ *deur aanraking* contagion. **be·smet·tings·bron, -haard** nidus, seat/centre/focus of infection; source/reservoir of infection.

be·snaar *het* ~ string. **be·snaar(d)** *-snaarde* stringed; *fyn* ~ highly strung. **be·sna·ring** stringing.

be·sne·de cut; circumcised; →BESNY; *fyn* ~ →FYNBESNEDE. **be·sne·de·ne** *-nes* circumcised person.

be·sneeu(d) *-sneeude* snowy, snow-covered, snow-clad.

be·snoei *het* ~ cut (back/down); shorten; cut, lower, reduce, slash *(prices)*; curb, curtail, cut down (on), reduce *(expenses)*; retrench; axe; whittle away/down; →SNOEI; *iets erg* ~ cut s.t. to the bone *(expenditure etc.)*; *~de munt* clipped coin. **be·snoei·ing** *-ings, -inge* pruning; cut, reduction, cutback, curtailment; retrenchment; cutting *(of prices)*. **be·snoei·ings·veld·tog** economy drive; *'n* ~ *onderneem* have an economy drive.

be·snor(d) *-snorde* moustached.

be·snuf·fel *het* ~ sniff at; nuzzle; pry into.

be·sny *het* ~ circumcise; →BESNEDE. **be·sny·de·nis, be·sny·ding** circumcision.

be·so·ar *-ars* bezoar. **~poeier** bezoar powder. **~steen** bezoar (stone).

be·soe·del *het* ~ pollute, contaminate, foul, taint, tarnish *(fig.)*; pollute, defile, vitiate; *iem. se denke/gedagtes* ~ pollute s.o.'s mind; *iem. se denke/gedagtes oor iem./iets* ~ poison s.o.'s mind against s.o./s.t.. **be·soe·del(d)** *-delde* polluted, contaminated; *~de gewete* guilty conscience; *~de lug* polluted air; *~de naam* tarnished reputation. **be·soe·de·ling** pollution, contamination, fouling; defilement, vitiation.

be·soek *-soeke, n.* visit; *(of short duration)* call; *'n* ~ ***aan*** ... a visit to ... *(s.o., a place)*; *'n* ~ *by iem.* ***aflê*** (of *aan iem.* ***bring***) pay s.o. a call/visit, call (*or* pay a call) on s.o.; *die* ~ *is van die* ***baan*** the visit is off; *'n* ~ ***beantwoord*** return a visit; *'n* ~ ***by*** ... a visit to ... *(s.o.)*; ~ ***hê/kry*** have visitors (*or* a visitor); *daar* ***kom*** ~ visitors are coming; ~ *van iem.* ***ontvang*** be visited by (*or* receive a visit from) s.o.; *by iem.* ***op*** ~ *wees* be on a visit to s.o.; ~ ***verwag*** be expecting visitors; *'n* ***vlugtige*** ~ *aan iem. bring* pay s.o. a flying visit. **be·soek** *het* ~, *vb.* visit, pay a visit to, call on, (go to) see; go to, attend *(church, school)*; try, visit, afflict; ***dikwels*** ~, *(also)* haunt; *iem.* ***gaan*** ~ go to see/visit s.o.; *iem. goed genoeg* ***ken*** *om te* ~ be on visiting terms with s.o.; *iem.* ***kom*** ... ~ s.o. is coming to see/visit ... *(s.o.)*; s.o. is coming on a visit to ... *(s.o., s.t.)*; *iem.* ***onverwags*** ~ pay s.o. a surprise visit; *'n* ***pasiënt*** ~ see a patient. **~dag** *(mayor's)* at-home day. **~plek** place/house of call. **~tyd, ~ure** visiting hours.

be·soe·kend: *~e spreker* guest speaker.

be·soe·ker *-kers* visitor, caller; visitant; frequenter; *(in the pl. also)* company; *~s* ***by/van*** *die tentoonstelling* visitors to the show; *~s* ***hê/kry*** have visitors; *'n* ~ ***in*** *die stad* a visitor to the city; *daar* ***kom*** *~s* visitors are coming; *'n* ~ ***op*** *die dorp* a visitor to the town; *~s* ***verwag*** be expecting visitors.

be·soe·kers-: **~boek** visitors' book. **~buro** visitors' bureau.

be·soe·king *-kings, -kinge* visitation, affliction, trial, tribulation.

be·soe·tjie = BISSEUXTJIE.

be·sol·dig *het* ~, *vb.* pay (s.o. his/her salary); *deur iem.* ~ *word* be in s.o.'s pay. **be·sol·dig** *-digde, adj.* paid, salaried; stipendiary; *~de amp* office of profit; *in ~de diens* gainfully employed; *~de opsiener, (racing)* stipendiary steward; *~de personeel* salaried staff; *~de verlof* paid leave. **be·sol·di·ging** pay, salary, remuneration; wage(s); stipend *(of a clergyman)*; *onvoldoende* ~ underpayment.

be·son·der *n.*: *in die* ~ in particular, particularly, (e)specially; *meer in die* ~ more particularly. **be·son·der** *-dere, adj.* particular, special; specific; individual; →BESONDERS; *'n ~e* ***belangstelling*** *in/vir iets hê* have a special interest in s.t.; *'n ~e* ***geleentheid*** a special occasion; *~e* ***kenmerke*** outstanding/salient features; *~e* ***kennis*** specialised knowledge; *~e* ***moeite*** *doen* take special care. **be·son·der** *adv.* particularly, (e)specially; exceedingly, exceptionally, uncommonly, eminently; supremely *(elegant etc.)*; ~ *versigtig wees* take special care. **be·son·der·heid** particularity; detail, particular; peculiarity; speciality; *(tot)* ***in*** *~hede* in (great) detail; *iets tot* ***in*** *die fynste ~hede beskryf/beskrywe* give a blow-by-blow account/description of s.t.; *tot* ***in*** *die kleinste ~hede* to the letter; ***in*** *~hede tree* go into detail; enter/go into particulars; ***in*** *~hede vermeld* specify; *meer* ***in*** *~hede* in greater detail; ***in*** *~hede, (also)* at length; ***nader(e)*** *~hede* full details; further particulars; ***nader(e)/verder(e)/vêrder(e)*** *~hede verlang* require further particulars; ***volledige*** *~hede verstrek/verskaf/opgee/(aan)gee/vermeld* give full particulars. **be·son·der·lik** notably, in particular, particularly, (e)specially. **be·son·ders** *-derse* distinctive, special, particular; exceptional, unusual; →BESONDER *adj.*; ***iets*** ~ something special; quite something, something else *(infml.)*; ***iets heel*** ~ something extra special; ***niks*** ~ *nie* nothing special (*or* out of the ordinary *or* to write home about *or* to speak of); not up to much.

be·son·dig *het* ~, *(liter.)*: *jou aan iets* ~ be guilty of s.t. *(excessive drinking etc.)*; *jou aan iem.* ~ wrong s.o..

be·son·ge *p.p.* sung; storied; →BESING.

be·son·ke *(fml., rare)* (well-)considered, mature; →BESINK. **be·son·ken·heid** maturity, matureness.

be·son·ne *(rare)* sensible, (well-)considered *(plan etc.)*; cool-headed, level-headed, steady *(person)*; →BESIN; ONBESONNE. **be·son·nen·heid** circumspection, cautiousness; cool-headedness.

be·so·pe *-pener -penste (meer ~ die mees ~)* drunk(en); ~ *raak* get sloshed/plastered/smashed/sozzled/soused/stewed/stoned *(infml.)*. **be·so·pe·ne** *-nes* drunk. **be·so·pen·heid** drunkenness.

be·sô·re →BESORG *vb.*.

be·sorg *het* ~, *vb.* deliver; take; give, cause *(sorrow, trouble, etc.)*; get, procure, find; provide, furnish *(with)*; attend to *(horses etc.)*; *iem. 'n betrekking* ~ help s.o. to a post, find a post for s.o.; ~ *dit vir my so gou (as) moontlik* let me have it as soon as possible; *dit het iem. die oorwinning* ~ that brought s.o. victory; *iem. tuis* ~ see/take s.o. home. **be·sorg** *-sorgde, adj.* concerned, caring, *(fml.)* solicitous *(mother etc.)*; worried, anxious, apprehensive, uneasy, troubled; *oor iets* ~ *wees* be concerned about/for (*or* worried/anxious about) s.t., *(fml.)* be solicitous about/for/of s.t.. **be·sorgd·heid** concern, disquiet, *(fml.)* solicitude; worry, anxiety, apprehension, uneasiness, misgiving; *met groot* ~ with deep concern; *iem. se* ~ *oor iets* s.o.'s concern about/over s.t.; s.o.'s preoccupation with s.t.; ~ *uitspreek* voice concern. **be·sor·ging** *-gings, -ginge* delivery.

be·spaar *het* ~ save; economise; spare; *iets* ~ *word* be spared s.t.; *koste/tyd* ~ save expenses/time; *op die prys* ~ make a saving on the price; *aan rente* ~ save in interest charges. **be·spa·ring** *-rings, -ringe* saving; economy; →SPAAR; *'n* ~ *bewerkstellig* effect a saving. **be·spa·rings·veld·tog** economy drive; *'n* ~ *onderneem* have an economy drive.

be·span *het* ~, *vb.* span; string *(a violin etc.)*. **be·span** *-spanne, adj.* strung; animal-drawn; *met muile* ~ mule-drawn.

be·spat *het* ~ splash, spatter, bespatter, splatter, sprinkle; *met ...* ~ *wees* be flecked/spattered with ...; *met bloed ~te* (of *bloed~te*) *hande* bloodied hands.

be·speel *het* ~, *(mus.)* play (on) *(an instrument)*. **be·speler** *-lers* player. **be·spe·ling** playing (on).

be·speur *het* ~ detect, notice, perceive, spot, observe, sense, discern; *(poet., liter.)* descry, espy. **be·speur·baar** *-bare* detectable, noticeable, observable. **be·speu·ring** discovery, detection; espial.

be·spied *het* ~ spy on, watch; scan *(an area etc.)*. **be·spie·der** *-ders* watcher; scout. **be·spie·ding** spying; scouting; ~ *van ...* spying (up)on ...

be·spie·gel *het* ~ speculate, reflect, contemplate, philosophise; *oor ...* ~ speculate about/(up)on ... *(the nature of the universe etc.)*. **be·spie·ge·lend** *-lende* speculative, reflective, contemplative; *die ~e wysbegeerte* speculative philosophy. **be·spie·ge·ling** *-lings, -linge* speculation, contemplation; *~s/~e maak* speculate.

be·spie·ring musculature.

be·spik·kel *het* ~ speckle, dapple, spot. **be·spik·kel(d)** *-kelde -kelder -keldste* speckled, dappled; *met ...* ~ *wees* be flecked with ...

be·spi·oe·neer *het* ~ spy (up)on.

be·spoe·dig *het* ~ expedite, accelerate, speed up, hasten, precipitate; lend wings to. **be·spoe·di·ging** expedition, acceleration, speeding up, hastening, precipitation.

be·spoeg *het* ~ spit at/on.

be·spoel *het* ~ wash against.

be·spot *het* ~ mock, deride, ridicule, make fun of, poke fun at, taunt, jeer (at), scoff (at); *iem. oor iets* ~ taunt s.o. with s.t.. **be·spot·lik** *-like* ridiculous, ludicrous, absurd, preposterous, farcical; *jou* ~ *maak* make a fool of o.s.; make an exhibition of o.s.; lay o.s. open to ridicule; *iem.* ~ *maak* make a fool of s.o.; bring s.o. into derision; hold s.o. up (*or* subject s.o.) to ridicule. **be·spot·lik·heid** ridiculousness *etc.*. **be·spot·ter** *-ters* mocker, derider, scoffer. **be·spot·ting** *-tings, -tinge* ridicule, mockery, derision; *'n* ~ *van ...* a parody/travesty of ... *(justice etc.)*; *onderwerp van* ~ laughing stock; *aan* ~ *prysgee* hold up to ridicule.

be·spreek *het* ~ discuss, talk about/over; discourse on; book, reserve *(seats)*; review *(a book, film)*; ventilate *(a topic)*; comment on; ***(al)*** ~ *wees* be spoken for; ***baie*** ~ *word* be much/widely discussed; ***blokvas*** ~ *wees* be booked solidly; *iets* ***met*** *iem.* ~ discuss s.t. with s.o.; raise s.t. (*or* take s.t. up) with s.o.; talk s.t. over with s.o.; ***na*** *...* ~ book for ... *(a destination)*; *iets* ***openlik*** ~ give s.t. an airing; *iets word* ***openlik*** ~ s.t. gets an airing; *~te* ***plek*** reserved seat; ***vir*** *...* ~ book for ... *(a play etc.)*; *iem.* ***vir*** *iets* ~ book s.o. for s.t.; *iets* ***vir*** *...* ~ reserve s.t. for ...; *te* ***vol*** ~ overbook *(a flight, hotel, etc.)*; ***vol*** (of ***ten volle***) ~ *wees* be fully booked, be booked out/up, be sold out; ***vol*** ~ full house, house full *(on a notice)*. **~geld** booking fee. **~kantoor, ~lokaal** →BESPREKINGSKANTOOR.

be·spreek·baar *-bare* bookable.

be·spre·ker discusser.

be·spre·king *-kings, -kinge* discussion; conversation; review *(of a book/film)*; booking *(of seats)*; *'n saak in* ~ ***bring*** raise an issue; *iets* ***buite*** ~ *laat* leave s.t. out of consideration; *'n* ~ ***doen*** make a booking; ***onder*** ~ *kom* come under consideration; ***onder*** ~ *wees* be under discussion; be under debate; *die saak* ***onder*** ~ the matter in question; ***vatbaar*** *wees vir* ~ be open to debate.

be·spre·kings-: **~groep** discussion group; *lid van die/'n* ~ discussant. **~kantoor, ~lokaal** booking office.

be·spring *het* ~ jump at/(up)on, pounce/spring (up)on; assail; cover *(a mare)*; tup *(an ewe)*.

be·sprin·kel *het* ~ sprinkle, spray, dabble; damp(en), moisten; dredge *(with pepper etc.)*; asperge *(with holy water)*; *iets met* ... ~ sprinkle ... on s.t., sprinkle s.t. with ... **be·sprin·ke·ling** sprinkling, spraying; dredging; aspersion; sprinkler/overhead irrigation.

be·sproei *het* ~ spray, sprinkle; irrigate *(lands)*; water *(a lawn etc.)*. **be·sproei·baar** *-bare* irrigable. **be·sproei·baar·heid** irrigability. **be·sproei·er** *-ers* spray; irrigator. **be·sproei·ing** irrigation; watering.

be·sproei·ings-: **~aanleg, ~plan** irrigation scheme. **~gebied** irrigation area. **~nedersetting** irrigation settlement. **~raad** irrigation board. **~werke** irrigation works.

be·sproet *-sproete* freckled.

be·spro·ke →BESPREEK; VEELBESPROKE.

be·spu, be·spuug →BESPOEG.

be·spuit *het* ~ spray (on); squirt (on); *iets met* ... ~ spray ... on s.t., spray s.t. with ... **be·spui·ting** spraying; jetting.

be·spy·ker *het* ~ nail; stud with nails.

Bes·sa·ra·bi·ë *(geog., hist.)* Bessarabia.

bes·se·mer-: **~peer** Bessemer converter. **~proses** Bessemer process. **~staal** Bessemer steel.

bes·sie *-sies* berry. **~basboom** *(Osyris compressa)* bark bush. **~boom** *(Melia azedarach)* berry tree, Indian lilac, (Cape) syringa. **~bos** *(Rhus* spp.*)* berry bush. **~konfyt** berry jam. **~was** berry wax.

be·staan *n.* being, existence; livelihood, subsistence; *'n* ***dubbele*** *~ voer* lead a double life; *'n* ***goeie*** *~ maak* make a comfortable living; *'n menswaardige* ~ ***hê/vind*** make a decent living; *'n* ***karige*** ~ a meagre subsistence; *'n ~* ***maak*** make/earn a living; *op 'n manier* (of *met moeite*) *'n ~* ***maak*** eke out an existence (*or* a livelihood/living); *'n ~ uit ...* ***maak*** make/earn/gain a living from (*or* make a living out of) ...; gain/make a livelihood from ...; ***stryd*** *om die* ~ struggle for existence; *die vyftigjarige/ens. ~* ***vier*** mark the fiftieth/etc. anniversary; ***vir*** *'n* ~ for a living; *'n ~* ***voer*** lead an existence; *op (die) een of ander manier 'n ~* ***voer*** live by one's wits. **be·staan** *het ~, vb.* exist; be extant; subsist, make a living, live; *iets ~* ***al lank*** (of ***lankal***) s.t. is of long standing; ***bly*** ~ endure; ***daar*** *~ nie so iets* (of *so 'n ding*) *nie,* ***so iets*** *~ nie* there is no such thing/animal; *~* ***in*** ... consist in ...; ***spartel*** *om te* ~ struggle to make a living; *~* ***uit*** ... consist (*or* be composed) of ..., comprise ..., be made (up) of ...; *die preek ~* ***uit*** *drie dele, (also)* the sermon falls into three parts; ***van*** *iets* ~ exist/live (up)on s.t.. **~sekerheid** social security. **~sorg** social security. **~stryd** struggle for life, fight for existence.

be·staan·baar *-bare* possible; real; reasonable *(price)*; *~bare loon* living wage; *~ met* ... compatible/consistent with ...; congruent with ... *(fml.)*. **be·staan·baar·heid** possibility; compatibility.

be·staan·de existing, existent; extant; ***gelyktydig*** ~ coexistent; ***langs/naas*** *mekaar* ~ coexistent; ***lank*** ~ of long standing; *die ~* ***toestand*** the status quo; ~ ***wette*** established laws.

be·staans-: **~beveiliging** social security. **~boerdery** subsistence farming. **~duur** life, existence. **~ekonomie** subsistence economy. **~grens** subsistence level, breadline, poverty line. **~grond** reason for existence. **~middel** *-e, -s* means of livelihood/support; *sonder ~e/~s* without (*or* with no visible) means of support. **~minimum** subsistence minimum. **~moontlikheid, ~rede** reason/justification for existence, raison d'être. **~reg** right of existence. **~werkwoord** substantive verb.

be·stand *n.* permanence; truce; *~ hou* endure, last; *die mens het geen ~ nie* man is but transitory. **be·stand** *adj.* resistant; *teen ... ~ wees* be resistant to ...; stand up to ...; be immune to ...; *~ teen stelselindringing, (comp.)* immune; *teen diewe ~* burglarproof; *teen droogte ~* drought-resisting/resistant; *teen vuur ~* fireproof. **be·stand·deel** component, constituent (part), element; ingredient. **be·stand·heid** resistance; consistency *(of texture)*; *die ~ van iets teen* ... s.t.'s resistance to ...

-be·stand *comb.* -resistant; *roes~* corrosion-resistant; *water~* water-resistant.

bes·te *-tes, n.* best, finest; pick, cream *(fig.)*; champion; *die ~ daarvan* ***afkom*** get the best of the bargain; ***al*** (of ***alles van***) *die ~!* good luck!; all the best!; with best wishes; *dit sal* ***die*** *~ wees* that will be best; ***die*** *~ wat iem. kan doen, is om te* ... s.o.'s best bet is to ... *(infml.)*; *die* ***eerste*** *die ~* at random; *die ~* ***gebruik*** *maak van* ... make the most of ...; *jou ~* ***gee*** do o.s. justice; *so* ***goed*** *soos die ~* with the best; *die ~* ***hoop*** hope for the best; ***op*** *jou ~* ***lyk*** look one's best; ***op*** *jou ~ wees* be at one's best; ***op*** *sy ~* at best/most; at the best of times; *dit toon iem.* ***op*** *sy/haar ~* it brings out the best in (*or* gets the best out of) s.o.; *iem. se* ***ou*** *~, (infml.)* s.o.'s better half; *my* ***ou*** *~, (also)* my old dutch *(infml.)*; *iets* ***ten*** *~ gebruik* make the best (possible) use of s.t.; ***ten*** *~ verkoop* sell at best; *iem. die ~* ***toewens*** wish s.o. well; ***van*** *die ~* of the first water; ***verreweg*** *die ~* (by) far the best; *die ~* ***lê*** *nog* ***voor*** the best is yet to come.

bes·te *adj. & adv.* best; first-class, excellent, choice; premier; →BES²; GOED *adj.*; *die ~* ***af*** *van ons almal* the best off/situated of all of us; *B~* ***Albert/ens.****, (in letter writing)* Dear (*or* My dear) Albert/etc.; *ek werk* ***die*** *~ wanneer* ... I work best when ...; *die ~* ***moontlike*** ... the best possible ...; *die ~* ***vaar*** have the best of it; come out on top; *na my ~* ***vermoë*** to the best of my ability/power; *na my ~* ***wete*** to the best of my knowledge/belief.

be·stee *het* ~ spend, expend; *iets* ***aan*** ... ~ expend s.t. *(energy etc.)* on ...; devote s.t. *(attention, time, etc.)* to ...; bestow s.t. *(time, care, etc.)* on ...; *'n uur* ***aan*** *iets ~, (also)* put in an hour on s.t.; *... word* ***aan*** *iets ~, (also) ... (a lot of money/effort etc.)* goes into s.t.; *geld* ***aan*** *iets* ~ spend money on s.t.; *tyd/ens.* ***goed/nuttig*** ~ spend time/etc. profitably. **be·ste·de:** *~ geld* spent money; *~ moeite* trouble taken. **be·ste·ding** spending; *(amount spent)* expenditure; disposal of *(income etc.)*; *~ van hulpbronne* exploitation of resources.

be·steek·band headband *(of a book)*.

be·steel *het* ~ steal from; rob.

be·stek *-stekke* space; scope, range, area, compass, purview; province, domain; *(builder's)* specifications; *(navigation)* reckoning; *(in the pl. also)* bills of quantities; ***binne*** *die ~ van 'n week/ens.* within the space of a week/etc.; ***binne*** *die ~ van ... val/wees* fall/be within the scope/compass/purview of ...; ***buite*** *die ~ van ... val/wees* fall/be beyond/outside the scope (*or* be beyond the compass *or* fall/be outside the purview) of ...; *in 'n* ***klein*** ~ in a narrow compass; *'n ~* ***opmaak*** draw up specifications (*or* a bill of quantities); *die ~* ***opmaak****, (naut.)* determine a/the ship's position; ***volgens*** ~ according to specifications/plan. **~besparing** economy of scope. **~opmeter, ~opnemer** quantity surveyor. **~opmeting, ~opname** survey; quantity surveying.

be·stel *n.* system, order, scheme, dispensation, setup; *Gods ~* divine Providence; *die heersende ~* the established/existing order; *maatskaplike ~* social order/system, (system of) society; *staatkundige ~* polity; *die ~ van die wêreld* the scheme of things. **be·stel** *het ~, vb.* order, place an order for; call *(a taxi etc.)*; summon, send for *(s.o.)*; deliver *(letters etc.)*; indent; bespeak; *'n dagvaardiging/ens.* ***aan*** *iem.* ~ serve a summons/etc. on s.o., serve s.o. with a summons/etc.; *iets* ***by*** *'n winkel/ens.* ~ order s.t. from a shop/etc.; ***op*** *die ~de dag* on the appointed day; ***ter aarde*** ~ bury, inter; *iets* ***uit*** ... ~ order s.t. from ... *(a country etc.)*; *iets* ***van*** ... ~ order s.t. from ... *(a city etc.)*; *~* ***wees****, (book etc.)* be on order. **~afdeling** order(s) department. **~agent** indent agent. **~boek** order book. **~brief** order; order sheet. **~briefie** order note. **~diens** ordering service. **~fiets** delivery bicycle. **~kaart** order card. **~klerk** order/indent clerk. **~lys** order list, list of orders. **~vorm** order form.

be·stel·baar *-bare* deliverable; *dit is ~ by* ... it may be ordered from ...

be·stel·ler *-lers* person who orders; →BRIEWEBESTELLER. **be·stel·le·rig** *-rige, (rare)* pernickety.

be·stel·ling *-lings* order; indent; delivery; ***aan*** ~ to goods (supplied); *~* ***van 'n dagvaarding*** service of a summons/writ; *'n ~* ***gee/plaas*** place an order; ***kort*** *~, (jur.)* short service; ***na*** ~ to order; *iets* ***na/volgens*** *~ maak/vervaardig* customise s.t.; *'n ~* ***neem*** take an order; ***op*** *~ gemaak/vervaardig* custom-made, made to order; ***op*** *~ wees* be on order; *~s* ***opneem*** take orders; *'n ~ vir iets* ***plaas*** place (*or* put in) an order for s.t., put s.t. on order; *'n ~* ***uitvoer*** execute an order; *'n ~* ***van*** *goedere* an indent for goods *(mainly from overseas)*; *'n* ***vaste*** ~ a standing order; ***vol*** *~s wees, (rare)* be very finicky/pernickety, be hard to please; ***volgens*** ~ as per order; *~s* ***werf*** solicit orders. **be·stel·lin·kie** *-kies* small order.

be·stem *het* ~ destine, design, intend, mean, designate, earmark, set aside/apart, appropriate; fix *(a day)*; mark out; *iets vir ... ~* earmark/appropriate s.t. for ...; *iem. vir ... ~* mark s.o. out for ... **be·stem(d)** *-stemde* fated, destined; appropriate; set apart; intended *(for the ministry etc.)*; *die ~de* ***dag*** the appointed day; *~* ***tot*** *ondergang* marked for destruction; *(te) ~de(r)* ***tyd*** (at the) appointed time; ***vir*** *... ~ wees* be intended for ...; be earmarked for ...; be destined for ...; *iem. is* ***vir*** ... ~ s.o. is marked out (*or* slated) for ... *(promotion etc.)*; *iets is* ***vir*** *gebruik* ~ s.t. is meant to be used; *iets is* ***vir*** *iem.* ~ s.t. is meant for s.o. *(a parcel etc.)*. **be·stem·ming** *-mings, -minge* destination; destiny, fate, lot; *plek van ~* destination. **be·stem·mings·ha·we** port of destination.

be·stem·pel *het* ~ stamp; tool; *iem./iets as 'n ... ~* describe (*or* refer to) s.o./s.t. as a ...; *iem. as ... ~, (also)* label s.o. as ... **be·stem·pe·ling** stamping; naming, calling.

be·sten·dig *het ~, vb.* perpetuate, make permanent; consolidate, stabilise, continue *(s.o. in office)*. **be·sten·dig** *-dige, adj.* lasting, enduring *(peace)*; durable; permanent; stable, steady; constant, continual; steadfast *(person)*; consistent; settled *(weather)*; firm, stable *(prices)*; *(chem.)* stable. **be·sten·di·ge·toe·stand·te·o·rie** steady-state theory. **be·sten·dig·heid** stability, steadiness, firmness; permanence; steadfastness, constancy; consistency; continuity; durability. **be·sten·di·ging** perpetuation; consolidation; stabilisation.

be·ster(d) *-sterde* star-studded; *(tech.)* stellate(d).

be·sterf, be·ster·we →BESTORWE.

bes·ti·aal *-tiale* bestial. **bes·ti·a·li·seer** *ge-* bestialise. **bes·ti·a·li·teit** bestiality.

bes·ti·a·ri·um *(Lat.)* bestiary.

be·stier *het ~, vb., (dated)* govern, rule; guide *(the affairs of men)*; superintend. **be·stier·der** *-ders, (dated)* ruler; *(divine)* guide; *~ van ons lot* ruler/master of our fate. **be·stie·ring** *-rings, -ringe* dispensation *(of God)*; act of Providence; guidance; fate; *dit was 'n ~ dat* ... it was providential that ...

be·stof *-stofte, -stofde* dusty, covered in dust.

be·stook *het ~, (lit. & fig.)* bombard, pepper, pelt; assail; cannonade; batter, harry, harass; *iem. met ... ~* bombard/pepper s.o. with ... *(stones, questions, etc.)*; *met ... ~ word, (also)* be under a barrage of ... **be·sto·king** bombardment; battering.

be·storm *het* ~ storm, rush (at), come at, charge, make a dash for; bombard, ply *(with questions)*; *die bank is ~* there was a run on the bank. **be·stor·mer** *-mers* stormer, assailant. **be·stor·ming** *-mings, -minge* storming, rush, charge, dash; *'n ~ van die bank* a run on the bank.

be·stor·we bereaved; *~ boedel* deceased estate.

be·straal *het* ~ shine upon; irradiate; X-ray. **be·stra·ling** *-lings, -linge* irradiation; radiotherapy, radiation therapy/treatment; insolation.

be·straat *het* ~ pave. **be·stra·ting** paving.

be·straf *het ~, vb.* reprimand, rebuke, scold, admonish, reprove, take to task; punish, chastise, correct; *met ... ~* visit with ... *(retribution)*. **be·straf** *-strafte, -strafde, p.p.* punished *etc.*. **be·straf·fend:** *~e skadevergoeding* exemplary damages. **be·straf·fing** *-fings, -finge* reprimand, rebuke, scolding, admonition, reproach, censure; scolding, reproving; punishment, chastisement, correction; punishing, chastising, correcting.

be·stre·de opposed; →BESTRY.

be·strooi *het* ~ sprinkle *(with);* cover, spread *(with);* powder, dust *(with); iets met ... ~* sprinkle ... on s.t., sprinkle s.t. with ...; *met ... ~ wees, (also)* be strewn/littered with ...; *~de wolk* seeded cloud.

be·stry *het* ~ fight, battle (against), combat; oppose *(a motion, doctrine);* dispute *(a statement);* meet, defray *(expenses);* →BESTREDE; *plae ~* control pests; *'n siekte ~* fight a disease. **be·stry·baar** *-bare* opposable; disputable. **be·stry·der** *-ders* opponent. **be·stry·ding** fighting, combating; defrayal, defraying *(of expenses);* control *(of pests).* **be·stry·dings·maat·reël** control measure.

be·stryk *het* ~ spread, cover *(with);* coat *(with);* stroke, pass one's hand over; *(artillery)* cover, command, have within range; sweep, enfilade; *(fig.)* cover, extend over; *met salf ~* smear with ointment; *'n groot veld ~, (fig.)* cover much ground.

be·stu·deer *het* ~ study *(a subject, s.o.'s face);* scrutinise; investigate; *'n ~de houding aanneem* strike an attitude. **be·stu·deer·der** *-ders* student *(of a subject).* **be·stu·de·ring** study; scrutiny.

be·stuif, be·stui·we *het ~, vb.* cover with dust; pollinate; dust *(with powder).* **be·stuif** *-stuifde -stuifte, adj.* dusty; pollinated. **be·stui·wer** *-wers* pollinator. **be·stui·wing** *-wings, -winge, (bot.)* pollination; *(med.)* insufflation.

be·stu·rend managing; *~e direkteur* managing director, *(Am.)* president.

be·stu·ring driving; management, direction.

be·stuur *-sture, n.* management, control, direction; rule, government, administration; executive (committee); board of management; *in die ~ van 'n vereniging dien/sit* be/serve/sit on the (executive) committee of a society. **bestuur** *het ~, vb.* drive *(a vehicle);* pilot, fly *(an aeroplane);* navigate *(a vessel);* operate, handle, work; guide; direct; manage *(an institution, affairs, etc.);* run *(a business);* control, rule, govern *(a country);* →BESTUREND. **~stelsel** system of administration, administrative system. **~styl** management style.

be·stuur·baar *-bare* manageable; guidable; controllable; navigable *(ship, aeroplane);* manoeuvrable; dirigible *(balloon).*

be·stuur·der *-ders* manager *(of a business, an institution, etc.);* director; administrator; executive; driver, man at the wheel *(of a vehicle);* chauffeur; motorman *(of a train);* pilot *(of an aeroplane); die oneerlike/onregverdige ~, (NT)* the dishonest manager (*or* unjust steward). **be·stuur·de·res** *-resse* manageress. **be·stuur·der·skap** *-skappe* managership.

be·stuurs-: **~adviseur** management consultant. **~amp** managerial/management post; executive office. **~amptenaar, ~beampte** administrative official. **~beheer** management control. **~bevoegdheid** managerial/executive competence. **~geld** management fee. **~hoof** chief executive; →BEDRYFSHOOF. **~kamer** committee room, boardroom. **~komitee** management committee. **~konsultant** management consultant. **~koste** management costs. **~kunde** management science. **~les** driving lesson. **~lid** committee member; member of the board. **~liggaam** governing body. **~lisensie, bestuurderslisensie** driving/driver's licence; →RYBEWYS. **~opname** management survey. **~pos** management position, managerial post. **~raad** managing/governing board, board of management. **~reg** administrative law. **~rekeningkunde** management accounting. **~tamheid** executive burnout. **~toets** driving test; *'n ~ aflê* take a driving test; *(nie) (in) 'n ~ slaag (nie)* fail/pass a driving test. **~uitkoop** management buyout *(abbr.:* MBO*).* **~vaardighede** *(pl.)* management skills. **~vergadering** committee/board meeting. **~verkiesing** election of the/a committee. **~vorm** *-e* form of government. **~wese** (art of) management.

be·styg *het* ~ mount *(a horse, throne);* ascend, climb *(a mountain).* **be·styg·baar** *-bare* scalable, climbable. **be·sty·ging** *-gings, -ginge* mounting; ascent; climbing.

be·sui·de (to the) south of.

be·sui·ker *het* ~ sugar.

be·sui·nig *het* ~ economise, save, cut (down) expenses, make cutbacks; *(government, organisation)* retrench; reduce; *op iets ~* economise on s.t.; save on s.t.; skimp on s.t.; cut, reduce *(a budget).* **be·sui·ni·ging** economising, economy, saving, cut(back); retrenchment.

be·sui·ni·gings-: **~maatreël** measure of economy. **~veldtog** economy drive; *'n ~ onderneem* have an economy drive.

be·suip *het ~: jou ~* get drunk, *(infml.)* booze, *(infml.)* get plastered; →BESOPE.

be·swaar *-sware, n.* objection; difficulty; drawback; grievance; *'n ~ by iem.* an objection on s.o.'s part; *iem. het geen ~ nie* s.o. has no objection (*or* doesn't mind); *'n ~ van die hand wys* overrule an objection; *'n ~ handhaaf* sustain an objection; *'n ~ teen ... hê* object (*or* have an objection) to ...; *heftig ~ maak* object strenuously/vehemently; *~ maak* object, raise objections; *by ... ~ maak* protest to ...; *teen iets ~ maak* object to s.t.; protest against s.t.; take exception to s.t.; *besware ondervang* meet objections; *besware opper/opwerp/aanvoer* raise objections; *sonder ~ verbygaan* go/pass unchallenged. **be·swaar** *het ~, vb.* load; oppress; clog; burden, weigh on *(s.o.'s conscience);* weight *(statistics);* encumber; mortgage, hypothecate, bond; *met ... ~* burden with ... **~maker** objector, protester. **~skrif** objection; petition of protest.

be·swaar(d) *-swaarde* weighted, loaded; burdened; *~de eiendom, (fin.)* encumbered property; *~de gemiddeld(e)* weighted mean/average; *met 'n ~de gemoed* heavy-hearted, oppressed, with a heavy heart; *met 'n verband ~* mortgaged; *(jou) ~ voel* feel aggrieved; have scruples. **be·swaar·de** *-des* objector, protester. **be·swaard·heid** sense of grievance. **be·swaar·lik** *-like, adj.* difficult, hard; burdensome, onerous. **be·swaar·lik** *adv.* scarcely, hardly, with difficulty; *iem. kan iets ~ bekostig* s.o. can ill afford s.t.; *iets ~ kan doen* do s.t. with difficulty, be hard-pressed to do s.t.; *('n) mens kan ~ glo/dink dat ...* it is difficult/hard to believe that ... **be·swaar·lik·heid** difficulty. **be·swa·rend** *-rende* burdensome, onerous; damaging, incriminating, incriminatory, inculpatory, inculpative; aggravating *(circumstances); ~e getuie* unfavourable witness. **be·swa·ring** *-rings, -ringe* loading, weighting; encumbrance; mortgaging, hypothecation; charge *(on an estate).*

be·swad·der *het* ~ defame, slander, taint, contaminate, defile, sully, besmirch, malign, vilify, calumniate, traduce, drag through the mud; →BEKLAD; *iem. ~, (also)* blacken s.o.'s name. **be·swad·de·raar** *-raars* slanderer, calumniator. **be·swad·de·ring** defamation, slandering, calumniation, calumny, vilification, traducement, mudslinging.

be·swa·rend, be·swa·ring →BESWAAR(D).

be·sweer *het* ~ swear/attest (to) *(one's innocence etc.);* exorcise *(a spirit);* lay *(a ghost);* conjure/call up *(a ghost);* charm *(a snake);* allay *(fear, a storm, etc.);* avert *(a crisis);* implore, beseech, entreat, adjure. **be·sweer·der** *-ders, (also)* exorcist. **be·swe·ring** *-rings, -ringe* swearing; exorcism; conjuration; allaying; incantation, charm; adjuration. **be·swe·rings·for·mu·le, -for·mu·lier** incantation, charm.

be·sweet *-swete, (attr.)* perspiring, sweating; *(pred.)* in a sweat, sweaty.

bes·wil: *vir iem. se eie ~* for s.o.'s own good, in s.o.'s best interest(s); *vir die ~ van ...* for the good of ...

be·swyk *het* ~ die, succumb *(to disease etc.);* yield *(to temptation);* break down, collapse; *(floor)* give way; fail, sink; *aan 'n siekte ~* succumb to a disease; *onder 'n las ~* collapse (*or* give way) under a load; *van ... ~* collapse from ...; *voor ... ~* succumb/yield to ... *(temptation etc.).* **be·swy·king** succumbing; yielding; collapse.

be·swy·meld star-struck. **be·swy·ming** *-mings, -minge* swoon, faint(ing fit); trance; blackout; coma; *in 'n ~ raak* fall/go into a trance.

be·sy·fer *het* ~ figure out, calculate, evaluate; *~de bas, (mus.)* figured bass. **be·sy·fe·ring** *-rings, -ringe* figuring out, calculation, evaluation, reckoning, computation.

bet *ge-, (rare)* dab, bathe *(a wound); met iets ~* dab s.t. on.

be·ta beta. **~blokker** *(med.)* beta blocker. **~golf** beta wave *(of the brain).* **~karoteen** betacarotene. **B~-(maks)** *(electron.)* Beta(max). **~straal** beta ray. **~toets** *n., (comp.)* beta test.

be·taal *het* ~ pay *(s.o., fees, etc.);* pay for *(services, goods);* settle *(an account);* settle with *(s.o.);* meet *(a commitment);* disburse; defray *(expenses);* →BETALE; BETALING; ***antwoord*** *~(d)* reply paid; ***dadelik/kontant*** *~* pay (in) cash, pay (cash) on the nail; ***deurlopend*** *~* pay as you earn; pay as you go; *iem.* ***duur*** *laat ~* drive a hard bargain; ***goed*** *~* pay well; ***in*** *dollars/ens. ~* pay in dollars/etc.; ***in*** *goedere* (of [Lat.] *in natura) ~* pay in kind; *iem.* ***laat*** *~* make s.o. pay, charge s.o.; ***met*** *jou lewe ~* pay with one's life; *iem.* ***met*** *dieselfde/gelyke munt ~* →MUNT *n.;* ***met*** *'n tjek ~* pay by cheque; ***min/sleg*** *~* pay poorly; *te* ***min*** *~ word* be underpaid; *deur die* ***nek*** *~, (infml.)* pay through the nose; *dit sal* ***nie*** *~ nie* that won't (*or* will not *or* will never) do; *iets ~* ***sleg*** s.t. does not pay; ***sleg*** *~ word* be underpaid; ***sleg*** *~, (also)* be slow in paying; ***stiptelik*** *~* pay promptly; *iem. te* ***veel*** *laat ~* overcharge s.o.; *~de* ***verlof*** paid leave; ***vir*** *iets ~* pay for s.t.; *ten* ***volle*** *~ wees* be fully paid; ***vooruit*** *~* pay in advance; ***vrag*** *te ~* carriage forward; *te betale* ***wissels*** bills payable/receivable; *~* ***word*** be/get paid. **~agent** paying agent. **~beampte** pay clerk; paying officer. **~dag** payday; payment date, date of payment; quarter/term day; due date. **~datum** due date; payment date, date of payment. **~diens** *(mil.)* pay corps. **~foon** →BETAALTELEFOON. **~kaart** charge card. **~kantoor** pay(ing) office. **~klerk** →BETAALBEAMPTE. **~lys** payroll; pay list. **~meester** paymaster; purser; quaestor. **~meester-generaal** *-meesters-generaal* paymaster general. **~middel** *-e* currency, money, circulating medium; *sterk ~* hard currency; *swak ~* soft currency; *wettige ~* legal tender. **~order** payment order. **~punt** checkout, cash point. **~rol** payroll. **~skema** payment schedule. **~slag** payoff; *as dit by die ~ kom* when s.o. has to fork out. **~staat** payroll (sheet), pay sheet/bill; pay list. **~stukke** instruments of coin, coinage. **~(tele)foon** pay phone. **~televisie** pay/subscription television. **~termyn, ~tyd** time for/of payment; *~ 60 dae* terms 60 days. **~toon** *(teleph.)* pay tone. **~vermoë** solvency, ability to pay. **~vermoënsteorie** faculty theory. **~wyse** method/mode of payment.

be·taal·baar *-bare* payable; due; *~ by* ***aanbieding*** payable on presentation; ***agterna*** *~* payable in arrear; ***maandeliks*** *~* terms monthly; *~ aan* ***order*** payable to order; *in* ***paaiemente*** *~* payable in calls/instalments; ***stiptelik*** *binne 30 dae ~* terms strictly 30 days; *~ aan* ***toonder*** payable to bearer; *~ by* ***vertoon*** payable on demand (*or* at sight); ***vooruit*** *~* payable in advance; *~* ***word*** become/fall due.

be·taam *het* ~ become, suit, befit, be fitting/proper/appropriate for, behove; *dit ~ iem. om te ..., (fml.)* it behoves s.o. to ... **be·taam·lik** *-like* decent, proper, appropriate, fit(ting), befitting, becoming, seemly. **be·taam·lik·heid** decency, propriety, decorum, becomingness, seemliness.

be·ta·ïen *(chem.)* betaine.

be·ta·kel *het* ~ dirty, begrime; bedraggle.

be·ta·le: *te ~* to pay. **be·ta·lend** *-lende* paying, profitable, cost-effective; rewarding. **be·ta·lend·heid** profitableness, profitability, cost-effectiveness. **be·ta·ler** *-lers* payer. →BETAAL.

be·ta·ling *-lings, -linge* pay, payment, settlement; disbursement; defrayal; →BETAAL; *~ by* ***aflewering*** payment on delivery; ***as*** *~ vir ...* in payment for ... *(services); 'n ~* ***doen/maak*** make a payment; ***goeie*** *~* good pay; *met* ***halwe*** *~* on half pay; *~* ***ineens*** payment in a lump sum; *~* ***in goedere*** (of [Lat.] *in natura)* payment in kind; *~ met* ***korting*** payment under rebate; *~ na/volgens* ***prestasie*** payment by results; ***stipte*** *~* prompt payment; ***teen*** *~* for pay; ***teen*** *~ van ...* on payment of ...; ***ter*** *~ van ...* in payment of ... *(goods, an account, debt); ~ aan* ***toonder*** payment to bearer; *'n*

~ *voldoen* meet a payment; *met volle* ~ on full pay; ~ *vir die vorm* token payment.

be·ta·lings=: **~balans** balance of payments; *ongunstige* ~ passive/unfavourable balance of payments. **~mandaat** payment order, pay warrant. **~matriks** payments matrix. **~termyn** term of payment; payment interval. **~unie** payments/agreement union. **~voorwaarde** condition/term of payment; *op maklike ~s* on easy terms. **~wyse** method of payment.

be·tas *het* ~ feel, handle, finger; *(sexually)* paw, feel up *(infml.); (med.)* palpate. **be·tas·ting** feeling, handling, fingering; pawing; palpation.

be·te·ël *het* ~ tile, cover/pave with tiles. **be·te·ë·ling** tiling.

be·teer *het* ~ tar.

be·te·ken *het* ~ mean, signify, denote, imply, connote, import, betoken; represent, stand for; involve, entail; convey *(meaning);* portend, spell *(ruin to the farmers etc.); 'n dagvaarding* ***aan*** *iem.* ~, *(jur.)* serve a summons on s.o., serve s.o. with a summons; *kennisgewing/prosesstukke* ***aan*** *iem.* ~, *(jur.)* serve notice/process on s.o.; ***iets*** ~, *(also)* be some good; *dit* ~ ***niks*** it means nothing; it amounts to nothing; it is of no importance; it is useless/worthless; *iem.* ~ *regtig* ***niks*** s.o. is a dead loss *(infml.); dit* ~ *nie* ***veel*** *nie* it doesn't amount to very much; there is not much in it; *iem.* ~ *nie* ***veel*** *nie* s.o. is not up to (*or* does not count for) much, s.o. is not much of a player/etc.; s.o. is no great shakes *(infml.); iets* ~ ... ***vir*** *iem.* s.t. spells ... for s.o.; ***wat*** ~ *dit?* what does it mean?; ***wat*** ~ *dit (alles)?* what is the meaning of this?; ***wat*** ~ *dit alles?, (also)* what is it all about?; ***wat*** ~ ... *nou?* what price ... now? *(justice etc.).* **be·te·ke·ning** *=nings, =ninge* service *(of a summons); kort* ~, *(jur.)* short service.

be·te·ke·nis *=nisse* meaning, sense, connotation; significance, importance, consequence; moment; substance; *'n* ~ ***bevat/dra/hê*** bear/carry a meaning; *'n* ***breër/ruimer*** ~ a wider meaning; *vir ... van* ***deurslaggewende*** ~ *wees* be crucial for/to ...; *in die* ***eintlike/volle/werklike*** ~ *van die woord* in the strict/full/proper sense of the word; *dit het* ***geen*** ~ *nie* it does not mean a thing; *van* ***geen*** ~ *nie* of no account/consequence; *van* ***groot*** ~ of great account; ~ *aan iets* ***heg*** read significance into s.t.; attach importance to s.t.; *'n* ~ *aan iets* ***heg*** put a construction on s.t.; *van* ***min*** ~ of little account/consequence; *die* ~ *van iets* ***snap*** catch/get the meaning of s.t., *(infml.)* catch/get the drift of s.t.; *persoon* ***sonder*** ~ person of no account/consequence; *'n man/vrou* ***van*** ~ a man/woman of consequence/distinction/importance/weight; *iets* ***van*** ~ s.t. of interest; ***van*** ~ *wees* be significant; *met* ~ ***vervul/gelaai*** *wees,* ***vol*** (*of* ***ryk aan***) ~ *wees* be pregnant with meaning; ***wetlike*** ~ intendment. **~inhoud** significance. **~leer** semantics, semasiology. **~veld** range of meaning. **~verandering** →BETEKENISWYSIGING. **~verenging, ~vernouing** narrowing of meaning. **~verruiming** extension/expansion of meaning. **~verskil** difference in meaning, semantic difference. **~vol** *=le, adj.* significant, full of meaning, meaningful; important; expressive; *uiters* ~ *wees* be pregnant with meaning. **~vol** *adv.* significantly, meaningly. **~wysiging** change of meaning, semantic change.

Bet-El *(geog., OT)* Bethel.

be·tel betel. **~neut** betel/areca/penang nut. **~palm** betel/areca palm.

Be·tel·geu·se *(astron.)* Betelgeuse, Betelgeux.

be·ter *adj. & adv.* better, superior; ~ ***af*** (*of* ***daaraan toe***) *wees* be better off; ***al hoe*** ~ better and better; ~ ***as*** ... *wees* be better than ...; ***baie/veel*** ~ far/much better; ~ ***bekend*** *as* ... better known as ...; better known than ...; ***des te*** ~ all (*or* so much) the better; ***dis*** ~ that's more like it *(infml.); iets* ~ ***doen*** improve (up)on s.t.; ***effe(ns)/effentjies*** ~ a shade better; *jou* ~*(e)* ***ek*** your better self; *'n hele* ***ent*** ~ a (long) sight better *(infml.); dalk* ***gaan*** *dit 'n volgende keer* ~*!* better luck next time!; *die ~e is dikwels die vyand van die* ***goeie*** the better may be enemy to the good; *dit* ~ ***hê*** be better off; ~ ***helfte,*** *(infml.)* old lady; ***iets*** *~s lewer* do better; *'n* ***ietsie/rapsie*** ~ a shade better; *dit* ***kan*** *(nog)* ~ there is room for improvement; ~ ***laat*** *as nooit* better late than never; ~ ***maak*** improve, (make) better; *dit* ***maak*** *die saak nie* ~ *nie* that does not improve matters; *dis* (*of dit is*) ***maar*** ~ *so* it's (*or* it is) just as well; ***niks*** *~(s) nie* nothing better; ***oneindig*** ~ ever so much better; *die* ***pasiënt*** *is* ~ the patient is better (*or* well again); *die* ***pasiënt*** *voel* ~ the patient is more comfortable; *die* ***pasiënt*** *word* ~ the patient is recovering/improving (*or* is getting better *or* is on the mend); ~ ***soek*** *en slegter kry* go farther and fare worse; ***soveel*** *te* ~ all the better, so much the better; ***stukke*** ~, *(infml.)* far/much/heaps better; ***stukke*** ~ *as ... wees, (infml.)* be a (long) sight better than ...; be streets ahead of ...; *van* ~ ***weet*** know better than that; *dit* ***weet*** *jy* ~ *as ek* you know that better than I do; ~ ***word*** get better; get well, recover/recuperate from an illness; *mooi* ~ ***word*** come along/on nicely. **~gesteld** better off *(financially).* **~wete:** *teen jou* ~ against one's better judg(e)ment; *teen* ~ *hoop* hoping against hope. **~weter** wiseacre, wise guy, know-(it-)all, smart alec(k), pedant. **~weterig** *=e* pedantic; argumentative; smart-alecky *(infml.),* too clever by half *(infml.),* clever-clever *(infml.),* wise in one's own conceit. **~weterigheid** pedantry; argumentativeness.

be·ter·skap improvement (in health), change for the better; convalescence; recovery; *alle/goeie/spoedige* ~*!* get well soon!; ~ *beloof/belowe* promise to turn over a new leaf.

be·teu·el *het* ~ bridle, restrain, (keep in) check, curb; repress, keep down, control. **be·teu·e·ling** restraint, checking, curbing; control.

be·teu·terd *=terde* taken aback; perplexed, nonplussed, embarrassed; sheepish; miserable. **be·teu·terd·heid** perplexity, embarrassment; sheepishness.

Beth·le·hem *(geog.)* Bethlehem; →BETLEHEM.

be·tig *het* ~ reprimand, reprove, rebuke, admonish, take to task; charge, accuse; impugn; *iem. oor iets* ~ reprimand/reprove s.o. for s.t.; *iem. van* ... ~ charge s.o. with (*or* accuse s.o. of) ...; impute ... to s.o.; tax s.o. with ... **be·tig·ting** *=tings, =tinge* reprimand, reproof, telling-off, dusting down; charge, accusation; imputation.

be·tim·mer *het* ~ hammer; wainscot. **be·tim·me·ring** woodwork, timbering; wainscot, wainscot(t)ing.

be·ti·tel *het* ~ call, style, title, entitle; address. **be·ti·te·ling** *=lings, =linge* title, entitling, style.

Bet·jie: *Tante ~-styl* bad/clumsy style, inversion of verb order.

be·tjoi·ings, be·tjoin(g)s *(infml.)* crazy, unhinged, daft, cuckoo, potty; cantankerous, obnoxious.

Bet·le·hem *(geog.)* Bethlehem *(near Jerusalem);* →BETHLEHEM.

be·to·ger *=gers* demonstrator. **be·to·ging** *=gings, =ginge* demonstration; *'n* ~ *hou* hold/stage a demonstration. →BETOOG *vb..*

be·ton concrete; *gewapende* ~ reinforced concrete. **~bou** concrete construction. **~fundering** concrete foundation. **~klip** concrete stone, builder's gravel, ballast. **~menger** concrete mixer. **~oerwoud** concrete jungle. **~vlegter** steel fixer. **~vloer** concrete floor. **~werk** concrete work.

be·to·ning →BETOON[1] *n..*

be·ton·neer *ge=* concrete.

be·toog *=toë, n.* argument, argumentation; *(jur.)* address, argument, contention, submission; exposition; *dit behoef geen* ~ *nie* it stands to reason (*or* is self-evident); *my* ~ *is dat* ... my contention/point/submission is that ...; *die* ~ *dra gewig* there is substance in the argument; *'n lang* ~ *hou* expound at length; expatiate; *volgens my* ~ in my submission. **be·toog** *het* ~, *vb.* demonstrate, march; argue, maintain, hold (forth); *(jur.)* submit; contend; *iem.* ~ *dat* ... s.o.'s contention is that ...; *daar word* ~ *dat* ... it is held that ...; *gewelddadig teen* ... ~ riot against ...; *teen* ... ~ demonstrate against ... **~krag** argumentative power. **~trant** argumentation, way of arguing.

be·toom *het* ~ bridle; →BETEUEL.

be·toon[1] *n.* display, demonstration, manifestation; ~ *van vreugde* rejoicing(s); ~ *van vriendskap* show of friendship. **be·toon** *het* ~, *vb.* show, display, manifest, evince *(quality, feeling); hulde aan* ... ~ pay tribute to ...; *jou waardig* ~ prove o.s. worthy.

be·toon[2] *het* ~ →BEKLEMTOON.

be·toor *het* ~ put a spell on, bewitch, *(Am.)* hex; →BETOWER.

bet·oor·groot=: **~moeder** great-great-grandmother. **~ouers** great-great-grandparents. **~vader** great-great-grandfather.

be·tot·teld *(infml.)* cranky; potty, nutty; pea-brained.

be·to·wer *het* ~ bewitch *(fig.),* enchant, fascinate, captivate, charm, enthral. **be·to·wer(d)** *=werde* spellbound. **be·to·we·rend** *=rende* magical, enchanting, fascinating, charming, beguiling; glamorous; spellbinding. **be·to·we·ring** charm, spell, enchantment, fascination; glamour; *die* ~ *verbreek* break the spell.

be·traan(d) *=traande* tear-stained *(face);* tear-filled *(eyes);* wet with tears, tearful.

be·trag *het* ~ gaze at, examine, observe, scrutinise, take stock of; ponder over, meditate, consider; *iem. aandagtig* ~ regard s.o. intently; *jou plig* ~, *(fml.)* do one's duty. **be·trag·ting** discharge *(of duty);* reflection, meditation.

be·trap *het* ~ tread/trample (up)on; catch, surprise; detect; *iem. op 'n* ***fout/misstap*** ~ catch s.o. out *(fig.); iem. op* ***heter daad*** (*of* ***heterdaad***) ~ catch s.o. red-handed; *iem.* ***onklaar/onverhoeds/onvoorbereid*** ~ catch s.o. off (his/her) balance/guard; *iem.* ***op*** *iets* ~ catch s.o. at s.t.; *iem.* ***op*** *diefstal/ens.* ~ catch s.o. stealing/etc.. **be·trap·ping** catching; detection.

be·tree *het* ~ tread (up)on, set foot on *(African soil etc.);* enter *(a building);* mount *(a platform); die pad van die deug* ~, *(fml.)* walk in the ways of righteousness. **be·tre·ding** treading (up)on; *(jur.)* trespass(ing).

be·tref *het* ~ concern, relate to; touch; *dit* ~ *iem.* it concerns s.o.; *wat dit* ~ as to this/that; when it comes to that, come to that; for that matter, for the matter of that, as far as that is concerned; on that score; speaking of that; *wat my* ~ for all I care; for my part; as far as I am concerned; I for my share; speaking for myself; *wat* ... ~ as for ...; as to ...; in the matter of ...; regarding ...; with respect to ...; on the subject of ... **be·tref·fen·de** concerning, regarding, as regards, in/with regard to; touching.

be·trek *het* ~ take possession of, move into *(a house); (sky)* become overcast; *(face)* cloud over; stalk *(game);* surprise, catch off his/her guard; approach stealthily; lie in wait for, waylay; →BETROKKE, BETROKKENE; *in 'n* ***aanklag*** ~ inculpate; *iem.* ***by/in*** *iets* ~ involve s.o. in s.t.; let s.o. in on s.t.; implicate s.o. in s.t.; *by 'n* ***oorlog*** ~ *word* get caught up in (*or* be pulled into) a war; *die* ***wag*** ~ mount guard. **~hou** feint, blow without warning, treacherous blow.

be·trek·king *=kings, =kinge* post, position, situation, job; office; berth, place, billet; relation(ship); concern; relative; *~e/~s met ...* ***aanknoop*** establish (*or* enter into) relations with ... *(a state etc.); 'n* ~ ***aanvaar*** assume a post; *'n* ~ ***beklee*** fill/hold a post; serve in an office; ***buitelandse*** *~e/~s* foreign relations; ***diplomatieke*** *~e/~s* diplomatic relations; ***finansiële*** *~e/~s* financial relations; *vriendskaplike ~e/~s* ***met*** *iem. hê* have friendly relations with s.o.; ***met*** ~ *tot* ... in connection with ..., in/with regard (*or* with respect) to ..., relating/relative (*or* in relation) to ...; with reference (*or* referring) to ...; *'n* ~ ***neerlê*** relinquish a post; ***op*** ... ~ *hê* refer (*or* have reference) to ...; have a bearing on ...; concern ...; relate to ...; be relevant to ...; have respect to ...; pertain (*or* be pertinent) to ...; ***sonder*** ~ out of employment (*or* a job); *in* ~ *staande* ***tot*** ... germane to ...; *'n* ***vakante*** ~ a vacancy, an opening, a vacant post; *die ~e/~s* ***verbreek/afbreek*** break off (*or* sever) relations.

be·trek·kings=: **~waan** delusion of reference. **~woord** function/form/empty word.

be·trek·lik *-like, adj.* comparative; relative *(pronoun, error, value)*; *~e bysin* relative clause; *alle dinge is ~* all things are relative. **be·trek·lik** *adv.* comparatively (speaking); fairly. **be·trek·lik·heid** relativity.

be·treur *het ~* regret, rue, mourn for/over; bemoan, bewail; deplore, lament; weep for/over; *dit is te ~ (dat ...)* it is a great pity (*or* regrettable *or* a matter of regret) (that ...); *jou lot ~* bemoan one's fate. **be·treur·ens·waar·dig** *-dige* regrettable, sad, unfortunate; deplorable, lamentable; pitiable. **be·treur·ens·waar·dig·heid** deplorableness; pity.

be·trok·ke overcast, cloudy, dull *(sky)*; clouded *(face)*; concerned; relevant; committed, involved; →BETREK; ***by/in*** *iets ~ raak* become/get involved (*or* be caught up *or* get mixed up) in s.t.; ***by/in*** *iets ~ wees* be involved in s.t.; be connected with s.t.; be implicated in s.t. *(a crime etc.)*; be in on s.t. *(infml.)*; be mixed up in s.t.; be engaged in s.t.; *glad nie* ***daarby*** *~ wil wees nie* not want to have anything to do with it; *die ~* ***feite*** the relative/relevant facts; ***nie*** *~ wees nie* be out of it; *die ~* ***outoriteite*** the proper authorities; *die ~* ***persoon/ding*** the person/thing concerned. **be·trok·ke·ne** *-nes* person involved (*or* referred to); drawee *(of a bill)*; payee; *alle ~s* all concerned, all those concerned/involved; *die ~s* those concerned/involved, the people in question. **be·trok·ken·heid** involvement; commitment, committedness.

be·trou *het ~, (rare)* trust. **be·trou·baar** *-bare* reliable, dependable, trustworthy, trusty, sound, straight, staunch *(person)*; reliable, sound, dependable *(information)*; authentic *(report etc.)*; fail-safe *(system etc.)*; *uit ~bare bron* reliably, from a reliable source; *beproefde en ~bare metode(s)* tried and trusted method(s). **be·trou·baar·heid** reliability, dependability, trustworthiness, soundness.

be·trou·baar·heids-: *~***rit** reliability run/trial. *~***toets** reliability trial/test.

bet·sie *-sies, (Adenandra* spp.*)* china flower.

Be·tsjoe·a·na *-nas, (hist.)* Bechuana; →TSWANA. *~***land** *(hist.)* Bechuanaland; →BOTSWANA.

be·tuig *het ~* assert, maintain, protest *(one's innocence)*; express *(one's regret, surprise, sympathy, etc.)*; profess, declare, affirm *(one's friendship etc.)*; certify, testify, bear witness to; *dank ~* render/express thanks. **be·tui·ging** *-gings, -ginge* expression; profession, declaration; testimony.

bet·we·ter, bet·we·te·rig, bet·we·te·ry →BETERWETER, BETERWETERIG, BETERWETERIGHEID.

be·twis *het ~* dispute, challenge, deny, contest, controvert, impugn *(a statement etc.)*; *ek wil dit nie ~ nie* I do not wish to deny it; *niemand kan dit ~ nie dat ...* I say without fear of contradiction that ...; *'n ~te punt* a disputed point; *'n setel ~* fight a seat; *'n ~te setel* a contested seat. **be·twis·baar** *-bare* disputable, debatable, moot *(point)*; contestable, questionable, open to dispute, contentious, exceptionable, challengeable, controversial, controvertible. **be·twis·baar·heid** disputability. **be·twis·ting** disputing, challenging, contesting.

be·twy·fel *het ~* doubt, query, (call in) question; *ek ~ nie dat ... nie* I don't doubt that ...; *ek ~ dit* I doubt it; *niemand kan dit ~ nie dat ...* I say without fear of contradiction that ...; *dit ~ of ...* doubt whether ...; question whether ...; *dit is te ~ of ...* it is doubtful that ...; *nie ~ word nie* go unquestioned. **be·twy·fel·baar** *-bare* questionable, contentious. **be·twy·fe·ling** doubting, querying.

be·tyds in/on time, in good time; *net ~* just in time, in the nick of time; *ruim ~* in good time, well in time, good and early.

beu·el *-els* bugle; buckle; trigger guard *(of a rifle)*; shackle *(of a padlock)*; guard *(of a sword)*; bow, clip; fork *(of a pulley)*; gimbals *(of a compass)*; loop, brace, stirrup; *'n ~ blaas* blow a bugle; *jou eie ~ blaas, (fig.)* blow one's own trumpet; *dit kan nie deur die ~ nie* it cannot pass muster. *~***blaser** bugler. *~***korps** bugle band. *~***perd** *(gym.)* pommel horse. *~***saag** bow saw. *~***sinjaal** bugle call. *~***sluiting** swing stopper. *~***tas** chatelaine bag.

beuk[1] *beuke, n.* beech; →BRUINBEUK, ROOIBEUK(EBOOM). **beu·ke·boom** beech (tree). **beu·ke·bos** beechwood. **beu·ke·hout** beech(wood); →BOEKENHOUT. **beu·ke·neut** beechnut.

beuk[2] *beuke, n.* nave; aisle.

beuk[3] *ge-, vb., (arch. or fml.)* beat, pound, bash, batter, pummel; beat, pound, tenderise *(meat with a mallet)*.

beu·ke·laar *-laars* buckler.

beu·kes-: *~***bessie** *Lantana* spp.. *~***bos(sie)** *Lippia scaberrima*.

beul *beule, beuls* hangman, executioner; *(hist.)* headsman; tyrant, bully, brute, beast.

beuls-: *~***hande** hangman's hands. *~***kneg** hangman's assistant.

beur[1] *beure, n.* →STEUNBEER.

beur[2] *ge-, vb.* strain; heave, lift, pull, tug, lug, drag; push; struggle, labour; *hard aan iets ~* strain at s.t.; *met kragtige hale vooruit ~* power ahead *(infml.)*; *vorentoe ~* surge forward; forge ahead; *~ so wat jy kan* strain every nerve, pull with all one's strength.

beurre *(Fr.)*: *~* **manié** *(butter and flour mixture for thickening sauces)* beurre manié. *~* **noir** *(butter heated until it browns)* beurre noir.

beurs *beurse* purse, pouch; means; bursary, scholarship, grant, stipend, *(Br.)* exhibition; stock exchange, Bourse *(of continental Eur.)*; *(anat., zool.)* bursa; *oor die ~* ***beskik*** hold the purse strings; *~ toe* ***gaan,*** *(econ.)* go public; *'n goed* ***gevulde*** *~* a well-lined pocket; *'n ~* ***kry/ontvang/verwerf*** gain/obtain a scholarship; *voorwaardes* ***na*** *jou ~* terms to suit one's pocket; ***op*** *die (effekte)~* on the stock exchange; *'n* ***skrale*** *~* a slender purse; *jou ~* ***spek*** feather one's nest; *met 'n ~* ***studeer*** study on a bursary/grant; *'n* ***stywe/vol*** *~ hê* be flush (with money). *~***berig** stock-exchange report; stocklist. *~***fondse** stock-exchange securities. *~***geswel** cyst. *~***houer** scholar, holder of a scholarship, *(Br.)* exhibitioner; bursar. *~***net** purse seine. *~***notering** stock-exchange quotation(s); stocklist. *~***polis** exchange policy. *~***sluiting:** *by ~* at the close of business *(on the stock exchange)*. *~***spekulant** stock-exchange speculator, speculator on the stock market. *~***spekulasie** stock-exchange speculation, speculation on the stock market. *~***vloer** *(stock exchange)* trading floor. *~***vormig** *-e* bursiform.

beur·sie *-sies* purse, pouch.

beurt *beurte* turn, bout; *(cr., baseball)* innings; spell; *(cards)* hand, deal; ***aan*** *die ~ wees* be next, be one's turn; be on; *... is* ***aan*** *die ~, (also)* over to ...; *die ~* ***aanvang/begin,*** *(cr.)* open the innings/batting; *jou ~* ***afwag*** →AFWAG; *iem. 'n ~* ***gee*** give s.o. a turn; *'n ~* ***hê/kry*** *om te ...* get/have a turn to ...; take a spell at ... *(the wheel of the car etc.)*; have a spell on ... *(the opposite flank etc.)*; *aan die ~* ***kom*** *om te ...* be due for ...; *~e* ***maak*** take (it in) turns; ***ná/vóór*** *jou ~* out of (one's) turn; *~* ***om*** *~* turn and turn about; *(al)* ***om*** *die ~* by turns, in turn; in rotation; *iets* ***om*** *die ~ doen* take turns doing (*or* to do) s.t.; do s.t. turn and turn about; *dit is iem. se ~* ***om te*** *...* it is s.o.'s turn to ...; *elkeen* ***op*** *sy ~* every one in his/her turn; *nou is dit ...* ***se*** *~, (also)* over to ...; *die ~* ***sluit,*** *(cr.)* declare; *iets val iem.* ***te*** *~* s.t. comes to s.o.; s.t. comes the way of s.o.; s.t. falls to the lot of s.o.; *so iets het my nog nooit* ***te*** *~ geval nie* I have never experienced anything like it, such a thing has never happened to me; ***uit*** *jou ~ praat* speak/talk out of (one's) turn; *'n ~* ***waarneem*** take a turn; ***wie*** *se ~ is dit?, (also)* who's next?. *~***blyskema** time-sharing scheme. *~***nederlaag** *(cr.)* innings defeat. *~***oorwinning** *(cr.)* innings victory. *~***sang** antiphonal singing; versicles and responses *(in church)*. *~***spel** *(golf)* foursome.

beur·te·lings in turn, by turns, alternately.

beu·sel *ge-* trifle, dawdle, toy.

beu·sel·ag·tig *-tige* trivial, petty, trifling, piffling, fiddling, paltry, trite. **beu·sel·ag·tig·heid** *-hede* triviality, trifle; trivialness, pettiness, paltriness.

be·vaar *het ~* navigate, sail *(the seas)*; →BEVARE. **be·vaar·baar** *-bare* navigable, sailable. **be·vaar·baar·heid** navigability.

be·val *het ~* →GEVAL[2]. **be·val·lig** *-lige* charming, delightful, lovely, sweet, winsome, comely, elegant, graceful. **be·val·lig·heid** charm, elegance, grace.

be·val·ling *-lings, -linge* delivery, childbirth, confinement, *(fml.)* parturition; *'n ~ hê* be confined; *met die/'n ~ sterf/sterwe* die in childbirth.

be·val·lings-: *~***kamer** labour ward/room. *~***koste** confinement fees. *~***tyd** confinement, lying-in period.

be·vang *het ~* overcome; *die slaap het iem. ~* s.o. was overcome by sleep.

be·van·ge overcome *(with/by)*; foundered *(horse)*; lean *(crop)*; squashy, watery *(grapes)*; *die perd het hom ~ gevreet* the horse got grainsick; *~ met ...* possessed with ...; uptight about ... *(infml.)*; *'n perd ~ ry* override a horse; *van skrik ~* seized with panic; *deur die warmte ~* overcome by the heat. **be·van·gen·heid** embarrassment; constraint; *(vet. sc.)* heaves, broken wind; *(vet. sc.)* founder, laminitis.

-be·van·ge *comb.* -stricken; *paniek~* panic-stricken; *vrees~, angs~* terror-stricken.

be·va·re: *~ matroos* able(-bodied) seaman. **be·va·re·ne** *-nes* able rating. →BEVAAR.

be·vark *het ~, (infml.)* foul up *(a place)*; do the dirty on *(s.o.)*.

be·vat *het ~* contain, hold; include; comprehend, understand, grasp. **be·vat·lik** *-like* intelligible, comprehensible, clear; intelligent. **be·vat·lik·heid** intelligibility; intelligence, mental grasp. **be·vat·ter** *-ters* holder, container, vessel. **be·vat·ting** comprehension, understanding, grasp. **be·vat·tings·ver·mo·ë** comprehension, comprehensive faculty, intellectual/mental grasp; capacity.

be·veel *het ~* command, order, tell, charge; *(fml.)* bid, enjoin, adjure; *(jur.)* rule; →BEVEL; *iem. ~ om iets te doen* command/order s.o. to do s.t.; *iem. ~ om in die hof te verskyn* warn s.o. to appear in (*or* before the) court; *doen/maak soos jy ~ word* do as one is told/bid.

be·veer *het ~* feather; fledge, fletch *(an arrow)*; →BEVERING.

be·veg *het ~* fight/battle (against), oppose, combat; fight over, contest, dispute. **be·veg·ter** *-ters* opponent. **be·veg·ting** opposition *(to)*, fighting *(against)*.

be·vei·lig *het ~* safeguard, guard, protect *(interests, rights)*; shelter; secure; *~ende bepaling* safeguarding clause; *teen ... ~ wees* be safe from ...; be secure against/from ...; *iets teen ... ~* secure s.t. against/from ... **be·vei·li·ging** safeguarding, protection; security.

be·vei·li·gings-: *~***maatreël** security measure. *~***toestel** safety device.

be·vel *-vele* command, order; behest, injunction; writ; *(jur.)* rule; *(comp.)* command; *(iem.) 'n ~* ***gee*** give (s.o.) an order; *die ~* ***gee*** *om iets te doen* give the command/order/word to do s.t.; *'n ~* ***gehoorsaam*** obey a command; *'n ~* ***is*** *'n ~* orders are orders; *'n ~* ***nakom*** observe a command; *~* ***nisi,*** *(jur.)* rule nisi; ***onder*** *~ staan* be under orders; ***onder*** *~ van ...* under the command of ...; *die ~* ***oor*** *... voer* be in command of ...; *die ~ oor ...* ***oorneem*** take command of ...; ***op*** *~* on command; ***op*** *iem. se ~* at s.o.'s command/order; at s.o.'s bidding; *iets* ***op*** *iem. se ~ doen* do s.t. at/by s.o.'s command; ***op*** *~ van ...* by order of ...; at the command/order of ...; *die ~ aan iem.* ***opdra*** put s.o. in command; *~* ***tot*** *arrestasie* warrant of arrest; *'n* ***uitdruklike*** *~* an express command/order; *'n ~* ***uitreik/uitvaardig*** issue/make an order; *'n ~* ***uitvoer*** execute a command (*or* an order); *bevele* ***volg*** take orders. *~***hebber** *-s* commander. *~***hebberskap** command(ership). *~***skrif** warrant, writ. *~***voerder** *-s* officer commanding. *~***voerend** *-e* commanding; *~e offisier* officer in command, commanding officer, officer in charge; *~e generaal* general officer commanding.

be·ve·lend *-lende* commanding, peremptory, imperative, mandatory.

be·vels-: *~***gebied** command. *~***pos** command post. *~***reeks,** *~***weg** chain of command.

be·ven·ster *het ~* fenestrate. **be·ven·ste·ring** fenestration.

be·verf *het* ~ (daub with) paint.

be·ve·ring feathering; →BEVEER.

be·ves·tig *het* ~ fix, attach, fasten, tie, secure; confirm, affirm, substantiate; approve; bear out; vouch for; prove; corroborate *(a statement)*; uphold *(a decision)*; verify *(a report)*; strengthen, consolidate *(a position)*; induct, instal(l) *(a clergyman)*; solemnise *(a marriage)*; perform *(a marriage, ceremony)*; *in 'n* ***amp*** ~ instal(l) in (an) office; ~ ***dat*** ... confirm that ...; *met 'n* ***eed*** ~ affirm with an oath; *met* ***handoplegging*** ~ ordain with (the ceremony of) the laying on of hands; *die uitsondering ~ die* ***reël*** the exception proves the rule; *die* ***uitslag*** *het dit* ~ the result has proved it; ~ ***word,*** *(also)* take (holy) orders. **be·ves·ti·gend** *=gende* affirmative, affirming, confirming, corroborative; *'n ~e antwoord* an affirmative answer/reply, an answer (*or* a reply) in the affirmative. **be·ves·ti·ger** *=gers* approver; inductor. **be·ves·ti·ging** fixing, fastening; confirmation, affirmation, substantiation; consolidation; induction, investiture, installation *(of a clergyman)*; ~ *in 'n amp* installation in (an) office; *behoudens ~ deur iem.* subject to s.o.'s confirmation; ~ *van iets* confirmation of/for s.t.; *ter ~ van iets* in confirmation of s.t..

be·ves·ti·gings : **~bank** confirming bank. **~diens** induction service.

be·vind *n.: na ~ van sake* according to circumstances. **be·vind** *het ~, vb.* find; be; *jou* ***êrens*** ~ be somewhere; *jou in* ***gevaar/ens.*** ~ be in danger/etc.; *die* ***hof*** ~ *dat* ... the court finds that ...; *in* ***orde*** ~ find in order; *iem. aan iets* ***skuldig*** ~ →SKULDIG; *geweeg en* ***te lig*** *~, (Bib.)* weighed in the balance and found wanting; *nie weet* ***waar*** *iem. hom/haar ~ nie* not know where s.o. is, not know s.o.'s whereabouts; ~ *dat iets* ***waar*** *is* find s.t. to be true. **be·vin·ding** *=dings, =dinge* finding, verdict, ruling; conclusion.

be·vin·ger *het* ~ finger; thumb.

be·vis *het ~ fish (waters).*

be·vit *het* ~ find fault with, carp/cavil at.

be·vlag *het* ~ flag, dress (with flags); *~de/~te skip* dressed ship.

be·vlek *het* ~ stain, soil, spot; defile, blemish, smear, tarnish, sully *(s.o.'s reputation etc.)*; *(biol.)* maculate; *met bloed* ~ bloodstained. **be·vlek·ker** *=kers* stainer *etc.*. **be·vlek·king** staining, soiling; defilement, tarnishing.

be·vleu·el *het* ~ lend wings to; wing.

be·vlieg *het* ~ attack, charge (at), storm, come at, fly at; grip. **be·vlie·ging** *=gings, =ginge* whim, (sudden) fancy, impulse, caprice; fit; *'n ~ kry om te* ... feel/get/have a sudden urge to ...; *in 'n ~ van woede/ens.* in a fit of anger/etc..

be·vloer *het* ~ floor; flag; pave. **be·vloe·ring** flooring; flagging; paving.

be·voeg *=voegde =voegder =voegste* competent, qualified; authorised; ~ *verklaar, (RC)* preconise; ~ *wees om te* ... be qualified to ...; be authorised to ...; ~ *wees vir* ... be qualified for ... *(a task, post)*. **~verklaring** *(RC)* preconisation.

be·voeg·de *=des* authorised/qualified person. **be·voegd·heid** *=hede* competence, ability, capability; faculty; qualification; powers; ~ *om* ***besluite*** *te (kan) neem* decision-making ability; ***binne*** *iem. se ~ wees* be/lie in/within s.o.'s discretion; ***buite*** *iem. se ~ wees/val* be beyond s.o.'s power(s); be outside (*or* not come within) s.o.'s province; *jou ~ te* ***buite*** *gaan* be stretching one's powers; *aan iem. die ~* ***gee/verleen*** *om iets te doen* authorise/empower/enable s.o. to do s.t.; *by* ***gelyke*** *bevoegdhede* all things being equal; *die nodige ~ vir ...* ***hê*** have the necessary qualifications for ...; ***in*** *dié* ~ as such; *bevoegdhede* ***uitoefen*** exercise powers; ***wetgewende*** ~ legislative power/competence. **be·voegd·heids·oor·tre·ding** infringement of power.

be·voel *het* ~ feel, finger, handle; *(med.)* palpate. **be·voe·ling** feeling, touching, fingering; palpation.

be·vog·tig *het ~, vb.* moisten, wet, damp(en). **be·vog·tig** *=tigde, =tigte, p.p.* moist, wet, damp. **be·vog·ti·ger** *=gers* moistener *(for the skin)*; humidifier *(for air)*; wetting agent. **be·vog·ti·ging** moistening, damp(en)ing. **be·vog·ti·gings·op·los·sing** wetting solution *(for contact lenses)*.

be·volk *het* ~ people, populate; *dig* ~ densely/heavily/thickly populated; thickly peopled; *dig ~te streek* populous region; *te dig* ~ overpopulated; *'n land met* ... ~ people a country with ...; *yl* ~ sparsely populated; *te yl* ~ underpopulated.

be·vol·king *=kings* population; peopling *(a country)*. **~statistiek** vital statistics, population returns. **~syfer** population figure.

be·vol·kings : **~aanwas** →BEVOLKINGSGROEI. **~afname** population decrease. **~buro** (population) registry office. **~deel** section of the population. **~digtheid** population density, density of population. **~groei, ~aanwas** population growth/increase, growth/increase in population. **~groep** population group. **~ontploffing** population explosion. **~opname** population survey. **~register** register of the population, population register.

be·voog *het* ~ act as guardian to. **be·voog·de** *=des* ward. **be·voog·ding** tutelage; paternalism.

be·voor·deel *het* ~ benefit, advantage, favour, give preference to, give preferential treatment to; *dit ~ geen kant nie* it cuts both ways. **be·voor·deel·de** *=des* beneficiary; grantee. **be·voor·de·ling** benefiting, favouring.

be·voor·oor·deel *het* ~ prejudice, bias. **be·voor·oor·deel(d)** *=deelde* prejudiced, bias(s)ed, partial; *ten gunste van ... ~ wees* be prejudiced in favour of ...; *teen ... ~ wees* be prejudiced/bias(s)ed (*or* have a bias/prejudice) against ... **be·voor·oor·deeld·heid** prejudice, bias, partiality.

be·voor·raad *het* ~ supply, provision, stock. **be·voor·ra·ding** supply, provisioning, stocking.

be·voor·reg *het* ~ privilege, favour; *dubbel ~ wees* get/have the best of both worlds; *~te eis* preferent claim; *iem. was ~ om ... te hê* s.o. has had the benefit of ...; *die ~te klas(se)/stand(e)* the leisured class(es). **be·voor·reg·ting** privilege; favouring.

be·vor·der *het* ~ promote *(a worker)*; move up *(s.o. in rank)*; further, promote, serve, aid, support, advance *(interests, a cause, etc.)*; boost, stimulate *(sales, trade, appetite, etc.)*; encourage, foster *(learning, reading, etc.)*; favour *(the development of s.t.)*; lead to, be conducive to *(prosperity etc.)*; be beneficial to *(job creation etc.)*; *iem.* ***oor*** *iem. anders heen* ~ promote s.o. over another's head; *iem.* ***tot*** ... ~ promote s.o. to ...; *iem.* ***vinnig*** ~ fast-track s.o. *(fig.)*; ~ ***word*** be promoted. **be·vor·de·raar** *=raars* promoter; furtherer, propagator; patron *(of art)*. **be·vor·de·ring** *=rings, =ringe* promotion, preferment; furtherance; forwarding, advancement, betterment; *ter ~ van iets, (fml.)* in furtherance of s.t.; *ter ~ van die wetenskap* for the advancement of science; *iem. se ~ tot* ... s.o.'s promotion to ... **be·vor·de·ring·stel·sel** promotion system. **be·vor·der·lik** beneficial, advantageous, favourable, good; conducive; ~ *vir ... wees* be beneficial (*or* of benefit) to ..., be good for ... *(one's health etc.)*; be conducive to (*or* promote) ... *(good relations etc.)*; aid ... *(s.o.'s recovery etc.)*. **be·vor·der·lik·heid** conduciveness.

be·vraag·te·ken *het* ~ query; throw doubt (up)on.

be·vrag *het* ~ load; *~te* loaded, laden; *~te skip, (also)* chartered ship. **be·vrag·ter** *=ters* charterer, freighter. **be·vrag·ting** loading; chartering, freighting.

be·vre·dig *het* ~ satisfy *(curiosity)*; gratify *(desire, feeling, impulse)*; indulge *(passions)*; appease *(appetite)*; meet *(demand)*; *die publiek se smaak* ~ cater for public taste. **be·vre·dig·baar** *=bare* satisfiable. **be·vre·di·gend** *=gende* satisfactory; fulfilling *(job etc.)*; satisfying *(result etc.)*. **be·vre·di·ging** satisfaction; fulfilment; *tot iem. se ~, tot ~ van iem.* to s.o.'s satisfaction, to the satisfaction of s.o..

be·vreem *het ~, (rare): dit ~ my* it amazes/puzzles me, I wonder at it, it strikes me as strange. **be·vreem·dend** *=dende* puzzling, surprising. **be·vreem·ding** surprise; *~ wek* cause surprise.

be·vrees *=vreesde* afraid, scared, fearful; ~ *wees dat* ... fear (*or* be afraid/apprehensive/fearful) that ...; ~ *wees vir* ... feel apprehension for ... *(s.o.'s safety etc.)*; fear (*or* be afraid/apprehensive/fearful of) ...; *vir iem. se lewe ~ wees* fear for s.o.'s life. **be·vreesd·heid** fear, apprehension.

be·vriend *=vriende* friendly; ***dik*** *~ wees, (infml.)* be great friends (*or [infml.]* big buddies/pals); ***dik*** *met iem. ~ wees, (also, infml.)* be buddy-buddy/thick with s.o.; *hulle het ~* ***geraak*** they became/made friends; ***goed*** *~ wees* be good/close friends; ***met*** *iem. ~ wees* be a friend of (*or* be on friendly terms with) s.o.; *~e* ***moondheid*** friendly power; *met iem. ~* ***raak*** make/become friends with s.o.; become friendly with s.o.; *met mekaar ~* ***raak*** become friends. **be·vriend·heid** amity, friendship.

be·vries *het* ~ freeze, deep-freeze; *(fin.)* freeze *(credits etc.)*; congeal; *~de/~te groente/ens.* frozen vegetables/etc.; →BEVRORE; *weer* ~ refreeze; ~ *wees* be iced over/up; be frozen (up/over); be frosted (up/over). **be·vrie·sing** freezing, congelation. **be·vrie·sings·warm·te** latent heat of freezing. **be·vro·re** frozen *(vegetables etc.; account etc.)*; frosted; frostbitten.

be·vrug *het ~, vb., (bot.)* fertilise; impregnate, make pregnant; milt *(the roe of a female fish)*; fecundate; inseminate. **be·vrug** *=vrugte, adj.* fertilised; impregnated, pregnant; *~te eiersel* oosperm. **be·vrug·ting** fertilisation; impregnation, conception; fecundation; insemination; *kunsmatige* ~ artificial insemination.

be·vry *het* ~ free, set free; rescue; deliver *(from)*; rid *(of)*; emancipate, relieve, release, liberate; absolve; *jou uit ... ~* extricate o.s. from ...; *iem. uit iets ~* rescue/extricate s.o. from s.t.; *iem. van iets ~* free s.o. from s.t.; relieve s.o. of s.t. *(a burden)*; disabuse s.o. of s.t. *(fml.)*. **be·vry·dend** *=dende* liberating. **be·vry·(d)er** *=(d)ers* rescuer; deliverer; emancipator, liberator. **be·vry·ding** liberation; release, setting free; rescue; emancipation; deliverance; *(fig.)* relief, riddance.

be·vry·dings : **~beweging** liberation movement. **~leër** liberation army. **~teologie** liberation theology. **~teoloog** liberation theologian.

be·vuil *het* ~ dirty, soil, foul, besmirch, pollute; defile; *jou eie nes* ~ foul one's own nest. **be·vui·ling** pollution.

be·waak *het* ~ guard, watch (over), keep watch over; safeguard; →BEWAKER; BEWAKING; *iem./iets laat* ~ set a watch on s.o./s.t.; ***sterk*** *~* ***word*** be heavily guarded; *'n sterk ~te* ... a heavily guarded ...; *iem./iets streng* ~ guard s.o./s.t. closely; *'n streng ~te* ... a closely guarded ...

be·waar *het* ~ keep, preserve, save (up), retain; conserve *(resources etc.)*; keep *(a secret, the commandments, one's balance, etc.)*; maintain *(one's self-possession etc.)*; preserve/protect/save (from); store, lay/put away; *(comp.)* save; keep alive *(memory)*; →BEWAREND, BEWARING; *in die* ***geheue*** ~ enshrine in the memory; *die* ***hemel*** ~ *my!* heaven forbid!; ~ ***jou (siel)*** ***as jy ...!*** watch out if you ...! *(infml.)*; *iets soos 'n* ***kleinood*** ~ treasure s.t.; *iets* ***teen*** *bederf* ~ preserve s.t. from spoiling; ~ *my* ***van*** *my vriende!* save me from my friends!; *iets* ***veilig*** ~ keep s.t. safe (*or* in safety); *die* ***vrede*** ~ keep the peace; *Maria het al hierdie* ***woorde*** *~, (NT)* Mary kept (*or* treasured up) all these things. **~geld** storage charges; yardage. **~gewer** *(jur.)* bailor. **~gewing** *(jur.)* bailment. **~kamer** cloakroom; boxroom. **~kluis** safe deposit. **~nemer** *(jur.)* bailee. **~oord** sanctuary; place of safety. **~plek, ~plaas** depository, repository; storehouse, storage place. **~skool, ~plek, ~sentrum** crèche; nursery school, daycare centre, day nursery, infant school.

be·waar·der *=ders* guardian, keeper; caretaker; warden; conservator; custodian; warder, prison guard.

be·waar·heid *het* ~ verify, confirm; justify; ~ *word* come true, materialise.

be·wa·ker *=kers* guard, guardian, custodian, keeper, caretaker. **be·wa·king** guard(ing), watch, custody; *onder ~ wees* be under guard; *onder ~ van ... wees, (also)* be in the charge of ...; be under escort of ...

be·wan·del *het* ~ walk on, tread *(a path);* walk in *(the path of righteousness).*

be·wa·pen arm; equip. **be·wa·pe·ning** armament, arms, weaponry; equipment. **be·wa·pe·nings·wed·loop** arms race.

be·wa·re·a conservation area.

be·wa·rend protective, protecting; *~e optel, (comp.)* nondestructive addition.

be·wa·rens·waar·dig *=dige* worth preserving.

be·wa·ring storage, storing; safekeeping; trust; custody; detention; preservation, keeping; conservation; *(stock exchange)* warehousing *(of shares); iets in ~* ***hê*** hold s.t. in trust; ***huis*** *van ~* place of detention; ***in*** *~ wees, (s.o.)* be in custody; *(s.t.)* be in trust; *iets in ~* ***neem*** take s.t. into custody; *iem. uit ~* ***ontslaan/vrystel*** release s.o. from custody; ***plek*** *van ~* place of safety; *aan iem. se ~* ***toevertrou*** commit to s.o.'s care; *in* ***veilige/versekerde*** *~* in safe custody; in safekeeping.

be·wa·rings=: **~betottelde** *(infml., derog.)* greenie. **~boerdery** conservation farming. **~gebied** conservation area. **~gesinde** *=s* conservationist. **~oord** place of safety. **~roete** heritage trail.

be·wa·sem: *~ raak/word* mist/steam up.

be·wa·ter *het* ~ water, irrigate. **be·wa·te·ring** watering, irrigation.

be·we *ge=* →BEEF. **~boude:** *~ kry, (infml.)* quake in one's boots. **~gras** →BEWERTJIE.

be·weeg *het* ~ move, stir, shift, budge; motivate, bring, get, persuade, prevail (up)on; induce, impel, actuate; agitate; animate; →BEWEGEND; BEWEGING; ***aan*** *die ~ wees* be on the move; ***aan*** *die ~* ***bly*** keep moving; move along/on; *bly* ***aan*** *die ~! move along/on!*; keep moving!; *geen* (of *nie 'n*) ***duimbreed(te)*** *~ nie* not budge/give/yield/move an inch; ***hemel*** *en aarde ~ (om te ...)* →HEMEL; ***(jou)*** *~* move, stir; *in* ***hoë kringe*** *~* move in exalted circles; ***na*** *... ~* move to/towards ...; gravitate to/towards ...; *die aarde ~* ***om*** *sy as* the earth revolves around its axis; *iem. ~* ***om*** *iets te doen* get s.o. to do s.t.; *iem. tot* ***trane*** *~* →TRAAN[1] *n..* **~grond** →BEWEEGREDE. **~krag** propulsion, motive/locomotive/moving power, motor force. **~offer** *(Bib.)* wave offering. **~rede** motive, ground, inducement; *'n bedekte ~ hê* have an ulterior motive; *uit sekere ~s* from certain motives. **~ruimte** elbow room *(fig.);* legroom; room to manoeuvre; holding area *(for cars).*

be·weeg·baar *=bare* movable; displaceable; *~bare rooster* shaking grate; *~bare spoel* moving coil. **be·weeg·baar·heid** movability.

be·weeg·lik *=like* mobile *(person, mind, troops);* motile; animated; impressionable, sensitive, susceptible; variable; active, lively; *(biol.)* versatile. **be·weeg·lik·heid** mobility.

be·weeg·loos →BEWEGINGLOOS.

be·ween *het* ~ mourn/weep/lament for/over *(s.o.);* mourn, lament, bemoan, bewail *(s.t.);* →BEWENING.

be·weer *het* ~ allege, claim, maintain, hold, say, assert, contend, aver, affirm; *(jur.)* submit; →BEWERING; *~* ***dat*** *...* allege that ...; claim that ...; submit that ...; *iem. ~* ***dat*** *hy/sy die ... is* s.o. claims to be the ...; *iem. ~* ***dat*** *hy/sy ... is* s.o. claims/purports to be ...; *iem. ~* ***dat*** *hy/sy iets gedoen het* s.o. claims to have done s.t.; *daar is ~* ***dat*** *...* it was said that ...; *daar word ~* ***dat*** *...* it is said that ...; it is held that ...; *daar is ~* ***dat*** *iem. ... doodgemaak het* s.o. was alleged to have killed ...; *daar word ~* ***dat*** *iem. ... doodgemaak het* s.o. is alleged to have killed ...; *die ~de* ***misdaad*** the alleged crime; ***na*** *~ word* allegedly, it is alleged that; reportedly; ***nadruklik*** *~* insist. **be·weer·der** *=ders* affirmant.

be·we·gend *=gende* moving; travelling; kinetic; →BEWEEG; *~e belasting* live load; *~e las* dynamic load.

be·we·ging *=gings, =ginge* movement; motion, locomotion; stir(ring); excitement, commotion; campaign *(fig.);* (physical) exercise; manoeuvre; *(in the pl. also)* evolutions; *die* ***Afrikaanse*** *B~, (hist.)* the Afrikaans Movement; ***agterwaartse*** *~* backward motion; ***arbeidsvermoë*** *van ~* kinetic energy; *uit* ***eie*** *~* of one's own accord/volition (*or* free will), voluntarily; on one's own initiative; off one's own bat *(infml.);* ***in*** *~* in motion; animated, in animation; *iets* ***in*** *~* ***bring*** put/set s.t. in motion; ***in*** *~* ***kom*** start moving, begin to move; get under way; come to life; make a move; ***in*** *~* ***kry*** get going; ***in*** *~* ***wees*** be moving (*or* in motion); *nie iem. se ~s* ***ken*** *nie* s.o.'s comings and goings are unknown to one; *'n ~* ***maak*** make a movement, stir. **~gewend** *=e* kinetic. **~sentrum** centre of motion. **~senu(wee)** motor nerve. **~studie** time and motion study, time/motion study.

be·we·ging·loos *=lose* motionless; unmoving; inert; torpid, immobile, unmoving. **be·we·ging·loos·heid** motionlessness; inertia; torpidity.

be·we·gings=: **~energie** kinetic energy. **~krag** impetus. **~leer** kinetics; dynamics; kinematics. **~moment** impetus. **~oorlog** war of movement. **~orgaan** locomotive/locomotory organ, organ of locomotion. **~rigting** direction of motion. **~vryheid** *(fig.)* elbow room. **~wet** law of motion.

be·we·gin·kie *=kies* small movement.

be·wei *het* ~ graze, pasture. **be·wei·ding** grazing; *reg van ~* grazing right(s).

be·wel·da·dig *het ~, (rare)* confer benefits/favours (up)on, do a good turn. **be·wel·da·di·ging** favouring, benefaction.

be·wend *=wende* trembling, shaking, quivering, quaking, shuddering; tremulous; →BEEF.

be·we·ning mourning; lamentation; →BEWEEN.

be·wer *=wers* beaver. **~geil** castoreum. **~hoed** beaver (hat). **~pels** beaver fur, nutria. **~rot** swamp beaver, coypu.

be·we·ra·sie shivering/trembling fit, the shakes/trembles/shivers; ***epidemiese*** *~* epidemic tremor; *iem. die ~* ***gee*** give s.o. the shakes/shivers; put s.o. in a flutter; *die ~* ***hê*** be trembling all over, have the shakes/shivers, be all of a shake/tremble; *die ~* ***kry*** get the shakes/shivers; *die ~ van iets* ***kry*** s.t. gives one the shakes/shivers.

be·we·rig *=rige, (because of cold, illness, etc.)* shivery; shaking, trembling *(hand etc.);* quaking, quivering, shaking, shaky, trembling *(voice);* shaky, wobbly *(handwriting);* doddering, doddery *(old man/lady/etc.).* **be·we·rig·heid** shakiness, trembling; tremulousness *(of a limb etc.).*

be·we·ring *=rings, =ringe* assertion, contention, claim, allegation; *(jur.)* averment; →BEWEER; *my ~ is* ***dat*** *...* it is my contention that ...; *'n ~* ***maak*** make an allegation; make an assertion; ***na*** *~* allegedly; reportedly; ***na*** *~ het iem. ... doodgemaak* s.o. is alleged to have killed ...; *iem. is* ***na*** *~ ...* s.o. is purported to be ...; ***na*** *~ het X dit gedoen* X is reported/said to have done it; *die ~ is* ***ongegrond*** the statement is unfounded; *'n* ***ongestaafde*** *~* an unsupported assertion; *'n ~* ***oor*** *...* an allegation about ...; ***oorbodige/onnodige*** *~, (jur.)* immaterial averment; *'n* ***oordrewe/verregaande*** *~* a sweeping statement; *'n ~* ***teen*** *...* an allegation against ...; *die ~ is van alle* ***waarheid*** *ontbloot* the statement is unfounded.

be·werk *het ~, vb.* till, cultivate *(land);* dress, treat; machine, tool; work, exploit *(a mine);* fashion, dress *(stone etc.);* model, shape; work *(clay, butter);* knead; hammer *(s.t. into shape);* maltreat, maul; manufacture; adapt *(a play);* edit *(text);* remodel, rewrite *(a book);* bring about, manage, accomplish, effect, work *(a change);* manipulate, manage, influence *(s.o.);* canvass *(voters);* ***hoe*** *het jy dit ~?* how did you manage/wangle/contrive it?; *iets* ***ru*** *~* rough s.t. out; *dit* ***so*** *~ dat iem. ...* manoeuvre s.o. into ...; *iets* ***vir*** *... ~* adapt s.t. for ... *(a text for use in schools, a novel for the stage, etc.); musiek* ***vir*** *... ~* arrange music for ... **be·werk** *=werkte, p.p.* worked, wrought; dressed; *etc.; vir skoolgebruik ~* adapted for schools; *deur prof. X ~* edited by Prof. X; *~te grond* cultivated land, tilth. **be·werk·baar** *=bare* workable; adaptable; arable, cultivable, tillable; ***maklik*** *~* ***wees*** be easily worked. **be·werk·baar·heid** manipulability workableness; adaptability. **be·wer·ker** *=kers* adapter, editor, *etc.;* →BEWERK *vb..* **be·wer·king** *=kings, =kinge* working, exploitation; cultivation, tilling, tillage; manipulation; operation; dressing; tooling; process; adaptation; revision; version, arrangement; workmanship; accomplishment; *~ van 'n toneelstuk* version of a play; *wiskundige ~* mathematical computation. **be·werk·lik** *=like* easily worked. **be·werk·stel·lig** bring about, cause, accomplish, effect, effectuate; procure *(s.o.'s release etc.);* engineer *(a meeting etc.).* **be·werk·stel·li·ging** bringing about, accomplishing.

be·wer·tjie *=tjies* mobile (sculpture); *(in the pl. also, Briza spp.)* quiver/quaking grass.

be·we·se proved, proven; demonstrated; →BEWYS *vb..*

be·wie·rook *het* ~ (in)cense, fume; adulate, praise to the skies. **be·wie·ro·king** incensing; adulation, flattery.

be·wil·lig *het* ~ grant, consent/assent to, acquiesce in; *geld vir ... ~* appropriate/vote money for ...; *'n bedrag vir ... ~* make an appropriation for ... **be·wil·li·ging** consent; voting *(of money).*

be·wim·pel *het* ~ wangle; gloss/smooth over, explain away; conceal, cloak, veil, disguise. **be·wim·pe·ling** glossing over *etc..*

be·wind government, rule, authority, management; government, administration, regime; power; office; *iem.* ***aan*** *die ~* ***bring*** put s.o. in power; put s.o. into office; *weer* ***aan*** *die ~ gebring word* be returned to power; ***aan*** *die ~* ***kom*** come to (*or* get into) power; come into (*or* take) office; *weer* ***aan*** *die ~* ***kom*** return to power; ***aan*** *die ~* ***wees*** be in power; hold (*or* be in) office; *die ~* ***aanvaar*** assume/take office; ***gedurende/tydens*** *die ~ van ...* in/during the reign of ... *(Queen Mary etc.);* ***gedurende/tydens*** *iem. se ~* during s.o.'s term/period of office; *die ~ in* ***hande neem*** take power; *'n party uit die ~* ***hou*** keep out a party; ***onder*** *iem. se ~* under s.o.'s rule; during s.o.'s term/period of office; *die ~* ***oorneem*** take/seize power; take (over the reins of) office. **~hebber** *=s* ruler, governor, administrator.

be·winds=: **~aanvaarding** taking of office. **~man, ~vrou** member of government/cabinet, minister. **~verandering** change of government.

be·wing *=wings, =winge* tremor, trembling, quaking, shivering; trepidation; convulsion; *vrese en ~* fear and trembling.

be·wo·ë moved, touched, affected; *met ontferming ~* moved with compassion; *tot trane ~* moved to tears; *~ tye* troubled/troublous/unquiet times. **be·wo·ën·heid** emotion, agitation; compassion. →BEWEEG.

be·wolk *het ~, vb.* cloud over/up, become clouded/cloudy/overcast; (over)cloud. **be·wolk** *=wolkte, p.p.* cloudy, overcast. **be·wol·king** cloudiness, cloud cover, cloud(s). **be·wol·kings·graad** degree of cloudiness, cloud cover. **be·wolkt·heid** cloudiness.

be·won·der *het* ~ admire; *iets in iem. ~* admire s.t. in s.o.; *iem. om iets ~* admire s.o. for s.t.. **be·won·de·raar** *=raars* admirer, fan, enthusiast. **be·won·de·raars·klub** fan club. **be·won·de·raars·tyd·skrif** fanzine. **be·won·de·rend** admiring(ly). **be·won·de·rens·waar·dig** *=dige* admirable. **be·won·de·ring** admiration; ***groot*** *~ vir iem. hê* have a great admiration for s.o.; ***uit*** *~ vir ...* in admiration of ...; *iets* ***vervul*** *iem. met ~* s.t. fills s.o. with admiration; *met ~ vir ...* ***vervul*** *wees* be filled/struck with (*or* lost in) admiration for ...; ***vol*** *~* admiringly; ***vol*** *~ vir ... wees* be filled with admiration for ...; *die* ***voorwerp*** *van ~ by iem. wees* be the admiration of s.o..

be·wo·ner *=ners* inhabitant, resident *(of a country, city);* occupant, occupier, resident *(of a house);* dweller; *(fml. or hum.)* denizen. **be·wo·ning** occupation; (in)habitation.

be·woon *het* ~ inhabit *(a house, town, region);* occupy *(a house);* dwell/live in. **be·woon·baar** *=bare* (in)habitable; liv(e)able. **be·woon·baar·heid** habitability. **be·woon(d)** *=woonde* populated; occupied; *dig ~* populous.

be·woord *het* ~ word, phrase, put into words; *'n skerp ~e brief/ens.* a strongly worded letter/etc.. **be·woor·ding** *=dings, =dinge* wording, phrasing, phraseology, expression, terms; *in algemene/vae ~* in general terms; *die presiese ~* the exact wording; *in die vleiendste ~* in the most flattering terms.

be·wurm(d) ⁼wurmde vermiculate(d).

be·wus ⁼wuste, meer ~ die mees ~wuste, adj. conscious, aware, cognisant, sensible *(of)*; ~ *wees* ***dat*** ... be conscious that ...; ***deeglik*** *van iets ~ wees* be well aware of s.t.; ***maatskaplik/sosiaal*** ~ socially aware; ***poli·tiek*** ~ politically aware; ***van*** *iets ~ wees* be aware of s.t.; be cognisant of s.t.; be conscious of s.t.; be alive/awake to s.t.; ***van*** *iets ~* ***word*** become aware of s.t.; wake up to s.t., awake(n) to s.t.; *iem. word* ***van*** *iets ~, (also)* s.t. comes home to s.o.. **be·wus** *adv.* consciously, wittingly, knowingly; ~ *of onbewus* wittingly or unwittingly. **be·wus·te·loos** ⁼*lose* unconscious, senseless, insensible; *half* ~ semiconscious; *iem. ~ maak* put s.o. out; ~ *raak/word* lose consciousness, become unconscious, pass out, faint; *iem. ~ slaan* knock s.o. out, beat/knock s.o. senseless; *totaal ~ wees* be in a dead faint. **be·wus·te·loos·heid** unconsciousness, senselessness, insensibility, coma. **be·wust·heid** consciousness, awareness; *iets met volle ~ doen* be quite conscious of what one is doing, do s.t. wittingly/knowingly; *iem. se ~ van/dat* ... s.o.'s consciousness of/that ... **be·wus·wor·ding** awakening; ~ *van* ... realisation of ..., awakening to ...

⁼**be·wus** *comb.* -conscious; *figuur~ wees* be weight-conscious; *self~* self-conscious.

be·wus·syn consciousness, cognition, mind, (full) knowledge; *jou ~* ***herwin*** recover/regain consciousness, come round/to; ***in*** *die ~ van* ... (fully) conscious of ...; ***tot*** *~ bring* →BYBRING; *jou ~* ***verloor*** lose consciousness, become unconscious, black out, faint; *by jou* ***volle*** *~ wees* be fully conscious. **~sentrum** sensorium. **~splitsing** dissociation. **~stroom** stream of consciousness.

be·wus·syns·: **~verruimend** consciousness-raising, mind-expanding. **~verruiming** consciousness raising.

be·wys ⁼*wyse, n.* proof, evidence; verification, substantiation; testimony; sign *(of rain etc.)*; token *(of affection etc.)*; mark *(of esteem etc.)*; certificate; receipt; voucher; promissory note; *met ~e* ***aantoon*** demonstrate; *~e* ***aanvoer*** adduce evidence; ***afdoende/sprekende/onweerlegbare/onomstootlike*** ~ conclusive/incontestable/irrefutable/positive proof, proof positive; incontestable/indisputable/irrefutable evidence; ***as*** *~ (van ...)* as proof/evidence (of ...); ***as*** *~ (of ten ~e) waarvan* ... in proof/support of which ...; in verification whereof ...; *as/tot ~* ***dien*** serve as proof; *'n* ***duidelike*** ~ clear evidence; *hoegenaamd* ***geen*** *(of* ***geen sweempie****) ~ nie* not a scrap/shred/scintilla of (*or* not the slightest) evidence; ***genoegsame*** ~ satisfactory proof; *~* ***lewer*** produce/supply/furnish evidence/proof; *nie die* ***minste*** *~ van ... nie* not a suspicion of ...; *~ uit die* ***ongerymde*** reductio ad absurdum; *'n* ***onomstootlike*** ~ irrefutable/indisputable/incontestable/incontrovertible evidence/proof; ***oortuigende*** ~ cogent evidence; *die* ***oorwig*** *van die ~e* the weight of evidence; ***skriftelike*** ~ documentary evidence, written proof; *'n bewering met ~e* ***staaf*** substantiate a claim; *~* ***van*** *iets wees* be evidence/proof of s.t., be (a) testimony to s.t.; *~* ***van*** *betaling* proof of payment; *as ~* ***van*** *erkentlikheid* as a token of gratitude; *~* ***van*** *lidmaatskap* certificate of membership, membership card; *'n ~* ***van*** *moed* a sign of courage; *~* ***van*** *ontvangs* receipt; *dit is* ***voldoende*** ~ that suffices to prove it. **be·wys** *het ~, vb.* prove, demonstrate *(the truth of)*; verify, substantiate *(a statement etc.)*; establish; vindicate *(a right)*; do *(s.o. a favour)*; render *(a service)*; show *(favour, mercy, kindness, etc.)*; →BEWESE; *~* ***dat*** ... prove that ...; *~* ***dat*** *iem. 'n ... is* prove s.o. a ...; *dit ~* ***dat*** ... it proves that ...; *dit ~ (of dien om te ~)* ***dat***... it/that goes to prove/show that ...; *(aan) iem.* ***eer*** *~* →EER[1] *n.; die laaste* ***eer*** *aan iem. ~* →EER[1] *n.; iem. 'n* ***guns*** *~* →GUNS; ***hulde*** *aan iem. ~* →HULDE; *dit sal nog ~ moet* ***word*** that is as may be. **~boek** reference book. **~eksemplaar** voucher copy. **~grond** argument; evidence. **~klerk** warrant/voucher clerk. **~krag** conclusiveness, cogency; *(jur.)* evidential/probative value. **~kragtig** ⁼*e* conclusive, cogent. **~las** *(seldom in the pl.)* onus (of proof), onus probandi; *jou van 'n ~ kwyt* discharge an onus; *die ~ rus op* ... the onus of proof lies/rests with ... **~leer** law of evidence. **~(lewering)** *(jur.)* evidence. **~materiaal** (documentary) evidence. **~middel** ⁼*e,* ⁼*s* proof; *(in the pl. also)* evidence. **~nommer** →BEWYSEKSEMPLAAR. **~plaas** reference, quotation. **~reg** law of evidence. **~stuk** documentary evidence, document; exhibit *(in court)*; voucher. **~voering** argumentation.

be·wys·baar ⁼*bare* demonstrable, provable, capable of proof. **be·wys·baar·heid** demonstrability, provableness.

be·wy·sie ⁼*sies* sign, trace, dash, suspicion; small promissory note.

be·y·wer *het ~: jou vir 'n saak ~* campaign/work for a cause. **be·y·we·ring** striving, exertion, effort, endeavour.

Bhoe·tan *(geog.)* Bhutan.

bi *adj. & adv., (infml.: bisexual)* AC/DC, ambivalent.

Bi·a·fra *n., (geog.)* Biafra. **Bi·a·fraan** *n.* Biafran. **Bi·a·fraans** *adj.* Biafran.

bib·ber *ge⁼* shiver, shake, tremble, quake; ~ *van* ... shake/tremble/quake with ... *(fear)*; shiver with ... *(cold)*. **~koud** ⁼*koue* bitterly/extremely cold; *~koue oggend/ens.* shivery morning/etc..

bib·be·ra·sie *(infml.)* the shivers.

bi·bli·o·bus book van, mobile library, bookmobile.

bi·bli·o·fiel ⁼*fiele, n.* bibliophil(e), book lover. **bi·bli·o·fiel** ⁼*fiele, adj.* bibliophilic; *~e uitgawe* edition de luxe. **bi·bli·o·fi·lie** bibliophilism.

bi·bli·o·gra·fie ⁼*fieë* bibliography. **bi·bli·o·graaf** ⁼*grawe* bibliographer. **bi·bli·o·gra·fies** ⁼*fiese* bibliographic(al).

bi·bli·o·ma·nie bibliomania. **bi·bli·o·maan** ⁼*mane* bibliomaniac.

bi·bli·o·teek ⁼*teke* library. **~kunde** library science. **~ure** *(pl.)* library/opening hours, hours of opening. **~wese** librarianship. **~wetenskap** library science. **bi·bli·o·te·ka·ris** ⁼*risse* librarian.

Bi·blis ⁼*bliste* Biblical scholar, Scripturalist. **Bi·bli·sis** ⁼*siste* Bibl(ic)ist. **Bi·bli·sis·me** Bibl(ic)ism. **Bi·blis·tiek** Biblical scholarship.

bi·chro·maat, di·chro·maat bichromate, dichromate.

bid *ge⁼* pray, say one's prayers; beseech, entreat, implore, beg, pray, supplicate; *~ jou* ***aan!*** I ask you!, what next?, (just) imagine!, fancy (that)!; *iem. kan* ***goed*** *~* s.o. knows how to pray; can't s.o. just swear!; ***om*** *reën/ens. ~* pray for rain etc.; *die* ***Ons(e) Vader*** *~* say the Lord's Prayer; *die* ***rosekrans*** *~* →ROSEKRANS; *aan/oor* ***tafel*** *(of voor* ***ete****) ~* say grace, ask a blessing; ***tot*** *God ~* pray to God; ***vir*** *iem. ~* pray for s.o.. **~bank(ie)** praying stool, kneeler. **~dag** day of prayer. **~diens** prayer service. **~kraal** prayer bead. **~kussing** hassock. **~mat** prayer rug/mat. **~snoer** rosary. **~stoel(tjie)** prie-dieu. **~uur** prayer meeting. **~vertrek** oratory. **~wiel** prayer wheel.

bid·dend ⁼*dende* praying, prayerful. **bid·der** ⁼*ders* prayer, supplicant.

bie *ge⁼, gebode* bid *(at an auction)*; ***hoër*** *~* raise the bid, rebid; ***hoër/meer*** *as iem. ~* outbid s.o.; ***op*** *iets ~* (make a) bid for s.t. *(at an auction)*; ***R500*** *~* bid R500; ***teen*** *iem. ~* bid against s.o.. **bie·ër** ⁼*ërs* bidder. **bie·ë·ry** bidding.

bied *ge⁼* offer *(help)*; give, render *(aid)*; offer, put up *(resistance)*; provide, open up *(an opportunity)*; afford *(a possibility)*; *iem. die hand ~* hold out one's hand (*or* extend a [helping] hand) to s.o.; ... *die hoof ~* →HOOF.

bief beef. **~burger** beefburger, hamburger, burger. **~stuk** beefsteak, (piece of) steak; *gemaalde ~* Hamburger steak. **~stuk-en-niertjie-pastei** steak and kidney pie. **~stukmes** steak knife.

bieg *biegte, n.* confession; shriving; *~ afneem* hear confessions; *na die ~ gaan* go to confession. **bieg** *ge⁼, vb.* confess; *aan iem. ~* confess to s.o.; *gaan ~* go to confession. **~geheim** secret of the confessional. **~roman** confessional novel. **~stoel** confessional (stall/box). **~vader** (father) confessor.

bieg·te·ling ⁼*linge* confessor, confessant; penitent.

bie·lie ⁼*lies, (infml.)* stalwart, stout fellow; corker, big one; splendid example; *iem. is 'n ou ~* s.o. is a real stalwart; *'n ~ van 'n* ... a ginormous (*or* a great big *or* a whopper of a *or* a jumbo[-sized]) ...

Bi·ën·na·le, Bi·en·na·le ⁼*les* Biennale.

biep *n. & vb.* beep. **bie·per** beeper.

bier *biere* beer; ***donker*** *~* stout; ***drie*** *~e* three beers (*or* glasses of beer); ***drie*** *verskillende ~e* three different beers (*or* kinds/types of beer); ***dun*** *~* thin beer; *'n* ***groot*** *(glas) ~* a long (*or* a large [glass of]) beer; *'n* ***klein*** *~tjie* a small (glass of) beer; a drop of beer; *die ~ het* ***verslaan*** the beer has gone flat; *'n glas ~* ***wegslaan,*** *(infml.)* down (*or* toss off/back) a beer. **~beker** stein. **~blik** beer can. **~boep(ie), ~maag, ~magie** *(infml.)* beer belly; potbelly. **~bottel** beer bottle. **~brouer** (beer) brewer. **~brouery** brewery. **~drinker** beer drinker. **~drinkery** beer drinking; *(SA: gathering for the drinking of beer)* beerdrink. **~gis** barm, brewer's yeast. **~glas** beer glass. **~huis** beer hall; beerhouse, alehouse. **~kan, ~kruik** beer jug. **~maag** →BIERBOEP(IE). **~matjie** coaster. **~moer** →BIERGIS. **~party** beerdrink *(SA)*, beer party. **~pens** *(infml.)* beer belly/gut; potbelly. **~pomp** beerpull; *handvatsel van 'n ~* beerpull. **~pomphandvatsel** beerpull. **~pot** beer pot. **~tuin** beer garden. **~vat** beer barrel/cask. **~vilt** coaster.

bier·ag·tig ⁼*tige* beery, beerlike.

bies[1], bies·melk beestings, biestings, colostrum.

bies[2] *biese* piping, pipe, braid.

bie·se →BIESIE.

bie·sie ⁼*sies* (bul)rush, reed; whip; *jou ~s/biese pak* clear off/out, make o.s. scarce. **~pol** tussock/tuft of reeds/rushes.

bie·sie(s)·: **~goed** rushes. **~gras** white bent (grass). **~mandjie** rush basket, frail. **~mat** rush mat. **~riet** *Bobartia indica.*

bies·look chive(s).

bies·roei *Bobartia indica.*

biet·jie ⁼*jies, n. & indef. det.* little (bit); few; ***alle*** *~s* ***help*** every little helps, many a little/pickle makes a mickle; ***bietjies-bietjies, by*** *~s* bit by bit, a little at a time, little by little; ***bietjies-bietjies*** *(of* ***by*** *~s)* ***gee*** give in dribs and drabs; *iem. 'n ~* ***gee*** give s.o. some; *maar ~* ***geld*** *hê* have little money; *'n ~* ***geld*** *hê* have some money; *'n ~ Afrikaans/ens.* ***ken*** have a smattering of (*or* know a little) Afrikaans/etc.; *'n* ***klein*** *~* a little bit; a wee bit; *ver/vêr kom met 'n* ***klein*** *~* make a little go a long way; *daar was maar ~* ***mense*** there were only a few people; ***'n*** *~* a little; a bit; a bit/drop/spot of *(milk etc.)*; ***net*** *'n ~* just a little *(water etc.)*; just a mite *(infml.)*; ***nie*** *('n) ~ nie* not a little; not half *(infml.)*; ***nog*** *'n ~* some more; *'n ~* ***soos*** ... something/somewhat like ...; *'n ~* ***tandpyn*** a slight toothache; *kan ons 'n ~* ***tee/ens.*** *kry?* may we have some tea/etc.?; *die ~* ***wat*** *iem. het* the what little s.o. has; *die ~* ***wat*** *iem. weet* what little s.o. knows; *'n ~* ***water/ens.*** *drink* drink some water/etc.. **biet·jie** *adv.* rather, somewhat, slightly; *~* ***baie*** rather a lot, quite a good deal; *~* ***heethoofdig*** *wees* be rather (*or* a bit of) a hothead; ***kom*** *('n) ~ hier!* come here a moment!; ***'n*** *~ ... wees* be a bit ...; ***nie*** *~ ... wees nie* be more than somewhat ... *(surprised)*; *'n ~* ***rus/ens.*** rest/etc. for a bit; *~(s) te* ***slim*** *wees* be too clever by half; ***so*** *'n ~ van geskiedenis/ens. weet* have a smattering of history/etc.; *'n ~* ***teleurgestel(d)/ens.*** *wees* be kind of disappointed/etc. *(infml.)*; *vir iem. 'n ~ te* ***veel*** *wees* be a bit much for s.o.; *~* ***vinniger*** slightly (*or* a little) faster; ***wag*** *'n ~!* wait a bit/little!, *(infml.)* wait a jiffy/minute!, just a minute!, one (*or* half/just a) moment!; ***wag*** *net so 'n ~, (fig.)* let me see;

bie·tou *(Chrysanthemoides monilifera)* bitou, bush-tick berry; *Dimorphotheca* spp..

bi·fo·kaal ⁼*kale* bifocal; *'n bifokale bril* bifocal spectacles, bifocals.

bi·fur·ka·sie ⁼*sies* bifurcation.

bi·ga·mie bigamy. **bi·ga·mies** ⁼*miese* bigamous. **bi·ga·mis** ⁼*miste* bigamist.

bi·ge·ne·ries ⁼*riese* bigeneric.

big·gel *ge⁼* trickle; *trane ~ langs/oor iem. se wange* tears trickle down s.o.'s cheeks.

big·no·ni·a bignonia, trumpet flower.

bi·got·te·rie bigotry.

bik *ge⁼* chip; *(archaeol.)* peck. **~beitel** chipping chisel; scaling tool. **~hamer** chipping/scaling hammer.

bi·kar·bo·naat bicarbonate.

bi·ki·ni =*ni's* bikini. ~**broekie** bikini briefs. ~**lyn** bikini line.

bi·kon·kaaf =*kawe* concavo-concave, biconcave.

bi·kon·veks =*vekse* convexo-convex, biconvex.

bi·kwa·draat =*drate, n., (math.)* biquadratic, quartic. **bi·kwa·dra·ties**=*tiese, adj.* biquadratic, quartic; ~*e vergelyking* biquadratic/quartic equation.

bil *bille, (arch.)* buttock. ~**naat** *(anat.)* perineum. ~**streek** *(anat.)* perineal region.

bi·la·bi·aal =*ale, n. & adj.* bilabial.

bi·lal =*lals* muezzin.

bi·la·te·raal =*rale* bilateral.

Bi·le·am *(OT)* Balaam. **Bi·le·ams·e·sel** *(ill-treated animal)* Balaam's ass.

bil·har·zi·a *(parasite)* bilharzia. **bil·har·zi·a·se, bil·har·zi·o·se, bil·har·zi·a** *(disease)* bilharzia(sis), bilharziosis.

bi·li·ne·êr, bi·li·ni·êr =*êre* bilinear.

bil·jart billiards; ~ *speel* play billiards. ~**bal** billiard/cue ball; ivory. ~**bok** cue rest, jigger. ~**kamer** billiard room. ~**keu** →BILJARTSTOK. ~**kryt** cue chalk. ~**laken** billiard cloth. ~**saal** billiard room. ~**sak** billiard pocket. ~**spel** game of billiards. ~**speler** billiard player, cueist. ~**stok** billiard cue. ~**tafel** billiard table.

bil·jet =*jette* poster; handbill; ticket; ~*te aanplak* stick bills. ~**plakker** billposter, =sticker.

bil·joen =*joene, (one thousand million:* 1 000 000 000 *or* 10^9*)* billion. **bil·joe·nêr** billionaire. **bil·joen·ste** billionth.

bil·lik =*like, adj.* reasonable *(demand)*; inexpensive, moderate *(price)*; fair *(judge, share)*; just, unbiased, equitable, fair-minded; *('n) ~e* ***behandeling*** fair treatment, a square deal; *dit is nie **eintlik/juis** ~ nie* it is hardly fair; *nie **heeltemal** ~ wees nie* be less than fair; *dis nie **meer** as ~ nie dat* ... it is only fair that ...; *dis nie **meer** as ~ nie om te sê* ... it is only fair to say ...; ***om** ~ te wees* in (all) fairness; *~ **teenoor** iem. wees* be fair to s.o., do s.o. justice, do justice to s.o.; *om ~ **teenoor** ... te wees* in fairness/justice to ...; *~e **verontwaardiging*** just(ified) resentment; *~e **woningbou*** low-cost housing. **bil·lik** *adv.* reasonably *etc.*. **bil·lik** *ge=, vb., (rare)* approve (of); *dit kan ek ~* I consider that (quite) fair/reasonable; *'n beswaar ~* sustain an objection. **bil·li·ker·wys, bil·li·ker·wy·se** to be fair, in fairness; *~ moet ek erken dat hy/sy* ... in (all) fairness (*or* to do him/her justice) I must admit that he/she ...; *iem. sal alles doen wat 'n mens ~ kan verwag* s.o. will do anything in reason. **bil·lik·heid** reasonableness, moderation, fair dealing; fairness, justice; equity; cheapness; *bloot uit ~* in common fairness; *die ~ eis dat* ... it is only right/fair that ...; *uit ~ teenoor* ... in fairness/justice to ... **bil·lik·heids·hal·we:** *~ moet gesê word* ... it is only fair to say ...; →BILLIKERWYS(E). **bil·lik·heids·reg** equity (law). **bil·li·king** *(rare)* approval.

bil·se·kruid *(bot.)* henbane.

bil·tong =*tonge* biltong, jerked meat; *~ maak* make biltong, jerk meat. ~**jagter** biltong hunter. ~**vleis** lean meat, meat for biltong.

bi·me·taal *(min.)* bimetal. ~**strook** bimetallic strip *(in thermostats etc.)*.

bi·me·tal·liek =*lieke, (econ.)* bimetallic *(standard)*. **bi·me·tal·lis** =*liste* bimetallist. **bi·me·tal·lis·me** bimetallism.

bims·be·ton ash concrete.

bind *ge=* tie, fasten; tie up; bind; cement; hold; trammel; bind *(a book)*; thicken *(soup)*; →GEBONDE; ... ***aan*** ... *~* tie ... to ...; *iem. se **hande** ~* tie s.o.'s hands; ***in** gerwe ~* sheaf, sheave; *'n boek **in leer** ~* bind a book in leather; ***jou** ~* commit o.s., tie o.s. down; ***kontraktueel** ge~ wees* be contractually bound, be bound by contract; *aan **mekaar** ~* tie/knot/lash/rope together; *die **voorwaardes** ~ iem.* s.o. is tied down to the conditions. ~**balk** tie beam, binder. ~**draad** binding thread; binding wire. ~**gare,** ~**garing** packthread, binder (yarn), twine, string. ~**klip** perpend/perpent/parpen(d) (stone). ~**krag** binding force; setting strength. ~**masjien** binder. ~**middel** =*s,* =*e* agglutinant; lute, cementing material, cement; binder; styptic *(against bleeding)*; matrix; binding agent; bonding agent/material; vehicle *(for liquids)*; thickener *(for soup)*. ~**plaat** *(rly.)* fishplate; tie plate. ~**plek** junction. ~**rib** *(archit.)* lierne (rib). ~**slaai** romaine/cos (lettuce). ~**sous** panada, binding sauce. ~**spier** ligament. ~**staaf** tie bar. ~**stang** tie rod. ~**stof** binding material. ~**tou** string, (binder) twine. ~**vesel** binding fibre, binder. ~**vlies** conjunctiva *(of the eye)*. ~**vliesontsteking** conjunctivitis, pinkeye. ~**weefsel** connective/connecting tissue. ~**weefselkanker** scirrhous carcinoma. ~**weefselontsteking** phlegmon. ~**werk** binding (work). ~**wilg(er)** basket willow, osier (willow). ~**woord** conjunctive.

bin·dend =*dende* binding; conjunctive; stringent; *~e krag* stringency; *~e opdrag* imperative mandate; *~e reël* hard and fast rule; *~ vir* ... binding on ...

bin·der =*ders* binder; tier. **bin·de·ry** =*rye* bindery; binding (work). **bin·ding** =*dings,* =*dinge* connection, bond; *(chem.)* linkage, bond; fixation; weave, pattern. **bindings·waar·de** *(chem.)* valency. **bind·sel** =*sels, (rare)* bandage.

bi·nêr =*nêre* binary; *~e syfer* binary digit; *~e wapen* binary weapon.

bin·gel·kruid *(Mercurialis annua)* mercury.

bin·go *interj.* bingo. ~**(spel)** bingo.

bin·ne *prep.* within; inside; *~ iem. se **bereik*** within s.o.'s reach; *~ enkele **minute*** within minutes; *~ **perke*** within bounds; *~ **'n uur*** under/within an hour; *~ **'n week*** within a week, in a week's time. **bin·ne** *adv.* in, inside, within; *die **aansoeke** moet môre ~ wees* applications must be in by tomorrow; *~ **bly*** stay indoors; *iem. se kos wil nie ~ **bly** nie* s.o. cannot keep his/her food down; *van ~ en van **buite** ken* know inside (and) out; *skoon van ~ en (van) **buite*** clean within and without; ***daar** ~* in there; ***(kom)** ~!* come in!; ***na** ~ gaan* go in(side)/indoors; *~ **om*** round the inside; *al wat iem. **te** ~ skiet, is* ... all s.o. can think of is ...; *dit het iem. **te** ~ geskiet dat* ... it suddenly occurred to s.o. (*or* s.o. suddenly remembered) that ...; *toe skiet die antwoord iem. **te** ~* then the answer came to s.o.; ***van** ~* from the inside, from within; inside; from inside; *~ **wees*** be in; be within. ~**aangee** →BINNETOE-AANGEE. ~**aars** *adj. & adv.* intravenous; *~ voed (med.)* drip-feed. ~**afdruk** internal mould. ~**argitektuur** →BINNEONTWERP. ~**baan** *(athl.)* inside lane; inside track *(of a racecourse)*; *(infml.: position of advantage)* inside track. ~**bal** bladder *(of football)*. ~**band** (inner) tube *(of tyre)*. ~**bas** bast, bass, phloem. ~**bedrog** →BINNEMISDAAD. ~**boordmotor** inboard motor. ~**boords** =*e* inboard. ~**boud** inside of the thigh; topside *(of beef)*. ~**boudstuk** silverside. ~**brandmasjien,** =**motor** internal combustion engine. ~**bring** *binnege=* bring/take in; bring into port *(a ship, aircraft)*. ~**buiks** =*e* intra-abdominal. ~**deur** *n.* inner door. ~**deur** *adv.: ~ gaan* go through, take a short cut. ~**deurkosyn** doorcase, (door)jamb. ~**diefstal** →BINNEMISDAAD. ~**dorp** town centre. ~**draad** female thread. ~**dring** *binnege=* penetrate into; invade, irrupt, force one's way into; *'n hoof(raam)rekenaar/ens. ~* hack into a mainframe/etc.. ~**dringing** penetration; invasion, irruption. ~**gaan** *binnege=* go in; go into; enter. ~**geveg(te)** infighting. ~**glip** slip in; *'n land weer (stil-stil) ~* slip back into a country. ~**goed** entrails, intestines, insides, innards, viscera; umbles *(of game)*; works *(of watch)*. ~**groep** *(sociol.)* in-group. ~**haal** *binnege=* bring/fetch in; gather *(crops)*; haul in; net. ~**handel** internal/home/domestic/inland trade; *(stock exchange)* insider dealing/trading. ~**hawe** inner harbour; inland port. ~**heining** inner/inside fence. ~**hoek** interior/internal angle; quoin. ~**hof** courtyard, inner court(yard), quadrangle, patio, *(in Italy)* cortile; *(bot.)* back cavity. ~**hou** *binnege=* keep in(doors); keep down *(food)*. ~**huids** =*e* intradermal. ~**huis** *n.* interior *(of a house)*. ~**huis** *adj.* →BINNENSHUIS *adj.*. ~**huisargitek** interior designer. ~**(huis)versierder** interior decorator. ~**(huis)versiering** interior decoration/decorating. ~**-in** (right) inside, within. ~**-inrigting** fixtures and fittings. ~**kamer** inner room. ~**kant** *n., adv. & prep.* inside; *aan die ~* on the inside. ~**kom** *binnege=* come in, enter; *(ship, aircraft)* come into port; *hoe het ... binnegekom?* how did ... get in?; *(kom) binne!* come in!; *kom gerus binne!* do come in!; *iem. laat ~* let s.o. in; show s.o. in. ~**komend** =*e* incoming. ~**koms** entry, entrance, coming in; *iem. se ~ in* ... s.o.'s entry into ... *(a room etc.)*. ~**koors** low/slow fever. ~**kop** tailing *(of a brick)*. ~**kort** soon, shortly, before long, in a little while, presently; in the near future; at an early date. ~**kring** inner circle; *(sociol.)* in-group, *(infml.)* in-crowd. ~**kruip** *binnege=* creep in. ~**kry** *binnege=* get in; get down *(food)*; *(ship)* make water. ~**laat** *binnege=* let in, admit. ~**land:** *die ~* the interior; *in die ~* in the interior; *in die ~ van Afrika* in the interior of Africa; *~ toe, na die ~* up country; inland. ~**lander** =*s* inlander. ~**lands** =*e, adj.* inland, upcountry; interior; internal, domestic; home; onshore; *~e **handel*** internal/domestic/home trade; *~e **mark*** domestic/home market; *~e **omset/verkope*** domestic/home sales; *~e **sake*** home affairs; *Departement van B~e **Sake,** (SA)* Department of Home Affairs; *(GB)* Home Office; *(USA)* Department of the Interior; *Minister van B~e **Sake,** (SA)* Minister of Home Affairs; *(GB)* Home Secretary; *(USA)* Secretary of the Interior; Minister of the Interior; *~e **sending*** home missions; *~e **vlug*** domestic flight. ~**lands, binnenslands** *adv.* internally, in the country, at home, locally; onshore. ~**lei** *binnege=* show/usher/lead in(to), escort into. ~**leisel** coupling/inner rein; *iem. se ~s is te kort, (rare)* s.o. is cross-eyed, s.o. squints. ~**linie** *(mil.)* interior line. ~**lisensie** on-licence. ~**loods** *binnege=* pilot into port *(a ship)*. ~**loop** *binnege=* go/walk in(to); *(train)* draw in(to); *die/'n hawe ~* →HAWE² *n.*. ~**lyn** inner boundary; interior line. ~**maat** inside measurement, bore. ~**meer** inland lake. ~**misdaad,** ~**diefstal,** ~**bedrog** inside job. ~**monds** →BINNENSMONDS. **B~-Mongolië** Inner Mongolia. ~**muur** inner wall; interior/inside wall. ~**muurs,** ~**muurs** =*e, adj.* intramural; internal, interior. ~**muurs,** ~**muurs** *adv.* intramurally. ~**naat** inner seam. ~**naatskoen** machine-stitched shoe. ~**net** *(comp.)* intranet. ~**nooi** *binnege=* invite in(side). ~**ontwerp,** ~**argitektuur** interior design. ~**ontwerper** interior designer. ~**oor** internal/inner ear. ~**pasiënt** inpatient. ~**passer** inside callipers. ~**plaas** yard, quadrangle. ~**planeet** interior planet. ~**plein** inner court; quadrangle; concourse. ~**portaal** lobby. ~**praat** *binnege=, (aeron.)* talk down. ~**rands** *(biol.)* submarginal. ~**randsnerf** *(biol.)* submarginal nervure. ~**roep** *binnege=* call in. ~**ry** *binnege=* ride in(to); drive in(to). ~**rym** internal rhyme. ~**sak** inside/inner pocket. ~**see** inland sea; *Japanse B~* Inland Sea of Japan. ~**seil** *binnege=* sail into; swim into *(a room)*. ~**sellig** =*e* intracellular. ~**skedels** =*e* intracranial. ~**sleep** *binnege=* drag in(to); tow *(a ship)* into *(a harbour)*. ~**sluip** *binnege=* enter stealthily, creep/steal in. ~**smokkel** *binnege=* smuggle in(to). ~**sool** inner/inside sole, insole; gaiter *(of a tyre)*. ~**soom** inner seam. ~**spiers** =*e* intramuscular. ~**stad** town centre, centre of the town; city centre, centre of the city; inner city; *'n winkel/ens. in die ~* a shop/etc. in the town centre (*or* in the centre of town), a downtown shop/etc.. ~**stap** *binnege=* walk/step into, step in. ~**stedelike** *(attr.)* inner-city. ~**stoom** *binnege=* steam in. ~**storm** *binnege=* rush/burst in(to). ~**string** inside trace. ~**stroom** *binnege=* stream/flow/rush in(to); flock in(to). ~**telefoon** house telephone, intercom. ~**toe** inward(s); *~ gaan* go inside. ~**toe-aangee,** ~**aangee** *(rugby)* inside pass. ~**tree** *binnege=* enter, step in. ~**trek** *binnege=* march in(to); trek in(to). ~**vaar** *binnege=* sail in; steam in; *die/'n hawe ~* →HAWE² *n.*; ~**vaart** inland navigation. ~**val** *binnege=* invade; pop/drop in *(to visit)*. ~**veer** inner spring. ~**veermatras** (inner)spring/interior-sprung mattress. ~**veld** *(cr.)* infield. ~**verbranding** internal combustion. ~**verbruik** on-consumption. ~**versierder** →BINNE(HUIS)VERSIERDER. ~**versiering** →BINNE(HUIS)VERSIERING. ~**vet** intestinal fat; lard; *op jou ~ teer, (fig.)* draw on one's capital. ~**vlug** *binnege=* take shelter inside. ~**voer** *binnege=* introduce. ~**voering** interlining, interfacing *(of clothes)*; blind/box/ground casing, subcasing *(of a window)*; intro=

duction. ~**vog** endolymph. ~**voorspeler** *(soccer)* inside forward. ~**vra** *binnege=* ask in(side). ~**waai** *binnege=* blow/breeze in. ~**waarts** *=e, adj.* inward; introrse; medial. ~**waarts** *adv.* inward(s). ~**wal** escarp, scarp. ~**wand** inner wall *(of a tube, duct); (anat.)* intima. ~**wel=wing** intrados, soffit. ~**werk** indoor work; inside/interior work; works *(of a watch);* mechanism. ~**wydte** inside width.

bin·nens=: ~**huis, binnehuis** *=e, adj.* indoor; *~e* ***ontwerp/argitektuur*** interior design; *~e* ***ontwerper*** interior designer; *~e* ***versierder*** interior decorator; *~e* ***versiering*** interior decoration. ~**huis** *adv.* indoors, inside, within doors. ~**lands** →BINNELANDS *adv.*. ~**monds, binnemonds** *adj. & adv.* intraoral; *~ praat* mumble; *~ vloek* swear under one's breath (*or* between one's teeth); *'n ~e vloek* a smothered curse.

bin·ne(n)·ste *n.* inside, interior; core, heart; innermost; penetralia; *in iem. se ~* inside s.o., in s.o.'s heart; *diep in iem. se ~* deep (down) inside (*or* in s.o.'s heart), in s.o.'s heart of hearts (*or* secret heart); *die ~ van die aarde* the bowels/entrails of the earth. **bin·ne(n)·ste** *adj.* in(ner)most, inner. ~**buite** inside out, (the) wrong way round.

bi·no·kel *=kels, (rare)* (pair of) binoculars; (pair of) field glasses; (pair of) opera glasses. **bi·no·ku·lêr** *=lêre* binocular.

bi·no·mi·aal *=ale,* **bi·no·mies** *=miese* binomial. **bi·no·mi·naal** *=nale* binominal. **bi·no·mi·um** *=ums,* **bi·noom** *=nome* binomial; *~ van Newton* binomial theorem.

bint *binte* tie beam, joist.

bi·nu·kle·êr *(biol.)* binuclear, binucleate(d).

bio= *comb.* bio=.

bi·o·af·breek·baar biodegradable. **bi·o·af·breek·baar·heid** biodegradability. **bi·o·af·bre·king** biodegradation.

bi·o·che·mie biochemistry. **bi·o·che·mies** biochemical. **bi·o·che·mi·kus, bi·o·che·mi·kus** *=mikusse, =mici* biochemist.

bi·o·di·na·mi·ka biodynamics. **bi·o·di·na·mies** biodynamic.

bi·o·di·ver·si·teit, bi·o·ver·skei·den·heid biodiversity.

bi·o·e·lek·tri·si·teit bioelectricity.

bi·o·e·tiek bioethics. **bi·o·e·ties** bioethical. **bi·o·e·ti·kus** bioethicist.

bi·o·film, =fliek *(infml.)* biopic.

bi·o·fi·si·ka biophysics. **bi·o·fi·sies** biophysical. **bi·o·fi·si·kus** *=sikusse, =sici* biophysicist.

bi·o·fla·vo·no·ïed →VITAMIEN P.

bi·o·gas biogas.

bi·o·ge·ne·se biogenesis. **bi·o·ge·ne·ties** biogenetic.

bi·o·ge·o·gra·fie biogeography.

bi·o·gra·fie *=fieë* biography; *'n ~ van iem.* a biography of s.o.. **bi·o·graaf** *=grawe* biographer. **bi·o·gra·fies** *=fiese* biographic(al); *~e film/(rol)prent* biographical film, *(infml.)* biopic; *~e skets* prosopography.

bi·o·in·ge·nieurs·we·se bioengineering.

bi·o·kli·ma·to·lo·gie bioclimatology.

bi·o·koi·no·se *(ecol.)* biocoenosis.

bi·o·liet *=liete* biolite.

bi·o·lo·gie biology. **bi·o·lo·gies** *=giese* biological; *~e* ***beheer*** biological control; *~e* ***klok*** biological/body clock; *~e* ***ma/moeder*** biological/birth mother; *~e* ***oorlogvoering*** biological warfare; *~e* ***ouer/vader*** biological parent/father; *~e* ***wetenskap*** biological science. **bi·o·loog** *=loë* biologist.

bi·o·mag·ne·tis·me animal magnetism, biomagnetism.

bi·o·mas·sa *(biol.)* biomass.

bi·o·me·ga·ni·ka biomechanics.

bi·o·me·trie, bi·o·me·tri·ka biometry, biometrics. **bi·o·me·tries** biometric(al). **bi·o·me·tri·kus, bi·o·me·tri·kus** *=trikusse, =trici* biometrician.

bi·o·ni·ka bionics. **bi·o·nies** *=niese* bionic; *~e mens, (sci-fi)* cyborg.

bi·o·no·mie bionomics, bionomy, ecology. **bi·o·no·mies** *=miese* bionomic, ecologic(al).

bi·oom *=ome, (ecol.)* biome.

bi·op·sie *=sies* biopsy.

bi·o·re·ak·tor *=tore, =tors* bioreactor.

bi·o·rit·me biorhythm. **bi·o·rit·miek** biorhythmics. **bi·o·rit·mies** biorhythmic. **bi·o·rit·mi·kus** *=mikusse, =mici* biorhythmicist.

bi·o·sfeer biosphere.

bi·o·sin·te·se biosynthesis.

bi·o·skoop *=skope* cinema, *(SA)* bioscope, *(Am.)* movie house; *~ toe gaan* go to the cinema, *(infml.)* go to the movies/pictures. ~**ganger,** ~**besoeker** cinemagoer, filmgoer, picturegoer; *(in the pl. also)* the cinema-going public. ~**kompleks** cinema complex, cineplex, multiplex (cinema).

bi·o·sta·tis·tiek biostatistics.

bi·o·ta *(ecol.)* biota, fauna and flora *(of a particular region).*

bi·o·teg·no·lo·gie biotechnology, human engineering. **bi·o·teg·no·lo·gies** biotechnological. **bi·o·teg·no·loog** biotechnologist.

bi·o·te·rug·voer biofeedback.

bi·o·tiek biotics.

bi·o·tien *(biochem.)* biotin, vitamin H.

bi·o·ties *=tiese* biotic(al). **bi·o·ti·ka** biotics.

bi·o·tiet *(min.)* biotite.

bi·o·ti·pe biotype.

bi·o·ver·skei·den·heid →BIODIVERSITEIT.

bi·o·was·mid·del *=dels, =dele* biological detergent.

bi·po·lêr bipolar.

Bir·ma *(geog., hist., since 1989: Mianmar)* Burma. **Bir·maan** *=mane, n.* Burmese. **Bir·maans** *n., (language)* Burmese. **Bir·maans** *=maanse, adj.* Burmese.

bis¹ twice, again, encore; bis. ~**nommer** encore.

bis² *bisse, (math., comp.: binary digit)* bit. ~**beeld,** ~**kaart** *(comp.)* bitmap.

bi·sam=: ~**hert** mouse deer, chevrotain. ~**pampoen** cushaw, China squash. ~**rot** muskrat, musquash. ~**swyn** peccary.

Bi·san·ti·um *(geog., hist.)* Byzantium. **Bi·san·ti·nis·me** Byzantinism. **Bi·san·tyn** *=tyne, n.* Byzantine. **Bi·san·tyns** *=tynse, adj.* Byzantine.

bi·sar *=(sarre) meer ~ die mees ~re* bizarre, strange, queer, weird, *(sl.)* freaky. **bi·sar·heid** bizarreness.

bis·cuit *(ceramics)* biscuit, bisque.

bis·dom *=domme* bishopric, diocese, episcopate, see. **bis·dom·lik** *=like* diocesan.

bi·sek·su·eel *=ele, n., (person)* bisexual. **bi·sek·su·eel** *=ele, adj., (psych., biol.)* bisexual. **bi·sek·su·a·li·teit** *(psych., biol.)* bisexuality.

bi·sek·triks *=trikse* bisectrix.

bi·seps *=sepse* biceps.

bisk¹, *(Fr.)* **bisque** *(cook.: rich shellfish soup)* bisque, bisk; *(ceramics)* →BISCUIT.

bisk², *(Fr.)* **bisque** *(golf)* bisque.

Bis·ka·je *(geog.)* Biscay, Vizcaya; *Golf van ~* Bay of Biscay. **Bis·ka·ïes** *=iese, adj.* Biscayan. **Bis·ka·jer** *=jers, n.* Biscayan.

bis·kop *=koppe* bishop, diocesan, pontiff; *'n ~ oorplaas/verplaas* translate a bishop; *swart~, blou~, (icht.)* black musselcracker; *wit~, (icht.)* white musselcracker. ~**setel** bishop's/episcopal see; episcopal chair. ~**stad** cathedral city. ~**staf** pastoral (staff), bishop's staff, (bishop's) crosier/crozier, crook. ~**stoel** episcopal chair.

bis·kop·lik *=like* episcopal.

bis·kops=: ~**amp** episcopate, bishopric. ~**mou** bishop sleeve. ~**mus** mitre. ~**paleis** bishop's palace. ~**voorskoot** gremial.

bis·ley *=leys, (big rifle contest)* Bisley.

Bis·marck·ar·gi·pel *(geog.)* Bismarck Archipelago.

bis·mut *(chem.)* bismuth.

bi·son *=sons, (zool.)* bison.

bis·seux·tjie *=tjies, (bot.)* zinnia.

bis·ter *(pigment, colour)* bistre.

bis·tou·ri *=ri's, (surgical knife)* bistoury.

bi·sul·faat *(chem.)* bisulphate, acid sulphate. **bi·sul·fiet** *(chem.)* bisulphite.

Bi·thi·ni·ë *(geog., hist.)* Bithynia. **Bi·thi·ni·ër** *=niërs, n.* Bithynian. **Bi·thi·nies** *=niese, adj.* Bithynian.

bit·sig *=sige =siger =sigste* snappish, snappy, short, sharp(-tongued); cutting, acid, scathing, caustic, biting, snide *(remark etc.);* terse, curt, stinging, tart *(reply etc.).* **bit·sig·heid** snappiness, snappishness, sharpness; pungency, acidity; tartness, curtness.

bit·ter *n.* bitters; *'n glasie ~* a gin and bitters. **bit·ter** *=ter(e) =terder =terste, adj.* bitter *(taste, cold, speech, opponent, disappointment, tone, etc.);* deep *(distress);* bitter, heavy *(irony); ~ afloopwater* bittern; *~ bier* bitter beer; *tot die ~ einde* to the bitter end. **bit·ter** *adv.* bitterly; *~ huil* cry/weep bitterly; *dit is ~ jammer* it is a great pity; *~ koud* bitterly cold; *~ min* very little indeed, precious little, next to nothing; *~ nodig hê* need very badly; *~ sleg* terribly/shockingly bad. **bit·ter** *ge=, vb.* take an appetiser (*or* bitters). ~**aarde** magnesia, bitter earth. ~**amandel** *(Pygeum africanum)* bitter almond, red stinkwood. ~**appel** *(Citrullus lanatus)* bitter apple; *(Solanum sodomaeum)* apple of Sodom. ~**bas** *(a tree)* bitter bark. ~**bek** *n.* bellyacher, grouch, grump, crosspatch, sourpuss, malcontent. ~**bek** *adj.* malcontent, cantankerous, disgruntled, curmudgeonly, churlish. ~**bessie(bos)** bitter berry (bush). ~**blaar** *(Brachylaena elliptica)* firesticks. ~**boela** *=s, (Citrullus lanatis)* bitter melon, wild coloquint. ~**bos(sie)** *(Chironia baccifera)* wild gentian, Christmasberry; *(Chrysocoma tenuifolia)* bitter bush. ~**einder** *=s* diehard, bulldog, *(SA)* bitter-ender; *'n ~ wees* be one of the bulldog breed *(fig.),* have the tenacity of a bulldog. ~**hout** quassia. ~**karoo** *(Chrysocoma tenuifolia)* bitter bush. ~**kers,** ~**kruid** garden cress. ~**koekie** macaroon. ~**kruid** *(Picris* sp.) oxtongue. ~**lemoen** bitter/sour orange, Seville orange; grapefruit. ~**loog** bitter waters. **B~meer** Bitter Lake; *Groot/Klein B~* Great/Little Bitter Lake; *die B~mere* the Bitter Lakes. ~**os** *(Citrullus lanatus)* bitter melon, wild coloquint. ~**soet** *n., (bot.)* bittersweet, woody nightshade. ~**soet** *adj.* bittersweet. ~**sout** Epsom salts, bitter salt, magnesium sulphate. ~**waatlemoen** →BITTEROS. ~**water** magnesian water. ~**wortel** *(Xysmalobium undulatum; Arctopus echinatus)* bitterwort, felwort. ~**wyn** bitters.

bit·ter·ag·tig *=tige* acerbic.

bit·ter·heid bitterness; acerbity.

bit·ter·lik bitterly; *~ huil* cry one's eyes/heart out.

bit·ter·ling *=linge, (Rhodeus* spp.) bitterling.

bi·tu·men bitumen. **bi·tu·mi·neer** *ge=* bituminise. **bi·tu·mi·ne·ring** bituminisation. **bi·tu·mi·neus** *=neuse* bituminous.

bi·vak *=vakke* bivouac. **bi·vak·keer** *ge=* bivouac. ~**mus** Balaclava cap.

bi·va·lent *=lente* bivalent.

blaad·jie *=jies* leaflet; petal *(of a flower);* small sheet *(of paper);* small newspaper/magazine; tract; lamella, lamina; *'n nuwe ~ omslaan* turn over a new leaf; *by iem. in 'n goeie/slegte ~ staan/wees* be in s.o.'s good (*or* bad/black) books.

blaai *ge=: (vinnig) deur iets ~* flick/flip/riffle/thumb through s.t. *(a book etc.); in 'n boek ~* leaf/page through a book. ~**bord** flip chart. ~**lees** *ge=* skim *(a book).*

blaai·er *(comp.)* browser.

blaak *ge=, (rare)* burn; *(sun)* scorch, blaze; glow; →BLAKEND; *~ van liefde/toorn* burn with love/rage.

blaam blame, reproach, censure; slur, blot, stain; *iem. van ~* ***onthef*** absolve s.o. from blame; *geen ~* ***rus*** *op* (*of* ***tref***) *iem. nie* s.o. is not to blame, no blame attaches to s.o.; *iem. van alle ~* ***suiwer*** exonerate s.o. (from all blame); *sonder* ***vrees*** *of ~* without fear or reproach; *die ~ op iem.* ***werp*** blame (*or* lay/put the blame on) s.o.; *('n) ~ op iem.* ***werp*** put/cast a slur on s.o.; be a reflection/slur on s.o..

blaar¹ *blare* leaf *(of a tree); (also, in the pl.)* husks *(of maize); (also, in the pl., sl.: money)* dough, bread, lolly, moolah; →BLAD, BLARE=; ***deur** die blare, (infml.)* muzzy, muddled, muddle-headed, spaced (out), spa= c(e)y, confused; *die boom **gooi** sy blare af, die blare **val** van die boom af, die boom **verloor** sy blare* the tree sheds its leaves; *blare **hê*** be in leaf; *blare **kry*** come into leaf, put forth (*or* shoot) leaves; ***ou** ~ met 'n jong bok, (infml.: woman with a much younger man)* baby snatcher. ~**aarde** →BLAARGROND. ~**basis** leaf base. ~**beet** spinach beet, (Swiss) chard, leaf/seakale beet. ~**brand** leaf scorch. ~**brandswam** leaf smut. ~**bredie** vegetable stew. ~**deeg** flaky pastry. ~**doring** leaf spine/thorn. ~**etend,** ~**vretend** phyllophagous. ~**eter** browser. ~**gas** blis= ter gas, vesicant. ~**groen** →BLADGROEN. ~**groente** greens, leafy vegetables; *jong* ~ spring greens. ~**grond** mulch, leaf mould. ~**houdend** =*e* evergreen. ~**knop** leaf bud. ~**koors** pemphigus. ~**kors** flaky pastry. ~**korstert** flaky pastry tart. ~**kroes** leaf crinkle. ~**moes** mesophyll. ~**molm** →BLAARGROND. ~**mosse** Musci. ~**neusvlermuis** leaf-nosed bat. ~**oog** leaf bud. ~**pa= troon** leaf pattern; *(archit.)* foil. ~**pens** manyplies, omasum, psalterium, manifold. ~**pluimpie** plumule. ~**puin** →BLAARGROND. ~**punt** leaf tip. ~**rand** →BLAD= RAND. ~**ryk** leafy. ~**siekte, loofsiekte** foliage disease. ~**skede** *(bot.)* leaf sheath, vagina. ~**skimmel** *(Clado= sporium fulvum)* leaf mould. ~**skroei** leaf blight. ~**skub** scale leaf. ~**skyf** leaf blade, lamina. ~**slaai** (leaf) let= tuce, green salad. ~**spil** rachis. ~**springer** jassid, leaf-hopper. ~**stand** phyllotaxis, phyllotaxy, disposition/ arrangement of leaves, leaf arrangement. ~**steel,** ~**stin= gel** leaf stalk, petiole; stipe *(of a fern)*. ~**tabak** leaf to= bacco. ~**versiering** foliation, leaflike ornament. ~**vlek** leaf spot; tomato canker; *konsentriese* ~ alternaria blight. ~**vlug** *(aeron.)* falling leaf. ~**voet** leaf base. ~**vorm** leaf form. ~**vormig** =*e* leaf-shaped. ~**vorming** leafing, foliation. ~**vretend** →BLAARETEND.

blaar[2] *blare* blister, bleb, blain; *'n ~ **trek*** raise a blister. ~**trekkend** =*e* blistering, raising blisters, vesicant, epi= spastic; *~e middel* vesicant, epispastic. ~**trekker** vesi= cant, epispastic. ~**trekking** vesication.

blaar·ag·tig =*tige* leaflike, foliaceous; →BLAAR[1].

blaar·loos =*lose, (bot.)* leafless, aphyllous; →BLAAR[1].

blaar·tjie[1] =*tjies* leaflet, foliole, blade, vesicle; →BLAAR[1].

blaar·tjie[2] =*tjies* small blister.

blaas[1] *blase, n., (anat.)* bladder; *(inflatable part of s.t.)* bladder, bag, pouch; *(ball of air/gas)* bubble; *(sound)* hoot, toot; →BLASIE; *iem. laat hom/haar nie met 'n ~ ertjies op loop jaag nie* he/she is not easily frightened, you can't bluff him/her; *swak van ~, (med.)* incontinent. ~**aandoening** bladder complaint/affection. ~**breuk** rupture of the bladder, systocele. ~**hulsel** *(bot.)* utricle. ~**katar** catarrh of the bladder. ~**klier** →VOORSTAN= DERKLIER. ~**kruid** *(bot.)* bladderwort. ~**kyker** cysto= scope. ~**mond** tuyère. ~**ontsteking** inflammation of the bladder, systitis. ~**operasie** cystotomy. ~**steen** stone in the bladder, vesical/urinary calculus, urolith. ~**vorming** vesiculation, blistering. ~**wurm** bladder worm, cysticercus, hydatid cyst.

blaas[2] *ge=, vb.* blow *(a whistle, wind instrument, etc.)*; take a breather, rest; *(cat)* spit; puff, huff *(at draughts)*; *(per= son, goose, snake)* hiss; *(football etc.)* referee; toot(le); *tot die **aanval** ~* sound the attack; *die **aftog** ~* sound the retreat; ***alarm** ~* sound the alarm; *beter **hard** ge~ as die mond verbrand* it is better to blow than to burn your mouth; ***kringetjies** ~* blow rings of smoke; *in die **lug** ~* blow up; *jou **neus** ~* →JOU NEUS **SNUIT**; *iem. iets in die **oor** ~* →IETS IN IEM. SE OOR **FLUISTER**; ~ ***op*** blow *(a trumpet)*; sound *(a horn)*; *te hard **op** iets ~* overblow s.t. *(a wind instrument)*; *'n **perd** laat ~* give a horse a breather; *~ en **raas*** huff and puff; *'n **sinjaal** ~* sound a signal; *~ en **snuif*** huff and puff. ~**balk** bellows; *(fig., infml.: boastful person)* windbag, blowhard, braggart. ~**gat** blowhole. ~**instrument** wind instrument. ~**kans(ie)** breathing space, breather, respite; *iem. 'n ~ gee/gun* give s.o. a breather (*or* breathing space); *'n ~ geniet/neem/ vat* take a break/breather, take five. ~**korps** *(mil.)* brass band. ~**kwintet** wind quintet. ~**lamp** blow lamp. ~**op** =*pe*, ~**oppie** =*s* puffer(fish), globefish, *(SA)* toby; *(grass= hopper) Pneumora scutellaris; (Breviceps gibbosus)* rain frog. ~**orkes** brass band. ~**pootjie(s)** thrips. ~**pyp** blowpipe; blast pipe *(of a boiler)*; blowtorch. ~**pyp(ie)** peashooter. ~**roer** blowpipe. ~**skoot** blowout (charge). ~**toestel** blower. ~**vlam** blow flame. ~**waaier** blower.

blaas·ag·tig =*tige* vesicular, vesiculate. **blaas·ag·tig= heid** puffiness. →BLAAS[1].

black·head *(poultry disease)* blackhead; →ENTERO= HEPATITIS.

blad *blaaie* leaf *(of a book, plant)*; page *(of a newspaper)*; sheet *(of paper)*; (news)paper; foil; shoulder blade, scapular region; shoulder *(of meat)*; slab; top *(of a table)*; leaf *(of a table)*; vane, blade *(of an oar, a propeller, spring, etc.)*; surface *(of a road)*; tarmac *(at an airport)*; *(cr.)* wicket; →BLAAR[1], BLARE=; *gee hier jou ~!* shake it!, tip us your fin!; *~ skud/steek* →BLADSKUD; *(musiek) van die ~ speel* play (music) at sight, sight-read; *geen ~ voor die mond neem nie* call a spade a spade. ~**aar= stelsel** nervation. ~**aluminium** aluminium foil. ~**been** shoulder blade, scapula. ~**breker** scarifier *(on the road)*; *(agric.)* subsoiler. ~**geel** xanthophyll. ~**goud** gold leaf, leaf gold, gold foil; beaten gold. ~**groen** chlorophyll. ~**groenhoudend** =*e* chlorophyllous. ~**groenkorrel** chloroplast. ~**ham** shoulder ham. ~**houdend** =*e* ever= green, indeciduous. ~**kondensator** plate condenser. ~**koper** copper foil, sheet copper. ~**lees** *n.* sight read= ing. ~**lees** *ge=, vb.* sight-read. ~**luis** plant louse, green= fly, aphid. ~**magneet** compound magnet. ~**metaal** foil, leaf metal. ~**musiek** sheet music. ~**neus** vam= pire bat. ~**ontwerp,** ~**plan** *(print.)* layout. ~**opmaak** *(typ.)* page make-up. ~**proef** page proof. ~**rand** leaf margin. ~**rank** leaf tendril. ~**roller** leaf roller. ~**roos** phyllocactus. ~**sak** knapsack; game bag. ~**siekte, blaarsiekte** leaf blight. ~**silwer** leaf silver, silver foil. ~**sing** sight-sing. ~**skud,** ~**steek** *bladge=, (infml.)* shake hands. ~**skuiwer** *(comp.)* sheet feeder *(of a printer)*. ~**spieël** type page. ~**stand** →BLAARSTAND. ~**steek** →BLADSKUD. ~**steel** →BLAARSTEEL. ~**stil:** *dit was ~* not a leaf stirred, there was not a breath of air. ~**streek** scapular region. ~**stuk** *(beef)* bolo. ~**sy** page. ~**sy= drukker** *(comp.)* page printer. ~**syoorgang** *(comp.)* page break. ~**tabak** →BLAARTABAK. ~**tin** tinfoil, tain, sheet tin. ~**vas** miserly. ~**veer** leaf/laminated spring. ~**ver= nuwing** resurfacing *(of a road)*. ~**vuller** filler. ~**wagter** *(print.)* catchword. ~**wisselend** deciduous. ~**wis= seling** shedding of leaves. ~**wyser** table of contents; index; bookmark(er). ~**yster** sheet iron.

blad·ag·tig =*tige* leaflike, foliaceous.

bla·dig =*dige, (geol.)* foliated. **bla·dig·heid** foliation.

blad·jie =*jies* small shoulder blade; small shoulder *(of meat)*.

blaf *blawwe, n.* barking; bark. **blaf** *ge=, vb.* bark; bay; cough; *(person)* bark/blare (out), snap; *blaffende honde **byt** nie* barking dogs seldom bite; *iem. ~ harder as wat hy/sy **byt*** s.o.'s bark is worse than his/her bite; ***honde** hou en self ~* →HOND; *~ met die **honde** en huil met die wolwe* run with the hare and hunt with the hounds; *moenie **te hard** ~ nie* don't start crowing too soon, don't count your chickens before they are hatched; ***vir** iem. ~* bark at s.o.; ***vir** die maan ~* bay/bark at the moon. **blaf·fer** =*fers* barker, yapper. **blaf·fe·rig** =*rige* inclined to bark; yappy. **blaf·fie** =*fies* short/feeble bark.

bla·kend =*kende* burning, glowing, ardent; →BLAAK; *in ~e gesondheid/welstand verkeer* be glowing/bounc= ing/bursting/radiant with health, be in the pink (of health).

bla·ker =*kers, n.* (flat) candlestick, sconce. **bla·ker** *ge=, vb., (fig.)* burn, singe, scorch, parch, bake, broil; hit, strike.

bla·meer *(ge)=* blame, lay/put/pin/place the blame on *(s.o.)*; →BLAAM.

blanc-mange *(cook.)* blancmange.

blan·je *(liter.)* white; →ORANJE.

blank *blanke blanker blankste, adj., (somewhat dated)* white; *(possibly derog.)* fair, white *(skin)*; *(liter.)* pure, unstained, untarnished; *~e opregtheid* genuine upright= ness; *~e verse* blank verse. **blank** *adv.: ~ opreg* com= pletely sincere. **blan·ke** =*kes* white (person); *(Am., derog.)* paleface; *die ~s* the whites. **blan·ke·dom:** *die ~* white people, the whites. **blank·heid** *(liter.)* fairness, whiteness; pureness, purity.

blan·ket, blan·quette *(Fr. cook.)* blanquette.

blan·ko blank; *~ laat* leave blank; *~ tjek* blank cheque.

blan·sjeer *(ge)=, (cook.)* blanch.

blaps *blapse* blunder, error, faux pas, gaffe, slip-up, howler, *(infml.)* boo-boo, clanger; *'n ~ maak/begaan* commit/make a faux pas (*or* a blunder/gaffe), drop a clanger, *(fig., infml.)* slip on a banana skin.

bla·re=: ~**dak** (roof of) foliage, canopy of leaves. ~**dos** foliage. ~**krans** wreath/chaplet of leaves. ~**stand** →BLAAR= STAND. ~**tooi** foliage. →BLAAR[1], BLAD.

blas *blas blasser blasste* dark, swarthy; sallow *(complex= ion)*; melanic. **blas·heid** swarthiness; sallowness.

bla·sé blasé.

bla·ser =*sers* blower; wind instrumentalist; *(in the pl.)* wind section *(of an orchestra)*; booster (fan); referee; →BLAAS[2] *vb.; die ~s, (mus.)* the wind section (*or* winds). ~**kraan** blower cock.

bla·sie =*sies* little bladder; small blister; bubble, vesicle, vesicula; →BLAAS[1] *n.; vol ~s* vesicular, vesiculate(d). **bla·sie(s)·rig** =*rige* vesicular, vesiculate(d).

bla·sies=: ~**koper** blister copper. ~**uitslag** herpes.

bla·soen =*soene, (her.)* blazon, coat of arms, emblazon= ment. **bla·soe·neer** *ge=* blazon.

blas·to·sist =*siste, (embryol.)* blastocyst.

bla·tant *adj. & adv., (<Eng.)* blatant(ly), flagrant(ly), shameless(ly).

blat·jang chutney.

bled·die, bler·rie *(sl.)* bloody, bleeding, blooming, flaming, damn, frigging.

bleek *bleker bleekste, adj.* pale, colourless, white, wan, ashen, pallid; bloodless; pale, washed out *(colour)*; *so ~ soos 'n **laken** (of die **dood**)* as pale/white as a sheet, as pale as death, deathly pale; *iets laat iem. ~ **lyk*** s.t. makes s.o. look pale; *~ **oranjegeel*** bisque; *~ **van** skok* pale with shock; *~ **van** (die) skrik* pale with fright; *~ **van** woede* pale with anger/rage, ashen with anger; *~ **word*** go/grow/turn pale; *(from shock, fear, etc.)* blanch. **bleek** *adv.* palely. ~**blou** pale blue. ~**geel** pale yellow. ~**gesig** paleface. ~**groen** pale green. ~**siekte** *(pathol.)* chlorosis, greensickness, anaemia; *(bot.)* chlorosis. ~**siel** *(infml.)* nerd, nurd, geek. ~**siel(er)ig** *(infml.)* nerdish, nurdish, nerdy, nurdy. ~**siel(meisie)** *(infml.)* plain Jane. ~**sug** →BLEEKSIEKTE. ~**sugtig** =*e* anaemic, chlorotic. ~**vlerkspreeu** *(orn.)* pale-winged starling. ~**vos** *(horse)* light chestnut.

bleek·heid paleness, colourlessness, pallor, pastiness; washiness.

bleik *n.* bleaching; bleach(ing) ground/field/green; *op (die) ~ gooi* put out to bleach. **bleik** *ge=, vb.* bleach, whiten. ~**aarde** fuller's earth. ~**kalk** bleaching pow= der, chloride of lime, chlorinated lime. ~**kuip** keeve. ~**middel** =*e*, =*s* bleach, bleaching agent, whitener, de= colorant. ~**poeier** bleaching powder, chloride of lime, chlorinated lime. ~**veld** bleach(ing) ground/ field/green.

blei·ker =*kers* bleacher.

blein *bleine* blain, bleb, blister.

blek *ge=* blaze, mark *(for felling)*.

ble·ke·rig =*rige* wan; palish, slightly pale.

blen·de, sink·blen·de *(min.)* (zinc) blende, spha= lerite.

blêr *ge=, vb., (sheep)* bleat; *(child etc.)* cry, howl; *(radio)* blare (out). **blêr** *blêre, n.* bleat. ~**boks** *(infml.)* beat= box, ghetto blaster/box. ~**kas** *(infml.)* jukebox.

bler·rie →BLEDDIE.

blerts *blertse, n.* blob, splash, spatter. **blerts** *ge=, vb.* (be)spatter, splash.

bles *blesse, n.* blaze *(of a horse)*; horse with a blaze, blazed horse; bald patch/spot; *hy het 'n ~* he is bald(ing) (*or* is going bald). **bles** *ge=, vb., (infml.)* hit, clout. **bles** *adj.* bald(-headed); balding; *hy is ~* he is bald(ing) (*or* is going bald). ~**bok** blesbok, blesbuck. ~**hoender** *(zool.: Fulica cristata)* African (red-nobbed) coot; moor= cock. ~**kop** baldhead, baldpate, *(infml.)* baldy, *(derog.*

sl.) slaphead. **~mol** *(zool.: Georychus capensis)* Cape mole rat; *swart ~* Damara mole rat. **~perd** horse with a blaze, blazed horse.

bles·seer *(ge)=, vb., (rare)* injure, wound. **bles·suur** *=sure, n., (rare)* injury, wound.

bles·sit *(sl.)* blessed, blasted, damn, darn, bloody, ruddy.

bliep *n.* bleep. **bliep** *vb.* bleep; *iem. ~* bleep s.o.. **bliepper** bleep(er); *iem. oor sy ~ roep* bleep s.o..

blik[1] *blikke, n.* tin plate, tinned sheet iron; *(receptacle)* tin, (tin) can, canister; →BLIKKIES=; *in ~* tinned, canned; *jou ~!* you blighter!, you son of a gun!. **~aspaai** *(game)* I spy. **~beker** tin mug, cannikin. **~bord** tin plate. **~brein** *(infml.)* electronic brain, (electronic) computer. **~emmer** tin pail/bucket. **~houer:** *jou ~!* you rascal/blighter/rogue!. **~huis** *(rare)* tin shack. **~kantien** tin can; *dis die laaste sien van die ~* that's the last we/you will see/hear of it/him/her; you can kiss that goodbye; *dit was die laaste sien van die ~* he/she/it disappeared/vanished into thin air (*or* without a trace). **~klavier** *(infml.: piano)* honky-tonk. **~motor** *(infml.)* flivver. **~ners** saddle-sore; *jou ~ ry* get saddle-sore. **B~oor** *(nickname for)* Free Stater. **~prop** crown cork. **~skater** *=s, n.* →BLIKSKOTTEL *n.*. **~skater(s)** *interj.* →BLIKSKOTTEL(S) *interj.*. **~skêr** (tin)snips, tinman's shears. **~skottel** *n.* tin dish; *(infml., also* blikslaer*)* blighter, rascal, scoundrel, wretch, devil, git, scumbag. **~skottel(s)** *interj.* dash it (all), darn (it [all]), bother it. **~slaer** *=s* tinsmith, tinman, tinker, whitesmith; *(infml.)* →BLIKSKOTTEL *n.*. **~slaer(s)** *interj.* →BLIKSKOTTEL(S) *interj.*. **~snyer** tin-opener, can-opener. **~soldaatjie** tin soldier. **~stem** *(infml.)* answering machine, answerphone. **~ware, ~werk** tinware. **~werker** tinplater.

blik[2] *blikke, n.* look, glance; gaze; insight; *'n **betekenisvolle/veelseggende** ~* a meaning/significant look; *sonder ~ of **bloos*** unashamedly, without batting an eye(lid), without a blush; *'n **breë** ~* a broad/wide outlook; *'n **deurdringende/ondersoekende/skerp** ~* a searching look; *met **een** ~* with one look; *by die **eerste** ~* at first glance; *'n **helder/skerp** ~* keen insight; *'n **kil/koue/strak(ke)** ~* an icy (*or* a stony) stare; *'n ~ **op** iets* an angle on s.t.; *'n ~ van iem. **opvang*** meet s.o.'s eye; *'n ~ op ... **skiet/werp*** dart a glance at ...; *'n **starende** ~* an unwinking stare; *'n ~ in die **toekoms** werp* look into the future; *jou ~ **verbreed/verruim*** broaden/expand one's horizons; *'n **vlugtige** ~ op ... kry* catch/get a glimpse of ...; *'n ~ op ... **werp*** glance at ...; *'n **wesenlose** ~* a vacant stare. **blik** *ge=, vb.* look, glance; *sonder om te ~ of te bloos* unashamedly, without batting an eye(lid), without a blush. **~veld** field of vision, visual field.

blik·ker *ge=, vb., (rare)* gleam, glitter. **blik·ke·ring** *(rare)* gleam, glitter.

blik·ke·rig *=rige* tinny.

blik·kie *=kies* (small) tin; →BLIK[1]; *dit gaan jou ~s!* good luck to you!, cheerio!.

blik·kies=: ~dorp shantytown. **~groente** tinned vegetables. **~kos** tinned food. **~melk** condensed/tinned milk. **~musiek** *(infml.)* canned music. **~vis** tinned fish. **~vleis** tinned/corned/canned/potted meat; bully (beef).

blik·sem *n., (vulg. sl.)* bugger, sod, son of a bitch, sonofabitch, scoundrel; *na die ~ gaan, (vulg.)* go to hell/blazes; *soos die ~* quick as lightning, like blazes. **bliksem** *ge=, vb., (vulg. sl.)* bash (up), clobber, do *(s.o.)* over, let *(s.o.)* have it. **blik·sem** *interj., (vulg. sl.)* dammit, damn/blast/bugger (it), bloody hell, shit. **~skig** bolt of lightning, thunderbolt.

blik·sems *=semse, adj., (vulg.)* damned, infernal. **bliksems** *interj., (vulg. sl.)* dammit, damn/blast/bugger (it), bloody hell, shit.

blind *blinde blinder blindste, adj.* blind, sightless; unseeing; unreasoning, indiscriminate; *~e **alarm*** false alarm; *~e **bult*** blind rise; *~e **deur*** sham door; *~e **gang*** dead end, blind alley; *~ **gebore*** born blind; *~e **gehoorsaamheid*** blind/passive/unquestioning obedience; *~e **gewel*** dead face; *~e **hoek*** blind corner; dead angle; *~e **hoofpyn*** migraine; *~e **kaart*** outline/skeleton map; *~e **kant*** safe edge *(of a tool)*; *~e **klip/rots*** sunken/submerged rock; *~e **kol**, (fig., mot., av.)* blind spot; *~e **las/voeg*** lapped/housed joint; *~ **maak*** blind *(vb.)*; *~e **model*** dummy; *so ~ soos 'n mol* →MOL[2]; *~e **monster**, (min.)* grab sample; *~e **muur*** blank/dead wall; *~e **passasier*** stowaway; *~e **raaiskoot*** wild guess; *~e **sak**, (anat.)* cul-de-sac; ***siende** ~ wees, niemand is so ~ as hy wat nie wil **sien** nie* wear blinkers, be blinkered; there's none so blind as those who will not see; *~e **skag*** blind shaft; *~e **skoot*** snap shot; *~e **spoor**, (rly.)* spur; *jou op/teen iets ~ **staar*** concentrate too much on s.t.; become obsessed with s.t.; overestimate the importance/influence of s.t.; *jou op een ding ~ **staar*** be blind to possible alternatives; have a one-track mind; *~e **steeg*** blind alley; cul-de-sac; *~e **toeval*** pure chance; *~ wees **van** ...* be blind with ... *(rage etc.)*; be transported with ... *(outrage etc.)*; *~e **venster*** dummy/dead window; *'n ~e **vertroue** in iem. hê* trust s.o. implicitly, have blind/implicit faith in s.o.; *~e **vink**, (cook.)* beef olive; ***vir** iets ~ wees, (fig.)* be blind to s.t.; *~e **vlek**, (med.)* blind spot; *~ **word*** go blind; *~ **word** van woede* become blind with fury. **blind** *adv.* blindly; *~ tik* touch-type, do touch-typing; *~ vlieg, (av.)* fly blind, fly by instruments. **~doek** *n.* blindfold. **~doek** *ge=, vb., (lit. & fig.)* blindfold; hoodwink, deceive. **~druk** blind impression. **~landing** blind landing. **~stempelwerk** *(bookbinding)* blind stamping/tooling. **~tik** touch-typing. **~vlieg** blind/instrument flying. **~weg** blindly; *iem. ~ vertrou* trust s.o. implicitly.

blin·de *=des* blind person; *(bridge)* dummy; *die ~s* the blind; *in die ~* blindly, at random; *in die land van die ~s is eenoog koning* in the country of the blind the one-eyed man is king; *'n ~ kan dit met 'n stok voel, (infml.)* it stands/sticks out a mile.

blin·de=: ~derm appendix. **~dermaanhangsel** vermiform appendix. **~dermontsteking** appendicitis. **~-instituut** home/institute/institution for the blind. **~man** blind man; *(cards)* dummy; →BLINDEMOL(LETJIE). **~mannetjie** →BLINDEMOL(LETJIE). **~mol** common mole. **~mol(letjie)** *(a game)* blind man's buff; *~ speel* play blind man's buff. **~sak** *(anat.)* caecum. **~skool** school for the blind. **~skrif** braille, writing (and printing) for the blind. **~slang** blind snake. **~soom** blind hem. **~sorg** care of the blind. **~steek** blind stitch. **~vlek** blind spot *(in the eye)*. **~vlieg** horsefly, gadfly, *(Br.)* cleg; tabanid; *nes 'n ~ wees* be an eternal nuisance. **~wurm** slowworm, blindworm.

blin·de·lings blindly; blindfold; headlong, indiscriminately; *(trust)* implicitly.

blin·der *=ders, n.* (window) blind; stymie; submerged/sunken rock; huge wave. **blin·der** *ge=, vb.* stymie; snooker; *jy is ge~* you are stymied/snookered.

blind·heid blindness, sightlessness, cecity; *met ~ geslaan wees, (fig.)* be (struck) blind; *iem. met ~ slaan, (Bib., fig.)* strike s.o. blind; *volslae ~* total blindness, amaurosis.

blin·ding *=dings* (window) blind.

bli·ni(s) *(pl.), (Russ. cook.: pancakes)* blini(s).

blink *n., (sl.: money)* lolly, dough, moolah, gravy, grease. **blink** *blink blinker blinkste, adj. & adv.* shiny, shining, gleaming, bright, glossy, lustrous; sleek *(hair, skin, fur, animal)*; radiant *(face)*; *~ **gedagte*** brainwave *(infml.)*, clever idea; *hou die ~ **kant** bo* look on the bright side, keep smiling; keep a stiff upper lip; don't be disheartened; *~ **klippie(s)**, (infml.: diamond[s])* ice; *iets **laat** ~, iets ~ **maak*** polish/shine s.t., give a shine to (*or* put a shine on) s.t.; ***van** ... ~* glisten/shine with ...; *weer ~ **vertoon**, (company, sportsperson, etc.)* bounce back; *~ **vloer*** shining/polished floor; *~ **vryf*** polish up, burnish, furbish. **blink** *ge=, vb.* shine, gleam, glitter, glisten, glint; *dis nie alles goud wat ~ nie* all that glitters, is not gold; *van die trane ~* be dewed with tears; *van vreugde ~, (s.o.'s face)* be radiant with joy. **~blaar(boom)** *(Rhamnus prinoides)* redwood; round-leaf kiaat. **~blaarturksvy** sour prickly pear. **~blaar-wag-'n-bietjie** *(Ziziphus mucronata)* buffalo thorn. **~kole** →BLINKSTEENKOOL. **~leer** patent leather. **~lyf** (large) angling fish; *(infml., derog.)* fat cat. **~nerf** *(infml.)* dandy. **~oog** shining eye; *ou ~* the devil. **~papier** silver paper. **~pitmielies, rondepitmielies** flint maize. **~skoon** *(infml.)* squeaky clean. **~spreeu** *(Sturnidae* spp.*)* starling. **~steenkool** glossy coal. **~vet** plump, in prime condition. **~vinke** *(pl.), (infml.)* glitterati. **~vlerkspreeu** glossy starling. **~water** shining water; will-o'-the-wisp, friar's lantern, ignis fatuus, fen-fire.

blin·kend *=kende* glossy. **blin·ker** *=kers* spangle, sequin, paillette; cat's-eye. **blin·ke·rig** *=rige* shiny. **blink·heid** shininess, brilliance, glossiness.

blits *blitse, n.* lightning; lightning flash, flash of lightning; flash; *soos ~, (infml.)* (as) quick as a flash, (as) quick as lightning, like a streak (of lightning); *soos 'n vetgesmeerde ~, (infml.)* like greased (*or* a streak of) lightning, like a blue streak, at a rate of knots. **blits** *ge=, vb.* lighten; *(eyes)* flash; hit, shoot, strike; *kyk hoe ~ dit* look at the lightning; *dit het vreeslik ge~* the lightning was terrible. **~aanval** blitz, lightning attack. **~afleier** →WEERLIGAFLEIER. **~bal** *(cr.)* screamer *(infml.)*. **~besoek** quick visit, *(infml.)* Cook's tour. **~boek** instant book, *(infml.)* quickie. **~bouler** *(cr.)* fast/pace bowler, paceman. **~lyn** hotline. **~motor** nippy car, *(sl.)* pocket rocket. **~oorlog** *=oorloë* blitzkrieg. **~patrollie** flying squad, mobile patrol. **~poeier** magnesium powder, flashlight (powder). **~snel** →BLITSVINNIG. **~sukses** overnight success. **~toer** whistle-stop tour, *(infml.)* Cook's tour. **~trein** bullet train. **~verkoper** best seller, *(infml.)* blockbuster. **~vinnig** *adj.* high-speed, very fast, lightning *(speed)*, very speedy. **~vinnig** *adv.* in/like a flash, (as) quick as a flash (*or* as lightning/thought), like lightning (*or* a blue streak), like greased (*or* a streak of) lightning, at a great/rapid/terrific rate, at a rate of knots.

blits·ag·tig *=tige, (rare)* fulgurous.

blit·sig *adj. & adv.* swift, *(infml.)* nippy, *(infml.)* zappy, double-quick, quick as lightning, at a great/terrific rate, *(infml.)* at a rate of knots; *~ wegspring, (athl.)* get a flier/flyer.

blo *ge=, (rare)* →BELOOF.

bloed blood; ***blou/adellike** ~ hê* have blue blood; *iets laat iem. se ~ **bruis*** s.t. sends the blood rushing through s.o.'s veins; *na ~ **dors*** have a thirst for blood; *iem. wil tot die laaste **druppel** ~ hê* s.o. wants his/her pound of flesh; ***goed** en ~* life and property; *dit **is/sit** in die ~* it runs in the blood; *~ uit 'n **klip** tap* wring water from a flint, milk the bull/pigeon/ram; *jy kan nie ~ uit 'n **klip** tap nie* you cannot get blood from (*or* out of) a stone; *van **koninklike** ~ wees* be of royal blood; *iem. se ~ **kook*** s.o.'s blood boils; *iem. se ~ laat **kook*** make s.o.'s blood boil; *iets met ~ **koop*** purchase s.t. with blood; *waar ~ nie kan loop nie, **kruip** dit* blood is thicker than water; ***kwaad** ~ set/sit* cause bad blood; *~ laat **loop/uitkom*** draw blood; ***nuwe** ~* fresh/new blood; *~ **opbring/opgooi/spoeg/spu(ug)*** spit (*or* cough up) blood; *~ **ruik**, (fig.)* taste blood; *~ laat **ruik/proe**, (hunting)* blood, flesh; *dit **sit** in iem. se ~* s.o. has it in him/her; *~ **skenk*** donate/give blood; *~ **sweet*** sweat blood; *~ **vergiet*** shed blood; *jou eie **vlees** en ~* one's own flesh and blood. **~aandrang** congestion, rush of blood. **~aar** vein. **~aftapping** blood-letting. **~arm** anaemic. **~armoede** anaemia, anemia. **~bad** *=baaie* blood bath, massacre, slaughter, carnage; *'n ~ onder die inwoners aanrig* massacre the inhabitants. **~bank** blood bank. **~belope** bloodshot. **~besinking** *(med.)* sedimentation of blood. **~besinksel** *(med.)* hypostasis. **~bevlek** bloodstained. **~blaar** blood blister. **~blaas** haematocele. **~blom** *(bot.), Haemanthus coccineus*. **~breuk** haematocele. **~broer** blood brother. **~bruidegom** spouse of blood. **~bruilof** blood wedding; bloody wedding. **~doop** blood baptism. **~dors** bloodlust, bloodthirstiness, thirst for blood. **~dorstig** bloodthirsty; sanguinary; *(infml.)* bloody-minded. **~dorstigheid** bloodthirstiness; sanguinariness. **~dronk** bloodthirsty; *(infml.)* bloody-minded. **~dronk(en)heid** bloodthirstiness. **~druk** blood pressure; *hoë ~* hypertension, high blood pressure; *lae ~* hypotension, low blood pressure. **~drukmeter** sphygmomanometer. **~druppel** drop of blood. **~eie:** *~ familie* near relations/relatives; *my ~ suster* my very own sister. **~etter** *(pathol.)*

sanies. ~**geld** blood money, price of blood. ~**gereg** bloody tribunal. ~**geswel** haematocele, haematoma. ~**getuie** martyr. ~**gewas** haematocele. ~**groep** blood group/type. ~**hond** bloodhound; *(fig.)* brute, monster, butcher. ~**hout** *(bot.)* bloodwood, haematoxylon, haematoxylin. ~**jong** *(attr.)*, ~**jonk** *(pred.)* very young; *'n bloedjong meisie* a mere (*or* a slip of a) girl; *sy was nog bloedjonk* she was very young (*or* a mere child). ~**kanker** *(med., infml.)* leukaemia. ~**kleur** blood colour. ~**kleurstof** haemoglobin. ~**klont** blood clot, thrombus. ~**kol** bloodstain. ~**koraal** red coral. ~**kunde** haematology. ~**kundige** haematologist. ~**laat** *=ge=* bleed, phlebotomise, =ize. ~**lating** *=s, =e* bleeding, bloodletting, cupping, phlebotomy, venesection. ~**leeg** bloodless, anaemic. ~**lemoen** blood orange. ~**liggaampie** blood cell, corpuscle, haemocyte; *rooi/wit* ~ red/white corpuscle. ~**loogsout** *(chem.)* prussiate of potash. ~**luis** woolly aphid/aphis. ~**lyn** *(animal husbandry)* strain, (blood)line. ~**meel** *(animal feed, fertiliser)* blood meal. ~**menging** mixture of blood. ~**min** precious/very little; very few. ~**neef** *(masc.)* (first) cousin, full cousin; →BLOEDNIGGIE. ~**neus:** *iem.* ~ *slaan* give s.o. a bloody nose. ~**nier** *(vet. sc.)* enterotoxaemia, pulpy kidney. ~**niggie** *(fem.)* (first) cousin, full cousin; →BLOEDNEEF. ~**offer** blood sacrifice. ~**ondersoek** blood test(s)/ examination. ~**oortapping** blood transfusion; *iem. 'n* ~ *gee* give s.o. a transfusion. ~**pens** *(vet. sc.)* lamb dysentery. ~**plaatjie** *(physiol.)* (blood) platelet, thrombocyte. ~**plas** pool of blood. ~**plasma** (blood) plasma. ~**preparaat** blood smear. ~**pruim** *(Haematostaphis barteri)* blood plum. ~**prys** →BLOEDGELD. **B~raad** *(hist.)* Council of Blood. ~**reën** blood rain. ~**rooi** *adj.* blood-red, scarlet; *(her.)* sanguine; ~ *word* turn scarlet. ~**ryk** *(pathol.)* engorged (with blood), filled with blood, sanguineous, hyperaemic. ~**sak** haematocyst. ~**sel** *=le* →BLOEDLIGGAAMPIE. ~**serum** blood serum. ~**siekte** blood disease, disease of the blood. ~**skande** incest. ~**skender** incestuous person. ~**skendig** *=e* incestuous. ~**skenker** blood donor. ~**skenking** blood donation, donation of blood. ~**skenkingsdiens** blood transfusion service. ~**skuld** blood guilt. ~**smeer** blood film/ smear. ~**sneeu** red snow. ~**spatsel** speck/spot of blood. ~**spoor** trail of blood. ~**spuwing** haemoptysis, spitting (*or* coughing up) of blood. ~**steen** *(min.)* bloodstone, heliotrope. ~**stelpend** styptic, haemostatic. ~**stelping** haemostasis. ~**stelpmiddel** *=s, =e* haemostatic, styptic. ~**stollend** *=e, (fig.)* bloodcurdling; *(lit.)* blood-coagulating. ~**storting** haemorrhage; bloodshed. ~**stroom** bloodstream. ~**stuwing** blood congestion. ~**suier** *(lit.)* leech; *(fig.)* leech, bloodsucker, parasite. ~**suiker** *(med.)* blood sugar, glucose. ~**suiweraar** blood purifier. ~**suiwerend** blood-cleansing, blood-purifying, depurative. ~**surigheid** acidaemia. ~**sweet** bloody sweat; ~ *kos, (fig.)* be tough going, be a hard grind. ~**tekort** shortage of blood supply; *(med.)* oligaemia. ~**telling** blood count. ~**toets** blood test. ~**toevoer** blood supply, supply of blood. ~**transfusie** blood transfusion. ~**uitstorting** suffusion, extravasation (of blood). ~**vat** blood vessel. ~**vatstelsel** circulatory system, (blood) vascular system. ~**vatverstopping** embolism. ~**vatvormig** *=e* vesiform. ~**vergieting** bloodshed. ~**vergiftigend** septicaemic. ~**vergift(ig)ing** blood poisoning, septicaemia, toxaemia. ~**verlies** loss of blood. ~**vermenging** miscegenation. ~**versakking** hypostasis. ~**vervanging** exsanguination. ~**verwant** *n.* blood relation/relative; *(in the pl.)* relatives, kindred, kin; *naaste* ~*e* next of kin, close relatives. ~**verwant** *adj.* cognate, consanguineous; *in die sylinie* ~ collaterally related. ~**verwantskap** relationship by blood, (blood) relationship, kinship, consanguinity. ~**vete** blood feud, vendetta. ~**vink** *(orn.)* bullfinch. ~**vint** *=e, (med.)* boil, furuncle. ~**vlek** bloodstain. ~**vlekkie** *(med.)* petechia. ~**vloeiing** haemorrhage. ~**vog** →BLOEDPLASMA. ~**vormend** *=e* blood-forming, haematopoietic. ~**warm** blood-warm. ~**warmte** blood temperature/heat. ~**watering** *(med.)* haematuria, haemoglobinuria; *(vet. sc.)* red-water (fever). ~**wei** (blood) serum. ~**weinig** →BLOEDMIN. ~**wors** blood/black pudding, *(Am.)* blood sausage. ~**wraak** blood revenge. ~**wurm** bloodworm.

bloed·ag·tig *=tige* bloodlike.

bloe·de →BLOED.

bloe·de·rig *=rige* bloody; bloodstained, smeared with blood, gory, sanguineous; *(infml.)* gory *(film, story, etc.)*. **bloe·de·rig·heid** bloodiness.

bloe·dig *=dige, adj.* bloody, sanguinary; gory *(battle, operation)*; scorching, blazing *(sun)*; scorching, sweltering, blistering, searing *(heat)*; *Maria die B~e* Bloody Mary; *'n* ~*e oorlog* a bloody war; ~*e trane huil* shed bitter tears, weep tears of blood. **bloe·dig** *adv.:* ~ *kwaad word, jou* ~ *vererg* fly into a fury, *(infml.)* see red; ~ *warm* blisteringly hot, scorching; *'n* ~ *warm dag* a scorching/sweltering (hot) day, *(infml.)* a scorcher/ sizzler.

bloe·ding *=dings, =dinge* bleeding, haemorrhage; *(bot.)* exudation; ~ *op die brein* cerebral haemorrhage.

bloed·jie *=jies* poor mite, little thing; *'n bietjie* ~*s* a little blood.

bloed·loos *=lose* bloodless; anaemic. **bloed·loos·heid** bloodlessness; anaemia.

bloeds·om·loop (blood) circulation; *groot* ~ systemic circulation; *klein* ~ pulmonary circulation. ~**stelsel** circulatory system.

bloe·gom(·boom) →BLOEKOM(BOOM).

bloei[1] *n.* bloom, blossom; *(fig.)* flowering, blossoming *(of the arts)*; *(fig.)* flourishing, burgeoning *(of commerce)*; heyday; *in die* ~ *van die lewe* in the prime of life; *in* ~ *staan* be in flower; *in volle* ~ in full bloom/blossom; *tot* ~ *kom* thrive, flourish. **bloei** *ge=, vb.* blossom, bloom, flower; *(fig.)* flourish, prosper, thrive; *laat* ~ bring into blossom. ~**-as** *(bot.)* r(h)achis, inflorescence axis. ~**knop** bud. ~**kolf** *(bot.)* spadix. ~**maand** *(October in SA, May in Eur.)* flowering month, month of spring. ~**periode** →BLOEITYD. ~**skede** spathe. ~**skerm** umbel. ~**spil** *(bot.)* r(h)achis, inflorescence axis. ~**stingel** scape. ~**tyd** flowering time/season, time of flowering/ blossoming, florescence; *(fig.)* golden age, heyday, prime, palmy days. ~**wyse** inflorescence.

bloei[2] *ge=* bleed; *erg* ~ bleed freely/profusely; *my hart* ~ *vir* ... my heart bleeds for ...; *iem. se neus* ~ s.o.'s nose is bleeding. ~**siekte, bloeiersiekte** haemophilia.

bloei·end[1] *=ende* blooming, blossoming, flowering; *(fig.)* prosperous, flourishing, thriving.

bloei·end[2] *=ende,* **bloe·dend** *=dende* bleeding.

bloei·er[1] *=ers* flowerer.

bloei·er[2] *=ers* bleeder, haemophiliac. ~**siekte** →BLOEISIEKTE.

bloei·sel *=sels* blossom, bloom, bud.

bloe·kom *=koms:* ~**(boom)** blue gum (tree). ~**olie** eucalyptus oil. ~**snuitkewer** eucalyptus snout beetle.

bloem: ~**lesing** anthology. ~**ryk** *=e* flowery, ornate *(style)*; florid, flamboyant; ~*e styl/taal/woorde, (also)* purple prose. ~**rykheid** floweriness, ornateness; purple prose.

bloe·mis *=miste* florist. **bloe·mis·te·ry** *=rye* floristry. **bloe·mis·te·win·kel** florist's (shop), flower shop.

bloes *bloese,* **bloe·se** *=ses* blouse. **bloe·sie** *=sies,* **bloe·se·tjie** *=tjies* small blouse.

bloe·send *=sende* rosy, ruddy, blowsy, blowzy, flushed *(complexion)*; blooming; florid; →BLOSEND.

blok[1] *ge=, vb.* cram, swot, grind (at); *vir 'n eksamen* ~, *(infml.)* cram/swot for an examination. ~**stelsel** cramming system.

blok[2] *blokke, n., (bulky piece)* block, chunk; log *(of wood)*; bloc *(in politics etc.)*; block *(in printing; of a pulley)*; body, stock *(of a plane)*; ingot; rectangular solid; cuboid; slab; stocks *(for offenders)*; →BLOKKIES=; *vir iem. 'n* ~ *aan die* ***been*** *wees* be a millstone (*or* an albatross) (a)round s.o.'s neck; *'n* ~ ***huise*** a block of houses; ***in die*** ~ in the stocks; *jou* ***kop*** *op 'n* ~ *sit vir iets* →KOP *n.; 'n* ~ ***marmer/ens.*** a block of marble/etc.; *'n* ~ ***van*** *'n kêrel* a huge fellow; *'n* ~ ***woonstelle*** a block of flats. **blok** *ge=, vb.* block, stop, impede. ~**beitel** block chisel. ~**boek** *(print., libr.)* block book. ~**bom** *(mil., infml.)* blockbuster. ~**diagram** block diagram. ~**druk** block printing. ~**fluit** recorder. ~**hak** squat/Cuban heel. ~**hamer** mallet. ~**huis** blockhouse. ~**ketting** block chain. ~**letter** block letter/capital. ~**lood** pig lead. ~**maker** *(print.)* blockmaker, process engraver; →FOTOBLOKMAKER. ~**makery** *(print.)* process engraving; →FOTOBLOKMAKERY. ~**man** *=ne* blockman. ~**plank** blockboard. ~**raaisel** →BLOKKIESRAAISEL. ~**rem** block brake. ~**sein** block signal. ~**silwer** block silver. ~**skaaf** smoothing plane. ~**skip** blockship. ~**skoen** clog, wooden-soled shoe; sabot; patten. ~**skrapping** *(comp.)* block delete. ~**skrif** block letters/capitals; block writing; *in* ~ in block letters; *(on a form)* please print. ~**skyf** (block) sheaf. ~**stelsel** block system. ~**stem** block vote; card vote. ~**strop** grommet, grummet. ~**vas:** ~ *bespreek* booked solidly; ~ *stem* vote solidly; →BANKVAS. ~**wagter** block signalman. ~**wiel** web wheel.

blok·ka·de *=des, (med.)* blockade, blockage; *(mil., fin.)* blockade; *deur die* ~ *breek* run the blockade; *'n* ~ *ophef* lift/raise a blockade. ~**breker** *(a ship or person)* blockade-runner. ~**breuk** running the blockade. ~**skip** blockader.

blok·ke·doos box of (toy) bricks/blocks.

blok·keer *(ge)=* blockade; jam (up) *(a mechanism)*; *(fin.)* block; *geblokkeerde rande* blocked rands. **blok·keer·der** *=ders* blockader. **blok·ke·ring** blockading.

blok·ker *=kers* crammer, grinder; swot; plodder.

blok·ke·rig *=rige* unwieldy.

blok·kie *=kies* square; small block/cube; *(in the pl., cook.)* dice; →MOSAÏEKBLOKKIE. ~**suiker** loaf/cube sugar.

blok·kies·: ~**raaisel** crossword (puzzle); *'n* ~ *invul* do a crossword (puzzle). ~**raaiselliefhebber,** *=***begeesterde,** *=***slaaf,** *=***verslaafde** cruciverbalist. ~**raaisel·opsteller** cruciverbalist. ~**vloer** block floor; solid floor; →PARKETVLOER.

Bloks·berg: *ek wou dat jy op* ~ *sit (met 'n pan kole onder jou agterste)* I'd rather see you in Hades, I'd see you in Hades/hell first; *ek sien jou liewer op/agter* ~ *sit voor ek dit doen* I am hanged/damned if I'll do it.

blom *blomme, n., (lit. & fig.)* flower; blossom; whorl *(in wood)*; *'n* ***bos(sie)*** ~*me* a bunch of flowers; ***in die*** ~ *wees* be in flower; ~*me* ***pluk*** pick/gather flowers; ***sê*** *dit met* ~*me* say it with flowers; *die* ~ ***van*** ... the flower of ... *(the nation etc.)*; *sy is 'n* ~ ***van*** *'n meisie, (old-fashioned)* she is a peach of a girl; ~ ***van*** *swa(w)el* flowers of sulphur; ***vars*** ~*me* fresh flowers. **blom** *ge=, vb.* flower; *(fruit tree)* bloom, blossom. ~**aar** spike. ~**ak·ker(tjie)** flowerbed. ~**as** floral axis. ~**bak** flower bowl; flower/window box. ~**bedding** flowerbed. ~**bekleedsel** perianth. ~**blaar** petal; floral leaf. ~**bodem** *(bot.)* receptacle, torus, thalamus. ~**bol** (flowering) bulb. ~**boom** flowering tree. ~**bos** flower bush; *(Metalasia* spp.*)* blombos; *(Dombeya pulchra)* silver white pear; *(seed of this plant)* blue lucky bean. ~**deel** floral part. ~**dek** perianth, perigone. ~**dekblaar** tepal. ~**draend** *=e* flower-bearing, floriferous. ~**ertjie** sweet pea. ~**geur** →BLOMMEGEUR. ~**hofie** flower head, capitulum. ~**houer** flower holder. ~**hout** *(Dombeya rotundifolia)* wild pear/plum. ~**hulsel** →BLOMDEK. ~**jaar, blommejaar** year of abundant flowers. ~**kelk** calyx. ~**knop** (flower) bud. ~**kolf** spadix. ~**kool** cauliflower. ~**krans** wreath of flowers. ~**kroon** corolla. ~**kweker, blommekweker** nurseryman, floriculturist. ~**kwekery, blommekwekery** nursery; flower growing, floriculture. ~**kweper** flowering quince. ~**luis** greenfly. ~**naam** name of a flower. ~**pakkie** spikelet. ~**patroon** floral pattern; diaper pattern; *gordyne/ens. met 'n* ~ floral curtains/etc., curtains/etc. patterned with flowers. ~**perk** flowerbed. ~**perske** flowering peach. ~**plant** flowering plant, anthophyte; phanerogam. ~**pluim** panicle. ~**pot** flowerpot; vase. ~**pruim** flowering plum. ~**rand, blommerand** floral border. ~**riet:** *(Indiese)* ~ canna. ~**ruiker** bouquet, bunch of flowers; nosegay. ~**ryk** *=e, adj.* flowery, full of flowers, blossomy; *(fig.)* →BLOEMRYK. ~**saad** flower seed. ~**skede** spathe. ~**skerm** umbel. ~**skilder, blommeskilder** flower painter. ~**soort** species of flower. ~**staander, blommestaander** flower stand, jardinière. ~**steel** flower stalk/stem; *(bot.)* pedicel. ~**stingel** flower stalk/stem. ~**stok** stake. ~**struik**

flowering shrub. ~**stuk** *(art)* flower piece. ~**swa(w)el, swa(w)elblom** flowers of sulphur. ~**taal, blommetaal** language of flowers. ~**tak** flowering branch. ~**tak(kie)** spray; *(in the pl. also)* fruitwood. ~**tros** raceme. ~**tuil** corymb. ~**tuin** flower garden. ~**tyd, blommetyd** flowering season. ~**vaas** (flower) vase. ~**vormig** *=e* flower-shaped. ~**wilg(er)** Virginia willow. ~**winkel, blommewinkel** florist's (shop), flower shop.

blom·me-: ~**fees** floral fête. ~**geur** fragrance/scent of flowers. ~**handel** flower trade. ~**handelaar** florist. ~**hulde** floral tribute/offering. ~**jaar** →BLOMJAAR. ~**kind** *=ers, (hist.: hippy)* flower child; *(in the pl.)* flower children/people. ~**krag** *(hippy era)* flower power. ~**kuns** art of flower arranging/arrangement. ~**kweker** →BLOMKWEKER. ~**kwekery** →BLOMKWEKERY. ~**mandjie** flower basket. ~**mark** flower market. ~**meisie** flower girl. ~**prag** wealth of flowers; floral beauty. ~**rand** →BLOMRAND. ~**rangskikking** flower arranging/arrangement. ~**ryk** *n.* floral kingdom. ~**skilder** →BLOMSKILDER. ~**skou** →BLOMMETENTOONSTELLING. ~**slinger** festoon. ~**staander** →BLOMSTAANDER. ~**taal** →BLOMTAAL. ~**tentoonstelling** flower show. ~**tooi** floral decoration, display of flowers. ~**tyd** →BLOMTYD. ~**verkoper** *(fem.: ~verkoopster)* flower seller. ~**weelde** wealth of flowers. ~**winkel** →BLOMWINKEL.

blom·me·tjie *=tjies* little flower; floret; *(bot.)* floscule.

blom·pie *=pies* →BLOMMETJIE.

blond *blonde blonder blondste, (fem.)* blonde; *(masc.)* blond; light, fair(-haired), white-haired; *~e kop* fair head; *~e skakerings, (also)* string shades. **blon·de·kop** *(fem.)* blonde; *(masc.)* blond. **blond·ha·rig** *=rige* fair(-haired). **blond·heid** fairness, blond(e)ness; blond(e) colour. **blon·di·ne** *=nes* blonde, fair-haired girl.

bloos *ge=* blush, colour, flush; change colour, go red; →BLOSEND; *iem. laat ~* make s.o. blush; *tot agter jou ore (toe) ~* turn scarlet, go purple (in the face), blush all over one's face (*or* to the roots of one's hair); *~ van skaamte* blush with shame, become red-faced.

bloot *blote, adj.* bare, naked, nude, uncovered; very, mere *(thought)*; *die blote **feit*** the mere fact; *blote **feite**, (jur.)* bare facts; *blote **fiksie** wees* be pure/mere fiction, be a fiction; *op die blote **grond*** on the bare ground; *onder die blote **hemel*** in the open (air), under the open sky; *iets op die blote **lyf** dra* wear s.t. next to the skin; *'n blote **meerderheid*** a simple majority; *met die blote **oog*** with the naked eye; *blote **propaganda** wees* be mere propaganda; *blote **teen-/teëspoed*** plain bad luck; *dit was blote **toeval*** it was purely coincidental, it was by pure/mere chance; *blote **verbod**, (jur.)* nude prohibition. **bloot** *adv.* merely, purely (and simply); *~ 'n fiksie wees* be pure/mere fiction, be a fiction; *~ uit nuuskierigheid* purely out of curiosity; *ek het dit ~ vir jou gedoen* I did it for your sake only; *oop en ~* →OOP. **bloot** *ge=, vb.* dewool *(sheep)*. ~**lê** *blootge=* (lay) bare, expose, uncover; *(fig.)* disclose, reveal, uncover; *jou planne ~* reveal one's plans; *jou siel ~* bare one's soul. ~**legging** baring, exposure, uncovering; disclosure, revealing; *(jur.)* discovery *(of documents)*; →BLOOTLÊ. ~**leggingsbevel** *(jur.)* discovery order, order of discovery. ~**staan** *blootge=: aan ... ~* lie open to ... ~**stel** *blootge=* expose, subject; *jou ~* compromise o.s.; *jou aan ... ~* expose o.s. to ... *(danger etc.)*; lay o.s. open to ...; render o.s. liable to ...; *iem./iets aan ... ~* subject s.o./s.t. to ... *(criticism etc.)*; *aan ... blootgestel wees* be exposed to ... *(danger etc.)*; be subject to ... *(storms etc.)*. ~**stelling** exposure; *~ aan ...* exposure to ... ~**weg** merely, only, without more ado. ~**wol** slipe wool.

bloots *adv.* bareback(ed), unsaddled; *brandewyn/ens. ~ drink* drink brandy/etc. neat; *iem. ~ ry, (fig., infml.)* go for s.o., give s.o. a dressing-down; *'n perd ~ ry* ride a horse bareback(ed).

blos *blosse* blush *(of shame)*; glow, flush *(of cheeks)*; bloom *(of health)*.

blo·send *=sende* blushing, rosy, flushed; →BLOESEND.

blos·ser *(a cosmetic)* blusher.

blou *bloue, n.* (shade of) blue. **blou** ~ *blouer blouste, adj.* blue; cyanotic; *~ **anilien*** aniline blue; *~ **asbes*** →BLOUASBES; *~ **baba*** blue baby; *~ **bloed*** blue blood; *die ~ **dam*** the sea; *geen ~e **duit** werd nie* not worth a fig (*or* a brass farthing); *iem. het geen ~e **duit** nie* s.o. hasn't got a bean; *~ van die **koue*** blue with cold; *~ **maan/son*** blue moon/sun; *~ **Maandag**, (SA: day on which everything is going wrong)* blue Monday; *(so) elke ~ **Maandag*** once in a blue moon; *die B~ **Nyl*** the Blue Nile; *~ **pas*** walking ticket/papers/orders; *iem. die ~ **pas** gee* send s.o. packing; *~ **plekke**, (also)* bruises; *'n ~ **skeen** kry* be refused *(by a girl)*; *die B~ **Trein*** the Blue Train; *~ **walvis*** →BLOUWALVIS; *~ **wimpel*** blue ribbon *(of the Atlantic)*; *~ **winde*** →BLOUWINDE; *tot jy ~ **word**, (infml.)* till you are blue in the face. ~**aap,** ~**apie** vervet (monkey), blue monkey. ~**apiestuipe:** *iem. die ~ gee* give s.o. the creeps. ~**asbes** crocidolite, blue asbestos. ~**baadjie** *(dial.)* speed cop; *(obs.)* convict. **B~baard** *(fairy-tale character)* Bluebeard. ~**baard** *(wife-murderer)* Bluebeard. ~**beer** blue/glacier bear. ~**bek** *n.* tribulosis *(in sheep)*. ~**bek** *ge=, vb.* kick one's heels; wait in the cold. ~**bekkie** *(bot.) Heliophila* spp.. ~**besie** blue beetle. ~**bessie** blueberry. ~**bessie(bos)** *(Diospyros* spp.*)* blueberry (bush). ~**biskop** *(icht.)* musselcracker. ~**blasie** blue bottle, (Portuguese) man-of-war. ~**blindheid** acyanopsia, blue blindness. ~**blommetjie** felicia, blue marguerite; purple sage; *~s vertel* talk twaddle. ~**-blou:** *iets ~ laat* let the matter rest, leave things as they are. ~**boek** blue book. ~**bok** blue buck/antelope. ~**bokkie** blue duiker; *Damaralandse ~* Damaraland dikdik. ~**boontjie** *(infml.: bullet)* ounce of lead, slug, blue pill. ~**bos** *(Diospyros* spp.*)* bluebush. ~**bosbessie** *(Vaccinium* spp.*)* bilberry. ~**bosluis** blue tick. ~**bottel** (bottle of) castor oil. ~**bottervis** Cape lady; blue butterfish. ~**buffelsgras** blue buffalo grass. ~**bul** *(an Ind. antelope)* nilgai. ~**disa** blue disa. ~**dissel,** ~**distel** Mexican poppy; Bathurst burweed. ~**draad** galvanised wire. ~**druk** blueprint. ~**duiwel:** *die ~s hê* have delirium tremens. ~**gom(boom)** →BLOEKOM(BOOM). ~**gomolie** →BLOEKOMOLIE. ~**gras** blue grass; →BLOU(SAAD)GRAS. ~**groen** blue-green, bluish green; *~ beril, (min.)* aquamarine; *sagte ~* pale bluish green, duck-egg blue. ~**grond** blue ground, kimberlite; *harde ~* hard blue. ~**haai** blue shark. ~**haak** *(bot.)* blue-thorn mimosa. ~**hout** campeachy wood, logwood. ~**houtjies** logwood chips. ~**kaas** blue cheese. ~**kappie** *(bot.), Polygala virgata.* ~**keur** *(bot.), Psoralea* spp.. ~**klip** dolerite; hornstone. ~**klokkie** *(Gladiolus* spp.*)* bluebell. ~**kop(koggelmander)** blue-headed lizard. ~**(kop)korhaan** *(orn.)* blue bustard. ~**kopsiekte** →BLOUTONG. ~**kous** *(derog.: scholarly/intellectual woman)* bluestocking. ~**kraan(voël)** blue/Stanley crane. ~**ma(r)griet** *(bot.)* blue marguerite. ~**modder** *(geol.)* blue mud. ~**muishond** (Cape) grey mongoose. ~**oog** blue-eyed person; *iem. ~ slaan* give s.o. a black eye, black s.o.'s eye. ~**oogkind** blue-eyed child. ~**reën** *(bot.)* wistaria. ~**reier** common grey heron. ~**riet** *Brachycarpaea varians.* **B~rokke** *(relig.)* Latter Rain sect. ~**(saad)gras** *(Eragrostis curvula)* weeping love grass. ~**seep** blue (mottled) soap. ~**siekte** *(pathol.)* blue disease, cyanosis. ~**skilder** *adj.* blue-speckled. ~**skimmel** *(citrus disease)* blue mould; blue roan, grey, trout-coloured horse. ~**spaat** *(min.)* blue spar, lazulite. ~**steen** bluestone, blue vitriol, copper sulphate. ~**sug** = BLOUSIEKTE. ~**suur** *(chem.)* prussic/hydrocyanic acid. ~**suurvergiftiging, geilsiekte** *(vet. sc.)* prussic acid poisoning, *(infml., <Afr.)* geilsiekte. ~**sysie** *(orn.)* blue waxbill. ~**tee(bossie)** *Vernonia* spp. ~**tong** *(vet. sc.)* blue tongue. **B~trein** *(SA luxury passenger train)* Blue Train. ~**trein** *(SA sl.: methylated spirits)* blue train. ~**-uier** *(vet. sc.)* blue bag, black udder, contagious mastitis *(in sheep)*. ~**valk** *(Micronisus gabar)* Gabar goshawk; *(Elanus caeruleus)* black-shouldered kite. ~**vinhaai** blue pointer (shark), blue porpoise shark, mako shark. ~**vintuna** bluefin (tuna), tunny. ~**vin(wal)vis** blue whale. ~**viooltjie** *(bot.), Lachenalia glaucina.* ~**visvanger** *(orn.)* half-collared kingfisher. ~**vitriol** →BLOUSTEEN. ~**vlieg** blowfly. ~**walvis** blue whale, sulphur-bottom (whale). ~**waterlelie** blue water lily. ~**wildebees** brindled gnu, blue wildebees(t). ~**winde** *(bot.)* morning glory. ~**wit** blue-white; *~ diamant* blue-white (diamond).

blou·ag·tig *=tige* →BLOUERIG.

blou·e *=es* blue one; *die/'n ~* the/a blue one; *die ~s* the blue ones; →BANKBLOUE.

blou·e·rig *=rige* bluey, bluish.

blou·e·tjie *=tjies* little blue one.

blou·heid blueness; *(pathol.)* cyanosis.

blou·ig *=ige* →BLOUERIG.

blou·sel (washing) blue, blu(e)ing; *in die ~ steek* blue. ~**blommetjie** pimpernel. ~**blou** brilliantly blue. ~**sakkie** blue bag. ~**vlek** blue stain.

blou·son *(Fr.)* blouson.

blou·te blueness, blue; *uit die ~* out of the blue.

blou·tjie *=tjies* carbon copy; *iem. 'n ~ laat loop* refuse s.o.; *'n ~ loop* be rejected (*or* turned down); meet with (*or* suffer) a repulse.

blues *(mus.): (die) ~* the blues. ~**sanger** blues singer.

bluf *n.* bluff. **bluf** *ge=, vb.* bluff. ~**spel** bluff; bluffing tactics; *dubbele ~* double bluff.

bluf·fer *=fers* bluffer. **bluf·fe·ry** bluffing.

blus *n.: iem. se ~ is uit, (infml.)* s.o. has no kick left (in him/her), s.o. is played out; *iem. se ~ is nog (lank) nie uit nie, (infml.)* s.o. still has a lot of kick in him/her, there's life in the old dog yet. **blus** *ge=, vb.* put out, extinguish, douse *(a fire)*; slake *(lime)*. ~**emmer** fire bucket. ~**haak** fire hook. ~**kalk** slaked lime. ~**toerusting** fire equipment.

blus·baar *=bare* extinguishable. **blus·ser** *=sers* extinguisher. **blus·sing** putting out, extinguishing *(of a fire)*; slaking *(of lime)*.

bly[1] *blye blyer blyste, adj.* glad, happy, pleased, delighted; joyful, joyous; gay, merry, cheerful; *ek sal baie ~ wees as ...* I shall be very much obliged if ...; *die ~e **boodskap*** glad tidings, the Gospel; *'n ~e **dag*** a happy day; *iem. kan ~ wees **dat** ...* s.o. can be thankful that ...; *~ te **kenne** (of om te **ontmoet**), ek is ~ om jou te **ontmoet*** nice to meet you; *iem. ~ **maak*** make s.o. happy; *~ wees **om** te hoor/verneem dat ...* be rejoiced to hear that ...; be relieved to hear that ...; ***oor** iets ~ wees* be glad about s.t.; be pleased about s.t.; *~ wees **vir** iem.* be glad/happy for s.o., be glad for s.o.'s sake. ~**geestig** *=e* cheerful, gay, merry. ~**geestigheid** cheerfulness, gaiety. ~**moedig** cheerful, merry, gay, joyful, jovial. ~**moedigheid** cheerfulness, gladness, joyfulness. ~**spel** *=e* comedy. ~**spelaktrise,** ~**spelspeelster** comedienne. ~**spelskrywer** comedy writer, writer of comedies.

bly[2] *ge=* remain, stay; live, dwell; keep (on), continue; →AANBLY; AFBLY; BYBLY; BLYWEND; *~ **aan**, (teleph.)* hold the line; ***binne** ~* stay in; *(food etc.)* stay down; ***buite** ~* stay out; ***by** iem. ~* stay with s.o.; adhere to s.o. *(a leader)*; ***by** iets ~* stand by s.t. *(a policy etc.)*; abide by (*or* adhere to *or* hold by/to *or* keep to *or [infml.]* stick to) s.t. *(principles etc.)*; ***bymekaar** ~* stay (*or [infml.]* stick) together; *~ **daar!**, ~ **waar** jy is!* keep your distance!; *iem. ~ **daarby** dat ...* s.o. maintains that ...; *dit sal nie **daarby** ~ nie* it will not stop there; *en **daarby** het dit ge~* and that was the end of it, and there the matter rested; ***daarsonder** ~* go without; *dit ~ 'n **feit** dat ...* the fact remains that ...; ***gesond** ~* keep in good health; ***goed** ~, (perishables)* keep; *(aan die) **hardloop** ~* keep (on) running; *dit is en ~ **hier*** it has come (*or* is here) to stay; *~ **hoop/ens.*** keep hoping/etc.; live in hopes/etc.; *iets **laat** ~* keep s.t. over; let s.t. alone; *iets **laat** ~ soos dit is* leave s.t. (just) as it is, let s.t. remain as it is; *as dit iem. nie aanstaan nie, kan hy/sy dit **laat** ~,* if s.o. doesn't like it, he/she can lump/stuff it *(infml.)*; ***laat** maar ~!, **laat** ~ maar!* never mind!; let's drop the whole idea; ***laat** ... maar ~!* never mind about ...!; ***langer** ~* stay on; *te **lank** ~* outstay one's welcome; *~ **lewe*** live (on); ***mooi** ~!, (said to s.o. who is staying behind)* take care of yourself!; ***na aan** ... ~* stay/stick close to ...; ***onbeantwoord** ~* go unanswered; ***onder** ~* stay down; *dit ~ **onder** ons* don't let it go any further; *dit **sal** ~* it has come (*or* is here) to stay; ***seuns** ~ maar seuns* boys will be boys; *~ **sit*** stay/remain seated (*or* sitting down); *in die **slag** ~* →SLAG[1] *n.*; *dit kan nie **so** ~ nie* things can't go on like this; ***sonder** iets ~* do/go without s.t.; ***sonder** kos ~* go hungry; ~

staan →STAAN; ~ ***stil!*** (be) quiet!, *(infml.)* shut up!; ~ ***van*** *my lyf af!* don't touch me!; hands off!; ***vir*** *aandete/middagete* ~ stay for/to dinner/lunch; ***voor*** ... *bly* stay ahead of ...; *net* ***voor*** ... ~ keep one step ahead of ...; ***waar*** ~ *hy/sy (so lank)?* what is keeping him/her (so long)?; ~ ***waar*** *jy is* stay put; ***waar*** ~ *die koffie/ens.?* what has happened to the coffee/etc.?; ~ ***werk*** go/keep on working. **~beurt(e)** timeshare. **~beurtontwikkeling** timeshare development. **~plek** accommodation; abode, dwelling (place), *(infml.)* pad.

blyd·skap joy, gladness, happiness; ***dol*** *van* ~ *wees* be delirious with joy; ***huppel/(op)spring*** *van* ~ jump/leap for joy; ***oorloop*** *van* ~ be filled with joy; ***uitgelate*** *van* ~ *wees* be flushed with joy; ***verruk*** *van* ~ *wees* be transported with joy.

bly·heid gladness, joy(ousness), happiness.

blyk *blyke, n.* mark, token, sign; evidence, proof; *as* ~ *van* ... as a sign of ...; *~(e) van iets gee* give evidence of s.t.; show (*or* [*fml.*] exhibit) signs of s.t. *(fear etc.)*. **blyk** *ge~, vb.* appear, prove, turn out, emerge, be shown/proved/found; transpire, become clear; *dit* ~ ***dat*** ... it appears that ...; it turns out that ...; *dit* ~ ***dat*** *iets vals/ens. is* s.t. turns out to be false/etc.; ***dit*** *het ge~ dat* ... it has been found that ...; ***dit*** *het 'n mislukking ge~* it proved (to be) a failure; *nademaal* ***dit*** ~ *dat* ..., *(jur.)* be it remembered that ...; ***laat*** ~ *dat* ... let on that ... *(infml.)*; *jy moet niks daarvan* ***laat*** ~ *nie* keep it to yourself; keep a straight face; *dit* ***moet*** *nog* ~ it remains to be seen; *dit sal nog* ***moet*** ~, *(also)* that is as may be; *by nader* ***ondersoek*** *het ge~ dat* ... on closer inspection it turned out (*or* was revealed) that ...; ***uit*** *die dokumente/ens.* ~ *dat* ... from the documents/etc. it appears (*or* is apparent) that ... **blyk·baar** *-bare, adj.* apparent; evident. **blyk·baar** *adv.* apparently; evidently; *iem. het* ~ *gevlug* s.o. appears/seems to have fled; *iem. is* ~ *daar oorlede* s.o. seems to have died there. **bly·kens** as appears from ...

bly·wend *-wende meer -wend die mees -wende* lasting *(peace)*; enduring, permanent; everlasting *(fame, glory, etc.)*; standing *(offer)*; fast *(colour)*; long-lasting *(friendship)*; →BLY[2]; ~ *tot iem. se eer* to s.o.'s everlasting credit.

bo *prep.* above *(par, water, freezing point; the tumult)*; over *(five etc.)*; ~ ***alles*** above all, more than anything; ~ *en* ***behalwe*** over and above, in addition to; besides, aside from, beyond; ~ *en* ***behalwe*** *dit* on top of that; ~ *die* ***gemiddeld(e)*** better than average; ~ *jou* ***inkomste*** *leef/lewe* live beyond one's means; ***reg*** ~ ... right above ...; ~ *die* ***seevlak/seespieël*** above sea level; *mense/persone* ~ ***sestig*** over-sixties; ~ *iem.* ***staan*** →BOKANT *prep.*; *~/buite* ***verdenking*** above suspicion; ***verhewe*** ~ ***kritiek*** beyond criticism; ~ ***water*** above water; ~ *die* ***wind*** to windward; ~ *die* ***wind*** *uit hoorbaar* audible above the wind. **bo** *adv.* upstairs; at the top; up; on high; ~ ***bly*** stay on top; ***daar*** ~ →DAAR *adv.*; ~ ***deur*** through (at) the top; ~ ***dryf*** float on the surface; ***heel*** ~ →HEEL *adv.*; ***hier*** ~ up here; ~ ***in*** in/at the top; ~ ***in*** *die lug* overhead; ***dié kant*** ~ this side up; *iets* ~ ***kry*** get s.t. up; ~ ***langs*** along the top; *die* ***Maties/ens.*** *~!* up (with) the Maties/etc.!; ***na*** ~ up(ward[s]); higher up; on high; upwardly; ***na*** ~ *gaan* go upstairs; ***na*** ~ *kom* come to the top; rise to the top; ~ ***om*** (a)round the top; *van* ~ *tot* ***onder*** from top to toe/bottom; from head to foot; *van* ***onder*** *na* ~ from the bottom upward(s); ~ ***op*** *die berg* right up on the mountain; ***soos*** ~ as above; ***te bowe*** *gaan* →TE[4] *prep.*; ~ ***uit*** out at the top; *'n mens kon sy stem* ~ ***uit*** *hoor* his voice could be heard above everything; ~ ***uitkom*** come to (*or* reach) the top; rise to the top, win through/out, *(infml.)* make/hit the big time; ***van*** ~ *(af)* from above; from the top; from upstairs; from on high; ***van*** ~ *(gesien)* on the surface; *opdrag* ***van*** ~ *af* superordinate command/instruction; *gevaar* (of *pas op*)*:* ***werkers*** ~ danger: workmen overhead. **~aan** on top; at the head *(of the table)*; at the top *(of the page)*; ~ *die lys* at the head/top of the list; ~ *staan* be at the top, lead; come first, hold/occupy the first place, head the list; ~ *die program staan* top the bill. **~aansig** top view. **~aards** otherworldly, supernatural, celestial, supermundane, superterrestrial. **~arm** upper arm. **~armbeen** humerus. **~armslag** overarm stroke. **~armslagaar** brachial artery. **~armspier** biceps. **~baadjie** jacket, coat. **~baas** *n.* champion, master; ace, past master, first-rater, top-notcher, cock of the walk; ~ *wees* be second to none, surpass everybody, excel, predominate, be top dog, boss the show, rule the roost. **~baas-** *comb.* top-class, *(infml.)* ace. **~baaskok** top-class chef. **~baastennisspeler:** *'n* ~ *wees* be an ace at tennis. **~been** thigh. **~belasting** surcharge. **~bemes** top-dress. **~bemesting** top dressing. **~beuk** clerestory, *(Am.)* clearstory *(of a large church)*. **~bou** superstructure; upper works; *(naut.)* top hamper. **~brug** overbridge, overhead bridge, overpass. **~buik** epigastrium, pit of the stomach. **~deel** upper/top part; floatage *(of a ship)*. **~dek** upper deck. **~deks** *-e* on deck. **~deur** upper door, (upper) half-door. **~dorp** upper town; upper village. **~draai** *(tennis etc.)* topspin. **~draaier** *(cr.)* topspinner. **~drumpel** head jamb. **~dryfproses** flotation process. **B~-Egipte** *(geog.)* Upper Egypt. **~-en-onder-deur** Dutch door *(Am.)*, stable door. **~-ent** top (end), upper end; head *(of a table)*. **~gedeelte** upper part. **~geleiding** overhead line; surface wiring. **~genoemd, ~gemeld** *-e* above(mentioned/named/said). **~gis** top-fermenting yeast. **~gisting** top fermentation. **~grens** upper limit. **~grond** topsoil, surface soil. **~gronds** *-e* aboveground; overhead *(wire)*; surface, elevated *(railway)*; *(biol.)* epigeal, epigean, epigeous; *~e mynbou* surface mining; *~e kabel* overhead cable; *~e water* surface water; *~e werker* surface worker. **~gruis** surface gravel. **~hand:** *die* ~ *kry* gain the upper hand. **~kaak** upper jaw; *(anat.)* maxilla. **~kaak(been)** upper jawbone; *(anat.)* maxilla. **~kaaksenu(wee)** maxillary nerve. **B~-Kaap:** *die* ~ the Malay Quarter *(of Cape Town)*. **~kamer** upstairs/upper room. **~kant** *n.* top, upper/top side; *(her.)* top (edge); obverse, overside; *aan die* ~ on (the) top. **~kant** *prep.* above, over *(the door, one's head)*; ~ (of *bo*) *iem. staan* be s.o.'s superior; be superior to s.o.; *iets is* ~ (of *bo*) *iem. se vuurmaakplek* →VUURMAAKPLEK. **~kant** *adv.* on top, above. **~kants(t)e** upper. **~kas** *(print.)* upper case, capitals. **~kasletter** upper-case letter. **~kerf** *(obs.)* upper/top notch *(in a yokeskey)*; top gear; ~ *trek* strain under the load, struggle uphill, have a hard time. **~kiestand** upper grinder. **~kleed** outer garment. **~klere, ~kleding** outer clothes/clothing/garments, outerwear. **~kom** *boge-* come up; emerge, (come to the) surface; rise to the top, get on top; *weer* ~ resurface. **~kors** upper crust. **~koste** overheads, overhead charges/costs/expenses. **~laag** top/surface/upper layer; top/finishing coat *(of paint etc.)*; *(fig.)* upper class (*or* [*infml.*] crust), élite; *(geol.)* superstratum, overburden; topping; upper/top course *(of a wall)*; topsoil; top dressing; *die* ~ *van die samelewing* the upper crust (*or* élite); *'n* ~ *tuingrond* top dressing. **~laaggis** barm. **~laaier, ~laai(was)masjien** top loader. **~laken** top sheet. **~langs** *-e, adj.* superficial. **~langs** *adv.* superficially; *iets* ~ *skoonmaak* give s.t. a catlick *(infml.)*. **~lêend** →BOLIGGEND. **~leer** uppers, upper leather; upper, top *(of a shoe)*; vamp *(of a shoe)*. **~lendeskyf** porterhouse (steak). **~lig** top light; fanlight, skylight. **~liggend** *-e* top; overhead; overlying; superincumbent. **~lip** *(zool.)* upper lip; labrum. **~loop** upper course/reaches *(of a river)*. **~loopkraan** overhead travelling crane. **~lug** upper air. **~lyf** upper part of the body, torso; *'n kort* ~ *hê* be short-waisted; *met naakte/kaal* ~ topless *(infml.)*. **~lyfie** *-s* bodice, top. **~maat** oversize, outsize. **~mate, ~matig** beyond measure, excessively; unduly. **~menslik** superhuman. **~natuurlik** supernatural, supranatural, preternatural, superphysical; unearthly, otherworldly. **~natuurlikheid** supernaturalness. **~nekstuk** scrag end. **~normaal** supernormal; oversize(d); *bonormale grootte* oversize. **~-oor** right/clean over, over the top; overhand, overarm; ~ *druk* overprint; ~ *gaan, (lit.)* go over the top. **~-op** at the top, on (the) top; on the surface; ~ *iem./iets* on top of s.o./s.t.; →BOONOP. **~(-op)liggend** superjacent. **~pad** upper road; overpass. **~pakkie** *(bridge)* overtrick. **B~-Palts, Opper-Palts:** *die* ~, *(geog., hist.)* the Upper Palatinate. **~perk** *(fin.)* cap. **~punt** top/upper end. **~register** upper register. **~riem** upper strap; upper part of a/the harness. **~rok** overskirt; dress, frock. **~saer** *(hist.)* top-sawyer, topman. **~sak** upper/breast pocket. **~sin(ne)lik** supersensual, transcendental, superphysical. **~skenkel** upper shank. **~skrif** *(print.)* superscript; surtitle *(of an opera)*; *'n opera van ~te voorsien* surtitle an opera. **~slag** topping; overshot. **~slagwaterwiel** overshot wheel. **~sluis** upper sluice. **~solder** cockloft. **~staande** above-mentioned; *die* ~ the above. **~stad** upper town. **~standig** *-e, (bot.)* superior. **~steek** top stitch *(n.)*; *met bosteke afwerk* topstitch *(vb.)*. **~steelletter** ascender. **~stel** upper part; upper set; upper denture. **~stiksel** topstitching. **~stikwerk** topstitching *(n.)*; *met* ~ *afrond* topstitch *(vb.)*. **~stuk** upper part/piece, top part. **~sy** top side; upper/dorsal side *(of an animal)*. **~tallig** *-e* supernumerary. **~tand** upper tooth. **~tol** *(tennis etc.)* topspin. **~toon** overtone; dominant; *die* ~ *voer* dominate; set the pace, play first fiddle. **~tuig** *(naut.)* top hamper. **~venster** upper window. **~verdieping** upper storey, top floor. **~verligting** overhead lighting. **~vermeld** →BOGENOEMD. **~verspanning** overhead bracing. **~vlak** top side, upper surface. **~vloer** upper floor. **B~-Volta** *(geog., hist.)* Upper Volta →BURKINA FASO. **~voorbyter** overshot jaw. **~voorskedel** sinciput. **~voortand** upper front tooth. **~water** millhead; supernatant liquor. **~watervaartuig** surface vessel. **~werk** superstructure *(of a ship)*. **~wigtig** *-e* top-heavy. **~wind** upper(-level) wind, wind aloft. **B~windse Eilande** Windward Islands.

bo·a *-as, (a long fluffy scarf)* boa. **~konstriktor** *-s* boa constrictor.

bob·be·jaan *-jane* baboon; *(incorr.)* monkey; *(infml.)* ass, ninny, clod, twit, prat, birdbrain; *die* ~ *agter die* ***bult*** *gaan haal, (fig.)* meet trouble halfway; *moenie die* ~ *agter die* ***bult*** *gaan haal nie, (fig.)* don't cross your bridges before you come/get to them; ~ *en* ***jakkals*** *trou, die bobbejane en die* ***jakkalse*** *trou, (infml.)* the fairies are baking; ***jou*** *~!, (infml.)* you ass!; ***Kaapse*** ~, *(zool.)* chacma (baboon); *die* ~ *het daar 'n* ***kierie*** *nodig, (infml.)* the road is impassable there; *elke* ~ *op sy (eie)* ***krans***, *(fig.)* each one to his proper sphere; birds of a feather flock together; *jy's 'n* ***mooi*** *~!, (infml.)* you're a fine one!; *jy is/lyk 'n* ***mooi*** *~!, (infml.)* you look like it!; *iem. is 'n* ***uitgebyte*** ~, *(infml.)* s.o. has been sent to Coventry; *dit kan jy vir die bobbejane gaan* ***vertel/wysmaak***, *(infml.)* tell it to the marines. **~appel** asparagus gall. **~balle** root nodules of *Rhoicissus digitata*. **~(bek), ~(sleutel)** Stillson (wrench) *(trademark)*. **~bos** monkey protea. **~boud** *(hist.)* (muzzle-loading) musket. **~gif** *(Adenia digitata)* kamam. **~kambro** *Pachypodium succulentum*. **~kers** *(Widdringtonia cupressoides)* mountain cypress. **~klou** monkey wrench; *Leucospermum cordifolium*. **~kos** *(Hydnora africana)* kannip; *Augea capensis*. **~leer** peg ladder. **~mannetjie** male baboon. **~oor** *(Eriospermum capense)* elephant's-ear. **~skoen** *Whiteheadia bifolia*. **~sleutel** →BOBBEJAAN(BEK). **~snuif** *(bot.)* puffball, fuzzball, frog cheese. **~spinnekop** baboon spider. **~stert** baboon's tail; *Vellozia* spp.. **~stuipe** *(infml.)* freak-out; *iem. die* ~ *gee, (infml.)* freak s.o. out; *die (blou)* ~ *kry, (infml.)* have/throw a fit, freak (out); fly into a fury; →AAPSTUIPE. **~uintjie** *Babiana* spp.. **~velskoen** →BOBBEJAANSKOEN. **~wyfie** female baboon.

bob·be·jaan·ag·tig *-tige* baboon-like. **bob·be·jaan·tjie** *-tjies* little baboon; baby; *(bot.)* babiana; ~ *vang* act as midwife; *die ~s hardloop* the heat waves are dancing.

bob·bel *-bels, n.* bubble, blister; bulge; blob; cockle. **bob·bel** *ge-, vb.* bubble, blister; bulge. **bob·bel·ag·tig** *-tige* knobbly.

bo·bo·tie *(SA, cook.)* bobotie.

bob·slee bobsled, -sleigh.

bod, bot *botte* bid, offer; ***aan*** ~ *kom* come under consideration; *'n* ~ ***doen/maak*** make a bid; *'n hoër/nuwe* ~ ***doen/maak*** rebid; *iem. 'n* ~ ***gee*** make s.o. an offer *(at an auction)*; *'n* ~ ***van*** *R500 op iets* a bid of R500 for s.t.; *daar is 'n* ~ ***van*** *R500* I'm bid R500.

bo·de *-des* messenger; page; servant; beadle; *per* ~ by messenger; by hand *(on a letter)*. **~loon** messenger's fees. **~veiling** messenger's sale, messenger of the court's sale.

bo·dem *-dems* bottom; ground, soil; territory, soil;

base; tail *(of a bullet)*; substratum; invert *(of a pipe, channel)*; *(naut.)* bottom, ship, vessel; bottom *(of the heart)*; →BOOM² *n.*; *iets tot die ~ (toe)* ***drink*** drain s.t. to the dregs; *van* ***eie*** *~* home-grown; *... die ~* ***inslaan,*** *(lit.)* knock the bottom out of ...; *(fig.)* knock ... on the head *(a scheme etc.)*; frustrate ... *(plans)*; dash ... *(expectations)*; *op die ~ van die* ***see*** on the bottom of the sea; ***tot*** *op die ~* ***kom*** get down to fundamentals; *op* ***vaderlandse*** *~* on one's native soil; *op* ***vaste*** *~* on a firm/safe foundation; on terra firma; ***vaste*** *~ onder die voete kry* touch ground. **~beslag** sheathing. **~biologie** soil biology. **~druk** *(meteorol.)* surface pressure. **~gesteldheid** condition/nature of the soil, soil conditions; *(meteorol.)* state of the ground. **~hoogte** ground level. **~kunde** soil science, pedology. **~kundige** *=s* soil expert, pedologist. **~laag** basal bed. **~opbrengs** crop, yield. **~opname** soil survey. **~profiel** soil profile. **~rykdom** riches of the soil; mineral wealth. **~ryp** ground frost. **~standig** *=e, (bot.)* basal. **~vas** rooted in the soil; *~te bevolking* settled population. **~vis** demersal fish. **~vlak** bottom; ground surface. **~vloeiing** *(geol.)* soil creep, solifluction, solifluxion. **~vog** soil moisture. **~water** soil water. **~wind** ground/surface wind.

bo·dem·e·ry bottomry.

bo·dem·loos *=lose* bottomless, fathomless.

Bo·den·meer: *die ~* Lake Constance.

boe *interj.* boo; *iem. kan nie ~ of ba sê nie* s.o. can't say boo to a goose; s.o. has nothing to say for himself/herself; *iem. het nie ~ of ba gesê nie* s.o. did not say a word. **boe** *ge=, vb.* boo, hoot.

Boe·da·pest *(geog.)* Budapest.

Boed·dha Buddha. **Boed·dhis** *=dhiste* Buddhist. **Boed·dhis·me** Buddhism. **Boed·dhis·ties** *=tiese* Buddhist(ic).

boe·del *=dels* estate; property; *'n ~ beredder* administer an estate; *bestorwe ~* →BESTORWE; *~ oorgee* surrender one's estate, become bankrupt; *(infml.)* puke, spew, feed the fishes; *(infml.)* die. **~afstand** assignment *(of an estate)*; *akte van ~* deed of assignment; *~ doen* assign an estate; *skuldenaar by ~* assignor. **~beheerder** trustee. **~belasting** estate duty. **~beredderaar** administrator of an estate. **~beskrywing** inventory (of an estate). **~kamer** board of executors; →WEESKAMER. **~lys** inventory *(of an estate)*. **~oorgawe** surrender(ing) of estate. **~redder** →BOEDELBEREDDERAAR. **~skeiding, ~verdeling** division/partition of an estate, separation of goods. **~vorderinge** debts due to an estate.

boef *boewe* hooligan, thug, scoundrel, villain, rascal; criminal; *gewapende ~* gunman. **boef·ag·tig** *=tige* villainous; criminal. **boe·fie** *=fies* little villain, (street) urchin, ragamuffin. →BOEWE=.

Boeg *(river)* Bug.

boeg *boeë* prow, bow(s) *(of a ship)*; shoulder joint, shoulders, chest *(of a horse)*; *(anat.)* acromion; *oor 'n/een ~* at a stretch, without a break, without stopping; *dit oor 'n ander ~ gooi* change one's (*or* try another) tack, try a different approach; shift one's ground. **~anker** bower (anchor), best bower. **~beeld** figurehead. **~golf** bow wave. **~hout** hawse. **~lyn** bowline, bower cable. **~roeier** bow. **~seer** *ge=* tow *(a ship)*. **~seerlyn** towline. **~seil** *(naut.)* headsail. **~spriet** bowsprit. **~stroming, ~stroom** backwash. **~tou** headrope. **~water** backwater.

Boe·gi·nees *=ese, n., (inhabitant)* Bugi; *(language)* Bugi(nese). **Boe·gi·nees** *=nese, adj.* Buginese.

boeg·lam dead beat/tired, exhausted, worn out; *jou ~ skrik* nearly (*or* just about) jump out of one's skin, (almost/nearly) die of fright, get/have the fright of one's life.

boe·goe buchu. **~asyn** buchu vinegar. **~bossie** *Pteronia* spp.. **~brandewyn** buchu brandy. **~-essens** buchu essence. **~gras** turpentine grass. **~kruid** veld marigold.

boe·haai →BOHAAI.

boei¹ *boeie, n.* buoy.

boei² *boeie, n.* handcuff, manacle; shackle; fetter *(for feet)*; grip; *iem. in ~e slaan* put s.o. in irons; *~e verbreek* break bonds; *in ~e wees* be in fetters. **boei** *ge=, vb.* handcuff, shackle, fetter, put in irons; manacle, pinion, enchain; captivate, fascinate; *die aandag ~* hold one's attention, be gripping; *iem. word deur iets ge~* s.o. is fascinated by s.t.; s.o. is engrossed in s.t.. **boei·e·kon·ning** escapologist. **boei·end** *=ende* absorbing, riveting, fascinating, spellbinding, gripping, enthralling *(story etc.)*; irresistible, compelling *(speaker)*; *~e redenaar, (also)* spellbinder. **boei·er** *=ers, (naut.)* boyer.

boek *boeke, n.* book; quire *(of paper)*; →BOEKIE; BOEKE=; *~ op* ***band*** talking book; *die ~e* ***beknoei/manipuleer*** cook the books *(infml.)*; *die ~e* ***byhou*** keep accounts; *'n ~* ***deur/van*** *...* a book by ...; *iem. se ~e is* ***deurmekaar*** s.o. is in a fix (*or* in a nice pickle); *iem. se ~e* ***deurmekaar*** *maak* drive s.o. into a corner; put s.o. out of countenance; ***dis*** *nou (maar) 'n ~* that's a fact; there's no gainsaying that; *anderman se ~e is* ***duister*** *(om te lees)* motives are difficult to fathom; *die B~* ***Genesis/ens.*** the Book of Genesis/etc.; *vir iem. 'n* ***geslote*** *~ wees* be a closed/sealed book to s.o.; *in iem. se* ***goeie*** *~e wees* be in s.o.'s good books; *iem. soos 'n ~* ***lees*** read s.o. like a book; *'n ~* ***oor*** *...* a book on ...; *soos 'n* ***praat*** *~* speak/talk like a book; *'n ~* ***publiseer/uitgee*** publish a book; *'n ~* ***raadpleeg/naslaan*** consult a book; *in iem. se* ***slegte*** *~e wees* be in s.o.'s bad/black books; *dit* ***spreek*** *soos 'n ~* it goes without saying; *te ~* ***staan*** *as ...* be known as ...; *iets te ~* ***stel*** commit s.t. to paper; place/put s.t. on record; *die ~ is* ***uit*** the book is out; *'n landing so* ***uit*** *die ~ (uit) doen/uitvoer* make a copybook landing; *'n ~ by 'n biblioteek* ***uitneem*** →UITNEEM; *'n ~* ***verbied*** ban a book; *die ~ het* ***verskyn*** the book is out. **boek** *ge=, vb.* enter, book; score; *(fin.)* post; *~ teen* debit. **~aanbidder** bibliolater. **~aankondiging** book announcement/notice. **~band** binding (of a/the book). **~beoordelaar** reviewer, critic. **~beoordeling, ~beskouing, ~bespreking** (book) review, critique. **~bewys** book token. **~binder** bookbinder. **~bindery** bookbinding; (book)bindery, bookbinder's. **~bindwerk** letterpress binding. **~deel** volume; *dit spreek ~dele vir ...* it speaks volumes (*or* it says much) for ... **~druk** letterpress (printing). **~drukkuns** art of printing. **~geleerdheid** book knowledge/learning, knowledge gained from books. **~geskenk** gift book; gift of books. **~handel** *=s* book trade, bookselling (business); bookshop. **~handelaar** bookseller. **~inskrywing** →BOEKING. **~jaar** financial year; *by/met die afsluiting van die ~* at the year end. **~kas, boekekas** bookcase. **~kasset, ~koker** slipcase. **~kennis, boekekennis** book knowledge/learning; knowledge of books. **~klub** book club. **~kuns** book design. **~lessenaartjie** bookrest. **~long** *(zool.)* book lung. **~maker** *(racing)* bookmaker, *(infml.)* bookie. **~merk** bookplate, ex libris; bookmark(er). **~omslag** book cover/jacket. **~oortreksel** book covering. **~pens** →BLAARPENS. **~pos** book post. **~rak** bookshelf, bookcase. **~rol** scroll. **~sak, boek(e)tas** school bag, satchel. **~skuld** book debt; *~e, (also)* ordinary debts. **~staander** bookstand. **~stal(letjie)** bookstall. **~stut** book end. **~tas** →BOEKSAK. **~teken** →BOEKMERK. **~verkoper** bookseller. **~versiering** book decoration/ornamentation. **~versorging** book design. **~vink** *(orn.)* chaffinch. **~voorraad** →BOEKEVOORRAAD. **~vorm:** *in ~* in book form. **~wa** book van. **~waarde** book value; *verlaging van die ~, (bookk.)* write-down. **~week** book week. **~werk** bookwork; volume, work. **~winkel** bookshop. **~wins** paper profit. **~woord** bookish/literary word. **~wurm** bookworm.

boek·ag·tig *=tige* bookish.

boe·ka·nier *=niers* buccaneer, freebooter, filibuster.

Boe·ka·rest *(geog.)* Bucharest.

boe·ke-: **~gek** bibliomaniac. **~kamer** library. **~kas** →BOEKKAS. **~kennis** →BOEKKENNIS. **~keurder** publisher's reader; book selector. **~liefhebber** book lover, bibliophil(e). **~lys** list of books. **~man, ~mens** bookman, bookish person. **~plank** bookshelf. **~rak** →BOEKRAK. **~reeks** series of books. **~sak** →BOEKSAK. **~skou** book fair. **~taal** bookish language. **~tas** →BOEKSAK. **~vat** *n.* family prayers/worship, evening prayers. **~vat** *boekege=, vb.* hold family prayers. **~vattyd** time for family prayers. **~versamelaar** book collector, bibliophil(e). **~versameling** book collection. **~voorraad, boekvoorraad** book stock. **~vriend** book lover, bibliophil(e).

boe·ken·hout South African (*or* Cape) beech.

boe·ke·rig →BOEKAGTIG.

boe·ke·ry, boe·ke·ry *=rye* (private) library; book collection, collection of books.

boe·ket *=kette* bouquet, bunch of flowers; posy, nosegay; bouquet *(of wine)*.

boek·hou *n.* bookkeeping. **boek·hou** *boekge=, vb.* do/keep the books, keep (the) accounts; record, make/keep a record of, note (down), keep an account of. **~boek** account book; bookkeeping manual. **~masjien** accounting machine.

boek·hou·ding bookkeeping; accounting; *dubbele ~* (bookkeeping by) double entry; *enkele ~* (bookkeeping by) single entry. **boek·hou·er** bookkeeper.

boe·kie *=kies* booklet, little book, small volume; →BOEK; *buite jou ~ gaan* exceed one's authority/powers; *by iem. in 'n goeie/slegte ~ staan/wees* be in s.o.'s good (*or* bad/black) books; *baie/heelwat op jou ~ hê* have much to answer for; *iem. se ~ is vol* s.o. has more than he/she can answer for.

boe·king *=kings, =kinge, (accounting)* booking, posting, book entry.

Boe·ko·wi·na: *die ~, (geog.)* the Bukovina/Bucovina.

boek·staaf *ge=* chronicle, (put on) record, commit to paper.

boek·weit →BOKWIET.

boel¹ a lot/load (of), lots/heaps/loads/oodles (of); *die* ***hele*** *~, (infml.)* the (whole) lot; the whole box and dice, the whole shebang, the whole (bang) shoot; lock, stock and barrel; *'n hele ~ minder/meer as ...* a sight less/more than ...; *'n ~* ***leuens*** a pack of lies; *'n ~* ***stories*** a load of rubbish; *die ~ in die* ***war*** *stuur* make a mess of things, mess up the whole business.

boel² *boele* (big) dog. **~hond** →BOERBOEL; BULHOND. **~terriër** →BULTERRIËR.

boel·boel *=boels, (orn.)* bulbul, Persian nightingale.

boe·le·tien →BULLETIN.

boel·jon bouillon, broth.

boem *interj.* boom, bang, whang, zonk.

boe·man *=manne* bog(e)yman.

boe·mel *ge=* loaf about. **~trein** slow train. **~vrou** (shopping) bag lady.

boe·me·laar *=laars* tramp, vagabond, hobo, vagrant, *(Austr.)* swagman, *(infml.)* bum.

boe·me·rang *=rangs, n.* boomerang; *(fig.)* boomerang, backfire. **boe·me·rang** *ge=, vb., (fig.)* boomerang, backfire; *teen iem. ~, (fig.)* boomerang/backfire on s.o..

boen·der *ge=* bundle, hustle, drive, shoo, hurry, chase; *iem. in/uit iets ~* bundle s.o. into (*or* out of) s.t.; *'n kind bed toe ~* pack a child off to bed; *'n kind skool toe ~* bundle a child off to school; *uit 'n toernooi/ens. ge~ word* crash out of a tournament/etc..

boen·doe *(SA)* bundu. **~breker** *(vehicle)* bundu basher. **~hof** kangaroo court. **~makietie** *(infml.)* bundu bash. **~trapper** *(person)* bundu basher.

boep *boepe,* **boe·pens** *=pense,* **boe·pie** *=pies,* **boepmaag** *=mae, n.* potbelly, paunch, corporation, bulging stomach; *(person)* potbelly; *met 'n ~* potbellied, paunchy. **boe·pens** *adj.* potbellied, paunchy; in the family way.

Boer *Boere* Boer, Afrikaner; *(SA derog. sl.)* crunchie. **~gesind** pro-Boer. **~kêrel** young Boer. **~perd, Boereperd** Boer horse. **~seun** young Afrikaner. **~taal** Afrikaans.

boer *boere, n.* farmer; husbandman; *(cards)* knave, jack; *(derog. sl.)* whit(e)y; →BOERE=; *die ~ die kuns afvra* →KUNS; *die ~ met/en sy varke* a school of porpoises. **boer** *ge=, vb.* farm; →AGTERUITBOER; *iem. ~* ***daar,*** *(also)* s.o. frequents/haunts that place; ***gaan*** *~, ('n) ~* ***word*** go into farming; ***in*** *... ~, (infml.)* hang out in ... *(a bar etc.)*; *'n trop* ***leeus*** *~ hier* this is the haunt of a pride of lions; ***met*** *aartappels/ens. ~* grow potatoes/etc.; ***met***

beeste/ens. ~ run a cattle/etc. farm; *hulle* ~ *lekker* ***saam*** they pull well together; *iem. het in die* ***tronk/hospitaal*** *ge~* s.o. has been in and out of jail/gaol (*or* hospital); ***vorentoe*** ~ get ahead, prosper. ~**beskuit, boerebeskuit** rusk(s). ~**blits** home-stilled brandy/spirits. ~**boel** *(SA: a crossbred mastiff)* boerbull. ~**bok** (boer) goat. ~**boon(boom)** *(Schotia* spp.*)* Hottentot's bean (tree), tree fuchsia. ~**boon(tjie)** broad/horse/tick/field bean. ~**brood** farm/home-baked bread, cottage loaf. ~**kêrel** farm lad, young farmer; yokel. ~**kind, boerekind** farm(er's)/country child. ~**klong** farm lad, country cousin. ~**kool** →BOEREKOOL. ~**manna** African millet. ~**meel** boer/coarse meal, seconds. ~**neef** country cousin. ~**pampoen** Boer (*or* flat white) pumpkin. ~**perd** farm horse. ~**plek** haunt; usual feeding place; den *(of thieves)*; favourite spot. ~**pot** jackpot. ~**seep** farm/home-made soap. ~**seun** farmer's son; farm lad. ~**skaap** crossbred sheep. ~**taal, boeretaal** country speech. ~**tabak, boeretabak** Boer tobacco. ~**tee** *(Cyclopia* spp.*)* bush tea. ~**wyn, boerewyn** farm/rough wine.

boer·ag·tig →BOERS.

boer·de *=des* farcical poem.

boer·de·ry *=rye* farming, agriculture, husbandry; farm; *'n plan is 'n* ~ nothing like ideas!. ~**bedryf** agriculture, farming (industry). ~**belange** agricultural interests. ~**kolonie** *(jur.)* farm colony.

Boe·re-: ~**generaal** Boer general. ~**haat** hatred of Afrikaners (*or* the Boers). ~**hater** hater of the Boers. ~**jood** Afrikaans-speaking Jew. ~**kant:** *aan* ~ on the side of the Boers. ~**kommandant** Boer commandant. ~**kommando** Boer commando. ~**nasie** →BOEREVOLK. ~**oorlog** *(1524-5)* Peasants' War; *(1899-1902)* Boer War. ~**perd** →BOERPERD. ~**republiek** Boer republic. ~**volk** *(hist., rightwing pol.)* Boer/Afrikaner people/nation. ~**vriend** pro-Boer.

boe·re-: ~**arbeid** farm work. ~**arbeider** farm hand/ labourer, peasant. ~**bank** agricultural bank. ~**bedrieër** swindler, confidence trickster. ~**bedrog** humbug, swindling; charlatanism, charlatanry. ~**bedryf** farming; *die* ~ *uitoefen* farm, be a farmer. ~**beskuit** →BOERBESKUIT. ~**bevolking** farming population. ~**bruilof** country wedding. ~**dans** barn/country/rustic dance. ~**dansparty** sheepskin *(SA, infml.)*. ~**dogter** farmer's daughter. ~**dorp** country village, cow town, *(Am.)* hick town. ~**dosyn** baker's dozen. ~**gemeenskap** farming community. ~**jasmyn** *(Philadelphus* spp.*)* mock orange. ~**kind** →BOERKIND. ~**kneg** farm hand/labourer. ~**kool** borecole, (garden) kale, marrow cabbage. ~**kos** country fare, (traditional) country cooking. ~**lewe** country/ farm life. ~**lummel** clod(hopper), yokel, country bumpkin. ~**matriek** *(relig., infml.)* confirmation. ~**meisie,** ~**nooi** country/farm girl. ~**mense** country people. ~**musiek** boeremusiek, Afrikaans folk music. ~**orkes** boeremusiek band. ~**party** agrarian/farmers'/country party. ~**pastei** cottage/shepherd's pie. ~**plaas** farm. ~**raat** home/farm/traditional remedy. ~**seun** →BOERSEUN. ~**sport** country sport(s). ~**stand** farming classes, peasantry; farming community. ~**swa(w)el** *(orn.)* European swallow. ~**taal** →BOERTAAL. ~**tabak** →BOERTABAK. ~**tannie** farmer's wife, countrywoman. ~**troos** *(infml.)* coffee. ~**trots** farmer's pride. ~**vereniging** farmers' association. ~**verneuker** →BOEREBEDRIEËR. ~**vrou** farmer's wife; countrywoman. ~**winkel** farm(ers') store/shop. ~**woning** farmhouse, homestead. ~**wors** *(SA)* boerewors. ~**wyn** →BOERWYN.

Boer·gon·di·ë *(geog.)* Burgundy. **Boer·gon·di·ër** *=diërs, n.* Burgundian. **Boer·gon·dies** *=diese, adj.* Burgundian; *~e kruis* saltire; *~e mengsel* Burgundy mixture.

boer·gon·je(·wyn) burgundy *(also B~)*.

boe·rin *=rinne, (dated)* woman farmer; countrywoman.

boer·noes *=noese, (a hooded cloak)* burnous(e), *(Am.)* burnoose.

boers *boerse* boorish, crude, coarse, uncouth, vulgar; rustic, peasant, countrified. **boers·heid** boorishness, crudity, crudeness, coarseness, vulgarity, churlishness; rusticity. **boer·tig** *=tige* comical, farcical, humorous, droll. **boer·tig·heid** humour, drollery.

boe·sel *=sels, (Br. measuring unit)* bushel.

boe·sem *=sems, (fml.)* bosom; breast; *(anat.)* sinus; *die/ jou hand in (jou) eie ~ steek* →HAND. ~**sonde** besetting sin, pet vice. ~**vriend** *(fem. =vriendin)* bosom friend; *(stronger)* soul mate.

Boe·sji·do *(Jap.)* Bushido *(sometimes b~)*.

Boes·man *=mans, (sometimes derog.)* Bushman; →SAN. **b~druiwe** *Rhoicissus* spp.; *Lantana salvifolia.* ~**klip** bored stone. ~**land:** *(die)* ~ Bushmanland. **b~pyle, b~pyltjies** *(bot.: Bidens pilosa)* blackjacks, beggar('s)-ticks, sweethearts. **b~rys** *(entom.)* ants' eggs, Bushman rice. ~**(s)gif** Bushman's poison *(on arrows)*. **b~(s)gif(bos)** *(Acokanthera* sp.*)* Bushman's poison (bush); *(Hyaenanche globosa)* hyena poison. **b~(s)gras** *(bot.)* Bushman grass. **b~(s)kers** *(bot.: Sarcocaulon* spp.*)* candle bush. ~**skildery** →ROTSTEKENING. **b~(s)riet** *Berkheya radula.* **b~(s)tee** *(bot.: Catha edulis)* Bushman's tea. ~**tekening** →ROTSTEKENING.

Boes·man·tjie *=tjies: my (ou) ~* my darling boy.

boes·man·tjie *=tjies, (zool.)* bushbaby, galago.

boes·troen·tjie *=tjies, (arch.)* jacket, tunic, pelisse.

boet[1] *ge=* pay, suffer; *iem. (vir iets) laat ~* make s.o. pay (*or* bring s.o. to account *or* pay s.o. back) (for s.t.); *met jou lewe ~* pay with one's life; *hiervoor/daarvoor sal jy ~!* you'll pay for this/that!; *vir iets ~* pay (the penalty) (*or* suffer) for s.t.; *(relig.)* atone for s.t.; *swaar vir iets* ~ pay dearly for s.t.. ~**gesant,** ~**prediker,** ~**profeet** preacher of penitence/repentance. ~**psalm** *(esp. Ps. 51)* penitential psalm, miserere. ~**vaardig** penitent, repentant; contrite; remorseful. ~**vaardigheid** penitence, repentance; contrition; remorse.

boet[2] *n.* brother, old chap; →BOETIE.

boe·ta *=tas* brother; *pas op, ~!* watch it, mate!; hey, you!.

boe·ta·bes·sie *(Chrysanthemoides monilifera)* bush-tick berry.

boe·ta·de →BOUTADE.

boe·te *=tes* fine, penalty; *(relig.)* penance; *'n ~* ***betaal*** pay a fine; *vir iets ~* ***doen*** do penance for s.t.; *(aan) iem. 'n ~* ***oplê*** fine (*or* impose a fine on) s.o.; *'n ~* ***oploop*** incur a fine; *~ op die* ***plek*** spot fine. ~**beding** *(jur.)* penalty clause. ~**bessie** *(infml.)* meter maid. ~**bos(sie)** *(Xanthium spinosum)* burweed. ~**doening** penance, atonement, expiation. ~**kleed,** ~**hemp** hair shirt, penitential robe, white sheet. ~**klits** →BOETEBOS(SIE). ~**seël** postage due stamp. ~**stelsel** system of fines.

boe·te·ling *=linge* penitent.

boe·tend *=tende* expiatory.

boe·tie *=ties* little brother; pal, crony; *die arm ~ van ... wees* be the poor relation of ...; *baantjies vir ~s* jobs for pals; *politieke ~, (derog.)* placeman. **boe·tie-boe·tie:** ~ *speel/wees met iem.* be/get (quite/very) pally (*or* be/become buddy-buddy *or* cultivate close comradely ties) with s.o..

boe·tiek *=tieks, =tieke* boutique.

boet·seer *(ge)=* model, mould, fashion. ~**klei** modelling/plastic clay. ~**kuns** (art of) modelling. ~**was** modelling wax. ~**werk** modelling.

boet·seer·der *=ders* modeller.

boet·son *(vet. sc.)* bumblefoot.

boe·we-: ~**bakkies** gallows face, villainous mug. ~**bende** pack of rogues/criminals. ~**gesig** →BOEWEBAKKIES. ~**streek** knavery, roguery; villainy. ~**taal** thieves' lingo *(infml.)*. ~**wêreld** underworld, gangland, low life.

boe·we·ry hooliganism, thuggery.

bof[1] piece of luck.

bof[2] *bowwe* den, home *(in catch games)*; *(golf)* tee; *(baseball)* base. ~**bal** baseball. ~**balstadion** baseball stadium, *(Am.)* ballpark. ~**balwedstryd** baseball match, *(Am.)* ball game. ~**hou** *(golf)* tee shot. ~**lopie** *(baseball)* home run, *(infml.)* homer. ~**perk** *(golf)* tee, teeing ground.

bog[1] *=te, n., (poet. or arch.)* bend, curve; bulge; bay, bight; coil; *(bot.)* flexure; *'n ~ maak* curve.

bog[2] *n.* nonsense, rubbish, drivel, twaddle, trash, rot, hogwash, garbage, tripe, bull, baloney, boloney, hooey; litter *(in a stable)*; fool, ninny, nincompoop, ass, twit, twerp, twirp; ***(ag)*** *~!* (oh,) nonsense/rubbish!; ***jou*** *~!* you fool (*or* silly ass)!; *so 'n* ***klein*** *~!, (also)* the little upstart!; ***kom*** *~!* oh, rubbish!; cut it out!, that's enough!; *~* ***met*** *jou!* none of that!; that'll be the day!, no way!; rubbish!, (stuff and) nonsense!; *jy is/lyk 'n* ***mooi*** *~!* you look like it!; *die ou ~* the old fool/ass/blighter; ~ ***praat*** talk nonsense/rubbish/trash, talk through (the back of) one's neck; ***pure*** ~ absolute/complete/perfect/pure/sheer/total/utter nonsense; *(alles)* ***pure*** ~ stuff and nonsense; ***watter*** *~!* what nonsense/rubbish!. **bog=** *comb.* worthless, useless, good-for-nothing; trashy, rotten. ~**kind** mere child; *hy is nog maar 'n ~* he is a mere youngster. ~**praatjies** rubbish, nonsense, twaddle, balderdash, tripe, hooey, rot, blah (blah). ~**prater** twaddler, piffler. ~**vent** nincompoop, twerp, twirp.

bog·gel *=gels* hump, hunch; *jou 'n ~(tjie) lag* split one's sides, roar with laughter; *jou 'n ~(tjie) skrik* nearly (*or* just about) jump out of one's skin, (almost/nearly) die of fright, get/have the fright of one's life. ~**rangering** hump shunting. ~**rug** humpback, hunchback; *(med.)* kyphosis. ~**(rug)walvis** humpback (whale); →BULTRUG.

bog·gel·ag·tig *=tige,* **bog·gel·rig** *=rige* humpbacked; gibbous *(moon, planet)* .

bog·gel·tjie *=tjies* little hump.

bog·gher →BOKKER.

bo·gie *=gies* small bow *etc.*; →BOOG *n.*.

bô·gom *=goms* bark *(of a baboon)*.

bog·te·ry *=rye* nonsense; nuisance; *laat staan jou ~* stop your nonsense; *dis nou 'n ~* this is a fine/pretty how-do-you-do; *geen ~ verdra nie* stand no (*or* not stand any) nonsense.

bo·haai fuss, commotion, ado, to-do, stir, uproar, hubbub, hoo-ha, ballyhoo; theatrics, histrionics; *'n (groot) ~ oor iem./iets maak* make a (big) fuss (*or* a [lot of] noise) about s.o./s.t., beat/bang/thump the (big) drum(s) for s.o./s.t.; *'n groot ~ oor niks* a big fuss about nothing (*or* very little), a storm in a teacup.

Bo·he·me *(geog.)* Bohemia. **Bo·heems** *n., (language)* Bohemian. **Bo·heems** *=heemse, adj., (socially unconventional)* Bohemian, bohemian; *(relating to Bohemia, its people or their language)* Bohemian. **Bo·he·mer** *=mers, (socially unconventional person)* Bohemian, bohemian; *(native of Bohemia)* Bohemian.

boi·kot *=kotte, n.* boycott. **boi·kot** *ge=, vb.* boycott. **boi·kot·ter** *=ters* boycotter.

bo·jaar *=jare, (hist.)* boyar.

Bok *Bokke: die ~ke, (infml.: SA rugby team)* the Boks, Amabokoboko; →SPRINGBOK.

bok[1] *bokke, n., (infml.)* blunder, faux pas, slip-up; *'n ~ skiet, (fig., infml.)* make a blunder (*or* faux pas); *'n yslike ~ skiet, (fig.)* make an awful/terrible blunder.

bok[2] *bokke, n.* goat; *(wild)* buck; dick(e)y *(of a car)*; box *(of a carriage)*; buck *(of wagon)*; (vaulting) horse; horse, trestle; stillage; support; *(billiards)* rest; jack, gin *(for lifting)*; *(infml.)* flame, young man, beau; *(infml.)* best girl; →BOKS=; *vir iem./ets. so* ***bang*** *wees soos 'n ~ vir 'n skoot hael* →BANG *adj.*; *~ op die* ***muur*** *wees* sit on the fence; ***ou*** *~ met 'n groen/jong blaar, (infml.: man with a much younger woman)* baby/cradle snatcher; *'n* ***ou*** *~ hou ook nog van jong blare* an old man likes tender chicken; *(die)* ***skape*** *en (die) ~ke (van mekaar) skei* separate the sheep from the goats; *die* ***vleis*** *braai voor die ~ geskiet is* →VLEIS. ~**baard** *(bot.)* →BOKSBAARD. ~**baard(jie)** *(beard)* goatee. ~**bessie** *(Chrysanthemoides monilifera)* bush-tick berry; *(Mundia spinosa)* tortoise berry. ~**bier** bock (beer). ~**boer** goat breeder. ~**-bok-staan-styf** *(game)* high/hey/hay cockalorum. ~**brug** trestle bridge. ~**doring** →BOKSDORING. ~**drol** *(vulg.)* buck's/goat's dropping. ~**drolletjie** *(infml.)* chocolate-coated peanut; *(bot.)* turkey berry, Cape date. ~**haar** mohair, Angora wool. ~**hael** buckshot. ~**horing** goat's/buck's horn; *(in the pl., an offensive gesture)* V-sign; *vir iem. ~s maak* give the V-sign to (*or* make a V-sign at/to) s.o.. ~**horinkie** *(bot.)* stapelia; *~s maak* take an oath. ~**jol** *(infml.)* knees-up, shindig. ~**kapater**

gelded goat. ~**ketting** extra trek chain. ~**knie** goat's knee. ~**knieë** *(pl.)* baggy knees *(of trousers); (deformation)* stag knees; ~ *maak/hê, (trousers)* be baggy (a)round the knees. ~**koors** Malta fever; *(infml.)* (state of) nervous excitement; *(infml.)* lovesickness. ~**kop** goat's/buck's head. ~**kos** *Senecio radicans.* ~**kraan** gantry crane; overhead crane; sheerlegs, shearlegs, shears. ~**kuttel** goat's dropping; *iem. wysmaak dat ~s rosyne is* sell s.o. a pup. ~**laer** *(mach.)* pillow block, plummer (block). ~**lam** kid. ~**leer** goatskin. ~**man** *(agric.)* =*ne* leveller. ~**melk** goat's milk. ~**melkkaas** goat's cheese. ~**mis** goat's dung. ~**ooi** she-goat, nanny (goat). ~**pokkies** *(vet. sc.)* goat pox. ~**ram** he-goat, billy (goat). ~**rooster** dog grate. ~**ryer** goat rider; *(derog.)* Mason, Freemason. ~**saag** bucksaw, wood saw. ~**seil** buck sail, tarpaulin. ~**skyn** *(text.)* buckskin. ~**spring** *ge=* frolic, caper, prance, cavort, gambol, jump about, capriole; *(horse)* buck; *jy sal ~* you're in for it; *~ van blydskap* jump for joy. ~**springery** frolics, capers, gambols, antics; prancing; bucking. ~**steierwerk** trestlework. ~**stert** goat's tail; *(of hair)* ponytail; →VIR 'N OULAP EN 'N BOKSTERT. ~**stut** trestle bearer. ~**suring** *(Rumex angiocarpus)* sheep sorrel. ~**tafel** trestle table. ~**tor** capricorn/stag beetle. ~**vel** goatskin, buckskin. ~**veld** goat pasture; *~ toe gaan, (infml.: die)* kick the bucket, turn up one's toes, cash in (one's checks/chips), peg it/out. ~**vet** goat suet. ~**vleis** goat('s) meat. ~**wa** buck wag(g)on; *op die ~ gaan/wees, (also)* electioneer. ~**wagter** goatherd; old maid/bachelor. ~**wiet** buckwheat; *Franse ~* Indian wheat.

bo·kaal =*kale* goblet, drinking cup.

bok·ag·tig =*tige* goatish, of/like a goat.

Bok·baai Buck Bay. **b~vygie** *(Dorotheanthus)* Buck Bay (*or* Bokbaai) vygie.

bok·kem →BOKKOM.

bok·ker =*kers,* **bog·gher** =*ghers, (sl.)* bugger, sod, bastard, son of a bitch, sonofabitch; *~ (dit)!, (sl.)* bugger (it)!; *~ jou!, (sl.)* bugger you!, get stuffed!; *jou ~!, (sl.)* you bugger!. **bok·ker·ol, bog·gher·ol** *(sl.)* bugger/sod all; *~ vir iem./iets omgee, (sl.)* not care/give a damn/fig (about s.o./s.t.). **bok·ker·op, bog·gher·op** *(sl.)* cockup, balls-up, screw-up, fuck-up.

bok·ke·sprong caper, gambol, capriole; *~e maak* cut capers.

Bok·ke·veld: *die Koue/Warm ~* the Cold/Warm Bokkeveld.

bok·kie =*kies* kid, little goat/buck; small trestle. ~**(kar)** buggy.

bok·kom =*koms,* **bok·kem** =*kems, (salted and dried mullet/harder)* Cape/fish biltong; bloater; *'n droë ou ~, (fig.)* a dry old stick; *nie ~ kan braai nie, (fig.)* be a dud. ~**smeer** bloater paste.

bok·ma·kie·rie =*ries, (orn.)* bokmakierie; *Laeveldse ~* konkoit, gorgeous bush shrike.

boks[1] *bokse* box; *~ wyn* box of wine, wine box. ~**kamera** box camera. ~**wyn** (bag-in-the-)box wine, wine box.

boks[2] *n.* boxing, *(dated or hum.)* pugilism, *(chiefly arch.)* the noble art/science. **boks** *ge=, vb.* box. ~**afrigter** boxing coach. ~**agent** boxing agent, matchmaker. ~**bal** punchbag, punchball. ~**geveg** boxing match/contest, (prize)fight; *'n ~ weggooi* (of *opsetlik verloor), (infml.)* throw a fight. ~**handskoen** boxing glove. ~**kampioen** boxing champion. ~**kampioenskap** boxing championship. ~**kryt** boxing ring. ~**kuns** (art of) boxing, prizefighting, fistic art, *(dated or hum.)* pugilism. ~**sport** boxing. ~**toernooi** boxing tournament. ~**vernuf** ringcraft. ~**yster** knuckleduster; *(hist.)* cestus.

boks= (→BOK[2] *n.*): ~**baard, bokbaard** goat's beard; *(Tragopogon porrifolius)* salsify; *(Usnea* spp.) goatsbeard, goat's-beard, old man's beard; fescue (grass). ~**baard(gras), bokbaard(gras)** *(Tragus koelerioides)* goat's-beard (grass). ~**boon** buckbean. ~**doring, bokdoring** *(Lycium cinereum)* Cape box thorn. ~**poot** goat's foot; cloven hoof; the devil; *(Gr. myth.)* Pan; cabriole. ~**poot(jie)** *(Oxalis caprina)* goat's-foot.

bok·sem·dais, bok·sen·dais: *die hele ~, (infml.)* the whole caboodle.

bok·ser =*sers* boxer, (prize)fighter, *(dated or hum.)* pugilist; *(dog)* boxer.

Bok·ser =*sers, (Chin. hist.)* Boxer. **Bok·seropstand** Boxer rebellion.

bol *bolle, n.* globe, sphere, ball, orb; crown *(of a hat); (bot., elec.)* bulb; *(rounded seed capsule)* boll; *~ gare/garing* ball of thread/yarn, clew; *in die ~ gepik, (infml.)* off one's rocker, soft in the head, cuckoo, not all there, nutty, nuts; *~le uithaal* lift bulbs. **bol** *bol(le) boller bolste, adj.* bulging, rounded; gibbous *(moon, planet);* convex *(lens); jou wange ~ maak* puff out one's cheeks; *~ staan* bulge; *(sail, dress, etc.)* billow (out). **bol** *ge=, vb.* bulge, swell; *die skape ~* the sheep huddle. ~**blits** ball/globe lightning, fireball. ~**blom** bulbous flower. ~**buis** bulb tube. ~**dop** spherical cover. ~**driehoek** spherical triangle. ~**driehoeksmeting** spherical trigonometry. ~**gewas** bulbous plant. ~**gewelf** spherical vault. ~**hamer** ball-peen hammer. ~**hoed(jie)** bowler (hat), *(Am.)* derby. ~**hoek** spherical angle. ~**hol** *adj.* convexo-concave. ~**kalander** boll weevil. ~**knop** bulbil. ~**konkaaf** =*kawe* convexo-concave. ~**konveks** =*e* convexo-convex. ~**kraan** ballcock. ~**laer** spherical bearing. ~**(le)handelaar** bulb dealer. ~**(le)kweker** bulb grower. ~**lyn** balk *(of a fishnet).* ~**maan** gibbous moon. ~**oppervlak** →BOLVLAK. ~**plant** bulbous plant. ~**(punt)pen, balpunt(pen)** ballpoint (pen), ball pen. ~**rond** convex; globular, globate(d); spherical. ~**rondheid** convexity. ~**rond-holrond** = BOLHOL. ~**rooster** wire balloon. ~**segment** segment of a sphere. ~**seil** *(naut.)* spinnaker. ~**sektor** sector of a sphere, spherical sector. ~**skyf** frustum of a sphere. ~**struktuur** ball structure. ~**vlak** spherical/convex surface. ~**vorm** spherical shape. ~**vormig** =*e,* spherical; globular, globate(d); bulb-shaped, bulbous. ~**vormigheid** sphericity, globosity. ~**wasser, ~waster** spherical washer. ~**wurm** bollworm.

bo·la →BOLE.

bol·ag·tig =*tige, (bot.)* bulbous.

Bo·land Boland. **Bo·lan·der** =*ders* inhabitant of the Boland. **Bo·lands** =*landse* of/from the Boland.

bol·der =*ders* bollard. ~**wa** stage wagon.

bo·le, bo·la punch.

bo·le·ro =*ro's (dance, garment)* bolero.

bol·heid = BOLRONDHEID.

bo·lied =*liede, (astron.)* bolide, fireball.

Bo·li·vi·ë *(geog.)* Bolivia. **Bo·li·vi·ër** =*viërs* Bolivian. **Bo·li·vies** =*viese* Bolivian.

bol·la =*las* bun, knot, chignon, coil; *los ~* hair pad; *jou ~ losmaak, (infml.)* let one's hair down, let o.s. go, let it all hang out.

bol·(le·)ma·kie·sie head over heels; *~ slaan* do/turn a somersault (*or* somersaults), somersault, turn head over heels; *(fig.)* about-turn, do an about-turn, make a U-turn; *~ vlieg* loop the loop. ~**slag** somersault.

bol·le·tjie =*tjies* globule, spherule; *(bot.)* bulblet, bulbil; bun, (bread) roll.

bo·lo =*lo's* bolo.

Bol·sje·wiek =*wieke, (hist., pol.)* Bolshevik. **Bol·sje·wis** =*wiste* Bolshevist. **Bol·sje·wis·me** Bolshevism. **Bol·sje·wis·ties** =*tiese* Bolshevist(ic).

bol·ster =*sters* husk, shell; bolster (pillow).

bo·lus =*lusse* bolus.

bol·werk *n.* bulwark, rampart; *(fig.)* bulwark, bastion, stronghold. **bol·werk** *ge=, vb.* bring/pull off, manage.

bom *bomme* bomb, shell; *as die ~* ***bars,*** *(fig.)* when the balloon goes up; *die ~ het* ***gebars,*** *(fig.)* the fat is in the fire; *'n ~* ***los,*** *(fig.)* drop a bombshell; *'n ~* ***onskadelik*** *maak* defuse (*or* dispose of) a bomb; *'n ~* ***plant/plaas/versteek*** plant a bomb; *deur 'n ~* (of *~me)* ***verwoes*** *word* be bombed out. ~**aanslag, ~aanval** bombing attack/raid; bombing; bomb outrage. ~**afstand** bombing range. ~**alarm** bomb scare. ~**buis** bomb fuse. ~**dop** bomb casing, shell case. ~**dreigement** bomb scare/threat. ~**eskader** bomber squadron. ~**gat** (bomb) crater, shell hole. ~**gooier, ~planter** *(person)* bomber. ~**goolery** bomb-throwing. ~**krater** (bomb) crater, shell hole. ~**lading, ~las** →BOMVRAG. ~**lostoestel,** ~**losser** bomb release (gear). ~**maxim, ~meksim** *(Br., mil., hist.)* Maxim gun. ~**opruimafdeling** bomb disposal squad. ~**opruiming** bomb disposal. ~**planter** →BOMGOOIER. ~**pos** bombing station. ~**rak** bomb rack/carrier. ~**ruim** bomb bay. ~**skade** bomb damage. ~**skerf** bomb splinter. ~**skok** shell shock. ~**skuiling** bomb shelter, air-raid shelter. ~**steller** bomber. ~**toneel** bomb site. ~**tregter** (bomb) crater, shell hole. ~**vas, ~vry** bomb=, shellproof. ~**visier** bombsight. ~**vlieënier** bomber pilot. ~**vliegtuig** →BOMWERPER. ~**vorm** *(cook.)* bombe *(<Fr.).* ~**vrag** bomb load. ~**vry** →BOMVAS. ~**werper** *(mil. aircraft)* bomber.

Bom·baai *(geog.)* Bombay.

bom·ba·lie →BOMBARIE.

bom·bar·de =*des, (hist.)* bombard.

bom·bar·deer *ge=* bomb(ard), shell; bombard, pepper *(with questions).* ~**kewer** bombardier beetle. ~**skip** bombarder, bomb vessel. **bom·bar·de·ment** =*mente* bombardment, bombing, shelling, blitz; *onder 'n ~ deurloop, (security forces etc.)* take a pounding. **bom·bar·de·ring** shelling, bombing, bombarding. **bom·bar·dier** =*diers* bombardier.

bom·ba·rie fuss, noise, to-do.

bom·bas·me bombast, pomposity, pompousness, grandiloquence. **bom·bas** =*te* bombastic person. **bom·bas·ties** =*tiese* bombastic, pompous, grandiloquent. **bom·ba·syn** *(text.)* bombazine, bombasine, fustian.

bo·mer =*mers* punter *(in a boat);* →BOOM *vb.*.

bom·me·tjie =*tjies* small bomb.

bo·na fi·de in good faith, bona fide; *'n ~ ~boer* a bona fide farmer. **bo·na fi·des** bona fides, sincerity.

bon·bon =*bons, (Fr.)* bonbon.

bon·chré·tien·peer bon chrétien (pear).

bond *bonde* league, union, association; (con)federation, confederacy; →BONDS=; *die Duitse B~* the Germanic Confederation. ~**genoot** ally, confederate; *iem. tot jou ~ maak* make an ally of s.o.; *'n ~ van iem. word* ally o.s. with s.o.. ~**genootskap** alliance; *'n ~ met ... aangaan* conclude/form (*or* enter into) an alliance with ..., ally o.s. with ...; *in ~ met ...* in alliance (*or* allied) with ...; *'n ~ tussen state* an alliance between states. ~**genootstroepe** friendly troops. ~**seël** sacrament. ~**staat** federal state, federation.

bon·del =*dels, n.* bundle *(of washing);* sheaf *(of papers);* faggot *(of wood);* batch; bunch; pack; *(comp.)* batch; *('n) ~* ***dra,*** *(infml.: be pregnant)* feed two; ***in*** *die ~, (also)* indiscriminately; ***in*** *'n ~* ***loop*** bunch together; *~s van iets* ***maak*** tie s.t. up in bundles; ***op*** *'n ~ in ...* ***klim*** bundle into ...; ***voor*** *die ~* ***bly*** stay ahead of the pack. **bon·del** *ge=, vb.* huddle, bunch (together); *(comp.)* batch. ~**bevel** *(comp.)* batch command. ~**draer** pedlar; tramp, vagabond, hobo; *(Austr.)* bagman. ~**lêer** *(comp.)* batch file. ~**verwerking** *(comp.)* batch processing.

bon·de·ling *(comp.)* batching.

bon·del·tjie =*tjies* small bundle *etc.; (bot.)* fascicle; →BUNDELTJIE; *~s van iets maak* tie s.t. up in (small) bundles.

bon·dig =*dige* concise, brief, succinct, terse, crisp; *(kort en) ~* punchy. **bon·dig·heid** concision, conciseness, succinctness, terseness.

bonds=: B~man =*ne, (supporter of the Afrikaner Bond)* Bondsman. ~**raad** federal council/diet. ~**republiek** federal republic. ~**troepe** federal troops. ~**volk** covenanted/chosen people; →VERBONDSVOLK.

bo·ne=: ~**kruid** savory. ~**meel** →BOONTJIEMEEL. ~**siekte** favism. ~**sop** →BOONTJIESOP.

bon·go =*go's, (zool.)* bongo; *(mus.)* bongo (drum).

Bo·ni·fa·ci·us, Bo·ni·fa·ti·us *(saint)* Boniface.

bonk *bonke, n.* lump; chunk. **bon·kig** =*kige* burly, stout, stocky, sturdy, chunky, heavily built, thickset; chunky *(wool); ~e kop* square head. **bon·kig·heid** burliness *etc.*.

Bonn *(geog.)* Bonn. **Bonn·se** *adj. (attr.)* Bonn.

bons *bonse, n.* thump, bump, thud. **bons** *ge=, vb.* bump, bang, hurtle; *(heart)* throb, palpitate, thump, pound; *(ball)* hop; *van ... ~* throb with ... *(joy etc.).*

bon·sai *(Jap.)* bonsai.

Bons·ma·ra(·bees) *=ras, =rabeeste, (ook b~)* Bonsmara.

bont[1] *bonte, n.* fur; furs; furriery. **~handelaar** furrier. **~jas** fur coat. **~kraag** fur collar. **~mantel** fur coat/cloak. **~werk** fur goods, furriery. **~werker** furrier. **~winkel** furrier's shop.

bont[2] *bont(e) bonter bontste, adj. & adv.* multicoloured, varicoloured; variegated *(plant etc.)*; dapple(d) *(horse)*; pied, piebald *(horse)*; spotted *(cow etc.)*; skewbald *(animal)*; particoloured *(cattle etc.)*; colourful, varied; *(pej.)* motley *(crowd etc.)*; gay *(colours, clothes, etc.)*; *(pej.)* gaudy *(colours, clothes, etc.)*; veined *(marble)*; *~ en **blou** slaan* beat black and blue; *~ **gare/garing*** mottled yarn; *~ **hond*** spotted dog; *~ **katoen*** cotton print; *~ **lelie*** spotted lily; ***rond** en ~* right and left, all over the place, scattered; here, there and everywhere; *~ **stof,** (also)* figured material; *dit **te** ~ maak* go too far, exceed the limit(s); *dis 'n bietjie **te** ~* that is a bit thick; *~(e) **versameling/verskeidenheid*** miscellanea, ragbag; *~ **wol*** variegated wool. **~aalwyn, ~aalwee** partridge/variegated aloe. **~blaar(siekte)** mosaic (disease), (leaf) mottle/mottling. **~bosluis** variegated/bont tick. **~da(g)eraad** *(icht.)* red stumpnose. **~elsie** *=s (orn.)* avocet. **~fanie** →BONTSTEFANIE. **~goed** cotton prints. **~haai** tiger shark. **~joubert** *(pudding)* spotted dog. **~kiewiet(jie)** blacksmith plover. **~kopererts** peacock ore, bornite. **~kouterie** *Gasteria* sp.. **~kraai** pied/parson/hooded crow, hoodie. **~kwartel** harlequin quail. **~lap-os** piebald ox. **~lap-perd** piebald horse. **~loop** jaywalk. **~loper** jaywalker. **~lopery** jaywalking. **~paling** moray (eel). **~pootbosluis** *Hyalomma* sp.. **~praat** *bontge=* talk disconnectedly (*or* at random), ramble; contradict o.s.. **~rok** *(icht.)* zebra. **~rokkie** *(orn.)* Cape stonechat; batis, flycatcher. **~roklaksman** brubru shrike. **~sebra** common/Burchell's zebra. **~seep** mottled soap. **~sinnig** *=e* fickle. **~skietery** wild/haphazard shooting. **~span** particoloured team *(of oxen)*; motley crowd. **~spring** *bontge=* jump about; hedge, prevaricate, equivocate, grope for excuses, beat about the bush, contradict o.s.. **~springery** hedging, prevarication, equivocation, self-contradiction. **~spul** hotchpotch, mishmash, ragbag. **~staan** *bontge=* stir one's stumps; try hard (*or* one's best); tack, try different tacks; *lelik ~* leave no stone unturned, move heaven and earth; act like a cat on hot bricks (*or* on a hot tin roof). **~stefanie** toadfish. **~trap** *bontge=* hedge, prevaricate, equivocate, grope for excuses, beat about the bush, contradict o.s.. **~trappery** hedging, prevarication, equivocation, self-contradiction. **~val** = BONTSTAAN. **~veld** savanna(h), open country with shrubs. **~visvanger** pied kingfisher.

bon·te·bok bontebok, pied antelope.

bont·heid variegation.

bon-ton *(Fr.)* bon ton.

bo·nus *=nusse* bonus; bounty. **~obligasie** bonus bond.

bood·skap *n.* message; errand; *die **blye** ~* the Gospel (*or* glad tidings); *'n **blye** ~* good news/tidings; *~pe **doen/dra*** run/do errands; run messages; *iem. 'n ~ **gee*** give s.o. a message; *'n ~ **laat*** leave word (*or* a message); *'n ~ **neem*** take a message; *'n ~ **stuur*** send word (*or* a message); *iem. met 'n ~ **uitstuur*** send s.o. on an errand. **bood·skap** *ge=, vb.* herald, bring word. **~skakeling** *(comp.)* message switching.

bood·skap·per *=pers* messenger; harbinger; dispatch rider. **~-RNA** *(biochem.)* messenger RNA. **~staf** caduceus.

boog *boë, n.* bow *(and arrows)*; *(archit.)* arch; archway; curve, bend; *(geom.)* arc; *(mus.)* bind; *die ~ kan nie altyd **gespan** bly nie, (fig.)* all work and no play makes Jack a dull boy; *'n ~ **maak,** (a river etc.)* make a sweep; *met **pyl** en ~* with bow and arrow(s); *'n ~ **span*** draw/bend a bow; *met 'n ~ oor snare **stryk*** draw a bow over strings; *in 'n ~ **trek*** arc; *~ van die **voet*** instep, arch *(of the foot)*; *'n ~ oor iets **vorm*** arch over s.t.. **boog** *ge=, vb., (fml., rare): op ...* ~ boast of ..., brag about ...; glory in ... **~afstand, ~maat** *(math.)* circular/radian measure. **~brug** arched bridge. **~dak** arched roof. **~draer** impost. **~ent** *booggeënt* inarch. **~erker** bow window. **~formeel** *(archit.)* centring. **~gang** arcade; cloister; *(anat.)* semicircular canal. **~gewelf** arched vault. **~graad** degree of arc. **~hoekmuur** spandrel wall. **~hout** hornbeam; *Croton gratissimus*. **~juk** oxbow. **~kap** bow truss. **~lamp** arc lamp. **~lig** arc light. **~lyn** bowline, curvature. **~maat** →BOOGAFSTAND. **~maker** bowyer. **~passer** *(geom.)* bow compass. **~pees** →BOOGSNAAR. **~poot** cabriole. **~saag** bowsaw. **~skiet(ery)** archery. **~skieter** →BOOGSKUTTER. **~skoot** bowshot, flight, range *(of an arrow)*. **~skutter** archer, bowman; *(icht.)* archer; *(B~, astrol.)* Sagittarian; *die B~, (astrol.)* the Archer, Sagittarius; *die ~s, (mil.)* the archery. **~snaar** bowstring. **~sprong** *(dressage)* curvet. **~steen, ~klip** *(archit.)* voussoir *(<Fr.)*. **~stuiter** *(archit.)* springer, skewback. **~sweiser** arc welder. **~sweising, ~sweiswerk** arc welding. **~top** *(math.)* vertex. **~venster** arched/bow window. **~vlak** face (of an arch). **~vormig** *=e* arched, arcuate, curviform.

boom[1] *bome, n.* tree; beam *(of a plough)*; thill *(of a wagon)*; jib *(of a crane)*; *(naut.)* boom; barrier, boom; quant; *(sl.: cannabis)* dagga *(SA)*, ganja, leaf, herb; *tussen die ~ en die **bas*** →BAS[2] *n.*; *vanweë die bome die **bos** nie sien nie* not see the wood for the trees; *'n **hoë** ~* a tall tree; ***hoë** bome* (of *die hoogste bome*) *vang baie* (of *die meeste*) *wind, (fig.)* high winds blow on high hills; ***in** 'n ~ wees, (lit.)* be up a tree; *in 'n ~ **ja(ag)/vaskeer*** (chase up a) tree; ***jong** ~* sapling; *('n) mens moet die ~pie buig terwyl hy nog **jonk** is* →BOOMPIE; *die **kat** uit die ~ kyk* wait for the cat to jump, play a waiting game; *(in) 'n ~ **klim*** climb a tree; *'n **klompie** bome* a clump of trees; *die ~ van die **lewe**, (Bib.)* the tree of life; *'n ~ gooi altyd 'n **skaduwee*** parents influence their children; *'n ou ~ (word nie maklik) **verplant** nie* you can't teach an old dog new tricks; *'n ~ aan sy **vrugte** ken, (fig.)* know a tree by its fruit; *die ~ sit vol **vrugte*** the tree is laden with fruit. **boom** *ge=, vb.* punt *(in a boat)*. **~aalwyn, ~aalwee** tree aloe. **~agaat** tree agate. **~bas** tree bark. **~bewonend** *=e* arboreal. **~bewoner** arboreal animal. **~dahlia** tree dahlia. **~dassie** *(Dendrohyrax arboreus)* tree dassie. **~(diagram)** tree (diagram), dendrogram. **~dier** tree-dweller. **~dokter** tree surgeon. **~geitjie** tree lizard. **~gif** tree poison; euphorbia juice. **~gom** resin. **~grens** tree/timber line. **~heide** tree heath. **~kalfsleer** tree calf. **~kano** dugout. **~kenner** arborist. **~klimmer** tree climber. **~klimmery** tree climbing. **~klip** dendrite. **~kriekie** tree cricket. **~kruin** treetop. **~kunde** arboriculture; dendrology. **~kweker** tree nurseryman/cultivator, arboriculturist. **~kwekery** tree nursery, arboretum; arboriculture; silviculture. **~liewend** *=e* arboreal. **~likkewaan** tree/rock leguan. **~luis** tree louse. **~meter** dendrometer. **~mos** tree moss. **~nimf** *(Gr. myth.)* (hama)dryad, tree nymph. **~padda** tree frog. **B~plantdag** Arbor Day. **~ryk** *=e* abounding in trees, woody, wooded; well-timbered. **~rykheid** woodiness. **~ryp** tree-ripe *(fruit)*. **~skilpadjie** ladybird. **~skuit** dugout. **~slang** boomslang, tree snake. **~snoeier** pruner. **~snytap** plug tap. **~soort** species of tree. **~stam** tree trunk, bole. **~stekelvark** →BOOMYSTERVARK. **~stomp** tree stump, scrag. **~stoter** tree dozer. **~struik** shrubby tree. **~struktuur** *(comp.)* tree structure. **~tak** branch of a tree, tree branch. **~tamatie** *(Cyphomandra betacea)* tree tomato. **~top** treetop. **~tou** *(naut.)* swifter. **~tuin** arboretum. **~uil** tree owl. **~valk:** *Afrikaanse ~* African hobby falcon; *Europese ~* hobby (falcon). **~varing** tree fern. **~veredeling** forest genetics, tree breeding. **~vormig** *=e* tree-shaped, arborescent, dendroid(al). **~was** tree wax. **~wortel** tree root. **~ystervark** arboreal porcupine.

boom[2] *bome,* **bo·dem** *=dems, n.* bottom *(of a receptacle)*; →BODEM; *iets die ~ inslaan, (fig.)* knock s.t. on the head *(a scheme etc.)*. **boom·skraap** *adj.* finished, empty; broke. **boom·skraap(·sel)** *n.* scrapings.

boom·ag·tig *=tige* treelike, arboreous, arborescent.

boom·loos *=lose* treeless.

boom·pie *=pies* small tree; sapling; *('n) mens moet die ~ buig terwyl hy nog jonk is, (fig.: a person's character is formed at a young age)* as the twig is bent, so is the tree inclined.

boon *bone* bean; *in die bone sit/wees* be in a fix; be (all) at sea; →BONE=, BOONTJIE; *as dit waar is dan is ek 'n ~(tjie)* I'll eat my hat if it is true; *iem. in die bone ja(ag)* drive s.o. into a corner. **~akker** →BOONTJIEAKKER.

boon·op besides, additionally, in addition, also; moreover, furthermore, as well, too; what is more, (and) more than that; to boot, on top of that, into the bargain; →BO-OP.

boon·ste *n.* top, upper part. **boon·ste** *adj.* top, topmost, upper; *~ **grens*** upper limit; *~ **kerf*** top notch; *~ **laag*** top layer, superstratum; *~ **laai*** top drawer; *uit die ~ **rakke**, van die ~ **rak,** (fig.)* from (*or* out of the) top drawer; *~ **verdieping,** (fig., infml.)* upper storey, noggin; *iem. is nie lekker in die ~ **verdieping** nie, iem. is effens eienaardig in sy/haar ~ **verdieping*** there is s.t. wrong in s.o.'s upper storey.

boon·tjie *=tjies* bean; →BOON; *~ kry sy loontjie* the chickens are coming home to roost, get/receive one's just deserts (*or* what one deserves *or* what one was asking for), serve one right; *heilige ~* goody(-goody). **~akker, boonakker** bean field. **~bredie** bean stew. **~meel, bonemeel** bean meal. **~peul** bean pod. **~snyer** bean slicer. **~sop, bonesop** bean soup. **~spruit** bean sprout. **~stingel** beanstalk. **~stoel** beanstalk.

boon·toe upward(s); upwardly; *~ **dra*** carry up; *~ **gaan*** go up; go upstairs; ***meer** ~* higher up; *~ **roep*** swear, curse; call to heaven; *iem. vinnig ~ **trek,** (fig.)* fast-track s.o..

boor[1] *bore, n.* drill; bit; jumper; gimlet; borer; piercer; corer; *~ en omslag* brace and bit. **boor** *ge=, vb.* drill, bore *(holes)*; bore *(cylinders)*; *'n skip in die grond ~* sink a ship; *'n tonnel ~* drive a tunnel; *na/vir olie/water/gas/ens. ~* drill for oil/water/gas/etc.. **~beitel** jumper. **~bus** chuck. **~eiland** drilling rig/platform, (offshore) oil rig, oil-drilling platform. **~gat** borehole; drill hole; blast hole; *'n ~ maak/slaan/sink* sink a borehole. **~gruis** bore grit. **~insek** borer. **~kern** bore(hole) core, drill core. **~kewer** woodborer, auger beetle. **~koste** drilling costs. **~kroon** crown *(of a drill)*. **~lading** borehole charge. **~man** *=ne* jumper man; driller. **~masjien** drilling machine. **~meel** bore meal; wormhole dust. **~monster** core sample. **~omslag** wimble/drill brace. **~opname** coring, logging. **~punt** bit. **~skaaf** side fillister. **~slik, ~slyk** sludge. **~staaf** jumper. **~staal** drill steel. **~stang** drill pole/rod. **~toring** derrick, (oil/drilling) rig. **~vuur** *(mil.)* plunging fire. **~werk** drilling. **~wortel** *(bot.)* sucker, haustorium. **~wurm** borer. **~wydte** bore. **~yster** boring tool; bore bit.

boor[2] *ge=, (needlework)* pipe, apply piping. **~band, boorsel** piping; galloon; edging, trimming; →BOORD[2], BOORDSEL, OMBOORSEL; *met ~ afwerk* pipe.

boor[3], **bo·ri·um** *(chem., symb.: B)* boron. **~etaan** *(chem.)* boroethane. **~flanel, ~pluksel** boracic lint. **~poeier** boracic powder. **~salf** boracic ointment. **~seep** boracic soap. **~suur** boracic/orthoboric acid. **~water** boracic acid solution, boracic lotion.

boord[1] *boorde* orchard.

boord[2] *boorde* border, edge, brim; *(naut.)* board; *aan ~* on board (ship); *aan ~ gaan* go on board; embark; *aan ~ neem* ship; *aan ~ van die/'n skip/ens.* on board (*or* aboard) the/a ship/etc.; *geriewe/winkel/ens. aan ~ van die skip* onboard amenities/shop/etc.; *van ~ gaan* go ashore. **~geskut** air artillery. **~kanon** aircraft gun. **~personeel** flying crew. **~rekenaar** onboard computer *(in a vehicle)*. **~skietbaan** gunnery range. **~skutter** air gunner. **~tegnikus** flight engineer. **~vry** free on board. **~wand** gunwale. **~werktuigkundige** flight mechanic.

boor·de(ns)·vol full to overflowing (*or* to the brim), brimful, flush.

boor·der *=ders* driller; *(entom.)* borer. **boor·de·ry** drilling (work). →BOOR[1].

boord·jie *=jies* collar; *agterstevoor ~* clerical collar, *(infml.)* dog collar; *hoë ~* stand-up/stick-up collar, choker; *'n ~ omsit* put on a collar. **~knoop** collar stud; shirt stud.

boord·sel *=sels* piping; →BOORBAND.

boor·ling *=linge* native *(of a place)*.

boor·sel *-sels* boring(s); sludge; frass *(of insects)*.

boort, bort *(inferior grade of diamond)* bo(a)rt, bortz.

boor·tjie *-tjies* gimlet.

boos *bose boser boosste* angry, enraged, furious, irate, incensed, wrathful; cross; evil, wicked, iniquitous, nasty; vicious; *bose* ***gees*** evil spirit/genius, demon; unclean spirit; *bose* ***kringloop*** vicious circle; *iem. ~* ***maak*** anger/enrage/infuriate/incense s.o., make s.o.'s blood boil; *die bose* ***oog*** the evil eye; *~ wees* ***oor*** *iets* be angry about/at s.t., be enraged/infuriated/incensed by s.t.; *so ~* ***soos*** *'n geitjie* →GEITJIE; *bose* ***spiraal*** vicious spiral *(of killing etc.)*; *bose* ***sweer*** malignant ulcer; *bose* ***tonge*** evil tongues; *~* ***word*** get angry/cross, lose one's temper. ~**doener** evildoer, *(fml.)* malefactor. ~**wig** *-te* thug; criminal, villain, wretch, *(fml.)* malefactor.

boos·aar·dig evil-minded, wicked, malicious, malevolent; vicious. **boos·aar·dig·heid** spite, maliciousness, malice, malevolence, malignity; viciousness.

boos·heid anger, wrath; viciousness; evil, wickedness, iniquity; *geestelike booshede* spiritual wickedness.

boot *bote* boat, bark; ship; →BOOTS-; *die ~ mis* miss the boat *(lit.)*; *per* (of *met 'n*) *~* by boat; *per ~* (of *met bote*) *vervoer* boatlift; *'n ~ te water laat* launch a boat. ~**bewoners** *(pl.)* boat people. ~**haak** boathook, gaff. ~**hals** boat neck. ~**huis** boathouse. ~**huur(saak)** boat hire. ~**kaper** seajacker. ~**lengte** boat's length. ~**lied** boat song, barcarol(l)e. ~**mannetjie** *(entom.)* water boatman. ~**oefening** boat drill. ~**reis** (sea) voyage; boat trip/excursion, cruise. ~**tog** boat trip/excursion, cruise. ~**trein** boat train. ~**vervoer** boatage. ~**vlugtelinge** *(pl.)* boat people. ~**vormig,** *-e (anat.)* boatshaped, navicular. ~**vrag** boatload. ~**wedvaart** boat race. ~**werf** boatyard. ~**werker** dock worker.

Bo·ö·tes *(astron.)* Boötes, the Herdsman.

boot·jie *-tjies* little boat; skiff; smack; *in dieselfde ~ sit/vaar/wees, (fig.)* be in the same boat.

boots-: ~**dek** boat deck. ~**gesel** sailor. ~**maat** boatswain's mate. ~**man** *-ne, bootslui, bootsliede* boatswain, bo's'n, bosun; petty officer; *eerste ~* chief petty officer. ~**volk** (ship's) crew.

Bo·phu·tha·tswa·na *(geog., hist.)* Bophuthatswana.

bo·raat *-rate, (chem.)* borate.

bo·raks borax, tincal.

bo·ra·siet *(min.)* boracite.

bor·bo·rig·mus *(rumbling of the stomach)* borborygmus.

bord *borde* plate *(to eat from)*; board *(for notices; building material)*; nameplate; blackboard *(used in schools)*; trencher *(of wood)*; *te veel ~e aan die draai hê, (fig.)* have too many balls in the air; *'n ~ (vol) pasta/ens.* a plateful of pasta/etc.; *die ~e was* wash up, wash the dishes. ~**hout** hardboard. ~**matjie** place/table/dinner mat. ~**papier** →KARTON. ~**skilder** signwriter. ~**spel** board game. ~**uitveër,** ~**wisser** blackboard duster/eraser.

Bor·deaux *(geog.)* Bordeaux. **b~mengsel** *(hort.)* Bordeaux mixture. **b~(wyn)** Bordeaux (wine), claret.

bor·deel *-dele* brothel, *(infml.)* whorehouse, *(arch. or hum.)* house of ill fame/repute, *(<It.)* bordello, *(euph.)* massage parlour. ~**bekruipers** *(infml.: soft-soled shoes)* brothel creepers. ~**houdster** brothel keeper, madam. ~**houer** brothel keeper.

bor·de·lai·se·sous *(Fr. cook.)* Bordelaise (sauce).

bor·der *(<Eng.)*: ~**kollie** *(breed of dog)* border collie. ~**terriër** border terrier.

bord·jie *-jies* small plate, side plate; nameplate; *die ~s verhang, (fig.)* turn the tables (on s.o.); *die ~s is verhang, (fig.)* the tables are turned, the boot is on the other foot.

bor·duur *ge-, (lit. & fig.)* embroider. ~**draad** embroidery thread. ~**gaas** embroidery canvas. ~**gare,** ~**garing** embroidery thread. ~**insetsel** embroidered insertion. ~**lap** sampler (of embroidery). ~**naald** embroidery needle. ~**patroon** embroidery pattern. ~**raam** embroidery frame, tambour. ~**steek** embroidery stitch. ~**sy** embroidery silk. ~**werk** embroidery. ~**wol** embroidery wool.

bor·duur·der *-ders* embroiderer; *(fem.* borduurster*)* embroideress.

bor·duur·sel *-sels* embroidery.

bo·re·aal *-ale* boreal.

borg *borge, n.* surety, guarantee; security; guarantor; *(jur.)* surety, bail; sponsor, backer; ***as*** *~ vir ...* in security for ...; *vir 'n gevangene ~* ***staan*** stand/go (*or* put up) bail for a prisoner, bail a prisoner out; *vir iets ~* ***staan,*** *(fig.)* vouch for s.t. *(s.o.'s reliability etc.)*; *vir iem./iets ~* ***staan/teken*** stand surety for s.o./s.t.; *~* ***toestaan/weier*** grant (*or* deny/refuse) bail; *iem. op ~* ***vrylaat*** let s.o. out (*or* release/remand s.o.) on bail, grant s.o. bail. **borg** *ge-, vb.* give credit; get credit; guarantee; sponsor, back; *~e baar sorge* he who goes a-borrowing goes a-sorrowing. ~**akte** recognizance, bail bond, security/surety bond, bond of suretyship; *'n ~ aangaan* enter into recognizance(s); *op eie ~* on one's own recognizance(s). ~**bout** securing bolt. ~**draad** locking wire. ~**geld** bail; *~ verbeur* forfeit/jump/skip bail; *~ verbeurd verklaar* estreat bail, declare bail forfeit. ~**haak** safety hook. ~**koppeling** safety coupling. ~**makelaar** sponsoring broker. ~**moer** securing/stop nut. ~**nael** crampon. ~**pen** keeper pin. ~**plaat** lock/bridge plate. ~**ring** lock(ing) ring; *(eng.)* circlip, retaining ring. ~**skroef** keeper screw. ~**steller** surety. ~**stelling** bail; suretyship; security, surety; *iem. onder ~ vrylaat* let s.o. out (*or* release/remand s.o.) on bail. ~**tog** surety, bail; suretyship; *onder ~* ***plaas*** hold to bail; *~* ***toestaan/weier*** grant/refuse bail; *iem. se ~* ***verbeurd*** *verklaar* estreat s.o.'s bail; *onder ~* ***verdwyn*** jump/skip bail; *~* ***verkry*** make/raise bail; *iem. op ~* ***vrylaat*** let s.o. out (*or* release/remand s.o.) on bail, grant s.o. bail.

borg·baar *-bare* bailable.

borg·skap sponsorship.

bo·ring boring; bore, inside diameter; calibre; →BOOR[1] *n.*.

bo·ri·um →BOOR[3].

Bor·ne·o *(geog.)* Borneo. **Bor·ne·oot** *-ote* Bornean. **Bor·ne·o·ties** *-tiese* Bornean.

bor·niet *(min.)* bornite, peacock ore.

bor·rel *-rels, n.* bubble. **bor·rel** *ge-, vb.* bubble; fizz. ~**bad** Jacuzzi *(trademark)*. ~**fontein** bubbling spring. ~**geheue** *(comp.)* bubble memory. ~**gom** bubble gum. ~**gom([-pop]musiek)** bubble gum. ~**kamer** *(phys.)* bubble chamber. ~**siekte** decompression sickness, caisson disease, *(infml)* the bends. ~**verpakking** blister/bubble pack(aging). ~**vink** red bishop; yellow finch; →BORRIEVINK.

bor·re·lend *-lende* bubbly, effervescent, fizzy, sparkling, champagn(e)y.

bor·re·ling *-lings, -linge* bubbling, gurgling, gushing.

bor·rie[1] *-ries* (hand)barrow, stretcher.

bor·rie[2] turmeric, curcuma, Indian saffron. ~**geel** bright/vivid yellow. ~**hout** lemonwood, wild lemon. ~**kweper** *(Cydonia vulgaris)* quince. ~**patat** yellow sweet potato. ~**rys** yellow rice, rice with turmeric. ~**vink** yellow finch.

bors *borste, (mammary gland; part of the body or of a dress)* breast; chest; bosom *(of a person/dress)*; bust *(of a woman)*; counter *(of a horse)*; *(anat., zool.)* thorax; front *(of a shirt)*; *(infml.: false shirt front)* dick(e)y; *(meat)* brisket; *(fig.)* bosom; *iem. aan/teen jou ~* ***druk*** embrace s.o., clasp/clutch/hold s.o. to one's bosom; *iem. se ~* ***fluit*** s.o. is wheezing; *'n kind die ~* ***gee*** breast-feed/nurse/suckle a child; *iem. voor die ~* ***gryp*** grab s.o. by the lapels; *pyn* ***op*** *die ~* pain in the chest; *iets* ***stuit*** *iem. teen die ~* s.t. disgusts/irks/offends (*or* goes against the grain for/with) s.o., *(infml.)* s.t. sticks in s.o.'s craw/throat (*or* gets s.o.'s goat); *iem. se ~ is/het* ***toegetrek*** s.o. has congestion of the lungs; *jou ~* ***uitstoot*** puff/stick/throw out one's chest; *(fig.)* walk tall; *uit* ***volle*** *~ sing* sing lustily (*or* at the top of one's voice); *kop* ***voor*** *die ~* crestfallen, dejected(ly). ~**aandoening** →BORSKWAAL. ~**aar** thoracic vein. ~**abses** mammary abscess. ~**asemhaling** pectoral respiration. ~**baba** breast-fed baby. ~**beeld** (portrait) bust. ~**been** breastbone, sternum. ~**boor** breast drill. ~**chirurg,** ~**sjirurg** thoracic surgeon. ~**druppels** →BORSMIDDEL. ~**harnas** *(hist., mil.)* cuirass, cors(e)let, hauberk. ~**hemp** dress shirt, *(infml.)* boiled shirt. ~**holte** chest/thoracic cavity. ~**hoogte:** *op ~* breast-high. ~**kanker** breast cancer, cancer of the breast. ~**kas** *-se, -te* chest; *(med.)* thorax. ~**ketting** pole chain. ~**kind** breast-fed child. ~**klier** pectoral/mammary/thoracic gland. ~**klierontsteking** mastitis. ~**klontjie** throat lozenge. ~**kruis** pectoral cross. ~**kwaal** chest complaint/trouble. ~**lap** bib, feeder *(of a child)*; breastplate *(of a priest)*. ~**leer** plastron, fencing pad. ~**lyer** consumptive, pulmonary patient. ~**maat** *(men)* chest measurement; *(women)* bust measure(ment); *(horse)* girth. ~**middel** *-s, -e* pectoral (remedy), chest remedy. ~**omvang** →BORSMAAT. ~**pantser** cuirass. ~**plaat** breastplate; breastpiece *(of a harness)*; plastron *(of a tortoise, turtle)*; sternum *(of an insect)*; butterscotch. ~**plooi** apron *(of sheep)*. ~**rib** pleural rib. ~**riem** breast strap; pole strap. ~**rok** →BORSTROK. ~**rokbalein** busk. ~**rokveter** staylace. ~**ruiker** corsage. ~**sak** breast pocket. ~**seer** founder *(of horses)*. ~**sjirurg** →BORSCHIRURG. ~**skans** breastwork. ~**slag** breaststroke. ~**snykunde** thoracic surgery. ~**speld** brooch. ~**spier** pectoral (muscle). ~**streek** thoracic region, region of the chest. ~**stuk** breast; breastplate; plastron *(of a tortoise, turtle)*; thorax *(of an insect)*; brisket *(of meat)*. ~**stuk(kie)** *(also)* vestee, front, bib. ~**suiker** sugar stick; barley sugar. ~**syfer** chest index. ~**tepel** nipple, teat. ~**verband** stella. ~**verwydering** mammectomy, mastectomy. ~**vin** pectoral fin. ~**vleis** breast meat; brisket *(of beef, mutton)*. ~**vlies** pleura. ~**vliesontsteking** pleurisy, pleuritis. ~**voed** breast-feed, nurse, suckle. ~**voeding** breast-feeding; mother's/breast milk; *~ gee* breast-feed, nurse, suckle; *~ kry* be breast-fed, nurse, suckle. ~**wand** chest wall. ~**wapen** *(hist.)* bard(e). ~**water** pleural effusion. ~**wering** parapet, balustrade; breastwork, battlements. ~**werwel** thoracic vertebra. ~**wol** brisket wool. ~**wond** chest wound. ~**wydte** chest measurement.

bor·sel *-sels, n.* brush; *(stiff hair)* bristle; *~ vir silwerware* plate brush; *sagte ~* soft brush, body brush. **bor·sel** *ge-, vb.* brush; make *(s.o.)* run the gauntlet, tan *(s.o.'s)* hide; *iets agtertoe/agteroor ~* brush s.t. back. ~**blok** stock (of a/the brush). ~**draad** wire bristle. ~**gras** bent (grass). ~**haar** bristle, chaeta *(of annelids)*; seta *(in invertebrates and some plants)*; *(zool.)* style(t). ~**harig** setaceous, setiferous, setigerous. ~**kontak** brush contact. ~**kop** cropped head; crew cut. ~**koppeling** brush coupling. ~**maanhaar** hog mane. ~**rug** back of a brush. ~**skyf** brush wheel. ~**stert** bristly tail. ~**ware** brushware. ~**wurm** bristle worm, chaetopod; *(Arenicola)* lug(worm).

bor·sel·ag·tig *-tige* bristly, bristling; *(biol.)* setaceous, setose.

bor·sel·rig *-rige* bristly, bushy *(hair etc.)*; stubbled, stubbly *(chin etc.)*; *(biol.)* setaceous, setose; *~e wenkbroue* beetle brows, bushy eyebrows.

bor·sie *-sies* little breast *etc.*; (shirt) front; vestee, dick(e)y; *(zool.)* plastron, breastplate.

borsjt *(Russ. soup made with beetroot)* borsch(t).

-bors·tig *comb.* -chested; *plat~* flat-chested.

borst·rok, bors·rok corset; *(hist.)* stays.

bort[1] nettle rash, (miliary) urticaria.

bort[2] →BOORT.

bor·zoi *-zois, (breed of dog)* borzoi, Russian wolfhound.

bos[1] *bosse* bunch *(of carrots, flowers, keys)*; bundle, sheaf; →BOSSIE[1]; *'n (groot) ~* ***baard*** a luxurious beard; *'n ~* ***blomme*** a bunch of flowers; a bouquet; *'n* ***dik*** *~ (spierwit/ens.)* ***hare*** a shock of (white/etc.) hair.

bos[2] *bosse* wood, forest; bush, shrub; →BOSSIE[2]; ***agter*** *die ~ getroud* not legally married; *vanweë die* ***bome*** *nie die ~ (kan) sien nie* not (be able to) see the wood for the trees; *'n* ***digte*** *~* a thick forest; ***in*** *die ~se, (also)* in the bush; ***in*** *die ~ trap* make o.s. scarce, make off, scoot; *die witte is* ***in*** *die ~* the jack is wooded; *iem. om die ~* ***lei*** lead s.o. up the garden path, take s.o. in (*or* for a ride), mislead/deceive/trick/hoodwink s.o., pull the wool over s.o.'s eyes, pull a fast one on s.o.; ***om*** *die ~* ***spring*** prevaricate; *dit* ***smaak*** *voorste ~ toe* it tastes first class; *jy kan ... agter elke ~(sie)* ***uitskop*** ... are a dime a dozen (*or* ten/two a penny); *jy sal iem. nie agter elke ~(sie)* ***uitskop*** *nie* s.o. is one in a thousand (*or* in a class by him-/herself); *'n ~* ***vorm,*** *(plant)* bush out. **~aanplanting** afforestation. **~aap, ~apie** bushbaby, galago. **~anemoon** wood anemone, windflower. **~baadjie** lumberjacket. **~beampte** forest officer. **~bedryf** forestry. **~begroei(d)** bushy; (well-)wooded *(attr.)*. **~beheer** forest management. **~beraad** lekgotla *(So., Tsw.)*. **~bessie** *(Vaccinium* spp.*)* bilberry, blueberry, cranberry, huckleberry, whortleberry. **~bestuur** forest management. **~bewaarder** forest conservator. **~bewaring** forest conservation. **~bewaringsgebied** forest conservancy. **~bewoner** forest dweller, woodsman. **~bok** bushbuck. **~bontrokkie** (Cape) flycatcher. **~bou** →BOSBOU. **~brand** forest/bush fire. **~brandbessie** *(Cissus natalitius)* tickberry. **~breker** *(SA, Austr.), (mot.)* bullbar. **~bult** holt. **~dassie** →BOOMDASSIE. **~duif** (Cape) rock pigeon/dove; wood pigeon, ringdove; stock dove. **~duiwel** clinging ape, mandrill. **~eland** bongo. **~fisant** francolin. **~ghwarrie** *(Euclea crispa)* bush guarri. **~god(jie)** *(Rom. myth.)* faun, sylvan deity. **~hemp** bush shirt. **~jamboes** Surinam cherry. **~kar** bush cart. **~kat** (European) wild cat; serval; *vaal ~* →VAALBOSKAT. **~klawer** bush clover. **~korhaan** bush korhaan, red-crested korhaan. **~kraai** trumpeter hornbill. **~krapper** terrestrial bulbul. **~kultuur** silviculture. **~kunde** silviculture. **~kwartel** button quail, hemipode. **~laksman** bush shrike, ant bird/thrush. **~land** →BOSWÊRELD. **~landskap** woodland scenery. **~lanser** -s country bumpkin; *(Am., Austr.)* bushwhacker. **~lelie** *(Clivia* spp.*)* bush lily; *Crinum macowani*. **~loerie** bush lourie. **~loper** bushranger. **~luis** →BOSLUIS. **~mens** forest dweller; *(dated)* wild man of the woods, orang-utan(g). **~muis** forest mouse. **~musikant** forest weaver; wheelbarrow, squeaker. **~nagaap, ~apie** bushbaby. **~nimf** wood nymph, dryad. **~opsigter** forester, woodman. **~opstand** forest crop/stand. **~pampoentjie** *(Coccinia palmata)* bush pumpkin. **~patrys** bush/crowned partridge. **~peper** *Piper capense*. **~pik** pickaxe. **~plant** hylophyte. **~plantasie** (forest) plantation. **~rank** forest climber; *(Clematis* sp.*)* traveller's joy, old man's beard. **~reservaat** forest reserve. **~reus** giant of the forest. **~ryk** wooded, bosky, woody, timbered. **~rykheid** woodiness, boskiness. **~saag** forest saw. **~sanger** bush warbler, eremomela. **~stertmuis** dormouse. **~stok** bush-trained vine. **~suring** wood sorrel. **~telegraaf** *(fig.)* grapevine, bush telegraph; *iets per ~ hoor* hear s.t. on/through the grapevine. **~tinktinkie** bush warbler. **~uil** wood/Woodford's owl; *Europese ~, (Strix aluco)* tawny owl. **~vark** bush pig. **~veld** bush country, bushveld; bushland; *die B~* the Bushveld. **~viooltjie** wood violet. **~vleirot** *Otomys unisuicatus*. **~voël** *(Andropadus importunus)* green/sombre bulbul, pilawit. **~vy(g)** *(Ficus capensis)* bush/wild fig. **~wagter** forester, woodman, forest warden/ranger. **~wêreld** bush country, woodland, bushland. **~werker** lumberjack, lumberman, woodcutter, forest worker. **~wese** (department of) forestry, forest service. **~wilg(er)**, **~wilker** bush willow.

bos·ag·tig, bos·ag·tig -*tige* bushy, bushed, wooded, woody, timbered, shrubby.

bos·bou forestry, silviculture. **~kunde** silviculture, forestry. **~kundig** silvicultural. **~kundige** -*s* silviculturist. **~skool** school of forestry.

bos·bou·er forester, silviculturist.

bo·se: *die ~* evil; *die B~* the Evil One; *uit die ~* evil, harmful; *verlos ons van die ~* deliver us from evil. →BOOS.

bos·ka·sie, bos·ga·sie -*sies* thicket, brushwood, undergrowth, shrubbery; shock *(of hair)*, woolly head, unkempt hair.

bos·luis (bush) tick. **~blom** *Erica viridipurpurea*. **~boom** castor-oil bush/plant. **~galsiekte** tick-borne gallsickness. **~koors** tick fever. **~larwe** seed tick. **~voël** *(Egretta garzetta)* little egret; *(Bubulcus ibis)* cattle egret; →RENOSTERVOËL.

Bos·ni·ë *(geog.)* Bosnia. **~-Herzegowina** *(geog.: constituent republic of Yugoslavia until 1991)* Bosnia-Herzegovina, Bosnia-Hercegovina, Bosnia and Herzegovina/Hercegovina.

Bos·ni·ër -*niërs* Bosnian. **Bos·nies** -*niese* Bosnian.

Bos·po·rus: *die ~, (strait)* the Bosp(h)orus.

bos·seer *(ge)-* mould in wax; boast, shape (roughly). **~beitel** boaster. **~werk** boasting.

bos·se·leer *ge-* emboss. **~pons** tracer punch. **~werk** embossing; repoussé (work).

bos·sie¹ -*sies* bunch *(of flowers, fishes, etc.)*; cluster; fascicle; →BOS¹; *~ hare* tuft of hair.

bos·sie² -*sies* bush, shrub; weed; →BOS²; ***agter*** *die ~s opgegroei* uncouth, bad-mannered; *dis* ***alles*** *~s!* it's all nonsense!; ***geld*** *soos ~s hê* be rolling in it/money/wealth, be loaded, have money to burn; ***geld*** *soos ~s maak* rake it in, rake in the cash, make a packet; *werk/ens.* ***soos*** *~s hê* have stacks of work/etc.; *~s* ***toe*** *gaan* relieve o.s.. **~dokter** *(infml.)* herbalist. **~kop** woolly/frizzy head, shock/mop of hair; shockhead; (bushy-maned) pony; untidy nag. **~smaak** taste of herbs. **~(s)tee** bush/Cape tea. **~stert** bushy tail. **~stroop** sugar-bush syrup. **~(s)veld** scrub (vegetation).

bos·sie·ag·tig -*tige* herbaceous; frutescent, fruticose.

bos·sies *(infml.)* screwy, cuckoo, mental, not all there, nuts, bananas, barmy, off one's rocker/trolley.

bos·sie·tjie -*tjies* small bunch *etc.*; shrublet.

bos·sing -*sings* bush(ing), rabbet/rebate joint.

bos·skuif piston valve *(of a loco)*.

bos·tel brewer's grains.

bos·ton-: **~brood** Boston (brown) bread. **~greep** *(wrestling)* Boston crab. **~terriër** Boston terrier.

bot¹ *adj. & adv.* dull(-witted/brained), dim/slow-witted, slow on/in the uptake, imperceptive, stupid, obtuse, stolid; gruff, crusty, sullen, surly, curt, blunt, ill-humoured; *~(te) weiering* blunt/flat/point-blank refusal. **~af** *adj.* blunt, curt. **~af** *adv.* bluntly, curtly; *~ weier* →BOTWEG WEIER. **~dig** →POTDIG. **~stil** stock-still, motionless; *~ gaan staan* come to a dead/full stop. **~ toe** tightly closed. **~weg** bluntly, flatly, curtly; *~ weier* refuse flatly/point-blank.

bot² *botte, n., (icht.)* flounder, fluke. **~wurm** fluke.

bot³ *botte, n., (rare)* bone.

bot⁴ *botte, n.* →BOD.

bot⁵ *botte, n.* foliation; →BOTSEL; *vertraagde ~* delayed foliation. **bot** *ge-, vb.* bud, burgeon, put forth buds, sprout, shoot; *aan die ~ wees* be in bud. **~tyd** blossom time.

bo·ta·nie botany. **bo·ta·nies** -*e* botanic(al); *~e naam* botanical name; *~e tuin* botanic(al) garden(s). **bo·ta·ni·kus** -*nikusse, -nici,* **bo·ta·nis** -*te* botanist.

bo·ta·ni·seer *ge-* botanise, herborise. **~trommel** (botanical) specimen/collecting box/case, vasculum.

bot·heid dul(l)ness, obtuseness, stolidity.

bot·jie: *~ by ~ lê/sit* club together, go Dutch.

Bot·ni·ë *(geog.)* Bothnia. **Bot·nies** -*e* Bothnian; *~e Golf* Gulf of Bothnia.

bo·tri·tis *(fungus)* botrytis.

bots *ge-* collide; clash, disagree; ***kop*** *aan/teen kop ~, reg van* ***voor*** *~, (cars etc.)* collide head on; ***met*** *... ~, (fig.)* clash with ... *(s.o.)*; fall/run foul of ... *(the law)*; ***met*** *mekaar ~, (fig.)* clash, come into conflict; ***teen*** *iets ~* crash/bump/run/smash into (*or* collide with) s.t.; ***teen*** *mekaar ~* collide. **~bestand** crashworthy. **~bestandheid** crashworthiness. **~vlugtige** -*ges* hit-and-run driver.

bot·sel -*sels* bud. **~vorming** budding.

bot·sing -*sings, -singe* collision, smash, crash; impact; shock; clash, conflict, fracas, affray; *op 'n ~* ***afstuur*** be on a collision course; ***in*** *'n ~ (betrokke) wees* be (involved) in a collision/smash; *met ...* ***in*** *~ kom* clash with ...; fall/run foul of ... *(the law)*; *met ...* ***in*** *~ wees* clash with ...; be at variance with ...; *'n* ***kop*** *aan/teen kop ~, 'n ~ reg van* ***voor*** a head-on collision *(between cars/etc.)*; *iem. se motor is in 'n ~* ***verwoes*** s.o.'s car was wrecked in a collision/smash; s.o. smashed up his/her car.

bot·sin·kie -*kies* brush, slight collision.

Bo·tswa·na *(geog.)* Botswana.

bot·tel -*tels, n.* bottle; flask; jar *(for preserved fruit)*; *'n ~* ***aanspreek/uitdrink*** crack a bottle; *al* ***bars*** *die ~ (en al buig die fles)* →BUIG OF BARS; *die* ***blou*** *~, (infml.)* the blue bottle; *~* ***drink,*** *(baby)* be on the bottle; *nie meer ~* ***drink*** *nie, (baby)* be off the bottle; *iem. het te diep in die ~* ***gekyk,*** *(infml.)* s.o. has had a drop too much; *van die ~* ***gespeen*** *wees, (infml.)* be off the bottle, stay off the bottle/drink/booze; *na die ~* ***gryp*** hit (*or* take to) the bottle; *iem./iets is genoeg om enigeen na die ~ te laat* ***gryp*** s.o./s.t. is enough to drive anyone to drink; *van die ~* ***hou,*** *in die ~* ***kyk,*** *(infml.)* bend/lift one's elbow; *baie van die ~* ***hou,*** *diep in die ~* ***kyk,*** ***lief*** *vir die ~ wees, (infml.)* be fond of the bottle; *te veel van die ~* ***hou,*** *te diep in die ~* ***kyk,*** *(infml.)* be on (*or* too fond of) the bottle, drink hard/heavily (*or* too much); *20/ens. ~(s) melk/ens.* ***op 'n*** (**of** ***per***) *dag* 20/etc. bottles of milk/etc. a day; *'n goeie* ***sluk*** *op die ~* →SLUK *n.*; *met 'n ~* ***voed*** bottle-feed; *'n ~* ***wyn/ens.*** a bottle of wine/etc.. **bot·tel** *ge-, vb.* bottle, put (up) in bottles. **~baba** bottle(-fed) baby. **~bank** bottle bank. **~bene** legs with slender ankles. **~bier** bottled beer. **~blondine** *(infml., usu. disparaging)* bottle/peroxide blonde. **~bom** →PETROLBOM. **~borsel** *(lit.)* bottlebrush. **~dop** crown cork, bottle top. **~gooier** bottle thrower. **~gooiery** bottle-throwing. **~groen** bottle green. **~heide** *(Erica ampullacea etc.)* bottle heath. **~nek** *(lit. & fig.)* bottleneck. **~oopmaker** bottle opener. **~stuk** broken bottle. **~verkope** →BUITEVERKOPE. **~voed** bottle-feed. **~voeding** bottle-feeding; *~ kry, (baby)* be bottle-fed, be on the bottle; *nie meer ~ kry nie, (baby)* be off the bottle.

bot·te·laar -*laars* bottler. **bot·te·la·ry** -*rye* bottling plant; bottling room/department; butler's pantry.

bot·te·leer *ge-* →BOTTEL *vb.*.

bot·te·lier -*liers* butler, steward, cellarman, cellarer.

bot·tel·tjie -*tjies* small bottle; nip.

bot·ter *n.* butter; *die ~ het* ***alleen*** *geslaap* the butter is hard; *~ en* ***brood, brood*** *en ~* bread and butter; buttered bread; *~ op iem. se* ***brood*** *wees, (fig.)* be grist to s.o.'s mill; *iem. se* ***brood*** *is dik ~ gesmeer, (infml.)* s.o. is in clover; *~* ***deurwerk*** work butter; ***(egte)*** *~* dairy butter; *~ aan die* ***galg*** *gesmeer* wasted (*or* waste of) effort, wasted/lost labour; *so* ***maklik*** *soos ~ en brood, (infml.)* (mere) child's play, as easy as pie; *~ op iets* ***smeer*** butter s.t.; *('n) mens sou sê ~* ***smelt*** *nie in iem. se mond nie* s.o. looks as if butter wouldn't melt in his/her mouth; *die ~ sal* ***uitbraai,*** *(fig.)* murder will out; *(met jou neus/stert) in die ~* ***val,*** *(infml.)* have a stroke of luck, strike it lucky, be very fortunate; strike it rich, come into money (*or* into an inheritance), marry money; *~ vir* ***vet,*** *(infml.)* tit for tat; *~ by die* ***vis*** hard/spot cash, cash down; (cash) on the nail; *~* ***wel*** draw butter. **bot·ter** *ge-, vb.* butter. **~bakkie** butter dish. **~balletjie** butterball. **~bereiding** butter-making. **~blom** buttercup; sparaxis; gazania; Cape dandelion/marigold/weed; yellow satinflower; *wit ~* →WITBOTTERBLOM; *groot ~* →GROOTBOTTERBLOM. **~boom, ~bos** *(Cotyledon paniculata)* butter tree/bush. **~boon(tjie)** butter bean. **~broodjie** →SKON. **~doek** (butter) muslin. **~-en-brood** *(bot.: Malva parviflora)* bread-and-cheese. **~fabriek** creamery. **~hand:** *iem. het ~e* s.o. has butterfingers. **~karamel** butterscotch. **~klapper** wild orange. **~kleurig** -*e* butter-coloured. **~kleursel** butter colour(ing). **~koek** butter cake. **~koekie** butter biscuit. **~koeler** butter cooler. **~kop** dunce, blockhead; runt. **~kop(esel/muil)** hinny. **~mes** butter knife. **~olie** butter oil. **~papier** butter paper, greaseproof paper, sandwich paper. **~peer** butter pear, beurré. **~pot(jie)** butter dish. **~skorsie** butternut (squash). **~slaai** butterhead/Boston lettuce. **~sleutelblom** buttercup primrose. **~sous** butter sauce. **~spaan** butter scoop/pat, Scotch hand. **~stof** *(chem.)* butyrin. **~suur** butyric acid. **~tande:** *jou ~(e) uittrek* do without butter, eat butter sparingly. **~vaatjie** butter firkin. **~versiersel** butter icing. **~vet** butterfat. **~(vet)meter** butyrometer. **~vis** butterfish. **~voëltjie** titbabbler. **~vorm** butter mould/printer.

bot·ter·ag·tig -*tige* buttery, butyric.

bot·ter·tjies: *('n bietjie)* ~ a little butter.

bo·tu·lis·me botulism, food poisoning.

bot·vier *ge-* run riot; know no bounds; *iets laat* ~ unleash s.t. *(forces of hate etc.)*; vent, give vent to s.t. *(one's anger, emotions, feelings, etc.)*; give (full/free) rein to s.t. *(one's imagination etc.)*; pursue s.t. *(one's lusts etc.)*.

bou *n.* build *(of s.o.'s body)*; make; building, construction, erection; structure; conformation; fabric; framework *(of a novel etc.)*; ~ *van 'n sin* construction of a sentence. **bou** *ge-, vb.* build, construct, erect, put up *(a building)*; raise *(an edifice)*; *'n boog* ~ spring an arch; *mooi ge~ wees, (woman)* have a good/lovely figure; *(man)* be well built; *(infml., man or woman)* have a great body; *op ...* ~ build/rely on ...; *'n sin* ~ construct a sentence. ~**aannemer** building contractor. ~**bedryf** building trade/industry, construction industry. ~**beperking** building restriction. ~**bestek** builder's estimate/specification(s). ~**beton** structural concrete. ~**blok** building block; *hol* ~ cavity block. ~**-erf** building plot. ~**fonds** building fund. ~**genootskap** building society. ~**gereedskap** building implements. ~**geskiedenis** architectural history. ~**glas** structural glass. ~**grens** building/wall line. ~**grond** building site. ~**gruis** building gravel/grit; concrete stone. ~**heer** architect; builder; *die B~ van die heelal* the Architect of the universe. ~**hout** building timber, structural wood. ~**-ingenieur** structural/construction engineer. ~**-inspekteur** building inspector. ~**kalk** building lime. ~**klerk** clerk of works. ~**klip** building stone. ~**kommissie** building committee. ~**kontrak** building contract. ~**koste** building expenses/costs, cost of construction. ~**kunde** architecture, (science of) building. ~**kundig** *-e* architectural. ~**kundige** *-s* architect; builder. ~**kuns** architecture. ~**laag** topsoil. ~**land** arable land, ploughland, tilth. ~**lening** building loan. ~**maatskappy** building/construction company. ~**materiaal** building material(s). ~**meester** architect. ~**ondernemer** building contractor. ~**(-)opname** building survey. ~**(-)opnemer** building surveyor. ~**(-)opsigter** building supervisor, clerk of works. ~**papier** felt/sheathing paper. ~**perseel** building plot/site. ~**plan** building plan. ~**profiel** structural section. ~**regulasie** building regulation. ~**rekenaar** quantity surveyor. ~**rekene,** ~**rekeningkunde** quantity surveying. ~**sand** building sand. ~**som** building cost(s). ~**staal** structural/construction(al) steel. ~**steen** *-stene* building block; building brick; *(in the pl., fig.)* materials. ~**stof** *-stowwe* building material; *(in the pl., fig.)* materials. ~**stuk** piece of masonic architecture. ~**styl** style of building/architecture. ~**tekenaar** structural draughtsman. ~**terrein** building site. ~**vak** building (trade). ~**vereniging** →BOUGENOOTSKAP. ~**verordening** building regulation/bylaw/byelaw. ~**vorm** *-e* conformation. ~**werk** building, edifice, structure; construction (work); building operations. ~**werker** building worker. ~**wese** building industry. ~**woede** building mania.

bou·chée *n., (Fr. cook.)* bouchée.

bou·clé *(Fr.)* bouclé (wool).

boud[1] *boude, n.* buttock; leg *(of mutton)*; round *(of beef)*; haunch *(of person, quadruped, game)*; breech; *(in the pl. also)* hindquarters; *~e skud, (sl.: dance)* hoof it. ~**naat** perineum. ~**naatspier** perineal muscle. ~**spier** gluteal muscle.

boud[2] *adj., (rare)* bold. ~**weg** boldly.

Bou·de·wyn *(name of counts of Flanders)* Baldwin; *(king of the Belgians, 1930-93)* Baudouin. ~**stad** *(hist.)* Baudouinville.

boud·jie *-jies* little buttock; small leg *(of mutton, game)*; *(hoender)~* leg *(of a chicken)*, drumstick.

bou·er *-ers* builder; constructor. **bou·e·ry** building (operations); building trade.

bou·gain·vil·le·a *-as, (bot.)* bougainvill(a)ea.

bouil·la·baisse *(Fr. cook.)* bouillabaisse.

boul *ge-, (cr.)* bowl. ~**beurt** over; *leë* ~ maiden (over). ~**ontleding** bowling analysis. ~**skerm** sightscreen, bowling screen. ~**streep** bowling crease. ~**werk** bowling.

bou·ler *-lers, (cr.)* bowler.

bou·le·vard *-vards* boulevard.

boulle(·werk) boul(l)e, boullework, buhl.

Bour·bon *(Fr., hist.)* Bourbon. **b~beskuitjie** Bourbon biscuit.

Bour·bons Bourbon; *~e koning* Bourbon king.

bour·don *-dons* bourdon.

bour·geois *adj., (Fr., often derog.)* bourgeois, middle-class. **bour·geoi·sie** *n., (Fr.)* bourgeoisie, middle class.

Bour·gog·ne →BOERGONJE(WYN).

bour·rée *(Fr., dance, mus.)* bourrée.

bou·sel *-sels* structure.

bout *boute, (dim. boutjie), n.* bolt; pintle; (soldering) iron; pin. **bout** *ge-, vb.* bolt. ~**snyer** bolt cutter.

bou·ta·de *(Fr.),* **boe·ta·de** *-des* witticism, quip, sally.

bou·te·ry *-rye* annealing room.

bou·val ruin(s). **bou·val·lig** *-lige* dilapidated, crumbling, tumbledown, ramshackle, derelict, *(fml.)* ruinous *(house, castle, etc.)*; rickety *(shed etc.)*; ~ *word* fall into ruin(s)/decay. **bou·val·lig·heid** dilapidation, disrepair, dereliction.

bo·vas *-vaste* double whip.

bo·we: *iets te ~ gaan* exceed s.t.; surpass s.t.; *alles te ~ gaan* be nothing like it; *dit gaan ('n) mens se verstand te ~ dat ...* it boggles the mind that ...; *iets te ~ kom* get over s.t. *(a difficulty etc.)*; overcome/surmount s.t. *(obstacles)*; live s.t. down *(a scandal etc.)*. →BO. ~**al** →BOWENAL. **B~meer:** *die* ~ Lake Superior. **bo·we(n)·al, bo·we(n)·al** above all. **bo·wen·dien** →BUITENDIEN.

bow·le *-les, (<Germ.)* →BOLE.

boy·sen·bes·sie boysenberry.

bra[1] *bra's, n., (abbr. of* brassière*)* bra; *sonder 'n* ~ braless. ~**verbrander** *(fig.: feminist)* bra burner.

bra[2] *adv.* somewhat, rather; really, quite; *ek kan nie ~ **anders** nie* I can't really help myself; I don't really have a choice; *~ **baie** kan drink* drink like a fish, be some drinker; *~ **baie** kan lieg* lie like a trooper; *iem. het nie ~ **geweet** wat gebeur het nie* s.o. hardly knew what had happened; *dit nie ~ kan **kleinkry** nie* not quite know what to make of it; *~ **laat** wees* be rather late; *~ **lus** hê om ...* have a good mind to ...; *nie ~ **lus** hê nie* not quite feel like it, not be in the mood; ***nie** ~ ... nie* not really ...; *~ **teleurstellend*** something of a disappointment; *ek **weet** nie (so) ~ nie* I have my doubts, I'm not quite sure.

bra[3] *(SA township sl.: brother): (my/ou)* ~ (my) bra.

braaf *brawe brawer braafste, (<Eng.)* brave, courageous (→DAPPER[1] *adj.*); *(<Dutch, rare)* good, honest, respectable, decent; *'n brawe Hendrik, (infml.)* a goody(-goody) (*or* Holy Joe); a plaster saint; *'n brawe Maria* a plaster saint. **braaf·heid** *(<Dutch, rare)* virtue, honesty, integrity; →DAPPERHEID.

braai *n., (SA)* braai(vleis); *'n ~ hou* have a braai. **braai** *ge-, vb.* roast *(in a pot)*; fry *(in a pan)*; grill *(on a grid)*; broil *(on a fire)*; sizzle; *(infml.)* get into hot water, cop it; ***bring** en ~, (SA)* bring and braai; *oor die **kole** ~* barbecue; *... sal iem. **oor** iets ~, (infml.)* ... will have s.o.'s blood for s.t.; *in die **son** ~* fry in the sun; *iets aan/op 'n **spit** ~* spit-roast s.t.; ***vleis*** (of [infml.] *'n **vleisie**) ~, (SA)* braai, have a braai. ~**boud** roast leg of mutton/venison, roast. ~**-emmer** barbecue bucket. ~**gereg** grill. ~**hoender(tjie)** roast(ing) chicken, broiler; *jong ~* frier. ~**kaas, roosterkaas** (Welsh) rarebit, Welsh rabbit. ~**mielie** roasted ear of maize. ~**-olie** cooking oil. ~**pan** frying pan. ~**plek** braai. ~**restaurant** steakhouse. ~**ribbetjie** roast(ed) rib. ~**rooster** gridiron. ~**spit** spit. ~**stoof** *ge-* braise. ~**stuk** roast. ~**toestel** braai. ~**vet** dripping, cooking/frying fat. ~**vis** fried fish. ~**vleis** →BRAAIVLEIS.

braai·er *-ers, (person)* roaster, fryer, frier; *(appliance)* braai.

braai·vleis braai(vleis) *(<Afr.)*, roast/grilled meat, grill, barbecued meat; *('n) ~ hou* have a braai. ~**(aand),** ~**(byeenkoms),** ~**(geselligheid)** *(SA)* braai(vleis), barbecue.

braak[1] *n.* fallow (land). **braak** *adj. & adv.* fallow; *~ lê* lie fallow. **braak** *ge-, vb.* break up, fallow *(land)*; break (new) ground; brake *(flax)*. ~**land** fallow (land); cultivated fallow; land ploughed for the first time. ~**ploeg** sod plough, breaker, subsoil cultivator.

braak[2] *ge-* vomit, be sick, *(infml.)* throw up, *(sl.)* puke; regurgitate; *(fig.)* emit, send out, belch; *gal ~ (oor iets)* →GAL[1]; *vuur ~* bubble out flames. ~**middel** *-s, -e* emetic, vomitive, vomitory. ~**neut** poison nut, nux vomica, vomitive nut. ~**poeier** tartar emetic, antimony potassium tartrate. ~**teenmiddel** anti-emetic. ~**wekkend** *-e* emetic, vomitive, vomitory. ~**wortel** ipecacuanha root. ~**wyn** wine of antimony. ~**wynsteen** tartar emetic, antimony potassium tartrate.

braak·sel vomit.

braam[1] *brame,* **braam·bos** *-bosse, (Rubus fruticosus)* blackberry, bramble. **braam·bes(·sie)** blackberry.

braam[2] *brame* wire edge *(of a knife)*; burr *(of a chisel)*. ~**steen** buhrstone, bur(r)stone.

Bra·bant *(geog., hist.)* Brabant. **Bra·ban·der** *-ders* Brabanter. **Bra·bants** *-bantse* Brabantine; *~e klawer, (Trifolium pratense)* red clover.

brab·bel *ge-* chatter, jabber, babble, prattle. ~**taal** gibberish, jargon.

brab·be·laar *-laars* chatterer, babbler.

bra·gi·ke·faal, bra·gi·se·faal *n.* brachycephal, shorthead, broadhead, roundhead. **bra·gi·ke·faal, bra·gi·se·faal** *adj.* brachycephalic, brachycephalous, short-headed, broad-headed, round-headed.

bra·gi·lo·gie brachylogy.

bra·gi·o·po·de *-des* brachiopod, lamp shell.

bra·gi·o·sou·rus *-russe* brachiosaurus.

Brah·ma Brahma. **Brah·maan** *-mane, n., (a member of the highest Hindu caste)* Brahman, Brahmin. **Brah·maans** *-maanse, adj.* Brahman. **Brah·ma·nis·me** Brahminism.

bra(h)·maan *-mane, n., (cattle breed)* Brahman.

braille(·skrif) braille.

brak[1] *brakke, n.* dog, mongrel, cur, tyke, tike; *(sl.)* mutt, pooch; *iem. soos 'n ~ volg* trail s.o. like a dog, spaniel s.o.'s heels. ~**hond** mongrel (dog). ~**sak(kie), brakkiesak(kie)** doggy/doggie bag.

brak[2] *n.* brackish spot; (natural) salt lick. **brak** *adj.* brackish, saline, salt, briny; alkaline *(soil)*; →BRAKKERIG; *~ kol* brackish patch; *(fig.)* bad patch; *~ **pan*** brackish pan; *~ **vlei*** salt marsh; *~ **water*** brackish water. ~**bos(sie)** *Salsola* spp.. ~**ganna** *(Salsola* spp.*)* lye bush. ~**gras** *Puccinellia* spp.. ~**plek** (natural) salt lick. ~**slaai** *(Mesembryanthemum crystallinum)* ice plant.

bra·king vomiting, emesis; →BRAAK[2].

brak·ke·rig *-rige* rather brackish; →BRAK[2].

brak·kie *-kies* cur; →BRAK[1]. ~**sak(kie)** →BRAKSAK(KIE).

brak·tee *-teë, (bot.)* bract.

bra·loos *-lose* braless.

bram-: ~**seil** topgallant sail. ~**steng** topgallant (mast).

brand *brande, n.* fire, blaze; conflagration; burnt (patch of) veld; blight, cockle, ergot, smut, brand *(in cereals)*; cauterisation *(of a wound)*; *(med., rare)* gangrene; *(rare)* rash *(on human skin)*; *iets **aan** die ~ hou* keep s.t. alight; ***aan** die ~ raak/slaan* catch alight/fire; ***aan** die ~ staan, (a house etc.)* be on fire; *iets **aan** die ~ steek* set fire to s.t., set s.t. alight (*or* on fire); *(infml.)* torch s.t.; ignite s.t.; (en)kindle s.t.; ***aan** die ~ wees, (a house etc.)* be on fire; *(a pipe etc.)* be lit; *(fig.)* be playing/working very well; *'n ~ **blus*** put out a fire; *die ~ is **geblus**, (also)* the fire is out; ***in** die ~ wees, (fig., rare)* be in a fix; *altyd **in** die ~ sit* always be flat/dead broke (*or* on one's beam-ends); *~ **stig*** raise/start a fire; commit arson; *'n ~ **veroorsaak*** start a fire. **brand** *ge-, vb.* burn, be on fire, flame, blaze; smart; roast *(coffee)*; burn *(one's fingers, lime)*; *(cook.)* burn, char, scorch; scar, scald *(with hot water)*; cauterise *(a wound)*; brand *(with a hot iron, to show ownership)*; →BRANDEND; *flou ~* burn low; ***gaar** ge~ wees, (infml., sun bather)* be burnt to a frazzle; *die **geld** ~ in iem. se hand* money burns a hole in s.o.'s pocket; ***korter** ~, (candle etc.)* burn down; *~ **om** iets te doen* be burning/bursting/itching to do s.t.; *iets **plat** ~* burn s.t. down; *die **son** ~* the sun is scorching;

soos 'n fakkel ~ burn like a torch; *swart* ~ char; *dit* ~ *op iem. se tong* s.o. is itching/burning to tell it; *peper* ~ *op die tong* pepper stings one's tongue; ~ *van* ... be burning with (*or* dying of) ... *(curiosity)*; be burning with ... *(desire)*; be burning/bursting/fuming with ... *(impatience)*; ~ *van verlange om iem. te sien* yearn (*or* be dying) to see s.o.. ~**aar** smut ear *(in wheat)*. ~**alarm** fire alarm. ~**arm** destitute, poverty-stricken, penniless, (as) poor as a church mouse. ~**assie** midge. ~**assuransie** →BRANDVERSEKERING. ~**baan** firebreak, fireguard, fire belt/line. ~**beampte** *(SA)* fire warden. ~**bestryder** firefighter; *(mining)* proto man. ~**bestryding** firefighting. ~**beveiliging** fire protection. ~**blaar** blister; *(also, in the pl.) Knowltonia* spp.. ~**(blus)dril** fire drill. ~**blusser** firefighter; fire extinguisher. ~**bom** incendiary bomb, firebomb, fireball. ~**boontjie** *(bot.)* heel-fire bean. ~**bossie** *(Mohria caffrorum)* scented fern. ~**boudjies** *(med., infml.)* nappy rash. ~**byl** fire axe. ~**deur** emergency exit; fire(proof) door. ~**emalje** baked enamel. ~**emmer** fire bucket. ~**gang** fire passage. ~**gans** brent (goose), brant. ~**gas** fuel gas. ~**gat** =*e*, *(mil.)* fuse hole. ~**gevaar** fire danger/hazard/risk. ~**glas** burning glass. ~**graan** smutted wheat. ~**granaat** fireball. ~**haar** stringing hair. ~**hout** firewood, firing; punk; wood fuel. ~**jeuk** urticaria, nettle rash. ~**kamer** strongroom. ~**kas** =*te* safe, strongbox; *'n* ~ *oopbreek* crack a safe. ~**kasbreker** safe-blower, *(sl.)* peterman. ~**kleurteël** encaustic tile. ~**kluis** safe deposit, strongroom, (bank) vault. ~**koeël** fireball, incendiary bullet. ~**kors,** ~**roof** eschar. ~**kraan** fire cock, (fire) hydrant. ~**leer** fire escape, fire/scaling ladder, pompier (ladder). ~**lelie** *(Cyrtanthus angustifolius)* fire lily. ~**lug** →BRANDREUK. ~**maer** skinny, scraggy, rawboned, (as) thin as a rake/lath. ~**merk** *n.* brand *(on an animal)*; *(fig.)* stigma. ~**merk** *ge-, vb.* brand *(cattle)*; *(fig.)* brand, stigmatise; *iem. as* ... ~ stigmatise s.o. as ... *(a coward etc.)*. ~**merking** branding. ~**middel** =*s*, =*e* caustic, pyrotic. ~**muur** fire(proof) wall. ~**netel,** ~**nekel** stinging nettle. ~**oefening** fire drill/practice. ~**offer** burnt offering. ~**olie** fuel/furnace oil. ~**paal** stake. ~**pad** firebreak, fireguard, fire belt/line/path. ~**plaat** baffle (plate). ~**plek** burn, scald. ~**polis** fire policy. ~**pomp** fire pump. ~**punt** focus, focal point; seat, focus, centre *(of activity)*; *in die* ~ *van iets staan, die* ~ *van iets wees* be at the cutting edge of s.t.. ~**puntlamp** focus lamp. ~**puntsafstand** focal length/distance, depth of focus. ~**pyn** burning pain. ~**reuk** smell of burning. ~**rissie** chil(l)i. ~**roes** ergot. ~**roof** looting at a fire. ~**roof** *(dry scab/slough)* eschar. ~**seer** scald; veld sore. ~**sein** fire signal. ~**-sel** =*le* sting(ing) cell, nematocyst. ~**siek** scabby, infected with scab; ~ *skaap* scabby sheep. ~**siek(te)** (sheep) scab, mange. ~**siek(te)myt** scab mite. ~**skade** fire damage. ~**skat** *ge-* hold to ransom, lay under contribution. ~**skatting** forced contribution. ~**skerm** fire screen, fireguard; fire(proof) curtain. ~**skilder** *n.* enameller; glass stainer. ~**skilder** *ge-, vb.* enamel; stain *(glass)*; *ge~de glas* stained glass. ~**skildering** glass staining. ~**skilderwerk** enamelling; enamelled work; glass staining. ~**skimmel** smut blight. ~**skot** fire screen/partition. ~**slaan,** ~**slanery** firefighting. ~**slaner** firefighter, (fire) beater; *(fig.)* troubleshooter. ~**slang** fire hose. ~**smaak** burnt/scorched flavour/taste. ~**solder** fireproof ceiling. ~**spieël** burning glass; concavo-convex mirror. ~**spiritus** methylated spirits. ~**spuit** fire hose; fire engine. ~**stapel** stake; funeral pile/pyre; *op die* ~ *sterf/sterwe* die/perish at (*or* go to) the stake; *tot die* ~ *veroordeel* condemn to the stake. ~**stigter** arsonist, incendiary, fire raiser, *(infml.)* firebug. ~**stigting** arson, incendiarism, fire raising. ~**stof** →BRANDSTOF. ~**stoot** *n., (lit. & fig.)* push-start. ~**stoot** *vb., (mot.)* push-start, jump-start; *iem.* ~, *(fig.)* give s.o. a push/jump-start; *iem. se motor* ~ give s.o. a push/jump-start. ~**strook** firebreak, fireguard, fire belt/line. ~**swam(siekte)** smut. ~**traag** flame-resistant. ~**trap** fire escape. ~**uitgang** fire escape/exit. ~**vas** fire-resistant. ~**vastheid** fire resistance. ~**verf** enamel. ~**versekering** fire insurance. ~**versekeringsmaatskappy** fire insurance company. ~**vlak** focal plane. ~**voorsorg** fire precautions. ~**vry** fireproof, flameproof *(wire, cable)*. ~**wa** →BRANDWEERWA. ~**wag** *(forestry)* fire guard/sentry/watch; *(mil.)* watch, guard, picket, sentry, sentinel; *(mil.)* fire watcher; *'n* ~ *opstel, (mil.)* mount (*or* set up) a picket; ~ *staan, (mil.)* do sentry duty, be on (*or* keep/stand) guard, stand sentry/sentinel; *iem. staan oor/vir iets* ~, *(fig.)* s.o. protects s.t. *(people's interests, rights, etc.)*. ~**weer** →BRANDWEER. ~**werend** =*e* fire-resisting. ~**werk** pyrography, pokerwork. ~**wond** burn; scald. ~**wondolie** carron oil. ~**yster** brand, branding/searing iron; *(med., rare)* cauterising iron, cautery, cauterant.

brand·baar =*bare* combustible, (in)flammable. **brand·baar·heid** combustibility, (in)flammability.

bran·dend =*dende* burning *(torch, question)*; lighted *(candle, lamp, cigarette)*; intense, ardent *(love, longing, eyes, fever)*; fervent, fervid *(desire, heat)*; flaming *(temper)*; fiery *(speaker, temper; wind)*; caustic *(soda, reply)*; scalding *(water, tears)*; raging *(thirst)*; *(med.)* prurient; ~*e begeerte* ardent/burning/consuming/fervent desire; ~*e gif* irritant poison; *die vlam* ~*(e) hou* keep the flame alight.

bran·den·de·bos *(Kochia* sp.*)* flame bush.

bran·der =*ders* burner; fire ship; pressing/reprimanding letter, letter of demand; rebuke; breaker, comber, (large) wave; *'n* ~ *kry* get/receive a sharp/stern reminder; ~*s ry* surf; *aan iem. 'n* ~ *skryf/skrywe/stuur* write s.o. a stinking letter, send s.o. a sharp/stern reminder. ~**masjien** wave machine. ~**plank** surfboard; ~ *ry* surf. ~**ry** surfing. ~**ryer** surfer, *(sl.)* surfie.

bran·de·rig =*rige* burning *(skin)*; smarting; irritant; burnt *(taste)*; smutty *(wheat)*; *(med.)* prurient. **bran·de·rig·heid** *(med.)* smart, irritation.

bran·de·ry burning; limekiln; limeworks.

bran·de·wyn brandy; *skoon* ~ neat brandy; *jou* ~ *skoon* (*of net so*) *drink* drink one's brandy neat. ~**bos** *(Grewia flava)* wild currant. ~**botter** brandy butter. ~**ketel** brandy still. ~**sous** tipsy sauce. ~**stokery** distillery. ~**tert** tipsy tart. ~**vat** brandy cask/barrel. ~**vlieg** boozer, tippler, soak, drunk(ard), heavy drinker.

bran·ding breakers, surf; burning; (thermo)cautery. **bran·dings·e·ro·sie** marine erosion.

brand·sel =*sels* scorch; ash(es); roast *(of coffee)*.

brand·stof fuel; *baie* ~ *gebruik, (vehicle)* be heavy on fuel; ~ *inneem* fill/tank up, refuel. ~**aanvulling** refuelling; ~ *in volle vlug* air-to-air refuelling. ~**alkohol** gasohol. ~**dop** petrol cap. ~**element** fuel element. ~**inhoud** fuel capacity. ~**leiding** fuel line/system. ~**meter** fuel gauge. ~**olie, brandolie** fuel/furnace oil, oil fuel. ~**pomp** fuel pump. ~**sel** fuel cell. ~**staaf** fuel rod. ~**tenk** fuel tank. ~**toevoer** fuel supply. ~**verbruik** fuel consumption. ~**voorraad** fuel supply. ~**wa** fuel tanker.

brand·weer =*were* fire brigade; *(Am.)* fire department. ~**hoof** chief fire officer, fire chief. ~**man** =*ne* fireman. ~**oefening** fire drill/practice. ~**stasie** fire station. ~**wa** fire engine.

bran·gi·o·po·de =*des, (crustacean)* branchiopod.

bras[1] *brasse, n., (rope on a ship)* brace. **bras** *ge-, vb., (naut.)* brace.

bras[2] *ge-, vb.* revel, carouse. ~**party** revelry, orgy, carousal, drinking bout. **bras·ser** =*sers* carouser, debauchee. **bras·se·ry** revelry, carousing, debauch; debauchery, debauchment, *(sl.)* jag.

bra·sem =*sems, (icht.)* (European) bream, brim.

bra·siel·hout brazil (wood).

Bra·si·li·ë *(geog.)* Brazil. **Bra·si·li·aan** =*ane* Brazilian. **Bra·si·li·aans** =*aanse* Brazilian; ~*e neut* Brazil nut; Para nut.

bras·siè·re =*sières* brassière, bra.

brau·niet *(min.)* braunite.

bra·va·de bravado; boasting; defiance; bluff.

bra·vo =*vo's, bravi, n.* bravo, cheer. **bra·vo** *interj.* bravo, hear hear, *(sl., iron.)* bully for you.

bra·vour bravura. ~**stuk** *(mus.)* bravura piece.

brec·ci·a =*as, (It., geol.)* →BREKSIE.

bre·de: *in den* ~ in detail, at (great) length; →BREED.

bre·die =*dies* ragout, stew, *(SA)* bredie; ~ *van iem. maak, (infml.)* make mincemeat of s.o..

bre·ë-: ~**bandversterker** *(rad.)* wide-band amplifier. ~**blaarlaventel** *(bot.)* aspic. ~**bladkoerant** broadsheet. ~**borsman** barrel-chested man. ~**koparend** martial eagle. ~**liprenoster** square-lipped/white rhinoceros. ~**randhoed** broad-brimmed/wide-brimmed hat, wide-awake; *(woman's)* picture hat. ~**rompvliegtuig** wide-bodied aircraft. ~**saadgras** paspalum (grass). ~**sterpels** broadtail (fur). ~**vlakondersteuning** broad-based support.

breed *breë breër breedste, adj. & adv.* broad *(chest)*; wide *(margin, road)*; →BREEDTE; BREË-; *iets* ~ **aanvoor** map/plan s.t. out on a large scale; *breë* **bestuur** general committee; *oor 'n breë* **front** on a wide/broad front; ~ **gebou** broad in the beam, square-built; sturdy; stocky; beamy *(ship)*; *'n breë* **glimlag** a broad smile; *dit* ~ **hê** be well off (*or* in easy circumstances); *dit nie* ~ **hê** *nie* find it hard to make (both) ends meet, be poorly off, struggle to get by; *breë* **kennis** wide knowledge; *breë* **kommissie** plenary committee; *in breë* **kring** *bekend* widely known; *so* **lank** *as (wat) dit* ~ *is* as long as it is broad; *breë* **plan** master plan; *die* **rieme** ~ *sny* live extravagantly; *vyftig/ens.* **sentimeter/ens.** ~ *wees* be fifty/etc. centimetres/etc. across/wide (*or* in breadth); *breë* **spoor** broad gauge; ~ *van* **stuk** broad-shouldered, square-built; *in breë* **trekke** in broad outline; *'n beleid in breë* **trekke** *formuleer* lay down a broad policy; *iets* ~ **uitmeet** exaggerate s.t.; *die breë* **weg** →WEG *n.*. ~**beitel** *(tech.)* slick. ~**blarig** =*e* broadleaf, broad-leaved. ~**gerand** =*e* broad-brimmed. ~**geskouer(d)** =*geskouerde* broad-shouldered. ~**getak** (wide)spreading. ~**hoofdig** =*e* broad-headed; platycephalic, platycephalous. ~**neusig** =*e* broad-nosed, platyrrhine. ~**sprakig** =*e* long-winded, verbose, wordy, *(fml.)* prolix. ~**sprakigheid** long-windedness, verbosity, wordiness, *(fml.)* prolixity. ~**voerig** =*e, adj.* full, detailed *(account)*; exhaustive *(tests etc.)*. ~**voerig** *adv.* at length, fully, in detail, in extenso; circumstantially. ~**voerigheid** fullness of detail; exhaustiveness; circumstantiality. ~**werpig:** ~ *saai* (sow) broadcast.

breed·heid breadth; broadness, wideness, width.

breed·te =*tes* breadth, width; deepness *(of a border, edge)*; *(geog.)* latitude; *in die* ~ broadwise, widthwise, widthways; *vyftig/ens. sentimeter/ens. in die* ~ *wees* be fifty/etc. centimetres/etc. across/wide (*or* in breadth); *op die* ~ ... *grade* ... *minute* at a latitude of ... degrees ... minutes; *uiterste* ~ extreme beam *(of a ship)*. ~**as** minor/lateral axis. ~**graad** degree of latitude. ~**kring** parallel of latitude. ~**meter** gauge. ~**perd** vaulting horse. ~**sirkel** parallel of latitude.

breek *ge-* break *(crockery, a leg, s.o.'s heart; a fall; a spell; a promise; a record)*; smash, shatter, rupture; crush *(a stone, the enemy)*; quarry *(stone)*; refract *(a light)*; fracture *(a bone)*; *(snooker)* break (the pack); *(a chain, wire)* snap, part; *(a rope)* part; *(eyes)* become glassy, glaze; *(a dam)* burst; *jou* **arm** ~ break one's (*or* sustain a broken) arm; **deur** *iets* ~ break through s.t.; hole through s.t.; *'n* **eed** ~ break an oath; *jou* **kop** *oor iets* ~ puzzle over s.t., trouble/bother one's head (*or* cudgel one's brains) about s.t.; **met** *iem.* ~ break (it off) with s.o.; *volkome* **met** *iem.* ~ make a complete break with s.o.; *iets* ~ **middeldeur** s.t. breaks in two; *iets* **middeldeur** ~ break s.t. in two; **nood** ~ *wet* necessity knows/has no law; **oor** *iets* ~, *(waves)* break over s.t. *(rocks etc.)*; *sy* **stem** ~ his voice is breaking; *in* **stukkies** ~ fragment; **uit** *die tronk/ens. (uit)* ~ break out of gaol/jail/etc.; *'n* **verlowing** *(af)*~ break (off) an engagement; *jou* **woord** ~ break one's word; *die* **ys** ~, *(lit. & fig.)* break the ice. ~**bal** =*le, (cr.)* break. ~**beitel** ripping tool/chisel. ~**belasting** →BREEKLAS. ~**glas** cullet. ~**goed** →BREEKWARE. ~**grens** breaking point; critical limit. ~**hamer** maul. ~**klip** quarry stone. ~**las** breaking strain/burden/load, ultimate load. ~**mielies** hominy, split maize. ~**punt** *(lit.)* breaking point; *(fig.)* breaking point, end of one's tether; *(tennis)* break point; *(die)* ~ *bereik* reach breaking point, be at the end of one's tether. ~**skade** breakage(s). ~**slag** *(in games)* break. ~**sortering** *(min.)* cobbing. ~**spanning** breaking/ultimate stress. ~**spul** *(infml.)* smash-up; mess(-up); *dit sal 'n*

~ *afgee* it will cause a complete breakdown; *die ~ herstel* pick up the pieces. ~**sterkte** breaking strength. ~**vas** crashproof. ~**vastheid** breaking/ultimate strength. ~**vlak** fracture plane; fault plane. ~**ware** crockery. ~**water** breakwater; *vyf/ens. jaar ~ kry* →VYF/ENS. JAAR HARDEPAD KRY. ~**weerstand** tensile strength, strength at break. ~**wol** tender wool. ~**yster** crowbar, prise; ripping bar; jemmy *(of a burglar)*; pinch bar.

breek·baar *-bare* breakable, crushable; fragile; brittle; (re)frangible. **breek·baar·heid** fragility; (re)frangibility. **breek·baar·heids·toets** fragility test.

brei[1] *ge-* knit. ~**draad** knitting yarn. ~**gare**, ~**garing** knitting cotton. ~**goed** knitting; knitted garments/goods/etc.. ~**kous** knitted stocking; unfinished stocking. ~**masjien** knitting machine, knitter. ~**naald** knitting needle. ~**patroon** knitting pattern. ~**pen** knitting needle. ~**steek** knitting stitch. ~**stof** knitted cloth/fabric. ~**ware** knitwear, knitted goods. ~**werk** knitting. ~**wol** knitting yarn/wool.

brei[2] *ge-* prepare, *(SA, hist.)* bray *(skin)*; curry; dress, work, tan *(skin)*; knead, temper *(dough, clay, putty)*; coach, train (up) *(athletes etc.)*; fine *(wine)*; toughen, harden, make robust, put through the mill; puddle *(mortar)*; *iem. is ge~* s.o. has been through the mill; *'n bek ~* mouth *(a horse)*. ~**klip** *(SA, hist.)* dressing/bray stone. ~**paal** bray pole. ~**riem** dressed thong/riem.

brei·del *-dels, n., (fig.)* bridle, curb. **brei·del** *ge-, vb., (fig.)* bridle, curb. **brei·del·loos** *-lose* unbridled.

brei·er[1] *-ers* knitter.

brei·er[2] *-ers* coach, trainer, tutor; *(SA, hist.)* brayer.

brein *breine, breins, (anat.)* brain, encephalon; brain, intellect. ~**bloeding** (intra)cerebral bleeding/haemorrhage. ~**dood** *n.* brain/cerebral death. ~**dood** *adj.* braindead. ~**erosie** brain drain. ~**floute** blackout. ~**gewas** brain tumour. ~**helfte** cerebral hemisphere. ~**holte** cerebral cavity. ~**ontsteking** brain fever, cerebritis, cephalitis. ~**skade** brain damage; *met ~* brain-damaged. ~**skandeerder**, ~**aftaster** brain scanner. ~**skandering**, ~**aftasting** brain scan. ~**skors** cerebral cortex. ~**spesialis** brain specialist. ~**spoel** brainwash. ~**spoeling** brainwashing. ~**stam** brain stem. ~**steuring** brain disorder. ~**verlamming** cerebral palsy. ~**verweking** encephalomalacia; softening of the brain. ~**vlies** cerebral membrane. ~**vliesontsteking** meningitis. ~**werking** cerebration.

brein·loos *-lose* brainless.

bre·ka·sie *-sies* breakage(s). **bre·kend** *(phys.)* refringent. **bre·ker** *-kers, (lit.)* breaker; crusher; destroyer; *(infml.)* tough (guy), butch. **bre·ke·ry** *-rye* breaking; smash(-up); crushing; crushing station. →BREEK.

brek·fis *(infml.)* breakfast; *net/sommer 'n ~ wees* be child's play.

bre·king *-kings, -kinge* breaking; fracturing; refraction; deflection *(of rays)*; *(her.)* cadency. →BREEK.

bre·kings-: ~**hoek** angle of refraction, refractive angle. ~**indeks** *(phys.)* refractive index; index of refraction. ~**vermoë** *(phys.)* refractive power, power of refraction; refringence. ~**vlak** plane of refraction. ~**wet** law of refraction.

brek·sie *-sies, (geol.)* breccia.

bre·mer·blou Bremen blue, water blue.

brem(·struik) broom; genista, gorse, furze, whin.

bren·ger *-gers, (arch.)* →BRINGER.

Bren·ge·weer Bren gun.

bres *bresse* breach; gap; *'n ~ in iets slaan* breach (*or* make a breach in) s.t.; *in die ~ tree, (fig.)* step into (*or* fill) the breach; *vir iem./iets in die ~ tree, (fig.)* stand up for (*or* give one's backing to) s.o./s.t..

Bre·tag·ne *(geog.)* Brittany. **Bre·ton** *-tons, n., (inhabitant)* Breton. **Bre·tons** *n., (language)* Breton. **Bre·tons** *-tonse, adj.* Breton.

breuk *breuke* break; breach; rupture; crack; *(med.)* hernia, rupture; *(metall.)* failure; fracture *(of a bone)*; *(geol.)* fracture, fault; *(math.)* fraction; schism; breach, split; *(her.)* difference, mark of cadency; split-up *(of friends)*; ***eenvoudige*** *~* simple fraction; ***egte/eintlike/gebruiklike*** *~, (math.)* proper fraction; ***gewone*** *~ (math.)* vulgar fraction; *(med.)* closed/simple fracture; ***onegte/ongebruiklike*** *~, (math.)* improper fraction; ***oop*** *~* compound fracture; ***saam-/samegestelde*** *~, (math.)* complex fraction; *'n ~* ***verklein,*** *(math.)* reduce a fraction (to its lowest terms). ~**band** truss. ~**beklemming** strangled hernia. ~**deel** fraction *(of a second etc.)*. ~**eenheid** unit fraction. ~**getal** fractional number. ~**kliewing** fracture cleavage. ~**spanning** breaking stress. ~**vlak** fracture (sur)face.

bre·vet *-vette, (hist., mil.)* brevet, patent, commission.

bre·vier[1] *-viere, (RC)* breviary.

bre·vier[2] *-viere, (type size)* brevier.

Brie *(geog.)* Brie; *(B~ or b~, cheese)* Brie.

brief *briewe* letter; epistle; missive; *(in the pl. also)* correspondence; *briewe van* ***administrasie,*** *(jur.)* letters of administration; *op 'n ~* ***antwoord,*** *'n ~* ***beantwoord*** answer a letter; *u ~ van 10/ens.* ***deser,*** *(comm., obs.)* your favour of the 10th/etc. instant; *'n* ***onbestelbare*** *~* a dead letter; *'n* ***ope*** *~* an open letter; *'n ~* ***opneem*** take down a letter; ***per*** *~* by letter; *'n ~* ***skryf/skrywe*** write a letter; *per ~* ***stem*** vote by ballot. ~**bom** letter bomb. ~**hoof** letterhead. ~**hoofpapier** headed notepaper. ~**kaart(jie)** notelet; letter card. ~**papier** writing paper; notepaper, letter paper. ~**roman** epistolary novel. ~**skrywer** letter writer; correspondent; *geen groot ~ wees nie* be a poor writer. ~**skrywery** letter writing, correspondence. ~**styl** epistolary style. ~**telegram** cablegram. ~**vorm:** *in ~* in the form of a letter. ~**wisseling** correspondence; *in ~ tree, 'n ~ aanknoop* enter into (a) correspondence; *die ~ tussen iem. en iem.* letters passing between s.o. and s.o.; *'n ~ voer* carry on (*or* conduct) a correspondence; *met iem. 'n ~ oor iets voer* correspond (*or* be in correspondence) with s.o. about s.t..

brie·fie *-fies* note; *'n kort ~, (also, infml.)* a quickie; *vir iem. 'n ~ skryf/skrywe* drop s.o. a line/note; *per ~ stem* vote by ballot.

briek *brieke, n.* brake; →REM *n.*; *(die) ~ aandraai, (lit.)* put on (*or* apply) the brakes; *(fig.)* slow down, take it/things easy, downshift; exercise restraint/caution, be more careful. **briek** *ge-, vb.* brake; apply the brake(s). ~**aandraaier** downshifter. ~**blok** brake block. ~**dans** *n., (infml.)* break dance; break dancing; *die ~ doen, (infml.)* break-dance. ~**dans** *vb., (infml.)* break-dance. ~**danser** *(infml.)* break dancer. ~**sool** brake lining.

brie·kwa brindle(d); brindled animal; piebald goat/etc..

bries *briese, n.* breeze; *'n fris/stewige/stywe ~* a fresh/stiff breeze; *'n sagte ~* a light breeze; *(soos) 'n vars ~ie wees, (fig.)* be (like) a breath of fresh air.

brie·send *-sende: ~ (kwaad)* furious, incensed; livid, raging, fuming, boiling/seething with rage, absolutely flaming, in a flaming temper, flaming/fighting/hopping mad; *~e leeu* roaring lion; *iem. ~ maak* infuriate/enrage s.o., make s.o.'s blood boil, *(infml.)* make s.o. mad, *(infml.)* drive s.o. up the wall; *so ~ soos 'n meerkat, (infml.)* as cross as two sticks.

brie·we-: ~**besteller** postman, postwoman, letter/mail carrier. ~**boek** letter writer; letter book. ~**bus** letter box, postbox, *(chiefly Am.)* mailbox, *(Br.)* pillar box; *'n ~ lig* clear a letter box. ~**kolom**, ~**rubriek** *(journ.)* correspondence column. ~**mandjie** letter basket. ~**mes** letter opener, paperknife. ~**pos** letter post. ~**rak** letter rack. ~**rubriek** →BRIEWEKOLOM. ~**sak** mailbag, letter bag, *(Br.)* postbag. ~**skaal** letter balance/scale. ~**tas** attaché/letter case.

bri·ga·de *-des* brigade. ~**bevelvoerder** brigadier. ~**majoor** *-s* brigade major. **bri·ga·dier** *-diers* brigadier.

bri·gan·tyn *-tyne, (naut.)* brigantine.

Bright·siek·te *(med.)* Bright's disease.

bri·ja·ni *(<Urdu, Ind. cook.: spicy rice dish)* breyani, biryani, biriani.

brik *brikke, (naut.)* brig.

bri·ket *-kette* briquet(te). **bri·ket·te·ring** briquetting.

bril *brille, n.* (pair of) glasses/spectacles; goggles; toilet seat; →BRILLETJIES; *'n ~* (a pair of) glasses/spectacles; *'n donker ~* →DONKERBRIL; *('n) ~ dra* wear glasses/spectacles; *iets deur 'n gekleurde/rooskleurige ~ sien/bekyk, deur 'n gekleurde/rooskleurige ~ na iets kyk* look at (*or* see/view) s.t. through rose-coloured spectacles; *'n ~ ophê* be wearing glasses/spectacles; *'n ~ opsit* put on glasses/spectacles. **bril** *ge-, vb.* wear glasses/spectacles. ~**beer** spectacled bear. ~**glas** lens; *dik ~e* thick glasses/spectacles. ~**huisie** glasses/spectacle case. ~**maker** (dispensing) optician, optometrist, spectacle maker. ~**pikkewyn** jackass penguin. ~**raam** spectacle/glasses frame. ~**skans** lunette. ~**slang** spectacle snake; (Indian) cobra. ~**vink**, ~**wewer** *(orn.)* spectacled weaver.

bril·jant *-jante, n.* brilliant, gem diamond. **bril·jant** *-jante, adj.* brilliant, outstanding; *~e strategie* masterstroke; *~ in jou werk wees* be brilliant/superb (*or* an expert) at one's job. **bril·jant·heid** brilliance.

bril·jan·tien *(hair product [dated]; dress fabric)* brilliantine.

bril·le·tjies: *(ou) ~, (infml., derog.: person wearing spectacles)* four-eyes; *Piet B~* Pete Four-eyes.

bring *ge-* bring *(toward a place/person)*; take, convey, carry; take; see *(s.o. to a place)*; *'n* ***besoek*** *aan iem. ~* pay a visit to s.o., call on s.o.; *vir iem.* ***blomme*** *~* bring/take s.o. flowers; *wat het iem.* ***daarop*** *ge~?* who(ever)/what(ever) gave s.o. that idea (*or* put that idea into s.o.'s head)?; *iem.* ***daartoe*** *~ om te ...* get/induce/persuade s.o. to ...; *jou(self)* ***daartoe*** *~ om te ...* bring o.s. to ...; *wat het iem.* ***daartoe*** *ge~ om dit te doen?* what(ever) made s.o. do it?; *~ dit* ***hier!*** bring it here!; *dit ~ my* ***hiernatoe*** that brings me here; *iem./iets* ***na*** *... ~* take s.o./s.t. to ...; *'n* ***offer*** *~* make a sacrifice; *iets* ***oor*** *jouself ~* bring s.t. (up)on o.s.; *'n ramp* ***oor*** *jouself ~* court disaster, bring a disaster on o.s.; *iem.* ***oor*** *'n moeilikheid heen ~* tide s.o. over a difficulty; *die getal* ***op*** *... ~* bring the number (up) to ...; *iem.* ***op*** *iets ~* put s.o. onto s.t.; *die telling* ***op*** *... ~* take the score to ...; *in* ***orde*** *~* put in order; *aan die* ***praat*** *~* set talking; *iem.* ***tot*** *... ~* reduce s.o. to ... *(poverty, despair, etc.)*; *iem. het dit* ***tot*** *... ge~* s.o. rose to the position of ... *(chairman etc.)*; *iem. sal dit* ***ver/vêr*** *~* s.o. will go far (in life), s.o. will rise (*or* get on) in the world; ***vir*** *iem. iets ~* take s.o. s.t.; *iets onder* ***woorde*** *~* put s.t. into words. **brin·ger** *-gers* bearer, bringer.

brin·jal *-jals* →EIERVRUG.

bri·o·fiet *-fiete, (bot.)* bryophyte.

bri·o·lo·gie bryology. **bri·o·lo·gies** *-giese* bryological. **bri·o·loog** *-loë* bryologist.

Bri·o·so·ë *(zool.)* Bryozoa.

bri·sant *-sante, n.* high explosive. **bri·sant** *-sante, adj.* high-explosive; *~e springstof* high explosive. ~**bom** high-explosive bomb. ~**stof** high explosive.

bris·ling *-lings* brisling, sprat.

Brit *Britte* Briton, *(infml.)* Brit; *die ~te* the British.

Bri·tan·ni·a *(female warrior personifying Great Britain or the British Empire)* Britannia. **b~metaal** *(chem.)* Britannia metal.

Bri·tan·ni·ë *(hist.: Rom. province in GB)* Britannia. **Bri·tan·nies** *-niese* Britannic.

Brits *Britse* British; *~e gelling* imperial gallon; *~e minister ter beskikking* Chancellor of the Duchy of Lancaster; *~e Standaardengels* Received Standard English. **~-Columbië** *(geog.)* British Columbia. ~**e Eilande** British Isles. ~**gesind** *-e* pro-British. **~-Honduras** *(geog., hist.)* British Honduras; →BELIZE.

Brit·tan·je Britain; →GROOT-BRITTANJE.

Brit·ti·sis·me Briticism, Britishism.

Brno →BRÜNN.

broc·co·li broccoli.

bro·de *(sing.): om den ~* for a living, for the money, to keep the wolf from the door; *om den ~ skryf/skrywe* write potboilers *(infml.)*; →BROOD.

broe·der *-ders, (lit. & fig.)* brother; →BROER; *geliefde ~s en susters* dear brethren/brothers and sisters; *'n ~ in die verdrukking* a fellow sufferer. ~**band** bond of brotherly love, fraternal bond. ~**bond** fraternal society. ~**haat** fraternal hatred/feud. ~**hand:** *(aan) iem. die ~ reik* extend the hand of fellowship to s.o.. ~**kring** fraternal circle; *predikante~* ministers' fraternal. **~kus** fraternal kiss. **~liefde** brotherly love. **~moord** fratricide. **~moordenaar** fratricide. **~oorlog** internecine war. **~stryd** internecine strife. **~trou** fraternal loyalty. **~twis** fraternal quarrel.

broe·der·lik *=like* brotherly, fraternal. **broe·der·lik·heid** brotherliness.

broe·der·skap *=skappe* brotherhood, fraternity; sodality; *(society)* fraternity; *~ met ... sluit* fraternise with ...

broei *ge=* hatch; brood, sit *(on eggs)*; incubate; ruminate *(on a thing)*; get hot/heated; *(tobacco)* ferment; *aan die ~ wees, (a storm)* be brewing up; *daar's iets aan die ~, daar ~ iets* s.t. is brewing; there is (*or* there's) s.t. brewing/afoot (*or* in the air/wind); *daar ~ 'n onweer* a storm is gathering; *'n hen laat ~* set a hen. **~bak** garden/forcing/raised frame, hotframe, hotbed. **~-eier** hatching egg. **~hen** broody (hen), sitter, sitting/setting hen. **~hitte** sultriness. **~hok** breeding hutch. **~huis** hatchery; greenhouse, hothouse; conservatory, glasshouse. **~kas** →BROEIKAS. **~knop, ~liggaampie** brood body. **~masjien** incubator, hatcher, hatching machine. **~nes** *(fig.)* breeding ground *(for)*, hotbed *(of)*. **~periode** incubation period. **~plek** breeding place/ground; hatchery, nidus. **~-sel** *=le* brood cell. **~toom** breeding pen. **~tyd** brooding time; nesting season; spawning season; incubation period. **~voël** breeding bird. **~warm** sultry. **~warmte** sultriness.

broei·end *=ende =ender =endste* close, sultry, muggy, stifling, sweltering; sweltry; humid. **broei·end·heid** closeness, sultriness, mugginess; humidity.

broei·er *=ers* hatcher. **broei·e·rig(·heid)** →BROEIEND(HEID).

broei·e·ry *=rye* hatchery; *(fig.)* brooding, *(infml.)* navel contemplating/gazing.

broei·ing self-heating *(of hay)*.

broei·kas *=kaste* hotframe, hotbed; greenhouse, hothouse, forcing house; conservatory, glasshouse; incubator, hatching chamber *(of chicks)*; brood chamber *(of bees)*. **~effek** greenhouse/hothouse effect. **~kind** incubator baby. **~kwekery** glass culture. **~plant** greenhouse/hothouse plant; →KASPLANT.

broeis *broeiser broeisste* broody *(hen)*; *~ wees oor ..., (fig.)* be overprotective of/towards (*or* very possessive of) ... *(an only child etc.)*. **broeis·heid** broodiness.

broei·sel *=sels* set, setting, sitting, clutch *(of eggs)*; brood, hatch *(of chickens)*; get *(of piglets, kittens, pups)*.

broek *broeke* (pair of) trousers, pants; breeches; shorts; pantaloons; drawers; bloomers; knickers; breeching *(of a harness)*; gaskin *(of a horse)*; *~ **aanpas*** try on trousers; *jou ~ **aantrek/uittrek*** put one's trousers/pants on (*or* take one's trousers/pants off); *~ en **baadjie*** coat and trousers, suit (of clothes); *iem. se ~ behoorlik laat **beef/bewe**, (infml.)* scare/frighten the pants off s.o.; *('n) ~ **dra*** wear trousers/pants; *die ~ **dra**, (fig., infml., said of a woman)* wear the trousers/pants; *hy het te vinnig deur sy ~ **gespring*** his pants are far too short; *in die ~ **hang*** balk, jib; ***kort** ~* short trousers/pants; →KORTBROEK; ***lang** ~* long trousers/pants; →LANGBROEK; ***lig** in die ~ wees, (infml.)* be slightly built; not be up to much; *te **lig** in die ~ vir 'n taak wees* not be equal to a task; *~ **losmaak*** relieve o.s., answer the call of nature; *'n ~ met wye **pype*** wide trousers; *dit **sit** nie in iem. se ~ nie* s.o. doesn't have (*or* hasn't got) it in him/her, s.o. isn't up to it; ***Skotse** ~* trews; *iem. kan nog nie ~ **vasmaak** nie* s.o. is a greenhorn (*or* has lots to learn); *dit aan jou ~ (se naat) **voel** dat ...* have a funny/gut feeling (*or* a sneaking suspicion) that ..., feel it in one's bones that ...; *'n **wye** ~* wide trousers. **~aftrekker** *(infml.: exhibitionist)* flasher. **~band** waistband. **~boei** breeches buoy. **~ferweel** corduroy. **~goed** trousering. **~haak, ~knyper** →BROEKVEER. **~mannetjie** bagworm; caseworm, caddis worm. **~omslag** turn-up. **~ophouer** hip strap. **~pak** trouser/slack/pants suit, pantsuit. **~pers** trouser press. **~plaat** throat plate/sheet. **~plooi** trouser crease. **~riem** breeching strap *(of a harness)*. **~rok** divided skirt, culottes. **~sak** trouser pocket. **~skeur** tear in the trousers; *dit gaan ~* it is hard/rough/tough going; *dit het ~ gegaan* it was a near thing/go (*or* a close/narrow shave); *dit sal ~ gaan* it will be a tough/hard/tricky job, it will be uphill work (*or* tough going); *dit gaan ~ met iem.* s.o. is hard pressed (*or* hard put to it); *~ deur 'n eksamen kom* pass an examination by the skin of one's teeth. **~stof** →BROEKGOED. **~veer, ~haak, ~knyper** trouser clip. **~wol** breech/britch wool, breeches, cow tail.

broe·kie *=kies* shorts; panty. **~kant** *(SA, archit.)* broekielace. **~kouse** *(pl.)* pantyhose, pantihose, tights.

broeks-: **~band** →BROEKBAND. **~knoop** trouser button. **~pyp** trouser leg; *iem. se ~e beef/bewe* s.o. is quaking in his/her boots/shoes (*or* shaking/shivering/shuddering/trembling/quaking with fear).

Broe·nei *(geog.)* Brunei.

broer *broers* brother; *~ van **moederskant*** brother uterine; ***ou** ~* brother, old fellow/chap, man; *~s en **susters*** siblings; *~s van dieselfde **vader*** brothers on the father's side; ***volle** ~* brother german. **broer·skap** *(lit.)* brotherhood; brotherliness. **broers·kind** nephew/niece (on brother's side). **broer·tjie** *=tjies* little brother; *iem. het 'n ~ dood aan iets* s.o. detests/hates s.t.; s.t. is s.o.'s pet hate/aversion; *iem. het 'n ~ dood daaraan* s.o. can't stand it, it peeves s.o. (*or* gets s.o.'s goat); *die twee dinge is ~ en sussie, (fig.)* it is six of one and half a dozen of the other.

broes *broese* rose (head) *(of a watering can etc.)*.

brok *brokke* piece, chunk, lump, fragment; dollop. **~erts** cobble ore. **~klip** spall. **~stuk** →BROK.

bro·kaat brocade.

brok·kel *ge=* crumble. **~rots** brash.

brok·kel·rig crumbly; brashy; friable. **brok·kel·rig·heid** crumbliness; brashiness; friability.

brok·kie *=kies* (little) bit, scrap, morsel, crumb; snippet; *'n **bedorwe** ~* a spoilt brat; ***elke** ~* every scrap; *~ **nuus*** item of news; ***stukkies** en ~s* odds and ends.

broks·ge·wys(e) in pieces, piece by piece, bit by bit, piecemeal.

brom *ge=, (insect)* hum, drone; *(animal)* growl; *(person)* mutter, grumble, grouse; *in jou baard ~* →BAARD; *oor iets ~* mutter/grouse about s.t., grumble about/at/over s.t.. **~bas** *(mus.)* bombardon. **~beer** →BROMPOT. **~fiets** autocycle, buzz bike, moped. **~ponie** (motor) scooter. **~ponieryer** scooterist. **~pot, ~beer** grouch, grump, grumbler, growler, grouser. **~tol** humming top. **~voël** turkey buzzard; turkey vulture, ground hornbill.

bro·maat *=mate, (chem.)* bromate. **bro·meer** *ge=* brominate, bromate.

bro·mied *=miede, (chem., phot.)* bromide.

bro·mig·suur *(chem.)* bromous acid.

bro·mi·um →BROOM.

brom·mer *=mers, (insect)* bluebottle, blowfly, meat fly; *(person)* grouch, grump, grumbler. **~spuitstof** blowfly spray. **~tyd** time of flies; *dis ~!, (said to s.o. whose mouth is hanging open)* shut your mouth!.

brom·me·rig *=rige* grumbling, grumpy, cross, irritable, crusty; fretful, peeved, complaining, querulous, disgruntled; cantankerous.

bron *bronne* (head)spring; well; fountain(head); supply; source; origin; →BRONNE=; ***aan** die ~* at the source; *'n **onaanvegbare** ~* an unimpeachable source; ***uit** die allerbeste ~* (straight) from the horse's mouth *(infml.)*; ***uit** betroubare/goeie ~* from a reliable source, on good authority; ***uit** betroubare/goeie ~ verneem dat ...* have it on good authority (*or* be reliably informed) that ...; ***uit** gesaghebbende ~ verneem* learn authoritatively; ***uit** die ~ne put* draw on the sources; *~ **van** bestaan* means of living; *die ~ **van** die kwaad* the cause/source of the evil; *die ~ **van** alle kwaad/ens.* the mother of all evil/etc.. **~aar** source, spring, fountainhead; origin. **~gras** *(Bromus mollis)* goosegrass, cleavers; watercress. **~kode** *(comp.)* source code. **~kors** *(Nasturtium officinale)* watercress. **~slaai** watercress. **~taal** source language. **~water** spring water. **~wel** spring.

bron·gi·aal *=ale* bronchial; *brongiale buise, (anat.)* bronchial tubes, bronchia.

bron·gie·ë *(pl., anat.)* bronchi, bronchia, bronchial tubes; →BRONGUS.

bron·gi·ool *=ole* bronchiole, bronchiolus.

bron·gi·tis bronchitis.

bron·go- *comb.* broncho-. **~dilator** *(med.)* bronchodilator. **~skoop** *=skope* bronchoscope.

bron·gus *(anat.)* bronchus; →BRONGIEË. **~verruimer** *(med.)* bronchodilator.

bron·ne-: **~kritiek** source criticism. **~lys** (list of) references/sources. **~materiaal** source material, sources. **~publikasie** historical editing, publication of sources. **~studie** original research. **~-uitgawe** publication of records/sources. **~werk** source book.

brons[1] *n.* bronze; brass. **brons** *adj.* bronze(-coloured). **brons** *ge=, vb.* bronze; tan. **~beeld, ~figuur** bronze (figure). **~gedenkplaat** memorial brass. **~gieter** brass founder. **~kleur** bronze. **~kleurig** *=e* bronze(-coloured). **~medalje, ~penning** bronze medal. **~plaat** brass (plaque). **~poeier** bronzing. **~siekte** Addison's disease, adrenal insufficiency, bronze skin. **B~tyd(perk):** *die ~* the Bronze Age; *die mens van die ~* Bronze-Age man; *stuk gereedskap uit die ~* Bronze-Age tool.

brons[2] *n.* heat *(in female mammals)*; rut(tishness) *(in male mammals)*. **brons** *adj.* →BRONSTIG. **~tyd** mating season; heat, season, oestrus, oestrum, oestrous/oestral period *(in female mammals)*; rut, rutting season *(in male mammals)*.

bron·siet *(min.)* bronzite.

bron·sing bronzing; tan.

bron·si·tiet *(min.)* bronzitite.

brons·tig *=tige, (female mammal)* on/in heat, in season, oestrous, oestral; *(male mammal)* ruttish, in rut; →BRONS[2] *n.*. **brons·tig·heid** heat, oestrum; rut(tishness).

brood *brode* bread; loaf; *~ en **botter*** bread and butter; *die beste ding na ~ **en botter**, (infml.)* the best thing since sliced bread; ***daaglikse** ~* daily bread; *jou **daaglikse** ~ verdien* earn one's daily bread; *om **den** brode* →BRODE; *die een se **dood** is die ander se ~* one man's gain is another man's loss; ***droë** ~ eet, (fig.: be very poor)* be/live on the breadline, live from hand to mouth; *jou ~ aan albei kante **gebotter** wil hê, (fig., infml.)* want jam on it; *by gebrek aan ~ eet 'n mens **korsies** van pastei* if you can't get crumb you must fain eat crust; *'n mens **leef** nie net van ~ nie, (NT)* man does not live on bread alone; *sonder ~ kan die mens nie **leef/lewe** nie* bread is the staff of life; *die ~ van die **lewe**, (fig.)* the bread of life; *iem. se ~ uit sy/haar **mond** neem* take the bread out of s.o.'s mouth; ***'n** ~* a loaf of bread; *die ~ in die **oond** sit, (infml., rugby)* put the ball in the scrum; *iem. sal dit nog **op** sy/haar ~ kry (van my)* I'll get even with him/her yet, s.o. will hear more of this; *iets op iem. se ~ **smeer**, (fig.)* lay s.t. at s.o.'s door; *dit kan jy op jou ~ **smeer!**, (infml.)* put that in your pipe and smoke it!; ***twee** brode* two loaves; *jou ~ (deur/met ...) **verdien*** earn one's bread (by ...), earn/make a living (by/from [*or* out of] ...); *'n eerlike stukkie ~ **verdien*** earn/turn an honest penny, make an honest living; *iem. **verdien** skaars sy/haar ~* s.o. can barely make a living; s.o. is scarcely worth his/her salt; *~ der **verdrukking*** bread of affliction; *jou ~ op die **water** werp* cast one's bread on/upon the waters; *wiens ~ men eet, diens **woord** men spreek* he who pays the piper calls the tune. **~bakker** baker. **~bakkery** bakery; bread-baking. **~blik** bread bin. **~blokkie** bread cube. **~boom** *(Encephalartos* spp.*)* cycad; *(Artocarpus* spp.*)* breadfruit (tree); baobab (tree). **~bord** bread plate; breadboard, trencher. **~bordjie** side plate. **~bos** *Hermannia gilfillanii.* **~doek** bread cloth. **~dronk** *=e* wanton; prodigal. **~dronkenheid** wantonness; prodigality. **~-en-botter-poeding** bread-and-butter pudding. **~graan** cereal, bread/food grain. **~gras** *Brachiaria brizantha.* **~heuning** beebread, ambrosia. **~kis** bread bin. **~koring** bread/food grain; flour wheat. **~korsie** bread crust. **~krummel** breadcrumb; *(in the pl. also)* breading. **~lyn** breadline, poverty datum line. **~mandjie** breadbasket. **~meel** bread flour. **~mes** bread knife. **~nodig** essential, absolutely/highly necessary, much-needed; badly/sorely needed; *iets ~ hê* need s.t. badly. **~nyd** *(rare)* professional jealousy. **~pan** bread tin/pan. **~pap** bread and milk; panada; *(med.)*

bread poultice. ~**plank** breadboard. ~**poeding** bread pudding. ~**rolletjie** bread roll; *sagte* ~ bap. ~**rooster** toaster. ~**skilder** potboiling painter, potboiler. ~**skimmel** mucor. ~**skrywer** hack (writer), potboiler, *(rare)* penny-a-liner. ~**skrywery** potboiling, hackwork, *(rare)* penny-a-line writing. ~**smeer** sandwich spread. ~**snymasjien** bread slicer. ~**sorghum** grain sorghum. ~**sous** bread sauce. ~**staander(tjie)** toast rack. ~**studie** bread-and-butter studies. ~**suiker** loaf sugar. ~**tou** breadline; bread queue. ~**trommel** bread bin. ~**vrug** breadfruit. ~**wa** baker's/bakery van, bread/delivery truck; *(infml., SA: police van)* kwela-kwela. ~**winner** breadwinner. ~**winning** livelihood, means of living; *jou ~ wees, (infml.)* be one's bread and butter. ~**wortel** cassava, manioc(a), yam.

brood·ag·tig *-tige* panary.

brood·jie *-jies* small loaf; (breakfast) roll; *mooi ~s bak* eat humble pie; *mooi ~s met iem. bak* butter s.o. up, soft-soap/sweet-talk (*or* play up to) s.o.; *mooi ~s oor ... bak* gloss over (*or* talk glibly about/of) ...

brood(s)·ge·brek want of bread; starvation; ~ *ly* starve.

broo·kiet *(min.)* brookite.

broom *(chem., symb.:* Br.*)* bromine. ~**kali** bromide of potassium. ~**natrium** bromide of soda. ~**silwer** bromide of silver. ~**sout** bromic salt. ~**suur** bromic acid.

broos[1] *brose, n., (theatr.)* buskin, cothurnus.

broos[2] *brose broser broosste, adj.* fragile; frail, delicate; *(fig.)* brittle; *nie vir iem. met 'n brose gestel wees nie, (fig.)* be strong meat. ~**gras** *Aristida uniplumis.* **broos·heid** fragility, frailty, delicacy.

bros[1] *brosse, n., (tool for boring holes)* bradawl.

bros[2] *brosser brosste, (lit.)* brittle; friable; crumbly; crisp; short *(texture)*; ~ *brood* crisp bread; *iets ~ maak* crispen s.t.; ~ *word* crispen. ~**brood** shortbread; crispbread. ~**deeg** →BROSKORS(DEEG). ~**doring** *Acacia robusta; Phaeoptilum spinosum.* ~**gras** *Aristida uniplumis.* ~**hout** *(Leucosidea sericea)* dwadwa. ~**koek** shortcake. ~**koekie** shortbread biscuit. ~**kors(deeg),** ~**deeg** shortcrust (pastry), short pastry. ~**lekker(s)** brittle.

bros·heid brittleness; friability; crumbliness; crispness; *(cook.)* shortness.

bro·sjeer *(ge)-* stitch; *ge~de boek* paper-covered book.

bro·sju·re *-res* brochure, pamphlet, booklet. ~**skrywer** pamphleteer.

brou *ge-* brew *(beer)*; bungle, botch; concoct; brew *(mischief)*; →BAK[2] *vb.*. ~**gars** malting/brewing/brewer's barley. ~**ketel** brewer's copper. ~**kuip** brewing tub. ~**spul** mess(-up). ~**vat** keeve. ~**werk** botched/sloppy work, bungling; botch.

brou·er *-ers* brewer; bungler, botcher. **brou·e·ra·sie** *(comp., sl.)* kludge. **brou·ers·graan** brewer's grains. **brou·e·ry, brou·e·ry** *-rye* brewery; brewing; *lewe in die ~ bring* liven things up, liven up proceedings, make things hum. **brou·sel** *-sels* brewing, brew; brewing batch; concoction.

bru·cel·la·koors →BRUCELLOSE.

bru·cel·lo·se, bru·sel·lo·se brucellosis, undulant fever, Malta fever; *(vet. sc.)* contagious abortion.

bru·cien *(chem.)* brucine.

bru·ciet *(min.)* brucite.

brug[1] *brûe* bridge *(on land; on a ship)*; *(gym.)* parallel bars; gangway *(leading to a ship)*; balcony *(on a railway coach)*; *'n ~ oor 'n rivier* a bridge across a river; *'n ~ oor 'n rivier slaan* throw a bridge across a river; *terug op die ~ lyk, (infml.)* look like the back end of a bus; *die brûe agter jou verbrand, (fig.)* burn one's bridges. ~**balans** platform scale, bascule, (platform) weighing machine; weighbridge. ~**boog** arch of a bridge. ~**bou** bridge-building, bridging. ~**bouer** bridge builder. ~**(bou)-ingenieur** bridge engineer. ~**boukunde** bridge engineering. ~**dek** bridge deck, floor of a bridge. ~**draad** jumper (wire). ~**hoof** bridgehead. ~**kabel** jumper (cable). ~**kettie** bungee/bungie/bungy (catapult). ~**kop** abutment, head of a bridge. ~**leuning** bridge railing. ~**(oor)spanning** bridge span. ~**pyler** bridge pier. ~**reling** bridge rail. ~**slagaar** pontine artery. ~**spring** *n.* bungee/bungie/bungy jumping. ~**springer** bungee/bungie/bungy jumper. ~**sprong** bungee/bungie/bungy jump. ~**steier,** ~**stellasie** gantry. ~**voetpad** catwalk. ~**wagter** bridgekeeper, bridgeman. ~**werk** bridgework.

brug[2] *(card game)* bridge; *gewone* ~ auction bridge. ~**speler** bridge player. ~**wedstryd** bridge drive.

Brug·ge *(geog.)* Bruges. **Brug·ge·ling** *-linge* inhabitant of Bruges. **Brug·se** (of) Bruges; ~ *kant* Bruges lace.

bruid *bruide* bride; ~ *en bruidegom* bride and (bride)-groom; ~ *van die Here* the Lord's spouse; *die ~ is in die skuit, nou is (al) die mooi praatjies uit* the bride is gotten, the promises forgotten; once aboard the lugger and the girl is mine. ~**skat** dowry, bride's/marriage portion; *sonder* ~ dowerless, portionless. ~**sluier** bridal veil. ~**stoet** bridal procession.

brui·de·gom *-gomme, -goms* (bride)groom.

bruids-: ~**bed** bridal/nuptial bed. ~**blom** *(Serruria florida)* blushing bride, pride of Franschhoek. ~**boeket** bridal bouquet. ~**bosse** *(Pavetta* spp.*)* bride's bushes. ~**goed** trousseau; personal property of the bride. ~**groep** wedding group. ~**kamer** bridal chamber. ~**kis** hope chest. ~**kleed** →BRUIDSROK. ~**koek** wedding/bride('s) cake. ~**krans** bridal wreath; *Rubia cordifolia.* ~**meisie** bridesmaid; *eerste* ~ maid of honour. ~**nag** wedding/bridal night. ~**paar** bridal pair/couple. ~**prys** bride price/wealth, *(<Ngu.)* lobola. ~**rok,** ~**tabberd** wedding dress, bridal gown. ~**tee(party)** →KOMBUISTEE. ~**uitrusting** bride's outfit. ~**uitset** trousseau. ~**vader** father of the bride; *as ~ optree* give the bride away. ~**wa** bridal carriage.

bruik·baar *-bare* serviceable *(person, instrument)*; useful; fit, suitable; practicable; usable; workable. **bruik·baar·heid** serviceability; serviceableness, utility, usefulness; fitness, suitability.

bruik·huur *vb.* lease *(machinery, equipment)*.

bruik·leen loan; lend-lease, lease-lend; *iets in ~ hê* have s.t. on loan.

brui·lof *-lofte* wedding (feast), bridal, nuptials; ***by/op** 'n ~* at a wedding; ***goue*** ~ golden wedding; ~ ***hou*** celebrate a wedding; ***van** ~ kom ~* one marriage makes many.

brui·lofs-: ~**dag** wedding day. ~**fees** wedding feast/celebration/party, marriage feast. ~**gas** wedding guest. ~**gewaad,** ~**kleed** wedding garment. ~**lied** wedding song, epithalamium, epithalamiom. ~**maal** wedding breakfast/reception. ~**mars** wedding march. ~**nag** wedding night; bridal night. ~**plegtigheid** marriage ceremony.

bruin *bruine, n.* (shade of) brown; *(bear)* bruin. **bruin** *bruiner bruinste, adj.* brown; tan; ~ *brand* tan; ~ *gebrand wees* be tanned; ~ *(riet)suiker* demerara (sugar); ~ *rys* brown rice; *B~ Switserse beeste* Brown Swiss cattle. **bruin** *ge-, vb.* brown; *(rare)* tan; get tanned. ~**aartappels** browned potatoes. ~**arend** Wahlberg's eagle. ~**beer** *(Ursus arctos)* brown bear. ~**beuk** copper/purple beech. ~**boek** *(official)* brown book. ~**brood** brown bread. ~**eend** southern/red-eyed pochard. ~**ganna** *Passerina filiformis.* ~**gebrand** tanned. ~**geel,** **geel-** brownish yellow, tawny. ~**grys** *n. & adj.* taupe. ~**haar-,** ~**harig** *-rige* brown-haired, brunette. ~**hemp** Brown Shirt *(in Nazi Germany)*. ~**hottentot** *(icht.)* bronze bream. ~**kapel** →GEELSLANG. ~**kole,** ~**kool** brown coal, lignite, wood coal. ~**malgas** *(orn.)* brown booby. ~ **mens,** ~ **man,** ~ **vrou** coloured person/man/woman. **B~ mens, B~ man, B~ vrou** *(hist., derog.)* (Cape) Coloured person/man/woman. ~**miet** brown mite. ~**oog-,** ~**ogig** *-e* brown-eyed. ~**oog** (person with) brown eyes, brunette. ~**roes** *(bot.)* brown rust. ~**rot** brown/grey/house/wharf rat. ~**skimmel** chestnut roan (horse). ~**skurf(siekte)** cork(y) scab *(in potatoes)*. ~**slang** →GEELSLANG. ~**sous** brown sauce, espagnole. ~**spaat** *(min.)* brown spar. ~**sprinkaan** brown locust. ~**steen** brownstone. ~**suiker** brown sugar. ~**vis** porpoise; sea hog. ~**vlek(siekte)** *(bot.)* brown spot/fleck. ~**vrot(siekte)** *(disease of apples, peaches, etc.)* brown rot. ~**vy** brown fig.

bruin·ag·tig *-tige* →BRUINERIG.

brui·ne *-nes: die/'n ~* the/a brown one; *die ~s* the brown ones.

brui·neer *(ge)-* (make) brown; get/become brown; burnish. ~**naald** polisher. ~**staal** burnisher, polishing/burnishing iron.

brui·neer·sel browning; burnish.

brui·ne·rig *-rige* brownish.

brui·ne·tjie *-tjies* little brown one.

bruin·heid brownness.

bruin·sel browning.

bruin·tjies *(pl., cook.)* brownies.

bruis *n.* froth, foam; fizz. **bruis** *ge-, vb.* effervesce, fizz, bubble; sparkle; *(waves)* surge, seethe; *dit het my bloed laat ~* it sent the blood rushing through my veins; *saggies ~* fizzle. ~**bron** soda fountain. ~**drank** effervescent/fizzy drink. ~**meel** self-raising flour. ~**melk** milk shake. ~**poeier** Seidlitz powder; fruit salts. ~**tablet** effervescent tablet. ~**wyn** sparkling/effervescent wine.

brui·send *-sende* foaming, frothing *(river, water, sea, etc.)*; roaring *(surf, waterfall, etc.)*; seething *(water)*.

brul *brulle, n.* roar; bellow *(of cattle)*. **brul** *ge-, vb.* roar; bawl; yell; retch, heave; bellow; ~ *van die lag* roar/shriek/hoot/howl with laughter; ~ *van (die) pyn* roar with pain. ~**aap** howling monkey, howler (monkey). ~**padda** bullfrog. ~**sand** roaring sand. ~**voël** bittern.

brul·ler *-lers* roarer.

bru·net *-nette, n.* brunette.

Brünn, Brno *(geog.)* Brünn, Brno.

Bruns·wyk *(geog.)* Brunswick.

bru·sel·lo·se →BRUCELLOSE.

Brus·sel *(capital of Belgium)* Brussels. **Brus·se·laar** *-laars, -lare* Bruxellois. **Brus·sels** *-selse* of Brussels; *~e **aarde*** fuller's earth; *~e **kant*** Brussels lace; *~e **lof*** chicory, French/Belgian endive, witloof; *~e **spruitjies*** Brussels sprouts. **brus·sels·lof** *(bot.)* chicory.

bru·taal *-tale, adj.* brutal, savage, cruel; harsh; severe; rude, impudent, insolent, bold, forward; brazen. **bru·taal** *adv.* brutally *etc.*; harshly; rudely *etc.*; ~ *eerlik met iem. oor iets wees* be brutally frank with s.o. about s.t..

bru·ta·li·seer *ge-* bully. **bru·ta·li·teit** impudence, effrontery, audacity; insolence.

bru·ta·lis·me *(archit.)* (new) brutalism. **bru·ta·lis** brutalist.

bru·to gross *(income, profit, receipts, weight)*; ~ *binnelandse produk* gross domestic product; ~ *maat* overall measure; ~ *nasionale produk* gross national product.

bruusk *bruuske bruusker bruuskste* brusque, blunt; abrupt, offhand. **bruusk·heid** brusqueness, bluntness; offhandedness.

bruut *brute, n.* brute. **bruut** *brute bruter bruutste, adj.* brutish, brutal, brute *(force)*; *(sl.)* butch *(man, woman)*. **bruut·heid** brutality, brutishness.

bry[1] *n.* burr *(in speech)*. **bry** *ge-, vb.* burr, speak with a burr. ~**-r** *-'e* uvular r.

bry[2] *n.* pulp, mush; paste; slurry. ~**vulling** grouting.

BTW: *van ~ vrystel* zero-rate. ~**-vry** zero-rated.

bud·jie *-jies* budgie, budgerigar, lovebird, grass parakeet.

Bue·nos Ai·res *(geog.)* Buenos Aires.

buf·fel *-fels* buffalo; *(fig.)* bear, boor, churl; *Afrikaanse ~* African/Cape buffalo; *Amerikaanse ~* bison. ~**bul** buffalo bull. ~**horing** buffalo horn. ~**kalf** buffalo calf. ~**koei** buffalo cow. ~**leer** buff (leather); buffalo leather. ~**siekte** →KORRIDORSIEKTE. ~**voël** buffalo's friend, beefeater.

buf·fel·ag·tig, buf·fel·ag·tig *-tige* rude, churlish, boorish, bearish. **buf·fel·ag·tig·heid, buf·fel·ag·tig·heid** rudeness *etc.*.

buf·fel(s)-: ~**bal** *Gardenia thunbergia.* ~**doring** *(Ziziphus mucronata)* buffalo thorn. ~**gras** buffalo grass. ~**horing** *(Burchellia bubalina)* wild pomegranate. ~**kweek(gras)** *(Stenotaphrum secundatum)* buffalo quick grass, coarse couch grass; *(Cynodon dactylon)* finger grass, fine couch grass.

buf·fer *-fers* buffer; bumper; ~ *teen buffer ry* drive nose to tail. **~(geheue)** *(comp.)* clipboard. **~mengsel, ~oplossing** *(chem.)* buffer (solution). **~plakker, ~strokie** bumper sticker. **~staat** buffer state. **~strook** buffer strip. **~-teen-buffer-verkeer** nose-to-tail traffic.

buf·fet *-fette* buffet, sideboard; (refreshment) bar. **~ete** buffet meal. **~kassie** chiffonier. **~lokaal** bar parlour. **~loper** sideboard cover.

bui *buie* shower *(of rain etc.)*; gust; *(good, bad)* mood, humour, temper; fit *(of coughing)*; paroxysm *(of giggling)*; *in 'n* ***goeie*** *~ wees* be in a good mood/humour/temper; be in good spirits; *die reën val* ***in*** *~e* the rain falls in showers; *in 'n* ***kwaai/slegte/vreeslike/verskriklike*** *~ wees* be in a bad/foul/nasty/terrible (*or* an awful/ugly) mood; ***los*** *~e* scattered showers. **bui·e·rig** *-rige* showery, squally *(weather)*; moody, crotchety, crabby, temperamental; fickle, capricious, full of whims. **bui·e·rig·heid** showeriness; moodiness *etc.*; fickleness *etc.*. **bui·tjie** *-tjies* light shower.

bui·del *-dels* bag, pouch; *(zool.)* marsupium; baby carrier. **~beer** koala (bear). **~das** bandicoot. **~dier** marsupial. **B~diere** Marsupialia. **~draend** *-e* marsupial. **~muis** wombat. **~rot** opossum. **~sakkie** moonbag. **~vormig** *-e* sacciform. **~vrugdraend** *(bot.)* marsupial. **~wolf** thylacine, zebra wolf, Tasmanian wolf/tiger.

bui·e *ge-* →BUIG *vb.*.

buig *buie, n.* bend; *'n ~ in die pad* a bend in the road; →BUIGING. **buig** *ge-, vb.* bend *(a branch)*; bow, incline *(one's head)*; arch *(one's back)*; crook, flex *(one's arm etc.)*; *(river, road, etc.)* curve; *(pers.)* stoop; *(plastic etc.)* bend; diffract *(rays)*; *~ of* ***bars*** by hook or (by) crook, by fair means or foul, *(infml.)* come hell or high water; *iem. wil iets doen, ~ of* ***bars,*** *(infml.)* s.o. is hellbent on doing s.t.; ***diep*** *~* bow low; *jou* ***knie*** *~* bend one's knee; genuflect *(in a holy place as a sign of respect)*; *iem. sal* ***moet*** *~* s.o. will have to yield/submit; *die tak ~* ***onder*** *die vrugte* the fruit weighs down the branch; ***oor*** *iem./iets ~* lean over s.o./s.t.; *in die* ***stof*** *~* prostrate o.s.; *~ en* ***strek*** bend and stretch; ***vir*** *iem. ~* bow to s.o.; ***voor*** *... ~, (fig.)* bow/submit to ... **~beuel** jim crow. **~bok** bending horse. **~breuk** greenstick (fracture). **~krag** force of flexure; bending power; deflective/deflecting force. **~-my-nie** *(bot.)* Cape box. **~punt** point of inflection. **~spanning** bending stress. **~spier** flexor (muscle). **~stuk** bend; *~ met skroefdraad* male bend. **~tang** (bending) pliers. **~toets** flexure test. **~vastheid** flexural strength. **~veer** flexion spring. **~yster** plying iron.

buig·baar *-bare* bendable, non(-)rigid.

bui·ging *-gings* bending; bend; curvature; bow; obeisance; curtsy; *(theatr.)* curtain call; inflection; *(gram.)* (in)flection; *(physiol.)* flexion; *(geol.)* flexure; modulation *(of a voice)*; *~ van die aardoppervlak* curvature of the earth; *'n diep ~* a low bow; *'n ~ maak* bow, make a bow; take a bow (*or* curtain call); *'n diep ~ maak* bow low, make a low bow; *vir iem. 'n ~ maak* bow (*or* make a bow) to s.o..

bui·gings-: **~hoek** angle of curvature. **~leer** *(gram.)* accidence. **~plooi** buckle/flexural fold. **~uitgang** inflection, (in)flectional ending. **~vorm** *-e* (in)flectional form.

buig·saam *-same* flexible, pliable, pliant; supple; compliant, yielding *(pers.)*; whippy *(shoot etc.)*; ductile *(gold, copper)*. **buig·saam·heid** pliability, pliancy; flexibility; ductility; suppleness; compliancy.

buik *buike, n.* stomach, belly, abdomen, underbody; paunch, *(infml.)* corporation; *(anat.)* venter; bottom, floor *(of a wag[g]on)*; bilge *(of a barrel)*; bunt *(of a sail)*; *dik ~* potbelly. **~asemhaling** abdominal breathing. **~band** abdominal belt. **~breuk** abdominal hernia. **~danseres** belly/exotic dancer. **~gord, ~riem** cingle, cinch, girdle, girth *(of a horse)*; bellyband. **~holte** abdominal cavity, coeliac. **~kramp** gripes, gripings, colic pains. **~landing** belly landing/flop, crash-landing *(of an aircraft)*; *'n ~ doen* crash-land, make a crash-landing. **~loop** *(vet. sc.)* diarrhoea, scour(s). **~lyn** underline *(of an animal)*. **~naat** ventral suture. **~net** *(anat.)* omentum. **~operasie** abdominal operation. **~plank** bottom board, bottom/bed plank, floorboard *(of a wag[g]on)*. **~poot** proleg, clasper *(of insect larvae etc.)*. **~potig** *-e, adj., (zool.)* gastropod(ous). **~potige** *-s, n., (zool.)* gastropod; *B~s* Gastropoda. **~pyn** stomachache, *(infml.)* bellyache. **~riem** →BUIKGORD. **~rommeling** borborygmus. **~senu(wee)** abdominal nerve. **~snit** laparotomy. **~speeksel** pancreatic juice. **~spier** abdominal muscle. **~spraak** ventriloquism. **~spreek** *ge-* ventriloquise. **~spreekpop** ventriloquist's dummy. **~spreker** ventriloquist. **~sprekerskuns** ventriloquism. **~sprekery** →BUIKSPRAAK. **~streek** abdominal region/zone. **~swangerskap** abdominal pregnancy. **~swelling** *(vet. sc.)* bloat. **~tifus** abdominal typhus, typhoid (fever). **~treksaag** felling saw. **~verband** abdominal bandage. **~versakking** abdominal ptosis. **~vin** ventral fin; pelvic fin. **~vleg** solar plexus. **~vlies** →BUIKVLIES. **~vog** ascites. **~vol** *(fig., infml.)* fed up (to the back teeth); *~ vir ... wees* have had a bellyful of (*or* be more than fed up with) ...; *~ vir iem. wees* be really/very fed up with s.o.; *~ vir/van/oor iets wees* be heartily sick (*or* sick and tired) of s.t., have had one's fill (*or* more than enough) of s.t.. **~vyl** bellied file. **~wand** abdominal/ventral wall. **~wandbreuk** ventral hernia. **~watersug** ascites, (abdominal) dropsy; *(vet. sc.)* swollen belly. **~wind** flatus.

buik·vlies peritoneum. **~holte** peritoneal cavity. **~laag** peritoneal layer. **~ontsteking** peritonitis.

buil *buile, (med.)* boil; swelling, bolter. **bui·le·pes** bubonic plague, malignant bubo.

buis *buise* tube, pipe; tubing; *(anat.)* duct; fuse *(of projectiles etc.)*; fistula *(of insects)*; *(rad.)* valve; *sterilisasie van die ~e* tubal sterilisation. **~baadjie** *(mil.)* shell jacket. **~baba** →PROEFBUISBABA. **~blom** tubular floret, tube flower. **~bom** pipe bomb. **~gat** fuse hole. **~hamer** fuse mallet. **~holte** lumen. **~klok** *(mus.)* tubular bell. **~kop** fuse head. **~kraal** bugle. **~leiding** piping, pipeline, system of pipes. **~lig** fluorescent/neon light. **~poot** tube foot. **~pos** pneumatic post. **~sak** duffel bag. **~staal** tubular steel. **~steel** fuse shaft. **~swangerskap** tubal pregnancy. **~tregter** thistle funnel. **~verfwerk** syringe painting. **~vormig** *-e* tubular, tube-shaped, tubulate, tubiform.

buis·ag·tig *-tige* tubular.

bui·serd *-serds, (orn., Eur.)* buzzard.

bui·sie *-sies* tube; duct; tubule; vial.

buis·loos *-lose* tubeless; *(med.)* ductless, endocrine.

buit *n.* booty, spoils, haul, loot, prize, plunder; take. **buit** *ge-, vb.* seize, capture, take, loot, pillage, plunder. **~maak** *-ge-* capture, take, seize, loot, carry off *(valuables)*. **~maker** looter, marauder, plunderer, pillager. **~stelsel** spoils system.

bui·te *adv.* out(side); out of doors, in the open; →BUITEN; BUITENS-; *~* ***aan/op*** *...* on the outside of ...; *~* ***bly*** stay outside; keep out; *na ~* ***gaan*** go out(side); *jou te ~* ***gaan*** go too far, not know when to stop; overstep the mark; overindulge, eat/drink too much; be out of line; *jou aan drank/ens. te ~* ***gaan*** drink/etc. to excess; *jou van blydskap te ~* ***gaan*** go wild with delight; *iem./iets ~* ***hou*** keep s.o./s.t. out; *na ~* ***lewend*** extrovert; *iets na ~* ***bring/neem*** put/take s.t. out; ***van*** *~* from without; on the outside; ***van*** *~ (af)* from the outside; ***van*** *~ (gesien)* seen/viewed from the outside; *iets* ***van*** *~ ken/leer* know/learn s.t. by heart; *~* ***woon*** live out of town (*or* in the country). **bui·te** *prep.* out of; outside *(a place)*; *iets ~* ***bedryf*** *stel* →BEDRYF *n.*; *~* ***en behalwe*** →BO EN BEHALWE; *~* ***bereik*** out of reach; *~* ***bereik*** *van ...* clear of ...; *~* ***diens*** *wees* →DIENS; *~* ***gevaar*** *wees* →GEVAAR; *~* ***geveg*** →GEVEG; ***hou/laat*** *my ~ die saak* (of *daarbuite*) leave me out of it; *~* ***jouself*** *raak* lose one's cool, go off the deep end, freak out, *(sl.)* go ape; *~* ***jouself*** *wees* be in a frenzy; *~* ***jouself*** *(van blydskap/vreugde/woede/ens.) wees* be beside o.s. (with joy/anger/fury/rage/etc.); *iets is ~* ***kwessie*** →KWESSIE; *iets is ~ iem. se* ***mag*** →MAG[1] *n.*; *iets ~ iem.* ***om*** *doen* go (*or* do s.t.) behind s.o.'s back; *drie/ens. meter ~ die* ***rekord*** three/etc. metres short of the record; *heeltemal ~ die saak* ***staan*** have nothing to do with the matter; *~ jou (eie)* ***toedoen*** →TOEDOEN *n.*; *dit staan ~ (alle)* ***twyfel*** →TWYFEL *n.*; *~* ***voeling*** *raak met ...* →VOELING; *~* ***werking*** *wees* →WERKING; *iets ~ iem. se* ***wete*** *doen* →WETE. **~aandeelhouer** outside shareholder. **~aansig** outside elevation. **~aards** *-e* extraterrestrial, ultramundane; *~e wese* extraterrestrial *(abbr.: ET)*. **~afdeling** outpatients' department, policlinic. **~afdruk** external mould. **~afmeting** outside/external measurement. **~baan** outside lane *(of a road)*; *(sport)* outside track. **~baarmoederlik** extrauterine. **~band** tyre. **~bedryfsopleiding** off-the-job training. **~beentjie** *(fig.)* odd man out, outsider. **~bekleding** protecting sheath, cover. **~belang** outside interest. **~blad** cover *(of a book, magazine)*. **~boordmotor** outboard motor. **~boords** *-e* outboard. **~boordskraan** seacock. **~derms** *-e, adj.* parenteral. **~deur** outer/outside door; front/entrance door. **~deursnee** external/outside diameter. **~diens** field service. **~distrik** outlying/country district. **~draadskroef** male screw. **~egtelik** illegitimate, born out of wedlock *(child)*; extramarital *(relationship)*. **~gebou** outbuilding, outhouse. **~geregtelik** extrajudicial. **~grens** perimeter; *(also, in the pl.)* external borders. **B~-Hebride** →HEBRIDE. **~hoek** outside/outer corner; *(math.)* exterior angle; coign *(of a wall)*. **~hof** outer court. **~kaliber** external gauge. **~kamer** outside/outer room. **~kans(ie)** windfall, piece of luck; outside chance, fluke. **~kant** *n.* outside, exterior, surface, periphery; *aan die ~* on the outside. **~kant** *adv.* (on the) outside; in the open. **~kant** *prep.* outside; beyond. **~kants(t)e** →BUITENSTE. **~kerk** country service *(of a parish)*. **~kernig** *-e, (biol.)* extranuclear. **~klub** country club. **~kurrikulêr** *-e* extracurricular. **~laag** outer layer, cortex. **~land** foreign country/countries; *in die ~* abroad; *na die ~ gaan* go abroad; *redakteur ~* foreign editor; *uit die ~* from abroad. **~lander** *-s* foreigner, alien. **~lands** *-e, adj.* foreign; *~e* ***aandeelhouer*** →NIE-INWONENDE AANDEELHOUER; *~e* ***beleid*** foreign policy; *filiaal in ~e* ***besit*** foreign-owned subsidiary; *~e* ***betaalmiddele/-middels/valuta*** foreign currency; *~e* ***koerant/uitsending*** foreign-language newspaper/broadcast; *~e* ***korrespondent,*** *(journ.)* foreign correspondent; *~e* ***pos*** outward mail; *'n ~e* ***reis*** a trip abroad; *~e* ***sake/aangeleenthede,*** *(pl.)* foreign affairs; *Amerikaanse Departement van B~e* ***Sake*** State Department; *Ministerie van B~e* ***Sake*** Foreign Ministry. **~lands, buitenslands** *adv.* abroad, outside the country. **~leisel** outer/draught rein. **~lewe** outdoor life; country life. **~lid** external member; country member. **~lig** outside light. **~liggaamlik:** *~e ervaring* out-of-body experience. **~linie** *(mil.)* exterior line. **~lisensie** off-sales licence, off-licence. **~lug** open air; country air; *in die ~* in the open (air), out of doors. **~lugaktiwiteite** *(pl.)* outdoor activities/pursuits. **~lugklere** outdoor clothes. **~lugswembad** outdoor swimming pool. **~lyn** outer boundary; exterior line; *(rugby, soccer)* touch(line); perimeter; →OMTREK *n.*; *die ~ haal, (rugby)* find touch. **~maat** outside measurement; outsize. **~magtig** ultra vires *(Lat.)*. **~mense** country people; outsiders. **B~-Mongolië** *(hist.)* Outer Mongolia; →MONGOLIË. **~muur** outside/outer/exterior wall; bailey *(of a castle)*. **~muurs** *-e, adj.* extramural. **~muurs** *adv.* extramurally. **~naatskoen** welted shoe/boot. **~om** round the outside. **~oogvlies** sclera. **~oor** external ear. **~opname** outside broadcast. **~parlementêr** extraparliamentary. **~pasiënt** outpatient. **~passer** outside callipers. **~perd** *(racing)* outsider, dark horse; outside horse. **~personeel** field staff; outside staff. **~plaas** outlying farm; outskirts of a farm; country seat. **~planeet** exterior/outer/superior planet. **~portaal** porch. **~pos** outpost; outstation; *(mil.)* advanced/outlying post. **~rand** outer edge; periphery, perimeter; outskirts; *aan die ~* on the perimeter. **~rem** external brake. **~sak** outside/outer pocket. **~see:** *die ~* the high seas (*or* open sea). **~see-pelagic.** **~seisoen** low/off season. **~seisoens** during the off-peak season; unseasonal *(heat, rain, etc.)*; *~e korting/tarief/ens.* off-peak reduction/rate/tariff/etc.. **~seisoentyd** off-peak season, off-season period; *in die ~* during the off-peak season. **~sintuiglik** extrasensory. **~skakel** *(sport)* outside/wing half. **~skool** country/farm school. **~skools** *-e* extramural, outdoor. **~skop**

n. touch/line kick. ~**sluit** *=ge=* exclude, shut out/off; lock out. ~**sluiting** exclusion; locking out. ~**spieël(tjie)** outside mirror. ~**staatstelling** incapacitation. ~**stander** *=s* outsider, outside person. ~**stasie** outstation. ~**stedelik** peri-urban. ~**tjek** country cheque. ~**toe** →BUITENTOE. ~**toilet** outside toilet/lavatory, pit lavatory, *(SA, infml.)* long drop. ~**totalisator,** *(infml.)* ~**toto** off-course totalisator, *(infml.)* off-course tote. ~**trap** outside staircase. ~**tronk** prison outstation. ~**veld** outer pasturage; *(cr.)* outfield; *in die ~, (golf)* out of bounds. ~**veldwerker** *(cr.)* outfielder. ~**verblyf** country residence/house; country seat *(of an aristocratic family);* stay/sojourn in the country. ~**verbruik** off consumption; *lisensie vir ~* off(-sales) licence. ~**verf** outdoor paint. ~**vergadering** overflow meeting. ~**verkope** off-sales. ~**waarts** *=e, adj.* outward; extrorse. ~**waarts** *adv.* outward(s). ~**wand** outer wall *(of a tube, duct).* ~**weddenskappe** off-course betting. ~**wedstryd** away match. ~**wêreld** outside world, public (at large). ~**werk** outdoor/outside work; outdoor work, *(also)* work on the land; field work; *(mil.)* outwork, barbican. ~**werker** outside worker; field worker. ~**werp** *=ge=* cast out. ~**wetlik** extralegal, extrastatutory. ~**winkel** country store. ~**woning** →BUITEVERBLYF. ~**wyk** *=e* outlying/remote part *(of a district);* suburb *(of a town); (in the pl.)* outskirts, purlieus *(of a city); in die ~e van die dorp/stad* on the outskirts of the town.

bui·tel *ge=* tumble, fall head over heels; gambol. **bui·te·ling** *=linge* tumble.

bui·ten except, besides; bar(ring), except(ing), not counting, apart from, save (for), with the exception of; other than; beyond; *almal ~ een* all but one; *dit het met almal ~ hom/haar gebeur* it happened to everybody except(ing) him/her; *~ en behalwe* →BO EN BEHALWE; *~ my!* count me out!; *alles ~ oorlog* everything short of war; →BUITE *prep.;* BEHALWE. ~**dien** besides, moreover, in addition, more than that, what is more, furthermore, on top of that, over and above that. ~**gewoon** *adj.* extraordinary, exceptional; unusual, uncommon, out of the common, singular; special; extra; signal *(services);* unseasonable *(weather); buitengewone gesant* envoy extraordinary; *Buitengewone Staatskoerant* Government Gazette Extraordinary; *buitengewone vergadering* special meeting/session; *iets ~s* s.t. special (*or* out of the ordinary); *niks ~s nie* nothing special (*or* out of the ordinary); *~ vir dié tyd van die jaar* unseasonal *(heatwave etc.).* ~**gewoon** *adv.* exceedingly, immensely, hugely, inordinately, exceptionally, uncommonly. ~**gewoonheid** unusualness. ~**toe, buitetoe** outside, outwards; *~ gaan* go out; *~ oopgaan* open from within. ~**tyds** →BUITENSTYDS.

bui·te·nis·sig *=sige, (rare)* odd, eccentric, unusual, out of the way, outré *(Fr.).* **bui·te·nis·sig·heid** unusualness.

bui·tens=: ~**huis,** ~**huis** *=e, adj.* outdoor; outside; *'n ~e swembad* an outdoor swimming pool; *~e werk* work away from home. ~**huis,** ~**huis** *adv.* out of doors; *laat ~ bly* stay out late; *~ slaap* sleep out; *~ werk* work away from home. ~**lands** →BUITELANDS *adv..* ~**tyds, buitentyds** *=e, adj.* off-season, out-of-season; unseasonal, unseasonable *(heat, rain, weather, etc.);* after-hours. ~**tyds, buitentyds** *adv.* out of season; unseasonably; after hours.

bui·ten·spo·rig *=rige* excessive, exorbitant, immoderate; prohibitive, fancy *(price);* extravagant *(life);* preposterous; outrageous *(conduct);* undue *(haste).* **bui·ten·spo·rig·heid** excessiveness; extravagance.

bui·ten·ste *n.* outside, exterior (surface). **bui·ten·ste** *adj.* outside, outer *(darkness, space);* exterior, outermost, external.

bui·ten·tyds →BUITENSTYDS.

bui·ter *=ters* looter, plunderer, pillager, marauder. **bui·te·ry** looting, pillaging, plunder(ing).

buk *ge=* bend *(to receive a caning),* stoop, bow; crouch; duck; give/make a back; budge, submit; *onder ... gegaan* labour/suffer under ...; be loaded down with ...; suffer from ...; be bowed/weighed down with ... *(care);* be burdened with ...; *iem. gaan onder iets ge~, (also)* s.t. weighs (up)on s.o.; *vir ... ~* bow before (*or* submit to) ...; *vooroor ~* bend down.

Bu·ka·vu *(geog.)* Bukavu.

bu·ko·lies *=liese* bucolic.

buks *bukse* short rifle, carbine. ~**spyker** stub nail. ~**waterpas** dumpy level.

buks·boom box (tree). **buks·hout** boxwood.

buk·sie *=sies* little chap, bantam; *(SA: 340 ml beer)* dumpy (bottle); *(SA: small wine bottle)* dinky.

bul¹ *bulle, (papal)* bull; diploma *(of a university); die Goue B~* →GOUE.

bul² *bulle, (zool.)* bull; *(infml.)* whopper, colossus, giant; *(stock exchange)* bull; ***die** B~, (astrol.)* the Bull, Taurus; →STIER; *soos 'n ~ in 'n **glashuis/glaskas,** (infml.)* like a bull in a china shop; *die ~ by die **horings** pak, (fig.)* take the bull by the horns, grasp the nettle; ***ou** ~!* stout fellow!; *(sommer) **pure** ~ wees* be tough; have what it takes, be made of the right stuff; *~ **teen** ~, (infml.)* Greek meets Greek; *wanneer ~ **teen** ~ te staan kom, gee dit 'n woeste stryd af* (of *is die stryd die swaarste* of *spat die vonke)* when Greek meets Greek then is/comes the tug of war. ~**byter** (bull) mastiff. ~**geveg** bullfight. ~**hond, boel(hond)** bulldog. ~**kalf** bull calf. ~**kweek** knotgrass, allseed. ~**mark** *(stock exchange)* bull market. ~**perd** *(fig., infml.)* stunner, first-rater. ~**sak** feather bed/mattress. ~**stryd** hard-fought match, *(sl.)* ripsnorter of a match. ~**terriër, boelterriër** bull terrier. ~**vegter** bullfighter.

bul·bêr *=bêre, (anat.)* bulbar.

bul·bil *=bille, (bot.)* bulbil.

bul·der *ge=* roar, rage, bellow, storm; thunder, bluster; boom *(of a gun); teen iem. ~* bellow/roar at s.o.. ~**lag** horse laugh, guffaw. ~**stem** stentorian voice.

bul·de·rend *=rende* blustering; roaring, raging, *etc.; ~ lag* laugh uproariously; *~e stem* stentorian voice; *~e wind* blustery wind.

Bul·ga·ry·e, Boel·ga·ry·e *(geog.)* Bulgaria. **Bul·gaar, Boel·gaar** *=gare, n.* Bulgarian. **Bul·gaars, Boel·gaars** *n., (language)* Bulgarian. **Bul·gaars, Boel·gaars** *=gaarse, adj.* Bulgarian.

bu·li·mie *(med., psych.)* bulimia; bulimia nervosa.

bulk *=e, n.* bellow, roar. **bulk** *ge=, vb., (cattle)* bellow, low; *(cow)* moo; *(person)* roar, bellow; *(person)* belch, *(fml.)* eruct(ate).

bul·le·bak *=bakke* bully; bear, curmudgeon.

bul·le·tin *=tins* bulletin. ~**bord** *(comp.)* bulletin board. ~**bordstelsel** *(comp.)* bulletin board system.

bul·le·tjie *=tjies* young bull; sturdy little boy.

buls *adj., (cow)* on heat.

bult *bulte, n.* lump, bulge, hump, knob, swelling, protuberance, hunch; bump *(caused by a blow); (hard lump of tissue in an animal/human body)* knot; node *(on a rheumatic joint);* knoll, hill(ock), hummock, mound, rise; *net **agter** die ~, (fig.)* (just) (a)round the corner; *'n **blinde** ~* a blind rise; ***oor** die ~ wees, (fig.)* have turned the corner, be over the worst; *(teen) die ~ **op/uit*** up the hill; *'n **steil** ~* a steep hill; ***teen** 'n ~* on a rise; ***vol** ~e* bumpy; knotted; dented *(metal).* **bult** *ge=, vb.* bulge; *jou spiere ~, (fig.)* flex one's muscles. ~**garing,** ~**gare** slub yarn. ~**rug** hogback, hog's back, (hill) ridge. ~**rug(walvis)** humpback (whale). ~**terrein,** ~**werf** *(rly.)* hump yard. ~**vorming** buckling.

bult·ag·tig *=tige* →BULTERIG. **bul·te·naar** *=naars, (rare)* hunchback. **bul·tend** bulging *(suitcase etc.); ~e maag* well-rounded belly. **bul·te·rig** *=rige* bumpy, lumpy, uneven, knobb(l)y; hilly. **bult·jie** *=s* hillock, hummock, knoll; small hump.

bun·del *=dels, n.* collection, volume *(of shorter pieces, poems); (biol.)* bundle, fascicle. **bun·del** *ge=, vb.* collect, publish in book form. ~**vormig** *=e* fascicled, fascicular, fasciculate(d). ~**vorming** fasciculation.

bun·dels·ge·wys, bun·dels·ge·wy·se fascicled, fascicular, fasciculate(d); clustered. **bun·del·tjie** *=tjies* small/slim volume; *(biol.)* fascicle.

bun·ker *=kers, n.* bunker. **bun·ker** *ge=, vb.* bunker. ~**kole,** ~**steenkool** bunker coal. ~**vliegtuig** nurse plane.

bun·sen·bran·der Bunsen burner.

bu·re *(pl.)* neighbours; →BUUR=; *byhou by die ~* keep up with the Joneses.

bu·ret *=rette* burette, *(Am.)* buret.

burg¹ *burge, (also* burgvark*)* barrow, castrated boar, gelded/gelt pig.

burg² *burge* castle, stronghold; keep, citadel. ~**graaf** viscount. ~**gravin** viscountess. ~**heer,** ~**voog** warden (of a castle), castellan. ~**vrou** chatelaine.

bur·ge·mees·ter *(fem. =meesteres)* mayor; burgomaster *(of a Dutch/Flemish/German/Austrian/Swiss town).* **B~sondag** Mayoral Sunday.

bur·ge·mees·ter·lik *=like* mayoral.

bur·ge·mees·ters=: ~**amp** mayoralty. ~**kamer** mayor's parlour. ~**ketting** mayoral chain. ~**vrou** mayoress; *(Am.)* first lady *(often F~ L~).*

bur·ge·mees·ter·skap mayoralty, mayorship.

bur·ger *=gers* citizen, national; civilian, *(infml.)* civvy; bourgeois; *(hist.)* commoner, *(in ancient Rome)* plebeian; *(hist.)* burgher; *(hist.)* freeman; *'n **gebore** ~, 'n ~ deur **geboorte*** a citizen by birth, a native-born citizen, a natural-born citizen/subject; *die **gewone** ~* the average citizen; ***Jan** B~, (infml.)* John Citizen, Joe Public; ***(stemgeregtigde)** ~, (hist.)* burgess; *'n **tweederangse** ~* a second-class citizen. ~**band** Citizens' Band *(abbr.:* CB*).* ~**(band)radio** citizens' band (*or* CB) radio. ~**bevolking** civilian population. ~**deug** civic virtue. ~**drag,** ~**klere,** ~**kleding** civilian clothes, mufti, *(infml.)* civ(v)ies; *(police)* plain clothes. ~**klas** →BURGERSTAND. ~**kleding,** ~**klere** →BURGERDRAG. ~**kryg** →BURGEROORLOG. ~**kunde,** ~**leer** civics. ~**lewe** civil life. ~**lugvaart** civil aviation. ~**mag** citizen force, militia, territorials; *(SA, hist.)* burgher force(s); *(Br., hist.)* yeomanry. ~**man** *=ne* bourgeois; civilian. ~**oorlog** civil/domestic war. ~**plig** civic duty. ~**raad** *(hist.)* burgher councillor. **B~raad** *(hist.)* Burgher Council. ~**reg** citizenship; freedom of a city; *(in the pl.)* civil/civic rights; *jou ~ **verbeur*** forfeit one's civil/civic rights; *~ **verkry*** obtain one's civil/civic rights; *(a word)* be adopted/recognised, become accepted/established; *~ aan ... **verleen*** enfranchise (*or* grant civil/civic rights to) ...; admit ... to the freedom of the city; adopt ... *(a word); **verlies** van ~te, (also)* civil death; *jou ~ **verloor*** lose one's civil/civic rights. **B~senaat** *(hist.)* Burgher Senate. ~**sentrum** civic centre. ~**sin** civic sense, public spirit, sense of public responsibility; *met ~* civic-minded. ~**skap** citizenship. ~**skapswet** law of citizenship, citizenship act. ~**soldaat** citizen soldier, militiaman. ~**stand** middle class, commonalty, bourgeoisie. ~**trots** civic pride. ~**twis** civil strife. ~**vereniging,** ~**organisasie** civic(s) (association/organisation). ~**wag** civic guard.

bur·ger·lik *=like* civil *(administration, aviation, law, marriage, rights);* civilian; civic; middle-class, bourgeois; plebeian; *~e **beskerming*** civil defence/protection; *die ~e **gesag/owerheid*** the civil power/authority; *~e **hof*** civil court; *~e **huwelik*** civil marriage; *~e **inhegtenisneming/arrestasie*** citizen's arrest; *~e **ongehoorsaamheid*** civil disobedience; *~e **onluste*** civil disturbances; *~e **(persoon)*** civilian; *~e **regbank*** civil court; court of civil judicature; *~e **vereniging/organisasie*** civic(s) (association/organisation); *~e **vryheid*** civil liberties; *~e **wetboek*** civil code. **bur·ger·lik·heid** middle-class manners.

bur·ge·ry citizenry; commonalty.

Bur·ki·na Fa·so *(geog.)* Burkina Faso.

bur·lesk *=leske, adj.* burlesque. **bur·les·ke** *=kes, n.* burlesque.

bur·net·teer *ge=* burnettise.

bu·ro *=ro's, (dim. =ro'tjie)* office; bureau; *(rare)* bureau, (writing) desk. **bu·ro·kraat** *=krate* bureaucrat. **bu·ro·kra·sie** *=sieë* bureaucracy, officialdom. **bu·ro·kra·ties** *=tiese* bureaucratic.

bur·si·tis *(med.)* bursitis.

Bur·ton·brood *(hist.)* Burton bread.

bu·ryn *=ryne* graver, burin.

bus¹ *busse, n.* box *(for letters, ballot paper);* (money) box; drum; tin, bin, container, canister; *die ~ lig, (dated)* collect post. ~**ligting** *(dated)* collection of post.

bus² *busse, n.* bush, bushing, casing, sleeve; socket, box; *'n ~ insit, van 'n ~ voorsien, (mech.)* bush; *dit sluit soos 'n ~* it fits exactly; it all fits in perfectly; it is all perfectly logical. **bus** *ge-, vb.* bush.

bus³ *busse, n.* bus; *(for long distances)* coach; *kinders per ~ aanry skool toe* bus children to school; *~ ry, met die (of per) ~ gaan/ry* go by bus; take a bus; *met die (of per) ~ werk toe gaan/ry, (also)* bus (it) to work; *'n ~ haal* catch a bus; *die ~ nie haal nie, die ~ mis, (lit.)* miss the bus; *'n ~ neem* take a bus; *per ~ vervoer* bus *(vb.)*; *~se vol* by the busload, in busloads *(infml.)* **~bestuurder** bus driver. **~diens** bus service. **~geld** bus fare. **~halte** bus stop. **~hokkie, ~skuiling** bus shelter. **~kaartjie** bus ticket. **~kondukteur** bus conductor. **~loods** bus shed. **~rit** bus ride/trip; coach trip/ride. **~roete** bus route. **~skuiling** →BUSHOKKIE. **~stasie** bus station; coach station *(for long-distance buses)*. **~toer** coach tour. **~trek** bus stage. **~uitstappie** coach trip. **~vrag** bus-load; *'n ~ kinders/ens.* a busload of children/etc.. **~waardin** bus hostess.

bus·kruit gunpowder; *iem. het nie die ~ uitgevind nie* s.o. is no great shakes (*or* won't set the Thames on fire). **~verraad** gunpowder plot.

bus·sel(·tjie) *-(tjie)s, (pad)* bustle.

bu·taan *(chem.)* butane.

bu·ta·di·een *(chem.)* butadiene.

bu·tiel *(chem.)* butyl.

bu·ti·rien *(chem.)* butyrin.

buts·kop *(Hyperoodon ampullatus)* bottlenose(d)/beaked whale.

bu·tyn *(chem.)* butyne.

buur-: **~dorp** neighbouring town. **~kind** neighbour's child. **~land** neighbouring country. **~man** *-ne, -s* neighbour; *alte goed is ~s gek* the willing horse gets no rest. **~manskap** →BUURSKAP. **~meisie** girl next door. **~mense** neighbours. **~praatjie** gossip, neighbourly talk. **~seun** boy next door. **~staat** neighbouring/contiguous state. **~vrou** *-e(ns)* lady next door, neighbour (woman); neighbour('s wife). →BURE.

buur·skap neighbourliness, neighbourly relations/intercourse; *goeie ~* good-neighbourliness.

buurt *buurte, (rare)* **buur·te** *-tes* neighbourhood, vicinity, precinct; part, quarter; *in die ~ van ...* somewhere near ... **buurtwag** neighbourhood watch.

buus·te bust. **~lyfie** *(fml.)* brassiere; bodice; →BRA¹ *n.*.

by¹ *bye, (dim. bytjie)* bee; *iem. van die ~tjies en die blommetjies vertel, (infml.)* tell/teach s.o. the facts of life. **~angel** bee sting. **~angelbos** *(Azima tetracantha)* bee sting bush, stink bush. **~mot** bee moth. **~nes** →BYENES. **~steek** →BYESTEEK. **~vanger** →BYEVANGER. **~vlieg** bee fly. **~vreter** →BYEVRETER.

by² *adj., (infml.)* switched-on; *iem. is nie heeltemal ~ nie, (infml.)* s.o.'s not quite compos mentis. **by** *adv.* present, there; in addition; ***goed** ~ wees* be well on top *(of s.t.)*; be well up *(in s.t.)*; *~ wees **met** jou werk* be up to date with one's work; ***nie** ~ wees nie* not be present/there; *iem. is nog **nie** ~ nie* s.o. has not come round/to yet; ***vlak** ~* close by, nearby, near by; *van **vlak** ~* from close up; ***waar** iem. ~ is/was* in s.o.'s presence. **by** *prep.* by, with, near, at; in; (up)on; from; *~ **aankoms*** on arrival; *~ die geringste **aanleiding*** on the slightest provocation, for the slightest reason; *~ ... **aansoek** doen* apply to ...; *~ die trap/ens. **af*** down the stairs/etc.; *kontant ~ **aflewering*** cash on delivery; *~ **al** iem. se slimheid* with all s.o.'s cleverness; *~ die **berekening** van die bedrag* →BEREKENING; *by ... **bestel*** order from ...; *~ 'n mening **bly*** adhere to an opinion; *~ **dag*** by day, in the daytime; *~ die **dag** betaal word* be paid per day (*or* on a daily basis); *~ die **dag** beter word* improve day by day; *~ die **Departement** van Onderwys werk* work in the Education Department; *ek **dink** toe ~ myself* then I said to myself; *~ iem. se **dood*** at s.o.'s death; *~ die **dosyn** koop* buy by the dozen; *hulle het ~ **duisende** gekom* they came in their thousands; *~ **geboorte*** at birth; ***geld** ~ jou hê* have money on one; *~ **geluk*** by chance; *~ 'n **glas(ie)** wyn/ens.* over a glass of wine/etc.; *niks is ~ **God** onmoontlik nie* nothing is impossible with God; *~ die **grasie** Gods* by the grace of God; *~ die **Grieke/ens.*** among(st) the Greeks/etc.; *iem. ~ die **hand** neem/vat* take s.o. by the hand; *... ~ jou **hê*** have ... with one *(s.o. etc.)*; have ... on one *(money etc.)*; *~ die **honderd*** close on/upon a hundred; *~ (die) **honderde/duisende*** in their hundreds/thousands; *~ **hope*** in heaps; *~/in 'n **hotel** eet* have meals at/in a hotel; *~ die **huis*** at home; *~ iem. se **huis*** at s.o.'s house; *daar was geen aarseling ~ **iem.** nie* there was no hesitation on s.o.'s part; *~ **iem.** bly/woon* stay/live with s.o.; *daar is misverstand ~ **iem.*** there is a misunderstanding on s.o.'s part; *as(se)gaaie is ~ die **jag** gebruik* assegais were used in hunting; *~ **kerslig*** by candlelight; *'n siekte ~ **kinders*** a disease in children; *~ **kinders** is die siekte nie gevaarlik nie* the disease is not dangerous to children; ***kort** ~ die sewentig/ens.* on the verge of seventy/etc.; *~ 'n **krans** afval* fall down a precipice; *~ die **Lugmag** wees* be in the Air Force; *~ die **maand/week** betaal* pay on monthly/weekly terms; *~ die groot **maat*** wholesale; in large quantities; *~ die klein **maat*** retail; in small quantities; *vyf ~ tien **meter*** five by ten metres; *iem. ~ sy/haar **naam** noem* call s.o. by his/her name; *~ **nag*** by night; *iem. ~ **name** noem* call s.o. by name; *~ **navraag*** (up)on enquiry; *~ **ontvangs*** on receipt; *~ die **oorpeinsing** van ...* while pondering (over) (*or* meditating on) ...; *~ die **redaksie** wees* be on the editorial staff; *~ my **siel*** upon my soul; *~ my **siks!**, (dated)* upon my soul!; *~ iem. **slaap*** sleep with s.o.; *die **slag** ~ Magersfontein/ens.* →SLAG¹ *n.*; *iets nie ~ iem. **soek** nie* not expect s.t. of/from s.o.; *~ die **staf**, (mil.)* on the staff; ***tot** ~ die rivier* as far as the river; ***tot** ~ die dak* right up to the roof; *~ **tye*** →TYD; *~ ... **(vaar)** uit ... (moer)* by ... (sire) out of ... (dam); *~ die **verkiesing*** at the election(s); *~ ... **verkry(g)baar*** obtainable from ...; *~ iem. se **vertrek*** on s.o.'s departure; *kinders ~ 'n tweede **vrou*** children by a second wife; *~ die **vuur*** by/beside the fire; *~ stormagtige **weer*** in stormy weather; *~ al die ander **werk*** in addition to all the other work; *~ **wet*** by law; *~ die **wet*** according to law; ***wie** was ~ X?* who was with X?, who was X with?; *~ **wyse** van protes* in protest, as a (*or* by way of) protest.

by·ak·sent *-sente* secondary accent/stress.

by·as *-asse* secondary axis.

by·baan·tjie *-tjies* extra/outside job, sideline.

by·be·doe·ling *-lings, -linge* ulterior motive; *'n ~ hê* have an ulterior motive/object; *~s hê, (also)* have an axe to grind.

by·be·ho·re *(pl.)* accessories; appurtenances; appendages; furnishings. **by·be·ho·rend** *-rende* accompanying; belonging to; to match; *~e (boek)deel* companion volume; *~e stuk* companion piece.

By·bel *-bels* Bible; *die ~ met 52 blaaie, (rare)* a pack of cards; *met die ~ in jou mond loop* always be quoting Scripture; *op die ~ sweer* swear on the Bible. **~boek** Bible; book of the Bible. **~gelowige** believer in the Scriptures. **~genootskap** Bible Society. **~geskiedenis** biblical history. **~kenner** biblical scholar, Biblist, Biblicist, Scriptur(al)ist, textualist. **~kennis** biblical/scriptural knowledge, knowledge of the Scriptures. **~klas** Bible class. **~kritiek** biblical criticism. **~kunde** biblical science. **~lande** biblical lands, lands of the Bible. **~leer** scriptural doctrine. **~les** Bible class. **~lesing** Bible/Scripture reading. **~onderrig** scriptural instruction. **~papier** Bible paper; India paper. **~storie, ~verhaal** Bible story. **~studie** Bible study. **~studiegroep, -kring** Bible study group/circle. **~taal** biblical language. **~teks** passage in the Bible, scriptural passage, text from Scripture (*or* the Bible). **~uitlêer, ~verklaarder** exegete. **~uitleg(ging), ~verklaring** exegesis. **~vas** versed in Scripture. **~verhaal** →BYBELSTORIE. **~verspreiding** Bible distribution, distribution of the Bible. **~vertaling** Bible translation. **~woord** biblical passage, quotation from Scripture.

By·bels *-belse* biblical *(also B~)*, scriptural; in accordance with the Bible; *~e geskiedenis* biblical history.

by·be·stel order additionally (*or* in addition).

by·be·taal pay extra (*or* in addition). **by·be·ta·ling** excess payment.

by·be·te·ke·nis *-nisse* connotation, secondary meaning; *(ling.)* connotative meaning; *~ hê* connote.

by·blad *-blaaie* supplement *(of a newspaper etc.)*.

by·bly *-ge-* keep pace; keep up; stand/stay the pace; stick/stay in one's memory; *by ... ~* keep up with ...; *... sal my altyd ~* I'll always remember (*or* I'll never forget) ...; *dit het my nog altyd bygebly* I still remember it; *'n melodie wat jou (of ['n] mens) ~* a melody that one can't get out of one's head, a haunting melody. **by·bly·wend** *-wende, (also)* haunting.

by·breek- *comb., (cr.)*: **~bal, bybreker** leg ball/break/spin. **~bouler, bybreker** leg-break/leg-spin bowler, leg spinner.

by·bren·ging resuscitation.

by·brief *-briewe* subminute.

by·bring *-ge-* bring forward, *(fml.)* adduce, cite, quote *(examples)*; put *(a bull to a cow, a cow to a bull)*; bring to/round *(s.o.)*; teach, inculcate, instil *(ideas)*; *iem. iets ~* make s.o. realise (*or* get s.o. to understand) s.t.; *iem. kan iets nie ~ nie* s.o. cannot afford s.t..

by·dam *-ge-* go for, tackle, attack, sail into, rush at; accost, buttonhole, stop *(s.o. in the street)*; *iem. met 'n stok ~* take a stick to s.o.; *iem. met die vuis ~* go for (*or* tear into) s.o. with one's fists.

by·der·hand handy, available, at/on/to hand, close (by), within reach, convenient, ready; on the spot; at/within call; *iets ~ hê* have s.t. handy (*or* at hand); *iets ~ hou* keep s.t. ready.

by·der·wets *-wetse* fashionable, in fashion, chic, modish, up to date, *(infml.)* trendy, *(infml.)* in, *(infml.)* with it, *(sl.)* hip.

by·dra *-ge-* contribute; club/chip in; subscribe; *tot iets ~* contribute to(wards) s.t.; subscribe to s.t. *(a fund etc.)*; help to bring s.t. about; be instrumental in s.t.; *iets dra tot ... by, (also)* s.t. is conducive to ...; s.t. makes for ...; *dit alles dra daartoe by dat ...* it all adds up to ...; *baie daartoe ~ om te ...* do much to ...; go far to (*or* go a long way to[wards] *or* contribute greatly to) ... **by·dra·e** *-es, (dim. -etjie)* contribution, subscription; *'n ~ tot ... lewer* make a contribution to ...; *met ~s van die publiek* by public subscription. **by·dra·end** *-ende* contributory, contributive; contingent. **by·dra·er** *-ers* contributor, subscriber, donor.

by·draai *-ge-, (naut.)* heave to; come round (*or* into line); *bygedraai lê, (naut.)* lie to; *die skip lê bygedraai* the ship lies hove to.

by·e-: **~boer** beekeeper, beemaster, apiarist. **~boerdery** beekeeping, apiculture. **~brood** beebread, ambrosia. **~drag** honeyflow. **~gif** bee's poison. **~houer** →BYEBOER. **~huis, ~kamp** apiary. **~koningin** queen bee. **~korf** (bee)hive; *(straw/wicker beehive)* skep, skip. **~korfhuis** beehive house. **~kundig** apiarian. **~kundige** *-s* apiculturist. **~melk** queen-bee jelly. **~nes, bynes** bees' nest; *(fig.)* hornet's nest; *jou kop in 'n ~steek, (infml.)* stir up a hornet's nest. **~sel** *-le* bee cell. **~stal** apiary. **~steek, bysteek** bee sting. **~swerm** swarm of bees. **~teelt** beekeeping, bee culture, apiculture. **~teler** apiculturist, apiarist. **~vanger** *(orn.)* drongo. **~vreter** *(orn.)* bee-eater. **~was** beeswax. →BY¹.

by·een together; →BYMEKAAR. **~bring** *-ge-* gather, collect; raise *(money)*. **~kom** *-ge-* come/get together, meet, convene, assemble, congregate, collect, gather (together), for(e)gather, flock (together). **~koms** *-te* assembly, gathering, meeting; meet; function; *reg van ~* right of assembly. **~roep** *-ge-* call together, convene, convoke, summon. **~roeping** convocation, summoning. **~trek** *-ge-* draw/bring together. **~voeg** *-ge-* join, fit together, unite.

by·e·ry *-rye* apiary.

by·fi·guur *-gure* secondary/subordinate/minor figure/character.

by·gaan·de accompanying *(letter, article, photo)*; attached, enclosed, annexed; concomitant.

by·ge·bou *-boue* annexe; outbuilding.

by·ge·dag·te -*tes* implication; side reflection; ulterior thought; mental reservation.

by·ge·draai →BYDRAAI.

by·gee -*ge*- add, give in addition.

by·ge·heu·e *(comp.)* backing store.

by·ge·loof -*lowe* superstition. **by·ge·lo·wig** superstitious. **by·ge·lo·wig·heid** superstitiousness.

by·ge·luid -*luide* extraneous sound; by-sound, bytone, secondary sound; →BYKLANK.

by·ge·naamd nicknamed.

by·ge·reg -*regte* side dish/order; *slaai as* ~ side salad.

by·ge·sê →BYSÊ.

by·ge·skre·we *(bookk.)* up to date; →BYSKRYF.

by·ge·val, by·ge·val *(arch.)* perchance, peradventure, by (any) chance.

by·ge·volg consequently, therefore.

by·ge·werk -*te* (brought) up to date, updated; *~te register* cumulative index; →BYWERK *vb.*.

by·giet -*ge*- add *(by pouring)*.

by·glip *(cr.)* leg slip.

by·gooi -*ge*- add *(by throwing/pouring)*.

by·haal -*ge*- bring in; *moenie hom/haar ook ~ nie* don't drag him/her in too.

by·han·de·ling -*lings*, -*linge* underplot *(in a liter./poet. work)*.

by·hef·fing -*fings*, -*finge* surcharge; surtax.

by·hoek -*hoeke* supplemental angle.

by·hol·te -*tes, (anat.)* sinus.

by·hou¹ -*houe, n., (cr.)* leg hit.

by·hou² -*ge-, vb.* keep up, keep pace *(with)*; cope; stay the course, keep/stand/stay the pace; keep up *(one's Greek etc.)*; *(bookk.)* enter/post/write up *(the books)*; *die* ***boeke*** ~ keep accounts; ***by*** ... ~ keep level/pace/up with ..., last ... out; ~ ***by*** *die bure* keep up with the Joneses; *iem.* ***kan nie*** ~ *nie, (also)* s.o. cannot cope; *(infml.)* the pace is too hot for s.o.; ~ ***met*** *jou werk* keep up to date.

by(-)in·kom·ste -*stes* additional/extra/supplementary income.

by·kaart -*kaarte, (print.)* inset (map); *(card games)* plain card; *(in the pl., bridge)* plain suit.

by·kans nearly, almost, *(poet., liter.)* well-night.

by·kant *(cr.)* leg (side), on side.

by·kelk -*kelke, (bot.)* epicalyx.

by·klank -*klanke* secondary sound; *(in the pl., cin., rad., TV)* sound effects, background noises.

by·klas·se *(pl.), (wool)* outsorts.

by·knop -*knoppe* accessory bud.

by·kom -*ge*- get at, reach; be included/added, be reckoned in; come to/round, revive, recover, rally; gain (*or* put on) weight, pick up; catch up, come up with; *hoog* ~ reach high; *wat moet nog ~?* what else is there (to be added)?; *die regering/ens.* ~ get/hit at the government/etc.; *wag tot X* ~ wait until X comes (*or* is here *or* turns up). **by·kom·baar** -*bare* get-at-able *(infml.)*, reachable. **by·ko·mend, by·ko·mend** -*mende* attendant *(circumstances)*; additional *(costs)*; supplementary; contingent; *~e* ***blomblaar*** accessory petal; *~e* ***faktor*** contributory factor; *~e* ***onkoste*** extra expenses, extras; *~e* ***siekte*** complication; *~e* ***uitstappie*** side trip. **by·kom·stig** -*stige* subsidiary, accidental, minor, accessory, incidental, contingent, supernumerary, secondary; adventitious; extrinsic; subordinate; *~e gevolg* side effect; *~e senu(wee)* accessory nerve; *~e uitgawe(s)* contingent/incidental expenses. **by·kom·stig·heid** -*hede* minor detail, non(-)essential; mere accident; adventitiousness; *(also, in the pl.)* accompaniments, accessories, externals; *van bykomstighede voorsien* accessorise.

by·kom·buis -*buise* scullery.

by·koop -*ge*- buy in addition.

by·kor·res·pon·dent -*dente* stringer.

by·kos -*kosse* garnish, side dish.

by·kos·te -*tes* extra/incidental expenses.

by·kroon -*krone, (bot.)* corona, coronet, paracorolla.

by·kry -*ge*- receive/get/obtain in addition; revive *(s.o.)*.

byl *byle* axe, (light) hatchet, chopper, bill; →BYLTJIE. **~blad** axe head. **~bundel** fasces. **~draer** lictor. **~hamer** →HAMERBYL. **~hou, ~slag** axe stroke. **~pik** mattock. **~steel** axe handle/helve. **~vormig** -*e* axe-shaped.

by·laag -*lae*, **by·la·e** -*es* appendix, annexe *(to a document)*, enclosure; schedule; *(also, in the pl., fml.)* paral(e)ipomena; *'n ~ by/tot* ... a supplement to ...

by·laai -*ge*- load in addition.

by·la·e →BYLAAG.

by·lan·dig -*dige* nearshore.

by·las -*ge*- add; append.

by·lê -*ge*- make up, settle *(a dispute)*; accommodate *(differences)*; *(naut.)* lay to. **by·leg·ging** settlement *(of a dispute)*.

by·loop -*ge*- rush at, attack.

by·lo·pie -*pies, (cr.)* leg bye.

byl·tjie -*tjies* chopper, little axe, hatchet; *die ~ daarby neerlê, (infml.)* call it a day.

by·lyn -*lyne, (teleph.)* extension (line).

by·maan -*mane, (astron.)* mock/second moon, moon dog, paraselene.

by·me·kaar together; →BYEEN; ~ ***bly*** remain/stick together; ***dig*** ~ close together; cheek by jowl; ~ ***lê/sit*** lie/sit together; ~ ***slaap*** sleep together/double; ~ ***staan*** stand near (to) each other. **~bring** -*ge*- bring together; collect; raise *(money)*. **~gooi** -*ge*- throw together, mix. **~hou** -*ge*- keep together; *jou kop/sinne* ~ keep one's head. **~ja(ag)** -*ge*- drive together. **~kom** -*ge*- come/gather together; meet, assemble, congregate, gather. **~komplek** meeting place/point, gathering place, rendezvous. **~kry** -*ge*- get/gather together; raise *(money)*. **~lê** -*ge*- put together. **~maak** -*ge*- gather (together), collect *(things, people)*; round up *(cattle)*; save *(money)*. **~pak** -*ge*- pack together, pile/pack up. **~raap** -*ge*- scrape together; *bymekaargeraapte span* scratch team. **~sit** -*ge*- put together. **~skraap** -*ge*- scrape together; *moed* ~ muster (up) courage. **~staan** -*ge*- stand together; hang together; unite forces. **~tel** -*ge*- add (up), count/tot up. **~trek** -*ge*- contract, concentrate *(troops)*; add (up). **~vat** -*ge*- take up *(reins)*. **~voeg** -*ge*- join, unite. **~voeging** combination, joining.

by·meng -*ge*- mix with, admix; *met ... ~* lace with ... **by·men·ging** admixture. **by·meng·sel** infusion; admixture, additive.

by·mid·del -*dels*, -*dele* additive; *sonder kunsmatige ~s* free from artificial additives.

by·mo·tor auxiliary motor.

by·na almost, nearly, about, all but, *(poet., liter.)* wellnigh; close on; ~ ***nie***, *(also)* scarcely; *dis* (of *dit is*) ~ *maar nog* ***nie*** it's (*or* it is) near the mark; ~ ***niks*** hardly anything, next to nothing; ~ ***sesuur/ens.*** *wees* be going on (for) six/etc. o'clock; ~ ***sewentien/ens.*** *wees* be sixteen/etc. going on (for) seventeen/etc..

by·naam -*name* nickname, *(Fr.)* so(u)briquet.

by·neem -*ge*- add.

by·nier -*niere* adrenal/suprarenal gland. **~stof** adrenalin(e).

by·om·stan·dig·heid -*hede* accidental circumstance.

by·oog·merk -*merke* ulterior motive, by-consideration; *~e hê* have an axe to grind.

by·oor·saak -*sake* secondary cause.

by·pas -*ge*- make up, make good, pay the difference, pay extra; match; *met ~sende das/ens.* with tie/etc. to match (*or* matching tie/etc.).

by·pen *(cr.)* leg stump.

by·pla·neet -*nete* satellite.

by·prent -*prente* supporting film.

by·pro·gram -*gramme* supporting programme.

by·re·ken -*ge*- reckon in, add (on), include.

by·ri·vier -*viere* (small) tributary.

by·roep -*ge*- call in (addition).

by·rol -*rolle* supporting role/part.

By·ro·ni·aans -*aanse* Byronic. **By·ro·nis·me** Byronism.

by·saai·er -*ers* sharecropper.

by·saak -*sake* side issue; matter of minor importance; minor detail; sideshow; sideline; *as ~* on the side; *('n) ~ wees* be immaterial/irrelevant/unimportant; be a mere detail; *geld is ('n) ~* money is no object.

by·saal -*sale* minor hall.

by·sê -*ge*- add; *bygesê as* ... providing/provided (that) (*or* as long as) ...; not forgetting (that) ...

by·se·nu(·wee) -*nu's*, -*nuwees* accessory nerve.

by·set -*ge*- entomb, inter. **by·set·ting** entombment.

by·sien·de -*des, n.* myope. **by·sien·de** *adj.* shortsighted, near-sighted, myopic, purblind. **by·siend·heid** short-sightedness, near-sightedness, myopia, purblindness.

by·sin -*sinne, (gram.)* subordinate clause.

by·sir·kel -*kels* epicycle.

by·sit¹ -*ge*- sit by/near; *iem. het bygesit toe ek teken* s.o. sat looking on while I was signing.

by·sit² -*ge*- add, contribute; *diere* ~ join stock; *('n) handjie* ~ →HANDJIE; *krag aan* ... ~ reinforce (*or* add force to) ... *(an argument)*; *alle seile* ~ crowd/press sail, pack on sail/canvas, clap on all sail; make every (possible) effort. **by·sit·ter** assessor.

by·skaaf, by·ska·we -*ge*- plane (down).

by·ska·du(·wee) -*du's*, -*duwees* penumbra.

by·skerm *(bot.)* cyme.

by·skil·der -*ge*- touch up; paint in.

by·skild·klier parathyroid gland.

by·skink -*ge*- add, pour in more; fill up *(a glass)*.

by·skrif -*skrifte* caption; legend, motto, inscription; postscript; *(cin.)* subtitle. **by·skryf, by·skry·we** -*ge*- enter, include, add; *(bookk.)* write up, bring/keep up to date; →BYGESKREWE.

by·skuif, by·skui·we -*ge*- push nearer; pull up *(one's chair)*.

by·slaap *(rare)* (sexual) intercourse, coitus, coition, copulation.

by·slag excess charge, surcharge; bonus, extra allowance.

by·sleep -*ge*- drag in.

by·smaak -*smake* tang, flavour; taint; *(fig.)* implication, overtone.

by·sny -*ge*- trim.

by·son *(astron.)* mock sun, parhelion, sun dog.

by·spe·ler -*lers* supporting player/actor. **by·speel·ster** -*sters, (fem.)* supporting player/actress.

by·spier -*spiere* accessory muscle.

by·spring -*ge*- jump/go to s.o.'s aid, come to the rescue; lend a hand; help out.

by·staan -*ge*- stand near/by; *iem.* ~ assist (*or* render assistance to *or* aid/support/sustain) s.o., back s.o. up, stand by s.o.; buddy s.o. *(an AIDS victim)*; *iem. sal nie ~ en toelaat dat iets gebeur nie* s.o. will not stand by and allow s.t. to happen. **by·stand** help, aid, assistance; support, backup, succour; ~ *nodig hê* require support; *op ~ wees, (<Eng., a doctor etc.)* be on call; ~ *verleen* give/render assistance, help. **by·stan·der** bystander.

by·stands-: **~fonds** relief fund. **~groep** support group. **~raad** board of aid. **~vereniging** benefit/friendly society.

by·stel·ling *(gram.)* apposition.

bys·ter *adj.*: *die spoor ~ raak* lose one's way; *die spoor ~ wees* have lost one's way (*or* the trail), be off the track/scent; be at sea (*or* at a loss). **bys·ter** *adv.* extremely, particularly; *nie ~ goed nie* not particularly good.

by·stof -*stowwe* additive.

by·syn: *in (die) ~ van* ... before (*or* in the presence of) ...

byt *byte, (dim. bytjie), n.* bite, nip, snap; *(angling)* nibble, bite, strike. **byt** *ge-, vb., (dog)* bite, nip; *(fish)* nibble, bite, rise, strike; ***aan*** *iets* ~ bite on s.t.; ***in*** *iets* ~ bite into s.t.; *op jou* ***lip(pe)*** ~ →LIP; ***na*** ... ~ snap at ...; ***niemand*** *wou ~ nie, (infml.)* there were no takers; *in die* ***stof*** ~ →STOF¹ *n.*; *op jou* ***tande*** ~ →TAND. **~alkali** *(chem.)* corrosive alkali. **~kalk** quicklime. **~middel** -*s* mordant, corrosive, caustic; escharotic; pickle *(for metal* *cleansing).* ~**plek** bite (mark). ~**potas** caustic potash. ~**soda** caustic soda. ~**stof** *(chem.)* mordant, corrosive. ~**suur** pickling acid.

by·te·ken *n., (mus.)* accidental. **by·te·ken** *=ge=, vb.* countersign; draw in addition.

by·tel *=ge=* add (on), include; count/reckon in. ~**koers** add-on rate.

by·tend *=tende* biting, sharp, snappy; biting, caustic, corrosive; biting, bitter *(cold);* biting, scathing *(criticism, sarcasm);* biting, caustic, cutting, snide *(remark);* pungent *(taste);* ~*e suur* corrosive acid. **by·ter** *=ters* biter; tooth; *(also, in the pl., sl.: false teeth)* choppers; *(fish)* blenny. **by·te·rig** *=rige* snappish; mordacious; peckish *(bird).* **by·te·rig·heid** snappishness.

by·toon by-tone, secondary tone/accent.

by·trek *=ge=* pull up *(a chair);* drag in *(s.o.); (a muscle)* adduct. ~**spier** *(anat.)* adductor (muscle).

by·trek·king *(anat.)* adduction.

by·vak *=vakke* ancillary/minor/subsidiary subject.

by·val[1] *n.* approval, support; applause; *met groot ~ begroet word* be greeted with applause; *~ vind* meet with approval, find favour; *algemeen ~ vind* meet with general/universal approval; *~ by iem. vind* find favour with s.o.. **by·vals·be·tui·ging, by·vals·ui·ting** expression of assent/approval; applause.

by·val[2] *=ge=, vb.: dit val iem. by dat ...* s.o. remembers that ...; *iets val iem. by* s.o. remembers s.t.; s.t. occurs to s.o.; *dit val my nou by hoe/waarom ...* I've just thought of (*or* it's just occurred to me) how/why ...; *dit wil my nou nie ~ nie* I can't think of it (*or* it won't come to me) at this moment (*or* just/right now).

by·ver·dien supplement one's income, earn s.t. on the side. **by·ver·diens·te** extra earnings, sideline; *'n ~ hê* earn s.t. on the side, supplement one's income.

by·ver·se·ke·ring ancillary insurance.

by·ver·to·ning *=nings* sideshow.

by·voe·ding supplementary feeding.

by·voeg *=ge=* add (on); enclose *(in a letter); (add in writing)* append; *by ... ~* add to ...; *ek mag ~ dat ...* I may mention that ...; *meer ~* supplement; *(rare)* superadd; *iets tot ... ~* add s.t. to ... **by·voe·ging** *=gings, =ginge* addition, adding. **by·voeg·lik** *=like* adjectival; *~e naamwoord* adjective. **by·voeg·sel** *=sels* supplement; appendix; *(comp.)* add-in; *'n ~ by/tot ...* a supplement to ...

by·voer supplementary feed.

by·voet *(bot.)* wormwood; sagebrush, =bush; white sage. ~**wol** moxa.

by·voor·beeld for example, for instance, say.

by·voor·deel *=dele* fringe benefit, perquisite, *(infml.)* perk; spin-off; *'n ~ by ...* a spin-off from ...

by·vorm *=vorme* variant, auxiliary form.

by·vrou *=vroue* concubine.

by·vul *=ge=* fill up, refill, top up; *(brandstof) ~* refuel.

by·vyl *=ge=* trim (with a file), file down.

by·wed·den·skap *=skappe* side bet.

by·werk *n.* extra/additional work; by-work; trimming; accessories. **by·werk** *=ge=, vb.* bring up to date, update; write up, post, enter; catch up on; make up arrears; touch up; patch; trim, retouch; file; →BYGEWERK. **by·wer·king** retouching *etc.*.

by·woon *=ge=* attend *(a class, service);* be present at *(an event); goed/swak bygewoon word* be well/poorly attended. **by·wo·ner** *=ners, (SA)* subfarmer, *(Afr.)* bywoner; *(chiefly Am.);* sharecropper. **by·wo·ning** attendance; gate; turnout; *iem. se ~ van die skool/ens.* s.o.'s attendance at school/etc.; *ter ~ van ...* in order to attend ... **by·wo·nings·re·gis·ter** attendance register/list.

by·woord *=woorde* adverb. **by·woor·de·lik** *=like* adverbial.

by·wor·tel *=tels* adventitious root, adventive.

by·wyf *=wywe* concubine; mistress; kept woman.

by·wy·le *(rare)* sometimes, occasionally, on occasion, now and then, off and on, at times.

Cc

c =*'s (dim.* c'tjie), *(third letter of the alphabet)* c; *klein ~* small c.
C =*'s* C; *(Roman numeral 100)* C. **~-kruis** *(mus.)* C sharp. **~-mol** *(mus.)* C flat. **~-sender** C transmission. **~-sleutel** *(mus.)* C clef.
cache(·ge·heu·e) *(comp.)* cache (memory); *in 'n ~ bêre/(op)berg/bewaar/stoor* cache.
ca·che·lot =*lotte* cachalot, sperm whale; →KASJELOT.
ca·chet =*chette* →KASJET.
ca·chou =*chous, (dated: lozenge)* cachou.
cac·to·blas·tis *(entom.)* cactoblastis.
ca·den·za =*zas, (It., mus.)* cadenza.
Ca·dix, Ca·diz *(geog.)* Cadiz.
Cae·sar Caesar; *van ~* Caesarean, Caesarian.
Cae·sa·re·a *(hist., geog.)* Caesarea.
Cae·sa·ris·me *(autocratic system of government)* Caesarism.
cae·sa·ro·pa·pie, cae·sa·ro·pa·pis·me caesaropapism.
ca·fé-chan·tant *cafés-chantants, (Fr.)* café-chantant.
Cai·cos·ei·lan·de Caicos Islands.
cairn·gorm =*gorms* cairngorm, smoky quartz; →ROOKTOPAAS.
cais·son =*sons, (Fr.)* caisson. **~siekte** caisson disease, decompression sickness, *(infml.)* the bends.
Ca·le·don *(geog.)* Caledon. **Ca·le·don·ner** =*ners* inhabitant of Caledon. **Ca·le·dons** =*donse* (of) Caledon.
Ca·le·do·ni·ë *(Rom. name for Scotland)* Caledonia. **Ca·le·do·ni·ër** =*niërs* Caledonian. **Ca·le·do·nies** =*niese* Caledonian; *~e Kanaal* Caledonian Canal.
ca·le·do·niet *(min.)* caledonite.
Ca·le·don·ner →CALEDON.
ca·lem·bour =*bours, (Fr.)* pun, play on words.
ca·len·da·e *(pl., Lat.)* calends, kalends *(in the ancient Rom. calendar).*
Cal·vi·ni·a·ner =*ners* inhabitant of Calvinia.
Cal·vi·nis·me Calvinism. **Cal·vi·nis** =*niste* Calvinist. **Cal·vi·nis·ties** =*tiese* Calvinist, Calvinistic(al); *~e Bond, (hist.)* Calvinist League; *~e Broedergemeente, (hist.)* Plymouth Brethren.
Cal·vyn: *Johannes ~* John Calvin.
Ca·ly·don *(Gr., hist., geog.)* Calydon.
ca·ma·ril·la =*las, (Sp.)* camarilla.
ca·mem·bert(·kaas) *(also c~)* Camembert (cheese).
ca·me·ra *(Lat.): in ~* in camera, in private. *~* **obscura** *(phot.)* camera obscura.
Ca·mi·sard =*sards, (Sp., hist.)* Camisard.
Ca·mor·ra: *die ~, (It., hist.: secret society similar to the Mafia)* the Camorra. **Ca·mor·ris** =*riste* Camorrist(a).
Cam·pag·na: *die ~, (plain surrounding Rome)* the Campagna, *(It.)* Campagna di Roma.
Cam·pa·ni·ë *(geog.)* Campania.
cam·pa·ni·le =*les, (It.)* campanile, (detached) bell tower.
cam·pê·che·hout logwood, campeachy wood; bloodwood.
camp·to·niet *(min.)* camptonite.
can·can =*cans, (Fr., dance)* cancan.
Can·cer *(astron.)* Cancer, the Crab.
can·cri·niet *(min.)* cancrinite.
Ca·nis *(astron.): ~ Major, (Lat.)* Canis Major, Great Dog; *~ Minor, (Lat.)* Canis Minor, Little Dog.
can·nel·lo·ni *n., (It. cook.)* cannel(l)oni.
Ca·no·pus *(astron., geog.)* Canopus.
Ca·nos·sa: *na ~ gaan, (fig., rare)* eat humble pie.
can·yon =*yons* canyon.
Cape·tin·ger =*gers, n., (member of a dynasty)* Capetian. **Cape·tings** =*tingse, adj.* Capetian.
ca·pi·ta →PER.
ca·po *n., (It., mus.)* capo.
cap·puc·ci·no *(It., coffee with steamed milk)* cappuccino.
Ca·pri *(geog.)* Capri; *die eiland ~* the island/isle of Capri.
ca·pri·ce =*ces* →KAPRISE.
Ca·pri·vi·aan =*ane, n.* Caprivian. **Ca·pri·vies** =*viese, adj.* Caprivian. **Ca·pri·vi·strook** *(geog.)* Caprivi Strip.
ca·ram·bo·la *(Port.)* carambola, star fruit. **~(boom)** carambola (tree).
Car·bo·na·ro =*nari, (It., hist.: member of a secret pol. society)* Carbonaro.
car·bo·run·dum →KARBORUNDUM.
ca·ris·sa →NOEM-NOEM.
ca·ri·us·buis *(chem.)* Carius tube.
Car·lis·me *(Sp. hist.: conservative pol. movement)* Carlism. **Car·lis** =*liste* Carlist.
car·nal·liet *(min.)* carnallite.
car·no·tiet *(min.)* carnotite.
Ca·ro·li·na *(geog.)* Carolina *(in SA and Am.).*
Ca·ro·li·ne: *die ~* the Carolines *(or* Caroline Islands).
Car·ra·ra *(geog.)* Carrara. **~marmer** *(also c~)* Carrara marble.
Car·ra·ries =*riese, adj.* Carraran.
car·ron·o·lie carron oil *(formerly used for burns).*
Car·ta →MAGNA CARTA.
carte *(Fr.): ~ blanche, (pl.* cartes blanches) carte blanche; *(aan) iem. ~ blanche gee* give s.o. carte blanche *(or* a free hand).
Car·te·si·aan =*ane, n., (also c~, follower of the teachings and methods of Descartes)* Cartesian. **Car·te·si·aans** =*aanse,* **Car·te·sies** =*siese, adj., (also c~)* Cartesian; *~e duikertjie* Cartesian devil/diver/imp. **Car·te·si·a·nis·me** *(also c~)* Cartesianism.
Car·te·si·us, Des·car·tes *(Fr. philosopher and mathematician)* Descartes.
Car·tha·go →KARTAGO.
car·touche =*ches* cartouch(e).
ca·si·no, ka·si·no =*no's* casino.
cas·sa·ta *(It. ice cream)* cassata.
Cass·pir *(SA, mil.)* Casspir.
ca·taw·ba →KATÔBA.
ca·the·dra *(Lat.)* cathedra; *ex ~* ex cathedra.
Ca·ti·li·na *(Rom. politician)* Catiline. **Ca·ti·li·na·ries** =*riese* Catilinarian.
Ca·to *(Rom. hist.)* Cato.
cause cé·lè·bre *causes célèbres, (Fr.)* cause célèbre, celebrated case.
cau·se·rie =*rieë* causerie, informal article/talk. **cau·seur** =*seurs* talker, conversationalist.
cau·tè·re =*res, (Fr., med.)* cautery.
cau·tie =*ties* bail, security, caution money.
ca·va·ti·na =*nas, (mus.)* cavatina.
Ca·yen·ne *(geog.)* Cayenne. **c~peper** cayenne (pepper), red pepper.
Cay·man·ei·lan·de, Kaai·mans·ei·lan·de Cayman Islands.
CD *(Eng., abbr.)* CD *(abbr.),* compact disc. **~-ROM** *(comp.)* CD-ROM *(abbr.:* compact disc read-only memory). **~-ROM-houer** *(comp.)* jukebox. **~-speler** CD player, compact disc player. **~-video** CD video.
cé·dil·le =*les,* **ce·dil·la** =*las, (<Sp., character under a* c, *as in* façade) cedilla.
ce·la·don →SELADON.
Ce·le·bes *(geog.)* Celebes, Sulawesi. **~see** Celebes Sea.
ce·les·ta =*tas, (mus. instr.)* celesta, celeste.
ce·les·ti·na =*nas, (mus. instr.)* celestina.
Ce·les·ti·nus *(pope)* Celestine. **Ce·les·tyn** =*tyne,* **Ce·les·ty·ner** =*ners, (monk)* Celestine.
cel·si·aan *(min.)* celsian.
Cel·si·us Celsius; *15° (of vyftien grade) ~, (abbr.: 15°C of 15 °C)* 15° *(or fifteen degrees)* Celsius *(abbr.: 15°C* or *15 °C).* **~skaal** Celsius scale. **~termometer** centigrade thermometer.
cen·ta·vo =*vo's, (monetary unit)* centavo.
cen·te·si·mo =*simi, (fractional monetary unit)* centesimo.
cen·ti·me =*mes,* **cen·tiem** =*tieme, (monetary unit)* centime.
cen·ti·mo =*mo's, (monetary unit)* centimo.
cen·tis·tè·re =*res, (hundredth of one m³)* centistère.
Cen·tum·taal *(also c~),* **Ken·tum·taal** *(also k~),* =*tale* centum language.
cen·tum·vir =*virs,* =*viri, (Lat., Rom. hist.)* centumvir. **cen·tum·vi·raat** =*rate* centumvirate.
cen·tu·rie =*rieë,* =*ries, (mil.)* century.
cen·tu·ri·o =*riones,* =*rio's, (Lat., Rom. hist.)* centurion.
Cer·be·rus →KERBEROS.
ce·re·bel·lum →SEREBELLUM.
ce·re·brum →SEREBRUM.
ce·ri·se *(colour)* cerise.
ce·ri·um →SERIUM.
Ces *(mus.)* C flat.
ce·si·um →SESIUM.
Cet·shway·o *(SA hist.: king of the Zulus)* Cetshwayo, Cetewayo.
Ce·ven·ne: *die ~, (geog.)* the Cévennes.
Cey·lon *(geog., hist.)* Ceylon; →SRI LANKA. **Cey·lon·nees** =*nese, n.* Ceylonese. **Cey·lons** =*lonse, adj.* Ceylonese.
cey·lo·niet *(min.)* ceylonite, ceylanite.
chab·lis *(Fr., dry white burgundy wine)* Chablis *(sometimes c~).*
cha·cha(-cha) *n., (Sp., ballroom dance)* cha-cha(-cha). **cha·cha(-cha)** *vb.* cha-cha(-cha).
cha·con·ne =*nes, (mus.)* chaconne.
Chaj·jam: *Omar ~, (Persian poet)* Omar Khayyám.
Chal·ce·don *(geog.)* Chalcedon.
chal·ce·doon =*done, (min.)* chalcedony.
cha·let =*lets* chalet.
chal·ko·gra·fie *(an art of engraving)* chalcography.
chal·ko·pi·riet *(min.)* chalcopyrite, copper pyrites.
chal·ko·siet *(min.)* chalcocite, copper glance.
cham·bray *(text.)* chambray.
Cham·pag·ne *(geog.)* Champagne.
cham·pag·ne →SJAMPANJE.
cham·sin *(wind)* k(h)amsin, kamseen.
chan·kro·ïed →SJANKROÏED.
Cha·noe·ka *(<Hebr., a Jewish festival)* Chanukah, Hanukkah, Feast of Dedication, Feast of Lights.
chan·son =*sons, (Fr.)* chanson, song. *~* **de geste** *chansons de geste* chanson de geste.

chan·ta·ge *(Fr.)* blackmail, chantage.
Chan·til·ly *n., (geog.)* Chantilly. **c~room** Chantilly cream.
cha·os chaos; disorder; havoc; *in ('n) ~* in chaos; *('n) ~ sal volg* chaos will follow. **~kunde** chaology. **~kundige** chaologist. **~teorie** chaos theory.
cha·o·ties *-tiese* chaotic; disorganised *(life).*
cha·pe·ro·ne *-nes, (Fr.)* chaperon(e), *(esp. Sp.)* duenna. **cha·pe·ron·neer** *ge-, vb.* chaperon(e), *(Br., infml.)* play gooseberry.
cha·ra·de *-des, (Fr.)* charade.
char·gé d'af·fair·es *chargés d'affaires, (Fr.)* chargé d'affaires.
Cha·rib·dis *(Gr. myth.)* Charybdis.
cha·ris·ma *(<Gr.)* charisma. **cha·ris·ma·ties** *-tiese* charismatic.
Char·kof *(geog.)* Kharkov.
char·la·tan *-tans* charlatan, quack, trickster; *(hist.)* mountebank. **char·la·ta·ne·rie** charlatanism, charlatanry, quackery, trickery.
charles·ton *(dance of the 1920s)* charleston.
charlotte russe *(cook.)* charlotte russe.
char·meur *-meurs, (Fr.)* charmer, Prince Charming.
cha·rol·(l)ais·bees·te *(also C~)* Charol(l)ais cattle.
char·ter *-ters, n.* charter. **char·ter** *ge-, vb.* charter, hire.
char·treu·se *(also C~, Fr., liqueur, colour)* chartreuse.
Chas·si·dis·me *(<Hebr.)* Chas(s)idism, Has(s)idism. **Chas·si·de·ër** Chas(s)id, Has(s)id. **Chas·si·dis·ties** *-tiese* Chas(s)idic, Has(s)idic.
cha·teau·bri·and *(Fr. cook.)* Chateaubriand.
Chat·sja·toe·ri·an *(Russ. composer)* Khachaturian.
chauf·feur *-feurs, n.* chauffeur, driver *(of a car).* **chauf·feur** *ge-, vb.* chauffeur, drive. **~motordiens** chauffeur-driven car service.
chau·vi·nis *-niste, (also C~)* chauvinist, jingo. **chau·vi·nis·me** *(also C~)* chauvinism, jingoism; *manlike ~* male chauvinist; *manlike ~e swyn/vark, (infml., derog.)* male chauvinist pig *(abbr.:* MCP*).* **chau·vi·nis·ties** *-tiese, (also C~)* chauvinist(ic), jingoist(ic).
ched·dar(·kaas) *(also C~)* Cheddar (cheese).
ched·diet *(explosive)* cheddite.
chef *chefs* →SJEF.
Che·gu·tu *(geog.)* Chegutu.
chei·li·tis *(med.: inflammation of the lip)* cheilitis.
che·laat *(chem.)* chelate.
che·la·sie *(chem.)* chelation.
che·li·doon·suur *(chem.)* chelidonic acid.
che·mie, che·mie chemistry. **che·mies** *-miese, adj.* chemical; *~e ingenieur* chemical engineer; *~e ingenieurswese* chemical engineering; *~e oorlogvoering* chemical warfare; *~e wapen* chemical weapon. **che·mies** *adv.* chemically.
che·mi·ka·lie *-lieë, n.* chemical. **che·mi·kus, che·mikus** *-mikusse, -mici* (general and analytical) chemist.
che·mi·ti·pie chemitypy.
che·mo·te·ra·pie chemotherapy. **che·mo·te·ra·peu·ties** *-tiese* chemotherapeutic(al).
che·mo·tro·pie chemotropism.
che·mur·gie *(chem.)* chemurgy. **che·mur·gies** *-giese* chemurgic(al).
che·ne·vi·xiet *(min.)* chenevixite.
che·nil·le *-les, (text.)* chenille.
Che·nin Blanc *(also c~ b~), (Fr., grape; white wine)* Chenin Blanc *(also c~ b~).*
Che·ops, Choe·foe *(Eg. king)* Cheops, Khufu.
Cher·so·ne·sos: *die ~, (geog., hist.)* the Chersonese.
chert *(geol.)* chert, hornstone.
Che·rus·ker: *die ~s, (a Germanic tribe)* the Cherusci.
che·vron *(Fr.),* **sje·vron** *-vrons, (her.)* chevron; *(mil.)* stripe. **~steek** chevron stitch.
chi *-chi's, (Gr. letter)* chi. **~kwadraattoets** *(stat.)* chi-square test.
chi·an·ti *(It., a dry red wine)* chianti *(sometimes C~).*
chi·a·ros·cu·ro *(It., art)* chiaroscuro, light and dark.
chi·as·me *-mes,* **chi·as·mus** *-musse, (gram.)* chiasmus; *(biol.)* chiasma.
chi·as·to·liet *(min.)* chiastolite, macle, crucite.
chic *(Fr.)* →SJIEK.
chi·ca·ne *-nes, (Fr.)* chicanery, trickery.
chiel →CHYL.
chiem →CHYM.
chif·fon *(Fr.),* **sjif·fon** *(text.)* chiffon. **~koek** chiffon cake.
chig·non *-nons, (Fr., hairdressing)* chignon, bun.
chi·hua·hua *-huas, (breed of dog, also C~)* chihuahua; *gladdehaar-~* smooth-coat chihuahua; *langhaar-~* long-coat chihuahua.
Chi·leen *-lene, n.* Chilean. **Chi·leens** *-leense, adj.* Chilean.
Chi·li *(geog.)* Chile. **c~salpeter** *(chem.)* Chile saltpetre/nitre, sodium nitrate.
chi·li·as·me *(theol.)* chiliasm, millenarianism. **chi·li·as** *-aste* chiliast, millenarian, millennialist. **chi·li·as·ties** *-tiese* chiliastic, millenarian.
chi·me·ra *-ras, (Gr. myth.)* chim(a)era. **chi·me·ries** *-riese* chimerical.
Chi·na, Sji·na China; →CHINEES; *die Republiek ~, Nasionalistiese ~* the Republic of China, Nationalist China; *(die Volksrepubliek) ~, Kommunistiese/Rooi ~* the People's Republic of China, Communist/Red China. **~sindroom** China syndrome.
chin·chil·la, tjin·tjil·la *-las, (rodent, fur)* chinchilla.
Chi·nees, Sji·nees *-nese, n.* Chinese; *(language)* Chinese. **Chi·nees, Sji·nees** *-nese, adj.* Chinese; *~nese **buurt/wyk*** Chinese quarter, Chinatown; *~nese **dambord*** Chinese chequers, *(Am.)* Chinese checkers; *~nese **houtolie*** tung oil, Chinese wood oil; *~nese **keeshond*** chow(-chow); *~nese **kuifkophond*** Chinese crested dog; *~nese **muur**, (lit. & fig.)* Chinese wall; *~nese **See*** China Sea; *Oos-Chinese/Sjinese **See*** East China Sea; *Suid-Chinese/Sjinese **See*** South China Sea; *~nese **tee*** China tea. **Chi·nees-Ja·pans, Sji·nees-Ja·pans:** *~e oorlog* Sino-Japanese war.
Chin·ho·yi *(geog.)* Chinhoyi.
Chi·os →KHIOS.
Chi·pin·ge *(geog.)* Chipinge.
chi·ro·graaf *-grawe* chirograph.
chi·ro·lo·gie *(language of gesture)* chirology.
chi·ro·man·sie chiromancy, palmistry.
chi·ro·po·die chiropody, podiatry, pedicure. **chi·ro·po·dis** *-diste* chiropodist, podiatrist, pedicure.
chi·ro·prak·tyk chiropractic. **chi·ro·prak·ties** chiropractic. **chi·ro·prak·ti·syn** *-syns* chiropractor.
chi·rurg, sji·rurg *-rurge* surgeon. **chi·rur·gie, sji·rur·gie** surgery. **chi·rur·gies, sji·rur·gies** *-giese* surgical; *~e knoop* surgeon's knot. **chi·rur·gyn, sji·rur·gyn** *-gyns, (obs.)* ship's doctor/surgeon.
chi·tien *(biochem.)* chitin. **chi·tien·ag·tig** *-tige,* **chi·tien·chitinous.**
chi·toon *-tone, (hist.: woollen tunic)* chiton; *(zool.)* chiton, coat-of-mail shell.
Chi·vhu *(geog.)* Chivhu.
Chi·wa →KHIWA.
chloor *(chem., symb.:* Cl*)* chlorine. **~amien** *-e* chloramine. **~behandeling** chlorination. **~etiel** ethyl chloride. **~fluorkoolstof** chlorofluorocarbon *(abbr.:* CFC*).* **~goud** gold chloride. **~kalk** chlorinated lime, chloride of lime, bleaching powder. **~kalkoplossing** blanching liquor. **~mieresuur** chloroformic acid. **~misetien** *(pharm.)* chloromycetin. **~promasien** *(pharm.)* chlorpromazine. **~suur** chloric acid. **~tetrasiklien** chlortetracycline, *(trademark)* Aureomycin. **~waterstof** hydrochloric acid. **~wol** chlorinated wool.
chlo·raal *(chem.)* chloral. **~hidraat** chloral hydrate.
chlo·raat *-rate, (chem.)* chlorate.
chlo·reer *(ge)-, vb.* chlorinate. **chlo·re·ring** chlorination.
chlo·ried *-riede, (chem.)* chloride.
chlo·riet *-riete, (min.)* chlorite.
chlo·rig·suur *(chem.)* chlorous acid.
chlo·ro·daan *(chem.)* chlordan(e).
chlo·ro·fil *(bot.)* chlorophyll.
chlo·ro·form *(chem.)* chloroform, trichloromethane. **~kap, ~masker** chloroform mask.
chlo·ro·for·meer *ge-, vb.* chloroform.
chlo·ro·geen·suur *(chem.)* chlorogenic acid.
chlo·ro·preen *(chem.)* chloroprene.
chlo·ro·se *(pathol.)* chlorosis, greensickness; *(bot.)* chlorosis.
cho·aan *-ane, (anat.)* choana.
Choe·foe →CHEOPS.
cho·le·kal·si·fe·rol, ko·le·kal·si·fe·rol *(biochem.)* cholecalciferol, vitamin D_3.
cho·le·ra, ko·le·ra *(med.)* cholera; *Asiatiese ~* Asiatic/epidemic/Indian cholera; *ligte ~* cholerine.
cho·le·ries, ko·le·ries *-riese* choleric.
cho·les·te·rol, ko·les·te·rol *(med.)* cholesterol. **~vlak** cholesterol level; *'n hoë/lae ~* a high/low level of cholesterol. **~vry** cholesterol-free.
cho·lien, ko·lien *(chem.)* choline, bilineurine.
chon·driet *(a stony meteorite)* chondrite.
cho·re·a *(med.)* chorea; →SYDENHAM-CHOREA.
cho·re·o·gra·fie choreography. **cho·re·o·graaf** *-grawe* choreographer. **cho·re·o·gra·feer** *ge-, vb.* choreograph. **cho·re·o·gra·fies** *-fiese* choreographic.
cho·ri·pe·taal *-tale, n., (bot.)* choripetalous/polypetalous plant. **cho·ri·pe·taal** *-tale, adj.* choripetalous, polypetalous.
cho·ri·se·paal *-pale, (bot.)* chorisepalous.
cho·ro·gra·fie *(geog.)* chorography. **cho·ro·graaf** *-grawe,* chorographer. **cho·ro·gra·fies** *-fiese* chorographic(al).
choux·deeg *(cook.)* choux pastry.
chres·to·ma·tie *-tieë, (collection of liter. passages)* chrestomathy.
chris·ma *(RC etc.)* chris(o)m, consecrated/holy oil.
chri·so·be·ril *(min.)* chrysoberyl.
chri·so·fil *(bot.)* chrysophyll.
chri·so·kol·la *(min.)* chrysocolla.
chri·so·liet *-liete, (min.)* chrysolite, olivine, peridot.
chri·so·praas *-prase, (min.)* chrysoprase.
chri·so·tiel *(min.)* chrysotile.
Chris·sies·meer Lake Chrissie.
Chris·te·lik *-like, (also c~)* Christian; *~e jaartelling/tydperk* Christian/Common Era. **~-nasionaal, christeliknasionaal** Christian national.
Chris·te·lik·heid *(also c~)* Christianity.
Chris·ten *-tene, (also c~)* Christian. **~mens** *(also c~)* Christian; *daar was geen ~ nie* not a soul was there. **~siel** *(also c~)* Christian (soul); *daar was geen ~ nie* not a soul was there. **~volk** *(also c~)* Christian people.
Chris·ten·dom *(also c~)* Christendom; Christianity.
Chris·ten·heid *(also c~)* Christendom; *die hele ~* the whole of Christianity. **Chris·ten·skap** *(also c~)* Christianness, Christliness.
chris·ti·a·ni·seer *ge-, vb.* →KERSTEN. **chris·ti·a·ni·sa·sie** →KERSTENING.
Christ·mas-: **~eiland** Christmas Island. **~siekte** *(also c~)* Christmas disease.
chris·tof·fel·kruid baneberry, herb Christopher, cohosh.
Chris·to·lo·gie *(also c~, theol.)* Christology. **Chris·to·lo·gies** *-giese, (also c~)* Christological. **Chris·to·loog** *-loë, (also c~)* Christologist.
Chris·to·pho·rus *(saint)* Christopher.
Chris·to·sen·tries *-triese, (also c~)* Christocentric.
Chris·tus *-tusse* Christ; *broeder in ~* brother in Christ; *ná ~* after Christ, anno Domini, AD; *in 1838/ens. ná ~, (also)* in the year of our Lord 1838/etc.; *voor ~* before Christ, BC. **~beeld** figure of Christ, crucifix. **~doring** *(bot., also c~)* Christ's thorn. **~kop** *(in art)* head of Christ. **~orde** Order of Christ.
chro·maat *-mate, (chem.)* chromate.

chro·ma·tiek chromatics, chromatology; *(mus.)* chromaticism.
chro·ma·tien *(biol.)* chromatin.
chro·ma·ties *=tiese* chromatic.
chro·ma·to·gra·fie *(chem.)* chromatography.
chro·mies *=miese* chromian.
chro·miet *=miete, (min.)* chromite, chrome iron ore.
chro·mi·tiet *(min.)* chromitite.
chro·mo *=mo's* chromo(lithograph).
chro·mo= *comb.* chromo=.
chro·mo·graaf *=grawe* chromograph.
chro·mo·li·to·gra·fie *=fieë* chromolithography; chromolithograph. **chro·mo·li·to·gra·fies** *=fiese* chromolithographic.
chro·mo·sfeer *(astron.)* chromosphere.
chro·mo·soom *=some, (biol.)* chromosome. **chro·mo·so·maal** *=male* chromosomal.
chro·nies, kro·nies *=niese* chronic; *~e siekte* chronic/confirmed disease. **~e-uitputtingsindroom, ~emoegheidsindroom** *(med.)* chronic fatigue syndrome, post-viral (fatigue) syndrome, *(infml., derog.)* yuppie disease/flu.
chro·nis →KRONIEKSKRYWER.
chro·no=, kro·no= *comb.* chrono=.
chro·no·bi·o·lo·gie, kro·no·bi·o·lo·gie chronobiology.
chro·no·graaf, kro·no·graaf *=grawe* chronograph. **chro·no·gra·fies, kro·no·gra·fies** *=fiese* chronographic.
chro·no·gram, kro·no·gram *=gramme* chronogram.
chro·no·lo·gie, kro·no·lo·gie chronology. **chro·no·lo·gies, kro·no·lo·gies** *=giese* chronological.
chro·no·me·ter, kro·no·me·ter chronometer. **chro·no·me·trie, kro·no·me·trie** chronometry. **chro·no·me·tries, kro·no·me·tries** *=triese* chronometric(al).
chro·no·skoop, kro·no·skoop *=skope* chronoscope.
chroom chrome; *(chem., symb.:* Cr*)* chromium. **~derm** chromic gut. **~erts** chrome ore. **~geel** chrome (yellow). **~houdend** *=e* chromiferous. **~kalfsleer** box calf. **~leer** chrome leather. **~sool** chrome sole. **~spinel** chrome spinel, picotite. **~staal** chrome steel. **~suur** chromic acid. **~ystererts** →CHROMIET.
Chru·so·sto·mos *(Gr. patriarch)* Chrysostom.
chto·nies, gto·nies *=niese* chthonian, chthonic.
chyl *(physiol.)* chyle. **~vat** lacteal vessel.
chym *(physiol.)* chyme.
ci·bo·rie →SIBORIE.
ci·bo·ri·um *=riums, =ria, (Chr.)* ciborium, canopy.
Ci·ce·ro: *Marcus Tullius ~* Marcus Tullius Cicero. **ci·ce·ro·ne** *=nes* cicerone, travellers' guide. **Ci·ce·ro·ni·aans** *=aanse, (also c~)* Ciceronian.
ci·ne·ra·ri·a *=as, (bot.)* cineraria.
Ci·pri·a·nus, Si·pri·a·nus *(saint)* Cyprian.
Ci·prus, Si·prus *(geog.)* Cyprus. **Ci·pers, Si·pers** *=perse, adj.: ~e kat* tabby (cat). **Ci·pries, Si·pries** *=priese, adj.* Cyprian, Cypriot(e). **Ci·pri·oot, Si·pri·oot** *=ote, n.* Cyprian, Cypriot(e).
cir·ca *(Lat.)* circa.
Ci·re·na·ï·ka, Si·re·na·ï·ka *(geog.)* Cyrenaica, Cirenaica.
Ci·re·ne, Si·re·ne *(geog., hist.)* Cyrene. **Ci·re·ne·ër, Si·re·ne·ër** *=neërs, n.* Cyrenaic. **Ci·re·nees, Si·re·nees** *=nese, adj.* Cyrenaic.
Ci·riel →CYRILLUS.
Ci·ril·lies →CYRILLIES.
Cir·kas·si·ë *(geog.)* Circassia. **Cir·kas·si·ër** *=ërs, n.* Circassian. **Cir·kas·sies** *=siese, adj.* Circassian.
cir·ro·cu·mu·lus *(meteorol.)* cirrocumulus.
cir·ro·stra·tus *(meteorol.)* cirrostratus.
cir·rus(·wolk) cirrus (cloud).
Cis C sharp; *~ dur* C sharp major; *~ mol* C sharp minor.
Ci·sal·pyns *=pynse, (geog.)* cisalpine; *die ~e Republiek, (hist.)* the Cisalpine Republic.
Cis·kei: *(die) ~, (geog.)* (the) Ciskei. **Cis·keis** *=keise* Ciskeian.
Cis·ter·ci·ën·ser *=sers, (also c~)* Cistercian, White Monk. **~klooster** *(also c~)* Cistercian monastery. **Cis·ter·ci·ën·sies** *=siese, (also c~)* Cistercian.
clan *clans* clan.
claque *claques, (Fr.)* claque.
Clau·di·us *(Rom. emperor)* Claudius.
cla·vi·cu·la →KLAVIKEL.
cle·ma·tis, cle·ma·tis →KLEMATIS.
Cle·mens, Kle·mens *(pope)* Clement.
cle·men·tine *(a citrus fruit)* clementine.
Cle·o·pa·tra, Cle·o·pa·tra →KLEOPATRA.
cle·ri·cus *=rici, (Lat., RC)* cleric.
cli·ché *=chés* cliché, hackneyed phrase; *(print.)* (printing) block, cut, cliché; *vol ~s* cliché(')d. **~maker** process engraver, block maker. **~matig** cliché(')d. **~(skrywery), ~taal** boilerplate *(fig.)*.
cli·ché·ag·tig, cli·ché·e·rig cliché(')d.
clin·to·niet *(min.)* clintonite.
cli·vi·a *=as, (bot.)* clivia.
cloi·son·né *(Fr., decorating technique)* cloisonné.
Clu·ni·a·cen·ser *=sers n., (also c~, monk)* Cluniac. **Clu·ni·a·cen·ser=, Clu·ni·a·cen·sies** *=siese, adj., (also c~)* Cluniac.
clydes·dale *(also C~, breed of carthorse)* Clydesdale.
co·che·nil·le, ko·sje·niel *(entom.)* cochineal.
Co·chin·: **~-China** *(geog., hist.)* Cochin China. **~hoender** *(also c~)* Cochin.
cock·ney *=neys* cockney *(often C~)*.
co·cot·te *=tes, (Fr., cook.)* cocotte.
co·da →KODA.
Co·de Na·po·lé·on *(Fr.)* Code Napoléon, Napoleonic Code.
cog·nac →KONJAK.
Coin·treau *(trademark, orange-flavoured liqueur)* Cointreau.
Co·li·se·um →COLOSSEUM.
col·la·ge *=ge'e, =ges, (Fr.)* collage.
col·lec·ta·ne·a *(pl., Lat.)* collectanea, collection.
col·lo·qui·um *(Lat.), =quiums, =quia,* **kol·lo·kwi·um** *=ums* colloquium; *~ doctum* oral theological examination.
Co·lom·bi·a *(geog.)* Colombia. **Co·lom·bi·aan** *=ane, n.* Colombian. **Co·lom·bi·aans** *=aanse, adj.* Colombian.
co·lón *=lóns, (monetary unit)* colón.
co·los·se·um, co·li·se·um, ko·los·se·um, ko·li·se·um coliseum, colosseum; *die C~/K~* the Colosseum *(in Rome)*.
co·lum·baat, ko·lum·baat *=bate, (chem., obs.)* columbate; →NIOBAAT.
Co·lum·bi·a *(geog.)* Columbia.
Co·lum·bi·ë: *Brits-~, (geog.)* British Columbia.
co·lum·bies *=biese, (geol.)* columbian.
co·lum·biet, ko·lum·biet *(min., obs.)* columbite; →NIOBIET.
co·lum·bi·um, ko·lum·bi·um *(chem., obs.)* columbium; →NIOBIUM.
Co·lum·bus[1] *(geog.)* Columbus.
Co·lum·bus[2]**:** *Christophorus ~, (1451-1506)* Christopher Columbus.
co·me·di·en·ne *=nes, (fem., Fr.)* comedienne.
Com·mu·ne, Kom·mu·ne: *die Parsye ~, (Fr. hist.)* the Paris Commune.
com·mu·ni·qué *=qués, (Fr.)* communiqué, news bulletin.
Co·mo·re, Co·mo·ro-ei·lan·de: *die ~* the Comoros (*or* Comoro Islands). **Co·mo·raan** *n.* Comorian. **Co·mo·raans** *adj.* Comorian.
com·pos men·tis *(Lat.)* compos mentis, sane, of sound mind.
com·po·te *=tes, (cook.)* compote.
com·rade *(SA pol.)* comrade. **Com·rades·ma·ra·t(h)on** *(SA)* Comrades' Marathon.
con: *~ amore, (It., mus.)* con amore, with love/tenderness, lovingly; *~ brio, (It., mus.)* con brio, with spirit/enthusiasm; *~ moto, (It., mus.)* con moto, with spirit/movement, lively.
con·cer·tan·te *(It., mus.)* concertante.
con·cer·ti·no *=no's, (It., mus.)* concertino.
con·cer·to *=certo's, =certi, (It., mus.)* concerto; →KONSERT.
con·ci·erge *=ge'e, =ges, (Fr.)* concierge, porter, doorman, doorkeeper.
con·do·mi·ni·um →KONDOMINIUM.
con·dot·tie·re *=tieri, (It., hist., mil.)* condottiere.
con·fet·ti *(<It.),* **kon·fet·ti** confetti. **~parade** ticker-tape parade/welcome.
Con·fu·ci·us, Kon·fu·si·us, Koeng-foe-tse *(Chin. philosopher)* Confucius. **Con·fu·ci·aan** *(also c~),* **Kon·fu·si·aan** *(also k~), =ane, n.* Confucian. **Con·fu·ci·aans** *(also c~),* **Kon·fu·si·aans** *(also k~), =aanse, adj.* Confucian. **Con·fu·ci·a·nis·me** *(also c~),* **Kon·fu·si·a·nis·me** *(also k~)* Confucianism.
con·gé *(Fr.)* congé, dismissal.
con·nois·seur *=seurs, (Fr.)* connoisseur.
con·si·de·rans →KONSIDERANS.
con·som·mé *=més, (Fr.)* consommé, clear soup.
con·sor·ti·um *(Lat., jur.)* →KONSORTIUM.
Con·stan·ti·a(·wyn) Constantia (wine).
Con·stan·ti·ne *(geog.)* Constantine.
Con·stan·ti·us, Kon·stan·ti·us *(Rom. emperor)* Constantius.
con·té *(Fr.):* **~(kryt)** Conté, conté-crayon.
con·ti·nu·o *(It., mus.)* continuo.
con·tra contra, against, versus; →KONTRA.
con·tu·me·li·a *(jur.)* contumelia.
coo·ke·ïet *(min.)* cookeite.
Cook·ei·lan·de Cook Islands.
coq au vin *(Fr. cook.)* coq au vin.
Co·quil·hat·stad *(geog., hist.)* Coquilhatville; →MBANDAKA.
Cor·co·va·do *(geog.)* Corcovado.
cor·die·riet *(min.)* cordierite, dichroite, iolite.
cor·dil·le·ra *(geog.)* cordillera; *die C~s, (a complex of mountain ranges)* the Cordilleras.
Cór·do·ba *(geog.: city in Argentina)* Córdoba. **Cór·do·ba, Cor·do·va** *(geog.: city in Sp.)* Córdoba, Cordova. **Cor·du·aan** *=ane* Cordovan. **Cor·du·aans** *=aanse* Cordovan, of Cordova; *~e leer* cordovan, Spanish leather.
Cor·fu *(geog.)* Corfu.
cor·gi *(breed of dog, also C~)* (Welsh) corgi.
Co·ri·o·la·nus →KORIOLANUS.
Corn·wall *(geog.)* Cornwall. **Cor·nies** *n., (language)* Cornish. **Cor·nies** *=niese, adj.* Cornish; *~e pasteitjie* Cornish pasty. **Cor·ni·ër** Cornishman.
Co·ro·na: *~ Australis, (astron.)* Corona Australis, the Southern Crown; *~ Borealis, (astron.)* Corona Borealis, the Northern Crown.
corps *(sing. & pl., Fr.)* corps, body; *~ diplomatique* corps diplomatique, diplomatic corps; *esprit de ~* esprit de corps, team spirit.
cor·pus *=pora,* **kor·pus** *=pusse* corpus; *corpus delicti, (jur.)* corpus delicti.
cor·ri·gen·dum *=gendums, =genda, (Lat.)* corrigendum.
cor·sage *=sages, (Fr.)* corsage, bodice; corsage, spray of flowers.
Cor·si·ca →KORSIKA.
Cor·tes *(Sp.)* Cortes, Spanish parliament.
Cor·ti·or·gaan *(anat.)* organ of Corti.
Cor·vus *(astron.)* Corvus, the Crow.
co·ry·ne·bac·te·ri·um *=ria, (Lat.)* corynebacterium.
Cos·ma·te: *die ~, (It. artists)* the Cosmati. **~werk** Cosmati work.
Cos·ta *(Sp.):* **~ Brava** *(geog.)* Costa Brava. **~ del Sol** *(geog.)* Costa del Sol. **~ Rica** *(geog.)* Costa Rica. **~ Ricaan** *=cane, n.* Costa Rican. **~ Ricaans** *=caanse, adj.* Costa Rican.

Cos·ter·mans·stad *(geog., hist.)* Costermansville; →BUKAVU.

cou·lis·se *=ses, (Fr.)* coulisse, cullis, side scene, wing *(of a stage); agter die ~* behind the scenes, in the wings.

cou·lomb *=lomb(s), (phys.)* coulomb. **~meter** coulo(mb)meter, voltameter.

coun·try: **~(musiek)**, **~- en westernmusiek** country (music), country and western, country-and-western music.

coup *coups, (Fr.)* coup; stroke, move. **~ d'état** *coups d'état, (violent/illegal seizure of government)* coup d'état. **~ de théâtre** *coups de théâtre* coup de théâtre, sensational trick.

cou·pé *=pés, (Fr.)* →KOEPEE.

cour·ti·sa·ne *=nes, (Fr.)* courtesan, courtezan.

cou·va·de *(Fr., anthr.)* couvade.

co·vel·liet *(min.)* covellite.

cow·boy *=boys* cowboy; *~s en crooks/Indiane speel* play cowboys and crooks/Indians. **~fliek**, **~prent** western *(often W~)*, cowboy film, *(infml.)* horse opera. **~hoed** cowboy hat.

cow·girl *=girls* cowgirl.

cram·pon *=pons, (Fr.)* crampon.

cray·on *=ons, (Fr.)* crayon, chalk.

crèche *chrèche'e, chrèches, (Fr.)* crèche, day(care) centre.

cre·do *=do's, (Lat.)* credo, creed, belief.

crème *crèmes, n., (Fr.)* crème; *~ de la ~* crème de la crème *(Fr.)*, cream of society. **crème** *adj.* cream(-coloured); *~ geribde papier* creamlaid paper.

cre·mo·na *=nas* Cremona (violin).

crêpe, kreip crepe, crêpe, crape. **~-de-chine** crepe/crêpe de Chine. **~verband** crepe/crêpe/crape bandage.

cres·cen·do *=do's, (It.)* crescendo.

cre·tin →KRETIN. **cre·ti·nis·me** →KRETINISME.

cri·men: **~ injuria**, **~ iniuria** *(SA, jur.: wilful injury to s.o.'s dignity)* crimen injuria/iniuria.

crimp·lene, krim·pe·lien *(text.)* crimplene.

Cris·pi·nus →KRISPYN.

cris·to·ba·liet *(min.)* cristobalite.

crois·sant *=sants, =sante, (Fr. cook.)* croissant.

Cro-Mag·non *(anthr.)* Cro-Magnon.

crou·pier *(Fr.)*, **kroe·pier** *=piers* croupier.

croute *croutes, (Fr. cook.)* croute.

crou·ton *(Fr.)*, **kro·ton** *=tons, (cook.)* crouton.

cru *(Fr., winemaking)* cru; →GRAND CRU.

cru·di·tés *(pl.), (Fr. cook.)* crudités.

csar·das *=dasse, (Hungarian dance)* csardas, czardas.

cum *(Lat.): ~ grano salis* cum grano salis, with some allowance, with a grain of salt, not too literally; *~ laude* cum laude, with distinction; *~ suis* and associates/partners/collaborators/friends.

cu·mu·lus *=muli, (Lat., meteorol.)* cumulus (cloud).

Cu·pi·do →KUPIDO.

Cu·ra·ça·o *(geog.)* Curaçao; *(c~, liqueur)* curaçao. **Cu·ra·ça·o·ër** *=oërs* inhabitant of Curaçao. **Cu·ra·ça·os** *=ose* (of) Curaçao.

cu·ran·dus *=randi, (Lat., jur: pers. under curatorship)* curandus.

cu·ra·tor *=tores, (Lat.): ~ ad litem, (jur.)* curator ad litem; *~ bonis, (jur.)* curator bonis.

cu·ra·to·ri·um →KURATORIUM.

cu·rie[1] *(Rom. hist.)* curia; →DIE **KURIE**.

cu·rie[2] *=rie(s), (phys.)* curie.

cu·ri·o·sum →KURIOSUM.

cu·ri·um *(chem., symb.:* Cm*)* curium.

Cur·rie *(SA rugby):* **~beker** Currie Cup. **~bekerkompetisie** Currie Cup competition. **~bekerwedstryd** Currie Cup match.

Cu·shing: *~ se siekte* Cushing's disease/syndrome. **c~tegniek** Cushing technique.

cus·tos *custodes, (Lat.)* custodian, keeper; →KUSTODE.

Cyg·nus *(astron.)* Cygnus, the Swan.

cy·ma *=mas, (archit.)* cyma; *(bot.)* cyme.

Cy·ril·lus, Ku·ril·los *(saint)* Cyril. **Cy·ril·lies** *=liese* Cyrillic; *~e skrif* Cyrillic writing.

Dd

d, D *d's, D's, (fourth letter of the alphabet)* d, D; Roman numeral 500; *klein d* small d. **d'tjie** *-'tjies* little d.

daad *dade* act, action, deed; move; achievement, exploit, feat, performance; →DADE-; *'n **goeie** ~ doen/verrig* do a good deed; *iem. **op heter** ~ betrap* →HETERDAAD; *'n **man** van die ~* a man of action; ***ná** die ~, (jur.)* after the fact; *jy kan jou dade nie **ongedaan** maak nie* one cannot undo one's actions; *tot die ~ **oorgaan*** go into action; take action; ***op** die ~* immediately, at once, instantly, right/straight away, right now, this instant/minute/moment, then and there, there and then; *iem. wil iets **op** die ~ doen, (also)* s.o. is impatient to do s.t.; *kom **op** die ~ hier!* come here this very minute!; ***voor** die ~, (jur.)* before the fact; *die ~ by die **woord** voeg* put one's words into action, suit the action to the word; *iem. se dade strook met sy/haar **woorde*** s.o. practises what he/she preaches; *dade tel meer as **woorde*** actions speak louder than words. **~krag** decisiveness, resolve; energy, forcefulness, (vim and) vigour, drive, push, verve, dash. **~kragtig** decisive, thrustful; energetic, vigorous. **~mens** doer; practical person. **~sonde** *(theol.)* sin of commission. **~werklik** actual, real; active; *'n ~e aandeel aan ... hê* play an active part in ...

daad·lik: *~e sonde* = DAADSONDE.

daag *ge-, vb.* challenge; impeach; *(jur.)* summon(s), cite; dawn; *dit het by iem. ge~ dat ...* it dawned on s.o. that ...; *iem. voor die hof ~* take s.o. to court.

daag·liks *-likse, adj.* daily, everyday; day-to-day; *(astron.)* diurnal; quotidian *(fever)*; *in die ~e lewe* in (one's) private life, in everyday life; *'n ~e sonde, (RC)* a venial sin. **daag·liks** *adv.* daily, every/each day; on a day-to-day basis.

daags *daagse, adj., (obs.)* daily, everyday; *~e klere* weekday/everyday/ordinary clothes. **daags** *adv., (obs.)* daily, a/per day; *drie maal ~* thrice a day.

daai[1] *(infml.): hoe's ~ (vir jou)?* how's that?, how do you like that?; →DAARDIE.

daai[2] *(interj., said to a child)* ta, thanks.

daal *n.: aan die ~ wees* be on the decrease. **daal** *ge-, vb.* descend, go/come down; *(sun)* sink, set; dip, drop, fall, go/come down; decline, slope; sag; slump; →DALEND, DALING; ***aandele** ~* shares (*or* share/stock prices) are falling (*or* looking down); *in iem. se **agting** ~* →AGTING; *in die **graf** ~* sink into the grave; *iets **laat** ~* pull/send s.t. down *(prices, profits, the temperature, etc.)*; lower s.t. *(one's voice)*; ***met** ... ~* decrease by ...; ***skerp/sterk** ~, (prices etc.)* (take a) tumble, plummet, plunge; ***tot** ... ~* drop to ...; go as low as ...; fall away to ...; ***tot** ... (af)~* descend to ...; ***tot onder** ... ~* fall below ...; ***van** ... **tot** ... ~* decrease from ... to ... **~gang** *(min.)* winze. **~hoek** angle of descent. **~mark** *(stock exchange)* bear market. **~slag** down(ward) stroke. **~snelheid** speed/rate of descent; landing speed; sink rate, sinking speed *(of a glider, parachute, etc.)*. **~spekulant** *(stock exchange)* bear. **~spekulantdekking** *(stock exchange)* bear covering. **~spekulantverkope** *(stock exchange)* bear sales. **~stroom** down(ward) current. **~wind** fall/gravity/katabatic wind.

daal·der *-ders,* **da·ler** *-lers, (hist.)* one and six, one shilling and sixpence *(in SA)*; thaler *(in Germ. and Austria)*; *dis ([’n] bietjie) dik vir 'n ~* that's a bit thick; that's a tall order.

Daan De·si·maal *(dated)* Decimal Dan.

Daan·tjie: *iem. opdons/opdreun tot by oom ~ in die kalwerhok* let s.o. have it, give s.o. a thrashing/beating, beat/bash s.o. up, beat the living daylights out of s.o.; *sê groete vir oom ~* cut it out, let's drop the subject.

daan·tjie·die·de·rik →DIEDERIK(IE).

daar *adv.* there; ***amper/byna** ~ wees* be nearly there; *~ **anderkant/oorkant*** over there; ***as** ... nie ~ was nie* if it hadn't been for ...; ***as** iem. nie ~ was nie, ...* but/except (*or* if it hadn't been *or* if it wasn't) for s.o., ...; *~ **is dit!*** there you are!; *~ **êrens/iewers/rond*** somewhere there, thereabout(s), in/round these/those parts; *~ **gaan** die deur oop* there the door opens; then the door opened; *~ **gelaat** word* be allowed to pass; *dit ~ **gelaat/gelate*** leaving this/that aside, not to mention (*or* apart from) that; *~ **gelaat/gelate** dat* ... let alone (*or* [quite] apart from the fact) that ...; *~ **ginds/gunter**, (dated)* over there, yonder; *so **goed** as ~ wees* be nearly there; *~'s **hy!*** there you are!; *~ **iewers** →**êrens/iewers/rond**; ~ **is** ...!* there ... is!; *die trein/ens. **is** ~* the train/etc. is in; ***is** jy ~?* is that you?, are you there?; *Kersfees/ens. **is** al weer ~* Christmas/etc. is here again; *nou **juis** ~* there of all places; *~ **kom** iem.* here s.o. comes; there s.o. is; *iets ~ **laat*** allow s.t. to (*or* let s.t.) pass; leave s.t. (*or* let s.t. go) at that; *~ **langs*** →DAARLANGS. *~ **naby*** near there, thereabout(s); ***net** ~* just/right there; there and then, then and there; *en dit **nogal** ~* there of all places; *~ **om*** round that way; →DAAROM *pron. & conj.*; *~ **oorkant** →**anderkant/oorkant**; ~ **rond** →**êrens/iewers/rond**; **tot** ~* as far as that, up to there; *iem. se **tyd** is nog nie ~ nie* s.o.'s time has not come (*or* is not) yet; ***van** ~ (af)* from there; *~ **wees*** be present; be forthcoming; ***wie** praat ~?* who is that talking?, who is speaking?; *~ **word** beweer/gemeen/geglo/gesê dat* ... it is held/said that ...; *~ **word** beweer/gemeen/geglo/gesê dat iem. ...* s.o. is alleged to have ... *(stolen s.t. etc.)*. **daar** *conj., (fml.)* (seeing) as, seeing that, because, since; whereas; *~ iem. wou gaan, moes iem. anders tuis bly* as/since s.o. wished to go s.o. else had to stay. **~aan** *pron.*, **~ aan** *adv.* on (to) it, attached to it, by/to that; *(in the pl.)* on (to) them; *beter ~ toe wees* be better off; *sleg ~ toe wees* be in a bad way; *wat het jy ~?* (of) what good/use is it/that?, what is the point/use (of [doing] it/that)?. **~agter** *pron.*, **~ agter** *adv.* behind it/that/them/there, at the back of it/that; (there) at the back; ***iem.** is ~* s.o. is after it; ***nou** is iem. ~* now s.o. has found it out; *daar **sit** iets agter* thereby hangs a tale; ***wat** sit ~?* what is at the bottom of it?; ***wie** sit ~?* who is behind it?. **~benewens**, **~ benewens** *adv. pron.* besides, additionally, in addition (to that); at the same time. **~binne** *pron.*, **~ binne** *adv.* in(side) it/that, within that; in there. **~bo** *pron.*, **~ bo** *adv.* above it, over it, on top of it; up there; over and above (*or* on top of) that; *van vyftig/ens. en ~* from fifty/etc. and above. **~buite** *pron.*, **~ buite** *adv.* outside (it/that); out of it; out there. **~by** *pron.* near it; with it/that, *(in the pl.)* with these/those; besides, furthermore, moreover, what is more, in addition (to this/that); *dit **bly** ~* the matter rests there; *dit sal nie ~ **bly** nie* it won't stop there; *iem. **bly** nog ~ dat* ... s.o. still maintains that ...; *ek **kom** ~* I am coming to that; *iets ~ **laat*** leave s.t. (*or* let s.t. go) at that; ***met** ... ~* complete with ... **~deur** *pron.*, **~ deur** *adv.* through (it/that), *(in the pl.)* through these/those; through there; thereby; by that. **~heen**, **~ heen** *adv.* there, thither, to that place, that way; gone, deceased, departed, no more. **~in** *pron.*, **~ in** *adv.* in there; in it, *(in the pl.)* in those; in(side) it/that; *(arch. or fml.)* therein; *ons sal ~ moet berus* →BERUS; *~ stem ons ooreen* we agree on that point; *iem. het hom/haar ~ vergis* s.o. was mistaken there. **~laat:** *iets ~* →IETS **DAAR** LAAT. **~langs** *pron.*, **~ langs** *adv.* along/by/past it; along there; thereabout(s), somewhere there; that way round. **~mee** *pron.* with it/that, *(in the pl.)* with those; *(arch. or fml.)* therewith; *en ~ is ... **bed** toe* and so to bed; *iets ~ **doen*** do s.t. with it; *~ het ons aan die **einde** gekom* with that we have reached the end; *~ **gepaardgaande** omstandighede* concomitant circumstances. **~na** *pron.*, **~ na** *adv.* after that, subsequently, afterwards, next, then, from then on; accordingly; according to it/that; ***dadelik/onmiddellik** ~* right after (that); *die **dag** ~* the next (*or* [on] the following) day, the day after (that); *~ **handel/optree*** act accordingly; ***in** die weke ~* in the succeeding weeks; *iem. se middele **is** nie ~ nie* s.o. lacks the means; *en nog **jare** ~* and for years to come; ***kort** ~* shortly/soon after (that), soon afterwards; ***net** ~* directly after that; *as die **weer** ~ is* weather permitting. **~naas** *pron.*, **~ naas** *adv.* next to (*or* beside *or* by the side of *or* adjoining) it/that; besides, furthermore, in addition. **~natoe** *adv. pron.* there, that way, in that direction, *(arch. or poet., liter.)* thither; *dit is tot ~* leave it at that; and that's (*or* that is) that. **~om** *pron. & conj.* (a)round it; so, therefore, consequently, thus, as a result/consequence, hence, for this/that reason, accordingly, that's why, on that account, (just) because; *(en) ~ het iem. ...* (and) so s.o. ...; *dit gaan nie ~ nie* that is not the point. **~omheen** *pron.* (a)round/about it/that, round about it/that. **~omstreeks**, **~ omstreeks** *adv., (rare)* thereabout(s), somewhere there. **~omtrent** *pron.* about that, as to (*or* concerning) that. **~onder** *pron.*, **~ onder** *adv.* under/beneath/below/underneath it/that, *(in the pl.)* under/beneath/below/underneath those; among them, including; *(fml., jur.)* thereunder; down there; down under; *~ is ...* it includes ... **~oor** *pron.*, **~ oor** *adv.* across/over it/that; over that way; about/concerning that, on that point; for that reason, because of that; *dit gaan nie ~ nie* that is not the point. **~op** *pron.*, **~ op** *adv.* (up)on (*or* on top of) that, *(in the pl.)* (up)on (*or* on top of) those; after that, *(fml.)* thereupon; *dis ~ of daaronder* it's make or break, it's neck or nothing; *dit kom nie ~ aan nie* it does not matter; *die dag ~* the next (*or* [on] the following) day, the day after (that). **~opvolgend** *-gende* following, subsequent, ensuing, next; *die ~e dag* the next (*or* [on] the following) day, the day after (that); *in die ~e weke* in the succeeding weeks. **~sonder** *pron.* without it/that; *~ bly/klaarkom* do/go without. **~stel** *daarge-* create, establish. **~stelling** creation, establishment. **~teen** *pron.* against it/that; *ek het niks ~ nie, (also)* I have no fault to find with it. **~teenoor** *pron.*, **~ teenoor** *adv.* opposite/facing (*or* in front of) it/that, *(in the pl.)* opposite/facing (*or* in front of) those; on the other hand, (but) then again, over against that. **~toe** *pron.* for that, *(in the pl.)* for these/those; for that (purpose), to that end; *(arch. or fml.)* thereto; *dit het ~ gekom* it has come to that. **~tussen** *pron.*, **~ tussen** *adv.* among/between them, in between. **~uit** *pron.*, **~ uit** *adv.* out of it/that, *(in the pl.)* out of those; out that way; from that, *(fml.)* thence; from there; *iem. moet ~* s.o.'s got to get out; *van ~* (starting) from there; *~ volg* from this it follows. **~van** *pron.* of it/that, *(fml.)* thereof; from it/that/there, *(arch. or fml.)* therefrom; *iem. het my ~ gesê* s.o. told me about/of it; *iem. wil ~ hê* s.o. wants some (of it); *dit **kom** ~!* now you've done it!; ***niks** ~ nie!* nothing of the sort!; ***probeer/proe** ~!* try some!; ***wat** ~?* what of/about it?; so what?. **~vandaan** *pron.*, **~ vandaan** *adv.* away (from it); (away) from there, *(fml.)* (from) thence, *(arch. or fml.)* therefrom; therefore, hence; since then, (ever) since, from then (on); *~ vertrek* leave there. **~volgens** *pron.* according to it/that. **~voor** *pron.*, ~

voor *adv.* before (*or* in front of) it/that, *(in the pl.)* before (*or* in front of) those; before (that), previous to that; for that (purpose), *(arch., jur.)* therefor; for it/that, *(in the pl.)* for those; in favour (of that); out/there in front; *iem.* ***is*** ~ s.o. is for (*or* in favour of) it; *die* ***jare*** ~ the years before (then); *iem.* ***kan*** *nie* ~ *nie* s.o. cannot help it; it is not s.o.'s fault; *iem.* ***het net*** *die lyf/ens.* ~ s.o. has just the figure/etc. for it; ~ ***stem*** vote in favour.

daar·die that; those; ~ *bome* those trees, the trees (over) there; ~ *een* that one; ~ *Jan/ens.* that John/etc..

daar·en·bo·we *(dated)* besides, furthermore, moreover, what is more, on top of that, in addition (to this/that).

daar·en·te·ë, **-teen** on the other hand, on the contrary, by contrast.

daar·so (over) there, at that place/spot.

Da·ci·ë, Da·si·ë *(geog., hist.)* Dacia. **Da·ci·ër** *-ciërs,* **Da·si·ër** *-siërs* Dacian. **Da·cies** *-ciese,* **Da·sies** *-siese* Dacian.

da·ciet *(geol.)* dacite.

Da·cron *(trademark, text., also d~)* Dacron.

Da·da, Da·da·ïs·me *(artistic movement, also d~)* Dada, Dadaism. **Da·da·ïs** *-daïste, (also d~)* Dadaist. **Da·da·ïs·ties** *-tiese, (also d~)* Dadaist(ic).

da·de·drang energy, push, drive.

da·del *-dels* date; *daar kom ~s van!, (infml.)* that'll be the day!; nothing doing!; nothing of the kind (will happen). **~boom** date palm. **~palm** *(Phoenix dactylifera)* date palm; *(Phoenix reclinata)* wild date palm, coffee palm. **~pit** date stone/pip. **~poeding** date pudding. **~pruim** persimmon, date plum.

da·de·lik *-like, adj.* immediate, direct, prompt, instant. **da·de·lik** *adv.* immediately, at once, instantly, right/straight away, without delay, forthwith, this instant, directly, then and there, there and then; *al* ~ (right) from the start; ~ *skiet* shoot at sight.

da·de·loos *-lose* inactive; passive. **da·de·loos·heid** inactivity, inaction; passivity.

da·der *-ders* doer, author; wrongdoer, perpetrator, offender, culprit; *(jur.)* actual perpetrator, principal offender.

da·do *-do's, (archit.)* dado.

da·e·liks →DAAGLIKS.

da·e·raad¹ *-rade* dawn, daybreak, *(poet.)* aurora; *in die ~ van die beskawing* at the dawn of civilisation.

da·e·raad², da·ge·raad *-raads, -rade, (icht.: Chrysoblephus cristiceps)* dageraad, daggerhead.

dag¹ *dae* day; daytime; daylight; ~ ***aan*** ~ day by day; *iets* ***aan*** *die ~ bring* bring s.t. to light, reveal s.t.; *iets kom* ***aan*** *die ~* →***kom;*** *iets* ***aan*** *die ~ lê* show/display/manifest (*or [fml.]* evince) s.t.; *die ~ sal* ***aanbreek*** *dat* ... the day will come when ...; *dae* ***aaneen*** for days (on end); *'n ~* ***af/vry*** (of *'n* ***af/vry[e]*** *~) hê* have a day off, have an off day; *vandag oor* ***ag(t)*** *dae* →***oor;*** *dit is* ***al*** *~ dat iem. kan* ... it is the only day s.o. can ...; ***al om*** *die ander ~* →OM¹ *prep.;* ***al om*** *die derde/ens. ~* →OM¹ *prep.; iem. sal die ~ nooit* ***beleef/belewe*** *nie* s.o. will never see the day; *mag jy hierdie ~ nog dikwels* ***beleef/belewe!*** many happy returns of the day!; *'n ~* ***bepaal*** set a day; *die ~* ***bepaal/vasstel*** name the day; *iem. se* ***beste*** *dae is verby* (of *agter die rug*) = *iem. het* ***beter*** *dae geken; op* ***beter*** *dae hoop* hope for better days; *iem. het* ***beter*** *dae geken* s.o. has seen better days (*or [infml.]* is past his/her sell-by date); *'n akteur/ens. wat* ***beter*** *dae geken het* (of *wie se dae getel is*)*, (also, infml.)* a dinosaur (*or* washed-up actor/etc.); *iets* ***binne/in*** *'n ~ doen* do s.t. in a day; *die ~* ***breek*** the day breaks; *die ~* ***breek*** *aan* day is breaking, dawn is coming; ***by*** ~ by day, in the daytime; ***by*** *die ~* by the day, day by day; per day; *iets* ***by*** *die ~ huur/ens.* hire/etc. s.t. by the day; ***by*** *die ~ betaal word* be paid on a daily basis; ***by*** *die ~ beter/erger* better/worse every day, better/worse day by day; *in* ***daardie*** *dae* in those days; *die ~* ***daarna/daarop*** the day after (that), the next day; ***dag!*** hello!, good day (to you)!; goodbye!, bye(-bye)!, see you!, cheers!, so long!; ~ *en* ***datum*** the exact day; ~ *en* ***datum*** *noem* fix the date; *die ~* ***der*** *dae* the Day of Judg(e)ment, Judg(e)ment Day; the big day; ***deurdruk*** *~ toe* →DEURDRUK; ***een*** *~* one day; →EENDAG; ***een*** *van die (mooi) dae* one of these (fine) days, some day soon, before long; sometime or other; *van die* ***eerste*** *~ (af)* from the first day, from day one; *aan die* ***einde*** *van die ~, (lit.)* at the end of the day; *hierdie* ***einste*** *~* this very day; ***elke*** *~* every day; *dit kan nou* ***elke*** *~ gebeur* it can happen any day now; *die* ***ganse*** *~* the whole/livelong day; *'n* ***gedenkwaardige*** *~* a day to remember, a memorable day; ***gedurende*** *die ~* →***in/gedurende;*** *iem. is in* ***geen*** *dae gesien nie* s.o. hasn't (*or* has not) been seen for days; *'n paar dae (*of *'n ~ of wat)* ***gelede*** the other day; ***geniet*** *die ~!* have a nice day!; *iem. se dae is* ***getel*** s.o.'s days are numbered; *in die* ***goeie*** *ou dae* in the good old days; *'n* ***goeie*** *~ se werk* a good/tidy day's work; *dit was* ***groot*** *dae!* those were the days!; *dit is* ***helder*** *~* →HELDER *adj.; die* ***hele*** *~ (deur)* all day (long), throughout the day, the whole day long; *die* ***hele*** *liewe ~* the whole/livelong day; ***hierdie*** *~* this day; ***hoe*** *meer dae, hoe meer dinge/neukery* life is just one (damn[ed]) thing after another; *elke* ***hond*** *kry sy ~* →*daar* ***kom*** *'n dag vir elkeen/iedereen; tot op die* ***huidige*** *~* to this day; ***in*** *iem. se dae* in s.o.'s day/time; ***in*** *ons dae* these days; ***in/gedurende*** *die ~* during the day; *in iem. se* ***jong*** *dae* in s.o.'s young days; *iem. lyk nie 'n ~* ***jonger*** *as vyftig/ens. nie* s.o. looks fifty/etc. if he/she looks a day; *die* ***jongste*** *~* doomsday, the last day, Judg(e)ment Day, the Day of Judg(e)ment; *op die* ***jongste*** *~, (also)* in the ful(l)ness of time; *die ~ van* ***klein*** *dinge(tjies) geringag/verag, (OT)* despise the day of small things; *iets* ***kom*** *aan die ~* s.t. comes to light (*or* surfaces/appears); *daar sal 'n ~* ***kom*** *dat* ... there will come a day when ...; *daar* ***kom*** *'n ~ vir elkeen/iedereen,* (<Eng.) *elke* ***hond*** *kry sy ~* every dog has his/its day; *iem. se ~ sal* ***kom*** s.o. will get his/her chance/opportunity; s.o. will get his/her comeuppance; *elke ~ het genoeg aan sy eie* ***kwaad,*** *(Bib.)* sufficient unto the day is the evil thereof; *die* ***kwade*** *~* the evil day; *dit sal 'n* ***kwade*** *~ wees wanneer* ... it will be an evil day when ...; *iets vir die* ***kwade*** *~ opsysit* provide/save s.t. (*or* put s.t. away) for a rainy day; *die* ***laaste*** *der dae* the last days, the end of the world; *iem. wil sy/haar* ***laaste*** *dae êrens slyt* s.o. wants to end his/her days somewhere; ***laat*** *in die ~* at a late hour; *'n ~* ***lang(e)*** ..., *(attr.)* a daylong ...; *dae* ***lang(e),*** *(attr.)* lasting for days *(pred.); dae* ***(lank),*** *(pred.)* for days (on end); ***later*** *die ~* later in the day; *iets aan die ~* ***lê*** →***aan;*** ***lekker*** *~!* have a nice day!; *tot in* ***lengte*** *van dae* for many years to come; *(nooit) in my ~ des* ***lewens*** *nie* not in (all) my born days, never in (all) my life; ***man*** *van die ~* man of the hour/moment; ***manne*** *van die ~* men of the hour/moment; ***met*** *die ~ ... word* get ... every day (*or* by the day) *(better etc.);* grow ... every day (*or* by the day) *(worse etc.);* become/get ... every day (*or* by the day) *(riper etc.); in die* ***middel*** *van die ~* in the middle of the day, at midday (*or* high noon); *jou nie oor die ~ van* ***môre/more*** *bekommer nie* take no thought of the morrow; ***ná*** *'n ~* after a day; *~* ***na*** *~* →***vir/na;*** *~ en* ***nag*** day and night, night and day, at all hours (of the day and/or night); by day and (by) night; *~ en* ***nag*** *ononderbroke* round the clock; *van die ~* ***nag*** *maak* turn day into night; *die ~ kom uit die* ***nag*** out of evil good will come; *hulle verskil soos ~ en* ***nag*** they are poles apart, there is a world of difference between them; ***nou*** *die ~* the other day; *die* ***nuus*** *van die ~* current news; *iets sal* ***oor*** *tien/ens. dae gebeur* s.t. will happen in ten/etc. days(' time); ***oor*** *'n ~ of wat* in a day or two; ***oor*** *'n paar dae* in a few days; *Maandag/ens.* ***oor*** *ag(t) dae* Monday/etc. week; *vandag* ***oor*** *ag(t) dae* today (*or* this day) week; *vandag* ***oor*** *veertien dae* today (*or* this day) fortnight; ***op*** *die ~* to the day; ***op*** *'n goeie ~* one fine day; ***op*** *'n (sekere) ~* one day; ***op*** *sy/haar ~/dae* in his/her day/heyday/prime; ***op*** *sy/haar ~/dae kon/was hy/sy* ... in his/her day/time he/she could/was ...; *ver/vêr* ***op*** *sy/haar dae* stricken in years; *iets is aan die* ***orde*** *van die ~* →ORDE¹; *in die* ***ou*** *dae* in (the) days of old, in the olden days; *(poet., liter.)* in days of yore; *'n ~* ***ou/oud/oue*** ..., *(attr.)* a day-old ...; *'n drie dae* ***ou/oud/oue,*** *(attr.)* ... a three-day-old ...; *die* ***oues*** *van dae* the aged; ***party*** *dae* (on) some days, sometimes; *soveel* ***per*** *~* so much a/per day; *die dae* ***rek*** the days are lengthening; ***sake*** *van die ~* current affairs; ***sat*** *van dae wees* be full of years; *'n* ***slegte*** *~ hê* have an off day; *die ~* ***tevore*** the day before, the previous day; *dit het 'n paar dae* ***tevore*** *gebeur* it happened a few days earlier; *van* ***toeka*** *se dae af* →TOEKA; ***van*** *daardie/dié ~ af* since that day, from that day onward(s); ***van*** *~ tot ~* from day to day; *iem. se dae is* ***verby*** s.o. has seen his/her best days; s.o. has had his/her day; *'n ~ waarop alles* ***verkeerd*** *loop* one of those days; ***vervloë*** *dae* →VERVLOË; *~* ***vir/na*** *~* day after day, day by day; *die* ***volgende*** *~* the day after, the next day; ***voor*** *die ~ kom* show up, make one's appearance; *(s.t.)* come to light; *(s.t.)* crop up; →VORENDAG; *met iets* ***voor*** *die ~ kom, iets* ***voor*** *die ~ bring* bring s.t. out (*or* to light), produce (*or* come out with) s.t.; bring s.t. forward; *(infml.)* trot s.t. out *(an argument, excuse, etc.);* advance *(a theory);* ***voor*** *'n ~ daarmee!* out with it!; *die* ***vorige*** *~* the day before, the previous day; *'n ~* ***vry*** (of *'n* ***vry[e]*** *~) hê* →***af/vry;*** *jy kan kom* ***watter*** *~ jy wil* you can come any day; *dit* ***word*** *~* day is breaking, dawn is coming. **~balans** daily balance. **~beplanner** Filofax *(trademark); (elektroniese) ~* personal organiser. **~bestuur** management committee, executive. **~blad** daily (paper). **~bladpers** daily press. **~bladskrywer** journalist. **~blind** day blind, *(tech.)* hemeralopic. **~blinde** *-s* hemeralope. **~blindheid** day blindness, *(tech.)* hemeralopia. **~bloeier** *(bot.)* diurnal flower. **~boek** diary, journal; *(bookk.)* memorandum book, daybook; log; *'n ~ hou* keep a diary. **~boekskrywer** diarist. **~boog** diurnal arc. **~bou, ~boumyn** →DAGMYNBOU, DAGMYN. **~breek** daybreak, dawn, sunrise, *(poet.)* aurora; *deurdruk ~ toe* →DEURDRUK *vb.; met ~* at daybreak (*or* break of day), at first light, at (first) cockcrow, at the peep of dawn/day. **~breekaanval** dawn raid. **~breekpatrollie** dawn patrol. **~breker(tjie)** *-s, (orn.: Cercomela familiaris)* familiar chat. **~dief** idler. **~diens** day duty; *~ doen* be on day duty. **~diewery** idling. **~dromer** daydreamer. **~dromery** daydreaming. **~droom** *n.* daydream, pipe dream, waking dream; *'n ~ hê* daydream, have a waking dream. **~droom** *vb.* daydream, have a waking dream. **~-en-nag-ewening** *-ewenings, -eweninge* equinox. **~-en-nag-versorging** round-the-clock care. **~gas** table boarder. **~geld** daily allowance; call money. **~hemp** lounge shirt. **~hospitaal** day hospital. **~in:** *~ en ~uit* day in, day out. **~kant** *(archit.)* face. **~leerling, ~skolier** day pupil/scholar. **~lelie** day lily. **~lening** loan on call, call loan. **~lig** daylight; ***by*** *~* by daylight; ***met*** *~* at dawn; *iets in die ~* ***stel*** shed/throw light on/upon s.t.; *iets in 'n ander ~* ***stel*** put a different/new complexion/face on/upon s.t.; *iets kan die ~ nie* ***verdra*** *nie, (fig.)* s.t. can't bear (*or* stand [up to]) the light of day; *in die* ***volle*** *~* in broad/full daylight. **~ligbesparing** daylight saving. **~loner** day/daily/daily-paid labourer/worker, journeyman. **~loon** day's pay, daily wage. **~loseerder** table boarder. **~lumier** *(poet.)* dawn, daybreak, break of day, dawning, aurora; *met ~* at dawn (*or* first light). **~maat** sight size. **~mars** day's march. **~merrie** *(frightening trance experienced while awake)* daymare. **~moeder** child minder. **~myn, ~boumyn** opencast/opencut mine. **~mynbou, ~bou** opencast/opencut mining. **~orde** order of the day; order paper. **~order** *(mil.)* daily order, order of the day. **~pak** lounge/business suit. **~parallaks** diurnal parallax. **~passasier** commuter. **~ploeg** day shift. **~pouoog** peacock butterfly. **~register** log(book), journal. **~reis** day's journey; journey by day. **~reisiger** commuter. **~retoer(kaartjie)** day return (ticket). **~rok** day dress. **~sê** *dagge-, ~* **sê** *dag ge-, vb.* greet; see off; say goodbye. **~sê** *interj.* hello, good day (to you), greetings. **~sirkel** diurnal circle. **~skof** day shift; day's journey; *~ werk* be on day shift. **~skolier** →DAGLEERLING. **~soldy** daily pay. **~soom** *(geol.)* outcrop, natural exposure; *bedekte ~* suboutcrop. **~sorg** daycare. **~sorgsentrum** daycare centre. **~stand** daily position. **~stempel** date stamp. **~ster** morning star, daystar. **~student** day student. **~stukkie** daily reading. **~suster** day nurse.

~**taak** day's work; daily task/stint; *jou ~ verrig* do one's daily stint. ~**teken** *ge~, vb.* date; *iets ~ uit/van ...* s.t. dates from (*or* dates/goes back to) ... ~**tekening** date. ~**teks** text for the day. ~**toeris** excursionist, *(infml.)* day-tripper. ~**trein** day(light) train. ~**uitstappie** day trip. ~**vaar** *ge~, vb.* summons, sue, cite, subpoena, serve a subpoena/process on; *iem. as getuie ~* subpoena s.o. as a witness; *iem. laat ~* take out a summons against s.o.; bring/institute an action against s.o.; *iem. vir ... ~* sue s.o. for ... *(damages etc.)*; summons s.o. for ... *(debt etc.)*; *iem. weens ... ~* sue s.o. for ... *(libel etc.)*. ~**vaarding** *~s, ~e* summons, subpoena, writ (of summons), citation; *'n ~ aan iem. bestel/beteken* serve a summons/writ on s.o.; *~ as getuie* subpoena. ~**verhaal** journal, diary. ~**verpleegster** day nurse. ~**vlieg** dayfly, ephemerid. ~**vlinder** diurnal butterfly. ~**vlug** day flight. ~**vors(tin)** *(poet., liter.: sun)* orb of day. ~**wag** morning watch. ~**wang** *(archit.)* reveal. ~**werk** day work/job; daily work/job; day's work/job. ~**werker** day labourer.

dag[2] *(p.t.)* →DINK.

da·ge: *heden ten ~* →HEDEN.

da·ge·raad →DAERAAD[2].

dag·ga marijuana, marihuana, cannabis, hashish, hasheesh, *(chiefly SA)* dagga, *(infml.)* pot; *gewone/mak ~* Indian hemp; *wilde ~* →WILDEDAGGA; *~ rook* smoke marijuana/cannabis/hashish/dagga. ~**pyp** marijuana/cannabis/hashish/dagga pipe, *(sl.)* chalice. ~**roker** marijuana/cannabis/hashish/dagga smoker, *(sl.)* pothead. ~**sigaret** joint, *(SA)* zol, reefer, spliff, bomber.

dag·gie *~gies* little day; *'n ~ af* a day off; *'n ~ ouer word* be getting on in years.

da·gha *(masonry)* clay, mortar, *(SA)* dagha, dagga.

da·ging *~gings, ~ginge, (jur.)* citation.

da·guer·re·o·ti·pe *~pes, (phot.)* daguerreotype. **da·guer·re·o·ti·pie** daguerreotypy.

dag·wood(·toe·brood·jie) Dagwood (sandwich).

dah·li·a *~as, (bot.)* dahlia. ~**bol** dahlia bulb.

Da·ho·mey *(geog., hist.)* Dahomey; →BENIN. **Da·ho·mi·ër** *~miërs* Dahomean, Dahom(ey)an. **Da·ho·mies** *~miese* Dahomean, Dahom(ey)an.

dai·qui·ri *(a cocktail)* daiquiri.

Da·jak(·ker) *(member of a Malaysian people)* D(a)yak. **Da·jaks** *~jakse* D(a)yak.

dak *dakke* roof; rooftop, housetop; canopy; *(fig.)* roof, cover, umbrella; *(min.)* hanging (wall); *(geol.)* hanging/overlying layer, upper bed; *op iem. se ~* ***afklim*** dress s.o. down, tell s.o. off, give s.o. an earful (*or* what for); *'n ~* ***bo/oor*** *jou kop hê* have a roof over one's head; *'n liedjie/nommer/ens. wat die ~ laat* ***lig*** a show stopper; *die ~* ***natmaak,*** *(infml.)* wet the roof, have a house-warming (party); ***onder*** *~* under cover/shelter; ***onder*** *jou eie ~* under one's own roof; ***onder*** *~* ***bring*** accommodate, house, shelter; →ONDERDAK; *'n ~* ***oor*** *jou kop hê* →***bo/oor;*** *'n ~* ***oor*** *iets vorm* roof s.t. in/over; *iem.* ***op*** *jou ~ hê* have s.o. on one's hands; *iets* ***op*** *jou ~ kry* have s.t. laid at one's door, carry the can (*or* be blamed) for s.t.; *'n ~* ***op*** *iets sit* roof s.t. in/over; *'n ~* ***opsit*** raise a roof; *'n* ***plat*** *~* a flat roof; *'n* ***spits/steil*** *~* a steep roof; *iets van die ~ke* ***verkondig*** shout/proclaim s.t. from the rooftops/housetops; *die ~* ***van*** *'n* ***vliegtuig*** the canopy of an aeroplane. ~**balk** rafter, roof beam. ~**bedekking** roofing, roofage. ~**begietingsplegtigheid** roof-wetting ceremony. ~**bekapping** framing of a roof. ~**bint** roof tie. ~**dekker** roofer; thatcher; tiler, slater, shingler. ~**drup** →DAKRAND. ~**fees** roof wetting. ~**gebint,** ~**geraamte** →DAKTIMMERASIE. ~**gesteente** roof wall; hanging rock. ~**geut** eaves/roof gutter, eaves trough, water shoot. ~**helling** pitch of a roof. ~**hoogte** roof height. ~**hout** roof timber. ~**juk** oxter piece. ~**kamer** attic, garret; loft. ~**kant** *(min.)* hanging-wall side. ~**kap** roof truss, principal. ~**kiel** valley (of a roof). ~**lat** roof(ing) lath/batten. ~**leer** cat ladder. ~**lêer** roof girder. ~**lei** roof(ing) slate. ~**lig** skylight *(in a roof/ceiling)*; roof light *(on an ambulance etc.)*; *(also* dakliggie*)* roof light *(in a car)*; *(rly.)* deck light. ~**lys** eaves. ~**maker** roofing contractor. ~**mossie** *(orn.)* house sparrow. ~**nok** roof ridge. ~**oorhang** eaves. ~**pan** (roof[ing]) tile, pantile. ~**pansgewys(e)** imbricate(d). ~**pansligging** imbrication, overlapping. ~**plank** roof/sarking board. ~**prys** ceiling price, upper price limit. ~**pyp** gutter pipe. ~**rak,** ~**rooster** roof carrier/rack. ~**rand** eaves; edge of a/the roof. ~**riet** →DEKRIET. ~**rooster** →DAKRAK. ~**ruiter** ridge turret. ~**spaan** shingle. ~**spar** rafter, spar; *kort ~* jack rafter. ~**spuier** gargoyle. ~**spyker** roofing nail. ~**stoel** roof truss. ~**storting** roof fall, fall of roof/hanging *(in a mine)*. ~**strooi** thatch. ~**stut** roof support. ~**styl** roof post. ~**terras** rooftop terrace. ~**timmerasie** roof skeleton. ~**tuin** roof garden. ~**venster** attic/dormer/garret window; squint window; skylight, roof light; *(rly.)* deck light. ~**vilt** roofing/sarking felt. ~**vlermuis** house bat. ~**voering** roof lining *(of a vehicle)*. ~**vors** roof ridge. ~**werk** roofing, roofage. ~**woning** penthouse.

dak·kie *~kies* rooflet, small roof.

dak·loos *~lose* homeless, roofless, *(pred.)* without a roof over one's head; roofless *(a building)*; *duisende/ens. mense is ~ gelaat* thousands/etc. of people were made/rendered homeless (*or* lost their homes); *die oorstroming/watervloed het die dorpsbewoners ~ gelaat* the villagers were flooded out. **dak·lo·se** *~ses* homeless person, waif; *(also, in the pl.)* street people.

dak·tiel *~tiele,* **dak·ti·lus** *~lusse* dactyl. **dak·ti·lies** *~liese* dactylic. **dak·ti·lo·sko·pie** dactyloscopy, fingerprint identification.

dal[1] *dale* valley, *(esp. in northern Eng.)* dale, *(poet. or in place names)* vale; *(narrow)* glen; *(small; poet., liter.)* dell; *(wooded; poet., liter. or dial.)* dingle. ~**bewoner** dalesman. ~**lelie** lily of the valley. ~**lyn** valley line.

dal[2] →DHAL.

Dal·e·kar·li·ë, Dal·ar·ne *(geog.)* Dalecarlia, Dalarna. **Dal·e·kar·li·ër** *~liërs* Dalecarlian. **Dal·e·kar·lies** *~liese* Dalecarlian.

da·lend *~lende* descending; sinking, setting, westering *(sun)*; sloping *(ground)*; falling *(barometer)*; *~e aksent* grave (accent).

da·ler →DAALDER.

da·ling *~lings, ~linge* descent, drop, fall; decline; dropping, falling, sinking; slope, incline, descent, dip, drop, gradient; decrease, decline, lessening, falling-off, dwindling; downturn, downswing, slump; *(med., geol.)* depression; →DAAL; *'n ~* ***beleef/belewe*** go through a dip; *'n ~* ***in*** *geboortes* a decrease in the birth rate; *(infml., chiefly Am.)* baby bust; ***op*** *~ spekuleer* speculate for a fall; ***op*** *~ verkoop* sell short, bear; *'n* ***skerp/skielike*** *~* a sharp drop/fall *(of prices etc.)*; *die ~* ***van*** *...* the decrease in ...; the drop in ... *(prices, temperature, etc.)*.

dalk perhaps, maybe, possibly; *~* ***doen*** *iem. dit* s.o. might do it; ***is*** *u ~ mnr./mev. Jones/ens.?* are you by any chance Mr/Mrs Jones/etc.?; ***ken*** *jy hom/haar ~?* do you happen to know him/her?; *dit sal ~* ***nooit*** *bekend word nie* it may never be known; *~* ***weet*** *iem.* s.o. might know. **dal·kies** *(infml.)* →DALK.

Dal·ma·si·ë *(geog.)* Dalmatia. **Dal·ma·si·ër** *~siërs* Dalmatian; *(also d~)* Dalmatian (dog). **dal·ma·tiek** *~tieke* dalmatic. **Dal·ma·ties** *~tiese* Dalmatian; *~e hond* Dalmatian (dog).

dal·to·nis·me *(a form of colour blindness)* daltonism, protanopia.

Dal·ton·me·to·de *(educ.)* Dalton method/plan/system.

dam[1] *damme, n.* dam, reservoir; (large) pond; dam, barrage, weir; *die blou ~, (infml.)* the sea; *dop en ~* →DOP; *'n ~ teen ... opwerp* check (*or* arrest the course of) ... **dam** *ge~, vb.* dam (up); crowd together. ~**skraper,** ~**skrop** dam scraper/scoop, earth scoop. ~**wal** dam wall, embankment/wall of a/the dam. ~**water** water from a storage dam; *(infml.: weak/watery coffee/tea)* dishwater, wish-wash. ~**werke** irrigation works.

dam[2] *ge~, vb., (rare)* play draughts.

Da·ma·ra *~ras, (member of a people; language)* Damara. ~**(bees)** *(also d~)* head of Damara cattle; *(in the pl.)* Damara cattle. ~**land** Damaraland.

da·mas *(text.)* damask. ~**blom** rocket. ~**linne** damask linen. ~**pruim** damson. ~**roos** damask rose. ~**sy** damask silk.

Da·mas·ke·ner →DAMASSEEN.

Da·mas·kus *(geog.)* Damascus. **d~rooi** damask.

Da·mas·seen *~sene,* **Da·mas·ke·ner** *~ners, n.* Damascene, inhabitant of Damascus. **Da·mas·seens** *~seense,* **Da·mas·keens** *adj.* Damascene, of Damascus. **da·mas·seer** *ge~, vb.* damascene *(iron, steel)*; *(poet., liter.)* damask; →GEDAMASSEER(D).

Da·mas·se·ner *~ners* →DAMASSEEN. **d~kling** Damascus blade. **d~staal, damasstaal** Damascus steel, damask (steel).

dam·bord draughtboard, chequerboard; *~ speel* play draughts/checkers. ~**skyf,** ~**steen,** ~**stuk** draughtsman, draughts piece. ~**spel** draughts, chequers. ~**speler** draught(s) player.

da·me *~mes* lady; *(title)* dame; *(chess)* queen; ***die*** *D~s, (women's public lavatory)* the Ladies (*or* ladies' room); *~s en* ***here!*** ladies and gentlemen!; *~* ***maak,*** *(chess)* queen; ***middeljarige*** *~* matron; *~ van die* ***nag,*** *(infml.: prostitute)* lady of pleasure (*or* the night), fancy woman, working girl. ~**loper** *(chess)* queen's bishop. ~**ruiter** *(chess)* queen's knight. ~**saal[1]** *~s* →VROUESAAL[1]. ~**saal[2]** *~sale* →VROUESAAL[2]. ~**skoen** lady's shoe; *(in the pl.)* ladies' shoes.

da·mes~: ~**broekie** panties, knickers. ~**drag** ladies'/women's wear. ~**dubbelspel** →VROUEDUBBELSPEL. ~**enkelspel** →VROUE-ENKELSPEL. ~**fiets** ladies'/lady's bicycle/bike. ~**gek** *(rare)* flirt, *(infml.)* lady-killer. ~**geruit** *(text.)* zephyr. ~**handskoen** lady's glove. ~**(hang)kas** lady's wardrobe. ~**hoed** lady's hat; *(also, in the pl.)* millinery. ~**hoedemaker,** ~**hoedemaakster** milliner. ~**kamer** *(euph.)* powder room. ~**kleedkamer** →DAMESTOILET. ~**kleremaker** dressmaker; ladies' tailor. ~**klerk** lady clerk. ~**koor** ladies' choir. ~**koshuis** ladies' residence. ~**kostuum** lady's suit/costume. ~**kous** lady's stocking. ~**kroeg** ladies' bar, cocktail lounge. ~**perd** lady's horse/mount. ~**personeel** female staff. ~**pion** *(chess)* queen's pawn. ~**portret** portrait of a lady. ~**tassie** vanity bag/case. ~**tehuis** ladies' residence. ~**toilet,** ~**kleedkamer** ladies'/women's toilet/room. ~**toring** *(chess)* queen's rook. ~**vertrek** boudoir, *(poet., liter.)* bower.

da·mes·ag·tig *~tige* womanish.

da·me·tjie *~tjies* little lady; young lady; *ou ~* little old lady.

dam·hert fallow deer; *jong ~* fawn.

dam·kok·ker *(icht.)* blacktail.

dam·mar(·hars) dam(m)ar, dammer.

dam·me·tjie *~tjies* pool, pond, small dam.

Da·mo·kles *(classical legend)* Damocles; *swaard van ~* = DAMOKLESSWAARD. ~**swaard** *(also d~)* sword of Damocles.

Da·mo·kles·sies *~siese, (also d~)* Damoclean; *~e swaard* = DAMOKLESSWAARD.

damp *dampe, n.* steam, vapour; fume; smoke. **damp** *ge~, vb.* steam, emit steam/vapour; fume; smoke; *(rare)* puff at *(a pipe)*. ~**bad** vapour bath. ~**bron** *(geol.)* solfatara, fumarole. ~**digtheid** vapour density. ~**druk** vapour pressure. ~**kring** atmosphere; vital sphere. ~**kringslug** atmospheric air. ~**meter** vaporimeter. ~**siekte** *(vet.)* broken wind, heaves. ~**spanning** vapour tension. ~**spoor,** ~**streep** contrail; vapour trail. ~**vorming** vaporisation. ~**waas** damp haze.

damp·ag·tig *~tige* vaporous, vapoury. **dam·per** *~pers* smoker. **dam·pie** *~pies* puff, smoke; *'n ~ maak/slaan, (infml.)* have a smoke. **dam·pig** *~pige* vaporous, vapoury; steamy; smoky; hazy; *(vet.)* broken-winded, pursy. **dam·pig·heid** haze, haziness; *(vet.)* heaves, broken wind.

dan *adv.* then; so; instead; in that case; by that time; *iem. sal ~* ***al*** *weg wees* s.o. will be gone by that time; *of ...* ***al*** *~ nie* whether ... or not, whether or not ...; *~* ***eers,*** *(referring to the future)* only then; ***en*** *~* besides, further(more); ***en*** *~?* so what?; *~* ***en*** *~* at such and such a time; ***en*** *jy ~?* how/what about you?; *~* ***het*** *iem. dit gedoen!* so s.o. did it!; ***hoe*** *~?* how so?; *~* ***is*** *... terug?* so ... is back?; *wat* ***moes*** *ek ~ gedoen het?* what should I have done instead?; *~* ***nie?*** not so?; *en ~* ***nog*** and what is more; *selfs ~* ***nog*** (but) even so; ***nou*** *en ~*

→NOU[2] *adv.*; ~ ***ook*** accordingly, consequently, therefore; duly; ***selfs*** ~ even so; ***slegs*** ~ only then; *kom* ~ ***tog*** do come (now); ***tot*** ~ *(toe)* till/until then; ***tot*** ~ *toe, (also)* up to that stage; ***van*** ~ *af* henceforth; ~ *en* ***wan*** →NOU EN DAN; ~ ***weer*** at other times; *dis nou koud,* ~ ***weer*** *warm* it is now cold, now warm; *doen iem. iets* ***weer,*** ~ *kry hy/sy slae* if s.o. does s.t. again, he/she will get a hiding. **dan** *conj.* than; ***al*** ~ *nie* whether or not; *iem. is beter as leier* ~ ***as*** *spreker* s.o. is a better leader than speaker, s.o. is better as a leader than as a speaker; *of dit geluk* ~ ***wel*** *misluk* whether it succeeds or fails; *of dit 'n ongeluk* ~ ***wel*** *opset was* whether by accident or design.

Dan *(OT)* Dan; *van* ~ *tot Berseba, (fig.)* from Dan to Beersheba, throughout the land, all over the country. **Da·niet** ‑*niete* Danite.

Da·na·ï·de ‑*des, (Gr. myth.)* Danaid.

Dan·die Din·mont-ter·ri·ër Dandie Dinmont (terrier).

Da·ni·ël *(OT)* Daniel. **Da·ni·ëls·ben·de** →GIDEONSBENDE.

Da·niet →DAN.

da·nig ‑*nige, adj.* tremendous; effusive; familiar, overfriendly; *jou alte* ~ *hou* give o.s. (*or* put on) airs; ~ *met iem. wees* be mat(e)y with s.o.; be fond of s.o.; *'n* ~*e ... wees* be quite a ... *(difference, writer, etc.)*; *nie 'n* ~*e ... wees nie* not be much of a ... *(difference, writer, etc.)*. **danig** *adv.* much, very, rather; really, greatly; ~ ***baie*** *van iets hou* like s.t. very much; *nie alte* ~ ***baie*** *nie* not overmuch; *nie* ~ ***goed*** *nie* none too good; *nie (so)* ~ ***koud/ens.*** *nie* not really (*or* [so] very) cold/etc.; *iem. is* ~ ***lui*** s.o. is a lazybones. **da·nig·heid** familiarity, intimacy; grand/posh affair, *(infml.)* splash, to-do; *dit is 'n* ~ *tussen hulle twee* they are sweet on each other.

dank *n.* acknowledg(e)ment, thanks, *(infml.)* thank you; *jou* ~ *aan ...* ***betuig*** express one's thanks to ...; ***duisend*** *maal* ~ thanks a million; ***hartlik*** ~ thank you very much; *baie* ***hartlik*** ~ thank you very, very (*or* ever so) much; ***hartlike*** ~ hearty/warm thanks; *iem. se* ***innigste*** ~ s.o.'s heartfelt thanks; *nie* ~ *vir iets* ***kry*** *nie* get no/small thanks for s.t.; ***met*** ~ with thanks; ***met*** ~ *vir ...* thanking you for ...; *iets* ***met*** ~ *aanneem* accept s.t. gratefully; *iets* ***met*** ~ *ontvang* receive s.t. with thanks; *'n* ***mosie*** *van* ~ a vote of thanks; *iem. se* ~ ***oorbring*** convey s.o.'s thanks/gratitude; ***stank*** *vir* ~ *kry* →STANK; *God* ***sy*** ~ thank God; *die Here* ***sy*** ~ praise be to the Lord; *jou* ~ *teenoor ...* ***uitspreek*** express one's thanks to ...; *aan iem.* ~ ***verskuldig*** *wees* owe s.o. a debt of gratitude, be beholden to s.o.; *teen* ***wil*** *en* ~ →WIL *n.*; *'n* ***woord(jie)*** *van* ~ a word of thanks, *(infml.)* a thank you; *by* ***wyse*** *van* ~ by way of thanks. **dank** *ge‑, vb.* thank, express (one's) thanks, say thanks (*or* thank you), give/offer/tender thanks; say grace, give (*or* say a prayer of) thanks *(before a meal)*; →DANKE; *iets* ***aan*** *...* ~ owe s.t. to ...; *iets* ***aan*** *iem.* ~ be indebted to s.o. for s.t.; ~ *jou die* ***duiwel!*** thank you for nothing!; ~ *die* ***Here*** thank the Lord; *iem. kan sy/haar* ***sterre*** ~ →STER; ~ *die* ***Vader*** *hulle is veilig* thank God they are safe. ~**betoon** expression of thanks. ~**betuiging** (expression/word of) thanks/gratitude, *(infml.)* thank you; acknowledg(e)ment, note/letter/message of thanks. ~**brief** letter of thanks. ~**dag** day of thanksgiving. ~**diens** thanksgiving service. ~**fees** thanksgiving feast. ~**gebed** prayer of thanks(giving); grace *(at a meal)*. ~**lied** song/hymn of thanks(giving). ~**offer** thanks/votive offering. ~**segging** ‑*s,* ‑*e* expression of thanks/gratitude; thanksgiving, giving/saying thanks; (saying) grace *(at a meal)*. ~**seggingsdiens** →DANKDIENS. ~**sy** thanks to. ~**woord** word/expression of thanks/gratitude, *(infml.)* thank you; speech of thanks.

dank·baar ‑*bare* grateful, thankful; appreciative *(audience)*; rewarding *(part, role, task, etc.)*; responsive *(pupil)*; *in dankbare* ***aarde*** *val* be well received; ***dankbaar!*** thank you!; ~ *wees* ***dat*** *...* be grateful/thankful that ...; ***opreg*** ~ *wees* be truly grateful/thankful; ~ ***vir*** *iets wees* be grateful/thankful for s.t.; *iem.* ~ *wees* ***vir*** *iets* be grateful to s.o. for s.t.. **dank·baar·heid** gratitude, thankfulness; *baie rede/stof tot* ~ *hê* have much to be thankful/grateful for; *uit* ~ *vir ...* in gratitude for ...

dan·ke: *iem. het dit* ***aan*** *hom‑/haarself te* ~ s.o. has him‑/herself to thank/blame for it, s.o. has brought it on him‑/herself; *iets* ***aan*** *iem. te* ~ *hê* have s.o. to thank (*or* be indebted to s.o.) for s.t., owe s.t. to s.o.; *iets is* ***aan*** *... te* ~, *(in a favourable sense)* s.t. is due to ...; ***nie*** *te* ~*!* don't mention it!, not at all!, it's nothing!, no trouble at all!, you're welcome!.

dan·kie thank you, thanks; ***baie*** ~ thank you very much, many thanks; much obliged; ***baie, baie*** ~ *(of* ***duisend*** ~*s)* thank you very, very (*or* ever so) much, thanks a million; ~ ***dat*** *jy dit gedoen het* thanks for doing it; ***nee,*** ~ no, thanks (*or* thank you); ~ ***sê*** say thanks (*or* thank you), give/offer/tender thanks; *vir iem. baie, baie* ~ ***sê*** *vir iets* thank s.o. profusely for s.t.; ~ ***tog!*** what a relief!; good riddance!; ~ ***vir*** *...* thanks (*or* thank you) for ... ~**sêbrief(ie)** thank-you/bread-and-butter letter/note. ~**sêkaartjie** thank-you card. ~**(vader)bly** (vastly) relieved; *('n) mens kan* ~ *wees dat hy/sy weg is* good riddance to him/her.

dans *danse, n.* dance; ~ *vir twee, (ballet)* pas de deux *(Fr.)*. **dans** *ge‑, vb.* dance; ***mag*** *ek met jou* ~*?* may I have a dance?, would you care to dance?; *'n* ~*ende* ***meisie/ens.*** a dancing girl/etc.; ***op*** *die musiek van ...* ~ dance to the music of ...; *die* ***poppe*** *(is aan die)* ~ →POP[1]; *na iem. se* ***pype*** ~ →PYP *n.*; *die berge/ens.* ~ *op en neer* ***voor*** *iem.* the mountains/etc. reel before s.o.'s eyes. ~**baadjie** tuxedo (coat/jacket). ~**beer** dancing bear. ~**doring** *(Aspalathus spinosa)* dancing thorn. ~**instituut** dancing academy. ~**klepper,** ~**klapper** →KASTANJET. ~**kuns** art of dancing. ~**les** dancing lesson. ~**maat** dancing partner; dance rhythm. ~**meester** dancing master. ~**meisie** dancing girl; *Indiese* ~ nautch (girl). ~**musiek** dance music. ~**orkes** dance band. ~**paar** dancing couple. ~**party(tjie)** dance, ball, dancing party, *(infml.)* hop. ~**pas(sie)** dance step. ~**ritme** dancing rhythm. ~**rok** ball/dance gown/dress. ~**saal** dance hall, ballroom. ~**skoen** dancing shoe, pump. ~**skool** dancing school, school of dancing. ~**tabberd** →DANSROK. ~**vloer** dance/dancing floor. ~**woede** dancing mania. ~**wysie** dance tune.

dan·ser ‑*sers, (fem.)* **dan·se·res** ‑*resse* dancer. **dan·se·ry** dancing. **dan·seu·se** ‑*ses, (Fr.)* danseuse, ballet dancer. **dan·sie** ‑*sies* little dance; turn (on a/the dance floor); *'n* ~ *doen* take a turn.

Dan·te·ken·ner Dantean.

dan·tesk *adj., (like the poet Dante: sublime; austere)* Dantean, Dantesque.

Dan·zig →GDANSK.

dap·per[1] *n.*: *met* ~ *en stapper gaan* ride (*or* go on) Shanks's/shanks's pony/mare.

dap·per[2] ‑*per(e)* ‑*perder* ‑*perste, adj.* brave, courageous, bold, gallant, valiant, intrepid, manful, plucky, stout(hearted), stalwart; *jou* ~ *hou* keep up (*or* put on *or* show/present) a brave/bold front, bear up bravely; *hou jou* ~*!* never say die!, keep your courage up!, bear up bravely!; ~ *veg* put up a brave/gallant fight. **dap·per·heid** bravery, courage, gallantry, valour; ~ *aan die dag lê* show/display valour; *uitnemende* ~ conspicuous gallantry.

Dar·da·nel·le: *die* ~, *(geog.)* the Dardanelles.

da·rem after all, all the same, really, surely, though, for all that; *dit is* ~ *alte* ***goed*** *van jou* it is really too good/kind of you; *iem.* ***kon*** *dit* ~ *gedoen het* s.o. might have done it; *dit is* ~ ***koud/ens.*** it is really cold/etc.; *iets* ~ ***maar*** *doen* do s.t. after all (*or* all the same); ***party*** *mense* ~*!* gosh, some people!.

da·ri·o·le ‑*les, (cook.)* dariole.

Da·ri·us *(?550-486 BC)* Darius.

Dar·jee·ling *(geog.)* Darjeeling. ~**(tee)** *(also d~)* Darjeeling (tea).

dar·tel ‑*tel(e)* ‑*teler* ‑*telste, adj., (poet., liter.)* frisky, playful, frolicsome, rompish, sportive, sprightly; skittish. **dar·tel** *ge‑, vb.* frisk, frolic, cavort, romp, caper, gambol; *deur die lewe* ~ breeze/waltz through life. **dar·tel·heid** friskiness, playfulness; wantonness.

Dar·wi·nis ‑*niste, (also d~)* Darwinian, Darwinist. **Dar·wi·nis·me** *(also d~)* Darwinism. **Dar·wi·nis·ties** ‑*tiese, (also d~)* Darwinian, Darwinist(ic).

das[1] *dasse* tie; →DASSIE[1], STRIKDAS; *'n* ~ ***aansit/omsit*** put on a tie; *'n* ~ ***afhaal*** take off a tie; *'n* ~ ***knoop*** knot a tie; tie a tie; *'n* ~ ***strik*** knot a tie. ~**knyper** tie clip. ~**pers** tie press. ~**speld** tiepin. ~**sy** tie silk.

das[2] *dasse* (European) badger; Cape hyrax (→DASSIE[2]). ~**adder** →DASSIEADDER. ~**bos(sie)** →DASSIEBOS. ~**gras** *Enneapogon scoparius*. ~**haar** badger hair. ~**hond** dachshund, badger-dog; *Franse* ~ basset (hound).

Da·sein *(Germ., philos.)* Dasein.

Da·si·ë, Da·si·ër, Da·sies →DACIË, DACIËR, DACIES.

das·sie[1] ‑*sies* small tie.

das·sie[2] ‑*sies, (SA)* dassie, rock rabbit, Cape hyrax. ~**adder, dasadder** rock leguan. ~**boegoe,** ~**bos** *Pelargonium ramosissimum*. ~**bos** *Stachys rugosa*. ~**pis** hyraceum. ~**rot** dassie/rock rat. ~**vanger** bateleur (eagle), black/Verreaux's eagle. ~**voël** mocking chat.

das·sie[3] ‑*sies, (icht.)* blacktail, dassie.

dat *pron.* that; *dit en* ~ →DIT. **dat** *conj.* that; so (*or* in order) that; *dis* ***daarom*** ~ *iem. ...* that's why s.o. ...; *jou* ***haas*** ~ *jy nie te laat kom nie* hurry so as not to be late; *elke* ***keer*** ~ *iem. iets doen* every time (that) s.o. does s.t.; ***lieg*** ~ *jy bars* be a damned liar; ***nie*** ~ *nie, maar ...* not that ..., but ...; ***nieteenstaande*** *(~) iem. siek/ens. was* →NIETEENSTAANDE; ~ *iem. dit* ***sê,*** *is ...* for s.o. to say so, is ...; ***sê*** ~ *jy kom/ens.* say (that) you are coming/etc.. **da·tjies** →DITJIES.

da·ta *(pl.)* data, facts, information. ~**bank** *(comp.)* data/memory bank. ~**basis** database. ~**basisbestuurstelsel** database management system. ~**beveiliging** data protection. ~**bewaring** data storage. ~**blad,** ~**vel** data sheet. ~**bus,** ~**snelweg** databus, data highway. ~**draer** data carrier. ~**gedrewe** *(attr., comp.)* bottom-up *(processing)*. ~**handskoen** dataglove. ~**hantering** data handling. ~**kaart** data card. ~**kommunikasie** data communication. ~**kompressie** data compression. ~**lêer** data file. ~**manipulasie** data massage. ~**omsetting** data conversion. ~**ontginning** data mining. ~**oordrag** data transfer. ~**oorsetting** data transmission. ~**skakel** data link. ~**snelweg** →DATABUS. ~**stel** data set. ~**stoor** data warehouse. ~**stroom** data stream. ~**struktuur** data structure. ~**stukke** data records. ~**terminaal** data terminal. ~**toegang** data access. ~**toestel** data set. ~**toevoer** data entry. ~**vaslegging** data entry/capture/capturing. ~**vel** →DATABLAD. ~**verkeer** data traffic. ~**versending** data transmission. ~**verwerker** data processor. ~**verwerking** data processing. ~**vloei** data flow. ~**woordeboek** *(comp.)* data dictionary.

da·teer *(ge)‑, vb.* date; *iets later* ~ date s.t. forward; *iets* ~ *uit/van ...* s.t. dates from (*or* back to) ...; *iets vroeër* ~ backdate s.t.. **da·te·ring** date, dating; vintage.

da·tief ‑*tiewe, n. & adj.* dative.

da·to *n., (Lat.)* date; *de/onder* ~ *...* dated (*or* under date of *or* bearing the date) ...; *drie maande ná* ~ three months after (*or* at three months') date.

da·tum ‑*tums* date, day; *van* ***dieselfde*** ~ of even date; ***ná*** ~ after date; ***onder*** ~ *2 Mei* under date May 2; *met 'n* ***onlangse*** ~ of recent date; *'n* ***saamval*** *van* ~*s* a clash of dates; ***sonder*** ~ undated, dateless; ***van*** *gelyke* ~ of even date; ***vanaf*** ~ from date; *wat is* ***vandag*** *se* ~*?* what is the date (*or* what date is it) today?; ***vasgestelde*** ~ fixture; *die* ~ *tot ...* ***verander*** change the date to ... ~**grens,** ~**lyn:** *(Internasionale) D~, (geog.)* (International) Date Line. ~**lys** list of fixtures. ~**reël** *(journ.)* dateline. ~**stempel** date stamp.

dau *daus, (sailing vessel)* dhow.

daube *(Fr. cook.: braised meat stew)* daube.

Dau·ga·wa, Du·na, Wes·te·li·ke Dwi·na *(river)* Daugava, Western Dvina.

Dau·gaw·pils *(geog.)* Daugavpils.

dau·phin ‑*phins, (Fr., hist.: eldest son of the King of France)* dauphin. **dau·phi·ne** ‑*phines, (Fr., hist.: wife of a dauphin)* dauphine, dauphiness. **Dau·phi·né:** *die* ~, *(hist., geog.)* the Dauphiné.

da·vib, da·wee *(bot.)* tamarisk.

Da·vis·be·ker *(tennis)* Davis Cup. ~**wedstryd** Davis Cup match.

da·vit ‑*vits, (naut.)* davit.

da·wer *ge*- re-echo, boom, roar, rumble, thunder; *~ende* ***sukses*** resounding success; *dit is ~end* ***toegejuig*** it brought the house down; *hulle is ~end* ***toegejuig*** they were cheered to the echo/rafters; *met ~ende* ***toejuiging*** with thunderous/rousing applause/cheers; with a storm of applause.

Da·wid *(OT)* David; *weet waar ~ die wortels gegrawe het, (infml.)* know how many beans make five; *iem. wys waar ~ die wortels gegrawe het, (infml.)* teach s.o. a thing or two. **~ster** Star of David, hexagram.

da·wid·jie(s), da·wid·jies(·wor·tel), daw·we·tjie(s) *Antizoma capensis; Kedrostis crassirostrata; Melothria cordata;* →BASTERDAWIDJIE(S).

da·wit →DAVIT.

daw·we·tjie(s) →DAWIDJIE(S).

Day·to·na Beach *(geog.)* Daytona Beach.

de *art., (used for emphasis or in exclamations to express annoyance)* the; →DIE; *op ~* ***daad****, (obs.)* →OP DIE **DAAD**; *om ~* ***dood*** *nie* = OM DIE **DOOD** NIE; *hoe ~* ***duiwel*** *weet jy dit?* →DUIWEL *n.; wat/waar/wie ~* ***duiwel*** *...?* →DUIWEL *n.; ~* ***moer*** *in wees vir iem.* →MOER[2]; *wat ~* ***ongeluk*** *...?* →ONGELUK.

dè *(imp.)* here (you are); *~, vat!* here, take this!.

dê *interj., (infml., obs.)* so there; *ek het dit tog gekry, ~!* I got it all the same, so there!.

de·ak·ti·veer *(comp.)* deselect *(an option)*.

de·ba·kel *-kels* debacle, débâcle, failure, fiasco, disaster; debacle, débâcle, downfall, ruin.

de·bal·lo·teer *ge-, vb., (fml., rare)* blackball.

de·bat *-batte* debate, discussion; ***aan*** *'n ~ deelneem* participate (*or* take part) in a debate; *die ~* ***gaan oor*** ... the debate is about/on ...; *in die* ***hitte*** *van die ~* in the cut and thrust of the debate; *'n ~* ***oor*** *iets* a debate about/on s.t.; *die ~* ***sluit*** close the debate, apply the closure; *tot 'n ~* ***toetree*** enter a debate; *met iem. oor iets in ~* ***tree*** enter into debate with s.o. on/about s.t.; *'n ~* ***voer*** conduct a debate. **~sluiting** closure *(of a debate)*.

de·bats·punt debating point.

de·bats·ver·e·ni·ging debating society.

de·bat·teer *ge-* debate, discuss; *met iem. oor iets ~* debate s.t. with s.o.. **de·bat·teer·der, de·bat·voer·der** *-ders* debater.

de·biel *-biele -bieler -bielste, (tech., rare)* mentally defective/deficient. **de·bi·li·teit** debility, mental deficiency.

de·biet *-biete* debit; sale(s), market; *~ en krediet* debit and credit. **~bewys** debit voucher. **~inskrywing** →DEBIETPOS. **~kaart** debit card. **~kant, ~sy** debit side, debtor side. **~nota** debit note/advice/slip. **~pos** debit entry; debit amount. **~poste** debits. **~rekening** charge account. **~rente** debit interest. **~saldo** debit balance. **~sy** →DEBIETKANT.

de·bi·teer *ge-* debit, pass to the debit of one's account, charge (with); *'n rekening met ... ~* charge ... to an account. **de·bi·teer·baar** *-bare* debitable; *~ teen ...* chargeable to ... **de·bi·te·ring** debit entry. **de·bi·teur** *-teurs, -teure* debtor. **de·bi·teur·land** debtor country/nation. **de·bi·teurs·groot·boek** debtors' ledger.

De·bo·ra *(OT)* Deborah.

debs, deps *ge-, vb., (infml.)* pinch, swipe, nick, snatch, grab, steal. **debs, deps** *interj.* dabs.

de·bu·tant *-tante, (masc.)* debutant. **de·bu·tan·te** *-tes, (fem.)* debutante. **de·bu·teer** *ge-* make one's debut/bow (*or* first appearance); *(a girl)* come out *(in society)*.

de·buut *-bute* debut, first appearance; coming out *(of a girl)*; →DEBUTEER; *jou ~ maak* make one's debut/bow (*or* first appearance); *haar ~ maak, (also, a girl)* come out. **~bundel** first volume.

De·ca·me·ro·ne *(It.): die ~, (work written by Boccaccio)* the Decameron.

de·cem·vir *-virs, -viri, (hist.)* decemvir. **de·cem·vi·raat** *-rate* decemvirate.

de·chlo·reer *ge-* dechlorinate. **de·chlo·re·ring** dechlorination.

de·ci·ma *-mas,* **de·ci·mé** *-més, (mus.)* decima.

de·col·le·ta·ge *-ges, n.* décolletage, low neckline. **dé·col·le·té, ge·de·kol·le·teer(d)** *adj.* décolleté, low-necked *(a dress, top)*. **de·col·le·teer** →DEKOLLETEER.

dé·cor →DEKOR.

dé·cou·page *(Fr.):* **~(-artikel)** decoupage. **~(-werk)** decoupage.

de·cre·scen·do *(It.) -do's, (mus.)* decrescendo.

de·di·ka·sie dedication.

de·duk·sie *-sies* deduction, inference, conclusion. **de·duk·tief** *-tiewe* deductive; *~iewe meetkunde* demonstrative geometry. **de·du·seer** *ge-* deduce, infer, conclude; *iets uit feite ~* form a conclusion from facts.

deeg dough; ***gerysde*** *~* risen dough; *~ in iem. se* ***hande*** *wees* be putty in s.o.'s hands; *~* ***knie*** knead dough; *die ~* ***rys*** the dough rises. **~arm** dough arm. **~kwas(sie)** pastry brush. **~mengelaar** pastry blender. **~menger** dough mixer. **~plank** pastry board. **~roller** rolling pin. **~wieletjie** pastry cutter.

deeg·ag·tig *-tige* doughy, pasty. **deeg·ag·tig·heid** doughiness, pastiness.

deeg·lik *-like, adj.* sound *(argument)*; thorough *(knowledge)*; solid *(reasoning)*; sterling *(qualities)*; serious; out-and-out; workmanlike; *~e geleerde* profound/sound/thorough scholar. **deeg·lik** *adv.* soundly *etc.*; *~ van iets* ***bewus*** *wees* be acutely aware of s.t.; *alles ~* ***doen*** be thorough in everything, do nothing by halves; ***wel*** *~* most certainly, really (and truly); *ek meen dit* ***wel*** *~* I do mean it, I mean it seriously, I am quite serious. **deeg·lik·heid** soundness, solidity, thoroughness.

deel[1] *dele, n.* part, portion; division, section; share; volume *(of a book)*; movement *(of a symphony etc.)*; stint; quota; lot, fate; ***aan*** *iets ~ hê* have a part in s.t.; be a party to s.t.; *geen ~* ***aan*** *iets hê nie* have no part in s.t.; be no party to s.t.; *'n ~ van die tonnel/ens.* ***agter*** *jou hê* be partway through the tunnel/etc.; *dis maar* ***alles*** *~ daarvan* it's all in a/the day's work; it comes with the territory; *jou ~* ***doen*** pull one's weight; do one's bit; *ek het my ~ daarvan* ***gehad*** I have had my share of it; *in* ***gelyke*** *dele* in equal portions; in equal shares; *'n* ***geringe*** *~ van ...* a fraction/small part of ...; *vir 'n* ***groot*** *~* to a great/large extent, largely, in large measure; *die* ***grootste/oorgrote*** *~ van ...* the best/better/greater part of ...; *vir die* ***grootste/oorgrote*** *~* for the greater/most part; *'n* ***groter*** *~ as ... uitmaak* preponderate over ...; *~* ***in*** *iets hê* have a share in s.t.; *geen ~* ***in*** *iets hê nie* have no share in s.t.; ***in*** *drie/ens. dele, (a publication)* in three/etc. volumes; *jou ~* ***kry*** get one's share/cut; ***los*** *dele* odd volumes *(from a series of books)*; *ek het* ***my*** *~ daarvan gehad* I have had my share of it; ***om*** *'n ~* ***boer*** sharecrop, farm on shares; *boerdery* ***om*** *'n ~* sharecropping; ***om*** *'n ~* ***delf*** mine on tribute; *jou ~* ***ontmoet*** meet your life partner (*or* fate); *die oorgrote ~ van ...* →***grootste/oorgrote; twee/ens. dele ...*** ***op*** *drie/ens. dele ...* two/etc. parts of ... to three/etc. parts of ...; *iem. se* ***regmatige*** *~* s.o.'s fair share; *iets is iem.* ***se*** *~* s.t. falls to the lot of s.o.; ***ten*** *dele* partly, in part(s); *iets val iem.* ***ten*** *~* s.t. falls to s.o.('s share/lot); *in* ***twee*** *gelyke dele* in halves; *'n hoeveelheid as ~ van 'n ander* ***uitdruk*** express a quantity in terms of another; *~ van iets* ***uitmaak*** be/form (a) part of s.t.; *'n onafskeidelike ~ van iets* ***uitmaak*** be part and parcel of s.t.; *'n ~* ***van*** *... part of ...; dit is ('n) ~* ***van*** *...* it is part of ...; ***vir*** *'n ~* in part(s); ***vir'n*** *groot ~* to a large extent; ***vir*** *die grootste ~* for the greater part. **deel** *ge-, vb.* divide; participate, share; split; deal *(cards)*; *iem. se* ***beskouinge/lot*** *~* share s.o.'s views/fate; *6/ens.* ***deur*** *3/ens. ~* divide 6/etc. by 3/etc.; ***gelykop*** *~* share and share alike; *hulle ~* ***gelykop****, (also)* they go halves; *iets met iem.* ***gelykop*** *~, (also)* go halves with s.o.; *5/ens.* ***in*** *25/ens. ~* divide 5/etc. into 25/etc.; ***in*** *iets ~* share/participate in s.t. *(the profits, an undertaking, s.o.'s happiness, etc.)*; *iem. in iets* ***laat*** *~* give s.o. a share in s.t.; ***met*** *iem. ~* go shares with s.o.; *iets* ***met*** *iem. ~* share in s.t. *(costs etc.)*; *'n kamer/ens.* ***met*** *iem. ~* share a room/etc. with s.o.; *hulle ~ dit* ***onder*** *mekaar, (two persons)* they share it between them; *(three or more persons)* they share it among them; ***saam*** *~* go shares; *die* ***verskil*** *~* split the difference; *iem. ~ die* ***wêreld*** *soos hy/sy hardloop* s.o. is running like blazes. **~boer** →DEELSAAIER. **~breuk** *(med.)* infraction. **~genoot** (co)partner, participator, sharer; *~ in/aan iets wees* share/participate in s.t.; *'n ~ in skade/lyding* a fellow sufferer; *iem. ~ van iets maak* confide s.t. to s.o. *(a secret)*. **~genootskap** (co)partnership; participation; *iets in ~ met 'n ander firma doen* do s.t. in association with another firm. **~geregtig** *-de* entitled to a share. **~geregtigde** *-s* sharer, participator. **~geregtigdheid** right/title to a share. **~hebbend** *-e* participating *(mortgage)*. **~hebber** *-s* participant, sharer. **~huis** apartment/tenement house. **~lyn** bisector *(of an angle)*; shared line. **~name** participation; turnout; →DEELNEMING; *iem. se ~ aan iets* s.o.'s participation in s.t. *(a competition, crime, etc.)*; *heelwat ~ aan 'n wedstryd* a considerable number of entries for a competition. **~neem** *deelge-: aan iets ~* take part in s.t. *(a campaign, contest, etc.)*; participate in s.t. *(a strike etc.)*; join in s.t. *(a conversation etc.)*; be a party to s.t. *(negotiations, a plot, etc.)*; partake of s.t. *([Holy] Communion etc.)*; be engaged in s.t. *(a project etc.)*; enter s.t. *(a war)*; contest s.t. *(an election)*; sit for s.t. *(an examination)*; *'n perd laat ~* run a horse. **~neemster** *-s, (fem., rare)* lady contestant/participant/etc.. **~nemend** *-e* sympathetic, sympathising, compassionate; condolatory; participating, participatory; *~e demokrasie* participatory democracy; *~e maatskappy* participating company/house; *~e verband* participating mortgage. **~nemer** *-s* participant, participator, partner, entrant; sharer; sympathiser; competitor, contestant; *(horse racing)* runner; *'n ~ aan ... wees* be a party to ... *(a contract etc.)*; be an entrant in ... *(a competition)*; *alle ~s* the field; *onseker(e) ~* doubtful starter. **~neming** *-s, -e* participation; sympathy, compassion, commiseration; condolence; *iem. se ~* ***aan*** *...* s.o.'s participation in ... *(sport etc.)*; *~ aan/teenoor iem.* ***betuig*** condole with s.o.; *iem. het sy/haar innige ~ (aan/teenoor hulle)* ***betuig*** *met die dood van hul vader* s.o. conveyed/expressed/offered his/her sincere condolences (to them) on the death of their father; *~* ***betuig*** *met iem. se verlies* express condolences in s.o.'s bereavement; *~ teenoor iem.* ***betuig/betoon****, (also)* sympathise with s.o.; *~* ***in*** *...* participation in ... *(the profits, an undertaking, etc.)*; *~* ***met*** *iem. in 'n verlies* sympathy with s.o. in a bereavement; *'n* ***mosie*** *van ~* a vote of sympathy; a motion of condolence; *~* ***toon*** show sympathy. **~nemingsverband** participation bond. **~ontginner** tributor. **~ontginningsgebied** tribute area. **~programmatuur** →DEELWARE. **~pruik** *(rare)* →HAARSTUK, PRUIKIE. **~punt** point of division. **~saaier, ~boer** sharecropper. **~skerm** *(comp.)* split screen. **~som** division sum. **~staat** federal state. **~tal** *(math.)* dividend. **~teken** diaeresis; division sign. **~titel** sectional title; *'n eiendom ingevolge ~ (of op ['n] deeltitelgrondslag of ingevolge die deeltitelplan/deeltitelstelsel) verkoop* sell a property under sectional title. **~tyds** *-e* part-time; *~e werker* part-timer. **~versameling** *(math., comp.)* subset. **~vruggie** mericarp. **~ware, ~programmatuur** *(comp.)* shareware. **~wenteling, ~wentelbaan** suborbital path/track *(of a missile etc.)*. **~woord** participle. **~woordkonstruksie** participial construction.

deel[2] *dele, n.* board, plank; deal; member.

deel·ag·tig *(fml.): iem. het iets ~* ***geword****, (also)* s.t. came s.o.'s way; *iem. iets ~* ***maak*** impart s.t. to s.o.; *iets ~* ***wees*** share/participate in s.t.; *iets nie ~* ***wees*** *nie, (also)* miss out on s.t.; *iets ~* ***word*** acquire/obtain/receive s.t.. **deel·baar** *-bare* divisible; *deelbare getal* composite number. **deel·baar·heid** divisibility.

deels partly, partially, in part; *~ geskikte persoon* semi-fit person; *~ onafhanklik* semi-autonomous *(a country etc.)*; *~ ontwikkeld* vestigial. **~genitief** *-tiewe, (gram.)* partitive genitive. **~gewys(e)** bit by bit, piecemeal. **~verlamming** paresis.

deel·tjie *-tjies* particle, small part, fraction; small volume *(of a book)*; *jou ~ doen, (infml.)* do one's bit. **~fisika** particle physics. **~werkwoord** phrasal verb.

dee·moed humility, meekness, submissiveness. **dee·moe·dig** *-dige* humble, meek, submissive. **dee·moe·dig·heid** →DEEMOED. **dee·moe·di·ging** humiliation, mortification.

Deen *Dene, (inhabitant)* Dane. **Deens** *n., (language)* Danish. **Deens** *Deense, adj.* Danish; →DENEMARKE; *~e bloukaas* Danish blue (cheese); *~e (fyn)gebak/(tert)=deeg* Danish pastry; *~e hond* Great Dane.

deer *ge=, (fml., arch.)* harm, hurt, injure; *wat die oog nie sien nie, kan die hart nie ~ nie* what the eye does not see the heart does not grieve over. **deer·lik** *=like* sad, piteous, pitiable, pitiful; *~ gewond* badly wounded; *~ mis* miss sadly/sorely; *~ teleurgestel(d)* grievously disappointed; *jou ~ vergis* be greatly mistaken, make a grievous mistake.

deer·nis compassion, pity, commiseration; *~ met ... hê* have compassion for/on (*or* have/take pity on *or* pity) ... **~vol** *=le* compassionate, warm, caring; pitiful. **~waardig, ~wekkend** *=e* pitiable, pitiful.

dees: *op ~(ke)/dese aarde!* →AARDE. **~daags** *=e, adj., (rare)* →HEDENDAAGS *adj.*. **~dae** *adv.* nowadays, these days; at this (*or* the present) time; *deesdae se kinders* children of today.

de·ës·ka·la·sie, de-es·ka·la·sie de-escalation.

de fac·to *(Lat.)* de facto.

dé·fai·tis *=tiste* defeatist. **dé·fai·tis·me** defeatism. **dé·fai·tis·ties** *=tiese meer ~ die mees =e* defeatist.

de·fek *=fekte, n.* defect, deficiency, fault; trouble, breakdown, failure; *'n ~ aan die motor/masjien* engine trouble; *inherente ~* flaw. **de·fek** *=fekte, adj.* defective, faulty; out of order *(machinery)*; spoiled *(type)*; broken-down *(car)*; punctured *(tyre)*; flawed; *~ raak* break down. **de·fek·tief** *=tiewe, (gram.)* defective.

de·fen·sief *=siewe* defensive; *~ ingestel wees* be on the defensive; *~ optree* be/act/stand on the defensive.

dé·fi·lé *=lés, (Fr.)* march past.

de·fi·leer *ge=* file off; march/file past. **~mars** march past. **~vlag** saluting flag. **~vlug** fly-past.

de·fi·ni·eer *ge=* define; *nie te ~ nie* indefinable. **de·fi·ni·eer·baar** *=bare* definable. **de·fi·ni·sie** *=sies* definition; *'n ~ van iets gee* give a definition of s.t.; *op grond van die ~* by definition. **de·fi·ni·tief** *=tiewe, adj.* definite *(result)*; final *(settlement)*; definitive; permanent *(appointment)*; decisive *(victory)*. **de·fi·ni·tief** *adv.* definitely.

de·fla·sie *(econ.)* deflation; wind/aeolian erosion; *~ van die betaalmiddel bewerk* deflate the currency. **de·fla·si·o·nêr** *=nêre*, **de·fla·si·o·nis·ties** *=tiese, (econ.)* deflationary.

de·flek·sie deflection. **~hoek** angle of deflection.

de·flek·teer *ge=* deflect.

de·flo·ra·sie defloration. **de·flo·reer** *ge=* deflower.

de·for·ma·sie *=sies* deformation. **de·for·meer** *ge=* deform.

def·tig *=tige* smart, fashionable *(dress)*; elegant *(style)*; stately *(building)*; dignified *(language)*; aristocratic *(quarters)*; distinguished *(air)*; portly *(gentleman)*; grave *(judge)*; grand *(society)*; exclusive *(school)*; genteel, classy; dressy, stylish; in style; select; high-class; ceremonious; decorous; solemn; formal *(occasion)*; *jou ~ hou* give o.s. airs; *~ **informeel*** smart casual; *~e **kringe*** fashionable/distinguished circles; *~e **pak** (klere)* smart suit; *~e **pak** (slae)* sound hiding/thrashing; *~ **stap*** stalk, strut; *~ **wees*** stand on one's dignity. **def·tig·heid** (air of) distinction; dignity, gravity, stateliness, tone, gentility, classiness; smartness, fashionableness.

de·gel *=gels, (print.)* platen. **~pers** platen press.

de·gen *=gens* fencing sword, épée; *~s met ... kruis* cross swords with ... **~stok** sword cane, swordstick.

de·ge·ne·ra·sie degeneracy, degeneration, deterioration. **de·ge·ne·ra·tief** *=tiewe* degenerative. **de·ge·ne·reer** *ge=* degenerate, deteriorate.

de·ge·rig *=rige* doughy; soggy, sodden *(bread)*; →DEEG.

de·gra·da·sie degradation; demotion; *(mil.)* reduction to the ranks; *(naut.)* disrating. **de·gra·deer** *ge=* degrade; demote; *(mil.)* reduce to the ranks; *(naut.)* disrate. **de·gra·deer·baar** degradable. **de·gra·deer·baar·heid** degradability. **de·gra·de·ring** demotion; disrating; →DEGRADASIE.

de·hi·dra·sie, *(rare)* **de·hi·dre·ring** dehydration. **de·hi·dreer** *ge=* dehydrate. **de·hi·dro·ge·na·sie, de·hi·dro·ge·ne·ring** dehydrogenation. **de·hi·dro·ge·neer** *ge=* dehydrogenate.

dei *deis, (hist.: title given to the governors of Algiers)* dey.

deik·sis *(ling.)* deixis. **deik·ties** *=tiese* deictic.

dein *ge=* heave, roll, surge, swell, billow. **dei·ning** *=nings* (back)wash, surge, (ground)swell; range *(in a dock)*.

de·ïn·dek·seer, de-in·dek·seer deindex. **de·ïn·dek·se·ring, de-in·dek·se·ring** deindexation.

de·ïn·dus·tri·a·li·seer, de-in·dus·tri·a·li·seer deindustrialise. **de·ïn·dus·tri·a·li·sa·sie, de-in·dus·tri·a·li·sa·sie, de·ïn·dus·tri·a·li·se·ring, de-in·dus·tri·a·li·se·ring** deindustrialisation.

deins *ge=* shrink (back), recoil, retreat; →TERUGDEINS.

de·ïn·sti·tu·si·o·na·li·seer, de-in·sti·tu·si·o·na·li·seer deinstitutionalise. **de·ïn·sti·tu·si·o·na·li·se·ring, de-in·sti·tu·si·o·na·li·se·ring** deinstitutionalisation.

De·ïs *Deïste, (also d~, theol., philos.)* deist. **De·ïs·me** *(also d~)* deism. **De·ïs·ties** *=tiese, (also d~)* deist, deistic(al).

dé·jà-vu *(Fr.)*: **~(-gevoel), ~(-ervaring)** déjà vu (experience).

de ju·re *(Lat.)* de jure, by right.

dek *dekke, n.* cover, covering; *(archit.)* cap; deck *(of a ship)*; floor *(of a bridge)*; →DEKSEL; *aan* (of *op [die]) ~* on deck; *aan ~ gaan* go up on deck. **dek** *ge=, vb.* cover, clothe; cloak; face; coat; secure, meet *(a debt)*; damp *(a fire)*; tile, slate, thatch *(a roof)*; cover, serve *(a cow, mare)*; tup *(an ewe)*; make good *(a loss)*; screen, shield *(s.o.)*; defray, settle, meet *(expenses)*; →DEKKINGS=, OORDEK; *die **aftog** ~* cover the retreat; ***jou** ~* cover o.s.; secure o.s. *(against loss)*; shield o.s. *(behind others)*; *(mil.)* take cover; ***koste** ~* cover/defray costs/expenses; *'n **plek** ~* lay/set a place, set a cover; *(die) **tafel** ~* lay/set the table; ***teen verlies** ~* cover/secure against loss; *'n **tekort** ~* recoup a deficit; *'n ruim(e) **veld** ~* cover a wide field; *~ **vir** een persoon* set a cover for one person; ***voeë** ~* flash. **~balk** *(naut.)* deck beam. **~band** cover band. **~been** membrane bone. **~beitel** cap(ping)/top iron. **~beslag** coating batter. **~blaar** perianth leaf, tepal. **~blad** *(geol.)* nappe; decke, overthrust mass; deck/cover/coping slab; wrapper *(of a cigar)*; flyleaf *(of a book)*. **~blok** *(archit.)* boss. **~bout** deck bolt. **~brief** cover letter/note. **~geld** stud/service fee; tiling/slating/thatching costs. **~gewas** cover crop; *(bot.)* ground cover. **~glas(ie)** cover glass/slip. **~gras** thatch(ing) grass. **~hings** stud stallion. **~hout** nurse wood. **~huis** deckhouse. **~kleed** cover, (horse) cloth; *(her.)* mantling. **~kleur** body colour. **~klip** top stone, capstone, coping stone. **~laag** upper layer; coping, capping; *(geol.)* capping; *(min.)* overburden; *(geol.)* overlying/superincumbent bed/stratum, hanging layer, upper bed; seal coat *(on a road)*; surface coat *(of paint)*; *(hort.)* mulch. **~lading** deck cargo/load. **~lamp** bull's-eye. **~landing** deck landing. **~lat** thatching lath. **~lei** roofing slate. **~lood** sheet lead. **~loon** covering fee. **~manskap, ~matroos** *(naut.)* deck hand. **~mantel** cloak, veil; disguise; mask; pretext, excuse, front, cover(-up), cover story, smokescreen, blind; *as ~ vir iets dien* front (*or* be a front) for s.t.; *onder die ~ van ...* under the cloak/veil of ... *(secrecy etc.)*; under cover of ... *(the night)*; under the guise of ... *(friendship)*. **~naald** thatching needle. **~passasier** deck passenger. **~plaat** cover/coping plate; *(geol.)* capping. **~plank** covering board. **~plante** ground cover. **~plek** cover, *(Fr.)* couvert, place setting *(at a table)*. **~punt** *(cr.)* cover point. **~punthou** *(cr.)* cover drive. **~riet** thatching reed(s). **~seil** tarpaulin. **~-sel** *=le, (anat.)* epithelial cell; *(bot.)* cover cell. **~skild** *(entom.)* wing case/cover/shell, elytron, elytrum. **~skub** bract scale; squama. **~sous** coating sauce. **~spaan** thatching spade, thatch rake. **~steen** capping/coping brick. **~stel** place setting *(at a table)*. **~stoel** deck/canvas chair. **~strooi** thatching (straw). **~strook** *(archit.)* capping, coping; cover strip. **~stuk** cover; cap(ping) piece, coping (stone); *(archit.)* abacus. **~teël** coping tile. **~tennis** deck tennis. **~veer** feather spring; contour feather, wing/tail covert, tectrix. **~veld** *(cr.)* covers. **~verdediger** *(soccer)* sweeper. **~verf** body colour, finish. **~vlerk** elytron, elytrum. **~vlies** coat, tectorial membrane, indusium. **~weefsel** epithelial tissue, epithelium.

de·kaan *=kane* dean *(of a university faculty)*. **de·kaan·skap** deanship.

De·ka·bris *=briste, (hist.)* Decembrist.

de·ka·de *=des* decade, decennium.

de·ka·den·sie decadence, low life. **de·ka·dent** *=dente =denter =dentste* (of *meer ~ die mees =e*) decadent; *~e plek/stad/ens., (also)* Babylon.

de·ka·goon *=gone* decagon.

de·ka·gram decagram(me).

de·ka·li·ter decalitre.

de·kal·ko·ma·nie *=nieë* decal(comania), picture transfer.

De·ka·loog *(Bib.): die ~* the Decalogue.

de·ka·me·ter decametre.

de·ka·naat *=nate* deanship, deanery. **de·ka·nie** *=nieë* deanery.

de·kan·teer *ge=* decant.

De·ka·po·lis *(Gr., hist.): die ~* the Decapolis.

de·kat·lon *=lons, (athl.)* decathlon.

de·ken[1] *=kens* bedspread, counterpane, coverlet; (travelling) rug; blanket; *gestikte ~* quilt.

de·ken[2] *=kens* dean *(of a church)*; doyen *(of diplomats)*.

Dek·kan(-pla·to): *die ~, (geog.)* the Deccan (plateau).

dek·ker *=kers* roofer; thatcher; tiler; shingler.

dek·king cover(age); shelter, protection; guard; service *(of animals)*; cap (rock); *(share market)* margin; *onder ~* under cover; *~ soek* seek cover; take cover; *ter ~ van koste* to cover expenses.

dek·kings=: **~troepe** covering force/troops. **~verband** covering bond. **~vuur** covering fire.

de·kla·ma·sie *=sies* declamation, recitation. **de·kla·ma·tor** *=tore, =tors* reciter, elocutionist. **de·kla·meer** *ge=* declaim, recite.

de·kla·rant *=rante, (jur.)* declarant. **de·kla·ra·sie** *=sies, (fml.)* declaration; *(customs)* entry. **de·kla·reer** *ge=, (rare)* declare; enter.

de·klas·seer *ge=* declass; →GEDEKLASSEER.

de·klas·si·fi·ka·sie declassification *(of information)*.

de·kli·na·sie *=sies* declination *(of a star)*; variation *(of a compass)*; *(gram.)* declension. **~hoek** angle of declination. **~naald** declination needle. **~sirkel** hour/declination circle. **de·kli·neer** *ge=* decline.

de·ko·deer *ge=* decode. **de·ko·deer·der** decoder.

de·kol·le·teer *ge=: jou ~* wear a low-necked dress; →GEDEKOLLETEER(D).

de·ko·lo·ni·sa·sie, de·ko·lo·ni·se·ring decolonisation.

de·kom·pres·sie decompression.

de·kon·ges·tie decongestion.

de·kon·stru·eer deconstruct. **de·kon·stru·eer·baar** deconstructible. **de·kon·stru·eer·der** deconstructionist.

de·kon·struk·sie deconstruction. **~denker** deconstructionist. **~kritiek** deconstructionism. **~kritikus** deconstructionist. **~tegniek** deconstructionism; *eksponent van die ~* deconstructionist.

de·kon·teks·tu·a·li·seer decontextualise. **de·kon·teks·tu·a·li·sa·sie, de·kon·teks·tu·a·li·se·ring** decontextualisation.

de·kor *=kors* décor, (stage) set(ting)/scenery. **~skilder** scene painter, scenic artist. **~skildering, ~skilderwerk** scene painting. **~stuk** property, *(infml.)* prop. **~wisseling** *(theatr.)* sceneshifting.

de·ko·ra·sie *=sies* decoration; distinction, order, cross, star, ribbon. **~skilder** decorator, ornamental painter; scene painter, scenic artist.

de·ko·ra·teur *=teurs* decorator.

de·ko·ra·tief *=tiewe* decorative, ornamental, scenic; *dekoratiewe patroon* tracery.

de·ko·reer *ge=* decorate; confer an order/distinction on.

de·ko·rum decorum, the proprieties.

de·kreet *=krete* decree, edict, enactment; *by ~ regeer* govern by decree; *'n ~ uitvaardig* issue/promulgate a decree. **de·kre·teer** *ge=* decree, enact, ordain.

de·kre·pi·teer *ge=* decrepitate.
de·kres·sen·do →DECRESCENDO.
de·kri·mi·na·li·seer decriminalise *(cannabis, prostitution, squatting, etc.)*. **de·kri·mi·na·li·sa·sie, de·kri·mi·na·li·se·ring** decriminalisation.
dek·sel *=sels* cover; lid, flap; top, cap; *(biol.)* lid, operculum; *jou ~!* you scamp!; *voedsel en ~* food and clothing; *wat de/die ~?* what the deuce/devil/dickens?. **~hor·losie, ~oorlosie** hunter, hunting watch. **~slot** lid lock. **~vrug** pyxidium.
dek·sels *adv.* jolly, damn(ed), darn(ed), blooming, flipping; *(dated)* dashed, ruddy, bally, deuced; *~ goed* jolly good; *~ warm* beastly hot. **dek·sels** *interj.* dash it (all), darn (it [all]), blast (it), drat, rats. **dek·sel·se** *adj. (attr.)* blessed, damn(ed), darn(ed), blooming, flaming, flipping, infernal; *(dated)* dashed, ruddy, bally, confounded; *'n ~ lawaai maak* make a devil of a noise; *die ~ seun/ens.!, (infml.)* drat the boy/etc.!.
dek·sel·tjie *=tjies* stopple, small lid; *(bot., zool.)* operculum.
dek·strien *(biochem.)* dextrin(e), British gum.
dek·stro·se *(biochem.)* dextrose, grape sugar.
de·la·bi·a·li·seer *ge=* →ONTROND.
De·la·go·a·baai *(geog.)* Delagoa Bay.
de·la·go·a·do·ring *(Acacia delagoensis)* Delagoa thorn.
de·laine *(text.)* delaine.
de·le *(pl.)* →DEEL[2] *n.*.
de·le·ga·sie *=sies* delegation. **de·le·geer** *ge=* delegate. **de·le·ge·ring** delegation. →GEDELEGEER(D).
de·lend *=lende* dividing; participating; →DEEL *vb.*. **de·ler** *=lers* divider; divisor, denominator; sharer; scaler; →DEEL *vb.*; *grootste gemene ~* greatest/highest common factor/divisor. **de·le·wis·se·ling** *(bot.)* alternation of parts.
delf, del·we *ge=* dig; mine; quarry; delve; *na iets ~* dig for s.t. *(diamonds etc.)*. **delf·plek** working *(in a mine)*; *oop ~* opencast working.
Del·fi, Del·phi *(geog.)* Delphi; *orakel van ~* Delphic oracle. **Del·fies** *=fiese*, **Del·phies** *=phiese, (also d~)* Delphian, Delphic; *~e orakel, (also d~)* →ORAKEL VAN DELFI.
delf·stof mineral. **~kunde** mineralogy. **~kundige** *=s* mineralogist.
delf·stof·lik *=like* mineral. **delf·stof·ryk** rich in minerals. **delf·stow·we·ryk** mineral kingdom.
Delft *(geog.)* Delft. **Delf·te·naar** *=naars* inhabitant of Delft. **Delfts** *Delftse* (of) Delft; *~e erdewerk/blou/porselein* delft(ware), Delft porcelain.
delg *ge=* discharge, clear, pay off, wipe out, extinguish *(a debt)*; amortise *(capital debt)*; redeem *(a loan)*. **del·ging** *=gings, =ginge* discharge, payment, extinction *(of a debt)*; amortisation *(of capital debt)*; redemption *(of a loan)*.
del·gings-: **~fonds** annuity/sinking/redemption/amortisation fund. **~rekening** redemption account. **~tyd** term *(of loan)*.
de·li *=li's, (abbr., infml.)* deli; →DELIKATESSEWINKEL.
de·li·be·ra·sie *=sies, (fml.)* deliberation. **de·li·be·ra·tief** *=tiewe* deliberative. **de·li·be·reer** *ge=* consider, debate, deliberate.
De·lies *=liese* Delian, of Delos; *die ~e probleem* the Delian problem.
de·lik *=likte, (jur.)* delict, delinquency, offence, tort. **de·lik·te·reg** law of delict(s)/torts.
de·li·kaat *=kate =kater =kaatste* delicate, ticklish *(affair)*; delicious *(savoury)*; tender; dainty. **de·li·kaat·heid** delicateness.
de·li·ka·tes·se *=ses* delicacy, dainty, titbit; *(in the pl.)* delicatessen. **~winkel** delicatessen (shop/store).
De·li·la *(OT)* Delilah; *(fig., also d~)* Delilah.
de·li·mi·ta·sie *=sies* delimitation. **de·li·mi·teer** *ge=* delimit.
de·ling *=lings, =linge* division; partition; *(biol.)* fission; →KORTDELING, LANGDELING; *opgaande ~* division without remainder. **de·lings·ko·ëf·fi·si·ënt, -ko·ef·fi·si·ënt** partition coefficient.
de·lin·kwent *=kwente* delinquent, offender.
de·li·ri·um *(med.)* delirium. **~ tremens** *(Lat.)* delirium tremens, *(infml.)* the horrors.
De·los *(geog.)* Delos.
Del·phi, Del·phies →DELFI, DELFIES.
del·ta *=tas* delta. **~eiland** delta island. **~golf** *(physiol.)* delta rhythm/wave. **~spier** deltoid (muscle). **~straal** *(phys.)* delta ray. **~vlerk** delta wing. **~vliegtuig** delta aircraft. **~vormig** *=e* deltoid. **~vorming** deltafication.
del·ta·ïes *=taïese* deltaic.
del·to·ïed *=toïede, (geom.)* deltoid. **del·to·ïed(·spier), (Lat.) del·toi·deus** = DELTASPIER.
de·lu·sie *=sies, (fml.)* delusion.
del·we *ge=* →DELF. **del·wer** *=wers* digger. **del·wers·dorp** diggers' village. **del·wers·li·sen·sie** digger's licence. **del·we·ry, del·we·ry** *=rye, n.* diggings. **del·we·ry** *n.* digging.
dêm *adj., (sl.)* damn(ed), effing. **dêm** *interj.* damn/darn/dash (it), dammit.
de·mag·ne·ti·sa·sie *(phys.)* demagnetisation. **de·mag·ne·ti·seer** *ge=* demagnetise.
de·ma·go·gie demagogy, rabble-rousing. **de·ma·go·gies** *=giese* demagogic, rabble-rousing. **de·ma·goog** *=goë* demagogue, rabble-rouser, ochlocrat.
dé·marche *(Fr.)* démarche; *'n ~ doen* make a démarche.
de·mar·ka·sie *=sies* demarcation. **~lyn** demarcation line. **de·mar·keer** *ge=* demarcate.
de·mas·keer *ge=, (fml.)* unmask.
de·men·sie, de·men·tia *(psych.)* dementia.
de·me·ra·ra·sui·ker demerara (sugar).
de·mi[1] *(print.)* demy (paper).
de·mi[2] →DEMONSTRATEUR.
de·mi·li·ta·ri·sa·sie, de·mi·li·ta·ri·se·ring demilitarisation. **de·mi·li·ta·ri·seer** *ge=* demilitarise.
de·mi·monde *(Fr., hist.)* demimonde. **de·mi·mon·daine** *=daines* demimondaine, *(arch.)* demirep.
de·mis·sie *=sies* demissal. **de·mit·teer** *ge=, (rare)* demise.
de·mis·ti·fi·seer demystify. **de·mis·ti·fi·ka·sie** demystification.
de·mi·urg *=urge, (philos.)* demiurge.
dem·mit, dêm·mit *interj., (sl.)* damn/darn/dash it, dammit. **dem·mit·ol, dêm·mit·ôl** damn/darn/dash it all.
de·mo·bi·li·sa·sie demobilisation. **de·mo·bi·li·seer** *ge=* demobilise.
de·mo·graaf *=grawe* demographer. **de·mo·gra·fie** demography, vital statistics. **de·mo·gra·fies** *=fiese* demographic(al).
de·mo·kraat *=krate* democrat. **de·mo·kra·sie** *=sieë* democracy. **de·mo·kra·ties** *=tiese* democratic; *D~e Party* Democratic Party. **de·mo·kra·ti·seer** *ge=* democratise. **de·mo·kra·ti·se·ring** democratisation.
de·mon, de·moon *=mone* demon, devil. **de·mo·ne·leer, de·mo·no·lo·gie** demonology. **de·mo·nies** *=niese* demoniac(al), devilish, fiendish. **de·mo·nis·me** demonism.
de·mo·ne·ti·sa·sie, de·mo·ne·ti·se·ring demonetisation. **de·mo·ne·ti·seer** *ge=* demonetise.
de·mon·strant *=strante,* **de·mon·streer·der** *=ders* demonstrator. **de·mon·stra·sie** *=sies* demonstration; display; *'n ~ van/oor iets* a demonstration of s.t.. **de·mon·stra·sie·vlug** demonstration/exhibition flight. **de·mon·stra·teur** *=teurs* demonstrator. **de·mon·stra·tief** *=tiewe meer =tief die mees =tiewe* demonstrative. **de·mon·streer** *ge=* demonstrate, display.
de·mon·teer *ge=* dismount *(a gun)*; dismantle *(a machine, fort, etc.)*; take to pieces; devitalise.
de·moon →DEMON.
de·mo·ra·li·sa·sie, de·mo·ra·li·se·ring demoralisation. **de·mo·ra·li·seer** *ge=* demoralise. **de·mo·ra·li·se·rend** *=rende* demoralising; *iets is vir iem. ~ (of werk ~ op iem. in)* s.t. is demoralising to s.o..
de·mo·sie *=sies* demotion. **de·mo·veer** *ge=* demote.
de·mo·skoop *=skope* psephologist. **de·mo·sko·pie** psephology. **de·mo·sko·pies** *=piese* psephological.
de·mo·ties *n.* demotic. **de·mo·ties** *=tiese, adj.* demotic.
demp *ge=* quell, stamp out, put down, suppress, crush *(a rebellion)*; cast a chill over, damp (down); dim, soften, subdue *(a light)*; hush, muffle, subdue *(a voice)*; mute *(a note)*; absorb *(a sound)*; repress *(feelings)*; retard; *(mech.)* cushion; *(obs.)* fill up *(a ditch)*; *die put ~ as die kalf verdrink het* lock the stable door after the horse has bolted; *met ge~te stem* in a subdued/hushed/muffled voice, in an undertone. **~klep** damper valve. **~kombers** silence cloth. **~kring** muting circuit. **~pot** dashpot. **~punt** cushion point. **~skakelaar** dim(mer) switch, dimmer. **~stof** *(archit.)* pugging. **~styl** understatement. **~toon** understatement. **~veer** damper spring.
dem·per *=pers* queller, quencher, suppressor; damper, damping apparatus, silencer; *(mus.)* mute, sordine; attenuator, moderator; →DEMP; *'n ~ op iem./iets plaas/sit* put a damper on s.o./s.t., throw cold water on s.t.; *'n ~ op iem. plaas/sit, (also)* damp(en) s.o.'s ardour/zeal; *die ~ op iets plaas/sit, (also, fig.)* pour/throw cold water on/over s.t.. **dem·ping** dimming; suppression, stamping out; extinction, silencing, subduing; muffling, muting, deadening; *~ van geluid* acoustic absorption.
den[1] *denne,* **den·ne·boom** *=bome, n.* pine/fir (tree); →DENNE=.
den[2] the; →DIE; *in ~ brede* at length/large; *om ~ brode* for one's bread and butter.
de·na·si·o·na·li·sa·sie, de·na·si·o·na·li·se·ring denationalisation. **de·na·si·o·na·li·seer** *ge=* denationalise.
de·na·tu·ra·li·sa·sie, de·na·tu·ra·li·se·ring denaturalisation. **de·na·tu·ra·li·seer** *ge=* denaturalise.
de·na·tu·ra·sie, de·na·tu·re·ring denaturation. **de·na·tu·reer** *ge=* denature, denaturise *(wine)*.
de·na·zi·fi·seer denazify. **de·na·zi·fi·ka·sie, de·na·zi·fi·se·ring** denazification.
den·driet *=driete, (min., chem.)* dendrite; →DENDRON. **den·dri·ties** *=tiese* dendritic. **den·dro·ïed** *=droïede* dendroid(al). **den·dro·liet** *=liete* dendrolite. **den·dro·lo·gie** dendrology. **den·dron** *=drone,* **den·driet** *=driete, (physiol.)* dendron, dendrite.
De·ne·geld *(hist.: land tax)* Danegeld, Danegelt.
De·ne·mar·ke *(geog.)* Denmark; →DEEN, DEENS.
dengue(·koors) *(med.)* dengue (fever), solar fever.
Den Haag, 's-Gravenhage The Hague; →HAAGS.
denier *=niers, (coin)* denier; *(text.)* denier.
de·ni·greer *ge=* denigrate.
de·nim *(text., also denimstof)* denim; *(garment, also denimbroek)* (a pair of) denims/jeans.
de·ni·treer *ge=, (chem.)* denitrate. **de·ni·tre·ring, de·ni·tra·sie** denitration. **de·ni·tri·fi·ka·sie, de·ni·tri·fi·se·ring** denitrification. **de·ni·tri·fi·seer** *ge=* denitrify.
denk-: **~beeld** idea, concept(ion), notion; view; *'n vae/flou ~ van iets hê* have a faint idea of s.t.; *'n ~ van iets vorm* conceive of s.t.. **~beeldig** *=e* imaginary, imagined, illusory, fictional, fictitious; hypothetical *(case)*; notional; *~e wins* paper profit. **~beeldigheid** fictitiousness. **~beeldvorming** ideation. **~fout** error of reasoning, fallacy. **~gewoonte** habit of thinking/thought. **~krag** power of thought, brainpower. **~oefening** mental exercise. **~proses** thought process. **~rigting** school of thought. **~vermoë, dinkvermoë** intellectual/reasoning capacity; rationality, thinking faculty, faculty of thought; brainpower, intellect. **~wyse** thought, way of thinking; opinion; school of thought; habit of thought, mental attitude, mentality, temper of mind.
denk·baar *=bare* conceivable, imaginable, thinkable; *groots/ruims/hoogs denkbare vergoeding* greatest/highest remuneration conceivable. **denk·baar·heid** thinkableness, conceivability.
den·ke thought, thinking, *(fml.)* ratiocination; *iets gee te ~* s.t. is food for thought; ***padlangse ~*** straight

thinking; ***verwarde*** ~ woolly thinking; ***vryheid*** *van* ~ freedom of thought. **den·kend** *=kende* thinking; *~e wese* sentient being. **den·ker** *=kers* thinker.

denk·lik *=like, adj., (rare)* probable. **denk·lik** *adv., (rare)* probably.

den·ne-: **~appel** *(obs.)* →DENNEBOL. **~balsem** Canada balsam. **~bier** spruce beer. **~bol** fir/pine cone. **~boom** pine tree; fir tree. **~bos** pine forest/wood, pinery. **~geur** pin(e)y fragrance. **~gom, ~hars** fir resin, gal(l)ipot. **~hout** pine/fir (wood), deal. **~naald** pine needle; fir needle. **~naaldolie** pine needle oil. **~pit(jie)** pine/fir nut/seed, (pine) kernel. **~skeerder** pine beetle. **~woud** pine forest. →DEN.

den·ne·bros *(arch.)* dandy-brush.

den·nies *=niese, (infml.)* posh, swagger.

den·ning·vleis *(Malay cook.: spiced lamb casserole)* denningvleis.

de·no·mi·na·sie *=sies* denomination. **de·no·mi·na·tief** *=tiewe, n. & adj.* denominative.

de·no·teer *ge=, (stock exchange)* delist.

de no·vo *(Lat.)* de novo, starting afresh.

den·si·me·ter densimeter, aerometer. **den·si·teit** density.

den·taal *=tale, n., (phon.)* dental. **den·taal** *=tale, adj.* dental; *(zool.)* dentary. **den·tien** dentine. **den·ti·sie** *(physiol.)* dentition, teething.

de·nu·da·sie denudation. **de·nu·deer** *ge=* denude.

de·ok·si·deer *ge=, (chem.)* deoxidise. **de·ok·si·ge·neer** *ge=* deoxygenate, deoxygenise. **de·ok·si·ri·bo·nu·kle·ïen·suur** *(abbr.:* DNS*)* deoxyribonucleic acid *(abbr.:* DNA*)*.

de·on·to·lo·gie *(philos.)* deontology. **de·on·ties** deontic.

dep *ge=* dab (at), swab *(a wound etc.)*; →DEPPER.

de·par·te·ment *=mente* department; *D~ van Finansies* Department of Finance, *(Am.)* Treasury Department; *D~ van Korrektiewe Dienste* Department of Correctional Services; *D~ van Landbou en Grondsake* Department of Agriculture and Land Affairs. **de·par·te·men·ta·li·seer** departmentalise. **de·par·te·men·ta·li·se·ring, de·par·te·men·ta·li·sa·sie** departmentalisation, departmentation. **de·par·te·men·ta·lis·me** departmentalism. **de·par·te·men·teel** *=tele* departmental. **de·par·te·ments·hoof** head of a department.

dé·pê·che *=ches, (Fr.)* dispatch, message, memo(randum); telegram.

de·po·la·ri·sa·sie depolarisation. **~element** depolarisation cell. **de·po·la·ri·sa·tor** *=tors, =tore* depolariser. **de·po·la·ri·seer** *ge=* depolarise.

de·po·li·ti·seer *ge=* depoliticise.

de·po·neer *ge=* put down, place; box *(a document)*; deposit *(money)*; file, lodge *(documents)*; →DEPOSITO; *'n handelsmerk* ~ have a trade mark registered. **de·po·nens** *deponentia, (gram.)* deponent. **de·po·nent** *=nente, (jur.)* deponent; depositor. **de·po·sant** *=sante* depositor. **de·po·si·ta·ris** *=risse* depositary, depositee.

de·por·ta·sie *=sies* deportation; *(jur.)* transportation. **~bevel** deportation order. **de·por·teer** *ge=* deport; *(jur.)* transport; *iem. uit 'n land* ~ deport s.o. from a country.

de·po·si·to *=to's* deposit; *'n* ~ *(vir iets) betaal* pay (*or* put down) a deposit (on s.t.); *geld in* ~ *hê* hold money on deposit; *geld in* ~ *plaas* make a deposit, place money on deposit. **~bewys** receipt of deposit. **~boek** deposit book. **~nemend** deposit-taking. **~-ontvangend** deposit-receiving. **~rekening** deposit account.

de·pot *=pots, (<Fr.)* depot.

dep·per *=pers* dab(ber), (small) swab; →DEP. **~tang** swab forceps.

de·pre·si·a·sie depreciation; ~ *van die geldeenheid* currency depreciation. **de·pre·si·eer** *ge=* depreciate.

de·pres·sant *=sante* depressant.

de·pres·sie *=sies* depression, dejection, melancholy, *(infml.)* the blues/dumps; *(meteorol.)* depression, low; *in* ~ *verval* become depressed, fall into a depression, *(infml.)* get the blues, get down in the dumps; ~ *oor die moord op jou/sy vrou/eggenote* uxoricidal depression. **~gebied** depression area; *(meteorol.)* low-pressure area, area of low pressure. **~hoek** angle of depression, depression angle.

de·pres·sief *=siewe =siewer =siefste* (of meer ~ *die mees =siewe)* depressive; *~siewe middel* depressant; ~ *voel* feel depressed.

de·pri·meer *ge=* depress. **~middel** *=s, =e* depressant.

de·pri·me·rend *=rende* depressing, depressive.

de·pro·gram·meer *ge=* deprogramme *(a member of a religious cult etc.)*.

de·pro·kla·meer *ge=* deproclaim.

deps →DEBS *vb. & interj.*.

de·pu·taat *=tate* delegate, deputy *(of a church etc.)*. **~skap** office of delegate.

de·pu·ta·sie *=sies* deputation, delegation. **de·pu·teer** *ge=* depute, delegate.

der[1] *adv.: her en* ~ hither and thither.

der[2] *art.* of (the); *die dag* ~ ***dae*** judg(e)ment day; *duisende* ~ ***duisende*** thousands upon thousands; →DERDUISENDE; *tot in* ~ ***ewigheid*** to all eternity, till the end of time; *nooit in* ~ ***ewigheid*** never in a year of Sundays; *die Heer* ~ ***heerskare*** the Lord of hosts; *die koninkryk* ~ ***hemele*** the kingdom of heaven; *die Heer* ~ ***here*** the All-Highest; *jare* ~ ***jare*** *gelede* years and years ago; *van dié* ~ ***jare/dae*** *af, (rare)* these many years since; *in* ~ ***waarheid*** →INDERWAARHEID; *ydelheid* ~ ***ydelhede*** vanity of vanities.

der·de *=des* third; third (part); *(pers.)* third party; *(jur.)* stranger; ***aanspreeklikheid*** *teenoor ~s* third-party risk; ~ ***eeufees*** tercentenary; *'n ou* ~ ***gelui*** *wees* be a slowcoach; *uit die* ~ ***hand*** at third hand; *D~* ***Laan/Straat*** →DERDELAAN, DERDESTRAAT; ~ ***mag*** third force; *tot die* ~ ***mag*** *verhef* raise to the third power, cube; ~ ***oog,*** *(infml.)* third eye, *(fml.)* pineal eye *(in certain cold-blooded vertebrates); (Hind., Buddh.: eye of insight)* third eye; ~ ***ooglid,*** *(zool.)* haw, nic(ti)tating membrane; ~ ***party*** third party; ~ ***persoon,*** *(gram., liter.)* third person; ~ ***rat,*** *(mot.)* third gear; ~ ***rus,*** *(baseball)* third base; *die* ~ ***stand*** the third estate; ***ten*** ~ thirdly, in the third place; *iets in ~s* ***verdeel*** trisect s.t.; ~ ***wees*** be (*or* come in) third, gain third place; *die D~* ***Wêreld*** the Third World (*or* developing world). **~beste** third best. **~daags:** *~e koors* tertian (fever); (benign) tertian malaria, vivax malaria. **~dagaand** evening of the third day. **~graads:** *~e brandwond, (pathol.)* third-degree burn. **~graadsoppervlak** cubic surface. **~hand** jigger, luff, watch tackle. **~hands** *=e* third-hand, at third hand. **~klas** third-class, third-rate, (very) inferior. **~klaskompartement** third-class compartment. **D~laan, D~ Laan** Third Avenue. **~lesingsdebat** third-reading debate *(of a bill)*. **~magsvergelyking** cubic equation. **~magswortel** cube root. **~magsworteltrekking** extraction of (*or* finding) the cube root. **~man** *(cr.)* third man. **~mannetjie** *(game)* twos and threes; *(golf)* threesome; ~ *speel* play gooseberry. **~partydekking** third-party cover. **~partyrisiko** third-party risk. **~partyversekering** third-party insurance. **~rangs** *=e* third-rate, *(Br., infml.)* tinpot. **D~straat, D~ Straat** Third Street. **D~wêreldland** Third World country.

der·dens thirdly; →TEN **DERDE**.

der·dui·sen·de thousands and/upon thousands.

der·dui·wel tough customer, brute, devil; *(infml.)* he-man; *'n sterk ~, (also, infml.)* a powerhouse. **der·dui·wels** *adv.* extremely, exceedingly, darn(ed). **der·dui·wels** *interj.* darn (it).

de·re·gu·leer deregulate. **de·re·gu·le·ring, de·re·gu·la·sie** deregulation.

derf, der·we *ge=, (obs.)* lack, be deprived of, miss, want. **der·wing** *(obs.)* lack, loss, privation, want.

der·ge·lik *=like* such(like), like, similar; *en ~e (meer)* and the like, and things like that; *iets ~s* something like it/that; *iets ~s het ek nog nooit gesien nie* I have never seen the like (*or* anything like it *or* anything of the sort).

der·hal·we, der·hal·we consequently, so, therefore, hence, that being so, on this/that account, for this/that reason.

de·ri·vaat *=vate* derivative; *derivate van ...* derivatives of ...; products derived from ... **de·ri·va·sie** *=sies* derivation. **de·ri·va·tief** *=tiewe* derivative.

der·ja·re for many years.

derm *derms* intestine, gut; *(also, in the pl.)* bowels, entrails. **~afsluiting** ileus. **~anastomose** *(med.)* short circuit. **~(hang)band** →DERMSKEIL. **~been** iliac bone. **~beweging** peristaltic movement, peristalsis. **~breuk** intestinal rupture, enterocele. **~insnyding** enterotomy. **~instulping** intussusception. **~kanaal** alimentary/intestinal/enteric canal, enteron, gut. **~knoop, ~kronkel** volvulus, torsion of the gut(s); ileal kink, ileus; →KNOOPDERM. **~net** caul. **~ontsteking** enteritis. **~sap** intestinal juice, succus entericus. **~skeil, ~(hang)band, ~vlies** mesentery, mesenterium. **~snaar** (cat)gut. **~spoeling** colonic irrigation. **~uitspoeling** enema. **~vergiftiging** enterotoxaemia. **~vernouing** intestinal obstruction/constriction, enterostenosis. **~verstopping** intestinal obstruction/stasis. **~vet** caul fat. **~vlies** →DERMSKEIL. **~vliesontsteking** mesenteritis. **~vlok(kie)** villus. **~wand** intestinal/gut wall.

der·ma·te in such a manner, to such a degree, to such an extent, so much (so); ~ *dat ...* to such a degree (*or* an extent) that ...

der·ma·ti·tis *(med.)* dermatitis.

der·ma·to·lo·gie *(med.)* dermatology. **der·ma·to·lo·gies** *=giese* dermatological. **der·ma·to·loog** *=loë* dermatologist, skin specialist.

der·ma·to·mi·ko·se *(med.: a skin disease)* dermatomycosis.

der·ma·to·se *(med.)* dermatosis.

der·mis *(anat.)* dermis. **der·maal** *=male,* **der·ma·ties** *=tiese* dermal, derm(at)ic.

derm·pie *=pies* little gut.

de·ro·ga·sie derogation. **de·ro·geer** *ge=* derogate.

der·tien *=tiene, =tiens* thirteen. **~duisend** *ens.* →AG(T)DUISEND *ens.*. **~vrees** triskaidekaphobia.

der·tien·de *=des* thirteenth. **~-eeus** →AG(T)TIENDE-EEUS.

der·tig *=tigs* thirty; ***in*** *die* ~ *wees* be in one's thirties; *vlak/diep* ***in*** *die* ~ *wees* be in one's early/late thirties; *'n man/vrou van* ***in*** *die* ~ a man/woman in his/her thirties; *'n sakeman/-vrou van* ***in*** *die* ~ a thirtysomething businessman (*or* career woman); *dit het* ***in*** *die jare* ~ *gebeur* it happened in the thirties; →DERTIGERJARE; *omtrent/ongeveer* ~ ***(jaar [oud])*** thirtyish. **~jaarreël** thirty-year rule. **~jarig** of thirty years, thirty-year-old; *D~e Oorlog* Thirty Years' War. **~jarige** *=s* →AG(T)JARIGE. **~voud** *=e* thirty times; multiple of thirty. **~voudig** *=e* thirtyfold.

der·ti·ger *=gers* person of thirty, thirty-year-old; person of the thirties; *hy/sy is 'n* ~ he/she is in his/her thirties. **Der·ti·ger** *=gers* (Afrikaans) writer of the thirties. **der·ti·ger·ja·re, der·tigs** thirties; *in jou* ~ *wees* be in one's thirties, be thirtysomething; *dit het in die* ~ *gebeur* it happened in the thirties. **der·tig·ste** thirtieth.

der·waarts thither; →HERWAARTS.

der·we, der·wing →DERF.

der·wisj *=wisje* dervish.

des[1] *n.* D flat minor.

des[2] *pron. & adv.* of the; *jy is 'n kind* ~ ***doods*** you are a dead man; ~ ***te beter*** all (*or* so much) the better; ~ ***te erger*** all (*or* so much) the worse, more's the pity; ~ ***te meer omdat ...*** all the more (*or* the more so) because ...; ~ ***te meer rede*** all the more reason.

des·al·nie·te·min →DESNIETEMIN.

de·sa·tu·reer *(chem.)* desaturate. **de·sa·tu·re·ring** desaturation.

des·be·tref·fend *=fende* relating to the matter in question; relevant, relative; *die ~e saak* the matter in question.

de·se this; →DESER, DESES; ~ ***en gene*** one and another; ~ ***of gene*** this or that; ***in*** ~ in this matter; ***mits*** ~ hereby, by this, by these presents; ***ná*** ~ after this, *(fml.)* hereafter; ***prokureur*** *ten* ~ attorney of record; ***voor*** ~ before (now), previously.

de·se·le·ra·sie deceleration. **de·se·le·reer** *ge=* decelerate.

De·sem·ber December. ~**maand** the month of December. ~**nommer** December issue.

de·sen·ni·um -niums, -nia decennium, decade.

de·sen·si·teer ge- desensitise. **de·sen·si·ta·sie, de·sen·si·te·ring** desensitisation.

de·sen·tra·li·sa·sie decentralisation. **de·sen·tra·li·seer** ge- decentralise.

de·sep·sie -sies, (rare) deception.

de·ser (obs.) of this; →DESE; 10 (of die 10de) ~ the 10th instant; ~ dae recently; nowadays.

de·ser·sie -sies desertion. **de·ser·teer** ge- desert, run away (from a regiment). **de·ser·teur** -teurs deserter, (hist.) bolter.

de·ses (fml., dated): skrywer ~ the present writer; →DESE.

des·ge·lyks (fml.) likewise, similarly.

des·ge·wens (fml., dated) if required/necessary.

de·si·bel -bels decibel.

de·si·de·ra·tum -ratums, -rata desideratum.

de·si·gram decigram(me).

de·sik·ka·sie desiccation. **de·sik·ka·tor** -tors desiccator.

de·si·li·ter decilitre.

de·si·maal -male, n. decimal; decimal place; *iets tot twee/ens. desimale bereken* calculate s.t. to two/etc. decimal places (or places of decimals). **de·si·maal** -male, adj. decimal; *desimale breuk* decimal (fraction); *desimale stelsel* decimal system. ~**komma** decimal comma. ~**punt** decimal point. ~**teken** decimal sign.

de·si·ma·li·sa·sie, de·si·ma·li·se·ring decimalisation. **de·si·ma·li·seer** ge- decimalise.

de·si·ma·sie decimation. **de·si·meer** ge- decimate.

de·si·me·ter -ters decimetre.

de·skrip·ti·vis·me (philos.) descriptivism. **de·skrip·ti·vis** descriptivist. **de·skrip·ti·vis·ties** descriptivist.

des·kun·dig -dige, adj. expert, adept; ~e kennis specialised knowledge. **des·kun·di·ge** -ges, n. expert, adept; *'n ~ oor iets* an expert at/in/on s.t.; *'n ~ oor iets wees* be expert at/in/on s.t.. **des·kun·dig·heid** expert knowledge, expertise, adeptness.

des·nie·teen·staan·de, des·nie·teen·staan·de even so, for all that, all the same, nevertheless, notwithstanding, nonetheless, in spite of that. **des·nie·te·min** →DESNIETEENSTAANDE.

des·noods, des·noods if need be, in case of need, in an emergency, at a pinch.

de·sok·si·sui·ker, de·so·se (chem.) desose.

de·so·laat -late, (poet.) desolate; *desolate boedel* insolvent estate.

des·on·danks, des·on·danks for all that, nevertheless, at the same time, notwithstanding, in spite of that.

de·so·se →DESOKSISUIKER.

des·pe·raat -rate desperate, despairing. **des·pe·ra·do** -do's desperado. **des·pe·ra·sie** desperation, despair.

des·poot -pote despot. **des·po·ties** -tiese despotic, tyrannic(al). **des·po·tis·me** (also D~) despotism, tyranny.

des·sert -serte dessert, (on a menu) sweet(s). ~**appel** dessert apple. ~**bord** dessert plate. ~**lepel** dessertspoon; *'n ~ (vol) asyn/ens.* a dessertspoonful of vinegar/etc.. ~**mes** dessert knife. ~**vurk** dessert fork. ~**wyn** dessert wine.

des·sit interj. dash/darn it. **des·sit·se**: *die ~ ...* the darn(ed) ...

de·sta·bi·li·seer ge- destabilise (a government etc.). **de·sta·bi·li·sa·sie** destabilisation.

de·sta·li·ni·se·ring de-Stalinisation.

des·ti·na·sie -sies, (rare) destination.

de·struk·tief -tiewe destructive.

des·tyds at that time, in those days, then; *die ~e sekretaris* the then secretary, the secretary at the time.

des·ver·kie·send, des·ver·kie·sen·de (in fml. written language) if desired; if preferred; if so inclined.

des·we·ë (rare, in written language) on that account, for that reason, therefore.

de·tail -tails detail; *in ~s tree, (rare)* →IN BESONDERHEDE TREE. ~**tekening** detail drawing.

de·tail·leer ge- detail, give details.

de·ta·sjeer ge-, (rare) second; second, draft (off), post (an officer etc.); detach, draft (off), post, detail (troops etc.). **de·ta·sje·ment** -mente detachment, draft. **de·ta·sje·ring** -rings, -ringe secondment; posting; detachment, drafting (off), detail(ing).

de·tek·sie (rare) detection. ~**veertjie** (elec.) cat('s) whisker.

de·tek·tor -tors detector.

de·ten·sie detention; →DETINEER. ~**kaserne** detention barracks.

dé·tente détente; relaxation (of tension).

de·ter·mi·nant -nante determinant. **de·ter·mi·na·sie** -sies determination, identification. **de·ter·mi·na·tief** -tiewe, n. determinative. **de·ter·mi·na·tief** -tiewe, adj. determinative. **de·ter·mi·neer** ge-, (sc.) define, determine, classify, identify. **de·ter·mi·nis** -niste, (also D~, philos.) determinist, necessitarian. **de·ter·mi·nis·me** (also D~, philos.) determinism, necessitarianism. **de·ter·mi·nis·ties** -tiese, (also D~, philos.) deterministic(al), necessitarian.

de·ti·neer ge-, (rare) detain (in custody); →DETENSIE.

de·tok·si·fi·ka·sie detoxification, (infml.) detox. ~**kliniek**, ~**sentrum**, ~-**eenheid** detoxification centre, (infml.) detox (tank).

de·tok·si·fi·seer ge- detoxify, (infml.) detox. **de·tok·si·fi·se·ring** detoxification, (infml.) detox.

de·to·na·sie -sies detonation. **de·to·neer** ge- detonate, explode, blow up; (fig., rare) clash, be out of keeping (with).

de·tri·tus (geol.) detritus. **de·tri·taal** -tale detrital.

deug deugde, n. virtue, goodness; excellence, merit; ~ *bring sy eie **beloning*** virtue is its own reward; *die ~ hê dat ...* have the virtue of ...; ***liewe** ~!* goodness me!, good gracious!, bless my soul!; *van die **nood** 'n ~ maak* →NOOD; *die ~ in **persoon** wees* be the soul of virtue. **deug** ge-, vb. be good (for), serve a purpose; ***nie** ~ nie* be unsuitable; not answer the purpose; (a pers., people) be no good (or good for nothing or a bad lot); ***nie** as ... ~ nie* be useless as ...; *dit ~ **nie*** that won't (or will not) do; *dit sal nie ~ **nie*** it won't work; *dit ~ vir **niks** (nie)* that is fit/good for nothing; *iem. ~ vir **niks** (nie)* s.o. is good for nothing; ***vir** iets ~* do (or be fit/good) for s.t.; *iem. sal **vir** offisier ~* s.o. is officer timber, s.o. will make an officer (or a good officer); *iem. sal nie **vir** onderwyser ~ nie* s.o. will never make a good teacher. ~**liewend** -e virtuous. ~**niet** -e rascal, scoundrel, rogue, wretch, scamp, scallywag, good-for-nothing, no-good.

deug·de·lik -like sound, reliable; valid (argument); solid (reason); conclusive (proof); durable (material); honest to goodness. **deug·de·lik·heid** soundness, reliability; validity (of a claim); durability. **deug·saam** -same honest, virtuous, clean-living. **deug·saam·heid** honesty, integrity, virtue, virtuousness, probity.

deun·tjie -tjies tune, melody, air, song, ditty; ***dieselfde** ou ~* the (same) old story; *die ~ goed **ken*** know s.t. by heart; know the ropes; *'n ander ~ **sing*** change one's (or sing another or sing a different) tune; *'n ~ op die klavier **speel*** play a tune on the piano; *heeltemal van ~ **verander**, (fig.)* (do an) about-turn; *'n vervelende ~* the tune the old cow died of.

deur[1] deure, n. door; ***agter** die ~ staan, (fig.)* judge others by o.s.; *as jy **agter** die ~ staan, soek jy ander ook daar* you judge others by yourself; you measure another man's corn by your own bushel; *iem. ~ toe **bring/neem*** see s.o. to the door, see s.o. out; *iem. **buitekant** die ~ sit, (rare)* →*iem. by die deur **uitsit**; **by** die ~* at the door; ***daar** is die ~!* get out!; *die ~ in iem. se **gesig** toemaak* close/shut the door on s.o.; *die ~ in iem. se **gesig** toeklap* bang/slam the door in s.o.'s face; *agter/met **geslote** ~e* behind closed doors, in camera; *agter **geslote** ~e met iem. praat, (also)* be closeted with s.o.; *agter **geslote** ~e sit, (also)* go into committee; *met die ~ in die **huis** val* get/go right/straight to the point, not beat about the bush; ***in** die ~ staan* stand in the door(way); *die ~ **klap toe*** the door slams; *iem. voor jou ~ laat **omdraai*** turn s.o. from one's door; *die ~ staan **oop*** the door is open; *alle ~e staan vir iem. **oop*** all doors are open to s.o.; *die ~ vir iem./iets **ooplaat*** leave the door open for s.o./s.t.; *die ~ vir ... **oopmaak*** open the door to ... (s.o.; s.t. bad); *'n ~ stukkend **skop*** kick a door down/in; *'n ~ **toeklap*** slam a door; *die ~ **uitgaan*** leave the house, go out; *iem. by die ~ **uitsit*** show s.o. the door, turn s.o. out; *'n ~ **uitskop*** kick a door down/in; *by die ~ **uitstap*** walk out of the door; *voor jou eie ~ **vee*** keep one's own house in order, sweep before one's own door, mind one's own business; *(reg) **voor** jou ~, (fig.)* on one's doorstep; ***voor** die ~ staan, (fig.)* be in store (or [close/near] at hand or almost [up]on us or on the horizon), be threatening, impend; *iets staan vir iem. **voor** die ~* s.t. is/lies in store for s.o.; s.t. stares s.o. in the face (hunger, poverty, etc.); *iem. die ~ **wys**, (lit. & fig.)* show s.o. the door. ~**beslag** mounting, metalwork of a door, finger plate, door furniture. ~**grendel** door bolt. ~**haak** door hook/holder. ~**klink** door latch, snick. ~**klokkie** doorbell. ~**klopper** doorknocker. ~**knip** door latch. ~**knop** doorknob, doorhandle. ~**kosyn** doorframe, doorcase, door casing. ~**lys** door mould(ing). ~**mat** doormat. ~**opening** doorway. ~**plaat** doorplate, finger plate. ~**pos**, ~**styl** doorjamb, doorpost. ~**raam** doorframe, doorcase. ~**skarnier** butt (hinge), door hinge. ~**sluiter** door check/closer. ~**stuiter** (rare), ~**stop** doorstop. ~**styl** →DEURPOS. ~**vleuel** door leaf. ~**wag(ter)** doorkeeper, doorman, usher, commissionaire; porter, janitor. ~**werwel** door button.

deur[2] adv. through, throughout; ***agter** ~* through the back way; ***bo** ~* through (at) the top; *~ **en** ~* through and through, out and out; thoroughly; all over, to one's fingertips, to the quick; *~ **en** ~ ... wees* be ... to the core (or to a fault) (honest, kind, etc.); be perfectly ... (honest etc.); be ... to the bone/marrow (chilled, cold, frozen); be ... to the core (rotten etc.); *~ **en** ~ 'n ... wees* be an absolute (or a thorough[going]) ... (fool etc.); be an out-and-out/unmitigated ... (rogue, villain, etc.); be a ... to the core, be every inch a ... (lady etc.); be first and last a ... (sailor etc.); be a consummate ... (actor, craftsman); be an out-and-out (or a dyed-in-the-wool/down-the-line) ..., be a ... through and through (or to the marrow) (Tory etc.); *~ **en** ~ nat wees* be wet through (or drenched to the skin); *iem. ~ **en** ~ ken* know s.o. inside out; *iets ~ **en** ~ ken* know s.t. backwards (or inside out); know s.t. like the back of one's hand (a place); *iem. ~ **en** ~ vertrou* trust s.o. implicitly; *die **hele** ... ~* throughout the ..., all ... long, the whole ... through (day); throughout the ..., all the ... round, the whole ... long (year); *die **hele** land ~* throughout the country; *iem. **is** ~* s.o. is through (or has passed) (an examination etc.); *die wet **is** ~* the bill has been passed; *waar iem. nie **kan** ~ nie* where s.o. cannot get through; *die pad/ens. gaan **onder** die brug/ens. ~* the road/etc. goes/passes under the bridge/etc.. **deur** prep. through; by; on account of; *~ Gods **genade*** by the grace of God; *~ al die **jare** heen* (all) through the years; *~ **jou** was ek laat* through you I was late, it was your doing that I was late; *~ die hele **land*** all over the country; *~ **middel** van ...* →MIDDEL[1]; *~ die **rivier*** across/through the river; *iem. kon ~ die **stof** die pad nie sien nie* s.o. could not see the road for dust; *~ iets **te doen*** by doing s.t.; *iem. het 'n nuwe rekord opgestel ~ die 100 meter in ... sekondes te hardloop* s.o. set a new record by running (or s.o. set a new record when he/she ran) the 100 metres in ... seconds; *'n **verhaal** ~ X* a story by X. ~**pas** pass-out (ticket).

deur·aar(d) -aarde veined.

deur·bab·bel deurge- go on talking, chat on.

deur·bak deurge- bake through/thoroughly; deep-roast; *goed deurgebakte brood* well-baked bread; *sleg deurgebakte brood* slack-baked/underbaked bread; *goed deurgebakte vleis* well-done meat, deep-roasted meat.

deur·bars deurge- break/burst through, make a breakthrough.

deur·bel *deurge=* phone through.

deur·blaai *deurge=* turn over the leaves of, glance at, page/leaf through, skim, scan *(a book, newspaper, etc.)*; *'n boek (vinnig)* ~ skip through a book. **deur·blaai·er** *(comp.)* browser.

deur·blaas *deurge=* blow through. ~**kraan** petcock. **deur·bla·sing** blowing through, perflation.

deur·bloei·er *(bot.)* perennial (plant).

deur·boor *deurge=* bore/drill through. **deur·boor** *het* ~ pierce, stab, spear, spit, run through, impale, transfix; gore *(with horns)*; perforate; riddle *(with bullets)*; tunnel *(a mountain)*; *'n ~de klip* a bored stone; *iem. met iets* ~ run s.o. through with s.t. *(a bayonet etc.)*. **deur·bo·ring** transfixion, piercing; perforation; tunnelling.

deur·braak *=brake* breaking through; breach; breakthrough; burst *(of a dike)*; *(min.)* holing through; *(topography)* cutoff; gap; →DEURBREEK; *'n ~ maak* make a breakthrough.

deur·brand *deurge=* burn on, keep on burning; burn through; fuse.

deur·breek *deurge=* break/burst through; breach, force a gap; break in two; *(min.)* hole through. **deur·breek** *het* ~ penetrate, break/burst/pass through; *die klankgrens* ~ break (through) the sound barrier. **deur·bre·king** breaking through, penetration.

deur·bring *deurge=* bring through; waste, run/go through, dissipate, squander; spend, pass *(the time)*; *die nag in die hospitaal/ens.* ~ spend the night in hospital/etc.; *jou tyd met niks* ~ idle away one's time. **deur·brin·ger** *=ers* spendthrift, squanderer, prodigal, waster, wastrel. **deur·brin·ge·rig** *=rige* spendthrift, prodigal, wasteful. **deur·brin·ge·rig·heid, deur·brin·ge·rig·heid** wastefulness. **deur·brin·ge·ry** prodigality, squandermania.

deur·buig *deurge=* bend; sag. **deur·bui·ging** sag(ging), deflection, flexure.

deur·byt *deurge=* bite through; see through, persevere, stick/tough it out.

deur·dag *=dagte meer ~ die mees =te* (well) thought-out, well considered/planned; →DEURDINK; *swak ~te wetgewing/ens.* badly/ill/poorly thought-out legislation/etc.; *'n wel/goed/fyn~te plan/ens.* a carefully/well thought-out plan/etc..

deur·dans *deurge=* go on dancing; dance through *(the night)*; wear out *(shoes)* with dancing.

deur·dat through, on account of; *die fout het ontstaan ~ iem. weg was* the error was due to s.o.'s absence; *iem. het omgekom ~ hy/sy 100 meter geval het* s.o. died when he/she fell 100 metres; *iem. het omgekom ~ sy/haar motor omgeslaan het* s.o. was killed when his/her car overturned.

deur·dink *deurge=* consider fully, think well. **deur·dink** *het* ~ think out; →DEURDAG; *die implikasies van iets* ~ explore the implications of s.t..

deur·draai *deurge=* keep on turning; turn/wear through; get through *(difficulty)* somehow.

deur·draf *deurge=* trot on, keep on trotting.

deur·drenk *het* ~ soak, drench, saturate, impregnate, permeate; *(lit. & fig.)* steep; *(fig.)* imbue; *~te* ***grond*** waterlogged soil; *iets* ***met*** *...* ~ impregnate s.t. with ...; *iets* ***met*** *water* ~ saturate s.t. with water; ***met*** *...* ~ *wees* be saturated with ...; *'n* ***met*** *bloed deurdrenkte ...* a blood-soaked ... *(dress etc.)*; ***van*** *...* ~ *wees* be soaked in/with ... *(water etc.)*; be imbued with ... *(revolutionary ideas etc.)*; be steeped in ... *(tradition etc.)*. **deur·dren·king** saturation, impregnation; steeping; waterlogging.

deur·dring *deurge=* penetrate, pierce; ooze through; soak in; ***tot*** *(in) ...* ~ reach (*or* advance to *or* get [through] to *or* make it to) ... *(the next round of a competition etc.)*; *(troops etc.)* penetrate to (*or* as far as) ... *(Baghdad etc.)*; *(a bullet etc.)* penetrate into ... *(s.o.'s heart etc.)*; *iem. dring* ***tot*** *iem anders deur* s.o. communicates with s.o. else; *iets dring* ***tot*** *iem. deur* s.t. dawns (up)on s.o.; s.t. comes home to s.o.; *iets dring nie* ***tot*** *iem. deur nie, (also)* s.t. does not register with s.o.; *iets* ***tot*** *iem. laat* ~ bring s.t. home (*or* get s.t. across) to s.o., make s.t. register (*or* sink in) with s.o., make s.o. aware of s.t., get s.t. into s.o.'s head; *dit het* ***tot*** *iem. deurgedring dat ...* it dawned on (*or* came home to *or* was borne in [up]on) s.o. that ...; ***wedersyds*** ~ interpenetrate. **deur·dring** *het* ~ permeate, pervade, fill, impress; →DEURDRINGEND, DEURDRONGE; *iem. met ...* ~ imbue s.o. with ...; *van ...* ~ *wees, (liter.)* be permeated by ... *(the perfume of jasmine)*; be imbued with ... *(enthusiasm etc.)*; *iem. van iets* ~ impress s.t. on s.o.. **deur·dring·baar** *=bare* penetrable; permeable; pervious *(to heat etc.)*. **deur·dring·baar·heid** penetrability; permeability; perviousness. **deur·drin·gend** *=gende =gender =gendste* (of *meer ~ die mees =gende*) piercing, penetrating, searching *(look)*; probing *(eyes)*; penetrative, incisive; strident, shrill, sharp *(cry)*; permeating *(light)*; pervading *(spirit)*; soaking *(rain)*; invasive *(noises)*; *'n ~e stem* a voice like a foghorn; *~e straling* hard radiation. **deur·drin·gend·heid** piercingness, penetration, searchingness; shrillness; pervasiveness; pungency; stridency. **deur·drin·ging** penetration; infiltration. **deur·drin·ging** permeation, pervasion. **deur·drin·gings·ver·mo·ë** penetrating/penetrative power. **deur·dron·ge:** *van iets ~ wees* be fully convinced of ... *(the necessity of s.t.)*; be fully alive to ... *(the danger in a situation etc.)*.

deur·druk *deurge=* press/push/squeeze through; press on, persevere, persist; ~ ***dag(breek)*** *toe,* ~ *tot* ***dagbreek*** make a night of it, keep it up all night; *iets met* ***geweld*** ~ steamroller s.t. through; *deurgedrukte* ***linoleum*** inlaid linoleum; ***papier*** ~ mackle paper; *die* ***papier*** *is deurgedruk* the type shows through. ~**lyn** perforated line. ~**steek** stab stitch.

deur·druk·ker persister, *(fig.)* bulldog.

deur·dryf, deur·dry·we *deurge=* force/push through; steamroller; enforce, impose; persist; *jou sin* ~ carry one's point, have (it all) one's own way. **deur·dry·wend** *=wende* energetic, hustling, thrusting, pushful, *(infml.)* go-getting. **deur·dry·wer** doer, mover, *(infml.)* go-getter, *(infml.)* live wire. **deur·dry·we·ry** persistence; insistence.

deur·een tangled, mixed, interspersed. ~**groei** *deureenge=* intergrow. ~**meng** *deureenge=* mix thoroughly, interblend. ~**strengel,** ~**vleg** *deureenge=* interlace, intertwine, interweave, interwind.

deur·en·tyd all the time, all along, throughout, continually, constantly.

deur·faks *deurge=* fax.

deur·gaan *deurge=* go/pass on; go through; proceed; follow through; *die* ***koop*** *gaan deur* the sale is on (*or* is going through); *die* ***koop*** *gaan nie deur nie* the sale is off; ***met*** *iets* ~ go through with s.t. *(a plan etc.)*; keep at s.t.; continue/proceed (*or* carry on) with s.t.; *iets* ***noukeurig*** ~ comb through s.t. *(files, books, etc.)*; ***onder*** *...* ~ pass under ... *(a bridge etc.)*; go by ... *(the name of ...)*; *die* ***opvoering*** *gaan deur* the performance is going on; *op 'n* ***punt*** ~ pursue a point; ***tussen*** *... en ...* ~ go between ... and ...; pass between ... and ...; ***vir*** *...* ~ pass as/for ...; be considered ...; be reputed (to be) ... *(rich etc.)*; give o.s. out as ...; ***vir*** *'n wewenaar/ens.* ~ pose (*or* pass o.s. off) as a widower/etc.; *die* ***wetsontwerp*** *gaan deur* the bill is being passed. **deur·gaan·baar** *=bare* fordable, negotiable. **deur·gaan·de** uninterrupted; through *(coach, passenger, train, traffic)*; nonstop *(train)*; ~ *passasier* transit passenger; ~ *tarief* flat rate. **deur·gaans** throughout, uniformly, from start to finish, all the time; commonly, usually, generally (speaking).

deur·gang thoroughfare; passage(way), opening; pass; *(min.)* gangway; *(anat.)* meatus; *(comp.)* port; *geen* ~ no thoroughfare; *nou* ~ bottleneck; ~ *verbode, geen* ~ no thoroughfare. ~**saal** transit lounge *(at an airport)*.

deur·gangs-: ~**huis** shelter, rescue home. ~**kamp** transit camp. ~**reg** right of way/passage/entry. ~**visum** transit visa.

deur·gee *deurge=* pass (on), relay; *iets aan ...* ~ pass s.t. on to ...

deur·ge·la·te →DEURLAAT.

deur·ge·lê *=lêde* bedsore; *~de eier* addled egg; →DEURLÊ.

deur·ge·ry *=ryde* saddle-sore; →DEURRY.

deur·ge·stik *=stikte* quilted.

deur·ge·sto·ke: *dis 'n ~ kaart, (rare)* it's rigged, *(infml.)* it's a put-up job; *(infml.)* it's a frame-up; →DEURSTEEK.

deur·ge·syg *=sygde* strained, filtered; *~de stof* transudate; →DEURSYG.

deur·geur scent.

deur·ge·vryf *=vryfde: ~de sop* purée; →DEURVRYF.

deur·ge·win·terd *(obs.)* →DEURWINTERD.

deur·giet *deurge=* pour through, strain; filter; perfuse. **deur·gie·ting** straining; perfusion.

deur·glip *deurge=* slip through; scrape through; *met iets* ~ get away with s.t.; *net-net* ~ scrape/squeak through.

deur·gra·we *deurge=* cut/dig/tunnel through, channel; keep/continue digging. **deur·gra·we** *het ~, (fig.)* pierce. **deur·gra·wing** cut(ting). **deur·gra·wing** *=wings* cutting/digging through; cutting, tunnel.

deur·grond *het* ~ fathom, understand; get to the bottom of *(a mystery etc.)*; see through *(s.o.'s plans)*.

deur·haal *deurge=* cross/scratch/strike out, erase, cancel, delete *(words)*; pull *(a patient)* through; cure *(an animal)*; fetch through, bring across. **deur·ha·ling** *=lings, =linge* deletion, erasure.

deur·hak *deurge=: die knoop ~, (fig.)* cut the knot, solve the difficulty; →DEURKAP.

deur·hang *deurge=* sag.

deur·hard·loop *deurge=* run through, hurry/run on through.

deur·heen (right) through.

deur·help *deurge=* help/see through; get *(s.o.)* out of a scrape.

deur·hol *deurge=* →DEURHARDLOOP.

deur·hou *deurge=* survive, stay the course/distance/pace.

deur·ja(ag) *deurge=* hurry/rush/rattle on; hurry/rush through; fast-track *(s.o., a project, etc.)*.

deur·kam *(lit. & fig.)* comb through *(hair, files, books, etc.)*.

deur·kap *deurge=* chop/cut (through), cleave, split; →DEURHAK.

deur·klief *het* ~ cleave *(the air)*; breast, plough *(the waves)*.

deur·knaag *deurge=* gnaw through; keep on gnawing.

deur·knee *=knede, (poet., liter.): in iets ~ wees* be steeped (*or* thoroughly/well versed *or* well read) in s.t. *(a field, subject)*; have a thorough grasp (*or [infml.]* know all the ins and outs) of s.t.. **deur·kneed·heid** intimate acquaintance with, thorough knowledge of.

deur·knie *deurge=* knead thoroughly; keep on kneading.

deur·knip *deurge=* cut/snip through.

deur·knoop *deurge=* tuft *(a mattress)*. ~**werk** tufting.

deur·kom *deurge=* get/come through; pass *(an examination)*; tide over *(a difficult time)*; pull through *(an illness)*; survive, escape; *(teeth)* erupt; ***genoeg*** *om deur te kom* enough to see one through; ***met*** *iets* ~ get by with s.t.; ***net-net*** ~ scrape/squeak through *(an examination)*; squeeze through *(a narrow opening)*; *die baba se* ***tande*** *begin* ~ the baby is cutting (his/her/its) teeth.

deur·kook *deurge=* boil thoroughly; keep on boiling.

deur·krap *deurge=* cross out, scratch out/through, delete.

deur·krui(·e) *het* ~ season, spice.

deur·kruip *deurge=* creep/crawl through; worm one's way through; wear out by creeping/crawling.

deur·kruis *het* ~ cross; intersect, cut across; traverse; range, scour *(the woods)*.

deur·kry *deurge=* get *(a pupil)* through; pull *(a patient)* through; carry *(a bill)*.

deur·kyk *=kyke, n.* vista, through view. **deur·kyk** *deurge=, vb.* look/glance through; go through *(accounts)*; run (one's eye) over, leaf through *(a book, document)*; sum up *(a person, situation)*; *iem./iets goed* ~ weigh s.o./s.t. up, pick over/through s.t.; *iets gou/vlugtig* ~ glance over/through s.t., give s.t. a quick look-through; *sake (goed)* ~ →SAAK.

deur·laat =*late, n., (rly.)* culvert; passage, outlet, drain. **deur·laat** *deurge*=, *vb.* let through, let (*or* allow to) pass; transmit *(light); (moisture)* permeate; *geen geluid ~ nie* be soundproof; *geen water ~ nie* be waterproof/watertight, be impervious to water; *deurgelate lig* transmitted light. **~-sel** =*le* transfusion cell.

deur·laat·baar =*bare* porous, permeable. **deur·la·tend** =*tende* permeable, pervious. **deur·la·tend·heid** permeability, perviousness. **deur·la·ting** transmission; permeation.

deur·lê *deurge*= become bedsore, contract bedsores; →DEURGELÊ.

deur·leef, deur·le·we *het ~* live/go/pass through, experience; survive; *'n deurleefde verhaal* a story based on experience.

deur·lees *deurge*= read through, peruse; go on reading, read on; *iets vinnig ~* skim (*or* run through) s.t., give s.t. a run-through.

deur·lek[1] *deurge*= leak through/out; leak on.

deur·lek[2] *deurge*= lick through; lick on.

deur·lig *het ~* transilluminate. **deur·lig·ting** =*tings*, =*tinge* transillumination, screening. **deur·lig·ting·skerm** fluorescent screen.

deur·loods *deurge*= pilot (through), guide; put through *(parl.)*. **deur·lood·sing** putting through.

deur·loop[1] =*lope, n.* lane, alley(way), passage(way); gangway; arcade. **deur·loop** *deurge*=, *vb.* go/move/run/walk on; keep on walking; walk through; wear out with walking; chafe *(feet)* by walking; reprimand; punish; thrash; receive a reprimand/etc.; *(fig.)* take punishment; *(billiards)* follow through; *(print.)* follow on; *kwaai ~, (infml., sport)* take a punishing; *onder iets ~* pass under s.t.; *(onder die aapstert) ~* run the gauntlet; *onder die voorslag ~* get a trouncing; *~ oor iets* take the fla(c)k for s.t.; *goed ~ oor iets* get (*or* come in for) a lot of fla(c)k. **~spoor** stock rail. **~stoot** *(billiards)* run-through.

deur·loop[2] *het ~* pass through, traverse; cover *(a distance); 'n proeftyd ~* serve one's probation.

deur·lo·pend, deur·lo·pend =*pende* continuous, uninterrupted; running; nonstop; *~e evaluasie/beoordeling* continuous assessment; *~e finansiering/finansiëring* pay-as-you-go financing; *~e proses/ens.* ongoing process/etc.. **deur·lo·pend·heid** continuity.

deur·lug *het ~* aerate, ventilate *(soil)*. **deur·lug·ting** aeration.

deur·lug·tig =*tige* illustrious, glorious, august; *Haar/Sy D~e Hoogheid* Her/His Serene Highness. **deur·lug·tig·heid** illustriousness; *Sy/Haar D~* His/Her Serene Highness.

deur·maak *deurge*= experience, suffer, go/pass through.

deur·mars *n.* march through. **deur·mar·sjeer** *deurge*=, *vb.* march on/through.

deur·me·kaar =*kaar* =*kaarder* =*kaarste* confused, mixed-up, jumbled, untidy, littered, disordered, disorderly, disorganised, muddled, *(infml.)* shambolic, *(infml.)* higgledy-piggledy, pell-mell; dishevelled, rumpled, tousled *(hair);* tumbled *(bedclothes); (comp.)* garbled *(information);* confused, dazed, groggy, mixed-up, muddled, muddle-headed, addle-headed, addle-brained, addle-pated; delirious, distracted, raving; *die kamer is ~* the room is in a mess (*or* in a state of disorder); *met iem. ~ wees, (infml.)* be involved with s.o.; have an affair with s.o.; *totaal ~ wees, (a house etc.)* be in a mess. **~boom** *Terminalia* spp.. **~bos** *(Ehretia rigida)* stamperwood, Cape lilac; *Rhus pyroides; (Boscia albitrunca)* shepherd's tree; *Terminalia* spp.. **~krap** mix/mess up. **~loop** be/get confused. **~maak** confuse, muddle *(s.o.);* muss up *(s.o.'s hair)*. **~praat** talk confusedly; be delirious. **~raak** get mixed up; get into a muddle; *(infml.)* go haywire; *met ... ~* fall/run foul of ... *(the law etc.);* get tangled with ... *(s.o.);* become involved with ... *(s.o. on a personal level)*. **~spul** (utter) confusion, jumble, chaos, mix-up; *'n groot ~* confusion worse confounded.

deur·me·kaar·heid confusion; delirium.

deur·naai *deurge*= sew through; sew on; sew *(one's fingers)* sore/through (*or* to the bone); quilt, tuft. **~werk** quilting.

deur·nat *adj.* wet through, soaked, sodden, soaking (wet). **deur·nat** *het ~, vb.* soak.

deur·neem *deurge*= take through; *(fig.)* run through.

deur·pad =*paaie* through road, throughway; freeway; →DEURWEG, SNELWEG.

deur·peil *het ~* gauge, fathom, probe.

deur·ploeg *deurge*= plough through; go on ploughing. **deur·ploeg** *het ~, (fig.)* plough; wrinkle, score.

deur·praat *deurge*= go on talking, chat on; discuss thoroughly.

deur·priem *het ~, (fig.)* pierce.

deur·prik *deurge*= prick (through), needle.

deur·raas *deurge*= rush through noisily; keep on raving.

deur·ram·mel, deur·ra·tel *deurge*= rattle on.

deur·reën *deurge*= keep on raining; let the rain through; rain through.

deur·reis *n.* passage; through journey; *op die ~ na ...* on the way (*or* en route) to ... **deur·reis** *deurge*=, *vb.* travel/pass through, traverse. **deur·reis** *het ~, vb.* travel all over; *die wêreld ~* be a globetrotter. **~kaartjie** through ticket.

deur·rit ride through, passage.

deur·roei *deurge*= row through; row on.

deur·roer *deurge*= mix/stir (well).

deur·roes *deurge*= rust through, corrode.

deur·rol *deurge*= roll through.

deur·ry *deurge*= ride/drive on; ride/drive through; wear out by riding; gall *(a horse);* →DEURGERY; *jou ~* get saddle-sore; *onder iets ~* pass under s.t.. **~hoogte** headroom.

deur·ryg *deurge*= thread (through); quilt.

deur·saag *deurge*= saw through; saw on.

deur·sak *deurge*= sag; sink (through); *by/in die knieë ~* give at the knees. **deur·sak·king** sag; sinking.

deur·seil *deurge*= sail through; sail on.

deur·sein *deurge*= signal through, transmit *(a message, signal)*.

deur·sen·ding forwarding, transmission; redirection.

deur·set·tings·ver·mo·ë drive, push, energy; perseverance, persistency; *(infml.)* stickability; →DEURSIT[2]; *die ~ hê om iets te doen* have the drive to do s.t..

deur·sien *het ~* see through, penetrate *(a disguise etc.);* read, sum up, fathom *(s.o.);* →DEURSIG.

deur·sif *deurge*= sift (out).

deur·sig discernment, insight, percipience, perspicacity, perceptiveness, discrimination, understanding; *sonder ~* undiscerning. **deur·sig·tig** =*tige* clear *(glass);* transparent *(glass, pretext);* obvious *(excuse);* thin *(disguise);* lucid *(exposition); (biol.)* hyaline. **deur·sig·tig·heid** transparency; lucidity; *etc.* (→DEURSIGTIG).

deur·sit[1] *deurge*= sit through/out *(a meeting etc.); jou ~* sit o.s. sore; get saddle-sore; *'n broek ~* wear a trouser seat through.

deur·sit[2] *deurge*= carry/put/see through, go through with; persevere (in), persist; →DEURSETTINGSVERMOË.

deur·skaaf, deur·ska·we *deurge*= plane through; chafe.

deur·ska·kel *deurge*=, *(teleph.)* put/plug through; *iem. na ... ~* put s.o. through to ...

deur·ske·mer *deurge*= filter/glimmer/shine through; *iets laat ~* drop a hint; *laat ~ dat ...* hint/imply/intimate (*or* drop a hint) that ...; *vir iem. laat ~ dat ...* give s.o. to understand that ...

deur·skeur *deurge*= tear (to pieces), rend (in two).

deur·skiet *deurge*= shoot through; go on shooting. **deur·skiet** *het ~* interleave, interpage, interfoliate *(a book);* intersperse.

deur·sko·te ek·sem·plaar interleaved copy.

deur·skou *het ~* see through; fathom, penetrate, read *(s.o.'s character)*.

deur·skrap *deurge*=, *vb.* delete; →DEURHAAL, SKRAP.

deur·skryf, deur·skry·we *deurge*=, *vb., (rare)* make a carbon copy; write on.

deur·skud *deurge*=, *vb.* shake (up); shuffle *(cards)*.

deur·skuif, deur·skui·we *deurge*=, *vb.* push through; slip through.

deur·skuur *deurge*=, *vb.* rub through; scour through; chafe.

deur·skyn *deurge*=, *vb.* shine/show through. **~bloes(e)** = DEURSKYNENDE BLOES(E). **~papier** = DEURSKYNENDE PAPIER.

deur·sky·nend =*nende* translucent, clear, sheer, diaphanous, pellucid; *(biol.)* hyaline; *~e bloes(e)* see-through/peekaboo blouse; *~e papier* transparent paper. **deur·sky·nend·heid** translucency, diaphanousness, pellucidity.

deur·slaan *deurge*= knock in two; smash *(a pane);* drive *(a nail etc.)* through; punch; *(colours)* dawn; *(plants)* change colour; *(s.o.'s voice)* break; ***in Afrikaans*** *~* change/switch over into Afrikaans; ***in*** *'n galop ~* break into a gallop; *die* ***muur*** *het deurgeslaan* the wall is damp (*or* is/was sweating); *die* ***skaal*** *laat ~, (arch.)* →DIE DEURSLAG GEE. **deur·slaan·de:** *~ bewys* proof positive, conclusive proof.

deur·slaap *deurge*= sleep on.

deur·slag =*slae* punch, piercer; carbon copy, flimsy; *(print.)* counterpunch; boggy ground, mire; decisive factor; *die ~ gee* be decisive, tip/turn the balance/scales; settle the matter; turn the tide; *die ~ (kan) gee* hold the balance of power; *iets het by iem. die ~ gegee* s.t. decided s.o.. **~boek** carbon book. **~gewend** =*e meer ~ die mees* =*e* decisive, determinant, determining; crucial, *(attr.)* make-or-break; *~e* ***beginsel*** overriding principle; *van ~e* ***belang*** *wees* be critically/crucially important; *~e* ***faktor*** deciding factor; *~e* ***setel*** key seat; *~* ***vir*** *... wees* be crucial/vital for/to ... **~papier** carbon paper. **~punt** game point. **~steek** tailor's tacking stitch. **~veer** bump spring. **~yster** punch (bar).

deur·slag·tig =*tige, (arch.)* boggy, marshy, miry; waterlogged. **deur·slag·tig·heid** *(arch.)* bogginess, marshiness; waterlogging, waterloggedness.

deur·sleep *deurge*= drag/pull through.

deur·sluip *deurge*= sneak/steal through.

deur·sluk *deurge*= swallow (down).

deur·slyt *deurge*= wear through.

deur·smelt *deurge*= fuse, blow; *deurgesmelte sekering* blown fuse.

deur·smok·kel *deurge*= smuggle through.

deur·sne·de =*des* →DEURSNEE.

deur·snee =*sneë*, **deur·snit** =*snitte* (cross) section; profile; diameter; *in ~* in diameter; on (the/an) average, in the main; *vyftig/ens. sentimeter in ~ wees, (also)* be fifty/etc. centimetres across; *'n ~ van ...* a section of/through ...

deur·snee- average, medium; run-of-the-mill. **~-aansig** sectional view. **~leser** general reader. **~mens** average person, man in the street; *(derog.)* middlebrow. **~prys** average price. **~student** average student. **~tekening** section (drawing).

deur·snel *deurge*= hurry through.

deur·snit →DEURSNEE.

deur·snuf·fel *deurge*= hunt through, rummage in; comb through *(shops etc.)*.

deur·sny *deurge*= cut (through), cut in two, bisect; slice, cleave. **deur·sny** *het ~* cross, intersect, traverse.

deur·soek *deurge*= examine, explore, search *(a house);* rummage, ransack *(a room);* go through *(pockets);* scour *(a district);* beat, comb *(the woods);* pick through *(ruins etc.); 'n plek ~ na iets* search a place for s.t.. **deur·soek** *het ~* examine, search, probe, prove; *God ~ elke hart* God proves all hearts. **deur·soe·kings·reg** right of search.

deur·spar·tel *deurge*= struggle through.

deur·speel *deurge*= play on; play through *(the night);* play the whole *(of a piece of music)*.

deur·spek *het ~* lard *(a roast); (fig.)* interlard, intersperse; *'n toespraak met ... ~* punctuate a speech with ...; *met ... ~ wees* be full of ... *(bad language etc.);* be punctuated by/with (*or* interspersed/larded with) ... *(quotations etc.)*.

deur·spoel *deurge=* flush; rinse. **deur·spoe·ling** flush(ing); *(med.)* perfusion.
deur·spring *deurge=* jump through.
deur·staan *deurge=*, **deur·staan** *het* ~ bear, endure, stand; sustain *(a siege)*; pull through *(an illness)*; weather *(a storm)*; *alle gevare* ~ survive all perils; *die proef* ~ stand the test; *die vergelyking met ...* ~ →VERGELYKING.
deur·stap *deurge=* walk/move on; walk through; traverse.
deur·steek *deurge=* spike, cut *(dikes)*; lance *(an abscess)*; pierce *(ice)*; prick *(a blister)*; tuft *(a mattress)*; →DEURGESTOKE. **deur·steek** *het* ~ stab, run through, transfix *(with a dagger etc.)*; pierce, puncture, perforate; spike; →DEURSTOKE. **deur·ste·king** puncture.
deur·stik *deurge=* stitch through; quilt. ~**voetjie** quilter. ~**werk** quilting.
deur·sto·ke pierced; transfixed; →DEURSTEEK.
deur·stoot *n.* continuous push/press. **deur·stoot** *deurge=*, *vb.* push/thrust through; follow through; push on; *(fig.)* steamroller.
deur·straal *deurge=* shine through; *iets laat* ~ drop a hint; *laat* ~ *dat ...* hint/imply/intimate (*or* drop a hint) that ...; *vir iem. laat* ~ *dat ...* give s.o. to understand that ... **deur·straal** *het* ~ light up, irradiate. **deur·stra·ling** *(rare)* evacuation *(of the bowels)*. **deur·stra·ling** irradiation.
deur·straat through street, thoroughfare.
deur·streep *deurge=* delete; →DEURHAAL.
deur·stren·gel *het* ~ entwine, interweave.
deur·stroom *deurge=* flow/run/stream through. **deur·stroom** *het* ~ flow/run/stream through; *die rivier* ~ *die landstreek* the river flows through the region.
deur·stryk *deurge=* press on, continue.
deur·stu·deer *deurge=* continue/complete one's studies.
deur·stuur *deurge=* send through, transmit; forward, send/pass on; relay; redirect; steer through.
deur·suk·kel *deurge=* struggle/muddle through/along; scratch through/along.
deur·suur *het* ~ leaven. ~**effek** trickle-down effect.
deur·swaai *deurge=* follow through.
deur·sweet *deurge=* sweat through, transpire; transude; *'n deurswete hoed* a sweaty hat. **deur·swe·ting** transpiration; transudation.
deur·swem *deurge=* swim (across/through); *'n bad* ~ swim the length/width of a bath; *'n rivier* ~ swim (across) a river.
deur·swerf, deur·swer·we *deurge=* ramble/rove/wander through, roam.
deur·swoeg *deurge=* toil through; toil on.
deur·sy·fer, deur·sy·pel *deurge=* filter/ooze/seep through; permeate; percolate; infiltrate, trickle through; *(biol.)* perfuse, transude. ~**effek** trickle-down effect.
deur·sy·fe·ring, deur·sy·pe·ling percolation, infiltration, seepage; *(biol.)* perfusion, transudation.
deur·syg *deurge=* filter, strain, tammy; *melk in 'n kan* ~ strain milk into a can. ~**toestel** filter.
deur·sy·pel →DEURSYFER.
deur·tas·tend *=tende* forceful, vigorous, resolute; decisive *(action)*; drastic *(measure)*; energetic *(man)*; sweeping *(reform)*; *'n ~e ondersoek* a probe (*or* thorough investigation), an in-depth (*or* a penetrating/probing) inquiry. **deur·tas·tend·heid** energy, resolution, thoroughness, *etc.*.
deur·tel[1] *deurge=* go on counting.
deur·tel[2] *deurge=* lift through.
deur·tin·tel *het* ~ thrill.
deur·tog crossing; transit; passage, thoroughfare, way (through), throughway.
deur·trap *deurge=*, *vb.* tread through; pedal on. **deur·trap** *=trapte, adj.* crafty, sly, foxy; consummate, arrant, unmitigated *(rogue)*. **deur·trapt·heid** craft(iness), cunning, slyness.
deur·trein nonstop train; express (train).
deur·trek *n.* passage, trek through. **deur·trek** *deurge=*, *vb.* pull through; carry forward, push on; go/march through, cross, traverse; extend, produce *(a line)*; squander; →DEURBRING. **deur·trek** *het* ~, *vb.* imbue, pervade, soak; *(fig.)* leaven; permeate, suffuse; impregnate, saturate; →DEURTROKKE; *van iets* ~ *wees* be impregnated with s.t.; be permeated with s.t.; be soaked in/with s.t.; be shot through with s.t.; be riddled with s.t. *(corruption, disease, etc.)*. ~**papier** tracing paper.
deur·trek·baar *=bare* permeable, pervious, saturable. **deur·trek·baar·heid** permeability, perviousness. **deur·trek·ker** pull-through *(of a gun)*; loincloth, breechcloth; G-string; string bikini. **deur·trek·king** impregnation; permeation; saturation; suffusion.
deur·tril *het* ~ thrill.
deur·trok·ke: *van ...* ~ *wees* be imbued/permeated/saturated with (*or* steeped in) ...; →DEURTREK *vb.*.
deur·vaar *deurge=* pass/sail through; sail on; *onder iets* ~ pass under s.t.. **deur·vaart** passage *(by water)*; *die Noordoostelike/Noordwestelike D~* the Northeast/Northwest Passage.
deur·val *deurge=* fall through.
deur·veg *deurge=* fight through; fight on.
deur·ver·bin·ding through connection.
deur·ver·keer through traffic.
deur·vleg *deurge=* plait/twine through; keep on plaiting/twining; thread one's way through; *tussen die ...* ~ thread/thrust/twist one's way through the ... **deur·vleg** *het* ~ interlace, intertwine, interweave. **deur·vleg·te** interwoven *etc.*.
deur·vlieg *deurge=* fly/gallop/tear through; skim *(a book)*; fly on.
deur·vloei *deurge=* flow through.
deur·vlug nonstop flight.
deur·voed *=voede* well fed.
deur·voel *deurge=* feel through *(s.o.'s pockets etc.)*. **deur·voel** *het* ~ feel deeply/intensely. **deur·voel(d)** *=voelde* deeply felt.
deur·voer *n.* transit; *in* ~ in transit. **deur·voer** *deurge=*, *vb.* put/carry *(a plan)* through; follow out; convey *(goods)* in transit; *te ver/vêr* ~ push too far. ~**goed(e·re)** goods in transit. ~**handel** transit trade. ~**hawe** transit port. ~**koste** transit charges; transit cost; transit dues. ~**loods** transit shed. ~**lys** transit bill. ~**regte** transit duties/dues.
deur·voe·ring execution *(of a plan)*.
deur·vors *het* ~ investigate, examine narrowly, scrutinise.
deur·vrag through freight. ~**brief** through/transit bill of lading.
deur·vreet *deurge=* eat through, corrode; *(an animal)* have its fill.
deur·vryf, deur·vry·we *deurge=* rub through; rub *(one's fingers)* sore, chafe; →DEURGEVRYF.
deur·vyl *deurge=* file through.
deur·waad *het* ~ ford, wade through. **deur·waad·baar** *=bare* fordable, wad(e)able.
deur·waai *deurge=* keep on blowing. **deur·waai** *het* ~ blow through.
deur·waak *deurge=* watch through *(the night)*. **deur·waak** *het* ~ wake through.
deur·wan·del *deurge=* walk through; walk on. **deur·wan·del** *het* ~ walk all over.
deur·was *=waste, =wasde* streaky *(bacon)*; marbled.
deur·weef *het* ~ interweave; *~de stof* interwoven fabric. **deur·we·wing** interweaving.
deur·week *=weekte, adj.* soaked, soppy, sodden, soggy, saturated, sopping (wet); waterlogged; *met ...* ~ *wees* be soaked in/with ...; be sodden with ...; *iets moet* ~ *word* s.t. needs a good soak. **deur·week** *het* ~, *vb.* soak, moisten, steep, drench, impregnate, saturate. **deur·weekt·heid** sogginess; saturation; waterlogging, waterloggedness. **deur·we·king** soaking, drenching, saturation; maceration.
deur·weg passage, throughway.
deur·werk *deurge=* work on, go on working; work/plough through; *iets laat* ~ allow s.t. to take effect. **deur·werk** *het* ~ elaborate; interweave.
deur·win·ter(d) *=terde meer* ~ *die mees =terde* seasoned, experienced, veteran, highly qualified; dyed-in-the-wool, hardened.
deur·wors·tel *deurge=* struggle through; wrestle with; struggle on; plough/wade through *(a book)*. **deur·wors·tel** *het* ~ struggle through, emerge victoriously from.
deur·wrog *=wrogte, (fml.)* elaborate, studied, well planned; interwoven; →DEURWERK.
de·us ex ma·chi·na *(Lat., theatr., hist.)* deus ex machina; *(contrived solution)* deus ex machina.
deus·kant, deus·kant·s(t)e →DUSKANT, DUSKANTS(T)E.
deu·te·ries *=riese, (geol.)* deuteric. **deu·te·ri·um** *(chem.)* deuterium, heavy hydrogen.
Deu·te·ro·no·mi·um *(OT)* Deuteronomy.
de·va·lu·eer *ge=* devaluate. **de·va·lu·a·sie** devaluation.
de·ver·ba·tief *=tiewe, n. & adj., (gram.)* deverbative.
de·vi·a·sie *=sies, (rare)* deviation. ~**hoek** angle of deviation.
de·vies *=viese* device, motto; *(her.)* charge; *(in the pl.)* (foreign) exchange/currency.
de·vie·se·: ~**mark** foreign exchange market. ~**versperring** exchange barrier.
de·vo·lu·sie, de·wo·lu·sie devolution; ~ *van mag/gesag* devolution of power. **de·vo·lu·si·o·nis, de·wo·lu·si·o·nis** *=niste* devolutionist.
De·von *(geog.)* Devon(shire). ~**beeste** *(also d~)* Devon cattle.
De·vo·nies *=niese adj., (geol.)* Devonian. **De·voon** *n., (geol.)* Devonian.
de·voot *=vote, (fml.)* devout, pious. **de·vo·sie** devotion.
de·war·fles *(phys.)* dewar, Dewar/vacuum flask.
de·woord masculine/feminine word *(in Dutch)*.
de·wyl *(obs.)* →AANGESIEN.
dhal, dal *(Ind. cook., also* d[h]alboontjie*)* dhal, dal, dholl.
di·a *=as, (dated)* (colour) slide; →SKYFIE, KLEURSKYFIE. ~**kyker** slide viewer. ~**positief** *=tiewe, (phot.)* diapositive; transparency, (colour) slide.
di·a·baas *(geol.)* diabase.
di·a·be·tes diabetes; →SUIKERSIEKTE. **di·a·beet** *=bete*, **di·a·be·ti·kus** *=tikusse, =tici, n.* diabetic. **di·a·be·ties** *=tiese, adj.* diabetic.
di·a·bo·lies *=liese =lieser =liesste* (of *meer* ~ *die mees =liese*) diabolic(al). **di·a·bo·lis·me** diabolism. **di·a·bo·lo** *(game)* diabolo.
di·a·chro·nies *=niese*, **di·a·kro·nies** *=niese*, **di·a·chroon** *=chrone*, **di·a·kroon** *=krone, (gram.)* diachronic, diachronous.
di·a·deem *=deme* diadem.
Di·a·do·ge *(pl., hist.)* Diadochi.
di·a·faan *=fane* diaphanous.
di·a·fo·nie *(mus.)* diaphony, diacoustics.
di·a·fo·re·se *(physiol.)* diaphoresis.
di·a·frag·ma *=mas, (anat., zool.)* diaphragm, midriff. ~**breuk** hiatus hernia.
di·ag·no·se *=ses* diagnosis; *'n* ~ *maak* make a diagnosis; *verkeerde* ~ misdiagnosis. **di·ag·no·seer** *ge=* diagnose; *'n siekte as ...* ~ diagnose an illness as ...; *verkeerd* ~ misdiagnose. **di·ag·nos·tiek** diagnostics. **di·ag·nos·ties** *=tiese* diagnostic. **di·ag·nos·ti·kus** *=tikusse, =tici* diagnostician. **di·ag·nos·ti·seer** *ge=* →DIAGNOSEER.
di·a·go·naal *=nale, n.* diagonal. **di·a·go·naal** *=nale, adj.* diagonal; *diagonale gelaagdheid, (geol.)* cross/current/false bedding. **di·a·go·naal** *adv.* diagonally; ~ *gelaag* cross/current/false-bedded.
di·a·gram *=gramme* diagram; *'n* ~ *teken* draw a diagram. **di·a·gram·ma·ties** *=tiese* diagrammatic.
di·a·ken *=kens, (Chr.)* deacon, *(Br.)* sidesman; *(also, in*

the pl.) deaconry. **di·a·ken·skap, di·a·kens·amp** deaconry, deaconship, diaconate.

di·a·kens-: ~**amp** →DIAKENSKAP. ~**bank** deacons' pew.

di·a·klaas *(geol.)* diaclase.

di·a·ko·naat *=nate* diaconate, deaconship. **di·a·ko·nes** *=nesse* deaconess; *(hist.)* sick nurse. **di·a·ko·nie** *=nieë* deaconry; charity board *(of a church)*.

di·a·kri·ties *=tiese* diacritic(al); ~*e teken* diacritic(al) mark, diacritic.

di·a·kro·nies, di·a·kroon →DIACHRONIES, DIACHROON.

di·a·lek *=lekte* dialect. ~**geografie** dialect geography. ~**geografies** dialect geographical, dialectological. ~**leer** dialectology. ~**woord** dialect word. ~**woordeboek** dialect dictionary.

di·a·lek·tiek dialectics. **di·a·lek·ties** *=tiese, (pertaining to dialects)* dialectal; *(pertaining to dialectics)* dialectic(al); ~*e materialisme* dialectical materialism. **di·a·lek·to·lo·gie** dialectology. **di·a·lek·to·loog** *=loë* dialectologist.

di·a·li·se *(chem.)* dialysis. **di·a·li·seer** *ge=* dialyse, osmose.

di·a·li·ties *=tiese, (math.)* dialytic.

di·al·laag *(min.)* diallage.

di·a·loog *=loë* dialogue. **di·a·lo·gies** *=giese* dialogic.

di·a·mag·ne·ties diamagnetic. **di·a·mag·ne·tis·me** diamagnetism.

di·a·mant *=mante* diamond; (glass-worker's) quarrel; *iets met ~e **beset*** set s.t. with diamonds; *'n ~ **kloof/klowe*** split a diamond; *'n **ongeslypte** ~* an uncut diamond; *'n **ruwe** ~, (lit. & fig.)* a rough diamond; *~e **slyp*** cut diamonds. ~**afval** →DIAMANTGRUIS. ~**bedryf** diamond industry. ~**bewerking** diamond cutting. ~**boor** diamond drill/cleaver. ~**bruilof** diamond wedding. ~**delwer** diamond digger. ~**delwery** diamond diggings. ~**druk** diamond (letter/type). ~**glans** adamantine lustre. ~**grint** diamond grit. ~**grond** diamond-bearing/diamondiferous ground. ~**gruis** bort, boart, boort; *fyn ~* diamond dust/powder. ~**handel** diamond trade; *onwettige ~* illicit diamond buying. ~**handelaar** diamond dealer/merchant. ~**houdend** *=e* diamondiferous, diamond-bearing. ~**jubileum** diamond jubilee. ~**klower** diamond cleaver. ~**koper** diamond buyer. ~**letter** →DIAMANTDRUK. ~**myn** diamond mine. ~**poeier** diamond dust/powder. ~**pyp** diamond pipe. ~**setter** diamond setter. ~**siekte** swine erysipelas. ~**slyper** diamond cutter; diamond polisher. ~**slypery** diamond-cutting factory/mill. ~**snyer** diamond cutter. ~**soeker** diamond hunter. ~**veld** diamond field. ~**visser** marine diamond seeker. ~**werker** diamond cutter. ~**winning** diamond production/winning.

di·a·mant·ag·tig *=tige* adamantine.

di·a·man·té *(Fr.)* diamanté.

di·a·me·ter, di·a·me·ter *=ters* diameter. **di·a·me·traal** *=trale* diametric(al); diametral *(plane); ~ teenoor ... lê (of geleë wees), (geog.)* be antipodal to ... **di·a·me·traal·vlak** diametral plane.

di·a·ne·tiek Dianetics.

di·a·pa·son *=sons, (mus.)* diapason.

di·ar·gie *=gieë* diarchy, dyarchy.

di·ar·ree *(med.)* diarrhoea; *(vet. sc.)* scour(s).

di·ar·tro·se *(anat.)* diarthrosis.

di·a·se·taat *(chem.)* diacetate.

di·a·skoop *=skope* diascope.

Di·as·kruis, Di·az·kruis Dias/Diaz cross.

di·a·spoor *(min.)* diaspore.

di·a·spo·ra diaspora.

di·a·sta·se diastase. **di·a·sta·ties** *=tiese* diastatic.

di·a·sto·le *=les,* **di·a·stool** *=stole, (physiol.)* diastole. ~**geruis** diastolic murmur.

di·a·sto·lies *=liese, (physiol.)* diastolic.

di·a·stro·fies *=fiese, (geol.)* diastrophic.

di·a·ter·mie *(med.)* diathermy.

di·a·te·se *(med.)* diathesis.

di·a·to·mee *=meë, (bot.)* diatom.

di·a·to·me·ë-: ~**aarde** diatomaceous/infusorial earth, diatomite. ~**houdend** *=e* diatomaceous. ~**slib** diatom ooze.

di·a·to·mies *=miese,* **di·a·toom** *=tome, (chem., geol.)* diatomic.

di·a·to·miet *(geol.)* diatomite, diatomaceous/infusorial earth.

di·a·to·niek *(mus.)* diatonicism. **di·a·to·nies** *=niese* diatonic.

di·a·toom →DIATOMIES.

di·a·tri·be *=bes* diatribe.

di·ba·sies, twee·ba·sies *=siese, (chem.)* dibasic.

di·bro·mied *=miede, (chem.)* dibromide.

di·chro·ïs·me dichroism. **di·chro·ïes** *=chroïese* dichro(it)ic. **di·chro·ïet** *(min.)* dichroite, cordierite, iolite.

di·chro·ma·ties *=tiese* dichromatic. **di·chro·maat, bi·chro·maat** *(chem.)* dichromate. **di·chro·ma·sie** dichromatism.

dic·tum *dictums, dicta,* **dik·tum** *diktums, dikta* dictum.

di·dak·tiek didactics; didacticism. **di·dak·ties** *=tiese* didactic. **di·dak·ti·kus** *=tikusse, =tici* didactician.

di·di·mi·um *(chem.)* didymium.

did·je·ri·doe *(Austr., mus. instr.)* didgeridoo, didjeridu.

die *art.* the; →'T; *in ~ **belang** van ...* →BELANG *n.; aan ~ **bewind** wees* →BEWIND; ***by** ~ dosyn/kilogram/ens.* by the dozen/kilogram(me)/etc.; *~ **Christendom*** Christianity; *~ **etiek*** ethics; *~ **gevoelens** loop hoog* →GEVOEL *n.; ~ **grote/kleintjie*** the big/small one; *om en by ~ **honderd/ens.*** →OM[1] *prep.; ~ **hoofkwartier*** headquarters; *~ **kongres** het besluit* congress has decided; *~ **krygswet** áfkondig* →KRYGSWET; *~ **letterkunde*** literature; *~ **mens*** →MENS[1] *n.; in ~ **musiek*** →MUSIEK; *~ eerste **prys** verwerf/wen* win first prize; *in ~ **stad*** →STAD; *iets op ~ **televisie** sien* →TELEVISIE; *een **uit** ~ honderd/duisend* →UIT[2] *prep.; ~ **volgende** op die lys wees* →VOLGENDE; ***voor** ~ kerk* →KERK *n.; in ~ **winter/lente/ens.*** in winter/spring/etc.; *~ **wysbegeerte*** philosophy. **dié** *pron. (demon.)* this, these; that, those; →DIÉKANT; DIEN *pron.;* DIER *pron.; van ~ en **daardie*** from one and another; *iem. is bang/ens., **dis** ~* s.o. is afraid/etc., that is why; ***dis** ~ dat ...* that is why ...; ***dis** hy ~* this is the one; ***dis** hy/sy ~* this is the man/woman; ***dis** (of **dit is**) 'n interessante/ens. boek ~* this is an interesting/etc. book; *~ **een*** this one; *~ **en** ~* such and such; *~ **Jan*** that John; *aan ~ **kant*** on this side; *~ **kêrel** tog!* there he goes again!; ***laat** ~ julle verlos* let these set you free; *~ **ma** van ons!* what a mother we have!; *~ **maand*** (in) this month; *op ~ **manier*** thus, thereby, like that, (in) this way; ***met** ~* with that, at that moment, in that instant; ***met** ~ dat iem./dit ...* the instant/moment s.o./it ...; *~ **moet** jy weet* that I can tell you; *die een klas en sy onderwyser speel teen die ander klas en ~ **se** onderwyser* the one class and their teacher play the other class and theirs; *iem. is ~ **skopper** van die span* s.o. is the best kick(er) in the team; *~ **van** julle wat ...* those of you who ...; *~ **wat** ...* those (*or* the ones who) ... **die·der·da·e, die·der·ja·re, die·der·tyd** *(arch.): van ~ af* from time immemorial.

die·de·rik *=rike, =riks,* **die·de·ri·kie** *=kies, (orn.)* diederik (cuckoo).

di·een *diëne, (chem.)* diene.

di·eet *diëte, n.* diet, regimen; *op ~ gaan* go on a diet; *op ~ wees, 'n ~ volg* diet, follow (*or* be on) a diet; *iem. 'n ~ laat volg, vir iem. 'n ~ voorskryf/=skrywe* put s.o. on a diet. ~**kunde** dietetics. ~**kundig** dietetic; *~e versorging* nutritional care. ~**kundige** *=s* dietician, dietitian. ~**matig** *=e* dietary. ~**pil** diet pill.

dief *diewe* thief; pilferer; →DIEWE=; *diewe **besteel** mekaar nie* dog does not eat dog; ***keer** die ~!* stop thief!; *soos 'n ~ in die **nag*** like a thief in the night, secretly; *elkeen is 'n ~ in sy **nering*** everyone is a thief in his trade; close is my shirt, but closer is my skin; ***onder** diewe verval/beland* fall among thieves; *'n **spul** diewe, (infml.)* a pack of thieves; *wie een maal **steel**, is altyd 'n ~* once a knave, always a knave; *met diewe **vang** jy (of ['n] mens) diewe* set a thief to catch a thief. ~**alarm** burglar alarm. ~**draad** →DIEWEDRAAD. ~**vry** burglarproof. ~**weertoestel** antitheft device. ~**werend** *=e* burglarproof. ~**wering** burglar bars, burglar-proofing, burglar screen. ~**ysters** burglar bars.

dief·ag·tig *=tige* thievish, thieving, larcenous. **dief·ag·tig·heid** thievishness, thievish disposition.

dief·stal *=stalle* theft; larceny; *letterkundige ~* plagiarism, literary piracy; *~ pleeg* commit (a) theft; *iem. van/weens ~ van R1000/ens. aankla* accuse s.o. of the theft of R1000/etc..

die·ge·ne, die·ge·ne *(fml.)* those; *~ wat ...* those (*or* the ones) who ...

dié·kant this way; →*dié **kant** bo;* DUSKANT. **dié·kant·s(t)e** →DUSKANTS(T)E.

di·ë·lek·tries, di·e·lek·tries *=triese, (elec.)* dielectric(al). **di·ë·lek·tri·kum, di·e·lek·tri·kum** dielectric.

die·mit *(text.)* dimity.

dien *ge=* serve; wait on, attend to, minister to; *iem. van **advies/raad** ~* advise s.o.; ***as** ... ~* act as ... *(chairman etc.);* serve as ...; function as ...; *iets kan **as** ... ~* s.t. can do duty for ...; *ook **as** ... ~* double as ...; *as/tot **bewys** ~* →BEWYS *n.; dit ~ om te **bewys** dat ...* →BEWYS *vb.; **in** 'n bestuur/komitee ~* serve/sit on a committee; *iets ~ **nêrens** toe nie* s.t. serves no (good/useful) purpose (*or* is of no use); ***onder** iem. ~* serve under s.o.; serve with s.o. *(a general); daar ~ **op** gelet te word, (fml.)* it should be noted; *die **saak** ~ op die 4de/ens.* the case will come up on (*or* is set down for) the 4th/etc.; *iem. **slaafs** ~* serve (*or* wait [up]on) s.o. hand and foot; *die **sonde** ~* lead a sinful life; *iem. ~ **te weet**, (arch.)* s.o. ought to know; *iem. **trou** ~* serve s.o. faithfully/loyally/truly; *dit ~ **vermeld** te word, (fml.)* this should be mentioned. ~**bord** service/cover/place plate. ~**luik** serving/service/servery hatch. ~**skottel** serving dish/platter. ~**tafeltjie** dumb waiter. ~**tang** serving tongs. ~**waentjie** dinner wag(g)on, trolley.

dien *pron.: met ~ verstande dat ...* provided that ...; *te ~ einde* →EINDE. **dien·aan·gaan·de** *(fml.)* regarding/concerning (*or* as regards) that, as for that. **dien·oor·een·kom·stig, dien·oor·een·kom·stig** accordingly. **dien·ten·ge·vol·ge** *(fml.)* consequently, in consequence, therefore, therefore. →DIÉ *pron.*.

die·naar *=naars, =nare, (fig.)* servant; servitor; henchman; minister; *u dienswillige ~* →DIENSWILLIG. **die·na·res** *=resse* (female) servant; *(fig.)* handmaid(en). **dien·der** *=ders, (regional)* constable, policeman, cop, bobby. **die·nend** *=nende* serving, ministering, ministrant; *~e erf, (jur.)* servient land; *~e hoewe, (jur.)* servient tenement; *~e sekretaris* serving secretary. **dien·lik** *=like* serviceable, useful; hard-wearing; fit, suitable. **dien·lik·heid** serviceability, serviceableness, usefulness, utility.

diens *dienste, n.* service; duty; function; (religious) meeting/service; office; employ(ment); ministration; *~ **aan** die land/staat* service to the nation/state; ***aan/op** ~ wees* be on duty; *'n verpleegster/polisieman/ens. wat nie **aan/op** ~ is nie (of wat **van** ~ [af] is)* an off-duty nurse/policeman/etc.; *jou ~te **aanbied*** offer/tender/volunteer one's services; *jou goeie ~te **aanbied*** offer one's good offices; *~ **aanvaar*** assume duty; *iem. se ~ **beëindig*** sign s.o. off; *iem. 'n ~ **bewys*** do/render s.o. a service, be of service to s.o.; do s.o. a favour (*or* good turn); *'n ~ aan ... **bied**, (also)* cater for ...; *iets **buite** ~ stel* pay/pension s.t. off *(a ship etc.);* ***buite** ~ wees, (s.t.)* be out of commission; *(s.o.)* be off duty; ***buitengewone** ~ bewys* render signal service(s); ***by** iem. in ~ wees* →***in** iem. se diens wees; ~ **doen/hê*** be on duty; *as ... ~ **doen*** serve (*or* be used *or* do duty) as ...; ***geen** ~ hê nie* be off duty; *tot **hoër** ~ opgeroep word* be called to higher service, die; *'n ~ **hou*** hold a service; *'n ~ **hou/lei/waarneem*** conduct/take (*or* officiate at) a service; ***in** aktiewe ~* on active service; ***in** ~ bly* stay on; *iem. **in** ~ hou* keep s.o. on; *iem. **in** ~ neem* employ s.o., take s.o. on (*or* into one's service); *weer **in** ~ neem* re-employ; *iets **in** ~ stel* put s.t.

into use; put s.t. in(to) commission; ***in*** *~ tree* take up an appointment, commence work; take office; *by ...* ***in*** *~ tree* take service (*or* take up office with) ..., join ...; ***in*** *~ van/by ...* employed by/with ...; ***in*** *die ~ van ...*, *(also)* in the pay of ...; ***in*** *~ wees* be in commission; ***in*** *iem. se* (of ***by*** *iem. in*) *~ wees* be in s.o.'s employ; *'n ~* ***lei*** *→****hou/lei/waarneem;*** *iets* ***lewer*** *goeie ~ aan iem.* s.t. serves s.o. well; ***ná*** *die ~* after church; ***na*** *die ~ gaan* go to (a religious) service; *~* ***neem*** take service, join up; *'n voertuig vir 'n ~ (garage toe)* ***neem,*** *(<Eng.)*take a vehicle in for a service; ***offisier*** *van ~* duty/orderly officer; ***op*** *~ wees →****aan/op;*** *iem. se ~* ***opsê*** *→iem.* ***uit*** *die diens ontslaan;* ***ten*** *~te van ... staan* be available to (*or* at the service of) ...; ***ten*** *~te van ...* for the purpose/use/benefit of ...; ***toegewyde*** *~* loyal/unstinting service; *iets is* ***tot*** *iem. se ~* s.t. is at s.o.'s service; ***tot*** *u ~!* (I'm) at your service/command!; don't mention it!, you're welcome!; ***tot*** *iem. se ~ gereed wees* be at s.o.'s beck and call; *iem.* ***tot*** *die heilige ~ toelaat* ordain s.o.; ***tot*** *die heilige ~ toegelaat word* be ordained, take (holy) orders; *iets* ***uit*** *die ~ neem* take s.t. off; *iem.* ***uit*** *die ~ ontslaan, iem. se ~* ***opsê*** dismiss s.o. (from his/her job), discharge s.o. from service, lay s.o. off; ***uit*** *(die) ~ tree* retire; ***van*** *~ (af) gaan* go off duty; ***van*** *~ (af) kom* come off duty; ***van*** *~ (af)* (of *vry* ***van*** *~) wees* be off (duty); *'n verpleegster/polisieman/ens. wat* ***van*** *~ (af) is →****aan/op;*** *iem.* ***van*** *~ wees* do s.o. a service, be of service to s.o.; *waarmee kan ek u* ***van*** *~ wees?* what can I do for you?; *iets is vir iem.* ***van*** *~* s.t. is of use to s.o.; *iem. se ~te* ***verkry*** enlist s.o.'s services; sign s.o. on; sign s.o. up; *die ~* ***verlaat*** quit the service; ***vir*** *gelewerde/bewese ~te* for services rendered; ***voor*** *die ~* before church; *'n ~* ***waarneem*** *→****hou/lei/waarneem;*** *die een ~ is die ander* ***werd*** one good turn deserves another. **diens** *vb., (<Eng.)* service; →VERSIEN; *ge~ word, (a machine, vehicle)* be serviced; *'n masjien/voertuig laat ~* have a machine/vehicle serviced. **~aanbieding** offer of service. **~aanvaarding** entry into service, assumption of duty/work. **~bataljon:** *spesiale ~* special service battalion. **~bedryf** service industry. **~berig** service message. **~besoek** service call. **~betoon** (rendering of) service. **~beurt** turn/tour of duty; spell of duty, stint; *'n ~ hê* do a turn of duty. **~bevel** official order. **~billikheid:** *Wet op D~, (SA)* Employment Equity Act. **~bode** servant, domestic (servant). **~boek** duty/orderly book. **~brief** minute, official letter; *algemene ~* circular minute. **~buro** service bureau. **~bus(sie)** courtesy bus. **~doende** acting; officiating; on duty. **~geheim** official secret. **~geld** service charge. **~geweer** service rifle. **~hond** working dog. **~ingang** tradesmen's entrance; service entrance. **~ingenieur** service engineer. **~jaar** year of service; official year; financial/fiscal year; *op grond van diensjare* by virtue of seniority; *lang diensjare* long service. **~kamer** duty/orderly room. **~klub** service club. **~kneg** (man)servant. **~kontrak** contract of service. **~lewering** (rendering of) service. **~maagd** *(OAB)* (maid)servant *(NIV)*, handmaid(en) *(AV)*. **~meisie** maid, housemaid, lady's maid, servant girl, parlourmaid. **~module** service module *(of a spacecraft)*. **~neming** *(esp. mil.)* acceptance of service; enlistment. **~onderbreking** break in service. **~oortreding** transgression of (official) rules. **~opsegging** notice (of termination of service). **~order** official order. **~pad** service road. **~personeel** domestic staff/servants. **~plig** compulsory (military) service, conscription, national service; *~ vervul* perform military/national service. **~pligtig** *-e* liable to/for service. **~pligtige** *-s* national serviceman, conscript, draftee. **~pligtigheid** liability to military/national service. **~reëling** timetable, (time) schedule. **~reglement, ~regulasies** service regulations. **~reis** official journey. **~rewolwer** service revolver. **~rooster** duty list/roster; timetable, (time) schedule. **~sekering** *(elec.)* service fuse. **~sektor** *(econ.)* service sector. **~staat** establishment; record/statement of service. **~stasie** service station; *(also* diensstasiekompleks*)* service area. **~telegram** official telegram, service wire. **~termyn** period of service, term/tenure of office. **~troep** fatigue party. **~tyd** time/term/period of service; term/period/tenure of office; hours of attendance; *'n ~ hê* do a turn of duty. **~ure** hours of attendance, office hours. **~vaardig** →DIENSWILLIG. **~vaardigheid** helpfulness; obligingness, readiness to serve. **~verbreking** breach of service contract. **~verlating** desertion (of service), breach of service. **~verlenend:** *~e bedryf* service industry; *~e onderneming* service concern; *~e sektor, (also* diensverleningsektor*)* service sector. **~verrigting, ~vervulling** discharge of duties, service. **~verskaffer** service provider. **~vlug** regular/scheduled flight. **~voordele** service benefits. **~voorskrif** service regulation/instruction. **~voorwaarde** condition of service. **~waardering** service rating. **~waarnemer** officiant. **~weg:** *langs die ~* through official channels. **~weieraar** conscientious objector (to military service). **~weiering** conscientious objection (to military service); wilful disobedience; insubordination. **~willig** *-e* helpful; humble, dutiful; ready to serve, obliging; assiduous; *u ~e (dienaar)* yours faithfully, *(more fml.)* your obedient servant. **~willigheid** →DIENSVAARDIGHEID. **~ywer** official zeal; professional zeal.

diens·baar *-bare* subservient; menial; instrumental; *~ maak* subjugate *(a nation)*; *iets aan ... ~ maak* make s.t. subservient to ... **diens·baar·heid** bondage, servitude, thraldom, subservience.

dien·sie *-sies* small service; small act of kindness; prayers, short (church) service.

dien·stig *-stige* serviceable, effective, useful; expedient; available; *dit ~ ag/dink/vind om te ...* see/think fit to ... **dien·stig·heid** serviceableness, usefulness; expediency.

diep *diepe, n., (regional)* deep; *(Du.)* canal; →DIEPTE. **diep** *diep(e) dieper diepste, adj.* deep, profound; intense *(disgust)*; close *(secret)*; low *(bow, obeisance)*; intensive *(research)*; *~* ***asemhaling*** deep breathing; *~* ***ekstra*** *dekpunt, (cr.)* deep extra cover; *'n ~(e)* ***geheim/raaisel*** a deep secret/mystery; *in die ~ste van jou* ***hart*** in one's secret heart; *~* ***in*** *die vyftig/ens. wees* be well on in one's fifties/etc.; ***in*** *die ~ste ... wees* be in the depths of ... *(despair etc.)*; *tot ~* ***in*** *die ...* far into the ... *(night etc.)*; *iem. se ~(e)* ***minagting/veragting*** *vir ...* s.o.'s deep/intense contempt (*or* intense scorn) for ...; *~* ***myn*** deep-level mine; *~* ***sloot*** deep furrow; →DIEPSLOOT; *'n platejoggie/ens. met 'n ~, lae* ***stem*** a deep-throated DJ/etc.; *D~* ***Suide,*** *(geog.)* Deep South; *iets in ~* ***vet*** *braai* deep-fry s.t.; *in ~* ***water*** *wees/raak* →WATER *n.; deur ~* ***waters*** *gaan* →WATER *n.; in sy/haar ~ste* ***wese*** →WESE[1] *n.*. **diep** *adv.* deeply, profoundly; *~* ***bedorwe*** utterly corrupt; *~* ***bedroef*** *wees* →BEDROEF *adj.; ~ in die* ***bottel*** *kyk* drink hard, be a hard drinker; *iem. is ~* ***gesonke*** s.o. has fallen very low; *~ op iets* ***ingaan*** consider a matter in detail, go thoroughly into s.t.; *~* ***ingedagte*** *wees* →INGEDAGTE; *tot ~ in die* ***nag*** →NAG; *~* ***ongelukkig*** *wees* →ONGELUKKIG *adj.; ~* ***skerpby*** →SKERPBY; *~ in die* ***skuld*** *wees* be deep in debt; *~ in jou sak* ***vat*** dip deep(ly) into one's pocket. **~bakpastei** *(cook.)* deep-dish pie. **~bakvoertuig** high-sided vehicle. **~bedroef:** *met 'n ~de stem* in a deeply affected (tone of) voice. **~bestraling** deep therapy. **~bevrore** deep-frozen. **~blou** deep blue. **~bord** soup plate; *(hist.)* porringer. **~bou** underground engineering. **~braai** deep-fry. **~by** *(cr.)* long-on. **~denkend** *-e* deep-thinking, penetrating, profound. **~druk** intaglio (printing). **~gaande** *meer ~ die mees ~* profound, searching, probing *(inquiry)*; thorough *(investigation)*; deep-rooted *(differences)*; radical *(change)*; in-depth *(reporting)*; intimate *(knowledge)*; deep-drawing *(ship)*; *~ invloed/uitwerking* pervasiveness. **~gang** draught, sea gauge *(of a ship)*; depth *(fig.)*, profundity; *met geringe ~* shallow-draught *(vessel)*; *(fig.)* superficial; *met groot ~* heavy-draught *(vessel)*; *(fig.)* profound; *die vaartuig het vyf/ens. meter ~* the vessel draws (*or* has a draught of) five/etc. metres. **~gangslyn** load line. **~gangsmerk** load line mark. **~gebraai:** *~de aartappels* deep-fried potatoes. **~gevoel(d)** *-de* heartfelt. **~gewortel** *-de* deep-rooted, deep-seated. **~groen** deep green. **~kloof** canyon. **~liggend** *-e dieper liggend(e), dieperliggend(e)* deep-set, sunken *(eyes)*; deep-seated *(feelings, rock)*. **~lood** *-lode* sounding lead, plummet, plumb (bob). **~ploeg** *n.* trench plough, subsoiler. **~ploeg** *diepge-, vb.* subsoil. **~rooi** deep red, scarlet, cardinal (red). **~see** →DIEPSEE. **~sinnig** *-e* profound, discerning *(thinker etc.)*; thoughtful, pensive *(look)*; profound, deep, abstruse, thought-provoking *(argument etc.)*. **~sinnigheid** abstruseness, depth, deepness, profundity. **~sloot** gulch, gully, donga; →DIEP *adj.*. **~tuin** sunken garden. **~veld** *(cr.)* deep/long field. **~vetbraai** deep-fat frying. **~voeg** raked/recessed/sunk joint. **~vries** *diepge-, vb.* deep-freeze. **~vriesbehandeling** hypothermy. **~vries(kas)** deep freeze(r); *iets in die ~ sit* put s.t. in the deep freeze(r), deep-freeze s.t.. **~vrieskos, ~vriesvoedsel** deep-frozen foods. **~weg** *(cr.)* long-off.

diep·see deep sea, inner space. **diep·see-** deep-sea, abyssal, bathyal. **~duiker** deep-sea diver. **~ondersoek** deep-sea/bathyal research/exploration. **~peiling** deep-sea sounding/fathoming. **~slenk** oceanic deep.

diep·te *-tes* depth, deepness; deep; profundity; depth(s), abyss; ***die*** *~* the depths (*or* deep sea); *(onder)* ***in*** *die ~* deep down; ***in*** *die ~ opstel* arrange in depth; *verdediging* ***in*** *die ~, (mil.)* defence in depth; ***op*** *'n ~ van 100/ens. meter* at a depth of 100/etc. metres; ***peilbare*** *~* soundings. **~bom** depth bomb/charge. **~film** three-dimensional film. **~gesteente** deap-seated rock. **~hoek** angle of depression. **~lading** depth charge. **~lyn** depth contour, isobath. **~maat** depth gauge. **~meter** bathometer, sea gauge. **~peilapparaat** echo/depth sounder. **~peiling** sounding. **~psigologie, ~sielkunde** depth psychology, psychoanalysis. **~struktuur** *(ling.)* deep structure. **~studie** in-depth study. **~terapie** *(med.)* deep therapy.

dier[1] *diere, n.* animal, beast, creature; brute; →DIERE-; ***geslagte*** *~* carcass; *die ~* ***in*** *iem.* the animal in s.o.; *tot 'n ~* ***maak*** dehumanise; ***mens*** *en ~* man and beast; ***my*** *~!* my pet/dear!. **~fabel** →DIEREFABEL. **~kunde** zoology. **~kundig** *-e* zoological. **~kundige** *-s* zoologist. **~naam** name of an animal. **~soort** animal species; species of animal. **~stysel** →DIERESTYSEL. **~vel** animal skin. **~verhaal** →DIEREVERHAAL. **~vet** →DIEREVET.

dier[2] *pron.* that; →DIÉ *pron.; in ~ voege* accordingly, in this/that way/manner; to that effect; *in ~ voege dat ...* so that ..., so as to ...

die·ra·sie *-sies* beast, creature, monster; ogre; *(esp. a woman)* termagant.

dier·baar *-bare* beloved, lov(e)able, (very) dear, darling; *ons dierbares* our loved ones (*or* nearest and dearest); *vir iem. ~ wees* be very dear to s.o.. **dier·baarheid** dearness.

die·re-: **~aanbidding** animal worship, *(rare)* zoolatry. **~arts** veterinary surgeon. **~beskerming** protection of animals; *Vereniging vir D~* Society for the Prevention of Cruelty to Animals. **~beskrywend** zoographic(al). **~beskrywer** zoographer. **~beskrywing** zoography. **~epos** beast epic. **~fabel** animal fable. **~fossiel** zoolith. **~geneeskunde** veterinary science. **~geografie** zoogeography. **~hawe** kennels. **~kenner** zoologist. **~kennis** animal science. **~kos** pet food. **~lewe** animal life. **~liefhebber** animal lover. **~meel** meat meal. **~mishandeling** cruelty to animals. **~ontleder** zootomist. **~ontleedkunde** zootomy. **~opstopper** taxidermist. **~regte** *(pl.)* animal rights; animal lib(eration); *(kamp)vegter vir ~* animal liberationist, animalist, animal rights activist/campaigner/supporter. **~regtebetoger** animal rights protester. **~regtebetoging** animal rights protest. **~regtebeweging** animal lib(eration). **~regteveldtog** animal rights campaign. **~riem** zodiac. **~ryk** animal kingdom. **~sage** animal/beast saga. **~siekte** animal disease. **~skilder** animal painter, animalist. **~sorg** care of animals; *Vereniging vir D~* Animal Welfare Society. **~storie** animal story. **~stysel, dierstysel** glycogen. **~taal** animal language. **~temmer** animal tamer, tamer of wild beasts. **~tuin** zoo, zoological garden(s). **~tuindirekteur, ~tuineienaar, ~tuinopsigter** zookeeper. **~verering** →DIEREAANBIDDING. **~verhaal, dierverhaal** animal story. **~versameling** menagerie. **~versorging**

care of animals, animal care/management. **~vet, diervet** animal fat, adipose. **~voertuig** animal-drawn vehicle. **~vriend** animal lover. **~wêreld** animal world, fauna. **~winkel** pet shop.

di·ë·re·se, di·e·re·se *-ses* diaeresis.

dier·lik *-like, adj.* animal; bestial, brutal, brutish, beastly; carnal; *~e elektrisiteit* animal electricity; *~e gif* zootoxin; *~e kool* animal charcoal; *~e olies/vette* animal oils/fats; *~e seep* tallow soap; *~e sel* zooblast; *~e stysel/setmeel* glycogen; *~e werksaamheid* zoodynamics. **dier·li·ke** *n.: die ~ in iem.* the animal in s.o.. **dier·lik·heid** animality, animal nature; bestiality, brutality.

dier·tjie *-tjies* animalcule; small animal/creature; *elke ~ (het) sy plesiertjie* each to his own; *my ~!, (infml.)* my pet/dear!.

dies: *en ~ meer, en wat ~ meer sy* and so forth; *(infml.)* and all that jazz.

die·sel diesel. **~elektries** *-e* diesel-electric. **~enjin, ~masjien, ~motor** diesel engine/motor. **~loko(motief)** diesel locomotive. **~olie** diesel oil, distillate fuel.

die·self·de the same; identical; *~* ***as*** *... wees* be identical with ...; *~* ***doen,*** *(also)* follow suit; ***een en*** *~* →EEN *n., pron. & adj.;* ***min*** *of meer ~* (pretty) much the same; *op ~* ***neerkom*** amount/come to the same thing; ***net*** *~* just the same; *dis* ***nie*** *~ nie* it's not the same thing; ***ongeveer*** *~* (pretty) much the same; ***presies*** *~* exactly (*or* one and) the same, the very same; ***presies*** *~ as ... wees, (also, fig.)* be a carbon carbon of ...; *~* ***vergoeding/loon/salaris*** *(vir dieselfde werk* of *vir mans en vroue[ns])* equal pay (for equal work).

die·se·li·seer *ge-* dieselise *(an engine etc.).* **die·se·li·sa·sie, die·se·li·se·ring** dieselisation.

dies·man, dies·volk →DUUSMAN, DUUSVOLK.

die·sul·ke(s) such(like).

di·ë·te·tiek, di·e·te·tiek dietetics, dietics; →DIEET. **di·ë·te·ties, di·e·te·ties** *-tiese* dietetic(al).

di·ë·tiel·e·ter, di·e·tiel·e·ter *(chem.)* diethyl ether.

Diets *n., (hist.)* (Medi[a]eval) Dutch. **Diets** *Dietse, adj.* (Medi[a]eval) Dutch; *die ~e Beweging* the Pan-Dutch Movement. **diets:** *iem. iets ~ maak* make s.o. believe s.t. (untrue), delude s.o. into believing s.t., have s.o. on.

die·we-: **~bende** gang/pack of thieves. **~draad, diefdraad** burglar-proof wire, burglar-proofing, burglar screen. **~-eer** honour among thieves. **D~-eilande** Marianas, Ladrone Islands. **~lantern** dark lantern, bull's-eye lamp/lantern. **~skerm** burglar-proofing, burglar screen. **~sleutel** master/pass/skeleton key, picklock. **~streek** thievish trick. **~taal** thieves' Latin/cant/slang, flash (language), argot. **~tralies** burglar bars.

die·we·ry *-rye* thieving, theft, thievery, pilfering, pilferage, *(jur.)* larceny.

di·feen·suur *(chem.)* diphenic acid.

dif·fe·ren·si·aal *-ale, n., (math.)* differential. **~rekening** *-e, -s* (differential) calculus, method of fluxions. **~vergelyking** differential equation.

dif·fe·ren·si·a·sie differentiation. **dif·fe·ren·sie** *-sies* finite difference. **dif·fe·ren·si·eel** *-siële, adj.* differential; *~siële koste* differential cost; *~siële kosteberekening* differential costing; *~siële regte* differential duties; *~siële tarief* differential rate. **dif·fe·ren·si·eer** *ge-* differentiate, distinguish. **dif·fe·ren·si·ë·ring** differentiation.

dif·frak·sie *(phys.)* diffraction.

dif·fun·deer *ge-* diffuse. **dif·fun·de·rend** *-rende* diffusible. **dif·fun·de·ring** diffusion.

dif·fu·sie diffusion. **dif·fu·sie·ver·mo·ë** diffusibility. **dif·fuus** *-fuse -fuser -fuusste* (of *meer ~ die mees -fuse)* diffuse; *diffuse lig* diffused light.

dif·te·rie *(med., vet. sc.)* diphtheria, diphtheritis. **dif·te·ries** *-riese* diphtheric, diphtheritic.

dif·tong, dif·tong *-tonge, (phon.)* diphthong. **dif·ton·geer** *ge-* diphthongise. **dif·ton·ge·ring** *-e, -s* diphthongisation. **dif·ton·gies** *-giese* diphthongal.

dig[1] *n., (rare)* poetry; *~ en ondig, (rare)* poetry and prose. **dig** *ge-, vb.* write poetry/verse, make/compose verse, versify; →DIGTER. **~aar** *(fig., rare)* poetic vein. **~bundel** volume of poetry. **~genootskap** poetry society. **~kunde** poetics. **~kuns** (art of) poetry, poetic art. **~maat** metre, poetic measure; *in ~* in verse. **~reël** line of verse. **~soort** kind/class of poetry. **~stuk** poem. **~trant** poetic style. **~vorm** *-e* poetic form, kind of poetry; *in ~* in verse. **~vuur** poetic fire. **~werk** poem, poetical work.

dig[2] *digte digter digste, adj.* closed, shut; tight; dense *(forest, population);* thick *(fog);* compact *(mass);* close *(texture);* non(-)porous, impermeable, impervious, impervidable; *(infml., derog.)* thick, dense, stupid, fatheaded, halfwitted, pinheaded, nerdish, nurdish, nerdy, nurdy; *~te* ***harmonie,*** *(mus.)* close harmony; *sang in ~te* ***harmonie*** close-harmony singing; *trio/ens. wat in ~te* ***harmonie*** *sing* close-harmony trio/etc.; *iets ~* ***hou,*** *(also* dighou*)* keep quiet about s.t., keep s.t. back (*or* to o.s. *or* under one's hat *or* under wraps), *(infml.)* keep the lid on s.t.; ***hou*** *dit dig!* keep it under your hat!, don't breathe a word about it!; *iets vir iem. ~* ***hou,*** *(also* dighou*)* withhold s.t. (*or* keep s.t. secret from) s.o., keep s.o. in the dark about s.t.; *~* ***maak,*** *(also* digmaak*)* seal; joint; close (up), stop *(a hole);* screw up *(a coffin);* button/fasten/pin up; tighten; *iets met stopklei ~* ***maak,*** *(also* digmaak*)* puddle s.t.; *so ~* ***soos*** *'n pot* (as) close as wax (*or* a coffin *or* an oyster), (as) tight as a clam. **dig** *adv.* closely; densely; near; *~* ***bebos,*** *(also* digbebos*)* densely/thickly wooded; *~* ***bevolk,*** *(also* digbevolk*)* populous, densely/heavily/thickly populated; thickly peopled; *~ter* ***nedersetting*** closer settlement; *~* ***opmekaar*** closely packed. **dig** *ge-, vb.* stop (up), fill up; seal; joint, caulk. **~bebos** →***dig*** *bebos.* **~bevolk** →***dig*** *bevolk.* **~blarig** foliose, thickly leaved. **~by** →DIGBY. **~knoop** *digge-* button/tie up. **~knyp** *digge-* squeeze/pinch together. **~korrelrig** close-grained *(wood).* **~maak** →***dig*** *maak.* **~naai** *digge-* sew up. **~plak** *digge-* seal (up). **~skroei** *digge-* sear up *(a wound),* cauterise. **~splytbaar** fissile. **~splytbaarheid** fissility. **~stop** *digge-* plug/stop up. **~vou** *digge-* fold up. **~vries** *digge-* freeze (*or* be frozen) over/up, freeze solid.

dig·by, *(rare)* **dig·te·by** *digterby digsteby* close by/to, close/hard upon, near, at close quarters; →NABY *adv.; ~ die wal hou* hug the shore; *~ die wind, (naut.)* close-hauled; *van ~* at close quarters. **dig·by·op·na·me, dig·by op·na·me** *(phot.)* close-up.

di·ge·reer *ge-, (rare)* digest; →VERTEER. **di·ges·tie** digestion. **di·ges·tief** *-tiewe* digestive.

di·gi·taal *-tale, adj. & adv.* digital(ly); *~* ***heropgeneem*** digitally remastered; *digitale* ***horlosie/oorlosie/klok*** digital watch/clock; *digitale* ***kompressie*** digital compression; *~* ***opgeneem*** digitally recorded; *digitale* ***opname*** digital recording; *digitale* ***oudioband*** digital audio tape; *digitale* ***oudio-uitsending*** digital audio broadcasting; *digitale* ***plaat/skyf*** digital disc; *digitale* ***rekenaar*** digital computer. **~horlosie, ~oorlosie, ~klok** digital watch/clock. **~rekenaar** digital computer.

di·gi·ta·lien *(chem.)* digitalin.

di·gi·ta·lis *(bot., med.)* digitalis; *met ~ behandel, ~ toedien* digitalise. **~behandeling, ~toediening** digitalisation.

di·gi·ta·li·seer *(med.)* digitalise; *(comp.)* digitise. **di·gi·ta·li·seer·der** *(comp.)* digitiser. **di·gi·ta·li·se·ring, di·gi·ta·li·sa·sie** *(med.)* digitalisation; *(comp.)* digitisation.

dig·ni·ta·ris *-risse, (rare)* dignitary; →HOOGWAARDIGHEIDSBEKLEËR.

di·gok·sien *(med.)* digoxin; *met ~ behandel, ~ toedien* digitalise, administer digoxin *(to a patient with a heart complaint).* **~behandeling, ~toediening** digitalisation.

di·go·to·mie dichotomy.

di·gres·sie *-sies* digression.

dig·te·by, dig·ter·by →DIGBY; NADERBY.

dig·ter *-ters* poet. **~vors** prince of poets.

dig·te·res *-resse* poetess. **dig·ter·lik** *-like* poetic(al); *~e vryheid* poetic licence. **dig·ter·lik·heid** poetic quality. →DIG[1] *vb.*.

digt·heid closeness, compactness; thickness, denseness, density; consistency. **digt·heids·me·ter** *(phot.)* densi(to)meter; pycnometer. **dig·ting** closing/stopping up; seal(ing); *~ met stopklei* puddling. **dig·tings·mid·del** *-dels* sealing agent, sealant. **dig·tings·ring** sealing ring, washer.

dik *n.: deur ~ en dun* through thick and thin (*or* fair and foul). **dik** *dik dikker dikste, adj. & adv.* thick *(layer, board, plank, wall, etc.);* thickset, burly, bulky, stout, chunky; fat, obese, plump, corpulent, chubby; swollen *(eyes);* flabby *(cheeks);* thick *(paint, sauce, etc.);* thick, dense *(fog, forest, etc.);* heavy *(coat, fabric, wire, etc.);* sated, satiated; pregnant; capped *(elbow, knee);* close, firm, intimate *(friendship); (infml.)* fed up, annoyed, (sick and) tired; →DIKTE, DIKHEID; *dit ~* ***aanmaak/oplê*** lay it on thick, lay it on with a trowel, pile it on; *~* ***daarin sit*** have money to burn; *jou ~* ***eet,*** *(infml.)* eat one's fill; gorge o.s.; *~* ***ent*** butt (end); *~* ***gehuil*** *wees* be blubbery; *jou stem ~* ***maak*** speak sternly; raise one's voice; assert o.s.; *~* ***met*** *kalf* great with calf; *~* ***met*** *lam* in lamb; *hulle is baie ~* ***met*** *mekaar* they are very thick (*or* as thick as thieves); *~* ***oor*** cauliflower ear; *~* ***room*** double cream; *~* ***sop*** potage, thick soup; *~* ***stem*** gruff/hoarse voice; *~* ***van*** *die lag wees* be choked with laughter; *~* ***van*** *die slaap wees, (eyes)* be heavy with sleep; *~ wees* ***vir*** *iem., (infml.)* be sick of (*or* fed up [to the back teeth *or* to the gills]) with s.o.; *hulle is ~* ***vriende*** they are close/fast/firm/great/intimate friends; →DAALDER; *~* ***word*** put on weight, lose one's figure, get/grow fat; *(milk, paint)* curdle; coagulate, clot; congeal. **~bas** *-te, (Dombeya rotundifolia)* wild pear; *(Lannea discolor)* wild plum. **~bek** *n.* curmudgeon; *(icht.)* thicklip; *(orn.)* grosbeak. **~bek** *adj. & adv.* →DIKMOND. **~beksysie** *(orn.)* (white-throated) seedeater. **~bekwewer** thick-billed weaver(bird). **D~ Bertha** *(cannon)* Big Bertha. **~bloedig, ~bloedig** thick-blooded. **~buikig, ~buikig** *-e* big-bellied, potbellied, paunchy. **~derm** colon. **~dermontsteking** colitis. **~-ert(jie)** marrowfat (pea), marrow pea. **~huid** pachyderm; *(fig.)* thick-skinned person. **~huidig, ~huidig** *-e* thick-skinned, pachydermatous. **~huidigheid** pachydermia. **~keel** *(vet. sc.)* bottle jaw; throstling. **~kop** →DIKKOP. **~lies** thick flank *(of beef).* **~lip** *adj., (lit.)* thick-lipped; *(fig.)* sulky; *~ wees* sulk. **~lippig, ~lippig** *-e, (lit.)* thick-lipped, blubber-lipped; *(fig.)* sulky. **~lywig, ~lywig** *-e* corpulent. **~maag** *(person)* potbelly. **~melkkaas** →DIKMELK. **~mond** *(fig.)* sulky; *~ wees* sulk, pout. **~nekkig, ~nekkig** *-e* thick-necked; cheeky, aggressive. **~neusig, ~neusig** *-e* thick-nosed, bottlenosed. **~oog** *(icht.)* Cape lady. **~pens** *(infml.), (pers.)* potbelly; →KORINGKRIEK. **~pens** *adj.* potbellied, paunchy. **~rib** chuck/thick rib. **~ribskyf** *-skywe* chuck steak. **~sak** →DIKKERD. **~soolskoene** thick-soled shoes. **~stertmuishond** bushy-tailed mongoose. **~tong(ig)** thick-tongued; *iem. praat ~* s.o. speaks thickly (*or* with a thick tongue), the liquor has gone to s.o.'s tongue; s.o.'s speech is slurred. **~vellig, ~vellig** *-e, (fig.)* thick-skinned, insensitive, unfeeling, hard-boiled, unsnubbable; *(zool.)* thick-skinned, pachydermatous. **~velligheid** insensitiveness. **~vleis** ball *(of the hand/toe);* buttock(s); thick flank *(of beef).* **~vloeibaar, ~vloeiend** viscous. **~vloeibaarheid** viscosity. **~voet** *(plant disease)* club root; *(vet. sc.)* club foot; *Pachypodium succulentum.* **~voet(jie), ~voetsiekte** *(bot.)* club root. **~wang(ig)** chubby-cheeked; flabby-cheeked.

dik-dik *-dikke, (zool.)* dik-dik.

di·ke·toon *(chem.)* diketone.

dik·heid fatness, plumpness, *etc.* (→DIK *adj. & adv.*).

dik·ke *-kes* thick one; *(in the pl.)* thick ones.

dik·ke·den·sie *-sies* fix, dilemma, predicament, corner, *(infml.)* pickle, tight spot.

dik·kerd *-kerds, (rare)* fatty, humpty dumpty. **dik·kerd·jie** *-jies, (rare)* chubby child; fat little fellow. **dik·ke·rig** *-rige* plumpish, rather thick/stout/fat/etc. (→DIK *adj. & adv.*).

dik·kop *n., (infml., derog.)* blockhead, deadhead, num(b)skull, thickie, thicky, thicko, nerd, nurd; pigheaded fellow; curmudgeon; hobnail; *(rivet)* cheese-head; hangover; *(orn.)* dikkop; *(icht.)* goby; *(vet.)* bighead, tribulosis. **dik·kop** *adj.: ~ voel* have a thick head (*or* a hangover). **dik·kop**=, **dik·kop·pig, dik·kop·pig** =*pige* thick-headed/skulled, stupid; pig-headed, obstinate. ~**korhaan** *(orn.)* Karoo korhaan. ~**perdesiekte** bighead, equine osteoporosis, dikkop horse sickness. ~**siekte** tribu-losis *(in sheep)*; osteoporosis *(in horses)*; →GEELDIKKOP. ~**skroef** cheese-head (screw). ~**spyker** hob(nail). ~**vis** goby.

di·kli·nies =*niese, (bot.)* diclinous.

dik·melk curds and whey, clabber(ed) milk, clabber; *soet* ~ junket. ~**kaas** cottage (*or* skim milk) cheese, quark. ~**seep** curd soap. ~**water** whey.

di·ko·tiel =*tiele, n., (bot.)* dicotyledon. **di·ko·tiel** =*tiele, adj.* dicotyledonous.

dik·sie diction. **dik·taat** =*tate* dictation; ~ *opneem* take (down) dictation. **dik·ta·foon** =*fone* dictaphone, dictating machine. **dik·ta·tor** =*tors* dictator. **dik·ta·to·ri·aal** =*ale* dictatorial. **dik·ta·tor·skap** dictatorship. **dik·ta·tuur** =*ture* dictatorship.

dik·te =*tes* thickness; fatness; swollenness; width *(of a layer)*; gauge *(of wire, sheet, etc.)*; consistency *(of a mixture)*; grist *(of a rope)*; stand *(of a crop)*; →DIK *adj. & adv.*. ~**meter** wire gauge. ~**passer** outside callipers. ~**skaafmasjien** thicknesser, thicknessing machine.

dik·tee =*tees* dictation.

dik·teer *(ge)*= dictate; *aan iem.* ~ dictate to s.o. *(a letter to a typist; demands to people; etc.)*. ~**band** recording tape. ~**masjien** dictating machine, dictaphone.

dik·tum →DICTUM.

dik·wels *meer* ~ *die mees* =*e* frequently, often, many a time; ~ *besoek* frequent; ~ *getroud* much married; *heel* ~ quite often.

di·la·ta·sie =*sies, (chiefly med. & physiol.)* dilatation.

dil·do =*do's* dildo(e).

di·lem·ma =*mas* dilemma, quandary; *(Br., infml.)* facer; *in 'n* ~ *wees, voor 'n* ~ *staan, jou in 'n* ~ *bevind* be in a dilemma/quandary (*or [fml.]* on the horns of a dilemma), face/have a dilemma.

di·let·tant =*tante* dilettante, amateur; dabbler. **di·let·tan·te·rig** =*rige,* **di·let·tan·ties** =*tiese* amateurish, dilettant(e)ish. **di·let·tan·te·werk** amateurish/dilettant(e)ish work. **di·let·tan·tis·me** dilettantism, amateurism, *(pej.)* amateurishness.

dil·le *(bot.)* dill. ~**piekels** *(pl.)* dill pickles.

di·lu·vi·um *(geol.)* diluvium. **di·lu·vi·aal** =*ale* diluvial.

di·meer =*mere, n., (chem.)* dimer. **di·meer** =*mere,* **di·me·ries** =*riese, adj.* dimeric.

di·men·sie =*sies* dimension. **di·men·si·o·neel** =*nele* dimensional; →DRIEDIMENSIONEEL, EENDIMENSIONEEL.

di·mi·nu·en·do =*do's, (It., mus.: decreasing in loudness)* diminuendo, decrescendo.

di·mi·nu·tief =*tiewe, n. & adj.* diminutive. ~**vorm** *(gram.)* diminutive form.

di·mor·fis·me, di·mor·fie *(biol., chem.)* dimorphism. **di·morf** =*morfe,* **di·mor·fies** =*fiese* dimorphic, dimorphous.

di·na·miek dynamics, dynamism, vitality, vibrancy; *(mus.)* dynamics. **di·na·mies** =*miese* =*mieser* =*miesste* (*of meer* ~ *die mees* =*e* dynamic, forceful, energetic; *meer* ~ *maak* dynamise; *'n uiters ~e mens, (infml.)* a dynamo/go-getter/powerhouse/thruster.

di·na·miet dynamite; *met* ~ *skiet* blast. ~**bom** dynamite bomb, *(mil. sl.)* pineapple. ~**doppie** dynamite cap. ~**kers** stick of dynamite, dynamite stick. ~**lading** blast, dynamite charge. ~**lont** dynamite fuse. ~**patroon** dynamite cartridge. ~**skieter** *(min.)* dynamiter, blaster, shot-firer.

di·na·mi·ka dynamics. **di·na·mis·me** dynamism.

di·na·mi·teur =*teurs,* **di·na·mi·tis** =*tiste, (arch.)* dynamitard.

di·na·mo, di·na·mo =*mo's, (elec.)* dynamo, generator. ~**bediener** dynamo attendant. ~-**elektries,** ~**ëlektries** dynamoelectric(al). ~**meter** dynamometer. ~**metries** dynamometric(al).

di·nar =*nars, (monetary unit)* dinar.

Di·na·rie·se Al·pe *(geog.)* Dinaric Alps.

di·nas =*naste* dynast. **di·nas·tie** =*tieë* dynasty, (ruling) house. **di·nas·ties** =*tiese* dynastic(al).

di·ne =*nes, (phys.: a unit of force)* dyne.

di·nee =*nees* dinner; dinner party. ~**baadjie** dinner jacket. ~**dansparty** dinner-dance. ~**rolletjie** dinner roll.

di·neer *(ge)*=, *(fml., obs.)* dine, have dinner.

ding[1] *dinge, n.* thing, object; affair, matter; ***allerhande/allerlei*** ~*e* all sorts of things; one thing and another; *dit is glad 'n* (*of 'n totaal*) ***ander*** ~ that is quite another story; that is a horse of another (*or* a different) colour; ***ander*** ~*e as* ... things other than ...; *(die)* ***arme*** ~ (the) poor soul/thing; ***daar's*** *die* ~*!* that's (just) it!; ***daar's*** *vir jou 'n* ~ that's really something, there's something for you; that's a pretty how-d'ye-do (*or* kettle of fish); *dis elke* ***dag*** *se* ~ it happens every day, it's a daily occurrence; *en* ***dergelike*** ~*e* and all that; ***dis*** *die* ~*!* that's the idea!; ***dis*** *nou 'n* ~*!* that's done it!; *is* ***dit*** *die* ~*?* is that it?; *die* ~ ***doen,*** *(infml.)* do the trick; *die een* ~ ***doen*** *en die ander nie nalaat nie* do the one and not leave the other undone; *dit is* ***een*** ~ *wat nie twee is nie, (infml.)* it is a dead cert; *om maar* ***een*** ~ *te noem* ... for one thing ...; ***een*** ~ *waarvan iem. niks hou nie, is* ... if there is anything s.o. dislikes, it is ...; *alle* ***goeie*** ~ *bestaan uit drie* third time lucky; *dis* (*of dit is*) *'n* ***goeie*** ~ *dat* ... it's (*or* it is) a good thing/job that ...; ***groot*** ~*e doen* do great things; ***gunstige*** ~*e van* ... *sê* speak well of ...; *die* ~ ***ken,*** *(infml.)* know one's stuff; *daar lê die* ~ there's the rub; *'n* ***liewe*** ~*, (infml.)* an old dear; ***my*** ~*!* my dear!; *'n* ~ *by sy* ***naam*** *noem* call a spade a spade; *dit is* ***net*** *die* ~ that will do nicely; *dis* ***net*** *die regte* ~ that's just the thing; *moenie die* ~ ***oordryf/oordrywe*** *nie* that's too much of a good thing; *'n (groot)* ~ ***regkry*** pull off a coup; *die* ~ *is* ***so*** it's like this, it is this way; ***sulke*** ~*e* things like that, such things; ... *en* ***sulke*** ~*e* ... and everything; ***toekomstige*** ~*e* things to come; *jou* ~*e* ***verbeel*** see things; ***vol*** ~*e wees* be up to all kinds of tricks, *(infml.)* play the fool (*or* silly buggers), clown around. **din·ges** =*gese, (infml.)* dingus, doodah, thingamabob, thingumabob, thingamajig, thingumajig, thingamy, thingumm, whatsit, whatchamacallit; *(masc.)* whatshisname, so-and-so; *(fem.)* whatshername. **din·ge·sie** =*sies* little something; trifle; doodah, thingy, contraption, gadget. **din·ge·tjie** =*tjies (sometimes:* goedjies*)* little thing, trifle; little child; *my* ~ my little dear.

ding[2] *ge*=, *vb.* compete; bargain, haggle; *na* ... ~ compete for ...; strive after/for ...; contend for ...; →MEEDING.

Din·gaans·dag *(hist.)* Dingaan's Day; →GELOFTEDAG.

din·ges →DING[1] *n.*.

din·go =*go's, (zool.)* dingo.

dink *ge*~ think, contemplate, cogitate, reflect, ponder; think, intend, plan, propose; think, believe, imagine, expect, suppose; think, reckon, consider, believe, be of the opinion; think, recall, remember, recollect; →DAG[2], DENKE, DENKEND, DOG[2]; ***aan*** ... ~ think (*or* be thinking) about/of ..., contemplate ...; give a thought to ...; remember ..., bear/keep ... in mind; have ... in mind; think in terms of ...; *iem.* ~ ***aan*** *iets, (also)* s.t. occurs to s.o.; *altyd* ***aan*** *ander* ~ be thoughtful of others; *iem. kan* ***aan*** *niks anders as* ... ~ *nie, iem. dink net* ***aan*** ... s.o. can't keep his/her mind off ...; ***aan*** *iets bly* ~ have s.t. on the brain; *net* ***aan*** *een ding* ~ have a one-track mind; *glad nie* ***aan*** *iets* ~ *nie* not give s.t. a thought; *dit laat ([′n] mens)* ***aan*** ... ~ it is reminiscent of ...; it is suggestive of ...; it savours of ...; *iets laat iem.* ***aan*** ... ~ s.t. reminds s.o. (*or* makes s.o. think) of ...; *iem.* ***aan*** ... *laat* ~ make s.o. think of ...; *iem. laat jou* ***aan*** *iem. anders* ~ s.o. reminds one of s.o. else; ***aan*** *iets moet ge*~ *word* s.t. must be borne in mind; *nou* ~ *ek* ***aan*** *iets* that reminds me; *sonder om* ***aan*** ... *te* ~*, (also)* mindless of ...; *iets doen sonder om* ***aan*** ... *te* ~*, (also)* do s.t., unmindful of ...; *in jou testament* ***aan*** *iem.* ~ remember s.o. in one's will; ***al*** *waaraan iem.* ~*, is om te* ... s.o.'s one thought is to ...; ***anders*** *(daaroor)* ~ be of another opinion, have a different view, think otherwise; *(′n) mens kan* ***beswaarlik*** ~ *dat* ... it is difficult to think that ...; ~ *(′n)* ***bietjie!,*** ~ ***nou net!*** just/only imagine/think!; ***by*** *jouself* ~ think to o.s., reflect; ***daaraan*** ~ *om iets te doen* think of doing (*or* have it in mind to do) s.t., toy with the idea of doing s.t.; *ek* ~ *nie (eens/eers)* ***daaraan*** *nie!* I wouldn't think/dream of it!, it's out of the question!, nothing is further from my mind!; *(′n) mens moet* ***daaraan*** ~ *dat* ... one should remember that ...; *noudat ek* ***daaraan*** ~ ... come to think of it ...; *iem. sou nooit/nie* ***daaraan*** ~ *om te* ... *nie* s.o. would never/not dream of ...; *hoe vriendelik van jou om* ***daaraan*** *te* ~*!* how thoughtful of you!; *iem. wil nie* ***daaraan*** ~ *nie* s.o. dreads to think of it; *so* ~ *ek* ***daaroor*** these are my sentiments; *ek sal* ***daaroor*** ~ I'll (*or* I will) see; ~ ***dat*** ... think that ...; imagine that ...; ***diep*** ~ think hard; ***diep*** *oor iets* ~ ruminate about/on/over s.t.; *iem.* ***diep*** *laat* ~ give s.o. furiously to think; ***dit*** ~ *jy (maar)!* that's what you think!; *(infml.)* says you!; *ek* ~ ***dit*** *nie* I don't think so; *hulle/ons* ~ ***eenders/eners*** they/we think alike; ... ~ ***ek*** if you ask me ...; *dit het* ***ek*** *ge*~*, net soos* ***ek*** *ge*~ *het, dit kon* ***ek*** ~ I thought so (*or* as much); ***goed*** ~ take thought; ***hardop*** ~ think aloud; *iem.* ***kan*** *nie* ~ *nie* s.o.'s mind is a (*or* has gone) blank; *dit* ***kon*** *ek* ~ →***ek;*** *dit* ***laat*** *(′n) mens* ~ that sets one thinking; *iets* ***laat*** *(′n) mens* ~ s.t. is food for thought; ***laat*** *ek eers* ~ let me see; ***logies*** ~ think straight; ***moenie*** ~ ... *nie* don't get ideas ...; ~ ***net*** *(daaraan)!* think of it!; ~ ***nou net!*** →***bietjie;*** ***oor*** *iets* ~ think about s.t.; ponder (on/over) s.t.; see about s.t.; *iem.* ~ ***oor*** *iets, (also)* s.o.'s thoughts turn to s.t.; ***sê*** *wat jy* ~ speak one's mind; ***selfstandig*** ~ think for o.s.; *ja, ek* ~ ***so*** yes, I think so; *nog* ***so*** ~ still be of the same mind; ***sonder*** *om te* ~ without thinking, unthinkingly, on the spur of the moment; ***sonder*** *om twee keer te* ~ without a moment's thought; ***soos*** *iem.* ~ be of s.o.'s mind; *ek* ***sou*** ~ ... I should think ...; *(infml.)* I guess ...; *ek* ***sou*** *so* ~*!* I should (jolly well) think so!; you're telling me!; *dit* ***sou*** *ek* ~*!, (also)* don't I just!; *jou* ***suf*** ~ rack one's brains, think o.s. silly; *baie* ***van*** ... ~ think highly/much (*or* a lot) of ..., have a high opinion of ...; *baie* ***van*** *iem.* ~*, (also)* think the world of s.o.; *dit kon ek nie* ***van*** ... *ge*~ *het nie* I could not have believed it of ...; *min* ***van*** ... ~ think little/poorly (*or* have a bad/low opinion) of ...; *min* ***van*** *iets* ~*, (also)* count s.t. of little value; take a dim/poor view of s.t.; *iem.* ~ ***niks van*** ... *nie* s.o. has no use for ...; *sleg* ***van*** *iem.* ~ think ill of s.o.; *nie veel* ***van*** *iets* ~ *nie* take a dim/poor view of s.t.; ***waaroor*** *sit jy (so) en* ~*?* a penny for your thoughts; ***wat*** ~ *jy daarvan?* what do you think of it?; how do you like it?; how does it strike you?; ***wat*** ~ *jy van my?* what do you take me for?; *elkeen kan* ~ ***wat*** *hy/sy* ***wil*** thought is free; ***weet*** *hoe iem.* ~ know s.o.'s mind; *nie* ***weet*** *wat om van* ... *te* ~ *nie* not know what to think about (*or* make of) ... ~**masjien** *(infml.)* thinking machine, electronic brain. ~**skrum** brainstorm, brainstorming (session); *'n* ~ *hou* have a brainstorm. ~**tenk,** ~**sentrum,** ~**winkel,** ~**bank** *(infml.)* think tank. ~**vermoë** →DENKVERMOË. ~**werk** brainwork, mental effort/work.

di·no·sou·rus =*russe,* **di·no·sou·ri·ër** =*riërs* dinosaur.

Dins·dag =*dae* Tuesday; *(in the pl.)* (on) Tuesdays. ~**aand** Tuesday evening. ~**môre,** ~**more,** ~**oggend** Tuesday morning. ~**nag** Tuesday night. ~**(na)middag** Tuesday afternoon.

Di·nu·zu·lu *(Zulu chief)* Dinuzulu.

Di·o·cle·ti·a·nus →DIOKLETIANUS.

di·o·de =*des, (electron.)* diode.

Di·o·kle·ti·a·nus, Di·o·cle·ti·a·nus *(Rom. emperor)* Diocletian.

di·ok·saan *(chem.)* dioxan(e).

di·ok·sied =*siede, (chem.)* dioxide.

di·ok·sien *(chem.)* dioxin.

di·ol *(chem.)* diol, dihydric alcohol.

Di·o·me·des *(Gr. myth.)* Diomedes, Diomed(e).

Di·o·nu·sos, Di·o·nu·sus *(Gr. myth.)* Dionysus, Dionysos. **Di·o·ni·sies** =*siese* Dionysian, Dionysiac.

di·op·taas *(min.)* dioptase.

di·op·ter =*ters* dioptre, peep sight. **di·op·trie** *(opt.: unit of refractive power)* dioptre. **di·op·triek, di·op·tri·ka** dioptrics, (theory of) refraction. **di·op·tries** =*triese* dioptric(al); ~*e kyker* refractor.

di·o·ra·ma *-mas* diorama. **di·o·ra·mies** *-miese* dioramic.
di·o·riet *(geol.)* diorite.
di·o·sees *-sese, (relig.)* diocese. **di·o·se·saan** *-sane, n. & adj.* diocesan.
Di·os·ku·re: *die ~, (Gr. myth.)* the Dioscuri.
dip *dippe, n., (also* dipstof*)* dip, dipping fluid; *(also* dipbak, dipgat*)* dipping tank; *(act)* dipping. **dip** *ge-, vb.* dip. **~bak** *-bakke,* **~gat** *-gate* →DIP *n.*. **~hok, ~kraal** dipping pen. **~inspekteur** dipping inspector. **~stof** →DIP *n.*.
di·pe·taal *-tale, (bot.)* dipetalous.
di·plo·ïed *-ïede, n., (genet.)* diploid. **di·plo·ïed** *-ïede, adj.* diploid(ic).
di·plo·ma *-mas* diploma, certificate; *'n ~ in ...* a diploma in ...
di·plo·maat *-mate* diplomat. **~poeding** *(cook.)* diplomat pudding. **~sous** *(cook.)* diplomat sauce.
di·plo·ma·sie diplomacy, diplomatic service, statecraft; diplomacy, tact. **di·plo·ma·tiek** *n.* diplomatics; →OORKONDELEER. **di·plo·ma·tiek** *-tieke, adj.* diplomatic; *~e* ***diens*** diplomatic service; *die ~e* ***korps*** the diplomatic corps (*or* corps diplomatique); *~e* ***immuniteit*** diplomatic immunity; *~e* ***sak*** diplomatic bag; *~e* ***uitgawe*** diplomatic edition. **di·plo·ma·ties** *-tiese* diplomatic, tactful, discreet; *'n ~e antwoord* a diplomatic answer. **di·plo·meer** *ge-* certify, certificate. **di·plo·me·ring** certification.
di·po·die *-dieë, (pros.)* dipody; *(classical pros.)* syzygy.
di·pool *-pole, (phys.)* dipole.
dip·pe·ry dipping.
dip·so·ma·nie dipsomania. **dip·so·maan** *-mane* dipsomaniac.
dip·tiek *-tieke* diptych; →TWEELUIK.
Di·rec·toire: *die ~, (hist.)* the Directoire (*or* [French] Directory).
di·rek *-rekte -rekter -rekste, adj.* direct *(object, speech)*; prompt; straight; immediate *(cause)*; outright; face-to-face *(confrontation)*; *~te* ***aandrywing*** direct drive; *~te* ***aanhaling*** direct quotation; *~te* ***aansluiting*** *→****verbinding/aansluiting****; ~te* ***adres,*** *(comp.)* direct address; *~te* ***(af)lesing*** direct reading; *galvanometer met ~te* ***(af)lesing*** direct-reading galvanometer; *~te* ***afstammeling*** direct descendant; *~te* ***aksie*** direct action; *~te* ***antwoord*** direct answer; *~te* ***belasting*** direct tax; *~te* ***bemarking*** direct marketing/selling; *~te* ***benadering*** direct approach; *~te* ***debiet*** direct debit; *~te* ***eweredigheid,*** *(math.)* direct proportion; *~te* ***geheuetoegang,*** *(comp.)* direct memory access; *~te* ***invoer/toevoer,*** *(comp.)* direct input; *~te* ***kleurstof*** direct dye; *~te* ***koppeling,*** *(electron.)* direct coupling; *~te* ***koste*** flat cost; *~te* ***lyn*** hot line; *~te* ***metode,*** *(educ.)* direct method; *~te* ***opname*** live recording; *~te* ***posbemarking*** direct mail marketing; *~te* ***roete*** direct route; *~te* ***skakeling*** direct dialling; *~te* ***straal*** direct ray; *~te* ***toegang,*** *(comp.)* direct/random access; *~te* ***uitsending*** live broadcast; *~te* ***verbinding/aansluiting*** direct link; *~te* ***verligting*** direct lighting; *~te* ***vraag*** direct question; *~te* ***weiering*** flat refusal. **direk** *adv.* directly; at once, right away, immediately; at first hand; *~ van Parys/ens.* straight from Paris/etc.. **~leesinstrument** direct-reading instrument.
di·rek·sie *-sies* management, board (of directors); governing/managing board; directorate; direction; *in 'n ~ dien/sit* be on a board. **~kamer** boardroom. **~lyn** *(geom.)* →RIGLYN. **~vergadering** board meeting. **~verslag** directors' report, report of the directors.
di·rek·teur *-teure, -teurs* director; manager. **~-generaal** *-s-generaal, -e-generaal* director-general.
di·rek·teurs·gel·de director's fees. **di·rek·teur·skap** *-skappe* directorship. **di·rek·teurs·les·se·naar** executive desk.
di·rekt·heid directness; forthrightness; immediacy.
di·rek·tief *-tiewe* directive.
di·rek·to·raat *-rate* directorate; directorship. **di·rektriks** *-trikse, (geom.)* →RIGLYN. **di·rek·tri·se** *-ses* directress, directrix; manageress; matron.
di·ri·geer *ge-* direct; conduct *(an orchestra)*; divert *(a ship)*; *(fig.)* channel. **~stok, ~staf,** *(rare)* **maatstok** (conductor's) baton.
di·ri·gent *-gente* conductor; choirmaster. **di·ri·ge·ring** conducting. **di·ri·gis·me** *(comm.)* guided economy.
dirk·dirk *-dirke,* **dirk·dir·kie** *-kies, (orn.: Hemipteryx textrix)* pincpinc.
dirk·kraan derrick, rig.
dirn·dl·rok dirndl (dress).
dis[1] *disse, (cook.)* dish, course; *(fml., rare)* table, board. **~genoot** table companion.
dis[2] *(contr. of* dit is*)* it's, that's; *~ nou (maar)* ***van hom/ haar*** that's one thing about him/her; *~* ***vir*** *jou ...!* of all the ...!; *~* ***vir*** *jou 'n man/ens.!* what a man/etc.!; *~* ***waarom*** that's why; *~* ***wat*** *dit is* that's what.
dis[3] D sharp minor. **Dis** D sharp major.
di·sa *-sas, (bot.)* disa; →BLOUDISA, ROOIDISA.
dis·a·gi·o *(It., comm.)* discount.
dis·as·si·mi·la·sie *(biol.)* disassimilation.
di·sen·te·rie *(med.)* dysentery. **di·sen·te·ries** *-riese* dysenteric.
di·se·paal *-pale, (bot.)* disepalous.
di·seur *-seurs, (Fr.)* diseur. **di·seu·se** *-ses (fem.)* diseuse.
dis·fa·sie *(psych.: language disorder)* dysphasia.
dis·har·mo·nie disharmony, discord(ance), disagreement. **dis·har·mo·ni·eer** *ge-* disharmonise. **dis·harmo·nies** *-niese* unharmonious, discordant; *(geol.)* disharmonic. **dis·ho·no·reer** *ge-* dishonour *(a cheque)*.
dis·il·lu·sie disillusion(ment), disenchantment. **disil·lu·si·o·neer** *ge-* disillusion. →GEDISILLUSIONEER(D).
dis·in·fek·sie disinfection. **~middel** disinfectant.
dis·in·fek·teer *ge-* disinfect.
dis·in·fla·sie disinflation. **dis·in·fla·si·o·nis·ties, disin·fla·si·o·nêr** disinflationary.
dis·in·for·ma·sie disinformation.
dis·in·te·greer *ge-* disintegrate. **dis·in·te·gra·sie** disintegration.
dis·in·ter·me·di·a·sie *(fin.)* disintermediation.
dis·in·ves·teer *ge-* disinvest. **dis·in·ves·te·ring** disinvestment. **dis·in·ves·teur** divestor.
dis·junk *-junkte* disjunct. **dis·junk·sie** *-sies* disjunction. **dis·junk·tief** *-tiewe* disjunctive.
dis·kant *-kante, (mus.)* descant, treble; treble voice. **~luidspreker** tweeter.
dis·ko *-ko's* disco; →DISKOTEEK. **~dans** disco dancing. **~-funk** *(mus.)* disco-funk. **~musiek** disco music.
dis·koers *-koerse, (infml.)* discourse, conversation; *'n ~ voer* carry on a conversation.
dis·ko·fiel discophil(e).
dis·kon·teer *ge-, (econ.)* discount, negotiate *(a bill)*. *diskonterende bank* discounting bank. **dis·kon·teerbaar** *-bare* discountable, negotiable *(bill)*. **dis·kon·terings·bank** discount house.
dis·kon·ti·nu *-nue* discontinuous. **dis·kon·ti·nu·ï·teit** discontinuity.
dis·kon·to *-to's* discount. **~bank** discount(ing) bank. **~bedryf** discount business. **~boek** discount ledger. **~firma, ~-onderneming, ~saak** discount house. **~koers, ~voet** discount rate, rate of discount. **~krediet** discount credit. **~makelaar** discount broker.
dis·ko·teek *-teke* disco(theque); *(dated)* record library/ collection.
dis·kre·diet, dis·kre·diet discredit; *iem./iets in ~ bring* bring s.o./s.t. into discredit/disrepute, discredit (*or* bring discredit on/upon/to) s.o./s.t.; *in ~ wees* be discredited (*or* in discredit), *(infml.)* be under a cloud. **dis·kre·di·teer** *ge-* discredit, bring into discredit.
dis·kreet *-krete -kreter -kreetste* (of *meer ~ die mees -krete*) discreet, tactful, considerate, careful; unobtrusive, modest; secret, close; separate, discrete; *uiters ~ wees* be the soul of discretion. **dis·kre·sie** discretion, considerateness; modesty; secrecy; *(die) ene ~ wees* be the soul of discretion. **dis·kre·si·o·nêr** *-nêre* discretionary.
dis·kre·pan·sie *-sies* discrepancy.
dis·kri·mi·na·sie *-sies* discrimination; *~ teen bejaardes, ~ op grond van ouderdom* age discrimination, ag(e)ism; *~ teen gestremdes* discrimination against the disabled, abl(e)ism. **dis·kri·mi·neer** *ge-* discriminate; *op grond van ras* (of *op rassegrondslag/rassegronde*) *~* discriminate racially; *teen iem. ~* discriminate against s.o.; *tussen ... en ... ~* discriminate between ... and ... **dis·kri·mine·rend** *-rende* discriminating; discriminatory.
dis·kus *-kusse, (athl.)* discus; *(biol.)* disc. **~gooi** throwing the discus; discus throw. **~gooier** discus thrower, *(hist.)* discobolus.
dis·kus·seer, dis·ku·teer *ge-, (rare)* discuss, argue, debate. **dis·kus·sie** *-sies* discussion, debate. **dis·kuta·bel** *-bele, (rare)* debatable, arguable.
dis·kwa·li·fi·ka·sie *-sies* disqualification; *(jur.)* disability. **dis·kwa·li·fi·seer** *ge-* disqualify; *(jur.)* incapacitate; *(stock exchange)* hammer. **dis·kwa·li·fi·se·ring** →DISKWALIFIKASIE.
dis·lek·sie dyslexia. **~lyer** dyslectic, dyslexic.
dis·lek·ties *-tiese* dyslexic, dyslectic.
dis·lo·jaal *-jale -jaler -jaalste* (of *meer ~ die mees -jale*) disloyal. **dis·lo·ja·li·teit** disloyalty.
dis·lo·ka·sie *(rare)* dislocation.
dis·me·nor·ree *(med.: painful menstruation)* dysmenorrhoea.
Dis·ney·ag·tig *-tige, (also d~)* Disneyesque. **dis·neyfi·ka·sie** Disneyfication. **dis·ney·fi·seer** Disneyfy.
dis·nis finished, done for; *~* ***loop*** beat by a distance, outdistance; *jou teen 'n muur ~* ***loop*** run into a wall; *~* ***slaan*** knock cold; *~* ***speel*** beat thoroughly; outdo completely.
dis·or·ga·ni·seer *ge-* disorganise. **dis·or·ga·ni·sa·sie** disorganisation.
dis·o·ri·ën·teer *ge-* disorientate. **dis·o·ri·ën·ta·sie** disorientation.
dis·pa·raat *-rate meer ~ die mees -rate* disparate. **dispa·ri·teit** disparity, incongruity.
dis·pen·seer *ge-* dispense, exempt *(from)*. **dis·pensa·sie** *-sies* dispensation.
dis·pep·sie dyspepsia, dyspepsy; *lyer aan ~* dyspeptic. **dis·pep·ties** *-tiese* dyspeptic. **dis·pep·ti·kus** *-tikusse, -tici* dyspeptic.
dis·per·geer *ge-, (rare)* disperse. **dis·per·sie** *(chem., phys., stat.)* dispersion.
dis·plas·ties *-tiese, (med.)* dysplastic.
disp·nee *(med.)* dyspnoea.
dis·po·neer *ge-, (rare): oor ... ~* have ... at one's disposal *(large reserves etc.)*; collect ... *(an amount)*.
dis·po·ni·bel *-bele, (rare)* available, at one's disposal.
dis·po·si·sie *-sies* disposition, disposal.
dis·pro·si·um *(chem., symb.: Dy)* dysprosium.
dis·pu·tant *-tante* disputant, arguer. **dis·pu·ta·sie** *-sies* disputation, dispute, controversy. **dis·pu·teer** *ge-* argue, dispute. **dis·puut** *-pute* dispute, controversy, debate.
dis·sek·sie *-sies* dissection. **dis·sek·teer** *ge-* dissect.
dis·sel[1] *-sels, n.* →DISTEL.
dis·sel[2] *-sels, n.* adze. **dis·sel** *ge-, vb.* adze. **~boom** beam, (draught) pole, shaft, *(hist.)* thill. **~pen** thill peg/ pin.
dis·se·mi·neer *ge-* disseminate. **dis·se·mi·na·sie** dissemination.
dis·ser·ta·sie *-sies* (doctoral) dissertation/thesis.
dis·si·dent *-dente, n.* dissident; *(hist.)* refus(e)nik. **dissi·dent** *-dente, adj.* dissident; *~e Sowjetjood, (hist.)* refus(e)nik. **dis·si·den·sie** dissidence.
dis·si·mi·la·sie dissimilation.
dis·si·mu·leer *ge-* dissimulate. **dis·si·mu·la·sie** dissimulation.
dis·si·pel *-pels* disciple, follower, adherent. **dis·si·pelskap** discipleship.
dis·si·pli·ne discipline; *gebrek aan ~* indiscipline; lack of discipline; *die ~ handhaaf* maintain discipline; *onder ~ staan* be under discipline; *strenge ~* strict discipline. **dis·si·pli·neer** *ge-* discipline. **dis·si·pli·nêr** *-nêre* disciplinary.

dis·so·nan·sie *-sies* dissonance; disharmony, discord. **dis·so·nant** *-nante, n.* dissonant, jarring/discordant note; dissonance; *(mus.)* discord. **dis·so·nant** *-nante, adj.* dissonant, discordant. **dis·so·neer** *ge-* be out of harmony (with), jar.

dis·so·si·eer *ge-* dissociate. **dis·so·si·a·sie** dissociation.

dis·tan·sie *-sies* distance. **dis·tan·si·eer** *ge-: jou van iets ~* distance/dissociate o.s. from s.t.. **dis·tan·si·ë·ring** dissociation *(from)*.

dis·teen *(min.)* disthene, cyanite, kyanite.

dis·tel *-tels,* **dis·sel** *-sels* thistle; *Orde van die D~, (hist.)* Order of the Thistle; *gevlekte ~* milk thistle. **~doring** South African thistle. **~pluis** thistledown. **~vink** goldfinch, thistle finch.

dis·tel·ag·tig, dis·sel·ag·tig *-tige* thistly.

dis·tem·per *-pers, (paint)* distemper.

dis·ti·gon *-gons, (pros.)* distich.

dis·til·laat *-late* distillate. **dis·til·la·sie** distillation.

dis·til·leer *ge-* distil, still; *(fig.)* deduce, gather, infer. **~fles, ~kolf** distilling flask; still; *(hist.)* alembic. **~kamer** still room. **~ketel** still.

dis·til·leer·der *-ders* distiller. **dis·til·leer·de·ry** *-rye* distillery.

dis·tin·geer *ge-, (rare)* distinguish; →GEDISTINGEER(D). **dis·tink·sie** *-sies, (fml.)* distinction, excellence; style, refinement. **dis·tink·tief** *-tiewe* distinctive.

dis·ti·reen *(chem.)* distyrene.

dis·tor·sie *-sies* distortion.

dis·trak·sie *-sies* distraction, absent-mindedness.

dis·treen *(chem.)* distrene.

dis·tri·bu·eer *ge-* distribute. **dis·tri·bu·eer·der** *-ders* distributor. **dis·tri·bu·e·rend** *-rende* distributive; *~e handel* distributive/distribution trade, distributing business.

dis·tri·bu·sie *-sies* distribution. **~-agent** distributing agent. **~diens** distribution service. **~handel** distributive trade. **~kanaal** distribution outlet. **~koste** distribution cost/expense. **~net** *(elec.)* distribution network. **~punt** distribution point/outlet. **~rekening** distribution account. **~resep** distribution mix. **~skakels** distribution chain. **~tarief** *(rly.)* distribution rate.

dis·tri·bu·tief *-tiewe* distributive.

dis·trik *-trikte* district; magisterial division, magistracy. **D~ Ses** *(SA)* District Six.

dis·triks-: **~bestuur** district management/committee. **~bestuurder** district manager. **~dorp** chief town of a district, seat of a magistracy. **~geneesheer** district surgeon. **~grens** district boundary. **~hof** district court. **~kommandant** *(police)* district commandant. **~kommissaris** district commissioner. **~prokureur** *(Am.)* district attorney.

dis·tro·fie *(med.)* distrophy, dystrophia. **dis·tro·fies** *-fiese,* **dis·troof** *-trofe* dystrophic.

di·sul·fied *(chem.)* disulphide.

di·su·rie *(med.)* dysuria.

dit it; this; that; they; these; *~ **alles*** all that; *nie ~ **besit** nie* possess nothing; *wat ~ **betref*** →BETREF; ***by** ~ en dat sweer* →HOOG EN LAAG **SWEER**; *~ **en dat*** this and that; *die een **doen** ~ en die ander dat* one does this and another that; *~ **gaan** goed/sleg* things are going well/badly; *~ wil ek **hê**!* just so!; *~ **het** ek gedink* I thought so (*or* as much); *daar **het** jy ~!* there you have it!; *~ **is** ~* so much for that; *~ **is** iem. se boeke/ens.* these are s.o.'s books/etc.; *~ **loop skeef*** things are going wrong; *~ **lyk** sleg* things are looking bad; *en ~ **nogal*** X X of all people; ***oor** ~ en dat gesels* chat about this and that; *iem. het ~ **oor** ...* s.o. is talking about ...; *die krale het geval, tel ~ **op*** the beads have fallen, pick them up; *~ **reën*** it is raining; *soos ~ nou **staan*** as things are now; *~ is **wat** iem. my vertel het* s.o. told me as much; *~ is die boek **wat** ek wil hê jy moet lees* this is the book I want you to read. **~-en-datse** *(euph.)* blankety(-blank). **dit·heid** thisness, *(philos.)* haecceity. **dit·jies:** *~ en datjies* odds and ends, bits and pieces; trifles, knick-knacks; *oor ~ en datjies gesels/praat* talk about this and that (*or* this, that and the other), pass the time of day. **dit·sem, dit·sit** *interj.* that's it; that's the stuff. **dit·sy** →HETSY.

di·ti·ram·be *-bes, (pros.)* dithyramb.

di·to·liel *(chem.)* ditolyl.

dit·to ditto, idem, the same.

di·u·re·se *(med.)* diuresis. **di·u·re·ties** *-tiese* diuretic.

di·va *-vas* diva.

di·va·geer *ge-, (rare)* divagate, digress. **di·va·ga·sie** *-sies, (rare)* divagation, digression *(on a subject)*.

di·va·len·sie *(chem.)* divalence. **di·va·lent** *-lente* divalent, bivalent.

di·van *-vans* divan, couch, chesterfield.

di·va·ri·ant *-ante, (chem.)* divariant.

di·ver·geer *ge-* diverge. **di·ver·gen·sie** *-sies* divergence. **di·ver·gent** *-gente,* **di·ver·ge·rend** *-rende* divergent, diverging.

di·vers *-verse* miscellaneous, various, sundry, diverse; *~e artikels* various/sundry articles. **di·ver·se** *(pl.)* sundries, miscellanea, miscellany; incidental expenses. **di·ver·si·fi·ka·sie** diversification. **di·ver·si·fi·(s)eer** *ge-* diversify. **di·ver·si·teit** diversity.

di·vi·dend *-dende* dividend; *'n ~ **betaal/uitkeer*** pay/distribute a dividend; ***met** ~* cum dividend; *'n ~ **oorslaan/passeer*** pass a dividend; ***sonder** ~* ex dividend; *'n ~ **verklaar*** declare a dividend. **~bewys, ~brief(ie)** dividend coupon/warrant. **~draend** dividend-bearing. **~(e)lys** dividend list. **~inkomste** dividend receipts. **~uitkering** distribution of dividends.

di·vi·na·sie divination. **di·vi·na·to·ries** *-riese* divinatory.

di·vi·sie *-sies, (mil.)* division. **~hoofkwartier** divisional headquarters. **~kommandant** divisional commander.

Di·wa·li *(Hindu religious festival)* Diwali, Divali.

di·wan →DIVAN.

di·wi·dend →DIVIDEND.

Djag·ga(r)·nat *(Hind.)* Juggernaut, Jagannatha.

Djai·na *-nas, (adherent of Jainism)* Jain(a). **Djai·nis·me** *(Ind., relig.)* Jainism.

Dja·kar·ta *(geog.)* Jakarta, Djakarta.

Djat *Djats, (member of a people)* Jat.

dja·ti-: **~boom** *(Tectona grandis)* teak. **~hout** teak.

Djed·da *(geog.)* Jidda(h), Jedda(h).

djel·la·ba *-bas, (hooded cloak)* djellaba(h), jellaba(h).

Djen·gis/Djin·gis Khan *(founder of the Mongol empire, 1162-1227)* Genghis/Jenghis/Jinghis Khan.

Dji·boe·ti *(geog.)* Djibouti, Jibouti.

dji·had, *-hads, (Arab.)* jihad, jehad; *Islamitiese D~* Islamic Jihad/Jehad.

djin *djins, (Arab. myth.)* jinni, jinnee, djinni, djinny.

djin·seng, gin·seng(·wor·tel) *(bot.)* ginseng.

Djoen·ga·ry·e *(geog.)* Junggar Pendi, Dzungaria, Zungaria.

Dnjepr *(river)* Dnieper.

Dnjes·ter *(river)* Dniester.

do *(mus.)* do(h).

dob·bel *ge-* gamble; (play) dice; *aan die ~ raak* take to gambling; *met jou lewe ~* dice with death. **~beker** dicebox. **~huis, ~nes, ~plek** gambling house/den/hell, gaming house/den. **~masjien, ~outomaat** gambling/gaming/fruit machine, pin table, pinball machine. **~spel** gamble, gambling; dicing, game of dice, hazard. **~steen** *-stene* die *(pl. dice)*; cube; *dobbelstene gooi* roll/throw the dice. **~tafel** gaming table; pin table.

dob·be·laar *-laars* gambler, gamester; dicer, dice player; chancer; *'n verstokte ~* a confirmed gambler. **dob·be·la·ry, dob·bel·ry** gambling, gaming; dicing.

dob·ber *-bers, n.* float; buoy; →DOBBERTJIE. **dob·ber** *ge-, vb.* bob (up and down), dance; drift or float (about); fluctuate; *op die water ~* bob (up and down) in/on the water; *tussen hoop en vrees ~* hover between hope and fear; *laat ~* dap. **~klep** float valve. **~vaatjie** float chamber.

dob·ber·tjie *-tjies* float *(on a fishing line)*.

Do·ber·mann-pin·scher *-schers,* **Do·ber·mann** *-manns, (also d~)* Doberman(n) (pinscher).

Do·broe·dja: *die ~, (geog.)* the Dobruja.

doc·to·ran·dus *-randi* →DOKTORANDUS.

dod·der *(bot.)* dodder, cuscuta.

do·de *-de(s)* dead (man/woman/person), (the) deceased; →DOOD *adj. & adv.; die lewende en die ~* the living/quick and the dead; *ons liewe ~, (rare, sing. & pl.)* our dear departed; *uit die ~ opstaan* rise from the dead; *duisend ~ sterf/sterwe* →DOOD *n.*. **~akker** *(fml.)* God's acre, burial plot, cemetery. **~boek** book of the dead. **~dans** dance of death, danse macabre. **~huis** mortuary, morgue, house of the dead, charnel house. **~kamp** death/extermination camp. **~lys** death roll. **~mars** dead/funeral march; *die ~ uit "Saul"* the dead march in "Saul". **~masker** death mask. **~mis** requiem mass. **~ryk** realm of the dead, underworld, *(Gr. myth.)* Hades. **~sel** condemned/death cell; *in die ~le* on death row. **~stad** necropolis; city of the dead. **~tal** death count/roll/toll, mortality, number of deaths/dead/casualties/fatalities, *(infml.)* body count. **~verering** worship/veneration of the dead, ancestor worship. **~waak** deathwatch.

do·de·lik *-like -liker -likste, adj. & adv.* mortal *(blow etc.)*; fatal *(accident)*; deadly *(poison)*; lethal *(dose)*; pernicious, killing *(disease)*; mortally; *~ **effektief*** devastatingly effective; *~e **erns*** deadly earnest; *~e **hou*** death-dealing blow; *~ in die **knyp** sit* be in a blue funk; *~ **siek*** critically ill, moribund; *'n ~e **siekte*** a deadly/fatal/killer disease; *~e **skut*** dead shot, *(infml.)* dead-eye; *~ **verveeld*** bored stiff; *~ **vir** ... wees* be fatal to ... **do·de·lik·heid** deadliness. **do·der** *-ders* killer, slayer. **do·ding** *-dinge, (rare)* killing, slaying.

do·de·kaan *(chem.)* dodecane.

do·de·ka·ë·der, do·de·ka·e·der *-ders, (geom., cryst.)* dodecahedron. **do·de·ka·ë·dries, do·de·ka·e·dries** *-driese* dodecahedral.

do·de·ka·fo·nie *(mus.)* dodecaphony, twelve-tone composition. **do·de·ka·fo·nies** *-niese* dodecaphonic, twelve-tone.

do·de·ka·goon *-gone* dodecagon. **do·de·ka·go·naal** *-nale* dodecagonal, twelve-sided.

Do·de·ka·ne·sos: *die ~* the Dodecanese (Islands).

do·do *-do's, (orn.: large extinct flightless bird)* dodo.

doe: *~ so voort!* keep up the good work!.

doe·a·ne *-nes* customs; custom(s) house/office; *~ en aksyns* customs and excise; *vrygawe uit ~* customs release. **~beampte** customs officer. **~berging** bond storage. **~gelde** customs dues. **~hof** customs court. **~-inklaring, ~-aangifte** customs entry. **~-inspeksie, ~ondersoek** customs inspection. **~-inspekteur** customs examiner. **~kantoor** custom(s) house/office. **~klaring** customs clearance. **~korting** customs rebate. **~loods** customs shed. **~lys** customs schedule. **~ondersoek** →DOEANE-INSPEKSIE. **~pakhuis** customs/bonded warehouse, bond store. **~reg** customs/tariff duty; *vry van ~te* duty-free; duty-paid. **~seël** customs seal. **~taksasie** customs valuation. **~tarief** customs tariff. **~verklaring** customs declaration. **~vry** customs-free.

Doe·bai, Doe·bai·er, Doe·bais →DUBAI, DUBAIER, DUBAIS.

doe·bleer *(ge)-* double; understudy; dub *(an old recording etc.)*. **~proses** doubling process.

doe·bleer·der *-ders,* **doe·bleur** *-bleurs* doubler; understudy. **doe·ble·ring** dubbing.

doe·blet *-blette, (ling., chem., phys.)* doublet.

doe·del *ge-* play the bagpipes, skirl; tootle. **~sak** bagpipe(s). **~sakkorps** pipe band. **~sakmusiek** bagpipe music; pibroch. **~sakspeler** bagpipe player, (bag)piper.

doe·die *-dies, (infml., dated)* chick, girl; (girl)friend.

doe·doe[1] *-does* sand hopper, sand/beach flea.

doe·doe[2] *(golf)* dormy.

doe·doe[3] *ge-, vb., (children's language)* (go to) sleep; *~ maak* put to sleep; go to sleep. **doe·doe** *interj.* hush, *(arch.)* hushaby(e).

doef *interj.* thud, thump, phut, whump, whomp, zonk.

doef-doef *(infml., rare)* swimming.

doe·jo(e)ng *-jo(e)ngs,* **doe·gong** *-gongs, (zool.)* dugong, sea cow.

doek *-doeke* cloth, fabric; throw *(over a chair etc.)*; canvas *(of a painter)*; painting; screen; (head)scarf; (baby's) nappy; →DOEKIE, HALSDOEK, KOPDOEK, SAKDOEK, VLAGDOEK; *vir 'n baba 'n droë/skoon ~* ***aansit*** change a baby's nappy; *van die ~e* ***af*** *wees, (a baby)* be potty-trained; *van die ~e* ***afhaal*** potty-train *(a baby)*; *op die ~* ***bring,*** *(fml., rare)* paint; *toe iem. nog ~* ***gedra*** *het* when s.o. was still in nappies; *op die ~* ***gooi*** screen; *soos 'n* ***rooi*** *~ vir 'n bul wees* be like a red rag to a bull; *so* ***wit*** *soos 'n ~* as white as a sheet; *die* ***wye*** *~, (infml.: the cinema)* the big screen; *iets op die ~* ***wys*** throw s.t. on the screen. **~poeding** *(flour pudding boiled in a cloth bag)* duff. **~sif** lawn sieve. **~speld** nappy pin. **~verband** triangular bandage. **~voet** *n.* hare; *(ook* doekvoetjie; *zool.: Bunolagus monticularis)* riverine rabbit. **~voet** *adv.* noiselessly.

doe·kie *-kies, n.* cloth; rag; *~s* ***omdraai,*** *(fig.)* beat about the bush, mince one's words; *geen/nie ~s* ***omdraai*** *nie, (fig.)* not beat about the bush, not mince matters (*or* one's words), be plain with s.o., make no bones about it, call a spade a spade; ***sonder*** *~s omdraai* (of *om ~s om te draai), (fig.)* without beating about the bush, in plain (*or* no uncertain) terms, to put it baldly; not to put too fine a point on it.

doe·kies *ge-* →DOEDOE[3] *vb.*.

doe·ko(e)m *(Mal.)* →MOESOEK, MOSES.

doel *doele, n.* target, goal, mark, aim; *(sport)* goal; *(pl.: doeleindes)* purpose, object, intention, intent, goal, objective, end, aim, design; *'n ~* ***aanteken*** score a goal; *reg op die ~* ***afgaan*** get/go right/straight to the point; *aan 'n/die ~* ***beantwoord*** answer/serve a/the purpose; *aan die ~* ***beantwoord,*** *(also)* fit the bill; *'n ~* ***beoog/najaag*** have an object/end in view, pursue an object; *'n ~* ***bereik*** achieve/attain/reach a goal, achieve an aim, accomplish/achieve/fulfil a purpose, accomplish/achieve an end; *(nie)* ***geskik*** *vir die ~ wees (nie)* (not) serve the purpose; *'n ~* ***gooi,*** *(basketball)* shoot a basket; *iets ten ~* ***hê*** have s.t. in view; have s.t. as object; *geen ander ~* ***hê*** *nie as ...* have no other purpose than ...; serve no object but ...; *'n bepaalde/vaste ~* ***hê*** have a set purpose; *die ~* ***heilig*** *die middele* the end justifies the means; ***met*** *dié/daardie ~* for this/that purpose; to that end, with that end in view; ***met*** *die ~ om te ...* with a view to ...; ***met*** *die ~ om iets te doen* for the purpose of doing s.t.; ***met*** *(net) een ~ voor oë* with a single purpose; with singleness of purpose; ***met*** *geen ander ~ nie as ...* for no other purpose than ...; *'n* ***middel*** *tot 'n ~ wees* be a means to an end; *die ~* ***mis*** miss the mark; *'n ~* ***nastreef/nastrewe*** pursue an object; *iem. se ~ is* ***om*** *te ...* s.o.'s aim is to ...; *die ~ uit die* ***oog*** *verloor* swerve from one's purpose; *die ~ van die* ***saak*** *is ... ...* is the name of the game; *iets is 'n ~ op* ***sigself*** s.t. is an end in itself; *'n ~* ***skop*** kick a goal; *jou iets ten ~* ***stel*** set o.s. a goal; set one's heart/mind on s.t.; *jou (dit) ten ~* ***stel*** *om te ...* make it one's aim/object/purpose to ...; *'n ~* ***teen*** *jou eie span* an own goal; *die ~* ***tref*** find/hit the mark; *iem. se* ***uitgesproke/verklaarde*** *~* s.o.'s stated aim; *die ~* ***van*** *...* the purpose of ...; *jou ~* ***verbystreef/-strewe*** defeat one's (own) object, overshoot the mark, overreach o.s.; *die ~* ***verdedig*** keep goal; *jou ~* ***verydel*** defeat one's (own) object; ***vir*** *die (of iem. se) ~* for the/s.o.'s purpose(s); *iem. se* ***vooropgesette*** *~* s.o.'s deliberate purpose; *met* ***watter*** *~?* to what end?. **doel** *ge-, vb., (rugby)* convert (a try); goal; *op ... ~, (fig., rare)* mean (*or* refer/allude to *or* drive at) ...; *iets ~ op iem., (rare)* s.t. is meant for (*or* aimed at) s.o.. **~bewus** *adj.* purposeful, intentional, deliberate, determined, resolute, with a definite/fixed object; unswerving; *'n ~te oortreding, (sport)* a professional foul. **~bewus** *adv.* deliberately, intentionally, purposely, wilfully, wittingly, resolutely. **~bewustheid** deliberateness, determination, resoluteness, single-mindedness, purposefulness, singleness of purpose. **~einde** *-s* purpose, end; *algemene ~s* general purposes. **~gebied** goal area; *(rugby)* touch-in-goal. **~gebou** *-de* purpose-built *(car etc.)*. **~gemaak** purpose-made. **~gerig** *-te* single-minded, resolute, dogged, unswerving, unwavering, purposeful. **~gerigtheid** single-mindedness, singleness of purpose, resoluteness, purposefulness, sense of purpose. **~hok** *(soccer)* goal. **~leer** teleology. **~lyn** goal/try line; *oor die ~ gaan, (rugby)* cross the line. **~matig** *-e* suitable, appropriate, fitting, fit (for the purpose); practical, functional, efficient, effective, efficacious. **~matigheid** suitability, appropriateness; efficiency, effectiveness, efficacy. **~paal** goalpost; *die ~pale verskuif/verskuiwe, (fig., infml.)* move/shift the goalposts. **~sirkel** *(hockey)* striking circle. **~skop** *(rugby)* goal kick, conversion. **~skopper** *(rugby)* goal kicker; *(soccer)* goal shooter. **~stelling** *-s, -e* aim, objective; statement of purpose/aims/objective; object in view (*or* aimed at); *~ van 'n wet* preamble of an act. **~streep** →DOELLYN. **~taal** *(transl.)* target language; *(comp.)* object language. **~tempo** *(soccer)* strike rate. **~treffend** *-e* efficient; effective, efficacious, effectual. **~treffend** *adv.* to the purpose. **~treffendheid** efficiency; effectiveness, efficacy. **~wagter** goalkeeper, *(infml.)* goalie. **~wit** *-te* goal, object(ive), aim, purpose, target; *groter/hoër ~* superordinate goal.

doel·loos[1] *-lose, (sport)* goalless; *~ gelykop eindig, (a match)* end in a goalless draw; *'n doellose gelykopuitslag* a goalless draw.

doel·loos[2] *-lose* aimless, purposeless; useless, pointless; casual, unplanned. **doel·loos·heid** aimlessness; uselessness.

doem *n.* doom. **doem** *ge-, vb.* doom, condemn; foredoom; *(tot ondergang) ge~ wees* be fated. **~profeet** prophet of doom, gloom-and-doomster. **~vonnis** doom sentence, condemnation. **~waardig** damnable.

doe·ma *-mas, (lower chamber of the Russ. parl.)* duma, douma; *(hist., 1906-17)* duma, douma, Russian parliament.

doem·doem·pie *-pies, (entom.)* kind of gnat.

doe·me·ling *-linge, (rare)* doomed person.

doem·palm doum/doom palm.

doen *n.: iets* ***aan*** *die ~ wees* be busy (*or* in the act/process of) doing s.t., be in the middle of (doing) s.t., be engaged in s.t.; *sondes van ~ en* ***laat*** sins of omission and commission; *iem. se ~ en* ***late*** s.o.'s doings/movements (*or* comings and goings); *die ~ en* ***late*** *van 'n maatskappy* the dealings of a company; ***manier*** *van ~, (also, infml.)* drill; ***sondes*** *van ~ en laat* sins of omission and commission. **doen** *ge-, vb.* do; make *(a choice, discovery, promise, statement, etc.)*; take *(a step)*; perform *(a duty)*; →DOE, DOENDE, GEDAAN; *iets* ***aan*** *iem. ~* do s.t. to s.o.; *iets* ***aan*** *'n saak ~* do s.t. about a matter; *~* ***aan*** *ander soos jy aan jou gedoen wil hê* do to others as you would have them do to you, do unto others as you would be done by; ***al*** *wat iem. nog moet ~, is om te ...* nothing remains for s.o. but to ...; *iets* ***amper/byna*** *~* come close/near to doing s.t.; *iets* ***anders*** *te ~ hê* have s.t. else to do; have to do s.t. else, be otherwise engaged; *iets* ***begin*** *~* get down to doing s.t.; *iem.* ***behoort*** *dit te ~* s.o. ought to (*or* had best/better) do it; *('n) mens* ***behoort*** *dit nie te ~ nie* one shouldn't do it; *niemand kan dit* ***beter*** *~ nie* no one can improve (up)on it; *iem.* ***beweeg/oorhaal*** *om iets te ~* get s.o. to do s.t.; *iem. kan dit nie* ***bra/eintlik*** *~ nie* s.o. cannot very well do it; *iets* ***byna*** *~* →***amper/byna;*** *~ dit* ***dadelik!*** don't delay!; *die feit* ***dat*** *hy/sy dit ge~ het* his/her having done it/that; *iets* ***deeglik*** *~* do a good job, make a good job of s.t.; ***dit*** *~, (infml.: make love)* do it; *iem.* ***dwing*** *om iets te ~* make s.o. do s.t.; *iem. kon dit* ***eenvoudig/glad*** *nie ~ nie* s.o. just couldn't (*or* could not) do it; *die* ***enigste*** *wat dit ~* (of *ge~ het)* the only one to do so; *iets* ***gaan*** *~* go and do s.t.; *iem.* ***gaan*** *dit ~* s.o. is going to do it; *~ dit* ***gerus!*** feel free to do it!; *~ soos jy* ***gesê*** *word* →SÊ *vb.; wat het iem. nou* ***gestaan*** *en ~?* what has s.o. gone and done now?; ***goed*** *~* do good; *iets* ***goed*** *~* do s.t. well; *iets ~ iem.* ***goed*** s.t. does s.o. good; *jou te* ***goed*** *~, (fml.)* do o.s. well; *vir iem. 'n* ***goeie woordjie*** *~* →WOORDJIE; *iets nie* ***graag/maklik*** *~ nie* not like doing s.t.; be chary of doing s.t.; *iem. iets* ***help*** *~* help s.o. to do s.t.; ***alles*** *~ wat jy* ***kan,*** *(also, infml.)* do/try one's damnedest; *dit* ***kan*** *ek ook ~* two can play at that game; *dit* ***kan*** *net 'n ...* (of *net 'n ...* ***kan*** *dit) ~* it takes a ... to do that; *dit* ***kan*** *iem. nie ~ nie* s.o. cannot very well do it; *iem.* ***kan*** *iets glad nie ~ nie* s.o. is useless at s.t.; *dit* ***kan*** *ge~ word* it can be done; *sal X dit* ***kan*** *~?* is X up to it?; *laat ons sien wat jy* ***kan*** *~!, (also, infml.)* do your stuff!; *'n* ***kans*** *kry om iets te ~* get (a chance) to do s.t.; *iets* ***kom*** *~* come to do s.t.; *jouself te* ***kort*** *~* stint o.s.; *iets ge~* ***kry*** get s.t. done; get some work done, put in some work; *iets* ***laat*** *~* have s.t. done; *iem. iets* ***laat*** *~* get s.o. to do s.t.; make s.o. do s.t.; *iets nie* ***maklik*** *~ nie* →***graag/maklik;*** *nie* ***méér*** *kan ~ nie* be as far as one can go; *dit ~ ('n)* ***mens*** *nie* it's (just) not done, it's/that's not the done thing; *dit ~ ('n)* ***mens*** *darem nie* that is not quite the thing; ***moeite*** *~* →MOEITE; *iem.* ***moet*** *iets ~* s.o. has to do s.t.; *iem.* ***moet*** *dit maar (liewer[s]) ~* s.o. had best/better do it; *dit* ***moet*** *ge~ word* it has (got) to be done; *iets* ***moet*** *ge~ word* s.t. has to be done; *wat* ***moet*** *ek ~?* what am I to do?; *iets* ***nie*** *~ nie* not do s.t.; fail to do s.t.; *dit sal ek* ***nie*** *~ nie!* I won't do that!; I refuse to do that!; you won't catch me doing that!; *jy ~ dit* ***nie!*** don't you do it/that!; *iem. ~* ***niks*** →NIKS[1]; *('n) mens kan* ***niks*** *daaraan* (of *daar is* ***niks*** *aan te) ~ nie* →NIKS[1]; *wat kan iem.* ***nog*** *~?* what more can s.o. do?; *so iets sal iem.* ***nooit*** *~ nie* it is unlike s.o. to do such a thing (*or* something like that); *iets* ***om*** *geld ~* do s.t. for money; *iem.* ***oorhaal*** *om iets te ~* →***beweeg/oorhaal;*** *iets* ***probeer*** *~* try to do s.t.; *iets* ***reg*** *~* do/get s.t. right; ***saam*** *met iem. iets ~* join with s.o. in doing s.t.; ***sake*** *~* →SAAK; *~ wat iem.* ***sê*** →SÊ *vb.; iem. moet* ***sorg*** *dat hy/sy dit ~* s.o. had better do it; *iets* ***so-so*** *~* do s.t. after a fashion; *iets* ***te*** *~ hê* have s.t. to do; have s.t. on; *baie* ***te*** *~ hê* have much to do, be very busy, have one's hands full; *te veel* ***te*** *~ hê, (also)* be overbusy; *met iem.* ***te*** *~ hê* have dealings with s.o.; have s.o. to contend with; *niks met iem.* ***te*** *~ hê nie* →NIKS[1]; *met iets* ***te*** *~ hê* be involved in s.t.; have a share in s.t.; be up against s.t.; *met 'n groot vraagstuk* ***te*** *~ hê* be up against a big problem; *dit het met ...* ***te*** *~* it has to do with ...; *wat het dit met ...* ***te*** *~?* what has it got to do with ...?; *wat het jy daarmee* ***te*** *~?* what is that to you?; *met iem.* ***te*** *~ kry* find o.s. up against s.o.; tangle with s.o.; *met iets* ***te*** *~ kry* be faced with (*or* come up against) s.t.; *dan kry jy met my* ***te*** *~* then you'll find yourself up against me; *niks* ***te*** *~ hê nie* →NIKS[1]; *wat staan my* ***te*** *~?* what am I to do?; *'n* ***uitstappie*** *~* →UITSTAPPIE; *iem. kan nie* ***veel*** *daaraan ~ nie* there is little (*or* not much) (that) s.o. can do about it; *iem. kan iets* ***veilig*** *~* →VEILIG; *iem. is* ***verplig*** *om iets te ~* →VERPLIG *adj.; ~ wat van jou* ***verwag*** *word, (also)* deliver the goods; *iets* ***vir*** *... ~* do s.t. for ...; ***wat*** *~ iem.?* what is s.o. doing?; what does s.o. do (*or* is s.o.'s profession/trade/business)?; ***wat*** *het jy vir hulle ge~?* what have you done for them?; what have you been doing to them?; *weet* ***wat*** *om te ~, (infml.)* know the drill; ***wat*** *dit wel ge~ het, ...* what it did do, ...; *met iem. ~* ***wat*** *jy wil* have s.o. in one's pocket, twist/wind/wrap s.o. round one's (little) finger; *daar ~ ek dit* ***weer!*** I've done it again!; *iem. wys met* ***wie*** *hy/sy te ~ het* show s.o. what one is made of; *iem.* ***wil*** *iets ~* s.o. wants to do s.t.; s.o. means to do s.t.; *iem.* ***wil*** *iets nie ~ nie* s.o. doesn't want to do s.t.; *as jy dit* ***wil*** *~* if you want to do it; if you care to do it; *~ wat jy* ***wil!*** don't mind me/us!; *iem. kan ~ (net) wat hy/sy* ***wil*** s.o. can do as he/she likes; s.o. has it (all) his/her own way; *dit* ***wil*** *ge~ wees/word* it takes some (*or* a lot of) doing; it's a hard act to follow; it's quite a feat; that's a tall order; *iets ter* ***wille*** *van ... ~* do s.t. for ... **~toets** *(comp.)* Enter key.

doen·baar *-bare* →DOENLIK. **doen·de** doing; *al ~ leer ('n) mens* practice makes perfect. **doe·ner** *-ners* doer. **doe·nig** busy, active; *met ... ~ wees* be concerned with ...; be engaged in ... **doe·nig·heid** activity, doings, ploy. **doen·lik** *-like* feasible, practicable, possible. **doen·lik·heid** feasibility, practicability.

doe·pa *n.* dope, magic potion, philtre, charm. **doe·pa** *ge-, vb* bewitch, put a spell on; administer a philtre; drug, dope, doctor; nobble *(a horse)*; pep up.

doer over there, *(arch. or dial.)* yonder; →DAAR *adv.;*

~ *in 1945/ens. al* way back in 1945/etc.; *daar* ~ right over there, far away.

doe·ri·an *=ans, (bot.)* durian.

doe·ri·as *(text.)* printed muslin.

doe·rie *(<Hindi)*: **~mat, ~tapyt** d(h)urrie (rug).

doe·ri·ne →SLAPSIEKTE.

doer·ra *(bot.)* durra, Guinea corn, (grain) sorghum.

doe·sel *ge=, (rare)* doze, be half asleep; stump *(a drawing)*.

dof *dowwe dowwer dofste,* dull, flat *(colour)*; faint, indistinct *(sound, mark)*; dim, *(poet., liter.)* subfusc *(light)*; lacklustre, dim *(eyes)*; dead *(surface)*; mat, matt(e) *(glass)*; blurred; *(infml., derog.)* halfwitted, stupid, dense, dim, slow on the uptake, nerdish, nurdish, nerdy, nurdy, pinheaded; →DOWWE=; *dowwe* ***dolla**, (sl.)* dumb blonde; *dowwe* ***glans*** dull lustre; ~ ***maak*** deaden; frost; tarnish, obscure; *'n dowwe* ***plek*** a blur; *'n dowwe* ***skoot*** a blind shot; *'n dowwe* ***slag*** a thud/whump; *dowwe* ***steenkool*** dull coal; *dowwe* ***tint*** undertone; *'n dowwe* ***uitgang**, (pros.)* a weak ending; ~ *in die kop* ***voel*** feel thickheaded/dazed; ~ ***word*** tarnish; grow dim; grow faint. **~geel, dowwe geel** buff. **~lig** half-light. **~skakelaar** dim switch. **~weg** dimly *(visible)*. **~wit, dowwe wit** dull white.

do·fel *(infml., derog.)* blockhead, fathead, deadhead, dimwit, nitwit, nerd, nurd.

dof·heid dul(l)ness, flatness; faintness, indistinctness; dimness; tarnish; wooziness.

dog¹, dag *(p.t.)* : *ek* ~ ... I thought (*or* was under the impression) ...; *ek* ~ *so* I thought as much; →DINK *vb.*.

dog² *conj.* but, yet, still, however.

dog³ *dogge, n., (Du.)* →BULBYTER, DEENSE HOND.

do·ge *=ges, (hist.: chief magistrate of Venice/Genoa)* doge. **do·ga·res·sa** *=sas, (a doge's wife)* dogaressa. **Do·ge·pa·leis** Doges' Palace.

Dog·gers·bank *(geog.)* Dogger Bank.

dog·ma *=mas, =mata* dogma, doctrine. **~geskiedenis** history of dogma.

dog·ma·tiek dogmatics. **dog·ma·ties** *=tiese* dogmatic. **dog·ma·ti·kus** *=tikusse, =tici* dogmatist; dogmatiser. **dog·ma·ti·seer** *ge=* dogmatise. **dog·ma·to·lo·gie** dogmatology.

dog·ter *=ters* daughter; (young) girl; *as jy die* ~ *wil hê, moet jy eers na die moeder vry* he that would the daughter win, must with the mother first begin. **~bord** *(comp.)* daughterboard. **~kerk** daughter church. **~maatskappy** subsidiary (company). **~sel** *=le* daughter/filial cell.

dog·ter·tjie *=tjies* baby girl; small daughter; little girl, girlie; *die kind is 'n* ~ the baby is a girl.

doi·lie *=lies* doily, doyl(e)y.

do·jo *=jo's, (Jap., room/hall for the practice of martial arts)* dojo.

dok¹ *dokke, n.* dock; *(theatr.)* scene dock/bay; *in die* ~ *bring* dock; *uit die* ~ *bring* undock. **dok** *ge=, vb., (a ship)* dock. **~geld** dockage, dock dues, pierage. **~meester** docks superintendent. **~staking** dock(ers') strike. **~werker** docker, dock hand/labourer/worker, stevedore, wharfman, waterside worker, *(Am.)* longshoreman.

dok² *(infml., abbr. of* dokter*)* doc.

Do·keet, Do·ke·tis·me →DOSEET, DOSETISME.

dok·kies knuckle-shooting *(with marbles)*.

dok·so·lo·gie *=gieë, (relig.)* doxology.

dok·ter *=ters, n.* (medical) doctor, physician; medical practitioner; ~ *toe* (of *na 'n* ~) *gaan,* (fml.) *'n* ~ *raadpleeg/spreek* consult/see a doctor; *vir* ~ *leer* study medicine; *'n* ~ *ontbied* call (in) a doctor. **dok·ter** *ge=, vb.* doctor; medicate; treat, nurse; revise, edit *(writing)*; adulterate; tamper with, massage *(data, statistics, etc.)*; *'n gedokterde drankie* a spiked drink; *'n renperd* ~ dope/nobble/doctor a racehorse.

dok·ters=: ~behandeling medical treatment; *onder* ~ *wees* be under doctor's orders. **~besoek** doctor's visit. **~boek** medical book. **~brief** sick note. **~gelde** medical fees/charges. **~hande:** *onder* ~ *wees* be under doctor's orders, receive medical treatment. **~koste** medical expenses; doctor's expenses. **~praktyk** medical practice. **~rekening** doctor's bill. **~vrou** doctor's wife.

dok·tor *=tors, =tore* doctor *(of chemistry etc.)*. **dok·to·raal** *=rale, n.* doctoral examination. **dok·to·raal** *=rale, adj.* doctoral. **dok·to·raat** *=rate,* **dok·tors·graad** *=grade* doctorate, doctor's degree; *'n* ~ *in geskiedenis/ens.* a doctorate (*or* doctor's degree) in history/etc.. **dok·to·ran·dus** *=randusse, =randi* candidate for a doctor's degree. **dok·to·reer** *ge=* take a doctor's degree. **dok·tors·ti·tel** title of doctor.

dok·tri·naal *=nale* doctrinal. **dok·tri·ne** *=nes* doctrine, dogma, tenet. **dok·tri·nêr** *=nêre, n.* doctrinaire. **dok·tri·nêr** *=nêre, adj.* doctrinaire, opinionated; rigid, hard and fast; doctrinal.

do·ku·dra·ma docudrama.

do·ku·ment *=mente* document, record; *'n* ~ *opstel* draw up a document; *verhandelbare* ~ negotiable instrument. **do·ku·men·ta·sie** documentation; *vir* ~ for record purposes. **do·ku·men·ta·sie·blad** journal of record. **do·ku·men·teer** *ge=* document; give documentary proof. **do·ku·men·te·klerk** documents clerk, clerk of the papers. **do·ku·men·têr** *=têre,* **do·ku·men·tê·re** *=têrs, n.* documentary. **do·ku·men·têr** *=têre, adj.* documentary; *~e drama* docudrama.

dol¹, dolf *ge=, vb.* →DOLWE. **~land** deeply trenched field. **~ploeg** *=ploeë* subsoiler, subsoil plough. **~voor** trenched furrow.

dol² *dol(le) doller dolste, adj.* crazy, crazed, mad, deranged; distraught; mad, rabid *(dog)*; hectic, frantic, frenetic, wild; crazy, mad, keen, infatuated; whirling *(compass etc.)*; stripped, worn *(thread of a nut/screw)*; *'n ~le* ***klug*** a knockabout farce; *~ler as* ***kopaf*** *kan dit nie* →KOPAF; *iem.* ~ ***maak*** drive s.o. mad (*or* round the bend *or* up the wall); ~ ***oor/op*** *iem. wees, (infml.)* be crazy/mad/bananas/dotty/nutty/potty about (*or* hung up on) s.o.; ~ ***oor/op*** *iets wees, (infml.)* be crazy/mad/nutty/potty about (*or* hooked on) s.t.; *in ~le* ***vaart*** →VAART; ~ *wees* ***van*** ... be delirious/mad with ... *(joy etc.)*; be wild with ... *(excitement etc.)*; be mad with ... *(rage etc.)*; ~ ***word*** go mad; *dit is genoeg om van* ~ *te* ***word*** it is enough to drive one crazy/mad. **dol** *adv.* madly, wildly, crazily, frantically; *dit* ***gaan*** ~ *hier, (also)* it's (*or* it is) a (real *or* a bit of a) madhouse here; *dit* ***gaan*** *uiters* ~ *in die winkels* the shops are frantically busy; *dit* ***gaan*** ~ *met iem.* s.o. is in a whirl; ~ ***verlief*** *op iem. wees* →VERLIEF *adj.*. **~bly** overjoyed, ecstatic, thrilled, over the moon, (as) pleased as Punch. **~draai** *dolge=* strip *(the thread of a screw)*. **~gelukkig** deliriously happy. **~graag** very (*or* ever so) much; *iem. wil iets* ~ *hê* s.o. wants s.t. badly; *iem. wil* ~ *met iem. anders kennis maak* s.o. is dying to meet s.o. else; *iem. sou* ~ *wil kom* s.o. would love to come. **~leeg** *=leë* completely empty. **~saag** wobble saw. **~sinnig** *=e, (rare)* frantic, frenzied; mad; rash, harebrained, hairbrained; headlong *(plunge)*; wildcat *(speculation)*; wild-goose *(chase)*. **~sinnigheid** frenzy; madness; rashness. **~vlieëry, ~vlieg** stunt flying.

dol³ *dolle, n., (naut.)* rowlock, thole (pin). **~boord** gunwale, gunnel. **~pen** thole (pin).

do·le·an·sie *(hist.)* doleance; *die D~* Dutch dissenting movement. **do·leer** *(ge)=, (eccl.)* dissent; *dolerende kerk* dissenting church.

do·lend *=lende* wandering; →DOOL, DWAAL *vb.*; *~e ridder* knight errant/adventurer; *~e ridderskap* knight errantry.

do·le·riet *(min.)* dolerite.

dolf *ge=* →DOLWE. **~hout, ~kiaat** bloodwood, Transvaal teak.

dol·fi·na·ri·um *=riums, =ria* dolphinarium.

dol·fyn *=fyne* dolphin. **~park** dolphinarium.

dol·heid folly; frenzy; fury; madness. **dol·le·rig** *=rige* rather mad; →DOL² *adj.*. **dol·lig·heid** →DOLHEID.

do·li·go·ke·faal, =se·faal *=fale, n., (anthr.)* dolichocephal. **do·li·go·ke·faal, =se·faal** *=fale, adj.* dolichocephalic, long-headed.

do·li·ne *=nes, (geol.)* dolina, doline.

dolk *dolke* dagger, stiletto; *(hist.)* poniard; dirk *(formerly worn by Sc. Highlanders)*. **~steek** stab (with a dagger). **~teken** obelus; *met 'n* ~ *merk* obelise. **~varing** Christmas fern.

dol·kruid deadly nightshade; henbane.

dol·la *=las, (infml., dated or hum.)* chick, girl.

dol·lar *=lars* dollar, *(infml.)* greenback. **~gebied** dollar area. **~koers** dollar (exchange) rate, (exchange) rate of the dollar. **~sent** American cent. **~teken** *($)* dollar mark/sign. **~tekort** dollar gap.

dol·le·ker·wel *(bot.)* (spotted) hemlock.

dol·lie *=lies, (fish bait)* dolly.

dol·li·wa·rie *(rare)* confusion, chaos; *in die* ~ *wees* be in fine/high feather; be (as) pleased/proud as Punch; be in trouble (*or* a hole).

dol·ma *=mas, =mades, (Turkish cook.: stuffed vine leaf)* dolma.

dol·man *=mans, (Turkish robe or woman's cloak)* dolman. **~mou** dolman sleeve.

dol·men *=mens, (archaeol.)* dolmen.

do·lo·miet *(min.)* dolomite, magnesian limestone; *die D~e* the Dolomites (*or* Dolomite Alps). **do·lo·mi·ties** *=tiese* dolomitic.

dol·os *=osse* knuckle(bone), dib, astragalus, talus; dolos, armour/harbour block; *~(se) gooi* throw the bones; *~se speel* play knucklebones/dibs. **~gooier** witch doctor, wizard, bone thrower; soothsayer, diviner. **~gooiery** bone-throwing; soothsaying. **~las** knuckle joint. **~skarnier** two-way joint.

dol·we, dolf, dol *ge=* dig up/deeply; trench *(ground for vines)*; turn (over) *(soil)*.

dom¹ *domme, n.* cathedral; dome. **~heer** canon, prebendary. **~kapittel** (dean and) chapter. **~kerk** cathedral (church). **~toring** cathedral tower.

dom² *doms, n., (title)* dom.

dom³ *dom dommer domste, adj.* stupid, dense, dumb, dull, dim, dim/slow-witted, halfwitted, slow (on the uptake), obtuse, thick(headed), fat=, woodenheaded, pea-brained; mindless; silly, asinine; numb, dead *(fingers)*; *'n* ~ ***blondine*** a dumb blonde; ~ ***ding**, (infml.)* pea-brained idiot; *'n* ~ ***ding*** *doen/aanvang* do a stupid thing, make a false move, take a false step; *jou* ~ ***hou*** play dumb/ignorant, pretend/feign ignorance, pretend not to know; *iem.* ~ ***hou*** keep s.o. ignorant (*or* in ignorance); ~ ***Juan**, (infml., joc.: attractive but not very intelligent young man)* himbo; ~ *wees van (die)* ***koue**, (one's fingers, hands)* be numb with cold; ***so*** ~ *soos 'n donkie/esel/klip wees* be (as) thick as a brick (*or* as two [short] planks), be (as) dumb as a dodo (*or* an ox); *iem. is nie* ***so*** ~ *soos (of as wat) hy/sy lyk nie* s.o. is not as green as he/she is cabbage-looking; *dat hy/sy* ***so*** ~ *kan wees om dit te doen* (the) more fool he/she for doing it; *lank nie* ***so*** ~ *nie* not half as stupid; *des te ~mer* ***van*** *hom/haar* the more fool he/she; *des te ~mer* ***van*** *hom/haar om dit te doen* (the) more fool he/she for doing it; *'n* ~ ***vent**, (also)* a dud. **dom** *adv.* stupidly; dully; ~ *handel, (also)* make an ass of o.s.. **~astrant** impudent(ly), insolent(ly). **~astrantheid** impudence, insolence; effrontery, temerity. **~kiewiet** *(orn.)* dott(e)rel. **~kop, ~oor** clot, clod, blockhead, fathead, dunderhead, thickhead, thicko, dolt, dunce, nitwit, dimwit, halfwit, birdbrain, num(b)skull, ninny, twit, dumbo, git, prat. **~onnosel** inane. **~oor** →DOMKOP. **~siekte** *(vet.)* (twin) pregnancy disease, domsiekte. **~slim** smart-alecky.

dom·ba *(bot.: an Indian tree)* poon, dilo.

do·mein *=meine* domain; *(jur.)* demesne.

dom·heid, dom·mig·heid stupidity, foolishness, brainlessness, denseness, dullness, dumbness, thick(headed)ness; *'n* ~ *begaan* make an ass of o.s.; *(geen) geduld met* ~ *hê (nie)* (not) suffer fools gladly; *die toppunt van* ~ *wees* be the height of stupidity.

do·mi·ci·li·um →DOMISILIE.

do·mi·nee *=nees* clergyman, minister, parson, *(rhet.)* man of the cloth; ~ *Murray* the Reverend Mr Murray; ~ *John Murray* the Reverend John Murray. **do·mi·nee·ag·tig** *=tige* parsonic; preachy.

do·mi·neer *ge=* dominate; domineer, lord it over; pre=

dominate. **do·mi·nan·sie** dominance. **do·mi·nant** =*nante* dominant. **do·mi·na·sie** domination. **do·mi·ne·rend** =*rende* dominating, domineering; predominating, dominant.

do·mi·ni·aal =*ale, adj., (jur.)* dominion.

Do·mi·ni·ca *(geog.)* Dominica. **Do·mi·ni·cus** *(saint)* Dominic. **Do·mi·ni·kaan** =*kane,* **Do·mi·ni·ka·ner** =*ners, (also d~)* Dominican, Black Friar; Dominican *(of San Domingo).* **Do·mi·ni·kaans** =*kaanse, (also d~)* Dominican; *~e Republiek* Dominican Republic, San Domingo.

do·mi·ni·um =*ums, (hist.)* dominion; *die ~ Kanada* the Dominion of Canada.

do·mi·no =*no's, (cloak; rectangular piece used in the game of dominoes)* domino. **~-effek, ~-uitwerking** domino/knock-on effect. **~(spel)** (game of) dominoes. **~(steen[tjie])** domino.

do·mi·si·lie =*lieë,* =*lies, (fml.)* domicile. **do·mi·si·li·eer** *ge*= domicile, settle.

Do·mi·ti·a·nus *(Rom. emperor)* Domitian.

dom·krag *n.* jack(screw), lifting/screw jack, rack-and-pinion jack. **dom·krag** *ge*=, *vb.* jack up.

dom·mel *ge*= doze, drowse, be half asleep. **dom·me·lig** =*lige, (rare)* dozy, drowsy, half asleep. **dom·me·lig·heid** *(rare)* doziness, drowsiness. **dom·me·ling** doze.

dom·me·rik =*rike* →DOMKOP. **dom·mig·heid** →DOMHEID.

domp *ge*= dip, lower, depress; *'n lig ~* dim a light. **~hoek** angle of depression, depression angle. **~lig** *(mot.)* passing beam, dip light. **~skakelaar** dip/dipper switch.

dom·pas *(SA, hist., infml.)* dompas.

dom·pel *ge*= dip, duck, dunk, immerse; plunge *(s.o. in darkness, misery); (basketball)* slam-dunk; *iets in ... ~* plunge s.t. into ...; *in ... ge= wees* be plunged in ... *(darkness, mourning, etc.).* **~battery** plunge battery. **~doop** baptism by immersion. **~koffiepot** plunger coffee maker/pot. **~pomp** submersible pump. **~skoot** *(basketball)* slam dunk. **~verwarmer** immersion heater.

dom·pe·laar =*laars, (mech.)* plunger; *(elec.)* immersion element/heater, immerser. **dom·pel·baar** =*bare* submersible. **dom·pe·ling** =*lings,*=*linge* immersion, dipping.

dom·per =*pers* damper; extinguisher; obscurantist, *(infml.)* stick-in-the-mud; *'n ~ op iem./iets plaas/sit* →'N DEMPER OP IEM./IETS PLAAS/SIT.

don *dons, (Sp.), (nobleman; head of a Mafia family)* don; *(title equivalent to Mr)* Don. **~ Juan** *(liter.)* Don Juan; *(fig.)* Don Juan, Casanova, ladies' man, *(infml.)* ladykiller, libertine, rake. **~ Quichot** Don Quixote; *(fig.)* Don Quixote, dreamer, (impractical) idealist. **~ Quichotagtig** =*tige* quixotic. **~quichotterie** =*rieë* quixotism, quixotry.

do·na·sie =*sies* donation, gift. **do·na·ta·ris** =*risse* donatory, donee. **do·na·teur** =*teurs,*=*teure* donor; contributor; supporter. **do·na·teur·lid** donor member.

Do·nau, *(river)* Danube. **~lande** Danubian countries.

don·der =*ders, n.* thunder; *(vulg. sl., derog.: obnoxious/despicable man)* bastard, bugger, swine, heel, son of a bitch, sonofabitch, prick; *(die)* ***arme/gelukkige*** *~, (vulg. sl.)* (the) poor/lucky bugger/devil; *~ en* ***bliksem,*** *(fig.)* fire and brimstone; *~ en* ***blitse*** thunder and lightning; *die ~* ***dreun/rommel*** the thunder rumbles; *iem. op sy/haar ~* ***gee,*** *(vulg.)* give s.o. hell; *asof deur die ~* ***getref*** (as if) thunderstruck; *(dik) die/de ~* ***in*** *wees, (vulg.)* be in a rage; *(dik) die/de ~* ***in*** *vir iem. wees, (vulg.)* be fed up (to the back teeth *or* to the gills) with s.o., be very angry with s.o.; ***jou*** *(gemene) ~!, (vulg.)* you filthy swine!; *op jou ~* ***kry,*** *(vulg.)* get hell; ***na*** *die ~* ***gaan,*** *(vulg.)* go to pot; *geen* (of *nie 'n) ~* ***omgee*** *nie, (vulg.)* not care/give a damn; *dit kan iem. geen* (of *nie 'n) ~* ***skeel*** *nie, (vulg.)* s.o. doesn't care/give a damn; ***wat*** *die/de ~ doen jy?, (vulg.)* what the hell are you doing?. **don·der** *ge*=, *vb.* thunder; *(cannon)* boom, crash; fulminate, rave, storm, thunder *(against s.o.); (vulg.)* beat up, clobber, wallop, thrash. **~bui** thundershower. **~bus** *(hist.: a short handgun)* blunderbuss. **~god** thunder god, thunderer; *die ~* Thor. **~knal** →DONDERSLAG. **~kop** →DONDERWOLK. **~kruid** *(bot.)* houseleek. **~lug** thundery/stormy sky. **~padda** rain frog. **~slag** =*slae,* **donderknal** =*knalle* thunderclap, burst/peal of thunder; *(fig.)* bombshell; *(mil.)* thunderflash; *soos 'n ~ uit 'n helder hemel* like a bolt from the blue. **~steen** *(min.)* thunderstone, belemnite; *jou ~!* you scoundrel!; you blighter!. **~storm** thunderstorm. **~vlaag** thunder with rain. **~weer** thundery weather; thunderstorm; *'n dreuning/gerommel van die ~* a roll of thunder. **~weerlug** thundery sky. **~wolk, donderkop** thundercloud, *(meteorol.)* cumulonimbus.

Don·der·dag =*dae* Thursday; *(in the pl.)* (on) Thursdays; *Wit ~, (eccl.)* Maundy Thursday. **~aand, ~(na)middag,** *ens.* →DINSDAG.

don·de·rend =*rende* thundering, thunderous; fulminating, fulminatory; →DONDER *vb.; ~e stem* booming voice.

don·ders *adj. & adv., (vulg. sl.)* damn(ed), darn(ed), blessed, blasted, bloody, bleeding, goddam(n), goddamned, frigging. **don·ders** *interj., (vulg.)* bugger/damn/blast (it), dammit.

Do·nets·bek·ken *(geog.)* Donets basin.

don·ga =*gas* donga, gully, *(Am.)* gulch. **~veld** badlands.

don·jon =*jons, (strong central tower in ancient castles)* donjon.

don·ker *n.* dark(ness), gloom, *(fml.)* obscurity; ***deur*** *die ~ oorval word* be overtaken/surprised by darkness (*or* by the dark); ***in*** *die ~* in the dark; under cover of darkness/night; *die* ***kat*** *in die ~* ***knyp*** →KAT; *in die ~ is alle* ***katte*** *grou* →SNAGS IS ALLE KATTE GROU; ***ná/voor*** *~* after/before dark; *in die ~* ***tas*** grope in the dark. **don·ker** =*ker(e)* =*kerder* =*kerste, adj. & adv.* dark, black *(night etc.);* dull *(weather);* heavy *(clouds);* dark-skinned *(pers.);* dark-haired *(pers.);* dusky, swarthy *(complexion);* low(-pitched) *(voice);* glowering *(look);* grave *(situation);* dark, dim, gloomy, sombre, dismal, murky, grim, obscure; *~* ***brandgraad*** dark roast *(of coffee); 'n ~* ***gat*** a black hole; →SWARTGAT; *~* ***gebrande*** *koffie* dark-roast coffee; *iets ~* ***insien*** take a dim view of s.t.; *dit/sake* ***lyk*** *(maar) ~* the outlook is gloomy/dark, things are looking black/dark; *iets ~* ***maak*** darken s.t.; *~* ***materie,*** *(astron.)* dark matter; *'n ~* ***pak*** a dark suit; *so ~* ***soos*** *die nag* (as) dark as night/pitch; *'n ~* ***ster*** a dark star; ***sterk*** *~ wees* be quite dark; *die ~* ***vasteland*** the dark continent; *alles het ~* ***voor*** *iem. se oë geword* everything went/turned/became black before s.o.'s eyes; *dit* ***word*** *~* it is getting/growing dark. **~aand** at dusk. **~blou, ~ blou** dark blue. **~bril, ~ bril:** *'n ~* dark glasses/spectacles, sunglasses. **~bruin, ~ bruin** dark brown. **~dag** before daybreak, at earliest dawn. **~geel, ~groen, ~ geel/groen** dark yellow/green. **~grys, ~ grys** dark grey, charcoal (grey). **~kamer** *(phot.)* darkroom. **~kamerlig** *(phot.)* safelight. **~kleurig** =*e* dark in colour, dark-coloured; swarthy, dark-complexioned, dark-skinned. **~kop** dark-haired person; *(woman, girl)* brunette. **~maan** dark of the moon; *by ~* on a moonless night; *dis ~* it's a moonless night, there is no moon. **~rooi, ~ rooi** dark red. **~sig** *(faculty of seeing in the dark)* night vision. **~skarlaken, ~ skarlaken** cardinal (red). **~swart, ~ swart** ebony. **~vellig** =*e* dark-skinned. **~werk** work done in the dark; *~ is konkelwerk* bunglers work in the dark, you can't do good work in the dark; schemers plot in the dark.

don·ker·ag·tig =*tige,* **don·ke·rig** =*rige* darkish. **don·ker·heid** darkness, blackness, gloominess, murkiness, obscurity. **don·ker·te** dark(ness), gloom, murk, obscurity.

don·kie =*kies* donkey, ass; dunce; *van 'n ~ kan/moet jy 'n skop verwag* one should expect a kick from a donkey. **~hings** jackass. **~jare** *(pl., <Eng., infml.): al/reeds ~ (lank)* for ages/yonks (*or* donkey's years), since Adam was a boy; *~ gelede* ages/yonks ago. **~kambro** *Pachypodium succulentum, P. bispinosum.* **~kamp** donkey paddock. **~kar** donkey cart. **~ketel** donkey boiler. **~klits** *(bot.)* donkey bur(r). **~melk** asses' milk. **~merrie** she-ass, jenny (ass). **~re(i)sies, ~wedren** donkey derby. **~vul(letjie)** young ass. **~wedren** →DONKIERE(I)SIES. **~werk** donkey work, hackwork.

don·na =*nas, (It.)* donna.

don·qui·chot·te·rie →DON.

dons[1] *donse, n.* down, fluff; floss; fuzz; nap, bloom *(on fruit).* **~afval** fly waste. **~gans** eider (duck). **~gras** silky grass. **~hael** birdshot, dust/fine shot. **~hare** down, fluff, fluffy hair/beard; *(bot.)* pappus; pile *(of a carpet);* underfur, undercoat *(of an animal).* **~kombers** down quilt, eiderdown. **~luis** fluff louse. **~skimmel** downy mildew. **~suiker** *(rare)* candyfloss; →SPOOKASEM. **~veer** *(orn.)* plumule; *(also, in the pl.)* floss *(of an ostrich).* **~wol** downy/bunny wool.

dons[2] *ge*=, *vb.* fling; hit; →OPDONS.

dons·ag·tig =*tige,* **dons·e·rig** =*rige* downy, fluffy, fuzzy, flossy; *(bot.)* floccose, tomentose, tomentous; *(bot., zool.)* pubescent; *~e stof* fleeced fabric. **dons·e·rig·heid** downiness, fluffiness, fuzziness; *(bot.)* tomentum; *(bot., zool.)* pubescence.

don·sie =*sies* (bit of) fluff.

dood *dode, n.* death; decease, demise; dissolution; →DOODS=; *hoe iem.* ***aan*** *sy/haar ~ gekom het* how s.o. died; *iem. aan die ~* ***afgee*** (of *deur die ~* ***verloor***) be bereaved; *so* ***bang*** *soos die ~ vir ... wees* be mortally afraid of ...; *die een se ~ is die ander se* ***brood*** one man's gain is another man's loss, one man's death is another man's breath; ***by*** *die ~ van ...* at/on the death of ...; *vlak* ***by*** *die ~ wees* be at death's door; ***die*** *~* death; ***duisend*** *dode sterf/sterwe, (infml.)* die a thousand deaths; *iem.* ***duisend*** *dode laat sterf/sterwe, (infml.)* scare/frighten the pants off s.o.; *'n* ***gewelddadige*** *~* →GEWELDDADIG *adj.; 'n* ***gewisse*** *~* certain death; *voor 'n* ***gewisse*** *~ staan* face certain death; *iem. is net* ***goed*** *om die ~ te gaan haal* s.o. goes at a snail's pace; ***in*** *die ~* in death; *uit die* ***kake*** *van die ~ ontsnap* escape from the jaws of death; *iem. uit die* ***kake/kloue*** *van die ~* (of *van 'n* ***gewisse*** *~) red* snatch s.o. from the jaws/maw of death, save s.o. from certain death; *jy is 'n* ***kind*** *des ~s!* you're a dead man/woman!; don't you dare!; *die ~* ***kom*** *onverwags* death has no calendar; *iets sal iem. se ~* ***kos*** s.t. will cost s.o. his/her life; *op/om* ***lewe*** *en ~* →LEWE *n.; jou die ~ op die* ***lyf*** *haal* catch one's death; *iem. die ~ op die* ***lyf*** *ja(ag)* frighten s.o. to death; *die ~* ***maak*** *almal gelyk* death is a great leveller; ***ná*** *die ~* after death; ***ná*** *die ~ gebore/gepubliseer, (child, works)* posthumous; *'n* ***nare*** *~ sterf/sterwe* come to a bad end; *'n* ***natuurlike*** *~ sterf/sterwe* die a natural death; *dis ook* ***nie*** *die ~* ***nie*** it's not the end of the world; ***om*** *die ~* ***nie*** on no account, not on any account, by no means; not for the world (*or* the love of money *or* the life of me); ***om*** *die ~* ***nie!*** noway!, over my dead body!, not on your life/nelly!; *iem. kan iets* ***om*** *die ~* ***nie*** *doen nie* s.o. can't do s.t. to save his/her life; *by die ~* ***omdraai*** narrowly escape death; *iem. het by die ~* ***omgedraai*** s.o. nearly died (*or* was at death's door); s.o. narrowly escaped death; *aan die ~* ***ontkom,*** *die ~* ***vryspring*** escape death; *die ~ moet 'n* ***oorsaak*** *hê, (fig.)* there is an excuse for everything; ***op*** *iem. se ~* ***wag*** wait for someone to die; *iem. uit die ~* ***opwek*** raise s.o. from the dead; *die ~ is (daar/hier) in die* ***pot*** nothing much is being done (there/here); that/this is a dead-and-alive place; they are a dead-and-alive lot; *iets is vir iem./iets die ~ in die* ***pot*** s.t. is fatal for s.o./s.t.; *die* ***Seekus*** *van die D~* →SEEKUS; *so* ***seker*** *soos die ~* as sure as fate; *('n) mens is maar een ~* ***skuldig*** one can only die once; *die ~* ***soek*** seek one's death, court death; *die* ***soen*** *van die ~* the kiss of death; *na jou ~* ***spring*** jump to one's death; *die ~* ***sterf/sterwe*** die; *met die ~* ***strafbaar*** *wees* be punishable by death; *die* ***Swart(e)*** *D~* →SWART *adj. & adv.; die ~ is nie* ***te*** *keer nie* death will have no denial; *ek was eerder my ~* ***te*** *wagte* it was totally unexpected; ***ten*** *dode gedoem wees* be doomed (*or* done for); *iem.* ***ter*** *~ veroordeel* condemn/sentence s.o. to death; ***tot*** *iem. se ~* to s.o.'s dying day; ***tot*** *die ~ (toe),* ***tot*** *(in) die ~* unto (*or* to the) death; *(ge)trou* ***tot*** *(in) die ~* true till/until death; ***tot*** *die ~ toe gewond* mortally wounded; *die ~* ***trotseer*** dice/flirt with death; ***uit*** *die ~* from the dead; ***uit*** *die ~ opstaan/verrys* rise from the dead/grave; *die ~* ***uitdaag/(uit)tart*** dice with death; *~ en* ***verderf(enis)*** death and destruction; *iem. deur die ~* ***verloor*** →***afgee;*** *die ~ van ...* ***veroorsaak***

be the death of ...; *die ~ **vind*** meet one's end; *iem. die ~ **voor** oë hou as hy/sy iets doen* warn s.o. forcibly not to do s.t., threaten s.o. with dire consequences if he/she were to do s.t.; *met die ~ **voor** oë* in the face of death; *die ~ **vryspring*** →**ontkom.** **dood** *ge=, vb.* kill; slay; mortify *(the flesh);* →DOODMAAK. **dood** *dooie, adj. & adv.,* dead *(person, language);* deceased; defunct; dull *(colour);* slow *(affair); (in games)* out of action; *iem. is **aan** kanker/ens. ~* s.o. (has) died of cancer/etc.; *vir ~ **aangesien** word* be given up for dead; *iem. vir ~ **agterlaat*** leave s.o. for dead; *~ en **begrawe,** (fig.)* dead and buried/gone; (as) dead as a dodo; *dooie **belasting,** (tech.)* dead load; *dooie **bloed*** clotted/coagulated/congealed blood; bruised blood; *dooie **blomkop*** deadhead; *die dooie **blomkoppe** (van ...) afpluk/afsny* deadhead ... *(the daisies etc.); 'n dooie **boel*** a slow affair (*or* dead-alive business); *'n dooie **dier*** a kill/carcass; ***feitlik** ~* as good as dead; *dooie **gang,** (mech.)* backlash; *op jou dooie **gemak*** →GEMAK; *dooie **gety*** →GETY; *~ **gewaan** word* be given up for dead; *dooie **gewig*** →DOOIEGEWIG. *dit is maar **goed** dat iem. ~ is* s.o. is well dead; *dooie **grond/rots,** (min.)* dead ground/rock; *goedere in die dooie **hand,** (Eng. law)* property in mortmain; *~ van die **honger** wees* be famished/ravenous/starving/starved, have a gnawing/raging/ravenous hunger; *dooie **hout,** (lit. & fig.)* deadwood; *die dooie **hout** uitkap/uitsny, van die dooie **hout** ontslae raak, (fig.)* cut out (*or* get rid of) the deadwood; *iem. **is** ~* s.o. is dead; s.o. has died; s.o. died; *die vuur **is** ~* the fire is out; *dooie **kapitaal*** unproductive capital; *'n dooie **kêrel,** (infml.)* a stick-in-the-mud (*or* muff *or* dead[-and]-alive fellow); *'n dooie **kol,** (rad.)* a blind spot; *~ in die **kol*** dead on target; *'n dooie **kolfblad,** (cr.)* a docile wicket; *iem. ~ **kry*** find s.o. dead; →DOODKRY; *iem. is nog **lank** nie ~ nie* there's life in the old dog yet; *~ **lê*** lie dead; →DOODLÊ; *dié wet is 'n dooie **letter*** this law is a dead letter; *~ of **lewend(ig)*** dead or alive; *dooie **lug*** stale air; *liewer ~ as uit die **mode** wees* be fashion-mad (*or* a slave to fashion); *~ is die **mossie,** (idm.)* the cat's out of the bag; *~ **neerslaan/neerval*** drop/fall (down) dead; *~ in die **nood** wees* →LELIK IN DIE **NOOD** WEES; *dooie **punt*** (of **dooiepunt**), *(tech.)* dead centre; *(fig.)* stalemate; *onderhandelings het 'n dooie **punt*** (of ***dooiepunt***) *bereik, onderhandelings het op 'n dooie **punt*** (of ***dooiepunt***) *beland/uitgeloop* negotiations have reached (*or* are at) a deadlock/stalemate (*or* an impasse); *dooie **rif*** buck reef; *dooie **rus*** →DOOIERUS; *die Dooie **See,*** the Dead Sea *(in the Middle East);* the Putrid Sea *(in Russia); Dooie **See-rolle*** Dead Sea Scrolls; *dooie **skuld*** nonrecoverable debt; unproductive debt; *~ aan die **slaap** wees* be sound(ly) asleep; *iem. is op **slag** ~* →SLAG[1] *n.; so ~ **soos** 'n mossie/klip* (as) dead as a doornail (*or* as a/the dodo *or* as mutton); *iem. is op **sterwe** na ~, (also)* s.o. is moribund (*or* all but dead); s.o. is a real slowcoach; s.o. is a proper stick-in-the-mud; *iets is op **sterwe** na ~* s.t. is as good as dead; *dooie **ty*** →DOOIE GETY; *~ van die **vaak** wees* →VAAK *n.; honderd/ens. is **vermoedelik** ~* a hundred/etc. are feared dead; *dooie **vlees*** proud flesh; *dooie **vrag*** dead freight; *die **vuur** is ~* the fire is out; *dooie **water*** backwater; *dooie **weefsel*** slough; *dooie **werk,** (min.)* dead work; *dooie **wol*** dead wool; murrain wool; *geen/g'n* (of *nie 'n*) *dooie **woord** sê nie* not say/speak a single word. **~alleen** all/quite alone. **~arm** penniless, indigent, destitute, poverty-stricken. **~baar** →DOODSBAAR. **~baklei** *doodge=, vb.* fight to the death; *liewer ~ as doodeet* rather die a soldier's than a glutton's death. **~bang, doodsbang** scared to death, mortally/deathly afraid, frightened out of one's wits, terrified, petrified; *~ vir ... wees* be in mortal fear of ...; be in a blue funk about ... **~bed** →DOODSBED. **~bedaard, ~kalm** perfectly/quite calm, as cool as a cucumber, unfazed. **~bekommer, ~kwel:** *jou ~ oor ...* be worried sick (*or* to death) about ..., worry o.s. sick (*or* to death) about ..., be frantically worried about ... **~benoud** →DOODBANG. **~berig** →DOODSBERIG. **~blaas** *doodge=, vb.* blow out, extinguish *(a candle etc.).* **~bloei** *doodge=, vb.* bleed to death; *(fig.)* die down, fizzle out. **~boek** register of deaths; *iets in/op die ~ skryf/skrywe* consign s.t. to oblivion. **~brand** *doodge=, vb.* burn to death; cauterise. **~byt** *doodge=, vb.* bite to death. **~doener** *(infml.)* crushing retort; silly-clever argument; unsatisfying answer, bromide; conversation stopper. **~dollies** *(usu. pred., infml.)* hunky-dory, A-OK, A-okay. **~drink** *doodge=, vb.: jou ~* drink o.s. to death. **~druk** *doodge=, vb.* press/squeeze to death; silence, squash, hush; smother *(a yawn);* stub out *(a cigarette);* snuff out *(a candle);* spike *(a rumour); (rugby)* touch down. **~eenvoudig** *adj. & adv.* quite/devastatingly simple, simplicity itself; (as) easy as ABC/anything/lying/pie/winking (*or* falling off a log); quite simply; *die werk is ~* the work is plain sailing; *om die ~e rede dat ...* for the simple reason that ...; *iets is ~ ...* s.t. is ..., pure and simple *(fraud, ignorance, etc.).* **~eerlik** honest to the core (*or* to a fault). **~eet** *doodge=, vb.: jou ~* overeat, eat too much, eat one's head off, make a glutton of o.s.. **~ernstig** *adj. & adv.* deadly serious, grave, solemn, unsmiling; in deadly earnest. **~gaan** *doodge=, vb.* die, perish; *(a machine)* switch off, stall; peter out; *(a flame etc.)* go/blow out; *iem. gaan dood* (of *kan/wil ~*) *oor ...* s.o. is infatuated with ... *(s.o.);* s.o. is mad about ... *(soccer, sweets, etc.); ~ van ...* die of ... *(shame, embarrassment, hunger, fright, etc.).* **~gaansiekte** *(plant disease)* blight. **~geboorte** stillbirth. **~geboortesyfer** natimortality. **~gebore** *(lit. & fig.)* stillborn; *'n ~ baba/kind* a stillbirth (*or* stillborn baby/infant). **~gereën:** *'n ~de wedstryd/ens.* a washed-out match/etc.. **~gerus** perfectly calm (*or* at ease), as cool as a cucumber, unperturbed, *(infml.)* unfazed; quite unconcerned. **~gery** *(also, fig.)* hackneyed, banal, trite, stale *(joke etc.);* →DOODRY. **~gewoon** everyday, quite common, common or garden, ordinary, usual, humdrum; unglamorous; *dis ~ ...* it's/that's (just) plain (*or* quite simply *or* nothing but) ... *(bad taste etc.); iets ~s* something quite ordinary/common/normal, a run-of-the-mill thing. **~goed** *=goeie* good to a fault, very kind; (as) mild as milk, harmless. **~gooi** *doodge=, vb.* kill (by throwing); stone (to death); squash, knock out, finish; season highly; *doodgegooi wees op iem., (rare)* be madly in love with s.o.. **~gooier** stunner; dumpling. **~grawer** *(rare)* gravedigger (→GRAFGRAWER); *(entom.)* sexton (beetle). **~honger** *adj.* starving, very hungry. **~honger** *doodge=, vb.* starve (to death). **~hou** *n.* deathblow, mortal blow; knockout (blow), staggering blow; stunner, smash(er), scorcher, settler, clincher; *doodhou!* shot!; *'n ~ kry, (also)* get it in the neck; *iem. 'n ~ toedien* deal s.o. a staggering blow. **~huil** *doodge=, vb.: jou ~* cry/weep one's heart out, weep oceans of tears. **~jammer** a great pity/shame, a thousand pities, a downright/crying shame. **~kalm** →DOODBEDAARD. **~kis** →DOODSKIS. **~knies** *doodge=, vb.: jou ~* fret/mope one's heart out. **~kook** *doodge=, vb.* overboil; overcook. **~krap** *doodge=, vb.* delete. **~kruid** *(bot.)* deadly nightshade. **~kry** *doodge=, vb.* kill, succeed in killing; →DOOD *adj. & adv.; iem. se ~ is min* there's no getting rid of s.o.; *'n brand ~* extinguish a blaze. **~kwel** →DOODBEKOMMER. **~kwyn** *doodge=, vb.* pine away. **~lag** *doodge=, vb.* laugh down; laugh out of court; *jou ~* die (*or* kill o.s.) laughing, laugh one's head off, be in stitches (*or* tickled to death), split one's sides. **~lê** *doodge=, vb.* overlie *(a baby); hoekom het sy/haar ma hom/haar nie klein doodgelê nie?* it were better had he/she never been born. **~loop** →DOODLOOP. **~luiters** blandly innocent; unconcerned(ly), casual(ly), indifferent(ly), cool(ly), calm(ly); *jou ~ hou* bluff it out, not turn a hair. **~lyn** *(rugby)* dead-ball line. **~maak** *doodge=* kill, take *(s.o.'s)* life, slay, put to death, liquidate, dispatch, eliminate, finish (off); quench, extinguish; douse *(a fire, light); 'n **hond** ~* destroy a dog; *'n mens kan 'n **kat** op meer maniere as een ~* there are more ways of killing a cat than choking it with cream; *iem. **laat** ~* have s.o. killed; *... op die **plek** ~* kill ... outright; *'n dier **pynloos** ~* put an animal to sleep; *wat nie ~ nie, maak **vet*** what doesn't kill you makes you stronger. **~mak** quite tame; as quiet as a lamb. **~maklik** very/quite/dead/perfectly easy; *(infml.)* a piece of cake, kid's stuff, a pushover, (as) easy as ABC/anything/lying/pie/winking (*or* falling off a log). **~martel** *doodge=* torture to death, martyr. **~moeg** *=moeë* dead beat/tired, tired/worn out, dog-tired, ready to drop, exhausted; *(infml.)* knackered, clapped/fagged out, pooped/whacked (out). **~natuurlik** quite/perfectly natural. **~nugter** cold sober. **~ongelukkig** utterly/thoroughly miserable/wretched. **~onskuldig** quite innocent(ly), as innocent as a lamb, in all innocence. **~op** →DOODMOEG. **~praat** *doodge=* talk down; talk to death; evade, hush up; *(pol.)* talk out, filibuster; pour cold water on; outargue, outtalk. **~reën** *doodge=* be killed by rain; wash out, be washed out (by rain). **~reg** just/exactly right; (as) right as rain. **~register** death register. **~rustig** very calm/composed, unperturbed, unruffled, *(infml.)* unfazed. **~ry** *doodge=, (a vehicle or its driver)* run over and kill; ride to death *(a horse); (fig.)* overwork. **~ryp** *doodge=* be killed/nipped by frost; *doodgeryp, (also)* lifeless, listless. **~sake:** *dis ~ dié* this is a matter of life and death. **~sê** *n.* settler. **~sê** *doodge=, vb.* silence, squash, squelch. **~seker** absolutely/completely/dead/quite certain, absolutely sure; *~ maak, (also)* double-check. **~sertifikaat** death certificate. **~siek** critically/dangerously ill, sick to/unto death; mortally/fatally/terminally ill, moribund, at the point of death. **~sit** *doodge=* kill by sitting on; get the better of, squash, squelch. **~skaam** *adj.* extremely shy. **~skaam** *adv.* very shyly. **~skaam** *doodge=, vb.: jou ~* die of embarrassment/shame, be extremely/terribly embarrassed. **~skadu(wee)** shadow of death; *die dal/vallei van ~* the valley of the shadow of death. **~skiet** *doodge=* shoot (dead), shoot and/to kill, shoot to death, kill by shooting; *jouself ~* shoot o.s.; *iem. opsetlik ~* shoot to kill s.o.; *iem. weens verraad/ens. ~* shoot s.o. for treason/etc.. **~skok** *doodge=* electrocute. **~skoot** *(lit.)* mortal shot; *(fig., a reply etc.)* mortal blow, clincher, corker. **~skop** *doodge=* kick to death. **~skree(u)** *doodge=* shout down *(a speaker);* drown out *(a speech).* **~skrik** *n.* mortal fright; *iem. die ~ op die lyf ja(ag)* scare s.o. half to death, frighten/scare s.o. out of his/her wits/senses, scare the (living) daylights out of (*or* put the fear of God/death into) s.o.. **~skrik** *doodge=, vb.: jou ~* get the fright of one's life; *iem./iets laat hom hom* (of *haar haar*) *~* s.o./s.t. frightens him/her to death. **~slaan** *doodge=* beat/batter/club to death; kill, slay; swat *(a fly);* squelch, squash *(by a retort);* extinguish *(a flame); slaan my dood!, (infml.)* strike me dead/pink!, well, I'm (*or* I'll be) jiggered!; *al slaan jy my dood, kan ek dit nie regkry nie, (infml.)* I cannot do it for the life of me; *die tyd ~* kill time. **~slaap** sleep of death. **~slag** deathblow; homicide, manslaughter; *moord en ~* →MOORD. **~slaner** killer. **~smart** the pain of death. **~smoor** *doodge=* stifle, smother; suppress. **~snik** last gasp; *'n doel in die ~ke van die wedstryd* a last-minute goal/try. **~sonde** mortal/deadly/cardinal sin. **~spuit** *doodge=* anaesthetise, apply an (*or* a local) anaesthetic (to). **~stadig** dead slow, (as) slow as slow/death; snaillike. **~steek** *n.* deathblow, finishing stroke, *(Fr.)* coup de grâce; pet aversion; *iets die ~ gee/toedien* finish s.t. off, give s.t. the deathblow; *iets is iem. se ~* s.t. is s.o.'s pet aversion; *die ~ vir iets wees* be the deathblow to s.t.. **~steek** *doodge=, vb.* stab/knife to death. **~stem** *doodge=* outvote; vote down, reject (in a ballot). **~stil** dead quiet, deathly quiet/still, so quiet/silent one can/could hear a pin drop; (as) quiet as a mouse; stock-still, motionless, without moving a muscle, like a statue; dead silent, (as) silent as the grave/tomb; *dit was ~* it was dead/deathly quiet; there was a hushed silence. **~straf** death penalty, capital punishment; *die ~* capital punishment; *die ~ ondergaan* pay the supreme/last penalty; *op ~ verbode wees* be forbidden on pain of death. **~streep** = DOODLYN. **~stryd** death struggle/throes, agony/throes of death; *die ~* the last throes; *'n swaar ~ hê* die hard. **~swak** extremely weak, as weak as a kitten. **~sweet** (cold) sweat of death. **~swyg** *doodge=* ignore, take no notice of; *'n boek ~* form a conspiracy of silence about a book; *'n sameswering om iets dood te swyg* a conspiracy of silence. **~swygkomplot** conspiracy of silence. **~tevrede** quite/perfectly content. **~toevallig** by pure chance, quite accidentally. **~trap** *doodge=* trample to death; stamp out *(a fire).* **~trapper** clodhopper, beetlecrusher, heavy boot. **~trek** *doodge=*

delete, scratch out, *(fml.)* expunge. **~treur** *doodge=: jou ~ grieve o.s. to death.* **~val** *doodge=* drop (*or* fall [down]) dead; *ek kan ~ as ...* strike me dead if ...; *iem. het hom/haar (honderd/ens. meter ver/vêr) doodgeval* s.o. fell (a hundred/etc. metres) to his/her death; *mag ek ~ (as dit nie waar is nie)* cross my heart (and hope to die), if that isn't so I'll eat my hat. **~vat** *=te, n., (rugby)* (firm) tackle. **~vat** *doodge=, vb., (rugby)* tackle; tackle/hold firmly. **~vee** *doodge=* wipe out, obliterate; erase. **~veilig** perfectly safe; gilt-edged *(investment).* **~vererg** *=de* (considerably) piqued, (thoroughly) exasperated, in high dudgeon, mortally vexed. **~verf** *ge=* designate, mark out; stigmatise; *as iem. se opvolger ge~ wees* be designated as (*or* marked out as *or* tipped to be) s.o.'s successor; *iem. as ... ~, (also)* stigmatise s.o. as ... **~verf** *doodge=* paint out, obliterate. **~verskrik** *=te* terror-stricken/struck. **~verveel:** *jou ~* be bored stiff. **~vervelig** deadly/extremely/incredibly/rather/really/very boring/dull/dreary, dead boring, (as) dry as dust, mind-numbing. **~verwonderd** astounded, taken aback. **~voël** →DOODSVOËL. **~vonnis** →DOODSVONNIS. **~vries** *doodge=* freeze (*or* be frozen) to death. **~vyand** = DOODSVYAND. **~waterpas** plumb/dead level. **~werk** *doodge=: jou ~* work o.s. to death (*or* into the grave/ground), work one's fingers to the bone; be a glutton for punishment. **~wurg** *doodge=* strangle, choke to death.

dood·loop *doodge=* come to an end; *(a street)* end in a cul-de-sac; fizzle/peter out; *jou ~* walk o.s. off one's legs. **~baantjie** dead-end/blind-alley job. **~bedryf** wasting industry. **~geut** stopped-end gutter. **~pad, ~paadjie** blind alley; *(fig.)* bleak prospect. **~punt** dead end. **~skag** blind shaft. **~straat** dead end, dead-end street, cul-de-sac, blind alley; *(fig.)* impasse.

doods *doodse* deathly, deathlike, *(fml.)* funereal; dead(-alive); drab, (deadly) dull, dreary; desolate; stagnant; →DOODSHEID; *~e gevoel* numbness; *'n ~e stilte het geheers* there was a deathly hush (*or* a deafening silence).

doods-: **~aankondiging** →DOODSBERIG. **~angs** agony, (unholy) terror, mortal fear; *(also, in the pl.)* pangs of death; *in ~ verkeer/wees* be terrified (*or* in mortal fear *or* mortally afraid), *(infml.)* be scared stiff (*or* to death). **~baar, doodbaar** bier. **~bang** →DOODBANG. **~bed, doodbed** deathbed. **~beendere** human (*or* dead men's) bones, skeleton(s); *skedel en ~* skull and crossbones. **~berig, ~aankondiging** death/funeral notice; obituary (notice). **~bleek** deathly pale, (as) pale as death, (as) white as a sheet, ashen(-faced). **~bode** messenger of death; banshee. **~drang** death urge, thanatomania. **~engel** angel of death. **~gevaar** mortal danger, deadly danger/peril, danger of death; *in ~ verkeer* be in mortal danger (*or* deadly danger/peril). **~gewaad** →DOODSKLEED. **~haas** headlong haste. **~hemp** →DOODSKLEED. **~hoof** →DOODSKOP. **~hoofvlinder** death's-head moth. **~kis, doodkis** coffin; *(also, in the pl., infml.: large shoes)* clodhoppers, beetlecrushers. **~kleed** shroud, winding sheet; pall, cerecloth. **~kleur** deathly pallor, pallor/hue of death, livid colour/hue. **~klok** death knell/bell; *die ~ lui* the bell tolls; *die ~ oor/van/vir ... lui* ring/sound/toll the knell of ... **~kloppertjie** *(entom.)* death's-head beetle. **~kop** *(also* doodshoof*)* skull, death's head; *(icht.)* monkey/elephant fish. **~mare** →DOODSTYDING. **~nood** agony/throes of death, death throes; deathly danger. **~ondersoek:** *(geregtelike) ~* inquest, postmortem (examination); *mediese ~* postmortem (examination). **~oorsaak** cause of death. **~reuk** smell of death. **~rivier** river of the underworld. **~roggel** death rattle. **~teken** obituary sign. **~tyding** news of s.o.'s death. **~uur** hour of death. **~vallei** valley of death. **~veragting** contempt of death; (utter) fearlessness. **~verlange** death wish. **~verskrikking** terror of death. **~voël** barn owl. **~vonnis** death/capital sentence, sentence of death; *die ~ voltrek* execute the sentence of death. **~vrees** fear of death, thanatophobia. **~vyand** deadly/mortal enemy, archenemy. **~wa** →LYKWA. **~waak** →DODEWAAK. **~worsteling** death struggle.

doods·heid deathliness; deadness; deadliness, dreariness, dullness, drabness; torpor; desolateness; stagnation; *(fig.)* wint(e)riness, winterliness.

doof[1] *dowe dower doofste, adj.* deaf; →DOOFSTOM, DOWE; *~ en blind vir ... wees* close one's mind to ...; *niemand is so ~ as wie nie wil **hoor** nie* none is so deaf as he who will not hear; ***horende** ~ wees* be wilfully deaf; *jou ~ **hou*** pretend not to hear, sham deafness; *jou vir ... ~ **hou*** turn a deaf ear to ...; *'n dowe **koppie,** (rare)* →'N AFOORKOPPIE; ***musikaal*** *~* tone-deaf; *nie om dowe **neute** nie* →NEUT; *iem. se een **oor** is ~* →OOR[1] *n.; dowe **put,** (rare)* dumb well; *so ~ **soos** 'n kwartel* (as) deaf as a (door)post, stone deaf; *~ wees **van** iets* be deaf with s.t. *(the noise etc.); ~ wees **vir** iets* be deaf (*or* turn a deaf ear) to s.t.. **doof·heid** deafness.

doof[2] *ge=, vb.* extinguish, put out, douse, quench, damp down *(a fire);* extinguish, switch/turn off, turn out, dim *(a light);* deaden *(a sound).* **~pot** extinguisher; *iets in die ~ stop* cover/hush s.t. up, sweep s.t. under the carpet, stifle/smother s.t.; throw s.t. on (*or* consign/relegate s.t. to) the scrap heap *(a plan etc.).* **~pyl** tranquilliser dart.

doof·stom *n., (derog.)* deaf-mute, deaf-and-dumb; →DOOF[1] *adj..* **doof·stom·heid** *(derog.)* deaf-mutism, deaf-muteness. **doof·stom·me** *(derog.)* deaf mute; →DOWE.

dooi *n.* thaw. **dooi** *ge=, vb.* thaw. **~gewig** *(rare)* →DOOIEGEWIG. **~mansdeur** →DOOIEMANSDEUR. **~weer** thaw(ing weather).

dooi·e *=es* (a/the) dead/deceased (person), fatal casualty; →DOOD *adj. & adv.; daar was **baie** ~s* there were many fatalities; *daar was agt(t)ien/ens. **beseerdes** en ses/ens. ~s* there were eighteen/etc. casualties and six/etc. fatalities; ***die** ~s* the dead; *die ~s **klik** nie* (of *wat die ~ **weet,** word met hom begrawe)* dead men tell no tales; *(die) ~s **opwek*** raise the dead. **dooi·e·rig** *=rige* lifeless, listless, apathetic, *(Br.)* dead-(and-)alive, sluggish, tame, lethargic, lacklustre, *(infml.)* wimpish. **dooi·e·rig·heid** listlessness, lethargy.

dooi·e-: **~bloed** →DOOD *adj. & adv..* **~gewig** dead weight. **~lam** stillborn lamb; *~ afgooi* slip, slink. **~mansdeur, dooimansdeur:** *voor ~ kom, aan ~ klop* find nobody at home; get no hearing. **~manskruk** dead man's handle. **~punt** →DOOIE PUNT. **~rus** at dead rest, with a supporting rest; *~ neem/vat/skiet* fire with one's rifle rested; *op iets ~ neem/vat* rest one's rifle on s.t. to fire. **~rusvurk** forked rest. **~vul** stillborn foal; *~ afgooi* slip, slink.

dooi·er *=ers,* **door** *dore* yolk *(of an egg).* **~buis** vitelline duct. **~proteïen** vitellin. **~sak** yolk sac/membrane. **~swam** *(bot.: Cantharellus cibarius)* chanterelle *(Fr.).* **~vlies** vitelline/yolk membrane.

dooi·lik *=like* dead(-and)-alive; →DOOIERIG.

dook·bout stone bolt.

dool *ge=* roam, rove, wander (about), peregrinate; err; →DOLEND, DWAAL *vb..* **~hof** *=howe* labyrinth, maze; *(anat.)* labyrinth. **~weg** wrong way/path; *op die ~ raak* go astray.

doop *n.* baptism, christening; *ten ~ hou* present at the font. **doop** *ge=, vb.* baptise, christen; name *(a ship);* sop *(bread in milk);* dip, dunk *(a rusk in coffee);* initiate *(a student); iets in ... ~* dip s.t. in/into ... **~akte** →DOOPBEWYS. **~bak, ~bekken** →DOOPVONT. **~bediening** christening, baptism. **~belofte, ~gelofte** baptismal vow. **~bewys** baptismal certificate, certificate of baptism. **~boek** baptismal/parish register. **~dag** christening day. **~diens** baptismal service. **~formulier, doopsformulier** order of baptism, christening ritual. **~getuie** godparent, sponsor. **~kapel, ~kerk** baptist(e)ry. **~kind** = DOPELING. **~lid(maat)** baptised member. **~naam** baptismal name, first/given/Christian name, forename. **~ouers** parents of a/the child receiving baptism. **~party** christening party. **~plegtigheid** christening, baptismal ceremony. **~register** →DOOPBOEK. **~rok(kie)** christening robe, chrisom (robe). **~seel** *=s,* **~sertifikaat** *=kate* baptismal certificate, certificate of baptism; *iemand se ~ lig* →IEM. SE SEEL LIG. **~sertifikaat** →DOOPSEEL. **D~sondag** christening Sunday. **~sous** dip. **~vont** baptismal font. **~water** baptismal water.

Doops- *(also d~):* **~gesind** *=e, adj.* Anabaptist. **~gesinde** *=s, n.* Anabaptist.

doop·sel *=sels* baptism.

door *dore* →DOOIER.

Door·nik *(geog.)* Tournai.

doos *dose* box, case; container; *(taboo sl.: female genitals)* cunt, fanny, pussy, twat; *(taboo sl., derog.: foolish/despicable person)* sod, tit, twat; →DOSIE; *uit die ou(e) ~ wees, (s.o.)* be old-fashioned; *(s.t.)* be out of fashion (*or* outmoded/unfashionable/antiquated *or* old hat). **~barometer** aneroid barometer. **~kamera** box camera. **~vormig** *=e* box-shaped, boxlike; capsular. **~vrug** capsular fruit, capsule. **~wyn** box wine.

dop *doppe, n.* shell *(of an egg);* husk *(of seeds, grapes);* hull *(of rice);* pod *(of peas);* integument; capsule; case *(of a cartridge);* sheath; scale; skin *(of grapes);* cover *(of a tobacco pipe);* carapace *(of a tortoise);* shuck *(of a larva); (mech.)* cap; cap, top *(of a pen);* bowl, cup; drink, tot; tot measure; *(SA, infml.)* dop; →DOPPIE; *~ en **dam*** brandy and water; ***in** die ~* in the shell, in embryo; in the making; *'n digter/ens. **in** die ~* a budding poet/etc.; *'n eier **in** die ~* a shell egg, an egg in the shell; *in jou ~ **kruip*** go/retire into one's shell, shrink into o.s.; draw/pull in one's horns; *uit jou ~ **kruip*** come out of one's shell; *in die ~ **kyk*** be addicted to drink; *'n **leë** ~* an empty shell; ***skaars** uit die ~* hardly out of the shell; *'n ~ **steek/maak,** (infml.)* have/take a tot/snifter/snort; *gou 'n ~ **steek,** (infml.)* have a quickie; *'n stywe ~ **steek,** (infml.)* drink hard; *'n stywe ~, (infml.)* a stiff drink/tot. **dop** *ge=, vb.* shell *(peas, beans);* hull, dehusk; *(SA, infml.)* fail, plug *(an examination); (in) 'n eksamen ~* fail (in) (*or* flunk) an exam(ination); *iem. laat ~* fail s.o. *(in an examination).* **~beitel** shelling chisel. **~bout** cap stud. **~brandewyn** dop brandy; *Italiaanse ~* grappa. **~diertjie** scale insect. **~eier** shell egg. **~emmer** milking pail. **~-ertjie** *=s* green pea. **~hard** *adj.* case-hardened; *~ maak* case-harden. **~hard** *dopge=, vb.* case-harden. **~harding** case-hardening. **~heide** bell heather, heather bell, bottle heath. **~hoed(jie)** bowler (hat), hard/pot hat, *(Am.)* derby, *(hist.)* billycock. **~hou** *dopge=* watch, observe, keep one's eyes (*or* an eye) on; *sake ten **behoewe** van iem. ~* hold a watching brief for s.o.; *iem. **fyn** ~* observe s.o. narrowly; watch s.o. like a hawk; *sake **fyn** ~* keep one's ear(s) (close) to the ground; *iem./iets **fyn/goed** ~* keep (a) careful/close watch on s.o./s.t.; *hou die **koerante** dop!* watch the newspapers!; *iem. **laat** ~* have s.o. watched; *die pad **strak** ~* keep one's eyes glued to the road; *iem. **word** dopgehou* s.o. is being watched; s.o. is under surveillance. **~klier** shell gland. **~luis** scale (insect), coccid; *sagte ~* soft scale. **~maat** tot measure. **~maatskappy** *(fin.)* shell company. **~masjien** (de)husker. **~pruim** *(Pappea capensis)* wild plum. **~rys** paddy (rice). **~skroef** cap screw. **~sleutel** box spanner. **~steek** *dopge=* tipple. **~steker** toper, tippler. **~stelsel** tot system. **~uitwerper** cartridge ejector. **~verhard, ~verharding**→DOPHARD, DOPHARDING. **~vlerke** wing case/cover/shell, elytron. **~vormig** *=e* cup-shaped, capsular. **~vrug** achene, akene, capsella.

do·pe·ling *=linge* child/person to be baptised (*or* receiving baptism). **do·per** *=pers* baptiser; *(Prot.)* Baptist; *Johannes die D~, (NT)* John the Baptist. **do·per·tjie** *=tjies, (orn.)* Cape dabchick. **do·pe·ry** christening; naming; initiation *(among students).*

dop·pe·ling *=linge* failure *(in an examination).*

Dop·per *=pers* Dopper, member of the Reformed Church. **~kerk** Dopper/Reformed Church.

dop·per·ki·aat round-leaved kiaat/teak.

dop·pie *=pies* small shell/etc. (→DOP *n.*); cap, cover *(of a pipe);* short-brimmed hat; percussion/blasting cap, detonator; small tot *(of liquor); (bot.)* glume, cupule; *(biol.)* scutellum; *(icht.: Argyrozona argyrozona)* young silverfish; *gaan **blaas** ~s!, (infml.)* go and boil your head!, go (and) jump in the lake!; blast you!; *iem. kan gaan ~s **blaas,** (infml.)* s.o. can go (and) jump in the lake; *iem. se ~ het **geklap,** (infml.)* s.o. has had it (*or* his/her chips), s.o.'s bubble has burst; the game is up; *iem. se ~ gaan **klap,** (infml.)* s.o. is (in) for it; *iem. se ~ laat **klap,** (infml.)* blow the whistle on s.o.; *dis ~s (in die emmer) **met** iem.* s.o. is done for; *'n ~ **steek/maak,***

(infml.) have/take a tot/snifter/snort; *~s* ***verdien,*** *(infml.)* get paid peanuts; *'n ~* ***(vol)*** a capful; *'n ~* ***wegslaan,*** *(infml.)* wet one's whistle. **~lont** capped fuse. **~patroon** primer (cartridge). **~spel** thimblerig.

dop·pies·ge·weer, dop·pies·roer *(hist.)* muzzle-loader.

Dop·pler·ef·fek *(phys.)* Doppler effect.

dor *dor(re) dorder dorste, adj.* dry *(wood);* barren, sterile *(land);* arid *(desert);* dull, humdrum, prosaic, *(poet., liter.)* jejune; withered, dried up, *(poet., liter.)* sear *(plants etc.).* **dor** *ge=, vb.* dry out, wither. **~plant** xerophyte. **~(re)bank** hardpan. **~(re)vy, ~(re)vygie** →DORING=VYGIE.

do·ra·de *=des, (icht.: Coryphaena hippurus)* dolphin=fish.

do·ra·do *(rare)* →ELDORADO.

Dor·drecht, Dordt *(geog.)* Dordrecht, Dort. **Dordts:** *~e Sinode* Synod of Dordrecht/Dort.

dor·heid dryness, aridity, barrenness. **dor·te** *(rare)* = DORHEID.

Do·ri·ër *=riërs* Dorian; →DORIS. **Do·ries** *n.* Doric (di=alect). **Do·ries** *=riese, adj.* Doric *(dialect, order of archit., etc.);* Dorian *(Greeks etc.); ~e modus, (mus.)* Dorian mode.

do·ring *=rings* thorn, prickle, spine; tang *(of a knife);* nib *(of a tool);* shank; barb; cock; mandrel; *(infml.: reliable, helpful pers.)* brick; *(infml.: skilful pers.)* expert, master, pundit, wizard, whiz(z), boffin, fundi; *iem. is 'n ~* ***om*** *te ..., (dated)* s.o. is a good hand at ...; s.o. is a first-rate ...; *jy's 'n* ***(ou)*** *~!, (infml.)* you're tops!; *'n ~ in die* ***oog*** *wees, (an ugly building etc.)* be an eyesore; *in 'n ~* ***trap*** step on a thorn; *'n ~* ***van*** *'n ...* a devil of a ... *(chap etc.); vir iem. 'n ~ in die* ***vlees*** *wees* be a thorn in s.o.'s flesh/side; ***vol*** *~s* thorny, spiny; *'n pad* ***vol*** *~s, (fig.)* 'n path/way strewn with thorns, an obstacle course. **~appel** *(Datura stramonium; Solanum acanthoideum)* thorn/prickly apple. **~blaar(turksvy), ~blad(turksvy)** *(Opuntia* spp.*)* prickly pear. **~boom** thorn (tree). **~bos** thorn bush. **~bult** hill with thorn bush. **~draad** barbed wire; *(infml.: bad liquor)* rotgut, firewater, jungle juice. **~draadversperring** barbed-wire entanglement. **~haai** spiny dogfish. **~hout** acacia/mimosa (wood). **~kraal** thorn-bush enclosure, zare(e)ba, zariba. **~kroon** crown of thorns; *(bot.)* Christ's thorn. **~peer** *(Scolopia zeyheri)* thorn pear. **D~rosie** *(fairy tale)* Sleeping Beauty. **~stomp** thorn-tree stump. **~struik** thorn bush, briar, brier. **~tak** thorn-tree branch. **~tang(etjie)** tweezers. **~uitsteeksel** spine, spinous process. **~veld** thorn scrub. **~vormig** *=e* spiniform, spinate.

do·ring·ag·tig *=tige* thorny; →DORINGRIG. **do·ring·loos** *=lose* spineless, thornless; *(bot.)* inerm, unarmed; *doringlose turksvy* →KAALBLAARTURKSVY. **do·ring·rig** *=rige* thorny, prickly, spiny; *(bot.)* spinose, spinous. **do·ring·rig·heid** prickliness. **do·rin·kie** *=kies* thorn=let, spinule.

Do·ris *(geog.)* Doris; →DORIËR.

Dor·mer *=mers, (also d~, breed of sheep)* Dormer.

dorp *dorpe* village; townlet, small town; →DORPS=; ***buite(kant)*** *die ~* out of town; *die* ***hele*** *~ het die mond daarvan vol* it is the talk of the town; *~ se* ***kant*** *toe* toward(s) town; ***op/in*** *die ~* in town; ***op/in*** *die ~ woon* live in town; *in die ~* ***rond*** about town; *~* ***toe*** *gaan* go to town; *tien/ens. kilometer* ***uit*** *die ~* ten/etc. kilometres from town. **~skool** village/town school.

dor·pe·ling *=linge,* **dor·pe·naar** *=naars, =nare* villager; town dweller, *(infml.)* townie, townee.

Dor·per *=pers, (also d~, breed of sheep)* Dorper.

dor·pie *=pies* village, small town; *klein ~* hamlet, small settlement.

dorps *dorpse* village-like; rural, rustic.

dorps=: **~aanleg** town planning; township. **~belasting** municipal rate. **~bewoner** villager, townsman. **~gawie** →DORPSJAPIE. **~gebied** township; municipal/urban area. **~gek** →DORPSIDIOOT. **~genoot** (fellow) townsman. **~grond** →DORPSMEENT. **~huis** house in a village; farmer's town house. **~idioot, ~gek** *(chiefly arch.)* village idiot. **~japie** *(derog.)* townie, townee. **~kerk** village church. **~kind** town-bred child. **~klerk** village/town clerk. **~meent, ~grond, ~veld** village green, (town) common, town lands, *(jur.)* commonage. **~praatjies** village gossip. **~raad** village council. **~uitleg** town planning. **~veld** →DORPSMEENT. **~wyk** (village) ward.

dors[1] *n.* thirst; *~* ***hê*** be thirsty, have a thirst; feel dry; *~* ***kry*** become/get thirsty; *jou ~* ***les*** quench/satisfy/slake one's thirst; *'n ~* ***na/vir*** *iets hê, (poet., liter.)* have a thirst for (*or* thirst for/after) s.t.; *'n* ***onlesbare*** *~* an unquenchable thirst; ***sterf/sterwe/vergaan/versmag*** *van (die) ~* be dying of (*or* be parched with) thirst, be dying for a drink. **dors** *dors dorser dorsste, adj.* thirsty; dry; *iem. is ~* s.o. is thirsty (*or* has a thirst); s.o. feels dry; *dit maak ('n) mens ~* it makes one thirsty, it's (*or* it is) thirsty work. **dors** *ge=, vb.* be thirsty; *na iets ~, (poet., liter.)* thirst for/after s.t., have a thirst for s.t.. **~land** →DORSLAND. **~lessend, ~stillend** *=e* thirst-quenching *(drink).* **~veld** waterless/arid region. **~(ver)=wekkend** *=e* causing thirst.

dors[2] *ge=, vb., (agric.)* thresh, thrash; flail. **~masjien** threshing machine, thresher. **~stok** →DORSVLEËL. **~trommel** peg drum. **~tyd** threshing time. **~vleël, ~stok** flail. **~vloer** threshing floor.

dor·saal *=sale, (biol.)* dorsal, tergal.

dor·ser *=sers, (agric.)* thresher.

dors·land *(waterless region)* thirstland. **~plant** xerophyte, drought-resistant plant. **D~trek** *(hist.)* Thirstland Trek. **D~trekker** *(hist.)* Thirstland Trekker.

dors·tig *=tige* thirsty. **dors·tig·heid** thirst(iness).

dor·tel·ap·pel(·tjie) *(Solanum sodomaeum)* apple of Sodom.

dos *n., (rare)* attire, dress, apparel, array. **dos** *ge=, vb., (rare)* attire, dress, apparel, array; →UITDOS.

do·seer[1] *(ge)=* lecture, teach; *doserende personeel* academic/teaching staff. **do·sent** *=sente* (academic) teacher; tutor, instructor. **do·se·ring** teaching, lecturing.

do·seer[2] *(ge)=* dose *(an animal);* drench; →DOSIS; *... met iets ~* dose ... with s.t.. **do·se·ring** dosing; drenching *(of animals).*

Do·se·tis·me *(Chr., hist.)* Docetism. **Do·seet** *=sete* Docete, Docetist; *die Dosete* the Docetae/Docetists.

do·sie *=sies* small box; casket; pyxis *(used by ancient Greeks and Romans).*

do·sis *=sisse* dose, dosage; quantity; →DOSEER[2]; *te groot ~* overdose; →OORDOSIS; *te klein ~* underdose; *daarvoor is 'n hele ~ kennis nodig* that requires a great deal of knowledge. **~kunde** *(med., rare)* posology.

dos·sier *=siere, =siers* docket, file, dossier.

Dos·to·jew·ski *(Russ. novelist)* Dosto(y)evsky, Dosto(y)evki.

do·syn *=syne* dozen; *'n ~* ***bottels*** *port/ens.* a dozen of port/etc.; ***by*** *die ~* by the dozen; ***by*** *(die) ~e, (fig., infml.: in great numbers)* by the dozen; *~e* ***eiers/ens.*** dozens of eggs/etc.; *twee/ens. ~* ***eiers/ens.*** two/etc. dozen eggs/etc.; *'n* ***volle*** *~* a round dozen.

dot *dotte* →DOTJIE[1].

Do·tan *(geog., OT)* Dothan.

do·teer *(ge)=, (arch.)* donate, endow, contribute, dotate. **do·ta·sie** *=sies, (arch.)* donation, endowment, contribution, dotation.

dot·jie[1] *=jies, (obs.)* shapeless hat; (small) short-brimmed/brimless hat *(for women);* head, pate; little dear, dot; comforter, sucker *(for a baby).*

dot·jie[2] *=jies, (<Eng.)* →KOLLETJIE, STIPPEL, STIPPEL=TJIE.

dot·ter·blom marsh marigold.

dou *n.* dew; (short) drizzle; *nat van die ~ wees* be wet/heavy with dew. **dou** *ge=, vb.: dit ~* dew is falling; *dit het oornag swaar ge~* there was a heavy dewfall last night; *(water)nat ge~ wees* be wet/heavy with dew. **~blom** sundew. **~braam** dewberry. **~druppel** dewdrop. **~fris** (as) fresh as a daisy. **~meter** drosometer. **~punt** dew point. **~spoor** track in the dew. **~trapper** *(rare)* early riser/walker/cyclist. **~voordag** before daybreak, at the crack of (*or* at earliest) dawn, at cockcrow. **~wurm** ring=worm, *(med.)* serpigo. **~wurmbos** fruticosus.

Dou·ai *(geog.)* Douai.

dou·ai·ri·è·re *=res, (Fr., rare)* dowager.

dou·blu·re, doe·blu·re *=res, (theatr.)* doubling (of parts); understudy.

douche *douches, (Fr., rare)* douche, shower; *(med.)* douche.

dou·kom →GHOUKOM.

dour *(regional, rare)* →DAAR *adv.,* DOER.

dou·tjie *=tjies* drizzle, light rain.

do·we *=wes* deaf person; →DOOF[1] *adj.; die dowes* the deaf; *dit het jy aan geen ~ gesê nie* your words haven't fallen on deaf ears; *Instituut vir D~s* Institute for the Deaf. **~mansdeur** →DOOIEMANSDEUR.

do·we·rig *=rige* slightly deaf. **do·we·rig·heid** slight deafness. **do·wig·heid** →DOOFHEID.

Dow Jo·nes-in·deks, Dow Jo·nes-ge·mid·deld, =ge·mid·del·de *(Am. stock exchange)* Dow Jones in=dex/average.

Down·sin·droom *(med.)* Down's syndrome.

dow·we=: **~aarsiekte** *(plant disease)* whiteheads *(in cereals).* **~pluimsiekte** blast *(in oats).*

dow·wel *ge=, vb., (rare, pigs)* burrow, root.

dow·werd *=werds, (infml.)* blind bomb, dud. **dow·we·rig** *=rige* rather dull/faint/dim/etc. (→DOF).

do·yen *=yens, (masc., Fr.)* doyen; dean, oldest. **do·ye·nne** *=nes, (fem., Fr.)* doyenne.

dra *ge=* carry, convey; bear *(fruit, an inscription, a name, responsibility, etc.);* wear *(clothes, a ring, a beard, etc.);* hold *(a rank, title); (eyes)* discharge; *(wounds)* run, suppurate; *(animals)* be with young; *(a gun)* have a range; *(a leaf)* subtend; support *(a population);* sustain; suffer *(a fate);* →DRAAG=, DRAER, DRAG, GEDRAE; *sy ~ die* ***broek*** she wears the trousers/breeches; ***gaar*** *ge~ wees, (a piece of clothing)* be worn to a thread; *iets* ***geduldig*** *~* bear s.t. patiently *(poor health etc.);* ***goed*** *~, (shoes, a garment, etc.)* wear well; *jou* ***jare*** *goed ~* carry one's years well, wear well; *pilare ~ die* ***koepel*** pillars support/carry the dome; *iem. kan dit nie* ***langer*** *~ nie* s.o. can't/cannot bear/stand it any longer; *iets sal* ***lank*** *~* s.t. will stand a lot of wear *(shoes, a garment, etc.); 'n* ***stem*** *wat ~* a soaring voice; *~ende* ***waarde*** contributory value; ***water*** *na die see ~* (of ***uile*** *na Athene) ~* carry coals to Newcastle. **~bedjie** carrycot. **~foon** mobile (tele)phone. **~hemp** lounge shirt. **~hout** →DRAAG=HOUT. **~koste** overheads, overhead costs/expenses; →BOKOSTE. **~kous** utility stocking. **~krag, draagkrag** bearing power; carrying capacity *(of a pasture, ship);* working load *(of a vehicle);* range *(of a gun);* carrying power, range *(of s.o.'s voice);* lift *(of an aircraft).* **~ma** surrogate mother. **~mandjie, draagmandjie** pannier. **~muur** load-bearing wall. **~pak** day/lounge suit. **~radio** portable radio. **~rak, draagrak** carrier. **~rok** day dress. **~sak** carry/carrier/tote bag. **~stoel** →DRAAGSTOEL. **~vermoë, draagvermoë** bearing strength/power/capacity; carrying/load capacity. **~vlak** →DRAAGVLAK.

draad *drade, n.* thread, yarn; thread *(of material, a story);* clue; fibre, filament; *(anat.)* filum; ply *(of wool);* grain *(of fabric, wood);* string *(of a pod);* wire, strand *(of wire); (teleph.)* line; *(med.)* stitch; wire, fence; *(taboo sl.: penis)* cock, prick, dick, tool, John Thomas; →DRAADJIE; *'n ~* ***aansny/insny*** thread a screw; *geen* ***droë*** *~ aan jou lyf hê nie* not have a dry thread/stitch on one, be soaked/wet/drenched to the skin; *'n ~* ***gare/garing*** a thread (of cotton); *aan 'n dun ~* ***hang*** hang by a thread, hang in the balance; *geen ~* ***hê*** *om aan te trek nie* not have a thing/stitch/rag to wear; *geen ~ aan iem.* ***heel*** *laat nie, iem. se laaste ~* ***uittrek*** not leave a rag on s.o.; *ek* ***het*** *jou ~* I am up to your tricks; *'n* ***kaal*** *~* a naked wire; *geen ~* ***(klere)*** *aanhê nie* not have a stitch on, not be wearing a stitch, be without a stitch of clothing; *sonder 'n ~* ***klere*** *(aan jou lyf)* without a shred/stitch of clothing (on one); *iem. se ~* ***knip*** cut s.o.'s thread of life; ***kort*** *van ~ wees, (infml.)* have a short/quick/hair-trigger temper, be short-tempered, have a short fuse, rouse easily; *~* ***kou*** be homesick; *die ~* ***kwytraak*** lose the thread *(of a discourse); 'n ~* ***loop*** *deur iets* a thread runs through s.t.; *soos 'n rooi ~ deur iets* ***loop,*** *(fig.)* run through s.t. like a (continuous) thread; ***met*** *die* ~ with the grain; *iets (saam)* ***met*** *die* ~ ***sny*** cut s.t. on the square; *'n* ~ *in 'n* ***naald*** *steek* thread a needle; *die* ~ ***opneem*** resume (*or* pick/take up) the thread *(of a discourse); die drade* ***saamvat*** gather/pick up the threads; *op die* ~ ***sit,*** *(fig.)* sit on the fence; *('n)* ~ ***span*** put up a wire; *'n* ~ ***spin,*** *(lit.)* spin a yarn; *oor 'n* ~ ***spring*** jump/take a fence; ***teen*** *die* ~ *(in)* against the grain; ***tot*** *op die* ~ *afgeslyt* worn to a thread, threadbare; *iem. se* ~ ***trek,*** *(taboo sl.)* wank s.o. (off). **draad** *ge~, vb.* wire; fence; string *(beans).* **~aanleg** wiring. **~anker** fencing anchor; wire-wound armature. **~boor** wire drill. **~borsel** wire brush, wire bristle brush. **~dikte** wire gauge, denier. **~duwweltjie** *(mil., hist.)* caltrop. **~gaas** →GAASDRAAD. **~glas** wired glass. **~gras** wire grass. **~heg** *ge~, vb., (bookbinding)* wire-stitch, staple. **~hegmasjien, ~hegter** *(bookbinding)* (wire) stitcher, stapler. **~heining** wire fence. **~hek** wire gate. **~kabel** wire rope. **~klamp** wire clamp/cleat. **~klem** wire clip. **~knipper** *(pers.)* wire cutter; *(instr.)* wire cutter(s), wire-cutting pliers, secateur. **~kniptang** →DRAADKNIPPER. **~kruis** *(opt.)* cross hairs. **~lamp** filament lamp. **~leiding** *(elec.)* wiring. **~loper** tightrope walker, funambulist. **~maas** wire mesh. **~maat** wire gauge. **~mandjie** wire basket; frying basket. **~nommer** wire gauge. **~omheining** wire enclosure. **~opnemer** wire recorder. **~paal** fencing pole, standard. **~pop** *(rare)* marionette, puppet. **~rigmasjien** wire-straightening machine. **~ring** wire ring. **~sif** wire sieve. **~sitter** *(pol.)* fence-sitter, don't know, temporiser, *(Am.)* mugwump. **~sittery** fence-sitting, temporising, *(Am.)* mugwumpism. **~skema** *(elec.)* wiring diagram. **~skêr** wire cutter(s). **~skerm** wire screen; *met* ~ wire-meshed. **~skilder** *ge~, vb.* grain *(wood).* **~skildering** graining. **~spanner** fencer, fence erector; turnbuckle; wire stretcher. **~speekwiel** wire wheel. **~spyker** wire/sinker nail. **~stang** wire rod. **~steek** *(tech.)* thread pitch. **~stroper** wire stripper. **~tang** (cutting/wire) pliers, wire cutter(s), twister. **~tou** stranded wire, wire rope. **~trek** *draadge~, (tech.)* wire-draw; *(fig.)* pull wires; *(taboo sl.: masturbate)* wank/jerk (o.s.) off, have a wank, whack off. **~trekker** wire drawer; *(lit.)* wire worker; *(lit.)* wire stretcher, fence strainer; *(fig.)* wirepuller, intriguer, plotter, schemer; *(taboo sl.: pers. who masturbates)* wanker. **~trekkery** *(tech.)* wire stretching; *(tech.)* fencing; *(fig.)* wirepulling, intrigue, plotting, scheming. **~trekwerk** *(embroidery)* drawn (thread) work. **~velynpapier** wire-wove paper. **~verspanning** wire bracing. **~versperring** protective wire, (barbed-)wire entanglement. **~vorm** *~s* wire shape. **~vormig** *~e* threadlike, filamentary, filamentous; *(biol.)* filiform. **~werk** wire work; wiring; wire grate; filigree (work); *vol* ~ *wees, baie* ~ *hê* be quirky, be full of quirks (*or* fads and fancies). **~wiel** = DRAADSPEEKWIEL. **~winding** turn of wire; helix. **~wurm** threadworm, wireworm, roundworm, nematode. **~wurmsiekte** *(med.)* filariasis.

draad·jie *~jies* filament; thin thread; *aan 'n (dun)* ~ *hang* hang by a hair (*or* a [silken/single] thread), hang/be/tremble in the balance; be on a razor's edge. **draadjies·meel** shredded wheat.

draad·loos *~lose, n., (dated)* wireless, radio. **draadloos** *~lose, adj.* wireless; *draadlose telegrafie* radio, wireless telegraphy. **~stasie** *(dated)* wireless station.

draad·sny *draadge~, vb.* cut a screw. **~kop** die head. **~moer** die nut. **~plaat** screw stock. **~skroef** tapping screw. **~stel** stock and dies. **~tap** screw tap.

draad·sny·er screw cutter, screw-cutting tool/vice; wire cutter; wire-cutting pliers; →DRAADKNIPPER.

draag~: **~arm** bracket. **~as** carrying shaft. **~baar** →DRAAGBAAR *n..* **~balk** bearer, supporting beam; girder; *(min.)* bearer. **~band** (arm) sling, *(med.)* suspensory (bandage); (gun) sling; *(dated)* brace. **~blaar** subtending leaf. **~blok** bearing block. **~doek** sling, suspensory (bandage); canopy *(of a parachute).* **~draad** suspension wire. **~frekwensie** carrier frequency. **~gedeelte** bearing. **~golf** carrier wave. **~hout, drahout** crossbar, neckbar *(of a harness).* **~klamp** bracket. **~koëffisiënt ~ko-effisiënt** lift coefficient. **~koste, drakoste** overhead expenses. **~krag** →DRAKRAG. **~laer** (journal) bearing. **~loon** porterage. **~lys** bearing ledge/lip, bed moulding. **~mandjie** →DRAMANDJIE. **~plaat** carrier plate; bearing plate; pallet. **~plank** carrier. **~plek** portage. **~pot** axle/journal bearing; driving box *(of a locomotive)*; journal box. **~punt** fulcrum. **~rak** carrier. **~riem** (neckbar) strap; lanyard, laniard. **~sak** →DRASAK. **~spanning** bearing stress. **~steen** bed stone; pad stone; console; ancon(e). **~stoel, drastoel** sedan chair; palanquin, palankeen; gestatorial chair *(of the Pope).* **~stok, drastok** carrying pole. **~stuk** bearing (piece); templet; crosshead. **~suil** supporting column. **~tap** trunnion (pin). **~tyd** gestation period. **~veer** bearing/carrying spring. **~verband** sling, suspensory (bandage). **~vermoë** →DRAVERMOË. **~vlak, dravlak** supporting/bearing surface; plane *(of an aeroplane)*; hydrofoil; aerofoil; abutment. **~wydte, drawydte** range *(of a gun)*; import *(of words)*; scope *(of a proposal etc.).*

draag·baar *~bare, n.* stretcher; bier *(for a coffin, corpse)*; barrow; *(obs.)* litter, brancard; *iem. op 'n* ~ *wegdra/afdra* stretcher s.o. away/off. **draag·baar** *~bare, adj., (also* drabaar*)* portable *(computer etc.)*; →DRAAGLIK, DRABAAR; *~bare orrel* hand organ; *~bare (tele)foon* mobile (tele)phone; *~bare stereostel* portable/personal stereo.

draag·lik *~like* bearable, tolerable, endurable, sufferable, supportable, liv(e)able with. **draag·lik·heid** bearableness, tolerability.

draag·ster *~sters, (rare, fem.)* bearer; wearer; →DRAER.

draai *draaie, n.* turn; *(rope)* twist, coil; bend *(of a river)*; curve, turning *(of a road)*; corner; kink; *(anat.)* axis; whirl, gyration; winding; →DRAAITJIE; *'n* ~ *aan iets* ***gee,*** *(lit.)* give s.t. a twist; *(fig.)* twist the meaning of s.t.; *'n* ~ *by iem.* ***gooi/maak,*** *(infml.)* look in on s.o.; *'n* ~ *in ...* ***gooi/maak,*** *(infml.)* pay a short visit to ... *(Knysna etc.)*; *'n* ~ ***in*** *die pad* a turn in/of the road; *'n* ~ ***in*** *die rivier* a bend/turn of the river; *'n* ***Kaapse*** ~ a wide turn; a detour; *'n* ***kort*** ~ a sharp curve/turn; *'n* ~ *te* ***kort*** *maak/neem/vat* cut a corner, make/take too short a turn; *die pad maak 'n* ***kort*** ~ the road curves sharply; *iem.* ***kry*** *nie sy/haar* ~ *nie* s.o. does not find time to do s.t.; *iem. kon nie sy/haar* ~*(e)* ***kry*** *nie* s.o. couldn't make (*or* get [a]round to [doing]) it; *'n* ~ ***loop,*** *(euph.)* wash one's hands, powder one's nose, obey the call of nature, *(infml.)* spend a penny, see a man about a dog, piddle, widdle, have a widdle, *(sl.)* have/take a leak; make a detour, take a roundabout way; *'n groot* ~ *om iem.* ***loop*** give s.o. a wide berth; *altyd met* ~*e* (of *'n* ~*)* ***loop,*** *(fig.)* never get/go right/straight to the point; *'n* ~ ***maak,*** *(a road etc.)* make a curve; *'n skerp* ~ ***maak,*** *(a road etc.)* describe a dogleg; *sy onderste* ~ ***maak,*** *(a recession etc.)* bottom out; *'n* ~ *by iem.* ***maak*** ~***gooi/maak;*** ***met*** ~*e* circuitous; *as dit by die* ***nou*** ~ *kom, (infml.)* if/when it comes to the crunch; ***om*** *die* ~ *wees, (lit.)* be round the corner; ***om*** *'n* ~ *gaan* take a corner/turn; ***skerp*** ~*e* zigs and zags; *'n* ~ *van die* ***slinger*** a turn of the handle; *'n* ~ ***vat*** take a corner/turning, make/take a turn; ***vol*** ~*e* sinuous; ***vol*** ~*e en kinkels/swaaie wees, (a road, storyline, etc.)* be full of twists and turns. **draai** *ge~, vb.* turn; bend, curve, angle; twirl, spin (round); twine; rotate, revolve *(round a point)*; circumvolute; gyrate, whirl *(in a circle)*; *(a road)* wind; *(the wind)* shift, veer, twist; linger, tarry, loiter, dawdle, delay; roll *(cigarettes etc.)*; wind, crank; change sides; swivel; play *(records)*; *(tennis)* spin, twist; grind *(an organ)*; lay *(a rope)*; →DRAAIER, DRAAIING, DRAAI~INGS~; *'n* ***bal*** *laat* ~ put spin/turn on a ball; ~ ***binnekort,*** *(a film)* showing soon/shortly; ***buitekant*** *toe* ~ turn out; ***by/om*** *'n meisie* ~ court a girl; ***by*** *die Kaap* ~ take a roundabout way; talk without coming to the point; *jy kan jou nie* ***daarin*** ~ *nie, jy kan jou daar* ***skaars*** ~ there is no (*or* not enough) room to swing a cat; ~*ende* ***derwisj*** whirling dervish; *(sit en)* ***duime*** ~ →DUIM; *jou* ***gesig*** *na ...* ~ face ...; *alles* ~ ***hierom*** this is the crux of the matter; ***jou*** ~ turn, move round; ***jou*** *uit iets* ~ wriggle out of s.t.; *jou nie* ***kan*** ~ *nie* be very busy; *iets* ***kleiner*** ~ turn s.t. down *(a lamp etc.)*; *iem. se* ***kop*** ~ →KOP *n.*; ***kort*** *om* ~ turn on one's heel; ***lank*** *met iets* ~ take one's time about/over s.t.; ***links/regs*** ~, *(s.o.)* bear to the left/right; *(a road etc.)* curve to the left/right; ***moenie*** ~ *nie!* don't be long!; ~ ***nou*** now showing *(in a cinema)*; ***om*** *iets* ~ pivot on s.t.; hinge (up)on s.t.; centre in/(up)on s.t.; *die aarde* ~ ***om*** *sy as* the earth revolves on its axis; *die aarde* ~ ***om*** *die son* the earth revolves about/(a)round the sun; *die wiel* ~ ***om*** *die as* the wheel works on the axle; *alles* ~ ***om*** *hierdie feit* everything hinges/turns (up)on this fact, this is the crux of the whole matter; *al* ***om*** *die punt* ~ beat about the bush, fence (with a question), hedge; *al* ***om*** *iem.* ~ stay close to s.o. all the time; *(fig.)* court s.o.; *alles* ~ ***om*** *my* I am (*or* my head is) reeling; everything depends on me; *iem. se (hele) lewe* ~ ***om*** *sy/haar gesin* s.o.'s life revolves around his/her family, s.o.'s family is the focal point of his/her life; *iets* ***om*** *...* ~ twist s.t. (a)round ...; *iem. se* ***ore*** ~ give s.o. a box on the ears; *'n nuwe* ***prent*** ~ *vanaand* a new film is showing (*or* being shown) tonight; ***regs*** ~ →***links/regs;*** *jy kan jou daar* ***skaars*** ~ →***daarin;*** *iem.* ~ ***skielik*** *(links/regs) weg* s.o. takes a sudden turn (to the left/right); *iets* ***so*** ~ *dat...* twist things in such a way that ...; ***stokkies*** ~ →STOKKIESDRAAI; *jou* ***teen*** *iem.* ~ turn against s.o.; *jou* ***uit*** *iets* ~ twist/wriggle out of s.t. *(s.o.'s grasp etc.)*; *iem.* ~ *hom/haar* ***uit*** *iets (los)* s.o. shuffles/wiggles/wriggles out of s.t. *(a responsibility, obligations, etc.)*; *die* ***wind*** ~ *oos/ens.* the wind is shifting to the east/etc.; *na die* ***wind*** ~ broach to. **~aas** *(angling)* kill-devil. **~as** pivotal axis. **~baken** rotating beacon. **~bal** spin (ball). **~(bal)bouler** spin bowler, spinner. **~bank** lathe. **~bankwerk** →DRAAIWERK. **~bassin** = DRAAIKOM. **~beitel** turning chisel, chaser. **~bene** thirls. **~beweging** rotary movement, rotational motion, wheeling. **~blok** swivel block. **~boek** (film) script, screenplay, scenario. **~boekrak** revolving bookstand. **~boekskryf** scriptwriting, screenwriting. **~boekskrywer** scriptwriter, screenwriter, scenarist. **~boom** turnstile, turnpike. **~boor** auger; rotary drill. **~bord** turntable; raffling board; pivot centre; bogie centre. **~bos(sie)** *(Aster* spp.*)* draaibos; *(Ehretia rigida)* Cape lilac. **~bouler** →DRAAI(BAL)BOULER. **~boul(werk)** spin bowling. **~brug** swing/swivel/pivot/turn bridge. **~deur** revolving/rotating/swing door. **~-draai** *adv.* zigzag. **~duik** tailspin, tail dive. **~gewrig** wheel and axle joint. **~haak** swivel hook. **~hals** *(orn.)* wryneck. **~hek** turnstile. **~hoek** angle of rotation. **~jakkals** bat-eared/long-eared fox; silver jackal, Cape fox. **~kewer** whirligig beetle. **~klep** rotary valve. **~klitser** egg whisk. **~kolk** eddy, whirlpool, swirl, vortex, maelstrom. **~kom** turning basin. **~koord** flex. **~kous** *(infml.)* dawdler, lingerer, loiterer, slowcoach. **~kraan** rotary crane. **~kring** circuit. **~kruis** tourniquet. **~kruk** crank. **~lamp** swivel lamp; spotlight. **~leer** turntable/aerial ladder *(on a fire engine).* **~leispoor** curve lead. **~lier** *(mus. instr.)* hurdy-gurdy, *(<Fr.)* vielle. **~moment** turning moment, torque. **~orrel** barrel organ. **~plek** turning; turning space; turning bay. **~pomp** rotary pump. **~potlood** (self-)propelling pencil. **~punt** centre of rotation/gyration; fulcrum. **~rigting** direction of rotation. **~rooster** rotary broiler. **~saag** circular saw. **~siekte** *(vet.)* cerebral theileriosis, turning sickness; gid, sturdy. **~skakel** swivel. **~skoffel** rotavator, rotovator. **~skop** screw kick. **~skyf** rotating disc; *(rly.)* turntable, ~plate; turning platform; potter's wheel; *(mil.)* racer. **~spieël** swing/cheval glass. **~spil** pivot, capstan. **~spit** rotisserie, revolving spit. **~staander** lazy Susan. **~stel** bogie. **~stoel** revolving/swivel chair. **~storm** tornado, twister, cyclone. **~straal** turning radius. **~stroom** rota(to)ry/rotating current; whirlpool. **~suiker** barley sugar. **~tafel** turntable. **~tol** spinning top, pegtop, whirligig. **~toneel** →DRAAIVERHOOG. **~toring** revolving tower. **~trap** spiral/winding staircase. **~tree** *(archit.)* winder. **~trommel** revolving screen, trommel. **~verhoog** revolving stage. **~vlerk** rotor *(of a helicopter).* **~vurk** swivel fork. **~werk** turning, turnery; turner's ware/work; lathe work. **~wissel** *(rly.)* (turning) points.

draai·baar *~bare* revolvable, rotatable; loose, turning, revolving, swinging. **draai·baar·heid** rotatability.

draai·end *~ende: ~e beweging* →DRAAIBEWEGING.

draai·er *~ers* turner; axis; loiterer, dawdler; twister; *passer/monteur en* ~ fitter and turner. **~-masjienwerker** turner and machinist.

draai·e·rig -rige dizzy, giddy; lingering, loitering; hesitating; dilatory. **draai·e·ry** -rye turnery, turner's business, turning shop; delay, loitering, tarrying.

draai·ing -ings, -inge turning, spin; rotation, revolution; torsion, twist, gyration; convolution; version. ~**straal** radius of torsion.

draai·ings-: ~**as** axis of rotation/revolution. ~**energie** kinetic energy. ~**hoek** angle of torsion.

draai·sels turnings.

draai·tjie -tjies small turn; twist; trick; →DRAAI *n.*; *'n ~ loop* take a short walk; *(euph.)* wash one's hands, powder one's nose, obey the call of nature, *(infml.)* spend a penny; *~s loop* twist and turn, prevaricate.

draak *drake* dragon; →DRAKE-; *iem. is 'n regte (ou) ~* s.o. is a vixen (*or* an old terror *or* a battleaxe); *met iem./iets die ~ steek* make fun of (*or* poke fun at) s.o./s.t.; *(infml.)* send s.o./s.t. up. ~**stekery** fun, fooling (around/about), mischief, shenanigans, skylarking; *(infml.)* spoof, send-up.

draal *ge-* dawdle, delay, dally, linger, loiter, tarry; lag; →DRALEND, DRALERIG.

dra·baar -bare, *adj.* wearable *(clothes)*; →DRAAGBAAR *adj.*.

dra·bok *(bot.)* darnel, tares.

dra·de·rig -rige stringy, thready; ropy *(bread)*; *(min.)* fibrous, nemaline; filamentous. **dra·de·rig·heid** stringiness, threadiness; ropiness; fibrousness.

dra·e *ge-* →DRA.

dra·er -ers bearer, carrier, porter; wearer *(of clothes)*; exponent *(of a principle)*; crossbar *(of a wag[g]on)*; runner *(of scaffolding)*; bolster *(of a girder)*; *(anat.)* atlas; host (plant); vector, carrier *(of a disease)*; holder; vehicle; suspensor; *(die) taal is die ~ van die gedagte* language is the repository of thought. ~**plant** host plant. ~**werwel** *(anat.)* atlas (bone).

draf[1] *n.* trot *(of a horse)*; jog; jogging; →DRAFFIE; *in 'n ~ oorgaan* break into a trot; ***op*** *'n ~* at a trot; at the double; *iets* ***op*** *'n ~ doen* do s.t. at a run; *'n* ***stywe*** *~* a smart trot; *'n* ***vinnige*** *~* a quick trot. **draf** *ge-, vb.* trot; jog; *('n entjie) gaan ~* go for a jog; *heen en weer ~* bustle about; *vir iem. heen en weer ~* fetch and carry for s.o.. ~**baan** running track. ~**kar(retjie)** sulky. ~**stap** *n.* jog trot; *dit gaan so op 'n ~(pie)* things are fairly quiet/good. ~**stap** *ge-, vb.* go at a slow trot.

draf[2] *n.* draff, hogwash, (pig)swill, pig's wash.

draf·fie -fies jog trot; →DRAF[1] *n.*.

drag *dragte* costume, dress, apparel, wear, garb, fashion; burden, charge, load; range *(of a gun)*; pregnancy, gestation; farrow, litter; crop; fleece; heel *(of an animal)*; discharge, matter, pus *(of a wound)*; *'n ~ hout* a load/bundle of wood; *'n ~ slae* a thrashing/drubbing/spanking/beating/hiding/whacking; *'n boom in volle ~* a tree in full bearing. ~**tyd** gestation period.

dra·gant(·gom) (gum) tragacanth, gum dragon.

drag·gie -gies light/small load; *'n ~ vuurmaakhout* a small bundle of firewood.

drag·ma -(mas), **drag·me** -(mes), *(monetary unit)* drachma; *(hist.: unit of weight)* drachm, dram.

dra·go·man -mans dragoman, guide, interpreter *(esp. in countries where Arabic, Turkish or Persian is spoken)*.

dra·gon tarragon. ~**asyn** tarragon vinegar.

dra·gon·der -ders, *(hist.)* dragoon.

dra·gon·na·de -des, *(hist.)* dragonnade.

drag·tig -tige in/with young, big-bellied, *(tech.)* gravid; *'n ~e* ***koei*** a cow in calf; *'n ~e* ***merrie*** a mare in foal; *'n ~e* ***ooi*** an ewe in lamb; *'n ~e* ***sog*** a sow in pig; *'n ~e* ***teef*** a bitch in pup. **drag·tig·heid** gestation; pregnancy.

dra·ke-: ~**bloed** dragon's blood; *(bot.)* bloodwort, bloody dock. ~**kop** dragon's head; gargoyle. ~**tand** dragon's tooth; *~e saai, (idm.)* sow/plant dragon's teeth.

dra·kens·ber·ger *(also D~, breed of cattle)* Drakensberger (cattle).

Dra·kens·berg·kaas *(also d~)* Drakensberg (cheese).

dra·ke·rig -rige melodramatic; of the blood-and-thunder type. **dra·kie** -kies litte dragon; *(icht.)* dragonet.

dra·ko·nies -niese meer ~nies die mees -niese draconian, draconic.

dra·ko·niet *(min.)* draconite.

dra·lend -lende hesitating, loitering, tarrying; →DRAAL. **dra·ler** -lers delayer, lingerer. **dra·le·rig** -rige hesitating, (rather) slow.

dral·peer →DROLPEER.

dra·ma -mas play, drama, dramatic work; *(fig.)* drama. ~**skool** drama school. ~**skrywer** dramatist, playwright. ~**student** drama student.

dra·ma·tiek drama(tics), dramatic art; tragic nature. **dra·ma·ties** -tiese meer ~ die mees -tiese dramatic. **dra·ma·ti·seer** *ge-* dramatise, adapt for the stage/theatre; act out; dramatise, make a drama of. **dra·ma·ti·se·ring** dramatisation. **dra·ma·to·lo·gie** →DRAMATURGIE. **dra·ma·turg** -turge dramatist, playwright. **dra·ma·tur·gie** dramaturgy, playwriting.

dra·ma·tis per·so·nae *(pl., Lat., fml.)* dramatis personae *(of a play, novel, narrative)*.

drang *drange* (inner) urge, instinct, impulse, tendency; craving, longing, hankering; pressure, force, stress; insistence, urgency; *daar is ~* ***by*** *it is urgent; 'n/die ~* ***hê/kry/voel*** *om te ...* have/get/feel an/the urge to ...; *'n ~* ***na*** *... hê* have a craving for ... *(pleasure etc.)*; have an urge to ...; ***onder*** *die ~ van ...* under stress (*or* by force) of ... *(circumstances etc.)*; *'n* ***onweerstaanbare*** *~* an irresistible urge; *'n ~* ***tot*** *aktiwiteit* an urge to activity. ~**rede** overpowering/urgent reason.

drank *dranke* drink, beverage; liquor, spirits; draught, mixture, potion; drench; ***aan*** *die ~ raak, (arch.)* →AAN DIE **DRINK** GAAN/RAAK; *iem./iets is genoeg om enigeen tot ~ te* ***dryf/drywe*** s.o./s.t. is enough to drive anyone to drink; *onder die* ***invloed*** *van ~ wees* be under the influence of liquor, be in liquor, be the worse for liquor; *onder die* ***invloed*** *van ~ bestuur* drive under the influence (of liquor); *die ~* ***los*** (of ***laat staan/vaar***) stop (*or* give up) drinking, keep off alcohol, go on the (water) wag(g)on; ***sterk*** *~* alcoholic/strong drink, spirits, liquor; *nie* ***sterk*** *~ gebruik nie* abstain from alcohol/drinking; *iem. kan baie ~* ***verdra*** s.o. can hold his/her liquor; *aan ~* ***verslaaf*** *wees* be addicted to drink, be an alcoholic, drink to excess, *(infml.)* be on the bottle. ~**bestryding** temperance movement; prohibition(ism). ~**buffet** (cocktail) bar. ~**duiwel** demon of drink. ~**gebruik** drinking; *matige ~* drinking in moderation; *oormatige ~* excessive drinking. ~**handel** liquor trade. ~**handelaar** liquor dealer, bottle store owner. ~**kabinet** drinks/cocktail cabinet. ~**kelner** wine steward. ~**lisensie** liquor licence. ~**lus** intemperance. ~**lus·tig** -e intemperate, bibulous. ~**menger** cocktail mixer. ~**misbruik** alcohol abuse, abuse of liquor, excessive drinking. ~**offer** drink offering, libation. ~**probleem** *(euph.)* drinking problem. ~**smokkelaar** liquor-runner, bootlegger, *(dated township sl.)* mailer. ~**smok·kel(a)ry** liquor-running, bootlegging. ~**sug** dipsomania, alcoholism, alcoholic addiction, addiction to drink; *van die ~ ontslae raak* dry out. ~**sugtig** -e given to drink(ing), dipsomaniac(al), intemperate. ~**sug·tige** -s dipsomaniac, alcoholic, tippler, inebriate. ~**ver·bod** prohibition; *voorstander van die/'n ~* prohibitionist. ~**verbruik** consumption of liquor. ~**verkoop** sale of liquor/spirits, drink traffic. ~**vraagstuk** drink problem. ~**wet** liquor law, licensing act. ~**winkel** bottle store. ~**winkellisensie** liquor/off-sales licence.

dran·kie -kies drink; *(infml.)* dram, spot, liquid refreshment; medicine, potion; *~s (vir ander)* ***bestel*** stand drinks; *iem.* ***betaal*** *vir die ~s* the drinks are on s.o.; *'n ~* ***drink*** have a drink; *'n* ***laaste*** *~* one for the road; *'n ~* ***maak*** have/take a drink/spot; *~s* ***skink*** serve drinks; *vir iem. 'n ~* ***skink*** pour a drink for s.o.; *iem. op 'n ~* ***trakteer*** stand s.o. a drink.

dra·peer *(ge)-* drape, swathe. **dra·pe·rie** -rieë hanging(s), drape(s). **dra·pe·ring** draping, drapery.

dras·sig -sige, *(fml.)* marshy, boggy, swampy, soggy, miry. **dras·sig·heid** marshiness *etc.*.

dras·ties -tiese meer ~ die mees -tiese drastic; *~e maatreëls/ens.* drastic/radical/sweeping measures/etc.; *pryse ~ verlaag* slash prices.

Dra·vi·da, Dra·wi·da -das, *(member of a people)* Dravidian, Dravida. **Dra·vi·dies, Dra·wi·dies** *n., (language)* Dravidian. **Dra·vi·dies, Dra·wi·dies** -diese, *adj.* Dravidian, Dravidic.

draw·we →DRAF *vb.*. **draw·wer** -wers jogger; trotter, hackney, hack. **draw·wer·tjie** *(orn.: Cursorius spp.)* -tjies, courser.

dreef: *iets op ~* ***bring*** set s.t. going; ***goed*** *op ~ wees, (fig.)* be firing on all four cylinders; *iets is* ***goed*** *op ~* s.t. is shaping well; *iem. op ~* ***help*** give s.o. a start (in life), help s.o. along/forward, set s.o. going; *op ~* ***kom*** hit (*or* get into) one's stride, get going; get one's hand in; find one's feet/legs; get off the ground *(fig.)*; get under way; *met iets op ~* ***kom,*** *(also)* get into the swing of s.t.; ***op*** *~ wees* be in (good/great) form; *(a plan)* be on track; be on stream; *nie* ***op*** *~ wees nie* be off (*or* out of) form, *(infml.)* be out of sync(h).

dreg *dregge, n.* dredge, drag, grapnel, grappling iron/hook. **dreg** *ge-, vb.* dredge; drag, trail; *na ... ~* drag/trail for ... ~**anker** grapnel. ~**haak** drag hook, grapple. ~**net** dragnet, trawl (net).

dreig *ge-* threaten, menace; intend; impend; *ek het al lank ge~ om te kom* ***kuier*** I have long been intending to come on a visit; *iem.* ***met*** *... ~* threaten s.o. with ...; *~ om iets* ***te doen*** threaten to do s.t.; *~* ***om te val/ens.*** be in imminent danger of falling/etc.; *die muur ~ om* ***te val*** the wall is on the point of falling (down); *iem. met 'n* ***wapen*** *~* hold s.o. up. ~**brief** menacing/threatening letter.

drei·ge·ment -mente threat, menace; *'n* ***bedekte*** *~* a veiled threat; *iem.* ***daag*** *om sy/haar ~ uit te voer* call s.o.'s bluff; *'n* ***holle*** *~* an empty threat; *'n ~* ***uitvoer*** carry out a threat.

drei·gend -gende -gender -gendste threatening, menacing *(attitude, tone, voice, etc.)*; impending, imminent *(war etc.)*; imminent, pressing *(danger)*; ominous, ugly *(silence)*; smouldering *(rebellion)*; threatening, dark, murky, greasy *(weather)*; ominous, angry *(clouds)*; threatened *(abortion)*; scowling, glowering *(face etc.)*; *(fml.)* minatory *(finger-wagging)*; *(fig.)* frowning *(cliff etc.)*; *'n ~e houding aanneem, (also)* show one's teeth; *dit lyk ~* things look black; *~ word, (weather, a situation, etc.)* turn ugly. **drei·ging** -gings, -ginge menace, threat, danger; imminence.

drei·neer *(ge)-* drain; ditch. ~**band** seton. ~**buis** drainage tube. ~**ploeg** mole plough. ~**pomp** sump pump.

drei·ne·ring drainage.

drek dung, excrement, faeces, droppings, *(fml.)* ordure; dirt, filth, muck; *(infml.)* gunge. ~**steen** *(palaeontol.)* coprolite. ~**stowwe** excreta, excrements.

drel *drelle* good-for-nothing, *(infml.)* worm; *(infml.)* drip, wet, weed, wimp; *(infml.)* stick-in-the-mud, fog(e)y, fuddy-duddy, square; slut, hussy, drab, slattern. ~**kous** bore; *(infml.)* stick-in-the-mud; dawdler, slowcoach, tortoise, snail. **drel·le·rig** -rige dawdling. **drel·le·tjie** -tjies little slut.

drem·pel -pels, *(fig., fml.)* threshold; →DRUMPEL. ~**koste** threshold cost. ~**prestasie** threshold performance. ~**prys** threshold price. ~**waarde** limit, limiting value, threshold value.

drenk *ge-* drench, soak, impregnate; steep *(in liquid)*; imbrue *(with blood)*; water *(animals)*. ~**stof** impregnated fabric.

dren·ke·ling -linge drowning person; drowned person; *'n ~ sal na 'n/enige strooihalm gryp, (fig.)* a drowning person will clutch at a/any straw.

dren·king drenching, soaking, steeping; impregnation.

dren·tel *ge-* stroll, saunter, amble. ~**gang** stroll, saunter. ~**kous** lingerer, loiterer, dawdler.

dren·te·laar -laars lingerer, loiterer, dawdler; stroller, saunterer.

dres·seer *(ge)-* teach, train *(animals)*; coach, cram, drill *(pupils)*. **dres·seer·der** -ders trainer *(of animals)*. **dres·suur** training *(of animals)*; dressage *(of horses)*.

dreun *dreune, n.* boom(ing), rumble, rumbling, roar; din; drone; singsong, monotone *(voice)*. **dreun** *ge-,* *vb.* boom, rumble, roar, roll; drone *(in reading)*; growl, bellow; *oor ... ~* thunder across ...; *die weer ~* it is thundering. ~**stem** droning/monotonous voice; *'n ~* a voice like a foghorn. ~**strook** rumble strip *(in a road)*.

dreu·ning *-nings, -ninge* boom(ing), rumble, rumbling, roar(ing), roll(ing), pounding *(of waves, hooves, etc.)*; *jou ~ teë-/teenkom* find/meet (more than) one's match; meet one's Waterloo; get a nasty/rude shock.

dre·wel *-wels, (tech.)* (key) drift; driving punch; mandrel, mandril; triblet.

dri·a·de *-des, (Gr. myth.)* dryad.

drib·bel *ge-, (football)* dribble; trip, toddle. **drib·belaar** *(sport)* dribbler.

drie *drieë, dries, n.* three; *(gambling)* trey; *(rugby)* try; *(shooting)* magpie; →AGT, DRIEKWART, DRIEKWARTIER; *'n ~ **aanteken/druk**, (rugby)* score a try; ***al** ~* all three; *hulle/ons **al** ~* all three of them/us; *'n ~ **doel/verdoel**, (rugby)* convert a try; *'n **groep** van ~* a triad; *die **reël** van ~* the rule of three; *'n ~ **verhoed**, (rugby)* save a try. **drie** *adj.* three; *~ **aks*** three eighths; *'n ~ **jaar** ou(e)/oud perd/ens.* a three-year-old (horse/etc.); *~ **keer/maal*** three times, thrice; triply; *~ **kilogram/kilometer/myl/pond/ens.*** three kilograms/kilometres/miles/pounds/ etc.; *~ maal is **skeepsreg*** →SKEEPSREG; *daar was ~ **stuks*** there were three of them; ***verdeling** in ~ (gelyke dele)* trisection. ~-**ag(t)-tydmaat** *(mus.)* three-eight time. ~**akter** *-s* three-act play. ~**assig**, ~**assig** *-e* triaxial. ~**baansnelweg** three-lane motorway. ~**basies**, ~**basies** *-e* tribasic. ~**been** tripod; trivet; three-legged animal. ~**been-** three-legged *(cat etc.)*. ~**beentjie**, ~**beenwedloop** three-legged race. ~**benig**, ~**benig** *-e* three-legged; *~e simbool* triskelion, triskele. ~**binding** *(chem.)* triple bond/link(age). ~**blaar** trefoil; goutweed, goutwort, bishop('s) weed. ~**bladig**, ~**blarig**, ~**bladig**, ~**blarig** *-e* trifoliate, three-leaved. ~**blommig**, ~**blommig** *-e* three-flowered, trianthous. ~**daags** *-e* three days; *(attr.)* three-day, three day's. ~**dae(stywe)siekte** *(vet. sc.)* three-day (stiff)sickness, ephemeral fever. ~**deel** *ge-, vb.* trisect, divide into three (parts). ~**dekker** *-s* three-decker; *(av., hist.)* triplane; *(also* driedektoebroodjie*)* three-decker (sandwich). ~**dekkertarief** three-line tariff. ~**deler** trisector. ~**delig**, ~**delig** *-e* three-piece; three-part, in three parts; three-volume, in three volumes; tripartite *(alliance etc.)*; *(tech.)* triform *(leaves etc.)*; *(chiefly biol.)* trifid; *(biochem.)* triplex; *~e roman* three-decker (novel). ~**deling** trichotomy; division in three; trisection; tripartition. ~**desimalig** *-e* to three places of decimals. ~**dimensioneel** *-ele* three-dimensional, three-D, 3-D; *~ele **film/(rol)prent**, (also, infml.)* deepie; *~ele **kunswerk*** assemblage; *~ele **meetkunde*** solid geometry; *~ele **prenteboek*** pop-up book; *bril met ~ele **visie*** three-D/3-D glasses; *~ **wees*** be in three-D/3-D. ~**doring(boom)** *(Rhigozum* spp.*)* wild pomegranate. ~**draads** *-e* three-ply. ~**draadsy** thrown silk. ~**draadwol** three-ply wool. ~**drukker** *(rugby)* try-scorer; *voorste ~* top try-scorer. ~**drukkoning** top try-scorer. ~**dubbel** threefold, treble, triple, thrice over, (in) triplicate; *~e akrostigon, (pros.)* triple acrostic; *~e ketting* triplex chain; *~e moord* triple killing/murder. ~**duisend**, ~ **duisend** three thousand. ~**duisendste**, ~ **duisendste** *-s* three thousandth. **D~-eenheid** *(Chr.)* (Holy) Trinity. **D~-eenheidsleer** *(Chr.)* Trinitarianism. **D~-eenheidsondag**, **D~vuldigheidsdag** *(Chr.)* Trinity Sunday. ~-**eeuefees** tercentenary (celebration). **D~-Eeue-Stigting** Tercentenary Foundation. ~-**enig** triune. ~-**en-twintig**, ~ **en twintig** twenty-three. ~-**en-twintigjarig** *-e* twenty-three-year-old. ~-**en-twintigste**, ~ **en twintigste** *-s* twenty-third. ~**fase(kompetisie)** *(equestrian competition)* eventing. ~**faseperd** eventer. ~**faseruiter** eventer. ~**gangratkas** three-speed gearbox. ~**hands** *-e* three-handed. ~**hoek** triangle, trigon; set square; *die D~, (astron.)* the Triangle. ~**hoekig**, ~**hoekig** *-e* three-cornered; triangular; trigonal, trilateral; *(anat.)* deltoid; *(bot.)* trigonous; *~e naald* trocar; *~e verband* triangular bandage. ~**hoeksbaken** trigonometrical beacon. ~**hoeksgetal** triangular number. ~**hoeksmeting** trigonometry; trigonometrical survey. ~**hoekspier** deltoid (muscle). ~**hoekstuk** triangular piece; (triangular) gusset. ~**hoeksverkiesing** three-cornered election. ~**hokkig**, ~**hokkig** *-e, (bot.)* trilocular. ~**honderd**, ~ **honderd** three hundred. ~**honderdduisend**, ~ **honderdduisend**, ~**honderd duisend** three hundred thousand. ~**honderdduisendste**, ~ **honderd duisendste** *-s* three hundred thousandth. ~**honderdjarig** three-hundred-year-old; tercentenary, tercentennial. ~**honderdste**, ~ **honderdste** *-s* three-hundredth. ~**hoofdig**, ~**hoofdig** *-e* three-headed; *~e armspier, (rare)* →DRIEKOPSPIER. ~**jaarliks**, ~**jaarliks** *-e* triennial. ~**jarig**, ~**jarig** *-e* of three years, three-year-old; *die D~e Oorlog, (SA)* Anglo-Boer War; *~e plant* triennial; *~e tydperk* three-year/triennial period, triennium. ~**kaart** tierce, sequence of three cards. ~**kaartspel** three-card trick. ~**kamerparlement** three-chamber parliament. ~**kamerwoonstel**, ~**vertrekwoonstel** three-roomed flat. ~**kamp** triathlon. ~**kampatleet** triathlete. ~**kanthoed** three-cornered hat, tricorn(e) (hat), cocked hat. ~**kantig**, ~**kantig** *-e* three-sided, triangular, trilateral; *~e hoed* = DRIEKANTHOED. ~**kantverband** →DRIEHOEKIGE VERBAND. ~**kantvyl** triangular/three-square file. **D~keiserslag** Battle of the Three Emperors *(or* Austerlitz). ~**klank** *(ling.)* trigraph, triphthong; *(mus.)* triad; *harmoniese ~* common chord. ~**kleppig**, ~**kleppig** *-e* trivalvular. ~**kleur** tricolour. ~**kleuredruk** three-colour printing (process). ~**kleurig**, ~**kleurig** *-e* three-coloured, tricolour(ed); *(phot.)* trichromatic, trichromic; *~e viooltjie, (bot.: Viola tricolor)* wild pansy, hearts-ease, kiss-me-quick, love-in-idleness, Johnny-jump-up. ~**kleurigheid**, ~**kleurigheid** trichroism *(of crystals)*; trichromatism. ~**kleurproses** *(phot.)* three-colour process; *(print., phot.)* trichromatic/trichromic process. **D~koningeaand** Twelfth Night. **D~koningedag**, *-fees* Epiphany, Twelfth Day. ~**koppig** three-headed. ~**kopspier** triceps (muscle). ~**kroon** (papal) tiara. ~**kuns** *(cr.)* hat trick; *(baseball)* treble play. ~**kwart** *adj. & adv.* three quarters; *~ mal* more than half mad; *~ oop/vol* three quarters open/full. ~**kwart** *-e, n., (rugby)* three-quarter. ~**kwartbed** three-quarter bed. ~**kwartier** three quarters of an hour. ~**kwartmou** three-quarter sleeve. ~**kwart(s)maat** *(mus.)* three-four time. ~**laaghout** three-ply (wood). ~**laagkoek** three-layered cake. ~**laagtroukoek** three-tiered wedding cake. ~**ledig**, ~**ledig**, ~**delig** *-e* threefold, tripartite, tern(ate), of three parts; three-draw *(telescope)*; *(math.)* trinomial; *(bot.)* tricuspid, trichotomic, trichotomous; *drieledige aanval, (fig.)* three-pronged attack; *drieledige vorm, (mus.)* ternary form. ~**ledigheid**, ~**ledigheid** tripleness, triplicity; trichotomy. ~**letter-** triliteral. ~**lettergrepig**, ~**lettergrepig** *-e* trisyllabic; *~e woord* trisyllable. ~**lip** hare-lip. ~**lobbig**, ~**lobbig** *-e* three-lobed, trilobate. ~**loop** three-barrelled rifle. ~**luik** triptych. ~**maandeliks**, ~**maandeliks** *adj.* quarterly, three-monthly, trimonthly; *~e tydskrif* quarterly. ~**maandeliks**, ~**maandeliks** *adv.* every three months. ~**man** *-ne* triumvir. ~**mansbrug** three-handed bridge. ~**manskap** *-pe* triumvirate, triarchy, troika; *lid van 'n ~* triumvir. ~**masskip** *-skepe*, ~**master** *-ters*, ~**masvaartuig** *-tuie* three-master, three-masted/full-rigged ship/vessel, full-rigger. ~**namig**, ~**namig** *-e* trinomial. ~**penprop** three-pin/three-prong plug. ~**persoonseks** troilism. ~**pitstoof** three-burner stove. ~**polig**, ~**polig** *-e* triple pole. ~**ponder** *(mil., hist.)* three-pounder (cannon). ~**poot**, ~**voet** *n.* tripod *(for a camera etc.)*; →DRIEVOET. ~**pootpot** three-legged pot. ~**potig**, ~**potig** *-e, adj.* three-legged *(table, chair)*. ~**puntdraai** three-point turn. ~**puntig**, ~**puntig** *-e* three-pointed; tricuspid, trifid. ~**puntlanding** three-point landing. ~**reëlig**, ~**reëlig** *-e* of three lines, three-line; *~e vers* triplet. ~**riemsgalei** *(naut., hist.)* trireme. ~**rigtinggesprek** three-way conversation. ~**rigtingkruising** three-way intersection. ~**ringverbinding** *(chem.)* tricyclic compound. ~**rompskuit** trimaran. ~**saadlobbig** *(bot.)* tricotyledonous. ~**slagmaat** *(mus.)* triple time. ~**slagpols** trigeminal pulse. ~**slagsteek** *(crochet)* triple treble. ~**slip(hart)klep** tricuspid valve. ~**slippig**, ~**slippig** *-e* tricuspid. ~**snarig**, ~**snarig** *-e* three-stringed; *(piano)* trichord. ~**span** team of three, troika. ~**spel** *(golf)* three-ball (match), threesome. ~**spletig**, ~**spletig** *-e* trifid. ~**sprong** three-forked road, three-way crossing/stop; hop, skip and jump; *(athl.)* triple jump; *op die ~* at the parting of the ways. ~**stemmig**, ~**stemmig** *-e, (mus.)* for three voices, three-part *(song)*; *~e stuk* trio (for voices). ~**ster** *(print.)* asterism. ~**sterhotel** three-star hotel. ~**stuiweropera**: *Die ~, (mus.)* The Threepenny Opera. ~**stuk** three-piece. ~**stuk(pak)** three-piece (suit). ~**sydig**, ~**sydig** *-e* three-sided, trilateral, triangular; *~e verdrag* tripartite treaty. ~**takkig** trifurcate(d). ~**tal** (group of) three, trio, threesome; trey, triad; trine. ~**talig**, ~**talig** *-e* trilingual, triglot. ~**taligheid** trilingualism. ~**tallig**, ~**tallig** *-e* ternary; ternate; *(biol.)* trimerous. ~**tandig**, ~**tandig** *-e*, three-pronged, three-tined; *(biol.)* tridentate, tridental. ~**tand(vurk)** *n.* trident, three-pronged fork. ~**term** trinomial. ~**tonvragmotor** *-waens* three-ton truck. ~-**uur** three o'clock. ~-**vier-tydmaat** *(mus.)* three-four time. ~**vingertjie** *(infml.)* double tot. ~**vlak** trihedron. ~**vlakkig**, ~**vlakkig** *-e* trihedral; three-tier(ed). ~**vlakshoek** trihedral angle. ~**vlamstoof** three-burner stove. ~**voet** trivet; →DRIEPOOT. ~**voetbok** tripod rest. ~**voetig**, ~**voetig** *-e* three-footed, three-legged, tripodal; *~e versreël* trimeter. ~**voorploeg** three-furrow plough. ~**vormig**, ~**vormig** *-e, (bot.)* trimorphic, trimorphous, triform(ed). ~**vormigheid**, ~**vormigheid** trimorphism. ~**vors** *(hist.)* triarch. ~**voud** treble; triple; *in ~* in triplicate. ~**voudig**, ~**voudig** *-e* threefold, triple, treble, trinal; triplicate; tripartite *(pact etc.)*; *(chem.)* trimeric; *(biochem.)* triplex; *(astrol.)* trine; *in ~e afskrif* in triplicate; *~e punt, (phys.)* triple point; *~e tongslag, (mus.)* triple tonguing; *~e verbond* triple alliance. ~**voudpunt** *(phys.)* triple point. **D~vuldigheid** *(rare)* →DRIE-EENHEID. ~**vurkig** trifurcate(d). ~**waardig** *-e, (chem.)* trivalent, tervalent, trihydric *(alcohol etc.)*. ~**weekliks**, ~**weekliks** triweekly, once every three weeks. ~**wegkraan** three-way cock. ~**wegskakelaar** three-point/ three-way switch. ~**wiel(fiets)** *-e, (rare)* ~**wieler** tricycle, three-wheeler. ~**wielmotorfiets** three-wheeler. ~**wielvoertuig** three-wheeler.

drie-drie in threes, three by three; *(bot.)* ternate.

drie·ër·lei of three kinds.

drie·ling *-e* triplets; triplet; *hulle is 'n ~* they are triplets; *hy/sy is een van 'n ~* he/she is a triplet. ~**ooi** triplet lamb ewe. ~**senuwee** trigeminal (nerve).

dries¹ *n.* fallow land. **dries** *ge-, vb.* break new ground, plough virgin land. **dries** *adj.* fallow. ~**grond** fallow land; virgin soil.

dries² *drieste driester driesste, adj., (arch.)* audacious, bold, temerarious. **driest·heid** *(arch.)* audacity, boldness, temerity.

drie·tjie *-tjies* small three; *die ~s speel* the three little ones are playing.

drie·werf *(poet.)* thrice.

drif¹ *drifte* passion; anger, heat, hot temper, haste, fury, fervency, vehemence; drift *(of wind, current, etc.)*; *jou ~ **beteuel*** keep one's temper; *nie jou ~ **beteuel** nie* lose one's temper/self-control; ***in** ~* in a fit of anger, heatedly, in hot blood; ***kontinentale** ~, (geol.)* continental drift; *iets in 'n **opwelling** van ~ doen* act *(or* do s.t.) on (an) impulse; *'n **slaaf** van jou ~te wees* be a slave to one's passions. ~**bui** temper, fit of anger. ~**hoek** drift angle. ~**kop** hothead, hotspur. ~**stroom** drift.

drif² *driwwe* ford, drift; *deur die ~ wees, (lit.)* be through the ford; *(fig.)* be over one's troubles.

drif·sel *-sels* flotsam, debris; →OPDRIFSEL.

drif·tig *-tige* angry, hasty, hot-tempered, choleric, irascible, in a passion, passionate, fiery, heated, vehement; mettlesome *(horse)*; *'n ~e **antwoord*** a heated reply; *'n ~e **geaardheid*** an explosive temper; *~ **raak/word*** lose one's temper, get angry/heated, fly into a passion; *met 'n ~e **stem*** in a fervent tone of voice; *iem. **was** ~, (also)* s.o.'s blood was up. **drif·tig·heid** hot/ quick temper, irascibility, *(infml.)* short fuse.

dril¹ *n., (mil.)* drill; discipline. **dril** *ge-, vb.* drill *(recruits)*; exercise; train, coach *(pupils)*; quiver, shake, quake; *(rare)* bore, drill. ~**afdeling** drill squad. ~**boog** drill bow. ~**boor** bow/fiddle drill. ~**gras** →DRONKGRAS. ~**meester** drillmaster, drill sergeant; physical instructor, trainer; martinet. ~**moeras** quaking bog. ~**reglement** drill manual. ~**siekte** *(vet. sc.)* (the) shivers. ~**sisteem** cramming system. ~**skool** cramming school. ~**terrein** drill ground. ~**vis** electric ray/skate; jellyfish.

dril[2] *n., (text.)* drill.

dril[3] *n., (zool.:W.Afr. baboon)* drill.

drillerig *=rige* jelly-like, wobbly. **drilsel** *=sels* jelly-like mass.

dring *ge=* crowd, hustle, jostle, push, throng; press, urge; *iem. ~* **deur** *die ...* s.o. threads/thrusts/twists his/her way through the ...; *die* **koue** *~ (dwars)deur iem. se klere* the cold strikes through s.o.'s clothes; *die* **tyd** *~* time presses; *jou na* **vore** *~* push o.s. forward; **vorentoe** *~* surge forward. **drin·gend** *=gende =gender =gendste* pressing *(problem);* crying *(need);* urgent *(request);* immediate, imperious, imperative, importunate; *'n ~e* **behoefte** a crying/clamant need; *'n ~e* **mosie/voorstel** a motion of exigency; *'n ~e* **saak** a matter of urgency; **uiters** *~ wees* be of the utmost urgency. **drin·gend·heid** urgency; importunity; exigency.

drink *n.* (die) drink; *aan die ~ gaan/raak* take to drinking(ing), *(infml.)* hit (*or* take to) the bottle; *(infml.)* go on a binge/bender (*or* drinking bout); *iets aan die ~ wees* be drinking s.t.. **drink** *ge=, vb.* drink; tipple, carouse, imbibe, be given to drink(ing); →GEDRINK; *(te veel)* **begin** *~* take to drink(ing), *(infml.)* hit (*or* take to) the bottle; *(infml.)* go on a binge/bender (*or* drinking bout); *moenie ~ en* **bestuur/ry** *nie, moenie bestuur as jy ge~ het nie* don't drink and drive; **daarop** *moet ons ~* we must have a drink on this; *met iem. 'n* **glas(ie)** *~* join s.o. in a glass, have a glass with s.o.; **hoe** *~ jy dit?* how do you like it? *(a drink);* **iets** *~* have a drink; *sal jy* **iets** *~?* will you have s.t. to drink?; *('n) mens* **kan** *iets nie ~ nie* s.t. is not fit to drink; *~* **klaar,** *~ dit* **uit!** drink up!; **kwaai/straf/swaar** *~* drink hard/heavily/deep; *'n kind* **laat** *~* suckle a child; *diere* **laat** *~* water animals; *~* **leeg** *jul(le) glase!, (infml.)* bottoms up!; *nie* **meer** *~ nie* abstain from alcohol/drinking, be a non(-)drinker, be off the bottle, *(infml.)* be on the (water) wag(g)on, *(infml.)* stay off the bottle/drink/booze; **op** *... ~* drink to ... *(s.t., s.o.['s health]);* toast s.o.; *iets* **saam** *met iem. ~* join s.o. in a drink, have a drink with s.o.; **skelm(pies)/stilletjies** *~* have a quiet drink; *iets* **skoon** *~, iets* **(net) so** *~* drink s.t. neat; **soos** *'n vis ~, (infml.)* drink like a fish; **stewig** *~* drink deep; *iem. onder die* **tafel** *~* drink s.o. under the table; *iets* **te** *~(e)* s.t. to drink; *kan ek iets* **te** *~(e) kry?* may I have a drink?; *nie* **te** *~(e) nie, (med.)* not to be taken; *groot/lang* **teue** *~* drink deep; *met klein* **teugies** *~* sip; **uit** *'n koppie/ens. ~* drink from a cup/etc.; **te veel** *~* be on the bottle *(infml.),* drink to excess, overdrink; *jou* **vol** *~* drink one's fill; **wat** *sal jy ~?* what will you have to drink?, what's yours?; **weer** *(begin) ~, (also, infml.)* be off the wag(g)on. ~**bak** water(ing) trough; water bowl; drinking fountain. ~**beker** beaker, cup, goblet, tankard, mug, *(arch.)* wassail bowl/cup. ~**fontein** drinking/water fountain. ~**gat** water(ing) hole. ~**gelag** *(rare)* carouse, drinking bout; bottle party. ~**gewoonte** drinking habit; *van die ~ ontslae raak* dry out. ~**glas** tumbler, table glass. ~**goed** drinks, drinkables, potables. ~**horing** drinking horn. ~**kan** tankard. ~**lied** drinking song. ~**lustig** *=e* boozy. ~**maat, drinkebroer** drinking partner/companion/mate, boon companion. ~**middel** *=s, =e, (vet. sc.)* drench. ~**party** bottle party, spree. ~**plek** water(ing) hole *(for game);* bar, pub, canteen, taproom, *(Am.)* barrelhouse, *(Am., hist. or hum.)* saloon. ~**saal** pump room. ~**sessie:** *strawwe ~* booze-up. ~**sjokolade** drinking chocolate. ~**trog** →DRINKBAK. ~**ware** drinks, potables. ~**water** drinking water. ~**watervoorsiening** (domestic) water supply. ~**wyn** good wine.

drink·baar *=bare* drinkable, potable. **drink·baar·heid** drinkableness, potability.

drin·ke·broer →DRINKMAAT.

drin·ker *=kers* drinker; *'n kwaai/strawwe/swaar ~* a hard/heavy drinker, *(infml.)* a dipso. **drin·ke·ry** drinking, tippling; *iem. se kwaai/strawwe/swaar ~* s.o.'s hard/heavy drinking; *die ~ laat staan* leave off drinking.

dro·ë *n., (rare)* dry land; dry spot; *op die ~* on dry land; *(al) jou skapies op die ~ hê* make one's pile (*or* feather one's nest). **dro·ë** *ge=, vb.* →DROOG *vb.*. ~**bek:** *~ terugkeer* (of *huis toe gaan/keer* of *daarvan afkom), (infml.)* go (*or* be sent) away with a flea in one's ear. ~**bolTermometer** dry-bulb thermometer. ~**land** dry farming land. ~**landboerdery** dry(-land) farming. ~**lewer** tippler; dull fellow; fruit of *Cassine tetragona; ~ wees* have a dry whistle/throat. ~**maat** dry measure. ~**naald** dry point; *met ~ ets* dry point. ~**naaldets** dry point. ~**perske** dried peach. ~**selbattery** dry-cell battery. ~**voer** dry/dried forage/feed. ~**vrot** dry rot *(in wood).* ~**vrugte** dried fruit(s); *~ en neute* trail mix. ~**vrugtestafie** fruit bar. ~**wors** dried sausage. ~**wyn** dry wine. ~**ys** *(solidified carbon dioxide)* dry ice.

dro·ënd *droënde* drying, siccative; →DROOG *vb.*.

dro·ër *droërs* dryer, drying machine, tumble dryer; drying agent; curer, salter. **dro·ë·rig** *=rige* rather dry.

dro·ë·ry[1] *=rye, n.* drying; drying house/room.

dro·ë·ry[2] *=rye* →DROGERY.

dro·e·das·kruid, =krui·e *Pharnaceum lineare.*

droef *droewe droewer droefste, adj.* sad, melancholy, downcast, downhearted, dejected, low, disconsolate; →DROEWIG; *'n droewe antwoord* a dusty answer; *droewe noodsaak* dire necessity; *'n droewe vooruitsig* a bleak outlook/prospect. **droef** *adv.: dit gaan maar ~* things are in a bad way. ~**geestig** sad, melancholy, downcast, dejected, gloomy, glum, mournful, downhearted. ~**geestigheid** sadness, melancholy, dejection, gloom(iness), mournfulness.

droef·heid sadness, sorrow, grief; *met ~* with sorrow; *'n ~ op note wees, (fac.)* be a misery; be a sad sack. **droef·nis** sadness, sorrow, grief, affliction.

Droes *Droese, (member of a sect)* Druse, Druze. **Droe·se=** Drusean, =sian, Druzean, =zian.

droes[1] *(vet. sc.)* glanders, farcy, strangles; *die ~ haal jou!, (rare)* the devil take you!. **droe·sig** *=sige* glandered, glanderous.

droes[2] *droese, (geol.)* druse, drusy cavity.

droe·sem dregs, lees, sediment, deposit; *iets tot die ~ ledig, (esp. fig.)* drink s.t. to the lees.

droe·wig *=wige* sad, piteous, pitiful, mournful, doleful, sorrowful, dismal, gloomy, cheerless, joyless, sombre, forlorn, woeful; *'n ~e* **figuur** *slaan* cut a sorry figure; *'n ridder van die ~e* **figuur** a knight of the rueful countenance; *~e* **lag** mirthless laughter; *iets* **maak** *iem. ~* s.t. saddens s.o.; *'n ~e* **vooruitsig** a bleak outlook/prospect. **droe·wig·heid** sadness, dolefulness, etc. (→DROEWIG).

drog=: ~**beeld** illusion, phantom, false image. ~**beeldend** *=e* hallucinogenic. ~**rede** fallacy, sophism, specious argument. ~**redenaar** sophist; casuist. ~**redenering** sophistry; casuistry. ~**swangerskap** false conception.

dro·ge·ry *=rye,* **dro·ë·ry** *(rare)* drug; chemical; dye(-stuff); →DROGIS.

dro·gie: *op 'n ~* without anything to drink; →DROOG *adj.*. **dro·gies** drily, dryly, with dry humour. **dro·ging** drying; desiccation *(of food);* curing *(of tobacco);* seasoning *(of wood);* exsiccation *(of silt, soil, etc.).*

dro·gis *=giste, (rare)* druggist, pharmacist. **dro·gis·te·ry** *=rye, (rare)* chemist's/druggist's (shop), *(Am.)* drugstore.

drol *drolle, (dim.) drolletjie, (vulg.)* dropping, turd; *(taboo sl.)* shit(head), prick, cunt, twat, jerk, wanker. ~**peer** *(Dombeya rotundifolia)* wild pear.

drom[1] *dromme, n.* crowd, drove, multitude, throng. **drom** *ge=, vb.* crowd (together).

drom[2] *dromme, n., (< Eng.), (container)* drum (→KONKA, TROMMEL); *(mus.)* drum (→TROM); *'n ~ petrol/ens.* a drum of petrol/etc..

dro·me·da·ris *=risse, (Arab. camel)* dromedary.

dro·mer *=mers* dreamer; dreamer, fantasizer, stargazer, idealist, visionary. **dro·me·rig** *=rige* dreamy, moony; dreamlike; visionary; faraway *(look).* **dro·me·rig·heid** dreaminess. **dro·me·ry** *=rye* daydream(ing); reverie, stargazing. →DROOM, DAGDROOM.

drom·mel *=mels* beggar, wretch; deuce, devil, dickens; *(die)* **arme** *~!, (said only of men)* (the) poor beggar/devil/soul/thing!; *die ~* **haal** *jou!* →DIE DUIWEL HAAL JOU!; **wat/waar/wie** *d(i)e ~ ...?* what/where/who the deuce/devil/dickens ...?; **wat** *d(i)e ~ ...?* what the blazes/heck ...?; why in/the hell ...?; *die ~ alleen* **weet** *(dit)* →DIE DUIWEL ALLEEN WEET (DIT). **drom·mels** *adj. & adv.* confounded, deuced; *dit weet jy ~ goed* you know that jolly well; *'n ~e kêrel* a devil of a fellow; *die ~e seun!* drat the boy!. **drom·mels** *interj.* damn/darn/blast (it), dammit, dash it (all).

dronk *dronke, n., (dated)* drink, draught, sip; potation; →HEILDRONK. **dronk** *dronk dronker dronkste, adj.* drunk, *(attr.)* drunken, intoxicated, inebriated, tipsy, under the influence; *(infml.)* pickled, tight, plastered, sloshed; *~* **bestuur/ry** drunken driving; *~ en* **driftig** fighting drunk; *~ in die* **kop** light in the head, light-headed, giddy; *iem. ~* **maak** get/make s.o. drunk, ply s.o. with liquor/drink, soak/fuddle/intoxicate s.o.; *'n ~* **man** a drunk; *~ en* **oproerig** drunk and disorderly; *(van iets) ~* **raak/word** get drunk (on s.t.); *so ~* **soos** *'n hoender/matroos/tol* as drunk as a fiddler/lord/top; as tight as a drum. **dronk** *adv.* drunkenly. ~**bessie** Christmasberry, berry of *Passerina ericoides.* ~**bestuur** *n.* drunk(en)-driving, drink-driving; *aan ~ skuldig bevind word* be convicted of a drunk(en)-driving/drink-driving offence; *skuldigbevinding aan ~* drunk(en)-driving/drink-driving conviction; *'n veldtog teen ~* a drunk(en)-driving/drink-driving campaign. ~**bestuursoortreding** drunk(en)-driving/drink-driving offence. ~**bos(sie)** Christmasberry bush. ~**geslaan** taken aback, astonished, astounded, staggered, dumbfounded, confounded, perplexed, flabbergasted; →DRONKSLAAN; *~ lyk* look puzzled; *ek was skoon ~* you could have knocked me down/over with a feather. ~**gras** *(Equisetum ramosissimum)* horsetail (grass); *(Melica decumbens)* melick (grass). ~**lap** *(infml.)* drunk(ard), drinker, toper, tippler, dipso; *'n verstokte ~* a confirmed drunkard. ~**manspraatjies** drunken talk. ~**mansrusie** drunken brawl. ~**manswaansin** delirium tremens, the horrors. ~**nes** booze party, drinking bout, carousal; drunken orgy; *~ hou* have a binge (*or* bottle party). ~**siekte** sturdy, (the) shivers, staggers; *(vet. sc.)* gid, the goggles; megrims. ~**slaan** *dronkgedumbfound,* flabbergast, baffle, confound, floor, flummox, strike dumb, stun, stupefy, take one's breath away; puzzle, mystify, nonplus; *dit slaan my dronk, (also)* that beats me; →DRONKGESLAAN. ~**tou** *(bot.) Solanum quadrangulare.* ~**ui** *(Dipcadi* spp.) poison onion. ~**verdriet** alcoholic blues, maudlin drunkenness.

dronk·aard *=aards* drunk(ard), drinker, toper, inebriate. **dron·ken·skap** drunkenness, intoxication, insobriety, inebriety. **dron·ke·rig** *=rige* tipsy; dizzy, giddy, *(infml.)* woozy; groggy, dop(e)y. **dronk·heid** drunkenness; giddiness, *(infml.)* wooziness. **dron·kie** *=kies* drunk, boozer.

droog *droë droër droogste, adj.* dry, arid, parched, waterless; dry, dried oud, sapless, juiceless; *(poet., liter.)* sear, sere *(plants etc.);* dry, dreary, boring, dull, uninteresting; dry, witty, wry; matter-of-fact, straightforward, sober; dry *(wine etc.); 'n droë* **battery** a dry(-cell) battery; *droë* **beskuit** rusk; *~***bly** keep dry; *droë* **bone/boontjies/erte/ertjies** dried beans/peas; *droë* **distillasie** destructive distillation; **hoog** *en ~* high and dry, under cover, out of harm's way; *iem./iets ~* **hou** keep s.o./s.t. dry; *met 'n droë* **keel** in a choked voice; *'n droë* **kêrel/vent** a colourless fellow; *droë* **klapper** desiccated coconut; *droë* **koekie** cookie, biscuit; *droë* **korente/korinte** dried currants; *~* **maak** →DROOGMAAK; *droë* **maat** dry measure; *droë* **molm** →DROËVROT; *met droë* **oë** with dry eyes, dry-eyed; *droë* **ooi** dry ewe; *nog nie ~ agter die* **ore** *nie* →OOR[1] *n.*; *droë* **poort** wind gap; *droë* **seisoen** dry season; *droë* **sel** dry cell; *droë* **sjampoe** dry shampoo; *droë* **toilet/latrine** earth closet; *droë* **vallei** dry valley; *droë* **vermoet** French vermouth; *wat* **vinnig** *~ word* quick-setting *(glue etc.); droë* **vrag** dry cargo; *droë* **ware** dry goods; *droë* **wit wyn** (of **witwyn)** dry white wine; *~* **word** dry out; *iets laat ~* **word** dry s.t. out. **droog** *ge=, vb.* dry, make dry; wipe (dry); become dry; desiccate;

evaporate; cure *(tobacco)*; season *(wood)*; →DROËND. **~baan** drying bed. **~bevries** freeze-dry. **~bevrore** freeze-dried. **~blaas** *n. & vb.* blow-dry. **~blad** drainer. **~blom** everlasting, immortelle. **~braai** *droogge-* dry-fry. **~braai(ery)** dry-frying. **~buis** drying tube. **~dok** dry/graving dock. **~druphemp** drip-dry shirt. **~gesout** dry-salted. **~gewig** dry weight. **~huis** curing shed, oast (house), drying house. **~kamer** drying room. **~kas** drying/airing cupboard. **~kook** *droogge-* boil dry, boil *(all the water)* away. **~lak** japan drier. **~lê** *droogge-* drain; reclaim *(from the sea)*. **~legging** draining, drainage; reclamation. **~loop** *droogge-* dry up; run dry. **~maak** *droogge-* dry; drain; blot *(ink)*; cure *(tobacco)*; season *(wood)*; swab *(a wound)*; desiccate *(coconut etc.)*; *(infml.)* talk rot/piffle; make a mess of, muck up, bungle, botch it, *(sl.)* cock up, *(sl.)* blow it; tinker; loaf (about), waste time; swing the lead; goof. **~maker** botcher, bungler; loafer. **~makery** bungling; loafing. **~masjien** drying machine; hydroextractor; *(phot.)* print drier. **~middel** *-s, -e* desiccant, siccative; drier, drying agent. **~oond, droogmaakoond** (drying) kiln; (drying) oven; oast. **~plank** draining board. **~poets** *droogge-* dry-rub. **~pruim,** *(fig., rare)* dull fellow, dry/old file, dry stick. **~raam** drying frame; clothes rack, clotheshorse. **~rak** drying rack; drainer, dish rack; clothes rack, clotheshorse; airer. **~sit** *droogge-* ba(u)lk, get the better of; *iem.* ~ spike s.o.'s guns; *iem. by 'n meisie* ~ cut out a rival *(in love)*. **~skoonmaak** *droogskoonge-* dry-clean. **~skoonmaker** dry-cleaner. **~skoonmakery** dry-cleaning; dry-cleaner. **~skuur** curing shed. **~solder** drying loft. **~stok** clotheshorse. **~stoppel** (crashing/utter) bore; *(infml.)* drip, stick-in-the-mud, wet blanket; →DROOGPRUIM. **~toestel** drying apparatus, desiccator, drier. **~toring** drying tower. **~vloer** drying bed. **~voets** dry-shod. **~weg** drily, dryly; →DROGIES.

droog·heid dryness, aridity; dul(l)ness.

droog·te *-tes* drought; *die* ~ *is* ***gebreek*** the drought has been broken; *deur* ~ ***geteister*** *word* be drought-stricken; *die* ***Groot*** *D~, (SA)* the (Great) Drought (of 1933); *'n* ***(halfwas)*** *~tjie, (fig.)* a dry spell. **~bestand** *-e* drought-resistant. **~distrik** drought-stricken district. **~gebied** drought-stricken area. **~geteister(d)** *-terde* drought-stricken. **~noodleniging** drought distress relief. **~vee** drought-stricken stock. **~weerstaande** drought-resisting, drought-resistant; *(bot., zool.)* xerophilous.

droom *drome, n.* dream; *drome kom altyd* ***andersom*** *uit* dreams go by contraries; *drome is* ***bedrog*** dreams are empty/froth; *iem. se* ~ *word* ***bewaarheid*** s.o.'s dream comes true; ***drome*** ~ build castles in the air; *'n* ~ ***hê*** have a dream; *iem. uit die* ~ ***help*** open s.o.'s eyes, disillusion/disenchant s.o.; *'n* ~ *van* ***lieflikheid*** *wees* be a vision of delight; *iets is soos 'n* ***nare*** ~ s.t. is like a bad dream; *'n droom* ***van*** *... wees* be a vision of ...; *in drome* ***versonke*** *wees* be lost in dreams, be daydreaming. **droom** *ge-, vb.* dream; *iem. het nooit* ***daarvan*** *ge~ om iets te doen nie* s.o. never dreamt of doing s.t.; ***daarvan*** *~ om ... te wees* dream of being ...; ***jy*** ~ you are dreaming; you are making a mistake; *iem.* ***kon*** *nie* ~ *dat ... nie* s.o. couldn't (*or* could not) dream that ...; *~* ***lekker!*** pleasant/sweet dreams!; ***loop*** *en* ~ moon about/around; ***sit*** *en* ~ go woolgathering; ***van*** *... droom* dream (*or* have a dream) about ...; chase the rainbow of ...; ***wie*** *sou dit ooit kon droom?* who could have dreamt such a thing?. **~beeld** vision, phantom, fantasy, illusion, pipe dream, chim(a)era, *(poet., liter.)* phantasm. **~boek** dream book. **~gesig** vision. **~land** dreamland; fool's paradise. **~myl** *(athl.)* four-minute mile. **~prins** *(fig.)* knight in shining armour; *jou* ~ Prince Charming. **~span** *(pol.)* dream ticket. **~uitlêer, ~uitlegster, ~verklaarder** interpreter of dreams, *(fml.)* oneirocritic. **~uitlegging, ~verklaring** interpretation of dreams, *(fml.)* oneiromancy. **~uitlegkunde** *(fml.)* oneirology. **~verlore, ~versonke** dreamy, lost in dreams, sunk in a reverie. **~wêreld** dream world; *in 'n* ~ *leef/lewe* be (living) on another planet *(fig.)*.

droom·ag·tig *-tige* dreamlike, surreal(ly). **droom·loos** *-lose* dreamless.

drop liquorice. **~lekkers** *(pl.)* liquorice allsorts. **~water** liquorice water.

dros *ge-* abscond, run away, desert, *(mil.)* go AWOL, *(infml., dated)* take French leave. **dros·se·ry, dros·te·ry** absconding, desertion. **dros·ter** *-ters* absconder, runaway, deserter.

dros·dy *-dye, (SA, hist.)* drostdy, landdrost's offices; drostdy, landdrost's residence, residency.

dro·so·me·ter *(instr. for measuring dew)* drosometer.

dros·sel(·ma·sjien) *(text.)* throstle (frame).

dru·ï·de *-des* druid. **dru·ï·dies** *-diese* druidic(al). **dru·ï·dis·me** druidism.

druif *druiwe* grape; →DRUIWE-; *suur druiwe, (lit.)* sour grapes; *(fig.)* sour grapes(, said the fox); *die druiwe is suur, (lit. & fig.)* the grapes are sour; *jou druiwe teë-/teenkom* →*jou* ***dreuning*** *teë-/teenkom; druiwe trap* tread grapes; *'n tros druiwe* a bunch of grapes. **~hiasint** *(bot.)* grape hyacinth. **~luis** phylloxera, vine fretter/louse. **~soort** variety of grape.

druif·ag·tig *-tige* grapy. **drui·fie** *-fies* small grape.

druil *ge-, (fml., rare)* mope, linger. **~oor** mope.

drui·le·rig *-rige* mopish, mopy; drizzly, mizzly *(weather)*.

druip *ge-, (rare)* drip (→DRUP *vb.*); *(a candle)* gutter, run; *(SA, infml.)* plug *(in an exam)*; *van ...* ~ ooze with ... *(sympathy etc.)*; *(in) 'n eksamen* ~ fail (in) an examination; →SAK[2] *vb.*. **~grot, ~kelder** stalactite cave. **~mos** long/Spanish moss. **~nat** dripping (wet), soaked, drenched (to the skin). **~ogig** *-e, (rare)* bleary-eyed. **~oog** *(med.)* dacryoma. **~pan** *(cook.)* drip(ping) pan. **~steen** dripstone; *(deposits)* sinter; *hangende* ~ stalactite; *staande* ~ stalagmite. **~steengrot** →DRUIPGROT. **~stert** *(fig.)* embarrassed; ~ *wegdros* slink off (with one's tail between one's legs). **~vet** cooking fat, dripping.

drui·pe·ling *-linge* failed candidate, failure *(in an examination)*.

drui·per *(med.)* gonorrhoea, *(infml.)* clap.

drui·pe·rig *-rige* runny.

druis *ge-* roar. **drui·sing** roaring, rushing sound.

drui·we-: **~asyn** grape/wine vinegar. **~bak** grape hopper. **~blaar** vine leaf; *gevulde druiweblare, (cook.)* stuffed vine leaves. **~boer** grape grower. **~brandewyn** grape brandy. **~dop** grape skin. **~kar:** *met die* ~ *ry, (infml.)* be tipsy. **~kissie** grape box. **~konfyt** grape jam. **~korrel** grape. **~mandjie** grape basket. **~oes** *-te* grape harvest, vintage. **~pers** grape crusher; winepress. **~pit** grape stone. **~pitolie** grapeseed oil. **~plukker** grape gatherer, vintager. **~prieel** vine trellis, pergola of vines. **~rank** vine tendril. **~sap** grape juice. **~skil** →DRUIWEDOP. **~snyer** vintager. **~steen** *(min.)* botryolite. **~steggie** vine cutting. **~stellasie** grape piano. **~stok** grapevine. **~stroop** grape syrup. **~suiker** grape sugar. **~suur** *(chem.)* racemic acid. **~trapper** grape treader. **~tros** bunch of grapes. **~tyd** vintage (time), grape season; *van* ~ *tot ewigheid* never. **~-uitvoer** grape export.

druk *drukke, n.* pressure *(atmospheric, of the hand)*; squeeze *(of the hand)*; burden, incidence *(of taxation)*; print(ing); type *(of letter)*; edition, impression *(of a book)*; *(mech.)* thrust; oppression; tension, strain, stress; onerousness; →DRUKKIE; *'n boek/ens. vir die* ~ ***besorg*** see a book/etc. through the press; ***fyn*** ~ fine/small print; ***groot/klein*** ~ large/small print/type; ***hoë/lae*** *~, (atmospheric)* high/low pressure; ***in*** ~ *wees* be in print; *nie meer* ***in*** ~ *nie* out of print; ***in*** ~ *verskyn* appear in print, be published; *met die* ~ *van 'n* ***knoppie*** at the push of a button; *(die)* ~ *van* ***maats*** peer pressure; ***onder*** ~ *plaas (av., aeron.)* pressurise; *iem.* ***onder*** ~ *plaas,* ~ *op iem.* ***uitoefen*** pressurise (*or* put pressure on/upon) s.o; ***onder*** *die* ~ *van ...* under the stress of ... *(circumstances etc.)*; ***onder*** ~ *verkeer/wees* be pressurised (*or* under pressure); be under a strain; *nie* ***onder*** ~ *verkeer/wees nie, (also)* be unpressurised; ***onder*** *hoë* ~ ***werk*** work at high pressure; *aan* ~ ***onderhewig*** *wees* be under pressure; *... aan* ~ ***onderwerp*** bring pressure to bear (*or* put pressure) on/upon ...; ~ *en* ***spanning*** stress and strain; ***uit*** ~ *wees, (<Eng.)* be out of print; ~ *op ...* ***uitoefen*** bring pressure to bear (*or* put pressure) on/upon ...; apply pressure to ...; *dit het nie* ***veel*** ~ *gekos om iem. te oorreed (of oor te haal) om iets te doen nie* it didn't take much arm-twisting to get s.o. to do s.t.; *sou die* ~ *in die kajuit* ***verlaag*** should the cabin become depressurised; *die* ~ ***verlig*** decompress; *die boek het* ***vier*** *~ke beleef/belewe/gesien* the book ran into four editions; ***volgehoue*** *druk* sustained pressure. **druk** *druk(ke) drukker drukste, adj. & adv.* busy, lively; crowded; heavy *(day)*; *dit* ~ ***hê*** be very busy, have one's hands full; *jou* ~ ***maak*** *oor iets* get excited (*or* make a fuss) about s.t.; *'n* ~ ***straat*** a busy street; ~ ***verkeer*** heavy traffic; ~ ***verkope*** heavy selling; *dit* ***verskriklik*** ~ *hê* be run/rushed off one's feet. **druk** *ge-, vb.* press, squeeze; force; jostle, hustle; weigh heavily (on/upon), weigh down; prod; touch down *(a ball)*; push *(in a scrum)*; print *(a book)*; *(comp.)* print out; →DRUKKEND, DRUKKERS-, FYNDRUK, GEDRUK; *iem. in jou* ***arms*** ~ clasp s.o. in one's arms; embrace/hug s.o.; *die* ***bal*** *~, (rugby)* touch down, ground the ball; *'n pad* ***deur*** *...* ~ elbow one's way through ...; *'n* ***drie*** *~, (rugby)* score a try; ***drie*** *keer gaan ~, (rugby)* run in three tries; *iem. se* ***hand*** ~ squeeze s.o.'s hand; →IEM. DIE **HAND** GEE; *iem. geld in die* ***hand*** ~ slip money into s.o.'s hand; *iem. aan die/jou* ***hart*** ~ embrace s.o., clasp/press s.o. to one's heart/breast/bosom; *iem. iets op die* ***hart*** ~ →HART; *iets* ***laat*** ~ have s.t. printed; *'n* ***meisie*** ~ cuddle/squeeze a girl; *iets* ***oor*** *...* ~ superimpose s.t. on/upon ...; ***op*** *iets* ~ press on s.t.; ***op*** *'n knoppie* ~ press/push a button; *weet waar die* ***skoen*** *jou* ~ →SKOEN; *iem. se hand* ***styf*** ~ give s.o.'s hand a wring; *'n (lekker)* ***stywe*** ~ a bear hug; *iets* ~ ***swaar*** *op iem.* s.t. bears hard/heavily on/upon s.o.; ***swaar*** *op iets* ~ weigh s.t. down; weigh on/upon s.t; ***teen*** *...* ~ press/push against ...; *iem.* ***teen*** *'n muur* ~ pin/press s.o. against a wall; *iem.* ***teen*** *jou* ~ give s.o. a hug; *iem. se* ***voetstappe*** *~, (Du.)* →IN IEM. SE **VOETSTAPPE** VOLG. **~aanjaer** supercharger. **~balk** compression beam. **~bars** pressure burst. **~bestand:** ~ *maak (av., aeron.)* pressurise. **~blok** (printing) block, cut, cliché. **~boor** pressure drill. **~bottel** squeeze/squeezy bottle. **~doenery** fussing, commotion, to-do. **~-druk:** *aan iets* ~ dab at s.t. *(one's hair/etc. with a towel/etc.)*. **~eenheid** unit of pressure. **~filter** pressure filter. **~fout** misprint, printer's/typographical error. **~gang** crush. **~golf** pressure wave. **~groep** = PRESSIEGROEP. **~grootte** *(print.)* type size. **~hals** gland sleeve. **~hef** *(weightlifting)* press. **~hoogte** head *(of water etc.)*. **~ink** printer's/printing ink. **~kajuit** *(av., aeron.)* pressure/pressurised cabin. **~kamer** pressure chamber. **~kastrol** →DRUKKOKER. **~katoen** calico. **~ketel** pressure tank/vessel. **~klad, drukkersklad** *(print.)* monk. **~klink** →DUIMKLINK. **~knoop** press stud/button, snap fastener, popper. **~knopkontrole, knopbeheer** push-button control. **~knop(pie)** push/press(ure) button; thumb button; bell push. **~koker, ~kastrol, ~pot** pressure cooker. **~kontak** push button. **~kook** *ge-* pressure-cook. **~kop** *(comp.)* printhead. **~koste** printing expenses/costs. **~kraan** push tap. **~krag** compressive force. **~kuns** (art of) printing, typography. **~laer** *(tech.)* thrust bearing. **~lamp** pressure lamp. **~letter** type; block/printed letter; *stel ~s* fo(u)nt. **~lug** compressed air. **~lugboor** air/pneumatic drill. **~lugenjin** air engine. **~lugskip** non(-)rigid airship. **~meter** pressure gauge; manometer, vacuum gauge; *(chem., med.)* tonometer. **~middelpunt** centre of pressure. **~model** dummy *(of a book)*. **~moer, ~stukmoer** *(mech.)* gland nut. **~opheffing** decompression. **~pak** pressure suit. **~papier** printing paper. **~pers** (printing) press. **~plaat** printing plate; *(rly.)* follower plate; pressure plate/disc; presser plate; thrust plate; *(plastics)* pressure pad. **~pomp** pressure pump. **~pot** *(cook.)* →DRUKKOKER; *(fig.)* boiling/hot/sealed pot. **~potlood** clutch pencil. **~proef** (printer's) proof, proof (sheet), pull. **~punt** pressure point. **~punterapie** shiatsu, acupressure. **~pyp** pressure pipe; pressure tube. **~raam** printing frame. **~reël** *ge-, (av., aeron.)* pressurise. **~reëling** *(av., aeron.)* pressurisation; *sonder ~, (an aircraft cabin etc.)* unpressurised; *van* ~ *voorsien* pressurise. **~reëlingsklep** pressure relieve valve, pressure reducer. **~ring**

pressure/junk/follower ring. ~**seer** pressure sore. ~**silinder** impression cylinder. ~**skakelaar** push(-button)/pressure switch. ~**skrif** print hand; *in ~ skryf* write in block letters. ~**skroef** thrust screw. ~**slot** thumb lock. ~**smering** forced/force-feed/pressure-feed lubrication, pressure lubrication/oiling. ~**spanning** compressive/compressional stress. ~**spieël** *(print.)* face. ~**splyting** slaty cleavage. ~**spoed,** ~**tempo** *(comp.)* print speed. ~**sproeipomp** pressure spray pump. ~**spyker(tjie), duimspyker(tjie), duimdrukker(tjie)** drawing pin, *(Am.)* thumbtack; *iets met ~s vassteek* tack s.t. on. ~**stang** compression rod. ~**stempel** die stamp. ~**sterkte** crushing/compression strength. ~**stofie** primus (stove). ~**stoom** pressure steam. ~**stuk** *(mech.)* gland; *(comp.)* hard copy, printout; *'n ~ van iets maak* print s.t. out, make a printout of s.t.. ~**stukmoer** →DRUKMOER. ~**sweising** pressure welding. ~**telefoon** push-button (tele)phone, touch-tone phone. ~**telegraaf** telex. ~**telegraafdiens** telex service. ~**telegram** telex message. ~**toets** crushing test. ~**toevoer** force/pressure feed. ~**tyd:** *met ~* at the time of going to press. ~**vas** incompressible; pressurised; *~ maak* pressurise; *~te pyp* pressure tubing. ~**vastheid** compressive strength, incompressibility. ~**veer** pressure spring. ~**(veer)slot** thumb lock. ~**veld** pressure field. ~**verband** pressure dressing/bandage. ~**verdeling** distribution of pressure; incidence *(of taxes)*. ~**verligting** decompression. ~**vin** *(mot.)* spoiler, air dam. ~**vlak** *(tech.)* pressure face; thrust face. ~**voetjie** presser foot *(of a sewing machine)*. ~**vorm** (printing) form(e). ~**vulling** *(aeron.)* pressure fuelling. ~**wapening** compression reinforcement. ~**waterreaktor** pressurised-water reactor. ~**waterspuit(ing)** water blast. ~**werk** printing; printed matter; printed papers; *iets as ~ versend* send s.t. as printed matter (*or* at printed paper rate). ~**wys(t)er** pressure indicator.

druk·baar *-bare* printable; squeezy.

druk·kend *-kende -kender -kendste* crushing, burdensome, onerous, irksome; oppressive *(heat)*; close, muggy, sultry *(weather)*; heavy *(silence, air)*; →DRUK *vb.*. **druk·kend·heid** oppressiveness, closeness.

druk·ker *-kers* presser; compressor; pusher; squeezer; printer; typographer; *die verhaal is by die ~* the story is in the press; *na die ~ gaan* go to press. ~**stempel** (printer's) imprint.

druk·kers-: ~**baas** master printer. ~**bedryf** printing industry/trade. ~**duiwel** printer's devil. ~**jonge** *(obs.)* →LEERLINGDRUKKER. ~**klad** →DRUKKLAD. ~**merk,** ~**naam** (printer's) imprint, printer's mark.

druk·ker(·tjie) *-(tjie)s* press stud, snap fastener.

druk·ke·ry *n.* squeezing. **druk·ke·ry, druk·ke·ry** *-rye, n.* printer('s), printing office/house/works/establishment; *klein/privaat/private ~* private press.

druk·kie *-kies* little squeeze; *iem./iets 'n ~ gee* give s.o. a hug/squeeze; give s.t. a squeeze.

druk·king *-kings, -kinge* pressure, weight; compression, thrust.

druk·sel *-sels* printout.

druk·te bustle, commotion, activity, flurry, ado, to-do, fuss, stir, excitement, razzle-dazzle, razzmatazz; rush *(of business)*; *~ maak* throw one's weight about/around; *~ maak oor iets* kick up a fuss about s.t., make a fuss about/over s.t.. ~**maker** fusspot. ~**spanning** stress; *onder geweldige ~ verkeer, aan geweldige ~ ly, geweldige ~ ervaar/ondervind* be stressed out.

drum·pel *-pels* threshold, doorstep, doorsill; →DREMPEL; *iem. se ~ deurtrap/platloop* visit s.o. too often, frequent s.o.'s house; *jou voet nie oor iem. se ~ sit nie* never darken s.o.'s door; *die ~ trap* visit a girl; *op die ~ van ..., (fig.)* on the threshold of ... ~**hoogte** sill height. ~**steen** sill brick. ~**trapper** persistent caller.

drup *druppe, n.* eaves; weeping *(of plants)*. **drup** *ge-, vb.* drip; trickle; *dit begin (te) ~* rain is beginning to fall; *~pende kraan* drippy faucet/tap. ~**bak** drip tray. ~**beslag** drop(ping) batter. ~**besproeiing** drip irrigation. ~**buisie** dropper. ~**fles(sie)** dropping bottle. ~**groef** throat(ing). ~**kelder** = DRUIPGROT. ~**kraan** drip cock. ~**lepel** basting spoon. ~**lys** drip mould/edge. ~**plaat** *(cook.)* drip tray. ~**rak** (dish) drainer. ~**straaltjie** trickle. ~**toestel** *(med.)* drip; *aan 'n ~ gekoppel wees* be on a drip. ~**tregter** dropping funnel. ~**voeding** *(med.): iem. ~ gee* drip-feed s.o.. ~**voeg** weather(ed) joint. ~**vry** non(-)drip *(paint)*.

drup·pel *-pels, n.* drop, bead *(of blood, sweat)*; blob, globule; minim; *(net) 'n ~ **aan/in** die emmer* (only) a drop in the bucket/ocean; *dit is die ~ wat die **emmer** laat oorloop* this is the last straw; *die **laaste** ~ laat die emmer oorloop* it's the last straw that breaks the camel's back; *op 'n ~ water **na** iem. lyk* look exactly like (*or* be a second edition of) s.o.; *soos twee ~s water **na/op** mekaar lyk* be as like as two peas; *'n ~ **water/ens.*** a drop of water/etc.. **drup·pel** *ge-, vb.* drip, drop, trickle, ooze, exude; *(plants)* bleed. **drup·pe·laar** *-laars* dropper; *aan 'n/die ~ wees* be on a/the drip. **drup(·pel)·mat·jie** coaster. **drup·pels·ge·wys(e), drups·ge·wys(e)** drop by drop, by drops; in dribs and drabs. **drup·pel·tjie** *-tjies* droplet, globule.

drup·per *-pers* dropper.

drups·ge·wy·s(e): *~ bekend word* filter out; *~ inkom/binnekom* filter in; →DRUPPELSGEWYS(E).

dryf, dry·we *ge-, gedrewe* float; drift *(ashore)*; swim *(in butter)*; drive *(cattle)*; propel *(a vehicle)*; drive, impel, urge *(a person on)*; hurry, hustle, rush *(a person)*; carry on, conduct, run *(a business)*; actuate, operate *(a machine)*; prompt *(a person)*; →GEDREWE; *deur die **begeerte/verlange** na ... ge~* actuated by the desire to ...; ***bo** ~* float on the surface; *iem. **daartoe** ~ om iets te doen* goad s.o. into doing s.t.; ***daartoe** ge~/gedrywe word om iets te doen* be driven to do s.t.; *deur **elektrisiteit** ge~/gedrewe* electrically driven/operated; ***handel** ~* trade, carry on business; *iem. in 'n **hoekie** ~* corner s.o., drive s.o. into a corner; *in **iets** ~* float in s.t.; swim in s.t. *(butter etc.)*; *met iem./iets die **spot** ~* →SPOT *n.*; *deur **stoom** ge~/gedrewe* steam-driven, steam-propelled; *iem. **tot** ... ~* reduce s.o. to ... *(despair etc.)*; *iem. tot die **uiterste** ~* drive s.o. to extremes; *iets te **ver/vêr** ~* go too far *(fig.)*, carry/push s.t. too far; *dit te **ver/vêr** ~, (also)* overplay one's hand.

dryf-: ~**anker** *(naut.)* floating anchor, drogue. ~**as** driving/drive/transmission/propeller shaft; cardan shaft. ~**baken** floating beacon. ~**band** drive/driving/endless belt; *(mot.)* fan belt. ~**beitel** chasing chisel, chaser. ~**brug** floating bridge. ~**dok** floating dock. ~**gas** propellent gas. ~**goed** flotsam, floatage. ~**grond** silt, wash. ~**haard** refining/almond/cupel furnace. ~**hamer** chasing/drift hammer. ~**hond** harrier. ~**hou** *(golf, cr.)* drive; *'n ~ na die wegkant* →WEGKANT. ~**hout** driftwood, flotsam. ~**jag** drive, battue. ~**katrol** driving/drive pulley. ~**ketting** driving chain. ~**klou** driving dog. ~**kraan** floating crane. ~**krag** driving force; impellent, propellent; propulsion; momentum; thrust; motive power; go, push, energy, drive; *(infml.)* get-up-and-go; moving spirit; force of projection; dynamic *(of religion)*; *(fig.)* powerhouse; *die ~ agter iets* the impetus behind s.t.. ~**lading** propellent charge. ~**middel** *-e, -s* propellent. ~**middelpunt** centre of flotation. ~**net** drift net; hang net. ~**netboot** drifter. ~**olie** propellent oil. ~**plaat** drive/driving plate. ~**punt** *(comp.)* floating point. ~**rat** driving wheel, driver; pinion; swing wheel; *(min.)* impeller. ~**riem** driving band/belt; *(mot.)* fan belt. ~**sand** quicksand. ~**skyf** driving disc. ~**springstof** propellent explosive. ~**stang** piston/connecting/main rod, pitman. ~**stangkop** big end. ~**steen** floatstone. ~**stok** *(golf)* driver. ~**stroom** drift. ~**tap** slot mortise; drive lug. ~**tol** whip(ping) top. ~**veer** moving spring, mainspring; incentive, motive, spring *(of actions)*; *met geldsug as ~* actuated by greed. ~**vermoë** buoyancy. ~**wa** power car. ~**werk** repoussé (work), embossed/chased work, embossment; drive (gear), driving gear. ~**wiel** driving wheel, flywheel. ~**ys** drift/drifting/floating/floe ice. ~**yster** driving bolt; drift(pin), key drift; *(golf)* driving iron.

dryf·sel *-sels, (min.)* float.

dry·we *ge-* →DRYF. **dry·wend** *-wende* buoyant; afloat; waterborne; suspended *(particle)*; drifting *(mine)*; floating *(ice, dock)*; swimming *(water plant)*; *~ hou* buoy up, float; *~e eiland, (geog., cook.)* floating island; *~e hotel* flo(a)tel; coastel; *~e ys* field ice.

dry·wer *-wers* driver *(of a vehicle or animals)*; teamster *(of a team of animals)*; chaser, embosser *(of metals)*; go-getter; fanatic, zealot; beater *(of game)*. **dry·we·ry** driving; fanaticism, zealotry.

dry·wing actuation; energy, power. **dry·wings·ver·moë** power rating.

du *due, n.* slight push, prod. **du** *ge-, vb., (fml. or dated)* push, prod. **du'tjie** *-'tjies* little push/shove.

du·aal *-ale* dual. **du·a·lis** *(gram.)* dual (number). **du·a·lis** *-te* dualist. **du·a·lis·me** dualism. **du·a·lis·ties** *-tiese* dualistic. **du·a·li·teit** duality, twoness.

Du·bai, Doe·bai *(geog.)* Dubai. **Du·bai·er, Doe·bai·er** *-ers* inhabitant of Dubai. **Du·bais, Doe·bais** *-baise, adj.* Dubai.

dub·bel *-bele adj.* double; dual; duplex; duplicate; geminate; twin; twofold; *'n ~e **album*** a double album; *~e **beglasing*** double glazing; *~e **besturing*** dual control; *~e **betaling** kry/ontvang* get (paid) double time *(for work on Sundays etc.)*; *'n ~e **betrekking** beklee* hold a dual post; *'n ~e **blom*** a double flower; *~e **blootstelling**, (jur.)* double jeopardy; *'n ~e **bodem*** a false bottom; *~e **boekhouding*** (bookkeeping by) double entry; *~e **breking**, (phys.)* double refraction, birefringence; *'n ~e **glas-/vensterdeur*** French doors; *'n ~e **honderdtal**, (cr.)* a double century; *'n ~e **huwelik/troue*** a double wedding; *'n ~e **kastrol*** a double boiler (*or, Fr.*) bain-marie; *'n ~e **ken*** a double chin; *'n ~e **ketting*** a duplex chain; *~e **kontrole*** double check; *'n ~e **lewe/bestaan*** a double life; a Jekyll-and-Hyde existence; *~e **longontsteking*** →DUBBEL(E)LONGONTSTEKING; *~e **moraal** toepas* →DUBBELE STANDAARDE TOEPAS; *~e **muntstandaard*** bimetallic standard; *~e **noukeurigheid**, (comp.)* double precision; *~e **ontkenning**, (gram.)* double negative; *~e **ontsteking**, (mot.)* dual/twin ignition; *'n ~e **passtuk*** a double adaptor/adapter; *'n ~e **program/vertoning*** a double bill/double feature; *'n ~e **rol** speel* play a double game; *~e **samestelling*** decompound, decomposite; *'n ~e **skroef*** a twin screw; *~e **spasiëring*** double spacing; *iets in/met ~e **spasiëring** tik* double-space s.t.; *'n ~e **spiraal**, (biochem.)* a double helix; *'n ~e **spoor*** a double track (*or* double-track line); *'n ~e **vertoning** →**program/vertoning**.* **dub·bel** *adv.: ~ **bespreek*** double-book *(a room etc.)*; *~ en **dwars*** amply, fully; over and again; *(infml.)* in spades; *iem. verdien iets ~ en **dwars*** s.o. richly (*or* more than) deserves s.t.; *~ **gedistilleer(d)*** double-distilled *(water, brandy, etc.)*; *~ **kontroleer*** double-check, crosscheck; *~ of **niks*** double or quits; *~ **sien*** see (things) double; *~ **so** groot as ... wees* be double the size of (*or* twice as big/large as) ...; *~ **soveel*** double the amount; *iets ~ **vat/vou*** double s.t. up; *dit is ~ so **ver/vêr** as tussen ... en ...* it is double the distance between ... and ... ~**aangee** *(soccer)* one-two, wall pass. ~**agent,** ~**spioen** double agent, *(infml.)* mole. ~**baan(pad),** ~**pad** dual/double road(way)/carriageway. ~**baliewasmasjien** twin tub. ~**bandsandpatrys** double-banded sandgrouse. ~**basies** *(chem.)* dibasic. ~**baster** double hybrid. ~**bed** double bed. ~**beeld** *(TV)* echo; ghost; *(in the pl.)* ghosting. ~**beligting** double exposure. ~**binding** *(chem.)* double bond/link(age); *(psych.)* double bind. ~**blad** *(print.)* double(-page) spread. ~**blind** *adj.* double-blind *(test, trial)*. ~**bol** biconvex, convexo-convex. ~**bolheid** biconvexity. ~**breiwerk** double knitting; interlock (fabric). ~**brekend** *(phys.)* double-refracting, birefringent. ~**breking** *(phys.)* double refraction, birefringence. ~**dekker** double-decker. ~**digte skyf** *(comp.)* double-density disk. ~**digtheid** *(comp.)* double density. ~**dink,** ~**denke** *n.* double-think. ~**doelras** *(animal husbandry)* dual-purpose breed. ~**dolk** *(print.)* double dagger/obelisk. ~**door** *-dore* double-yolked egg. ~**(draad)breigaring,** ~**gare** double knitting, double-knitting yarn. ~**draadwol** double-knitting wool. ~**druk** *n., (comp.)* double strike. ~**(e)longontsteking** double pneumonia. ~**fout** *(tennis)* double fault. ~**ganger** double, *(infml.)* lookalike, *(Germ.)* doppelgänger; *Marilyn Monroe se ~ wees* be a Marilyn

Monroe lookalike. ~**geruit** overcheck. ~**geslagtelik** =*e* bisexual. ~**geveer(d)** =*de, (bot.)* bipinnate. ~**glas** double glazing. ~**greep** *(mus.)* double stop; *met 'n ~ speel, (mus.)* double-stop. ~**handhou** *(tennis)* two-fisted stroke. ~**handig** =*e* ambidextrous; *~e kolwer, (baseball)* switch hitter. ~**handigheid** ambidexterity, ambidextrousness. ~**handrughou** *(tennis)* two-handed backhand. ~**hartig** =*e* two/double-faced, double-dealing, hypocritical, double-hearted, two-tongued, dissembling, ambidextrous; *'n ~e mens* a double-dealer (*or* two-faced person). ~**hartigheid** double-dealing, duplicity. ~**heliks** *(biochem.)* double helix. ~**hol** biconcave, concavo-concave. ~**holheid** biconcavity. ~**kaartjie** double ticket. ~**kajuitbakkie** twin cab, *(SA)* twin-cab bakkie. ~**kamer** double room. ~**kantig** =*e* reversible. ~**kantkleefband** double-sided (adhesive) tape. ~**kantskyf** *(comp.)* double-sided disk. ~**kleppig** =*e* bivalvular. ~**knoop** double knot. ~**konkaaf** →DUBBELHOL. ~**konveks** →DUBBELBOL. ~**koolsuursout** bicarbonate. ~**kruis** *(mus.)* double sharp. ~**langbeentjie** *(crocheting)* double treble. ~**letter** digraph *(as in* ph *and* ey*)*. ~**lippig** =*e, (bot.)* bilabiate. ~**lobbig** =*e, (bot.)* bilobate, bilobed, bilobular. ~**longontsteking** →DUBBEL(E)LONGONTSTEKING. ~**loop(geweer)** double-barrelled gun. ~**maatstreep** *(mus.)* double bar. ~**mol** *(mus.)* double flat. ~**naam** double-barrelled/hyphenated name. ~**negatief** *(gram.)* double negative. ~**nokas(-)enjin** twin-cam engine. ~**noukeurige** *(attr., comp.)* double-precision *(mode etc.)*. ~**pad** →DUBBELBAAN(PAD). ~**parkering** double-parking. ~**passtuk** double adaptor/adapter. ~**polig** =*e* bipolar. ~**prater** equivocator. ~**pratery** equivocation. ~**prop** *(elec.)* double plug; *'n ~ wees, (infml.: be bisexual)* be ambivalent (*or* AC/DC). ~**punt** colon; *(math.)* double point. ~**puntig** =*e* bicuspid. ~**roeispaan** double paddle. ~**rym** double/rich rhyme. ~**siendheid** diplopia, double vision. ~**sinnig** =*e* ambiguous, equivocal; oracular. ~**sinnigheid** ambiguity, equivocality, equivocalness, double meaning; ambiguous remark, equivoque, equivoke, *(Fr.)* double entendre. ~**skofstelsel** *(SA, educ.)* platoon system *(in overcrowded schools)*. ~**skroefskip** twin-screw (vessel). ~**slag**= →DUBBELSLAG=. ~**soetvyl** superfine/dead-cut file. ~**sout** double salt. ~**spaat** *(min.)* Iceland spar. ~**spel** twosome; *(also* dubbels, *in tennis, badminton, etc.)* doubles (game). ~**speler** *(theatr.)* understudy; →DUBBELSPELSPELER. ~**spelling** alternative/variant spelling. ~**spelspeler, dubbelsspeler,** ~**spelspeelster, dubbelsspeelster** *(tennis, badminton, etc.)* doubles player. ~**spoor** double track, double-track line. ~**ster** double star; *fisiese ~* binary (star). ~**stuur** *(aeron., mot.)* dual control. ~**sweep** double whip. ~**sydig** double-sided; *~e verlamming* diplegia. ~**syfer**= double-figure *(gain, rise, etc.)*. ~**syfers** *(pl.)* double figures; *die inflasiekoers het ~ bereik* the inflation rate is into (*or* inflation has reached) double figures. ~**tal** =*le, (rare)* →TWEETAL. ~**talig** =*e* fully bilingual. ~**tongig** =*e, (fig.)* double/two-tongued. ~**tongigheid** double talk. ~**tongslag** *(mus.)* double tonguing. ~**verdiepinghuis** double-storey(ed) house; →VERDIEPINGHUIS. ~**verdiepingwoonstel** duplex (flat). ~**vergasser** twin carburettor. ~**voorploeg** gang plough, double-furrow plough. ~**vorm** =*e* dual form; *(gram.)* doublet. ~**werkend** =*e* double-acting.

dub·beld =*belde* →DUBBEL.

dub·bel·heid duplexity, doubleness.

dub·bels →DUBBELSPEL.

dub·bel·slag=: ~**grendel** double door bolt. ~**steek** *(crocheting)* double treble.

dub·bel·slag·tig =*tige* bisexual, gynandrous, hermaphrodite; ambiguous. **dub·bel·slag·tig·heid** bisexuality; ambiguity; →TWEESLAGTIGHEID.

dub·bel·tjie[1] =*tjies, (hist.)* penny; *dis 'n ~ op sy kant of* ... it's touch and go (*or* a toss-up) whether ...

dub·bel·tjie[2] =*tjies, (bot.)* →DUWWELTJIE.

du·bi·eus =*euse* doubtful, dubious; *(infml.)* iffy, iffish; questionable *(practices)*.

du·bi·o *(Lat.): in ~ wees* be in doubt, hesitate.

du·bloen =*bloene, (hist.: Sp. gold coin)* doubloon.

du·chesse-aar·tap·pels *(Fr. cook.)* duchesse potatoes.

du·el =*elle* duel, single combat; →TWEEGEVEG. **du·el·leer** *ge*=, *vb.* (fight a) duel. **du·el·lis** =*liste* duellist.

du·en·na =*nas, (<Sp.)* duenna, governess, chaperone.

du·et =*ette* duet. ~**sanger,** ~**sangeres** duettist. ~**speler,** ~**speelster** duettist.

duf·fel *(text.)* duffel, duffle. **duf·fel·se:** *'n ~ baadjie/jas* a duffel/duffle coat.

dui *ge*=*: alles ~ daarop dat* ... there is every indication that ...; *niks ~ daarop nie* there is no evidence of it; *iem. iets euwel ~* →IEM. IETS TEN **KWADE** DUI; *op iets ~* indicate/suggest/evidence (*or* be indicative of *or* point to) s.t.; be symptomatic of s.t.; foreshadow s.t.. **dui·ding** *(rare)* interpretation.

dui·de·lik =*like, adj.* clear, plain; overt; evident; distinct *(pronunciation)*; broad *(hint)*; obvious, patent *(reason)*; express, explicit *(instruction)*; legible *(handwriting)*; marked *(tendency)*; *(attr.)* telltale *(marks, signs, etc.)*; *(vir iem.)* ***alte*** *~ wees dat* ... be abundantly clear (to s.o.) that ...; ***(baie)*** *~* in no uncertain terms; *dit is ~* ***dat*** ... it is clear that ...; *is* ***dit*** *~?* is that clear?, have I made myself clear?; *~e* ***grense*** well-defined boundaries; *dit is so ~* ***soos/as*** *die dag* (*of* ***soos*** *daglig)* it is as clear as day(light), it is glaringly obvious, it stares you in the face, it is as plain as a pikestaff (*or* as the nose on your face); *iets is* ***vir*** *iem. ~* s.t. is clear to s.o.; s.t. is obvious to s.o.; *iets word* ***vir*** *iem. ~, (also)* s.t. dawns on/upon s.o.. **dui·de·lik** *adv.* clearly, plainly; evidently, obviously; distinctly; flagrantly; signally; *~ afgebakende gebiede* well-defined areas; *~ gedefinieerde doelwitte* well-defined goals; *iets ~ maak* explain s.t., bring s.t. out, clear s.t. up; *~ omskrewe reëls* well-defined rules; *dit baie ~ stel dat* ... make it abundantly clear that ... **dui·de·lik·heid** clearness, distinctness. **dui·de·lik·heids·hal·we** for the sake of clarity, for clarity's sake.

dui·e[1] *n.: in ~ stort/val* break down, collapse; go to pieces; fall to the ground; *(lit.)* fold up; come/fall apart at the seams; *(fig.)* go to ruin; fall through, come to nothing, miscarry; *iets het* ***in*** *~ gestort/geval* the bottom has dropped/fallen out of s.t. *(the market etc.)*; *(fig.)* s.t. is/lies in ruins; *iets* ***in*** *~ laat stort/val, (also)* knock the bottom out of s.t.; *iets stort/val om iem.* ***in*** *~* s.t. falls about s.o.'s ears; →DUIG.

dui·e[2] *ge*=, *vb., (obs.)* →DUI *vb.*.

duif *duiwe* dove, pigeon; *(fig.: pers. who seeks peace and conciliation)* dove; →DUIWE=, VALK; *onder iem. se duiwe skiet, (fig.)* poach on s.o.'s preserve(s)/territory. ~**boom** *(Davidia involucrata)* dove tree. ~**eier** pigeon's egg. ~**-ertjie** *(bot.)* d(h)al, dholl, pigeon pea. ~**grys** dove grey. ~**kruid** scabious.

dui·fie =*fies* small dove/pigeon; sweetheart; *'n ~ sonder gal wees, (fig.)* be an innocent lamb/dove.

duig =*duie* stave *(of a barrel etc.)*. ~**hout** stave wood, staving. ~**saag** barrel saw. ~**vormig** =*e* pulvinate(d).

duik[1] *duike, n.* hollow, dip, dent, depression, cavity, indentation; *deur 'n ~ gaan* go through a dip; *'n ~ in iets maak, (lit.)* make a dent in s.t.; *daar is 'n ~ in die pad* the road takes a dip. **duik** *ge*=, *vb.* dent, indent. ~**breuk** depressed fracture. ~**hamer** raising hammer. ~**hoed** crush hat, fedora, homburg (hat). ~**klopper** panel beater. ~**pit,** ~**(pit)mielie** dent maize/mealie/corn.

duik[2] *duike, n.* dive, plunge, header; (low) tackle. **duik** *ge*=, *vb.* dive, dip, duck; bob; (take a) plunge; tackle (low); *(a boat)* pitch; *(aeron.)* nose dive; submerge; →DUIKER; *na iets duik* dive (*or* make a dive) for s.t.; *in iets ~* dive into s.t. *(water etc.)*. ~**aangee** dive pass. ~**bal** *(cr., rare)* = STREEPBAL. ~**bol** *(submersible observation chamber)* bathysphere, *(chiefly hist.)* bathyscaph(e), bathyscape. ~**bombardeer** *(mil.)* dive-bomb. ~**bombardement** dive bombing. ~**bomwerper,** ~**vliegtuig** dive bomber. ~**boot** →DUIKBOOT. ~**bril** diving goggles. ~**(dood)vat,** ~**laagvat** *(rugby)* flying tackle. ~**eend** diving duck. ~**helm** diving helmet. ~**kewer** diving beetle, dytiscid. ~**klok, duikersklok** diving bell. ~**long** aqualung, scuba. ~**pak** wet/diving suit. ~**plank** diving board, springboard. ~**roer** hydrovane, immersion rudder. ~**skyf** vanishing target. ~**sloot** culvert. ~**vlug** nose dive. ~**weg** subway, underpass.

duik·boot submarine; *(Germ. hist.)* U-boat. ~**jagter** antisubmarine vessel, submarine chaser. ~**moederskip** submarine tender. ~**oorlog** submarine warfare. ~**vaarder** submariner. ~**werend** =*e* antisubmarine.

dui·ker =*kers* diver; dipper; plunger; diving bird; cormorant; *(antelope)* duiker; culvert. ~**eend** diving duck; →DUIKERS=. ~**gans** merganser, sawbill; →GROOT **SAAGBEK.** ~**helm** →DUIKHELM. ~**hoender** guillemot. ~**klok** →DUIKKLOK. ~**ooi,** ~**ram** *(zool.)* female/male duiker. ~**pak** →DUIKPAK. ~**siekte** decompression sickness, caisson disease, *(infml.)* the bends. ~**wortel** *Grielum* spp..

dui·kers *(euph.)* →DUIWELS.

dui·kers=: ~**helm** →DUIKHELM. ~**klok** →DUIKKLOK. ~**pak** →DUIKPAK.

dui·ker·tjie =*tjies, (orn.)* didapper; *(orn.)* grebe; *(zool.)* small duiker; *Cartesiaanse ~, (also c~, phys.)* Cartesian devil/diver/figure/imp; *klein ~, (orn.)* Cape dabchick.

dui·ke·ry diving.

duim thumb; *(measure)* inch; cam, catch, nipper, tappet; ***binne*** *enkele ~e* within inches; *(sit en) ~e* ***draai,*** *met jou ~e (sit en)* ***speel*** twiddle/twirl one's thumbs; ***hou*** *~ vas!* touch (*or* knock on) wood!; *iem.* ***onder*** *die/jou ~ hê/hou, (fig.)* have/keep s.o. under one's thumb, keep s.o. down; ***onder*** *iem. se ~ wees* be under s.o.'s thumb; ***op*** *jou ~ fluit* whistle for it; *met jou ~e (sit en)* ***speel*** →***draai;*** *iets uit die/jou ~* ***suig*** draw (up)on one's imagination; make/think/trump s.t. up, fabricate/invent s.t. *(a charge, accusation, story, etc.)*; *~* ***vashou*** cross one's fingers (and touch wood), keep one's fingers crossed; *vir iem. ~* ***vashou*** hold thumbs (*or* keep one's fingers crossed) for s.o., wish s.o. luck; *~* ***vir*** *~* inch by inch; *~* ***vir*** *~ vorentoe skuif/skuiwe* inch ahead/forward; *met enkele ~e* ***wen*** win by inches. ~**afdruk** thumbprint. ~**bal** *(anat.)* thenar, thenar eminence, ball of the thumb. ~**breed(te)** *(fig.)* inch; *geen* (*of nie 'n*) *~ (af)wyk nie* not budge/give/yield/move an inch; *geen* (*of nie 'n*) *~ van ... (af)wyk nie* not depart/swerve an inch from ... ~**draai** *duimge*=, *vb.* twiddle/twirl one's thumbs. ~**drukker(tjie)** →DRUKSPYKER(TJIE). ~**gooi** *duimge*=, ~**gooier,** ~**gooiery** →DUIMRY, DUIMRYER, DUIMRYERY. ~**greep** thumb index. ~**handskoen** mitten. ~**klavier** *(Shona mus. instr.)* mbira. ~**klink** thumb/lift latch. ~**knip** elbow catch. ~**kole** nuts. ~**maat** inch tape/measure. ~**ry** *ge*=, *duimge*=, *vb.* hitchhike, hitch a ride, thumb lifts. ~**ryer** hitchhiker. ~**ryery** hitchhiking. ~**skroef** *(instr. of torture or tech.)* thumbscrew; *vir iem. die ~ aansit, (fig.)* twist s.o.'s arm, put/tighten/turn the screw(s) on s.o.. ~**slot** thumb lock. ~**spyker** inch nail. ~**spyker(tjie)** →DRUKSPYKER(TJIE). ~**steenkool** nut coal, nuts. ~**stok** *(hist.)* foot rule; carpenter's measure; *voubare ~* (folding) pocket rule. ~**suiery** thumb-sucking; *(fig.)* fabrication, (pure) fantasy.

dui·me·ling =*linge, (rare, covering/sheath for the thumb)* thumbstall. **dui·me·ling, dui·me·lot** thumb *(in finger rhymes)*.

duim·pie =*pies* little thumb; little fellow; *iets op jou ~ ken* have s.t. at one's fingertips, know s.t. backward(s) (*or* inside out *or* to a T), have s.t. (down/off) pat; *(Klein) D~, (folk-tale character)* Tom Thumb; *'n Klein D~, (joc.)* a hop-o'-my-thumb/tiddler/titch/wisp. ~**snuif** *(bot.)* *Gibbaeum* spp..

duims·ge·wys(e) inch by inch.

duin *duine* (sand) dune, sandhill. ~**gras** beach grass, bent (grass), lyme grass. ~**grond** dune soil. ~**kerk** *ge*=, *vb., (rare)* beat a hasty retreat; escape by the skin of one's teeth. ~**mol** →DUINEMOL. ~**pou** small bustard. ~**rot** *Gerbillus afer.* ~**sand** dune sand. ~**spreeu** dune starling.

duin·ag·tig =*tige* dune-like; covered with dunes.

dui·ne=: ~**besie** *(mot.)* beach/dune buggy. ~**bessie** *(Mundia spinosa)* tortoise berry. ~**mol, duinmol** (Cape) dune mole. ~**siekte,** ~**tering** a deficiency disease *(among animals)*. ~**tee** *Helichrysum imbricatum.* ~**veld** dune-land. ~**woestyn** erg.

Duin·ker·ken *(geog.)* Dunkirk.

Duins *(geog.)* the Downs; *die (see)slag by ~, (1639)* the battle of the Downs.

duin·tjie =*tjies* small dune.

duis-: **~koring** *(obs.)* wheat. **~man** →DUUSMAN. **~volk** →DUUSVOLK.

dui·sel *ge=* get/become/grow dizzy/giddy, reel, spin; *dis om die verstand te laat ~* the mind boggles; *... laat jou kop (of die/jou verstand) ~* the mind boggles/reels at ...; *wat jou (of ['n] mens se) kop laat ~, (also, infml., pred.)* mind-boggling. **dui·se·lig** =*lige* dizzy, giddy; groggy, reeling, punch-drunk; vertiginous; *iem. ~ maak* make s.o. dizzy; *ek voel ~* my head swims, my brain reels; I feel dizzy; *~ word* get/become/grow dizzy/giddy. **dui·se·lig·heid** dizziness, giddiness, *(infml.)* wooziness; vertigo.

dui·se·ling =*linge* dizziness, giddiness; vertigo. **~wekkend** =*e* dizzying, staggering, *(infml.)* mind-boggling; *'n ~e hoogte* a dizzy height. **~werend** =*e, (med.)* antidinic; *'n ~e middel* an antidinic.

dui·send =*sende* thousand; ***by** die ~ mense/ens.* close to a thousand people/etc.; ***by** die ~ verkoop* sell by the thousand; ***by** (die) ~e* by the thousand; in (their) thousands; *hulle het **by** (die) ~e gekom* they came in (their) thousands; *~ **dankies*** thank you very, very (*or* ever so) much, a thousand (*or* heaps of) thanks, thanks awfully; *~e **der** ~e ...* thousands and/upon thousands of ...; ***een uit** (die) ~* →UIT[2] *prep.; dit was 'n **geleentheid/spanpoging/skou** ~* it was a glorious occasion (*or* a tremendous team effort *or* an absolutely amazing/brilliant show/etc.); *~ **jaar*** a millennium, a thousand years; *~e **kilometers/ens.*** thousands of kilometres/etc.; *~ **maal*** thousandfold, a thousand times; *~ **maal** liewer* much, much (*or* ever so much) rather; *~ **man,** (mil.)* a thousand men; *'n **man** ~* a man of men, a man in a million/thousand, quite a man; *'n **man/vrou** (uit) ~, **een uit** ~* a man/woman in a thousand/million, a top-class man/woman; *~ **mans,** (general)* a thousand men; *~ **mense*** a thousand people; *~e **mense*** thousands of people; ***oor** die ~* over (*or* more than) a thousand; *dis ~ **teen** een* it is a thousand to one chance; *een **uit** (die) ~* →UIT[2] *prep.; een **uit** (die) ~ keer* →KEER *n..* **~blad** *(bot.)* milfoil, yarrow. **~blom** gypsophila. **~delig** =*e* millesimal. **~-en-een, ~ en een** a thousand and one; *~ besonderhede* multifarious details; *die D~ Nag* the Thousand and One Nights (*or* Arabian Nights *or* Arabian Nights' Entertainments). **~hoofdig** =*e* = DUISENDKOPPIG. **~jarig** =*e* millennial, of a thousand years; *~e gedenkfees* millenary; *~e herdenking* millenary; *die ~e (vrede)ryk* the millennium. **~knoop** *(bot.)* knotgrass, allseed. **~koppig** =*e* thousand-headed. **~poot** millipede, *(<Xh.)* songololo, *(<Zu.)* shongololo. **~skoon** *(bot.)* sweet william, pink. **~tal** a thousand; *'n ~ mense* some thousand people. **~voud** *n.* multiple of a thousand. **~voud, ~voudig** *adv.* a thousandfold. **~voudig** =*e, adj.* thousandfold. **~werf** *(obs.)* a thousand times.

dui·sen·der·lei of a thousand kinds.

dui·send·ste =*stes* thousandth; millesimal; *twee ~s, (also* tweeduisendstes*)* two thousandths.

duis·ter *n. (no pl.)* dark(ness); *iem. in die ~ **hou/laat*** keep s.o. in the dark; keep s.o. guessing; *iem. is nog **net so** in die ~* s.o. is none the wiser; *in die ~ **rondtas,** (fig.)* grope (about/around) in the dark; *'n **sprong** in die ~* a leap in the dark; *in die ~ **wees/verkeer** oor iets* be in the dark about s.t.. **duis·ter** =*ter(e)* =*terder* =*terste, adj.* dark *(night, future);* obscure *(style);* murky; sombre, grim, gloomy *(prospects);* mysterious, abstruse, cryptic; mystic; opaque; oracular; recondite; sinister; glowering; puzzling, ungraspable; →DONKER *adj. & adv.; iets is vir iem. ~* s.t. is inexplicable to s.o., s.o. fails to understand s.t., s.t. beats s.o.; *'n geheim/raaisel wat al (hoe) ~der raak/word* a deepening mystery. **duis·ter·heid** darkness; obscurity; murkiness; mystery; opacity. **duis·ter·nis** =*nisse* dark(ness); gloom, murk; shades of night; *in **diep(e)/digte** ~* in thick darkness; *in ~ **gedompel** wees/word* be plunged in/into darkness; *in ~ **gehul** wees* be wrapped in darkness; *'n ~ **(van)** ...* a large number of ... *(mistakes etc.);* scores of ... *(errors etc.);* a host of ... *(reasons etc.);* crowds of ... *(people);* a multitude of ... *(sins etc.);* ***volslae** ~* utter darkness.

duit *duite, (hist.)* mite; *(arch.)* doit; *(in the pl.)* money; *'n ~ in die **armbeurs** gooi* →'N STUIWER IN DIE ARMBEURS GOOI; *geen/g'n (of nie 'n) **(blou[e]/dooie)** ~ besit nie* not have a bean (*or* a [red] cent), not have a penny to one's name, be penniless; *iem. gee geen/g'n (of nie 'n) **blou(e)/dooie** ~ om nie, dit kan iem. geen/g'n (of nie 'n) **(blou[e]/dooie)** ~ skeel nie* s.o. doesn't care two bits (*or* a bean/fig/hoot/rap/scrap); *dit maak geen/g'n (of nie 'n) **(blou[e]/dooie)** ~ verskil nie* it does not matter a brass farthing, it is quite immaterial; *geen/g'n (of nie 'n) ~ (of **blou(e)/dooie** ~) werd nie* not worth a bean/rush/straw (*or* [red] cent *or* brass farthing/button), *(Br.)* not worth twopence/tuppence.

Duits *n., (language)* German. **Duits** *Duitse, adj.* German; *~e **Bondsrepubliek,** (fml., hist.:* Wes-Duitsland*)* Federal Republic of German; *~e **Demokratiese Republiek,** (fml., hist.:* Oos-Duitsland*)* German Democratic Republic; *~e **herdershond/skaaphond*** German shepherd (dog); *~e **knoopsteek*** coral stitch; *~e **mark,** (abbr.:* DM*)* Deutschmark, Deutsche Mark; *~e **masels,** (med.)* German measles, rubella; *~e **onderwyser*** German teacher, teacher of German; *die ~e **Orde,** (hist.)* the Teutonic Knights/Order; *'n ridder van die ~e **Orde,** (hist.)* a Teutonic Knight; *~e **sis*** German print. **~gesind** =*e* pro-German, Germanophil(e). **~gesinde** =*s* pro-German, Germanophil(e). **~gesindheid** pro-Germanism. **~land** Germany. **~onderwyser** German teacher, teacher of German. **~sprekend** German-speaking; *~e Switserland* German-speaking Switzerland. **~-Suidwes, ~-Wes** *(hist.)* German South-West (Africa). **~talig:** *~e blad* German paper.

Duit·ser =*sers* German.

dui·we-: **~boer** pigeon breeder; pigeon fancier. **~boon(tjie)** *(bot.)* d(h)al, dholl, pigeon pea. **~-eier** = DUIFEIER. **~gat** *(lit.)* pigeonhole. **~hok, ~huis** dovecot(e), pigeon house/loft, pigeonry. **~kerwel, duiwel(s)kerwel** *(bot.)* fumitory. **~meester** pigeoneer; →POSDUIFVERSORGER. **~melk** pigeon's milk. **~pos** pigeon post. **~sport** pigeon flying. →DUIF.

dui·wel =*wels, n.* devil, Satan, *(euph.)* deuce; demon, fiend; →DROMMEL; *(as)of die ~ **agter** jou (aan) is* like a bat out of hell, like the devil; *hardloop (as)of die ~ **agter** jou (aan) is* run like fury (*or* for dear life); *so **bang** soos die ~ vir 'n slypsteen/soutsak* as scared as the devil of holy water; *deur die ~ **besete** wees* be possessed by the devil; ***by** die ~ gaan bieg (of raad vra)* confide in the devil, confide one's secrets to an enemy, seek help from the wrong person; ***dank** jou die ~!* →DANK *vb.; **die** ~* the Devil, Satan, the Evil One; *iem. is te **dom** om vir die ~ te dans* s.o. is a clod; ***gaan/loop/vlieg** na die ~!, (infml.)* go to blazes/hell!, damn you!, damnation take you!, (you) go hang!; *na die ~ **gaan/loop/vlieg,** (infml.)* go to blazes; *voor dit gebeur, kan jy na die ~ **gaan/loop/vlieg,** (infml.)* I'll see you somewhere first; ***gee** die ~ wat hom toekom* give the devil his due; the devil is not as black as he is painted; *iem. op sy/haar ~ **gee,** (infml.)* beat/knock the hell out of s.o.; give s.o. hell; ***geen** ~ en sy maai/moer ontsien nie, (rare)* fear neither the devil nor his dam; *iem. is 'n **gelukkige** ~, (infml.)* s.o. has the devil's own luck; *die ~ het in iem. **gevaar,** (infml.)* the devil is in s.o., s.o. is like one possessed; *die ~ **haal** jou!, (infml.)* to hell with you!, go to hell!, damn you!; ***hardloop** (as)of die ~ **agter** jou (aan) is* run for dear life; ***hoe** de/die ~ weet jy dit?* how the devil/deuce do you know that?; ***hoe** meer die ~ het, hoe meer wil hy hê* Satan is never satisfied (*or* the more one has, the more one wants); *die ~ **in** wees (vir iem.), (infml.)* be in a devil of a temper, be fed up (to the gills *or* to the [back] teeth) (with s.o.), be very angry (with s.o.); *iem. die ~ **in** maak* incense s.o., get s.o.'s back/hackles up, raise s.o.'s hackles, make s.o.'s hackles rise, make s.o. very angry; *die ~ **in** raak/word* get mad (*or* very cross), become very angry, fly into a rage, raise one's hackles, get one's back up; *hoog die ~ **in** wees* be in high dudgeon, be in a devil of a temper; ***ledigheid** is die ~ se oorkussing* →LEDIGHEID; ***loop** na die ~!* →***gaan/loop/vlieg;*** *dan is die ~ **los*** then the fat will be in the fire, then there will be hell to pay; *toe was die ~ **los*** all hell broke (*or* was let) loose; *nou is die ~ **los*** this is it; *die ~ en sy **moer*** all the world and his wife; ***na** die ~ daarmee (of met jou/ens.)!, (infml.)* to hell with it/you/etc.!; *met die ~ **omgaan*** sup with the devil; *geen/g'n (of nie 'n) ~ **omgee** nie, (infml.)* not care two bits (*or* a damn/bean/fig/hoot/rap/scrap); *iem. is oor iets soos die ~ **oor** 'n siel* s.o. will do anything for s.t.; ***praat** van die ~(, dan trap jy op sy stert), (infml.)* talk of the devil, talk of angels and you hear (the flutter of) their wings; *die ~ sal jou **ry!*** there will be the devil to pay!; *die ~ **sit** jou voete reg* the devil looks after his own; ***soos** die ~, (infml.)* like hell; *die ~ **speel** daarmee* there is a jinx on it; *na die ~ **vlieg** →**gaan/loop/vlieg; wat/waar/wie** d(i)e ~ ...?* what/where/who the deuce/devil/dickens ...?; *die ~ alleen **weet** (dit)* I'll be damned if I know; deuce alone knows; ***wie** d(i)e ~ dink jy is jy?, (infml.)* who do you flaming well think you are?; *daaruit kan die ~ niks **wys** word nie* the devil take me if I can make head or tale of it. **dui·wel** *ge=, vb.* tumble, fall headlong; →AFDUIWEL, INDUIWEL, OPDUIWEL. **~aanbidder** →DUIWELSAANBIDDER. **~aanbidding** →DUIWELSAANBIDDING. **~besweerder** exorcist. **~besweering** exorcism. **~brood** →DUIWELSBROOD. **~by** →DUIWELSBY. **~doring** →DUWWELTJIE. **~geloof** →DUIWELSGELOOF. **~-in-die-bos** *duiwels-in-die-bos, (bot.)* cosmos; devil-in-a-bush, love-in-a-mist, fennel flower. **~jaer** *(obs.)* bully; exorcist. **~ruitertjies** *(cook.)* devils-on-horseback. **~snuif** →DUIWELSBROOD. **D~ster** *(astron.)* Algol. **~sterk** *(text.)* barbed-wire cloth; drill(ing); lasting. **~streek** dirty trick. **~uitdrywer** = DUIWELBESWEERDER. **~uitdrywing** = DUIWELBESWERING. **~vereerder** diabolist; →SATANIS. **~verering** diabolism, demonolatry. **~vis** devilfish, devil ray, sea devil.

dui·wel·ag·tig =*tige* devilish, diabolical, fiendish. **dui·wel·ag·tig·heid** devilishness, fiendishness. **dui·we·la·ry** =*rye* devil(t)ry. **dui·we·lin** =*linne* she-devil, shrew, vixen.

dui·wels =*welse, adj.* devilish, diabolical, hellish, demoniac(al), fiendish. **dui·wels** *adv.* devilishly; a hell of a lot (of); frightfully, awfully, dreadfully; →DROMMELS, VERDUIWELS. **dui·wels** *interj.* damn it, dammit. **dui·wels·heid** devilishness.

dui·wels-: **~aanbidder, duiwelaanbidder** devil worshipper, Satanist. **~aanbidding, duiwelaanbidding** diabolism, devil worship, Satanism. **~advokaat** devil's advocate. **~bek** *(tech.)* monkey wrench; stone tongs. **~brood, duiwelbrood** *(bot.)* toadstool, poisonous mushroom, death cup/cap; puffball. **~by, duiwelby** social wasp; death's-head moth. **~doring** *(bot.)* devil's claw, grapple plant/thorn. **~drek** *(bot.)* asafoetida, devil's dirt/dung. **~geloof, duiwelgeloof** demonism, diabolism. **~greep** *(med.)* devil's grip, Bornholm disease. **~kerwel** blackjack(s); *(Fumaria* spp.*)* fumitory; →DUIWEKERWEL. **~kind** child of Satan (*or* the devil). **~klou** *(bot.)* devil's claw, grapple plant/thorn; *(tech.)* devil's claw; stone tongs; *(ropework)* wall knot. **~kos** →DUIWELSBROOD. **~kuns(te)** black art/magic, sorcery, witchcraft, devil(t)ry. **~kunstenaar** sorcerer, wizard. **~kunstenary** black magic, sorcery. **~(naai)gare, ~(naai)garing** *(bot.: Cuscuta pentagona)* dodder. **~toejaer** *(rare)* →FAKTOTUM, HANDLANGER. **~tong** *(bot.: Amorphophallus rivieri)* snake palm, devil's tongue, voodoo lily. **~werk** devilish work, a devil/hell of a job; devil's work, work(s) of the devil.

dui·wel·tjie =*tjies* imp, little devil; gremlin. **dui·wel·tjie in 'n dosie** *(rare)* →KISDUIWELTJIE. **dui·wel·tjie(s)·do·ring** →DUWWELTJIE.

du·kaat =*kate, (hist: Eur. gold coin)* ducat.

du·ka·ton =*tons,* =*tonne, (hist: Du. coin)* ducatoon.

duk·tiel =*tiele, (metall.)* ductile. **duk·ti·li·teit** ductility.

duld *ge=* bear, stand, tolerate, endure; put up with; allow (to exist); permit; be tolerant of; *iem. kan iets nie ~ nie* s.o. has no time for s.t., s.o. is impatient of s.t.; *dit ~ geen uitstel nie, (fml.)* it brooks no delay (*or* can no longer be put off); *iem. word êrens slegs ge~* s.o. is somewhere (only) on sufferance. **duld·baar** =*bare* bearable, tolerable, endurable, supportable; liv(e)able with.

dul·sies *(old remedy)* dulcis; →WITDULSIES.

dul·si·mer =*mers, (mus. instr.)* dulcimer.

dum-dum =*dums,* **dum-dum-koe·ël** dumdum (bullet), soft-nosed bullet.

dump *ge=, (econ.)* dump. **dum·per** =*pers* dumper. **dumping** dumping. **dum·ping·reg** dumping duty.

dun *dun dunner dunste, adj. & adv.* thin, slender; fine; rare *(atmosphere);* scanty *(hair),* sparse; tenuous; thin, washy *(soup);* runny *(cream);* lightweight *(fabric);* flimsy; flimsily *(dressed); ~* ***bevolk,*** *(also* dunbevolk*)* sparsely/thinly populated; *~* ***bier*** →BIER; *~* ***draad*** light wire; *~* ***maak*** fine away/down, thin down; *~ner* ***maak*** thin out *(a crowd, buildings, plants, etc.);* thin down *(paint etc.);* attenuate; *sulke* ***mense*** *is ~ gesaai (en het sleg opgekom)* such people are very rare; *~* ***pap*** gruel; *~* ***sop*** consommé; *~* ***sous*** pouring sauce; *~* ***stem*** thin/reedy voice; *~* ***toeloop*** taper; *~* ***uitgerek*** fine-drawn; *~* ***voel*** be hungry; *~ner* ***word*** thin down; *op ~* ***ys*** on thin ice. **~derm** small intestine, ileum. **~dikdermklep** *(anat.)* ileocaecal valve. **~doek** *(text.)* bunting *(used for flags etc.).* **~drukpapier** India/Bible paper. **~huidig** =*e* thin-skinned. **~kop(perdesiekte)** *(vet. sc.)* acute horsesickness, dunkop. **~lies** thin flank *(of beef).* **~lippig, ~lippig** =*pige* thin-lipped. **~loop** *dunge=, vb.* taper. **~rib** flat rib *(of beef).* **~siekte** *(vet. sc.)* seneciosis. **~steelbokaal** thin-stemmed goblet. **~stertspringhaasmuis** lesser gerbil(le). **~vellig, ~vellig** =*e* thin-skinned *(lit. & fig.),* oversensitive. **~vleis** thin flank *(of beef).*

Du·na →DAUGAWA. **~burg** *(geog., hist.)* Dvinsk; →DAUGAWPILS.

dun·heid thinness; tenuity, rarity *(of air);* sparseness.

du·niet *(min.)* dunite.

dunk idea, opinion; *'n des te hoër ~ van iem.* ***hê/kry*** think all the better of s.o.; *'n* ***hoë*** *~ van ... hê* think highly/much/well (*or* the world) of ..., have a high opinion of ...; *'n* ***hoër*** *~ van iem. hê* think better of s.o.; *'n hoë ~ van* ***jouself*** *hê* think much of o.s.; *'n* ***lae/swak*** *~ van ... hê, nie 'n hoë ~ van ... hê nie* have a bad/low opinion (*or* think little/poorly) of ...

dun·ne *n.: die/'n ~* the/a thin one; *die ~s* the thin ones.

dun·ne·tjies thinly, lightly; *iem. se kennis is maar ~* s.o.'s knowledge is rather scant/shaky (*or* is very indifferent).

dun·te →DUNHEID.

du·o *duo's, (pair in mus.)* duo, duet. **~blokwals** *(metall.)* (ingot) cogging mill.

du·o·de·num =*nums, (anat.)* duodenum. **du·o·de·naal** =*nale* duodenal.

du·o·de·si·maal =*male* duodecimal *(counting, fraction, etc.); duodesimale toonleer, (mus.)* twelve-tone scale.

du·o·de·si·mo =*mo's, (print.)* duodecimo.

du·pe =*pes, (rare)* dupe, victim; *die ~ van iets wees/word* (be the one to) suffer for s.t.; fall victim to s.t.; be left holding the baby for s.t.. **du·peer** *(ge)=, vb., (rare)* deceive, dupe, take in; let down, disappoint, fail.

du·pla *(betting)* quinella, dupla.

du·pleks: **~druk** duplex printing. **~(woonstel)** duplex (flat).

du·pliek *(chiefly jur.)* rejoinder *(in pleadings); ~ lewer* rejoin; *tweede ~* rebutter.

du·pli·kaat =*kate* duplicate. **du·pli·ka·sie** =*sies* duplication; overlapping. **du·pli·seer** *ge=* duplicate; *(jur.)* rejoin. **du·pli·se·ring** =*rings,* =*ringe* duplicating.

du·plo *(Lat.): in ~* in duplicate.

dur *(Germ., mus.)* major.

du·ra·bel =*bele* =*beler* =*belste, (somewhat dated)* expensive; durable.

du·ra ma·ter *(Lat., anat.)* dura mater.

du·ra·tief =*tiewe, (gram.)* progressive, continuous; *duratiewe aspek* progressive/continuous aspect.

Dur·ba·niet =*niete* Durbanite.

du·rend =*rende* lasting; →DUUR *vb..*

durf *n.* pluck, courage, grit, boldness, mettle, gameness, nerve, guts, daring, enterprise; *'n man van ~ (en daad)* a man of mettle; *die ~ hê om te ...* have the nerve to ... **durf** *ge=, vb.* dare; risk; venture; *iem. het* ***baie*** *ge~* s.o. risked a lot; *iets ~* ***doen*** venture to do s.t.; ***hoe*** *~ jy ...?* how dare you ...?; *~* ***nie*** dare not; may not; *~* ***sê*** venture to say. **~al** =*le, (rare)* daredevil.

dur·we →DURF *vb..*

dus so, then, therefore, thus, consequently; →ALDUS; *ek dink ~* ***dat*** ... so I think that ...; *...* ***is*** *~* ***terug?*** so ... is back?; *iem.* ***moet*** *~ ...* so s.o. will have to ...; ***so is dit*** *~* so then. **~danig** =*e, (fml.)* such; *'n ~e beweging/ens.* such a movement/etc.. **~doende** *(fml.)* thus; so doing. **~ver, ~vêr:** *tot ~* so/thus far, until/till (*or* up to) now, hitherto; *tot ~ gaan dit goed* so far so good.

dus·kant, deus·kant *n.* this side; this way; *aan die ~* (on) this side; *~ toe* this way. **dus·kant, deus·kant** *adv.* on this side; *(hier) ~* over here. **dus·kant, deus·kant** *prep.* on this side of; *~ oorlog* short of war; *drie/ens. meter ~ die rekord* three/etc. metres short of the record; *~ die veertig/ens.* on the right side of forty/etc.. **dus·kant·s(t)e, deus·kant·s(t)e** *adj.* on this side, hither, near.

dus·ke·tyd *(obs.): om ~* about this time.

dut *ge=* doze, (take a) nap, snooze; *('n bietjie) ~* have/take a nap/snooze/zizz, have forty winks, have a lie-down, zizz; *sittende ~* catnap; *sit en ~, (lit.)* be dozing; *(fig.)* be woolgathering. **dut·jie** =*tjies* doze, (cat)nap, snooze; *(infml.)* shuteye, zizz; *'n ~ doen/geniet/maak/neem/vang* have/take a nap/snooze/zizz, have forty winks, have a lie-down, zizz.

du·toits·ko·ring Du Toit's wheat.

duum·vir =*virs,* =*viri, (Rom. hist.)* duumvir. **duum·vi·raat** =*rate* duumvirate.

duur[1] *n.* duration; currency *(of a contract);* lifetime *(of a parliament);* life *(of a mine); (phys.)* period; permanence; continuance; length; time span; *~ van* ***beweging*** period of motion; *iets is* ***kort*** *van* (of *van korte) ~* s.t. is short-lived (*or* of short duration); *ons lewe is* ***kort*** *van ~* our life is but a span; *op die* ***lange*** *~* in the long run, in the long term; in/over the long haul; ultimately; *iets is van* ***lange*** *~* s.t. is of long duration; ***op die*** *~* in the long run, in the end, ultimately; *geen* ***rus of*** *~(te) hê nie* →RUS *n..* **duur** *ge=, vb.* last, continue, endure; →DUREND; *dit kan nie* ***altyd*** *~ nie* this/it cannot go on forever (*or* for ever); *dit het* ***lank*** *genoeg ge~* it has gone on long enough; *sal dit nog* ***lank*** *~?* will it be/take long?; *dit ~ (te)* ***lank*** *voor iem. klaar is* s.o. takes an age getting finished; *so* ***lank*** *... ~* for the duration of ...; *dit ~* ***lank*** it takes a long time; *dit sal iem. se* ***leeftyd*** *~* it will last s.o.'s time; *solank die* ***oorlog*** *~* for the duration of the war. **~klank** *(phon.)* continuant. **~toets** endurance test. **~vlug** endurance flight; duration flight.

duur[2] *duur, dure duurder duurste, adj. & adv.* expensive, costly, dear, pric(e)y, high-priced; *'n dure* ***eed*** *sweer* swear a solemn oath; *~* ***gekogte,*** *(obs.)* →***gekoopte/verworwe;*** *~* ***gekoopte/verworwe*** hard-won, dearly bought *(freedom etc.);* ***iets*** *is ~* s.t. is expensive(ly priced); *'n dure* ***les*** a costly lesson; *~* ***lewe*** live expensively; *'n ~* ***liefhebbery*** an expensive hobby; *'n/jou dure* ***plig*** a/one's bounden duty; *dit het iem. ~* ***te staan*** *gekom* it cost s.o. dearly; *dit sal iem. ~* ***te staan*** *kom* s.o.will regret it; ***ten*** *~ste* at (very) great expense; ***ten*** *~ste betaal* pay through the nose; *~* ***uitkom*** come expensive; *jou lewe ~* ***verkoop*** sell one's life dearly; *~* ***verworwe*** →***gekoopte/verworwe.*** **~koop:** *goedkoop is ~* a bad bargain is dear at a farthing.

duur·heid expensiveness, costliness, dearness, priciness; →DUUR[2] *adj. & adv..*

duur·saam =*same, adj.* durable, lasting; long-lasting *(product, finish, material, etc); (fml.)* perdurable; stable; *(attr.)* hard-wearing, *(pred.)* that wears well *(material); duursame verbruik(er)sartikel* consumer durable; *duursame (verbruik[er]s)goedere* (consumer) durables, durable goods. **duur·saam** *adv.* lastingly, durably. **duur·saam·heid** durability, endurance, permanence, fixity, *(fml.)* perdurability, serviceability, serviceableness; life, keeping quality; sustainability.

duur·te: *geen* ***rus*** *of ~ hê nie* →RUS *n..*

duur·te·toe·slag cost-of-living allowance.

duus: **~man, diesman, duisman** *(obs., derog.)* white man. **~volk, diesvolk, duisvolk** *(obs., derog.)* white people.

du·vet duvet.

duw·wel·tjie =*tjies,* **duw·wel·tjie(s)·do·ring** =*rings, (Emex australis)* devil's thorn; *Tribulus* spp..

dux *duces, (Lat.)* dux, head boy. **~prys** dux prize.

dwaal *n.: in 'n ~* at sea, confused, absent-minded, in a haze, *(infml.)* spaced (out), spac(e)y. **dwaal** *ge=, vb.* roam, rove, wander; stray, straggle; err, be in error; *(jur.)* misdirect o.s.; →DWALEND; *dis* ***menslik*** *om te ~* to err is human; *jou* ***oë*** *oor ... laat ~* scan ... *(a crowd etc.);* ***ver/vêr*** *~, (thoughts)* range far; *aan die ~* ***wees*** be confused (*or* at sea). **~begrip** error, erroneous idea, fallacy, false/mistaken notion, misconception. **~gees** wandering spirit, revenant; wanderer, *(Austr.)* bagman; *(obs.)* heretic. **~kewer** rove beetle. **~leer** =*lere* false doctrine, heresy. **~lig** will-o'-the-wisp, wildfire, fen-fire, wandering fire/light, ignis fatuus. **~prop** *(elec.)* wander plug. **~senu(wee)** →SWERFSENU(WEE). **~skoot** random shot. **~spoor** wrong track/path/way; *iem. op 'n ~ bring* lead s.o. astray, mislead s.o.; put/throw s.o. off the scent/track; *op 'n ~ raak* go astray; *op 'n ~ wees* be on the wrong track. **~ster** *(poet., liter.)* wandering star. **~storie** urban legend/myth. **~weg** →DWAAL-SPOOR.

dwaas *dwase, n.* fool; *soos 'n ~* ***lyk*** look a fool, *(infml.)* look a proper charlie; *iem. kan 'n ~* ***nie veel*** *nie* s.o. does not suffer fools gladly; *'n* ***opperste*** *~* an egregious/utter fool; *'n ~* ***storm in*** *waar 'n wyse huiwer* fools rush in where angels fear to tread; *soos 'n ~* ***voel*** feel a fool, *(infml.)* feel a proper charlie. **dwaas** *dwaas, dwase dwaser dwaasste, adj.* absurd; foolish, silly, stupid, fatuous, *(infml.)* daft; inept; preposterous; senseless; *'n dwase ding* ***doen/aanvang*** make a false move, *(fig.)* take a false step; *iem. was ~* ***genoeg*** (of *was* ***so*** *~) om dit te doen* like a fool s.o. did it; ***moenie*** *so ~ wees nie!* don't be a fool!; *dit is ~ van iem.* ***om*** *nie te ... nie* s.o. is a fool not to ...; *iem. was ~* ***om*** *dit te doen* s.o. was an idiot to do it; *'n dwase* ***onderneming*** a wild-goose chase; ***soos*** *'n ~* foolishly; *so ~* ***wees*** *om te ...* be fool enough to ... **dwaas, dwaas·lik** *adv.* foolishly *etc.* (→DWAAS *adj.*). **dwaas·heid** foolishness, folly, stupidity, fatuity; madness; nonsense; *die grootste/opperste* (of *toppunt van) ~* the crowning/supreme folly; the height of folly/stupidity. **dwaas·lik** →DWAAS *adv..*

dwa·lend =*lende* errant; wandering; truant; →DWAAL *vb..* **dwa·ling** =*linge,* =*lings* error, mistake; delusion, fallacy, misconception, false/wrong/erroneous notion; *'n* ***algemene*** *~* a popular misconception; *'n ~* ***begaan,*** *(jur.)* misdirect o.s.; *iem. uit sy/haar ~* ***help*** disabuse/undeceive s.o.; *jou ~* ***insien*** see the error of one's ways; *iem.* ***is/verkeer*** *in 'n ~* s.o. is/labours under a misconception; *in 'n ~* ***verval*** fall into error.

dwang compulsion, coercion, constraint; *deur ~* by force, perforce, from/under constraint; *iets onder ~ doen* do s.t. under pressure/duress; *onder ~ handel, (jur.)* act under duress. **~arbeid** hard labour. **~arbeider** convict, hard labour prisoner. **~bevel** warrant, writ. **~buis** strai(gh)tjacket; *in 'n ~ (gedruk) wees, (fig.)* be corseted. **~gedagte** obsession. **~handeling** compulsion. **~handskoen** muffle. **~koopstelsel** truck system. **~landing** forced landing/descent. **~maatreël** coercive measure. **~middel** =*s,* =*e* means of coercion; coercive measure. **~neurose** *(psych.)* (obsessive-)compulsive/obsessional neurosis. **~voeding** forced feeding. **~voorstelling** obsession, fixed/compulsive idea, compulsion. **~wet** coercive law.

dwar·rel =*rels, n.* whirlwind. **dwar·rel** *ge=, vb., (leaves etc.)* whirl/twirl/swirl/flutter (about/around); *(fog etc.)* eddy; →WARREL. **~sneeu** blowing snow. **~wind** whirlwind, twister; →WARRELWIND. **~windjie** eddy of wind.

dwar·re·ling whirl, twirl, swirl, flutter; eddy; vortex.

dwars *dwars dwarser dwarsste, adj. & adv.* cross, transverse, diagonal; across, athwart; contrary, bloody-minded, crabby, cross-grained, crusty, perverse, pig-headed, wrong-headed; *(infml.)* stroppy, bolshie, bolshy; surly, rude *(answer); ~ gesny/gesaag* crosscut; *dit sit iem. ~ in die maag/krop* →DIT STEEK IEM. (DWARS) IN DIE **KROP;** *jou voet ~ sit* →VOET. **~aangee** *n., (soccer etc.)* cross pass. **~afskuiwing** shearing. **~anker** cross stay. **~arm** *(tech.)* crosshead. **~as** lateral axis; transverse/cross shaft. **~baanromp** tiered skirt. **~balk** transverse beam, crossbeam; joist; cross member; *(her.)* fess(e), bar. ~**balkie** *(cr.)* bail. ~**bank** cross bench *(in a legislative council etc.)*; cross seat *(in a vehicle etc.)*. ~**banker** *(parl.)* cross-bencher. ~**besturing** *(av.)* lateral control. ~**beweging** traverse. ~**bint** *(archit.)* crosstie. ~**boming** obstruction; ~ *van die gereg* defeating the ends of justice. ~**boog** transverse arch. ~**boom** *ge-, vb.* cross, obstruct, thwart, block, oppose. ~**dal** transverse valley. ~**deur** right/straight through/across; throughout. ~**deursne(d)e** →DWARSSNE(D)E. ~**draad** *(spinning)* weft, woof; shot *(of bags)*. ~**draads** *-e, adj.* cross-grained. ~**draads** *adv.* across the grain. ~**dradig,** ~**dradig** *-e* cross-fibred; cross-grained. ~**draer** *(archit.)* cross bearer. ~**drywer,** ~**drywery** *(rare)* → DWARSTREKKER, DWARSHEID. ~**fluit** cross/transverse/German flute; *militêre* ~ fife. ~**formaat** landscape/oblong (format). ~**galery** traverse. ~**gang** cross passage, traverse; *(min.)* cross-cut. ~**golf** *(phys.)* transverse wave. ~**hou** *(cr.)* cross-bat shot; *(tennis)* cross-court shot. ~**hout** crossbeam, cross-arm, crossbar, traverse; *(mech.)* transom, bolster. ~**klim** traverse. ~**kop** →DWARSTREKKER. ~**koppig** →DWARSTREKKERIG. ~**las** cross joint. ~**lat** *(athl.)* crossbar; *(archit.)* transom. ~**lêer** *(rly.)* sleeper; *(archit.)* transverse girder. ~**ligging** *(obst.)* cross birth, transverse presentation *(of a fetus)*. ~**lyn** crossline; diagonal; traverse; *(math.)* transversal. ~**oor** right/straight across/athwart. ~**paal** crossbar. ~**pad** crossroad; *by die* ~, *(lit.)* at the crossroads. ~**pen** toggle, cross key. ~**profiel** →DWARSSNE(D)E. ~**saag** crosscut saw. ~**saal** side saddle. ~**saling** *(naut.)* crosstrees. ~**skeeps** abeam. ~**skip** transept. ~**skop** *(rugby)* cross kick. ~**sne(d)e** cross/transverse section. ~**sny** *-e* crosscut. ~**spier** transverse (muscle). ~**spy,** ~**spie** *(mech.)* cotter (pin). ~**staaf** horizontal bar/rod. ~**stang** crossbar, diagonal stay. ~**stok** perch *(for fowls)*. ~**straat** cross/side street. ~**streep** crossline; diagonal. ~**stroom,** ~**stroming** cross-current. ~**stuk** crosspiece. ~**trek** *dwarsge-, vb.* be headstrong/etc. (→DWARSTREKKERIG). ~**trekker** *-s,* ~**kop** *-pe* hardhead, hardnose, diehard, mule; crosspatch, grouch, grouser, grump, curmudgeon. ~**trekkerig,** ~**koppig,** ~**koppig** *-e* headstrong, pig-headed, piggish, mule-headed, mulish, (as) stubborn (as a mule), obstinate, bloody-minded, self-willed, intractable, contrary, perverse, cross-grained, obstreperous; *(infml.)* stroppy, bolshie, bolshy. ~**trekkerigheid** headstrongness, stubbornness, obstinacy, intractability, *etc.* (→DWARSTREKKERIG); *(infml.)* stroppiness. ~**trekkery** →DWARSHEID. ~**trilling** *(phys.)* transverse vibration. ~**veer** *(mot.)* transverse spring. ~**voeg** cross joint. ~**vuur** *(mil.)* enfilade (fire). ~**wal** traverse; transverse bank/embankment/wall; weir. ~**waterpas** cross level. ~**weg** *n.* →DWARSPAD. ~**weg** *adv.* transversely; abruptly, curtly; ~ *antwoord* give a surly answer, be short with *(s.o.)*. ~**wind** crosswind, side wind.

dwars·heid mulishness, pig-headedness, contrariness, perverseness, perversity, recalcitrance, wrong-headedness. **dwars·te:** *in die* ~ across, athwart; *iets op die* ~ *sny* cut s.t. on the square.

dweep *ge-* gush, enthuse; be fanatical, be a fanatic; *met* ... ~ be fanatical/mad/crazy about (*or* passionately fond of) ...; go into ecstasies/raptures/rhapsodies about/over (*or* enthuse/gush about/over *or, infml.,* rave about *or, infml.,* go all gooey about/over) ...; hero-worship/idolise ... *(s.o.)*. ~**siek** *-e* fanatic(al); effusive, gushing, gushy; ecstatic; besotted, infatuated, smitten. ~**sug** fanaticism, religiosity, zealotry. ~**sugtig** →DWEEPSIEK.

dweep·ag·tig *-tige* →DWEEPSIEK.

dweil *dweile, n.* floor cloth; mop; swab. **dweil** *ge-, vb.* mop, scrub, wash *(floors)*; swab *(decks)*. ~**stok** mop stick, swab(ber).

dwelm *dwelms* drug, narcotic, dope; ***afhanklikheidsvormende/verslawende/harde/sterk*** ~ habit-forming/hard/strong drug; *~s **gebruik*** take/use (*or* be on/into) drugs, dope; *nie meer ~s **gebruik** nie* be/stay off drugs; ***gevaarlike*** ~ dangerous drug; ***sagte*** ~, *(marijuana etc.)* soft drug; *(met) ~s **smous,** in/met ~s **handel (dryf/drywe)*** peddle/push/sell (*or* deal/traffic in) drugs; ***vol*** *~s gespuit wees, (also)* be jacked up. ~**baas,** ~**baron,** ~**koning** druglord. ~**deurbraak** drug bust; *'n* ~ *maak* make a drug bust. ~**dof,** ~**dronk** *(infml.)* high, smashed, stoned, spac(e)y, on a trip, strung out, spaced/zonked (out), bombed out of one's mind/skull. ~**dwaal,** ~**waas:** *in 'n* ~ *wees, (infml.)* be smashed/stoned/spac(e)y (*or* on a trip *or* strung out *or* spaced/zonked [out] *or* bombed out of one's mind/skull). ~**eenheid,** ~**afdeling,** ~**(jag/bestryding/taak)span** drug(s) squad. ~**gebruik** drug taking. ~**gebruiker** drug taker/user, *(infml.)* doper. ~**handel** drug traffic(king)/trade. ~**hel(levaart),** ~**nagmerrie** *(infml.)* bad trip, freak-out, bummer; *'n dwelmhel(levaart) deurmaak, 'n dwelmnagmerrie hê/kry, (infml.)* experience/have a bad trip, freak out (on drugs), have a bummer. ~**klopjag** drug bust; *'n* ~ *uitvoer* make a drug bust. ~**koerier,** ~**draer** drug runner/courier. ~**mengsel,** ~**drankie,** ~**konkoksie:** *'n (kragtige)* ~ a (powerful) cocktail of drugs. ~**middel** *-middels, -middele* = DWELM. ~**misbruik** drug abuse/misuse. ~**naald** hypodermic (needle/syringe); *(infml.)* hype, hypo. ~**nagmerrie** →DWELMHEL(LEVAART). ~**net(werk)** drug ring. ~**orgie** jag. ~**reis** *(infml.)* trip; *op 'n* ~ *wees* be smashed/stoned/spac(e)y (*or* on a trip *or* strung out *or* spaced/zonked [out] *or* bombed out of one's mind/skull); *op 'n* ~ *gaan* go on a trip. ~**roes** high. ~**slaaf,** ~**verslaafde** drug addict/fiend; *(infml.)* junkie, junky, druggie, doper, dope addict/fiend, dopehead, hype. ~**smous** drug/dope dealer/peddler/pusher/trafficker, *(sl.)* connection. ~**stof** drug, dope, narcotic. ~**verknog,** ~**verslaaf** addicted to drugs. ~**verslawing** drug addiction/dependence, dependence on drugs.

dwe·pend *-pende* fanatic(al); →DWEEPSIEK.

dwe·per *-pers* fanatic, zealot; enthusiast, gusher; devotee. **dwe·pe·rig** *-rige* →DWEEPSIEK. **dwe·pe·ry** fanaticism, zealotry; extravagant enthusiasm.

dwerg *dwerge* dwarf; pygmy, pigmy; midget; stunted animal/tree. ~**arend** booted eagle. ~**boom** dwarf tree. ~**duikboot** midget submarine, mini-submarine. ~**eik** dwarf/scrub oak. ~**eikebos** chaparral. ~**gans** goslet. ~**gewig** midget weight. ~**groei** dwarfism, nanism, stunted/dwarf growth. ~**hert** napu. ~**hond** toy dog. ~**kamera** subminiature camera. ~**kees** Pomeranian (dog), (toy) pom, pommer, spitz (dog). ~**loot** dwarf shoot, brachyblast. ~**mispel** *(bot.)* cotoneaster. ~**motor** midget car. ~**muis** harvest mouse. ~**muishond** dwarf mongoose. ~**palm** dwarf palm, palmetto. ~**papegaai** lovebird. ~**poedel** miniature poodle. ~**ras** *(zool.)* miniature breed. ~**reier** *(orn.)* dwarf bittern. ~**roos** miniature rose; sweetheart rose. ~**sampioen** button mushroom. ~**skeerbekmuis** tiny musk shrew. ~**tennis,** **tenniset** tennisette. ~**uiltjie** pearl-spotted owlet. ~**valkie** pygmy/pigmy falcon; merlin. ~**vinvis** minke (whale), pikehead, little piked whale, pike whale, lesser finback/rorqual. ~**vlermuis** minute bat. ~**vorming** dwarfism. ~**vroutjie** female dwarf.

dwerg·ag·tig *-tige* dwarfish; pygmean; stunted. **dwerg·ag·tig·heid** dwarfishness; nanism.

dwer·gie *-gies* gnome; →DWERG. **dwerg·is·me** →DWERGGROEI.

Dwi·na *(river): Noordelike* ~ Northern Dvina; *Westelike* ~ →DAUGAWA.

dwing *ge-* force, compel, constrain, coerce; necessitate; *iem. **laat** hom/haar nie ~ nie* s.o. won't be driven; ~ ***om*** *flou te word* be on the point of fainting; *jou(self)* ~ ***om*** *te ..., (also)* steel o.s. to ...; *iem.* ~ ***om*** *iets te doen* force s.o. to do (*or* make s.o. do) s.t.; *iem.* ***tot*** ... ~ reduce s.o. to ... *(subjection etc.)*; force s.o. into ... *(submission etc.)*; force s.o. to ... *(confess, obey, etc.)*; bring s.o. to ... *(battle)*. **dwing·baar** *-bare* compellable, coercible. **dwin·ge·land** *-lande* tyrant, despot. **dwin·ge·lan·dy** tyranny, despotism. **dwin·gend** *-gende* compelling, compulsive, coercive. **dwin·ge·rig** *-rige* troublesome, insistent; nagging.

Dwinsk *(Russ., geog., hist.)* Dvinsk; →DAUGAWPILS.

dy[1] *ge-, vb.* expand, swell (out); →GEDY, UITDY.

dy[2] *dye, n.* thigh, ham. ~**been** thighbone, femur. ~**beendraaier** *(anat.)* trochanter. ~**breuk** femoral/crural hernia. ~**harnas** *(hist.)* cuisse, cuish. ~**lengtestewels** thigh-length boots. ~**senu(wee)** femoral/crural nerve. ~**slagaar** femoral artery. ~**spier** thigh muscle; hamstring (muscle) *(of a pers.)*. ~**stuk** silverside *(of beef)*; *(hist.: piece of armour)* cuisse, cuish.

dyk *dyke* dyke, dike, bank, embankment, levee. ~**breuk** dyke/dike burst, bursting (*or* giving way) of a/the dyke/dike. ~**gat** breach/gap in a/the dyke/dike. ~**graaf** dyke/dike reeve. ~**werker** dyke/dike worker, dyker, diker. ~**wese** construction and maintenance of dikes, dikes and their management.

dyn: *die myn en (die)* ~ →MYN *pron.*.

dyn·se·rig *-rige,* **dyn·sig** *-sige* hazy, misty. **dyn·se·rig·heid, dyn·sig·heid** haze, haziness, mistiness.

dzig·ge·tai *-tais, (zool.: wild ass)* dziggetai.

Ee

E *E's, (5th letter of the alphabet)* E; *die groot ~, (sl.: methylenedioxymethamphetamine)* Adam. **~-kruis** *(mus.)* E sharp. **~-mol** *(mus.)* E flat.

e *e's, (5th letter of the alphabet)* e; *klein ~* small e. **e'tjie** *e'tjies* little e.

è *interj., (infml.)* uh-huh, yes; →'N *interj.*.

eau-de-co·logne *(Fr.)* eau de Cologne.

eau de toi·lette *(Fr.)* toilet water.

eb *n.* ebb (tide), low tide; *dit is ~* the tide is out, it is low tide; *die ~ en vloed* the ebb and flow. **eb** *geëb, vb.* ebb, flow back; *die water is aan die ~* the tide is on the ebb (*or* going out). **~deur** tailgate *(of a canal lock)*. **~gety** ebb tide.

eb·be·: **~hout** ebony. **~(hout)boom** *(Euclea pseudobenus)* ebony (tree).

E·ben-Ha·e·ser *(geog., OT)* Ebenezer.

e·bo·niet ebonite, vulcanite, vulcanised rubber.

e·bul·li·o·skoop *-skope, (chem.)* ebullioscope.

e·bu·rien, e·bu·riet *(rare: imitation ivory)* eburin(e), eburite.

é·car·té *(Fr., card game, ballet)* écarté.

Ec·ce Ho·mo *(picture/sculpture of Christ crowned with thorns)* Ecce Homo.

e·chap·pe·ment *-mente, (Fr., horology etc.)* escapement.

e·che·lon, e·sje·lon *-lons, (Fr.)* echelon; *in ~, (mil.)* in echelon. **e·che·lon·neer** *geëchelonneer,* **e·sje·lon·neer** *geësjelonneer, vb.* echelon.

E·cho, Eg·go *(Gr. myth.)* Echo.

e·cho·vi·rus, E·CHO-vi·rus *(med., acr.: enteric cytopathogenic human orphan)* echovirus, ECHO virus.

é·clair *-clairs, (cook.)* éclair.

é·clat *(Fr.)* éclat.

e·cru *(Fr., colour)* ecru.

e·cu, E·CU *(hist., acr.: European Currency Unit)* ecu, ECU; →EURO.

E·cu·a·dor *(geog.)* Ecuador. **E·cu·a·do·ri·aan** *-ane, n.* Ecuadorian. **E·cu·a·do·ri·aans** *-aanse, adj.* Ecuadorian.

E·dam *(Dutch cheese, also e~)* Edam (cheese).

Ed·da *n.* Edda; *die jongere ~, (manual of Icelandic poetry)* the Younger/Prose Edda; *die ou(ere)/poëtiese ~* (of *~ van Saemund die Wyse), (collection of Old Norse poems)* the Elder/Poetic Edda. **~liedere** (the) Eddas, Edda poems.

e·deem *-deme, (med.)* oedema; →EDEMATEUS; *kwaadaardige ~, (stock disease)* gas gangrene, malignant oedema.

e·del *edel(e) edeler edelste* noble; high/pure-minded, honourable; high-toned, fine; generous; *(metall.)* precious; *(die) ~(e)* ***barbaar,*** *(romanticism)* (the) noble savage; *met ~e* ***beginsels*** high-principled; *~e* ***dele,*** *(chiefly poet.)* vital parts; *~e* ***metaal,*** *(obs.)* →EDELMETAAL; ***Sy/Haar*** *E~e* the Honourable; His/Her Honour; ***U*** *E~e* Your Honour/Worship; *~* ***wyn*** noble wine. **~aardig** *(fml.)* = EDELMOEDIG. **~agbaar** honourable, worshipful. **~agbare** *(also E~, form of address)* your honour/worship; *(Br.)* my lord, your lordship; *Sy/Haar E~* His/Her Honour. **~denkend** *-e* noble/high-minded. **~gas** *-se, (chem.)* rare/inert/noble gas. **~gebore** of noble birth, highborn. **~gesteente** gem(stone), precious stone. **~gestrenge** *(also E~, obs./rare form of address)* honourable; *Sy/Haar E~* His/Her Honour. **~hert** *(Cervus elaphus)* red deer. **~knaap** page(boy). **~liede, ~lui** *n. (pl.)* nobles. **~lourier** *(bot.)* sweet bay. **~man** *edelmanne, edelliede, edellui* nobleman, noble; grandee. **~marter** *(orn.: Martes martes)* pine marten. **~metaal** noble/precious metal; bullion. **~moed** = EDELMOEDIGHEID. **~moedig** generous, magnanimous, high-minded, noble(-minded), great/large-hearted. **~moedigheid** generosity, magnanimity, high/noble-mindedness, nobility, great/large-heartedness. **~sement** high-grade cement. **~smeekuns** art metalwork. **~smid** *-smede* art metalworker. **~steen** precious stone, gem(stone); jewel. **~steenkunde** gem(m)ology. **~tin** pewter. **~valk** *(Falco biarmicus)* lanner falcon. **~vrot** botrytis, noble rot *(of grapes)*. **~vrou** noblewoman, noble lady. **~weiss** *(bot.: Leontopodium alpinum)* edelweiss, lion's foot.

e·de·le *-les, n.* noble person; *(also, in the pl.)* the nobility/nobles.

e·del·heid nobleness, nobility.

e·de·ma·teus *-teuse, (med.)* oedematous; →EDEEM.

E·den *(OT)* Eden, Paradise; *die tuin van ~* the Garden of Eden.

E·den·burg *(geog.)* Edenburg *(in the Free State)*.

e·dik¹ *(arch.)* vinegar; *soos ~ op salpeter, (fig.)* like salt rubbed into wounds.

e·dik² *-dikte* edict, decree; *die E~ van Nantes, (hist.)* the Edict of Nantes. **e·dik·taal** *-tale, (jur.)* edictal; *by ~tale daagvaarding/sitasie* by edictal citation.

E·din·burg *(geog.)* Edinburgh *(in Scotland)*; *~se fees* Edinburgh festival.

E·dir·ne *(geog.)* Edirne; →ADRIANOPEL.

e·di·sie *-sies, (fml.)* edition; issue *(of a newspaper)*.

E·do·miet *-miete, (OT)* Edomite. **E·do·mi·ties** *-tiese* Edomitish.

è-è *interj.* certainly not; no you don't; →H'N-'N.

ê·e *geêe, vb.* harrow; →EG *vb.*.

eed *ede* oath, vow; *'n ~* ***aflê/doen/sweer*** swear/take an oath; *'n ~ van iem.* ***afneem*** administer an oath to s.o.; *iem. die ~* ***afneem*** swear s.o. in *(a witness etc.)*; *iets onder ~* ***bevestig*** confirm s.t. on oath, swear to s.t.; *'n ~ op iets* ***doen*** take one's oath on s.t., swear to s.t.; *'n* ***dure*** *~* a solemn oath; *'n ~* ***gestand doen*** (of ***hou***) keep an oath; ***onder*** *~* under oath; ***onder*** *~ verklaar/bevestig* declare/state/affirm on oath, swear, depose; *'n ~* ***op*** *die Bybel* a gospel oath; *iem. is 'n ~* ***opgelê*** s.o. was put under oath; *iets met 'n ~* ***staaf*** confirm s.t. on oath; *onder ~* ***staan*** be on/under oath; *iem. onder ~* ***stel*** put s.o. under oath; *'n ~* ***sweer*** →***aflê/doen/sweer;*** *iem. 'n ~ laat* ***sweer*** put s.o. under oath; *~ van* ***trou/getrouheid*** oath of allegiance; *'n ~* ***(ver)breek*** break an oath. **~aflegger** oath maker/taker, swearer. **~aflegging** taking an/the oath, oath taking. **~afnemer** swearer(-in). **~afneming** administering (of) an/the oath; swearing (in); swearing (of an/the oath). **~breker** perjurer, oath breaker. **~breuk** perjury, breach of oath, oath breaking; *~ pleeg* commit perjury, break/violate one's oath. **~formulier** (prescribed) oath. **~genoot** confederate, fellow conspirator. **~genootskap** confederacy. **~helper** compurgator, oath helper. **~hulp** compurgation. **~oplegging** adjuration. **~skender** = EEDBREKER. **~skending** = EEDBREUK. **~swering** = EEDAFLEGGING.

eek·ho·ring *-rings* squirrel. **~aap** *(Saimiri spp.)* squirrel monkey. **~hok, ~kou** squirrel cage. **~nes** drey.

eek·ho·ring·ag·tig squirrellike, squirrelly, sciurine.

eek·ho·rin·kie *-kies* squirrel.

eelt *eelte* callus, callosity, horny skin. **~knobbel, ~knop, ~plek** callus, callosity. **~potig** *-e* tylopodous. **~potige** *-s* tylopod. **~salf** callus ointment/cream. **~vorming** tylosis.

eelt·ag·tig, eelt·ag·tig *-tige,* **eel·te·rig** *-rige* callous(ed), horny. **eelt·ag·tig·heid, eelt·ag·tig·heid, eel·te·rig·heid** callosity.

Eems: *die ~* the river Ems.

een *ene, eens; enetjie, eentjie n., pron. & adj.* one; unit(y); ace (card); someone; single; figure 1; a certain; →EENDERS, EENDRAG, EENHEID, EENHEIDS-, EENKANT, EENS, ENE; *dit het ~* ***aand/oggend*** *gebeur* it happened one evening/morning; *die* ***ander*** *~* the other (one); *die ~ die* ***ander*** one another; each other; *deur (die) ~ en* ***ander*** with one thing and another; *iem. (die) ~ en* ***ander*** *leer, (infml.)* show s.o. a thing or two; *die ~ met die* ***ander*** on an average; *(die) ~ ná die* ***ander*** one after another; *(die) ~ of* ***ander*** *...* some ... or other; (some)one or other ...; *van die ~ na die* ***ander*** from one to the other; *vinnig die ~ na die* ***ander*** in quick procession; *die ~ ongeluk op die* ***ander*** a series of accidents; *die ~ en* ***ander*** *weet, (infml.)* know s.t., know a thing or two; *in ~* ***asem*** →ASEM *n.*; *~ uit/van* ***baie*** one among many; *sy/haar (~)* ***been*** *is gebreek/af* one of his/her legs is broken; ***behalwe*** *~* bar/except one; ***daardie*** *~/ene* that one; *~ van die* ***dae*** →DAG¹ *n.*; *~* ***dag*** one (*or* a single) day; →EENDAG; *hulle is op ~* ***dag*** *gebore* they were born on the same day; *'n ~* ***dag*** *ou(e)/oud koerant/ens.* a day-old newspaper/etc.; *'n (~)* ***dag/maand/jaar*** *lang(e) kursus/ens.* a day/month/year-long course; ***dié/hierdie*** *~/ene* this one; *~ en* ***dieselfde*** one and the same; *dit is ~ en* ***dieselfde*** *(ding)* it is one and the same (thing); *dit is ~* ***ding*** *wat nie twee is nie* →DING¹ *n.*; *dit was ~* ***ding*** *op die ander* it was one thing after another; *met ~* ***doel*** *voor oë* single-mindedly; ***drink*** *~ saam met my!, (infml.)* have one on me!; *nie* ***eens/eers*** *~ nie,* ***ook*** *nie ~ nie* not even one, *(poet., liter.)* never a one; ***ene,*** *tiene* units, tens; *geloof in ~* ***god*** monotheism; *~ en 'n* ***half*** one and a half; *man en vrou* ***is*** *~* husband and wife are one; *'n (~)* ***jaar*** *ou(e)/oud skaap* a shearling; *aan die ~* ***kant*** →KANT¹ *n.*; *~* ***keer/maal/slag*** once (only); →EENMAAL, EENSLAG; *die* ***laaste*** *~* everyone, every single one, each and every one; one and all; all and sundry; *van ~* ***leeftyd*** *wees, (obs.)* be of the same age, *(rare)* be of an age; *~* ***(maal)*** *is geen (maal)* once doesn't count; *ons is maar ~* ***maal*** *jonk* →JONG³ *adj.*; *~* ***maal,*** *andermaal, derde maal!* going, going, gone!; once, twice, for the last time!; *~* ***maal*** *en andermaal* repeatedly; *daar is* ***maar*** *~ soos hy/sy* we'll never see his/her like again; *ten ene* ***male*** →ENE; *soos ~* ***man*** →MAN¹; ***meer*** *as ~, (also)* several, quite a few; ***met*** *ene* in single file; *jy is (ook) 'n* ***mooi*** *~/ene!, (infml.)* you're a nice one!; *die ~ bal/ens.* ***ná*** *die ander* ball/etc. after ball/etc.; *op ~* ***na*** all but one; *almal op ~* ***na*** all bar/except/excepting one; *die grootste/ens. op ~* ***na*** the second biggest/etc.; ***net*** *~/enetjie* just one; *iem. is* ***nie*** *~/ene om te ... nie* it is not like s.o. to ...; *iets staan by iem.* ***nommer*** *~* s.t. comes first with s.o.; ***ook*** *nie ~ nie* →***eens/eers;*** *~ en al* (of *[die] ene*) ***ore*** *wees* →OOR¹ *n.*; *van ~* ***plek*** *na die ander* from place to place; ***so*** *~* such a one, one like that; *~* ***streep*** *deur, (dated)* →EEN **STRYK** DEUR; *uit ~* ***stuk*** one-piece; →STUK; *~* ***tee/ens.*** one tea/etc., tea/etc. for one; ***tien*** *teen ~* →TIEN; *op ~* ***toon*** →TOON² *n.*; *~,* ***twee,*** *drie!* one, two, three!; *~* ***uit*** *(die) tien* →UIT² *prep.*; *~* ***uur*** one hour; →EENUUR; *~* ***van*** *...* one of ...; *~* ***van*** *hulle/julle/ons* one of them/you/us; *~* ***van*** *twee/beide* one or the other; *~ te* ***veel*** one too many; *iem. het ~ te* ***veel*** *in, (infml.: inebriated)* s.o. has had one too many; *~* ***vir*** *~* one by one; man for man; *iem. ~* ***voor*** *wees* be one up on s.o.; *die ~* ***wat***

... the one who ...; ~*/ene ken* ***wat*** ... know of s.o. who ...; ***watter*** *~?* which one?; ~ ***word*** become one; become united. **~akter** one-act play, one-acter. **~armig, ~armig** -*e* one-armed. **~armtrap** single-flight stair. **~assig, ~assig** -*e* uniaxial, coaxial. **~atomig** -*e, (chem.)* monatomic. **~basies** -*e, (chem.)* monobasic. **~bedryf** -*drywe* = EENAKTER. **~beentjie:** ~ *speel* play hopscotch; ~ *spring* hop on one leg; *iem. kan nie ~ staan nie* s.o. is tipsy. **~bes(sie)** *(bot.: Paris quadrifolia)* truelove, herb Paris, four-leaved grass. **~blarig, ~blarig, ~bladig, ~bladig** -*e* one-leaved, unifoliate; monopetalous *(a corolla);* monophyllous *(a calyx);* monocarpellary *(an ovary); (a cone, hyperboloid)* of one sheet. **~blommig, ~blommig** -*e* uniflorous, monanthous. **~broederig, ~broederig** -*e, (bot.)* monadelphous. **~daags** -*e* one-day; ephemeral. **~dekker** -*s, (aeron.)* monoplane; *(mot.)* single-decker, single-deck(er) bus; *(naut.)* single-deck vessel. **~delig, ~delig** -*e* one-volume *(work).* **~dimensioneel, ~dimensioneel** one-dimensional, unidimensional. **~dradig, ~dradig** -*e* unifilar. **~duidig, ~duidig** -*e* unambiguous, straightforward *(meaning); (math.)* unique. **~duidigheid** unambiguousness. **~duisend, ~ duisend** one thousand; →AG(T)-. **~-een** singly, one by one; individually; ~ *agter mekaar* in Indian/single file; *hulle het ~ gekom* they came by themselves (*or* singly); ~ *en twee-twee kom* come in/by ones and twos. **~-eenduidig:** ~*e ooreenkoms/afbeelding, (math.)* one-to-one correspondence/mapping. **~eiig, ~eiig** -*e* unioval. **~-en-twintig(ste), ~ en twintig(ste),** *etc.;* →AG(T)-. **~fasig** -*e* monophase, single-phase. **~galig** *(obs.)* →EGALIG. **~gesin(s)woning** single-family dwelling. **~godedom** monotheism. **~handig, ~handig** -*e* one-handed. **~hedesertifikaat** unit certificate. **~hedetrust** unit trust. **~helmig, ~helmig** -*e, (bot.)* monandrous. **~hoewig, ~hoewig** -*e* one-hoofed, solidungulate, solidungulous; ~*e dier* soliped, solidungulate. **~hokkig, ~hokkig** -*e* unilocular. **~honderd, ~ honderd** one hundred; →AG(T)-. **~hoofdig, ~hoofdig** -*e* one/single-headed *(management);* monarchical *(state); (bot.)* monocephalous. **~horing** *(myth.)* unicorn. **~horingvis** →NARWAL. **~huisig** -*e, (bot.)* androgynous, monoecious. **~jarig, ~jarig** -*e* one-year-old, of one year; one-year *(contract etc.);* ~*e dier* yearling; ~*e plant* annual (plant). **~jarigheid** *(bot.)* monocycly. **~jukkig, ~jukkig** -*e* unijugate. **~kamerig, ~kamerig** -*e, (biol.)* one-chambered, monothalamous, unilocular. **~kamerstelsel** unicameral/single-chamber system. **~kamerwoonstel, ~vertrekwoonstel** one-room(ed) flat, studio flat. **~keer** = EENMAAL. **~kernig, ~kernig** -*e* uninucleate, mononuclear. **~klank** *(mus.)* unison; *(gram.)* monophthong. **~kleppig, ~kleppig** -*e* univalve. **~kleurig, ~kleurig** -*e* monochrome, monochromic, unicoloured, plain(-coloured), self-coloured; ~*e skildery* monotint, monochrome. **~kroonblarig, ~kroonbladig** -*e* monopetalous. **~lagig, ~lagig** -*e* unistratose. **~ledig** -*e* unary. **~leierstelsel** *(elec.)* earth return system. **~lensrefleks(kamera)** single-lens reflex (camera). **~lettergrepig, ~lettergrepig** -*e* monosyllabic; ~*e woord* monosyllable. **~lippig, ~lippig** -*e* unilabiate. **~lobbig, ~lobbig** = EENSAADLOBBIG. **~loop(geweer)** = ENKELLOOP(GEWEER). **~lopend** -*e* single, unmarried; unattached. **~loper** -*s* bad mixer; *(infml.)* lone wolf; →ALLEENLOPER. **~loperolifant** rogue elephant. **~maal** →EENMAAL. **~manorkes** one-man band. **~mansaak, ~man(s)onderneming, ~persoonsonderneming** one-man business, *(infml.)* one-man band. **~manskommissie** one-man commission. **~manskool** one-man/single-teacher school. **~man(s)opvoering, ~persoonsopvoering** one-man show. **~manspan** one-man team. **~man(s)tentoonstelling, ~persoonstentoonstelling** one-man exhibition. **~manswoonstel, ~persoonswoonstel** bachelor flat. **~master** -*s, (naut.)* catboat, single-masted vessel. **~middelpuntig, ~middelpuntig** -*e* concentric. **~miljoen, ~ miljoen:** ~ (*of een miljoen*) *sterfgevalle/sterftes* megadeath *(in a nuclear war).* **~motorig, ~motorig** -*e* single-engined. **~ogig, ~ogig** -*e, adj.* one/single-eyed; *(sc.)* monocular. **~ogige** -*s, n.* one-eyed person. **~oog** *n.* one-eyed person; *in die land van die blindes is ~ koning* →BLINDE. **~oog** *comb.* one-eyed. **~ouergesin** one-parent/single-parent family. **~parig** -*e, adj. & adv.* unanimous, concurrent; unanimously, with one accord/consent, by common consent, with one voice; to a man; without a dissentient vote; *hulle is ~ van mening/oordeel dat* ... there is general agreement that ...; ~ *versnelde beweging* uniform acceleration; ~ *vertraagde beweging* uniform retardation. **~parigheid** unanimity, general agreement; uniformity. **~partystaat** one-party state. **~partystelsel** one-party system. **~perdekar** trap, gig, fly. **~persoonstuk** *(theatr.)* one-hander; →EENPERSOONS-. **~pittig, ~pittig** -*e, (bot.)* monopyrenous. **~polig, ~polig** -*e* unipolar. **~poot** *n., (phot.)* unipod, monopod. **~-pot-in-die-ander** *(rare)* hotchpot(ch), *(Am.)* hodgepodge; →HUTSPOT. **~puntspasie** *(print.)* hair space. **~rassig, ~rassig** -*e* uniracial. **~rigtinggesprek** one-way conversation. **~rigtingproses** one-way process. **~rigtingspieël** one-way mirror. **~rigting(straat)** one-way (street). **~rigtingverkeer** one-way traffic. **~rompskuit** monohull. **~ryig, ~ryig** -*e, (bot., zool.)* uniserial, uniseriate. **~saadlobbig, ~saadlobbig** -*e* monocotyledonous. **~saadlobbige, ~saadlobbige** -*s* monocotyledon. **~sadig, ~sadig** -*e* monospermous. **~selfde, ~selfde** *(obs.)* one and the same. **~sellig, ~sellig** -*e* unicellular. **~selwig** -*e* monotonous; reserved, reclusive *(pers.);* unvarying; ~ *van aard wees* keep o.s. to o.s., be shut up in o.s.. **~selwigheid** monotony, uniformity, reserve, solitariness. **~sillabig** -*e* monosyllabic, one-syllable(d), of one syllable. **~sitplekvliegtuig** one-seater ([aero]plane). **~skaarploeg** one-share plough, plough with one share. **~skalig, ~skalig, ~skulpig, ~skulpig** -*e, (zool.)* univalve, univalvular. **~slag** once (upon a time); →EENMAAL. **~slagpomp** single-action pump. **~slagtig** -*e* unisexual. **~snarig, ~snarig** -*e, (mus.)* one-stringed. **~soortig, ~soortig** -*e* homogeneous; monotypical. **~soortigheid** homogeneity. **~spaaier** *(obs., regional)* lone bull *(infml.),* solitary. **~spaaierig** -*e, (obs., regional)* solitary; (keeping) aloof. **~spaaierigheid** *(obs., regional)* solitariness. **~spoor(trein)** monorail. **~stammig, ~stammig** -*e* monophyletic. **~steenmuur** single-brick wall. **~stemmig, ~stemmig**[1] -*e, adj. & adv.* for one voice; *'n ~e lied* a unison song (*or* song for one voice); ~ *sing* sing in unison. **~stemmig**[2] -*e, adj.* unanimous; →EENPARIG. **~stemmigheid** agreement, unanimity, common accord/concert, (general) consensus; ~ *oor iets bereik* reach unanimity about s.t.. **~sterhotel** one-star hotel. **~stopdiens, ~stopwinkel,** *ens.* one-stop service/shop/etc.. **~stroombeleid** one-stream policy. **~stryk** continuously, without stopping, without a stop/break. **~stuk** *n.* one-piece (garment); all-in-one. **~stylig, ~stylig** -*e* monostylous; *(bot.)* monogynous. **~stylleer** peg ladder. **~sydig, ~sydig**[1] -*e, (jur.)* unilateral; unilateral, unifacial *(surface); (bot.)* excentric; ~*e verlamming* hemiplegia; ~*e werktuig* uniface. **~sydig**[2] -*e* one-sided, bias(s)ed, partial, slanted; unilateral; *(fin.)* naked *(contract);* ~*e beskouing* sectional view; ~*e onafhanklikheidsverklaring* unilateral declaration of independence; ~*e wedloop/wedstryd/ens.* one-horse race. **~sydigheid, ~sydigheid**[1] unilateralism; *(bot.)* excentricity. **~sydigheid**[2] one-sidedness, partiality, bias. **~talig** -*e, adj.* unilingual, monoglot, monolingual. **~talige** -*s, n.* monoglot. **~taligheid** unilingualism. **~tandig, ~tandig** -*e* monodont, unidentate. **~tekenwoord** grammalogue. **~term** *n., (math.)* monomial. **~tonig**[1] -*e, (zool.)* monodactyl(ous). **~tonig**[2] -*e, (mus.)* monotonic. **~tonig**[3] -*e* monotonous, tedious, dull; humdrum; drab; flat, featureless, unrelieved; singsong *(voice).* **~tonigheid** monotony, tediousness. **~-twee-drie** *adv.* in a jiffy/trice, in (half) a tick, in two shakes (of a duck's/lamb's tail). **~tyd** *(obs.)* at one time; →EENMAAL. **~uur** one o'clock. **~uuratletiekbyeenkoms** one-hour athletics meeting. **~verdiepinghuis** single-storeyed house. **~vingerig, ~vingerig** -*e* monodactyl(ous). **~vlakkig, ~vlakkig** -*e* uniplanar. **~vleuelig, ~vleuelig** -*e, (archit., hist.)* monopteral *(temple).* **~voetig, ~voetig** -*e* one-legged, uniped. **~voorploeg** single-furrow plough. **~vormig** -*e* uniform; *(biol.)* monomorphic, monomorphous; *(math.)* monotropic; ~ *met ... wees* be uniform with ... **~vormigheid** uniformity; monomorphism; monotropism. **~voud** simplicity; straightforwardness; *in alle ~, in sy/haar ~(igheid)* in all simplicity. **~voudig** *adj. & adv.* simple *(style);* plain *(food, dress);* homely *(fare);* credulous, naive *(pers.);* simple-hearted; homespun; homebred; artless, primitive, elementary; mere; merely; plainly, simply, just; *(infml.)* mumsy; unfussy; *iem.* ***doen*** *dit ~ nie* s.o. just won't do it; *~* ***fantasties/wonderlik/skitterend/manjifiek/ongelooflik,*** *(also, infml.)* super-duper; ~*e/enkelvoudige* ***oë,*** *(zool.)* simple eyes, ocelli; *dis ~* ***onmoontlik*** it's just/simply impossible; *om die ~e* ***rede*** for the simple reason; *dit is só* ~ it is as simple as that; ~*e* ***vergelyking,*** *(math.)* equation of the first degree, simple equation; ~ *...* ***wees*** be little/nothing short of ... *(an injustice etc.);* be sheer ... *(madness etc.).* **~voudigheid** simplicity; homeliness; plainness; naivety; credulity; *in jou ~ iets glo* be credulous enough to swallow s.t.; *in ~ van die hart* in singleness of heart. **~voudigheidshalwe, ~voudshalwe** for (the sake of) simplicity. **~vouig, ~vouig** -*e* uniplicate. **~vrouvertoning** one-woman show. **~vrugtig, ~vrugtig** -*e (bot.)* monocarpic, monocarpous. **~waardig, ~waardig** -*e* univalent *(elements);* monohydric *(alcohols); (chem.)* monadic; ~*e element/radikaal/atoom* monad. **~wiel-, ~wielig, ~wielig** -*e* one-wheeled. **~wielfiets** one-wheeled cycle, monocycle. **~woordsin** single-word sentence. **~wording** union, unification. **~yster** *(golf)* driving iron.

eend *eende* duck; *die belofte/woorde is goed, maar die ~ lê die* ***eier*** promises are like piecrust; it is not promises but deeds that count; ***jong*** ~ duckling; *soos ~e agter mekaar* ***loop*** walk in single file; *soos* ***water*** *op 'n ~ se rug* →WATER *n.*. **~bekdier** (duck-billed) platypus, duckbill. **~mannetjie** drake. **~mossel** = EENDEMOSSEL. **~stert** duck's tail; *(infml.: hairstyle or wild youth of the fifties)* ducktail. **~(vlerk)vliegtuig** canard-winged aircraft, canard. **~voël** (wild) duck; *iem. vir 'n ~ aansien* take s.o. for a fool; *iem. slaan dat hy/sy sy/haar (ou)ma vir 'n ~ aansien, (infml.)* beat/knock the (living) daylights out of s.o..

een·dag once (upon a time), one day; some day; sooner or later; *dit het ~* ***gebeur*** it happened once upon a time; *~* ***is*** *~* every dog has his/its day; *~* ***is*** *~!* just you wait!; *dit sal nog ~* ***waar*** *word* it will come true some day. **~diens** same-day service. **~mooi, ~skoon** *(bot.: Ipomoea* spp.*)* morning glory, convolvulus.

een·dags·vlieg -*vlieë, (entom.)* mayfly, green drake; *(infml.)* oncer, flash in the pan.

eend·ag·tig -*tige* duck-like.

een·de-: **~boud(jie)** *(cook.)* leg of a duck. **~dam** duck pond. **~-eier** duck's egg. **~gelid** Indian file. **~hok** duck coop. **~jag** duck shooting/hunting. **~kooi** duck decoy. **~kroos** duckweed. **~kuiken** duckling. **~mossel** goose/ship barnacle. **~nes** duck's nest. **~poot** duck foot; *(pathol.)* splayfoot, flat foot. **~vywer** duck pond. **~weer** *(infml.)* rainy weather, fine day for ducks.

een·ders -*derse,* **e·ners** -*nerse, adj. & adv.* alike; similar; the same, identical, indistinguishable; unvaried, unvarying, uniform, undiversified; *hulle is* ***almal*** *~* they are all the same (*or* of a kind); *... lyk vir iem.* ***almal*** ~ all of ... look the same to s.o.; ***altyd*** ~ always the same; ***baie*** *~ wees* be much the same (*or* very similar); *mense ~* ***behandel*** treat people alike; *hulle* ***lyk*** ***baie*** ~ they are very similar in appearance; *op 'n haar (na) ~* ***lyk*** be as like as two peas (in a pod); ***omtrent*** ~ (pretty) much the same; much of a muchness; *dit is* ***vir*** *iem. ~* it is all one to s.o.. **~denkend** -*e* of one mind, like-minded, at one. **een·ders·heid, e·ners·heid** similarity; sameness; uniformity; alikeness. **een·der·ste(r), e·ner·ste(r)** *(regional)* = EENDERS.

eend·jie -*jies* duckling; *(also, in the pl., infml., bot.: Sutherlandia frutescens)* (pods of) cancer bush; →KANKERBOS(SIE); *gevlekte ~* →GEVLEK; *'n lelike ~* an ugly duckling.

een·drag concord, harmony, union, unity; *~ maak mag* union/unity is strength; *~ maak mag, tweedrag breek krag* united we stand, divided we fall; *in ~ met ... saamleef/-lewe* live in unity with ...

een·drag·tig[1] =*tige*, **een·drag·tig·lik** =*like, adj. & adv.* harmonious; united, unanimous; unanimously, in concord/unison, hand in hand, as one man.

een·drag·tig[2] *(bot.)* uniparous.

een·heid =*hede* unity, oneness; unanimity, solidarity; unit; standard; ***arbeidskoste*** *per* ~ unit labour cost; ***in*** *eenhede van* ... in multiples of ...; ***koste*** *per* ~ unit cost; ***kosteberekening*** *per* ~ unit costing; ***kostetarief*** *per* ~ cost rate; ~ *van* ***leiding,*** *(management)* unity of direction; ***omvang*** *per* ~ unit volume; ***prys*** *per* ~ unit price; ***verbruik*** *per* ~ unit consumption; ***waarde*** *per* ~ unit value. ~**sel** *(chem., phys.)* unit cell. ~**staat** unitary state. ~**strewe** striving/urge toward(s) unity.

een·heids-: ~**aksent** single stress. ~**band** bond of union. ~**faktor** =*tore, (math.)* unity factor. ~**front** united front. ~**kode** unicode. ~**koste** cost per unit, unit cost. ~**leer** *(philos., theol.)* monism. ~**matriks** *(math.)* identity matrix. ~**prys** price per unit, unit price. ~**veld** *(phys.)* unified field. ~**verpakking** unit packaging. ~**waarde** unit value, value per unit; *(print.)* unit value.

een·kant *adv.* aside, on/to one side; apart; *dit gaan met iem. (so)* ~ *op en* ***anderkant*** *af, (infml.)* s.o. has his/her ups and downs; ~ *(toe) of* ***anderkant*** *toe* one way or the other; *jou* ~ ***hou*** keep (o.s.) to o.s.; keep/show a low profile, *(infml.)* lie low; stand aloof, be standoffish; ~ ***staan*** stand apart; ~ *toe* ***staan*** stand aside; move aside; *iets* ~ *toe* ***stoot/skuif/skuiwe*** move s.t. aside; ~ *toe* ***trek*** pull over *(with a car)*.

een·ling =*linge* individual; solitary; singleton; →ENKELING.

een·maal some day, one day *(in the future)*; once (upon a time); ~ *en* ***klaar*** for all time; *dit sal* ***nog*** ~ *waar word* it will yet come true; *iem. hou* ***nou*** ~ *nie van ... nie* s.o. just doesn't like ...; *dit moet* ***nou*** ~ *gebeur* it is unavoidable; *so is ...* ***nou*** *(maar)* ~ that's ... for you; *dit is nou (maar)* ~ ***so*** there it is, that's how it is, there's no getting away from it, it's a fact of life; *dit is (nou)* ~ ***te*** ... that/this is really too ...; *dit is (nou)* ~ ***te erg,*** *(also)* that's going too far. ~**bloeiend** *(bot.)* monocarpic.

een·ma·lig, een·ma·lig =*lige* unique, non(-)recurrent, one-time; unrepeatable *(offer)*; ~*e betaling/ens.* one-off payment/etc.; *iets* ~*s* a one-off *(infml.)*.

een·per·soons-: ~**bed** →ENKELBED. ~**kamer** →ENKELKAMER. ~**kamers** bachelor(s') quarters. ~**onderneming** →EENMANSAAK. ~**opvoering** →EENMAN(S)OPVOERING. ~**tentoonstelling** →EENMAN(S)TENTOONSTELLING. ~**vliegtuig** single-seater (aeroplane). ~**woonstel** →EENMANSWOONSTEL.

eens *adj.* unanimous, of the same opinion; *hulle is dit* ***daaroor*** ~ they agree about it, it is common cause between them; *almal is* ***dit*** ~ *dat* ... it is common cause that ...; *hulle is* ***dit*** *(met mekaar)* ~ they are agreed (*or* in agreement *or* of the same mind *or* at one *or* of one mind), they see eye to eye; ***dit*** *met iem.* ~ *wees* agree (*or* be in agreement *or* see eye to eye) with s.o., share s.o.'s sentiments on s.t., be of s.o.'s way of thinking; ***dit*** *nie* ~ *wees met iem. nie* disagree with (*or* differ from) s.o.; ***dit*** *nie met jouself oor iets* ~ *wees nie* be in two minds (*or* not have one's mind made up) about s.t.; *dit* ***oor*** *iets* ~ *wees/word* agree on/upon s.t.; *hulle is dit* ***roerend*** ~ they are in perfect agreement; *hulle is dit* ***volkome*** ~ they are in full accord; *dit* ~ *(met iem.)* ***word*** come to terms (with s.o.), reach an agreement (with s.o.). **eens** *adv.* once (upon a time); once *(in the future)*; one day; just; even; ~ *(en) vir* ***altyd*** once (and) for all; ***nie*** ~ *'n ... nie* not even (*or* so much as) a ...; →EERS; *iem. het* ***nie*** ~ *ge... nie* s.o. did not even ..., s.o. did not (*or* never) so much as ...; →EERS; *iem. kan* ***nie*** ~ *... nie* s.o. cannot even ...; →EERS; ***nog*** ~ →NOG[1] *adj. & adv.*; ~ ***op*** *'n goeie dag* one fine day; ~ ***so*** ... twice as ... *(fast, much, etc.)*. ~**deels** *(rare)* partly, for one thing, on the one hand. ~**denkend** →EENDERSDENKEND. ~**gesind** =*e* at one, in harmony, of one mind, unanimous; *nie* ~ *wees oor iets nie* be divided over s.t.; *volkome* ~ *wees* be in perfect union. ~**gesindheid** harmony, unanimity, unison. ~**klaps** all at once, all of a sudden, suddenly, unexpectedly; ~ *gaan die ligte dood* all of a sudden the lights went out. ~**luidend** =*e* verbally identical; of the same tenor; ~*e afskrif* true copy.

een·saam =*same* lonely, solitary *(pers.)*; solitary, retired *(life)*; isolated, secluded *(house etc.)*; lonely, solitary, secluded, isolated, remote *(place, spot)*; deserted, desolate *(beach)*; lonely, unfrequented *(road)*; ~ *deur die lewe gaan* lead/live a lonely life, plough a lonely furrow; ~*same opsluiting* solitary confinement. **een·saam·heid** loneliness; seclusion, solitariness, solitude. **een·same** *n.*: *klub vir* ~*s* lonely hearts club.

een·tjie (only) one; →ENETJIE; *op jou* ~ all alone, all by o.s.; *op jou* ~ *werk, (also)* play a lone hand.

eer[1] *n. (no pl.)* honour, credit, repute; reputation; merit; glory; kudos; *iem.* ~ ***aandoen*** do s.o. justice, do justice to s.o.; do s.o. proud; *iem. die* ~ ***aandoen*** *om te* ... do s.o. the honour of ...; *iets* ~ ***aandoen*** live up to s.t. *(a reputation etc.)*; be a credit to s.t. *(one's family etc.)*; *'n maaltyd* ~ ***aandoen,*** *(joc.)* do justice to a meal; *iem. se (of iem. in sy/haar)* ~ ***aantas/krenk*** impugn s.o.'s honour, injure s.o.'s good name; wound s.o.'s self-respect; ~ *aan iem. (of [aan] iem.* ~*)* ***betoon/bewys*** pay homage/reverence to s.o.; do honour to s.o.; *iem. 'n* ~ ***bewys*** confer an honour on s.o.; *die laaste* ~ *aan iem. (of iem. die laaste* ~*)* ***bewys*** pay one's last respects to s.o.; *in alle* ~ *en* ***deug,*** *(obs.)* in honour and decency; *iets* ***doen*** *iem.* ~ *aan* s.t. is a credit to s.o.; *iem. (die)* ~ ***gee*** *vir iets* give s.o. credit for s.t.; *jou* ~ ***handhaaf*** keep one's dignity intact; *die* ~ ***hê*** *om te* ... be privileged to (*or* have the honour of) ...; *ek* ***het*** *die* ~ *om u te berig, (fml., obs.)* I beg to inform you; *iem.* ***het*** *(alle)* ~ *van iets* s.t. does s.o. credit (*or* reflects honour on s.o.); *... in ere* ***hou*** →ERE; ~ ***met*** *...* ***inoes*** gain credit by ...; *die* ~ *vir iets* ***inoes*** take (the) credit for s.t.; *iem. se (of iem. in sy/haar)* ~ ***krenk*** →***aantas/krenk;*** *jou met* ~ *van jou taak* ***kwyt*** do o.s. justice, acquit o.s. honourably/creditably (*or* with honour/credit), render a good account of o.s.; *met volle* ***militêre*** ~ *begrawe word* be buried with full military honours; *dit sal vir my 'n* ~ *wees* ***om*** *te* ... I shall be honoured to ...; *met* ~ ***ondergaan*** go down with all flags flying; ***op*** *my* ~, *(obs.)* →OP MY **EREWOORD;** ~ *bo* ***rykdom*** honour above wealth; *jou* ~ *in iets* ***stel*** take pride in s.t.; *iets* ***strek*** *iem. tot* ~ s.t. does s.o. credit, s.t. is/redounds to s.o.'s credit; *iem. se* ~ ***te na kom*** hurt/wound s.o.'s pride; *iem. iets* ***ter*** *ere nagee* →ERE; ***ter*** *ere van* ... →ERE; ~ *(aan) wie* ~ ***toekom*** honour to whom honour is due; ***tot*** *iem. se* ~ in s.o.'s honour; *jou iets* ***tot*** *'n* ~ *reken, (fml.)* take credit for s.t.; *dit aan jou* ~ ***verplig/verskuldig*** *wees om te ..., (fml.)* be honour-bound (*or* in honour bound) to ...; *die* ~ ***waardig*** *wees* be equal to the honour; *op my* ***woord*** *van* ~ on my word of honour; *iem. se* ***woord*** *is sy/haar* ~ s.o.'s word is his/her bond. **eer** *geëer, vb.* honour, revere; venerate; pay homage to; *wie die kleine nie* ~, *is die grote nie werd, (idm.)* he who will not keep a penny shall never have many; *iem. vir iets* ~ give s.o. credit for s.t.. ~**begrip** code/notions of honour. ~**betoon,** ~**betuiging,** ~**bewys** (mark of) honour, homage, tribute; *met* ~*bewyse oorlaai wees* be loaded with honours. ~**gevoel** sense of honour; *as jy enige* ~ *het* if you have any sense of honour; if you have any pride left. ~**gevoelig** =*e* with a sense of honour; proud, touchy. ~**gevoeligheid** sense of honour; pride, touchiness. ~**gierig** =*e* ambitious. ~**gierigheid** ambition. ~**herstel** rehabilitation. ~**roof** *(rare)* calumny, defamation. ~**rowend** =*e, (rare)* calumniatory, defamatory, slanderous. ~**rower** *(rare)* calumniator, defamer, slanderer. ~**skennend** =*e* defamatory. ~**skennis** defamation. ~**soeker** pothunter. ~**sug** ambition; *iem. se sterk* ~ s.o.'s towering/vaulting ambition. ~**sugtig** =*e* ambitious. ~**vergete** *(rare)* devoid of honour, infamous, lost to all sense of honour.

eer[2] *adv., (arch.)* →EERDER, LIEWER(S). **eer** *conj., (obs.)* before; *besin* ~ *jy begin* →BESIN. ~**dat** *(obs.)* before. ~**lang,** ~**lank** *(obs.)* soon, shortly, before/ere long, in the near future.

eer·baar =*bare* honest; modest, chaste, virtuous; clean-living; ~*bare akkoord/verstandhouding* gentleman's/gentlemen's agreement; ~*bare gedrag, (also)* professional conduct. **eer·baar·heid** honesty, integrity; modesty, chastity, virtue.

eer·bied respect, regard, reverence, veneration; deference; ~ *aan* ... ***betoon*** show respect to ...; ~ *vir* ... ***koester*** respect ...; hold ... in reverence; ***met*** *(alle verskuldigde)* ~ with all (due) respect; ***met*** *(alle)* ~ with (great) respect; ***uit*** ~ *vir* ... out of respect for ...; out of deference for (*or* in deference to) ... ~**waardig** =*e* respectable, venerable, time-honoured. ~**waardigheid** respectability, venerability. ~**wekkend** =*e* imposing, impressive, commanding, solemn.

eer·bie·dig =*dige, adj. & adv.* respectful, reverent(ial); devout; *op 'n* ~*e afstand bly* keep at a respectful distance; keep one's distance; *in* ~*e stilte* with hushed respect; ~ *versoek* respectfully request, *(jur.)* humbly pray. **eer·bie·dig** *geëerbiedig, vb.* respect; *iem. se wense* ~ defer to s.o.'s wishes. **eer·bie·dig·heid** respect; deference; devotion, devoutness. **eer·bie·di·ging** respect; deference.

eer·bied·loos =*lose* disrespectful.

eer·bieds·hal·we out of regard/respect.

eer·der earlier, first; rather, sooner; more probably; ***al*** ~ before now; ~ *hy/sy* ***as*** *ek!* good luck to him/her!; ***baie/veel*** ~ much rather; *ek sou* ***baie/veel*** ~ ..., *(also)* I would much prefer to ...; *A het* ~ ***gesterf*** *as B* A predeceased B; ~ ***glo*** *dat* ... be inclined to believe that ...; ***hoe*** ~ *hoe beter* the sooner the better; *iem.* ***is*** ~ *'n* ... s.o. is more of a ...; ~ ***kom*** come earlier; ~ ***meer*** *as minder* rather more than less; ~ *te* ***sag*** *wees* err on the side of leniency; *iem. sou* ~ ***sterf/sterwe*** *as om te* ... s.o. would die first before (*or* would rather die than) ...; *dit sal* ~ ***waar*** *wees* that is more probably the truth.

eer·gis·ter the day before yesterday. ~**aand** the evening before last. ~**middag** the afternoon before last. ~**nag** the night before last. ~**oggend,** ~**môre,** ~**more** the morning before last.

eer·lik *n.*: ~ *het 'n os geslag, (idm.: not believe s.o.'s protestations of honesty)* tell me another one. **eer·lik** =*like, adj. & adv.* honest, sincere, upright *(pers., character, nature, etc.)*; open *(face)*; honourable *(intentions, motives)*; straight *(answer)*; honest, frank, candid *(opinion etc.)*; fair, clean *(fight)*; fair, square *(deal)*; fair *(chance, treatment)*; honestly, above board; clean(ly), open-faced; fairly and squarely; fair-minded; ~*e* ***bedoelings*** honesty of purpose; *iem.* ~ ***behandel*** treat s.o. fairly/squarely, give s.o. a square deal; ~ ***bly*** keep straight *(fig.)*; *'n* ~*e stukkie* ***brood*** *verdien* →BROOD; *so* ~ *soos die* ***dag*** *(of soos* ***goud****)* perfectly honest; (as) straight as a die; *alles* ~ ***doen*** do everything on the square; *alles* ***gaan*** ~ *toe* everything is above board; *om* ***heeltemal*** ~ *te wees,* ... quite frankly/honestly, ...; ~ ***is*** ~ fair is fair; *iem. 'n* ~*e* ***kans*** *gee* give s.o. a fair chance, let s.o. have fair play; ***laat*** *ons* ~ *wees* let's face it; *'n* ~*e* ***man/vrou,*** *(also)* a plain dealer, a man/woman of integrity; *op* ~*e of oneerlike* ***manier*** by hook or by crook; *dit* ~ *met iem.* ***meen*** have honourable intentions toward(s) (*or* mean well by) s.o.; ***met*** *iem.* ~ *wees* be honest with s.o.; *(infml.)* level with s.o.; ~ ***speel*** play the game, play fair/straight; do the square thing. ~**waar** *adv.* honestly; *ek het* ~ ... to tell the (honest) truth, I ...

eer·lik·heid honesty, fairness, fair dealing; probity, rectitude, integrity; candour, frankness, plain dealing; *in alle* ~ in all honesty; ~ *duur die* ***langste*** honesty is the best policy; *iem. is die* ~ ***self*** s.o. is honesty itself (*or* the soul of honour); ***stipte*** ~ scrupulous honesty. **eer·lik·heids·hal·we:** ~ *moet ek sê* ... in fairness I should say ...

eer·loos =*lose* dishonourable, infamous. **eer·loos·heid** infamy, dishonourableness.

eers (at) first; formerly, once; only; even; before; →EENS, EERSTE; ***aanstaande*** *maand/ens.* ~ not before next month/etc.; ***as*** *iem.* ~ ... once s.o ... *(gets going etc.)*; ***beter*** *as* ~ better than before/formerly; ***dan*** ~ →DAN *adv.*; ***dan*** *sal iem. éérs verlore wees* then s.o. will be all the more at a loss; ***gister*** ~ →GISTER; ... ***het*** ~ *(om) sesuur tuis (of by die huis) gekom* ... did not come/get home until six (o'clock); ~ ***in*** *die laaste tyd* only recently; not for years; *iem.* ***moet*** ~ *iets doen* s.o. has to do s.t. first; *A is* ***mooi,*** *maar B is éérs mooi* A is pretty but B is even prettier; ***nie*** ~ *'n ... nie* not even (*or* so much as) a ...; →EENS *adv.*; *iem. het* ***nie*** *~ ge... nie* s.o. did not even (*or* did not so much as) ...; →EENS *adv.*; *iem. kan* ***nie*** *~ ... nie* s.o. cannot even ...; →EENS *adv.*; ***nou*** *~* →NOU² *adv.*; *~* ***toe, toe*** *~* →TOE *adj. & adv.*; ***vir*** *~* (of ***vereers***) *nie* not just yet; ***vir*** *~* (of ***vereers***) to begin/start with, *(infml.)* for a start; first of all, in the first place, firstly; for the moment/present, for now, for the time being; ***vir*** *~* (of ***vereers***) *het iem. te min ervaring* for one thing s.o. has too little experience; *dit is* ***vir*** *~* (of ***vereers***) *genoeg* it is enough to go on with. **~barend** =*e, (med.)* primiparous. **~barende** =*s, (med.)* primipara. **~beginnende** =*s* beginner, tyro, tiro. **~daags** shortly, soon, before long, one of these days. **~geboorte** primogeniture. **~geboortereg** birthright, right of primogeniture; *jou ~ vir 'n bord lensiesop verkoop* sell one's birthright for a mess of pottage. **~gebore** *adj.* firstborn. **~geborene** =*s, n.* firstborn. **~gemelde, ~genoemde** first-mentioned, first-named; former *(of two)*; *~ is ...* the former is ...; *~ party, (jur.)* party of the first part. **~komende** following, next; *~ Saterdag* next Saturday, Saturday next, this coming Saturday. **~sterwende** first deceased, predeceased, first dying. **~volgende** next, following.

eer·saam =*same* respectable; modest *(pers.)*; →EERBAAR. **eer·saam·heid** →EERBAARHEID.

eers·hal·we for honour's sake; *~ verplig wees om te ...* be honour-bound (*or* in honour bound) to ...; *~ gebruikte woord* honorific word.

eer·ste *n., adj. & adv.* first; chief, leading; first class; foremost, premier; primary *(products, truths)*; initial *(expenses)*; pristine; primordial; top *(in a class)*; *die ~ van* ***alles*** the first thing; *die ~ die* ***beste*** just anybody/anyone; the first comer; *die ~ die* ***beste*** *geleentheid* the first opportunity (that presents itself); *(die) ~* ***daar*** *wees* be the first to come; come first; *binne die ~* ***dag*** *of wat* in the next few days; *op die ~* ***gesig*** →GESIG; *liefde op die ~* ***gesig*** →GESIG; *my* ***gesin/werk/ens.*** *~* my family/work/etc. comes first; *... het ~* ***geslaan*** *...* started the fight; *~* ***geslag***, *(geneal., mot., comp., etc.)* first generation; *~* ***glip***, *(cr.)* fine slip; *~* ***graad*** first/prime grade; →EERSTEGRAADS; *uit die ~* ***hand*** →HAND; *iets uit die ~* ***hand*** *ken/weet* →HAND; *inligting/kennis uit die ~* ***hand*** →HAND; *die* ***heel*** *~ ...* the very first ...; *iets môre/more* ***heel*** *~ (of* ***heel*** *~ in die oggend) doen* do s.t. first thing in the morning; *~* ***hoofartikel*** lead editorial, leader; *dis die ~ wat ek daarvan* ***hoor*** that is news to me *(infml.)*; *iets* ***is/staan*** *by iem. ~* s.t. comes first with s.o.; *vir die ~* ***keer/maal*** for the first time; *(in die) ~* ***klas*** *reis* →KLAS *n.*; *in die ~* ***klas*** *slaag* →KLAS *n.*; *~* ***klerk*** →HOOFKLERK; *~* ***kom***, *~ maal, (idm.)* first come, first served; *~* ***koste*** = **PRIMÊRE** KOSTE; *E~* ***Laan/Straat***, *(also* Eerstelaan/Eerstestraat*)* First Avenue/Street; *baie wat ~ is, sal* ***laaste*** *wees, (NT)* many that are first shall be last *(AV)*, many who are first will be last *(NIV)*; *~* ***lesing***, *(parl.)* first reading *(of a bill)*; *~* ***liefde*** first love; *~* ***luitenant***, *(naval rank)* first lieutenant; *~ op die* ***lys*** *staan* →LYS *n.*; *in die ~* ***paar maande*** in the coming months; *~* ***martelaar***, *(esp. St Stephen)* protomartyr; *~* ***masjinis***, *(naut.)* chief engineer; *~* ***(moeders)melk*** foremilk; *~* ***minister*** prime minister, premier; *~* ***naamval***, *(gram.)* nominative case; *~* ***offisier***, *(naut.)* chief officer; ***onder*** *die ~ ... wees* be in the first/top flight of ...; *~* ***ondervoorsitter*** senior vice-chairman; *by/met die ~* ***oogopslag*** →OOGOPSLAG; *in die ~* ***oorlogsdae*** in the early days of the war; *~* ***oortreder***, *(jur.)* first offender; *~* ***oortreding***, *(jur.)* first offence; *~* ***optrede*** debut; *~* ***opvoering*** premiere; *~* ***persoon***, *(gram.)* first person; *~* ***persoon*** *enkelvoud, (gram.)* first person singular; *in die ~* ***plaas/plek*** in the first place/instance, firstly, primarily; *~* ***plig*** elementary/first/fundamental duty; *die ~* ***prys*** *wen* win (the) first prize; *~* ***rat***, *(mot.)* low gear; *~* ***rus***, *(baseball)* first base; *~* ***slaap*** beauty sleep; *iem.* ***staan*** *~ (in die klas)* s.o. has come first (in the class), s.o. is (at the) top of the class; *~* ***steen*** foundation stone; *~* ***stem***, *(mus.)* treble, soprano; soprano part; *E~* ***Straat*** →***Laan/Straat***; *~* ***stuurman***, *(naut.)* first/chief mate; *~* ***swangerskap*** →SWANGERSKAP; *~* ***taal*** first language; *~* ***teks*** original version; ***ten*** *~* firstly, first of all, in the first place; *~* ***uitgawe*** first edition; *~* ***uitgawes*** initial expenses/outlay; *~* ***vaart*** maiden voyage *(of a ship)*; *~* ***vereiste*** prerequisite; *~* ***viool***, *(mus.)* first violin; *~* ***vlug*** inaugural flight; *~* ***wag***, *(naut.)* first watch; *iem.* ***was*** *~* s.o. gained/took first place; *iem. is die ~* ***wat*** *iets doen* s.o. is the first to do s.t.; *die ~ wees* ***wat*** *gaan* be the first to go; *die ~ wees* ***wat*** *sterf/sterwe* be the first to die; *die ~ wees* ***wat*** *gesterf het* be the first to have died; *(die) ~* ***wees*** come first; come in first *(in a race etc.)*; be in the lead; *die E~* ***Wêreld***, *(econ.)* the First World; *die E~* ***Wêreldoorlog***, *(1914-18)* the Great War (*or* First World War), World War I.

eer·ste-: **~aanvalsvermoë** *(mil.)* first-strike capability. **~aanvalswapen** *(mil.)* first-strike weapon. **~dagkoevert** first-day cover. **~geslagrekenaar** first-generation computer. **~graadaartappel, ~eerstegraadperske,** *ens.* first-grade potato/peach/etc.. **~graads** =*e* first-grade; *~e brandwond, (pathol.)* first-degree burn. **~hands** =*e* first-hand, inside *(information)*. **~hulp** first aid; *~ toepas/verleen* administer/give first aid. **~hulpkissie** first-aid kit. **~hulpman** first aider, first-aid man. **~jaar** =*s* →EERSTEJAARSTUDENT. **~jaarkursus** first-year course. **~jaarstudent** =*e*, **~jaar(tjie)** =*s* first-year student, freshman, freshwoman, *(infml.)* fresher. **~klas** *adj.* first-class, top-class, first-rate, prime, excellent, superior, tiptop; *'n ~ ou/meisie, (infml.)* a great guy/girl. **~klas** *adv.* excellently, splendidly, superbly; *dit gaan ~* I'm (feeling) fine. **~klaskaartjie** first-class ticket. **~magsfaktor, ~magsfunksie, ~magsvergelyking** *(math.)* linear factor/function/equation. **~ministerskantoor** prime minister's office. **~ministerskap** prime ministership, premiership, prime ministry. **~naamvalsvorm** *(gram.)* nominative form/case. **~persoons**= first-person *(narrative, narrator, perspective, etc.)*. **~persoonsroman** novel written in the first person. **~rangs** =*e* first-rate, first-class, top-class, top(-ranking), superlative, tiptop; *~e moondheid* first-class power; *~e werk* first-rate work, work of a high order; →EERSTEKLAS. **E~rivier** *(W. Cape)* Eerste River. **E~wêreldland** First World country.

eer·ste·ling =*linge* firstborn (child); firstling *(of an animal)*; first fruit(s) *(of a season; of s.o.'s genius)*; first work *(of an artist)*.

eer·stens first(ly), in the first place; →VIR **EERS**, TEN **EERSTE**.

eer·tyds *adv.* formerly, in former times, in the past, of old, at one time. **eer·tyd·se** *adj.* former, past, one-time, ancient, erstwhile; *~ glorie* pristine glory.

eer·vol =*volle* =*voller* =*volste* honourable; creditable; *~le* ***loopbaan*** distinguished career; *~le* ***ontslag*** honourable discharge; *~le* ***vermelding*** honourable mention; highly commended; *~le* ***vermelding*** *kry, (mil.)* be mentioned in dispatches; be recommended; be highly commended.

eer·waar·de reverend; *E~* ***Heer***, *(obs.)* Sir; *E~* ***Moeder*** mother superior; *(RC)* Reverend Mother; *~* ***Eric Smith*** the Reverend Eric Smith; *~* ***Smith***, (obs.) *die ~ heer* ***Smith*** the Reverend Mr Smith; ***U*** *E~* Your Reverence.

eet *geëet, vb.* eat; have one's food/meal/etc.; dine, lunch; →ETE, ETENS=; ***aan/van*** *iets ~* eat of s.t.; *jou te* ***barste*** *aan ... ~, (infml.)* gorge o.s. on ...; ***by*** *iem. ~* lunch/dine (*or* have lunch/supper) with s.o.; *jou* ***dik*** *~, (infml.)* stuff o.s.; *iem. het* ***gaan*** *~* s.o. is out for/to lunch/dinner; *iem. ~* ***goed*** s.o. eats well; *('n) mens ~* ***goed*** *daar* they keep a good table; ***gou(-gou)/haastig*** *iets ~* snatch a meal, have a quick bite, *(infml.)* grab a bite; *uit iem. se* ***hand*** *~, (lit.)* feed from s.o.'s hand; *iets* ***hê*** *om te ~* have s.t. to eat; *as dit waar is, ~ ek my* ***hoed*** *op* I'll eat my hat (*or* be hanged) if that's true; ***iets*** *~* have s.t. to eat; dine off/on s.t., *(fml.)* partake of s.t.; ***Indiese/ens.*** *kos ~* eat Indian/etc.; *iem.* ***kom*** *by ons ~* s.o. is coming to lunch/dinner; *(julle/jy kan)* ***kom*** *~!* dinner/lunch is ready/served!; *iets te ete* ***kry*** get s.t. to eat, get a meal; *iem. iets* ***laat*** *~* feed s.o. s.t.; ***langtand*** *(of met* ***lang tande****) ~* eat without appetite, peck/pick at one's food; ***lekker*** *~* enjoy a meal; eat well; *iem. hou van* ***lekker*** *~* s.o. enjoys/likes good food; ***matig*** *~* eat sparingly; ***niks*** *om te ~ nie* not a bite to eat; ***niks*** *te ete of te drinke nie* neither bite nor sup; *iem. se* ***ore*** *van sy/haar kop af* (of *iem.* ***rot en kaal***) *~, (infml.)* eat s.o. out of house and home; ***sleg*** *~* be off one's food/feed; ***smaaklik*** *~* eat heartily; ***smaaklik*** *~!,* ***smaaklike*** *ete!* enjoy your meal!, *(<Fr.)* bon appétit!; *'n* ***stukkie*** *~* have s.t. to eat, *(infml.)* have a bite; ***te veel*** *~* overeat; ***uit/van*** *'n bord ~* eat off a plate; ***van*** *iem. se tafel ~* eat off s.o.'s table; *iets* ***vir*** *ontbyt/ens. ~* have s.t. for breakfast/etc.; *jou* ***vol*** *~* eat one's fill; *iets te ete* ***vra*** ask for s.t. to eat; ***wat*** *~ ons vanaand/vanmiddag?* what's for dinner/lunch?; ***wat*** *is daar te ete?* what is there to eat?; *~* ***wat*** *jy wil/lus en ly wat daarop volg* eat what you like/fancy and stand the consequences. **~appel** eating/table apple. **~bak** feeding trough. **~blik** mess tin. **~dingetjie** =*s, (infml.)* snack, bite (to eat). **~druif** table grape. **~geleentheid** dining/eating occasion/experience; *(obs.)* restaurant, eating house. **~gerei** cutlery, dinner things, dinnerware. **~goed** *(pl.)* eatables; foodstuffs, *(fml. or joc.)* comestibles; *(infml.)* chow, grub. **~goedjie** =*s, (chiefly in the pl.), (infml.)* snacks, finger food. **~hoekie** dinette, breakfast nook. **~huis** eating house/place. **~kamer** dining room; refectory *(in a religious/educational institution)*. **~kamerstel** dining room suite. **~kamerstoel** dining chair. **~kamertafel** dining (room) table. **~klok(kie)** = ETENSKLOK. **~kuns** gastronomy. **~lepel** tablespoon; *'n ~ suiker* a tablespoonful of sugar; *twee/ens. ~s (vol)* two/etc. tablespoonfuls. **~maal** *(fml.)* meal; dinner; banquet. **~plek** restaurant, eating house/place, *(infml.)* eatery. **~saal** dining hall/room; *(mil.)* mess room/hall; refectory *(in a religious/educational institution)*. **~salon** *(rly.)* dining car, diner. **~servies** dinner set/service, dinnerware. **~staking** hunger strike. **~stokkie** chopstick. **~tafel, etenstafel** dining table. **~tent** *(mil.)* mess tent. **~versteuring, ~steurnis, ~afwyking, ~kwaal** eating disorder. **~vertrek** dining room. **~vis** table/food fish; *dit is 'n goeie ~* the fish is good eating. **~vrees,** *(psych.)* **fagofobie** phagophobia. **~vurk** table/dinner fork. **~wa** *(rly.)* dining car, diner. **~ware** *(fml.)* eatables, food, provisions, victuals.

eet·baar =*bare* eatable, edible, *(fml.)* esculent. **eet·baar·heid** eatableness, edibility.

eet·lus appetite; *iem. die ~* ***beneem***, *(arch.)* spoil (*or* take away) s.o.'s appetite, put s.o. off his/her food; ***gebrek*** *aan ~* lack of appetite; *(chiefly vet. med.)* inappetence; ***geen*** *~ hê nie* have no appetite, be off one's food; *'n* ***gesonde*** *~ hê* have a sound appetite; *~* ***hê*** have an appetite; *~* ***kry*** work up an appetite; ***onversadigbare*** *~*, (med.) ***fagomanie*** phagomania; *~* ***opwek*** tickle the palate; *dit* ***prikkel*** *die ~* it tempts the appetite; *'n* ***stewige*** *~* a sharp appetite; ***verandering*** *van spys(e) gee (nuwe) ~* →SPYS; ***verworde*** *~*, (med.) ***pika*** pica. **~dempend** anorexiant. **~demper** anorexiant, appetite suppressant/suppressor/suppresser. **~wekkend** =*e* appetising.

eeu *eeue* century; age; ***deur*** *die ~e (heen)* over the centuries; down the ages; *ek het iem. ~e laas* ***gesien*** I haven't seen s.o. for ages; s.o. has become quite a stranger; *die* ***goue/gulde*** *~* the golden age; *'n ~e* ***lang(e)*** *stryd* centuries of strife; *~e* ***lank*** for centuries; *(infml.)* for ages (and ages), for yonks; *die* ***negentiende/ens.*** *~* the nineteenth/etc. century; *iets is ~e* ***oud***, *(pred.)* s.t. is centuries old; *'n ~e* ***ou(e)*** *..., (attr.)* a centuries-old ... *(building etc.)*, an age-old (*or* a time-honoured) ... *(custom etc.)*. **~fees** centenary, centennial. **~wisseling:** *by die ~* at the turn of the century.

ef *efs, (letter)* ef.

e·fa =*fas, (OT, unit of measure)* ephah.

e·fe·be =*bes, (Gr., hist.)* ephebe; youth *(under 21)*.

e·fe·drien *(chem., pharm.)* ephedrin(e).

e·fe·meer =*mere, adj.* ephemeral; transitory; fleeting.

e·fen·di =*di's, (title, chiefly Turkish)* effendi.

E·fe·se *(hist., geog.)* Ephesus. **E·fe·si·ër** =*siërs, n.* Ephesian; *(Sendbrief aan die) ~s, (NT)* (Epistle to the) Ephesians. **E·fe·sies** =*siese, adj.* Ephesian.

ef·fe =*fener* =*fenste, adj.* plain, unpatterned *(material)*;

even, level, flat, smooth, unbroken; ~ ***binding*** simple/plain weave; ~ ***gesig,*** *(poet., liter.)* impassive/straight face; ~ ***kleure*** plain colours; ~ ***koek,*** *(obs.)* plain cake; *met* ~ ***patrone*** self-figured; *in* ~ ***swart/ens.*** in plain black/etc.; ~ ***voorhoof,*** *(poet., liter.)* unlined forehead; ~ ***wit*** stark white. **ef·fe** *adv.* slightly, rather, a trifle; →EFFENS *adv.; ~ aan die klein kant* smallish, rather small; *net* ~ just a little; ~ *teleurgestel(d)/ens.* a little disappointed/etc.. ~**kant** plain side *(of material etc.).* ~**kleur** solid colour. ~**kleurig** *-e* plain(-coloured), unicoloured, self-coloured.

ef·fek *-fekte* effect, result; *(billiards etc.)* screw, side; motif; *(also, in the pl., fin.)* stocks, bonds, securities; *~te en* ***aandele,*** *(fin.)* stocks and shares; *iets op* ~ ***bereken*** strain/strive after an effect; *op* ~ ***bereken*** *wees* be calculated for effect; *te* ***dien*** *~te* to that effect; ***geen*** ~ *hê nie* have no effect, be ineffectual; ***nuttige*** ~ →NUTTIG[1] *adj.;* ***prima*** *~te* →PRIMA *adj.;* ***ten*** *~te dat* ... to the effect that ...; ***verspreiding*** *van ~te, (fin.)* stock distribution. ~**bejag** aiming at (*or* straining after) effect; sensationalism; theatrics; *(infml.)* claptrap. ~**verlies** loss of power.

ef·fek·te-: ~**analis,** ~**ontleder** stock analyst. ~**besit** security holding. ~**beurs** stock exchange, *(Fr.)* bourse. ~**handel** stockbroking, stockbroker's business. ~**handelaar** stock dealer. ~**houer** stockholder. ~**huur** backwardation. ~**kantoor** stockbroker's office. ~**makelaar** stockbroker, stock and share broker. ~**mark** stock market. ~**portefeulje** security holding. ~**rand** *(hist.)* securities rand. ~**trust** unit trust.

ef·fek·tief *-tiewe adj.* effective, real; operative; *~tiewe* ***krag*** effective power; *~tiewe* ***meerderheid*** working majority; *~tiewe* ***perdekrag*** actual horsepower; *~tiewe* ***rang,*** *(mil.)* substantive rank; *~tiewe* ***spanning*** virtual voltage; *~tiewe* ***sterkte,*** *(mil.)* effective; effective force/strength; *~tiewe* ***vermoë,*** *(mech.)* effective output. **ef·fek·ti·wi·teit** effectiveness.

ef·fek·tie·we *-tiewes,* **ef·fek·tief** *-tiewe, n., (mil.)* effective.

ef·fek·tu·eer *geëffektueer, vb., (rare)* effect *(a sale);* execute *(an order).*

ef·fen *geëffen, vb., (chiefly fig.)* level, make even, smooth down/over; *(mech.)* equalise *(pressure); die pad vir ...* ~ pave/smooth the way for ... **ef·fe·naar** *-naars* equaliser; spreader. **ef·fen·heid** evenness, smoothness, flatness. **ef·fe·ning** levelling, smoothing.

ef·fen·di = EFENDI.

ef·fens *-fense, adj.* slight; *~e glimlag(gie)* semismile. **ef·fens, ef·fen·tjies,** *adv.* just, a little, slightly, a bit; somewhat; mildly; →EFFE *adv.;* ~ ***belaglik*** faintly ridiculous; ~ ***beter*** a shade better; ~ ***donker*** darkish; ~ ***glimlag*** smile fleetingly, give a slight smile; ~ ***meer*** *as* ... just over (*or* slightly more than) ...; ~ ***oor*** *ag(t)/ens.* a little past (*or* just after) eight/etc.; ~ ***te*** ... a bit/little/tad too ... *(expensive, hot, etc.);* ~ ***verbleik*** slightly faded.

ef·fe·rent *-rente, (physiol.)* efferent *(nerve fibre, blood vessel).*

ef·fie *(infml.: condom)* French letter, rubber.

ef·fi·gie *-gieë* effigy.

ef·fi·si·ën·sie *(rare)* efficiency. **ef·fi·si·ënt** *-siënte -siënter -siëntste* efficient.

ef·flo·reer *geëffloreer,* **ef·flo·res·seer** *geëffloresseer, vb.* effloresce, bloom. **ef·flo·res·sen·sie** *-sies* efflorescence.

ef·flu·ent *n.* effluent.

ef·fu·sie *-sies* effusion. ~**gesteente** effusive rock.

e·fod *-fods, (OT: surplice worn by Jewish priests)* ephod.

E·fraim *(OT)* Ephraim. **E·frai·miet** *-miete* Ephraimite.

eg[1] *n. (no pl.), (fml.)* marriage, matrimony, wedlock; →EGTELIK; *buite die ~ gebore wees* be born out of wedlock; *in die ~ tree, jou in die ~ begeef/begewe* get married, enter into matrimony; *twee mense in die ~ verbind* join two people in marriage. **eg** *geëg, vb., (obs.)* legitimate, legitimise; marry. ~**band** *(rare)* →HUWELIKSBAND. ~**breek** *vb., (obs., chiefly relig.)* commit adultery. ~**breekster** *(rare)* adulteress. ~**breker** adulterer. ~**breuk** adultery; ~ *pleeg* commit adultery. ~**genoot** *-note* husband. ~**genote** *-s* wife. ~**maat** *(rare)* →HUWELIKSMAAT. ~**paar** married couple, wedded pair. ~**skeiding** *-s* divorce; *(infml.)* break-up, split-up; *'n ~ aanvra* sue for divorce; *'n ~ verkry* get a divorce, be divorced. ~**skeidingsaak** divorce suit. ~**skeidingsbevel** divorce order. ~**skeidingshof** divorce court. ~**verbintenis** *(fml.)* marriage.

eg[2] *ëe, n.* harrow; scarifier. **eg** *geëg, vb.* harrow; →EGGER; *geëgde land* harrowed field. ~**raam** harrow frame. ~**tand** tooth of a harrow.

eg[3] *egte egter egste, adj.* true, real, genuine; authentic; solid; true to type; true-born; very, veritable; *(obs.)* legitimate *(child);* unadulterated; unfeigned; perfect *(snob);* regular *(scamp);* sterling; hallmarked *(metal);* sincere; *~te* ***breuk,*** *(math.)* proper fraction; *~te* ***huid*** dermis; *iets* ***klink*** ~ s.t. has the ring of truth (about/to it); *'n ~te* ***konserwatief*** a true blue *(Br.);* *~te* ***linne*** linen; *~te* ***mier*** true ant; *~te* ***sy*** real silk; *~te* ***walvis*** = NOORDKAPER; ~ ***wees,*** *(also, infml.)* be for real. **eg** *adv.* truly, really, genuinely; ~ *konserwatief/ens. wees* be a true-blue conservative/etc.. **egt·heid** authenticity, genuineness; legality, legitimacy; trueness. **egt·heid·stem·pel** hallmark.

e·ga *-gas, (obs.)* consort, spouse, marriage partner.

e·ga·lig *-lige -liger -ligste,* **e·gaal** *-gale -galer -gaalste* even, level, smooth; homogeneous; consistent; constant; equable, uniform, simple; *met 'n ~e kleur* self-coloured. **e·ga·lig·heid** evenness, levelness, smoothness; homogeneity; consistency; uniformity; equanimity, evenmindedness.

e·ga·lis *-liste* egalitarian. **e·ga·lis·me, e·ga·li·ta·ris·me** egalitarianism. **e·ga·lis·ties** *-tiese* egalitarian.

e·ga·li·sa·sie equalisation; levelling. ~**fonds** *(econ.)* (exchange) equalisation fund.

e·ga·li·seer *geëgaliseer* equalise; level, smooth, even out.

E·ge·ïes: *die ~e See* the Aegean Sea.

eg·ger *-gers* harrower; →EG[2] *n.*.

Eg·go →ECHO.

eg·go *-go's, n., (lit. & fig.)* echo; *(mus.)* echo, reverberation, *(infml.)* reverb; *(TV)* echo. **eg·go** *geëggo, vb.* echo; *(mus., TV)* echo. ~**beeld** blip *(on a radar screen).* ~**(ge)dig** echo verse. ~**(-impuls)** *(radar)* echo. ~**kamer** echo chamber. ~**kardiografie** *(med.)* echocardiography. ~**lalie** *(psych.)* echolalia. ~**lalies** echolalic. ~**loding** echo sounding. ~**lood** *-lode* echo sounder. ~**masjien** *(mus., infml.)* reverb. ~**-oriëntasie** echolocation. ~**peiler,** ~**soeker** echo sounder. ~**peiling** echo sounding. ~**praksie** *(psych.)* echopraxia, echopraxis. ~**werk** *(mus.)* echo organ; echo.

e·gi·niet *-niete, (palaeontol.)* echinite.

E·gip·te *(geog.)* Egypt. ~**land** *(Bib.)* the land of Egypt.

E·gip·te·naar *-naars, -nare, n.* Egyptian. **E·gip·ties** *-tiese, adj.* Egyptian; *~e duisternis, (idm.,* <*Ex. 10:21)* Egyptian darkness.

e·gip·ti·a·nel·lo·se *(vet.)* aegyptianellosis.

E·gip·to- *comb.* Egypto-.

E·gip·to·lo·gie Egyptology. **E·gip·to·lo·gies** Egyptological. **E·gip·to·loog** *-loë* Egyptologist.

eg·lan·tier *-tiere, -tiers, (bot.)* sweetbriar, sweetbrier, eglantine.

e·go *-go's* ego, self; *jou alter ~* one's alter ego (*or* double). ~**-ideaal** *(psych.)* ego ideal. ~**-identiteit** *(psych.)* ego identity. ~**psigologie,** ~**sielkunde** ego psychology. ~**sentries** *-e* egocentric, self-centred; *~e mens* egotist. ~**sentrisiteit** egocentricity, self-centredness.

e·go·ïs *-goïste* egoist, self-seeker; egotist. **e·go·ïs·me** *(also philos.)* egoism, self-seeking, self-centredness. **e·go·ïs·ties** *-tiese* egoistic(al), self-seeking, self-centred. **e·go·tis** *-tiste* egotist. **e·go·tis·me** egotism, selfishness. **e·go·tis·ties** *-tiese* egotistic(al), selfish.

é·grap·poir *-poirs, (Fr., winemaking: stemming machine)* égrappoir.

e·gret *-grette, (orn.)* egret, heron.

eg·te·lik *-like* conjugal, connubial, matrimonial; marital; *~e liefde* wedded love; *die ~e staat* the married/wedded state; (the holy estate of) matrimony, wedlock; connubiality; →HUWELIKSTAAT.

eg·ter however; *dit is ~ te laat* however, it is too late.

e-han·del *(also E~, econ., short for* elektroniese handel*)* e-commerce.

ei: *vir 'n appel en 'n ~* for a mere song. ~**rond** →EIERROND. ~**sel** →EIERSEL. ~**wit** →EIWIT.

Eid *n., (Arab.):* ~**(-oel-Adha)** *(Muslim festival commemorating the sacrifice of Abraham)* Eid (ul-Adha). ~**(-oel-Fitr)** *(Muslim festival marking the end of the fast of Ramadan)* Eid (ul-Fitr).

ei·der-: ~**dons** eiderdown. ~**eend** eider (duck).

ei·de·ties *(psych.)* eidetic(ally).

ei·do·graaf *-grawe* eidograph.

ei·e *n.* own; *jou* ~ ***alleen, geheel en al*** *jou* ~ one's very own; ***niks*** *hê wat jy jou ~ kan noem nie* have nothing of one's own, not have a penny to one's name; ***op*** *jou* ~ by o.s., on one's own; alone; ***uit*** *jou* ~ on one's own, of one's own accord (*or* free will), *(infml.)* off one's own bat. **ei·e** *adj.* own; private; innate, natural *(gift);* peculiar; familiar, intimate; *dit is* ~ ***aan*** ... it is peculiar to ...; it inheres (*or* is inherent) in ...; *iem. se lag/ens. is* ~ ***aan*** *hom/haar* s.o.'s laugh/etc. is all his/her own; *iets het 'n ~* ***bekoring*** s.t. has a charm of its own; *in iem. se ~* ***belang*** →BELANG *n.; uit ~* ***beweging*** →BEWEGING; *iem. is jou ~* ***bloed*** s.o. is your blood relation; ~ ***broer/suster*** full brother/sister; ***eers*** *~, dan andermans kinders, (idm.)* charity begins at home; *die ~* ***ek*** →EK; ~ *wees* ***êrens*** be at home somewhere; ~ ***frekwensie,*** *(phys.)* natural frequency; *vir ~* ***gebruik*** for one's private use; *dié* ***gewoonte*** *is ~ aan* ... this habit is peculiar to ...; *op ~* ***houtjie*** →HOUTJIE[1]; *jou ~* ***kamer*** *hê* have a room to o.s.; ~ ***lof*** *stink* →LOF[1]; *... jou ~* ***maak*** acquire/contract (*or* fall into) ... *(a habit);* master ... *(a language); deur (een van) jou ~* ***makkers*** *doodgeskiet word* be killed by friendly fire; ~ *wees* ***met*** *iem.* be on familiar/intimate terms with s.o., *(infml.)* be friendly/mat(e)y/thick with s.o.; *aandele op jou ~* ***naam*** shares in one's own name; ~ ***neef/niggie*** first cousin; *in ~* ***persoon*** →PERSOON; ~ ***reg*** *gebruik* →REG[1] *n.; uit ~* ***reg*** →REG[1] *n.; vir ~* ***rekening*** →REKENING; *~ doen ~ geen* ***skade*** *nie, (idm.)* dog does not eat dog; ~ ***troepe*** friendly troops; ~ *met iem.* ***voel*** be at one's ease with s.o.; *elkeen het sy/haar ~* ***weg*** *gegaan* they went their respective/separate/several ways; *'n ~* ***wil*** *hê* have a will of one's own; *iem. se ~* ***woorde*** →WOORD. ~**baat** selfishness, self-seeking, egotism. ~**belang** self-interest, self-concern; →BELANG *n.; uit* ~ from interested/ulterior motives, for personal gain; *uit ~ handel, ~ soek* act in one's own interest, seek personal gain; *(infml.)* have an axe to grind, have one's beady eye on s.t.. ~**beweging** free motion. ~**dunk** self-conceit, self-importance, arrogance; *iets verhoog iem. se ~* s.t. boosts/feeds s.o.'s ego. ~**-ekkerig** *(infml.)* self-centred. ~**-ekkerigheid** *(infml.)* self-centredness. ~**geërf** *-de* allodial, freehold. ~**geërfde** *-s, (jur.)* freeholder. ~**gemaak** homemade. ~**geregtig** *-e* self-righteous; high-handed; self-willed, high and mighty. ~**geregtigheid** self-righteousness; high-handedness; self-will. ~**geweef** *-de* homespun; *~de stof* homespun. ~**gewig** tare, dead weight/load. ~**goed** traditional (*or* own cultural) possessions; *(ling.)* native lexicon. ~**handig** autographic, (written) in one's own hand; with one's own hand; ~ *geskrewe brief* autograph letter. ~**hulp** self-help. ~**lands** *-e* indigenous; endemic. ~**liefde** self-love, love of self, selfishness, self-seeking, egoism. ~**magtig** arbitrary, high-handed, masterful, self-constituted; ~ *optree* act arbitrarily, take matters into one's own hands. ~**magtigheid** arbitrariness, high-handedness. ~**naam** *(gram.)* proper noun/name. ~**selwig** *-e* individualistic. ~**sinnig** *-e* headstrong, self-willed, *(infml.)* bloody-minded, wilful, wayward, contrary. ~**sinnigheid** self-will(edness), wilfulness. ~**soortig** *-e* distinctive; autogenous; *~e ontwikkeling* differential/separate development. ~**soortigheid** distinctiveness, peculiarity, character of its own. ~**tyds,** ~**tyds** *-e* contemporary, of the time in question; ~ *gemeubileer* with period furniture. ~**vormig** *-e* idiomorphic, automorphic. ~**waan** conceit(edness), self-conceit; *opgevreet wees van ~* be bursting with conceit. ~**waarde** intrinsic value; *gevoel van ~* self-esteem, self-respect. ~**wettig**, ~**wettig**: *~e senustelsel* autonomic nervous system. ~**willig** *=e* wilful; obstinate, stubborn, pig-headed. ~**wys**, ~**wys** *=e* opinionated, obstinate, contrary, perverse, pig-headed, self-willed, wilful, *(infml.)* bloody-minded. ~**wysheid**, ~**wysheid** conceit(edness), self-conceit; obstinacy; contrariness; self-will(edness).

ei·e·heid familiarity, forwardness; →EIENHEID.

ei·en *geëien, vb.* identify; place, recognise; *iem. of iets as ... ~* recognise s.o./s.t. as ... *(s.o./s.t. that one has seen before).* **ei·e·ning** recognition; identification.

ei·e·naar *=naars, =nare* owner *(of an object);* proprietor *(of a business); (jur.)* freeholder; *elders wonende ~, ~ in absentia* absentee landlord; *sonder ~* masterless, ownerless; *iets verander/verwissel van ~* s.t. changes hands. ~-**bewoner** owner-occupier. ~**bewoon(d)**: *~de huis/ens.* owner-occupied dwelling/etc.. ~-**bouer** owner-builder.

ei·en·aar·dig *=dige* peculiar, singular; individual; odd, strange; *(sl.)* freaky; *'n ~e bekoring* a charm of its own; *dit het iets ~s* there is s.t. curious about it; *~e skepsel, (infml.)* oddball, odd bod/fish. **ei·en·aar·dig·heid** idiosyncrasy, peculiarity, characteristic, oddity, quirk, singularity.

ei·e·naars=: ~**aandeel**, ~**reg** *(min.)* royalty. ~**belang** proprietary interest.

ei·e·na·res *=resse* (female) owner; proprietress.

ei·en·dom *=domme* property; belongings, estate, possession(s), holding, ownership; *(jur.)* freehold; *die ~ **berus** by ...* the right of property vests in ...; *iets tot jou ~ **maak**, (also)* assimilate s.t. *(knowledge etc.); **vaste/onroerende** ~* fixed/immov(e)able property; *die ~ **verkry** van ...* acquire the ownership of ...; *die ~ **word** van ...* become the property of ... ~**spekulant** property speculator. ~**spekulasie** property speculation.

ei·en·dom·lik *=like* peculiar *(to); ~e artikel* proprietary article. **ei·en·dom·lik·heid** distinctiveness.

ei·en·doms=: ~**agent** (real) estate agent. ~**belasting** assessment/property rate. ~**besitter** property owner. ~**beskikking** disposition of property. ~**bewys** title deed. ~**erf** freehold stand. ~**maatskappy** proprietary/private company; property/real estate company. ~**mark** property market. ~**ontwikkelaar** property developer. ~**plaas** freehold farm. ~**reg** proprietary right, (right of) ownership; tenure; *(jur.)* freehold right *(of land);* copyright *(of a book).* ~**vordering** vindicatory action.

ei·en·heid *=hede* individuality, characteristic, identity, distinctiveness, peculiarity; →EIEHEID.

ei·en·skap *=skappe* quality *(of s.o.);* property *(of s.t.);* attribute *(of God);* characteristic, feature, trait; *(biol.)* character; *iem. se enigste goeie ~* s.o.'s only redeeming feature; *kenmerkende ~* peculiarity; *iets het sekere ~pe* s.t. has certain qualities.

ei·er *=ers* egg; *(biol.)* ovum; *(also, in the pl., vulg. sl.: testicles)* balls, bollocks; *~s **afdop*** shell eggs; *iem. aan die ~s **beethê**, (vulg. sl.: in a tight spot)* have s.o. by the balls; *'n **broeisel** ~s* a clutch of eggs; *'n **halwe** eier is beter as 'n leë dop, beter/liewer(s)/eerder 'n **halwe** ~ as 'n leë dop* half a loaf is better than no bread; *die ~ wil slimmer/wyser wees as die **hen**, (infml.)* teach one's grandmother to suck eggs; *moenie al jou ~s onder een **hen** sit nie* don't put all your eggs in one basket; *rondloop soos 'n **hen** wat 'n ~ wil lê* →HEN; *~s **klits/klop*** beat/whisk eggs; *die **kolwer** het 'n ~ gelê, (cr., infml.)* the batsman was out for a duck; *so bang/benoud wees dat 'n ~ in jou agterent kan **kook**, (sl., rare)* have the blue funks, be in a blue funk; *'n ~ **lê**, (lit.)* lay an egg; *op ~s **loop**, (fig.)* tread on eggs, walk gingerly, tread carefully; *iem. soos 'n **rou** ~ behandel, (rare)* handle s.o. with kid gloves; *~s met **spek(vleis)*** bacon and eggs; *'n **vrot** ~, (lit.)* a bad egg. ~**albumien** *(biochem.)* egg albumin, ovalbumin. ~**boor** *(entom.)* ovipositor. ~**brandewyn** advocaat. ~**dans** egg dance. ~**doder** ovicide. ~**dooier**, ~**door** egg yolk. ~**dop** eggshell. ~**drank** egg flip, eggnog. ~**frikkadel** Scotch egg. ~**geel** egg yolk; *ses/ens. ~gele* the yolks of six/etc. eggs. ~**gereg** egg dish. ~**glans** eggshell gloss. ~-**in-die-hoed** *(game)* hat ball. ~-**in-die-lepel** egg-and-spoon race. ~**kelkie** egg cup. ~**kiem** *(biol.)* ovule. ~**klitser** eggbeater, egg whisk. ~**klopper** egg whisk. ~**koek** egg cake. ~**koker(tjie)**, **sandloper(tjie)** egg timer/glass. ~**kunde** = OÖLOGIE. ~**kundig** *=e* = OÖLOGIES. ~**kundige** = OÖLOOG. ~**laai** egg tray. ~**lêend** *=e, (zool.)* oviparous, egg-laying. ~**lêer** egg layer; *(entom.)* ovipositor. ~**leier**, ~**gang** *(anat.)* oviduct; Fallopian tube. ~**leierontsteking** *(med.)* salpingitis. ~**lepel** egg spoon. ~**lewendbarend** *=e, (zool.)* ovoviviparous. ~**lys** *(archit.)* egg and dart/tongue/anchor, egg moulding. ~**mandjie** egg basket. ~**mussie** egg cosy. ~**plant** *(rare)* = EIERVRUG. ~**plaser** *=s, (entom.)* ovipositor. ~**plasing** oviposition. ~**poeier** egg powder, powdered egg. ~**pons** eggnog, egg flip. ~**profiellys** *(archit.)* ovolo. ~**pruim** eggplum. ~**pulp** egg pulp. ~**rakkie** egg rack/stand; egg tray. ~**raper** *(rare)* egg gatherer; →EIERVERSAMELAAR. ~**rond** egg-shaped, oval, ovate. ~**sak(kie)** egg sac/pouch, ovisac. ~**sel**, **eisel** *=le* ovum, egg cell; ovicell. ~**s foe jo(e)ng** *(Chin. cook.)* egg foo yo(o)ng, egg foo/fu yung. ~**skeier** egg separator. ~**skuim** egg white froth. ~**slaai** egg salad. ~**slang** = EIERVRETER. ~**snyer** egg cutter/slicer. ~**sous** *(cook.)* egg sauce. ~**spaan** egg lifter/slice. ~**staander**, ~**stelletjie** egg stand. ~**steen** *(geol.)* oolite, roestone. ~**stok** *(anat.)* ovary. ~**stokband** mesovarium. ~**stokontsteking** ovaritis. ~**stokverwydering** ovariotomy. ~**surrogaat** egg substitute. ~**tand** egg tooth *(an embryo bird/reptile).* ~**uitstoting** *(rare)* ovulation; →OVULASIE. ~**versamelaar** egg gatherer; oologist. ~**vla** *(cook.)* egg custard. ~**vlies** egg membrane; *(bot.)* integument; *binne(n)ste ~* amnion; *buitenste ~* chorion. ~**vlok(kie)** egg flake. ~**voet** *(bot.)* chalaza. ~**vormig** *=e* egg-shaped, oval, ovate, ovoid, oviform; *omgekeerd ~* obovate. ~**vorming** oogenesis. ~**vreter** *(snake: Dysapeltis spp.)* eggeater; dog/etc. that eats eggs. ~**vrug** aubergine, *(SA, Ind.)* brinjal, *(chiefly Am.)* eggplant. ~**weller** egg coddler. ~**wit** *=te* white of (an) egg, egg white; albumen, glair; *twee/ens. ~te* two/etc. egg whites, two/etc. whites of egg(s), whites of two/etc. eggs; →EIWIT.

ei·er·tjie *=tjies* little egg; *altyd 'n ~ bylê, (infml.)* chip in continually.

Eif·fel·to·ring Eiffel Tower *(in Paris, Fr.).*

ei·gen·aar·dig *(arch.)* = EIENAARDIG.

ei·gen(t)·lik *(arch.)* = EINTLIK.

eik *eike* oak; →EIKEBOOM; *Amerikaanse rooi-~, (Quercus laevis)* Turkey *(or* Southern red) oak. ~**sampioen** shiitake (mushroom). ~**varing** oak fern.

ei·ke=: ~**balk** oak(en) beam/rafter. ~**blaar** oak leaf. ~**boom**, **eik** oak (tree). ~**bos** oak forest. ~**hout** oak (wood). ~**laan** oak avenue, avenue of oaks. ~**loof** oak leaves. ~**rosie** *(rare: Hibiscus rosa-sinensis)* China rose, Chinese hibiscus. ~**stad** town of oaks; *die E~* Stellenbosch. ~**stam** oak trunk. ~**tak** oak branch.

ei·kel *=kels* acorn; *(anat.)* glans (penis). ~**vormig** *=e* acorn-shaped.

ei·land *=lande* island, isle; clearing *(in a forest); die ~ **Man*** the Isle of Man; ***op** 'n ~* on an island; ***soos** 'n ~* insular; *die ~ **St. Helena*** the island of St Helena. ~**bewoner** islander. ~**groep** group of islands, archipelago. ~**rots** skerry *(Sc.).* ~**ryk** island empire. ~**see** archipelago.

ei·lan·der *=ders* islander.

ei·land·jie *=jies* isle(t), *(obs.)* eyot, *(dial.)* ait; cay, key; *~s van Langerhans, (anat.)* islands/islets of Langerhans.

ei·na *adj. & adv., (infml., joc.): dit is 'n ~ **affêre*** it is a sorry affair; *dit het maar ~ **gegaan*** it was a sorry/difficult business; *iem. se **klere** was baie ~* s.o.'s clothes were very scanty; *jy sal ~ **kry!**, (child's language)* you'll get hurt!. **ei·na** *interj.* ow, ouch. ~**beentjie** *(infml.)* funny bone, *(Am.)* crazy bone.

eind: *~(e)/end goed, alles goed* all's well that ends well. ~**bedrag** grand total, final sum/amount. ~**beslisser** umpire; final arbiter. ~**beslissing**, ~**besluit** final decision. ~**bestemming** *=s, =e* ultimate destination; ultimate destiny. ~**blaartjie** terminal leaflet. ~**bod**: *'n ~ maak, (bridge)* sign off. ~**deelnemer** finalist. ~**deelvraag** *(ling.)* tag question. ~**diploma**, ~**sertifikaat** leaving/final certificate. ~**dividend** final dividend. ~**doel** ultimate object/aim/goal/objective. ~**eksamen** final/leaving examination, finals, qualifying examination. ~**fase**, ~**stadium** terminal phase/stage *(of a disease).* ~**fluitjie** final whistle. ~**gebruiker** *(comm., comp.)* end user. ~**gebruikersertifikaat** end-user certificate. ~**halte** terminus. ~**hawe** terminal port. ~**klank** final sound. ~**klinker** final vowel. ~**knop** terminal bud. ~**letter** final/last letter. ~**lettergreep** final/last/ultimate syllable. ~**loop** final. ~**lyn** *(sport)* end line *(of a playing field or court).* ~**medeklinker** final consonant. ~**nota** endnote *(at the end of an article/chapter/book).* ~**ontleding** ultimate analysis. ~**oogmerk** final purpose, ultimate aim/object. ~**oordeel** final judg(e)ment. ~**oorsaak** final cause. ~**oorwinning** final victory. ~**oplossing** final solution; *'n ~ vind* reach finality. ~**paal** goal, limit; winning post. ~**produk** *(math.)* final product; end/ultimate product *(of a process);* finished product. ~**punt** end, final point; terminal (point); (final) destination; terminus; extremity. ~**redaksie** final text *(of a document);* editorial board. ~**redakteur** editor in chief. ~**reëling** final settlement. ~**repetisie** closing exercises; final/full-dress rehearsal. ~**resultaat** upshot, final result/outcome, grand result; sum total. ~**rond(t)e** *(sport)* final(s); last/final round; *tot die ~/eindstryd deurdring* reach *(or* go through to) the final(s). ~**rym**, **endrym** end/true/final rhyme. ~**sertifikaat** →EINDDIPLOMA. ~**siekte** *(rare)* terminal disease. ~**sitting** final/closing/winding-up session, last meeting. ~**skakeling** end connection. ~**skikking** final arrangement. ~**snelheid** final/terminal velocity. ~**spanning** final voltage. ~**spel** final game; *(chess)* endgame, ending; →EIND(WED)STRYD. ~**stadium** final stage. ~**stand** final position. ~**standig** *=e, (bot.)* end, terminal. ~**stasie**, **endstasie** terminus, terminal. ~**steek** final stitch. ~**stemming** decisive/final vote. ~**streep** finishing line. ~**stryd** final/ultimate struggle; final *(match, contest);* cup final; *(infml.)* showdown; *tot die ~ deurdring* →TOT DIE **EINDRONDE** DEURDRING. ~**stryder** finalist. ~**student** →FINALEJAARSTUDENT. ~**syfer**, **endsyfer** *(accountancy)* final figure; final average; last figure. ~**telling** final score. ~**titel** *(print.)* colophon. ~**toestand** final state. ~**toets** →ENDTOETS. ~**totaal** grand/sum total. ~**tyd**: *die ~* the latter/last days, the end of time. ~**uitslag** final outcome/result; upshot, ultimate outcome. ~**verbruiker** *(comm.)* end consumer. ~**verslag** final report. ~**vonnis** final judg(e)ment. ~**voorraad** closing/ending stock. ~**waarde** final value. ~**(wed)stryd** final (match/contest), decider, deciding game.

ein·de *=des,* **end** end, termination; close, conclusion; finish, stop; ending; *(infml.)* wind-up; →ENT[1] *n.; **aan** die ~* at the end/close; at last; ***aan** die ~ van ...* at the end of ...; at the conclusion of ...; ***aan** die ~ van Januarie/ens.* at the end of January/etc.; *aan **alles** kom 'n ~, **elke ding** het 'n ~* all things come to an end, there is an end to everything; *tot die **bitter(e)** ~* to the bitter end; *iets tot 'n ~ **bring*** bring s.t. to a close, terminate s.t., wind s.t. up, bring s.t. to a conclusion; *iets tot 'n gelukkige/goeie ~ **bring*** bring s.t. to a happy conclusion; *aan die ~ van die **dag**, (lit.)* at the end of the day; *te dien einde, (fml.)* with that (end) in view; for that/this purpose; *daar is/kom **geen** ~ aan nie* there is no end to it, it is interminable; *daar is **geen** ~ aan iem. nie, iem. het **geen** ~ nie, iem. is **sonder** ~* there is no end to s.o., s.o. is indefatigable *(or* never gives up); *(infml.)* s.o. is full of beans; *daar is **geen** ~ aan iem. se ... nie* there is no end to s.o.'s ...; *iets het ten einde **geloop*** s.t. is at an end; *nooit die ~ daarvan **hoor** nie* never hear the last of it; *dit **is** die ~* it is all over; it is all up; *~ **Januarie/ens.*** at the end of *(or* late in) January/etc.; *~ se **kant** toe gaan/staan, (infml.)* draw to an end, near the end; *aan jou ~ **kom*** meet one's death/end; *sleg aan jou ~ **kom*** come to a bad end; *daar moet 'n ~ aan **kom*** it must stop, there must be an end to it; *op/tot 'n ~ **kom*** end, come to an end, cease, terminate; *aan die ~ van jou **kragte** wees* be at the end of one's tether; *('n) end **kry*** end, come to an end; stop, come to a stop; ***kry** nou end (daarmee)!* stop it!, *(infml.)* knock it off!; *dit moet nou end **kry!*** this has (got) to stop!; *einde ten (*of *ten einde) **laaste*** at (long) last, at length; *die ~ sal die **las** dra* the worst comes at the end, the sting is in the tail; *ten einde **loop*** come to an end; draw to a close (*or* an end); run its course; *iets ten einde laat **loop*** bring s.t. to a termination; *'n ~ aan iets **maak*** put an end (*or* a stop) to s.t., call a halt to s.t.; cut s.t. short, terminate s.t., bring s.t. to a close/conclusion/stop; put paid to s.t.; *(Br., infml.)* put the kibosh/kybosh on s.t.; get done with s.t.; lay s.t. to rest *(a rumour etc.)*; *'n ~ **maak** aan alles* end it all; *die ~ **meemaak*** be in at the finish/death; *dis **my** (dooie) ~!, (infml.)* that beats me!; would you believe it!; *(infml.)* strike me pink!; I can't stand it!, *(infml.)* that's (*or* this is) the pits!; ***naby** die ~* near the end; *iem. se einde **nader*** s.o.'s time/end is drawing near; *'n einde **neem,** (obs.)* come to an end; *dis **nie** die ~ **nie*** that is not the whole story; *dit is **nog nie** die ~ nie, ons is **nog nie** aan die ~ nie, nog is het ~ **niet*** the end is not yet; *iets is **op** 'n end* s.t. is at an end (*or* has ended); ***op** die end* at last; *op die **ou** end* in the end, ultimately, at long last; right at the end; after all, *(fig.)* at the end of the day; *op die **ou** end iets doen* end up by doing s.t.; *op die **ou** end iets **word*** end up as s.t.; *op die **ou** end met ... **sit*** end up with ...; *ten einde **raad** wees* →RAAD[1]; *nie die ~ van iets **sien** nie* not see the (*or* see no) end to s.t.; ***sonder** ~ wees* be without end, be endless; *iem. is **sonder** ~ →daar is **geen** einde aan iem. nie; (hier) **teen** die ~* near/toward(s) the end; ***teen** die ~ van die jaar/ens.* toward(s) the end of the year/etc., *(infml.)* at the back end of the year/etc.; by the end of the year/etc.; ***ten** einde te ...* in order (*or* with a view) to ...; ***tot** die ~ toe* till the end, to the last, all the way; *die ~ **van** ...* the last of ... *(the money etc.)*; the result/outcome of ... *(the matter etc.)*; *dis die ~ **van** die saak, (also, infml.)* that's that; *'n minuut **voor** die ~* a minute before time. **ein·de·lik** at last/length, in the end, finally, ultimately; eventually; *~ (en) ten laaste* at (long) last, at length. **ein·de·loos** *=lose* endless, interminable, never-ending, unending, everlasting *(complaints, fights, etc.)*; unbounded; infinite; *~lose ellende* untold misery; *~lose watervlak* waste of waters. **ein·de·loos·heid** endlessness; infinity.

ein·der *(poet.)* = GESIGSEINDER.

ein·dig *=dige, adj.* finite; terminate; *~e verskille, (math.)* finite differences. **ein·dig** *geëindig, vb.* end, finish, stop, close, come to an end (*or* a close/conclusion), conclude, expire, cease, terminate; *~ende **breuk,** (math.)* terminating fraction; ***eerste** ~* come first; *iets ~ **in** ...* s.t. ends/terminates in ...; *die **jaar** geëindig 31 Maart, (past)* the year ending March 31; *die **jaar** ~ende 31 Maart, (future)* the year ending March 31; ***met** ... ~* finish off/up with ...; wind up with ...; end in ...; *iets ~ **met** ..., (also)* s.t. results in ...; *iets **met** ... ~* top s.t. off with ...; wind s.t. up with ...; ***op/met** ... ~* end/terminate in ...; *(a word)* end in ...; ***tweede** ~* come second; run second. **ein·dig·heid** finiteness.

ein·ste same, selfsame, identical; ***die** ~, (infml.)* the very same; *die ~ **hy/sy!**, (infml.)* the very man/woman!; *op die ~ **oomblik*** at the same/very moment; *die ~ **plek*** the very place; the very same place.

ein·stei·ni·um *(chem., symb.: Es)* einsteinium.

eint·lik *=like, adj.* actual, proper, real; *die ~e betekenis* the proper/real meaning/sense; *~e breuk, (math.)* proper fraction. **eint·lik** *adv.* actually, properly, really, in reality; in fact, as a matter of fact; *wat iem. ~ **bedoel*** what exactly s.o. means; *iem. kan dit tog ~ nie **doen** nie* s.o. can't very well (*or* can hardly) do it; *wat **doen** iem. (nou) ~?* what does s.o. actually do?; *~ **gesê** ...* properly/strictly speaking ..., (if you) come to think of it ...; *wat wil jy (nou) ~ van my **hê?*** what exactly do you want from me? (*or* want me to do?); *dis ~ **jammer*** it's actually a shame/pity; *nie ~ **nie*** not really/exactly; not quite.

eis *eise, n.* claim; demand; call; requirement, requisite; petition *(for a divorce)*; postulate; *op 'n ~ **aandring*** press a claim; *van 'n ~ **afsien*** abandon a claim; waive a claim; *'n ~ **afwys** (of van die **hand** wys)* turn down a claim; *'n ~ **bewys*** prove a claim; *'n ~ teen 'n **boedel*** a charge against an estate; *'n ~ **handhaaf/toestaan*** allow a claim; *'n ~ **indien*** put in a claim; *'n ~ teen ... **instel*** sue (*or* bring/enter a claim against) ...; *'n ~ **inwillig**, (fml.)* accede to a demand; *→**handhaaf/toestaan; na/volgens** die ~e van die tyd, (liter.)* up-to-date; ***na die** (of **volgens**) ~, (liter.)* properly, as required; *'n ~ om **skadevergoeding*** a claim for damages; *'n ~ **stel*** make a demand; *minder/groter ~e **stel*** lower/raise one's sights; *iets **stel** groot/hoë ~e aan ...* s.t. makes heavy calls/demands on/upon ... *(s.o., s.o.'s time, etc.)*; *hoë ~e aan iem. **stel,** (also)* tax s.o.'s powers/intellect/etc.; *'n ~ **toestaan** →**handhaaf/toestaan;** die ~e **van** ...* the demands of ... *(an examination etc.)*; *'n ~ **van** R5000/ens.* a claim for/of R5000/etc.; *aan die ~e **voldoen*** meet/satisfy (*or* conform to *or* come up to *or* comply with) requirements; →VEREISTE; ***volgens** iem. se ~e* by s.o.'s standards. **eis** *geëis, vb.* claim *(damages)*; demand *(restitution)*; require *(attention)*; sue; exact; →VEREIS, VERG; *die vraagstuk ~ dringend die aandag* the problem demands attention; *iets van iem. ~* claim s.t. from s.o.; *iets ~ baie van iem.* s.t. is a strain on s.o.. **~brief** letter of demand, statement of claim. **~voldoening** payment of claim(s). **~vorm** *=s* claim form.

eis·baar *=bare* demandable, claimable.

ei·se·af·de·ling claims department.

ei·ser *=sers* claimant, claimer, plaintiff; suer; demander.

ei·stedd·fod *=fods* eisteddfod. **~komitee** eisteddfod committee.

ei·wit *=witte* egg white, white of an egg, albumen; *(biochem., fairly obs.)* protein; *eenvoudige ~, (biochem.)* (simple) protein; *saam=/samegestelde ~, (biochem.)* compound/conjugated protein. **~afbraak** *(physiol.)* decomposition of protein, proteolysis. **~houdend** *=e* albuminous. **~lym** glair. **~stof** *(biochem.)* albumin. **~-urien** *(pathol.)* albuminuria.

ei·wit·ag·tig *=tige* albuminoid, glairy.

e·ja·ku·la·sie *=sies, (physiol.)* ejaculation. **e·ja·ku·leer** *geëjakuleer, vb., (physiol.)* ejaculate.

e·jek·ta·men·ta *n. (pl.): vulkaniese ~, (geol.)* tephra.

ek I; ***arme** ~!* poor me!; ***die** ~* the ego/self; ***dis** ~* it's me; *die eie ~* the self; self-love; *as ~ **jy** was* if I were you; *~ en jy, jy en ~* you and I; *~ en my **mense*** me and mine; ***Pa**/ens. en ~* Father/etc. and I; *~ **self,** (also* ekself*)* I myself; *iem. se **tweede** ~* s.o.'s second self; ***u** en ~* you and I; *~ **vir** my, (obs.)* I for one (*or* my part), I personally; →AANGAAN, AANBETREF, BETREF, PART[1]. **~-roman** novel written in the first person. **~sug** selfishness, egotism.

ek·heid selfhood, the ego, individuality, subject.

e·kis·ti·ka, e·kis·tiek, *(study of human settlements)* ekistics. **e·kis·ties** ekistic(al). **e·kis·ti·kus** ekistician.

ek·ke *(infml., emphatic)* I. **ek·ke·rig** *=rige* egotistic, self-centred; subjective. **ek·ke·rig·heid** egotism, self-centredness; subjectivity.

ek·kle·si·a *(Gr.: congregation; assembly)* ecclesia. **ek·kle·si·as·ties** *=tiese* ecclesiastic. **ek·kle·si·o·lo·gie** ecclesiology. **ek·kle·si·o·lo·gies** *=giese* ecclesiological. **ek·kle·si·o·loog** *=loë* ecclesiologist.

e·klamp·sie *(med.)* eclampsia. **e·klamp·ties** eclamptic.

e·klek·ties, *=tiese, adj., (also E~, Gr. philos.)* eclectic. **e·klek·ti·kus** *=tikusse, =tici, n., (also E~, Gr. philos.)* eclectic. **e·klek·ti·sis·me** *(also E~, Gr. philos.)* eclecticism.

e·klips *=klipse, n.* eclipse. **e·klip·seer** *geëklipseer, vb.* eclipse. **e·klip·ties** *=tiese, adj.* ecliptic. **e·klip·ti·ka** *n.* ecliptic.

ek·lo·ge *=ges, (short pastoral poem)* eclogue.

eko *comb.* eco-. **~-etiket** ecolabel. **~-etikettering** ecolabelling. **~fisiologie** ecophysiology. **~fobie** ecophobia. **~klimaat** ecoclimate. **~ramp, ~katastrofe** ecocatastrophe, ecodisaster. **~sabotasie, ~sabotasie** ecocide. **~sfeer** ecosphere. **~sisteem** ecosystem. **~spesie** ecospecies. **~tipe** ecotype. **~tipies** ecotypic(ally). **~toeris** ecotourist. **~toerisme, ~toerisme** ecotourism. **~toksies** ecotoxic. **~toksikologie** ecotoxicology. **~toksikoloog** ecotoxicologist. **~tonies** ecotonal. **~toon** ecotone. **~vriendelik** *(infml.)* ecofriendly.

e·ko·lo·gie ecology, bionomics. **e·ko·lo·gies** *=giese* ecological; *~e letsel* ecological footprint; *~e ramp/katastrofe* ecocatastrophe, ecodisaster; *groot ~e gemeenskap* biome. **e·ko·loog** *=loë* ecologist.

e·ko·no·me·trie econometrics. **e·ko·no·me·tries** *=triese* econometric(al). **e·ko·no·me·tri·kus, e·ko·no·me·tri·kus** *=trikusse, =trici* econometrician.

e·ko·no·mie *=mieë* economy; economics. **~woordeboek** economic dictionary.

e·ko·no·mies *=miese meer ~ die mees =miese, adj.* economic(al); *~e **aanwyser*** economic indicator; *van ~e **belang*** economically important; *~e **geskiedenis*** economic history; *~e **grootte*** economy size; *'n bottel sjampoe van ~e **grootte*** an economy-size bottle of shampoo; *~e **klas*** economy class; *~e **oorlogvoering*** economic warfare; *~e **snelheid*** service speed; *~e **vlugteling*** economic refugee. **e·ko·no·mies** *adv.* economically; *~ aktief wees* be economically active; *die ~ aktiewe bevolking* the economically active population.

e·ko·no·mi·seer *geëkonomiseer, vb.* economise.

e·ko·noom *=nome* economist.

e·ko·ri, e·kô·ri *=ri's, (Himba leather headdress)* ekori.

eks *n., (infml.: former wife/husband/etc.)* ex. **eks=** *comb.* ex-, former; →OUD=. **~koning** ex-king, former king. **~man** ex-husband. **~minister** ex-minister, former minister. **~prinsipaal** ex-principal, former principal. **~vrou** ex-wife.

ek·sak *=sakte =sakter =sakste* exact *(sciences)*; precise, strict; *~te wetenskap* exact/hard science; *~te wetenskaplike* exact/hard scientist. **ek·sakt·heid** exactness, exactitude, preciseness, precision; strictness.

ek·sal·teer *geëksalteer, vb., (rare)* exalt, elate, animate. **ek·sal·ta·sie** *=sies, (rare)* exaltation, elation, rapture.

ek·sa·men *=mens* examination; *'n ~ met goeie gevolg **aflê*** pass an examination; *→**deurkom/slaag; 'n ~ aflê/doen/skryf/skrywe*** take (*or* sit [for]) an examination; *'n ~ **afneem*** conduct an examination; *vir 'n ~ **blok,** (infml.)* cram for an examination; *(in) 'n ~ **deurkom/slaag*** pass an examination; *vir 'n ~ **leer/studeer/voorberei/werk*** study/prepare/work/read for an examination; *'n **moeilike/swaar** ~* a stiff examination; *'n **mondelinge** ~* an oral examination; *(in) 'n ~ **sak/druip*** (of [infml.] ***dop***) fail (in) an examination; *iem. (in) 'n ~ laat **sak*** (of [infml.] *laat **dop***) fail s.o. in an examination; *'n **skriftelike** ~* a written examination; *('n) ~ **skryf/skrywe*** write an examination; *→**aflê/doen/skryf/skrywe;** (in) 'n ~ **slaag** →**deurkom/slaag;** die ~ in 'n **vak*** the examination in a subject. **~geld** examination fee. **~kommissie** examining board, board/panel of examiners. **~koors** *(infml.)* examination fever. **~rooster** examination timetable. **~skrif** examination book/paper, answer book; *~te nasien* mark examination papers. **~stelsel** examination system. **~uitslag** examination result(s). **~vak** subject of examination, examination subject. **~vraestel** examination/question paper. **~vrees** fear of examinations (*or* an examination). **~werk** examination work; examining.

ek·sa·mi·nan·dus *=nandusse, =nandi, (obs.)* examinee, candidate for an examination.

ek·sa·mi·neer *geëksamineer, vb.* examine; *iem. in iets ~* examine s.o. in s.t.. **ek·sa·mi·na·tor** *=tore, =tors, (fem.)* **ek·sa·mi·na·tri·se** *=ses* examiner.

ek·sarg *=sarge, (eccl., hist.)* exarch. **ek·sar·gaat** *=gate, (hist.)* exarchate.

ek·seem eczema; *nat ~* weeping eczema.

ek·se·geet *=gete* exegete, exegetist.

ek·se·ge·se exegesis. **~leer, ek·se·ge·tiek** exegetics. **ek·se·ge·ties** *=tiese* exegetic.

ek·se·ku·sie *=sies, (jur.)* execution; *verkoop in ~* judicial sale.

ek·se·ku·teer *geëksekuteer, vb., (jur.)* execute; enforce *(an order)*. **ek·se·ku·ta·bel** *=bele* executable *(goods)*; enforceable *(judicial orders)*. **ek·se·ku·tant** *=tante, (fml.)* executant, performer.

ek·se·ku·teur =*teure,* =*teurs, (jur.)* executor; ~ *datief* executor dative; ~ *testamentêr* executor testamentary; ~ *van/in 'n boedel* executor of/in an estate. **ek·se·ku·teurs·ka·mer** board of executors. **ek·se·ku·teur·skap** =*skappe* executorship. **ek·se·ku·to·ri·aal** =*ale* in execution, executorial. **ek·se·ku·tri·se** =*ses, (fem.)* executrix.

ek·se·ku·tief =*tiewe, adj.* executive.

ek·se·kwa·tur =*turs, (rare, diplomacy)* exequatur.

ek·sel·len·sie =*sies, (also E~)* excellency; *Hul(le) E~s* Their Excellencies; *Sy/Haar E~* His/Her Excellency; *U E~* Your Excellency.

ek·sem·pel =*pels,* =*pele, (obs.)* exemplum; *(hist.)* moral tale, allegory, fable.

ek·sem·plaar =*plare, (general)* sample; *(biol.)* specimen; copy *(of a book/periodical)*. **ek·sem·pla·ries** exemplary, characteristic, illustrative, representative, typical.

ek·sen·triek =*trieke, n., (mech.)* eccentric, cam; *(strange pers.)* eccentric, *(infml.)* crank; *hartvormige ~, (mech.)* heart(-shaped) cam. **ek·sen·triek** =*trieke* =*trieker* =*triekste, adj.* eccentric, odd, queer, offbeat, far out; *(infml.)* cranky, kinky, funky; ~*e entjie mens, (infml.)* oddball, odd bod/fish; ~*e persoon* eccentric (person), *(infml.)* crank; faddist; freak, oddity, *(infml.)* weirdie, weirdo, weirdy. ~**as** eccentric shaft. ~**moer** eccentric nut. ~**ring** eccentric hoop. ~**skyf** eccentric pulley/sheave. ~**stang** eccentric rod. ~**strop** eccentric strap. ~**toestel** eccentric gear.

ek·sen·tries =*triese, adj., (math., mech.)* eccentric. **ek·sen·tries** *adv., (math., mech.)* eccentrically. **ek·sen·tri·si·teit** =*teite* eccentricity, *(infml.)* crankiness; oddity.

ek·sep·sie =*sies, (rare)* exception; →BESWAAR *n.; teen iets ~ aanteken/opwerp, (jur.)* take exception to s.t.. **ek·sep·si·o·neel** =*nele* exceptional.

ek·serp =*serpte, n.* excerpt, extract, abstract.

ek·ser·peer *geëkserpeer, vb.* excerpt, make an abstract/excerpt/extract of. **ek·ser·peer·der** =*ders* excerptor. **ek·ser·pe·ring** excerpting.

ek·ses =*sesse* excess. **ek·ses·sief** =*siewe* excessive.

eks·ha·la·sie =*sies, (tech.)* exhalation.

eks·hi·beer *geëkshibeer, vb., (jur.)* exhibit. **eks·hi·bi·sie** =*sies, (fml.)* exhibition.

eks·hi·bi·si·o·nis·me exhibitionism. **eks·hi·bi·si·o·nis** =*niste* exhibitionist. **eks·hi·bi·si·o·nis·ties** =*tiese* exhibitionistic.

ek·sien *(bot.)* exine, exosporium.

ek·sie-per·fek·sie, ek·sie·per·fek·sie =*sies, n., (infml.)* stickler for precision. **ek·sie-per·fek·sie, ek·sie·per·fek·sie** *adj. & adv., (infml.)* perfect, particular, smart; meticulous, punctilious, fastidious; to a nicety.

ek·si·niet *(min.)* exinite.

ek·si·pi·eer *geëksipieer, vb.: ~ teen ..., (jur.)* except (*or* take exception) to ... **ek·si·pi·eer·baar** =*bare* excipiable. **ek·si·pi·ënt** =*piënte* excipient.

ek·si·sie =*sies, (tech.)* excision.

ek·sis·teer *geëksisteer, vb., (fml.)* exist.

ek·sis·ten·si·a·lis·me *(philos., also E~)* existentialism. **ek·si·sten·si·a·lis** =*liste, (also E~)* existentialist. **ek·si·sten·si·a·lis·ties** =*tiese, (also E~)* existentialist.

ek·sis·ten·sie existence; *bewys van ~* certification of existence. ~**filosofie** existentialism, existential philosophy.

ek·sis·ten·si·eel =*siële* existential.

ek·si·teer *geëksiteer, vb., (chiefly psych./physiol.)* excite. **ek·si·ta·sie** =*sies* excitation.

eks·kla·ma·sie =*sies* exclamation.

eks·kla·ve =*ves,* **eks·kla·we** =*wes, (geog.)* exclave.

eks·klu·sie =*sies, (fml.)* exclusion. **eks·klu·sief** =*siewe* =*siewer* =*siefste, adj. & adv.* exclusive(ly). **eks·klu·si·wi·teit** exclusiveness.

eks·klu·si·vis·me exclusivism. **eks·klu·si·vis·ties** =*tiese* exclusivist.

eks·kom·mu·ni·keer *geëkskommunikeer, vb.* excommunicate. **eks·kom·mu·ni·ka·sie** =*sies* excommunication.

eks·kre·teer *geëkskreteer, vb., (rare)* excrete. **eks·kreet** =*krete,* =*kreta* excretion, excretory substance. **eks·kre·ment** =*mente* excrement, faeces, droppings. **eks·kre·sie** =*sies, (process)* excretion.

eks·kur·sie =*sies* excursion, outing, ramble. ~**kaartjie** excursion ticket. ~**trein** excursion train.

eks·ku·sa·bel =*bele, (rare)* excusable, pardonable.

eks·ku·seer *geëkskuseer, vb., (fml.)* excuse, pardon, condone, overlook.

eks·ku·sie =*sies, (infml.)* feeble excuse.

eks·kuus =*kuse* excuse, pretext; apology; pardon, indulgence; ***allerhande** ekskuse hê* make a thousand and one excuses; *'n **flou(e)/niksseggende** ~* a flimsy/lame/poor/sorry/thin excuse; ***groot** ~!, (infml.)* I'm very sorry! ***groot** ~ vra, (infml.)* apologise humbly; ~ ***(tog)!*** (I beg your) pardon!, excuse/pardon me!, (I'm) sorry!; ~ ***vra*** offer/make an apology, apologise; *ek **vra** ~* my apologies; ~ *vir die **woord,** (obs.: apology for an utterance)* (God) save the mark.

ek·so·dus =*dusse, (fml. or joc.)* exodus, trek. **Ek·so·dus** *(OT)* Exodus.

ek·sof·tal·mos *(med.: abnormal protrusion of the eyeball)* exophthalmos, exophthalmus, exophthalmia, (ocular) proptosis.

ek·so·ga·mie *(anthr.)* exogamy; *(biol.)* outbreeding. **ek·so·gaam** =*game, (anthr.)* exogamic, exogamous *(marriage)*.

ek·so·geen =*gene, n., (bot., obs.)* exogen. **ek·so·geen** =*gene, adj.* exogenic, exogenous; ~*gene geldvoorraad* exogenous money supply; ~*gene koepel, (geol.)* exogenous dome.

ek·soot =*sote, (forestry, rare)* exotic.

ek·sor·di·um, ex·or·di·um =*diums,* =*dia, (fml.: introduction to a speech/etc.)* exordium.

ek·sor·seer *geëksorseer, vb., (rare)* exorcise. **ek·sor·sis** =*siste* exorcist. **ek·sor·sis·me** exorcism.

ek·so·sen·tries *(ling.)* exocentric.

ek·so·sfeer *(outermost layer of the earth's atmosphere)* exosphere.

ek·so·ske·let exoskeleton.

eks·os·mo·se *(biol.)* exosmosis.

ek·so·spoor =*spore, (bot.)* exospore, exosporium.

ek·so·te·ries =*riese, (fml.)* exoteric.

ek·so·ter·mies =*miese, (chem.)* exothermic.

ek·so·ties =*tiese* exotic. **ek·so·ti·ka** *(pl.)* exotica. **ek·so·tis·me** exoticism.

ek·span·sie *(rare)* expansion. ~**drang** expansionism. ~**klep** expansion valve. ~**politiek** policy of expansion, expansionism.

ek·span·sief =*siewe* =*siewer* =*siefste* expansive.

ek·span·si·o·nis =*niste* expansionist. **ek·span·si·o·nis·ties** =*tiese* expansionist.

eks·pa·tri·eer *geëkspatrieer, vb.* expatriate. **eks·pa·tri·a·sie** =*sies* expatriation.

eks·pe·di·eer *geëkspedieer, vb., (rare)* dispatch, forward, ship.

eks·pe·di·sie =*sies* expedition; *(rare)* forwarding, shipping; *'n ~ onderneem* go on (*or* undertake) an expedition. ~**afdeling** →VERSENDINGSAFDELING. ~**kantoor** →VERSKEPINGSKANTOOR. ~**klerk** →VERSENDINGSKLERK. ~**mag** expeditionary force.

eks·pe·di·teur =*teurs, (comm., rare)* forwarding/shipping agent.

eks·pe·ri·ment =*mente* experiment; →PROEF *n.,* PROEFNEMING; *'n ~ doen/maak* make an experiment; *'n ~ uitvoer* conduct (*or* carry out) an experiment; *by wyse van ~* as an experiment. **eks·pe·ri·men·teel** =*tele* experimental.

eks·pe·ri·men·teer *geëksperimenteer, vb.* experiment; *met iets ~* experiment with s.t.; *op ... ~* experiment on/upon ... **eks·pe·ri·men·ta·tor** =*tors, (rare)* experimenter.

eks·pert =*perte* expert. ~**stelsel** *(comp.)* expert system. ~**stelselingenieur** *(comp.)* knowledge engineer.

eks·pi·reer *(physiol.)* breathe out, exhale, expire. **eks·pi·ra·sie** *(physiol.)* expiration. **eks·pi·ra·to·ries** *(physiol., phon.)* expiratory.

eks·pli·seer *geëkspliseer, vb., (rare)* explicate, explain. **eks·pli·ka·sie** =*sies, (rare)* explication, explanation. **eks·pli·ka·teur** =*teurs, (rare)* explainer. **eks·pli·ka·tief** =*tiewe, (tech.)* explicative, explanatory, expository.

eks·pli·siet =*siete, adj.* explicit. **eks·pli·siet** *adv.* explicitly.

eks·ploi·tant =*tante, (rare)* developer, entrepreneur; exploiter, profiteer, racketeer.

eks·ploi·ta·sie exploitation, development, utilisation, capitalisation; exploitation, abuse, manipulation, misuse; *in ~, (rly.)* open to traffic; in operation; under development. ~**koste** working/operating/development costs/expenses. ~**maatskappy** development company. ~**rekening** working-cost account; trading account.

eks·ploi·teer *geëksploiteer, vb.* exploit, work, operate *(a mine etc.)*; develop *(an enterprise etc.)*; make profitable, profit by/from, turn to account; utilise; exploit, abuse, manipulate, misuse; trade on *(secrets)*.

eks·plo·reer *geëksploreer, vb.* explore. **eks·plo·ra·sie** =*sies* exploration. **eks·plo·ra·tief** =*tiewe* explorative.

eks·plo·sief =*siewe, n., (phon.)* occlusive, stop, mute, (ex)plosive; →PLOSIEF *n..* **eks·plo·sief** =*siewe, adj., (lit. & fig.)* explosive; *(phon.)* occlusive, stopped, mute, (ex)plosive; →PLOSIEF *adj..*

eks·po =*po's, (infml.)* expo(sition), exhibition, show; →EKSPOSISIE.

eks·po·neer *geëksponeer, vb., (fml.)* expose, expound, explain; *(rare)* expose, uncover *(wrongdoing)*.

eks·po·nen·si·aal =*ale, n. & adj., (math.)* exponential. ~**vergelyking** exponential equation.

eks·po·nen·si·eel =*siële, adj.* exponential *(growth etc.)*.

eks·po·nent =*nente, (math.)* exponent, index; promoter, advocate, backer *(of an idea etc.)*.

eks·port, eks·port export(ation); export trade; *(also, in the pl.)* exports. ~**artikel** article of export.

eks·por·teer *geëksporteer, vb.* export. **eks·por·teur** =*teurs* exporter.

eks·po·seer *geëksposeer, vb., (rare)* exhibit. **eks·po·sant** =*sante, (rare)* exhibitor. **eks·po·si·sie** =*sies* exposition *(in a drama, novel, etc.)*; *(rare)* exhibition, show.

eks·pres =*presse, n.* express. **eks·pres** *adv.* →ASPRIS. ~**trein** →SNELTREIN.

eks·pres·sie =*sies, (fml.)* expression.

eks·pres·sief =*siewe* =*siewer* =*siefste* expressive. **eks·pres·si·wi·teit** expressiveness.

eks·pres·si·o·nis·me *(also E~)* expressionism. **eks·pres·si·o·nis** =*niste, (also E~)* expressionist. **eks·pres·si·o·nis·ties** =*tiese, (also E~)* expressionist(ic).

eks·pro·pri·a·sie =*sies* expropriation. ~**reg** law of expropriation.

eks·pro·pri·eer *geëksproprieer, vb.* expropriate.

eks·pur·geer *geëkspurgeer, vb.* expurgate, bowdlerise. **eks·pur·ga·sie** =*sies* expurgation.

ek·sta·se =*ses* ecstasy, rapture; *iem. in ~ **bring*** move s.o. to ecstasy, throw s.o. into ecstacy/ecstasies; *oor ... in ~ **raak*** go into ecstacy/ecstasies/raptures over ...; *in ~ **wees*** be delirious with joy; be in raptures, be filled with rapture; *oor ... in ~ **wees*** be ecstatic about (*or* be in ecstacy/ecstasies over) ... **ek·sta·ties** =*tiese* ecstatic, in ecstasy/ecstasies; *(infml.)* hyper, *(sl.)* hyped up.

eks·ten·sief =*siewe* =*siewer* =*siefste* extensive.

eks·ten·sor =*sors, (anat.)* extensor (muscle).

ek·ster =*sters, (orn.: Pica pica)* magpie.

eks·te·ri·eur *n. & adj.* exterior.

ek·stern =*sterne* external; unattached; non(-)resident; ~*e bewysstukke uit 'n onafhanklike bron* external evidence from an independent source; ~*e eksaminator* external examiner.

eks·ter·ri·to·ri·aal, ek·stra·ter·ri·to·ri·aal =*ale* ex(tra)territorial. **eks·ter·ri·to·ri·a·li·teit, ek·stra·ter·ri·to·ri·a·li·teit** ex(tra)territoriality.

eks·tien = EKSIEN.

ek·stra -stras, *n.* extra; spare. **ek·stra** *adj.* extra, additional, spare; excess; special; ~ ***belasting*** surtax; ~ ***betaling*** surcharge; ~ ***blad*** special edition, extra (edition); ~ ***dekpunt,*** *(cr.)* extra cover; ~ ***grootte/maat*** outsize; king size; ~ ***koste*** extra/additional charges; ~ ***nommer*** special number; extra (edition); ~ ***port,*** *(postal)* surcharge; ~ ***trein*** special train; ~ ***tyd,*** *(sport)* extra time; ~ ***vrag*** excess fare; ~ ***werk*** overwork, extra work. **ek·stra** *adv.* specially, especially; ~ *fyn* superfine; ~ *groot* outsize; ~ *suiwer* extra virgin *(olive oil).* **ek·stra-** *comb.* extra-. **ek·stra·tjie** -tjies little extra.

eks·tra·heer *geëkstraheer, vb.* extract; *iets uit ...* ~ extract s.t. from ...

ek·strak -strakte extract *(of beef)*; essence; *(rare)* excerpt *(from a book).* ~**blokkie** *(cook.)* stock cube.

ek·strak·sie -sies extraction. ~**kas** *(min.)* zinc box. ~**stof** *(chem.)* extractive.

ek·strak·tief -tiewe, *adj.* extractive.

eks·tra·po·leer *geëkstrapoleer, vb.* extrapolate; *uit ...* ~ extrapolate from ... **eks·tra·po·la·sie** *(math.)* extrapolation.

ek·stra·ü·te·rien, ek·stra-u·te·rien -riene extrauterine *(pregnancy).*

eks·tra·va·gan·za, ex·tra·va·gan·za extravaganza.

ek·streem -streme extreme. **ek·stre·mis** -miste extremist. **ek·stre·mis·me** extremism. **ek·stre·mis·ties** -tiese extremist, ultra. **ek·stre·mi·teit** -teite extremity.

eks·trin·siek -sieke extrinsic; ~*e faktor, (vitamin B_{12})* extrinsic factor; ~*e getuienis* parol evidence.

eks·tro·vert -verte, *n. & adj., (psych.)* extrovert. **eks·tro·ver·sie** extroversion.

eks·tru·sie -sies, *(geol.)* extrusion. ~**gesteente** extrusive rock.

eks·tru·sief -siewe extrusive; ~*siewe gesteente* extrusive rock.

ek·su·daat -date, *(med., bot., entom.)* exudate.

ek·to·derm *(biol.)* ectoderm.

ek·to·morf *n., (physiol.)* ectomorph. **ek·to·morf, ek·to·mor·fies** *adj.* ectomorphic.

ek·to·pies -piese, *(biol., med.)* ectopic; ~*e swangerskap* ectopic pregnancy.

ek·to·plas·ma *(biol.)* ectoplasm.

e·ku·me·nies -niese, *(Chr.)* ecumenic(al); ~*e beweging* ecumenical movement *(towards unity on fundamental issues of belief).* **e·ku·me·nis** -niste, *(Chr.)* ecumenist. **e·ku·me·ni·si·teit** *(Chr.)* ecumenicity. **e·ku·me·nis·me** *(Chr.)* ecumenism, ecumenic(al)ism.

e·kwa·tor -tors equator.

e·kwa·to·ri·aal -ale equatorial. **E~-Guinee** *(geog.)* Equatorial Guinea.

E·kwi·de: *die ~s, (zool.)* the Equidae.

e·kwi·li·breer *geëkwilibreer, vb.* equilibrate. **e·kwi·li·bris** -briste, *(rare)* acrobat, tightrope walker. **e·kwi·li·bri·um** equilibrium *(of a system).*

e·kwi·noks -nokse equinox. **e·kwi·nok·si·aal** -ale equinoctial.

e·kwi·pa·sie -sies equipage, carriage, turnout, rig; *(hist.)* crew, ship's company.

e·kwi·va·lent -lente, *n.* equivalent; *die ~ van ... wees* be the equivalent of ... **e·kwi·va·lent** -lente, *adj.* equivalent; *iets is ~ aan ...* s.t. is equivalent to ...

el *elle, (hist. unit of length)* ell; yard; →ELLE-. ~**(le)maat** *(hist.)* ell-measure; ell-wand.

E·la·miet -miete, *(OT)* Elamite.

é·lan élan, brio, dash, flair, panache, verve, zest.

e·land -lande, *(SA: Taurotragus oryx)* eland; *(Eur.: Alces alces)* elk; *(Am.)* moose; *(SA mil.: armoured vehicle, chiefly E~)* Eland; →ELK[1] *n.*. ~**hond** elkhound.

e·lands-: ~**boontjie** *(Elephantorrhiza elephantina)* elephant's root, elandsbean. ~**doring** *(Dicerocaryum zanguebarium)* stud/devil's/stub thorn, ruredzo. **kweek(gras)** *(Cynodon dactylon)* couch grass; →KWEEK *n.*. ~**vel** skin of an eland. ~**veld** *(flat, open country with low-growing shrubs)* eland veld. ~**vy** *(Carpobrotus acinaciformis)* sour fig; →SUURVY(TJIE).

e·las·mo·sou·rus elasmosaur.

e·las·tiek *n., (rare)* elastic.

e·las·tien *(chem.)* elastin, elasticin.

e·las·ties -tiese -tieser die mees -tiese elastic, resilient, springy, stretchy *(material).* **e·las·ti·si·teit** elasticity, resiliency, springiness.

e·las·ti·si·teits-: ~**grens** elastic limit, limit of elasticity, yield(ing) point. ~**koëffisiënt,** ~**ko-effisiënt** coefficient of elasticity. ~**modulus** *(phys.)* Young's modulus.

e·la·te·rien *(chem.)* elaterin.

e·la·te·riet *(min.)* elaterite.

El·ba *(geog.)* Elba.

el·ber·ta·per·ske *(also E~)* Elberta peach.

El·boers·ge·berg·te Elburz Mountains *(in Iran).*

El·broes: *(die berg)* ~ Mount Elbrus *(in the Caucasus).*

el·ders elsewhere; *êrens* ~ somewhere else; *nêrens* ~ *nie* nowhere else; *oral(s)* ~ anywhere/everywhere else.

el·do·ra·do -do's, *(fig.: place of abundance and great opportunity)* El Dorado, eldorado; *(E~, fabled city/country)* El Dorado.

E·le·aat -ate, *n., (Gr., hist.)* Eleatic (philosopher). **E·le·a·ties** -tiese, *adj.,* Eleatic.

e·le·fan·ti·a·se *(med.)* elephantiasis.

e·le·gant -gante -ganter -gantste, *adj.* elegant, stylish, chic, *(infml.)* classy, ritzy. **e·le·gant** *adv.* genteelly. **e·le·gan·sie** elegance, chic, *(infml.)* classiness.

e·le·gie -gieë elegy, elegiac poem. **e·le·gies** -giese elegiac.

e·lek·sie -sies election; →VERKIESING. ~**verhoog** hustings.

e·lek·to·raat electorate, voting public, voters.

E·lek·tra *(Gr. myth.)* Electra. ~**kompleks** *(psych.: attachment of a daughter to her father)* Electra complex.

e·lek·tries -triese, *adj.* electric; electromechanical; ~*e* ***aanleg*** electric installation; ~*e* ***battery*** electric battery; ~*e* ***borsel/toestel/ens.*** electromechanical brush/device/etc.; ~*e* ***dryfkrag*** electric power; ~*e* ***eenheid*** unit of electricity; ~*e* ***energie*** electrical energy; ~*e* ***heining*** electric fence; ~*e* ***kitaar/ghitaar*** electric guitar; ~*e* ***klokkie*** trembling bell, trembler; ~*e* ***knoppie*** electric button/switch; ~*e* ***kombers*** electric blanket; ~*e* ***kragprop*** power plug/point; ~*e* ***(kroon)kandelaar*** electrolier; ~*e* ***kroonlamp*** electrolier; ~*e* ***lading/ontlading*** electric charge/discharge; ~*e* ***motor*** electromotor; ~*e* ***oog*** = FOTOSEL; ~*e* ***orgaan,*** *(icht.)* electric organ; ~*e* ***orrel,*** *(mus.)* electric organ; ~*e* ***rem*** magnetic brake; ~*e* ***skeermes*** electric razor/shaver; ~*e* ***skok*** electric shock; ~*e* ***stoof*** electric cooker; ~*e* ***stroom*** electric current; ~*e* ***toeskroeiing,*** *(med.)* electrocautery; ~*e* ***veld*** electric field; ~*e* ***verbinding*** electric connection; ~*e* ***verwarming*** electric heating. **e·lek·tries** *adv.* electrically; *iets is ~ gedrewe* s.t. is electrically driven/operated; *die atmosfeer is ~ gelaai* the atmosphere is electrifying; *iem. ~ teregstel* electrocute s.o..

e·lek·trie·se-: ~**impedansiemetode** *(med.)* electrical impedance method *(for detecting skin cancer).* ~**skokterapie** *(med.)* electroconvulsive/electroshock (*or* electric shock) therapy. ~**veldsterkte** electric field strength/intensity.

e·lek·tri·fi·seer *geëlek-, vb.* electrify; *geëlektrifiseerde heining* electric fence. **e·lek·tri·fi·ka·sie, e·lek·tri·fi·se·ring** electrification.

e·lek·tri·seer *geëlek-, vb., (rare, lit. & fig.)* electrify. **e·lek·tri·se·ring** *(lit. & fig.)* electrifying, electrification.

e·lek·tri·si·ën -siëns electrician.

e·lek·tri·si·teit electricity; ~ ***aanlê*** lay on electricity; *die ~* ***afsluit*** cut off the electricity; *deur ~* ***gedood*** *word* →DOODSKOK; *iets deur ~* ***ontleed*** →ELEKTROLISEER; ~ ***opwek*** generate electricity; *iem. deur ~* ***teregstel*** →IEM. ELEKTRIES TEREGSTEL.

e·lek·tri·si·teits-: ~**leer** *(rare)* electrology, (study of) electricity. ~**meter** electricity meter. ~**rekening** electricity account/bill. ~**toevoer,** ~**voorsiening** electric(ity) supply.

e·lek·tro- *comb.* electro-.

e·lek·tro·a·koes·ties electroacoustic.

e·lek·tro·a·na·li·se *(chem.)* electrolytic analysis. **e·lek·tro·a·na·li·ties** -tiese electroanalytic(al).

e·lek·tro·bi·o·lo·gie electrobiology.

e·lek·tro·che·mie electrochemistry. **e·lek·tro·che·mies** -miese electrochemical.

e·lek·tro·chi·rur·gie, -**sji·rur·gie** electrosurgery. **e·lek·tro·chi·rur·gies,** -**sji·rur·gies** electrosurgical.

e·lek·tro·de -des electrode.

e·lek·tro·di·a·li·se *(chem.)* electrodialysis.

e·lek·tro·di·na·mi·ka *(phys.)* electrodynamics.

e·lek·tro·ën·ke·fa·lo·graaf, e·lek·tro-en·ke·fa·lo·graaf, e·lek·tro·ën·se·fa·lo·graaf, e·lek·tro-en·se·fa·lo·graaf *(psych.)* electroencephalograph.

e·lek·tro·ën·ke·fa·lo·gram, e·lek·tro-en·ke·fa·lo·gram, e·lek·tro·ën·se·fa·lo·gram, e·lek·tro-en·se·fa·lo·gram electroencephalogram.

e·lek·tro·fiel *n., (chem.)* electrophile. **e·lek·tro·fi·lies** -liese, *adj.* electrophilic.

e·lek·tro·foor -fore, *(phys.)* electrophorus.

e·lek·tro·fo·re·se *(chem., med.)* electrophoresis.

e·lek·tro·graaf *(phys., print.)* electrograph. **e·lek·tro·gra·fie** electrography.

e·lek·tro·kar·di·o·graaf *(med.)* electrocardiograph. **e·lek·tro·kar·di·o·gra·fie** electrocardiography.

e·lek·tro·kar·di·o·gram electrocardiogram.

e·lek·tro·ki·ne·ties -tiese, *(chem.)* electrokinetic. **e·lek·tro·ki·ne·ti·ka, e·lek·tro·ki·ne·tiek** electrokinetics.

e·lek·tro·ko·a·gu·la·sie, e·lek·tro·ko·a·gu·le·ring *(med.)* electrocoagulation.

e·lek·tro·kon·vul·sief -siewe: ~*siewe terapie, (med.)* electroconvulsive/electroshock (*or* electric shock) therapy.

e·lek·tro·ku·teer *geëlek-, vb., (rare)* electrocute. **e·lek·tro·ku·sie** -sies electrocution.

e·lek·tro·liet -liete, *(chem., phys.)* electrolyte.

e·lek·tro·li·se *(chem., med.)* electrolysis. **e·lek·tro·li·ties** -tiese electrolytic.

e·lek·tro·li·seer *geëlek-, vb., (chem., med.)* electrolyse.

e·lek·tro·mag·neet *(phys.)* electromagnet. **e·lek·tro·mag·ne·ties** -tiese electromagnetic; ~*e* ***besoedeling*** electromagnetic smog; ~*e* ***eenheid*** electromagnetic unit; ~*e* ***golf*** electromagnetic wave; ~*e* ***spektrum*** electromagnetic spectrum; ~*e* ***straling*** electromagnetic radiation. **e·lek·tro·mag·ne·tis·me** electromagnetism.

e·lek·tro·me·dies electromedical.

e·lek·tro·meer -mere, *adj., (chem.)* electromeric.

e·lek·tro·me·ga·nies -niese electromechanical; ~*e koeling* electromechanical refrigeration. **e·lek·tro·me·ga·ni·ka** electromechanics.

e·lek·tro·me·tal·lur·gie electrometallurgy, galvanoplastics.

e·lek·tro·me·ter *(phys.)* electrometer.

e·lek·tro·mi·o·gra·fie *(med.)* electromyography.

e·lek·tro·mo·tor electromotor, electric motor. **e·lek·tro·mo·to·ries** -riese electromotive, electromotor *(force).*

e·lek·tron -trone, *(phys.)* electron; *vry/ongebonde* ~ free electron. ~**baan** = ELEKTRONEBAAN. ~**buis** = ELEKTRONEBUIS. ~**mikroskoop** = ELEKTRONEMIKROSKOOP. ~**volt** electronvolt.

e·lek·tro·ne-: ~**baan** *(phys.)* electronic orbit. ~**buis** *(phys.)* electron tube, thermionic valve. ~**buistegniek** thermionics. ~**bundel** electron beam. ~**kanon** electron gun. ~**leer** electronics. ~**lens** electron lens. ~**mikroskoop** electron microscope. ~**optika** electron optics. ~**paar** electron pair. ~**teorie** *(chem., phys.)* electron theory. ~**vermenigvuldiger** electron multiplier.

e·lek·tro·ne·ga·tief -tiewe, *(chem.)* electronegative. **e·lek·tro·ne·ga·ti·wi·teit** *(chem.)* electronegativity.

e·lek·tro·nies -niese electronic; ~*e* ***bankdienste*** electronic banking services; ~*e* ***banksake*** electronic banking; ~*e* ***bankwese*** electronic banking; ~*e* ***flits,*** *(phot.)*

electronic flash; *~e* ***fondsoorplasing by verkoop(s)punt*** electronic funds transfer at point of sale *(acr.:* EFTPOS, Eftpos*)*; *~e* ***horlosie/oorlosie*** digital watch; →DIGITAALHORLOSIE; *~e* ***kantoor*** electronic office; *~e* ***monitering*** electronic surveillance; *~e* ***oorlogvoering,*** *(mil.)* electronic warfare; *~e* ***orrel,*** *(mus.)* electric organ; *~e* ***pos*** electronic mail; *~e* ***posbus*** electronic mailbox; *~e* ***publikasie*** electronic publishing; *~e* ***tablet,*** *(comp.)* electronic tablet; *~e* ***teks*** electronic text; *~e* ***tikmasjien*** electronic typewriter; *~e* ***toetsbord*** electronic keyboard; *~e* ***verkoop(s)punt*** electronic point of sale *(acr.:*EPOS*)*; *~e* ***waarneming*** electronic surveillance; *~e* ***waarnemingstelsel*** electronic surveillance system. **e·lek·tro·ni·ka** electronics. **e·lek·tro·ni·kus** *=nikusse, =nici* electronician.

e·lek·tro·ös·mo·se, e·lek·tro-os·mo·se *(physical chem.)* electro-osmosis.

e·lek·tro·plas·tiek electrotypy.

e·lek·tro·pla·teer *geëlek=, vb.* electroplate. **e·lek·tro·pla·te·ring** electroplating.

e·lek·tro·po·si·tief *=tiewe, (chem.)* electropositive. **e·lek·tro·po·si·ti·wi·teit** electropositivity.

e·lek·tro·sin·tese *(chem.)* electrosynthesis.

e·lek·tro·skok *(med.)* electroshock, electric shock. **~terapie** *(med.)* electroconvulsive/electroshock (*or* electric shock) therapy.

e·lek·tro·skoop *=skope* electroscope.

e·lek·tro·sta·ties *=tiese* electrostatic; *~e generator, (elec.)*Van de Graaff generator. **e·lek·tro·sta·ti·ka** electrostatics.

e·lek·tro·strik·sie, e·lek·tro·ver·nou·ing *(phys.)* electrostriction. **e·lek·tro·strik·tief** *=tiewe* electrostrictive.

e·lek·tro·teg·niek electrotechnics, electrotechnology. **e·lek·tro·teg·nies** *=niese* electrotechnical; *~e draadwerker* electrical wireman; *~e ingenieur* electrical engineer; *~e ingenieurswese* eletrical engineering. **e·lek·tro·teg·ni·kus** *=nikusse, =nici* electrotechnician. **e·lek·tro·teg·no·lo·gie** electrotechnology.

e·lek·tro·te·ra·pie electrotherapeutics, electrotherapy, electropathy.

e·lek·tro·ter·mies *=miese* electrothermal, electrothermic.

e·lek·tro·ti·pie, e·lek·tro·ti·pe·ring *(print.)* electrotypy, electrotyping; →GALVANOPLAAT.

e·lek·tro·tro·pie *(biol.)* electrotropism.

e·lek·tro·va·len·sie *(chem.)* electrovalence, electrovalency.

e·le·ment *=mente* element; ***in jou ~ wees,*** *(infml.)* be in one's element, be perfectly at home; ***die persoonlike ~,*** *(also)* the personal equation; ***die ~e trotseer,*** *(infml.)* brave the elements; ***uit jou ~ wees,*** *(infml.)* be like a fish out of water; ***nie in jou ~ voel nie,*** *(infml.)* feel out of it. **e·le·men·te·leer** *(rare)* study/science of elements, chemistry.

e·le·men·taal *=tale, adj., (of or relating to earth, air, water and fire)* elemental; *(rare)* elemental, fundamental, basic. **e·le·men·ta·lis·me** elementalism.

e·le·men·têr *=têre* elementary; *~e deeltjie, (phys.)* elementary particle; *~e kennis* working knowledge.

e·lenk·ties *=tiese, (log.)* elenctic.

E·leu·si·nies: *die ~e misterieë, (Gr., hist.: annual rites performed by the ancient Greeks)* the Eleusinian mysteries.

e·le·va·sie *=sies* elevation. **~hoek** angle of elevation.

e·le·va·tor *=tors, (rare)* elevator, hoist.

elf[1] *elwe, n.* elf, fairy. **elf·ag·tig** *=tige* elfish, elfin, elvish.

elf[2] *elwe, n., (icht.: Pomatomus saltatrix)* elf(t), *(infml.)* shad.

elf[3] *elwe, elfs, num. (substantive)* eleven. **elf** *num. (adjectival)* eleven; *~ uur, (duration)* eleven hours; →ELFUUR. **~en-dertigste, ~ en dertigste:** *iets op jou ~ (of ~ ~ ~) doen, (infml.)* do s.t. at a snail's pace; *alles op jou ~ (of ~ ~ ~) doen* be a slowcoach/dawdler. **~hoek** hendecagon. **~hoekig, ~hoekig** *=e* hendecagonal. **~lettergrepig** hendecasyllabic; *~e vers/woord, (pros.)* hendecasyllable. **~proef** proving by elevens. **~tal** (number of) eleven; (team/side of) eleven. **~uur** eleven o'clock. **~uurtee,** *(rare)* **elfuurtjie** eleven o'clock tea, mid-morning snack, morning tea break, elevenses. **~vlak** hendecahedron. **~vlakkig, ~vlakkig** *=e* hendecahedral. **~voud** *=e* multiple of eleven. **~voudig** *=e* elevenfold.

elf·de *=des, n., (fraction)* eleventh. **elf·de** *adj.* eleventh; *ter ~r ure* →UUR.

El Gî·za, Gî·za *(geog.)* (El) Gîza.

E·li *(OT priest)* Eli.

E·li·a *(OT prophet)* Elijah.

e·li·deer *geëlideer, vb., (phon.)* elide; →ELISIE.

E·li·ë·ser *(OT name)* Eliezer.

e·lik·ser *=sers* elixir.

e·lim·hei·de *(also E~, bot.: Erica regia)* Elim/royal heath.

e·li·mi·na·sie *=sies* elimination; *deur 'n proses van ~* by a process of elimination. **~proses:** *deur 'n ~* by a process of elimination.

e·li·mi·neer *geëlimineer, vb.* eliminate.

E·li·sa *(OT prophet)* Elisha.

E·li·sa·beth·stad *(geog., hist.; since 1966:* Lubumbashi*)* Elisabethville.

e·li·sie *=sies, (phon.)* elision.

e·li·si·teer *geëlisiteer* elicit, bring about/forth/out (*or* to light); elicit, draw out, evoke.

E·li·si·um *(Gr. myth.)* Elysium. **E·li·sies** *=siese, (also e~)* Elysian; *die ~e Velde* the Elysian Fields.

e·lite elite, *(Fr.)* élite, smart set, society (people), *(Fr.)* crème de la crème; *die ~* the cream of society. **~woonbuurt** *=e,* **~woonbuurte** *=s* elite/exclusive/up-market suburb.

e·li·têr *=têre* elitist.

e·li·tis *=tiste* elitist. **e·li·tis·me** elitism. **e·li·tis·ties** *=tiese: ~e kultuur* upper-class culture.

E·li·za·be·thaans *=thaanse, adj., (also e~, of or relating to the reign of Queen Elizabeth I)* Elizabethan.

elk[1] *elke, n., (Alces alces)* elk; *Amerikaanse ~* = WAPITI.

elk[2] *elke, pron.* each, every, any; →ELKEEN, IEDER; *~e* ***ander*** *een* anyone else; ***drie/ens.*** *~* three/etc. each; three/etc. all; *in ~* ***geval*** →GEVAL[1] *n.; in ~e* ***geval*** →GEVAL[1] *n.;* ***hulle/ons*** *het ~ ...* each of them/us has ...; *~e* ***keer/maal*** *dat iem. ...* →KEER *n.,* MAAL[2] *n.; ~e* ***oomblik*** →OOMBLIK; *tot ~e* ***prys*** →PRYS[1] *n.;* ***R20/ens.*** *~, (also, infml.)* R20/etc. a throw; *~e* ***tien tellings*** →TELLING; *na ~e* ***woord*** *luister* listen to every word. **~een** each, everyone, everybody; anybody, anyone; *~ en* ***almal*** all and sundry; *dis ~ se* ***gouigheid*** each one for him-/herself; ***hulle/ons*** *het ~ ...* each of them/us has ...; *~* ***kan*** *nie ... nie* it's not everyone/everybody who can ...; *~ sonder* ***uitsondering*** every single one, every mother's son; *dit is vir ~* ***vry*** it is free/open to everyone.

el·ke·man: *Jan E~, (rare)* →JAN ALLEMAN.

el·kers *(obs.)* at frequent intervals.

el·le-: **~lank** *=lang(e)* long-winded, long-drawn(-out), overlong, incredibly long; *~lang(e) stories vertel* spin/tell stories by the yard; *~lang(e) woorde* sesquipedalian words. **~pyp** *(anat.)* ulnar bone, ulna. **~pypslagaar** ulnar artery. **~ridder** *(joc., obs.), (tailor)* knight of the shears/thimble/yardstick; *(shop assistant)* counter jumper.

el·len·de *=des* distress, misery, wretchedness, woe; *die* ***brood*** *van ~, (poet., liter.)* the bread of affliction; ***diepe*** *~* abject/deep misery; *in die* ***diepste*** *~* in utter misery; ***dis*** *'n ~* it's a bad business; ***eindelose/naamlose/namelose*** *~* untold misery; *in ~* ***gedompel*** *wees* be steeped in misery; ***'n (hele)*** *~, (also)* a beastly nuisance; *iem. is 'n* ***lang*** *stuk ~* s.o. is a slab of misery; *die ~(s) van die* ***oorlog*** the miseries/evils of the war; *tot* ***oormaat*** *van ~* to crown/top (*or* on top of) it all, on top of that, to make things worse; *in ~* ***verkeer*** be in need; *~* ***veroorsaak*** cause misery. **el·len·de·ling** *=linge* villain; wretch, miscreant. **el·len·dig** *=dige, adj.* miserable, wretched, distressful; rotten, bad *(business)*; beastly *(weather)*; beggarly, forlorn, piteous; *(Br., infml.)* grotty; *~e toestand* wretched condition, sorry plight. **el·len·dig** *adv.* miserably, wretchedly; *iem. lê ~ siek* s.o. is seriously ill; *uiters ~* utterly miserable; *~ voel* be/feel miserable, *(infml.)* feel rotten. **el·len·dig·heid** misery, wretchedness; *dis 'n ~* it's a bad business.

El·lice-ei·lan·de *(geog., hist.)* Ellice Islands; →TUVALU.

el·lie *=lies, (large playing marble)* alley; shooter.

el·lips *=lipse, (geom.)* ellipse; *(gram.)* ellipsis. **~gewelf** *=welwe, (archit.)* elliptic(al) vault. **~(teken)** = BELETSELTEKEN.

el·lip·so·graaf *=grawe, (geom.)* ellipsograph.

el·lip·so·ïed *=soïede, n. & adj.* ellipsoid. **el·lip·so·ï·daal** *=dale* ellipsoid(al).

el·lip·ties *=tiese* elliptic(al); oval.

El·lis·ei·land *(geog.)* Ellis Island *(in the bay of New York)*.

elm·boog *=boë* elbow; elbow fitting; bend, elbow *(in a river)*; *die ~* ***lig,*** *(infml.)* bend/crook/lift one's elbow, tipple; *iem.* ***met*** *die ~* ***aanstoot*** →AANSTOOT *vb.; iem. se elmboë* ***steek*** *uit* (of *deur die/sy moue*) s.o. is out at the elbows; *die ~* ***vry*** *hê* have elbow room; *~ in die* ***wind steek*** make a hurried departure. **~beentjie** funny/crazy bone. **~lyn** elbow line. **~putjie** *(golf)* dogleg hole. **~pyp** elbow pipe, ell; ulna. **~(s)mou** elbow sleeve. **~noedels** rigatoni *(It.)*. **~skut** *(sport)* elbow pad; *(text.)* elbow patch. **~stuk** elbow fitting. **~swaai** elbow bend; *die pad maak 'n ~* there is a bend in the road. **~verband** elbow bandage. **~verbinding** elbow connection.

Elms·vuur, El·mus·vuur: *(Sint) ~* Saint Elmo's fire.

El Ni·ño *(Sp., meteorol.)* El Niño.

e·lo·ku·sie elocution. **~les** elocution lesson. **e·lo·ku·si·o·nis** *=niste* elocutionist.

e·lon·ga·sie *=sies, (astron.)* elongation, phase.

el·pe·been *(rare)* ivory; →IVOOR.

els[1] *else* awl, pricker. **~gras** *(Microchloa caffra)* pincushion/silk grass. **~hef** awl haft.

els[2] *else, (bot.: Alnus* spp.*)* alder. **~boom** alder (tree). **~hout** alder wood.

El Sal·va·dor *(geog.)* El Salvador.

El·sas: *die ~, (geog.)* Alsace. **~-Lotharinge** *(geog.)* Alsace-Lorraine. **El·sas·ser** *=sers, (inhabitant of Alsace)* Alsatian. **El·sas·sies** *=siese* Alsatian, of Alsace.

el·sie *=sies, (orn.)* avocet; stilt; →BONTELSIE, ROOIPOOTELSIE.

e·lu·vi·um *=viums, =via, (geomorphol.)* eluvium. **e·lu·vi·aal** *=ale* eluvial.

el·we-: **~dans** fairy dance. **~kind** changeling. **~koning** *(Germ. myth.)* erlking. **~ring** fairy ring. →ELF[1].

el·wer *=wers, (icht.)* elver, young eel.

E·ly·sée(·pa·leis): *die ~, (official residence of the president of Fr.)* the Elysée Palace.

em *emme, ems, (the letter m)* em; *(print.)* em. **~lyn** *(print.)* em dash.

e·mal·je *=jes, (infml.)* **e·nem·mel** enamel. **~beker** enamel mug. **~kastrol** enamel(led) saucepan. **~teël** enamelled tile. **~verf** enamel paint. **~ware** enamelware. **~werk** enamelling.

e·mal·jeer *geëmaljeer, (infml.)* **e·nem·mel** *geënemmel, vb.* enamel; *geëmaljeerde kastrol* enamelled saucepan. **~werk** enamelling.

e·mal·jeer·der *=ders* enameller.

e·ma·na·sie *=sies, (rare)* emanation. **~teorie** corpuscular theory *(of light)*.

e·ma·neer *geëmaneer, vb., (rare)* emanate.

e·man·si·peer *geëmansipeer, vb.* emancipate. **e·man·si·pa·sie** *=sies* emancipation; liberation.

em·bar·go *=go's* embargo.

em·bar·ras·seer *geëmbarrasseer, vb.* embarrass.

em·bleem *=bleme* emblem. **em·ble·ma** *=mas, =mata* emblema. **em·ble·ma·ties** *=tiese* emblematic(al).

em·bo·lus *=bolusse, =boli, (med.)* embolus. **em·bo·lie** *(med.: obstruction of an artery)* embolism.

em·bri·o *=o's* embryo. **em·bri·o·naal** *=nale,* **em·bri·o·nêr** *=nêre,* **em·bri·o·nies** *=niese* embryonic.

em·bri·o·lo·gie embryology. **em·bri·o·lo·gies** =giese embryologic(al). **em·bri·o·loog** =loë embryologist.

em·bri·o·to·mie embryotomy.

em·bro·ka·sie =sies, *(med.: ointment for sprains/strains)* embrocation.

em·bui·a →IMBUIA.

e·men·deer *geëmendeer, vb.* emend. **e·men·da·sie** =sies emendation. **e·men·de·rend** =rende emendatory.

e·me·ri·taat =tate superannuation, retirement *(of a professor or minister of religion)*; ~ *aanvaar* retire; ~ *aanvra* apply for superannuation.

e·me·ri·teer *geëmeriteer, vb., (rare)* pension *(a professor, minister of religion)*.

e·me·ri·tus, e·me·ri·tus =ritusse,=riti, *n.* retired professor; retired minister of religion. **e·me·ri·tus** *adj.* retired, emeritus. **~predikant** pastor emeritus.

e·mer·sie =sies, *(astron.)* emersion.

e·me·ti·kum =kums, *(med.)* emetic.

em·fa·se *(fml.)* emphasis. **em·fa·ties** =tiese emphatic.

em·fi·seem =seme, *(pathol.)* emphysema. **~lyer** emphysema sufferer.

e·mi·gra·sie =sies emigration. **~beleid** =e emigration policy.

é·mi·gré =grés, *(Fr.)* émigré.

e·mi·greer *geëmigreer, vb.* emigrate; *uit 'n land (na 'n ander land)* ~ emigrate from a country (to another country). **e·mi·grant** =grante emigrant.

e·mi·nen·sie *(rare)* eminence, excellence, merit; *U/Sy E~, (RC)* Your/His Eminence.

e·mi·nent =nente =nenter =nentste eminent, outstanding.

e·mir =mirs emir. **e·mi·raat** =rate emirate.

e·mis·sie =sies, *(econ.)* issue. **~bank** bank of issue. **~koers** price of issue. **~koste** flotation expense.

e·mit·teer *geëmitteer, vb.* issue.

em·lyn →EM.

Em·maus·gan·gers *(NT: Luke 24:13-35)* men/disciples of Emmaus.

em·men·tal *(Swiss cheese, also E~)* Emment(h)al(er) (cheese).

em·mer[1] =mers bucket, pail; *(no pl., dry measure: 1/2 bushel, ± 11,3 kg)* pailful; *(net) 'n* ***druppel*** *aan/in die* ~ →DRUPPEL *n.*; *die laaste* ***druppel*** *laat die ~ oorloop* →DRUPPEL *n.*; *twee ~* ***koring*** two pailfuls of wheat; *dit* ***reën*** *of jy water met ~s gooi, (infml.)* it is raining cats and dogs; *die ~* ***skop,*** *(infml.: die)* kick the bucket, cash in (one's checks/chips), snuff it; *'n ~* ***(vol)*** ... a pailful/scoopful of ...; *'n ~* ***water/ens.*** a bucket/pail of water/etc.. **~ketting, ~leer** bucket elevator.

em·mer[2]: ~(koring) *(bot.: Triticum dicoccum)* emmer.

em·me·tro·pie *(normal condition of the refractive media of the eye)* emmetropia.

e·moe =moes, *(orn.)* emu.

e·mol·u·ment =mente *(usually in the pl.)* emolument; perquisite, *(infml.)* perk.

e·mo·sie =sies emotion; *jou ~s beheers* keep the lid on one's temper *(infml.)*. **e·mo·sie·loos** =lose emotionless, stony-faced.

e·mo·si·o·neel =nele, *adj.* emotional; emotive; affective; *~nele* ***aantrekkingskrag*** emotional appeal; *~nele* ***afpersing/afdreiging*** emotional blackmail; ***baie*** *~ wees* be charged with emotion; *~nele* ***betrokkenheid*** emotional involvement; *~nele* ***pleidooi*** emotional appeal; *~ oor iets* ***raak*** get emotional over s.t.; *~nele* ***toestand*** emotional state; *~nele* ***versteuring*** emotional disturbance; *~nele* ***verwaarlosing*** emotional deprivation. **e·mo·si·o·neel** *adv.* emotionally; *~ onstabiel* emotionally unstable; *~ reageer* react emotionally. **e·mo·si·o·na·li·teit** emotionalism.

e·mo·tief =tiewe emotive. **e·mo·ti·wi·teit** emotivity, emotiveness.

em·pa·tie empathy. **~-uitputting** compassion fatigue.

em·pi·eem =piëme, *(med.)* empyema.

em·pire: *die E~* the (British) Empire. **~lyn** Empire line *(of a dress)*. **~styl** *(1804-14)* Empire style *(of furniture etc.)*.

em·pi·rie empiricism, empirical method. **em·pi·ries** =riese empiric(al); *~e formule, (chem.)* empirical formula; *~e sielkundige/psigoloog* empirical psychologist. **em·pi·ri·kus** =rikusse, =rici, **em·pi·ris** =riste empiricist. **em·pi·ris·me** *(philos., also E~)* empiricism.

em·plo·jeer *geëmplojeer, vb., (rare)* employ.

em·po·ri·um =riums, =ria, *(large retail store)* emporium.

Ems *(geog.)* Ems.

e·mu·leer *geëmuleer* emulate. **e·mu·la·sie** emulation.

e·mul·geer, e·mul·si·fi·seer *geëmul=, vb., (chem.)* emulsify; *emulgerend* emulgent. **~middel, ~stof** = EMULGEERDER.

e·mul·geer·baar =bare emulsifiable.

e·mul·geer·der, e·mul·gent emulgent, emulsifier, emulsifying agent.

e·mul·ge·ring, e·mul·si·fi·se·ring emulsification.

e·mul·sie =sies emulsion. **~laag** emulsion layer. **~verf** emulsion paint.

e·mul·si·fi·seer →EMULGEER. **e·mul·si·fi·se·ring** →EMULGERING.

e·mul·so·ïed =soïede, *n. & adj.,* emulsoid.

en[1] *enne, ens, n., (the letter n)* en; *(print.)* en. **~lyn** *(print.)* en dash.

en[2] *conj.* and; *~* ***dergelike*** and so forth/on; *daar is dokters ~* ***dokters,*** *(joc.: some are better than others)* there are doctors and doctors; *én ... én ...* both ... and ...; *iets* ***lê/loop/sit/staan*** *~ doen, (hendiadys)* do s.t. lying down, lie (somewhere) doing s.t.; do s.t. while walking, walk along doing s.t.; do s.t. sitting down, sit (somewhere) doing s.t.; do s.t. standing up, stand (somewhere) doing s.t.; *~ so* ***meer*** and so forth/on; ***verplig*** *wees ~ doen iets* be forced to do s.t.. **~sovoort(s)** and so forth/on, et cetera, etcetera. **~-teken** *(the sign &)* ampersand.

en[3] *prep.* on; *volgende/ander week ~ Vrydag/ens.* on Friday/etc. next week; *verlede week ~ Dinsdag/ens.* on Tuesday/etc. last week.

en[4] *prep., (Fr.)* in; *~* ***bloc*** in a lump; as a whole; all together, all at the same time; *~* ***garde,*** *(interj., fencing)* en garde; *~* ***gros*** wholesale; *~* ***masse*** in bulk; in mass; *~* ***passant*** in passing, by the way.

E·naks·kind *(OT)* son of Anak; *(fig., also e~)* giant.

e·nan·ti·o·: ~blasties =e, *(bot.)* enantioblastic. **~morf** =e, *n., (cryst., chem.)* enantiomorph. **~morf, ~morfies** =e, *adj., (cryst., chem.)* enantiomorphic, enantiomorphous. **~morfie,** *(cryst., chem.)* enantiomorphism.

en·core =cores, *n., (Fr., mus.)* encore, repetition, repeat performance. **en·core** *interj.* encore, again, once more.

end *n.* →EINDE. **end** *geënd, vb.* →EINDIG *vb.*. **~arterie, ~slagaar** *(anat.)* end artery. **~fluitjie** →EINDFLUITJIE. **~hout** end grain. **~rym** →EINDRYM. **~stasie** →EINDSTASIE. **~streep** →EINDSTREEP. **~syfer** →EINDSYFER. **~toets, eindtoets** *(comp.)* End key. **~uit** to the end; *~ baklei/veg* fight to a finish; *~ hou* go/stay the distance, stay the course/pace, persevere (to the end); *iets ~ vertel* tell s.t. from beginning to end (*or* from A to Z).

en·de·ka·goon =gone hendecagon; →ELFHOEK. **en·de·ka·go·naal** =nale hendecagonal.

en·del·derm *(anat., zool.)* rectum. **~voeding** rectal feeding.

en·de·mie =mies endemic (disease). **en·de·mies** =miese endemic; *~ wees in 'n gebied* be endemic in/to an area.

en·di·o·me·ter *(astron., rare)* endiometer.

en·do- *comb.* endo=.

en·do·derm *(zool., embryol.)* endoderm. **en·do·dermaal** =male endodermal, =dermic.

en·do·der·mis *(bot.)* endodermis.

en·do·gaam =game, *(anthr., bot.)* endogamous. **en·do·ga·mie** endogamy.

en·do·geen =gene, *n.* endogen. **en·do·geen** =gene, *adj., (biol.)* endogenous; *(geol.)* endogenic. **en·do·ge·ne·ties** =tiese endogenetic.

en·do·kar·di·um *(anat.)* endocardium.

en·do·karp *n., (bot.)* endocarp. **en·do·karp** =karpe, **en·do·kar·pies** =piese, *adj.* endocarpal, endocarpic.

en·do·krien =kriene, *(physiol.)* endocrine, ductless. **en·do·kri·no·lo·gie** endocrinology. **en·do·kri·no·lo·gies** =giese endocrinological. **en·do·kri·no·loog** =loë endocrinologist.

en·do·me·tri·um =triums, =tria, *(anat.)* endometrium. **en·do·me·tri·aal** =ale endometrial. **en·do·me·tri·o·se** *(med.)* endometriosis.

en·do·morf =morfe, *n., (geol., physiol.)* endomorph. **en·do·morf** =morfe, **en·do·mor·fies** =fiese, *adj.* endomorphic. **en·do·mor·fie, en·do·mor·fose, en·do·mor·fis·me** endomorphism.

en·do·plas·ma *(biol.)* endoplasm.

en·do·po·diet =diete, *(zool.)* endopodite.

en·dor·fien *(biochem.)* endorphin.

en·do·skoop =skope, *(med.)* endoscope. **en·do·sko·pie** endoscopy.

en·dos·mo·se *(phys., chem., biol.)* endosmosis.

en·do·sperm *(bot.)* endosperm.

en·do·spoor *(bot.)* endospore, =sporium.

en·dos·seer *geëndosseer, vb.* endorse. **en·dos·sant** =sante endorser. **en·dos·se·ment** =mente endorsement. **en·dos·se·ring** endorsing.

en·do·teel =tele, *(anat.)* endothelium.

en·do·ter·mies =miese, *adj., (chiefly chem.)* endothermic *(reaction etc.)*.

e·ne *adj. & pron.:* ***daardie*** *~* →DAARDIE **EEN;** ***dié/hierdie*** *~* →DIÉ/HIERDIE **EEN;** *ten ~* ***male*** →MAAL[2] *n.*; *~* ***mnr.*** *A* a/one (*or* a certain) Mr A; *jy is (ook) 'n* ***mooi*** *~!* →JY IS (OOK) 'N MOOI **EEN;** *iem. is* ***nie*** *~ om te ... nie* →IEM. IS NIE **EEN** OM TE ... NIE; *~ ken* ***wat*** ... →**EEN** KEN WAT ...; *(die) ~ ...* ***wees,*** *(clothes etc.)* be covered with ... *(blood, mud, etc.)*, be all ... *(bloody, muddy, etc.)*; *(a pitch etc.)* be soaked with (*or* full of *or* a stretch of) ... *(water)*; *(s.o.'s face)* be wreathed in ... *(smiles)*; *(s.o.)* be the soul of ... *(discretion etc.)*. **e·ne·tjie** *(infml.)* a little one; singleton; →EENTJIE; *gou ~ maak, (infml.)* have a quickie; *~ neem, (infml.)* have a drop; *net ~* →NET **EEN.**

E·ne·as, Ae·ne·as *(Gr. and Rom. myth.)* Aeneas. **E·ne·ï·de, Ae·ne·ï·de** *(epic poem)* Aeneid.

e·ne·ma =mas, *(med.)* enema.

e·nem·mel *n., (infml.)* →EMALJE. **e·nem·mel** *vb.* →EMALJEER.

e·ner·ge·tiek, e·ner·ge·ti·ka energetics. **e·ner·ge·ties** =tiese, *(phys.)* energetic, pertaining to energy.

e·ner·gie *(phys.)* energy; *(non-tech.)* energy, drive, go, push; spirit, vigour, verve, vim, mettle; *(infml.)* get-up-and-go; *iem. is vol ~* s.o. is very energetic (*or* has plenty of go in him/her *or* is a live wire), s.o. is full of push/drive (*or* grit and go); *'n rustelose bondel (of propvol onrustige of die ene opgewende) ~ wees* overflow/crackle with (*or* burn up much *or* have a lot of) nervous energy. **~besparend** energy-saving/conserving. **~besparing** energy saving/conservation. **~bron** source of energy. **~-eenheid** unit of energy. **~gaping** *(phys.)* energy gap. **~gewend** energy-giving. **~krisis** energy crisis. **~ryk** *adj.* high in energy *(pred.)*, high-energy *(attr.)*. **~tekort** energy gap. **~verbruik** energy/power consumption, consumption of energy/power. **~verlies** loss of energy. **~voorrade** *(pl.)* energy supplies. **~voorsiening** *(no pl.)* energy supply. **~wekker** energiser.

e·ner·giek =gieke =gieker =giekste energetic, active, pushful; strenuous; bustling; sappy; thrustful; *(infml.)* zappy, zippy *(pers.)*; *'n ~e mens, (also)* a live wire.

e·ner·gi·seer *geënergiseer, vb., (rare)* energise.

e·ner·lei *adj., (obs.)* of the same kind/sort; →DIESELFDE, EENDERS.

e·ners →EENDERS. **~denkend** →EENDERSDENKEND.

e·ner·syds *adv.* on the one hand.

en·fant ter·ri·ble *enfants terribles, (Fr.)* enfant terrible.

en·fi·la·de =des, *(mil.)* enfilade.

en·fi·leer *geënfileer, vb., (mil.)* enfilade. **~vuur** *(mil.)* enfilade (fire).

eng *eng(e) enger engste, adj. & adv.* narrow; tight; narrow-minded; confined *(space)*; *(attr.)* small-town *(attitudes etc.)*; →ENGHEID, ENGTE; *die ~e* ***poort*** →DIE NOU POORT; *in die ~(e)* ***sin*** in the strict sense; *in ~er(e)* ***sin*** in a narrower (*or* more specific) sense; *~* ***verbonde*** closely connected; *~(e)* ***vertolking*** narrow interpretation. **~hartig, ~geestig** *=e* narrow-minded, petty. **~hartigheid, ~geestigheid** narrow-mindedness, pettiness.

En·ga·din: *die ~, (upper part of a valley in Switzerland)* the Engadine.

en·ga·geer *geëngageer, vb., (rare)* engage; brief *(an advocate)*.

en·gel *=gele, (theol. or infml.)* angel; →ENGELE=; *'n* ***dienende*** *~, (a kind-hearted person)* a ministering angel; *as jy dink jy het 'n ~ aan die kop/vlerk, dan het jy 'n* ***duiwel*** *aan die stert, (idm.)* appearances are deceptive, one cannot judge by appearances, things are not always what they seem; ***(my)*** *~, (endearment)* angel face; *die ~ met die* ***pen****, (who records one's actions)* the recording angel. **~bewaarder** →BESKERMENGEL. **~figuur** *=gure* angel(ic) figure. **~gesiggie** angelic/sweet little face. **~haai:** *Afrikaanse ~, (Squatina africana)* African angel shark. **~hare** strands of tinsel *(on a Christmas tree)*. **~kruid** *(bot.: Angelica* spp.*)* angelica, archangel, holy ghost's root. **~rein** as pure as an angel, of angelic purity. **~ruitertjies** *(cook.)* angels-on-horseback. **~vis** angelfish. **~wortel** = ENGELKRUID.

en·gel·ag·tig *=tige* angelic, cherubic, seraphic. **en·gel·ag·tig·heid** angelic nature.

En·ge·land England.

en·ge·le=: **~aanbidding** angelolatry. **~bak** *(theatr.)* (upper) gallery, *(infml.)* the gods. **~geduld** angelic patience, patience of an angel. **~koor** angelic choir, choir of angels. **~leer** *(theol.)* angelology. **~rei** = ENGELEKOOR. **~sang** hymn of angels. **~skaar** *(poet.)* host of angels, angelic host. **~stem** angel's voice. **~verering** angelolatry.

En·ge·le·burg: *die ~* Castel Sant' Angelo *(in Rome)*.

En·gels *n., (language)* English; *die ~ van* ***Afro-Amerikaners*** Black English; ***in/op*** *~* in English; *~* ***praat****, (also fig., obs., derog.)* be intoxicated; swear, curse; ***suiwer*** *~* pure (*or* the King's/Queen's) English; *iets in ~* ***vertaal*** translate s.t. into English. **En·gels** *=gelse, adj.* English; *~e* ***doring*** = ENKELDORING; *~e* ***Engels****, (infml., as spoken in England)* English English; *~e* ***horing****, (mus.)* cor anglais; *die ~e* ***Kerk****, (infml., obs.)* the Church of England (*or* Anglican Church); *~e* ***koring****, (Fagopyrum tataricum)* duck wheat; *~e* ***onderwyser*** →ENGELSONDERWYSER; *~e* ***ontbyt*** English breakfast; *die ~e* ***Oorlog*** →ANGLO-BOEREOORLOG; *~e* ***opening****, (chess)* English opening; *~e* ***rooi*** jeweller's red/rouge; *~e* ***setter****, (breed of dog)* English setter; *~e* ***siekte****, (infml.)* rickets, rachitis; *~e* ***sleutel****, (infml.)* monkey wrench, shifting spanner; →SKROEFSLEUTEL; *~e* ***sout*** Epsom salts, magnesium sulphate; *~e* ***vrou*** Englishwoman. **~-Afrikaanse woordeboek** English-Afrikaans dictionary. **~-Frans** *adj.* Anglo-French. **~gesind** *=e, adj.* Anglophil(e), pro-English. **~gesinde** *=s, n.* Anglophil(e). **~gesindheid** pro-Englishness, Anglophilia. **~-Indies** Anglo-Indian. **~man** *=ne, Engelse* Englishman; Briton; →ENGELSE. **~mediumskool** English-medium school. **~onderwyser, Engelse onderwyser** English teacher/master. **~regtelik** pertaining to English Law. **~sprekend** *=e, adj.* English-speaking, Anglophone; *~e Kanadees* English Canadian. **~sprekende** *=s, n.* English-speaking person, English speaker, Anglophone; *die ~s* the English-speaking, English speakers. **~talig** *=e, adj.* English-language *(newspaper etc.)*; English-medium *(school etc.)*. **~talige** *=s, n.* English-speaking person, English speaker, Anglophone.

En·gel·se *(pl.): die ~* the English; *wat sê die ~?, (also)* what's news?.

En·gels·heid *=hede* Anglicism; English word/expression; *(no pl.)* Englishness.

en·gels·man *=manne, (icht.: Chrysoblephus anglicus)* Englishman.

eng·heid narrowness; tightness; narrow-mindedness; constriction; parochialism.

en·gram *=gramme, (psych.)* engram, lasting trace.

eng·te *=tes* narrowness; tight corner/place/spot; difficulty; hot spot; defile, gorge, ravine; *(also* see-engte*)* strait (of the sea); *(also* landengte*)* isthmus. **~vrees** claustrophobia.

en·har·mo·nies *=niese, (mus.)* enharmonic.

e·nig *enige* any; only; unique; *~ en* ***alleen*** simply and solely; *~e* ***dae/maande/jare*** *gelede* some (*or* a number of) days/months/years ago; *~ste en universele* ***erfgenaam*** →ERFGENAAM; *die Here ... is 'n ~e* ***Here*** (OAB), *die Here ... is die ~ste* ***Here*** (NAB) the Lord ... is one Lord *(AV)*, the Lord ... is one *(NIV)*; *is daar nog (~e)* ***hoop?*** →HOOP[2] *n.*; *~e* ***kommentaar*** *laat ek aan jou oor* comment, if any, I leave to you; *iets is ~ in sy* ***soort*** →SOORT; *te ~er* ***tyd*** →TYD. **~een, enige een** anyone, anybody. **~gebore** *adj., (poet., liter.)* only-begotten. **~geborene** *=s, n.: die E~, (Christ)* the Only-begotten one. **~iemand, enige iemand** anyone. **~iets, enige iets** anything; *~ (of ~ ~) regkry, (also, infml.)* get away with murder.

e·ni·ger·lei *adj. (attr.), (fml., rare)* any (kind of), any (at all); of some kind or other.

e·ni·ger·ma·te *adv., (liter.)* to a (*or* to/in some) degree, to some extent, in a/some measure, somewhat, sort/kind of; →ENIGSINS.

e·ni·ger·wys, e·ni·ger·wy·se *adv., (rare)* in one way or another, in some way, somehow or other.

e·nig·heid loneliness, solitude; *(obs.)* oneness, unity; uniqueness; *in my ~* by myself; *ek het (so) in my ~ gedink dat ...* I thought to myself that ...; *Formuliere van E~, (relig.)* Formulae of Unity.

e·nig·ma *=mas* enigma, puzzle. **e·nig·ma·ties** *=tiese* enigmatic, puzzling.

e·nig·sins *adv.* somewhat, rather, slightly, a bit/little, to some (*or* a certain) extent/degree/measure; at all, in any way; *~ na/op ...* ***lyk*** →LYK[3] *vb.*; *ook* ***maar*** *~* ***afwyk/ens.*** deviate/etc. only in the slightest; *as dit maar ~* ***moontlik*** *is* →MOONTLIK; *~* ***teleurstellend*** *wees* be something of a disappointment; *~* ***'n verrassing/ens.*** s.t. of a surprise/etc..

e·nig·ste only, sole; one and only; →ENIG; *die ~ wat daar is* the only one in existence; *die ~ wees wat ...* be the only one to ...

en·jam·beer *geënjambeer, vb.: enjamberende versreël* unstopped line (of poetry). **en·jam·be·ment** *=mente, (pros.)* enjambment.

en·jin *=jins* engine. **~blok** engine block. **~olie** engine oil. **~oliebymiddel** engine oil additive.

en·ka·dreer *geën=, (rare)* frame *(a picture etc.)*; surround, enclose.

en·ke·fa·li·tis →ENSEFALITIS.

en·ke·fa·lo·gra·fie →ENSEFALOGRAFIE.

en·ke·fa·lon →ENSEFALON.

en·kel[1] *=kele, adj.* single; individual; →ENKELE *n.*, ENKELVOUD; *'n ~e* ***blom*** a single flower; *~e* ***boekhouding*** →BOEKHOUDING; *~e* ***Europese*** ***mark****, (econ.)* single European market; *een ~e* ***geval*** one solitary case/instance; ***g'n/geen*** *~e ... nie* not a single ...; *'n ~e* ***keer*** →KEER *n.*; *'n ~e* ***kristal*** an individual crystal; *~e* ***mense*** one or two people; *'n ~e* ***oomblik*** just a moment; *binne ~e* ***oomblikke*** within seconds; *in/binne ~e* ***sekondes*** within (*or* in a few *or* in a matter of) seconds; *'n ~e* ***skoen*** an odd shoe; *~e* ***ure*** a few hours; *'n ~e* ***woordjie*** just one word. **en·kel** *adv.* only, merely, simply; just, barely; *~ en alleen* simply and solely; *~ om hierdie rede* for this reason alone; *~ op my eie verantwoordelikheid* on my own sole responsibility. **~baanpad** single-lane road. **~barend** *(zool.)* uniparous. **~bed** single bed. **~bedraguitkering** lump-sum benefit. **~binding** *=e, =s, (chem.)* single bond. **~borsbaadjie** single-breasted jacket. **~breed(te)** single width. **~doelgeheue** *(comp.)* dedicated memory. **~doelrekenaar** dedicated computer. **~doring** *(Acacia robusta)* splendid acacia. **~filament** *(text.)* monofilament, monofil. **~geslaghostel** single-sex hostel. **~geslagskool** single-sex school. **~kaartjie** single/one-way ticket. **~kamer** single room. **~kapvyl** float, single-cut file. **~klipmuur** perpend/perpent/parpend (wall). **~knoets** *(anat.)* malleolus. **~korspastei** *(cook.)* deep-dish pie. **~kruising** *(biol.)* single cross. **~kwartier(e)** single quarters. **~lensrefleks(kamera)** single-lens reflex (camera). **~loop(geweer)** single-barrelled gun. **~mark** *(econ.)* single market; *Europese ~* single European market. **~mediumskool** single-medium school. **~ouer** single parent. **~ouergesin** one-parent/single-parent family. **~polêr** unipolar. **~reis** single journey. **~rompskuit** monohull. **~selproteïen** single-cell protein. **~(slaap)kamer** single(-bedded) room. **~slagpomp** single-action pump. **~spel** *=le*, **enkels,** *(tennis)* singles (play); singles (game). **~speler** *(tennis)* singles player. **~spelkampioen** *(tennis)* singles champion. **~spoor** single track. **~stal** (horse)box, box (stall), *(Br.)* loosebox. **~steek** single stitch/crochet. **~talig** *=e, adj.* monolingual. **~talige** *=s, n.* monolingual. **~taligheid** monolingualism. **~tongslag** *(mus.)* single tonguing. **~tuigperd** trap/gig horse. **~verdiepinghuis** single-storeyed house. **~voorploeg** single-furrow plough. **~wedstryd** = ENKELSPEL. **~werkend** *=e* single-acting. **~woonstel** bachelor/studio flat. **~woord** simplex, uncompounded word.

en·kel[2] *=kels, n.* ankle; *tot aan die ~s* ankle-deep, up to the ankles; *jou ~* ***verstuit/verswik*** twist one's ankle. **~been** anklebone, talus. **~diep** ankle-deep, up to the ankles. **~gewrig** ankle joint. **~ring** ankle ring. **~sieraad** anklet. **~skut** ankle guard. **~sokkie** ankle(-length) sock, baby sock. **~stewel** ankle boot. **~verband** anklet.

en·keld →ENKEL[1] *adj.*.

En·kel·doorn *(geog., hist.)* →CHIVHU.

en·ke·le *=les, n., (chiefly in the pl.)* a few (people), one or two.

en·ke·ling *=linge* individual.

en·kel·voud *=voude, n.* singular (number). **en·kel·vou·dig** *=dige, adj., (gram.)* singular; simple *(fraction, leaf, etc.)*; single, onefold; uncompounded; *~e* ***aansluiting****, (teleph.)* exclusive line; *~e* ***interval****, (mus.)* simple interval; *~e* ***oog*** ocellus, simple eye; *~e* ***rente/verhouding/wortel*** simple interest/proportion/root; *~e* ***sin*** simple sentence; *~e* ***tydmaat****, (mus.)* simple/common time; *~e* ***werktuig*** simple machine, mechanical power. **en·kel·vou·dig·heid** singleness; simplicity; singularity. **en·kel·vouds·vorm** *=vorme, =vorms* singular form.

en·kla·ve *=ves*, **en·kla·we** *=wes* enclave.

en·kli·se, en·kli·sis *(gram.)* enclisis. **en·kli·ties** *=tiese, (gram.)* enclitic; *~e woord* enclitic. **en·kli·ti·kum** *=tika, (ling.)* enclitic.

en·ko·deer *geënkodeer, vb.* encode; →KODEER. **en·ko·de·ring** encoding.

en·kou·stiek *(art)* encaustic (painting), cerography. **en·kous·ties** *=tiese* encaustic.

en·lyn *(print.)* →EN[1] *n.*.

e·no·lo·gie *(study of wines)* oenology. **e·no·lo·gies** *=giese* oenological. **e·no·loog** *=loë* oenologist.

e·norm *=norme =normer =normste* enormous, huge, immense, *(infml.)* ginormous, *(attr.)* jumbo(-sized); *'n ~e taak, (also, infml.)* a man-size(d) job; *'n ~e werklas* a punishing workload. **e·nor·mi·teit** *=teite* enormity, outrage, iniquity.

en·quê·te *=quêtes, (Fr., rare)* inquiry, investigation, enquête; questionnaire.

en·sce·neer *geënsceneer, vb.* stage, stage-manage, put on *(a play)*. **en·sce·ne·ring** *=rings, =ringe* staging.

en·se·fa·li·tis, en·ke·fa·li·tis *(med.)* encephalitis, cerebritis.

en·se·fa·lo·gra·fie, en·ke·fa·lo·gra·fie encephalography. **en·se·fa·lo·graaf, en·ke·fa·lo·graaf** *=grawe* encephalograph. **en·se·fa·lo·gram, en·ke·fa·lo·gram** *=gramme* encephalogram.

en·se·fa·lon, en·ke·fa·lon *(anat.: the brain)* encephalon.

en·sem·ble *=bles, (Fr.)* ensemble. **~spel** *(mus.)* ensemble playing.

en·siem *=sieme, (biochem.)* enzyme. **~produksie** enzyme production.

en·si·form *adj.: ~e kraakbeen, (anat., zool.)* xiphisternum, xiphoid process.

en·si·kliek -klieke, *(RC)* encyclical (letter).

en·si·klo·pe·die -dieë encyclop(a)edia. **en·si·klo·pe·dies** -diese encyclop(a)edic; *met 'n ~e kennis* polymathic. **en·si·klo·pe·dis** -diste encyclop(a)edist.

en·si·leer *geënsileer, vb.* ensilage, silo.

en·si·mo·li·se *(biochem.)* enzymolysis; →ENSIEM.

en·sis·teer *geënsisteer, vb., (biol.)* encyst. **en·sis·te·ring** encystation.

en·so·ö·tie -tieë, *n., (med.)* enzootic (disease). **en·so·ö·ties** -tiese, *adj.* enzootic.

en·so·voort(s) →EN[2] *conj.*.

ent[1] *ente, n., (in concrete senses)* end, extremity; piece, length; distance, way; →END ENTJIE; *'n ~ teen ... af/op* partway down/up ...; *aan die* ***ander*** *~ van die wêreld* →ANDER *adj.; van die* ***een*** *~ tot die ander* from end to end; *die* ***hele*** *~* all the way; *die* ***hele*** *~ na ... (toe) hardloop/ens.* run/etc. all the way to ...; *die* ***hele*** *~ van ... af* all the way from ...; *'n* ***hele*** *~* a long way; *'n* ***hele*** *~ beter/ens. as ..., (infml.)* a (long) sight better/etc. than ...; *'n* ***hele*** *~ bo die ander uitsteek* tower head and shoulders above the others; *dit is 'n* ***hele*** *~ (daarnatoe)* it is a long way (off); *'n* ***hele*** *~ hiervandaan* quite a distance from here; *(al) 'n* ***hele*** *~ in ... wees* be far on in ... *(a book etc.)*; be well on in ... *(the year etc.)*; *'n* ***hele*** *~ in die sestig/ens. wees, (infml.)* be well over sixty/etc.; *aan die* ***kortste*** *~ trek/wees* get the worst of the bargain; get/have the worst of it; come off second best; get the bad end of the stick; *'n* ***lang/stywe/ver/vêr*** *~* a long way/distance; ***'n*** *~* part of the way; *'n ~* ***pad*** a stretch of road; *iets by die* ***regte*** *~ hê* be right about s.t.; *die* ***stomp*** *~* the butt; *iem. het dit by die* ***verkeerde*** *~ beet, (infml.)* s.o. has (got) hold of the wrong end of the stick. **~kristal** *(chem.)* seed crystal. **~speling** *(mech.)* end float/play.

ent[2] *ente, n.* graft; scion; vaccination mark/scar; *die ~ groei* the vaccination takes; the graft takes. **ent** *geënt, vb.* graft, engraft; inoculate; vaccinate; →ENTER[1] *n.*, ENTERY; *een variëteit van 'n plant op 'n ander ~* graft one variety of a plant on another; *iem. teen 'n siekte ~* inoculate/vaccinate s.o. against a disease. **~baster** *(biol.)* chimera. **~hout** budwood. **~kussing** vaccination pad. **~las** graft union. **~loot** scion, graft. **~masjien** grafting machine. **~merk** vaccination mark/scar. **~mes** grafting knife. **~plek** vaccination mark; graft union. **~saag** grafting saw. **~spleet** graft. **~steggie** graft. **~stof** vaccine; inoculant. **~was** grafting wax, mummy.

en·ta·ble·ment -mente, *(archit.)* entablement, entablature.

en·te·le·gie *(philos.)* entelechy.

en·ten·te -tes, *(Fr., foreign pol.)* entente.

en·ter[1] -ters, *n.* grafter; inoculator; vaccinator.

en·ter[2] *geënter, vb., (mil., hist.)* board *(a ship)*; →ENTERAAR, ENTERING. **~byl** boarding axe. **~dreg** grapnel. **~haak** grapnel, grappling iron/hook. **~troep** boarding party.

en·te·raar -raars, *(mil., hist.)* boarder *(of a ship)*.

en·te·ring, *(mil., hist.)* boarding *(of a ship)*.

en·te·ri·tis *(med.)* entiritis.

en·te·ro- *comb.* entero-.

en·te·ro·he·pa·ti·tis *(vet. sc.)* enterohepatitis, blackhead *(in turkeys)*.

en·te·ro·lo·gie *(med.)* enterology.

en·te·ro·skoop *(med.)* enteroskoop.

en·te·ro·tok·se·mie *(vet. sc.)* enterotoxaemia; →BLOEDNIER.

en·te·ro·to·mie -mieë, *(med.)* enterotomy.

en·te·ry -rye, **en·ting** -tings, -tinge grafting, engraftment; inoculation; vaccination.

en·ti·teit -teite entity.

en·tjie -tjies end, stub, stump; piece, length; bit; little way, short distance; →ENT[1] *n.*; *'n ~* ***beter*** *as ... wees, (infml.)* be a cut above ...; *'n ~* ***kers*** a bit of candle; *'n* ***(klein)*** *~* a little way; *die ~ van 'n* ***sigaret*** a cigarette end/butt; *'n* ***snaakse*** *~ mens* →MENS[1] *n.*; *'n ~* ***tou*** a length/piece of string.

en·toe·si·as -aste enthusiast, fan. **en·toe·si·as·me** enthusiasm, verve. **en·toe·si·as·ties** -tiese enthusiastic; zestful; *(baie) ~ raak/word oor iem./iets* enthuse (*or* wax lyrical) about/over s.o./s.t.; *oordrewe ~, (infml.)* overenthusiastic, overeager, overkeen, overzealous, *(infml.)* gung-ho.

en·to·mo·gra·fie entomography.

en·to·mo·liet entomolite.

en·to·mo·lo·gie entomology. **en·to·mo·lo·gies** -giese entomological. **en·to·mo·loog** -loë entomologist.

en·tree -trees, *(rare)* entrée *(on a menu)*; entrance, entry; *jou ~ maak* enter; make one's debut.

en·tre·pot -pots, *(Fr., rare)* bonded warehouse; *goedere in ~* goods in bond, bonded goods; *goedere in ~ plaas/verkoop/ens.* store/sell/etc. goods in bond; *publieke ~, (Br.)* King's/Queen's warehouse. **~houer** (bonded) warehouse keeper, bonder.

en·tre·pre·neur -neurs, *(Fr.)* entrepreneur; →ONDERNEMER.

en·tre·pre·neurs-: **~kultuur** enterprise/entrepreneurial culture. **~vernuf** entrepreneurial expertise/know-how.

en·tro·pie *(phys.)* entropy. **en·tro·pies** -piese entropic.

e·nu·me·reer *geënu-* enumerate.

e·nu·re·se *(med.)* enuresis.

E·o·li·ë *(geog., hist.)* Aeolia, Aeolis. **E·o·li·ër** -liërs, *n., (member of a Hellenic people)* Aeolian. **E·o·lies** -liese, *adj.* Aeolian, Aeolic. **e·o·lies** -liese, *(geol.)* aeolian *(deposits)*. **e·o·lus·harp** aeolian harp.

e·o·liet -liete, *(archaeol.)* eolith. **e·o·li·ties** -tiese eolithic.

e·on eon(s) aeon.

E·o·seen *n., (geol.)* Eocene. **E·o·seens** -seense, *adj.* Eocene.

e·o·sien *(chem.: a dye)* eosin.

e·o·so·ön -soa, -soë, *(palaeontol.)* eozoon.

e·pen·te·se -ses, *(ling.)* epenthesis. **e·pen·te·ties** -tiese epenthetic.

epi- *comb.* epi-.

e·pi·blas(t) -blaste, *(embryol.)* epiblast.

e·pi·bleem -bleme, *(bot.)* epiblema.

e·pi·chi·li·um -liums, -lia, *(bot.)* epichil(e), epichilium.

E·pi·cu·rus →EPIKURUS.

e·pi·de·mie -mies epidemic. **e·pi·de·mies** -miese epidemic; *~e bewerasie* epidemic tremor. **e·pi·de·mi·si·teit** epidemicity.

e·pi·de·mi·o·lo·gie epidemiology. **e·pi·de·mi·o·lo·gies** -giese epidemiological. **e·pi·de·mi·o·loog** -loë epidemiologist.

e·pi·der·mis *(anat.)* epidermis. **e·pi·der·mies** -miese, **e·pi·der·maal** -male epidermic, epidermal.

e·pi·di·a·skoop -skope epidiascope.

e·pi·doot *(min.)* epidote, pistacite. **e·pi·do·siet** *(geol.)* epidosite.

e·pi·du·raal *n., (med.)* epidural. **e·pi·du·raal** -rale, *adj.* epidural *(anaesthesia)*.

e·piek *n.* epic/heroic poetry. **e·pies** -piese, *adj.* epic; *~e gedig* epic/narrative poem; *~e poësie* epic/heroic poetry. **e·pi·kus** -pikusse, -pici epic poet.

e·pi·ë·ti·lien, e·pi·e·ti·lien *(chem.)* epiethylin.

e·pi·fiet -fiete, *(bot.)* epiphyte. **e·pi·fi·ties** -tiese epiphytic.

e·pi·fil -fille, *n., (bot.)* epiphyll. **e·pi·fil** -fille, *adj.* epiphyllous.

e·pi·fi·se -ses, *(anat.)* epiphysis, pineal gland/body.

e·pi·geen -gene, *(geol.)* epigene.

e·pi·ge·ne·se *(biol.)* epigenesis. **e·pi·ge·ne·ties** -tiese epigenetic.

e·pi·glot·tis -tisse, *(anat.)* epiglottis. **e·pi·glot·ties** -tiese epiglottic.

e·pi·goon -gone, *(rare)* epigon(e). **e·pi·go·nis·me** epigonism.

e·pi·graaf -grawe epigraph, inscription.

e·pi·gram -gramme epigram. **e·pi·gram·ma·ties** -tiese epigrammatic.

e·pi·hi·drien *(chem.)* epihydrin.

e·pi·kle·se -ses, *(Chr.)* epiclesis.

e·pi·kri·se -ses epicrisis *(of a disease)*.

E·pi·ku·rus, E·pi·cu·rus, E·pi·koe·ros, E·pi·ku·ros *(Gr. philosopher)* Epicurus. **E·pi·ku·re·ër** -reërs, **E·pi·ku·ris** -riste, *n., (philos., also e~)* Epicurean. **E·pi·ku·ries** -riese, *adj., (philos., also e~)* Epicurean. **e·pi·ku·ries** -riese epicurean *(tastes)*. **e·pi·ku·ris** -riste epicure, epicurean. **E·pi·ku·ris·me** *(philos.)* Epicureanism. **e·pi·ku·ris·me** epicurism.

e·pi·kus →EPIEK.

e·pi·lep·sie epilepsy; *ligte ~* petit mal; *swaar ~* grand mal. **e·pi·lep·ties** -tiese epileptic. **e·pi·lep·ti·kus** -tikusse, -tici epileptic.

e·pi·loog -loë epilogue.

E·pi·rus *(geog.)* Epirus.

e·pi·sen·trum -sentrums, -sentra, *(geol.)* epicentre.

e·pi·se·paal -pale, *(bot.)* episepalous.

e·pi·si·klies -kliese epicyclic.

e·pi·si·klo·ïed -kloïede, *(geom.)* epicycloid. **e·pi·si·klo·ï·dies** -diese epicycloidal.

e·pi·si·klus -klusse, *(astron.)* epicycle.

e·pi·si·o·to·mie *(med.)* episiotomy.

e·pi·skoop -skope episcope.

e·pis·ko·paal -pale episcopal. **E·pis·ko·paals:** *~e Kerk, (Anglican Church in Sc. and the US)* Episcopal/Episcopalian Church. **e·pis·ko·paat** -pate bishopric, episcopate; episcopacy.

e·pi·so·de -des episode. **e·pi·so·dies** -diese episodic.

e·pi·so·ön -soa, -soë, *(zool.)* epizoon. **e·pi·so·ïes** -soïese epizoic, epizoan.

e·pi·so·ö·tie -tieë, **e·pi·so·ö·tiek** -tieke, *n., (vet. sc.)* epizootic (disease), epizooty. **e·pi·so·ö·ties** -tiese, *adj.* epizootic. **e·pi·so·ö·to·lo·gie** epizootology.

e·pis·tak·se *(med.)* epistaxis, nosebleed.

e·pis·ta·se *(med., genet.)* epistasis.

e·pis·tel -tels, *(fml. or joc.)* epistle.

e·pis·te·mo·lo·gie *(philos.)* epistemology. **e·pis·te·mies** -miese epistemic. **e·pis·te·mo·lo·gies** -giese epistemological. **e·pis·te·mo·loog** -loë epistemologist.

e·pi·taaf -tawe epitaph (→GRAFSKRIF); *(rare)* gravestone, tombstone.

e·pi·teel *(anat., biol.)* epithelium. **~laag** epithelial layer. **~sel** epithelial cell. **~weefsel** epithelial tissue.

e·pi·te·ton, e·pi·te·ton -tetons, -teta epithet.

e·pi·va·gi·ni·tis *(vet. sc.)* epivaginitis, infectious sterility of cattle.

e·pog -pogge epoch. **~makend** epoch-making.

e·po·gaal -gale, *(rare)* epochal, epoch-making.

e·pok·si·hars epoxy (resin).

e·po·niem -nieme eponym, eponymous hero. **e·po·ni·mies** -miese eponymous, eponymic.

e·po·pee -peë, *(rare)* epopee, epic (poem). **e·pop·ties** -tiese epoptic.

e·pos -posse epic (poem), epopee; *Oudfranse (of Ou Franse) ~* chanson de geste.

e-pos, E-pos -posse, *n., (short for* elektroniese pos*)* e-mail, E-mail, email. **e-pos, E-pos** *ge-e-pos, ge-E-pos, vb.*, e-mail, E-mail, email. **~adres** -se e-mail/E-mail/email address. **~boodskap** -pe e-mail/E-mail/email message.

e·pou·let -lette, *(esp. mil.)* epaulette.

ep·si·lon -lons epsilon.

ep·som·sout →ENGELSE SOUT.

Ep·stein-Barr-virus *(med., abbr.:* EBV*)* Epstein-Barr virus.

e·ra -ras era; *die einde/end van 'n ~* the end of an era.

er·barm *het ~, (poet., liter.)*: *jou oor ... ~* have/take pity on ...; *Heer, ~ U oor ons* Lord, have mercy on/upon us. **er·bar·ming** compassion, pity; mercy. **er·barm·lik** -like lamentable, miserable, pitiable, piteous, pitiful; wretched. **er·barm·lik·heid** pitiableness *etc.*; wretchedness.

er·bi·um *(chem.; symb.:* Er*)* erbium.

erd[1] *erde, n., (obs.)* →HERD.

erd[2] *n.* earthenware; clay; *(rare)* earth (→AARDE). **~man-**

netjie *(regional)* suricate; →AARDMANNETJIE. **~roos** *(Hyobanche sanguinea)* ink plant. **~slang** = BLINDESLANG. **~vark** *(Orycteropus afer)* aardvark, ant bear. **~varkgat** aardvark hole. **~varkmannetjie** male aardvark. **~varkwyfie** female aardvark. **~vlooi** *(entom.)* springtail. **~wolf** →AARDWOLF. **~wurm** earthworm.

er·de-: ~bad *(dated)* porcelain bath. **~goed** earthenware. **~kastrol** enamelled saucepan. **~kruik:** *groot ~, (archaeol.)* pithos. **~pot** clay/earthenware pot. **~pyp** clay/earthenware pipe. **~skottel** earthenware dish. **~werk** earthenware, pottery; stoneware; ceramics. **~werkfabriek** pottery, earthenware factory.

e·re honour; →EER[1] *n.; ~ sy* **God** glory to God; ... *in ~* **hou** honour/venerate ...; keep up ... *(a tradition);* cherish ... *(s.o.'s memory); iem. iets ter ~* **nagee** say s.t. to s.o.'s credit, *(infml.)* hand it to s.o.; *dit moet ek ... ter ~* **nagee,** *(also)* I'll say that (much) for ...; *ter ~* **van** ... in honour of ... *(s.o.);* to mark ... *(an event); ~ (aan)* **wie** *~ toekom* →EER (AAN) WIE EER TOEKOM. **~amp** honorary post. **~baantjie** honorary job. **~blyk** mark of honour. **~boog** triumphal arch. **~bundel** festschrift. **~burger** honorary citizen; freeman (of a city). **~burgerskap** honorary citizenship; freedom (of a city); *iem. die ~ aanbied* admit s.o. to (*or* present s.o. with *or* offer s.o.) the freedom of the city; *iem. die ~ verleen* award/grant s.o. the freedom of the city, confer the freedom of the city on s.o.. **~dame** matron of honour. **~diens** public worship. **~dis** = ERETAFEL. **~doktor** honorary doctor, doctor honoris causa. **~doktoraat, ~doktorskap** honorary doctor's degree (*or* doctorate). **~gas** guest of honour. **~graad** honorary degree. **~ketting** chain of honour. **~kode** code of honour. **~kolonel** honorary colonel. **~konsul** honorary consul. **~krans** garland of honour. **~kroon** crown of honour. **~kruis** cross of honour/merit. **~lid** -lede honorary member. **~lidmaatskap** honorary membership, freedom *(of a society).* **~lys** roll of honour. **~maaltyd** complimentary dinner/banquet. **~naam** name of honour. **~-ondervoorsitter** honorary vice president. **~penning** medal of honour. **~penningmeester(es)** honorary treasurer. **~plek** place of honour; *die ~ aan ... afstaan* give/yield pride of place to ...; *die ~ aan ... gee* give pride of place to ...; *die ~ inneem* have/hold/take pride of place. **~poort** = EREBOOG. **~pos** post of honour, honorary post. **~prys** (first) prize; *(bot.)* speedwell, veronica, bird's-eye. **~raad** court of honour; board of officers. **~rond(t)e** lap of honour. **~saak** matter/point/affair of honour. **~sabel** sword of honour. **~saluut** ceremonial salute. **~sekretaris,** *(fem.)* **~sekretaresse** honorary secretary. **~setel** seat of honour. **~skote** *(pl.)* salute by gunfire. **~skuld** debt of honour. **~suil** commemorative column, column in honour of ... **~swaard** = ERESABEL. **~tafel** main/principal table. **~teken** decoration, mark/badge of honour; *'n ~ aan iem. toeken* confer an honour on s.o.. **~titel** title of honour, honorary title, honorific. **~voorsitter** honorary chairman/president. **~voorsitterskap** honorary chairmanship/presidency. **~wag** guard of honour. **~woord** word of honour; *(mil.)* parole; *op jou ~ gestel wees* be on one's honour; *op my ~* on my word (of honour), on/upon my honour. **~wyn** loving cup.

E·rech·the·um *(Lat.),* **E·rech·thei·on** *(Gr.), (temple on the Acropolis)* Erechtheum, Erechtheion.

e·rek·sie -sies, *(physiol.)* erection.

e·re·miet -miete, *(obs.)* hermit; →HERMIET.

ê·rens somewhere; *~* **anders** somewhere else; *iem. woon ~* **by** *Stellenbosch/ens. (rond)* s.o. lives Stellenbosch/etc. way; **daar/hier** *~* somewhere there/here; just about there/here; *~ in 'n* **hoek** in some odd corner; *~* **kom,** *(lit.)* get somewhere; *~* **tussen** *oggend en aand* sometime between morning and evening.

e·rep·sien *(biochem.)* erepsin.

erf[1] *erwe, n.* erf, stand, lot, plot *(of ground);* →ERWE *n.; huis en ~* premises; *iedereen is baas op sy eie ~* a man's house is his castle. **~belasting** property rate/tax, (municipal) rates. **~-en-diens(-)stelsel** site and service system.

erf[2] *geërf, vb.* inherit, come into *(property);* succeed to *(a title); iets ~* come into an inheritance. **~adel** hereditary nobility. **~besit** hereditary possession. **~deel** heritage, (hereditary) portion; *jou ~ kry* come into one's own. **~diensbaarheid** *(jur.)* pr(a)edial servitude. **~dwang** prepotency. **~faktor** gene. **~geld** money inherited; *~ is swerfgeld, erfgoed is swerfgoed* easy/lightly come, easy/lightly go. **~geloof** hereditary creed. **~genaam** -*name, (fem.)* **~gename** -*names* heir, *(fem.)* heiress, legatee, inheritor, *(fem.)* inheritress, *(jur.)* devisee; **enigste** *en universele ~, (jur.)* sole heir; *die ~ van 'n* **fortuin** *wees* be the heir/heiress to a fortune; *'n ~* **instel** appoint an heir/heiress; **regmatige** *~, (jur.)* heir apparent; **vermoedelike** *~, (jur.)* heir presumptive; *~ by* **versterf,** *(jur.)* heir apparent; **wettige** *~, (jur.)* heir-at-law. **~genaamskap** heirdom, heirship. **~geregtig** -*de* heritable. **~goed** estate, inheritance; patrimony, *(jur.)* hereditament; *vaderlike ~* patrimony, patrimonial estate; *~ is swerfgoed* →**ERFGELD** IS SWERFGELD. **~later** -*s* testator, *(fem.)* testatrix, devisor, legator. **~lating** -*s,* -*e* bequest, legacy; testation. **~leen** allodium, hereditary fief. **~oom,** *(fem.)* **~tante** rich uncle/aunt, uncle/aunt from whom a legacy is expected. **~opvolger** inheritor, hereditary successor. **~opvolging** hereditary succession; *~ by versterf* intestate succession. **~porsie** (share of an/the/one's) inheritance. **~prins,** *(fem.)* **~prinses** hereditary prince/princess. **~reg** law of succession, hereditary law; right of succession; hereditary right, heirdom. **~samestelling** genetic combination. **~skuld** hereditary debt; hereditary sin. **~smet** = ERFSONDE. **~sonde** *(Chr.): die ~* original sin. **~stelling** appointment/institution of an heir; *~ oor die hand, (jur.)* fideicommissum. **~stuk** heirloom. **~tante** →ERFOOM. **~vors,** *(fem.)* **~vorstin** hereditary monarch. **~vyand** hereditary/traditional enemy. **~vyandskap** hereditary enmity.

erf·baar -*bare* (in)heritable.

er·fe·nis -*nisse* inheritance, legacy; heritage; *~ van haat* legacy of hate. **E~dag** *(SA, Sept. 24)* Heritage Day. **~sentrum** heritage centre. **~(stap)roete** heritage trail.

erf·lik -*like, adj. & adv.* hereditary; heritable, transmissible; *~* **belas** *wees* have a hereditary taint, come of tainted stock; be a victim of heredity; *~e* **belasting** hereditary taint; *~e* **eienskappe** inherited characteristics, hereditary characteristics/properties/qualities; *~e* **siekte** hereditary disease. **erf·lik·heid** heredity, inheritance; hereditariness; *~ van verworwe eienskappe* inheritance of acquired characteristics. **erf·lik·heids·be·pa·ler, -fak·tor** = ERFFAKTOR. **erf·lik·heids·leer** genetics; theory/doctrine of heredity.

erf·pag quitrent/hereditary tenure, tenure by long lease; rent charge, quitrent; copyhold; *... in ~ hê* have ... in quitrent tenure. **~reg** *(jur.)* emphyteusis.

erf·pag·ter *(jur.)* long leaseholder, tenant on long lease, copyholder.

erg[1] *n.* interest; mistrust, suspicion; *iem. het geen/nie ~ in/aan ... nie* s.o. is not interested in (*or* does not care for) ...; *sonder ~* thoughtlessly, unthinkingly, unintentionally; unsuspectingly; without malice. **erg** *adj.* bad; ill; severe; →ERGER[2] *adj. & adv.,* ERGSTE; *dis ('n)* **bietjie** *~, (infml.)* that's pretty (*or* a bit) steep; that's pretty (*or* a bit) stiff; *~* **genoeg** *wees* be bad enough; *nie* **heeltemal** *so ~ nie* not all that bad, not as bad as all that; *~ wees* **oor** ... be very fond of ..., like ... very much; not let anyone touch one's ... *(CDs etc.);* **so** *~* **dat** ... so much (so) that ...; *dis (darem)* **te** *~, (infml.)* that's/it's too bad; that's/it's a bit much; *dit is bietjie(s)* **te** *~* that is too much of a good thing; *iets is nie* **te** *~ nie, (infml.)* s.t. is liv(e)able with; *nou word dit* **te** *~, (infml.)* that/this is the limit; *iets is vir iem.* **te** *~* s.t. is too much for s.o.; *wat* **te** *~ is, is te ~* that's too much of a good thing; it is getting beyond a joke; *nie so ~ soos dit* **voorgestel** *word nie* not as black as it is painted. **erg** *adv.* very; badly, severely *(damaged etc.);* highly *(controversial etc.);* grossly *(exaggerated etc.);* sorely *(tempted etc.);* stupefyingly *(dull etc.);* crashingly *(boring etc.);* →ERGER[2] *adj. & adv.; ~* **lastig** *wees, (infml.)* be quite a bother; *~* **ly** suffer severely; *iets ~* **nodig** *hê* need s.t. badly; **te** *~ aangaan, dit* **te** *~ maak* go too far; exaggerate; *~* **verhoogde** *cholesterolvlakke/ens.* dangerously increased cholesterol levels etc.. **erg, er·ger** *vb.* annoy, irritate, irk, vex, anger; disgust, shock, offend, give offence to, displease, chagrin, discompose; *jou dood ~, (rare)* be mortally vexed, die with vexation; *jou oor iets ~* be annoyed/irritated about/at/by s.t., be vexed by s.t.; take offence at s.t.; take umbrage about/at s.t.; *jou vir iem. ~* become/get annoyed/exasperated with s.o., s.o. irritates one.

erg[2] *erge, ergs, n., (phys.: unit of work/energy)* erg. **er·go·me·ter** ergometer. **er·go·no·mie** ergonomics, biotechnology, human engineering. **er·go·no·mies** -*miese* ergonomic. **er·go·noom** -*nome* ergonomist.

erg[3] *erge, n., (<Arab., geog.: area of shifting sand dunes in the Sahara)* erg.

er·ger[1] *vb.* →ERG[1] *vb.*.

er·ger[2] *adj. & adv.* worse; **des te** *~* so much the worse; more's the pity; *~* **klink** *as wat dit is* be blown (up) out of (all) proportion; *iets ~ laat* **klink** *as wat dit is* blow s.t. (all) out of proportion; *dit* **kon** *~ gewees het* it could have been worse; *~ as* **kopaf** *kan dit nie* at the worst one can lose one's head; →DOL[2] *adv.; van* **kwaad** *tot ~* from bad to worse; *iets ~* **maak** make s.t. worse; *dit* **maak** *dit des te ~* that makes it all the worse; *dit word* **nog** *~* there is worse to come; *dit sou* **nog** *~ word* there was worse to come, worse was to follow; *die* **pasiënt** *is vandag ~* the patient is worse (*or* more poorly) today; *~ wordende* **resessie** deepening recession; *dit word* **(steeds)** *~* it is getting worse (and worse); **veel** *~ word* take a grave turn, take a turn for the worse; *~* **word** get/grow worse.

er·ger·lik -*like* irritating, annoying, exasperating, infuriating, maddening, vexing, provoking; disgusting, offensive, irksome, vexatious, galling; outrageous, shocking, scandalous; *iem. is ~ oor iets* s.o. is exasperated at/by s.t.; *~ voel* feel annoyed/sore. **er·ger·lik·heid** annoyance, exasperation, vexation; offensiveness; outrageousness.

er·ger·nis annoyance, irritation, exasperation, vexation, displeasure, chagrin; offence, umbrage; nuisance; *(Br., sl.)* aggro; →OORLAS; *~* **gee** cause annoyance, give trouble; *tot iem. se* **groot** *~* to s.o.'s great annoyance; **kook** *van ~* fret and fume; *iets* **kos** *iem. heelwat ~* s.t. causes s.o. a lot of trouble; *jou ~* **teenoor** ... **lug** vent one's spleen on ...; *iem. se ~* **oor** *iets* s.o.'s annoyance at/over s.t.; *'n* **openbare** *~, (jur.)* a public nuisance; **rooi** *wees van ~* be red with annoyance; *iem.* **tot** *~ wees* be an annoyance to s.o.; **tot** *iem. se ~* to s.o.'s annoyance/disgust.

er·go *(Lat.)* ergo, therefore.

er·go·me·ter, er·go·no·mie →ERG[2] *n.*.

er·got *(fungal plant disease)* ergot. **~vergiftiging** = ERGOTISME.

er·go·tis·me *(pathol.)* ergotism.

erg·ste worst; *iem. het die ~* **agter** *hom/haar* (of *is* **deur/oor** *die ~ (heen)* of *het die ~* **gehad**), *(also, infml.)* s.o. has turned the corner; *die ~ is* **dat** ... the worst of it is that ...; *die (heel) ~ wat (met iem.) kan* **gebeur** the worst-case scenario; *iem. het sy/haar ~* **gedoen** s.o. has shot his/her bolt; *in die ~* **geval** if the worst comes to the worst; in the worst-case scenario; *in die ~* **graad** in the extreme; *die ~* **is** ... the worst part of it is ...; *maar die ~ moes nog* **kom** but worse followed; *die ~* **lê** *nog voor* the worst is yet to come; **op** *sy ~* at (the) worst; *iem.* **op** *sy/haar ~ sien* see s.o. at his/her worst; *die ~ van ...* **verduur** bear the brunt of ...; **verreweg** *die ~* much the worst; *iem. op/vir die ~* **voorberei** prepare s.o. for the worst; *die ~* **vrees** fear the worst; **wat** *die ~ is/was, (also, infml.)* to crown it all.

E·ri·da·nus *(astron.)* Eridanus.

E·rie·meer *(geog.)* Lake Erie.

e·ri·ka *(bot.)* erica, true heath.

E·ri·ka·se·ë *(bot.)* Ericaceae.

E·ri·ni·ë, *(Lat.)* **E·ri·ny·es** *n. (pl.), (Gr. myth.: Furies)* Erinyes; →FURIE.

e·ri·o·me·ter -*ters* eriometer *(for measuring fibres etc.).*

e·ri·teem *(med.)* erythema.

E·ri·tre·a *(geog.)* Eritrea. **E·ri·tre·ër** =*treërs, n.* Eritrean. **E·ri·trees** =*trese, adj.* Eritrean.

e·ri·triet *(min.)* erythrite, cobalt bloom.

e·ri·tro·se *(chem.)* erythrose.

e·ri·tro·siet =*siete, (physiol.)* erythrocyte, red (blood) cell, red corpuscle.

er·ken *het ~, vb.* acknowledge, recognise *(an authority)*; avow *(one's principles)*; admit *(facts)*; confess *(guilt)*; *daar word* ***algemeen*** *~ dat* ... it is generally conceded that ...; ***alles*** ~ own up; make a clean breast of s.t.; *iem./iets* ***as*** ... ~ recognise s.o./s.t. as ... *(the legitimate government etc.)*; ~ ***dat*** ... admit that ...; ~ ***dat*** *jy iets gedoen het, (also)* admit to doing s.t.; *(self)* ~ ***dat*** *jy* ..., *(also)* by/on one's own admission one ...; ***dit*** *~ ek* I grant you that; ***geredelik*** *~ dat* ... not mind admitting that ...; *nie* ***graag*** *iets wil ~ nie* be reluctant to admit s.t.; ***ek moet*** *~ dat* ... I must admit that ...; ***nie*** *...* ~ ***nie*** disown ... *(a child)*; repudiate ... *(debts)*; *die* ***ontvangs*** *van ...* ~ →ONTVANGS; ***ronduit*** ~ own up; ***skuld*** ~ →SKULD *n.*; ***soos*** *iem. self* ~ on s.o.'s own confession. **er·ken·de** *(p.p.)* acknowledged, approved; admitted *(allegation)*; certified; accredited; ~ ***diens*** deemed service; ~ ***gebruik*** standing rule. **er·ken·ning** =*nings,* =*ninge* acknowledg(e)ment; recognition; admission; *(cin.)* credit (line/title); ~ ***geniet*** receive recognition; ***met*** *~ aan* ... with acknowledg(e)ments to ...; (by) courtesy of ...; ***met*** *~ van* ... acknowledging ...; ~ ***vir*** *...* ***ontvang*** get credit for ...; *ter ~* ***van*** ... in acknowledg(e)ment of ...; in recognition of ...; ~ ***verkry*** gain/receive recognition; *aan ...* ~ ***verleen*** accord recognition to ... **er·ken·te·nis** =*nisse* acknowledg(e)ment; confession; profession. **er·kent·lik** =*like* grateful, thankful, appreciative; *teenoor iem. ~ wees vir iets* be grateful to s.o. for s.t.. **er·kent·lik·heid** gratitude; gratefulness, thankfulness; *'n blyk van ~* a mark of gratitude; *uit ~ vir* ... in recognition of ...; *iem. is ~ aan ... verskuldig* s.o.'s acknowledg(e)ments are due to ...

er·ker =*kers, (archit.)* bay (window), oriel (window); *ronde* ~ bow window.

er·len·mey·er·fles *(chem.)* Erlenmeyer flask.

Er·me·lo·ër =*loërs* person of/from Ermelo.

Er·mi·ta·ge: *die ~, (art museum in St Petersburg)* the Hermitage.

erns earnestness; seriousness, gravity; zeal; *in* ***alle*** ~ in earnest, in all seriousness; *iem. bedoel iets in* ***alle*** ~ s.o. is (quite) serious about s.t.; *is* ***dit*** *jou ~?* are you serious?; *in* ***dodelike*** ~ in deadly earnest; in dead seriousness; ***in*** ~ seriously; jesting/jokes/joking aside; ***in*** *~ wees, (also, infml.)* mean business; *iets* ***is*** *iem. se* ~ s.o. is serious (*or* in earnest) about s.t.; s.o. has his/her heart in s.t.; ~ ***maak*** *met iets* take/treat s.t. seriously, set about s.t. in earnest; ~ ***maak*** *(met iets), (also, infml.)* mean business; ***met*** ~ earnestly; ***sonder*** ~ playfully, light-heartedly; jestingly, tongue in cheek; *in ~* ***speel,*** *(also, infml.)* play for keeps.

ern·stig =*stige, adj. & adv.* earnest *(endeavour)*; solemn *(manner)*; grievous; serious *(accident, illness, crime, music)*; grave *(condition)*; severe *(illness)*; straight-faced; ~ ***bedoel*** *wees/word, (also, infml.)* be for real; *dit nie te* ~ ***beskou/opneem*** *nie* not take it/that/things too seriously; ~ ***bly,*** *(also)* keep a straight face; *'n ~e* ***gesig*** a grave/set/stern face; *'n ~e* ***gesig*** *opsit* put on a solemn face; *~e* ***gevolge*** *inhou* have serious/grave repercussions, be pregnant with consequences; ***hoogs/uiters*** ~ deadly serious; *iets ~* ***insien*** take a grave view of s.t.; *iets in 'n ~e* ***lig*** *sien/beskou* take a serious view of s.t.; *dit* ~ ***meen,*** *(also, infml.)* mean business; *dit nie* ~ ***meen*** *nie* not really mean it; ***nie*** ~ ***nie*** not serious; *dinge te* ~ ***opneem/opvat*** get things (all) out of proportion; ~ ***praat*** have a serious talk (*or* frank discussion), *(Am., infml.)* talk turkey; *'n ~e* ***saak*** *wees* be no laughing matter; ~ ***word*** become/get serious. **ern·stig·heid** earnestness, gravity, seriousness.

e·ro·deer *geërodeer, vb.* erode; *(geol.)* degrade. **e·ro·de·rend** =*rende* erosive.

e·ro·geen =*gene* erogenous, erogenic.

E·ros *(Gr. myth.: god of love)* Eros.

e·ro·sie erosion; *regressiewe* ~ backward erosion; *sywaartse* ~ lateral erosion. **~basis** base level of erosion. **~berg** relic mountain. **~dal** canyon. **~relik** *(geol.)* outlier.

e·ro·ties =*tiese, adj.* erotic; *(infml.)* steamy; *~e kuns/literatuur* erotica. **e·ro·ties** *adv.* erotically, *(infml.)* sexily. **e·ro·tiek** erot(ic)ism. **e·ro·ti·se·rend** =*rende* aphrodisiac(al). **e·ro·tis·me** eroti(ci)sm.

e·ro·ti·ka *(pl.)* erotica. **e·ro·ti·kus** =*tikusse,* =*tici* eroticist.

e·ro·to·ma·nie erotomania, sex mania. **e·ro·to·maan** =*mane* erotomaniac, sex maniac.

er·ra·ties =*tiese, (geol., med.)* erratic; *~e blok* erratic boulder/block.

er·ra·tum =*rata* erratum, misprint, printing error.

er·satz *(Germ.: substitute, imitation)* ersatz. **~koffie** ersatz coffee.

ert *erte* pea; →ERTE=, ERTJIE.

er·tap·pel →AARTAPPEL.

er·te=: **~meel** = ERTJIEMEEL. **~sop** = ERTJIESOP. **~steen** = ERTJIESTEEN.

er·tjie =*tjies, erte* (garden) pea; *jy kan hom/haar met 'n blaas vol ~s op loop ja(ag)* he/she is easily scared, it takes nothing to frighten him/her; *~s (uit)dop* shell peas. **~been** *(anat.)* pisiform (bone). **~blaser** peashooter. **~blom** pea flower. **~bos(sie)** →KEURTJIE; SOETHOUT(BOSSIE). **~dop** = ERTJIEPEUL. **~dwergvirus** red clover vein mosaic virus *(abbr.:* RCVMV*)*, pea stunt virus. **~groen** pea green, *(attr.)* pea-green. **~kole** pea coal, peas. **~land** pea patch. **~meel** pea flour. **~peul** pea pod/shell. **~roer** pea rifle. **~sop** pea soup. **~steen** *(geol.)* pisolite. **~steenkool** = ERTJIEKOLE. **~vormig** =*e, (bot., zool.)* pisiform.

erts *ertse* ore. **~aar** lode, mineral vein; *onderliggende* ~ underset. **~afsetting, ~bed** ore deposit. **~bereiding** (ore) dressing. **~breker** ore crusher. **~brekery, ~brekery** ore crushing; crushing station. **~draer** ore carrier/bearer. **~gehalte** ore content; *'n myn met lae ~* a low-grade mine. **~geut** ore chute/pass. **~groef** *(min.)* glory hole. **~hoop** tipple. **~houdend** =*e* ore bearing. **~kamer** ore chamber. **~laag** ore deposit/bed. **~liggaam, ~massa** ore body, body of ore. **~meul(e)** ore crusher, crushing machine/mill. **~nes** ore pocket. **~ondersoek** ore assay. **~ondersoeker** assayer. **~oond** ore furnace. **~pyp** (ore) chimney (pipe). **~ryk** =*e, adj.* rich in ore, *(attr.)* ore-rich. **~sif** griddle, jigger. **~spleet** lode; *verborge ~* blind lode. **~stand** ore position. **~stof** ore dust. **~strook, ~tong** ore shoot. **~trog** hutch. **~wals** ore roll. **~winning** ore extraction/mining, winning of ore, ore raising.

e·ru·diet =*diete, (liter.)* erudite. **e·ru·di·sie** erudition.

e·rup·sie =*sies, (chiefly geol., med.)* eruption. **e·rup·tief** =*tiewe* eruptive; *~tiewe gang, (geol.)* dyke, dike; *~tiewe gesteente, (geol.)* eruptive/igneous rock.

er·vaar *vb.* experience. **er·va·re** =*rener* =*renste* (*of meer ~ die mees ~*) experienced, adept, skilled, accomplished, practised, trained, (well) versed, expert; experienced, seasoned; *in iets ~ wees* be experienced/skilled (*or* well versed) in s.t.. **er·va·re·ne** =*nes* experienced person. **er·va·ren·heid** experience, expertise, skill. **er·va·ring** =*rings,* =*ringe, n.* experience; ***baie/groot*** *~ van iets hê* have wide experience of s.t.; *iets deur* ***bittere*** *~ leer* learn s.t. the hard way; ***deur/uit*** *~ leer* learn by/from experience; ***op*** *~ gegrond* empiric(al) *(knowledge etc.)*; ~ ***opdoen*** acquire/gain experience; ***uit*** ~ by/from experience; *~s* ***uitwissel*** compare notes; *deur ~* ***wys*** *word* learn by/from experience. **er·va·rings·veld, er·va·rings·wê·reld** field of experience.

er·we *n. (sing.), (arch.)* heritage; →ERF[1] *n.*; *die ~ van ons vaders, (rhet.)* our native soil.

Es *(mus.)* E flat major.

es[1] *esse, n.* fireplace, (kitchen) hearth, hob; forge, stithy. **~yster** firedog. **~ysters** fire irons.

es[2] *n., (bot.: Fraxinus spp.)* ash (tree); →ESSE=.

es[3] *esse, n., (the letter S)* ess; sharp turn; *~se gooi* take sharp turns.

E·sau *(OT)* Esau.

esch·scholt·zi·a =*zias, (bot.)* eschscholtzia; →GOUDPAPAWER.

es·do·ring =*rings, (Acer spp.)* maple. **~(boom)** maple (tree). **~hout** maple (wood). **~stroop** maple syrup.

E·se·gi·ël *(OT)* Ezekiel.

e·sel =*sels, (lit.)* ass, donkey; *(lit., regional)* mule; *(fig., derog.)* ass, blockhead, dunce, num(b)skull; *(painting)* easel; *so* ***dom*** *soos 'n ~ wees* →DOM[3] *adj.*; *'n ~ stamp hom nie twee maal teen dieselfde* ***klip*** *nie* once bitten twice shy, a burnt child dreads the fire; *pas op, die ~ sal* ***praat*** don't ill-treat an animal; *van 'n ~ kan/moet jy 'n* ***skop*** *verwag* take it (from) whence it comes. **~dom** asinine, stupid, brainless. **~drywer** donkey driver. **~hings** jackass. **~kamp** paddock for donkeys. **~kar(retjie)** donkey cart. **~kos** = ESELSKOS. **~merrie** she-ass, jenny (ass). **~oor** = ESELSOOR. **~skildery** easel painting. **~vul** baby donkey. **~wa** donkey wag(g)on.

e·sel·ag·tig, e·sel·ag·tig =*tige* asinine; stupid. **e·sel·ag·tig·heid** asinine behaviour; stupidity.

e·se·lin =*linne, (fem.)* she-ass, jenny (ass).

e·sels=: **~brug(gie)** memory aid, mnemonic, *(Lat.)* memoria technica. **~kakebeen,** *(infml.)* **~kinnebak** jawbone of an ass. **~kop** *(lit.)* ass's head; *(fig.)* blockhead, dunce. **~kos** *(bot.: Euphorbia meloformis)* melon spurge. **~oor** ass's ear; dog('s)-ear *(in a book)*; *(infml.)* dunce; *(bot.: Cheiridopsis peculiaris)* eselsoor. **~werk** drudgery, donkey work, groundwork.

e·sel·tjie =*tjies* little donkey.

e·sje·lon →ECHELON.

es·ka·der =*ders, (navy, air force)* squadron. **~leier** *(air force)* squadron leader.

es·ka·driel·je =*jes, (obs.)* air squadron.

es·ka·dron =*drons,* =*dronne* squadron *(of a cavalry regiment)*.

es·ka·la·de =*des, (mil., hist.)* escalade.

es·ka·leer *geëskaleer, vb. (costs, prices, war, etc.)* escalate; have a snowball effect; *laat ~* escalate *(prices etc.)*. **es·ka·la·sie** escalation.

es·ka·pa·de =*des* escapade.

es·karp =*karpe, (geol.)* escarpment, scarp; *(mil.)* escarp. **es·kar·peer** *geëskarpeer, vb., (mil., rare)* escarp.

es·ka·to·lo·gie *(theol.)* eschatology. **es·ka·to·lo·gies** =*giese* eschatological. **es·ka·to·loog** =*loë* eschatologist.

Es·ki·mied *adj., (obs.)* Eskimoid.

Es·ki·mo =*mo's, (sometimes considered offensive)* Eskimo; →INUÏET. **~hond** = POOLHOND.

Es·ko·ri·aal, Es·ku·ri·aal: *die ~, (architectural complex near Madrid)* the Escorial/Escurial.

es·kort =*korte, n.* escort (party). **es·kor·teer** *geëskorteer, vb.* escort.

es·ku·do =*do's, (Port. monetary unit)* escudo.

es·ku·laap =*lape, (obs.)* physician, doctor.

Es·kwi·lyn: *die ~, die ~se Heuwel, (geog.: highest of the 7 Roman hills)* the Esquiline (Hill).

E·so·pus, E·so·pus →AESOPUS.

e·so·te·ries =*riese* esoteric.

esp *espe,* **es·pe·boom** =*bome, (Populus spp.)* aspen (tree). **es·pe·hout** aspen wood.

es·par·to(·gras) esparto (grass), Spanish grass.

Es·pe·ran·to *(international artificial language)* Esperanto. **Es·pe·ran·tis** =*tiste* Esperantist.

es·pla·na·de =*des* esplanade.

es·pres·so =*so's, (It.)* espresso. **~kafee** espresso bar/café/house. **~koffie** espresso (coffee).

es·prit de corps *(Fr.)* esprit de corps.

Es·ra *(OT)* Ezra.

es·saai, es·sai *(min., chem.)* assay. **es·sai·eer** *geëssaieer, vb.* assay. **es·sai·ë·ring** =*rings,* =*ringe* assay. **es·sai·eur** =*eurs* assayer.

es·say =*says* essay; *'n ~ oor* ... an essay about/on ... *(literature etc.)*. **es·say·is** =*iste* essayist. **es·say·is·ties** =*tiese* essayistic.

es·se=: **~hout(boom)** *(Ekebergia spp.)* Cape ash, essenwood; *(Trichilia emetica)* →ROOI-ESSEHOUT(BOOM). **~kruid** *(bot.)* dittany.

Es·seen =*sene,* **Es·se·ner** =*ners, (member of an ancient Jewish ascetic sect)* Essene. **Es·seens** =*seense, adj.* Essenian, Essenic.

es·sens =*sense* essence, extract. **es·sen·sie** essence, quintessence; *(fig.)* bottom line; *(fig.)* core. **es·sen·si·eel** =*siële* =*siëler* =*sieelste* essential, vital.

es·sex·iet *(geol.)* essexite.

es·sie =*sies, (dim.)* →ES[1], ES[3].

es·so·niet *(min.)* (h)essonite, cinnamon stone.

es·ta·blish·ment *(<Eng.)* establishment; *die ~* the Establishment.

es·ta·fet =*fette, (<Fr., hist.)* dispatch rider, estafette.

es·teet =*tete* aesthete. **es·te·sie** *(med.)* aesthesia. **es·te·tiek, es·te·ti·ka** aesthetics. **es·te·ties** =*tiese* aesthetic(al). **es·te·ti·ka** →ESTETIEK. **es·te·ti·kus** =*tikusse,* =*tici* aesthetician.

Es·ter *(OT)* Esther.

es·ter =*ters, (chem.)* ester, ethereal salt. **es·te·ri·fi·ka·sie, es·te·ri·fi·se·ring** esterification.

Est·land *(geog.)* Est(h)onia. **Est·lan·der** =*ders* Est(h)onian. **Est·lands, Est·nies, Es·ties** *n., (language)* Est(h)onian. **Est·lands** =*landse,* **Est·nies** =*niese,* **Es·ties** =*tiese, adj.* Est(h)onian.

es·top·pel *(jur.)* estoppel.

es·tra·de =*des, (<Fr., rare)* estrade, platform, dais.

es·tro·geen =*gene, n., (biochem.)* oestrogen. **es·tro·geen** =*gene, adj.* oestrogenic.

es·trum, es·trus *(zool., physiol.)* oestrus.

es·tu·a·ri·um =*riums,* =*ria* estuary. **es·tu·a·ries** =*riese* estuarine.

e·ta =*tas, (7th letter of the Gr. alphabet)* eta.

e·taan *(chem.)* ethane.

é·ta·ge =*ges, (Fr.)* floor, storey; *(geol.)* stage.

e·ta·la·ge =*ges, (rare)* show window; display. **e·ta·leer** *geëtaleer, vb., (rare)* display *(articles)*; dress *(a display window)*. **e·ta·le·ring** *(rare)* window dressing. **e·ta·leur** =*leurs, (fem.)* **e·ta·leu·se** =*ses, (rare)* window dresser, display artist.

e·ta·nol *(chem.)* ethanol.

e·te *etes, n.* food, fare; meal; dinner; →ETENS=, ETER[1]; *van jou ~ **af** wees* have no appetite; *~ en **drinke**, (liter.)* meat and drink; *iem. op sy/haar ~ en **drinke** slaan, (infml.)* hit s.o. in the breadbasket; ***gemeenskaplike** ~* mess; *die ~ daar is **goed*** the food/cuisine is good there, they keep a good table; *die ~ **(klaar)maak*** cook/prepare a meal; ***lekker** ~ (en drinke), (infml.)* good cheer; ***ná/voor** (die) ~* after/before dinner/lunch; *iem. vir ~ **nooi*** ask/invite s.o. to dinner/lunch/supper; ***onder** die ~* during the meal; *dis te **op** die ~* it is too near dinner/lunch; ***smaaklike** ~!* enjoy your meal!; ***sonder** ~ klaarkom* go without a meal; *die ~ is op (die) **tafel**, die ~ is **gereed*** dinner/supper/lunch is served; *'n ~ **voorsit/opdis*** serve a meal. **e·te** *vb.* →EET *vb..* ~**klok(kie)** →ETENSKLOK(KIE). **e·te·tjie** =*tjies* →ETE *n..*

e·teen →ETILEEN.

e·te·niel *(chem.)* ethenyl.

e·tens=: ~**kas** *(arch.)* →KOSKAS. ~**klok(kie), eteklok(kie)** dinner bell. ~**pouse** lunch break/hour; dinner interval. ~**tafel** →EETTAFEL. ~**tyd** meal time; dinner time; lunchtime; breakfast time; *(fig., joc.)* feeding time; *met ~* at lunchtime *(or* dinner time). ~**uur** breakfast/etc. hour; *in die ~* in the lunch hour, at lunchtime.

e·ter[1] =*ters* eater, feeder; *'n goeie ~ wees* be a good eater, have a good appetite, enjoy eating, *(hum.)* be a good trencherman; *'n slegte ~ wees* be a poor eater; *'n stewige ~* a hearty eater. **e·te·ry** eating, feeding.

e·ter[2] *(no pl.), (chem.)* (diethyl) ether; *(with pl., organic compound)* ether; *(phys., hist.)* (a)ether; *(infml., rad.)* airwaves; *(poet., liter.: upper regions of the atmosphere)* (a)ether, empyrean. ~**golf** *(phys., hist.)* ether wave. **e·te·ries** =*riese* ethereal, airy, fairy, intangible, rarefied; *(poet., liter.)* celestial, empyreal, heavenly, unworldly; *(chem.)* ethereal; *~e liggaam, (poet., liter.)* astral body; *~e olies, (chem.)* ethereal/essential/volatile oils. **e·te·ri·fi·ka·sie, e·te·ri·fi·se·ring** *(chem.)* etherification. **e·te·ri·fi·seer** *geëterifiseer, vb., (chem.)* etherify. **e·te·ri·seer** *geëteriseer, vb.* etherealise; *(med., chiefly hist.)* etherise.

E·t(h)i·o·pi·ë *(geog.)* Ethiopia. **E·t(h)i·o·pi·ër** =*piërs* Ethiopian. **E·t(h)i·o·pies** =*piese* Ethiopian.

e·tiel *(chem.)* ethyl. ~**alkohol** ethyl alcohol; grain alcohol. ~**eter** sulphuric ether.

e·ties =*tiese* ethical; *~e belegging* ethical investment; *~e datief* ethical dative. **e·tiek, e·ti·ka** ethics, moral philosophy; ethic. **e·ti·kus** =*tikusse,* =*tici* ethicist.

e·ti·ket =*kette* label, ticket, docket, tag; sticker; etiquette; *nuwe ~te op iets aanbring/plak* relabel s.t.; *dit is teen die ~* it is contrary to etiquette, it is a breach of good manners. **e·ti·ke·tjie** =*tjies* label, ticket. **e·ti·ket·loos** =*lose* unlabelled. **e·ti·ket·teer** *geëtiketteer, vb.* label, ticket, tag, attach a label to; *iem. as ... ~* label s.o. as ...

e·ti·leen, e·teen *(chem.)* ethylene, ethene. ~**alkohol** ethylene alcohol.

e·ti·mo·lo·gie =*gieë* etymology. **e·ti·mo·lo·gies** =*giese* etymological. **e·ti·mo·lo·gi·seer** *geëti=, vb.* etymologise. **e·ti·mo·loog** =*loë* etymologist.

e·ti·mon =*mons, (ling.)* etymon.

e·ti·o·leer *geëtioleer, vb. (chiefly as p.p.), (bot.)* etiolate. **e·ti·o·la·sie** etiolation. **e·ti·o·le·ring** etiolation.

e·ti·o·lo·gie *(philos.)* aetiology. **e·ti·o·lo·gies** =*giese* aetiological. **e·ti·o·loog** =*loë* aetiologist.

et·li·ke several, some, a number of; many; *~ kilometers* several kilometres; *~ rande te min* several rands short.

et·maal =*male* twenty-four hours, natural day. ~**diens** same-day service.

Et·na: *(die berg) ~* (Mount) Etna.

et·narg =*narge, (hist.)* ethnarch, governor.

et·nies =*niese* ethnic(al); *~e **geweld*** ethnic violence; *~e **klere/voorkoms*** ethnic clothes/look; *~e **minderheid*** ethnic minority; *~e **musiek*** ethnic music; *~e **suiwering**, (euph.)* ethnic cleansing; *~e **uitwissing*** ethnocide. **et·ni·si·teit** ethnicity, ethnic character.

et·no= *comb.* ethno=.

et·no·bo·ta·nie ethnobotany.

et·no·ge·nie *(rare)* ethnogeny.

et·no·gra·fie ethnography. **et·no·graaf** =*grawe* ethnographer. **et·no·gra·fies** =*fiese* ethnographic(al).

et·no·lo·gie ethnology. **et·no·lo·gies** =*giese* ethnologic(al). **et·no·loog** =*loë* ethnologist.

et·no·me·to·do·lo·gie, =me·to·diek ethnomethodology. **et·no·me·to·do·lo·gies** =*giese* ethnomethodological.

et·no·mu·si·ko·lo·gie ethnomusicology. **et·no·mu·si·ko·lo·gies** =*giese* ethnomusicological. **et·no·mu·si·ko·loog** =*loë* ethnomusicologist.

et·no·sen·tries =*triese* ethnocentric(ally). **et·no·sen·tris·me** ethnocentricity, ethnocentrism.

e·tok·si·groep *(chem.)* ethoxy group.

E·to·li·ë *(geog.)* Aetolia. **E·to·li·ër** =*liërs, n.* Aetolian. **E·to·lies** =*liese adj.* Aetolian.

e·to·lo·gie *(biol.)* ethology. **e·to·lo·gies** =*giese, adj.* ethological. **e·to·lo·gies** *adv.* ethological(ly). **e·to·loog** =*loë* ethologist.

E·ton=: ~**boordjie** (boy's) Eton collar. ~**kraag** (lady's) Eton collar.

e·tos ethos.

E·to·sha=: ~**pan** Etosha Pan. ~**wildpark,** ~**wildreservaat,** ~**wildtuin** Etosha Game Reserve.

E·tru·ri·ë *(geog., hist.)* Etruria. **E·tru·ri·ër, E·trus·ker** *n.* Etrurian, Etruscan. **E·tru·ries, E·trus·kies,** *n., (language)* Etrurian, Etruscan. **E·tru·ries** =*riese,* **E·trus·kies** =*kiese, adj.* Etrurian, Etruscan.

ets *etse, n.* etching. **ets** *geëts, vb.* etch. ~**grond** etching ground. ~**kali** *(chem.)* potassium hydroxide, caustic potash. ~**kuns** (art of) etching. ~**middel** =*s,* =*e* caustic, *(med.)* escharotic. ~**naald** etching needle; *droë ~* dry point. ~**plaat** etched plate. ~**suur** mordant. ~**water** etching water/solution, mordant. ~**werk** etching.

et·ser =*sers* etcher.

et·sing etching.

et·ter *n.* discharge, (purulent) matter, pus; gleet; *dun ~, (pathol.)* sanies; *~ in die bloed* pyaemia. **et·ter** *geëtter, vb.* fester, suppurate; discharge; *... laat ~, (pathol.)* suppurate/maturate ... ~**buil** = ETTERSWEER. ~**geswel** = ETTERSWEER. ~**haard** *(pathol.)* abscess cavity, nidus. ~**sak** cyst. ~**sweer,** ~**verswering** abscess, gathering. ~**vormend** =*e, (pathol.)* pyogenic; *~e middel* suppurative. ~**vorming** = ETTERING. ~**wond** suppurating wound.

et·ter·ag·tig = ETTERIG.

et·te·rend = ETTERIG.

et·te·rig =*rige* purulent, festering, suppurating, mattery. **et·te·rig·heid** purulence, suppuration.

et·te·ring suppuration, ulceration, maturation, pyosis.

e·tu·de =*des, (mus.)* étude.

é·tui =*tui's, (Fr., dated)* étui, case, container.

Eu·be·a *(geog.)* Euboea. **Eu·be·ër** =*beërs, n.* Euboean. **Eu·be·ïes** =*beïese, adj.* Euboean, Euboic.

eu·bi·o·tiek, eu·bi·o·ti·ka eubiotics.

Eu·cha·ris·tie *(RC)* Eucharist. **Eu·cha·ris·ties** =*tiese* Eucharistic(al).

eu·de·mo·nis·me *(philos.)* eud(a)emonism.

eu·di·o·me·ter *(chem.)* eudiometer.

eu·fe·mis·me =*mes* euphemism; genteelism. **eu·fe·mis·ties** =*tiese* euphemistic.

eu·fo·nie euphony. **eu·fo·nies** =*niese* euphonic. **eu·fo·ni·on, eu·fo·ni·um** *(mus. instr.)* euphonium.

eu·for·bi·a, *(Lat.)* **eu·phor·bi·a** =*as, (bot.)* euphorbia.

eu·fo·rie euphoria. **eu·fo·ries** =*riese* euphoric; *(infml.)* hyper, hyped up.

Eu·fraat: *die ~, (river)* the Euphrates.

eu·fra·sie *(bot.)* eyebright, euphrasy.

Eu·ga·ne·se Heu·wels Euganean Hills *(in Italy)*.

eu·ge·ne·tiek, eu·ge·ne·ti·ka eugenics. **eu·ge·ne·ties** =*tiese* eugenic. **eu·ge·ne·ti·ka** →EUGENETIEK. **eu·ge·ne·ti·kus** =*tikusse* =*tici* eugenist.

Eu·ge·ni·us: *prins ~ van Savoje, (1663-1736)* Prince Eugène of Savoy.

eu·ka·lip·tus =*tusse* eucalypt(us). ~**olie** eucalyptus (oil).

Eu·kli·des *(Gr. mathematician)* Euclid. **Eu·kli·dies** =*diese, (also e~)* Euclidean.

Eu·me·ni·des: *die ~, (Gr. myth.: euph. for the Furies)* the Eumenides; →ERINIË, FURIE.

eun·tjie =*tjies* = UINTJIE.

eu·nug =*nugs* eunuch, castrate.

eu·phor·bi·a →EUFORBIA.

Eu·ra·fri·kaan, Eu·ro-A·fri·kaan =*kane, n., (rare)* Eurafrican, Euro-African. **Eu·ra·fri·kaans, Eu·ro-A·fri·kaans** =*kaanse, adj., (rare)* Eurafrican, Euro-African.

Eu·ra·si·a·ties =*tiese, adj., (rare)* Eurasiatic.

Eu·ra·si·ë *(geog.)* Eurasia. **Eu·ra·si·ër** =*siërs, n.* Eurasian. **Eu·ra·sies** =*siese, adj.* Eurasian.

Eu·ri·di·ke, Eu·ru·di·kê, *(Lat.)* **Eu·ry·di·ce** *(Gr. myth.)* Eurydice.

Eu·ri·pi·des *(Gr. dramatist)* Euripides.

eu·rit·mie eurhythmy. **eu·rit·miek** eurhythmics. **eu·rit·mies** =*miese* eurhythmic.

Eu·ro *comb.* Euro=. ~**-Afrikaan** →EURAFRIKAAN. ~**-Afrikaans** →EURAFRIKAANS. ~**-Amerikaans** *adj., (rare)* Euro-American. ~**-Amerikaner** *n., (rare)* Euro-American. ~**-Kommunis** Eurocommunist. ~**-Kommunisme** Eurocommunism. ~**mark** *(also e~)* Euromarket, Euromart. ~**missiel** *(mil.)* Euromissile. ~**-obligasie** *(also e~)* Eurobond. ~**skeptikus** Eurosceptic. ~**tjek** *(also e~)* Eurocheque. ~**tonnel** Channel Tunnel, *(infml.)* Chunnel, Eurotunnel. ~**valuta** *(also e~)* Eurocurrency. ~**visiesangfees** Eurovision Song Contest.

eu·ro *(currency unit)* euro.

Eu·ro·kraat *(infml., chiefly derog., also e~)* Eurocrat. **Eu·ro·kra·sie** *(also e~)* Eurocracy. **Eu·ro·kra·ties** =*tiese, (also e~)* Eurocratic.

Eu·ro·pa *(geog.)* Europe. **Eu·ro·pe·aan** →EUROPEËR. **Eu·ro·pe·a·nis** Europeanist. **eu·ro·pe·a·ni·seer** Europeanise. **Eu·ro·pe·a·nis·me** *(also e~)* Europeanism. **Eu·ro·pe·ër** =*peërs,* **Eu·ro·pe·aan** =*peane* European, native of Europe, dweller in Europe. **Eu·ro·pees** =*pese* European; *~pese **Ekonomiese Gebied**, (abbr.:* EEG*)*

European Economic Area *(abbr.:* EEA*)*; *~pese* ***Ekonomiese Gemeenskap,*** *(hist., abbr.:* EEG*)* European Economic Community *(abbr.:* EEC*)*; →*Europese* ***Unie;*** *~pese* ***enkelmark*** single European market; *~pese* ***Geldeenheid,*** *(hist., abbr.:* EGE*)* European Currency Unit *(abbr.:* ECU*)*; →EURO; *~pese* ***Gemeenskap,*** *(hist., abbr.:* EG*)* European Community *(abbr.:* EC*)*; →*Europese* ***Unie;*** *~pese* ***Geregshof*** European Court of Justice; *~pese* ***jongbysiekte*** foul brood; *~pese* ***Monetêre Stelsel,*** *(hist., abbr.:* EMS*)* European Monetary System *(abbr.:* EMS*)*; *~pese* ***Parlement*** European Parliament; *~pese* ***Unie*** *(abbr.:* EU*)* European Union *(abbr.:*EU*)*; *~pese* ***Vryhandelsvereniging,*** *(abbr.:*EVHV*)* European Free Trade Association *(abbr.:* EFTA*)*.

Eu·ro·par·le·ment Europarliament; *lid van die ~, (also, infml.)* Euro MP. **Eu·ro·par·le·men·ta·ri·ër** Europarliamentarian. **Eu·ro·par·le·men·têr** Europarliamentary. **Eu·ro·par·le·ments·lid, Eu·ro-LP** *(infml.)* Euro MP.

eu·ro·pi·um *(chem.; symb.:* Eu*)* europium.

Eu·ro·sen·tries *(also e~)* Eurocentric. **Eu·ro·sen·tris·me** *(also e~)* Eurocentricity, Eurocentrism.

Eu·sta·chi·us: *buis van ~, (anat.)* Eustachian tube. **Eu·sta·chi·aans** *-aanse: ~e buis, (anat.)* Eustachian tube.

eu·ta·na·sie euthanasia, mercy killing.

eu·wel *-wels, n.* evil; ill; *aan 'n ~ mank gaan* have (*or* suffer from) a defect; be given to a fault. **eu·wel** *adv.: iem. iets ~ dui* →IEM. IETS TEN **KWADE** DUI. **~daad** crime, evil deed, misdeed, outrage, wrongdoing. **~moed** *(poet., liter.)* insolence, wantonness.

eux·an·toon *(chem.)* euxanthone.

eux·e·niet *(min.)* euxenite.

E·va Eve; woman; →EVAS-.

e·va·ku·eer *geëvakueer* evacuate. **e·va·ku·a·sie** *-sies* evacuation.

e·va·lu·eer *geëvalueer* evaluate. **e·va·lu·a·sie** *-sies* evaluation.

e·van·ge·lie *-lies* gospel; *iets vir ~* ***aanneem*** take/accept s.t. as/for gospel (truth); ***dis nie alles*** *~ nie* it is not all gospel truth; *iem. tot die ~* ***bekeer*** evangelise s.o.; ***dis vir iem.*** *~* s.o. believes every word of it; *dis die ~ in die* ***kerk*** it is absolutely true, it is gospel truth; *die ~* ***predik*** preach the gospel; *die* ***vier*** *E~s* the four Gospels; *die E~* ***volgens*** *Markus/ens.* the Gospel according to Mark/etc.. **~arbeid** evangelisation. **~bediening, ~diens** ministry (of the gospel). **~boek** gospel (book). **~boodskap** gospel message, message of the gospel. **~dienaar** minister of the gospel. **~diens** →EVANGELIEBEDIENING. **E~kerk:** *Volle ~* Full Gospel Church. **~leer** doctrine of the gospel. **~prediker** evangelist, preacher of the gospel. **~prediking** evangelism, preaching of the gospel. **~verspreiding** propagation of the gospel. **~waarheid** gospel truth. **~woord** the gospel.

E·van·ge·lie·ë·har·mo·nie *(theol.)* concordance of the Gospels.

E·van·ge·lies *-liese, (tradition within the Anglican Church)* Evangelic(al), Low Church. **~gesind** *-e, adj.* Evangelic(al). **~gesinde** *-s, n.* Evangelical. **~gesindheid** Evangelicalism.

e·van·ge·lies *-liese* evangelic(al).

e·van·ge·lis *-liste* evangelist; *(E~)* Evangelist, writer of a Gospel. **e·van·ge·lis·tiek** evangelistics. **e·van·ge·lis·ties** *-tiese* evangelistic.

e·van·ge·li·sa·sie evangelisation, evangelism. **~aksie** evangelisation campaign/drive/effort.

e·van·ge·li·seer *geëvan-, vb.* evangelise. **e·van·ge·li·se·ring** evangelising.

E·vas- *(also e~):* **~dogter** daughter of Eve. **~geslag** daughters of Eve. **~gewaad, ~kostuum** (feminine) nakedness; birthday suit; *in ~, (infml., of a woman)* in the altogether/raw, in nature's garb; *in ~* ***swem*** skinny-dip; *in ~ wees, (also, of a woman)* not have a stitch on, not be wearing a stitch, be without a stitch of clothing.

e·ve·ne·ment *-mente, (<Fr., rare)* (important) event.

e·ven·tu·eel *-ele, adj. & adv.* possible, potential; contingent; by chance; *as iem. ~ sou* ***besluit*** in case (*or* if by chance) s.o. should decide; *as dit ~ die* ***geval*** *sou wees* if such should turn out to be the case; *~ele* ***klagte(s)*** *moet ingedien word by* ... complaints, if any, should be lodged with ...; *~ele* ***onkoste*** *sal vergoed word* any expenses will be refunded (*or* made good). **e·ven·tu·a·li·teit** *-teite* contingency, eventuality.

Ev·er·est: *(die berg) ~* (Mount) Everest.

Ev·er·glades: *die ~, (marsh in southern Florida)* the Everglades. *~* **Nasionale Park** Everglades National Park.

e·vi·dent *adj & adv.* evident(ly).

e·vo·keer *geëvokeer, (liter.)* evoke. **e·vo·ka·sie** evocation. **e·vo·ka·tief** *-tiewe* evocative.

e·vo·lu·eer, e·wo·lu·eer *geë-, vb.* evolve.

e·vo·lu·sie, e·wo·lu·sie evolution, genesis; *(biol.)* ontogenesis. **~leer** theory of evolution, evolutionism.

e·vo·lu·si·o·nis·me, e·wo·lu·si·o·nis·me evolutionism. **e·vo·lu·si·o·nis, e·wo·lu·si·o·nis** *-niste* evolutionist. **e·vo·lu·si·o·nis·ties, e·wo·lu·si·o·nis·ties** *-tiese* evolutionist(ic).

e·we *adj.* even; →EENDERS, NET *adv.;* ***dis om't*** (*of om 't/die*) *~* it's six of one and half a dozen of the other; *'n ~* ***getal*** an even number; *as dit vir* ***jou*** *om't* (*of om 't/die*) *~ is* if it is all the same to you; *dis vir* ***my*** *om't* (*of om 't/die*) *~* it makes no difference (to me), it is immaterial (*or* all the same) to me; *~ en/of* ***onewe*** odd and/or even; *om't* (*of om 't/die*) *~* ***wat*** no matter what.

e·we *adv.* as, even, just, equally; quite; *~* ***breed*** *as* ***lank*** as broad/wide as it is long; *die twee produkte werk ~* ***goed*** the two products are equally effective; *hulle is ~* ***groot*** they are the same size (*or* of a size); *~* ***groot stukke*** equal-size(d) pieces, equally sized pieces; ... *en ... betaal ~* ***min*** both ... and ... pay the reduced fee; *~* ***ongeërg*** *wees oor* ... be quite unconcerned about ...; *A en B is ~* ***oud*** A and B are (of) the same age, A is B's age, *(somewhat obs.)* A and B are of an age; *~* ***parmantig*** *wees* be as cocky as could be; *~* ***tevrede*** *wees* be quite satisfied; *~* ***veel*** *van albei hou* like the one as much as the other; *A en B het ~* ***veel*** *punte behaal* the scores are tied; *~* ***ver/vêr*** equidistant, equally (*or* just as) far. **~as, ewenas** *conj., (fml., obs.)* (just) as, just like; *die beslissing aanvaar ~ die ander lede* accept the ruling (just) as the other members did. **~beeld** counterpart, image, likeness; similitude; *(infml.)* lookalike; *iem. is die ~ van ..., iem. is ... se ~* s.o. is the (very) image of ..., *(infml.)* s.o. is the (spitting) image (*or* the spit and image *or* a second edition *or* a carbon copy) of ...; *die ~ van Marilyn Monroe, (also)* a Marilyn Monroe lookalike. **~-eens** →EWENEENS. **~goed** *adv.* just as well; →EWESEER; *A is ~ skuldig as B* A is (just) as guilty as B; *iem. kon ~* ... it would have made no difference if s.o ... **~handig** ambidextrous. **~kansig** *-e: ... ~ maak, (stat.)* randomise ...; *~e toets* random test, spot check. **~kansigheid** *(stat.)* randomness. **~kansigheidstoets** *(stat.)* randomisation test. **~knie** compeer, peer, equal; opposite number; *iem. se ~ wees, (also)* be s.o.'s match. **~maat** symmetry. **~matig** proportional; symmetrical; *~e deel, (math.)* aliquot part; *~e verhoudings* symmetrical proportions. **~mens** *(obs.)* neighbour, fellow human being; *hy/sy is 'n ~ (soos ons)* he is a man and a brother, she is a woman and a sister. **~min** *adv.* just as little, no more; *iem. is ~ ... as ...* s.o. has as little ... as (*or* is no more ... than) ...; *A kon dit nie doen nie en B ~* A could not do it, neither/nor (*or* no more) could B. **~naaste** *(fml.)* neighbour, fellow human being. **~nagslyn** *(geog.)* = EWENAAR. **~seer** *adv.* (just) as much; alike; equally; *~ as ...* as much as (*or* no less than) ...; *dit is ~ waar* it is equally true. **~so** *adv., (obs.)* likewise; *~ doen* do likewise, follow suit; *die kos was swak en die bediening ~* the food was bad and the service no better. **~wel, ~wel** →EWENWEL. **~wydig** *-e* parallel; *~ aan/met ...* parallel to/with ... **~wydigheid** parallelism.

e·we·naar *-naars, n. (geog.)* equator; *(mot.)* differential; tongue *(of a balance);* swingle beam *(of a wag[g]on); magnetiese ~, (geog.)* aclinic/agonic line. **e·we·naar, e·we·naar** *geëwenaar, vb.* equal, match, be a match for, come up to (the level of); *dit sal moeilik wees om dié prestasie te ~* it's a hard act to follow. **~huls** *(mot.)* differential housing/casing. **~vulprop** differential filler plug.

e·we·naars·rat·te differential gears.

e·wen·as →EWEAS.

e·wen·eens, e·we-eens *adv.* as well, likewise, similarly; besides, in addition; *met my gaan dit goed; met my kinders ~* I am well; my children likewise.

e·we(n)·wel, e·we(n)·wel *adv.* however, nevertheless, still, yet, but; anyway.

e·we·re·dig *-dige* proportional, proportionate; commensurate, commensurable; symmetrical; homologous, homological, homologic; pro rata; *~* ***aan*** ... proportional/proportionate to ...; *die straf behoort ~* ***aan/met*** *die misdaad te wees* the punishment should fit the crime; *~e* ***bydrae*** pro rata contribution; ... *~* ***maak*** proportion ...; homologise ...; *~e* ***reeks,*** *(math.)* harmonic progression; *~e* ***verteenwoordiging,*** *(pol.)* proportional representation. **e·we·re·di·ge** *-ges, n., (math.)* proportional. **e·we·re·dig·heid** proportion(ality); symmetry; homology; *in ~* ***met*** ... proportionately to ...; ***na*** *~* in proportion; *in* ***omgekeerde*** *~, (math.)* in inverse ratio, inversely proportional; ***saam-/samegestelde*** *~, (math.)* compound proportion; *na ~* ***van*** ... in proportion to ... **e·we·re·dig·heids·fak·tor** *(math.)* factor of proportionality. **e·we·re·dig·heids·kon·stan·te** *(math.)* constant of proportionality.

e·we·wig balance, poise; equipoise; *jou ~* ***behou*** keep one's balance; ***bestendige/vaste/stabiele*** *~* stable equilibrium; *die ~ in sake* ***bewaar*** keep things on an even keel; ***beweeglike*** *~* mobile equilibrium; *'n* ***haglike*** *~* a delicate balance; *die ~* ***herstel*** redress the balance; *jou ~* ***herwin*** recover/regain one's balance; *sake in ~* ***hou*** keep things on an even keel; ***in*** *~ wees* be in equilibrium, be poised (*or* well balanced); ***natuurlike/ekologiese*** *~* balance of nature; ***onbestendige/onstabiele/labiele*** *~* unstable equilibrium; ***onverskillige/indifferente*** *~* indifferent equilibrium; *die* ***staatkundige*** *~* the balance of power; ***statiese*** *~* static equilibrium; ***uit*** *(die) ~* out of balance; ***uit*** *(die) ~ wees* be off balance; ... ***uit*** *(die) ~ bring* throw ... out of balance, unbalance ...; *jou ~* ***verloor*** lose one's balance, overbalance; *die ~* ***versteur/verstoor*** disturb/upset the balance/equilibrium; *(die/'n) ~* ***vind*** strike a balance. **~stand** position of equilibrium. **~steentjie** *(zool., anat.)* statolith.

e·we·wigs-: **~grens** limiting equilibrium. **~klep** balance valve. **~krag** equilibrant. **~leer** statics; *~ van gasse* aerostatics. **~orgaan** static organ, statocyst. **~punt** centre of gravity/equilibrium, point of balance. **~toestand** equilibrium position, (state of) equilibrium, steady state. **~toestandteorie** steady-state theory. **~veer** steadying spring.

e·we·wig·tig *-tige* (well) balanced, evenly balanced; level-headed. **e·we·wig·tig·heid** balance, level-headedness.

e·wig *-wige, adj. & adv.* eternal *(life);* perpetual *(snow);* perennial *(youth);* everlasting *(God/Father, life, covenant, etc.);* incessant; evermore; *~ en* ***altyd*** always; invariably; *vir ~ en* ***altyd*** for ever and ever/aye (*or* a day); *iem. sal jou ~* ***dankbaar*** *bly* have s.o.'s eternal thanks/gratitude; *dit* ***duur*** *~* it takes an age; *~e* ***jagvelde,*** *(myth.: paradise)* happy hunting ground; *dit is ~* ***jammer*** it is a thousand pities; *~e* ***kalender*** perpetual calendar; *die ~e* ***lewe*** eternal/everlasting life, life eternal/everlasting; *die ~e* ***rus*** *ingaan, (rhet.)* be called to one's eternal rest; *'n ~e* ***skande*** a mortal shame; *die E~e* ***Stad,*** *(Rome)* the Eternal City; ***ten*** *~e dage, (arch.)* forever, for ever, for all time, in perpetuity; *~e* ***verdoemenis,*** *(chiefly relig.)* everlasting destruction; ***vir*** *~* for ever, forever, for evermore, *(Am.)* forevermore, for all time, in perpetuity; ***vir*** *~ aan die ... wees* (*of besig wees om te ...*), *(also)* be forever doing ...; ... ***bly*** *hier* ***vir*** *~* ... is staying an unconscionable time. **~deur** continually, perpetually, eternally, incessantly. **~durend** *-e* sempiternal; incessant *(rain);* everlasting *(nuisance, complaints, fights, etc.);* perpetual *(nagging);*

~*e* ***beweging*** perpetual motion; ~*e* ***erfpag*** perpetual quitrent; ~*e* ***interdik*** perpetual interdict; ~*e* ***kalender*** perpetual calendar.

e·wig·heid eternity; *(infml.)* forever; *'n* ~ ***aanhou/duur/voortduur,*** *(derog.)* go on forever (*or* for ever); *iets* ***duur*** *'n* ~, *(infml.)* s.t. takes ages/forever; *'n* ~ ***gelede,*** *(also, infml.)* yonks ago; ***in*** ~ in perpetuity; ***in*** ~ *bestaande met* ... coeternal with ...; *die* ~ ***ingaan*** die, pass away, depart this life, meet one's Maker, go to one's last home (*or* long account); *iem. die* ~ ***instuur*** send s.o. to eternity; ***'n*** ~ for ever and a day; *(nooit) in der* ~ ***nie*** never, not ever; *iem. het 'n* ~ ***nodig*** *om iets te doen, (infml.)* s.o. takes ages over (*or* forever to do) s.t; ***tot*** *in (alle/der)* ~ for ever and ever; to all eternity; *van* ~ ***tot*** ~ from everlasting to everlasting, world without end. **e·wig·heids·ver·lan·ge** desire for immortality.

e·wo·lu·eer →EVOLUEER.

e·wo·lu·sie →EVOLUSIE.

e·wo·lu·si·o·nis·me →EVOLUSIONISME.

ew·wa·trew·wa -*was, (bot.: Satyrium coriifolium)* ewwa-trewwa.

ex *prep., (Lat.)* from. ~ **cathedra-uitspraak** ex cathedra statement/pronouncement. ~ **gratia-uitbetaling** ex gratia payment. ~ **libris** -*bris(se)* ex libris, bookplate. ~ **officio-lid** ex officio member. ~ **parte-bewering** *(jur.)* ex parte allegation. ~ **tempore-toespraak** extempore/impromptu speech.

ex·cel·si·or *n. & adv., (Lat.)* excelsior.

ex·cre·ta *n. (pl., Lat.)* →EKSKREET.

ex·e·qua·tur = EKSEKWATUR.

ex·tra·va·gan·za →EKSTRAVAGANZA

Ff

f *f's,* **F** *F's, (6th letter of the alphabet)* f, F; →F'IE. **f-getal** *(phot.)* f-number, f number. **F-kruis** *(mus.)* F sharp. **F-mol** *(mus.)* F flat. **f-woord:** *die ~, (euph. for* fok*)* the f-word *(sometimes F~).*

fa *(mus.)* fa(h).

faal *ge-, vb.* fail, be unsuccessful; miss; miscarry; err *(in judg[e]ment);* default *(in payment); (an argument)* not hold good; *hierdie middel ~ nooit* this remedy never fails, this is a sure/unfailing remedy; *nimmer falend* never-failing, unfailing, unerring.

faam fame, reputation, repute; *iem. se ~ het hom/haar vooruitgegaan* s.o.'s reputation preceded him/her; *iem. van naam en ~* a famous person.

faas *fase, (her.)* fesse.

fa·bel *-bels, n.* fable; fabrication, fiction. **fa·bel** *ge-, vb., (rare)* fable; romance; twaddle. **~boek** book of fables. **~digter** fabulist, writer of fables.

fa·be·laar *-laars, (rare)* fabulist; fibber, storyteller, romancer.

fa·bel·ag·tig *-tige* fabulous, fabled, mythical; fabulous, fantastic, marvellous, incredible, amazing, terrific; *~ ryk wees, (also, infml.)* be loaded, be mega/stinking rich, stink of money.

fa·bis·me →FAVISME.

fa·briek *-brieke, n.* factory, works, mill, plant. **~matig** *adj. & adv.* factory-made, machine-made, manufactured; by machinery, mechanically. **~skip** factory ship. **~stad** manufacturing/mill town. **~streek** manufacturing district/area.

fa·brieks-: **~aanleg** (industrial) plant. **~afval** industrial/mill waste. **~arbeid** factory work. **~arbeider** = FABRIEKSWERKER. **~baas** factory owner; factory manager. **~besetting** *(labour protest)* sit-in, work-in. **~bestuurder** factory/works manager. **~doeanepakhuis** bonded factory. **~eienaar** factory owner. **~geheim** trade secret. **~goed** manufactured articles/goods, man-made goods. **~inspekteur** factory inspector. **~meisie** *(rare)* factory girl; mill girl. **~merk** trade mark. **~nywerheid** manufacturing/secondary industry. **~pak** ready-made suit; *(infml., dated)* reach-me-down, hand-me-down. **~prys** cost/factory/manufacturer's/maker's/ex-factory price. **~rook** factory smoke. **~treiler** factory trawler. **~uitskot** factory rejects. **~verteenwoordiger** manufacturer's representative. **~vloer** shop floor. **~voorman** works foreman. **~ware** factory(-made)/manufactured goods. **~werk** manufactured articles/goods; factory/industrial work. **~werker** factory/blue-collar worker, factory hand, millhand, operative. **~wese** factory system; manufacturing industry; industrialism. **~wet** factories act. **~winkel** factory shop. **~wyk** industrial quarter.

fa·bri·kaat *-kate* manufacture, make, brand; product, article; fabric; *'n Switserse ~* a Swiss product *(or* Swiss-made article); made in Switzerland; *motors van elke ~* all makes of cars.

fa·bri·kant *-kante* manufacturer, maker, producer, industrialist; factory/mill owner.

fa·bri·ka·sie *-sies* manufacture, manufacturing; *(fig.)* fabrication.

fa·bri·seer *ge-, vb.* manufacture, produce; cook/make up, concoct, fabricate, invent *(a story etc.).* **fa·bri·se·ring** = FABRIKASIE.

fa·bu·leus *-leuse, (rare or joc.)* fabulous, fabled; fabulous, fantastic, marvellous, incredible.

fa·do *-do's, (Port., mus.)* fado.

fae·ces *(Lat.)* faeces; →FEKALIEË.

Fa·ë·ton, Pha·ë·ton *(Gr. myth.)* Phaethon, Phaëthon.

fa·ë·ton *-tons, (hist.: open four-wheeled carriage for one/two horses)* phaeton.

fa·go·fo·bie *(psych.: fear of or aversion to eating)* phagophobia.

fa·go·ma·nie *(psych.: excessive desire for food/eating)* phagomania.

fa·go·siet *-siete, (physiol.)* phagocyte, scavenger cell. **fa·go·si·ties** *-tiese* phagocytic.

fa·got *-gotte, (mus. instr.)* bassoon. **fa·got·tis** *-tiste* bassoonist.

fah·fee *(SA gambling game)* fah-fee, fa-fi.

Fah·ren·heit Fahrenheit; *80° (*of *tagtig grade) ~, (abbr.: 80 °F)* 80° *(or* eighty degrees) Fahrenheit. **~(temperatuur)skaal** Fahrenheit scale.

faï·en·ce *(Fr., glazed earthenware)* faience.

fai·lis·se·ment *(rare)* bankruptcy, insolvency; failure.

Fair Isle *(geog.)* Fair Isle.

fair·isle *(knitting)* Fair Isle. **~-trui** Fair Isle sweater.

fa·ja·liet →FAYALIET.

fa·kir, fa·kir *-kirs, (Muslim ascetic who lives on alms)* fakir.

fak·kel *-kels* torch; flare; *(hist., <Fr.)* flambeau; *(fig.)* torch, flame. **~baan** flare path. **~bom** flare bomb. **~dans** torch dance. **~draer** torchbearer. **~kruid** *(Verbascum thapsus)* mullein; →KONINGSKERS. **~lig** torchlight. **~loop** torch run. **~(op)tog** torchlight procession. **~pistool** flare pistol. **~sein** flare signal. **~stok** cheesa stick. **~wedloop** torch race.

fak·kel·tjie *-tjies* small torch; taper.

faks *fakse,* **te·le·faks** *-fakse, n.* fax, telefax; →FAKSIMILEE; *iem. per ~ antwoord* (tele)fax s.o. back; *iets per ~ aan iem. stuur* send s.t. by (tele)fax *(or* [tele]fax s.t.) to s.o.. **faks, te·le·faks** *ge-, vb.* fax, telefax; *iets aan/vir iem. ~* (tele)fax s.t. *(or* send s.t. by [tele]fax) to s.o.. **~boodskap** (tele)fax message. **~bord, ~kaart** fax board/card. **~masjien** (tele)fax machine. **~nommer** (tele)fax number. **~versending** (tele)faxing.

faks·baar *-bare* faxable.

fak·sie[1] *-sies* faction, camp.

fak·sie[2] *(liter., cin.: mixture of fact and fiction)* faction.

fak·si·mi·lee *-lees* facsimile.

fak·si·mi·leer *ge-, vb.* facsimile, make a facsimile *(or* an exact copy) of.

fak·ti·tief *-tiewe, (gram.)* factitive.

fak·tor[1] *-tore* factor; *~ 8/VIII/ag(t), (med.: blood protein involved in clotting)* factor 8/VIII/eight; ***erflike ~*** hereditary factor; ***kleinste gemene ~**, (math.)* smallest common factor/divisor; *... in ~e **ontbind/splits**, (math.)* factorise ...; ***ontbindbaar/splitsbaar*** *in ~e, (math.)* factorable; ***vernaamste ~*** prime factor. **fak·to·ri·sa·sie** factorisation. **fak·to·ri·seer** *ge-* factorise.

fak·tor[2] *-tors, (obs.)* factor, agent.

fak·to·tum *-tums* factotum, handyman, utility man, *(infml.)* dogsbody.

fak·tu·reer *ge-* invoice. **~masjien** invoicing machine.

fak·tu·re·ring invoicing.

fak·tuur *-ture* invoice; *(rare)* workmanship *(in art).* **~boek** invoice book. **~klerk** invoice clerk. **~prys** invoice price. **~waarde** invoice value.

fa·kul·ta·tief *-tiewe* optional, facultative.

fa·kul·teit *-teite* faculty; board; *~ (van) geneeskunde/opvoedkunde/regsgeleerdheid/ens., (educ.)* faculty of medicine/education/law/etc.; *~ (van) ingenieurswese* engineering faculty; *~ (van [die]) lettere* of *[van] lettere en wysbegeerte)* faculty of arts. **~svergadering** *-s, -e* faculty meeting.

Fa·lan·ge *(hist.: Sp. Fascist movement)* Falange. **Fa·lan·gis** *-giste, (also f~)* Falangist. **Fa·lan·gis·me** *(also f~)* Falangism.

fa·lanks *-lankse* phalanx.

fa·lie *-lies, -lieë, (hist.)* mantle, shawl; (hooded) cloak; *(fabric)* faille.

fa·lie·kant: *~ verkeerd, (obs.)* (utterly and) completely wrong.

fal·jeer *(ge)-, (jur., rare)* fail, go bankrupt, become/go insolvent.

fal·jiet *-jiete, adj., (jur., rare)* bankrupt, insolvent; →BANKROT, INSOLVENT; *~ gaan* →**BANKROT** GAAN/RAAK/SPEEL, **INSOLVENT** RAAK; *~ verklaar word* be adjudged/adjudicated/declared bankrupt.

Falk·land·ei·lan·de Falkland Islands.

fal·koen *-koene, (hist.: small cannon)* falcon. **fal·ko·net, val·ke·net** *-nette, (hist.: small cannon)* falconet.

fal·lo- *comb.* phallo-.

fal·lo·kra·sie phallocracy. **fal·lo·kra·ties** *-tiese* phallocratic.

Fal·lo·pi·us·buis *(anat.)* Fallopian tube, oviduct. **~ontsteking** *(med.)* salpingitis.

fal·lo·sen·tries *-triese* phallocentric.

fal·lus *falusse, falli* phallus. **fal·lies** *-liese* phallic, priapic, priapean. **fal·lis·me** phallism.

fal·sa·ris *-risse, (rare)* falsifier, forger.

fal·set *-sette, (mus.)* falsetto. **~stem** falsetto (voice).

fal·si·teit *-teite, (jur.)* falsity, fraud; *(also, Lat.,* falsitas*)* falsitas, fraud and forgery.

fa·meus *-meuse, adj. & adv., (rare or joc.)* notorious; famous, renowned, celebrated, illustrious; *~ met iem. oor die weg kom, (infml.)* get on famously with s.o..

fa·mi·li·aal *-ale, adj.* familial, family.

fa·mi·lie *-lies* family; family, relations, relatives, kindred, kin; *(infml.)* people, folks; ***aangetroude*** *~* relatives by marriage, *(infml.)* in-laws; *A en B is ~ van **Adam (se kant)** af* A and B are very distantly related; ***arm*** *~* poor relations; ***die*** *~ Petersen/ens.* the Petersen/etc. family, the Petersens/etc.; *A **en** B is (nie) ~ (nie)* A and B are (not) related; *van **goeie** ~ wees* be of good family/stock; *~ en **kennisse*** kith and kin; *iem. se **na** ~* s.o.'s close/near relatives; *hulle is **na** ~* they are closely related; *iem. se **naaste** ~* s.o.'s immediate family; *dit **sit** in die ~* it runs in the family; *~ **van** ... wees* be related to ...; *nie ~ **van** ... wees nie* be no relation of ....; *is hy/sy ~ **van** ...?* is he/she any relation of ...?; ***ver/vêr (langs)*** *~ wees* be distantly/remotely related; ***ver/vêr (langs)*** *~ van ... wees* be a distant relative of ... **~aangeleentheid** family affair/matter. **~album** family album. **~band** family tie. **~berigte** (notices of) births, marriages and deaths; *(joc.)* (column of) hatches, matches and dispatches. **~besoek** family visit, visit to/by relatives. **~betrekking** *-e* relation, relative; relationship; *(in the pl.)* relations, relatives, kindred, kin. **F~bybel** family Bible. **~byeenkoms** family gathering/reunion. **~drama** domestic drama. **~-eiendom** family property. **~fees** family feast/gathering/reunion. **~gebrek** family failing. **~geheim** family secret; *'n pynlike ~* a skeleton in the cupboard. **~gek** *adj.* overfond *(or* excessively fond) of one's relatives. **~gelykenis** family resemblance/likeness. **~graf** family grave/tomb; family vault. **~grappie** private joke. **~groep** family group, clan. **~kring** family/domestic circle. **~kunde** genealogy. **~kwaal** hereditary disease/illness/malady, family complaint; family failing; *dit is 'n ~* it runs in the family. **~lewe** family/domestic life. **~lid** member of a/the family; relative, relation; *(anthr. or fml.)* kinsman, -woman. **~naam** surname, family/last name, *(Br.)* second name; name peculiar to a family. **~omstandighede** domestic/family circumstances. **~plaas** family/inherited farm. **~polis** family protection policy. **~raad** family council. **~register** pedigree, family tree, genealogical tree/register. **~sake** family matters/affairs. **~siek** = FAMILIEGEK. **~sin** family feeling. **~skandaal** family skeleton, skeleton in the cupboard. **~stam** clan. **~stuk** (family) heirloom. **~swak** = FAMILIEGEBREK. **~swa(w)el** *(orn.: Hirundo spilodera)* (South African) cliff swallow. **~tak** *(anthr.)* sept. **~trek** family likeness/resemblance; family trait; *dit is 'n ~* it runs in the family. **~trots** family pride, pride of family. **~twis,** **~vete** family feud, private war. **~vas** strongly attached to one's family, full of family feeling. **~voël** →VERSAMELVOËL. **~wapen** family (coat of) arms.

fa·mi·li·êr -êre -êrder -êrste, *adj. & adv.* familiar, close, intimate, free (and easy); (over)familiar, forward, presumptuous, *(infml.)* (too) chummy; familiar, well known; *~ met iem. omgaan* be familiar (*or* on familiar/intimate terms) with s.o., hobnob with s.o.; *'n ~e siekte* a disease that runs in the family. **fa·mi·li·aar** -are = FAMILIÊR. **fa·mi·li·a·ri·seer** ge- familiarise. **fa·mi·li·a·ri·teit** -teite familiarity, closeness, intimacy; (over)familiarity, forwardness, presumptuousness; *jou ~e veroorloof* take liberties.

fa·mi·lie·skap kinship, (family) relationship.

Fa·na·ga·lo, Fa·na·ga·lô, Fa·na·ka·lo, Fa·na·ka·lô *(SA: lingua franca used on the mines)* Fanagalo, Fanakalo.

fa·na·tiek -tieke, **fa·na·ties** -tiese fanatic(al). **fa·na·ti·kus** -tikusse, -tici fanatic, *(esp. pol., relig.)* zealot. **fa·na·tis·me** fanaticism, *(esp. pol., relig.)* zealotry.

fan·dan·go -go's, *(Sp. dance)* fandango.

fa·ne·ro·gam -gamme, *n., (bot., dated)* phanerogam; →SPERMATOFIET. **fa·ne·ro·gaam** -game, *adj.* phanerogamic, phanerogamous.

fan·fa·re -res fanfare, flourish *(of trumpets)*. **~korps** brass band.

fan·ta·seer ge- fantasise, have (*or* indulge in) fantasies, dream, imagine, invent, build castles in the air; *(mus.)* improvise, extemporise. **fan·tas** -taste dreamer, stargazer, visionary; storyteller, romancer.

fan·ta·si·a -as, *(mus.)* fantasia.

fan·ta·sie -sieë fantasy, imagination, imaginative powers, fancy; *(mus.)* fantasia, fantasy; *selfs met die grootste ~ kan ('n) mens nie ... nie* by no stretch of the imagination can one ... **~artikel** notion *(infml.)*. **~artikels,** **~goed(ere),** **~ware** fancy goods, novelties. **~kostuum** fancy costume/dress. **~model** fancy model/shape. **~naam** fancy/fantasy name. **~stuk** *(mus.)* voluntary. **~ware** →FANTASIEARTIKELS.

fan·ta·sie·loos -lose unimaginative.

fan·tas·ma -mas phantasm. **fan·tas·ma·go·rie** -rieë phantasmagoria, -gory. **fan·tas·ma·go·ries** -riese phantasmagoric.

fan·tas·ties -tiese fantastic, unreal(istic), fanciful, visionary; fantastic, unbelievable, incredible; gorgeous; fantastic, marvellous, wonderful, tremendous, terrific, great; *(sl.)* awesome, groovy, mean, a gas; wild *(story)*; fancy *(price)*. **fan·tas·te·ry** -rye fantasticality, fantasticalness, fancifulness, make-believe.

fan·toom -tome, *(poet., liter.)* phantom. **~ledemaat** *(med.)* phantom limb. **~pyn** *(med.)* phantom pain *(felt by an amputee in the area of a missing limb)*. **~verbinding,** **~kring** *(elec., teleph.)* phantom circuit.

fa·rad -rad(s), *(unit of elec. capacitance; abbr.: F)* farad. **fa·ra·dies** -diese farad(a)ic; *~e elektrisiteit* farad(a)ic/induced electricity. **fa·ra·di·sa·sie** faradisation. **fa·ra·dis·me** faradism.

fa·ra·day -day(s), *(chem.: unit of elec. charge)* faraday.

fa·ra·o -o's pharaoh; *tussen F~ en die Rooi See* between the devil and the deep blue sea; *F~ se plae* the plagues of Egypt. **~(s)rot** *(hist.)* large grey mongoose; →GROOT GRYSMUISHOND. **fa·ra·o·nies** -niese pharaonic.

far·de·ga·lyn -lyne, *(hist.: hooped petticoat)* farthingale.

fa·ri·neus -neuse, *(rare)* farinaceous, farinose.

fa·rinks -rinkse, *(anat., zool.)* pharynx. **fa·rin·geus** -geuse pharyng(e)al. **fa·rin·gi·tis** *(med.: inflammation of the pharynx, causing a sore throat)* pharyngitis. **fa·rin·go·skoop** -skope, *(med.)* pharyngoscope.

Fa·ri·se·ër -seërs, *(member of an ancient Jewish sect)* Pharisee. **Fa·ri·sees** -sese Pharisaic(al). **Fa·ri·se·ïs·me** *(also f~)* Pharisaicalness, Pharisaism, Phariseeism.

fa·ri·se·ër -seërs hypocrite, Pharisee *(often p~)*, plaster saint; *(regional)* concealed stone. **fa·ri·se·ërs·ge·sig** hypocritical/pharisaic face. **fa·ri·sees** -sese hypocritical, insincere, Pharisaic(al) *(often p~)*, self-righteous. **fa·ri·se·ïs·me** hypocrisy, insincerity.

far·ma- *comb.* pharma-.

far·ma·kog·no·sie pharmacognosy.

far·ma·ko·liet *(min.)* pharmacolite.

far·ma·ko·lo·gie pharmacology. **far·ma·ko·lo·gies** -giese pharmacological. **far·ma·ko·loog** -loë pharmacologist.

far·ma·ko·pee -pees, -peë pharmacopoeia.

far·ma·seut -seute, *(rare)* pharmacist, (pharmaceutical/dispensing) chemist, *(chiefly Am.)* druggist. **far·ma·seu·ties** -tiese pharmaceutical.

far·ma·sie pharmacy, dispensing (of drugs).

fa·ro *(card game)* faro.

Fa·ro·ëes *n., (language)* Fa(e)roese. **Fa·ro·ëes** -roëse, *adj.* Fa(e)roese.

Fa·ro·ër Fa(e)roese. **~eilande** Fa(e)roe Islands, Fa(e)roes; →SKAAPEILANDE.

far·seer (ge)-, *(rare, cook.)* stuff, farce, force *(meat)*; *ge~de hoender* stuffed fowl/chicken.

fa·sa·de -des facade, face, front *(of a building)*. **~man** front man.

fas·cis -ciste, *(also F~)* fascist. **fas·cis·me** *(also F~)* fascism. **fas·cis·ties** -tiese, *(also F~)* fascist(ic).

fa·se -ses phase; stage *(of an illness)*. **~reël** phase rule.

fa·seer (ge)- phase. **fa·se·ring** phasing.

fa·set -sette facet, side. **~-oog** *(entom.)* compound eye.

fa·set·teer ge- facet.

fa·sie -sies, *(infml.: face)* mug, *(Br.)* dial.

fa·siel -siele -sieler -sielste facile.

fa·si·li·teit -teite facility. **fa·si·li·teer·der** -ders facilitator.

Fa·sjo·da *(geog., hist.)* Fashoda; →KODOK.

fas·sie -sies, *(anat., archit.)* fa(s)cia. **~bord,** **~plank** fa(s)cia board.

fas·si·neer ge- fascinate, spellbind. **fas·si·na·sie** -sies fascination. **fas·si·ne·rend** -rende fascinating; compelling, gripping, spellbinding.

fat *fatte* dandy, fop. **fat·te·rig** -rige dandyish, dandified, foppish. **fat·te·rig·heid** dandyism, foppishness, foppery.

fa·taal -tale -taler -taalste fatal; *fatale fout* fatal/capital error; *fatale vrou* femme fatale (<*Fr.*). **fa·ta·lis** -liste fatalist. **fa·ta·lis·me** fatalism. **fa·ta·lis·ties** -tiese fatalistic. **fa·ta·li·teit** -teite fatality.

fa·ta mor·ga·na *(It.)* Fata Morgana, mirage.

fa·ties -tiese, *(ling.)* phatic.

fat·soen -soene, *n.* shape, form; cut, style *(of clothes)*; design; decorum, etiquette, proper behaviour, propriety, good form/manners, respectability, decency; *die ~ in ag neem* (of **bewaar/ophou**), *(rare)* keep up appearances; observe the decencies/proprieties; ***geen** ~ ken nie, (rare)* have no (*or* be without a sense of) decency; *baie **gesteld** op jou ~ wees, (rare)* be a stickler for decorum (*or* the proprieties); *met **goeie** ~, (rare)* decently, with decency (*or* good grace); *die ~ **ophou** →die fatsoen in **ag** neem; **uit** ~ wees, (lit.)* be out of shape; ***vir** die ~, (rare)* for form's sake, as a matter of form. **fat·soe·neer** ge- fashion, shape, form, mould; block *(a hat)*. **fat·soe·ne·ring** fashioning. **fat·soen·lik** -like, *adj.* decent, respectable, well brought up, presentable, genteel, clean-living *(pers.)*; proper, decorous *(behaviour)*; *~e armoede* shabby gentility. **fat·soen·lik** *adv.* decently, properly, respectably, genteelly; *~ vorendag* (of *voor die dag*) *kom, (rare)* keep up appearances. **fat·soen·lik·heid** decency, the decencies, propriety, respectability; modesty, good manners/breeding. **fat·soen·lik·heids·hal·we, fat·soens·hal·we** for decency's sake, for the sake of decency, in all decency; for form's sake. **fat·soens·re·ël** *(rare)* rule of etiquette.

fa·tum *fata, (Lat.)* fate, destiny, *(Islam.)* kismet.

fat·wa -was, *(Arab.: decree issued by a Muslim leader)* fatwa(h); *'n ~ herroep/ophef/terugtrek* lift/rescind/reverse a fatwa(h); *'n ~ uitreik/uitvaardig* issue a fatwa(h); *'n ~ oor iem. uitspreek/uitroep* declare/proclaim a fatwa(h) against (*or* impose a fatwa[h] on) s.o..

fau·ja·siet *(min.)* faujasite.

faun *faune, (Rom. myth.)* faun, satyr.

fau·na -nas, *(Lat.)* fauna.

Faus·ties -tiese, *(also f~)* Faustian.

Fau·vis·me *(also f~, painting)* Fauvism. **Fau·vis** -viste, *(also f~)* Fauvist.

faux pas *faux pas('s), (Fr.)* faux pas, indiscretion, (social) blunder.

fa·vis·me, fa·bis·me *(med.)* favism.

fa·vo·riet -riete, *adj., (rare)* favourite.

fa·ya·liet, fa·ja·liet *(min.)* fayalite.

Fe·bru·a·rie February. **~maand** the month of February.

fe·de·raal -rale federal; *federale eenheid* federal/constituent state; →DEELSTAAT; *Federale Regering* Federal Government *(of Austr. etc.)*; *(Amerikaanse) Federale Speurdiens* Federal Bureau of Investigation *(abbr.: FBI)*. **fe·de·ra·lis** -liste, *(also F~)* federalist; *(F~, Am., hist.)* Federal. **fe·de·ra·li·seer** ge- federalise. **fe·de·ra·lis·me** *(also F~)* federalism. **fe·de·ra·lis·ties** -tiese, *(also F~)* federalist(ic).

fe·de·reer ge- federate. **fe·de·ra·sie** -sies federation. **fe·de·ra·tief** -tiewe federative, federal, federate(d).

fee *feë* fairy, elf, *(poet., liter.)* fay; pixie, pixy; *bose ~* wicked fairy; *goeie ~* fairy godmother, good fairy. **fee·ag·tig** -tige fairylike, elfin. **fee·tjie** -tjies (little) fairy, sprite, elfin; *(infml., derog.: homosexual)* fairy.

fe·ë-: **~koningin** fairy queen, queen of the fairies. **~land,** **~ryk** fairyland. **~ring** fairy ring. **~tuin** fairy garden. **~verhaal** = SPROKIE.

feeks *feekse, (derog.: ill-tempered woman)* shrew, bitch, vixen, virago, spitfire, harridan, hellcat. **feek·sig** -sige shrewish, bitchy, vixenish.

fe·ë·rie -rieë, *(poet., liter.)* fairy scene; fairyland, faerie, faery. **fe·ë·riek** -rieke fairylike, elfin.

fees *feeste, n.* feast, festival, festivity, fête, treat; →FESIE; *by/op 'n ~* at a festival; *F~ van die Tabernakels, (Jud.)* Succoth, Sukkoth, Feast of Tabernacles; *F~ van die Tempelwyding/Ligte, (Jud.)* Chanukah, Hanukkah, Feast of Dedication/Lights. **fees** ge-, *vb.* feast, celebrate. **~beker,** **~bokaal** loving cup. **~bundel** festschrift. **~dag** -dae festal/festive day; holy day *(of a church)*; *~dae en vakansiedae* high days and holidays. **~dronk** *(obs.)* toast. **~geleentheid** gala occasion. **~genoot** fellow guest. **~gesang** = FEESLIED. **~gewaad** festive attire. **~huis** *(obs.)* festival building. **~jaar** festival year. **~kommissie** festival committee. **~lied** festive song. **~maal** banquet, feast. **~nommer** anniversary/special/festival edition/issue/number. **~program** programme of festivities. **~rede** speech of the day, inaugural speech, festival oration. **~redenaar** speaker of the day. **~saal** festival hall. **~stemming** festive mood/spirit; festive atmosphere; *in ('n) ~ wees* be in (a) festive mood, be in fine/high feather. **~tyd** festive season. **~verrigtinge,** **~verrigtings** festivities. **~vier** feesge-, *vb.* celebrate, revel, make merry. **~vierder** reveller, merrymaker; celebrator. **~viering** celebration(s), festivities; revelry, merrymaking. **~vreugde** festivity, rejoicing, gaiety, merriment, merrymaking, revelry, fun (and games). **~week** festive week.

fees·te·lik -like, *adj.* festive, celebratory, convivial; festival; *in ('n) ~e stemming wees* be in (a) festive mood; feel exhilarated. **fees·te·lik** *adv.: iem. ~ onthaal* entertain s.o. lavishly, wine and dine (*or* fête) s.o.. **fees·te·lik·heid** *=hede* festivity, merriment, merrymaking, revelry, jollity, conviviality; festivity, celebration, festive occasion.

Feh·ling·op·los·sing *(chem., also f~)* Fehling solution.

feil[1] *feile, n., (rare)* defect, fault, flaw; error, mistake; →FEILBAAR, FEILLOOS. **~gietsel** faulty cast.

feil[2] *feile, n., (obs.)* = DWEIL *n.*. **feil** *ge=, vb., (obs.)* = DWEIL *vb.*.

feil·baar *=bare* fallible, liable to error. **feil·baar·heid** fallibility, liability to error.

feil·loos *=lose* faultless, unerring. **feil·loos·heid** faultlessness.

feit *feite* fact; →FEITELIK; *'n **beslissende/deurslaggewende** ~* a vital fact; *die **blote** ~* the mere fact; *dit **bly** 'n ~ dat ...* the fact remains that ...; *by die ~e **bly**, jou aan die ~e **hou*** stick to the facts; *dit **doen** niks af aan die ~ dat ... nie* →*dit **verander** nie die feit dat ... nie*; *~e **erken*** recognise facts; *as 'n **geboekstaafde** ~* as a matter of record; *om die ~e te **gee*** for the record; *die (ware) ~e **gee*** put/set the record straight; ***gelet** op die ~ dat ..., (fml.)* bearing in mind the fact that ...; ***in** ~e* in fact, actually, in reality; *~ **is** dat ...* the fact remains that ...; *'n ~ soos 'n **koei*** a brute fact; *'n **kwessie** van ~e* a matter of fact; *die **naakte** ~e* the brutal/hard/naked/stark facts; *~e onder die **oë** sien* face facts, look facts in the face; *'n **onomstootlike/onweerlegbare** ~* an established/incontestable/incontrovertible/indisputable/irrefutable/undeniable fact, a fact of life; *met die **oog** op die ~e* in the face of the facts; *die ~e **spreek** vanself* (of *sê alles*) the facts speak for themselves; *iets **strook** met die ~e* s.t. fits the facts; *'n **vasstaande** ~* an established fact; *'n ~ **vasstel/konstateer*** establish a fact; *dit **verander** nie* (of ***doen** niks af aan*) *die ~ dat ... nie* this/that does not detract from the fact that ...; *'n **voldonge** ~* a fait accompli, an accomplished fact; *iem. voor 'n **voldonge** ~ stel/plaas* confront/present s.o. with a fait accompli (*or* an accomplished fact).

fei·te=: **~boeke**, **~literatuur** non(-)fiction (books). **~dwaling** *(jur.)* error of fact. **~film** documentary (film). **~fout** error of fact. **~kennis** factual knowledge, knowledge of facts. **~kommissie** fact-finding commission, review body/panel. **~literatuur** →FEITEBOEKE. **~materiaal** body of facts, factual material. **~ondersoek** fact-finding. **~sending** fact-finding commission; fact-finding mission/trip. **~staat** fact sheet. **~vraag** question of fact. **~werk** non(-)fiction book.

fei·te·lik *=like, adj.* actual, real; virtual; factual. **fei·te·lik** *adv.* factually; →FEITLIK; *die ontleding is ~ korrek* the analysis is factually correct. **fei·te·lik·heid** *=hede* factuality, factualness; actuality, reality.

feit·lik *adv.* practically, almost, virtually, in effect, just about, so to say, to all intents and purposes, for all practical purposes, in all but name.

fe·ka·lie·ë faeces.

fel *fel(le) feller felste, adj. & adv.* glaring, harsh *(light)*; bright, brilliant, garish, gaudy, loud, vivid, lurid, flashy *(colour)*; shocking *(pink)*; scorching, searing, blazing *(heat)*; biting, bitter, extreme, intense, severe *(cold)*; great, severe, sharp *(pain)*; biting, harsh, scathing, searing *(criticism)*; fierce, bitter, grim *(struggle)*; bitter, hard-fought *(contest)*; bitter, close, fierce, intense, keen, stiff *(competition)*; bitter, heated, ferocious, violent *(argument)*; *~ teen iets gekant wees* be dead (set) against s.t.; *~ skyn, (the sun)* glare, blaze (down), beat down; *~ teen ... te velde trek* launch/make a blistering/scathing attack on ... **fel·heid** harshness; brightness, garishness, loudness; intensity, severity; sharpness; harshness; fierceness, bitterness, grimness; ferocity, violence.

fe·la·fel *(cook.: deep-fried balls of ground chickpeas)* falafel, felafel.

fe·li·si·teer *ge=, (fml.): iem. met ... ~* congratulate/felicitate s.o. on (*or* wish s.o. joy of) ... **fe·li·si·ta·sie** *=sies* congratulation.

fel·la(h) *=la(h)s, =lahin, (Eg. peasant)* fellah.

fel·la·sie *(oral stimulation of the penis)* fellatio, fellation.

fel·lo·geen *(bot.)* phellogen.

fe·loek *=loeke, (naut.)* felucca.

fels *felse, n.* welt. **fels** *ge=, vb.* welt; *ge~te rand* welted edge. **~naat** welted joint. **~rand** welted edge.

fel·siet *(min.)* felsite.

fe·mel *ge=* talk hypocritically/sanctimoniously, *(dated)* cant. **fe·me·laar** *=laars* hypocrite, Pharisee *(often p~)*. **fe·me·la·ry** hypocrisy, sanctimoniousness.

fe·mi·nis *=niste* feminist. **fe·mi·nis·me** feminism. **fe·mi·nis·ties** *=tiese* feminist.

femme fa·tale *femmes fatales, (Fr.)* femme fatale.

fe·na·se·tien *(chem.)* phenacetin.

fe·ne·griek *(bot.: Trigonella foenum-graecum)* fenugreek.

Fe·ni·ci·ë, Fe·ni·si·ë *(geog., hist.)* Phoenicia. **Fe·ni·ci·ër** *=ciërs*, **Fe·ni·si·ër** *=siërs* Phoenician. **Fe·ni·cies, Fe·ni·sies** *n., (language)* Phoenician. **Fe·ni·cies** *=ciese*, **Fe·ni·sies** *=siese, adj.* Phoenician. **fe·ni·cies·rooi, fe·ni·sies·rooi** puniceous.

fe·niel *(chem.)* phenyl. **~butasoon** *(med.)* phenylbutazone. **~ureum** *(chem.)* phenylurea.

fe·niks *=nikse, (classical myth.)* phoenix.

Fe·ni·si·ë, Fe·ni·si·ër, Fe·ni·sies, fe·ni·sies·rooi →FENICIË, FENICIËR, FENICIES, FENICIESROOI.

fen·nek *=neks, (zool.: Vulpes zerda)* fennec (fox).

fe·no·bar·bi·tal *(med.)* phenobarbital, phenobarbitone.

fe·no·kris *=kriste, (geol.)* phenocryst.

fe·nol *(chem.)* phenol, carbolic acid. **fe·no·laat** *=late* phenolate. **fe·nolf·ta·le·ïen** phenolphthalein. **fe·no·lies** *=liese* phenolic.

fe·no·lo·gie *(meteorol., biol.)* phenology.

fe·no·meen *=mene* phenomenon. **fe·no·me·naal** *=nale* phenomenal, extraordinary.

fe·no·me·na·lis·me *(philos., also F~)* phenomenalism. **fe·no·me·neel** *=nele, (philos., also F~)* phenomenal, sensible, perceptible.

fe·no·me·no·lo·gie *(philos., also F~)* phenomenology. **fe·no·me·no·lo·gies** *=giese, (philos., also F~)* phenomenological. **fe·no·me·no·loog** *=loë, (also F~)* phenomenologist.

fe·noon *(chem.)* phenone.

fe·no·ti·pe *(biol.)* phenotype. **fe·no·ti·pies** phenotypic(al).

fe·o·daal *=dale, (jur., hist.)* feudal, feudatory. **fe·o·da·lis·me** feudalism. **fe·o·da·li·teit** feudality.

fer de lance *fers de lance, (Fr., large venomous snake: Bothrops atrox)* fer de lance.

ferm *ferm(e) fermer fermste, adj. & adv.* firm(ly), steady, steadily, solid(ly), strong(ly), vigorous(ly); *'n ~(e) handdruk* a firm handshake; *~(e) optrede* firm action; *~ optree* act firmly. **~ware, fermatuur** *(comp.)* firmware.

fer·man *=mans (<Persian, an oriental decree/grant/permit)* firman.

fer·ma·tuur →FERMWARE.

fer·ment *=mente* fermenting agent, enzyme. **~werking** fermentation, zymosis.

fer·men·ta·sie fermentation. **~chemie** zymochemistry.

fer·men·teer *ge=* ferment.

ferm·heid, *(rare)* **fer·mi·teit** firmness, solidness, strength, vigour.

fer·mi·um *(chem., symb.: Fm)* fermium.

fer·moor *=more*, **fer·moor·bei·tel** *=tels* firmer chisel.

fer·nam·buk(·hout) brazil (wood).

fe·ro·moon *(biochem.)* pheromone.

fer·plie *n., (infml., <Eng.)* fair play. **fer·plie** *adv.* fairly (and squarely).

fer·raat *=rate, (chem.)* ferrate.

fer·ri= *comb., (chem.)* ferri=, ferric. **~oksied** ferric oxide. **~verbinding** ferric compound.

fer·riet *(metall.)* ferrite.

fer·ro= *comb., (chem.)* ferro=, ferrous. **~chroom** ferrochrome. **~magneties** ferromagnetic. **~magnetisme** ferromagnetism. **~mangaan** ferromanganese. **~metaal** ferrometal, ferrous metal. **~öksied, ~-oksied** ferro-oxide. **~tipie** *=pieë* ferrotype. **~verbinding** ferrous compound.

fer·weel *(text.)* velveteen; *(koord)~* corduroy. **~blom** = FLUWEELBLOM. **~broek** corduroy trousers, corduroys.

fer·weel·ag·tig *=tige* corduroy-like.

fer·weel·tjie *=tjies* = FLUWEELTJIE.

fes *fesse* fez, tarboosh.

Fes *(Moroccan city)* Fez, Fès.

fe·sie *=sies* small feast; →FEES.

fes·ti·wi·teit *=teite* festivity.

fes·toen *=toene* festoon, garland; *(archit.)* swag. **fes·toe·neer** *ge=* festoon.

fes·tyn *=tyne, (obs.)* banquet; feast, festival; →FEES.

fe·taal →FETUS.

fe·ta(·kaas) fe(t)ta (cheese).

fê·teer *(ge)=, (fml., rare)* fête, entertain; make much of.

fe·tisj *=tisje* fetish. **fe·ti·sjis** *=sjiste* fetishist. **fe·ti·sjis·me** fetishism. **fe·ti·sjis·ties** *=tiese* fetishistic.

fet·tuc·ci·ne *(It. cook.: type of ribbon pasta)* fettuc(c)ine, fettucini.

fe·tus *=tusse* f(o)etus. **fe·taal** *=tale* f(o)etal.

feu·daal = FEODAAL.

feuil·le·ton *=tons, (Fr., rare)* feuilleton; *(story)* serial. **feuil·le·to·nis** *=niste, (rare)* serialist.

fi·an·chet·to *(It., chess)* fianchetto.

fi·as·ko *=ko's* fiasco, collapse; *(infml.)* flop, washout; *'n ~ ly* experience a fiasco; *op 'n ~ uitloop* turn out a fiasco, end in disaster, be/prove a failure, break down, fall flat, go down like a lead balloon.

fi·at *=ats, n., (Lat.)* fiat, approval, authorisation; order. **fi·at** *interj.* all right, go ahead.

fi·breus *=breuse* fibrous.

fi·brien *(biochem., physiol.)* fibrin. **fi·bri·no·geen** fibrinogen.

fi·bril *=brille, (biol.)* fibril(la). **fi·bril·lêr** *=lêre* fibrillar(y), fibrillate(d), fibrillose.

fi·bril·leer *ge=, (physiol.)* fibrillate. **fi·bril·la·sie** fibrillation.

fi·bro·ïen *(biochem.)* fibroin.

fi·broom *=brome, (med.)* fibroma.

fi·bro·se *(med.)* fibrosis. **fi·bro·si·tis** fibrositis; myalgia. **fi·bro·ties** *=tiese* fibrotic.

fiche *fiches, fiche'e, (Fr.)* fiche.

fich·te·liet *(min.)* fichtelite.

fi·chu *=chu's, (Fr.: small shawl)* fichu.

fi·dal·go *=go's, (Port., hist.: nobleman)* fidalgo; →HIDALGO.

fi·dei=: **~commissarius, ~kommissaris** *n., (jur.)* fideicommissary. **~commissum** *=missa*, **~kommis** *=misse, n., (jur.)* fideicommissum; *... met 'n ~ belas* burden ... with a fideicommissum. **~kommissêr** *=e, adj., (jur.)* fideicommissary.

Fi·dji(-ei·lan·de) Fiji (Islands). **Fi·dji·aan** *=ane, n.* Fijian. **Fi·dji·aans** *n., (language)* Fijian. **Fi·dji·aans** *=aanse, adj.* Fijian.

fi·du·sie *(obs.)* confidence, reliance, trust. **fi·du·si·êr** *=êre, adj., (jur.)* fiduciary.

f'ie little f.

fie·del →VEDEL.

fie·la·fooi, vier·la·fooi *=fooie*, **vier·la·vink** *=vinke, (from a nursery rhyme)* ring finger.

fielt *fielte, (obs.)* miscreant, scoundrel, villain, stinker. **fiel·te·ry** *=rye, (obs.)* villainy; dishonesty.

fie·mies finickiness; whims; fancies; affectation; *vol ~ wees* be finicky/fussy (*or* very finical *or* hard to please); *nie vol ~ wees nie, (also)* be unfussy. **fie·mies·rig** *=rige* finicky, finical, fussy, particular; *te ~, (also)* overparticular.

fier *fier(e) fierder fierste* proud, majestic, dignified, gallant. **fier·heid** pride.

fie·ta -*tas, (infml.)* lout, roughneck, boor, yokel, scruff, sleazebag, sleazeball.

fie·ter·ja·sies *(pl., infml.)* flourishes, frills, superfluous ornaments, *(infml.)* bells and whistles; gadgets; fads, whims; *met* ~ with frills; fiddly; *vol* ~ *wees* be demanding (*or* hard to please). **fie·ter·ja·sie·loos** -*lose, (pred.)* without frills, *(attr.)* no-frills.

fiets *fietse, n.* (bi)cycle. **fiets** *ge-, vb., (rare)* = FIETSRY. ~**baan** cycle track; cycle lane. ~**band** bicycle tyre. ~**hok** (bi)cycle shed. ~**klokkie** bicycle bell. ~**lamp** bicycle lamp. ~**pad** cycle path. ~**pomp** bicycle pump. ~**ry** *n.* cycling. ~**ry** *fietsge-, vb.* cycle. ~**rybaan** cycle track. ~**ryer, fiet·ser** -*s* cyclist; *(infml.)* biker, pedal pusher. ~**sport** cycling. ~**staander** kickstand. ~**taxi** pedicab. ~**toer,** ~**tog** cycling trip/tour. ~**(wed)ren** cycle/cycling race. ~**winkel** (bi)cycle shop.

fiet·ser →FIETSRYER.

fi·gu·rant -*rante, (theatr.)* super, extra, walk(er)-on; *(derog.)* figurehead, puppet, pawn, stooge; *(mus.)* dummy, mute pipe *(of an organ).*

fi·gu·reer *ge-* figure, appear; pose (as). **fi·gu·ra·sie** -*sies* figuration. **fi·gu·ra·tief** -*tiewe* figurative; representational *(art).*

fi·gu·ris -*riste, (hist., also F~)* figurist. **fi·gu·ris·me** *(hist., also F~)* figurism.

fi·guur -*gure* figure; shape; *(liter.)* character; image; *(math.)* diagram; *jou* ~ ***behou*** keep one's figure; *'n* ***belaglike*** ~ *slaan* look ridiculous; *jou* ~ ***dophou*** watch (*or* worry about) one's figure, be weight-conscious; *'n ridder van die* ***droewige*** ~ →DROEWIG; DON QUICHOT; *'n* ***droewige/treurige*** ~ *slaan* cut a sorry figure; *'n* ***gek*** ~ *slaan* look a fool; make a fool of o.s.; *'n* ***goeie*** ~ *slaan* cut a fine/good figure; *'n* ***swak/treurige*** ~ *slaan* have a poor image; *(infml.)* make a poor show; ***sy*** *met figure, (text.)* figured silk. ~**bewus** figure-conscious. ~**bewuste** weight watcher. ~**fries** sculptured frieze. ~**glas** figured glass. ~**patroon** stencil. ~**saag** fret saw; scroll/coping saw; *masjinale* ~ jigsaw. ~**saagwerk** fretwork. ~**tekene,** ~**tekenkuns** life drawing *(in art).* ~**tekenklas** life (drawing) class.

fi·guur·lik -*like* figurative, metaphorical; ~*e uitdrukking* figure of speech, trope; *iets* ~ *uitdruk* speak figuratively/metaphorically. **fi·guur·lik·heid** figurativeness.

fi·guur·tjie -*tjies* (pretty) figure.

fiks *fiks(e) fikser fiksste* fit, healthy, robust; active, stalwart, vigorous, energetic; →FIKSHEID, FLINK; ~ ***bly*** keep fit (*or* in shape); ~ *en* ***fluks*** *wees* be fighting fit; *'n* ~*(e)* ***kêrel,*** *(obs.)* a competent fellow; *iem.* ***lyk*** ~ s.o. looks fit; *die een dag* ~, *die ander dag* ***niks,*** *(idm.)* wilful waste makes woeful want.

fik·sa·sie -*sies* fixation.

fik·sa·tief -*tiewe* = FIKSEERMIDDEL.

fik·seer *(ge)-* fix *(a photo);* stare at *(s.o.); (psych.)* fixate; fix with one's eyes. ~**bad** *(phot.)* fixing bath. ~**middel** -*s,* -*e* fixative, fixator. **fik·se·ring** fixation, fixing.

fiks·heid fitness; push, spirit.

fiks·heids-: ~**klas** keep-fit class. ~**oefening** keep-fit exercise.

fik·sie -*sies* fabrication, fiction, untruth; *(liter.)* fiction; *wetlike* ~ legal fiction. ~**afdeling** fiction section. ~**skrywer** fiction writer.

fik·tief -*tiewe* fictitious, fictional, imaginary.

fi·la·gram, fi·li·gram wire mark, watermark *(in a banknote).*

fi·lak·te·rie -*rieë, (chiefly Jud.)* phylactery.

fi·la·ment -*mente* filament. **fi·la·ment·ag·tig** -*tige* filamentous.

fi·lan·troop -*trope* philanthropist, humanitarian, do-gooder. **fi·lan·tro·pie** philanthropy. **fi·lan·tro·pies** -*piese* philanthropic, humanitarian.

fi·la·ri·a·se *(med.)* filariasis.

fi·la·te·lie philately, stamp collecting. **fi·la·te·lies** -*liese* philatelic. **fi·la·te·lis** -*liste* philatelist, stamp collector. **fi·la·te·lis·ties** -*tiese* philatelic.

fi·leer *(ge)-* fillet *(meat);* throw *(silk).* **fi·le·ring** throwing *(of silk).*

Fi·le·mon *(NT)* Philemon.

fi·let -*lette, (a kind of lace)* filet; *(cook.)* fillet; undercut, *(Am.)* tenderloin. ~**kant** filet (lace).

fi·le·ties -*tiese, (biol.)* phyletic, phylogenetic.

fil·har·mo·nies -*niese* philharmonic.

fil·hel·leen -*lene, n.* philhellene, philhellenist. **fil·hel·leens** -*leense, adj.* philhellenic. **fil·hel·le·nis·me** philhellenism.

fi·li·aal -*ale, n.* subsidiary; *volle* ~ wholly-owned subsidiary. **fi·li·aal** -*ale, adj.* filial. ~**kantoor** branch office. ~**maatskappy** subsidiary (company). ~**winkel** chain store, multiple store/shop.

fi·li·graan *(art metalwork)* filigree. ~**werk** filigree work.

fi·li·gram →FILAGRAM.

Fi·lip·pen·se *(NT)* Philippians. **Fi·lip·pen·ser** -*sers* Philippian.

fi·lip·pien -*piene,* **fi·lip·pyn** -*pyne, (rare: game of forfeit; twin kernel of the nut eaten in this game)* philippina, philippine, philopoena.

fi·lip·pi·ka -*kas, (poet., liter.: bitter [verbal] attack/denunciation)* philippic.

Fi·lip·pus *(apostle)* Philip; →PHILIPPUS.

Fi·lip·py·ne: *die* ~, *(geog.)* the Philippines. **Fi·lip·py·ner** -*ners* Filipino. **Fi·lip·pyns** *n., (language)* Filipino. **Fi·lip·pyns** -*pynse, adj.* Philippine; ~*e Eilande* Philippine Islands.

Fi·lips, Phi·lips: *koning* ~ King Philip *(of Spain etc.);* ~ *die Goeie/Skone/Stoute* Philip the Good/Fair/Bold.

Fi·lis·te·a *(geog., hist.)* Philistia.

fi·lis·ter -*ters, (<Germ., rare)* = FILISTYN. **fi·lis·ter·ag·tig** -*tige* narrow-minded, insular, parochial, bigoted, petty. **fi·lis·te·ry** narrow(-minded)ness, parochialism, pettiness, philistinism.

Fi·li·styn -*styne, n., (hist.)* Philistine. **fi·li·styn** -*styne, n., (derog.: uncultivated pers.)* philistine, lowbrow, boor. **Fi·li·styns** -*stynse, adj., (hist.)* Philistine. **fi·li·styns** -*stynse, adj., (derog.)* philistine, lowbrow, boorish.

fil·lo *(<Gr., cook.)* filo, phyllo. ~**deeg** filo/phyllo pastry.

fil·lo·ki·noon, vi·ta·mien K_1 phylloquinone, vitamin K_1.

fil·lok·se·ra *(plant louse: Phylloxera vitifoliae)* phylloxera, vine fretter.

fil·lo·tak·sis *(bot.)* phyllotaxis, phyllotaxy. **fil·lo·tak·ties** -*tiese* phyllotactic.

fil·lox·e·ra = FILLOKSERA.

film *films, n.* film, *(infml.)* pic; *stuk* ~ footage. **film** *ge-, vb.* film. ~**afdeling** film unit. ~**aftaster** telecine. ~**akteur** screen/film actor. ~**argief** film archives. ~**bewerking** →FILMWEERGAWE. ~**dekor** →FILMSTEL. ~**drama** screenplay, photoplay. ~**fees** filmfest, film festival. ~**foendi(e),** ~**fundi,** ~**kenner** film buff. ~**kamera** film camera. ~**keuring** film censorship. ~**klem,** ~**knip** film clip. ~**kuns** filmcraft. ~**liefhebber** film fan. ~**maker,** ~**vervaardiger** film maker, movie-maker. ~ **noir** *(Fr., a style of film presenting the darker side of human nature)* film noir. ~**operateur** *(rare)* projectionist. ~**projektor** film projector. ~**redigeerder** film editor. ~**regisseur** film director. ~**regte** film rights. ~**spoed** film speed. ~**stel** film/movie set. ~**ster** film/movie star. ~**strook** film strip; slide film. ~**teks** film script. ~**toets** film test. ~**uittreksel** film clip. ~**vertoning** film show. ~**vervaardiger** →FILMMAKER. ~**vervaardiging** movie-making. ~**wapen** film badge. ~**weergawe,** ~**bewerking** film version. ~**wese** movie business, movies, films.

fil·mies -*miese* filmic, cinematic.

fil·mo·gra·fie filmography.

fil·mo·teek -*teke, (rare)* film library.

film·pie -*pies* filmlet.

fi·lo·den·dron -*drone, (bot.)* philodendron.

fi·lo·ge·ne·se *(biol.)* phylogenesis, phylogeny. **fi·lo·ge·ne·ties** -*tiese* phyllogen(et)ic.

fi·lo·lo·gie philology. **fi·lo·lo·gies** -*giese* philological. **fi·lo·loog** -*loë* philologist.

fi·lo·sel *(embroidery)* filoselle.

fi·lo·so·fie -*fieë* philosophy. **fi·lo·so·feer** *ge-* philosophise. **fi·lo·so·feer·de·ry** philosophising. **fi·lo·so·fies** -*fiese* philosophic(al). **fi·lo·soof** -*sowe* philosopher.

fil·ter -*ters* filter; percolator; filter bed; *(phot.)* screen. ~**kan** = FILTREERKAN. ~**mondstuk** filter tip *(of a cigarette).*

fil·ter·loos -*lose* unfiltered *(cigarette).*

fil·traat -*trate* filtrate.

fil·tra·sie -*sies* filtration, percolation.

fil·treer *(ge)-* filter, filtrate, percolate, strain. ~**doek** filter cloth. ~**hut** filter hut. ~**kan** percolator. ~**laag** filter bed. ~**papier** filter paper. ~**pomp** filter pump. ~**toestel** filter, filtering apparatus.

fil·treer·der -*ders* filter, filtering apparatus.

fil·tre·ring filtering, filtration.

fi·lum -*lums, (Lat., zool.)* phylum, subkingdom.

fi·mo·se *(med.)* phimosis.

Fin *Finne* Finn; →FINS *n. & adj.*. ~**land** Finland. ~**marke** *(Norwegian county)* Finnmark.

fin *finne* bladder worm; *(in the pl., vet. sc.)* measles.

fi·naal -*nale, adj.* final; complete, full, total; ultimate; *finale uitverkoping* closing-down sale. **fi·na·le** -*les, n., (game, examination)* final. **fi·na·le·jaar·stu·dent** final-year student. **fi·na·lis** -*liste* finalist. **fi·na·li·seer** *ge-,* finalise. **fi·na·li·se·ring** finalisation. **fi·na·li·teit** finality.

fi·nan·sie-: ~**wese** finance. ~**wet** finance act.

fi·nan·si·eel -*siële, adj. & adv.* financial(ly), *(fml.)* pecuniary; ~*siële* ***aansporing*** financial incentive; ~*siële* ***afdeling*** financial department; ~*siële* ***akkoord*** financial agreement; ~*siële* ***apparaat*** financial machinery; ~*siële* ***beleid*** financial policy; ~*siële* ***bemiddelaar*** financial intermediary; ~*siële* ***beplanning*** financial planning; *afdeling* ~*siële* ***beplanning*** financial planning department; ~*siële* ***berigte*** financial news; ~*siële* ***besparings/besparinge*** financial economies; ~*siële* ***bestuur/beheer/administrasie*** financial administration; ~*siële* ***bestuursbeampte*** financial executive; ~*siële* ***boekhouding*** financial accounting; ~*siële* ***buurt*** financial district; ~*siële* ***bystand*** →***hulp/steun/bystand;*** ~*siële* ***dekking*** financial cover(age); ~*siële* ***direkteur*** finance/financial director; ~*siële* ***druk/spanning*** financial stress; ~*siële* ***ewewig*** financial balance; *'n* ~*siële* ***fiasko*** *wees* be financially disastrous; ~*siële* ***gemeenskap*** financial world/community; ~ ***gesond*** *wees* be financially sound; ~*siële* ***heerskappy/oppermag*** financial supremacy; ~*siële* ***hulp/steun/bystand*** financial aid/support/assistance/backing/accommodation; ~*siële* ***hulpbronne*** financial resources; ~*siële* ***ineenstorting*** financial crash; ~*siële* ***instelling*** financial house; *die* ~*siële* ***kant*** *van die saak* the money side of the matter; ~*siële* ***kommissie/komitee,*** *(parl.)* committee of ways and means; finance committee; ~*siële* ***koste*** financial charges; ~*siële* ***mark*** financial market; ~*siële* ***medewerker,*** *(journ.)* financial correspondent; ~*siële* ***middele*** financial means; ~*siële* ***model*** financial model; ~*siële* ***modellering*** financial modelling; ~*siële* ***moeilikhede*** financial straits; ~*siële* ***nood*** financial distress; ~*siële* ***norm/standaard*** financial standard; ~ ***onafhanklik*** financially independent, of independent means; ~*siële* ***opbrengs/opbrings*** financial yield; ~*siële* ***opgawes*** financial returns; ~*siële* ***plan*** financial plan; ~*siële* ***rekeningkunde*** financial accounting; ~*siële* ***rekords/stukke*** financial records; ~*siële* ***reorganisasie*** financial reorganisation; ~*siële* ***rubriek,*** *(journ.)* financial column; ~*siële* ***sentrum*** financial centre; ~*siële* ***soliditeit/stewigheid*** financial solidity/soundness; ~*siële* ***staat/verslag*** financial statement; ~*siële* ***status*** financial status; ~ ***steun*** →***hulp/steun/bystand;*** ~*siële* ***struktuur*** financial structure/fabric; ~*siële* ***verhoudingsgetal*** financial ratio; ~*siële* ***verleentheid*** financial embarrassment; ~*siële* ***vermoë*** financial capacity; ~*siële* ***verrekeningsentrum*** financial clearing centre; ~*siële* ***voorbehoud*** financial proviso.

fi·nan·si·eer *ge-* →FINANSIER *vb.*. **fi·nan·si·ë·ring** →FINANSIERING. **fi·nan·si·ë·rings-** →FINANSIERINGS-.

fi·nan·sier -*siers, n., (comm.)* financier, backer. **fi·nan-**

sier, fi·nan·si·eer *ge-, vb.* finance, fund, back. **fi·nan·sie·ring, fi·nan·si·ë·ring** financing, funding; finance.

fi·nan·sie·rings-, fi·nan·si·ë·rings-: ~- *en beheermaatskappy* finance-cum-holding company. **~afdeling** finance department. **~kapitaal** finance capital. **~komitee** finance committee. **~korporasie** finance corporation. **~koste** finance charge. **~maatskappy, ~onderneming** finance company/house. **~wissel** finance bill.

fi·nan·sies finance; finances.

fi·neer *(ge)-* refine *(gold)*; veneer *(wood)*. **~bou** veneered construction. **~hamer** veneering hammer. **~hout** veneer wood, plywood. **~politoer** liquid veneer. **~saag** veneer saw. **~werk, fineering** veneering.

fi·neer·sel *-sels* veneer; veneering.

fines herbes *(pl., Fr., cook.: a mixture of finely chopped herbs)* fines herbes.

fi·nesse *-nesses* small detail, nicety, subtlety; finesse *(at cards)*. **fi·nes·seer** *ge-* finesse *(at cards)*.

fin·geer *(ge)-* feign, pretend, simulate; invent.

Fin·go *-go's, (SA, anthr.)* Fingo. **~land** *(chiefly hist.)* Fingoland.

fin·lan·di·seer *ge-* Finlandise. **fin·lan·di·se·ring** Finlandisation.

Fins *n., (language)* Finnish. **Fins** *Finse, adj.* Finnish. **~-Oegries** *n., (language group)* Finno-Ugrian/Ugric. **~-Oegries** *-e, adj.* Finno-Ugrian/Ugric.

fi·ool *-ole, (rare)* phial; *fiole van toorn oor iem. uitgiet, (idm.)* pour out vials of wrath upon s.o..

fio·ri·tu·ra *-ture, (It., mus.: embellishment of a melody)* fioritura.

fir·ma *-mas* firm, company, business, concern, enterprise, house. **~blad** house journal/organ. **~naam** company/business/trade name, name of a/the business/firm.

fir·ma·ment *(poet., liter.)* firmament, sky, skies, heaven(s), welkin.

Fis *(mus.)* F sharp major. **fis** F sharp minor.

fis- *comb.* →FISIO- *comb.*.

fi·sant *-sante, (orn.: Francolinus spp.)* francolin; pheasant; *Kaapse/Natal* ~ Cape/Natal spurfowl/francolin. **~(e)jag** pheasant shooting. **~hok** pheasantry. **~park, ~tuin** pheasantry.

fi·si·a·trie naturopathy. **fi·si·a·ter** *-ters* naturopath. **fi·si·a·tries** *-triese* naturopathic.

fi·siek *n., (rare)* physique. **fi·siek** *-sieke, adj. & adv., (relating to the body)* physical(ly), bodily; →FISIES; *~e geweld* physical violence; *~e moed* physical courage.

fi·sies *-siese, (relating to phys.)* physical; *(relating to the body)* physical, bodily; *~e* ***aardrykskunde*** physical geography; *~e* ***chemie*** physical chemistry; *~e* ***laboratorium*** physical laboratory; *~e* ***omgewing*** physical environment; *dit is ~* ***onmoontlik*** it is physically impossible, it is a physical impossibility; *~e* ***slinger*** compound pendulum. **~-chemies** *-e* physicochemical.

fi·si·ka physics; ~ *van die vaste toestand* solid state physics.

fi·si·ka·lis·me *(philos., also F~)* physicalism. **fi·si·ka·lis** *-liste, (also F~)* physicalist. **fi·si·ka·lis·ties** *-tiese, (also F~)* physicalist.

fi·si·ko-: **~chemie** physical chemistry. **~chemies** physicochemical.

fi·si·kus, fi·si·kus *-sikusse, -sici* physicist.

fi·si·o *-o's, (infml.)* physio; →FISIOTERAPIE, FISIOTERAPEUT.

fi·si·o-, *(before a vowel)* **fis-** *comb.* phys(io)-.

fi·si·o·gra·fie physiography, physical geography. **fi·si·o·gra·fies** *-fiese* physiographical.

fi·si·o·kra·sie *(econ., hist.)* physiocracy. **fi·si·o·kraat** *-krate* physiocrat. **fi·si·o·kra·ties** *-tiese* physiocratic. **fi·si·o·kra·tis·me** physiocratism.

fi·si·o·lo·gie physiology. **fi·si·o·lo·gies** *-giese* physiological; *~e bewegingsleer* kinesiology; *~e skeikunde* biochemistry. **fi·si·o·loog** *-loë* physiologist.

fi·si·o·no·mie physiognomy. **fi·si·o·no·mies** *-miese* physiognomical. **fi·si·o·noom** *-nome* physiognomist.

fi·si·o·te·ra·pie physiotherapy, *(Am.)* physical therapy. **fi·si·o·te·ra·peut** *-peute* physiotherapist. **fi·si·o·te·ra·peu·ties** *-tiese* physiotherapeutic(al).

fis·kaal *-kale, -kaals, n.* (water) bailiff; *(jur., hist.)* bailiff, Company's attorney general; *(orn.)* (fiscal) shrike; →JANFISKAAL. **fis·kaal** *-kale, adj.* fiscal; *fiskale beleid* fiscal policy; *fiskale sleuring* fiscal drag. **~laksman** *(orn.: Lanius collaris)* common fiscal, *(obs.)* fiscal shrike.

fis·kus *-kusse* revenue (department), treasury, exchequer.

fis·tel *-tels, (med.)* fistula. **fis·tel·ag·tig** *-tige,* **fis·tu·leus** *-leuse* fistular, fistulous.

fit- →FITO-.

fi·tiel *(chem.)* phytyl.

fi·tien·suur phytic acid.

fi·to-, *(before a vowel)* **fit-** *comb.* phyt(o)-. **~chemie** phytochemistry. **~chemies** *-e* phytochemical. **~chemikus** *-mikusse, -mici* phytochemist. **~faag** *-fae, n.* phytophagous insect/etc.. **~geen** *-gene,* **~genies** *-geniese, adj.* phytogenic. **~genese** phytogenesis, phytogeny. **~geografie** phytogeography. **~grafie** phytography. **~patologie** phytopathology. **~patologies** phytopathological. **~patoloog** *-loë* phytopathologist. **~plankton** phytoplankton. **~toksien** phytotoxin. **~toksies** *-e* phytotoxic.

fi·tol *(chem.)* phytol.

fjord *fjorde, fjords* fjord, fiord. **fjor·de·kus** fjord/fiord shoreline.

flaai·taal *(SA, a township argot)* flaaitaal, flytaal.

flad·der *ge-* flap, flutter, flit(ter), hover; *om iets/iem.* ~ flutter about s.t./s.o.; hover about/around s.t./s.o.; *dakke met ~ende vlae* roofs aflutter with flags. **flad·de·ring** *-rings, -ringe* flapping, fluttering, hovering.

fla·gel *-gelle, (biol.)* flagellum. **fla·gel·lant** *-lante* flagellant.

fla·ge·o·let *-lette, (mus.)* flageolet.

fla·grant *-grante* flagrant, blatant, brazen, glaring, outrageous, shameless, gross.

flair flair, ability, gift, knack, piz(z)azz, pzazz.

flam·bé *vb., (cook.)* flambé; *ge-* ~ flambéed.

flam·bo·jant *-jante, n., (bot.: Delonix regia)* flamboyant, royal poinciana, peacock flower. **flam·bo·jant** *-jante, adj.* flamboyant. **~styl** *(archit.)* flamboyant style.

flam·bou *-boue* torch, flambeau.

fla·men·co *-co's,* **fla·men·ko** *-ko's, (Sp., a style of music/dance)* flamenco.

Fla·min·gant *-gante* Flemish nationalist.

fla·min·go·plant *(Anthurium andraeanum)* flamingo lily.

fla·mink *-minke* flamingo.

flan *flans, (Fr., print.)* flong.

fla·nel flannel. **~broek** flannel trousers, flannels. **fla·ne·let** flannelette.

flank *flanke* flank, side; haunch *(of a road)*; *(rugby)* flanker, flank (forward); ... *in die ~ aanval* attack/take ... in the flank; *op die* ~ on the flank. **~aanval** flank attack. **~beweging** flanking movement. **~dekking** flank guard. **~verdediging** flank defence. **~voorspeler** *(rugby)* flank (forward), flanker, wing forward. **~vuur** flank fire.

flan·keer *(ge)-* flirt; gallivant. **flan·keer·de·ry** flirting; gallivanting.

flans *ge-* →SAAMFLANS.

flap *flappe, n., (bot.)* iris, flag; *(orn.: Euplectes spp.)* widow (bird); *Kaapse ~, (E. capensis)* yellow-rumped widow (bird). **flap** *ge-, vb.* flap, make a flapping noise; →UITFLAP. **~hoed** slouch (hat), floppy hat. **~kan** flagon. **~oorkonyn** lop(-ear). **~ore** lop-ears.

flap·flap·pie *-pies, (regional, orn.: Prinia maculosa)* Karoo/spotted prinia.

flap·pend *-pende* flapping *(wings etc.)*; *met ~e polse* limp-wristed.

flap·per *ge-* flap. **flap·per·tjie** *-tjies, (cook.)* flapjack, crumpet, drop scone, griddlecake, Scotch pancake.

flaps *(onom.)* flop, flap, slap.

flap·teks *(publishing)* blurb.

flar·de(s) *n. (pl.)* tatters; rags; pieces, shreds; *aan ~* in ribbons; in shreds; in tatters; *iets aan ~ skeur* tear s.t. to pieces/shreds, shred s.t..

fla·ter *-ters* blunder, (stupid) mistake, gaffe, faux pas, slip(-up); *(infml.)* boob, boo-boo, goof, howler; *'n ~ begaan/maak* blunder, make a blunder/gaffe, commit/make a faux pas, slip up; *(infml.)* put one's foot in it (*or* one's mouth), drop a brick/clanger, goof up. **~vry** flopproof.

flat·teer *(ge)-, (rare)* flatter; *daardie foto/hoed/ens. ~ iem.* that photo/hat/etc. flatters s.o..

fla·tus *-tusse, (Lat., fml.)* flatus; →BUIKWIND. **fla·tu·len·sie** flatulence; →WINDERIGHEID. **fla·tu·lent** *-lente* flatulent.

fle·bi·tis *(med.)* phlebitis; →AARONTSTEKING.

fleg·ma *(med.)* phlegm; *(fig.)* apathy, indifference, stolidity; imperturbability, coolness. **fleg·ma·ties** *-tiese, adj.* phlegmatic, apathetic, indifferent, stolid. **fleg·ma·ti·kus** *-tikusse, -tici, n.* phlegmatic.

fleim →FLUIM.

flek·sie *-sies, (gram.)* flection, flexion. **flek·sie·loos** *-lose* uninflected, without inflection/inflexion.

flek·suur *-sure, (geol.)* flexure.

flek·teer *(ge)-, (gram.)* inflect; *flekterende taal* inflective/inflectional/inflexional language.

flen·nie →FLANEL, FLANELET. **~bord** flannelboard, flannelgraph.

flens *flense, n.* flange. **flens** *ge-, vb.* flange. **~band** clincher tire. **~koppeling** flanged coupling.

flen·sie *-sies* thin pancake.

flen·ter *-ters, n.* rag; small piece, splinter; →FLENTERS *adj. & adv.*; ***aan** ~s* in rags/shreds/tatters/ribbons; *iets* ***aan*** *~s moker* smash s.t. to splinters/smithereens; *iets* ***aan*** *~s skeur* tear s.t. to shreds/strips; ***geen/g'n*** (of ***nie 'n***) *~ vir ... omgee nie, (infml.)* not care two bits (*or* a chip) about ..., not care/give a hoot/rap about ...; *'n ~(tjie)* ***papier/ens.*** a scrap of paper/etc.. **flen·ter** *ge-, vb.* gad/idle about; →RONDFLENTER. **~baadjie** ragged coat; loafer. **~saartjie** *(rare)* slattern.

flen·te·rig *-rige* tattered, ragged.

flen·ters *adj. & adv.* in rags/shreds/tatters; in pieces/splinters/smithereens; *iem. se emosies/ens. is ~* s.o.'s emotions/etc. are shot; *iets (fyn en) ~ gooi/slaan* smash s.t. (to smithereens).

flen·ter·tjie *-tjies* fragment, small piece.

fler·rie *-ries, n.* flirt, coquette, tease, vamp, playgirl, good-time/fast girl; hussy, tart, bimbo. **fler·rie** *ge-, vb.* flirt. **fler·rie·ag·tig** *-tige* wanton.

flerts *flertse, (rare)* splash; slap; flirt; loose flap.

fles *flesse* bottle; *(wide-mouthed)* jar; *(of earthenware)* crock; flask; vessel; (gas) canister; *albaste ~* →ALBAS *adj.*; *Leidse ~* →LEIDS. **~vulfabriek** *(rare)* bottling works/plant; →BOTTELARY. **~vulmasjien** *(rare)* bottling machine.

fles·sie *-sies* small bottle, flask; vial, phial; (medicine) bottle; cruet *(for vinegar)*.

flets *flets(e) fletser fletsste, (poet., liter.)* faded, pale; dim *(eyes)*; wilted *(flowers)*. **flets·heid** fadedness, paleness.

flet·ter *ge-, vb., (wings, sails, etc.)* flutter, flap.

fleur bloom, flower, heyday, prime; *die ~ is (daarvan)* ***af*** the flush is off, it has lost its bloom; ***in*** *die ~ van ...* in the bloom of ... *(s.o.'s life)*; in the (first) flush of ... *(s.o.'s life)*; ***in*** *iem. se ~* in s.o.'s prime; *nie meer* ***in/op*** *jou ~ wees nie* be past one's prime; be past one's best. **~ de lis** *fleur de lise, fleurs de lis, (Fr.)* fleur-de-lis. **fleu·rig** *-rige* blooming; fresh, bright, lively, merry, gay, colourful; *~e oudag* green old age. **fleu·rig·heid** bloom, prime; liveliness, gaiety.

fliek *flieks, flieke, n., (infml.)* movie, flick, pic; cinema, movie house. **fliek** *ge-, vb., (infml.)* be at the cinema/movies, watch a movie (*or* movies); *gaan ~ (infml.)* go and/to see a film, go to the cinema/movies. **~fanatikus, ~maniak, ~verslaafde, ~vraat** movie/film freak. **~foendi(e), ~fundi, ~kenner** film buff. **~ganger** cinemagoer; *(in the pl.)* the cinema-going public. ~**kompleks** cinema complex, cineplex. ~**publiek:** *die* ~ the cinema-going public. ~**vlooi,** ~**liefhebber** movie/film fan.

flik·flooi *ge=* cajole, coax, fawn, flatter, wheedle, play up to, soft-soap; *by iem.* ~ butter s.o. up *(infml.)*; fawn (up)on s.o.. **flik·flooi·er** *=ers* cajoler, flatterer, backscratcher, bootlicker, wheedler. **flik·flooi·e·rig** *=rige* cajoling, fawning, wheedling, smarmy, smooth. **flik·flooi·e·ry** coaxing, flattering, backscratching, cajolery, *(infml.)* sweet talk.

flik·ker *=kers, n., (chiefly in the pl.)* glitter, sparkle; wavering, flutter, flicker; *~s maak* cut capers; *by iem. ~s gooi/maak/uithaal, (infml.)* chat s.o. up, *(SA, infml.)* chaff s.o., come on (strongly) to s.o., give s.o. the come-on, make a pass at (*or* make up to) s.o. *(a potential lover etc.)*. **flik·ker** *ge=, vb.* glitter, sparkle, coruscate; *(a candle)* waver, flutter, flicker; flash; glance, glimmer; *(a star)* wink, twinkle; scintillate. ~**aftaster,** ~**skandeerder** *(med.)* scintiscanner. ~**aftasting,** ~**skandering** *(med.)* scintiscanning. ~**baken,** ~**boei** wink/beacon buoy. ~**boog** flashing arc *(of a volcano)*. ~**grafie** *(med.)* scintigraphy. ~**gram** *(med.)* scintigram. ~**lig** flickering light *(of a candle)*; flashing light *(of a lighthouse)*; twinkling light *(of a star)*; indicator, flasher *(of a car)*.

flik·ke·ring *=rings, =ringe* gleam, glint, glittering, sparkle; flickering *(of a candle)*; twinkling *(of a star)*; scintillation; flare, flash.

flink *flink flinker flinkste adj. & adv.* upstanding, fine *(boy)*; buxom, comely *(woman)*; smart *(bearing)*; robust, stalwart, vigorous, brisk, spirited, energetic, hardy, hearty; considerable, substantial *(sum)*; goodly *(number)*; sound *(thrashing)*; energetically, vigorously, soundly, thoroughly; briskly, pluckily; firmly; *jou* ~ ***gedra*** give a good account of o.s.; ***nog*** ~ *wees* still be going strong, still be hale and hearty; ~ ***ontwikkel(d)*** well grown; ~ ***op*** *aandag kom* jump/spring (*or* come smartly) to attention; ~ *teen iem.* ***optree*** deal firmly with s.o.; *iem. ~ die waarheid* ***sê*** (not hesitate to) give s.o. a bit/piece of one's mind. **flink·heid** spirit, vigour; briskness; thoroughness, efficiency.

flint flint. ~**geweer,** ~**roer** *(hist.)* flintlock. ~**glas** flint glass.

flip·pen *(sl.)* flipping, frigging, effing, blessed, darn, blasted, bloody.

flirt *flirts, n.* flirt, coquette, tease, vamp, playgirl, playboy, philanderer. **flirt** *ge=,* **flir·teer** *(ge)=, vb.* flirt, tease, lead on, chat up, philander; *met iem.* ~ flirt with s.o., chat s.o. up. **flir·ta·sie** *=sies* flirtation, flirting. **flir·te·ry** flirting.

flits *flitse, n.* flash, glint, streak; *(phot.)* flash(light); torch; *(rad., TV)* clip; flash, split second. **flits** *ge=, vb.* flash, blink; *hartseer/haat/ens. ~ oor iem. se gesig* grief/hate/etc. crosses s.o.'s face. ~**berig** flash message, news flash, spot news. ~**blokkie** *(phot.)* flashcube. ~**fotografie** flash photography. ~**kaart** flash card. ~**lamp** *(phot.)* flash (bulb). ~**lig** flashing light, flashlight; torch. ~**poeier** *(phot.)* flash powder. ~**punt** flash(ing) point. ~**toestel** *(phot.)* flash gun.

flod·der *n.* mud, mire, slush, sludge, slurry. **flod·der** *ge=, vb.* flounder/splash in/through; flap, flutter; flush *(with cement etc.)*. ~**broek** baggy trousers, baggies, (Oxford) bags. ~**kous** *(infml.: untidy woman)* frump, scruff.

flod·de·rig *=rige* baggy, floppy, sagging.

flo·ëem *(bot.)* phloem, bast (tissue).

floers *floerse* funeral crepe/crêpe/crape; *(poet., liter.)* veil, mist.

flo·gis·ton *(chem.)* phlogiston. **flo·gis·ties** *=tiese* phlogistic.

flo·go·piet *(min.)* phlogopite.

flok·ku·leer *ge=* flocculate. **flok·ku·la·sie** *=sies,* **flok·ku·le·ring** *=rings, =ringe* flocculation.

floks *flokse,* **flok·sie** *=sies, (bot.)* phlox.

flon·ker *ge=, (poet., liter.)* sparkle, twinkle, scintillate; glint, glitter; →VONKEL. ~**lig** sparkling light. ~**ster** twinkling star; *(fig.)* luminary.

flon·ke·ring *=rings, =ringe, (poet., liter.)* sparkle, sparkling, twinkling, twinkle, scintillation; glint, glitter.

flop *flops, floppe, (infml., <Eng.)* flop, failure, fiasco, washout; *'n groot ~, (also, sl.)* a bummer.

flop·pie *=pies, (comp.)* floppy (disk).

flo·ra *=ras* flora, vegetation.

flo·reer *(ge)~* flourish, prosper, thrive; boom; *op iets* ~ thrive on s.t.. **flo·re·rend** *=rende* flourishing, prospering, prosperous, thriving.

Flo·rence, *(It.)* **Fi·ren·ze** *(city)* Florence.

Flo·ren·tyn *=tyne, n., (citizen of Florence)* Florentine. **Flo·ren·tyns** *=tynse, adj., (of Florence)* Florentine; *~e lis(blom), (Iris florentina)* orris; *~e sy* florentine.

flo·ret *=rette* (fencing) foil. ~**band,** ~**lint** ferret. ~**sy** floret/floss silk.

flo·ri·bun·da *=das,* **flo·ri·bun·da·roos** *=rose* floribunda (rose).

flo·ris·sant *=sante, (rare)* = FLOREREND.

flo·ri·stiek floristics. **flo·ris·ties** *=tiese* floristic.

flo·ryn *=ryne, (SA, hist.)* florin; *(Du.)* guilder.

flos·sie *(derog.: a woman considered as a sex object)* bird, chick, (bit of) skirt, piece of crumpet, bit of fluff, pussy.

flot·teer *(ge)=, (min.)* float. **flot·ta·sie** *=sies,* **flot·te·ring** *=rings, =ringe* flo(a)tation. **flot·te·rings·bak** sink.

flot·tiel·je *(mil., naut.)* flotilla.

flou[1] *floue, n., (fishing net)* flue, flew.

flou[2] *flou flouer flouste, adj.* flat, insipid, tasteless; feeble, mild, pointless, poor, silly *(joke)*; apathetic; weak, lacklustre *(performance)*; half-hearted *(attempt)*; pale *(imitation)*; dim *(light)*; languid *(interest)*; dead beat, dog-tired, overfatigued; blown, broken-winded, overridden, overdriven *(horse)*; dull *(market)*; vague *(recollection)*; vapid *(conversation etc.)*; spent *(bullet)*; flimsy, thin, flabby *(excuse)*; forlorn *(hope)*; sickly *(smile)*; shallow *(breathing)*; weak *(coffee, tea)*; dilute, weak, washy *(solution)*; cool *(scent)*; *geen* (of *nie die* ~*ste)* ***benul*** *van iets hê nie* →BENUL; *'n ~* ***glimlag(gie)*** a semismile (*or* vapid smile); *iem.* ***is*** *~, (also)* s.o. has fainted; ... ~ ***ja(ag)*** run ... down *(a buck)*; override ... *(a horse)*; ~ ***val/word*** faint, fall in a faint, *(infml.)* pass out; ~ *wees* ***van*** ... be faint with ... *(hunger)*; be prostrated by ... *(the heat)*; ~ ***word,*** *(also)* grow faint; *~er* ***word,*** *(breathing, hope, etc.)* fail, diminish. **flou** *adv.* dimly, faintly, etc.. ~**hartig** *=e* faint-hearted, half-hearted; weak-kneed. ~**hartigheid** faint-heartedness. ~**kop(perd)** broken-winded horse. ~**vallery** fainting.

flou·heid insipidity; silliness; weakness; dimness; faintness; vapidity; *etc.* (→FLOU[2] *adj.*).

flous *ge=* cheat, deceive, trick, fool, take in, have, fox, diddle, fob, kid, hoodwink. **flou·se·ry** cheating, kidding, *(infml.)* hanky-panky.

flou·te *=tes* fainting fit, faint, swoon, *(med.)* syncope; insensibility; *'n ~ kry, in 'n ~ val* faint, fall in a faint.

flou·tjies poor, feeble; *dit was maar ~* it was poor (*or* a poor show); ... *het iem. ~ gesê* ... s.o. said limply.

flü·gel·horn *(Germ., mus. instr.)* flugelhorn.

flu·ï·dum *=dums, (chiefly hist.)* fluid, effluvium; fluid state.

flu·ïed *=ïede, adj., (chiefly fig.)* fluid. **flu·ï·di·teit** fluidity.

fluim, fleim *(med.)* phlegm, mucus, slime; sputum. **fluim·ag·tig, fleim·ag·tig** *=tige* phlegmy.

fluis·ter *ge=* whisper; *daar word ge~ dat* ... it is whispered that ...; *iets hoorbaar ~* say s.t. in a stage whisper; *iets in iem. se oor ~* whisper s.t. in s.o.'s ear; *vir iem. iets ~* whisper s.t. to s.o.. ~**galery,** ~**gewelf** whispering gallery/dome. ~**gesprek** hushed conversation. ~**stem** whisper, undertone; *met 'n ~ praat* whisper, talk in a whisper; talk in an undertone. ~**toon** whisper, undertone; *op 'n ~* in hushed whispers. ~**veldtog** whispering campaign.

fluis·te·rend *=rende* in a whisper, under one's breath, in hushed whispers, in an undertone; whispering.

fluis·te·ring *=rings, =ringe* whisper(ing).

fluit *fluite, n.* flute; siren; whistle; whistle blast; wheeze; chanter *(of a bagpipe)*; *'n ~ gee* whistle, give a whistle. **fluit** *ge=, vb.* whistle; fife, tweedle; play on the flute; *(bullets)* whiz(z), zip; *(wind, birds)* pipe; *(infml.: urinate)* pass/make water, pee, have a pee, piddle, wee, widdle, have a widdle; *(hort.)* graft, inoculate; *iem. se* ***bors/keel*** ~ s.o. is wheezing; *by die* ***kerkhof*** ~ →KERKHOF; *iem. kan* ***maar*** *daarna ~, (idm., rare)* s.o. can/may (*or* will have to) whistle for it; ***vir*** *iem. ~* whistle at/to s.o.; *'n* ***voëltjie*** *hoor ~ van* ... get wind of ... ~**blaser** flute player, flautist; *(mil.)* piper, fifer; →FLUITSPELER. ~**boei** whistling buoy. ~**eend** *(Dendrocygna bicolor)* fulvous duck. ~**-fluit** easily; *dit ~ doen, (infml.)* take it in one's stride; *~ wen, (infml.)* win at a trot, win hands down, win in a canter, romp home, be an easy first. ~**geluid** whistling sound/noise. ~**glas** flute. ~**ketel** whistling kettle. ~**plek** *(infml.)* place for urinating; urinal. ~**register** flute (stop) *(of an organ)*. ~**saluut:** *iem. die ~ gee, (naut.)* pipe s.o. aboard. ~**(skip)** *(hist.)* flyboat, flute. ~**spel** flute playing. ~**speler** flute player, flautist. ~**stoot** whistle blast. ~**toon** whistling tone.

flui·ter *=ters* whistler; *(bird)* warbler. **flui·te·ry** whistling.

flui·tis *=tiste, (mus.)* flautist.

fluit·jie *=tjies* whistle; *(naut.)* pipe; *(op) 'n ~ blaas* blow (on) a whistle; *die ~ blaas* the whistle blows. **fluit·jies·riet** *(Phragmites communis, P. mauritianus)* common reed.

fluks[1] *flukse, n., (metall.)* flux; *(phys., rare)* →VLOED.

fluks[2] *fluks(e) flukser fluksste, adj. & adv.* spry, smart, snappy, energetic; hard-working, willing *(horse etc.)*; rapid, quick, prompt; immediately, quickly, with alacrity; ~ ***by*** *wees met 'n uitvlug* have an excuse ready; ***dis*** *~ (van jou)!* good/nice work!; ~ ***help*** help very well/willingly; ***nog*** ~ *wees* still be going strong; ~ ***voel*** feel fine. **fluks·heid** energy; willingness.

fluk·sie *(math., obs.)* fluxion; →DIFFERENSIAAL. ~**rekening** *(math., obs.)* method of fluxions; →DIFFERENSIAALREKENING.

fluk·tu·eer *ge=* fluctuate; *'n sterk fluktuerende mark/ens.* a volatile (*or* wildly fluctuating) market/etc.. **fluk·tu·a·sie** *=sies* fluctuation.

flu·oor *(chem., symb.: F)* fluorine. ~**koolstof** fluorocarbon. ~**lamp** fluorescent lamp. ~**lig** fluorescent light. ~**plastiek** fluoroplastic. **flu·o·reer** *ge=* fluorinate. **flu·o·re·ring** fluorination.

flu·o·res·seer *ge=* fluoresce. ~**lamp** fluorescent lamp.

flu·o·res·sen·sie fluorescence. ~**lamp** fluorescent lamp.

flu·o·ried *=riede, (chem.)* fluoride. **flu·o·ri·da·sie** →FLUORIDERING. **flu·o·ri·deer** *ge=* fluoridate. **flu·o·ri·de·ring, flu·o·ri·da·sie** fluoridation.

flu·o·riet *(min.)* fluorite, fluorspar.

flu·o·ri·neer *ge=* fluorinate. **flu·o·ri·ne·ring** fluorination.

flu·o·ro·form *(colourless gas)* fluoroform.

flu·o·ro·skoop *=skope* fluoroscope.

flus(·sies) just now, a moment ago; directly, presently, in a moment; *dieselfde van ~* the same again.

flu·vi·aal *=ale, (geol.)* fluvial, fluviatile.

flu·vi·o· *comb.* fluvio-. ~**glasiaal:** *fluvioglasiale puin* →PUIN. ~**meter** fluviometer.

flu·weel velvet. ~**blom** *=me,* **fluweeltjie, ferweeltjie** *=tjies, (Sparaxis tricolor)* harlequin/wand flower; *(Sparaxis grandiflora)* sparaxis; *(Nemesia barbata)* fluweeltjie, ferweeltjie. ~**boom** velvet tree. ~**boontjie** velvet bean. ~**borsel** velure. ~**koord** chenille. ~**rosyntjie** *(Grewia flava)* velvet raisin. ~**sagtheid** silkiness *(of s.o.'s voice etc.)*. ~**sop** *(Fr. cook.)* velouté. ~**sous** *(Fr. cook.)* velouté.

flu·weel·ag·tig *=tige,* **flu·we·lig** *=lige* velvety, velvetlike; mellow *(taste)*; *(biol.)* velutinous *(leaves etc.)*.

flu·weel·tjie *=tjies* →FLUWEELBLOM.

flu·we·lig →FLUWEELAGTIG.

fnuik *ge=* foil, frustrate, thwart, scotch *(s.o.'s plans)*; cripple *(s.o.'s power)*; put down *(s.o.'s pride)*; clip *(s.o.'s wings)*.

fo·bie *=bies,* **fo·bie** *=bieë* phobia.

Foe·dji *(Jap. city)* Fuji; *(die berg) ~, Foedjijama* (Mount) Fuji, Fujiyama.

foe·draal *=drale* slipcase, casing, cover, holster, sheath.

foef, foe·fie *n., (infml., children's language: excrement)* poo(h). **foef, foe·fie** *vb.* poo(h), do a poo(h).

foe·fie *-fies* gimmick; dodge, trick; excuse, pretext; *(tegniese) ~s, (also, infml.)* bells and whistles. **foe·fie·loos** *-lose, (pred.)* without frills, *(attr.)* no-frills. **foe·fie·rig** *-rige, (infml.)* gimmicky.

foei *interj.* shame on you, (for) shame, *(SA, infml.)* sis; *~/fooi tog(gie)!* shame!, what a pity!; poor thing!; what a dear little thing!. **~lelik** as ugly as sin, positively ugly, ugly in the extreme.

foe jo(e)ng *(Chin. cook.)* foo yo(o)ng/yung, fu yung.

foe·lie *n., (cook.: spice)* mace; (tin)foil. **foe·lie** *ge-, vb.* silver; cover with (tin)foil; *(metall.)* foliate. **~laag, ~sel** foil *(of a mirror)*.

foen·di *-di's,* **foen·die** *-dies,* **fun·di** *-di's, (SA, infml.: expert)* fundi, whiz(z), wiz; *'n rekenaar~* a computer fundi/whiz(z)/wiz.

foe·sel(·o·lie) fusel (oil).

foe·ter *ge-* bother, trouble; beat, thrash, wallop, bash; →LOL; *met iets ~, (infml.)* monkey about with s.t.; *met iem. ~, (infml.)* provoke s.o.; interfere with s.o.; mess around with s.o. *(esp. another's partner)*. **foe·te·ry** →GEFOETER, NEUKERY.

foe·tus = FETUS.

fo·ja·ïet, fo·ya·ïet *(min.)* foyaite.

fok[1] *fokke, n., (naut.)* foresail. **~mas** foremast. **~seil** foresail. **~stag** forestay.

fok[2] *n., (vulg. sl.: an act of sexual intercourse)* fuck. **fok** *vb., (vulg. sl.: have sexual intercourse)* fuck, screw. **fok** *interj., (vulg. sl.)* fuck, shit; *~ (dit)!, (vulg. sl.)* fuck (it)!; *~ jou!, (vulg. sl.)* fuck/sod/screw you!, get stuffed!. **fok·ken** *adj. & adv., (vulg. sl.)* fucking. **fok·ker** *(vulg. sl.)* fucker. **fok·ke·ry** *(vulg. sl.)* fucking. **fok·kit** *interj., (vulg. sl.)* fuck/sod it, shit. **fok·kof** *interj., (vulg. sl.)* fuck/piss/sod off. **fok·kol** *n., (vulg. sl.)* fuck/sod all; *~ vir iem./iets omgee* not care/give a fuck (about s.o./s.t.). **fok·op** *n., (vulg. sl.)* fuck-up.

fo·kaal *-kale, adj.* focal. **fo·ka·li·sa·sie** focalisation. **fo·ka·li·seer·der** focaliser.

foks-: **~swans** *-e* foxtail saw. **~terriër** fox terrier.

fo·kus *-kusse, n.* focus, focal point; →FOKAAL; *in/uit ~ wees* be in (*or* out of) focus. **fo·kus, fo·kus·seer** *ge-, vb.* focus *(a camera, microscope, etc.)*; *(eyes, rays, waves, etc.)* focus; focus, concentrate *(one's thoughts etc.)*; *(med.)* focalise; *op iets ~, (phot.)* focus on s.t.. **~diepte** focal depth.

fo·kus·seer →FOKUS *vb.*. **fo·kus·se·ring** focus(s)ing; focalisation.

fo·li·ant *-ante, (publishing)* folio (volume); outsize volume.

fo·li·eer *ge-* foliate, page. **fo·li·ë·ring** foliation *(of pages)*.

fo·lien·suur *(biochem.)* folic acid.

fo·li·o *-o's* folio. **~formaat, ~grootte** folio size. **~papier** foolscap (paper). **~-uitgawe** folio edition. **~vel** foolscap sheet.

folk *(mus.)* folk. **~lied(jie)** folk song. **~musiek** folk music. **~rock** folk rock. **~rocker** folk rocker. **~rockgroep** folk-rock group. **~sang** folk singing. **~sanger(es)** folk singer.

folk·lore folklore. **folk·lo·ris** *-riste* folklorist. **folk·lo·ris·ties** *-tiese* folkloristic.

fol·li·kel *-kels* follicle; *Graaf se ~* Graafian follicle. **fol·li·ku·lêr** *-lêre* follicular. **fol·li·ku·lien** *(biochem.)* folliculin, oestrone.

fol·ter *ge-* torment, torture; put on the rack, harrow; *die senuwees ~* grate on the nerves. **~bank** rack. **~kamer** torture chamber. **~paal** stake, whipping post; *aan die ~* at the stake. **~(werk)tuig** instrument of torture.

fol·te·raar *-raars* tormentor; torturer.

fol·te·rend *-rende* agonising, excruciating, racking.

fol·te·ring torment, torture.

fo·men·teer *ge-* foment. **fo·men·ta·sie** *-sies* fomentation.

fon *fons, (unit of loudness)* phon; →FONOMETER.

fon·da·ment *-mente* foundation; base, basis; *(building)* bed; *(infml.)* bottom, rear (end), behind, backside, bum; *iets ~ gee* ballast s.t. *(a road, railway track, etc.)*; *'n ~ lê* lay a foundation; *'n vaste/hegte ~* a firm/secure foundation. **~balk** ground beam. **~klip** bed/foundation stone. **~plaat** base plate *(of a mast etc.)*; soleplate *(of a machine etc.)*. **~steen** foundation brick; foundation stone. **~versterking** goufing.

fon·dant *-dante, -dants, (cook.)* fondant.

fon·da·sie foundation; →FONDAMENT, FUNDASIE. **fon·deer** *(ge)-* found, lay the foundation; →FUNDEER. **fon·de·ring** *-rings, -ringe* foundation, grounding; →FUNDERING. **fon·de·rings·in·ge·nieurs·we·se** foundation engineering.

fonds *fondse* fund; *(in the pl.)* money, finances, funds; stocks; *die ~e styf* strengthen the funds; *iets styf die ~e* s.t. swells the funds. **~insameling** fund-raising. **~lys, ~katalogus** (publisher's) catalogue (*or* trade list); backlist.

fon·due *-dues, (cook.)* fondue.

fo·neem *-neme, (phon.)* phoneme. **fo·ne·mies** *-miese* phonemic(ally).

fo·neer *(ge)-* phonate. **fo·ne·ring** phonation.

fo·ne·tiek phonetics. **fo·ne·ties** *-tiese* phonetic. **fo·ne·ti·kus** *-tikusse, -tici* phonetician.

fo·nies →FOON[1].

fo·no- *comb.* phono-.

fo·no·graaf *-grawe, (hist.)* phonograph.

fo·no·gra·fie *(ling.)* phonography. **fo·no·gra·fies** *-fiese* phonographic.

fo·no·gram *-gramme, (ling.)* phonogram.

fo·no·liet *(geol.)* phonolite, clinkstone.

fo·no·lo·gie phonology. **fo·no·lo·gies** *-giese* phonological. **fo·no·loog** *-loë* phonologist.

fo·no·me·ter *(phys.)* phonometer.

fo·no·skoop *-skope, (phys.)* phonoscope.

font *fonte, (typ.)* font.

fon·ta·nel *-nelle, (anat.)* fontanelle.

fon·tein *-teine* fountain, spring; →SPUITFONTEIN. **~bos** *(Psoralea aphylla)* leafless fountain bush; *(P. pinnata)* three-leaved fountain bush; →BLOUKEUR. **~kruid** *(Potamogeton* spp.*)* pondweed.

fon·tein·tjie *-tjies* small fountain/spring; *moenie sê: ~, ek sal nooit weer uit jou drink nie, (idm.)* do not burn your boats behind you.

fooi *fooie* tip, gratuity; (professional) fee. **fooi·e·stel·sel** tipping system. **fooi·tjie** *-tjies* tip, *(fml.)* small gratuity; *iem. 'n ~ gee* tip s.o., give s.o. a tip.

fooi: *~ tog(gie)!* →FOEI *interj.*.

foon[1] *fone, (phon.)* phone. **fo·nies** *-niese* phonic.

foon[2] *fone, (infml.)* phone; →TELEFOON; *'n ~ lui* a (tele)phone rings; *die ~ lui!* the (tele)phone is ringing!. **~gids, ~boek** phone book. **~kaart** phonecard. **~snol** call girl.

fop *ge-* fool, trick, deceive, take in, hoax, hoodwink, bluff, dupe, delude, mislead, take for a ride, pull the wool over ...'s eyes, bamboozle, outsmart, outwit, outfox, gull; cheat, swindle, diddle; →KUL; *iem.* ***is*** *ge~* s.o. has been had; *jou nie deur iem.* ***laat*** *~ nie* be up to s.o.'s tricks; *iem. is* ***maklik*** *om te ~* s.o. is gullible; *('n) mens laat jou nie* ***twee maal*** *~ nie* once bitten, twice shy; *iem.* ***uit*** *iets ~* do s.o. out of s.t.. **~borsies** *(infml.)* falsies. **~dosklub** drag club. **~dosser** drag artist/queen; cross-dresser. **~dossery** cross-dressing. **~dosvertoning** drag show. **~myn** *(mil.)* booby trap. **~pil** *(med.)* placebo. **~sloop** pillow sham. **~speen** (baby's) dummy; *(fig., infml.)* security blanket. **~val** booby trap; *'n ~ op 'n plek stel* booby-trap a place.

fop·per *-pers* fake(r), tricker, deceiver, hoaxer, bluff(er), bamboozler, sham(mer); cheat, swindler, diddler; *die ~ gefop* the biter bit. **fop·per·tjie** *-tjies* (baby's) dummy; falsie. **fop·pe·ry** *-rye* fooling, trickery, deception, deceit, hoaxing, kidding; trick, hoax, sham, humbug; cheating, swindling.

force ma·jeure *(jur.), (Fr.)* force majeure, *(Lat.)* vis major.

fo·rel *-relle* trout; →BERGFOREL. **~skimmel** trout-coloured/flea-bitten horse.

fo·rel·le·kwe·ke·ry trout farm/hatchery.

fo·ren·sies *-siese* forensic; *~e geneeskunde* forensic medicine.

for·ma: *in optima ~, (Lat.)* in proper form; *pro ~, (Lat.)* for form's sake.

for·maat *-mate, n.* format, size; shape; *(comp.)* format; *iem. van ~* s.o. of high calibre; s.o. of stature.

for·mal·de·hied *(chem.)* formaldehyde, methanal.

for·ma·lien *(chem.)* formalin.

for·ma·li·seer *ge-* formalise.

for·ma·lis·me formalism. **for·ma·lis** *-liste* formalist. **for·ma·lis·ties** *-tiese* formalistic.

for·ma·li·teit *-teite* formality, (matter of) form; *(in the pl.)* formalities, red tape.

for·mans *-manse,* **for·mant** *-mante, -mantia, n., (ling.: affix)* formative. **for·man·ties** *-tiese, adj.* formative.

for·mant[1] →FORMANS.

for·mant[2] *-mante, (phon.)* formant.

for·ma·sie *-sies* formation; *(gram.)* formative. **~dans** formation dance; formation dancing. **~kunsvlugspan** formation aerobatic(s) team. **~vlug** formation flight.

for·ma·teer *ge-* format. **for·ma·te·ring** formatting.

for·meel *-mele, n., (temporary framework supporting an arch/etc. under construction)* centre; *(in the pl.)* falsework; *die ~ verwyder* strike the centre. **for·meel** *-mele, adj.* formal; *~mele* ***betaling*** token payment; *~mele* ***debat*** full-dress debate; *~mele* ***drag*** formal (evening) dress, black tie; *~mele* ***ete*** black-tie dinner; *(mil.)* mess dinner; *~mele* ***hoflikheid*** politesse; *~mele* ***nederlaag*** technical defeat; *~mele* ***reg*** adjective law. **~lat** lag. **~latwerk** lagging.

for·meer *(ge)-* create, form, mould, shape. **for·meer·der** *-ders* moulder, shaper *(of one's fortunes)*; *die (Groot) F~, (relig.)* the Creator. **for·me·ring** *-rings, -ringe* moulding, forming, shaping.

for·mi·aat *-ate, (chem.)* formate.

for·mi·da·bel *-bele* formidable.

for·mi·um *(bot.)* phormium, New Zealand flax.

for·mol = FORMALDEHIED.

For·mo·sa *(geog., hist.)* Formosa; →TAIWAN.

for·mu·le *-les* formula. **for·mu·leer** *ge-* formulate, state, word, enunciate. **for·mu·le·ring** formulation, statement, wording.

for·mu·lier *-liere* form; *(eccl.)* formulary; service. **~boek** formulary, service book. **for·mu·lis·me** formulism.

for·nuis *-nuise, (obs.)* furnace, stove.

fo·ro·me·ter *-ters, (optom.)* phorometer.

fo·roon *(chem.)* phorone.

fors *fors(e) forser forsste, adj.* bold *(handwriting)*; loud *(voice)*; massive *(figure)*; strong, powerful, robust, burly, stalwart *(fellow)*; vigorous *(language)*; sturdy, virile, forceful *(personality)*. **fors** *adv.* boldly, massively, strongly, powerfully, robustly; *~ gebou(d)* strongly/powerfully built. **for·seer** *(ge)-* force *(a door)*; strain *(one's voice)*; coerce *(a pers.)*; ***dinge*** *~* force the issue; *iem. se* ***hand*** *~* force s.o.'s hand; *'n* ***huwelik*** *~* rush a marriage through; *die* ***saak*** *~* force the issue/pace. **fors·heid** strength, robustness, burliness; vigour; sturdiness, virility.

for·sy·thi·a *(bot.)* forsythia.

fort *forte* fort, fortress. **F~ Lamy** →NDJAMENA.

for·te pi·a·no *adj. & adv., (It., mus.: loud and then immediately soft)* forte piano.

for·ti·fi·seer *ge-* fortify. **for·ti·fi·ka·sie** *-sies* fortification. **for·ti·fi·se·ring** fortification *(of wine)*.

for·tis·si·mo *adj. & adv., (It., mus.: very loud, symb.: ff)* fortissimo.

for·tuin *-tuine* fortune; wealth, luck; pile *(of money)*; *(amper) 'n ~ vir iets* ***betaal****, (infml.)* pay the earth for s.t.; *iem. se ~ is* ***gemaak*** s.o. is made for life; *(amper) 'n ~* ***kos****, (infml.)* cost the earth, cost a (small) fortune; *'n ~* ***maak*** amass/make a fortune; *(infml.)* strike it rich, strike oil, make one's pile; *jou ~* ***soek*** seek one's fortune; *iem. se ~* ***het verander*** s.o.'s luck has turned;

*iets is (amper) 'n ~ **werd,** (infml.)* s.t. is worth a (small) fortune. ~**soeker,** *(fem.)* ~**soekster** fortune hunter/seeker, adventurer, *(fem.)* adventuress, *(infml., derog.: s.o. who marries for money)* gold-digger.

for·tuin·lik *-like, (obs.)* fortunate, lucky.

for·tuin·tjie *-tjies* small fortune.

fo·rum *-rums* forum.

fos·bu·ry·styl *(athl.)* Fosbury flop.

fos·faat *-fate, (chem.)* phosphate; →ROTSFOSFAAT. ~**kunsmis** phosphatic fertiliser. **fos·fa·ties** *-tiese* phosphatic. **fos·fa·ti·seer, fos·fa·teer** *ge-* phosphatise.

fos·feen *-fene, (physiol.)* phosphene.

fos·fied *-fiede, (chem.)* phosphide.

fos·fien *(chem.)* phosphine.

fos·fiet *-fiete, (chem.)* phosphite.

fos·fo·ni·um *(chem.)* phosphonium.

fos·foon·suur *(chem.)* phosphonic acid.

fos·for *(chem., symb.: P)* phosphorus; →GEELFOSFOR, ROOIFOSFOR; *iets met ~ verbind* phosphorate s.t.. ~**brons** phosphor bronze. ~**glimmend** *-e* phosphorescent. ~**hidried** phosphoretted hydrogen. ~**houdend** *-e* phosphorous. ~**lig** phosphorescence. ~**oksied** phosphoric oxide. ~**suur** phosphoric acid.

fos·for·ag·tig *-tige* phosphorous.

fos·fo·res·seer *ge-, (chem.)* phosphoresce. **fos·fo·res·sen·sie** phosphorescence. **fos·fo·res·se·rend** *-rende* phosphorescent.

fos·fo·ries *-riese* phosphorescent; phosphoric.

fos·fo·riet *(min.)* phosphorite.

fos·fo·rig·suur *(chem.)* phosphorous acid.

fos·geen *(poisonous gas)* phosgene, carbonyl chloride.

fos·ko·riet *(SA, min.)* foskorite.

fos·siel *-siele, n.* fossil; *(also, in the pl.)* fossilised remains; *(ou) ~, (infml., joc.)* (old) fossil/fog(e)y/fuddy-duddy/stick-in-the-mud/square, dinosaur, Neanderthal *(sometimes n~); tiperende ~, (palaeontol.)* type fossil. ~**afdruk** fossil imprint/impression. ~**brandstof** fossil fuel. ~**houdend** *-e* fossiliferous. ~**kenner** fossilist. ~**voetspoor** ichnite, ichnolite. **fos·si·leer** *ge-* fossilise. **fos·si·le·ring** fossilisation.

fo·ties *-tiese, (tech.)* photic.

fo·tis·me *-mes, (psych.)* photism.

fo·to *-to's* photo(graph), *(infml.)* pic; *'n ~ neem* take a photo(graph); *op 'n ~* on a photo(graph). ~**album** photo(graph) album. ~**argief** →FOTOBIBLIOTEEK. ~**artikel** photo article/feature; article illustrated by photos. ~**ateljee** photographic studio. ~**biblioteek,** ~**argief** picture library. ~**biologie** photobiology. ~**blok** process block. ~**blokmaker** process engraver. ~**blokmakery** process engraving. ~**buis** phototube. ~**chemie** photochemistry. ~**chemies** photochemical; *~e rookmis* photochemical smog. ~**chemigrafie** *(print.)* process engraving. ~**chromies** photochromic *(sunglasses etc.).* ~**diode** *(elec., phys.)* photodiode. ~-**elektries,** ~**ëlektries** photoelectric; *~e buis* phototube; *~e sel, (electron., also* fotosel, elektriese oog*)* photoelectric cell, photocell, *(infml.)* electric/magic eye *(in an elevator door etc.).* ~-**elektron,** ~**ëlektron** *(phys.)* photoelectron. ~-**emissie,** ~**ëmissie** *(elec., phys.)* photoemission. ~-**ets** *-e, n.* photoengraving. ~-**ets** *ge-, vb.* photoengrave. ~-**etser** photoengraver. ~-**etsing,** ~-**etswerk** photoengraving. ~**film** photographic film. ~**flits** photo(graphic) flash. ~**fobie** photophobia. ~**fobies** *-e,* **fotofoob** *-fobe, adj.* photophobic, photophobe. ~**foon** *-fone, n.* photophone. ~**geleentheid** photo opportunity. ~**gereed** *-gereed, -gerede, adj., (print.)* camera-ready. ~**gravure** photogravure. ~**gravure(druk)** process engraving. ~**gravuredrukker** process engraver. ~**hoekie** photo corner. ~**hokkie** photo booth. ~**joernalis** photojournalist. ~**joernalistiek** photojournalism. ~**kaart** photomap, photographic map. ~**karteer** *ge-* photomap. ~**karteerder** photographic surveyor. ~**kopie** photocopy, photographic copy, photostat. ~**kopieer** *ge-* photocopy. ~**kopieerder,** ~**kopieermasjien,** ~**staatmasjien** photocopier. ~**litograaf** photolithographer. ~**litografie** photolithography. ~**litografies** *-e* photolithographic. ~**meganies** photomechanical. ~**montage** photomontage. ~-**ontwikkeling** photographic development. ~-**opname** camera shot, photographic exposure. ~**periode** *(biol.)* photoperiod. ~**realisme** *(art)* photorealism. ~**roman** →FOTOVERHAAL. ~**sel** *-le* →FOTO-ELEKTRIESE SEL. ~**sensibilisasie** photosensitisation. ~**sessie** photo session. ~**set,** ~**setwerk** *n., (print.)* photo(type)setting, filmsetting, photocomposition. ~**set** *vb., (print.)* photoset, filmset. ~**setmasjien** *(print.)* photo(type)setting machine, photo(type)setter, filmsetter. ~**setsel** *(print.)* cold type. ~**setter** *(print.)* photo(type)setter, filmsetter. ~**setwerk** →FOTOSET *n.*. ~**sfeer** *(astron.)* photosphere. ~**sintese** *(bot.)* photosynthesis. ~**sinteties** *-e* photosynthetic. ~**sintetiseer** *ge-* photosynthesise. ~**staatmasjien** →FOTOKOPIEERDER. ~**tegnies** photographic. ~**telegrafie** phototelegraphy, picture telegraphy. ~**transistor** phototransistor. ~**verhaal** *-hale,* ~**roman** *-mans* photonovel. ~**vermenigvuldiger** photomultiplier. ~**vlakdruk** *(print.)* photo-offset. ~**voltaïes** *-e, (electron.)* photovoltaic.

fo·to·fiel *-fiele, (bot.)* photophilous.

fo·to·geen *-gene, n., (a light-producing organ in animals)* photogen; *(a light paraffin oil)* photogen(e). **fo·to·geen** *-gene,* **fo·to·ge·nies** *-niese, adj., (looking attractive in photographs or on film)* photogenic; *(biol.)* photogenic, light-producing/emitting.

fo·to·graaf *-grawe* photographer, cameraman. **fo·to·gra·feer** *ge-* photograph, take a photo; →AFNEEM. **fo·to·gra·fie** photography. **fo·to·gra·fies** *-fiese* photographic; *~e geheue* photographic memory.

fo·to·gram *-gramme, (a picture produced on photographic material without a camera)* photogram.

fo·to·gram·me·trie *(chiefly cartogr.)* photogrammetry, photographic survey(ing). **fo·to·gram·me·ter** photogrammeter, phototheodolite. **fo·to·gram·me·tries** *-triese* photogrammetric. **fo·to·gram·teg·ni·kus** photogrammetric expert.

fo·to·li·se *(chem.)* photolysis.

fo·to·me·trie *(phys.)* photometry. **fo·to·me·ter** photometer. **fo·to·me·tries** *-triese* photometric(al).

fo·ton *-tone, (phys.)* photon.

fo·to·staat *-state, n.* photostat; *'n ~ maak* make a photostat. **fo·to·sta·teer** *vb.* photostat. **fo·to·sta·ties** *-tiese* photostatic.

fo·to·tak·sie *(biol.)* phototaxis. **fo·to·tak·ties** *-tiese* phototactic.

fo·to·teek *-teke* photo library.

fo·to·ti·pie *-pieë, (print.)* phototype; *(no pl.)* phototypy.

fo·to'tjie *-to'tjies* snap, little photo.

fo·to·tro·pie *(biol.)* phototropism, phototropy, heliotropism. **fo·to·troop** *-trope* phototropic, heliotropic.

fou·cault·stroom *(also F~, elec.)* Foucault current.

fou·kaal *-kale, (anat., phon.)* fauc(i)al.

fou·lard *(Fr., text.)* foulard.

fout *foute, n.* error, mistake, slip; defect, fault, flaw, demerit; *(comp.)* bug *(in a program etc.); 'n ~ **begaan/maak*** commit an error; make a mistake, go wrong, slip up; *geen (enkele) ~ **begaan/maak** nie* not put a foot wrong; *iem. op 'n ~ **betrap*** →BETRAP; ***daar's** ~* there's s.t. wrong; *'n **dom** ~* a stupid mistake, a blunder/gaffe; *dit is iem. se **(eie)** ~* it is a mistake on s.o.'s part; *ek **erken** my ~* I stand corrected; *daar is **groot** ~ met iets* s.t. has a glaring defect; *'n **growwe** ~* a gross error; ***hier is** ~* there is s.t. wrong here; *daar het 'n ~ **ingesluip*** an error crept in; *'n **lelike** ~* a bad mistake; *'n ~ **maak** →**begaan/maak**; jy sal geen/g'n ~ **maak** nie* you can't go wrong if you do that; *iem. sou geen/g'n ~ **maak** deur te ... nie* s.o. could do worse than ...; *'n **menigte** ~e bedek* cover a multitude of sins; *'n **menslike** ~* a human error; *daar is ~ **met** iem.* s.t. is wrong with s.o.; *dit was 'n ~ **om** te ...* it was a mistake to ...; *'n ~ **ontdek*** spot a mistake; *iem. **op** sy/haar ~e wys* point out s.o.'s faults/weaknesses; *'n **opvallende/skreeuende** ~* a glaring mistake; *'n ~ **raaksien*** spot a mistake; *dit is iem. **se** ~* the fault lies with s.o.; *iem. het **self** die ~ gemaak* it is a mistake on s.o.'s part; *die ~ **skuil by iets*** the fault lies with s.t.; *niemand is **sonder** ~e nie* nobody (*or* no one) is perfect; *die ~e **toesmeer,** (infml.)* paper/paste over the cracks; *'n metode wat ~e **uitsluit*** a foolproof method; →BEDRYFSEKER, PEUTERVRY; *'n ~ **verbeter*** correct an error; ***vol** ~e* full of errors/mistakes; *(comp.)* bug-ridden *(software etc.); **wat is die ~?*** what is the matter?; what is the trouble?; *~e en **weglatings** uitgesonder(d), behoudens ~e en **weglatings*** errors and omissions excepted.

fout *adj. (pred.)* faulty; *wat's (of wat is) ~ met ...?* what's (*or* what is) wrong with ...?. ~**bal** *(cr.)* no-ball. ~**boodskap** *(comp.)* error message. ~**druk** *(philat.)* misprint. ~**grens** margin/limit of error. ~**soeker** →FOUTVINDER. ~**speling** margin of error. ~**vind** *foutge-* find fault, carp, cavil, *(infml.)* nit-pick; →VIT. ~**vinder,** ~**soeker** faultfinder, carper, caviller; *(infml.)* nit-picker, knocker; →VITTER. ~**vry** flawless *(gem);* without defect. ~**wol** fault wool.

fou·te-: ~**teorie** theory of errors. ~**wet** normal law of errors.

fou·teer *(ge)-* err, go wrong, make a mistake. **fou·te·rend** *-rende* erring, wrongdoing, mistaking; *fouterende speler, (sport)* fouler.

fou·te·loos →FOUTLOOS.

fou·tief *-tiewe* defective, erroneous, faulty, wrong, mistaken; *~tiewe inskrywing* misentry.

fout·jie *-jies* slight mistake.

fout·loos, fou·te·loos *-lose -loser -loosste* faultless, flawless; chanceless; *'n fout(e)lose landing doen/uitvoer* make a copybook landing.

fo·ya·ïet →FOJAÏET.

foy·er *-ers* foyer.

fraai *fraai fraaier fraaiste* beautiful, pretty, fine, handsome, fair. **fraai·heid** beauty, prettiness, elegance, handsomeness. **fraai·ig·heid** *(iron.)* fine thing.

frag·ment *-mente, n.* fragment, piece. **frag·men·ta·ries** *-riese* fragmentary, scrappy. **frag·men·teer** *vb.* fragment. **frag·men·te·ring** fragmentation.

frai·ing *-ings* edging, fringe; trimming, thrum, tag; *(bot., zool.)* tassel, fimbria; fimbriation; fringing; *met ~s* fimbriate(d), fringed; *iets met ~s omsoom* fringe s.t.. ~**poot** *(orn.: Phalaropus* spp.) phalarope. ~**werk** fringing.

frai·ing·ag·tig *-tige* fimbriate(d), fringed.

frak·sie *-sies* fraction. **frak·si·o·neel** *-nele* fractional.

frak·si·o·neer *ge-* fractionate. ~**kolf** distilling/fractionating flask. ~**kolom** fractionating column. **frak·si·o·ne·ring** fractionation.

frak·tuur *-ture, (med.)* fracture.

fram·boos *-bose* raspberry. ~**drank** raspberry cordial. ~**konfyt** raspberry jam. ~**rooi** *n.* raspberry. ~**rooi,** ~**kleurig** *adj.* raspberry.

fram·bo·se-: ~**siekte,** ~-**uitslag** yaws, framboesia. ~**tong** strawberry tongue.

Fran·cis·kus, Fran·sis·kus: *sint ~ van Assisi* Saint Francis of Assisi. **Fran·cis·kaan, Fran·sis·kaan** *-kane,* **Fran·cis·ka·ner, Fran·sis·ka·ner** *-ners, n., (also f~)* Franciscan, Grey Friar. **Fran·cis·kaans, Fran·sis·kaans** *-kaanse, adj., (also f~)* Franciscan. **Fran·cis·ka·ne·or·de, Fran·sis·ka·ne·or·de, Fran·cis·ka·ner·or·de, Fran·sis·ka·ner·or·de** *(also f~)* Franciscan order.

fran·gi·pa·ni *-ni's, (bot.: Plumeria* spp.) frangipani, temple flower.

Frank *Franke, (member of a Germanic people)* Frank; *(native of Franconia)* Franconian. **Fran·ke(·land)** *(medieval duchy of Germ.)* Franconia. **Fran·kies** *n., (group of medieval Germanic dialects)* Frankish, Franconian. **Fran·kies** *-kiese, adj.* Frankish, Franconian.

frank[1] *frank, n., (former Fr. monetary unit)* franc; →EURO; *twee ~* two francs.

frank[2] *adj.* frank, free, bold; *~ en vry* frank and free.

fran·keer *(ge)-* stamp, frank, prepay *(a letter); ge~de koevert* stamped envelope. ~**koste, frankeringskoste** postage *(of a letter);* carriage *(of a parcel).* ~**masjien** franking machine. **fran·ke·ring** postage.

fran·ken·stein *(also F~, fig.: pers. who creates s.t. that* *brings about his ruin)* Frankenstein. **~(monster)** *(also F~, fig.: creation that brings disaster to its maker)* Frankenstein('s monster). **fran·ken·stein** *-steinse, (also F~)* Frankensteinian.

Frank·fort *n., (geog.)* Frankfort *(in SA, the US)*. **Frank·forts** *adj.* Frankfort.

Frank·furt *n., (geog.)* Frankfurt *(in Germ.)*. **Frank·fur·ter** *n., (inhabitant)* Frankfurter; *(f~, sausage)* frankfurter. **Frank·furts** *adj.* Frankfurt.

fran·ki·um, fran·si·um *(chem., symb.:* Fr*)* francium.

fran·ko franco, post-free, post-paid, postage paid; carriage free.

fran·ko·fi·lie Francophilia.

Frank·ryk *(geog.)* France.

Frans[1] *n., (language)* French; *die ~e, (pl.)* the French. **Frans** *Franse, adj.* French; *~e* ***brood*** French bread/loaf; *~e* ***bulhond*** French bulldog; *~e* ***dashond*** basset (hound); *~e* ***horing,*** *(mus.)* French horn; *~e* ***knopie,*** *(embroidery)* French knot; *~e* ***krieket*** French cricket; *~e* ***mosterd*** French mustard; *~e* ***Revolusie/Rewolusie,*** *(1789-99)* French Revolution; *~e* ***rol,*** *(hairstyle)* French pleat/roll; *~e* ***roosterbrood*** French toast; *~e* ***skulpwerk*** French scalloping; *~e* ***slaaisous*** French (salad) dressing, vinaigrette (sauce); *~e* ***stokbrood*** French stick (bread); *~e* ***titel,*** *(typ.)* fly title, half-title. **~-Duits:** *~e Oorlog* Franco-German War. **~gesind** *-e, adj.* pro-French, Francophil(e). **~gesinde** *-s, n.* Francophil(e). **~gesindheid** Francophilia, Gallomania. **~-Guiana** *(geog.)* French Guiana. **~-Guianees** *n. & adj.* French Guianese/Guianan. **~-Kanada** French Canada. **~-Kanadees** *-dese, n.* French Canadian. **~-Kanadees** *-dese, adj.* French-Canadian. **~man** *-ne, Franse* Frenchman. **~sprekend** *-e,* **~talig** *-e, adj.* French-speaking, French-language; French-medium, Francophone; *'n ~e Kanadees* a French(-speaking) Canadian.

Frans[2]**:** *koning ~, (Fr. ruler of the 16th century)* King Francis.

frans-: **~brandewyn** French brandy, cognac. **~druiwe** *(also F~)* French grapes. **~madam** *-me, -s, (icht.: Boopsoidea inornata)* fransmadam. **~wit** *(paint)* silver white.

Fran·sis·kus →FRANCISKUS. **Fran·sis·kaan, Fran·sis·ka·ner** →FRANCISKAAN. **Fran·sis·kaans** →FRANCISKAANS. **Fran·sis·ka·ne·or·de, Fran·sis·ka·ner·or·de** →FRANCISKANE-ORDE.

Frans·kil·jon *-jons, (rare)* Fransquillon, Francophile Fleming.

frans·spies *-spiese, (archit., rare)* frontispiece; →VOORGEWEL.

frap·peer *(ge)-, (rare)* strike, amaze; *iets het iem. (ge)~* s.t. amazed/impressed s.o.. **frap·pant** *-pante* striking.

fra·se *-ses* phrase; *hol(le) ~s* →HOL[2] *adj.& adv..* **fra·seer** *(ge)-* phrase. **fra·se·o·lo·gie** phraseology. **fra·se·ring** *-rings, -ringe* phrasing.

fra·ter *-ters* (Christian) brother. **fra·ter·ni·seer** *ge-* fraternise.

frats *fratse* quirk, whim, caprice; prank, trick, antic; *(also, in the pl.)* buffoonery, clownery; *(abnormal event or deformed animal/person)* freak; *~e maak/verkoop* carry out all sorts of stunts; *vol ~e wees* be full of pranks/beans/tricks. **~ongeluk** freak accident. **~skou, ~vertoning** freak show. **~storm** freak storm. **~vlieënier** aerobat, stunt flyer. **~weer** freak weather.

frat·se·ma·ker buffoon, clown.

frau·du·leus *-leuse -leuser -leusste* (of meer ~ die mees *~e), (rare)* fraudulent(ly).

fraus *(Lat., jur.)* fraus, fraud.

fre·a·ties *-tiese, (geol.)* phreatic; *~e water* phreatic/ground water.

Fre·de·rik: *~ I, ~ Barbarossa/Rooibaard, (?1123-90)* Frederick I, Frederick Barbarossa/Redbeard; *~ II, ~ die Grote, (1712-86)* Frederick II, Frederick the Great; *prins ~ Hendrik, (1584-1647)* Prince Frederick Henry.

frees *frese, n.* fraise; cutter *(of a lathe)*. **frees** *ge-, vb.* fraise; mill; →FRESER. **~bank** milling machine, sticker, shaper. **~masjien** milling machine; shaper. **~werker** millwright.

free·si·a *-as, (bot.)* freesia.

fre·gat *-gatte* frigate. **~voël** *(Fregata* spp.*)* frigate/man-of-war/hurricane bird.

Frei·burg *(geog.)* Freiburg *(in Germany)*; Fribourg *(in Switzerland)*.

fre·kwen·sie *-sies* frequency; incidence; *besonder hoë ~* very high frequency *(abbr.:* VHF*)*; *ultrahoë ~* ultrahigh frequency *(abbr.:* UHF*)*. **~band** frequency band. **~bestek** frequency range. **~diagram** *(stat.)* frequency diagram. **~kolomdiagram** histogram. **~kromme** *(stat.)* frequency curve. **~meter** *(rad.)* wavemeter. **~modulasie** frequency modulation. **~reëling** frequency control. **~verdeling** *(stat.)* frequency distribution. **~vervorming** *(rad.)* frequency distortion.

fre·kwent *-kwente, adj.* frequent. **fre·kwen·ta·tief** *-tiewe, n. & adj.* frequentative, iterative. **fre·kwen·teer** *ge-, vb., (rare)* frequent.

fre·ne·sie *(psych., obs.)* phrenesis; delirium; frenzy. **fre·ne·ties** *-tiese* frantic, frenetic; *~e pogings aanwend* try frantically.

fre·ni·tis *(med.)* phrenitis.

fre·no·lo·gie *(chiefly hist.)* phrenology. **fre·no·lo·gies** *-giese* phrenological. **fre·no·loog** *-loë* phrenologist.

fre·ser *-sers* millwright; →FREES *vb..* **fre·se·ry** *-rye* milling workshop, mill; milling.

fres·ko *-ko's* fresco.

fret *frette, (zool.: Mustela furo)* ferret; *(orn.: Spermestes* spp.*)* mannikin; *(tech.)* gimlet; *met ~te jag* ferret. **~boor** gimlet. **~saag** fret saw.

Freu·di·aan *-ane, n., (also f~)* Freudian. **Freu·di·aans** *-aanse, adj., (also f~)* Freudian; *~e glips* Freudian slip. **Freu·di·a·nis·me, Freu·dis·me** *(also f~)* Freudianism.

freu·le *-les, (Du.)* lady, *(arch.)* gentlewoman; *~ A* the Lady *(or* Honourable Miss) A.

fri·can·deau *-deaus, (Fr., cook.)* fricandeau.

Fries *Friese, n., (inhabitant or language)* Fri(e)sian; *(also f~: breed of dairy cattle)* Friesian. **Fries** *Friese, adj.* Fri(e)sian; *~e ruiter, (defensive mil. structure)* cheval-de-frise. **~(bees)** *(also f~)* Friesian. **~beeste, ~bul, ~koei** *(also f~)* Friesian cattle/bull/cow. **~-Frankies** *-e, adj.* Friso-Frankish *(dialect etc.)*. **~land** Friesland. **~telersvereniging** *(also f~)* Friesland Cattle-Breeders' Society.

fries *friese* frieze, border. **~lys** frieze moulding. **~rand** frieze *(on wallpaper)*.

Fri·gi·ë *(geog., hist.)* Phrygia. **Fri·gi·ër** *-giërs, n.* Phrygian. **Fri·gies** *-giese, adj.* Phrygian; *~e modus, (mus.)* Phrygian mode; *~e mus* Phrygian cap/bonnet, liberty cap.

fri·gied *-giede* frigid, cold, undersexed. **fri·gi·di·teit** frigidity, frigidness, *(med.)* anaphrodisia.

fri·kas·see *-sees, n., (cook.)* fricassee. **fri·kas·seer** *ge-, vb.* fricassee.

fri·ka·tief *-tiewe, n. & adj., (phon.)* fricative.

frik·ka·del *-delle, (cook.)* meatball, rissole, patty, *(SA)* fricadel, *(Afr.)* frikkadel; *van iem. ~ maak* make mincemeat of s.o., give s.o. a sound thrashing; *van iets ~ maak* smash s.t. to atoms/smithereens. **~broodjie** hamburger, (beef)burger. **~vleis** *(rare)* mince, minced meat.

frik·ka·del·le·tjie *-tjies* small meatball/rissole.

frik·(ke·)boor·tjie *-tjies, (tech.)* gimlet, wimble.

frik·sie friction.

fris *fris frisser friste, adj. & adv.* fresh *(breeze)*; cool *(morning)*; bracing *(air)*; refreshing *(drink)*; fit, hale, hearty; muscular, brawny, burly, strapping, sturdy, robust; →PERDFRIS; *so ~ soos 'n vis (in die water)* hale and hearty; *~ gebou, ~gebou* powerfully/strongly/well built, well set up, brawny, burly, strapping, hefty, beefy, broad-shouldered; *~ en gesond wees* be alive and well *(or* hale and hearty *or* in good shape *or* safe and sound). **fris·heid** coolness; freshness; crispness; strength; robustness. **fris·sies** rather cool, fresh.

fri·seer *(ge)-, (rare)* crisp, curl, frizz(le); crimp. **~tang, ~yster** crisping iron, curling tongs. **fri·seur** *-seurs, (rare)* hairdresser.

fris·ket *-kette, (print.)* frisket.

frit *n.* glass metal, frit. **frit** *ge-, vb.* frit. **frit·ting** fritting.

Frits: *dit weet ~ alleen* goodness knows.

frit·vlieg frit fly.

fri·vo·li·té *(Fr., lacework): ~ maak* tat. **~(kant)** tatting. **~(werk)** tatting.

fri·vool *-vole -voler -voolste, (rare)* frivolous. **fri·vo·li·teit** *-teite, (rare)* frivolity.

froe·tang *-tangs, (bot.: Romulea* spp.*)* frutang.

frok·kie *(also, rare,* frok*)* vest; *(chiefly Br.)* undervest, singlet; *(chiefly Am.)* undershirt. **~broek** *(obs.)* combinations. **~hemp** *(rare)* T-shirt; →T-HEMP(IE).

from·mel *ge-, vb.* crumple, rumple; crease, crinkle; fumble; →FRUMMEL, FRUMMELS, VERFROMMEL. **~oor** cauliflower ear. **~sone** *(mot.)* crumple zone.

from·me·ling crumpling.

frons *fronse, n.* frown; scowl, dirty look. **frons** *ge-, vb.* frown, knit/pucker one's brows; scowl; *vir iem. ~* frown/scowl at s.o.; *met ge~te wenkbroue* frowning, with knitted brows; scowling. **fron·send** *-sende* frowning *(face, looks)*; scowling, beetle-browed.

front *fronte, n.* front; facade, *(Fr.)* façade, frontage; forefront; facing; *aan die ~, (mil.)* at the front; ***aan/oor*** *'n breë ~* on a wide front; *'n* ***aaneengeslote/verenigde*** *~* a united front; ***agter*** *die ~, (chiefly mil.)* behind the lines; *die ~* ***intrek,*** *(mil.)* fall back; *~* ***maak*** turn to the front; ***na*** *die ~* frontward(s); *~* ***maak na*** ... face *(or* front on[to]/towards) ...; *~* ***maak teen*** ... front/face ...; *van ~* ***verander*** change front. **front** *ge-, vb* front; *die huis ~ noord/ens.* the house faces/fronts north/etc.. **~aansig** front view; front elevation. **~aanval** frontal attack. **~breedte** frontage. **~gebied** front area; frontal area. **~linie** front line, line of the front. **~liniestate** frontline states. **~lyn** front line. **~offisier** combatant officer. **~organisasie** front organisation. **~skuiling** dugout. **~soldaat** frontline soldier. **~troepe** frontline/fighting troops. **~verandering** change of front, volte-face. **~vuur** frontal fire.

fron·taal *-tale* frontal.

fron·tis·pies *-piese, (archit., rare)* frontispiece; →VOORGEWEL.

fron·tel·jak(·druif) *(also F~)* Frontignac/Frontignan grape.

fron·ton *-tons, (archit.)* pediment, overdoor.

frot *(game)* (last) touch, tag; *~ speel* play touch. **~speletjie** tagging game.

fruk·ti·fi·eer, fruk·ti·fi·seer *ge-* fructify.

fruk·to·se *(chem.)* fructose, fruit sugar, laevulose.

frum·mel *ge-, vb., (dressm.)* gauge. **~plooi(tjie)** gauge. **~poeding** *(cook.)* crumble. **~werk** gauging; smocking.

frum·mels, from·mels *n. (pl.), (cook.)* dough cuttings; noodles; home-made vermicelli.

frus·treer *(ge)-* frustrate. **frus·tra·sie** *-sies* frustration. **frus·tre·rend** *-rende* frustrating, trying, irritating, exasperating, maddening.

ftaal·suur *(chem.)* phthalic acid. **fta·laat** *(chem.)* phthalate. **fta·le·ïen** *(dye)* phthalein. **fta·lien** phthalin.

fti·o·kol *(biochem.)* phthiocol. **fti·o·ïen·suur** phthioic acid.

fti·sis *(med., arch.)* phthisis.

fuch·si·a *-as, (bot.)* fuchsia.

fuch·sien *(dye)* fuchsin(e), rosanilin(e), magenta.

fuch·siet *(min.)* fuchsite.

fudge *(cook.)* fudge.

fu·ga *-gas, (mus.)* fugue. **~komponis** fuguist.

fuif *fuiwe, n.* →FUIF(PARTY). **fuif** *ge-, vb.* party, carouse, feast, revel, make merry, spree; *aan die ~ wees, (infml.)* be on the spree; *fuiwende studente* partying/carousing students; →FUIWER. **~(party)** (drinking/drunken) party, revel(ry), carouse, carousal, binge, spree, orgy, shindig, celebration, jollification, high jinks, *(sl.)* booze-up.

fuik *fuike* hoop/tunnel net, bownet, fish trap; bird trap; buck; (hen)coop, wire cage. **~blom** trap flower.

fui·wer =wers reveller, feaster, carouser, boozer, merrymaker; →FUIF *vb.*. **fui·we·ry** revelry, feasting, carousing, merrymaking.

fu·ko·se *(chem.)* fucose.

ful·gu·riet =*riete, (geol.)* fulgurite.

ful·krum =*krums, (bot.)* fulcrum.

ful·mi·naat =*nate, (chem.)* fulminate.

ful·mi·neer *ge*= fulminate, thunder against; declaim/inveigh against. **ful·mi·na·sie** =*sies* fulmination. **ful·mi·ne·rend** =*rende, (also med.)* fulminatory.

ful·veen *(chem.)* fulvene.

fu·ma·ro·le =*les, (geol.)* fumarole, fumerole.

fu·mi·geer *ge*= fumigate. **fu·mi·ga·sie** =*sies* fumigation.

fun·da·men·ta·lis =*liste, n.* fundamentalist. **fun·da·men·ta·lis·me** fundamentalism. **fun·da·men·ta·lis·ties** =*tiese, adj.* fundamentalist.

fun·da·men·teel =*tele* fundamental, basic, prime, underlying, quintessential; primary *(colour); fundamentele voorwaarde, (also, fig.)* bottom line.

fun·da·sie =*sies* foundation; seating; →FONDASIE.

fun·deer *(ge)*= ground; →FONDEER; *'n lening* ~ fund a loan. **fun·de·ring** =*rings,* =*ringe* foundation, grounding; funding *(of a debt);* →FONDERING. **fun·de·ring·stel·sel** funding system.

fun·de·rings=: ~**lening** funding loan. ~**ooreenkoms** funding agreement.

fun·di →FOENDI.

fu·nes =*neste, adj., (fml.)* disastrous, fatal.

fun·geer *(ge)*= act; *as ...* ~ act as ...; function as ...; officiate as ...; serve as ... **fun·ge·rend** =*rende, adj. & adv.* acting, deputy; functional, functioning.

fun·gus *fungusse, fungi* fungus. **fun·go·ïed** =*goïede* fungoid.

fu·ni·ku·lêr =*lêre, n. & adj.* funicular.

funk·sie =*sies, n.* function; *in sy/haar ~ as/van ...* in his/her capacity as/of ...; *in ~ tree, (obs.)* →IN DIENS TREE; *'n ~ uitoefen/waarneem* perform a function. ~**toets** *(comp.)* function key.

funk·sie·loos =*lose* functionless.

funk·si·o·naal =*nale* functional *(determinant).* **funk·si·o·na·lis·me** functionalism.

funk·si·o·na·ris =*risse* functionary.

funk·si·o·neel =*nele* functional; functionary. **funk·si·o·neer** *ge*=, *vb.* function.

fu·raal, fur·fu·raal *(chem.)* fural, furfural. **fur·(fur·)al·de·hied,** furfural(dehyde).

Fu·rie =*rieë,* =*ries, (classical myth.)* Fury; *die Spaanse ~, (Du. hist.)* the Spanish Fury; *die ~rieë/~ries* the Furies. **fu·rie** fury.

fur·long =*longs, (measure of distance used in horse-racing equal to 201,168 m)* furlong; *twee ~s* two furlongs.

fu·ro·re *(It.)* furore; ~ *maak* cause/make a furore, *(infml.)* make/score a hit.

fu·run·kel =*kels, (pathol.)* furuncle, boil.

fu·si·cla·di·um, fu·si·kla·di·um =*ums* fusicladium; →APPELSKURFSIEKTE, PEERSKURFSIEKTE.

fu·sie =*sies* fusion, amalgamation, merger.

fu·siet *(chem.)* fusite.

fu·si·kla·di·um →FUSICLADIUM.

fu·sil·leer *ge*= shoot, execute by firing squad. **fu·sil·la·de** =*des* fusillade. **fu·sil·lier** =*liers, (mil., hist.)* fusilier.

fus·tein *(text.)* fustian.

fus·tiek(·hout) fustic (wood).

fus·tien *(chem.)* fustin.

fut go, spirit, drive, push, (vim and) vigour, dash, *(infml.)* get-up-and-go, zip; guts, pluck, grit, mettle; *iem. se ~ is uit* s.o. has no kick/go/pep left (in him/her); *iem. se ~ is nog (lank) nie uit nie, (infml.)* s.o. still has a lot of kick in him/her, there's life in the old dog yet; *vol ~ wees* be full of push and go, have plenty (*or* a lot of) of spirit/go.

fu·tiel =*tiele* futile. **fu·ti·li·teit** =*teite* futility.

fut·loos =*lose* washed out, drained, enervated, lacklustre, listless, lethargic, spiritless, flabby, flaccid, without drive/go; low, flat, droopy; lifeless, bland, desiccated. **fut·loos·heid** listlessness; lifelessness.

fu·ton =*tons, (Jap. article of bedding)* futon.

fut·sel *ge*= fiddle, tinker, tamper; trifle, potter. **fut·se·laar** trifler, potterer, tinkerer, idler. **fut·se·la·ry, fut·sel·ry** fiddling, tampering; trifling, idling.

fu·tu·ris =*riste* futurist. **fu·tu·ris·me** futurism. **fu·tu·ris·ties** =*tiese* futurist(ic).

fu·tu·ro·lo·gie futurology. **fu·tu·ro·lo·gies** =*giese* futurological.

fu·tu·rum =*turums,* =*tura, (gram.)* future.

fuut *fute, (<Du., orn.: Podiceps* spp.*)* grebe; →DUIKERTJIE.

fyn *fyn fyner fynste, adj. & adv.* fine *(sand, gold, fabric, lace, lady, nose, wool);* delicate *(flower, taste);* choice, exquisite *(food, drink, work of art);* dainty *(food, hand);* delicate, tender *(skin);* fine, small *(print);* delicate *(handwriting);* smooth *(jam);* refined *(people);* high-class *(restaurant, shop);* fashionable *(neighbourhood);* ground *(cinnamon, ginger, pepper);* mashed *(potatoes);* close *(analysis, texture);* nice, subtle, fine *(distinctions);* fiddly *(job etc.);* diminutive; sensitive; finely, delicately; ~ *van* ***begrip*** shrewd, perspicacious; ~ ***beharing*** villosity; ~ *van* ***draad*** close-grained; *(infml.)* sensitive, touchy; ~ ***erts,*** *(min.)* fines; ~ *en* ***flenters*** in smithereens; *iets ~ en* ***flenters*** *breek/slaan* smash s.t. into/to smithereens; ~ ***gebalanseer*** →FYNGEBALANSEER; *'n ~* ***gehoor*** *hê* have a fine ear; ~ ***gekerf*** →FYNGEKERF; ~ ***gemanierd*** →FYNGEMANIERD; ~ ***gestreep*** →FYNGESTREEP; ~ ***houtjies*** kindling; ~ ***instrumente*** instruments of precision; ~ ***lagie*** lamella, lamina; ~ *van* ***nerf,*** *(joc.)* sensitive; ~ ***oplet*** attend/observe/watch carefully; *die ~* ***puntjies*** the finer points; *'n ~* ***reuk*** *hê* have a keen smell; ~ ***sout*** table/refined salt; ~ *met ...* ***spot*** mock ... subtly; ~ ***steenkool*** fines; *met 'n ~* ***stemmetjie*** in a small/tiny/thin voice; ~ ***trap/loop*** go/tred warily, be careful; *'n ~* ***uitgedinkte*** *plan* a deep-laid plan; ~ ***uitgevat*** *wees* be smartly/exquisitely dressed; ***van*** *die ~ste ... ...* of the finest quality, ... of the first water. ~**bakker** confectioner. ~**behaardheid** villosity. ~**besnaar(d)** highly/finely strung. ~**besnede:** ~ *(gelaats)trekke* clear-cut (*or* finely chiselled) features. ~**blaarvaring** *(Adiantum* spp.*)* maidenhair fern. ~**blaarysterhout** *(Chionanthus foveolata)* fine-leaved ironwood. ~**bos** scrub, shrubbery; *(bot.)* fynbos; →HARPUISBOS. ~**chemikalie** fine chemical. ~**draaier** =*s* precision turner. ~**dradig** =*e* fine-grained, byssaceous, byssoid. ~**druk** *fynge*= squash; mash. ~**gebak** confectionery, patisserie. ~**gebalanseer, fyn gebalanseer** =*de, adj.* finely balanced. ~**gebou(d), fyn gebou(d)** =*boude, adj.* slightly built. ~**gehalte** fineness *(of coins).* ~**gekartel(d)** =*telde, (biol., tech.)* crenulate(d). ~**gekerf, fyn gekerf** =*de* finely cut; ~*de* (*of ~ ~de*) *tabak* navy cut tobacco. ~**gelaag** =*de* laminated. ~**gelaagdheid** lamination. ~**gemaak** =*te* ground, pounded, pestled; mashed, squashed; →FYNMAAK; ~*te aartappels* mashed potatoes. ~**gemanierd, ~ gemanierd** =*de* urbane, civil. ~**gemanierdheid** urbanity. ~**geplooi(d)** =*plooide* puckered, plicate(d). ~**gesaag** =*de* serrulate(d); →FYNSAAG *vb.*. ~**gesaagdheid** serrulation. ~**gestoof** =*de: ~de haas* jugged hare. ~**gestreep, ~ gestreep** =*te* finely lined; pencilled. ~**getand** =*e* denticulate(d). ~**getandheid** denticulation, serrulation. ~**gevoelig** =*e* delicate; sensitive, thin-skinned, touchy. ~**gevoeligheid** delicacy; sensitiveness, sensibility, touchiness. ~**gewig** fine weight; troy (weight). ~**goed** *(min.)* fines; *van iem. ~ maak, (infml.)* beat s.o. to (*or* knock s.o. into) a pulp; *(infml.)* mop/wipe the floor with s.o.; ~ *van iets maak, (infml.)* pound s.t. to pieces. ~**goud:** *stawe ~* fine gold bars. ~**kaardmasjien** *(wool sorting)* carder. ~**kam** *n.* fine-tooth(ed)/small-tooth(ed) comb; nit comb. ~**kam** *ge*=, *vb.* comb out; search closely, go through with a fine-tooth(ed) comb, (fine-)comb; scour. ~**kap** *fynge*= chop up (small), hew/hack up. ~**karteling** crenulation. ~**klerasie** lingerie. ~**konfyt** (smooth) jam. ~**korrelrig** =*e* fine-grained, close-grained. ~**kos** delicacy, delicatessen. ~**koswinkel** delicatessen (shop/store). ~**kou** *fynge*= masticate. ~**maak** *fynge*= crush, grind; mash, squash; pulverise, break up/down; pound, pestle. ~**maal** *fynge*= mince; grind (up/down), granulate, mill; *(tech.)* masticate; *fyngemaalde vrugte* mincemeat. ~**maker** blender. ~**masig:** ~*e kouse/ens.* micromesh stockings/etc.. ~**meel** flour, farina. ~**meganikus** precision mechanic. ~**ons** fine ounce; *60 miljoen ~ goud* 60 million fine ounces of gold. ~**plooiing** puckering, plication. ~**polering** buffing. ~**proewer** connoisseur; epicure, gourmet; *(infml.)* foodie, foody. ~**proewersdis** gourmet dish. ~**puntig** =*e* cuspidate *(leaf).* ~**reëlskroef** vernier screw. ~**ruigte** undergrowth, underbrush. ~**saag** *n.* fret saw. ~**saag** *fynge*=, *vb.* do fretwork. ~**saagwerk** fretwork, fret cutting. ~**semels** pollard. ~**sinnig** =*e* subtle. ~**sinnigheid** subtlety. ~**skeur** *fynge*= shred, tear to shreds. ~**skut** marksman, sniper. ~**skuur** *fynge*= buff. ~**skuurder,** ~**skuurskyf** buff. ~**slaan** *fynge*= pound, knock to pieces. ~**slyp** *fynge*= lap. ~**slyper** precision grinder; lapper; *(disc)* lap. ~**slypmasjien** lapping machine. ~**sny** *fynge*= cut up fine(ly), chop up. ~**staal** sheer steel. ~**stamp** *fynge*= pound, mash, pulverise, pestle, bray. ~**stelling** fine adjustment. ~**stelskroef** fine adjustment. ~**stop** *fynge*= do invisible mending. ~**stopper** invisible mender. ~**stopwerk** invisible mending. ~**strepig** =*e* finely lined; pencilled. ~**struktuur** *(phys.)* fine structure. ~**tuin** kitchen garden; herb garden; flower garden. ~**vryf,** ~**vrywe** *fynge*= pulverise; powder, levigate, pound, rub down; *(tech.)* triturate. ~**vrywing** pulverisation, levigation. ~**vuur** precision fire. ~**weging** fine weighing. ~**werker** precision engineer. ~**wol** fine wool.

fyn·heid fineness; nicety; delicacy; daintiness, subtlety; →FYN *adj. & adv.*. **fy·nig·he·de** finer points; *nie die ~ van die saak ken nie* not know the inner workings. **fy·nig·heid** =*hede* finesse, nicety, trick.

fyn·tjies cleverly, smartly; ~ *met iem. spot* tease/mock/rib s.o. subtly.

fyt *fyte, (med.)* whitlow.

Gg

g *g's*, **G** *G's, (7th letter of the alphabet)* g, G. **G3** *(abbr. of* Group of Three*: Germany, Japan and the US)* G3. **G5** *(abbr. of* Group of Five*: France, Germany, Japan, the UK and US)* G5. **G5-kanon** G5 gun. **G5-lande** G5 countries. **G6-houwitser** *(SA, mil.)* G6 howitzer. **G7** *(abbr. of* Group of Seven*: Canada, France, Germany, Italy, Japan, the UK and US)* G7. **G10** *(abbr. of* Group of Ten*: Belgium, Canada, France, Germany, Italy, Japan, the Netherlands, Sweden, the UK and US)* G10. **G77** *(abbr. of* Group of Seventy Seven*: the developing countries of the world)* G77. **G-kol** *(anat.: an erogenous zone)* G spot. **G-kruis** *(mus.)* G sharp. **G-mol** *(mus.)* G flat. **G-sleutel** *(mus.)* treble clef. **g'tjie** *-tjies* little g.

ga *interj.* faugh, phew, ugh, bah; *(infml.)* yec(c)h, yu(c)k; *(SA, infml.)* sis.

gaaf *gawe gawer gaafste* fine, good, nice; likable, friendly; excellent, sound; *(obs.)* undamaged; intact, entire; *dis ~* **dat** ... it is nice that ...; **dis** *~!* that's fine!; *gawe* **hout** clear timber; *'n gawe* **kêrel** a nice guy, a fine fellow; *'n gawe* **meisie** a nice/pleasant girl, an amiable girl; *gawe* **nuus** welcome news; *dis ~ van iem.* **om** *te* ... it is nice of s.o. to ...; *wees so ~* **om** *te ...!* please ...!, be an angel and ...! *(infml.); sal jy so ~ wees* **om** *te ...?* will you please ...?; *dit was ~* **om** *jou te ontmoet* it's been nice meeting you; *gawe* **ouens** *kom tweede/laaste* (*of is nie wenners nie*) nice guys finish last; *'n gawe* **plan** an excellent plan; *~ wees* **teenoor** *iem.* be nice to s.o.. **gaafheid** amiability; *(obs.)* excellence, soundness; intactness. **gaaf·ran·dig** *-dige, (bot.)* entire, not serrate.

gaai[1] *gaaie, (orn., Eurasia: Garrulus* spp.*)* jay.

gaai[2] *gaaie* fool, ass.

gaan *ge-* go; move, walk; move on; *(geog.)* trend; →GAANDE, GANERY; *aan die huil/lag/ens.* ~ start (*or* burst out) crying/laughing/etc.; *die ingesamelde geld ~* **aan** ... the funds raised are for ...; *die erfenis/prys/ens. ~* **aan** ... the inheritance/prize/etc. goes to ...; *dit ~ jou nie* **aan** *nie* →AANGAAN; *dit ~* **(as)of** ... it sounds as if ...; *iem. ~* **besoek** →BESOEK *vb.; dit ~* **beter** *met iem.* s.o. is (feeling) better; *dalk ~ dit 'n volgende keer* **beter** better luck next time!; ... *~* **bo alles,** *(the safety of one's children etc.)* ... comes before everything else; *alles te* **bowe** *~* →BOWE; **daar** *~ hulle!* they're away/off!; **daar** *~ hy/jy!* →DAAR GAAT HY/JY!; **daaroor/daarom** *~ dit (nie)* that is (not) the question/point; **daaroor/daarom** *~ dit juis* that's the whole point; **deur** *iets ~* go through s.t.; pass through s.t.; **dit** *~ ...* it is going to ... *(rain, be difficult, etc.); iets ~* **doen** go and do s.t.; go to do s.t.; *iem. ~ dit* **doen** s.o. is going to do it; *jy/julle ~ dit* **doen!,** *(also)* you must do it!, you'll have to do it!; *om 'n* **draai** *~* →DRAAI *n.; na die* **duiwel** *~* →DUIWEL *n.; dit ~* **goed** it goes well, things are going well; *dit ~* **goed** *met iem.* s.o. is doing nicely/well; *dit ~* **goed** *(met my)* I'm fine; *dit ~ heeltemal* **goed** *(met my)* I am very well; *~ jou* **goed** (*of* **goed** *~)!* goodbye!; *dit ~ jou* **goed!** all the best!; good luck (to you)!; *~ dit* **goed?** I hope you are well, I hope I see you well; *as alles* **goed** *~* if all goes well; *iem./iets ~* **haal** →HAAL[2] *vb.; waar ~ dit* **heen?** what is the world coming to?; **hoe** *~ dit?* how are you?; how goes it?, how are things? *(infml.);* **hoe** *~ dit met jou?* how are you, how are you getting on?; **hoe** *~ dit met ...?* how is ...? *(s.o.);* **hoe** *~ dit daarmee?* how is it going?; **hoe** *het dit (met jou) ge~?* how was your day/evening/etc.?, how was the exam/race/etc.?; *na die* **hoenders** *~* →HOENDER; *van iets ~* **hou,** *(obs.)* come to like s.t.; *hoeveel liter ~* **in** *hierdie emmer?* how many litres can/does/will this pail hold?; →INGAAN; *voor dit gebeur, kan jy na die* **josie** *~* →JOOS; *dit* **kan** *~, (infml.)* it might pass in a crowd; **klopdisselboom/orrelstryk** *~, (infml.)* go swimmingly; **kom** *ons ~!* let's go!; *iem. liewer sien ~ as* **kom** like s.o.'s room better than his/her company, rather see s.o.'s back than his/her face; *iem. ~ tot 'n val* **kom** s.o. is heading for a fall; *ons ~ nog reën/ens.* **kry** we are in for more rain/etc. *(infml.); jou* **laat** *~* let o.s. go; *iem.* **laat** *~* let s.o. go; dismiss s.o.; **laat** *my ~!* let me go!; **laat** *ons (toe om te) ~!* let us go!; **laat** *dit ~ soos dit wil* I don't care what happens; *~* **lê** →LÊ[1] *vb.; so ~ dit in die* **lewe** →LEWE *n.;* **links** *af ~* turn left; *dit sal* **moeilik/swaar** *~* it will be hard; *iem.* **moet** *~* s.o. has to go; s.o. is to go; *ek* **moet** *nou ~* I have to go now; *dit ~ (vir)* **my** *ek hoor iets* I seem to hear s.t.; *dit ~ (vir)* **my** *hier kom iemand* I think I hear someone coming; **na** *Durban/ens. ~* go to Durban/etc.; *oor iets ~* **nadink** give s.t. some thought, reflect on s.t., apply one's mind to s.t.; *ek/ons ~* **nou** I'm/we're going/leaving (now), I'm/we're off; *dit ~* **of** *...* →**(as)of;** *dit ~* **om** *iets* s.t. is at stake; *dit ~ by/vir iem.* **om** ... s.o.'s concern is with ...; *dit ~* **om** *oorlewing* the name of the game is survival; *dit ~* **oor** ... it is about ...; it deals with ...; *die verslag ~* **oor** *die jare 2000 en 2001* the report covers the years 2000 and 2001; *jou vingers/ens.* **oor** *iets laat ~* run one's fingers etc. over s.t.; **oor** *... ~* →OOR[2] *prep.;* **op** *iets ~* go by/(up)on s.t.; depend (up)on s.t.; **opsy** *~* go/stand aside; **orrelstryk** *~* →**klopdisselboom/orrelstryk;** **regs** *af ~* turn right; *dit* **sal** *~* it/that will do; *dit* **sal** *nie ~ nie* it/that won't (*or* will not) do; *iem.* **sal** *~* s.o. will go; s.o. is to go; *aan die* **sing** *~* →SING *n.; ~* **slaap** →SLAAP[2] *vb.; dit ~* **sleg** things are going badly; *dit ~* **sleg** *met iem.* s.o. is in a bad way; **so** *~ dit* so it goes; **so** *~ dit maar* that/such is the way of the world, that's how things go; **so** *~ dit maar met my* (it's) just my luck; *(so vinnig)* **soos** *die wind ~* go like the wind; *so glad* **soos** *seep ~, (infml.)* go swimmingly *(infml.); dit ~* **soos** *'n* ... it sounds like a ...; *~* **speel** →SPEEL; *waar iem. (ook al) ~ of* **staan** wherever s.o. goes; **stadig** *~* go slow; **stadiger** *~* slow down/up/off; *~* **swem/ens.** go swimming/etc.; go for a swim/etc.; *Durban/ens.* **toe** *~* go to Durban/etc.; *iem. ~* **trou** →TROU[2] *vb.;* **uitmekaar** *~* break up; *iem. moet nog* **ver/vêr** *~* s.o. has a long way to go; *so* **ver/vêr** *~* go that far; *so* **ver/vêr** *~ om te* ... go to the length of ...; *dis so* **ver/vêr** *as ek sal ~* this is where I draw the line; *te* **ver/vêr** *~* go too far; *dit ~ te* **ver/vêr,** *(also)* that/this is the limit *(infml.);* it is too much of a good thing; it is/goes beyond a joke; **verder/vêrder** *~* go further; go on; keep on; move/pass along/on; go one better; **verder/vêrder** *as ... ~* go beyond ...; **verder/vêrder** *as dit ~ ek nie* this is where I draw the line; *na 'n* **vertoning/lesing/diens/ens.** *~* attend a show/lecture/service/etc.; **vir** *... ~* go for ... *(weeks/months/etc.);* go for ..., fetch ..., be sold for ... *(R1000 etc.); iets ~* **vlot** s.t. goes swimmingly *(infml.); iets ~ by iem.* **voor** *alles* s.t. is s.o.'s top priority; *~ (jy)* **voor!** after you!; *alles ~* **voorspoedig** everything is going well; **vorentoe** *~* go/move forward; **waar** *iem. ook al ~* wherever s.o. goes; *die saak* **waarom/waaroor** *dit ~* the point in question; the matter/point in dispute; *dit is juis* **waarom/waaroor** *dit ~* that is just the point; **waaroor** *~ dit (nou eintlik)?* what's it (all) about?; *'n entjie ~* **wandel** →WANDEL *vb.; ~* **was** *jou hande!* go and wash your hands!; *daar ~ die* **wekker** →WEKKER; *dit ~ jou* **wel!** good luck!; *die* **wind** *het ~ lê* →WIND[1] *n.; die* **wysie** *~ so* the tune goes like this. **~sitslag** *-slae, (infml.): met die ~ het iem.* ... when s.o. sat down ... **~slaaptyd** *-tye, (infml.)* bedtime, sleeping time.

gaan·de going; *(her.)* passant; *daar is 'n* **beweging** *~ om* ... there is a movement on foot (*or* afoot) to ...; *die* **gemoedere** *is ~* feelings are running high; →GEMOED; *die belangstelling ~* **hou** keep interest alive; *iets ~* **hou** keep s.t. going; *daar is* **iets** *~* there is something in the wind, something is brewing/up; *iets ~* **maak** let loose s.t.; stir up s.t. *(curiosity etc.);* provoke s.t. *(s.o.'s anger etc.);* rouse s.t. *(s.o.'s sympathy);* stir s.t. *(s.o.'s pity);* ; *iem. so ~* **maak** *dat hy/sy iets doen* provoke s.o. to s.t. (*or* into doing s.t.); *~ wees* **oor** *iem.* be keen on s.o., *(infml.)* have the hots for s.o.; *~ wees* **oor** *iets* be excited about s.t.; *die* **publiek** *~ maak* cause public excitement; **wat** *is ~?* what's going on?; what's cooking/up? *(infml.).* **gaan·de·weg** by degrees, gradually, little by little.

gaap *gape, n.* yawn, yawning; *'n ~ onderdruk* smother/stifle a yawn; *'n onderdrukte ~* a smothered/stifled yawn. **gaap** *ge-, vb.* yawn; gape *(with astonishment);* →GAPEND, GAPER, GAPING, GAPERY; *iem. lang gape laat ~, (infml.)* bore the pants off s.o.; *so warm dat die kraaie ~* →KRAAI *n..* **~skulp** *(Mya* spp.*)* clam, gaper (shell). **~wurm** gapeworm. **~(wurm)siekte** *(vet. sc., affecting birds)* the gapes.

gaar[1] *gaarder gaarste, adj.* (well) cooked, done; perished; *(infml.: very drunk)* legless, paralytic, wasted; *(sl.)* sloshed, smashed, stoned, completely stewed, zonked (out), bombed out of one's mind/skull; *iets ~* **bak** bake s.t. until done; *die* **broek/ens.** *is ~, (infml.)* the trousers/etc. are worn threadbare; *iets ~* **dra,** *(infml.)* wear s.t. till it falls to pieces; **goed** *~ wees, (steak)* be well done; **half** *~* →HALFGAAR; **hoe** *~ moet dit vir jou wees?, (of meat)* how do you like it?; *iets ~* **kook** cook s.t.; *iets te ~* **kook** overboil s.t.; *~* **leer** dressed leather; **lekker/net/reg** *~ wees, (meat)* be done to a turn; *die perd se* **rug** *is ~* the horse's back is saddle-sore; *~* **stysel** cooked starch, boiling-water starch; **te** *~ wees* be overdone. **~koper** rose/refined copper. **~maak** *n.* cooking, preparation. **~maak** *gaarge-, vb.* cook, prepare *(food);* **~maakmetode** method of cooking/preparing *(food);* **~oond** refining furnace.

gaar[2] *adv.: gans en ~* →GANSEGAAR.

gaar[3] *ge-* →OPGAAR. **~boord** *(naut.)* garboard. **~boordgang** *(naut.)* garboard strake.

gaard *(naut.)* vang.

gaar·de *-des, (poet.)* garden.

gaar·der *-ders* collector, receiver (of revenue).

gaar·heid state of being done; temper, refined state *(of steel).*

gaas gauze, netting; (embroidery) canvas; lint; lawn; network; *fyn ~* gossamer. **~borduurwerk** canvas embroidery. **~deur** screen door. **~doek** gauze; cheesecloth. **~draad** wire gauze. **~kant** point de gaze. **~vlerkig** *-kige, adj.* lacewinged. **~vlerkige** *-ges, n.* lacewing. **~vlieg** lacewing fly. **~wals** *(printing)* dandy roll(er).

gaas·ag·tig *-tige* gauzy.

gaat- *comb.:* **~ring, ~yster** bolster. **~steen** perforated brick. →GAT[1].

gaat *vb., (obs., joc.)* go; →GAAN; *daar ~ hy!, (infml.: a toast)* bottoms up!, down the hatch!, here's mud in your eye!; *daar ~ hy/jy!, (also, infml.)* here goes!.

gaat·jie *-jies, (dim.)* (little) hole; finger hole, ventage *(of a flute),* orifice; pore; pit; perforation; *(biol.)* foramen; puncture; variole; *(also, in the pl.)* drills *(for vegetables);* →GAT[1]; *~s in iets steek* perforate s.t.; *~s in jou ore laat maak/steek/skiet* have one's ears pierced. **~bloes(e)** peekaboo blouse. **~frokkie** string vest. **~kamera** pinhole camera. **~lepel** slotted spoon. **~steek** punching. **~steen** = GAATSTEEN. **~swam** *(Polyporaceae* spp.*)* pore fungus.

gaat·jie(s)-: ~drukker punch plier(s). **~knipper** punch plier(s). ~**prop** breather plug. ~**visier** peep sight, aperture sight.

gaat·jies=: ~borduurwerk eyelet embroidery. ~**dier** foraminifer. ~**lepel** perforated/draining spoon.

gaats *interj.* →GATS.

ga·bar·dien *(text.)* gabardine, gaberdine.

gab·bro *=bro's, (geol.)* gabbro. **gab·bro·ï·daal** *=dale* gabbroidal.

Ga·boen *(geog.)* Gabon. **g~adder** *(Bites gabonica)* Gaboon viper.

Ga·boe·nees *=nese, n. & adj.* Gabonese.

Ga·bri·ël *(archangel, Luke 1:26 etc.)* Gabriel.

Gad *(OT)* Gad. **Ga·diet** *=diete* Gadite.

Ga·da·ra *(geog., NT)* Gadara. **Ga·da·reens** *=reense, adj.* Gadarene; *~e swyne, (Matt. 8:28-34 etc.)* Gadarene swine. **Ga·da·re·ner** *=ners, n.* Gadarene.

ga·de *=des* consort, spouse; husband, wife; marriage partner.

ga·de·slaan *gadege=* observe, regard, watch.

ga·ding *(obs.)* inclination, liking; ***elkeen** vind hier sy/haar ~* everyone will find s.t. to his/her taste here; *iets is **nie** van jou ~ nie* s.t. doesn't suit one, s.t. won't serve one, s.t. is not in one's line; *iets is **van** sy/haar ~* s.t. is to his/her taste (*or* in his/her line); *alles is **van** sy/haar ~* all is grist to his/her mill (*or* fish that comes to his/her net).

ga·do·li·niet *(min.)* gadolinite. **ga·do·li·ni·um** *(chem., symb.: Gd)* gadolinium.

Gae·lies *n., (language)* Gaelic. **Gae·lies** *=liese, adj.* Gaelic.

gaf·fel *=fels, n.* prong; pitchfork, fork; gaff *(of a ship); (her.)* pall. **gaf·fel** *ge=, vb.* pitchfork, toss *(hay)*; gore *(with horns)*. ~**bok** *(Antilocapra americana)* pronghorn (antelope). ~**gaard** *(naut.)* vang. ~**hout** futtock. ~**ploeg** forked plough. ~**seil** boom sail, trysail. ~**splitsing** dichotomy. **gaf·fel·vor·mig** *=mige* forked, pronged, bifurcate(d), furcate.

gaf·(fel·)top·seil gaff topsail.

gag·ga *adj., (infml.)* yucky, yukky.

gag·gel *ge=, (rare)* gaggle, cackle.

Gai·a *(Gr. myth.: goddess of the earth)* Gaea, Gaia, Ge. ~**hipotese**, ~**teorie** Gaia hypothesis/theory.

gail·lar·de *=des, (Fr., dance)* galliard.

gaip *gaipe, (rare)* boor, churl, lout, clodhopper, oaf.

ga·jaal *gajale, (Ind. ox: Bos frontalis)* gayal.

gal[1] bile, gall *(lit., fig.)*; wormwood *(fig.)*; →GALAGTIG, GALLERIG; *~ en **alsem**, (fig.: bitterness)* gall and wormwood; *~ **braak/afgaan** teen ...* vent one's spleen against/on ...; *jou **pen** in ~ doop, (idm.)* dip one's pen in gall; *nooit iem. se ~ **ruik** nie* never come near (*or* surpass) s.o.; *met iem. se ~ **werk**, (infml.)* give s.o. what for *(infml.)*. ~**afdrywend** choleretic. ~**afdrywer** choleretic, cholagogue. ~**afskeiding** secretion of bile. ~**bessie** *(Solanum nigrum)* banewort, black nightshade. ~**bitter** as bitter as gall, extremely bitter. ~**blaas** gall bladder. ~**blaasbuis** cystic duct. ~**blaasontsteking** cholecystitis. ~**brakery** outpour of virulence/distaste. ~**braking** cholemesis. ~**buis** bile/biliary duct. ~**bult** *(pathol.)* heat bump, papule, papula, wheal; *(also, in the pl.)* nettle rash, hives, (papular) urticaria. ~**dryfmiddel**, ~**drywer** choleretic, cholagogue. ~**fistel** biliary fistula. ~**groen** biliverdin. ~**hoofpyn** bilious headache. ~**koliek** biliary colic. ~**koors** biliary fever. ~**lamsiekte, lamsiek(te)** *(vet. sc.)* gallamsiekte, botulism, bovine parabotulism. ~**oog** cholaemic eye. ~**rooi** bilirubin. ~**siekte** *(med.)* bilious complaint; *(vet. sc.)* gallsickness, anaplasmosis. ~**siektebos, vlooibossie** *(Chenopodium ambrosioides)* wormseed goosefoot, Mexican tea. ~**sout** bile salts. ~**steen** gallstone, bile stone, biliary calculus. ~**steenkoliek** biliary colic. ~**steensiekte** cholelithiasis. ~**sug** bilious complaint. ~**verdrywend** *=e* antibilious. ~**vet** cholesterine. ~**vorming** choleresis.

gal[2] *galle, (bot.)* gall; →GALLETJIE, GALLUSSUUR. ~**appel**, ~**neut** oak apple/gall, gall nut, nutgall. ~**eik** *(Quercus infectoria)* gall oak. ~**neut** →GALAPPEL. ~**neutsuur** gallotannic acid. ~**vlieg** gallfly. ~**wesp** gall wasp.

ga·la *=las* festival, gala; *in ~, (fml. dress code)* in full gala/dress, in state. ~**-aand** gala night. ~**-aanders** *(pl.), (infml.)* glitterati. ~**bal** gala/dress/state ball. ~**dag** *(sport)* gala/field day. ~**dinee** gala dinner. ~**kleding**, ~**kostuum** gala/full/court dress, robes of state, state dress. ~**konsert** command performance. ~**-opvoering**, ~**-uitvoering**, ~**vertoning** gala performance. ~**-uniform** dress uniform.

Ga·laat *=late* = GALASIËR.

ga·la·go →NAGAPIE.

gal·ag·tig *=tige* bilious *(lit.)*; choleric *(fig.)*. **gal·ag·tig·heid** biliousness *(lit.)*; choler, bile, spleen *(fig.)*.

ga·lak·sie, ga·lak·ti·ka *(astron.)* galaxy.

ga·lak·to·se *(biochem.)* galactose, milk sugar.

ga·lam·bot·ter shea butter.

ga·lant *=lante, adj.* courteous, polite, gallant. **ga·lan·te·rie** *=rieë* courtesy, gallantry, politeness; *(also, in the pl., rare)* fancy goods.

ga·lan·tien *(cook.)* galantine.

Ga·lá·pa·gos·ei·lan·de *(pl.)* Galápagos Islands.

Ga·la·si·ë *(ancient region of Asia Minor)* Galatia. **Ga·la·si·ër** *=siërs, n.* Galatian; *(in the pl.), (also, NT: Pauline letter)* Galatians. **Ga·la·ties** *=tiese, adj.* Galatian.

Ga·la·te·a *(Gr. myth.)* Galatea. **ga·la·te·a** *(text.)* galatea.

gal·be·rou →GALGBEROU.

ga·lei *=leie, (naut., printing)* galley, long ship. ~**boef**, ~**slaaf** galley slave. ~**proef** galley (proof), pull. ~**straf** (forced labour in) the galleys.

Ga·le·ka·land *(SA geog., hist.)* Galekaland.

ga·le·niet *(min.)* galena.

Ga·le·nus *(Gr. physician)* Galen.

ga·le·ry *=rye* gallery; balcony *(in a theatre)*; loft; *(min.)* drift way, drive, heading. ~**bank** gallery seat. ~**bos** gallery/fringing forest. ~**bou** *(min.)* drifting, post and stall work. ~**leuning** gallery girder.

galg *galge* gallows, gallows tree, gibbet; →GALGE=; ***botter** aan die ~ gesmeer* →BOTTER *n.*; ***bou** 'n ~ vir 'n ander, dan hang jy self daaraan* he that digs a pit for another himself shall fall into it, you will be caught in your own trap; →IN DIE **KUIL** VAL WAT JY VIR 'N ANDER GEGRAWE HET; *lyk of jy van die ~ **gewaai** het/is* look pale and thin, look as if one had cheated the gallows; *'n kind vir die ~ **grootmaak*** rear a child in vice; *'n **kwessie** van die ~* a hanging matter; ***loop** na die ~!* go and hang yourself!, you be hanged!; *iem. praat ~ en **rad** aanmekaar, (infml., rare)* s.o. talks nineteen to the dozen (*or* the hind leg off a donkey); *so **slim** soos die houtjie van die ~* →SLIM; *aan die ~ **sterf*** die on the gallows; *die ~ **vryspring*** save one's neck. ~**aas** *(infml.: s.o. who deserves hanging)* gallows bird. ~**berou:** *naberou is ~/galberou* remorse is ever too late. ~**dood:** *die ~ sterf* die on the gallows/gibbet. ~**hout** gallows tree. ~**kraan** derrick crane. ~**paal** gallows tree. ~**tou** halter, hangman's noose, gallows rope, hempen rope. ~**voël** *(infml.: furtive/sneaky person)* hangdog.

gal·gant *=gante, (bot.: Alpinia galanga)* galingale.

gal·ge=: ~brok = GALGAAS. ~**humor** gallows humour, grim/morbid/sardonic/black humour. ~**maal(tyd)** last meal (before departure/hanging). ~**tronie** *(infml.)* gallows face, hangdog face.

Ga·li·ci·ë *(NW Sp.; E central Eur.)* Galicia. **Ga·li·ci·ër** *=ërs, n.* Galician. **Ga·li·cies** *=ciese, adj.* Galician.

ga·li·gaan *=gane, (bot.: Galega officinalis)* galega, goat's rue.

Ga·li·le·a *(NT)* Galilee; *See van ~, Meer van Gennesaret/Tiberias* Sea of Galilee, Lake of Gennesaret/Tiberias. **Ga·li·le·ër** *=leërs, n.* Galilean. **Ga·li·lees** *=lese, adj.* Galilean.

Ga·li·leo *(It. astronomer, full name Galileo Galilei, 1564-1642)* Galileo.

gal·jas *=jasse, (naut., hist.)* galleass, galliass.

gal·joen *=joene, (naut.)* galleon; *(icht.: Coracinus capensis)* galjoen.

gal·joot *=jote, (naut., hist.)* galliot.

gal·laat *=late, (chem.)* gallate.

gal·le·rig bilious. **gal·le·rig·heid** biliousness.

gal·le·tjie *=tjies, (dim.), (bot.)* gall; →GAL[2].

Gal·li·ë *(geog., hist.)* Gaul; *~ suid van die Italiaanse Alpe* Cisalpine Gaul. **Gal·li·ër** *=ërs* Gaul. **Gal·lies** *=liese* Gallic, Gaulic, Gaulish. **gal·li·seer** *ge=* Gallicise. **Gal·li·sis·me** *=mes, (also g~: Fr. idiom)* Gallicism.

gal·lig = GALAGTIG.

Gal·li·kaan *=kane, n., (eccl., hist.)* Gallican. **Gal·li·kaans** *=kaanse, adj.* Gallican. **Gal·li·ka·nis·me** Gallicanism.

gal·li·um *(chem., symb.: Ga)* gallium.

Gal·lo= *comb.: ~**fiel** =e* Gallophil(e), Francophil(e). ~**fobie** Gallophobia, Francophobia. ~**foob** *=fobe* Gallophobe. ~**maan** *=mane* Gallomaniac. ~**manie** Gallomania.

gal·lon →GELLING.

gal·lus·suur *(chem.)* gallic acid.

galm *galme, galms, n.* boom(ing), peal, reverberation, (booming) sound; bawling sound *(of a voice)*. **galm** *ge=, vb., (voice)* bawl; *(bell)* peal, boom, (re-)echo, (re)sound, clang; →GALMEND. ~**bord** sounding board. ~**gat** sound hole.

gal·mei →KALAMYN(STEEN).

gal·mend clangorous.

ga·lon *=lons, =lonne* braid, braiding, galloon. ~**voetjie** braider. ~**werk** braiding, galloon; *(embroidery)* braidwork.

ga·lon·neer *ge=* (trim with) braid.

ga·lop *n., (dance)* galop; gallop *(of a horse)*; ***in** ~* at a gallop; *op 'n **kort** ~ ry* ride at a canter; ***op** 'n ~* at a gallop; *'n perd **op** 'n ~ **trek*** put a horse into a gallop. **ga·lop, ga·lop·peer** *ge=, vb.* gallop *(of a horse)*; dance a galop. ~**draf** canter. ~**tering** *(infml.)* galloping consumption; miliary tuberculosis; →VLIEËNDE **TERING.**

ga·lop·pa·de *=des, (dance; equestrianism)* gallopade.

ga·lop·peer →GALOP *vb.*. **ga·lop·peer·der** *=ders* galloper.

ga·lop·pie *=pies* little gallop; *op 'n kort ~ ry* canter.

gal·ste·rig *=rige* rancid, rank, strong. **gal·ste·rig·heid** rancidity, rankness; unctiousness.

gal·va·nies *=niese, (elec.)* galvanic; *~e **battery*** galvanic/voltaic battery; *~e **etsing*** electrography; *~e **neerslag*** electrolytic deposit; *~e **oortrekking*** electroplating; *~e **suil**, (battery)* galvanic/voltaic pile, Volta's pile; *~e **vergulding*** electrogilding; *~e **yster*** galvanised iron, tin. **gal·va·ni·sa·sie** galvanisation. **gal·va·ni·seer** *ge=* galvanise; *ge~de yster* galvanised iron, tin. **gal·va·ni·se·ring** galvanisation. **gal·va·nis·me** galvanism, voltaic electricity, voltaism.

gal·va·no *=no's, (print.)* galvano, electrotype.

gal·va·no= *comb.: ~**grafie*** galvanography. ~**meter** galvanometer. ~**plaat** *(print.)* electrotype (plate) ~**plastiek** galvanoplastic art, galvanoplastics, galvanoplasty, electrometallurgy; electrodeposition, electrotypy. ~**plasties** *=tiese* galvanoplastic. ~**skoop** *=skope* galvanoscope, current-indicator. ~**tipie** *(print.)* galvanotypy, electrotypy.

Gam *(OT)* Ham.

Ga·ma·li·ël *(NT)* Gamaliel; *(infml.)* great master/tutor/authority; *aan die voete van ~ sit* study under a recognised authority.

ga·man·der *(bot.: Teucrium spp.)* germander.

gam·ba, gam·be *=bes, (mus.)* (viola da) gamba.

Gam·bi·a·ri·vier River Gambia.

Gam·bi·ë *(geog.)* (the) Gambia. **Gam·bi·ër** Gambian. **Gam·bies** *=biese* Gambian.

gam·biet *=biete, (chess)* gambit.

ga·meet *=mete, (genet.)* gamete. ~**draer** *(bot.)* gametophore. ~**oordrag:** *intrafallopiese ~, (med.)* gamete intrafallopian transfer *(abbr.: GIFT)*.

ga·me·te·sak·kie *(bot.)* gametangium.

ga·me·to·fiet *=fiete, (bot.)* gametophyte.

gam·ma *=mas, (letter)* gamma; gamut, scale. ~**strale** *(phys.)* gamma rays.

gam·ma·glo·bu·lien *(biochem.)* gamma globulin.

ga·ne·ry *n.* going (away); →GAAN.

gang[1] *gange, n.* passage, corridor; passageway, aisle; gangway; drive, heading, level, stope, tunnel, flue; *(geol.)*

dyke; *(anat.)* canal, duct, iter, meatus, via; gait *(of a person),* pace *(of a horse);* amble *(of a horse);* escapement *(of a watch);* rate of movement, speed, velocity; run(ning); *(mot.)* gear, speed; course; trend; tenor; march; race *(for livestock);* headway; ***aan** die ~ wees, (s.o.)* be busy (*or* on the go); *(s.t.)* be on; *(s.t.)* be in process; *(s.t.)* be in progress; *(s.t.)* be under way; *iets is al **aan** die ~, (a meeting, lecture, show, etc.)* s.t. has already begun; *iem. **aan** sy/haar ~ **ken*** know s.o. by his/her gait/walk; *aan die ~ **bly*** keep going; *net aan die ~ **bly*** tick over; *jou **eie** ~ gaan* live one's own life; go one's own (sweet) way; *nog **fluks** aan die ~ wees* be still going strong; *jou ~ **gaan*** go one's way; *iem. sy/haar (eie) ~ laat **gaan*** let s.o. have his/her way; give s.o. his/her head; leave s.o. to his/her own devices; *iem. sy/haar (vrye) ~ laat **gaan,** (also)* give s.o. (plenty of) rope; *eenvoudig jou ~ **gaan*** just go ahead; *iets sy ~ laat **gaan*** let s.t. take its course; *sake hul (eie) ~ laat **gaan*** let things drift/slide *(infml.);* keep a slack hand/rein; *sake moet hul ~ **gaan*** things must run/take their course; *'n perd sy ~ laat **gaan*** give a horse the reins; ***gaan** jou ~!* do as you please!, please yourself!, be my guest! *(infml.);* all right!; go ahead!; *in die **gewone** ~ van sake* in the ordinary course (of events); *iets aan die ~ **hê*** have s.t. on; *iem. aan die ~ **help*** give s.o. a start (in life); *iem. aan die ~ **hou*** keep s.o. going; keep s.o. on the move; keep s.o. on the hop *(infml.); niks hê om jou aan die ~ te **hou** nie, (also)* have nothing to fall back (up)on; *iets aan die ~ **hou*** keep s.t. going; keep up s.t. *(a correspondence etc.); die saak aan die ~ **hou*** keep the ball rolling; ***iets** is aan die ~, daar is **iets** aan die ~* something is going on; something is brewing/up, there is something in the wind; *aan die ~ **kom*** get started, get going, get moving; get under way; get busy, get cracking *(infml.);* get off the ground *(infml.); stadig aan die ~ **kom*** be slow off the mark; *iem. **kom** stadig aan die ~, (also)* s.o. is a slow starter; *iets om mee aan die ~ te **kom*** s.t. to carry on with; *met iets op ~ **kom*** get into the swing of s.t.; *iem. aan die ~ **kry,** (also, fig.)* give s.o. a push-start; *iets aan die ~ **kry*** get s.t. to start *(a car etc.);* get s.t. to go *(a watch);* get s.t. going; get s.t. moving; *(infml.)* get s.t. off the ground (*or* up and running) *(a project etc.); 'n motor met oorleikabels/hulpkrag aan die ~ **kry/sit*** jump-start a car; *dit is al **lank** aan die ~* it has been going on for a long time; *die perd **loop** 'n ~* the horse is a pacer; *iets aan die ~ **maak*** put/set s.t. in motion; *die **natuurlike** ~ van sake* the natural order of things; *die **rustige** ~ van iem. se lewe* the even tenor of s.o.'s life; *iets aan die ~ **sit*** start s.t. up *(an engine etc.);* get/set s.t. going; set s.t. in motion; bring s.t. into action; initiate s.t., set the ball rolling, set s.t. on foot; put s.t. in hand; spark s.t. off *(a war, a rush, etc.);* trigger s.t. off; set s.t. off; *daar **sit** ~ in* it goes with a swing; *daar **sit** g'n ~ in nie* there is no fluency/go in it; *iets aan die ~ **skop*** kick-start s.t. *(a motorcycle etc.); iets aan die ~ **stoot*** push-start/jump-start s.t. *(a car); iem. se motor aan die ~ **stoot*** give s.o. a push-start; ***terwyl** jy aan die ~ is* while you are at it *(infml.); in **volle** ~ wees* be in full swing; *iets is in **volle** ~, (also, season etc.)* s.t. is at its height; ***wat** is aan die ~?* what's going on?; what's cooking/up? *(infml.); **wat** is hier aan die ~?, (also)* what's all this?; what gives? *(infml.); iem. is **weer** aan die ~* s.o. is at it again *(infml.).* **~boord** *(rare)* gangway; gangboard. **~deur** passage door. **~erts** →GANGSTEEN. **~klok** hall clock. **~lamp** hall lamp. **~loper** passage runner/carpet; hall carpet; *(horse)* ambler, pacer. **~maak** *gangge-*pace. **~maker** *(med.)* pacemaker; *(athl.)* pacesetter; cheerleader. **~makery** pacemaking. **~massa** = GANGSTEEN. **~mat** hall mat. **~rak** hall stand, hatrack, hatstand, hat tree. **~spil** capstan bar. **~staander** hall stand. **~steen, ~erts** *(min.)* gangue (ore), veinstone. **~tapyt** (passage) runner. **~trein** corridor train. **~verskuiwing** dyke fault. **~werk** →DRYFWERK, RATWERK. **~wiel** flywheel, flyer. **~wissel** changing gear; →RATKAS. **~wisseling** →RATWISSELING.

gang² *interj., (rare)* ± GA *interj..*

gang·baar *-bare* current *(words); (rare)* valid (→GELDIG); in common use; passable, *(infml.)* goodish; *~bare munt* currency; *dit is nie meer ~ nie* this is out of date; *~bare sin van die woord* accepted sense of the word. **gang·baar·heid** currency, passableness.

Gan·ges *(Ind., Bangladeshi river)* Ganges. **~vlakte:** *die ~* the Gangetic Plain.

gan·ge·tjie *-tjies* narrow passage; alley; amble, jogtrot, pace *(of a pacer horse); (cr.)* gully; *dit gaan so op 'n ~* things are jogging on pretty well, we are not doing too badly.

gan·gli·on *-glieë, -glia, (neurology)* ganglion.

gan·green *(pathol.)* gangrene; →KOUEVUUR; *gas~* gas gangrene; →EDEEM. **gan·gre·neus** *-neuse* gangrenous.

ga·nis·ter *(geol.)* ganister.

gan·ja *(cannabis)* ganja.

gan·na *-nas, (bot.: Salsola spp.)* ganna, lye bush. **~-as** ganna ash, ash of the lye bush. **~bos** lye bush; →GANNA.

gans¹ *ganse, n.* goose; *(infml.: silly pers.)* goose, twit; →GANSAGTIG, GANSEMARS, GANSIE; *~e **aanja(ag),** (also, idm.: walk with a drunken gait)* drive turkeys to market; *die ~ slag wat die **goue eiers** lê, (idm.)* kill the goose that lays the golden eggs; ***jong** ~* gosling; *'n **troppie** ~e* a gaggle of geese; *~e sonder **vere** soek, (idm., rare)* be courting a girl. **~bek** goose bill. **~blom** *(Calendula* spp., *Tagetes* spp.*)* marigold; *(Chrysanthemum* spp.*)* marguerite, ox-eye daisy. **~bord** (royal) game of goose. **~eier** goose egg. **~gras** *(Cotula coronopifolia)* brass button. **~hok** goose pen. **~kos** *(Cotula/Cenia turbinata)* ganskos, goose daisy, button flower. **~kuiken** gosling. **~lewer** *(cook.)* goose liver, foie gras *(Fr.).* **~lewerpastei, ~patee, ~smeer** goose liver pie, pâté de foie gras. **~mannetjie** gander. **~mis** goose droppings; *(bot.: Avonia/Anacampseros papyracea)* gansmis, bird-dropping(s) plant; →MOERPLANTJIE. **~nek** gooseneck; grease trap. **~nekploeg** single-furrow plough. **~ogie** goose's eye; *(bot.: Cotula barbata)* gansogie, yellow marble; *(also, in the pl., text.)* huckaback. **~pen, ~veer** goose quill, goose feather. **~vet** axunge. **~voet** goosefoot; *(Chenopodium* spp.*)* goosefoot, pigweed. **~wagter** gooseherd. **~wyfie** (female) goose.

gans² *ganse, adj.* all, entire, whole; *die ~(k)e dag* the whole day, the livelong day; *van ~er harte* →HART; *die ~e wêreld* all the world, the world at large, everyone. **gans** *adv.* entirely, wholly, altogether; *~ **en al*** absolutely; *~ **en al** nie* not at all, not by any means, by no means; *~ **anders*** totally different; *~ **en gaar*** →GANSEGAAR; *~ **te** ...* altogether too ...; *~ **die wêreld*** all the world, the whole world, everyone. **gan·se·gaar, gans en gaar** altogether, totally, completely *(impossible, useless, etc.);* ~ (of ~ ~) *nie* not at all, by no means. **gan·se·lik** *(rare)* totally, absolutely; *~ nie* not by any means.

gans·ag·tig *-tige* anserine; goosey.

gan·se·mars: *in die ~, (rare)* in single/Indian/goose file.

gan·ser: *van ~ harte* →HART.

gan·se·rik *-rike, (bot., N hemisphere: Potentilla* spp.*)* cinquefoil, tormentil.

gan·sie *-sies, (dim.)* goosey, gosling; *(infml., rare)* girl(ie); *(also, in the pl., bot.: Sutherlandia* spp.*)* (pods of) cancer bush (→KANKERBOS(SIE)); *(Asclepias* spp.*)* wild cotton, milkweed.

gans·ke: *die ~ dag* →GANS² *adj..*

Ga·nu·me·des *(Gr. myth.)* Ganymede.

ga·pend *-pende* yawning, gaping; *'n ~e afgrond/ens.* a yawning abyss/chasm/etc.; *'n ~e wond* a gaping wound.

ga·per *-pers* gaper, yawner. **~mossel** clam.

ga·pe·rig *-rige* yawny; sleepy.

ga·pe·ry yawning.

ga·ping *-pings* gap; hiatus, lacuna; discontinuity; *(bot.)* dehiscence; *'n ~ **aanvul*** fill up a blank/gap, supply a missing link; *deur 'n/die ~ **glip/skiet*** take a/the gap *(infml.); 'n ~ **oorbrug*** bridge/close a gap; *~ in 'n **reeks*** jump in a series.

gaps *ge-, (infml.)* snatch, swipe, pinch, pilfer, snaffle, purloin, scrounge, filch; *'n kleim ~* jump a claim.

ga·rage *-rages* garage. **~-orkes, ~groep** *(mus.)* garage band. **~verkoping** garage sale.

ga·ram ma·sa·la *(Ind. cook.)* garam masala.

ga·ran·deer *ge-* guarantee, warrant, underwrite. **ga·ran·deer·der** *-ders* = GARANT.

ga·ran·sie *-sies, (rare)* guarantee, warranty, security, guaranty, safeguard. **~bewys** (certificate of) warranty. **~fonds** guarantee fund. **~kapitaal** guarantee capital. **~loon** guaranteed wage. **~maatskappy** guarantee company. **~prys** guaranteed price. **~verdrag** (mutual) guarantee pact/treaty.

ga·rant *-rante, (rare)* guarantor, guarantee, underwriter.

gar·de *-des* guard, bodyguard; *die ou ~* the old guard, the veterans; the old school; *een van die ou ~* one of the old guard; *'n ... van die ou ~* an old-style ... *(communist etc.).* **~-offisier** guardsman, *(Br.)* officer of the Guards. **~regiment** *(Br.)* Guards regiment. **~robe** *-bes* wardrobe, clothing. **~soldaat** guardsman. **~troepe** guards, *(Br.)* Guards.

gar·de·ni·a *-nias, (bot.)* gardenia; →KATJIEPIERING.

ga·re *-res,* **ga·ring** *-rings* thread, cotton (thread); yarn; →GARING; *'n bol ~* a ball of thread; *'n rolletjie/tolletjie ~* a reel of cotton; *~ om 'n spoel draai* quill yarn. **~draad** thread of cotton. **gare-insteker, garinginsteker** needle threader. **~kant** thread lace. **~keep** notch (of a sewing machine). **~mes** thread cutter. **~spoeletjie** thread bobbin. **~tolletjie** cotton reel.

ga·reel *(obs.)* harness; hames; *in die ~* in harness; *in dieselfde ~ loop* be yoked together.

ga·ring *-rings* (→GARE). **~biltong** chine biltong (→RUGSTRINGBILTONG); stringy biltong; *(also, in the pl., infml.)* scrawny arms. **~boom** *(Agave americana)* agave, century plant, sisal plant; *(weaving)* loom tree. **~klip** asbestos. **~suiker** sugar threads. **~vleis** stringy meat.

gar·naal *-nale* shrimp; *groot ~* prawn. **~blom** *(Justicia brandegeana)* shrimp flower. **~kelkie** *(cook.)* prawn cocktail; shrimp cocktail. **~vangs** shrimping, prawning.

gar·neer *(ge)-* trim *(a garment);* garnish *(a dish);* decorate; purfle; *met ... ge~ wees, (a dish)* be garnished with ... **gar·neer·der** *-ders* trimmer. **gar·neer·sel** *-sels* trimming; garnish *(of a dish);* decoration. **gar·ne·ring** trimming; *(cook.)* garnishing; decoration, fixings; *(naut.)* dunnage.

gar·ni·soen *-soene* garrison. **~diens** garrison duty. **~mag** garrison force. **~(s)lewe** garrison life. **~stad** garrison city/town. **~winkel** canteen.

gar·ni·tuur *-ture, (rare)* trimming; garniture; set of jewels; →GARNEER.

ga·rot *-rotte, n., (<Sp., rare)* ga(r)rotte. **ga·rot·teer** *ge-, vb.* gar(r)otte.

gars barley; →WILDEGARS. **~bier** barleycorn beer. **~gerf** sheaf of barley. **~koffie** barley coffee. **~korrel** barley corn. **~meel** barley flour. **~saad** barley seed. **~sop** →GORTSOP. **~suiker** barley sugar. **~water** →GORTWATER.

gar·stig *-stige* rancid; measly *(meat).*

gas¹ *gaste, n.* guest, visitor; →GASTE-; *iem. as ~ vir aandete/ens. **hê*** have s.o. (in) for/to dinner/etc.; *~te **hê*** have company/guests; *'n **ongenooide** ~* an unbidden guest; ***ongenooide** ~te hoort agter deure en kaste* come uncalled and find no chair, the uninvited guest finds no welcome; *~te **ontvang*** receive guests. **~arbeider** guest worker, *(Germ.)* Gastarbeiter. **~dier** inquiline; host (animal) *(for a parasite).* **~dirigent** guest conductor. **~heer** host; *(biol.)* feeder; *as ~ optree* make a guest appearance; *as ~ vir iem. optree, iem. se ~ wees* play host to s.o., be s.o.'s host, do s.o. the honours. **~heer(plant)** host (plant) *(for a parasite).* **~heerrekenaar** host (computer). **~hoogleraar** visiting professor. **~kunstenaar** guest artist. **~maal** *(rare)* →FEESMAAL. **~optrede** guest appearance; guest performance. **~spreker** guest speaker. **~vrou** *-vroue(ns)* hostess. **~vry** hospitable; *~ wees* keep open house. **~vryheid** hospitality; *iem. ~ aanbied* offer hospitality to s.o.; *~ aan iem. bewys/verleen* extend hospitality to s.o.; *van iem. se ~ misbruik maak* wear out one's welcome with s.o..

gas² *gasse, n.* gas; →GASAGTIG, GASSERIG; *deur ~ aangetas* gassed; *deur ~ verstik* gassed; *minder ~ gee, (mot., rare)* throttle back. **gas** *ge-, vb.,* gas. **~aanlêer** gas fitter. **~aanleg** gas fitting. **~aansteker** gas lighter. **~aanval** gas attack. **~aanvoer** →GASTOEVOER. **~afsluiter**

obturator. ~**afsluiting** obturation. ~**arm** *adj.: ~ steenkool* non-gassing coal. ~**bedwelming** gassing. ~**besmetting** gas contamination. ~**blasie** vesicle, gas bubble. ~**bom** gas bomb. ~**bottel** gas canister. ~**braaier** gas braai/barbeque. ~**brand** *(med.)* gas gangrene; *(sheep disease)* struck. ~**brander** gas burner. ~**buis** gas tube. ~**buret** eudiometer, gas burette, gasometer. ~**chromatografie** *(chem.)* gas chromatography. ~**damp** gas fume, gaseous vapour. ~**derm** *(pathol.)* meteorism, tympanites. ~**deurdringbare lens** gas-permeable lens. ~**dig** gastight, =proof. ~**dood** death by gassing. ~**druk** gaseous tension, vapour pressure. ~-**edeem** *(vet. sc.)* braxy, black disease, swelled head *(in sheep)*. ~**fabriek** gas works, gas plant. ~**fles** gas canister. ~**gangreen** *(vet. sc.)* gas gangrene, malignant oedema. ~**geleiding** = GASLEIDING. ~**generator** gas generator. ~**houer** gasholder, gasometer. ~**kamer** gas chamber/oven; fumigation chamber. ~**klep** throttle, gas valve. ~**kooks** gas coke. ~**kousie** gas mantle. ~**kraan** gas tap, gas cock. ~**kragsentrale** gas(-burning) power station. ~**kroon** →GASLUGTER. ~**lamp** gas lamp. ~**leiding** gas main, gas line. ~**lek** gas leak. ~**lig** gaslight. ~**lug** smell of gas. ~**lugter**, ~**kroon** *(rare)* gas chandelier, gaselier. ~**man** gasman. ~**masker** gas mask, gas helmet, respirator. ~**massa** gas(eous) mass. ~**meetbuis** eudiometer. ~**mengsel** mixture of gases. ~**meter** gas meter. ~**motor** gas engine/motor. ~**myn** fiery mine. ~**omhulsel** gaseous envelope. ~**ontleding** atmolysis. ~**ontploffing** gas explosion. ~**ontsmetting** gas decontamination. ~**oond** gas oven. ~**oorlog** gas warfare. ~**pedaal** *(mot., rare)* accelerator. ~**pistool** gas pistol. ~**pit** →GASBRANDER, GASVLAM. ~**pyp** gas pipe. ~**raffinadery** gas refinery. ~**sak** gasbag *(lit.)*. ~**sentrale** *(rare)* = GASFABRIEK, GASKRAGSENTRALE. ~**siek** gassed. ~**silinder** gas cylinder. ~**slang** *(rare)* gas tube. ~**steenkool** gas coal. ~**stel** gas ring. ~**stoof** gas stove, gas cooker, gas range. ~**toebehore** *(pl.)* gas fittings; *vaste ~* gas fixtures. ~**toestand** gaseous state. ~**toevoer** gas supply. ~**trog** pneumatic trough. ~**turbine** gas turbine. ~**veld** gasfield. ~**vergiftiging** gas poisoning, gassing. ~**verkoelde reaktor** gas-cooled reactor. ~**verlies** outgassing, gas loss. ~**verligting** gas lighting. ~**verstikking** gassing, asphyxiation by gas. ~**verwarmer** gas heater/fire. ~**verwarming** gas-fired heating. ~**vlam** gas jet. ~-**vloeistof-chromatografie** *(chem.)* gas-liquid chromatography. ~**vormig** =*mige* gaseous, gasiform; aeriform. ~**vorming** gasification; blowing *(of tins)*. ~**wasser** scrubber. ~**water** aerated water.

Ga·sa *(Palestine)* Gaza. ~**strook** Gaza Strip.

gas·ag·tig =*tige* gaseous.

Gas·cogne →GASKONJE.

ga·sel =*selle* gazelle; *Waller se ~, (Litocranius walleri)* gerenuk. **ga·sel·le·oë** gazelle eyes; *met ~, (fig.)* gazelle-eyed.

ga·set =*sette* gazette.

ga·sie =*sies* pay; wage(s), salary.

Gas·kon·je, *(Fr.)* **Gas·cogne** *(geog, hist.)* Gascogne, Gascony. **Gas·kon·jer** =*jers,* **Gas·cog·ner** =*ners, n.* Gascon. **Gas·kons,** =*konse,* **Gas·cog·nies** =*niese, adj.* Gascon.

ga·so·lien *(rare)* = PETROL.

gas·se·rig =*rige* gassy.

gas·te-: ~**boek** guest book, visitors' book, hotel register. ~**handdoek** guest towel. ~**huis** guesthouse. ~**kamer** →VRYKAMER. ~**lys** guest list. ~**motor** courtesy car.

gas·tries =*triese, (physiol.)* gastric.

gas·tri·tis *(pathol.)* gastritis.

gas·tro- *comb.:* ~**ënteritis,** ~-**enteritis** gastroenteritis. ~**ënterologie,** ~-**enterologie** gastroenterology. ~**ënteroloog,** ~-**enteroloog** gastroenterologist. ~**liet** =*liete, (pathol.: gastric calculus)* gastrolith. ~**logie** gastrology. ~**nomie** gastronomy. ~**nomies** =*miese* gastronomic(al). ~**noom** =*nome* gastronome(r), gourmet. ~**seel** *(pathol.: hernia)* gastrocele.

Gat *(OT)* Gath; *verkondig/vertel dit nie in ~ nie, (idm.: don't let your enemies hear it)* tell it not in Gath.

gat[1] *gate, n.* hole, pit; pool; breach, gap, opening; rent; orifice; *(biol.)* foramen; burrow; *(infml.)* (wretched) hole (of a place); →GATERIG; *'n ~* ***boor*** bore a hole; sink a borehole; *'n ~ in die* ***dag*** *slaap, (infml.)* sleep through part of the day; *'n ~* ***grawe*** dig a hole; dig a pit; *'n ~ vir jouself* ***grawe*** sign one's (own) death warrant; *iem. in die gate* ***hou,*** *(rare)* →IEM. IN DIE **OOG** HOU; *iets 'n ~* ***inslaan*** stave s.t. in; *... in 'n ~* ***ja(ag)*** run ... to earth *(a wild animal); iem. 'n ~ in die* ***kop*** *praat, (infml.)* talk s.o. into doing s.t. (foolish); *in 'n ~* ***kruip,*** *(a wild animal)* go to earth/ground; *'n groot ~ in ...* ***maak,*** *(fig., infml.)* be a drain on ... *(s.o.'s savings etc.); iem./iets vol gate* ***skiet*** riddle s.o./s.t. with bullets; *'n ~* ***stop/vul*** stop a gap; *'n ~* ***(toe)stop*** stop a hole; fill in/up a hole; *'n ~* ***toegooi*** fill in/up a hole; *iets gate* ***uit*** *geniet* →GENIET; ***vol*** *gate wees* be full of holes *(lit.); 'n ~* ***water*** a pool of water. ~**beitel** mortise chisel. ~-**gat:** *~ speel, (marbles)* play holey-holey. ~**skuur** = HANDMEUL(E).

gat[2] *gatte, n., (sl., usu. vulg.)* arse, ass, guava *(SA)*; bum, bottom, backside; *dit was by die ~* ***af*** it was a near thing, it was touch and go; *jou ~ aan ...* ***afsmeer/afvee*** ignore ... completely *(s.o.)*; disregard ... completely *(a warning etc.)*; *~* ***afvee*** not care at all; make no effort whatsoever; *met jou ~ in die* ***botter*** *val* strike it lucky; *iem. se* ***broek*** *se ~* the seat of s.o.'s pants; *iem. se ~ het* ***geknyp*** s.o. was very anxious/afraid, *(SA, infml.)* s.o. was nipping him=/herself, s.o. was nipping straws; ***jou*** *~(, man)!, (taboo sl.)* bugger/fuck/sod you!, get stuffed!; *~ oor* ***kop*** *slaan* somersault, turn a somersault; *'n* ***lat*** *vir jou eie ~* ***pluk/sny*** dig a pit for o.s.; *iem. se ~* ***lek*** beg s.o.; toady to s.o., *(infml.)* suck up to s.o.; *'n ~ van jouself* ***maak*** make a bloody fool *(or* an ass) of o.s.; *(hoog/lekker)* ***met*** *die ~ wees, (inebriated)* be three sheets in the wind *(infml.)*; *~* ***omgooi*** turn right round, change one's mind completely; rat, go over to the other side; become totally uncooperative; ***roer*** *jou ~!* get a move on!, *(infml.)* move your arse/ass!; *jou ~ nie kan* ***roer*** *nie* be stuck; have nowhere to turn to; be extremely busy; *jou ~* ***sien*** fall flat on one's face *(fig., infml.)*; *iem. onder sy ~* ***skop*** give s.o. a dressing-down (*or* a [swift] kick in the pants) *(infml.)*; kick s.o. out *(infml.)*. **gat** *adj. & adv.: iem. se naam is ~, iem. maak sy/haar naam ~, (sl., usu. vulg.)* s.o.'s name is mud. **G~japonner** →GATJIEPONNER. ~**kant** back; *die wêreld het sy ~ vir iem. gewys* the world turned its back on s.o., s.o. was down and out. ~**kruiper,** ~**lekker** lickspittle, toady, *(taboo)* arse licker. ~**kruipery** ~**lekkery** toadyism. ~**plek:** *dis 'n ~ dié, (sl.)* this place sucks. ~**ry** *gatge-* go on foot, ride Shanks's mare. ~**slag** *(sl.)* bummer. ~**vol** *(taboo sl.)* pissed off; *iem. is ~ vir ..., (sl.)* s.o. has had a bellyful of ... *(infml.)*, s.o. is fed up (to the back teeth *or* to the gills) with ... *(infml.)*; →BUIKVOL.

gâ·teau =*teaux, (Fr. cook.)* gâteau, gateau.

ga·te·plant →GERAAMTEPLANT.

ga·te·rig =*rige* holey, gappy, full of holes.

gat·ga(a)i =*ga(a)ie, (regional, orn.: Spreo bicolor)* pied starling; *(bot.: Peucedanum* sp.) gatagay *(obs.)*.

gat·jie =*jies, (dim.)* →GAT[2]. **G~ponner, G~ponder,** *(obs.)* **Gatjaponner** *(SA eccl., joc.: member of the Dutch Reformed Church)* Gatjieponder; →DOPPER.

Ga·too·ma *(geog., hist.)* →KADOMA.

gats, gaats, gits *interj., (infml.)* wow, boy; *o ~!* oops!; o dear!, o my goodness!; (boy) oh boy!, yikes!; damn it!.

gat·so- *(speed trapping):* ~**kamera** =*s* Gatso (camera). ~**meter** =*s* Gatso meter.

gauss *gausse, (phys.: unit of magnetic induction)* gauss.

Gau·teng *n., (SA province; So.: place of gold)* Gauteng; *die provinsie ~* the province of Gauteng. ~**provinsie** Gauteng Province.

Gau·ten·ger Gautenger, citizen/inhabitant of Gauteng.

Gau·tengs =*tengse, adj.* Gauteng, of Gauteng.

ga·vi·aal =*viale,* **ga·wi·aal** =*wiale, (Ind. crocodile: Gavialis gangeticus)* gavial.

ga·vot·te =*tes, (hist. dance, mus.)* gavotte.

ga·we[1] =*wes* gift, present, donation; dower; aptitude, talent, faculty; *'n* ***besondere*** *~ vir ... hê* have a genius for ...; *van* ***gunste*** *en ~(s) leef* live on charity; *die ~* ***hê*** *om ...* have a genius for ...; ***profetiese*** *~* second sight.

ga·we[2] *adj.* →GAAF. **ga·we·rig** =*rige* rather good/fine/nice; →GAAF.

ga·wi·aal →GAVIAAL.

ga·wie =*wies, (infml., derog.)* bumpkin, nerd, nurd, *(SA, township sl.)* moegoe, mugu.

gay *gays, n.* gay, homosexual, *(offensive sl.)* queer. **gay** *gay, adj.* gay, homosexual, *(infml.)* pink, *(infml., derog.)* queer, *(offensive sl.)* bent; *~ regte* gay rights. ~**regte(beweging)** gay lib(eration). ~-**treiteraar** gay basher. ~-**treitering** gay-bashing, queer-bashing.

Ga·za *(geog.)* Gaza. ~**strook** Gaza Strip *(in Palestine)*.

Ga·za·land *(geog., chiefly hist.)* Gazaland.

Ga·zan·ku·lu *(SA, geog., hist.)* Gazankulu.

gaz·pa·cho =*chos, (chilled Sp. soup)* gazpacho.

Gca·le·ka·land →GALEKALAND.

G·dansk, *(Germ.)* **Dan·zig** *(Polish port)* Gdansk, Danzig.

ge·aar(d) =*aarde* veined, nervate, venate, veiny *(hands, skin)*; grained; streaked, streaky *(marble)*, striated; →AAR[2]. **ge·aard·heid** veininess; *(bot.)* nervature; streakiness.

ge·aard[1] =*aarde* disposed, natured, tempered; →AARD[1] *n.; goed~* good-natured; *sleg~* ill-natured. **ge·aard·heid** disposition, nature, character, temper, temperament; *'n liewe ~ hê* have a sweet nature; *iets* ***op*** *die ~ van ...* s.t. in the nature of ...; *blymoedig/ens.* ***van*** *~ wees* be of a cheerful/etc. disposition; *driftig* ***van*** *~ wees* be of a hasty temper.

ge·aard[2] =*aarde, (elec.)* earthed, grounded; →AARD[2] *vb..* **ge·aard·heid** earthing, grounding.

ge·a·dres·seer =*seerde, adj.: ~de koevert* (self-)addressed envelope; →ADRESSEER. **ge·a·dres·seer·de** =*des, n.* addressee; consignee *(of goods)*.

ge·af·fek·teer(d) =*teerde* affected, mannered, mincing, la(h)-di-da(h), la-de-da; →GEMAAK *adj.; 'n geaffekteerde Britse aksent* a larney/la(r)nie/laanie/lahnee British accent. **ge·af·fek·teerd·heid** affectation.

ge·af·fi·li·eer →AFFILIEER.

ge·af·fron·teer →AFFRONTEER.

ge·ag =*agte* esteemed, respected; →AG[2] *vb.; G~te Heer/Dame* (Dear) Sir/Madam; *my ~te kollega, (often iron.)* my learned friend.

ge·a·gi·teer(d) =*teerde* agitated, flustered, flurried.

ge·ak·kre·di·teer =*teerde, adj.* accredited *(course, professional, institution, etc.)*; →AKKREDITEER. **ge·ak·kre·di·teer·de** =*des, n.* an accredited delegate/etc., a delegate/etc. with accreditation.

ge·al·li·eer(d) =*eerde* allied; *die Geallieerdes, (esp. during the World Wars)* the Allies, the Allied Powers.

ge·a·mu·seer(d) =*seerde, adj.* amused; →AMUSEER.

ge·a·ni·meer(d) =*meerde, (also cin.)* animated, *(infml.)* hyper.

ge·an·ker(d) =*kerde* anchored; at anchor; →ANKER *vb..*

ge·a·no·di·seer =*seerde, (elec.)* anodised; →ANODISEER.

ge·ap·pel(d) =*pelde* dapple-grey, dappled *(horse)*.

ge·arm(d) =*armde* arm in arm, with arms linked/locked, armed.

ge·ar·res·teer·de =*des* arrestee, arrested person, prisoner; →ARRESTEER.

ge·ar·seer(d) =*seerde* shaded, hatched; →ARSEER.

ge·ar·ti·ku·leer(d) =*leerde* articulated; →ARTIKULEER.

ge·as·pi·reer(d) =*reerde, (phon.)* aspirated; →ASPIREER.

ge·as·sor·teer(d) =*teerde, (rare)* assorted.

ge·as·su·meer(d) =*meerde* assumed *(executor)*; →ASSUMEER.

ge·as·su·reer·de =*des* insured (person).

ge·a·van·seer(d) =*seerde, (rare)* advanced, modern, emancipated.

ge·baan =*baande* beaten; →BAAN *vb.; ~de weg/pad* beaten track.

ge·baar =*bare, n.* gesture; gesticulation; →GEBARE-; *'n* ***holle*** *~* an empty gesture; *gebare* ***maak*** gesticulate; *'n ~* ***maak*** make a gesture *(lit., fig.)*; *'n* ***mooi*** *~* a fine gesture, *(Fr.)* a beau geste; *... deur gebare* ***voorstel/weergee*** mime ... **ge·baar** *het ~, vb., (rare)* gesture, gesticulate.

ge·baard =*baarde, (bot.)* awned; bearded; *(icht.)* barbate.

ge·bab·bel chatter, babble, gabble, gossip(ing), jabber, prattle, tittle-tattle, patter, cackle, chitchat, *(infml.)* ya(c)k, yackety-yak.

ge·bak *n.* cake(s); pastry, confectionery; baking; baked products. **ge·bak** =*bakte, adj.* baked, fried *(eggs);* roasted *(meat);* →BAK[2] *vb.; met die ~te pere (bly) sit* →PEER. **ge·bak·kie** =*kies* pastry, tart(let).

ge·ba·ker(d), ge·ba·ken(d): *kort ~* →KORTGEBAKER(D).

ge·ba·klei *n.* = BAKLEIERY.

ge·bal =*balde* clenched; →BAL[1] *vb.; ~de cumulus, (meteorol.)* ball cumulus; *~de lading, (phys. etc.)* concentrated charge; *met ~de vuiste* with clenched fists.

ge·ba·lan·seer(d) =*seerde* balanced, poised; →BALANSEER.

ge·balk braying, heehaw.

ge·ba·re·: ~**spel** gesticulation, gestures; pantomime, dumb show, mime. ~**taal** sign/gesture language; *Amerikaanse ~* American sign language, Ameslan.

ge·bars =*barste* burst *(pipes),* cracked *(wall),* exploded *(bomb),* split *(wood);* chapped *(hands, lips);* →BARS[1] *vb.; ~te dragte, (vet.)* cracked heels.

ge·ba·sel empty talk, silly prattle, twaddle.

ge·bas·ter(d) =*terde, adj.* crossbred, hybrid.

ge·bed =*bede* prayer; grace *(before a meal); (also, in the pl.)* devotions; →GEBEDS=; *'n ~ doen* say a prayer; *in ~ wees* be in/at prayer(s); *in iem. se ~e* in s.o.'s prayers; *iem. tot die ~ oproep* call s.o. to prayers; *jou ~ opsê* say one's prayers; *'n ~ opstuur* offer up a prayer; *hulle verenig (hulle) in ~* they unite in prayer; *'n ~ verhoor* answer a prayer; *iem. se ~ is verhoor en dit het gebeur* when it happened, it was an answer to s.o.'s prayers; *... in (die) ~ voorgaan* lead ... in prayer. ~**snoer** rosary.

ge·be·de·boek prayer book.

ge·be·del begging.

ge·beds·: ~**lewe** prayer life. ~**mantel** *(Jud.)* prayer shawl, tallith *(<Hebr.).* ~**riem** phylactery. ~**roeper** muezzin. ~**verhoring** answer to prayer.

ge·beef, ge·be·we trembling.

ge·been·te =*tes, (body)* frame; skeleton; bones; *wee jou ~* heaven help you!.

ge·bei·er pealing, ringing.

ge·bei·tel(d) =*telde* chiselled, tooled; →BEITEL *vb.; met gebeitelde gelaatstrekke* sharp-featured.

ge·beits =*beitste* stained *(wood);* →BEITS *vb..*

ge·bek beaked, snouted; *elke voëltjie sing soos hy ~ is* a bird is known by its note and a man by his talk; every fool has his jargon.

ge·bel ringing.

ge·belg(d) =*belgde* angry, incensed, offended, piqued, huffish, huffy; *~ wees oor iets* be incensed at/by s.t.; be offended at s.t.. **ge·belgd·heid** anger, pique, resentment.

ge·be·ne·dy =*dyde, (poet., liter.)* blessed.

ge·berg·de salvaged; →BERG[2].

ge·berg·te =*tes* mountain chain (range), mountain system, mountains. ~**kunde,** ~**leer** orology, orography.

ge·be·te *(p.p.), (obs.)* bit(ten); →BYT *vb.; op iem. ~ wees, (obs.)* have a grudge/spite against s.o., have (got) one's knife in(to) s.o..

ge·beuk *n., (obs., poet.)* pounding battering. **ge·beuk** =*beukte, adj., (obs., rare) ge=* beaten, pounded, bashed, battered, pummeled; →BEUK[3] *vb.; ~te vleis* tenderised meat.

ge·beur *het ~* chance, come about, come to pass, happen, occur; eventuate; *dit kan net ~* it is just possible; *dit ~ meer* such things will happen; *iets ~ met iem.* s.t. happens to s.o.; *dit moet ~* it has to be done; *wat iem. sê, ~* what s.o. says, goes (*or* is done); *wat tevore ~ het* what has gone before; *iets het tussen hulle ~* something passed between them; *waar die dinge ~* where the action is *(infml.); wat ook al ~* come what may, whatever happens (*or* may happen); *wat ~ het, het ~* it is no use crying over spilt milk. ~**woord** *(gram., rare)* verb.

ge·beur·de: *die ~, (fml., liter., rare)* what has happened, the event, the incident, the occurrence.

ge·beu·re *n. (pl.)* (train/chain of) events.

ge·beur·lik =*like,adj.* contingent, possible; *~e verpligtinge* contingent liabilities. **ge·beur·lik·heid** =*hede* contingency, eventuality, possibility; *versekering teen ~hede* contingency insurance.

ge·beur·lik·heids·: ~**bonus** contingent bonus. ~**fonds** contingency/emergency fund. ~**geld** contingency fee. ~**kans** contingent probability. ~**opdrag** watching brief. ~**polis** contingency policy. ~**tabel** *(stat.)* contingency table. ~**toelaag** =*lae,* ~**toelae** =*laes,* ~**toeslag** =*slae* contingency allowance. ~**veranderlike** *(stat.)* contingent variable.

ge·beur·te·nis =*nisse* event, happening, occurrence; *iets doen na aanleiding van 'n ~, iets doen ter ere van 'n ~* do s.t. to mark an event; *die blye ~* the happy event; *'n ~ gedenk/vier* mark an event; *'n hele ~* quite an event; *'n reeks (van) ~se* a chain/train of events; *die (ver)loop van ~se* the course/trend of events. **ge·beur·te·nis·vol** eventful.

ge·be·we →GEBEEF.

ge·bied[1] =*biede, n.* dominion, territory *(of a state);* demesne, precinct; zone, sector; jurisdiction *(of a legal authority);* area; locality; location; range; department, domain, field, province, sphere *(of study/interest/etc.);* scope, compass; walk; →GEBIEDS=; *iets is/val binne iem. se ~* s.t. is in s.o.'s line; *iets is/val buite iem. se ~* (*of nie in iem. se ~ nie*) s.t. is out of s.o.'s line; s.t. is outside s.o.'s province, s.t. does not come within s.o.'s province; *op jou eie ~ wees* be on one's own ground; *'n groot/ruim ~ dek* cover a wide field; *dit is iem. se ~* that is s.o.'s speciality/province; *~e van die lewe* walks of life; *op Switserse/ens. ~* in/on Swiss/etc. territory, on Swiss/etc. soil; *op die ~ van ...* in the realm of ... *(art),* in the sphere of ... *(the intellect),* in the field of ... *(science),* in the domain of ... *(letters); dit behoort nie tot sy/haar ~ nie* that is not (within) his/her province, that is beyond (*or* out of) his/her sphere, that is out of his/her line; *oor 'n uitgestrekte ~* over a wide area. ~**skeiding** territorial separation. ~**skending** violation of territory.

ge·bied[2] *het ~, vb.* command, direct, order; bid; *iem. hiet en ~* →HIET; *jou nie laat (hiet en) ~ nie* not take orders; *wat die plig ~* what duty dictates; *stilte ~* call/command/order silence. **ge·bie·dend** =*dende* commanding *(tone),* compelling *(look),* imperative, urgent *(necessity);* imperious; magistral, peremptory, mandatory; *~e wys(e), (gram.)* imperative (mood); *~ noodsaaklik* essential, imperative, urgently necessary. **ge·bie·den·der·wys, ge·bie·den·der·wy·se** *adv.* authoritatively; imperiously. **ge·bie·dend·heid** imperativeness. **ge·bie·der** =*ders, (fem.)* **ge·bied·ster** =*sters* lord, *(fem.)* lady, master, *(fem.)* mistress, ruler.

ge·bieds·: ~**afstand** cession of territory. ~**deel** territory. ~**deling** (territorial) partition, partition (of territory). ~**gebonde** territorially oriented, territorial. ~**kode** *(telecomm.)* area code. ~**owerheid** territorial authority. ~**uitbreiding** territorial expansion, extension of territory. ~**voordeel** territorial advantage. ~**waters** territorial waters.

ge·bind *(mus.)* tied *(notes);* slurred, legato *(notes).*

ge·bint = BALKWERK.

ge·bit =*bitte* (set of) teeth, denture; dentition; bit *(of a bridle); blywende ~* permanent teeth. ~**formule** dental formula. ~**plaat** dental plate.

ge·blaar =*blaarde, adj.* foliate; stripped *(tobacco).* **ge·blaar·te** *n., (rare, poet.)* foliage.

ge·blaas, *n.* blowing; hiss(ing); hooting. **ge·blaas** =*blaasde, adj.* blown; tipsy.; →BLAAS[2] *vb..*

ge·bla·der(d) =*derde, adj.* lamellar. **ge·bla·der·te** *n., (rare, poet.)* foliage, leafage, leaves.

ge·blaf bark(ing), yapping, baying.

ge·blan·sjeer(d) =*sjeerde* blanched; →BLANSJEER.

ge·bla·seer(d) =*seerde meer ~ die mees* =*seerde, (rare)* blasé, bored, tired of (*or* cloyed with) pleasure, jaded. **ge·bla·seerd·heid** *(rare)* boredom, satiety.

ge·bleik =*bleikte* bleached; →BLEIK *vb..*

ge·ble·ke *(p.p.), (obs.): by ~ onskuld* if found not guilty; →BLYK *vb..*

ge·blêr bleating; howling *(of children),* screeching; →BLÊR *vb..*

ge·ble·we *(p.p.)* →BLY[2].

ge·blik =*te, (infml., often derog.)* canned *(music, laughter, applause);* piped *(music).*

ge·blind·doek =*doekte* blindfold(ed); →BLINDDOEK *vb..*

ge·blits (continual) lightning.

ge·blok grind; cramming, swotting.

ge·blom(d) =*blomde* flowered *(dress);* floral, figured *(fabric); (archit.)* floriate; whorled; sprigged *(muslin).*

ge·bluf boasting, brag(ging).

ge·blus =*bluste* put out, extinguished; →BLUS *vb.; ~te kalk* →KALK *n..*

ge·blyk →BLYK *vb..*

ge·bod *gebiedinge, gebiedings* command, injunction, order; behest, bidding, decree; *(pl.: gebooie)* commandment; →HUWELIKSGEBOOIE; *die gebooie afkondig* (*of laat gaan*) publish (*or* put up) the banns; *die gebooie aflees* proclaim/read the banns; *hulle eerste ~ het gegaan* their banns have been put up; *hulle gebooie loop* their banns are being published; *'n ~ oortree* transgress a commandment; *die gebooie skut/stuit* forbid the banns; *die Tien Gebooie, (Ex. 20:2-17)* the Ten Commandments, the Decalogue; *gebooie en verbooie, (infml., joc., obs.)* do's and dont's; *iem. die tien gebooie voorlees* read s.o. a lecture, bring s.o. to book.

ge·bo·de[1] *(p.p.), (obs.)* imperative; →GEBIED[2] *vb.; versigtigheid is ~, (obs.)* caution is imperative.

ge·bo·de[2] *(p.p.), (obs.)* bid; →BIE; *R5000 is ~* R5000 I am bid.

ge·boe *n.* booing.

ge·bo·ë *(p.p.)* arched *(nose),* bent *(stick),* bowed *(figure);* round-shouldered *(person);* curved *(line, surface);* crooked; →BUIG *vb.; ~ ent (van 'n stang)* offset; *met ~ hoof* with bowed head(s); *~ naald* spring needle; *~ saaldak* tilt roof.

ge·boei(d) =*boeide* handcuffed, manacled; engrossed, deeply interested, fascinated; →BOEI[2] *vb..* **ge·boeid·heid** captivation, fascination, engrossment.

ge·boek·staaf =*staafde* recorded, written down, chronicled; →BOEKSTAAF.

ge·bog·gel(d) =*gelde* hunch=, hump=, crook=, hucklebacked, gibbous.

ge·bol·werk =*werkte, adj.* vallated; →BOLWERK *n..*

ge·bom booming, ringing (of bells), clanging.

ge·bon·de *(p.p.)* bound, obliged, obligated, committed *(to); (chem.)* combined; *(elec.)* disguised, dissimulated; latent *(heat);* →BIND; *aan iets ~ wees* be committed to s.t. *(a policy etc.); ~ boek* bound/hardcover book; *~ huis, (comm.)* tied house; *iem. is ~, (fig.)* s.o. is tied up, s.o.'s hands are tied; *~ wees om iets te doen* be in duty bound to do s.t.; be obliged (*or* under an obligation) to do s.t.; *~ wees teenoor ...* be under an engagement to ... **ge·bon·den·heid** restraint, lack of freedom/spare time/etc.; commitment; latency; bondage; *iem. se ~ aan ...* s.o.'s commitment to ...

ge·bon·del(d) =*delde* bundled, in bundles; faggoted, clustered; →GEBUNDEL(D).

ge·bons banging, battering, bouncing, throbbing, thumping.

ge·booi·e →GEBOD.

ge·boor·te =*tes* birth; natality, parentage, extraction, nascency; *(archit.)* spring(ing) *(of an arch etc.); (fig.)* dawn; *by ~* at birth; *die ~ van Christus* the Nativity; *burgerdeur ~* natural-born citizen; *by 'n kind se ~ help, (a doctor, midwife)* bring a child into the world; *van hoë ~* of high birth, highborn; *nog in jou ~ wees, (obs.)* still be in the process of incubation; *van ná die ~ (af)* postnatal; *iets in die ~ smoor* →KIEM *n.; ~s en sterfgevalle* births and deaths; *iem. is Brits van ~* s.o. is British-born; s.o. is British by birth; →GEBORE; *van sy/haar ~ af* from birth. ~**beperking** birth control, contraception. ~**berig** birth notice. ~**bewys** →GEBOORTESERTIFIKAAT.

~**dag** birthday, day of birth, natal day. ~**datum** date of birth. ~**dorp** native village/town, home town. ~**golf,** ~**ontploffing** baby boom. ~**grond** native soil/heath, home(land). ~**haar** mother hair. ~**huis** birthplace, house of one's birth. ~**jaar** year of birth. **G**~**kerk** Church of the Nativity. ~**land** native land, homeland. ~**ontploffing** →GEBOORTEGOLF. ~**oorskot** excess of births (over deaths). ~**plek** place of birth, birthplace, home town. ~**pyn** birth pang, birth pain. ~**reëling** planned parenthood, family planning. ~**reg** birthright. ~**register** birth register, register of births. ~**registrasie** registration of birth(s). ~**sertifikaat,** ~**bewys** birth certificate. ~**stad** native city, town/city of one's birth. ~**statistiek(e)** birth returns, statistics of births. ~**steen** birthstone. ~**syfer** birth rate, natality. ~**trauma,** ~**trouma** birth trauma. ~-**uur** hour of birth. ~**versnellend** =*lende, adj.* oxytocic. ~**versneller** *n.* oxytocic, oxytocin. ~**vlek** birthmark. ~**weë** birth pangs/throes *(lit., fig.); (obs.)* birth pains, labour (pains) *(lit.).*

ge·boor·tig: *uit Finland/ens. ~ wees, (obs.)* be a native of Finland/etc..

ge·bor·duur(d) =*duurde* embroidered; brocaded; →BORDUUR.

ge·bo·re born; ***blind/ens.*** *~ wees* be congenitally blind/etc.; *'n ~* ***burger*** →BURGER; *~ en* ***getoë*** born and bred; ***in Londen/ens.*** *~ wees* be a native of London/etc.; *iem. **is** op 15 Junie 1960 **in Londen** ~* s.o. was born in London on June 15, 1960; ***mev.*** *E., ~ B.* Mrs E., born/née B.; *iem. **is 'n** ~ **Brit*** s.o. is British-born; ***'n*** *~ **Fin/ens.** wees* be a native of Finland/etc.; ***'n*** *~ **Londenaar/ens.** wees* be a native of London/etc.; ***'n*** *~ **onderwyser/ens.*** a born teacher/etc.; *~ **om** te heers/ens.* born to rule/etc., a born ruler/etc.; *nie ~ **in staat** (of nie in ~ **staat**) wees om te ... nie* →STAAT[2] *n.; **uit** edele ouers ~* born of noble parents; *'n kind is **vir** hulle ~, (liter.)* a child was born to them; ***wanneer*** *is jy ~?* when were you born?; ***weer*** *~, (relig.)* born again; *~ **word*** be born, come into the world; *iem. moet nog ~ **word*** s.o. is not born yet, s.o. is still unborn.

ge·borg =*borgde* sponsored; →BORG *vb.; ~de pretloop/ staptog/ens.* sponsored walk/etc..

ge·bor·ge *(p.p.)* secure, safe; provided for; →BERG[2]. **ge·bor·gen·heid** security, safety.

ge·bor·rel bubbling, gurgling, fizzing.

ge·bor·sel =*selde, adj. (biol.)* aristate; →BORSEL *vb.*.

ge·bors(t)·rok *(lit. & fig.)* corseted; →BORSTROK.

ge·bos·se·leer(d) =*leerde* embossed *(paper etc.)*; →BOSSELEER.

ge·bou =*boue, n.* building, house; construction, edifice, structure; *'n hoë ~* a tall building; *die maatskaplike ~* the social fabric; *'n ~ oprig/optrek* put up (*or* raise) a building. **ge·bou** =*boude, adj.* built; →BOU *vb.; iem. is **fris** ~* s.o. is well built (*or* set up); *'n **goed** ~de kêrel* a well-built (*or* well set-up) fellow; ***grof/groot*** *~* big-framed; ***mooi*** *~* shapely; ***sterk*** *~* strong-bodied. **ge·bou·e·kom·pleks** group of buildings. **ge·bou·tjie** =*tjies* small building.

ge·braai =*braaide* broiled; grilled; roasted; parched; tanned; →BRAAI *vb.; ~de **brood*** fried bread, French toast; *~de **ribbetjie*** grilled rib; *in die **son** ~* parched in the sun; *bruin ~ in die son* suntanned.

ge·brab·bel jargon, gibberish, sputter.

ge·brand =*brande* burnt; →BRAND *vb.; ~e **amandels*** baked/burnt/roasted almonds; ***bruin*** *~ wees* →BRUIN *adj.; ~e **gips*** plaster of Paris; *~e **glas*** stained glass; *~e **kalk*** →KALK *n.; ~e **koffie*** roasted coffee. ~**skilder(d)** =*derde, adj.* stained *(glass)*; enamelled.

ge·breek =*breekte* broken *(lit.)*, smashed; →BREEK; *~te **koring*** cracked wheat; *~te **mielies*** crushed maize/ mealies, hominy (chop); *gekookte ~te **mielies*** samp; *~te **vag*** broken fleece.

ge·brei[1] =*breide* knitted; →BREI[1].

ge·brei[2] =*breide* inured, toughened, hardened, accustomed; seasoned; →BREI[2].

ge·brek =*breke* lack, want, shortage *(of water)*, famine; dearth, paucity, insufficiency; deficiency *(of air)*; poverty, indigence, destitution; defect, failing, fault, drawback, blemish, flaw, shortcoming, demerit, imperfection; disability, handicap; *'n ~ **aan** ...* a lack of ... *(space etc.)*; a shortage of ...; a dearth of ...; a deficiency of ...; *~ **aan** eetlus* →EETLUS; *~ **aan** middele* impecuniosity; *iem. se ~ **aan** ..., (also)* s.o.'s poverty of ...; *'n **aangebore** ~* a congenital defect; *~e **aanwys*** pick holes; ***blind*** *wees vir ... se ~e* be blind to ...'s faults; *in ~e **bly** om ...* fail to ...; be backward/slow to ...; *'n ~ te **bowe** kom* overcome a handicap; ***by/uit/weens*** *~ aan ...* for/ from want of ..., for a lack of ...; failing ...; ***by*** *~ aan ..., (also)* in the absence of ... *(s.t.)*; in default of ...; ***by*** *~ aan/van ...* in default of ...; *die ~e van iem. se **deugde*** the defects of s.o.'s virtues/qualities; *iem. het in ~e **gebly**, (also)* s.o. was found wanting; ***geen*** *~ aan ... nie* no lack of ...; ***geen*** *~ aan iets hê nie* not want for s.t.; *'n ~ aan ... **hê*** experience a shortage of ...; be pressed for ... *(money etc.)*; *aan iets ~ **hê*** be lacking in s.t.; ***in*** *~e wees* be in default; *'n ~ **in** iem. se spraak/ens.* an impediment in s.o.'s speech/etc.; *'n **jammerlike** ~* a sad lack; *~ **ly*** be in need, live in want; *die **ouderdom** kom met ~e* →OUDERDOM; ***sonder*** *~e* flawless, sound; *in ~e **waarvan** ...* failing which ... ~**lydend** penurious, indigent, destitute. ~**lyer** have-not. ~**siekte** deficiency disease.

ge·brek·kig =*kige* defective; impaired *(sight etc.)*; faulty *(construction)*; insufficient *(packing)*; poor *(argument)*; broken, imperfect *(English etc.)*; unsound; flawed; ill-conceived, deficient, flimsy; *jou ~ uitdruk* express o.s. badly/imperfectly; *~ Engels praat* speak English haltingly/imperfectly/brokenly; *~e bestuur* mismanagement, ill management. **ge·brek·kig·heid** defectiveness, faultiness; insufficiency; flawedness; deficiency.

ge·brek·lik =*like* crippled, deformed, disabled. **ge·brek·lik·heid** deformity.

ge·breks·ver·skyn·sel deficiency symptom.

ge·bril(d) =*brilde* (be)spectacled.

ge·broe·ders brothers; *G~/Gebrs. XYZ* XYZ Brothers/ Bros..

ge·broed·sel *(poet., liter., joc.)* brood; *die vuile ~* the devil's spawn.

ge·broei *(fig.)* brooding, *(infml.)* navel contemplating/ gazing.

ge·broek =*broekte, adj., (rare)* trousered.

ge·bro·ke *(p.p.)* broken (down) *(fig.)*; ruined; brokenhearted; rent; humbled, crushed; dispersed, routed; shattered in health/spirit/position; →BREEK; *~ **boog**, (archit., med.)* interrupted arch; *~ **dak**, (archit.)* curb roof; *deur niks ~ **eentonigheid*** unrelieved monotony; *~ **Engels*** broken English; *~ **gesondheid*** broken/ruined health; *~ **getal**, (math.)* fractional number; *~ **grond*** open/gravelly loam soil; *'n ~ **hart*** a broken/stricken heart; *~ **kleure*** broken/dulled colours; *~ **lyn*** broken line; *op 'n ~ **manier*** brokenly; *~ **reeks*** →REEKS; *~ **saaldak**, (archit.)* trench roof; *~ deur **smart*** broken-hearted; *~ **veld*** mixed pasturage; broken veld/country; *~ wees van **verdriet*** be prostrate with grief, be prostrated by/with grief; *~ **verlowing*** broken-off engagement; *~ **vorm*** fractional form; *~ **wapen**, (her.)* differenced arms. ~**hartjie** *(bot.: Dicentra spectabilis)* bleeding heart(s), lyre plant, lady's locket. **ge·bro·ke·ne** =*nes, n.* broken man/woman. **ge·bro·ken·heid** brokenness, heartbreak.

ge·brom buzz(ing) murmur; growl(ing) *(of a dog)*; grumbling *(of a person)*; hum(ming); muttering, thrum; drone, crooning.

ge·brons =*bronsde* bronzed; tanned *(fig.)*.

ge·brou mess; botching; brew, concoction; gibberish.

ge·bruik =*bruike, n.* use *(of one's limbs, medicine, etc.)*; custom, habit, practice, usage; habitude, convention; observance; application, function; consumption *(of foodstuffs etc.)*; *die ~ **beslis*** usage decides; *iem. maak die **beste/volste** ~ van iets* s.o. makes the most of s.t.; s.o. turns s.t. to account; *iets in ~ **bring*** introduce s.t. *(a new tool etc.)*; ***buite*** *~ wees* →***nie in*** *gebruik wees nie;* ***deur*** *die ~ **leer*** learn by practice; *vir iem. se **eie/privaat/private** ~* for s.o.'s private use; *'n **erkende** ~* a standing rule; *dit het ~ **geword** om ...* the custom arose to ...; ***goeie*** *~ van iets maak* make effective/good use of s.t.; put s.t. to (a) good use; ***in*** *~ wees* be in use; be in commission; be in service; *(fml.: regulation etc.)* obtain, be in force, hold, stand; *dit is algemeen **in** ~* it is in common use; *elke dag **in** ~ wees* be in daily use; *nie **in** ~ wees nie* not be in use; be out of commission; be out of service; *vir **inwendige** ~* for internal use; *nie vir **inwendige** ~ nie, (pharm.)* not to be taken; *in ~ **kom*** become operative; *van iets ~ **maak*** make use of s.t.; take advantage of s.t. *(an opportunity etc.)*; resort to s.t.; avail o.s. of s.t. *(an opportunity)*; take up s.t. *(an offer)*; *van iem. ~ **maak*** use s.o.; draw on s.o.; *die **matige** ~ van drank* drinking in moderation; *vir **menslike** ~* for human consumption; *iets in ~ **neem*** bring/put s.t. into use; put s.t. in(to) commission; put s.t. into service; *iets geleidelik in ~ **neem*** phase in s.t.; *iets uit die ~ **neem*** withdraw s.t. from service; *iets geleidelik uit die ~ **neem*** phase out s.t.; *dit is ~ **om** ...* it is customary to ...; *'n **ou** ~* a long custom; *vir iem. se **private** ~* →***eie/ private; ten*** *~e van ..., (fml.)* for the use of ...; *vir **toekomstige** ~* for future reference; *vir **uitwendige** ~, (pharm.)* not to be taken; *die ~ van iets **verloor*** lose the use of s.t. *(an arm etc.)*; ***vir*** *die ~ van ...* for the use of ...; ***volgens*** *~* according to custom; *iem. maak die **volste** ~ van iets* →***beste/volste.*** **ge·bruik** *het ~, vb.* use, employ *(instruments)*, make use of; utilise; take *(food, medicine, etc.)*; partake of, take *(a meal)*, eat *(one's dinner)*; consume *(coal, oil, etc.)*; *wat ~ iem. **as** ...?* what does s.o. do for ...?; *iets kan **as** ... ~ word* s.t. can do duty for ...; *die pil/ens. **begin** ~* go on the pill/etc.; *iets ten **beste** ~* make the best possible use of s.t.; *iets word elke **dag** ~* s.t. is in daily use; *nooit **drank/ens.** ~ nie* never touch drink/etc.; ***geduld*** *~* →GEDULD; *sal jy **iets** ~?, (fml.)* will you have a drink?; *iem. **kan** iets ~* s.o. can use s.t.; s.t. is of use to s.o.; s.o. can do with s.t. *(some money etc.)*; *iem. **kan** iets nie ~ nie* s.t. is (of) no use to s.o.; s.o. has no use for s.t.; *jou vir ... **laat** ~* lend o.s. to ...; *iets **spaarsaam** ~* use s.t. sparingly; *~ **jy suiker/ens.?**, (fml.)* do you take sugar?; *deur sy/haar **verbeelding/ens.** te ~* by the exercise of his/her imagination/etc.; *die geld word **vir** ... ~* the money goes to ...; *~ **voor** ..., (on food packaging)* best before ...; ***wat*** *sal jy ~?, (fml.)* what will you have?; ***weer*** *~* reutilise. ~**goed(ere)** = GEBRUIKSGOED(ERE). ~**klaar** *adj.* ready-to-eat, ready-to-wear. ~**making** use, using, utilisation, exploitation; *by ~ van ...* when using ...; *iets doen sonder ~ van ...* do s.t. without recourse to ... ~**sfeer** sphere of use, domain. ~-**voor-datum** use-by date. ~**wyn** →GEBRUIKSWYN.

ge·brui·ker =*kers* user; consumer.

ge·brui·kers-: ~**identifikasie** *(comp.)* user identification. ~**koppelvlak** *(comp.)* user interface. ~**vriendelik, gebruiksvriendelik** =*like* user-friendly; consumer-friendly.

ge·bruik·lik =*like* customary, accustomed; usual, familiar, wanted, stock, conventional, ordinary, in (common) use, commonly used; *dit is ~ om ...* it is customary to ...; *weinig ~ wees, (fml.)* not be in (common) use, be rare. **ge·bruik·lik·heid** usage; use, usualness.

ge·bruik(s)-: ~**koring** *(obs.)* wheat for one's own use. ~**mielies** *(obs.)* maize for one's own use. ~**musiek** utility music. ~**wyn** ordinary wine, vin ordinaire.

ge·bruiks-: ~**aanwysing** =*s*, =*e* directions/instructions for use. ~**artikel** consumer item/article, item/article of (everyday) use. ~**datum** use-by date. ~**duur** period of use, (length of) life. ~**gereed** =*gereed*, =*gerede, adj., (pred.)* ready to use, *(attr.)* ready-to-use *(products)*; *iets is ~* s.t. is ready to use (*or* can be used straight off the shelf). ~**goed(ere)** consumer goods/durables/commodities. ~**reg** right of use/enjoyment. ~**veld** field of application. ~**voorwerp** (household) article/item; implement; appliance; utensil. ~**vriendelik** →GEBRUIKERSVRIENDELIK. ~**waarde** utility (value), practical value; use value (of money). ~**wissel** bill at usance. ~**wyse** method of use.

ge·bruik·te used *(cup etc.)*; second-hand *(car, clothes, etc.)*.

ge·bruin(d) =*bruinde, (cook.)* browned; *(rare)* sunburnt, bronzed, (sun)tanned; *gebruinde aartappels* browned potatoes.

ge·bruis effervescence, fizz(ing), bubbling; seething, surging *(of waves)*.

ge·brul howling, roar(ing), bellow(ing).

ge·buig =*buigde* bent *(lit.)*, crooked; →BUIG; *binnewaarts* ~ infracted; *~de breuk, (med.)* greenstick fracture.

ge·buk =*bukte*, **ge·buk·kend** =*kende* crouching, stooping, bent; *onder ...* ~ *gaan* →BUK.

ge·bul·der boom(ing), roar(ing), rumble, rumbling, bellowing; pounding *(of pop music etc.)*.

ge·bulk bellowing, lowing, mooing.

ge·bult =*bulte* hunchbacked, humpbacked; dented; bulged.

ge·bun·del(d) =*delde* collected *(poems, essays, etc. in a volume); (bot.)* clustered, fascicle(d), fasciculate(d); →BUNDEL *vb.*.

ge·byt =*byte* bitten, bit; →BYT *vb.*.

ge·char·ter(d) =*terde* chartered; →CHARTER *vb.*.

ge·daag·de =*des, n., (jur., obs., rare)* defendant; respondent; →DAAG.

ge·daan =*dane, (p.p.)* done; exhausted, dead (beat/tired), tired/worn out, finished, spent; *(infml.)* knackered, pooped, worn to a frazzle, whacked (out); through, done with; used up; →DOEN *vb.*; ***aldus*** ~ *te Kaapstad op ..., (jur.)* done/dated (*or* thus done *or* thus contracted and agreed) in Cape Town ..., witness our hands in Cape Town ..., given under my hand (with only one signature) in Cape Town ...; ***daarmee*** *is dit* ~ so much for that; *so* ***gesê***, *so* ~ →SÊ *vb.*; ***iem.*** *is* ~ s.o. is finished (*or* done for *or* played out), it's all over with s.o.; ***iets*** *is* ~ s.t. is used up *(water etc.)*; be out of s.t. *(sugar etc.)*; s.t. is done; ***knap/goed*** ~ *(van jou)!* well done!, good/nice work!; *alles* ~ ***kry*** get everything done; get one's will every way; *die* ***kwaad*** *is* ~ the harm has been done; *iem.* ~ ***maak*** wear out s.o.; ~ ***en ooreengekom***, *(jur.)* done and contracted; ... ~ ***ry*** drive ... to a standstill *(a vehicle)*; run out ... *(a tyre)*; override ... *(a horse)*; *dit is gedane* ***sake*** it is over and done with; *gedane* ***sake*** *het geen keer nie* it is no use crying over spilt milk, what's done cannot be undone; *van* ***sit*** *en staan, kom niks* ~ →SIT *vb.*; *dit is* ***uit*** *en* ~ →UIT[1] *adv.*; ~ ***voel*** feel fagged/useless (*or* washed out); ***wat*** *nou* ~? →NOU[2] *adv.*; *jou* ~ ***werk***, *(infml.)* work o.s. to a standstill; *dit* ***wil*** ~ *wees* it takes some doing.

ge·daan·te =*tes* aspect, figure, form, shape; spectre, vision, apparition, phantom; ***in*** *die* ~ *van ...* in the form/shape of ...; in the guise of ... *(a swan etc.)*; ***in*** *die* ~ *van 'n mens*, ***in*** *menslike* ~ in human shape/guise; *van* ~ ***verander*** be transformed, change one's shape (*or* outward appearance); *jou in jou* ***ware*** ~ *toon* show one's (true) colour(s), come out in one's true colour(s). **~leer** *(biol.)* morphology. **~verandering, ~(ver)wisseling** =*lings*, =*linge* metamorphosis, change of form, transformation, *(hum.)* transmogrification.

ge·dag *(p.p.), (obs., infml.)* →DINK.

ge·dag·te =*tes* thought; thinking; concept, idea, notion; memory; reflection; sentiment, opinion; mind; ***al*** *iem. se ~s* s.o.'s every thought; *iem. op* ***allerlei*** *~s bring* put ideas into s.o.'s head; *iem. tot* ***ander*** *~s bring* make s.o. change his/her mind; *tot* ***ander*** *~s kom* change one's mind; *'n* ***beter*** ~ *hê* have a better idea; *'n* ***blink*** ~ *kry* have a bright idea; *die* ***blote*** ~ *(daaraan)* the mere/very thought of it; *die* ***blote*** *~!* the very idea!; perish the thought!; *iem. op 'n* ~ ***bring*** put s.t. into s.o.'s head; *wat* ***bring*** *iem. op daardie ~?* what gives s.o. that idea?; ***by*** *die* ~ *aan iets* at the thought of s.t.; *jou ~s* ***bymekaar*** *kry* collect one's thoughts; *nie jou ~s* ***bymekaar*** *hê nie* be absent-minded, be woolgathering; *die* ~ *is* ***dat*** *...* it is believed that ...; *iem. se ~s* ***dwaal*** s.o.'s mind wanders; ***elke*** ~ *van iem.* s.o.'s every thought; *iets* ***gaan*** *deur jou* ~ s.t. comes to mind, s.t. crosses one's mind; *jou ~s oor iets laat* ***gaan*** think about s.t., consider s.t.; *jou ~s laat* ***gaan***, *(also)* put on one's thinking cap *(infml.)*; *iem. se ~s* ***gaan terug*** *tot ...* s.o.'s mind goes back to ...; *iets moet in* ~ ***gehou*** *word* s.t. must be borne in mind; *ons/hul ~s het* ***gekruis*** great minds think alike; *iets in* ~ ***hê*** have s.t. in mind; *iets in* ~ ***hou*** bear/keep s.t. in mind; keep s.t. in view; *jou ~s vir jouself* ***hou*** keep one's (own) counsel; ***in*** ~ in thought, in the spirit; →INGEDAGTE; ***in*** *jou ~s by iem. wees* be with s.o. in (the) spirit; *op 'n* ~ ***kom*** hit (up)on an idea; ***kort*** *van* ~ *wees* have a short memory; *(infml.)* have a head/memory/mind like a sieve; *die* ~ ***kry*** *dat ...* get the idea that ...; *van iets* ~ ***kry*** remember s.t.; be reminded of s.t.; think of s.t.; *daarvan* ~ ***kry*** *dat ...* remember that ...; *dit laat iem. van iets* ~ ***kry*** it reminds s.o. of s.t.; ***met*** *die* ~ *om ...* with the idea of ...; ***na*** ***my*** ~ to my mind, in my view; ***net*** *die* ~ *(alleen)* the mere thought; ***net*** *die* ~ *daaraan* just the thought of it, the very thought of it; ***nuwe*** *~s* fresh ideas; *die* ~ ***is om*** *...* it is intended to ...; *die* ~ *aan ... in jou* ***omdra*** harbour the thought of ...; *~s* ***oor*** *...* ideas on ...; *dit sou nooit in iem. se* ~ ***opkom*** *om dit te doen nie* s.o. wouldn't think of doing it; ***reeds*** *by die* ~ *daaraan* at the mere thought of it; *iets uit jou ~s* ***sit*** dismiss s.t. from one's mind; *'n* ~ ***skiet*** *iem. te binne* an idea strikes s.o.; *iem. doen iets* ***soos*** *'n* ~ s.o. does s.t. effortlessly; *iem. se* ~ ***staan*** *stil* s.o.'s mind is a blank (*or* has gone blank); *'n* ~ ***tref*** *iem.* an idea strikes s.o.; *op* ***twee*** *~s hink* be in two minds; *'n* ~ ***uitwerk*** develop an idea; ***van*** ~ *wees dat ...* hold (*or* be of) the opinion that ...; *iem. is* ***van*** ~ *om ...* s.o. thinks of ... *(doing s.t.)*, s.o. means to ... *(do s.t.)*; *van* ~ ***verander*** think better of it; change one's mind; *in ~s* ***verdiep/versonke*** *wees* be deep in thought/contemplation, be absorbed/lost/plunged/wrapped in thought; ***waar*** *is jou ~s?* what are you thinking of?; *~s* ***wissel*** exchange views; *~s met iem.* ***wissel*** have/hold a discussion with s.o.. **~beeld** mental picture. **~gang** order of thought; line/trend/train/school of thought; →GEDAGTELOOP. **~-inhoud** thought content. **~konstruksie** theoretical/conceptual construct. **~kring** range/sphere of thought; attitude of mind. **~leser** thought/mind-reader, telepath. **~lesery** mind/thought-reading. **~loop** line/train/trend of thought. **~oorbrenging** thought transference. **~oordrag(ing)** telepathy. **~prikkelend** =*lende* stimulating. **~reeks** train of thought(s). **~rigting** school of thought, (school of) opinion. **~ryk** =*ryke* thoughtful; *~e boek* seminal book. **~sprong** leap of thought, thought transference. **~stremming** mental block. **~stroom** current/flow of thought(s), flow of ideas. **~vlug** flight of thought/fancy/ideas. **~wending** turn of thought. **~wêreld** realm/sphere/world of thought. **~wisseling** exchange/interchange of ideas/thoughts/views, discussion, meeting of minds.

ge·dag·te·loos =*lose* absent-minded, thoughtless, unthinking, unreflecting. **ge·dag·te·loos·heid** absent-mindedness, thoughtlessness.

ge·dag·te·nis =*nisse* memory, remembrance; keepsake, memento, token, souvenir; memorial; *iets is 'n* ~ ***aan*** *iem.* s.t. is a memento of s.o.; *in* ***liefdevolle*** ~ *aan ...* in kind memory of ...; ***saliger*** *(~), van salige* ~ of blessed memory; ***ter*** ~ *aan/van ...* in commemoration of ...; in memory of ...; sacred to the memory of ...

ge·dag·tig mindful; *aan ...* ~ *wees* be mindful of ...; *nie aan ...* ~ *wees nie* be unmindful of ...; *iets maak iem. aan ...* ~ s.t. puts s.o. in mind of ...

ge·da·mas·seer(d) =*seerde* damascened *(steel)*; *(arch.)* well built, muscular *(a man)*; →DAMASSEER.

ge·da·ne →GEDAAN.

ge·dans *n.* dancing. **ge·dans** =*danste, adj.* danced; →DANS *vb.*; *'n uitstekend ~te pas de deux* an excellently danced/performed pas de deux.

ge·dar·tel dalliance, dallying, frolic.

ge·da·wer booming, shaking, (re)sounding, reverberation; pounding *(of artillery, waves, feet, etc.)*.

ge·de·ë =*deëner* =*deënste, (geol., min., chem.)* native, free, pure *(element, min.)*; *(fml., fig.)* pure, genuine, unblemished, wholesome, honest; ~ *navorsing, (rare)* substantive research.

ge·deel =*deelde* divided, partite, shared; →DEEL *vb.*; *~de as* split axle. **ge·deel·te** =*tes* part, portion, section, instalment; share; ~ *(uit 'n* ***boek****)* passage (from a book); *die* ***grootste*** ~ *van die land* most parts of the country; *vir die* ***grootste/oorgrote*** ~ for the greater/most part, mostly; ~ *(van 'n* ***klankopname****)* cut; *'n* ~ ***van*** *...* part of ...; *'n* ~ ***van*** *die tonnel/ens. agter jou hê* be partway through the tunnel/etc.. **ge·deel·te·lik** =*like, adj.* partial; *~e begroting* part appropriation; *~e smelting* fritting; *~e verduistering* partial eclipse. **ge·deel·te·lik** *adv.* partly, partially, in part; *iets* ~ *binnedring* penetrate partway into s.t.; *iets dek ...* ~, *iets val* ~ *met ... saam* s.t. overlaps with ...

ge·de·ge·ne·reer(d) =*reerde, adj.* degenerate; →DEGENEREER.

ge·de·gra·deer(d) =*deerde* degraded; reduced in rank; →DEGRADEER.

ge·de·hi·dreer(d) =*dreerde* dehydrated.

ge·dein swell, surge, heaving, rolling.

ge·dek =*dekte* covered; established *(credit)*; secured, guarded; thatched; covered, pregnant *(animal)*; →DEK *vb.*; *~te sloot, (mil.)* covered trench.

ge·de·klas·seer(d) =*seerde, adj., (rare: having lost social standing/status)* déclassé(e).

ge·de·kol·le·teer(d) =*teerde*, **dé·colle·té** bare-shouldered, décolleté, low(-necked).

ge·de·kon·teks·tu·a·li·seer(d) =*seerde* decontextualised.

ge·de·le·geer(d) =*geerde, adj.* delegated; →DELEGEER. **ge·de·le·geer·de** =*des, n.* delegate.

ge·delf =*delfde* dug; →DELF; *erts soos* ~ mine run.

ge·delg =*delgde* paid off, redeemed *(debt)*; →DELG.

ge·demp =*dempte* sedate, reserved; dull, muffled *(sound)*; damped *(oscillation)*; →DEMP; *'n ~te* ***gil/geluid*** a choked cry/sound; *~te* ***lig*** subdued light; dimmed light; ~ ***praat/gesels*** speak/talk in hushed tones/voices; ~ ***praat/skryf***, *(also)* understate; *~te* ***snare*** muted strings; *'n rol* ~ ***speel*** underact; *~te* ***stem*** subdued/hushed/muffled voice; ***→toon***; *~te* ***styl*** understatement; →DEMPSTYL; *~te* ***toon*** undertone; *op ('n) ~te* ***toon*** *(of met ['n] ~te* ***stem****) praat/gesels* speak/talk in hushed tones/voices. **ge·dempt·heid** understatement; underacting; sedateness, reserve.

ge·de·na·tu·reer(d) =*reerde* denatured *(tea, alcohol)*; →DENATUREER.

ge·denk *het* ~ bear in mind, remember; commemorate; *'n* ***gebeurtenis*** ~ mark an event; *iem. in* ***liefde*** ~ keep s.o.'s memory green; *iem. in jou* ***testament*** ~ remember s.o. in one's will; *'n* ***verjaardag*** ~ observe an anniversary. **~boek** album, memorial/commemorative volume. **~boog** memorial arch. **~dag** anniversary, day of remembrance, commemoration day, remembrance day, memorial day. **~diens** memorial service. **~fonds** memorial fund. **~jaar** memorial year, jubilee year. **~lesing** memorial lecture. **~naald** memorial needle/pillar, obelisk. **~offer** memorial (offering). **~penning** commemorative medal/medallion. **~plaat** commemorative/memorial tablet/plaque. **~rol** annals, record(s). **~saal** memorial hall. **~seël** commemorative stamp. **~skool** memorial school. **~skrif** memoir; *(in the pl.)* memoirs. **~spreuk** apo(ph)thegm, aphorism. **~steen** memorial stone/tablet/plaque, sepulchral stone. **~stuk** memorial; souvenir. **~suil** commemorative pillar, obelisk, monolith. **~teken** memorial, monument; *'n* ~ *ter ere van ...* a monument to ...; *'n* ~ *oprig* erect a monument; *'n* ~ *vir ...* a memorial to ...; a monument to ... **~tuin** garden of remembrance. **~uitgawe** commemorative issue. **~waardig** =*dige* memorable, never-to-be-forgotten; *~e dag* red-letter day. **~waardigheid** =*hede* memorability, memorableness; monument; *(in the pl.)* memorabilia; *historiese* ~ historic monument.

ge·de·po·neer(d) =*neerde* deposited; →DEPONEER; *~neerde handelsmerk* registered trade mark.

ge·de·por·teer·de =*des, adj.* deported person, deportee; →DEPORTEER.

ge·de·pu·teer·de =*des* delegate, deputy; →DEPUTEER.

ge·derf =*derfde, (obs.)* lost; →DERF; *~de wins, (jur.)* mesne profit(s).

ge·derm·te =*tes* viscera, entrails; *(infml.)* long-drawn-out business.

ge·de·si·deer(d) =*deerde, (rare)* decided, resolute.

ge·de·tail·leer(d) =*leerde* detailed, in detail; →DETAILLEER; *'n gedetailleerde beskrywing van iets gee* give a blow-by-blow account/description of s.t..

ge·de·ter·mi·neer(d) -*neerde, adj.* determined, identified, classified; *(pred.: -neerd)* determined, resolute, firm; →DETERMINEER.

ge·de·ti·neer·de -*des, n., (rare)* detainee.

ge·diend: *nie met iets ~ wees nie* not be satisfied (*or* prepared to put up) with s.t.; *iem. was nie daarmee ~ nie, (also)* s.o. would have none of that.

ge·diens·tig -*tige, adj.* attentive, obliging; polite; subservient; *~e gees* familiar spirit; *~e kneg, (fig., derog.)* lackey. **ge·diens·ti·ge** -*ges, n., (rare)* famulus. **ge·diens·tig·heid** obligingness, politeness; subservience.

ge·dier·te -*tes* animal(s), beast(s), creature(s); vermin, insect(s); monster; →DIERASIE.

ge·dif·fe·ren·si·eer(d) -*eerde* differentiated, distinguished; →DIFFERENSIEER. **ge·dif·fe·ren·si·eerd·heid** differentiation.

ge·dig -*digte, n.* poem; *(in the pl.)* verse, poetry, poems. **ge·dig·te** *(p.p.)* →DIG[1] *vb.*.

ge·ding -*dinge, (chiefly jur.)* action, case, lawsuit; quarrel; proceedings; *'n ~* ***aanhangig*** *maak, (jur.)* bring a suit; *iets is* ***in*** *die ~* s.t. is at issue; *'n ~ teen iem.* ***instel*** bring/institute an action against s.o., institute/start/take (legal) proceedings against s.o.; ***kort*** *~, (rare, Du.)* →SUMMIERE VERRIGTINGE; *met die* ***koste*** *van die ~* with costs of suit; *hulle* ***tree*** *in ~* they join issue; *met iem. in ~* ***tree*** join/take issue with s.o.. **~koste** costs of suit. **~voerder** litigant. **~voerend** -*rende* contending *(party)*.

ge·di·plo·meer(d) -*meerde, adj.* certified, qualified; diploma'd, diplomaed; certificated *(teacher)*; →DIPLOMEER. **ge·di·plo·meer·de** -*des, n.* diplomate.

ge·dis·il·lu·si·o·neer(d) -*neerde* disillusioned.

ge·dis·si·pli·neer(d) -*neerde* disciplined; →DISSIPLINEER.

ge·dis·til·leer(d) -*leerde* distilled; →DISTILLEER.

ge·dis·tin·geer(d) -*geerde* refined *(features)*, striking *(appearance)*, smart-looking *(clothes)*, distinguished *(air)*, distingué; →DISTINGEER; *~geerde persoon* person of distinction; *daar ~ uitsien* have style about one. **ge·dis·tin·geerd·heid** distinction.

ge·dob·bel dicing, gambling, gaming.

ge·doe →GEDOENTE.

ge·do·ë →GEDOOG.

ge·doe·del skirl(ing).

ge·doef thudding. **ge·doef-doef** pounding *(of pop music etc.)*.

ge·doem -*doemde* doomed, (ill-)fated; →DOEM *vb.*; *tot ... ~ wees* be doomed to ... *(failure, extinction, etc.)*; *tot mislukking ~ wees* be doomed to failure, be predestined to fail.

ge·doen·te -*tes* bustle, concern, doings, fuss, hubbub, goings-on, ado, to-do; do, affair; happening; *die* ***hele*** *~* the whole concern (*or [infml.]* shebang); *dis 'n* ***nare*** *~* it's a bad business; *'n* ***vervelende*** *~* a beastly nuisance; ***wat*** *'n ~!* what a business! *(infml.)*; *dit was 'n ~ van die ander* ***wêreld,*** *dit was 'n* ***yslike*** *~* it was a great to-do.

ge·doe·pa *(infml.: under the influence of drugs)* stoned, bombed/spaced (out), wasted; *lekker ~, (also)* bombed out of one's mind/skull.

ge·dog *(p.p.), (somewhat obs.)* →DINK.

ge·do·ku·men·teer(d) -*teerde* documented *(report)*; documentary *(evidence)*; →DOKUMENTEER.

ge·do·mi·si·li·eer(d) -*eerde, (jur.)* domiciled; →DOMISILIEER; *in ... ~ wees* be domiciled in ...

ge·domp -*dompte: ~te lig* dipped light, passing beam; →DOMP.

ge·dom·pel →DOMPEL.

ge·don·der thunder(ing); fulmination; *(joc.)* oration, declamation, harangue.

ge·doog *het ~, (fml.)* allow, permit, suffer, tolerate.

ge·dop -*dopte* decorticated; shelled; hulled; *(SA infml.)* failed *(in examination)*; →DOP *vb.*.

ge·do·rie·waar *interj., (somewhat obs.)* by gum!, really and truly!, upon my word!.

ge·dors -*dorste* threshed *(grain)*; →DORS[2] *vb.*.

ge·dos -*doste* dressed (up); →UITGEDOS.

ge·dra act/behave/bear/conduct/comport o.s.; *jou* ***beter gaan*** *~* mend one's ways/manners, turn over a new leaf; *jou* ***goed*** *~* behave well, be on one's best behaviour; render a good account of o.s.; ***jou*** *(goed) ~* behave (o.s.); ***jou*** *... ~* conduct o.s. ...; *~* ***jou!*** behave (yourself)!; *jou na die* ***reëls*** *~* conform (*or* live up) to the rules; *jou* ***sleg*** *~* behave badly, misbehave, act up, misconduct o.s.; render a poor account of o.s.; *hoe jy jou* ***teenoor*** *iem. ~* how one behaves towards s.o.; *jou* ***verspot*** *~* make a spectacle of o.s.; *jou* ***waardig*** *~* bear/comport o.s. with dignity.

ge·draad -*drade* filamented. **ge·draad·heg** -*hegte* stitched *(book)*; →DRAADHEG.

ge·draag·de: *~ klere, (obs., rare)* worn clothes.; →DRA.

ge·draai *n.* delay, lingering, tarrying; turning, twisting; dilly-dallying. **ge·draai(d)** -*draaide, adj.* contorted, convolute(d), twisted, tortuous; tortile, whorled; →DRAAI *vb.*. **ge·draaid·heid** twistedness, torsion.

ge·draal delay, lingering, loitering, tarrying.

ge·dra·e lofty, sustained; *(mus.)* legato. **ge·dra·en·heid** loftiness *(of style)*; legato quality.

ge·drag behaviour, conduct, demeanour; bearing, deportment; air, carriage; manners; ***goeie*** *~* good behaviour/conduct; *van* ***goeie*** *~ wees* be of good behaviour/conduct, be well-behaved; *bewys van* ***goeie*** *~* testimonial, certificate of conduct; *iem. se* ***onbesproke*** *~* s.o.'s impeccable behaviour; ***skandelike*** *~* shameful behaviour/conduct; ***slegte*** *~* bad behaviour/conduct; *jou ~* ***teenoor*** *iem* one's behaviour/conduct to(wards) s.o.; *iem. se* ***voorbeeldige*** *~* s.o.'s exemplary behaviour/conduct. **~sielkunde** behaviour psychology. **~syfer** (good-)conduct mark.

ge·drags-: **~afwyking** deviate conduct, deviation. **~kode** code of conduct. **~leer** behavio(u)rism. **~lyn** line/code of action/conduct, course (of action); policy; *'n ~ volg* follow/pursue/take a course (of action). **~patroon** behaviour(al) pattern. **~reël** rule of conduct/etiquette. **~wetenskap** behavio(u)ral science. **~wetenskaplik** -*like* behavio(u)ral.

ge·drang crowd, crush, squash, throng; *in 'n ~ beland* be caught in a crush; *in die ~ wees* be in question; *in die ~ kom, (s.o.)* be implicated in s.t.; *(s.t.)* be prejudiced.

ge·dra·peer(d) -*peerde* draped; →DRAPEER; *~peerde heuplyn* swathed hip line.

ge·drenk -*drenkte* saturated, sodden; imbued; →DRENK.

ge·dren·tel lounging, sauntering, dallying.

ge·dres·seer(d) -*seerde* trained, performing *(animal)*; →DRESSEER.

ge·dreun din, drone, droning, shaking, growl, boom; pounding *(of waves, hooves)*.

ge·dre·we *(p.p.)* driven; raised *(work)*; chased, embossed, beaten, wrought *(metal)*; →DRYF; ***elektries*** *~* electrically driven/operated; *~* ***metaal*** beaten metal; *deur die* ***nood*** *~* forced by necessity; *deur* ***stoom*** *~* driven/worked/propelled by steam, steam-driven; *~* ***werk,*** *(metalwork)* repoussé.

ge·drink -*drinkte, (also, infml.)* drunk(en), tipsy; →DRINK; *iem. is ~* s.o. has had one too many.

ge·drog -*drogte* monstrosity, freak (of nature). **ge·drog·te·lik** -*like* misshapen, monstrous. **ge·drog·te·lik·heid** monstrousness, monstrosity.

ge·dron·ge *(p.p.)* compact, terse *(style)*; *(rare)* stocky, thickset *(figure etc.)*; →DRING; *~ voel om ...* feel prompted/obliged/compelled to ... **ge·dron·gen·heid** compactness; terseness.

ge·droog -*droogde* dried; dehydrated *(vegetables)*; seasoned *(wood)*; →DROOG *vb.*; *~de vleis* biltong; jerky, jerked beef.

ge·dros -*droste* absconded; →DROS.

ge·druis -*druise* noise, roar, rumbling, rush; whirr(ing); pounding *(of waves, hooves)*.

ge·druk *n.* squeeze, squeezing; →GEDRANG. **ge·druk** -*drukte, adj.* printed *(matter, fabric)*; *(obs.)* dejected, depressed, dull, low-spirited; →BEDRUK *adj.*; *~te mark* bearish market; →DRUK *vb.*. **ge·drukt·heid** *(obs.)* dejection, depression, dullness; →BEDRUKTHEID.

ge·drup·(pel) drip(ping), drip-drop, dribble.

ge·dryf -*dryfde* driven; →DRYF.

ge·dug -*dugte* -*dugter* -*dugste* doughty, formidable, redoubtable; enormous, tremendous; daunting *(a task etc.)*; *... het iem. se naam ~ gemaak ...* made s.o.'s name feared; *~te pak slae* sound/severe thrashing, trouncing; *'n ~te teen-/teëstander* a formidable opponent. **ge·dugt·heid** formidability, formidableness; doughtiness.

ge·duld forbearance, patience; *~* ***beoefen/gebruik*** exercise patience; *~ hê met* ***domheid*** suffer fools gladly; *iem. het geen ~ met* ***domheid*** *nie* s.o. does not suffer fools gladly; *dit sal 'n* ***engel*** *se ~ op die proef stel* it is enough to try the patience of a saint; *~ (met ...)* ***hê*** have patience (with ...), be patient (with ...); *geen/nie ~ met ...* ***hê*** *nie* have no patience with ..., be impatient with ...; ***Job*** *se ~ hê* have the patience of Job; *iem. se ~ is* ***op*** *('n end)* s.o. is (*or* has run) out of patience, s.o.'s patience is exhausted (*or* at an end), s.o. has come to the end of his/her patience; *iem. se ~ het* ***opgeraak,*** *(also)* s.o.'s patience was worn out; *iem. se ~ op die* ***proef*** *stel* tax/try s.o.'s patience; *iem. stel sy/haar ~ erg op die* ***proef*** he/she finds s.o. a trial; *~* ***verloor*** lose (one's) patience, become impatient; *jou ~ met iem.* ***verloor*** lose patience with s.o.. **ge·dul·dig** -*dige* patient; forbearing; *~ wees met iem.* be patient with s.o., bear with s.o.; *so ~ soos Job wees* have the patience of Job; *papier is ~* →PAPIER. **ge·dul·dig·heid** forbearance, patience.

ge·dun -*dunde meer* -*dunde die mees* -*dunde: met ~de geledere* with depleted ranks.

ge·du·ren·de during; in the course of; *~ die naweek* over the weekend; *~ al dié jare* through(out) those years.

ge·durf -*durfde, adj.* daring, reckless; risqué. **ge·durfd·heid** *n.* daring, recklessness, bravado.

ge·du·rig -*rige, adj.* constant, continual, incessant, perpetual; continued *(fraction, product, proportion)*. **ge·du·rig(·deur)** *adv.* constantly, continually, incessantly, unceasingly, perpetually; at all hours (of the day and/or night); be forever *(doing s.t.)*; *~ iets sê* keep saying s.t..

ge·dwar·rel whirl(ing).

ge·dwee -*dweë* -*dweër/-dweëner* -*dweeste/-dweënste* (*of meer ~ die mees -dweë)* meek, tame, pliable, submissive, tractable; sheeplike, passive; *so ~ soos 'n lam* as meek as a lamb; *~ wees, (also)* eat out of s.o.'s hand. **ge·dwee(n)·heid** meekness, pliability, submissiveness.

ge·dweep →DWEPERY.

ge·dwon·ge *(p.p.)* compulsory *(sale)*, constrained *(manners)*, enforced *(holiday)*, forced *(labour, smile)*, strained *(laugh)*, laboured *(gaiety)*, forcible *(feeding)*, emergency *(landing)*, unnatural *(demeanour)*, forced *(loan)*; →DWING; *~ huwelik* forced/shotgun marriage. **ge·dwon·gen·heid** constraint, forcedness.

ge·dy *het ~* flourish, prosper, thrive, do well; *(plants)* succeed; *in iets ~, (plants)* luxuriate in s.t..

gee *ge-* give, present with; afford, produce, yield; bestow, confer, grant; give out *(heat)*; cause *(trouble)*; impart *(colour)*; bear *(interest)*; set *(an example)*; *jou* ***aan*** *... ~* throw o.s. into ... *(one's work etc.)*; *iets* ***aan/vir*** *iem. ~* give s.t. to s.o.; let s.o. have s.t.; *iem. iets ~ (om te* ***eet****)* help s.o. to s.t.; *eers ge- en dan* ***geneem,*** *is erger as 'n dief gesteel* a gift always remains a gift; →GEGEWE; *dit (of die stryd)* ***gewonne*** *~* →GEWONNE; *mag* ***God*** *~ dat ...* would to God that ...; *wie gou ~, ~ dubbel* he gives twice who gives in a trice; *aan wie* ***het,*** *sal ge- word, (idm., <Matt. 13:12)* whoever has, to him shall be given; ***jou*** *~ soos jy is* be without affectation; *iets te* ***kenne*** *~* →KEN[2] *vb.*; *'n* ***konsert*** *~* →KONSERT; ***leiding*** *~* →LEIDING; ***les*** *~* teach, give lessons; *'n* ***mening*** *~* →MENING; *iets ~* ***moeite*** →MOEITE; *iem. (baie)* ***moeite*** *~* →MOEITE; *~* ***en neem*** give and take; *van ...* ***rekenskap*** *~* →REKENSKAP; ***ruimskoots*** *~* loosen the purse strings; *iem. die* ***skuld*** *~* →SKULD *n.*; ***tekens*** (*of 'n/die* ***teken****) ~* →TEKEN *n.*; *iem.* ***tyd*** *~ om te ...* →TYD; *'n* ***uitvoering*** *~* →UITVOERING; ***verligting*** *~* →VERLIGTING[2]; *iem. te* ***verstaan*** *~* →VERSTAAN; *(aan) iets* ***vorm*** *~* →VORM *n.*; *jou* ***woord*** *~* →WOORD.

ge·ëelt *geëelte* calloused.

ge·ëer(d) *geëerde* honoured, respected; →EER[1] *vb.*. **ge·ëet** *geëte* eaten, devoured; →EET. **ge·ëg**[1] *geëgte, (obs.)* legitimised; married; →EG[1] *vb.*. **ge·ëg**[2] *geëgde* harrowed; →EG[2] *vb.*. **ge·ëis** *geëiste* demanded; →EIS. **ge·ëk·sal·teer(d)** *-teerde* intensely exited; elated, ecstatic, rapturous, transported.

geel *gele, n.* (shade of) yellow; yolk *(of an egg)*; *die/'n gele* the/a yellow one; *die geles* the yellow ones; *die ~/gele van ses eiers* the yolks of six eggs. **geel** *geel geler geelste, adj.* yellow; *die ~* ***baadjie*** *aanhê* →BAADJIE; *die ~* ***gevaar,*** *(derog., chiefly hist.: perceived mil./pol. threat posed by Asian nations, esp. Chin.)* the yellow peril *(also Y~ P~)*; *G~* ***Gids*** = GEELBLADSYE; *~* ***kaart,*** *(soccer, rugby)* yellow card; *~* ***kwiksalf*** yellow ointment; *die* ***lig*** *wys ~* the (traffic) light is showing amber; *die ~* ***metaal,*** *(infml.: gold)* the yellow metal; *~* ***mielie/perske/piesang/suiker/wortel*** →GEELMIELIE, GEELPERSKE, GEELPIESANG, GEELSUIKER, GEELWORTEL; *die ~* ***pak*** *aanhê* →DIE GEEL **BAADJIE** AANHÊ; *'n ~* ***perd*** a dun horse; *die ~* ***pers,*** *(journ.: tabloid press)* the yellow press; *die ~* ***rasse,*** *(derog., obs.)* the yellow races; *die G~* ***Rivier,*** *(Chin.)* the Yellow River, Hwang Ho, Huang He; *die G~* ***See,*** *(between Korea & NE Chin.)* the Yellow Sea; *~* ***streep,*** *(road sign)* yellow line; *~* ***trui,*** *(cycling)* yellow jersey; *~* ***word*** turn yellow. **~aronskelk** *(Zantedeschia pentlandii)* golden arum (lily). **~baadjie:** *~ wees* = DIE GEEL **BAADJIE** AANHÊ. **~bek** *(icht.: Actractoscion aequidens)* geelbek, Cape salmon. **~bekbosduif** *(Columba arquatrix)* African olive pigeon, rameron (pigeon). **~bek(eend)** *(Anas undulata)* yellow-billed duck. **~bekmalmok** *(Diomedea chlororhynchos)* yellow-nosed albatross. **G~bladsye** *n. (pl.), (trademark: classified teleph. directory)* Yellow Pages. **~bleek** *adj.* sallow. **~blommetjie** *(Sutera atropurpurea)* Cape saffron. **~boek** *(French official publication)* yellow book. **~bos** *(Leucadendron laureolum)* geelbos; *(Galenia africana)* yellow bush, kraalbos. **~brand** *geelge-* dip *(brass)*. **~bruin** tan, tawny, ochre, cinnamon, fulvous. **~dikkop** *(sheep disease)* tribulosis. **~fosfor** yellow/white/ordinary phosphor. **~gat** *-gatte, (orn., regional)* Cape bulbul; black-eyed bulbul; →TIPTOL. **~geswel** *(pathol.)* xanthoma; →XANTOOM. **~gietery** brass foundry. **~gom** gamboge. **~gors** *(orn., Eur.: Emberiza citrinella)* yellowhammer. **~goud** antique gold. **~granaat** *(bot.: Rhigozum obovatum)* Kar(r)oo gold; *(min.)* topazolite. **~griep** *(infml.)* Asian flu. **~groen** *n.* pea green, pistachio (green). **~groen** *adj., (pred.)* pea green, *(attr.)* pea-green, pistachio(-green). **~grond** *(min.)* yellow ground, kimberlite. **~grys** bisque. **~haak(doring)** *(Acacia senegal)* three-thorned acacia. **~haarnooi** flaxen/golden blonde. **~halmvlieg** *(crop pest: Chlorops tumilionis)* gout fly. **~hout** *(Podocarpus* spp.*)* yellowwood; *Wes-Indiese ~* fustic, fustoc. **~k(a)lossie** *(bot.: Ixia maculata)* yellow ixia. **~kapel** →GEELSLANG. **~keur(boom)** *(Calpurnia* spp.*)* laburnum. **~keurtjie** *(bot.: Crotalaria capensis)* Cape laburnum/rattlepod. **~koors** yellow fever, yellow Jack; aegyptianellosis *(in fowls)*. **~kop(pie)** *(bot.: Liparia splendens)* mountain dahlia, orange nodding-head. **~koper** brass, yellow copper. **~koperband** brass tape. **~koperbeslag** brass furnishing. **~koperplaat** brass sheet. **~kuifpikkewyn** *(Eudyptes chrysocome)* rockhopper penguin. **~kwarts** citrine. **~lood** yellow litharge. **~margriet** *(Euryops abrotanifolius)* geelmargriet. **~meerkat** →WITKWASMUISHOND. **~metaal** *(metall.: brass consisting of 60 % copper and 40 % zinc)* yellow metal. **~mielie** yellow maize/mealie. **~mier** *(Lasius flavus)* yellow ant, meadow ant. **~oogkanarie** *(Serinus mozambicus)* yellow-eyed canary. **~pak:** *die ~ aanhê* →DIE GEEL **BAADJIE** AANHÊ. **~perske** yellow (clingstone) peach. **~perskereën** *(infml.)* soft continual (late-)summer rain. **~pienk** bisque. **~piesang** →KRAANVOËLBLOM. **~roes** stripe rust, yellow rust. **~rooi** saffron. **~rys** yellow rice, rice with turmeric. **~rysheide** *(Erica lutea)* geelrys heath. **~siekte** cattle jaundice. **~slang, ~kapel, Kaapse kobra, koperkapel, bruinkapel** *(Naja nivea)* Cape/yellow cobra. **~stert** *(icht.: Seriola* spp.*)* yellowtail; *groot ~, (S. dumerili)* greater yellowtail; *reuse~, (S. lalandi)* giant yellowtail, albacore, yellowtail amberjack; →HALFKOORD. **~sug** *(med.)* jaundice, icterus; *(bot.)* chlorosis. **~suglyer** icteric. **~sugtig** *-tige* jaundiced, icteric. **~suiker** yellow sugar. **~suring** *(Oxalis pes-caprae)* yellow dock/sorrel. **~tulp** *(Homeria* spp.*)* homeria. **~viooltjie** *(Lachenalia tricolor)* three-coloured/yellow-flowered lachenalia. **~vis** *(Barbus* spp.*)* yellowfish; *Clanwilliam~, (B. capensis)* Clanwilliam yellowfish; *Natalse ~, (B. natalensis)* scaly. **~vlek** *(plant disease)* yellow spot. **~wording** yellowing *(of maize)*. **~wortel** carrot; Indian safflower.

geel·heid yellowness.

ge·ë·mal·jeer(d) *-jeerde,* **ge·ë·nem·mel** *-melde* enamelled; →EMALJEER. **ge·ë·man·si·peer(d)** *-peerde* emancipated; →EMANSIPEER. **ge·ëm·plo·jeer·de** *-des* employee; →EMPLOJEER. **ge·ë·mul·geer(d)** *-geerde* emulsified; →EMULGEER.

geen[1], **g'n** *adj. & pron.* no, not a, not any; not one, none; →GEENSINS; *~ van* ***beide*** →BEIDE; *~* ***deurgang*** →DEURGANG; *iem. het ~ bloue* ***duit*** *nie* →BLOU *adj.*; *daar is/kom ~* ***einde*** *aan nie* →EINDE; *dit is ~* ***Engels/ens.*** *nie* that is not English/etc.; ***glad*** *~ ... nie* no ... at all; *~ appels/ens.* ***hê*** *nie* not have any apples/etc.; *~ ...,* ***hoe*** *groot ook (al)* no amount of ...; *~ ...* ***hoegenaamd*** *nie,* ***hoegenaamd*** *~ ... nie* no ... of any description; *nog ~ 16/ens.* ***jaar*** *wees nie* be no more than 16/etc. (years old); *ek het ... in ~* ***jare*** *gesien nie* →JAAR; *iem. is ~* ***klap/skop*** *werd nie* s.o. is not worth worrying about; *~* ***mens*** *nie* →MENS[1] *n.*; *vir ~* ***mens*** (of *vir* ***niemand****) stuit nie* not be afraid of anyone; ***min/weinig*** *of ~* hardly any; few if any; *~* ***minuut*** *later nie* not a minute later; *~* ***oomblik*** *aarsel nie* not hesitate for a moment; *~* ***steek*** *(werk) doen nie* →STEEK *n.*; *~* ***stuk*** *nie* →STUK; *dit ly ~* ***twyfel*** (of *daar is ~* ***twyfel*** *aan) nie* →TWYFEL *n.*; *~* ***vriend*** *van iem. wees nie* be no friend of s.o., not be one of s.o.'s friends; *~* ***wonder*** *nie!* →WONDER *n.*; *~* ***woord*** *nie* →WOORD. **~bal** no-ball. **~een** no one, not one, nobody, none; *hulle is ~ ... nie* not one of them is ..., none of them is/are ...; *~ van hulle ken nie* not know any of them, know none (or not one) of them; *~ van die twee ken nie* not know either (of them). **~-eisbonus** no-claim bonus.

geen[2] *gene, (biol.)* gene; →GENE-. **~terapie** gene therapy.

ge·ën·dos·seer·de *-des, n.* endorsee; →ENDOSSEER. **ge·ë·nem·mel** →GEËMALJEER(D).

geen·sins by no means, not at all, not in any way, *(infml.)* not by a long shot.

ge·ënt *geënte* grafted; inoculated, vaccinated; →ENT[2] *vb.*; *~e rivier* engrafted river.

geep *gepe, (icht., N hemisphere: Belone vulgaris)* garfish.

geer *gere, n., (rare: dressm.)* gore. **geer** *ge-, vb.* gore, shape a gore. **~plaat** gusset (plate).

ge·ër *geërs* →GEWER. **ge·ë·ry** giving.

ge·ërd *geërde* earthed (up), mounded, moulded (up); →OPERD.

ge·ërf *geërfde* inherited; patrimonial; →ERF[2] *vb.*; *~de rivier* superimposed river.

ge·ërg *geërgde* irritated, annoyed; →VERERG.

gees *geeste* spirit; mind; wit; genius; ghost, spectre, apparition, wraith; morale; mettle; *die* ***armes*** *van ~* the poor in spirit; *'n ~* ***ban,*** *(obs.)* exorcise a spirit; *'n ~* ***besweer*** lay a ghost; *iem. se ~* ***blus*** kill s.o.'s enthusiasm; *'n* ***bose*** *~* an evil spirit; an evil genius; *'n* ***bose*** *~ besweer/uitdryf/uitdrywe* exorcise an evil spirit; *iem. se* ***breedheid/ruimheid*** *van ~* s.o.'s breadth of vision, s.o.'s wide vision; *in* ***dieselfde*** *~* in the same spirit; in the same sense; in the same vein; *die ~* ***gee,*** *(infml.)* draw one's last breath, breathe one's last, give up the ghost; *iets* ***gee*** *die ~, (infml.: an engine etc.)* s.t. conks out; *'n* ***gesonde*** *~ in 'n gesonde liggaam* a sound mind in a sound body; *daar heers 'n* ***gevaarlike*** *~* there is a dangerous spirit abroad; ***groot*** *~* leading figure *(of a cause/movement)*; *iem. is geen* ***groot*** *~ nie* s.o. is no shining light; *hoe groter ~ hoe* ***groter*** *bees, (idm.)* great and good are not the same; *die* ***Heilige*** *G~, (Chr. relig.)* the Holy Spirit; ***in*** *die ~* in (the) spirit; ***in*** *die ~ by iem. wees* be with s.o. in (the) spirit; *die* ***jeugdiges*** *van ~* the young at heart; ***jonk*** *van ~ wees* be young at heart; *die* ***letter*** *maak dood, die G~ maak lewend, (NAB: 2 Cor. 3:6)* the letter kills, but the Spirit gives life *(NIV)*; *na die* ***letter*** *en die ~* →LETTER *n.*; *iets in die regte/verkeerde ~* ***opneem/opvat*** take s.t. in the right/wrong spirit; *'n ~* ***oproep*** raise a ghost; *as die ~ iem.* ***pak*** when the spirit moves s.o.; *iets voor die ~* ***roep*** call up s.t.; *dit* ***roep*** *iets voor die ~* it brings back s.t. (to memory), it brings/calls s.t. to mind; *iem. kan hom/haar dit nog helder/lewendig voor die ~* ***roep,*** *dit* ***staan*** *iem. nog duidelik/helder voor die ~* s.o. has a vivid recollection of it, it stands out in s.o.'s memory; *iem. se* ***ruimheid*** *van ~* →***breedheid/ruimheid;*** *in 'n ~ van* ***samewerking*** in a cooperative/co-operative spirit; *die ~ in 'n* ***skool*** the tone of a school; ***soos*** *'n ~ lyk, (thin, pale, wasted)* look like a ghost; *~ van* ***sout,*** *(chem., arch.)* spirits of salt, hydrochloric acid; →SOUTSUUR *n.*; *die ~ bo die* ***stof*** mind over matter; *dit* ***sweef/swewe*** *iem. voor die ~* s.o. has a (faint) recollection of it; *die ~ van die* ***taal*** the genius of the language; *iem. se* ***teenwoordigheid*** *van ~* s.o.'s presence of mind; *die* ***teenwoordigheid*** *van ~ hê om ...* have the presence of mind to ...; *iem. behou sy/haar* ***teenwoordigheid*** *van ~* s.o. does not lose his/her presence of mind, s.o.'s presence of mind does not desert him/her; *die ~ van die* ***tyd*** the spirit of the times; *'n negatiewe ~ het van iem.* ***uitgestraal*** negative vibes emanated from s.o.; *'n positiewe/negatiewe/ens. ~* ***uitstraal*** emit/spread (or give off) good/bad/etc. vibes; *die ~* ***vaar*** *in iem.* (of *word oor iem.* ***vaardig****)* the spirit moves s.o., the mood is on s.o.; *~* ***vang,*** *(infml.)* get into the party spirit, catch the vibes; *'n* ***verdorwe*** *~* a warped mind; *dit* ***verruim*** *die ~* it broadens the mind; *die ~ is gewillig, maar die* ***vlees*** *is swak, (NAB: Matt. 26:41)* the spirit is willing, but the body is weak *(NIV)*, the spirit indeed is willing, but the flesh is weak *(AV)*; *iem. se* ***vlugheid*** *van ~* s.o.'s quick-wittedness; ***vol*** *~* spirited; *in ~ en in* ***waarheid*** in spirit and truth. **~dodend, ~dodend** *-dende* soul-killing, -destroying, dull, monotonous; *~e werk* drudgery. **~drif** *(no pl.)* ardour, enthusiasm, zeal, verve; *van ~ vir ...* ***oorloop*** go overboard about/for ... *(infml.)*; *iem. se ~* ***vir*** *iets* s.o.'s enthusiasm about/for s.t.; ***vol*** *~* full of enthusiasm; full of verve; *~ vir iets* ***wek*** arouse enthusiasm for s.t.. **~driftig** *-tige* ardent, enthusiastic, zealous; rousing *(reception)*; *iets* ***maak*** *iem. ~* s.t. fills s.o. with enthusiasm; ***oor*** *iets ~ wees* be enthusiastic about/over s.t., enthuse about/over s.t.; *oor iets ~* ***raak/word*** become/get enthusiastic about/over s.t.; *~ oor jou onderwerp* ***raak,*** *(also)* warm to one's subject. **~drywer** *(rare)* fanatic, zealot. **~drywery** *(rare)* fanaticism, zealotry. **~genoot** like-minded person, kindred spirit. **~krag** energy, spirit, strength of mind. **~ryk** *-ryke* ardent, ingenious, witty; spirituous; *~e dranke, (obs.)* spirituous liquors, strong drinks. **~rykheid** wittiness, wit; spirituosity, spirituousness; *(obs.)* strength *(of drinks)*. **~verheffend** *-fende* edifying, elevating, noble, sublime. **~vermoë** = GEESTESVERMOË. **~verrukking** = GEESTESVERRUKKING. **~verskyning** apparition, ghost, phantom, phantasm, spectre. **~verwant** *-wante, n.* kindred soul, congenial spirit; adherent, follower. **~verwant** *-wante, adj.* congenial, like-minded. **~verwantskap** congeniality of spirit/mind, mental affinity.

gees·te-: **~banner** *(rare)* exorcist. **~banning** *(rare)* exorcism. **~besweerder** excorcist; necromancer. **~beswering** necromancy, conjuring up of the spirits; psychomancy; →GEESTEBANNING. **~klopper** spirit rapper. **~leer** demonology; *(theol.)* pneumatology; spiritualism, spiritism. **~oproeper** necromancer. **~ryk** spirit world. **~sieke** = SIELSIEKE. **~siekte** = SIELSIEKTE. **~siener** spiritualist, visionary. **~stoornis, ~storing** = GEESTESONGESTELDHEID. **~stroming** spiritual trend; cultural trend. **~-uur** ghostly hour, witching hour. **~wêreld** →GEESTERYK.

gees·te·dom host of spirits.

gees·te·lik *-like, adj.* immaterial, spiritual *(being)*; intellectual, mental *(faculties)*; ecclesiastical *(matters)*; religious *(orders)*, sacred *(songs)*; devotional *(books)*; clerical *(robes)*; *~e* ***afwyking*** mental aberration; *~e* ***amp***

office in the church, spiritual/ecclesiastical/sacerdotal office; *~e* ***arbeid,*** *(obs.)* mental work; *~e* ***ewewig*** balance of the mind; *~e* ***gestremdheid*** mental handicap; *~e* ***lewe*** spiritual life, life of the spirit; *~e* ***mishandeling/teistering*** mental cruelty; *~e* ***siekte*** psychiatric illness; *die ~e* ***stand*** the cloth; *~e* ***voorbehoud,*** *(rare)* mental reservation; *~e* ***welsyn*** spiritual welfare. **gees·te·lik** *adv.* spiritually; mentally, intellectually; *iem. ~ opbou* edify s.o.; *~ versteurd wees* be mentally deranged. **gees·te·li·ke** =*kes, n., (Prot.)* clergyman, divine, minister, cleric, parson; *(RC)* priest; *(rhet.)* man of the cloth. **gees·te·lik·heid** clergy; spirituality; immaterial existence.

gees·te·loos =*lose* dull, insipid, senseless, spiritless; pointless, vapid, inane; mindless. **gees·te·loos·heid** dul(l)ness, insipidity, vapidity.

gees·tes=: **~adel** mental nobility. **~arbeid** brainwork, mental work. **~armoede** dul(l)ness. **~beeld** mental image. **~beskawing** mental culture/refinement. **~gawe** mental faculty/gift, intellectual gift/power. **~gebrek** mental defect. **~gesondheid** sanity, mental health, mental hygiene. **~gesteldheid** mental state, state of mind, mentality, cast/temper of mind. **~goed(ere)** spiritual assets/possessions. **~higiëne** mental hygiene. **~houding** mental attitude. **~kind** brainchild; spiritual heir. **~kwelling** mental torture. **~lewe** cultural life, culture, life of the spirit. **~lyding** mental suffering. **~moord** menticide. **~normaalheid** sanity. **~ongesteldheid** mental disturbance/derangement/disorder. **~ontwikkeling** intellectual development. **~ontwrigtend** *(rare)* psychedelic, psychodelic. **~oog** the mind's eye, the mental eye; *voor iem. se ~* in s.o.'s mind's eye. **~rigting** attitude of mind; spiritual tendency/trend. **~toestand** mental condition, state of mind. **~vermoë** =*moëns* (mental) power; *(in the pl.)* (mental) faculties; *in die volle/ongesteurde/ongestoorde besit van jou ~* in one's sound and sober senses. **~verrukking** ecstasy, exaltation, rapture; trance; nympholepsy. **~versteuring** = GEESTESONGESTELDHEID. **~vervoering** →GEESTESVERRUKKING. **~voedsel** food for thought (*or* the mind), mental nourishment. **~wêreld** spiritual world. **~werksaamheid** cerebration, mental activity. **~wetenskappe** humanities, mental and moral sciences.

gees·(tes·)krag mental power, intellectual power/energy.

gees·tig =*tige* witty, smart; saucy, forward; pointed; *~e gesegde* witticism. **gees·tig·heid** wit, wittiness; joke, quip, witticism.

ge·ëts *geëtste* etched; →ETS *vb.*.

geeu *geeue, n., (obs., rare, <Du.)* yawn. **geeu** *ge=, vb.* yawn. **~honger** *(med., psych.)* canine hunger, bulimia, bulimy.

ge·ë·we·re·dig =*digde* proportionate, commensurate; *~ aan ...* proportional/proportioned to ...

ge·fa·bri·seer(d) =*seerde* fabricated, man-made; →FABRISEER.

ge·far·seer(d) =*seerde, (rare, cook.)* stuffed, forced *(meat);* →FARSEER.

ge·fat·soe·neer(d) =*neerde* shaped; moulded; form-fitting; fashioned; →FATSOENEER; *~neerde rand* shaped edge.

ge·fels =*felste* welted; →FELS *vb.*.

ge·fik·seer =*seerde* fixed; fixated; →FIKSEER; *~de stikstof* fixed nitrogen.

ge·fin·geer(d) =*geerde, (rare)* fictitious, made-up, simulated *(account);* →FINGEER.

ge·flad·der flutter(ing), flitting; *'n (kwaai/taamlike) ~ in die hoenderhok, (fig., infml.)* panic stations.

ge·flak·ker flare *(of flames).*

ge·flans →SAAMGEFLANS.

ge·flat·teer(d) =*teerde, (rare)* flattered; flattering *(portrait);* →FLATTEER.

ge·flens =*flensde* flanged; →FLENS *vb.*.

ge·flik·flooi coaxing, fawning, wheedling.

ge·flik·ker flash(ing), glitter(ing), sparkle, sparkling, twinkle, twinkling.

ge·flirt flirtation, flirting.

ge·flits *n.* flashing. **ge·flits** =*flitste, adj.* flashed; →FLITS *vb.*.

ge·flous =*flousde* tricked; →FLOUS.

ge·fluis·ter whisper(ing), susurration.

ge·fluit whistling; warbling *(of birds);* catcalls *(at a public meeting etc.);* wheezing *(of the chest).*

ge·foe·lie =*liede* foiled; foliate(d); →FOELIE *vb.*.

ge·foe·ter botheration; nonsense; →FOETER.

ge·fok *n., (taboo sl.)* fucking. **ge·fok** *adj., (taboo sl.)* fucked.

ge·for·seer(d) =*seerde* strained, forced, contrived, unnatural; *(mus., It.)* sforzando, sforzato; →FORSEER; *~seerde mars* forced march. **ge·for·seerd·heid** forcedness, constraint.

ge·for·tu·neer(d) =*neerde, (rare)* comfortably off, rich, wealthy; *'n ~neerde man/vrou* a man/woman of means.

ge·fos·si·leer(d) =*leerde* fossilised, fossil; →FOSSILEER.

ge·frag·men·teer =*teerde* fragmented; →FRAGMENTEER.

ge·frak·si·o·neer(d) =*neerde* fractionated; →FRAKSIONEER; *~neerde distillasie* fractional distillation.

ge·fran·keer(d) =*keerde* stamped, post-paid, postage (pre)paid; →FRANKEER; *~keerde koevert* stamped envelope.

ge·frees =*freesde* fraised; milled *(edge);* →FREES *vb.*.

ge·from·mel(d) =*melde* crumpled; →FROMMEL *vb.*.

ge·frons =*fronste* furrowed, corrugated, puckered, knitted *(brow);* →FRONS *vb.*.

ge·fuif carousing, feasting, revel(ling), *(sl.)* booze-up.

ge·fun·deer(d) =*deerde* funded *(debt);* →FUNDEER.

ge·gaap gaping, yawning.

ge·ga·dig·de =*des, (rare)* prospective buyer/tenant/*etc.*; interested party.

ge·gaf·fel(d) =*felde* dichotomous, furcate; →GAFFEL.

ge·galm booming, clanging; chant(ing), bawling, singsong.

ge·gal·va·ni·seer(d) =*seerde* →GALVANISEER.

ge·ga·ran·deer(d) =*deerde* guaranteed, warranted; →GARANDEER.

ge·geer(d) =*geerde* →GEER *vb.*.

ge·gek·skeer *n.* →GEKSKEERDERY.

ge·ge·we =*wens, n.* datum, information; premise, premiss; evidence, material, data. **ge·ge·we** *adj. (p.p.)* given; *~* ***bedrag*** stated amount; ***eers*** *~,* ***bly*** *~* (of *eers ~, dan genome, is erger dan 'n dief gestole)* a present is a present, a gift always remains a gift; →GEE; *in die ~* ***geval*** in the present instance; *~* ***in*** *Bloemfontein/ens., (jur.)* given at Bloemfontein/etc.; *op 'n ~* ***oomblik*** at a given moment, at a particular moment; *moenie 'n ~* ***perd*** *in die bek kyk nie* →PERD.

ge·ge·wens=: **~beskerming** data protection. **~versameling** data set.

ge·gier scream(ing), yell(ing).

ge·giet =*giete* poured; →GEGOTE, GIET.

ge·gig·gel giggling, sniggering, tittering, snicker.

ge·gil →GEGIER.

ge·gin·ne·gaap sniggering.

ge·gis[1] *n.* guessing; speculation. **ge·gis** =*giste, adj.* guessed; →GIS[2] *vb.*.

ge·gis[2] =*giste, adj.* fermented; →GIS[1] *vb.*.

ge·glans =*glansde* glazed; calendered *(paper);* →GLANS *vb.*; *~de lint* glacé ribbon.

ge·gla·seer(d) =*seerde* glacé, glazed, crystallised *(fruit);* →GLASEER.

ge·gla·suur(d) =*suurde* glazed *(tile);* →GLASUUR *vb.*.

ge·gleuf =*gleufde* grooved, fluted; slotted; →GLEUF *vb.*.

ge·goed =*goede* comfortable, propertied, moneyed, affluent, wealthy *(classes),* in easy circumstances, well-off, well-to-do. **ge·goed·heid** affluence, easy circumstances, wealth.

ge·go·ël *n.* juggling, sleight of hand, legerdemain; →GOËLERY.

ge·golf =*golfde* wavy, sinuous *(lines);* corrugated *(iron, paper);* undulate(d), undulating, waving, wavy; (artificially) waved *(hair);* ribbed *(tube); (bot.)* anfractuose, anfractuous, undate, gyrose, sinuate; *~de plaat* corrugated sheet; *'n blaar met 'n ~de rand, (bot.)* a repand leaf. **ge·golfd·heid** waviness.

ge·gom =*gomde* gummed; →GOM *vb.*.

ge·gons buzz(ing), droning, drone, hum *(of insects),* humming *(of wires),* whirr *(of wheels/wings).*

ge·gor rumbling *(in s.o.'s stomach).*

ge·gord =*gorde* belted; →GORD *vb.*.

ge·go·te *(p.p.)* cast *(iron, steel),* pressed *(glass);* molten *(image);* →GIET; *~ letters* movable type.

ge·grab·bel *(rare)* grabbing, grabbling, scramble, scrambling.

ge·gra·deer(d) =*deerde* graded; →GRADEER.

ge·gra·du·eer(d) =*eerde, adj.* graduate(d); →GRADUEER. **ge·gra·du·eer·de** =*des, n.* graduate.

ge·gra·nu·leer(d) =*leerde* granulated; →GRANULEER.

ge·gra·ti·neer(d) =*neerde, (cook.)* au gratin *(Fr.);* →GRATINEER; *gegratineerde aartappels/ertappels* potatoes au gratin.

ge·gra·veer(d) =*veerde* engraved, chased; →GRAVEER.

ge·gren·del =*delde* bolted, barred; interlocked; →GRENDEL *vb.*.

ge·grens crying, howling, snivelling.

ge·grief =*griefde* resentful, aggrieved; →GRIEF *vb.*; *erg ~ voel oor iets* resent s.t. bitterly/strongly. **ge·griefd·heid** resentment, resentfulness, sense of grievance, aggrievedness.

ge·grif =*grifte* incised, graven, graved; →GRIF[2] *vb.*.

ge·grin·nik grinning, sniggering.

ge·groef =*groefde* furrowed, lined *(face);* fluted *(pillar); (bot., sc. & tech.)* canaliculate(d), channelled, grooved; *(archit.)* chamfered; scored, striate(d), sulcate(d); *(entom.)* strigose; →GROEF *vb.*; *'n ~de gesig* a lined face.

ge·groet *interj.* hail, greetings; →GROET *vb.*.

ge·grom rumbling, growl(ing), grunting, snarl(ing).

ge·grond =*gronde* well-founded, well-grounded, just(ifiable), valid *(argument);* →GROND *vb.*; *~e* ***argument*** solid argument; ***goed*** *~, (jur.)* well-taken; *~e* ***hoop*** legitimate hope; ***op*** *... ~ wees* be founded (*or [fml.]* predicated) on/upon ...; *~e* ***redes*** sound/valid reasons; strong motives; proper cause; *~e* ***twyfel*** reasonable doubt; *~e* ***vrees*** just fear. **ge·grond·heid** justice, justness, soundness, validity.

ge·gruis =*gruisde* gravelled; →GRUIS *vb.*.

ge·haak =*haakte* hooked; *(obs.)* crocheted; →HAAK *vb.*.

ge·haat =*hate* hated, hateful, odious; →HAAT *vb.*; *jou ~ maak* make o.s. hated; *die mees gehate ...* the best/most hated ...

ge·had *(p.p.)* had; →HÊ; *ek het die boek toe nog nie gelees ~ nie* I had not (yet) read the book at that time.

ge·hak·kel stuttering, stammering.

ge·hal·te quality, standard; calibre *(fig.);* grade; alloy *(of metals);* proof *(of alcohol/ore);* content; *(chem.)* titre *(of a solution);* →ALKOHOLGEHALTE; *van die* ***beste/suiwerste*** *~ wees* be of the best/finest quality; *nie van* ***dieselfde*** *~ as ... wees nie* not be in the same class (*or [infml.]* league) as ...; *die ~ van 'n* ***gesprek*** *laat daal* lower the tone of a conversation; ***getal*** *en ~* →GETAL; *die* ***gewenste/vereiste*** *~ bereik, van die* ***gewenste/vereiste*** *~ wees* be/come up to standard, be up to the mark; *van* ***goeie/hoë*** *~ wees* be of good/high quality; ***innerlike*** *~* intrinsic value; *olie/ens. van* ***lae*** *~* low-grade oil/etc.; *van* ***lae/slegte/swak*** *~ wees* be of low/poor quality; ***letterkundige*** *~* literary merit; ***sedelike*** *~* moral worth; *geselskap van die* ***slegste*** *~* company of the worst sort; *grappe van* ***twyfelagtige*** *~* jokes in questionable taste; *iem.* ***van*** *sy/haar ~* s.o. of his/her calibre; *artikels van* ***voortreflike*** *~* articles of quality. **~beheer** quality control. **~koerant** quality (news)paper. **~tyd** quality time. **~versekering** quality assurance.

ge·ha·mer hammering, strumming; pounding *(of the heart).*

ge·hand =*hande, adj.: links/regs ~, (obs., rare)* →LINKSHANDIG, REGSHANDIG.

ge·hand·haaf -haafde kept up, maintained; →HANDHAAF; *~de rivier* antecedent river.

ge·hand·skoen -skoende gloved.

ge·hap -hapte bitten; chipped; →HAP *vb.*.

ge·hard -harde tempered *(steel)*, chilled *(iron)*; hardened, hardy, tough, rugged; seasoned, fit *(soldier)*; *iem. ~ maak* toughen up s.o.; *'n ~e misdadiger* a hard-core criminal; *teen iets ~ wees* be steeled against s.t. *(adversity etc.)*; be inured to s.t. *(pain etc.)*; *teen die klimaat ~ wees* be acclimatised. **ge·hard·heid** temper; hardiness, inurement.

ge·har·nas -naste armoured, in armour, mailed, mailclad.

ge·har·war confusion; bickering(s), squabble(s), wrangling; →HARWAR.

Ge·ha·si Gehazi; *van waar, ~?, (2 Kings 5:25)* where do you suddenly come from?.

ge·has·pel *(rare)* bungling, botching; bickering(s), wrangling; trouble.

ge·ha·wend -wende battered, dilapidated, *(infml.)* beatup; tattered, in rags/shreds, raddled, raggle-taggle; *erg ~ daar uitsien* be in rags and tatters.

ge·heel -hele, *n.* whole; entirety, total(ity); aggregate; ensemble; *die groot ~* the sum total, the totality; *in die ~* as a whole; altogether; in the main; all round; *tien/ens. in die ~* ten/etc. in all; *in die ~ nie* not at all; *in sy ~* as a whole; in its entirety/totality; in full; in total; *iets in sy ~ beskou* take a global view of s.t.; *oor die ~ (geneem)* in general, on the whole, in the aggregate, by and large. **ge·heel** -hele, *adj.* complete, entire, total, whole, undivided, integral. **ge·heel** *adv.* all, completely, entirely, quite, wholly; *~ en al* totally, wholly, altogether; *~ anders* quite different; *~ na iem. se eie goeddunke* →GOEDDUNKE; *glad (en ~) nie* →NIE. **~beeld** complete view, total image. **~getal** →HEELGETAL. **~indruk** overall impression. **~onthouding** total abstinence, teetotalism. **~onthouer** total abstainer, teetotaller. **~onthouersvereniging** temperance society.

ge·heel·heid whole, totality, entirety.

geheen-en-weer toing and froing.

ge·hef -hefte lifted; levied *(tax)*; →GEHEWE, HEF[1] *vb.*.

ge·heg -hegte meer ~ die mees -hegte attached, affixed; →HEG[3]; *iem. is aan iem./iets ~* s.o. is attached to s.o./s.t.; *aan iem. ~ wees, (also)* be devoted to s.o., be fond of s.o., have an attachment for s.o.; *besonder/innig ~ wees aan ...* be deeply attached to ...; *aan iem./iets ~ raak* become attached to s.o./s.t. **ge·hegt·heid** attachment, devotion, fondness; *iem. se ~ aan ...* s.o.'s devotion to ...

ge·hei·lig -ligde sainted; hallowed, sanctified, consecrated; →HEILIG *vb.*.

ge·heim -heime, *n.* secret; mystery; →GEHEIMPIE; *'n ~ bewaar* keep a secret; *'n ~ sorgvuldig bewaar* nurse a secret; *in 'n ~ deel* be in on s.t. *(infml.)*; *iem. deelgenoot maak van 'n ~* confide a secret to s.o.; *'n diepe ~* a dark secret; *in die diepste ~* in the deepest/greatest secrecy; *die ~ raak al hoe duisterder/tergender* the mystery deepens; *dit is geen ~ nie* it is no secret, there is no secrecy about it; *in die ~* in secret, secretly; in secrecy; in private; under cover; *in 'n ~ wees* be in (on) a secret *(infml.)*, be in on s.t. *(infml.)*; *iem. in 'n ~ inwy* initiate/let s.o. into a secret; *geen ~ van iets maak nie* make no secret of s.t.; *dit is 'n ope/openbare ~* it is no secret, it is an open secret; *dit is 'n ope/openbare ~ dat ...* it is no (*or* an open) secret that ...; *'n ~ openbaar* divulge a secret; *'n ~ opklaar* clear up a mystery; *die ~ uitblaker/uitlap/verklap* give away (*or* let out) the secret; give the game/show away *(infml.)*; *die ~ het uitgelek* the secret is out; *'n ~ vir iem. vertel* confide a secret to s.o.. **ge·heim** -heime, *adj. & adv.* secret *(door, meeting, treaty, etc.)*; occult *(science)*; clandestine *(marriage)*; undivulged; underground *(movement)*; *~e agent* undercover agent, *(infml.)* mole; *~e bewonderaar* secret admirer; *~e diens* →GEHEIMEDIENS; *iets bly diep ~* s.t. remains a dead secret; s.t. remains a deep mystery; *dit word nie ~ gehou nie* it is no secret, there is no secrecy about it; *~e genootskap* secret society; *~e godsdiensoefening* conventicle; *~e handelinge* secret (*or [infml.]* hole-and-corner) proceedings; *dit is hoogs/streng/uiters ~* it is top secret; *iets ~ hou* keep s.t. (a) secret, keep s.t. dark, *(infml.)* keep the lid on s.t.; *iets vir iem. ~ hou* keep s.t. secret from s.o., conceal s.t. from s.o.; *~e invloed* secret/backdoor influence; *~e middel* arcanum, nostrum, quack/secret remedy; *die ~e van die natuur/ens.* the secrets of nature/etc.; *~e oogmerke* hidden designs; *~e polisie* secret police; *~e posbus* dead letter box/drop; *G~e Raad* Privy Council *(of the Br. sovereign)*; *~e reserwe, (econ.)* hidden reserve; *~e sitting* secret/private session; *~e skuilplek* safe house *(for undercover agents, terrorists, etc.)*; *~e stemming* secret ballot/voting, voting by ballot; *iets as streng ~ beskou* treat s.t. in the strictest confidence; *die ~ van sukses* the secret of success; *iem. laat sweer om iets ~ te hou* swear s.o. to secrecy. **~doenery** mysteriousness, show of secrecy. **~houding** secrecy; *iem. moes 'n eed van ~ aflê* s.o. was sworn to secrecy; *in ~ gehul wees* be shrouded in secrecy. **~raad** *(rare)* privy councillor. **~seël** privy seal. **~skrif** cipher, cryptogram, secret characters/code; cryptography; *in ~* in cipher/cypher/code; *'n dokument in ~* a cryptograph. **~skrywer** *(hist.)* private secretary. **~taal** secret language, code language.

ge·hei·me·diens, ge·hei·me diens secret service.

ge·hei·me·nis -nisse mystery; *die ~se van die natuur/ens.* the secrets of nature/etc.. **ge·hei·me·nis·vol** -volle mysterious.

ge·heim·hou·dend secretive. **ge·heim·hou·dend·heid** secretiveness.

ge·heim·hou·ding secrecy; suppression, stealth, concealment, cover-up; secretiveness; *onder belofte van ~* under pledge of secrecy; *onder die diepste ~* in the deepest/greatest/strictest secrecy; *iem. is aan ~ gebonde* s.o.'s lips are sealed; *agter 'n sluier van ~* under a blanket of secrecy.

ge·heim·nis →GEHEIMENIS.

ge·heim·pie -pies, *(dim.)*, *(also iron.)* little secret.

ge·heim·sin·nig -nige, *adj.* dark, deep, mysterious; secretive, close, cryptic, mystic, oracular; *iem. is ~ omtrent iets* s.o. is secretive about s.t.. **ge·heim·sin·nig** *adv.* darkly, mysteriously. **ge·heim·sin·nig·heid** darkness, mystery, mysteriousness; secretiveness; *in ('n waas van) ~ gehul wees* be shrouded/veiled/wrapped in mystery; *'n waas van ~ omhul ...* there is an aura of mystery around (*or* an aura of mystery surrounds) ...

ge·he·kel[1] *n.* satirising; cavilling, faultfinding.

ge·he·kel[2] -kelde, *adj.* crocheted; →HEKEL[3] *vb.*; *~de werk* crochet work.

ge·helm(d) -helmde helmeted; *(bot.)* galeate.

ge·he·mel·te -tes, *(rare)* = VERHEMELTE.

ge·her·kou *n.* rehash.

ge·heu·e -heues memory, remembrance; *aktiewe ~, (chiefly comp.)* active memory; *iem. se ~ bedrieg hom/haar* s.o.'s memory deceives him/her (*or* plays him/her false); *as my ~ my nie bedrieg nie* if my memory serves, if I remember correctly/right(ly); *iets bly in iem. se ~ (geprent)* s.t. sinks into s.o.'s memory; *in iem. se ~ gegrif/(in)geprent wees/staan* be engraved/etched in/on s.o.'s memory, be printed/stamped on s.o.'s memory; *'n goeie ~* a good/retentive memory; *'n goeie ~ hê, (also)* have a long memory; *jou ~ inspan* tax one's memory; *'n kort ~ hê* have a short memory; *'n onbetroubare ~* a treacherous memory; *onfeilbare ~* total recall; *iem. se ~ speel hom/haar parte* s.o.'s memory deceives him/her (*or* plays him/her false); *iets in jou ~ prent* print s.t. on one's memory; make a mental note of s.t.; *'n slegte/swak ~* an unretentive memory; *iem. se ~ laat hom/haar in die steek* s.o.'s memory lets him/her down (*or* fails him/her); *'n sterk/taai ~* a retentive/tenacious memory; *uitgebreide ~, (comp.)* expanded memory; *iets is nog vars in iem. se ~* s.t. is still fresh in s.o.'s memory; *jou ~ verfris/verskerp* refresh one's memory; *vergrote ~, (comp.)* extended memory; *iem. het 'n goeie ~ vir ...* s.o. has a good memory for ... *(names etc.)*; *visuele ~* visual memory, eye memory; →OOGGEHEUE; *volgens ~ praat* speak without (one's) notes (*or* from memory); *iem. se ~ is skoon weg* s.o.'s mind is a blank (*or* has gone blank). **~bank** *(comp.)* memory bank. **~bankwisseling** *(comp.)* bank switching. **~brug, ~hulp** memory aid, mnemonic, mnemotechnical device, *(Lat.)* memoria technica. **~kaart** *(comp.)* memory card. **~kapasiteit, ~vermoë** *(comp.)* storage capacity. **~kuns** mnemonics. **~leer** memory training. **~-oefening** memory training, mnemonics. **~rympie** mnemonic. **~skoling** memory training. **~toestel** *(comp.)* storage device. **~-uitbreidingskaart** *(comp.)* memory expansion card. **~vak** rote subject. **~verlies** amnesia, loss of memory. **~werk** memory work; *blote ~* mere matter of memory.

ge·heu·e·nis -nisse, *(poet., liter.)* memory.

ge·hik hiccups, hiccup(p)ing, hiccoughing.

ge·hink limping; *~ op twee gedagtes* vacillation.

ge·hin·nik = GERUNNIK.

ge·hi·per·tro·fi·eer(d) -eerde, *(physiol.)* hypertrophied; →HIPERTROFIEER.

ge·hoed -hoede hatted.

ge·hoef -hoefde hoofed, hooved, ungulate; *~de dier* ungulate.

ge·hoek -hoekte angulate.

ge·hoes coughing.

ge·hol·pe *(p.p.)* helped; served; →HELP; *~ raak* be helped; have a need filled; *is u al ~?* have you been attended to?.

ge·hoon derision, scorn, obloquy.

ge·hoor -hore audience; hearing; *binne ~* within earshot; *buite ~* out of earshot; *~ gee* give ear, lend an ear; *aan iets ~ gee* listen to s.t. *(advice etc.)*; comply with s.t., accede to s.t. *(a request etc.)*; respond to s.t. *(an appeal etc.)*; *geen ~ aan iets gee nie, (also)* turn a deaf ear to s.t.; *goed van ~* quick of hearing; *'n goeie ~* a good ear; a large audience; a sympathetic audience; *(het jy [my]) ~?, (admonition)* do you hear?; *'n klein/skraal ~* a thin audience/house; *geen ~ kry nie* obtain no hearing; fail to get an answer; *(teleph., obs.)* fail to get through; *'n goeie ~ kry* find an appreciative (*or* a sympathetic) audience; *g'n musikale ~ hê nie* →MUSIKAAL; *onder die ~* in the audience; *onder iem. se ~ wees* be among s.o.'s audience/hearers; *op (die) ~ (af) speel, (mus.)* play by ear; *iets ten gehore bring, (fml., rare)* produce s.t., put s.t. on the stage *(a play etc.)*; *deur die ~ teruggeroep word* take a curtain call; *'n ~ toespreek* address an audience; *~ verleen aan ...* give an audience (*or* a hearing) to ...; *by iem. ~ vind* gain s.o.'s ear; *iets vind geen ~ nie* s.t. falls on deaf ears. **~aandoening** ear complaint. **~afstand** hearing distance; *binne/op ~* within hearing, within earshot. **~afwyking** hearing defect. **~apparaat** hearing aid. **~beentjie** ear ossicle, tympanic bone. **~blaas** otocyst. **~buis** acoustic duct, auditory canal; *(teleph.)* receiver; *(hist.)* otophone, ear trumpet *(for the deaf)*; →HOORBUIS. **~drumpel** auditory threshold. **~frekwensie** audio frequency. **~gang** auditory canal. **~gebrekkige** -ges, *n.* hearing-defective. **~gestrem(d)** hearing-impaired. **~gestremde:** *die ~s* the hearing-impaired. **~kapsel** auditory capsule. **~leer** audiology, acoustics. **~meter** audiometer, sonometer. **~meting** audiometry. **~orgaan** auditory organ. **~pyp** *(hist.)* ear trumpet, otophone; *(med., rare)* stethoscope. **~saal** auditorium; lecture room; audience chamber. **~sentrum** auditory centre. **~senu(wee)** auditory/acoustic nerve. **~sin** sense of hearing. **~sintuig** organ of hearing. **~skerpte** auditory acuity/acuteness, quickness of ear/hearing. **~steentjie** otolith, otolite. **~streek** auditory region. **~stuk** *(teleph.)* receiver. **~toestel** hearing aid; →HOORTOESTEL. **~toets** ear test. **~tregter** ear trumpet; *(teleph., rare)* earpiece. **~verlies** loss of hearing. **~vermoë** audition. **~vlies** tympanum, tympanic membrane.

ge·hoor·de *(rare)* what has been heard; *die ~ oorvertel* repeat what one has heard.

ge·hoor·ge·wing compliance.

ge·hoor·saam -same, *adj.* dutiful, obedient; submissive; law-abiding; tractable; biddable; *iem./iets ~ wees* be obedient to s.o./s.t. *(the law etc.).* **ge·hoor·saam** *adv.* dutifully, obediently, submissively. **ge·hoor·saam** *het ~, vb.* obey, be obedient; submit to; take orders from; toe the line; *(a horse)* answer to *(the bridle); iem. blind* (of *deur dik en dun)* ~ obey s.o. implicitly. **ge·hoor·saam·heid** dutifulness, obedience; submissiveness; *~ aan ... **betoon*** be obedient to ...; ***blinde/willose*** ~ abject/implicit/unquestioning obedience; ~ *van iem. **eis*** demand/exact obedience from s.o.; ***in*** ~ *aan* ... in obedience to ...; *met **slaafse*** ~ with doglike devotion; ~ *aan ... **sweer*** swear obedience to ...; ~ *aan ... **verskuldig** wees* owe obedience to ...

ge·ho·ring -ringde horned, cornuted.

ge·hou -*hou(d)e, (p.p.), (poet.)* hewn; →HOU² *vb.*.

ge·hou·e *(p.p.)* held; *(obs.)* bound; obliged; →HOU¹ *vb.; jou ~ ag om te ..., (obs.)* consider/regard/think o.s. obliged/bound (or consider it one's duty) to ...; *op die jongs ~ vergadering* at the last meeting.

ge·hu·de -*des, n.* →GEHUUD.

ge·hug -*hugte* hamlet, settlement. **ge·hug·gie** -*gies* small hamlet.

ge·hui·gel *n.* dissembling, hypocrisy. **ge·hui·gel** -*gelde, adj.* feigned, pretended, sham.

ge·huil crying *(of a child),* howling, yelping *(of dogs/wolves);* ululation, wail(ing), weeping; →HUIL.

ge·huis·ves -*veste* housed, lodged; →HUISVES.

ge·hul →HUL¹ *vb.*.

ge·hu·meur(d) -*meurde: goed* ~ →GOEDGEHUMEURD; *sleg* ~ →SLEGGEHUMEURD.

ge·hun·ker craving, hankering.

ge·hup·pel frisking, hopping, skipping.

ge·hurk -*hurkte* squatting *(on one's haunches),* crouching.

ge·huud -*hude, adj., (arch.)* married, wedded; →HU. **ge·hu·de** -*des, n.* married person; *(also, in the pl.)* married people.

ge·hyg gasping, panting, wheeze; heavy breathing.

gei·ger·(mul·ler·)tel·ler *(radioactivity meter)* Geiger(-Müller) counter.

geil ~ *geiler geilste* rank *(plant);* fertile, rich *(soil);* lush *(vegetation);* lustful, lascivious, *(infml.)* randy, horny, raunchy; ~ *groei* thrive; ~ *plantegroei* gross vegetation. **~jan** *(infml., derog.)* fat cat. **~siekte** →BLOUSUURVERGIFTIGING.

geil·heid rankness, lushness; fertility, richness; lasciviousness, lust(fulness), *(infml.)* randiness.

ge·ïl·lus·treer(d) -*treerde* illustrated, pictorial; →ILLUSTREER.

geil·te rankness, lushness.

ge·ïm·po·neer(d) -*neerde* impressed; →IMPONEER.

ge·ïm·por·teer(d) -*teerde* imported; →IMPORTEER.

ge·ïm·pro·vi·seer(d) -*seerde* improvised; impromptu; *(theatr.)* unscripted *(performance);* →IMPROVISEER.

ge·ïn·flam·meer -*meerde* inflamed.

ge·ïn·kor·po·reer(d) -*reerde* incorporated; collegiate; →INKORPOREER.

ge·ïn·spi·reer(d) -*reerde* inspired, inspirational; →INSPIREER.

ge·ïn·te·greer(d) integrated; *geïntegreerde kring* integrated circuit.

ge·ïn·te·res·seer(d) -*seerde* interested; concerned, involved; →INTERESSEER.

ge·ïn·ter·li·ni·eer(d) -*eerde* interlined; interlinear; →INTERLINIEER.

ge·ïn·ter·neer·de -*des, n.* internee; →INTERNEER.

ge·ïr·ri·teer(d) -*teerde* irritated; →IRRITEER. **ge·ïr·ri·teerd·heid** irritation, irritability.

gei·ser -*sers, (geol.)* geyser; geyser, hot-water cylinder.

gei·sja -*sjas, (Jap.)* geisha (girl).

ge·ï·so·leer(d) -*leerde* isolated; insulated; insular; →ISOLEER.

geit *geite, (infml.)* freak, fancy, whim; fussiness, fastidiousness.

geit·jie -*tjies* gecko; *(infml.: ill-tempered woman)* shrew, vixen, spitfire, wildcat; *so boos soos 'n* ~ as cross as two sticks.

gei(·tou) *geie, -toue, (naut.)* guy.

ge·jaag *n.* hurry(ing), hurry-scurry, hustle; *die ~ na sukses* life in the fast lane *(fig.).* **ge·jaag(d)** -*jaagde -jaagder -jaagdste* (of *meer ~ die mees -jaagde), adj.* agitated, flurried, flustered, hurried, nervous, restless, helter-skelter, fidgety, precipitate; →JA(AG); *'n gejaagde blik/voorkoms* a hunted look; *die gejaagde lewe, (also)* life in the fast lane. **ge·jaagd·heid** agitation, flurry, fluster, flutter, hurry-scurry, nervousness, restlessness, hurriedness, hastiness, precipitation.

ge·jag hunting; *(rare)* serving *(of animals).*

ge·jak·ker scramble.

ge·jam·mer lamentation(s), wailing(s), moaning, ululation.

ge·jas -*jaste* (over)coated.

ge·je·re·mi·eer lamentation, jeremiad.

ge·jeuk, ge·juk itch(ing); psoriasis.

ge·jil teasing, skylarking.

ge·jo·deer(d) -*deerde* iodised; →JODEER.

ge·jo·del yodelling.

ge·joel cheering, shouting.

ge·jok fibbing.

ge·jol merrymaking.

ge·jou booing, hooting, catcalling, catcalls; barracking, hissing.

ge·ju·bel cheering, cheers, applause, exultation, jubilation, shouting, shouts, rejoicing.

ge·juig →GEJUBEL.

ge·juk →GEJEUK.

ge·jy en ge·jou, ge·jy en jou *n., (infml.): ek kan sy/haar ~ ~ ~ nie verdra nie* I can't stand his/her familiarity/forwardness (*or* lack of respect); →JY EN JOU *vb.*.

gek *gekke, n.* fool; lunatic, madman, mad woman, *(sl.)* nutcase; →GEKKE-; *iem. vir 'n ~ **aansien*** take s.o. for a fool; *~ke en **dwase** skryf/skrywe hul name op deure/mure en glase* a white wall is a fool's paper, fool's names, like their faces, appear in all places; *elke ~ het sy **gebrek**, (rare)* every fool has his failing, every rose has its thorns, everybody has his faults; *iem. vir die ~ **hou*** make a fool of s.o., play games with s.o.; make fun of (*or* poke fun at) s.o.; get/take a rise out of s.o. *(infml.);* have s.o. on *(infml.); iem. laat hom/haar nie vir die ~ **hou** nie* s.o. is not to be trifled with; *staan en **kyk** soos 'n ~, (rare)* stare like a stuck pig; *soos 'n ~ **lyk*** look a fool; *'n **opperste** ~* an utter fool; *hoe **ouer** ~ hoe groter ~* (there's) no fool like an old fool; *die ~ **skeer*** play the fool; →GEKSKEER; *jy **skeer** (seker) die ~!* you're kidding! *(infml.); met iem. die ~ **skeer*** make fun of s.o., poke fun at s.o.; pull s.o.'s leg, chaff/rib s.o. *(infml.);* get/take a rise out of s.o. *(infml.); jy **skeer** die ~ met my!* you're pulling my leg! *(infml.); **soos** 'n ~* foolishly; *'n **vervlakste** ~, (infml.)* an infernal fool, a blithering idiot; *iem. **vir** die ~ laat loop/ry* send s.o. on a fool's errand; ***wat** 'n ~ is hy/sy tog!* what a fool he/she is!; *een ~ kan meer vra as honderd **wyses** kan beantwoord* a fool may ask more questions in an hour than a wise man will answer in seven years; don't ask stupid questions. **gek** *gekke gekker gekste, adj. & adv.* crazy, mad, demented, insane, *(infml.)* bananas; mad, idiotic, foolish, silly, daft, stupid; crackbrained, preposterous; nonsensical; queer, funny, odd; frantic; ***dink** dat iem. ~ is* take s.o. for a fool; *iets het iem. ~ **gemaak*** s.t. has turned s.o.'s brain; *jou ~ **hou*** sham madness; *staan en **kyk** asof jy ~ is, (rare)* look as if one has taken leave of one's senses, stare like a stuck pig; *te ~ om **los** te loop* too silly for words, altogether too absurd/ridiculous; (as) mad as a March hare (*or* a hatter); *iem. is nie so ~ as (wat) hy/sy **lyk** nie* s.o. is not such a fool as he/she looks, there is method in s.o.'s madness; *iem. ~ **maak*** drive/send s.o. mad, drive s.o. crazy (*or [infml.]* bananas/potty); drive s.o. to distraction; drive s.o. wild *(infml.);* drive s.o. round the bend *(infml.); dis om ('n) mens ~ te **maak*** it is enough to drive one mad; *~ wees **na*** ... be very fond of (*or* keen on) ..., *(infml.)* be bananas/crazy/dippy/mad about (*or* nuts about/over) ...; *dis **nog** die ~ste* that beats everything *(infml.); ~ wees **om** iets te doen* be a fool to do s.t.; *~ wees **oor** ..., (infml.)* be bananas/crazy/dippy/dotty/nutty about ...; *op die ~ste **plekke*** in the most unlikely places; *jou ~ **soek** na* ... look for ... till one is half crazy, look o.s. silly for ... *(infml.); 'n ~(ke) **uitdrukking*** a funny expression; *~ **van** die honger/liefde/pyn/ens.* crazy/mad with hunger/love/pain/etc.; *'n ~(ke) **voorstelling*** a silly performance; a silly way of putting/representing s.t.; ~ ***word*** go mad, *(infml.)* go bananas/haywire/nuts; *om van ~ te **word*** maddening; *iem. wil ~ **word*** s.o.'s brain turns. **gek** *ge-, vb., (rare)* joke, jest; *met iem. ~* make fun of s.o., poke fun at s.o., guy/rib s.o. *(infml.);* pull s.o.'s leg, chaff/fool/kid s.o. *(infml.).* **gek·heid** *n.* folly, foolishness, joking, tomfoolery, fun, lark(s); madness; daftness; ***alle*** *~/grappies/malligheid/speletjies op 'n stokkie/end, (infml.)* jesting/jokes/joking apart/aside, and now to be serious; *dis **g'n** ~ nie* it's no joke (*or* laughing matter); ***sonder*** ~ jesting apart, really; ***uit*** ~ for/in fun. **gekheid** *interj.* (what) nonsense!, that's absurd!. **gek·ker·ny, gek·ker·ny** -*nye* jest, joke, joking, tomfoolery, nonsense. **gek·kie** -*kies, (dim.)* little fool. **gek·kig·heid** folly, foolishness. **gek·lik** -*like, adj.* foolish, silly, queer, zany, crazy, potty, dotty, cracked, crackbrained, barmy. **gek·lik·heid** foolishness; tomfoolery, daftness.

ge·kaard -*kaarde* carded *(wool).*

ge·kab·bel babbling, purling *(of a brook).*

ge·ka·foe·fel *(infml.)* nooky, nookie, romp, rumpy-pumpy.

ge·kait *(infml.)* pie-eyed, sloshed, smashed, stoned.

ge·ka·li·breer -*breerde* calibrated; →KALIBREER.

ge·kalk -*kalkte* whitewashed; →KALK *vb.*.

ge·kam(d) -*kamde* combed; crested; *(sc.)* ctenoid; *(biol.)* pectinate; dragged *(stonework, masonry);* →KAM *vb.*.

ge·ka·mer(d) -*merde, (bot.)* septate.

ge·kan·ker *(rare)* nagging; grousing.

ge·kant: ***heeltemal/sterk/vierkant*** *teen ... ~ wees* be dead set against ...; ***heftig/sterk*** *teen iets ~ wees* be vehemently/strongly opposed to s.t.; ***teen*** *... ~ wees* be opposed to ...; be set against ...; ***teen*** *iem. ~ wees, (also)* be antagonistic to(wards) s.o., be hostile to s.o..

ge·kan·teel(d) -*teelde* embrasured, embattled, battlemented, crenellated, machicolated *(a parapet etc.).*

ge·kap[1] -*kapte, (obs.)* hooded; →KAP¹ *vb.*.

ge·kap[2] -*kapte* chopped; chipped; dressed *(stone);* →KAP² *vb.*.

ge·kar·ring churning; *hou op met die ~* stop nagging.

ge·kar·tel(d) -*telde* jagged; waved, wavy *(hair);* milled *(coin);* ruffled *(petal);* sinuate *(leaf);* crinkled *(paper),* crimped; →KARTEL² *vb.*.

ge·kar·ton·neer(d) -*neerde, (bookbinding, rare)* with cardboard covers; →KARTONNEER.

ge·kas·treer(d) -*treerde, adj.* neutered, emasculate(d); →KASTREER. **ge·kas·treer·de** -*des, n.* neuter.

ge·keer(d): *in jouself ~* introvert.

ge·kef barking, yelping.

ge·keil(d) -*keilde* wedged; →KEIL *vb.*.

ge·kek·kel cackle, cackling; *(infml.)* chitchat, tittle-tattle, gabble; *(gedurige) ~, (infml.)* ya(c)k, yackety-yak.

ge·kelk -*kelkte* chaliced, cup-shaped, calyciform.

ge·ke·per(d) -*perde* twilled; chevronlike; →KEPER *vb.; ~perde stof* twill (fabric); →KEPERSTOF; *~perde weefsel* twill weave.

ge·kerf -*kerfde* cut, sliced, carved, shredded, chopped; *(bot.)* crenate; →KERF *vb.; fyn ~* →FYNGEKERF.

ge·kerk -*kerkte, (infml.)* married (in church); →KERK *vb.*.

ge·kerm groaning, moaning, *(infml.)* whing(e)ing; lamentation, wailing.

ge·kern(d) -*kernde* nucleate(d).

ge·kers·ten christianised, converted to Christianity; →KERSTEN. **ge·kers·tend·heid** *(rare)* christianisation.

ge·ket·ting →KETTING *vb.*.

ge·keur(d) -*keurde, adj.* selected; seeded *(player);* →KEUR *vb.*. **ge·keur·de,** -*des, n.* seed(ed player).

ge·kib·bel bickering, squabbling.

ge·kie·lie tickling, titillation.

ge·kie·rang cheating.
ge·kim(d) =*kimde* mouldy.
ge·kin·kel =*kelde* twisted.
ge·kir cooing.
gek·ke-: **G~dag** *(1 April)* All Fools' Day. **~getal** fool's number, (number) eleven. **~huis** *(infml., rare, derog.)* bedlam, madhouse, lunatic asylum. **~mat** *(chess)* fool's mate. **~paradys** fool's paradise; *in 'n ~ leef/lewe* live in a fool's paradise. **~praatjies** (stuff and) nonsense. **~streek** prank, tomfoolery, frolic; madness, folly. **~werk** folly, tomfoolery, madness; *dit is ~* it is a mug's game *(sl.)*.
gek·ko =*ko's, (zool.)* gecko.
ge·kla, *(poet.)* **ge·klaag** complaining, complaints; moaning, wailing; *(Bib.)* lamentation, mourning.
ge·klad =*kladde* blotted; →KLAD *vb.*.
ge·klank sound(ing).
ge·klap clapping *(of hands)*, applause; cracking *(of a whip)*.
ge·klap·per flapping, slatting *(of a sail)*; chattering *(of teeth)*; patter(ing).
ge·klas·si·fi·seer =*seerde* classified, sorted; →KLASSIFISEER; *~de advertensie* classified ad(vertisement); *(also, in the pl.)* smalls, small ads, classifieds; *~de inligting, (mil., pol.)* classified information.
ge·kla·ter clatter(ing); splash(ing).
ge·klee(d) =*klede* dressed, clad, gowned, garmented; dressy; →KLEE *vb.*; ***armoedig** ~ wees* be scantily clad; dress shabbily; ***behoorlik** ~ wees* be properly dressed; ***deftig** ~ wees* be smartly dressed; ***goed** ~ wees* be well dressed; be well turned out; *altyd **goed** ~ wees/gaan* (always) dress well; *'n goed geklede man/vrou* a well-dressed man/woman; *'n **goed** geklede meisie/ens.* a well-turned-out girl/etc.; ***in** ... ~ wees* be clothed in ...; ***karig/skraps** ~ wees* be scantily clad; ***netjies** ~ wees* be neatly dressed; *ten **volle** ~ wees* be fully dressed.
ge·klep clanging, tolling *(of a bell)*, flapping *(of wings)*; →KLEP[3] *vb.*.
ge·klep·per clatter(ing), clip-clop *(of hoofs)*; →KLEPPER *vb.*.
ge·klets jaw, rot, rubbish, twaddle; tattle, (idle) chatter, babble, gabble, *(infml.)* ya(c)k, yackety-yak; gossiping.
ge·klet·ter clatter(ing), clang(ing), clashing, spatter *(of rain)*; →KLETTER.
ge·kleur(d) =*kleurde, adj.* coloured; coloured *(person)*; *(bot.)* marbled; →KLEUR *vb.*; *gekleurde **bril*** tinted glasses; *gekleurde **glas*** stained glass; *gekleurde **plaat*** →KLEURPLAAT; *gekleurde **speler**, (sport)* coloured player, player of colour. **ge·kleur·de** =*des, n.* coloured person, person of colour.
ge·klief =*kliefde* cleft, cloven; →KLIEF.
ge·klik[1] *n.* click(ing); taletelling; →KLIKKERIGHEID.
gek·lik[2] *adj. & adv.* foolish(ly).
ge·klik·klak clattering, click-clack.
ge·klin·gel jingle(-jangle), jingling, tinkle, tinkling.
ge·klink *n.* clink(ing), clank; clanking. **ge·klink** =*klinkte, adj.* clinched *(nail)*; →KLINK[3].
ge·klits =*klitste* beaten *(egg etc.)*; →KLITS[2] *vb.*.
ge·kloek clucking *(of a hen)*.
ge·klok gurgle; glugging, glug-glug *(of a bottle)*.
ge·kloof =*kloofde* cloven, cleft; →KLOOF *vb.*.
ge·klop *n.* knocking *(at a door, in a car engine)*; beating, throbbing *(of the heart)*; hammering; clip-clop, clop-clop(ping), tapping. **ge·klop** =*klopte, adj.* beaten; →KLOP *vb.*; *~te room* whipped cream.
ge·klots beating, lapping, dashing *(of waves)*.
ge·klou(d) =*kloude, (zool.)* clawed, unguiculate(d); *(her.)* armed.
ge·klou·ter clambering, scramble.
ge·knaag gnawing.
ge·knab·bel gnawing, munching, nibbling.
ge·knak =*knakte* broken; →KNAK *vb.*.
ge·knars grating *(of hinges)*; gnashing *(of teeth)*; grinding *(of a wheel)*, (s)crunching; creak(ing), jarring.
ge·kneg =*knegte, (obs., poet., liter.)* enslaved, subdued, downtrodden.
ge·kners gnashing *(of teeth)*, crunch.
ge·knet·ter crackling, crackle *(of fire)*.
ge·kneus =*kneusde* bruised, contused; →KNEUS *vb.*.
ge·knib·bel higgling, haggling.
ge·kniel(d) =*knielde* kneeling, on bended knee.
ge·knies fretting, moping, sulking.
ge·knip =*knipte* cut; →KNIP *vb.*, KORTKNIP.
ge·knoei botching, botch(-up), bungling, messing; jobbery, plotting, scheming, intriguing, graft *(Am.)*, put-up job.
ge·knoes =*knoeste,* **ge·knoets** =*knoetste* knotted, knotty, gnarled.
ge·knoop *n.* swearing, cursing. **ge·knoop** =*knoopte, adj.* knotted, knotty; *(sc.)* nodated, nodous; →KNOOP *vb.*.
ge·knor grumbling; grunt(ing) *(of a pig)*; snarl(ing), growl(ing) *(of a dog)*; scolding.
ge·knot·te voël·tjie *(her.)* martlet.
ge·knut·sel niggling, patchwork; →KNUTSEL.
ge·koek =*koekte* matted; cotted, cotty; lumpy; caked; knotted; →KOEK *vb.*; *~te wol* lumpy wool.
ge·koel(d) =*koelde* cooled, chilled; →KOEL *vb.*.
ge·koer cooing.
ge·kog *(p.p.), (obs.): duur ~te vryheid, (rhet.)* dearly-won freedom; →KOOP *vb.*.
ge·kol =*kolde* spotted; →KOL *vb.*.
ge·kom·bi·neer(d) =*neerde* combined; composite; →KOMBINEER.
ge·kom(d) =*komde* dished, dish-faced, concave.
ge·kom·mit·teer·de =*des, (rare)* delegate, deputy; committed prisoner/drug-dependant/etc.; →KOMMITTEER.
ge·kom·pli·seer(d) =*seerde* =*seerder* =*seerdste* complicated, complex; →KOMPLISEER; *~seerde breuk* compound fracture. **ge·kom·pli·seerd·heid** complexity.
ge·kom·pro·mit·teer(d) =*teerde* compromised; →KOMPROMITTEER.
ge·kon·den·seer(d) =*seerde* condensed *(milk)*; →KONDENSEER.
ge·kon·di·si·o·neer(d) conditioned, Pavlovian *(reaction, response, etc.)*.
ge·kon·fyt =*fyte* seasoned; *~ wees in iets, (infml.)* be skilled in s.t., be adept at s.t.; be well-versed in s.t.; be an old hand at s.t.; be steeped in s.t. *(a subject etc.)*; *~ wees, (also)* know the ropes.
ge·kon·ju·geer(d) =*geerde, (chem., gram., etc.)* conjugate(d); →KONJUGEER.
ge·kon·kel plotting, scheming, wheeler-dealing, wheeling and dealing; →GEKNOEI.
ge·kon·sen·treer(d) =*treerde* concentrated; →KONSENTREER; *~treerde melk* →INGEDAMPTE MELK.
ge·kon·sin·jeer(d) =*jeerde, adj., (rare)* consigned; →KONSINJEER. **ge·kon·sin·jeer·de** =*des, n., (rare)* consignee.
ge·kon·so·li·deer(d) =*deerde* consolidated, funded *(debt)*; →KONSOLIDEER.
ge·kon·tro·leer(d) =*leerde* controlled.
ge·kook =*kookte* cooked; boiled; →KOOK; *~te melk* boiled milk; →KOOKMELK.
ge·koop =*koopte* bought, purchased; *(obs.)* factory-made; →KOOP *vb.*; *~te goedere* bought goods.
ge·kop =*kopte* headlike, capitate(d).
ge·kop·pel(d) =*pelde* coupled *(axle, points, wheels)*; clustered *(pillars)*; online *(computers)*; →KOPPEL *vb.*; ***aan** 'n masjien gekoppel wees* be wired up to a machine; *~pelde **ertsaar**, (min.)* linked vein; *~pelde **gewere*** piled arms; *~pelde **myne*** conjunct mines; *~pelde **suil**, (archit.)* clustered column.
ge·ko·ring =*ringde meer ~ die mees* =*ringde, (infml.)* tipsy, drunk, bombed; *lekker/behoorlik/goed ~* legless, paralytic, completely stewed, bombed (out of one's mind/skull), zonked (out).
ge·kor·rel(d) =*relde* granular.
ge·kor·ri·geer(d) =*geerde* corrected; →KORRIGEER; *~geerde proef* clean proof.
ge·kors =*korste* crusted; →KORS *vb.*.
ge·ko·se *(p.p.)* elected; chosen; elective *(office)*; →KIES[4] *vb.*; *~ komitee, (parl.)* select committee; *~ kandidaat* successful candidate. **ge·ko·se·ne** =*nes* person elected.
ge·kos·tu·meer(d) =*meerde* in costume; in fancy dress; →KOSTUMEER; *~meerde bal* fancy-dress ball; *~meerde optog* pageant.
ge·kots vomiting.
ge·kou chewing, mastication.
ge·kous =*kouste* stockinged.
ge·kraag =*kraagde* collared.
ge·kraai crowing.
ge·kraak creaking, cracking, crunch.
ge·kraal =*kraalde* kraaled, corralled; →KRAAL[2] *vb.*.
ge·kraal(d) =*kraalde* beaded.
ge·krab·bel scribble, scribbling, scrawl.
ge·kra·keel bickering, wrangling.
ge·krap scratching, scribble, scrawl; cacography; probing *(into s.o.'s private affairs)*.
ge·kras *n.* scratching; scrunching; croak(ing); screeching; cawing *(of ravens etc.)*; stridulation. **ge·kras** =*kraste, adj.* scraped; →KRAS[1] *vb.*.
ge·krenk =*krenkte* hurt, sore, offended *(feelings)*, piqued, resentful, aggrieved; mortified; →KRENK; *geestelik ~* mentally deranged; *~te onskuld* injured innocence. **ge·krenkt·heid** pique, resentment; *geestelike ~* mental derangement.
ge·kreu·kel(d) =*kelde* creased, crumpled, rumpled, puckered; *(biol.)* corrugate(d); →KREUKEL.
ge·kreun groaning, moaning, whimper.
ge·krie·wel itching, tickling.
ge·krin·kel(d) =*kelde* crinkled; crenate; →KRINKEL *vb.*; *~kelde stof* crêpe; *~kelde sy* crêpe de Chine. **ge·krin·keld·heid** crimpiness.
ge·kri·oel swarming, teeming; *~ van mense* bustle, stir.
ge·kroes =*kroesde* =*kroesder* =*kroesste* curly, crisped, crispy, frizzy *(hair)*; *(bot.)* crispate.
ge·krom =*kromde* curved; bent; cambered; →KROM *vb.*; *met ~de rug* with bent back.
ge·kron·kel(d) =*kelde* twisted, contorted, tortuous, convoluted, meandering; →KRONKEL *vb.*.
ge·krook =*krookte, (rare): ~te riet* broken reed.
ge·kroon(d) =*kroonde* crowned; →KROON *vb.*; *'n gekroonde naarheid, (rare)* an awful state of affairs.
ge·krui(d), ge·krui·e =*kruide* seasoned, spiced; savoury *(dish)*; mulled *(wine)*; spicy *(stories)*; salty, pungent *(lang.)*; →KRUI(E)[1]; *sterk ~ wees* be highly flavoured; be highly seasoned; be spicy; *(cook.)* be devilled.
ge·kruip crawl; cringe.
ge·kruis =*kruiste* crossed; crosswise; crossbred *(animals)*; *(bot.)* decussate; *(her.)* saltirewise, in saltire/saltier; *met ~te **bene** sit* sit cross-legged *(on a chair)*; *~te **(doods)beendere*** crossbones; →KRUIS *vb.*; *~te **gelaagdheid**, (geomorphol.)* cross bedding; *~te **lyne** hê, (telecomm.)* have crossed lines; *'n ~te **ras*** a crossbreed; *'n ~te **tjek*** a crossed cheque.
ge·krui·sig =*sigde* crucified; →KRUISIG.
ge·kruk =*krukte* on crutches; cranked; →KRUK *vb.*.
ge·krul(d) =*krulde* curled, curly, wavy, crisped, tressy, frizzled *(hair)*; *(bot.)* crispate; volute(d); →KRUL *vb.*.
ge·krys screeching, cawing, skirling.
ge·kryt lamentation.
gek·skeer *gegek*= *gekge*= banter, jest, kid, clown (it), joke; fool around, *(infml.)* play silly buggers; *met iem. ~* make fun of s.o., poke fun at s.o., rib s.o.; pull s.o.'s leg, chaff s.o. *(infml.)*; trifle with s.o.; *nie met jou laat ~ nie* not stand any joking/nonsense. **gek·skeer·der** joker, chaffer; hoaxer, leg-puller, banterer. **gek·skeer·de·ry** fooling, jesting, joking, high jinks, hijinks, buffoonery, clowning, skylarking; ragging, leg-pulling, hoax(ing).
ge·kug coughing, clearing the throat.
ge·kuif =*kuifde* crested *(waves)*; tufted *(birds)*; *(bot.)* comose.

ge·kuis -*kuiste* chaste, pure, chastened; →KUIS *vb.*; ~*te taal* purified language; ~*te uitgawe* expurgated/castigated edition.

ge·kul cheating.

ge·kul·ti·veer(d) -*veerde* upper-class *(voice etc.)*.

ge·kun·steld -*stelde* affected, artificial, laboured, mannered; *(infml.)* art(s)y-fart(s)y; studied, factitious, unnatural, forced, finical, *(infml.)* pseud(o); sophisticated; ~*de styl* artificial/laboured style. **ge·kun·steld·heid** artificiality, mannerism *(of style)*, sophistication.

ge·kurk -*kurkte* (cork-)tipped; →KURK *vb.*.

ge·kwaak croaking *(of frogs)*, quacking *(of ducks)*; cackling, chattering *(fig.)*.

ge·kwa·li·fi·seer(d) -*seerde* qualified; →KWALIFISEER.

ge·kwan·sel bartering, haggling.

ge·kwas -*kwaste* tufted; knotty *(wood)*.

ge·kweb·bel *(rare)* cackling, jawing.

ge·kweel warbling.

ge·kwel -*kwelde* possessed, plagued, worried, disturbed, harrowed; →KWEL. **ge·kweld·heid** worry, vexation.

ge·kwes -*kweste* wounded *(lit.)*; →KWES.

ge·kwets -*kwetste* offended, wounded, sore *(fig.)*; →KWETS; ~*te onskuld* injured innocence. **ge·kwetst·heid** pique, offence, resentment, umbrage.

ge·kwet·ter twitter(ing), chirping, chirruping; *(gedurige)* ~, *(infml.)* ya(c)k, yackety-yak.

ge·kwin·ke·leer warbling, twittering, birdsong.

ge·kwis·pel (tail-)wagging, waggle.

ge·kwyl dribbling, slobbering.

ge·kyf bickering, quarrelling, squabbling, wrangling, brawling.

ge·laag -*laagde* bedded, stratified; ranged *(masonry)*; banded *(structure)*; coursed *(stonework)*; →LAAG *vb.*. **ge·laagd·heid** *(geomorphol.)* bedding, stratification.

ge·laai -*laaide* loaded; charged *(a battery)*; live *(a wire)*; weighted *(a figure, vote, average)*; →LAAI[3] *vb.*; *emosioneel ~ wees, (a situation etc.)* be charged with emotion.

ge·laat -*late* countenance, face, mien, visage. **~kenner** = GELAATKUNDIGE. **~kunde** physiognomy. **~kundige** physiognomist **~senu(wee)** facial nerve. **~spier** facial muscle.

ge·laats-: **~hoek** facial angle. **~kleur** complexion. **~pyn** face-ache. **~trek** (facial) feature, lineament; *met fyn/growwe ~ke* fine/heavy-featured. **~uitdrukking** facial expression. **~verlamming** facial paralysis, Bell's palsy. **~vorm** form of the face.

ge·la·de *(p.p.)* charged, packed *(with meaning etc.)*; tense; charged, heavy, electrifying *(atmosphere)*; →LAAI[3] *vb.*. **ge·la·den·heid** meaningfulness; tenseness.

ge·la·er -*erde* encamped, leaguered.

ge·lag[1] *n.* laughing, laughter; *'n ~ (ver)wek* raise laughter.

ge·lag[2] -*lae, n., (arch. in lit. sense)* bill *(for a party's food and drink at a restaurant/etc.)*; *die ~ betaal* pay the piper; take the rap *(infml.)*; *vir die ~ betaal* foot the bill *(infml.)*. **~kamer** *(arch.)* bar (lounge/room), taproom.

ge·lam·bri·seer(d) -*seerde* dadoed, wainscoted; →LAMBRISEER.

ge·la·mel·leer(d) -*leerde* laminated; →LAMELLEER.

ge·la·men·teer *(rare)* lamentation(s), whimpering, whining.

ge·la·mi·neer(d) -*neerde* laminated; →LAMINEER.

ge·lang: *na ~ (dat) ..., (fml., obs.)* according as ...; in proportion as ...; *na ~ iem. dit nodig kry* as and when s.o. needs it; *(al) na ~ van ...* in proportion to ...; according to ..., as ... may demand/permit/require *(circumstances)*; *na ~ van behoefte* as (and when) required; *na ~ van die hoeveelheid* depending on/upon the quantity.

ge·lap -*lapte* patched; →LAP *vb.*.

ge·lar·deer -*deerde, (cook. or fig.)* larded; →LARDEER; ~*de biefstuk* monkey gland steak.

ge·las[1] -*laste, adj.* joined; →LAS[1] *vb.*; ~*te pyp* welded pipe; ~*te voeg* fish joint; ~*te yster* faggoted iron; welded iron.

ge·las[2] *het ~, vb.* charge, command, direct, instruct, order; *ek is ~ om ...* I am instructed to ... **ge·las·tig·de** -*des* deputy, delegate, proxy, mandatory.

ge·la·te ~ -*tener* -*tenste* (of *meer ~ die mees ~*), *adj.* resigned, unprotesting, acquiescent, uncomplaining, philosophical. **ge·la·te** *adv.* resignedly, philosophically. **ge·la·ten·heid** acquiescence, resignation, composure, equanimity; lassitude; *met ~* resignedly, philosophically, with equanimity.

ge·la·tien, je·la·tien gelatine, gelatin. **~druk** collotype. **~papier, bladgelatien,** -**jelatien** *(cook.)* leaf/sheet gelatin(e).

ge·la·tien·ag·tig, je·la·tien·ag·tig -*tige* gelatinous.

ge·la·ti·neer, je·la·ti·neer *ge-* gelatinise.

geld[1] *gelde, n.* money; currency; pelf; *(in the pl.), (also)* moneys; receipts; (professional) fees; dues; →GELD-, GELDELIK, GELDJIES; ***baie*** *~* plenty of money; *maak of jy ~ in die* ***bank*** *het* be conceited, show off; *~ in iets* ***belê*** invest money in s.t.; *oor die ~* ***beskik*** have the money; hold the purse strings; ***beskikbare*** *~, (fin.)* money in cash; *~ aan iets* ***bestee/spandeer/uitgee*** spend money on s.t.; *die ~ is goed* ***bestee*** it is money well-spent; *dit is met g'n/geen ~ te* ***betaal*** *nie* it is priceless; it is worth its weight in gold; *~e* ***bewillig/toestaan,*** *(parl. etc.)* vote supplies; *~ soos* ***bossies,*** *(infml.)* bags/barrels/loads/oodles/pots/stacks/tons/wads (*or* a barrel) of money; *~ soos* ***bossies*** *hê, (also, infml.)* have any amount of money, have money to burn *(infml.)*, roll in the money *(infml.)*; *~ maak soos* ***bossies,*** *(also, infml.)* have a roaring trade; *~ soos* ***bossies*** *verdien, (also, infml.)* rake it in, coin it; *~* ***by*** *jou hê* have money about/on one; *~* ***byeenbring*** *→in/insamel/bymekaarkry;* *~ is* ***bysaak*** money is no object; *'n* ***gebrek*** *aan ~* a lack/shortage of funds; *'n* ***gebrek*** *aan ~ hê, (also)* be pressed for money; ***gee*** *jou/die ~!* this is a hold-up/stick-up! *(infml.)*; *vriendskap/ens. kan nie in terme van ~* ***gemeet*** *word nie* you can't put a price on friendship/etc.; *in ~ of* ***goedere*** in cash or kind; ***goeie*** *~ agter kwaad/slegte ~ aan gooi, (idm.)* throw good money after bad; *met ~* ***gooi,*** *(infml.)* burn money; ***hard*** *van die ~ wees, (infml.)* have plenty of money, be in funds; *~ van jouself* ***hê*** have private means; *iem.* ***het nie*** *~ vir ... nie* s.o. has no money for ...; s.o. cannot spare the money for ...; *'n* ***hoop*** *~, (infml.)* a mint of money *(infml.)*; *iets het iem. 'n* ***hoop*** *~ gekos, (infml.)* s.t. cost s.o. a lot of money (*or* an arm and a leg); ***hope*** (of ***sakke*** *vol*) *~, (infml.)* bags/barrels/loads/oodles/pots/stacks/tons/wads (*or* a barrel) of money; *'n* ***huwelik*** *om ~* a mercenary marriage; *~* ***in/insamel/bymekaarkry*** raise funds/money; *('n) mens moenie al jou ~ op een* ***kaart*** *sit nie* one should not put all one's eggs in one basket; *~ in* ***kas*** *→KAS[1];* ***knap*** *van ~ wees* be pressed for funds, be short of funds; *waar moet die ~ vandaan* ***kom?*** where is the money to come from?; *dit is vir g'n/geen* (of *nie vir*) *~ te* ***koop*** *nie* it is above/beyond/without price, money is not coined that will buy it; *~* ***kort(kom)*** be pressed for funds, be short of funds; *iets* ***kos*** *~* s.t. costs a lot of money *(infml.)*, s.t. is expensive; *iets* ***kos*** *baie ~, (also)* s.t. makes a hole in one's pocket; *~ is die wortel van alle* ***kwaad,*** *(idm.)* money is the root of all evil; *'n* ***kwessie*** *van ~* a question of money (*or* rands and cents); ***kwistig*** *wees met ~* spend freely; *~* ***lank*** *hê, (infml.)* have bags/loads/pots/etc. of money *(infml.)*; *jou ~ of jou* ***lewe!*** your money or you life!, this is a hold-up/stick-up! *(infml.)*; *~* ***maak*** make money; *'n maklike manier om ~ te* ***maak,*** *(also, fig.)* a licence to print money; *iets te ~e* (of *tot ~*) ***maak*** turn s.t. into cash/money; *~ uit iets* ***maak*** make money out of s.t.; *vinnig ~* ***maak,*** *(also)* make a fast buck *(infml.)*; *mense* ***met*** *~* moneyed people; *~* ***mors*** waste money; *met ~* ***mors*** spend money like water *(infml.)*; *~* ***munt/slaan*** coin money *(lit.)*; *~ in* ***omloop*** money in circulation; →OMLOOP *n.*; *iem. sy/haar ~* ***ontneem*** relieve s.o. of his/her money; *~* ***opneem*** raise money; take up money; *iem. se ~* ***pla*** *hom/haar, (infml.)* s.o.'s money is burning a hole in his/her pocket *(infml.)*; *'n* ***plaas*** *se ~ vir iets betaal* pay the price of a farm for s.t.; *dis ~* ***present*** it's easy money; it's money for jam (*or* old rope) *(infml.)*; *met ~ kry ('n) mens alles* ***reg*** money talks; *~ op* ***rente*** *belê/uitsit* put out money at interest; *~ laat* ***rol,*** *(infml.)* spend money like water *(infml.)*; *~ moet* ***rol,*** *(idm.)* riches have wings and fly away, money is round and rolls away, money is there to be spent; *die ~ groei nie op my* ***rug*** *nie, (infml.)* I'm not made of money *(infml.)*; *dink jy die ~ groei op my* ***rug?,*** *(infml.)* do you think I'm made of money? *(infml.)*; *~ as* ***ruilmiddel,*** *(fin.)* money as medium of exchange; *~ uit iem. se* ***sak*** *ja(ag)* cost s.o. money; make s.o. spend money; ***sakke*** *vol ~ →hope;* *~ is* ***skaars*** money is tight; *iem. se ~ is* ***skraps*** s.o. is pinched for money; *~* ***slaan*** *→munt/slaan;* *~* ***slaan*** *uit iets* make money out of s.t.; ***sonder*** *~* penniless, without money, impecunious; *~* ***spaar*** save money; *~ aan iets* ***spandeer*** *→bestee/spandeer/uitgee;* *daar* ***steek*** *~ in* there's money in it; *~ in iets* ***steek*** put money into s.t.; ***stik*** *in die ~, (infml.)* be stinking rich *(infml.)*; *~ wat* ***stom*** *is, maak reg wat krom is* money works wonders; ***suinig*** *met die ~* ***werk*** tighten the purse strings; *in die ~* ***swem,*** *(infml.)* roll/wallow in the money *(infml.)*; ***trots*** *op jou ~ wees* be purse-proud; *'n man/vrou met ~* ***trou*** marry money; *om ~* ***trou*** marry for money; *alles in ~* ***uitdruk*** measure everything in terms of money (*or* rands and cents); *~ aan iets* ***uitgee*** *→bestee/spandeer/uitgee;* *wild begin ~* ***uitgee*** go on a spending spree; ***vals*** *~* bad money, base coin; *daar is ~ mee te* ***verdien*** there's money in it; *~ uit iets* ***verdien*** make money out of s.t.; *~* ***verkwis/verspil*** waste money; blow money *(infml.)*; throw money about/around; ***vir*** *~ doen 'n mens baie* money is a great temptation (*or* no small consideration); ***volop*** *~* plenty of money; *iem. van ~* ***voorsien*** keep s.o. in money; ***vriendelikheid*** *kos g'n/geen ~ nie* politeness costs nothing (and goes a long way); ***vrot*** *wees van die ~, (infml.)* be stinking rich *(infml.)*; ***waarde*** *vir jou ~ kry* get one's money's worth; *~ as* ***waardedraer,*** *(fin.)* money as store of value; *~ as* ***waardemaatstaf/waardemeter,*** *(fin.)* money as standard of value; ***waardering*** *in ~, (fin.)* monetary appraisal; *~ in die* ***water*** *gooi, (infml.)* waste money; *~ op 'n perd* ***wed*** have/put money on a horse; *~* ***weggooi,*** *(infml.)* pour money down the drain *(infml.)*; *iets is die ~* ***werd*** s.t. is good value; *vir geen ~ ter* ***wêreld*** *nie* not for (all) the world (*or* all the money in the world *or* all the tea in China), not at any price; *~ regeer die* ***wêreld*** money talks, money rules the world; *met ~ en goeie* ***woorde*** *kom jy oral(s)* (of *kry jy alles gedaan*) money and courtesy will open all gates; *nie vir ~ of mooi* ***woorde*** *nie, (infml.)* not for love or money *(infml.)*. **~aanbidding** Mammon worship. **~adel** aristocracy of wealth, plutocracy. **~afpersing** extortion (of money). **~baas** financier, capitalist, financial magnate, plutocrat, tycoon, capitalist, captain of finance, *(infml., derog.)* gnome. **~belange** moneyed/monied interests. **~belegging** investment. **~besit** money assets. **~besteding** money expenditure, outlay. **~beurs** purse. **~beursie** purse; *(bot.: Albuca spp.)* soldier-in-the-box. **~beweging** monetary flow. **~boete** fine. **~bus** money box. **~dors** = GELDSUG. **~duiwel** demon of money, Mammon. **~eenheid** monetary unit. **~ekonomie** money economy. **~gebrek** lack of funds, want/lack of money, impecuniosity, financial stringency; *~ hê* be hard up, be short of (*or* pressed for) funds/money. **~geskenk** monetary gift. **~gewer** lender. **~gierig** -*rige* avaricious, covetous, (money-)grabbing, (money-)grubbing, mercenary. **~gierigheid** avarice, covetousness. **~god:** *die ~* Mammon. **~handel** money trade, banking. **~handelaar, ~wisselaar** money broker/changer/dealer. **~heerskappy** plutocracy. **~huwelik** mercenary marriage, marriage for money. **~inflasie** monetary inflation. **~insamelaar** collector, fundraiser. **~insameling** collection, fund-raising, (financial) appeal, drive for funds; *'n ~ begin* launch a drive for funds. **~jaar** = BOEKJAAR. **~kapitaal** monetary capital. **~kas** cash box, money box; strongbox, coffer, safe. **~kissie** cash box. **~koers** rate of exchange; interest rate. **~koffer** coffer, money box. **~koors** greed of gold, lust for money, covetousness. **~kraan(tjie):** *die ~ na iets toedraai, (fig., infml.)* pull the plug on s.o./s.t.. **~kwessie** question of money (*or* rands and cents). **~laai** cash drawer, till. ~**lener** lender; borrower; →GELDUITLENER, GELDOPNEMER. ~**loon** monetary wage. ~**mag** money power. *die ~* the moneyed interests. ~**magnaat** = GELDBAAS. ~**makelaar** money broker/dealer. ~**maker** money-maker, -spinner. ~**makery** moneymaking, profiteering. ~**man** capitalist, captain of finance, financier. ~**mark** money market. ~**meganisme** monetary machine/mechanism. ~**middele** finances, funds, means, (pecuniary/monetary) resources. ~**nemer** receiver, borrower. ~**nood** lack of funds, shortage/scarcity/stringency/want of money, financial stringency/difficulty/straits; *~ hê, in ~ verkeer/wees* be pressed for (*or* short of) funds/money, be hard up, be in financial straits. ~**omloop** circulation of money, monetary circulation. ~**opnemer** borrower. ~**outomaat** autobank, cash dispenser/point. ~**prys** money prize. ~**sak** moneybag. ~**sake** financial affairs; money matters. ~**sakekomitee** finance committee. ~**sanering** monetary rehabilitation. ~**sending** remittance. ~**skaarste** scarcity of money, financial/monetary stringency, monetary pressure. ~**skenking** monetary grant, donation. ~**skepping** money creation. ~**skieter** *-ters* moneylender, backer. ~**skietery** moneylending. ~**som** sum of money. ~**soort** coin, kind/sort of money, coinage, currency. ~**sorge** financial worries, money troubles. ~**sport** professional sport. ~**stelsel** currency, system of coinage, monetary system. ~**storting** deposit of money. ~**stuk** coin, piece (of money). ~**teorie** monetary economics. ~**trommel** cash box. ~**trots** purse pride. ~**uitlener** lender. ~**verduisteraar** embezzler. ~**verduistering** embezzlement, malversation. ~**verering** Mammonism, plutolatry. ~**verkwisting,** ~**verspilling** waste of money. ~**verleentheid** pecuniary difficulties/embarrassment, money pinch; *in ~ verkeer* be hard pressed/pushed, be hard up (for money). ~**verlies** loss of money. ~**vernietiging** money extinction. ~**verruiming** monetary expansion. ~**verspilling** →GELDVERKWISTING. ~**voorraad** supply/stock of money, money supply. ~**vordering** financial claim. ~**vraat** *(infml., derog.)* fat cat. ~**wa** *(infml.)* gravy train; *op die ~ klim/spring* get on (*or* board) the gravy train; *op die ~ sit/ry* be on (*or* ride) the gravy train. ~**waarde** value in money, money value, monetary value. ~**waardig** *-dige* valuable, of monetary value; *~e papier* securities. ~**wassery** money laundering. ~**wêreld** world of finance. ~**winner** moneymaker. ~**winning** moneymaking, money-spinning. ~**wissel** money order. ~**wisselaar** →GELDHANDELAAR. ~**(wit)wassery** money laundering. ~**wolf** money-grabber/grubber.

geld[2] *ge-, vb.* apply, be in force, be valid, hold (good), obtain, count; apply to, concern; →GELDIG, GELDING; *dit ~ vir* ***albei kante*** it cuts both ways; *dit ~ (vir/van) ons* ***almal*** it goes for (*or* applies to) all of us; that may be said (*or* is true) of all of us; *wat ~ vir die een, ~ vir die* ***ander*** what is sauce for the goose is sauce for the gander; *iem./iets ~* ***as*** ... s.o./s.t. rates as ...; *dit ~ iem. se* ***eer/lewe/ens.*** s.o.'s honour/life/etc. is at stake; *iets ~ vir* ***'n jaar/ens.,*** *(scholarship etc.)* s.t. is tenable for a year/etc.; *jou* ***laat*** *~* assert o.s.; make one's presence felt; *iets* ***laat*** *~* bring s.t. to bear, make s.t. felt *(one's influence etc.)*; bring s.t. into play; assert s.t., enforce s.t. *(one's rights etc.)*; *dit ~ nie vir* ***my*** *nie* speak for yourself!; *dit ~ vir* ***niks*** *(nie)* it counts for nothing; *dit ~* ***sonder uitsondering*** it holds good (*or* obtains) universally; *dit ~* ***vir*** ... it holds true for ...; it goes for ...; it applies to ...; *dit ~ vir die* ***waarheid*** it is held to be the truth. **gel·dend** *-dende* current, ruling *(prices)*; accepted, prevailing, received *(opinion)*; significant *(figures)*.

geld-: ~**rowend** wasteful. ~**sug** greed (of gold), thirst for money. ~**sugtig** *-tige* = GELDGIERIG. ~**wese** finance, monetary matters.

gel·de: *iets te ~e maak* →GELD[1] *n.*.

gel·de·lik *-like* monetary *(reward)*, pecuniary *(difficulties)*, financial *(support, transactions, worries, etc.)*; *alles van die ~e kant beskou* measure everything in terms of rands and cents.

Gel·der·land *(Du. province)* G(u)elderland, Guelders.

Gel·ders *-derse* Guelders; *~e roos* snowball, guelder rose.

gel·dig *-dige* valid *(ticket, reason, etc.)*, binding *(in law)*, legal, operative; in force; applicable; *iets* ***bly*** *~* s.t. remains valid; s.t. holds good (*or* stands up) *(a principle etc.)*; ***drie maande ens.*** *~* valid for three months etc.; *iets* ***is*** *~* s.t. stands (*or* holds good *or* holds water) *(a rule, law, principle, etc.)*; *iets ~* ***maak*** make s.t. valid; *iets is* ***nie*** *meer ~ nie* s.t. is out of date; *iets ~* ***verklaar*** validate s.t.; allow s.t. to stand *(a debt)*; *iets* ***word*** *~* s.t. takes effect *(a regulation)*. ~**making,** ~**verklaring** validation.

gel·dig·heid validity, force; *die reël het sy ~ verloor* the rule has become inoperative. **gel·dig·heids·duur** (period of) validity; currency. **gel·dig·heids·ter·myn** currency.

gel·ding *(chiefly jur.)* validity, force, operation *(of an act etc.)*.

gel·dings-: ~**datum** date of implementation, due date. ~**drang** assertiveness. ~**duur** period of validity.

geld·jies *(dim.)*, *(infml.)* pence, pittance.

ge·le *n.* →GEEL *n.*.

ge·lê *-lêde, (rare)* →GELEG.

ge·le·de[1] *adv.* ago, past; ***baie lank*** *~* long long ago, time out of mind; ***dae/ens.*** *~* days/etc. ago; *'n* ***paar jaar*** *~* some years ago/back; ***jare*** *~* years ago/back; ***kort*** *~* (quite) recently; *tot* ***kort*** *~* until recently/lately; ***korter*** *~* more recently; ***lank*** *~* long ago, ages ago *(infml.)*, way back *(infml.)*; *hoe* ***lank*** *~ is dit?* how long is it since?; ***lank, lank*** *~* many moons ago; *'n* ***kort tyd(jie)*** *~* a short time/while ago/back.

ge·le·de[2] *adj., (poet., liter.)* suffered; →LY[2] *vb.*; *die ~ onreg* the injustice suffered.

ge·le·de[3] *adj.* →GELEED.

ge·le·de·re →GELID[1].

ge·le·ding *-dinge, -dings* articulation; *(bot., zool.)* joint, hinge; indentation *(of a coast)*. **ge·le·dings·hol·te** *(anat.)* socket *(of a hip)*.

ge·le·ë *~ -leëner -leënste* (of *meer ~ die mees ~*) convenient, opportune, suitable; seasonable; *(no comparative/superlative)* lying, situate(d), set; positioned; ***aan/langs*** *'n rivier ~ wees* lie (*or* be situated) on a river; *iets* ***kom*** *~* s.t. comes in handy; ***op*** *'n heuwel ~ wees* be situated/perched (up)on a hill; *op 'n ~* ***tyd*** →TYD; *te(r) geleëner/gelegener* ***tyd*** →TYD; *iets is (nie)* ***vir*** *iem. ~ (nie), (a time etc.)* s.t. suits (*or* does not suit) s.o., s.t. is (not) convenient to s.o..

ge·leed *-lede* jointed; articulated; *(bot., zool.)* articulate; indented *(coast)*; sectional *(boiler)*; *gelede arm* hinged arm; *gelede peul* lomentum; *gelede voertuig* articulated vehicle. **ge·leed·heid** articulation. **ge·leed·po·tig** *-tige* arthropod(al), arthropodous; *~e diere* arthropods. **ge·leed·po·ti·ge** *-ges* arthropod; *G~s* Arthropoda.

ge·leen *-leende* borrowed, on loan; →LEEN *vb.*; *met ~de vere* →VEER[1] *n.*.

ge·le·ë·ner →GELEË.

ge·leent·heid *-hede* occasion; opportunity, opening; chance; facility; function; *as/indien die ~ hom (sou)* ***aanbied/voordoen,*** *(fml.)* when an opportunity presents itself, when the occasion arises, should the occasion arise; *'n ~ het hom* ***aangebied/voorgedoen,*** *'n ~ het* ***voorgekom,*** *(also)* an occasion arose; *'n/die ~* ***aangryp*** jump/leap at a/the chance, grasp/seize/take an/the opportunity, take advantage (*or* avail o.s.) of an/the opportunity; *die ~hede* ***aangryp*** use one's opportunities; *'n ~* ***afwag,*** *(also)* bide/wait one's time; *'n* ***amptelike*** *~* a formal/official function; *'n/die ~ te* ***baat*** *neem* grasp/take an/the opportunity, take advantage (*or* avail o.s.) of an/the opportunity; *iem. ~* ***bied/gee*** *om te ...* afford/give s.o. an opportunity to ..., enable s.o. to ...; ***by*** *~* (up)on occasion; occasionally; ***by/ter*** *~ van ...* (up)on the occasion of ...; *die ~ maak die* ***dief,*** *(idm.)* opportunity makes the thief, an open door may tempt a saint; *by die* ***eerste*** *~* at the first opportunity; *by* ***elke*** *~* on every occasion; *van die ~* ***gebruik*** *maak* take (advantage of) the opportunity, avail o.s. of the opportunity; *van jou ~hede* ***gebruik*** *maak* use one's opportunities; *iem. 'n ~* ***gee*** *om te ...* →***bied/gee;*** *iem. 'n ~* ***gee,*** *(also)* give s.o. a lift; ***gelyke*** *~hede hê* have equal opportunities; *'n ~ (deur jou vingers) laat* ***glip,*** *'n ~ laat* ***verbygaan*** lose/miss a chance, miss an opportunity, let a chance/opportunity slip by; *'n* ***gulde*** *~* an excellent opportunity, a golden opportunity; *'n ~* ***hê*** *om ...* have an occasion to ...; be able (*or* in a position) to ...; *~* ***hê/kry*** *om ...* get/have an/the opportunity to ...; ***in*** *die ~ wees om ...* be able (*or* in a position) to ...; *('n) mens moet die ~ neem/vat as jy dit* ***kry*** time and tide wait for no-one, there is no time like the present; *'n ~* ***kry,*** *(also)* get a lift; ***met*** *'n ~ kom* get a lift; *iets* ***met*** *'n ~ stuur* send s.t. as opportunity offers; *'n ~* ***misloop/verspeel/versuim*** lose/miss a chance; *('n/die) ~* ***om*** *iets te doen* an opportunity to do (*or* of doing) s.t.; *iem. in die ~* ***stel*** *om ...* afford/give s.o. an opportunity to ..., put s.o. in the way of ...; ***terwyl*** *die ~ daar is, (also)* while the going is good; *'n* ***unieke*** *~* the chance of a lifetime; *'n ~ laat* ***verbygaan*** →***glip;*** ***vir*** *die ~* for the occasion; *'n ~* ***vir*** *vrae* an opportunity to put questions; *as/indien die ~ hom (sou)* ***voordoen*** →***aanbied/voordoen;*** *'n ~ het hom* ***voorgedoen,*** *'n ~ het* ***voorgekom*** →***aangebied/voorgedoen;*** *die ~* ***wink*** *(vir iem.)* opportunity knocks (for s.o.). ~**skrywer** occasional writer. ~**spreker** guest speaker. ~**stuk** pièce d'occasion, occasional piece; piece for a special occasion.

ge·leent·heids-: ~**drinker** social drinker. ~**gedig** occasional/topical poem. ~**gesig:** *met 'n ~* with a countenance to suit the occasion. ~**lisensie** *(Liquor Act)* occasional licence. ~**mis** *(relig.)* special mass, occasional mass. ~**preek** topical sermon. ~**rede** ~**toespraak** occasional speech. ~**verlof** occasional leave. ~**woord** nonce word.

ge·leerd *-leerde -leerder -leerdste* learned, erudite, scholarly; highbrow, bookish; *(also: geleer)* trained *(animal)*; →LEER[1] *vb.*; ***goed*** *~e persoon* person of education, cultured person; ***hoe*** *~er, hoe verkeerder* a mere scholar a mere ass, the more learned the less wise; *iets is* ***te*** *~ vir iem.* s.t. is Greek to s.o. (*or* beyond s.o. *or* beyond s.o.'s comprehension); *my ~e* ***vriend,*** *(jur., also joc./iron.)* my learned friend; →GEAG; *die ~e* ***wêreld,*** *(rhet.)* the scientific world, the world of science. **ge·leerd·doe·ne·ry** pedantry. **ge·leer·de** *-des* scholar, academic; scientist. **ge·leerd·heid** erudition, learning; scholarship; *grondige ~* erudition; *groot ~ bring jou tot kranksinnigheid, (OAB), groot ~ maak jou mal, (NAB), (Acts 26:24)* much learning doth make thee mad *(AV)*, great learning is driving you insane *(NIV)*. **ge·leerd·heids·ver·toon** display of erudition.

ge·lees read; →LEES[2] *vb.*; *iets as ~ beskou* →GELESE.

ge·leg *-legde* laid *(eggs etc.)*; →LÊ[2].

ge·le·ge·ner →GELEË.

ge·lei *het ~, vb.* lead, conduct, accompany, shepherd; escort, attend; convoy *(ships)*; conduct *(electricity, heat)*; transmit *(sound)*; *iem. na buite ~* usher s.o. out. ~**brief** way bill; permit; safe conduct. ~**buis** conduit (pipe). ~**draad, geleidingsdraad** *(elec.)* conducting wire. ~**eienskappe** = GELEIDINGSEIENSKAPPE. ~**gees** guardian spirit. ~**gleuf,** ~**groef** featherway, guideway. ~**plaat** guide plate. ~**ring** guide ring. ~**rol** fixed pulley. ~**skip** convoy ship, escort vessel, consort, guard ship. ~**stam** busbar. ~**stang** conducting rod. ~**vermoë** →GELEIDINGSVERMOË.

ge·lei·baar *-bare* conductible. **ge·lei·baar·heid** conductibility.

ge·lei(d) *-leide adj.* led, guided; *geleide ekonomie* planned economy; *geleide geldstelsel* managed currency; *geleide projektiel* guided missile. **ge·lei·de** *n.* attendance, care, escort (party), guard, protection; convoy; *iem. jou ~* ***aanbied,*** *(fml.)* offer to accompany s.o. (*or* to see s.o. home); *iem. ~* ***doen,*** *(fml.)* accompany/escort s.o.; *onder* ***militêre*** *~* under military escort; ***onder*** *~ van ... wees* be escorted by ...; be under convoy of ... *(the navy)*; ***onder*** *iem. se ~ wees, (fml.)* be entrusted to s.o.'s care. ~**skip** →GELEISKIP.

ge·lei·de·lik *-like -liker -likste, adj.* gradual; phased; progressive. **ge·lei·de·lik** *adv.* gradually; by degrees, little by little; in (easy) stages; progressively. **ge·lei·de·lik·heid** gradualness; gradualism.

ge·lei·dend *-dende* conducting; conductive *(phys.)*, conductible, deferent *(biol.)*.

ge·lei·ding *-dings, -dinge* conducting, leading; conduction *(of heat)*; convection; wiring, conducting wire; conduit pipes; *(naut.)* fairlead; *(plumbing, elec., etc.)* main; *soortlike* ~ specific conductivity/conductance.

ge·lei·dings-: ~**bundel** conducting bundle. ~**draad** →GELEIDRAAD. ~**eienskappe** conducting properties. ~**koëffisiënt,** ~**ko-effisiënt** coefficient of conduction. ~**net** (electrical) wiring. ~**vermoë, geleivermoë** conductivity, conductance, permeance. ~**weefsel** conducting tissue, vascular tissue.

ge·lei·er *-ers* conductor, attendant, guide, leader; duct; *goeie* ~, *(phys.)* good conductor; *slegte/swak* ~ bad conductor.

ge·lek[1] *n.* leaking, drip; →LEK[1] *vb.*.

ge·lek[2] *n.* licking; toadyism; →LEK[2] *vb.*.

ge·le·rig *-rige* yellowish, flavescent; →GEEL.

ge·les *-leste* quenched, slaked, satisfied *(thirst)*; →LES[3] *vb.*.

ge·le·se *adj.* read; →LEES[2] *vb.*; *'n algemeen* ~ ... a widely read ... *(book etc.)*; *iets as ~/gelees beskou* take s.t. as read. **ge·le·se·ne** *n.*: *die* ~, *(obs.)* what has been read, *(esp.)* reading from Scripture.

ge·let →LET.

ge·le·tjie *-tjies, (dim.)* little yellow one; →GEEL.

ge·let·terd *-terde, adj.* lettered, literate, learned; cultured; literary; *'n ~e man/vrou* a man/woman of letters, a literary person; a well-educated man/woman. **ge·let·ter·de** *-des, n.* man/woman of letters/learning, scholar, literary/learned/scholarly/erudite person. **ge·let·terd·heid** literacy; culture. **ge·let·terd·heids·on·der·rig** literacy training/instruction/teaching.

ge·lid[1] *geledere* rank, file; *(arch.)* generation; *in **aaneengeslote** geledere* in serried ranks; *jou in die geledere van ... **bevind*** find o.s. in the ranks of ...; *in die ~ **bly*** keep rank(s); *mense in ~ **bring/stel*** line up people; *tot die **derde/ens.** ~, (arch.)* to the third/etc. generation; *in **enkel*** ~ in single file; ***geslote*** *geledere, (also)* a closed shop; *in **geslote** geledere* in close order; *iem. wil altyd **in** die ~ **wees*** s.o. always wants to be part of the company (*or* in there with everybody else) *(infml.)*; *in ~ **marsjeer*** file; *jou in ~ **skaar*** fall into line; *die geledere **sluit*** close up, close (the) ranks; *in ~ gaan **staan*** line up; *uit (die) ~ **tree**, (a soldier)* fall out; quit the ranks; *(soldiers)* break rank(s); ***uit*** *die geledere voortkom* rise from the ranks; *met **uitgedunde** geledere* with depleted ranks; *iem. in hul geledere **verwelkom*** welcome s.o. (in)to their ranks; *in die **voorste** geledere van die beweging* in the forefront of the movement. ~**sluiter** file closer.

ge·lid[2] = GELEED.

ge·lief(d) *-liefde -liefder -liefste* (of meer ~ die mees *-liefde*), *adj.* beloved, dear, favourite, fancied, popular; *jou by iem. ~ maak* endear o.s. to s.o.; *iets maak iem. by iem. anders* ~ s.t. endears s.o. to s.o. else. **ge·lief·de** *-des, n.* beloved, sweetheart, *(term of endearment)* dearest; *(in the pl.), (also: family members etc.)* loved ones. **ge·lief·heb·ber** *(rare)* amateurism, dilettantism, dabbling. **ge·lief·koos** *-koosde* favourite, best-loved; *~de skrywer* favourite writer. **ge·lie·we** *(fml.)* please; ~ *my te berig* kindly inform me; ~ *te antwoord* an answer will oblige.

ge·lieg lying, mendacity.

ge·lig *-ligte* raised, lifted; →LIG[1] *vb.*; *~te hak* spring heel.

ge·lig·niet gelignite, gelatine dynamite.

ge·li·ni·eer(d) *-eerde* ruled, lined *(paper)*; lineate(d); →LINIEER.

ge·lip *-lipte* labiate.

ge·li·sen·si·eer *-eerde* licensed; →LISENSIEER.

ge·lis·pel lisp(ing).

ge·lit *-litte, (bot.)* jointed, articulate(d); →GELEED.

ge·lit·te·ken(d) *-kende* scarred *(face)*; →LITTEKEN *vb.*.

gel·ling ~, *-lings*, **gal·lon** ~, *-lonne, (Br./Am. unit of volume)* gallon; *'n ~ water/ens.* a gallon of water/etc.; *twee ~ melk op 'n* (of *per*) *dag* two gallons of milk a day.

ge·lob *-lobde* lobate, lobed.

ge·loei (bel)lowing; roar(ing); →LOEI.

ge·lo·fie *-fies, (dim.), (infml.)* popular belief, superstition; →GELOOF[1] *n.*.

ge·lof·te *-tes* vow, covenant, solemn promise.; *'n ~ aflê/doen om iets te doen* make/take a vow to do s.t.; *die ~ aflê* take one's vows *(as a member of a religious order)*; *deur 'n ~ gebind word om iets te doen* be under a vow to do s.t.. ~**aflegging** vow-taking, pledge-taking. **G~dag** *(SA hist.: 16 Dec.)* Day of the Covenant. **G~kerk** Church of the Vow/Covenant *(in Pietermaritzburg)*.

ge·lok *-lokte* curled.

ge·lol botheration; nagging; →GEFOETER.

ge·lood *-lode* leaded; *gelode petrol* leaded petrol.

ge·loof[1] *-lowe, n.* belief, faith, credo; creed, religion; persuasion; credit, credence, trust; *~ **aan** ...* belief in ... *(the supernatural etc.)*; *'n ~ **aanhang*** follow a religion; *'n ~ **aanneem*** embrace a faith; *die ~ kan **berge** versit* faith will (re)move mountains; *'n **blinde** ~ in ... hê/stel* have/put implicit faith in ...; *iets op **goeie** ~ aanneem* accept/take s.t. on trust (*or* in good faith); *iets op **goeie** ~ doen* trust to luck; *iem. het 'n **groot** ~ in ...* s.o. is a great believer in ...; *~ in ... **hê*** have faith in ...; *~ aan iets **heg*** give credence to s.t.; *~, **hoop** en liefde, (NAB: 1 Cor. 13:13)* faith, hope, charity *(AV)*, faith, hope and love *(NIV)*; *~ **in** ...* belief in ... *(God, a cause, etc.)*; *iem. se **kinderlike** ~* s.o.'s childlike faith; *iem. se **onwankelbare/onwrikbare** ~* s.o.'s unshakeable belief; *'n **vaste** ~* a firm/strong belief. ~**saak** matter of faith. ~**stryd** religious struggle; religious strife.

ge·loof[2] *(p.p.)* →LOOF[2] *vb.*.

ge·loof·baar *-loofbare* believable, credible, conceivable. **ge·loof·baar·heid** credibility.

ge·loofs-: ~**artikel** article of faith. ~**belydenis** confession (of faith), creed; *Augsburgse G~* Augsburg/Augustan Confession; *Nederlandse G~* Confessio Belgica; *Niceense G~* Nicene Creed. ~**beswaar** religious scruple. ~**brief** *-briewe* letter of credence; voucher; *(in the pl.)* credentials, letters of credence/accreditation; *jou ~briewe aanbied* present one's credentials (*or* letters of credence). ~**daad** act of faith. ~**formulier** creed. ~**geneser** faith healer. ~**genesing** faith healing, divine healing. ~**genoot** coreligionist, fellow believer. ~**gronde** grounds for belief. ~**held** champion of the faith, hero of faith. ~**krisis** crisis of faith. ~**leer** doctrine (of faith), religious doctrine; dogmatics. ~**leerling** *(rare)* catechumen; confirmand. ~**lewe** inner life, religious life. ~**oortuiging** religious conviction. ~**punt** point of doctrine, doctrinal point. ~**reël** rule of faith, canon. ~**regter** inquisitor. ~**versaker** apostate, renegade. ~**versaking** apostasy. ~**vertroue** trust in God. ~**vervolging** religious persecution. ~**vorm** form of faith. ~**vrede** religious peace. ~**vryheid** religious liberty/freedom. ~**ywer** religious zeal.

ge·loofs·hal·we *adv.* for the sake of one's religion.

ge·loof·waar·dig *-dige, adj.* credible, reliable, worthy of credence; trustworthy; *uit ~e bron* from a reliable/well-informed source, on good authority. **ge·loof·waar·di·ge** *-ges, n.* person of credence. **ge·loof·waar·dig·heid** credibility, credibleness, reliability, trustworthiness; credit *(of a witness)*; veracity *(of facts etc.)*.

ge·looi *-looide* tanned; →LOOI *vb.*; *~de skaapvel* basan, basil.

ge·loop running (to and fro), walking, scurrying.

ge·lo·pe·ne *-nes, (icht., esp. Argyrozona argyrozona)* carpenter; →KAPENAAR.

ge·los *-loste* →LOS[2] *vb.*.

ge·lou·er(d) *-erde, adj.* laurelled. **ge·lou·er·de** *-des, n.* laureate; prizewinner.

ge·lo·wig *-wige, adj.* believing, faithful, pious. **ge·lo·wi·ge** *-ges, n.* believer; *(in the pl.)* the faithful. **ge·lo·wig·heid** faithfulness; piety.

ge·lug *-lugte* aired *(lit. & fig.)*, ventilated; voiced; →LUG *vb.*. ~**droog, luggedroog** *-droogde* air-dried, air-cured.

ge·lui pealing, ringing, tolling; knell; *iem. is 'n (ou) derde ~, (infml.)* s.o. is a slowcoach.

ge·luid *-luide* sound, noise; voice; →KLANK; *'n ~ gee, (s.t.)* make a sound; *nie 'n ~ laat hoor nie* not utter a sound; *~ voortplant* transmit sound. ~**breking** catacoustics. ~**demper** silencer, muffler, muffling device; *(mus.)* sordine, mute. ~**draer** sound recording medium. ~**sein** sound signal. ~**versterker** microphone. ~**vervorming** sound distortion. ~**vinder** sound locator.

ge·luid·loos *-lose* soundless; silent, noiseless. **ge·luid·loos·heid** soundlessness, stillness; silence.

ge·luids-: ~**bron** sound source. ~**leer** acoustics, (theory of) sound, phonics. ~**tegniek** acoustics, acoustical technique. ~**trilling** sound vibration. ~**verswakking** *(rad.)* fading.

ge·lui·er idling, lazing, laziness; *(mot.)* idling.

ge·luk *-lukke, n.* bliss, felicity, happiness, joy; fortune, (piece of) luck; success; windfall; *die ~ **begunstig** iem., die ~ **lag** iem. toe* fortune smiles (up)on s.o.; *jou ~ **beproef*** try one's luck; ***blote** ~ wees* be the luck of the draw; *om ~ te **bring*** for luck; *dae/tye van ~ en vrede* halcyon days; ***dis** sy/haar ~* s.o. can consider him-/herself lucky; *dit is **een*** ~ that is one good thing; *dis **gedaan** met iem. se ~* s.o.'s luck is out; ***geen** ~ hê nie* be down on one's luck; *op **goeie** ~ (af)* by guess; at random; *op **goeie** ~ afgaan* trust to luck; *iets op **goeie** ~ (af) doen* do s.t. at a venture, draw a bow at a venture; *~ **hê*** be lucky, be in luck; *die ~ **hê** om ...* have the luck to ...; *soos die ~ dit wou **hê*** as luck would have it; ***~, (hoor)!*** congratulations!, well done!; ***huislike*** ~ →HUISLIK; *'n ~ **kry*** get lucky, strike it lucky; get a windfall; *die ~ **lag** iem. toe →**begunstig**; die ~ **loop** iem. agterna* fortune favours s.o.; *die ~ **loop** iem. teë* s.o. is out of luck, s.o.'s luck is out; *(veels) ~ **met** ...!* congratulations on ...! *(your victory, the birth of your baby, etc.)*; *~ **met** jou/die verjaar(s)dag!, (also)* happy birthday!, many happy returns!; ***'n*** ~ good fortune/luck; a good thing; *dit is **'n** ~ dat ...* it's fortunate (*or* a good job) that ...; it's a mercy that ...; *iem. het die ~ gehad **om** te ...* s.o. was lucky enough (*or* had the good fortune) to ...; *'n ~ by 'n **ongeluk*** a blessing in disguise; *daar is altyd 'n ~ by 'n **ongeluk*** every cloud has a silver lining, it's an ill wind that blows nobody any good; ***(op** jou) ~!* here's to you!; ***per*** ~ by good luck, by a stroke of luck; by a fluke *(infml.)*; happily; *iem. kan van ~ **praat/spreek*** s.o. can consider him-/herself lucky, s.o. can thank his/her (lucky) stars; s.o. can count his/her blessings; *dis **pure** ~* it is sheer luck; *dit was iem. **se** ~* it was s.o.'s good fortune; *'n **skoot** op goeie ~ (af)* →SKOOT[1]; ***sonder*** ~ without luck; *die ~ is **teen** iem.* s.o. is out of luck, s.o.'s luck is out; *jou ~ **uittart*** push one's luck (too far) *(infml.)*; ***veels** ~!* congratulations!; *die ~ het iem. **verlaat*** s.o.'s luck has run out; *op die ~ **vertrou*** trust to luck; ***wat** 'n ~!* what (a piece of) luck!; *dit was meer ~ **as wysheid*** it was more by accident than by design (*or* by hit than by wit *or* luck than skill). **ge·luk** *het ~, vb.* succeed, come off; turn out well; *as dit iem. ~* if s.o. succeeds (*or* has any luck); *niks ~ iem. nie* s.o. has no luck; *dit ~ iem. om iets te doen* s.o. succeeds in doing s.t., s.o. manages to do s.t.. ~**bringer** charm, mascot, amulet, talisman. ~**salig** *-lige* blessed, blissful, beatific; *~ glimlag* smile blissfully. ~**saligheid** bliss, blessedness, beatitude, felicity, Eden *(fig.)*. ~**skoot** lucky shot; fluke; windfall; stroke of luck; flash in the pan; *'n ~ kry* have a piece of (good) luck, have a stroke of luck, have a good break. ~**slag** (piece of) good luck, stroke of good fortune, godsend, windfall; fluke, scoop; flash in the pan; *'n ~ kry* have a piece of (good) luck, have a stroke of luck, have a good break; get lucky, strike it lucky; make a lucky strike. ~**soeker** adventurer, fortune hunter/seeker, gold-digger. ~**spel** game of chance/hazard. ~**spinnekop** *(rare)* money-spinner. ~**staat** happiness, blessed state, bliss, beatitude. ~**steentjie** amulet. ~**ster** lucky star.

ge·luk·kie: *'n ~ tref* have a piece of (good) luck, have a stroke of luck, have a good break.

ge·luk·kig *-kige, adj.* happy, content(ed), pleased, delighted, blissful; felicitous; fortunate, lucky, providential; prosperous, successful; *'n ~e **afloop** hê* →AFLOOP *n.*; *jou ~ **ag** om ...* account/consider o.s. lucky to ...; *iem. kan hom/haar ~ **ag** dat ...* s.o. can consider him-/herself lucky that ...; ***as** iem. ~ is, kan/sal hy/sy ...* with luck he/she ...; *in ~e* ***bewoordinge,*** *(rather obs., also iron.)* in felicitous terms; *'n ~e* ***dag*** *vir ...* a lucky day for ...; *~* ***genoeg*** *wees om ...* have the good fortune to ...; ***en maar*** *~* ***ook!*** and a good thing too!; *~e* ***nuwe jaar!*** happy new year!; *~e* ***paartjie*** happy couple/pair; *~ in die* ***spel,*** *ongelukkig in die liefde* →SPEL¹ *n.*; *~e* ***toeval*** lucky chance, a fluke; serendipity; *iem.* ***tref*** *dit ~* s.o. is in luck, s.o.'s luck is in; *~e* ***trekking*** lucky draw; *iets is 'n ~e* ***voorteken*** →VOORTEKEN *n.*. **ge·luk·kig** *adv.* happily, luckily, fortunately; *~ bewoord/geformuleer* happily worded; *lank en ~ (saam) leef/lewe* live happily ever after. **ge·luk·ki·ge** *-ges, n.* lucky person; *vir die ~ loop alles reg* nothing succeeds like success. **ge·luk·ki·ger·wys, ge·luk·ki·ger·wy·se** *(obs., rare)* fortunately, happily, luckily, as luck would have it, by good fortune. **ge·lukkig·heid** happiness, joy.

ge·luks-: **~armband** charm bracelet. **~beentjie** wishbone. **~bode** bearer of good news. **~dag** happy/lucky day, red-letter day. **~droom** dream of bliss/happiness, castle in the air. **~gevoel** euphoria. **~godin** goddess of fortune, Fortune. **~kind** fortune's favourite, lucky fellow, spoilt child of fortune; *'n ~ wees* be a lucky dog, be born with a silver spoon in one's mouth. **~pakkie** lucky dip/packet. **~trekking** lucky draw. **~voël** lucky fellow/beggar/dog; *jou ~!* you lucky rascal/fish!; →GELUKSKIND.

ge·luk·wens *gelukge-* congratulate, wish good luck (*or* happiness/joy); felicitate, compliment; *jouself ~* pat o.s. on the back *(fig.)*; *iem. met iets ~* congratulate s.o. (up)on s.t.; compliment s.o. on s.t.. **ge·luk·wen·send** *-sende* congratulatory, complimentary. **ge·luk·wen·sing** *-singe, -sings* congratulation; felicitation; *boodskap van ~* congratulatory message.

ge·lyk *n.* right; like; *~* ***by*** *~* like to like; *iem. ~* ***gee*** admit that s.o. is right; *die hof* ***gee*** *iem.* (of ***stel*** *iem. in die)* ~ the court finds for s.o.; *iem. is volkome in die ~* ***gestel*** s.o. has been completely vindicated; ***groot/volkome*** *~* ***hê*** be perfectly/quite right; *~* ***hê,*** *(s.o.)* be in the right, be right; *dit ~* ***hê*** *oor iets* be right about s.t.; *u* ***het*** *~,* *(also)* I stand corrected; *~* ***kry*** be put in the right; *~* ***en ongelyk*** odd and even; *die hof* ***stel*** *iem. in die ~* →***gee;*** *iem. in die gelyk* ***stel,*** *(also)* prove s.o. right; *~ met ~* ***vergeld*** render like for like, pay back in the same coin. **ge·lyk** *-lyke, adj.* alike, equal, even, identical, same, similar; *(infml.)* fifty-fifty; flush, level, smooth; quits; square; close *(voting)*; ***aan*** *iets ~ wees* equal (*or* be equivalent to) s.t.; be commensurate with s.t.; be of a piece with s.t.; *iets is ~* ***aan*** *iets anders* s.t. is equal to s.t. else; *X is ~* ***aan*** *100* X equals 100; *op ~e* ***afstand*** equidistant; *as* ***alles*** *~ is* all things being equal; *iets is ~ aan die* ***beste*** s.t. compares with the best; *by ~e* ***bevoegdhede*** →BEVOEGDHEID; *(aan) jouself ~* ***bly*** be consistent; *~(e)* ***breuk,*** *(min. etc.)* even fracture; *van ~e* ***datum*** →DATUM; *as alle* ***faktore*** *~ is* all things being equal; *~e* ***geleenthede*** equal opportunities; *'n werkgewer met 'n beleid van ~e* ***geleenthede*** an equal opportunities employer; *~ en* ***gelykvormig,*** *(math.)* congruent; *die* ***gevalle*** *is nie ~ nie* the cases are not on all fours; *iets met die* ***grond*** *~* ***maak*** raze s.t. (to the ground), level s.t. to/with the ground; →GELYKMAAK; *op 'n ~e* ***grondslag/speelveld*** *meeding* compete on a level playing field *(fig.)*; *'n ~e* ***kans*** *hê om iets te doen* have/stand a fifty-fifty chance of doing s.t.; *~* ***links/regs,*** *(print.)* flush left/right; *in ~e* ***mate*** equally; *die* ***mededingings-/speelveld*** *~ maak, 'n ~e* ***mededingingsveld*** *skep/daarstel, 'n ~e* ***mededingingsgrondslag*** *bewerkstellig* level the (*or* create a level) playing field *(fig.)*; *~* ***met*** *... wees* be flush with ... *(the wall etc.)*; *iem. met ~e* ***munt*** *betaal* →MUNT *n.*; *van ~e* ***omvang*** coextensive; *~* ***oppervlak*** flat surface; *op 'n ~e* ***speelveld*** *meeding* →***grondslag/speelveld;*** *~* ***vlakte*** level plain; *op ~e* ***voet*** →VOET; *onder ~e* ***voorwaardes*** on equal terms; ***waar*** *dit origens ~ is* other things being equal; *hulle* ***was*** *~* it was a dead heat (between them); *op ~e* ***wyse*** →WYSE². **ge·lyk** *adv.* equally, similarly, alike; at the same time, simultaneously; ***almal*** *~* all at once; →TEGELYK; *almal ~* ***behandel*** treat all alike; *iets staan ~ met die* ***beste*** s.t. compares with the best; →GELYKSTAAN; *iets ~* ***hou*** keep/hold s.t. steady, steady s.t.; *~* ***speel*** break even; *~* ***word*** even out; flatten out. **~beduidend** *-dende,* **~betekenend** *-nende* synonymous. **~benig** *-nige* isosceles *(triangle)*. **~beregtig** *-tigde* of equal rank/status; with equal rights/title. **~beregtiging** equality of rights; isonomy. **~draads** *-draadse,* **~dradig** *-dige* even-grained. **~durig** *-rige* isochronic. **~durigheid** isochronism. **~fasig** *-sige* in phase. **~geregtig** = GELYKBEREGTIG. **~geregtigheid** = GELYKBEREGTIGING. **~gerig** *-rigte* like *(parallel forces)*; *~te buiging* similar flexure. **~gesind** *-sinde, (rare)* like-minded, of one/a mind, unanimous; →EENSGESIND. **~gesindheid** *(rare)* unanimity; congeniality; →EENSGESINDHEID. **~gestel(d)** *-stelde* equalised, assimilated; *~stelde remme* equilised brakes. **~hoekig, ~hoekig** *-kige* equiangular, isogonal, isogonic. **~kleurig** *-rige* isochromatic. **~klinkend** *-kinde* of the same sound, homophonous. **~korrelig** *-lige* even-grained, equigranular. **~lastig** *-tige (naut.)* on an even keel. **~lopend** *-pende* concurrent; *die vonnisse is ~* the sentences run concurrently; *~e verwerking, (comp.)* parallel processing. **~luidend, ~luidend** *-dende* consonant, unisonous; homonymous *(words)*; true *(copy)*; of the same tenor, identically worded, conform, verbally identical; concordant; *~e woord* homonym. **~maak** *gelykge-* equalise, even, equate; level, raze *(to the ground)*, smooth; dub *(in plastering)*; *iets ~ aan iets anders* equalise s.t. with s.t. else; *dinge ~* make the odds even; *iets ~ met iets anders* make s.t. flush with s.t. else. **~makend** *-kende* egalitarian; equalising. **~maker** egalitarian; equaliser, levelling point. **~making** equalisation, equating; levelling, razing; dubbing out *(in plastering)*. **~matig** *-tige* equable *(temperature)*; uniform *(motion)*; even, unruffled *(temper)*; continuous *(recurrence)*; steady; flat *(colour)*; commensurate; level *(tone)*. **~moedig** *-dige* equanimous, even-tempered, equable, contented, placid. **~moedigheid** equanimity, evenness of temper, contentedness. **~namig** *-mige* homonymous, homonymic *(words)*; of the same name; like *(poles)*; *~e* ***breuke,*** *(math.: with the same denominator)* like fractions; *~e* ***eenhede*** units of the same kind; *~e* ***elektrisiteit*** electricity of the same sign; *~e* ***held*** eponymous hero; *breuke ~* ***maak*** reduce fractions to the same denominator; *~e* ***magte,*** *(math.: with the same exponent)* like powers; *~e* ***wortels*** equiradical surds. **~namigheid** homonymy. **~op** →GELYKOP. **~rig** *gelykge-, (elec.)* rectify. **~rigter** rectifier *(of an elec. current)*, battery charger, permutator. **~rigting** rectification. **~sang** *(mus.)* plainsong, Gregorian chant. **~skakel** synchronise; coordinate; equalise; standardise. **~skakeling** synchronisation; coordination; equalisation; standardisation. **~slagtig** *-tige* homogeneous; homogenous; of common gender, congeneric. **~slagtigheid** homogeneity, homogeneousness. **~soortig** *-tige, (sc.)* analogous, similar, of the same kind, conspecific; homogeneous; *(math.: powers)* with the same base; *(biol.)* homologous, congeneric, congenerous. **~soortigheid** similarity, analogy; *(math.)* homogeneity. **~spanning** *(elec.)* direct voltage/pressure. **~speelstadium** breakeven point. **~spel** draw, tie, drawn match/game. **~staan** *gelykge-* be equal, be on a level; correspond; *met die* ***beste*** *~* hold one's own with the best; ***met*** *iem. ~* be equal to s.o.; ***met*** *... ~, (also)* rank with ...; ***met*** *iets ~, (also)* be on a par with s.t.; amount (*or* add up *or* be tantamount) to s.t. *(blackmail etc.)*. **~staande** equal, equivalent; corresponding; *~ met ...* equivalent to ...; *~ met ... wees, (also)* amount (*or* add up *or* be tantamount) to ... *(blackmail etc.)*. **~standig** *-dige* similarly situated, homologous *(sides)*, homothetic *(math.)*; of equal standing, on equal terms; *~e hoeke* corresponding angles. **~standigheid** homology. **~stel** *gelykge-* equate; even; coordinate; *iem./iets met iem./iets anders ~* bracket/rank s.o./s.t. with s.o./s.t. else; *iets met iets anders ~, (also)* equate s.t. with s.t. else; put s.t. on a par with s.t. else; *X met Y ~* compare X to Y. **~stelling** equalisation, levelling, identification; equality; coordination; *~ met ...* assimilation to ..., bracketing with ..., treatment as ... **~stoot** *gelykge-* bulldoze, raze. **~stroom** *(elec.)* direct (electric) current, continuous current. **~stroomenjin** uniflow engine. **~sydig** *-dige* equilateral *(triangle)*; symmetrical *(fold)*. **~sydigheid** equilateralness; symmetry. **~tallig** *-lige* of the same number. **~teken, gelykheidsteken** *(math.)* sign of equality, equals sign. **~tonig** *-nige* concordant. **~tonigheid** concordance. **~tydig** *-dige, adj.* simultaneous; contemporaneous; isochronic, synchronous, concurrent; *~ met ...* simultaneous(ly) with ...; *~e vergelykings, (math.)* simultaneous equations. **~tydig** *adv.* at one (and the same) time, at a time, all at once, simultaneously, concurrently; contemporaneously; *~ aankom* arrive at the same time; *~ bestaan* coexist; *~ gebore wees* be connate. **~tydigheid** simultaneousness, simultaneity; contemporaneity; isochronism, synchronism. **~vlakkig** *-kige* flush. **~vlerkig** *-kige,* **~vleuelig** *-lige* homopterous. **~vloeiend** *-ende* regular *(verb)*, smooth-flowing *(verse)*. **~vloers** *-vloerse, adj., (fig., obs.)* plain, pedestrian, homely. **~vloers** *adv.* on the ground floor/level. **~vlug** level flight. **~vol:** *'n ~ lepel* a level spoonful. **~vormig** *-mige* of the same form, similar *(figures)*; uniform *(density)*; isomorphous, homomorphic; *(zool.)* homogeneous; *(math.)* congruent; *~ wees aan ...* be similar to ... **~vormigheid** conformity, similarity; uniformity; isomorphism; homomorphy, homomorphism; homogeneity; *(math.)* similitude. **~waardig** *-dige* equivalent; of equal (*or* the same) value; coequal, equipollent; *~ wees aan ...* be equal in value to ... **~waardigheid** equivalence. **~weg** *adv., (rare)* evenly; together. **~wigtig** *-tige, (rare)* equiponderant.

ge·ly·ke *-kes, n.* equal; (com)peer; fellow; *iem. se ~* ***bestaan*** *nie, iem. het* ***geen*** *~ nie, iem. is* ***sonder*** *~* s.o. has no equal/match, s.o. is without equal/peer; *iem./iets het* ***geen*** *~ nie, (also)* s.o./s.t. stands alone; *iets het* ***geen*** *~ nie, iets is* ***sonder*** *~, (also)* s.t. has no parallel, s.t. is without parallel; ***jou*** *~s* one's equals/peers; *iem. se ~ sal jy nie weer* ***kry*** *nie* we'll never see s.o.'s like again; *iem.* ***se*** *~ wees* be the equal of s.o.; be a match for (*or* match up to) s.o.. **ge·ly·ke·ge·leent·heid·werk·ge·wer** equal opportunities employer. **ge·ly·ke·nis** *-nisse* likeness, resemblance, semblance, shape, similarity; *(Bib.)* parable; fable; *'n sprekende ~* a speaking likeness; *'n ~ tref* catch a likeness. **ge·ly·ker·wys, ge·ly·ker·wy·se** *(rare)* just as, like(wise). **ge·lyk·lik, ge·ly·ke·lik** *(rare)* equally, in equal parts/portions/shares.

ge·lyk·heid equality; similarity; sameness, likeness, identity, parity; flatness; evenness, smoothness *(of a surface)*; equivalence *(of an equation)*; *~ met ... bereik/verkry* achieve/attain equality with ...; *~ van tekens* concurrence of signs; *op voet van ~ met ... wees* be on an equal footing (*or* an equality) with ...

ge·lyk·heids-: **~teken** →GELYKTEKEN.

ge·lyk·op equally; evenly; *(tennis)* deuce; game all, set all, at evens; all square; *dit is* ***baie*** *~* it is a close (*or* an even) race; *dit was* ***byna*** *~* there was little in it *(infml.)*; *~* ***deel*** →DEEL¹ *vb.*; *~* ***eindig,*** *(a match etc.)* end in a draw; *hulle* ***loop*** *~* they are neck and neck, it's level pegging *(infml.)*; *die telling ~* ***maak*** even up the score; *~* ***speel*** draw a game; *met ... ~* ***speel*** draw/tie with ...; *'n ~* ***spel*** a draw, a tie; →GELYKSPEL; *'n ~* ***stryd*** an even contest; *'n ~* ***telling/uitslag*** *van nul-nul* (*of nul elk*), *'n doellose/puntelose ~* ***uitslag,*** *(soccer)* a no-score draw; *~* ***uitkom*** break even; *'n ~* ***uitslag*** a score draw; *die* ***uitslag*** *was ~* the result was a draw/tie. **~wedstryd** even money.

ge·lyk·te *-tes* level (ground), plain, flat; *op die ~* on the flat.

ge·lyn(d) *-lynde* lined, ruled *(paper)*; lineate(d); →LYN *vb.*.

ge·lys *-lyste* framed; moulded; listed.; →LYS *vb.*.

ge·maak *-maakte, adj.* made, (machine-)produced; affected, forced, studied *(smile etc.)*; mincing *(speech etc.)*; sham *(humility etc.)*; false, feigned; unnatural, unspontaneous; *~te laggie* strained laugh; *~te maniertjies* put-on airs; *met ~te onverskilligheid* with an assumption of indifference; *iem. is so ~ en so (ge)laat staan* s.o. is uncultivated/uncouth/graceless/boorish/loutish. **ge·maak** *adv.* affectedly; *~ kwaai* with mock severity; *~ praat* speak mincingly, mince one's speech. **ge·maakt·heid** affectation, preciosity.

ge·maal¹ *-male, (fem.)* **ge·ma·lin** *-linne, n., (fml.)* consort, spouse, husband *(masc.)*, wife *(fem.)*.

ge·maal[2] *n.* grinding; mêlée, rough-and-tumble; bother, worry; *(pl. gemale)* scrimmage, milling (about), maul; →LOSGEMAAL. **ge·maal** *=maalde, adj.* ground *(coffee)*; minced, ground *(meat)*; →MAAL[3] *vb.*; *~de korrel* fine-grain cereal.

ge·mag·ne·ti·seer *=seerde meer ~ die mees =seerde* magnetised; →MAGNETISEER.

ge·mag·tig authorised, empowered; →MAGTIG[3] *vb.*; *deur ... ~ wees* be authorised by ...; *~ wees om ...* be authorised to ... **ge·mag·tig·de** *=des* assignee, deputy, proxy, s.o. with power of attorney, authorised person.

ge·mak comfort, convenience, ease, facility; fluency; readiness; leisure; *dit op jou ~ **doen*** take it easy; *iets op jou ~ **doen*** do s.t. at one's leisure; do s.t. in comfort; *op jou **dooie** ~* lazily; perfectly at ease; with the greatest of ease, in slippered ease; *met die **grootste** ~* with the greatest of ease; *nie op jou ~ **lyk** nie* seem uneasy; *iets **met** ~ doen* do s.t. with ease, do s.t. easily/effortlessly; ***op** jou ~ wees/voel* be at (one's) ease, feel at ease; be/feel at home; be/feel comfortable/relaxed; *nie **op** jou ~ wees nie* be uneasy, be ill at ease; be uncomfortable; *op jou ~ **reis*** travel by easy stages; *op jou **sewe(ntien)** ~ke, (obs., rare)* very leisurely; *iem. op sy/haar ~ **sit/stel*** (of *laat **voel***) put/set s.o. at ease; make s.o. comfortable; ***sonder** ~* comfortless; ***vir** die ~ van ...* for the convenience of ...; ***volkome** op jou ~ wees* be perfectly relaxed; *met ~ **wen*** win hands down, have a walkover; win in a canter *(a race)*. **~huisie, gemakshuisie** convenience, closet, WC, privy, loo, toilet. **~sone** comfort zone. **~stoel** easy chair; fireside chair; *(obs.)* commode; *verstelbare ~* recliner. **ge·mak·sug** love of ease, self-indulgence. **ge·mak·sug·tig** *=tige* easy-going, ease-loving, easeful; lazy, self-indulgent.

ge·mak·lik *=like, adj.* easy *(life)*; facile; commodious *(house)*; comfortable *(bed)*; light *(work)*; convenient *(arrangement)*; easy-going, unstuffy; lazy, self-indulgent. **ge·mak·lik** *adv.* easily, comfortably; *iem. ~ laat lê/sit* make s.o. comfortable; *dit ~ neem* go easy; *~ voel* be/feel comfortable. **ge·mak·lik·heid** comfortableness, commodiousness; ease, easiness, facility; →MAKLIKHEID.

ge·maks-: **~halwe** for the sake of convenience/ease, for convenience' sake. **~huisie** →GEMAKHUISIE.

ge·ma·lin →GEMAAL[1] *n.*.

ge·ma·neu·vreer manoeuvring.

ge·ma·nierd *=nierde* well-mannered, well-behaved, polite, courteous. *goed/sleg ~ wees* be well/badly behaved; →GOEDGEMANIERD, SLEGGEMANIERD. **ge·ma·nierd·heid** good manners, mannerliness, politeness, courteousness, decency.

ge·ma·ni·ë·reerd *=reerde, (rare)* mannered; manneristic(al). **ge·ma·ni·ë·reerd·heid** *(rare)* mannerism.

ge·man·tel(d) *=telde* coated; *(zool.)* tunicate.

ge·mar·gi·na·li·seer(d) *=seerde* marginalised.

ge·ma·ri·neer(d) *=neerde* marinaded; →MARINEER.

ge·mar·mer(d) *=merde* marbled *(paper, stone)*; mottled *(soap)*, grained *(cloth)*, marble-edged *(book)*; →MARMER *vb.*.

ge·mar·tel(d) *=telde* tormented, tortured; →MARTEL.

ge·ma·sji·neer(d) *=neerde* machined; machine-finished; →MASJINEER.

ge·mas·ker(d) *=kerde* masked; →MASKER *vb.*; *gemaskerde (man/ens.)* masquerader.

ge·ma·tig *=tigde =tigder =tigste* (of *meer ~ die mees =tigde*), *adj.* moderate *(person)*, middle-of-the-road *(policy)*; measured *(terms)*; temperate *(zone)*, sober, sane, mild. **ge·ma·tig·de** *=des, n.* moderate, *(infml.)* middle-of-the-roader; *(pol.)* centrist. **ge·ma·tigd·heid** moderation; temperateness, mildness, reasonableness.

ge·meen *=mene =mener =meenste* common, joint; base; foul, ignoble, beastly, dirty, low, mean, nasty; vile; villainous; *dit is ~ **aan** alle ..., (characteristic)* all ... have this in common; *hulle het **baie** (met mekaar) ~* they have much in common (with each other); *iem. ~ **behandel*** treat s.o. meanly/shabbily; *gemene **boedel*** joint estate; *grootste gemene **deler*** →DELER; ***dis** ~!* that's nasty!; *iets ~ **hê*** have s.t. in common; *niks met iem. ~ **hê** nie* have nothing in common with s.o.; *... en ... **het** iets (met mekaar) ~, (also)* s.t. is common to ... and ...; *gemene **muur*** party wall; *gemene **praktyk*** skulduggery; *gemene **reg*** →REG[1] *n.*; *met iem. gemene **saak** maak* →SAAK; *'n gemene **streek*** →STREEK; *gemene **taal*** filthy/obscene/offensive/scurrilous language; *kleinste gemene **veelvoud*** →VEELVOUD; *'n gemene **vent*** →VENT[1] *n.*; *gemene **vleiery*** sycophancy; *gemene **wol*** →WOL. **G~germaans** *n., (ling.)* Proto-Germanic. **~goed** common property; *~ wees, (also)* be in the public domain. **~regtelik** *=like* common-law, pertaining to (the) common law; *~e aanspreeklikheid* public liability; *~e huwelik* common-law/Scotch marriage.

ge·meen·heid meanness, nastiness; villainy; baseness, foulness; turpitude, abjection.

ge·meen·lik *(rare)* commonly, usually; *(jur.)* vulgariter.

ge·meen·plaas *=plase, n.* commonplace, platitude, cliché. **ge·meen·pla·sig** *=sige* trite, hackneyed, commonplace, platitudinous. **ge·meen·pla·sig·heid** triteness.

ge·meen·saam *=same* familiar, intimate; colloquial; *~ met iem. omgaan* be familiar with s.o.; *~same uitdrukking* familiar/everyday expression/phrase, colloquialism. **ge·meen·saam·heid** familiarity, intimacy.

ge·meen·skap *=skappe* community; intercourse; connection, communication; commonalty; society; body politic; fellowship; *(biol.)* colony; *iets **behoort** aan die ~* s.t. is public property; *'n ~ van **boere**, (also)* a rural community; *in ~ van **goed(ere)**, (a marriage)* in community of property; *~ met iem. **hê**, (fml.)* have (sexual) intercourse (*or* sexual relations) with s.o.; →GESLAGSGEMEENSKAP; *~ met iem. **hê/hou**, (also, somewhat obs.)* associate with s.o.; commune with s.o.; *die ~ van die **Heilige Gees**, (Chr. theol.)* the fellowship of the Holy Spirit/Ghost; *die ~ van die **heiliges**, (Chr. theol.)* the communion of saints; *alle ~ met iem. **verbreek*** break with s.o. altogether. **~sentrum** *=trums, =tra* community/civic centre. **~sin** sociality; →GEMEENSKAPSGEES.

ge·meen·skap·lik *=like* common *(friend, enemy, boundary, etc.)*; joint *(action)*; collective, communal *(property)*; corporate *(prayer)*; community *(singing)*; conjoint; *~e **bedinging/oorleg*** collective bargaining; *~e **belang*** community of interest; *~e **boedel*** joint estate; *~e **grens*** common boundary; *~e **grond*** commonage; *~e **kieserslys*** common roll; *G~e **Matrikulasieraad** (SA educ., hist.)* Joint Matriculation Board. **ge·meen·skap·lik·heid** community *(of interests)*; collectivity, communality.

ge·meen·skaps-: **~argitek** community architect. **~argitektuur** community architecture. **~belasting** community tax. **~bou, ~ontwikkeling** communal/community development. **~diens** *(jur.)* community service. **~gees, ~gevoel** communal sense, public spirit. **~geneeskunde** community medicine. **~gevoel** community spirit. **~huis** community centre. **~kas** community chest. **~leer** sociology. **~leier** community leader. **G~mark** *(hist.)* (European) Common Market; →EUROPESE GEMEENSKAP. **~mens** public-spirited citizen. **~ontwikkeling** →GEMEENSKAPSBOU. **~owerheid** community authority. **~plaas** collective (farm). **~polisiebeampte** community policeman (*or* police officer), rent-a-cop. **~polisiëring** community policing. **~politiek** community politics. **~raad** communal council, community council. **~verhoudinge, ~verhoudings** *(pl.)* community relations. **~werker** community worker.

ge·meen·slag·tig *=tige* of common gender, epicene.

ge·meen·te *=tes* congregation; parish. **~basaar, ~kermis** church bazaar/fête. **~bou** expansion of the/a congregation. **~grond** church land(s). **~lewe** parish life. **~lid** church member, member of the congregation, parishioner. **~saal** church/parish hall. **~sentrum** church/parish centre. **~vergadering** church/parish meeting.

ge·meen·te·lik *=like* congregational.

ge·meet *=mete* measured; gauged; →MEET *vb.*; *gemete kilometer* measured kilometre; *gemete tyd* metered period.

ge·me·ga·ni·seer(d) *=seerde* mechanised; →MEGANISEER.

ge·meld *=melde* mentioned, said; →MELD.

ge·me·lik *=like, (obs., rare)* cross, peevish, surly, petulant, testy, crusty. **ge·me·lik·heid** peevishness, surliness, petulance.

ge·me·ne·bes *=beste* commonwealth. **ge·me·ne·bes·te·lik** *=like* (of a) commonwealth.

ge·me·ne·reg →GEMENE **REG**.

ge·meng(d) *=mengde* mixed, miscellaneous; sundry *(goods)*; composite; motley; *~de **beeldspraak*** mixed metaphor; *~de **berigte*** miscellaneous news; *~de **boerdery*** mixed farming; *~de **dubbelspel**, (tennis)* mixed doubles; *~de **ekonomie*** mixed economy; *~de **geselskap*** mixed/miscellaneous company/crowd, all sorts of people; *~de **getal**, (math.)* mixed/fractional number; *met ~de **gevoelens*** with mixed/mingled feelings; *~de **huwelik**, (re race/religion)* mixed marriage; *~de **knop*** common bud; *~de **media*** mixed media; *~de **skool*** mixed school, coeducational school; *~de **spoorwa*** composite carriage; *~de **weefstof*** mixture fabric; *~de **woonbuurt**, (SA, hist.)* grey area. **ge·mengd·heid** mixedness.

ge·me·ni·teit *=teite, (rare)* shabby trick; filthy talk, scurrility; →GEMEENHEID.

ge·merk *=merkte* marked, earmarked; →MERK *vb.*; *~te tjek, (rare)* →GEWAARBORGDE TJEK.

ge·mer·se·ri·seer(d) *=seerde* mercerised *(cotton yarn)*; →MERSERISEER.

ge·mes *=meste, (arch., joc.)* fatted; *die ~te kalf slag* →KALF *n.*.

ge·me·te measured →GEMEET.

ge·meu·bi·leer(d), ge·meu·be·leer(d) *=leerde* furnished *(apartments)*; →MEUBILEER.

ge·miaau mewing, caterwauling.

ge·mid·deld, ge·mid·del·de *=deldes, n.* average, mean; ***bo** die ~* above average, better than average; above par; ***dekkende/lopende** ~* running average; *die ~ **neem*** take an average, strike a mean; ***onder** die ~* below average; below par; ***rekenkundige** ~* arithmetic mean; ***wet** van die gemiddelde* law of averages. **ge·mid·deld** *=delde, adj.* average, mean; medial; normal; medium; run-of-the-mill; *~e **kromming*** specific curvature; *van ~e **lengte*** of medium height/length; *~e **leser*** general reader; *~e **lewensduur*** life expectancy; *~e **trefpunt*** mean point of impact; *~e **vry(e)** pad(lengte)/baan, (phys.)* mean free path; *~e **waarde*** average value. **ge·mid·deld** *adv.* on an/the average; one with another; *ons kry ~ 250 mm reën* our average rainfall is 250 mm; *dit kom uit op ~ ...* it averages out at ...

ge·mi·na·sie *(ling. etc.)* gemination.

Ge·mi·ni *(astrol.)* Gemini, the (Heavenly) Twins.

ge·mis lack, want; *by ~ aan/van ...* for want of ..., in the absence of ...; *'n ~ vergoed* satisfy/supply a want; *die ~ van iem. baie voel* miss s.o. very much.

gem·ma *=mas, (chiefly bot.)* gemma. **gem·ma·sie** gemmation.

gem·mer ginger; *(bot.)* zingiber; *iets met ~ krui* ginger s.t.. **~bier** ginger beer, ginger pop. **~brandewyn** ginger brandy. **~brood** gingerbread. **~broodmannetjie** gingerbread man. **~essens** ginger essence. **~koekie** ginger nut/snap/biscuit. **~konfyt** ginger preserve. **~lelie** *(Hedychium* spp.*)* ginger lily, butterfly lily. **~likeur** ginger liqueur. **~lim, ~limonade** ginger ale. **~rolletjie** brandy snap. **~wortel** root ginger.

gem·mer·ag·tig *=tige* gingery.

gem·mo·lo·gie gemmology.

ge·mod·der *(obs.)* →GEKNOEI.

ge·moed *=moedere* mind, heart; *die ~ere tot **bedaring** bring, die ~ere **kalmeer*** pour oil (up)on troubled waters; *met 'n **beswaarde** ~* with a heavy heart; *iets **druk** swaar op iem. se ~* s.t. presses on s.o.'s mind; *iets maak die ~ere **gaande*** s.t. arouses (*or* stirs up) feelings, s.t. generates a lot of heat *(fig.)*; *die ~ere opnuut **gaande** maak* add oil to the fire, pour oil on the flames; *met 'n **geruste** ~* with a clean conscience; *die ~ere loop **hoog*** feelings run high; *die ~ere **kalmeer** →**bedaring**; jou ~ **lug*** express one's feelings; *jou ~ **lug** gee* blow/let/work off steam; *in jou ~ **oortuig** wees* conscientiously believe; *die ~ere **opsweep*** stir/whip up emotions/feelings; *die ~ere laat **opvlam*** fan the flames of passion; *iem. se ~ het **volgeskiet*** s.o. was deeply moved, s.o. was overcome by/with emotion. **~stemming** frame of mind, humour, mood. **~stryd** internal struggle.

ge·moe·de·lik *-like* genial, good-natured, jovial. **ge·moe·de·lik·heid** good nature, joviality, bonhomie.

ge·moeds-: ~aandoening emotion, excitement, feeling. **~aard** disposition, nature, temper. **~beswaar** conscientious objection/scruple. **~gesteldheid** attitude/frame of mind, disposition, temper, humour. **~inhoud** affect. **~lewe** inner life, emotional life, (the) emotions. **~omkering** change of heart. **~opheffer** →GEMOEDSVERLIGTER. **~rus** inward peace, peace/tranquillity of mind, emotional security; *~ hê* have peace of mind. **~toestand** mental condition, state of mind, temper. **~verligtend** *-tende, adj.* antidepressant. **~verligter** *n.* antidepressant.

ge·moeid at stake, concerned, involved; *... is daarmee ~, (a large sum of money etc.)* ... is involved, *(s.o.'s life etc.)* ... is at stake; *in iets ~ wees/raak* be/become/get involved in s.t..

ge·mom·pel murmuring, muttering; mumbling; grumbling.

ge·mor, ge·mop·per grumbling, muttering, grouching.

ge·mo·ra·li·seer moralising, preachifying.

ge·mors *n.* mess, mess-up, foul-up, hash *(fig.)*, botch(-up) *(infml.)*; filth, muck, gunge; *(comp.)* garbage; *~ in, ~ uit, (comp., infml.)* garbage in, garbage out; *'n ~ (daarvan) maak, (also, infml.)* blow it; *'n (groot/mooi) ~ van iets maak, (infml.)* make a shambles/hash/botch(-up) (*or* a [complete] dog's breakfast *or* a pig's ear [out]) of s.t.; play the deuce/devil/dickens with s.t.; *'n groot/lekker ~, (infml.)* a nice/pretty mess. **ge·mors** *-morste, adj.* spilt; →MORS. **~kos** *(infml.)* junk food.

ge·mo·to·ri·seer(d) *-seerde* motorised; →MOTORISEER.

gems *gemse, (zool., Eur.: Rupicapra* spp.*)* chamois.

gems·bok *(Oryx gazella)* gemsbok. **~bul** gemsbok bull. **~gras** *(infml., Stipagrostis uniplumis)* gemsbok grass, silky Bushman grass. **~kalf** gemsbok calf. **~koei** gemsbok cow. **~muis** *(Graphiurus ocularis)* spectacled dormouse.

ge·muf *-mufte* mouldy, musty, mildewed.

ge·munt *-munte* coined; *~e geld* specie; mintage; *iets is op iem. ~* →MUNT *vb.*.

ge·mur·mel babble, babbling, gurgling, murmuring, purling.

ge·mur·mu·reer grumbling.

ge·my·mer meditation, musing, reverie, *(fig., infml.)* navel contemplating/gazing.

ge·na *(poet.)* = GENADE.

ge·naai(d) *-naaide* sewn; →NAAI *vb.*.

ge·naak *(obs. or poet., liter.)* approach, come/draw near; *'n plek is moeilik te ~* a place is difficult of access. **ge·naak·baar** *-bare* approachable *(a pers.)*; accessible, easy of access *(a mountain etc.)*. **ge·naak·baar·heid** approachability; accessibility.

ge·naald *-naalde, (bot.)* awned, aristate.

ge·naamd called, named, by name.

ge·na·de mercy; pardon; clemency; *(theol.)* grace; *van die ~ van ... **afhang*** lie at the mercy of ...; *dis **al** ~* it's the only way; *daar is geen **ander** ~ nie* it's the only way, needs must when the devil drives; *daar is geen **ander** ~ nie as om ...* there is nothing for it but to ...; *jou op iem. se ~ **beroep*** cast/throw o.s. (up)on s.o.'s mercy; *iem. ~ **betoon*** be merciful to s.o., show mercy/clemency to s.o.; pardon s.o.; *geen ~ **betoon/ontvang** nie* give/receive no quarter; *deur **Gods** ~* by the grace of God; ***goeie** ~(tjie)!, **grote** ~!, (infml.)* good(ness) gracious (me)!, my goodness!, good grief!, bless my soul!, great balls of fire!; *aan die ~ van ... **oorgelewer/uitgelewer** wees* be at the mercy of ...; *iem. aan die ~ van ... **oorlewer/uitlewer**, (also)* leave s.o. to the tender mercies of ...; *iets **op** ~ doen* chance one's arm; *jou **op** ~ of ongenade oorgee, (rare)* make an unconditional surrender, cast/throw o.s. on the mercy of one's enemies; ***op/uit** ~* on sufferance; *om ~ **pleit/smeek*** beg/plead for mercy; ask for quarter; ***sonder** ~ wees* be without mercy, be merciless; ***uit** ~* as an act of grace; *geen ~ in iem. se oë **vind** nie* find no favour in s.o.'s eyes; *(om) ~ **vra*** pray for mercy; ask for quarter. **~bewys, ~blyk** act of grace. **~brief** letter of pardon, *(RC)* indult. **~bron** *(fig.)* fountain of grace. **~brood** *(idm.)* bread of charity; *~ eet* live on charity. **~daad** act of mercy. **~doder** humane killer. **~dood** euthanasia, mercy killing. **~gawe** *(theol.)* (gift of) grace. **~lap(pie)** *(infml., rare)* G-string; →DEURTREKKER. **~leer** *(theol.)* doctrine of grace. **~middel** *-dele, (theol.)* means of grace; *die ~e van die RK Kerk* the last sacraments of the RC Church. **~skoot** coup de grâce. **~slag** finishing stroke, deathblow, knockout blow, coup de grâce, finisher; quietus; *iem./iets die ~ gee/toedien, (chiefly fig.)* finish off s.o./s.t., deliver a deathblow to s.o./s.t.. **~staat** state of grace. **~troon** *(theol.)* mercy seat, throne of grace, propitiatory. **~verbond** *(theol.)* covenant of grace.

ge·na·de·loos *-lose* merciless, ruthless, pitiless, relentless, inexorable; *(attr.)* cut-throat, dog-eat-dog.

ge·na·de·tjie *interj.* good heavens/gracious.

ge·na·dig *-dige* gracious, merciful, clement; lenient; *iem. ~ behandel* let s.o. off lightly, treat s.o. leniently/mercifully; *~ wees* show mercy; *wees ons ~!* have mercy on us!. **ge·na·dig·heid** *n.* grace, mercy; clemency, lenience, leniency; →GENADE. **ge·na·dig·heid** *interj.* good gracious!, good heavens!. **ge·na·dig·lik** graciously.

ge·na·el →NAEL[2] *vb.*.

ge·na·el(d) *-elde, (biol.)* clawed, ungulate; armed; *(her.)* ungled, unguled.

ge·nant *-nante* namesake; name-child.

gen·dar·me *-mes, (Fr.)* gendarme, police officer.

ge·ne *demonstrative pron., (somewhat obs.)* that, yonder; *aan ~ sy(de) van die graf* beyond the grave; *dese en ~* one and another.

ge·ne-: ~bank gene bank. **~poel** gene pool.

ge·ne·a·lo·gie *-gieë* genealogy. **ge·ne·a·lo·gies** *-giese* genealogic(al). **ge·ne·a·loog** *-loë* genealogist.

ge·ne·ë *meer ~ die mees ~* disposed, inclined; →GENEENTHEID; *tot iets ~ wees, ~ wees om iets te doen* be disposed/willing to do s.t.; *die gode was iem. ~, (rhet.)* the gods were kind to (*or* favourably disposed towards) s.o..

Ge·neefs *-neefse, adj.* Genevan, Genevese; →GENÈVE.

ge·neent·heid disposition, inclination, affection, regard, fondness, attachment, liking, love; *~ vir/teenoor/tot iem. hê/voel* have affection for s.o., feel affection towards s.o.; *'n ~ kry vir ...* take a liking/fancy to ...

ge·neer: *jou ~, (obs., rare, fml.)* feel embarrassed, feel ill at ease.

ge·nees *het/is ~, vb.* cure, heal, restore; recover, get well again, regain one's health, be restored (to health), be mending; *(a wound)* close, (heal over/up); →GENESEND; *iem. van iets ~* cure s.o. of s.t.; *iem. van sy/haar onsin ~, (infml.)* knock some sense into s.o.; *van iets ~ wees* be cured of s.t.. **ge·nees** *-neesde, adj.* cured, healed. **~blaarbossie** *(Withania somnifera)* winter cherry. **~heer** doctor, physician, medical practitioner; *'n ~ raadpleeg* consult a doctor, take medical advice. **~heer-generaal** *-here-generaal, (mil.)* surgeon general. **~inrigting** *(rare)* sanatorium. **~krag** curative/healing power. **~kragtig** *-tige* curative, healing, officinal; sanative, medicinal; medicated; vulnerary; *~e bron* medicinal spring; *~e plant* vulnerary plant. **~kruid** drug, medicinal herb. **~kunde** medical science, medicine, physic; *afdeling ~* medical ward; *geregtelike ~* forensic medicine, medical jurisprudence. **~kundeafdeling** medical ward. **~kundig** *-dige* medical; medicinal; *onder ~e behandeling* under medical treatment. **~kundige** *-ges* medical practitioner; →GENEESHEER. **~kuns** = GENEESKUNDE. **~middel** *-dels, -dele* medicine, remedy, drug, cure, medicament, curative. **~middeleleer** *(rare)* pharmacology, materia medica. **~wyse** cure, remedial treatment, mode/method of (medical) treatment, therapy.

ge·nees·al *-alle* panacea, cure-all.

ge·nees·baar *-bare,* **ge·nees·lik** *-like* curable, remediable, medicable. **ge·nees·baar·heid, ge·nees·lik·heid** curability.

ge·neig *-neigde* disposed, inclined, prone, -minded; *~ wees om te **dink*** be bound to think; *iets **maak** iem. ~ om iets te doen* s.t. disposes s.o. to do s.t.; *iets **maak** iem. tot ... ~* s.t. predisposes s.o. to ...; *~ wees **om** iets te doen* ... be inclined to do s.t., have an inclination to do s.t.; be disposed to do s.t.; tend to do s.t.; be predisposed to do s.t.; *~ tot **ongelukke*** accident-prone; ***tot** ... ~ wees* be disposed to ...; be given to ...; incline to ...; be prone to ...; *~ **voel** tot ...* have a good mind to ... **ge·neigd·heid** inclination, disposition, proneness, propensity, tendency; *'n ~ tot ... hê* have an inclination to ...; *'n ~ tot ...* a tendency to ...

ge·ne·ko·lo·gie genecology. **ge·ne·ko·lo·gies** *-giese* genecologic(al).

ge·ner: *van nul en ~ waarde* null and void.

ge·ne·raal *-raals, n.* general. **ge·ne·raal** *-rale, adj., (obs.)* general; *~rale bas, (mus.)* figured bass, basso continuo, thoroughbass; *~rale repetisie, (obs.)* dress rehearsal; *~rale staf, (mil.)* general staff. **~-majoor** *-majoors* major general.

ge·ne·raal·skap, ge·ne·raals·rang generalship, rank of general.

ge·ne·ra·lis *-liste* generalist.

ge·ne·ra·li·seer *ge-, (rare)* generalise; →VERALGEMEEN. **ge·ne·ra·li·sa·sie** *-sies, (rare)* generalisation; →VERALGEMENING.

ge·ne·ra·lis·si·mus *-simusse, -simi, (rare)* generalissimo.

ge·ne·ra·li·teit *(rare)* generality; *die G~, (Du. hist.)* the Generality. **Ge·ne·ra·li·teits·lan·de:** *die ~, (Du. hist.)* the Generality.

ge·ne·ra·sie *-sies* generation; *spontane ~, (biol.)* autogenesis, autogeny. **~gaping, ~kloof** generation gap. **~wisseling** *(genet.)* metagenesis.

ge·ne·ra·tief *-tiewe* generative *(cell, grammar)*; sexual *(reproduction)*.

ge·ne·ra·tor *-tore, -tors* generator; producer. **~gas** producer gas.

ge·ne·reer *ge-* generate; bring forth, make, produce; *(rad.)* oscillate. **ge·ne·re·ring** generation; *(rad.)* oscillation.

ge·nerf *-nerfde, (bot.)* nerved, nervate, veined, venate *(leaf)*.

ge·ne·ries *-riese, adj. & adv., (biol. etc.)* generic(ally); *~e produk* generic product, no-name product.

ge·ner·lei *(obs.)* no kind of; *~ twyfel* no doubt whatsoever; *op ~ wyse* in no way, by no means, not by any means.

ge·ne·send *-sende* healing; curing; curative; therapeutic; medicinal, medicative, curative; sanative; vulnerary; →GENEES *vb.*. **ge·ne·ser** *-sers* healer. **ge·ne·sing** *-sings, -singe* cure, healing, recovery, restoration; closing, closure *(of a wound)*; *(bot.)* occlusion. **ge·ne·sings·pro·ses** healing process.

ge·ne·sis *n.* genesis, origin. **Ge·ne·sis** *(OT)* Genesis.

ge·net *-nette, (small Sp. riding horse)* jennet.

ge·ne·tiek, ge·ne·ti·ka genetics. **ge·ne·ti·kus** *-kusse, -tici* geneticist.

ge·ne·ties *-tiese, adj.* genetic, genetical; *~e **ingryping/manipulasie*** genetic engineering; *~e **kode*** genetic code; *~e **moeder*** genetic mother; *~e **profiel*** genetic profile; *~e **vingerafdruk*** DNA/genetic fingerprint; *die neem van ~e **vingerafdrukke*** DNA/genetic fingerprinting/profiling; *~e **voorligting*** genetic counselling. **ge·ne·ties** *adv.* genetically; *~ gemanipuleer(d)/geprogrammeer(d)* genetically engineered/programmed.

ge·neuk = GEFOETER.

ge·neul nagging, whing(e)ing, whinge.

ge·neu·rie humming.

Ge·nève Geneva; →GENEEFS *adj.*. **Ge·nè·ver** *n., (citizen)* Genevan, Genevese.

ge·ni·aal *-niale* brilliant, gifted; *~ale set* stroke of genius;

~ale inval masterstroke. **ge·ni·a·li·teit** brilliance, giftedness, genius.

ge·nie *-nieë* genius; (man/woman of) genius; master spirit; *(no pl.)* military engineering; *die ~* the (military) engineers, the sappers. **~korps** corps of (military) engineers. **~offisier** engineer officer, officer in the engineers, military engineer. **~skool** school of military engineering. **~soldaat** (army) engineer, sapper. **~troepe** *(mil.)* sappers, engineers. **~wese** military engineering.

ge·niep·sig *-sige, adj. & adv.* bullying, hurting, nasty, vicious, spiteful, malicious, false, underhand; *~e streek* underhand trick; *~ speel* play rough(ly); *~ wees* bully; do things on the sly. **ge·niep·sig·heid** bullying; falseness; spite(fulness), nastiness, malice, maliciousness.

ge·nies (fit of) sneezing.

ge·niet *het ~* enjoy *(life, holidays, privileges, etc.)*; relish, delight in; savour; partake of *(food)*; *iets **baie** ~* get plenty of enjoyment from s.t.; *dit **besonder** ~* have a good time, have the time of one's life; ***dit** ~* enjoy o.s.; *iem. ~ **dit*** s.o. loves it; *~ **dit!*** enjoy yourself/yourselves!; *dit **gate uit** ~, (infml.)* enjoy o.s. immensely/tremendously (*or* to the max), have a smashing/fun time *(infml.)*; *iets **gate uit** ~, (infml.)* enjoy s.t. immensely/tremendously; *almal het dit **gate uit** ~, (infml.)* a good time was had by all; *goeie **gesondheid** ~* →GESONDHEID; *iets **geweldig** ~* enjoy o.s. no end; *soveel **moontlik** van ... ~* make the most of ...; *dit ~ **om** iets te doen* enjoy doing s.t.; ***opleiding** ~, (obs.)* receive/undergo training. **ge·niet·baar** *-bare* enjoyable. **ge·niet·baar·heid** enjoyableness. **ge·nie·ter** *-ters* one who enjoys (him-/herself); user; *'n ~ van rooiwyn* a lover of red wine. **ge·nie·ting** *-tings, -tinge* enjoyment; pleasure; relish; *die ~s/~e van die lewe* the sweets of life; *die liggaamlike/stoflike ~s/~e* the creature comforts. **ge·niet·lik** *-like* = GENIETBAAR.

ge·ni·ta·lie·ë *n. (pl.)* genitals.

ge·ni·tief *-tiewe, n. & adj., (gram.)* genitive. **~vorm** *-vorme* genitive form. **ge·ni·ti·wies** *-wiese, adj.* genitive.

ge·ni·us *geniusse* genius; jinni, jinnee, djinni; *iem. se beskermende ~* s.o.'s good genius/spirit, s.o.'s guardian angel.

Gen·ne·sa·ret: *Meer van ~/Tiberias, See van Galilea, (NT)* Lake of Gennesaret/Tiberias, Sea of Galilee.

ge·noe·ë *-noeëns* delight, joy, pleasure; liking; satisfaction; *met ~ iets **aankondig**, die ~ **hê** om iets aan te kondig* have/take pleasure in announcing s.t.; *iets met ~ **doen*** be glad/happy to do s.t.; *iem. die ~ **doen** om ...* do s.o. the pleasure of ...; *dit **doen/gee/verskaf** my ~ om ...* it affords/gives me (great/much) pleasure to ...; *iets **gee/verskaf** iem. ~* s.t. affords/gives s.o. pleasure; *iets gee/verskaf iem. **groot** ~, iets is vir iem. 'n **groot** ~, (also)* s.t. is a great satisfaction to s.o.; *met **groot** ~!* I shall be delighted!; *ek sal met die **grootste** ~ ...* I shall be delighted to ...; *die ~ **hê** om ... (uit) te nooi* have/take pleasure in inviting ...; ***met** ~* with pleasure; ***met** ~ neem ek aan* it is with pleasure that I accept *(an invitation etc.)*; ***na** ~* to one's liking/satisfaction; *met iets ~ **neem*** be content with s.t.; settle for s.t.; put up with s.t.; *~ **neem** met minder* settle for less; *dit is vir my 'n ~ **om** ...* I have pleasure in/to ..., it's a pleasure to ...; *in iets ~ **skep**, (rare)* →IN IETS **BEHAE** SKEP; ***tot** ~ van ...* to the enjoyment of ...; to the satisfaction of ...; *iets is **vir** iem. 'n groot ~* **→groot.**

ge·noeg enough, sufficient; sufficiently; sufficiency; *~ vir **almal*** enough for all, enough to go round; *~ **daarvan*** so much for that; and that is that, and that's that; *ek het ~ **daarvan*** I have had it *(infml.)*; ***dis** ~* that will do, that'll do; ***dis** nou ~!* that's enough!; *~ **drink/eet*** drink/eat one's fill; *iem. het ~ **gehad*** s.o. has had enough; *~ **gesê!*** say no more!; *~ **hê*** have enough; ***heeltemal*** (of ***meer as***) *~* quite (*or* more than) enough, enough and to spare; ***mans** ~ wees om te ...* →MAN; ***meer** as ~* **→heeltemal;** *iem. het nou net **mooi** ~ gehad, (infml.)* s.o. has just about had enough, s.o. has reached the end of his/her tether; ***nie** ~ nie* not enough, insufficient; *~ **om** ...* enough to ...; ***ongelukkig** ~* →ONGELUKKIG *adj.*; *~ is **oorvloed*** enough is as good as a feast; *iem. het **swaar** ~ gely* s.o. has suffered enough; *~ **tyd** hê* →TYD; *~ **vir** ...* enough for ...; *iets sal **vir** iem. ~ wees vir die dag/ens.* s.t. will see s.o. through the day/etc.; *dit is **vir eers*** (of ***voorlopig***) *~* it is enough to go on with; ***vreemd** ~* →VREEMD *adj.*. **ge·noeg·doe·ning** satisfaction; reparation; indemnification; *~ van iem. eis* claim redress from s.o.; *~ gee* give satisfaction. **ge·noeg·lik** *-like* agreeable, comfortable, enjoyable, pleasant, pleasureable, delectable; *dit was 'n ~e byeenkoms* it was a happy occasion. **ge·noeg·lik·heid** agreeableness, pleasantness, pleasureableness. **ge·noeg·saam** *-same* sufficient; satisfactory; *'n ~same hoeveelheid* a big enough (*or* a sufficient) quantity. **ge·noeg·saam·heid** sufficiency, competence, competency.

ge·noem(d) *-noemde* called, named; →NOEM; *(die) genoemde persoon* the said person, the abovementioned; the person concerned (*or* referred to *or* in question).

ge·nom →GENOOM.

ge·no·me *(p.p.)* taken; →NEEM; *die ~ besluit, (fml.)* the resolution adopted; *streng ~* strictly speaking.

ge·no·mi·neer·de *-des* nominee; →NOMINEER.

ge·nom·mer(d) *-merde* numbered; →NOMMER *vb.*.

ge·nood·saak: *~ wees om ...* be compelled/forced/obliged to ..., be under the necessity to ...

ge·nooi(d) *-nooide, adj.* invited; →NOOI[1]; *genooide gaste* invited guests; *genooide kunstenaar/spreker* guest artist/speaker. **ge·nooi·de** *-des, n.* invited person, guest, invitee.

ge·noom, ge·nom *-nome, n., (biol.)* genom(e).

ge·noop obliged; →NOOP; *~ wees om iets te doen* be reduced to doing s.t.; *jou ~ voel om iets te doen* feel compelled/obliged to do s.t..

ge·noot *-note* associate, companion, partner; fellow *(of a learned society)*. **ge·noot·skap** *-skappe* association, company, (learned) society, institution, college; fellowship. **ge·noot·skap·lik** *-like* associate(d), of a society/club. **Ge·noot·skaps·ei·lan·de** = GESELSKAPSEILANDE.

ge·nor·meer(d) *-meerde* standardised; →NORMEER.

ge·not *-nietings, -nietinge* delight, joy, pleasure; enjoyment; relish; fruition; gratification; treat; *(jur.)* usufruct; →GENOTS-, GENOTSUG, GENOTVOL; *~ **kry** uit ...* get a kick out of ... *(infml.)*; *dit is 'n ~ **om** ...* it is a delight/joy/treat to ...; ***onder** die ~ van ...* while enjoying ..., over (a glass/plate/etc. of) ...; *lag uit/van **pure** ~* laugh for sheer delight/joy; ***tot** ~ van ...* to the delight of ...; *iets **verskaf** iem. ~* s.t. affords/gives s.o. pleasure; *iets is **vir** iem. 'n ~, (reading etc.)* s.t. is a pleasure to s.o.; *in die **volle** ~ van sy/haar vermoëns* in full possession of his/her faculties; *'n **ware** ~* a real/regular treat. **~reg** *(rare)* →VRUGGEBRUIK. **~siek** *-sieke* pleasure-loving, hedonistic. **~soekend** *-kende* pleasure-seeking/loving; epicurean. **~soeker** *-kers, (fem.)* **~soekster** *-sters* pleasure-seeker; epicure. **~trekker** *(jur.)* beneficial owner/user, beneficiary.

ge·no·te *(p.p.), (obs., fml.)* enjoyed; →GENIET; *vir waarde ~* for value received.

ge·no·teer *-teerde* listed; →NOTEER; *~de aandele* listed shares.

ge·no·ti·pe *-pes, (genet.)* genotype.

ge·not·ryk →GENOTVOL.

ge·nots-: **~beginsel** pleasure principle. **~leer** hedonism.

ge·not·sug love of pleasure, epicurism. **ge·not·sug·tig** *-tige* pleasure-loving, hedonistic. **ge·not·sug·ti·ge** *-ges* hedonist.

ge·not·vol *-volle,* **ge·not·ryk** *-ryke* delightful, enjoyable, delectable, pleasurable.

gen·re *-res* genre; kind, sort, style *(in art)*. **~skilder** genre painter, painter of genre pieces. **~stuk** genre piece, painting of incident.

Gent *(Belgian city)* Ghent. **Gen·te·naar** *-naars, -nare* native of Ghent. **Gents** *Gentse* of Ghent.

gen·ti·aan *-tiane, n., (bot.: Gentiana spp.)* gentian. **~bitter** gentian (brandy/spirit). **~blou** gentian blue. **~violet, kristalviolet** *(antiseptic etc.)* gentian/crystal violet.

gen·tle·man *-men* gentleman.

Ge·nu·a *(It. city)* Genoa. **Ge·nu·ees** *-ese, n. & adj.* Genoese.

ge·nu·an·seerd *-seerde* nuanced, shaded; →NUANSEER.

ge·nug·tig(·heid) *interj.* gracious, goodness; *my/goeie/liewe ~!, (infml.)* good/oh Lord!; well I never!; upon my word!; great balls of fire! *(infml.)*.

ge·nus *-nusse, -nera, (biol.)* genus.

ge·nut *(rare)* use, advantage, profit; *baie/min ~ van iets hê* use s.t. frequently/rarely.

ge·ob·se·deer(d) *-deerde* obsessive; →OBSEDEER. **ge·ob·se·deerd·heid** obsessiveness.

ge·o·che·mie geochemistry. **ge·o·che·mies** *-miese* geochemical.

ge·o·de *-des, (geomorphol.)* geode.

ge·o·de·sie *(geog.)* geodesy, geodetics. **ge·o·deet** *-dete* geodesist, geodete. **ge·o·de·ties** *-tiese, (geom. etc.)* geodesic, geodetic *(survey)*.

ge·o·di·na·mi·ka geodynamics.

ge·oe·fen(d) *-fende* drilled, practised, fit, trained; expert; →OEFEN. **ge·oe·fend·heid** fitness, efficiency.

ge·oes *-oeste* harvested; →OES[1] *vb.*.

ge·o·fa·gie *(zool. etc.)* geophagy, geophagia, geophagism. **ge·o·faag** *-fae* geophagist.

ge·o·fiet *-fiete, (bot.)* geophyte.

ge·o·fi·si·ka geophysics. **ge·o·fi·sies** *-siese* geophysical. **ge·o·fi·si·kus, ge·o·fi·si·kus** geophysicist.

ge·o·ge·ne·se *(rare: geol. formation of earth)* geogenesis.

ge·o·go·nie *(sc. of the formation of earth)* geogony.

ge·o·gra·fie geography. **ge·o·graaf** *-grawe* geographer. **ge·o·gra·fies** *-fiese* geographic(al); *~e woordeboek* gazetteer; *~e noorde* true north; *~e rigting/peiling* true bearing.

ge·o·ïed *-oïede, n.* geoid. **ge·o·ï·daal** *-dale, adj.* geoidal.

ge·ok·klu·deer(d) *-deerde: ~deerde front, (meteorol.)* occluded front, occlusion.

ge·ok·si·deer(d) *-deerde, (chem.)* oxidised; →OKSIDEER.

ge·ok·trooi·eer(d) *-eerde* chartered *(body, accountant)*; →OKTROOIEER.

ge·o·lie *-liede* oiled, lubricated; *(infml.)* tipsy; →OLIE *vb.*.

ge·o·lo·gie geology. **ge·o·lo·gies** *-giese* geologic(al). **ge·o·loog** *-loë* geologist.

ge·o·mag·ne·ties geomagnetic.

ge·o·me·trie geometry. **ge·o·me·tries** *-triese* geometric(al).

ge·o·mor·fo·lo·gie geomorphology. **ge·o·mor·fo·lo·gies** *-giese* geomorphological.

ge·oog *-oogde* oculate(d), ocellate(d).

ge·oond·droog *-droogde* →OONDDROOG.

ge·oor(d) *-oorde* eared, auriculate(d).

ge·oor·loof *-loofde* admissible, allowed, lawful, legitimate, licit, proper, permissible; *alles ~* no holds barred; *~de middele* lawful means; *~de wild* fair game. **ge·oor·loofd·heid** propriety.

ge·o·po·li·tiek *n.* geopolitics. **ge·o·po·li·tiek** *-tieke, adj.* geopolitical. **ge·o·po·li·ties** *-tiese* geopolitical.

ge·o·ra·ma *-mas, (rare, hist.)* georama.

ge·or·den(d) *-dende* organised, (well-)ordered; *(eccl.)* ordained; →ORDEN; *goed ~* well organised *(a book, system, society, etc.)*.

Ge·org: *die Heilige ~* Saint George; →JORIS.

ge·or·ga·ni·seer(d) *-seerde* organised; →ORGANISEER; *~seerde **arbeid*** organised labour; *'n goed ~seerde **byeenkoms*** a well-organised meeting; *~seerde **godsdiens*** institutional religion; *~seerde **handel*** organised trade; *die ~seerde **landbou*** organised agriculture; *~seerde **misdaad*** organised crime.

geor·gette *(text.)* georgette.

Geor·gi·a Georgia *(in the USA)*.

Ge·or·gi·aans *-aanse* Georgian *(era, building, style, etc.)*.

Ge·or·gi·ca *(classic liter.)* Georgics *(of Virgil)*.

Ge·or·gi·ë Georgia *(in Russia)*. **Ge·or·gi·ër** *-giërs, n.* Georgian. **Ge·or·gies** *n., (language)* Georgian. **Ge·or·gies** *-giese, adj.* Georgian.

ge·o·ri·ën·teer(d) =*teerde* oriented, orientated; →ORIËNTEER.

ge·o·sen·tries =*triese* geocentric.

ge·o·sfeer = LITOSFEER.

ge·o·sin·chro·nies =*chroniese*, **ge·o·sin·kro·nies** =*kroniese*, **ge·o·sin·chroon** =*chrone*, **ge·o·sin·kroon** =*krone* geosynchronous *(satellite)*.

ge·o·sta·si·o·nêr =*nêre* geostationary *(satellite)*.

ge·o·sta·ti·ka *(geoph.)* geostatics. **ge·o·sta·ties** =*tiese* geostatic.

ge·o·ter·mies =*miese, (geoph.)* geothermic(al), geothermal; ~*e energie* geothermal/geothermic energy. **ge·o·ter·mo·me·ter, ge·o·ter·mo·me·ter** geothermometer.

ge·o·tro·pie *(bot.)* geotropism, geotropy. **ge·o·troop** =*trope, n.* geotropic. **ge·o·tro·pies** =*piese, adj.* geotropic.

ge·ou·di·teer =*teerde* audited; →OUDIT *vb.*.

ge·ou·to·ma·ti·seer =*seerde* automated; →OUTOMATISEER.

ge·o·we·ten·skap·(pe) geoscience.

ge·paar(d) =*paarde* coupled, paired, in pairs, by twos, two and two; jugate; geminate; *(biol.)* binate, conjugate(d); *(mech.)* mated; →PAAR *vb.*; ~ *met* ... accompanied with ...; combined with ...; coupled with ...; allied with ...; ~*e suile/ens., (archit.)* paired columns/etc.; ~*e verminderings, (knitting)* paired decreases. **ge·paard·gaan:** *met iets* ~ be accompanied by s.t.; go with s.t.; *iets gaan* ***met*** ... *gepaard, (also)* s.t. goes hand in hand with ... *(fig.)*; s.t. is incidental to ...; s.t. is coupled/fraught with ... *(problems)*; ~*de* ***met*** ... accompanying ..., concomitant with ...; *die* ~*de* ***ongerief*** *van* ... the inconvenience occasioned by ...

ge·pa·neer(d) =*neerde* crumbed; →PANEER.

ge·pant·ser(d) =*serde* armoured *(train)*, armour-clad, -plated, ironclad *(ship)*; mailed *(fist)*; →PANTSER *vb.*.

ge·par·fu·meer(d) =*meerde* perfumed, scented; →PARFUMEER.

ge·pars =*parste* pressed *(grapes, clothes)*; →PARS.

ge·pas =*paste meer* ~ *die mees* =*paste* apposite, apt, becoming, exact, fit(ting), meet, due, proper, seemly, suitable, appropriate, pertinent; →GEPASTHEID, PAS[2] *vb.*; *dit* ~ *ag/dink/vind om iets te doen* see/think fit to do s.t.; ~*te gesegde* happy phrase; *vir* ... ~ *wees* be appropriate for/to ...

ge·pas·si·o·neer(d) =*neerde, (rare)* passionate.

ge·pas·teu·ri·seer(d) =*seerde* pasteurised; →PASTEURISEER.

ge·past·heid suitability, appropriateness, aptness, propriety, appositeness.

ge·pa·ten·teer(d) =*teerde* patent(ed) *(articles)*; →PATENTEER.

ge·pa·ti·neer(d) =*neerde* patinated, patinous; →PATINEER.

ge·peins brooding, meditation, musing, reflection, reverie; pensiveness; navel contemplating/gazing *(fig., infml.)*; *in diep(e)* ~ in deep thought; *in* ~ *verdiep/versonke wees* be absorbed/lost/plunged/wrapped in thought, be lost in (a) reverie.

ge·pel =*pelde* peeled, hulled, husked; shelled; decorticate(d); blanched *(nuts)*; →PEL.

ge·pen·si·oe·neer(d) =*neerde, adj.* pensioned; →PENSIOENEER. **ge·pen·si·oe·neer·de** =*des, n.* pensioner, pensionary.

ge·pe·per(d) =*perde* peppered, peppery *(style)*; highly seasoned/spiced; →PEPER *vb.*.

ge·per·fo·reer(d) =*reerde* perforated; →PERFOREER.

ge·pers =*perste* pressed *(flowers, bales)*, compressed *(fibres etc.)*; hammered *(leather)*; →PERS[1] *vb.*, GEPARS; ~*te sierdruk* tooling; ~*te suikerriet* cane trash.

ge·per·so·ni·fi·eer(d) =*eerde* personified; →PERSONIFIEER.

ge·peu·pel mob, rabble, riffraff, hoi polloi.

ge·peu·sel nibbling.

ge·peu·ter fiddling, fumbling; trifling; ~ *aan/met iets* fiddling with s.t..

ge·pi·dgi·ni·seer(d) =*seerde* pidginised; →PIDGINISEER.

ge·pie·ker *n.* brooding, puzzling.

ge·piep chirping; squeak(ing); pampering.

ge·pier cheated, diddled, dished; →PIER[2] *vb.*.

ge·pik *n.* picking; pecking. **ge·pik** =*pikte, adj.* pecked; cracked *(egg)*; →PIK[1] *vb.*; *in die bol/dop/kop* ~, *(infml.)* crazy, daft, loony.

ge·pla *n.* bother(ing), nagging, teasing. **ge·pla** =*plaagde, adj.* troubled, tormented, vexed; →PLA; ~ *met* ... troubled with ..., suffering from ...

ge·plaas =*plaaste* placed, positioned; inserted, published; →PLAAS *vb.*; ~*te kapitaal* subscribed capital.

ge·plank =*plankte* planked.

ge·plant =*plante* planted; →PLANT *vb.*.

ge·plas splashing, plash(ing), swash.

ge·plat·teer(d) =*teerde* plated.

ge·pleis·ter =*terde* plastered; →PLEISTER *vb.*, WITGEPLEISTER.

ge·plet =*plette* rolled *(steel)*; →PLET.

ge·ploeg =*ploegde* ploughed; →PLOEG[1] *vb.*.

ge·ploe·ter drudging, struggle, toil(ing), plodding.

ge·plooi(d) =*plooide* folded, pleated; puckered; *(sc.)* plicate; →PLOOI *vb.*; *geplooide romp* pleated skirt; →PLOOIROMP.

ge·pluim(d) =*pluimde* feathered, plumed; panicled.

ge·pluis =*pluisde* pickled, unravelled; →PLUIS[1] *vb.*; ~*de tou* oakum; ~*de kalfsleer* willow calf.

ge·pluk =*plukte* picked *(flowers, fruit)*; plucked *(wool)*; →PLUK *vb.*.

ge·poets =*poetste* polished; →POETS[2] *vb.*.

ge·pof =*pofte* puffed; →POF; ~*te garing* bulked yarn.

ge·po·la·ri·seer(d) =*seerde* polarised; →POLARISEER.

ge·po·leer(d) =*leerde*, **ge·po·li·toer(d)** =*toerde* polished; →POLEER, POLITOER *vb.*.

ge·po·li·chro·meer(d) =*meerde* polychrome; →POLICHROMEER.

ge·po·lys =*lyste, (poet., liter., also fig.)* polished, burnished; →GEPOLEER(D). **ge·po·lyst·heid** *(rare)* brilliance, gloss, lustre, sheen, veneer; elegance, finesse, grace, refinement, suavity.

ge·pons =*ponste* punched *(holes)*; →PONS[2] *vb.*.

ge·po·pel, *(rare)* fluttering *(esp. of the heart)*.

ge·pos =*poste* posted *(letter)*; →POS[4] *vb.*.

ge·po·sjeer(d) =*sjeerde, (cook.)* poached; →POSJEER; ~*sjeerde eier* →KALFSOOG.

ge·praat talk, talking; chatting, chatter(ing).

ge·preek preaching, sermonising.

ge·pre·me·di·teer(d) =*teerde* premeditate; →PREMEDITEER; ~*teerde kwaad* malice aforethought, malice prepense.

ge·pre·se *(p.p.), (poet.)* praised; →PRYS[2] *vb.*.

ge·pre·wel mumbling, muttering.

ge·prik·kel(d) =*kelde* irritated; edgy, tetchy, in a fret; →PRIKKEL *vb.*; *gou* ~ irritable. **ge·prik·keld·heid** irritation, irritancy, fret.

ge·pri·vi·le·gi·eer(d) =*eerde*, **ge·pri·vi·le·geer(d)** =*geerde* privileged *(information etc.)*; →PRIVILEGIEER.

ge·proes snorting *(of a horse)*, spitting *(of a carburettor)*.

ge·pro·fi·leer(d) =*leerde* profiled; *(archit.)* moulded; →PROFILEER.

ge·pro·gram·meer(d) =*meerde, adj.* programmed; ~*meerde kursus* programmed course; ~*meerde leer-/onderrigmetode* programmed learning.

ge·pro·mo·veer(d) =*veerde, adj.* promoted *(to the doctor's degree)*; →PROMOVEER. **ge·pro·mo·veer·de** =*des, n.* graduate; doctor.

ge·pronk ostentation, showing-off.

ge·pro·non·seerd =*seerde, (obs.)* marked, pronounced; ~*de beskouinge* strong views. **ge·pro·non·seerd·heid** markedness.

ge·pro·por·si·o·neer(d) =*neerde* proportioned, in proportion.

ge·pruik =*pruikte* (be)wigged.

ge·prut·sel bungling, messing around; fiddling, tinkering.

ge·prut·tel grumbling, muttering.

ge·prys[1] =*prysde* priced; →PRYS[1] *vb.*.

ge·prys[2] =*prysde* praised; →GEPRESE, PRYS[2] *vb.*.

ge·punt =*punte* pointed; peaked, piked; sharpened; *(chiefly biol.)* cuspidate(d), cuspidal; mucronate *(leaf)*; acuminate *(leaf)*; ~*e haarlyn* widow's peak.

ge·raad·pleeg =*pleegde* consulted; →RAADPLEEG.

ge·raai guesswork.

ge·raak[1] =*raakte adj.* huffed, nettled, offended, vexed; affected; →RAAK *vb.*; ~ *wees* bridle, take offence; →LIGGERAAK; *nie* ~ *nie* unaffected. **ge·raakt·heid** irritability, resentment; pique, dudgeon.

ge·raak[2] *het* ~, *vb., (obs., rare)* reach; *tot 'n ooreenkoms/ens.* ~, *(fml.)* come to an agreement/etc..

ge·raam =*raamde* framed; cased; estimated; →RAAM[2].

ge·raam·te =*tes* skeleton; frame(work); shell, fabric *(of a building)*; fuselage *(of an aircraft)*; *na 'n* ~ *lyk van al die bekommernis* be worn to a shadow with care; *'n wandelende* ~ *wees* be a skeleton. **~plant** *(bot., Monstera* spp.*)* monstera; *(Monstera deliciosa)* delicious monster.

ge·raas =*rase* din, hubbub, noise, roar, uproar, racket; ~ *en geskel* ranting and raving; *'n groot* ~ *maak* make a great noise; *'n groot* ~ *oor niks* much ado about nothing; a storm in a teacup; *meer* ~ *as wol* much ado about nothing. **~bestryding** noise abatement. **~maker** windbag, gasbag, sensationalist, noisemaker. **~steurnis** noise pollution. **~vlak** noise level.

ge·rad·braak =*braakte* mutilated; →RADBRAAK; ~*te taal* broken language.

ge·ra·de advisable, expedient; *dit* ~ *ag/vind om iets te doen* find/think it advisable/expedient to do s.t.; *dit is vir iem.* ~ *om* ... s.o. would be well-advised to ...

ge·ra·fel(d) =*felde* worn out, frayed, (un)ravelled.

ge·raf·fi·neer(d) =*neerde* refined *(sugar, oil, etc.)*; sophisticated *(performance)*; *(fig., rare)* cunning, crafty; *'n* ~*neerde skurk* a consummate villain, an arch-villian. **ge·raf·fi·neerd·heid** refinement, sophistication; *(rare)* cunning, craftiness.

ge·ra·mas·seer(d) →GEDAMASSEER(D).

ge·ram·mel clanking, jingling, rattling, rattle.

ge·rand =*rande* bordered, edged; marginate; milled *(coin)*; knurled *(nut)*.

ge·ra·ni·um =*ums, (bot.)* geranium.

ge·raps =*rapste* spanked, smacked, cuffed; →RAPS *vb.*.

ge·ras·per =*perde* grated *(cheese etc.)*; →RASPER *vb.*.

ge·ra·tel rattling.

ger·be·ra =*ras*, **Bar·ber·ton·se ma·de·lie·fie** =*fies, (bot.: Gerbera jamesonii)* gerbera, Barberton daisy.

ge·red =*redde, adj.* saved, rescued; →RED. **ge·red·de** =*des, n.* survivor; *(relig.)* saved one, *(in the pl.)* saved people.

ge·re·de·ka·wel arguing, hairsplitting, nitpicking.

ge·re·de·lik =*like meer* ~ *die mees* =*e, adj. & adv.* prompt, ready; promptly, readily; freely; *iets* ~ *erken* not mind admitting s.t..

ge·re·de·neer arguing, reasoning, theorising.

ge·re·de·twis disputation, argumentation, verbal sparring.

ge·reed *adj.* ready; (all) set, prepared; done, finished; at the ready; *die ete is* ~ →DIE **ETE** IS OP (DIE) TAFEL; *iets* ~ ***hê*** have s.t. ready/handy (*or* at hand); *altyd* ... ~ ***hê*** never be at a loss for ... *(an answer etc.)*; *iets steeds* ~ ***hê*** have s.t. on tap; ***heeltemal*** ~ *wees* be quite ready; *iets* ~ ***hou*** hold s.t. in readiness; *jou* ~ ***hou*** →***staan;*** ~ *wees* ***om*** ... be ready to ...; *iets* ~ ***sit*** put s.t. out *(clothes)*; set s.t. out *(work etc.)*; ~ ***staan,*** *jou* ~ ***hou*** be (at the) ready; stand by; stand to; *soldate* ~ *laat* ***staan*** stand soldiers to; ***vir*** ... ~ *wees* be ready for ...; be prepared for ...; stand by for ... **ge·reed** *interj., (fencing)* en garde *(Fr.)*. **~maak:** *iets* ~ make/get s.t. ready; *(cook.)* dress s.t. *(poultry)*; *jou* ~ *vir* ... get ready/set for ...; gear up for ... *(trouble etc.)*; gather o.s. (together) for ... *(a jump etc.)*. **~making** preparation.

ge·reed·heid readiness; preparedness; *iets in* ~ ***bring*** make/get s.t. ready, prepare s.t.; put s.t. in place *(a plan, an installation, etc.)*; *alles is in die* ***grootste*** ~ things are at concert pitch *(infml.)*; *iets in ~ **hou*** hold/keep s.t. ready (*or* in readiness); *in ~ **kom*** get ready/set.; *in ~ **wees*** be prepared/ready, be in a state of preparedness, be in (a state of) readiness; be in a state of alert; be on standby.

ge·reed·heids=: ~diens standby service. **~grondslag** state of alert/readiness/preparedness. **~houding** alert position. **~passasiers** standby passengers. **~voet:** *op ~ wees* be on standby.

ge·reed·skap implement(s), instrument(s), tool(s); utensil(s); kit, gear, tackle; *'n stuk ~* a tool; *'n stel ~* a tool set, a set of tools. **~maker** toolmaker. **~sak** toolbag, kitbag. **~setter** tool setter. **~skuur(tjie)** tool shed. **~stel** kit.

ge·reed·skap·pie =*pies* little tool, gadget.

ge·reed·skap(s)=: ~kamer toolroom. **~kas** tool chest. **~kis** toolbox. **~kissie** toolcase. **~koffer** kit box. **~rak** tool rack. **~tas** tool case.

ge·re·ël =*reëlde* arranged; →REËL *vb.*; *'n goed ~de vergadering* a well-organised meeting.

ge·reeld =*reelde* =*reelder* =*reeldste, adj.* fixed, settled, orderly, regular; steady *(pace)*; *~e **antwoord*** stock answer; *~e **besoeker*** habitué, regular *(at a restaurant etc.)*; *~e **diens*** scheduled service; *so ~ soos 'n **klok*** like clockwork, as regular as clockwork. *~e **terugkeer*** periodicity; *~e **troepe*** regular troops, regulars; *~e **weiering*** consistent failure *(of a machine)*. **ge·reeld** *adv.* regularly; invariably, habitually. **ge·reeld·heid** regularity, settledness, orderliness.

ge·re·for·meer(d) =*meerde, adj.* reformed; →REFORMEER; *G~e Kerk in Suid-Afrika* Reformed Church in South Africa; *Nederduitse G~e Kerk, (abbr.: NGK)* Dutch Reformed Church *(abbr.: DRC)*. **Ge·re·for·meer·de** =*des, n.* member of the Reformed Church.

ge·reg[1] =*regte, n.* course, dish; *'n ~ berei/gaarmaak* prepare a dish. **ge·reg·gie** =*gies, (dim.)* little dish.

ge·reg[2] *n.* justice; court (of justice), tribunal; →GEREGS=; *die lang **arm** van die ~* the long arm of the law; *'n **bespotting** van die ~* a travesty of justice; *met die ~ **bots*** come into conflict with the law, fall/run foul of the law; *iem. voor die ~ **bring*** bring s.o. to justice; *die (loop van die) ~ **dwarsboom*** defeat the ends of justice, interfere with the course of justice; *jou aan die ~ **oorgee*** give o.s. up to justice; *voor die ~ **verskyn*** appear in court. **ge·reg** =*regte, adj., (rare)* just, righteous; *~te straf, (rare)* just/condign punishment. **~saal** courtroom; judg(e)ment hall.

ge·re·ge·ne·reer(d) =*reerde* regenerate; reclaimed *(rubber)*; →REGENEREER.

ge·re·gis·treer(d) =*treerde* registered *(nurse, owner, trademark, etc.)*.

ge·reg·kant =*kante* listed *(wood)*; →REGKANT.

ge·reg·le·men·teer(d) =*teerde* regulated; *~teerde ekonomie* command economy.

ge·regs=: ~bode bailiff, messenger of the court. **~bodeveiling** messenger of the court's (*or* messenger's) sale, sale in execution (by messenger of the court). **~dienaar** police officer, policeman; official of the court; law officer; bailiff. **~hof** court of law/justice, law court, tribunal (of justice). **~koste** (law) costs, legal charges/expenses, bill of costs.

ge·reg·te·lik =*like* judicial *(execution)*, judiciary; legal *(steps)*; *~e **bestuur*** judicial management; *~e **bystand*** process in aid; *~e **geneeskunde*** →GENEESKUNDE; *~e **hoofstad*** judicial capital; *~e **inbetaling*** payment into court; *~e **lykskouing*** inquest; →DOODSONDERSOEK; *~e **moord*** judicial murder; *~e **skeiding*** →SKEIDING; *~e **stappe** doen* sue, institute (legal) proceedings; *~e **veiling*** sale in execution, judicial sale.

ge·reg·tig =*tigde* entitled, qualified; justified, warranted; *jou (daartoe) ~ **ag** om ...* hold o.s. entitled to (*or* justified in) ...; *iem. op iets ~ **maak*** entitle s.o. to s.t.; *~ wees **om** te kla/ens.* be justified in complaining/etc.; ***op** iets ~ wees* be entitled to s.t.; be eligible for s.t. *(a pension etc.)*. **ge·reg·tigd·heid** entitlement, justness.

ge·reg·tig·heid justice; *op ~ **gegrond** wees* be founded in justice; *iem. ~ **ontsê*** deny s.o. justice; ***poëtiese** ~* poetic justice; ***summiere** ~* rough justice.

ge·re·gu·leer(d) =*leerde* regulated *(economy, market, price, etc.)*; controlled *(temperature)*.

ge·reg·ver·dig =*digde* justified; justifiable, warranted; →REGVERDIG *vb.*; *dit is heeltemal/volkome ~* it is fully justified.

ge·re·ha·bi·li·teer·de =*des, n.* rehabilitee.

ge·rei gear, implements, tackle, utensils, gadgetry; kit.

ge·rek =*rekte* lengthy, long-drawn(-out) *(negotiations etc.)*, drawn-out, long-winded *(speech)*, protracted *(hearing)*, *(med.)* protracted *(crisis)*, tedious *(lecture)*; →REK *vb.*, UITGEREK. **ge·rekt·heid** long-windedness; protractedness, protraction.

ge·re·ken(d) =*kende* respected, esteemed; *~de mense* influential people.

ge·rem braking; restraint.

ge·re·pa·tri·eer·de =*des* repatriate; →REPATRIEER.

ge·re·se *(p.p.), (poet., fml.)* risen; →RYS[2] *vb.*; *~ besware, (obs.)* objections that have cropped up.

ge·re·ser·veer(d) =*veerde* reserved *(seat)*, private; *(pred. usu. gereserveerd)* reserved, reticent, uncommunicative, undemonstrative *(pers.)*; guarded *(attitude)*; →RESERVEER; *'n ~veerde houding aanneem* take up a guarded attitude, hold/keep aloof, hold back. **ge·re·ser·veerd·heid** aloofness, reserve.

gerf *gerwe* sheaf, bundle; *iets in gerwe bind* bundle s.t.; *'n ~ blomme* a sheaf of flowers; *gerwe regop sit* shock/cock sheaves.

ge·ri·a·trie *(med.)* geriatrics. **ge·ri·a·tries** =*triese* geriatric; *~e pasiënt* geriatric (patient). **ge·ri·a·tris** =*triste*, **ge·ri·a·ter** =*ters, (rare)* geriatrician, geriatrist.

ge·rib =*ribde* ribbed, corrugated; channelled *(plate)*; corded *(material)*; fluted *(column)*; knurled *(nut)*; scored *(binding)*; *(bot.)* costate, costal *(nerve)*.

ge·rief =*riewe, n.* accommodation, comfort, convenience; gadget; facility; commodity; toilet; *(in the pl.)* amenities, comforts, facilities; *vir die gerief van ..., (obs., fml.) ten geriewe van ...* for the convenience/use of ... **ge·rie·fie** =*fies, (dim.)* convenience, gadget. **ge·rief·lik** =*like, adj.* commodious *(house)*, comfortable *(chair)*, convenient *(time)*, expedient. **ge·rief·lik** *adv.* conveniently; comfortably; *iem. het dit ~* s.o. lives in comfort. **ge·rief·lik·heid** accommodation, convenience, comfort. **ge·rief·lik·heids·hal·we, ge·riefs·hal·we** for the sake of convenience, for convenience(['] sake), conveniently.

ge·riefs=: ~halwe →GERIEFLIKHEIDSHALWE. **~kos, ~voedsel** convenience food. **~winkel** convenience store.

ge·rif·fel(d) =*felde* corrugated, ribbed, ridged, crinkled, fluted; crimped; ripply; rugose, furrowy; →RIFFEL *vb.*. **ge·rif·feld·heid** corrugation.

ge·rig[1] =*rigte, n., (arch., Bib.)* judg(e)ment; *die jongste ~* doomsday, judg(e)ment day, the day of judg(e)ment, the day of the Lord; the last day.

ge·rig[2] =*rigte, adj.* aimed, directed; directional; →RIG[1] *vb.*; *op ... ~ wees* be aimed at (*or* geared for *or* tailored to) ... *(a particular market etc.)*. **ge·rigt·heid** alignment.

ge·rik·ke·tik ticking.

ge·rim·pel(d) =*pelde* furrowed, lined, wrinkled *(face)*, puckered *(brow)*, shrivelled *(pear)*; corrugate(d), rugate, rugose *(biol.)*, creasy; →RIMPEL *vb.*; *~ wees van ouderdom* be wrinkled with age.

ge·ring =*ringe* =*ringer* =*ringste* slight, small; scanty, poor, trifling; mean; negligible; low *(price, number)*; insignificant, inconsiderable; →GERINGHEID; *~e **aanvraag*** weak demand; *'n ~e **dunk** van ...* a poor opinion of ...; *~e **herstelwerk*** light repairs; *'n ~e **hoop*** →HOOP[2] *n.*; *'n ~e **kans*** →KANS; *in ~e **mate*** →MATE; *'n ~e **meerderheid*** a narrow majority; ***oneindig** ~* infinitesimal; *~e **opkoms*** small attendance; *geen ~e **prestasie** nie* →PRESTASIE; *~e **skade*** minor damage; *g'n ~e **verligting*** no small relief; *~e **wins*** marginal gain; small profit. **~skat, ~ag** *geringge=* have a low opinion of; think very little of; set little store by; have scant regard for; hold cheap. **~skatting, ~agting** disdain, disregard, disparagement, slight; *met ~ van ... praat* speak disparagingly/slightingly of ...; *iem. se ~ van ...* s.o.'s disregard for ... **~stelling** *(rare)* understatement.

ge·ring(d) =*ringde* ringed; banded; annulate; →RING *vb.*.

ge·ring·heid smallness, littleness, insignificance.

ge·rin·kel jingling, jingle, tinkling, clink(ing); clank *(of chains)*.

ge·rin·kink *(infml.)* merrymaking, jollification, romping.

ge·rit·sel rustle, rustling.

ge·rit·tel trembling, shaking.

Ger·maan =*mane* Teuton; *(in the pl.)* Germanic tribes. **Ger·maans** *n., (language)* Germanic. **Ger·maans** =*maanse, adj.* Germanic, Teutonic. **Ger·ma·ni·ë** *(geog., hist.)* Germania. **Ger·ma·nis** =*niste, (also g~)* Germanic scholar, Germanist. **ger·ma·ni·seer** *ge=* Germanise, Teutonise. **Ger·ma·nis·me** =*mes, (also g~)* Teutonicism, Teutonism, Germanism. **Ger·ma·nis·tiek** *(also g~)* Germanic studies. **Ger·ma·nis·ties** =*tiese, (also g~)* Germanistic.

ger·ma·ni·um *(chem., symb.:* Ge*)* germanium.

ger·mi·neer *ge=, (rare)* germinate. **ger·mi·na·sie** germination.

ge·roep *n.* calling, cries, shouting, shouts, clamour, outcry. **ge·roep** =*roepe, adj.* called; destined; →ROEP[2] *vb.*; *kom of jy ~ is* come exactly at the right moment, come in the nick of time, come at the psychological moment; *jou ~e voel om ...* feel called upon to ..., feel a call to ... **ge·roe·pe·ne** =*nes, n.* man/woman of destiny; one called by the Lord, s.o. with a vocation. **ge·roe·pen·heid** (sense of) vocation.

ge·roer(d) =*roerde* affected, moved; →ROER[3] *vb.*.

ge·roes =*roeste* rusted, rusty, corroded; →ROES[2] *vb.*.

ge·roe·se·moes →ROESEMOES.

ge·roe·ti·neer(d) =*neerde* unvarying, regular, usual, predictable, everyday; experienced, practised, skilled, expert; *'n ~de mens 'n* routinist. **ge·roe·ti·neerd·heid** routine, pattern, regularity, constancy, orderliness, monotony; routinism; skill, skilfulness, practice, expertness, expertise.

ge·rof·fel roll, rub-a-dub *(of a drum)*.

ge·rog·gel rattling *(in the throat)*, death rattle, ruckle; gurgling *(of a pipe)*.

ge·rok =*rokte* in a dress; *(bot.)* tunicate *(a bulb)*; *~te knol* corm.

ge·rom·mel rumbling; collywobbles *(in the intestines)*.

ge·rond =*ronde* rounded, curved; curvy *(s.o.'s figure etc.)*; cambered; *~e hoek* rounded angle.

ge·ronk drone, roar *(of a machine)*; purr(ing) *(of an engine)*.

ge·ron·ne *(obs.)* curdled *(milk)*; *~ bloed* gore, clotted blood; *so gewonne, so ~* →GEWONNE.

ge·ron·tis·me = SENILITEIT.

ge·ron·to= *comb.:* **~krasie** gerontocracy. **~kraties** =*tiese* gerontocratic. **~logie** gerontology. **~logies** =*giese* gerontological. **~loog** =*loë* gerontologist. **~terapie** gerontotherapy.

ge·roof =*roofde* stolen; →ROOF[2] *vb.*; *~de rivier* captured river.

ge·rook =*rookte* smoked; cured; *(infml.)* spaced (out), doped, high *(on dagga etc.)*; →ROOK *vb.*; *~te ham* cured/smoked ham; *~te haring* smoked/kippered herring; →ROOKHARING; *~ raak, (infml.)* get high on dagga.

ge·roos·ter(d) =*terde* roasted *(ore)*; baked *(peanuts)*; toasted *(bread)*; broiled, grilled *(meat)*; →ROOSTER *vb.*; *~terde brood* toast; →ROOSTERBROOD; *~terde toebroodjie* toasted sandwich, *(infml.)* toasty, toastie; *wyn met 'n ~terde geur* toasty wine.

ge·rub =*rubs*, **ge·ru·byn** =*byne* cherub.

ge·rug =*rugte* report, rumour; noise, hubbub; *'n ~ **dooddruk/ontsenu*** (*of die **nek** inslaan*) quash/scotch/spike a rumour; *daar **gaan** 'n ~ (rond), daar **loop** 'n ~, 'n ~ **lê** hier rond* (*of is in **omloop** of doen die **ronde***) there is a rumour (abroad), a rumour is going around/round; *daar **gaan** ~te (rond) dat ...*, *(also)* it is rumoured that ...; *daar **gaan** ~te rond, daar is ~te in **omloop**, ~te **lê***

rond (of *doen die* ***ronde***), *(also)* rumours are afloat; *'n ~* ***gehoor*** have it on hearsay (evidence); *'n* ***los*** *~* an idle rumour; *'n ~ die* ***nek*** *inslaan* →***dooddruk/ontsenu;*** *'n ~ in* ***omloop*** *bring* put about a rumour; *'n* ***vals*** *~* a canard; *'n ~* ***versprei*** spread a rumour; ***volgens*** *~te* (of *die ~*) *het/is* ... rumour has it that ..., it is rumoured that ..., according to rumour ..., reportedly ...; *'n ~* ***weerspreek*** deny a rumour; *die ~* ***wil*** *dat* ... rumour has it that ... **~makend** *-kende* sensational.

ge·rug·steun assisted, supported; →RUGSTEUN *vb.*.

ge·rui·me considerable, ample, long *(time); iets is al ~ tyd aan die gang* s.t. has been going on for quite some time (*or* a considerable time).

ge·ruis noise; rustle, rustling *(of trees);* rushing, w(h)oosh *(of water);* swish *(of a dress);* tingling *(in the ears);* susurration. **ge·ruis·loos** *-lose* noiseless, silent. **ge·ruis·loos·heid** noiselessness; quietness *(of an engine etc.)*.

ge·ruit *n.* check (material), checkered fabric, gingham; *Skotse ~* tartan, plaid. **ge·ruit** *-ruite, adj.* check(ed), checkered, chequered; tessellate(d); *~e* ***katoenstof*** gingham; *~e* ***materiaal/stof*** check; *~e* ***papier*** graph/squared/coordinate paper; *~e* ***wolstof*** plaid.

ge·run·di·um *-diums, -dia, (gram.)* gerund. **ge·run·di·vum** *-divums, -diva, (gram.)* gerundive.

ge·run·nik neigh(ing), whinny(ing).

ge·rus *-ruste -ruster -russte* (of *meer ~ die mees ~ruste*), *adj.* calm, easy, peaceful, quiet; unconcerned, *(infml.)* unfazed; *~te* ***gewete*** clear (*or* an easy) conscience; *iem.* ***kan*** *~ wees dat* ... s.o. can rest assured that ...; *~te* ***lewe*** quiet life; *nie ~* ***lyk*** *nie* seem uneasy; *~te* ***nag!*** sleep well!; ***wees*** *~!* rest assured! *nie heeltemal ~* ***wees*** *nie* not be altogether easy (in one's mind). **ge·rus** *adv.* safely, really, without doubt, undoubtedly; ***doen*** *dit ~!* do it by all means!; please do!, *(infml.)* be my guest!; ***ewe*** *~* quite unconcernedly; *iem. kan ~ (maar)* ***gaan/ens.*** s.o. may as well go/etc.; *jy kan ~* ***gaan/ens.*** it is worth one's while going/etc.; *jy kan ~* ***glo*** *dat dit gebeur het* this undoubtedly happened, you may safely assume this happened; *dit kan ~* ***herhaal*** *word* →HERHAAL; ***ja,*** *(doen dit) ~!* do!; *iem.* ***kan*** *~ maar iets doen* s.o. may as well do s.t.; ***kom*** *~!* →KOM² *vb.; jy kan dit ~* ***kry*** →KRY; *iem. ~* ***maak*** put s.o. at ease, reassure s.o.; *(also)* put/throw s.o. off (his/her) guard; *dit kan jy ~* ***sê!*** →SÊ *vb.;* ***slaap*** *~!* →SLAAP² *vb.*.

ge·rus·stel *geruss-* reassure, comfort, soothe; *iem. ~* set a person's mind at ease. **ge·rus·stel·lend** *-lende* reassuring *(news);* soothing *(sound); dit is ~ om te weet dat* ... it is reassuring (*or* a comfort) to know that ... **ge·rus·stel·ling** *-lings, -linge* assurance, comfort, consolation, relief.

ge·rust·heid calm, confidence, comfort, easiness, peace (of mind), security; *met ~* confidently, quietly, safely.

ger·we·ry·tyd *(obs., rare)* harvest time; →GERF.

ge·ry driving, riding; traffic.

ge·ryg *-rygde* laced; →RYG; *~de boom/kode/lêer/ens., (comp.)* threaded tree/code/file/etc..

ge·ry·mel doggerel, rhyming.

ge·ryp¹ *-rypte* frosted; →RYP¹ *vb.*.

ge·ryp² *-rypte, (liter., usu. fig.)* mature(d); →RYP² *vb.*.

ge·rys *-rysde* risen *(bread, cake),* leavened; →RYS² *vb.; ~de deeg* sponge; cured/risen dough.

ge·saag *n.* sawing; snoring. **ge·saag** *-saagde, adj.* sawn; *(bot.)* serrate(d). →SAAG *vb.*.

ge·saai·de *-des, n.* growing/standing crop, sowing growth; →SAAI².

ge·sag authority, power, prestige, sway, dominion; *iets op ~* ***aanneem/aanvaar*** accept s.t. on faith/trust; *iem. met ~* ***beklee*** empower s.o., authorise s.o.; *jou op 'n hoër ~* ***beroep*** appeal to higher quarters; *onder die ~ van ...* ***buig*** submit to the yoke of ...; *~* ***dra/hê*** be in authority; *iets op eie ~* ***doen*** do s.t. on one's own authority; *jou ~ laat* ***geld,*** *(also, fig.)* crack the whip; *op* ***goeie*** *~* on good authority; *op* ***goeie*** *~ verneem, (also)* learn authoritatively; *op ~* ***handel*** act on authority, act under instructions; *~* ***hê,*** *(s.o.'s opinion etc.)* carry weight; ***met*** *~* ***praat/ens.*** speak/etc. authoritatively; speak/etc. ex cathedra; *die ~* ***hê om*** *iets te doen* have authority to do s.t.; ***op*** *~* by authority.; ***op*** *~ van* ... by (*or* on the) authority of ...; *(mense)* ***van*** *~* (people) of consequence/weight; *~* ***voer*** be in command, exercise authority. **~draer** (person in) authority. **~staat** authoritarian state. **~voerder** *-ders* (naval) commander, captain, master *(of a ship)*.

ge·sag·heb·bend *-bende, adj.* authoritative; *uit ~e* ***bron*** from a reliable source, authoritatively; *van ~e* ***kant*** *verneem* learn on good authority; *in ~e* ***kringe*** in influential/leading circles; *~e* ***verklaring*** authoritative statement; *~e* ***werk*** standard work. **ge·sag·heb·ben·de** *-des, n.* authority, expert, pundit, fundi *(infml.); 'n ~ aanhaal om 'n bewering/stelling te staaf* quote an authority for a statement; *'n ~ op die gebied van ... wees* be an authority on ... **ge·sag·heb·bend·heid** expertise, authority, command. **ge·sag·heb·ber** *-bers* person in authority, director, manager, commander.

ge·sags-: **~apparaat** *(rare)* enforcement agency/system/machinery/apparatus. **~orde** established order. **~posisie** position of authority. **~weë:** *van ~* officially, by authority.

ge·sak *-sakte, adj.* ploughed, plucked, unsuccessful *(candidate at examination);* sagged, pendulous *(abdomen);* →SAK² *vb.*. **ge·sak·te** *-tes, n., (rare)* →DRUIPELING.

ge·sa·la·ri·eer(d) *-eerde, adj.* salaried; stipendiary; →SALARIEER. **ge·sa·la·ri·eer·de** *-des, n.* salaried person; stipendiary.

ge·salf·de *-des* anointed one; →SALF *vb.*.

ge·sa·ment·lik *-like, adj.* complete *(works),* aggregate, total *(amount),* joint *(owners),* united *(forces),* concerted *(action);* collective; corporate; shared; conjoint; *~e* ***kapitaal*** joint stock; *~e* ***katalogus*** union catalogue; *~e* ***sang*** community singing; *~e* ***testament*** mutual will; *~e* ***toesig*** joint custody; *~e* ***verantwoordelikheid*** shared responsibility. **ge·sa·ment·lik** *adv.* collectively, communally, in a body, jointly, together, unitedly; conjointly; *~ en hoofdelik aanspreeklik, (jur.)* jointly and severally liable, collectively and individually responsible; *~ optree* act in concert.

ge·sang *-sange* singing; anthem, hymn; chant; melody; warbling *(of birds); die ~ insit, (infml.)* lead the singing; strike up the hymn etc.; *iem. se ~(etjie) is uit, (fig.)* s.o. has nothing more to say; s.o. is played out. **~digter** hymn writer, hymnographer. **~(e)boek, ~bundel** hymn book, hymnal. **~vers** verse of hymn.

ge·sa·nik *(infml.)* nagging, moaning, griping, grouching, whing(e)ing; *iem. se onophoudelike ~* s.o.'s perpetual nagging.

ge·sant *-sante* envoy; legate; ambassador; ***buitengewone*** *~ en gevolmagtigde minister* envoy extraordinary and minister plenipotentiary; ***hemelse*** *~* messenger from Heaven; ***pouslike*** *~* papal legate/nuncio; *jou ~e en* ***trawante,*** *(joc.)* one's accomplices and assistants.

ge·sant·skap *-skappe* legation; mission, chancellery. **~sekretaris** secretary to a legation.

ge·sant·skaps·raad counsellor of legation.

ge·sê: *jou nie laat ~ nie* refuse to take advice/orders from anyone.

ge·se·ël *-seëlde* sealed; →SEËL *vb.; ~de papier* stamp paper; *deur iem. ~* given under s.o.'s hand and seal.

ge·se·ën(d) *-seënde* blessed, fortunate; *iem. in ~de* ***herinnering*** *hou, (arch.)* keep s.o.'s memory green; *~de* ***Kersfees!*** happy/merry Christmas/Xmas!; *~de* ***Kersfees*** *en 'n voorspoedige/gelukkige nuwe jaar!* Season's Greetings!; *in ~de* ***omstandighede*** *verkeer, (obs., rare)* be in the family way, be expecting (an interesting event); *in die ~de* ***ouderdom*** *van ..., (rhet.)* at the good/ripe old age of ...; *met iets ~* ***wees*** be blessed with s.t..

ge·seg·de *-des, n.* saying, saw, adage; expression, phrase; *(gram.)* predicate; *op iem. se* ***blote*** *~* just on s.o.'s say-so; ***holle*** *~* cant phrase; *soos die ~* ***lui*** as the saying goes; *die ou ~ dat* ... the old saw that ... **ge·seg·de** *adj. (attr.), (obs., rare)* (afore)mentioned; said.

ge·seg·lik *-like* amenable *(to discipline),* biddable, docile, obedient, tractable. **ge·seg·lik·heid** biddableness, docility, obedience, tractability, amenability.

ge·seg·men·teer(d) *-teerde* segmented; annulate; →SEGMENTEER; *~teerde wurm* annelid.

ge·sel¹ *-sels, n.* lash, scourge, whip; *(biol.)* flagellum; →GESELAAR, GESELING; *onder die ~ kom* run the gauntlet; *die ~ van die satire* the lash of satire; *ék sal julle met ~s tugtig/slaan, (OAB/NAB: 1 Kings 12:11)* I will chastise/scourge you with scorpions *(AV/NIV)*. **ge·sel** *ge-, vb.* flagellate, flog, lash, scourge, whip. **~broeder** *(hist.)* flagellant. **~draend** *-ende, (zool.)* flagellate. **~paal** whipping post. **~roede** lash, scourge, rod. **~straf** = GESELING.

ge·sel² *-selle* companion, fellow, mate; *(obs.)* journeyman. **ge·sel·lig** *-lige* companionable, gregarious, clubbable, convivial, conversable, sociable; cosy, snug *(corner);* lived-in *(cottage etc.);* conversational, folksy; neighbourly; chatty *(talk);* social *(intercourse);* homely *(affair); allesbehalwe ~ wees* be precious poor company; *iem. is 'n ~e kêrel/meisie* s.o. is good company; *~e verkeer* general conversation, social intercourse. **ge·sel·lig·heid** conviviality, sociability; cosiness, snugness *(of a room);* social (meeting); function; *huislike ~* home/fireside comforts; *vir die ~* for company. **ge·sel·lin** *-linne* (female) companion; *(euph.)* escort. **ge·sel·lin·klub** *(euph.)* escort agency.

ge·se·laar *-laars* flagellant.

ge·se·ling *-linge* flagellation, flogging; scourging.

ge·sel·lig →GESEL².

ge·sels *-selse, n.* talk, conversation, chat; *aan die ~ raak* get talking; *met iem. aan die ~ wees* be in conversation with s.o.. **ge·sels** *vb.* chat, converse, talk; *'n bietjie ~* have a chat/talk; *oor* ***koeie/koeitjies*** *en kalwers/kalfies ~* →KOEI; ***met*** *iem. ~* chat/talk to/with s.o.; *(infml.)* give s.o. a pep talk *(members of a team etc.);* ***met*** *iem.* ***oor*** *iets ~, (also, infml.)* speak/talk to s.o. about s.t., admonish s.o. for s.t.; ***oor/van*** *iets ~* chat/talk about s.t.; ***oor*** *sport (of die politiek) ens. ~, (also)* talk sport/politics/etc.. **~brief** chatty letter. **~kamer** common room; →GESELSKAPSKAMER. **~lyn** *(telecomm.)* chatline. **~onderwerp** conversation piece. **~program** *(rad., TV)* talk/chat show. **~radio** talk radio; walkie-talkie; →TWEERIGTINGRADIO. **~rubriek** gossip column. **~taal** conversational speech, colloquial language. **~taalterm** colloquialism.

ge·sel·ser *-sers* talker, conversation(al)ist.

ge·sel·se·rig *-rige* chatty; talkative.

ge·sel·se·ry chatting, conversation, talk(ing), chitchat.

ge·sel·sie *-sies, (dim.)* chat, short talk.

ge·sel·skap *-skappe* company; party; companionship; circle; *(theatr.)* cast; troupe *(of performers); iem. is* ***aangename*** *~* s.o. is pleasant company; *hulle is op mekaar se ~* ***aangewese*** they are thrown together; *in* ***beskaafde*** *~* in polite society; *die ~ is* ***bymekaar,*** *(theatr.)* the cast is assembled; *in goeie ~ wees* be in good company; *iem. is* ***goeie*** *~* s.o. is good company, s.o. is fun; *~* ***hê*** have company; *iem. ~* ***hou*** keep s.o. company; ***in*** *~* in company; ***in*** *die ~ van* ... in the company of ...; ***lid*** *van 'n ~ wees* be (one) of a party; *in* ***slegte*** *~ beland* get into bad company; ***slegte*** *~/gesprekke bederf goeie sedes, (NAB/OAB: 1 Cor. 15:33)* bad company corrupts good manners *(NIV),* evil communications corrupt good manners *(AV); nie* ***van*** *die ~ wees nie* not be (one) of the party; *in iem. se ~* ***verkeer*** keep company with s.o.; *in die* ***verkeerde*** *~ beland* get in with the wrong crowd *(infml.); ~* ***vermy*** hold o.s. aloof (from ...); keep (o.s.) to o.s.. **~spel, ~speletjie** *(dated)* party/indoor/social/parlour game. **~stuk** *(painting)* conversation piece.

ge·sel·skaps-: **~dame, ~juffrou** (lady) companion. **~dans** *(obs.)* →BALDANS. **~dier** animal companion. **G~eilande** Society Islands. **~juffrou** →GESELSKAPSDAME. **~kamer** lounge; common room. **~reis** *(obs.)* →BEGELEIDE TOER.

ge·sen·treer(d) *adj. & adv., (psych.)* centred.

ge·ser·ti·fi·seer(d) *-seerde* certified; →SERTIFISEER.

ge·set *-sette* stout, plump, portly, corpulent; stocky, thickset; definite, fixed, regular, set *(times);* →SET *vb.,* SIT *vb.; op ~te/vaste tye* at set times, at regular/stated intervals. **ge·set·heid** stoutness, corpulence, fatness; stockiness.

ge·se·te *(p.p.), (fml., obs.)* seated; mounted *(on a horse); (rare)* wealthy, well-off, well-to-do; →SIT *vb.; ~ bevolking, (obs.)* settled/sedentary population; *~ burger, (obs.)* solid citizen.

ge·seur nagging, moaning, grouching, whing(e)ing.

ge·sid·der trembling.

ge·sien =*siene, adj.* esteemed, respected *(person); baie ~ wees* be very popular (*or* much thought of). **ge·sien** *conj.: ~ dat ...* considering that ...; →AANGESIEN; *~ die ...* in view of the ... *(support for s.t. etc.).*

ge·sif =*sifte* sifted *(lit. & fig.);* screened, sieved *(lit.);* →SIF *vb..*

ge·sig =*sigte* face, countenance; view, prospect, sight; apparition, vision; scene; *(no pl.)* (eye)sight, seeing; *jou ~* **afvee** wipe one's face; *met die ~ na* **bo,** *(a book etc.)* face up(wards); *iets uit die ~* **boender** sweep s.t. under the carpet; ***buite** iem. se ~* beyond s.o.'s vision; *op die* **eerste** *~* at first glance/sight; *'n* **ernstige** *~ bewaar* keep one's countenance; *met 'n* **ernstige** *~* with a solemn face; *iem. se ~ het* **getrek** s.o.'s face worked; *jou ~* **grimeer/opmaak** make up one's face, do one's face *(infml.); iem. in/deur die ~* **klap** give s.o. a slap in the face *(lit.); 'n* **klap** *in/deur die ~* →KLAP *n.; in die ~* **kom** come in view; heave in sight; *... in die ~* **kry** catch sight of ..., clap/lay eyes on ...; *iem. reg in die ~* **kyk** look s.o. full/squarely in the eye/face; *'n* **lang/suur** *~* **trek** make/pull a long face, make a wry face/mouth; *iets staan op iem. se ~ te* **lees,** *(guilt etc.)* s.t. is written all over (*or* across/in/on) s.o.'s face; **liefde** *op die eerste ~* →LIEFDE; *'n* **ongerimpelde** *~* an unlined face; *jou ~ laat* **ontrimpel** have a face-lift; *iem. het sy/haar ~ laat* **ontrimpel,** *(also)* s.o. had his/her face lifted; **op** *die ~, (a book etc.)* face down(wards); *'n ~* **op** *... a view of ... (a place); iem. se ~ het* **opgehelder/verhelder** s.o.'s face brightened (*or* lit up); *jou ~* **opmaak** →**grimeer/opmaak;** *jou ~ op 'n* **plooi** *trek* screw up one's face; *jou ~ op 'n ernstige* **plooi** *trek* put on a serious face; *'n* **pragtige/trotse** *~* a proud sight; **rooi** *in die ~* →ROOI *adj.; vir iem. iets in sy/haar ~* **sê** tell s.o. s.t. to his/her face; *'n* **seldsame** *~* a rare sight; *dis die moeite werd om iem. se ~ te* **sien** s.o.'s face is a study; *aan iem. se ~* **sien** *dat ...* see by s.o.'s face that ...; *~ te* **sien** have/see visions; *'n* **skerp** *~ hê* have keen/sharp sight; *iets* **staar** *iem. in die ~* s.t. stares s.o. in the face *(famine, poverty, ruin, etc.); met 'n* **strak** *~* with a set face; *'n suur ~ trek* →**lang/suur;** *~te* **trek** pull faces, grimace, make grimaces; *vir iem. ~te* **trek** pull faces at s.o.; *'n* **treurige** *~* a sorry sight; *'n* **trotse** *~* →**pragtige/trotse; twee** *~te hê, (idm.)* be two-faced; **uit** *die ~* out of sight; **uit** *die ~ wees, (also)* be lost to sight/view; *(plat) op jou ~* **val** fall face down, fall (flat) on one's face *(lit.); iem. in die ~* **vat** give s.o. a slap in the face *(fig.); jou ~ in jou hande* **verberg** bury one's face in one's hands; *iem. se ~ het* **verdonker** s.o.'s face clouded over; s.o.'s face fell; *uit die ~* **verdwyn** pass out of sight, pass from view; *... uit die ~* **verloor** lose sight of ...; *jou ~* **verloor** lose one's sight, lose the use of one's eyes; *uit die ~* **verlore** *wees* be lost to sight/view; *jou ~* **vertrek** screw up one's face, screw one's face into wrinkles; *iem. se ~* **vertrek** *van die pyn* s.o. grimaces with pain; *'n ~* **wees** be a sight for sore eyes *(infml.); 'n* **woedende** *~* a face like (*or* as black as) thunder. **~handdoek** face towel. **~hou** uppercut. **~kunde** optometry; (visual) optics. **~kundig** =*e* optical. **~kundige** =*s* optometrist; optician, oculist. **~kuur** facelift. **~lap** face cloth. **~pap** face pack. **~poeier** face powder. **~pommade** *(obs., rare)* = GESIGROOM. **~room** face cream. **~senu(wee)** optic nerve; →OOGSENU. **~sin** sense of sight, visual sense. **~sintuig** organ of sight, visual organ. **~skerm, ~skut** face guard. **~skerpte** acuteness/acuity of vision, visual acuity. **~verf** face paint. **~wond** facial injury.

ge·sig·gie =*gies, (dim.)* little face; *(bot.: hybrid Viola)* pansy; *(V. tricolor)* wild pansy.

ge·sigs=: **~afstand** eyeshot, visual range. **~as** visual axis. **~bedrog** optical illusion, phantasm; →GESIGSHALLUSINASIE. **~beeld** visual image. **~beweging** facial movement. **~einder** horizon, skyline, sealine; *buite iem. se ~* beyond s.o.'s vision; *op die ~* on the horizon. **~hallusinasie** visual hallucination. **~hoek** optic/visual angle; angle of view; point of view, viewpoint, standpoint. **~indruk** visual impression. **~kring** field/range of vision; *(intellectual)* horizon, ken, purview, scope. **~lyn** visual line, line of sight/vision, sightline. **~masker** face mask. **~meter** optometer. **~meting** optometry. **~orgaan** organ of sight. **~punt** aspect, point of view, standpoint, viewpoint; visual point; *iets uit 'n ander ~ beskou* view s.t. from a different angle; *uit dié/daardie ~* from that angle. **~pyn** *(med.)* neuralgia. **~uitdrukking** facial expression. **~veld** field of vision, visual field; field of view. **~veldhoek** angle of vision. **~veldmeter** perimeter. **~verlamming** facial paralysis. **~verlies** loss of eyesight. **~vermoë** visual faculty, vision, eyesight.

ge·sin =*sinne* family, household; →GESINS=; *uit 'n gebroke ~* from a broken home; *'n ~ grootmaak* raise a family. **~sorg** family welfare/work.

ge·sin·chro·ni·seer(d), ge·sin·kro·ni·seer(d) =*seerde* synchronised; →SINCHRONISEER; *~seerde ratkas* synchromesh gearbox/transmission; *~seerde swem* synchronised swimming, synchro (swimming).

ge·sind =*sinde* disposed, inclined, minded; →GOEDGESIND, KWAADGESIND, SLEGGESIND. **ge·sind·heid** =*hede* attitude, disposition, inclination, view; *iem. se ~ jeens/teenoor ...* s.o.'s attitude towards ...; *wat is iem. se politieke ~?* what are s.o.'s politics?; *'n verandering ~* a change of heart. **ge·sind·te** =*tes, (obs., rare: relig.)* denomination, persuasion.

ge·sing singing; →GESUIS. **ge·sin·ge·ry** singing, bawling; *watse ~ is dit?* what's with all this singing?, what's all this singing about?.

ge·sins=: **~band** family tie. **~begroting** family budget. **~beperking, ~beplanning** family planning. **G~dag** *(SA: 26 Dec.)* Family Day. **~fees** family celebration. **~hoof** head of the family, householder, family head. **~kamer** living room. **~kwartier(e)** married quarters. **~lede** members of the family. **~lewe** family life. **~omstandighede** family environment. **~program** family programme. **~reëling** family planning. **~toelae** family allowance. **~vermeerdering** addition to the family. **~woning** family residence/dwelling.

ge·sis hissing; w(h)oosh *(of steam etc.).*

ge·si·se·leer(d) =*leerde, (metalwork)* chased, embossed; →SISELEER.

ge·sit =*sitte, (obs.)* seat; patch on the/a seat.

ge·si·tu·eer(d) =*eerde* circumstanced, situate(d); →SITUEER. **ge·si·tu·eerd·heid** situation.

ge·sja·blo·neer(d) =*neerde* stencilled; →SJABLONEER; *~neerde stof, sjabloonstof* stencilled fabric/material.

ge·sjou *n., (infml., quite rare)* dragging/carrying/hauling/heaving (around); schlep(p), hassle.

ge·skaaf =*skaafde* planed, wrought *(wood),* smoothed; →SKAAF *vb..*

ge·skaak¹ =*skaakte, (her.)* chequered, checkered.

ge·skaak² =*skaakte* abducted; →SKAAK² *vb..*

ge·ska·keer(d) =*keerde* chequered, variegated, pied; →SKAKEER; *ryk ~* multifaceted. **ge·ska·keerd·heid** variegation.

ge·ska·kel(d) =*kelde* linked; →SKAKEL *vb..*

ge·skal flourish; blare *(of trumpets),* clangour, fanfare.

ge·ska·pe *(p.p.), (chiefly Bib.)* created; →SKEP² *vb.; dit staan so daarmee ~, (obs.)* such is the state of things, the matter stands like this; *dit staan sleg ~ met iem., (obs.)* s.o. is in a bad way. **ge·ska·pe·ne** =*nes, n., (obs., rare)* created thing; creation.

ge·skar·rel scrabbling; scraping (along); rummaging; flirting; *'n groot ~, (also, infml.)* panic stations.

ge·ska·ter burst/peal/roar of laughter.

ge·skeer =*skeerde* shaven *(man),* shorn *(sheep);* →SKEER¹ *vb..*

ge·skei =*skeide, =skeie, adj.* separated; divorced; disjunct; →SKEI² *vb.; geregtelik ~* judicially separated; *~(d)e* **infinitief,** *(gram.)* split infinitive; *~(d)e* **man/vrou** divorcé *(masc.),* divorcée *(fem.); ~(d)e* **paartjie** separated couple. **ge·skei·de·(ne)** =*de(ne)s, n.* divorced person. **ge·skei·den·heid** separation; separateness.

ge·skel abuse, abusiveness, invective, abusive language, vituperation.

ge·skend =*skende* disfigured, scarred; mutilated; maimed; →SKEND.

ge·skenk =*skenke, n.* gift, present, *(infml.)* pressie, prezzie; offering, donation; *iem. iets ten ~e bied/gee, (obs., fml.)* make s.o. a present of s.t., give s.o. s.t. as a present, present s.o. with s.t.; *'n ~ vir ... van ...* a present for ... from ... **ge·skenk** =*skenkte adj.* given, granted; donated. **~belasting** gift tax. **~bewys** gift voucher. **~eksemplaar** =*plare* gift copy, giveaway copy *(of a book etc.).* **~pak(kie), ~doos** gift box/pack. **~papier** gift wrap(ping); *iets in/met ~ toedraai* giftwrap s.t..

ge·skep¹ =*skepte* scooped; →SKEP¹ *vb..*

ge·skep² =*skepte* created; →SKEP² *vb..*

ge·skerm fencing; juggling *(with figures); ~ in die lug* shadow-boxing; *~ met woorde* empty talk, fencing with words.

ge·sker·mut·sel skirmishing.

ge·skerts banter(ing), jesting, joking.

ge·sket·ter blare, flourish *(of trumpets); (rare)* shouting, bluster, ballyhoo.

ge·skeur(d) =*skeurde* torn, ragged; lacerated, snagged; →SKEUR *vb..*

ge·skied *het ~, (fml.)* come to pass, happen, occur, befall, take place; **kennisgewing** *~ hierby/hiermee, (fml.)* notice is hereby given; **reg** *aan iem. laat ~* do justice to s.o., treat s.o. fairly; **reg** *moet ~* justice must prevail; *laat U* **wil** *~, (relig.)* Thy will be done. **~blaaie, ~boeke** *(rare)* annals, records. **~rol** =*rolle* historical record. **~skrywer** historian, historiographer. **~skrywing** historiography, historical writing. **~vorser** *(rare)* student of history, historical researcher. **~vorsing** *(rare)* study of history, historical research.

ge·skie·de·nis =*nisse* history; story, tale; **algemene** *~* world history; *dit is 'n* **ander** *~, (euph.)* that is another story; *dit* **behoort** *tot die ~* that is history now; *iem./iets sal in die ~ as ...* **bekend** *staan* s.o./s.t. will go down in history as ...; *dis die* **hele** *~* that's all there is to it; *die ~* **herhaal** *hom* history repeats itself; **in** *die ~* in history; *dis 'n* **lang** *~* it's a long story; *'n* **lastige** *~* an awkward affair; *~* **maak** make history; *'n* **mooi** *~, (iron.)* a pretty kettle of fish; **Ou/Middeleeuse/Nuwe** *G~* Ancient/Medi(a)eval/Modern History; *dis die* **ou** *~ al weer* it's the same old story all over again; **vaderlandse** *~* national history; *daar is 'n ~ aan* **verbonde** thereby hangs a tale; *'n gebeurtenis/ens. in die ~* **vermeld** a storied event/etc.. **~boek** history book. **~filosofie** philosophy of history. **~filosofies** historico-philosophical. **~les** history lesson. **~onderwys** teaching of history. **~onderwyser,** *(fem.)* **~onderwyseres** history teacher. **~student** student of history. **~vervalsing** falsification of history.

ge·skied·kun·de historical science, history. **ge·skied·kun·dig** =*dige* historical. **ge·skied·kun·di·ge** =*ges* historian, student of history.

ge·skiet firing, shooting.

ge·skif =*skifte* sifted *(fig.);* sorted (out); curdled *(milk);* perished *(material);* →SKIF² *vb..*

ge·skik =*skikte* =*skikter* =*skikste* suitable, suited, appropriate, fit, proper; acceptable; eligible; serviceable; opportune, convenient, expedient; apt *(retort);* qualified; able, capable, efficient, effective; arranged, settled; *dit ~* **ag** think it proper; *dis ~ vir die* **doel** it serves the purpose; *~te* **kandidaat** eligible candidate; *iets vir ... ~* **maak** adapt s.t. to ...; *nie ~ wees* **om** *... nie* be in no condition to ...; *~te* **perd** docile/well-trained horse; *~te* **persoon** fit person; *~te* **tyd** proper/suitable time; **uitermate** *~ wees vir ...* be perfect for ...; **vir** *... ~ wees* be suitable for ...; be suited to ...; be fit for ...; be appropriate for/to ...; be adapted to ...; *dit is ~* **vir** *..., (also)* it lends itself to ...; *iem. is nie* **vir** *so iets ~ nie* s.o. is no good at that sort of thing *(infml.).*

ge·skikt·heid suitability, fitness; competency; propriety, opportuneness; ability, capability; serviceability, serviceableness. **~sertifikaat** competency certificate.

ge·skil =*skille* difference, dispute, quarrel; controversy;

'n ~ besleg/bylê/skik (of uit die weg ruim of uit die wêreld maak) settle a dispute/quarrel; *~le besleg/bylê/skik (of uit die weg ruim of uit die wêreld maak), (also)* adjust/resolve/settle differences; *ons/hulle het 'n ~ (met mekaar)* we/they have a dispute (with each other); *... is in ~, (jur.)* ... is at/in issue (*or* in doubt); *iem. het 'n ~ met ...* s.o. has a dispute with ...; *~le laat vaar* sink differences. **~beslegting** conflict resolution. **~punt** matter/point/question at issue; moot point; *'n ~ van iets maak* make an issue of s.t..

ge·skim·mel(d) *-melde* mouldy; dappled.

geskimp insinuation, gibe, gibing.

ge·skin·der slander, scandal; gossiping, tittle-tattle.

ge·skip·per temporising, procrastination; hedging, prevarication; opportunism, expediency.

ge·skit·ter glitter(ing), sparkle, sparkling.

ge·skoei *-skoeide* shod; →SKOEI.

ge·skof·fel *n.* weeding; (country) dancing. **ge·skof·fel** *-felde, adj.* weeded; cultivated; →SKOFFEL *vb.*.

ge·skok *n.* jolting, shaking. **ge·skok** *-skokte, adj.* shocked; shaken (to the core), outraged; →SKOK *vb.*; *~te gevoelens* hurt/offended/shocked feelings; *hewig ~ wees* be shaken to the core; *iem. was nog nooit so ~ nie* s.o. got the shock of his/her life. **ge·skokt·heid** sense/state of shock.

ge·skom·mel rocking, swinging; fluctuation.

ge·skon·de *(p.p.), (liter.)* violated; desecrated; sullied *(honour)*; defaced *(document)*; betrayed *(confidence)*; given away *(secret)*; defaced *(document)*; →SKEND. **ge·skon·de·ne** *-nes, n.* s.o. (who has been) violated/dishonoured/etc.. **ge·skon·den·heid** defacement, mutilation, desecration, disfigurement.

ge·skool(d) *-skoolde* practised, schooled, trained; →SKOOL[2] *vb.*; *geskoolde arbeid* skilled labour; *'n goed geskoolde vakman* a well-trained artisan; *in ... ~ wees* be skilled in ... **ge·skoold·heid** skill.

ge·skop *n.* kicking.

ge·sko·re *(p.p.), (obs., fig.)* lost; inconvenienced; →SKEER[1] *vb.*.

ge·skors *-skorste* expelled *(from a school etc.)*; suspended *(from a job etc.)*; →SKORS[2] *vb.*.

ge·skraap *n.* scraping *(on an instrument)*; hawking, throat-clearing; money-grubbing. **ge·skraap** *-skraapte, adj.* scraped; →SKRAAP *vb.*.

ge·skrap *-skrapte* deleted; →SKRAP.

ge·skree, ge·skreeu crying; cries, shouting, shouts, outcry, hue and cry, shrieking; squeal(ing); stridulation *(of insects)*; vociferation; *veel ~ en weinig wol* much ado about nothing, great boast small roast, all talk and no do, great cry and little wool; *baie ~ oor iets maak* make a great deal of fuss about s.t..

ge·skrei *(obs.)* crying, weeping; wailing.

ge·skre·we *(p.p.)* written; →SKRYF; *eiehandig ~ stuk* holograph; *'n goed ~ stuk* a well-written piece; *~ konstitusie* written constitution; *~ kopie* transcript; *~ reg* statute law.

ge·skrif *-skrifte* document, writing; *heilige ~* scripture; *in ~te, (rare)* in writing, on paper.

ge·skrop *n.* scrubbing; scouring. **ge·skrop** *-skropte, adj.* scrubbed; scoured; →SKROP *vb.*.

ge·skryf scribbling; writing; *'n hele ~ oor ..., (also, infml.)* a polemic (*or* war of words) about ... **ge·skry·we·ry** scribbling; war of words, polemic (writing).

ge·skub *-skubde* scaled, scaly; *(zool.)* squamous, squamate, squamose; *(bot.)* fornicate; imbricate(d).

ge·skud *n.* shaking. **ge·skud** *-skudde, adj.* shaken; →SKUD.

ge·skuif *n.* shuffling, shoving, shifting. **ge·skuif** *-skuifde, adj.* shifted, moved; →SKUIF *vb.*.

ge·skui·fel shuffling, scraping *(of feet)*.

ge·skuins *-skuinste* slanted (off), bevelled; canted; chamfered; splayed *(corner)*; →SKUINS *vb.*.

ge·skulp *-skulpte* scalloped; *(archit.)* engrailed; →SKULP *vb.*.

ge·skut[1] *-skutte, adj.* impounded *(cattle)*; →SKUT[3] *vb.*.

ge·skut[2] *n.* artillery, cannon, guns, ordnance; *die ~ bedien* serve the guns; *'n stuk ~* a piece of artillery/ordnance. **~bank** barbette. **~brons** gunmetal. **~dek** gun deck. **~fabriek** ordnance factory. **~gietery** gun foundry. **~koepel** cupola. **~kuil** gun pit. **~loop** gun barrel, tube of a gun. **~metaal** gunmetal. **~park** artillery park. **~poort** gunport. **~stelling** *-lings* gun emplacement. **~toring** (gun) turret *(of battleship/tank)*. **~trein** artillery train. **~vuur** gunfire. **~werf** ordnance yard.

ge·skuur *-skuurde* rubbed; scoured; ground; grazed, chafed; →SKUUR[2]; *~de glas* ground glass.

ge·slaaf *(rare)* slaving, toiling and moiling, drudgery.

ge·slaag(d) *-slaagde meer/beter -slaagde die mees/bes -slaagde, adj.* successful; passed *(in an examination)*; →SLAAG. **ge·slaag·de** *-des, n.* successful candidate, s.o. who has passed *(an examination)*. **ge·slaagd·heid** successfulness, success.

ge·slaan *-slaande, -slane* beaten; →SLAAN; *geslane geld* coined money; *'n ~de kind* a beaten child.

ge·sla·e *adj.* beaten *(metal)*; *(poet., liter.)* afflicted, tried. **ge·sla·e·ne** *-nes, n., (poet., liter.)* s.o. (who has been) afflicted. **ge·sla·e·ne** *adj., (obs.)* livelong *(day)*; *drie ~ ure* three mortal hours. **ge·sla·en·heid** affliction; dejection, despondency.

ge·slag[1] *-slagte, adj.* slaughtered, butchered; →SLAG[2] *vb.*.

ge·slag[2] *-slagte, n.* family, race, lineage; gender, sex; generation; *(biol.)* genus; *manlike/vroulike ~* male/female sex; *die menslike ~* the human race; *die opkomende ~* the rising generation; *die skone ~, (rhet.)* the fair/gentle sex; *iem. stam uit 'n ~ van ..., (rhet.)* s.o. is descended from a line of ... *(teachers etc.)*; *van ~ tot ~* from generation to generation. **~bepaler** →GESLAGSBEPALER. **~bepaling** →GESLAGSBEPALING. **~boom** →GESLAGSBOOM. **~kunde** genealogy. **~kundig** *-dige, adj.* genealogical. **~kundige** *-ges, n.* genealogist. **~prikkel(middel)** →GESLAGSPRIKKEL(MIDDEL). **~register** →GESLAGSREGISTER. **~sel** generative/sexual cell, gamete. **~siekte** venereal disease, *(infml.)* social disease. **~siektekunde** venereology.

ge·slag·loos asexual, sexless; *(gram.)* genderless, neuter; *'n dier ~ maak* neuter an animal.

ge·slags-: **~afwyking** sexual perversion. **~attraksie** sex appeal. **~baster** generic hybrid. **~bepaler, geslagbepaler** sexer. **~bepaling, geslagbepaling** sexing. **~boom, geslagboom** family tree, pedigree, genealogical table. **~chromosoom** sex chromosome. **~daad** *(fml.)* coitus, sexual act. **~deel** *-dele* genital/sexual part/organ; *(in the pl.), (also)* genitals, genitalia, private parts; *uitwendige ~dele* pudenda. **~diskriminasie** sex discrimination. **~drang, ~drif** sex drive, sexual urge. **~drif** sex urge, sexual passion/desire/instinct. **~gaping** gender gap. **~gebonde** sex-linked. **~gemeenskap** *(fml.)* sexual intercourse/relations; *~ met iem. hê* have (sexual) intercourse/relations with s.o.. **~hormoon** sex hormone. **~instink** sexual instinct. **~kenmerk** sex mark, sexual characteristic; generic character. **~klier** genital gland, gonad; testis; ovary. **~kwessies** *(pl.)* gender issues. **~lewe:** *die ~* sex, sexuality, sexual life. **~lyn** line of descent. **~lys** = GESLAGSREGISTER. **~naam** *(biol.)* generic name, genus name; *(rare)* surname, family name, patronymic. **~omgang** = GESLAGSGEMEENSKAP. **~opening** genital/sexual orifice/opening. **~opvoeding** sex education. **~orgaan** genital/generative/sexual organ; *manlike ~* male organ *(euph.)*. **~prikkel(middel), geslagprikkel(middel)** *-kels, -dels* aphrodisiac. **~register, geslagregister** pedigree, family tree, genealogical table/register. **~ryp** *-rype* pubescent, sexually mature. **~rypheid** puberty, pubescence. **~tipe** genotype. **~uitgang** *(gram.)* ending/termination of gender. **~verandering** sex change, change of sex. **~veranderingsoperasie** sex-change operation. **~verhouding** sexual relation. **~verkeer** sexual intercourse. **~verwantskap** genetic affinity. **~voorligting** sex education. **~wapen** family arms.

ge·slags·loos *-lose, (rare)* →GESLAGLOOS.

ge·slag·te·lik *-like* sexual; genital; *~e voortplanting* sexual generation/propagation/reproduction, gamogenesis; *~e plant* gametophyte; *~e onmag/onverskilligheid* anaphrodisia. **ge·slag·te·lik·heid** sexuality, sex.

ge·sleep *n.* dragging. **ge·sleep** *-sleepte, adj.* dragged, lugged; →SLEEP *vb.*.

ge·slen·ter lounging, sauntering.

ge·sle·pe *~ -pener -penste (of meer ~ die mees ~), (p.p.), (chiefly fig.)* cunning, astute, crafty, foxy, shrewd, sly, wily, scheming; →SLYP; *'n ~ kêrel* a sly dog, a dodgy bloke, a knowing one; *baie ~ wees* be as deep as a well. **ge·sle·pen·heid** cunning, slyness, astuteness, wiliness.

ge·sle·te *~ meer ~ die mees ~, (p.p.)* threadbare, frayed *(clothes)*, worn *(tyre)*; spent *(life etc.)*; →SLYT.

ge·slin·ger *n.* dangling, swinging *(of a rope)*; oscillation *(of a pendulum)*; rolling *(of a ship)*; staggering *(of a drunken man)*, wobble. **ge·slin·ger(d)** *-gerde, adj.* hurled; convoluted; →SLINGER *vb.*.

ge·sloer delay, dawdling, procrastination.

ge·slof shuffling, shambling.

ge·sloof plodding, toil, fag, drudgery.

ge·slo·te *~ meer ~ die mees ~, (p.p.), (chiefly fig.)* closed, locked, shut; reticent, uncommunicative, reserved, tight-lipped, secretive; concluded *(treaty)*; →SLUIT; *~ arres* →ARRES; *vir iem. 'n ~ boek wees* →BOEK *n.*; *agter/met ~ deure* →DEUR[1] *n.*; *~ dril* close-order drill; *~ gebruikersgroep, (comp.)* closed user group; *~ geledere* →GELID[1]; *~ gemoed* closed mind; *~ soos die graf* as silent as the grave; *~ jagtyd* close(d) season; *~ koevert* closed/sealed envelope; *~ myn* defunct mine; *in ~ orde* →ORDE[1] *n.*; *~ seisoen* closed season; *~ sitting/sessie* closed session; *... ~ verklaar* declare ... closed/terminated. **~baantelevisie, ~kringtelevisie** →KRINGTELEVISIE. **ge·slo·ten·heid** closeness, reticence, uncommunicativeness, secretiveness, reserve(dness).

ge·slui·er(d) *-erde* veiled; *(phot.)* fogged, foggy; *(biol.)* velate; →SLUIER *vb.*.

ge·sluip creeping, prowling.

ge·sluit *-sluite* locked; →GESLOTE, SLUIT.

ge·slurp slobbering.

ge·slyp *-slypte* sharpened, whetted; →SLYP; *~te glas* cut/ground glass; *~te diamant* polished diamond; *~te suier* ground piston.

ge·slyt *-slyte* worn (away/out), rolled *(stones)*; →SLYT.

ge·smaal contumely, railing, reviling, scoffing, sneering.

ge·smak smacking *(of the lips)*.

ge·smee *-smede* wrought; forged; minted, coined *(word)*; →SMEE; *met valhamer ~* drop forged; *gesmede yster* forged iron; →SMEE(D)YSTER.

ge·smeek entreaty, pleading, supplication.

ge·smeer *n.* dirtying; daub(ing). **ge·smeer** *-smeerde, adj.* oiled, greased, lubricated; dirtied, daubed; →SMEER *vb.*.

ge·smelt *-smelte* melted *(snow)*; molten *(metal)*; runny *(margarine etc.)*; fused; →SMELT.

ge·smoor *-smoorde* suppressed; throttled *(petrol feed)*; strangled *(voice)*; braised *(steak)*; stifled *(laugh)*; →SMOOR *vb.*; *'n ~de gil/geluid* a choked cry/sound.

ge·smous, *n.* chaffering, bartering; →SMOUS *vb.*. **ge·smous** *-smouste, adj.* bartered, (sordidly) sold.

ge·smul banqueting, feasting.

ge·snaar(d) *-snaarde* stringed *(instrument)*; strung.

ge·sna·ter chattering, palaver, gabble, jabber(ing), patter; gabble *(of geese)*.

ge·sna·wel(d) *-welde* beaked, billed.

ge·sne·de *adj.* graven *(image)*; carved *(wood)*; cut *(gem)*; engraved *(stone)*; →GESNY, SNY *vb.*; *'n ~ man, (obs.)* a castrated man, a eunuch. **ge·sne·de·ne** *-nes, n., (obs.)* eunuch, castrate.

ge·sneu·wel·de *-des* person killed in action; →SNEUWEL; *die ~s* the fallen, the dead.

ge·snik sobbing.

ge·snip·per *-perde* shredded *(vegetables etc.)*; →SNIPPER *vb.*.

ge·snoef *(rare)* boasting, brag(ging).

ge·snor drone, whir(ring), purring.

ge·snork snoring.

ge·snot·ter snivelling.

ge·snuf·fel sniffing, snuffing; ferreting, rummaging.

ge·snuif sniffing, the sniffles; snorting *(of a horse)*.

ge·sny =*snyde, adj.* cut *(cake)*, sliced *(ham)*; castrated, gelded; tailored; →SNY *vb.*; *'n ~de brood* a sliced bread/loaf; *'n goed ~de pak klere* a well-tailored/well-cut suit; *(in skywe)* ~ sliced. **ge·sny·de** =*des, n.* = GESNEDENE.

ge·soe·bat begging, coaxing, praying; entreaty, beseeching.

ge·soek search(ing), hunt.

ge·soen kissing, *(infml.)* smooching.

ge·so·fis·ti·keer(d) =*keerde* sophisticated.

ge·sog =*sogte* =*sogter* =*sogste, (p.p.)* in demand/vogue, much sought after; affected, forced, laboured, studied, contrived; far-fetched; →SOEK *vb.*, VERGESOG. **ge·sogt·heid** (great) demand; studiedness; affectation, mannerism; preciousness; far-fetchedness; →VERGESOGTHEID.

ge·sond =*sonde, adj.* healthy, fit, hale, well *(a pers.)*; sound *(sleep)*; wholesome *(food)*; sane *(views)*; salubrious *(climate)*; hearty *(appetite)*; good *(stomach)*; blooming *(health)*; bracing; balmy *(air)*; salutary; *iem. is nie **(al)te** ~ nie* s.o. is not over well; *iem. is (nie) **baie** ~ (nie)* s.o. is (not) in the best of health; *iem. is nie **baie** ~ nie, (also)* s.o. is in indifferent health; *iem. ~ **bid*** cure s.o. by prayer; ***blakend** ~ wees* be a picture of health, be in robust/ruddy/rude health; *~ **bly*** keep well, keep in good health, keep fit; ***fris** en ~ wees* →FRIS *adj. & adv.*; *jou liggaam ~ **hou*** keep one's body healthy; *~ **na liggaam en siel*** sound in body and mind; *~ **van lyf en lede*** →LYF; *iem. ~ **maak*** restore s.o. to health, cure/heal s.o.; ***nie** 'n ~e man/vrou wees nie* not be a well man/woman; *iem. is so ~ as **ooit*** s.o. is as well as ever; *is iem. ~ of **siek?*** is s.o. well or ill?; *iem. **sien** daar ~ uit* s.o. looks fit; *iem. ~ **verklaar*** give s.o. a clean bill of health; *~e **verstand*** →VERSTAND; *so ~ soos 'n **vis** in die water* as fit as a fiddle; *~ **voel*** feel fine/fit; *~ **wees*** be in good health, be well; *~ en **wel*** safe and sound; *~ **word*** get well, recover from illness, recuperate from an illness; *(a wound etc.)* heal (up). **ge·son·de** =*des, n.* healthy/able-bodied person.

ge·sond·heid health; *(rare)* healthiness, salubrity *(of climate/etc.)*; *in **blakende** ~ verkeer* be in the pink of condition/health, be a picture of health, be in robust/ruddy/rude health; *(op) iem. se ~ **drink*** drink (to) s.o.'s health; *hoe **gaan** dit met jou ~?* how are you keeping?; ***goeie** ~ geniet* enjoy (*or* be in) good health; *iem. se ~ het 'n **knak** gekry (of is **geknak**)* s.o.'s health was impaired; *iets **ondermyn** iem. se ~* s.t. saps s.o.'s health; ***(op jou)** ~!* cheers!, here's health!, here's to you!; *(infml.)* here's mud in your eye!, bottoms up!; *~ **in die rondheid** (en al die mooi meisies in die blomtyd)!, (infml.: toast)* here's to all of you!, to us!, cheers!, *(infml.)* bottoms up!; *~ is die grootste **skat*** health is better than wealth; *iets is **sleg** vir ('n) mens se ~* s.t. is bad for one's health; ***sukkel** met jou ~* be in indifferent health; *in **swak** ~ verkeer* be in poor health; *iem. se **swak** ~, (also)* s.o.'s delicate/frail health; *met iem. se ~ gaan dit **taamlik*** s.o. is in tolerable health; *iets **tas** iem. se ~ aan* s.t. is impairing s.o.'s health; *'n **toonbeeld** van ~ wees* be a picture of health, be in the pink (of condition/health); *na iem. se ~ **verneem*** →VERNEEM; ***vir** die ~* for the benefit/sake of one's health; *iem. se **wankele** ~* s.o.'s delicate/uncertain health. **~sentrum** health centre. **~sertifikaat** health certificate, certificate of health. **~sorg** health care. **~spa** health spa.

ge·sond·heids-: **~amptenaar** medical officer of health. **~beampte** health officer, sanitary official. **~bewys** health certificate. **~diens** (public) health service; sanitary service. **~fanatikus** health freak. **~gevaar** health hazard. **~halwe** for the sake of one's health. **~hoof** medical officer of health. **~inspekteur** health inspector; sanitary inspector. **~klub** health club. **~kos, ~voedsel** health food. **~kosbedryf** health-food business. **~(kos)winkel** wholefood shop/store. **~leer** hygiene, hygienics; health education; sanitary science. **~maatreël** sanitary/health measure. **~oord** health resort. **~plaas** health farm. **~redes** *(pl.)* health reasons, considerations/reasons of health; *om ~ aftree, (also)* retire because of a health problem. **~reël** health rule, regimen. **~restaurant, restourant** wholefood restaurant. **~risiko** =*ko's* health risk, health hazard. **~toestand** (state of) health. **~voorligters** health educators. **~wese** sanitation. **~wet** health act; sanitary law. **~winkel** health-food shop.

ge·so·neer(d) =*neerde* zonate(d).

ge·son·ge *(p.p.)* sung; chanted; →SING *vb.*; *~ mis, (eccl.)* sung mass.

ge·son·ke *(p.p.)* sunken, depraved; fallen, degraded; →SINK[2] *vb.*. **ge·son·ke·ne** =*nes, n.* fallen/degraded person.

ge·sor·teer(d) =*teerde* assorted, graded *(eggs, fruit)*; →SORTEER.

ge·so·teer =*teerde, (cook.)* sauté, sautéed.

ge·sout =*soute* salt *(butter, beef)*; salted; seasoned; cured *(fish, ham)*; *(med.)* immunised; experienced, hardened; →SOUT *vb.*; *~e perde* salted horses, horses immune from/to/against horsesickness; *~e wang, (pork)* Bath chap, salted cheek; *~e, ongerookte spek* green bacon.

ge·span =*spande* hobbled *(horse)*, strapped *(cow)*, put up *(fence)*; →SPAN *vb.*; *(te) slap ~* understrung.

ge·span·ne *meer ~ die mees ~* tense, edgy, on edge/tenterhooks, strained, *(infml.)* strung up, twitchy, uptight; tense, stretched; bent *(bow)*; taut, tight *(rope)*; intent; →SPAN *vb.*; *met ~ **aandag*** →AANDAG; *'n ~ **atmosfeer*** a hushed atmosphere; *~ **koord*** tightrope; *~ **raak*** get wrought up, tense up, become tense; *met ~ **senuwees*** →SENUWEE; *~ **spiere*** tonic muscles; *'n ~ **stilte*** →STILTE; *'n ~ **verhouding*** →VERHOUDING; *in ~ **verwagting*** in keen expectation; with eager anticipation, expectantly; *hulle staan/leef/verkeer op ~ **voet*** →VOET. **ge·span·nen·heid** tenseness; tension; tightness; tautness; keenness; intentness.

ge·spar·tel floundering, sprawling, struggle.

ge·spa·si·eer(d) =*eerde* spaced; →SPASIEER.

ge·spat splashing, spattering.

ges·pe =*pes, n.* clasp, buckle. **ges·pe** *ge=, vb.* buckle, clasp; strap (on). **~broek** knickerbockers. **ges·pe·tjie** =*tjies* small buckle.

ge·speen =*speende* weaned; →SPEEN *vb.*; *~ van ..., (fig.)* lacking in ..., devoid of ...; *~de kind/dier* weanling; *~de lam/kalf/varkie* weaner.

ges·per *(regional, rare)* = GESPE *n.*.

ge·spe·si·a·li·seer(d) =*seerde* specialised; →SPESIALISEER.

ge·spe·si·fi·seer(d) =*seerde* specified; →SPESIFISEER.

ge·spier(d) =*spierde* =*spierder* =*spierdste* brawny, muscular, powerful; hefty, virile, beefy; vigorous *(language)*. **ge·spierd·heid** muscularity; vigour, virility.

ge·spik·kel(d) =*kelde* speckled, spotted, dappled; punctate; *(archit.)* picked out; sandy *(legs of sheep)*; →SPIKKEL *vb.*.

ge·spin *n.* purr(ing). **ge·spin** =*spinde, adj.* →GESPONNE.

ge·spits =*spitste* pointed; →SPITS[1] *vb.*; *met ~te ore* with eager ears *(humans)*; with ears erect *(animals)*; with ears pricked up.

ge·sple·te *(p.p.)* cloven *(hoof)*, cleft *(palate, lip, leaf)*; split, bifid, parted, partite; forked, furcate(d); →SPLYT; *~ **erte/ertjies*** →SPLIT-ERTE; *~ **(haar)punt**, (usu. in the pl.)* split end; *~ **hare*** split hair; *~ **persoonlikheid*** schizoid personality, schizophrenic; *~ **rat*** split gear; *met 'n ~ **tong*** fork-tongued; *~ **wiel*** split wheel. **ge·sple·ten·heid** cleavage, division, dividedness; schizophrenia.

ge·splits =*splitste* bifurcate(d), split; →SPLITS.

ge·splyt =*splyte* →GESPLETE.

ge·spon·ne *(p.p.)* spun *(fabric)*; →SPIN; *~ glas* spun glass; *~ suiker, (rare)* spun sugar, candyfloss.

ge·spons =*sponsde*, =*sponste* sponged; SPONS[1] *vb.*.

ge·spook haunting; fighting, scuffle, mêlée.

ge·spoor(d) =*spoorde* spurred; aligned, in alignment; →GESTEWEL(D).

ge·spot jeering, mocking, scoffing.

ge·sprei *(phon.)* unrounded.

ge·sprek =*sprekke* conversation, discourse, talk; colloquy; *'n ~ **aanknoop*** strike up a conversation, get talking; *'n ~ met iem. **aanknoop**, (also)* enter into a conversation with s.o.; *'n ~ **afbreek*** break off (*or* drop) a conversation; *iem. in 'n ~ **betrek*** draw s.o. into conversation; *die ~ op ... **bring*** turn the conversation to ...; *aan 'n ~ **deelneem*** join in a conversation; ***in** ~ met* ... in conversation with ...; *'n **oop** ~* an open discussion; *dit was 'n **openhartige** ~* it was straight talking; *'n **vertroulike** ~* a private conversation; *die ~ wil nie **vlot** nie* the conversation drags; *'n ~ **voer*** carry on a conversation; *'n ~ met iem. **voer*** have a conversation (*or* have/hold a discussion) with s.o.; *'n (ander) **wending** aan die ~ gee* change the subject. **~stuk** *(theatr.)* conversation piece. **~taal** conversational speech; colloquial language. **~toon** conversational tone. **~voerder** conversation(al)ist. **~voering** conversation, dialogue. **~vorm:** *in ~* in the form of a conversation.

ge·spreks-: **~genoot** interlocutor. **~lid** discussant. **~onderwerp, ~tema** conversation piece. **~punt** talking point.

ge·spro·ke *(p.p.)* spoken; →SPREEK; *~ taal* spoken language; →SPREEKTAAL; *menslik/menslikerwys(e) ~* →MENSLIK; *die ~ woord* the spoken word.

ge·spuis rabble, riffraff, scum, vermin.

ge·spuit *n.* spouting, squirting. **ge·spuit** =*spuite, adj.* sprayed; injected; →SPUIT *vb.*.

ge·staaf =*staafde* confirmed, borne out; →STAAF *vb.*.

ge·sta·dig =*dige* constant, continual, regular, gradual, settled, steady, slow *(death)*; ongoing *(development)*. **ge·sta·dig·heid** constancy, steadiness, gradualness.

ge·stal·te =*tes* build, figure, shape, (outward) form; configuration, size, stature; *(sc.)* phase; *klein van ~ wees* be short in stature; *~ kry* come to life; *'n pragtige ~* a fine figure. **ge·stal·te·nis** =*nisse, (poet.)* build, figure, shape. **ge·stalt·siel·kun·de** gestalt psychology.

ge·sta·mel stammering, stuttering.

ge·stamp *n.* pounding, stamping, trampling; thumping; pitching *(of a ship)*. **ge·stamp** =*stampte, adj.* crushed; pounded; →STAMP *vb.*; *~te beton* rammed concrete; →STAMPBETON; *~te mielies* = STAMPMIELIES; *in die ~ en gestoot* in the hustle and bustle.

ge·stand: *iets ~ doen* live up to s.t., stand by s.t. *(a promise etc.)*; make good s.t. *(a guarantee etc.)*; *iets nie ~ doen nie* go back on s.t. *(a promise etc.)*.

ge·stans =*stanste* cut (out), punched, blanked out.

Ge·sta·po: *die ~, (hist.: secret state police in Nazi Germany)* the Gestapo.

ge·sta·sie *(biol.)* gestation.

ge·sta·si·o·neer(d) =*neerde* stationed; →STASIONEER.

ge·steel =*steelde* stolen; →STEEL[2] *vb.*.

ge·steeld =*steelde, (chiefly bot.)* stalked, pedunculate, caulescent.

ge·steen·te =*tes* rock (formation). **~beskrywing** petrography. **~gruis** detritus. **~kunde, ~leer** petrology.

ge·ste·kel(d) =*kelde* spiny, thorny, spinous, spiniferous; spiculate.

ge·stel[1] =*stelle, n.* (bodily) constitution, system; *(rare)* structure, framework; *prikkelbaar van ~ wees* have an irritable temper; *deur iem. se hele ~ versprei* pass into (*or* spread throughout) s.o.'s system.

ge·stel[2] =*stelde, adj.*: *die ~de **dag*** the appointed day; ***goed** ~* well-worded; *die **magte** oor ons ~* the powers that be; ***sleg** ~* ill-phrased; *op die ~de **tyd*** at the appointed time; *die ~de **voorwaardes*** the conditions stipulated (*or* set out *or* laid down); →STEL *vb.*. **ge·stel** *conj.*: *~ dat ...* granted that ...; *~ dat iem. dit gedoen het* assuming that s.o. did it; *~ dit was ...* suppose it was ...

ge·steld: *dit is so **daarmee** ~, (fml.)* that is how matters stand; ***op jou** ... ~ wees* be jealous of one's ... *(honour etc.)*; stand (up)on one's ... *(dignity etc.)*; *baie/erg **op** iets ~ wees* value s.t. highly (*or* very much), set/put great store by/on s.t.; be a stickler for s.t. *(punctuality etc.)*;

op jou huis ~ wees, (also) be house-proud; *dit is **sleg** ~ met iem.* s.o. is in a bad way. **ge·steld·heid** condition, nature, character, state, habit, complexion.

ge·stem(d) =*stemde* disposed; tuned; →STEM *vb.; ~ wees vir ...* be in the humour/mood/vein for ...; *... gun=stig ~ wees* be well-disposed towards ... **ge·stemd·heid** mood, set, habitude.

ge·ste·ri·li·seer(d) =*seerde* sterilised; →STERILISEER.

ge·stern·te =*tes* constellation, star(s); *iem. is onder 'n gelukkige ~ gebore* s.o. was born under a lucky star.

ge·stert =*sterte* tailed, caudate.

ge·steun groaning, moaning.

ge·steur(d) =*steurde* offended, piqued; disturbed; steamed (up); →STEUR² *vb.; ~ wees oor iets* be offend=ed at s.t.. **ge·steurd·heid** pique.

ge·ste·wel(d) =*welde* booted; *~ en gespoor(d), (infml., joc.)* booted and spurred, all dressed up.

ge·stig =*stigte, n.* institution, establishment; asylum, home. **ge·stig** =*stigte, adj.* established; founded; start=ed; edified, stimulated; →STIG; *pas ~te maatskappy* →PAS³ *adv.*.

ge·stik¹ =*stikte* (machine-)stitched; →STIK¹; *~te deken* quilt.

ge·stik² =*stikte* stifled, smothered, choked, suffocated; →STIK².

ge·sti·ku·leer *ge=, (rare)* gesticulate, make gestures. **ge·sti·ku·la·sie** =*sies* gesticulation.

ge·sti·leer(d) =*leerde* stylised; styled; →STILEER; *goed ~* in a good style.

ge·stip·pel(d) =*pelde* spotted; flecked, dappled; punc=tate; pitted; *(biol.)* scrobiculate(d); →STIPPEL *vb.*.

ge·stoei romping; tussle, scuffle, melee, mêlée, scrim=mage.

ge·stoel·te =*tes* seat, pulpit, tribune, pew; *die agterste ~s* the peanut gallery *(infml.); die ~ van die magtiges* the seats of the mighty; *in die voorste ~ wees* be in the front seats; be among the distinguished.

ge·stof·feer(d) =*feerde* upholstered; →STOFFEER; *~de kis* box ottoman.

ge·stol(d) =*stolde* coagulated, congealed, curdled, clot=ted; →STOL.

ge·sto·le *(p.p.), (obs.)* stolen; →STEEL² *vb.; eers gegewe, dan genome, is erger dan 'n dief ~* →GEGEWE *adj.*.

ge·stom·mel *(rare)* bumping, crashing, knocking; *'n ~ in die kamer langsaan hoor* hear s.o. bumping around in the room next door.

ge·stoof =*stoofde* stewed; →STOOF *vb.; ~de vleis* stewed meat, stew; →STOWEVLEIS.

ge·stoom =*stoomde* steamed; →STOOM *vb.*.

ge·stoor(d) →GESTEUR(D).

ge·stoot pushing; *'n ~ en gestamp* pushing and shov=ing.

ge·stop =*stopte* darned; filled, plugged; stopped; →STOP¹ *vb.*.

ge·stort =*storte* paid-in *(capital);* spilt, spilled *(milk);* →STORT.

ge·stor·we *(p.p.)* deceased; →STERF. **ge·stor·we·ne** =*nes, n.* deceased.

ge·stot·ter stuttering, stammering.

ge·straat =*strate* paved; →STRAAT *vb.*.

ge·straf =*strafte* punished, penalised; →STRAF *vb.*.

ge·strand =*strande* shipwrecked; stranded; →STRAND *vb.*.

ge·streep =*streepte* striped, banded; streaked, streaky, veined; barred; lineate; *(bot.)* marbled; *(entom.)* strigose; striate(d); tigroid; *~te spier* striated/voluntary muscle; *bruin ~* brindled; *fyn ~* finely lined; pencilled. **ge·streept·heid** streakiness; banding; striation.

ge·strek =*strekte* stretched; →STREK; *~te **draf*** full trot; *~te **hoek*** angle of continuation, straight/flat angle; *~te **koeëlbaan*** flat trajectory; *~te **voet*** linear foot; ***wyd** ~* wide-stretching, extensive.

ge·strem(d) =*stremde* disabled, handicapped, imped=ed, *(euph.)* challenged; curdled *(milk);* →STREM; *sere=braal ~, (med.)* spastic. **ge·stremd·heid** disability, handicap, impairment; constraint; *serebrale ~* cerebral palsy.

ge·streng =*strenge, (obs., rare)* severe; →STRENG. **ge=streng·heid** severity; →STRENGHEID.

ge·stres =*de,* =*te* stressed-out *(a manager etc.).*

ge·strom·pel stumbling.

ge·stroom·lyn =*lynde* streamlined, clean-lined.

ge·struk·tu·reer(d) =*reerde* structured, organised.

ge·stry quarrelling, wrangling, sparring match.

ge·stu·deerd =*deerde* studied; →STUDEER; *~e persoon* (well-)educated person.

ge·stuik·sweis =*sweiste* butt-welded; →STUIKSWEIS.

ge·stuk *(regional)* →G'N STUK NIE.

ge·styf =*styfde* starched; →STYF *vb.*. **ge·styfd·heid** starchedness.

ge·sub·si·di·eer(d) =*eerde* subsidised; sponsored; →SUBSIDIEER.

ge·sug sighing.

ge·suig =*suigde* sucked; →SUIG.

ge·sui·ker =*kerde* sugared; →SUIKER *vb.; ~de grond=bone* sugared peanuts.

ge·suip drinking, *(infml.)* boozing, booze-up.

ge·suis buzz(ing); singing *(in one's ears);* w(h)oosh *(of the wind, a vehicle, etc.);* sough *(of the wind);* murmur *(of the heart);* tinnitus.

ge·sui·wer(d) =*werde* purified; refined; fine, pure; →SUIWER *vb.*.

ge·suk·kel ailing; botching, bungling; plodding; both=eration; pottering; trouble; struggle.

ge·suur(d) =*suurde* leavened.

ge·swa·(w)el(d) =*(w)elde, (lit.)* sulphured; *(infml.: drunk)* tight, pickled, plastered, sozzled, bombed.

ge·sweis =*sweiste* welded; →SWEIS.

ge·swel =*swelle, n.* growth, swelling, bump; tumo(u)r. **ge·swel(d)** =*swelde, adj.* swollen; expanded; congested; →SWEL; *onnatuurlik ~, (med.)* varicose.

ge·swe·te *adj. (attr.)* sweaty, sweat-soaked; sweated *(tobacco etc.);* →SWEET *vb.*.

ge·swets blaspheming, swearing, cursing, bluster; name-calling.

ge·swiep swish.

ge·swiesj w(h)oosh *(of windscreen wipers etc.).*

ge·swind =*swinde, (arch.)* quick, rapid, swift, nimble, fleet.

ge·swoeg drudging, drudgery, grind, toil(ing), slog=(ging).

ge·swol·le *(p.p.)* swollen *(river);* bombastic, inflated, stilted, turgid *(style);* →SWEL. **ge·swol·len·heid** swollen=ness; bombast, turgidity, pomposity.

ge·swo·re *(p.p.)* sworn; →SWEER² *vb.*.

ge·sy·ferd =*ferde, adj.* numerate. **ge·sy·fer·de** =*des, n.* numerate person. **ge·sy·ferd·heid** numeracy.

ge·syg =*sygde* filtered, strained; →SYG.

ge·tak =*takte* branched; forked *(lightning),* bifurcated.

ge·tal =*talle* number; count; tally; ***benoemde** ~* →BE=NOEM(D); *iets **by** die ~ verkoop* sell s.t. by number; ***deelbare** ~* →DEELBAAR; *'n **ewe** ~* →EWE *adj.;* ***ge=broke** ~* →GEBROKE; *~ en **gehalte*** quantity and quali=ty; ***gelyke** ~le* equal numbers; ***gelyknamige** ~le* num=bers of the same denomination; ***gemengde** ~* →GE=MENG(D); ***in groot** ~le* in large numbers; in strength; in force; *iets kom in **groot** ~le voor, (springbok etc.)* s.t. abounds; ***in** ~* in number; ***meetbare** ~* →MEET=BAAR; ***net** 'n ~* a mere figure; ***onbenoemde** ~* →ON=BENOEM(D); ***ondeelbare** ~* →ONDEELBAAR; ***onewe** ~* odd number; ***onmeetbare** ~* →ONMEETBAAR; *'n **on=noemlike** ~* an untold number; ***ontelbare** ~* →ON=TELBAAR; *... in ~ **oortref*** preponderate over ...; *'n **ronde** ~* a round number; ***ten** ~le van ..., (obs., fml.)* to the number of ...; ***volle** ~* complement. **~stelsel** nu=meration. **~sterk** numerically strong. **~sterkte** numeri=cal strength; establishment *(of an army).* **~teken** nu=meral. **~waarde** numerical value.

ge·tal·le-: **~faktor** numerical factor. **~koëffisiënt, ~ko=effisiënt** numerical coefficient. **~leer** theory of num=bers; *(geheime) ~* numerology. **~oorwig** superior num=bers; superiority in numbers; →GETALSOORWIG. **~reeks** series of numbers.

ge·tal·le·tjie =*tjies* small number.

ge·talm dawdling, lingering, loitering; procrastination, delay, dilatoriness.

ge·tals·oor·wig numerical superiority.

ge·tamp *(obs.)* toll, tolling *(of a bell).*

ge·tand =*tande* edged, jagged, toothed; cogged *(wheel);* saw-edged *(blade etc.);* indented *(coastline);* dentate(d), tined, serrate(d); *(archit.: with battlements)* crenellated; *~e **blaar*** dentate leaf; *~e **boog*** notched segment; ***fyn** ~* denticulate(d), serrulate(d); *~e **kettingrat*** sprocket (wheel); *~e **rand*** pinked edge *(of fabric);* **ge·tand·heid** toothing; cogging; dentation; serration; crenellation.

ge·tap =*tapte* tapped; dowelled; →TAP *vb.; ~te las* dowel joint.

ge·teel =*teelde* bred; →TEEL.

ge·te·ël(d) =*teëlde* tiled; →TEËL *vb; geteëlde vloer/ens.* tiled floor/etc..

ge·teem draw(ing), whine, whining, whinge, whing(e)=ing.

ge·teis·ter(d) =*terde* afflicted, smitten; devastated; →TEISTER.

ge·te·ken(d) =*kende* drawn; signed; marked; →TEKEN *vb.; was ~ A.Z., (jur.)* signed A.Z.; *fraai/mooi ~* beau=tifully marked *(an animal);* beautifully veined *(marble).*

ge·teks·tu·reer(d) =*reerde* textured *(fabric, surface, yarn, etc.);* texturised *(fabric etc.); ~reerde plantaardige proteïen* textured vegetable protein.

ge·tel =*telde* counted; →TEL *vb.; ~de oproepe* metered calls.

ge·tem·per(d) =*perde* mild, moderate, temperate; tem=pered *(steel);* subdued *(light);* →TEMPER.

ge·te·o·re·ti·seer theorising.

ge·te·pel(d) =*pelde* papillate, mamillate(d), umbonate.

ge·terg *n.* teasing. **ge·terg** =*tergde, adj.* teased, pro=voked; →TERG.

ge·tier clamour, noise, bluster.

ge·tik¹ *n.* ticking; tick *(of a clock);* typing; rapping, tap=ping *(with one's finger);* clicking *(of a keyboard etc.).* **ge=tik** =*tikte, adj.* typewritten.

ge·tik² =*tikte, adj., (infml.): ('n bietjie) (van lotjie) ~* dotty, batty, crazy, daft, doolally, potty, cranky, crackpot, off one's trolley, loony, cuckoo, gaga; *'n bietjie ~* a bit crazy. **ge·tik·te** =*tes, n.* weirdie, eccentric, crackpot. **ge·tikt=heid** craziness, dottiness.

ge·tik³ =*tikte, adj.* typewritten; →TIK *vb.*.

ge·tik·tak tick-tack.

ge·tim·mer carpentering, hammering. **ge·tim·mer·te** =*tes, (rare)* →TIMMERASIE.

ge·tin·gel, ge·tin·kel tinkling, tintinnabulation.

ge·tint =*tinte* tinted; →TINT *vb.; ~e tekening* wash draw=ing; *~e voorruit* shaded windscreen.

ge·tin·tel sparkling, twinkling; tingling *(of cold).*

ge·ti·tel(d) =*telde* titled *(person);* entitled *(book),* headed *(chapter).*

ge·tjank crying, blubbering, snivelling *(of a child etc.);* howling, yelping, whining *(of a dog).*

ge·tjilp chirping, twittering *(of birds).*

ge·tjom·mel *(infml.)* grumbling, grousing, nattering.

ge·tob fretting, worrying, agonizing, brooding, *(infml.)* navel contemplating/gazing.

ge·to·ë: *gebore en ~, (rhet.)* born and bred.

ge·toet, ge·toe·ter hoot(ing), toot(ing), beep(ing).

ge·toets =*toetste* tested; →TOETS *vb.*.

ge·toi-toi toyi-toying.

ge·tok·kel thrumming, tinkling.

ge·top =*topte* lopped; →TOP¹ *vb.*.

ge·tor·ring nagging, teasing; *~ aan ...* interference with ...; tampering with ...

ge·tou =*toue* loom; →WEEFGETOU.

ge·tra·lie(d) =*liede* cross-barred, grated, latticed, trel=lised.

ge·trap =*trapte* trodden *(path etc.)*; stepped; staggered; phased; threshed *(wheat etc.)*; →TRAP *vb.*.

ge·trap·pel stamping, trampling; patter *(of feet)*.

ge·tref =*trefte, adj.* hit; *(usu. pred.)* affected, touched; →GETROFFE, TREF; *diep deur iets ~ wees* be deeply affected by s.t.; *swaar ~ wees* be deeply afflicted; be hard hit.

ge·trei·ter vexation, nagging.

ge·trek *(infml.: drunk)* pickled, half seas over, bombed, stewed, wasted; *lekker/behoorlik/goed ~, (infml.: very drunk)* legless, paralytic, pie-eyed, plastered, sloshed, smashed, stoned, bombed out of one's mind/skull, completely stewed, zonked (out).

ge·trens =*trensde* wormed *(rope)*; →TRENS *vb.*.

ge·treur mourning.

ge·treu·sel *(rare)* dawdling.

ge·trip·pel tripping; trippling *(of a horse)*; pitter-patter *(of a child)*.

ge·troef =*troefde* trumped; →TROEF *vb.*.

ge·trof·fe *(p.p.), (obs.)* hard hit; stricken; →TREF.

ge·trok·ke *(p.p.)* drawn; →TREK *vb.*; *die ~ **deel** van 'n dryfband* the driven/loose/slack side of a belt; *~ **glas*** drawn glass; *~ **loop*** rifled barrel; *~ **metaal*** drawn metal; *~ **pyp*** solid-drawn tube; *met ~ **swaard*** with drawn sword.

ge·trom·mel drumming, beating, drumbeat, drumbeating, strumming.

ge·trom·pet·ter trumpeting *(of elephants)*.

ge·troos =*trooste, adj.* comforted; consoled; →TROOS *vb.*; *iets ewe ~ aanvaar* accept s.t. meekly (*or* without demur/dissent). **ge·troos** *het ~, vb.: jou baie moeite ~* grudge/spare no pains; *jou ontberinge ~* put up with privations.

ge·trou =*troue* =*trouer* =*trouste, adj.* faithful, devoted, loyal, reliable, true, trusty; close, faithful *(translation)*; true, exact *(copy)*; *aan ... ~ bly/wees* remain/be faithful to ...; remain/be devoted to ...; remain/be loyal to ...; remain/be true to ...; cleave to ...; *~ aan jouself* true to oneself, self-consistent; *~ na die lewe* →LEWE *n.*. **ge·trou** *adv.* faithfully, truly; religiously; →GETROU *adj.*. **ge·trou·e** =*troues, n.* faithful follower, supporter; stalwart *(of party)*. **ge·trou·heid** faithfulness, fidelity, loyalty, reliability, trustiness, trustworthiness; →TROU[1] *n.*.

ge·troud =*troude, adj.* married, wedded; →TROU[2] *vb.*; *die **dikwels** ~e ...* the much married ...; *hulle **is in** Durban/ens. ~* they were married in Durban/etc.; *~e **lewe*** married life; ***met** ... ~ wees* be married to ...; ***pas** ~* →PAS[3] *adv.*; *~ **raak*** get married. **ge·trou·de** =*des, n.* married person.

Get·se·ma·ne *(NAB)*, **Get·sé·ma·né** *(OAB)* Gethsemane.

ge·tui·e =*es, n.* witness; deponent; attestor; godparent; second *(at a duel)*; *~s **bring*** produce witnesses; *deur ~(s) **gestaaf*** (duly) attested *(signature)*; *adv. X het die ~s **ondervra*** Mr X led the evidence; *'n ~ **oproep*** call a witness; *iem. as ~ **oproep*** call s.o. as a witness; *~ **van** iets wees* be a witness to s.t. *(an accident etc.)*; *'n ~ **voorsê*** lead a witness. **~bank** witness box, witness stand; *in die ~ gaan* take the stand. **~geld** witness fee, conduct money, subpoena money. **~verhoor** taking (of) evidence, examination of witnesses; *die ~ is afgeloop* the evidence is closed. **~verklaring** deposition, (statement of) evidence, testimony (of a witness).

ge·tui·e·nis =*nisse* evidence; deposition; testimony; *~ **aanbied*** tender evidence; *~ **aanhoor*** hear evidence; *~ **aanvoer** dat ...* lead evidence that ...; *~ **aanvoer/bring*** adduce/produce evidence; *~ **aflê** van ...* bear testimony/witness to ..., testify/attest to ...; *~ **aflê/gee/lewer*** give evidence, testify; bear witness; *teen iem. ~ **aflê/gee/lewer*** testify against s.o.; *iem. se ~ **afneem*** take down s.o.'s evidence; ***beswarende** ~* damaging evidence; *~ **dat** ...* evidence that ...; ***direkte/regstreekse** ~, (jur.)* direct evidence; *iem. se ~ **neerskryf/neerskrywe/opteken*** take down s.o.'s evidence; *iets as ~ **toelaat*** admit s.t. in evidence; ***vals(e)** ~ **aflê*** commit perjury.

ge·tuig *het ~* attest, depose, testify, say/state/submit in evidence, bear witness, give evidence, bear testimony; certify, vouch; *iem. ~ **dat** ...* s.o. says/states in evidence that ..., s.o. testifies that ...; *die **feite** ~ teen iets* the facts argue against s.t.; ***teen** iem. ~* give evidence (*or* testify) against s.o.; ***van** iets ~* attest to s.t.; testify (*or* bear testimony/witness) to s.t.; bear evidence of s.t.; be a tribute to s.t.; ***vir** iem. ~* give evidence for s.o.; *dit ~ **vir** ...* it speaks well for ...; *dit is 'n lewende/direkte opname, **waarvan** die applous ~* it is a live recording, as witness the applause. **~skrif** certificate; testimonial, (certificate of) character, (character) reference; attestation; *iem. 'n goeie ~ gee* give s.o. a good reference/testimonial/character.

ge·tuit tingle, tingling; ringing, singing *(in the ears)*; puckered.

ge·tuur poring, peering, staring.

ge·twis quarrelling, squabbling, wrangling, sparring match.

ge·ty =*tye* tide; *(also, in the pl., RC)* hours, divine office *(sometimes D~ O~)*; *die **afgaande** ~* the outgoing tide; ***dooie** ~* neap (tide); *die ~ **gaan/loop** af* the tide is going out; *die ~ het **gekeer**, (fig.)* the tide has turned; *die ~ **keer/verander**, (lit.)* the tide turns; *die **kentering/wisseling** van die ~* the turn of the tide; *die ~ **kom** op* the tide is coming in; *met die ~ **meegaan/saamgaan**, (fig.)* go with the flow, drift with the stream; *die **opkomende** ~* the incoming tide; *die ~ **verloop*** the tide is going out; *die ~ laat **verloop**, (fig.)* let the opportunity slip (by); *die ~ **waarneem**, (fig.)* take the tide at the flood, take time by the forelock. **~bad** tidal pool. **~boek** →GETYDEBOEK. **~golf** tidal wave. **~hawe** tidal harbour. **~hoogte** high tide level; *gemiddelde ~* mean tide level. **~kolk** tide rip. **~kom** tidal basin. **~lug** *(med.)* tidal air. **~lyn** cotidal line. **~meter** tide gauge. **~meul(e)** tide mill. **~rivier** tidal river. **~sluis** tide lock, tide gate. **~stroming** tidal flow, tidal stream, tideway. **~stroom** tideway, tide race. **~tafel** tide table. **~verskil** tidal range. **~vry** =*vrye* tideless, tide-free. **~water** tide water.

ge·ty·loos =*lose* tideless.

ge·ty·de·boek, ge·ty·boek *(RC)* breviary, book of hours.

geul *geule* gully, narrow channel.

ge·ü·ni·eer(d) =*eerde, (rare)* united, unified; →UNIEER.

ge·ü·ni·form(d) =*formde* uniformed, fitted with uniforms *(scholars, soldiers, etc.)*.

ge·ü·ni·for·meer(d) =*meerde, (rare)* uniformed, made uniform, regularised, conformed; →UNIFORMEER.

geur *geure, n.* fragrance, perfume, scent, smell, aroma; flavour; *iets met ~ en kleur vertel* tell s.t. with a wealth of detail; *'n skerp ~* a sharp flavour; *die ~ van 'n wyn* the bouquet of a wine. **geur** *ge=, vb.* flavour *(a cake, dish, etc.)*; *(rare)* smell, give forth/out perfume/scent; *iets met ... ~* flavour s.t. with ... **~drank** *(obs.)* cordial. **~middel** =*dels* flavouring. **~vrug** flavour fruit.

geu·rig =*rige* fragant, sweet(-scented), sweet-smelling, aromatic; flavoursome *(food)*; spicy. **geu·rig·heid** fragrance, perfume, spiciness, savour.

geur·loos =*lose* flavourless, savourless; unscented *(a flower)*.

geur·sel =*sels* flavouring, essence.

geur·tjie =*tjies* flavour; tang, whiff; *daar is 'n ~ aan* there's something fishy about it *(infml.)*; *'n ~ hê van* ... smack of ...

geus *geuse, (naut.)* jack (flag). **~stok** jackstaff.

Geus *Geuse, (hist., orig. derog.)* Beggar, (Dutch) Protestant.

Geu·se·: **~lied** Beggar's song. **~penning** Beggar's medal. **~verbond** Beggar's League.

geut *geute* gutter; duct; channel; run; chute; launder *(for ore)*. **~bak** hopper. **~dissel** spout adze. **~put** cesspool. **~pyp** drainpipe, gutter pipe, downpipe, waterspout, down spout. **~skaaf** spout plane. **~staal** channel steel. **~werk** guttering, rainwater goods.

ge·vaar =*vare* danger, peril, risk; hazard, jeopardy; *die ~ **is afgewend*** the danger was averted; *jou in ~ **begewe*** imperil o.s.; *jou aan ~ **blootstel*** take a risk; *uit die ~ **bly*** keep out of danger; keep out of harm's way; *alle gevare te **bowe** kom* (of ***deurstaan/deurleef/deurlewe***) survive all perils; *iem./iets in ~ **bring/stel*** (of *aan ~ **blootstel***) put s.o./s.t. in jeopardy/danger (*or* at risk), imperil/endanger s.o./s.t., expose s.o./s.t. to risk; ***buite** ~ wees* be out of danger; be out of harm's way; *die **dreigende/naderende** ~ van ...* the imminent danger of ...; *daar is **geen** ~ (dat dit sal gebeur) nie* there's no fear of it happening; *daar is **geen** ~ (dat dit sal gebeur) nie!* never fear!; *met **groot** ~* at one's peril; *iets loop **groot** ~ om te ..., daar is/bestaan 'n **wesen(t)like** ~ dat ...* there is a very real danger of/that ...; *iem. uit die ~ **hou*** keep s.o. out of danger; keep s.o. out of harm's way; *dit **hou** ~ **in*** there is an element of danger in it; ***in** ~ verkeer/wees* be in danger; be in jeopardy; be at risk; *~ vir ... **inhou*** pose a threat to ...; *in ~ **kom*** get into danger; *met ~ **leef/lewe*** live dangerously; *~ **loop** om ...* be/stand in danger of ...; run the risk of ...; ***met** ~ van ..., (fml.)* at the hazard/peril/risk of ...; *die **naderende** ~ van ...* →***dreigende/naderende; op** ~ (af) van ...* at the risk of ...; *~ op die **pad*** danger ahead; ***propvol** ~ wees* be fraught with danger; *dis 'n ~ vir die **publiek*** it is a public danger; *die **snuf** van ~ (in die neus) kry* scent danger; *~ **soek/uitlok*** court danger; *iem./iets in ~ **stel*** →***bring/stel; teken** van ~* sign of danger, danger sign(al); *die ~ **trotseer*** tempt fate/Providence; *daar is ~ aan **verbonde*** it involves danger; *die ~ is **verby*** the coast is clear; *in ~ **verkeer*** →***in**; 'n ~ **vir** ...* a danger/hazard/menace/threat to ...; *~ **voor*** danger ahead; *daar is/bestaan 'n **wesen(t)like** ~ dat ...* →***groot***. **~grens** danger line. **~ligte** *(pl., mot.)* hazard (warning) lights. **~lys** danger list. **~plek** vulnerable point. **~punt** hot/tight spot; danger point. **~sein** danger signal. **~streek** danger zone. **~teken** danger sign/signal.

ge·vaar·lik =*like* dangerous, hazardous, perilous, risky; unsafe, precarious; grave; ***baie/hoogs** ~* very dangerous; *(joc.)* pretty lethal *(a knife etc.)*; *'n ~e **kalant*** →KALANT; *dit is ~ **om** ...* it is dangerous to ...; *'n ~e **rots*** a treacherous rock; *'n ~e **siekte*** →SIEKTE; *jou op ~e **terrein** begeef/begewe/waag* →TERREIN; *op ~e **terrein** wees* →TERREIN; ***uiters** ~* extremely dangerous; *iets is ~ **vir** ...* s.t. is dangerous to ... **ge·vaar·lik·heid** danger(ousness); hazard, peril; gravity.

ge·vaar·loos =*lose* safe, without risk.

ge·vaar·te =*tes* colossus, monster, mammoth; *yslike ~* colossal affair.

ge·vaar·vol =*le* full of danger, fraught with danger; →GEVAARLIK.

ge·val[1] =*valle, n.* case; event, instance, matter; →GEVALLE=; *in **albei** ~le* in both cases; in either case/event; *in **alle/elk/ieder** ~* in any case/event, at all events; at any rate; *in **alle** ~le* in all cases; *in die **allerergste** ~* if the worst comes to the worst; *'n **analoë/dergelike/pertinente/toepaslike** ~* a case in point; *dit is **die** ~* that is the case; *in **dié** ~* in the present case; in the present instance; *in **dié/daardie** ~* in that case; *in **elk** ~* →***alle/elk/ieder**; iets in **elk** ~ doen* do s.t. anyhow; *iem. sal dit in **elk** ~ moet doen* s.o. will have to do it anyhow; *in **elke/iedere** ~* in each/every case; *in die **ergste** ~* at (the) worst; *in **geen** ~* in no case, by no means, on no account, not on any account, under no circumstances; *in die **gegewe/onderhawige** ~* in the present case; in the present instance; *in die **gunstigste** ~* at best; *in **hierdie** ~* in this instance; *in **ieder** ~* →***alle/elk/ieder**; **in** ~ van ...* in case of ...; in the event of ...; →INGEVAL; *in die **meeste** ~le* in most cases; for the most part; *'n **moeilike** ~* a hard case *(infml.)*; *al **na** die ~* as the case may be; *'n **pertinente/toepaslike** ~* →***analoë/dergelike/pertinente/toepaslike**; in ~ van **twyfel*** →TWYFEL; *in nege **uit** (die) tien ~le* nine times out of ten, in nine out of ten cases; *in die **uiterste** ~* in the last extremity; in case of dire need; *'n ~ **van** polio/ens.* a case of polio/etc.; ***vir** die ~ **dat** ...* in case ...; ***vir** ~ (dat) ...* on the off chance that ... **~beskrywing** case history.

ge·val[2] *het ~, vb., (fml.)* please, suit; *dit ~ my nie* I am not happy with it, I don't like it; *hoe ~ ... jou?* how do you like ...?, what do you think of ...? *(s.t.)*; *jou iets laat ~* put up with s.t..

ge·val·le *adj.* fallen; →VAL *vb..* **ge·val·le·ne** =*nes, n.* fallen one; war casualty; *die ~s* the fallen *(in battle),* the slain.

ge·val·le-: **~boek** casebook. **~studie** casework, case studies.

ge·van·ge *adj.* captive; imprisoned; *jou ~ gee, (Du.)* →(JOU) OORGEE; *iem. ~ hou* hold s.o. captive; keep s.o. prisoner; *iem. ~ neem* take s.o. captive; take s.o. into custody; make/take s.o. prisoner; *~ sit* be in prison; *iem. ~ sit* put s.o. in prison, imprison/jail/confine/incarcerate s.o.; *iem. ~ weglei/wegvoer* lead s.o. captive. **~houding** detention; imprisonment, incarceration; *bevel tot ~* detainer. **~kamer** detention room. **~nemer** captor. **~neming** arrest, capture, apprehension, imprisonment. **~setting** committal (to prison), imprisonment, incarceration.

ge·van·ge·ne =*nes, n.* captive, prisoner; *die ~ voor die hof* the prisoner at the bar. **~kamp** prisoner's camp.

ge·van·ge·nis =*nisse* prison, jail, gaol; *in die ~* in prison/jail. **~buitepos** prison outpost. **G~inspektoraat** *(SA)* Prisons Inspectorate. **~plaas** prison farm. **~straf** prison/jail sentence; imprisonment; →TRONKSTRAF; *~ kry* get a prison sentence; *iem. tot lewenslange ~ veroordeel* sentence s.o. for life; *~ uitdien* serve a prison sentence; *iem. tot ~ veroordeel/vonnis* condemn/sentence s.o. to imprisonment. **~termyn** prison term, term of imprisonment; *'n ~ uitdien* serve a term of imprisonment. **~wese** prison system, prison administration.

ge·van·gen·skap, ge·van·ge·skap captivity, confinement, imprisonment, custody, bondage, incarceration; *in ~* in captivity.

ge·vat¹ =*vatte meer ~ die mees* =*te* clever, quick-, sharp-witted, quick at repartee, ready-witted, shrewd, smart; *'n ~te antwoord* a clever/ready/apt/witty/pointed retort, a smart answer, a repartee; *iem. is baie ~* s.o. has a ready wit; *op ~te wyse* wittily. **ge·vat·heid** quickness at repartee, ready wit, shrewdness, smartness, aptness.

ge·vat² *(rare)* set, included, mounted (in); →VAT¹ *vb.; in goud ~* set in gold; *in lood ~* leaded.

ge·vee =*veede* swept; →VEE² *vb..*

ge·veer(d)¹ =*veerde* feathered; pinnate *(leaf);* plumose; →VEER¹ *vb..*

ge·veer(d)² =*veerde* sprung; spring-loaded; →VEER² *vb.; die motor is goed ~* the car is well sprung; *~de klep* spring-loaded/-controlled valve.

ge·veg =*vegte* action, battle, combat, engagement, fray, fight; *'n ~ afbreek/staak* break off an engagement (*or* combat); *algemene ~* battle royal, mêlée; *buite ~* out of action; *aan ~te deelneem* see action; *'n hewige ~* a stiff fight; *vir die ~ oorgehaal wees* be ready for combat; *iem. buite ~ stel* put s.o. out of action; *in die ~ tree* go into action/combat; *die ~ tussen ...* the battle/combat/fight between ...; *'n ~ voer* fight an action; *'n ~ weggooi, (boxing, infml.)* throw a fight. **~satelliet** killer satellite. **~sone, ~strook** combat zone. **~staat** fighting state. **~strook** zone of action.

ge·vegs-: **~afstand** striking distance. **~eenheid** fighting unit; →VEGEENHEID. **~formasie** battle order, order of battle. **~front** battle front, fighting front. **~gebied** operational area. **~handeling** action, military operation. **~hoedanigheid** fighting quality; →VEGHOEDANIGHEID. **~linie** fighting line, front line, line of fighting; →VEGLINIE. **~onderskeiding** battle honours. **~poste** *(mil.)* action stations. **~tenue** = VEGTENUE. **~terrein** battlefield; battle zone. **~troepe** fighting men, operational troops. **~veld** operating area. **~vliegtuig** = VEGVLIEGTUIG. **~vlug** sortie *(of the air force).* **~waarde** fighting value/efficiency.

ge·veins *n.* dissimulation, hypocrisy; →VEINSERY. **ge·veins** =*veinsde, adj.* false, hypocritical, dissembling, Janus-faced; feigned, pretended; simulated, assumed *(indifference);* →VEINS; *met ~de onverskilligheid* with an assumption of indifference. **ge·veins·de** =*des, n.* hypocrite, dissembler, *(infml.)* pseud. **ge·veinsd·heid** hypocrisy, dissimulation.

ge·ven·ster(d) =*sterde* fenestrate(d).

ge·ven·ti·leer(d) =*leerde* ventilated; →VENTILEER.

ge·verf =*verfde* painted; →VERF *vb.; pas ~* →PAS³ *adv..*

ge·verg =*vergde* expected, demanded, required; →VERG.

ge·ver·nis =*niste* →VERNIS *adj..*

ge·ves =*veste, (arch.)* hilt *(of a sword/etc.).*

ge·ves·tig =*tigde* fixed, established; settled; housed; →VESTIG; *~de belange* →BELANG *n.; ~de beskouing/mening* firm/fixed opinion, crystallised view; *in ... ~ wees* live in ..., be domiciled in ...; inhere in ..., be inherent in ...; *lang/lank ~* →LANG; *op ... ~ wees* live (or be domiciled) at ...; centre in/(up)on ...; rest (up)on ...; *die ~de orde* the Establishment; *~de orde van sake* constituted order of things; *~ raak, (s.o.)* settle in; *(s.t.)* become established; *'n ~de saak/firma* a long-/old-established business/firm, a going concern; *~de skuld* funded debt; →FUNDEER, KONSOLIDEER; *stip op ... ~ wees* be riveted on ...; *iem. se oë was strak op ... ~* s.o.'s eyes were glued to ...

ge·vierd =*vierde* fêted, made much of, popular; famous, famed, celebrated; →VIER¹; *'n ~de persoon* celebrity.

ge·vie·ren·deel(d) =*deelde* divided into four, quartered; drawn and quartered; *(her.)* quarterly, quartered; rift-sawn, quarter-sawed *(timber);* →VIERENDEEL; *~de hout* quarterings.

ge·vin =*vinde* finned, finny *(fish);* pinnate *(leaves).*

ge·vin·ger(d) =*gerde* fingered; digitate(d) *(leaf).* **ge·vin·gerd·heid** digitation.

ge·vit cavilling, faultfinding, carping.

ge·vi·ta·mi·neer(d) =*neerde* vitaminised; →VITAMINEER.

ge·vlag *(rare)* →VLAGSWAAIERY.

ge·vlam(d) =*vlamde* flamed, flamboyant; figured; grained *(wood);* watered *(silk).*

ge·vlees: *iem. is goed ~, (joc.)* s.o. is well upholstered.

ge·vleg =*vlegte* woven *(basket);* braided *(hair);* plaited; laced; →VLEG *vb.; ~te brood* twist loaf.

ge·vlei coaxing, flattering.

ge·vlek =*vlekte* speckled, spotted; stained; shopsoiled; painted; variegated; flecked, blotched, splotched; dappled; *(bot.)* maculate(d), maculose; stretched *(hide, skin);* cut open *(fish);* mottled *(stone etc.);* smutty *(muzzle);* →VLEK¹ *vb.; ~te aronskelk, (Arum maculatum)* cuckoo pint; *~te distel, (Silybum marianum)* milk thistle; *~te eendjie, (Anas hottentota)* Hottentot teal; *~te hiëna, (Crocuta crocuta)* spotted hyena; *~te yster* mottled iron.

ge·vlerk =*vlerkte* →GEVLEUEL(D).

ge·vleu·el(d) =*elde* winged; *(zool.)* alate(d); *(bot., zool.)* pennate; *~de dier* winged creature, *(rare)* volatile; *~de dopvrug (bot.)* samara; *die ~de perd, (myth.)* the winged horse, Pegasus; *~de stewels* winged sandals; *'n ~de woord, (rhet.)* a winged word.

ge·vloek blaspheming, cursing, swearing; *~ en geskel* ranting and raving.

ge·vlok =*vlokte* floccose; →VLOK *vb..*

ge·voeg¹ *n.: jou ~ doen, (obs., rare, euph.)* relieve o.s./nature, obey the call of nature, do one's business *(infml.).*

ge·voeg² =*voegde, adj.* joined; →VOEG *vb..*

ge·voeg·lik =*like, adj., (fml., obs., rare)* apposite, appropriate, decent, fit; proper, suitable. **ge·voeg·lik** *adv.* appropriately, decently, properly, suitably, readily; *dit kan ~ agterweë bly* this may as well be omitted. **ge·voeg·lik·heid** appositeness, appropriateness, decency, decorum, propriety.

ge·voel =*voelens, n.* feeling, sensation, sense; emotion, sentiment; feeling, opinion, sentiment, belief, view; *(also, in the pl.)* stirrings *(of doubt, excitement, etc.);* pathos; perception; sentience; (sense of) touch; *'n bang ~ hê* have a sinking feeling; *die ~ens tot bedaring bring* (of *kalmeer*) pour oil (up)on troubled waters; *so 'n ~ hê dat ...* have a feeling that ...; *iets druis teen iem. se ~ in* s.t. goes against the grain with s.o.; *iets maak die ~ens gaande* s.t. arouses (*or* stirs up) feelings, s.t. generates a lot of heat *(fig.); die ~ens gaande maak, (also)* stir/whip up emotions; *die ~ens opnuut gaande maak* add oil to the fire, pour oil on the flames; *iem. se ~ens is diep gekwets* s.o. was cut/stung to the quick; *gemengde ~ens oor iets hê* have mixed feelings about s.t.; *met gemengde ~ens* with mixed feelings; *die ~ is 'n gevaarlike gids, (rare)* feelings are dangerous guides; *(nie) 'n goeie ~ oor iem./iets hê (nie)* have good/bad vibes about s.o./s.t. *(infml.); as iem. nog 'n greintjie ~ gehad het* if s.o. had a spark of feeling left; *dit is 'n heerlike ~* it feels great *(infml.); die ~ens loop hoog* feelings run high; *iem. se ~ens, (also)* s.o.'s sentiments *(about a matter); ek ken daardie ~* I know what it feels like; *'n kwessie/saak van ~* a matter of sentiment; *iem. se ~ens kwets* hurt/offend s.o.'s feelings/sensibilities/susceptibilities; *jou deur jou ~ laat lei* be swayed by sentiment; *jou ~ens lug* express one's feelings; speak out; unbosom/unburden o.s.; *aan jou ~ens lug gee* relieve one's feelings; unbosom/unburden o.s.; *met ~* with emotion; *met 'n ~ van ...* with a feeling of ... *(relief etc.); 'n nare/onaangename ~* a nasty feeling; *'n nare ~ kry, (also)* come over queer *(infml.); die ~ onderskryf/onderskrywe* share the feeling; *'n onrustige ~* an uneasy feeling; *iem. se ~ens ontsien* spare s.o.'s feelings; *iets op ~ af doen* do s.t. by touch; *(also, infml.)* do s.t. by the seat of one's pants *(infml.); die ~ens opsweep* stir/whip up emotions; *iem. praat met ~* s.o. speaks feelingly (*or* with emotion); *iets is sag op die ~* s.t. is soft to the touch; *slegte ~ens (ver)wek* breed/set bad blood; *op iem. se ~ speel* play on s.o.'s affections, appeal to a person's feelings; *die ~(ens) toets* put/throw out feelers (*or* a feeler); *die ~(ens) van die vergadering toets* take the sense of the meeting; *'n ~ van ...* a sense/feeling of ... *(disappointment etc.);* a sensation of ... *(heat etc.); vir my ~* to my mind (*or* way of thinking). **~senu(wee)** sensitive/sensory/sensorial nerve. **~setel** sensorium. **~sin** sense of feeling/touch, tactile sense.

ge·voe·lent·heid *(infml., somewhat obs.)* feeling; →GEVOEL.

ge·voe·lig =*lige* sensitive; tender *(skin);* impressionable; susceptible; sensitised; *~e haar* tactile hair; →VOELHAAR; *~e hou/slag* setback; →HOU² *n.; ~e instrument* delicate instrument; *~e klap* smart blow *(lit.);* heavy blow *(fig.); ~e les* sharp lesson; *iem./iets ~ maak vir ...* sensitise s.o./s.t. to ...; *~e ne(d)erlaag* heavy/severe defeat; *'n ~e onderwerp* a tender subject, a sore place, a sensitive/tender spot; *'n ~e plek* a tender spot; *baie ~ wees op 'n bepaalde punt* be very sensitive on a particular point; *vir ... ~ wees* be sensitive to ...; be alive to ...; be sensible of ...; be vulnerable to ... *(criticism etc.);* be accessible/susceptible to ... *(praise etc.).* **ge·voe·lig·heid** sensitivity, tenderness; sensibility; *(biol.)* susceptibility, passibility, aesthesia; *iem. se ~ ontsien* spare s.o.'s feelings/sensibilities/susceptibilities. **ge·voe·lig·heids·grens** limit/threshold of sensibility. **ge·voe·lig·heid·siekte** *(rare)* allergy. **ge·voe·lig·ma·king** sensitisation.

ge·voel·loos =*lose* apathetic, callous, emotionless, stony-faced, impassive; heartless, unfeeling, inhumane; insensible *(to shame etc.);* numb *(a limb), (psych.)* insensate; *~ maak* anaesthetise; stupefy, obtund. **ge·voel·loos·heid** apathy, callousness, unfeelingness; insensibility, torpor, numbness, anaesthesia, stupor.

ge·voels-: **~afstomping** blunting of emotion. **~indruk** sense impression. **~inhoud** affect, emotional content. **~lewe** inner/emotional life. **~mens** man/woman of feeling, emotional person, sentimentalist. **~moraal** sentimentalism. **~oorplasing** projection. **~orgaan** sensory organ. **~teken** *(mus.)* expression mark. **~uitbarsting** (emotional) outburst. **~uiting** expression of feeling. **~vermoë** sentience. **~waarde** emotional value, content.

ge·voel·te =*tes, (infml., somewhat obs.)* feeling; →GEVOEL.

ge·vo·ël·te, *(arch.)* **ge·vo·gel·te** birds, bird life, feather.

ge·voel·vol =*volle* full of/with feeling, tender, soulful; feelingly; *(mus., infml.)* funky.

ge·voer¹ =*voerde* fed; →VOER¹ *vb..*

ge·voer² =*voerde* lined *(a coat etc.);* →VOER³ *vb..*

ge·voet =*voete, (rare)* pedate.

ge·vo·gel·te →GEVOËLTE.

ge·volg =*volge* consequence, effect, result, outcome; following, retinue, suite, train; *(math.)* corollary; *die ~e* ***aanvaar/dra*** bear/face/suffer/take the consequences; ***as*** *~ van ...* as a result of ...; as a sequel to ...; in consequence of ...; consequent (up)on ...; ***as*** *~ van druk verkeer laat wees* be late due to heavy traffic; *aan iets ~* ***gee*** carry out s.t. *(an order etc.)*; comply with s.t. *(a request etc.)*; *met* ***goeie*** *~* with success, successfully; to good/some purpose; to good/great effect; *iets* ***het*** *... tot ~* s.t. results in ...; s.t. brings on ...; *iets* ***het*** *die ~ om te ..., (rare)* s.t. is calculated to ...; *met/sonder* ***inagneming/inagname*** *van die ~e* regardful/regardless of the consequences; *met* ***min/weinig*** *~* to little purpose; ***onafsienbare*** *~e hê* have incalculable consequences; *die ~e* ***oordink/oorweeg*** weigh the consequences; ***oorsaak*** *en ~* →OORSAAK; ***sonder*** *~* unsuccessfully; to no purpose; ***ten*** *~e van ..., (fml.)* as a result of ...; in consequence of ..., consequent (up)on ...; owing to ...; by reason of ...; ***ten*** *~e daarvan* as a result of that; *die ~* ***van*** *onkunde/ens. wees* be due to ignorance/etc.; *die ~(e)* ***vir*** *...* the effect(s) on ... **~aanduidend** =*dende, (gram.)* consecutive. **~gewing:** *~ aan ...* compliance with ...

ge·volg·lik =*like, adj.* resultant, consequential, resulting. **ge·volg·lik** *adv.* accordingly, consequently, therefore; hence, in consequence.

ge·volg·trek·king =*kings,* =*kinge* conclusion, deduction, inference; implication; corollary; *tot 'n ~* ***kom/geraak*** arrive at (*or* come to *or* reach) a conclusion; *tot die ~* ***kom/geraak*** *dat ...* come to the conclusion that ..., conclude that ...; *'n ~ uit iets* ***maak*** draw a conclusion from s.t., draw/make an inference from s.t.; *~s* ***maak,*** *(also)* put two and two together *(infml.)*; *'n* ***noodwendige/onontkombare/onvermydelike*** *~* an inescapable conclusion; *'n* ***voorbarige*** *~* ***maak*** jump to a conclusion.

ge·vol·mag·tig =*tigde, adj.* empowered; plenipotentiary; *~de minister* minister plenipotentiary. **ge·vol·mag·tig·de** =*des, n.* proxy, person holding power of attorney; assignee; plenipotentiary; procurator, mandatory.

ge·von·de *(p.p.)* found; →VIND; *~ skat* treasure trove.

ge·von·kel twinkling *(of stars)*; glittering, flashing, sparkling *(of diamonds)*, sparkle.

ge·von·nis·te =*tes* condemned prisoner; →VONNIS *vb.*.

ge·vor·der(d) =*derde* advanced; late *(hour)*; →VORDER; *~e* ***kuikens*** started chicks; *op ~e* ***leeftyd*** →LEEFTYD; ***ver/vêr*** *~ wees* be well advanced; *die* ***vers(te)/vêrs(te)*** *~e* the most advanced. **ge·vor·derd·heid** advanced state/stage.

ge·vorm(d) =*vormde* formed, shaped, moulded; →VORM *vb.*; *~de geut* moulded gutter; *~de glas* moulded glass; *mooi ~* shapely.

ge·vou =*voude* crossed *(arms)*; folded *(dress)*; puckered *(layers etc.)*; *(bot. etc.)* plicate, duplicate; →VOU *vb.*.

ge·vra, ge·vraag =*vraagde, (goods)* asked for, required, in demand, in request; *(persons)* wanted; →VRA; *die gevraagde* the thing asked for; *gevraagde prys* asking price.

ge·vrees =*vreesde* dreaded; →VREES *vb.*.

ge·vreet =*vrete, n., (infml., derog.: face)* mug, clock, dial, kisser *(sl.)*; *(no pl.)* gobbling, guzzling. **ge·vreet** =*vrete, adj.* eaten; →VREET.

ge·vrek =*vrekte* dead *(animal)*; *(infml.)* dull, passive, unimaginative, apathetic, wimpish; →VREK *vb.*; *'n ~te ou* (of *entjie mens*), *(also, infml.)* a deadhead.

ge·vries =*vriesde* frozen; →VRIES.

ge·vry lovemaking; *iem. se ~ na ..., (also, infml.)* s.o.'s angling/fishing for ..., s.o.'s hinting at ... *(a gift, a favour, etc.)*.

ge·vryf =*vryfde* rubbed; →VRYF.

ge·vry·waar →VRYWAAR.

ge·vul(d) =*vulde* full *(glass etc.)*; stuffed *(egg, apple, fish, etc.)*; filled *(tooth)*; heavy, long *(purse)*; *(bot.)* double; →VUL².

ge·vul·ka·ni·seer(d) =*seerde* vulcanised; →VULKANISEER.

ge·vurk =*vurkte* forked; furcate, bifurcate, bifid, pronged; *(biol.)* dichotomous; →VURK *vb.*; *~te blits* chain/forked lightning.

ge·waad =*wade* attire, dress, garb, habit, garment(s), raiment; *(infml.)* get-up; *(eccl.)* vestment, vesture.

ge·waag *het ~, vb., (obs., liter.): ~ van ...* mention ..., make mention of ...; *nie van iets ~ nie* be silent about (*or* as to) s.t..

ge·waag(d) =*waagde* =*waagder* =*waagste* (of *meer ~ die mees* =*waagde), adj.* hazardous, dangerous, risky, dodgy *(infml.)*; venturesome, chancy, unsafe; desperate; spicy, risqué *(a story etc.)*; daring *(clothes)*; plunging *(a neckline)*; →WAAG¹; *'n ~de bewering* a sweeping statement; *'n ~de gissing* a bold guess; *(taamlik) ~, (also, infml.)* near the knuckle. **ge·waagd·heid** riskiness, dangerousness; indecency, outrageousness.

ge·waan(d) =*waande* pretended, supposed; *~de geluk* fool's paradise.

ge·waar *het ~* notice, become aware of; detect, perceive; discern; *iem. sal dit ~, (infml.)* s.o. will catch it; *(infml., rare)* s.o. is going to pay for it *(fig.)*.

ge·waar·borg =*borgde* guaranteed; certified; *~de* ***loon*** guaranteed wage; *~de* ***prys*** guaranteed price; *~de* ***tjek*** certified cheque; ***vir*** *'n jaar/ens. ~ wees* be guaranteed for a year/etc..

ge·waar·deer(d) =*deerde* prized; valued; →WAARDEER.

ge·waar·merk =*merkte* attested, certified; hallmarked; →WAARMERK *vb.*.

ge·waar·word *gewaarge*= become aware of, experience, notice, perceive, sense, find out; *sonder dat iem. iets daarvan ~* without anyone being the wiser. **ge·waar·wor·ding** =*dinge,* =*dings* experience, feeling, perception, sensation, sense impression.

ge·wag *(fml., obs.)* mention; reference; *van iets ~ maak* mention s.t., make mention of s.t..

ge·wag·gel stagger(ing), waddle.

ge·wals[1] waltzing.

ge·wals[2] =*walste* rolled *(metal)*; →WALS² *vb.*.

ge·wa·pen(d) =*pende* armed *(soldier)*; trussed *(beam)*; assisted *(eye)*; →WAPEN *vb.*; *~pende* ***beton*** ferroconcrete, reinforced/armoured concrete; *~pende* ***helikopter*** gunship; ***met*** *... ~* armed with ...; *~pende* ***neutraliteit*** armed neutrality; *~pende* ***reaksie*** armed response; *~pende* ***stryd*** armed struggle; ***swaar*** *~ wees* be heavily armed; *tot die* ***tande*** *(toe) ~ wees* be armed to the teeth; *~pende* ***tussenkoms*** armed intervention; *~pende* ***vrede*** truce, armed peace. **ge·wa·pen·de·be·ton·in·ge·nieur** reinforced concrete engineer. **ge·wa·pen·der·hand** *adv., (obs., rare)* by force of arms.

ge·wap·per fluttering, waving.

ge·war·rel *n.* whirling. **ge·war·rel(d)** =*relde, adj.* whirled; whorled; →WARREL.

ge·was[1] =*waste, adj.* waxed; →WAS¹ *n.*; *~te taf* wax taffeta, oil(ed) silk.

ge·was[2] =*waste, adj.* washed; scoured *(wool)*; →WAS⁴ *vb.*; *~te pentekening* pen and wash drawing.

ge·was[3] =*wasse, n.* growth, vegetation; crop, harvest; plant; neoplasm, tumour; *kwaadaardige ~* sarcoma. **~bespuiting, ~bestuiwing,** *(agric.)* crop dusting. **~bestuurspraktyk** crop management practice. **~kunde, ~(se)leer** →ONKOLOGIE. **~kundige** →ONKOLOOG. **~vorming** *(med.)* oncogenesis.

ge·wa·ter(d) =*terde* watered *(silk)*; *~terde stof, (text.)* moire, moiré.

ge·wat·teer(d) =*teerde* quilted, padded; wadded; →WATTEER.

ge·web =*webde* webbed.

ge·weef =*weefde* woven; →WEEF; *~de goedere/stowwe* woven fabrics, textiles; *~de handskoen* fabric glove.

ge·weeg =*weegde* weighed; →WEEG.

ge·week =*weekte* soaked, steeped; →WEEK² *vb.*; *~te brood* sippet, sop.

ge·wee·klaag lamentation(s), wailing(s).

ge·ween weeping, crying.

ge·weer =*weers,* =*were* rifle; firearm, gun; *'n ~* ***afvuur*** discharge a gun; *'n ~* ***gryp*** reach for a gun; *na die ~* ***gryp,*** *(also)* take up arms; *betyds* ***keer,*** *is 'n goeie ~* a stitch in time saves nine; *'n ~ teen iem. se* ***kop*** *hou, (fig.)* hold a pistol to s.o.'s head; *gewere* ***koppel*** stack arms; *'n ~* ***oorhaal*** cock a gun; *~* ***presenteer*** present arms; ***presenteer*** *~!* present arms!; ***probeer*** *is die beste ~* →PROBEER; *'n ~ op iem.* ***rig*** point a gun at s.o.. **~band** sling. **~doppie** percussion cap. **~fabriek** small-arms factory. **~kamer** gunroom. **~kas, ~kis** gun case. **~kluis** gun/firearm safe. **~koeël** bullet. **~kolf** butt *(of a rifle)*. **~laai** gunstock. **~loop** rifle barrel, gun barrel. **~maker** gunsmith, gunmaker. **~metaal** firearm metal. **~patroon** cartridge. **~piramide** piled arms. **~prop** tampion, muzzle plug **~riem** rifle sling. **~sak** gun bag. **~salvo** fusillade. **~skoen** gun pocket *(of a horseman)*. **~skoot** rifle shot, gunshot. **~sku** =*skuwe* gun-shy. **~smokkelaar** gunrunner. **~smokkelary** gunrunning. **~vuur** rifle fire, firing, gunfire, fusillade.

ge·wees been; →WEES²; *is/het/was ~* has been, was, had been.

ge·wei =*weie* antlers, (head of) horns *(of an adult deer)*.

ge·wei·fel vacillation.

ge·we·ke *ge*=, *(p.p.)* →WYK² *vb.*.

ge·wel =*wels, (archit.)* gable; facade, front; *(comp., print.)* header. **~argitektuur** gabled architecture. **G~berge** Twelve Apostles. **~dak** gable/saddle/ridge roof. **~-dakrand** verge. **~driehoek** pediment. **~ent** gable end. **~huis** gabled house. **~kruis** gable cross, groin. **~laag** barge course, verge course. **~lys** cornice, gable/verge mould(ing). **~naam** masthead. **~randpan** verge tile. **~spar** barge couple. **~spits, ~top** gable end. **~trap** corbie-step(s), crow step(s). **~veld** *(archit.)* tympan(um). **~venster** gable window.

ge·weld force, violence; duress, physical force; *iem. ~* ***aandoen*** do violence to s.o.; *iets ~* ***aandoen*** violate s.t. *(the truth etc.)*; strain/stretch s.t. *(the meaning of a text)*; *iets met (alle) ~* ***aanpak*** go at s.t. hammer and tongs *(infml.)*; *iem. wil iets met* ***alle*** *~ doen* s.o. wants to do s.t. by all means; *iem. met ~* ***bedreig*** threaten s.o. with violence, offer violence to s.o.; *deur* ***brute*** *~* by sheer force; *met ~ kan ('n) mens die* ***duiwel*** *die berg/krans afja(ag), (rare)* force can do anything, there is nothing like force; *~* ***gebruik*** use force/violence, resort to force; *met ~* ***kom*** come with a rush; ***met*** *~* by (main) force, forcibly; by violence; *~* ***pleeg*** do/commit violence; exert physical force; ***publieke*** *~* →PUBLIEK *adj. & adv.*; *deur ~* ***sterf/sterwe*** die by violence; *met ~ van* ***wapens*** →MET WAPENGEWELD. **~pleger** person of violence, violent person. **~pleging** *(jur.)* violence, public violence. **~politiek** policy of violence.

ge·weld·daad act of violence, outrage. **ge·weld·da·dig** =*dige, adj.* violent; forcible; *'n ~e dood* a violent death; *'n ~e dood sterf/sterwe* die by violence. **ge·weld·da·dig** *adv.* violently, by violence. **ge·weld·da·dig·heid** violence; savageness; *(in the pl.)* acts of violence.

ge·wel·de·naar =*naars* oppressor, tyrant; man of violence, caveman, thunderer.

ge·wel·dig =*dige, adj.* enormous, immense, terrific, prodigious, mega *(infml.)*; powerful, mighty; vehement, violent, fierce; stupefying. **ge·wel·dig** *adv.* awfully, dreadfully; extremely, greatly, immensely, terribly, tremendously, enormously; mightily; *~ baie* a terrific lot; *~ koud* dreadfully cold; *~ in jou skik wees* be as pleased/proud as Punch. **ge·wel·dig·heid** force, vehemence, violence; tremendousness, enormity.

ge·weld·loos =*lose* non-violent. **ge·weld·loos·heid** non-violence.

ge·welf =*welwe, n.* arch, arched roof, dome, canopy, vault; *(anat.)* fornix; *~ van die hemel, (poet.)* the canopy of heaven, the firmament. **ge·welf** =*welfde, adj.* arched, domed, vaulted; convex; cambered; *~de gang/poort* archway; *goed ~de ribbes* well-sprung ribs *(of an animal)*. **~boog** vaulted arch. **~kelder** crypt. **~kruis** *(archit.)* groin. **~rib** vault rib. **~suil** vaulting shaft, vaulting pillar. **~venster** lunette.

ge·wel·fie -*fies, (dim.)* small arch/dome/vault.

ge·we·mel swarming.

ge·wen *het ~, (arch.)* accustom, habituate; inure, harden; →WEN²; *jou ~ aan ...* accustom/school o.s. (*or* get accustomed/used) to ..., grow familiar with ...; *jou aan ontberinge ~* get inured to hardships. **ge·wend** *adj., (arch.): aan iets ~ wees* be accustomed/used to s.t.; *iem. was dit beter ~* s.o. has seen better days; *jonk ~, oud gekend/gedaan* as the twig is bent, so is the tree inclined; →GEWOOND. **ge·wen·ning** *(arch.)* habituation, inurement. **ge·wen·te** *(arch.): die ~ maak die gewoonte, ~ raak gewoonte* habit becomes second nature.

ge·wend¹ -*wende* turned; →WEND.

ge·wend² -*wende* giving; →GEE.

ge·wens -*wenste* desired, wished for; advisable, desirable; →WENS *vb.; ~te hoek* preferred angle. **ge·wenst·heid** desirability; advisedness.

ge·wer -*wers*, **ge·ër** -*ërs* donor, giver; dealer *(at cards);* →GEE.

ge·wer·skaf bustle, to-do, fuss.

ge·wer·wel(d) -*welde* vertebrate; *'n ~de dier* a vertebrate.

ge·wes →GEWESTE.

ge·we·se former, late, ex-; *~ vrou* ex-wife.

ge·wes·te -*tes*, **ge·wes** -*weste* region, territory, province; *na beter/hoër ~ vertrek/verhuis, (rare, euph.: die)* be called to higher spheres; →TOT HOËR **DIENS** OPGEROEP WORD; *so in dié ~* thereabouts; *in hierdie/daardie ~* in/round these/those parts. **ge·wes·te·lik** -*like* regional, dialectal, provincial *(differences of language).*

ge·we·te -*tens*, -*tes* conscience; *iets* ***druk/rus*** *swaar op iem. se ~* s.t. lies heavy on s.o.; *volgens* ***eer*** *en ~* conscientiously; *'n* ***geruste/rein/rustige/skoon*** *~* a clean/clear/good conscience, an easy conscience; *iem. se ~* ***kla*** *hom/haar aan* (*of* ***kwel/pla*** *hom/haar*) s.o.'s conscience pricks/smites/stings him/her, s.o. has a guilty conscience; *jou (eie) ~* ***ondersoek*** search one's conscience, do some (*or* a little) soul-searching; *iets met jou ~* ***ooreenbring*** reconcile/square s.t. with one's conscience; *baie/heelwat* ***op*** *jou ~ hê* have much to answer for; *dit* ***op*** *jou ~ hê* have it on one's conscience; *'n* ***ruim*** *~* an elastic conscience; *'n* ***skuldige/slegte*** *~* a guilty/bad conscience; *die* ***stem*** *van jou ~ gehoorsaam* obey the dictates/promptings of one's conscience; *jou ~* ***sus*** salve/soothe one's conscience; *'n* ***teer*** *~* a tender conscience; *iem. se ~ is* ***toegeskroei*** *(met 'n brandyster)* s.o. has no conscience, s.o. is unscrupulous. **~saak** →GEWETE(N)SAAK.

ge·we·te(n)·loos -*lose* unprincipled, unscrupulous, conscienceless, ruthless, callous, dog-eat-dog. **ge·we·te(n)·loos·heid** unscrupulousness, consciencelessness.

ge·we·tens-: **~angs** pangs/qualms of conscience. **~artikel, ~bepaling, ~klousule** conscience clause. **~beswaar** conscientious objection/scruple, qualm. **~beswaarde** conscientious objector. **~dwang** moral constraint. **~geld** conscience money. **~gevangene** prisoner of conscience. **~halwe** on conscientious grounds; for conscience(') sake. **~klousule** →GEWETENSARTIKEL. **~krisis** crisis of conscience. **~kwelling** compunction, searching of the heart; *met ~e* conscience-smitten, -stricken. **~kwessie** matter of conscience. **~mens** precisian. **~ondersoek** soul-searching. **~trou** -*troue*, **~vol** -*volle* conscientious, scrupulous. **~vraag** matter/question of conscience. **~vryheid** freedom/liberty of conscience. **~wille** = GEWETENSHALWE. **~wroeging** qualm(s)/pricks/stings/pangs/twinges of conscience, contrition, remorse; *deur ~ gekwel wees* be conscience-smitten/-stricken; *~ hê* have a twinge of conscience.

ge·we·te(n)·saak matter of conscience; *van iets 'n ~ maak* make s.t. a matter of conscience.

ge·wet·tig -*tigde* legitimised, legalised; justified, justifiable; →WETTIG *vb.*.

ge·wie·bel *(arch.)* wobbling.

ge·wie·gel rocking, wobbling.

ge·wiek -*wiekte, (poet.)* winged; vaned.

ge·wig¹ -*wigde, adj.* wedged; →WIG² *vb.*.

ge·wig² -*wigte, n.* weight; weightiness, importance, moment; consequence; gravity; load; heaviness; *~* ***aansit/optel*** gain (*or* pick up *or* put on) weight, lose one's figure; *jou ~* ***afbring*** reduce weight; *jou ~* ***dophou*** be weight-conscious, worry about one's figure; *iets* ***dra*** *baie ~ by iem.* s.t. carries (great/much) weight with s.o.; *jou ~ in* ***goud*** *werd wees* →GOUD; *iets is (sy ~ in)* ***goud*** *werd* →GOUD; *~* ***hê,*** *(s.o.'s opinion etc.)* carry weight; *~ aan iets* ***heg*** attach importance/weight (*or* give/lend weight) to s.t.; *iem.* ***heg*** *~ aan iets, (also)* s.t. weighs with s.o.; *iem.* ***heg*** *baie ~ aan iets, (also)* s.t. carries (great/much) weight with s.o.; *jou ~ by ...* ***ingooi/inwerp*** throw in one's weight (*or* make common cause) with ..., offer ... unstinting support; *jou ~ teen ...* ***ingooi/inwerp*** throw one's weight against ...; ***mate*** *en ~te* →MAAT¹; ***onder*** *die ~ van ...* under the weight of (*or* weighed down by) ...; ***onder/oor*** *die ~ wees* be underweight/overweight; *~* ***optel*** →***aansit/optel;*** *'n ~* ***optel*** lift a weight; *~te* ***optel*** lift weights; ***politieke*** *~* political clout; *'n* ***saak*** *van ~* a matter of weight/importance/moment; *jou ~ vir ... in die* ***skaal*** *gooi/werp* throw in one's weight with ...; ***soortlike*** *~* →SOORTLIK; *in ~* ***toeneem*** gain weight; *(mense)* ***van*** *~* (people) of consequence/importance/weight; *iets by die ~* ***verkoop*** sell s.t. by weight; *~* ***verloor*** lose weight; *jou ~* ***verminder*** reduce weight; ***volgens*** *~* by weight. **~nota** weight note. **~oefening(e)** weight training. **~optel** weightlifting. **~opteller** weightlifter. **~stoot** *n., (athl.)* shot-put(ting), putting the shot. **~stoot** *gewigge-, vb., (athl.)* put the shot. **~stoter, ~stootatleet** shot-putter.

ge·wig·loos -*lose* weightless; imponderable. **ge·wig·loos·heid** weightlessness; imponderability.

ge·wigs-: **~analise, ~ontleding** gravimetric(al) analysis. **~bewuste** weight watcher. **~dele** parts by weight. **~eenheid** unit of weight. **~grens** weight limit. **~leer** barology. **~ontleding** →GEWIGSANALISE. **~persent** percentage by weight. **~toename** gain in weight, weight gain. **~verdeling** weight distribution. **~verlies** loss of weight, weight loss.

ge·wig·tig -*tige* important, momentous, weighty, world-shaking; fateful *(decision);* grave; impressive, substantial; solemn; significant; ponderous; portentous; *~ doen, (rare)* be full of one's own importance, throw one's weight about/around; *jou ~ hou, (rare)* give o.s. airs. **~doenery** *(rare)* ostentation; pompousness. **ge·wig·tig·heid** weightiness, portentousness, impressiveness, solemnity, momentousness, importance.

ge·wik·kel *n.* waggle.

ge·wiks -*wikste* clever, knowing, quick, sharp, smart; crafty, cunning, scheming, shrewd. **ge·wikst·heid** quickness, sharpness, gumption.

ge·wild -*wilde* popular, *(infml.)* in; in demand/favour/request, much sought after, well-liked; *(rare)* studied, laboured, forced, contrived; willed, calculated; far-fetched; *baie ~ wees* be very popular, be the in thing; *~ wees by iem.* be popular with s.o.; make a hit with s.o. *(infml.); iem./iets ~ maak* popularise s.o./s.t.. **ge·wild·heid** popularity; *~ inboet* lose popularity; *~ soek* seek popularity.

ge·wil·lig -*lige* ready, willing, amenable; docile, tractable; *heeltemal ~ wees* be quite willing; *~ wees om iets te doen* be willing to do s.t.; *~e slagoffer, (infml., fig.)* easy game/mark/meat. **ge·wil·lig·heid** readiness, willingness, amenability; docility, tractability, gameness; *iem. se ~ om iets te doen* s.o.'s readiness/willingness to do s.t..

ge·wim·per(d) -*perde* ciliate(d).

ge·win *n.* advantage, gain, profit; *vir eie ~* for personal benefit/gain/profit; *vuil ~* filthy lucre. **ge·win** *het ~, vb.* gain, win. **~soeker** money-grubber. **~sug** covetousness, love of gain. **~sugtig** -*tige* covetous, avaricious.

ge·wink beckoning, waving.

ge·wir·war confusion.

ge·wis -*wisse, adj.* certain, sure; unfailing; *'n ~se dood* certain death; *iem. van 'n ~se dood red* snatch s.o. from the jaws of death. **ge·wis** *adv.* certainly, surely, for sure, undoubtedly, assuredly. **ge·wis·heid** certainty, certitude, sureness.

ge·woel bustle, turmoil, stir; crowd, throng.

ge·wond -*wonde, adj.* wounded, disabled. **ge·won·de** -*wondes, n.* wounded person, casualty.

ge·won·ne *(p.p.)* won; →WEN³; *dit (of die stryd) ~* ***gee*** accept/acknowledge/admit/concede defeat; chuck *(infml.)*/throw in/up the sponge; *jou ~* ***gee*** give s.o. best; *jou aan ... ~* ***gee*** knuckle under to ... *(infml.); jou nie maklik ~* ***gee*** *nie* put up a good fight; ***so*** *~, so geronne, (idm.)* easy/lightly come, easy/lightly go; *~* ***spel*** *hê, (rare)* have the game in one's hands, have s.t. in the bag.

ge·woon -*wone* -*woner* -*woonste, adj.* common, normal, ordinary, regular, usual, customary, familiar, commonplace, conventional, run-of-the-mill; plain *(cook, food);* vulgar *(fraction);* simple *(fracture, majority, etc.);* average *(citizen);* general *(public, reader, etc.); gewone* ***aandele*** ordinary shares, equity stock, equities; *gewone* ***aanranding*** common assault; *gewone* ***baksteen*** stock brick; ***iets*** *~s* s.t. ordinary; *... is* ***iets*** *~s, (an occurrence, a phenomenon, etc.) ...* is nothing out of the ordinary; *gewone* ***lid,*** *(parl.)* private member; *die gewone* ***loop*** *van sake* →LOOP *n.; die gewone* ***man*** →MAN; *gewone* ***meetkunde*** pure geometry; *die gewone* ***mense/lede/soldate*** the rank and file; *~* ***oond*** conventional oven; *gewone* ***pas*** quick step/time; *gewone* ***seeman*** ordinary seaman; *gewone* ***soldaat*** private (soldier); *gewone* ***stem*** deliberative vote; *gewone* ***willie,*** (infml.) *groenpiet,* (infml.) *willietiptol, (orn.: Andropadus importunus)* sombre bulbul. **ge·woon** *adv.* simply, straightforwardly; →GEWOONWEG. **ge·woon·heid** commonness, usualness, ordinariness. **ge·woon·lik** commonly, usually, generally, mostly, ordinarily, in the ordinary course, normally, habitually, customarily; as a rule; *soos ~* as always; as usual; *iem. was ~ ...* s.o. used to be ... **ge·woon·weg** downright, perfectly *(wonderful etc.),* plainly, simply; normally, in the normal course; *~ ... wees* be nothing but (*or* little/nothing short of) ... *(nonsense etc.); ~ 'n leuenaar wees* be an arrant (*or* a downright) liar; *(sommer) ~ Mnr./Mev./ens.* (just) plain Mr/Mrs/etc.; *dit is ~ onkunde* it is plain/sheer (*or* purely and simply) ignorance, it is ignorance pure and simple.

ge·woond accustomed, used; habituate, wonted; ***aan*** *iets ~ wees* be used to s.t.; be accustomed to s.t.; be conditioned to s.t.; *nie* ***aan*** *iets ~ wees nie* be unused to s.t.; be unaccustomed to s.t.; *iem. aan iets ~* ***maak*** habituate s.o. to s.t.; *(daaraan) ~ wees* ***om*** *iets te doen* be accustomed to do s.t.; be in the habit of doing s.t.; *aan iets ~* ***raak*** get used to s.t.; get/grow accustomed to s.t.; become conditioned to s.t.; get the feel of s.t.; *iem. moet aan ... ~* ***raak,*** *(also)* s.o. has to accustom him-/herself to ...; *~* ***raak,*** *(also)* get one's eye/hand in; *daaraan ~* ***raak*** *om iets te doen, (also)* get in the way of doing s.t.; *iem.* ***was*** *~ om ...* s.o. would ...; *soos iem. ~* ***was*** as was s.o.'s habit/wont. **ge·woond·heid** accustomedness.

ge·woon·te -*tes* habit, practice; custom, usage, mode, use; convention; *'n ~* ***aankweek/aanleer*** drop/fall into a habit; acquire/form (*or* pick up) a habit; *'n ~* ***afleer*** break o.s. (*or* grow out) of a habit; kick a habit *(infml.); die ~* ***afleer*** *om ..., (also)* get out of the habit to ...; ***die*** *~, (also, infml.)* the done thing; *die ~* ***hê*** *om iets te doen* have a habit (*or* be in the habit) of doing s.t.; *die ~* ***hê*** *om ..., (also)* have a way of ...; ***in*** *die ~ wees om iets te doen* be in the habit of doing s.t.; *'n ~* ***invoer*** introduce a custom; *dit* ***is*** *'n ~ van iem.* it is a habit with s.o.; *'n ~ daarvan* ***maak*** *om iets te doen* get into the habit (*or* make a habit/practice) of doing s.t.; *van iets 'n ~* ***maak,*** *(also)* make a practice of s.t.; *dit is die* ***mag*** *van die ~* it is force of habit; *iets deur/uit die* ***mag*** *van die ~ doen* do s.t. by/from force of habit; *dit is* ***'n*** *~* that is a matter of habit; ***na/volgens*** *~* according to custom; *dit is* ***nie*** *iem. se ~ om dit te doen* ***nie*** s.o. is not in the habit of doing it; *die ~* ***om*** *iets te doen* the habit/practice of doing s.t.; *dit is die ~* ***om*** *...* it is usual to ...; *die* ***oorhand*** *oor 'n ~ kry* master a habit; ***ouder*** *~* →OUDERGEWOONTE; *uit* ***pure*** *~* by/from force of habit; *in 'n ~* ***raak/verval*** drop/fall into a habit; ***slegte*** *~s aankweek/aanleer* take to bad habits; *'n ~ in* ***swang*** *bring* introduce a custom; *die ~ word 'n* ***tweede natuur***

→DIE GEWENTE MAAK DIE GEWOONTE; ***uit*** ~ out of habit, by/from (force of) habit; ***'n vaste*** ~ a regular habit; (an) established practice; ***vaste*** ***~s hê*** be set in one's ways, have set ways; *in 'n ~ **verval** →**raak/verval**; in die ~ **verval** om iets te doen* get in the way of doing s.t.; ***volgens*** *(iem. se)* ~, *(also)* according to (*or* as is) s.o.'s wont; →***na/volgens***; *iets **word** 'n ~* s.t. becomes (*or* grows into) a habit. ~**drinker,** ~**dronkaard** inebriate, habitual drunkard, compulsive drinker. ~**kramp** tic. ~**mens** creature of habit, s.o. set in his/her ways. ~**misdadiger** habitual criminal. ~**reg** customary law, consuetude. ~**vas** *adj.* hidebound. ~**verbintenis** *(jur.)* customary union. ~**vormend** *-mende* habit-forming.

ge·wor·stel tussle, struggle, struggling.

ge·wor·tel(d) *-telde* rooted; ingrained; →WORTEL *vb.*; *~de steggies* rooted cuttings; *iets is diep* ~ s.t. is deep-seated. **ge·wor·teld·heid** (deep-)rootedness.

ge·wraak *-wraakte* →WRAAK *vb.*.

ge·wrie·mel swarming, teeming.

ge·wrig *-wrigte* articulation, joint; *(bot.)* pulvinus; *vaste* ~, *(anat.)* synarthrosis. ~**smeer** synovia.

ge·wrig·loos *-lose, (anat.)* jointless, unjointed, anarthrous.

ge·wrigs-: ~**aandoening** arthrosis. ~**band** joint ligament. ~**beentjie** articular bone. ~**breuk** fracture of joint. ~**holte** joint cavity, articular cavity, glenoid cavity, cotyle. ~**kapsel** joint capsule. ~**klem** *(wrestling)* wristlock. ~**knobbel** condyle. ~**kom** glenoid cavity. ~**koppeling** flexible coupling. ~**ontsteking** arthritis; *misvormende ~, rumatoïde artritis* rheumatoid arthritis. ~**rumatiek** rheumatism in the joints, articular rheumatism, rheumatoid arthritis. ~**verband** testudo. ~**vergroeiing** ankylosis. ~**verstywing** arthrosclerosis, ankylosis. ~**vlies** synovial membrane. ~**vliesontsteking** synovitis. ~**vog** synovia. ~**vorming** articulation. ~**watersug** hydrarthrosis.

ge·wroem *n., (onom.)* vroom.

ge·wroet *(arch.)* burrowing.

ge·wrog *-wrogte, n., (arch., poet., liter.)* creation, production, work. **ge·wrog** *-wrogte, adj.* created.

ge·wron·ge *(p.p.)* distorted; contrived, studied, forced, unnatural; crabbed, strained; tortuous *(style)*; →WRING. **ge·wron·gen·heid** distortion, distortedness, crabbedness.

ge·wuif waving.

ge·wurg *-wurgde* strangled, throttled, choked; *(archit.)* crimped; →WURG.

ge·würz·tra·mi·ner *(a white grape/wine, also G~)* Gewürztraminer.

ge·wyd *-wyde meer -de die mees -de* consecrated *(earth)*, devotional *(literature)*, sacred *(history, music, poetry)*, sanctified; →WY; *~e feesdag/vakansiedag* religious holiday. **ge·wyd·heid** devotion, devotional atmosphere/nature/etc., sanctity.

ge·wys·de *-des, n., (jur.)* decided case; judg(e)ment entered; ~ *saak* res judicata.

ge·yk *-ykte* assized, legally stamped *(measures, weights, etc.)*; stock *(phrase)*; stereotyped *(expression)*; →YK *vb.*; *~te karakter, (theatr.)* stock character. **ge·ykt·heid** stereotypy *(of an expression, piece of writing, etc.)*.

ge·ys *-ysde* frozen; →YS *vb.*.

ge·zoem buzzing.

ghaai·sa *(rare: Khoi tap dance)* ghaaisa.

ghaap *ghape, (Khoi, bot.: Trichocaulon, Stapelia & Pectinaria* spp.) ghaap.

ghai·bout *-boute, (<Port.)* kelp gull; →SWARTRUGMEEU.

ghaip →GHEIP.

Gha·na *(geog.)* Ghana. **Gha·nees** *-nese, n.* Ghanaian, Ghanian. **Gha·nees** *-nese, adj.* Ghanaian, Ghanian, Ghanese.

ghan·tang *-tangs, (Mal., infml., rare)* lover, suitor; girlfriend, sweetheart.

ghar·ra·bos →GHNARRABOS.

ghar·tjie *-tjies* →GRAATJIE.

ghat *ghats, (Hind.: mountain pass/range)* ghat.

gheip *gheipe,* **ghaip** *ghaipe, (Khoi)* aardwolf; →AARDWOLF.

ghet·to *-to's* ghetto. ~**vorming** ghettoisation.

ghet·to·ï·seer *ge-* ghettoise. **ghet·to·ï·se·ring** ghettoisation.

ghi *(<Hindi, Ind. cook.: clarified butter)* ghee.

Ghi·bel·lyn *-lyne, n., (It. pol. hist.)* Ghibelline. **Ghi·bel·lyns** *-lynse, adj.* Ghibelline.

ghie·lie·mien·tjie *-tjies, (icht.: Barbus* spp.) minnow, barb.

ghie·nie *-nies, (hist. Br. coin)* guinea.

ghi·taar *-taars, -tare* →KITAAR.

ghnar·ra·bos, ghar·ra·bos *(Khoi, bot.: esp. Rhus undulata)* kuni-bush.

ghnoe *ghnoes, (Khoi, rare)* gnu; →WILDEBEES.

ghnor·ra *-ras* →NORRA[1].

gho *gho's,* **ghoe** *ghoes, (Khoi, bot.)* = WILDEAMANDEL.

ghoef *ge-, (infml.: swim)* goef; *gaan ~* go for a goef.

ghoe·lasj *(Hungarian cook.)* goulash.

ghoem *ghoeme, ghoems* **ghoe·ma** *-mas, (infml., rare)* whopper, big one; *'n ~ van 'n pampoen* a humungous pumpkin.

ghoem·pie *-pies, (infml., rare)* short-stemmed pipe; stub *(of a cigar/cigarette)*; *(small man)* titch.

ghoen *ghoene, ghoens* taw, shooting marble, alley; shooter; hopscotch stone.

ghoe·na·(vy) *-nas, -vye, (Khoi, bot.)* = SUURVY(TJIE).

ghoe·ra, go·ra *-ras, (Khoi: bow-like mus. instr.)* gorah.

ghoe·roe *-roes, (chiefly infml.)* guru, expert, buff, master, wizard, whiz(z).

gho·ghok *-ghoks, -ghokke, (<Ngu.)* large measuring tin.

ghô·kum *-kums, (Khoi, bot.)* = SUURVY(TJIE).

gholf golf; *gaan ~ speel* go (*or* be out) golfing. ~**baan** golf course/links. ~**bal** *(sport, typing)* golf ball. ~**joggie** caddie, caddy. ~**karretjie** caddie/caddy car(t), golf buggy/cart. ~**klub** golf club. ~**maat** golfing partner; *(also, in the pl.)* golfing friends. ~**sak** golf bag. ~**speler** golf player, golfer. ~**stok** golf club. ~**toernooi** golf tournament; *oop/ope* ~ pro-am (golf tournament) *(involving both professionals and amateurs)*. ~**weduwee** *(joc.)* golf widow.

ghol·lo·wan *-wans, (<Xh.)* cocopan.

ghom·bos *(bot.: Relhania genistifolia)* gumbush, pepperbush.

ghom·ma *-mas, (Cape Mal. drum)* ghomma, goema. ~**liedjie** *(Cape Mal. song)* ghomma-, goemaliedjie.

ghong *ghonge, ghongs* gong.

ghon·nel *-nels, (naut.)* gunwale; →DOLBOORD.

ghries *n.* grease *(for lubrication)*; →SMEER *n.*. **ghries** *ge-, vb.* grease, lubricate; →SMEER *vb.*. ~**nippel** grease nipple, greaser.

ghrok = GROK.

ghrop *ghroppe,* **ghrop·per** *-pers, n., (agric.)* grubber, rototiller, cultivator. **ghrop** *ge-, vb.* cultivate.

ghwa·no, gua·no guano. ~**-eiland** guano island.

ghwar *ghwarre, (infml., derog.: uncouth person)* boor, lout, oaf, geek; runt.

ghwar·ra *interj.* zonk.

ghwar·rie *-ries, (Khoi, bot.: Euclea* spp.) guarri; *gewone ~, raasbessie, (E. undulata)* common guarri. ~**boom** guarri tree. ~**hout** guarri wood. ~**tee** guarri tea.

ghwel *ghwelle, (infml.)* gob.

gib·bon *-bons, (zool.)* gibbon.

Gi·bral·tar *(geog.)* Gibraltar, *(infml.)* Gib.

gi·bus *-busse* gibus, crush hat, opera hat.

Gi·de·on *(member of the Gideons)* Gideon; *die ~s, (a Chr. organisation)* the Gideons.

Gi·de·ons-: ~**bende** *(idm., also g~)* small but valiant band. ~**bybel** Gideon Bible.

gids *gidse* guide; pilot *(fig.)*; mentor; conductor; manual, handbook; directory; *~ na 'n plek* guide to a spot; *~ tot 'n onderwerp* guide to a subject. ~**aar** *(min.)* leader (vein). ~**aartjie** *(min.)* indicator vein. ~**ballon** pilot balloon. ~**fossiel** index fossil. ~**hond** guide dog, seeing eye (dog). ~**(-)isotoop** *(chem.)* tracer isotope. ~**kromme** index curve. ~**laag** *(min.)* leader, key bed. ~**opname** pilot survey. ~**plan** pilot scheme/plan. ~**pleister** screed. ~**rif** *(min.)* leader (reef).

giek *gieke, (naut.)* gig.

gier[1] *giere, n., (orn., rare or poet.)* vulture. ~**valk** *(N hemisphere: Falco rusticolus)* gyrfalcon, gerfalcon.

gier[2] *giere, n., (naut.)* yaw, sheer. **gier** *ge-, vb., (naut.)* yaw; *(rare)* surf, ride the waves; →GIERING. ~**brug** flying bridge. ~**hoek** yaw(ing) angle, angle of yaw. ~**jol** hoby cat.

gier[3] *giere, n.* caprice, vagary, fancy; craze, fad, bug, rage; *(also, in the pl.)* fancifulness; *die/'n ~ kry om iets te doen* get a sudden fancy to do s.t., get the bug to do s.t.; *die nuutste ~* the latest craze.

gier[4] *ge-, vb.* scream, screech *(with laughter)*; *(the wind)* whistle.

gier[5] *n.* liquid manure.

gie·rig *-rige* greedy, avaricious, grabby, close-fisted, miserly, niggardly, stingy, mean, parsimonious. **gie·rig·aard** *-aards* miser, cheapskate *(infml.)*, niggard, penny-pincher *(infml.)*, Scrooge, skinflint. **gie·rig·heid** avarice, miserliness, churlishness, meanness, niggardliness, parsimony, stinginess, covetousness; *~ is die wortel van alle kwaad* (the love of) money is the root of all evil.

gie·ring sheer *(of a ship)*.

gier·lan·de, *(Fr.)* **guir·lan·de** garland, festoon, wreath.

giers *(Panicum miliaceum)* millet; →MANNA. ~**gras** millet grass.

giet *ge-* pour *(liquids)*; cast *(iron)*; found *(guns)*; mould *(candles)*; *iets in 'n **ander vorm** ~* remould s.t.; ***dit** ~ (behoorlik)*, ***dit** ~ soos dit reën, dit reën dat **dit** ~* it's pouring down, it's pouring (with rain), it's bucketing, the rain is bucketing (down), *(infml.)* it's raining like billyo(h); *iets **oor** ... ~* pour s.t. over ...; *dit **reën** dat dit ~* the rain is pelting down, it is pelting with rain, it is raining cats and dogs *(infml.)*; *jou gedagtes in digterlike/ens. **taal** ~* couch one's thoughts in poetic(al)/etc. language. ~**bak** tundish. ~**blasie** blowhole. ~**blok** ingot. ~**gaatjie** sprue. ~**gat** ingate. ~**geut** launder. ~**kas** casting box, casting frame. ~**kuil** casting pit, foundry pit. ~**lepel** casting ladle. ~**lood** pig lead. ~**masjien** casting machine. ~**messing** cast brass. ~**model** casting model, casting pattern. ~**opening** sprue. ~**pan** = GIETLEPEL. ~**sand** foundry sand. ~**staaf** pig *(of metal)*. ~**staal** cast steel. ~**stuk** →GIETSEL. ~**voor** runner, sow. ~**vorm** *-vorms* (casting) mould, ingot mould, former, moulding frame; matrix. ~**ware** cast wares, foundry goods. ~**werk** casting, cast (work). ~**yster** cast iron; *raam van ~* cast-iron frame.

gie·te·ling *-linge* pig *(of metal)*.

gie·ter *-ters* watering can/pot; caster, founder, moulder, foundryman. ~**kop** rose. ~**kraakbeen** arytenoid.

gie·te·ry *-rye* foundry.

gie·ting casting; pour(ing), founding.

giet·sel *-sels* casting; die-casting; founding; pour.

gif[1] *gifte, n., (fml., obs.)* contribution, donation, gift, gratuity, present, bounty.

gif[2] *giwwe, n.* poison; venom *(of an animal)*; *(pathol.)* toxin; toxicant; *~ drink* take poison; *soos ~ op mekaar wees* hate each other like poison/sin; *jou pen in ~ doop, (fig.)* dip one's pen in gall; *~ teen iem. spuug* spit venom against s.o.. ~**angel** *(zool.)* poison sting. ~**appel** *(Solanum sodomaeum)* apple of Sodom; *(Citrullus colocynthis)* colocynth, bitter apple. ~**beker** *(often fig.)* poison cup, poisoned cup. ~**blaar, magou** *(Dichapetalum cymosum)* gifblaar. ~**blaar(siekte)** Dichapetalum poisoning. ~**bol** *(bot.: Boophane disticha)* fan-leaved boophane, red posy, (Bushman) poison bulb; *(infml.)* shrew, vixen. ~**boom** *(Acokanthera* spp.) poison bush. ~**brief** *(malicious [anonymous] letter)* poison-pen letter. ~**buis** *(zool.)* venom duct. ~**doring** *(Maytenus heterophylla)* common spike-thorn; →PENDORING. ~**drank** poisoned draught. ~**gas** poison gas. ~**hout** *(Haematoxylon campechianum)* logwood. ~**klier** *(zool.)* venom gland, poison gland. ~**moord** murder by poisoning. ~**pil** *(fin.)* poison pill; *(infml.)* shrew, vixen; s.o. filled with malice, a vindictive/spiteful person. ~**plant** poisonous plant. ~**pyl** poison(ed) arrow; *(infml.: a cigarette)* cancer stick. ~**sakkie** *(zool.)* poison sac. ~**seer**, ~**sweer** malignant ulcer. ~**siekte** anthrax. ~**slang** poisonous snake. ~**steen** *(min.)* pharmacolite. ~**stof** toxin(e), toxic substance, toxicant. ~**strooier** *(infml.)* poison pen. ~**sweer** →GIFSEER. ~**tand** *(zool.)* poison fang, venom fang. ~**werking** toxic influence.

gif·hou·dend *-dende* veneniferous.

gif·kun·de toxicology. **gif·kun·dig** *-dige, adj.* toxicologic(al). **gif·kun·di·ge** *-ges, n.* toxicologist.

gif·tig *-tige* poisonous, venomous; toxic; virulent; malignant; mephitic(al); *(sl.: superlative)* wicked *(a new engine)*; deadly *(a jab, kicking boot, etc.)*; *(joc.)* pretty lethal *(a drink etc.)*; *~e afval* toxic waste; *~ vir* ... poisonous to ...; *'n ~e vrou* a shrew/vixen. **gif·tig·heid** poisonousness, toxicity; venomousness, virulence.

gif·vry *-vrye* non(-)poisonous.

gif·we·rend *-rende* antidotal, antitoxic.

gi·ga- *comb., (factor of 10^9; comp.: factor of 2^{30})* giga-. ~**bis** *-bisse, (comp.)* gigabit. ~**greep** *-grepe, (comp.)* gigabyte. ~**hertz** gigahertz. ~**joule** *-s, (phys.)* gigajoule. ~**wops** *(comp., abbr. of* wisselpuntoperasies per sekonde*)* gigaflops *(abbr. of* floating point operations per second*)*.

gi·gant *-gante, (rare)* giant. **gi·gan·ties** *-tiese* gigantic. **gi·gan·tis·me** *(med.)* giantism.

gig·gel *ge-* giggle, snigger, titter. **gig·ge·lend** *-lende* giggling, twittery. **gig·gel·ry** giggling, sniggering, tittering.

gi·go·lo *-lo's* gigolo, toyboy; *(obs.)* hired escort (*or* dancing partner).

gigue *gigues, (mus.)* gigue.

gil *gille, n.* scream, shriek, yell, shrill, squeal; *'n deurdringende ~* a sharp cry. **gil** *ge-, vb.* scream, shriek, yell, shrill, squeal; *om hulp/ens. ~* scream for help/etc.; *~ van die lag* scream/yell with laughter. **gil·le·tjie** *-tjies* small scream.

gi·la-ak·ke·dis *(Heloderma suspectum)* Gila monster.

Gil·bert-ei·lan·de *(geog.)* Gilbert Islands.

gil·de *-des, (chiefly hist.)* guild, fraternity. ~**brief** charter. ~**huis** guildhall. ~**meester** guildmaster. ~**wese** system of guilds.

gil·ling *(shipbuilding)* tuck *(of planking/plating)*.

gim *(infml., short for* gimnasium *or* gimnastiek*)* gym.

gim·ka·na *-nas* gymkhana.

gim·nas *-naste* gymnast.

gim·na·si·um *-siums, -sia* gymnasium.

gim·nas·tiek gymnastics; *ligte ~* calisthenics; *ritmiese ~* eurhythmics. ~**afrigter** gymnastics coach. ~**bal** medicine ball. ~**kostuum** gymnastic costume. ~**oefening** gymnastic exercise. ~**onderwyser** gymnastics instructor, physical instructor, drillmaster. ~**saal** gymnasium (room), drill hall. ~**skoene** gym shoes. ~**uitvoering** gymnastic display. ~**vereniging** gymnastic club/association.

gim·nas·ties *-tiese* gymnastic, calisthenic.

gim·no·plas(t) *(biol., obs., rare)* gymnoplast.

gim·no·sperm *-sperme, -sperms, n., (bot.)* gymnosperm. **gim·no·sper·mies** *-miese, adj.* gymnospermous, gymnospermic.

gimp *gimpe, (rare: tailoring, upholstery, etc.)* gimp. ~**spyker** gimp pin.

ginds *adv., (somewhat obs.)* over there, in the distance.

gi·ne·ko·lo·gie gynaecology. **gi·ne·ko·lo·gies** *-giese* gynaecologic(al). **gi·ne·ko·loog** *-loë* gynaecologist.

gi·ne·si·um *(bot.)* gynoecium.

gin·gang *(text.)* gingham.

gink·go *-go's, (bot.: Ginkgo biloba)* ginkgo. ~**boom** ginkgo (tree), maidenhair tree.

gin·ne·gaap *ge-* giggle, snigger, titter.

gin·seng →DJINSENG.

gips gypsum; *gebrande ~* →GEBRAND; *in ~ wees* be in plaster (*or* a plaster cast). ~**aarde** gypsum. ~**afdruk**, ~**afgietsel** plaster cast. ~**beeld** plaster figure/image. ~**grondlaag** gesso. ~**houdend** *-dende* gypsiferous. ~**kruid** *(bot.: Gypsophila spp.)* gypsophila. ~**meel** plaster powder, powdered gypsum. ~**model** plaster cast. ~**pleister** gauged plaster. ~**spalk** plaster of Paris splint. ~**verband** plaster (of Paris) cast/bandage/dressing/jacket/setting. ~**vorm** *-vorms* plaster mould.

gips·ag·tig *-tige* gypseous.

gi·raf *-rafs, (rare)* giraffe; →KAMEELPERD. ~**gasel** *(Litocranius walleri)* gerenuk. ~**nek** neck like a giraffe, long neck.

gi·ran·dool *-dole,* **gi·ran·do·le** *-les, (chandelier, jewellery, firework)* girandole.

Girl Guide *Girl Guides* Girl Guide.

gi·ro-: ~**kompas** gyrocompass. ~**kopter** gyrocopter. ~**mansie** gyromancy. ~**skoop** *-skope* gyroscope. ~**vliegtuig** gyroplane, -copter, autogyro, -giro.

Gi·ron·dyn *-dyne, n., (Fr. hist.)* Girondin, Girondist. **Gi·ron·dyns** *-dynse, adj.* Girondin, Girondist.

Gis *(mus.)* G sharp.

gis[1] *giste, n.* ferment, yeast; barm. **gis** *ge-, vb.* ferment, rise, work; seethe *(fig.)*; →GISTEND, GISTERIG, GISTING; *iets laat ~* ferment s.t.; *aan die ~* fermenting, in a ferment. ~**balie** fermenting vat/tank. ~**houdend** *-dende* yeasty, barmy. ~**korrels** →KORRELGIS. ~**kuip** fermenting vat, gyle. ~**middel** *-dels* ferment, leavening agent. ~**plant(jie)** yeast plant. ~**proses** →GISTINGSPROSES. ~**ras** yeast strain. ~**sel** *-selle* yeast cell. ~**skuim** barm. ~**stof** ferment; yeast. ~**swam** yeast fungus.

gis[2] *n.: op die ~ (af) te werk gaan, (rare)* do s.t. by guess(ing). **gis** *ge-, vb.* conjecture, guess; surmise; divine; speculate; →GISSEND, GISSING; *oor iets ~* speculate about/(up)on s.t., guess (*or* make a guess) at/about s.t.; *('n) mens kan ~ hoe dit afgeloop het* the outcome will be easy to guess. ~**bestek** *(naut.)* dead reckoning.

gisp *ge-, (rare)* censure, blame, denounce. **gis·ping** blame, censure.

gis·send *-sende* guessing.

gis·sing *-sings, -singe* conjecture, guess, supposition, surmise; estimate; *(in the pl.), (also)* speculation; *dit berus op ~s/~e* it is based on conjecture; *dit is **blote** ~* it is mere conjecture; ***na/volgens** ~* at a rough estimate, at a guess; *'n ~ **waag*** make a guess, speculate.

gis·tend *-tende* fermenting, yeasty; zymotic.

gis·ter yesterday; *iets onthou soos die **dag** van ~* remember s.t. as if it happened yesterday; *~ **eers*** not until yesterday; *as jy my ~ **gehuur** het, het jy my vandag gehad, (infml.)* you can't order me about/around; *~ **nog*** as late as yesterday; ***nog** (pas) ~* only yesterday; *iem. is nie **van** ~ nie, (infml.)* s.o. was not born yesterday *(infml.)*, s.o. knows how many beans make five. ~**aand**, ~**aand** yesterday evening, last night. ~**middag**, ~**middag** yesterday afternoon. ~**nag**, ~**nag** last night. ~**oggend**, ~**oggend**, *(rare)* ~**môre**, ~**môre**, ~**more**, ~**more** yesterday morning.

gis·te·rig *-rige* fermentative, fermentitious.

gis·ting fermentation, zymosis; working; yeastiness; ferment, excitement. ~**siekte** zymotic disease. ~**skeikunde** fermentation chemistry, zymochemistry.

gis·tings·pro·ses, gis·pro·ses process of fermentation.

git *gitte, (min., no pl.)* jet; *(with pl.)* jet jewel. ~**swart** jet-black, raven *(hair)*.

gits →GATS.

Gî·za →EL GÎZA.

glaas·o·gie →GLASOGIE.

glad *gladde gladder gladste, adj.* smooth *(surface)*, sleek *(hair)*, plain *(ring)*; slippery *(floor)*; slick, clever, cunning, cute, long-headed *(fellow)*; polished *(speaker)*; *(bot.)* glabrous; bald *(head)*; flush *(surface)*; flat *(brushwork)*; barbless *(wire)*; expeditious; frictionless; fluent *(in speech)*; *'n ~de **bek** hê* →BEK; *so ~ soos 'n **paling*** as slippery as an eel; *dit gaan so ~ soos **seep*** it goes on (oiled) wheels; it is plain sailing; it goes swimmingly; *~de **spier*** smooth/unstriped/unstriated/involuntary muscle; *~ van **tong*** voluble, well-spoken, fluent, eloquent; glib, fast-talking, smooth-tongued; *'n ~de **tong** hê* →TONG; *iets **word** ~, (also, hair etc.)* s.t. straightens out. **glad** *adv.* smoothly, swimmingly, without any hiccups/hiccoughs; sweetly; evenly; glibly; altogether; quite; *iets ~ **afwerk*** →AFWERK; *iets ~ **anders*** →ANDERS *adj. & adv.*; *~ iemand **anders*** →ANDERS *adj. & adv.*; *~ **en al*** altogether, entirely, quite; *~ **geskeer*** close-shaven, beardless; *iets **loop** ~, (an engine etc.)* s.t. runs smoothly; *~ te **min*** →MIN[1] *adj. & adv.*; *~ (en geheel) **nie*** →NIE; *daar is ~ **niks** nuuts onder die son nie* (OAB), *daar is niks nuuts in hierdie wêreld nie* (NAB) there is no new thing under the sun *(AV)*, there is nothing new under the sun *(NIV)*; *~de **praatjies*** smooth talk; *iets ~ **sny*** trim s.t.; *die babatjie **swem** ~ al* the baby is actually/even swimming already, surprisingly, the baby can already/even swim; *~ **te** ...* altogether too ...; *iets loop ~ **van stapel*** s.t. goes off smoothly/well, s.t. passes off without a hitch; *iem. het ~ **vergeet** om* ... s.o. clean/completely forgot to ...; *~ **verkeerd** te werk gaan* →WERK *n.*; *~de **ys*** black ice. ~**gestryk**, ~ **gestryk** *-strykte, adj.* smoothed-out, ironed-out *(creases, difficulties)*; →GLADSTRYK. ~**harig** smooth-haired. ~**maak**, ~ **maak** smooth (down), smoothen *(a surface)*; *iem. se pad ~ (of ~ ~), (fig.)* smooth(en) (*or* remove the obstacles from) s.o.'s path, make s.o.'s path easier. ~**maker** planer, surfacer. ~**making** smoothing. ~**skaaf** smoothing plane. ~**stryk**, ~ **stryk** smooth; straighten; slick (down) *(hair)*; iron out *(creases)*; smooth out, iron out *(differences, problems)* ~**stryker** smoothing iron. ~**verhaar** *(rare)* smooth and shiny; prosperous. ~**weg** flatly, bluntly; smoothly; *~ weier* refuse bluntly.

glad·de-: ~**bek** *(infml.)* fast talker. ~**draad** plain, barbless wire. ~**haarhond** smooth-haired dog. ~**haarkollie** *(breed of dog)* smooth collie. ~**jan** *(infml., usu. derog.)* smoothie, smoothy, city slicker. ~**jas** *(infml.)* slicker. ~**kantvyl** safe-edge file. ~**loopgeweer** smoothbore. ~**lyfskaap** plain-bodied sheep. ~**mond** smooth talker. ~**mondpolitikus** smooth-talking politician. ~**padda** frog; →SKURWEPADDA. ~**vlakband** *(mot.)* slick.

glad·de·rig slippery.

glad·heid, glad·dig·heid smoothness, evenness; slipperiness; glibness, slickness; suavity; fluency *(in speech)*.

gla·di·a·tor *-tore, -tors* gladiator. **gla·di·a·tor·ge·veg, gla·di·a·to·re·ge·veg** *-vegte* gladiatorial combat. **gla·di·a·to·ries** *-riese* gladiatorial.

gla·di·o·lus *-diolusse, -dioli, (rare)* **gla·di·ool** *-diole, (bot.: Gladiolus spp.)* gladiolus, sword lily.

glans *glanse, n.* gloss; lustre, glitter, shine, sheen; glaze; polish; burnish; brightness, sparkle, fulgency, finish, irradiance, effulgence; brilliance, brilliancy, glory, splendour; glamour; *(infml.)* glitz, glitziness; *iets van sy ~ beroof* take the shine off (*or* out of) s.t.; take the gloss off s.t.; *'n ~ van genoeë* a flush of pleasure; *iets verloor sy ~* s.t. loses its gloss/lustre/shine. **glans** *ge-, vb.* gleam, glisten, shine; gloss, glaze, put a shine on *(collars)*, furbish *(metals)*, polish, burnish; →GEGLANS. ~**artikel** feature story. ~**band** shiny back, shiny binding *(of a book)*. ~**bordpapier** fashion board. ~**druk** calendering, glossy print. ~**erts** *(min.)* glance. ~**fluweel** *(text.)* panne (velvet). ~**foto** glossy print. ~**gare**, ~**garing** glazed yarn, lustre yarn. ~**katalogus** magalogue. ~**katoen** glazed cotton. ~**kool** glance coal, blind coal, anthracite; bright coal. ~**leer** patent leather, glacé leather. ~**lint** glacé ribbon. ~**masjien** calender. ~**mense** *(pl., infml.)* beautiful people, glitterati. ~**nommer** star turn. ~**papier** glazed paper, calendered paper. ~**patat** glazed sweet potato. ~**periode** heyday *(of a person's life)*; golden age *(of a country)*. ~**program** feature programme. ~**punt** highlight, crowning event, shining glory, high spot; star turn; feature; acme, peak, height. ~**rol** glamorous role. ~**ryk** →GLANSRYK. ~**satyn** sateen. ~**sis** glazed chintz. ~**spreeu** *(Lamprotornis spp.)* glossy starling. ~**steenkool** = GLANSKOOL. ~**stof** lustre cloth, glacé. ~**sy** lustrine; lustring. ~**tydskrif** glossy magazine. ~**verf** gloss paint. ~**vrug** glazed fruit. ~**wol** lustre wool, glossy wool.

glan·send *-sende* gleaming, glossy *(hair, photograph, etc.)*, shining, lustrous, irradiant, fulgent, luminous.

glan·se·rig -*rige* glossy, shining.

glan·sing shining, sheen; lustring.

glans·loos -*lose* lustreless, lacklustre *(eyes etc.)*.

glans·ryk -*ryke* brilliant, glorious, radiant, resplendent, glittering, *(infml.)* glitzy; *~e sukses* signal success. **glans·ryk·heid** brilliance, brilliancy, resplendence, splendour, grandness; flamboyance.

glas *glase* glass; tumbler; chimney *(of a lamp)*; *(naut.)* bell; ***agter*** *~* under glass; *'n prent **agter** ~ sit* glaze a picture; *so **helder** soos ~* →HELDER *adj.*; *~e **klink*** clink/touch glasses; *'n **lang** ~* a tall glass; *~ **in lood*** →GLAS-IN-LOOD; ***onder*** *~* under glass; *die ~ **sak/styg*** the barometer is falling/rising; *'n **storm** in 'n ~ water* →STORM *n.*; *iets met ~ **toemaak**, ~ **voor** iets sit* glass/glaze in s.t.; *'n ~ **uitdrink*** drain/empty a glass; ***venster** met ~* glazed window; *'n ~ **(vol)** melk/ens.* a glassful of milk/etc.; *'n ~ **water/ens.*** a glass/tumbler of water/etc.; *twee ~e **water/ens.*** two glasses of water/etc.; *by 'n ~ **wyn*** over a glass of wine. **~afval** cullet. **~bak** glass bowl. **~beker** glass beaker. **~bereiding** glass-making, vitrifaction. **~beton** ferroglass. **~blaser** glass-blower. **~blaserseep** = GLASSEEP. **~blaserspyp** blowpipe. **~blasery** glass-blowing. **~blasery** -*rye* glass-works, -factory, glass-blowing works. **~dak** glass roof. **~deur** glass door; *dubbele ~* French window/casement. **~doek** glass-cloth. **~-elektrisiteit** vitreous/positive electricity. **~-emalje** vitreous enamel. **~fabriek** glass-works. **~gal** *(glass-making)* glass-gall, *(rare)* sandiver. **~glans** vitreous lustre. **~goed** glassware, glasswork, glass. **~helder** as clear as glass/crystal, crystal clear *(lit. & fig.)*, hyaline; *(vir iem.) ~ wees dat ...* be abundantly clear (to s.o.) that ... **~hout** *(Myrica cordifolia)* waxberry. **~huis** glass house; glasshouse, conservatory, winter garden; *mense wat in ~e woon, moenie met klippe gooi nie* people/those who live in glass houses should not throw stones. **~-iglo(e)** bottle bank. **~-in-lood** leaded glass. **~kap** glass shade, globe *(of a lamp)*. **~kas** -*kaste* glass case; showcase, display cabinet; china cabinet; *(fig.)* goldfish bowl; *iem. in 'n ~ sit* put s.o. in a show window; *soos om in 'n ~ te sit/woon, (have no privacy)* like being/living in a goldfish bowl; *'n ~ van publisiteit* a goldfish bowl of publicity. **~kern, ~knoop** bullion, bull's-eye. **~kolf** bulb tube. **~kraal, ~kraletjie** glass bead. **~kruid** *(bot., Eur.: Parietaria* spp.) pellitory. **~liggaam** →GLASVOG. **~liggaamholte** *(anat.)* vitreous chamber. **~maker** glazier; *is/was jou pa 'n ~?, (infml.)* you're blocking/obstructing my view. **~mengsel** →GLASSPYS. **~ogie, glaasogie** *(orn.: Zosterops* spp.) white-eye. **~oog** artificial eye; glass eye *(of a horse)*; bell *(at sea)*; *(icht.: Brama brama)* pomfret; *(weer)~* (weather) glass. **~opaal** hyalite. **~papier** glass paper; transparent paper. **~pêrel** glass bead. **~plaat** sheet of glass. **~porselein** vitreous china. **~pypie** glass tube. **~sand** glass sand. **~seep** glass soap, manganese dioxide. **~skerf** glass splinter. **~skilder** painter on glass. **~skildery** glass painting. **~skoentjie** glass slipper. **~skoot** *(phot.)* glass shot. **~slyper** glass grinder, glass beveller. **~snyer** glass cutter. **~spys, ~mengsel** frit, glass metal. **~steen** hyalite. **~stoep** glassed veranda(h). **~stolp** glass bell, bell glass, bell jar. **~stukkie, ~skerfie** cullet. **~toonbank** display counter. **~traan** glass tear, (Prince) Rupert's drop. **~vesel, veselglas** glass fibre. **~vog, ~liggaam** *(anat.)* vitreous humour/body *(of the eye)*. **~(vog)vlies** *(anat.)* hyaloid (membrane). **~ware, ~werk** glassware, glasswork, vitrics. **~werker** glass-worker; glazier. **~wol** glass wool. **~wording** vitrescence.

glas·ag·tig -*tige* glassy, glass-like, hyaline, hyaloid, vitreous; vitric; vitriform; *~e vlies, (anat.)* hyaloid membrane; *~e vog, (anat.)* vitreous humour. **glas·ag·tig·heid, glas·ag·tig·heid** vitreosity, glassiness.

gla·seer *(ge)*- glaze; glacé. **gla·seer·sel** -*sels* glaze; glacé; frost, glacé icing.

gla·se·nier -*niers* glazier.

gla·se·rig -*rige* glassy; glazed *(eyes)*.

Glas·gow *(geog.)* Glasgow. **Glas·go·wer** -*wers, n.* Glaswegian. **Glas·gows** -*gowse, adj.* Glaswegian.

gla·si·aal -*ale, (geomorphol.)* glacial. **gla·si·o·lo·gie** glaciology.

gla·sie -*sies, (dim.)* little glass, tot; *iem. op 'n ~ trakteer* stand s.o. a drink; *by 'n ~ wyn* over a glass of wine.

gla·sig -*sige* glassy, vitreous, hyaline; *~ word, (s.o.'s eyes etc.)* glaze over.

gla·si·o·flu·vi·aal -*ale, (geol.)* glaciofluvial; *glasiofluviale puin* →PUIN.

glas·nost *(Russ., pol.)* glasnost, openness.

gla·su·ring glazing.

gla·suur -*sure, n.* enamel *(of teeth)*; glaze, glazing *(of pottery)*; glacé icing. **gla·suur** *ge-, het ~, vb.* glaze. **~emalje** vitreous enamel. **~glans** glaze. **~laag** glaze, glazing; *boonste ~* overglaze. **~steen** glazed/veneered brick. **~verf** enamel paint. **~vrug** glacé fruit.

gla·suur·der -*ders* glazer.

gla·suur·sel -*sels* glaze, glazement.

glat·ten·dal *(infml.)* = GLAD EN AL.

glau·be·riet *(min.)* glauberite.

glau·ber·sout *(chem.)* Glauber's salt(s).

glei, gley, *(bluish-grey sticky clay)* gley, glei.

gles *glesse* flaw *(in a gem)*. **gles·loos** -*lose* flawless *(diamond)*.

glet·ser -*sers* glacier. **~kunde** glaciology. **~meer** glacier lake, glacial lake. **~melk** glacier milk. **~poort** glacier snout. **~puin** moraine debris. **~skeur, ~spleet** crevasse. **~skrape** glacial striae. **~vloer** glaciated pavement. **~vorming, ~werking** glaciation. **~ys** glacier/glacial ice. **~yspiramied, -piramide** serac. **~yssmeltkeël** serac.

gleuf *gleuwe, n.* groove; slit, slot; chase *(in a wall)*; *(archit.)* glyph. **gleuf** *ge-, vb.* groove, flute; chase, chamfer. **~gat** slotted hole. **~hout** coulisse. **~kop** filleted/fillistered head *(of a screw)*. **~koppeling** slotted joint. **~kopskroef** coin slot screw. **~lepel** slotted spoon. **~masjien** slot machine; vendor. **~moer** slotted nut. **~ring** bezel. **~siekte** stem pitting. **~werk** slotting.

gleu·fie -*fies, (dim.)* slot, small groove; bezel. **gleu·fies·le·pel** = GLEUFLEPEL.

gli·a·dien -*diene, (biochem.)* gliadin.

glib·ber *ge-, (rare)* slip, slither. **glib·be·rig** -*rige* slippery, slithery, slimy; *(infml.)* dodgy *(bloke)*. **glib·be·rig·heid** slipperiness, slitheriness, sliminess.

glie *(Khoi, bot.: Peucedanum gummiferum)* gli. **~wortel** gli root.

glief *gliewe, (archaeol.)* glyph.

glieps *gliepse, (infml., joc.)* = GLIPS.

gli·fo·geen *(etching)* glyphogene. **gli·fo·gra·fie** glyphography.

gli·ko·geen *(chem.)* glycogen, animal starch.

gli·ko·kol *(chem., obs.)* glycocoll; →GLISIEN.

gli·kol, e·ti·leen·gli·kol *(chem.)* glycol.

gli·ko·se *(chem.)* glycose. **gli·ko·sied** -*siede* glycoside.

gli·ko·su·rie, glu·ko·su·rie *(pathol.)* glycosuria, glucosuria.

glim *ge-, vb.* glimmer, gleam, shine, shimmer, glow faintly; →GLIMMEND, GLIMMING. **~buis** luminous tube. **~lig** highlight. **~lint** luminous tape. **~papier** reflecting paper. **~pen** highlighter. **~strook** reflector tape, luminous strip. **~teken** luminous sign. **~verf** luminous paint, fluorescent paint. **~verligting** fluorescent lighting. **~wurm** *(entom.: Lampyris* spp.) glow-worm, firefly. **~wyserplaat** luminous dial.

glim·lag -*lagge, -lagte, n.* smile; *'n **aangeplakte** ~* a feigned smile; *'n **breë** ~* a broad/wide smile; *met 'n **effense** ~* with the hint of a smile; *iem. se gesig is (die) **ene** ~* s.o.'s face is wreathed in smiles; *'n **flou** ~* a sickly smile; *'n **gedwonge** ~* a forced smile; *'n **onnosele/wesenlose** ~* a vacuous smile; *'n **stralende** ~* a dazzling smile; *'n **suur** ~* a wintry smile; *'n **vriendelike** ~* a warm smile; *met 'n **wrange** ~* with a wry smile. **glim·lag** *ge-, vb.* smile, give a smile; ***breed** ~, van **oor** tot oor ~* smile broadly, beam, grin/smile from ear to ear, be all smiles, be smiling all over one's face; ***effens/effe(ntjies)** ~* smile faintly; ***gedwonge/onwillig** ~* force a smile, smile thinly; ***oor** iets ~* smile at s.t.; *van **oor** tot oor ~* →***breed**; iem. het **stadig** begin ~* a smile crept over s.o.'s face; ***vir** iem. ~* smile at s.o., give s.o. a smile. **glim·lag·gie** -*gies, (dim.)* half-smile; *aanstellerige/gemaakte ~* simper; *selfvoldane ~* smirk.

glim·mend -*mende* glimmering, gleaming, agleam, luminous, lustrous, shining, shimmering.

glim·mer *n., (geol.)* mica. **glim·mer** *ge-, vb.* shimmer, glimmer. **glim·mer·ag·tig** -*tige* micaceous. **glim·mer·hou·dend** -*dende* micaceous. **glim·mer·lei** mica schist (slate).

glim·ming phosphorescence.

glimp *glimpe* glimpse; gleam *(of hope)*, glimmer *(of understanding)*; *'n ~ van ... sien* catch/get a glimpse of ...

glin·ster *ge-* glint, glitter, sparkle, twinkle, shimmer, glisten; *van ... ~* glisten with ... **glin·ste·rend** -*rende* glittering, glittery, sparkling, gleaming *(eyes, diamonds, etc.)*; glistening *(sea etc.)*. **glin·ste·ring** -*ringe* glitter, sparkle, glint, shimmer, sheen.

glip *glippe, n.* slip; slippage; *(in the pl.), (also: cr.)* slips; *in die ~pe, (cr.)* in the slips; *loodregte ~, (geol.)* perpendicular slip. **glip** *ge-, vb.* slide, slip; skid, slither; ***deur** iets ~* slip through s.t.; *weer **in** die bed ~* slip back into bed; *iets **laat** ~* let s.t. slip, miss s.t., throw away s.t. *(a chance etc.)*; ***uit** iets ~* slip out of s.t.. **~druif** catawba *(vine and grape)*, Isabella. **~soomsteek** slip hemming (stitch). **~steek** slip stitch. **~veldwerker** *(cr.)* slip fielder. **~vlak** slip plane. **~vry** -*e* slip-resistant.

glip·pens -*pense, (infml.)* = GLIPS.

glip·pe·rig -*rige* slippery; →GLIBBERIG. **glip·pe·rig·heid** slipperiness; →GLIBBERIGHEID.

glips *glipse* slip *(of the tongue/pen)*, lapse, mistake, small error; *'n ~ maak/begaan* slip up *(infml.)*.

glip·tiek glyptics, glyptography. **glip·ties** -*tiese* glyptic(al).

gli·se·rien *(non-tech.)* glycerin(e); →GLISEROL.

gli·se·rol glycerol, *(non-tech.)* glycerine.

gli·sien glycin(e), *(obs.)* glycocoll.

glis·san·do -*sandi, -sando's, (mus.)* glissando.

glit →LOODGLIT.

glo *ge-, vb.* believe, trust; think; hold (true); reckon; ***aan** ... ~* believe in (the existence of) ... *(ghosts etc.)*; ***alles** ~* swallow anything *(infml.)*; *ek ~ **amper** nie* I hardly/scarcely think (so); *iem. ~ **dat** ...* s.o. believes that ..., it is s.o.'s belief that ...; *~ **dat** iem. iets sou doen* believe s.t. of s.o.; *baie mense ~ **dit*** it is widely believed; *op **gesag** ~* believe blindly; *te **goed** om te ~* too good to be true; ***in** ... ~* believe in ... *(God, a cause, s.o.'s honesty, etc.)*; *dit **kan** jy ~!* you bet! *(infml.)*; *jy **kan** my ~ dat ...* take it from me that ...; *dit **kan** jy my ~* I/I'll warrant (you); *iem. **laat** ~ dat ...* lead s.o. to believe that ...; *('n) mens ~ **moeilik** dat ...* it is hard to believe that ...; *dit is **moeilik** om dit te ~, (also)* it takes a lot of believing *(infml.)*, it is hard to swallow *(infml.)*; ***moenie** ~ nie!, (infml.)* not a bit of it!; no/never fear! *(infml.)*; nothing of the kind/sort! *(infml.)*; I don't think! *(infml.)*; *~ **my!*** take it from me!; *ek ~ **nie*** I think not; I don't think so; *... **nie** ~ nie* disbelieve ...; *iem. kan maar **nie** ~ dat ...* s.o. cannot bring him-/herself to believe that ...; ***niks** ~ nie* disbelieve everything, believe nothing; take nothing for granted; ***niks** daarvan ~ nie* not believe a word of it; *min mense **sal** dit ~, (also)* it is hard to swallow *(infml.)*; *~ wat iem. **sê*** take s.o.'s word for s.t.; *iets **sommer** ~* accept/take s.t. at face value; be taken in by s.t.; *~ dat iem. tot iets in **staat** is* believe s.t. of s.o.; *iem. g'n **stuk** ~ nie, (infml.)* not believe s.o. one (little) bit; ***vas** ~ dat ...* firmly believe that ...; be confident that ...; be persuaded that ...; *jy **verwag** tog nie dat ek jou moet ~ nie, (also, infml.)* pull the other one(, it's got bells on); *daarvan ~ wat jy **wil*** take it for what it's worth; *~ dit as jy **wil*** believe it or not; ***wil** jy ~!, (infml.)* would you believe it?; by gad!, horror of horrors!; you don't say (so)!; *iem. op sy/haar **woord** ~* →WOORD. **glo** *adv.* allegedly, presumably, seemingly; *iem. **doen** ~ iets* s.o. is supposed to do s.t.; *iem. **het** ~ ...* I understand s.o. has (*or* s.o. is reported to have) ...; *iem. **het** ~ gesê (dat) ...* s.o. is/was quoted as saying (that) ...; *iem. **is** ~ ...* s.o. is believed/said/supposed to be ...; I believe s.o. is ...; *dit **is** ~ ...* I understand that it is ...; *iem. **kan** ~ iets doen* s.o. is supposedly able to do s.t..

glo·baal -*bale, adj.* general, rough; global; *'n ~bale* ***berekening*** a rough estimate; *'n ~bale* ***indruk*** a general impression; *~bale* ***leesmetode*** look-and-say method; *~bale* ***veranderlike,*** *(comp.)* global variable. **glo·baal** *adv.* broadly, roughly, in the gross; globally; *iets ~ beskou* take a global view of s.t.; *~ geneem* taking it roughly, broadly speaking. **glo·ba·li·sa·sie, glo·ba·li·se·ring** globalisation. **glo·ba·li·seer** *ge-* globalise.

glo·be -*bes* globe.

glo·bi·di·o·se globidiosis, elephant disease *(in cattle).*

glo·bien *(biochem.)* globin.

glo·bu·leus -*leuse, adj.* globular, globulose.

glo·bu·lien *(biochem., physiol.)* globulin. **glo·bu·lo·se** *n.* globulose.

gloc·ken·spiel *(Germ., mus.: percussion instr.)* glockenspiel.

gloed *gloede* blaze, glow, heat; ardour, fervour, fervency, fire, warmth; flush; ***in*** *~* aglow; *'n ~* ***in*** *die gesig* a flush in the face; ***vol*** *~* full of verve; ***warm*** *~e* hot flushes. **~nuut** brand-new. **gloed·vol** -*volle* glowing *(account).*

gloei *ge-* glow, be red-hot; be aglow; *~ van ...* be afire/aflame with ... *(desire, enthusiasm, etc.);* glow with ... *(joy etc.);* burn with ... *(indignation).* **~draad** filament. **~hitte** intense heat; red heat, white heat, incandescence. **~katodebuis** thermionic valve. **~kousie** incandescent mantle. **~lamp(ie)** (electric/light) bulb, electric lamp, globe; glow lamp, incandescent lamp. **~lig** incandescent light. **~-oond** annealing furnace, calciner. **~pit** incandescent burner. **~stroom** filament current.

gloei·end -*ende, adj.* glowing; red-hot *(iron);* live *(coals);* incandescent *(lamp);* ardent, fervent, fervid *(love);* burning; *~e geesdrif* consuming passion; *~ van ... wees* be ablaze with ... *(anger, excitement, etc.);* be afire/aflame with ... *(desire, enthusiasm, etc.);* be aglow with ... *(joy etc.).* **gloei·end** *adv.: ~ heet/warm* burning hot; red-hot *(metals);* broiling *(day).*

glögg *(<Sw., a hot punch)* glogg.

glok·si·ni·a *(bot.: Sinningia speciosa)* gloxinia.

glooi *ge-, (poet.)* slope, shelve; *~ende helling* slip-off slope. **glooi·ing** -*ings, -inge* slope, bank, declivity, gradient, glacis. **glooi·ings·puin** *(geomorphol.)* talus, scree.

gloor *glore, n., (poet.)* glow; lustre, splendour, radiance. **gloor** *ge-, vb., (poet.)* glimmer; dawn, break *(of day).*

glo·ri·a *(eccl. mus.)* gloria.

glo·rie fame, glory; lustre; *in jou ~ wees* be elated, be on top of the world *(infml.); iets in sy volle ~, (also iron./joc.)* s.t. in all its glory. **~tyd** heyday, palmy days.

glo·rie·ryk -*ryke* brilliant *(victory),* glorious *(epoch),* famous *(events).*

glo·ri·eus -*euse, (rare)* splendid.

glo·rie·vol -*volle* glorious.

glos *glosse* gloss, comment, marginal note; explanation; *~se maak op ...* comment (up)on ... **glos·sa·ri·um** -*riums, -ria* glossary. **glos·seer** *(ge)-* gloss *(a text).*

glos·si·tis *(med.)* glossitis.

glos·so·la·lie *(relig.: gift of tongues)* glossolalia.

glot·taal -*tale* glottal.

glot·tis *(anat.)* glottis; →GLOTTAAL. **~aanset** *(phon.)* glottal onset. **~slag** *(phon.)* glottal plosive.

glou·ko·niet *(min.)* glauconite, green earth.

glou·koom *(pathol.)* glaucoma.

glou·sien *(chem.)* glaucin(e).

glüh·wein *(Germ., mulled wine)* gluhwein, glühwein.

glu·ko·se *(chem.)* glucose, *(infml.)* grape sugar. **~-urien, ~-urine** →GLIKOSURIE.

glu·ko·su·rie →GLIKOSURIE.

glun·der *ge-, (obs.)* smile broadly, beam.

glu·ta·maat -*mate, (chem.)* glutamate. **glu·ta·mien·suur** glutamic acid.

glu·ten *(protein in wheat)* gluten. **glu·ten·vry** -*vry(e)* gluten-free. **glu·ti·neus** -*neuse* glutinous.

gluur *ge-* stare; leer; →AANGLUUR.

gly *n. aan die ~ gaan/raak* go into a skid; *'n ~ vang in iets, (sl.)* become completely disenchanted with s.t., find s.t. totally off-putting *(infml.).* **gly** *ge-, vb.* slide; glide; slip; slither, skid; ***ly*** *of/en ~* →LY[2] *vb.;* ***oor*** *iets heen ~* glide/slide/skim over s.t.; pass lightly over s.t.; *...* ***oor*** *iets laat ~* run ... over s.t. *(one's fingers etc.);* ***op*** *iets ~* slip on s.t.. **~baan** slide, sliding track; flume/sliding chute; skidpan; *op 'n ~* ***beland,*** *(infml.)* hit the skids; *die pond/dollar/ens. op 'n ~ laat* ***beland*** send the pound/dollar/etc. plummeting; *jou op 'n ~* ***bevind,*** *(infml.)* be on the skids; *iem./iets op 'n ~* ***plaas,*** *(infml.)* put the skids under s.o./s.t.; *op 'n ~* ***wees,*** *(prices etc.)* plummet. **~bal** *(cr.)* flipper. **~bank** slider, sliding seat. **~beweging** sliding/shearing motion. **~blom** *(Drosera cistiflora, D. capensis)* (Cape/African) sundew. **~boot** hydroplane. **~draad** wire slide, foofy slide. **~gang, ~geut** chute. **~geut** super tube. **~gewrig** arthrodial joint, arthrodia. **~hou** glide. **~jakkals** *(infml.)* bilker. **~kontak** sliding contact; *(elec.)* trolley. **~laer** plain bearing. **~mat** *(comp.)* glide pad. **~merk** skid mark. **~naaf** antifriction hub. **~plank** chute, slide, sliding board. **~skaal** sliding scale. **~skaalwatertarief** sliding scale water tariff. **~spanning** shearing stress. **~spy** spline. **~stuk** *(mech.)* saddle; carriage *(of a typewriter);* **~vas** -*vaste* non-slip. **~vlak** slip surface, sliding surface; *(geol.)* gliding plane; hydrofoil. **~vlieër** *(aeron., rare)* volplanist, glider; →SWEEFVLIEËR. **~vlug** *(aeron., rare)* glide, volplane. **~vorm** *(building)* slip form. **~vry** non-skid; *~(e) trap* safety tread. **~weerstand** skid resistance. **~weg** = GLYBAAN. **~yster** rail skid.

gly·den·de rym *(pros.)* triple/treble rhyme.

gly·ding shear, slip.

gly·er -*ers* glider; *(phon.)* fricative, continuant, spirant, glide. **gly·e·rig** -*rige* slippery. **gly·e·rig·heid** slipperiness.

gmf *interj.* (h)umph.

g'n *adj. & pron.* →GEEN[1] *adj. & pron..* **g'n** *adv., (infml.)* not, never; *iem. sal dit ~* ***doen*** *nie* s.o. will never do it; *iem. het dit ~* ***gesê*** *nie* s.o. never said it; *dit* ***is*** *~!* it isn't (so)!, no way!; *~* ***stuk*** *nie* not one (little) bit. **~stuk** *adj. & adv., (infml.): iem. wil ~ geraas hoor nie* s.o. doesn't want to hear any noise; →GEEN **STUK** NIE.

gneis *gneise, (geol.)* gneiss. **~graniet** gneiss granite.

gnoc·chi *(pl., It. cook.: semolina/potato dumplings)* gnocchi.

gno·me -*mes* gnome, maxim, motto, aphorism. **gno·mies** -*miese* gnomic.

gno·mon -*mons, (geom. etc.)* gnomon. **gno·mo·nies** -*niese* gnomonic.

gnoom *gnome* gnome, goblin, hobgoblin, elf, imp.

gno·sis *(philos., theol.)* gnosis.

Gnos·tiek, Gnos·ti·sis·me *n., (philos., theol., also g~)* Gnosticism. **Gnos·tiek, Gnos·ties** -*tieke,* -*tiese, adj., (also g~)* Gnostic(al). **Gnos·ti·kus** -*tikusse,* -*tici, (also g~)* Gnostic.

gô[1] *(infml.)* kick, pep, spunk, go, oomph; *iem. se ~ is uit, (infml.)* s.o. has no kick left (in him/her), s.o. is played out; *iem. se ~ is nog (lank) nie uit nie, (infml.)* s.o. still has a lot of kick in him/her, there's life in the old dog yet; →BLUS *n..*

gô[2] *(infml., rare)* bugbear, bugaboo.

Go·a *(geog.: state on W coast of Ind.)* Goa. **Go·a·nees** -*nese, n. & adj.* Goan(ese).

go·be·lin -*lins, (trade name: Parisian tapestry)* Gobelin. **~steek** Gobelin stitch. **~tapisserie** Gobelin tapestry.

Go·bi·woes·tyn Gobi Desert.

God God; →GODS-; *as dit ~* ***behaag*** please God; *~* ***bewaar*** God forbid; *~ (of [die] gode) sy* ***dank*** thank God; →GODDANK; *wat ~* ***doen,*** *is welgedaan* God's works are good (works); *iem. vrees (of weet van) ~ nog sy* ***gebod*** s.o. is completely without religion; *~* ***gee*** grant God; *deur ~s* ***genade*** →GENADE; *so* ***help*** *my ~ (Almagtig), so waarlik* ***help*** *my ~* so help me God; *~ die* ***Here*** →HERE; *in ~s* ***huis*** in the house of God; *alles is* ***moontlik*** *by ~* with God all things are possible; *in ~s* ***naam!*** →IN **GODSNAAM!**; ***naas*** *~* under God; *~ voor oë hou* fear God; *~s* ***ryk*** the kingdom of God, God's realm; *~s* ***seën*** the blessing of God, God's blessing; *mag ~ (dit)* ***verhoed*** God forbid; *dit is ~* ***versoek*** →VERSOEK *vb.; ~s* ***volk*** the people of God, God's people; *~* ***vrees*** fear God; *so* ***waar*** *as ~* →WAAR[1] *adj.; ~s* ***water*** *oor ~s akker laat loop* →WATER *n.; ~* ***weet*** *dit!* God knows!; *~* ***weet*** *hoe* goodness knows how; *so ~* ***wil,*** *as dit ~s* ***wil*** *is* God willing, please God; *om ~s* ***wil*** →OM **GODSWIL**; *~s* ***Woord*** →WOORD. **~mens** *(Chr.: Christ)* Godman. **~stad:** *die ~* the Heavenly City, the City of God.

god *gode* god; →GODE-, GODS-; *die ~e* the gods/celestials; *die ~e was ons* ***gunstig*** the gods smiled on us, fortune favoured us; *in die* ***hand/skoot*** *van die ~e* in the lap of the gods; ***mindere*** *~e* lesser lights; *iets is iem.* ***se*** *~, (money etc.)* s.t. is s.o.'s god. **~dank** thank God, thank goodness, thank heaven. **~ganse(like):** *die ~ dag* the livelong day, the whole blessed day. **~gegewe** God-given. **~geklaag:** *dis ~, (rare)* →DIT **SKREI** TEN HEMEL. **~geleerd** -*leerde, adj.* theological. **~geleerde** -*des, n.* theologian. **~geleerdheid** theology, divinity. **~gelyk** -*lyke* godlike. **~gevallig** -*lige* pleasing to God. **~gevloek** -*vloekte* cursed, damned. **~gewilde:** *~ koningskap* divine right of kings. **~gewyd** -*wyde* consecrated to God, hallowed, sacred. **~koning** god-king. **~lasterend, ~onterend** -*rende* blasphemous. **~loënaar** -*naars* atheist, unbeliever. **~loëning** atheism, unbelief. **~menslik** theanthropic, theandric. **~salig** -*lige, adj.* godly, pious. **~salige** -*ges, n.* pious person. **~saligheid** godliness, piety. **~spraak** -*sprake* oracle, prophecy. **~vergete, ~verlate** *meer ~ die mees ~* God-forgotten/forsaken, abandoned *(place, wretch).* **~versaker** = GODLOËNAAR. **~vresend** -*sende* God-fearing, devout, godly, pious. **~vresendheid** devotion, godliness, piety. **~vrugtig** -*tige* = GODVRESEND. **~vrugtigheid** = GODVRESENDHEID.

god·de·lik -*like* divine, godlike, sublime; *(G~)* of God; *die ~e* ***dag*** the livelong (*or* whole blessed) day; *~e* ***deugde,*** *(pl.)* theological virtues; *~ en* ***menslik*** theanthropic, theandric; *dit* ***was*** *~* it was heavenly. **god·de·lik·heid** divineness, divinity, deity.

god·de·loos -*lose, adj.* godless, impious, sinful, ungodly, unholy, wicked, profane, unrighteous; *(infml., stress on* -loos*)* impish, lively, naughty; mischievous; *~lose kinders* lively/naughty children; *'n ~lose lawaai* a dreadful noise; *jy is vandag weer ~* you are up to mischief. **god·de·loos** *adv.* naughtily; *iem. kan ~ lieg* s.o. lies shamelessly. **god·de·loos·heid** godlessness, impiety, ungodliness, wickedness, unrighteousness; *(infml., stress on* -loos-*)* naughtiness; *vol ~ wees* be up to (all sorts of) monkey tricks. **god·de·loos·lik** *(infml.)* wickedly, impiously; mischievously; →GODDELOOS *adv..* **god·de·lo·se(s)** *n.: die ~* the wicked.

go·de-: **~bloed** *(Gr. myth.)* ichor. **~drank** nectar. **~hemel** pantheon. **~leer** mythology. **~skemering** twilight of the gods. **~spys** ambrosia. **~stryd** theomachy. **~verering** idol worship. **~wêreld** world of the gods, pantheon.

go·de·dom the gods, pantheon.

god·heid divinity, godhead, deity; *die G~* the Deity/Godhead.

go·din -*dinne* goddess, female divinity.

god·jie -*jies, (dim.)* little god, tinpot deity.

God·loos -*lose, (also g~)* godless, without God (*or* a god). **God·loos·heid** godlessness.

Gods-: **~gesant** divine messenger; apostle. **~lam:** *die ~, (Chr.: Christ)* the Lamb of God. **~man** -*manne* man of God, godly man; prophet; apostle. **~openbaring:** *die ~* the revelation of God. **~weë:** *van ~* from God; on God's behalf.

gods-: **~akker** cemetery, churchyard, God's acre, graveyard. **~begrip** idea of God. **~diens** →GODSDIENS. **~gawe** godsend, gift from God. **~gebou** church; place of worship. **~geklaag:** *dis ~, (rare)* →DIT **SKREI** TEN HEMEL. **~gerig** ordeal, divine judgement. **~gif** *(jur.)* deodand. **~gruwelik** horrific; *(sl.)* god-awful. **~huis** place of worship, church, temple, chapel, tabernacle; teocalli *(of the Aztecs).* **~idee** idea of God. **~jammerlik** -*like* miserable, pitiable, wretched. **~lasteraar** blasphemer. **~lastering** blasphemy, profanity. **~lasterlik**

=*like* blasphemous. ~**leer** theodicy. ~**moord** deicide. ~**naam:** *in ~!* in God's name!, for Heaven's/goodness' sake!; *ek wou in ~ dat ...* I wished to Heaven (that) ...; *wat in ~ wil jy hê?* for Heaven's sake (*or* for crying out loud), what do you want?, what on earth do you want?. ~**onmoontlik** =*like* quite/utterly impossible, out of the question. ~**oordeel** = GODSGERIG. ~**penning** *(hist.)* earnest (money). ~**regering** theocracy. ~**verering** divine worship, worship of God. ~**vertroue** trust in God. ~**vrede** truce of God; political truce. ~**vrug** devotion, piety, godliness. ~**wil:** *om ~* for God's sake, for the love of God, for mercy's sake.

gods·diens =*dienste* religion, faith; divine worship; *~ hou* have prayers, hold a service; *sonder ~* religionless. ~**dwepery** religiosity. ~**geskiedenis** history of religion. ~**haat** religious hatred. ~**historikus** historian of religion. ~**oefening** divine/religious service, devotions; *geheime ~* conventicle; *'n ~ lei* take a service. ~**onderwys** religious instruction/teaching. ~**oorlog** religious war, war of religion. ~**opvoeding** religious education. ~**plegtigheid** religious ceremony/rite. ~**plig** religious duty. ~**sin** piety, religiousness, religiosity, religious sense. ~**stryd** religious struggle. ~**twis** religious dissension/quarrel. ~**vryheid** religious freedom/liberty, freedom of faith/worship. ~**waansin** religious mania. ~**wetenskap** religious studies, science of religion; *vergelykende ~* comparative religion. ~**ywer** religious zeal; *blinde ~* fanaticism.

gods·diens·loos =*lose* religionless; irreligious, unreligious.

gods·diens·tig =*tige* devout, pious, religious. **gods·diens·tig·heid** devotion, piety, religiousness; religiosity.

goed[1] *goed(ere), goeters, n.* assets, goods *(as sing.)*, commodity, commodities, merchandise; property; estate; matter, material, stuff, things; luggage; wares; →GOEDERE=; ***aan/vir*** *(gelewerde) ~ere* to goods (supplied); ***aan/vir*** *gelewerde ~ere, (also)* to account rendered; *(al) iem. se* ***aardse*** *~(ere)* (all) s.o.'s wordly goods; *'n doos vol proppe, aansluiters en* ***ander*** *goeters, (infml.)* a box full of plugs, adaptors and other things/stuff (*or* odds and sods); *in ~* ***betaal*** pay in kind; *~ en* ***bloed*** life and property; *jou ~* ***deurbring*** waste one's substance; ***goeie*** *~* good stuff *(infml.)*; ***onroerende*** *~ere* immovable property; ***roerende*** *~ere* movables; ***ver/vêr*** *van jou ~, naby jou skade* stay close to your property if you don't want losses.

goed[2] *n.* good; →GOEIE *n.*; *dit is* ***alles*** *ten ~e* it is all for the best; *iets ~s* ***beethê*** be onto a good thing *(infml.)*; *iets ~s* ***beetkry*** get hold of something good; *~* ***doen*** do good; *aan ander ~* ***doen*** do good to others; *iets* ***doen*** *iem. baie ~* s.t. does s.o. a power/world of good; *dit sal iem. ~* ***doen*** it will do s.o. good; *jou te ~* ***doen*** do o.s. well; *jou te ~* ***doen*** *aan ...*, *(also)* feast (up)on ...; *wie ~* ***doet***, *~ ontmoet, (idm., arch.)* do well and have well; ***iets*** *~s* something good; a good thing; good stuff *(infml.)*; *iets* ***kom*** *... ten ~e* s.t. benefits ...; *~ en* ***kwaad*** good and evil; *onderskei tussen ~ en* ***kwaad*** distinguish between good and evil; *ten ~e of ten* ***kwade*** for good or evil; *dit hou* ***niks*** *~s vir ... in nie* it bodes/augurs ill for ...; ***niks*** *as ~s nie* nothing but good; ***niks*** *~s van iem./iets te sê hê nie* have no time for s.o./s.t. *(fig.)*; *geld* ***te*** *~ hê* have a credit balance; have money outstanding; *dit hou* ***veel*** *~s vir ... in* it bodes/augurs well for ...; *'n* ***verandering*** *ten ~e* a change for the better; *dit* ***werk*** *(mee) ten ~e* it is (all) to the good. **goed** *goeie beter beste, adj. & adv.* good, fine, excellent(ly); well; good-natured(ly), kind(ly); correct(ly), right, proper(ly), sound(ly); *~* ***40%*** *van die armes/ens.* fully 40% of the poor/etc.; *~* ***aangepas*** well-adjusted *(pers.)*; *~* ***af*** *wees* be well away; have it good; be sitting pretty *(infml.)*; be on a good wicket *(infml.)*; →WELAF; *dit ~* ***ag/dink*** *om ...* see/think fit to ...; *dit ~* ***ag/dink*** *om iets te doen, (also)* in one's wisdom decide to do s.t.; *iem. is* ***alte*** *~* s.o. is a soft mark/touch *(infml.)*; ***alte*** *~ is buurmans gek, (prov.)* all lay load on the willing horse, he that makes himself a sheep shall be eaten by the wolf; ***baie*** *~* very good; very well; *~* ***bedeel(d)*** well endowed; *die gebaar was ~* ***bedoel(d)*** the gesture was well meant/intended; →BEDOEL; *~ en* ***behoorlik*** *gelê, (fml.)* well and truly laid *(a cornerstone)*; *~* ***belese*** deeply read; *'n goeie* ***beloning*** a substantial reward; *~* ***beoordeel*** well judged; *~* ***beredeneer(d)*** well argued *(a case etc.)*; *iem. word ~ daarvoor* ***betaal*** s.o. is well paid, s.o. gets good money for it; *dit is ewe ~ of* ***beter*** it is, if anything, better; *iets* ***bly*** *~, (the weather etc.)* s.t. holds up; *iets sal ~* ***bly***, *(milk, meat, etc.)* s.t. will keep; *~* ***bygewoon*** well attended *(a church service, symposium, etc.)*; *op 'n goeie* ***dag*** →DAG[1]; *~* ***dan!*** very good/well!; *nie* ***danig*** *~ nie* not so good; *dit was ~* ***dat*** *iem. gekom/ens. het* s.o. did well to come/etc.; *dis (of dit is) ook maar ~* ***dat*** *...* it's (*or* it is) just as well that ..., it's (*or* it is) a good job that ...; ***deksels*** *~, (infml.)* jolly good *(infml.)*; darned well *(infml.)*; *jou goeie* ***dienste*** *aanbied* →DIENS *n.*; *dit ~* ***dink*** *om ...* →***ag/dink***; ***dis*** *~ (so)* that's right; *iem.* ***doen*** *iets baie/besonder ~* s.o. does s.t. very well; *iets nie te/danig ~* ***doen*** *nie* not do s.t. over well; *A en B is* ***ewe*** *~* A is as good as B; *iem. kan* ***ewe*** *~ ...* s.o. may as well ...; *dit* ***gaan*** *~* →GAAN; *~* ***gaar*** *wees* →GAAR[1] *adj.*; *'n ~* ***geboude*** *kêrel* →GEBOU *adj.*; *'n ~* ***gedokumenteerde*** *feit/ens.* a well-documented fact/etc.; *~* ***geformuleer*** well constructed *(an argument etc.)*; *'n ~* ***geklede*** *man/vrou* →GEKLEE(D); *~* ***gekonstrueer*** well constructed *(a story, plot)*; *goeie geld agter kwaad/slegte* ***geld*** *aan gooi* →GELD[1] *n.*; *~ drie/ens. jaar* ***gelede*** fully three/etc. years ago; *op goeie* ***geluk*** *(af)* →GELUK *n.*; *~* ***gemanierd*** →GOEDGEMANIERD; *goeie* ***genade/genugtig/hemel!*** (o) my goodness!, goodness gracious!, good heavens!, gosh!; *~* ***genoeg*** good enough; *dit is nie ~* ***genoeg*** *nie, (also)* that will not do, that won't do; *'n ~* ***georganiseerde*** *byeenkoms* →GEORGANISEER(D); *'n ~* ***geskoolde*** *vakman* →GESKOOL(D); *'n ~* ***geskrewe*** *stuk* →GESKREWE; *'n ~* ***gestruktureerde*** *program/ens.* a well-structured programme/etc.; *te ~ om te* ***glo*** too good to be true; *~* ***grootgemaak*** →GROOTMAAK; *nie* ***half*** *so ~ as ... nie* not nearly as good as ...; *dit ~* ***hê***, *daar ~ in* ***sit***, *(infml.)* be well fixed, be on easy street *(sometimes E~ S~)*; ***heel*** *~* very well; *iem.* ***het*** *dit ~* s.o. is well off; *~* ***honderd/duisend*** easily (*or* rather more than *or* well above) a hundred/thousand, a hundred/thousand odd; *iets* ***hou*** *~, (perishables)* s.t. keeps; *(shoes etc.)* s.t. wears well; *~ wees* ***in*** *tale* be good at languages; *~ wees* ***in/met*** *iets* be a good hand at s.t.; *~* ***ingeligte*** *kringe* →INGELIG; *dit* ***is*** *~* that is a good thing; *goeie* ***kringloop*** →KRINGLOOP; ***lank*** *nie ~ nie* far from good; ***lank*** *nie so ~ wees nie* be nothing like as good; *~* ***lewe*** live well, make a comfortable living; *dit is* ***maar*** *~!* and a good thing too!; *dit is (ook)* ***maar*** *~* that is just as well; *dit is (ook)* ***maar*** *~ dat ...* it is just as well that ...; *dit is* ***maar*** *~ om ...* it is just as well to ...; *vir* ***niks*** *~ nie* good for nothing; ***nogal*** *~* rather good; ***nogal/taamlik*** *~* not (half/so) bad; ***(nou)*** *~!* very well/good!; ***nou*** *~!* fair enough!; well then!; ***nou*** *maar ~!* all right!; *dis nie ~* ***om*** *... nie* it doesn't do to ...; *~* ***ontwikkelde*** *spiere/stelsel/ens.* well-developed muscles/system/etc.; *~* ***opgeleide*** *personeel* →OPGELEI; *'n ~* ***opgevoede*** *kind/ens.* →OPGEVOED; *dit sou in alle* ***opsigte*** *~ wees* it would be a good thing all over; *~ van iem.* ***praat*** →PRAAT *vb.*; *die goeie* ***reg*** *van 'n saak* the justice of a cause; *goeie* ***reis!*** →REIS *n.*; *~* ***ridder*** →RIDDER; *~* ***saamgestel*** well constructed *(a programme etc.)*; *'n ...* ***sal*** *ook ~ wees* a ... will also do; *daar ~ in* ***sit*** →***hê***; *dit* ***sit*** *~* →SIT *vb.*; *iem.* ***slaap*** *~* s.o. sleeps soundly/well; *iem.* ***slaap*** *minder ~* s.o. sleeps indifferently; *dit* ***smaak*** *~* →SMAAK *vb.*; *~* ***(so)!*** all right!; *~* ***so!*** that serves him/her right!; *dit is maar ~* ***so*** it is all for the best; ***so*** *~ as ...* nearly/virtually/almost/practically (*or* as good as *or* all but) ..., ... in all but name, *(infml.)* pretty well ... *(finished, sold, signed, etc.)*; *dit is* ***so*** *~ as ..., (also)* it is no better than ... *(theft etc.)*; *A is (net)* ***so*** *~ as B* A is as good as B; *iem. is* ***so*** *~ as kan kom* s.o. is as good as gold; ***so*** *~ as niemand nie* next to nobody; ***so*** *~ as wie ook al* as good as the next person; ***so*** *~ (as) iem. kan* to the best of s.o.'s ability; as best s.o. can/may; *iem. kan net* ***so*** *~ as/soos ... sing/ens.* s.o. can sing/etc. (just) as well as ...; *wees* ***so*** *~ en/om ...* be so good/kind as to ..., be good enough to ..., have the goodness to ...; *sal jy* ***so*** *~ wees om ...?* can/could/may I trouble you to ...?; *iets* ***staan*** *iem. ~* →STAAN; *~* ***staan*** →GOEDSTAAN; ***taamlik*** *~* fairly good; fairly well; *nie* ***te*** *~ nie* not so good; *~ daaraan* ***toe*** *wees* be well off; →BETER DAARAAN TOE WEES; *'n ~* ***toegeruste*** *woonstel/ens.* →TOEGERUS; *te/in ~er* ***trou*** →TROU[1] *n.*; *goeie* ***trou*** good faith, bona fides; *in die goeie ou(e)* ***tyd*** →TYD; *'n goeie* ***uur*** a full hour; *~* ***vaar*** →VAAR[2] *vb.*; *'n ~* ***versorgde*** *boek/ens.* →VERSORG; *iets ~* ***verstaan*** understand s.t. well, be clear in one's mind about s.t.; *~* ***vervaardig*** well constructed *(equipment)*; *~* ***vind*** →GOEDVIND; ***vir*** *~* for good (and all), forever, for ever; ***vir*** *iem. ~ wees* be good/kind to s.o.; ***vir*** *iets ~ wees* be beneficial to s.t.; *iets is ~* ***vir*** *iem.* s.t. is good for s.o.; *iem. is ~* ***vir*** *'n bedrag* s.o. is good for an amount; *iem.* ***voel*** *~* s.o. feels fine, s.o. is doing fine; *baie ~* ***voel*** feel great *(infml.)*; *iem.* ***voel*** *nie ~ nie* s.o. is not feeling well, s.o. is not feeling too hot *(infml.)*; ***voel*** *jy ~?* are you (feeling) all right?; *Goeie* ***Vrydag*** →VRYDAG; *dis ~ om te* ***weet*** *(dat) ...* it's nice to know (that) ...; *dis alles ~ en* ***wel*** that's all very fine/well; that is well and good; *'n goeie* ***woord*** *vir ... oorhê* →WOORD; *iem. moet maar weer ~* ***word*** s.o. will have to make it up again; ***wys*** *hoe ~ jy is, (also, infml.)* strut one's stuff. ~**gehumeurd** =*meurde* good-humoured/tempered. ~**gelowig**, ~**gelowig** =*wige* credulous, trusting, trustful; naive, uncritical. ~**gelowigheid**, ~**gelowigheid** credulity, trustfulness; naivety. ~**gemanierd**, ~ **gemanierd** well-behaved, well-mannered. ~**gemanierdheid** breeding, good manners. ~**houvermoë** keeping quality, preservability. ~**karoo, goeiekaroo(bossie)** *(bot.: Phymaspermum parvifolium; Pentzia spp.)* good karoo. ~**vertrouend** =*ende* trustful, trusting. ~**vertrouendheid** trustfulness.

goed·aar·dig =*dige* kind(ly), good-natured; good-tempered; benign, benignant; well-conditioned; kind-hearted; stingless *(bee)*; *~e gewas* benign tumour/growth; →GOEDHARTIG. **goed·aar·dig·heid** good nature, kindness, benignity, benignancy; *~ van 'n gewas* benignity of a tumour; →GOEDGEAARD.

goed·deels *adv., (rare)* chiefly, largely, for the greater part.

goed·dink *goedge=* think fit; *iem. het (dit) goedgedink om te ...* s.o. thought it proper to ...

goed·dunk *goedge=, vb., (fml., rare)* see fit/proper, think fit/proper; *as dit u ~ ...* if you think it fit/proper ..., if it pleases you ... **goed·dun·ke** *n.* pleasure; discretion; satisfaction; *geheel na iem. se* ***eie*** *~* at s.o.'s sole discretion; ***na*** *(eie) ~ handel* use one's (own) discretion; ***na*** *iem. se ~* at s.o.'s discretion; pending s.o.'s pleasure; ***na*** *~ van ...* at the discretion of ...; at the will of ...

goe·de *n.* →GOED[2] *n.*.

Goe·de·le *(Belgian saint)* Gudule.

goe·der: *te/in ~ trou* →TROU[1] *n.*.

goe·de·re=: ~**aanleg** *(rly.)* goods layout. ~**hyser** service lift, goods lift. ~**inspekteur** goods inspector. ~**kantoor** goods office. ~**loods** goods shed. ~**stasie** goods station. ~**trein** goods train, *(Am.)* freight train. ~**verkeer**, ~**vervoer** freight/goods traffic. ~**vervalsing** barratry. ~**vrag** goods freight. ~**wa** goods van/truck.

goe·der·tie·ren·heid *(Bib.)* loving kindness, mercy, clemency, bounty.

goed·ge·aard =*aarde* good-natured, -hearted.

goed·geefs =*geefse, (rare)* generous, lavish, liberal, open-handed. **goed·geefs·heid** generosity.

goed·ge·sind =*sinde, adj.* favourable, kind, kindly disposed, well-disposed, well-affected, well-intentioned, sympathetic, propitious; *~ wees teenoor ...* be well-disposed towards ... **goed·ge·sin·de** =*des, n.* well-wisher, sympathiser. **goed·ge·sind·heid** goodwill, kindness, sympathy.

goed·guns·tig =*tige, adj.* kind, obliging, well-disposed, benignant. **goed·guns·tig** *adv.: ~ afgestaan deur ...* (made available) by courtesy of ...; *~ instem* agree generously. **goed·guns·tig·heid** kindness, goodwill. **goed·guns·tig·lik** kindly, graciously; *~ geleen deur ...* lent by courtesy of ...; →GOEDGUNSTIG *adv.*.

goed·har·tig =*tige* kind-hearted, good-natured/hearted/tempered, kind(ly), caring, benign, benignant. **goed·har·tig·heid** kind-heartedness, good nature.

goed·heid goodness; excellence, kindness; *o ~!, grote ~!* goodness me!/gracious!; *in ~s naam* for goodness' sake.

goe·dig *-dige* →GOEDHARTIG. **goe·dig·heid,** *(infml.)* **goei·ig·heid** good nature, good-, kind-heartedness, kindliness.; *iem. is eintlik sleg van ~* s.o. is kind to a fault.

Goe·dja·rat *(Ind. state)* Gujarat. **Goe·dja·ra·ti** *-ti's, (member of a people)* Gujarati; *(no pl.), (language)* Gujarati. **Goe·dja·ra·ti·spre·ken·de, Goe·dja·ra·ti·spre·ker** Gujarati speaker.

goed·jies *(dim.)* little things; (k)nick-(k)nacks, trifles.

goed·keur *goedge-* approve (of), endorse, confirm, acclaim; sanction, ratify; consent to, agree to; adopt *(minutes)*; pass *(minutes, a person/thing for service)*; deem fit, think proper, hold with; *iets word algemeen ~gekeur* s.t. is generally approved; *(dit) ~ dat iets gedoen word* approve of s.t. being done; *iets deur iem. laat ~, (also, infml.)* get s.o. to OK/O.K./okay s.t., OK/O.K./okay s.t. with s.o.;*iem./iets ~ vir ...* pass s.o./s.t. for ... **goed·keu·rend** *-rende, adj.* approving; *~e glimlagge* smiles of approbation. **goed·keu·rend** *adv.* approvingly; *~ knik* nod one's approval. **goed·keu·ring** approval, approbation; adoption *(of minutes)*; sanction, clearance, endorsement; acclaim; assent; selection; *jou ~ aan ... gee/heg* give one's approval to ..., approve of ...; give one's sanction to ...; *iets **het** die ~ van ...* s.t. has the approval of ...; *iem. se ~ **kry*** get s.o.'s approval; *iem. se ~ vir iets **kry**, (also)* clear (*or [infml.]* OK/O.K./okay) s.t. with s.o.; ***met** die ~ van ...* with the approval of ...; *aan iem. se ~ **onderworpe** wees* be subject to s.o.'s approval; *jou ~ **onthou*** refuse/withhold one's consent; *iets ter/vir ~ **voorlê*** submit s.t. for approval; *iem. se ~ vir iets **vra*** seek s.o.'s approval for s.t.; *iem. se ~ **wegdra*** have/win (*or* meet with) s.o.'s approval, have s.o.'s blessing.

goed·koop *~ -koper -koopste, adj.* cheap; tawdry; inexpensive; low-priced; *~ **applous** soek* →APPLOUS; *~ is **duurkoop*** a bad bargain is dear at a farthing, cheap things are dear in the long run; *iets **kom** ~ uit* s.t. comes cheap; *iets ~ **kry*** get s.t. cheap; *jou ~ **maak**, (fig., derog.)* prostitute o.s.; *~koper **verkoop/werk** as jou mededingers* undersell/undercut the competition; *'n ~ **vervaardigde** prent* a low-budget film; *'n ~ **winkel*** a cheap store. **goed·koop** *adv.* cheaply; inexpensively, on the cheap. **goed·koopheid** cheapness.

goed·lags *-lagse, (<Du.)* laughter-loving, fond of laughing, easily amused.

goed·maak *goedge-* make good, make up for, undo, offset *(a loss)*, repair *(a mistake)*, redeem *(an error)*, make restitution for *(a wrong)*; *(jur.)* purge; put right *(a wrong)*, make amends for *(past misdeeds)*, retrieve *(one's shortcomings)*; expiate; counterbalance; compensate; *'n tekort ~* wipe out a deficit. **goed·ma·king** *(jur.)* purgation.

goed·moe·dig *-dige* = GOEDHARTIG. **goed·moe·dig·heid** = GOEDHARTIGHEID.

goed·praat *goedge-* explain away, gloss over, (try to) defend, try to justify, whitewash.

goeds *n.* →GOED² *n.*.

goed·skiks *adv.* willingly, with a good grace; readily; *~ of kwaadskiks* willy-nilly.

goeds·moeds *adv.* cheerfully; unprovokedly; *iets ~ ignoreer/veron(t)agsaam* blithely ignore s.t..

goed·staan *goedge-* guarantee, vouch (for); *vir iem. ~* vouch/answer for s.o.; *vir iets ~* vouch for s.t. *(the truth of a statement etc.)*, guarantee s.t..

goed·vind *goedge-, vb.* think fit/proper; approve of; agree to, put up with, submit to; *as jy dit ~* if you think it fit/proper, if you approve of it. **goed·vin·de** *n.* agreement; approbation; permission; discretion, pleasure; *na (eie) ~ handel* use one's (own) discretion; *na ~ van ...* at the discretion of ...; at the will of ...; *met wedersydse ~* by (mutual) consent.

goed·wil·lig *-lige, adj.* willing; obliging, gracious, well-meaning. **goed·wil·lig** *adv.* willingly; obligingly. **goed·wil·lig·heid** willingness; goodwill, good feeling.

goei·e *-es, n.: **die** ~s* the good ones; *die ~ uit iem. **haal*** bring out the good in s.o.; *aan die **kant** van die ~* on the side of the angels; *'n ~* a good one; *die ~ en die **slegte*** the good and the bad; *die ~ sou ons van God aanneem, en nie ook die **slegte** aanneem nie? (OAB), as ons die ~ van God aanvaar, moet ons nie ook die **slegte** aanvaar nie? (NAB), (Job 2:10)* shall we receive good at the hand of God, and shall we not receive evil? *(AV)*, shall we accept good from God, and not trouble? *(NIV)*; *('n) mens kan van die ~ **te veel** kry* one can have too much of a good thing; *die ~ met iem. **voorhê*** mean well by s.o.; *~ **weet**, (infml.)* goodness/dear knows *(infml.)*, Heaven (only) knows.

goei·e-: *~**dag** interj.* good day; *vir iem. ~ sê* bid s.o. (a) good day, pass the time of day; *iem. so ~, goeie weg ken, (obs.)* know s.o. slightly. *~**karoo(bossie)*** →GOEDKAROO. *~**middag** interj.* good afternoon. *~**môre/more**, ~**môre/more** interj.* good morning. *~**naand** interj.* good evening. *~**nag** interj.* good night. *~**wyn*** = DRINKWYN.

goei·erd *-erds* softy.

goei·e·rig *-rige, (infml.)* goodish, fairly good; →GOED² *adj. & adv.*.

goei·ig·heid →GOEDIGHEID.

goei·ste: *o my ~!, (infml.)* goodness (gracious) me! *(infml.)*, my goodness! *(infml.)*; *~ weet, (infml.)* goodness/dear knows *(infml.)*, Heaven (only) knows.

go·ël *ge-, vb.* practise magic, conjure, do tricks; *met iets ~* juggle with s.t. *(figures etc.)*. *~**bal** (cr.)* googly. *~**kuns*** conjuring, magic, prestidigitation. *~**toer*** conjuring trick, sleight of hand. *~**woord*** magic word.

go·ë·laar *-laars* conjurer, magician, illusionist.

goe·lag *-lags, (<Russ., labour camp; prison for political dissidents)* gulag *(also G~)*.

go·ë·le·ry conjuring, sleight of hand, legerdemain.

goe·te·rig *-rige, (infml.)* fairly good, goodish; →GOED² *adj. & adv.*, GOEIERIG.

goe·ters *n. (mv.), (infml.)* things; →GOED¹ *n.*. **goe·ter·tjies** *(dim.)* little things; odds and ends; →GOEDJIES.

Goe·the·aans *-aanse* Goethian, Goethean.

goe·wer·ment *-mente, (obs. or joc.)* government. *~**skool*** government school, public school. *~**suiker*** government sugar.

goe·wer·ments-: *~**amptenaar** (obs. or joc.)* government official. *~**bossie** (infml., Hermannia paucifolia)* goewermentsbossie. *~**dienaar** (obs. or joc.)* public servant, civil servant. *~**diens** (obs.)* government service. *~**dokter** (obs.)* district surgeon. *~**gebou** (obs.)* government building. *~**kennisgewing** (obs.)* government notice.

goe·wer·nan·te *-tes* governess.

goe·wer·neur *-neurs* governor. *~-**generaal** -neurs-generaal* governor general. *~-**generaal-in-rade** (hist.)* governor general in council. *~-**generaalskap*** governor-generalship.

goe·wer·neurs-: *~**boon(tjie)** (Phaseolus spp.)* Lima bean, civet bean, butterbean. *~**huis*** (governor's) residency, government house. *~**rang**, ~**titel*** rank/title of governor. *~**vrou** (Am.)* first lady *(often F~ L~)*. *~**woning*** government house.

goe·wer·neur·skap governorship.

go·fer·hout *(Bib.: Gen. 6:14)* gopher wood.

Gog: *die ~ en (die) Magog, (Bib.: Rev. 20:8)* Gog and Magog.

gog *gogge,* **gog·gie** *-gies, (infml.: penis)* willy, willie; →GOGGA.

gog·ga *-gas, (infml.)* insect, bug; *(infml., comp.)* bug *(in a program etc.)*; bogey; *(also, in the pl.)* creepy-crawlies, vermin; *~ maak vir **baba** bang, (infml.)* s.o. is a frightful sight; here comes the bog(e)yman; *iem. is deur die ~ **gebyt**, die ~ het iem. **gebyt**, (infml.)* s.o.'s been bitten by (*or* s.o.'s got) the bug; *van die ~s **vervuil** wees* be infested with vermin; ***vol** ~s, (comp.)* bug-ridden *(software etc.)*. *~**gif*** = INSEK(TE)GIF. *~**jag*** beetle drive. *~-**maak-vir-baba-bang*** bogeyman; ugly.

gog·ga·bie *-bies, (infml.)* bugaboo, bogey(man).

gog·ga·tjie *-tjies, (dim.), (infml.)* little bug/insect.

goi *gojim, (Yidd.: gentile)* goy.

Goi·del *-dels, (speaker of a Goidelic language)* Goidel. **Goi·de·lies** *n. (N Celtic language group)* Goidelic. **Goi·de·lies** *-liese, adj.* Goidelic.

goi·ing sacking, hessian, burlap, gunny, jute fibre. *~**net*** scrim. *~**sak*** gunny bag; hessian/burlap/jute bag.

gok *ge-, vb., (rare)* gamble, chance it (*or* one's arm). **gok·ker** *-kers, (rare)* gambler, chancer.

Go·lan·hoog·land Golan Heights *(in the Middle East)*.

gol·den *(Eng.)*: **G~ Delicious(-appel)** Golden Delicious. **G~ Gate** *(geog., VSA en SA)* Golden Gate. **G~ Gatebrug** Golden Gate Bridge *(of San Francisco)*. *~ **retriever** (breed of dog)* golden retriever.

golf *golwe, n.* wave, breaker; bay; gulf; wave *(in the hair)*; corrugation; undulation; *deur die golwe heen en weer **geslinger** word* be tossed by the waves; *die golwe **klots*** the waves beat; *die G~ van **Mexiko/Meksiko*** the Gulf of Mexico; *die **(Persiese)** G~* the (Persian) Gulf; *'n ~ **van** ...* a wave of ... *(indignation etc.)*; a rash of ... *(criticism)*. **golf** *ge-, vb.* undulate, wave; billow; surge; →GOLWEND; *hare laat ~* have hair waved. *~**antenne*** wave aerial. *~**band*** waveband. *~**bandskakelaar*** wave changer, wave change switch. *~**beweging*** wave(like) motion, undulatory motion, undulation. *~**breker*** breakwater, mole. *~**dal*** wave trough. *~**deining*** range action. *~**duur*** period of wave. *~**front*** wave front. *~**funksie** (phys.)* wave function. *~**geklots*** dash of the waves. *~**getal** (phys.)* wave number. *~**kam*** wave crest. *~**koppe*** white horses. *~**krag*** wave power. *~**kruin*** crest/ridge of a wave, wave crest. *~**leier*** wave guide. *~**lengte*** wavelength; *hulle is (nie) op dieselfde ~ (nie), (fig., infml.)* they are (not) on the same wavelength *(infml.)*; *(nie) op dieselfde ~ as iem. wees (nie), (fig., infml.)* be in (*or* out of) sync(h) with s.o.. *~**lengtemeter** (rad.)* wavemeter. *~**lyn*** waving/wavy line; wave line. *~**lys*** wave moulding. *~**meganika*** wave mechanics. *~**meter*** wavemeter. **G~oorlog** *(1980-88)* Gulf War *(between Iran and Iraq)*; *(1991)* Gulf War *(between Iraq and US-led UN forces)*. *~**plaat*** undulated sheet. *~**reeks** (phys.)* wave train. *~**riffel*** ripple mark, wave mark. *~**rug*** = GOLFKRUIN. *~**ry*** big-wave surfing/riding. *~**ryer*** big-wave surfer/rider. *~**slag*** dash/wash of the waves; *met kort ~* choppy. **G~state** Gulf States. *~**steek*** wave-stitch. **G~stroom** *(geog.)* Gulf Stream. *~**teorie** (phys.)* wave theory, undulatory theory *(of light)*. *~**top*** = GOLFKRUIN. *~**vergelyking** (phys.)* wave equation. *~**vorm** (phys.)* waveform. *~**vormig** -mige* undulatory, undulating. *~**yster*** corrugated iron.

golf·ag·tig, golf·ag·tig wavelike.

gol·fie *-fies, (dim.)* wavelet.

golfs·ge·wys, golfs·ge·wy·se in waves, wavelike.

gol·wend *-wende* waving *(grass)*, wavy *(hair)*, flowing *(stream)*, billowy *(ocean)*, rolling *(plain)*, undulating *(landscape)*, surging *(crowd)*; undulatory, undulose; *(bot.)* undate, gyrose; *~wende spervuur* creeping barrage.

gol·wing *-wings, -winge* undulation, waving, waviness, wave, swell; surge; *(min.)* roll; corrugation; *vaste ~* permanent wave, perm.

Go·li·at *(Bib., also fig.)* Goliath; *'n (reus) ~* a giant; **g~kewer** *(entom.: Goliathus spp.)* Goliath/goliath beetle.

gol·la →GONNA² *interj.*.

gom *n.* gum; glue; size; *Arabiese ~* gum arabic; *vloeibare ~* mucilage. **gom** *ge-, vb.* gum, glue, close/fasten with gum. *~**boom*** gumtree; *Australiese ~* eucalypt(us). *~**bos(sie)** (Pteronia spp.)* gombos(sie). *~**hars*** gum resin. *~**kwas*** paste brush. *~**lak*** shellac. *~**lekker*** gum drop. *~**pot*** glue pot, paste pot. *~**pou** (orn.: Ardeotis kori)* kori bustard. *~**snuiwer*** glue-sniffer. *~**snuiwery**, ~**snuiwing*** glue-sniffing. *~**stiffie*** glue stick. *~**stof*** mucin, colloid. *~**tor** (infml., derog.)* lout, bumpkin, oaf, roughneck, boor, clod(hopper), yokel, scruff, sleazebag, sleazeball.

gom·ag·tig *-tige* gummy; resinous, gummose.

gom·las·tiek (gum) elastic, (India) rubber, caoutchouc. *~**skoen** (rare)* rubber shoe.

gom·ma →GONNA² *interj.*.

gom·me·rig =*rige* gummy.
gom·mie =*mies* = GOMTOR.
Go·mor·ra *(Bib.: also fig.)* Gomorrah.
go·na·de =*des, (zool.)* gonad.
gon·del =*dels* gondola; *(aeron.)* nacelle. ~**lied** gondolier's song, barcarole, barcarolle. ~**vaart** gondola trip.
gon·de·lier =*liers* gondolier.
Gon·dwa·na(·land) *(geol.: an ancient supercontinent)* Gondwana(land).
go·ni·di·um =*diums*, =*dieë, (bot.)* gonidium. **go·ni·di·aal** =*diale* gonidial.
go·ni·o·me·trie goniometry. **go·ni·o·me·tries** =*triese* goniometric(al); ~*e funksie* trigonometrical function.
gon·na¹, gon·na·bos·(sie) *n., (Khoi, bot.: Passerina* spp., *Struthiola* spp.*)* gonna (bush).
gon·na², gol·la, gom·ma *interj.* gee (whiz)!, wow!; *o ~!* oh dear!, oh my goodness! **gon·na·been·tjie** →GOTTABEENTJIE.
go·nor·ree *(pathol.)* gonorrhoea.
gons *ge*= buzz, drone, hum; whir; ***aan** die ~* abuzz; ***dat** dit (so) ~, (infml.)* like anything/blazes; with a vengeance; *dit **laat** ~, (infml.)* make things hum; *~ **oor** ...* be abuzz with ... *(news etc.)*; *iem. se **ore** ~* s.o.'s ears are singing; *~ **van** ... (die), (infml.)* hum with ...; be abuzz with ... *(speedboats etc.)*; ***werk** dat dit (so) ~, (infml.)* work like fury. ~**tol** humming top. ~**woord** *(infml.)* buzz word.
gon·send =*sende* buzzing; whirring; abuzz.
gon·ser =*sers* buzzer.
gooi *gooie, n.* throw, cast, fling; shy, chuck. **gooi** *ge*=, *vb.* cast, fling, pitch, throw; shy *(at a target)*; pelt; chuck; toss; hurl; heave (at); ***anker** ~* →ANKER *n.*; *'n **bal** ~* throw a ball; *met **geld** ~* →GELD¹ *n.*; *iets **in** ... ~* pour s.t. into ...; put s.t. in ... *(water in a kettle, milk in coffee, petrol in a car's tank, etc.)*; shove s.t. in ... *(a drawer etc.)*; pop s.t. into ... *(an envelope etc.)*; tip s.t. into ...; *iem. iets voor die **kop** ~* →KOP *n.*; *iets aan **land** ~* cast up s.t.; *iem. **met** iets ~* throw/fling s.t. at s.o. *(stones etc.)*, pelt s.o. with s.t. *(rotten eggs etc.)*; *iem./iets **mis/raak** ~* miss/hit s.o./s.t. *(with s.t. thrown)*; *jy **moet** ~* it is your throw; *iets **na** iem. ~* fling s.t. at s.o.; heave s.t. at s.o.; hurl s.t. at s.o.; ***na** iets ~* have/take a shy at s.t.; *iets **oor** ... ~* throw s.t. over ...; pour s.t. over ...; cover ... with s.t.; *iets **oorboord** ~, (lit. & fig.)* throw s.t. overboard; *iets **opsy** ~* cast/throw/toss aside s.t.; *die **perd** het iem. ge~* the horse spilt s.o.; *iets **plat** ~* throw down s.t.; *vir iem. **skaapogies** ~, (infml., rare)* make eyes at s.o., give s.o. the glad eye; *'n **taal** lekker ~, (infml.)* speak a language fluently; *iem. **uit** die saal ~, (lit.)* throw s.o. out of the saddle; *(lit. & fig.)* unseat s.o.; *'n **vul** ~* →VUL¹ *n.*. ~-**area** *(baseball)* strike zone. ~**ding** missile, *(infml., Am.)* dingbat. ~-**gooi** *(SA, infml.: a savings/investment society)* stokvel. ~**mes** throwing knife. ~**pleister** daub. ~**riem** lasso; sling; →VANGRIEM. ~**ring** quoit. ~**skyf** quoit. ~**tou** lasso. ~**werk** pitching.
gooi·er =*ers* thrower, chucker; *(baseball)* pitcher. **gooi·ers·plaat** pitcher's base. **gooi·e·ry** throwing, chucking; pitching.
goor ~ =*der* =*ste* dingy, dirty, grotty; nasty, rancid; squalid; *die klere is ~ gedra* the clothes have been worn threadbare (*or* to shreds); *~ grap* lewd/bawdy/smutty/dirty joke. ~**appel** *(Pygmaeothamnus zeyheri)* sand apple. ~**maag** *(infml.)* congestion of the stomach.
goor·de·rig =*rige* rather dirty/squalid/etc..
goor·heid dirt(iness); rancidness, rancidity; squalor, squalidity, squalidness.
Goot *Gote, (hist.)* Goth; *(g~, member of a subculture)* goth.
gops *gopse (usu. in the pl.), (infml.)* slum; *in die ~e* in the bundu. **gop·se·naar** =*naars, (rare)* slum dweller. **gop·se·rig** =*rige* slummy.
gor *ge*=, *(s.o.'s stomach)* rumble.
go·ra¹ =*ras* →GHOERA.
go·ra² =*ra's*, **go·rê** =*rês*, **gor·ra** =*ras, (Khoi)* sand hole for water. **go·ra'tjie, go·rê·tjie, gor·ra·tjie** =*tjies, (dim.)* small sand-hole for water.
gord *gorde, n.* belt *(for a horse)*, girdle; girth; *jou ~ vasmaak, (rare)* →JOU VASGORD. **gord** *ge*=, *vb.* gird; lace; *jou vir die stryd ~* gird o.s. for the fight. **gor·ding** *(roof construction)* purlin(e).
gor·del =*dels* belt; circle, girdle, ring *(of forts)*; *(geol.)* zone; cycle *(in flowers)*; *die ~ intrek (of stywer trek)* pull in one's belt *(infml.)*, tighten one's belt *(infml.)*; *jou ~ vasmaak* buckle up *(in a car)*. ~**roos** *(pathol.)* shingles, herpes zoster. ~**vormig** =*mige* zonal.
Gor·di·aans =*aanse, (also g~): die ~e knoop deurhak/deurkap, (Gr. legend)* cut the Gordian knot.
gor·dyn =*dyne* curtain, *(Am.)* drape; blind; veil *(fig.)*; *iets met 'n ~ **afskerm*** curtain off s.t.; *die ~ **gaan** op/oop* the curtain rises; *~e **hang*** hang (*or* put up) curtains; *'n ~ voor iets **hang*** curtain off s.t.; *die ~e **ooptrek*** draw/pull the curtains; *die ~ **optrek*** raise (*or* ring up) the curtain; *die ~ **sak*** the curtain drops/falls (*or* comes down); *die ~ laat **sak*** drop/lower (*or* ring down) the curtain; *die ~e **toetrek*** draw/pull the curtains; *die ~ oor iets laat **val*** draw a curtain over s.t.. ~**band, koord** curtain tape, tieback. ~**goed** curtaining. ~**haak** curtain hook. ~**kap** pelmet. ~**koord** curtain cord; blind cord. ~**materiaal** curtain fabric/material. ~**paal** curtain pole. ~**ring** curtain ring. ~**spoor** curtain rail/track. ~**staaf** →GORDYNSTOK. ~**stof** curtaining. ~**stok**, ~**staaf** curtain rod, tringle. ~**val** valance. ~**vuur** *(mil.)* curtain fire, barrage.
gor·dyn·tjie =*tjies, (dim.)* little curtain; fringe *(of hair)*, frisette. ~**kop** bang, fringe, fringed head.
go·rê →GORA². **go·rê·tjie** →GORA'TJIE.
Gor·go =*gone, (Gr. myth.)* Gorgon. **gor·go·nies** =*niese, adj.* Gorgonian; *(zool.)* gorgonian.
gor·gon·zo·la(·kaas) *(also G~)* Gorgonzola (cheese).
gor·gor =*gors, (infml., icht.: Pomadasys* spp.*)* grunter; →KNORDER.
go·ril·la =*las* gorilla. **go·ril·la·ägtig, go·ril·la-agtig** gorilla-like, gorillian, gorilline, gorilloid.
Gor·ki *(writer)* Gorki, Gorky; *(geog., hist.)* Gorki, Gorky; →NIZJNI NOWGOROD.
gor·let =*lette, (hist.)* ewer, (toilet) jug, goglet. ~**beker** =*kers* = GORLET. ~**kom** hand basin, washbasin.
gor·let·jie =*jies, (dim.), (hist.)* small ewer, jug.
gor·ra →GORA². **gor·ra·tjie** →GORA'TJIE.
gor·rel =*rels, n., (infml.)* throat, gullet; windpipe, throttle; (piece of) hose; *iem. se ~ toedruk* throttle s.o.. **gor·rel** *ge*=, *vb.* gurgle; gargle; fence in *(a road)*. ~**middel** =*dels* gargle. ~**pyp** windpipe, trachea; *(elec.)* flexible conduit.
gort groats, (hulled) barley/oats; *die ~ is gaar, (infml.)* the fat is in the fire; *toe was die ~ gaar, (also, infml.)* there was hell to pay *(infml.)*. ~**sop** barley soup. ~**water** barley water, tisane, skilly.
Go·sen *(Bib.)* Goshen; *die Republiek ~, (SA hist.)* the Republic of Goshen.
gos·pel *(mus.)* gospel. ~**lied(jie)** gospel song. ~**musiek** gospel music. ~**sanger** gospel singer.
Go·ten·burg *(Sw. port)* Gothenburg, Gottenburg.
Go·tiek *(also g~)* Gothic style. **Go·ties** *n., (language)* Gothic. **Go·ties** =*tiese, adj.* Gothic; *~e **boog*** ogee arch, ogival/pointed arch; *~e **boustyl*** Gothic style of architecture; *~e **letter/skrif*** Gothic/German/black letter/type, church text; *g~e **musiek*** goth (music).
got·ta *interj., (euph. for God)* goodness!, golly!, gosh!. ~**beentjie, gon·na·been·tjie** *(infml.)* funny bone. **got·ta·tjie** *interj.: o ~!* oh my goodness!.
gou *adj. & adv.* quick, rapid, swift; quickly, readily, swiftly; soon; *(maar) **alte** ~* all too soon; *so ~ soos **blits**, (infml.)* in less than no time, in (next to) no time, in no time at all; *iets nie ~ **doen** nie* be slow to do s.t.; *iem. wys hoe om iets ~ te **doen*** show s.o. a quick way to do s.t.; *~ na ... **gaan**, ~ ... toe **gaan*** nip round to ...; *dit het ~ **gegaan*** that was quick (work); *vasstel **hoe** ~ jy iets kan doen* time o.s.; *jy kan dit ~ **klaar** hê* it will not take you long; ***kom** ~!* come quickly!; don't be long!; come soon!; *iem. **kom** ~ terug* s.o. will be back soon, s.o. will not be long; *nie ~ **kwaad/ens.** word nie* be slow to anger/etc.; *~ **maak*** be quick; hurry (up); press ahead/on; get a move on *(infml.)*; ***maak** ~!* hurry up!; be quick about it!; get a move on! *(infml.)*; jump to it! *(infml.)*; look alive!/lively!/sharp!/smart!/snappy! *(infml.)*; come along!; ***maak** ~ (klaar)!* don't be long!; *~ **maak** met iets* be quick about s.t.; hurry up s.t.; *~ **met** die pen wees* wield a ready pen; *so ~ (as) **moontlik*** as soon as possible; *en glad **nie te** ~ nie* and not before time; *~ **nou!*** look sharp!; *so ~ soos **nou**, (infml.)* in a trice/jiffy *(infml.)*; *iets so ~ soos **nou** doen, (infml.)* do s.t. at the drop of a hat; ***so** ~ as ...* as soon as ...; *~ **speel*** →SPEEL; *~ **spring*** →SPRING *vb.*; ***te** ~* too soon; *dis **te** ~ om **te** praat* it's early days (yet); *veels **te** ~* all too soon; *nie ~ **vergewe** nie* be slow to forgive; *(net) **vir** ~* very soon; *iets nie ~ **weer** doen nie* not do s.t. again in a hurry; *iem. kom ~ **weer*** s.o. will come again soon. ~**dief** *(rare)* →GRYPDIEF, SAKKEROLLER. ~**gaar** *adj.* quick-cooking. ~-**gou** *adv.* quickly, in a jiffy/moment; in double-quick time; at short notice; pronto. ~**siekte** *(vet. sc.)* quick-sickness. ~**siektebossie** *(Pachystigma* spp.*)* quick-sickness bush.
gou·ache *gouache'e* gouache.
goud *(chem., symb.: Au)* gold, yellow metal; *(her.)* gold; →GOUE; ***afgifte** aan ~* gold outlay; ***aflossing** in ~* gold redemption; *iem./iets is met ~ **bekroon*** s.o./s.t. was awarded a gold medal; *dis nie alles ~ wat **blink** nie* all that glitters is not gold; ***fyn** ~* →FYNGOUD; *dink jy is van ~ **gemaak*** be utterly conceited; ***gemunte** ~* specie; ***gemunte** en ongemunte ~* gold coin and bullion; *jou **gewig** in ~ werd wees* be worth one's weight in gold; *iets is (sy **gewig** in) ~ werd* s.t. is worth its weight in gold; *pas **gewonne** ~* gold newly mined; *so **goed** soos ~* as good as gold; *'n **hart** van ~ hê* →HART; *die **môrestond** het ~ in die mond* →MÔRESTOND; ***ongemunte** ~* bullion; *waar die **strate** van ~ gemaak (of met ~ geplavei) is, waar ~ in die **strate** opgetel kan word, (fig.)* where the streets are paved with gold; ***suiwer** ~* →SUIWER *adj.*; *in ~ **swem*** roll in money; *in ~ **uitgedrukte** skulde* gold debts; ***vereffening** in ~* gold settlements; ***vry(e)** ~* free gold. ~**aandeel** →GOUDMYNAANDEEL. ~**aar** *(min.)* gold vein, gold lode/vein/streak of gold. ~**affinadery** gold refinery. ~**afsetting** *(min.)* placer. ~**afvloeiing** *(rare)* = GOUDUITVLOEI(ING). ~-**agio** *(econ.)* gold premium. ~**amalgaam** *(metall.)* gold amalgam. ~**arend** *(N hemisphere: Aquila chrysaetos)* golden/mountain eagle. ~**bedding** *(min.)* deposit of gold. ~**besit** gold assets; *goud- en valutabesit* gold and foreign exchange holdings. ~**beweging** *(econ.)* gold migration. ~**bewerking** gold working. ~**blad** gold leaf, gold foil, leaf gold. **G~blok** *(econ., hist.)* Gold Bloc. ~**bloklande** *(econ., hist.)* gold-bloc countries. ~**blom** *(Coreopsis* spp.*)* tickseed. ~**blond** =*blonde* golden-haired; *~e hare* golden hair. ~**boom** *(infml., Leucospermum conocarpodendron)* tree pincushions; →KREUPELHOUT. ~**borduursel** gold embroidery; orphrey, orfray. ~**brokaat** gold brocade, kincob. ~**brons** gold bronze, gilded bronze; ormolu, mosaic gold. ~**bruin** golden brown, auburn, chestnut; *~ hare* Titian hair. ~**dekking** *(econ., hist.)* gold cover, gold backing. ~**dekkingsverhouding** *(econ., hist.)* gold cover ratio. ~**delwer** gold-digger. ~**dors** avarice, lust/thirst for/of gold. ~**draad** gold wire; gold thread, tinsel; spun gold. ~**druk** gold printing, gold lettering. ~**duiwel** demon of gold, Mammon. ~**erts** gold ore; *voorraad ~* gold ore reserves. ~**fisant** *(Asia: Chrysolophus pictus)* golden pheasant. ~**fonds** *(econ.)* gold pool. ~**fraiing** bullion (fringe). ~**galon** gold lace, gold braid, orris, bullion (fringe); *met ~* gold-braided. ~**geel** golden (yellow), gold-coloured, aureate. ~**geelvink** *(Euplectes afer)* golden bishop. ~**gehalte**, ~**inhoud** percentage of gold, gold content, gold grade; fineness *(of coins)*, carats. ~**geld** gold coin(s), gold. ~**gerand** =*rande* gilt-edged; *~e waardepapiere* gilt-edged securities. ~**glans** golden lustre. ~**glimmer** yellow mica. ~**grawer** gold-digger. ~**grawery** gold-digging, gold working. ~**haas** *(Brazil: Dasyprocta leporina)* (golden) agouti. ~**hamster** *(Mesocricetus auratus)* golden hamster. ~**harig** =*rige* golden-haired. ~**houdend** =*dende* auriferous, gold-bearing. ~**instroming**, ~**invloei(ing)** *(econ.)* gold influx, gold inflow. ~**invoerpunt** *(hist.)* point of gold importation. ~**invoerverbod** gold embargo. ~**kernstandaard** *(hist.)* gold bullion standard. ~**kleur** gold colour. ~**kleurig** gold-coloured,

golden. ~**kleuring** golden colo(u)ration. ~**klont** gold nugget. ~**koord** gold braid, gold lace. ~**koors** gold fever. ~**korrel** grain of gold. **G~kus:** *die ~, (hist.)* the Gold Coast; →GHANA. ~**laag** auriferous formation. ~**lak** gold lacquer. ~**laken** *(rare)* cloth of gold, brocade. ~**land** gold-producing country; *(infml.)* El Dorado, land of gold; *(hist.)* country on the gold standard. ~**leer** stamped leather. ~**legering** gold alloy. ~**lelie** *(Lilium auratum)* golden(-rayed) lily. ~**lening** gold loan. ~**liguster** *(bot.: Ligustrum ovalifolium)* golden privet. ~**magnaat** gold magnate. ~**maker** *(rare)* alchemist. ~**mark**[1] *-marke, (coin)* gold mark. ~**mark**[2] *-markte* gold market. ~**munt** gold piece. ~**muntstandaard** *(hist.)* gold circulation standard. ~**myn** gold mine; *(fig.)* bonanza. ~**mynaandeel** gold-mining share; *(in the pl.)* golds. ~**mynwerker** gold miner. ~**mynwese** gold mining. ~**obligasie** gold bond *(Am.)*, gold debenture. ~**omloop** gold circulation. ~**omranding** gold border(ing)/edging; orphrey, orfray. ~**ontdekking** gold strike. ~**ontpotting** gold dishoarding. ~**opbrengs** gold yield, gold production. ~**ophopend** *-pende: ~e lande* gold accumulating countries. ~**oplossing** solution of gold. ~**pap** gold slime. ~**papawer, Kaliforniese papawer** *(Eschscholzia californica)* California poppy. ~**papier** gilt paper. ~**pariteit** *(econ.)* gold parity. ~**planeersel** gold size. ~**poeier** gold powder. ~**pot** gold pool. ~**premie** gold premium. ~**produksie** = GOUDOPBRENGS. ~**produsent** gold producer; *Komitee van G~e, (SA min.)* Gold Producers' Committee. ~**prys** price of gold. ~**prysaansuiweringsrekening** gold price adjustment account *(of the SA Reserve Bank)*. ~**punt** *(hist.)* specie point. ~**rand** gilt edge. ~**ranonkel** *(bot.: Gaillardia spp.)* blanket flower. ~**renet** *(apple)* golden rennet. ~**reserwe** gold reserve. ~**rif** *(min.)* gold reef. ~**roede** *(bot.: Solidago spp.)* golden rod, Aaron's rod. ~**rooi** golden red. ~**sending** shipment of gold. ~**sertifikaat** gold certificate. ~**servies** gold plate. ~**skatte** gold hoards. ~**skuim** *(chem.: lead monoxide)* gold litharge. ~**slaer** gold-beater. ~**slaersvlies** = GOUDVLIES. ~**slyk** gold slimes. ~**smedery** goldsmith's art; goldsmith's (premises). ~**smid** goldsmith. ~**smidskuns** goldsmith's art. ~**snee** gilt edge *(of a book)*. ~**soeker** gold seeker/prospector. ~**staaf** bar of gold, gold bar, gold brick. **G~stad:** *die ~, (infml.: Johannesburg)* Egoli *(Zu.)*, the City of Gold, the Golden City. **G~stadter** *(infml.)* Joburger. ~**standaard** *(hist.)* gold standard; *die ~ hê* be on gold (*or* the gold standard); *kenner van die ~* gold metallist; *van die ~ af wees* be off gold (*or* the gold standard). ~**steen** *(min.)* chrysolite. ~**stof** gold dust. ~**stopsel** *(dental)* gold filling, gold stopping. ~**stormloop** gold rush. ~**stuk** piece of gold. ~**uitvloei(ing)** *(econ.)* gold outflow, gold drain. ~**uitvoer** gold export/efflux. ~**uitvoerpunt** *(hist.)* point of gold exportation. ~**uitvoerverbod** gold embargo. ~**veld** *-velde* gold field; *op die ~e* on the gold fields. ~**verf** gold paint. ~**verlak** *-lakte* gold-lacquered. ~**vink** *(Eur., Pyrrhula pyrrhula)* bullfinch; →GOUDGEELVINK. ~**vis(sie)** *(Carassius auratus)* goldfish. ~**visbak** goldfish bowl. ~**vlies** goldbeater's skin. ~**vonds** gold strike. ~**voorraad** gold stock/supply. ~**vulsel** gold filling/stopping. ~**wassery** placer. ~**weefsel** gold tissue. ~**werk** gold-work, goldsmith's work; gold ware, gold plate. ~**wesp, koekoekwesp** *(fam. Chrysididae)* cuckoo wasp. ~**wilger** *(Acacia saligna)* Port Jackson (willow), golden willow. ~**winning** gold-mining, gold production. ~**wisselstandaard** *(hist.)* gold exchange standard.

Gou·da *(geog.)* Gouda; *(also g~)* Gouda (cheese). **Goudse** of Gouda; *~ erdewerk* Gouda ware; *~ pyp* long clay pipe, churchwarden.

gou·e gold *(coin)*; golden *(hair, wedding, etc.)*; *iem. ~ **berge** beloof/belowe* →BERG[1] *n.*; *'n ~ **bril*** gold-rimmed spectacles; *~ **bruilof*** →BRUILOF; *die G~ **Bul**, (edict with golden seal, esp. of Charles IV, 1356)* the Golden Bull; *~ **driehoek**, (opium-producing area of SE Asia)* golden triangle; *die ~ **eeu*** →EEU; *~ **(hand)boeie**, (infml.: benefits to discourage an employee from taking employment elsewhere)* golden handcuffs; *~ **handdruk**, (infml.: large sum of money given to s.o. who is made redundant or retires early)* golden handshake; *~ **hande** hê, (fig.)* have the Midas touch; *die G~ **Horde**, (Mongol horde, 13th century)* the Golden Horde; *die G~ **Horing** (geog.)* the Golden Horn; *~ **horlosie/oorlosie*** gold watch; *die ~ **jare*** →JAAR; *~ **jubileum*** →JUBILEUM; *die ~ **kalf** aanbid* →KALF; *~ **(krediet)kaart*** gold card; *~ **labrador*** →LABRADOR; *~ **medalje*** gold medal; *~ **munt*** gold piece; *~ **oue**, (infml.)* golden oldie; *~ **plaat*** →PLAAT; *~ **roos*** →ROOS[2]; *~ **stroop*** →GOUESTROOP; *~ **valskerm**, (infml.: lucrative severance benefits guaranteed to a key executive in the event of a takeover)* golden parachute; *~ **verwelkoming**, (infml.: a large sum of money given to a new employee)* golden hello; *die G~ **Vlies*** →VLIES. ~**raambril** gold-rimmed glasses. ~**reën** *(bot.: Laburnum anagyroides)* laburnum, golden chain; *Suid-Afrikaanse ~* →GEELKEURTJIE, WILDEGEELKEUR. ~**stroop, ~ stroop** golden syrup.

gou·ig·heid quickness; dexterity; *dis elkeen se ~* first come first served; *iets in die ~ doen* do s.t. hurriedly; *jou brood met ~ verdien* live by one's wits.

Gou·rits *(W Cape river)* Gouritz, Gourits.

gous·blom *(Calendula spp.)* marigold; *Namakwalandse ~, (Arctotis spp., Dimorphotheca spp.)* Namaqua(land) daisy.

graad *grade* degree; grade; rank; stage; (academic) degree; →GRADASIE, GRADE-, GRADEER; *die ~ **B.A./ens.*** the B.A./etc. degree; *'n ~ **behaal/kry/verwerf*** graduate, get/take a degree; *'n ~ in tale/ens. **behaal/kry/verwerf*** graduate in languages/etc.; *grade van **bloedverwantskap*** degrees of consanguinity; ***bo** (of **meer as**) dertig grade wees, (the temperature)* be in the thirties; *10/ens. grade **C*** 10/etc. degrees C; *iets in grade **deel**, (phys.)* graduate/calibrate s.t. *(container etc.)*; ***diep** in die dertig (grade) wees, (the temperature)* be in the high thirties; *~ **een/ens.**, (school level)* grade one/etc.; →GRAADEEN; *'n neef/niggie in die **eerste** ~* a cousin once removed; *'n siekte in 'n **erge** ~ hê* have a bad attack of a disease; *... in die **ergste** ~ wees* be ... in the extreme; *in die **hoogste** ~* to the last/nth degree; *'n ~ **in** die geskiedenis/ens.* a degree in history/etc.; *vir 'n ~ **studeer*** study/read for a degree; *'n ~ aan iem. **toeken*** confer a degree (up)on s.o.; *'n ~ aan iem. **verleen*** cap s.o.. ~**band** (academic) hood. ~**bees** *-beeste* grade; *(in the pl.)* grade cattle, grades. ~**bul** grade bull. ~**een** *-eens* grade one pupil/learner. ~**eentjie** *-tjies, (dim.), (infml.)* grade one kid. ~**koei** grade cow. ~**koring** grade wheat. ~**kursus** degree course. ~**meter** graduator, protractor. ~**meting** gradimetry. ~**net** graticule. ~**verdeling** graduation, division into degrees. ~**verlening** capping. ~**verskil** difference in degrees.

graaf[1] *grawe, n., (Eng.)* earl; *(Continental)* count. **graaflik** *-like* of a count (*or* an earl); like a count (*or* an earl). **graaf·skap** countship, earldom; county, shire *(in Eng.)*; *~ Londen* county of London, London county. **graaf·skaps·raad** county council.

graaf[2] *grawe, n.* spade; shovel; *die eerste ~ in die grond steek* turn the first sod; *'n ~ vol* a spadeful. **graaf** *ge-, vb.* →GRAWE. ~**by** burrowing bee. ~**dier** burrowing animal. ~**emmer** grab. ~**haai** *(icht.: Sphyrna tiburo)* shovelhead. ~**masjien** (mechanical) excavator, ditcher. ~**pik** entrenching tool. ~**plek** digging. ~**steel** spade handle. ~**stok** digging stick, dibber. ~**water** sandhole water. ~**werk** digging, excavation(s), spadework. ~**yster** pitcher, digging tool.

graag *liewer liefs(te)/graagste, adv.* gladly, readily, willingly; eagerly; *'n uitnodiging ~ **aanvaar*** be delighted to accept an invitation; *iem. sal iets maar **alte** ~ doen* s.o. will be only too glad/happy/pleased to do s.t.; *iets ~ **doen*** be glad/happy/pleased to do s.t.; love to do s.t., love doing s.t.; *ek **doen** dit ~!* with pleasure!; ***hoe** ~ ek ook al wil* much as I want to; ***hoe** ~ ek dit ook (al) sou wil doen* (as) much as I would like to do it; *iem. wou **nie** ~ ...* s.o. did not like to ...; *ek **sou** ~ (wil) ...* I'd love to ...; I wouldn't mind ...; *ek **sou** ~ wil weet wat ...* →WEET; *iem. **swem/ens.** ~* s.o. loves swimming/etc., s.o. likes to swim/etc.. **graag** *interj.* with pleasure!, yes, please!. **graag·te** eagerness, zest, alacrity; *met ~!* with pleasure!; *'n uitnodiging met ~ aanvaar* be delighted to accept an invitation.

graal *grale* grail; *die Heilige G~* the Holy Grail. **G~legende** legend of the Holy Grail. **G~ridder** knight of the Round Table. **G~roman** romance of the Holy Grail. **G~sage** saga of the Holy Grail.

graan corn, grain; cereal. ~**aar** ear of grain. ~**afval** grain sweepings. ~**beurs** corn exchange. ~**boer** grain farmer. ~**bou, ~boerdery** grain growing/cultivation, farming of crops. ~**brandewyn** malt spirits. ~**distrik** grain-growing district. ~**doppie** glume. ~**etend** *-tende* grain-eating; granivorous. ~**gerf** corn shock. ~**gewas** cereal. ~**handel** corn trade, grain trade. ~**handelaar** grain dealer, corn chandler. ~**hoop** grain stock, cock. ~**koper** grain merchant. ~**korrel** grain of corn. ~**kos** grain, cereal food. ~**lym** gluten. ~**maat** dry measure. ~**mark** grain market. ~**mied** grain stack. ~**oes** grain harvest. ~**pakhuis** grain warehouse, granary. ~**roes** rust/blight in grain. ~**skuur** granary. ~**solder** cornloft. ~**soort** cereal. ~**sorghum** grain sorghum; *(also graansorghumpap)* mabela. ~**suier** silo; (grain) elevator. ~**suiergeut** grain elevator chute. ~**toring** bin elevator. ~**uitvoer** grain export. ~**vlieg** gout fly. ~**vlokkie** *-kies, (usu. pl.)* cornflake, wheat flake. ~**vrug** *(bot.)* caryopsis.

graan·ag·tig *-tige* corny.

graat *grate* fishbone. ~**balk** *(carpentry)* hip beam. ~**rib** →OGIEF. ~**spar** →HOEKSPAR.

graat·ag·tig, graat·ag·tig *-tige* like a fishbone (*or* fishbones), bony; bony, full of bones; *(infml.)* skinny, scrawny, emaciated, bony; *(zool.)* cartilaginous.

graat·jie *-jies, n., (dim.)* small fishbone; *(infml.)* thin child.

graat·jie·(meer·kat) *graatjies, -meerkatte, -meerkaaie,* **ghar·tjie** *-tjies* suricate; →STOKSTERTMEERKAT.

grab·bel *ge-, (rare)* scramble for, grabble. ~**sak** lucky bag.

Grac·che: *die ~, (Rom. tribunes and reformers)* the Gracchi.

gra·da·sie *-sies* gradation.

gra·de-: ~**boog** graduated arc; protractor. ~**dag** graduation/degree day. ~**plegtigheid** graduation ceremony. ~**vel** degree sheet. ~**vierkant** degree square.

gra·deer *(ge)-* grade, gradate, graduate. ~**masjien** grader, grading machine, sizer; graduator *(of salt)*.

gra·deer·der *-ders* grader.

gra·de·ring *-rings, -ringe* grading; gradation; scaling.

gra·di·ënt *-diënte* gradient. ~**meter** gradient meter.

gra·du·aat·lid graduate member.

gra·du·an·dus *-andusse, -andi* graduand.

gra·du·a·sie →GRADUERING.

gra·du·eel *-ele, adj., (rare)* gradual; *(difference)* in degree.

gra·du·eer *ge-* graduate, take a degree; *ge~de beker* graduated beaker. **gra·du·e·ring** *-rings, -ringe,* **gra·du·a·sie** *-sies* graduation.

graf *grafte(s)* grave; sepulchre, tomb; pit; →GRAFFIE, GRAFLEGGING, GRAFWAARTS; ***anderkant** die ~* beyond the grave; *met die een **been/voet** in die ~ staan, (infml.)* have one foot in the grave; *... sal my nog in die ~ **bring**!* ... will be the death of me!; ***by** die ~* at the graveside; *jou **eie** ~ grawe, (infml.)* dig one's own grave, sign one's (own) death warrant, bring about one's own downfall; *iem. het die **geheim** met hom/haar na/in die ~ geneem* the secret died with s.o.; *die ~ **maak** almal **gelyk*** six feet of earth makes all men equal; *'n ~ in die **golwe** vind* find a watery grave; *daar **loop** iemand oor my ~, (infml.)* someone is walking over my grave *(infml.)*; *in die ~ **neerdaal*** sink into the grave; *dit sal iem. in sy/haar ~ laat **omdraai**, (infml.)* it will make s.o. turn in his/her grave *(infml.)*; *uit die ~ **opstaan*** rise from the dead; *op die **rand** van die ~ wees* be at death's door; *op die **rand** van die ~ staan, (infml.)* have one foot in the grave *(infml.)*; *iets **sleep** iem. na die ~, (an epidemic etc.)* s.t. carries s.o. off; ***swyg** soos die ~* →SWYG *vb.*; *iem. na/in die ~ **volg*** follow s.o. into the grave; ***witgepleisterde/witgeverfde** grafte, (fig.)* whited sepulchres. ~**blom** *(bot.: Iberis spp.)* candytuft; *(infml., rare)* grey hair. ~**dief** →GRAFROWER. ~**doek** cerement, cerecloth. ~**gewelf**

sepulchral vault. ~**grawer** gravedigger. ~**heuwel** gravemound; *(archaeol.)* tumulus, barrow, burial mound. ~**kelder,** ~**kuil** pit, grave, sepulchral vault, crypt, tomb. ~**lug** sepulchral smell. ~**naald** sepulchral obelisk. ~**rede** funeral oration. ~**roof** grave robbery, grave-robbing. ~**rower,** ~**dief** grave robber. ~**serk** *=serke* (flat) grave=stone. ~**skender** ghoul. ~**skending,** ~**skennis** viola=tion of a tomb. ~**skrif** epitaph. ~**steen** gravestone, tomb=stone, headstone. ~**steenmaker** monumental mason. ~**stem** sepulchral voice. ~**suil** memorial/sepulchral column. ~**teken,** ~**tombe** tomb, mortuary monument.

gra·feem *=feme, (ling.)* grapheme.

graf·fie *=fies, (dim.)* little grave.

graf·fi·ti *n. (pl., sing.: graffito)* graffiti.

gra·fie[1] *=fies, (dim.)* little spade/shovel, spud.

gra·fie[2] *=fies, (dim.)* little earl, count.

gra·fiek *=fieke* graph; *(no pl., also* grafika*)* graphic art(s); graphic work(s); →REKENAARGRAFIKA; *'n ~ trek* draw a graph. ~**papier** squared/graph paper. ~**trekker** *(comp.)* graph(ics) plotter. **gra·fies** *=fiese* graphic; graphical *(method); ~e karakter (comp.)* graphics character; *~e roman* graphic novel; *~e vergroeiing* graphic inter=growth.

gra·fiet blacklead, graphite, plumbago. ~**skuim** kish. ~**stafie** (thin) graphite rod/stick. **gra·fi·ties** *=tiese* graphitic.

gra·fi·ka graphics (→GRAFIEK). ~**kaart** *(comp.)* graph=ics card. ~**tablet** *(comp.)* graphics tablet.

graf·leg·ging interment, burial; sepulture; entomb=ment.

gra·fo·lo·gie *(study of handwriting)* graphology. **gra·fo·lo·gies** *=giese* graphologic(al). **gra·fo·loog** *=loë* grapholo=gist.

gra·fo·ti·pie *(engraving process)* graphotype. **gra·fo·ti·pe** *(print.)* graphotype.

graf·waarts *adv.* to the grave.

grag *gragte* canal, ditch, fosse; moat *(round a castle)*. **grag·te·huis** canalside house, house on a canal.

Gra·ham·stad Grahamstown. **Gra·ham·stad·ter** *=ters* Grahamstown man/woman; Grahamstown wagon.

gram *gramme* gram(me). ~**atoom(gewig)** gram(me) atom, gram(me)-atomic weight. ~**kalorie** gram(me) calorie, small calorie. ~**meter** gram metre. ~**mole=kule** gram(me) molecule, gram(me)-molecular weight, molar weight.

gra·ma·doe·las, gram·ma·doe·las outback, back=veld, rough country, bundu, badlands; *uit die ~ kom* come/hail from the backveld; *in die ~, (infml.)* in the sticks/bundu, (out) in the wilds.

Gra·mi·ne·ë *(bot.)* Gramineae, the grass family.

gram·ma·doe·las →GRAMADOELAS.

gram·ma·ties *=tiese* grammatical.

gram·ma·ti·ka *=kas* grammar. ~**(boek)** grammar (book). ~**reël** *=reëls* grammar rule, rule of grammar.

gram·ma·ti·kaal *=kale* grammatical; *~kale aanvaar=baarheid* grammaticality. **gram·ma·ti·ka·li·teit** gram=maticality. **gram·ma·ti·kus** *=tikusse, =tici* grammarian.

gram·mo·foon *=fone, (obs.)* gramophone, phonograph; →PLATESPELER. ~**musiek** gramophone music, canned music. ~**naald** gramophone needle. ~**plaat** gramo=phone record, disc.

gram·ra·di·o *(obs.)* radiogram; →RADIOGRAMMOFOON.

gram·skap anger, ire, wrath.

gram·sto·rig *=rige, (rare)* angry, wrathful, irate; wroth. **gram·sto·rig·heid** anger, wrath(fulness), irateness.

gra·naat *=nate, (bot.: Punica granatum)* pomegranate; *(mil.)* grenade; *(min., cryst.)* garnet, Cape ruby. ~**boom** pomegranate tree. ~**dop** shell case. ~**heining** pome=granate hedge. ~**kartets** shrapnel (shell). ~**rooi** gar=net. ~**skerf** shell fragment. ~**steen** garnet. ~**tregter** shell hole, shell crater. ~**vas,** ~**vry** shellproof. ~**vuur** shellfire. ~**werper** grenade launcher.

gra·na·dil·la = GRENADELLA.

grand *(Fr.)* grand. ~ **cru** *grands crus, (oenology)* grand cru. ~ **mal** *(med.: severe epilepsy)* grand mal. **G~ Prix** *Grands Prix, Grand Prix's, (motor racing)* Grand Prix. **G~ Prix-motor** Grand Prix car.

gran·de *=des, (Sp./Port. nobleman)* grandee.

grande dame *grandes dames, (Fr.)* grand dame *(of fashion etc.)*.

gran·di·oos *=ose =oser =oosste* grandiose. **gran·di·oos=heid** grandiosity.

gra·niet granite. ~**blok** block/slab of granite. ~**rots,** ~**steen** granitic rock.

gra·niet·ag·tig *=tige* granite-like, granitoid(al).

gra·ni·ties *=tiese* granitic.

Gran·ny Smith(-ap·pel) Granny Smith (apple).

gra·no·fier *(min.)* granophyre.

gra·no·liet *(paving material)* granolith. **gra·no·li·ties** *=tiese* granolithic.

gra·nu·leer *ge=* granulate. **gra·nu·le·ring, gra·nu·la=sie** granulation.

gra·nu·lêr *=lêre,* **gra·nu·leus** *=leuse* granular, gra=nulose, granulous.

gra·nu·liet *(min.)* granulite. **gra·nu·li·ties** *=tiese* gra=nulitic.

grap *grappe, n.* jest, joke, quip, *(infml.)* rib-tickler; prank, lark; pleasantry; *(in the pl.), (also)* fun; *die ~ het al* ***baard,*** *(infml.)* it's a hoary joke; *iets as 'n ~* ***beskou*** treat s.t. as a joke; *'n* ***flou/soutlose*** *~* a feeble joke; *dit is* ***geen*** *(of* ***nie*** *'n) ~ nie* it is no joke (*or* laughing matter); *het jy die ~ oor ...* ***gehoor?*** have you heard the one about ...? *(infml.)*; *'n* ***growwe*** *~* a broad joke; *'n ~ en 'n* ***half*** a good joke; *(iron.)* an awkward situation; ***in*** *'n ~* by way of a joke; *dit was vir* ***jou*** *'n ~* that was some joke *(infml.)*; *'n ~ van iets* ***maak*** joke about s.t.; *'n ~* ***maak/vertel*** crack/make a joke; *probeer jy 'n ~* ***maak?*** are you trying to be funny?; *dit is nie* ***meer*** *'n ~ nie* the joke has gone sour; *dis 'n* ***mooi*** *~!, (iron.: a difficult situation)* this is a fine/pretty how-do-you-do/how-d'ye-do!; I like that!; *die* ***mooiste*** *van die ~ is dat ...* the cream of the jest is that ...; *dit is* ***nie*** *'n ~ nie* →***geen;*** *dis* ***nie*** *'n ~ om nagskof te werk nie, (infml.)* it's no fun working on the night-shift *(infml.)*; *dit was* ***om=trent*** *'n ~* that was some joke *(infml.)*; *'n* ***ou/staande*** *~* a standing/stock joke; *'n* ***plat/skurwe/vuil*** *~* a coarse/dirty/smutty joke; *nie die ~* ***snap*** *nie* not see the joke, *(infml.)* not catch it; *die ~ gaan* ***teen*** *iem.* the joke is on s.o.; *'n ~* ***verdra*** stand/take a joke; *'n ~* ***vertel*** →***maak/vertel;*** *(net)* ***vir*** *die ~* for fun, just for the fun of it, just for a laugh *(infml.)*; *iets* ***vir*** *die ~ doen, (also)* do s.t. in fun/jest (*or* as/in a joke *or* by way of a joke *or* for a lark) *(infml.)*; *by* ***wyse*** *van 'n ~* by way of a joke. **grap** *ge=, vb., (rare)* joke, quip, make fun. ~**jas** joker; clown. ~**maker** funny man. ~**makery** joking, jesting, fun, buf=foonery. ~**(pe)maker** joker, wag; buffoon, funny man. ~**skrywer** gagman, gagster.

grap·pa *(It., a brandy)* grappa.

grap·pen·der·wys, grap·pen·der·wy·se *adv.* facetiously, jocularly, jokingly, for fun, jestingly.

grap·pe·rig = GRAPPIG. **grap·pe·rig·heid** = GRAPPIG=HEID.

grap·pie *=pies, (dim.)* pleasantry, little joke; fun; *oor iets ~s maak* jest about s.t.; *sonder ~s, (infml.)* no kid=ding; *alle ~s op 'n stokkie, (infml.)* jesting/jokes/joking apart/aside, and now to be serious.

grap·pig *=pige* amusing, comic, droll, facetious, funny, waggish, joky; humorous, diverting, jocular; *~e kêrel* funny fellow, wag; *iets nie ~ vind nie* not see the joke. **grap·pig·heid** comicalness, drollery, funniness, hu=mour, pleasantry, jocularity.

gras *grasse* grass; herbage; →GRASKUNDE, GRASRYK, GRASSIE; *dig met ~* ***begroei(d)*** *wees* be well grassed; ***bly*** *van die ~* ***af!*** keep off the grass!; *geen ~ daaroor (of onder jou voete) laat* ***groei*** *nie* not let the grass grow under one's feet, lose no time about s.t., pay imme=diate attention to s.t., be a fast worker; *daar sal ~ oor* ***groei*** time will heal it; *so* ***groen*** *soos ~* as green as grass; *die verste/vêrste ~ is die* ***groenste*** the grass is always greener on the other side; ***hoë/lang*** *~* tall grass; *moe=nie op die ~* ***loop*** *nie!* keep off the gras!; *iem. van die ~* ***af maak,*** *(infml.)* put s.o. out of the way, bump off s.o. *(infml.)*, rub out s.o. *(sl.)*; *daar is 'n* ***slang*** *in die ~* →SLANG[1]. ~**angelier** *(Dianthus zeyheri)* wild pink. ~**baan** grass court, tennis lawn; *(cr.)* turf wicket. ~**be=dekking** grass cover. ~**blaar** = GRASHALM. ~**blom** →GRASKLOKKIE. ~**botter** grass butter, fresh butter. ~**bouleer** agrostology. ~**brand** grass fire, veld fire. ~**bult** down. ~**dak** thatched roof. ~**draer** harvester termite. ~**etend** *=tende* grass-feeding; grazing; *~e diere, (also)* grazing animals. ~**eter** grazer. ~**familie:** *die ~* = GRAMINEË. ~**groen** grass-green, verdant. ~**halm** *=halms* blade of grass, grass stalk; *(in the pl.), (also)* leaves of grass. ~**huisie** *(entom.)* bagworm; caddis worm, case=worm. ~**kalf** grass-fed calf. ~**kenner** agrostologist. ~**klawer** grass clover. ~**-klawer-mengsel,** ~**-klawer=mengsel** *(grazing)* grass-clover mixture. ~**klokkie,** ~**blom** *(Dierama* spp.*)* harebell, hairbell, wand flower. ~**kop** grassy hill. ~**land** grass land, pasture, meadow. ~**linne** holland; grass cloth, grass linen; *ongebleikte ~* brown holland. **G~maand** *(N hemisphere)* April. ~**mat** grass mat; grass cover; grass, turf; *(arch., liter.)* greensward. ~**oppervlak** grassy surface. ~**parkiet** *(orn.: Melopsittacus undulatus)* budgerigar, grass parakeet, lovebird. ~**perk** lawn, grass plot; *'n ~ sny* mow a lawn. ~**pol** clump/tussock/tuft of grass, hassock. ~**rand,** ~**rant**[1] grass border/verge; grassed slope/shoulder. ~**rant**[2] grassy ridge. ~**romp(ie)** grass skirt. ~**saad,** ~**saat** grass seed. ~**slang** *(Psammophis* spp.*)* grass snake. ~**snyer** lawn mower, grass cutter. ~**sooi** *=sooie* sod; *(golf)* divot; *(in the pl.), (also)* grassy turf. ~**soort** *=soorte* species of grass; *(in the pl.), (also)* grasses. ~**spriet(jie)** = GRASHALM. ~**sprinkaan** grasshopper. ~**sproeier** sprinkler, hose nozzle. ~**stoel** cane chair. ~**tapyt** grassy carpet, carpet of grass, turf. ~**ui** →UIE=GRAS. ~**veld** grassland, prairie; grassveld, sward; *oop ~* parkland. ~**veldklimaat** subhumid climate. ~**veld=wol** grassveld wool. ~**vlakte** steppe, prairie, grassy plain, savannah, pampa. ~**voël** *(Sphenoeacus afer)* grass=bird. ~**weduwee** *(fem.),* ~**wewenaar** *(masc.), (infml.)* grass widow *(fem.)*, grass widower *(masc.)*.

gras·ag·tig *=tige* grassy, grass-like, gramineous.

Gra·sie *=sieë: die drie ~ë, (Gr. myth.)* the three Graces.

gra·sie favour, grace, pardon, reprieve; gracefulness; *'n* ***aanbeveling*** *vir ~* a recommendation to mercy; *by die ~* ***Gods*** by divine right; *koning by die ~* ***Gods,*** *(chiefly hist.)* King by the grace of God; *by iem.* ***in*** *die ~ wees* be in favour with s.o., be in s.o.'s good books/graces; *weer* ***in*** *die ~ kom by iem.* be reinstated in s.o.'s favour; *iets* ***met*** *~ doen* do s.t. gracefully; ***uit*** *die ~ raak* lose favour, be under a cloud; *iem. ~* ***verleen*** grant s.o. a reprieve; *'n* ***versoek*** *om ~* a petition for mercy. **gra·si·eus** *=euse* elegant, graceful.

gras·kun·de agrostology. **gras·kun·dig** *=dige, adj.* agros=tologic(al). **gras·kun·di·ge** *=ges, n.* agrostologist.

gras·ryk grassy, verdant. **gras·ryk·heid** grassiness.

gras·sie *=sies, (dim.)* blade of grass; →GRASHALM.

gra·te·rig *=rige* bony *(fish)*; →GRAAT.

gra·ti·fi·seer *ge=, (rare)* show mercy; honour; reward, pay, remunerate. **gra·ti·fi·ka·sie** *=sies* gratuity.

gra·ti·neer *ge=, (cook.)* gratinate; *ge~(d)* au gratin.

gra·tis *adj. & adv.* free, gratis, gratuitous; *~ eksemplaar* free copy *(of a book etc.)*; *iets ~ kry* get s.t. (for) free. *~ monster* free sample.

gra·va·men *=mina, =mens, (jur.)* gravamen.

gra·veer *(ge)=* engrave; chase, carve, inscribe; incise; sink *(dies)*. ~**kuns** (art of) engraving, engraver's art. ~**naald,** ~**stif** engraver's needle, graver, graving tool, burin, style. ~**werk** engraving; →GRAVURE. ~**yster** en=graver's chisel, graving tool, graver, chasing punch.

gra·veer·der *=ders* engraver.

gra·ve·ring *=rings, =ringe* engraving, chasing.

gra·veur *=veurs* engraver; die-sinker.

gra·vi·me·ter *=ters* gravity meter, gravimeter. **gra·vi·me·tries** *=triese* gravimetric(al).

gra·vin *=vinne, (fem.)* countess; →GRAAF[1] *n.*.

gra·vis(·ak·sent) grave accent, accent grave.

gra·vi·ta·sie gravitation, gravity. ~**kolk** *(astron.)* gravi=tational whirlpool/eddy/abyss *(of a black hole)*. ~**ver=snelling** acceleration of gravity (*or* free fall), accelera=tion due to gravity.

gra·vi·teer *ge=* gravitate.

gra·vi·ton *=tonne, (subatomic particle)* graviton.

gra·vu·re engraving, copperplate, print. **~letter** *(print.)* inscribed letter.

gra·we, graaf *ge=* dig *(a hole, a trench, etc.)*, sink *(a well)*, cut *(a ditch, a trench, etc.)*; *(rabbits)* burrow; delve, mine; ***begin*** ~ start digging; break ground; *iem.* ~ ***in*** ... s.o. digs in ...; s.o. delves into ...; ***na** iets* ~ dig for s.t.; ***onder*** ... ~ delve among ...; *'n **skag*** ~ →SKAG. **gra·wer** *=wers* digger; grubber, burrower, burrowing animal. **gra·we·ry** digging, burrowing.

gra·weel calculus, gravel, stone *(in the bladder)*, urolith. **~steen** = GRAWEEL. **~wortel** *(Berkheya* spp.) graweel=wortel.

Green·wich·tyd Greenwich (mean) time.

greep *grepe* clutch, grasp, grip, (hand)hold; coup; hilt; handle; pull *(of a door)*; stock *(of a pistol, rifle, etc.)*; cleat; *(comp.)* byte; →GREPIE; *iem. in jou* ~ *hê* have a stranglehold on s.o.; have a hold on/over s.o.; *in die* ~ *van ... wees* be in the clutches of ...; *grepe uit ...* snatches from ... *(history, s.o.'s life)*; *'n* ~ *uit die lewe* a slice of life. **~bord** fingerboard *(of a violin etc.)*. **~katrol** snatch block.

Gre·go·ri·aans *=aanse, (also g~)* Gregorian; *~e cantus/(kerk)sang, (RC)* Gregorian chant, (Gregorian) plain=song; *~e kalender* Gregorian calender.

grein *greine* grain; *grof van* ~ coarse-grained. **~hout** deal, softwood, white pine, pitch pine; red fir; *Amerikaanse* ~ Oregon pine; *Baltiese* ~ Baltic/northern pine; *getapte* ~ clear pine. **~houtplank** deal board.

grei·neer *(ge)=* granulate; grain. **grei·ne·ring** granu=lation; graining.

grei·ne·rig *=rige, (rare)* irritating, scratchy; granular.

grein·tjie *=tjies, (dim.)* atom, grain, scrap, shred, par=ticle; *geen* (of *nie 'n*) *greintjie ... nie* not a shred of ... *(evidence)*, not an atom of ... *(truth)*, not a grain of ... *(common sense)*; *'n greintjie ...* a spark of ... *(feeling)*.

Gre·kis *=kiste*, **Gre·sis** *=siste, (also g~)* Greek scholar. **Gre·kis·me, Gre·sis·me** *=mes, (also g~)* Gr(a)ecism, Hellenism.

Gre·na·da *(geog.)* Grenada. **Gre·na·daan** *=dane, n.* Grenadian. **Gre·na·daans** *=daanse, adj.* Grenadian.

gre·na·del·la *=las* passion fruit, granadilla, grenadilla. **~blom** passionflower.

gre·na·dien[1] *(a cordial)* grenadine.

gre·na·dien[2] *(text.)* grenadine.

gre·na·dier *=diers, (mil.)* grenadier.

gren·del *=dels, n.* (slip) bolt, bar; breech bolt *(of a gun)*; *op* ~ bolted; *'n* ~ *toeskuif/toeskuiwe* shoot a bolt. **gren·del** *ge=, vb.* bolt; interlock. **~baan** (inter)lock circuit. **~-en-blok-baan** lock and block circuit. **~hefboom** latch(ing) lever. **~inrigting** interlock(ing bolt). **~keep** nab. **~klep** interlock valve. **~kraan** interlock cock. **~nok** interlock cam. **~slot** bolt lock. **~sluiting** bolt action. **~spoel** lock coil. **~werk** bolt work. **~wyser** lock indicator.

gren·de·ling bolting, barring; interlocking.

grens[1] *grense, n.* boundary, frontier, border; bound, limit; *(in the pl.), (also)* confines; ***aan** die* ~ on/near the border/frontier; *(cr.)* in the outfield; *~e **afbreek*** break down barriers; ***alles** het sy ~e* there are limits (*or* is a limit) to everything; ***binne** sekere ~e* within certain limits; ***binne** die ~e van ...* within the confines of ...; ***buite** die* ~ beyond the pale; ***buite** die ~e van ...* beyond the sweep of ... *(human understanding etc.)*; *dit gaan alle ~e te **buite*** that exceeds all bounds; ***buite(kant)/oor** die ~e* beyond the boundaries; ***by** die* ~ on the bor=derline/verge; *daar is **geen** ~(e) nie* there are no limits, the sky's the limit *(infml.)*; ***geen** ~e ken nie* know no bounds; *êrens moet die ~ **getrek** word* one must draw the line somewhere; *die ~ **met** Botswana* the border with Botswana; ***oor** die ~ wees, (golf)* be out of bounds; ***oor** die ~ trek* cross the frontier/border; ***oor** die ~ van die moontlike* beyond the bounds of possibility; *die ~ **oorskry*** overstep the mark; ***op** die* ~ on the border=line/verge; astride the border; *'n ~ **stel*** draw a line *(fig.)*; *~e aan iets **stel*** set bounds to s.t.; ***tot aan** die* ~ up to the border; *('n) mens kan g'n vaste ~ **trek** nie* one cannot draw a hard and fast line; *die ~ **tussen** Suid-Afrika en Lesotho, (also)* South Africa's border with Lesotho; *die **uiterste** ~e* the utmost limits. **grens** *ge=, vb.: aan ...* ~ border (up)on ...; be adjacent to ...; abut on ...; be contiguous to ...; *dit ~ aan ..., (also)* it verges (up)on ... *(blasphemy etc.)*. **~aanwas** marginal incre=ment. **~afbakening, ~bepaling** delimitation/settle=ment of boundaries, demarcation. **~belastingkoers** marginal rate of taxation. **~besteding** marginal ex=penditure/outlay. **~bewoner** borderer, frontiersman. **~boer** frontiersman, frontier farmer. **~bydrae** mar=ginal contribution. **~dorp** frontier town. **~draad** boundary fence. **~gebied** border(land), border area, confines. **~geskil** border/boundary/frontier dispute. **~geval** borderline case, marginal case. **~heining** boundary fence. **~hersiening** boundary/frontier re=vision. **~hoek** critical angle. **~hou** *(cr.)* boundary (hit), four. **~inkome** marginal balance. **~koers** marginal rate. **~koop** marginal purchase. **~koper** marginal buyer. **~kosprysberekening** marginal costing. **~koste** marginal cost; *beginsel van die* ~ marginal cost prin=ciple. **~kwessie** boundary question, dispute. **~land** borderland, marchland. **~leer** marginal theory. **~loon** marginal wage. **~lyn** boundary/frontier/border line, line of demarcation; frontier; touchline. **~maat** limit gauge. **~muur** boundary wall. **~myn, marginale myn** marginal mine. **~nut** marginal desirability. **~nutleer** marginal utility theory. **~nywerheid, ~bedryf** border industry. **~onderneming** marginal firm. **~ontleding** marginal analysis. **~ontvangste** marginal receipts. **~oorlog** *(hist.)* frontier war. **~oortreding** border vio=lation. **~opbrengs** marginal balance/return. **~paal** boundary post/mark. **~plaas** frontier farm; boundary farm. **~pos** frontier post. **~produk** marginal product; ~ *in geld* marginal benefit. **~produksie** marginal out=put. **~produktiwiteit** marginal productivity; ~ *van kapitaal* marginal efficiency of capital; ~ *van belegging(s)* marginal efficiency of investment. **~produktiwiteits=leer** marginal productivity theory. **~produsent** mar=ginal producer. **~reëling** = GRENSAFBAKENING. **~reg=ter** *(football, rugby)* linesman, flagman, touch judge. **~rekening** marginal calculus. **~rivier** boundary river. **~setel** marginal seat. **~situasie** borderline situation. **~skeiding** *=dings, =dinge* boundary, line of demarca=tion. **~snelheid** limiting velocity. **~stad** frontier city. **~stand** *(math.)* limiting position. **~stasie** frontier/bor=der station. **~stelling** border position. **~strook** border strip. **~toestande** marginal conditions. **~toevoeging** marginal increment. **~troepe** frontier troops. **~veld** *(cr.)* deep field, long field, outfield. **~veldwerker** *(cr.)* sweeper. **~verdediging** frontier defence. **~verdrag** boundary treaty. **~vervangingskoers** marginal rate of substitution. **~vesting** frontier fortress. **~vlak** surface. **~vlakspanning** surface tension. **~voordeel** marginal benefit. **~voorval** border incident. **~voorwaardes** marginal conditions. **~vraag** marginal demand. **~vraag=prys** marginal demand price. **~waarde** limit, limit=(ing) value; marginal value. **~waardeleer** theory of marginal value. **~wag(ter)** frontier/border guard. **~wy=siging** modification/rectification of the frontier.

grens[2] *ge=, (infml.)* cry, howl, bawl, blubber. **~balie** cry=baby, squealer, sniveller. **gren·send** *=sende* snivelling. **gren·se·rig** *=rige* crying, blubbery.

grens·loos, gren·se·loos *=lose* boundless, illim=itable, infinite, limitless, unlimited; unconfined; *~lose ambisie* consuming ambition; *~lose ellende* infinite mis=ery. **grens·loos·heid, gren·se·loos·heid** boundlessness.

gre·pie *=pies, (dim.)* selection, extract; →GREEP; *~s uit iem. se lewe* episodes from s.o.'s life.

Gre·sis *(also g~)* →GREKIS. **Gre·sis·me** *(also g~)* →GRE=KISME.

gre·tig *=tige* keen, anxious, desirous, eager; avid, greedy; *~e **koper*** ready buyer; ~ ***na** nuus wees* be anxious for news; ***nie baie*** ~ *wees **nie*** not be very keen (on it); ~ *wees **om** iets te doen* be eager to do s.t.; be anxious to do s.t. *(help etc.)*. **gre·tig·heid** keenness, anxiety, eager=ness, alacrity; avidity, greediness, zest. **gre·tig·(lik)** greedily, eagerly, avidly; *iets* ~ *aanneem* snap at s.t..

Gre·ve·lin·gen *(geog.)* Gravelines.

grief *griewe, n.* grievance, *(jur.)* gravamen; offence, wrong; →GRIEWEKOMMISSIE; ***dit*** ~ *my dat ..., (also, infml.)* it peeves me that ...; *iem. se **grootste*** ~, *(also, infml.)* s.o.'s pet peeve; *'n* ~ ***lug*** air/ventilate a grievance; *'n* ~ ***teen** iem. koester/hê* harbour/nurse a grievance against s.o., have/hold something against s.o.. **grief** *ge=, vb.* grieve, hurt, gall; →GRIEWEND; *iem. diep* ~ cut s.o. to the heart.

Griek *Grieke* Greek. **Grie·ke·land** Greece.

Grieks *n., (language)* Greek; *iets is* ~ *vir iem., (infml.)* s.t. is Greek to s.o. *(infml.)*. **Grieks** *Griekse, adj.* Greek; Grecian; Hellenic; *~e **god**, (fig.: attractive young man)* Greek god; *~e **hooi**, (bot.)* fenugreek; *~e **kitaar**, (mus.)* cithara, kithara; *~e **kruis*** Greek cross; *~e **neus*** Grecian nose; *~e **rand/rant**, (archit.)* meander, Greek fret; *~e **vuur**, (mil., hist.)* Greek fire. **~-Cipries** *adj.* Greek Cypriot. **~-Ciprioot** *n.* Greek Cypriot. **~-Ortodoks** Greek Orthodox. **~-Romeins** Graeco-Roman.

Grieks·ge·sind philhellenic.

Grie·kwa *=kwas* Griqua. **~-Afrikaans** Griqua Afri=kaans. **~-Afrikaanssprekende,** *=des,* **~-Afrikaansspre=ker** *=kers* Griqua Afrikaans speaker. **~land** Griqua=land. **~land-Oos** East Griqualand. **~land-Wes** West Griqualand. **~land-Wesse** *adj.* of Griqualand West.

grie·kwa·ïet *(min.)* griquaite.

grie·kwa·lan·diet *(min.)* griqualandite.

griep flu, influenza; *Asiatiese/Oosterse* ~ Asian/Asiatic flu/influenza; *Spaanse* ~ Spanish flu/influenza. **~epi=demie** flu/influenza epidemic. **grie·pe·rig** *=rige* affect=ed by flu, *(infml.)* fluey.

grie·sel *ge=, vb.* shiver, shudder; *iem. laat* ~ give s.o. the creeps, make s.o.'s flesh creep. **~kamer** chamber of horrors. **~prent, ~stuk** thriller. **~verhaal** (penny) blood, penny dreadful, penny horrible; tale of horror(s); thriller.

grie·se·lig *=lige*, **grie·sel·rig** *=rige* creepy, curdling, grisly, gruesome, eerie, weird, uncanny. **grie·se·lig=heid, grie·sel·rig·heid** gruesomeness; weirdness, eeri=ness.

grie·sel·tjie = KRIESEL(TJIE).

gries·meel = SEMOLINA.

Griet: *grote/goeie ~!, (infml.)* good grief!, great balls of fire!; *o ~!, (infml.)* oh my goodness!, oh dear! *(infml.)*; *swart ~(tjie) soen, (euph., obs., rare)* handle/tilt the bottle.

griet *griete, (orn.: Limosa* spp.) godwit; *(icht., Eur.: Scophthalmus rhombus)* brill.

grie·we·kom·mis·sie grievances commission/com=mittee.

grie·wend *=wende* galling, grievous, hurtful, mortify=ing; stinging; →GRIEF *vb.*.

grif[1] *adv., (fml., obs.)* promptly, readily. **grif·weg** *(fml., obs.)* promptly, readily.

grif[2] *ge=, vb.* engrave, incise; impress; *dit staan in my geheue ge=* it remains stamped/engraved on my mem=ory, it has impressed itself on my mind.

grif·fel *=fels*, **grif·fie** *=fies* slate pencil. **~been** splint bone *(of a horse)*.

grif·fier *=fiers, (jur.)* registrar *(of the court)*.

grif·fi·oen *=oene, (myth. creature)* griffin, griffon, gryphon.

grif·fon *=fons, (a breed of dog)* griffon.

gril *grille, n.* caprice, freak, fancy, fad, vagary, whim; shiver, shudder; *(also, in the pl.)* fancifulness; ***elke*** ~ *van iem.* s.o.'s every whim; *'n* ~ *van die **noodlot*** a quirk of fate; *aan iem. se ~le **toegee*** humour s.o.'s whims; *'n **tydelike*** ~ a passing whim; a passing fancy; ***vol** ~le wees* be capricious. **gril** *ge=, vb.* shiver, shudder; ~ *as jy aan ... **dink**,* ~ *by die **gedagte** aan ...* shudder to think (*or* at the thought) of ...; *iem. **laat*** ~ give s.o. the creeps/horrors/shudders; grate/jangle/jar (up)on s.o.'s nerves; set s.o.'s teeth on edge; *dit is **om** van te* ~ it gives one the creeps/horrors/shudders. **~boek** thriller. **~prent** *(film)* thriller. **~stuk** *(play)* thriller. **~verhaal** *(book)* thriller; hair-raiser.

gril·le·rig *=rige* creepy, gruesome, grisly, weird, eerie, uncanny. **gril·le·rig·heid** creepiness, eeriness.

gril·lig *=lige* capricious, crotchety, fanciful, faddy, fan=

tastic, whimsical; bizarre, freakish, grotesque; offbeat, kinky; fickle; fitful *(weather)*. **gril·lig·heid** capriciousness, whimsicalness, whimsy, whimsicality, quirk; eeriness.

grim *grimme, n., (rare)* wry smile. **grim** *ge-, vb., (rare)* smile wryly. **~lag** *-lagge, -lagte, n., (rare)* grin, wry smile, sneer. **~lag** *ge-, vb., (rare)* grin, sneer, smirk, smile wryly.

gri·mas *-masse* grimace; *~se maak* make grimaces, pull (wry) faces.

gri·meer *(ge)-: jou ~* make up, apply make-up/cosmetics, paint one's face. **gri·me** *-mes, (obs.)* = GRIMEERSEL. **gri·meer·der** *-ders, (theatr., cin.)* make-up artist, make-up lady/man/person. **gri·meer·mid·del** *-dels, -dele* cosmetic, make-up item/product, item/piece of make-up. **gri·meer·sel** *(theatr., cin.)* greasepaint, make-up. **gri·me·ring** make-up. **gri·meur** *-meurs, (rare)* = GRIMEERDER.

grim·mig *-mige* angry, enraged, furious, grim, scowling. **grim·mig·heid** anger, fury, wrath.

grind *grinde, (zool., rare: Globicephala* spp.*)* pilot whale; →LOODSWALVIS.

grin·nik *ge-* chuckle, grin, sneer, snigger, chortle; *daar's niks om oor te ~ nie!, (infml.)* wipe that grin off your face!.

grint (uncemented) grit, gravel. **~spat** *n.* roughcast(ing). **~spat** *ge-, vb.* roughcast, sp(l)atterdash, sparge. **~spat(pleister)** roughcast (plaster), sp(l)atterdash. **~steen** grit stone, (cemented) grit. **~strooi** pebble dash, rock dash. **~strooier** gritter.

grin·te·rig *-rige* gritty. **grin·te·rig·heid** grittiness.

grip *grippe,* **grip·pie** *-pies* slit trench, small furrow, grip, drill.

gri·se·o·ful·vien *(pharm.: antibiotic)* griseofulvin.

groef *groewe, n.* groove; rut, riffle; guideway; slot *(of a gun)*; flute *(in a column)*; furrow, wrinkle; stria(tion); *(geol.)* channel; *(anat.)* sulcus; →STEENGROEF; *in 'n ~ raak* get into a rut; *in 'n ~ wees* be in a rut; *uit die ~ kom* get out of the rut. **groef** *ge-, vb.* groove; flute; chamfer, channel; spline; chase; score; striate. **~as** splined shaft. **~beitel** grooving chisel. **~katrol** grooved pulley. **~lys** quirk moulding, quirk(ed) bead. **~maker** slotter. **~masjien** key seater, paring machine; channel(l)er; slitting machine. **~myn** opencast/open-cut mine, strip mine. **~naat** slot seam. **~rat** splined gear. **~saag** grooving saw. **~skaaf** fluting plane, grooving plane, tonguing plane. **~skaafbeitel** grooving iron. **~spoor** channel rail. **~versiering** fluting. **~vyl** riffler. **~wiel** spur wheel. **~wydte** width of groove.

groe·fie *-fies, (dim.)* wrinkle; stria(tion); bezel.

groei *n.* growth; increase; extension; evolution; rising *(of a river)*; germination; *aan die ~ wees* be growing; be on the increase; *besparings uit ~* growth economies. **groei** *ge-, vb.* grow; increase, develop, wax; extend, evolve; put on flesh/weight; rise; swell; sprout; *~ en **afneem*** wax and wane; *~ en **bloei*** prosper, thrive; ***deur** jou hare ~, (rare)* become bald; *die **ent** het nie gegroei nie* the graft did not take; *die **geld** ~ nie op my rug nie* →GELD[1] *n.; dit ~ **stadig/vinnig*** it is a slow/fast grower; *~ **tot*** ... grow into ...; expand into ...; ***uit** jou klere ~* grow out of one's clothes; *iem. **verby** ~* outgrow s.o.; *onder die **verdrukking** ~* thrive under oppression; ***vinnig** ~, (also, a child)* shoot up; ***weer** ~* regrow, grow again; ***wild** ~* grow in the wild; run riot. **~fonds** growth fund, unit trust, mutual fund. **~hand:** *'n ~ hê* have green fingers (*or* a green thumb). **~hormoon** growth hormone, somatotrop(h)in. **~koers** growth rate, rate of growth. **~krag** vital force, vitality, vigour; vegetative faculty. **~kromme** *(stat.)* growth curve. **~laag** *(bot.)* cambium, annual/growth/tree ring. **~meel** growth meal. **~pakkie** babygrow. **~plek** *(biol.)* habitat, station. **~proses** process of growth/accretion. **~punt** vegetative cone, growing point, point of growth; *(econ.)* growth point. **~pyne** growing pains. **~ring** annual/growth/tree ring. **~-sel** *-le* vegetative cell. **~snelheid, ~tempo** growth rate. **~stof** *(biochem.)* auxin(e). **~syfer** growth quotient. **~vorm** habitus. **~wyse** habit (of growth).

groei·aar·dig *-dige, (rare)* = VEGETATIEF.

groei·end *-ende* growing, increasing *(interest etc.)*; deepening *(concern, love)*; vegetative; *(biol.)* active; *~e maan* crescent moon; *~e volkshuishoudings* growth economies.

groei·er *-ers* grower.

groei·saam *-same, (rare)* favourable/conducive to growth; fertile; *~same weer* growing weather. **groei·saam·heid** *(rare)* favourable growing conditions; fertility.

groei·sel *-sels* growth; *(med.)* vegetation.

groen *groene, n.* (shade of) green; greenery, verdure; *(in the pl.)* greens *(in painting)*. **groen** *groen groener groenste, adj.* green; fresh; verdant; virescent, verdurous; immature, unripe; raw, inexperienced; crude; *~ **bone/boontjies*** →GROENBONE; *~ **druiwe*** green/unripe grapes; →GROENDRUIWE; *~ **erte/ertjies*** →GROENERTE; *dit het ~ en **geel** voor my oë geword* my head was swimming; *die ~ en **goud,** (SA, sport)* the green and gold; *~ **groente*** greens, green vegetables; *~ **hout*** green timber; *As hulle dit met die ~ **hout** doen, wat sal dan met die droë hout gebeur?* →HOUT; *~ **kaas*** green cheese; *iets ~ **kleur/maak*** colour/make s.t. green; *iem. is nie so ~ dat 'n **koei** hom/haar sal vreet nie, (infml.)* s.o. is not as green as he/she is cabbage-looking *(infml.)*; *nog ~ **koring** op die land hê* →KORING; *by iem. die ~ **lig** vir iets kry* get s.o. to OK/O.K./okay s.t., OK/O.K./okay s.t. with s.o.; *~er **maak*** green *(a city etc.)*; *~ **mielie*** →GROENMIELIE; *G~ **Party,** (pol.)* Green Party; *~ **pruime*** green/unripe plums; →GROENPRUIM; *~ **revolusie/rewolusie,** (agricultural advances in developing countries)* green revolution; *~ **slaai*** green salad; →GROENSLAAI; *~ **tee*** green tea; *~ **word*** turn green. **~aapsiekte** green monkey disease, Marburg disease. **~aarde** *(min.)* green earth, celadonite, glauconite, terre verte *(<Fr.)*, Verona earth/green. **~amandel** *n.* pistachio (nut); pistachio (green). **~amandel** *adj.* pistachio(-green). **~bemesting** green manuring. **~blou, blougroen** greenish blue, teal (blue). **~blou, blougroen** greenish blue, teal blue *(pred.)*, teal-blue *(attr.)*. **~blywend** *-wende* evergreen, indeciduous. **~boek** *(hist., government publication)* green book. **~bone, ~boontjies** green beans. **~brommer** green blowfly. **~dakkies** *(infml., derog.)* nuthouse, funny farm. **~dopluis** green scale. **~druiwe** *(species)* green grapes. **~-erte, ~-ertjies** green peas. **~geel** greenish yellow. **~goed** greens, greenery. **~granaat** *(min.)* (massive) grossular garnet, Transvaal jade, South African jade. **~hout** greenheart. **~houtbreuk** *(med.)* greenstick fracture. **~kalossie, ~klossie** *(Ixia viridiflora)* green ixia. **~klier** green gland. **~kos** greens. **~kwarts** *(min.)* prase, green quartz. **~laken** *(text.)* baize. **G~land** Greenland; *die ~, (infml.: Caledon district, W Cape)* the Elgin region. **G~lander** *-ders* Greenlander. **G~lands** *-landse, adj.* Greenland; *~e haai, (Somniosus microcephalus)* Greenland shark, sleeper shark; *~e walvis, (Balaena mysticetus)* bowhead (whale). **~luis** *(species)* green bug. **~mamba** *(Dendroaspis angusticeps)* green mamba. **~ment** spearmint. **~mielie** green mealie, *(Am.)* corn on the cob. **~modder** green mud *(on seabed)*. **~pampoentjie** Hubbard squash. **~piet** →GEWONE WILLIE. **~pootruiter** *(orn.: Tringa nebularia)* greenshank. **~pruim** greengage. **~puntstadium** green-tip stage *(of fruit trees)*. **~sand** *(min.)* greensand, glauconite sand. **~seep** soft soap. **~skrif** *(pol.)* green paper. **~slaai** lettuce. **~slang** *(N Am.: Chlorophis* spp.*)* green snake. **~spaan** verdigris. **~staar** *(pathol.)* glaucoma. **~steen** *(infml.)* greenstone. **~stinkbesie** green shield bug. **~sug** *(pathol.)* chlorosis, greensickness. **~vink** *(Eur.: Carduelis chloris)* greenfinch. **~viooltjie** *(Lachenalia orchioides)* wild hyacinth, sessile-flowered Lachenalia. **~vitriool** green vitriol, copperas, iron sulphate. **~vlieg** *(Eur. blister beetle: Lytta vesicatoria)* Spanish fly. **~voer** fresh fodder, greenstuff(s), green feed. **~voergewas** green-fodder crop. **~vy** green fig. **~vyekonfyt** green fig preserve(s). **~wordend** *-dende* virescent, viridescent.

groen·ag·tig *-tige* greenish, viridescent; →GROENERIG.

groe·ne *-nes* green one; greener; freshman, fresher; beginner, tenderfoot, novice; *(pol., often G~)* green, *(infml., often derog.)* greenie; →GROENTJIE; *die/'n ~* the/a green one; *die ~s* the green ones; *(pol., G~)* the Greens. **groe·ne·tjie** *-tjies, (dim.)* little green one.

groe·ne·rig *-rige* greenish, greeny, viridescent. **groe·ne·rig·heid** greenishness.

groen·heid greenness, verdancy, viridity, virescence.

groe·nig·heid *(infml.)* greenness; green grass, green stuffs; greenery, verdure, verdancy.

groen·te *-tes* vegetable(s), *(infml.)* veg *(sing. & pl.)*, *(infml.)* veggie(s). **~atjar** pickled vegetables. **~boer** vegetable grower, market gardener. **~boerdery** market gardening, vegetable growing. **~burger** →GROENTEKOEKIE. **~-eter** *(infml.)* vegetarian; →VEGETARIËR. **~gereg** vegetable dish. **~handelaar** greengrocer. **~koekie, ~burger** veggie burger, vegeburger. **~kweker** vegetable grower. **~kwekery** vegetable farm. **~laai** crisper *(in a refrigerator)*. **~man** vegetable hawker. **~mark** vegetable market. **~mes** vegetable knife. **~pil** vegetable pill. **~skottel** vegetable dish. **~slaai** vegetable salad. **~sop,** *(rare, fml.)* **~soep** vegetable soup, julienne. **~stalletjie** vegetable/farm stall. **~tuin** vegetable/kitchen garden. **~water** pot liquor. **~winkel** greengrocer's (shop), greengrocery.

groen·tjie *-tjies, (infml.)* greenhorn; *(infml.: first-year student)* freshman, fresher *(infml.)*, freshette *(sl., sexist)*; *'n ~ in die sakewêreld/bankwese/ens. wees* be new to business/banking/etc..

groep *groepe, n.* group, crew, line-up; set; assemblage; cluster, clump *(of trees)*; *'n ~ geldeenhede* a basket of currencies; *'n ~ mense/ens.* a group of people/etc.. **groep** *ge-, vb.* = GROEPEER. **~belange** →GROEPSBELANGE. **~bespreking** group discussion; block booking. **~bestuurder** →GROEPSBESTUURDER. **~dinamika** →GROEPSDINAMIKA. **~doedie** groupie, groupy. **~klas** →GROEPSKLAS. **~leier** →GROEPSLEIER. **~lid** →GROEPSLID. **~lyn** *(teleph.)* party line. **~opleistelsel** block release system. **~portret** →GROEPSPORTRET. **~praktyk** *(med.)* group practice. **~programmatuur** →GROEPWARE. **~regte** *(pl.)* group rights. **~sagteware** →GROEPWARE. **~seks** group sex. **~siel** collective soul. **~stem** block vote. **~taal** →GROEPSTAAL. **~terapie** group therapy. **~toer** package tour. **~verkragting** gang rape; *(taboo sl.)* gangbang, gangshag. **~versekering** →GROEPSVERSEKERING. **~vorming** grouping, group formation. **~ware, ~sware, ~(s)programmatuur, ~sagteware** *(comp.)* groupware. **~werk** group work. **~werksaamheid** group activity.

groe·peer *(ge)-* group, classify, (as)sort; *mense/dinge saam ~* bracket (together) people/things. **groe·pe·ring** *-rings, -ringe* grouping, classification, line-up.

groe·pe·te·o·rie group theory.

groe·pie *(dim.)* small group, batch (of people).

groeps-: ~belange, groepbelange sectional interests. **~bestuurder, groepbestuurder** group manager. **~dinamika, groepdinamika** *(psych.)* group dynamics. **~gebied** *(SA, hist.)* group area; *Wet op G~e* (fml.), *Groepsgebiedewet* (infml.), *(SA, hist.)* Group Areas Act. **~gees** communal spirit, esprit de corps. **~gewys(e)** *adv.* in batches/groups. **~klas, groepklas** tutorial. **~leier, groepleier** group leader. **~lid, groeplid** group member, member of a group. **~portret, groepportret** group photo. **~programmatuur** →GROEPWARE. **~taal, groeptaal** jargon, argot, cant. **~versekering, groepversekering** group insurance. **~verskil** difference between groups. **~ware** →GROEPWARE.

groet *groete, n.* greeting, salute, salutation; *as ~* in salute, by way of greeting; *'n ~ beantwoord* return a greeting. **groet** *ge-, vb.* greet, salute, hail; shake hands; say goodbye, take one's leave; take leave of; →GEGROET *interj.*; *iem. met die hand ~* →HAND; *iem. by die lughawe/stasie gaan ~* see s.o. off at the airport/station; *terug ~* answer/return a greeting. **groe·te** regards, greetings, compliments; →GROETNIS; *(sê) ~ **aan/vir** ...!* give ... my respects, mention me to ...!; ***beste** ~ aan* ... kind regards to ...; give my love to ...; *met **beste/vriendelike** ~* with kind regards; ***hartlike** ~* warm greetings; *~ **oorbring*** convey greetings; *~ **stuur,** ~ laat **weet*** send greetings, send one's love; *~ **tuis!*** kind regards to your family!;

(*sê*) ~ *vir* ...! →*aan/vir*; *sê* ~ *vir die vrate!*, (*infml., rare*) what a glutton you are!. **groe·tend** salutatory, complimentary; with kind regards. **groe·te·ry** leave-taking, handshaking, shaking hands, farewells. **groet·nis** (*infml.*) greetings, regards; →GROETE; (*sê*) ~ *aan/vir* ...! give ... my respects, mention me to ...!; ~ *stuur*, ~ *laat weet* send greetings, send one's love; ~ *tuis!* kind regards to your family!.

groe·we *ge-, vb.* →GROEF *vb.*. **groe·wing** grooving; fluting; channel(l)ing; scoring, striation.

grof *growwe growwer grofste, adj.* coarse (*gravel*); uneven (*a surface*); rude (*remark*); crude (*manners*); gross (*carelessness*); big (*lie*); bad (*blunder*); gruff, harsh (*voice*); crass (*ignorance, materialism*); glaring (*error*); verrucose; vulgar; →GROWWE-, GROWWERIG; ~ *van* ***draad*** coarse-grained; *growwe* ***handdoek*** rough/Turkish towel; *growwe* ***meel*** wholemeal; *growwe* ***skil*** rough rind; *growwe* ***vlas*** tow. **grof** *adv.* coarsely, rudely, roughly, grossly, harshly; ~ *lieg* lie shamelessly; *iets* ~ *maal* grind s.t. coarsely, bruise s.t., kibble s.t.. **~breking** (*min.*) spalling. **~dradig, ~dradig** -*dige* coarse-grained, -fibred, -threaded. **~dradigheid** coarse texture. **~geskut** heavy ordnance/guns/artillery. **~gewig** avoirdupois (weight). **~goud** heavy gold. **~grein** grogram. **~klasties** (*geol.*) rudaceous (*rock*). **~korrelig** -*lige*, **~korrelrig** -*rige* coarse-grained. **~linne** crash. **~masig** -*sige* coarse-mesh(ed). **~skaaf** jack plane. **~smedery** blacksmithing. **~smid** -*smede* blacksmith, ironsmith. **~spat** *grofge-* roughcast, sp(l)atterdash. **~spat(pleister)** roughcast, sp(l)atterdash. **~stelling** coarse adjustment. **~stelskroef** coarse adjustment. **~veselig, ~veselig** -*lige* coarse-grained. **~vyl** rough file.

grof·heid coarseness, roughness; unevenness (*of a surface*); rudeness; gruffness, harshness; crudeness, crudity; grossness.

grof·weg *adv.* roughly, approximately.

grok *grokke*, **grok·kie** -*kies* grog, toddy. **grok·neus** (*joc.*) grog blossom.

grom *ge-* growl, grumble, snarl; grunt. **~pot** (*infml.*) growler, grumbler.

grom·mel *ge-*, (*rare*) grumble.

grond *gronde, n., (no pl.)* ground, earth; soil; land; bottom; (*her.*) mound; (*with pl.*) foundation; reason, cause; (*also, in the pl.*) elements, fundamentals, rudiments (*of sciences*); ~*e* ***aanvoer*** show cause; ~*e vir* ... ***aanvoer*** make out a case for ...; *iets tot op die* ~ ***afbreek*** level s.t. with (*or* raze s.t. to) the ground; *die* ~ ***bebou/bewerk*** cultivate/till the soil; ***bewerkte*** ~ land under cultivation; ***bo*** *die* ~ above ground; *'n skip in die* ~ ***boor*** send a ship to the bottom; ~ ***braak*** break ground; ... ~ *toe* ***bring*** bring ... to the ground; *op* ~ ***daarvan*** *dat* ... on the ground(s) that ...; *tot die* ~ *van 'n saak* ***deurdring*** get/go to the root of a matter; ***diep*** *onder die* ~ in the bowels of the earth; *iets* ~ *toe* ***dwing*** force down s.t.; (*hard*) ~ ***eet/vreet***, (*infml.: fall, esp. off a horse/bike/etc.*) kiss/lick the dust, come a cropper (*infml.*); *te(n)* ~*e* ***gaan*** go to rack and ruin; go under; go to the devil/dogs (*infml.*); *iets laat iem. te(n)* ~*e* ***gaan*** s.t. is (*or* leads to) s.o.'s undoing; *daar is* ***geen*** ~ *vir ... nie*, (*the complaint etc.*) ... has no substance; there is no reason for ... (*complacency etc.*); *jou op* ***gevaarlike*** ~ *begeef/begewe/waag* skate/tread on thin ice; *daar is* ***goeie*** ~*(e) om aan te neem dat* ... there are good grounds for believing that ...; *in die* ~ *van jou* ***hart*** →HART; ***in*** *die* ~, (*lit.*) in the ground; (*fig.*) at bottom, at heart; basically, fundamentally; *die* ~ *is te* ***koud*** *vir iem.* (*of nie* ***goed*** *genoeg vir iem. nie*) the ground s.o. stands on is not good enough for him/her; ***laag*** *by die* ~ low down; *op* ***losse*** ~*e* on insubstantial grounds; ***met*** ~ with good reason/grounds; *alle* ~ ***mis***, *van alle* ~ ***ontbloot*** *wees* be without (any) foundation, be quite/utterly groundless; ***onbeboude*** ~ vacant land; ***onder*** *die* ~ underground; *iem.* ***onder*** *die* ~ *stop*, (*joc.*) bury s.o.; ***op*** ~ *van* ... on the basis of ...; on the evidence of ...; by reason of ...; by right of ...; on the score of ...; on the strength of ...; by virtue of ...; on account of ...; ***op dié*** ~ for that reason, on that account; ~ *onder die* ***ploeg*** land under cultivation; *iem. in die* ~ *laat* ***ploeg*** send s.o. sprawling; *die* ~ ***raak*** touch ground; ~ ***raak/voel*** touch bottom; *iets* ***rig*** *iem. te* ~*e* s.t. ruins s.o.; ***ryk/vrugbare*** ~ rich soil; *iem. kon deur die* ~ ***sink*** s.o. did not know what to do with him-/herself, s.o. was mortified, s.o. would rather have died a thousand deaths; ***skraal*** ~ poor soil; *iem. teen die* ~ ***slaan*** lay s.o. low; strike down s.o.; *iets* ***sleep*** *op die* ~ s.t. sweeps the ground; *iets* ***sonder*** ~ *doen* do s.t. without cause; ... *is* ***sonder*** ~, (*the report etc.*) ... has no (*or* is without) foundation, (*the rumour*) ... is groundless/baseless; (*jur.: the case*) ... is without merit; ***sterk*** ~*e hê* have a strong case; ***terug*** *na die* ~ back to the land; *iem.* ***tot in*** *die* ~ *bederf* spoil s.o. utterly (*esp. a child*); *iets* ***uit*** *die* ~ *ruk/trek* uproot s.t.; *op die* ~ ***val*** fall to the ground; *iets weer* ***van*** *die* ~ *af opbou* start s.t. again right at/from the bottom (*or* the very beginning), start s.t. completely afresh; *aan die* ~ ***(vas)genael*** *wees* be/stand rooted to the spot; ***vaste*** ~ solid ground; ***vaste*** ~ *onder die voete kry* touch bottom; *op* ***vaste*** ~ *wees*, ***vaste*** ~ *onder die voete hê* be on firm ground; ~ ***vir*** ... ground(s) for ...; room for ...; ~ *onder jou* ***voete*** *hê* have a case; *geen* ~ *onder jou* ***voete*** *hê nie*, (*fig.*) be on shaky ground; have no leg (*or* not have a leg) to stand on, have no case; (*hard*) ~ ***vreet*** →***eet/vreet***; *daar is 'n* ~ *van* ***waarheid*** ***in*** there is a substratum of truth in it, it is essentially true. **grond** *ge-, vb.* base, found, ground; prime (*paint*); →GRONDEER; *iets op* ... ~ base s.t. (up)on ...; found s.t. (up)on ...; ground s.t. on ...; *iets is op* ... *ge-* s.t. is based on ... **~aas** groundbait. **~akkoord** fundamental chord. **~baan** (*tennis*) clay court. **~bal** grounder. **~balk** mud sill. **~baron** land baron. **~bas** (*mus.*) ground bass, basso ostinato. **~bedekking** ground cover; basal cover. **~bedryf** basic/key industry. **~beginsel** basic/first/fundamental/underlying principle, ground rule; (*also, in the pl.*) fundamentals, elements, rudiments, nuts and bolts; →GRONDREËL; *tot die* ~*s terugkeer* get/go back to basics. **~begrip** basic/fundamental idea. **~beheer, ~leiding** (*av.*) ground control. **~belasting** land tax. **~benut·t(ig)ing** soil utilisation. **~beroking** soil fumigation. **~besit** landed property; land tenure; landownership; *vry* ~ freehold. **~besitter** →GRONDEIENAAR. **~bestanddeel** fundamental part/ingredient/element. **~betekenis** original meaning, primary sense. **~bewaring** soil conservation. **~bewerking** tillage. **~bewonend** -*nende* terricole, terricoline, terricolous. **~bodem** soil surface. **~boonoes, ~boontjie-oes** peanut crop/harvest. **~boonolie, ~boontjie-olie** peanut oil, (*Br.*) groundnut oil, arachis oil. **~boontameletjie** peanut brittle. **~boontjie** -*tjies*, -*bone*, (*Arachis hypogaea*) peanut, (*Br.*) groundnut, (*Br.*) monkey nut. **~boontjiebotter, ~boonbotter** peanut butter. **~boontjieklontjies** peanut clusters. **~boontjiesous** (*Mal. cook.*) satay/satai/saté sauce. **~boor** auger. **~breker** cultivator. **~brief** title deed, conveyance, deed of grant. **~dam** earth dam, dam with earth wall. **~deining** ground swell. **~diens** ground duty, duties; (*av.*) ground facilities. **~eekhoring** (*N hemisphere: Citellus* spp.) ground squirrel, (*Am.*) gopher; *waaierstert~*, (*S Africa: Xenus* spp.) ground squirrel. **~eenheid** fundamental unit. **~eienaar, grondbesitter** landed proprietor, landowner, man of property; (*hist.*) yeoman. **~eiendom** landed property. **~eienskap** axiom; fundamental property. **~erosie** soil erosion. **~etery** geophagia, geophagy. **~fout** basic/capital fault/error, fundamental mistake. **~gebied** territory. **~gedagte** basic/underlying idea, leading thought. **~geitjie:** *groot ~*, (*Chondrodactylus angulifer*) giant ground gecko. **~gelaagdheid** soil profile. **~gesteente** underlying rock. **~gesteldheid** nature of the soil. **~getal** basic number, base, radix. **~geut** surface drain. **~herverdeling** land reform/redistribution. **~herwinning** land reclamation. **~hoek** ground angle. **~honger** land/earth hunger. **~hoogte** ground level; clearance. **~hoop** earth mound. **~hou** (*sport*) ground stroke/shot, carpet drive. **~hulpmiddels** (*av.*) ground aids. **~huurder** tenant farmer. **~idee** motif, basic idea. **~kaart** base map, key map; soil map; soil plan. **~kewer** ground beetle, carabid. **~kleur** ground colour, priming colour; primary colour; key colour; basic dye. **~koers** (*mil.*) track. **~kombers** mulch; top dressing; *'n grasperk 'n* ~ *gee* top-dress a lawn. **~kunde** soil science, paedology. **~laag** first layer, ground layer; bed; first/ground/bottom coat, ground, priming (*of paint*); (*biol.*) matrix. **~leiding** →GRONDBEHEER. **~loon** basic wage. **~lug** ground air; soil atmosphere, soil air. **~-lug-projektiel** ground-to-air missile. **~lus** geophagy. **~lyn** base, basis, baseline. **~magnaat** land baron. **~meganika** soil mechanics. **~mis(tigheid)** ground fog. **~navigasie** (*av.*) contact flight. **~newel** ground mist. **~ondersoek** soil research; examination of the soil. **~oorsaak** first/basic cause; underlying/original/root cause. **~opbrengs** (*jur.*) emblement(s); profits of sown land. **~opname** soil survey. **~oppervlak** soil surface. **~opvulling** (*waste management*) landfill. **~pad** earth road, dirt road. **~patroon** basic/foundation pattern. **~personeel** (*av.*) ground crew/staff. **~pilaar** (*geol.*) earth pillar. **~plaat** bedplate. **~plan** ground plan, horizontal projection, layout. **~projektiel** ground-to-ground missile. **~rede:** *die* ~ *vir iets* the rationale behind/for/of s.t.. **~reël** maxim; basic principle; fundamental rule; →GRONDBEGINSEL. **~reg** -*regte* basic right; (*also, in the pl.*) land rights. **~ryp** ground frost. **~see** ground sea, ground swell. **~seil** groundsheet. **~serwituut** pr(a)edial servitude. **~sig** (*av.*) ground visibility; *'n vlug met* ~ *a* contact flight. **~sirkel** fundamental circle. **~skeikundige** soil chemist. **~skiet** ground firing. **~skietoefening** ground-firing practice. **~skutter** ground gunner. **~skyf** soil section. **~smaak** earthy taste. **~snelheid** ground speed. **~sool** hard pan. **~soort** kind of ground/soil. **~sop** dregs, grounds, sediment. **~speg** (*orn.: Geocolaptes olivaceus*) ground woodpecker. **~spekulant** land-jobber. **~spinnekop** ground spider; →VALDEURSPINNEKOP. **~stelling** -*lings*, -*linge*, (*math.*) fundamental axiom; maxim, fundamental proposition; *die* ~*e van die geloof* the fundamentals of faith. **~steun** ground support. **~stof** element; raw material; (*anat.*) matrix. **~storting** landslide, earthfall, avalanche. **~stryker** leveller; levelling machine. **~syfer** basic figure. **~taal** original language. **~tarief** basic rate. **~tekening** principal plan, ground plan, ichnography. **~teks** original text. **~tipe** archetype; type of soil. **~toon** keynote, fundamental tone, dominant note, tonic. **~-tot-grond-missiel** surface-to-surface missile. **~-tot-lugprojektiel** →GROND-LUG-PROJEKTIEL. **~uitputting** overcropping. **~verdieping** ground floor, street floor. **~verf** *n.* ground colour, first coat, priming (coat), primer. **~verf** *ge-, vb.* prime, ground, give a priming coat. **~verplasing** earth moving. **~versakking** depression, subsidence. **~verskil** basic/fundamental difference. **~verskuiwing** (*also fig.*) landslide. **~verskuiwingstoerusting, -masjinerie, -masjiene, ~werktuie** earth-moving equipment/machinery/machines. **~verskuiwingswerk** earth-moving work. **~verspoeling** water erosion. **~vlak** ground level, base; *op* ~ at grass-roots level; *ondersteuning op* ~ grass-roots support. **~vlakdemokrasie** grass-roots democracy. **~vlies** basement/basal/basilar membrane. **~vloer** earth(en) floor; ground floor. **~vog** soil moisture. **~vogtigheid** soil humidity. **~voorwaarde** primary condition. **~vorm** fundamental/original form, archetype, primitive form. **~vrag** basic freight. **~vrugbaarheid** soil fertility. **~waarde** land value. **~waarheid** fundamental truth. **~wal** earth dam. **~wapening** ground arming. **~water** ground water, phreatic water, underground/subsurface/subsoil/subterranean water. **~waterkunde** hydrogeology. **~waterspieël, -stand, -vlak** water table, groundwater level. **~weefsel** ground tissue, parenchyma; (*bot.*) conjunctive/primordial tissue. **~werk** groundwork; (*also, in the pl., rly.*) earthworks. **~werker** banker; navvy. **~werktuie** →GRONDVERSKUIWINGSTOERUSTING. **~wind** ground wind, surface wind. **~woord** original word, radical, etymon, root word, primitive word, original root. **~ys** ground ice, anchor ice, stone ice.

grond·ag·tig -*tige* earthy.

gron·deer (*ge*)- ground, prime, give a priming coat; size. **gron·de·ring** -*rings*, -*ringe* sizing.

gron·de·ling -*linge*, (*Eur. icht., esp.: Gobio gobio*) gudgeon.

gron·de·loos -*lose* bottomless, unfathomable; abysmal

(ignorance). **gron·de·loos·heid** unfathomableness; bottomless depth.

gron·de·rig =*rige* earthy *(taste)*, muddy.

gron·dig =*dige, adj.* thorough, profound; radical *(cure)*; searching *(examination)*; exhaustive, probing *(inquiry)*; deep; well-founded; cogent. **gron·dig** *adv.* thoroughly, profoundly, radically, searchingly, exhaustively; *'n saak ~ ondersoek* probe/sift a matter to the very bottom. **gron·dig·heid** thoroughness, profoundness.

gron·ding grounding, basing.

grond·leg·ger =*gers*, ~**lêer** =*ers* founder; architect *(fig.)*. **grond·leg·ging** foundation, founding; *~ van die wêreld* creation of the world.

grond·lig·gend =*gende* basic, fundamental.

grond·loos =*lose, adj.* landless. **grond·lo·se** =*loses, n.: die ~loses* the landless, landless people, landless masses.

grond·slag basis, foundation; grounding, groundwork; underlying principle; ***aan** iets ten ~ lê* form the basis of s.t., be basic/fundamental to s.t.; be/lie at the root of s.t.; *wat lê **daaraan** ten ~?* what is the root of it?; what is the underlying idea/principle of it?; *'n **hegte/vaste** ~* a firm/secure foundation *(of a relationship etc.)*; *die ~ **van/vir** iets lê* lay the foundation of s.t.; *die ~ **vorm** van ...* be the basis of ...

grond·stan·dig =*dige* basal.

grond·tal *(math.)* base, basis, radix.

grond·trek =*trekke* characteristic feature, chief trait; *(in the pl.), (also)* basics.

grond·vat *grondge*= arrive, alight, touch down, touch ground; *iem. kon skaars ~, (infml.)* s.o. was run/rushed off his/her feet, s.o. (had to) hit the ground running *(infml.)*.

grond·ves *ge*= found, base, lay the foundation of. **grond·ves·ter** =*ters* founder. **grond·ves·ting** foundation, founding.

grond·wet constitution *(of a state etc.)*; *(rare)* fundamental/basic law; →GRONDWETS=. ~**gewend** =*wende* constituent; *~e vergadering* constituent assembly. ~**gewer** constitutioner. **grond·wet·lik** =*like* constitutional, concerning the constitution; *~e ontwikkeling* constitutional development. **grond·wet·tig** =*tige* constitutional, according to the constitution. **grond·wet·tig·heid** constitutionality.

grond·wets=: ~**hersiening** constitutional reform, revision of the constitution. ~**wysiging** amendment of the constitution.

Gro·nin·gen *(Du. city/province)* Groningen. **Gro·nin·ger** =*gers* inhabitant/native of Groningen. **Gro·nings** =*ningse: ~e gebou* Groningen building.

groot *n.: iets in die ~ doen* do s.t. on a large scale; *in die ~* on a large scale; *~ en klein* big and small; everyone. **groot** *grote groter grootste, adj.* large, big; vast, huge, immense; tall; great; grand; major; world-shaking *(a moment etc.)*; grown-up; →GROTER; *~ **aansien** geniet* have a high profile; *'n ~ **aantal** mense* →AANTAL; *'n ~ **afstand*** →AFSTAND; *'n **alte** ~ ...* too much of a ... *(risk etc.)*; *die G~ **Antille*** →ANTILLE; ***as/wanneer** jy (eendag) ~ is, (said to a child)* when you grow up *(or* are grown-up); *die G~ **Barrière-rif*** →BARRIÈRE-RIF; *die G~ **Beer*** →BEER; *'n ~ **bek** hê* →BEK, GROOTBEK; *G~ **Beremeer*** →BEREMEER; *~ **bloedsomloop*** →BLOEDSOMLOOP; *~ **bord*** dinner plate; *~ **broer/suster*** big brother/sister; *dit was ~ **dae!*** →DAG[1]; ***ewe** ~ wees, (two persons)* be of a size; *hulle is omtrent **ewe*** ~ they are much of a size; *~ **finale*** grand finale; *~ **gees*** →GEES; *~ **geld*** big money; *die (~) **gemeenskap*** the general public; *'n ~ **gesin*** a numerous family; *in ~ **getalle*** →GETAL; *grote **Griet!*** →GRIET; ***heeltemal/taamlik** ~ wees* be quite big, be quite a size; *die ~ste **helfte*** →HELFTE; *~ **hitte*** intense heat; ***hoe** 'n ~ hond was dit?* how big a dog was it?; *die ~ **Hollywoodsterre/ens.*** the greats of Hollywood/etc.; *die G~ **Hond**, (astron.)* Canis Major; *~ **honderd**, (120)* great/long hundred; *~ **hoofkwartier*** →HOOFKWARTIER; *die ~ **K**, (infml.: cancer)* the Big C; *~ **kap*** →KAP[2] *n.*; *G~ **Karoo*** →GROOT-KAROO; *die G~ **Keurvors** (Germ. hist.)* the Great Elector; *(soos) 'n ~ **kind** wees* →KIND; *~ **kinders*** big children; grown-up children; *'n ~ **kokkedoor*** →KOKKEDOOR; *'n ~ **lawaai*** →LAWAAI *n.*; GROOTLAWAAI; *met ~ **leedwese*** →LEEDWESE; *~ **letter*** big/large letter; →HOOFLETTER; *by die ~ **maat*** →MAAT[1]; *in ~ **maat*** in bulk; in large quantities; →GROOTMAATHOUER *etc.*; *'n ~ **man*** a tall man; a big man; a great man; →GROOTMAN; *~ **meneer*** →GROOTMENEER; *'n ... wat 15/ens. vierkante **meter** ~ is* a ... measuring 15/etc. square metres; *'n ~ **mond** hê* →MOND; *die ~ **moondhede*** →MOONDHEID; *~ **nommer**, (clothing)* outsize; *in ~ **nood** verkeer/wees* →NOOD; *met ~ **oë** na iem. kyk* →OOG; *~ **offensief**, (mil.)* major offensive; *~ swart **ooievaar*** →GROOTSWARTOOIEVAAR; *~ **oop*** wide-open *(a mouth etc.)*; *~ **paviljoen/pawiljoen*** →PAVILJOEN; *~ **pil*** →PIL; *~ **planeet**, (astron.)* superior planet; *die G~ **Profete**, (OT)* the Major Prophets; *die ~ **publiek*** →PUBLIEK *n.*; *~ wit **reier*** →GROOTWITREIER; *~ **ruk-en-rol-treffers*** rock'n'roll greats; *~ **saal*** auditorium, aula, great/large hall; *op ~ **skaal*** →SKAAL[2]; *'n ~ **skoonmaak*** →SKOONMAAK *n.*; *die G~ **Slawemeer*** →SLAWEMEER; *met 'n ~ **snelheid*** →SNELHEID; *iets is so ~ **soos** 'n ...* s.t. is the size of a ...; *so ~ **soos** iem. wees* be as big as s.o., be s.o.'s size; *die ~ **Soutmeer*** →SOUTMEER; *soos 'n ~ **speld** verdwyn/wegraak* →SPELD *n.*; *~ **suster*** →***broer/suster***; *G~ **Swart Vark**, (breed of pig, also g~ s~ v~)* Large Black Pig; ***taamlik*** *~ wees* →***heeltemal/taamlik***; *in ~ **tenue*** →TENUE; *~ **terts*** →TERTS; *~ **ton*** →TON; *~ **trom*** →TROM; ***twee** maal so ~ as ... wees* be twice as big as *(or* the size of) ...; *een van die ~ste boksers van alle **tye*** one of boxing's all-time greats; *~ **uitdaagbeker*** →UITDAAGBEKER; *~ **verlof*** →LANGVERLOF; *'n ~ **verskeidenheid** (van) ...* →VERSKEIDENHEID; *die G~ **Versoendag*** →VERSOENDAG; *~ **verwagtinge/verwagtings** koester* have high hopes *(or* great expectations); *~ **vurk*** dinner/table fork; ***wanneer*** *jy (eendag) ~ is* →***as/wanneer***; *~ **warmte*** great heat; *iem. met ~ **warmte** verwelkom* welcome s.o. with great warmth *(or* very warmly); *die ~ **wêreld*** →WÊRELD; *~ **wiel*** →WIEL; *G~ **Wit Vark**, (breed of pig, also g~ w~ v~)* Large White Pig; *~ **word*** become big/large; →GROOTWORD. **groot** *groter groots, adv.: ~ **gelyk** hê* →GELYK *n.*; *jou ~ **hou*** keep a stiff upper lip; play the man; play the big girl; *~ **lewe*** live in luxury; *te ~ **lewe*** live beyond one's means; *iem./iets ~ **maak**, (obs., poet., liter.)* exalt s.o./s.t.; glorify/magnify s.o./s.t.; →GROOTMAAK; *~ **skrik*** →SKRIK *vb.*; *~ **skryf*** write a large hand; write in big letters; capitalise, write with a capital. ~**baas** =*base, (infml.)* tycoon; bigwig, Big Chief/Daddy, top dog; *(obs.)* (old) master; *(also, in the pl.)* honours *(at cards)*. ~**bedryf** large-scale industry. ~**bek** *(infml.)* braggart, swaggerer, windbag; *~ wees* be loudmouthed. ~**bek(ron=de)wurm** *(vet. sc.: Chabertia ovina)* large-mouthed (bowel) worm. ~**blaarboom, boskoorsboom** *(Anthocleista grandiflora)* forest fever tree. ~**boek** ledger. ~**boekgelde** ledger fees. ~**boekklerk** ledger clerk. ~**boek-rekeninge** *(pl.)* accounts. ~**boog** major arc; instep *(of the foot)*. ~**boor** auger. ~**botterblom** *(Caltha palustris)* marsh marigold. ~**bras** main brace. ~**breking** ragging *(of ore)*. **G~-Brittanje** Great Britain. ~**by** *(Acherontia atrapos)* death's-head moth. ~**derm** colon, large intestine. ~**doop** adult baptism. **G~-Griekeland** *(hist.: S It.)* Magna Graecia. ~**grondbesit** large landed interests. ~**grondbesitter** big landowner, large landed proprietor, land baron. ~**handel** wholesale trade; *in die ~ koop* buy wholesale; *net in die ~ verkoop* sell only to the trade. ~**handelaar** wholesale merchant/dealer/trader, wholesaler. ~**handel(s)prys** wholesale price, trade price. ~**handel(s)prysindeks** wholesale price index. ~**handelslisensie** wholesaler's license. ~**harsings** cerebrum. ~**hertoëlik** =*like* grand-ducal. ~**hertog** grand duke. ~**hertogdom** grand duchy. ~**hertogin** grand duchess. ~**hoeklens** *(rare)* →WYEHOEKLENS. ~**industrie** = GROOTBEDRYF. ~**inkwisiteur** *(hist.)* grand inquisitor. ~**kanon** *(fig., infml.)* bigwig, big gun/shot/noise/bug, big-leaguer. **G~kanselier** *(Br. government)* Lord (High) Chancellor. **G~-Karoo** *(SA, geog.)* Great Karoo; →KLEIN-KAROO. ~**kern** macronucleus. ~**komedie** high comedy. ~**kop** *(infml.)* bigwig, big gun/shot/noise/bug, big-leaguer, VIP, high(er)-up, grandee; *(mech.)* big end. ~**koplaer** big-end bearing. ~**kopspyker** clout; *iets met ~s beslaan* clout s.t.. ~**kruis** grand cross. ~**landbou** agribusiness. ~**lawaai** *(infml.)* noisy person, windbag, gasbag; ~**losie** grand lodge. ~**maataankope** bulk buying. ~**maathouer** bulk container. ~**maatprys** bulk price. ~**maattoets** bulk test. ~**maatvoorrade** bulk supplies. ~**magtig** =*tige* all-powerful. ~**man** *(infml., said of a child)* big fellow; *jou (lyf) ~ hou* act the big/strong man, swagger. ~**mars** *(naut.)* maintop. ~**mas** mainmast. ~**meester** *(chess etc.)* grand master, grandmaster, *(Freemasonry)* Grand Master. ~**meneer** *(infml.)* big shot/noise, hotshot; *soos 'n ~* like a lord; *~ speel* throw one's weight about/around. ~**mens** adult, grown-up; *gedra jou soos 'n ~!* act/be your age!; *eers ~e, dan langore, (infml., joc.)* age before beauty. ~**moeder** *(rather obs.)* grandmother. ~**moederlik** grandmotherly. ~**moefti** *(Muslim legal authority)* Grand Mufti. ~**mogol** *(hist. Ind. emperor)* Great Mogul. ~**mond** = GROOTBEK. ~**monster** bulk sample. **G~-Nederland** *(chiefly hist.: the Du.-speaking world)* Greater Holland. ~**noem-noem** *(Carissa macrocarpa)* large num-num. ~**nooi,** ~**noi** *(obs.)* (married) lady of the house. ~**oog** *n., (icht.: Priacanthus spp.)* bigeye. ~**oog** *adj.* wide-eyed, open-eyed. ~**oog** *adv.* wide-eyed, open-eyed, pop-eyed, round-eyed; *~ na iem. kyk, iem. ~ aankyk* look wide-eyed at s.o., look at s.o. with wide-open eyes. ~**oom** granduncle, great-uncle. ~**oorhert** *(Odocoileus hemionus)* mule deer. ~**otter** *(Aonyx capensis)* Cape clawless otter. ~**ouer** grandparent. ~**ouma** great-grandmother. ~**oupa** great-grandfather. ~**pad** =*paaie* highway, highroad, main/major/trunk road; *(fig.)* highroad *(to success etc.)*. ~**partituur** *(mus.)* full score. ~**paviljoen,** ~**pawiljoen** grandstand. ~**pens** paunch, rumen. ~**prater** braggart, swaggerer, windbag; *'n ~ wees, (also)* be full of hot hot air. ~**ra** *(naut.)* main yard. ~**rabbyn** chief rabbi. ~**riethaan** *(Rallus caerulescens)* African rail. ~**rietreier, roerdomp** *(orn.)* Eurasian bittern. **G~rivier** *(infml.)* Orange River. ~**seël** great seal, Great Seal. ~**seëlbewaarder** *(chiefly hist.)* Keeper of the Great Seal. ~**seil** mainsail. ~**sirkel** *(geom.)* great circle. ~**skedelig** =*lige* megacephalic. ~**skoot** *(naut.)* mainsheet. ~**skrif** large hand, text hand. ~**stad** metropolis, metropole. ~**stadsgebied** metropolitan area. ~**stag** *(naut.)* mainstay. ~**swartooievaar** *(Ciconia nigra)* black stork. ~**tante** grandaunt, great-aunt. ~**tertstoonleer** *(mus.)* major scale. ~**toon** big toe. ~**toonknobbel** bunion. ~**totaal** grand total; →EINDTOTAAL. ~**uier** *adj., (rare)* pregnant, gravid, in lamb/calf/foal/etc.. ~**vader** grandfather, grandsire. ~**vaderlik** =*like* grandfatherly. ~**vee** *(cattle, horses, mules and donkeys)* large stock. ~**veer** mainspring. ~**verbruik** bulk/large-scale consumption. ~**verbruiker** bulk/large-scale consumer. ~**vis** (big) game fish. ~**vishengelaar** game fisherman. ~**vishengelary** game fishing. ~**visier** =*siere*, =*siers, (hist.: high official in Muslim country)* grand vizier. ~**visjag** big-game fishing. ~**vors** grand duke. ~**vorstedom** grand duchy. ~**vorstin** grand duchess. ~**vreetsel** *(physiol.)* macrophage. ~**vurk** (the) Devil's fork/trident. ~**wild** big game. ~**wildjag** big-game hunting/shooting. ~**wildjagter** big-game hunter. ~**witreier** *(Egretta alba)* great white egret. ~**woord** =*woorde, (euph.)* blasphemy; *~e gebruik* use blasphemous language, swear.

groot·doe·ner = GROOTBEK. **groot·doe·ne·rig, groot·doe·ne·rig** =*rige* swaggering, swanky, snobbish, ostentatious, *(infml.)* toplofty; *~ wees* show off, swank, swagger. **groot·doe·ne·ry** swagger, show(ing)-off, snobbery, ostentation; heroics; razzle-dazzle, razzmatazz.

groot·har·tig →GROOTMOEDIG. **groot·har·tig·heid** →GROOTMOEDIGHEID.

groot·heid =*hede* greatness, largeness, magnitude; grandeur; *(math.)* quantity; *'n onbekende ~, (math.)* an unknown quantity; *~ van siel* magnanimity. **groot·heids·waan(·sin)** megalomania, delusions of grandeur; *aan ~ ly* be a megalomaniac.

groot·hoof·dig, groot·hoof·dig =*dige* macrocephalous, megacephalic, megacephalous. **groot·hoof·dig·heid** macrocephaly, megacephaly.

groot·jie =*jies* great-grandfather; great-grandmother;

(in the pl.) great-grandparents; ***gaan/loop** na jou ~!, (sl.)* go to blazes! (*or* the devil!); *iem. is **in/na** sy/haar ~, (rare)* →IEM. IS IN SY/HAAR **PEETJIE;** *iets is **in/na** sy ~, (rare)* →IETS IS IN SY **PEETJIE;** *dit kan jy jou ~ gaan **wysmaak!**, (infml.)* tell that to the (horse) marines!.

groot·liks greatly, largely, to a large/great extent, to a high degree; *~ staatmaak op ...* rely heavily (up)on ...

groot·maak *grootge-* bring up, rear, raise *(a family)*, nurture; *'n gesin ~* raise a family; *goed grootgemaak* well brought up; *'n goed grootgemaakte kind/ens.* a well-brought-up child/etc.. **~kind** *(infml.)* foster child. **groot·ma·king** raising; *(liter., rare)* magnification, glorification, extolling.

groot·moe·dig *-dige*, **groot·har·tig** *-tige* magnanimous, generous, big-hearted, charitable, high-minded, kind, noble(-minded); *dit is ~ van iem. om iets te doen* it is big of s.o. to do s.t.. **groot·moe·dig·heid, groot·har·tig·heid** magnanimity, generosity, high-mindedness, kindness.

groot·o·gig = GROOTOOG *adv.*.

groot·praat *n.* bluster, bravado, swagger, boastfulness, big talk; *~ is niemand se maat* great boast, small roast, all talk and no do; *sonder ~* in all modesty. **groot·praat** *grootge-, vb.* brag, boast; talk big; rant. **groot·pra·ter** boaster, braggart, gasbag, windbag; *~ is broekskyter, (vulg.)* braggarts are cowards. **groot·pra·te·rig** *-rige* loudmouthed, boastful, bragging, swaggering, vainglorious, swashbuckling. **groot·pra·te·ry** blustering, boasting, bragging, bravado, swagger, boastfulness, big talk; *dis net ~* it is all talk *(infml.)*; *sonder ~* in all modesty.

groots *grootse grootser grootsste, adj.* grand, majestic, grandiose, noble, sublime; great; magnificent, stately; ambitious *(plan)*; *iets ~* a big/great thing; *iets ~ verwag* expect s.t. great; *~ wees op ...* be proud of ... **groots** *adv.: die ~ moontlike ...* the greatest possible ... **groots·heid** magnificence, splendour, grandeur, grandness; majesty.

groot·skaals *-skaalse* large-scale, extensive.

groot·skeeps *-skeepse, adj.* grand, princely, grandiose; in a grand style; wholesale *(fig.)*. **groot·skeeps** *adv.* grandiose; in a grand style. **groot·skeeps·heid** grandiosity.

groot·spraak *(rare)* = GROOTPRATERY. **groot·spra·kig, groot·spra·kig** *-kige*, **-ke·rig** *-rige* bombastic, grandiloquent, magniloquent; →GROOTPRATERIG.

groot·ste greatest; largest, biggest; *die ~ van **almal*** the biggest of all; the biggest ever; *van die ~ **belang** wees* →BELANG *n.*; *die ~ **deel** van ...* →DEEL[1] *n.*; *die ~ tot **dusver/dusvêr*** the biggest ever; *die ~ **dwaasheid*** →DWAASHEID; *~ **gemene deler*** →DELER; *van die ~ tot die **kleinste*** everyone; *die ~ van die **twee*** the bigger/larger of the two.

groot·steeds *-steedse* grand, of a large town/city.

groot·te *-tes* bigness, extent, greatness, magnitude, size, tallness; fatness; stature; dimensions; deepness *(of s.o.'s relief, interest, etc.)*; *van die **eerste** ~, (a star)* of the first magnitude; *... **na/volgens** ~ rangskik/sorteer* arrange ... in order of size, size ...; ***ter** ~ van ..., (rare)* of the order of ...; ***tot** die ~ van ...* to the extent of ...; ***ware** ~* full/actual size; *... op die **ware** ~ terugbring, (rare)* cut ... down to size; *die ~s van die ... **wissel*** the ... vary in size. **~(-)orde** order of magnitude.

groot·word *grootge-* grow up; *word groot!* grow up!; *met iets ~* grow up on s.t.; *iem. het voor my grootgeword* I saw s.o. grow up.

gros gross; mass; generality; main body; ***by** die ~* in large quantities; *die **(groot)** ~ (van die mense)* the man in the street; *die **grootste** ~* the great majority; *'n ~ **penne/ens.**, (144)* a gross of pens/etc.. **~lys** list of prospective candidates/etc..

gros·seer *(ge)-, (rare)* engross *(a document)*.

gros·su·laar, gros·su·la·riet *(min.)* grossular(ite).

grot *grotte* cave, cavern, grotto. **~bewoner** cave dweller, troglodyte; caveman; *(infml., joc.)* Neanderthal *(sometimes n~)*. **~koors** cave disease. **~mens** caveman. **~sal(a)mander** *(Proteus anguinus)* olm. **~skildery** cave painting. **~woning** cave dwelling, cliff dwelling.

gro·te *-tes* big one, large one; famous person, celebrity, great; *die/'n ~* the/a big/large one; *die ~s* the great (ones); the big *or* large ones. **gro·te·tjie** *-tjies, (dim.)* little big one.

gro·ten·deels chiefly, mostly, largely, for the greater/most part, in large part.

gro·ter bigger, larger; ***al** hoe ~* bigger and bigger; larger and larger; *~ **as** ... wees* be bigger than ...; be larger than ...; *'n ~ **hulp** wees* be more of a help; *twee **keer/maal** ~ wees* be twice as large/big again; *iets ~ **maak*** enlarge s.t.; expand s.t.; let s.t. out *(clothing)*; *iets ~ of kleiner **maak*** resize s.t.; *~ **word*** grow bigger; *~ **wordende** ...* ever widening ... *(gap)*; ever growing ... *(problem)*; ever increasing ... *(debt)*; deepening ... *(crisis)*.

gro·te·rig *-rige* fair-sized, good-sized, siz(e)able, fairly large/big; *~e seun/meisie* boy/girl in his/her (early) teens; *~e getal* goodish number.

gro·tesk *-teske, n., (painting, sculpture, print.)* grotesque. **gro·tesk** *-teske, adj.* grotesque.

gro·tig·heid ado; greatness; *moenie so 'n ~ maak nie* don't make such a fuss.

grou[1] *adj., (chiefly poet.)* grey, gray, grizzly; drab, monotonous; →GROUAGTIG, GROUHEID, GROUTJIE. **~ertjie** *(Pisum arvense)* field pea. **~gestreep** *-streepte, adj.* tabby. **~kat** *(infml., obs.: Felis lybica)* African wild cat; →VAALBOSKAT. **~staar** cataract; leucoma. **~vomitief** tartar emetic. **~wak** *(geol.)* greywacke.

grou[2] *ge-, vb., (regional)* = GRAWE.

grou[3] *ge-, vb., (rare)* snarl/snap at, speak harshly/rudely to.

grou·ag·tig, grou·ag·tig, grou·e·rig *-rige, (chiefly poet.)* greyish, somewhat grey.

Grou·bun·der·land *(Swiss canton)* the Grisons.

grou·heid *(chiefly poet.)* greyness; drabness.

grou·tjie *-tjies, (infml., rare)* donkey.

grow·we-: ~brood whole-wheat bread *(SA, Am.)*; wholemeal bread *(Br.)*. **~skilsuurlemoen** rough lemon.

grow·we·rig *-rige* rather coarse/rough, roughish *(a surface etc.)*; →GROF.

grow·wig·heid coarseness, roughness; roughage, (dietary) fibre.

gru *ge-* shudder; →GRUSAAM; *ek ~ daarvan* it horrifies me; *~ vir ...* abhor ...; fear ...; *~ by 'n gedagte* shudder at a thought. **~film** horror film. **~moord** gruesome/horror murder.

gruis *n.* gravel; grit, detritus; chippings; screenings; crushed maize; brash. **gruis** *ge-, vb.* gravel *(a road surface)*; *ge~de pad* gravelled road. **~baan** gravel court; gravel track. **~blad** gravel surface. **~elemente:** *... in ~ slaan* smash ... to atoms/fragments/pieces/smithereens. **~gat, ~groef** gravel pit, gravel quarry. **~hamer** mash hammer. **~hoop** gravel dump. **~kole** pea coal, peas, slack coal, small coal. **~pad** gravelled path/road, gravel road. **~sif** coarse screen. **~steenkool** = GRUISKOLE. **~yster** grazing iron.

grui·se·rig *-rige* gravelly.

grui·sig *-sige, (geol.)* rudaceous.

gru·saam *-same* gruesome, grisly, horrible; gory *(details)*; terrifying *(assault, violence, etc.)*. **gru·saam·heid** gruesomeness, horribleness.

grut·te *n. (mv.), (rare)* grit(s), hominy grits, grouts. **~pap** gruel.

gru·wel *-wels* abomination, atrocity, crime, horror; *die kind is 'n **klein** ~, (infml., joc.)* that child is a little rascal; *die ~s van (die) **oorlog*** the horrors of war, the dogs of war; *~s **pleeg**, aan ~s **skuldig** wees* →GRUWELDADE PLEEG; ***vir** iem. 'n ~ wees* be an abomination to s.o., be held in abomination by s.o.; *'n ~ **vir** die Here* (OAB), *die Here het 'n afsku daarvan* (NAB, Deut. 27:15) an abomination unto the Lord *(AV)*, a thing detestable to the Lord *(NIV)*. **~daad** *-dade* atrocity, crime, outrage, gruesome deed; *~dade pleeg, aan ~dade skuldig wees* commit (*or* be guilty of) atrocities/excesses. **~film, ~fliek, ~(rol)prent** horror film, *(infml.)* nasty. **~kamer** chamber of horrors. **~moordenaar** ripper. **~stuk** atrocity, gruesome deed; thriller *(dramatic)*; naughty prank *(of children)*. **~verhaal** tale of horror.

gru·we·lik *-like* abominable, atrocious, heinous, horrible; shocking; nefarious; very naughty, mischievous *(child)*. **gru·we·lik·heid** atrocity, heinousness, horror; nefariousness; naughtiness.

Gru·yère-kaas Gruyère (cheese).

gryns *grynse, n.* grimace, grin, sneer. **gryns** *ge-, vb.* make a grimace, grin, sneer; *ewig ~* grin like a Cheshire cat. **~lag** *-lagte, n.* sardonic smile, sneer; smirk. **~lag** *ge-, vb.* = GRYNS *vb.*.

gryp *ge-* catch, grab, grasp, grip, clutch, seize, lay hold of, snatch; arrest, take/catch hold of, apprehend; *iem. **aan** die nek/ens. ~* seize s.o. by the neck/etc.; *... ~ **in** ('n) mens se siel, (poet., liter.)* ... touches one to the quick; ***na** iets ~* clutch at s.t.; make a dive for s.t., dive for s.t.; make a grab at s.t., grab at s.t.; grasp at s.t.; jump at s.t.; reach for s.t. *(a gun etc.)*; snatch (*or* make a snatch) at s.t.; ***skielik** iets ~* pounce (up)on s.t.. **~dief** bagsnatcher; pickpocket; →SAKKEROLLER. **~haak** grab, drag hook, grapple, sling dog; crampon, grapnel. **~hef** *(weightlifting)* snatch. **~inbraak** smash-and-grab raid. **~kant** flank *(of a tooth)*. **~klou** *(mech.)* dog. **~kraan** grab crane. **~monster** spot sample. **~orgaan** grasping/prehensile organ. **~rower** smash-and-grab thief. **~stert** prehensile tail. **~voël** *(myth.)* griffin; *(fig., rare: a rapacious person)* hawk, vulture, harpy.

gryp·baar *-bare* seizable, graspable.

gry·pend *-pende* prehensile.

gry·per *-pers* grabber, gripper; grab; holder, taker; grasper; cop. **gry·pe·rig** *-rige, (fig.)* grabby.

gryp·sug avarice, greed. **gryp·sug·tig** *-tige* avaricious, grasping.

grys *gryse gryser grysste, adj.* grey, gray; grey-headed, white-haired; hoary; grizzled, grizzly; *~ **gebied**, (fig.)* grey area; *~ **mark**, (comm.)* grey market; *die ~e **oudheid/verlede*** remote antiquity, the dim past; *~e **verveling*** utter boredom; *~ wees **voor jou tyd**, (lit.)* be prematurely grey; *(fig.: a child)* be precocious/forward; *~ **word*** go grey; *~er maar **wyser** wees* be sadder but wiser. **~appel** *(Parinari curatellifolia)* Mobola plum; *(P. capensis)* sand apple. **~beer** *(Ursus arctos horribilis)* grizzly (bear). **~blou** air-force blue; glaucous. **~bok** *(Raphicerus spp.)* grysbok. **~bruin** taupe. **~eekhoring** grey squirrel. **~geel** bisque. **~groen** grey-green, glaucous, sea-green. **~haai** *(Ginglymostoma brevicaudatum)* nurse shark. **~kop** *(infml.)* grey head. **~kopmalmok** *(Diomedea chrysostoma)* grey-headed albatross. **~mees** *(orn.: Parus spp.)* grey tit. **~mol** = VAALMOL. **~muishond:** *groot ~, (Herpetes ichneumon)* large grey mongoose, ichneumon; *klein ~, (Galerella pulverulenta)* small/Cape grey mongoose. **~murgontsteking** poliomyelitis. **~myt** grey mite. **~neut** butternut. **~stof** *(anat.)* grey/gray matter. **~walvis** *(N Pacific: Eschrichtius glaucus)* grey whale. **~wit** oyster white *(pred.)*, oyster-white *(attr.)*.

grys·aard *-aards* grey-haired man, old man; greybeard, grey head.

grys·ag·tig *-tige* greyish, grizzly, grizzled.

gry·se·rig *-rige* greyish, rather grey. **gry·se·rig·heid** greyishness; pallidness; gloominess, sombreness.

grys·heid greyness; old age; hoariness; *die ~ van die verlede* remote antiquity.

gto·nies →CHTONIES.

Gua·de·loupe *(geog.)* Guadeloupe. **Gua·de·lou·per** *-pers* Guadeloupian. **Gua·de·loups** *-loupse* Guadeloupian.

gua·jak-: ~hars guaiac (resin). **~hout** guaiac(um), lignum vitae; →POKHOUT. **gua·ja·kol** *(chem.)* guaiacol.

gua·na·bos →SPRINKAANBOS.

gua·na·co, hua·na·co *-co's, (zool.: Lama guanicoe)* guanaco.

gua·niel *-niele, (chem.)* guanyl.

gua·nien *(chem.)* guanin(e).

gua·no →GHWANO.

Gua·te·ma·la *(geog.)* Guatemala. **Gua·te·ma·laan** *-lane, n.* Guatemalan. **Gua·te·ma·laans** *-laanse, adj.* Guatemalan.

Guelf *Guelfe* →WELF. **Guel·fies** *-fiese* →WELFIES.

guer·ril·la *-las* guerrilla. **~oorlog** guerrilla warfare. **~stryd** guerrilla war/struggle, partisan conflict/struggle. **~stryder** guerrilla (fighter), irregular.

Gui·a·na *(geog.)* Guiana. **Gui·a·nees** *-nese, n. & adj.* Guianese, Guianan.

guil·lo·ti·ne *-nes* guillotine. **guil·lo·ti·neer** *ge-* guillotine.

Gui·nee *(geog.)* Guinea. **~-Bissau** Guinea-Bissau.

Gui·ne·ër *-neërs* Guinean. **Gui·nees** *-nese* Guinean.

gui·pu·re(-kant) guipure (lace).

guir·lan·de →GIERLANDE.

guit *guite, (rare)* rogue *(in a favourable sense)*, mischievous person. **gui·tig** *-tige* roguish, arch, mischievous, puckish, teasing. **gui·tig·heid** roguishness, devilment, archness.

gul *gulle guller gulste, adj.* cordial *(reception)*, frank, genial *(manner)*, open-hearted, lavish, jovial, ungrudging, liberal, generous. **gul** *adv.* cordially, generously, ungrudgingly; *iem. ~ onthaal* wine and dine s.o.; →GUL *adj.*. **gul·har·tig** *-tige* = GUL. **gul·har·tig·heid, gul·heid** cordiality, frankness, geniality, generosity, lavishness, open-heartedness, open-handedness, ungrudgingness. **gul·weg** frankly, genially, openly.

gul·de *-de(n)s, (obs.)* **gul·den** *-dens, n.* guilder, Dutch florin. **gul·de** *adj.* golden; *die ~ **eeu*** →EEU; *'n ~ **geleentheid*** →GELEENTHEID; *~/goue **getal*** golden number; *die ~ **middeweg*** →MIDDEWEG; *~ **reël*** →REËL *n.*; *~ **sne(d)e*** golden section, medial section; *die G~ **Vlies*** →VLIES. **~roede** = GOUDROEDE. **G~sporeslag** *(1302: Courtrai, Belgium; 1513: Guinegate, N Fr.)* Battle of the Spurs.

gulp *gulpe, n.* fly *(of trousers)*; gush. **gulp** *ge-, vb., (rare)* gush, pour forth, spout; *bloed ~ uit die wond* blood gushes from the wound. **~broek** fly front trousers. **~(s)knoop** fly button.

guls·aard *-aards*, **guls·bek** *-bekke, (rare)* glutton, *(infml.)* guzzler, gormandiser.

gul·sig *-sige, adj.* gluttonous, greedy, wolfish, voracious, ravening. **gul·sig** *adv.* greedily; *~ eet/vreet* bolt food, gormandise, guzzle. **gul·sig·aard** *-aards* glutton, *(infml.)* guzzler, gormandiser. **gul·sig·heid** gluttony, greediness, voracity.

gum·ma *gummata, (med.)* gumma.

gun *ge-* allow, grant; *ek ~ jou **dit*** you are welcome to it; *(iron.)* it serves you right; *iem. iets **nie** ~ nie* grudge s.o. s.t.; *jouself **nie** genoeg kos/ens. ~ nie* stint o.s. of food/etc.; *ander **niks** ~ nie* be a dog in the manger; *iem. g'n oomblik **rus** ~ nie* not allow s.o. a moment's rest.

guns *gunste* favour; custom, goodwill, kindness, patronage, support; *iem. se ~ **behou*** keep/stay on the right side of s.o.; *iem. 'n ~ **bewys*** do/show s.o. a favour; do s.o. a good turn; *~te en **gawes*** favours, largesse; charity; *~te en **gawes** vir geliefdes, (rare)* kissing goes by favour; *van ~te en **gawes** leef/lewe* live on charity; *iem. se ~ **geniet*** be in favour with s.o.; *die ~ van vroue/ens. **geniet*** be in with the ladies/etc. *(infml.)*; *daar kan baie ten ~te van ... **gesê** word* there is much to be said for ...; *al wat ten ~te van iem. **gesê** kan word* s.o.'s only redeeming feature; *in die ~ **herstel** wees* be restored to favour; ***hoë** ~ verwerf* earn golden opinions; ***hoog** in die ~ staan* be in high favour; ***in** iem. se ~ staan/wees, by iem. **in** die ~ staan/wees* be in favour with s.o., be in s.o.'s good books/graces; *in iem. se ~ **kom*** find favour with s.o.; *in iem. se ~ probeer **kom*** ingratiate o.s. with s.o., curry favour with s.o.; *alles gaan **na** ~, (rare)* everything goes by favour; *ten ~te van ... **praat*** speak in support of ...; *~ **soek*** seek popularity; *ten ~te van iets **stem*** vote in favour of s.t.; ***ten** ~te van ... wees* be in favour of ..., favour ...; be for ...; be in sympathy with ... *(a plan etc.)*; ***ten** ~te van iem.* in s.o.'s favour; *heeltemal **ten** ~te van iets wees* be all for s.t.; ***uit** iem. se ~ raak, (rare)* get out of s.o.'s favour, fall into disfavour with s.o.; ***uit** die ~ wees, (rare)* be out of favour, be in disfavour; *~te (en gawes) **uitdeel*** distribute favours; *iets **verloop** ten ~te van iem.* s.t. goes in s.o.'s favour; *iem. se ~ **verloor*** fall out of favour with s.o., lose s.o.'s favour; *iem. se ~ **verwerf/wen*** win s.o.'s favour; *die wat ten ~te van die **voorstel** is* those in favour of the motion; *iem. (om) 'n ~ **vra*** ask a favour of s.o.. **~bejag** favour-currying. **~betoon** favour(ing), favouritism; mark(s) of favour. **~bewys** favour, mark of favour. **~loon** kickback. **~motor** courtesy car. **~soeker** toady. **~soekery** toadyism. **~volk** *(rare)* →DIE UITVERKORE VOLK. **~werwing** canvassing *(for a job)*.

guns·te·ling *-linge* favourite, pet, blue-eyed boy; *die groot/sterk/oorweldigende/onbetwiste/vernaamste ~* the hot *(or* odds-on) favourite *(infml.)*; *ou ~* golden oldie *(infml.)*. **~digter** best-loved poet. **~sanger** favourite singer, idol. **~skrywer** *(also)* esteemed writer.

guns·tig *-tige* advantageous, auspicious, favourable, propitious; fortunate; to the good; opportune; *~ **bekend** staan* enjoy a good reputation; *~ **geleë** wees* be conveniently/handily situated; *iem. ~ **gesind** wees* be well-disposed towards s.o.; *iets ~ **gesind** wees* look with favour (up)on s.t.; *in die ~ste **geval*** →GEVAL[1] *n.*; *iets ~ **oorweeg*** consider s.t. favourably; *~ste **posisie/omstandighede/prys/vooruitsigte*** optimum *(or* most favourable) position/circumstances/price/prospects; *... **stem** iem. ~, (fml.)* ... propitiates/appeases s.o., ... makes s.o. well-disposed; *~e **terrein/posisie*** vantage-ground; *~e **vooruitsig(te)*** bright prospects; *~e **wending*** →WENDING. **guns·tig·heid** favourableness, propitiousness.

gun·ter *adv.* yonder, over there.

gup·pie *-pies, (icht.: Lebistes reticulatus)* guppy.

Gur·ka *-kas, (member of a Nepalese people, also soldier)* Gurkha.

gus dry *(ewe, cow)*, not in milk; barren. **~koei** dry cow, cow not in milk; barren cow. **~ooi, ~skaap** dry ewe, ewe not in lamb; barren/sterile ewe. **~wolk** *(infml., rare)* dry cloud.

gus·tang leather-punch.

guts[1] *gutse, n., (rare, poet.)* gush. **guts** *ge-, vb., (rare, poet.)* gush, spout.

guts[2] *gutse, n.* gouge. **guts** *ge-, vb.* gouge. **~beitel** firmer gouge. **~boor** gouge bit.

gut·ta·per·tsja *(tropical tree: Palaquium gutta)* gutta-percha.

gut·tu·raal *-rale, n. & adj.* guttural; throaty.

guur *gure guurder guurste* bleak, inclement, intemperate, raw, rough *(weather, wind, etc.)*; *gure weer, (also)* dirty/filthy weather. **guur·heid** bleakness, inclemency, rawness, roughness.

Gu·ya·na *(geog.)* Guyana. **Gu·ya·nees** *-nese, n.* Guyanese, Guyanan. **Gu·ya·nees** *-nese, adj.* Guyanese, Guyanan.

Gwe·ru *(geog., formerly* Gwelo) Gweru.

Gwy·de: *~ van Dampierre, (Flemish hist.)* Guy of Dampierre.

gyp *ge-, (naut.)* gybe; *na bakboord/stuurboord ~* gybe to port/starboard.

gy·sel *ge-* take hostage. **~reg** *(jur., hist.)* right of imprisonment for debt.

gy·se·laar *-laars, -lare* hostage; *(jur., hist.)* prisoner for debt; *iem. as ('n) ~ aanhou* hold/keep s.o. (as a) hostage; *iem. ontvoer en as ~ aanhou* take s.o. hostage.

gy·se·ling *-linge, (jur., hist.)* imprisonment for debt; *siviele ~* civil imprisonment (for debt); *iem. op ~ dagvaar* summons s.o. for debt.

H h

h *h's*, **H** *H's, (eighth letter of the alphabet)* h, H; aitch; *H, (drug sl.: heroin)* H, China white; *jou h's weglaat* drop one's h's. **H-anker** *(elec.)* shuttle armature. **H-bom** H-bomb. **h'tjie** little h.

ha[1] *interj.* ah; ha, oh.

ha[2] *interj.* →HANOU.

Haag: *Den* ~ →DEN HAAG; 'S-GRAVENHAGE. **Haags** *n.* Hague dialect. **Haags** *Haagse, adj.* (of the) Hague.

haag *hage, hae, (obs.)* hedge. **~beuk** hornbeam. **~doring** hawthorn, maybush. **~doringbessie** haw. **~prediker, ~preek** →HAGEPREDIKER; HAGEPREEK. **~roos** →HONDSROOS.

haai[1] *haaie:* **~vlakte** bleak/bare plain; *op die kaal ~ gelaat* left without any shelter.

haai[2] *interj., (infml.)* hey; gosh, wow, boy, oi, yo, hello, hallo, hullo, I say; (not) really?; *~ is in die see (en jy daarby is twee)* hello/hallo/hullo yourself. **~hoei, hoe(i)haai** fuss, ballyhoo; *'n ~ maak* make a fuss.

haai[3] *haaie, n.* shark; *(infml., derog.: miserly pers.)* money-grubber, penny-pincher, Scrooge, skinflint, spendthrift; *na die ~e gaan (infml.)* go to the bottom, go to Davy Jones('s locker); go to the dogs; *vir die ~e gooi* throw to the dogs; *iem. is kos vir die ~e* s.o. is food for fishes; *vol ~e wees* be infested with sharks. **~bek(sleutel)** shark-jaw spanner, alligator spanner/wrench. **~net** shark net. **~tande** shark's teeth; protruding teeth. **~vel** shark skin. **~velstof** shark skin.

haak *hake, n., (also in golf)* hook, catch, hasp, clasp; T-square; bracket; peg; gaff; *(anat.)* incus; crampon; crook, stake; *(teleph.)* clamp; claw; fastener; loop *(saw)*; *die os het 160 kg **aan** die ~ geweeg* the dressed weight of the ox was 160 kg; ***aan** die ~ verkoop* sell on the hook; ***in** die ~!* all right!; ***in** die ~ wees* be square; be shipshape (and Bristol fashion), be in trim; be in (good) order; be all right; *alles **in** die ~!, (also, infml.)* Bob's your uncle!; *dis alles **in** die ~* it's quite all right; *is dit **in** die ~ wat jou betref?* is it/that OK with you? *(infml.)*; *iets **in** die ~ bring* put/set a thing right; *~ en **kram*** hook and staple; *sake in die ~ **kry*** get things square; ***uit** die ~* out of square. ***van** die ~ (af) wees* be off the hook *(a telephone)*. **haak** *ge-, vb.* hook; catch; delay; *(rugby, golf, cricket)* heel, hook; *iem. met geld ~* assist s.o. with money; *met iem. ~* be at loggerheads/odds with s.o.; →AFHAAK. **~anker** dog anchor. **~appel:** *Italiaanse ~, (bot.: Sorbus aria)* whitebeam. **~boom, ~bos** umbrella thorn. **~bout** hook bolt, pintle. **~bus** *(hist.)* (h)arquebus. **~busskutter** *(hist.)* (h)arquebusier. **~doring** *(Acacia mellifera and other Acacia* spp.*)* hook-thorn. **~-en-sleper** *-s* articulated vehicle. **~-en-steek(-bos)** *(Acacia* spp.*)* umbrella thorn; **~-en-stuik-las** hook and butt joint. **~gras** *(grass: Melica racemosa)* melic(k). **~hou** *(cr., golf)* hook; *(boxing)* hook, sidewinder. **~kierie** crook (stick), hooked stick. **~kruis** →HAKEKRUIS. **~las** hooked joint. **~mat** hooked rug. **~mes** hooked knife. **~naald, ~pen** →HEKELNAALD, HEKELPEN. **~neus** hawk/hooked nose. **~plek** difficulty, hitch, snag, obstruction; contretemps; ***daar sit die ~*** there's the hitch/rub; ***(klein) ~kie**, (infml.)* hiccup, hiccough; *daar is 'n **(klein)** ~kie, (infml.)* there's been a slight hiccup/hiccough; ***sonder** ~ke* without any hiccups/hiccoughs. **~sleutel** hook/ratchet spanner; claw spanner/wrench; picklock. **~speld** safety pin. **~spyker** dog spike. **~stok** crook (stick), sheep hook. **~styl** hook post. **~tand** corner tooth. **~tandig** *-e* runcinate (leaf). **~veerbout** toggle bolt. **~vormig** *-e* hooked, hook-shaped, uncate, uncinate, unciform, hamate(d), hamiform, hamular; retrorse. **~wa** breakdown van/truck. **~wurm** hookworm. **~wurmsiekte** hookworm disease; anc(k)ylostomiasis, uncinariasis; miner's anaemia. **~yster** dog iron.

haaks *haakse* square(d), right-angled; true; quarrelling; *~ **gekap*** quarry-faced; *~e **kolf*** straight bat; *iets ~ **maak*** line s.t. up; true/square s.t. up; ***met** iem. ~ wees* be at loggerheads/odds with s.o; *hulle is ~ **(met mekaar)*** they are at loggerheads/variance; ***nie** ~ wees nie* be out of (the) true; *haaks **op** ...* square on ...; *~ **sny*** cut square; *~e **vertakking*** right-angled branch; *~e **vertanding*** mitre gear. **~las** square joint.

haaks·heid squareness; discord.

haal[1] *hale, n.* pull; dash, stroke *(of pen etc.)*; draw, puff *(on pipe)*; lash; *die hale het op iem. se rug gelê* the marks of the lashes could be seen on s.o.'s back; *met lang hale* with long strides.

haal[2] *ge-, vb.* fetch, go for; get; draw, pull; realise *(price)*; reach; recover; catch; *(vis) **aan land** ~* grass (fish); *~ en **betaal*** cash and carry; *iem. ~ nie **by** ... nie, (obs.)* →IEM. KAN NIE VIR ... **KERS** VASHOU NIE; *nie **daarby** ~ nie, (rare)* →KORT SKIET; ***daarby** kon iem. nie ~ nie, (obs.)* that was one too many for s.o.; ***dit** ~* make it *(infml.)*; get there *(infml.)*; *iem./iets **gaan** ~* (go to) fetch s.o./s.t., go for s.o./s.t.; ***honderd/ens.** ~* live to be a hundred/etc.; *die **huis** ~* reach home; *iets/iem. **kom** ~* (come to) fetch s.t./s.o., call/come for s.t./s.o.; *iets/iem. **laat** ~* send for s.t./s.o.; *iets **laat** ~, (also)* send away/off for s.t.; *dit **net-net** ~* scrape home; *iem. sal dit **nie** ~ nie, (also)* s.o. won't make it; *iem. sal môre/more **nie** ~ nie* s.o. will not last/live until/till tomorrow; *iem. moet ~ **om** betyds/ens. te wees, (rare)* →IEM. MOET **UITHAAL** OM BETYDS/ENS. TE WEES; *die **paal** ~* make the grade; *'n **plek** ~* make it to a place *(infml.)*; *iets **uit** ... ~* abstract s.t. from ...; distil(l) s.t. from ... *(lit.)*; glean s.t. from ...; recover s.t. from ... (e.g. gold from ore, a body from a river); *iem. **uit** die skool ~* remove s.o. from school; *iets **uitmekaar** ~* take s.t. to pieces; *iem. **van** die trein/vliegtuig ~* meet s.o. at the station/airport; *waar gaan ~ jy dit **vandaan?*** how did you get that into your head?. **~pyp** suction pipe.

haal·baar feasible; *as dit ~ is* if it's (*or* it is) feasible, if it can feasibly be done.

haam *hame, (collar of a harness)* hames; breastplate.

haan *hane* cock, rooster; *(poet., liter.)* chanticleer; cock(ing piece), dog, hammer *(of a gun)*; *die ~ van 'n geweer **afhaal*** uncock a gun; ***gesnyde** ~* capon; ***groot** ~, (infml., fig.)* big bug; a big shot *(infml.)*; →HAANTJIE; *iem. **is 'n** (ou) ~* s.o. is a champ; ***jong** ~* cockerel; *daar sal g'n ~ na **kraai** nie, geen ~ sal daarna kraai nie* no one will bother about it; no one will be the wiser. *iem. se ~ moet altyd koning **kraai*** s.o. is cock of the walk (*or* always has it all his/her own way); *elke ~ is koning op sy eie **mishoop*** every cock crows on his own dunghill; a man's home is his castle; a man is master in his own home; *die ~ van 'n geweer **oorhaal*** cock a gun. **~gevegentoesias, ~gevegaanhanger** cocker. **~geweer** shotgun with cock/dog/hammer (*or* cocking piece).

haan·tjie *-tjies* young cock, cockerel; quarrelsome fellow, spitfire; martinet; *~ die voorste wees (infml.)* be cock of the walk. **haan·tjie·ag·tig** *-tige* perky, cocky, martinetish. **haan·tjie·ag·tig·heid** perkiness, cockiness, martinetism.

Haan·tjie·pik →HEINTJIEPIK.

haar[1] *hare, n.* hair *(collect.)*; →HARE[1]; ***aan** die hare deursleep* drag/haul/pull through *(an examination)*; *iem. het geen **bang** ~ op sy/haar kop nie, daar is geen **bang** ~ op iem. se kop nie, (infml.)* s.o. is afraid of nothing, s.o. does not know (the meaning of) fear, s.o. is a stranger to fear; *'n **bos** hare hê* have a head of hair; ***deurmekaar** hare* tousled hair; *iem. se hare **deurmekaar** krap/borsel/was* rebuke/scold s.o. severely; ***gekrulde** hare, gekrulde sinne* curly heads are hasty; *dit het g'n ~ **geskeel** nie* it was within an ace; it was a hairbreadth escape; *iets gee iem. **grys** hare* s.t. is turning s.o.'s hair grey, s.t. is a great worry to s.o.; *met die **hand(e)** in die hare sit* →HAND; *iem. aan die hare hê, (infml.)* have s.o. by the short hairs; *iets groei/staan* (of *kom op) soos hare op 'n **hond** (se rug)* s.t. is growing (*or* coming up) in profusion *(plants)*; *geen ~ op sy **hoof** sal aangeraak word nie* not a hair upon his head shall be touched; *geen ~ op iem. se **hoof** krenk nie* not harm a hair on s.o.'s head; *hulle is gedurig **in** mekaar se hare, hulle sit mekaar gedurig **in** die hare, (infml.)* they are for ever (*or* always) at loggerheads; *hare **indraai*** put hair in curlers; *iem./iets by die hare **insleep/bysleep**, (infml.)* drag in s.o./s.t. for no reason; *'n **jakkals** verander van hare, maar nie van snare/streke nie* a leopard can't change his spots; *hare **kloof/klowe*** split hairs, quibble, nit-pick, chop logic, strain at gnats; *oor iets hare **kloof/klowe**, (also)* quibble about/over s.t.; cavil at s.t.; *hare **knip/skeer/sny*** cut hair; *jou hare laat **knip/skeer/sny*** have a haircut; *iem. moet sy/haar hare laat **knip/skeer/sny*** s.o. needs a haircut; *iem. kon sy/haar hare uit sy/haar **kop** trek (van spyt), (infml.)* s.o. could kick him-/herself; *jou hare laat **ligstreep*** have one's hair highlighted; *jou hare **losmaak*** let one's hair down *(lit.)*; *iem. het geen (of daar is geen) **lui** ~ op iem. se kop nie, (infml.)* s.o. is a glutton for work; *jou hare (met 'n) **middelpaadjie** dra/kam* part one's hair in the middle; ***op** 'n ~* exactly, to a hair('s breadth), to an inch; to a T *(infml.)*; ***op** 'n ~ na ...* nearly ... *(lose, drown, crash, etc.)*; *dit was (so) **op** 'n ~ na of hy het teen 'n ander motor gebots* he missed another car by a hair's-breadth; *hulle lyk **op** 'n ~ eenders* they are as like as two peas; ***op** 'n ~ soos/na iem. lyk* look exactly like (*or* be a second edition of) s.o.; *iem. se hare **orent/regop** laat staan* make s.o.'s hair stand on end; *iem. se hare (te berge) laat **rys*** make s.o.'s hair stand on end; ***skuld** soos hare op jou kop* over head and ears in debt; *alles op hare en **snare** sit* leave no stone unturned; turn everything topsy-turvy; *ek het meer **spyt** as hare op my kop* I have reason to rue it; *iem. se hare **streel*** stroke s.o.'s hair; *oor iem. se hare **stryk*** stroke s.o.'s hair; *hare op jou/die **tande** hê, (infml.)* have a lot of grit; *iem. se hare is aan die **uitval*** s.o.'s hair is thinning; *mekaar in die hare **vlieg**, (infml.)* be at each other's (*or* one another's) throats, go for one another; *die hare **waai**, (infml.)* the fur is flying; *die hare laat **waai**, (infml.)* make the feathers/fur fly; *hulle het (ge)baklei dat die hare (so) **waai**, (also, infml.)* they were fighting like billyo(h); *ek is nog g'n ~ **wyser** nie* I am none the wiser; *iem. se hare word **yl/min*** s.o.'s hair is thinning. **~af:** *die perd is ~* the horse's hair is coming out, the horse is losing its hair; *~ maak* depilate, grain; *nie hond ~ met iem./iets maak nie* →HOND. **~afmaker** hair remover, depilatory; →HAARVERWYDERINGSMIDDEL. **~bal** hairball. **~band, hareband** hairband; snood, fillet; bandeau; Alice band. **~bars(ie)** hairline crack, chink. **~bedekking** →HAARKLEED. **~borsel, hareborsel** hairbrush. **~bos** shock/tuft of hair. **~breed(te)** hair's-breadth. **~breuk** *(med.)* hairline fracture. **~buis(ie)** capillary tube. **~buiswerking** capillarity. **~dos, haredos** (head of) hair; wealth of hair. **~draend** *-e* piliferous. **~drag** →HAARSTYL. **~droër** hairdryer, -drier, blow dryer/drier. **~fyn** as fine as a hair; in detail; subtle; to a nicety, minutely; *iets ~ beskryf/beskrywe* give a blow-by-blow account/description of s.t.; *~ vertel* tell in detail. **~golwer** *=s* hairwaver. **~golwing** hairwaving. **~gom** spirit gum. **~grens** hairline. **~groei** growth of hair. **~huid** scalp. **~inplanting** hair implant. **~jel** hair gel. **~kam, harekam** comb. **~kapper,** *(fem.)* **~kapster** hairdresser, hairstylist *(for men and women)*; barber *(for men)*. **~kappery** hairdressing. **~kapsalon** hairdressing saloon. **~kapsel** hairstyle, hairdo. **~kapster** *=s* (female) hairdresser. **~kleed** coat *(of an animal)*; cilice. **~klein** minute. **~kleuring** hair dye. **~kleursel, ~kleurstof** hair dye. **~kloof, ~klowe** *ge=* →*hare* ***kloof/klowe.*** **~klower** hairsplitter, nit-picker, quibbler. **~klowery** *=e* hairsplitting, quibble, quibbling, nit-picking; finickiness *(about language)*. **~knip** hair clip, *(chiefly Br.)* hairgrip. **~knipper** hair clipper(s); haircutter. **~knip(pie)** hair slide/clip, *(chiefly Br.)* hairgrip, *(Am.)* bobby pin. **~koord** hair cord. **~krul** curl (of hair), tress. **~kruller** hair curler/roller. **~kunde** trichology. **~kundig** *=e* trichological. **~kundige** *=s* trichologist. **~laat** *ge=, haarge=, (obs.)* get into trouble (*or* a fix/scrape), be rebuked; pay the penalty; **~lak** hair lacquer. **~lint** hair ribbon, snood. **~lok** lock of hair; tress, curl; *vals ~* switch. **~lyn** hairline, thin line. **~middel** *=s* hair restorer. **~mode** hairstyle. **~mos** *(bot.)* hair(-cap) moss. **~naald** hairpin. **~naalddraai** hairpin bend. **~net** hairnet. **~olie** hair oil. **~oorplanting** hair transplant. **~opknapper** hair conditioner. **~opnaaisel** pin tuck. **~passer** hair dividers. **~pluis** *(bot.)* pappus. **~poeier** hair powder. **~pyn** *(rare, joc.)* hangover. **~riffelstof** *(text.)* needlecord. **~room** hair cream. **~sakkie** (hair) follicle. **~sak(kie)skurfte** demodectic mange, demodex infection. **~salf** pomade *(obs.)*, dressing. **~sel** *=le* hair cell. **~siekte** trichosis. **~skeerder(spinnekop)** solpugid, solifuge. **~skeur** craze. **~sneller** hair trigger. **~snit** haircut, hairstyle. **~sny** haircut. **~snyer** barber, hairdresser, haircutter. **~spasie** hair space. **~speld** hairpin. **~spoel(middel)** *=e* hair rinse; *blou ~* blue rinse. **~sproei** *=e* hairspray. **~stert** *(icht.: Trichiurus lepturus)* cutlass fish; *(fig.)* pigtail. **~stilering** hair styling. **~stileringsborsel** styling brush. **~stilis** hairstylist. **~stof** haircloth. **~strik** hair bow. **~string** plait. **~stuk** hairpiece; wiglet. **~styl** hairstyle, hairdo. **~tang(etjie)** (pair of) tweezers. **~tint** hair tint. **~tinting** hair tinting. **~tooi(sel)** headdress, coiffure. **~vat** capillary (vessel). **~vatverwyding** capillarectasia. **~vatwerking** capillarity, capillary attraction. **~veer** filoplume. **~verf** hair dye. **~verlies** *(med.)* alopecia *(of head)*. **~versorging** hair care. **~verwyderingsmiddel** *=s* hair remover, depilatory. **~vesel(r)ig** filamentary, filamentous. **~vilt, velt** fur felt. **~vlegsel** braid, plait (of hair); pigtail; switch *(artificial)*, queue *(arch)*. **~vlokkie** villus. **~vormig** *=e* capillary, piliform. **~wasmiddel** shampoo, hair wash. **~wild** fur game. **~wortel** hair root, root of a/the hair; capillary root, fibre. **~wurm** *(vet.)* wireworm; threadworm; trichina *(in humans)*. **~wurm(siekte)** wireworm/threadworm disease.

haar[2] *adj. & adv.* right; off; **~agter** *(obs.)* right hind. **~hou** *(golf)* slice. **~kant** right side, off side. **~naasagter** second right-hind. **~naasvoor** second right-fore/right front. **~om** to the right, to the off (side); clockwise; *(also, esp. in ploughing)* to the left, anticlockwise; **~omhou** *(cr.)* pull to leg; *(golf)* slice; →HAARHOU. **~-op-ag(t)** fourth on the right from behind. **~-op-ses** third on the right from behind. **~op-tien** fifth ... etc.. **~-op-vier** second ... etc.. **~os** off ox. **~perd** off horse. **~swenk** *haarge=, (golf)* slice. **~swenker** *=s, (golf)* slice. **~voor** right-fore, right front. **~vooros, ~voorperd, ~voormuil, ~vooresel** right-fore/right front ox, horse, mule, donkey.

haar[3] *pers. pron.* her; *ek het ~* ***gesien*** I saw her; *ek het ~* ***self*** *gesien* I saw her myself; →HAARSELF; *sy* ***was*** *~* she is washing herself, she is having a wash; *sy* ***was*** *~ al self* she can already wash herself. **~self** *(acc. & dat.)* herself; *sy het ~ geskiet* she shot herself; *van ~ is sy ...* her maiden name is ...

haar[4] *hare, poss. pron.* her; *dit is ~ boek* it is her book; *dit is hare* →HARE[2] *poss. pron.*.

haar·ag·tig, haar·ag·tig *=tige* hairlike, hairy; *(bot.)* piliform.

haard *haarde, (obs.)* fireplace; →HERD; grate; focus *(of a disease)*; epicentre *(of an earthquake)*; nidus; *eie ~ is goud waard, (prov.)* home is home, be it (n)ever so homely (*or* ever so humble), there is no place like home. **~plaat** →HERDPLAAT. **~rand** fender. **~skerm** fire screen. **~steen** hearthstone. **~vuur** hearth fire, ingle.

haar·lem·mer·o·lie →HARMANSDRUP.

haar·loos *=lose* hairless; bald; stringless *(bean)*. **haar·loos·heid** hairlessness, baldness; *(med.)* alopecia.

haar·tjie *=tjies* little hair; *(biol.)* cilium.

haas[1] *hase, n.* hare; *so* ***bang*** *soos 'n ~* as timid as a hare; *so* ***bang*** *soos 'n ~ vir 'n hond* mortally afraid, scared as the devil of holy water; *baie* ***honde*** *is 'n ~ se dood* →HOND; *hase met 'n* ***kanon*** *skiet, (infml.)* break a butterfly on the wheels; *'n ~* ***opjaag*** raise a hare, start a controversy. **~bek** *adj.* with front teeth (*or* a front tooth) missing, gap-toothed; *'n ~ kind, die kind is ~* a child with front teeth missing; *'n ~ saag* snicked saw. **~hond** harrier. **~kos** *(fig., hum.: salads etc.)* rabbit food; →MOERPLANTJIE. **~lip** harelip, cleft lip. **~oog** hare's eye; *(med.)* lagophthalmia. **~pootjie** *(lit.)* hare's foot; *(bot.)* hare's-foot. **~tande** *(pl.)* buckteeth.

haas[2] *n.* haste, hurry, speed; dispatch; ***buitensporige*** *~* undue haste; *daar is ~* ***by*** the matter is urgent, there is no time to be lost; ***daar is*** *~* time presses; *daar is* ***geen*** *~ (nie)* there is no hurry; *in die* ***grootste*** *~* against the clock; ***hoekom/waarom*** *so 'n ~?,* ***waarheen*** *is die/jou ~?* what's the/your hurry/rush?; ***in*** *~* in haste, in a hurry; ***in alle/groot*** *~* in great/hot haste, with great haste/speed, posthaste; *iets* ***in*** *~ doen* do s.t. in a hurry; *~* ***maak*** hurry, hustle, bustle, make haste; *~* ***maak*** *met iets* hurry up s.t.; ***sonder*** *~* unhurried(ly); *hoe meer ~, hoe minder* ***spoed*** (the) more haste, (the) less speed; *in* ***vlieënde*** *~* in great/hot haste; *in 'n* ***vlieënde*** *haas wees* be in a steaming/tearing hurry. **haas** *ge=, vb.* hurry, hustle, hasten, make haste, rush; ***jou*** *~* hurry, make haste; hustle, press on; *~* ***jou!*** hurry up!, be quick!; *~* ***jou nie*** don't hurry, take your time; *~ jou* ***langsaam*** make haste slowly; *jou* ***na*** *... ~* hurry to ...; *met iem.* ***na*** *... ~* rush s.o. to ... *(hospital)*; *jou* ***nie*** *(met iets) ~ nie* take one's time (about/over s.t.).

haas[3] *adv.* almost, nearly; shortly, soon, before long; erelong *(arch., poet., liter.)*; →AMPER, BYNA; *iem. moet ~ kom, (fml.)* s.o.should be here directly; *ek moet ~ gaan* I shall have to go soon; *~ onmoontlik* practically impossible.

haas·tig *=tige, adj.* hasty, hurried, in a hurry; speedy; fleet; hotfoot; expeditious; cursory; impatient; overriding; *iets ~ na ...* ***bring*** hurry s.t. to ...; *iets ~* ***doen*** do s.t. in a hurry; *~e* ***geaardheid*** explosive temper; *~* ***getrou,*** *lank berou* marry in haste, repent at leisure; ***hoekom/waarom*** *so ~?* what's the/your hurry/rush?; *('n) ~e* ***hond*** *verbrand sy mond/bek* →HOND; *~e* ***kollekte*** whip-round; ***moenie*** *so ~ wees nie!* don't be in such a hurry!; *iem. is* ***nie*** *~ nie* s.o. is in no hurry; ***nie so*** *~ nie!* hold on!, hold your horses! *(infml.)*; *iem. is ~* ***om*** *iets te doen* s.o. cannot wait to do s.t.; *~e* ***spoed*** *is selde goed* more haste, less speed. **haas·tig** *adv.* in haste, in a hurry, hurriedly, hastily. **haas·tig·heid** hastiness, hurry; hurry-scurry; *van ~ kom lastigheid* (the) more haste, (the) less speed.

haat *n.* hatred, hate, rancour; *~ jeens ... koester* bear malice towards ...; *iem. se ~ jeens/teen(oor) ...* s.o.'s hatred/hate for/of/towards ...; *'n wrewelige ~* a bitter/consuming hatred. **haat** *ge=, vb.* hate, detest; *iem. soos die pes (of gif) ~* hate s.o. like poison/sin (*or* the plague). **~draend** *=e* (re)vengeful, resentful, vindictive; rancorous, malicious; *iem. is nie ~ nie* s.o. bears no malice. **~draendheid** malice, rancour, (re)vengefulness, vindictiveness. **~spraak** hate speech.

haat·lik *=like* detestable, hateful, abhorrent, odious; obnoxious, nasty, malicious, spiteful; invidious *(task)*; *'n ~e vent* a nasty, *(infml.)* a nasty piece/bit of work. **haat·lik·heid** hatefulness, odiousness; malice, spite; *'n ~ kwytraak* make an invidious (*or* a malicious/spiteful) remark.

Ha·ba·kuk *(OT)* Habakkuk.

ha·bi·li·ta·sie *=sies* habilitation. **ha·bi·li·teer** *ge=* habilitate.

ha·bi·tat *=tats* habitat.

ha·bit·u·é *=tués, (Fr.)* frequenter, regular customer/visitor. **ha·bit·u·ée** *=tuées, (Fr.)* female frequenter *etc.*. **ha·bi·tu·eel** *=tuele* habitual. **hab·i·tus** *(biol.)* habit.

Habs·burg *(geog.)* Habsburg, Hapsburg. **Habs·bur·ger** *=gers* Habsburg(er), Hapsburg(er). **Habs·burgs** *=burgse* Habsburg, Hapsburg.

ha·byt *=byte, (eccl.)* habit.

ha·chée *(Fr.),* **ha·sjee** *(cook.)* hash, hashed meat.

hack·ney *=neys, (breed)* hackney.

had *(p.t.), (obs.)* had; →HÊ.

Ha·des *(Gr. myth.)* Hades.

ha·di·da *=das, (orn.)* hadedah (ibis), brown ibis.

hadj *(Arab.)* hadj, hajj. **hadj·ie** *=jies* hadji.

Ha·dri·a·nus *(Rom. emperor)* Hadrian. **~muur:** *die ~* Hadrian's Wall.

ha·dro·sou·rus *(palaeontol.)* hadrosaur(us).

ha·el *n.* hail; hail shower; (small) shot. **ha·el** *ge=, vb.* hail; *dit ~* it is hailing; hail is falling; *... op iem./iets laat hael* rain/shower ... on s.o./s.t. *(blows, stones, etc.)*. **~boor** shot-drill. **~bui** shower of hail; *'n ~ van koeëls* a shower of bullets. **~geweer** shotgun, scattergun, fowling piece. **~korrel** hailstone; pellet of shot, shot lead. **~patroon** shot cartridge. **~skade** hail damage. **~skoot** hailshot. **~snoer** *(zool.)* chalaza. **~spuiting** shot-blasting. **~steen** hailstone. **~storm** hailstorm. **~streek** hail belt. **~versekering** insurance against hail, hail insurance. **~vorming** hail formation. **~wit** snow-white.

haf *haffe, n., (geog., rare)* haff. **haf·fe·kus** haff coast.

haf·ni·um *(chem., symb.: Hf)* hafnium.

Ha·ge·naar *=naars, =nare* native/inhabitant of The Hague; →DEN HAAG.

ha·ge·pre·di·ker *(hist., derog.)* hedge parson/priest. **ha·ge·preek** hedge sermon.

ha·gi·o·graaf *=grawe* hagiographer, =graphist. **ha·gi·o·gra·fie** hagiography. **ha·gi·o·gra·fies** *=fiese* hagiographic(al). **Ha·gi·o·gra·pha** *(Bib.)* Hagiographa.

hag·lik *=like* critical, desperate, perilous, precarious, parlous, risky; tricky *(situation)*; *~e bestaan* hand-to-mouth existence; *~e ewewig* delicate balance; *'n ~e situasie, (also, fig.)* a rat trap. **hag·lik·heid** critical state, precariousness.

ha-ha(-ha) ha ha (ha).

Hai·de·ra·bad *(geog.)* Hyderabad.

hai·doek *=doeke, (<Hung., hist.)* Haiduk, Heyduck, Heiduc.

Hai·fa *(geog.)* Haifa.

hai·koe *=koes, (poet.)* haiku.

hai·kô·na, hai·kô·na →AIKÔNA.

Ha·ï·ti, Hai·ti *(geog.)* Haiti; *(geog., hist.)* →HISPANIOLA. **Ha·ï·ti·aan, Hai·ti·aan** *=ane, n.* Haitian. **Ha·ï·ti·aans, Hai·ti·aans** *=aanse, adj.* Haitian.

hak[1] *hakke, n.* heel; hock *(of an animal)*; bullet *(of a horse)*; *op iem. se ~ke* ***bly*** follow on s.o.'s heels; keep after s.o.; *met* ***hoë*** *~ke* high-heeled; *nie by* ***iem.*** *se ~ke kom nie, (infml.)* not be in the same street with s.o.; *jou ~ke* ***klap*** click one's heels; ***kort*** *op iem. se ~ke wees* be hard/hot on s.o.'s heels; be hard/hot on s.o.'s trail; breathe down s.o.'s neck *(infml.)*; *die ~ke* ***lig,*** *(infml.)* take to one's heels; ***op*** *iem. se ~ke wees* be at/on/upon s.o.'s heels; be on s.o.'s tail; run s.o. close; ***op*** *die vyand se ~ke* in close/hot pursuit of the enemy; ***op*** *die ~ke van ..., (also)* in the wake of ...; *van die ~ op die* ***tak*** *spring, (infml.)* ramble, jump from one subject to another, be desultory; *iem. op die ~ke* ***volg*** tread on s.o.'s heels; trail s.o.. **~been, ~skeenbeen** *(anat.)* calcaneum, calcaneus. **~dop** heel cup. **~-en-tak:** *~ lewe* be at loggerheads. **~gal** *(vet.)* soft curb. **~gewrig** tarsal joint, hock *(of a horse)*. **~leer** heelpiece. **~sening** Achilles tendon; hamstring *(of horse)*. **~skeen** heel; *iem. se hakskene word al rooi* s.o. is beginning to take an interest in girls/boys; *die hakskene lig* show a clean pair of heels. ~**skeenbeen** →HAKBEEN. ~**skeenbyter** backbiter. ~**spierrefleks** Achilles jerk.

hak² *ge-, vb., (dated)* chop, cut, hash, hew; mince *(meat); in die pan ~, (fig.)* cut to pieces. ~**byl** chopper. ~**hout** fellings. ~**mes** →KAPMES.

ha·ke·a *-keas, (bot.)* hakea.

ha·ke·kruis swastika, fylfot *(rare)*, hooked cross, gammadion.

ha·ke-kruk·ke, hak·ke-kruk·ke *(game)* hook-it-crook-it; leg-hooking.

hak-en-tak →HAK¹.

ha·ker *-kers, (rugby)* hooker. **ha·ke·rig** *-rige* hooky; irregular, uneven; inclined to hitch/stick; interrupted; *~e breuk* hackly fracture; *~ wees* be at loggerheads; →HAAKS MET IEM. WEES. **ha·ke·ry** discord, disagreement, hitch(es).

ha·kie *-kies* bracket; (little) hook; loop; *~s en **ogies*** hooks and eyes; ***ronde** ~s* parentheses; *~ en **trensie**, (needlework)* hook and bar; ***tussen** ~s , (lit.)* in brackets/parenthesis/parentheses; *(fig.)* in parenthesis, by the by/way; parenthetically; *iets **tussen** ~s plaas/sit* bracket (off) s.t.; ***vierkante** ~* square bracket. **ha·kies·do·ring** *(Acacia detinens)* hook-thorn. **ha·kies·draad** barbed wire; →DORINGDRAAD.

hak·ke·bord *(mus.)* dulcimer.

hak·ke·jag hot pursuit.

hak·ke-kruk·ke →HAKE-KRUKKE.

hak·kel *ge-, vb.* stammer; stutter; boggle, flounder, stumble *(in one's speech); erg ~* have a bad stutter. **hak·ke·laar** *-lare, -laars* stammerer, stutterer. **hak·ke·lend** *adj.* stammering, stuttering. **hak·ke·lend** *adv.* stammeringly, stutteringly. **hak·kel·rig** *-rige* stammering, stuttering; faltering. **hak·kel·ry** stammering, stuttering.

hak·kel·bout jag (bolt), fang bolt, lewis bolt, ragbolt, barb bolt.

hak·ker *-kers* →HOUTHAKKER.

hak·sel *-sels, (dated)* chopped meat; minced meat; chopped straw, chopped feed. ~**vleis** chopped meat.

hal *halle* hall; foyer; concourse *(in a large building)*.

ha·laal *n. & vb., (Arab.)* hal(l)al.

ha·la·sie *(phot.)* halation.

ha·ler *-lers* fetcher.

half *halwe* half; semi-, demi-; *halwe **aandeel*** half share; moiety *(in an estate); 'n halwe **appel*** half an apple; *~ **barbaars*** semibarbarous; *~ **blind*** →HALFBLIND; *halwe **broer*** →HALFBROER; *'n halwe **brood*** half a loaf of bread; *iets (maar) ~ **doen*** do s.t. by halves; *→**werk**; ~ **dood*** half-dead, all but dead; *halwe **eeu*** →HALFEEU; *'n halwe **eier** is beter as 'n leë dop* →EIER; *~ **en/om** ~* half and half, half of each, in equal proportions; *~ **en** ~* nearly, more or less, not quite; partially; rather, kind/sort of *(infml.); een/ens. **en** 'n ~/halwe dag/ens.* one/etc. and a half days/etc.; →ANDERHALF; *'n dag/ens. **en** 'n ~* a day/etc. and a half; *'n wedstryd **en** 'n ~, (also, sl.)* a ripsnorter of a match; *iem. 'n halwe ... **gee*** give s.o. a half of ...; *'n halwe **glimlag*** a semismile; *nie ~ so **goed** as* ... not nearly as good as ...; *'n halwe **koppie*** half a cup(ful); →HALFKOPPIE; *'n halwe **kring*** a semicircle; *~ **kwaad*** rather angry, annoyed; *'n **leuen** en 'n ~* a whopper, a big lie; *'n halwe **liter*** half a litre; →HALFLITER; *halwe **maatreëls*** half measures; *halwe **nommer*** half-size *(in clothing); ~ **om** ~ →**en/om**; ~ **oorgehaal*** half persuaded; half-cocked; *~ **sin** hê om te* ... have half a mind to ...; *halwe **sirkel*** semicircle, half-circle; →HALFSIRKEL; *daar **slaan** dit ~* the half-hour is striking; *iets **so** ~ (en ~) verwag* kind/sort of expect s.t., be half expecting s.t. *(infml.); ek het nou ~ **spyt** daaroor* I am rather sorry about it now; *halwe **suster*** →HALFSUSTER; *halwe **toon**, (mus.)* semitone, halftone; *~ **verhonger(d)*** half-starved; *'n halwe **waarheid*** a half-truth; *halwe **werk** doen* do one's work by halves, scamp/botch one's work; *'n goeie verstaner/begryper/begrip het 'n halwe **woord** nodig* a word to the wise is enough; a nod is as good as a wink (to a blind man/horse). ~**aam, alfaam** *-ame, (inhoudsmaat)* half-aum; *'n kêrel met 'n ~(pie)* a fellow with a corporation (tummy), potbelly. ~**aap** half-ape. ~**ag(t)** half past seven. ~**amptelik** semiofficial. ~**as** axle shaft, side shaft. ~**bakke,** ~**bakke,** ~**gebakte** *(fml., fig.)* half-baked. ~**bewus** semiconscious. ~**bewussyn** semiconsciousness. ~**blind** purblind. ~**blindheid** purblindness, hemianop(s)ia. ~**bloed** *-e, n., (derog.)* half-breed, half-blood, half-caste. ~**bloed** *adj., (derog.)* half-bred, half-caste. ~**bottel(tjie)** half-jack, half-bottle, split. ~**bouvallig** semiderelict. ~**broer** half-brother. ~**by** *(cr.)* mid-on. ~**daagliks, halfdaagliks** *-e* semidiurnal. ~**dag** half-day. ~**dagwerker** half-timer. ~**dek** half-deck. ~**deurdringbaar** *-bare* dialytic, semipermeable. ~**deurlatend** *-e* semipermeable. ~**deursigtig** *-e* semitransparent; opalescent. ~**deursigtigheid** semitransparency; opalescence. ~**deursnee,** ~**deursnit** half-section, semidiameter. ~**donker** *adj.* half dark; penumbral. ~**donkerte** *n.* semidarkness, dusk(iness), twilight. ~**dood:** *~ van die honger wees* be half-starved; *~ voel/lyk, (also, infml.)* feel/look like death warmed up. ~**dor** semiarid. ~**dosyn** half-dozen; *'n ~* half a dozen. ~**drie** half past two. ~**dronk** half drunk, *(Br., infml.)* half seas over. ~**droog** medium dry, *(Fr.)* demi-sec *(wine etc.)*. ~**dubbel** semidouble *(flower)*. ~**duim** half-inch, half an inch. ~**edelsteen** semiprecious stone. ~**een** half past twelve. ~**eeu, halwe eeu** half-century, half a century. ~**eeufees** (golden) jubilee. ~**eievormig** *-e* hypidiomorphic. ~**eindrond(t)e,** ~**eind(wed)stryd,** *(infml.)* ~**eind** semifinal, *(infml.)* semi. ~**elf** half past ten. ~**fabrikaat** intermediate/semimanufactured article, semifinished product, semi. ~**formeel** semiformal. ~**gaar** half done/cooked; underdone; medium *(meat); (infml.)* dotty, funny (in the head); *~ kook* parboil, underdo; *tussen rou en ~* medium rare *(meat)*. ~**gebak** *(lit., fig.)* half-baked; *(lit.)* slack-baked. ~**gebied** *(sport)* half. ~**gehard** half-hardy *(plant)*. ~**geleerd** *-e* half-educated. ~**geleerde** *-s* sciolist. ~**geleidend** *(elec.)* semiconducting. ~**geleier** *(elec.)* semiconductor. ~**geskoold** *-e* semiskilled. ~**geslote** →HALFTOE. ~**glasdeur** sash door. ~**god** demigod, hero. ~**godin** demigoddess. ~**greep** *(comp.)* nibble, nybble. ~**hartig** *-e* half-hearted, unfocus(s)ed. ~**hartigheid** half-heartedness. ~**hartvormig** *(bot.)* subcordate. ~**jaar** half-year, six months. ~**jaarliks, halfjaarliks** *-e, adj. & adv.* half-yearly, every six months, semiannual(ly). ~**kaal** →HALFNAAK. ~**kalfsleer** half calf. ~**keëlvormig** ~**kegelvormig** subconical. ~**klaar** half-done, half-finished. ~**klinker** semivowel. ~**koepel** semidome. ~**koord** *-koorde,* **albakoor** *-kore, (icht.)* albacore, yellowtail. ~**koord, halwe koord** semichord. ~**koppie:** *'n ~* half a cup. ~**kouse** knee(-length) stockings, knee socks; *(arch.)* half-hose. ~**kransstandig** *-e, (bot.)* hemicyclic; →HEMISIKLIES. ~**kringvormig** *-e* semicircular. ~**kristallyn** hemicrystalline. ~**kroon** *(hist.)* half-a-crown, a half-crown. ~**lang** half-length, medium-length. ~**leeftyd** →HALVERINGSTYD. ~**leeg** half-empty. ~**leer** half leather, half-binding. ~**linne** *(print.)* half-cloth. ~**liter:** *'n ~* half a litre. ~**maan, halwemaan** half-moon, crescent; semicircle, half-circle. ~**maanbles** receding hairline. ~**maandeliks,** ~**maandeliks** semimonthly, half-monthly. ~**maan-erker** compass window. ~**maanklep** semilunar valve. ~**maantjie, halfmaantjie** *(earmark)* half-moon; white of (finger)nail. ~**maanvenster** lunette. ~**maanvorm** meniscus. ~**maanvormig** *-e* lunate(d), semilunar, crescent-shaped, meniscate. ~**maanyster** tip shoe. ~**marat(h)on** half-marathon. ~**mas** half-mast; →HALFSTOK. ~**masbroek** three-quarter trousers. ~**mat** semi-matt. ~**mens** humanoid, semihuman; *(bot.: Pachypodium namaquanum)* elephant's-trunk. ~**metaal** metalloid, semimetal. ~**militêr** *-e* paramilitary. ~**miljoen:** *'n ~* half a million. ~**myl** half-mile, half a mile. ~**mylloper** *(obs.)* half-miler. ~**naak,** ~**kaal** half-naked. ~**naatjie** *-s, (derog.)* half-caste, mulatto. ~**nege** half past eight. ~**nelson** *(wrestling)* half nelson (hold); →NELSON. ~**onderrok** half-slip, half-petticoat, underskirt. ~**onderstandig** *-e, (bot.)* half-inferior, subinferior. ~**oneindig** *(math.)* semi-infinite. ~**oop** half-open. ~**orent,** ~**regop** *(zool.)* suberect. ~**outomaties** semiautomatic. ~**pad** halfway, midway; *~ **aangetrek** wees* be half-dressed; *iets ~ **aanhê*** have s.t. partway on; *(al/reeds) **oor** ~ wees* be past the halfway stage; *(ver/vêr) **oor** ~ wees* be (well) over the halfway mark; *~ **tussen** twee plekke* midway between two places. ~**padmerk** halfway point. ~**pennie** *(hist.)* halfpenny. ~**permanent** semipermanent. ~**produk** →HALFFABRIKAAT. ~**professioneel** semiprofessional; *~professionele musikant/sportmens/ens.* semiprofessional. ~**prys** half-price; half-fare. ~**raambril** half-frames. ~**raamkamera** half-frame camera. ~**rantsoen:** *op ~* on short commons. ~**regop** →HALFORENT. ~**reliëf** half relief, demirelief, mezzo-relievo, mezzo-rilievo. ~**rok, heuprok** *(dated)* skirt; →ROMP. ~**rond** *-e, n.* hemisphere; *Noordelike/Suidelike/Oostelike/Westelike H~* Northern/Southern/Eastern/Western Hemisphere. ~**rond** *-e, n. & adj.* half-round, hemispheric(al); semicircular; *~e vyl* half-round file. ~**rondyster** half-round iron. ~**roommelk** semi-skimmed milk. ~**rou** half mourning. ~**rym** assonance; half-rhyme. ~**ryp** underripe. ~**saaldak** single-pitch roof, shed roof. ~**sak** half-bag, half a bag. ~**sent** half-cent. ~**ses** half past five; *om ~* at half past five. ~**sewe** half past six. ~**silindries** semicylindrical. ~**sinteties** *(chem.)* semisynthetic. ~**sirkel** semicircle, half-circle. ~**sirkelkanaal** semicircular canal. ~**sirkelvormig** *-e* semicircular. ~**skadu(wee)** *(astron.)* penumbra; *van die ~* penumbral. ~**slag** *adj.* of medium size. ~**slagtig** *-e* half-hearted, diffident; half-bred. ~**slagtigheid** half-heartedness, indecision, irresolution, diffidence. ~**slyt** second-hand, half-worn, used, part-worn. ~**soet** semi-sweet. ~**sool** *n.* half-sole. ~**sool** *ge-, vb.* half-sole *(shoes)*. ~**stedelik** semiurban. ~**steen** half brick. ~**steenmuur** half-brick wall. ~**steenverband** half-bond. ~**stok** half-mast *(a flag); die vlag hang ~* the flag is flying at half-mast. ~**struik** subshrub, semishrub, half-shrub, undershrub. ~**styf** semirigid. ~**suster** half-sister. ~**sy** half-silk. ~**sydig:** *~e verlamming (med.)* hemiplegia. ~**tien** half past nine. ~**tint** halftone. ~**toe,** ~**geslote** half-closed. ~**twaalf** half past eleven. ~**twee** half past one. ~**uur** half an hour, half-hour; *'n ~* half an hour; *die klok/horlosie/oorlosie slaan op die ~* the clock chimes at the half-hour; *'n ~ se loop (of 'n ~ te voet) van ... af wees* be a half-hour (*or* half an hour's) walk from ...; *'n pouse van 'n ~* a half-hour (*or* half an hour's) interval. ~**vaal:** *van die honger* half-starved. ~**vergete** half-forgotten. ~**verhewe** bas-relief, demirelief, half relief. ~**vers** hemistich. ~**vervalle** semiderelict. ~**vet** *(print.)* semibold. ~**vier** half past three. ~**vleuel** *(mil.)* half-wing. ~**vleuelig,** ~**vlerkig** *-e* hemipteran, hemipterous. ~**vloeibaar** semifluid. ~**vokaal** semi-vowel. ~**vol** half-full, half-filled. ~**volwasse** *adj., (zool.)* subadult. ~**volwassene** *n., (zool.)* subadult. ~**vrystaande** semidetached. ~**vyf** half past four. ~**was,** ~**was** *-(se)* half-grown, adolescent; *~ rivier* adolescent river. ~**waterbewonend** *(biol.)* semiaquatic. ~**weekliks,** ~**weekliks** *-e* semiweekly; *~e blad* biweekly paper/magazine. ~**weg** halfway, midway; *(cr.)* mid-off. ~**weggevangenis** halfway house prison. ~**wegstasie** halfway house. ~**wild** half-wild; semidomesticated. ~**woestyn** semidesert. ~**woestynagtig** semidesert. ~**wys** halfwitted. ~**yster** midiron.

half·heid *(rare)* = ONBESLISTHEID, WEIFELING.

hal·fie *-fies* half a glass; half a bottle; half a one.

ha·liet *(min.)* halite, rock salt.

ha·li·to·se halitosis, foul breath.

hal·le·kerk hall church.

hal·le·lu·ja *-jas* hallelujah.

Hal·ley: *~ se komeet* Halley's Comet.

hal·lo, hal·lo *interj.* hello, hallo, hullo, *(infml.)* hiya.

hal·lu·si·na·sie *-sies* hallucination. ~**reis** *(infml.)* trip; *op 'n ~ gaan* go on a trip.

hal·lu·si·neer *ge-* hallucinate.

hal·lu·si·no·geen *-gene, n.* hallucinogen. **hal·lu·si·no·geen** *-gene,* **hal·lu·si·no·ge·nies** *-niese,* **hal·lu·si·o·nêr** *-nêre, adj.* hallucinogenic, *(infml.)* mind-blowing, *(infml.)* mind-bending.

hal·lu·si·no·se hallucinosis.

halm *halme, halms, n.* blade, stalk; *(bot.)* ha(u)lm, culm. ~**draend** *-e* culmiferous. **halm·pie** *-pies* little blade/stalk.

ha·lo =*lo's* halo.

halo= *comb.* halo=. ~**chromie** halochromism. ~**chroom** halochrome. ~**fiet** =*e* halophyte. ~**geen** =*gene* halogen. ~**geneer** *ge*= halogenate. ~**meter** halometer. ~**skoop** =*skope* haloscope.

ha·lo·ïed =*loïede, (chem.)* haloid.

hals *halse, n., (fml.)* neck *(of a garment etc.)*; throat; tack *(of a ship)*; cervix; *(min.)* journal; *'n* **lae** ~ a low-cut neck; *rok met 'n* **lae** ~ low-cut dress; *(met)* ~ *en mag* with might and main; *iem.* **om** *die* ~ *val* fall (up)on s.o.'s neck, throw one's arms round s.o.'s neck; *jou iets* **op** *die* ~ *haal* bring s.t. on o.s., let o.s. in for s.t.; come in for s.t.; incur s.t.. **hals** *ge*=, *vb.* wear *(of a ship)*. ~**aar** = NEKAAR. ~**band** necklace; collar, neckband; collet; torque. ~**bandjie** collar; *dis nie om die hondjie nie, maar om die* ~ →HONDJIE. ~**bandplaatjie** dog tag. ~**berg** hauberk. ~**bout** throat bolt. ~**doek** scarf, neckcloth, neckerchief, cravat, muffler; fichu. ~**ketting** necklace; collar, neck chain. ~**kettinkie** necklet. ~**klier** = NEKKLIER. ~**knopie** collar stud. ~**kraag** collar; frill, ruff; gorget *(of armour)*. ~**lyn** neckline; tack line *(of sail)*. ~**maat** neck measurement. ~**misdaad** capital crime; *dis 'n* ~ it carries the penalty of death; *teregstaan weens 'n* ~ be on trial for (one's) life. ~**oorkop** head over heels, headlong, hurry-scurry, breakneck, pell-mell, helter-skelter, precipitately. ~**opening** neck opening, fent. ~**reg** *(hist.)* the power of life and death. ~**riem** neckstrap. ~**sieraad** neck ornament, necklace. ~**slagaar** →NEKSLAGAAR. ~**slip** neck opening. ~**snoer** *n.* necklace, choker; gorget; *(SA, fig.)* necklace. ~**snoer** *vb., (SA, fig.)* necklace. ~**snoeraanval(le)** necklacing. ~**snoerdood:** *die/'n* ~ necklacing. ~**snoermoord** necklace killing/murder; necklacing. ~**snoerteregstelling** necklacing. ~**spier** = NEKSPIER. ~**starrig** =*e* headstrong, obstinate, stubborn, pigheaded, obdurate, *(infml.)* bloody-minded; hardline *(stance)*; ~*e houding* hard line; ~ *wees, 'n* ~*e houding aanneem* take a hard line. ~**starrigheid** obstinacy, stubbornness, pigheadedness, obduracy. ~**straf** →DOODSTRAF. ~**stuk** neckpiece; gorget; collar *(of a stay)*.

halt halt, stop; ~ *hou/maak, (obs.)* →TOT **STILSTAND** KOM; *êrens halt hou/maak, (obs.)* →'N **REIS** ÊRENS ONDERBREEK; ~ *kommandeer/roep* call a halt. **hal·te** =*tes* halt; stopping place, stop; *volgende* ~ next stop.

hal·ter =*ters, n.* halter; head collar *(for dogs)*; dumbbell; *iem. (die)* ~ *afhaal, (fig.)* cast/cut/turn s.o. adrift; put/send/turn s.o. out to grass *(infml.)*, put s.o. out to graze/pasture *(infml.)*, pension s.o. off. **hal·ter** *ge*=, *vb.* halter. ~**ketting** manger chain. ~**nek**=, ~**hals**= *comb.* halterneck *(top etc.)*. ~**riem** halter strap, headrope.

hal·veer *(ge)*= bisect, halve, divide into halves. **hal·veerder** =*ders* bisector. **hal·ve·ring** halving, bisection. **halve·rings·tyd** *(phys.)* half-life (period).

hal·wa *(a Middle Eastern sweet)* halva(h), halavah.

hal·we =*wes* half; →HALF; *twee* ~*s maak 'n hele* two halves make a whole. ~**maan** →HALFMAAN.

ham ham. ~**snymasjien** bacon slicer. ~**vraag** *(rare)* sixty-four (thousand) dollar question.

ha·ma·dri·a·de =*des, (Gr. and Rom. myth.)* hamadryad.

ha·ma·me·lis witch hazel.

Ha·mas *(Arab., an Islam. fundamentalist movement)* Hamas.

ham·ba *(Zulu)* go.

ham·bur·ger *(<Eng.)* hamburger, beefburger, burger. ~**frikkadel** hamburger (patty).

ha·mel =*mels* wether.

Ha·meln *(geog.)* Hameln, Hamelin; *die fluitspeler van* ~ the pied piper of Hamelin.

ha·mer =*mers, n.* hammer; hammer, striker *(of a clock)*; mallet *(of wood)*; *(anat.)* malleus; gavel; striker *(of gun)*; *tussen* ~ *en* **aambeeld** between the devil and the deep blue sea, in a bad scrape; *iets kom* **onder** *die* ~ s.t. comes/goes under the hammer, s.t. is up for auction; ~ *en* **sekel**, *(emblem of international communism)* hammer and sickle. **ha·mer** *ge*=, *vb.* hammer; *altyd op dieselfde* **aambeeld** ~/*slaan* →AAMBEELD; **iem.** ~ give s.o. a hard time; *(altyd/voortdurend)* **op** *iets* ~ (constantly) insist on s.t.; **op** *'n deur* ~ hammer at a door; *iets* **plat** ~ flatten out s.t. ~**baan** face of a hammer. ~**beentjie** malleus *(of ear)*. ~**boor** jackhammer, hammer drill. ~**bout** lock bolt, key bolt. ~**byl, byl·ha·mer** axe hammer, hammer axe. ~**gooi** *(athl.)* hammer throw, throwing the hammer. ~**gooier** *(athl.)* hammer thrower. ~**klip** hammerstone. ~**kop** *(tech.)* hammerhead; *(orn.: Scopus umbretta)* hamerkop, shadow bird, hammerhead, umber (bird), umbrette. ~**kophaai** hammerhead (shark), balance fish. ~**meul(e)** hammer mill. ~**pik** poll pick. ~**slag** *n.* hammerstroke, =blow; hammer/iron/mill scale, anvil dross; *met* ~ precisely, punctually. ~**slag** *adv.* exactly on the stroke (of the clock). ~**steel** handle of a hammer. ~**toon** hammertoe. ~**vis** →HAMERKOPHAAI. ~**vormig** =*e* hammer-shaped.

ha·mer·baar =*bare* malleable.

Ha·miet =*miete* Hamite. **Ha·mi·ties** =*tiese* Hamitic.

ham·ster =*sters* hamster.

hand *hande* hand; ~ **aan** ~, *(lit.)* hand in hand; **aan** *die* ~ *van* ... on the basis of (*or* in the light of *or* with reference to) ...; *die* ~ **aan** *die ploeg slaan* →**ploeg;** *iem.* **aan/by** *die* ~ *neem/vat* take s.o. by the hand; help s.o.; *iets met albei (of al twee)* ~*e* **aangryp** →AANGRYP; *iem. se* ~*e is* **afgekap,** *(infml.)* s.o.'s hands are tied; *jou* ~*e van iem.* **aftrek,** *(fig.)* withdraw one's assistance from s.o.; wash one's hands of s.o.; *iets* **agter** *die/jou* ~ *hê* have/keep s.t. up one's sleeve; **agter** *jou* ~ *lag* laugh up/in one's sleeve; *in* **ander** ~*e oorgaan* change hands; *iem. se* ~ *in die* **as** *slaan (by 'n meisie), (infml.)* cut s.o. out; dish s.o.'s chances; oust s.o.; *jou* ~*e* **bak** *hou/maak, met jou* ~*e* **bak** *staan* cup one's hands; stretch out begging hands; *iem. se* ~ **beef/bewe** s.o.'s hand shakes; *met* **bloedbevlekte** ~*e* with red hands; *die/jou* ~ *in (jou) eie* **boesem** *steek* search one's (own) heart; **by** *die* ~ at hand; handy; *iets* **by** *die* ~ *hê* →**hê;** *('n)* ~ **bysit** →('N) **HANDJIE** BYSIT; *'n boek/skildery/ens. van* **dieselfde** ~ a book/picture/etc. by the same hand; *iets aan die* ~ **doen/gee** suggest/propose s.t., make/offer (*or* put forward) a suggestion, put s.t. forward, come up with s.t. *(the solution to a problem etc.)*; *iets by iem. aan die* ~ **doen/gee** suggest s.t. to s.o.; *aan die* ~ **doen/gee** *dat* ... suggest/propose that ...; **doen** *wat jou* ~ *vind om te doen* do whatever one can; *iem. op die* ~*e* **dra** make much of s.o.; *iem. se* ~ **druk** →DRUK *vb.; iets met die* **een** ~ *doen, (infml.)* do s.t. easily, do s.t. without exerting o.s.; *uit die* **eerste** ~ at first hand; (straight) from the horse's mouth *(infml.)*; →EERSTEHANDS; *iets uit die* **eerste** ~ *ken/weet* know s.t. from the inside; *inligting/kennis uit die* **eerste** ~ inside information; *uit iem. se* ~ **eet** →EET; *iets* **gaan** ~ *aan* ~ *met* ..., *(fig.)* s.t. goes hand in hand with ...; *hulle gee mekaar die* ~ they shake hands; they join hands; *iem. die* ~ **gee** (of *met die* ~ **groet**) shake hands with s.o., shake s.o. by the hand, shake s.o.'s hand; *iets aan die* ~ **gee** →**doen/gee;** *ek* **gee** *jou aan die* ~ *dat* ... I put it to you that ...; *iets is met die* ~ **gemaak** (of **handgemaak**) s.t. is handmade (*or* made by hand); *met* **gevoude** ~*e* →VOU *vb.; iem. sit met* **gevoude** ~*e* →VOU *vb.; in* **goeie** ~*e wees* be in good hands; **goue** ~*e hê* →GOUE; *iem. met die* ~ **groet** →**iem.** *die hand* **gee;** *hulle* **groet** *mekaar met die* ~ they shake hands; *(met die)* ~*(e) in die* **hare** *sit* be at a loss, scratch one's head, be stumped, be at one's wit's/wits' end; *met die/jou* ~ *op die/jou* **hart** *beloof/belowe/sê/ens. dat* ... faithfully/sincerely promise/say/etc. that ...; *iets agter die* ~ **hê** →**agter;** *iets by die* ~ **hê** have s.t. handy (*or* at hand); *die/'n* ~ *in iets* **hê** have a hand in s.t., have a finger in the pie *(infml.)*; *die/'n* ~ *in alles* **hê** have a finger in every pie *(infml.)*; *iem. in die* **holte** *van jou* ~ *hê* hold s.o. in the hollow of one's hand; *die perd is 16/ens.* ~*e* **hoog** the horse is 16/etc. hands high; *die* ~ *bo/oor iem. se hoof* **hou** shield/protect s.o.; *jou* ~ *aan iets* **hou** take care of s.t.; *(wapens) in die* ~ (arms) at the trail; **in** ~*e* in hand; *iets is* **in** *Britse/ens. (*of *in die Britte/ens. se)* ~*e* s.t. is in British/etc. hands (*or* in the hands of the British/etc.), s.t. is British-owned/etc.; ~ **in** ~, *(lit.)* hand in hand; *'n* ~ **in** *die pot/spel hê* →**pot/spel;** *nie jou* ~*e* **in** *koue water steek nie* →WATER *n.; iets werk* ... **in** *die* ~ →**werk;** *jou* ~*e* **ineenslaan/inmekaarslaan** (of **ineen/inmekaar slaan**) →*jou hande* **saamslaan;** *iem. se* ~*e* **jeuk** *om te* ... →JEUK *vb; met (jou)* **kaal** ~*e* with one's bare hands; *(met) jou* ~*e* **klap** clap one's hands; *vir iem./iets* ~*e* **klap** clap/applaud s.o./s.t.; *lekker vir iem.* ~*e* **klap,** *(ook)* give s.o. a big hand; *stadig begin* ~*e* **klap,** *(an audience)* start a slow handclap; *stadig vir iem.* ~*e* **klap** give s.o. a slow handclap; *in die* ~*e* **kom** be caught; *alles wat voor die* ~ **kom** everything that comes to hand; **koue** ~*e, warm liefde* cold hands, warm love; *iem./iets in die* ~*e* **kry** get hold of s.o./s.t.; get one's hands on s.o./s.t.; lay hands on/upon s.o./s.t.; get at s.o./s.t.; *iets in die* ~*e* **kry,** *(also)* come by s.t.; *die mag in die* ~*e* **kry** →MAG[1] *n.; met 'n* **kwistige/milde** ~ with a lavish hand, lavishly *(distribute gifts etc.)*; *die* **laaste** ~ *aan iets lê* →LAASTE *adj.; agter jou* ~ **lag** →**agter;** *jou* ~ *op iets* **lê** lay (one's) hands (up)on s.t.; *dit* **lê** *voor die* ~, *dit is voor die* ~ **liggend** it is obvious/(self-)evident; it stands to reason; it is not far to seek; it is (glaringly) obvious; *dit* **lê** *voor die* ~ (of *dit is voor die* ~ **liggend**) *dat* ... it is obvious/(self-)evident that ...; *met* **leë** ~*e* →LEEG *adj & adv.; iem. na jou* ~ **leer** train s.o. to one's ways; ~*e* **lees** read palms; *jou* ~ *aan jou (*of *die* ~ *aan) eie* **lewe** *slaan* take one's own life, die by one's own hand, commit suicide; *jou* ~ **lig** lift/raise one's hand.; ~*e in die* **lug!** hands up!, *(infml.)* stick 'em up!; *hulle loop/sit/staan* ~ *om die* **lyf** they are walking/sitting/standing with their arms round each other; *baie/vele* ~*e* **maak** *ligte werk* →**werk;** *die* **mag** *in die* ~ *hê* be in power/control; *die* **mag** *in die* ~*e kry* come into power; **met** *die* ~ manually; *(on a letter etc.)* by hand; *met 'n* **milde** ~ →**kwistige/milde;** *(met)* ~*/hart en* **mond** *beloof/belowe dat* ... give one's solemn word (*or* promise faithfully) that ...; *van die* ~ *na die* **mond** *val die pap op die grond, van die* ~ *na die* **tand** *val die pap in die sand* there's many a slip 'twixt the cup and the lip; ~ *uit die* **mou** (of *die/jou* ~*e uit die* **moue**) *steek* roll up one's sleeves; put/set one's shoulder to the wheel; *iets is* **na** *iem. se* ~ s.t. is in the right position for s.o. to handle; s.t. comes handy to s.o. that way; *iem. aan/by die* ~ **neem/vat** →**aan/by;** ... *in* ~*e* **neem** take charge of ...; *iets in eie* ~*e* **neem** take s.t. into one's own hands, tackle s.t. o.s.; *iem. onder* ~*e* **neem** talk to (*or* go/set to work on) s.o.; *iets onder* ~*e* **neem** tackle s.t.; *iets ter* ~ **neem** take s.t. up; put s.t. in hand; *met iem.* ~ *om die* **nek** *sit/wees, (infml.)* be hand in glove (*or* be in league/cahoots) with s.o.; be a close/fast/firm friend of s.o.; *iem. kan nie sy/haar* ~ *voor sy/haar* **oë** *sien nie* s.o. cannot see his/her hand before his/her face *(because of the darkness)*; *'n vrou* **om** *haar* ~ *vra* →**vra;** *met jou* ~*e* **omhoog** →OMHOOG; **onder** ~*e* in hand; **onder** *die* ~ on the sly; *jou* ~*e in* **onskuld** *omtrent iets was* wash one's hands of s.t.; *Ek was my* ~*e in* **onskuld,** *(Bib.)* I will wash mine hands in innocency *(AV)*, I wash my hands in innocence *(NIV)*; *'n* **oop/ope** ~ *hê* have an open hand; ~ **oor** ~ hand over hand; *iets neem* ~ **oor** ~ *toe* s.t. is increasing hand over fist/hand (*or* is increasing by leaps and bounds); *iets is* **op** ~*e* s.t. is imminent (*or* [close/near] at hand *or* round/around the corner *or* on the horizon); **op** *iem. se* ~ *wees* be on s.o.'s side, side with s.o.; *(steek jou/julle)* ~*e* **op!** hands up!; *jou* ~ *teen iem* **oplig/optel** lift/raise one's hand against s.o.; *jou* ~ **opsteek** put up (*or* raise) one's hand; *jou* ~*e* **opsteek** throw one's hands up; *stem deur die* **opsteek** *van* ~*e* →STEM *vb.; jou* ~ **optel,** *(lit.)* lift/raise one's hand; *iets soos die* **palm** *van jou* ~ *ken* →KEN[2] *vb.; die/jou* ~ *op* **papier** *sit* put/set pen to paper; *'n* ~ *met 'n* **plant** *hê* have green fingers; *met die* **plat** ~ →PLAT *adj.; die* ~ *aan die* **ploeg** *slaan* set/put one's hand to the plough, set/get to work; *'n* ~ *in die* **pot/spel** *hê* have a finger in the pie; *iem. die/jou* ~ **reik** →REIK; *iets uit iem. se* ~*e* **ruk** wrest s.t. (*or* wrench/snatch s.t. [away]) from s.o.; *jou* ~*e* **saamslaan,** *(fig.)* be taken aback with surprise; *jou* ~*e* **saamvou** clasp one's hands; *jou* ~ *in jou* **sak** *steek, (lit., fig.)* put one's hand in one's pocket; *die* ~ *in die* **sak** *steek, (also)* loosen the purse strings; *iets van die* ~ **sit** sell s.t.; *met die* ~*e oormekaar* **sit** sit with folded hands, be idle, not do anything; *met die* ~*e in die skoot* **sit** sit with folded hands, sit with one's hands folded, be idle; *die* ~*e* **slap** *laat hang* remain inactive; *iem. se*

~e **smeer,** *(infml.)* cross/grease/oil s.o.'s palm; *'n ~ in die **spel** hê* →**pot/spel;** *op jou ~e **staan*** do a handstand; ***(steek** jou/julle) ~e op!* →**op;** *stem deur (die) ~e op te **steek*** →STEM *vb.; iem. se ~e **sterk*** give (moral) support to s.o.; strengthen s.o.'s hand(s); *iem. iets in die ~ **stop*** slip s.t. into s.o.'s hand, slip s.o. s.t.; cross/grease/oil s.o.'s palm; *(met) die/jou ~ oor iets **stryk*** pass one's hand over s.t.; ***swaar** op die ~ wees* be heavy on the hand, be ponderous/tedious; *~ (of met die ~e) in die **sy** staan, (lit.)* stand with arms akimbo; *(fig.)* stand idly, stand doing nothing; *'n ~ **tabak/ens.*** a hand of tobacco/etc.; *iets (met) ~ en **tand** beveg* fight s.t. tooth and nail; *van die ~ in die **tand** leef/lewe* live from hand to mouth; *van die ~ na die **tand** val die pap in die sand* →**mond;** *(ek is) so oud soos my ~e, maar nie soos my **tande** nie* →OUD; *uit/met die (vry[e]) ~ **teken*** draw freehand (*or* out of hand); ***ter** ~ hê* have in hand; ***ter** ~ kom* come to hand; *iets **ter** ~ neem* →**neem;** *iem. het 'n **toe** ~* s.o. is close-fisted/stingy; *van ~ **tot** ~* hand to hand; *'n goeie/gesonde ~ in die **tuin** hê* have green fingers; *~e **tuis!*** hands off!; *(hou jou) ~e **tuis!*** take your hands off me!, don't touch me!; keep your hands off it!, don't touch it!; *uit die **tweede** ~* at second hand; *iem. se **uitgestrekte** ~* s.o.'s outstretched hand; *~ **uitruk*** →HANDUIT; *jou ~ **uitsteek*** put one's hand out; *jou ~ na iets **uitsteek*** reach for s.t.; *jou ~ **uitsteek** om iets te vat* reach out for s.t.; *geen ~ **uitsteek** om te ... nie* not lift/raise/stir a finger to ...; *jou ~ na iem. **uitsteek/uitstrek*** hold one's hand out to s.o.; *in iem. se ~e **val*** fall into s.o.'s hands; *in die vyand se ~e **val,** (a city etc.)* fall to the enemy; *in verkeerde ~e **val*** fall/get into the wrong hands; *iets is **van** iem. se ~ af* s.t. is not in the right position for s.o. to handle; *iem. se ~ **vashou*** assist/help s.o.; *~e **vashou/vat*** hold hands; *'n **vaste** ~* →VAS² *adj.; met 'n **vaste** ~ skryf/skrywe* →VAS² *adj.; ~e **vat*** →**vashou;** *iem. aan/by die ~ **vat*** →**aan/by;** *iem. se ~e staan **verkeerd,** (infml.)* s.o. is all fingers and thumbs, s.o.'s fingers are all thumbs; *iem. se ~e staan vir niks **verkeerd** nie* s.o. can turn his/her hand to anything, s.o. is a jack of all trades; *in **verkeerde** ~e val* →**val;** *iets uit die ~ **verkoop*** sell s.t. privately (*or* by private treaty/contract); ***vlot** van die ~ gaan* sell like hot cakes; *een **voël** in die ~ is beter as tien in die lug* →VOËL; *op ~e en **voete** loop* →**HANDE-VIERVOET** LOOP; *aan ~e en **voete** gebind wees* be tied hand and foot; *die/jou ~e **vol** hê* have one's hands full, have a lively time; have work cut out (for one); *jou ~e **vol** hê om te ..., (also, infml.)* have a job to ...; *jou ~e **vol** hê daarmee, (also, infml.)* find s.t. a tough job; *'n ~ **vol** ...* a handful of ...; *iem. is 'n ~ **vol,** (infml.)* s.o. is a handful (*or* is troublesome); *nie ~ **vol** nie, maar land vol wees* not be the only pebble on the beach; *'n ~ **vol** vlieë hê* have trouble for nothing; *alles wat **voor** die ~ kom* →**kom;** *'n vrou om haar ~ **vra*** ask a woman's hand (in marriage), propose to a woman; *iem. die **vrye** ~ gee* give/allow s.o. a free hand; *'n **vrye** ~ (of die ~e **vry**) hê* have a free hand, have one's hands free; *jou ~e **vryf*** →VRYF; *die een ~ **was** die ander* you scratch my back and I'll scratch yours; *as twee ~e mekaar (of die een ~ die ander) **was,** word albei (of al twee) skoon* one good turn deserves another; *nie jou ~e in koue **water** steek nie* →WATER *n.;* ***wens** in die een ~, spoeg/spu(ug) in die ander en kyk in watter een het jy die meeste* if wishes were horses, beggars would ride; *baie/vele ~e maak ligte **werk*** many hands make light work; *iets **werk** ... in die ~* s.t. promotes (*or* makes for) ...; ***werk** onder ~* work in progress/hand; *'n **werk** onder ~e hê, (also)* be engaged in a work; *die **werk** van iem. se ~e* what s.o. has done; *jou ~e **wring*** →WRING; *iets van die ~ **wys*** refuse s.t. *(a request etc.)*; turn s.t. down, decline s.t. *(an offer etc.)*; dismiss s.t. *(an appeal etc.)*; *iets sonder meer van die ~ **wys*** turn s.t. down cold; *'n mens kan nie **yster** met ~e breek nie* →YSTER. **~aandrywing** hand drive. **~afdruk** palm print, handprint. **~atlas** hand atlas. **~bagasie** hand-luggage, hand-baggage. **~bal** ball of the hand; *(game)* handball. **~behandeling** hand-dressing *(of cattle)*. **~beweging** motion/wave of the hand, gesture. **~bindwerk** letterpress binding. **~boei** handcuff, manacle, wristlet. **~boek** manual, handbook, textbook. **~boog** handbow. **~boor** hand drill. **~breed(te)** hand's breadth, hand. **~byl** hatchet, chopper, cleaver, hand axe. **~doek** towel; *die ~ ingooi, (boxing)* throw in the towel; →TOU OPGOOI. **~doekgoed** →HANDDOEKSTOF. **~doeklinne** *(text.)* huckaback. **~doekrak, ~doekrol** towel-roller, towel-horse. **~doekstof** towelling, terry (cloth). **~druk** handshake, -clasp, -grasp, -grip; pressure of the hand; *(printing)* handprint; *iets met 'n ~ beklink* shake hands on s.t. *(infml.)*; *'n ferm(e)/stewige/stywe ~* a firm handshake; *iem. 'n ~ gee* give s.o. a handshake; *iem. 'n stywe ~ gee, (also)* wring s.o.'s hand. **~drukstof** hand-printed fabric. **~galop** hand gallop, canter. **~gat** handhole. **~gebaar** →HANDBEWEGING. **~gee** *handge-* shake hands. **~geklap** →HANDEGEKLAP. **~geld** *(jur.)* earnest (money), han(d)sel; bounty. **~gemaak** *-te* handmade *(paper etc.)*. **~gemeen:** *~ raak* come to blows, exchange blows; come/get to close quarters; *met iem. ~ raak* come to blows with s.o., exchange blows with s.o., come/get to grips with s.o.; close with s.o.. **~gereedskap** hand tools. **~geselser** →HANDRADIO, TWEERIGTINGRADIO, DRARADIO. **~geskrewe** handwritten. **~getou** hand loom. **~geweer** handgun. **~gewig** dumbbell. **~gewrig** wrist. **~gif** earnest (money), han(d)sel. **~granaat** (hand) grenade. **~greep** grasp; (hand)grip *(object)*, handhold; manipulation; dodge, trick; handle, manual. **~harmonika** (piano) accordion. **~kamera** hand-held camera. **~kar** handcart, barrow. **~karwats** riding whip. **~klap** →HANDEGEKLAP. **~klep** manual valve. **~klokkie** handbell. **~kloofsaag** jack saw, ripsaw. **~klou** vice-clamp. **~koevoet** moil, tommy (bar). **~koffer** handbag, portmanteau, suitcase; travelling bag, grip, valise. **~kontroles** *(mot.)* hand controls. **~kraan** hand-operated crane. **~kus** hand kiss; *'n ~ gee* kiss hands, kiss the hand. **~kyker** →HANDLESER. **~kykery, ~kykkuns** →HANDLESERY. **~lamp** portable lamp. **~langer** *-s* handyman, helper; dogsbody *(infml.)*; utility man, odd-jobber, factotum; devil; henchman, creature, tool, minion, myrmidon; cat's-paw, stooge, abettor *(in crime)*. **~leiding** guide, handbook, manual, vade mecum; *~ vir **brandbestryding/ens.*** manual of firefighting/etc.; *'n ~ **by** die studie van ...* a guide to ... *(Russian liter. etc.)*; *~ **by musiekstudie*** guide to the study of music; *'n ~ **oor** ...* a guide to ... *(bee-keeping etc.)*; **~leser** handreader, palmist, chiromancer. **~lesery** handreading, palmistry, chiromancy. **~leuning** handrest, -rail. **~lyn** *(fishing)* handline; *(palmistry)* line in the hand. **~lynkunde** palmistry. **~masjien** hand-operated machine. **~masjiengeweer** sub-machine gun, tommy gun. **~meul(e)** hand mill, quern. **~mikrofoon** hand-held microphone. **~moer** finger nut, thumb nut. **~moffie** mitten. **~omdraai, ~omkeer:** *in 'n handomkeer* in a twinkling, in the twinkling of an eye; *soos ~* in an instant, in a trice. **~oorslag** handspring. **~oplegging** laying on (*or* imposition) of hands; *iem. met ~ bevestig* ordain with the (ceremony of the) laying on of hands. **~opsteking** show of hands; *stem met ~* vote by a show of hands. **~palm** palm of the hand. **~palmvormig** *-e* palmate. **~perd** led horse; *(fig., derog.)* lackey; *iem. vir 'n ~ hou* keep s.o. as a standby. **~pers** handpress. **~pik** hand axe, boucher. **~pomp** hand pump. **~pop** glove/hand puppet. **~raai** *(kinderspel)* handy-dandy. **~radio, ~sender** walkie-talkie. **~reiking** assistance. **~rekenaar** *(comp.)* palmtop. **~reling** handrail. **~rem** handbrake, parking brake, emergency brake. **~rug** back of the hand. **~rughou** *(tennis)* backhand (stroke), backhander. **~rugspeler** backhander, backh. player. **~saag** handsaw. **~sak(kie)** handbag. **~sambok** riding whip, horsewhip, (small) sjambok. **~sein** hand signal. **~seinwagter** hand signalman. **~sentrale** manual exchange. **~setter** (hand) compositor. **~setwerk** casework. **~skaaf** jack plane. **~skêr** snips. **~skoen** →HANDSKOEN. **~skoenpop** →HANDPOP. **~skroef** hand screw; hand-filing vice. **~slag** slap (with the hand). **~slypsteen** slipstone. **~sortering** hand-sorting, handpicking. **~spaak** handspike. **~spieël** hand-mirror, handglass. **~spuit** manual; hand syringe; hand pump. **~stand** handstand. **~steun** handrest. **~stok** swagger cane/stick. **~stuk** *(teleph.)* handset; hand specimen. **~stuur** manual steering. **~tas** handbag, grip, valise; *(mans)~* attaché case. **~tassie** handbag; vanity bag. **~tastelik** *-e* evident, obvious, palpable; *~ word* begin to use one's hands; manhandle; come to blows. **~tastelikheid** *-hede* assault, violence; *tot ~hede kom/geraak* come to blows. **~tekene** freehand drawing. **~tekening** signature, autograph, sign manual; *jou ~ aan iets heg* put one's signature on s.t., affix one's signature to s.t.; *'n ~ nateken* trace a signature; *~ en seël* hand and seal, sign manual. **~telefoon** (telephone) handset, portable telephone. **~telegraaf** manual telegraph. **~tertjie** tartlet, turnover. **~tou** handline. **~uit, ~ uit** undisciplined; unmanageable, uncontrollable; *handuit ruk* (of *hand uitruk*) get out of hand/control, become unmanageable, run amok/riot; *(infml., prices)* go through the roof. **~vaardig** *-e* handy, deft, skilful, skilled, dexterous. **~vaardigheid** handiness, deftness, skill, (manual) dexterity. **~vatsel** *-s* handle, haft, stock, grip, toat *(of a joiner's plane)*; crutch *(of a spade)*; *(mech.)* hand attachment; *(biol.)* manubrium. **~vatselslagaar** manubrial artery. **~vatselvormig** *-e* manubrial. **~versneller** throttle *(of a car)*. **~ves** *-te* charter; covenant. **~(vis)lyn** handline. **~vlerkige, ~vleuelige** *-s* flying mammal, chiropter. **~vlyt** handicraft. **~vol:** →*'n **hand** vol ...*; **~vormig** *-e* hand-shaped, palmate. **~vulling** *(jur.)* provisional sentence. **~(vuur)wapen** hand-gun. **~vyl** hand file. **~wasbak** hand basin. **~werk** craft, handicraft, handwork; needlework; handmade article; *fyn/fraai ~* fancywork; →HANDEWERK. **~werker** manual labourer/worker, blue-collar worker. **~werkie** piece of fancywork/needlework. **~werksak(kie)** sewing bag. **~werksman** artisan, labourer, workman, craftsman, mechanic. **~werkster** workwoman; seamstress. **~woordeboek** desk dictionary. **~wortel** carpus. **~wortelbeen** carpal (bone), wrist bone. **~wyser** fingerpost, guidepost, signpost; wiggler, manual traffic indicator.

han·de-: **~arbeid** manual labour, hand labour; handwork, handicraft. **~arbeider** blue-collar worker. **~geklap, handgeklap, handeklap** handclap, applause. **~gewring** handwringing. **~oplegging** →HANDOPLEGGING. **~room** hand cream. **~vat** coupling of hands. **~versorger** manicurist, manicure. **~versorging** manicuring, manicure. **~-viervoet** on all fours; *~ (of op ~e en voete) loop* go on all fours. **~vloeiroom** hand lotion. **~waskom** wash basin. **~wasseep** toilet soap. **~wassing** washing of hands. **~werk** handiwork; handwork, hand labour, manual labour; workmanship, craftsmanship. **~wringend** wringing one's hands *(as in grief)*.

han·del¹ *n.* commerce, business, trade, traffic; →HANDELS-; ***behoeftes** van die ~* trade requirements; ***bevorderlik** wees vir die ~* be good for trade; *'n **bloeiende** ~ in ...* a roaring trade in ...; ***die** ~* commercial trade; *~ **dryf/drywe*** carry on (*or* run) a business, carry on a trade, trade; *in/met iets ~ **dryf/drywe*** deal/trade in s.t. *(goods)*; traffic in s.t. *(drugs etc.)*; *met iem. ~ **dryf/drywe*** trade with s.o.; ***in** die ~* commercially, in commerce; *nie **in** die ~ nie* not on the market; sold out; *(a book)* printed for private circulation only; *iets **in** die ~ bring* place/put s.t. on the market; bring s.t. out; ***in** die ~ wees* be in/on the market; *die ~ **in/met** ...* the trade in ...; the traffic in ... *(drugs etc.)*; *'n **lewendige** ~ in ...* a brisk trade in ...; *inkomste **uit** die ~* trade income; ***vir** die ~* commercially, on a commercial scale.

han·del *ge-, vb.* deal, carry on business, trade; ***by** iem. (of 'n winkel) ~* deal with s.o. (*or* at/with a shop); ***in/met** iets ~* deal/trade in s.t. *(goods)*; traffic in s.t. *(drugs etc.)*; ***met** iem. ~* trade with s.o.; *vir eie **rekening** ~* trade on one's own account. **~dryf, ~drywe** *n.* trading, merchandising; *~ verbode* trading prohibited. **~drywend** *-e* commercial, mercantile, trading; *~ as ...* trading as ... **~saak** business (concern), commercial enterprise, undertaking, matter, affair. **~sekretaris** commercial secretary; secretary of commerce. **~sender** commercial transmitter; commercial/TV/radio service. **~sending** trade mission. **~sentrum** trade centre, emporium. **~sink** spelter. **~skeepvaart** merchant shipping. **~skip** trading ship, merchantman. **~skommelinge** trade fluctuations. **~skool** commercial school, commercial college, school of commerce; *hoër ~skool* commercial high school. **~skou** trade fair. **~slapte** trade depression/recession. **~staat** trading country. **~stad** trading centre, commercial town/city. **~stand**

trade circles, merchant/commercial class. **~stasie** trading post. **~statistieke** trade returns/statistics. **~stelsel** commercial system. **~stuk** commercial paper. **~surplus** trade surplus. **~syfers** *(pl.)* trade figures.

han·del² *n.* conduct in life, manner of living; bearing; *in die ~ en **wandel*** in the conduct of life. **han·del** *ge-, vb.* act; deal; *~ oor* deal with, treat of; *na jy ~, sal jy **behandel** word* as a man does, so is he done by; ***daarna/dienooreenkomstig*** *~* act accordingly; *dit ~ **oor** ...* it is about ..., it deals with ...; ***ooreenkomstig*** *jou belofte ~* act up to one's promise; ***sagkens/saggies*** *met iem. ~* treat s.o. gently, deal gently with s.o.; ***volgens*** *besluit ~* act on a decision; ***waaroor*** *~ dit?* what is it about?. **~wyse** →HANDELSWYSE.

han·de·laar *-laars* dealer, merchant, trader; trafficker; *algemene ~* general dealer.

han·del·baar *-bare* docile, manageable, tractable, conformable, governable. **han·del·baar·heid** docility, manageability, manageableness, tractability.

han·de·lend *-lende* acting, treating; dealing, trading; *~ optree* act, take action, go into action.

han·de·ling *-linge* action, act; operation; *H~e (van die **Apostels**), (Bib. book)* Acts (of the Apostles); ***eenheid*** *van ~, (drama)* unity of action; *~e van die **Genootskap*** transactions/proceedings of the Society; *tot ~ **oorgaan*** go into action; take action; ***positiewe*** *~* overt act; ***vol*** *~ wees, (a play etc.)* be full of action.

han·de·lings- *comb.:* **~bevoeg, ~bekwaam** *(jur.)* capable of contracting, being of legal capacity, having contractual capacity, *(Lat.)* sui juris. **~bevoegdheid** contractual/legal capacity/competence, capacity to contract; *beperkte ~* limited legal capacity. **~onbekwaamheid, ~onbevoegdheid** legal/contractual incapacity, incapacity to contract. **~onbevoeg, ~onbekwaam** incapable of contracting.

han·dels- commercial. **~aangeleentheid** business/trade matter, commercial matter/affair. **~aardrykskunde** commercial geography. **~adresboek** commercial/trade directory. **~afslag** →HANDELSKORTING. **~agent** commercial agent. **~agentskap** commercial agency. **~akkoord** = HANDELSOOREENKOMS. **~aksep** trade acceptance. **~artikel** article of commerce, commodity. **~attaché** commercial attaché. **~balans** balance of trade, trade balance, visible balance; *tekort op die ~* trade gap, balance of trade deficit. **~bank** commercial bank. **~bankbedryf, ~bankwese** commercial banking. **~bedryf** commercial establishment. **~bedrywigheid** trade activity. **~beginsel** commercial principle. **~belang** commercial interest. **~belemmering** →HANDELSVERSPERRING. **~benaming** trade description. **~beperking** trade restriction. **~berig** market/trade/commercial report; business/commercial news *(in a newspaper)*. **~berigte** trade intelligence. **~betrekkinge** commercial/trade/business relations/connections; *met ... ~ aanknoop* establish commercial connections with ... **~beurs** trade fair. **~bevordering** trade promotion. **~bewegings** trade movements. **~blad** commercial journal/paper, trade journal. **~debiteur** trade debtor, trade (account) receivable. **~dokument** commercial instrument. **~drukker** commercial printer. **~drukkery** commercial printing works. **~drukwerk** commercial printing. **~ekonomie** commercial economy. **H~engels** commercial English. **~etiek** trade ethics. **~fakulteit** faculty of commerce. **~firma** trading/commercial firm. **~fotograaf** commercial photographer. **~gebied:** *op ~* in the domain of trade, in business. **~gebruik** trade custom, commercial usage/practice. **~gees** commercial spirit; commercialism. **~geheim** trade secret. **~gemeenskap** commercial world. **~geweegde wisselkoers** trade-weighted exchange rate. **~gewoonte** commercial practice. **~gids** trade directory. **~hawe** commercial/mercantile/shipping port. **~huis** commercial/trading house/establishment, merchant house. **~instituut** commercial institute. **~jargon** commercialese. **~kamer** chamber of commerce. **~kennis** commercial knowledge/practice. **~kollege** →HANDELSKOOL. **~korrespondensie** commercial correspondence. **~korting, ~afslag** trade discount/allowance, commercial discount, trade-channel/trade-status discount. **~krediet** trade credit. **~kredietbrief** letter of credit. **~kredietehuis** commercial credit house. **~kredietstukke** commercial credit instruments. **~krediteure** trade accounts payable. **~kringe** commercial circles. **~kuns** commercial art; →REKLAMEKUNS. **~kunstenaar** commercial artist. **~kwessie** business question/matter. **~land** trading country. **~lisensie** trade/trading licence. **~loopbaan** commercial career. **~lugvaart** commercial aviation. **~lui, ~mense** tradesfolk, -men, -people. **~maatskappy** trading company, trade corporation. **~magnaat** merchant prince. **~man** *-ne, handelslui* merchant, trader. **~merk** trademark, brand (name); marque *(esp. of a car)*; *eie ~* own brand/label; *sonder ~* unbranded. **~merkbewustheid** brand awareness. **~merktrou** brand loyalty. **~monopolie** monopoly of trade. **~naam** trade/trading/proprietary name; trade/brand name. **~onderneming** commercial enterprise/undertaking, trading concern. **~onderwys** commercial education, commercial training. **~onderwyser** teacher at a school of commerce, commerce teacher. **~onkoste** trade charge. **~ooreenkoms** commercial/trade/trading agreement. **~oorlog** trade war. **~oorsig** commercial review, trade review. **~oorskot** trade surplus. **~opgawe** trade returns. **~opleiding** commercial education, training. **~oplewing** trade revival. **~papier** commercial/trading paper. **~plek** emporium. **~politiek** commercial policy. **~pos** trading station, trading post. **~premie** commercial bounty. **~prys** commercial price. **~radio** commercial radio. **~reg** commercial law, mercantile law. **~regbank** commercial court. **~reisiger** (commercial) traveller, travelling salesman. **~rekene, ~rekenkunde** commercial/business/mercantile arithmetic. **~rekening** trade account. **~rekenkunde** →HANDELSREKENE. **~reklame** trade promotion. **~risiko** commercial/trade hazard. **~roete, ~weg** trade route. **~ryk** commercial empire. **~taal** commercial language; commercialese. **~tak** line of business, branch of commerce. **~tekenaar** →HANDELSKUNSTENAAR. **~tekene** commercial drawing/art. **~tekort** trade deficit. **~term** business term, commercial term. **~terrein** trading site; commercial sphere. **~toestande** trade/trading conditions. **~traktaat** →HANDELSVERDRAG. **~transaksie** business transaction. **~uitsending** commercial, commercial broadcast. **~ure** *(pl.)* trading hours. **~usansie** trade custom. **~vaartuig** trading vessel, merchantman. **~vennoot** trading partner. **~vennootskap** copartnership. **~verbod** commercial/trade prohibition. **~verbond** commercial alliance. **~verdrag** commercial convention/treaty, trade agreement. **~vereniging** trading association. **~verkeer** commercial intercourse/traffic, commerce. **~verlies** trading loss. **~versperring, ~belemmering** trade barrier. **~vlag** merchant flag. **~vliegtuig** commercial plane. **~vloot** mercantile marine, merchant fleet/marine, merchant navy. **~voertuig** commercial vehicle. **~volk** trading nation. **~voorraad** trade inventory, trade stock. **~voorskot** commercial advance. **~voorskrifte** trade requirements. **~vooruitsigte** commercial/trade outlook, prospects. **~voorwaardes** trade conditions. **~vorderinge** trade debt, commercial claims. **~vryheid** freedom of trade; *tot inkorting van ~* in restraint of trade. **~waarde** market value. **~ware** merchandise, commodities, commercial products. **~weg** →HANDELSROETE. **~wêreld** commercial community, world of commerce. **~wetenskap** commercial science. **~wetgewing** commercial legislation. **~wins** trade profit. **~wissel** trade bill, trade acceptance. **~woordeboek** commercial dictionary. **~wyse, handelwyse** proceeding, procedure, way of acting, method, behaviour, line/course of action, comportment; *'n ~ volg* follow/pursue/take a course of action.

hand·haaf *ge-* maintain *(order)*, uphold *(the law)*, vindicate *(a right)*, live up to, make good *(one's reputation)*; stand by *(an opinion)*; sustain *(an objection)*; preserve; observe; *'n appèl ~, (jur.)* allow/grant an appeal; *~ en bou* vindicate and cultivate; *jouself ~ (teen ...)* hold one's own (against ...); *~ as lid/ens.* retain as a member/etc.. **hand·haaf·baar** *-bare* sustainable *(economic development etc.)*. **hand·ha·wer** *-wers* maintainer, upholder, vindicator. **hand·ha·wing** maintenance, preservation; vindication, enforcement.

han·dig *-dige* clever, astute, skilful, adroit, deft, dexterous, expert, nimble; handy, convenient; *~ gedaan* neatly done; *~ wees in/met ...* be deft/handy with ...; be an old hand at ... **han·dig·heid** adroitness, cleverness, handiness, dexterity, deftness, (manual) skill.

hand·jie *-jies* little hand; →HAND; *('n) ~/hand bysit* give/lend s.o. a hand, help out, extend/give/lend a helping hand; *~s vashou* hold hands; *~ vol, (pl.* handjies *vol)* little handful; *'n ~ vol mense* (just) a handful of people. **hand·jies·klap** *(children's game)* pat-a-cake.

hand·saam *-same -samer -saamste, (rare)* handy.

hand·skoen glove; gauntlet; *(dim.:* handskoentjie*)* small glove; *(dim., in the pl., bot.:* handskoentjies*)* honeysuckle; *iets met sagte ~tjies **aanpak*** handle s.t. with kid gloves; *die ~ **opneem*** take/pick up the gauntlet; *die ~ vir ... **opneem*** take up the cudgels for ...; *iem. kan nie **sonder** ~e aangepak word nie* s.o. is not easy to handle; *iem. die ~ **toewerp*** throw down the glove to s.o.; *met die ~ **trou*** marry by proxy. **~bruid** proxy bride. **~huwelik** marriage by proxy. **~kas** *(nuclear phys.)* glove box. **~maker** glover. **~pop** →HANDPOP. **~rekker** glove stretcher. **~velle** *(pl.)* Capes.

hand·skrif handwriting, script; manuscript; *die ~ is aan die muur* →DIE SKRIF IS AAN DIE MUUR. **~kunde** graphology. **~kundig** *-e* graphological. **~kundige, ~deskundige** graphologist.

ha·ne-: **~balk** collar beam, roof tie, top beam, purlin. **~geveg** cockfight(ing). **~kam** cock's comb, cockscomb; cockscomb, amaranth; *Celosia argentea;* love-lies(-a)-bleeding; *Antholyza ringens; (Amaranthus* spp.*)*. **~kamgras** barn(yard) grass, barnyard millet. **~kammetjie** *Dipidax ciliata*. **~kraai** cockcrow(ing). **~mat** cockpit. **~pas** goose step. **~spat** *(vet.)* stringhalt, springhalt. **~spoor** cock's spur, cockspur; cockspur (hawthorn). **~tree(tjie)** short distance, stone's throw; *'n ~ (van/na ...)* a stone's throw (from/to ...), a short distance (from/to ...); *'n ~ ver/vêr (van jou huis/ens. af), (also, fig.)* on one's doorstep. **~veer** cock's feather.

ha·ne·poot *(lit.)* cock's foot/claw; *(grapes)* hanepoot *(also H~)*; cockspur thorn; *(naut.)* crowfoot; *(Amaranthus)* pigweed; **~(gras)** cockspur (grass). **~druif,** *(also H~druif)* hanepoot grape.

ha·ne·rig *-rige* cocky, cockish, quarrelsome, snappish, waspish. **ha·ne·rig·heid** cockiness.

hang *ge-* hang, be suspended; sag, droop; suspend; be hanged; put up *(curtains)*; *aan ... ~* be suspended from ...; swing from ... *(the gallows) (infml.)*; *iets **aan** ... ~* hang s.t. on/from ...; ***aan** 'n (dun) draadjie ~* →DRAADJIE; *iem. se lewe ~ **aan** 'n draadjie* →LEWE; ***aan** die galg ~* swing from the gallows; *iem. ~ alles **aan** sy/haar lyf* s.o. spends all his/her money on clothes; *hulle ~ **aan** mekaar* they hang together (*or* are bound up in each other); *die prent ~ **aan/teen** die muur* the picture hangs on the wall; *iets ~ **bo** iem. se kop* →KOP *n.*; *'n **deur** ~* hang a door; *jou **hart** aan iets ~* →HART; ***in** die lug ~* hover; *jou **kop/ore** laat ~* hang one's head/ears; *die blomme laat hul **koppe** ~* the flowers are drooping (their heads); *iem. se **lip(pe)** ~, iem. laat sy/haar lip(pe) ~* s.o. hangs his/her lip, s.o. is vexed; *aan iem. se **lippe** ~* hang (up)on s.o.'s lips/words; ***(los)** ~* dangle; *'n **moordenaar** ~* hang a murderer; *iets ~ **oor** ...* s.t. overhangs ...; *(fig.)* s.t. hangs over ...; *iem. se **ore** ~* s.o. is down in the mouth; *laat **slap** ~* →SLAP *adj. & adv.*; *tussen ~ en **wurg**, (infml.)* between the devil and the deep blue sea. **~band** sling; steadying strap; *in ~e sit* sling. **~berger** *-s, (icht.)* →HOTTENTOT. **~boog** suspended arch. **~bors** saggy/sagging/hanging/drooping breast, pendulous breast. **~bout** suspension bolt. **~brug** suspension bridge. **~buik** pendulous abdomen. **~draad** suspension wire; *(elec.)* dropper. **~gewelf** pendentive. **~heup** dropped hip *(human)*, dropped quarter *(animal)*. **~horing** hanging horn. **~kas** wardrobe. **~kaskoffer** wardrobe trunk. **~klip** overhanging rock. **~klok** wall clock. **~kop** beast with hanging horn(s). ~**kop** *adj.* dejected. ~**kruis** sloping croup; goose rump *(in sheep).* ~**kwart** dropped quarter. ~**lamp** hanging lamp. ~**lê** *n., (golf)* hanging lie. ~**lêer** hanging/suspension file. ~**letter** drop letter. ~**lip** *n.* protruding lip; *(in the pl.)* flews *(of a dog).* ~**lip** *adj.* sulky; lippy; *iem. is vanmôre al weer ~* s.o. is sulking/sulky again this morning. ~**liphond** lippy dog. ~**lys** picture rail. ~**mandjie** hanging basket. ~**mat** hammock; *'n ~ ophang* swing a hammock. ~**motor** = BUITEBOORDMOTOR. ~**nes** overhanging nest. ~**oorkonyn** lop(-ear) rabbit. ~**oortafel** drop-leaf table, gateleg(ged) table; →VOU(POOT)TAFEL, KLAPTAFEL. ~**ore** lop-ears, drooping ears. ~**paal(tjie)** dropper. ~**paragraaf** *(print.)* hanging indentation/paragraph. ~**plafon** drop ceiling. ~**punt** point of suspension. ~**raam** cradle. ~**randhoed** slouch hat. ~**rekstok** trapeze. ~**saag** pendulum/swing saw. ~**skaal** spring balance. ~**skouer** dropped shoulder; dropped quarter *(of an animal).* ~**skouermou** dropped-shoulder sleeve. ~**skouers** sloping/drooping shoulders. ~**slot** padlock. ~**snor** drooping moustache, walrus (moustache). ~**spoor** suspension railway, (suspended) monorail; aerial railway. ~**staaf** hanging bar. ~**stang** suspension rod, hanger, queen bolt. ~**steier** hanging scaffold; hanging stage. ~**stelling** cradle. ~**stok** trapeze. ~**styl** queen post, king post; truss post. ~**sweef** hang-glide. ~**(sweef)tuig** hang-glider. ~**swewer** hang-glider. ~**swewery** hang-gliding. ~**tas** sling bag. ~**veer** underslung spring. ~**verband** sling; suspensory (bandage), suspensor. ~**vloer** suspended floor. ~**wange** *(pl.)* baggy/saggy cheeks. ~**waterpas** line level. ~**wieg** hanging cradle.

han·gar *=gars* hangar.

han·gend *=gende, adj.* hanging, suspended, pendent, pendant; pensile; pendulous; pending; *lêer/mandjie met ~e korrespondensie* pending file/tray; *~e rekening* suspense account; *die saak is ~e* the case is pending (*or* sub judice). **han·gen·de** *prep.* pending; *~ die beslissing* pending the decision.

han·ger *=gers* hanger; pendant; eardrop; *(fencing)* dropper; *(building)* stirrup; *(klere)~* clothes hanger, coat hanger. **han·ge·rig** *=rige* listless, languid, limp. **han·ger·tjie** *=tjies* pendant; charm *(on bangle etc.);* →HANGER. **han·ger·tjie·(hei·de)** *Erica plukeneti.*

Han·no·ver *(Germ., geog.)* Hanover. **Han·no·ve·raan** *=rane, n.* Hanoverian. **Han·no·ve·raans** *=raanse, adj.* Hanoverian.

ha·nou, ho(·nou) *interj.* whoa *(to draught animals).*

Ha·no·ver *(geog., SA)* Hanover.

hans hand-fed, orphan *(lamb),* tame; *~ grootmaak* hand-raise, feed out of (*or* by) hand. ~**dier** pet (animal). ~**kakie** *(hist.)* renegade. ~**kalf** *=kalwers* pet calf, hand-fed calf, bottle-fed calf. ~**lam** *=mers* pet lamb, bottle-fed lamb, hand-fed lamb, cade *(rare),* cosset.

Han·sa →HANSE.

Han·sard *(parl.)* Hansard; *~ aanhaal teen iem.* hansardise s.o..

Han·se *(hist.)* Hanse, Hansa. ~**stad** Hanse(atic) town. ~**verbond** Hanseatic League, Hansa.

Han·se·aat *=ate, n.* Hanseatic. **Han·se·a·ties** *=tiese, adj.* Hanseatic.

Han·sie Hänsel *(Germ.); ~ en Grietjie, (children's story)* Hänsel and Gretel. **h~-my-kneg** handyman, man of all work; odd-jobber, factotum; *(infml.)* dogsbody; *~ speel* fetch and carry; order people about.

han·sie *=sies* pet lamb *etc..*

hans·kap *(archit.)* couple. ~**been, hansspar** *(archit.)* common rafter. ~**dak** cottage roof.

hans·spar →HANSKAPBEEN.

hans·wors, hans·wors *=worse, =worste* buffoon, clown, harlequin, pierrot. **hans·wors·(t)e·ry, hans·wors·(t)e·ry** *=rye* buffoonery, tomfoolery, clowning, high jinks, hijinks; slapstick.

han·teer *(ge)=* handle, manipulate, operate, work; wield; cope with; manhandle; ply *(the needle).* ~**koste** handling charge(s). ~**toestel** handling appliance. ~**werk** handling.

han·teer·baar *=bare* manageable, easy to handle *(objects); van hanteerbare grootte* of manageable size. **hanteer·baar·heid** manageability, (ease of) handling, ease of operation, manoeuvrability. **han·teer·der** *=ders* handler, manipulator. **han·te·ring** handling, manipulation, operation, working, management.

hap *happe, n.* bite; bit, morsel, mouthful, piece; gulp; nick, chip *(in crockery); (comp.)* nibble, nybble; *in een ~* at a gulp (*or* one bite/swallow); *'n ~ uit/van die koek kry, (infml.)* get a piece/slice of the action; *'n ~ in iets maak, (infml.)* eat into s.t. *(one's savings etc.); 'n groot ~ uit iets wees, (infml.)* be a big slice out of s.t. *(s.o.'s salary etc.); (fig., infml.)* make a hole in s.t.. **hap** *ge=, vb.* bite, snap; snatch; *na ... ~* snap at ...

ha·per *ge=* give trouble; stick, get stuck; *(an engine)* not function properly, miss, missfire; falter, stammer *(in speech); iets ~ aan ... ...* lacks s.t., there is s.t. wrong with ...; *dit ~ altyd aan geld, (ook)* funds are always short; ***sonder** te ~* without a hitch; ***waar** ~ dit?* where is the hitch?. **ha·pe·ring** *=rings, =ringe* hitch, impediment; hesitation *(in s.o.'s speech);* break *(in s.o.'s voice).* **ha·pe·rin·kie** *=kies* little hitch.

hap·lo·gra·fie *=fieë* haplography.

hap·pe·rig *=rige* jagged, hackly; snappish *(of a dog).* **hap·pe·rig·heid** jaggedness; snappishness.

hap·pie *=pies* (dainty) bit, titbit, (appetising) morsel, small bite/mouthful; *'n ~ eet* have a snack.

ha·ra·ki·ri *(<Jap., also fig.)* hara-kiri, hari-kari, seppuku.

Ha·ra·re *(geog.)* Harare.

hard *harde harder hardste, adj.* hard; harsh, severe *(treatment etc.);* grim, stern *(reality, truth, etc.);* heavy *(blow);* loud *(voice);* glaring *(colour);* hard-fought *(battle);* unkindly, uncharitable; →HARDER² *adj. & adv.; iem. het al ~e **baard** gehad* s.o. had reached adulthood; *~e **blad*** thickened leaf; *~e **borsel*** stiff brush, dandy-brush; *~e **dwelm(middel)*** hard drug; *~e **gehemelte** →**verhemelte**; ~e **gietyster*** case-hardened casting; *~e **glas*** tempered glass; *~e **harsingvlies*** →DURA MATER; *~e **hoed*** hard hat *(of a construction worker); ~ **in die bek**, (a horse)* →HARDBEKKIG; *dit **is** ~!* that's tough (luck)!; *dit **is** ~ vir iem.* it is hard lines on s.o. *(infml.); iets **is** ~ vir iem.* s.t. is rough on s.o.; *dit **is** ~ vir jou om teen die prikkels te skop, (Bib.)* it is hard for thee to kick against the pricks; *iem. het 'n ~e **kop*** s.o. has a stubborn disposition; *~ **maak*** temper *(metal);* indurate; *~e **oogrok**, (anat.)* sclera; *~e **porno(grafie)*** hard porn, hard-core pornography; *~e **puin*** hard core *(of a road etc.);* ***so** ~ soos 'n klip* as hard as stone/steel/flint; *~e **straling*** hard radiation; *~ **teen** ~, (rare)* Greek meets Greek *(infml.);* showdown; *iem. is ~ **van die geld*** s.o. has plenty of money; *~ **van hart** wees* →HART; *~e **verhemelte/gehemelte*** bony/hard palate; *~e **versiersel*** royal icing; *~e **vet*** suet; tallow; *~e **waarheid*** home truth; *~e **water*** hard water; *~e **wol*** harsh wool; *~e **woorde*** harsh/hard/stern words; *~ **word*** firm, solidify, congeal, set. **hard** *adv.: dit **gaan** ~* it is hard going *(fig.); ~ **gebak*** →HARDGEBAK; *~ **gekook*** →HARDGEKOOK; *~ **hardloop*** run fast/apace; sprint; *~ **leer*** study strenuously; *~ **reën*** rain heavily; *~ **val*** come a cropper; fall heavily; *~ aan iets **werk**, (also)* grind away at s.t.. **hard** *ge=, vb.* harden, steel *(one's nerves),* toughen; inure; temper *(steel).* ~**bekkig** *=e* hard-mouthed, hard in the mouth *(horse);* stubborn; *(fig.)* obstinate. ~**draf** flying trot. ~**gebak** *(also* hard gebak*)* well done, hard-boiled *(an egg); (fig.)* hard-boiled *(s.o.).* ~**gebaktheid** conceit, obstinacy, arrogance; affectation. ~**gekook, ~ gekook** *=te* hard-boiled *(an egg).* ~**getrek** hard-drawn *(wire).* ~**handig** *=e* harsh, rough, rude; *iem. ~ hanteer* rough-handle *(s.o.); ~ optree* get tough. ~**handigheid** roughness, rough handling. ~**horend, ~horig** *=e* dull/hard of hearing, *(infml.)* cloth-eared. ~**horendheid, ~horigheid** dul(l)ness/hardness of hearing. ~**koppig** *=e* stubborn, mulish, pigheaded, obstinate, obdurate, stiff-necked, headstrong, self-willed. ~**koppigheid** obstinacy, stubbornness, obduracy, self-will. ~**loop** *n.: iem. is aan die ~* s.o. is running; *aan die ~ gaan* start running. ~**loop** *ge=, vb.* run; hurry, make haste, race, sprint; *agter iem. aan ~* run after s.o.; *~ om ... te **haal*** run for ... *(the bus etc.);* ***hard/vinnig** ~* run hard/fast; *~ so al wat jy **kan*** run as fast as one can; *die **marat(h)on** in ses/ens. uur ~* complete the marathon in six/etc. hours, clock six/etc. hours for the marathon; *die **myl** ~* run the mile; *~ dat die **stof** (so) staan/trek* →STOF¹ *n.;* ***teen** ... ~* race against ...; ***vinnig** ~* →***hard/vinnig**; in 'n **wedloop** ~* run a race. ~**loopskoen** running shoe. ~**loper** runner, racer; sprinter *(short distance).* ~**lopery** running, racing. ~**lywig** *=e* constipated, *(fml.)* costive, *(infml.)* bunged up. ~**lywigheid** constipation, costiveness. ~**nekkig** *=e* obstinate, headstrong, intractable, mulish, *(infml.)* bloody-minded *(pers.);* dogged *(resolution);* stubborn *(fight); (fml.)* pertinacious *(resistance);* persistent *(cough).* ~**nekkigheid** obstinacy; doggedness; stubbornness; persistency. ~**op** aloud, out loud; *~ dink* think aloud; *~ lees* read aloud/out; *sê dit ~* say it out loud. ~**roeper** *(rare)* loud hailer, megaphone. ~**soldeer** *hardge=* hard solder, braze. ~**soldeersel** hard solder, spelter (solder). ~**steen** ashlar, freestone. ~**vogtig** *=e* callous, hardhearted, heartless, unfeeling, pitiless; stern, ruthless, dog-eat-dog *(attitude etc.).* ~**vogtigheid** callousness, hardheartedness, heartlessness; ruthlessness, savageness. ~**werkend** hard-working, diligent. ~**wording** solidification.

har·dan·ger·(bor·duur·)werk *(needlework)* hardanger (embroidery).

har·de·: ~**band(boek)** hardback (book), hardcover (book); *in hardeband* in hardback/hardcover. ~**bank** rock bottom. ~**bolhoed(jie),** ~**bolkeil(tjie)** bowler (hat), hard/pot hat, *(Am.)* derby, *(Br., rare)* billycock. ~**bord** hardboard. ~**bos** *Phylica oleaefolia.* ~**gat** *(vulg., sl.)* →HARDEKOEJAWEL. ~**gras** *(Aristida vestita)* hard grass. ~**hand** rough fellow. ~**hout** hardwood; *(fig., joc.)* hard liquor, John Barleycorn. ~**koejawel** *n.* hard-boiled/hardbitten fellow, hard nut *(fig.),* tough customer. ~**koejawel** *adj. & adv.* tough, hard-boiled, hardbitten, bumptious, cocky, impudent, arrogant; *iem. hou hom/haar ~/hardekwas, (infml.)* s.o. puts on a cocky air. ~**kool(boom)** *(bot.: Combretum imberbe)* leadwood. ~**kop** *n.* mule, stubborn person. ~**kop** *adj.* stubborn; *'n ~ persoon* a stubborn person. ~**kwas** *=se, n.* conceited, obstinate person; →HARDEKOEJAWEL *n..* ~**kwas** *adj.* conceited, hard-boiled, hardbitten; affected. ~**pad** metalled road; hard labour, penal servitude; *vyf/ens. jaar ~ kry* be sentenced to five/etc. years' imprisonment with hard labour. ~**peer, rooibessie** *(Olinia* spp.*)* olinia, hard pear. ~**skyf** *(comp.)* hard disk. ~**skyfaandrywer** *(comp.)* hard disk drive. ~**soolsiekte** *(vet.)* hard pad. ~**veld** hardeveld. ~**ware** hardware; →APPARATUUR, YSTERWARE.

har·der¹ *=ders, n., (icht.)* (grey) mullet; harder.

har·der² *adj. & adv.* harder, louder; faster; →HARD; *~ (praat)!* speak up!. **har·de·rig** *=rige* rather hard/loud/fast/etc.; hardish; →HARD *adj..*

hard·heid hardness, loudness; sternness, harshness, toughness, stiffness, severeness; severity; temper *(of metals).* **hard·heids·graad** temper *(of metals),* degree of hardness. **hard·heid·skaal** scale of hardness. **hard·heids·me·ter** *(tech.)* sclerometer.

har·ding hardening, tempering; inurement.

ha·re¹ *n.* hair; →HAAR¹ *n.,* HAARBAND, HAARBORSEL, HAARDOS, HAARKAM.

ha·re² *poss. pron.* hers; →HAAR⁴ *poss. pron.; dit is ~* it is hers; *sy wil ~ hê* she wants hers.

Ha·re Kri·sj·na *(Skt.)* Hare Krishna. ~**-beweging** Hare Krishna movement.

ha·rem *=rems* harem, seraglio. ~**broek** harem pants.

ha·re·rig →HARIG.

ha·rig, ha·re·rig hairy, shaggy; hirsute; *(biol.)* piliferous, villous, villose. **ha·rig·heid, ha·re·rig·heid** hairiness, shagginess; pilosity.

ha·ring *=rings, (icht.)* herring. ~**graat** herringbone. ~**haai** porbeagle, mackerel shark. ~**roker** herring curer. ~**vangs** herring-fishery; herring harvest.

hark *harke, n.* rake. **hark** *ge=, vb.* rake.

har·la·boer·la hurly-burly; *(fig.)* bear garden.

har·le·ki·na·de *=des, (theatr., hist.)* harlequinade.

har·le·kyn *=kyne* harlequin, buffoon. **har·le·kyns·pak** motley (suit). **~streke** buffoonery; slapstick (comedy).

har·mans·drup, haar·lem·mer·o·lie, har·le·mensis Dutch drops; *iem. is 'n regte harmansdrup* s.o. is a slowcoach; *werk soos ~ (op 'n wintersmôre)* work/proceed very slowly.

har·mat·tan *(meteorol.)* harmattan.

har·mo·nie *=nieë* harmony, accord, concord; unison; *in ~* in unison; *in ~ met ... wees* be in harmony with ...; be in tune with ... **~leer** (theory of) harmony, harmonics.

har·mo·ni·eer *ge=* harmonise, agree, go (well) together; *met ... ~* harmonise with ...; tone in with ...; be in tune with ...; *nie met ... ~ nie* be out of tune with ... **har·mo·niek** harmonic usage. **har·mo·ni·ë·ring** harmonising, matching. **har·mo·nies** *=niese* harmonious; harmonic; concordant; *~e gemiddeld(e)* harmonic mean; *~e reeks, (math.)* harmonic progression; *~e samewerking* harmonious cooperation. **har·mo·ni·eus** *=euse* harmonious; sweet-sounding; *'n ~e stem* a pleasing voice. **har·mo·ni·ka** *=kas, (mus. instr.)* harmonica, mouth organ; accordion, concertina. **har·mo·nis** *=niste* harmonist. **har·mo·ni·seer** *ge=, (mus.)* harmonise. **har·mo·ni·sering** harmonisation. **har·mo·ni·um** *=niums* harmonium, reed organ. **har·mo·no·graaf** *=grawe* harmonograph.

har·nas *=nasse, n.* armour; cuirass; *iem. die ~ in (of in die ~) ja(ag)* antagonise s.o., *(infml.)* get/put s.o.'s back up, stroke s.o. (*or* rub s.o. up) the wrong way. **harnas** *ge=, vb.* (put on) armour; harness *(wires)*; *jou ~ teen ...* arm o.s. against ...

harp *harpe, (mus. instr.)* harp; gong *(of a clock)*; (joining) shackle. **~bout** shackle bolt. **~simbaal** →KLAVESIMBEL. **~sluiting** shackle joint. **~speelster, harpiste** harper, harpist. **~spel** harp-playing. **~speler, harpenis, harpis** harp player, harper, harpist.

har·pe·naar *=naars, =nare,* **har·pe·nis** *=niste,* **harpis** *=piste* →HARPSPELER.

har·poen *=poene, n.* harpoon. **har·poen, har·poeneer** *ge=, vb.* harpoon. **~kanon** whaling gun, harpoon gun.

har·poe·nier *=niers* harpooner.

har·puis *n.* resin; →HARS; *~ ruik, (boxing)* be floored. **har·puis** *ge=, vb.* resin. **~bos** *(Euryops spp., Hertia spp.)* resin bush, harpuisbos. **~koek** resinous disc *(of electrophore)*. **~lak** resinous lac. **~olie** resin oil. **~seep** resin soap.

har·puis·ag·tig *=tige* resinous, resinaceous.

Har·py *(Gr. & Rom. myth.)* Harpy; *(h~, fig.: cruel woman)* harpy; *(h~, orn.)* harpy (eagle).

hars *harse* rosin, resin; →HARPUIS. **~elektrisiteit** resinous electricity. **~olie** resin oil, oleoresin.

hars·ag·tig *=tige* resinous, resinaceous.

har·sing= (→HARSINGS): *~-en rugmurgvliese* meninges. **~balk** *(anat.)* corpus callosum. **~bloeding** (intra)cerebral bleeding/haemorrhage. **~brug** *(anat.)* pons Varolii. **~-en-rugmurg(-)ontsteking** *(med.)* encephalomyelitis. **~-en-rugmurgvlies(-)ontsteking** *(med.)* (cerebrospinal) meningitis. **~helfte** cerebral hemisphere. **~holte, ~kas, ~pan** brain cavity, braincase, brainpan *(Am., infml.)*, cranium, cranial cavity, cerebral cavity. **~kamer** ventricle (of the brain). **~kas** →HARSINGHOLTE. **~keël, ~kegel** *(anat.)* epiphysis, pineal body. **~koors** brain fever, phrenitis. **~kronkel** convolution of the brain. **~massa** brain matter. **~oefening** brain exercise. **~ontsteking** inflammation of the brain, encephalitis. **~pan** →HARSINGHOLTE. **~panboor** trepan. **~plooi** →HARSINGWINDING. **~rugmurgvog** cerebrospinal fluid. **~senu(wee)** cranial nerve. **~siekte** brain disease. **~skors** cerebral cortex. **~skudding** (cerebral) concussion. **~slagaarverkalking** cerebral arteriosclerosis. **~slymklier** pituitary (gland/body). **~stam** brainstem. **~stoornis** brainstorm. **~verweking** softening of the brain, brain-softening, encephalomalacia. **~vlies** cerebral membrane, meninx; *harde ~* dura mater; *sagte ~* pia mater, leptomeninges. **~vliesontsteking** (cerebral) meningitis. **~vou** convolution. **~werk** brainwork. **~werker** brainworker. **~winding** convolution/fold/sinuation of the brain.

har·sing·loos *=lose* brainless.

har·sings brain, encephalon; intellect, brains; *jou ~ afbeul/afmartel/afpynig/afsloof, (rare)* beat/cudgel/rack one's brains; *iem. se ~s inslaan* dash s.o.'s brains out.

har·slag *=slagte, =slae* pluck *(of slaughtered animal)*; *~siekte, (vet.)* pasteurellosis.

hars·pan *(infml.)* skull, brainpan, =box, =case, noggin, pate; *iem. se ~ inslaan* crack s.o.'s skull/head.

hart *harte* heart; mind; pith; core, centre; body *(of a screw)*; *(phys.)* core *(of a reactor)*; *al wat ('n) mens se ~ kan* ***begeer*** →BEGEER; *iets in jou ~* ***bewaar*** hoard s.t. in one's heart, store up s.t. in one's heart; *jou ~* ***blootlê*** bare one's heart; *iem. se ~* ***bol[le]makiesie*** *laat slaan* →iem. *se hart* ***vinniger*** *laat klop*; *iem. se ~* ***breek*** break s.o.'s heart; *God* ***deursoek*** *elke hart* →DEURSOEK[2] *vb*; *in die* ***diepste*** *van iem. se ~* in s.o.'s secret heart; *iets op die ~* ***dra*** have s.t. at heart; *iem. op jou ~* ***dra*** idolise/worship s.o.; *iem. aan die ~* ***druk*** press s.o. to your heart; *iem. iets op die ~* ***druk*** impress s.t. on s.o., urge s.t. (up)on s.o.; *jou ~* ***gaan*** *na iem. uit* one's heart goes out to s.o.; *iets* ***gaan*** *iem. ter ~e* s.t. is close/near to s.o.'s heart; *iets* ***gaan*** *van iem. se ~ af* s.o. parts with s.t. reluctantly; *van* ***ganser*** *~e* with all one's heart/soul, whole-heartedly, from one's heart; *'n* ***gebroke*** *hart* →GEBROKE; *jou hart aan ...* ***gee/skenk/verpand*** give one's heart to ...; *iem. het* ***g'n*** *~ nie* s.o. has no heart, s.o. is heartless; *iets doen iem. se ~* ***goed*** s.t. does s.o.'s heart good, s.t. gladdens/warms s.o.'s heart; *iem. het 'n* ***goeie/warm*** *~* s.o. has a kind heart; *'n ~ van* ***goud*** *hê* have a heart of gold; *in die* ***grond*** *van jou ~* at the bottom of one's heart; *iem. weet in die* ***grond*** *van sy/haar ~ dat ...* in s.o.'s heart of hearts he/she knows that ...; *uit die* ***grond*** *van jou ~* from the bottom of one's heart; *met die/jou* ***hand*** *op die/jou ~ beloof/belowe/sê/ens. dat ...* →HAND; *jou ~ aan iets* ***hang*** set one's heart (*or* have one's heart set) on s.t.; ***hard*** *van ~ wees* be hardhearted; *iets op die ~* ***hê*** have s.t. on one's mind; have s.t. on one's chest *(infml.)*; *'n ~ vir ...* ***hê*** have compassion for ... *(the poor etc.)*; *nie die ~* ***hê*** *om iets te doen nie* not have the courage to do s.t.; cannot face doing s.t.; *met my* ***hele*** *~* with all my heart/soul; *as jy die ~ daarvoor* ***het*** if your heart is in it; ***in*** *jou ~* at heart/bottom, in one's heart; ***jonk*** *van ~ wees* be young in heart; *iem. se ~ het in sy/haar* ***keel*** *geklop/gesit* s.o.'s heart was all aflutter; *jou ~ sit in jou* ***keel,*** *jou ~ in jou* ***keel*** *voel klop* have one's heart in one's mouth; *iem. het 'n ~ van* ***klip*** s.o. has a heart of flint; *iem. se ~* ***klop*** *warm vir ...* s.o.'s heart beats warmly for ...; *jou ~ begin warm* ***klop*** *vir iem.* one's heart warms to s.o.; *iets* ***kom*** *uit iem. se ~* s.t. comes straight from s.o.'s heart; *dit nie oor jou ~* ***kry*** *om te ... nie* not find it in one's heart to ..., not have the heart to ..., not bring o.s. to ...; *dit is 'n* ***las/pak*** *van iem. se ~ af* it is a load/weight off s.o.'s mind; *iets* ***lê*** *iem. na aan die ~* s.t. is close/near to s.o.'s heart; *jou ~* ***lug/uitpraat/uitstort*** express/relieve/vent one's feelings, unbosom/unburden o.s., open/bare (*or* pour out) one's heart, get s.t. off one's chest *(infml.)*; disburden one's mind; *(met) ~ en* ***mond*** *beloof/belowe dat ...* →(MET) **HAND** EN MOND BELOOF/BELOWE DAT ...; *waar die ~ van vol is, loop die* ***mond*** *van oor, (orig. Bib.)* from the ful(l)ness of the heart (*or* out of the overflow of the heart *or* what the heart thinks) the mouth speaks; *nie van jou ~ 'n* ***moordkuil*** *maak nie* speak one's mind freely, get s.t. off one's chest, not bottle up one's feelings; *(so reg)* ***na*** *iem. se ~* after s.o.'s own heart; ***nederig*** *van ~ wees* be lowly in heart; *in ~ en* ***niere*** to the marrow; *iem. 'n riem* ***onder*** *die ~ steek* →RIEM[1]; *'n* ***pak*** *van iem. se ~ af* →***las/pak***; *iem. se ~ sit op die regte* ***plek*** s.o.'s heart is in the right place; *die* ***roersele*** *van die ~* →ROERSEL; ***sê*** *wat in jou ~ is* speak one's mind; speak as one's heart dictates; *(met) ~ en* ***siel*** heart and soul, whole-heartedly, with a will; *iets (met) ~ en* ***siel*** *aanpak, (met) ~ en* ***siel*** *vir iets werk* devote o.s. heart and soul to s.t., throw o.s. into s.t. *(a cause etc.)*; *jou (met) ~ en* ***siel*** *op iets toelê* put one's heart into s.t.; *iem. is (met) ~ en* ***siel*** *vir iets* s.o. is whole-heartedly in favour of s.t.; *die ~ op iets* ***sit*** put/set one's heart on s.t., have one's heart set on s.t.; *waar jou* ***skat*** *is, daar sal jou ~ ook wees, (NIV)* for where your treasure is, there will your heart be also *(AV)*; *jou ~ aan ...* ***skenk*** →***gee/skenk/verpand;*** *iem. se ~ het in sy/haar* ***skoene*** *gesak/gesink* s.o.'s heart sank into his/her boots; *die diepste* ***skuilhoeke*** *van die ~* the inmost recesses of the heart; *iem. in jou ~* ***sluit*** take s.o. to one's heart; *elke ~ het sy* ***smart*** every heart has its own ache; *iem. se ~ het byna gaan* ***staan*** s.o.'s heart missed/skipped a beat; *iem. se ~ het byna oor iets gaan* ***staan*** s.t. (nearly) gave s.o. heart failure; *iets gee iem. 'n* ***steek*** *in die ~* s.t. tears s.o.'s heart out; *iem. se ~* ***steel/verower*** steal/win s.o.'s heart; *'n ~ van* ***steen*** *hê* have a heart of stone; *met 'n ~ van* ***steen*** stony-hearted, hard as flint; *met 'n* ***swaar*** *~* with a heavy heart; *'n* ***teer*** *~ hê* have a soft/tender heart; *iets* ***ter*** *~e neem* take s.t. to heart; *jou ~ op jou* ***tong*** *dra/hê, jou ~ lê op jou* ***tong*** wear one's heart on one's sleeve; *iets* ***tref*** *iem. (diep) in die ~* s.t. moves/touches s.o.'s heart; *uit die oog,* ***uit*** *die ~* →OOG; *jou ~* ***uitpraat/uitstort*** →***lug/uitpraat/uitstort;*** *jou ~ aan/teen(oor) iem.* ***uitstort,*** *(also)* bare one's soul to s.o.; ***van*** *~e* heartily *(congratulate s.o. etc.)*; *jou ~* ***vashou*** shudder, tremble *(at the thought of what could happen)*; *iem. se ~ is* ***verdeeld*** s.o.'s feelings are divided; *jou ~* ***verhard*** →VERHARD; *met 'n* ***verligte*** *~* with a feeling of relief; *iem. se ~* ***verower*** →***steel/verower;*** *jou ~ aan ...* ***verpand*** →***gee/skenk/verpand;*** *iem. se ~* ***vinniger*** *laat klop* (*of bol[le]makiesie laat slaan*) set s.o.'s pulse racing; *iem. se ~ was so* ***vol*** *dat hy/sy nie kon praat nie* s.o. could not speak (*or* words failed s.o.) because of the ful(l)ness of his/her heart; *waar die ~ van* ***vol*** *is, loop die mond van oor* →***mond;*** *iem. se ~ is nog* ***vry*** s.o. is still fancy-free; ***vuil*** *~, vuil mond* dirty/foul language comes from a foul heart; *'n* ***warm*** *~ steek die ander aan* love is infectious. **~aandoening** →HARTKWAAL. **~aanval** heart attack/failure; cardiac seizure. **~aar** cardiac/great artery; *in die ~ tref* deal a mortal blow. **~afwyking** cardial abnormality. **~asemhalingsorgane** cardiorespiratory organs. **~beklemming** oppression of the heart, angina pectoris. **~binnevlies** endocardium. **~boesem** *(anat.)* auricle, atrium. **~brekend** *=e, adj.* heartbreaking, -rending. **~brekend** *adv.* heartbreakingly, -rendingly. **~gebrek** heart ailment, cardiac insufficiency. **~geruis** cardiac murmur. **~gordel** heart girth. **~grondig** *=e, adj.* cordial, heartfelt, whole-hearted. **~grondig** *adv.* cordially, whole-heartedly, from the heart. **~grondigheid** cordiality, whole-heartedness. **~kamer** chamber/ventricle of the heart. **~klep** heart/cardiac valve; suction valve *(of a pump)*. **~klepaandoening** valvular disease. **~klepontsteking** *(med.)* valvulitis. **~klepsiekte** valvular heart disease. **~klop** heartbeat, -throb. **~kloppings** palpitation (of the heart). **~kramp** heart spasm/stroke, angina pectoris. **~kransslagaar** coronary artery. **~kuil** anticardium. **~kwaal, ~aandoening** heart complaint/condition/disease/trouble, affection of the heart, cardiac affection, cardiopathy; *aan 'n ~ ly* have a heart condition, have heart trouble. **~lam** darling, dearest, dear heart. **~land** heartland. **~lief(ie)** →HARTLAM. **~-long-masjien** heart-lung machine. **~lyer** cardiac; *'n ~ wees* have a heart condition, have heart trouble. **~lyn** axis, centre line, cardioid; line of centres; *(palmistry)* line of the heart **~meting** cardiometry. **~mossel** cockle. **~omleiding** *(surgery)* coronary bypass. **~ontspanning** diastole. **~oorplanting** heart/cardiac transplant; *dubbele ~oorplanting* double heart transplant, piggyback heart transplant. **~pasiënt** cardiac (patient), heart patient. **~pyn** heartache. **~roerend** *=e* heart-stirring, pathetic; (deeply) moving, soulful. **~sak** cardiac sac, pericardium, pericardial sac. **~sakontsteking** pericarditis. **~sakvoering** epicardium. **~seer** *n.* grief, sorrow; sadness, heartache; *van ~ vergaan* eat out one's heart; *van ~ sterwe* die of a broken heart. **~seer** *=der =ste, adj.* sad, heartsore, grieved, sick at heart; *oor iets ~ wees* sorrow at/over/for s.t.. **~seerhoekie** agony column *(in a newspaper or magazine)*. **~senu(wee)** cardiac nerve. **~siekte** heart disease, cardiopathy. **~slag** *=slae* heartbeat, pulsation of the heart. **~snare** heartstrings; *iem. se ~*

aanraak/roer tug at s.o.'s heartstrings; warm the cockles of s.o.'s heart *(infml.)*. ~**spesialis** heart specialist, cardiologist. ~**spier** heart muscle, cardiac muscle, myocardium. ~**spierontsteking** myocarditis. ~**stilstand** cardiac arrest. ~**stoot** apical/apex beat. ~**streek** cardiac region, region of the heart. ~**stuk** *(rly.)* frog. ~**uitsetting** diastole. ~**vergroting** dila(ta)tion of the heart, cardiac dila(ta)tion, athlete's heart. ~**verheffend** =*e* ennobling, elevating, exalting, sublime. ~**verlamming** paralysis of the heart, heart seizure; →HARTVERSAKING. ~**versaking** heart failure, cardiac failure. ~**versakking** cardioptosis. ~**verskeurend** =*e* harrowing, heartbreaking, heart-rending, poignant. ~**versnelling** tachycardia. ~**versterkend** bracing, tonic, cordial, heart-warming. ~**versterker** bracer. ~**versterking,** ~**versterkinkie** =*s* refresher, tonic, bracer, pick-me-up, reviver, stimulant. ~**verswakking** myocarditis. ~**vertraging** bradycardia. ~**vervetting** fatty (degeneration of the) heart. ~**vlies** *(anat.)* endocardium. ~**vliesontsteking** endocarditis. ~**voorkamer** atrium (cordis), auricle. ~**vormig** =*e* heart-shaped, cordate, cordiform, cordioid; *omgekeerd* ~ obcordate. ~**vrug** heartpea, heartseed, balloon vine. ~**wand** heart wall. ~**water** heartwater. ~**werking** heart action.

har·ta *(rare)* darling, (my) dear.

hart·bees, har·te·bees hart(e)beest; →MOFHART(E)BEES, ROOIHART(E)BEES. ~**huis(ie)** wattle and daub hut.

har·te-: ~**aas** →HARTENSAAS. ~**bees** →HARTBEES. ~**bloed** heart's blood, lifeblood. ~**boer** →HARTENSBOER. ~**breker** lady-killer. ~**dief** darling, love, pet. ~**heer** →HARTENSHEER. ~**leed** heartfelt grief, heartbreak, heartache. ~**lus** heart's desire; *na* ~ to one's heart's content, to the top of one's bent. ~**tien** →HARTENSTIEN. ~**veroweraar** lady-killer. ~**vrou** →HARTENSVROU. ~**wee** heartache, grief. ~**wens** heart's desire, fondest wish; *alles het na ~ gegaan* everything went off as desired (*or* splendidly), everything panned out well. ~**wond** heart's wound.

har·te·loos =*lose* heartless. **har·te·loos·heid** heartlessness.

har·tens *(cards)* hearts. ~**aas, harteaas** ace of hearts. ~**boer, harteboer** knave/jack of hearts. ~**heer, harteheer** king of hearts. ~**tien, hartetien** ten of hearts. ~**vrou, hartevrou** queen of hearts.

har·tig =*tige* hearty, strongly felt.

hart·jie =*jies, (lit.)* little heart; dear (heart), darling; centre *(of a flower)*; *in die ~ van* ... in the heart of ...; *in die ~ van sake wees* be in the thick of it/things; *in die ~ van die somer* in the height of summer, in midsummer; *in die ~ van die winter* in the dead/depth of winter, in midwinter; *iem. het 'n **klein** ~, iem. se ~ is maar **klein*** s.o. is easily moved to tears; *~ my **liefie*** my darling dear.

Hart·ley *(geog., hist.)* →CHEGUTU.

hart·lik =*like, adj.* hearty, warm, cordial, genial, jovial, sincere; warm-hearted, open-hearted; heartfelt; *oordrewe* ~ effusive. **hart·lik** *adv.* heartily, cordially, sincerely; *~ dank* thank you very much; *~ lag* laugh heartily. **hart·lik·heid** cordiality, heartiness, warm-heartedness, geniality, goodwill, joviality.

harts-: ~**geheim** heart's secret. ~**tog** →HARTSTOG. ~**vanger** *(hist., type of sable)* cutlass, hanger. ~**verlange** yearning. ~**vriend(in)** bosom friend.

harts·tog =*togte* passion, fire, vehemence; *'n verterende* ~ →VERTEREND; *~te wek* rouse passions. **harts·togs·mis·daad** crime of passion. **harts·tog·te·lik** =*like* passionate, impassioned; hot-blooded, warm-blooded; ardent, fervent, fervid, vehement, keen; sanguine, spirited; *~ van ... hou* be passionately fond of (*or* have a passion for) ... **harts·tog·te·lik·heid** passion(ateness).

har·war confusion, mix-up, mess, welter, muddle, imbroglio; bickering, squabble; *in 'n ~ wees* be at sixes and sevens *(s.o./s.t.)*, be in a state of confusion.

ha·se-: ~**pad:** *die ~ kies, (infml.)* take to one's heels, turn tail. ~**peper** *(cook., rare)* jugged hare.

ha·sel·neut hazelnut, filbert.

ha·sie =*sies* young hare, leveret; *(child's word)* bunny (rabbit). ~**(-ablou),** ~**(-hasie)** *(obs. children's game)* catch the hare, prisoner's base. ~**lip** →HAASLIP. ~**oor** leapfrog. ~**(s)kos** →MOERPLANTJIE.

ha·sjee =*sjees* →HACHÉE.

Ha·sji·miet =*miete* Hashemite.

ha·sjisj hashish, hasheesh, Indian hemp.

Has·mo·ne·ër =*neërs, (hist.: member of a Jewish dynasty)* Hasmonean.

has·pel =*pels, n.* reel, winder, windlass; skein holder. **has·pel** *ge-, vb.* reel, wind; bungle; bicker, wrangle. **has·pe·laar** =*laars* winder, spindle, swift *(text.)*.

ha·ter =*ters* hater; →HAAT. **ha·tig** =*tige* vengeful, malicious, hateful, spiteful; *~ wees op iem.* be spiteful towards s.o.; *hulle is ~ op mekaar, (also)* they are at daggers drawn. **ha·tig·heid** spite, malice, hatred, vengefulness.

Hau·sa =*sa(s), (member of population group; lang.)* Hausa.

haute *adj., (Fr.): ~ couture, (high fashion)* haute couture; *~ cuisine, (high-class cooking)* haute cuisine.

haut-re·lief *(Fr.)* →HOOGRELIËF.

Ha·va·na *(geog.)* Havana. **ha·va·na** =*nas,* **ha·va·na·si·gaar,** *(also H~)* Havana (cigar).

Ha·wai·ër =*waiërs, n.* Hawaiian. **Ha·wais** *n., (lang.)* Hawaiian. **Ha·wais** =*waise, adj.* Hawaiian; *~e ghitaar/kitaar/hemp* Hawaiin guitar/shirt.

Ha·wai(·i) *(geog.)* Hawaii. ~**-eilande** Hawaiian Islands.

ha·we¹ *n.* goods, property, chattels, stock; *iem. se ~ en goed* s.o.'s goods and chattels; *lewende ~* livestock.

ha·we² =*wens,* =*wes, n.* harbour, port; dock; haven; *'n ~ **aandoen**, by 'n ~ **aangaan*** call/touch at a port; *~ van **aankoms*** port of arrival; *die/'n ~ **bereik*** make port; *~ van **bestemming*** port of destination; *die/'n ~ **binnevaar/-loop*** put into port, sail into harbour; *~ van **herkoms*** port of origin; ***in** die ~* in harbour/port; *~ van **in-/uitklaring*** port of clearance; *~ van **lossing*** port of discharge; *'n **veilige** ~, (lit.)* a safe port; *(fig.)* a haven of safety; sanctuary. *~ van **verskeping/vertrek*** port of departure. ~**arbeider** dock worker, docker. ~**bank** harbour bar. ~**beampte** harbour officer. ~**bestuur** port authority. ~**boukunde** harbour engineering. ~**boukundige** harbour engineer. ~**buurt** dockland. ~**geld** dock dues, dock charges, dock duties, harbour dues, dockage, wharfage, pierage. ~**gesondheidsbeampte** port health officer. ~**hoof** mole, jetty, pier. ~**-ingenieur** harbour engineer. ~**-inkomste** harbour revenue. ~**kantoor** harbour master's office. ~**kaptein** port captain. ~**kom** (harbour) basin. ~**loods** harbour pilot. ~**meester** harbour master. ~**mond** harbour entrance. ~**muur** sea wall, breakwater. ~**polisie** harbour police. ~**raad** harbour board. ~**reglement** harbour/port regulations. ~**regte** port dues. ~**stad** port, seaport (town). ~**verdedigingsbote** seaward defence boats. ~**werke** harbour works. ~**werker** port worker.

ha·we·loos =*lose* homeless, destitute, down and out; shabby, scruffy; *(rare)* ragged, tattered; *(rare)* dilapidated. **ha·we·loos·heid** homelessness; shabbiness; *(rare)* raggedness; *(rare)* dilapidation.

ha·we(n)·tjie small harbour, port.

ha·wer oats; *gerf ~* sheaf of oats; *die perd wat die ~ verdien, kry die strooi* one does not always get one's due; *iets van ~ tot gort ken* know all the ins and outs of s.t., know s.t. thoroughly. ~**beskuit** oatmeal rusk. ~**gerf** oat sheaf. ~**gort** grits, groats. ~**gras** oat grass. ~**hooi** oat hay. ~**klap:** *(al) om die ~* again/time and again. ~**koek** parkin, oatcake. ~**korrel** oat grain. ~**land** oat field. ~**mannetjie** *(rare)* bag-, caseworm. ~**meel** oatmeal. ~**meelkoek** oatmeal cake. ~**mout** rolled oats. ~**moutpap** oatmeal porridge. ~**oes** oat crop. ~**saad** seed oats. ~**sak** haversack. ~**wortel** salsify, oyster plant.

ha·wik =*wike, (obs.)* →VALK; SPERWER. **ha·wiks·neus** →HAAKNEUS.

hè *interj.* my, oh; isn't it?; hey, I say.

hè? eh?, what?; you mean me?.

hê *het gehad, (arch:* had*)* have, possess; ***aan** wie het, word gegee, (Bib.)* to every one that hath shall be given; *weet wat jy **aan** iem. het* know where one is/stands with s.o., have s.o.'s measure; *niks **aan** iem. hê nie* not enjoy s.o.'s company; *iem. het niks **aan** iets nie* s.t. is (of) no use to s.o., s.t. is useless to s.o.; ***al/alles** wat jy het* all that one has; ***as** iem. (daarvan) het* if s.o. has any; ***as** iem. so iets het* if s.o. has any; ***beter** kon ('n) mens dit nie wil ~ nie* one could not wish it better; *... **by** jou hê* →BY² *prep.; **daar** het jy dit (nou)!, (infml.)* what did I tell you?, I told you so!, that shows you!; there you are!; that's done it!; *wat het jy **daaraan?*** of what use is it to you?, what is the use/good of it?; *iedereen het dit **daaroor*** it is the talk of the moment; *nou(dat) ons dit tog **daaroor** het* as we are on the subject; *dit het jy **daarvan!*** that will teach you!; *iem. wil iets **dolgraag** ~* →DOLGRAAG; ***ek** het dit, (also)* it's just clicked; *het jy **geld/ens.?*** do you have (*or* have you) any money/etc.?; ***gelyk** ~* →GELYK *n.; dit **goed** ~* be well off; *nie weet **hoe** jy dit het nie* not know what to make of it; not know whether one is coming or going; ***hoe** het ek dit met jou?* I cannot make you out; what is wrong with you?; *ek weet nie **hoe** ek dit het nie* I don't know what to make of it; ***hoe** meer die duiwel het, hoe meer wil hy ~* the more the devil has, the more he wants; rich men are never satisfied with what they have; *iem. het **iets*** s.o. has (got) s.t.; *iem. het die **kans** gehad* s.o. had the chance/opportunity; *iem. **kon** dit gehad het* s.o. could have had it; *~ is ~ en **kry** is die kuns, (prov.)* possession is nine points of the law; *hoe **laat** het jy dit?* →LAAT¹ *adj. & adv.; die een wil ~ sonder om die ander te **laat*** want to have one's cake and eat it *(infml.)*; *het ek dit **maar** gedoen* if I had only done it; *as ons **maar** 'n beter motor/ens. gehad het* if only we had a better car/etc.; *iem. het dit **mis*** →MIS⁴ *adj. & adv.; iem. **moet** iets ~* s.o. has to have s.t.; *iem. het **ongelyk*** →ONGELYK *n.; iem. het dit **oor** iets* s.o. is talking about s.t.; *vandag **sal** iem. dit ~* s.o. is in for it today; *ek het dit **so*** it is as I understand it; ***sukses** ~* score a success; *'n goeie **tafel** ~* keep a good table; *ek het daar niks op **teë** nie* I don't mind, I am willing; *iets **teen** iem. ~* have/hold s.t. against s.o.; have a spite against s.o.; *iem. het dit van 'n **ander*** s.o. has (heard) it from s.o. else; *iem. het nie geld **vir** ... nie* s.o. cannot spare the money for ...; *ek sou **vir** g'n geld wil ~ dat dit gebeur nie* I would not have this happen for the world; *het jy 'n oomblik **vir** my?* can you spare me a moment?; ***wat** wil jy ~?* what do you want?; what is your price?; ***wat** wil iem. nog ~?* what more does s.o. want?; ***wat** wil hulle van my ~?* what do they want with me?; *as ek dit **wel** het* →WEL² *adv.; iem. **wil** aksie/ens. ~* s.o. would like action/etc.; ***wil** ~ dat iem. iets doen, **wil** ~ iem. moet iets doen* want s.o. to do s.t.; mean s.o. to do s.t.; *ek **wil** geld ~* I want money; *iem. **wil** graag 'n ... ~* s.o. would like a ...; ***wil** jy 'n ... ~?* would you like a ...?, would you care for a ...?; *iem. **wil** iets nie ~ nie* s.o. doesn't want s.t.; s.o. won't have s.t.; *ek **wil** dit ~!, (infml.)* right on!; *dit **wil** ek ~!, (infml.)* not half!; *ek **wil** dit nie ~ nie* I won't have it; I don't want it; *so **wil** ek dit ~!, (infml.)* that's the stuff!; *ek **wil** nie jou ... hê nie* I don't want your ... *(property etc.)*; *wat wil jy ~?* →**wat.**

heb·be *(obs.)* have; having; *met hul hele ~ en houe* with all their worldly goods. **heb·be·lik·heid** (bad) habit, peculiarity, trick, mannerism, propensity; *die ~ hê om te ...* have a habit/peculiarity/way of ... *(doing s.t.)*.

he·be·fre·nie *(psych.)* hebephrenia.

He·bra·ï·kus =*braïkusse,* =*braïci, (also h~)* Hebraist. **He·bra·ïs·me** =*mes, (also h~)* Hebraism.

He·bre·ër =*breërs* Hebrew; *(in the pl.: Epistle)* Hebrews. **He·breeus** *n., (language)* Hebrew; *iets is ~ vir iem., (rare)* = IETS IS GRIEKS VIR IEM.. **He·breeus** =*breeuse, adj.* Hebrew.

He·bri·de: *die ~, (geog.)* Hebrides; *die Binne-~* the Inner Hebrides; *die Buite-~* the Outer Hebrides; *die Nuwe ~* the New Hebrides. **He·bri·dies** =*diese* Hebridean.

heb·sug greed, covetousness, avarice, cupidity, rapacity. **heb·sug·tig** =*tige* greedy, covetous, avaricious, rapacious, grasping.

he·de¹ *n.* this day, the present; *die ~* the present; *tot **op** ~* to date, to this day, up to the present; ***van** ~ af* from this day forward; *(die) ~ en (die) **verlede*** past and present. **he·de** *adv.* today, at present.

he·de², he·de·tjie *interj., (rare)* →HETE(TJIE) *interj.*.

he·den *(dated)* →HEDE[1] *n..* **he·den·daags** *=daagse, adj.* modern, present(-day), current; *~e kuns* contemporary art; *~e geskiedenis* contemporary/present(-day)/ current history.

He·djas: *die ~, (geog.)* the He(d)jaz/Hijaz.

he·do·nis *=niste, (also H~)* hedonist. **he·do·nis·me** *(also H~)* hedonism. **he·do·nis·ties** *=tiese, (also H~)* hedonistic.

Hedsj·ra *(<Arab., AD 622)* Hegira, Hejira; Hegira, Hejira, Muslim era; *(h~)* hegira, hejira, exodus, migration.

heel[1] *ge=* cure, heal; salve; *(biol.)* repair; *(bot.)* occlude. **~krag** curative/healing power. **~kragtig** *=e* curative, healing. **~kruid** *(rare)* healing/medicinal herb. **~kunde** healing art, surgery. **~kundeafdeling, ~kundesaal** surgical ward. **~kundig** *=e* surgical. **~kundige** *=s* surgeon. **~meester** *(hist.)* healer; *sagte ~s maak stinkende wonde* desperate diseases need/require desperate remedies; *die tyd is die beste ~* →TYD.

heel[2] *ge=, vb., (rare, jur.)* fence, receive *(stolen goods);* →HELER[2].

heel[3] *hele, adj.* entire, whole; integral; intact; complete; *'n hele* ***aantal*** quite a number; *'n hele* ***aantal*** *jare* a good many years; *die hele* ***Afrika/ens.*** the whole of Africa/etc.; *een van die* ***beste/ens.***, *die ~* ***beste/ens.*** one of the best/etc., if not the best/etc.; *'n hele* ***boel*** a whole lot; *die hele* ***dag*** *(deur)* all day (long), the whole day; throughout the day; *'n hele* ***ent*** *ver* a good distance off; *oor die hele* ***Europa*** throughout Europe; *die vaas* ***is*** *nog ~* the vase is intact; *~* ***konfyt*** →HEELKONFYT; *~* ***korrel*** whole grain; *die hele* ***land*** the country as a whole; *die hele,* ***liewe dag*** the livelong day; ***'n*** *hele ...* all of ...; as much as ... *(a thousand kilogrammes etc.);* as many as ... *(a hundred etc.);* ***oor*** *die hele land* right around the country; *'n hele* ***paar*** quite a few; *'n hele* ***stuk*** a large piece; *'n ~* ***stuk*** an unbroken piece; *die hele* ***tyd*** →HEELTYD; *'n hele* ***tyd*** quite a time; *nog 'n hele* ***tyd*** for some time to come; *'n hele 40%* ***van*** *die armes/ ens.* fully 40% of the poor/etc.; *die hele* ***wêreld*** the whole world, all the world; *die hele* ***wêreld*** *deur* throughout (*or* all over) the world. **heel** *adv.* quite, very; *~* ***agter*** right at the back; *iets is ~* ***anders*** →ANDERS *adj. & adv.;* *~* ***bo*** right on top, right at the (very) top; *~* ***boonste*** topmost; *~* ***eerste*** very first, first of all; *doen dit môre ~* ***eerste*** do it first thing in the morning; *die ~* ***eerste*** the very first; *~* ***in*** *die begin* →BEGIN *n.;* *~* ***laaste*** *in die aand* last thing at night; *~* ***links/regs*** on the extreme left/right; *~* ***moontlik*** quite possibly; *~* ***onder*** right at the bottom, right down; *~* ***veel*** a great many *(objects),* very much, a great deal *(of money etc.),* quite a lot; *~* ***voor*** right in front; *~* ***waarskynlik*** most probably. **~aand** all through the evening. **~agter** *=s* fullback. **~al** universe, cosmos, creation. **~daags, ~dags** *=e* daily, frequent; unceasing; daylong. **~dag** all day, the whole day, throughout (*or* all through) the day, the livelong day; frequently; continually, always, all the time; *~ en aldag* all the time; unceasingly *die ~ deur* all day, the livelong day. **~/dags** *=e* →HEELDAAGS. **~getal, ~tal** integer, integral/whole number. **~huids** with a whole skin, without injury, unscratched, without a scratch; *~ daarvan afkom* get off (*or* escape) unscathed/scot-free; save one's skin *(infml.).* **~jaar** throughout (*or* all through) the year, all the year (round), the whole year. **~konfyt, ~vrug(te)konfyt** preserve, wholefruit jam. **~maak** *heelge=* repair, mend. **~maand** the whole month. **~maker** mender. **~middag** all (through the) afternoon, the whole afternoon. **~môre, ~more** throughout (*or* all through) the morning. **~nag** all night, throughout (*or* all through) the night, nightlong. **~ogend** →HEELMÔRE. **~pad** all the way. **~party** quite a number of, several, many. **~tal** →HEELGETAL. **~toontoonleer** *(mus.)* whole-tone scale. **~tyd** *(also* die hele tyd*)* all the time, throughout, right through, continuously; at all hours (of the day and/or night). **~tyds** *=e* full-time, whole time; *~e werker* full-time employee/ worker, full-timer. **~vrug(te)konfyt** →HEELKONFYT. **~vyekonfyt** fig preserve. **~wat** *adj.* a considerable number (of), quite a lot (of), a good many; *~ moeite kos* take a great deal of trouble; *~ mense/ens.* quite a lot (*or* a considerable number) of people/etc.; *~ opsien baar* make no small stir; *~ tyd* plenty of time; quite a time. **~wat** *adv.* considerably, appreciably, (very) much; *~ meer* much (*or* a good deal) more; *~ mooier as ...* far prettier than ...; *~ onder* well below. **~week** throughout (*or* all through) the week.

heel·baar *=bare* curable, healable.

heel·har·tig *=tige* fully, totally, completely, absolutely *(agree etc.);* →HARTGRONDIG.

heel·heid wholeness.

heel·te·mal completely, absolutely, altogether, entirely, fully, totally, utterly, quite; all *(alone); (infml.)* clean; *~* ***alleen*** all alone (*or* on one's/its own), all by o.s./itself; *nie ~* ***billik*** *nie* less than fair; *~* ***links*** *laat lê* leave severely alone; *~* ***nie*** not at all, not a bit; ***nie*** *~ ... nie* not altogether ...; ***nog*** *nie ~ tien/ens. (jaar) nie* not quite ten/etc. (years) yet; *~* ***opnuut*** *begin* begin/start all over again, make a fresh start; *nie ~ so* ***sleg/ens*** *nie* not as bad/etc. as all that; *~* ***stilhou*** come to a full/dead stop; *iem. het iets ~* ***vergeet*** →VERGEET *vb.;* *~* ***verkeerd*** quite/altogether wrong; *~ van iets* ***verskil***, *(also, infml.)* be a far cry from s.t.; *~ 'n* ***vreemdeling*** *vir iem. wees* be an utter (*or* a perfect) stranger to s.o..

heem·kun·de local lore.

heem·raad *(SA, hist.)* heemraad; member of the heemraad.

heems·wor·tel *(bot.)* marsh mallow.

heen away; *deur* ***alles*** *~* in spite of everything; *dit is* ***daarmee*** *~* it is a thing of the past; ***êrens*** *~* gone somewhere; *iem.* ***is*** *~* s.o. is gone/dead; *oor iets ~* ***kom***, *(fig.)* get over s.t.; *ses* ***maande*** *~ wees, (infml.: be six months pregnant)* be six months gone; ***nêrens*** *~ nie* gone nowhere; *~ en* ***terug*** there and back; ***ver/vêr*** *~* far gone; *sy is* ***ver/vêr*** *~* she is far in her time; ***waar*** *gaan dit ~?* what is the world coming to?; ***waar*** *gaan jy ~?* where are you going?, where are you off to?; ***waar*** *moet dit ~?* what are we coming to?, where is this to end?; ***waar*** *moet iem. ~?* where is s.o. to go?; *~ en* ***weer*** back and forth, backward(s) and forward(s), hither and thither; from pillar to post; from side to side; to and fro; *~ en* ***weer*** *beweeg* move back and forth, oscillate; *~ en* ***weer*** *loop* move about/around; *~ en* ***weer*** *ry/vaar/ens.* shuttle; *~ en* ***weer*** *swaai* weave. **~-en-terug(-)reis** round trip. **~-en-weer(-)diens** *ens.* →HEEN-EN-WEER(-). **~gaan** *n.* death, passing (away), demise; departure. **~gaan** *heenge=, vb.* pass away, die; depart. **~gly:** *oor iets ~* skim over s.t.; *lugtig oor iets ~* skate lightly over/round s.t. *(a problem etc.).* **~kome** refuge; livelihood; escape; *geen ~ hê nie* have nowhere to go; *'n ~ vind* find a means of livelihood; make/earn/get a living; find refuge. **~reis** *n.* outward voyage, forward journey. **~skeer** *heenge=* flee/get away, hurry/slip off; sneak off; *oor jou werk ~* scamp one's work. **~snel, ~spoed** *heenge=* run/speed away, fly; *die tyd snel heen* time flies. **~swerf, ~swerwe** *heenge=* wander away. **~vlug** *(aeron.)* outward flight. **~wys** *heenge=: na ... ~* point to ...; *~ op* be indicative of. **~wysing** reference, pointer.

heen-en-weer(-): **~diens** shuttle service. **~geloop, ~lopery** coming and going. **~gepraat, ~pratery** palaver. **~reis** →HEEN-EN-TERUG(-)REIS. **~steek** zigzag stitch. **~stuurdery** sending from pillar to post. **~tyd** *(rly.)* turnround. **~verbinding** two-way communication.

heen-en-weer·tjie *=tjies* moment; (very) short visit; *(rare)* return ticket; *(net) vir 'n ~ (die naweek) Durban/ ens. toe gaan/ry/vlieg* pop down to Durban/etc. (for the weekend).

Heer = HERE.

heer[1] *here, (obs.)* army, host. **~leër** *(obs.)* host, vast army. **~skaar** *=skare,* **~skare** *=s* host; *die Heer van die heerskare* →DIE **HERE** VAN DIE LEËRSKARE.

heer[2] *here* gentleman; lord; master; esquire; mister; *(cards)* king; ***dames*** *en here* ladies and gentlemen (*or [infml.]* gents); ***die*** *~ A., (obs.)* Mr A.; ***die*** *here A. en B.* Mr A. and Mr B.; *(firm)* Messrs A. and B.; *~ en* ***diensbode*** master and servant; *here en* ***diensknegte*** masters and servants; ***Geagte*** *H~* →GEAG; ***'n gebore*** *~* one of nature's gentlemen; ***groot*** *~* grand seigneur; *die* ***jonge*** *~ A.* Master A.; *so die ~ so die* ***kneg*** like master like man; *~ en* ***meester*** lord and master; *die H~ van* ***Mijdrecht*** Lord of Mijdrecht; *die Here* ***Sewentien***, *(hist.)*the Lords Seventeen; *die here van die* ***skepping*** the lords of creation; *jy kan nie* ***twee*** *here dien nie* you cannot serve two masters; you cannot run with the hare and hunt with the hounds; ***Waarde*** *H~* →WAARDE *adj.;* ***Weledele*** *H~* →WELEDELE; *nuwe here, nuwe* ***wette*** new masters/lords, new laws. **~boon(tjie)** →HEREBOON(TJIE).

heer·ag·tig *=tige* grand(ly), in a grand style, in a lordly manner.

heer·lik *=like, adj. & adv.* delicious *(food);* glorious, lovely, blissful *(day, weather, etc.);* delightful, lovely, wonderful *(time etc.);* scintillating *(humour);* *~ rustig wees* be blissfully peaceful; *dit sou ~ wees* that would be great. **heer·lik·heid** glory, magnificence, splendour; deliciousness; *heerlikheid!, (infml.)* heavens above/alive!, good gracious!, gracious me!.

heers *ge=* bear/hold sway, reign, rule, govern; prevail, be prevalent; *daar ~ 'n* ***gevaarlike*** *gees* there is a dangerous (*or* an ugly) spirit abroad; ***oor*** *... ~* reign over ...; rule over ...; hold sway over ...; *daar ~ 'n hoopvolle* ***stemming*** a hopeful feeling prevails; *daar ~* ***vrede*** there is peace, peace prevails. **heer·send** *=sende* prevailing, prevalent; dominating, dominant; ruling; *die ~e* ***bestel*** the Establishment; *~e* ***eienskap*** dominant character; *~e* ***erf***, *(jur.)* dominant tenement; *die ~e* ***mening*** the prevailing opinion; *~e* ***mode*** prevailing fashion; *die ~e* ***prys*** current/ruling price; *~e* ***siekte*** prevalent disease; *die ~e* ***toestande*** the conditions obtaining at present; *die ~e* ***winde*** the prevailing/prevalent winds. **~sug** ambition, lust/thirst for power, imperiousness. **~sugtig** *=e* imperious, despotic, overbearing, domineering, *(infml.)* empire-building. **~sugtigheid** imperiousness, domineering nature; *(infml.)* empire-building.

heer·ser *=sers* ruler, dynast, monarch, overlord. **heer·se·res** *=resse, (fem.)* ruler. **heer·sers·blik** imperious glance. **heer·sers·klas** governing class. **heer·sers·ras, =volk** dominant race/people, master race.

heer·skap *=skappe* master, lord; gent, cove. **heer·skap·py** *=pye* dominion, mastery, power, rule, sovereignty; supremacy, predominance; domination; *onder die ~ van ...* under the rule/sway of ...; *~ oor mense* domination of/over people; *die ~ oor ... voer* hold sway over ..., rule over ...

heer·tjie *=tjies* young gentleman; swell.

hees *adj.* hoarse, husky; raucous; raspy; *~ wees* be hoarse, have a frog in the throat. **hees** *heser heesste, adv.* hoarsely, huskily. **hees·heid** hoarseness, huskiness.

heet[1] *hete heter heetste, adj.* hot; burning; bitter *(tears); iem. op heterdaad betrap* →HETER DAAD; *op hete kole sit* →KOOL[1]. **~gebaker(d)** *=de, (rare)* = KORTGEBAKER(D). **~hoof** hothead, hotspur, hot-headed person, wild man, spitfire, firebrand, zealot. **~hoofdig** *=e* hot-headed, ultra. **~hoofdigheid** hot-headedness, zealotry.

heet[2] *ge=* be called/named; order, tell; ***hoe*** *~ jy?* what is your name?; ***na*** *iem. ~* be named after/for s.o.; have s.o.'s name, be s.o.'s namesake; ***soos*** *dit ~* under colour of ...; on the pretence of ...; as the term goes; *iem.* ***welkom*** *~* →WELKOM.

hef[1] *heffe, n., (obs.)* lift. **hef** *ge=, vb.* lift, raise, heave; impose, levy *(taxes);* *"~ aan" lê nog voor* →AANHEF. **~boom** lever. **~boomas** lever shaft. **~boomfinansie(e)r** *(fin.)* leverage. **~boomfinansiering, =finansiëring** *(fin.)* leverage. **~boomkrag** leverage. **~boomraam** lever frame. **~boomskarnier** knee joint, toggle joint. **~boomstelsel** leverage. **~boomuitkoop** *(comm.)* leveraged buyout. **~boomverhouding** leverage. **~boomwerking** leverage. **~brug** vertical lift bridge, lifting bridge. **~krag** purchase, prise; *(aeron.)* lift. **~offer** *(Bib.)* heave offering. **~pols** anacrotic pulse. **~skroef** power screw; helicopter screw. **~spier** elevator muscle. **~tand** cog. **~vermoë** lifting power, lift; leverage; *statiese ~* buoyancy. **~voordeel** mechanical advantage.

hef² *hewwe, n.* handle, haft; hilt *(of a sword);* stock *(of a tool); tot* **aan** *die ~, (lit.)* (up) to the hilt; *die ~ in* **hande** (of *in die hand) hê* be at the helm; have the whip hand; be in the driver's seat; *die ~ in die* **hande** *kry* take over; *weet hoe die* **vurk** *in die ~ sit/steek* →VURK. **~punt** tang.

hef·fer *-fers* raiser; cog; collector; levator. **hef·fing** *-fings, -finge* imposition, levy; impost; levying *(of taxes);* arsis *(in verse); 'n ~ op ...* a levy on ...

hef·tig *-tige* heated, fierce, furious, stormy, vehement, violent. **hef·tig·heid** heat, fierceness, vehemence, violence.

heg¹ *hegge, n.* quickset (hedge); hedgerow; *(fox-hunting)* fence; *oor ~ en steg gaan* go up hill and down dale; *oor ~ en steg* cross-country; *geen ~ of steg ken nie* not know the way; be a complete stranger.

heg² *hegte hegter hegste, adj. & adv.* firm, solid, strong; close; tight-knit *(community etc.); op ~te* **fondament** on a firm foundation; *~ en reg/deeglik* **gelê** well and truly laid *(a cornerstone); ~te* **vriendskap** fast/firm friendship; *~ter* **wordende** *vriendskap* deepening friendship.

heg³ *ge-* affix, attach, fasten, stitch (up); heal; join; *iets* **aan** *... heg* append s.t. to ...; attach s.t. to ...; affix s.t. to ...; *baie* **aan** *iem. ge~ wees* be much attached to s.o.; **geloof** *~ aan* give credence to; *jou* **handtekening** *aan ... ~* append one's signature to ...; *die* **sny/wond** *het nog nie ge~ nie* the opening/slit/wound has not closed yet; *baie* **waarde** *aan iets ~* attach much importance/value to s.t.; be a great believer in s.t.. **~bosdruif** *(bot.)* old man's beard, clematis. **~draad** band string; suture; staple; stitching wire. **~lat** batten, fixing fillet. **~middel** *-s* adhesive; fixative. **~naald** stitching needle, surgical needle. **~nael** tacking rivet. **~pen** attachment pin. **~pleister** sticking/adhesive/court plaster, Band-Aid *(trademark),* Elastoplast *(trademark).* **~rank** tendril, cirrus. **~rankdraend** tendriliferous. **~skoen** *(phot.)* accessory shoe. **~skyf** *(bot.)* holdfast, crampon. **~snaar** catgut. **~spyker** tack (nail). **~steek** couching stitch. **~stuk** attachment, adjunct; fastening, fixing, fixture. **~wortel** *(bot.)* crampon.

He·ge·li·aan *-ane, (philos.: follower of Hegel)* Hegelian. **He·ge·li·aans** *-aanse* Hegelian; *~e dialektiek/redeneerkunde* Hegelian dialectic. **He·ge·li·a·nis·me** Hegelianism.

he·ge·mo·nie hegemony.

heg·sel *-sels* fastener; tack.

heg·te·nis arrest, durance; *iem. in ~* **hou/terugstuur** remand s.o. in custody; *iem. in ~* **neem** arrest s.o., take s.o. into custody, place/put s.o. under arrest, apprehend s.o.; make an arrest; *iem. weens beweerde ... in hegtenis* **neem** arrest s.o. for alleged ... *(murder etc.); niemand in ~* **neem** *nie* make no arrest; *in ~* **wees** be under arrest, be in custody.

hegt·heid firmness, solidity, strength.

heg·ting *-tings, -tinge* suturing, stitch, stitching.

hei, hêi *interj., (infml.)* hey; I say *(Br., obs.);* hi, hallo; *~ jy/julle!* hey(, you)!, I say!.

hei¹ *heie, n., (rare)* pile-driver. **hei** *ge-, vb., (rare)* ram, pile, drive *(piles).* **~blok** beetle, monkey, rammer, ram (block). **~hamer** pile hammer. **~(masjien)** pile-driving engine, pile-driver. **~paal** pile. **~paalslaner** pile-driver. **~plaatslaner** sheet steel pile-driver. **~werk** piling, pile-driving.

hei² *n., (rare)* →HEIDE. **~blommetjie** →HEIDEBLOM(METJIE). **~veld** →HEIDEVELD.

hei·ag·tig *-tige* heathy, moorish.

hei·de *-des, (bot.)* heath; *(geog.)* moor, heath; *Skotse ~* heather. **~blom(metjie), ~klokkie** heath bell, heather. **~kleur** heather. **~veld** heath, moor(land), fell.

hei·de·ag·tig *-tige* heathery.

Hei·del·berg·mens *(anthr.: Homo heidelbergensis)* Heidelberg man.

hei·del·bes·sie bilberry.

hei·den *-dene, -dens* heathen *(derog.),* pagan; *(Bib.)* gentile; →HEIDIN; *(liewe) ~!, o ~!* (good) heavens!. **~Christen** convert from paganism. **~land** heathen/pagan country. **~wêreld** pagan world, heathendom.

hei·den·dom heathendom, heathenry, heathenism, paganism. **hei·dens** *-dense* heathenish, pagan; *(Bib.)* gentile; *'n ~e lawaai* an infernal noise. **hei·din** *-dinne, (fem., rare)* heathen woman, pagan woman.

hei·ho, hei·la *interj.* ahoy.

hei·hoek *(naut.)* angle of pitch.

heil good, welfare; bliss; (spiritual) salvation; →HEILS-; **alle** *~!* good luck; **geen** *~ in iets sien nie* see no good/merit in s.t., not see the good/point of s.t.; *~ in vlug* **gesoek** sought safety in flight; *H~ die* **Leser!** to whom it may concern; *~ en* **seën!** all good wishes!, every good wish!; *veel ~ en* **seën** *met die nuwe jaar!* a happy New Year!, the compliments of the season to you; *tot ~ van die* **siel** for the salvation of the soul; *jou eie ~* **uitwerk** work out one's own salvation. **~bede** *-s* good wishes, Godspeed. **~begerig** *-e* desirous of salvation. **~bron** fountain of bliss. **~dronk** toast; *'n ~* **drink** drink a toast; *'n ~ op ...* **instel** propose/give a toast to ...; *'n ~ op iem.* **instel,** *(also)* propose s.o.'s health. **~gimnas** physical culturist. **~gimnastiek** medical/hygienic gymnastics. **H~soldaat** Salvationist. **~staat** ideal state, Utopia; state of grace. **~wens** benediction, congratulation; *met ~e* with best wishes.

hei·la *interj.* →HEIHO.

Hei·land Saviour; *jou ~ leer ken, (infml.)* have a very hard time; *o h~!* heavens!.

heil·bot *-botte, (icht.)* halibut. **~traan** halibut liver oil.

Hei·lig *-lige, adj.* Holy, Sacred; Saint; *die ~e* **Augustinus** Saint Augustine; *die ~e* **Avondmaal/Nagmaal,** *(Chr.)* Holy Communion; *die ~e* **Bloed** the Holy Blood; *die ~e* **der** *~e* the Holy of Holies, the Sanctum Sanctorum; *die ~e* **Doop** Holy Baptism; *die ~e* **Familie** the Holy Family; *die ~e* **Gees,** *(Chr.)* the Holy Ghost/Spirit; *die ~e* **Graf,** *(NT)* the Holy Sepulchre; *die ~e* **Grafkerk** the Church of the Holy Sepulchre *(in Jerusalem); die ~e* **Hart** the Sacred Heart; *die ~e* **Kollege** the Sacred College; *die ~e* **Land** the Holy Land; *die ~e* **Maagd** the Holy Virgin; *die ~e* **Romeinse Ryk,** *(hist.)* the Holy Roman Empire; *die ~e* **Skrif** Holy Writ, Holy Scripture, the Holy Bible; *die ~e* **Stad** the Holy City; *die ~e* **Stoel,** *(RC)* the Holy See; *die ~e* **Vader,** *(RC)* the Holy Father; *die ~e* **Verbond,** *(hist.)* the Holy Alliance.

hei·lig *-lige, adj. & adv.* holy, saintly *(pers.);* sainted; sacred *(duty, ground, number, principles, rights, writings, etc.);* sacrosanct *(institution, treaty, etc.);* sacral; consecrated; solemn(ly); *iets ~* **ag** hold s.t. sacred; *~e* **bees** sacred cow; *~* **belowe** promise solemnly; *~e* **boontjie,** *(infml.: sanctimonious pers.)* goody-goody, Holy Joe, plaster saint; *~e* **getal,** *(e.g. 7)* sacred number; *H~e* **Hart,** *(RC)* Sacred Heart *(of Jesus); 'n ~e* **huisie,** *(fig.)* a sacred cow; *iem. is 'n ~e* **huisie,** *(infml.)* s.o. is sacrosanct, one isn't allowed to touch him/her; *niks is vir* **iem.** *~ nie* nothing is sacred to s.o.; *~* **maak** sanctify; *~e* **oorlog** jihad, jehad *(Arab.),* holy war; *~e* **oortuiging** sincere/profound conviction; *(baie) ~* **op** *iets wees* take great care of s.t.; be very careful/fond of s.t.; *iem. sit* **daarso** *~* s.o. sits there so demurely; *~* **verklaar** canonise, hallow; *jou iets ~* **voorneem** record a mental vow; *'n ~e* **vrees** *vir iets hê* be petrified of s.t.; *~e* **vrou** woman saint; *dit is die ~e* **waarheid** it is gospel truth. **hei·lig** *ge-, vb.* hallow, sanctify; keep holy (the Sabbath); *laat U naam ge~ word, (Bib.)* hallowed be Thy name; *die doel ~ die middele* the end justifies the means. **~been** *(anat.)* sacrum, sacral bone. **~beenstreek** sacral region. **~makend** *-e* sanctifying. **~making** sanctification. **~senu(wee)** sacral nerve. **~verklaring** canonisation.

hei·lig·dom *-domme* sanctuary, (holy) shrine; sanctum; *iem. se ~* s.o.'s sanctum.

hei·li·ge *-ges* saint; *iem. is g'n ~ nie* s.o. is no saint; *H~s van die Laaste Dae, (Mormons)* Latter-day Saints. **~beeld** image of a saint; *(Greek Church)* icon. **~dag** holy day, saint's day. **~diens** worship of the saints, hagiolatry. **~krans** aureole, halo, gloriole. **~lewe** life of a saint. **~verering** →HEILIGEDIENS.

hei·lig·heid holiness, sacredness, sanctity; sainthood, saintliness; *Sy/Haar H~* His/Her Holiness.

hei·li·ging hallowing, sanctification.

hei·ligs·ken·nend *-nende* sacrilegious. **hei·ligs·ken·ner** *-ners* sacrilegist. **hei·ligs·ken·nis** desecration, profanation, sacrilege.

heil·loos *-lose* disastrous, fatal; impious, wicked; *~lose weg* iniquitous road; road to ruin. **heil·loos·heid** balefulness.

heil·ryk *-ryke* →HEILSAAM.

heils-: **~belofte** promise of salvation. **~boodskap** message of salvation. **~geskiedenis** history of salvation. **~leer** doctrine of salvation. **H~leër** Salvation Army. **~plan** plan of salvation/redemption.

heil·saam *-same* beneficial, beneficent, salutary, wholesome, healthful, health-giving, salubrious; *iets is ~ vir iem.* s.t. is good for s.o.. **heil·saam·heid** beneficial/salutary influence/effect, salutariness, salubrity, wholesomeness.

heim·lik *-like, adj.* clandestine, private, secret; stealthy; covert; surreptitious; hole-and-corner *(transactions),* underhand *(ways); ~e verset* underground resistance; *~e voorbehoud* mental reservation. **heim·lik** *adv.* stealthily, by stealth, clandestinely, secretly. **heim·lik·heid** secrecy, stealth(iness).

heim·wee homesickness; nostalgia; *~ hê na ...* be homesick for ...; *vol ~* homesick, nostalgic.

hein·de: *van ~ en ver/vêr/verre* from far and near/wide.

hei·ning *-nings* enclosure, fence; hedge; zareba, zariba; *oor 'n ~ spring* jump/take a fence. **~oprigter** fence erector. **~paal** fencing pole/post, paling. **~plant** hedge plant. **~skêr** garden shears, hedge shears.

hei·nin·kie *-kies* small/low hedge.

Hein·tjie·pik, Haan·tjie·pik *(obs., the devil)* Old Nick/Harry/Scratch.

heit(s) *interj.* hait, heit *(used to horses);* I say.

hek *hekke* gate; level crossing gate, boom; screen *(in church);* stern *(of a boat); die ~ is van die* **kraal** everyone is free to do as he pleases; *in die ~* **sit,** *(infml.)* fail *(especially an examination).* **~geld** gate money. **~opening** gateway. **~paal** gatepost; **~sluiter** last corner, rear man; Benjamin. **~treiler** stern trawler. **~wagter** gatekeeper. **~wiel** *(naut.)* stern wheel. **~wielboot, ~wieler** *(naut.)* stern-wheeler.

he·ka·tom·be *-bes, (hist.)* hecatomb.

he·kel¹ *n.* dislike; aversion; *'n ~ aan iem./iets hê* have an aversion to/for s.o./s.t., dislike s.o./s.t.; *'n hartgrondige ~ aan iem. hê* dislike s.o. cordially; *'n ~ aan ... kry* take a dislike to ... **he·kel** *ge-, vb.* heckle; censure, criticise, slate, satirise; *die spreker is deur die gehoor ge~, (fig.)* the speaker was heckled by his hearers; *die digter/digteres het sy/haar vyande ge~, (fig.)* the poet satirised his/her enemies. **~dig** *-te* satire, satiric poem. **~digter** satirist. **~skrif** lampoon, satire. **~vers** satire, satiric poem.

he·kel² *-kels, n.* hackle *(for flax).* **he·kel** *ge-, vb.* hackle *(flax etc.).*

he·kel³ *ge-, vb.* crochet; *'n stuk kant ~* crochet a piece of lace. **~gare, ~garing** crochet cotton. **~kant** crochet lace. **~naald, ~pen** crochet hook/needle. **~puntjies** picot edging. **~steek** crochet stitch. **~werk** crochet work, crocheting.

he·ke·laar *-laars* heckler; critic; satirist, quipster. **he·keling** heckling; satirising, scarification; *'n ~ van ...* a skit on ...

hek·kie *-kies* small gate; *(obs.)* wicket; hurdle; *oor 'n ~ spring, (lit.)* clear/take a hurdle.

hek·kies·loop *-lope, n.* hurdle race, hurdles. **hek·kies·loop** *hekkiesge-, vb.* hurdle. **hek·kies·loper** hurdler.

heks¹ *hekse, n.* witch; *(fig.)* hellcat, vixen, harridan, virago; →HEKSE-; *manlike ~* warlock; *iem. is 'n ou ~* s.o. is a hag. **heks** *ge-, vb.* practise witchcraft, work a charm. **heks·ag·tig** *-tige* witchlike, haggish; vixenish.

heks² *(abbr. of* heksadesimale [getallestelsel]*)* hex. **~kode** hex code.

hek·sa- *comb.* hexa-.

hek·sa·de·si·maal *-male* hexadecimal; *heksadesimale getallestelsel* hexadecimal (notation). **hek·sa·ë·der, hek·sa·e·der** *-ders* hexahedron, cube. **hek·sa·ë·dries, hek·sa·e·dries** *-driese* hexahedral, cubic. **hek·sa·go·naal** *-nale* hexagonal, six-sided. **hek·sa·goon** *-gone* hexagon. **hek·sa·gram** =*gramme* hexagram. **hek·sa·me·ter** =*ters* hexameter, heroic verse. **Hek·sa·teug** *(first six books of the Bible)* Hexateuch.

hek·se=: ~**besem** witches' broom/besom. ~**dans** witches' dance. ~**jag** *(fig.)* witch-hunt. ~**ketel** witches' cauldron. ~**kombuis** hell's kitchen. ~**kring** fairy ring/circle. ~**meester** magician, sorcerer, wizard. ~**melk** witches'/witch's milk. ~**proses** trial for witchcraft. ~**sabbat** witches' sabbath. ~**toer** tough job. ~**werk** sorcery, witchcraft; tough job.

hek·se·ry =*rye* sorcery, witchcraft; *daar moet ~ by wees* there must be some hocus-pocus about/in it.

hek·so·geen *(chem., explosive)* cyclonite, RDX.

hek·taar =*tare* hectare.

hek·to= *comb.:* ~**graaf** =*grawe* hectograph, manifolder. ~**grafeer** *ge=* hectograph. ~**gram** =*gramme* hectogram(me). ~**liter** hectolitre. ~**meter** hectometre.

hel[1] *helle, n.* hell; hellion; inferno; *~ op* ***aarde*** *hê/kry* have hell on earth; *~ op* ***aarde*** *wees* be hell on earth (*or* a living death/hell); *ter ~le* ***daal*** descend into the grave; *iem. ~ laat* ***deurmaak,*** *(infml.)* give s.o. hell; ***die H~,*** *(SA, geog.)* the Hell; *na die ~* ***gaan,*** *(lit.)* go to hell; ***gaan*** *na die ~!* go to hell/blazes!; *iem. op sy/haar hel* ***gee,*** *(infml.)* beat/knock the hell out of s.o.; give s.o. hell; *iets maak iem. die/de ~* ***in,*** *(infml.)* s.t. makes s.o.'s blood boil (*or* makes s.o. see red); *die/de ~* ***in raak,*** *(infml.)* hit the ceiling, hit (*or* go through) the roof, do one's nana/nut; *die/de ~* ***in wees,*** *(infml.)* be fuming/furious/livid (*or* very angry *or* boiling mad), have one's dander up; *iem.* ***kry*** *op sy/haar ~, (infml.)* s.o. gets a hell of a beating; s.o. catches/gets hell; *iem. se* ***lewe*** *is 'n ~* s.o.'s life is hell; s.o. is going through hell; *iem.* ***maak*** *'n ~ deur* s.o. is going through hell; s.o.'s life is hell; ***my*** *~!, (infml.)* flipping hell!; *nie 'n ~ (vir iem./iets)* ***omgee*** *nie, (infml.)* not care/give a damn/fig/hang/hoot (*or* two hoots) (about s.o./s.t.); ***te*** *~ met jou!, (infml.)* to hell with you!. ~**hond** *(Gr. myth.)* hellhound, Cerberus; *'n happie vir die ~* a sop to Cerberus. ~**peper** = CAYENNEPEPER. ~**poort** →HELLEPOORT. ~**steen** lunar caustic, silver nitrate. ~**vuur** →HELLEVUUR. ~**waarts** toward(s) hell.

hel[2] *ge=* dip, incline, shelve, slant, slope; →HELLEND; *~ met 'n hoek* incline at an angle.

he·laas alas, unfortunately.

held *helde* hero; *(theatr.)* principal boy *(played by a woman in a pantomime); hoe het die ~e geval!, (OT)* how the mighty have fallen!; *klein ~* little hero; *die ~ van die dag wees* be the toast of the town/day. **held·haf·tig** =*tige* brave, heroic, valorous. **held·haf·tig·heid** bravery, heroism. **hel·din** =*dinne, (fem.)* heroine. **hel·din·ne·tjie** =*tjies* little heroine.

hel·de=: ~**akker** heroes' acre. ~**bloed** heroic blood. ~**daad** heroic deed/act/feat, heroes'/hero's act, act of heroism, exploit. **H~dag** *(also h~)* Heroes' Day. ~**dig** =*te* heroic poem, epic, epopee; *Oudfranse* (*of Ou Franse*) ~ chanson de geste. ~**digter** epic poet. ~**dom** heroism. ~**dood** heroic death, hero's death. ~**-eeu** heroic age. ~**figuur** heroic figure. ~**gees** heroic spirit. ~**geslag** heroic race, race of heroes. ~**moed** heroism. ~**ontvangs** hero's welcome *(pl.: heroes' welcome).* ~**rol** heroic part. ~**saal** hall of fame. ~**sage** (hero) saga. ~**sang** epic song/poem. ~**sanger** →HELDEDIGTER. ~**skaar** band of heroes. ~**stryd** heroic struggle. ~**tenoor** leading tenor, heroic tenor. ~**tyd** heroic age/time. ~**tydvak** heroic period. ~**vereerder** hero-worshipper. ~**verering** hero-worship. ~**volk** heroic nation, nation of heroes.

hel·der *~ =derder =derste, adj.* clear *(sky, glass, voice);* distinct, plain; serene; vivid *(light);* bright, live *(colour);* limpid *(water);* lucid *(moment, style);* pellucid; perspicuous; *dit is ~* ***dag*** it is broad day; *~* ***druk*** clear type; *so ~ soos* ***glas,*** *(fig.)* as clear as day(light), crystal clear; *die ~* ***kant*** *van die lewe* the sunny side of life; *'n ~* ***kop*** *hê* be clear-headed, have one's head well screwed on; *~* ***oomblik*** lucid moment; *~* ***sap*** clarified juice; *'n ~* ***sonskyndag*** a brilliantly sunny day; *~* ***sop*** clear soup, consommé; *~* ***stem*** clear voice; *~* ***uiteensetting*** lucid exposition; *~* ***van blik*** clear-sighted. **hel·der** *adv.* clearly, distinctly, brightly, brilliantly, *etc.; ~ oordag* in broad daylight; *~ wakker* wide awake. ~**blou** *(also* helder blou*)* bright/live/vivid blue. ~**denkend** =*e* clear-headed, unclouded, clear-thinking. ~**horend** =*e* clairaudient. ~**horendheid** clairaudience. ~**kleurig** =*e* brightly/brilliantly coloured. ~**klinkend** =*e* clear, ringing. ~**lugturbulensie** *(av.)* clear air turbulence. ~**rooi** *(also* helder rooi*)* scarlet, bright red. ~**siende** =*s, n.* clairvoyant; clairvoyante. ~**siende** *adj.* clear-sighted, clear-eyed; clairvoyant, second-sighted; *~ wees* be gifted with second sight. ~**siendheid** clear-sightedness; clairvoyance, second sight.

hel·der·heid brightness, clearness, clarity, lucidity, serenity; vividness; perspicuity; *~* ***bring,*** *(fig.)* clear the air; *~* ***oor*** *iets hê* be clear in one's mind about s.t.; *~* ***van*** *gedagte* clarity of thought; *~* ***van*** *'n beeld* acuity/acuteness of an image.

he·le →HEEL[3] *adj.*.

he·le·le·wens·ver·se·ke·ring whole-life insurance.

He·le·na: *~ van Troje, die skone ~, (Gr. myth.)* Helen of Troy.

he·ler[1] =*lers* healer.

he·ler[2] =*lers* receiver, fence; *die ~ is net so goed as die steler* the receiver is as bad as the thief.

helf·te =*tes* half, moiety; *die* ***beste*** *~* the better half; ***die*** *~* a half; *iem. die ~ van ...* ***gee*** give s.o. half of ...; *die ~ so* ***groot*** *as ... wees* be half as big as ...; *die* ***grootste*** *~* the best/greater/better half; *die ~* ***meer*** half as much again; *die ~* ***minder*** less by half; ***'n*** *~* a half; ***om*** *die ~* half and half; by halves; ***om*** *die ~ gaan* go halves (*or [infml.]* fifty-fifty); *iets* ***om*** *die ~ verdeel* go halves (*or [infml.]* fifty-fifty) with s.o. on s.t.; ***oor*** *die ~* more than halfway (through); ***op*** *die ~* halfway (through); *iets in die ~* ***sny*** cut s.t. in half (*or* into halves *or* in two); *die ~* ***van*** ... half of ...; *die ~* ***van*** *die ..., (also)* half the ...; *iets met die ~* ***verminder*** reduce s.t. by half; ***vir*** *die ~* by halves; ***vir/teen*** *die ~ van die prys* at half the price (*or* half-price); *die ~* ***vra*** cry halves. ~**-helfte** *(infml.): ~ vir iets betaal* go halves/fifty-fifty with s.o. on s.t..

Hel·go·land *(geog.)* Heligoland.

he·li =*li's, (abbr., infml.:* helikopter*)* (')copter, *(Am.)* eggbeater.

he·li= *comb.* heli=. ~**blad,** ~**bof** helipad. ~**hawe** helidrome, =port. ~**kopter** →HELIKOPTER. ~**loods** helipilot. ~**net** heliscoop. ~**-ski** =*'s, n.* heli-skiing. ~**-ski** *ge=, vb.* heli-ski. ~**-skiër** heli-skier. ~**veld** (small) heliport.

he·li·ko·ï·daal =*dale, adj., (biol.)* helical, helicoid(al). **he·li·ko·ïed** =*koïede, n., (geom.)* helicoid. **he·li·ko·ïed** =*koïede, adj.* →HELIKOÏDAAL *adj.*.

He·li·kon *(Gr. myth., geog.)* Helicon.

he·li·kop·ter =*ters* helicopter, chopper *(infml.),* whirlybird *(infml.); per ~ na ... vlieg* helicopter to ... ~**dek** helicopter deck. ~**dekskip** helicopter carrier. ~**loods** helicopter flyer.

he·liks =*likse* helix.

he·lik·tiet =*tiete, (speleology)* helictite.

he·ling[1] healing; union.

he·ling[2] fencing, receiving, secretion *(of stolen goods).*

he·li·o= *comb.* helio=. ~**door** =*dore* heliodor. ~**fiet** =*e* heliophyte. ~**graaf** =*grawe* heliograph. ~**grafeer** *ge=* heliograph. ~**grafie** heliography. ~**grafies** =*e* heliographic(al). ~**grafis** =*te* heliographer. ~**gram** =*me* heliogram. ~**gravure** heliogravure. ~**meter** heliometer. ~**sentries** =*e* heliocentric. ~**skoop** =*skope* helioscope. ~**staat** =*state* heliostat. ~**terapie** heliotherapy. ~**troop** =*trope, (bot.)* heliotrope, turnsole; heliotrope, bloodstone. ~**tropie** heliotropism. ~**tropies** =*e* heliotropic. ~**tropisme** →HELIOTROPIE.

he·li·um *(chem., symb.: He)* helium.

hel·le=: ~**baard** →HELLEBAARD. ~**bouler** *(cr.)* demon bowler. ~**gat** hellhole. ~**poort, helpoort** gate of hell, hell's gate. ~**pyn** torments of hell. ~**vaart** descent into hell. ~**veeg** =*veë* shrew, virago, vixen, hellcat, battleaxe, Ta(r)tar (of a woman), beldam(e) *(arch.).* ~**vuur, helvuur** hellfire.

hel·le·baard =*baarde, (hist., mil.)* halberd, halbert, battleaxe. **hel·le·baar·dier** =*diers* halberdier; *~ by die Londense Tower, (Br.)* beefeater, yeoman Warder.

Hel·leen =*lene* Hellene, Hellenian. **Hel·leens** *n., (lang.)* Hellenic. **Hel·leens** =*leense, adj., (also h~; of Gr. culture: 776-323 BC)* Hellenic, Hellenian. **Hel·le·nis** =*niste, (also h~)* Hellenist. **Hel·le·nis·me,** *(also h~)* Hellenism. **Hel·le·nis·ties** =*tiese, (also h~; of Gr. culture; 323-30 BC)* Hellenistic(al).

hel·lend =*lende* inclined, sloping, dipping, raking, slanting; aslant; *~e* ***hoefyster*** seated shoe; *~e* ***plooi*** dipping slope; *~e* ***vlak*** inclined plane, incline; *op 'n ~e* ***vlak*** *wees* be on the downward slope/path; *~e* ***vloer*** raked floor.

hel·ling =*lings, =linge* decline, declivity, dip, slope; acclivity, grade; fall, incline; inclination; gradient *(of a road);* rake *(of a floor);* pitch *(of a roof); (marine)* slipway; *~* ***gee*** grade, slope; ***op*** *~* on grade; *die ~ is 1* ***op*** *7* the gradient is 1 in 7; *'n* ***steil*** *~* a steep rise. ***van*** *~ af* off grade. ~**bepaling,** ~**gewing** grade levelling, grading. ~**diepte** run. ~**hoogte** lift, grade level. ~**meter** →HELLINGSMETER.

hel·lings=: ~**hoek** angle of inclination/dip/slope, gradient; rake. ~**komplement** hade. ~**lyn** line of dip/slope. ~**meter, hellingmeter** (in)clinometer, gradometer. ~**naat** dip joint. ~**vlak** plane of dip/slope, dip plane.

helm[1] *helms* helmet; headpiece *(of a diver);* casque; dome *(of an engine); (bot.)* galea; caul; *iem. is met die ~ gebore* s.o. has (*or* is gifted with) second sight, born with a caul. ~**draad** filament. ~**draend** =*e* galeate. ~**hoed** sun helmet, topee, topi, pith helmet. ~**hok(kie)** anther cell/sac, pollen sac, theca. ~**kam** crest. ~**kleed** lambrequin. ~**klep** visor. ~**knop** knob on a helmet; *(bot.)* anther. ~**knoppie** anther. ~**kruid** figwort. ~**laksman** *(orn.)* helmet shrike. ~**masker** visor. ~**spits** helmet spike. ~**stok** tiller, helm. ~**stylig,** ~**stylig** =*e* gynandrous. ~**styligheid** gynandry. ~**teken** *(her.)* crest. ~**visier** visor. ~**vormig** =*e* helmet-shaped; galeate. ~**wolk** helm (cloud).

helm[2] *helms,* **helm·gras** wild rye, lyme grass, beach grass.

hel·met =*mets, =mette* helmet; →HELM[1].

hel·mint =*minte* helminth. **hel·min·ti·a·se** helminthiasis. **hel·min·to·lo·gie** helminthology. **hel·min·to·lo·gies** =*giese* helminthological. **hel·min·to·loog** =*loë* helminthologist.

he·lo·fiet =*fiete, (bot.)* helophyte, marsh plant.

he·loot =*lote* helot.

help *ge=* aid, assist, help, succour; avail, be of avail, be of use; attend to, serve; oblige; support; *iem.* ***aan*** *iets ~* help s.o. to s.t. *(an answer etc.);* fix up s.o. with s.t. *(infml.); is u* ***al*** *ge~?* have you been attended to?; ***as*** *hy/sy nie ge~ het nie* but/except for him/her, if it had not been for him/her, if it weren't for him/her; *iets ~* ***baie*** *om te ...* s.t. goes far (*or* does much) to ..., s.t. goes a long way to/towards ...; ***begerig/gretig*** *wees om te ~* be anxious to help; *alle* ***bietjies*** *~* many a pickle makes a mickle; ***dat*** *dit ~, (infml.)* like anything, like blazes; with a vengeance; *iets ~ iem.* ***deur*** *iets* s.t. carries s.o. through s.t.; *iem.* ***gaan/kom*** *~* go/come to s.o.'s aid; *so ~ my* ***God*** so help me God; *'n helpende* ***hand*** *na ... uitsteek/uitstrek* extend a helping hand to ...; *iem.* ***in/uit*** *sy/haar jas ~* help s.o. on/off with his/her coat; ***is*** *u (al) ge~?* are you being served?, have you been attended to?; *~* ***jouself*** *(dan het jou vriende jou lief)* help yourself (and your friends will love you); *~* ***jouself,*** *dan ~ God jou* the Lord helps those that help themselves; ***kan*** *ek (u/jou) help?* can I be of assistance?; do you need any help?; *is daar iets waarmee ek* ***kan*** *~?* can I be of any help?; *iem.* ***kan*** *dit nie ~ nie* s.o. cannot help it; ***kan*** *u my aan ... ~?* can/could you oblige me with ...?; *~* ***waar*** *jy* ***kan*** make o.s. useful; *hy/sy* ***kon*** *dit nie ~ nie* it was not his/her fault; ***met*** *iets ~* assist at s.t.; take a hand in s.t.; *iem.* ***met*** *iets ~* help/assist s.o. with s.t.; accommodate s.o. with s.t.; *iem.* ***na*** *die ander wêreld ~* send s.o. to kingdom come; *dié verskoning/uitvlug sal jou* ***nie*** *~ nie* that excuse will not serve you; *dit ~* ***nie*** *om te praat/ens. nie* it is no use talking/etc.; *ek kon dit* ***nie*** *~ nie, dit was 'n ongeluk* I could not help it (*or* it was not my fault), it was an accident; *dit ~* ***nie,*** *dit ~* ***niks*** *(nie)* it is no use, it won't do any good, it's no good; *dit sal **nie/niks** ~ nie* it won't do any good; *dit ~ **nie** veel nie* it is not much use; *gedurende die griep kon die dokters **nie** almal ~ nie* during the flu the doctors could not cope with all the patients; *dit ~ **niks** (nie)* →*dit help **nie**; iets ~ **niks*** s.t. is to no purpose; s.t. serves no (good/useful) purpose; *iem. ~ **om** iets te doen* assist s.o. in doing s.t., assist s.o. to do s.t.; *dit ~ nie **om** te ... nie* it doesn't do to ...; it's useless to ...; it is vain to ...; *wat ~ dit **om** te probeer/ens.?* what is the use of trying/etc.?; *~ my **onthou*** remind me; *iem. **oor** 'n moeilikheid heen ~* tide s.o. over a difficulty; *iets ~ **teen** hoofpyn/ens.* s.t. is good for a headache/etc.; *al ~ dit nie, dit **troos** darem* it may not be of any use but it is a comfort; *iem. **uit** ... help* help s.o. out of ...; *iem. **uit** 'n motor/ens. ~, (rare)* hand s.o. out of a car/etc.; *iem. **van** die wal in die sloot ~* →WAL; ***wat** ~ dit?* of what use is it?, what is the good of it?, what is the use?; ***wat** ~ dit om ...?* what is the sense of ...?. **~mekaar** mutual aid. **~mekaargees** team spirit, cooperative spirit, spirit of co-operation. **~-my-krap** *(pathol., infml.)* the (seven-year) itch, scabies, prickly heat; →LEKKERJEUK.

hel·per *-pers* assistant, helper, aide, mate, supporter.

hels *helse* devilish, hellish, infernal, helluva *(infml.)*; satanical, fiendish, diabolic; *~e **gemors,** (infml.)* a helluva (*or* hell of a) mess; *'n ~e **lawaai*** a devil of a noise, an infernal noise, pandemonium; *'n ~e **lawaai** maak* kick up hell; *~e **masjien*** infernal machine; *iem. 'n ~e **pak slae** gee* give s.o. a hell of a hiding, beat (the) hell out of s.o.; *die ~e **vuur*** the fires of hell, hellfire. **~kind** son of Satan, devil, rascal, brute, imp.

hels·heid hellishness, fiendishness.

hel·ske *(attr., infml.)* →HELS.

Hel·ve·si·ë *(Lat., geog., also hist.)* Helvetia. **Hel·ve·si·ër** *-siërs, n.* Helvetian; *(also, in the pl.)* Helvetii. **Hel·ve·ties** *-tiese, adj.* Helvetian.

hel·ve·ti·um →ASTAAT.

he·ma- *comb.* haema-. **~tien** *(biochem.)* haematin. **~tiet** *(min.)* haematite, iron glance. **~togeen** *-gene, (med.)* haematogenous. **~tologie** haematology. **~toloog** *-loë* haematologist. **~toom** *-tome, (med.)* haematoma. **~turese, he·ma·tu·rie** *(med.)* haematuria.

hem·de·goed, hem·de·stof shirting.

he·mel *-mels, -mele* heaven; firmament, sky; tester *(of a bed)*; canopy *(of a throne)*; *aan die ~* in the sky; in the firmament; in the heavens; *die ~ **aanroep*** →AANROEP; *~ en **aarde** beweeg (om te ...), (fig.)* move heaven and earth (to ...); leave no stone unturned (to ...); try everything (to ...), go all out (for *or* to do ...); *iem. het ~ op **aarde*** s.o.'s life is like heaven on earth; *iets is ~ op **aarde*** s.t. is like heaven on earth; *tussen ~ en **aarde*** between heaven and earth, in midair; *die ~ **behoed/bewaar** ons* Heaven/God forbid, Heaven help us; *die ~ **behoed(e)!*** Heaven forbid!, horror of horrors!; *die ~ **bewaar** jou as ...* woe betide you if ...; *die ~ **bewaar** jou as jy ...!, (infml.)* watch out if you ...!; *mag die ~ jou **bewaar*** the Lord protect you; *onder die **blote** ~* →BLOOT *adj.*; ***dank** die ~!, die ~ sy **dank!*** thank goodness/heaven!; glory be!; *iem. kan die ~ **dank*** s.o. can thank his/her (lucky) stars; ***goeie/liewe/o** ~!, ~ **(ons)**!, (infml.)* (good) heavens!, good/oh Lord!; heavens above/alive!; good(ness) gracious!, my goodness!, gracious me!, oh dear!, dear me!; bless my soul!; ***hoogste** ~* empyrean; ***in** die ~* in heaven; on high; ***in** die ~ kom* go to heaven; *die **Koninkryk** van die H~e* the Kingdom of Heaven; ***liewe** ~!* →***goeie/liewe/o**; na die ~ **reik*** reach to the skies; *in die **sewende** ~ wees, (infml.)* be in the seventh heaven (*or* over the moon); be on cloud nine; *dit **skrei** ten ~* it cries (aloud) to (high) heaven; it stinks to (high) heaven *(infml.)*; it is enough to make the angels weep; *die **sluise** van die ~ het oopgegaan* there was a heavy downpour (of rain); *die ~ **sy** dank* →***dank** die hemel!*; ***ten** ~ vaar* ascend to heaven; ***tot** die ~ (toe) prys* exalt/laud/praise to the skies, cry up; *as die ~ **val,** is ons almal dood* if the sky falls, we shall catch larks (*or* the pots will be broken); *iem. **val** uit die ~* s.o. appears unexpectedly, drop from the clear (blue) sky; ***van/uit** die ~* from on high; *die ~ **weet,** (infml.)* goodness/dear knows; Heaven (only) knows, Lord (only) knows. **~bed** four-poster, canopy bed, tester bed. **~besem** *(infml.)* tall person, longshanks. **~beskrywing** uranography. **~bestormer** heaven stormer, Titan. **~bewoner** celestial, inhabitant of heaven. **~blou** →HEMELSBLOU. **~bode** messenger from Heaven, heavenly messenger. **~bol** celestial globe/sphere. **~boog, ~trans** arch/canopy/vault of heaven, firmament, welkin. **~boom** *(bot.: Ailanthus sp.)* tree of heaven (*or* the gods). **~breedte** *(astron.)* celestial/ecliptic latitude. **~dak** →HEMELBOOG. **~dou** dew of heaven, manna. **~ewenaar** celestial equator, equinoctial. **~gewelf** →HEMELBOOG. **~halfrond** celestial hemisphere. **H~heer** Lord of Heaven. **~heer** celestial host. **~hoog** *-hoë* sky-high; empyreal; *~ prys* exalt/laud/praise to the skies, cry up. **~kaart** astronomical map/chart, map of the stars, celestial map/chart. **~koor** heavenly choir. **~kring** astronomical circle. **~ledekant** *(dated)* →HEMELBED. **~lig** celestial luminary. **~liggaam** celestial/heavenly body. **~lyn** mid(-)heaven. **~pool** celestial pole. **~poort** gate of heaven, pearly gate. **~ruim** sky, (celestial) space, the heavens; *lewe in die ~* extraterrestrial life. **H~ryk** Kingdom of Heaven. **~skare** heavenly host. **H~stad:** *die ~* the Celestial City. **H~straat:** *die ~* = DIE MELKWEG. **~streek** (climatic) zone; climate; point of the compass. **~teken** sign of the zodiac. **~tergend** *-e* crying to heaven. **~trans** →HEMELBOOG. **~vaart** Ascension. **H~vaart(s)dag, H~vaart** *(Chr.)* Ascension Day. **H~vaartseiland** Ascension Island. **H~vaartsweek** *(Chr.)* Rogation Week. **H~vader** Heavenly Father. **~vreugde** heavenly joy(s). **~vuur** *(poet.)* →WEERLIG *n.*. **~waarts** *-e* heavenward(s); skyward(s). **~water** rainwater.

he·me·ling *-linge* celestial, dweller in (*or* denizen of) heaven.

he·mels *-melse* heavenly, celestial; heavenly, divine, sublime; supernal; *die H~e Ryk* the Celestial Empire; *~e en aardse liefde* sacred and profane love. **~blou** azure, sky/powder blue, cerulean. **~breed** *-breë* wide *(a difference)*; *hulle verskil ~* they are poles/worlds apart (*or* as the poles asunder), they differ widely, there is all the world of difference between them; *dit maak 'n hemelsbreë verskil* that makes all the difference. **~gesind** pious, heavenly minded. **~naam:** *in ~* for Heaven's/God's sake, for goodness' sake; *in ~!* for pity's sake!, for Pete's sake! *(infml.)*, for the love of Mike! *(infml.)*; *hoe in ~?, (infml.)* how on earth?. **~rosie** rose of heaven. **~wil:** *om ~* →IN HEMELSNAAM.

he·mel·tjie *interj.* good heavens, good gracious, dear me; *liewe ~!, (infml.)* good(ness) gracious!, my goodness!, gracious me!.

he·mi- *comb.* hemi-. **~-eder, ~ëder** *-ders, (cryst.)* hemihedron. **~morf** *-e, n.* hemimorph. **~morf, ~morfies** *-e, adj.* hemimorphic. **~morfie** hemimorphism, hemimorphy. **~morfiet** hemimorphite, calamine. **~plegie** *(med.)* hemiplegia. **~plegies** *(med.)* hemiplegic. **~sfeer** hemisphere. **~sferies** *-e* hemispheric(al). **~siklies** hemicyclic.

he·mo- *comb.* haemo-. **~filie** *(med.)* haemophilia. **~filielyer** *(med.)* haemophiliac, bleeder. **~globien** *(biochem.)* haemoglobin. **~lities** *-e* haemolytic. **~seel** *(zool.)* haemocoel.

he·mor·ra·gies *-giese, (med.)* haemorrhagic.

he·mo·staat *-state* haemostat.

hemp *hemde* shirt; *geen ~ aan jou **lyf** nie* not a shirt to one's back; *die ~ is **nader** as die rok* close/near is my shirt, but closer/nearer is my skin; charity begins at home; *iem. kan dit op sy/haar maag **skryf/skrywe** (en met sy/haar ~ afvee)* →MAAG[1]; *iem. die ~ **van** die lyf vra* turn s.o. inside out with questions. **~baadjie** bush shirt. **~bloes(e)** shirt-blouse, *(Am.)* shirtwaist. **~boordjie, hempsboordjie** shirt collar. **~bors** shirt front. **~broek** *(hist.)* combination(s), camiknickers. **~kraag** shirt collar. **~rok** shirtwaister. **~sak** shirt pocket. **~slip** shirt-tail.

hem·pie *-pies* short shirt; *iem. se ~ is kort, (rare)* s.o. is short-/quick-tempered; *in jou ~ staan, (rare)* be utterly helpless. **~-raak-my-nie:** *'n ~ wees, (rare)* = 'N KRUIDJIE-ROER-MY-NIE WEES.

hemp·loos *-lose* shirtless.

hemps-: **~boordjie** →HEMPBOORDJIE. **~knoop** shirt button. **~knopie** shirt stud; small shirt button. **~mou** shirtsleeve; *in ~e* coatless, in one's shirtsleeves.

hen *henne* hen; *iem. is soos 'n **broeis** ~, (infml.)* s.o. is fussing about; ***eiewyse** ~(netjie) lê haar eier opsy* a self-opinionated person pays for his/her conceit; *die ~/gans slag wat die **goue** eiers lê* kill the goose that lays the golden eggs; ***meisies** wat fluit, moet by die deur uit, en ~ne wat kraai, word nek omgedraai* a whistling woman and a crowing hen are good for neither cocks nor men; *rondloop/ronddwaal/wees soos 'n ~ wat **nes** soek* (*of 'n **eier** wil lê*) wander about aimlessly (without achieving much); *'n ~ met **spore,** (rare)* a virago. **~-en-kuikens** *(bot.: Chlorophytum comosum; ook* hen-met-kuikens*)* spider plant, hen and chickens; *(obs.)* nest of tables. **~-en-kuikentjie** *(bot.)* gypsy rose, mourning bride.

hen·di·a·dis *-disse, (gram.)* hendiadys.

hen·di·kep *-keps, n., (infml., <Eng.)* handicap. **hen·di·kep** *ge-, vb., (infml.)* handicap.

Hen·drik *-drike* Henry; *'n **brawe** ~* →BRAAF; ***koning** ~* King Henry; *~ die **Leeu*** Henry the Lion; *prins ~ die **Seevaarder*** Prince Henry the Navigator; *~ die **Vogelaar*** Henry the Fowler.

hends·op, hens·op *ge-, vb., (<Eng.)* surrender; quit; hold up, challenge; ***hen(d)sop!*** hands up!; *vir **iem.** ~* acknowledge s.o. as one's superior; ***iem.** ~* hold s.o. up; *vir **iets** ~, (infml.)* give s.t. up, admit that one can't do s.t.. **hends·op·per, hens·op·per** *-pers, (<Eng.)* handsupper; quitter.

He·ne·gou·e *(geog.)* Hainau(l)t. **He·ne·gou·er** *-ers* inhabitant, native of Hainau(l)t. **He·ne·gous** *-gouse* of Hainau(l)t.

he·ne(·tjie) →HETE(TJIE) *interj.*.

heng *interj.* hang *(SA)*, boy, crumbs, shucks, wow, gee (whiz); *o ~!* (boy) oh boy!; oh, heck!.

hen·gel *ge-* angle, fish; *(taboo sl.: masturbate)* jerk (o.s.) off, whack off; *gaan ~* go fishing; *na iets ~* angle/fish for s.t. *(compliments etc.)*. **~gerei, ~gereedskap** fishing tackle. **~klub** angling club. **~kuns, ~sport** angling. **~stok** fishing/angling rod. **~vis** angling fish. **~wedstryd** angling competition.

hen·ge·laar *-laars* angler. **hen·ge·la·ry** fishing, angling.

he·ning →HETE(TJIE) *interj.*.

henk *henke, (text.: 560 yds of wool)* hank.

hen·na henna.

hen·nep hemp, cannabis. **~draad** hempen thread. **~gare, ~garing** hemp(en) yarn. **~olie** hempseed oil. **~saad** hempseed.

hen·ne·tjie *-tjies* pullet; *'n ~ (kekkelbek)* a tell-tale; *die ~ wat die eerste gekekkel het, het die eiertjie gelê, (infml.)* the first one to mention it is the guilty one.

hen·ry *-ry's, (electromagnetic unit)* henry.

hen·sop →HENDSOP.

he·pa·rien *(biochem.)* heparin.

he·pa·ties *-tiese* hepatic.

hep·taan *-tane, (chem.)* heptane.

hep·ta·ë·der, hep·ta·e·der *-ders* heptahedron. **hep·ta·ë·dries, hep·ta·e·dries** *-driese* heptahedral. **hep·ta·go·naal** *-nale* heptagonal. **hep·ta·goon** *-gone* heptagon. **Hep·ta·teug** *(Bib.)* Heptateuch.

hep·tyn *-tyne, (chem.)* heptyn.

her[1] hither; *uit jare ~* of old standing; *van eeue ~* since time immemorial, from ages past.

her[2] *herre, (infml.: supplementary examination)* re-exam, resit exam.

her- *pref.* again, re-.

He·ra *(Gr. myth.)* Hera, Here, *(Rom.)* Juno.

her·aan·pas *heraange-* readjust. **her·aan·pas·sing** readjustment.

her·aan·sluit *heraange-* reconnect.

her·a·dem *het ~, vb., (rare)* breathe again, breathe more freely. **her·a·dem·ing** relief.

her·a·dres·seer *ge-*, **her·a·dres·seer** *het ~* readdress, redirect.

her·ad·ver·teer *ge-*, **her·ad·ver·teer** *het ~* re-advertise.

her·af·ba·ke·ning redelimitation.
He·ra·kles *(Gr.)* →HERCULES.
He·ra·klit·us, He·ra·kleit·os *(Gr. philos.)* Heraclitus.
her·al·diek heraldry, heraldic art. **her·al·dies** *=diese* heraldic. **her·al·di·kus** *=dikusse, =dici* armorist, heraldist, heraldic scholar.
her·ar·res·ta·sie rearrest. **her·ar·res·teer** *ge=*, **her·ar·res·teer** *het ~* rearrest.
her·ba·ri·um *=riums, =ria* herbarium, herbal.
her·be·bos *het ~* reafforest. **her·be·bos·sing** reafforestation.
her·be·draad *het ~* rewire. **her·be·dra·ding** rewiring.
her·be·gin *het ~* restart, recommence.
her·be·grawe *het ~* rebury, reinter. **her·be·graf·nis** reinterment.
her·be·kend·stel *herbekendge=* relaunch *(a product, book, etc.)*. **her·be·kend·stel·ling** relaunch *(of a product, book, etc.)*.
her·be·klee *het ~* re-cover *(a chair)*.
her·be·klem·toon *het ~* re-emphasise.
her·be·krag·tig *het ~* reconfirm. **her·be·krag·ti·ging** reconfirmation.
her·be·kwaam *het ~* retrain.
her·be·lê *het ~* reinvest. **her·be·leg·ging** reinvestment.
her·be·leef, =belewe *het ~* relive.
her·be·noem *het ~* reappoint; renominate. **her·be·noem·ing** reappointment; renomination.
her·be·nut *het ~* recycle, reuse, reutilise. **her·be·nut·ting** recycling, reuse, reutilisation.
her·be·oor·deel *het ~* re-evaluate. **her·be·oor·de·ling** re-evaluation.
her·be·paal *het ~* redetermine.
her·be·plan *het ~* replan.
her·be·re·ken *het ~* recalculate. **her·be·re·ke·ning** recalculation.
her·berg *=berge, n.* inn; lodging, hospice; hostel; accommodation. **her·berg** *ge=, vb.* accommodate, house, lodge, put up; shelter; harbour *(a fugitive)*. **~ganger** *=s* hosteler.
her·ber·gier *=giers* host, innkeeper; publican, tavern-keeper; landlord. **her·ber·gier·ster** *=sters, (fem.), (dated)* hostess; landlady.
her·berg·saam *=same* hospitable. **her·berg·saam·heid** hospitableness, hospitality.
her·be·sit·ne·ming →HER(IN)BESITNEMING.
her·be·skryf *het ~* redraft.
her·be·smet *het ~* reinfect. **her·be·smet·ting** reinfection.
her·be·snaar *het ~* restring. **her·be·sna·ring** restringing.
her·be·ti·tel *het ~* retitle.
her·be·ves·tig *het ~* reaffirm; reconfirm. **her·be·ves·ti·ging** reaffirmation; reconfirmation.
her·be·volk *het ~* repopulate, restock; *met ... ~* repopulate with ... *(game, fish, etc.)*. **her·be·vol·king** repopulation.
her·be·voor·raad *het ~* resupply. **her·be·voor·ra·ding** resupply.
her·be·vries *het ~* refreeze.
her·be·wa·pen, her·wa·pen *het ~* rearm. **her·be·wa·pe·ning, her·wa·pe·ning** rearmament.
her·bind *het ~* bind again, rebind.
her·bi·voor *=vore, n.* herbivore. **her·bi·voor** *=vore, adj.* herbivorous.
her·bloei *het ~* flourish again.
her·boor *het ~* rebore. **her·bo·ring** reboring.
her·bo·re born again, reborn, regenerate.
her·bou, her·bou·ing *n.* rebuilding, reconstruction, re-erection, remoulding, reconditioning. **her·bou** *het ~, vb.* build again, rebuild, re-erect; remould; *~de band, (rare)* reconditioned tyre.
her·bus *het ~* rebush.
Her·cu·les, Her·ku·les, He·ra·kles *(Gr. and Rom. myth.)* Hercules, Heracles; *(also h~, fig.: an abnormally strong man)* Samson. **~arbeid, ~taak** labour of Hercules; Herculean task.
her·cu·lies, her·ku·lies *=liese* Herculean; herculean.
herd *herde* fireplace, hearth; grate. **~haak** trammel, chimney hook, chimney lug. **~hoekie** inglenook. **~kole** cobbles. **~plaat** hob, hearth plate. **~rooster** (chimney) grate. **~skerm** fire screen, fender. **~staalhoogoond** hearth steel furnace. **~steenkool** cobbles. **~yster** andiron, firedog.
her·de·fi·ni·eer *ge=*, **her·de·fi·ni·eer** *het ~* redefine.
her·dek *het ~* re-cover, rethatch.
her·denk *het ~* commemorate; celebrate. **her·den·king** *=kings, =kinge* commemoration, remembrance; *ter ~ van ...* in commemoration of (*or* to commemorate) ... *(an event)*; *twintigjarige ~* twentieth anniversary.
her·den·kings=: **~dag** remembrance day, day of remembrance, memorial day, commemoration (day). **~diens** memorial service. **~fees** anniversary (celebration). **~jaar** jubilee. **~kaartjie** memorial card. **~plaat** memorial tablet, plaque.
her·der *=ders* (shep)herd, herdsman; clergyman, parson; *(o) ~!, goeie ~!* good gracious!, good heavens!; *die goeie ~, (NT: Jesus)* the good shepherd; *~ en leraar* pastor. **~sang** pastoral poem/song. **~spel** pastoral play. **~staf** *=stawwe* sheep hook, shepherd's crook; (bishop's) crozier/crosier, pastoral staff.
her·de·rin *=rinne, (obs., poet.)* shepherdess, herdswoman.
her·der·lik *=like* pastoral; *~e brief* pastoral (letter).
her·der·loos *=lose* without a shepherd; without a pastor. **her·der·skap** pastorate.
her·ders=: **~amp** pastoral office, pastorate. **~(ge)dig** *=te* bucolic, eclogue, pastoral (poem). **~fluit** shawm, shepherd's pipe. **~geruit** shepherd's check/plaid, tartan. **~haak** shepherd's crook. **~hond** shepherd's dog, sheepdog; *(Duitse) ~* Alsatian, German shepherd (dog); *Skotse ~* Shetland sheepdog, sheltie, shelty; →SKOTS *adj.*; *(Walliese) ~* (Welsh) corgi. **~hut** shepherd's hut. **~lewe** shepherd's/pastoral life. **~lied** pastoral (song). **~mat** *(chess)* scholar's mate. **~pastei** cottage/shepherd's pie. **~poësie** bucolics. **~roman** pastoral romance. **~tassie** *(also bot.)* shepherd's purse. **~volk** pastoral people.
her·deur·werk *herdeurge=* rework; *herdeurgewerkte botter* reworked butter.
her·dis·kon·teer *ge=*, **her·dis·kon·teer** *het ~* rediscount. **her·dis·kon·to** rediscount.
her·dis·til·leer *ge=*, **her·dis·til·leer** *het ~* redistil.
her·doop *n.* rebaptism. **her·doop** *het ~, vb.* rebaptise, rechristen, rename.
her·druk *n.* reprint, new edition. **her·druk** *het ~, vb.* reprint.
He·re: *die ~ die* ***Almagtige,*** *(NAB)* the Lord of Hosts; *die* ***dag*** *van die ~, (the Sabbath)* the Lord's Day; ***die*** *~* the Lord; ***God*** *die ~, die ~* ***God*** the Lord God; *met die* ***hulp*** *van die ~* God willing; *die ~ van die* ***leërskare,*** *(OAB)* the Lord of Hosts; *ons* ***liewe*** *~* our Lord; *~* ***ons!*** good Lord!; *in die ~* ***ontslape*** departed in the Lord; *iem.* ***vertrou*** *op die ~* s.o. trusts in the Lord; *as die ~* ***wil*** if the Lord will *(AV)*; if the Lord is willing *(NIV)*; if it is the Lord's will *(NIV)*; *so die ~* ***wil*** please God; God willing.
he·re=: **~boer** *(rare)* gentleman-farmer. **~boon(tjie)** Lima bean; civet bean; →GOEWERNEURSBOON(TJIE). **~dienste** *(hist.)* corvée, compulsory labour, enforced services. **H~- en Diensbodewet** *(hist.)* Masters' and Servants' Act. **~fuif** *(obs.)* →RAMPARTY(TJIE). **~huis** mansion, gentleman's house/residence; manor house; *groot ~* stately home. **~kneg** *(obs.)* →LYFBEDIENDE. **~reg(te)** transfer duty/dues. **~woning** gentleman's residence; manor house.
he·re·di·teit heredity. **he·re·di·têr** *=têre* hereditary.
he·re·jee·tjie *=tjies, (arch.)* brimmer (hat).
her·ek·sa·men *=mens* supplementary examination; re-examination, resit (examination). →HER². **her·ek·sa·mi·neer** *ge=*, **her·ek·sa·mi·neer** *het ~* re-examine.
her·e·nig *het ~* reunite *(friends etc.)*; reunify *(a country etc.)*. **her·e·ni·ging** reunion *(of friends etc.)*; reunification *(of a country etc.)*. **her·e·ni·gings·be·we·ging** movement for reunion. **her·e·ni·gings·kon·gres** reunion conference.
her·ent *het ~* revaccinate; regraft. **her·en·ting** revaccination; regrafting.
He·re·ro, He·re·ro *=ro's, (anthr.)* Herero.
her·eti·ket·teer *ge=*, **her·eti·ket·teer** *het ~* relabel.
He·re·tjie, he·re·tjie: *o ~!, ag ~ tog!* oh my goodness!.
her·e·va·lu·eer *ge=*, **her·e·va·lu·eer** *het ~* re-evaluate. **her·e·va·lu·e·ring** re-evaluation.
her·fi·nan·sier *ge=*, **her·fi·nan·sier** *het ~* refinance. **her·fi·nan·sie·ring** refinancing.
her·fo·kus(·seer) *ge=*, **her·fo·kus·seer** *het ~* refocus.
her·for·ma·teer *ge=*, **her·for·ma·teer** *het ~, (comp.)* reformat.
her·for·mu·leer *ge=*, **her·for·mu·leer** *het ~* reword, redraft, rephrase, reformulate.
herfs *herfste* autumn; *(Am.)* fall; *in die ~* in autumn. **~aand** autumn evening. **~aster** Michaelmas daisy. **~blaar** autumn leaf. **~blom** autumn(al) flower. **~blommetentoonstelling** show of autumn(al) flowers. **~dag** autumn day. **~draad** air thread, gossamer. **~ekwinoks** →HERFSNAGEWENING. **~kleur** autumn(al) colour/hue/tint. **~landskap** autumn(al) landscape. **~maand** autumn(al) month. **~nagewening, ~ekwinoks** autumn(al) equinox. **~reën** autumn rain. **~son** autumn(al) sun. **~tint** →HERFSKLEUR. **~ty, ~tyd** autumn time, autumn(al) season. **~tyloos** *(bot.)* meadow saffron. **~weer** autumn(al) weather.
herfs·ag·tig *=tige* autumnal. **herfs·te·lik** *=like,* **herfs·tig** *=tige, (poet.)* autumnal.
her·ge·bruik *n.* reuse; reutilisation; recycling. **her·(ge·)bruik** *het ~, vb.* reuse; reutilise; recycle.
her·ge·vang·e·set·ting recommittal.
her·giet *het ~* recast. **her·gie·ting** recasting.
her·gra·deer *ge=*, **her·gra·deer** *het ~* regrade. **her·gra·de·ring** regrading.
her·groei *n.* regrowth. **her·groei** *het ~, vb.* regrow.
her·groe·peer *ge=*, **her·groe·peer** *het ~* regroup; realign. **her·groe·pe·ring** regroupment, regrouping.
her·haal *het ~* recapitulate, repeat, restate, reiterate, say over again; chorus; *dit kan* ***gerus*** *~* ***word*** it bears repeating/repetition; *die* ***geskiedenis*** *~* ***hom*** history repeats itself; ***jou*** *~* repeat o.s.; *iem. iets* ***laat*** *~* make s.o. repeat s.t.; *moet asseblief* ***nie*** *~ wat ek sê nie* don't quote me (on this/that); *die* ***siekte*** *~* ***hom*** the disease recurs. **~analise** check analysis. **~bestelling** repeat order. **~sug** perseveration. **~wedstryd** replay.
her·haal·baar *=bare* repeatable.
her·haal·de *(attr.)* repeated; successive; *(math.)* iterated; *~ deling* multiple/continued division; *(biol.)* fission; *~ verskuiwing* multiple fault. **her·haal·de·lik** repeatedly, again and again, time and again, over and over (again), frequently; more than once; *~ vertak* multiramose. **her·ha·lend** *=lende* reiterative *(work etc.)*; *steeds ~* repetitive, repetitious. **her·ha·lend·heid** frequency; repetition.
her·ha·ling *=lings, =linge* repetition, reiteration, recapitulation, echo; recurrence, recrudescence, replication; ***by*** *~* →HERHAALDELIK; ***in geval van*** *~* in case of recurrence; in case of a second offence; ***met*** *~ van ...* in repetition of ...; ***'n presiese*** *~ van ... wees, (also, fig.)* be a carbon carbon of ...; ***in ~ verval*** repeat o.s.. **~samestelling** iterative.
her·ha·lings=: **~getal** recurring number. **~kramp** *(med.)* clonus. **~kursus** refresher course. **~les** repetition lesson. **~oefening** recapitulatory exercise. **~teken** *(mus.)* repeat (mark/sign).
her·(in·)be·sit·ne·ming, her·(in·)be·sit·name repossession, recovery/resumption of possession.
her·in·deel *heringe=* reclassify; redistribute; rearrange. **her·in·de·ling** rearrangement; redistribution; reclassification.
her·in·diens·ne·ming, her·in·diens·na·me re-employment.

her·in·ner *het ~: aan iets ~ word* be reminded of s.t.; *dit ~ aan iets* it brings back s.t. (to memory); it brings/calls to mind s.t.; it is reminiscent of s.t.; *iets ~ iem. aan* ... s.t. puts s.o. in mind of ...; *iem. aan iets ~* remind s.o. of s.t.; jog/prod s.o.'s memory; recall s.o. to s.t. *(his/her duty etc.); mag ek jou **daaraan** ~ dat ...?* allow me to remind you that ...; *iem. **daaraan** ~ om iets te doen* remind s.o. to do s.t., give s.o. a reminder to do s.t.; *as ek my **goed** ~* if I remember right(ly), if my memory serves (me well); ***jou** ~* recall, recollect, remember; ***jou** iets ~* think of s.t.; *jou iets **lewendig** ~* have a vivid recollection of s.t.; *(vir) **sover** iem. hom/haar ~* to the best of s.o.'s recollection; ***waaraan** ~ dit jou?* what does it remind you of?.

her·in·ne·ring *-ringe, -rings* recollection, remembrance, reminiscence, memory; reminder; keepsake, memento, souvenir; *die ~ **aan** ...* the memory of ... *(s.o./s.t.); ~e **aan** ...* souvenirs of ... *(student days etc.); ~e **aan** jou/sy vrou/eggenote* uxorial memories; *iem. se ~e **aan** ...* s.o.'s recollections of ... *(people, things, etc.); dit **bring** die ... in ~* it brings/calls to mind the ...; *'n **flou** ~* a vague recollection; *'n ~ van so **iets** hê* have a (faint) recollection of it; *in die ~ **kom*** spring to mind; *die ~ **lewendig** hou* keep the memory green; *in **liefdevolle** ~* in loving memory; *~s **ophaal*** recall memories; ***ter** ~ aan ...* in memory of (*or [Lat.]* in memoriam) ...; in remembrance of ...; *iem. se ~s **uit/van** ...* s.o.'s recollections of ... *(the war etc.); ~s **uit/van** ...* reminiscences of ... *(the language struggle etc.); die ~ aan ... het **vervaag*** the memory of ... has faded; *in die ~ **(voort)leef/(voort)lewe*** live in the memory; *dit **wek** 'n ~* it rings a bell *(infml.)*.

her·in·ne·rings·ver·mo·ë memory, power of recollection/retention, powers of recall.

her·in·ske·ping re-embarkation.

her·in·skryf *heringe-* re-enter. **her·in·skry·wing** re-entry.

her·in·stel *heringe-* reinstitute; restore; retune *(a radio etc.)* **her·in·stel·ling** reinstitution; restoration.

her·in·stem *heringe-* →HERSTEM.

her·in·voer *n.* reimportation. **her·in·voer** *heringe-, vb.* reimport.

her·ka·pi·ta·li·seer *ge-,* **her·ka·pi·ta·li·seer** *het ~* recapitalise. **her·ka·pi·ta·li·sa·sie, her·ka·pi·ta·li·se·ring** recapitalisation.

her·ken *het ~* recognise; identify *(a dead body);* know; *iem./iets aan ... ~* know s.o./s.t. by ...; *... sou iem. ~ ...* would know s.o. again.

her·ken·baar *-bare* recognisable; identifiable, distinguishable; *aan ... ~ wees* be distinguishable by ...

her·ken·ning recognition; identification.

her·ken·nings-: ~bewys identity document. **~parade** identification parade. **~plaatjie** identity disc. **~teken** mark/sign/signal of recognition; distinctive mark, identification mark; *(arch.)* countersign. **~vermoë** memory, power/powers of recollection/retention. **~woord** password; watchword; *(Am., mil.)* parole; *(arch.)* countersign.

her·keur, her·keur *het ~* re-examine, test again. **her·keu·ring** re-examination.

her·kies *het ~* re-elect, return to office; reselect; *~ as/tot burgemeester* re-elected mayor. **her·kies·baar** *-bare* eligible for re-election, re-eligible; *jou ~ stel* offer o.s. for (*or* seek *or* make o.s. available for) re-election; *die aftredende direkteure is en stel hulle ~* the retiring directors are eligible and offer themselves for re-election. **her·kies·baar·heid** re-eligibility. **her·kie·sing, her·ver·kie·sing** *-sings, -singe* re-election; reselection; *~ in die raad* re-election to the council.

her·klas·si·fi·seer *ge-,* **her·klas·si·fi·seer** *het ~* relabel.

her·kleur, her·kleur *het ~* retint.

her·ko·lo·ni·seer *ge-,* **her·ko·lo·ni·seer** *het ~* recolonise.

her·kom·bi·na·sie *(genet., phys.)* recombination.

her·koms derivation, descent, extraction, origin, source; provenance; *land van ~* country of origin. **her·kom·stig:** *iem. is ~ uit ...* s.o. is from ...; *dinge ~ uit Engeland/ens.* things originating from England/etc.; *iem. is ~ van Kaapstad* s.o. is a Capetonian (*or* from Cape Town).

her·kop·pel *het ~,* **her·kon·nek·teer** *ge-,* **her·kon·nek·teer** *het ~* reconnect.

her·kou *ge-,* **her·kou** *het ~* ruminate, chew the cud; repeat, rehash *(story); (aan) iets ~, (fig., infml.)* kick s.t. about/around *(a thought etc.); (fig.)* chew on s.t. *(s.o.'s words etc.); iets (in die gedagte) ~* mull over a thing. **her·kou·er, her·kou·er** *-ers* ruminant. **her·kou·e·ry, her·kou·e·ry** rumination; *(fig.)* pondering; *(fig.)* chewing the cud; wearisome repetition. **her·kou·ing, her·kou·ing** →HERKOUERY. **her·kou·sel, her·kou·sel, her·kou·tjie, her·kou·tjie** *-tjies* cud (of an animal); hairball.

her·kris·tal·li·seer *ge-,* **her·kris·tal·li·seer** *het ~* recrystallise. **her·kris·tal·li·sa·sie, her·kris·tal·li·se·ring** *(chem.)* recrystallisation.

her·kry *het ~* recover, regain, get back, retrieve; recuperate *(one's health).* **her·kry(g)·baar** *-bare* recoverable; retrievable. **her·kry·ging** recovery; retrieval; recuperation *(of health).*

Her·ku·les →HERCULES. **her·ku·lies** →HERCULIES.

her·laai *het ~* reload; recharge; *(die/'n bedryfstelsel) ~, (comp.)* reboot. **her·laai·baar** *-bare* rechargeable. **her·laai·er** recharger.

her·lê *het ~* re-lay. **her·leg·ging** re-laying.

her·leef, her·le·we *het ~, vb.* live again, return to life, revive; recrudesce; liven up, become lively; stage a comeback; *~de **belangstelling/ens.*** renewed interest/etc.; *~de **klub/liedjie/party/ens.*** revived club/song/party/etc.; *~de **nasionalisme/ens.*** resurgent nationalism/etc.; ***weer** laat ~* reawaken *(nationalism etc.).*

her·lees *het ~* read again, reread.

her·lei *het ~, (math.)* reduce *(equation);* convert *(money);* translate *(into Greenwich time);* deduce *(from fundamental principles);* simplify; *(math.)* transform; *iets **tot** ... ~* reduce s.t. to ... **~passer** reducing/proportional compasses.

her·lei·baar *-bare* reducible, deducible. **her·lei·ding** reduction; deduction; derivation *(of equation);* conversion *(of money).*

her·lei·dings-: ~formule deduction formula. **~tafel** plotting scale, table of reduction; conversion table.

her·le·sing rereading, second reading; *by ~* at a second reading.

her·le·we →HERLEEF *vb.*. **her·le·wing** *-wings, -winge* rebirth, reawakening, regeneration, renascence; *(also relig.)* revival; quickening, reanimation. **her·le·wings·plant** resurrection plant.

her·ma·fro·diet *-diete* hermaphrodite. **her·ma·fro·di·ties** *-tiese* hermaphroditic; *(bot.)* monoecious. **her·ma·fro·di·tis·me** hermaphroditism.

her·meet *het ~* re-measure.

her·me·lyn *-lyne, (zool.)* ermine, stoat; *(fur)* ermine, miniver. **~kraag** ermine collar. **~pels** ermine (fur). **~vlinder** puss moth.

her·me·neut *-neute* hermeneutist. **her·me·neu·tiek** hermeneutics.

her·meng, her·ver·meng remix; *her(ver)mengde weergawe* remix *(of a recording).* **her·men·ger, her·ver·men·ger** remixer. **her·men·ging, her·ver·men·ging** *(mus.)* remix.

Her·mes *(Gr. myth.)* Hermes, *(Rom.)* Mercury. **~staf** caduceus.

her·me·ties *-tiese adj.* hermetic, airtight; *~e poësie* hermetic poetry. **her·me·ties** *adv.* hermetically.

her·miet *-miete* hermit, eremite. **~krap** hermit crab, soldier (crab).

her·mi·ta·ge *-ges* hermitage. **her·mi·ta·ge, her·mi·tyk** *(also H~)* hermitage (grape).

her·moes·krui·e *(bot.: Equisetum sp.)* horsetail.

her·munt *het ~* recoin, remint. **her·mun·ting** *-tings, -tinge* recoinage, reminting.

her·na·si·o·na·li·seer *ge-,* **her·na·si·o·na·li·seer** *het ~* renationalise. **her·na·si·o·na·li·sa·sie, her·na·si·o·na·li·se·ring** renationalisation.

her·neem *het ~* take again; recover; resume *(one's seat);* reassume *(the same expression);* recapture, retake *(a fortification).* **her·ne·ming** recapture; recovery; resumption.

her·neu·ter·mes Herrnhuter knife, jackknife.

her·nieu, her·nu, her·nu·we *het ~, vb.* renew *(a subscription etc.);* resume *(an old friendship); die aanval ~* return to the charge. **her·nieu·baar, her·nu·baar** *-bare* renewable. **her·nieu·de, her·nu·de** *(attr.)* renewed *(allegations, attacks, determination, etc.);* resumed; *~ aanval* recurrence *(of an illness); ~ druk ervaar, aan ~ druk onderwerp word* come under renewed pressure.

her·noem *het ~* rename (→VERNOEM); retitle *iets tot ... ~* rename s.t. (*or* change the name of s.t. to *or* change s.t.'s name to) ... **her·noe·ming** *-mings, -minge* renaming; →VERNOEMING.

her·nom·mer *het ~* renumber.

her·nu(·we) →HERNIEU. **her·nu·wer** *-wers* renewer. **her·nu·wing** *-wings, -winge* renewal, renovation; *(econ.)* roll-over *(of a loan etc.);* resumption.

He·ro·des *(NT)* Herod. **He·ro·di·aan** *-diane, n.* Herodian. **He·ro·di·aans** *-diaanse, adj.* Herodian.

He·ro·do·tus *(Gr. historian)* Herodotus.

he·ro·ïek *n.* heroism. *die ~e/heroïese* heroism, the heroic. **he·ro·ïek** *-roïeke, adj.* →HEROÏES.

he·ro·ïen heroin. **~baba** heroin baby. **~dwaal:** *in 'n ~ wees* be strung out on heroin.

he·ro·ïes *-roïese,* **he·ro·ïek** *-roïeke, adj.* heroic; *heroïese verse* heroic verse. **he·ro·ïs·me** heroism.

her·on·der·han·del *het ~: ~ (oor)* renegotiate. **her·on·der·han·del·baar** *-bare* renegotiable. **her·on·der·han·de·ling** *-lings, -linge* renegotiation.

her·on·der·soek *n.* reinvestigation; re-examination. **her·on·der·soek** *het ~, vb.* reinvestigate, re-examine.

her·on·der·vra·ging re-examination.

her·ont·dek *het ~* rediscover. **her·ont·dek·king** rediscovery.

her·ont·moe·ting second meeting; *(sport)* rematch.

her·ont·plooi *het ~* redeploy *(troops, staff, etc.).* **her·ont·plooi·ing** redeployment.

her·ont·waak *het ~* reawake. **her·ont·wa·king** reawakening.

her·oor·dra *heroorge-* retransfer. **her·oor·drag** retransfer.

her·oor·plaas *heroorge-* retransfer. **her·oor·pla·sing** retransfer.

her·oor·trek *heroorge-* re-cover.

her·oor·weeg *het ~* reconsider, rethink. **her·oor·we·ging** reconsideration, rethinking; *in ~ neem* take into reconsideration.

her·op·bou *n.* reconstruction. **her·op·bou** *heropge-, vb.* reconstruct, re-erect. **her·op·bou·ing** re-erection.

her·o·pen *het ~* reopen. **her·o·pe·ning** reopening.

her·op·le·wing recrudescence.

her·op·neem *heropge-* readmit; re-record, dub *(a sound recording);* refilm, reshoot. **her·op·na·me** readmittance; retake, re-recording.

her·op·rig *heropge-* re-erect *(a house, wall, etc.).* **her·op·rig·ting** re-erection.

her·op·stel(·ling) re-erection; *(rly.)* remarshalling.

her·op·voed *heropge-* re-educate. **her·op·voe·ding** re-education.

her·op·voer *heropge-* restage *(a play etc.).* **her·op·voe·ring** repeat performance; restaging *(of a play).*

he·rout *-route, (hist.)* herald.

her·o·wer *het ~* recapture, reconquer, recover, retake. **her·o·we·raar** *-raars* reconqueror. **her·o·we·ring** *-rings, -ringe* reconquest, recovery, recapture.

her·pe·to·lo·gie *(study of reptiles [and amphibians])* herpetology. **her·pe·to·lo·gies** *-giese* herpetologic(al). **her·pe·to·loog** *-toloë* herpetologist.

her·plaas *het ~* replace; repeat, reinsert *(an advertisement).*

her·plant *het ~* replant. **her·plan·ting** replanting.

her·pla·sing replacement; reinsertion.

her·pla·teer *ge-,* **her·pla·teer** *het ~* replate.

her·plooi *het* ~ refold; repleat *(a skirt etc.)*.

her·pro·gram·meer *ge-*, **her·pro·gram·meer** *het* ~ reprogram(me). **her·pro·gram·meer·baar** *-bare* reprogrammable.

her·rang·skik *ge-* rearrange. **her·rang·skik·king** rearrangement.

her·re·di·geer *ge-*, **her·re·di·geer** *het* ~ re-edit *(a film, tape)*.

her·re·ël *het* ~ rearrange; *(mech.)* retime. **her·re·ë·ling** rearrangement; *(mech.)* retiming.

her·re·se *(p.p.)* risen, re-risen; revived, redivivus; →HERRYS.

her·rie *(infml.)* hubbub, hullaba(l)loo, din, noise, racket, uproar, to-do, shindy; confusion, disorder; row; fuss; *'n ~ afgee, (infml.)* cause ructions; *na die ~ gaan* go to the devil; *iem. op sy/haar ~ gee, (infml.)* give s.o. a thrashing, sock it to s.o.; *dit was 'n hele ~, (infml.)* it was a great to-do; *op jou ~ kry, (infml.)* get a thrashing; *'n ~ oor iets maak/opskop, (infml.)* kick up a fuss/row/rumpus/shindy/stink about s.t., make a fuss/row/rumpus about/over s.t., raise a stink about/over s.t.; *'n ~ maak/opskop, (also, infml.)* kick up (*or* raise) a lot of dust, make a scene; *daar sal 'n ~ wees, (infml.)* there will be ructions; *'n ~ veroorsaak, (infml.)* cause a rumpus. **~maker** noisemaker, rowdy; rioter. **~makery** rowdyism.

Herrn·hut·ter *-ters, n., (also h~)* Herrnhuter, Moravian Brother *(pl.: Brethren)*. **Herrn·hut·ters** *-terse, adj., (also h~)* Herrnhuter, Moravian.

her·roep *het* ~ revoke, abjure, recall *(a decree, an order, words, etc.)*, repeal *(laws)*, retract *(a promise)*, recant *(a statement)*, countermand *(an order)*, reverse *(a decision)*, abrogate, withdraw *(a regulation)*, annul *(a judgement)*, rescind *(a resolution)*; retract, unsay, *(infml.)* eat *(one's words)*. **her·roep·baar** *-bare*, **her·roep·lik** *-like* repealable, revocable, reversible. **her·roep·baar·heid** revocability, reversibility, revocableness, repealability, repealableness. **her·roe·ping** revocation, recall, recantation, repeal, abrogation, annulment, rescission, retraction; cancellation; →HERROEP.

her·rys *het* ~ rise again, rise (from the dead); reappear; stage a comeback. **her·ry·se·nis** *-nisse* resurrection; renascence. **her·ry·sing** *-sings, -singe* rise; resurrection; renascence.

her·saam·stel *hersaamge-* restructure; *(comp.)* reconfigure. **her·sa·me·stel·ling** restructuring ; *(comp.)* reconfiguration.

her·sê *het* ~ repeat, say over again. **her·seg·ging** repetition.

her·sen- (→HARSING-): **~skim** chimera, figment of the imagination, phantasm, pipe dream, illusion. **~skim·mig** *-e* chimerical, insubstantial, unreal. **~skudding** →HARSINGSKUDDING.

her·send, her·send *het* ~ →HERUITSAAI.

her·set *het* ~ reset.

her·sien *het ~, vb.* revise *(a book)*, review *(a decree)*, overhaul *(a system)*, reconsider *(one's views)*, re-examine; reappraise, reassess. **her·sien** *-siene (p.p.), adj.* revised; *~e Amerikaanse Bybelvertaling* Revised Standard Version; *~e Engelse Bybelvertaling* Revised Version. **her·sie·ner** reviser, revisor. **her·sie·ning** revision, review, reconsideration, overhauling; re-examination, reappraisal; *in ~* under review; *iets in ~ neem* reconsider s.t.; *in ~ geneem word, (also)* be/come under review, be/come up for review. **her·sie·nings·hof** court of revision.

her·si·kleer *ge-*, **her·si·kleer** *het* ~ recycle *(glass, paper, etc.)*. **her·si·kleer·baar, her·si·kleer·baar** *-bare* recyclable *(glass, paper, etc.)*.

her·sir·ku·leer *ge-*, **her·sir·ku·leer** *het* ~ recycle *(money etc.)*; recirculate *(air etc.)*. **her·sir·ku·leer·baar, her·sir·ku·leer·baar** *-bare* recyclable *(money etc.)*. **her·sir·ku·le·ring, her·sir·ku·le·ring** recycling; recirculation.

her·ska·pe *(p.p.)* changed, reborn, metamorphosed, transformed; →HERSKEP.

her·skat *het* ~ revalue. **her·skat·ting** revaluation.

her·ske·du·leer *ge-*, **her·ske·du·leer** *het* ~ reschedule.

her·skep *het* ~ re-create, regenerate, transform. **her·skep·ping** re-creation, regeneration, transformation, metamorphosis.

her·skool *het* ~ retrain. **her·sko·ling** retraining.

her·skre·we rewritten; →HERSKRYF.

her·skryf *het* ~ rewrite.

her·slyp *het* ~ regrind.

her·spel *ge-* respell.

her·spoor *het* ~ *(mot.)* realign; *(rly.)* rerail. **her·spo·ring** realignment; rerailment.

her·spuit *ge-* respray *(a car etc.)*.

her·stel *n.* restoration *(of law)*, reinstatement *(in a post)*, redress *(of grievances)*, reparation *(of damage)*, union *(of bone)*; rehabilitation; reparation; recovery; convalescence; comeback; rally; *aan die ~ wees* be recovering, be on the road to recovery; *~ van huweliksregte* restitution of conjugal rights; *iem. 'n spoedige ~ toewens* wish s.o. a speedy recovery; *~ (van onreg) verlang* seek redress. **her·stel** *het ~, vb.* mend, repair *(clothes)*; do up, repair *(a house)*; redress *(grievances)*; restore *(the monarchy)*; remedy *(an omission)*; correct, rectify *(a mistake)*; retrieve *(a loss)*; *(comp.)* restore; make good *(damage)*; re-establish, reinstate, bring back; recover, recuperate, convalesce; get over an illness, get well; *(a monetary unit etc.)* bounce back; *die aandele het ~* the shares rallied; *interdik tot ~* restitutory interdict; *'n onreg ~* undo/right a wrong; *van iets ~* recover from s.t., get over s.t. *(an illness, a shock)*; bounce back from s.t. *(a setback etc.)*; *volkome ~* recover completely, make a complete recovery; *iets word ~* s.t. is under repair; *iets moet ~ word* s.t. is in need of repair. **~betaling** reparation (payment), indemnity (payment). **~gewas** ley, restorative crop. **~kamer** *(med.)* recovery room. **~koste** cost of repairs. **~kuil** pit. **~loods:** *~ (vir lokomotiewe)* roundhouse. **~plek, ~(werk)plaas** repair (work)shop. **~proses** process of restoration. **~put** *(rly.)* drop pit. **~span** breakdown gang/party. **~teken** *(mus.)* natural. **~tyd** convalescence. **~vermoë** recuperative power(s), power of recovery. **~wa** = INSLEEPVOERTUIG. **~werk** repair work, work of repair, repairs, mending. **~werker** serviceman. **~werkplaas** →HERSTELPLEK.

her·stel·baar *-bare* reparable, repairable, mendable; curable; restorable; retrievable.

her·stel·lend *-lende, adj.* convalescent. **her·stel·len·de** *-des, n.* convalescent; *dieet vir ~s* convalescent diet.

her·stel·ler *-lers* repairer, mender, serviceman, repairman.

her·stel·ling correction, rectification; recovery, repair, mending; re-establishment, reinstatement; convalescence; →HERSTEL.

her·stel·lings-: **~koste** = HERSTELKOSTE. **~oord** sanatorium, convalescent home. **~vermoë** →HERSTELVERMOË.

her·stem *het* ~ revote; *(mus., also* herinstem*)* retune. **her·stem·ming** second ballot, revote; runoff vote.

her·stem·pel *het* ~ stamp again.

her·stig *het* ~ reconstitute. **her·stig·te** reconstituted. **her·stig·ting** reconstitution.

her·strik *ge-*, **her·strik** *het* ~ retie.

her·struk·tu·reer *ge-*, **her·struk·tu·reer** *het* ~ reconstruct, reconstrue.

hert *herte* deer, hart, stag; *jong ~* fawn. **~hond** staghound, deerhound. **~ooi** doe. **~stof** *(text.)* doeskin.

her·te·jag deerstalking, stag hunting. **her·te·kamp** deer park. **her·te·leer** →HERTSLEER. **her·te·vel** deerskin.

her·tel *het* ~ re-count, count again. **her·tel·ling** re-count.

her·toe·laat *hertoege-* readmit. **her·toe·la·ting** readmittance; readmission.

her·to·ë·lik *-like* ducal; →HERTOG.

her·toe·rus *hertoege-* re-equip.

her·toets *het* ~ retest.

her·toe·wy *hertoege-* rededicate. **her·toe·wy·ding** rededication.

her·toe·wys *hertoege-* reallocate *(money etc.)*. **her·toe·wy·sing** reallocation.

her·tog *hertoë* duke. **her·tog·dom** *-domme* duchy, dukedom. **her·to·ge·lik** →HERTOËLIK. **her·to·gin** *-ginne, (fem.)* duchess.

her·tran·spor·teer *ge-*, **her·tran·spor·teer** *het* ~ retransfer.

her·trou *het* ~ remarry, marry again. **her·trou·e** remarriage.

herts·hooi *(bot.)* Aaron's beard.

herts·ho·ring stag(s)horn; hartshorn *(as remedy)*. **herts·leer, her·te·leer** buckskin.

hertz *(phys., unit of frequency, abbr.: Hz)* hertz. **~golf** *(obs.)* Hertzian wave; →RADIOGOLF.

hert·zog·gie *(cook.)* jam tartlet.

Hert·zo·giet *-giete, (SA, hist., pol.)* Hertzogite. **Hert·zo·gis·me** Hertzogism.

her·uit·bre·king recrudescence *(fml.)*.

her·uit·de·ling redistribution.

her·uit·dun *-dunne, n., (rowing etc.)* repechage.

her·uit·ga·we reissue.

her·uit·reik *heruitge-* reissue *(a book etc.)*; re-release *(a film, an album, etc.)*. **her·uit·rei·king** reissue *(of a book etc.)*; re-release *(of a film, album, etc.)*; *(econ.)* roll-over *(of shares etc.)*.

her·uit·saai, her·uit·send *heruitge-* rebroadcast, retransmit. **her·uit·sen·ding** rebroadcast, retransmission.

her·uit·vin·ding reinvention.

her·uit·voer *n.* re-exportation. **her·uit·voer** *heruitge-, vb.* re-export.

her·vat *het* ~ resume, restart, recommence, begin again; reconvene *(of meeting)*. **her·vat·ting** resumption, renewal.

her·ver·bind *het* ~ recommit *(o.s. to s.t.)*; rebandage *(a wound etc.)*; reconnect; retie. **her·ver·bin·ding** recommitment, recommittal; reconnection; *(genet., phys.)* recombination.

her·ver·deel *het* ~ redivide. **her·ver·de·ling** redistribution; *die ~ van grond* land redistribution.

her·ver·dig·ting recondensation.

her·ver·guld *het* ~ regild.

her·ver·hoor *n.* rehearing; retrial. **her·ver·hoor** *het ~, vb.* rehear; retry.

her·ver·huur *het* ~ relet.

her·ver·kies →HERKIES.

her·ver·koop *n.* resale. **her·ver·koop** *het ~, vb.* resell.

her·ver·meng →HERMENG.

her·ver·or·den *het* ~ re-enact. **her·ver·or·de·ning** re-enactment.

her·ver·pak *het* ~ repackage. **her·ver·pak·king** repackaging.

her·ver·se·ker *het* ~ reinsure. **her·ver·se·ke·ring** reinsurance; underwriting.

her·ver·sier *het* ~ redecorate. **her·ver·sie·ring** redecoration.

her·ver·sky·ning reappearance, re-emergence, comeback.

her·ver·taal *het* ~ retranslate. **her·ver·ta·ling** retranslation.

her·ver·tolk *het* ~ reinterpret. **her·ver·tol·king** reinterpretation.

her·ver·werk *het* ~ reprocess. **her·ver·wer·kings·aan·leg** reprocessing plant.

her·ves·tig *het* ~ resettle; rehouse; relocate; resite. **her·ves·ti·ging** resettlement; rehousing; relocation; resiting.

her·vind *het* ~ find back; recover. **her·von·de** *(p.p.)* found, recovered; regained, recaptured; →HERVIND.

her·vorm *het* ~ amend, reform, remodel, reshape, re-order; *die H~de Kerk* the Reformed Church; *(SA)* the Hervormde Kerk. **her·vorm·baar** *-bare* reformable. **Her·vorm·de** *-des* member of the Reformed Church (*or [SA]* Hervormde Kerk). **her·vor·mer** *-mers* reformer, reformist; *(also H~, church hist.)* Reformer; member of the Reformed Church (*or* Hervormde Kerk). **her·vor·ming** *-mings, -minge* reform, reformation; (political) change; *deurtastende/radikale ~* radical reform; *die H~,* *(church hist.)* the Reformation; ~ *van die kabinet* reshuffle of the cabinet.

her·vor·mings=: H~dag Reformation Day. **H~fees** commemoration of the Reformation. **~gesind** =*e* reformist(ic), reform-minded. **~gesinde** =*s* reformationist, reformist; *H~* Reformationist.

her·vry·stel *hervryge=, (mus.)* relaunch *(an album).* **her·vry·stel·ling** *(mus.)* relaunch *(of an album).*

her·vul *het* ~ refill; repoint *(brickwork joints).* **her·vul·ling** refill(ing).

her·waar·deer *ge=*, **her·waar·deer** *het* ~ revalue, reassess, reappraise. **her·waar·de·ring, her·waar·de·ring** revaluation, reassessment, reappraisal.

her·waarts hither; ~ *en derwaarts, her- en derwaarts* hither and thither.

her·wa·pen →HERBEWAPEN. **her·wa·pe·ning** →HERBEWAPENING.

her·win *het* ~ recapture, reclaim, recover, regain; retrieve *(one's fortune);* reclaim *(land);* salvage; recycle *(glass, paper, etc.); iets van ... ~* reclaim s.t. from ... **her·win·baar** =*bare* reclaimable *(land, paper, etc.);* recyclable *(glass, paper, etc.).* **her·win·ner** =*ners* reclaimer. **her·win·ning** recapture, recovery; reclamation; redemption; recycling. **her·win·nings·aan·leg** recycling plant.

her·wis·sel *het* ~ re-exchange, redraft.

her·won·ne recaptured, regained, recovered, reclaimed; recycled *(paper);* →HERWIN; ~ *wol* reclaimed/reused/salvaged/recovered/regenerated wool, machine wool.

her·wy *het* ~ reconsecrate. **her·wy·ding** reconsecration.

her·yk *het* ~ regauge; recalibrate. **her·y·king** regauging; recalibration.

Her·ze·go·wi·na *(geog.)* Herzegovina.

Hes *Hesse, n., (inhabitant of Hesse)* Hessian.

he·se·rig =*rige* slightly hoarse, husky; →HEES. **he·se·rig·heid** huskiness, slight hoarseness; →HEES.

He·si·o·dos *(Gr. poet)* Hesiod.

Hes·pe·ri·de =*des: die ~s, (Gr. myth.)* the Hesperides.

Hes·pe·ri·ë, Hes·pe·ri·a *(poet.)* Hesperia. **Hes·pe·ries** =*riese, (poet.)* Hesperian. **Hes·pe·rus** *(dated, astron.: evening star)* Hesperus.

Hes·se *(geog.)* Hesse; **Hes·se-Kas·sel** *(geog., hist.)* Hesse-Cassel. **Hes·sies** =*siese, adj.* Hessian.

het →HÊ.

he·te →HETE(TJIE) *interj.*.

he·te·rar·gie heterarchy, foreign rule.

he·ter daad, he·ter·daad: *iem. op ~ ~ betrap* catch/surprise/take s.o. in the act (of doing s.t.), catch s.o. red-handed.

he·te·re =*res, (<Gr., hist.)* hetaera, courtesan.

he·te·ro =*ro's, (infml., abbr. of* heteroseksueel*)* hetero.

he·te·ro· *comb.* hetero=. **~blasties** =*e, (bot.)* heteroblastic. **~chroom** =*chrome* heterochromous *(flowers etc.).* **~dien** =*e, adj., (electron.)* heterodyne. **~dine** =*s, n., (electron.)* heterodyne. **~doks** =*e* heterodox. **~doksie** heterodoxy. **~fiet** =*e* heterophyte. **~gaam** =*game* heterogamous. **~gamie** heterogamy. **~geen** =*gene, (biol., med.)* heterogeneous, diverse. **~genese** *(biol.)* heterogenesis, heterogeny. **~geneties** =*e* heterogenetic, heterogenic. **~geniteit** heterogeneity, heterogeneousness. **~gonie** *(biol.)* heterogony. **~goon** =*gone* heterogonous. **~kliet** *n., (gram.)* heteroclite. **~klities** =*e, adj., (gram.)* heteroclite. **~morf** =*e, (biol.)* heteromorphic, heteromorphous. **~morfie** heteromorphism, heteromorphy. **~niem** =*e, n., (ling.)* heteronym. **~niem** =*e, adj., (ling.)* heteronymous. **~nomie** heteronomy. **~noom** =*nome* heteronomous. **~patie** heteropathy. **~paties** =*e* heteropathic. **~plastiek** heteroplastic. **~seksis** =*te* heterosexist. **~seksisme** heterosexism. **~seksisties** =*e* heterosexist. **~seksualiteit** heterosexuality. **~seksueel** =*ele* heterosexual. **~sigoot** =*sigote, n., (genet.)* heterozygote. **~sigoot** =*sigote, adj., (genet.)* heterozygous. **~siklies** =*e* heterocyclic. **~stiel** =*e, (bot.)* heterostylous, heterostyled. **~stilie** *(bot.)* heterostylism, =styly. **~taksis** heterotaxy, =taxis. **~takties** =*e* heterotaxic, =tactic, =tactous. **~troof** =*trowe, (biol.)* heterotrophic. **~troop** =*trope* heterotropic.

he·te·ro·se *(biol.)* heterosis.

he·te(·tjie), he·ne(·tjie), je·ne(·tjie), jin·ne(·tjie), je·te(·tjie), jit·te(·tjie), *(rare)* **he·de** *interj.* (oh) my, good gracious/heavens, gosh; *(infml.)* wow, boy, gee (whiz), crikey *(Br.),* jeepers (creepers) *(Am.); o/my ~!, (infml.)* oh (my) goodness!; oh goodness me!.

He·tiet, Hit·tiet =*tiete, n., (member of an ancient people)* Hittite. **He·tie·te·ryk, Hit·tie·te·ryk** Hittite empire. **He·ti·ties, Hit·ti·ties** *n., (language)* Hittite. **He·ti·ties, Hit·ti·ties** =*tiese, adj.* Hittite. **He·ti·to·lo·gie, Hit·ti·to·lo·gie** *(also h~)* Hittitology, Hittology.

he·tig *(rare)* →HITTIG.

het·man =*mans,* =*manne, (leader of the Cossacks)* ataman, hetman.

het·sê *interj., (rare)* hallo there, I say.

het·sy either; whether; ~ *warm of koud* either hot or cold; ~ *die een,* ~ *die ander* (of ~ *die een of die ander)* whether one or the other.

heug *n.: teen ~ en meug* reluctantly, against one's liking/inclination/will/wish.

heu·ge·nis, heug·nis memory, remembrance.

heug·lik =*like* memorable *(event),* joyful *(news),* auspicious *(occasion),* glad *(tidings),* pleasant; *~e dag* happy day. **heug·lik·heid** joyfulness, pleasantness; memorability, memorableness.

heul *ge=: met iem.* ~ collude with s.o., be in collusion/league with s.o.; collaborate with s.o. *(the enemy etc.).* **heu·le·ry** collusion.

heu·ning honey; nectar *(of plants); iem. ~ om die mond smeer* butter/smarm up to s.o., soft-soap/soft-sawder s.o., say smooth things to s.o.; use sugared words; ~ *is vir iem. nie soet genoeg nie* butter won't melt in s.o.'s mouth. **~bakkie** *(bot.)* nectary. **~beer** honey bear. **~bier** mead, honey beer; *(hist.)* metheglin. **~blom** nectar flower; candytuft. **~blommetjie** *(Microloma* sp.*)* wax creeper. **~blond** honey blonde. **~bruin** honey-brown. **~buis** nectary *(of an insect),* honey tube. **~by** honeybee, worker bee. **~das** honey badger, ratel. **~deursyger** honey strainer. **~dou** honeydew, blight. **~draend** =*e* melliferous. **~etend** =*e* mel(l)iphagous, mellivorous. **~geel** honey-yellow. **~gewend** melliferous. **~graat** honeycomb; →HEUNINGKOEK. **~graatsteek** honeycomb stitch. **~gras** soft grass, sweet grass, velvetgrass. **~kelk** nectary. **~klawer** melilot, sweet clover. **~kleur** honey colour. **~kleurig** honey-coloured. **~klier** honey gland, nectary. **~koek** honeycomb; honey cake. **~koekagtig** =*e* alveolar, alveolate, favose. **~koekbou** honeycomb structure. **~koekpoeding** honeycomb cream. **~koeksteek** honeycomb stitch *(in smocking).* **~koeksteen** honeycomb brick. **~kwas** *(infml.): die ~ gebruik* coax, flatter, sweet-talk, oil one's tongue; lay it on thick (*or* with a trowel); *die ~ gebruik om iets uit iem. te kry* charm s.t. from (*or* out of) s.o.; *iem. weet hoe om die ~ te gebruik* s.o. can charm the birds out of the trees. **~merk** nectar guide. **~nes** bees' nest. **~pot** honey jar, honeypot. **~soet** honey-sweet; mellifluent, honeyed. **~steen** *(min.)* mellite. **~suier** *(orn.)* honeysucker, =eater. **~suiker** invert sugar. **~swam** honey fungus. **~tee** *(Cyclopia* spp.*)* (honey)bush tea, honey tea. **~voël(tjie)** *(Prodotiscus* spp.*)* honeybird. **~was** →BYEWAS. **~water** hydromel *(hist.).* **~wyn** mulse; honey wine, hydromel. **~wyser** *(orn.: Indicator* spp.*)* honeyguide.

heu·ning·ag·tig =*tige* honeyed.

heup *heupe* hip *(of man);* haunch *(of an animal); (anat.)* coxa. **~bad** hip bath, sitz bath. **~been** hipbone, innominate bone, hucklebone. **~beenstuk** *(beef)* aitchbone; saddle of mutton. **~bolla** *(hist.)* bustle. **~breuk** fracture of the hip. **~doek** loincloth. **~fles** hip flask. **~gewrig** hip joint, coxa. **~gewrigsontsteking** coxitis. **~gordel** pelvic arch/girdle. **~jas** jigger (coat), car coat. **~jig** hip gout, sciatica. **~knop** point of hip. **~kom** →HEUPPOTJIE. **~lyn** hip line. **~potjie** *(anat.)* hip cavity, hip socket, acetabulum, cotyle, cotyla. **~pyn** pain in the hip, sciatic pain, coxalgia. **~riem** hip strap. **~rok** *(dated)* →ROMP. **~sak(kie)** hip/back pocket; moonbag *(SA),* bum bag *(infml.).* **~senu(wee)** sciatic nerve. **~siekte** hip disease, dourine. **~skoot** shot through the hips/haunches. **~spier** hip muscle. **~stuk** *(clothing)* hip yoke; *los* ~ basque. **~swaai** swing of the hips; *(wrestling)* cross-buttock. **~val** *(clothing)* peplum. **~vervanging** hip replacement. **~vuur** firing from the hip.

heu·ris·tiek *n.* heuristic (method), heuretic. **heu·ris·ties** =*tiese, adj.* heuristic.

heu·wel =*wels* hill, eminence; *(archaeol.)* tell; →HEUWEL(-)AF, HEUWELTJIE; *(teen) die ~ op/uit* up the hill. **~aarbei** pineapple strawberry. **~(-)af** downhill. **~hang** hillside. **~land** hilly country, downland. **~ren** *(mot.)* hill climb. **~rug** ridge of a hill. **~top** hilltop.

heu·wel·ag·tig, heu·wel·ag·tig =*tige* hilly. **heu·wel·ag·tig·heid, heu·wel·ag·tig·heid** hilliness. **heu·wel·tjie** =*tjies* hillock, knoll, mound, hummock, rising.

he·wel =*wels, n.* siphon, syphon; heddle. **he·wel** *ge=, vb.* siphon, syphon, draw off/out by means of a siphon/syphon; →OORHEWEL. **~barometer** siphon/syphon barometer. **~kraan** siphon/syphon cock. **~pomp** siphon/syphon pump. **~raam** heddle (frame), harness (frame). **~werking** siphonage.

he·we·ling siphonage.

he·wig =*wige* violent *(storm);* heavy *(rain);* tempestuous *(wind);* raging *(fire);* intense *(heat);* severe *(drought);* acute, sharp, searing *(pain);* virulent *(fever);* fierce *(fight);* flaming *(row, argument);* vehement *(protest);* slashing *(attack);* blazing *(wrath);* towering *(rage); ~e* ***aanval,*** *(med.)* all-out attack, paroxysm; ~ ***betwis*** hotly contested; *~e* ***geveg*** sharp/hard-fought battle; stiff fight; *in die ~ste van die* ***geveg*** in the thick of the fight; *jou ~* ***ontstel,*** *~* ***ontsteld*** *raak, (also, infml.)* freak (out); *~e* ***pyn*** throes, acute/intense pain; *iets word* ***so*** *~ dat ...* s.t. reaches such a pitch that ...; *~er* ***word*** intensify. **he·wig·heid** fierceness, savageness; vehemence, intensity, violence; severity; virulence; *(psych.)* intension; →HEWIG.

Hex·ri·vier *(SA, geog.)* Hex River.

hi·aat *hiate* break, gap, hiatus.

Hi·a·de: *die ~s, (astron.)* the Hyades.

hi·a·lien *n., (physiol.)* hyalin. **hi·a·lien** =*liene, adj., (biol.)* hyaline, glassy. **~membraansiekte** hyaline membrane disease.

hi·a·liet *(min.)* hyalite.

hi·a·sint =*sinte, (bot., min.)* hyacinth, jacinth.

hi·ber·na·sie hibernation. **hi·ber·neer** *ge=* hibernate.

Hi·ber·ni·ë *(Rom. name for Ireland)* Hibernia. **Hi·ber·ni·ër** =*niërs, n.* Hibernian. **Hi·ber·nies** =*niese, adj.* Hibernian. **Hi·ber·nis·me** =*mes* Hibernicism, Hibernianism.

hi·bis·kus =*kusse, (bot.)* hibiscus.

hi·bried =*briede, n., (bot., zool.)* hybrid. **hi·bri·dies** =*diese, adj.* hybrid. **hi·bri·di·seer** *ge=* hybridise.

hi·dal·go =*go's, (member of nobility in Sp.)* hidalgo.

hi·dra =*dras, (zool.)* hydra.

hi·draat =*drate, (chem.)* hydrate. **~water** water of hydration.

hi·drant =*drante* (fire) hydrant.

hi·dra·sie hydration.

hi·dra·sied =*siede, (chem.)* hydrazide. **hi·dra·sien** *(chem.)* hydrazine.

hi·dra·ta·sie *(rare)* = HIDRASIE. **hi·dra·teer** *ge=* hydrate. **hi·dra·te·ring** hydration. **hi·dreer, hi·dro·ge·neer** *ge=* hydrogenate. **hi·dre·ring, hi·dro·ge·ne·ring** hydrogenation. **hi·dried** =*driede* hydride.

hi·drin·deen, in·daan *(chem.)* hydrindene, indan(e).

hi·dro =*dro's, (a health resort)* hydro.

hi·dro= *comb.* hydro=. **~chloried** *(chem.)* hydrochloride. **~dinamies** =*e* hydrodynamic. **~dinamika** hydrodynamics. **~-elektries, hidroëlektries** =*triese* hydroelectric. **~fiel** =*e, n., (chem.)* hydrophile. **~fiel** =*e, adj., (chem.)* hydrophilic. **~fiet** =*e, (bot.)* hydrophyte, hydrophil. **~fities** =*e* hydrophytic. **~fobie** hydrophobia. **~foob** =*fobe, n.* hydrophobe. **~foob** =*fobe,* **~fobies** =*fobiese, adj.* hydrophobic. **~foon** =*fone* hydrophone. **~geen, ~genium** *(chem.)* hydrogen; →WATERSTOF. **~geneer** →HIDREER. **~genering** →HIDRERING. **~geologie** hydrogeology. **~graaf** =*grawe* hydrographer; hydro=

graph. ~**grafie** hydrography. ~**grafiek** hydrograph. ~**grafies** -*e* hydrographic(al). ~**koolstof** →KOOLWATERSTOF. ~**lise** *(chem.)* hydrolysis. ~**liseer** *ge-* hydrolyse. ~**logie** hydrology. ~**logies** -*e* hydrologic(al). ~**meganies** -*e* hydromechanical. ~**meganika** hydromechanics. ~**meter** hydrometer. ~**metrie** hydrometry. ~**metries** -*e* hydrometric. ~**nout** -*e* hydronaut. ~**patie** hydropathy, water cure. ~**paties** -*e* hydropathic. ~**ponika** *(the cultivation of plants in a nutrient solution without soil)* hydroponics, aquiculture. ~**sfeer** hydrosphere. ~**siaansuur** hydrocyanic acid, prussic acid. ~**skoop** -*skope* hydroscope. ~**staties** -*e* hydrostatic(al). ~**statika** hydrostatics. ~**tegniek** hydrotechnics. ~**tegnies** -*e* hydrotechnical. ~**terapeutika** hydrotherapeutics. ~**terapie** hydrotherapy, water cure. ~**troop** -*trope, (bot.)* hydrotropic. ~**tropie** *(bot.)* hydrotropism.

hi·drok·sied *(chem.)* hydroxide. **hi·drop·sie** *(pathol.)* dropsy.

hi·drou·lies -*liese* hydraulic; ~*e aandrywing* fluid drive; ~*e suier* water ram. **hi·drou·li·ka** hydraulics.

hie·ha *n., (sound of a donkey)* heehaw.

hie, hie(, hie) hee, hee(, hee).

hiel *hiele* heel; bead *(of a tyre)*; calx; shoe *(of a lance)*; *die ~ lig* →DIE HAKKE LIG; *onder die ~ van* ... under the heel of ... *(a tyrant etc.)*. ~**band** beaded tyre. ~**been** →HAKBEEN.

hie·ling -*lings, (naut.)* heel *(of a mast)*.

hi·ë·na -*nas, (zool.)* hy(a)ena; *gevlekte* ~ spotted hy(a)ena.

hiep *interj.*: ~, *hiep hoera!* hip, hip hurrah/hooray/hurray!; goody, goody gumdrops!.

hier *adv.* here, close by; *van ~ af* hence, from here; ~ ***agter*** (here) at the back; →HIERAGTER *pron.*; *die winter is nou **behoorlik*** ~ the country is in the grip of winter; ~ ***binne*** here inside; in here; →HIERBINNE *pron.*; ~ ***bo*** up here; above; *(in reading matter, Lat.)* supra; *lees ~ **bo*** read above; ~ ***buite*** outside here; →HIERBUITE *pron.*; ~ *in die **buurt/omtrek*** about here; ~ ***by*** *die venster/ens.* here at the window/etc.; ~ *en **daar*** here and there, in places, at intervals, sporadically; sparsely; in spots; *van ~ tot **daar*** from here to there; *gaan ~ **deur*** go through here; ~ *is **dit*** here it is; here we are; ~ *is **dit!**, (also)* here you are!; ~ ***duskant/deuskant*** over here; ~ ***en*** ~ here and here; ~ ***êrens*** *(rond)* around here somewhere; ~ ***êrens/rond*** *wees* be about; *sit die boek ~ **in*** put the book in(side) here; ~ ***is*** ... here is ...; *die vakansie **is*** ~ the holidays are at hand; ~ ***jy!**, (sl.)* here you!; ~ ***kom*** ... here ... comes/is; ~ ***langs*** past here, along here, (along) this way; hereabout(s); →HIERLANGS *pron.*; *kom ~ **langs!*** come/step this way!; *iem. sal ~ **langs** kom* s.o. will be around; ~ ***naby*** near here; ***net*** ~ just/right here; *iem. sal **nou-nou*** ~ *wees* s.o. will be along shortly; ~ ***om*** round this way; ~ ***omstreeks*** *tienuur/ens.* (round) about ten/etc. o'clock; ~ *in die **omtrek*** →***buurt/omtrek***; *dit was **omtrent*** ~ it was about here; →HIEROMTRENT *pron.*; ~ ***onder*** down here, here below, down below, here underneath; at the foot (of the page), below *(in reading matter, Lat.)* infra; →HIERONDER *pron.*; *sien ~ **onder*** see below; ~ *is **ons*** here we are; ~ ***oor*** over this way; this way across; →HIEROOR *pron.*; ~ ***oorkant/teenoor*** over the way, right opposite; ~ ***op*** up this way; →HIEROP *pron.*; ~ *op dié **plek*** right here; ~ *is die **plek*** here we are; ~ ***rond*** about here; in this vicinity; in/round these parts; hereabout(s); ~ ***rond*** *wees, (infml.)* be around; →***êrens/rond***; ***Smith/ens.*** ~ Smith/etc. speaking; ***sommer*** ~ round the corner; ~ ***te lande*** in this country, locally; ~ ***teen*** *eenuur/ens. (se kant)* somewhere near one/etc. o'clock; ~ ***te kort*** *en daar te lank* full of objections; ~ ***ter plaatse*** locally; ***tot*** ~ to here; ~ ***uit*** out this way; →HIERUIT *pron.*; *iem. **van*** ~ a local person; ***van*** ~ *(af)* from here; ~ ***voor*** here in front; →HIERVOOR. ~**aan** *pron.* at/by/on/to this. ~**agter** *pron.* behind this; →HIER AGTER. ~**binne** *pron.* in(side)/within this; →HIER BINNE. ~**bo** *pron.* above this; →HIER BO. ~**buite** *pron.* outside this; →HIER BUITE. ~**by** *pron.* hereby; herewith; by this; annexed, attached, enclosed *(in a letter)*; *(jur.)* by these presents; ~ *word kennis gegee* notice is given hereby; ~ *kom nog* in addition to this, moreover. ~**deur** *pron.* by (*or* in consequence of *or* owing to *or* through) this; →GAAN HIER DEUR. ~**heen** *pron.*, ~ **heen** *adv.* here, this way, to this place, *(arch. or poet., liter.)* hither. ~**in** *pron.* in this, herein. ~**jy** -*s, n.* lout, bounder, son of a gun; menial, dogsbody; boor; *hy/sy is nie sommer 'n ~ nie, (infml.)* he/she is not just anybody. ~**jy** *interj.* hullo, I say. ~**langs** *pron.* along/by/past it; →HIER LANGS. ~**mee** *pron.* with this, herewith; hereby; *(jur.)* by these presents; *hiermee word kennis gegee* notice is given hereby; →HIERBY *pron.*. ~**na** to this; after this, hereafter; hereinafter; according to this; *ons sal ~ terugkeer* we'll return to this. ~**naas** *pron.*, ~ **naas** *adv.* next to this, alongside; next door. ~**namaals** hereafter, afterworld; *die* ~ the hereafter, kingdom come; the next/other world, the world to come; *die (lewe)* ~ the future life; the life hereafter. ~**natoe** this way; here, hither, in this direction; *dis nie ~ en ook nie daarnatoe nie* it is neither here nor there, it is not to the point; *kom* ~ come over; *kom ~!* come here!, step this way!. ~**om** *pron.* hence, because of this, for this reason; about this; →HIER OM; ~ *en daarom* for several reasons; *dit gaan nie ~ nie* this is not the point/question. ~**omheen** *pron.*, ~ **omheen** *adv.* round this; hereabout(s). ~**omtrent** *pron.* about this, with regard to this. ~**onder** *pron.* under this/these, hereunder; among these; →HIER ONDER. ~**oor** *pron.* about this, over this, for this reason, because of this; on this; →HIER OOR; ~ *en daaroor gesels/praat* talk of (*or* chat about) this and that; *nie ~ of daaroor nie* not for this or that reason. ~**op** *pron.* upon this, after this, hereupon; →HIER OP; *dit kom ~ neer* the long and the short of it is. ~**opvolgend** -*e* following on this. ~**so** here, at this place, (over) here; to this place; *kom ~!* come here!. ~**sonder** without this. ~**teenoor** (as) against this; ~ *staan dat* ... on the other hand, as opposed to this ... ~**tevore** hereinbefore. ~**toe** for this purpose, to this end; *tot* ~ thus far; hitherto; up to here; *(fml. or jur.)* heretofore; *tot ~ en nie verder/vêrder nie, (also)* this is where I draw the line. ~**tussen** *pron.* among/between these, in between. ~**uit** *pron.* from this, hence, out of this; →HIER UIT. ~**van** of this, hereof, about this; ~ *en daarvan* of this and that; of this, that and the other *(infml.)*; ~ *en daarvan gesels/praat* talk of this and that, talk about this, that and the other thing; *skrywer* ~ this (*or* the present) writer. ~**vandaan** from here, hence; henceforth. ~**volgend** -*e* following. ~**volgens** according to this. ~**voor** in front of this; for this, in return for this; before this, previously, in former times; →HIER VOOR.

hi·ë·rarg -*rarge* hierarch. **hi·ë·rar·gie** -*gieë* hierarchy. **hi·ë·rar·giek** *adj., (rare)* = HIËRARGIES. **hi·ë·rar·gies** -*giese* hierarchic(al), top-down; *die ~e weg* official (church) channels.

hi·ë·ra·ties -*tiese* hieratic, priestly.

hier·die this, these; ~ ***berg*** *is die hoogste* this is the highest mountain; ~ ***boek*** *is interessant/ens.* this is an interesting/etc. book; *dit is die **boom*** ~ this is the tree; ~ ***ding/plek/ou/ens.*** *is ..., (also, infml.)* this here is ...; ~ ***een*** this one.

hi·ë·ro·glief -*gliewe* hieroglyph. **hi·ë·ro·gli·fies** -*fiese* hieroglyphic.

Hi·er·on·i·mus *(Lat., saint, ?347 - ?420 AD)* Hieronymus.

hiert(s) *interj.* hullo, hello, hallo; what's this?.

hiet *ge-*: *iem. ~ en gebied, (infml.)* order/boss s.o. about/around, order s.o. right and left; push/shove s.o. around; lord it over s.o.; *jou nie laat ~ en gebied nie* not take orders.

hi·ë·to·gra·fie hyetography. **hi·ë·to·lo·gie** hyetology.

hiets *hietse, (orn.)* →KONINGROOIBEK(KIE).

hi·fe -*fes, (bot.)* hypha.

hi·gi·ë·ne hygiene; health education. **hi·gi·ë·nies** -*niese* hygienic, sanitary. **hi·gi·ë·nis** -*niste* hygienist.

hi·gro- *comb.* hygro- ~**fiet** *(bot.)* hygrophyte. ~**fobie** hygrophobia. ~**graaf** -*grawe, (meteorol.)* hygrograph. ~**gram** -*me* hygrogram. ~**logie** hygrology. ~**meter** hygrometer. ~**metrie** hygrometry. ~**metries** -*e* hygrometric. ~**skoop** -*skope* hygroscope. ~**skopie** hygroscopy. ~**skopies** -*e* hygroscopic.

hik *hikke, n.* hiccup, hick; *die ~ hê* have the hiccups. **hik** *ge-, vb.* hiccup, hick; ***iem.*** *slaan dat hy/sy so ~* make s.o. see stars; *nie ~ of **kik** nie* not make/utter a sound *(s.o.)*; ***sonder*** *om te ~ of te kik* without a murmur; without a word; ***val*** *dat jy so ~* come a cropper; *die **vergasser*** ~ the carburettor jibs. **hik·ke·rig** -*rige* hiccup(p)ing, hiccoughing.

hi·la·ri·teit hilarity, merriment, hilariousness.

hi·lies -*liese* hylic.

hi·lo·so·ïs·me *(philos.)* hylozoism.

Hi·ma·la·ja: *die ~, (a vast mountain system)* the Himalayas; *van die* ~ Himalayan. **h~(-)seder** *(bot.)* deodar.

hi·ma·ti·on -*tions, -tia, (< Gr., hist., article of clothing)* himation.

hi·men -*mens, (anat.)* hymen, maidenhead.

hi·me·ni·um -*niums, -nia, (bot.)* hymenium.

him·ne -*nes* hymn.

hin *hinne, (Biblical gallon)* hin.

hin·de -*des, (fml., fem. deer)* hind, doe.

hin·der *n., (rare)* hindrance, impediment, obstacle; bother; defect *(of machinery)*; *(jur.)* nuisance. **hin·der** *ge-, vb.* hamper, hinder, balk, incommode, inconvenience, impede, obstruct; trouble; interfere with, bother, irk, handicap, block, clog; trammel, shackle; molest; disturb, annoy, worry; be in the way; *iem. in sy/haar werk* ~ hinder s.o. in his/her work; ~ *ek?* am I in the way?; *is daar iets wat jou ~?* is there anything wrong?. ~**laag** ambush, ambuscade; *uit 'n ~ **aanval*** attack out of ambush, attack from an ambush; *in 'n ~ **lê*** be/lie in ambush; *'n ~ vir iem. **lê/opstel*** lay an ambush for s.o.; *iem. in 'n ~ **lei/lok*** ambush/waylay s.o.. ~**paal** *(rare)* bar, hindrance, impediment, obstacle, snag; stumbling block/stone; *alle hinderpale uit die weg ruim* remove all obstacles.

hin·der·lik -*like* annoying, infuriating, inconvenient, troublesome; disturbing, irksome, vexatious, vexing; obtrusive; offensive *(trade)*.

hin·der·nis -*nisse* hindrance, impediment, obstacle, obstruction, clog, encumbrance, barrier; disincentive; *(golf)* hazard; *(in the pl.)* trammels; *'n ~ oorkom* overcome/surmount an obstacle; *iets is 'n ~ op die pad van vooruitgang* s.t. is an impediment to progress. ~**baan** obstacle course. ~**renner** steeplechaser. ~**(wedloop)** obstacle race, steeplechase. ~**wedren** *(a horse race)* steeplechase.

Hin·di *(language)* Hindi.

Hin·doe -*does, n.* Hindu. **Hin·doe·ïs·me** *(also h~)* Hinduism. **Hin·does** -*doese, adj.* Hindu. **Hin·doe·stan** Hindustan. **Hin·doe·sta·ni** *(language)* Hindustani. **Hin·doe·stans** -*stanse* Hindustani.

hin·gel *ge-, (rare)* hesitate; shrink *(back)*.

hings *hingste* stallion; *jong* ~ colt; *as die ~te vul (en die merries horings kry)* on the Greek Calends. ~**vul** colt, foal.

hing·sel -*sels* bail, handle; hinge; loop *(of a whip)*; drop handle. ~**lap** kettle holder.

hing·se·rig, hing·ste·rig, hing·stig, -*stige* on heat *(of mares)*, (o)estrous, (o)estral.

hing·ste·bron *(poet., liter.)* Hippocrene.

hing·stig·heid, hing·ste·rig·heid (o)estrus, (o)estrum.

hink *ge-* hobble, limp, go lame; *oor iets ~ en pink* not be able to make up one's mind about s.t.; *op twee gedagtes* ~ be in two minds, waver, vacillate; *(Bib.)* halt between two opinions; ~ *en pink* vacillate; ~**spel** hopscotch. ~**-stap-spring** *ge-* hop, skip/step and jump. ~**vers** *(pros.)* choliamb.

hin·ke·pink *ge-* hobble, limp. **hin·ken·de·pin·ken·de** hobbling along.

hin·ter·land *(<Germ.)* →AGTERLAND.

hi·os·sien *(chem.)* hyoscine.

hi·pal·la·gee -*gees, (rhet.)* hypallage.

hi·per- *pref.* hyper-; ultra-; leading-edge. **H~afrikaans** -*kaanse* ultra-Afrikaans. ~**aktief** -*aktiewe* hyperactive. ~**asiditeit** hyperacidity. ~**baton** -*tons, (rhet.)* hyperbaton. ~**beleef(d)** -*de* overpolite. ~**beskaaf(d)** -*de* overcivilised. **~bolies** -e hyperbolic. **~bool** -bole hyperbole; *(geom.)* hyperbola. **H~boreër** -s, *n., (Gr. myth.)* Hyperborean. **H~boreïes** -e, *adj., (sometimes also h~)* Hyperborean. **~deftig** -e overstated, overdignified; →DEFTIG. **~estesie** *(med.)* hyper(a)esthesia. **~esteties** -e hyper(a)esthetic. **~fisies** -e hyperphysical. **~kinese, ~kinesie** *(pathol.: excessive movement)* hyperkinesia, hyperkinesis. **~korrek** -te, *(philol.)* hypercorrect; overparticular; ultracorrect. **~korrektheid** *(philol.)* hypercorrection; hypercorrectness. **~kritiek** hyper criticism. **~krities** -e hypercritical. **~kubus** *(math.)* hypercube. **~lading** hypercharge. **~manlik** macho. **~manlikheid** machismo. **~mark** hypermarket. **~media** *(pl., comp.)* hypermedia. **~modern** -e ultramodern, state-of-the-art *(attr.)*. **~skakel** *(comp.)* hyperlink. **~sonies** -e hypersonic. **~tegnologie** hi/high tech, leading-edge technology. **~tegnologies** -e hi-tech, high-tech. **~teks** *(comp.)* hypertext. **H~teks-opmaaktaal** Hypertext Markup Language *(abbr.* HTML*)*. **~tensie, ~tensie** *(med.)* hypertension, high blood pressure. **~tensief** hypertensive. **~termaal** -male *(med.)* hyperthermal. **~tonies** hypertonic. **~trofie** *(physiol.)* hypertrophy. **~trofieer** ge- hypertrophy. **~trofies** -e hypertrophic. **~ventilasie** *(med.)* hyperventilation.

hip·no- *comb.* hypno-, hypn-. **~analise** hypnoanalysis. **~genese** *(psych.)* hypnogenesis, hypnogeny. **~terapeut** hypnotherapist. **~ties** →HIPNOTIES. **~tikum** -tikums, -tika hypnotic, soporific. **~tiseer** ge- hypnotise, mesmerise. **~tiseur** -seurs hypnotist, mesmerist. **~tisme** hypnotism, mesmerism.

hip·noon -none, *(chem.)* hypnone.

hip·no·se hypnosis, trance, somnolism. **hip·no·ties** -tiese hypnotic, mesmeric.

hi·po- *pref.* hypo-. **~allergeen** -allergene, *adj.* hypoallergenic *(cosmetics etc.)*. **~chloriet** *(chem.)* hypochlorite. **~chonder** -s hypochondriac, valetudinarian. **~chondrie** hypochondria; →HIPOKONDERS. **~chondries** -e hypochondriac(al). **~chondris** -te →HIPOCHONDER. **~dermies** -e, **~dermaal** -male, **~dermaties** -e hypodermic. **~dermis** hypoderm(is). **~fise** -s, *(anat.)* pituitary gland; *(bot.)* hypophysis. **~fisien** pituitrin. **~fosfaat** *(chem.)* hypophosphate. **~fosfiet** *(chem.)* hypophosphite. **~geen** -gene, *(geol.)* hypogene, hypogenic. **~gien** -e, *(bot.)* hypogynous. **~konders, ipekonders** *n.* hypochondria; caprices; *iem. het ~, iem. is vol ~* s.o. has imaginary ailments/complaints. **~konderse, ipekonderse,** *adj.* hypochondriac(al). **~kotiel** hypocotyl. **~kotiel,** -e, *adj.* hypocotylous. **~kriet** -e hypocrite. **~krities** -e hypocritical. **~manie** *(psych.)* hypomania. **~sentrum** hypocentre, ground zero. **~stase** *(med.)* hypostasis. **~stiel** -e hypostyle. **~stoom** hypostoma. **~styl** *(archit.)* hypostyle. **~talamus** *(anat.)* hypothalamus. **~teek** →HIPOTEEK. **~tensie** *(med.)* hypotension, low blood pressure. **~tensief** -siewe hypotensive. **~tenusa** -s, *(geom.)* hypotenuse. **~termie** *(pathol.)* hypothermia, hypothermy, cryotherapy. **~tese** -s hypothesis. **~teties** -e hypothetic(al). **~tonies** *(physiol., biol.)* hypotonic.

hi·po·ïed -poïede hypoid; *~e rat, (mach.)* hypoid gear.

hi·po·niem -nieme, *(ling.)* hyponym.

hi·po·teek -teke, *(jur.)* hypothec; mortgage; →VERBAND; *op eerste ~/verband* on first mortgage; *met ~ beswaar* mortgage. **~akte** deed of hypothecation; →VERBANDAKTE. **~bank** mortgage bank. **~brief** hypothecary letter. **~gewer** hypothecator. **~houer, ~nemer** mortgagee. **~lening** mortgage loan. **~rente** mortgage interest, mortgage rate. **~wese** mortgage business.

hi·po·te·keer ge-, *(jur.)* mortgage; hypothecate. **hi·po·te·kêr** -kêre, *(jur.)* hypothecary; mortgage; *~e* ***akte*** →HIPOTEEKAKTE; *~e* ***lening*** →VERBANDLENING; *~e* ***obligasie*** mortgage debenture; *~e* ***skuld*** hypothecary debt; mortgage debt; *~e* ***skuldeiser*** hypothecary; *~e* ***skuldenaar*** hypothecary debtor; mortgage debtor; *~* ***verbind*** *ten behoewe van* mortgage on behalf of. **hi·po·te·ke·ring** *(jur.)* mortgaging, hypothecation.

hip·pie -pies hippy, hippie. **~geslag, ~generasie** hippy/hippie/love generation.

hip·pies -piese hippic.

hip·po- *comb.* hippo-. **~droom** -drome, *(Gr. hist.)* hippodrome. **~grief** -griewe, *(Gr. myth.)* hippogriph, hippogryph. **~kamp** -e, *(anat.)* hippocampus, sea horse. **~kras** hippocras, spiced wine.

Hip·po·kra·tes Hippocrates. **Hip·po·kra·ties** -tiese, *(also h~)* Hippocratic; *~e eed, eed van Hippokrates, (med.)* Hippocratic oath.

Hip·po·kreen *(Gr., poet., liter.)* Hippocrene.

hip·po·po·ta·mus -musse, -tami, *(Lat., zool., rare)* hippopotamus; →SEEKOEI.

hip·so- *comb.* hypso-. **~chroom** hypsochrome. **~meter** hypsometer. **~metries** -e hypsometric.

Hi·ro·sji·ma *(geog.)* Hiroshima.

His·ki·a *(Bib.)* Hezekiah, Hizkiah.

hi·sop *(bot.)* hyssop.

His·pa·ni·o·la *(geog.)* Hispaniola.

his·ta·mien -miene, *(biochem.)* histamine.

his·te·rek·to·mie -mieë, *(med.)* hysterectomy.

his·te·re·se *(phys.)* hysteresis.

his·te·rie hysteria, hysterics. **his·te·ries** -riese hysteric(al); *iem. ~ maak, (also, infml.)* freak s.o. out; *~ raak/word* become/get hysteric(al), go into hysterics, *(infml.)* freak (out). **his·te·ri·ka** -kas, *(fem., rare)* hysteric. **his·te·ri·kus** -rikusse, -rici, *(masc., rare)* hysteric.

his·te·ro·to·mie -mieë, *(med.)* hysterotomy.

his·to- *comb., (biol.)* histo-. **~chemie** histochemistry, the chemistry of living tissues. **~gram** *(stat.)* histogram. **~logie** *(anat.)* histology. **~logies** -e histologic(al). **~loog** -loë histologist. **~patologies** histopathological. **~plasmose** *(med.)* histoplasmosis, cave disease.

his·to·rie -rieë, *(rare)* history; story; →GESKIEDENIS. **his·to·ries** -riese historical; historic; *~e* ***drag*** period/historical costume; *~e* ***gebou*** historic building; *~* ***gesien*** viewed historically; *~e* ***perfektum/presens,*** *(gram.)* historic(al) perfect/present tense; *in 'n ~e* ***styl*** in (a) period style; *~e* ***waarheid*** historicity. **his·to·rie·stuk** period piece. **his·to·ri·kus** -rikusse, -rici historian, historiographer. **his·to·ri·o·graaf** -grawe historiographer. **his·to·ri·o·gra·fie** historiography. **his·to·ri·o·gra·fies** -fiese historiographic(al). **his·to·ri·sis·me** historicism. **his·to·ri·si·teit** historicity. **his·to·ris·me** historism.

his·tri·o·nies -niese, *(rare)* histrionic.

Hit·land *(geog.)* →SHETLAND. **hit·lan·der** -ders, *(also H~)* →SHETLANDPONIE.

Hit·ler·is·me Hitlerism.

hits ge-, *(rare)* →AANHITS. **~motor, ~tjor** *(sl.)* hot rod.

hit·sig -sige ruttish, on/in heat, oestrous, oestral *(an animal)*; hot(-blooded), lewd, *(infml.)* randy, *(sl.)* horny *(a pers.)*. **hit·sig·heid** heat; rut, oestrus, oestrum; hot-bloodedness, lewdness, *(infml.)* randiness.

hit·te heat; *in die ~ van die* ***debat*** in the cut and thrust of the debate; ***ondraaglike*** *~* unbearable heat; ***skroeiende*** *~* blistering heat; parching heat; *in die hitte van die* ***stryd*** in the heat of battle, in the brunt of (the) battle; ***vergaan*** *van die ~* swelter *(s.o.)*; *iets* ***wek*** *baie ~ op, (lit.)* s.t. generates a lot of heat. **~bereik** heat range. **~bestand, ~vas** heat resisting/resistant, heatproof. **~bestendig** thermostable. **~chirurgie, ~sjirurgie** thermocautery. **~dood** heat death. **~flits** heat flash *(of a neutron bomb)*. **~geleide missiel** heat-seeking missile. **~golf** heat wave, hot wave. **~graad** temperature *(of an oven)*. **~masjien** heat engine. **~meter** heat meter/gauge, pyrometer. **~pomp** heat pump. **~ruiler** heat exchanger. **~sensitief** heat-sensitive *(material, paper, cells, etc.)*; *hittesensitiewe kamera* heat-seeking camera. **~skerm** *(tech.)* heat shield. **~steek** →SONSTEEK. **~-uitputting** heat exhaustion. **~uitslag** heat rash, prickly heat. **~vas** →HITTEBESTAND. **~waarde** heat/calorific value; calorie value. **~werend** -e heatproof, heat-resisting, heat resistant. **~wyser** heat indicator.

hit·te·te: *(so) ~, (infml.)* only just; as near as damn it, as near as dammit; *dit was so ~, (also, infml.)* it was a close/narrow shave, it was a close call/thing, it was a near thing/go, it was a narrow squeak, it was touch-and-go, it was a near touch; *dit was* ***so*** *~ of ... het geskreeu ...* all but shouted; *dit was* ***so*** *~ of iem. was te laat* s.o. came in the nick of time; ***so*** *~ verloor/wen/ens.* win/lose/etc. by a whisker.

Hit·tiet →HETIET.

hit·tig -tige hot; →HITSIG; *~e dag* blazing/scorching day; scorcher. **hit·tig·heid** heat; →HITSIGHEID.

Hiz·bol·lah *(Arab.: Party of God; a militant Shiite Muslim organisation)* Hezbollah, Hizbollah, Hizbullah.

h'm *interj.* h'm, hum; humph.

hmf *interj.* humph.

h'n-'n, h'm-'m *interj.* no; certainly not; no you don't.

ho *interj.* →HANOU.

hob·bel -bels, *n.* bump, knob, tuffet. **hob·bel** ge-, *vb.* rock, toss, jolt; see-saw; hobble; ride *(a rocking horse)*. **~baan** switchback. **~perd** rocking horse, cockhorse, hobblehorse. **~rasper** riffler. **~romp** *(hist.)* hobble skirt. **~skaaf** circular plane, compass plane. **~vyl** riffler.

hob·be·laar -laars = HOBBELSKAAF.

hob·bel·ag·tig, hob·bel·ag·tig -tige bumpy, rough, rugged, uneven, tumbly, choppy. **hob·bel·ag·tig·heid** bumpiness *etc.* (→HOBBELAGTIG). **hob·bel·rig** -rige bumpy (→HOBBELAGTIG).

ho·bo -bo's, *(mus. instr.)* oboe, *(arch.)* hautboy. **ho·bo·ïs** -boïste, **~speler** -lers oboe player, oboist.

ho·do·graaf -grawe, *(math.)* hodograph.

hoe *n., adj. & adv.* how; what; of how, as to how; ***al*** *~ groter/kleiner* bigger and bigger, smaller and smaller; ***al*** *(hoe) meer* more and more; *~ kan iem. dit* ***anders*** *doen?* how else can s.o. do it?; *hoe's* ***daai?***, *(infml.)* how's that?; *~* ***dan*** *ook* somehow or other; ***dis*** *nie ~ nie* there's no doubt about it; *~ d(i)e* ***drommel/duiwel*** *...?* how the deuce ...?, how on earth ...?; *~* ***dwaas*** *dit ook al mag lyk* silly as it may seem; *~* ***eerder*** *~ beter* ***→gouer;*** *~* ***eerder*** *ons begin ~ eerder kom ons klaar* the earlier we start the sooner we shall finish; *~* ***gaan*** *dit met ...?* how is ...?; *~* ***gaan*** *dit (met jou)?* how are you?; *~* ***het*** *dit presies* ***gebeur?*** just how did it happen?; *ek het* ***gesien*** *~ ... val* I saw ... fall; *~* ***geval*** *die land jou?, ~* ***vind*** *jy die land?* how do you like the country?; *~* ***gouer*** *hoe beter* the sooner the better; *nie weet ~ jy dit* ***het*** *nie* not know where one is; ***hoe?*** in what way; *~* ***is*** *jou naam?* what is your name?; *~* ***kom*** *dit dat ...?* how is it that ...?; whence comes it that ...?; *~* ***laat*** *is dit?* what is the time?, what time is it?; *~* ***langer*** *~ beter* the longer the better, better and better; *~* ***lank?*** how long?, till when?; *dit is al ~* ***lank*** *so* this has been going on for a long time; *dit was nie ~* ***lank*** *nie of ...* quite soon, after a short while ...; *~* ***meer*** *~ beter* the more the better; *~* ***meer*** *'n mens het, ~ meer wil jy hê* the more one has, the more one wants; →HOE MEER DIE DUIWEL HET, HOE MEER WIL HY HÊ; *~* ***mooi*** *is dit nie!* beautiful, isn't it!; *dis* ***nie*** *~ nie, (infml.)* there's no doubt about it; *~* ***noem*** *('n) mens dit?* →NOEM; ***of*** *~?* (it is) is it not?; (or) isn't it?, isn't that so?; ***of*** *~ sê ek?* what am I saying?; *~ (dan)* ***ook*** somehow (or other); *~* ***ook al*** in any way (whatever), one way or the other, by hook or by crook; *(fml.)* howsoever; by fair means or foul; *~ dit* ***ook (al)*** *sy* be that as it may; however (that may be); *~* ***oud*** *hy/sy ook al is, hy/sy is nie swak nie* old as he/she is, he/she is not weak; *~* ***sal*** *dit wees as ons ...* suppose we ...; *~* ***sal*** *dit wees as ons probeer?* what if we (were to) try?; *~* ***sal*** *dit wees as ons gaan swem?* what do/would you say to a swim?; *~* ***sê*** *jy?* (I beg your) pardon; what did you say?; ***sel(f)de*** *~* regardless how, no matter how; *~* ***sien*** *hy/sy daar uit?* what does he/she look like?; *al is iem. ~* ***slim*** be s.o. ever so smart; *~* ***so?*** in what way?; how do you mean? *iets is nie* ***te*** *~ nie, (infml.)* s.t. is so-so; *iem se toesprak was nie* ***te*** *~ nie, (also)* s.o. made an indifferent speech; *~* ***ver/vêr*** how far; *die ~(s) en die* ***waarom(s)*** the why(s) and wherefore(s); *net* ***weet*** *~ om iets te doen* have s.t. down to a fine art.

ho·ë →HOOG. **~definisie-televisie** high definition television. **~hakskoen** high-heeled shoe. **~halstrui** →HOËNEKTRUI, POLOHALSTRUI. **~klasbruilof, ~klastroue** society wedding. **~koppe** *(pl., infml.)* top brass. **~lui** (high) society, prominent/important people, upper crust, élite, VIP's, people of quality; *die ~* the upper crust. **~nektrui, ~halstrui** turtleneck/poloneck sweater.

~**prestasie**- high-performance *(car etc.)*. ~**priester** high priest, pontiff. ~**priesteres** high priestess. ~**priesterlik** pontifical, high-priestly. ~**priesterskap** pontificate. ~**reënvalstreek** high-rainfall area. ~**resolusie**- high-resolution *(image, screen, photo, graphics, etc.)*. ~**risiko**- high-risk *(group, patient)*. ~**risiko-effek** *(fin.)* high-risk bond/stock, junk bond. ~**rugstoel** high-backed chair. ~**sekerheids**-, ~**sekuriteits**- →HOËVEILIGHEIDS-. ~**skeidingspektroskopie** high-resolution spectroscopy. ~**tariefverkeer** *(econ.)* high-rated traffic. ~**toonluidspreker** tweeter. ~**veiligheids**-, ~**sekerheids**-, ~**sekuriteits**- high-security *(area, prison, etc.)*. ~**veld** high-lying land/region; *die H~, (SA)* the Highveld. ~**veldklimaat** subhumid climate. ~**vlaksamesprekings** high-level talks. ~**vlaktaal** *(comp.)* high-level language. ~**vlaktegnologie** hi/high tech. ~**werkverrigtings**- high-performance *(car etc.)*.

hoed[1] *hoede(ns)* hat; bonnet; *(measure for coal)* chaldron; *(bot.)* pileus; *~e **af** vir ...* hats off to ...; *jou ~ **afhaal*** take one's hat off, remove one's hat; *jou ~ vir iem. **afhaal**, (lit., fig.)* raise/tip (*or* take off) one's hat to s.o.; *~ **dra*** wear a hat; *jy kan jou ~ (ook nog) agterna **gooi*** you can give your hat into the bargain, you may shake hands with yourself; *met die ~ in die **hand*** hat in hand; *met die ~ in die **hand** na iem. gaan* go to s.o. cap in hand; *met die ~ in die **hand** kom mens deur die ganse/hele land* politeness costs nothing and goes a long way, *(rare)* a man's hat in his hand never did him any harm; ***hoë** ~* top/silk hat; *jy moet eers jou ~ (by die deur) **ingooi*** you had better first find out whether you will be welcome; *jou ~ vir iem. **lig** →jou hoed vir iem. **afhaal**; met die ~ in/oor die **oë*** in shame; *êrens ~ **ophang*** go courting somewhere; *'n ~ **ophê*** wear a hat; *'n ~ **opsit*** put on a hat; *jou ~ **opslaan*** cock one's hat; *met die ~ (of die ~ laat) **rondgaan*** pass/send the hat round, have a whip-round *(infml.)*; *jou ~ **toon**, (rare) →jou hoed **opslaan**; ~ **vasdruk**, (rare, fig.)* run away, turn tail. ~**band** hatband. ~**bol** crown of a hat. ~**koord(jie)** hat-guard. ~**lint** hatband, hat ribbon; bonnet string. ~**rand**, ~**rant** hat brim. ~**speld, hoedespeld** hatpin. ~**steel** stipe, stem *(of a mushroom)*. ~**vorm, hoedevorm** hat block. ~**windsel** pug(g)ree, pug(g)aree. ~**wol** hatmaker's wool.

hoed[2] *ge-, (rare)* keep, look after, tend, watch; guard, protect.

hoe·da·nig *-nige* how, what, what kind/sort of. **hoe·da·nig·heid** quality; capacity; character; *in jou ~ as/van ...* in one's capacity as ... *(mayor etc.)*; *(fml.)* qua ...; *in watter ~?* in what capacity?.

hoe·dat how, in what way.

hoe·de care, guard, protection; guardianship; ***aan** iem. se ~ toevertrou wees* be in s.o.'s charge/keeping, be committed to s.o.'s care; *iem. **onder** jou ~ neem* take s.o. under one's wing/protection; ***onder** veilige ~* in safe keeping; ***op** jou ~ wees* be alert/awake (*or* on the alert *or* on one's guard), keep one's eye on the ball, be on the qui vive; *nie **op** jou ~ wees nie* have one's guard down, be unwatchful (*or* off one's guard); *iem. **op** sy/haar ~ stel* alert s.o., put s.o. on the alert (*or* on his/her guard); *iem. teen/vir iets **op** sy/haar ~ stel* alert s.o. to (*or* put s.o. on his/her guard against) s.t.; ***op** jou ~ teen/vir ... wees* be on the alert for (*or* on one's guard against *or* alert/awake to) ...; *iem. moet **op** sy/haar ~ wees, (also)* s.o. has to tread warily; *iem. moet teen/vir ... **op** sy/haar ~ wees* s.o. should beware of (*or* has to watch out for) ... **hoe·der** *-ders* guardian, keeper; *is ek my broer se ~?* am I my brother's keeper?.

hoe·de-: ~**blok** hat block. ~**borsel** hat brush. ~**doos** hat-, bandbox. ~**draad** hat/millinery wire. ~**draadsteek** wire stitch. ~**fabriek** hat factory. ~**fabrikant** hatter. ~**gaas** millinery gauze. ~**maakknoop** milliner's knot. ~**maakster** milliner. ~**maker** hatter, hatmaker, man milliner. ~**makery** millinery; hat factory. ~**naald** straw needle, millinery/milliner's needle. ~**rak**, ~**staander** hatrack, hatstand, hat tree. ~**speld** →HOEDSPELD. ~**staander** →HOEDERAK. ~**styfgaas** = HOEDEGAAS. ~**vorm** →HOEDVORM. ~**winkel** hat shop, hatter's (shop); milliner's (shop).

hoed·jie *-jies* little hat, billycock; bonnet; toque.

hoef[1] *hoewe, n.* hoof, *(zool.)* unguis; *(sc.)* ungula; landside *(of a plough)*; *gesplete/gesplitste ~* cloven hoof. ~**angel** caltrop. ~**bal** bulb *(of a horse's heel)*. ~**been** coffin bone, pedal bone. ~**beslag** shoeing *(of a horse)*. ~**blad** colts-foot. ~**boog** →HOEFYSTERBOOG. ~**dier** *(zool.)* ungulate. ~**draai** horseshoe bend. ~**getrappel** tramp of horses' feet, clatter of hoofs. ~**hamer** shoeing hammer. ~**kanker** canker. ~**kroon** coronary band/cushion, coronet. ~**magneet** horseshoe magnet. ~**mes** parer, paring knife, drawing knife. ~**nael** →HOEFSPYKER. ~**ontsteking** laminitis. ~**seer** laminitis, founder. ~**slag** hoofbeat, thud of hoofs. ~**smedery** farriery. ~**smid** *-smede* farrier, horseshoer. ~**smidsambag**, ~**smidswinkel** farriery. ~**spoor** hoof print. ~**spyker** horseshoe nail. ~**stal** shoeing shed. ~**steker** hoof pick. ~**tang** shoeing pincers. ~**vormig** *-e* hoof-shaped, ungular, unguliform. ~**yster** →HOEFYSTER.

hoef[2] *vb.* need; *dit ~ nie* there is no necessity for it; there is no need of that; it need not be; ***dit ~ nie!**, (also)* not necessarily!; *~ dit nie te **doen** nie* need not do it; *iem. ~ iets nie te **doen** nie* s.o. need not (*or* is not expected to) do s.t., it is not necessary for s.o. to do s.t.; *('n) mens ~ **seker** nie te sê dat ... nie* one need scarcely say that ...; ***sodat** iem. dit nie ~ te gedoen het nie* so that s.o. needn't have done it; *iem. ~ dit nie te **weet** nie* s.o. need not know it.

hoef·ys·ter, per·de·skoen, per·de·ys·ter horseshoe; *'n ~ verloor, (a horse)* cast/throw a shoe. ~**boog, hoefboog** *(archit.)* horseshoe/Moorish arch. ~**meer** oxbow lake. ~**vormig** *-e* horseshoe-shaped.

hoe·ge·naamd, hoe·ge·naamd: *~ **nie*** not at all, not in the least, by no (manner of) means, not by any means (*or* in any way what[so]ever); nothing of the sort; far from it; not for a/one moment; not at any price; not by a long shot; *~ **niks*** absolutely nothing, nothing what(so)ever (*or* at all); *(infml.)* sweet blow-all; ***waarom** het jy dit ~ gedoen?* why did you do it in the first place?; ***was** ... ~ daar?* was ... there at all?.

hoe·groot·heid *(rare)* measure, quantity, size.

hoe-hoe *n.* hoot(ing), tu-whit, tu-whoo *(of an owl)*. **hoe-(h)oe** *interj.* cooee, cooey, yoo-hoo.

hoei *interj.* hoy.

hoe(i)·haai →HAAIHOEI.

hoek *hoeke* corner; angle; hook, fish-hook; narrow glen; *'n vis **aan** die ~ hê* have a fish on the hook; ***by** die tweede ~* at the second turning; ***in** 'n ~* up a tree; *êrens **in** 'n ~* in some odd corner; *iem. **in** 'n ~ dryf/ja(ag)* drive s.o. into (*or* pen s.o. in) a corner; ***in** 'n ~ (gedryf/geja[ag]) wees* be cornered; have one's back to the wall; *die ~ van **inval/uitval*** the angle of incidence/reflection; *die saal is van ~ tot **kant** vol* the hall is packed (out) (*or* full to overflowing); *'n saal van ~ tot **kant** vol sit* pack out a hall; *van ~ tot **kant**, (also)* all over; thoroughly; inside out; ***met** 'n ~ van ...* at an angle of ...; ***om** die ~* round the corner; ***om** elke ~ (en draai)* at every turn; ***om** 'n ~ gaan/kom* turn a corner; ***om** die ~ kyk/loer* peep out; ***op** die ~ van die straat* at the corner of the street, at the street corner; *'n **regte** ~, (geom.)* a right angle; *'n **skerp/stomp** ~, (math.)* an acute/obtuse angle; ***tafel** in die ~ →HOEKTAFEL; **uit** 'n ~* from an angle; ***uit** alle ~e* from all angles; from every corner; *die wind waai **uit** alle ~e* the wind blows from all quarters; *iets **uit** die regte/verkeerde ~ beskou* look at s.t. in the right/wrong perspective; ***uit** watter ~ kom jy?* from what corner of the land do you come?; *die H~ **van Holland**, (geog.)* the Hook of Holland; ***winkel** op die ~ →HOEKWINKEL*. ~**afstand** angular distance. ~**anker** angle stay. ~**baken** corner beacon. ~**been** hip rafter. ~**beitel** corner chisel. ~**beslag** cornerpiece. ~**boog** squinch. ~**defek** angle defect. ~**diens** point duty. ~**erf** corner stand, plot. ~**halveerder** bisector of angle. ~**helper** *(boxing)* second. ~**hoogte** angular elevation. ~**hou**, ~**slag** *(hockey)* corner. ~**huis** corner house. ~**kas** corner cupboard; corner cabinet. ~**klamp** angle cleat. ~**klip** quoin(stone). ~**kraallys** staff bead. ~**las** corner joint. ~**lyn** diagonal. ~**lys** corner moulding. ~**meetkunde** goniometry, angular measurement. ~**meter** goniometer; protractor; *(surveying)* graphometer; *(mil.)* director; quadrant, bevel, gauge, square. ~**meting** goniometry. ~**nok** hip ridge. ~**paal** corner post, fencing post. ~**pan** corner tile. ~**pilaar** corner pillar. ~**plaat** gusset. ~**plank** bevelling board. ~**profielsteun** →HOEKSTEUN. ~**punt** angular point, vertex. ~**sitplek** corner seat. ~**skoot** *(phot.)* angle shot. ~**skop** *(soccer)* corner (kick). ~**snelheid** angular velocity. ~**snytand** canine incisor. ~**spar** hip (rafter). ~**spinnekop** house spider. ~**staaf** →HOEKSTUT. ~**staal** steel angle. ~**staander** corner stand. ~**stand** angle. ~**steen** cornerstone, foundation stone; quoin; headstone; keystone; *(fig.)* pivot, kingpin, linchpin, lynchpin; *'n ~ lê* lay a cornerstone (*or* foundation stone). ~**steenlegging** stone-laying. ~**steun** *(tech.)* angle support; *(also* hoekystersteun, hoekprofielsteun*)* angle/corner bracket. ~**steunplaat** gusset stay. ~**stoel** corner chair. ~**stoter**, ~**stootskraper** angledozer. ~**straal** angular radius. ~**stuk** cornerpiece; angle piece. ~**stut** corner stay; corner guard; *(also* hoek[yster]staaf*)* angle bar; *(also* hoekysterstut*)* angle strut. ~**styl** corner post; angle post. ~**tafel** corner table. ~**tand** eyetooth, fang, canine tooth; laniary (tooth); double helical tooth *(of a wheel)*. ~**tandrat** herringbone gear. ~**trou** isogonal, isogonic. ~**venster** corner window. ~**verband** angle bond. ~**verbinding** gusset. ~**vissery** fishing with hook and line. ~**vlag** corner flag. ~**vlak** spandrel. ~**voeg** corner joint. ~**vormig** angulated. ~**winkel** corner shop. ~**yster** angle iron, angular iron/bar. ~**ystersmid** anglesmith. ~**ysterstaaf**, ~**ysterstut** →HOEKSTUT. ~**ystersteun** →HOEKSTEUN.

hoe·ka as it is, already; from the beginning, all along, long since; long ago; →TOEKA; *van ~ (se tyd) af* of old, from time immemorial; *iem. is ~ altyd laat* as a matter of fact (*or* as it is), s.o. is always late.

hoe·kaai →HOKAAI.

hoe·ke *interr. pron., (infml.)* what kind of.

hoe·ker *-kers*, **hoe·ker·boot** *(naut.)* hooker.

hoe·ke·rig *-rige* hackly, jagged; prickly, crusty *(character)*; →HOEKIG.

hoe·kie *-kies* (little) corner; nook; column *(in a newspaper, magazine)*; *~ vir **eensames*** lonely hearts column; *advertensie in 'n ~ vir **eensames*** lonely hearts ad; *in elke ~ en **gaatjie*** in every nook and cranny; *uit alle ~s en **gaatjies*** from every nook and corner; *die ~ van die **haard*** the chimney corner, the inglenook; *ek sou graag **om** die ~ wou loer, (fig.)* I would like to be a fly on the wall; *iem. **om** 'n ~ speel* deceive s.o.; *iets **om** die ~ doen, (infml.)* do s.t. on the sly.

hoe·kig *-kige* angled, angular; jagged *(rocks)*; crusty, prickly *(character)*; craggy *(face)*. **hoe·kig·heid** angularity; jaggedness; prickliness.

hoe·kom *-koms, n.: omdat ~ nie reguit is nie* because Y is a crooked letter (and you cannot make it straight); *die ~s en die waaroms* the whys and wherefores. **hoe·kom** *pron.* why, for what reason; wherefore; *(Am.)* how come; *~ vra jy?* what makes you ask?; *net hy/sy sal weet ~* for reasons (*or* some reason) best known to him-/herself.

hoeks *hoekse* diagonal; *~e las* corner joint. **hoeks·ge·wys, hoeks·ge·wy·se** cornerwise, diagonally.

hoe·la: ~**(-hoela)** *-s*, ~**(-hoela)dans** *-e, n., (Hawaiian dance)* hula(-hula); *die hoela(-hoela) dans* hula(-hula). ~**(-hoela)** *ge-, vb.* hula(-hula). ~**hoepel** hula hoop. ~**rompie** hula skirt.

hoe-lan·ger-hoe-lie·wer *(bot.)* London pride, pride of London.

hoe·moes *(cook.: a chickpea paste/spread)* hummus, hoummos, houm(o)us.

hoen·der *-ders* fowl, chicken; *so **dronk** soos 'n ~* as drunk as a fiddler/lord; *na die ~s **gaan**, (infml.)* go to the dogs, go to pot; ***gaan/loop** na die ~s!, (sl.)* go jump in the lake!; *die ~s **in** wees* have one's dander/monkey up, be in a rage; *vir iem. die ~s **in** wees, (infml.)* be furious with s.o.; *lyk of die ~s jou **kos** afgeneem/afgevat/opgevreet het, (infml.)* look down in the mouth, look crestfallen; *iem. die ~s in **maak**, (infml.)* get/put s.o.'s back/monkey up *(infml.)*, rub s.o. up (*or* stroke s.o.) the wrong way, get s.o.'s goat; *iets **maak** iem. die ~s in,* *(infml.)* s.t. gets s.o.'s dander up *(infml.),* s.t. gets s.o.'s goat *(infml.); iem. lyk soos 'n natgereënde ~, (infml.)* s.o. looks miserable; *Maljan* ***onder*** *die ~s* one man in a company of ladies; *'n ~* ***pluk*** pluck a chicken/fowl; *die ~s in* ***raak/word,*** *(infml.)* lose one's rag, get narked, get one's monkey up; *iem. gaan* ***slaap*** *saam met die ~s, (infml.)* s.o. goes to bed early; *as die ~s* ***tande*** *kry, (fig.: never)* never/not in a million years (*or* in a month of Sundays), when hell freezes (over), on a cold day in hell. ~**afval** giblets. ~**been(tjie)** chicken bone. ~**bel(le)tjie)** *Sutherlandia frutescens.* ~**boer** poultry/chicken farmer. ~**boerdery** poultry/chicken farming. ~**bors** pigeon breast. ~**bosluis** tampan. ~**boud(jie)** drumstick, chicken leg. ~**brandsiekte** depluming itch. ~**burger** *(cook.)* chickenburger. ~**cholera,** ~**kolera** chicken cholera, fowl cholera, fowl typhoid. ~**dief** poultry/chicken thief. ~**draad** chicken wire. ~**eier** hen's egg. ~**fuik** hencoop. ~**haan** cock, rooster. ~**hen** hen. ~**hok** hencoop, -house, chicken coop, chicken house, fowl run; fowl house, hennery; *'n knuppel in die ~ gooi* →KNUPPEL *n..* ~**huis** poultry house, henhouse, fowl house, chicken house. ~**jaer** *(orn.)* (African) hawk eagle. ~**kamp** fowl run. ~**kop:** *~ wees* be cock-eyed/pie-eyed/boozy/tipsy (*or* half seas over *or* well oiled). ~**kos** poultry feed, chicken feed. ~**kuiken** chick. ~**luis** chicken louse, chicken tick. ~**maag** gizzard. ~**mis** poultry dung, fowl droppings, fowl manure. ~**myt** fowl mite, chicken mite. ~**nes** hen's nest. ~**pastei** chicken pie. ~**pasteurellose** fowl cholera/pasteurellosis. ~**pes** fowl plague/pest, bird pest. ~**pokke,** ~**pokkies** fowl pox. ~**poot** fowl's foot. ~**roomsop** cream of chicken. ~**slaapplek** henroost. ~**sop** chicken broth. ~**spoor** fowl's footmark; broad arrow *(on jail clothes); (bot.: Dactyloctenium aegyptium; Digitaria smutsii)* crowfoot (grass), coast grass; *(Scolopia zeyheri)* doringpeer; *iem. dra ~* s.o. is doing penal servitude, s.o. wears stripes. ~**stellasie** fowl perch, henroost. ~**stuitjie** *(cook.)* parson's/pope's nose. ~**swak** as weak as a kitten. ~**tande:** *so skaars soos ~* unobtainable, few and far between, non(-)existent. ~**teelt** poultry/chicken farming. ~**tifus** fowl typhoid. ~**vel** *(lit.)* fowl's skin. ~**vel,** ~**vleis** *(fig.)* goose bumps/pimples/flesh/skin, crispation, horripilation; *iets gee iem. ~* (of *laat iem. ~ kry/word)* s.t. makes s.o.'s flesh creep (*or* gives s.o. the creeps); *iem. het ~* s.o.'s flesh creeps, s.o. has the shivers (*or* has goose bumps/pimples/flesh/skin); *iem. kry/word ~* s.o. gets the shivers, s.o. gets (*or* comes out in) goose bumps/pimples/flesh/skin. ~**vet** chicken fat. ~**vleis** *(lit.)* chicken, fowl.

hoen·der·ag·tig *-tige* gallinaceous, rasorial; *H~es, (orn.)* Gallinae, Gallinaceae.

hoe·pel *-pels, n.* hoop; bail; *dis nog maar die eerste ~* this is only the beginning, it is the first ditch; it is the firstborn. **hoe·pel** *ge-, vb.* play with hoops, trundle a hoop; hoop *(a cask).* ~**been** bandy-legged person; bandy leg, bow leg; bow-legged; *met ~bene* bandy-legged; bow-legged *(mostly pred.).* ~**hamer** driving hammer. ~**kap** calash. ~**maker** hooper. ~**rok** *(hist.)* crinoline, farthingale, hoop petticoat. ~**spel** trundling the hoop. ~**stok** hoop stick.

hoep-hoep *-hoepe, (orn.)* (African) hoopoe.

hoep·la *interj.* hoopla.

hoer *hoere, n.* prostitute, whore, harlot, slut, tart; *(arch.)* strumpet, trull. **hoer** *ge-, vb.* whore; wench, womanise; *~ en rumoer* kick up (*or* make) a rumpus. ~**(e)jaer** whoremaster, whore monger. ~**huis** brothel. ~**kind** *(dated, derog.)* bastard, illegitimate child.

ho·ër *adj. & adv.* higher; higher up; superordinate *(goal etc.);* →HOOG *adj. & adv.; ~* ***diere/plante,*** *(biol.)* higher animals/plants; *van ~* ***hand*** upon higher authority; *~* ***handelskool*** →HOËRHANDELSKOOL; *~* ***hof*** →HOËRHOF; *~* ***jongenskool*** →HOËRSEUNSKOOL; *dit kon nie ~ of laer nie, iem. moes ...* (s.o) insisted that he/she ..., s.o. simply had to ...; *dit kon nie ~ of* ***laer*** *nie, (also)* there was no way out of it; *~* ***luglae*** upper air; *~* ***meisieskool*** →HOËRMEISIESKOOL; *~* ***onderwys*** higher education; *iem. wil ~* ***op*** s.o. is ambitious (*or* has aspirations); *~* ***in rang*** senior *(authority, officer); ~* ***skakel*** change/shift up; *~* ***skakeling*** upshift; *~* ***skool*** →HOËRSKOOL; *~* ***(staande)*** superior; *~* ***seunskool*** →HOËRSEUNSKOOL; *'n mens moet nie ~ wil* ***vlieg*** *as wat jou vlerke lank is nie* cut your coat according to your cloth; *5% ~* ***wees*** be up by 5%; *~* ***wiskunde*** higher mathematics. **H~hand:** *daar is 'n H~ by* it is the will of God; *van H~* from God. ~**handelskool,** ~ **handelskool** commercial high school. ~**hof,** ~ **hof** superior court; higher court; court above. ~**huis** *(parl.)* upper house, second chamber, senate; *die Britse H~* the House of Lords; *die (Ierse) H~* the Seanad (Éireann). ~**jongenskool,** ~ **jongenskool** →HOËRSEUNSKOOL. ~**magsvergelyking** equation of higher degree. ~**meisieskool,** ~ **meisieskool** girls' high school. ~**seunskool,** ~ **seunskool** boys' high school. ~**skool,** ~ **skool** high school. ~**skoolleerling** high school pupil. ~**skoolonderwyser** high school teacher.

hoe·ra *-ra's,* **hoe·rê** *-rês, interj.* hurrah, yippee, whee, goody, bingo; *drie hoera's/hoerês* three cheers; *~ roep/skreeu* shout/cry hurrah, cheer; *moenie ~ skree(u) voor jy oor die voortjie is nie* don't count your chickens before they are hatched, don't halloo/whistle/shout till/until you are out of the wood. ~**geroep** hurrahing; cheering.

hoer·ag·tig *-tige* bawdy, whorish; unchaste.

hoe·reer *(ge)-, (fml., joc.)* fornicate, whore; *(of a man)* wench *(arch.),* womanise; *(also Bib.)* commit adultery. **hoe·reer·der** *-ders* adulterer, whore monger; wencher *(arch.);* womaniser; fornicator.

hoe·re·ry *-rye* prostitution; whoredom; *(arch., derog.)* harlotry; fornication; *(arch.)* wenching; adultery.

hoe·ri, hou·ri *-ri's, (Islam)* houri, Mohammedan nymph; voluptuous woman.

ho·ë·rig, ho·ge·rig *-rige* raised, fairly high; tallish *(a tree, building, etc.).*

Hoer·riet →HORIET.

hoes *hoes(t)e, n.* cough; *'n* ***droë*** *~* a dry cough; *'n* ***los*** *~* a loose/wet cough; *'n* ***skor*** *~* a hacking cough; *'n* ***vaste*** *~* a tight cough. **hoes** *ge-, vb.* cough; *~ en proes* cough and splutter; *aan die ~ gaan, aan't* (of *aan 't) ~(te) gaan* start coughing; *lelik/sleg ~* have a bad cough. ~**aanval,** ~**bui** fit/spell/spasm of coughing. *'n ~ hê* have a fit/spasm of coughing. ~**klontjie** cough drop. ~**lekker** cough lozenge. ~**middel** *-s* cough remedy/mixture, expectorant. ~**pil** cough tablet. ~**stillend** *-e* cough relieving, pectoral, soothing; *~e middel* pectoral. ~**stroop** cough syrup. ~**tablet** = HOESLEKKER.

hoe·seer, hoe·seer how much, however much, much as, much though.

Hoe·sein Hussein.

hoe·se·naam *(infml.)* whatshisname *(masc.);* whatshername *(fem.);* thingamabob, thingumabob, thingamajig, thingumajig, thingamy, thingummy, doodah.

hoe·se·rig, hoes·te·rig *-rige* coughing, inclined to cough. **hoe·se·ry, hoes·te·ry** spell of coughing. **hoesie** *-sies* short cough. **hoes·tend** *-tende* coughing; *al ~e en proestende* coughing and sneezing all the time; *iets (al) ~e sê* cough out s.t.. **hoes·te·rig** →HOESERIG. **hoes·te·ry** →HOESERY.

hoe·sit *interj., (sl.: how are you?)* howzit, hoezit?.

hoë·spoed- high-speed *(camera, engine, memory, etc.).*

hoe·veel how much; how many; *~ iem. ook al van ...* ***gehou*** *het* much as s.o. liked ...; ***hoeveel?*** what's the price?; say when!; *~* ***is*** *2 en 3?* what do 2 and 3 make?; *~* ***is*** *dit?* how much?, what do I owe you?; *die ~ste* ***is*** *dit (vandag)?* what is the date (today)?, what day of the month is it?; *die ~ste* ***keer*** *is dit?* how many times does this make?; *~* ***keer/maal*** *al* umpteen (*or* any number of *or* ever so many) times; *~* ***ook*** however much; however many; *die ~ste* ***was*** *jy?* what was your number/position?, where did you come?; *nie (meer)* ***weet*** *~ ... nie* lose count of ... **hoe·veel·heid** *-hede* amount, quantity; measure, quantum; *die ~* ***bepaal*** quantify; ***in gelyke*** *hoeveelhede* in equal proportions/parts; *'n* ***genoegsame/toereikende*** *~* a big enough quantity; *'n* ***groot*** *~ ...* a lot of ...; a great many (*or* a great deal of) ...; ***in groot*** *hoeveelhede* in large quantities; *'n* ***onbekende*** *~* an unknown quantity. **hoe·veel·ste** →HOEVEEL.

hoe·veel·heids-: ~**naam** *(gram.)* measure. ~**ontleding** *(chem.)* quantitative analysis. ~**woord** *(gram.)* quantifier.

hoe·ver(·re), hoe·vêr: *in ~, (fig.)* (as to) how far, to what extent.

hoe·we *-wes, (jur.)* holding, lot, plot; *(also* kleinhoewe) (small)holding, plot; small farm.

hoe·wel (al)though, while; →ALHOEWEL.

hof *howe* court; garden; *~ van* ***appèl*** →APPÈL; *die ~* ***bevind*** *dat ...* the court finds that ...; *iem. voor die ~* ***bring/daag*** take s.o. to court; *iem. voor die ~* ***bring,*** *(also)* bring s.o. to (*or* up for) trial; *~ toe* ***gaan*** go to law; ***hoër*** *~* →HOËRHOF; *na 'n* ***hoër*** *~ appelleer, jou op 'n* ***hoër*** *~ beroep, by 'n* ***hoër*** *~ in beroep gaan* appeal to a higher court; ***in*** *die ~* in court; *~ vir* ***klein eise*** small claims court; *voor die ~* ***kom*** appear in court, appear before the court; come to trial, come up for trial; ***laer*** *~* →LAERHOF; *'n meisie die ~* ***maak*** court a girl, woo a girl *(infml.),* pay (one's) court to a girl; *die ~* ***sit*** the court sits (*or* is in session); *die ~* ***van*** *Eden, (Du. Bib.)* the garden of Eden; *in die ~* ***verskyn*** appear in court, appear before the court; *in die* ***volle*** *~* in full court; ***voor*** *die ~* before the court, in court; ***voor*** *die ~* ***sleep*** drag into court. ~**amp** office at court. ~**arts** →LYFARTS. ~**bal** court ball, state ball. ~**beampte** court official, functionary. ~**bediende** court attendant. ~**bevel** order of court, court order. ~**dame** lady-in-waiting; maid of honour. ~**dans** court dance. ~**digter** court poet; (English) Poet Laureate. ~**etiket** court etiquette. ~**fees** court fête, festivity at court. ~**gebou** courthouse. ~**geld** court fees. ~**houding** court, royal household. ~**kapel** court chapel; royal band/orchestra. ~**kapelaan** court chaplain. ~**knaap,** ~**knapie** page(boy). ~**konstabel** court policeman. ~**koste** legal costs. ~**leweransier** purveyor by royal appointment. ~**maarskalk** court marshal. ~**maker** *(rare)* gallant. ~**makery** courtship, courting, wooing. ~**meester** *(hist.)* steward; butler; seneschal; serjeant at arms. ~**meesteres** stewardess. ~**meier** *-s, (hist.)* seneschal, major-domo. ~**nar** court jester, court fool. ~**prediker** →HOFKAPELAAN. ~**reël** rule of court. ~**rou** court mourning. ~**saak** lawsuit, court case; *berugte ~* cause célèbre; *'n ~ teen iem. maak* bring/institute an action against s.o.. ~**saal** courtroom. ~**sanger** court singer; *(orn.)* willow wren/warbler. ~**skoen** court shoe. ~**stad** royal residence, court capital. ~**verslag** law report. ~**verslaggewer** court reporter.

hoff·manns·drup·pels *(med.)* Hoffmann's drops.

ho·fie *-fies* small head; caption, head(ing); *(bot.)* head; landside *(of a plough);* heading *(of a curtain).* ~**vormig** *-e* capitate.

hof·lik *-like, adj.* courteous, obliging, polite, gallant; civil, urbane; *~e maniere* civil manners, civility, urbanity. **hof·lik** *adv.* courteously, obligingly, politely, gallantly; civilly, urbanely. **hof·lik·heid** courtesy, courteousness, politeness, civility, urbanity; *iem. met min/weinig ~ behandel* treat s.o. with scant courtesy; *met volgehoue/onveranderlike ~* with unfailing courtesy. **hof·lik·heids·be·tui·ging·e** respects. **hof·lik·heids·hal·we** out of (*or* as a matter of) courtesy.

ho·gel *-gels, (archit.)* crocket.

ho·ge·rig →HOËRIG.

hô hô (hô) *interj.* ho ho (ho).

hoi(-hoi), hôi(-hôi) *interj., (call to oxen)* hoi(-hoi).

hoi·pol·loi *(often derog.)* riffraff, hoi polloi, the many, the vulgar.

hok *hokke, n.* cage, hutch; kennel *(for dogs);* pen *(for sheep);* sty *(for pigs);* run, house, coop *(for poultry);* coal hole; shed; den, doghole; stall *(in a stable);* quad; kip, cote; *(infml.: prison)* can, clink, cooler, jug, slammer, jailhouse *(Am.),* big house, sin bin; *(rly.)* dock; *(bot.)* loculus; →AFHOK; ***in*** *die ~ wees, (infml.)* be at school; ***in*** *die ~ sit/wees, (infml.: in prison)* be in the can/clink/slammer, be in stir; *diere* ***op*** *~ hou/sit* keep/put animals in a pen/coop; ***op*** *~ staan* be stall-fed; ***terug*** *~ toe, (infml.)* back to school; *in 'n ~* ***woon*** live in a hovel/den/doghole. **hok** *ge-, vb.* gate; *bymekaar ~* herd/huddle together; *ge~ wees* be gated (*or* placed within bounds); *alle vliegtuie is ge~* all planes are grounded. **~sadig** *=e, (biol.)* locular, loculate. **~slaan** *hokge=, (lit.)* keep calf away; keep (s.o.) from pleasure; snub, crack down on, put a stop to; put s.o. in his/her place, take s.o. down a peg or two. **~spletig** →HOKVERDELEND. **~spoor** bay line. **~stok** milking stick. **~straf** gating; *~ gee* gate. **~stut** *(rly.)* sleeper crib; birdcaging *(on permanent way)*. **~vas** homekeeping, stay-at-home; *iem. is ~* s.o. is a home bird/homebody. **~verdelend, ~spletig** *=e, (bot.)* loculicidal.

ho·kaai, hoe·kaai, hook·haai *interj.* whoa, halt there *(to draught animals)*.

hok·ag·tig *=tige, (bot.)* loculose, loculous.

hok·ke·rig *=kige* →HOKKIG.

hok·kie[1] *=kies* small cage/kennel/pen/etc.; hutch; *(fig.)* pigeonhole; cubby(hole); booth; cubicle, cell; cuddy; *(bot.)* locule, loculus.

hok·kie[2] *(sport)* hockey.

hok·kies·peul milk vetch; buffalo bean; monkey bean.

hok·kig *=kige, (bot.)* locular; *(also hokkerig)* poky.

hok·ko·vo·ël *(orn.)* curassow.

ho·kus·po·kus hocus-pocus; mumbo-jumbo; hanky-panky.

hol[1] *(rare)*, **hool** *hole, n.* hole; cave, cavern; cavity; den, lair, burrow; →GAT[1]; *in 'n ~ kruip, (a wild animal)* go to earth/ground; *uit 'n ~ kom/(op)spring* break cover.

hol[2] *holle, n. (vulg.)* arse, anus; *(derog.)* arsehole; →GAT[2]. **hol** *hol(le) holler holste, adj. & adv.* hollow *(tooth, voice)*; empty *(stomach)*; sunken *(eyes)*; gaunt *(face)*; cavernous; *~(le)* ***frases*** hollow phrases, idle/empty talk, hot air; *~* ***lens*** concave lens; *my maag voel ~* I am feeling pretty hollow/hungry; *~* ***maak*** hollow; *~* ***muur*** hollow/cavity wall; *in die ~ste van die* ***nag*** at dead of night, in the black/depth of night; *~* ***pad*** sunken road; *~le* ***retoriek*** windy rhetoric; *~* ***steen*** hollow/cavity brick; *~* ***stempel*** female die; *~* ***voeg*** concave joint; *~(le)* ***woorde/gebaar/dreigement*** empty words/gesture/threat. **~aar** *(anat.)* vena cava. **~as** *(mech.)* tube/tubular shaft; rear axle tube. **~beitel** hollow chisel; gouge. **~bol** concavo-convex. **~bolstruktuur** ball and socket structure, cup-and-ball structure. **~boor** tubular drill, hollow drill. **~-en-dol(-)voeg** *n.* joggle (joint). **~-en-dol(-)voeg** *ge=, vb.* joggle. **~guts** firmer gouge. **~hoornig** *=e* cavicorn. **~horing(dier)** *(zool.)* cavicorn. **~klinkend** *=e* hollow, hollow-sounding. **~knie(ë)** *(vet.)* buck knee(s). **~krans** open cave. **~lys** cove/hollow/cavetto moulding. **~moer** cap nut, screw cap. **~muurisolasie** cavity wall insulation. **~naai** *(taboo sl.: have anal sex [with s.o.])* bugger. **~naald** *(med.)* can(n)ula. **~nek** *(vet.)* ewe neck. **~neus** saddle nose. **~oog** hollow-eyed, haggard. **~passer** spherical compasses, inside cal(l)ipers. **~pyp** shoemaking punch, hollow punch. **~pyptang** punching pliers. **~rond** concave. **~rond-bolrond** →HOLBOL. **~rondheid** concavity. **~rug** *n.* lordosis; *(pathol.)* hollow-back; *(vet.)* sway-back; saddle tool. **~rug** *adj.* sway-back(ed), hollow-backed; *'n perd ~ry* get a horse saddlebacked; *'n teorie ~ry* ride a theory to death, hack a theory; *iets is ~ (gery), (infml.)* s.t. is cliché(')d (*or* worked to death); *~ (geryde) woorde* hackneyed/trite/overworked/overstrained words/phrases. **~rugbank** bucket seat. **~rugsaag** skewback saw. **~senter** cup centre. **~skaaf** hollow plane. **~spaat** *(min.)* chiastolite, crucite, macle. **~voet** *(med.)* pes cavus. **~voor** centre furrow.

hol[3] *n.: op ~* ***gaan,*** *(animals)* stampede; *(a horse before a cart)* bolt; *die bul het op ~* ***gegaan*** the bull ran amuck; *iem. se* ***kop*** *op ~ maak* turn (*or* put fancies/ideas/notions into) s.o.'s head; *iem. se* ***kop*** *het heeltemal op ~ geraak* s.o. completely lost his/her head; *iem.* ***op*** *~ ja(ag)* drive s.o. distracted; *iem. se* ***senuwees*** *was op ~* s.o.'s nerves were all aflutter; *op ~* ***wees,*** *(s.o.)* be distraught/distracted; *(s.o.'s mind)* be full of fancies; *(s.o.'s imagination)* run riot. **hol** *ge=, vb.* career, run, rush, scamper, bolt, stampede; →WEGHOL.

hol·der·ste·bol·der head over heels/ears, helter-skelter, pell-mell, topsy-turvy, slap-bang, like a bull at a gate.

hol·heid hollowness, concavity; emptiness; vacuity; →HOL[2] *adj. & adv.*. **hol·lig·heid** cavity, hole; hollowness; *in die ~ van jou hand* →IN DIE HOLTE VAN JOU HAND.

ho·lis *=liste* holist. **ho·lis·me** *(also H~)* holism. **ho·lis·ties** *=tiese, (also H~)* holistic.

Hol·land *(geog.)* Holland. **Hol·lan·der** *=ders* Hollander, Dutchman; *die Vlieënde ~* the Flying Dutchman. **Hol·lan·dis·me** *=mes* →NEDERLANDISME. **Hol·lands** *n., (lang.)* Dutch; *om dit op ~ te sê, (infml., fig.)* to speak plainly; *~ praat, (fig.)* do some plain speaking. **Hol·lands** *=landse, adj.* Dutch; *~e* ***gousblom*** corn marigold; *~e* ***hak*** Dutch heel; *~e* ***jenewer*** Hollands (gin); *die* ***Kaap*** *is weer ~* everything is all right again; *die ~e* ***kerke*** the Dutch (Reformed) churches; *~e* ***vrou*** Dutchwoman. **Hol·lands-A·fri·kaans** Dutch South African. **hol·lands·lin·ne** holland (cloth); *ongebleikte ~* brown holland.

hol·lan·daise(·sous) *(Fr. cook.)* hollandaise (sauce).

hol·ler *=lers* runner; *(kaal)~* streaker.

Hol·ly·wood Hollywood, *(infml.)* Tinseltown.

hol·mi·um *(chem., symb.: Ho)* holmium.

ho·lo- *comb.* holo-. **~-eder, holoëder** *(cryst.)* holohedron. **~-edries, holoëdries** *=e* holohedral. **~fities** *=e, (biol.)* holophytic. **~graaf** *=grawe* holograph. **~grafies** *=e* holographic; *~e testament* holographic will, testament in testator's own hand. **~gram** hologram. **H~seen** *(geol.)* Holocene. **~soïes** *=e, (biol.)* holozoic. **~turiër** *=s, (zool.)* holothurian, sea cucumber.

hol·ster *=sters* holster, pistol case.

hol·te *=tes* cavity; hollow *(of the hand)*; socket *(of the eye)*; crook *(of the arm)*; pit *(of the stomach)*; *(min.)* pocket; *(anat.)* crypt, antrum, sinus *(of a bone)*; lumen *(of a blood vessel)*; space; void; depression; ventricle; *in die ~ van jou hand, (lit., fig.)* in the hollow of one's hand; *kelkvormige ~* calix. **hol·te·dier** *(zool.)* coelenterate. **hol·te·rig** *=rige, (geol.)* cavernous.

hom[1] *homme, n.* milt (soft roe of fish).

hom[2] *pron.* him; it; →HY; *dit is nou van ~* that is just his way; *hy was ~* he is washing himself, he is having a wash; *hy was ~ al self* he can already wash himself; *ek het ~ self gesien* I saw him myself; *vra ~ self* ask him yourself. **~self** himself; *(acc. & dat.)* itself; *hy het geld van ~* he has private means; *hy het ~ geskiet* he shot himself.

ho·me·o- *comb.* hom(o)eo-.

ho·me·o·pa·tie, ho·mo·pa·tie hom(o)eopathy. **ho·me·o·paat, ho·mo·paat** *=pate* hom(o)eopath(ist). **ho·meo·pa·ties, ho·mo·pa·ties** *=tiese* hom(o)eopathic.

ho·me·o·po·lêr →HOMOPOLÊR.

ho·me·o·ti·pe →HOMOTIPE.

ho·me·o·trans·plan·taat, ho·mo·trans·plan·taat *=tate* homograft.

Ho·me·ries *=riese, (also h~)* Homeric; *~e gelag* Homeric laughter, roars of laughter. **Ho·me·ros, Ho·me·rus** *(Gr. poet)* Homer; *ook ~ slaap/dut soms, (prov.)* even Homer sometimes nods.

ho·mi·leet *=lete* homilist. **ho·mi·le·tiek** homiletics. **ho·mi·le·ties** *=tiese* homiletic. **ho·mi·lie** *=lieë* homily.

ho·mi·ni·de *=des, (zool.)* hominid. **ho·mi·nied** *=niede, adj.* hominid.

ho·mi·no·ïed *=noïede, (sci-fi)* humanoid.

hom·mel *=mels,* **hom·mel·by** *=bye* bumblebee, humblebee; drone.

hom·mer *=mers* →HOMVIS.

Ho·mo *(Lat.: man)* Homo. **~ sapiens** *(modern man)* Homo sapiens.

ho·mo *=mo's, (infml., chiefly derog., abbr. of* homoseksueel*)* homo.

ho·mo- *comb.* homo-.

ho·mo·fo·bie *(intense hatred/fear of homosexuals/homosexuality)* homophobia. **ho·mo·fo·bies** *=biese* homophobic. **ho·mo·foob** *=fobe* homophobe.

ho·mo·fo·nie *(ling., mus.)* homophony. **ho·mo·foon** *=fone, n.* homophone. **ho·mo·foon** *=fone, adj.* homophonous *(words etc.)*; homophonic *(chords etc.)*.

ho·mo·gaam *=game* homogamous. **ho·mo·ga·mie** homogamy.

ho·mo·geen *=gene* homogeneous, uniform; *(biol.)* homogenous. **ho·mo·ge·ne·ties** *=tiese* homogenetic, homogenic, homogenous. **ho·mo·ge·ni·sa·sie** homogenisation. **ho·mo·ge·ni·seer** *ge=* homogenise. **ho·mo·ge·ni·teit** homogeneity, homogeneousness.

ho·mo·graaf *=grawe* homograph.

ho·mo·lo·geer *ge=* homologate, sanction. **ho·mo·lo·gie** homology. **ho·mo·lo·gi·seer** *ge=* homologise. **ho·mo·loog** *=loë, n.* homologue. **ho·mo·loog** *=loë, adj.* homologous.

ho·mo·niem *=nieme, n., (ling., biol.)* homonym. **ho·mo·niem** *=nieme, adj.* homonymic, homonymous. **ho·mo·ni·mie, ho·mo·ni·mi·teit** homonymy.

ho·mo·paat, ho·mo·pa·tie, ho·mo·pa·ties →HOMEOPAAT, HOMEOPATIE, HOMEOPATIES.

ho·mo·po·lêr, ho·me·o·po·lêr *=lêre* homopolar

ho·mo·sek·su·a·li·teit homosexuality, homosexualism. **ho·mo·sek·su·eel** *=ele, n.* homosexual, *(infml., derog.)* queer; *(psych., obs.)* invert. **ho·mo·sek·su·eel** *=ele, adj.* homosexual, gay, *(infml., derog.)* queer.

ho·mo·sen·tries *=triese, (genet.)* homocentric. **ho·mo·si·goot** *=gote* homozygote. **ho·mo·ti·pe, ho·me·o·ti·pe** *=pes, (biol.)* homotype.

homp *hompe* chunk, hunk, lump, wodge; *'n ~ brood* a chunk of bread.

Hom·pie Ke·dom·pie, Oom·pie Doom·pie, Oom·pie Ke·doom·pie Humpty Dumpty.

hom·vis, hom·mer milter.

hond *honde* dog, hound; *(fig.)* cur; *(also, in the pl., derog.: police)* Babylon, the fuzz/law; ***baie*** *~e is 'n haas se dood* numbers count; *twee ~e veg oor 'n* ***been,*** *en die derde loop daarmee heen* two dogs fight for a bone and a third runs away/off with it; *iem. soos 'n ~* ***behandel,*** *(infml.)* treat s.o. like a dog; *'n ~* ***blaf*** *tog* even a dog will bark; *bekend soos die* ***bont*** *~* known all over the place, known as a bad shilling; *'n dooie ~* ***byt*** *nie* dead men tell no tales; *jou eie ~e* ***byt*** *die seerste* justice is hardest to bear from friends; ***dink*** (of *jou* ***verbeel***) *jy is die goewerneur se ~ se oom/neef* fancy (*or* be full of) o.s., think one's the cat's whiskers/pyjamas (*or* the bee's knees); *kyk of die ~ dit sal* ***eet*** try it on the dog; ***eie*** *~e byt die seerste* one's own people are one's harshest critics; *van die ~* ***gebyt wees*** be awfully conceited; *van/deur jou eie ~e* ***gebyt word*** be harmed by one's own people; *iem. kry ~ se* ***gedagte,*** *(infml.)* s.o. smells a rat, s.o.'s suspicions are aroused/roused; *'n* ***gemene*** *~, (said of a pers.)* a mean cur; *dit maak geen ~* ***haaraf*** *nie, (infml.)* it cuts no ice; *iem. maak geen ~* ***haaraf*** *nie, (infml.)* s.o. gets nowhere (*or* makes no headway); *nie ~* ***haaraf*** *met iem./iets maak nie* not get to first base with s.o./s.t.; *~e* ***hou*** *en self blaf, (fig.)* keep a dog and bark o.s.; ***jong*** *~,* ***klein*** *~jie* pup(py); *lyk of die ~e jou* ***kos*** *afgeneem/afgevat het, (infml.)* look down in the mouth (*or* crestfallen); ***kwaai*** *~e byt mekaar nie* dog will not eat dog; ***lae*** *~, (fig.)* skunk, cur; *'n ~* ***lei*** walk a dog; *'n* ***lewendige*** *~ is beter as 'n dooie leeu* discretion is the better part of valour; *'n ~ op iem.* ***loslaat*** set a dog (up)on s.o.; *(van) iem. ~* ***maak,*** *(infml.)* lead s.o. a dog's life, treat s.o. like a dog; *armoede is soos 'n maer ~ wat aan 'n been kou* necessity knows no law, needs must when the devil drives; necessity is the mother of invention; *('n) haastige ~ verbrand sy* ***mond/bek,*** *(infml.)* (the) more haste (the) less speed; *met* ***onwillige*** *~e kan 'n mens nie hase vang nie* you can lead/take a horse to water, but you can't make it drink; ***oor*** *die ~ (se rug/stert) wees, (infml.)* turn the corner; break the back of the work; *die ~ is in die* ***pot,*** *(infml.)* dine with Duke Humphrey *(arch.)*, have poor pot luck; *g'n ~ of kat met* ***rus*** *laat nie* leave nobody in peace; ***sa*** *sê vir 'n ~* set a dog on; *moenie* ***slapende*** *~e wakker maak nie* let sleeping dogs lie, leave well alone!; *so moeg* ***soos*** *'n ~* dog-tired; *so siek* ***soos*** *'n ~* (as) sick as a dog; *met 'n ~ gaan* ***stap*** walk a dog; *kom 'n mens oor die ~, dan kom jy ook oor sy* ***stert*** when the worst part of a job is done, the rest will cause no trouble; *as jy 'n ~ wil slaan, kry jy maklik 'n* ***stok*** it is easy to find a stick to beat a dog; ***'n trop*** *~e* a pack of dogs; a pack of hounds *(in hunting)*; *iem. lyk soos 'n ~ wat* ***vet*** *gesteel het, (infml.)* s.o. looks sheepish, s.o. has a hangdog look, s.o. is shamefaced; *'n ~* ***wegroep*** call off a dog; *blaf met die ~e en huil met die* ***wolwe*** →BLAF. **~lelik** =*e* (as) ugly as sin. **~mak** as tame as a dog; *iem. is ~* s.o. is beaten, s.o. has thrown up the sponge. **H~ster** *(astron.)* Dog Star, Sirius, Sothis.

hond·ag·tig =*tige* canine; doggish, doglike. **Hond·ag·ti·ges** Canidae.

hon·de-: **~baantjie** dog's job, rotten job. **~belasting** dog tax. **~beskuit** dog biscuit. **~blaaswurm** hydatid cyst. **~bloed** dog's blood; *(joc.)* liquorice. **~bos** *Exomis* spp.; *Euphorbia* sp.. **~byt** dog bite. **~draffie** easy trot, dogtrot. **~geblaf** dog's bark, barking of dogs. **~gesig** dogface; *(bot.) Phylica stipularis*. **~geveg** dogfight. **~haar** dog hair; gare *(in sheep)*. **~halsband** dog collar. **~herberg, ~hawe** kennels; *na 'n ~ bring, in 'n ~ hou* kennel. **~hok** (dog) kennel, doghouse. **~hotel** boarding kennel. **~kamp** dog enclosure. **~kar** dogcart. **~kenner** dog fancier, connoisseur of dogs. **~ketting** dog chain. **H~klub** Kennel Club. **~kop** dog head; doglike head. **~kos** dog food. **~lewe** dog's life, wretched life; *'n ~ hê/lei* lead a dog's life. **~liefhebber** dog lover. **~lisensie** dog licence. **~mandjie** dog basket. **~meester** dog handler, dog master. **~(naam)plaatjie** dog tag. **~neus** dog's nose; *'n ~ hê* have a keen nose. **~oor** dog's ear; *(bot.: Cotyledon* spp.*)* pig's ears. **~pikeur** dog master; doggy man; dog fancier. **~pisbossie** →HONDEBOS. **~plaatjie** →HONDE(NAAM)PLAATJIE. **~ras** breed of dogs. **~re(i)sies** dog races; →HONDEWEDREN. **~renbaan** dog track. **H~rivier** *(Syria)* Dog River. **~siekte** distemper *(in dogs)*. **~skou** dog show. **~slee** dog sled(ge). **~stert** dog's tail. **~sweep** dog whip. **~tand** dog's tooth. **~teelt, ~teling** dog breeding. **~teler** dog breeder/fancier. **~telery** (breeding) kennels. **~tentoonstelling** *(rare)* →HONDESKOU. **~vanger** dog-catcher. **~vel** dogskin. **~vet** dog's fat. **~vleis** dog's flesh. **~vrees** kynophobia. **~vriend** dog lover/fancier, doggy person. **~wa** dog box. **~wag** dogwatch. **~wedren** dog/whippet race. **~weer** atrocious/beastly/filthy/foul weather. **~wortel** *(bot.) Peucedanum cynorrhiza*.

hon·derd =*derde* hundred; *die ~* ***bereik*** reach three figures; ***by*** *~e* by the hundred(s); ***by die*** *~* close (up)on a hundred; ***by die*** *~e* by the hundred; *hulle het* ***by (die)*** *~e gekom* they came in (their) hundreds; ***een*** *uit (die) ~* →UIT² *prep.*; *'n kans van ~ teen* ***een*** a hundred to one chance; ***goed/ruim*** *~* well over a hundred; *dit was nie ~* ***jaar*** *nie of ...* it did not take long before ...; *~* ***maal*** a hundred times; *~* ***man*** a hundred men; *'n* ***man/vrou*** *~ wees* be one in a hundred, be quite a fellow; ***meer*** *as ~* over a hundred; *~e* ***mense/kilometers/rande*** hundreds of people/kilometres/rands; ***oor*** *die ~* over a hundred; ***oor*** *die (of meer as) ~ mense* more than a hundred people; *~* ***persent*** *daarvoor* one hundred per cent in favour. **~delig** =*e* centesimal *(balance)*, centigrade *(thermometer)*; **~duisend, ~ duisend** a hundred thousand; *~e* hundreds of thousands; *dit loop in die ~e* it runs into six figures. **~duisendste, ~ duisendste** hundred thousandth. **~duisendstes, ~ duisendstes** hundred thousandths. **~-en-een, ~ en een** a hundred and one; *~ moeilikheidjies hê* have a thousand and one troubles. **~-en-tien, ~ en tien** a hundred and ten; *al ~* in spite of all your excuses, all the same. **~-en-tiende, ~ en tiende** hundred and tenth. **~-en-twintig, ~ en twintig** long hundred, a hundred and twenty. **~-en-vyftigjarig** =*e* sesquicentennial. **~gradig** =*e* centigrade. **~jarig** =*e* a hundred years old; centennial, centenary; *~e fees* centenary; *die H~e Oorlog, (hist.)* the Hundred Years' War. **~jarige** =*s* centenarian. **~man** =*ne, (mil.)* centurion; *(jur.)* centumvir. **~ogig** =*e* with a hundred eyes, argus-eyed. **~ponder** hundred pounder. **~poot** centipede, scolopender. **~pootagtig** =*e* scolopendrine. **~rander** subscriber/donor of R100. **~tal** a hundred; *(cr.)* century; *'n ~ aanteken/behaal, (cr.)* hit/make/score a century, knock up a century. **~voud** centuple. **~voudig** hundredfold, centuple.

hon·derd·ste =*stes* hundredth.

hond·jie =*jies* small dog; doggie; pup, puppy (dog); *dis nie om die ~ nie, maar om die* ***halsbandjie*** s.o. pretends to be interested in s.o./s.t., but is really after s.o./s.t. else; ***jong*** *~* pup(py); ***(klein)*** *~* pup(py); ***my*** *~!* my (little) darling!; *soos 'n ~* ***swem*** doggy/doggie-paddle. **~swem** *n.* doggy/doggie paddle. **~swem** *ge=, vb.* doggy/doggie-paddle.

hond·jie·ag·tig =*tige* puppyish.

honds *hondse* doggish, canine; currish, churlish; bitchy; cynical. **~dae** *(poet., liter.)* dog days. **~dol** rabid, hydrophobic. **~dolheid, rabies, rabiës** *(pathol.)* rabies, hydrophobia. **~haai** hound(fish), (spotted) dogfish. **~roos** dogrose, briar rose, dog briar; eglantine. **~taai** dogged. **~taaiheid** doggedness. **~tand, hoektand** canine (tooth). **~vot** =*te, (rare)* mean hound, rascal, scoundrel.

honds·heid currishness; brutality.

Hon·du·ras *(geog.)* Honduras. **Hon·du·rees** =*rese, n. & adj.* Honduran.

ho·nend =*nende* scornful, derisive, sneering, jeering, taunting, insulting; →HOON; *~e lag* sneer.

Hon·ga·ry·e *(geog.)* Hungary. **Hon·gaar** =*gare, n.* Hungarian. **Hon·gaars** *n., (language)* Hungarian; →MAGJAAR. **Hon·gaars** =*gaarse, adj.* Hungarian; *~e grasvlakte* puszta.

hon·ger *n.* hunger; *die ~ op 'n* ***afstand*** *(of* ***buite*** *die deur) hou* keep the wolf from the door; *~ is die* ***beste kok*** hunger is the best sauce; *van ~* ***doodgaan/sterf/sterwe,*** *(lit.)* die of famine/hunger, starve (to death); ***doodgaan*** *(of* ***dood*** *wees of* ***vergaan****) van die ~, (infml.)* be famished/starving; ***flou*** *wees van die ~* be faint with hunger; *~ hê* be hungry; ***knaende/nypende*** *~* pangs of hunger, gnawing hunger; *~* ***kry*** get hungry; *~* ***ly*** go hungry; starve; *iem. van ~ laat* ***omkom*** starve s.o. to death; *deur ~ tot* ***oorgawe*** *dwing* starve into surrender/submission; *iem. se maag* ***rammel*** *van die ~* s.o. is half starved; *van ~* ***sterf/sterwe →doodgaan/sterf/sterwe;*** *iem. se ~* ***stil*** appease s.o.'s hunger; *jou ~* ***stil*** satisfy one's hunger; *~ is 'n skerp* ***swaard*** hunger sharpens the sword; *iem. is* ***vaal*** *van die ~, (infml.)* s.o. is faint with hunger, s.o. is very hungry; ***vergaan*** *van die ~* ***→doodgaan.*** **hon·ger** *adj.* hungry; ***rasend*** *~ wees* have a roaring appetite; *so ~* ***soos*** *'n wolf* as hungry as a wolf/hawk/hunter; *~* ***wees/word*** be/get hungry.

hon·ger *ge=, vb.* hunger; *na ... ~* hunger after/for ... *(friendship etc.)*. **~blom** *Senecio* spp.. **~blommetjie** *(Draba verna)* whitlow grass. **~dood** death from hunger/starvation; *die/'n ~ sterf/sterwe* suffer death from hunger, die of famine/starvation. **~kuur** fasting cure. **~loon** pittance, starvation wage; *vir 'n ~ werk* work for a (mere) pittance; *arbeiders vir 'n ~ laat werk* to sweat labourers. **~lyer** starveling. **~mars** hunger march. **~oproer** hunger riot. **~pyn** hunger pang. **~snood** famine, starvation. **~staker** hunger striker. **~staking** hunger strike; *'n ~ begin* go on hunger strike. **~tee** *(bot.) Leyssera gnaphaloides*. **~tifus** hunger typhus. **~wol** hungry wool, lean wool.

hon·gerig =*rige* peckish, rather hungry; →HONGER *adj.*. **hon·ge·rig·heid** hungriness, slight hunger.

hon·ger·te *(infml.)* hunger; →HONGER *n.*.

Hong·kong *(geog.)* Hong Kong.

honk¹ *ge=* honk.

honk² *n.* home base. **~bal** →BOFBAL.

hon·neurs honours; *~ behaal* obtain honours; *gelyke ~, (card games)* honours easy. **~eksamen** honours examination. **~graad** honours degree.

Ho·no·lu·lu, Ho·no·loe·loe *(geog.)* Honolulu.

ho·no·ra·ri·um =*riums,* =*ria* fee, honorarium, emolument. **ho·no·reer** *ge=* honour, cash *(bill, cheque)*; *nie ~ nie* dishonour *(cheque)*. **ho·no·rêr** =*rêre* honorary. **ho·no·ris cau·sa** *(Lat.)* honorary; *'n graad ~ ~ toeken* confer/bestow an honorary degree; *doctor ~ ~* honorary doctor.

ho·nou →HANOU *interj.*.

hoof *hoofde, n.* head; headmaster, =mistress, principal *(of a school, college, etc.)*; rector *(of a university)*; master, warden *(of a college)*; *(mil.)* chief; chief(tain); leader; *(print.)* heading; *(print.)* caption; headland; →KOP *n.*; ***aan*** *die ~ van ...* at the head of ...; *met ...* ***aan*** *die ~* headed by ...; ***aan*** *die ~ van die tafel sit* head the table; ***aan*** *die ~ van ... staan/wees* head/front (*or* head up *or* be at the head of *or* be in charge of) ...; be in command of ...; *... die ~* ***bied*** bear up (*or* make head) against ..., cope with ... *(misfortune etc.)*; face ... *(danger etc.)*; confront ... *(one's attackers etc.)*; *jou ~ oor ...* ***breek*** beat/cudgel/puzzle/rack one's brains (*or* trouble one's head)about ...; *jou ~* ***buig*** bow one's head; ***gekroonde*** *~* crowned head; *iets* ***hang*** *bo iem. se ~, (fig.)* s.t. hangs over s.o.'s head; *iets* ***kom*** *op iem. se ~ neer* s.o. bears/suffers/takes the consequences of s.t.; *jou ~* ***neerlê*** lay down one's head, die; ***onder*** *die ~ ...* under the heading of ...; ***onder*** *hierdie ~* under this head; ***onder*** *'n ander ~* under another heading; *jou ~* ***ontbloot*** uncover one's head; *iets* ***oor*** *die ~ sien* overlook s.t.; *iem.* ***oor*** *die ~ sien* leave s.o. out, pass s.o. by/over, overlook s.o.; *ons dade kom* ***op*** *ons eie ~ neer* our actions come home to roost; *die ~* ***optel*** →DIE/JOU **KOP** LIG/OPLIG/OPTEL; ***per*** *~* per person; a head; →PER **KOP;** *soveel ~de, soveel* ***sinne*** so many men, so many minds; there are as many views as there are individuals; ***uit*** *~de van ...* by virtue of ... *(one's office etc.)*; by reason of ...; on account of ...; owing to ...; ***uit*** *die ~ aanhaal* quote from memory; *iets* ***uit*** *jou/die ~ (uit) ken* →KEN² *vb.*; *iets* ***uit*** *jou/die ~ (uit) leer* →LEER¹ *vb.*; *~* ***van*** *die generale staf* chief of the general staff.

hoof-: chief, leading, main, principal, head, master, senior, cardinal, capital; *hoof(-) mediese beampte* chief medical officer. **~aanklag** major charge. **~aansluiting** main connection. **~aanval** main attack. **~aar** cephalic vein. **~afdeling** main/principal division/section. **~afmetings** leading dimensions. **~agent** chief agent, general agent. **~agentskap** general agency. **~aksent** main stress/accent. **~altaar** high altar, principal altar. **~amptenaar** high official, head official; head of a department; chief executive. **~argivaris** chief archivist. **~artikel** leading article, leader, editorial; *tweede/derde ~* subleader. **~artikelskrywer** editorialist. **~as** main/principal axis/shaft; primary shaft; *(math.)* major axis; *(biol.)* primary axis; *(bot.)* rachis. **~band** coronal; →KOPBAND. **~beampte** head official. **~bedekking** head covering, headgear, headwear. **~bediende** butler; chief steward; head waiter. **~beginsel** cardinal/chief/fundamental/main principle. **~begrip** fundamental notion. **~begroting** main estimates. **~belasting** →KOPBELASTING. **~berig** lead story; *die koerant se ~ gaan oor ..., die koerant wy sy ~ aan ...* the paper leads with a report on ... **~beskermheer** patron-in-chief. **~bestanddeel** chief ingredient, main constituent, staple. **~bestuur** head committee, national executive. **~bestuurder** chief director, director-in-chief; director-general; general manager. **~bestuursuite** executive suite. **~beswaar** chief objection; main difficulty/drawback. **~bewaarder** head warder. **~bibliotekaris** chief librarian. **~bint** *(archit.)* main tie/beam. **~blad** principal page; leader page; main blade/plate/leaf *(of a spring)*; master plate. **~bord** *(comp.)* motherboard. **~bout** kingpin, kingbolt. **~brandpyp** fire main, water-main. **~brekens, ~brekings** brainracking; *dit gee my ~* it perplexes/puzzles me, it gives me a headache *(infml.)*; *(also)* it causes problems. **~bron** headspring, chief source, mainspring. **~buis** *(elec.)* main. **~danseres** prima ballerina. **~deel** main/principal part; body; *(in the pl., gram.)* principal parts. **~dek** main deck. **~deksel** head covering, headdress, headgear. **~denkbeeld** leading/principal idea. **~deug** cardinal/chief/principal virtue; *(RC)* natural virtue. **~deur** main door/entrance. **~diaken** leading deacon. **~doel** main object, principal aim. **~dogter** →HOOFMEISIE. **~dorp** chief/principal town; capital of a district, seat of a magistracy. **~dravlak** mainplane *(of an aircraft)*. **~eienskap** chief property/quality, (leading) feature; *(math.)* fundamental theorem. **~eis** claim in convention. **~ertsspleet** *(min.)* mother lode. **~faktor** main factor. **~feit** main fact. **~figuur** central/leading/principal figure, protagonist. **~film** main film, feature film. **~gang** main corridor; main course/dish. **~gebeurtenis** chief event. **~gebou** main building. **~gebrek** main fault, besetting sin. **~gedagte** leading/ruling/main/

principal idea. ~**geld** *(rare)* poll/head tax, capitation (fee). ~**geleiding** *(elec. etc.)* main. ~**gereg** main course/dish. ~**geskil** principal difference. ~**getal** cardinal (number). ~**getuie** chief witness. ~**getuienis** evidence in chief; main evidence. ~**ghitaar(speler)** →HOOFKITAAR(SPELER). ~**grond** main cause; principal argument. ~**industrie** basic/key/pivotal/principal industry. ~**ingang** main entrance. ~**ingenieur** chief engineer *(general)*. ~**inhoud** chief contents, substance; gist, purport; burden; summary; *(jur.)* gravamen. ~**inspekteur** chief inspector. ~**kaart** key map. ~**kaas** head cheese, brawn. ~**kabel** *(elec.)* main (cable). ~**kanonnier** master gunner. ~**kantoor** head/chief/principal/main office; headquarters; *by/in die ~* at the head office. ~**kaptein** paramount chief. ~**karakter** main character *(in a novel etc.)*. ~**kelner** head waiter, chief steward. ~**kenmerk** main/principal feature. ~**kerk** cathedral, minster, metropolitan church. ~**kitaar(speler)**, ~**ghitaar(speler)** lead guitar(ist). ~**klem** principal/primary/main stress/accent. ~**klerk, eerste klerk** chief/head/principal clerk. ~**kleur** principal colour; *(bridge)* major suit; *die sewe ~e* the seven primary colours. ~**knik** nod (of the head). ~**kok** chef, master cook. ~**komitee** executive, head committee. ~**kommandant** chief commandant. ~**kommando** main commando. ~**kommissaris** chief commissioner. ~**kommissie** general committee, head committee. ~**kompas** master compass. ~**kondukteur** (chief) guard/conductor. ~**konstabel** head constable; chief constable. ~**kraal** great place *(of a chief)*. ~**kraan** main cock/tap, main. ~**kragleiding** power main. ~**kussing** pillow. ~**kussingblok** main bearing. ~**kwartier** headquarters; centre of operations; *in/aan die ~* at headquarters; *groot ~* general headquarters. ~**laer** principal encampment; *(SA, hist. or fig.)* main laager; main bearing. ~**landdros** chief magistrate. ~**lêer** *(comp.)* master file. ~**leiding** supreme direction/management; main conductor/circuit/lead, main. ~**leier** chief leader, leader-in-chief, supreme leader. ~**letter** capital (letter), upper-case letter; *(in the pl.)* capitals, capital letters, upper case; *(typ.)* majuscule; *met 'n ~ skryf* capitalise; *in ~s druk, met ~s skryf* upper-case *(vb.)*; *kuns met 'n ~-K* art with a capital A. ~**lig** headlight; →KOPLIG; *gedompte ~te, (mot.)* low beam; *helder ~te, (mot.)* full/high/main beam. ~**liga** *(sport)* big league. ~**ligaspeler** big-leaguer. ~**lugleiding** air main. ~**lugpyp** *(anat.)* trachea, windpipe. ~**lyn** principal line; *(rly.)* main line; *(teleph.)* trunk line; *~e van 'n vak* outline (*or* broad lines) of a subject. ~**lynoproep**, ~**lyngesprek** trunk call. ~**maal(tyd)** dinner, principal meal. ~**mag** main body, main force. ~**magistraat** chief magistrate. ~**man** *=ne* captain, chief, leader, headman; *~ oor honderd, (mil., hist.)* centurion. ~**meisie**, ~**dogter** head girl. ~**middel** *=s, =e: ~s/~e van bestaan* chief (means of) support. ~**minister** chief minister. ~**motief** leading/principal motive. ~**nerf** *(bot.)* midrib, main vein, nervure, primary rib. ~**nommer** main/major item *(on a programme)*. ~**offisier** field officer. ~**offisiersrang** field rank. ~**ondervraging** examination in chief. ~**onderwerp** main/chief/principal subject. ~**onderwyser(es)** head teacher. ~**oogmerk** chief object, principal aim. ~**oorsaak** main/principal/root cause, mainspring. ~**opsigter** head overseer, chief inspector *(of labourers)*; warden. ~**ouderling** leading elder. ~**pad** highway, high/main/major/trunk road. ~**persoon** principal person; principal character *(in a story, play)*; hero, leader, protagonist, kingpin. ~**plaat** master disc. ~**planeet** primary planet. ~**plooi** major fold. ~**poskantoor** general post office. ~**prefek** head prefect. ~**prent** main film, feature film/picture; *twee ~e (op een program)* double feature. ~**provoos** provost marshal. ~**prys** main prize. ~**punt** chief/main (*or* most essential) point/feature, salient feature. ~**pyn** headache; megrim, sore head; *'n* ***barstende*** *~* a splitting headache; *iem. ~* ***besorg*** cause s.o. a headache; *(infml.)* give s.o. a pain in the neck; *~* ***hê*** have a headache; *'n bietjie ~* ***hê*** have a slight headache, have a bit of a head; *iem.* ***het*** *~, (also)* s.o.'s head aches; *~* ***kry*** get/develop a headache; *'n* ***kwaai*** *~* a violent headache. ~**pynerig** *=e* headachy. ~**pyp** main (pipe), trunk main. ~**raad** head committee, national executive. ~**raam** *(comp.)* mainframe. ~**(raam)rekenaar** mainframe (computer). ~**rat** master wheel. ~**redaksie** senior editorial staff. ~**redakteur** (chief) editor, editor in chief, general editor. ~**redakteurskap** chief editorship. ~**rede** main address; main reason. ~**reël** cardinal/general/principal rule; headline. ~**regter** chief justice; *(mainly Sc.)* justiciary; *(hist.)* justiciar. ~**rekenaar** →HOOF(RAAM)REKENAAR. ~**rekene** mental arithmetic. ~**rekenmeester** chief accountant. ~**rif** main reef; midrib. **H~rifweg** Main Reef Road. ~**riool** main (drain). ~**rol** *(theatr.)* leading/principal/star part/role/rôle, lead; ... *in 'n/die ~* ***hê*** feature ...; *die film* ***het*** *... in een van* (*of het ... en ... in*) *die ~le* the film co-stars ... (and ...); *die ~* ***speel/vertolk****, (theatr.)* play the lead (*or* leading part/role/rôle), be the leading lady/man; *(fig.)* take the lead, play the leading part/role/rôle; *die ~le* ***speel/vertolk*** be co-stars; *een van die ~le* (*of die tweede ~*) ***speel/vertolk*** be a/the co-star. ~**rolspeelster** leading lady, female lead, star. ~**rolspeler** leading man, male lead, star, featured/principal player; protagonist; *een van die ~s* a co-star. ~**saak** →HOOFSAAK. ~**sanger(es)** lead singer *(of a rock group etc.)*. ~**sangeres** prima donna *(in an opera)*. ~**sekretaris** chief/principal secretary, national secretary, general secretary. ~**-sensusbeampte** Registrar General. ~**setel** chief/principal seat, headquarters. ~**seun** head boy; head prefect. ~**silinder** master cylinder. ~**sin** principal/main sentence, main clause. ~**skakelaar** main switch, service switch. ~**skedel** cranium, skull. ~**skedelplek** *(Bib.)* place of a skull. ~**skottel** principal dish; staple dish/fare. ~**skuddend** *(rare)* →KOPSKUDDEND. ~**skudding** headshake, shake of the head. ~**skuld** principal debt; chief fault/offence. ~**skuldenaar** principal debtor. ~**skuldige** chief culprit/offender. ~**slaapkamer** main/master bedroom. ~**slagaar** main artery, aorta. ~**som** sum total; capital (sum), principal; substance *(of a doctrine etc.)*. ~**sonde** capital sin/vice, deadly sin; *die sewe ~s* the seven deadly sins. ~**speelster**, ~**speler** →HOOFROLSPEELSTER, HOOFROLSPELER. ~**(spoor)lyn** main line. ~**spoorweg** main line. ~**spreker** principal/main speaker. ~**staander** king post. ~**stad** capital (city); metropolis, seat of government. ~**stam** bole. ~**stang** king rod, kingbolt. ~**stasie** central station. ~**stat** great place *(of a chief)*. ~**stedelik** metropolitan. ~**stedeling** metropolitan. ~**steen** headstone. ~**stel** headstall. ~**stelling** principal position; principal proposition; fundamental principle; tenet *(of a doctrine)*; *(math.)* axiom. ~**ster:** *as ~ aangedui word* get (*or* be awarded/given) star billing. ~**steun** headrest; mainstay, (principal) prop. ~**stingel** primary stem. ~**straat** main street, principal street, high street. ~**streke** cardinal points *(of a compass)*. ~**strekking** burden, purport, main theme. ~**stroom** main stream/current. ~**studie** principal study. ~**stuk** chapter; *'n ~ afsluit* close a chapter. ~**styl** mullion; principal post, king post. ~**taal** principal language. ~**tafel** main/principal table; high table. ~**tafelbediende** →HOOFKELNER, HOOFBEDIENDE. ~**tak** main branch. ~**tegnikus** *(air force)* chief engineer. ~**telwoord** cardinal (numeral). ~**tema** burden *(of a song)*; main theme, master theme; leitmotif/-tiv. ~**term** leading term *(of a determinant)*. ~**toevoerdraad** connecting main. ~**tonnel** *(min.)* main drive. ~**tooisel** headdress, -gear, head ornament. ~**toon** main/principal stress; keynote, fundamental tone. ~**trek** main/salient feature, principal characteristic/trait; *(also, in the pl.)* essentials, burden, main points; *in ~ke* in (broad) outline; *iets in ~ke beskryf/beskrywe, (also, fig.)* sketch s.t. in. ~**tribune** grandstand. ~**tyd** principal tense. ~**uitgang** main exit. ~**uitrusting** major equipment. ~**vak** major (subject); *met ... as ~(ke)* majoring in ... ~**valskerm** main parachute. ~**veer** mainspring, master spring. ~**vennoot** senior partner. ~**verdeelpyp** distributing main. ~**verdeling** principal division. ~**verdienste** chief merit/virtue; principal income. ~**vereiste** chief requisite. ~**verkeersweg** arterial road, trunk road, main line of traffic. ~**verpleegster** head nurse, charge nurse; sister in charge; ward sister. ~**vindplek** *(archaeol.)* type site. ~**vlak** principal plane. ~**vlieënier** master/chief pilot. ~**voedsel** principal/staple food, main article of food. ~**vorm** *=e* principal form; principal part *(of a verb)*. ~**vraag** main question. ~**vyand** chief enemy, enemy number one. ~**wag** main guard. ~**want** *(naut.)* main rigging. ~**waterskeiding** continental divide *(often C~ D~)*, Great Divide. ~**watersug** *(med., infml.)* water on the brain, dropsy of the brain; →WATERHOOF. ~**weg** *=weë* main road/route, high road, trunk road, highway. ~**werk** principal/chief work, major work, magnum opus; *(mil.)* main fort; chief business; mental work, headwork. ~**wind** cardinal wind. ~**windstreke** →HOOFSTREKE. ~**wond** = KOPWOND. ~**wortel** main root, taproot, primary root.

hoof·de·lik *=like* per head, per capita; *~* ***aanspreeklik*** severally liable; *~e* ***stemming*** poll, ballot, voting by call; division; *vra om 'n ~e* ***stemming*** call for a division; *sonder ~e* ***stemming*** by a voice vote, on voices; *~e* ***toelae*** capitation/capital grant.

hoofs *hoofse, (poet., liter.)* ceremonious; aulic *(rare)*; *~e kringe* grand society.

hoof·saak main point/thing; *(in the pl.)* essentials; *(in the pl., infml.)* bottom line, nuts and bolts; heart, gist; burden; *in ~* by and large, in the main, for the most part; in substance; principally; *in ~ juis* substantially (*or* by and large) correct; *in ~ saamstem* agree in substance. **hoof·saak·lik** *=like, adj.* chief, main, principal. **hoof·saak·lik** *adv.* chiefly, mainly, in the main, principally, essentially, more than anything else, mostly, for the most part.

hoof·skap *=skappe* principalship, principal's post; chieftaincy, chieftainship, headship; chiefdom.

hoog *hoë hoër hoogste, adj. & adv.* high *(mountain)*; lofty *(ideals)*; tall *(building, grass, tree, etc.)*; high-pitched *(voice)*; high-rise *(building)*; distinguished *(visitor)*; exalted; elevated; eminent, honourable, illustrious; highly, loftily; exaltedly; eminently, honourably, illustriously; →HOËR, HOOGSTE; *~* ***aan*** *wees, (infml.)* be tipsy/stoned; *die son was ~* ***aan*** *die hemel* the sun was high in the sky; *van hoë* ***afkoms*** of high descent, of exalted birth, highborn; *jou nie te* ***ag*** *~ om te ... nie* not be above ...; ***al*** *hoe hoër* higher and higher; taller and taller; *hoë* ***amptenaar*** high/senior official; *hoër* ***as*** *ooit wees* be at (*or* reach) an all-time high; ***baie*** *hoë toring/ens.* soaring tower/etc.; *~* ***bejaard*** advanced in years, aged, of a ripe age; *op hoë* ***bevel*** by order; by royal command; *met hoë* ***bloeddruk*** hypertensive; *met 'n hoë* ***blos*** with heightened colour; *op 'n hoë* ***breedte*** at a high latitude; *die hoë* ***C*** *bereik, (mus.)* reach high/top C; *die skoot ~* ***deur*** *hê* →SKOOT[1]; ***die*** *hoë* the tall one *(a tree, building, etc.)*; *~ en* ***droog*** →DROOG *adj.*; *~ en* ***droog*** *sit* be quite unconcerned; be unaffected; *~* ***en laag*** *sweer* →SWEER[2] *vb.*; ***ewe*** *~ wees* be the same height *(buildings, trees, etc.)*; *hoë* ***fees*** high festival; *hoë* ***frekwensie*** high frequency; *hoë* ***glans*** brilliant lustre; *hoë* ***hoed*** top hat, *(infml.)* topper; *~* ***hou*** uphold *(authority)*; maintain *(tradition)*; live up to *(reputation)*; keep up *(prestige)*; *iem. wil hom/haar ~* ***hou*** s.o. puts on side; *hoë* ***kleur*** high colour; *'n hoë* ***kleur*** *kry* get flushed, blush; *~* ***en laag*** the high and the low; *of jy ~ of* ***laag*** *spring, (fig.)* whether one likes it or not; *hoë* ***laaikas*** tallboy; *~* ***leef/lewe*** live it up *(infml.)*; live extravagantly; *'n hoë* ***leeftyd/ouderdom*** *bereik* attain a great age; *hoë* ***lof*** *verwerf* →LOF[1]; *~ in die* ***lug*** high up in the air; *dis ~* ***middag*** it is high noon; *~* ***mik****, (fig.)* plan on a grand scale, *(rare)* hitch one's wag(g)on to a star, be ambitious; *~ in die* ***mode*** very fashionable, in the height of fashion; *~* ***nodig*** urgently needed, most necessary; imperative; essential, indispensable; *in die hoë* ***Noorde*** →IN DIE VERRE **NOORDE**; *die hoogste* ***offer****, (fig.)* the supreme sacrifice; *hoë* ***offisier*** high-ranking officer; *(also, in the pl., infml.)* top brass; *~ oor/van iets* ***opgee*** enthuse about/over s.t.; *hoë* ***politiek*** high politics; *te ~ vir iem.* ***praat*** talk over s.o.'s head; *ten hoogste* ***prys/waardeer*** praise/appreciate very highly; *~ste* ***rat/versnelling*** top gear; *stoel met 'n hoë* ***rug*** high-backed chair; *~* ***sing*** sing high; *hoë* ***skop****, (rugby)* up-and-under, garryowen; *~* ***speel*** play/gamble high, play deep, play for high stakes; *~* ***staan*** stand high, occupy an important position; be of irreproachable character; *die aandele* ***staan*** *~* the shares are at a high figure; *iets is vir iem. te ~, (fig.)* s.t. is above/beyond s.o.'s comprehension, s.t. passes s.o.'s comprehension; *dis vir my* ***te*** ~ it's/that's above me (*or* my head); ***te*** *~ wees vir iem. om by te kom, (lit.)* be above s.o.'s reach; *hoë* ***tegnologie*** →HOOGTEGNOLOGIE; *hoë* ***terrein****, (mil.)* high ground; ***tot*** *7 000 meter ~ vlieg* fly as high as 7 000 metres; *vier/ens.* ***verdiepings*** ~ of four/etc. storeys; on the fourth/etc. floor; *~ste* ***versnelling*** ***→rat/versnelling;*** *die hoë* ***woord*** *moet uit* the bare truth must be told; the final/last word must be said; *ons het hoë* ***woorde*** *gekry* we had words, high words were exchanged between us. **hoog** *hoë, n., (meteorol.)* high; →HOOGDRUKGEBIED. **hoog** *ge-, vb., (surv.)* height.

hoog- *comb.:* **~adellik** -*e* most noble. **~ag** *hoogge-* esteem (highly), respect, honour, hold in high esteem, regard highly. **~agtend** yours truly/faithfully; *~ die uwe* respectfully yours. **~agting** esteem, regard, respect; *met (die meeste) ~* yours (very) truly. **~altaar** high altar. **~besoldig(d)** -*digde* highly paid. **~blond** very fair. **~blou** deep blue. **~bos** high forest. **~bou** overground building; skyscraper, high-rise building. **~dag** *adv.* (quite) late in the morning. **~dragtig** -*e, (zool.)* heavy with young. **~drawend** -*e* bombastic, high-sounding, grandiloquent, high-flown, pompous, altisonant, high-falutin(g) *(infml.); (of style, writing, etc.)* orotund; stilted *(language); 'n ~e Britse aksent* a larney/la(r)nie/laanie/lahnee British accent. **~drawendheid** bombast, grandiloquence, pompousness, pomposity; stiltedness. **~druk** embossed printing, embossing; high pressure; letterpress; →HOË DRUK. **~drukgebied, hoëdrukgebied** *(meteorol.)* anticyclone, high, high-pressure area. **~drukketel** high-pressure boiler. **~drukmasjien** high-pressure machine. **~drukstelsel** high-pressure system. **H~duits** High German. **~edelagbare** right honourable. **~edele** right honourable; *Sy H~* the Right Honourable. **~edelgestrenge** *(in Holland and Belgium)* right honourable. **H~eerwaarde** *(bishop)* Right Reverend. **H~-Egipte** →BO-EGIPTE. **~energeties** -*e* high-energy *(blast).* **~frekwent** -*e* high-frequency. **~gaande** running high, heavy *(sea); 'n ~ rusie* high words, a sharp quarrel. **~geag** -*te* highly/much esteemed/respected; *H~te Heer* My Dear Sir. **~gebergte** high mountains, upper region of mountains. **~gebore** high-born, well-born, exalted. **~geëer(d)** -*geëerde* highly honoured/respected. **~geel** bright yellow. **~gekwalifiseer(d)** -*seerde* highly qualified. **~geleë** elevated, high-lying *(ground),* high-level. **~geleerd** -*e* highly educated, erudite. **~geplaas** -*te, adj.* highly placed, in high authority, high-ranking, of high rank; distinguished; *~te persone* very important/notable people; those in high places; *mees ~te* top-level, highest ranking. **~geplaaste** -*s, n.* dignitary; →'N BAIE BELANGRIKE PERSOON. **~geregshof** -*howe* supreme/high court. **~geregshofregter** supreme/high court judge. **~geskat** -*te* highly esteemed. **~geskool(d)** -*skoolde* highly skilled. **~gespan** -*ne* highly strung, *(Am.)* high-strung, high-wrought; *iem. se verwagtinge was ~* s.o.'s hopes ran high. **~gestem(d)** -*gestemde* high-pitched, high-toned; high-flown; high-keyed. **~groen** bright green. **~hartig** -*e* haughty, high and mighty, offhand, proud, superior, distant, high-hat, supercilious, arrogant. **~hartigheid** haughtiness, hauteur, pride, superiority, arrogance. **~heidswaan(sin)** megalomania, delusions of grandeur. **~heilig** -*e* most sacred, sacrosanct. **H~hollands** High Dutch. **~hou** *hoogge-* uphold, keep up, maintain. **H~kerk** High Church. **~konjunktuur** *(econ.)* boom (conditions/period), (wave of) prosperity. **~konjunktuurprys** boom price. **~konjunktuurwins** boom profit. **~land** highland(s), upland, plateau; *(Br.)* fell; *die (Skotse) H~* the (Scottish) Highlands; *die Wit H~, (hist., Kenya)* the White Highlands. **H~lander** -*s* Highlander. **H~lander(s)broek** trews. **~landklimaat** plateau climate. **H~lands** -*e* Highland. **~leraar, ~leraar** professor. **~leraarsamp, ~leraarsamp, ~leraarskap** professorship, chair (at a university). **H~lied van Salomo** *(OT book)* Song of Songs/Solomon; *(esp. in the Vulgate Bib.)* Canticles, Canticle of Canticles. **~liggend, ~ liggend** -*e, (meteorol.)* high-lying; *~e terrein, (mil.)* high ground. **~lopend** -*e* →HOOGGAANDE. **~mis** high mass. **~mode** high fashion; *~ wees, (also)* be the in thing. **~moed** haughtiness, pride; *jou ~ (maar) tot later bêre* have to put one's pride in one's pocket *(infml.),* have to pocket one's pride; *~ kom tot 'n (of voor die)* ***val*** pride will have a fall, pride comes/goes before a fall; ***vergaan*** *van ~,* ***verteer*** *wees deur ~* be consumed with pride, be eaten up with pride. **~moedig** -*e* haughty, proud, *(infml.)* toplofty. **~moedigheid** →HOOGMOED. **~oond** blast furnace. **~oondslak(ke)** blast furnace slag. **~pas** *(geol.)* col. **~peil** high-water mark. **~pister** →OOGPISTER. **~poter** -*s, (horse)* high-stepper. **~reliëf** high relief, haut-relief, alto-relievo. **~rooi** crimson; *~ kleur* floridness, hectic flush. **~seisoen** high season; *buite die ~* during the off-peak season. **~skat** *hoogge-* esteem/value highly, think much of. **~skatting** esteem, regard, respect. **~skopper** high-kicker; *(pers.)* high-stepper; *(football)* punter. **~somer** high summer. **~spanning** high tension; high voltage. **~spanningsdraad, -kabel** high-tension wire/cable. **~spanningsleiding** transmission line. **~spraak** stilted/pompous speech, bombast, fustian; pedantry. **~sprakig** -*e* bombastic; pedantic. **~spring** *n.* high jump(ing). **~spring** *hoogge-, vb.* jump high; do the high jump. **~springer** high jumper. **~staande** distinguished, eminent, of high standing; high-principled, high-minded, outstanding; high-grade. **~stam** standard tree. **~stammig** -*e* standard. **~stamroos** standard rose. **H~straat** *(SA)* High Street. **~swanger** heavy with child. **~tegnologie, hoë tegnologie** hi/high tech, leading-edge technology. **~tegnologies** -*e* hi/high-tech. **~ty:** *iets vier ~* s.t. reigns supreme; s.t. is rampant; s.t. runs riot. **~vat** -*te, n., (rugby)* high tackle. **~vat** *hoogge-, vb.* tackle high. **~verraad** high treason. **~vlakte** plateau, tableland, upland plain. **~vlieënd** -*e* soaring *(a bird etc.); (fig.)* high-flying, *(infml.)* hotshot *(attr.);* →HOOGDRAWEND. **~vlieëndheid** high-flying; →HOOGDRAWENDHEID. **~vlieër** high-flier, high-flyer, *(infml.)* hotshot; *iem. is nie 'n ~ nie, (also)* s.o. is no genius. **~vol** heaped, rounded *(spoonful),* in heaping measure. **~waardig** -*e* eminent, venerable, distinguished; *H~e Heer* Most Reverend Sir. **~waardigheid** eminence. **~waardigheidsbekleër, ~waardigheidsbekleder** dignitary; →'N BAIE BELANGRIKE PERSOON. **~water** high water, high tide; *dit is ~* it is high tide/water, the tide is in. **~waterlyn** floodmark, high-water mark, tide-mark. **~waterpeil** high-water level.

hoog·heid highness; height; grandeur; eminence; *Sy H~* His Highness; *sy ~, (ironic)* his nibs *(infml.); Hul(le) Hooghede* Their Highnesses; *die ~ van die Here* the majesty of the Lord.

hoogs *adj. & adv. (only attr.)* highly, extremely, supremely; highest; →HOOGSTE, HOOGSTENS; *~* ***begaaf(d)*** highly gifted; *~* ***besoldigde*** highest-paid; *~* ***bevredigend*** highly satisfactory; *~* ***ernstig*** deadly serious; *~* ***geheim*** top secret, highly classified; *~* ***omstrede*** highly controversial; *~* ***onwaarskynlik*** highly improbable/unlikely; *~ moontlike* ***prys*** maximum price; *~* ***waarskynlik*** most/highly probable; most probably, most likely.

hoogs·ei·e, hoogs·ei·e *(obs.): in ~ persoon* in one's own (proper) person.

hoog·ste highest, sovereign *(power),* supreme *(joy),* maximum, top *(prices),* utmost *(exertion);* topmost; paramount; *van die ~* ***belang*** of the utmost importance/moment/weight, of the first importance; *~* ***leërleiding*** →LEËRLEIDING; *met die ~* ***lof*** with greatest distinction, *(Lat.) summa cum laude;* ***op*** *die/sy ~* at (the) most, at the outside; at the utmost; ***op*** *sy ~, (also)* at its height; *~ moontlike* ***opbrengs/opbrings*** capacity yield; *~* ***punt*** summit, zenith; *~* ***rat/versnelling/gang*** top gear; *~* ***snelheid*** top speed; ***ten*** *~* extremely, very greatly/highly.

hoog·stens at best, at (the) most, at the outside, at the utmost, up to, not exceeding, not more than.

hoog·te -*tes, (also fig.)* height, elevation, altitude; level; pitch *(of voice);* depth; highness *(of prices);* eminence, rise, hill; *iem. uit die ~* ***aankyk,*** *(uit die ~) op iem.* ***neerkyk/neersien*** look down (up)on s.o., despise s.o., look down one's nose at s.o.; *dit het so 'n ~* ***bereik*** things have come to such a pass; *'n* ***blinde*** *~* a blind rise; *~* ***bo*** *seespieël* (of *bo die seevlak)* altitude above sea level; *op 'n* ***duiselingwekkende*** *~* at a dizzy height; ***geringe*** *~* low altitude; ***in*** *die ~ gaan* advance, go up, rise, soar; *die aandele* ***in*** *die ~ laat gaan* send up the price of shares; *die ~* ***inskiet,*** *in die ~* ***skiet*** shoot up; soar (aloft); *(prices etc.)* sky-rocket, go sky-high, escalate; *(uit die ~) op iem.* ***neerkyk/neersien*** ***→aankyk;*** ***op*** *'n ~ van 2 000 meter* at an altitude of 2 000 metres; ***op*** *dieselfde ~* at the same height; *die venster was* ***op*** *dieselfde ~ as/met die vloer* the window was flush with the floor; ***op*** *(die) ~ (van/met sake) bly* be well-informed, keep/stay abreast, keep up with things, keep one's finger on the pulse; ***op*** *(die) ~ van/met ... bly, (also)* keep track of ...; *goed* ***op*** *(die) ~ bly, (also)* keep one's ear(s) (close) to the ground; *iem.* ***op*** *(die) ~ bring* bring s.o. up to date; put s.o. in the picture *(infml.),* give s.o. the picture *(infml.),* put s.o. wise *(infml.); iem.* ***op*** *(die) ~ hou* keep s.o. posted/informed; *iem. van/met iets* ***op*** *(die) ~ hou* keep s.o. abreast of s.t.; ***op*** *(die) ~ van/met iets kom, jou* ***op*** *(die) ~ van/met iets stel* get abreast of (*or* acquaint o.s. with) s.t.; inform o.s. about/on s.t.; *weer* ***op*** *(die) ~ van/met iets kom, jou/iem. weer* ***op*** *(die) ~ van/met iets bring/stel* catch up on (*or* reacquaint o.s./s.o. with) s.t.; ***op*** *(die) ~ van die tyd* up to date; abreast of the times; ***op*** *(die) ~ (van/met sake) wees* be well informed; *van/met iets* ***op*** *(die) ~ wees, (also)* be au fait with s.t.; be in the know about s.t. *(infml.);* be privy to s.t., be conversant with s.t.; *goed* ***op*** *(die) ~ wees van/met iets, (also)* be knowledgeable about s.t.; be well up in s.t.; know what one is talking about; *sleg* ***op*** *(die) ~ wees van/met iets* be badly/ill informed about s.t.; *tot (op)* ***sekere*** *~* to a certain degree, to some degree, to a certain (*or* some) extent, in some measure, up to a point; *in die ~* ***skiet*** ***→inskiet;*** ***uit*** *die ~ wees* be high and mighty; *iets* ***uit*** *die ~ doen* be superior in manner; be offish/superior/uppish (*or* very high and mighty); *iem.* ***uit*** *die ~ behandel* patronise s.o.; treat s.o. offhandedly/condescendingly/superciliously/frostily/distantly/haughtily; *(****uit*** *die ~) op iem. neerkyk/neersien* ***→aankyk;*** ***van*** *goeie ~* of a good height. **~bepaling** altimetry. **~beperking** height restriction. **~graad** elevation. **~grens** *(fig., also of an aircraft)* ceiling. **~hoek** angle of elevation. **~komplement, ~puntafstand** *(astron.)* zenith distance. **~lyn** contour line *(on a map);* perpendicular, altitude *(in a triangle).* **~lynkaart** contour map. **~maat** measure of elevation. **~merk** bench mark. **~meter** altimeter, hypsometer, height recorder; sextant; *(surv.)* apomecometer; *registrerende ~* altigraph. **~meting** altimetry, hypsometry. **~mislikheid** →HOOGTESIEKTE. **~punt** height, high(est) point, peak, apex, pinnacle, climax, acme, culmination, apogee, zenith; highlight, *(infml.)* high spot; heyday; climacteric; *(fig.)* high-water mark; orthocentre *(of a triangle);* crisis *(of a disease);* crowning glory; *'n ~* ***bereik*** come to (*or* reach) a climax; hit/reach a high; reach a peak; culminate; *~e (****in*** *'n verhaal ens.)* highlights (of a story etc.); *'n* ***nuwe*** *~* a new high; ***op*** *sy ~* at its height; at a/its maximum; ***op*** *die ~ van ...* at the peak of ...; in the heyday of ...; ***op*** *die ~ van ... wees, (fig.)* be/ride on the crest of a/the wave; *toe die ...* ***op*** *sy ~ was* at the height of the ... *(battle etc.); tot 'n ~* ***styg*** rise to a peak; work up to a climax; *iets tot 'n ~* ***voer*** bring s.t. to a climax. **~puntafstand** →HOOGTEKOMPLEMENT **~reëlaar, ~reëling** altitude control. **~rekord** altitude record, height record. **~rigting** *(mil.)* elevation. **~roer** diving rudder; elevator, horizontal rudder *(of an aeroplane).* **~siekte, bergsiekte** altitude/mountain sickness. **~sirkel** *(astron.)* circle of altitude, almucantar, almacantar. **~snypunt** orthocentre *(of a triangle).* **~son** *(arch.)* →SONLAMP. **~verlies** loss of height. **~verskil** difference in altitude/height/levels; vertical interval; intercept. **~vlug** altitude flight. **~vrees** fear of heights, acrophobia. **~wind** upper wind.

hoog·te·tjie -*tjies* rise, monticule.

hooi hay; *~ maak/oopgooi* make hay; *te veel ~ op jou vurk hê, (infml.)* have too many irons in the fire, have too much on one's plate, have too many balls in the air; *te veel ~ op jou vurk laai/neem, (infml.)* bite off more than one can chew, overextend o.s.. **~bondel** bottle of hay. **~gaffel** hayfork, pitchfork, prong. **~gewas** hay crop. **~hoop** haycock. **~kis** *(hist.)* haybox. **~koors** hay fever, pollinosis. **~land** hayfield. **~mied** haystack, hayrick; *'n naald in 'n ~ soek* look for a needle in a haystack. **~pers** haypress. **~skudder** tedder. **~skuur** haybarn. **~solder** hayloft. **~(vervoer)rak** buck rake. **~vurk** →HOOIGAFFEL. **~wa** haycart; *(entom., infml.)* daddy-long-legs.

hooi·er *=ers* haymaker.

hook *interj.* whoa, halt there *(to draught animals).* **hook=haai** *interj.* →HOKAAI.

hool *hole* →HOL¹ *n.*.

hoon *n.* scorn, scoffing, derision, obloquy, indignity; mockery, *(arch.)* contumely. **hoon** *ge=, vb.* deride, scorn, taunt, flout, jeer, sneer/scoff at, mock; →HONEND. **~(ge)lag** scornful/jeering laughter, sneering laugh, taunts, jeers, sneers. **~lag** *ge=* laugh jeeringly/derisively.

hoop¹ *hope, n.* heap, pile; dump; crowd; hoard; *(meteorol.)* cumulus; troop; tump; mound; lot *(of potatoes etc.)*; ***by hope,*** *(infml.)* in heaps; by the score, by scores; ***by die ~ verkoop*** sell in the lump (*or* in bulk); *'n ~ **geld*** heaps/pots (*or* a pile/pot/mint) of money; *iets het iem. 'n ~ **geld** gekos, (infml.)* s.t. cost s.o. an arm and a leg; *die **groot** ~* the masses; *'n ~ **kinders*** a lot of children; *'n ~ **leuens*** a pack of lies; *hope **mense*** crowds/shoals/heaps of people; *'n ~ **moeite*** a lot (*or* no end *or* a world) of trouble; ***'n ~** ...* a heap/pile of ...; ***op** 'n ~* in a heap; all together; *alles **op** een ~* all together; *dinge **op** 'n ~ gooi* throw things in a heap; *iets **op** 'n ~ pak* make a pile of s.t.; put s.t. on a pile; *hope **werk*** stacks of work; *'n ~ **werk*** any amount of work. **hoop** *ge=, vb.* heap. **~dra** *hoopge=* stook.

hoop² *n.* hope; ***al** ~ wat iem. het* s.o.'s (one and) only hope; *die ~ **beskaam** nie* →BESKAAM; *~ op ... **bied*** hold out hope for ...; ***buite** ~ wees* be beyond/past recovery; *iem. is **buite** ~, (also)* hope for s.o. has been abandoned; *'n **effense/swak** ~* a faint hope; *iem. se **enigste** ~* s.o.'s (one and) only hope; *'n **flikkering/glimp/straaltjie** van ~* a flash/flicker/gleam/glimmering of hope; *~ **gee*** give hope; *'n **geringe** ~* a slender hope; ***in** die ~ dat ...* in the hope that ..., hoping that ...; *'n **innige/vurige** ~* a fervent hope; *die ~ **koester** dat ..., ~ hê dat ...* cherish/entertain a hope that ...; live in hopes that ...; *'n wanhopige ~ **koester*** hope against hope; *op ~ **leef/lewe*** live in hopes; *is daar **nog** (enige) ~?* is there any hope?; *daar is ~ **op** reën* there is a hope of rain; ***op** ~ van ...* in the hope of ...; ***op** ~ van seën* hoping for the best, trusting to luck; *die ~ **opgee*** abandon (*or* give up) hope; *alle ~ op iets **opgee*** despair of s.t.; *jou ~ **stel/vestig** op ...* pin/place/build/fasten one's hopes on ...; *'n **uitgestelde** ~ krenk die hart* hope deferred maketh *(AV)* (*or* makes *[NIV]*) the heart sick; *die ~ laat **vaar*** give up hope, abandon hope; *die ~ laat **vaar** om iets te doen, (also)* lose hope of doing s.t.; *die ~ **vervlugtig*** hopes fade; ***vol** ~ wees* be full of hope; ***vol** ~ wees dat ...* be hopeful that ...; *tussen ~ en **vrees** dobber* hover between hope and fear; *iets **wek** die ~ dat ...* s.t. raises the hope that ...; *'n **ydele** ~* a forlorn/vain hope; *in die **ydele** ~ dat ...* in the fond hope that ... **hoop** *ge=, vb.* hope; *(op) die **beste** ~* hope for the best; *op **beter** dae ~* →DAG¹; *teen jou **beterwete** in ~* hope against hope; ***bly** ~* →BLY². *~ **dat** jy iets sal kan doen* hope to do s.t.; *~ **dat** iets gebeur het* trust that s.t. has happened; ***innig/vurig** ~* hope fervently; ***laat** ons ~* here's hoping; *ek ~ (van) **nie*** I hope not; ***op** iets ~* hope for s.t.; ***regtig/werklik** ~ dat ...* do hope that ...; *~ iets **sal** nie gebeur nie* hope s.t. will not happen; *dit is **te** hope dat ...* it is to be hoped that ...; *ek ~ (van) **wel*** I hope so. **hoop·vol** *=volle* hopeful, sanguine; confident; promising. **hoop·vol·heid** hopefulness, sanguineness, sanguinity; confidence; promise.

hoops·ge·wys, hoops·ge·wy·se in heaps.

hoor *n.* hearing; →GEHOOR; *... maak so 'n lawaai dat hoor en sien vergaan* the din/racket made by ... drowns out everything; a noise fit to wake the dead (*or* the seven sleepers), *(infml.)* an infernal/unholy noise. **hoor** *ge=, vb.* hear; learn; understand; *volgens **alles** wat ('n) mens ~* by/from all accounts; *iem. moet **altyd** maar ~ dat ...* it is constantly being drummed into s.o. that ...; *... wou nie **daarvan** ~ nie* ... would not hear of it, ... would have none of it, ... turned a deaf ear to it; ... did not want to know about it; *~ **dat** ...* hear that ...; *dit ~ ('n) mens **dikwels*** one hears that often; ***gehoor?** →**jy;** as ek **goed** ge~ het* if I heard aright; *~ **hier*** I say!, listen!; do you mind?; *~ ('n) bietjie **hier*** just listen to this, *(sl.)* cop a load of this; ***hoor!, hoor!*** hear!, hear!; ***hou** nou op, (ge)~!* stop that, do you hear?; *~ **jy?, gehoor?*** do you hear?; ***laat** ~* sound; ***laat** van jou ~* let me hear from you; *van jou **laat** ~* let s.o. know how/where one is; make one's voice heard; *nie van jou **laat** ~ nie, (also, infml.)* lie low; *'n waarskuwing **laat** ~* →WAARSKUWING; *weens die **lawaai** kan iem. nie ~ nie* s.o. cannot hear for the noise; ***maar** ~, dit is ...!* it is ..., I tell you!; ***maar** ~, dis 'n pragstuk!* I say, what a beauty!; ***moeilik** ~* be hard of hearing; *iets nie **mooi** ~ nie* not quite catch s.t., not hear s.t. clearly; *iem. wil **nie** ~ nie* s.o. doesn't want to listen/obey; *ek wil **niks** van jou ~ nie!* be quiet!, not a word!; *ek het nog **nooit** ge~ dat ... nie* I have yet to learn that ...; *ek het dit ~ **sê*** I have heard it said; *iem. het iets **te** hore gekom* s.t. has come to s.o.'s ears; *dit het ek al **tevore** ge~* that sounds familiar; ***van** ... ~* hear about/of ... *(s.o., st.)*; have word from (*or* news of) ... *(s.o.)*; *iem. het (al) **van** ... gehoor* s.o. knows of ...; *ek wil **van** g'n weiering ~ nie* I will take no denial; *iem. wil nie **van** iets ~ nie* s.o. won't hear of s.t., s.o. does not want to know about s.t.; *('n) mens het nooit weer **van** ... ge~ nie* ... wasn't heard of again; *jou **verbeel** jy ~ iets* hear things; *wie nie wil ~ nie, moet **voel*** s.o. who doesn't want to listen/obey, must be punished. **~afstand** earshot; *buite ~* out of earshot; *binne ~* within earshot; within hearing. **~beeld** *(rad.)* feature programme. **~buis** ear trumpet; *(teleph.)* receiver. **~gang** listening gallery. **~pyp** ear trumpet. **~sê** →HOORSÊ. **~spel** *=e* radio play/drama. **~stuk** = GEHOORSTUK. **~toestel** hearing aid, deaf aid, hearing apparatus. **~vermoë** audition.

hoor·baar *=bare* audible; *bo iets ~ wees* be audible above s.t.; *jou ~ maak* make o.s. heard; *hoorbare fluistering* stage whisper. **hoor·baar·heid** audibility.

hoor·der *=ders* hearer, listener, auditor. **hoor·de·res** *=resse, (fem., obs.)* auditress, hearer, listener.

Hoorn *(geog.)* Hoorn; *Kaap ~, (geog.)* Cape Horn, the Horn.

hoorn·blen·de →HORINGBLENDE.

hoor·sê hearsay; *ek het dit van ~* I have it on/from/by hearsay. **~getuienis** *(jur.)* hearsay evidence.

hoort *ge=,* **be·hoort** *het ~* appertain, belong, pertain; behove; *iets (be)hoort **by** ...* s.t. goes along with ...; s.t. belongs under/in ...; s.t. pertains to; ***bymekaar** (be)hoort* belong together; *dit (be)hoort **daarby**, (also, infml.)* it is all in the game, it is (all) part of the game; *... hoort nie **hier** (tuis) nie* this is no place for ...; *dit (be)hoort nie **hierby** nie* it does not belong to this, it is out of place here; *iets/iem. hoort **in** ...* s.t./s.o. belongs in ... *(a place)*; *dit **lyk** of iets/iem. nie daar hoort nie* s.t./s.o. looks out of place; ***so** hoort dit* that's (*or* that is) as it should be; *dit hoort nie heeltemal **so** nie* it is not quite proper; *dit is nie heeltemal **soos** dit hoort nie* that is nog quite the thing *(infml.)*; *iets behoort **tot** ...* s.t. falls under ...; ***tot/aan** 'n groep behoort* belong to (*or* be a member of) a group; ***tot** die verlede behoort* be a thing of the past; *ons behoort dit te **weet*** we are supposed to know it.

hop¹ *hoppe, n., (orn.)* hoopoe; →HOEP-HOEP.

hop² *n.* hop(s); *~ pluk* pick hops. **~bier** hop(s) beer. **~brood** hop(s) bread. **~klawer** *(bot.)* hop trefoil. **~land** hop field. **~plukker** hopper. **~rank** hop bine/bind. **~sak** *(text.)* hopsack(ing). **~stok** pogo (stick). **~teelt** hop cultivation.

hop³ *ge=, vb.* hop, jump, bounce.

ho·pe *(infml.): dit is te ~ dat ...* →HOOP² *vb.*. **ho·pe·lik** hopefully; *~ sal dit ...* it is to be hoped that it will ...; *~ nie* I hope not; I trust not. **ho·pe·loos** *=lose, adj.* desperate, hopeless; *die skip is 'n hopelose wrak* the ship is a wreck beyond recovery; *hopelose saak* forlorn hope. **ho·pe·loos** *adv.* hopelessly; *~ verlore* hopelessly/irretrievably lost. **ho·pend** hoping.

ho·pie *=pies* small heap; lot *(of potatoes etc.)*.

hop·liet *=liete, (mil., hist.)* hoplite.

hop·man *=mans, =liede, (Du., hist.)* captain, chief.

Ho·rak: *wat sê ~?* is there any news?; is there any truth in it?; do you want me to believe that?.

Ho·ra·ti·aans *=aanse, (also h~)* Horatian. **Ho·ra·ti·us** *(Rom. poet)* Horace.

hor·de *=des* horde; *'n ~ ...* a horde of ...

ho·re *(inf.)* →HOOR *vb.: iets te ~ kom* get wind of s.t.. **ho·ren·de:** *~ doof wees* →DOOF¹ *adj.*.

Ho·riet, Hoer·riet *=riete, (hist., member of a people)* Hurrian.

ho·rig *=rige, (hist.)* predial. **ho·ri·ge** *=ges, (hist.)* serf, predial (slave), villein, bondsman. **ho·rig·heid** *(hist.)* serfdom, bondage, villeinage, predial slavery.

ho·ring *=rings* horn; *(mus.)* bugle; *(mus.)* French horn; *(obs.)* receiver *(of a telephone)*; cone *(ice cream)*; shell; mandrel, mandril *(of an anvil)*; *(biol.)* cornu, cornua; cusp *(of the moon)*; cradle *(of a jack)*; *die H~ van **Afrika**, (geog.)* the Horn of Africa; *die **bul** by die ~s pak* →BUL²; *'n ~ **hê**, (vulg. sl.: have an erection)* feel horny, have a hard-on; *('n) ~ **kry**, (vulg. sl.)* get horny; *te veel **op** jou ~s neem* →TE VEEL HOOI OP JOU VURK HÊ; *'n plek **op** ~s neem, (infml.)* turn a place upside down; *die stad/dorp **op** ~s neem, (also, infml.)* paint the town (red); *iem. ~s **opsit*** cuckold s.o.; *iem. slaan dat hy na ~ **ruik**, (rare)* give s.o. a sound thrashing; *~s **verwyder/afmaak*** dehorn. **~adder** →HORINGSLANG. **~bal** heel *(of a horse's hoof)*. **~bekvoël** *(orn.)* hornbill. **~blad** *(bot.: Ceratophyllum demersum)* hornwort. **~blaser** hornblower; bugler, trumpeter, horner. **~blende, hoornblende** *(min.)* hornblende. **~blendiet, hoornblendiet** hornblendite. **~blom** *(bot.: Cerastium capense)* unicorn plant. **~bril** →HORING(RAAM)BRIL. **~draaier** horner. **~draer** *(derog., obs.: deceived husband)* cuckold. **~droog** bone-dry, tinder-dry, (as) dry as a chip; *(fig.)* (as) dry as dust. **~geskal** horn-blowing, flourish of trumpets, bugle sound. **~klip** rock flint, hornfels; →HORINGSTEEN. **~kroon** →HOEFKROON. **~laag** horny layer *(of epidermis)*. **~musiek** horn music. **~oud** *(pred. or attr.)*, **~ou(e)** *(attr.)* as old as Adam/time (*or* the hills), very old. **~papawer** sea poppy. **~pit** horn core. **~pofadder** →HORINGSLANG. **~punt** prong, cusp. **~(raam)bril** horn-rim(med) glasses/spectacles, horn-rims. **~ratelslang** *(Am.)* sidewinder; →HORINGSLANG. **~rog** *(icht.)* devilfish. **~rots** *(geol.)* hornfels, hornstone. **~silwer** *(min.)* horn silver, cerargyrite. **~sinjaal** bugle call. **~skeur** sand crack *(in a horse's hoof)*. **~slang, ho·ring(s)man,** *=ne,* **ho·ring(s)man·netjie** *=s, (SA)* horned snake/adder/viper, hornsman, cerastes; →HORINGRATELSLANG. **~speler** →HORINGBLASER. **~steen** *(geol.)* hornstone, hornfels. **~stof** keratin. **~straal, straal** frog *(of a horse's hoof)*. **~suil** *(pathol.)* keratoma. **~uil** horned owl. **~vee** horned livestock. **~vis** *(icht.)* filefish, triggerfish. **~vlieg** horn fly. **~vlies** →KORNEA. **~vliesontsteking** *(med.)* keratitis. **~vliesvlek** *(med.)* nebula *(of the eye)*. **~vormig** *=e* horn-shaped, cornute(d); *~e uitwas, (anat.)* cornu. **~wand** hoof wall. **~weefsel** keratin. **~werk** hornwork.

ho·ring·ag·tig *=tige* horny, horn-like, corneous *(fml.)*, keratose. **ho·ring·loos** *=lose* hornless.

ho·ring(s)·man *(zool.)* horned sheep/antelope; →HORINGSLANG. **~ooi** horned ewe.

ho·rin·kie *=kies* little horn, corniculum; antenna; (ice-cream) cone.

ho·ri·son *=sonne* horizon, skyline; sealine; ***aan/onder** die ~* on/below the horizon; *die hele ~ in die **oog** hou* sweep the horizon; *jou ~ **verbreed/verruim**, (fig.)* broaden/expand one's horizons; ***verre** ~ne* wide horizons; ***ware** ~* rational/true horizon. **~doek** *(theatr.)* sky cloth.

ho·ri·son·taal *=tale* horizontal, flat, level; *horisontale afbou(ing), (tech.)* breast stoping.

hor·lo·sie, oor·lo·sie *=sies* watch; clock; timepiece; *die ~ is (vyf minute) **agter*** the watch/clock is (five minutes) slow; *'n ~ **agteruit** stel* put a watch/clock back; *'n ~ **loop** goed* a watch goes well (*or* is a good timekeeper); *'n ~ **loop** nie* a watch/clock does not go; *'n ~ **loop** voor/agter* a watch/clock gains/loses; *kyk **na** die ~!* look at the time!; ***op** die ~ kyk* look at the time; read the clock; ***op** jou ~ kyk* look at one's watch; *vyf oor twaalf **op** my ~* five past twelve by my watch; *'n ~ **opwen*** wind (up) a watch/clock; *die ~ **slaan*** the clock strikes; *tien/ens. **slae van die*** ~ ten/etc. strokes of the clock; *die ~ het gaan **staan*** the watch has stopped; *die ~ **stap aan*** time is getting on; *'n ~ **stel*** set a watch/clock; *'n ~ is (vyf minute) **voor*** a watch/clock is (five minutes) fast; *'n ~ **vorentoe** sit* put a watch/clock forward/on. **~band(jie)** watchstrap; fob (chain). **~bedryf** watch-making. **~blom** passionflower. **~glas** watch glass. **~kas** watchcase. **~ketting** watch chain; fob (chain). **~maker** watchmaker, clockmaker, horologist, horologer. **~sak(kie)** watch pocket; fob. **~sleutel** watch key. **~snoer** watch guard. **~veer** watch spring. **~wyser** watch hand.

hor·mo·naal *-nale* hormonal.

hor·moon *-mone* hormone. **~versteuring** hormone/hormonal imbalance. **~vervangingsterapie** *(med.)* hormone replacement therapy.

horn-: **~blende** →HORINGBLENDE **~blendiet** →HORINGBLENDIET. **~fels** →HORINGSTEEN.

ho·ro·skoop *-skope* horoscope; *iem. se ~ trek, (astrol.)* cast s.o.'s horoscope, cast/calculate s.o.'s nativity. **ho·ro·sko·pie** horoscopy.

hor·rel-: **~poot** crooked hoof; club foot, *(tech.)* talipes. **~voet** club foot, *(tech.)* talipes, bumble-foot.

hor·rel·pyp *(mus. instr. or dance)* hornpipe; *die ~ dans* jig; *iem. die ~ laat dans, (fig.)* give s.o. a thrashing.

hor·rel·tjies *interj.* time *(in games).*

hor·ri·baal *-bale, (infml.)* horrible, horrid, beastly, ghastly, yucky, yukky.

hor·ries *(pl.): die ~* the horrors, *(Lat.)* delirium tremens *(abbr.: DTs); (infml.)* a fit/freak-out; *iets gee iem. die ~, (infml.)* s.t. drives/sends s.o. up the wall; s.o. has a fit (*or* freaks [out]) about s.t.; *die ~ hê/kry* have/get the horrors, have/get (an attack of) the DTs, see snakes, have snakes in one's boots; *(infml.)* have a fit, freak (out).

hors d'oeuvre *-d'oevres, (Fr.)* hors d'oeuvre.

hors·ma·kriel *(icht.)* horse mackerel, mackerel scad.

hors·sweep *(<Eng.)* horsewhip, hunting crop.

hor·te: *met ~ en stote werk* work by/in fits and starts, work fitfully. **hor·tend** *-tende* joggly, jerky, gritty, abrupt; jerkingly, joltingly, shakily; *jou asem diep en ~ intrek* take a deep, shuddering breath; *~ praat* speak in a halting voice. **hor·te·rig** *-rige* stuttering *(a start etc.)*; halting *(verse).*

hor·ten·si·a *-as,* **hor·ten·sie** *-sies, (bot.)* →KRISMISROOS.

hor·tjie *-tjies* louvre, slat; *(in the pl.)* louvre; *die ~s toemaak* shutter.

hor·tjies-: **~blinding** *-s* louvre blind, jalousie. **~deur** louvre door. **~luik** louvred shutter. **~ruit** louvre.

hor·to·loog *-loë* horticulturist. **hor·tu·la·nus** *-lanusse, -lani, (Lat., rare)* conservator *(of botanical gardens).* **hor·tus** *(Lat., rare)* botanical garden(s).

ho·san·na *-nas, interj.* hosanna.

Ho·se·a *(OT)* Hosea.

hos·pies *-piese,* **hos·pi·ti·um** hospice.

hos·pi·ta *-tas, (fem.), (Du.)* landlady.

hos·pi·taal, hos·pi·taal *-tale* hospital; infirmary; *~ toe **bring/gaan*** take/go to hospital; *iem. is **in die** ~* s.o. is in hospital; *'n pasiënt uit die ~ **ontslaan*** discharge a patient from hospital; *iem. in 'n/die ~ **opneem*** admit s.o. to hospital, hospitalise s.o.. **~apteek** dispensary. **~bestuur** hospital administration. **~gelde** hospital fees. **~geriewe** *(pl.)* hospital facilities. **~koors** hospital fever. **~linne** hospital linen. **H~ridder** *(hist.)* Knight Hospital(l)er. **~skip** hospital ship, floating hospital. **~trein** hospital/ambulance train. **~wese** hospital services.

hos·pi·ta·li·sa·sie hospitalisation. **hos·pi·ta·li·seer** *ge-* hospitalise.

hos·pi·ta·li·teit hospitality.

hos·pi·teer *ge-, (rare)* attend a lesson/lecture as a visitor, hospitate.

hos·pi·ti·um *-tiums, -tia* →HOSPIES.

hos·tel *-tels, -telle* hostel *(for migrant workers).*

hos·tie *-ties, (RC)* host, eucharist, consecrated wafer; *die Heilige H~* the Sacred Host. **~bord** *(RC)* paten, patin. **~kelk, ~kissie** *(relig.)* ciborium, pyx.

hot left, near *(side); ~ en haar/bles, (infml.)* left and right, left, right and centre; all over the place/shop; *iem. ~ en **haar** stuur* send s.o. from pillar to post; *dié perd moet jy ~ **inspan*** this horse comes on the near side; *~ **om*** →HOTOM[2] *adv..* **~agter** left hind; *iem. ~ gee, iem. ~ laat kry, (infml.)* make it lively for s.o.; give s.o. a rough ride/time, give s.o. hell; *dit ~ hê/kry, (infml.)* have a bad/difficult time, have a rough ride/time; *iem. sal dit ~ kry, (also, infml.)* s.o. will know all about it. **~hou** *(golf)* hook. **~kant** left/near side. **~klou** left hand; left foot; *(Am.)* southpaw, left-hander. **~om[1]** *n., (obs.)* porridge (of meal and water). **~om[2]** *adv.* to the left, leftward, anticlockwise; *altyd ~ wil* be contrary. **~-op-ag(t)** *(of oxen)* fourth on the left (from behind). **~-op-ses** *(of oxen)* third on the left (from behind). **~perd** near horse. **~voor** left fore *(of animal)*; left front.

ho·tel *-telle, -tels* hotel; *'n ~ hou* keep a hotel; *by/in 'n ~ loseer* stay at a hotel. **~baas, ~eienaar** hotel proprietor, hotelier, hotelkeeper. **~bedryf** hotel industry. **~eienares** hotel proprietress. **~houer** hotelkeeper, landlord, landlady, hotelier, innkeeper. **~joggie** page, *(Am.)* bellhop. **~pryse** hotel tariffs. **~rekening** hotel bill. **~verblyf** hotel accommodation. **~wese** hotel industry/business/trade.

hô·tel de ville *hôtels de ville, (Fr.)* hôtel de ville, town hall.

ho·te·lier *-liers* hotelier, hotelkeeper. **ho·tel·le·tjie** *-tjies* small hotel.

Hot·not *-nots, (SA, obs., derog., also h~)* Hotnot; →K(H)OI-K(H)OI; *los h~ wees, (obs., infml.)* be unattached.

hot·nots-, hot·ten·tots-: **~boon(tjie)** →HUILBOERBOON. **~got** *-te, (entom.)* (praying) mantis. **~kersie** *(Maurocenia frangularia)* Hottentot's cherry. **~kooigoed** *(bot.: Helichrysum crispum)* Hottentot bedding. **~riem** →WOLFTOON. **~rys** = BOESMANRYS. **~tee** →WILDETEE. **~vis** →HOTTENTOT. **~vy** →SUURVY(TJIE).

Hot·ten·tot *-totte, (SA, obs., derog.)* Hottentot; →K(H)OI-K(H)OI.

hot·ten·tot *(icht.: Pachymetopon blochii)* hottentot; *blou~, (Pachymetopon aeneum)* blue hottentot; *bruin~, (Pachymetopon grande)* bronze bream.

Hot·ten·tots *n., (SA, obs., lang.)* Hottentot; →K(H)OI. **Hot·ten·tots** *-totse, adj., (SA, obs., derog.)* Hottentot; →HOTNOTS-, K(H)OI-K(H)OI-.

Hot·ten·tots-Hol·land *(geog.)* Hottentots Holland. **Hot·ten·tots-Hol·lands** *-landse* (of) Hottentots Holland.

hou[1] *ge-, vb.* hold, keep, retain; hold, contain; support; store; fulfil(l); deliver, make *(a speech)*; give *(a lecture, an address, a concert, etc.)*; keep *(an appointment)*; celebrate *(Christmas)*; hold *(a picnic)*; observe *(the Sabbath)*; last, endure; ***aan** iem. (vas)~* hold on to s.o.; *iem. **aan** 'n kontrak/ens. ~* hold s.o. to a contract/etc.; *iem. **aan** sy/haar woord ~* take s.o. at his/her word; *jou **aan** jou woord ~* keep (*or* stick to) one's word; *jou ~ **asof*** make as if/though, affect/feign/pretend to, make a pretence of; *'n **belofte** ~* →BELOFTE; ***by** iets ~* keep to s.t. *(principles, a programme, rules, the law, etc.)*; stick by/to s.t. *(an argument)*; adhere to s.t. *(an agreement)*; abide by s.t. *(a decision, the rules, etc.)*; stand by s.t. *(what one has said)*; *jou **by** jou werk ~* stick to one's work, mind one's work; *iem. ~ **daarby** dat ...* s.o. maintains that ...; *~ jou **daaruit!*** keep out of it!; *iem. ~ **daarvan** om te ...* s.o. likes to ...; *iem. ~ baie **daarvan,** (also)* s.o. loves it; *iem. ~ nie **daarvan** nie* s.o. doesn't like it; *of jy nou **daarvan** ~ of nie* like it or not *(infml.)*; *~ jy **dit!*** you keep it!; *jou **doof/ens.** ~* pretend to be deaf/etc., feign deafness/etc.; ***enduit** ~* stay the course/pace *(s.o.)*; ***goed/lank** ~* wear well *(s.t.)*; *jou **goed** ~* →JOU GOED **GEDRA;** *die motor het **goed** ge~* the car gave every satisfaction (*or* did all that was required of it *or* has performed well *or* stood up to it well); *die materiaal ~ **goed*** the material wears well; *die weer het **goed** ge~* the weather continued fair; ***hoe** ~ jy van ...?* what do you think of ...? *(s.o., s.t.)*; *'n **hotel/winkel** ~* keep/run a hotel/shop; *jou **in bedwang** ~* control o.s.; bear up well, keep a stiff upper lip; keep a straight face; ***in gedagte** (of voor oë) ~* bear in mind; *jou **in toom** ~* →***in bedwang;*** *~ jou ... vir jouself!* none of your ...!; *iem. kon sy/haar **lag** nie ~ nie* s.o. couldn't help laughing; *die band ~ **langer*** the tyre lasts longer (*or* has a longer life); *dit ~ **lank*** it lasts long; it goes a long way; ***leeus** ~ hier* lions frequent this place, this is a haunt of lions; ***links** ~* keep left; *~ **links!*** keep (to the) left; *die **lym** wil nie ~ nie* the glue won't stick; *~ **maar** (die kleingeld)!* keep the change!; *die **meeste/minste** van iem. ~* like s.o. best/least; *jou **mond** ~* be/keep quiet; save one's breath; *iem. het die **naam** ge~* the name stuck to s.o.; *iem. ~ nou eenmaal **nie** van ... **nie*** s.o. just doesn't like ...; *(net) **niks** van iem./iets ~ nie* not like s.o./s.t. one (little) bit; *hulle ~ **niks** van mekaar nie, (also)* there is no love lost between them; ***om te** ~* for keeps; *~ **regs!*** keep (to the) right; *iets **sal** ~* s.t. will keep *(milk, meat, etc.)*; *laat ons dit **so** ~* let us keep it that way; ***staande** ~* maintain; *'n goeie **tafel** ~* keep a good table; *'n **toespraak/rede** ~* make a speech; *iem. ~ **van** ...* s.o. likes ..., s.o. is fond of ...; *baie **van** iets ~, (also)* be partial to s.t.; *iem. ~ **van** iets, (also)* s.o. has a liking for s.t.; s.t. appeals to s.o.; *iem. ~ **van** swem/ens., (also)* s.o. likes to swim/etc.; ***van** iem. ~* be fond of s.o.; ***van** iem. ~, (also)* care for s.o.; *baie **van** iem. ~* like s.o. a lot *(infml.)*; ***van** ... begin ~* get/grow to like ...; take a liking to ...; *meer **van** ... ~* have a preference for ...; *in die stilligheid nogal **van** iem. ~* have a sneaking regard for s.o.; *iets **vir** ... ~* keep/reserve s.t. for ...; *dit (of die dinge/goed) **waarvan** iem. ~ en nie ~ nie* s.o.'s likes and dislikes; ***waarvoor** ~ jy my?* what do you take me for?; *~ **wat jy het** (en kry wat jy kan)* possession is nine points of the law; *jou **woord** ~* keep one's promise/word, be as good as one's word. **~-jou-bek(-)wet** *(infml.)* silencing ordinance, gag law. **~man** *-s, (derog.)* gigolo. **~plek** haunt(s), habitat, stamping ground, hang-out; *(fig.)* roost. **~vas** (hand)hold, (tight)hold, support; mainstay; purchase, grasp, grip; *g'n ~ **hê** nie* have nothing to go by/on; *'n ~ op iem. **hê*** have a hold on/over s.o.; *'n ~ op iets **kry*** get a grip on s.t.; *'n **sterk** ~ op ... hê* have a firm grip on ...; *jou ~ op ... **verloor*** lose hold of ... **~vermoë** (cubic) capacity; ability to keep/retain its quality. **~-vir-hou-ooreenkoms** *(ins.)* knock-for-knock agreement. **~vrou** *(derog.)* common-law wife, concubine, paramour. **~-yster** *(dated)* stock *(of a plough).*

hou[2] *houe, n.* blow, hit, buffet, punch; stroke; cut, slash; lash; crack, wallop, thump, clout; *in **een** ~* at one blow/stroke; *'n ~ **eet*** eat a lot (*or* much); *iem. 'n ~ **gee*** deal s.o. a blow; *iem./iets 'n ~ **gee*** give s.o./s.t. a whack; *iem. 'n ~ in die **gesig** gee, (fig., infml.)* kick s.o. in the teeth, give s.o. a kick in the teeth; *'n **harde** ~ teen die kop kry, (also, infml.)* get a clonk on the head; *'n ~ **kry*** receive a blow; take a knock; *~e **kry**, ~e **toegedien** word* get cuts, be given cuts; *'n **kwaai** ~* a swing(e)ing blow; a nasty knock; *'n ~ op die **oog*** a sock in the eye *(infml.)*; *(gou) 'n ~ **plant*** get a blow in, land a blow; ***ses/ens.** ~e kry* get six/etc. of the best *(infml.)*; get six/etc. strokes; *'n ~ **slaan*** deliver a blow; swing/throw a punch, take a swing; *'n (harde) ~ **slaan,** (also)* pack a (hard) punch *(infml.)*; *'n ~ na iem. **slaan,** (also)* take a swing at s.o.; *iem. 'n gevoelige/geweldige/hewige/swaar/verpletterende ~ **toedien*** deal s.o. a staggering blow; *~ **vir** ~* blow by blow; *(infml.)* every (single) time; ***wegkoes** voor die ~* roll with the punch; *iem. **werk/ens.** 'n ~, (infml.)* s.o. works/etc. hard. **hou** *ge-, vb., (fml., rare)* hew, hack, cut; strike, lash; biff *(sl.)*, buffet, clout *(infml.)*. **~weel** *-wele* mattock, pickax(e), hack.

hou[3] *houe, n., (bot.)* silique, *(Lat.)* siliqua.

hou[4] *adj.: ~ en trou, (rare)* loyal and true/faithful.

hou·baar *-bare* not perishable; *(also* houdbaar*)* tenable, defensible; *(also* houdbaar*)* bearable, tolerable. **hou·baar·heid** *(of foodstuffs etc.)* storage/shelf life, keeping quality; *(also* houdbaarheid*)* tenableness, tenability.

houd·baar →HOUBAAR.

hou·ding *-dinge, -dings* bearing, carriage; attitude, deportment; position, posture; poise; pose; conduct, demeanour; bearing, stance, comportment; *(liter.)* mien; set; *'n ~ **aanneem*** adopt an attitude, take up an attitude; strike an attitude; assume/strike a pose, take up a pose; *'n **afwagtende** ~ aanneem* wait and see, await developments, play a waiting game; *iem. neem 'n **afwagtende** ~ aan, (also)* s.o. holds his/her hand; *jou ~ **bepaal*** define one's attitude; *'n **besliste** ~ aanneem* make/take a firm stand; *iem. se ~ met **betrekking** tot ..., iem. se ~ **jeens/teenoor** ..., iem. se ~ **insake** ...* s.o.'s attitude to(wards) ...; s.o.'s approach to ...; *'n **dreigende** ~ aanneem* adopt a menacing attitude, take up a menacing attitude; show one's teeth *(infml.); die ~ van haar **kop*** the poise of her head; *'n **ongeërgde** ~* a carefree attitude; *'n **onverskrokke** ~ aanneem* put on a bold front; *iem. se ~ **teenoor** ... →**betrekking**; die ~ **van** 'n ... hê* bear o.s. like a ...; *'n **verdedigende** ~ aanneem* be on the defensive; stand at bay; *iem. is **vol** ~s* s.o. puts on airs/side *(infml.)*.

hou·er *-ers* holder; bearer *(of a letter)*; licensee *(of a shop)*; container, vessel, carrier, dispenser; *leë ~s* empty returns. **~skip** container ship. **~trein** freightliner. **~verskeping, ~vervoer** containerisation.

hou·e·reeks, hou·e·se·rie rally.

hou·e·spel *(golf)* medal/stroke play. **hou·e·spe·ler** stroke player.

hout wood; (kind of) timber; piece of wood; *(mus.)* wood; *(golf)* wood; *(taboo sl.: penis)* cock, dick, knob, shaft, tool, John Thomas; →HOUTSTOK; ***dooie*** ~ →DOOD *adj. & adv.; As hulle dit met die **groen** ~ doen, wat sal dan met die droë hout gebeur?, (NAB)* For if men do these things when the tree is green, what will happen when it it dry? *(NIV)*; For if they do these things in a green tree, what shall be done in the dry? *(AV); uit **harder** ~ gesny wees, (fig.)* be made of sterner stuff; *'n ~ **hê**, (vulg. sl.: have an erection)* have a hard-on; ***ongekapte*** ~ wood in the log; ~ ***saag*** cut wood; *van dik ~ **saag** mens planke* those that have plenty of butter can lay it on thick; *dit **sny** geen ~ nie* it cuts no ice; *'n **stomp** ~* a log of wood; *'n **(stuk)** ~* a piece of wood; *nie alle ~ is **timmerhout** nie* you cannot make a silk purse out of a sow's ear; *wys uit **watter** ~ jy gesny is* show what stuff one's made of; *met die ~ **werk**, (taboo sl.: have sexual intercourse)* bonk, have a poke/screw. **~aar** vein in wood. **~afval** wood waste, chips of wood. **~appel** crab (apple). **~as**[1] wood ash. **~as**[2] wooden axle. **~asyn** wood vinegar, wood acid, pyroligneous acid. **~bedryf** woodworking industry; timber trade, industry. **~been** wooden leg, *(infml.)* peg (leg). **~beitel** firmer chisel. **~bekleding** boxing; panelling; lagging. **~beskot** *(interior design)* wainscot(ting), panelling. **~beskutting** timbering. **~bewerking** woodwork; woodworking, woodcraft. **~blaasinstrument** woodwind instrument; *(in the pl.)* woodwinds. **~blaser** woodwind player; *(in the pl.)* woodwinds *(in orchestra)*. **~blok** log (of wood), billet, block of wood. **~boor** wimble. **~boordermot** carpenter moth. **~bord** trencher. **~bos** natural forest. **~bou** building in wood. **~brandwerk** pokerwork, pyrography. **~bry, ~deeg, ~pulp** →HOUTPAP. **~by, ~kapperby** carpenter bee. **~chemie** wood chemistry. **~draaibank** wood lathe. **~draaibeitel** turning/turner's chisel. **~draaier** turner (in wood), wood turner. **~draaiwerk** wood turning. **~droging** timber seasoning. **~druk** →HOUTGRAVURE. **~drukkuns** →HOUTGRAVEERKUNS. **~duif** *(orn., Eurasia: Columba palumbus)* wood pigeon, ringdove, *(Sc.)* cushat. **~emmer** wooden bucket. **~-en-sink(-)gebou** wood-and-iron building. **~gas** wood gas. **~gees** *(chem., rare)* wood spirit; →METANOL. **~gerus** *-te* at ease, unconcerned, unperturbed, unsuspecting, *(infml.)* unfazed; *iem. is ~ oor iets* s.o. is quite unconcerned about s.t.. **~geut** *(min.)* launder. **~graveerder** →HOUTGRAVEUR. **~graveerkuns, ~drukkuns** wood engraving, xylography. **~graveur** wood engraver, xylographer. **~gravure, ~druk** wood engraving, xylograph, xylographic impression. **~hakker** *(dated)* woodcutter, woodman; *~s en waterdraers/waterputters, (OAB)* hewers of wood and drawers of water *(AV)*; woodcutters and water carriers *(NIV)*. **~hamer** (wooden) mallet, gavel, maul, beetle. **~handel** timber trade. **~handelaar** timber merchant. **~huis** wooden/timber house. **~inlegwerk** marquetry. **~kapper** woodcutter, feller (of wood); lumberman; timberman, woodman; *(orn.)* woodpecker. **~kapperby** →HOUTBY. **~kappersbyl** felling axe, broad axe. **~kappery** woodcutting, felling, logging, lumbering. **~katel** *(dated)* wooden bed(stead). **~kewer** deathwatch (beetle); →BOORKEWER. **~kis** wooden chest; wood box. **~kop** *(fig., derog.)* dunce, blockhead; →KLIPKOP. **~koper** →HOUTHANDELAAR. **~krulle** turnings, wood shavings. **~kunde** xylology. **~kweker** timber grower, silviculturist. **~lepel** wooden spoon. **~loods** woodshed. **~lug** smell of wood, woody smell. **~luis** woodlouse. **~lym** joiner's glue. **~mark** timber market. **~molm** dry rot. **~mosaïek** inlaid work of wood, marquetry. **~myt** wood mite. **~olie** wood oil; *Chinese* ~ tung oil. **~oog:** *iem. met 'n ~ uitkyk, (infml.)* psych(e) s.o. (out). **~paal** wooden pole, timber pole. **~pap** wood pulp, ground wood. **~papegaai** popinjay. **~pen** spile, treenail. **~perd** wooden horse. **~ploeg** wooden plough. **~poeierkewer** powder-post beetle. **~pop** wooden doll; puppet, marionette; *iem. sit daar soos 'n ~* s.o. just sits there doing nothing. **~popgerus** →HOUTGERUS. **~prop** spile. **~pulp** →HOUTPAP. **~raam** timber frame. **~raamhuis** timber-frame(d) house. **~raamwerk** timber framing. **~rook** wood smoke. **~ryk** well-wooded. **~saag** wood saw. **~saagmeul(e)** sawmill. **~saagsel** sawdust. **~saer** (wood) sawyer. **~saery** sawmill; *(joc.)* snoring. **~(-)sel** *-le* wood cell. **~skoen** wooden shoe, sabot; *(hist.)* patten; →HOUTSOOLSKOEN. **~skroef** woodscrew. **~skuur** woodshed. **~snee** *-sneë* woodcut. **~snip** *(orn.: Scolopax rusticola)* woodcock. **~sny** *houtge-* carve *(wood)*. **~snyer** woodcarver; wood engraver, woodcutter. **~snyguts** carving gouge. **~snykuns** woodcarving, xylography. **~snywerk** woodcarving, carved work. **~solder** wood loft. **~soolskoen** clog; *(hist.)* patten. **~soort** (kind of) wood. **~spaander** wood chip. **~speekwiel** artillery wheel. **~splinter** wood splinter. **~stapel** wood stack, woodpile. **~steen** silicified/petrified wood; nog, wooden brick. **~stof** *(bot.)* lignin; wood pulp; wood flour. **~stok** wood; *(golf)* driver; *~ no./nr. 2, (golf, rare)* brassie, brassy. **~suiker** *(chem.)* xylose, wood sugar. **~suur** *(chem.)* = HOUTASYN. **~swaan** wooden swan. **~swam** wood fungus, dry rot. **~teelt** silviculture, timber growing. **~teer** wood tar, vegetable tar. **~tegnologie** wood technology. **~tong** *(vet.)* actinobacillosis, wooden tongue. **~vat** *(bot.)* trachea. **~verduursaming** wood preservation. **~verrotting** timber rot. **~verrottingswam** wood-rotting fungus. **~vesel** wood fibre. **~vlam** wood grain. **~vlamafwerking, ~vlamafronding:** *tafel met 'n kunsmatige ~* fake wood-grain table. **~vlot** timber raft. **~vorming** lignification. **~vretend** *-e* xylophagous. **~vrot** wood/dry rot. **~vry** woodfree; *~(e) papier* woodfree paper. **~vuur** wood/log fire. **~ware** woodware, wooden ware; treen(ware). **~weefsel** wood tissue, xylem. **~werf** timberyard. **~werk** woodwork; timberwork. **~werker** worker in wood, woodworker; timberman, woodcutter. **~werkgereedskap** woodworking tools. **~wol** wood wool, wood fibre. **~wurm** woodworm, wood fretter, woodborer.

hout·ag·tig *-tige* woody, wood-like, ligneous, xyloid. **hou·te·rig** *-rige* wooden; sticky; clumsy, stiff; stockish. **hou·te·rig·heid** woodenness; stickiness; clumsiness, stiffness.

hout·jie[1] *-jies* piece of wood; *op eie ~* on one's own; on one's own responsibility; on one's own account; *iets op **eie** ~ doen, (also)* do s.t. off one's own bat *(infml.)*; do s.t. on one's own hook *(chiefly Am., infml., dated); op **eie** ~ te werk gaan, (also)* plough a lonely furrow; *so slim soos die ~ van die **galg*** →SLIM.

hou·tjie[2] *-tjies* tap, slap, light blow, small hit; →HOU[2] *n.*.

hout·jies·wurm bagworm.

hout·skool charcoal; *tot ~ verbrand, (food etc.)* burn to a frazzle/chip. **~grys** charcoal (grey). **~poeier** pounce. **~tekening** charcoal drawing.

hou·weel →HOU[2].

hou·wit·ser *-sers, (mil.)* howitzer.

ho·vaar·dig *-dige* haughty, arrogant, proud(-hearted), *(infml.)* toplofty; self-righteous. **ho·vaar·dig·heid** arrogance, haughtiness, pride. **ho·vaar·dy** *(fml.)* →HOVAARDIGHEID.

ho·we·ling *-linge* courtier. **ho·we·nier** *-niers, (rare, poet.)* gardener.

hu *ge-, (rare)* marry, wed, espouse *(arch.)*. **hu·baar** *-bare* marriageable; nubile *(a woman)*. **hu·baar·heid** marriageableness; nubility *(of a woman)*.

hub·bard·pam·poen *(also H~)* Hubbard squash.

Hu·ge·noot *-note* Huguenot.

huid *huide* skin; hide *(of animals)*; pelt, fell *(with hair)*; coat *(of a horse etc.)*; integument; →VEL *n.*; *'n **dik** ~ hê* →'N DIK **VEL** HÊ; *met ~ en **haar*** hide and hair, flesh and fell, body and bones; holus-bolus; *die kat het die muis (met) ~ en **haar** opgeëet* the cat ate the mouse so that nothing was left; *iets (met) ~ en haar **sluk**, (infml.)* swallow s.t. hook, line and sinker; ***ware*** ~ derm(a). **~aandoening** skin affection; →VELAANDOENING. **~arts** →VELSPESIALIS. **~boord** *(naut.)* strake. **~effek** *(phys.)* skin effect. **~gang** *(naut.)* strake. **~kanker** →VELKANKER. **~kleur, huidskleur** →VELKLEUR. **~klier** cutaneous gland. **~leer** dermatology. **~mondig** *-e* stomatose. **~mondjie** stoma; *met ~s* stomatose. **~neurose** neurodermatosis. **~ontsteking** →VELONTSTEKING. **~opening** dermal pore. **~plooi** →VELPLOOI. **~plooidikte** skinfold thickness. **~plooimeter** skinfold cal(l)iper. **~pyn** *(med.)* dermatalgia. **~rooiheid** *(med.)* erythema. **~senu(wee)** cutaneous nerve. **~slekte** →VELSIEKTE. **~siekteleer** dermatology. **~skelet** *(zool.)* exoskeleton. **~skilfers** *(med.)* seborrh(o)ea. **~skimmelsiekte** dermatomycosis. **~skleur** →VELKLEUR. **~smeer, ~vet** *(physiol.)* sebum. **~smeerafskeiding, ~vloed** *(med.)* seborrh(o)ea. **~smeergeswel** *(med.)* steatoma. **~smeergewas** *(med.)* wen. **~smeerklier** sebaceous gland; →SMEERKLIER. **~spesialis** →VELSPESIALIS. **~spier** cutaneous muscle. **~tering** *(pathol.)* lupus. **~uitslag** →VELUITSLAG. **~verharding** callosity, scleroderma. **~versorging** →VELVERSORGING. **~vet** →HUIDSMEER. **~vlies** cutaneous membrane.

hui·de·mark hide market.

hui·di·ge *n. (no pl.): vir die ~* for the present. **hui·di·ge** *adj.* modern, present, present-day, of the present day; current; existing; *~ **aandeelhouers*** existing shareholders; *in die ~ **distrik** X* in what is now the district of X; *~ **markwaarde*** current market value.

huid·jie *-jies* →VELLETJIE; *iets met ~ en muidjie sluk* →HUITJIE.

huid·jie·hu, hut·jie·hu *-hu's,* **hut·jie·hie** *-hies* green bladder grasshopper.

huig *huige, (anat.)* uvula; →KLEINTONGETJIE; *'n oop ~ hê* have a cleft palate. **~ontsteking** uvulitis.

hui·gel *ge-* feign, pretend, dissemble, dissimulate, sham, simulate, play the hypocrite. **hui·ge·laar** *-laars* hypocrite, dissembler, pharisee, *(infml.)* pseud; *'n ~ wees* be a hypocrite, lead a double life. **hui·gel·ag·tig, hui·gel·ag·tig** *-tige* hypocritical, dissembling, Janus-faced, double/two-faced, pharisaic(al), sanctimonious, pseudo, *(infml.)* weaselly. **hui·ge·la·ry** hypocrisy, dissimulation, pharisaicalness, pharisaism, phariseeism, sanctimoniousness.

huik *huike, (obs.)* cloak. **hui·kie** *-kies, (bot.)* calyptra.

huil *n.* crying; *(bot.)* bleeding, weeping; *iem. is aan die ~, iem. is aan't* (of *aan 't ~e*) s.o. is crying (*or* in tears); *aan die ~ gaan, aan't* (of *aan 't ~e*) *gaan* start (*or* burst out) crying, burst into tears; *aan die ~ wees, aan't* (of *aan 't ~e*) *wees* be crying, be in tears. **huil** *ge-, vb.* cry, weep; pule *(poet., liter.)*; blub *(infml.)*; *(humans)* wail; *(dogs etc.)* howl, whine; *(vines)* bleed; ***bitter(lik)/verskriklik/vreeslik*** ~ cry/weep bitterly, cry/weep one's eyes/heart out, *(infml.)* weep oceans of tears; *dit **help** nie om te ~ nie, ~ **help** nie* it's no use crying; *ek **kon** sommer ~* I felt like crying, I felt fit to cry; I was on the verge of tears; *iem. **laat** ~* reduce s.o. to tears; ***om/oor** iets ~* cry for s.t.; ***oor** iets ~, (also)* cry about s.t.; ***snot en trane** ~* blubber, sob violently; *lang **trane*** (of ***trane** met tuite* of *groot **huile***) *~, (infml.)* cry/weep bitterly, cry/weep one's eyes/heart out, weep oceans of tears; *iem. ~ **van** ...* s.o. cries/weeps for ... *(joy etc.)*; s.o. cries with ... *(pain etc.)*; *~ende **woesteny*** howling desert; *blaf met die honde en ~ met die **wolwe*** →BLAF. **~boerboon** *(Schotia brachypetala)* weeping boer-bean. **~boom, ~bos(boom)** *(Peltophorum africanum)* African/weeping wattle. **~bui** crying fit. **~-huil:** *~ praat* blubber; *iets ~*

vertel blubber s.t. out. **~stem** whining voice, whimper.

hui·le·balk *(dated)* crybaby; blubberer, whiner; howler; weeper; professional mourner.

hui·le·rig *-rige* tearful, weepy, snivelling, whimpering, whining, puling; lachrymose *(fml., poet., liter.)*. **hui·le·rig·heid** weepiness. **hui·le·ry** weeping, crying, sobbing; whining; howling; →HUIL *vb.*.

huis *huise, n.* house, dwelling, home; household, family; firm; institution; *(tech.)* body *(of a valve, cock, etc.)*; eye *(of an axe)*; case *(of a watch)*; housing, casing *(of an instrument, a machine, etc.)*; *by iem.* ***aan*** *~* at s.o.'s house; *by iem.* ***aan*** *~ kom* visit at s.o.'s house; *in die ~* ***bly*** stay indoors; *iem./iets ~ toe* ***bring/neem*** bring/take s.o./s.t. home; ***by*** *die ~* at home; ***by*** *jou eie ~, (also, fig.)* at/by one's own fireside; ***by*** *die ~ kom* get/arrive home; ***by*** *iem. se ~* at s.o.'s house; *met die* ***deur*** *in die ~ val* →DEUR *n.*; *in jou* ***eie*** *~* under one's own roof; *~ en* ***erf*** premises; *~ toe* ***gaan*** go home; *aan die ~* ***gebonde*** = HUISGEBONDE; *'n* ***gebonde*** *~, (obs.)* a tied house; *iem. het ~ toe* ***gegaan*** s.o. has gone home; *van 'n* ***goeie*** *~* of a good family/stock; *~ en* ***haard*** hearth/house and home; *daar is met iem. geen/nie ~ te* ***hou*** *nie, (infml.)* s.o. is impossible; *'n ~* ***huur*** rent a house; ***in*** *die ~* in the house; ***in*** *die ~ rond* about/around the house; *in die ~* ***ingaan*** go indoors; *~ toe* ***kom*** come home; *by die ~* ***kom*** get home; *by iem. aan ~* ***kom*** be on visiting terms with s.o.; *die* ***koninklike*** *~* the royal house/dynasty; *elke ~ het sy* ***kruis*** every home has its trials, there is a skeleton in every cupboard; ***(na)by*** *die ~* near home; *iem. in ~* ***neem*** extend hospitality to s.o.; *iem. ~ toe* ***neem/vergesel*** see s.o. home; →***bring/neem; om/rondom*** *die ~* about/around the house; *'n ~* ***onbewoonbaar*** *verklaar* condemn a house; *'n ~* ***ontruim*** vacate a house; *'n ~ van* ***ontug*** a house of ill fame/repute; *~* ***oppas*** housesit; *~* ***opsit*** set up house; *saam met iem. in/op ... ~* ***opsit*** settle with s.o. in ...; *'n* ***pondok*** *van 'n ~, (infml.)* a hole of a place; *~ toe* ***ry*** drive home; *iem. ~ toe* ***ry*** drive s.o. home; *iem. uit 'n ~* ***sit*** evict s.o. from a house; *~* ***skoonmaak*** clean house; *~ toe* ***skryf/skrywe*** write home; *'n* ***slegte*** *~* a house of ill fame/repute; *'n ~* ***soek*** be house-hunting; *iem. ~ toe* ***stuur*** send/order s.o. home; *iem. is ~* ***toe*** s.o. has gone home; *~* ***toe*** *gaan* go home; *~* ***toe*** *vlieg, (birds)* home; *op pad ~* ***toe*** homeward bound; *van ~* ***tot*** *~* from door to door *(begging; selling s.t.)*; from home to home *(greetings)*; *iets* ***van*** *die ~* ***hoor*** hear s.t. from home; *iem. is* ***van*** *~* ***uit*** ... s.o. is ... by birth/origin *(English-speaking etc.)*; s.o. is a natural ... *(artist etc.)*; *die ~* ***van*** *Oranje, (Du.)* the House of Orange; ***van*** *die ~* ***af*** *(weg) wees,* ***van*** *~ wees* be away from home; *die ~* ***van die Here*** the house of God, God's (*or* the Lord's) house, the church; ***ver/vêr*** *van die ~ (af)* a long way from home; far afield; *'n ~ teen homself* ***verdeeld*** a house divided against itself; *die* ***vrou*** *van die ~* the lady of the house; ***weg*** *van die ~ wees* be out; *iem.* ***wil*** *~ toe (gaan)* s.o. wants to go home. **huis** *ge-, vb., (rare)* house, be housed, lodge; inhabit; →HUISVES. **~adres** home/private address, residential address. **~agent** house agent. **~altaar** family/domestic altar; family devotions. **~apteek** (family/domestic) medicine chest. **~argitektuur** domestic architecture. **~arres** house arrest; house detention, confinement to one's home. **~arts** →HUISDOKTER. **~baadjie** housecoat, leisure coat. **~baas, ~heer** landlord, man of the house. **~bediende** *(derog.)* domestic servant; →HUISHULP. **~bedryf** home industry. **~besit** home ownership. **~besoek** pastoral visit; parish visiting; house call/visit; *(fml.)* domiciliary visit; visitation; *(pol.)* canvassing; *by iem. ~ doen* pay a pastoral call on s.o.; canvass s.o. at home. **~bestuur** home management. **~bestuurder** home manager; house steward. **~bewaarder** →HUISOPSIGTER. **~bewoner** occupant of a house, householder. **~blad** house journal/organ. **~bou** house-building. **~braak** housebreaking, burglary. **~brand** house on fire. **H~bybel** family Bible. **~deur** housedoor, front door. **~deursoeking** →HUISSOEKING. **~dier** domestic(ated) animal. **~dokter** family doctor. **~drag** house wear, house clothes. **~eend** puddle duck. **~eenheid** housing unit. **~eienaar** homeowner. **~(e)nood** = WONINGNOOD. **~filter** domestic filter. **~gebonde** housebound. **~gebruik** domestic use, home consumption. **~geld** →HUISHOUGELD. **~genoot** *-note* housemate, inmate; *(also, in the pl.)* housemates, household, family. **~gerei** household stuff; household utensils. **~gesin** family, household. **~gode** household gods, gods of the hearth, lares and penates, teraphim. **~godsdiens** family devotions/prayers/worship. **~heer** master of the house; landlord. **~hen, ~hoender** home bird, homebody, stay-at-home, homekeeping body. **~hond** house dog, watchdog. **~hou** →HUISHOU. **~houdster** housekeeper. **~hulp** domestic (worker/help), homeworker, home help. **~huur** house rent. **~huurder** *-s* tenant. **~inwydingspartytjie** house-warming (party); *'n ~ hou* give/have a house-warming (party). **~kamer** living room, lounge. **~kapelaan** domestic chaplain. **~kat** domestic cat; tabby (cat). **~kerk** domestic devotions. **~kewer** house borer. **~klere** house wear; →HUISDRAG. **~klok** house clock, parlour clock. **~kneg** butler. **~kring** home circle. **~kroegie** home bar. **~lêer** stay-at-home; idler. **~lening** home loan. **~linne** household linen. **~look** *(bot.: Sempervivum tectorum)* houseleek, hen-and-chickens. **~meisie** housemaid, house girl. **~mense** household. **~merk** own brand/label. **~merkprodukte** own-brand/own-label products. **~metaalware** household hardware. **~middel** *-s, -e* household/domestic/family medicine/remedy. **~moeder** matron, housemother, housemistress *(of an institution)*. **~moederlik** *-e* housewifely; matronly. **~muis** house mouse. **~nommer** house number. **~nood** →WONINGNOOD. **~onderwys** →TUISONDERWYS. **~onderwyser** →TUISONDERWYSER. **~oppas** housesitting. **~oppasser, ~wagter** housesitter. **~opsigter** caretaker. **~orrel** harmonium. **~plaag** household pest. **~raad** furniture; household effects, household equipment/goods/utensils, movables; *(jur.)* chattels. **~reëls** *(pl.)* house rules, rules of the house, household regulations; house style *(observed in a publishing/printing company)*. **~rok** house dress, morning frock/dress/gown. **~sitter** →HUISHEN. **~sitterig** *-e* homekeeping, housebound. **~skilder** →HUISVERWER. **~skoonmaak** housecleaning, spring cleaning. **~slang** house snake. **~sleutel** house key, latchkey. **~soeker** house-hunter. **~soekery** house-hunting. **~soeking, ~deursoeking** *-e* (house) search; *magtiging tot ~* search warrant. **~spel** indoor game. **~spinnekop** house spider. **~spuit** household spray. **~stof** household dust. **~swam** dry rot. **~swa(w)el(tjie)** *(orn.)* house martin. **~taal** home language. **~toegaan-tyd** *(infml.)* knock-off time. **~trek** removal. **~vader** housefather, housemaster *(of a hostel)*. **~vas** housebound; homekeeping, stay-at-home. **~verwer** house painter; decorator. **~ves** *ge-* accommodate, house, lodge, put up, take in, board *(tr.)*. **~vesting** accommodation, lodging; housing; *(mil.)* quarters; living conditions. **~vestingstoelaag, -toelae** housing benefit. **~vlieg** housefly, domestic fly. **~vlyt** homecraft; home industry/industries. **~vriend** family friend; *'n ~ van iem. wees* be on visiting terms with s.o.. **~vrou** housewife. **~vroulik** *-e* housewifely; *~e staat* wifehood. **~waarts** homeward(s). **~werk** homework *(for school)*; housework, domestic work/duties/chores, household chores/duties/work; *die (daaglikse) ~ doen* do one's chores. **~werker** →HUISHULP. **~winkel** *(SA)* spaza (shop). **~wyn** *(cheap table wine)* house wine.

huis·hou *n.* housekeeping, housewifery, domestic/home management. **huis·hou** *huisge-, vb.* keep house, run a house; *('n) mens kan met iem. nie ~ nie, (infml.)* s.o. is impossible. **~boek** account book. **~geld** housekeeping allowance/money, domestic allowance. **~kunde** →HUISHOUDKUNDE. **~kuns** housewifery.

huis·houd-: **~kunde** home economics, domestic science, home management; household arts; housewifery. **~kundig** *-e* of homecraft *etc.*; *~e woordeboek* dictionary of home economics. **~kundige** *-s* home economist, domestic science teacher/expert; home economics officer. **~skool** domestic science school, school of domestic science.

huis·hou·de·lik *-like* household *(expenses)*; housewifely; domestic *(affairs)*; economical, thrifty; *~e* ***personeel*** domestic staff; *~e* ***reëls/reglement*** rules for conducting the business of ...; *~e* ***sake*** internal/domestic affairs; *~e* ***toestel*** household appliance; *~e* ***vergadering*** business meeting. **huis·hou·de·lik·heid** domesticity. **huis·hou·ding** *-dings* household; housekeeping; domestic establishment; ménage; economy *(of a state)*; *'n (eie) ~ begin/opsit* set up house, set up for o.s., set up on one's own; *die ~ doen* keep house, run the house; *~ van Jan Steen, (rare)* disorderly household.

huis·houd·ster *-sters* housekeeper.

hui·sie *-sies* small house, cottage; hut; box, case *(of spectacles)*; sheath *(of a hunting knife)*; shell *(of a snail)*; segment, clove; eye *(of an axe etc.)*; quarter, section *(of an orange)*; binnacle *(of a compass)*; housing *(of a machine)*; *'n heilige ~, (fig., infml.)* a sacred cow.

huis·lik *-like* domestic, household; homelike, homely, hom(e)y, lived-in; home-loving; domesticated; *dit was* ***baie*** *~* it was very homely; *~e* ***geluk*** domestic happiness/bliss; *~e* ***geriewe*** home comforts; *~e* ***kring*** domestic circle, home circle; *~e* ***lewe*** home life; *~e* ***man*** domesticated/family man; *~e* ***omstandighede*** domestic circumstances; home environment; *~e* ***pligte*** household duties; *~e* ***twis*** domestic quarrel. **huis·lik·heid** domesticity, hominess; homeliness.

hui·tjie: *iets met ~/huidjie en muitjie/muidjie sluk, (infml.)* swallow s.t. hook, line and sinker.

hui·wer *ge-* shudder, tremble *(with fear)*; shiver *(with cold)*; hesitate, waver, teeter, shrink from, shy at; *~ om iets te* ***doen*** hesitate to do s.t.; shrink from doing s.t.; *ek ~ reeds by die* ***gedagte*** I shudder at the very thought, I shudder to think ...; *ek het* ***lank*** *ge~* I hesitated a long time; *nie ~* ***om*** *te ... nie, (also)* go as far as to ... **hui·we·rend** *-rende, (also)* tremulous. **hui·we·rig** *-rige* half-hearted; halting; reluctant; hesitating; shuddering, trembling; *~ wees om iets te doen* hesitate to do s.t.. **hui·we·rig·heid** hesitation; reluctance. **hui·we·ring** *-rings, -ringe* doubt; hesitation; shudder; crispation; horror; trembling; tremor; wince. **hui·we·ring·wek·kend** *-kende* horrible, dreadful, horrific.

hul[1] *ge-, vb.* envelop, wrap up; shroud, veil, wrap, swathe; *iem./iets in ... ~* envelop s.o./s.t. in ...; *in ... ge~ wees, (also)* be wrapped in ... *(darkness etc.)*; be shrouded in ... *(mystery)*, be veiled in ... *(secrecy)*.

hul[2] *pron.* →HUL(LE).

hul·de homage, tribute; *~ aan iem. betoon/bewys/bring* pay homage (*or* [a] tribute) to s.o., do/make/pay obeisance to s.o.. **~betoon** mark of esteem/homage. **~blyk** tribute, (mark of) homage.

hul·dig *ge-* do/pay/render homage to, honour, pay honour to; accept, act on, recognise *(a principle)*; *'n mening/opvatting ~* take a view, hold an opinion; *die mening ~ dat ...* be of the opinion that ...; *die ge~de* the toast. **hul·di·ging** *-gings, -ginge* acknowledg(e)ment, recognition *(of a principle)*; homage, honour *(to a pers.)*. **hul·di·gings·woord** eulogy, commendation.

hul(·le) *pers. pron.* they; them *(acc.)*; *~* ***almal*** all of them; *~* ***drie/ens.*** the three/etc. of them; ***een van*** *~* one of them, one of their number; ***oom Jan-~*** Uncle John and all/them (*or* cum suis); ***Pa-en-Ma-~*** Father, Mother and them; ***Patrys-~*** Patrys and his lot; *~* ***sê*** ... people/they say ..., it is said ...; *ek hoor ~* ***sê*** *dat ..., (also)* I hear it rumoured that ...; *~* ***self*** they themselves; *dit is hulle* ***s'n*** it is theirs, it belongs to them; *~ het* ***tesame*** ***R10*** they have R10 between them; ***van*** *~* of theirs; *~* ***was*** *~* they are washing themselves. **hul(·le)** *poss. pron.* their; *~ gesin is groot* theirs is a large family; *hulle sal ~ vingers brand* they will burn their fingers; *dit is ~ moeilikheid* that is their funeral/picnic. **~self** themselves *(acc., dat.)*.

hulp aid, assistance, help, support; succour, relief; rescue; help, aid; helper, aide; assistant, mate; *by iem. om ~* ***aanklop*** seek s.o.'s aid; *van iem. se ~* ***afhanklik*** *wees* depend on s.o. for assistance; *iem.* ***alle moontlike*** *~ verleen* give s.o. what help is possible; *met die ~* ***van bo*** with God's help; ***deur/met*** *iem. se ~* with the help of s.o.; *'n* ***groot*** *~ vir iem. wees* be a great help to s.o.; *geen* ***groot*** *~ vir iem. wees nie* not be much help to s.o.; *'n* ***groter*** *~ vir iem. wees* be more of a help to s.o.; *met* *die ~ van die **Here*** God willing; with God's help; *iem. se ~ **inroep*** enlist s.o.'s help; *iem. te ~ **kom/snel*** come/go to s.o.'s aid; come to s.o.'s assistance; come to s.o.'s rescue; rally to the support of s.o., rally round s.o.; rush to s.o.'s help; ***menslike** ~ kon niks meer verrig nie* s.t. was beyond human aid; ***met** die ~ van iem., **met** iem. se ~* with the aid of s.o., with s.o.'s aid; *~ **nodig** hê* need help; require support; *om ~ **roep*** cry/shout (*or* call [out]) for help; *iem. te ~ **snel** →**kom/snel**; iem. te ~ **snel**, (also)* jump/spring to s.o.'s assistance; *~ **soek*** seek aid/help; *iets **sonder** ~ doen* do s.t. unaided (*or* single-handed;) *iem. **tot/van** ~ wees* be of assistance to s.o.; be of help to s.o.; ***tydige** ~ is dubbele ~, (rare)* he gives twice who gives early; *~ van iem. **verlang*** seek s.o.'s aid; *~ **verleen*** lend aid; give/render assistance; *~ aan ... **verleen**, (also)* accord/give support to ...; give succour to ...; *by iem. ~ **vra*** ask s.o. for help, seek s.o.'s aid. **~aandrywing** auxiliary drive. **~arbeider** relief man. **~as** auxiliary shaft. **~battery** auxiliary battery. **~behoewend, ~behoewend** *-e* destitute, indigent, needy; infirm *(through age)*; helpless, invalid *(physically)*; requiring help. **~behoewendheid, ~behoewendheid** destitution, indigence, neediness; infirmity; helplessness. **~betoon** assistance; succour. **~biskop** suffragan (bishop). **~boog** supplementary arc. **~boot** crash boat. **~bron** resource. **~brug** temporary bridge. **~diaken** subdeacon. **~diens(te)** auxiliary service(s). **~dirigent** *(mus.)* repetitor, répétiteur *(Fr.)*, assistant conductor. **~gat** *(min.)* easer. **~geheue** *(comp.)* cache (memory); *inligting/ens. in 'n ~ bêre/(op)berg/bewaar/stoor* cache information/etc.. **~geroep** cry for help. **~groep** support group. **~hart** twin heart; →ABBAHART. **~huisvestingsplan** assisted housing scheme. **~kantoor** *(comp.)* helpdesk. **~ketel** donkey boiler. **~klep** auxiliary valve. **~konstabel** assistant constable. **~kruiser** auxiliary cruiser. **~loko(motief)** bank(ing) engine. **~lyn** *(geom.)* auxiliary line; subsidiary railway; leger/ledger line; helpline. **~mas** jury mast. **~masjien** donkey engine. **~middel** *-e, -s* expedient, makeshift; *(in the pl.)* aids, facilities, appliances; *(in the pl.)* means, resources. **~motor** donkey engine; auxiliary motor. **~onderwyser(es)** assistant (teacher). **~pomp** donkey pump. **~predikant** assistant minister; *(RC,Angl.)* curate. **~prediker** assistant minister. **~rekening** *(bookk.)* subsidiary account. **~sekretaris, ~sekretaresse** assistant secretary. **~senu(wee)** accessory nerve. **~skip** relief ship. **~skool** opportunity school. **~stasie** auxiliary station. **~stof** auxiliary material. **~stoomketel** →HULPKETEL. **~stuk** auxiliary. **~stut** puncheon. **~taal** auxiliary language. **~toelaag, ~toelae** grant-in-aid. **~toerusting** auxiliary equipment. **~trein** relief train; breakdown train; salvage train. **~troepe** auxiliary troops, auxiliaries. **~vaardig** *-e* helpful, ready/willing to help, co-operative, obliging. **~vaardigheid** helpfulness, readiness/willingness to help, cooperativeness; *iem. doen iets uit ~* s.o. does s.t. in a spirit of helpfulness. **~veer** helper spring, overload spring. **~vereniging** benefit society. **~verlening** aid. **~verleningsmoegheid** aid fatigue. **~verpleër** medical aid. **~wag** assistant guard. **~werkwoord** auxiliary (verb). **~wetenskap** auxiliary/subsidiary/supplementary science.

hul·pe·loos *-lose* helpless; →HULPBEHOEWEND. **hul·pe·loos·heid** helplessness; →HULPBEHOEWENDHEID.

huls[1] *hulste, (bot.)* holm (oak), ilex; holly.

huls[2] *hulse* sleeve; *(mech.)* casing, housing; shell, covering, cowling; sheath; *(bot.)* case, cod, pod, shell, husk, tunic; (cartridge) case; cover, envelope *(for bottles etc.)*; thimble. **~klep** sleeve valve. **~laer** sleeve bearing. **~moer** sleeve nut.

hul·sel *-sels* cover(ing), envelope, wrap(ping), wrapper, housing, casing, sheath; *(bot.)* involucre, involucrum.

hu·maan *-mane* humane. **hu·ma·ni·o·ra** *(fml.)* humanities, humane learning/letters. **hu·ma·nis** *-niste* humanist; *(hist., often H~)* Humanist. **hu·ma·ni·seer** *ge-* humanise. **hu·ma·nis·me** humanism; *(hist., often H~)* Humanism. **hu·ma·nis·ties** *-tiese* humanistic; *(hist., often H~)* Humanistic. **hu·ma·ni·teit** humanity, humaneness. **hu·ma·ni·têr** *-têre* humanitarian; caring *(government etc.)*.

hu·meur *-meure* temper, mood, humour; pet; *jou ~ **beteuel*** control/curb/keep one's temper, *(infml.)* keep the lid on one's temper; *'n **ongelyke** ~* an uneven temper; *uit jou ~ **raak*** lose one's temper; *in 'n **slegte** ~* in a bad temper, in an ill humour; ***uit** jou ~ wees* be in an ill humour, be out of humour/temper; be in a temper; be out of sorts; *jou ~ **verloor*** lose one's temper, fly/get into a temper. **hu·meu·rig** *-rige* capricious, moody, crotchety, peevish, humoursome, ill-tempered, sulky. **hu·meu·rig·heid** capriciousness; spleen; moodiness; →HUMEURIG.

hu·mi·di·teit humidity. **hu·mied** *-miede, (climatology)* humid.

hu·mor humour; *'n sin vir ~ hê* have a sense of humour; *iem. is sonder ~* s.o. is humourless; *'n sprankie ~* a gleam of humour. **~loos** *-lose* humourless. **~sin** a sense of humour; *~ hê* have a sense of humour.

hu·mo·resk *-reske* humorous sketch; *(mus.)* humoresque.

hu·mo·ris *-riste* humorist. **hu·mo·ris·ties** *-tiese* humorous; humoristic.

hu·mus humus, vegetable mould. **~ryk** humic. **~steenkool** humic coal. **~suur** humic acid, mould acid.

hu·mus·ag·tig *-tige* humous.

Hun *Hunne, (hist., member of a nomadic tribe)* Hun. **Huns** *Hunse* Hunnish.

hu·ne·bed, hun·ne·bed *-bedde, (archaeol.)* giant's grave *(infml.)*, cromlech, dolmen.

hun·ker *ge-* yearn; *na iets ~* hanker after/for s.t.; crave for s.t., have a craving for s.t.; hunger after/for s.t.; yearn after/for s.t., long for s.t., ache for s.t.. **hun·ke·rend** *-rende* craving, hankering, longing, wistful, hungry. **hun·ke·ring** *-ringe* craving, hankering, hunger, longing, yearning, wistfulness; *'n ~ na iets* a hankering after/for s.t..

hun·ne·bed →HUNEBED.

Huns →HUN.

hup·pel *ge-* frisk, hop, skip; trip, gambol; bound; *~ van ...* jump for ... *(joy etc.)*. **~tuig** baby bouncer.

hup·pe·laar *-laars* bouncer, hopper.

hup·pe·lend *-lende* frisking, hopping, skipping.

hup·pel·rig *-rige* skippy, frisky.

hups *hupse* lively, quick; healthy; strapping; courteous, polite, debonair; friendly; *iem. is nog (heel) ~ vir sy/haar ouderdom* s.o. carries his/her years (very) well, there's life in the old dog yet. **hups·heid** liveliness; politeness; →HUPS.

hup·stoot(·jie) *(fig.)* boost, kick-start, jump-start; *iem. 'n ~ **gee*** give s.o. a boost (*or* a leg up); *iets 'n ~ **gee*** give s.t. a boost/kick-start/jump-start *(the economy, s.o.'s career, etc.)*; *'n ~ **kry*** get a boost/kick-start; *'n ~ **vir** ...* a boost for ...

hurk *ge-* squat, crouch; cower; →HURKE, NEERHURK; *ge~* squatting; *ge~ sit* squat, sit on one's haunches. **~kloset** *(dated)* squatting closet. **~skop** *(an exercise)* squat thrust. **~sloot** *(dated, mil.)* straddle trench.

hur·ke *(pl.)* haunches; *op jou ~ sit* sit on one's haunches, squat; *op jou ~ gaan sit* squat (down).

Hu·roon *-rone, (anthr.)* Huron.

hu·saar *-sare, (hist.)* hussar. **hu·sa·re·mus** busby, bearskin.

hus·se *(pl.): dis ~ (met lang ore), (fig., infml.: said to an inquisitive pers.)* it is pigeon's milk.

Hus·siet *-siete, n., (hist.)* Hussite. **Hus·si·ties** *-tiese, adj., (hist.)* Hussite.

hut *hutte* hut, hovel; cottage, cot; hutment *(chiefly mil.)*; shack, shelter; *(min.)* crib. **~huis** bungalow. **~koffer** *(rare)* = KAJUITKOFFER.

hut·jie *-jies, n., (dim.)* shack, small hut, shanty; →HUT.

hut·jie·hie *-hies,* **hut·jie·hu** *-hu's* →HUIDJIEHU.

huts·pot hotchpotch, hodgepodge *(Am.)*, hotpot *(Br.)*.

Hut·te·fees →LOOFHUTTEFEES.

huur *hure, n.* hire, rent(al); lease; tenancy; *die ~ is in ... **om*** the lease expires in ...; *~ **opgee**, (a labourer, tenant, etc.)* give notice; *iem. se ~ **opsê*** give s.o. notice (to quit); give s.o. notice (of removal); *iem. se ~ **opsê*** give s.o. notice *(a tenant etc.)*; ***te** ~* to let *(a shop etc.)*; for hire; ***te** ~ of te koop* for sale or to let. **huur** *ge-, vb.* hire, rent *(a house)*; engage *(a crew, nurse, etc.)*; charter *(a ship)*; lease *(on contract)*; ***as** jy my gister ge~ het, het jy my vandag gehad, (infml.)* you can't order me about/around; *gehuurde **betogers/oproermakers*** rent-a-mob; *iets **by/van** iem. ~* rent s.t. from s.o. *(a flat etc.)*; lease s.t. from s.o.; *gehuurde **motor*** rent-a-car; *gehuurde **polisieman*** rent-a-cop. **~akte** deed of lease. **~arbeider** labour tenant. **~baas** landlord. **~beheer** rent control; *eiendom/ens. wat onder ~ val* rent-controlled property/etc.. **~beheerde** *(attr.)* rent-controlled *(property etc.)*. **~besit** leasehold. **~boer** tenant farmer. **~boikot** rent boycott. **~diens** charter service. **~erf, ~standplaas** leasehold stand. **~geld** rent, rental; *hersiening van die ~* rent review. **~huis** rented house. **~huisvesting, ~verblyf, ~kamers** rented accommodation. **~invorderaar** rent-collector. **~invordering** rent-collecting. **~kamer** room to let (*or* for hire); rented/hired room; *(also, in the pl.)* lodgings. **~kamerhuis** lodging house, rooming house *(chiefly Am.)*. **~kantoor** registry (office). **~koetsier** *(hist.)* cabman, cab driver, cabby. **~kontrak** lease, agreement of tenancy. **~koop** hire-purchase; *op ~* on hire-purchase; *op ~ aanskaf* buy on hire-purchase (terms). **~leër** hired army, mercenary army. **~loon** hire, wages. **~moordenaar** hit man, hired assassin, contract killer. **~motor** *-s* hire car, drive-yourself car; taxicab. **~motorbestuurder** taxi driver. **~ooreenkoms** tenancy. **~opbrengs, ~opbrings** rental, rent roll. **~opsegging** notice to quit; notice of removal. **~pag** leasehold. **~perd** job horse. **~polisiediens, ~polisiestelsel** rent-a-cop service/system. **~premie** foregift. **~prys** rental, rent. **~raad** rent board. **~register** rent register/roll. **~rytuig** cab. **~soldaat** mercenary, soldier of fortune, dog of war. **~som** rent(al). **~staking** rent strike. **~stal** livery stable. **~standplaas** →HUURERF. **~termyn** term of lease, tenancy. **~tol** *(min.)* royalty. **~troepe** mercenary force, mercenaries. **~tyd** term of lease, tenancy. **~vliegtuig** charter plane, air taxi. **~vlug** charter flight. **~voorwaardes** terms of lease. **~vry** rent-free. **~waardes** rental value. **H~wet** Rent(s) Act. **~woning** →HUURHUIS. **~woonstel** rented flat/apartment.

huur·der *-ders* hirer; lessee, tenant; *(teleph.)* subscriber.

huur·ling *-linge* mercenary, myrmidon; hireling *(derog.)*.

hu·we·lik *-like, n.* marriage; matrimony; wedlock; *(arch.)* espousal; *'n ~ **aangaan/sluit*** contract a marriage; *jou in die ~ **begeef/begewe** = in die huwelik **tree**; 'n paar in die ~ **bevestig*** marry a couple; *'n ~ **bevestig/voltrek*** perform a marriage ceremony; *uit 'n ~ **gebore** wees* be born in wedlock; *buite die ~ **gebore** wees* be born out of wedlock; ***gedwonge** ~* forced wedding; *(infml.)* shotgun wedding. *iem. ten ~ **gee*** give s.o. in marriage *(a daughter)*; *'n ~ om **geld*** →GELD[1] *n.*; *~ in **gemeenskap** van goed(ere)* marriage in community of property; *'n **goeie** ~ doen* marry well; *'n ~ met die **handskoen*** a marriage by proxy; *~e word in die **hemel** gesluit* marriages/matches are made in heaven; *'n ~ **inseën*** solemnise a marriage; *'n ~ voor die **landdros*** a civil marriage; *'n ~ uit **liefde*** a love match; *'n ~ met die **linkerhand*** a morganatic marriage; *'n ~ **ontbind*** dissolve a marriage; *'n **ryk** ~ doen* marry money (*or* a fortune); *'n ~ **sluit*** contract a marriage; *'n ~ tot **stand** bring* make a match; *in die ~ **tree*** marry, get married; enter into matrimony (*or* a marriage); *kinders **uit** die ~* children of the marriage; *twee mense in die ~ **verbind*** join two people in marriage; *'n ~ het **verbrokkel*** a marriage has broken down, a marriage is on the rocks *(infml.)*; *'n ~ met **volmag*** a marriage by proxy; *'n ~ **voltrek*** consummate a marriage; *die **voorgenome** ~* the contemplated marriage; *'n ~ **waarneem*** officiate at a marriage/wedding. **~saak** matrimonial cause. **~seën** nuptial blessing/benediction, marriage blessing. **~sertifikaat** marriage certificate. **~skuitjie** →HUWELIKSBOOT(JIE). **~staat** married/wedded state, (the holy estate of) matrimony, wedlock, conjugality, connubiality; *(jur.)* marital status.

hu·we·liks-: **~aankondiging** notification of marriage, wedding notice. ~**aansoek** offer of marriage, proposal (of marriage). ~**afkondiging** banns. ~**akte** marriage certificate. ~**band** marriage bond/knot/tie, matrimonial/nuptial tie; yoke. ~**beampte,** ~**bevestiger** marriage officer. ~**bed** marriage bed, nuptial bed. ~**beletsel** impediment to marriage. ~**belofte** promise of marriage; *(in the pl.)* marriage vows; *jou ~s aflê* take one's marriage vows; *jou ~s verbreek* break one's marriage vows. ~**bemaking,** ~**bevoordeling** marriage settlement. ~**bemiddelaar** *=s* matchmaker. ~**bemiddeling** matchmaking. ~**beraad,** ~**berading** marriage counselling. ~**berader** marriage (guidance) counsellor. ~**berig** →HUWELIKSAANKONDIGING. ~**bevestiging** marriage ceremony. ~**boot(jie)** Hymen's boat; *in die ~ stap* get married, get into double harness. ~**buro** *='s* marriage bureau. ~**fees** wedding feast, wedding celebration; nuptials; →BRUILOF. ~**formulier** marriage service; marriage formulary. ~**geboole** banns. ~**gedig** epithalamium, epithalamion. ~**gelofte** marriage vow. ~**geluk** conjugal/connubial/wedded bliss/happiness/felicity. ~**gemeenskap** consummation of marriage; marriage bed; community of property. ~**geskenk** wedding present. ~**god** = HYMEN. ~**goed** dowry, marriage portion. ~**hof** matrimonial court. ~**inseëning** marriage blessing/benediction, solemnisation of a marriage. ~**knoop** wedding knot, marriage tie. ~**kontrak** marriage articles/contract/settlement, antenuptial contract. ~**lewe** married/wedded life. ~**liefde** conjugal/married/wedded love. ~**lisensie** marriage licence. ~**maat** marriage partner, spouse. ~**makelaar** marriage broker, matchmaker, go-between. ~**mark** marriage market. ~**ontbinding** divorce. ~**ontrou** conjugal infidelity. ~**plegtigheid** marriage ceremony. ~**plig** conjugal duty; conjugal rights. ~**reg** law of marriage; *~te* conjugal rights, marital rights. ~**register** marriage register. ~**reis** wedding trip, honeymoon (trip). ~**trou** conjugal fidelity. ~**verband,** ~**verwantskap** *(jur.)* affinity. ~**voltrekking** solemnisation of marriage. ~**voorligting** marriage guidance. ~**voorwaarde(s)** marriage contract/articles; antenuptial contract; *op ~ getroud* married by antenuptial contract.

Hwan·ge *(geog.)* Hwange.

hy he, it; *daar's ~!* there he is!; there you are! *(when handing s.t. to s.o.)*; *daar's ~ mos!*, *(infml.)* that's the ticket!; *waar is daardie boek? Hy/dit is weg* where is that book? It is lost, I can't find it; *dis net ~!*, *(infml.)* that's the idea!; that's the stuff/ticket!; *~ het dit self gedoen* he did it himself; *'n ~ en 'n sy* a he and a she.

hyg *ge=* gasp *(for breath)*, pant; wheeze, heave; *na asem ~* gasp for breath; pant; *~ en blaas* puff and blow. ~**roman** *(infml.)* bodice ripper, bonkbuster. ~**swyn** →HYGER.

hy·gend *=gende* gasping, panting; yearning; *my ~!*, *~ (hert)!* heavens!, good gracious!, great balls of fire!.

hy·ger, hyg·swyn *(sl.)* heavy breather *(on the telephone)*. **hy·ge·rig** *=rige* wheezy.

hy·ging gasp(ing), pant(ing), heavy breathing; *~ na* yearning for.

Hy·men *(Gr. and Rom. myth.)* Hymen, god of marriage.

hys *ge=* hoist *(the sails)*; pull up, raise, haul; lift *(a weight)*; run up, hoist, fly *(a flag)*; heave; wind. ~**baan** skipway. ~**bak** lift, elevator; *(min.)* skip; *(min.)* cage. ~**bakkies** *(infml.: cosmetic surgical operation)* nip and tuck. ~**bakwagter** *(rare)* skipman. ~**balk** derrick. ~**blok** pulley block, gin block. ~**emmer** *(min.)* kibble *(Br.)*; skip, tub. ~**hok** *(min.)* cage; skip. ~**kabel** hoisting cable, elevator cable, winding rope. ~**ketting** hoisting chain. ~**kraan** crane. ~**mandjie** *(min.)* skip. ~**masjien** crane, hauling/hoisting machine, winding machine. ~**stoel** chair lift, ski lift, ski tow. ~**tang** crampon. ~**toestel** crane, elevator, hoisting apparatus/engine, hoist, tackle, winding gear, winch. ~**tou** hoisting/lifting rope, hauling line/rope, winding rope, tackle; *(naut.)* halyard, halliard. ~**tuig** winding tackle. ~**werk** winding tackle, hoisting gear; poppet head *(of a mine)*.

hy·ser *=sers* lift, elevator; hoister; hoist; *met die ~ opgaan/afgaan* take the lift. ~**bediener** lift attendant, liftman. ~**skag** lift shaft/well.

Ii

i, I =*'s (ninth letter of the alphabet)* i, I; *die puntjies op die i's sit, (infml.)* dot the/one's i's and cross the/one's t's. **i'tjie** little i.

i·a·tro·che·mie *(hist., philos.)* iatrochemistry.

i·a·tro·geen =*gene,* **i·a·tro·ge·nies** =*niese, adj., (med.)* iatrogenic.

I·be·ri·ë *(geog., hist.)* Iberia. **I·be·ri·ër** =*riërs, n., (inhabitant)* Iberian. **I·be·ries** =*riese, adj., (language)* Iberian; *die Iberiese Skiereiland* the Iberian Peninsula.

i·bis *ibisse (orn.)* ibis; *heilige ~* sacred ibis.

I·bi·za·jag·hond Ibizan hound.

i·bu·pro·fen *(med.)* ibuprofen.

I·ca·ries =*riese* Icarian.

ic·te·rus →IKTERUS.

I·da·ho *(geog.)* Idaho.

i·de·aal =*ale, n.* ideal; *hoë ideale hê/koester* have high ideals; *'n ~ verwesen(t)lik* realise/attain an ideal. **i·de·aal** =*ale* =*aler* =*aalste, adj.* ideal; *ideale gas, (chem.)* ideal/perfect gas; ideal guest; *nie ~ nie, (also)* unideal. **i·de·aal** =*aler* =*aalste, adv.: ~ gesien* ideally.

i·de·a·lis =*liste, (philos., also I~)* idealist. **i·de·a·li·seer** *geï*= idealise. **i·de·a·li·se·ring** idealisation. **i·de·a·lis·me** idealism, high-mindedness; *(philos., also I~)* idealism. **i·de·a·lis·ties** =*tiese* idealistic, high-minded; *(philos., also I~)* idealistic; *alte ~* starry-eyed. **i·de·a·li·teit** *(fml.)* ideality.

i·dee *idees, ideë* idea, notion, concept; opinion; inkling; →DUNK, MENING; *die blote ~!* the very idea!; *iem. op allerlei ~s* ***bring*** put ideas into s.o.'s head; *wat* ***bring*** *jou op daardie ~?* what gives you that idea?; ***'n flou/vae*** *~ van iets hê* have a faint idea of s.t.; *nie die* ***flouste/geringste/minste/vaagste*** *~ van iets hê nie* not have the faintest/foggiest/slightest/vaguest idea/notion of s.t., have no idea of s.t., not have the remotest conception of s.t., not have a clue (*or, infml.* be clueless) about s.t.; ***geen*** *~ van iets hê nie* have no notion of s.t.; *iem. het* ***geen*** *~ gehad dat ... nie* s.o. could not dream that ...; *'n ~ laat* ***inslaan*** sell an idea; *dit* ***is*** *'n ~, (infml.)* it is an idea; *op 'n ~* ***kom*** hit (up)on an idea, be struck by an idea; *'n ~ aan die* ***man*** *bring* sell an idea; *'n man/vrou* ***met*** *~s* a man/woman of ideas; ***met*** *die ~ dat ...* thinking (*or* under the impression) that ...; ***met*** *die ~ om te ...* with the idea of ...; *iem. het sulke* ***snaakse/vreemde*** *~s* s.o. has such strange notions; *~s* ***vorm,*** *(mainly psych.)* ideate; ***wat*** *'n ~!* the idea! *(infml.),* what an idea!. **~vorming** ideation.

i·de·ë·: **~assosiasie** association of ideas. **~beraad** brainstorming session. **~leer** ideology, theory of ideas. **~rykdom** wealth of ideas. **~wêreld** world of ideas.

i·de·ëel *ideële* ideal, imaginary, imagined.

idée fixe *idées fixes, (Fr.)* idée fixe, obsession, fixed idea; *'n ~ ~* an idée fixe, an obsession.

i·dee·tjie =*tjies* notion; bit of an idea; a suspicion (of).

i·dem *(Lat., abbr.: id.)* idem, ditto *(abbr.: do.),* the same.

i·den·tiek =*tieke* identical; *~ aan/met ...* identical with ... **i·den·ties** =*tiese* identical; *~ met ... wees* be identical with ...; *'n ~e tweeling* identical/uniovular twins. **i·den·ti·fi·ka·sie** =*sies* identification; *(comp.)* identifier; *foutiewe/verkeerde ~* misidentification; (a case of) mistaken identity. **~bewys** identification papers. **i·den·ti·fi·seer** *geï*= identify; *jou ~* identify o.s.; *verkeerd ~* misidentify. **i·den·ti·fi·se·ring** →IDENTIFIKASIE. **i·den·ti·teit** =*teite* identity; *iem. kan sy/haar ~* ***bewys*** s.o. can prove his/her identity; ***'n bewys*** *van iem. se ~* a proof of s.o.'s identity; *kan jy jou* (of *kan u u*) *~* ***bewys?*** do you have (*or* have you got) any ID?; *vir jou 'n nuwe ~* ***skep,*** *(also)* reinvent o.s..

i·den·ti·kit *(trademark)* identikit. **~foto** identikit photograph.

i·den·ti·teits·: **~bedrog** *(jur.)* personation. **~bewys** evidence/proof of identity; identity papers; identity card. **~dokument** identity document; *~ met 'n strepies-/staafkode* bard-coded identity document. **~kaart** identity card; *het jy/u 'n ~?* do you have (*or* have you got) any ID?. **~krisis** *(psych.)* identity crisis. **~matriks** *(math.)* identity matrix. **~plaatjie** identity/identification disc.

i·de·o= *comb.* ideo-. **~grafie** ideography. **~grafies** =*fiese* ideographical. **~gram** =*gramme* ideogram, ideograph. **~logie** =*gieë* ideology. **~logies** =*giese* ideological. **~loog** =*loë* ideologist, ideologue. **~motories** =*riese, adj.* ideomotor.

i·dil·le =*les, (pros. etc.)* idyl(l). **i·dil·lies** =*liese* idyllic.

i·di·o= *comb.* idio-.

i·di·o-e·lek·tries, i·di·o·ë·lek·tries idioelectric.

i·di·o·lek =*lekte, n., (ling.)* idiolect. **i·di·o·lek** =*lekties, adj.* idiolectical.

i·di·o·ma·ties =*tiese* idiomatic.

i·di·o·morf =*morfe (cryst.)* idiomorphic.

i·di·oom *idiome* idiom.

i·di·oot =*ote, n.* idiot; *(infml., derog.)* fool, cretin, dimwit, halfwit, nitwit, twit, lamebrain; *'n ~ gebore* a congenital idiot; *moenie 'n ~ wees nie!* don't be idiotic!. **i·di·oot** =*ote, adj.* idiotic, inane. **~-savant** *(psych.)* idiot savant.

i·di·oot·heid →IDIOTISME.

i·di·o·pa·tie *(med.)* idiopathy. **i·di·o·pa·ties** =*tiese* idiopathic.

i·di·o·sie = IDIOTISME.

i·di·o·sin·kra·sie =*sieë* idiosyncrasy. **i·di·o·sin·kra·ties** =*tiese* idiosyncratic.

i·di·o·te·rig =*rige* like an idiot. **i·di·o·te·ry** idiocy. **i·di·o·ties** =*tiese* idiotic. **i·di·o·tis·me** =*mes* idiocy.

i·di·o·ti·kon =*tikons,* =*tika* dialect dictionary.

i·do·la·trie idolatry. **i·do·laat** =*late, adj.* idolatrous. **i·do·laat** *adv.* idolatrously.

i·dool =*dole* idol.

i·doon·suur idonic acid. **i·do·se** *(chem.)* idose.

I·du·me·a *(NT)* Idumaea *(AV),* Idumea *(NIV).* **I·du·me·ër** =*meërs, n.* Idum(a)ean. **I·du·mees** =*mese, adj.* Idum(a)ean.

ie·der =*dere* each, every; *in ~/elk/alle geval* in any case; *in ~e geval* in each/every case; *'n ~ en 'n elk,* (rare) *'n elk en 'n ~* each and every one, every single one; one and all. **~een** anyone; everybody, every man, everyman; →ELKEEN; *~ weet dit* everybody knows this, this is common knowledge; *~ kan wen* it's anybody's game/race.

ie·mand anybody, anyone; someone, somebody; a person, one; *~* ***anders*** s.o. else; anyone else; ***by*** *~ (se huis)* at someone's home/place; ***nog*** *~* someone else; anybody/anyone else; ***nog*** *~?* anyone else?; ***so*** *~* such a one, s.o. like that, someone of that description; *daar is nie* ***so*** *~ nie* there is no such person.

iep *iepe,* **iep·boom, ie·pe·boom** *(bot.)* elm (tree).

Ie·per *(geog.)* Ypres.

ie·pe·riet = MOSTERDGAS.

ie·pe·siek·te (Dutch) elm disease, dieback of elms, elm blight. →IEP.

ie·pies *(dial.)* →HIPOKONDERS.

Ier·land *(geog.)* Ireland; *(Gaelic)* Eire; *(arch., poet., liter.)* Erin; →HIBERNIË; *die Republiek van ~* the Republic of Ireland. **Ier** *Iere* Irishman; *die ~e* the Irish. **Iers** *n., (lang.)* Irish. **Iers** *Ierse, adj.* Irish; *~e* ***bredie/stowegereg*** Irish stew; *~e* ***koffie*** Irish coffee; *~e* ***Republikeinse*** *Leër, (abbr.:* IRL*)* Irish Republican Army *(abbr.:* IRA); *~e* ***See,*** *(geog.)* Irish Sea; *~e* ***setter,*** *(breed of dog)* Irish/red setter; *~e* ***terriër,*** *(breed of dog)* Irish terrier; *~e* ***Vrystaat,*** *(hist.)* Irish Free State; *~e* ***whiskey*** Irish whiskey; *~e* ***wolfhond*** Irish wolfhound.

ie·se·grim =*grimme,* =*grims* bear, grumbler, surly fellow. **ie·se·grim·mig** =*mige* bearish, surly, grumpy, querulous, cantankerous. **ie·se·grim·mig·heid** querulousness.

iet: *as niet(s) kom tot ~(s), (ken ~ sigselwe niet)* set a beggar on horseback and he'll ride to the devil, upstarts make bad masters.

ie·ter·ma·go =*go's,* **ie·ter·ma·gô** =*gôs,* **ie·ter·ma·gog** =*gogge,* =*gogs* (Cape) pangolin, scaly anteater.

iets *pron.* something; anything; thing; *~* ***anders*** s.t. else; another thing; anything else; *dis ~* ***anders,*** *(also)* it's not the same thing; *dit is glad ~* ***anders,*** *(also)* that is another thing altogether; *jy het ~* ***beet*** there is something in/to what you say; *~* ***bereik,*** *(fig.)* get somewhere; *iem.* ***besit*** *nogal ~* s.o. is fairly well off (*or* well-to-do); *~* ***besonders*** something special; *~* ***besonders*** *wees, (also)* be quite something *(infml.);* ***beter*** *~ as niks (nie)* better aught than naught; *~* ***beters*** s.t. better; *~* ***beters*** *te doen hê* have better things to do; *~* ***buitengewoons*** an unusual thing; *~ sal my (wel)* ***byval*** I'll think of something or other; *~* ***dergeliks*** something of the sort; anything of the sort; *nogal ~ van iem.* ***dink*** think something of s.o.; *~ in verband met ...* ***doen*** do something about ...; *iem. het ~ met ... te* ***doen*** s.o. has something to do with ...; *dit was dom/ens. om so ~ te* ***doen*** it/that was a foolish/etc. thing to do; *~* ***goeds*** a good thing, something good; *~* ***goeds*** *beethê* be onto a good thing *(infml.);* *~ van iem.* ***hê*** bear a distant likeness to s.o.; have a touch of s.o.; *daar* ***het*** *jy ~ (beet)* →***sit/steek;*** ***het*** *jy hoegenaamd ~?* do you have anything at all?; *~* ***in/oor*** *die vyftig/ens.* fifty/etc. odd; *~ van ...* ***maak*** make something of ...; *~* ***meer/minder*** *as ...* just over/under ...; *~* ***moois*** a thing of beauty; ***nog*** *~* another thing; something more; ***nog*** *~?* anything else?; anything further?; *en* ***nog*** *~* and another thing; *soos* ***nog*** *~, (infml.)* like anything; *~* ***nuuts*** s.t. new; ***of*** *~* or anything; ***of (so)*** *~* or s.t. (like that); *~* ***onbeskryfbaars*** something indefinable; *~* ***oor*** *die vyftig/ens.* →***in/oor;*** *daar* ***sit/steek*** *~ in wat jy sê, daar* ***het*** *jy ~ (beet), nou* ***sê*** *jy ~* there is something in/to what you say, you have a point there, you have (*or* you've got) something there, there is truth in what you say; ***so*** *~* such a thing, s.t. like that; something of the sort; anything of the sort; *of* ***so*** *~* or the like; *iem. is 'n ... of* ***so*** *~, (infml.)* s.o. is a ... or something; *daar is/bestaan (glad) nie* ***so*** *~ nie* there is no such thing; *hoe kan ('n) mens* ***so*** *~ doen/sê?* what a thing to do/say!; *het jy al* ***so*** *~ gehoor/gesien?* did you ever hear/see the like?; *wil jy jou hande was of* ***so*** *~?* do you want to wash your hands or anything?; *~* ***soos*** *'n wonderwerk* s.t. of/like a miracle; *dit was ~* ***verskrikliks*** it was s.t. awful; *daar is ~ van* ***waar*** there is something in/to what you say; ***weet*** *jy ~ daarvan?* do you know anything about it?. **iets** *adv.* a little, rather, somewhat, slightly; →IETWAT; *~ beter* slightly better; *~ meer as duisend* just more than a thousand. **iet·sie** *(no pl.): 'n ~* a bit/shade/trifle/whit/touch; *'n ~ beter/meer* a shade better/more. **iet·wat** slightly, somewhat, a tad *(disappointing, confused, sensitive, etc.).*

ie·we·rig -rige, *(rare)* fussy, officious; skittish *(a horse)*; lively, active.

ie·wers somewhere.

i·fa·fa·le·lie *(bot.: Cyrtanthus spp.)* ifafa lily.

Ig·dra·sil *(Norse myth.)* Yg(g)drasil, Igdrasil.

ig·loe -loes, **ig·lo** -lo's igloo.

ig·neu·mon -mons ichneumon; mongoose.

ig·no·lo·gie -gieë ichnology.

ig·no·reer geïg- take no notice of, ignore; cut, ignore *(s.o.)*; brush aside *(arguments)*, set at naught, overlook.

ig·ti·o- *comb.* ichthyo-.

ig·ti·o·faag -fae, *n.* ichthyophagist. **ig·ti·o·faag** -fae, *adj.* ichthyophagous.

ig·ti·o·gra·fie ichthyography.

ig·ti·ol ichthyol.

ig·ti·o·liet -liete ichthyolite.

ig·ti·o·logie ichthyology. **ig·ti·o·lo·gies** -e ichthyologic(al). **ig·ti·o·loog** -loë ichthyologist.

ig·ti·o·se *(med.)* ichthyosis, fishskin disease.

ig·ti·o·sou·ri·ër -riërs, ~**sourus** -sourusse, *(palaeontol.)* ichthyosaur(us).

i·gua·na -nas iguana; →LIKKEWAAN.

i·gua·no·don -dons, -donte, *(palaeontol.)* iguanodon.

IJs·sel: *die ~, (river)* the IJssel/Yssel. **IJ·zer:** *die ~, (river)* the Yser.

I·ka·bod *(OT)* Ichabod; *dis (of dit is) ~ met/vir ..., ('n) mens kan maar ~ oor/op ... skryf/skrywe, (also i~)* one can forget about ..., *(infml.)* ... has had it (*or* is done for).

i·ke·ba·na *(Jap. art of flower arrangement)* ikebana.

I·key Ikeys, *(infml.: student of the University of Cape Town)* Ikey.

i·kon -kone, -kons, **i·koon** -kone, *(also comp.)* icon, ikon. **i·ko·nies** -niese iconic.

i·ko·no·gra·fie iconography. **i·ko·no·gra·fies** -fiese iconographic(al).

i·ko·no·klas -klaste, *(hist., also derog., fig.)* iconoclast. **i·ko·no·klas·me** iconoclasm. **i·ko·no·klas·ties** -tiese iconoclastic.

i·ko·no·sta·se -ses, *(relig.)* iconostas(is).

i·ko·sa·ë·der, i·ko·sa·e·der -ders icosahedron. **i·ko·si·te·tra·ë·der, i·ko·si·te·tra·e·der** -ders, *(geom., cryst.)* icositetrahedron.

ik·te·rus, *(Lat.)* **ic·te·rus** *(pathol.)* icterus, jaundice. **ik·te·ries** -riese icteric.

ik·tus -tusse, *(pros.)* ictus.

i·la·la·palm *(Hyphaene natalensis)* ilala palm.

i·lang-i·lang *(bot.)* ylang-ylang, ilang-ilang.

il·ches·ter(·kaas) *(also I~)* Ilchester (cheese).

i·le·ï·tis *(med.)* ileitis.

i·leks ilekse, *(bot.)* ilex (tree).

i·le·o·se·kaal -kale ileoc(a)ecal. **i·le·o·se·kum** -sekums, -seka ileoc(a)ecum.

i·le·siet *(min.)* ilesite.

i·leum ileums, ilea, *(anat.)* →KRONKELDERM.

I·li·a·de, I·li·as: *die ~, (Gr. epic)* the Iliad. **I·li·on** *(Gr.)*, **I·li·um** *(Lat.)* Ilion, Ilium, Troy.

i·li·o·sa·kraal -krale, *(anat.)* sacroiliac.

i·li·um iliums, ilia, *(anat.)* →DERMBEEN.

il·le·gaal -gale illegal. **il·le·ga·li·teit** illegality. **il·le·gi·tiem** -tieme illegitimate. **il·le·gi·ti·mi·teit** illegitimacy.

il·li·be·raal -rale illiberal. **il·li·be·ra·li·teit** illiberality.

il·liet *(min.)* illite.

il·li·ki·di·teit *(econ.)* illiquidity. **il·li·kied** -kiede illiquid.

Il·li·nois *(geog.)* Illinois.

Il·li·ri·ë *(geog., hist.)* Illyria. **Il·li·ri·ër** -riërs, *(inhabitant)* Illyrian. **Il·li·ries** -riese, *n., (lang.)* Illyrian. **Il·li·ries** -riese, *adj.* Illyrian.

il·li·um *(chem.)* illium.

il·lu·mi·na·sie -sies illumination. **il·lu·mi·neer** geïl- illuminate, miniate.

il·lu·sie -sies illusion; *die ~ **koester** dat ...* cherish the illusion that ...; *iem. die/'n ~ **ontneem*** disillusion s.o., dispel s.o.'s illusions, disabuse s.o.'s mind; *geen ~s **oor** ... hê nie, jou geen ~s oor ... maak nie* have no illusions about ...; *jou ~s **oor** ... maak, (also)* entertain illusions about ... **il·lu·si·o·nêr** -nêre meer -nêr die mees -nêre illusionary. **il·lu·si·o·nis** -niste illusionist. **il·lus·ter** -tere illustrious.

il·lus·tra·sie -sies illustration, *(infml.)* pic; cut; *by wyse van ~* by way of illustration. ~**materiaal** illustration material, artwork *(in a book etc.)*. ~**pakket** *(comp.)* clip art.

il·lus·tra·tief -tiewe illustrative. **il·lus·treer** geïl- illustrate, typify; *ryk geïllustreer(d) wees* be profusely illustrated. **il·lus·treer·der, il·lus·tra·tor** -s illustrator.

il·lu·vi·um *(geol.)* illuvium.

il·me·niet *(min.)* ilmenite.

i·ma·gi·nêr -nêre meer ~ die mees -nêre, *(rare)* imaginary.

i·ma·gis·me *(pros.)* imagism.

i·ma·go -go's, *(entom., psych.)* imago.

i·mam imams, *(Islam.)* imam, imaum. **i·ma·maat** -mate imamate.

i·ma·ri(·por·se·lein) *(also I~)* Imari.

im·be·siel -siele, *n.* imbecile, feeble-minded person. **im·be·siel** -siele, *adj.* imbecile, feeble-minded. **im·be·si·li·teit** imbecility.

im·bi·bi·sie *(chem.)* imbibition.

im·bi·zo *(Zu., SA: public gathering)* imbizo.

im·bon·gi -gi's, *n., (Ngu.)* imbongi, praise singer.

im·bui·a, em·bui·a *(Port.)* imbuia, imbuya, embuia.

i·mi·ta·sie -sies imitation. ~**leer** imitation leather, leatherette. **i·mi·teer** geï- imitate.

im·ker -kers, *(rare)* beekeeper, beemaster, bee farmer.

im·ma·nen·sie immanence. **im·ma·nent** -nente immanent.

im·ma·tu·ri·teit *(rare)* immaturity.

im·mens -mense, *(rare)* immense, huge. **im·men·si·teit** immensity.

im·mer *adv.* ever, always, forever, for ever. ~**groen** evergreen; *~ liedjie/ens.* oldie but goodie; *~ treffer* golden oldie *(infml.)*. ~**meer** evermore.

im·mers but, yet; indeed; (as) you know; →MOS[3] *adv.; jy weet ~* you know, don't you?; as you know.

im·mer·sie *(astron.)* immersion.

im·mi·grant -grante immigrant. **im·mi·gran·te·skip** immigrantship. **im·mi·gra·sie** immigration. **im·mi·greer** geïm- immigrate; *na 'n land ~ (uit 'n ander land)* immigrate to a country (from another country). **im·mi·gre·rend** -rende, *adj.* immigrant.

im·mo·biel -biele immobile. **im·mo·bi·li·seer** geïm- immobilise. **im·mo·bi·li·seer·der** immobiliser. **im·mo·bi·li·teit** immobility.

im·mo·la·sie *(rare)* immolation. **im·mo·leer** geïm- immolate.

im·mo·ra·lis -liste immoralist. **im·mo·ra·li·teit** immorality. **im·mo·reel** -rele immoral.

im·mor·tel·le -les, *(Fr., bot.)* immortelle, everlasting.

im·mu·ni·sa·sie immunisation. **im·mu·ni·seer** geïm- immunise; *iem. teen iets ~* immunise s.o. against s.t. *(a disease)*. **im·mu·ni·se·ring** immunisation. **im·mu·ni·teit** -teite immunity; *~ teen/vir ...* immunity to ... *(a disease)*. **im·mu·ni·teits·leer, im·mu·no·lo·gie** *(med.)* immunology.

im·mu·no- *comb.* immuno-. **im·mu·no·lo·gies** -giese immunologic(al). **im·mu·no·loog** -loë immunologist. **im·mu·no·te·ra·pie** immunotherapy.

im·muun immune; *teen/vir ... ~ wees* be immune to ... *(a disease)*; *~ maak teen/vir* immunise, make/render immune against/from/to. ~**bevoeg** immunocompetent. ~**bevoegdheid** immunocompetence. ~**gebrek** immunodeficiency. ~**gebrekkig** immunodeficient.

im·pa·la -las, *(Zu.)* →ROOIBOK. ~**lelie** impala lily.

im·pas·sa·bel -bele, *(rare)* →ONPASSABEL.

im·pas·se -ses, *(Fr.)* impasse, fix, deadlock; blind alley. **im·pas·si·bi·li·teit** *(rare)* impassibility.

im·pas·teer geïm- impaste. **im·pas·to** *(It., painting technique)* impasto.

im·pa·ti·ëns *(bot.)* impatiens.

im·pe·dan·sie *(phys.)* impedance. **im·pe·di·eer** geïm- impede. **im·pe·di·ment** -mente, *(rare)* impediment.

im·pe·ne·tra·bel -bele, *(rare)* impenetrable.

im·pe·ra·tief -tiewe, *n., (gram.)* imperative (mood). **im·pe·ra·tief** -tiewe, *adj.* imperative, urgent. **im·pe·ra·tor** -tors, *(Rom., hist.)* imperator. **im·pe·ra·to·ries** -riese imperatorial.

im·per·fek -fekte, *n.* imperfect; →IMPERFEKTUM. **im·per·fek** -fekte, *adj.* imperfect. **im·per·fek·sie** -sies imperfection. **im·per·fek·tum** -fektums, -fekta, *(gram., also* imperfek*)* imperfect (tense).

im·pe·ri·aal -ale, *(Russ., hist., gold coin; paper format)* imperial. ~**papier** imperial (paper). **im·pe·ri·a·lis** -liste, *(also I~)* imperialist. **im·pe·ri·a·lis·me** *(also I~)* imperialism. **im·pe·ri·a·lis·ties** -tiese, *(also I~)* imperialist(ic). **im·pe·ri·um** -riums, -ria empire.

im·per·ti·nen·sie -sies impertinence. **im·per·ti·nent** -nente impertinent.

im·pe·ti·go *(med.)* impetigo.

im·pi -pi's, **im·pie** -pies impi.

im·pi·ë·teit impiety.

im·pim·pi -pis, *n., (Ngu.)* impimpi.

im·ple·men·teer geïm- implement, complete, fulfil, put into effect. **im·ple·men·te·ring** implementation *etc.* (→IMPLEMENTEER).

im·pli·ka·sie -sies implication; *by ~* by implication. **im·pli·seer** geïm- implicate; imply; *iets word deur ... geïmpliseer* s.t. is implicit in ... **im·pli·siet** -siete, *adj.* implicit. **im·pli·siet** *adv.* implicitly, by implication.

im·pon·de·ra·bel -bele, *(rare)* imponderable. **im·pon·de·ra·bi·li·a** *(Lat., pl.)* imponderabilia, imponderables.

im·po·neer geïm- impress; *deur ... geïmponeer wees* be impressed at/by/with ...; *dit het my nie eintlik geïmponeer nie* it did not make much of an impression on me, it did not particularly impress me. **im·po·ne·rend** -rende imposing, impressive, commanding.

im·po·pu·la·ri·teit, im·po·pu·lêr = ONPOPULARITEIT, ONPOPULÊR.

im·port, im·port *(rare)* →INVOER *vb.*. **im·por·ta·sie** →INVOER *n.*, INVOERING. **im·por·teer** geïm- import. **im·por·teur** -teurs, **im·por·teer·der** -ders →INVOERDER.

im·por·tan·sie *(rare)* importance.

im·por·tu·neer geïm-, *(rare)* importune. **im·por·tu·ni·teit** importunity. **im·por·tuun** -tune importune.

im·po·sant -sante imposing, impressive.

im·pos·teur -teurs, *(rare)* impostor, imposter.

im·po·ten·sie *(physiol., med.)* impotence. **im·po·tent** -tente impotent.

im·preg·na·sie *(also geol.)* impregnation. **im·preg·neer** geïm- impregnate, steep (in); *iets met ... ~* impregnate s.t. with ...

im·pre·ka·sie -sies, *(fml.)* imprecation, curse.

im·pre·sa·ri·o -rio's impresario.

im·pres·sie -sies impression. **im·pres·sief** -siewe, *(rare)* impressive.

im·pres·si·o·na·bel -bele, *(rare)* impressionable.

im·pres·si·o·nis -niste, *(art, also I~)* impressionist. **im·pres·si·o·nis·me** *(art, also I~)* impressionism. **im·pres·si·o·nis·ties** -tiese, *(art, also I~)* impressionist(ic).

im·pres·sum -pressums, -pressa, *(print.)* imprint; masthead.

im·pri·ma·tur -turs, *(print., RC)* imprimatur; *onder die ~ van ...* under the imprimatur of ...

im·pro·duk·tief = ONPRODUKTIEF. **im·pro·duk·ti·wi·teit** = ONPRODUKTIWITEIT.

im·promp·tu -tu's, *n.* impromptu, improvisation. **im·promp·tu** *adj. & adv.* impromptu. ~**(-)nommer** impromptu item.

im·pro·vi·sa·sie -sies improvisation; *(chiefly mus.)* impromptu, extemporisation. **im·pro·vi·sa·tor** -tore,

-*tors* improvisator, extemporiser; *(mus.)* vamper. **im·pro·vi·seer** *geïm-* improvise, extemporise, speak extempore, ad lib; *(mus.)* vamp. **im·pro·vi·seer·der** -*ders* →IMPROVISATOR.

im·puls -*pulse* impulse; momentum; *(elec., also* impulsie*)* pulse. ~**kode** *(electron.)* pulse code.

im·pul·sie impulsion.

im·pul·sief -*siewe* impulsive, spur-of-the-moment *(attr.)*. **im·pul·si·wi·teit** impulsiveness.

im·pu·ta·sie -*sies, (rare)* imputation. **im·pu·teer** *geïm-* impute.

in[1] *adj., (infml.)* in, hip, happening, trendy, with it; *die ~ ding* the in/happening/with-it thing. **in** *prep. & adv.* in; at; into; within; during; *100/ens.* ***aansoeke*** *is al ~* 100/etc. applications have been received; *iets ~* ***ag*** *neem* →AG[2] *n.; iets ~* ***bedryf*** *stel* →BEDRYF *n.; die* ***bosse*** *~* into the bush; *~* ***Engels/ens.*** *sê ('n) mens ...* in English/etc. one says ...; *~* ***Engels/ens.*** *vertaal* translate into English/etc.; *daar* ***gaan*** *10/ens. liter ~* it holds 10/etc. litres; *~* ***geen*** *dae/weke/maande/jare nie* not for days/weeks/months/years; *10/ens. ~* ***getal*** 10/etc. in number; *~ die* ***hoop/verwagting*** *dat ...* hoping (*or* in the hope/expectation) that ...; *daar* ***is*** *duisend gram ~ 'n kilogram* there are a thousand grams to a kilogram; *~* ***Johannesburg/ens.*** in Johannesburg/etc.; *~ 'n* ***kamer/vergadering*** *terugkom* return to a room/meeting; *twee maal ~ die* ***maand/ens.*** twice a month/etc., twice monthly/etc.; *iem. ~* ***maande/ens.*** *nie sien nie* not see s.o. for months; ***met*** *suiker ~* with sugar in it; *iem. was ~/binne 'n paar* ***minute*** *dood* s.o. died in a few minutes; *iem. kom ~/oor 'n paar* ***minute*** s.o. is coming in a few minutes; *~ die* ***nag/ens.*** at (*or* in the) night/etc.; *~ die* ***noorde*** up north; *die* ***oes*** *is ~* the harvest has been gathered; *ridder ~ 'n* ***orde*** knight of an order; *~* ***plaas/stede*** *van ...* instead of ...; *~ die* ***raad*** *kies* elect to the council; *~ 'n groen trui* ***speel*** play in a green jersey; *~ die* ***suide*** down south; *~ die* ***swem/ens.*** *'n kramp kry* get a cramp while swimming/etc.; *iem./iets kan nie ~ of* ***uit*** *nie* s.o./s.t. is stuck; *~ die* ***veld*** *slaap* sleep on the veld; *liefde kan* ***verander*** *~ haat* love can turn to hatred; *die prins het ~ 'n padda* ***verander*** the prince changed (in)to a frog; *iemand ~ die stad* ***verwelkom*** welcome s.o. to the city; *~* ***vryheid*** at liberty; *~* ***vryheid*** *stel* release; *~ die* ***vyftig/ens.*** fifty/etc. odd; *iem. is ~ die* ***vyftig/ens.****, (also)* s.o. is in his/her fifties/etc.; *~ die* ***water*** *val* fall into the water; *~ 'n hotel* ***woon*** live in/at a hotel.

in[2] *geïn, vb.* collect *(contributions, debts)*. **in·baar** -*bare* collectable; leviable; *inbare skulde* good debts. **in·ner** -*ners, (rare)* casher; collector. **in·ning** -*nings,* -*ninge, (rare)* cashing; collection.

in·ab·ba *inge-* carry in on one's back; *(fig.)* pitchfork into a post.

in·a·dem →INASEM. **in·a·de·ming** →INASEMING.

in·ag·ne·ming, in·ag·na·me observance; *met ~ van ...* allowing (*or* with due allowance) for ... *(tax)*; with due observance of ... *(the laws)*; *met ~ van al die omstandighede* having regard to all the circumstances.

in·ak·ku·raat = ONAKKURAAT.

in·ak·tief = ONAKTIEF. **in·ak·ti·wi·teit** = ONAKTIWITEIT.

i·na·ni·sie inanition. **i·na·ni·teit** -*teite* inanity.

in·a·sem *inge-*, **in·a·dem** breathe, draw in, inhale; *(phon.)* inspire. **in·a·se·ming, in·a·de·ming** breathing, inhalation; inspiration, intake of breath.

in·a·se·mings-: ~**middel** -*s,* -*e* inhalant. ~**toestel** inhaler, inspirator. ~**vermoë** vital capacity.

in·bal·sem *inge-* embalm.

in·bars *inge-* burst/barge in.

in·bed *inge-* bed; bed in; embed; *in iets ingebed wees, (values etc.)* be embedded in s.t.; *(s.o.)* be nested in s.t. *(a community etc.)*.

in·be·dryf·stel·ling putting into commission, starting.

in·beeld *inge-: jou ~* fancy, imagine; *jou heelwat ~, (rare)* fancy (*or* think much of) o.s.; →INGEBEELD. **in·beel·ding** -*dings,* -*dinge* fancy, imagination; figment of the imagination; conceit, presumption.

in·be·gre·pe included, including; implicit; ***alles*** *~* all found; ***by/in*** *iets ~* ***wees*** be included in s.t.; *...* ***is*** *daarby ~* it includes ...; ***koste*** *~* inclusive of charges; ***wyn*** *~* including wine. **in·be·grip:** *met ~ van ...* including ...; *... not excepted/excepting; inclusive.* **in·be·gryp** *het ~, (rare)* include, comprise, comprehend; connote.

in·bei·tel *inge-* chisel in, engrave.

in·be·sit·ne·ming, in·be·sit·na·me →BESITNAME.

in·be·slag·ne·ming, in·be·slag·na·me attachment, seizure, seizing, distraint; embargo *(of a ship)*; taking up *(s.o.'s time)*.

in·be·taal *het ~* pay in; →STORT.

in·beur *inge-* push in, force in(to); *jou ~* thrust/shoulder one's way in.

in·be·wa·ring·ge·wing giving/leaving/placing in care/charge; incarceration.

in·bind *inge-* bind *(a book)*; take in, shorten *(a sail)*; braid; →INGEBONDE; *jou ~, (fig., rare)* climb down, come down a peg or two; tighten one's belt.

in·blaas *inge-* blow into; prompt; suggest *(s.t. to s.o.)*; inspire *(s.o. with ...)*; insufflate; *iets nuwe lewe ~, (fig.)* breathe new life into s.t., give s.t. a new lease of life, infuse a new spirit into s.t.. ~**toestel** insufflator.

in·bla·sing -*sings,* -*singe* blast *(of air)*; insufflation; instigation, prompting, suggestion; *op ~ van ...* at the instigation of ...; *~e van die duiwel* promptings of the devil.

in·blik[1] *inge-* →INKYK.

in·blik[2] *inge-* can, tin *(fruit)*.

in·bly *inge-* remain at home; stay indoors; keep to one's room; stay in *(school)*; *iets laat ~* leave in s.t..

in·boe·del *(jur.)* moveables, furniture and other household effects; *(ins.)* home contents.

in·boek *inge-* book, enter; indenture, apprentice; indent; enrol. ~**stelsel** indenture system.

in·boe·ke·ling -*linge, (obs.)* indentured person. **in·boe·king** -*kings,* -*kinge* booking, entry; apprenticing, apprenticeship, indenture.

in·boe·sem *inge-* fill with, infuse, instil(l), inspire *(love)* into, strike *(fear)* into, strike with *(dismay)*; *iets by iem. ~* inspire s.t. in s.o., inspire s.o. with s.t. *(confidence)*; instil(l) s.t. in(to) s.o.; strike s.t. into s.o. *(fear)*. **in·boe·se·ming** inspiration; instillation; →INBOESEM.

in·boet *inge-* plant in between, fill in, replace *(plants/seeds that did not grow)*; lose; *jou lewe ~* lose/forfeit one's life, pay with one's life.

in·bon·del *inge-* stuff into, cram into.

in·boor·ling -*linge* native, aboriginal, aborigine, indigene, autochthon; native; *~e, (also)* indigenous people; *soos 'n ~ (gaan) leef* go native; *(Australiese) ~* (Australian) Aboriginal, *(infml., often derog.)* Abo *(abbr.)*. **in·boor·ling·skap** nativedom.

in·bor·rel *inge-* bubble into *(liquid)*; stream into.

in·bors character, disposition, nature; *iem. se beter ~* s.o.'s better self; *van goeie ~ wees* be of good character; *van slegte/gemene ~* evil-minded.

in·bot·tel *inge-* can.

in·bou *n., (archit.)* tailing. **in·bou** *inge-, vb.* build in; tail in(to); →INGEBOU. ~**deel** tail.

in·braak -*brake* burglary, housebreaking, break(ing) in; *(jur.)* breaking and entering; *(min.)* cut; irruption; *'n ~ by/in ...* a burglary at ... ~**alarm** burglar alarm; →DIEFALARM. ~**assuransie,** ~**versekering** insurance against burglary. ~**vry** -*e* burglarproof.

in·brand *inge-* burn in(to), brand.

in·breek *inge-* break in; break into, burgle *(a house)*, commit burglary; *(min.)* cut; break and enter *(a house etc.)*; *by iets ~* break into s.t. *(a house etc.)*; *by 'n hoof(raam)rekenaar/ens. ~* hack into a mainframe/etc.. ~**alarm** burglar alarm; →DIEFALARM. ~**yster** jemmy, *(Am.)* jimmy.

in·bre·ker -*kers* burglar, housebreaker.

in·bren·ger -*gers* →INBRINGER. **in·bren·ging** -*gings,* -*ginge* ingestion.

in·breuk infraction, infringement, transgression, violation *(of the law)*; inroad, encroachment; *op iets ~ maak* encroach (up)on s.t. *(s.o.'s rights etc.)*; infringe ([up]on) s.t.; make inroads (up)on s.t.; interfere in/with s.t.; trespass (up)on s.t. *(s.o.'s property/privacy)*; derogate from s.t.; entrench (up)on s.t. *(arch.)*; poach on s.t. *(s.o.'s territory)*; cut across *(s.o.'s rights)*; *'n ~ op ...* an infraction of ...; an infringement (up)on ... *(s.o.'s rights etc.)*; an invasion of ... *(s.o.'s rights/privacy/etc.)*.

in·bring *inge-* bring in; put forward *(a defence)*; yield *(money)*; usher in, introduce; intromit *(rare)*; *iem. kon niks teen die* ***aanklag*** *~ nie* s.o. had nothing to say to the charge; *die* ***basaar/ens.*** *het heelwat ingebring* the bazaar/etc. brought in (*or* produced/netted) a considerable amount; *(in 'n boedel) ~* collate; *dit bring iem.* ***niks*** *in nie* there is nothing in it for s.o.; *~* ***teen*** bring against; object to; *iets* ***teen*** *iem. ~* bring up something against s.o.; *kan niks* ***teen*** *iem. ~ nie* have nothing on s.o. *(infml.)*; *niks* ***teen*** *iets in te bring (*of *kan ~) nie* have no quarrel with/against s.t.. **in·bring·aan·deel, in·brin·gers·aan·deel** vendor's share. **in·brin·ger** -*gers* vendor *(of shares)*; depositor.

in·brok·kel *inge-, (rare), (tr.)* crumble into; *(intr.)* crumble away; *(intr.)* go to pieces.

in·buig *inge-* bend inward(s), crook, curve inward(s); incurvate; inarch. **in·bui·ging** incurvation, incurvature.

in·bur·ger *inge-* become naturalised; become generally adopted, become current *(of customs)*; domesticate; integrate; *jou ~* adapt o.s. to *(one's surroundings)*; *sommige Anglisismes/anglisismes is ingeburger* some Anglicisms are accepted; *ingeburger raak* become established; come to stay *(s.t.)*; settle in. **in·bur·ge·ring** adoption, acceptation; naturalisation, denization; domestication; settling in, initiation; →INBURGER.

in·byt *inge-* bite into; corrode.

in·cho·a·tief, in·ko·ha·tief -*tiewe, (gram.)* inchoative, inceptive *(verb)*.

in·cog·ni·to, in·cog·ni·to incognito.

in·daan →HIDRINDEEN.

in·da·ba -*bas* indaba; consultation; powwow; *~ hou* hold an indaba; *dit is jou ~, (infml.)* it is your own indaba, it is your lookout.

in·dag·tig *(rare, fml.): ~ aan ... wees* →AAN ... GEDAGTIG WEES; *iem. aan iets ~ maak* remind s.o. (*or* put s.o. in mind) of s.t..

in·dam *inge-* dam, embank; contain. **in·dam·ming** damming; containment.

in·damp *inge-* evaporate down; concentrate; *(chem.)* inspissate. ~**bakkie** evaporating dish.

in·dam·ping evaporation; concentration.

in·dan·treen *(chem.)* indanthrene.

in·deel *inge-* class(ify), (sub)divide, group; allot; graduate, grade; incorporate in/with; muster; zone. **in·deel·baar** -*bare* classifiable.

in·de·kli·na·bel -*bele, (gram., rare)* →ONVERBUIGBAAR.

in·deks -*dekse* index, table of contents; *(math.)* index; indication; *op die ~ plaas, (RC, hist.)* place on the index, blacklist; *van 'n ~ voorsien* index *(a book)*. ~**gekoppel(d)** index-linked; *~de lone* index-linked wages. ~**kaart(jie)** index card. ~**syfer** *(comm.)* index number/figure.

in·dek·seer *geïn-* index. **in·dek·se·ring** indexing.

in·de·ling -*lings,* -*linge* classification, division, arrangement, grouping; plan; grad(u)ation; incorporation; *~ by 'n afdeling* posting to a section.

in·dem·ni·fi·ka·sie, in·dem·ni·sa·sie indemnification. **in·dem·ni·seer** *geïn-* indemnify. **in·dem·ni·teit** -*teite* indemnity.

in·de·pen·dent -*dente, (rare)* independent; *I~e Kerk* Congregational Church; *I~e Fiskaal, Fiskaal I~, (hist.)* Independent Fiscal.

in·der·daad, in der daad indeed, in (point of) fact, as a matter of fact, really, in reality, actually, to be sure, undoubtably.

in·der·haas, in der haas in haste, in a hurry, hurriedly.

in·der·min·ne, in der min·ne: *iets ~ skik* →MINNE.
in·der·tyd, in der tyd at some time, at one time; formerly; in the past.
in·der·waar·heid, in der waar·heid in truth, truly.
in·de·ter·mi·nis =*niste, (philos., also I~)* indeterminist. **in·de·ter·mi·nis·me** *(also I~)* indeterminism. **in·de·ter·mi·nis·ties** =*tiese* indeterminist(ic).
in·deuk →INDUIK². **in·deu·king** →INDUIKING².
In·di·aan =*ane, n., (also* Amerikaanse Indiaan*)* American Indian, Native American. **In·di·aans** =*aanse, adj.* American Indian, Native American; *~e tent* tepee, teepee; *~e skoen* = MOKASSIN.
In·di·a·na *(geog.)* Indiana.
In·di·ë *(geog.)* India; →INDIËR.
in·dien¹ *conj.* if, in case; ~ *wel* if so.
in·dien² *inge=, vb.* bring in; introduce *(a bill)*; lodge *(a complaint)*; hand in, submit, tender *(one's resignation)*; propose, table *(an amendment)*; put forward, move *(a proposal)*; lay *(information)*; prefer (a charge) *(against)*; present *(the budget, the estimates)*; put in *(a claim)*; present *(a petition)*; file *(documents in court)*; lodge *(an appeal)*; *iets by iem. ~* hand in s.t. to s.o.; present s.t. to s.o. *(a petition etc.)*; lodge s.t. with s.o.; *weer ~* resubmit. **in·die·ner** =*ners* mover; proposer, proponent, promoter; introducer. **in·die·ning** bringing in; introduction; presentation; presentment; handing in; *(jur.)* lodg(e)ment; submission; →INDIEN² *vb.*. **in·die·nings·geld, in·die·nings·gel·de** lodging fee.
in·diens=: **~neming, ~name** employment, placement; hiring. **~opleiding** in-service/on-the-job training. **~plasing** job placement/posting; employment, placement. **~stelling** putting into service/commission. **~treding** commencement of duties, entering office; entry into service *(or* into/upon office).
In·di·ër =*diërs* Indian. **~basaar** Asiatic bazaar. **~vrou** *(in SA)* Indian woman.
In·dies =*diese* Indian; *~e* ***blomriet*** Indian shot; *~e* ***ert(jie)*** Indian pea, chickling (vetch); *~e* ***sink*** tutenag(ue); *~e* ***spreeu*** myna(h); *~e* ***spru/sproei,*** *(mouth complaint)* sprue, psilosis; *~e* ***vrou,*** *(in India)* Indian woman.
in·dif·fe·ren·sie *(sc.)* indifference. **~punt** neutral point.
in·dif·fe·rent =*rente, (chem.)* inactive, inert; neutral *(equilibrium)*. **in·dif·fe·ren·tis** =*tiste, (chiefly theol., also I~)* indifferentist. **in·dif·fe·ren·tis·me** *(chiefly theol., also I~)* indifferentism.
in·di·ges·tie indigestion. **in·di·ges·tief** =*tiewe* indigestive.
in·di·go *(bot., pigment)* indigo, anil. **~(blou)** indigo (blue). **~kleurig** =*e, adj.* violet blue. **~(plant)** indigo (plant).
in·dik *inge=* evaporate, concentrate; *(chem.)* inspissate. **in·dik·king** evaporation, concentration; *(chem.)* inspissation.
in·di·ka·sie =*sies* indication. **in·di·ka·teur** =*teurs, (mech.)* indicator. **in·di·ka·teur·per·de·krag** indicated horsepower. **in·di·ka·tief** =*tiewe, (gram.)* indicative (mood). **in·di·ka·tor** =*tore,* =*tors, (chem.)* indicator, tracer. **in·di·ka·triks** =*trikse, (cryst.)* indicatrix.
in·dink *inge=: iem. kan hom/haar nie daarin ~ nie* it is inconceivable to s.o., s.o. cannot grasp it; *iem. kon hom/haar nie ~ dat ... nie* s.o. could not dream that ...; *jou in iem. se situasie ~* appreciate s.o.'s position.
in·di·rek =*rekte, adj.* indirect; *~te* ***belasting*** indirect tax(ation); *~te* ***gevolg*** by-effect; *~te* ***koste*** overhead charges; *~te* ***oorsaak*** remote cause; *~te* ***rede,*** *(gram.)* indirect/reported speech, *(rhet.)* oblique oration/speech; *~te* ***skade,*** *(mil., euph.)* collateral damage; *~te/belanghebbende* ***voorwerp,*** *(gram.)* indirect object. **in·di·rek** *adv.* indirectly, allusively; obliquely; *~ te wete kom* hear by a side wind. **in·di·rekt·heid** indirectness.
in·dis·kreet =*krete* indiscreet. **in·dis·kre·sie** =*sies* indiscretion; *'n ~ begaan* commit an indiscretion.
in·dis·po·ni·bel =*bele, (rare)* unavailable.
in·di·um *(chem., symb.: In)* indium.

in·di·vi·du, in·di·wi·du =*due,* =*du's* individual. **in·di·vi·du·a·lis, in·di·wi·du·a·lis** =*liste* individualist. **in·di·vi·du·a·li·sa·sie, in·di·wi·du·a·li·sa·sie, in·di·vi·du·a·li·se·ring, in·di·wi·du·a·li·se·ring** individualisation. **in·di·vi·du·a·li·seer, in·di·wi·du·a·li·seer** *geïn=* individualise. **in·di·vi·du·a·lis·me, in·di·wi·du·a·lis·me** individualism. **in·di·vi·du·a·lis·ties, in·di·wi·du·a·lis·ties** =*tiese* individualistic. **in·di·vi·du·a·li·teit, in·di·wi·du·a·li·teit** individuality, personhood. **in·di·vi·du·a·sie, in·di·wi·du·a·sie** individuation. **in·di·vi·du·eel, in·di·wi·du·eel** =*ele, adj. & adv.* individually; *individuele/indiwiduele onderrig* one-to-one tuition. **in·di·vi·du·eer, in·di·wi·du·eer** *geïn=* individuate.
in·di·wi·du →INDIVIDU.
In·do= *comb., (ling., ethnol.)* Indo-.
In·do-Chi·na, ~-Sji·na Indochina, Indo-China. **Indo-Chi·nees, ~-Sji·nees** =*nese* Indochinese, Indo-Chinese.
in·doe·na =*nas, (Ngu., SA)* induna.
In·do-Eu·ro·pe·ër =*s, n.* Indo-European. **Indo-Euro·pees** *n., (lang.)* Indo-European. **Indo-Europees** =*pese, adj.* Indo-European.
Indo-Germaan =*mane, n., (dated)* Indo-Germanic; →INDO-EUROPEËR *n.*. **Indo-Germaans** =*e adj., (dated)* Indo-Germanic; →INDO-EUROPEES *adj.*.
in·dok·tri·na·sie indoctrination. **in·dok·tri·neer** *geïn=* indoctrinate; *iem. met iets ~* indoctrinate s.o. with s.t..
in·do·len·sie indolence. **in·do·lent** =*lente* =*lenter* =*lentste* indolent.
In·do·lo·gie Indology. **In·do·lo·gies** =*giese* Indological. **In·do·loog** =*loë* Indologist.
in·dom·mel *inge=* →INDUT.
in·dom·pel *inge=* dip/plunge/steep in, immerse. **in·dom·pe·ling** immersion, dip(ping); ducking; plunge; *doop deur ~* baptism by immersion.
In·do·ne·si·ë *(geog.)* Indonesia. **In·do·ne·si·ër** =*siërs, n.* Indonesian. **In·do·ne·sies** *n., (language)* Indonesian. **In·do·ne·sies** =*siese, adj.* Indonesian.
in·dons *inge=, (infml.)* smash in; plunge in; barge in.
in·doof *inge=* fade in; *iets ~, (rad., TV, cin.)* fade s.t. in. **in·do·wing** *(rad., TV, cin.)* fade-in.
in·dool =*dole, (chem.)* indole.
in·doop *inge=* dip in(to); sop, steep, dunk. **in·do·ping** =*pings,* =*pinge* dipping in(to); immersion; intinction.
in·do·wing →INDOOF.
in·dra *inge=* carry in(to).
in·draai *inge=* turn in, turn into *(a road)*; screw in *(a nut)*; swathe; wrap up *(a parcel)*; ***hare*** *~* put hair in curlers, set hair; ***iets in*** *... ~* wrap s.t. in ... *(paper etc.)*; screw s.t. into ...; ***in*** *... ~* turn into ... *(a road)*; ***voor iem.*** *~* cut in in front of s.o.. **~pad** concealed road. **~tone** *(orthopaedics)* pigeon toes.
in·dren·tel *inge=* saunter in.
in·dril *inge=: iem. iets ~* drive/drill s.t. into s.o., drum s.t. into s.o.('s head).
in·dring *inge=* break into, come into, enter *(by force)*, penetrate into; soak in; intrude; infiltrate; muscle in; cut in; encroach; interlope; *jou* ***by*** *iem. ~, in iem. se* ***guns*** *~* ingratiate o.s. with s.o.; force o.s. (up)on s.o.; *(dated)* scrape acquaintance with s.o.; ***by*** *'n partytjie/ens. ~* gatecrash a party/etc.; *in iem. se* ***geheime*** *~* pry into s.o.'s secrets; *met* ***geweld*** *~* force an entrance; *in iem. se* ***guns*** *~* →***by;*** ***in*** *iets ~* penetrate into s.t.; soak into s.t. *(water into the soil etc.)*; make inroads into s.t. *(a country, a market)*; muscle in on s.t. *(infml.)*; *jou* ***in*** *... ~* worm o.s. *(or* one's way) into ... *(s.o.'s favour, confidence)*; ***jou*** *~* insinuate o.s.. **in·drin·gend** =*gende* penetrating, probing; *'n ~e ontleding* an incisive *(or* a penetrating) analysis; *~e vrae* probing questions. **in·drin·ger** =*gers* intruder; interloper; infiltrator; *(infml.)* gatecrasher. **in·drin·ge·rig, in·drin·ge·rig** =*rige* intrusive, obtrusive, importunate; insinuating; officious. **in·drin·ge·rig·heid, in·drin·ge·rig·heid** importunity, intrusiveness, obtrusiveness; officiousness. **in·drin·ge·ry** intrusion; *(infml.)* gatecrashing. **in·drin·ging** intrusion; invasion; *(lit., fig.)* penetration; encroachment; deep insight. **in·drin·gings·ver·mo·ë** power of penetration.

in·drink *inge=* absorb, drink in, imbibe; *iets ~, (fig.)* drink deep of s.t.. **in·drin·king** imbibition.
in·droog *inge=* desiccate, dry in (up); shrink, shrivel up.
in·druis *inge=:* ***teen*** *iets ~* clash/conflict with s.t.; be in contravention of s.t.; fly in the face of s.t.; jar with s.t.; offend against s.t.; run counter to s.t.; *iets druis in* ***teen*** *iem. se beginsels* s.t. runs counter to s.o.'s principles, on principle s.o. is opposed to s.t.; *iets druis in* ***teen*** *iem. se gevoel* s.t. hurts s.o.'s feelings; *iets druis in* ***teen*** *die reëling* s.t. interferes with the arrangement.
in·druk =*drukke, n.* impression; imprint; *iem. onder die ~* ***bring*** *dat ...* lead s.o. to believe that ...; give s.o. to understand that ...; *my ~ was* ***dat*** *jy gesê het ...* I understood you to say ...; *'n* ***diep(e)*** *~ op iem. maak* make a deep impression on s.o.; *dit het g'n/geen ~* ***gemaak*** *nie* it fell flat; *'n* ***goeie*** *~ maak* look good, make a good impression; *'n* ***goeie/gunstige*** *~ op iem. maak* make a good/favourable impression on s.o., impress s.o. favourably; *die ~* ***kry*** *dat ...* gain/get the impression that ...; *'n ~ (van iets)* ***kry/opdoen*** form/gain an impression (of s.t.); *'n ~* ***laat*** leave an impression; *('n) ~* ***maak*** create/make an impression; *iem./iets* ***maak*** *~* s.o./s.t. impresses, s.o./s.t. is impressive; *op iem. ~* ***maak*** impress s.o.; make an impression on s.o.; *op iem. ~* ***maak*** *met iets* impress s.o. with s.t.; ***onder*** *die ~ kom dat ...* gain/get the impression that ...; ***onder*** *die ~ verkeer/wees dat ...* be under the impression that ...; *'n* ***oombliklike*** *~* a fleeting impression; *'n ~ (van iets)* ***opdoen*** →***kry/opdoen;*** *'n* ***slegte*** *~ maak* look bad, make a bad impression; ***sterk*** *onder die ~ van ... wees* be deeply/greatly/profoundly impressed by ...; *~ke* ***(uit)wissel*** compare notes; *'n ~* ***van/omtrent*** *iets* an impression of s.t.; ***vatbaar*** *wees vir ~ke* be impressionable; *'n ~* ***wek*** create an impression; give an impression; *die ~* ***wek*** *dat ...* convey the impression that ...; *~ke* ***wissel*** →***(uit)wissel.*** **in·druk** *inge=, vb.* press/push/stave in; intrude; squeeze in; barge in; *(infml.)* bung in; edge in; crush in; dent, squash; press forward, force one's way in(to); impress, imprint; →INGEDRUK; *voor iem. (in 'n tou) ~* push in in front of s.o.; *(by die tou) ~* queue-jump, jump the queue. **~wekkend** =*e* imposing, impressive, grand *(a building)*; striking, telling *(s.o.'s speech)*; commanding *(s.o.'s personality)*. **~wekkendheid** impressiveness, grandness; →INDRUKWEKKEND.
in·drup, in·drup·pel *inge=* drip/drop in, pour in by drops; instil. **in·drup·pe·ling, in·drup·ping** instillation, instilment.
in·dryf, in·dry·we *inge=* drive/force in(to); wedge in(to); float in(to); drift *(with an iron)*.
in·duik¹ *inge=* dive/plunge in(to), take a dip.
in·duik² *inge=* dent, indent, depress.
in·dui·king¹ diving in.
in·dui·king² dent, depression.
in·dui·wel *inge=, (infml.)* barge/tumble into; *(lit. & fig.)* plunge in; *(fig.)* act recklessly.
in·duk·sie *(obst., elec., log., phys.)* induction. **~apparaat** inductor. **~-elektrisiteit** faradic/induced electricity. **~klos** *(elec.)* induction coil; *(phys., hist.)* Ruhmkorff coil. **~kompas** induction compass. **~moment** induced moment. **~motor** induction motor. **~spoel** spark coil. **~stroom** induced current, induction current. **~vermoë** inductivity.
in·duk·tan·sie *(phys.)* inductance. **in·duk·tief** =*tiewe, adj. & adv.* inductive(ly). **in·duk·tor** =*tore,* =*tors, (elec., phys.)* inductor.
in·dul·gen·sie *(rare)* indulgence, leniency; *(RC, chiefly hist.)* indulgence.
in·du·seer *geïn=, (elec.)* induce.
in·dus·tri·a·li·sa·sie industrialisation. **in·dus·tri·a·li·seer** *geïn=* industrialise. **in·dus·tri·a·lis·me** industrialism.
in·dus·trie =*trieë* industry. **~skool** *(rare)* →NYWERHEIDSKOOL. **~stad** *(rare)* →NYWERHEIDSTAD.
in·dus·tri·eel =*triële, n., (rare)* industrial(ist), manufacturer. **in·dus·tri·eel** =*triële, adj.* industrial; *in=*

dustriële chemie industrial chemistry; *industriële navorsing* industrial research.

in·dut *inge-* doze off, drop off *(to sleep)*.

in·dyk *inge-* dike, embank.

in·ê·e *ingeëe* →INEG.

in·een close, together; →INMEKAAR.

in·een-: **~draai** *ineenge-*, **~ draai** *ineen ge-* twist, twine; *ineengedraai(d), (also)* involuted. **~draaiing** twist(ing), twining. **~druk** *ineenge-* **~ druk** *ineen ge-* squash; telescope. **~gedoke, ingedoke** humped/hunched up. **~gedronge** close together; thickset; condensed, compressed, cramped. **~gekrul** *-de* involute(d); →INEENKRUL. **~gerol** *-rolde* rolled up; convolute(d). **~groei** *ineenge-*, **~ groei** *ineen ge-* grow together; →INMEKAARGROEI. **~gryp** *ineenge-*, **~ gryp** *ineen ge-* interlock; mesh; dovetail; engage, gear into each other, tooth. **~gryping** interlocking; dovetailing; engagement *(of gears)*. **~haak** *ineenge-*, **~ haak** *ineen ge-* hook together, hook on. **~krimp** *ineenge-*, **~ krimp** *ineen ge-* shrink; squirm, wince, cower, cringe; double up, writhe *(with pain)*; *~ van (die) ...* double up with ..., squirm with ... *(pain)*; *ineengekrimp, (also)* hunched/humped up. **~krimping** contraction, shrinking; doubling up, writhing *(with pain)*. **~krul** *ineenge-*, **~ krul** *ineen ge-* →INEENKRIMP. **~loop** *ineenge-*, **~ loop** *ineen ge-* meet *(of lines)*; melt/merge/pass/run into each other *(of colours)*; communicate *(of rooms)*; *(geol.)* anastomose; converge. **~loping** convergence, convergency. **~pas** *ineenge-*, **~ pas** *ineen ge-* fit/dovetail into each other; *ineenpassende dele* male and female parts. **~rol** *ineenge-*, **~ rol** *ineen ge-* roll up (together); *ineengerol* involuted, convoluted. **~sak, ~sink** *ineenge-*, **~ sak, ~ sink** *ineen ge-* collapse, cave in, subside, crumple up, slump. **~sakking, ~sinking** *-s* collapse, subsidence, cave-in, slump(ing). **~skuif** *ineenge-*, **~ skuif** *ineen ge-* push in; telescope; invaginate. **~sluit** *ineenge-*, **~ sluit** *ineen ge-* interlock, fit/dovetail into each other, tooth. **~sluiting** interlocking, fitting together, dovetailing into one another. **~smelt** *ineenge-*, **~ smelt** *ineen ge-* blend, fuse, melt/merge/run together. **~smelting** melting/merging into each other, blending, fusion. **~stort** *ineenge-*, **~ stort** *ineen ge-* collapse, crumble/topple down, fall to the ground, go to pieces, cave in, break up, crack up; *(comp.)* crash; *die huis het ineengestort* (of *ineen gestort*) the house tumbled above their ears; *die man het (liggaamlik/geestelik) ineengestort* (of *ineen gestort*) the man collapsed (physically/mentally). **~storting** breakup, breakdown, collapse; debacle; slump; caving in, cave-in; crash, collapse, meltdown *(of the stock market etc.)*; *(comp.)* crash. **~strengel** *ineenge-*, **~ strengel** *ineen ge-* interlace, intertwine, convolute, involute; *ineengestrengel[d] raak* get twisted up. **~vleg** *ineenge-*, **~ vleg** *ineen ge-* interlace, intertwine, interwind, interweave. **~vlegting** interlacing, intertwining. **~vloei** *ineenge-*, **~ vloei** *ineen ge-* flow into one another; merge, mingle, coalesce; →INEENLOOP, INEENSMELT. **~vloeiing** blending, merging, uniting; flowing/running together; confluence, junction *(of streams)*; blend, fusion, union. **~voeg** *ineenge-*, **~ voeg** *ineen ge-* fit together. **~vou** *ineenge-*, **~ vou** *ineen ge-* fold together.

in·eens at once, immediately, suddenly; outright; overnight; *alles ~* at/with one (fell) swoop.

in·ef·fek·tief *-tiewe* →ONEFFEKTIEF.

in·eg *ingeëg* cover/plant by harrowing, harrow in.

in·ek·sak *-sakte* →ONEKSAK. **in·ek·sakt·heid** →ONEKSAKTHEID.

in·ent *ingeënt* inoculate; vaccinate; *iem. teen 'n siekte ~* inoculate/vaccinate s.o. against a disease. **in·en·ting** inoculation; implantation; vaccination, variolation.

in-en-uit-lo·pe·ry coming in and going out repeatedly.

i·ner·sie *(phys.)* inertia. **in·ert** *-erte* inert; *inerte/onaktiewe element* inert element.

in·es·sen·si·eel *-siële* →ONESSENSIEEL.

in·fame *adj. (attr.)* damnable; infamous, shameful, outrageous; *~ leuen* damnable/blatant/downright lie. **in·fa·mie** *-mieë, (rare)* infamy.

in·fan·ta *-tas, (fem.), (Sp. & Port., hist.)* infanta, royal princess.

in·fan·te *-tes, (masc.), (Sp. & Port., hist.)* infante.

in·fan·te·rie *(mil.)* infantry, foot soldiers. **~garde** foot guards. **~kaserne** foot barracks. **~soldaat** →INFANTERIS.

in·fan·te·ris *-riste, (mil.)* infantryman, foot soldier.

in·fan·tiel *-tiele, (sometimes also derog.)* infantile. **in·fan·ti·lis·me** *(psych.)* infantilism.

in·fark *-farkte (med.)* infarct. **in·fark·sie** infarction.

in·fek·sie *-sies* infection. **~haard** *(med.)* nidus. **~siekte** contagious/infectious/infective disease. **in·fek·teer** *geïn-* infect.

in·fe·ri·eur *-eure* inferior; low-class *(methods etc.)*; low-grade *(meat etc.)*; poor *(quality)*. **in·fe·ri·o·ri·teit** inferiority. **in·fe·ri·o·ri·teits·kom·pleks** *(psych.)* inferiority complex.

in·fer·no *-no's, (It.)* inferno, hell.

in·fes·ta·sie *(med.)* infestation.

in·fil·tra·sie *-sies* infiltration. **in·fil·treer** *geïn-* infiltrate; *in ... ~* infiltrate into ...; *iem. in ... laat ~* infiltrate s.o. into ... **in·fil·treer·der** *-ders* infiltrator. **in·fil·tre·ring** infiltration.

in·fi·ni·te·si·maal *-male, (math.)* infinitesimal. **~rekening** infinitesimal calculus/analysis.

in·fi·ni·tief *-tiewe, n. & adj., (gram.)* infinitive. **~vorm** *(gram.)* infinitive form.

in·flam·ma·sie *-sies, (med.)* inflammation. **in·flam·meer** *geïn-, (rare)* inflame.

in·fla·sie *(econ.)* inflation; *~ veroorsaak* cause inflation, be inflationary; *voorstander van ~* inflationist. **~belasting** fiscal drag. **in·fla·si·o·nêr, in·fla·si·o·nis·ties** *-tiese* inflationary, inflationist. **in·fla·si·o·nis** *-niste* inflationist. **in·fla·si·o·nis·me** inflationism. **in·fleer** *het infleer/geïnfleer, (fin.)* inflate *(money)*.

in·flek·sie *-sies, (gram.)* inflection, *(chiefly Br.)* inflexion. **in·flek·teer** *geïn-, (rare)* inflect.

in·flo·res·sen·sie *(bot.)* inflorescence.

in·flu·en·sa influenza, *(infml.)* flu. **~epidemie** epidemic of influenza, influenza epidemic. **in·flu·en·seer** *geïn-, (rare)* affect, influence.

in·flui·ster *inge-* prompt, suggest, whisper *(in s.o.'s ear)*. **in·flui·ste·ring** *-ringe* prompting, suggestion, whisper(ing).

in·foe·ter *inge-, (infml.)* plunge in; drive in; batter in; barge in; knock in *(a lesson)*.

in·fo·pre·neur *-neurs* infopreneur.

in·fo·pre·neurs- *comb.* infopreneurial.

in·for·ma·li·teit informality; casualness, unceremoniousness.

in·for·mant *-mante* informant, source, *(SA, infml.)* pimp, impimpi *(Ngu.)*.

in·for·ma·sie information; →INLIGTING; *~ inwin* make inquiries. **~buro, ~kantoor** inquiry office/agency, information bureau; intelligence office. **~tegnologie** information technology, *(abbr.)* infotech. **in·for·ma·tief** *-tiewe* informative, informatory. **in·for·ma·ti·ka** *(comp.)* informatics. **in·for·ma·to·ries** *-riese* = INFORMATIEF. **in·for·meer** *geïn-, (fml.)* inform; inquire *(after)*, make inquiries; *na ... ~, (obs.)* →NA ... **VERNEEM**.

in·for·meel *-mele* informal, casual, unstuffy; unstructured; *informele nedersetting* informal settlement.

in·fo·teek *-teke (fig.)* clearing house.

in·fra- *pref.* infra-.

in·frak·sie *(med.)* infraction.

in·fra·rooi infrared.

in·fra·so·nies *-e* infrasonic.

in·fra·stra·ler infrared lamp.

in·fra·struk·tuur infrastructure.

in·fu·sie *(also med.)* infusion. **~diertjies, infusorieë** *(zool., dated)* infusoria. **in·fu·so·rie·ë·aar·de** *(geol.)* infusorial earth.

in·gaan *inge-* enter, go/step/walk in(to), step inside; move into; become effective, take effect; ***deeglik op iets ~*** go into s.t. thoroughly; ***in ... ~*** go into ...; ***~ in 'n byekorf*** hive; *die **lewe** ~* enter upon life; *dit gaan **net-net/nét** in* it is a close fit; ***op** iets ~* go into s.t.; look into s.t.; consider s.t. *(a request etc.)*; enter (up)on s.t.; ***stilletjies** ~* steal in; ***teen** iets ~* go against (*or* run counter to) s.t.; *lynreg **teen** ... ~* fly in the face of ...; ***tussen** ... ~* mingle with ... **in·gaan·de** ingoing, incoming; *dadelik ~* with immediate effect; *~ op ...* as from ... *(a date)*.

in·gaar *inge-, (rare)* gather, harvest, collect, accumulate.

in·gang *-gange* entrance, entry; doorway, ingress; port; throat; threshold; inlet; portal; way in; *(biol.)* meatus; mouth *(of a cave)*; ***met** ~ van ...* as from ... *(a date)*; beginning ... *(a date)*; commencing on ...; to date from ..., dating from ...; with effect from ...; *~ **tot** ..., (fig.)* gateway to ...; *die ~ **van** 'n gebou* the entrance to/of a building; *~ **vind*** find/gain acceptance; catch on *(infml.)*; gain currency; go down/over well; become popular *(s.t.)*; *iets **vind** by iem. ~* s.t. appeals to s.o.; s.t. wins s.o.'s approval.

in·gangs-: **~deur** entrance door. **~poort** gateway, entrance gate. **~tonnel** *(min.)* adit. **~wond** entrance wound.

in·gat *adj., (vulg. sl.)* shitty, crappy, lousy; →INKOEJAWEL; *~ lewe* shitty life; *~ wees* be shitty, suck.

in·ge·an·ker(d) *-kerde* deep-seated.

in·ge·beeld *-beelde* fancied, imaginary; imagined *(a complaint)*; *(rare)* (self-)conceited; →INBEELD.

in·ge·boek *-boekte* indentured; →INBOEK.

in·ge·bonde *(p.p.)* bound, hard-covered *(book)*; →INBIND.

in·ge·bore inborn, inbred, innate, native, inherent, connate; inbuilt *(fear etc.)*; →AANGEBORE. **in·ge·bo·ren·heid** innateness.

in·ge·bou *-boude* built-in, inbuilt *(system etc.)*; →INBOU *vb.*; *~de kas* built-in cupboard, wall cupboard; *~de (a)meublement/meubelment* fitments; *~de vermoë* innate faculty.

in·ge·bruik·ne·ming, in·ge·bruik·na·me adoption, introduction, commissioning, putting into commission/service; opening, inauguration.

in·ge·bur·ger·de ingrained; adapted; naturalised; current *(customs etc.)*; generally adopted; →INBURGER.

in·ge·dag·te, in·ge·dag·te absent(-minded), absent(ly), abstracted(ly), bemused, lost in thought, preoccupied; *diep ~ wees* be deep/lost in thought, be in a brown study; *iem. is ~* s.o.'s mind wanders. **in·ge·dag·tig·heid** absent-mindedness, abstractedness.

in·ge·damp: *~te melk* evaporated milk; →INDAMP.

in·ge·ding·tre·ding *(jur.)* joinder of issue.

in·ge·do·ke →INEENGEDOKE.

in·ge·druk *-drukte* dented, depressed; collapsed; →INDRUK *vb.*; *~te (been)breuk* impacted fracture; *~te seël* impressed stamp.

in·gee *inge-* administer, give *(medicine to)*, dose; give out, be spent; prompt *(an idea)*, suggest *(a plan)*, dictate *(measures)*, inspire *(thoughts)*; hand in *(a paper, parcel, etc.)*; *iets by iem. ~* hand in s.t. to s.o.; *medisyne ~* dose; *'n dier medisyne ~* drench/dose an animal.

in·ge·haak *-haakte* arm in arm; →INHAAK.

in·ge·hok *-hokte* boxed in; →INHOK; *~ voel, (fig.)* feel penned in.

in·ge·hou·e bottled up; pent up *(rage)*; bated *(breath)*; restrained *(passion)*; subdued *(humour)*; controlled; unthreatening *(power etc.)*; indrawn; →INHOU *vb.*.

in·ge·kan·ker(d) *-kerde, (rare)* deep-rooted, ingrained, inveterate; →INKANKER, INGEWORTEL(D).

in·ge·keep *-te: ~te blaar* retuse/incised leaf; *diep ~, (bot.)* laciniate(d).

in·ge·keerd *-keerde* introvert. **in·ge·keerd·heid** introversion, self-isolation.

in·ge·kerf *-kerfde* →INGEKEEP.

in·ge·ker·ker *-kerde* imprisoned; enclosed; incarcerated; *soos 'n gevangene in jou kamer ~ bly* stay penned up in one's room like a prisoner.

in·ge·ko·me *(p.p.)*: *~ briewe* incoming mail; *~ stukke* documents received; →INKOM.

in·ge·kras -*kraste* incised; →INKRAS.

in·ge·krul(d) -*krulde* cirrous, cirrose, cirrate; involute(d).

in·ge·laat -*late* let in, admitted; sunken *(bath);* recessed *(flange);* (counter)sunk *(nut);* inserted *(cover);* engaged *(column);* →INLAAT *vb.*.

in·ge·las -*laste* inserted; intercalary; interpolated *(words);* epenthetic *(sounds);* →INLAS *vb.*.

in·ge·lê →INLÊ. **in·ge·lê·de** →INGELEGDE.

in·ge·leg·de, in·ge·lê·de inlaid *(work);* tessellated *(floor);* mosaic *(pavement);* bottled, canned, preserved *(fruit);* pickled *(fish);* →INLÊ; ~ *houtwerk, (hout)inlegwerk* marquetry; ~ *uie* pickled onions, pickles; ~ *werk* inlay.

in·ge·lig -*ligte* knowledgeable, (well-)informed; →INLIG; *goed ~te kringe* well-informed quarters; *sleg* ~ ill-informed, badly informed. **in·ge·ligte** -*ligtes* well-informed person, insider.

in·ge·lyf -*lyfde* embodied; incorporated; collegiate; →INLYF.

in·ge·lys -*lyste* framed; enrolled; scheduled *(mine, land);* →INLYS.

in·ge·maak -*maakte* bottled, tinned, canned, potted, preserved; →INMAAK, INGELEGDE.

in·ge·naai(d) -*naaide* sewed, stitched, sewn in; →INNAAI.

in·ge·nieur -*nieurs* engineer; *elektrotegniese/elektriese* ~ electrical engineer; *siviele* ~ civil engineer. **~skool** school of engineering.

in·ge·nieurs-: **~fakulteit** faculty of engineering, engineering faculty. **~geologie** engineering geology. **~wese** engineering (science). **~wetenskap** engineering science.

in·ge·no·me *(p.p.)* pleased, satisfied, delighted, *(infml.)* chuffed; →INNEEM; ~ *gewig* shipped weight; *(baie/hoogs)* ~ *met iets wees* be (absolutely) delighted (*or* [very/extremely] pleased) with s.t.; ~ *met jouself lyk/voel/wees* look/feel/be pleased (*or [infml.]* chuffed) with o.s.. **in·ge·no·men·heid** pleasure, satisfaction; ~ *met jouself* self-complacency, self-satisfaction.

in·ge·perk·te -*tes, (pers.)* restrictee. **in·ge·perkt·heid** restrictedness.

in·ge·plooi -*plooide* pleated; →INPLOOI.

in·ge·rig →INRIG.

in·ge·rol(d) -*rolde* involute(d), cirrous, cirrose, cirrate; →INROL.

in·ge·ryg -*rygde* gathered; strung (together); →INRYG; *hulle sit* ~ they sit close together (*or* curled up).

in·ge·sak caved-in *(roof etc.);* saggy *(mouth etc.).*

in·ge·se·te·ne -*nes* inhabitant, resident.

in·ge·sit →INSIT.

in·ge·ska·kel in mesh *(gears);* in gear; switched on; integrated *(with a community etc.);* →INSKAKEL. **in·ge·ska·keld·heid** integration.

in·ge·ska·pe →INGEBORE.

in·ge·skeur(d) lacerated; →INSKEUR.

in·ge·skre·we *(chiefly attr.)* enrolled; registered; listed; inscribed *(circle);* cyclic *(quadrilateral);* →INSKRYF; ~ *lid* registered/card-carrying member; ~ *prokureursklerk* articled clerk; ~ *rekruut* enlisted recruit. **in·ge·skre·we·ne** -*nes* enrolled/registered/listed person.

in·ge·skulp·te *(her.)* engrailed.

in·ge·sla·ne: *die ~ weg* the road taken, the course followed; ~ *setsel, (print.)* imposed type; →INSLAAN.

in·ge·slo·te enclosed; included; →INSLUIT; ***by*** ... ~ *wees* be included with ...; ~ ***gas*** occluded gas; ~ ***hoek*** contained/included angle; ***koste*** ~ charges/costs included/inclusive, including charges/costs; *die* ~ ***stukke*** the accompanying/attached papers, the enclosures/inclosures; ~ ***vind u*** ... enclosed please find ... **in·ge·sluit** -*sluite* enclosed; closed in; surrounded; trapped; *in 'n skede* ~ invaginate(d).

in·ge·sne·de, in·ge·sny·de engraved, carved; →INSNY; ~ *figuur* intaglio.

in·ge·son·ke hollow *(cheeks),* sunken *(eyes);* →INSINK.

in·ge·span·ne strenuous; intent; intense; tense; concentrated; →INSPAN.

in·ge·spuit -*spuite* infused; injected; *~e dwelm* mainline drug.

in·ge·stel →INSTEL *vb.*.

in·ge·steld·heid -*hede* attitude, mindset, disposition, ethos; *praktiese* ~ practical-mindedness.

in·ges·tie ingestion.

in·ge·teel(d) -*teelde* inborn; inbred.

in·ge·to·ë modest, retired, reserved, sedate, undemonstrative, inhibited. **in·ge·to·ën·heid** modesty, reserve, inhibitedness.

in·ge·trek -*trekte* drawn in, retracted; →INTREK *vb.*.

in·ge·val[1], **in·ge·val** *conj.* in case; if; in the event of.

in·ge·val[2] -*valle* -*valde, adj.* hollow *(cheeks);* sunken *(eyes);* haggard, pinched *(face);* emaciated; fallen in, collapsed; →INVAL *vb.*.

in·ge·voer -*voerde* imported; introduced; →INVOER *vb.*; *~de wortel, (math.)* extraneous solution.

in·ge·vol·ge in accordance/compliance with, in pursuance of, pursuant (*or* in obedience/response) to; under, in terms of; due to; ~ *opdrag van* ... acting under instructions from ...; ~ *die verdrag* under the treaty; ~ *waarvan* ... in terms of which ...

in·ge·wand-: **~sap** intestinal juice. **~siekte** bowel complaint, intestinal disease. **~slagaar** c(o)eliac artery.

in·ge·wan·de intestines, bowels; *(infml.)* guts, innards, insides; *(fml.)* viscera; entrails *(of an animal);* umbles *(of game); die ~ van die aarde* the interior of the earth; ~ *uithaal* gut, draw.

in·ge·wands-: **~koors** enteric (fever). **~kwaal** →INGEWANDSIEKTE. **~leer** splanchnology. **~ontsteking** *(med.)* enteritis. **~wurm** helminth, intestinal worm.

in·ge·weef -*weefde* woven in, inwoven, inwrought; →INWEEF.

in·ge·wik·keld -*kelde* -*kelder* -*keldste* complicated, complex, intricate, involved, elaborate, *(infml.)* mind-bending; tortuous; *(fml.)* involuted; fiddly; *dit is 'n ~e* ***affêre/geskiedenis*** there are wheels within wheels; *die* ***intrige*** *word* ~ the plot thickens; *~e* ***sinsbou*** involved construction/sentences; *'n ~e* ***stelsel*** an elaborate system. **in·ge·wik·keld·heid** involvedness, complexity, intricacy; tortuousness.

in·ge·wing -*wings*, -*winge* inspiration, suggestion; intuition; *(infml.)* brainwave; *iets op 'n ~* ***doen*** do s.t. on an impulse, act on an impulse; do s.t. on a hunch; ***handel*** *na/op/volgens/ die ~ van die oomblik* act on the spur of the moment; *'n* ~ ***kry*** hit (up)on an idea; have a bright idea; *iets op die ~ van die* ***oomblik*** *doen* do s.t. on the spur of the moment; *die ~* ***van*** ... the dictates of ... *(one's heart etc.); 'n ~* ***volg*** act (*or* do s.t.) on an impulse.

in·ge·wor·tel(d) -*telde* deep-rooted *(prejudices);* ingrained *(sentiments);* deep-seated *(habits);* inveterate *(hatred);* ingrown; →INWORTEL; *iets is diep* ~ s.t. is deeply seated; *iets is diep by iem.* ~ s.t. is deeply ingrained in s.o..

in·ge·wy -*wyde* adept, initiated; knowledgeable; →INWY; *in die geheim ~ wees* know the secret, be in the secret (*or* in the know), be privy to the secret. **in·ge·wy·de** -*des, n.* insider, adept, initiate.

in·giet *inge-* pour in(to); infuse; *'n mens moet iem. iets met 'n tregter* ~ one has to drum s.t. into s.o.. **in·gie·ter** infuser. **in·gie·ting** -*tings*, -*tinge* pouring in; infusion.

in·glip *inge-* slip in.

in·gly *inge-* glide/slide/slip in(to); *in iets* ~ slide into s.t. *(the water etc.).*

in·gooi *n., (rugby, soccer)* throw-in; *(rugby)* put-in. **in·gooi** *inge- vb.* cast/throw in(to); pour in; put in *(sugar); (infml.)* bung in *(a tape etc.);* smash *(windows); alles* ~ go all out.

in·gord *inge-* constrict, tighten the belt.

in·graaf, in·gra·we *inge-* dig in; burrow, go to ground *(of rabbits); jou ~, (lit. & fig.)* dig o.s. in, entrench o.s..

in·gra·veer *inge-* engrave, incise, inscribe; *ingegraveer(d)* graven, incised.

in·gra·wing digging in, entrenchment.

in·greep -*grepe* intervention; *(pej.)* interference; *chirurgiese/sjirurgiese/snykundige* ~ surgical intervention. **in·greeps·vry** *(med.)* noninvasive *(a technique etc.).*

in·grif *inge-, (also fig.)* engrave, imprint *(on the memory); iets is in iem. se geheue ingegrif* s.t. is etched in s.o.'s memory, s.t. is engraved in/on s.o.'s memory, s.t. is imprinted on s.o.'s memory; *ingegrifte woorde* unforgettable words.

in·groei *inge-, (biol.)* grow in(to), ingrow; intrude. **~(toon)nael** ingrowing (toe)nail.

in·groei·end -*ende* ingrowing *(nail); ~e nael* ingrowing nail, acronyx. **in·groei·ing** -*ings*, -*inge, (biol.)* growing in, ingrowth, intrusion. **in·groei·sel** -*sels* ingrowth.

in·gryp *inge-* interfere, intervene, step in, take action; *in iem. se gesag* ~ encroach (up)on s.o.'s authority; *in iets* ~ intervene in s.t.; take a hand in s.t.; crack down on s.t. *(infml.); nie ~ nie* hold/stay one's hand. **in·gry·pend** -*pende* drastic, far-reaching, radical, sweeping *(measures etc.);* radical, fundamental *(change etc.); (med.)* invasive/radical *(surgery).* **in·gry·ping** -*pings*, -*pinge* interference; intervention, crackdown. **in·gry·pings·boog** arc of action.

in·haak *inge-* hook in; hitch in(to); link arms; *(mil.)* limber up; *by iem.* ~ link arms with s.o.; *ingehaak loop* walk arm in arm, walk with linked arms; *steke* ~ loop stitches *(on a sewing machine);* **~pan** *(archit.)* interlocking tile.

in·haal *inge-* bring/fetch in; get/gather in; haul in *(a gangway);* strike *(a flag);* take in *(sails);* draw in upon; receive in state; catch up (with), come up (*or* draw level) with, overhaul, overtake; make up for *(a lesson);* recover *(lost time); (a train etc.)* pick up time; *'n* ***agterstand*** ~ →AGTERSTAND; ***slaap*** ~ catch up on one's sleep; ***tyd*** ~ make up time; *agterstallige* ***werk*** ~ catch up on arrears, overtake (*or* work off) arrears. **~rem** overrun brake.

in·ha·la·sie -*sies* inhaling, inhalation; →INASEMING. **~toestel** inhaler.

in·ha·leer *geïn-* inhale; draw *(smoke);* →INASEMING. **in·ha·leer·der** -*ders* inhaler.

in·ha·lig -*lige* covetous, grasping, greedy, acquisitive, (money-)grubbing, grabby; penny-pinching, mean, niggardly, stingy; mercenary. **in·ha·lig·heid** greed, cupidity, graspingness; miserliness, meanness, stinginess, churlishness; →INHALIG.

in·ham -*hamme* cove; creek; inlet; *(biol.)* sinus.

in·ha·mer *inge-* hammer in; drum (s.t.) into *(s.o.'s head),* hammer *(s.t.)* home, get over, bring home to; *iets by iem.* ~ drill s.t. into s.o., din/drum/hammer s.t. into s.o.('s ears), drum/hammer s.t. into s.o.'s head; *dit by iem. probeer ~ dat* ... try to hammer it home to s.o. that ...

in·hard·loop *inge-* overtake *(by running),* catch up (with).

in·hê contain, hold; be laden with; *iets ~, (infml.)* be tipsy.

in·heems -*heemse* endemic *(diseases),* homebred, homeborn, home-grown; home *(produce);* indigenous *(church, plant);* native *(races);* domestic; *iets is ~ in* ... s.t. is indigenous to ... *(a region);* s.t. is native to ... **in·heem·se** denizen *(plant, person).* **in·heems·heid** indigenous origin; →INHEEMS.

in·heg·te·nis·ne·ming, in·heg·te·nis·na·me arrest, apprehension, commitment.

in·hei *inge-, (rare)* pile/drive/ram in.

in·he·rent -*rente* inherent *(in);* intrinsic, immanent; *(fig.)* built-in; *dit is ~ in (iem./iets)* it is inherent in (s.o./s.t.); *~e regte* inherent rights.

in·hi·beer *geïn-* inhibit. **in·hi·bi·sie** -*sies* inhibition.

in·hok *inge-* pen *(an animal);* pen up/in, box/hem in *(s.o.); (fig.)* ghettoise *(people); ingehok voel* feel caged in/up.

in·hol *inge-* rush/tear in(to); run in, overtake by running.

in·hou *n. iets sonder ~ verkoop* sell s.t. without reserve. **in·hou** *inge-, vb.* contain, hold; check, control, curb, bridle, hold back, pull/rein up, repress, restrain *(one's anger etc.)*; retain, keep down *(food)*; cancel, stop *(payment)*, deduct, dock *(money)*; withdraw *(s.t. from sale)*; keep in *(learners)*; keep back *(pay)*; draw rein, pull up *(a horse)*; fight back *(tears)*; →INGEHOUE; *jou* ***asem*** ~ →ASEM *n.*; *wat kan hierdie* ***bepaling*** *~?* what may be the effect of this provision?; what does this provision imply?; *dit hou niks* ***goeds*** *vir ... in nie* it augurs/bodes ill for ...; *dit hou veel* ***goeds*** *vir ... in* it augurs/bodes well for ...; ***jou*** ~ contain/control o.s., keep/stay calm; hold o.s. in; *hou* ***jou*** *in!* keep calm!; *wat sal die* ***toekoms*** *~?* what does the future hold?.

in·houd *-houde* content(s); capacity; purport, tenor *(of a letter)*; substance, subject matter; *'n* ***brief*** *van hierdie* ~ a letter to this effect; ***kort*** ~ abstract, epitome, résumé, précis, precis, summary, synopsis; ***kubieke*** ~ cubic content/capacity; ***meer*** *~ aan iets gee* flesh out s.t. *(an argument etc.)*; *iets is* ***sonder*** ~ s.t. lacks substance; ***volgens*** ~ by volume.

in·hou·ding checking; retention; deduction, stoppage *(of payment)*. **in·hou·dings·ver·mo·ë** retentivity, continence.

in·houds-: ~**bepaling** determination of the content; cubage, cubature; *(psych.)* connotation. ~**maat** cubic measure, (measure of) capacity, solid measure. ~**meting** cubage, cubature. ~**opgawe** index, register, table of contents. ~**ruimte** capacity. ~**vermoë** capacity, content.

in·hul·dig *inge-* inaugurate, instal(l), induct, invest; enthrone *(a bishop)*. **in·hul·di·ging** inauguration, installation, investiture, induction; enthronement *(of a bishop)*.

in·hu·maan *-mane, (rare)* inhumane; →ONMENSLIK. **in·hu·ma·ni·teit** inhumanity; →ONMENSLIKHEID.

in·huur *inge-, (dated)* engage/hire again, renew a lease.

i·ni·si·aal *-ale, n.* initial, first letter. **i·ni·si·a·li·sa·sie, i·ni·si·a·li·se·ring** initialisation. **i·ni·si·a·li·seer** *(comp.)* initialise.

i·ni·si·an·dus *-andi, (rare)* initiate.

i·ni·si·eer *geïni-* initiate. **i·ni·si·a·sie** *-sies* initiation. **i·ni·si·a·tief** *-tiewe* initiative; *iets op eie ~* ***doen*** do s.t. on one's own initiative, do s.t. off one's own bat *(infml.)*; *die ~* ***neem*** take the initiative; make the first move; ***op*** *~ van ...* on the initiative of ...; at the instance of ...; ***op*** *eie ~ handel* do a thing off one's own bat; ***privaat/private/partikuliere*** ~ private enterprise. **i·ni·si·eer·der** *-ders* initiator. **i·ni·si·ë·ring** initiation.

in·ja(ag) *inge-* drive in(to); rush in(to); overtake; *(infml.)* cause to take *(medicine)*.

in·jek·sie *-sies, (rare)* injection. ~**naald** hypodermic needle. ~**spuit(jie)** injection/hypodermic syringe.

in·jek·teer *geïn-, (rare)* inject. **in·jek·teur** *-teurs*, **in·jek·tor** *-tore, -tors, (rare)* injector.

in·junk·sie *-sies, (also jur.)* injunction.

in·ju·ri·a, in·ju·rie, in·iu·ri·a *-ries, (jur.)* injuria.

ink *n.* ink; *iets met ~* ***aanbring*** ink in s.t.; *iets met ~* ***deurstreep*** ink out s.t.; *(met) ~* ***gooi*** sling/splash/squirt/throw ink; ~ ***mors*** spill ink *(on a subject)*; *iets met ~* ***onleesbaar*** *maak* ink out s.t.; ***onuitwisbare*** ~ indelible ink; →MERKINK; *met ~* ***oortrek*** ink over; ***permanente*** ~ permanent ink; *met ~* ***skryf/skrywe*** write in ink. **ink** *geïnk, vb.* ink. ~**bak** ink trough. ~**bal** *(print.)* ink(ing) ball. ~**blaas,** ~**sak** ink sac/bag. ~**blom** *(Harveya capensis)* white harveya; *(Hyobanche sanguinea)* ink plant. ~**bol** *Hypoxis villosa*. ~**bos(sie)** *Suaeda* spp.. ~**bottel** ink bottle. ~**fles** = INKBOTTEL. ~**horing** →INKKOKER. ~**kladtoets** *(psych.)* inkblot test. ~**koker,** ~**horing** *(hist.)* inkhorn. ~**kol** inkblot, ink spot. ~**kussing** inking pad. ~**plant** →INKBLOM. ~**poeier** ink powder. ~**pot(jie)** inkpot, inkwell. ~**potlood** ink pencil, copying pencil, indelible (pencil). ~**rol** *(press)* inking roller, printing roller; *(telegr.)* inking wheel. ~**sak** →INKBLAAS. ~**staander(tjie),** ~**stel(letjie)** inkstand. ~**straaldrukker** ink-jet (printer). ~**swart** inky, ink-black. ~**uitveër** ink eraser. ~**vis** *(icht.)* cuttlefish, inkfish; *(pyl)*~ squid. ~**visskulp** cuttle(bone). ~**vlek** ink stain.

In·ka *-kas* Inca.

ink·ag·tig *-tige* inky.

in·kalf, in·kal·we(r) *inge-* cave/calve in; undermine *(said of water with regard to an embankment)*. **in·kal·wing** *-wings, -winge* caving in, cave-in.

in·kam *inge-* mesh *(gears)*; *ingekam* in gear. **in·kam·ming** mesh(ing).

in·kamp *inge-* enclose, fence (in/about/around), hedge in. **in·kam·ping** enclosing.

in·kan·ker *inge-* become deeply rooted, eat in(to), fester; corrode. **in·kan·ke·ring** festering.

in·kan·ta·sie *-sies* incantation.

in·kap *inge-* chop/hit in(to).

in·ka·pa·bel →ONKAPABEL.

in·ka·pa·si·teit *(rare)* incapacity.

in·kap·sel *inge-, (biol.)* encyst; encapsulate, incapsulate; encapsule. **in·kap·se·ling** encystation, encystment; (en)capsulation.

in·kar·naat *-nate, n. & adj., (rare)* flesh colour, pink.

in·kar·na·sie *-sies* incarnation. **in·kar·neer** *geïn-* incarnate.

in·kas·seer *geïn-* (en)cash; collect. **in·kas·se·ring** cashing; collecting. **in·kas·so** *(<It.)* collection; *ter ~ stuur, (obs.)* send for collection. **in·kas·so·bank** collecting bank.

In·ka·tha *(a Zu. cultural movement)* Inkatha. ~-**ondersteuner** Inkatha. ~-**Vryheidsparty** *(abbr.: IVP)* Inkatha Freedom Party *(abbr.: IFP)*.

in·ka·trol *inge-* reel in.

in·keep *inge-* indent, nick, notch, score; dap, jag; recess; *(min.)* goggle; joggle. **in·ke·ping** *-pings, -pinge* indentation, nick, notch, notching; dapping; grooving; recess(ing); bitting *(of a key)*.

in·keer *n.* introspection, searching(s) of heart, reflection; repentance; *iem. tot ~* ***bring*** bring s.o. to his/her senses; *tot ~* ***kom*** see the light; have/undergo a change of heart; repent, reform. **in·keer** *inge-, vb.* turn in(to); *tot jouself ~* retire into o.s.; become introspective. ~**kraal** sorting pen.

in·ken·nig *-nige* shy, timid, bashful. **in·ken·nig·heid** shyness, timidness; timidity.

in·ke·ping →INKEEP.

in·kerf, in·ker·we *inge-* score, carve in; incise; *(cook.)* crimp *(meat, fish)*; indent, nick; engrave. **in·ker·wing** incision; indentation.

in·ker·ker *inge-* incarcerate, imprison. **in·ker·ke·ring** incarceration, imprisonment.

in·klaar *inge-* clear *(goods)*. **in·kla·ring** clearing, clearance.

in·klam *inge-* damp down, sprinkle *(washing)*.

in·klank dub (in) *(background effects etc.)*. **in·klan·king** dubbing.

in·kla·ring →INKLAAR.

in·kla·rings-: ~**brief** bill of entry. ~**hawe** port of clearance inwards.

in·klee *inge-* clothe in words, couch, express, phrase, word, put into words; present, represent; *iets in woorde ~* clothe s.t. in words; *jou gedagtes in digterlike/ens. taal ~* couch one's thoughts in poetic/etc. language. **in·kle·ding** wording, phrasing; presentation.

in·klem *inge-* clench, clasp, infix; *ingeklemde balk* fixed beam.

in·kleur *inge-* colour (in); *jou gesig ~, (infml., joc.: put make-up on)* put one's face on. ~**boek** colouring book.

in·klim *inge-* climb in(to); board, enter *(a train)*; go to bed, turn in; scold, come down (up)on, slate, rebuke, haul over the coals, go for, have a go at, pile/lash into, take to task, bawl/chew out, jump down ...'s throat *(s.o.)*; take the bull by the horns; knuckle down (to it); *iem.* ***behoorlik/terdeë*** *~, (infml.)* give s.o. (a lick with) the rough edge/side of one's tongue, scold s.o. severely; *klim* ***hom*** *in!, (infml.)* give it to him!; *klim* ***maar*** *in!* pile in!; *in 'n* ***motor*** *klim/klouter* climb into a car. ~**gordel** girdle *(underclothing)*, step-in (girdle), two-way stretch. ~**spel** hard/rough play.

in·kli·na·sie *-sies, (astron., geol., math.)* inclination; dip *(of a needle)*. ~**hoek** angle of dip/inclination. ~**kompas** inclination compass, dip(ping) compass, dip circle, inclinometer. ~**naald** dipping needle.

in·klok *inge-* clock in.

in·klop *inge-* flog in; knock in(to).

in·klou·ter *inge-* clamber/climb in(to); *in 'n motor klim/klouter* →INKLIM.

in·kluis including, included. **in·klu·sief** *-siewe* inclusive. **in·klu·si·wis·me** *(theol.)* inclusivism.

in·knie *inge-* knead in(to).

in·knip *inge-* clip; snap in; *(dressmaking)* slit, slash. ~**klep** *(mot.)* snap-in valve.

in·knip·sel *-sels, (dressmaking)* slash.

in·knyp *inge-* pinch (in), stop *(growth)*.

in·koe·ja·wel *(infml.)* no-good, wretched, feeble, rotten; ~ *vent* washout.

in·koes *inge-* slip/sneak in.

in·ko·he·rent *-rente* incoherent.

in·kok·ke·wiet = INKOEJAWEL.

in·ko·ling *(metall.)* carburisation.

in·kom *inge-* come in, enter; *kom (gerus) in!* (do) come in!; ***keer*** *dat iets ~* shut s.t. out; *iem.* ***laat*** *~* let s.o. in; ***net-net/ternouernood*** ~ squeeze in; ***onder*** *iets ~* get under s.t.; ***stilletjies*** ~ steal in. **in·ko·me** →INKOMSTE. **in·ko·me·ling** *-linge* newcomer, new arrival. **in·ko·mend** *-mende* incoming; inbound, inward bound.

in·kom·pa·ti·bi·li·teit *(rare)* incompatibility.

in·kom·pe·ten·sie incompetence, incompetency. **in·kom·pe·tent** *-tente* incompetent.

in·kom·pleet *-plete, (rare)* incomplete.

in·kom·ste earnings, income, revenue; ***belasbare*** ~ taxable earnings, assessable earnings/income; ***besteebare*** ~ disposable income; ***binne*** *jou ~ leef/lewe* live within one's income; ***bo*** *jou ~ lewe* live beyond one's means; ***bron*** *van ~* source of income, *(infml.)* meal ticket; *~ en* ***uitgawe(s)*** income and expenditure; *'n* ***vaste*** ~ a steady income. ~**belasting** income tax. ~**belastingopgawe** income tax return. ~**belastingwet** income tax act. ~-**en-uitgawe(-)rekening** income/revenue and expenditure account. ~**groep** income group. ~**verkeer** *(rly.)* revenue-earning traffic.

in·kon·gru·en·sie incongruence, incongruousness. **in·kon·gru·ent** *-ente* incongruous, incongruent.

in·kon·se·kwen·sie inconsistency. **in·kon·se·kwent** *-kwente* inconsistent, illogical.

in·kon·sti·tu·si·o·neel *-nele* →ONKONSTITUSIONEEL.

in·kon·ti·nen·sie incontinence.

in·kon·trak·teer *inge-* contract in.

in·kook *inge-* reduce by boiling, boil down.

in·koop *-kope, n.* purchase; *(comm.)* buy-in; *(rare)* marketing; *inkope/inkopies doen* do shopping; shop; *inkope/inkopies gaan doen* go shopping. **in·koop** *inge-, vb.* buy, purchase; shop; (go to) market; buy in; *jou ~* buy o.s. into *(a firm)*. ~**kommissie** purchasing committee. ~**lys** →INKOPIELYS. ~**(s)prys** = KOSPRYS. ~**sentrum** →INKOPIESENTRUM.

in·ko·ör·di·na·sie, in·ko-or·di·na·sie *(med.)* incoordination.

in·kop *inge-* head; *die bal in die net kop* head the ball into the net.

in·ko·per *-pers* buyer, purchasing agent, purchaser.

in·ko·pie *-pies* (small) purchase; →INKOOP *n.*; *~s doen* go shopping. ~**lys** shopping list. ~**sak** shopping bag. ~**sentrum** shopping centre. ~**slaaf** *(infml.)* shopaholic.

in·kop·pel *inge-, (mot.)* throw in gear, engage. **in·kop·pe·ling** engagement.

in·kor·po·ra·sie incorporation. **in·kor·po·reer** *geïn-* incorporate.

in·kor·rek *-rekte* incorrect; improper. **in·kor·rekt·heid** incorrectness, faultiness, erroneousness; impropriety.

in·kors·ting encrustation, incrustation.

in·kort *inge-* shorten *(a dress, speech)*; curtail *(a report)*;

abridge *(a book);* cut short *(a stay, holiday);* derogate from, diminish *(rights);* whittle away, pare down; *iem. se werkure* ~ put s.o. on short-time working. **in·kor·ting** shortening, curtailment; abridgement; reduction; derogation *(of rights); **sonder** ~ (van regte)* without prejudice; ***tot** ~ van* ... in restraint of ...; ~ ***van** handelsvryheid* restraint of trade; ~ ***van** regte* diminution of rights.

in·kraal *inge-, (rare)* corral *(Am.).*

in·krap *inge-* scratch in, incise; scribble in.

in·kras *inge-* scratch in, incise.

in·kri·mi·neer *geïn-* (in)criminate. **in·kri·mi·ne·rend** *-rende* incriminatory, inculpative, inculpatory.

in·krimp *inge-* contract, shrink, dwindle *(in numbers);* abridge; curtail/reduce/retrench *(expenses);* scale down; *(fig.)* cut back, prune; diminish; narrow in. **in·krim·ping** contraction, shrinking, shrinkage; dwindling *(of authority, influence, etc.);* curtailment, retrenchment; diminution.

in·krom·ming incurvation, incurvature.

in·kruip *inge-* creep in(to), crawl in(to); crawl between the sheets, turn in, go to bed; snuggle down; worm one's way in; ***by** iem. ~, (infml.)* toady/truckle to (*or* fawn [up]on) s.o.; ***by** iem. probeer* ~ try to get buddy-buddy with s.o; *(**gaan**) ~, (also, infml.)* hit the sack/hay; *net voor iem. **gaan*** ~ last thing at night; *(verskrik/vreesbevange) **onder** iets* ~ cower (down) under s.t..

in·krui·per *-pers* toady, bootlicker, *(Am., infml.)* apple polisher; fawner; squatter; intruder; tuft hunter. **in·krui·pe·rig** *-rige* fawning, toadyish; →KRUIPERIG. **in·krui·pe·rig·heid, in·krui·pe·ry** fawning (nature), toadyism; →KRUIPERIGHEID.

in·krui·wa *inge-* pitchfork in(to a position).

in·krus·ta·sie incrustation. **in·krus·teer** *geïn-* incrust.

in·kry *inge-* get in; get down *(one's food);* swallow; *iem. kan niks ~ nie* s.o. cannot take anything; *die skip het water ingekry* the ship made water; *iem. kon geen woord ~ nie* s.o. couldn't get a word in (edgeways).

in·ku·ba·sie incubation. **~tyd** incubation period.

in·ku·bus *-busse* incubus.

in·kuil *inge-* silage, ensile, store in a silo. **in·kui·ling** ensilage, storage in a silo, silage.

in·kuip *inge-* barrel, cooper.

in·kul·pa·sie *-sies, (jur.)* inculpation. **in·kul·peer** *geïn-* inculpate.

in·ku·na·bel *-bele, -bels, (print.)* incunabulum, incunable, cradle book.

in·kus *-kusse, (anat.)* incus.

in·kwar·tier *inge-, (mil.)* billet; quarter *(soldiers upon inhabitants);* canton. **in·kwar·tie·ring** billeting, quartering.

in·kwi·si·sie inquisition. **in·kwi·si·teur** *-teurs, (RC, hist., often I~)* inquisitor. **in·kwi·si·to·ri·aal** *-ale* inquisitorial.

in·kyk *inge-* look in(to), peep in(to); *by iem. ~, (infml.)* drop/look in on s.o.; *in iets* ~ look into s.t..

in·laai *inge-* load, put/take on board, take in, ship; embark, embus, entrain *(troops);* gobble, shovel *(food).*

in·laat *-late, n.* intake; inlet. **in·laat** *inge-, vb.* admit, let in; intromit *(rare);* mortise; recess, countersink; sink, bed, house; *jou met **iem.*** ~ associate/consort with s.o.; *jou nie met **iem.** ~ nie* fight shy of s.o., give s.o. a wide berth; *jou met **iets*** ~ concern o.s. with s.t.; *jou nie met **iets** ~ nie, (also)* leave s.t. alone; *iem. **in*** ... ~ let s.o. into ...; *'n balk in 'n **muur*** ~ tail a beam into a wall; *jou met die **politiek*** ~ go in for politics. **~druk** inlet pressure, inlet vacuum. **~gang** intake duct. **~klep** inlet/intake/admission/induction valve. **~kraan** inlet (cock). **~pyp** inlet/induction/intake/admitting/admission pipe, intake. **~slag** inlet/intake/induction stroke. **~slot** monitor lock. **~sluis** inlet sluice; canal regulator. **~voeg** cogged/cogging joint, flush joint.

in·la·ding load(ing), shipment; entrainment.

in·lan·der *-ders* native. **in·lands** *-landse* inland *(traffic);* indigenous *(church);* homebred *(cattle);* home-grown *(food);* native *(races);* homeborn; domestic; internal; local, home; *~e **inhoud*** local content; *~e **komponente*** local components; *~e **verbruik*** local consumption; ~ ***vervaardig*** locally manufactured.

in·las *-lasse, n., (news)* stop press; *(photo)* inset; →INLASSING. **in·las** *inge-, vb.* insert, intercalate, interpolate; infix, inset; dovetail, let in, mortise; *(ling.)* epenthesise; parenthesise *(words).* **~kant** lace insertion. **~teken** caret, insert sign.

in·las·sing insertion, intercalation, interpolation; inset; parenthesis *(of words);* mortise; *(ling.)* epenthesis.

in·la·ting *-tings, -tinge* admission; interference *(with);* dovetailing; bedding, sinking; recess(ing); *blinde ~, (carp.)* housing.

in·lê *inge-* lay/put in; deposit *(money);* stake *(money at games);* can, preserve, bottle, tin, pot, pickle; cure; marinade; inlay *(with gold);* encrust *(with diamonds);* wield; embed; *die byl* ~ ply the axe; ***eer** met ... ~, (obs.)* →EER MET ... INOES; *iets in die **water*** ~ immerse/steep s.t. in water; *met iets ingelê **wees*** be inlaid with s.t.. **~fles, ~bottel** preserving jar/bottle, canning jar/bottle, canned-fruit jar/bottle. **~geld** = INLEGGELD. **~perske** canning peach.

in·leef, in·lewe *inge-* adapt o.s. (to), get accustomed (to); *jou in iets* ~ immerse o.s. in s.t. *(a play, part, book, etc.).*

in·leen *inge-, (jur.)* borrow. **in·le·ner** *-ners, (jur.)* borrower. **in·le·ning** *(jur.)* borrowing.

in·lê·er *-ers* canner, curer; depositor *(of money); (bot.)* layer; →INLEGGER.

in·lê·er·loot *(bot.)* layer. **in·lê·e·ry** canning, curing.

in·lees *inge-, (comp.)* read in *(text, data, etc.).* **in·le·sing** read-in.

in·leg- *-gings, -ginge:* **~bewys** deposit receipt. **~blad** loose leaf *(of a table);* veneer. **~boek** deposit book, passbook; savings book. **~geld** sweepstakes; deposit *(in a bank).* **~hout** veneer(ing). **~kapitaal** capital invested/subscribed. **~kunde** reading meanings into (s.t.). **~som** →INLEGGELD **~werk** inlay/inlaid work, inlaying, marquet(e)ry, marqueterie; mosaic; veneer.

in·leg·ger *-gers* depositor. **in·leg·sel** *-sels* inlay, inset, insert, insertion.

in·lei *inge-* introduce; initiate; usher in; open *(a debate);* preface *(by a few remarks).* **~buis** inlet tube.

in·lei·dend *-dende* introductory, preliminary, opening, prefatorial, prefatory; →INLEI. **in·lei·ding** *-dings, -dinge* introduction; *(fml.)* exordium *(of a speech);* preliminary; *~e opmerkings/paragraaf* introductory remarks/paragraph; *ter* ~ by way of introduction; *die ~ tot* ... the introduction to ... **in·lei·er** *-ers* initiator, introducer; opener *(of a debate);* usher.

in·le·ner, in·le·ning →INLEEN.

in·le·we →INLEEF.

in·le·wer *inge-* give/hand in, send in; present *(a petition);* file, lodge *(documents)* with; deliver up, surrender *(one's arms);* commit *(s.o.);* put in; *iets by iem.* ~ hand in s.t. to s.o.; lodge s.t. with s.o.. **in·le·we·raar** presenter; deliverer *(of a message);* surrenderer; →INLEWER. **in·le·we·ring** delivery, handing in; surrender *(shares); (jur.)* lodgement.

in·lig *inge-* inform, tell, enlighten; brief; *iem. **nader*** ~ give s.o. more information, inform s.o. more fully; *iem. **oor** iets* ~ inform s.o. about/on s.t.; enlighten s.o. about/on s.t.; brief s.o. about/on s.t., give s.o. a briefing about/on s.t.; *goed **oor** iets ingelig wees* be well-informed about s.t.; *sleg **oor** iets ingelig wees* be badly informed about s.t.; *iem. verkeerd **oor** iets* ~ misinform s.o. about/on s.t.. **in·lig·tend** *-tende* informative; →INGELIG.

in·lig·gend *-gende, (obs.)* →INGESLOTE.

in·lig·ting information, enlightenment; *(mil., pol.)* intelligence; *'n ryke **bron** van* ~ a mine of information; ***eerstehandse** ~ hê* have inside information; ~ ***gee*** give information; ~ ***inwin*** gather information, make inquiries/enquiries; ***(kantoor vir)*** ~ enquiries (office); ***nader(e)/verder(e)/vêrder(e)*** ~ *verlang* require further particulars; ~ ***omtrent/oor*** ... information about/on ...; the background information on ...; ***ter*** ~ *van* ... for the information of ...; for the guidance of ...; ***verkeerde*** ~ misinformation; ~ ***verstrek*** provide information; ~ *oor iets aan iem. **verstrek,** iem. van ~ oor iets **voorsien*** provide s.o. with information about/on s.t.; ***vertroulike*** ~ private information; ~ ***vra*** ask for information, make inquiries/enquiries. **~kunde** *(comp.)* information science. **~snelweg, ~supersnelweg** *(comp.)* information superhighway.

in·lig·tings-: **~advertensie** documentary commercial, advertising film, infomercial. **~agent** impimpi *(Ngu.).* **~beampte** information officer. **~behoeftes** informational needs. **~berging, ~bewaring** information storage. **~buro** information bureau. **~diens** intelligence department/service; information service; *geheime* ~ secret service. **~herwinning** *(comp.)* information retrieval. **~kantoor** information/inquiry office. **~netwerk** information network, infonet. **~offisier** *(mil.)* intelligence officer. **~ontploffing** information explosion. **~ontsluiting** information retrieval. **~oordrag** information transfer. **~rol** informational role. **~tegnologie** information technology, *(abbr.)* infotech. **~teorie** information theory. **~vermaak** information entertainment, infotainment. **~vermoeidheid-sindroom** information fatigue syndrome. **~verwerker** *(comp.)* information processor/cruncher. **~verwerking** information processing.

in·loer *inge-* peep/pry in(to); look/drop in on; *by iem. ~, (infml.)* drop/look in on s.o.; *in ... loer* peep into ...

in·lok *inge-* entice into.

in·loods *inge-* pilot *(into port).*

in·loop *-lope, n.* intake, inlet; catchment (area); running in *(of a machine).* **in·loop** *inge-, vb.* enter *(a shop etc.);* run/pour in; wade; call, drop in *(on s.o.);* catch up with, overtake; cheat, diddle, finagle, take in; *'n **bad** (of badwater) laat* ~ run a bath; ***by** iem. ~, (infml.)* drop in on s.o.; ***iem.*** ~ deceive s.o., take s.o. in; *jy's **ingeloop!**, (also)* you've been done!; *iets **laat*** ~ run s.t. in *(an engine etc.); iets in ... **laat*** ~ let s.t. run into ... *(water into a bucket etc.); iem. **met** ... ~, (infml.)* do s.o. out of ... *(thousands of rands etc.); in 'n **val*** ~ walk into a trap, be trapped, rise to the bait; fall a victim to the catch; put one's foot in it; get caught; *in die **water*** ~ wade in. **~rit** shakedown run. **~versiersel** flood icing. **~werk** *(cake decoration)* flooding.

in·los *inge-, (rare)* redeem *(a promise, mortgage, etc.);* repay *(a debt);* take out *(a pawn).* **in·los·sing** *(rare)* redemption.

in·lui *inge-* inaugurate, ring in; usher in *(a new period),* herald.

in·luis·ter *inge-* listen in; monitor. **in·luis·te·raar** listener(-in).

in·lyf *inge-* incorporate; mediatise; induct (as a member); enrol(l); embody; annex; *iets by ...* ~ incorporate s.t. with ...; *ingelyf word, (also)* be absorbed. **in·ly·wing** annexation; incorporation; absorption; induction (as a member).

in·lys *inge-* (en)frame; enrol; schedule. **in·lys·ting** framing.

in·ly·wing →INLYF.

in·maak *inge-* bottle, can, pickle, preserve, tin; pot; pack; →INLÊ. **~fabriek** cannery, canning/preserving factory. **~fles, ~bottel** preserving jar/bottle, canning jar/bottle, canned-fruit jar/bottle. **~kastrol** preserving pan. **~vrugte** fruit for canning.

in·ma·ker canner, tinner, packer. **in·ma·ke·ry** canning, bottling; packing; preserving works. **in·ma·king** canning, packing, preserving.

in·mand·jie in-tray.

in·me·kaar close, together; into each other; crumpled up, smashed; bent double, stooping; →INEEN, INEEN-; **~draai** *inmekaarge-,* ~ **draai** *inmekaar ge-* twist together/up, intertwine. **~flans** *inmekaarge-,* ~ **flans** *inmekaar ge-* knock together, patch up. **~frommel** *inmekaarge-,* ~ **frommel** *inmekaar ge-* crumple up. **~gedraai,** ~ **gedraai** twisted *(a rope etc.).* **~gestrengel(d),** ~ **gestrengel(d):** ~ *raak* get twisted up. **~groei** *inmekaarge-,* ~ **groei** *inmekaar ge-* grow together, coalesce. **~pas** *inmekaarge-,* ~ **pas** *inmekaar ge-* nest into one another, be nested one inside another. ~**sit** *inmekaarge*=, ~ **sit** *inmekaar ge*= assemble, build up, fit (up) together; mount *(machinery)*; *die stoel is inmekaargesit* (*of inmekaar gesit*) the chair collapsed under ...; *dis hoe die saak inmekaarsit/-steek* (*of inmekaar sit/steek*) that's how it all fits together; *dit het skielik vir iem. duidelik geword* (*of iem. het skielik besef*) *hoe dinge inmekaarsit/-steek* (*of inmekaar sit/steek*) everything clicked into place. ~**skuif**, ~**skuiwe** *inmekaarge*=, ~ **skuif**, ~ **skuiwe** *inmekaar ge*= slide/shove into one another, telescope. ~**slaan** *inmekaarge*=, ~ **slaan** *inmekaar ge*= strike together; knock together; *die hande inmekaarslaan* (*of inmekaar slaan*) join hands; *die/jou hande van verbasing inmekaarslaan* (*of inmekaar slaan*) throw up one's hands with wonder. ~**trap** *inmekaarge*=, ~ **trap** *inmekaar ge*= kick/trample to pieces. ~**val** *inmekaarge*=, ~ **val** *inmekaar ge*= collapse; tumble about one's ears. ~**vloei** *inmekaarge*=, ~ **vloei** *inmekaar ge*= flow into one another, merge, converge; coalesce; mingle.

in me·mo·ri·am *n. & prep., (Lat.)* in memoriam.

in·meng *inge*=: *(jou)* ~ butt/horn in; interfere, meddle; put/stick one's oar in *(infml.)*; *moenie ~ nie* keep off the grass *(infml.)*; *(jou) in ...* ~ interfere in/with ...; meddle in ...; horn in on ... **in·men·ging** interference, meddling; intrusion; ~ *in* intrusion/intervention in; interference with, intervention in.

in·mes·sel *inge*= brick/build/wall up, immure; fit in a wall; *ingemesselde bad* fixed bath.

in·mid·dels, in·mid·dels meanwhile, meantime, in the meantime.

in·mond *inge*= inosculate *(fml.)*. **in·mon·ding** inosculation.

in·naai *inge*= sew, stitch *(books)*.

in·na·me =*mes*, **in·ne·ming** =*mings*, =*minge* intake; capture, taking.

in·neem *inge*= take in, bring in; take in *(a dress)*; take *(medicine)*; load *(cargo)*; capture, take *(a fortress)*; collect *(tickets)*; furl *(sails)*; charm, captivate, fascinate; ***om in te neem*** for internal use; ***plek/ruimte*** ~ occupy (*or* take up) room; *die derde/ens.* ***plek*** ~ →PLEK; ***water*** ~ (take in) water. **in·neem·baar** =*bare* pregnable. **in·ne·mend** =*mende* attractive, appealing, captivating, charming, endearing, disarming, engaging, fascinating, fetching, lovely, likeable, pleasant, pleasing, prepossessing, winning, winsome, taking, gracious, personable; ~*e maniertjies* taking ways; *weinig* ~ unprepossessing. **in·ne·mend·heid** charm, fascination, winning ways. **in·ne·ming** →INNAME.

in·ner·lik =*like* inner *(life)*; internal *(forces)*; intrinsic *(merit)*; inward *(eye)*; ~*e krag* inner strength, moral fibre; ~*e monoloog* interior monologue; ~*e objek, (gram.)* cognate object. **in·ner·lik·heid** inwardness.

in·ner·veer *geïn*= innervate.

in·nig =*nige, adj.* sincere; close *(cooperation)*; earnest *(wish)*; fond *(love)*; fervent *(hope, prayer)*; heartfelt *(joy)*; hearty *(congratulations)*; profound *(conviction)*; deep *(sympathy)*; warm *(thanks)*. **in·nig** *adv.* profoundly; inly *(poet., liter.)*; in one's heart; *iem. ~ liefhê* love s.o. dearly. **in·nig·heid** closeness, earnestness, fervour, heartiness. **in·nig·ste** inmost, innermost.

in·ning →IN² *vb.*.

In·no·cen·ti·us *(pope, hist.)* Innocent.

in·nooi *inge*= invite/ask in(side).

in·no·va·sie =*sies* innovation.

In·nu·ïet →INUÏET.

I·noek·ti·toet, I(n)·nu·ï·ties *(lang.)* Inuktitut, In(n)uit; →INUÏET.

in·oes *inge*= gather/get in; harvest; reap *(glory)*.

in·o·ku·la·sie =*sies* inoculation. **in·o·ku·leer** *geïn*= inoculate.

in·ont·vangs·ne·ming, in·ont·vangs·na·me acceptance, receipt, taking delivery.

i·no·si·tol *(biochem.)* inositol, muscle sugar.

in·ou·gu·ra·sie =*sies, (rare)* inauguration. **in·ou·gu·raal** =*rale*, **in·ou·gu·reel** =*rele, (rare)* inaugural. **in·ou·gu·reer** *geïn*=, *(rare)* inaugurate.

in·pak *inge*= pack *(a trunk)*; pack in *(clothes etc.)*; do/pack/wrap up, parcel (up); pack up; put away, gorge *(food)*; bale *(goods)*; basket. **in·pak·king** packing (up).

in·palm *inge*= appropriate; bag; corral *(Am.)*; hog; pocket *(infml.)*; pot *(infml.)*; pouch *(infml.)*; usurp; *die* ***hoofaandag*** ~ steal the show; *die* ***mag*** ~ usurp power; *die* ***winste*** ~ pocket/sweep/collar the winnings. **in·pal·ming** appropriation; →INPALM.

in·pas *inge*= fit in, insert, dovetail; *iets pas by ... in* s.t. ties in with ...; s.t. chimes in with ...; s.t. dovetails with ...; *iets in ...* ~ fit s.t. into ... ~**koppeling** *(tech.)* male coupling. ~**stuk** *(tech.)* male part.

in·pas·sing fitting in.

in·pe·kel *inge*= pickle, salt, souse.

in·pe·per *inge*= pepper; *iem.* ~ rub it into s.o., go for s.o., pay s.o. in kind, take it out on s.o.; give s.o. a hiding.

in·perk *inge*= enclose, fence in; curtail, limit, restrict, confine, constrict, inhibit; ban. ~**gebou** containment building. ~**koepel** containment dome.

in·per·king enclosure; curtailment, limitation, restriction; banning; *(phys.)* containment *(of radioactive material)*.

in·pers *inge*= press/squeeze in(to); impress (into); inject. **in·per·sing** pressing/squeezing in(to); impression; intrusion; *(geol.)* injection, intrusion.

in·pik *inge*= nab, pinch; pick/snatch up; collar.

in·plak *inge*= paste in. ~**album** paste-in/on album.

in·plant *inge*= plant; insert; infix; implant *(feathers)*; engraft; *(fig.)* implant, inculcate. **in·plan·ting** planting; implantation; insertion *(of a muscle)*; inculcation; infixation, infixion.

in·pla·sing *(geol.)* emplacement.

in·ploeg *inge*= plough in; plough back.

in·plof·fing implosion *(of a structure)*; *(comm.)* implosion, meltdown.

in·plons *inge*= plunge in(to).

in·plooi *inge*= pleat; ruffle, gather; fold in. ~**voetjie** ruffler. ~**werk** ruffling.

in·pol·der *inge*= impolder, empolder, reclaim *(land)*. **in·pol·de·ring** reclamation, reclaiming *(of land)*.

in·pomp *inge*= pump in; cram/drum in; cram; indoctrinate; *(med.)* insufflate. **in·pom·per** *(educ.)* crammer. **in·pom·pe·ry, in·pom·ping** cramming.

in·praat *inge*=: *iem. iets* ~ talk s.o. into s.t.; *iem. moed* ~ →MOED.

in·prent *inge*= imprint/implant *(s.t. upon s.o.)*; inculcate *(a teaching)*; stamp, (en)grave *(on the memory)*; instil(l) *(ideas into)*, drum/drill *(s.t. into the head)*; ingrain, engrain; print; infix; brand; transfuse in(to); *iets by iem.* ~ inculcate s.t. in s.o.; *dit by iem. probeer ~ dat ...* try to hammer it home to s.o. that ...; *iets is in iem. se geheue ingeprent* s.t. is etched in (*or* engraved in/on *or* imprinted on) s.o.'s memory. **in·pren·ting** inculcation; installation, instilment; implantation; infixation, infixion; →INPRENT.

in·prop *inge*= cram into; bolt (down) *(food)*, stuff *(food)* into; squeeze in; squash into; plug in; *iets in ...* ~ cram s.t. into ...; jam s.t. into ...; stuff s.t. into ...

in·reef *inge*= →REEF *vb.*.

in·re·ën *inge*= rain in.

in·re·ken *inge*=: *iets by ...* ~ add s.t. to ...; include s.t. in ...

in·rig *inge*= arrange *(a room)*; manage, organise, order; instal(l); fit/fix/rig s.t. up, furnish; appoint; dispose; shape; ***goed*** *ingerig wees* be well organised; be well-appointed *(a home etc.)*; ***jou*** *inrig* settle in; *iets* ***na*** ... ~ adapt/shape s.t. to ... *(s.o.'s needs etc.)*; *na* ***omstandighede*** *ingerig wees* be suited to circumstances; ***vir*** *... ingerig wees* be equipped for ... *(paraplegics etc.)*; be geared for ... *(export etc.)*. **in·rig·ter** =*ters* organiser; →INRIG. **in·rig·ting** =*tings*, =*tinge* arrangement; organisation; furnishing, furniture, appointments, apparatus; establishment, institution, home, retreat; facility; mechanism; installation; gear, (industrial) plant; disposition; *die ~ van die samelewing* the social fabric; the social order; *~ van die staat* →STAATSINRIGTING.

in·rit entrance; drive(way).

in·roep *inge*= call in; call *(the doctor)*; call on, summon; enlist, invoke *(aid)*; *iem. se hulp* ~ seek s.o.'s aid, call in s.o.'s aid/assistance, summon s.o. to one's aid; *medewerking van iem.* ~ invite the cooperation of s.o.. **in·roe·ping** invocation; →INROEP.

in·rol *inge*= roll in(to), tuck in; reef *(sails)*; *die bal ~, (hockey)* roll the ball in; *(golf)* sink the putt.

in·ruil *inge*= trade in, exchange; *iets vir ... ~* trade in s.t. for ... ~**seël** trading stamp. ~**waarde** trade-in (value).

in·rui·ling trading in, trade-in, bartering, exchange.

in·ruim *inge*=: *plek* ~ make room. **in·rui·ming** making room; standing down.

in·ruk *inge*= drag/pull/snatch in; march into.

in·ry =*rye, n.* drive-in (theatre/cinema). **in·ry** *inge*=, *vb.* drive/ride in(to); break in *(a horse)*; bring in *(by wag[g]on)*; run in *(a vehicle)*; *by 'n parkeerterrein* ~ pull into a parking lot; *by die stasie ~, (a train)* pull into the station. ~**bank** drive-in bank. ~**hek** entrance gate; lodge gate. ~**kafee** drive-in café. ~**portaal** porte-cochère. ~**teater**, ~**bioskoop**, ~**fliek** drive-in theatre/cinema. ~**tyd** *(mot.)* running-in period. ~**wissel** *(rly.)* facing points.

in·ryg *inge*= lace in; gather *(a frill)*; string *(beads)*; thread *(a needle)*; constrict; *vloeke* ~ utter a string of curses. **in·ry·ging** lacing; gathering; threading. **in·ryg·steek** gathering stitch.

in·sa·e inspection, perusal, examination; access; sight; *ter ~* ***gee***, *(jur.)* discover; *iem. ~ in iets* ***gee*** allow s.o. to read/inspect s.t.; *iem. het ~* ***in*** *iets gehad* s.o. had an opportunity to read/inspect s.t.; *iets* ***lê*** *ter ~* s.t. is open for/to inspection; *iets ter ~* ***stuur*** send s.t. on appro(val), send s.t. for perusal.

in·sak *inge*= cave in, collapse, give (way); *(a house etc.)* sag; sink into *(the mud)*; slump; subside. **in·sak·king** collapse; slump; subsidence, sag, caving in, cave-in; *'n ~ in ...* a downturn in ... *(the economy etc.)*.

in·sa·ke with regard to, regarding, re *(Lat.)*.

in·sa·mel *inge*= collect, gather (in); net; store; harvest, reap; *die oes* ~ gather/reap the harvest. **in·sa·me·laar** =*laars* gatherer; collector. **in·sa·me·ling** =*lings*, =*linge* gathering; collection; reaping *(of a harvest)*. **in·sa·me·lings·fonds** appeal fund.

in·sê *inge*= tell off; *iem.* ~ give s.o. a bit of one's mind (*or* a telling-off *or* an earful).

in·se·ën *inge*= bless, consecrate; ordain *(a clergyman)*; solemnise *(a marriage)*. **in·se·ë·ning,** =*nings*, =*ninge* benediction, blessing, consecration; induction, ordainment, ordination.

in·seep *inge*= soap *(washing)*; lather *(for shaving)*.

in·seil *inge*= sail into, enter *(the harbour)*.

in·sek =*sekte* insect.

in·sek·kie, =*kies*, **in·sek·te·tjie** =*tjies* little insect. **in·sek·ta·rium** =*tariums*, =*taria* insectary, insectarium.

in·sek(·te)-: ~**beheer** insect control. ~**bestuif** =*de, (bot.)* insect-pollinated. ~**bestuiwing** insect pollination, entomophily. ~**byt** insect bite. ~**dodend** =*e* insect-killing; insecticidal; ~*e middel* insecticide. ~**doder** insecticide. ~**gif** *(chem.)* insecticide. ~**huisie** insectarium, insectary. ~**kenner** entomologist. ~**kunde** entomology, insectology. ~**kundig** entomological. ~**kundige** =*s* entomologist. ~**leer** insectology. ~**middel** =*s* insecticide, insect repellent/repellant. ~**naam** name of an insect. ~**plaag** insect pest. ~**poeier** insect powder, insecticide. ~**versameling** collection of insects, entomological collection, insectarium, insectary. ~**vretend, insek(-)etend, insekte-etend** =*e* insect-eating, insectivorous. ~**vreter, insek(-)eter, insekte-eter** insect eater, insectivore; *(pl.)* insectivora.

in·sek·ti·voor =*vore, n., (zool.)* insectivore. **in·sek·ti·voor** =*vore, adj.* insectivore, insectivorous.

in·sek·to·lo·gie = ENTOMOLOGIE. **in·sek·to·loog** = ENTOMOLOOG.

in·se·mi·na·sie =*sies* insemination. **in·se·mi·neer** *geïn*= inseminate.

in·send *inge*=, *(rare)* hand/send in; contribute *(to a news*=

paper). **in·sen·der** *=ders* correspondent, contributor, entrant; sender; exhibitor *(at a show).* **in·sen·ding** *=dings, =dinge* contribution; exhibit; entry.

in·set *=sette* start; stake(s); inset *(in a figure, map, etc.); (poker)* ante; *(econ.)* input; *(auction)* upset price; *die hele* ~ the pool; *die ~ verhoog* raise/up the ante *(infml.).* **~geld** stake; sweepstake; pool. **~prys, insitprys** starting/reservation price; asked price; put price. **~-uitsetontleding** *(econ.)* input-output analysis.

in·set·sel *=sels* insertion, insert, inset; gusset. **in·set·ting** *=tings, =tinge, (obs., Bib.)* ordinance; →INSTELLING, VOORSKRIF.

ins·ge·lyks likewise, similarly, ditto.

in·si·den·sie *=sies* incidence. **~hoek** angle of incidence. **in·si·dent** *=dente* incident. **in·si·den·teel** *=tele* incidental. **in·si·dent·jie** *=jies* minor incident.

in·sien, *n., (rare)* thought, reflection, consideration; appreciation; ***by*** *nader* ~ on second thoughts, upon reflection, upon further consideration; *~ in iem. se* ***gemoed*** appreciation of s.o.'s mind; ***myns*** *~s* in my opinion/view, to my mind, to my way of thinking; ***onses*** *~s* in our opinion/view, to our way of thinking; ***syns*** *~s* in his opinion/view, to his way of thinking. **in·sien** *inge=, vb.* glance over, look into, skim; appreciate, perceive, realise, recognise, see, understand; *iets nou* ***anders*** ~ see s.t. differently now; *ek sien in* ***dat*** *jy gelyk/reg het* I see you are right; *('n) mens kan nie anders nie as ~* ***dat*** ... one cannot fail to see that ...; ***iets*** ~ see the point; *iem. kan dit* ***nie*** *~ nie* s.o. cannot see that; s.o. does not admit that argument; *iets* ***swart*** ~ take a gloomy view of s.t.; *iem. kan nie ~* ***waarom*** *... nie* s.o. can't see why ..., s.o. (can) see no reason why ...

in·siens →INSIEN *n.*.

in·sig *=sigte* insight, perception, understanding; opinion, view; perceptiveness, perceptivity; vision; *'n* ***diep(e)*** *~ in iets hê* have a deep insight into s.t.; *iem. se ~* ***in*** *iets, (also)* s.o.'s understanding of s.t.; *iem.* ***kom*** *tot die ~ dat* ... s.o. realises that ..., s.o. comes to the realisation that ...; *'n ~ in iets* ***kry*** gain an insight into s.t., gain an understanding of s.t.; ***na/volgens*** *my* ~ in my opinion/view, to my mind; ***oomblik*** *van* ~ aha moment; *'n* ***skerp*** *~ hê* have a keen/acute insight; ***sonder*** *~ wees* lack insight; *iem. is aan sy/haar eie ~te* ***verknog*** s.o. is wedded to his/her opinions. **~gewend** *=wende =wender =wendste* illuminating; illuminative; informative, enlightening, instructive. **~ryk** perceptive, insightful, penetrating, perspicacious.

in·sing *inge=* sing in *(the new year).*

in·sin·je *=jes, (rare)* badge, insignia.

in·sink *inge=* cave/fall in, give way; sink down (in); sag; *(a currency)* slump; subside; *(a patient)* relapse, have a relapse; *(morality etc.)* decline; *iets by iem. laat* ~ bring s.t. home to s.o.; *ek het gevoel of ek in die aarde kon* ~ →AARDE. **in·sin·king** *=kings, =kinge* subsidence *(of the ground),* sagging; recession; slump, depression; decline *(of morality);* setback, relapse *(of a patient);* breakdown, collapse; *'n ~ hê, (a sick pers.)* have a relapse.

in·si·nu·a·sie *=sies* insinuation, innuendo; *'n ~ maak* make an insinuation. **in·si·nu·eer** *geïn=* insinuate; *~ dat* ... insinuate that ...

in·sir·kel *=kels* incircle, inscribed circle.

in·sit *inge=* put in, insert, *(infml.)* bung in *(a tape etc.);* set in; *(at a sale)* start; *(at games)* stake, gage; strike up, intone *(a song); (a season)* begin, set in; fit (in); install; *(poker)* ante; *(mil.)* engage *(troops);* set *(plants);* join *(rams to ewes); 'n ingesitte mou/ens.* a set-in sleeve/etc.. **~prys** →INSETPRYS.

in·sit·ten·de, in·sit·ten·de *=des* passenger, occupant *(of a vehicle); 'n ~ wees* be a passenger *(in a car).*

in·ska·kel *inge=* connect (up); switch on/in; engage, throw into gear; mesh; insert; include, introduce, bring in; align; *iets skakel* ***by*** *... in* s.t. meshes/integrates with ... *(plans etc.);* ***by*** *... ingeskakel wees* be geared to ...; ***goed*** *by ... ~* be compatible with ...; ***op*** *... ~* tune in to ...; **~veer** *(mot.)* engaging spring.

in·ska·ke·laar switch; gear. **in·ska·ke·ling** insertion, intercalation; switching on; engagement *(of gears); (geol.)* interbedding; inclusion, introduction, bringing in; *~ by* integration with.

in·skan·deer *inge=, (comp.)* scan in *(a document, an illustration, etc.).*

in·skeep *inge=* embark; put on board, ship; take in *(supplies).* **in·ske·ping** embarkation, shipping; *gewig by ~* shipped weight. **in·ske·pings·ha·we** port of embarkation.

in·skeer *inge=,* **skeer** *ge= (naut.)* reeve.

in·skep *inge=* ladle in; dish up *(food); iets vir iem. ~* serve s.o. with s.t. *(food etc.).*

in·skerp *inge=* impress, enjoin; *dit by iem. probeer ~ dat* ... try to hammer it home to s.o. that ...; *iets is by iem. ingeskerp* s.t. has been inculcated in s.o. *(the importance of working hard);* s.t. was hammered home to s.o.; s.t. was instilled in(to) s.o.. **in·sker·ping** inculcation.

in·skeur *inge=* rend, slit, tear; rupture; lacerate. **in·skeu·ring** rending, tearing.

in·skiet *inge=* shoot in(to); *(fig.)* streak in; throw/thrust in(to); try out, adjust the sights of *(a gun); die* ***hoogte*** *~* soar aloft, rise steeply; ***jou*** *~* find the range; *ingeskiet* ***raak*** get one's eye in.

in·skik·lik *=like* accommodating, complaisant, compliant, complying, easy-going, obliging, tractable, conformable, pliant. **in·skik·lik·heid** complaisance, compliancy, obligingness, pliancy.

in·skink *inge=* pour (in).

in·skop *=skoppe, n.* kickoff. **in·skop** *inge=, vb.* kick in; kick off. **in·skop·per** *(mot.)* kickdown.

in·skrip·sie *=sies, (rare)* **in·skrif** *=skrifte* inscription.

in·skroef *inge=* screw in; *iets in ... ~* screw s.t. into ...

in·skryf, in·skry·we *inge=* enlist, enrol, enter; register; write in, inscribe; subscribe *(to a paper);* send in a tender, tender (for); indenture; →INTEKEN; *(jou)* ***as*** *student ~, jou* ***as*** *student laat ~* register as a student; *iem.* ***as*** *... ~* put s.o.'s name down as ... *(a member/candidate);* ***by*** *... as leerklerk ingeskryf/ingeskrywe wees* be articled to ...; *iets* ***in*** *... ~* write s.t. into ...; *iem. (se* ***naam)*** *~* put s.o. (*or* s.o.'s name) on the roll(s); ***op*** *iets ~* subscribe/apply for s.t. *(shares etc.);* tender for s.t.; subscribe to s.t. *(a magazine etc.);* ***op*** *'n boek/ens. ~, (also)* get a book/etc. by subscription; *(jou)* ***vir*** *iets ~, jou* ***vir*** *iets laat ~* enrol for s.t. *(a course etc.);* enter for s.t.. **in·skryf·vorm** →INSKRYWINGSVORM. **in·skry·wer** enroller; entrant; applicant *(for shares);* subscriber *(to a loan);* tenderer. **in·skry·wing** *=wings, =winge* enrolment, registration; listing; entry; tender; subscription *(to a loan);* application *(for shares);* indenture; *'n ~ vir iets instuur* tender for s.t.; *~s vra/inwag* call for tenders, invite tenders.

in·skry·wings-: ~aandeel subscription share. **~bedrag** application money; (amount of) subscription. **~geld** entrance fee; registration fee. **~koers, ~geld** subscription rate, rate of subscription. **~vorm, inskryfvorm** entry form; application form; tender form.

in·skud *inge=* shake down.

in·skuif, in·skui·we *inge=* push/sandwich/shove/squeeze in; telescope; slip on *(a ring).* **~tafel** telescope table. **~tafeltjies:** *'n stel ~* a nest of tables.

in·slaan *inge=* drive in *(a nail);* knock in; batter/smash in *(a window);* lay in *(provisions);* take/tuck in *(a dress);* strike/turn into, take/turn down *(a road);* take *(a direction); (lightning)* strike; catch on, go down, make a hit, take (on), go over (well); make an impact; stockpile *(materials); (advice etc.)* sink in; *(a remark etc.)* go home; *die* ***bodem/boom*** *van iets ~, (lit.)* knock the bottom out of s.t.; *(fig.)* knock s.t. on the head *(s.o.'s hopes, a scheme); iets slaan* ***by*** *iem. in* s.t. appeals to (*or* goes down with) s.o.; *iets* ***heeltemal*** *~* hammer s.t. home *(a nail); iets* ***laat*** *~* drive/hammer s.t. home *(an argument etc.);* put s.t. across/over; ***nie*** *~ nie* fall flat *(infml.); die regte/verkeerde* ***weg*** *~, (lit.)* take the right/wrong road; *(fig.)* set about s.t. the right/wrong way.

in·slaap *inge=, (servants)* sleep in (on premises); drop/go off to sleep, fall asleep; *(fig., Bib.)* die, pass away. **~huishulp, ~bediende** live-in maid.

in·slag *(fig.)* element, tendency, flavour; *(fig.)* infusion; impact; woof, weft; turning; *skering en ~* →SKERING; *'n sterk ~ van* ... a strong element of ...; *~ vind* find/gain acceptance; →INGANG. **~draad, ~garing** weft yarn.

in·sleep *inge=* drag in(to); tow in; involve; inculpate; *iem. by/in iets ~* involve/embroil s.o. in s.t.; *by/in 'n oorlog ingesleep word* be pulled into a war. **~diens** recovery service. **~voertuig, ~wa** breakdown truck/van, recovery vehicle.

in·slui·mer *inge=* doze/drop off, drop/fall asleep, nod. **in·slui·me·ring** dozing off.

in·sluip *inge=* creep in, slip/sneak/steal in(to); enter surreptitiously; *daar sal foute ~* errors will creep in (*or* crop up).

in·sluit *inge=* enclose *(a letter);* lock in; shut in, surround; immure; ensphere, embody, take in; beleaguer, beset; invest *(a fortress);* bottle/seal up *(a fleet);* comprise, embrace, include, take in; *(math.)* contain; encircle; *(geol.)* embed; hem about/in; trap, occlude *(air, gas);* →INGESLOTE; *iets by 'n brief ~* enclose s.t. in/with a letter; *wat die woorde kan ~* what the words may imply. **in·slui·tend** *=tende* encircling. **in·slui·ting** locking in; investment *(of a town);* enclosure; inclusion; encirclement, hemming in; *onder ~ van ..., (fml.)* enclosing ... *(a form).* **in·sluit·sel** *=sels* enclosure, inclusion.

in·sluk *inge=* swallow; down; *(poet., liter.)* ingurgitate; engulf; *woorde ~* clip one's words; mumble; *iem. sy/haar woorde laat ~* make s.o. eat/swallow his/her words. **in·sluk·king** swallowing; *vrees vir ~* fear of absorption.

in·slurp *inge=* gulp down, gobble up; guzzle, swill; *(poet., liter.)* ingurgitate.

in·slyp *inge=* grind in, bed *(a valve).*

in·slyt *inge=* wear in.

in·smeer *inge=* grease, oil, smear; rub in, salve; *iets met ... ~* smear s.t. with ... **in·sme·ring** greasing, oiling, smearing, rubbing in.

in·smok·kel *inge=* smuggle in, sneak in. **in·smok·ke·ling** smuggling in.

in·smyt *inge=* fling/throw in; smash *(a pane); iem. in ... ~* bundle s.o. into ...

in·sneeu *inge=* snow in; *ingesneeu wees* be snowed in/up.

in·snoei *inge=* prune/cut back, shorten.

in·snoer *inge=* constrict; string *(beads);* →INRYG. **in·snoe·ring** constriction; stringing.

in·snuif, in·snui·we *inge=* sniff in/up, inhale.

in·sny *inge=* cut in(to), engrave, incise; hole; slash, clip, slit; undercut; *(print.)* indent. **in·sny·ding** *=dings, =dinge* cut, incision, incisure; holding; undercutting; indentation *(of a coastline).*

in·so·la·sie *(tech., geol., meteorol.)* insolation; →SONBESTRALING.

in·so·len·sie *(rare)* insolence, overbearingness, rudeness. **in·so·lent** *=lente* insolent, overbearing, rude.

in·sol·ven·sie *=sies* insolvency, bankruptcy. **~daad** act of insolvency/bankruptcy. **~hof** insolvency/bankruptcy court.

in·sol·vent *=vente, n.* insolvent, bankrupt. **in·sol·vent** *=vente, adj.* insolvent, bankrupt; *~e boedel* insolvent estate; *~ raak* become/go insolvent, go bankrupt.

in·son·der·heid *(abbr.: ins.)* especially, specifically, particularly.

in·sor·teer *inge=* collate. **~orde** collating sequence.

in·sout *inge=* salt; pickle; corn, cure; *(fig.)* initiate *(students).* **in·sou·ter** *=ters* salter; curer; *(fig.)* initiator. **in·sou·ting** salting; curing; *(fig.)* initiation *(of students).*

in·span *inge=* harness *(horses);* yoke *(oxen);* inspan *(horses and oxen);* chuck *(a lathe);* employ; set *(s.o.)* to do s.t.; *jou werklik* ***daarvoor*** *~* put a lot of effort into it; ***jou*** *~* exert/bestir o.s., put o.s. out, make an effort; extend o.s.; *al jou* ***kragte*** *~* make every effort, muster (*or* put forth) all one's strength, strain every nerve, extend o.s. to the utmost, go all/full out; put/set one's shoulder to the wheel; wind o.s. up; *'n mens kan* ***nie altyd*** *ingespan wees nie* the bow cannot always be strung/

bent, a man cannot be always on the grind, all work and no play makes Jack a dull boy; *jou* ***oë*** ~ strain one's eyes; *'n* ***perd*** *voor 'n kar (in)*~ put a horse to a cart; *jou te* ***veel*** ~ overexert o.s., overdo it; *jou nie alte* ***veel*** ~ *nie* take it easy; *jou* ***vir*** *iets* ~ go out of one's way for (*or* to do) s.t.; throw one's weight in with s.t.. **in·span·nend** *=nende* strenuous, trying *(work)*. **in·span·ne·ry** harnessing. **in·span·ning** *=ninge* effort, exertion, strain; toil; stress; pains; *deur iem. se* ***eie*** ~ by s.o.'s own efforts; *dit* ***kos*** ~ *om te ...* it is an effort to ...; *met* ***kragtige*** ~ in a burst of energy; ***met*** ~ strenuously; ***met*** ~ *van alle kragte* with the utmost exertion; *die* ***onafgebroke*** ~ the sustained effort; *iets* ***sonder*** ~ *doen* do s.t. effortlessly; *dit* ***vereis*** *die grootste* ~ it requires the greatest effort.

in·spat = INKLAM.

in·speel *inge-: die* ***bal*** ~, *(golf)* sink a putt, hole out; ***ingespeel,*** *(also)* plumb centre; ***jou*** ~ play o.s. in; ***vuur*** ~, *(mil.)* adjust fire.

in·spek·sie *=sies* inspection; check(up). **~deksel** inspection cover. **~dop** inspection/cleaning cup. **~gat** manhole, inspection hole. **~gebied, ~kring, ~afdeling** inspectorate, inspectoral area/circuit. **~luik** inspection hatch. **~oog** access/cleaning eye. **~reis** round/tour of inspection. **~stand** *(rifle)* port arms.

in·spek·teer *geïn-* inspect, check (up).

in·spek·teur *=teurs* inspector *(of schools/education)*; superintendent *(of labour)*; supervisor; roundsman. **~-generaal** *=s-generaal* inspector general.

in·spek·teur·skap inspectorship, inspectorate. **in·spek·teurs·korps** inspectorate. **inspektoraat** *=rate* inspectorate. **in·spek·tri·se** *=ses* inspectress, lady/woman inspector.

in·speld *inge-* pin in(to).

in·spin *inge-* (form a) cocoon, wrap in/up.

in·spi·ra·sie *=sies* inspiration; *('n)* ~ *kry* have/get (an) inspiration. **in·spi·reer** *geïn-* inspire, vitalise, vivify. **in·spi·re·rend** *=rende* inspiring.

in·spit *inge-* dig in.

in·splits *inge-* splice.

in·spraak dictate(s) *(of the heart)*; suggestion; say, participation in deliberations; *iem. het* ~ *in iets* s.o. participates in the deliberations about s.t..

in·spring *inge-* jump/leap in(to); weigh in; bend in(ward); stand back *(from the street)*; indent *(of lines)*; *iets (laat)* ~, *(print.)* indent s.t., set back s.t. *(lines)*; *vir iem.* ~ help s.o. out; substitute (*or* stand in *or* deputise) for s.o.. **in·sprin·gend:** *~e hoek, (geom.)* re-entrant angle, reflex angle; *~e veelhoek* concave polygon. **in·sprin·ging** *=gings, =ginge* indent, indent(at)ion.

in·sprin·kel *inge-* = INKLAM.

in·spuit *inge-* inject, give an injection; infuse; syringe; *(mot.)* prime; *iets in ...* ~ inject s.t. into ... **~naald** →SPUITNAALD. **~pomp** *(mot.)* injector (pump); doper. **~(ing)stof, inspuitsel** injection.

in·spui·ter *=ters* injector. **in·spui·ting** *=tings, =tinge* injection, shot; *(fig.)* infusion *(of talent etc.)*; *direkte/regstreekse* ~, *(mot.)* direct injection; *finansiële* ~ financial injection, bailout; *'n* ~ *gee/kry* give/get an injection.

in·spy·ker *inge-* nail in/up.

in·staan *inge-: ek sal* ***daarvoor*** ~ you can/may take my word for it; *vir* ***iem.*** ~ deputise for s.o.; answer for s.o.; go bail for s.o.; *vir* ***iets*** ~ vouch for s.t. *(the truth of a statement etc.)*; accept responsibility for *(an act)*; *vir die* ***koste*** ~ foot the bill. **~werker** replacement worker, scab; *(in the pl.)* replacement workers, scab labour.

in·sta·biel →ONSTABIEL. **in·sta·bi·li·teit** →ONSTABILITEIT.

in·stal·la·sie *=sies* installation *(of a plant)*; system; plant; inauguration, institution; enthronement *(of a bishop)*; induction *(of clergy)*. **in·stal·leer** *geïn-* fix up, instal(l) *(a plant)*; furnish *(apartments)*; institute; enthrone *(a bishop)*; induct *(clergy)*; invest, inaugurate. **in·stal·le·ring** installing; investment; institution; induction *(of clergy)*; initiation; installation; instalment *(of an appliance)*; investiture.

in·stamp *inge-* beat/ram in; hammer into; tamp, impact; cram in, pound home/into.

in·stand·hou·ding conservation *(of forests)*; maintenance *(of roads)*; upkeep *(of a house)*; preservation; servicing. **~span** maintenance crew/gang.

in·stan·sie *=sies* instance, body, authority, party, organisation; *die* ***betrokke/bevoegde*** *~(s)* the proper authorities; *in die* ***eerste*** ~ primarily; in the first instance; *jou op* ***hoër*** *~s beroep* appeal to higher quarters; ***hof*** *van eerste* ~, *(jur.)* court of the first instance; *in die* ***laaste*** ~ ultimately; in the last resort; in the last instance.

in·stap *inge-* step in(to); walk in, step inside; board, get in; entrain; emplane, enplane; *instap!, (on a train etc.)* all seats!; *by iem. ingestap kom* walk in on s.o.; *(in) 'n trein* ~ board a train. **~kaart** boarding pass/card. **~kas** walk-in cupboard.

in·star *=stars, (<Lat., entom., zool.)* instar.

in·steek *inge-* put/stick in, insert; *(dressm.)* tuck in; tuck, mortise; *'n draad in 'n naald steek, 'n draad (of die garing)* ~ thread a needle. **~blad** extension leaf *(of a table)*. **~skoen** slip-on (shoe), loafer. **~slot** mortise lock.

in·ste·king *=kings, =kinge* intromission *(of the penis into the vagina)*.

in·stel *n.* adjustment, setting; →INSTEL *vb.*. **in·stel** *inge-, vb.* establish *(a rule/price/etc.)*; set up *(a precedent)*; institute *(inquiries, proceedings)*; focus *(a camera)*; adjust *(instruments)*; conduct *(an investigation)*; tune in *(a radio)*; tune up; initiate *(a member)*; invest; inaugurate; introduce *(change)*; propose *(a toast)*; set toward; instal(l), induct *(an office-bearer)*; impose *(a prohibition)*; instigate; instate; *'n* ***aksie*** *teen iem.* ~ →AKSIE[1]; ***fyn/noukeurig*** ~ fine-tune *(a radio)*; ***fyn/presies/suiwer*** ~ fine-tune *(a machine etc.)*; ***ingestel(d)*** institutional; ***ondersoek*** ~ conduct an inquiry; ***op*** *...* ~ tune in to ...; *(mech.)* beam on ...; ***op*** *iets ingestel wees* be attuned/geared to s.t. *(s.o.'s needs etc.)*; ***(skerp)*** ~ fine-tune *(a TV etc.)*; focus *(a camera)*; ***sleg*** *ingestel wees* be out of focus; ***stappe*** ~ initiate proceedings. **~spoel** →INSTEMSPOEL. **~vlak** focal plane.

in·stel·ler *=lers* institutor; installer; inductor; proposer *(of a toast)*.

in·stel·ling *=lings, =linge* establishment, institution; adjustment; attitude, mindset; installation; accommodation *(of the eye)*; induction *(of an office-bearer)*; initiation *(of a member)*; *~s, ~e van 'n land, (pol.)* institutions of a country; *'n vaste* ~ *word* come to stay *(s.t.)*.

in·stem *inge-* agree; tune in; vote in; consent; ***fyn/noukeurig*** ~ fine-tune *(a radio)*; ***met*** *iets* ~ agree to s.t., be agreeable to s.t.; acquiesce in s.t.; ~ ***met*** agree with, concur with, approve of, chime/fall in with, join in; ~ ***op*** tune in to. **~knop** tuning control. **~oog** *(rad.)* magic eye. **~spoel** tuning coil.

in·stem·mend *=mende* approving.

in·stem·mer *=mers, (radio)* tuner; assenter.

in·stem·ming accord, agreement, approval, assent, consent, concurrence; compliance; tuning in; *met* ***algemene*** ~ by common assent/consent; *jou* ~ *met iets* ***betuig*** give one's assent to s.t.; *iem. se* ~ ***hê*** have s.o.'s assent; *iem. se* ~ ***met*** *iets* s.o.'s concurrence in s.t.; ***met*** *die* ~ *van ...* with the concurrence of ...; *iem. se* ***stilswyende*** ~ s.o.'s tacit consent; *met* ***wedersydse*** ~ by (mutual) consent.

in·stem·pel *inge-* imprint.

in·sti·ga·sie *(rare)* instigation. **in·sti·geer** *geïn-, (rare)* instigate.

in·stink *=stinkte* instinct; *iets prikkel die laer ~te* s.t. appeals to the lower instincts. **in·stink·ma·tig** *=tige* →INSTINKTIEF *adj. & adv.*. **in·stink·tief** *=tiewe, adj. & adv.* instinctive(ly), intuitive(ly); inbuilt *(dislike)*; *(psych.)* unconditioned; *'n instinktiewe reaksie* an instinctive (*or [infml.]* a gut) reaction.

in·stip *inge-* dap.

in·sti·tu·eer *geïn-* institute. **in·sti·tu·sie** *=sies* institution. **in·sti·tu·si·o·na·li·seer** *geïn-* institutionalise. **in·sti·tu·si·o·na·li·se·ring** institutionalisation. **in·sti·tu·si·o·na·lis·me** institutionalism. **in·sti·tu·si·o·neel** *=nele* institutional; corporate. **in·sti·tuut** *=tute* institute; institution; *I~ van Wetenskappe* Institute of Science.

in·stok *n., (hockey)* bully. **in·stok** *inge-, vb.* bully.

in·stoom *inge-* steam in(to); *by die stasie* ~, *(a train)* pull/steam into the station.

in·stoot *inge-* force/knock/push/thrust in(to), smash/stave in; pitchfork into *(a post)*; →INSTOTER.

in·stop *inge-* cram in; stuff in; pop in, *(infml.)* bung in *(a tape etc.)*; tuck up *(s.o. in bed)*; wrap up *(s.o.)*; *iem.* ~, *(fig.)* give much to s.o.; *mense in ...* ~ bundle people into ...

in·storm *inge-* rush/tear in(to), burst in(to); *by iem.* ~ burst in (up)on s.o..

in·stort *inge-* fall/tumble down, fall in, collapse, break down; cave in; *(s.o. suffering from a disease)* (have a) relapse; *iets laat* ~ bring s.t. down. **in·stor·ting** collapse; downfall, debacle; *(nervous)* breakdown; breakup *(of a coalition)*; relapse, setback *(of a patient)*; caving in, cave-in.

in·sto·ter *=ters* pusher.

in·straal *(math.)* inradius.

in·stro·mings-: **~beheer** influx control. **~kanaal** *(anat.)* incurrent canal. **~porieë** inhalant pores.

in·stroom *inge-* crowd/flock/flow/pour/stream in(to); *(letters, messages etc.)* flood in; *(money etc.)* roll in; *rekeninge laat* ~ rack up bills. **in·stro·mend** *=mende* influent, inpouring, incurrent. **in·stro·ming** inflow, influx, intake, inrush; incursion, invasion.

in·stru·eer *geïn-, (rare)* instruct, brief. **in·struk·sie** *=sies* instruction, direction, order; brief(ing); *vir iem. se* ~ for s.o.'s guidance. **in·struk·teur** *=teurs* instructor, trainer; *(mil.)* drill sergeant. **in·struk·tief** *=tiewe* instructive. **in·struk·tri·se** *=ses* instructress.

in·stru·ment *=mente* instrument, implement, tool; gadget; *iem. was maar net 'n* ~ s.o. was a mere tool; *met ~e vlieg* fly blind. **~maker, instrumentemaker** instrument-maker. **~paneel** dashboard. **~seiner** signal operator. **~stand, ~aflesing** instrument reading.

in·stru·men·taal *=tale, (mus.)* instrumental. **in·stru·men·ta·lis** *=lisse, (mus.: pl. =liste)* instrumentalist; *(gram.: pl. =lisse)* instrumental. **in·stru·men·ta·sie** *(mus.)* instrumentation; orchestration, instrumentation. **in·stru·men·teel** →INSTRUMENTAAL. **in·stru·men·teer** *geïn-, (mus.)* score, instrument; instrument, orchestrate. **in·stru·men·te·ring** instrumentation. **in·stru·men·tis** *=tiste, (mus.)* →INSTRUMENTALIS.

in·stru·men·te-: **~bord** dashboard, instrument panel/board, fa(s)cia board. **~maker** →INSTRUMENTMAKER. **~winkel** instrument shop.

in·stu·deer *inge-* practise *(hymns etc.)*; study *(a part)*; rehearse *(a play)*. **in·stu·de·ring** studying; practising; rehearsing, rehearsal.

in·stuif, in·stui·we *inge-, (dust)* blow/come in; *(s.o.)* rush in.

in·stulp *inge-, (pathol.)* intussuscept; invaginate. **in·stul·ping** *=pings, =pinge* intussusception; invagination.

in·stuur *inge-* send in; *die oseaan (of wye wêreld)* ~ turn adrift.

in·sub·or·di·na·sie insubordination.

In·su·bri·ër *=briërs* Insubrian.

in·suig *inge-* suck in, absorb; imbibe *(fml.)*. **in·sui·ging** indraught, absorption; resorption; imbibition *(fml.)*. **in·sui·gings·krag, in·suig·krag** absorptivity, absorptiveness, absorptive power, power of absorption.

in·suk·kel *inge-* get in (*or* down) with difficulty.

in·su·lêr *=lêre* insular.

in·su·lien *(biochem.)* insulin.

in·sur·gen·sie insurgency.

in·suur *inge-* leaven; prepare yeast; *(baking)* set a sponge; sour; season *(mortar)*; prime *(lime)*. **in·su·ring** souring.

in·swaai *inge-* swing in(to); cut into *(traffic)*; *voor iem.* ~ cut in in front of s.o.. **~bal, inswaaier** *(cr.)* inswinger; *(golf)* hook.

in·sweer *inge-* →BEËDIG *vb.*.

in·swelg *inge-* devour, gulp down, swallow (up); engulf. **in·swel·ging** devouring, gulping (down), swallowing (up); *(biol.)* deglutition.

in·swenk *inge=* swerve in; *(cr.)* swing in; *voor iem. ~* cut in in front of s.o.. **~bal** →INSWAAIBAL. **in·swen·king** inswing, incurve.

in·swe·ring →BEËDIGING.

in·sy·fer →INSYPEL. **in·sy·fe·ring** →INSYPELING.

in·syg *inge=* infiltrate.

in·sy·pel, in·sy·fer *inge=* seep/filter in, infiltrate; *in iets ~, (water etc.)* seep into s.t.. **in·sy·pe·laar** infiltrator. **in·sy·pe·ling, in·sy·fe·ring** infiltration, (influent) seepage.

in·tak *=takte* intact, entire, unimpaired. **in·takt·heid** intactness.

in·tand *inge=* notch, nick, indent. **in·tan·ding** indent(ation).

in·tap *inge=* let *(liquid)* into; bottle.

in·tar·si·a *(<It., marquetry, knitting)* intarsia.

in·teel *inge=* inbreed, breed in. **in·teelt** inbreeding, consanguineous breeding.

in·teen·deel on the contrary, contrariwise; *ek het iem. nie aangemoedig nie, ~, ek het ...* far from encouraging s.o., I ...

in·teer *inge=* eat into (*or* use up) capital.

in·te·graal *=grale, n., (math.)* integral. **in·te·graal** *=grale, adj.* →INTEGREREND. **~rekening** *(math.)* integral calculus.

in·te·grand *(math.)* integrand.

in·te·gra·sie integration. **~faktor** *(math.)* integrating factor.

in·te·gra·si·o·nis *=niste* integrationist.

in·te·greer *geïn=* integrate. **in·te·gre·rend** *=rende,* **in·te·gra·le** integral; integrant; *~e deel van ...* part and parcel of ...; *~e onderdeel* component part, integral part. **in·te·gri·teit** integrity; *'n man/vrou met ~* a man/ woman of integrity.

in·te·ken *inge=* subscribe; sketch in; mark *(in a map)*; plot *(in a graph)*; book in; →INSKRYF; *op iets ~* subscribe to s.t., take out a subscription to s.t. *(a magazine etc.)*. **~geld** subscription. **~lys** subscription list. **~prys** subscription price.

in·te·ke·naar *=naars, =nare* subscriber; *~ op ...* subscriber to ... *(a magazine etc.)*. **in·te·ke·ning** *=nings, =ninge* subscription; *iem. se ~ op ...* s.o.'s subscription to ... *(a magazine etc.)*; *'n ~ staak/opsê* cancel/terminate a subscription.

in·tel·lek *=lekte* intellect, mind; *(philos.)* nous; *leer van die ~* noetics. **in·tel·lek·tu·a·lis** *=liste, (also I~)* intellectualist. **in·tel·lek·tu·a·lis·me** *(also I~)* intellectualism. **in·tel·lek·tu·a·lis·ties** *=tiese, (also I~)* intellectualist(ic). **in·tel·lek·tu·eel** *=tuele, n. & adj.* intellectual; noetic; *~ begaaf(d) wees* be academically gifted.

in·tel·li·gen·sie intelligence, understanding. **~diens** intelligence service. **~kwosiënt** *(abbr.: IK)* intelligence quotient *(abbr.: IQ)*. **~leeftyd** *(psych.)* mental age. **~toets** intelligence test, mental test.

in·tel·li·gent *=gente =genter, =gentste* intelligent; bright *(child)*; *~e terminaal, (comp.)* intelligent terminal. **in·tel·li·gent·si·a:** *die ~* the intellectuals, the intelligentsia.

in·ten·dans *=danse, (mil.)* army/service corps. **in·ten·dant** *=dante* intendant; steward; comptroller *(rare)*.

in·tens *=tense =tenser, =tensste* intense; fervent, fervid *(desire)*; consuming *(interest)*. **in·ten·sie** *=sies* intention, intent; *(log.)* intension. **in·ten·sief** *=siewe, n., (gram.)* intensive; →INTENSIEWESORG(EENHEID). **in·ten·sief** *=siewe, adj.* intensive, intense. **in·ten·sief** *=siewe, adv.* intensively, intensely. **in·ten·sie·we·sorg(·een·heid), in·ten·sief** intensive care. **in·ten·si·o·neel** *=nele* intentional. **in·ten·si·teit** intensity. **in·ten·si·veer** *geïn=* intensify. **in·ten·si·ve·ring** intensification, intension.

in·ter·af·hank·lik *=like* interdependent. **in·ter·af·hank·lik·heid** interdependence.

in·ter·ak·sie interaction. **~program** *(comp.)* shell (program).

in·ter·ak·tief *=tiewe, (chem., psych., comp.)* interactive.

in·ter·bank= *comb., (fin.)* interbank *(deposits, transactions, etc.)*.

in·ter·den·taal *=tale* interdental.

in·ter·de·par·te·men·teel *=tele* interdepartmental.

in·ter·dik *=dikte* interdict; *ewigdurende ~* perpetual interdict; *gebiedende ~* mandatory interdict. **in·ter·dik·sie** interdiction.

in·ter·dis·si·pli·nêr *=nêre* interdisciplinary; *~e oorsigverslag* state-of-the-art interdisciplinary report.

in·te·res·sant *=sante* interesting, absorbing, of interest; *dit beloof/belowe om ~ te wees, dit sal (wel) ~ wees* it should be interesting; *iets ~s* s.t. of interest. **in·te·res·sant·heid** interest; interesting/striking feature. **in·te·res·sant·heids·hal·we** as a matter/point of interest. **in·te·res·se** interest. **in·te·res·seer** *geïn=* interest; *iets ~ iem. baie* s.t. interests s.o. greatly; *in iets geïnteresseer(d) wees* be interested in s.t.; *jou vir ... ~* interest o.s. in ...

in·ter·fe·ren·sie *=sies, (phys.)* interference.

in·ter·fe·ro·me·ter interferometer. **in·ter·fe·ro·me·trie** interferometry.

in·ter·fe·ron *(biochem.)* interferon.

in·ter·fo·li·eer *geïn=* interfoliate *(a book etc.)*.

in·ter·fo·li·êr *=êre, (bot.)* interfoliar, interfoliaceous.

in·ter·ga·lak·ties *=tiese, (astron.)* intergalactic.

in·ter·gla·si·aal *=ale, (geol.)* interglacial.

in·ter·goe·wer·men·teel *=tele, (arch.)* intergovernmental.

in·te·ri·eur *=eurs, (also art)* interior; *die ~ van 'n gebou* the interior of a building.

in·te·rim *(Lat.)* interim; *ad ~* ad interim, pro tem.

in·ter·jek·sie *=sies, (gram.)* interjection.

in·ter·ka·la·sie *=sies* intercalation, interpolation. **in·ter·ka·leer** *geïn=* intercalate, interpolate. **in·ter·ka·lêr** *=lêre* intercalary.

in·ter·kar·paal *=pale, (anat.)* intercarpal. **in·ter·kar·pel·lêr** *=lêre, (bot.)* intercarpellary.

in·ter·kerk·lik inter-church, interdenominational.

in·ter·kol·lege *n.* intercollege (game). **in·ter·kol·lege=** *comb.* intercollege. **~wedstryd** intercollege game/ match.

in·ter·kol·le·gi·aal *=ale* intercollegiate.

in·ter·ko·lo·ni·aal *=ale* intercolonial.

in·ter·kom *=komme, =koms* intercom, *(infml.)* squawk box. **~stelsel** intercom system.

in·ter·kom·mu·naal *=nale, (teleph.)* intercommunicating; intercommunal; *(teleph.)* interlocal. **in·ter·kom·mu·ni·ka·sie** intercommunication.

in·ter·kon·ti·nen·taal *=tale* intercontinental; *~tale ballistiese missiel, (mil.)* intercontinental ballistic missile.

in·ter·kos·taal *=tale, (anat.)* intercostal.

in·ter·kul·tu·reel *=rele* intercultural, cross-cultural.

in·ter·leu·kin *(biochem.)* interleukin.

in·ter·li·ne·êr, in·ter·li·ni·êr *=êre* interlinear.

In·ter·lin·gua *(an artificial lang.)* Interlingua.

in·ter·li·nie *(print.)* lead. **in·ter·li·ni·eer** *geïn=* interline, interlineate.

in·ter·lo·ku·toor *=tore,* **in·ter·lo·ku·to·ries** *=riese, (jur.)* interlocutory.

in·ter·lu·di·um *=ludiums, =ludia, (mus.)* interlude.

in·ter·me·di·êr *=êre* intermediate.

in·ter·mez·zo *=zo's, (mus.)* intermezzo, interlude.

in·ter·mis·sie intermission.

in·ter·mit·te·rend *=rende, (rare)* intermittent.

in·ter·mo·le·ku·lêr *=lêre, (chem.)* intermolecular.

in·ter·mon·taan *=tane* intermontane.

in·ter·mus·ku·lêr *=lêre* intermuscular.

in·tern *=terne =terns, n., (med.)* intern(e), houseman. **in·tern** *=terne, adj.* internal; intramural; *~e geneeskunde* internal medicine; *~e sake* domestic affairs; *~e tydskrif* in-house magazine.

in·ter·naat *=nate, (rare)* boarding school.

in·ter·na·li·seer *(psych., sociol.)* internalise. **in·ter·na·li·sa·sie, in·ter·na·li·se·ring** internalisation.

in·ter·na·si·o·naal *=nale* international; *internasionale datumlyn/datumgrens* international date line; *I~ Monetêre Fonds, (abbr.: IMF)* International Monetary Fund; *internasionale privaatreg* private international law, conflict of laws. **In·ter·na·si·o·na·le** *(an association; a revolutionary song)* Internationale. **in·ter·na·si·o·na·lis** *=liste* internationalist. **in·ter·na·si·o·na·li·seer** *geïn=* internationalise. **in·ter·na·si·o·na·lis·me** internationalism.

in·ter·neer *geïn=* intern. **in·ter·ne·ring** *=rings, =ringe* internment. **in·ter·ne·rings·kamp** internment camp.

In·ter·net *(comp., also i~)* Internet; *die ~ verken, op die ~ rondsnuffel/rondrits* surf the Net.

in·ter·nis *=niste* internist; specialist physician.

in·ter·no·di·um *=nodiums, =nodia, =nodië, (bot., anat.)* internode.

in·tern·skap *(med.)* internship, housemanship.

in·ter·nun·si·us *=nunsiusse,* **in·ter·nun·ti·us** *=nuntii, (RC)* internuncio.

in·ter·o·se·a·nies *=niese* interoceanic.

in·ter·pa·gi·neer *geïn=* interpage.

in·ter·par·le·men·têr *=têre* interparliamentary.

in·ter·pel·lant *=lante* interpellant, interpellator; questioner. **in·ter·pel·la·sie** *=sies* interpellation; question(ing). **in·ter·pel·leer** *geïn=* interpellate; question.

in·ter·per·soon·lik *=like* interpersonal.

in·ter·pla·ne·têr *=têre* interplanetary.

In·ter·pol *(abbr.:* Internasionale Kriminele Polisiekommissie*)* Interpol *(abbr.:* International Criminal Police Commission*)*.

in·ter·po·la·sie *=sies* interpolation. **in·ter·po·la·tor** *=tors* interpolator. **in·ter·po·leer** *geïn=* interpolate.

in·ter·po·neer *geïn=* interpose.

in·ter·po·si·sie interposition.

in·ter·pre·ta·sie *=sies* interpretation, reading, version. **in·ter·pre·teer** *geïn=* interpret.

in·ter·pro·vin·si·aal *=ale* interprovincial.

in·ter·pun·geer *geïn=* = PUNKTUEER.

in·ter·punk·sie punctuation, interpunction; →PUNKTUASIE. **in·ter·punk·teer** *geïn=* = PUNKTUEER.

in·ter·ras·si·eel *=siële, (rare)* interracial.

in·ter·reg·num *=regnums, =regna* interregnum.

in·ter·ro·ga·sie *=sies* interrogation. **in·ter·ro·ga·tief** *=tiewe, n., (gram.)* interrogative. **in·ter·ro·ga·tief** *=tiewe, adj.* interrogative. **in·ter·ro·geer** *geïn=, (rare)* interrogate.

in·ter·rup·sie *=sies* interruption.

in·ter·se·deer *geïn=* intercede.

in·ter·sek·sie intersection.

in·ter·sel·lu·lêr *=lêre, (biol.)* intercellular.

in·ter·sep *=septe, (math.)* intercept. **in·ter·sep·sie** *=sies* interception.

in·ter·ses·sie intercession.

in·ter·staat·lik *=like* interstate.

in·ter·ste·de·lik *=like* intercity, interurban.

in·ter·stel·lêr *=lêre, (astron.)* interstellar.

in·ter·sti·si·eel *=siële, (tech.)* interstitial.

in·ter·teks·tu·a·li·teit intertextuality. **in·ter·teks·tu·eel** *=ele* intertextual(ly).

in·ter·u·ni·ver·si·teits·wed·stryd intervarsity (match). **in·ter·u·ni·ver·si·têr** *=têre* interuniversity.

in·ter·val *=valle* interval; *rein(e)/volmaakte ~, (mus.)* perfect interval.

in·ter·var·si·ty *=sities* intervarsity.

in·ter·ve·ni·eer *geïn=, (jur.)* intervene. **in·ter·ve·ni·ënt** *=niënte, (jur.)* intervener; intervening party. **in·ter·ven·sie** *=sies, (fml.)* intervention.

in·ter·vo·ka·lies *=liese, (phon.)* intervocalic.

in·te·staat *=state* intestate.

in·tes·ti·naal *=nale* intestinal.

in·teu·el *inge=* curb, restrain.

in·tiem *=tieme =tiemer =tiemste* intimate; cosy, snug, homelike; *~e **geselsie**, (also)* fireside chat; *~e **geskiedenis*** inside story; *~e **gesprek*** heart-to-heart (chat/conversation/discussion/talk); *~e **liefkosings***

heavy petting; ~ *met iem. **omgaan/wees*** be intimate with s.o.; *met iem. op ~e **voet** wees* be on terms of intimacy with s.o.; *~e **vriend*** close/intimate friend, familiar (friend). **in·ti·mi·teit** *-teite* intimacy.

in·tien *(bot.)* intine.

in·ti·fa·da *(Arab.: uprising)* intifada.

in·tik *inge-* type in; *(comp.)* key (in), punch in *(a code etc.)*; *weer ~, (comp.)* rekey. **~houtjie, ~skoppie** *(sport)* tap-in.

in·ti·mi·da·sie intimidation. **in·ti·mi·deer** *geïn-* intimidate, browbeat, *(infml.)* psych(e) (out). **in·ti·mi·deer·der** *-ders* intimidator.

in·tog entrance, entry; *iem. se ~ in ...* s.o.'s entry into ... *(a city etc.)*.

in·tok·si·ka·sie intoxication.

in·to·le·ran·sie intolerance.

in·to·ming check, curbing, restraint.

in·to·na·sie *-sies, (phon., mus.)* intonation; *(mus.)* cadence, cadency. **in·to·neer** *geïn-, (phon., mus.)* intone, intonate.

in·toom *inge-* curb, pull up, rein in *(a horse)*; *(fig.)* bridle, curb, check, restrain, put a check upon *(one's passions etc.)*.

in·tra·mo·le·ku·lêr *-lêre* intramolecular.

in·tra·mon·taan *-tane, (geol.)* intramontane.

in·tra·mus·ku·lêr *-lêre* intramuscular.

in·tra·net *(comp.)* intranet.

in·tran·si·gent *-gente, (rare)* intransigent.

in·tran·si·tief, in·tran·si·tief *-tiewe, n. & adj., (gram.)* intransitive.

in·tra·o·ku·lêr *-lêre, (anat.)* intraocular.

in·trap *n.: (sommer) met die ~(slag), (infml.)* from the outset, (right) from the start. **in·trap** *inge-, vb.* trample/tread down; step/walk in.

in·tra·pre·neur *-neurs* intrapreneur. **in·tra·pre·neurs-** *comb.* intrapreneurial.

in·tra·sel·lu·lêr *-lêre* intracellular.

in·tra·ve·neus *-neuse, (anat.)* intravenous.

in·tre·de *-des* entrance *(upon office)*; induction; entry *(into an organisation)*; advent *(of spring)*; *die winter het sy ~ gedoen* winter has set in.

in·tree *inge-* enter; set in; intervene, step in, move in; arise; *as die dood ~* when death comes; *die dood het onmiddellik ingetree* death was instantaneous. **~geld** admission (fee); membership fee; entry fee. **~lesing** inaugural lecture. **~preek** induction sermon. **~rede** inaugural speech/address. **~toespraak** *(parl.)* maiden speech.

in·trek *n.* indraught, *(Am.)* indraft; *jou ~ neem* move in; take up one's quarters; *jou ~ daar neem* take up residence there, take up one's abode there; *jou ~ by ... neem* move in with ... *(s.o.)*; put up at ... **in·trek** *inge-, vb.* draw in, pull in, haul in; call in *(money)*; move in; abrogate; embroil in/with; retract; immigrate; march into *(town)*; move into *(a house)*; inhale *(smoke)*; *(liquids)* soak in, dry up; withdraw *(a motion)*; repeal *(a law)*; revoke *(an edict)*; cancel *(s.o.'s leave, an order, etc.)*; set aside *(an order)*; rescind, reverse *(a decision)*; countermand *(an order)*; unsay *(words)*; retract *(a statement)*; go back on *(a promise)*; suspend *(s.o.'s licence)*; *iem. **by/in** iets ~* involve/embroil s.o. in s.t.; *die **gordel** ~, (infml.)* tighten (*or* pull in) one's belt; *in 'n **huis** ~* move into a house; ***iem.** ~* cheat/deceive/diddle s.o., let s.o. down; take s.o. in; *by **iem.** ~* move in with s.o.; *die **land** ~* trek into the country; ***(plooitjies)** ~* gather (pleats), make gathers, ruffle; *iem. se **rybewys** ~* withdraw/suspend s.o.'s driving licence, *(infml.)* pull s.o.'s licence. **~band** drawstring. **~hou** hard hit. **~koord** drawstring. **~plooitjie** gathered pleat, gather. **~reën** soaking/soft rain. **~spoel** pull-in coil. **~werk** ruffling; *(millinery)* drawn work.

in·trek·baar *-bare* retractile *(claw)*; retractable *(undercarriage)*; rescindable, repealable, revocable; cancellable, withdrawable. **in·trek·baar·heid** revocability, revocableness.

in·trek·ker *-kers* newcomer, new arrival, new settler, immigrant.

in·trek·king cancellation, repeal, rescission, retraction, revocation, abrogation, withdrawal; →INTREK *vb.*; *~ van rybewys* suspension of driver's licence. **in·trek·kings·be·pa·ling** cancellation phrase.

in·tri·gant *-gante, n.* plotter, schemer, machinator, intriguer. **in·tri·gant** *-gante, adj.* intriguing, scheming, plotting.

in·tri·ge *-ges* intrigue, machination, scheming; plot, storyline *(of a novel etc.)*. **~roman** novel with a plot.

in·tri·geer *geïn-* intrigue, plot, scheme.

in·trin·siek *-sieke* intrinsic; *iets na sy ~e waarde beoordeel* judge s.t. on merit (*or* its own merits).

in·tro·duk·sie *-sies, (fml.)* introduction; letter of introduction, introductory letter. **~aand** guest night. **~brief** letter of introduction/recommendation, credentials, introductory letter.

in·tro·du·seer *geïn-* introduce; sign in *(at a club)*.

in·tro·ï·tus *-tusse, (relig.)* introit.

in·trors *-trorse, (bot., zool.)* introrse.

in·tro·spek·sie introspection. **in·tro·spek·tief** *-tiewe* introspective.

in·trou *inge-* marry into; intermarry.

in·tro·ver·sie *(psych., zool., anat.)* introversion. **in·tro·vert** *-verte, n., (psych.)* introvert. **in·tro·vert** *-verte, adj.* introvert(ed).

in·tru·deer *geïn-, (rare)* intrude.

in·tru·sie *-sies, (geol.)* intrusion. **~gang** *(geol.)* dike, dyke. **~gesteente** *-tes* intrusive rock. **~plaat** *(geol.)* sill.

in·tru·sief *-siewe, (geol.)* intrusive.

in·tui·mel *inge-* tumble in(to); collapse, cave in.

in·tu·ï·sie *-sies* intuition; *by ~* by intuition, intuitively. **in·tu·ï·tief** *-tiewe, adj. & adv.* intuitive(ly); *(infml., attr.)* gut; *~ onaanneemlik* counterintuitive; *intuïtiewe insig* third eye *(fig.)*.

in·tus·sen meanwhile, meantime, in the meantime.

in·twy·fel·trek·king query; arraignment.

in·tyds *(comp.)* real-time *(clock, system, etc.)*; *(dated)* in time, betimes *(arch.)*.

I·nu·ïet, In·nu·ïet *-nuïete, (member of a people inhabiting Canada, Greenland and Alaska)* In(n)uit; →ESKIMO. **I·nu·ï·ties, In·nu·ï·ties** *n., (lang.)* →INOEKTITOET. **I·nu·ï·ties, In·nu·ï·ties** *-tiese, adj.* In(n)uit.

i·nu·la·se, i·nu·li·na·se *(biochem.)* inulase, inulinase.

in·un·da·sie *-sies, (rare)* flooding, inundation. **in·un·deer** *geïn-, (rare)* flood, inundate.

in·vaar *inge-* sail in(to) *(port)*; sweep in(to); *as die duiwel in iem. ~* when s.o. has his/her monkey up. **in·vaart** entrance.

in·val *-valle, n.* incursion, inroad, irruption, invasion, raid, foray; brainwave, idea, notion, thought; fancy; incidence *(of ray/light)*; *'n ~ **doen*** make a raid; make an incursion; *'n **geestige** ~* a witty sally; *'n **gelukkige** ~* a happy thought; *'n **goeie** ~ kry* have a bright idea; ***hoek** van ~* angle of incidence; →INVALSHOEK; *'n ~ **in** ...* an invasion of ... *(a country)*; a raid on ...; an incursion into ...; *'n **wonderlike** ~* a strange whim. **in·val** *inge-, vb.* drop/fall in(to); collapse, give way, tumble down; *(night, winter)* close in, come on, set in; invade *(a country)*, raid *(a club)*; put into *(port)*; join in *(singing)*; chip in, cut/strike in, interrupt, chime in; cross, come into *(one's mind)*; occur to *(s.o.)*; start (work); become hollow/emaciated; *(mus.)* join in, come in; →INGEVAL[2] *adj.*, INVALLEND; *by iem. ~, (infml.)* drop in on s.o.; *(in) 'n **land** ~* invade a country; *~lende **lig*** incident light; *~lende **omstandigheid*** supervening circumstance; *die **orkes** val in* the orchestra strikes up; *by die derde/ens. **telling** ~* join/come in on the count of three/etc.. **~party** = VERRASSINGSPARTY(TJIE).

in·va·li·de *-des, n.* invalid. **in·va·li·de** *adj.* broken-down, disabled, incapacitated, invalid. **~stoel** = ROLSTOEL.

in·va·li·di·teit disablement, disability; invalidity.

in·val·lend *-lende* invading; *~e Wikings/ens.* invading Vikings/etc..

in·val·ler *-lers* invader; stand-in.

in·vals-: **~as** *(phys.)* axis of incidence. **~hoek** *(phys., math.)* angle of incidence; approach. **~leër** invading army. **~lyn** *(phys.)* line of incidence. **~vlak** *(phys.)* incident plane, plane of incidence.

in·va·ri·a·bel *-bele, (rare)* invariable. **in·va·ri·a·bi·li·teit** *(rare)* invariability, invariableness. **in·va·ri·ant** *-ante, n. & adj., (math.)* invariant.

in·var(·staal) *(trademark: an alloy of iron, nickel and carbon)* Invar.

in·va·sie *-sies, (fml., rare)* invasion.

in·vat *inge-* take in; carry in; *(obs.)* set, mount *(a jewel)*.

in·vee *inge-: iets onder die tapyt ~* sweep s.t. under the carpet.

in·vek·tief *-tiewe, n., (fml., rare)* invective.

in·ven·ta·ris *-risse* inventory; schedule; *(die) ~ opmaak* take stock; *'n ~ van ... opmaak/opstel* make an inventory of ... **~opruiming, ~uitverkoop** stocktaking sale.

in·ven·ta·ri·sa·sie *-sies* stocktaking; cataloguing. **in·ven·ta·ri·seer** *geïn-* make/take (*or* draw up) an inventory, take stock; catalogue.

in·vers *-verse, (math.)* inverse. **in·ver·sie** *-sies* inversion. **in·ver·ta·se** *(biochem.)* invertase.

in·ver·te·braat *-brate, n.* invertebrate.

in·ver·teer *geïn-* invert. **in·vert·sui·ker** *(chem.)* invert sugar.

in·ves·teer *geïn-* invest *(in capital goods)*. **in·ves·te·ring** (capital) investment. **in·ves·ti·tuur** *-ture* investiture.

in·ves·te·rings-: **~aansporing** investment incentive. **~inkomste** investment income.

in·vet *inge-* grease, oil. **~-olie** wool oil.

in·vi·ta·sie *-sies, (fml., rare)* invitation. **in·vi·teer** *geïn-, (rare)* invite.

in vi·tro *(biol., Lat.: in glass)* in vitro. **~-bevrugting** in vitro fertilisation.

in·vleg *inge-* plait/twine/twist/weave in; put in, introduce *(remarks)*; *anekdotes in jou toespraak ~* intersperse one's speech with anecdotes.

in·vlieg *inge-* fly in(to); *(fig.)* scold, rebuke, reprimand, go for, lash/sail into, *(infml.)* bawl out, fly at, jump down ...'s throat *(s.o.)*; *die lug ~* fly into the air.

in·vloed *-vloede* influence; interest, effect, pull; *'n **diepgaande** ~* a profound influence; *iets **gee** iem. ~* s.t. gives s.o. leverage; *jou ~ laat **geld*** use one's influence; *~ **hê*** have influence; carry weight *(s.o.'s opinion etc.)*; *~ by iem. **hê*** have influence with s.o.; *~ op ... **hê*** have influence (up)on/over ...; *'n ~ op iem. **hê/uitoefen,** (also)* work (up)on s.o.; *'n ~ op iets **hê/uitoefen,** (also)* affect s.t.; have a bearing on s.t., bear (up)on s.t.; ***onder** die ~ van ... staan/wees* be under the influence of ...; ***onder** die ~ (van drank) wees* be under the influence (of liquor); the worse for drink; *die oorlog het g'n ~ **op** die mark gehad nie* the war did not affect the market; ***politieke** ~, (also)* political clout; ***sonder** ~* without any influence; *~ op ... **uitoefen*** bring influence to bear (up)on ..., exert/exercise influence (up)on ...; *→**hê**; 'n persoon **van** ~* an influential person, a person of consequence/weight, a person of influence; *(infml.)* a bigwig (*or* big bug). **~ryk** *-e* influential, weighty, high-powered *(pers.)*. **~sfeer** sphere of influence.

in·vloei *inge-* flow in(to). **in·vloei·end** *-ende* influent; *horisontaal ~* advective. **in·vloei·ing** inflow, influx, inrush.

in·vlug *inge-* flee into.

in·voeg *inge-* put in, infix, insert, inset; intromit; interpolate; intercalate; mortise; *iets in ... ~* insert s.t. in(to) ... **in·voe·ging** *-gings, -ginge* insertion, interpolation; intercalation. **in·voeg·sel** *-sels* inset, insertion, infix.

in·voel *inge-: jou ~ (in)* empathise; *jou ~ in iets, (also)* share a feeling. **in·voe·lend** *-lende* empathetic. **in·voe·ling** empathy.

in·voer *n.* import; importation; *(mech., comp.)* input; *intensiteit van die ~* →INVOERINTENSITEIT; *tussenper-*

sone by die ~ import intermediaries; ~ *en uitvoer* imports and exports. **in·voer** *inge-, vb.* import *(goods);* introduce *(changes);* set up *(a custom);* present *(characters in a play); (comp.)* import *(data etc.); iets geleidelik* ~ phase s.t. in; *iets in 'n land* ~ *(uit 'n ander land)* import s.t. to a country (from another country). **~agent** import agent. **~artikel** article of import, *(pl.)* imports. **~bedryf** import business. **~beheer** import control, import licensing. **~beheerkwota** import licensing quota. **~beheerreglement, ~beheerregulasies** import licensing/control regulations. **~belasting** import duty, import tax. **~bestelling** import order. **~bewys** importation certificate. **~buis** inlet tube. **~draad** lead-in (wire); *(elec.)* drop wire. **~goed(ere), ~ware** imports, import articles, import goods; *vraag na* ~ import demand. **~groothandelaar** import wholesaler. **~handel** import trade; →INVOERBEDRYF. **~handelaar** import merchant. **~hawe** import harbour. **~inkoopagent** import buyer. **~intensiteit** import intensity. **~krediet** import credit. **~kredietbrief** import letter of credit. **~lekkasie** import leak. **~lisensie** import licence. **~lys** import list. **~order** import order. **~permit, ~vergunning** import permit. **~premie** import bounty. **~prys** import price. **~reg** import duty, import dues; ~ *op iets betaal* pay import duty on s.t.. **~saak** import(ing) house. **~toewysing** import allotment. **~-uitvoer-argument** import-export argument. **~verbod** embargo (on importation), import prohibition. **~vergunning** →INVOERPERMIT. **~verminde·ring** import cut. **~waarde** import value. **~ware** imports, imported goods. **~wissel** import draft.

in·voer·baar *-bare* importable.

in·voer·der *-ders* importer *(of goods);* introducer *(of changes etc.).*

in·voe·ring importation; introduction.

in·vog *inge-* damp down.

in·vo·ka·sie invocation.

in·vo·lu·sie *-sies, (geom.)* involution.

in·vor·der *inge-* collect *(taxes);* demand *(payment);* recover *(debts).* **in·vor·de·raar** *-raars* collector. **in·vor·der·baar** *-bare* collectable, leviable; recoverable *(debts).* **in·vor·de·ring** *-rings, -ringe* collection, levy; recovery *(of debts).*

in·vor·de·rings-: **~bank** collecting bank. **~gelde** collection/collecting fees. **~koste** cost of recovery, collecting charges.

in·vou *inge-* fold in; enclose. **in·vou·ing** folding in; enclosure.

in·vra *inge-* interrogate, probe; *iem.* ~ cross-question/interrogate/pump s.o..

in·vreet *inge-* bite/eat into; corrode, pit; *in iets* ~ eat into s.t.; gnaw away at s.t.. **in·vre·tend** *-tende* corrosive. **in·vre·ting** *-tings, -tinge* corrosion; pitting; pinholing.

in·vryf, in·vry·we *inge-* rub in.

in·vry·heid·stel·ling *(rare)* release, discharge *(of a prisoner);* →ONTSLAG, VRYLATING, VRYSTELLING.

in·vry·we →INVRYF.

in·vul *inge-* fill in, complete *(a form),* make out. **in·vul·ling** filling in, completion *(of a form).*

in·waag *inge-* venture in(to).

in·waai *inge-* blow in, be blown in; *iem. het kom* ~ s.o. blew in; *iem. kom ingewaai, (infml.)* s.o. blows/breezes in.

in·waarts *adj.* inward. **in·waarts** *adv.* inward(s).

in·wag *inge-* await, wait for; *'n antwoord* ~ await a reply; *inskrywings/tenders* ~ invite tenders; *inskrywings/tenders word ingewag voor of op ...* tenders will be received until ... **in·wag·ting** awaiting.

in·wal *inge-, (rare)* embank.

in·weef *inge-* weave in(to), interweave; *(dressm.)* graft; *iets in 'n toespraak/verhaal* ~ weave s.t. into a story/speech.

in·weeg *inge-* weigh in. **in·we·ging** weigh-in.

in·week *inge-* soak/steep in.

in·wen·dig *-dige, adj.* inner, interior, internal, inward; *(biol.)* endogenous; *nie vir ~e* ***gebruik*** *nie* not to be taken, for external use only; *~e* ***geneeskunde*** internal medicine; *~e* ***klok*** biological/body clock; *~e* ***kwale*** internal complaints; *die ~e* ***mens*** *versterk* fortify/recruit/refresh the inner man; *~e* ***parasiet*** endoparasite, internal parasite; *'n ~e* ***stem*** an inner voice. **in·wen·dig** *adv.* inwardly, internally; ~ *ontstaan, (med.)* esoteric. **in·wen·di·ge** inside; inwardness.

in·werk *inge-* work in; *(dressm.)* set in; *jou* ~ be getting to know (*or* be learning) the ropes; insinuate o.s.; master the details of s.t.; *iets werk op ... in* s.t. affects/influences ...; *nadelig op iets* ~ affect s.t. adversely; **in·wer·king** action, influence, reaction; ~ *op, (also)* impact upon.

in·wer·king-: **~stelling** putting into operation. **~treding** coming into force/operation, taking effect, commencement *(of a law).*

in·werp *inge-* throw in(to); interpose; interrupt; object; *alles* ~ go all out.

in·wik·kel *inge-* cover/wrap up, enfold, envelop, swathe, enshroud. **in·wik·ke·ling** covering/wrapping up, packing.

in·wil·lig *inge-* accede/agree to, comply with, concede *(demands),* consent to, grant, satisfy, vouchsafe; *in/tot iets* ~ agree/accede to s.t.. **in·wil·li·ging** assent, compliance, consent; grant(ing); ~ *van 'n versoek* consent to a request.

in·win *inge-* collect, gather *(information); inligting* ~ gather information, make inquiries/enquiries; *raad* ~ get/take advice; *regsadvies* ~ take legal advice (*or* counsel's opinion), consult a lawyer. **in·win·ning** collection, gathering *(information, advice).*

in·wind *inge-, (rare)* wrap up, envelop.

in·wip *inge-* whip/whisk into *(a hole);* drop in *(on s.o.),* nip in *(infml.).*

in·wis·sel *inge-* cash *(a cheque);* cash in *(cheques, chips, etc.);* change *(currency);* exchange *(for s.t. else);* convert; *iets vir ...* ~ exchange s.t. for ... **in·wis·sel·baar** *-bare* convertible; exchangeable; *~bare valuta* convertible currency. **in·wis·sel·baar·heid** convertibility.

in·wis·se·ling cashing; exchange; conversion.

in·woel *inge-: jou êrens* ~ worm one's way in.

in·wo·nend *-nende* resident; immanent; →INWOON; *~e* ***arts/geneesheer*** intern(e), houseman; *~e* ***chirurg/sjirurg*** house surgeon; *~e* ***leerling*** school boarder, *(Br., hist.)* parlour boarder; *~e* ***onderwyser*** housemaster.

in·wo·ner *-ners* inhabitant *(of a country);* resident *(of a city);* occupant *(of a house);* lodger *(in a room);* dweller, indweller, habitué, inmate, citizen, denizen *(fml., joc.).* **~vriendelik** citizen-friendly.

in·wo·ners·ver·e·ni·ging residents' association.

in·wo·ner·tal population, number of inhabitants.

in·wo·ning lodging; *kos en* ~ →KOS[1] *n.*.

in·woon *inge-* live/reside in; lodge; *by iem.* ~ live/lodge/room/stay with s.o..

in·wor·tel *inge-* become deeply rooted, strike/take root.

in·wring *inge-: jou ~ in* worm o.s. into.

in·wurg *inge-* gulp down.

in·wurm *inge-* insinuate *(o.s.),* fawn *(upon); jou* ~ worm o.s. in, insinuate o.s..

in·wy *inge-* inaugurate *(a new building),* take into use; consecrate *(a church); 'n nuwe huis* ~ give/have a housewarming (party); *iem. in iets inwy* initiate s.o. into s.t.; let s.o. into s.t. *(a secret etc.); in iets ingewy wees, (also)* be privy to s.t. *(a secret etc.).* **in·wy·ding** *-dings, -dinge* dedication, consecration; inauguration; ordination; initiation. **in·wy·er** *-ers* inaugurator.

in·wy·dings-: **~fees** inaugural festival. **~plegtigheid** inaugural ceremony. **~rede** inaugural address/speech. **~vaart** maiden voyage *(of a ship).*

in·yan·ga *(Zu., traditional healer/diviner)* inyanga.

in·zoem *(phot.)* zoom in *(on s.o., s.t.).*

i·o·liet *(min.)* →CORDIERIET.

i·o·ne·straal →IOONSTRAAL.

i·o·ne·te·o·rie →IOONTEORIE.

I·o·ni·ë *(geog., hist.)* Ionia. **I·o·ni·ër** *-niërs, n.* Ionian. **I·o·nies** *n., (dial.)* Ionic. **I·o·nies** *-niese, adj.* Ionian, Ionic.

i·o·nies *-niese* ionic. **i·o·ni·sa·sie** ionisation. **i·o·ni·seer** *geïon-* ionise. **i·o·ni·se·ring** ionisation.

i·o·no·sfeer ionosphere. **~golf** *(rad.)* sky wave.

i·o·no·tro·pie *(chem.)* ionotropy.

i·oon *ione, (chem.)* ion. **~straal** ionic radius; ionic beam. **~teorie** ionic theory.

i·o·ta *-tas, (Gr. letter)* iota; *(fig.)* →JOTA.

I·o·wa *(geog.)* Iowa.

i·pe·ka·ku·a·na *(bot., pharm.)* ipecac(uanha).

i·pe·kon·ders →HIPOKONDERS *n.*.

ip·so fac·to *adv., (Lat., fml.)* ipso facto, thereby, by that very fact/act.

I·rak, I·rak *(geog.)* Iraq. **I·ra·ki·ër** *-kiërs,* **I·rak·kees** *-kese, n.* Iraqi. **I·rak·kees** *-kese,* **I·raks** *-rakse, adj.* Iraqi.

I·ran *(geog.)* Iran, *(hist.)* Persia. **I·ra·ni·ër** *-niërs,* **I·ran·nees** *-nese, n.* Iranian. **I·rans** *-ranse,* **I·ran·nees** *-nese, adj.* Iranian.

I·ra·wa·di: *die ~, (river)* the Irrawaddy.

i·reen *(chem.)* irene.

I·re·ne *(Gr. myth.)* Irene. **i·re·nies** *-niese* irenic(al), eirenic(al).

I·ri·da·se·ë *(bot.)* Iridaceae.

i·ri·di·um *(chem., symb.: Ir)* iridium.

i·ri·do·lo·gie *(med.)* iridology. **i·ri·do·loog** *-loë* iridologist.

I·ris *(Gr. myth.)* Iris.

i·ris *irisse* iris *(of the eye); (bot.)* flag, iris. **~wortel** orris (root).

i·ri·seer *geï-, (rare)* be iridescent. **i·ri·se·rend** *-rende* iridescent. **i·ri·se·ring** iridescence.

I·ro·kees *-kese, n., (language family)* Iroquoian; *(member of a former group of peoples; any of the Iroquoian languages)* Iroquois. **I·ro·kees** *-kese, adj.* Iroquoian; Iroquois.

i·ro·nie irony. **i·ro·nies** *-niese* ironic(al), wry, tongue-in-cheek. **i·ro·ni·kus** *-nikusse, -nici,* **i·ro·nis** *-niste* ironist. **i·ro·ni·seer** *geïr-* ironise.

ir·ra·di·a·sie irradiation. **ir·ra·di·eer** *geïr-* irradiate.

ir·ra·si·o·naal *-nale, (math.)* irrational; *irrasionale getal, (math.)* irrational number. **ir·ra·si·o·na·lis** *-liste* irrationalist. **ir·ra·si·o·na·lis·me** irrationalism. **ir·ra·si·o·na·lis·ties** *-tiese* irrationalist(ic). **ir·ra·si·o·na·li·teit** irrationality. **ir·ra·si·o·neel** *-nele* irrational.

ir·re·a·li·teit unreality.

ir·re·den·tis *-tiste, n., (also hist.)* irredentist. **ir·re·den·tis·me** irredentism. **ir·re·den·tis·ties** *-tiese, adj.* irredentist.

ir·re·ëel *-reële* unreal, fictitious.

ir·re·le·vant *-vante* irrelevant. **ir·re·le·van·sie** irrelevance, irrelevancy.

ir·re·so·luut *-lute, (rare)* irresolute.

ir·ri·ga·sie *(agric., med.)* irrigation. **ir·ri·ga·tor** *-tore, -tors, (med.)* irrigator. **ir·ri·geer** *geïr-, (rare)* irrigate. **ir·ri·ge·rend** *(rare)* irrigative.

ir·ri·ta·sie *-sies* irritation. **ir·ri·teer** *geïr-* irritate, annoy, exasperate, vex, *(infml.)* bug; *iem. ~, (also)* get into s.o.'s hair. **ir·ri·te·rend** *-rende* irritating, annoying, infuriating, maddening, provoking, vexing, vexatious, grating; irritant.

ir·rup·sie *-sies, (rare)* irruption.

is is, are; *(p.t.)* was, were; ***as daar*** ~ if any; ***dit*** ~ ... it is ...; *dikwels/ens.* ~ ***dit*** ... frequently/etc. it is ...; ***dit*** ~ *mnr. ...* meet Mr ...; *iem.* ~ *(toe)* ***dood*** s.o. (then) died; *iem.* ~ *in 1923* ***gebore*** s.o. was born in 1923; *dit* ~ ***gedoen*** it was done; it has been done; *dit ~ in Kaapstad/ens.* ***gedruk/ens.*** it was printed/etc. in Cape Town/etc.; *iem. ~ al lank* ***hier*** s.o. has been here for a long time; *iem.* ~ ***huis toe*** s.o. went (*or* has gone) home, s.o. (then) went home; ***is!*** it is (so)!; *ek* ~ ***laat,*** *nie waar nie?* I am late, aren't I?; *iem. ~ nie* ***meer*** *nie* s.o. is no more; ~ ***nie!*** it isn't (so)!; *dit ~ vir my* ***snaaks/ens.*** it seems funny/etc. to me; ***soos dit*** ~ as is; *dit* ~

net ***soos*** *iem. is* that is s.o. all over; *net* ***soos*** *hy/sy/dit* ~ warts and all; *iem.* ~ ***tuis*** s.o. is at home; *dit* ~ *nou* ***van*** *jou* that is you all over; ***waar*** ~ *jy?* where are you?; where have you got to?; ***wat*** ~ *dit hier?* what is going on here?.

i·sa·go·giek *(theol.)* isagogics. **i·sa·go·gies** *=giese* isagogic.

I·sai *(OT)* Jesse.

I·sak *(OT)* Isaac.

Is·bo·set *(OT)* Ishbosheth.

I·se·bel *(OT)* Jezebel. **i~dosie** vanity case/box; flapjack, compact. **i~tas(sie)** vanity bag.

Is·fa·han, Es·fa·han *(geog.)* Isfahan, Esfahan, Ispahan.

I·sis *(Eg. myth.)* Isis.

Isj·tar →ISTAR.

Is·ka·ri·ot →JUDAS.

is·ke·mie *(med.)* isch(a)emia. **is·ke·mies** *=miese* isch(a)emic.

is·ki·as sciatica, hip gout.

Is·lam Islam. **Is·la·miet** *=miete, n., (also i~)* Islamite. **is·la·mi·seer** *geïs=* Islamise, *(arch.)* Mohammedanise. **is·la·mi·se·ring** Islamisation. **Is·la·mi·ties** *=tiese, adj., (also i~)* Islamic.

Is·ma·el *(Bib.)* Ishmael. **Is·ma·e·liet** *=liete, n.* Ishmaelite. **Is·ma·e·li·ties** *=tiese, adj.* Ishmaelite.

is·me *=mes, (infml., sometimes derog.)* ism.

is·mus *=musse, (geog.)* isthmus. **is·mies** *=miese* isthmian.

i·so·baar *=bare, (meteorol.)* isobar. **i·so·baat** *=bate, (cartogr.)* isobath. **i·so·ba·ries** *=riese,* **i·so·ba·ro·me·tries** *=triese* isobaric.

i·so·chro·ma·ties *=tiese,* **i·so·chroom** *=chrome* isochromatic.

i·so·chroon *=chrone,* **i·so·kroon** *=krone, n.* isochrone. **i·so·chroon** *=chrone,* **i·so·kroon** *=krone, adj.* isochronous, isochronal, isochrone. **i·so·chro·ne·lyn, i·so·kro·ne·lyn** isochronous line. **i·so·chro·nis·me, i·so·kro·nis·me** isochronism.

i·so·di·na·mies *=miese, (phys., geog.)* isodynamic.

i·so·foon *=fone, (ling.)* isophone.

i·so·ge·o·ter·mies *=miese, (geog.)* isogeothermal, isogeothermic.

i·so·glos *=glosse, (ling.)* isogloss.

i·so·go·naal *=nale,* **i·so·go·nies** *=niese, (geog., geom.)* isogonic, isogonal. **i·so·goon** *=gone, (geog., geom.)* isogon.

i·so·gram *=gramme, (meteorol.)* isogram.

i·so·hi·eet *=hiëte, (meteorol.: a map line passing through places with the same rainfall)* isohyet. **i·so·hips** *=hipse, (a line of equal geopotential height)* isohypse.

i·so·klien *=kliene, (geog.)* isoclinic line; *(geom.)* isocline; *(geol.)* isoclinal fold. **i·so·kli·naal** *=nale,* **i·so·kli·nies** *=niese* isoclinal, isoclinic.

i·so·kli·ma·ties *=tiese* isoclimatic; *~e lyn* isoclimatic line, isogram of climate.

i·so·kro·ne·lyn →ISOCHRONELYN.

i·so·kroon →ISOCHROON. **i·so·kro·nis·me** →ISOCHRONISME.

i·sok·sa·sool *(chem.)* isoxazole.

i·so·la·sie isolation; insulation. **~band, isoleerband** insulating/insulation tape, friction tape. **~fout** defect in insulation. **~kous, isoleerkous** *(elec.)* sleeving. **~materiaal, isoleermateriaal** insulating material, insulation. **~vermoë** insulating power.

i·so·la·si·o·nis *=niste, n.* isolationist. **i·so·la·si·o·nis·me** isolationism. **i·so·la·si·o·nis·ties** *=tiese, adj.* isolationist. **i·so·la·tor** *=tore, =tors* insulator, non(-)conductor, insulating material.

i·so·leer *geïso=* isolate; insulate; quarantine; **~band** →ISOLASIEBAND. **~fles** vacuum flask, dewar flask. **~kamer** padded cell/room. **~kous** →ISOLASIEKOUS. **~materiaal** →ISOLASIEMATERIAAL. **~steen** insulating brick. **~vermoë** insulating ability.

i·so·le·ment *(rare)* isolation. **i·so·le·rend** *=rende* insulating; dielectric(al); *(ling.)* isolating *(language)*. **i·so·le·ring** isolation; insulation.

i·so·meer *=mere, n., (chem., phys.)* isomer. **i·so·me·rie** isomerism. **i·so·me·ries** *=riese adj.* isomeric, isomerous *(biol.)*. **i·so·me·ri·seer** *geïso=, (chem.)* isomerise.

i·so·me·trie *(math.)* isometry. **i·so·me·tries** *=triese* isometric; *(cryst.)* cubic, isometric(al); *~e oefeninge* isometrics.

i·so·morf *=morfe, n.* isomorph. **i·so·morf** *=morfe,* **i·so·mor·fies** *=morfiese, adj.* isomorphic, isomorphous. **i·so·mor·fie** isomorphism.

i·so·po·de *=des, (zool.)* isopod.

i·so·preen *(chem.)* isoprene.

i·so·sta·sie *(geol.)* isostasy. **i·so·sta·ties** *=tiese* isostatic.

i·so·teer *=tere, (meteorol.)* isothere. **i·so·te·ries** *=riese* isotheral.

i·so·term *=terme, (phys.)* isotherm(al line); *(meteorol.)* isotherm(al). **i·so·ter·mies** *=miese* isothermal.

i·so·toon *=tone, n., (phys.)* isotone. **i·so·to·nies** *=niese, adj., (physiol., biochem.)* isotonic.

i·so·toop *=tope, n., (chem.)* isotope. **~getal** *(phys.)* isotopic number.

i·so·to·pie isotopy. **i·so·to·pies** *=piese, adj.* isotopic.

i·so·tro·pie *(phys.)* isotropy. **i·so·troop** *=trope,* **i·so·tro·pies** *=piese, adj.* isotropic, isotropous.

Is·pa·han →ISFAHAN.

Is·ra·el *(geog.)* Israel. **Is·rae·li** *=li's* Israeli. **Is·rae·lies** *=liese, adj.* Israeli. **Is·rae·liet** *=liete, (Bib.)* Israelite; *(dated, often derog.: Jew)* Israelite; *'n ~ in wie daar geen bedrog is nie, 'n ~ sonder bedrog, (Bib.)* an Israelite, in whom is no guile *(AV)*; an Israelite, in whom there is nothing false *(NIV)*; a person who is honest to a fault. **Is·rae·li·ties** *=tiese* Israelite.

Is·sa *=sas* Issa. **Is·sas·kar** *(OT)* Issachar.

Is·tan·bul, Is·tan·boel, *(hist.)* **Kon·stan·ti·no·pel** *(geog.)* Istanbul.

Is·tar, Isj·tar *(Near East myth.)* Istar, Ishtar, Astarte.

I·ta·li·ë *(geog.)* Italy. **I·ta·li·aans** *n., (lang.)* Italian. **I·ta·li·aans** *=aanse, adj.* Italian; *~e populier, (bot.)* Lombardy poplar; *~e sonnet* Italian/Petrarchan sonnet; *~e windhond* Italian greyhound. **I·ta·li·a·ner** *=ners* Italian. **I·ta·li·ërs** Italici. **I·ta·lies** *n., (language group)* Italic. **I·ta·lies,** *=liese, adj.* Italic.

i·tem *items* item. **i·tem·pie** *=pies* little item.

i·te·ra·sie *=sies* iteration, repetition. **i·te·ra·tief** *=tiewe, n. & adj., (gram.)* iterative, frequentative.

i·ti·ne·ra·ri·um *=riums, =ria* itinerary; account of a journey.

i·voor ivory. **~draaier** ivory turner. **~geel** ivory yellow. **~glad** ivory-smooth. **~(kleur)** ivory. **~(kleurig)** *=e* ivory(-coloured), eburnean. **I~kus:** *die I~kus, (geog.)* the Ivory Coast. **I~kusser** →IVORIAAN. **~(palm)neut** ivory nut. **~papier** ivory paper. **~swart** ivory black, boneblack. **~toring** *(fig.)* ivory tower; *in 'n ~* in an ivory tower. **~werk** ivory work. **~werker** ivory worker. **~wit** ivory white.

i·voor·ag·tig *=tige* ivory-like.

I·vo·ri·aan *=ane,* **I·voor·kus·ser** Ivorian. **I·vo·ri·aans** *=aanse* Ivorian, of the Ivory Coast.

I·wan Ivan; *~ die Verskriklike* Ivan the Terrible.

ix·i·a *=ias, (bot.)* ixia.

Iz·mir *(geog., formerly* Smirna*)* Izmir.

Jj

j, J -'s, *(tenth letter of the alphabet)* j, J; *j'tjie* little j. **~-kromme** *(stat.)* J curve.

ja *ja's, n., (in voting)* ay(e); *(in the pl.)* ayes. **ja** *interj.* yes, yea, ay(e), *(infml.)* yup; I do; *op alles ~ en* ***amen*** *sê* →AMEN; *~* ***goed*** yes!, will do! *(infml.)*; *~* ***jong(ie)!***, *(also)* I told you so!, you asked (*or* were asking) for it!; *dit* ***kan,*** *~* so it can be; ***laat*** *jou ~ ~ wees en jou nee nee, (Bib.)* let your yea be yea and your nay, nay; *'n vraag* ***met*** *~ beantwoord* answer a question in the affirmative; *~* ***nè?*** indeed, so I hear/believe; *~ en* ***nee*** yes and no; *~ of* ***nee*** yes or no; ***nou*** *~* well then; *maar* ***nou*** *~* but there; *~* ***sê*** say yes; *die meerderheid* ***sê*** *~, (in voting)* the ayes have it; ***so*** *~!* that's it!; that's that!; *~* ***wat!*** yes!, all right!. **~broer** *(infml.)* yes-man, conformist. **~-nee** sure!, that's a fact!; *~, ek weet nie* well, I don't know. **~stem** affirmative vote; *ja- en nee-stemme* yeas and nays. **~woord** consent; promise of marriage; *iem. die ~ gee* accept s.o.'s hand (in marriage); *die ~ van 'n vrou kry* win a woman's hand; *die ~ vra* propose, *(infml.)* pop the question.

ja(ag) *ge-* chase, pursue; drive; hurry; race, speed, rush, tear; career, streak, sweep *(through)*; ***alles*** *deur die keel ~* pour everything down one's throat, eat and drink o.s. out of hearth and home; *~ om* ***betyds*** *klaar te kom/kry* work against time; ***deur*** *iets ~* gallop through s.t.; *die brand ~* ***deur*** *die bome/ens.* the fire sweeps through the trees/etc.; *iem./iets* ***flou*** *~* chase s.o./s.t. to a standstill; *iem. 'n* ***koeël*** *deur die kop ~* put a bullet through s.o.'s head; ***met*** *iem. na ... ~* rush s.o. to ... *(hospital etc.)*; ***na*** *... ~* race to ...; make tracks for ... *(infml.)*; →NAJA(AG); *daar is* ***niks*** *wat jou ~ nie* there is no rush, there is no reason to hurry; *daar is* ***niks*** *wat iem. ~ nie* there is nothing to hurry s.o.; *'n* ***perd*** *die veld in ~* turn a horse loose; ***teen*** *... ~* race against ...; *iem.* ***uit*** *die ... ~* chase s.o. out of the ...; order s.o. out of the ...; *'n* ***wet*** *deur die parlement ~* rush a bill through parliament.

jaag-: **~baan** racetrack, speedway. **~besem** winnowing fan. **~duiwel** speed(st)er, cowboy *(infml.)*, speed merchant *(infml.)*, hell driver; *(rare)* racing driver. **~kanon** *(mil.)* stern-chaser *(on a ship)*. **~pad** speedway. **~siekte, jagsiekte** *(vet.)* jaagsiekte *(Afr.)*, crotalariosis, broken wind *(in horses)*; droning-sickness *(in sheep)*. **~siektebos** *Crotalaria* spp.. **~spinnekop** →JAGSPINNEKOP. **~strik** speed trap. **~tog** chase; *(sl.)* burn-up.

jaar *jare* year; ***aanstaande/volgende*** *~* next year; *die* ***afgelope*** *~* the last/past year; *gedurende* ***al*** *daardie/dié jare* throughout those years; ***al om*** *die ander ~* →OM[1] *prep.*; ***al om*** *die derde/ens. ~* →OM[1] *prep.*; *iem. se* ***beste*** *jare is verby* (of *agter die rug*) s.o. is past his/her prime; ***binne*** *'n ~* in a year('s time); ***binne*** *'n ~ na iem. se dood* within a year of s.o.'s death; *'n ~* ***daarna/later*** after a year; *die ~* ***daarop*** the next year; *jare* ***der*** *jare gelede* years and years ago; *iets jare* ***der*** *jare lank doen* do s.t. for years and years; ***deur*** *die jare (heen)* over the years; ***deur*** *die jare heen* down the years; ***deur*** *(al) die jare heen* (all) through the years; ***dié*** *~* this year; *jou jare goed* ***dra*** carry/wear one's years well, bear one's age well, be young for one's years, be well preserved; ***drie/ens.*** *~* three/etc. years; ***drie/ens.*** *~ (oud) wees* be three/etc. years old, be three/etc. years of age; ***elke*** *~* every year; year after/by year; *~* ***en dag*** for a year and a day; *ek het ...* ***in geen*** *jare gesien nie* I haven't seen ... for ages/years *(s.o.)*; it is years since I saw ... *(s.o., a/the ...)*; *'n paar ~* ***gelede*** some years ago/back, a few years ago; *tot 'n paar ~* ***gelede*** until a few years ago; *jare* ***gelede*** years ago/back; *járe/jarre* ***gelede,*** *(infml.)* yonks ago; *nie 'n* ***goeie*** *~ nie* an off year *(for farmers etc.)*; *die* ***goue*** *jare, (the period in life between about 55 and 70)* the golden years, the Third Age; *die* ***hele*** *~ (deur)* all (the) year (round); throughout the year, the whole year (round); ***honderd*** *~ (oud) word* →***word;*** *dit was nie* ***honderd*** *~ nie of ..., (infml.)* quite soon ...; *~* ***in*** →JAARIN; *een maal* ***in*** *die ~* once a year; *dit het* ***in*** *die jare dertig/ens.* (of *die dertigerjare/ens.*) *gebeur* it happened in die thirties/etc.; ***in*** *jou dertigste/ens. ~ wees* be in one's thirtieth/etc. year; ***in*** *jare nie* not for years *(in the past)*; *in iem. se* ***jong*** *jare* in s.o.'s young days; *iets laat iem. jare* ***jonger*** *lyk, iets maak iem. jare* ***jonger*** s.t. takes years off s.o.; ***jonk*** *vir jou jare wees* be young for one's years; *nog heeltemal* ***jonk*** *vir jou jare lyk, (also)* carry/wear one's years well; *iem. se* ***klimmende*** *jare* s.o.'s advancing age; *op die* ***kop*** *'n ~,* ***presies*** *'n ~* a year to the (very) day; *ek het ... jare* ***laas*** *gesien* it is years since I saw ... *(s.o., a/the ...)*; *ek het jare* ***laas*** *'n ... gesien* it is years since I saw a ...; *die* ***laaste*** *~* the last year *(of a period)*; *(in) die* ***laaste*** *jare* of late years; *ek het hom/haar in* ***lange*** *jare nie gesien nie* I have not seen him/her for donkey's years *(infml.)*; *tien/ens.* ***lange*** *jare wag* wait through ten/etc. long years; *'n ~* ***lang(e)*** *...* a year-long ...; *'n jare* ***lange*** *...* a ... of many years; *vyf ~ of* ***langer,*** *vyf of* ***meer*** *jare* five or more years; *jare* ***lank*** for years (and years), for many long years; for years on end; *iem. is al jare* ***lank*** *hier* s.o. has been here for years; *iets kos iem. jare van sy/haar* ***lewe*** s.t. takes years off his/her life; *in die* ***loop*** *van die jare* in the course of the years; *die* ***lopende*** *~* the current year; *een* ***maal*** ***in*** *die* (of *per*) *~* once a year; *die* ***manlike*** (of [w.g.] ***manbare***) *jare bereik* reach manhood, come to man's estate; *vyf of* ***meer*** *jare* →***langer;*** ***met*** *die jare* in (the course of) time; in the course of the years; as the years go by; ***met*** *die jare verbeter* improve with age; *~* ***na/op*** *~* year after/by year; ***nog*** *baie jare* for many years to come; ***nog*** *baie jare!* many happy returns of the day!; *sedert die ~* ***nul*** →NUL; *in die ~* ***nul*** →NUL; *(al)* ***om*** *die twee ~* every other year; *al* ***om*** *die ander ~* every other/second/alternate year; ***onder*** *die jare wees* be under the age; *in die ~* ***van onse Here*** in the year of grace, in the year of our Lord; ***oor*** *'n ~* in a year('s time); *vandag/ens.* ***oor*** *'n ~* a year from today/etc.; a year hence; ***oor*** *twintig/ens. ~* twenty/etc. years on; *eers* ***oor*** *jare* not for years *(in the future)*; ***op*** *sy/haar jare* at his/her time of life; ***op*** *jare wees* be advanced in years; *~* ***op*** *~* →***na/op;*** *'n ~* ***oue*** *...* a year-old ...; *'n tien ~* ***ou(e)*** *...* a ten-year-old ...; *'n ~* ***ou(e)*** *lam/skaap* hogget, yearling sheep; *'n ~* ***ou(e)*** *vul* yearling colt, hogget; *'n jare* ***oue*** *...* a years-old ...; *jare* ***ouer*** *word* put on years; *iets maak iem. jare* ***ouer,*** *iets laat iem. jare* ***ouer*** *word/lyk* s.t. puts years on s.o.; *'n* ***paar*** *~* some years; ***party*** *jare* some years; *...* ***per*** *~* ... a/per year, ... per annum; ***presies*** *'n ~* →***kop;*** *'n* ***ronde*** *~* a full/whole year; *baie jare agter die* ***rug*** *hê* have many years behind one; *'n* ***stil*** *~* an off year *(for businessmen etc.)*; *die ~* ***tevore*** the previous year; *in die ~* ***toet,*** *(infml.)* many years ago; *iets is uit/van die ~* ***toet,*** *(infml.)* s.t. is very old; *van die ~* ***toet,*** *(infml.)* from/since the year dot; *van ~* ***tot*** *~* from year's end to year's end; ***uit*** *die ~ ...* dating from ...; *bokser/ens.* ***van*** *die ~* boxer/etc. of the year; *persoon* ***van*** *jare* aged person; *iem. is* ***van*** *jou jare* s.o. is your age; ***verlede*** *~* last year; *met die* ***verloop*** *van die jare* over the years; ***vir*** *'n ~ ... toe gaan* go to ... for a year; *jou jare* ***voel*** feel one's age; *die* ***volgende*** *~* the next year; *die* ***vorige*** *~* the previous year; *in die ~* ***vroeg*** in olden times, in the distant past; *honderd/ens. ~ (oud)* ***word*** live to be a hundred/etc..

jaar-: **~balans** annual balance sheet. **~berig** (short) annual report. **~beurs** annual (trade) fair. **~blad** annual (publication). **~blom** annual flowering plant. **~boek** yearbook; *(in the pl.)* annals. **~boom** Norfolk Island pine. **~dag** anniversary (day); *'n ~ gedenk/vier* celebrate/commemorate/mark/observe an anniversary; *by geleentheid van die ~* to mark the anniversary. **~dividend** annual dividend. **~duisend** millennium. **~einde** year end; *teen die ~* by the year end. **~eindsyfers** year-end figures. **~fees** anniversary (feast). **~gang** (annual) volume *(of a periodical)*; annual variation/fluctuation; vintage. **~geld** annual allowance/salary; annuity; *voortdurende ~, (math.)* perpetual annuity; *lewenslange ~* annuity in perpetuity; *voorwaardelike ~* annuity contingent. **~geldpolis** annuity bond. **~geldtrekker** annuitant. **~gety** season; *die vier ~e* the four seasons. **~gewas** annual crop. **~gras** annual grass. **~honderd** century. **~in:** *~ en jaaruit* year in, year out. **~inkomste** annual income. **~kaart(jie)** annual ticket. **~kring** annual cycle; annual ring *(of a tree)*. **~kursus** year's course, one-year course. **~lemoen** shaddock. **~loon** →JAARVERGOEDING. **~mark** annual market; annual fair. **~merk** date mark. **~mis** *(RC)* anniversary (mass). **~omset** annual turnover/sales, annual volume of business. **~plant** annual (plant). **~produksie** annual output. **~rapport** →JAARVERSLAG. **~rekening(e)** annual account(s). **~rente** annual interest. **~ring** annual/growth ring, tree/timber ring. **~saldo** annual balance. **~staat** annual return(s), annual statement; *finansiële ~* annual financial statement. **~stempel** date mark. **~syfer** annual record/return/figure. **~tal** date; *sonder ~, (a publication)* undated. **~telling** era. **~temperatuur** annual temperature. **~toelaag** annual allowance. **~-tot-jaar-groei** year-on-year growth. **~verbruik** annual consumption. **~verdienste** annual earnings. **~vergadering** annual (general) meeting. **~vergoeding, ~besoldiging** annual pay/earnings. **~verslag** annual report. **~waarde** annual value. **~wins** annual earnings. **~wisseling** turn of the year. **~wyn** →OESJAARWYN.

jaar·liks *-likse, adj. & adv.* annual(ly), yearly, every year; *~e* ***kongres*** annual congress; *~e* ***opbrengs/opbrings*** annual return, yield; *~e* ***opgawe*** annual return; *~e* ***oudit*** annual audit; *~e* ***rente*** annual interest.

jaar·ling *-linge* yearling.

jaart[1] *jaarts, (rare, <Eng.)* (back)yard; →JAARTJIE[1].

jaart[2] *jaarts, (linear measure, obs.)* yard. **~stok** yard measure.

jaart·jie[1] *-jies* small (back)yard.

jaar·tjie[2] *-tjies: ná twee korte ~s* after only two years.

ja·bot *-bots* jabot.

Jack Rus·sell(-ter·ri·ër) Jack Russell (terrier).

ja·cuz·zi *-zi's, (also J~), (trademark)* Jacuzzi.

ja·de jade. **ja·de·ïet** *(min.)* jadeite. **ja·de·ï·tiet** jadeitite.

Ja·dot·stad *(geog., hist.)* Jadotville; →LIKASI.

ja·er *-ers* racer; speed(st)er; hunter. **ja·e·rig** *-rige, (rare, pej.)* in/on heat. **ja·e·ry** speeding.

ja·fel, ja·vel *-vels, (infml.)* blockhead, idiot, twit, *(SA, township sl.)* moegoe, mugu.

Ja·fet *(OT)* Japheth. **Ja·fe·ties** *-tiese* Japhetic.

Jaf·fa *(geog.)* Jaffa; →JOPPE. **~(lemoen)** *(also j~)* Jaffa (orange).

jag[1] *n.* hunt(ing); shooting; chase; pursuit; ***by*** *die ~* in hunting; *op ~* ***gaan*** go out hunting; *~* ***maak*** *op ...* hunt for ...; *(fig.)* gun for, pursue, chase after; *~* ***maak*** *op effek* strain after/for effect; *op ~* ***na*** on the hunt for; *iem. is op ~ **na** ...* s.o. is in pursuit of ... *(fame etc.); **oop** ~* shooting season; *~ **op** grootwild* big-game hunting. **jag** *ge-, vb.* hunt, shoot, gun, chase; *gaan ~* go out hunting. **~baadjie** shooting coat/jacket. **~bomwerper** *(mil., av.)* fighter-bomber. **~buit** spoils of the chase. **~dag:** *dis aldag ~, maar nie aldag skietdag nie* →DIS ALDAG **SKIETDAG,** MAAR NIE ALDAG RAAKDAG NIE. **~(duik)boot** hunter-killer. **~eskader** fighter squadron. **~gereedskap** hunting tackle. **~geselskap** hunting/shooting party. **~geweer** sporting rifle/gun. **~grond** hunting ground. **~hawe** *(naut.)* marina. **~hond** hunting dog, gun dog; pointer; hound. **~horing** hunting horn. **~huis(ie)** shooting box/lodge. **~klub** hunting club. **~lamp** shooting lamp. **~lisensie** hunting/game licence. **~luiperd** cheetah. **~maat** hunting companion, fellow hunter. **~meester** huntsman, master of hounds. **~mes** hunting knife. **~ongeluk** hunting accident. **~opsigter, ~opsiener** gamekeeper. **~party** hunting party, shooting party; shoot *(chiefly Br.)*. **~perd** hunting horse, hunter, stalking horse. **~roep** hunting call, tally-ho. **~seisoen** hunting season; *die ~ op iem. oop verklaar, (fig.)* declare open season on s.o.. **~siekte** →JAAGSIEKTE. **~skottel** hotpot. **~spinnekop, jaagspinnekop** hunting spider, haircutter, solpugid, solifuge. **~tog** hunting expedition, hunt. **~tyd** shooting season; open season. **~veld** hunting field, hunting ground, chase, hunt. **~verhaal** hunting story. **~vermaak** pleasures of the chase. **~vlieënier** fighter pilot. **~vliegtuig** fighter aircraft/plane, chaser plane, pursuit plane/aircraft. **~vlug** pursuit flight. **~wet** game act/law.

jag² *jagte* yacht; →SEILJAG. **~hawe** = SEILJAGHAWE. **~klub** = SEILJAGKLUB. **~vaarder** = SEILJAGVAARDER.

jags *jagse jagser jagsste, (vulg.)* horny, randy; *(an animal)* on heat, in season, ruttish. **jags·heid** *(vulg.)* randiness, lust, (sexual) desire; heat *(in female mammals)*; rut *(in deer etc.)*; must *(in elephants, camels)*.

jag·sneeu snowdrift, driving snow.

jag·ter *-ters* hunter, huntsman; *(av.)* fighter (aircraft/plane); fighter (pilot); *walvis~, (ship)* (whale) catcher.

jag·u·ar *-ars, (zool.)* jaguar.

Jah·we(h) *(OT)* Yahweh, Yahveh, Jahweh, Jahveh; →JEHOVA. **Jah·wis** *-wiste, (Bib.)* Yahwist, Yahvist, Jahwist, Jahvist. **Jah·wis·me** *(chiefly OT)* Yahwism, Yahvism, Jahwism, Jahvism. **Jah·wis·ties** *-tiese, (Bib.)* Yahwistic, Yahvistic, Jahwistic, Jahvistic.

jak *jakke, jaks, (zool.)* yak.

ja·ka·ran·da *-das, (bot.)* jacaranda (tree).

ja·ki·to·ri *(Jap. cook.)* yakitori.

jak·kals *-kalse, (zool.)* jackal; *(fig.)* dodger, finagler, scallywag, scal(l)awag; *'n ~ verander van **hare,** maar nie van snare/streke nie* a leopard cannot change its spots, can the leopard change his spots?; *hoe **kaler** ~, hoe groter stert* great boast, small roast; *iem. is **'n** ~* s.o. is a wily fox; *~ **prys** sy eie stert, (infml.)* s.o. blows his/her own trumpet; *'n **regte** (ou) ~, (fig., infml.)* a cunning/sly dog; *~ **skiet,** (rare)* relieve o.s.. *~ **trou** met wolf se vrou* →TROU² *vb.*; *~e **trou*** there's a monkey's wedding; *dis die klein ~ies wat die **wingerd** verniel* the devil is in the detail. **~bessieboom** *(Diospyros spp.)* jackal berry tree, star apple tree. **~bont** fox fur. **~bos** doll's protea, toy sugarbush; yellow milkbush. **~bruilof** sun shower. **~dig** *-te* jackalproof. **~dou(tjie)** slight drizzle. **~draad** jackalproof fencing. **~draai** sharp turn; *(fig.)* (clever) evasion, excuse, pretext; *iem. gooi/loop/maak ~e, (infml.)* s.o. tries to dodge/evade the issue. **~draf** *(dance)* foxtrot. **~druif** fox grape. **~gat** jackal's burrow. **~ghaap** *(bot.) Hoodia pillansii.* **~hond** foxhound, dog for hunting jackals. **~jag** fox-hunt. **~kos** *(bot.: Hydnora africana)* dead dog; →OPTELGOED. **~mannetjie** dog fox. **~pisbossie** *Zygophyllum* sp.. **~pruim** *(bot.: Osyris compressa)* Cape sumach. **~reën(tjie)** rain with sunshine, sun shower. **~stert** brush *(of a fox)*; *(bot.: Holothrix burchellii)* tryphia; *Thamnochortus* spp.. **~streek** *-streke, (fig.)* artifice; piece of roguery; *(in the pl.)* cunning, shrewdness, slyness; →JAKKALSDRAAI. **~voël** *(SA, Buteo rufofuscus)* jackal buzzard; *Europese ~* steppe buzzard.

jak·kals·ag·tig *-tige* foxy, vulpine.

jak·ker *ge-* career/dart/fly along; romp; gad about; gallivant, frolic; fag, overdrive *(a horse)*. **jak·ke·raar** *-raars, (infml.)* gallivanter.

jak·ket *-kette, (rare)* cutaway (coat), morning coat. **jak·kie** *-kies* coatee *(Br.)*, jacket; *(hist.)* spencer.

Ja·kob *(OT)* Jacob; *die ware Jakob/jakob, (infml.)* the real Mackay/McCoy, the authentic/genuine article; just what the doctor ordered; *dis die ware Jakob/jakob!, (also, infml.)* that's the stuff/ticket!. **j~jong** *(bot.: Stachys rugosa)* karoo tea. **j~regop** *-pe, -s, (bot.: Zinnia elegans)* zinnia. **j~skaap** odd/piebald sheep. **j~staf** *(bot.)* vine cactus.

Ja·ko·be·aans *-aanse, (Br., hist., also j~)* Jacobean.

Ja·ko·biet *-biete, n., (Br., hist. also j~)* Jacobite. **Ja·ko·bi·nis·me** *(also j~, hist.)* Jacobinism. **Ja·ko·bi·ties** *-tiese, adj., (also j~)* Jacobite. **Ja·ko·bi·tis·me** *(also j~)* Jacobitism.

ja·kobs-: **~blom, ~kruid** *(Senecio jacobaea)* stinking Willie. **~leer** *(bot.)* Jacob's ladder; bucket elevator.

ja·kob·siet *(min.)* jacobsite.

Ja·ko·bus *(NT apostle; king)* James.

Ja·ko·byn *-byne, n., (Fr., hist., also j~)* Jacobin. **Ja·ko·byns** *-bynse, adj., (also j~)* Jacobin.

Ja·koet *-koete, n.* Yakut. **Ja·koe·ti·ë** *(geog., hist.)* Yakut Republic, Yakutia; →REPUBLIEK VAN **SAKHA.** **Ja·koe·ties** *n., (lang.)* Yakut. **Ja·koe·ties** *-tiese, adj.* Yakut. **Ja·koetsk** *(geog.)* Yakutsk.

ja·ko·net *(text.)* jaconet.

ja·ko·pe·wer *-wers, (SA, icht.: Helicolenus dactylopterus)* jacopever. **~oë** protruding eyes.

ja·lap, ja·lop *(bot.)* jalap.

ja·loers *-loerse -loerser -loersste* jealous, envious; *iem. ~ **dophou*** keep a jealous eye on (*or* a jealous watch over) s.o.; *iem. ~ **maak*** make s.o. jealous; *op iem. ~ **wees*** be jealous/envious of s.o.; *op iem. se ... ~ **wees*** be jealous/envious of s.o.'s ... **ja·loers·heid** →JALOESIE[1] *n.*.

ja·loe·sie¹ *n.* jealousy, envy; *iem. is groen van ~* s.o. is green with jealousy/envy; *~ (op)wek* arouse jealousy/envy.

ja·loe·sie² *-sieë, n.* jalousie, slatted/Venetian blind.

Jal·ta *(geog.)* Yalta.

jam *jams,* **jams·wor·tel** *-tels, (bot.)* yam.

Ja·mai·ka *(geog.)* Jamaica. **Ja·mai·kaan** *-kane, n.* Jamaican. **Ja·mai·kaans** *-kaanse, adj.* Jamaican. **j~gemmer** *(also J~)* Jamaica ginger. **j~peper** *(also J~)* allspice, pimento, Jamaica pepper.

jam·ba·lai·a *(Creole cook.)* jambalaya.

jam·be *-bes, (pros.)* iamb(us). **jam·bies** *-biese* iambic; *~e trimeter, (pros.)* senarius.

jam·boes *-boese, (bot.)* jambos(a); *([fruit of] Malay tree Syzygium* spp.*)* rose apple; *wilde~ Eugenia zeyheri.*

jam·mer *-merder -merste, adj. & adv.* sorry; *dis **alte** ~* that's/it's too bad *(infml.)*; it is a thousand pities; *dis **alte** ~!* what a pity!; *dit is **baie/bitter** ~* it is a great pity, it is a shame; ***des te** ~der* more's the pity. ***dis** ~!* bad luck!; ***dit is** ~* it is a pity; it is a matter of regret; it is tough *(infml.)*; it is hard lines *(infml.)*; *~ **genoeg*** more's the pity; ***hoe** ~ (tog)!* the pity of it!, what a pity!; what a shame!; that's/it's too bad *(infml.)*; *iem. ~ **kry,** vir iem. ~ **voel/wees*** feel pity for s.o.; be/feel sorry for s.o.; *meer ~ as **kwaad*** more in sorrow than in anger; *en dis juis **so** ~* more's the pity; *dit is alte ~ **van** iem.* it is too bad about s.o.; *vir iem. ~ **wees** →**kry.*** **jam·mer** *ge-, vb.* lament, wail. **~dal** = TRANEDAL. **~hartig** *-e* compassionate, pitying. **~hartigheid** compassion, pity. **~klag** lamentation, wail. **~lappie** finger cloth, damp napkin. **~toon** tone of lamentation. **~verhaal, ~storie** sob story.

jam·mer·lik *-like, adj. & adv.* miserable, pitiable, pitiful, piteous, woeful, wretched, lamentable; *'n ~e figuur slaan* be an object of pity; *~ misluk* be a dismal failure, fail dismally. **jam·mer·lik·heid** miserableness, piteousness, wretchedness.

jam·mer·te pity, sympathy, compassion; *dis 'n ~!* what a pity!; it is hard lines *(infml.)*; *dit is regtig 'n ~* it is a great pity, it is rotten/rough/tough luck *(infml.)*; *uit ~* out of (*or* in) pity.

jams·wor·tel →JAM.

Jan: *~ **Alleman,** ~ en alleman* (every) Tom, Dick and Harry, the man in the street, Everyman *(often e~)*; *liewer(s) **bang** ~ as dooi(e) Jan* →BANG *adj.*; *~ **Burger/Publiek,** (infml.)* Joe Public, John Citizen; *wie is nou **Dom** ~ en wie Slim ~?, (rare)* who knows anything about it?; *~ **en** Tryn* Punch and Judy; *~ **Kalbas*** silly fellow; *~ **Kompanjie,** (SA, joc., hist.)* John Company; ***koning** ~ (van Engeland), ~ sonder Land* King John (of England), John Lackland; *~ **Lui** het hom dood gedra* don't overdo it; *~ **Pampoen*** Simple Simon, fool, nonentity, weakling, dunce, dud; *~ **Pierewiet,** (folk dance)* Jan Pierewiet; *~, **Piet,** (Paul) en Klaas →Jan **Rap** en sy maat; **Priester*** ~ Prester John; *~ **Publiek*** John Citizen, the man in the street; *~ **Rap*** (*of jan-**rap***) *en sy maat* (every) Tom, Dick and Harry; riffraff; ragtag (and bobtail); ***sint** ~/Johannes* Saint John; *Orde van **sint** ~* Order of Saint John; *~ **Taks,** (infml.)* the taxman, the inland revenue. *met ~ **Tuisbly** se karretjie ry* stay at home.

jan-: **~blom** *-me, -s, (Breviceps gibbosus)* rain frog. **~bruin** *-e, -s, (icht.: Gymnocrotaphus curvidens)* janbruin, John Brown. **~dooi, ~salie** *(infml.)* deadhead, slowcoach; drip, wimp, stick-in-the-mud, wet blanket, nerd, nurd, spoilsport. **~dorie** *-s, (icht.: Zeus faber)* John Dory. **~fiskaal** *-fiskale, -fiskaals, (orn., SA)* butcherbird, fiscal (shrike), Jack(ie) Hanger, Jackie/Johnny Hangman. **~frederik** *-e, -s,* **~tatarat, ~taterat** *-te, -s, (orn.: Cossypha caffra)* Cape robin. **~groentjie** *-s, (orn.)* malachite sunbird; *(infml.)* peppermint liqueur, crème de menthe. **~hen** *-ne, (rare)* henpecked husband. **~-in-die-sak** steamed pudding. **~klaassenspel** = POPPEKAS. **~krap** *(infml., rare)* river crab. **~maat, janmaat** *-s, (dated: sailor)* bluejacket, Jack, jack tar, sailor-boy. **~pierewiet** *-e -s, (orn.)* = BOKMAKIERIE. **~plesier** *-e, (arch.: touring bus)* charabanc. **~rap** no-good, good-for-nothing; *~ en sy maat* →**JAN** RAP EN SY MAAT. **~salie** *(infml.)* →JANDOOI. **~salieagtig** *-e* spiritless, spunkless. **~tatarat, ~taterat** *-te, -s* →JANFREDERIK. **~-van-alles** Jack of all trades, handyman. **~-van-gent** *-gente, -gents, (orn.: Sula bassana)* gannet.

Jang *(Chin. philos.)* Yang.

Jan·gon *(capital of Myanmar; until 1989: Rangoen)* Yangon.

Jang·tse(·ri·vier), Jangt·se Jiang Yangtze (River), Yangtze Jiang.

ja·nit·saar *-sare, (hist.: Turk. soldier)* janissary, janizary.

jan·ne·tjie, jan·tjie *(infml.)* jealous; *iem. ~ maak, (infml.)* make s.o. jealous; *~ wees op iem., (infml.)* be jealous of s.o..

Jan·nie: *~ se baadjie aanhê, (infml.)* be jealous.

Jan·se·nis·me *(RC, hist.)* Jansenism. **Jan·se·nis** *-niste* Jansenist. **Jan·se·nis·ties** *-tiese* Jansenist(ic).

jan·tjie¹ *-tjies* Cape wren warbler. **~barend** *-s, (rare)* →KANKERBOS(SIE). **~trapsuutjies** *-e, (rare)* = VERKLEURMANNETJIE.

jan·tjie² →JANNETJIE.

Ja·nu·a·rie January. **j~bossie** *Arthrosolen* spp.. **~maand** the month of January.

Ja·nus *(Rom. myth.)* Janus. **~gesig** *(also j~)* Janus face; *'n ~ hê* be Janus-faced/double-faced, play a double game.

Jap¹, Jap·ei·lan·de Yap (Islands).

Jap² *Jappe, (infml., derog.)* Jap; →JAPANNEES *n.*.

Ja·pan *(geog.)* Japan. **j~lak** *(an enamel-like varnish)* (black) japan.

ja·pan·neer *ge-* japan, varnish.

Ja·pan·nees *-nese, n., (inhabitant, also Japanner)* Japanese; *(lang., also Japans)* Japanese. **Ja·pan·nees** *-nese,* **Ja·pans** *-panse, adj.* Japanese; *Japannese spits(hond)/keeshond* Japanese spitz. **Ja·pan·ner** *-ners, n.* →JAPANNEES *n.*. **Ja·pans** *n., (lang.)* →JAPANNEES *n.*. **Ja·pans** *-panse, adj.* (→JAPANNEES *adj.*): *~e **aarde*** →KATESJOE; *~e **Binnesee*** Inland Sea of Japan; *~e*

kanfer Japan camphor; *~e* ***papier*** Japanese paper; *~e* ***sy*** Japanese silk; *~e* ***was*** vegetable wax.

ja·pie *=pies, (infml., derog.)* bumpkin, nerd, nurd, nit=wit, dolt, *(SA, township sl.)* moegoe, mugu, *(chiefly Am.)* hick; →PLAASJAPIE. **ja·pie·ag·tig** *=tige* uncouth, backward.

ja·pon *=ponne* gown, robe *(for men/women)*; wrap; *(hist.)* mantua.

ja·po·ni·ka *=kas, (bot.)* japonica, camellia; Japanese quince.

jap·pie →YUPPIE.

jap·snoet *=snoete* whippersnapper; jackanapes *(dated)*; imp; pert child, impertinent fellow.

jap·trap: *in 'n ~, (infml.)* in a jiffy/tick, in two ticks; in a trice; in two shakes (of a duck's/lamb's tail).

jar·di·nière *=nières* jardinière.

jar·gon *=gons, (ling.)* jargon; *(usually derog.)* cant; *~ van onderwyskundiges, opvoedkundige/pedagogiese ~, (derog.)* educationspeak, educationese.

jar·ra(·hout) jarrah (wood).

jar·re: *~ gelede* →JAAR.

Jas: *Ou ~, (dated)* Old Nick, Old Harry, Old Scratch.

jas *jasse* coat, greatcoat, overcoat, topcoat; *ligte ~* dust coat; *van die os op die ~* →OS; *warm ~* ulster. **~kraag** coat collar. **~materiaal, ~stof** coating. **~rak(kie)** coat rack. **~sak** coat pocket. **~stander** coat stand.

jasj·mak *=maks* yashmak, yashmac.

jas·moon *(chem.)* jasmone.

jas·myn *=myne, (bot.)* jasmine, jessamine.

Ja·son *(Gr. myth.)* Jason.

jas·pis *=pisse, (min.)* jasper; *swart ~* Lydian stone, ly=dite, touchstone.

jas·sie *=sies* little overcoat.

ja·ta·gan *=gans, (chiefly hist.)* yataghan.

Ja·va *(geog.)* Java. **~mens** *(anthr.)* Java man.

Ja·vaan *=vane, n.* Javanese. **Ja·vaans** *n., (lang.)* Java=nese. **Ja·vaans** *=vaanse, adj.* Javanese; *~e wewervoël* Java sparrow.

ja·vel *=vels* →JAFEL.

ja·vel·wa·ter Javel(le) water, eau de Javelle.

ja·wel indeed, yes.

jazz *(mus.)* jazz; *koel/warm ~, (mus.)* cool/hot jazz. **~-era** jazz age *(often J~ A~)*. **~orkes** jazz band. **~-rock** *(mus.)* jazz-rock.

Jeanne: *~ d'Arc, (Fr., hist.)* Joan of Arc, Jeanne d'Arc.

jeans (a pair of) jeans; *(blou) ~* blue jeans.

jeens *prep.* to, toward(s), by; with; ***bedrog*** *~* fraud (up)on; ***houding*** *~ iem.* attitude to(wards) s.o.; *altyd reg ~* ***iem.*** *gehandel* have always done right by s.o., treated s.o. fairly; ***openhartig*** *~ iem.* ***wees*** be frank with s.o..

jeep *jeeps, (<Eng., J~ as trademark)* jeep.

Jef·ta *(OT)* Jephthah.

jêg →JIG² *interj.*.

Je·his·ki·a *(Bib.)* Hezekiah.

Je·ho·va *(OT)* Jehovah. **Je·ho·vas·ge·tui·e** *(relig.)* Je=hovah's Witness, Russellite *(dated)*. **Je·ho·vis** *=viste* Jehovist. **Je·ho·vis·ties** *=tiese* Jehovistic.

Je·hu *=hu's, (OT)* Jehu.

je·ju·num *=junums, =juna, (anat.)* jejunum; →LEË=DERM, NUGTERDERM.

jel *jels, n.* gel. **jel** *ge=, vb.* gel, jell. **~vorming** *(chem.)* ge=lation.

je·la·tien →GELATIEN.

jel·lie *=lies* jelly. **~baba** *(a sweet)* jelly baby. **~sop** jellied soup. **~vis** jellyfish; →KWAL, DRILVIS. **~vorm** jelly mould.

jel·lie·ag·tig *=tige* jellylike, gelatinous.

Je·men: *(Republiek van) ~* (Republic of) Yemen. **Je·me·niet** *=niete, n.* Yemeni, Yemenite. **Je·me·ni·ties** *=tiese,* **Je·meens** *=e, adj.* Yemeni, Yemenite.

jen *jen(s), (monetary unit of Jap.)* yen.

je·ne(·tjie) →HETE(TJIE) *interj.*.

je·ne·wer gin, genever, geneva *(poet., liter.)*; *~ met kina=water* gin and tonic. **~bessie** juniper berry; →JENE=WEROLIE. **~boom, ~struik** juniper tree. **~bottel** gin bottle. **~moed** *(infml.)* Dutch courage, pot valour. **~mu=siek** easy listening. **~neus** *(infml.)* grog blossom. **~olie, ~bes(sie)olie** juniper oil, oil of juniper. **~stokery** gin distillery. **~struik** →JENEWERBOOM.

jen·toe *=toes* bad woman; prostitute.

jer·bo·a *=as* jerboa.

Je·re·mi·a *(OT)* Jeremiah; *(fig.)* Jeremiah, prophet of doom. **je·re·mi·a·de** *=des* jeremiad, lamentation; *(infml.)* hard-luck story. **je·re·mi·eer** *ge=* lament (over), wail, whine.

Je·ri·go *(geog.)* Jericho. **j~roos** *(Anastatica hierochunti=ca)* rose of Jericho.

Je·ro·be·am *(OT)* Jeroboam; *(j~, large wine bottle)* je=roboam, double-magnum.

Je·roen, Je·ro·ni·mus *(saint, ?347-?420 AD)* Jerome, Hieronymus.

Je·rô·me: *koning ~* King Jerome.

je·ro·pi·ko(·wyn), je·ro·pi·go(·wyn) *(SA)* jerepigo.

Jer·sey *(geog.)* Jersey. **j~bees·te** Jersey cattle. **j~stof** Jersey cloth.

Je·ru·sa·lem *(geog.)* Jerusalem; *'n vreemdeling in ~ wees, (Bib.)* be a stranger in Jerusalem; *by ~ begin* be=gin at home. **j~blom** *(bot.)* scarlet lychnis, Maltese cross. **j~ponie** *(joc.), (donkey; mule)* Jerusalem pony; bedbug; louse.

Je·sa·ja *(OT)* Isaiah. **Je·sa·jaans** *=jaanse* Isaian(ic).

Je·se·bel = ISEBEL.

Je·sji·wa *=was, (Hebr., an Orthodox Jewish college/se=minary)* yeshiva.

Je·su·ïet *=suïete, (RC, also j~)* Jesuit. **Je·su·ïe·te·kloos·ter** *(also j~)* Jesuit convent. **Je·su·ïe·te·or·de** *(also j~)* Society of Jesus, Order of Jesuits. **Je·su·ï·ties** *=tiese, (also j~)* Jesuitical. **Je·su·ï·tis·me** *(also j~)* Jesuitism, Jesuitry.

Je·sus Jesus; *~ Sirag, (RC)* Ecclesiasticus.

je·te(·tjie) →HETE(TJIE) *interj.*.

je·ti *=ti's* yeti, Abominable Snowman.

jeug youth; *die ~* youth, the young; *die ~ moet sy* ***gang*** *gaan, (rare)* youth will have its day/swing, you cannot put old heads upon young shoulders; ***in*** *iem. se ~* in s.o.'s youth; in s.o.'s early days/life; ***in*** *iem. se prille ~* in s.o.'s early youth, at a tender age; *die* ***rypere*** *~* teenagers, adolescents. **~beweging** youth movement. **~blad** juvenile/youth magazine. **~boek** juvenile/youth book. **~bond** league of youth. **J~dag** *(SA: 16 June)* Youth Day. **~diens** church service for young people. **~droom** youthful dream. **~gevangenis** juvenile prison. **~herberg** youth hostel. **~hof** juvenile court. **~jare** youth, early years; *in iem. se ~* in s.o.'s early years. **~klub** youth club. **~koor** youth/juvenile choir. **~kranksin=nigheid** *(psych.)* hebephrenia. **~kultuur** youth cul=ture. **~land** = GEBOORTEGROND. **~lektuur** juvenilia; juvenile literature/reading. **~misdaad, ~misdryf** ju=venile offence. **~misdadiger, ~oortreder** juvenile de=linquent, juvenile/young offender. **~misdadigheid** juvenile delinquency. **~raad** *(SA, hist.)* Juvenile Affairs Board. **~sentrum** youth centre. **~sonde** youthful sin; *(in the pl. also)* wild oats. **~vet** baby/puppy fat. **~weer=baarheid** youth preparedness. **~werk** juvenilia *(of a writer)*; youth work.

jeug·dig *=dige* young; youthful; juvenile; adolescent; *op ~e leeftyd* at an early *(or* a tender) age; *~e oortreder* →JEUGMISDADIGER. **jeug·di·ge** *=ges* youth, juvenile, teenager; *(jur.)* young person. **jeug·dig·heid** youth=fulness, juvenility, youth.

jeuk, juk *n.* itch(ing). **jeuk, juk** *ge=, vb.* itch; tingle; *~ om iets te doen, (infml.)* be burning/bursting/itch=ing to do s.t.; *iem. se hande/vingers/voete ~ om te ..., (infml.)* s.o. has an itch to ...; one's fingers itch *(or* are itching) to ...; *iem. se hande het ge~ om te baklei, (also)* s.o. was spoiling for a fight. **~bol** *Drimia* spp.; *Urginea* spp.. **~bos(sie)** *Clutia* spp.. **~bult** itching papule. **~myt** *Acarus scabiei*. **~poeier** itching powder. **~siekte** sca=bies, the itch; *besmetlike ~* infectious itch; *chroniese ~, (med.)* prurigo. **~ui** *Drimia* spp..

jeu·ke·rig, juk·ke·rig *=rige* itching, itchy; prickly; pruriginous; *(infml.)* randy. **jeu·ke·rig·heid, juk·ke·rig=heid** itchiness; prickliness; pruritus; *(infml.)* randiness.

jeu·king, juk·king formication, itch(ing). **jeuk·te, juk·te** itch(ing), itchiness; *Australiese ~* Australian itch *(in sheep)*.

Jid·disj *n., (lang.)* Yiddish. **Jid·disj** *=disje, adj.* Yid=dish. **Jid·di·sjis·me** *(also j~)* Yiddishism.

jig¹ *(med.)* arthritis, gout; podagra. **~aanval** attack of gout. **~bult** →JIGKNOBBEL. **~knobbel** *(pathol.)* chalk=stone, tophus. **~lyer** gout sufferer, gouty patient, suf=ferer from gout. **~pyn** gouty pain, twitch of gout. **~wortel** goutweed; goutwort; bishop's weed.

jig², jêg *interj., (infml.)* yec(c)h, yu(c)k. **jig·gie·rig** *=rige, adj., (infml.)* yucky, yukky.

jig·ag·tig gouty, arthritic; podagric, podagral, poda=grous. **jig·ag·tig·heid** goutiness.

jig·ger=: **~boot** jigger. **~mas** jigger (mast). **~seil** jig=ger.

jig·tig *=tige,* **jig·te·rig** *=rige* = JIGAGTIG.

jil *ge=* jest, joke, play pranks, tease; *met iem. ~* jest with s.o.. **jil·le·ry** jesting, teasing, playing pranks.

jin·go *=go's* jingo, flag-waver *(infml.)*. **~blad** jingo pa=per. **~politiek** jingo policy; jingo politics.

jin·go·ïs·me jingoism. **jin·go·ïs·ties** *=tiese* jingoistic.

jin·ne(·tjie) →HETE(TJIE) *interj.*.

jin·toe *=toes* →JENTOE.

jip·pie *interj.* yippee, hurrah, hooray, hurray, whee, goody.

jis *(infml.)* backside, behind, bum, *(Am.)* butt, *(SA)* gua=va; *iem. onder sy/haar ~ skop* kick s.o.'s backside.

jis·la(a)ik *interj., (infml.)* gee (whiz), wow, golly, yikes, great balls of fire.

Jis·re·ël *(OT, geog.)* Jezreel.

jis·sem, jis·sie *interj., (euph. for* Jesus*)* jeez(e).

jit·te(·tjie) →HETE(TJIE) *interj.*.

jo *interj.* oh.

jo·a·qui·niet *(min.)* joaquinite.

Jo·as *(OT)* Joash.

Job *(OT)* Job; *so* ***arm*** *soos ~* →ARM²; *~ se* ***geduld*** *en Sa=lomo se wysheid* Job's patience and Solomon's wisdom; much patience and great wisdom; *so* ***geduldig*** *soos ~* as patient as Job; *'n* ***ware*** *~ wees* have the patience of Job.

job·bel →JOPPEL.

Jobs=, jobs=: **~bode** Job's messenger, bringer of bad news. **~geduld** Job's patience, the patience of Job, much patience; *~ hê* have the patience of Job. **j~kraal=tjies, j~krale, j~trane** *(pl.) (bot.: Coix lacryma-jobi)* Job's tears. **~troos** cold comfort. **~trooster** Job's com=forter, poor comforter. **~tyding** Job's news, message of ill luck.

jod *(10th letter of the Hebr. alphabet)* yod(h).

jo·daal *=dale, (chem.)* iodal. **jo·daat** *=date* iodate.

Jo·de=: **~buurt** Jewish quarter; *(hist.)* ghetto. **~dom** Judaism; Jewry, Jews. **~genoot** Jewish proselyte. **~haat** anti-Semitism. **~hater** anti-Semite, Jew-baiter. **~kerk** synagogue. **~kerkhof** Jewish cemetery. **j~kers** straw=berry tomato. **~skool** Jewish school. **~taal** Yiddish; Jewish language. **~vervolger** Jew-baiter. **~vervolging** persecution of the Jews, Jew-baiting; pogrom. **~vrou** Jewess, Jew woman; →JODIN. **~winkel** Jew's shop. **~wyn** sweet unfermented wine.

jo·deer *(ge)=* iodise. **jo·de·ring** iodisation.

jo·del *ge=* yodel.

jo·died *=diede* iodide.

Jo·din *=dinne* Jewess. **Jo·di·ne·tjie** *=tjies* little Jewess.

jo·di·riet, jood·sil·wer iodyrite.

jo·di·um, jood *(chem., symb.: I)* iodine. **~suur** iodic acid. **~suursout** = JODAAT. **~tinktuur** tincture of io=dine.

jo·do·form iodoform.

joe *interj., (infml.)* yikes, wow, boy.

Joe·an Yuan. **joe·an** *=ans, (Chin. monetary unit: 1914 - 1952)* yuan.

joe·gaai *interj.* yahoo.

Joe·go-Sla·wi·ë *(geog., hist.)* Yugoslavia. **Joe·go-Slaaf** *-Slawe,* **Joe·go-Sla·wi·ër** *-wiërs* Yugoslav. **Joe·go-Sla·wies** *-wiese* Yugoslav(ian).
joe·hoe *interj.* yoo-hoo, halloo; →JOHO *interj.*.
joe·jit·soe, ju·jit·su *(Jap. art of fighting)* j(i)ujitsu, j(i)ujutsu.
joe·ker *(Am. card game)* euchre.
Jo·ël *(OT)* Joel.
Joel-: ~**blok** Yule log. ~**fees** *(hist.)* Yule.
joel *ge-* bawl, shout, cheer.
joep-joep *-joeps, (sweet)* jujube.
joe·rie *-ries, (rare)* = MIERLEEU.
joer·naal *-nale* journal; *(bookk.)* daybook, journal; *(naut.)* logbook. **joer·na·lis** *-liste* journalist, pressman, presswoman, newspaperman, newspaperwoman. **joer·na·lis·tiek** *n.* journalism. **joer·na·lis·tiek** *-tieke, adj.* journalistic.
joert *joerte, (tent used by nomadic peoples)* yurt.
jo·ga yoga.
jog·gel *-gels, n.* joggle (joint). **jog·gel** *ge-, vb.* joggle. ~**voeg** joggle joint.
jog·gem·lang·a·sem *-sems, (infml., entom.)* locust.
jog·gie *-gies, (golf)* caddie, caddy; attendant.
jo·gi *-gi's* yogi.
jo·gurt yog(h)urt. ~**kultuur,** ~**plantjie** yog(h)urt culture.
Jo·han: *koning ~ (van Portugal)* King John (of Portugal).
Jo·han·nes *(NT)* John. **Jo·han·ne·ïes** *-neïese, (also j~)* Johannine.
jo·han·nes-: ~**brood** *(bot.)* honey bread. ~**brood(boom)** *(Ceratonia siliqua)* locust bean.
Jo·han·nes·burg *(geog.)* Johannesburg, *(infml.)* Joburg, Joeys, Johies, Jozi. **Jo·han·nes·bur·ger** Johannesburger, *(infml.)* Joburger.
jo·him·been *(chem.)* yohimbene. **jo·him·bien, jo·him·bi·ne** *(chem.)* yohimbine, aphrodine, quebrachine *(pharm., obs.)*.
jo·ho *interj.* yo-ho(-ho); →JOEHOE *interj.*.
joi·ner *-ners, (hist.)* joiner.
Jo·ja·da *(OT)* Jehoiada.
Jo·ja·gin *(OT)* Jehoiachin.
Jo·ja·kim *(OT)* Jehoiakim.
jo·jo·ba *(bot.)* jojoba. ~**(-olie)** jojoba (oil).
jok *ge-* fib, tell fibs/stories, prevaricate; *(obs.)* romance; *moenie ~ nie!* don't tell stories! *(infml.)*. **jok·ker** *-kers* fibber, storyteller; *(obs.)* romancer. **jok·ke·ry** fibbing, storytelling.
Jo·kas·ta *(Gr. myth.)* Jocasta.
jok·kie *-kies* jockey; ~**klub** jockey club.
Jo·ko·ha·ma *(geog.)* Yokohama.
jol[1] *jolle, n.* jolly (boat); *klein ~* dinghy. ~**boot** jolly (boat), yawl.
jol[2] *ge-, (infml.)* party, *(SA)* jol(l), jorl, make merry, revel; spree; have fun.
jo·lig *-lige* jolly, merry, fun *(attr.)*, gay, mirthful. **jo·lig·heid, jo·lyt** jollity, jollification, fun (and games), gaiety, merriment, merrymaking, mirth, revelry, high jinks, hijinks; *jolyt maak* make merry. **jol·ler** *(infml.)* gallivanter, joller; party animal. **jol·le·ry** merrymaking, revelry. **jol·lie** *(<Eng., infml.)* jolly. **jol·li·fi·ka·sie** *-sies* →JOLLERY. **jo·lyt** →JOLIGHEID.
Jom Kip·poer, Jom Kip·poer, Groot Ver·soen·dag, *(Jud.)* Yom Kippur, Day of Atonement.
Jo·na *(OT)* Jonah; *(fig., also j~ and* Jonas *or* jonas: *bringer of ill luck)* Jonah.
jo·nas *ge-* jettison. **j~klip** *(min.)* dolomite.
Jo·na·tan *(OT)* Jonathan; *soos Dawid en ~ wees* be like David and Jonathan, be close friends.
jong[1] *jongens, n., (SA, obs., derog.)* (male coloured) servant/hand; ***haai,*** *~!* I say, old chap!; really?; ***ja,*** *~(ie)!* I told you so!; ***kom,*** *~* come on, old chap/fellow/man; ***nee,*** *~!* no, you don't!; not at all; *~, dit **was** lekker* I tell you, it was fun. **jon·gie** *-gies, (rare, form of address)* chappy, boy, laddie, sonny; *pas op, ~* you look out, young fellow.
jong[2] *jonges, n., (rare)* young *(of animals)*; cub etc.. **jong** *ge-, vb., (rare)* bring forth young, litter; kitten; pig, farrow; pup; whelp.
jong[3] *(attr.),* **jonk** *(pred.), jonger jongste, adj.* young; *~ **aartappel(tjie)s*** new potatoes; *~ste **berigte*** →BERIG *n.*; *~ **boom*** sapling; *die ~ste **dag*** →DAG[1]; *~ **dingetjie,*** *(infml.)* young thing; *~ **duif*** squab; *ons is maar **een maal** jonk* we are young only once; youth never returns; *die ~ **geslag*** the younger generation; *~ **groente*** spring vegetables; *jonk van **hart** bly* remain young at heart, carry an old head on young shoulders; *~ **hen(netjie)*** pullet; *~ **hoender/kalkoen/fisant/tarentaal*** poult; *~ **hoender*** spring chicken, pullet; *in my ~ **jare/dae*** in my young days; *~ **kêrel*** young fellow, stripling *(arch. or joc.)*; *die ~ **klomp*** the youth/youngsters; *~ **lam*** spring lamb; *iem. is nie **meer** so jonk nie* s.o. is no (spring) chicken *(infml.)*; *die ~ **mense*** the young people; *~ **os*** steer, bullock; tolly; untrained ox; *~ **skaap*** teg(g); *~ **slagos*** baby beefer; *~ **sog*** gilt; *jonk **trou*** marry young; *~ste **uitgawe*** current issue; ***van*** *~s af* →JONGS; *in die ~ste **verlede*** very recently; *~ **voël*** fledg(e)ling; *nog maar jonk **wees*** be quite young, be only a youngster; *~ **wyn*** must, new wine. ~**gehude** newly married. ~**gesel** *(rare)* →VRYGESEL. ~**gestorwe** who died young. ~**getroude** newly married (person); *die ~s* the young couple, the newlyweds. ~**hengrootte** pullet size. ~**hout** sap(wood), softwood, alburnum. ~**kêrel** bachelor. ~**man,** ~ **man** young man, youth. ~**mannevereniging** young men's association. ~**meisie,** ~ **meisie** young girl; maiden; *(Sc., N.Eng.)* lass. ~**mens,** ~ **mens** young person, youngster; youth, juvenile; *die ~e* (of ~ *mense*) (the) youth. ~**os:** *~se inspan/leer, (infml.: vomit)* shoot the cat. ~**osgras,** ~**ospol(gras)** *(Eleusine* spp.; *Eragrostis* spp.) crab grass, crowfoot (grass), dog's-tail (grass). ~**osvleis** baby beef. ~**perd** untrained horse. ~**span** children, young folk(s), young people, youth, juveniles, the younger set. ~**vissie** fingerling.
jon·ge[1] *-gens, (obs.)* boy.
jon·ge[2] *-ges* young person/animal/plant; *die/'n ~* the/a young one; *die ~s* the young ones; *ons ~s* we young people; *'n ~ en 'n oue* a young one and an old one. ~**dogter** *(fml.)* (young/unmarried) girl; spinster. ~**heer** *(fml.)* young gentleman; Master *(in address)*. ~**juffrou** young lady; Miss *(in address to children)*. ~**liede,** ~**lui** *(dated)* young people; younger set, younger generation; *ryk ~* gilded youth. ~**liedevereniging** young people's association; *Christelike J~* Young Men's/Women's Christian Association.
jon·ge·ling *-linge, -liede, -lui* lad, young man, youth, youngster. **jon·ge·lings·ja·re** adolescence, early manhood. **jon·ge·ling·skap** adolescence, youth; young men. **jon·ge·lui** →JONGELIEDE. **jon·gens·ag·tig** *-tige* boyish; boy-like *(girl)*. **jon·gen·skool** *(rare)* boys' school. **jon·ge·rig** *-rige* youngish. **jon·ge·tjie** *-tjies* (young) boy; (little) young one *(a person, animal, plant, etc.)*. **jon·ge·tjies·kind** *(obs.)* boy.
jong·leer *n.* juggling. **jong·leer** *(ge)-, vb.* juggle; *(hist.)* tour as minstrel. **jong·leur** *-leurs, (Fr.)* juggler; *(hist.)* jongleur, minstrel.
jongs: *van ~ af* from a child, from childhood, from an early age; *op die ~ gehoue vergadering, (fml.)* at the last meeting. ~**lede** last; ultimo *(obs.)*.
jong·ste youngest; latest, up-to-date; →JONG[3] *adj.*; *die ~ gier/gril/mode wees, (also, fig.)* be the flavour of the month/week/year.
jo·ni *(Skt., Hind.)* yoni.
jonk[1] *adj.* →JONG[3] *adj.*. ~**heer** baron. ~**man** *-s* bachelor; lover. ~**manskap** bachelorhood. ~**manskas** jonkmanskas. ~**mansknoop,** ~**knopie** *(bot.: Tagetes patula)* French marigold. ~**manskwartier** *(obs.)* bachelor's quarters. ~**selfstandig** *(orn.): ~e voël* precocial (bird). ~**vrou** young lady, damsel *(arch., poet., liter.)*; maiden, virgin; baroness, noble lady. ~**vroulik** *-e, (obs.)* maidenly; virginal.
jonk[2] *jonke, n. (naut.)* junk.
jon·ker *-kers* (young) nobleman, squire; younker *(obs.)*; *hoe kaler ~, hoe groter pronker* the poorer the man, the greater his boast. **jon·kers·bak** gun room *(on a naval ship)*. **jon·kers·huis** *(hist.)* dower house.
jonk·heid youth; *~ is ydelheid, (Bib.)* childhood and youth are vanity.
Jood *Jode* Jew; *(arch., derog.)* Hebrew; *(sl., derog.)* Yid; *(infml.)* sharp man of business. **Jood·jie** *-jies* little Jew; Jew boy. **Joods** *Joodse* Jewish; Judaic; *~e Christen* converted Jew; *~e Raad, (hist.)* Sanhedrin, Sanhedrim. **Joods·heid** Jewishness.
jood →JODIUM. ~**kali** = KALIUMJODIED. ~**silwer** →JODIRIET. ~**suur** = JODIUMSUUR. ~**suursout** →JODAAT. ~**tinktuur** →JODIUMTINKTUUR.
jool *jole, (students')* rag; *(rare)* frolic, fun, jollification, jollity. ~**koningin** rag queen.
joos, josie *(infml.: the devil)* Old Harry/Nick/Scratch; *voor dit gebeur, kan jy na die ~ **gaan,** (infml.)* I'll see you somewhere first; *iem. d(i)e ~ **in maak,** (infml.)* get s.o.'s dander up, put s.o.'s monkey up; *d(i)e ~ **in** wees (vir iem.), (infml.)* be fed up (to the back teeth *or* to the gills) (with s.o.), be narked (with s.o.); *d(i)e ~ **in** raak/word, (infml.)* get one's monkey up, get narked; *die ~ alleen **weet,** (dit mag die) ~ **weet,** dit **weet** ~ (alleen), (infml.)* deuce alone knows, goodness/dear knows, search me, heaven only knows.
jop *joppe, (<Eng., infml.)* job. **jop·pie** *-pies* little job.
Jop·pe *(geog., Bib.)* Joppa; →JAFFA.
jop·pel *-pels,* **job·bel** *-bels* chop *(of waves)*. ~**see** choppy sea.
jop·pel·rig, job·bel·rig *-rige* choppy *(water)*.
Jor·daan: *die ~(rivier)* the (River) Jordan. **Jor·da·ni·ë** *(geog.)* Jordan. **Jor·da·ni·ër** *-niërs, n.* Jordanian. **Jor·da·nies** *-niese, adj.* Jordanian.
Jo·ris: *St. ~* St George.
Jo·roe·ba *-bas, n., (tribe)* Yoruba; *(lang., no pl.)* Yoruba.
Jo·sa·fat *(OT)* Jehoshaphat.
Jo·sef *(OT)* Joseph.
jo·sef *-sefs, (icht.: Callorhynchus capensis)* elephant fish, elephant-snout fish. **J~skleed,** ~**srok** coat of many colours. ~**skleed** *(bot.)* coleus.
Jo·se·phus, Jo·se·fus Josephus; *Flavius ~, (Jewish general and historian)* Flavius Josephus.
Jo·si·a *(OT)* Josiah.
jo·sie →JOOS.
Jo·su·a *(OT)* Joshua.
jo·ta *(fig.)* iota; jot; *(Gr. letter)* →IOTA; *geen ~ ... nie* not a jot of ...; *geen ~ of tittel nie* not one jot or tittle.
Jo·tam Joatham *(AV)*; Jotham *(NIV)*.
jou[1] *pers. pron.* you *(acc. & dat.)*; *dit **behoort** alles aan ~* it's all yours; *dit **berus** by ~ om te ...* it is for you to ...; ***jy** kan ~ vergis* you may be mistaken; *ek het ~ **mos** gesê* I told you so; *~ **rakker/ens.!*** you rascal/etc.!; ***ruk** ~ reg!* pull yourself together! *(infml.)*; *dit is **vir** ~ stiptheid/ens., hoor!* this is punctuality/etc. with a vengeance; *dit was **vir** ~ 'n ...* it was a ..., I can tell you *(a to-do etc.)*; *gaan **was** ~!* go and wash yourself!; ***was** dit vir ~ 'n lawaai!* what a din there was!. **jou** *poss. pron.* your; *dit is ~ **boek/ens.,** die **boek/ens.** is jou(n)e* it is your book, the book is yours; *~ **liefhebbende*** yours affectionately; ***van*** *~* of yours; *ek is nie ~ **vriend** nie* I am no friend of yours. **jou** *ge-, vb.* address familiarly; →JY EN JOU. ~**self** yourself *(acc. & dat.)*; oneself. ~**waarlikwaar:** *iem. het ~ gekom* s.o. actually came.
jou[2] *ge-, vb.* boo, hoot; →UITJOU. **jou·e·ry** booing.
jou·e, jou·ne yours; →JOU[1] *poss. pron.*; *myne is beter as ~* mine is better than yours; *dit is ~* it is yours.
joule *joules, (unit of electrical/mechanical/thermal energy)* joule; *tien ~, baie ~s* ten joules, many joules. **J~-Thomson-effek** Joule-Thomson effect.
jo·vi·aal *-ale -aler -aalste* genial, jolly, jovial. **jo·vi·a·li·teit** joviality, geniality, bonhomie *(Fr.)*.
ju·bel *n., (poet., liter.)* jubilation, shout(s) of joy, exultation. **ju·bel** *ge-, vb.* exult, jubilate, shout for joy; *~ van blydskap* shout for joy. ~**fees** jubilee. ~**jaar** ju-

bilee (year); *(RC)* holy year. ~**kreet** cheer, shout of joy. ~**lied**, ~**sang** song of rejoicing, pae(a)n. ~**toon** jubilant tone/note; →JUBELKREET.

ju·be·lend -*lende* jubilant, exulting. **ju·be·ling** -*linge* jubilation, exultation.

ju·bi·la·ris -*risse* jubilarian, person celebrating his/her jubilee; hero/heroine of the feast. **ju·bi·leer** jubilate, exult; celebrate one's jubilee.

ju·bi·le·um -*bileums*, -*bilea* jubilee; →DIAMANTJUBILEUM, SILWERJUBILEUM; *goue* ~ golden jubilee. ~**nommer** jubilee number.

Ju·da *(OT)* Judah. **Ju·da·ïes** -*daïese* Judaic(al). **Ju·da·ïet** -*daïete, (hist., member of a people)* Judahite. **ju·da·ï·seer** *ge-* Judaise. **ju·da·ï·se·ring** Judaisation. **Ju·da·ïs·me** *(also j~)* Judaism.

Ju·das *(NT)* Judas, Jude; *(fig.)* betrayer, traitor, double-crosser; *Sendbrief van ~, (Bib.)* Epistle of Jude. **j~boom** Judas tree. ~ **Iskariot** *(NT)* Judas Iscariot. ~**kus** *(also j~)* Judas kiss, traitor's kiss. ~**lag** *(also j~)* Judas smile, treacherous smile. ~**loon** *(also j~)* traitor's reward. ~ **Makkabeüs** *(hist.)* Judas Maccabaeus. **j~oor** *(mushroom)* Jew's-ear. **j~penning** *(bot.)* honesty, satinflower. ~**streek** *(also j~)* Judas trick, treachery.

Ju·das·ag·tig -*tige* Judas-like.

Ju·de·a *(geog., hist.)* Jud(a)ea. **Ju·de·ër** -*deërs, n.* Jud(a)ean. **Ju·dees** -*dese, adj.* Jud(a)ean.

ju·di·ka·tuur *(rare)* judicature. **ju·di·si·eel** -*siële, (rare)* judicial.

ju·do *(sport)* judo. **ju·do·gi** -*gi's, (costume)* judogi. **ju·do·ka** -*kas, (competitor)* judoka.

juf·fer -*fers, (dated)* miss, (young) lady; spinster; *(naut.)* dead man's eye. **juf·fer·ag·tig** -*tige, (dated)* finicky, finical, prim. **juf·fers·hond·jie** = SKOOTHOND(JIE).

juf·fer·tjie -*tjies* missie; lassie. ~-**in-die-groen** *juffertjies-in-die-groen, (bot.: Nigella damascena)* love-in-a-mist, devil-in-a-bush, fennel flower. ~-**roer-by-nag** *(Struthiola* spp.*)* cat's tail.

juf·fie -*fies* missy, young girl.

juf·frou -*froue(ns), (title prefixed to the name of an unmarried woman)* Miss; (lady) teacher; lady; madam, mistress. **juf·frou·tjie** -*tjies* missy, little miss.

jug·leen *(chem.)* juglene.

jug·leer Russia leather, yuft.

juig *ge-* exult, rejoice, cheer, jubilate; ~ *van blydskap* shout for joy; ~ *iem. hartlik toe* give s.o. a big hand; *oor iets* ~ exult at/in s.t.. ~**kreet**, ~**toon** shout of rejoicing/joy.

jui·gend -*gende* jubilant, joyful.

juis *juiste juister juisste, adj.* correct *(answer)*; exact *(value)*; accurate *(instrument)*; just *(proportion)*; right *(time)*; precise *(reasons)*; true; *die ~te manier* the proper way. **juis** *adv.* exactly, precisely; particularly; *nie ~* ***beleef(d)*** *nie* hardly (*or* not exactly) polite, less than polite; ~ ***daarom*** for that very reason; *iem. het dit ~* ***gister*** *gehoor* s.o. heard it only yesterday; *nie ~* ***billik****/ens. wees nie* be less than fair/etc.; ***nie*** *~ ... nie* not exactly ...; ~ ***om*** *iem. se deugde* because of s.o.'s very virtues; ***volkome*** ~ true enough; ***waarom*** *moet ~ ... dit doen?* why should ... of all people do it?. **juis·te·ment, juis·te·ment** *(joc.)* certainly, exactly, precisely, quite so. **juist·heid** correctness, exactitude, exactness, accuracy, precision, preciseness.

ju·jit·su →JOEJITSOE.

ju·ju·be -*bes, (berry)* jujube.

juk[1] *jukke* yoke; beam *(of a balance)*; crossbar, crossbeam; *(bot.)* pair of leaflets; *die ~* ***afgooi*** throw/shake off the yoke; *onder die ~* ***bring*** bring under the yoke, subjugate; *onder die ~ van ...* ***buig*** submit to the yoke of ...; *die ~* ***dra*** bear the yoke; ***in*** *die ~* in the yoke; *Dit is goed vir 'n man dat hy die ~ in sy* ***jeug*** *dra, (OAB)* it is good that a man should both hope and quietly wait for the salvation of the Lord *(AV)*; it is good to wait quietly for the salvation of the Lord *(NIV)*; *jou onder die ~* ***krom*** bow one's neck to the yoke; *een ~* ***osse*** pair of oxen. ~**been** *(anat.)* cheekbone, zygomatic bone, zygoma. ~**(been)boog** *(anat.)* zygomatic arch. ~**bout** trunnion. ~**brug** pile bridge.

juk[2]**, juk·ke·rig** →JEUK *vb.*, JEUKERIG.

juk·skei -*skeie* yoke pin, yoke skey; *(game)* jukskei; ~ *breek, (fig., infml.)* rock the boat; *'n klein ~tjie met 'n groot kop, (rare)* a serviceable/useful thing; a handyman; *die orige ~ wees, (fig., infml.)* be the odd man out, be the fifth wheel to the coach. ~**breker** maverick, troublemaker. ~**gat** skey hole. ~**laer** *(game)* jukskei club.

juk·sta·po·si·sie juxtaposition.

jul →JUL(LE).

Ju·li·aan Julian. **Ju·li·aans** -*aanse, (also j~)* Julian; *~e kalender/tydrekening* Julian calendar.

Ju·li·a·nus *(hist.: Rom. emperor)* Julian; *die Afvallige* ~ Julian the Apostate.

Ju·lie July. ~**maand** the month of July.

ju·li·en·ne *(cook., soup)* julienne.

Ju·lie·se: *die ~ Alpe* the Julian Alps.

Ju·li·us Julius.

jul(·le) *pers. pron., (pl.)* you; you people; ~ ***almal*** all of you, you all; ***een van*** ~ one of you; ~ ***kan*** *gaan* you may go; ~ ***self*** you yourselves; →JUL(LE)SELF; *ons s'n is kleiner as ~* ***s'n*** ours is smaller than yours; *die boeke is ~* ***s'n*** →DIT IS JUL(LE) BOEKE; ~ ***twee*** the two of you; ***van*** ~ of yours. **jul(·le)** *poss. pron.* your; *dit is ~ boeke, die boeke is ~ s'n* these books belong to you (*or* are yours), these are your books. ~**self** yourselves *(acc. & dat.)*; →JUL(LE) SELF.

jum·bo-ei·ers jumbo(-sized) eggs *(weighing more than 66 g)*.

Ju·nie June. ~**maand** the month of June.

ju·ni·or -*ors, n.* junior. **ju·ni·or** *adj.* junior; *J~ Balie (jur.)* Junior Bar.

junk·sie -*sies, (rare)* junction; joint.

Ju·no *(Rom. myth., astron.)* Juno. **Ju·no·nies** -*niese* Junoesque.

jun·ta -*tas, (<Sp.)* junta.

jun·to -*to's, (hist.)* junto.

Ju·pi·ter *(Rom. myth., astron.)* Jupiter, Jove. ~**lamp** *(phot., also j~)* photoflood (lamp).

Ju·ra *(geog.)* Jura. ~**(tydperk):** *die ~, (geol.)* the Jurassic.

Ju·ras·sies -*siese, (geol.)* Jurassic.

ju·ri·dies -*diese* juridical; judicial; juristic; forensic; *~e gemeenplaas* trite law; *~e vereniging* law society *(of students)*.

ju·rie -*ries* jury; *in die ~ dien, lid van die ~ wees* serve on the jury; *die ~ opdrag gee* charge the jury. ~**bank** jury box. ~**diens** jury service. ~**lid** juryman, jurywoman, juror, member of the jury. ~**lys** jury panel.

ju·ris -*riste* barrister, jurist, lawyer. **ju·ris·dik·sie** jurisdiction; *binne/onder die ~ van ... wees* be/come/fall under/within the jurisdiction of ...; *buite die ~ van ...* outside the jurisdiction of ...; *~ vestig* found jurisdiction. **ju·ris·dik·sie·ge·skil** jurisdictional dispute. **ju·ris·pru·den·sie** jurisprudence. **ju·ris·te·ry** *(derog.)* legal quibblings/sophistry.

jurk *jurke* gym dress; smock; gown.

jus·teer *(ge)-*, **jus·ti·fi·seer** *ge-* adjust; focus; *(print.)* justify.

jus·ti·fi·na -*nas, (bot.: Cyrtanthus obliquus)* sore-eye flower.

Jus·ti·ni·aans -*aanse, adj., (also j~)* Justinian. **Jus·ti·ni·a·nus** *(Rom. emperor)* Justinian. **Jus·ti·nus** Justin; *~ Martyr, ~ die Wysgeer, (saint)* Justin Martyr.

jus·ti·sie (administration of) justice, judicature; *'n saak* ***aan*** *die ~* ***oorhandig*** hand a matter over to the law; *met die ~* ***in aanraking*** ***kom*** come into contact with the law; *uit die* ***hande*** *van die ~ bly* keep out of the clutches of the law; ***minister*** *van* ~ Minister of Justice; ***Paleis*** *van J~* →PALEIS. **jus·ti·si·eel** -*siële* judicial.

Jut *Jutte*, **Jut·lan·der** -*ders* Jute. ~**land** *(geog.)* Jutland. ~**lander** →JUT. ~**lands, Juts** -*e* Jutland(ish), Jutish.

ju·te, juut jute. ~**wewery** jute factory.

Juts →JUTLANDS.

juts *jutse, n., (<Eng., obs.)* judge. **juts** *adj. & adv., (obs.)* smart; showy, swanky, swaggering; *so ewe ~, (also)* prim and proper; *~ ry* ride showily, swaggeringly.

juut →JUTE.

Ju·ve·na·lis *(Rom. satirist)* Juvenal.

ju·weel -*wele* jewel, gem; *(fig.)* treasure; *(in the pl. also)* jewellery, *(Am.)* jewelry.

ju·we·le-: ~**dief, juweeldief** jewel thief. ~**diefstal, juweeldiefstal** jewel theft. ~**kis(sie), juweelkis(sie)** jewel box/case, trinket box.

ju·we·lier -*liers* jeweller.

ju·we·liers-: ~**gewig** = TROOISGEWIG. ~**pleet** German gold, Dutch gold/metal/leaf. ~**rooi** jeweller's rouge/red. ~**ware** jewellery, *(Am.)* jewelery. ~**werk** jewellery, *(Am.)* jewelery. ~**winkel** jeweller's (shop).

jy *pers. pron.* you; ***as*** *ek ~* ***was*** (if I were) in your place; ***ek en*** *~ (of ~* ***en ek****)* you and I; *het ~* ***seergekry?*** have you hurt yourself?; *~* ***self*** you yourself; *~* ***weet*** *nooit (nie)* →WEET. ~ **en jou** *gejy en (ge)jou* address familiarly; address disrespectfully. ~-**weet-wat** *(infml.)* you-know-what. ~-**weet-wie** *(infml.)* you-know-who.

Kk

k *k's,* **K** *K's, (11th letter of the alphabet)* k, K. **k'tjie** *k'tjies* small k.

ka *ka's, (ancient Eg., relig.)* ka, soul.

Ka·ä·ba *(<Arab.)* Kaaba, Caaba.

kaag *kage, kae, (naut.)* ketch. **ka·gie** *=gies* small ketch.

kaai *kaaie* quay, wharf. **~geld** wharfage, quayage, quay dues. **~meester** wharfmaster, wharfinger. **~muur** quay wall, wharfside; embankment. **~ring** mooring ring. **~ruimte** quayage, wharfage. **kaai·tjie** *=tjies* small quay.

kaai·man *=manne, =mans, (zool.)* cayman, alligator. **~klem** crocodile clip. **~(s)blom** *(Nymphaea capensis)* blue water lily.

Kaai·mans·ei·lan·de →CAYMANEILANDE.

kaak *kake, n.* jaw; mandible *(of an insect); (hist.)* pillory; *iem.* ***aan*** *die ~ stel* denounce/expose s.o.; *iem. as 'n ...* ***aan*** *die ~ stel* denounce/expose s.o. as (*or* show s.o. up as/for) a ... *(crook etc.)*; *'n leuen* ***aan*** *die ~ stel* →LEUEN; *iem. uit die kake van die* ***dood*** *red* →DOOD *n.*; ***klem*** *in die ~* →KLEM-IN-DIE-KAAK; ***meganiese*** *kake* jaws of life. **kaak** *ge=, vb.* gill, gut *(a fish)*. **~klem,** *(rare)* **~kramp** →KLEM-IN-DIE-KAAK. **~plaat** jaw plate. **~poot** *(zool.)* maxilliped. **~spier** jaw muscle. **~taster, ~voeler** *(zool.)* pedipalp, maxillary palp.

kaal *kaal kaler kaalste* bald *(head)*; callow, unfledged *(a bird)*; cropped, hairless, napless, shabby, threadbare; bare *(feet, ground, etc.)*; leafless; bleak; bare, naked, nude *(a person)*; uncovered *(a card)*; smooth; *(bot.)* glabrous; seedy *(a fellow)*; barren *(lands)*; *~ daarvan* ***afkom,*** *(fig.)* be fleeced, come back shorn, end without achieving the desired result; *~* ***draad*** bare/naked wire; *~* ***geknip*** close-cropped; *~* ***geskeer*** →KAALGESKEER; *~* ***hol/nael*** streak; *hoe kaler* ***jonker,*** *hoe groter pronker* (of *hoe kaler, hoe rojaler*) great boast, small roast; the poorer the man, the greater his boast; *~* ***kabel*** bare/uncovered cable; *~* ***kar*** →KAALKAR; *~* ***loop*** go naked; *iets ~* ***maak*** strip/bare/denude s.t. *(land etc.)*; *iem. ~* ***maak/uitskud/uittrek,*** *(infml.)* clean s.o. out, take s.o. to the cleaners; *~* ***muur*** naked wall; *so ~* ***soos*** *'n kerkmuis/kerkrot* (as) poor as a church mouse (*or* as church mice); penniless; *~* ***swem/baai*** skinny-dip; *iem. het ~* ***uitgestap,*** *(infml.)* s.o. lost everything; *~* ***uittrek,*** *(lit., fig.)* strip; *met die ~* ***vuis*** with bare fists; *~* ***wa*** →KAALWA. **~baaier** skinny-dipper. **~baaiery, ~swemmery** skinny-dipping. **~bas** *adv.* stark naked, in the raw. **~basse** *(pl.)* naked persons. **~been** *adj. & adv.* barelegged. **~blaar=, ~bladturksvy** spineless cactus, thornless prickly pear. **~bors** bare-chested; bare-breasted. **~gaar, ~gare, ~garing** rope yarn; *(bot.) Passerina filiformis.* **~gaartou** twisted rope. **~gars** barley wheat. **~gat** *(vulg.)* stark naked. **~gatperske** *(vulg.)* →KAALPERSKE. **~geskeer, ~ geskeer** (clean-)shaven *(face etc.)*; *die/'n man/ens. met die/'n ~de* (of *~ ~de*) *kop* the/a shaven-headed man/etc.. **~hand** *adv.* with one's bare hands. **~holler** →KAALNAELER. **~hollery** →KAALNAELERY. **~hoofdig** *=e* bald(headed). **~hoofdigheid** baldheadedness, baldness. **~kar, ~ kar** open/hoodless cart. **~kop** *n.* baldhead, baldpate; tuskless elephant. **~kop** *adj. & adv.* baldheaded; hatless; tuskless *(elephant)*; baldly, without mincing matters; *iem. ~ die waarheid sê* tell s.o. some home truths; go for s.o. baldheaded; *~ met die waarheid uitkom* make no bones about it; *half ~* balding. **~naeler, ~holler** *=s* streaker. **~naelery, ~hollery** streaking. **~pak** *(rare)* →VLEESKLEURIGE **SPANBROEK. ~perske, nektarien** nectarine. **~poot** →KAALVOET. **~rug** bareback(ed). **~siekte** *(vet.)* alopecia. **~siektebos(sie)** *(Chrysocoma tenuifolia)* bitter bush; →BITTERBOS(SIE). **~slak** slug. **~stert** *(infml.)* (stark) naked. **~voet** *adj. & adv.* barefoot(ed), shoeless. **~vuis** bareknuckle(d), barefisted; *iem. ~ bydam, (fig.)* go for s.o. baldheaded (*or* hammer and tongs). **~wa, ~ wa** open/tentless/uncovered wag(g)on.

kaal·heid bareness; nakedness; baldness, depilation; shabbiness, threadbareness; barrenness; →KAAL.

kaal·te *=tes* bare expanse; bareness, bleakness.

kaam·bes·sie *(Pappea capensis)* wild plum.

kaap[1] *kape, n.* cape, headland, promontory.

kaap[2] *ge=* capture, seajack *(a ship)*; practise piracy, privateer; hijack *(a vehicle, an aircraft, etc.)*. **~vaarder** *=s* privateer. **~vaart** privateering, piracy.

Kaap: *aan die ~* at the Cape; ***die*** *~* the Cape (of Good Hope); Cape Town; the Cape Peninsula; *(hist.)* the Cape Province; *~* ***die Goeie Hoop*** Cape of Good Hope; *by die ~ gaan* ***draai*** *→omgaan; iets by die ~ gaan* ***haal,*** *(infml.)* take a long time to fetch s.t.; *die ~ is weer* ***Hollands,*** *(infml.)* everything in the garden is lovely again; ***in*** *die ~* in Cape Town; *(hist.)* in the Cape (Province); *by die ~* ***omgaan*** (of *gaan* ***draai***), *(infml.)* take a roundabout way; take a long time to get to the point; *jy (of ['n] mens) kan op hierdie mes ~ toe* ***ry*** you/one can't cut a thing with this knife; *die ~* ***sien*** travel *(from home)*, see the world; *gaan* ***slaap*** *in die ~!, (infml.)* go jump in the lake!; ***teenoor/voor*** *die ~* off the Cape; *~* ***toe*** to the Cape; to Cape Town. **~ Breton-eiland** Cape Breton Island. **~ Canaveral** Cape Canaveral. **~ Cod** Cape Cod. **~ Hoorn** Cape Horn, the Horn. **~kolonie:** *die ~, (hist.)* the Cape Colony. **~land** *(hist.)* the Cape (Province). **~lander** *=s, (hist.)* Cape man/woman. **~lands** *=e, (hist.)* of the Cape (Province). **~man** *=s, (hist., member of a people)* Goringhaiqua. **~provinsie:** *die ~, (hist.)* the Cape Province. **~punt** Cape Point. **~stad** Cape Town; *inwoner van ~* Capetonian. **~vaarder** *(naut., hist.)* trading ship. **~vaart** *(naut., hist.)* trade to the Cape. **~ Verde** Cape Verde. **~-Verdiese Eilande** Cape Verde Islands.

Kaaps *Kaapse* (of the) Cape; Capetonian; *~e* ***bobbejaan*** chacma baboon; *~e* ***buksboom/bukshout*** Cape box; *die ~e* ***dokter,*** *(infml.)* the Cape doctor, the south-easter; *~e* ***dolfyn*** Cape dolphin; *'n ~e* ***draai*** →DRAAI *n.*; *~e* ***duif*** pintado, Cape pigeon; *~e* ***duikertjie,*** *(orn.)* Cape dabchick; *~e* ***flap*** →FLAP *n.*; *~e* ***jasmyn/katjiepiering/roos*** Cape jasmine; *~e* ***kabeljou*** Cape cod; *~e* ***kar*** →KAPKAR; *~e* ***Kleurling,*** *(hist. or derog.)* (Cape) Coloured; *~e* ***kobra*** →GEELSLANG; *~e* ***lourier*** Cape laurel; *(~e)* ***Maleier*** (Cape) Malay; *~e* ***nooientjie,*** *(icht.)* blue butterfish; *so* ***oud*** *soos die ~e wapad* →OUD *adj.*; *~e* ***pikkewyn*** jackass penguin; *~e* ***raaf*** Cape raven; *~e* ***skaapleer/skaapvel*** capeskin; *~e* ***ton*** Cape/short ton; *~e* ***vlakhaas*** Cape hare; *~e* ***Vlakte*** Cape Flats; *~e* ***voet,*** *(obs. measure)* Cape foot; *~e* ***wewer,*** *(orn.)* Cape weaver; *~e* ***wol*** Capes; *~e* ***Wolkies,*** *(astron.)* Magellanic Clouds. **~-Hollands** *n. & adj., (hist.)* Cape Dutch.

kaap·stan·der *=ders* capstan. **~kop** drumhead.

kaar *kare, (geol.)* cirque; basin(-shaped valley).

kaard *kaarde,* **kaar·de** *=des, n.* card *(for wool)*. **kaard** *ge=, vb.* card, tease (out) *(wool)*. **~afval** card waste, cardings. **~garing, ~gare** woollen/carded yarn. **~masjien** carding machine. **~proses** carding. **~silinder** swift. **~wol** carding/clothing wool. **~wolgaring** →KAARDGARING.

kaar·der *=ders* carder. **kaar·de·ry** carding. **kaar·ding** card(ing).

kaard·sel *=sels* card waste; *(in the pl.)* cardings.

kaard·stof *(obs.)* →WOLSTOF. **~bedryf** →WOLBEDRYF. **~fabriek** →WOLFABRIEK. **~fabrikant** →WOLFABRIKANT. **~pak** →WOLPAK.

kaart *kaarte, n.* card; map; chart; ticket; →KAARTJIE; *~e* ***afdek/afhaal/afneem*** cut cards; *moenie jou* ***beste*** *~ eerste speel nie, (fig.)* do not shoot your bolt too soon; *... in ~* ***bring,*** *(lit.)* map ..., put ... on the map; chart ...; *dis 'n* ***deurgestoke*** *~* →DEURGESTOKE; *alles op* ***een*** *~ sit, (fig.)* put all one's eggs in one basket, stake everything on one throw; ***goeie*** *~e hê* hold a good hand; ***goue*** *~* →GOUE; *die ~* ***ken*** know how the land lies; *in iem. se ~e* ***kyk*** take a peep at s.o.'s hand/cards; spy out s.o.'s secrets; *in jou ~e laat* ***kyk,*** *(fig.)* show one's cards/hand; *nie in jou ~e laat* ***kyk*** *nie, (fig.)* keep/play one's cards close to one's chest; *'n ~* ***lees*** read a map; *'n ~ in die* ***mou*** *hê, (fig.)* have a card up one's sleeve; *'n ~* ***natrek*** trace a map; *(met)* ***oop*** *~e speel, (fig.)* put/lay (all) one's cards on the table, be above board; *nie* ***op*** *die ~ nie* not on the map; *'n* ***pak/stel*** *~e* a pack/deck of cards; *jou ~e laat* ***sien*** show one's hand; *moet my nou nie 'n ~* ***skiet*** *nie, (infml.)* pull the other one(, it's got bells on); *die ~e* ***skommel/skud/was*** make/shuffle the cards; ***slegte*** *~te hê* have a weak hand; ***sonder*** *~* uncharted; *'n ~* ***speel*** play a card; *in iem. se ~e* ***speel,*** *(fig.)* play into s.o.'s hands; play s.o.'s game; *iem. het/kry ~ en* ***transport*** *(van 'n eiendom)* s.o. has/gets title (to a property); *iets hang af van hoe die ~e* ***val*** s.t. depends on the turn of a card. **kaart** *ge=, vb.* play (at) cards. **~aflesing** map reading. **~foon** →KAART(TELE)FOON. **~indeks** card index. **~kabinet** filing cabinet. **~kamer** card room; chart room; →KAARTEKAMER. **~kas** filing (*or* card index) cabinet. **~katalogus** card catalogue. **~lêer**[1] *(tarot)* card reader, fortune teller. **~lêer**[2] card file. **~lêery** card reading, cartomancy. **~leser** *(comp.)* card reader. **~maat** card partner. **~maker** card maker; mapmaker, cartographer. **~man** *=ne,* **~mannetjie** *=s* jumping jack; cricket (of a fellow); lively fellow; card, funny chap. **~peil** *(surv.)* ordnance datum. **~ponsmasjien** card punch. **~projeksie** map projection. **~register** card index. **~sisteem** →KAARTSTELSEL. **~speel** *kaartge=* play (at) cards. **~spel** game of cards, card-playing; *(also* kaartspeletjie*)* card game. **~speler** card player. **~stelsel** card index system. **~tafel** card table. **~tekenaar** map-maker, cartographer. **~(tele)foon** cardphone. **~vertolking** map reading.

kaar·te=: **~bak** *(rare)* card tray. **~houer, ~dosie** card case. **~huis** house of cards; *soos 'n ~ inmekaar=/ineenstort/inmekaar=/ineentuimel* (of *inmekaar/ineen stort/tuimel* of *in duie stort*) collapse (*or* tumble down) like a house of cards. **~kabinet** →KAARTKABINET. **~kamer** chart room/house. **~versameling** c(h)artulary *(of a monastery)*.

kaart·jie *=jies* card *(visiting etc.)*; docket; coupon; ticket; *~s, asseblief!* tickets (*or* [all] fares), please!; *'n ~ aanbring/heg aan* (of *plak op*) ... tag/ticket ...; *'n ~ afgee* leave one's card; *~s knip* punch tickets. **~agent** ticket agent. **~houer** ticket holder. **~saal** booking hall.

kaart·jies=: **~beampte** booking clerk. **~inspekteur, ~ondersoeker** ticket inspector/examiner. **~kantoor** ticket/booking office. **~knipper** ticket punch; conductor, (ticket) collector. **~loket** ticket window. **~ondersoeker** →KAARTJIESINSPEKTEUR. **~opnemer** ticket collector.

kaas *kase* cheese; *(K~, derog.: Hollander)* cheese eater; ***dink*** *jy is ~, (infml.)* think one is the cat's whiskers/pyjamas (*or* the Queen of Sheba), think a lot (*or* be full) of o.s.; *die* ***een*** *is ~ en die ander is brood, (fig., rare)* the one is better than the other; *~* ***eet,*** *(fig., rare)* have a roll in the hay, have (a bit of) nooky/nookie, make love;

kiss, smooch; court, go courting; ***jong*** ~ green cheese. **~bad** →KAASVAT. **~bedryf** cheese-making (industry). **~bereiding** cheese making. **~beskuitjie** cheese biscuit/cracker. **~boom** silk-cotton tree. **~boor** cheese trier/scoop. **~bord** cheeseboard; cheese plate. **~broodjie, ~burger** cheeseburger. **~doek** cheesecloth, butter muslin. **~-en-wyn(-)party, ~-en-wyn(-)onthaal** cheese and wine party. **~fabriek** cheese factory. **~gereg** cheese dish. **~gif** cheese poison, tyrotoxine. **~handel** cheese trade. **~handelaar** cheesemonger, cheese dealer. **~happie** cheese nip. **~kleur** cheese colour. **~kleursel** cheese colouring, annatto. **~koek** cheesecake. **~kop** blockhead, fool. **K~kop** *(derog.: Hollander)* cheese eater. **~kors** cheeseparing, cheese rind. **~krul** cheese twist/whirl. **~maaier** cheese maggot/hopper/skipper. **~maker** cheese maker. **~makery** cheese making; cheese dairy/factory. **~melk** cheese milk. **~mes** cheese cutter/knife. **~miet** cheese mite. **~pers** cheese press. **~poffertjie** cheese puff. **~roerder** cheese agitator. **~ryping** cheese curing. **~skaaf** cheese slicer. **~sous** cheese sauce, mornay (sauce), sauce mornay; *eiers met* ~ eggs mornay. **~stof** casein. **~stolp** cheese cover/bell. **~stremsel** rennet. **~strooitjie** *(cook.)* cheese straw. **~vat, ~bad** cheese vat, chessel. **~vergiftiging** tyrotoxism. **~vlieg** cheese fly. **~vorm** cheese mould/hoop. **~wurm** →KAASMAAIER.

kaas·ag·tig *=tige* cheesy, cheese-like, caseous. **kaas·ag·tig·heid** cheesiness.

Kaat·jie: *'n K~ Kekkelbek wees* be a chatterbox.

kaat·jie: ~ *van die baan wees, (infml.)* be cock of the walk. **~vrek** →VREETKAART.

kaats *ge-, (hist., sport)* play fives; *wie ~, moet die bal verwag, (obs. prov.)* he that will play at bowls must expect to meet with rubbers. **~baan** fives court; *Die Eed van die K~, (Fr. hist.)* the Oath of the Tennis Court. **~spel** *(old Frisian ball game)* fives.

ka·baai *=baaie* kabaya; loose gown, Mother Hubbard; →NAGKABAAI.

ka·baal *=bale* racket, din, noise, clamour, hubbub, row, rumpus, hullaballoo; cabal, intrigue; *'n ~ maak/opskop, (infml.)* make a racket, make (*or* kick up) a din/row/rumpus, raise Cain, raise (*or* kick up) hell, hit the ceiling, hit/raise (*or* go through) the roof; *daar was 'n helse* ~ bedlam seemed to have been let loose. **~maker** rowdy, racketer, roisterer.

ka·bab →KEBAB.

ka·ba·ret *=rette* cabaret, floor show. **~liedjie** cabaret song/ditty.

Kab·ba·la, Kab·ba·la *(also k~, Hebr.)* cab(b)ala. **Kab·ba·lis** *=liste, (also k~)* cab(b)alist. **Kab·ba·lis·ties** *=tiese, (also k~)* cab(b)alistic.

kab·bel *=bels, n.* ripple, rippling. **kab·bel** *ge-, vb.* babble, lap, purl, ripple, murmur. **kab·be·ling** *=lings, =linge* babbling, lapping, purling, rippling, ripple.

ka·bel *=bels, n.* cable; hawser; *(also, in the pl.)* cabling; *daar is 'n kink(el) in die* ~ there is a hitch somewhere, there is s.t. wrong, there is a screw loose; *'n ~ lê* lay a cable. **ka·bel** *ge-, vb.* cable. **~aanleg** cabling. **~afdigstuk** cable gland. **~aring** *=s, (naut.: chain, rope)* messenger. **~baan** →KABELSPOOR. **~ballon** captive/observation/fixed balloon. **~berig, ~gram** *(hist.)* cable(gram), cabled report. **~gang, ~kanaal** cable duct. **~garing, ~gare** cabled yarn; →KAALGAAR. **~gram** →KABELBERIG. **~hanger** cable suspender. **~huls** cable sleeve. **~kajuit** cable car. **~koppeling** cable coupling. **~las** cable joint. **~lengte** cable('s) length. **~lysversiering** cabling. **~net** electric mains. **~skip** cable-laying ship, cable ship. **~spoor** cableway, cable railway, funicular (railway), aerial/rope railway, wireway, (wire) ropeway, telpher line. **~steek** cable stitch. **~styl** cablese. **~televisie** cable television/TV. **~tol** cable reel. **~tou** cable (rope). **~trektuig** cable hauling gear. **~versending** *(hist.)* cabling. **~versiering** cabling. **~vervoer** cable haulage. **~voor** cable trench. **~wissel** *(hist.)* telegraphic transfer.

ka·bel·jou *=joue, =jous, (Eur.)* cod(fish); *(fam. Sciaenidae)* kob; *Kaapse* ~ Cape cod. **~kelder** Davy Jones's locker. **~kuit** cod roe.

Ka·bi·li·ë *(geog.)* Kabylia. **Ka·biel** *=biele, n., (member of a people)* Kabyle. **Ka·biels** *n., (Berber dialect)* Kabyle. **Ka·biels** *=bielse, adj.* Kabyle; *~e wol* Kabyle/Berber wool.

ka·bi·net *=nette* cabinet, case *(of a clock etc.)*; cabinet, ministry; closet, small room; *'n ~ hersaamstel/skommel* reshuffle a cabinet; *'n ~ saamstel* form a cabinet/ministry. **~formaat** cabinet size. **~hout** *Philippia chamissonis.* **~maker** cabinetmaker, joiner. **~orrel** cabinet organ, harmonium. **~poeding** cabinet pudding. **~portret** cabinet portrait/photograph. **~skommeling** cabinet reshuffle.

ka·bi·nets-: **~besluit** cabinet decision; *(Br.)* Order in Council. **~formasie** formation of a government. **~formateur, ~formeerder** *(rare)* person charged with forming a new government. **~gehalte:** *iem. is van ~* s.o. is ministerial timber. **~geheim** cabinet secret. **~krisis** cabinet crisis. **~minister** cabinet minister. **~raad** cabinet council. **~vergadering** cabinet meeting.

ka·boe-: **~koring** unbroken boiled corn/sorghum. **~mielies** unbroken boiled mealies/maize.

ka·boe·bes·sie *(Cassine aethiopica)* kooboo berry.

ka·boe·del, ka·boel caboodle.

Ka·boel *(geog.)* Kabul.

ka·boel →KABOEDEL.

ka·boes *=boese, (rly.)* caboose.

ka·bou·ter *(also, rare,* kaboutermannetjie*)* brownie, gnome, goblin, hobgoblin, imp, pixie, pixy; *stoute/ondeunde* ~ puck. **~haai** goblin shark. **~mus** pixie/pixy cap.

ka·bri·o·let *=lette, (light horse-drawn carriage)* cabriolet.

ka·dans →KADENS.

ka·das·ter *=ters, (Eur.)* cadastre, land registry, registry of real property/estate, terrier. **~kaart** cadastral map.

ka·das·traal *=trale* cadastral.

ka·da·wer *=wers* cadaver, corpse; subject *(for dissection)*. **ka·da·wer·ag·tig** *=tige* cadaverous.

kad·dis *(text.)* caddis.

Kad·disj *(Jud.: liturgical prayer)* Kaddish.

ka·dens *=dense,* **ka·dans** *=danse, (mus.)* cadence.

ka·der *=ders, (also mil.)* cadre; frame(work), scheme, skeleton; *in die ~ van ...* in the context of ...; *in die ~ van ... pas* fit in with the whole scheme of ...; *nie in die ~ pas nie* not fit in with the rest, be irrelevant. **~kaart** skeleton map. **~lyn** *(print.)* shaded rule. **~personeel** skeleton staff. **~verhaal, ~vertelling** frame story/tale.

ka·det *=dette* cadet; →VLOOTKADET. **~afdeling** cadet detachment. **~kamp** cadet camp. **~korps** cadet corps. **~offisier** officer of cadets, cadet officer. **~orkes** cadet(s') band. **~stof** cadet cloth.

ka·det·skap *=skappe* cadetcy, cadetship.

ka·det·te-: **~kamp, ~korps, ~orkes** →KADET.

ka·di *=di's, (<Arab.)* cadi, kadi, judge *(in Islamic countries)*.

kad·mi·um *(chem., symb.:* Cd*)* cadmium.

ka·do *=do's, (rare)* present, gift; *iem. iets ~ gee* make s.o. a present of s.t.; *iets ~ kry* get s.t. as a gift.

Ka·do·ma *(geog.)* Kadoma.

ka·dot *=dotte,* **ka·dot·jie** *=jies* small hat.

ka·driel *=driele* quadrille, square dance.

ka·duks off colour/form, out of sorts, poorly, under the weather, washed out, unwell, indisposed, in poor health; decayed, dilapidated, decrepit; *jou ~ (aan iets) eet* eat one's head off, stuff o.s.; *~ voel* feel out of sorts.

kaf[1] *n.* chaff; nonsense, rubbish, drivel, trash, tripe, rot, bosh, garbage, hogwash, claptrap; *die ~ van die **koring** skei, (fig.)* separate the wheat from the chaff; *moenie ~ **praat** nie!, (also)* talk sense!; *('n spul) ~ **praat/verkoop**, (infml.)* talk nonsense/rot/trash (*or* [a load of] rubbish/garbage *or* [utter] tripe), talk through one's hat (*or* through the back of one's head/neck); ***pure*** ~ absolute/complete/outright/perfect/pure/sheer/total/utter nonsense; *iem. met ~ **vang*** fool/kid s.o. easily; *'n ou voël met ~ **vang**, (prov., rare)* catch an old bird with chaff; *dié ~ kan jy op 'n ander mark gaan **verkoop*** don't try to bluff me; *soos ~ voor die **wind*** like chaff before the wind. **kaf** *adj.* worn, in rags, perished. **~baal** bale/bag of chaff; *(fig., rare)* blockhead, dimwit, fathead, halfwit. **~draf, ~loop** *kafge-* beat, beat/lick hollow, trounce, overwhelm, thrash, drub, massacre, thump; finish, polish off, dispose of *(food)*; *jou teen-/teëstander maklik* ~ mop/wipe the floor with (*or* make mincemeat of *or* run rings [a]round) one's opponent, beat one's opponent all ends up; *iem. met 5-0 ~, (sport)* whitewash s.o. 5-0. **~hok** chaff barn. **~kos** *(infml.)* junk food. **~loop** →KAFDRAF. **~matras** straw mattress. **~naald** awn, arista. **~praatjies** balderdash, nonsense, tosh, drivel, rot, claptrap, trash, rubbish, blah (blah). **~sak** bag of chaff; →KAFBAAL. **~snyer** chaff cutter.

kaf[2] *kafte, n., (rare)* (book/dust) cover/jacket.

kaf·ag·tig *=tige* chaffy.

ka·fee *=fees* café, coffee house, tearoom. **~-eienaar, ~baas** café owner/proprietor. **~-restaurant, ~-restourant** *=e, =s* café-restaurant.

ka·fee·tjie *=tjies* small café.

ka·fe·ïen caffein(e); *(esp. in tea)* theine. **~vry** decaffeinated; *~e koffie* decaffeinated coffee, *(infml.)* decaf.

ka·fe·te·ri·a *=rias* cafeteria.

Kaf·fer *=fers, (hist., derog.)* Kaffir. **k~baai** →ONGEBLEIKTE KATOEN. **~boetie** *=s, (racist, derog.)* kaffirboetie *(also K~)*; nigger lover. **k~boom** →KORAALBOOM. **k~boon(tjie)** →SWARTBEKBOON(TJIE). **k~brood(boom)** →BROODBOOM. **k~bruid** →BRUIDSBOSSE. **k~doring** →BOKSDORING. **k~druiwe** →TEESUIKERKAROO. **k~gif** →GIFBOOM, BOESMAN(S)GIF(BOS). **~hoof** *(hist.)* Kaffir/Native chief(tain). **~kaptein** *(hist.)* Kaffir/Native chief. **k~koring** →SORGHUM. **~kraal** *(hist.)* Kaffir kraal, Native village. **~land** *(hist.)* Kaffirland; *dink jy is god van ~, (obs., derog.)* →DINK JY IS **KAAS.** **k~lemoen** →KLAPPER(BOOM). **k~manna** →BABALAGRAS. **~nasie** *(hist.)* Kaffir nation, Native people. **~oorlog** *(hist.)* →GRENSOORLOG. **~opperhoof** *(hist.)* Kaffir/Native chief(tain), Native ruler. **k~pak** *(infml., offensive, chiefly sport)* thrashing, drubbing, trouncing, massacre, hammering, crushing/humiliating/overwhelming/resounding defeat; *... 'n ~ gee* drub/trounce/massacre ..., give ... a drubbing; *'n ~ kry* lose badly (*or* hands down), take a drubbing. **k~pruim** →WILDEPRUIM. **~stat** *=te, (hist.)* Kaffir/Native village. **k~suring** →KOLSURING. **k~tee** →BOESMAN(S)TEE. **k~vink:** *goudgeel ~* →GOUDGEELVINK; *Kaapse ~* →KAAPSE **FLAP**; *rooi ~* →ROOIVINK. **k~waatlemoen** →MAKATAAN. **k~-wag-'n-bietjie(-boom)** →HAAKDORING. **k~wortel** →AAMBEIWORTEL.

kaf·fers·kuil *(obs., offensive)* →PALMIET.

Kaf·fer·tjie *=tjies, (hist., offensive)* little Kaffir (*or* Native boy), piccaninny; *my (ou) ~!* my little darling!; *(orn., k~)* →SWARTOORLEWERIK.

kaf·fie *=fies* husk.

Kaf·fra·ri·ë *(hist., geog.)* Kaffraria, Caffraria. **Kaf·fra·ries** *=riese, adj.* Kaffrarian, Caffrarian.

Ka·fi·ri·stan *(geog., hist.)* Kafiristan. **Ka·fir** *=firs, (inhabitant of Kafiristan)* Kafir.

Kaf·ka·äg·tig, Kaf·ka·ag·tig *=tige* Kafkaesque.

ka·foe·fel *ge-, (infml.)* make love, canoodle, have a roll in the hay, make whoopee, romp; *('n bietjie) ~, (also, infml.)* have (a bit of) nooky/nookie. **ka·foe·fel·ry** *(infml.)* nooky, nookie, romp, rumpy-pumpy.

kaf·tan *=tans* caftan, kaftan.

ka·gek·sie *(med.)* cachexia, cachexy. **ka·gek·ties** *=tiese* cachectic(al).

kag·gel *=gels* fireplace; chimneypiece; *voor die ~* at/by the fireside. **~besempie** fire brush. **~hoek(ie), ~nis** chimney corner. **~latei** manteltree. **~pan** hearth plate. **~pyp** stovepipe; stovepipe hat. **~rak** mantel(piece/shelf), chimneypiece; overmantel. **~rooster** grate. **~skerm** fire screen. **~steen** hearthstone. **~stel** fire irons. **~vuur** coal/wood fire. **~wand** jamb.

kai·a *=as, (<Ngu.)* kaya, shack.

Kai·ber·pas Khyber Pass.

kai·ing *=ings, (in the pl.)* greaves, cracklings; *dit sal ~s kos, (rare)* it will take some doing; *jou ~s teë-/teenkom, (rare)* meet one's match/Waterloo; *dit was koue ~s, (rare)* it was no go. **~klip** puddingstone. **~vuil** *(rare)* very dirty.

ka·ïk *kaïks, (naut.)* caïque.

Kain *(OT)* Cain. **Kai·niet** *-niete* Cainite. **Kains·merk, -te·ken** *(also k~)* brand/mark of Cain.

kai·niet *(min.)* kainite.

Kai·no·so·ï·kum *n., (geol.)* C(a)enozoic, Cainozoic. **Kai·no·so·ïes** *-soïese, adj.* C(a)enozoic, Cainozoic.

Ka·ï·ro *(geog.)* Cairo. **Ka·ï·reen** *-rene, n.* Cairene. **Ka·ï·reens** *-reense,* **Ka·ï·roos** *-rose, adj.* Cairene.

kai·zen *(Jap. business philos.)* kaizen.

Ka·ja·fas *(NT)* Caiaphas.

ka·jak *-jakke, -jaks* kayak.

ka·ja·poet(·o·lie) cajuput/cajeput (oil).

ka·juit *-juite* berth, cabin; wardroom; car *(of a cable-way etc.).* **~bed** bunk bed. **~bemanning** *(av.)* cabin crew, flight attendants. **~druk** cabin pressure; *sou die vliegtuig ~ verloor* should the cabin become depressurised. **~fiets** cabin scooter. **~jonge** *(hist.)* cabin boy. **~klas** cabin class. **~koffer** cabin trunk. **~motorboot** cabin cruiser. **~ponie** cabin scooter. **~raad** council (of war); *~ hou* deliberate, sit in council. **~trap** companionway, companion (ladder). **~venster** porthole.

kak *n., (vulg.), (lit.)* shit, crap; *(fig.: rubbish, nonsense)* crap, balls, horseshit; ***groot** ~ aan iem. hê, (vulg.)* s.o. gives one the screaming shits; *soos **groot** ~ kom, (vulg.)* come like a bolt out of the blue; ***groot** ~ kry, (vulg.)* get really pissed off; *die ~ gaan **spat**, (vulg. sl.)* the shit will hit the fan; ***vol** ~ wees, jou **vol** ~ hou, (vulg. sl.)* be full of shit. **kak** *ge-, vb., (vulg.)* shit, have a shit; *~ of **betaal** (is die wet van Transvaal), (vulg. sl.)* pay up and shut up; ***gaan** ~, (vulg. sl.)* go and have a shit; ***gaan** ~ (, man)!, (vulg.)* go to hell!, piss off!; *wens in die een **hand** en ~ in die ander, (vulg. sl.)* if wishes were horses, beggars might ride; ***klippe** ~, (vulg. sl.)* shit bricks *(or* a brick); *op iem. se **kop** ~, (vulg. sl.)* give s.o. shit. **~gedagte, ~idee, ~plan** *(vulg. sl.)* shit(ty) idea. **~jas** *(vulg. sl.)* shit, swine, turd. **~sleg** *(vulg. sl.)* shitty, like shit; piss-poor. **~spul** *(vulg. sl.): dit sal 'n ~ afgee* the shit will hit the fan. **~straat** *(vulg. sl.): in ~ beland* land o.s. in the shit; *in ~ sit/wees* be in the shit.

ka-ka-ka *interj., (laugh)* ha-ha-ha.

ka·ka·o cocoa. **~boon** cocoa bean; *gebreekte ~bone* nibs. **~botter** cocoa butter. **~saad** →KAKAOBOON.

ka·ke·been jaw(bone), jowl, masticator. **~wa** Voortrekker ox wag(g)on.

ka·ke·laar *-laars, (orn.)* wood-hoopoe (→PERSKAKELAAR, ROOIBEKKAKELAAR); *(infml.)* chatterbox, chatterer, babbler.

ka·kel·bont flamboyant, flashy, gaudy, glaring, loud.

ka·ke·tiel →KOKKETIEL.

ka·ke·toe(·a) *-toe(a)s, (orn.)* cockatoo.

ka·kie *-kies, (colour or text.)* khaki; *(K~, hist., Br. soldier)* Tommy; *(K~, Br. pers.)* pommy, pommie, pom *(sometimes P~).* **K~boer** *(hist.)* pro-British Boer. **~bos(sie)** *(Alternanthera pungens)* khaki bush; *(Inula graveolens)* khaki weed; *(Tagetes erecta)* African marigold; *stink ~* →STINKKAKIEBOS. **~broek** khaki trousers/pants; *kort ~* khaki shorts. **~duwweltjie(s)** *Alternanthera pungens.* **~groen** khaki-green. **~hemp** khaki shirt. **~kleurig** *-e* khaki(-coloured). **~kombers** khaki/military blanket. **~kweek** *(Alternanthera repens)* khaki weed. **~laat:** *jy is ~, (rare)* that will never happen; you cannot pull that off *(or* get away with it). **~pes** *(obs. sl., med.)* khaki plague. **~vrug, kakivrug** Japanese persimmon.

ka·ki·vrug →KAKIEVRUG.

kak·ka *n.* →KAK *n..* **kak·ka** *ge-, vb.* →KAK *vb..*

kak·ker·lak, kak·ker·lak *-lakke* cockroach, black beetle.

ka·ko·fo·nie *-nieë* cacophony. **ka·ko·gra·fie** *-fieë* cacography. **ka·ko·lo·gie** *-gieë* cacology.

kak·tus *-tusse, (bot.)* cactus.

ka·la-a·zar, -a·sar *(med.)* kala-azar.

ka·la·bar·boon *-bone* Calabar bean.

Ka·la·bri·ë *(geog.)* Calabria. **Ka·la·bri·ër** *-briërs, n.* Calabrian. **Ka·la·bries** *-briese, adj.* Calabrian.

Ka·la·ha·ri(·woes·tyn) Kalahari (Desert).

ka·la·mint calamint (balm).

ka·la·myn(·steen), ka·la·mein, kal·myn, gal·mei *(min.)* calamine, hemimorphite.

ka·lan·der[1] *-ders, n.* (corn) weevil, grain weevil, snout beetle; vine weevil, (vine) calandra; *vol ~s* weevily, weevilled.

ka·lan·der[2] *-ders, n., (machine)* calender. **ka·lan·der** *ge-, vb.* calender. **~meul(e)** *-e(ns),* **kalandery** *-rye* calendry. **~proses** calendering.

ka·lan·der[3] *-ders, n. (Podocarpus falcatus)* smooth-barked/common yellowwood; →OUTENIEKWAGEELHOUT.

ka·lan·de·ry →KALANDERMEUL(E).

ka·lant *-lante* (sly) fox, rogue, scamp; *'n **gevaarlike** ~* a nasty *(or* an ugly) customer, a nasty bit/piece of work; *'n **ou** ~ lank in die land* a shrewd operator; *'n **ou/uitgeslape** ~* an old bird/hand/pro; *'n **ruwe** ~* a tough customer; *'n **taai** ~* a hard case.

ka·lasj·ni·kof *(Russ. automatic rifle)* kalashnikov; →AK47(-[AANVALS]GEWEER).

kal·bas *-basse* calabash, cucurbit, gourd; *so vas soos 'n muis in 'n ~, (rare)* completely cornered *(or* bottled up); *baie in die ~ kyk, (obs.)* be on *(or* too fond of) the bottle, drink hard/heavily *(or* too much). **~boom** cream of tartar tree; *(Kigelia africana)* sausage/cucumber tree. **~dop** *(infml., obs.)* →KLAPPERDOP. **~kruik** gourd. **~melk** calabash milk. **~patat** maraca. **~peer** calabash pear. **~plant** cucurbit. **~pyp** calabash pipe. **kal·bas·sie** *-sies* small calabash. **kal·bas·sies** *(med.)* orchitis.

kal·de·ra *-ras, (geol.)* caldera.

ka·lei·do·skoop *-skope* kaleidoscope. **ka·lei·do·sko·pies** *-piese* kaleidoscopic.

ka·len·der *-ders* calendar; *(Griekse) ~* menology. **~hervorming** calendar reform. **~horlosie** calendar watch. **~jaar** calendar/civil year. **~klok** calendar clock. **~maand** calendar month. **~meisie** pin-up girl. **~metode** *(birth control)* rhythm method.

ka·le·rig *-rige* rather/somewhat bald/bare/barren; →KAAL.

ka·les *-lesse, (hist. carriage)* calash, calèche, barouche.

kalf *kalwers, n.* calf; *(young of cattle and certain other mammals)* transom; →KALFIE, KALFS-, KALWER-; *die **gemeste** ~ slag* kill the fatted calf; *die **goue** ~ aanbid* worship the golden calf; *kalwers **inspan**, (infml.)* shoot the cat, cat, bring/throw up, be sick, vomit, puke; *kalwers van een **jaar** wees, (infml.)* be of the same age; *met anderman* (of *'n ander [man]) se **~ ploeg**, (fig.)* plough with another man's heifer; *die ~ is in die **put**, (fig.)* immediate action is needed; *die ~ is **verdrink/versuip**, (fig.)* the die is cast; *die put demp as die ~ **verdrink** het* →PUT *n.*; ***vroeggebore** ~* slink; *'n ~ **werp*** drop a calf. **kalf** *ge-, vb., (zool.)* calve; *(ground, also* kalwe(r)*)* cave in; *voor die tyd ~* slink. **~siekte** *(vet.)* milk sickness, the trembles/slows. **~skyf** veal steak. **~sop** veal soup. **~tyd** calving season.

kal·faat *ge-* →KALFATER. **~dok** graving dock. **~pluis** *(chiefly hist.)* oakum. **~yster** caulking iron.

kal·faat·sel *-sels* caulking compound.

kalf·ag·tig, kalf·ag·tig *-tige,* **kal·wer-** vitular, vituline.

kal·fak·ter *-ters, n., (derog., rare)* odd-job man, factotum, menial, underling, minion, flunk(e)y, lackey, drudge, tool, lickspittle, toady; jackal; *iem. se ~ wees* fag for s.o.. **kal·fak·ter** *ge-, vb.* drudge; toady. **~dom** flunkeyism.

kal·fa·ter *ge-* caulk, repair, patch up; stave; romp, have a ball. **kal·fa·te·raar** *-raars* caulker, patcher.

kal·fie *-fies, -wertjies* young calf; →KALF *n.*; *oor koeitjies en ~s praat* talk about the weather, indulge in small talk.

kalfs-: **~blanket, ~blanquette** *(cook.)* blanquette de veau, blanquette of veal. **~boud** joint/leg of veal. **~filet** fillet of veal. **~harsings** calf's brains. **~karmenaadjie** →KALFSTJOP. **~kop, kalwerkop** calf's head; *(infml.)* blockhead, fathead, dimwit. **~kopsop** *(cook.)* mock turtle. **~kotelet** veal cutlet. **~leer** calf(skin), calf's leather; *in ~ gebind* bound in calf, calfbound. **~lende** loin of veal. **~lewer** calf's liver. **~nek** neck of veal. **~noisettes** *(Fr. cook.)* noisettes de veau. **~oog** calf's eye; poached egg. **~perkament** vellum. **~poot** calf's foot. **~pootjellie** calf's-foot/calves'-foot jelly. **~ribbetjie** veal rib. **~tand** calf's tooth; *(archit.)* dentil. **~tjop** veal chop. **~vel, kalwervel** calfskin, kip. **~vleis** veal. **~vleisbrood** veal loaf.

ka·li *(chem.)* potassium hydroxide; potash *(as fertiliser);* potassium *(in compounds).* **~bemesting** potash fertilising. **~sout** *(chem.)* potassium/potash salt, muriate of potash.

ka·li·ber *-bers* calibre; bore, gauge *(of a gun); 'n **geweer** van klein ~* a small-bore rifle; *'n **kanon** van groot ~* a heavy calibre gun; *iem. **van** sy/haar ~* s.o. of his/her calibre; *hulle is **van** dieselfde ~* they are of the same calibre/kidney; *man/vrou **van** ~* a man/woman of stature. **~maat** calibre/hole/internal/bore gauge. **~stok** rule callipers.

ka·li·bra·tor *-tors* calibrator, calibrater.

ka·li·breer *ge-* calibrate. **~fout** calibration error. **~veer** calibrating spring.

ka·li·bre·ring *-rings, -ringe* calibration.

ka·lief *-liefs,* **ka·lief** *-liefe, (hist., Islam.)* caliph, calif, k(h)alif. **ka·li·faat** *-fate* caliphate.

Ka·li·for·ni·ë *(geog.)* California. **Ka·li·for·ni·ër** *-niërs, n.* Californian. **Ka·li·for·nies** *-niese, adj.* Californian; *~e papawer* →GOUDPAPAWER; *~e tulp* meadow tulip.

ka·li·for·ni·um *(chem., symb.: Cf)* californium.

ka·li·ko *-ko's, (text.)* calico; *growwe ~* dungaree.

Ka·li·koet *(geog., hist.)* Calicut; →KOZHIKODE.

ka·lim·ba *(mus. instr.)* kalimba.

ka·lip·so *-so's* calypso.

ka·lip·tra *-tras,* **ka·lip·ter** *-ters, (bot.)* calyptra.

ka·li·um *(chem., symb.: K)* potassium. **~-argon-datering** *(geol.)* potassium-argon dating. **~chloraat** *(chem.)* potassium chlorate. **~chloried** *(chem., symb.: KCl)* potassium chloride. **~jodied** *(chem., symb.: KI)* potassium iodide. **~karbonaat** potassium carbonate, potash. **~nitraat** potassium nitrate, saltpetre. **~permanganaat** permanganate of potash, potassium permanganate, Condy's crystals. **~sout** →KALISOUT.

kal·ja *(SA, Ind. cook.)* kalya.

kalk *n.* lime; *gebluste ~* slaked/hydrated lime; *ongebluste/gebrande ~* (burnt/calcined/caustic/dehydrated/unslaked) lime, quicklime; *tot ~ maak* calcify. **kalk** *ge-, vb.* limewash, whitewash, distemper *(a house, wall);* lime *(soil).* **kalk-** *comb.* calcareous, calcarious. **~aanpaksel** lime deposit. **~aarde** calcareous earth. **~-alkaligesteente** calc-alkali rock. **~bank** limestone reef. **~brander** lime burner, calciner. **~brandery** lime burning, calcining; limekiln. **~bry** lime paste. **~eier** waterglass egg. **~gehalte** lime content. **~gesteente** limestone rock. **~gras** *Fingerhuthia africana.* **~grond** calcareous/limy soil. **~hidraat** hydrate of lime. **~houdend** *-e* calciferous, calcareous. **~klip** →KALKSTEEN. **~laag** limestone layer, layer of limestone. **~liewend** *-e* calcareous. **~lig** limelight; *... in die ~ plaas/stel, die ~ op ... laat val* put ... in the limelight, give ... a high profile; *in die ~ staan/wees* be/bask in the limelight, have a high profile, have high public visibility. **~melk** milk of lime. **~oond** limekiln. **~salpeter** nitrate of lime. **~sandsteen** calcareous sandstone. **~sement** calcareous cement. **~spaat** calcspar, calcite. **~steen, ~klip** limestone; *sagte/verkrummelde ~* malm. **~swa(w)el** lime sulphur. **~tuf** tuffaceous limestone. **~verf** distemper. **~vis** ribbonfish, frostfish, scabbardfish. **~vormend** *-e* calciferous. **~water** lime water; limewash, whitewash.

kalk·ag·tig *-tige,* **kal·ke·rig** *-rige* calcareous, limelike, limy.

kal·keer *(ge)-* calk, trace. **~linne** tracing cloth. **~papier** tracing/transfer paper.

kal·keer·der *-ders* tracer.

kal·koen *-koene* turkey; calk(in), calker *(of a horseshoe); iem. is nie onder 'n ~ uitgebroei nie* s.o. wasn't born yesterday (*or* knows how many beans make five *or* is no= [body's] fool), there are no flies on s.o.; *so rooi soos 'n ~ word* blush to the roots of one's hair. **~belle(tjies)** turkey wattles; *(Sutherlandia frutescens)* turkey flower, cancer bush. **~eier** turkey's egg; *'n gesig soos 'n ~* a freckled face. **~gif** *Physalis angulata.* **~kuiken** poult. **~mannetjie** turkey cock, gobbler; *so parmantig soos 'n ~ wees* →PARMANTIG. **~slurp** turkey's wattle. **~wyfie** turkey hen, hen turkey.

kal·koen·tjie *=tjies* turkey poult/chicken; longclaw (bird); *(bot.) Gladiolus* spp.; *Tritonia* spp..

kal·ku·la·sie *=sies, (rare)* calculation. **kal·ku·leer** *ge=, (rare)* calculate.

Kal·kut·ta *(geog.)* Calcutta.

kal·la *=las, (bot.)* pig/arum lily, calla (lily).

kal·li·gra·fie calligraphy. **kal·li·graaf** *=grawe* calligrapher. **kal·li·gra·feer** *ge=* calligraph. **kal·li·gra·fies** *=fiese* calligraphic.

Kal·li·o·pe, Kal·li·o·pê *(Gr. myth.)* Calliope.

kal·li·ste·nie callisthenics. **kal·li·ste·nies** *=niese* callisthenic.

kal·lo·si·teit callosity.

kal·lus *=lusse* callus.

kalm *kalm(e) kalmer kalmste, adj.* calm, cool, composed, collected; relaxed, *(infml.)* laid-back; placid, *(infml.)* unfazed; steady; calm, peaceful, quiet; calm, still, tranquil; *~ en **bedaard** wees* be cool, calm and collected; *~ **bly*** keep/remain/stay calm/cool, keep one's cool/temper; ***bly** ~!* relax!, don't get excited!; *uiterlik ~ **bly*** preserve a calm front; *op 'n ~ **manier*** in a leisurely fashion; *~ **nou!*** steady (now/on)!, take it easy!; *'n ~ **seereis*** a smooth passage; *~ **word*** calm down; sober down. **kalm** *adv.* calmly, coolly, composedly, collectedly; placidly; steadily; peacefully, quietly; *iets ~ opneem* take s.t. easy/philosophically. **~weg** calmly, coolly; quietly.

kal·meer *(ge)=* calm down, compose o.s., recover/regain one's calm/composure; allay, appease, calm (down), pacify, quiet, soothe, tranquillise. **~middel** *=s* sedative, tranquilliser, calmative. **~pil** calmative/sedative/tranquillising pill. **~stroop** soothing syrup.

kal·me·rend *=rende* calming, soothing, sedative, tranquillising, opiate; *~e drank/middel* sedative, tranquilliser, calmative.

kal·me·ring calming; *(med.)* sedation.

kal·mink *(hist., text.)* calamanco.

kal·moe·gra= *(bot.):* **~-ester** chaulmoogra/chaulmugra ester. **~olie** chaulmoogra/chaulmugra oil. **~suur** chaulmoogric/chaulmugra acid.

kal·moes *(bot.), (Acorus calamus)* calamus, myrtle flag, sweet flag/sedge; *Alepidea* spp.; *Lichtensteinia lacera.* **~wortel** orris (root).

kalm·pies calmly, quietly, steadily, coolly.

kalm·te calm(ness), composure, self-control, self-possession, cool-headedness, coolness, *(infml.)* cool; calm(ness), peacefulness, quietness; stillness, tranquillity; *jou ~ bewaar* keep/stay calm, *(infml.)* keep one's cool; *jou ~ herwin/herkry* regain/recover one's composure; *tyd van ~, (poet., liter.)* halcyon days.

Kal·muk *=mukke, n., (member of a people)* Kalmuck, Kalmyk. **Kal·muks** *n., (lang.)* Kalmuck, Kalmyk. **Kal·muks** *=mukse, adj.* Kalmuck, Kalmyk; *~se wol* Kalmuck/Kalmyk wool.

kal·myn →KALAMYN(STEEN).

ka·lo·mel *(med.)* calomel.

ka·long *=longs, (a large fruit bat)* flying fox, kalong.

ka·lo·rie *=rieë* calorie, calory, unit of heat; *groot ~* Calorie, kilogram/large calorie; *klein ~* (gram/small) calorie. **ka·lo·ries** *=riese* calorific; thermal; *~e masjien* caloric engine. **ka·lo·ri·me·ter** *=ters* calorimeter. **ka·lo·ri·me·trie** calorimetry. **ka·lo·ri·me·tries** *=triese* caloric; thermal; *~e waarde* caloric value.

ka·los·sie *=sies, (bot.), Ixia* spp.; *Lachenalia* spp..

ka·lot *=lotte,* **ka·lot·jie** *=jies, (RC)* calotte, skullcap, *(<It.)* zucchetto; beret; small woman's hat; smoking cap; *Joodse ~* yarmulka.

kal·pat, ka·ri·pat *=patte, (zool.: an arachnid)* penguin tick.

kal·siet *(min.)* calcite, calcspar.

kal·si·fe·rol calciferol, vitamin D_2.

kal·si·mien calcimine, kalsomine.

kal·si·na·sie, kal·si·ne·ring calcination, calcining.

kal·si·neer *ge=* calcine. **~oond** calciner, calcining furnace.

kal·si·um *(chem., symb.: Ca)* calcium. **~chloried** calcium chloride. **~houdend** *=e* calcic. **~karbonaat** calcium carbonate. **~oksied** oxide of calcium, calx. **~uraniet** autunite, lime uranite.

kal·we(r) *ge=* →KALF *vb.*.

kal·wer= vitular, vituline. **~bossie** *Pelargonium* spp.; *Chironia baccifera.* **~diarree** white scours, calf diarrhoea. **~hok, ~kraal** kraal for calves, calves' kraal/pen; *iem. opdons/opdreun tot by oom Daantjie in die kalwerhok* beat s.o. to a frazzle, beat/knock the (living) daylights out of s.o., knock s.o. into a cocked hat. **~koei** *(rare)* cow with calf. **~kop** *(icht.: Barbus mattozi)* silverfish. **~liefde** calf/puppy love. **~meel** calf meal. **~siekte** →MELKKOORS. **~vel** →KALFSVEL.

kam *kamme, n.* comb; crest, ridge *(of a hill)*; cam, cog, tooth *(of a wheel)*; bridge *(of a violin)*; *(anat.)* pecten; comb, caruncle *(of a cock)*; *(biol.)* carina; *iem. se ~ word rooi, (infml., rare)* s.o. is beginning to notice boys/girls; s.o. bristles up; s.o. sees red; *mense/dinge oor een/dieselfde ~ skeer* treat everyone/everything alike; group/lump people/things together; *van ~me voorsien, (tech.)* cog. **kam** *ge=, vb.* comb. **~-as** thrust shaft. **~been** dorsal vertebrae *(of a horse)*; sternum *(of a bird)*. **~bol** (wool) top, lap. **~bolvorming** top finishing. **~bolwol** tops. **~borduurwol** crewel yarn. **~draend** *=e, (bot.)* crested. **~flanel** worsted flannel. **~gare, ~garing** worsted/combed yarn. **~gras** *(Cynosurus* spp.*)* cockscomb grass, dog's-tail (grass). **~hare** combings. **~(masjien)** comber. **~proses** combing process. **~rat** cog(wheel), cogged/canting/rag/toothed wheel. **~stof** worsted. **~stofbroek** worsted trousers, (grey) flannels. **~stoffabriek** worsted mill. **~verstelling** mesh adjustment. **~vormig** *=e* comb-shaped; *(biol.)* pectinate(d); *(zool.)* ctenoid. **~wals** pinion. **~wol** combing wool. **~wolvel** combing skin.

ka·mar·band, kam·mer·band, kum·mer·band *=bande* cummerbund.

kam·a·ro →KAMBRO.

ka·mas *=maste* legging, gaiter. **~band** puttee.

ka·mas·sie *=sies* small legging/gaiter.

kam·bi·aal *=ale, (bot.)* cambial.

kam·bi·um *(bot.)* cambium. **~laag** cambium layer.

Kam·bod·ja *(geog.)* Cambodia. **Kam·bod·jaan** *=jane, n.* Cambodian. **Kam·bod·jaans** *=jaanse, adj.* Cambodian.

kam·brai *(text.)* chambray.

Kam·bri·ë *(med. name for Wales)* Cambria. **Kam·bri·ër** *n.* Cambrian. **Kam·bries** *=briese, adj., (also geol.)* Cambrian. **Kam·bri·um** *n., (geol.)* Cambrian.

kam·bro *=bro's, (bot.: Fockea, Brachystelma* and *Pachypodium* spp.*)* kambro.

Kam·de·boo *(geog.): die ~* the Camdeboo. **~stinkhout** *(also k~)* Camdeboo/white stinkwood.

ka·mee *=meë, =mees* cameo.

ka·meel *=mele* camel; *(arch.)* giraffe (→KAMEELPERD); *Baktriese/tweebultige ~* Bactrian camel. **~bul** camel bull. **~doring(boom)** camel thorn (tree). **~doringbos** *(Alhagi camelorum)* camel('s) thorn bush, Caspian manna. **~drywer** camel driver, cameleer. **~haar** camel('s) hair; camel yarn. **~koei** camel cow. **~korps, ~ruitery** camel corps, camelry. **~perd** giraffe. **~perdbul** bull giraffe. **~perdkoei** cow giraffe. **~ruitery** →KAMEELKORPS. **~ryer** cameleer.

ka·me·le·on *=ons* chameleon; →VERKLEURMANNETJIE. **ka·me·le·on·ties** *=tiese* chameleonic, chameleon-like.

ka·me·li·a *=as, (bot.)* camellia, japonica.

ka·me·lot *(text.)* camlet.

ka·me·nier *=niere, =niers, (obs.)* chambermaid; lady's maid; dresser; waiting maid/woman.

Ka·mer Chamber; *K~ van **Afgevaardigdes*** Chamber of Deputies; *~ van **Drukwerk*** Chamber of Printing; *~ van **Koophandel*** Chamber of Commerce; *~ van **Mynwese*** Chamber of Mines; *~ van **Nywerheid*** Chamber of Industries; *~ van **Skeepvaart*** Chamber of Shipping.

ka·mer *=mers* room, chamber, *(sl.)* digs; *(anat.)* ventricle *(of the heart)*; *in die/jou ~ **bly*** keep (*or* be confined) to one's room; *'n ~ met iem. **deel*** share a room (*or* room) with s.o.; ***geen** ~s beskikbaar hê nie, (a hotel etc.)* have no vacancies; *die ~ **hou**, (dated)* →*in die/jou kamer **bly**;* *~s te **huur*** rooms to let; *'n ~ aan (die) **kant** maak* do/tidy a room; *die ~ is **netjies*** (*of aan [die] **kant***) the room is neat/tidy; *~ met **ontbyt*** bed and breakfast; *eerste/ens. ~ van die **parlement*** first/etc. house of the legislature; *~s **verhuur*** take in lodgers, let rooms. **~-aar** *=are* chambered vein. **~arres** *(hist.)* confinement to one's room. **~bediende** chambermaid; valet. **~bewoner** roomer. **~buks** saloon rifle. **~deur** room door. **~dienaar** *(hist.)* valet; chamberlain. **~doek** →KAMERDOEK *n.*. **~-emmer** slop bucket/pail. **~geleerde** closet scholar, scholarly recluse. **~gereg** judge in chambers. **~heer** chamberlain, gentleman/lord-in-waiting; gentleman usher; *(Br.)* groom(-in-waiting); *~ van die koning, koninklike ~, (Br., arch.)* lord of the bedchamber. **~hof** motion/chamber court; *'n regter op ~* a judge in chambers. **~huur** room rent, rent of a room. **~huurder** lodger, roomer. **~japon, ~jas** dressing gown, wrap(around), peignoir. **~juffer** *(arch.)* waiting woman. **~konsert** chamber concert. **~lid** member of parliament, member of the chamber (→PARLEMENTSLID); deputy *(in France)*. **~maat** roommate. **~meisie** chambermaid, *(arch.)* abigail. **~musiek** chamber music. **~orkes** chamber orchestra. **~pistool** saloon pistol. **~plant** indoor plant. **~pot** chamber pot. **~skeiding** (room) divider. **~skerm** screen. **~spel** indoor game. **~stel** bedroom suite. **~tapyt** boudoir carpet. **~temperatuur** room temperature. **~tennis** fives. **~toneel** intimate theatre. **~venster** (bed)room window. **~wag** *(mil.)* orderly. **~woning** *(rare)* apartment, flat; suite; maison(n)ette. **~wys** *(rare)* house-trained.

ka·me·ra *=ras* camera; *die ~ op iets instel* bring s.t. into focus, focus on s.t.; *voor die ~* on camera. **~balg, ~konsertina** bellows of a camera. **~man** *=ne* cameraman. **~opnemer** camcorder. **~sak, ~tas** camera case. **~sku** camera-shy. **~span** camera crew/team, film crew/team.

ka·me·raad *=rade* comrade, companion; *(infml.)* mate, chum, pal, buddy. **ka·me·raad·skap·lik** *=like* comradely, companionable; *~ met ... omgaan* fraternise with ... **ka·me·raad·skap(·lik·heid), ka·me·ra·de·rie** comradeship, camaraderie, companionship, (good) fellowship. **ka·me·raad·skaps·gees** esprit de corps.

ka·me·ra·de·rie →KAMERAADSKAP(LIKHEID).

ka·mer·doek *n., (text.)* cambric. **ka·mer·doeks** *=doekse, adj.* cambric.

ka·mer·ling *=linge* chamberlain; *(Bib.)* eunuch.

kam·e·ro →KAMBRO.

Ka·me·roen *(geog.)* Cameroon, the Cameroons.

ka·mer·tjie *=tjies* little room, closet; cabinet, cubicle; cuddy; pigeonhole.

Ka·me·ryk *(geog.)* Cambrai.

kam·faan *(chem.)* camphane.

kam·fa·noon *(chem.)* camphanone.

kam·feen *(chem.)* camphene. **~suur** camphenic acid.

kam·fe·neen *(chem.)* camphenene.

kam·fe·noon *(chem.)* camphenone.

kam·fer →KANFER.

kam·fe·rol *(chem.)* campherol.

kam·fol *(chem.)* camphol.

kam·fo·noon *(chem.)* camphonone.

kam·hout camwood.

ka·mi·ka·ze *(Jap.)* kamikaze. **~-aanval** kamikaze attack. **~bestuurder** kamikaze driver. **~(vlieënier)** *(WW II)* kamikaze (pilot), suicide pilot. **~(vliegtuig)** *(WW II)* kamikaze (plane/aircraft).

ka·mil·le *(bot.)* c(h)amomile; *egte/stinkende ~* dog's fennel, stinking camomile. **~-olie** c(h)amomile oil. **~tee** camomile tea.

ka·mi·sool =*sole* camisole.

kam·let *(text.)* camlet.

kam·ma ostensibly, quasi, as if, as it were; *iem. is ~ ryk/ens.* s.o. is supposed to be rich/etc.; *iem. het ~ gewerk* s.o. made a pretence of being at work. **~kastig** =*e* →KASTIG *adj.*. **~land** never-never land/country, fairyland, land of make-believe. **~oorlog** mimic warfare. **~skilpadsop** mock turtle soup.

kam·ma·lie·lies =*liese* →KAMMA.

kam·ma·ro →KAMBRO.

kam·mas·sie·boom kamassi tree, false Cape box.

kam·ma·teur =*teurs, (infml., rare)* shamateur.

kam·mer =*mers* comber. **kam·mer·band** →KAMARBAND. **kam·me·ry** combing mill.

kam·me·tjie =*tjies* small comb; *(bot.)* freesia.

kam·mie =*mies, (infml.)* = KAMERMAAT.

kam·mie·bos *Cliffortia strobilifera.*

kam·ming combing.

kam·mos·sel pecten, scallop; cockle, clam.

ka·moe·flage =*flages* camouflage.

ka·moe·fleer *ge*= camouflage, disguise. **~baadjie** combat jacket. **~drag, ~uniform** camouflage uniform. **~net** camouflage net.

ka·moe·fle·ring camouflage.

kamp[1] *kampe, n.* camp, encampment; *(troops)* cantonment; croft; corral, (large) enclosure; field, garth; jamboree; (large) paddock/run; ***in** die ~* in camp; ***in** die ~ van die teen=/teëparty* in the opposition camp; ***in/by** die ~* at camp; *(die) ~ **opbreek*** break/strike camp; *~ **opslaan*** pitch camp, encamp; quarter; *die **sosialistiese/ens.** ~* the socialist/etc. camp; ***uit** die ~ breek* break camp. **kamp** *ge=, vb.* →KAMPEER. **~arres** confinement to camp. **~diens** fatigue (work); camp meeting. **~emmertjie** billy(can). **~kommandant** camp commander/commandant. **~lêer** camp idler. **~maker** hedger. **~moeder** camp mother; chaperon. **~plek, ~terrein** campsite. **~skof** bivouac. **~terrein** →KAMPPLEK. **~vader** chaperon. **~volger** camp follower. **~vuur** campfire, watch fire.

kamp[2] *n., (arch.)* combat, fight, struggle; *'n swaar ~* a hard struggle. **kamp** *ge=, vb., (arch.)* fight, combat, struggle; *met iets te ~e hê* struggle/wrestle with (*or* be up against *or* be confronted/faced with) s.t. *(a problem etc.)*; have s.t. to contend with *(criticism, resistance, etc.)*; have s.t. on one's hands *(a crisis etc.)*; have s.t. to cope with *(setbacks etc.)*; *met iets te ~e kry* come up against s.t.; *om ... ~, (arch.)* contend/compete for ... **~vegter** fighter, supporter, protagonist, wrestler; champion, advocate; *~ vir vroueregte* champion of (*or* campaigner for) women's rights, liberationist, *(infml., often derog.)* (women's) libber; *'n ~ vir vryheid* a champion (*or* an advocate) of liberty.

kamp[3] *n., (gay sl.)* camp. **kamp** *adj., (gay sl.)* camp, camped up, poncy, limp-wristed.

Kam·pa·ni·ë *(geog.)* Campania.

kam·pan·je[1] =*jes* campaign; *'n ~ meemaak* see service, serve in a campaign.

kam·pan·je[2] =*jes* poop. **~dek** poop (deck). **~leer** companion ladder. **~trap** companion.

kam·pa·no·loog =*loë* campanologist. **kam·pa·no·lo·gie** campanology.

kam·peer *(ge)*=, **kamp** *ge*= camp (out), encamp, be under canvas, bivouac. **~plek, ~terrein** camp(ing) site; caravan park. **~wa** =*ens* caravan.

kam·peer·der =*ders* camper.

kam·pe·ment =*mente, (obs.)* camp, encampment.

Kam·per·duin *(geog.)* Camperdown.

kam·per·foe·lie *(arch.)* →KANFERFOELIE.

kam·pe·ring encampment.

kam·per·noe·lie =*lies* (edible) mushroom.

kam·pie =*pies* small camp, run, paddock.

kam·pi·lo·bak·ter *(bacteriol.)* campylobacter.

kam·pi·oen =*oene* champion; *iem. tot ~ uitroep* declare s.o. champion. **kam·pi·oen·skap** =*skappe* championship; *die ~ beslis* decide the championship; *om 'n ~ meeding* take part in a championship. **kam·pi·oen·skaps·by·een·koms** championships, championship meeting; *aan 'n ~ deelneem* take part in a championships.

kam·pong =*pongs, (<Mal.)* kampong; compound.

kam·sel·wol noily wool.

kam·stig =*stige* so-called; →KASTIG *adj. & adv.*. **kamta(g), kam·tig** *adv.* →KAMMA. **kam·tig** =*tige, adj.* →KASTIG *adj.*.

Kam·tsjat·ka *(geog.)* Kamchatka.

kan[1] *kanne, n.* can, jar, jug, mug, tankard, pitcher, pot; *alles is in ~ne en **kruike*** it is all arranged/settled; *iets in ~ne en **kruike** hê* have s.t. (all) sewn/buttoned up, have s.t. arranged/clinched/sealed/settled (*or [infml.]* in the bag/can); *in die ~/bottel/fles/vat **kyk*** be addicted to drink; *wie die **onderste** uit die ~ wil hê, kry die moer* (of *deksel op sy neus*), *(prov.)* grasp all, lose all; *drink wat die ~ **skink**, (infml.)* take it as it comes; *die wyn in die man, die **wysheid** in die ~, (prov.)* when wine is in, wit is out. **kan·ne·tjie** =*tjies* cannikin, small can/jar/jug/mug/tankard; *(masc. only)* nipper, kid(die), tiny tot; *(also, in the pl., bot.: Microloma tenuifolium)* wax twiner, red wax creeper.

kan[2] *kon, vb.* be able, can, may; *iem. ~ nie **anders** as ... nie* s.o. cannot but ...; *ek sal bly wees **as** jy ~ kom/ens.* I will be glad if you will come/etc.; ***as** iem. nie ~ nie, (also)* failing s.o.; *iem. ~ **beswaarlik** staan/ens.* s.o. can hardly stand/etc.; *iem. ~ **beter*** s.o. can do better; *iem. ~ nie **daarvoor** dat ... nie* s.o. cannot help (*or* it is not s.o.'s fault) that ...; ***dit** ~* it can be done; ***dit** ~, ja* so it can be; ***dit** ~ nie* it/that is impossible, that cannot be, it/that can't be done; it/that won't do; ***dit** ~ so nie langer nie* this can't go on, things cannot go on like this (any longer); ***dit** ~ (so) wees* it is possible, it may be (so); ***dit** ~ interessant wees* it might be interesting; *iem. ~ iets **doen*** s.o. can (*or* is able to) do s.t.; s.o. knows how to do s.t.; s.o. is free to do s.t.; *iem. sou dit ~ **doen*** →SOU; *iem. ~ **fietsry**, (also)* s.o. knows how to ride a bicycle; *dit ~ **gebeur*** it is quite possible; *jy ~ **gerus*** ... you are welcome to ...; *dit kon jy my **gesê** het* you might have told me; *jy kon my darem **gevra** het* you might have asked me; *wat kon **gewees** het* what might have been; *dit kon erger **gewees** het* →ERGER[2] *adj. & adv.*; *iem. ~ **goed** swem/ens.* s.o. is good at swimming/etc.; *so **goed** (as [wat]) iem. ~* as best s.o. can, to the best of s.o.'s ability; *so **goed** as (wat) iem. maar kon, (also)* as well as ever s.o. could; *so **gou** as ~* as soon as possible; *so **gou** as ~ kom* at the very first opportunity; ***hoe** kon jy dit doen?* how on earth could you do it?; *ons ~ maar net die beste **hoop*** we can but hope for the best; *dit ~ **korter*** it can be put more briefly; *so ~ dit nie **langer** nie* this can't go on, it/things can't/cannot go on like this (any longer); *iem. ~ nie **meer** nie* s.o. can't/cannot carry on; s.o. is at the end of his/her tether (*or* near breaking point); *~ jy nou **meer**!* can you believe it!; *iets ~ **nie*** s.t. is impossible (*or* can't be done); ***om** te ~* ... in order to ...; *ek ~ nie sê nie* →SÊ *vb.*; *so kon iem. ure lank **sit*** s.o. would sit like that for hours; *iem. kon **skaars*** ... it was all s.o. could do to ...; *so **ver/vêr** ek ~* as far as in me lies; *iem. ~ (dalk) **verdwaal*** s.o. may lose his/her way; *iem. kon ... **vermoor*** s.o. felt like killing ...; *iem. kon ... nie **vind** nie* s.o. couldn't (*or* could not *or* failed to) find ...; *so (al) **wat** hy/sy ~* for all he/she is worth; *dit ~ (so) **wees*** it may be (so); *jy (of ['n] mens) ~ nooit **weet** nie* →WEET; ***wys** wat jy ~* show one's mettle.

Ka·naak =*nake, (Pacific Islander)* Kanaka.

Ka·naal: *die (Engelse) ~* the (English) Channel; *die Engelse en die Ierse ~* the narrow seas. **~boot** canal/narrow boat. **~eilande** Channel Islands. **K~tonnel** Channel Tunnel, Eurotunnel, *(infml.)* Chunnel. **K~veer(boot)** cross-Channel ferry.

ka·naal =*nale, (artificial)* canal; *(natural)* channel; passage; watercourse; *(min.)* artery; *(anat.)* vessel, duct, meatus; →ROOKKANAAL; *'n ~ aanlê/grawe* cut/dig a canal; *langs diplomatieke kanale* through/by diplomatic channels; *langs die gewone kanale* through the usual channels. **~geld, ~reg, ~tol** canal dues. **~kus** channel coast. **~sluis** canal lock.

Ka·na·än *(geog., Bib.)* Canaan; *die Land ~* the Promised Land. **Ka·na·ä·niet** =*niete* Canaanite. **Ka·na·ä·ni·ties** =*tiese* Canaanitish, Canaanitic. **Ka·na·nees** =*nese* Canaanitish, Canaanitic.

Ka·na·da *(geog.)* Canada. **k~balsem** Canada balsam.

Ka·na·dees =*dese, n.* Canadian. **Ka·na·dees** =*dese, adj.* Canadian; *Kanadese Engels, (lang.)* English Canadian; *Kanadese Frans, (lang.)* French Canadian; *Kanadese Skild, (geog.)* Canadian/Laurentian Plateau/Shield.

ka·na·li·seer *ge*= channel, canalise. **ka·na·li·sa·sie, ka·na·li·se·ring** canalisation.

ka·na(l)·la *interj., (<Javanese)* (if you) please.

ka·nal·lie =*lies* →KARNALLIE.

ka·na·pee =*pees, (chiefly hist.)* chesterfield, sofa, couch; *(cook.)* canapé.

Ka·na·ra *(geog.)* Canara, Kanara. **Ka·na·rees** =*rese, n. & adj.* Canarese, Kanarese.

ka·na·rie =*ries, (orn.)* canary; *Kaapse ~* Cape canary. **~boom** canary tree, Java almond, Chinese olive. **~byter** butcherbird, fiscal (shrike); →LAKSMAN, JANFISKAAL. **~geel** *n. & adj.* canary (yellow). **~gras** canary grass, Persian wintergrass, manna grass. **~kar, ~wa** *(SA township sl.: [yellow] police van)* kwela-kwela. **~klimop** *(Senecio tamoides)* canary creeper. **~poeding** canary pudding. **~saad** canary seed; millet; *Phalaris canariensis; Lepidium africanum.* **~vink** yellow weaver. **~voël** canary (bird).

Ka·na·ries =*riese* Canary; *~e den* Canary (Island) pine; *die ~e Eilande* the Canary Islands, the Canaries; *~e wyn* Canary wine.

ka·na·rie·tjie =*tjies* little canary.

ka·nas·ta *(card game)* canasta.

ka·nas·ter =*ters, (tobacco)* canaster; rush basket.

kan·deel caudle. **~wyn** negus.

kan·de·la =*las, (phys., symb.: cd)* candela.

kan·de·laar =*laars,* =*lare* sconce, candlestick; agapanthus; *Cotyledon wallichii.* **~blom** candelabra flower, chandelier lily. **~bos** *Cotyledon wallichii.* **~kroonspar** monkey puzzle (tree), Chile pine. **~lelie** candlestick lily.

kan·de·la·ber =*bers* candelabrum; chandelier.

kan·di·daat =*date* candidate *(for an examination, election, etc.)*, examinee; nominee *(of a party for an election)*; applicant *(for a post)*; postulant; *'n **onbestrede** ~* an unopposed candidate; *'n ~ **stel*** put up a candidate; *'n ~ **uitstem*** reject a candidate; *('n) ~ in 'n **verkiesing** wees* be a candidate at/in an election, be up for election; *('n) ~ **vir** ... wees* be a candidate for ...; run/stand for ... *(an office)*; stand for ... *(Parliament, a seat, etc.)*. **~offisier** candidate officer. **~prokureur** =*s* articled clerk. **~stelling** nomination.

kan·di·daats·ek·sa·men qualifying examination for the doctorate (degree), PhD qualifying examination *(at a Du. univ.)*.

kan·di·daat·skap =*skappe* candidateship, candidature, candidacy.

kan·di·da·te·lys list/slate of candidates, ticket.

kan·di·da·tuur =*ture* candidature, candidateship, candidacy; nomination.

kan·dy(·sui·ker) sugar candy, candy (sugar).

ka·neel cinnamon; →WILDEKANEEL; *fyn ~* ground cinnamon. **~appel** →SUIKERAPPEL, VLA-APPEL. **~(aand)=blom** *(Gladiolus grandis)* large brown africander; *Hesperantha spicata.* **~bol** *(Pelargonium lobatum)* vine-leaved pelargonium. **~boom** cinnamon (tree). **~(bruin), ~kleur** *n.* cinnamon. **~(bruin), ~kleurig** =*e, adj.* cinnamon (brown), cinnamon(-coloured). **~duif(ie)** cinnamon dove. **~kleur** →KANEEL(BRUIN). **~olie** cassia/cinnamon oil; *Chinese/Sjinese ~* Chinese cinnamon oil. **~roos** cinnamon rose. **~steen** cinnamon stone, essonite. **~stokkie** cinnamon stick. **~suiker** cinnamon sugar. **~suur** cinnamic acid.

ka·neel·tjie =*tjies* →KANEEL(AAND)BLOM.

ka·net =*nette, (Restio* spp.) cord leaf; *in die ~te sit* be in trouble.

kan·fer, kam·fer camphor. **~bal(letjie)** camphor ball. **~blaar** *(Pelargonium betulinum)* birch leaf pelargonium.

~**boom** *(Cinnamomum camphora)* camphor tree; *(Cryptocarya myrtifolia)* South African camphor tree. ~**bos(sie)** *(Diosma vulgaris)* wild buchu; *Diosma oppositifolia;* →KANFER(HOUT)BOS(SIE). ~**brandewyn** camphorated spirits. ~**foelie** honeysuckle, woodbine; *(also* (wilde)kanferfoelie/kamferfoelie*)* Virginia creeper, woodbine. ~**houdend** =*e* camphoric. ~**hout** camphorwood. ~**(hout)bos(sie)** *(Tarchonanthus camphoratus)* camphor bush/shrub. ~**lap** camphor-impregnated cloth. ~**olie** camphor(ated) oil. ~**reuk** smell of camphor. ~**spiritus** camphorated spirits. ~**suur** camphoric acid.

kan·fer·ag·tig, kam·fer·ag·tig =*tige* camphor(ace)ous.

kan·ga·roe, kan·ga·roe =*roes* kangaroo.

ka·nis =*nisse* dirty fellow.

kan·jon =*jons* →CANYON.

kan·ker =*kers, n.* cancer, carcinoma; *(fig.)* canker, blight, pest, festering sore. **kan·ker** *ge=, vb.* canker, fester; grouse; nag; ~ *aan* fret, nag. ~**bestryding** fight against cancer. ~**blare** *Aptosimum spinescens; Ranunculus multifidus.* ~**bos(sie)** *(Sutherlandia frutescens)* cancer bush. ~**geswel** cancerous growth/tumour, carcinoma. ~**lyer,** ~**pasiënt** cancer patient/victim, sufferer from cancer. ~**navorsing** cancer research. ~**pleister** cancer poultice. ~**plek** cancerous spot. ~**roos** *(bot.)* cocklebur. ~**verwekkend** carcinogenic. ~**verwekker** →ONKOGEEN.

kan·ker·ag·tig =*tige* cancerous, cancroid, carcinomatous.

kan·na =*nas, (bot.)* canna; *Sceletium* spp.; →GANNA.

kan·na·bas *Passerina filiformis; Dais cotinifolia; Gnidia oppositifolia.*

kan·ne·leer *ge=* flute, groove, channel, chamfer. **kan·ne·lu·re** =*res* flute, groove, chamfer.

kan·ne·tjie →KAN¹ *n.*.

kan·ni·baal =*bale* cannibal, maneater. ~**spinnekop** cannibal spider.

kan·ni·baals =*baalse* cannibalistic. **kan·ni·ba·li·seer** *ge=* cannibalise *(a vehicle, company, etc.).* **kan·ni·ba·lis·me** cannibalism.

kan·nie: ~ *is dood* nothing is impossible; never say die. ~**dood** =*s, (Commiphora* spp.*)* corkwood; *(Tillandsia* spp.*)* air plant; *(Aloe variegata)* partridge breast, variegated aloe; *Haworthia tessellata* ; *(fig.)* diehard, stayer, persister, *(infml.)* bulldog; *'n ~ wees, (also)* have a never-say-die attitude, have the tenacity of a bulldog, be one of the bulldog breed. ~-**koenie** →KOENIE-KANNIE. ~**maat** *(tech.)* no-go gauge.

kan·nip *(bot.: Hydnora africana)* dead dog.

ka(n)·nu·le =*les, (med.)* cannula.

ka·no =*no's* canoe; *in 'n ~ vaar* canoe. ~**roeier,** ~**vaarder** canoeist. ~**vaart** canoe trip; canoe race.

ka·nol =*nolle: rooi~ Wachendorfia paniculata.* ~**pypie** *Watsonia* spp..

ka·non¹ =*nonne* (big) gun, cannon; *(also, in the pl.)* ordnance; *'n **groot** ~, (infml.)* a bigwig (*or* big shot/gun/noise/cheese); ***hase/mossies/muggies/vlieë*** *met 'n ~ skiet, (fig.)* break a (butter)fly on the wheel; *iem. is **in** sy/haar ~, (infml.)* s.o. has had it (*or* is a goner); *'n ~ op ... **rig*** train a gun on/upon ...; *'n ~ **vernael*** spike a gun. ~**band,** ~**ring** chase girdle. ~**bedding** gun emplacement. ~**been** cannon bone *(in the legs of hoofed animals).* ~**dop** artillery shell. ~**gebulder** roar/boom/booming of the guns. ~**gietery** gun foundry. ~**grys** gunmetal (grey). ~**koeël** cannonball. ~**loop** gun barrel. ~**rigter** gun layer. ~**romp** gun body. ~**skans** gun emplacement. ~**skoot** cannon shot, gunshot; *binne 'n ~* within shelling distance. ~**skoot(s)afstand** gunshot (range), cannon-shot (range); *binne ~, op ~ van* within gunshot; *buite ~* out of gunshot, beyond gunshot range. ~**slot** gunlock. ~**tou** breeching. ~**voer** cannon fodder. ~**vuur** cannonade, gunfire. ~**wa** gun carriage; caisson.

ka·non² =*nons, (approved list)* canon; ground rent; *(mus.)* canon, round. **ka·no·niek** =*nieke, n.* canonics. **ka·no·niek** =*nieke, adj.* canonic(al); *die ~e (Bybel)boeke* the canon; *~e reg* canon law. **ka·no·nies** =*niese,* **ka·no·ni·kaal** =*kale* canonic(al). **ka·no·nis** =*niste* canonist. **ka·no·ni·sa·sie** canonisation. **ka·no·ni·seer** *ge=* canonise. **ka·no·ni·se·ring** →KANONISASIE. **ka·no·ni·si·teit** canonicity.

ka·non·na·de =*des* bombardment, cannonade, shelling.

ka·non·neer *ge=* bombard, cannonade, shell. **ka·non·neer·boot** gunboat.

ka·non·ne·tjie =*tjies* small cannon.

ka·non·nier =*niers* gunner, cannoneer. **ka·non·nier-pi·o·nier** pioneer gunner.

ka·not·gras *(Flagellaria guineensis)* kanoti grass.

kans *kanse* chance, opportunity, prospect; risk; hazard; opening; turn; *die/'n/jou ~ **aangryp/waarneem*** seize/grab the/a/one's (*or* jump/leap at the/a) chance, seize/grab/take the/an/one's opportunity; *jou ~ **afwag*** await one's chance; bide/wait one's time, play a waiting game, *(infml.)* sit tight; *iem. se ~e **bederf*** spoil (*or* *[infml.]* dish) s.o.'s chances; *jou ~e (ten volle) **benut*** make the most of one's opportunities/chances, run with the ball; ***eenderse*** *~e* level pegging, even chance; *'n **enige** ~ →**unieke/enige**; van 'n ~ **gebruik maak*** accept a chance; *goed van jou ~e **gebruik maak*** play one's cards right/well; *iem. 'n ~ **gee*** give s.o. a chance; give s.o. a turn; *(infml.)* give s.o. a break; *iem. 'n billike ~ **gee*** give s.o. a fair chance (*or* *[infml.]* show); *(infml.)* give s.o. an even break; *iem. 'n ~ **gee*** give s.o. a chance/turn/trial; *iem. 'n billike/regverdige ~ **gee*** give s.o. a fair chance (*or* *[infml.]* an even break *or* a fair crack of the whip); ***geen*** *~ hê nie* not get a look-in; *(a horse)* be a rank outsider; *hoegenaamd **geen** ~ hê nie* have no earthly chance *(infml.); die ~e is/staan **gelyk*** the chances are equal, the odds are even; *hul ~e is/staan **gelyk*** it is a toss-up between them; *byna **gelyke** ~e* short odds; *die ~e is **gering*** the prospects are dim; *'n **geringe** ~* a slender/slim chance; an off chance; *daar is 'n **geringe** ~, (also)* there is a long/remote chance; *'n heel/uiters **geringe** ~ hê, (also)* have an outside chance; *bestaan/is daar ook maar die **geringste/minste** ~?* is there any chance whatever?; *nie die **geringste/minste** ~ hê nie* not have the ghost of a chance; *(infml.)* have a fat chance; *die ~ laat **glip**, (also, fig.)* miss the boat/bus; *'n ~ laat **glip/verbygaan*** lose/miss a chance; *iem. het/staan 'n **goeie** ~* (of *iem. se ~e is/staan **goed**) om te ...* s.o. stands a good chance (*or* the odds are in s.o.'s favour) of ..., s.o. is (the) odds-on favourite for/to ...; ***gulde*** ~ golden opportunity, snip; *'n ~ **hê*** have a chance; stand (*or* be in with) a chance; *nie 'n kat se ~ **hê** nie* →KAT; *nie die skyntjie van 'n ~ **hê** nie* not have the ghost of a chance; *daar **is** 'n groot ~ dat ...* there is a great chance (*or* the chances/odds are *or* it is long odds) that ...; *'n ~ **kry*** get (*or* be given) a chance; get a turn; *'n billike/regverdige ~ **kry*** get (*or* be given) a fair chance, *(infml.)* get an even break (*or* a fair crack of the whip); *'n ~ wat jy nooit weer **kry** nie →**unieke/enige**; nie die **minste** ~ hê nie →**geringste/minste**; 'n ~ **misloop*** lose/miss a chance; *die ~e **op** ...* the chances of ...; *'n ~ **op** iets hê* be in line for s.t.; *'n ~ **op** sukses* a chance/prospect of success; *vir iets ~ **sien*** feel equal/up to s.t.; be game for s.t.; *~ **sien** om te ...* see one's way (clear/open) to ...; ***sien** jy ~ daarvoor?, **sien** jy daarvoor ~?* do you feel up to it?; are you game for it?; ***so lank** daar ~ is* while the going is good; *hoe **staan** iem. se ~e?* what are s.o.'s chances?; *'n **unieke/enige** ~, 'n ~ wat jy nooit weer **kry** nie, 'n ~ wat nooit **terugkeer** nie* the chance of a lifetime; *'n ~ **verkyk**, (rare) →**verspeel/versuim**; die ~ is **verlore*** the chance is gone; *'n ~ **verspeel/versuim*** (of *laat **verbygaan*** of *[deur jou vingers] laat **glip**)* lose/miss a chance (*or* an opportunity), let a chance/opportunity slip by, *(infml.)* miss the boat/bus; *'n ~ **waag*** take a chance/risk, chance/risk it, chance one's arm, try one's luck; *die/'n/jou ~ **waarneem** →**aangryp/waarneem**; nog 'n ~ hê om te **wen*** still be in the game; *geen ~ hê om te **wen** nie* play a losing game; *soveel ~ as 'n **wors** in 'n hondehok, (infml.)* not a snowball's chance (in hell). ~**ooreenkoms** aleatory contract. ~**rekening** theory of chances, theory of probabilities, calculus/calculation of probabilities, laws of probability. ~**spel** game of chance/hazard; gamble. ~**vlak** cross section *(probability).*

kan·sel =*sels* pulpit; mimbar, minbar *(in a mosque); die ~ beklim/bestyg* go into (*or* mount) the pulpit; *'n meisie na die ~ lei* lead a girl to the altar; *voor die ~ verskyn* appear before the altar. **K~bybel** pulpit Bible. ~**kleed** pulpit cloth. ~**rede** sermon, homily, pulpit oration. ~**redenaar** pulpit orator. ~**ruimte** chancel. ~**styl,** ~**taal** pulpit style/language, language of the pulpit. ~**welsprekendheid** pulpit eloquence/oratory, homiletics.

kan·se·la·ry =*rye* chancery, chancellery. ~**hof** court of chancery. ~**styl,** ~**taal** officialese.

kan·se·lier =*liers* chancellor; counsellor *(in an embassy).* **kan·se·liers·kan·toor** chancellery. **kan·se·lier·skap** =*skappe* chancellorship.

kan·sel·leer *ge=* cancel. **kan·sel·la·sie** =*sies,* **kan·sel·le·ring** =*rings* cancellation.

kan·sie =*sies* small chance.

kant¹ *kante, n.* side; border, brink, edge, margin; purlieu; verge; direction, way; rim *(of a cask);* flank; bank; →ALKANT, ANDERKANT, DIÉKANT, DUSKANT, EENKANT, OORKANT, SELFKANT; ***aan** die ~* on the side; ***aan** (die) ~ wees* be neat/tidy; be orderly/shipshape (*or* in good order); *iets **aan** (die) ~ hou* keep s.t. neat/tidy *(a room etc.)*; keep s.t. in order; *iets **aan** (die) ~ maak* clean s.t. up, tidy s.t. (up), turn s.t. out, do s.t. *(a room etc.);* put s.t. in order; ***aan** albei ~e van ...* on both sides of ...; on either side of ...; ***aan** die ander ~ →**ander; aan** daardie ~* on that side; over there; ***aan** hierdie ~* on this side; over here; ***aan** die een ~ →**een; aan** elke ~* on every side; ***aan** die groot ~* biggish, fairly big, on the big side; fairly large, on the large side; ***aan** die hoë ~* rather high, on the high side; ***aan** die klein ~* rather small, on the small side; ***aan** die kort ~* shortish, fairly short, on the short side; ***aan** die ou ~ wees →**ou; aan** die teenoorgestelde ~* on the opposite side; at the other extreme; ***aan** die veilige ~ bly* remain on the safe side; play (it) safe; ***aan** die verkeerde ~* on the wrong side; ***aan** die verkeerde ~ van veertig/ens.* on the shady side of forty/etc.; ***aan** die ~ van ... loop/ry/ens.* skirt ... *(a mountain etc.);* ***aan** Britse/ens. ~* on the British/etc. side; ***aan** ... se ~ wees* be on ...'s side (*or* on the side of ...); ***aan** dieselfde ~ staan/wees* be in the same camp; ***aan** die ~ van die pad* by the wayside; *aan **alle** ~e* on all hands, on every hand; right, left and centre; *na **alle** ~e* in all directions, in every direction; left, right and centre; *van **alle** ~e* from all quarters; from all angles; from all sides; on all hands; *iets van **alle** ~e beskou* →BESKOU; ***alle** ~e van 'n saak →**saak**; die **ander** ~* the other side; *(fig.)* the obverse; *aan die **ander** ~* on the other side; *(fig.)* on the other hand; *(fig.)* then again; *aan die **ander** ~ van ...* across (*or* on the other side of) ... *(the river etc.);* beyond the ... *(grave); die **blink** ~ bo hou, (infml.)* look on the bright side; keep smiling, keep a stiff upper lip, keep one's pecker up; *hou die **blink** ~ bo!, (infml.)* keep smiling!, keep your pecker up!, keep a stiff upper lip!, thumbs up!; *dié ~ **bo*** this side up; *met die regte ~ **bo*** right side up; *jou ~ **bring*** pull one's weight, do one's bit (*or* fair share); *(infml.)* deliver the goods; ***daardie** ~ toe* that way; ***daardie** ~ uit* out that way; *dit moet **daardie** ~ uit* that is the way it should go; ***dié/hierdie** ~ toe* this way; *die **donker** ~, (lit. & fig.)* the dark side; *die **donker/lelike** ~ van die lewe* the seamy side of life; *dis 'n **dubbeltjie** op sy ~ of ...* →DUBBELTJIE¹; *aan die **een** ~, (fig.)* on the one hand; *aan die **een** of die ander ~* on either side; ***enige** ~ kan wen* the result can go either way; *dit het sy **goeie** ~* it has its good side, it has s.t. in its favour; *van **hoek** tot ~* →HOEK; *iem. van geen/g'n ~ af **ken** nie* not know s.o. from Adam; *~ **kies*** take/choose sides; *iem. se ~ **kies*** side with s.o., take s.o.'s side; take s.o.'s part, take the part of s.o.; *teen iem. ~ **kies*** side against s.o.; *vir iem. ~ **kies*** side with s.o., take s.o.'s side; *~ en **klaar** wees* be all set; be cut and dried; be signed, sealed and delivered; ***langs** die ~* along the edge/border/side; *die **ligte** ~* the light side; *die **ligte** ~ van die lewe* the sun=

ny side of life; *na daardie* ~ in that direction; *na die* ~ *swem* swim to the side (*or* toward[s] the edge); swim ashore; *die saak moet nou na 'n* ~ *toe kom* the matter must now be settled (*or* brought to a head); *op sy* ~ *lê, (a ship)* be on her beam-ends; *iets op die* ~ *aanteken* make a marginal note; *iets op sy* ~ *sit* put s.t. on its side; *op die* ~ *van* ... on the edge of ...; *aan die ou* ~ *raak, (na die) ou* ~ *toe staan* be ag(e)ing (*or* getting on in years); *aan die ou* ~ *wees* be long in the tooth; *die regte/verkeerde* ~ the right/wrong side; →*met die regte kant bo; alle ~e van 'n saak* the rights and wrongs of a matter; *daardie* ~ *van die saak* that aspect of the matter; ... *se* ~ *toe gaan* make for ... *(a place); dit gaan/staan (na) sesuur/ens. se* ~ *(toe)* it is getting/going on for six/etc. o'clock; *(teen) sesuur/ens. se* ~ toward(s) six/etc. o'clock; *sestig/ens. se* ~ *toe staan* be getting on for (*or* going on) sixty/etc.; *'n beswaar/ens. van ... se* ~ *af* →*van; van die* ~ *te sien kry* get a side view; *jou aan die* ~ *van ... skaar* →SKAAR³ *vb.; dit sny na twee ~e* →SNY *vb.; iem. se sterk* ~ s.o.'s strong point (*or [fig., infml.]* long suit); *iem. se swak* ~ s.o.'s weak point; *iem. se swak* ~ *ken* know s.o.'s soft spot; *elke saak het twee ~e* there are two sides to every question; *van 'n* ~ *af* thoroughly, systematically; from all angles/sides; *van een* ~ from one side, one-sided; *'n beswaar/ens. van ... se* ~ *af* an objection/etc. on ...'s part (*or* on the part of ...); *geen hulp van daardie* ~ *nie* no help from that quarter; *van gesaghebbende* ~ on good authority; *van gesaghebbende* ~ *verneem* learn authoritatively; *iem. van* ~ *maak* kill/dispatch/eliminate/liquidate (*or* do away with) s.o., take s.o.'s life, put s.o. out of the way, *(infml.)* bump s.o. off; *jouself van* ~ *maak* destroy o.s.; *iets van* ~ *maak* kill s.t., put s.t. away/down *(an animal); die motor het ons van die* ~ *af getref* the car hit us side-on; *ek van my* ~ I for one; I on my part/side; ~ *en wal lê, (a dam etc.)* be full to overflowing; *die rivier lê* ~ *en wal* the river is in flood/spate (*or* is [running] level with its banks); ~ *nóg wal raak* be irrelevant (*or* neither here nor there *or* [quite] beside the point), make no sense; be wide of the mark; *watter* ~ *toe sal ons gaan?* which way shall we go?; *(van) watter* ~ *waai die wind?* from which quarter is the wind blowing?; *nie weet na watter* ~ *toe nie* be at a loss. **kant** *ge-, vb.: jou teen ...* ~ oppose (*or* set one's face against) ...; →GEKANT. **~beitel** cant chisel. **~hou** sidestroke. **~leuning** side rail(ing). **~lig** sidelight. **~lyn** marginal line/rule; sideline; touchline; margin; *die bal by die* ~ *uitskop* (of *oor die* ~ *skop*), *(rugby, soccer)* kick the ball into touch; *iem. by die* ~ *uitdwing, (rugby)* force s.o. into touch; *iem. na/op die* ~ *(uit)skuif, (fig.)* marginalise s.o.; *na/op die* ~ *(uit)geskuif wees* be marginalised; *'n* ~ *trek* rule a margin. **~man** *-ne* flank(er), wing forward. **~reg** *ge-* square *(timber); gekantregte hout* squared timber. **~reling** cantrail, side rail(ing). **~ruimte** margin. **~saag** edger. **~skaaf** badger plane. **~snyer** edger. **~streep** →KANTLYN. **~tekening** *-e, -s* gloss, marginal note/reference; side note; signature in (*or* endorsement on) the margin; rubric *(in act)*; *~e* marginalia; *volgens* ~ as per margin. **~titel** *(jur.)* marginal note. **~voorspeler** →KANTMAN.

kant² lace; *nagemaakte* ~ imitation lace. **~gare, ~garing** lace thread. **~hout** lacewood; squared timber. **~insetsel** lace insertion/inset. **~knoopwerk** knotted work, knotwork, macramé (lace). **~kraag** tucker. **~kussing** lace pillow. **~maker,** *(fem.)* **~maakster, ~werker,** *(fem.)* **~werkster** *-s* lacemaker, laceworker. **~punt** Vandyke. **~steek** lace stitch. **~strook** lace strip; *(upholstery)* box piece. **~werk** lace(work). **~werker** →KANTMAKER. **~winkel** lace shop.

kant·ag·tig *-tige* lacy.

kan·ta·ri·de *-des* dried Spanish fly, cantharides. **kan·ta·ri·dien** cantharidine.

kan·ta·te *-tes* cantata.

kan·teel *-tele, n.* battlement(s), merlon; *van kantele voorsien* crenellate, machicolate; *met kantele* machicolated. **kan·teel** *ge-, vb.* battlement, embattle, crenellate. **~keep** embrasure, crenel(le). **~muur** embattled wall. **~oorhang** machicolation. **~tand** merlon.

Kan·te·kleer Chanticleer.

kan·tel *ge-* turn over, overturn, topple (over), capsize, tilt, keel over, tip; *laat* ~ careen. **~balk** cantilever. **~demper** anti-roll/anti-sway bar. **~haak** cant hook. **~hoek** tilt angle. **~oond** tipping furnace. **~wa** *-ens* side-tip truck/lorry, side tipper. **~wiel** dolly wheel.

kan·te·laar *-laars* side tipper, tipping gear, tipper.

Kan·tel·berg *(geog.)* Canterbury.

kan·te·ling *-lings, -linge* tilting; tilt, cant.

Kan·ti·aan *-ane, n.* Kantian. **Kan·ti·aans** *-aanse, adj.* Kantian. **Kan·ti·a·nis·me** *(also k~)* Kant(ian)ism.

kan·tien *-tiene, -tiens* water tin, tin can, billy(can); (drinking) bar, (wet) canteen, public house, pub, tavern, dram shop; *(Am.)* saloon; *(mil.)* canteen. **~baas, ~houer** publican, tavern keeper. **~man** barman, -keeper, -tender.

kan·tig *-tige* angular, sharp-edged, edgy. **kan·tig·heid** angularity.

kant·jie *-jies, (dim.)* side, edge, margin, rim, brink; *op die* ~ *af, (rare)* narrowly; *op die* ~ *af deurkom/slaag, (rare)* scrape through (an exam); *dit was op die* ~ *(af), (rare)* it was a close shave (*or* a narrow escape *or* a near thing *or* touch and go); *op die* ~ *(van welvoeglikheid), (rare)* pretty near (*or* close to) the wind, near the knuckle.

kan·to *-to's* canto.

kan·ton *-tons, (subdivision of a country; her.)* canton. **kan·ton·naal** *-nale* cantonal. **kan·ton·neer** *ge-* canton. **kan·ton·ne·ment** *-mente* cantonment.

Kan·ton, Kan·ton *(geog.)* Canton. **~rivier** Canton/Pearl River.

Kan·ton·nees *-nese, n. & adj.* Cantonese.

kan·toor *-tore* office, bureau, chambers; *'n* ~ *behartig* be in control of an office; ~ *van bestelling* delivery office; *by die* ~ *van* ... at the offices of ...; ~ *toe gaan/kom* go/come to the office; *op* ~ at the office; *nie op* ~ *wees nie* be out; *op* ~ *wees* be at the office. **~behoeftes, ~benodig(d)hede** office requisites/supplies. **~bestuurder(es)** office manager(ess). **~gebonde** desk-bound, *(infml.)* chairborne. **~gebou** office building/block. **~gebruik** office use. **~klerk** (office) clerk. **~masjien** →KANTOORTOESTEL. **~meisie** office/business girl. **~meubels** office furniture. **~misdaad** white-collar crime. **~automatisasie, ~outomatisering** office automation. **~party(tjie)** office party. **~personeel** clerical staff. **~ruimte** office accommodation. **~sluiting:** *by* ~ at the close of business. **~stoel** desk/office chair. **~toebehore:** *los* ~ office fittings; *vaste* ~ office fixtures. **~toerusting** office appliances/equipment/supplies. **~toestel** business machine, office appliance. **~tyd, ~ure** office/business hours, hours of attendance; office time; *in* ~ during office hours; *ná* ~ after (office) hours; *gewone* ~ *werk* work from nine to five, do a nine-to-five (job). **~werk** office/clerical/desk work; office/clerical/desk job, nine-to-five (job). **~werker** office/white-collar worker, nine-to-fiver.

kan·tor *-tors, (Jewish)* cantor; precentor; *tweede* ~ succentor.

Kan·tsjen·djan·ga *(a Himalayan mountain)* Kan(g)chenjunga, Kinchinjunga.

ka·nu·le *-les* →KANNULE.

ka·nun·nik *-nike* canon.

ka·oe·tsjoek caoutchouc, India rubber.

ka·o·lien kaolin, china/porcelain clay. **ka·o·li·niet** kaolinite. **ka·o·li·ni·seer** *ge-* kaolinise.

kap¹ *kappe, n.* hood, tilt *(of a cart)*; hood, top, roof *(of a car)*; bonnet *(of an engine)*; *(obs.)* hood, coif *(of a woman)*; cowl, hood *(of a monk)*; cowl(ing) *(of a chimney etc.)*; wimple *(of a nun)*; shade *(of a lamp)*; tester *(of a bed)*; tent *(of a wag[g]on)*; truss, principal *(of a roof)*; top *(of a boot)*; cut *(of a file)*; *(archit.)* cap, cope, coping; cab *(of a lorry, loco, etc.)*; cowling *(of an aeroplane)*; canopy; cap (rock); pelmet; lampshade; *lamp sonder* ~ unshaded lamp; *akademiese* ~ academic hood; *met 'n* ~ *op* hooded. **kap** *ge-, vb.* hood, cover with a hood; trim, dress, style *(hair)*. **~bed** four-poster, canopy/tester bed. **~been** rafter, principal. **~dak** pitched roof. **~draer** hoodman. **~galery** *(theatr.)* fly gallery. **~handskoen** gauntlet. **~hek** lich/lych gate. **~jas** capote. **~kappie** *-s, Eriocephalus racemosus*. **~kar** hooded/tilt/Cape cart. **~kinderbedjie** *(dated)* bassinet. **~kinderwaentjie** *(dated)* bassinet. **~laars** *(obs.)* →KAPSTEWEL. **~lamp** roof/dome lamp. **~lat** purlin. **~luik** *(naut.)* companion. **~lys** hood mould(ing). **~mansjet** gauntlet cuff. **~mantel** hooded cloak, almuce, amice. **~meeu** sea crow. **~mou** cap sleeve. **~stewel** top boot, jackboot, high boot, knee boot, Wellington boot, Hessian (boot), wellington; *~s in die lug lê* lie/go sprawling. **~styl** roof truss, cruck. **~stylhuis** roof house. **~vormig** *-e, (bot.)* cucullate. **~wa** hooded wag(g)on. **~werk** framing *(of a roof)*. **~wieg** *(dated)* bassinet.

kap² *kappe, n.* chop, chip, cut; slash; *agter die* ~ *van die byl kom* find out the ins and outs of s.t., figure out how it all fits together, learn how matters stand, find out (*or* see) how the land lies; *groot/klein* ~ grand/little slam; *'n paar ~pe maak, (infml.)* knock back a few; *'n* ~ *vleis, (rare)* a cut of meat. **kap** *ge-, vb.* hack, cut; chip; cut down, fell *(trees)*; chop, hew *(wood)*; cut *(meat)*; rebuke *(s.o.)*; *(tennis)* chop *(a ball)*; *(golf)* chip; *(a horse, lion, etc.)* paw, hit out; →FYNKAP, GEKAP²; *iets stukkend* ~ chop s.t. up; hew s.t. to pieces. **~beitel** hewing chisel. **~blok** chopping block, hacklog. **~byl** woodcutter's axe. **~byltjie** chip axe. **~-eg** rotary hoe. **~-en-brand(-)landbou** slash-and-burn agriculture. **~-en-steek(-)wapen** cut-and-thrust weapon. **~ent** kerf. **~hou** *(tennis)* chop (stroke); *(golf)* chip (shot); *'n* ~ *uitvoer* cut. **~knieë** = AANKAPKNIEË. **~lyn** cleared borderline. **~mes** chopper, chopping knife, cleaver, billhook; bush knife, machete, matchet, panga. **~ploeg** rotary plough. **~reg** *-te, (forestry)* wood right. **~ryp** mature *(trees)*. **~sekel** grass whip. **~(skaar)ploeg** rotavator; rotovator. **~slag** *-slae* cut stroke. **~snoei** *ge-* lop. **~tol** pegtop. **~verbod** timber-felling prohibition. **~wapen** slasher. **~werktuig** chopping tool/implement. **~yster** *-s* grub(bing) hoe/hook.

ka·pa·bel *-bele* able (to), capable (of); *iem. is* ~ *en* ..., *(infml.)* s.o. might well (*or* I wouldn't put it past him/her to) ...

Ka·pai·land *(geog., hist.)* Ncapayi's country; *(k~)* the back of beyond.

ka·par·rang *-rangs,* **ka·par·ring** *-rings, (<Javanese)* wooden sandal *(traditionally worn by Cape Malay people)*. **ka·par·ran·kie, ka·par·rin·kie** *-kies* small wooden sandal.

ka·pa·si·tan·sie *(elec.)* capacitance. **ka·pa·si·teit** *-teite* capacity, ability. **ka·pa·si·tor** *-tors* capacitor. **ka·pa·si·tor·mi·kro·foon** condenser microphone.

ka·pa·ter *-ters, n.* castrated goat. **ka·pa·ter** *ge-, vb.* emasculate, castrate, geld *(a goat)*. **~by** drone.

ka·pel¹ *-pelle* chapel, oratory; galilee; *(mus.)* band. **~meester** bandmaster; *(hist.)* conductor.

ka·pel² *-pelle* butterfly.

ka·pel³ *-pelle* cobra; →GEELSLANG. **~slang** hooded snake.

ka·pe·laan *-laans, -lane, (mil.)* chaplain, *(infml.)* padre; *(RC)* curate. **ka·pe·laan·skap** chaplaincy.

Ka·pe·naar *-naars, -nare* Cape man/woman, Capetonian; inhabitant of Western Cape Province. **ka·pe·naar** *-naars, (icht.: Argyrozona argyrozona)* silverfish, carpenter.

ka·per *-pers* hijacker; skyjacker; seajacker; *(chiefly hist.)* privateer, pirate, buccaneer; freebooter, filibuster, raider; *daar is ~s op die kus, (idm., obs.)* the coast is not clear. **~brief, ~briewe** *(hist.)* letter(s) of marque (and reprisal). **~skip** *-skepe* privateer, raider, pirate (ship).

ka·per·ag·tig *-tige* rakish.

ka·per·jol *-jolle* caper; capriole; *(also, in the pl.)* antics; *~le maak* frolic, cavort, caper, cut capers, gambol; perform antics.

Ka·per·na·üm *(an ancient Palestinian town)* Capernaum.

ka·pe·ry hijacking; privateering, piracy.

ka·pil·la·ri·teit capillarity, capillary action. **ka·pil·lêr** *-lêre* capillary; *~e water* water of capillarity.

ka·ping *-pings, -pinge* hijack(ing); skyjack(ing); seajack, capture (of a/the ship).

ka·pi·taal =*tale, n., (fin.)* capital, principal; fund; stock; capital (letter); *aangewende/gebruikte* ~ capital employed; *jou ~ aanspreek, (rare)* draw on one's capital; *'n man van* ~ a man of capital; ~ *uitreik* issue capital; *volgestorte* ~ paid-up capital; *van ~ voorsien* finance. **ka·pi·taal** =*tale, adj., (fin.)* capital; *(obs.)* excellent, splendid; *(obs.)* grand *(mistake)*; ~*tale letter* capital letter. **~aanwas** capital appreciation. **~afvloei** capital drain. **~balans** balance of capital. **~behoefte(s)** capital requirements/needs. **~belegging** capital investment. **~fonds** capital fund. **~goed(ere)** capital/producers' goods. **~heffing** capital levy, levy on capital. **~intensief** capital-intensive. **~krag** financial strength/capacity. **~kragte** capital resources. **~kragtig** =*e* moneyed, monied. **~mark** capital market. **~nood** stringency of capital. **~oordrag** capital transfer. **~oordragbelasting** capital transfer tax. **~rekening** capital account. **~skaarste** tightness of the capital market. **~skuld** capital debt. **~som** capital sum. **~tekort** shortage of capital. **~toerusting** capital equipment. **~uitgawe** capital expenditure. **~uitgifte** capital issue. **~verlies** capital loss. **~vermeerdering** increase of capital. **~vermindering** decrease of capital. **~verpligting(e)** capital commitments. **~vertering** disinvestment, capital consumption. **~vlug** flight of capital. **~vorming** creation of capital. **~vraat** *(infml., derog.)* fat cat. **~wins** capital gain.

ka·pi·ta·lis =*liste, (also K~)* capitalist, moneyed/monied man. **ka·pi·ta·li·sa·sie** capitalisation. **ka·pi·ta·li·seer** *ge=* capitalise; realise; capitalise, write with a capital, write in capitals. **ka·pi·ta·li·se·ring** =*rings,* =*ringe* capitalisation; realisation. **ka·pi·ta·lis·me** *(also K~)* capitalism. **ka·pi·ta·lis·ties** =*tiese, (also K~)* capitalist(ic).

ka·pi·teel =*tele* capital, head *(of a column)*. **~kroon** chapiter.

Ka·pi·to·lyns =*lynse* Capitoline; *die ~e heuwel* the Capitoline (Hill).

ka·pi·ton·neer *ge=, (obs.)* pad, upholster. **~knoop** tufting button.

Ka·pi·tool: *die ~, (temple of Jupiter)* the Capitol. **~heuwel:** *die* ~ the Capitoline (Hill).

ka·pit·tel =*tels, n., (eccl.)* chapter; *(obs.)* chapter *(of a book)*; *vers en ~ noem* give chapter and verse; ~ *van boumeesters/argitekte* the chapter of architects. **ka·pit·tel** *ge=, vb.* sermonise, lecture, read *(s.o.)* a lecture, rebuke, take to task, bring to book; *iem. oor iets* ~ rebuke s.o. for *(or* lecture s.o. about *or* expostulate with s.o. about/on) s.t.. **~huis, ~kamer** *(RC)* chapter house. **~kerk** minster. **~saal** chapter room.

ka·pi·tu·leer *ge=* capitulate. **ka·pi·tu·la·sie** =*sies* capitulation.

ka·plaks =*plakse, n.* splash, splat, splosh, plop. **ka·plaks** *ge=, n. & vb.* splash, splat, splosh, plop. **ka·plaks** *adv. & interj.* splash, splat, splosh, plop; slapbang; ~ *in die modder beland* hit *(or* land in) the mud with a splash/splat/splosh/plop.

ka·poen =*poene, n.* capon. **ka·poen** *ge=, vb.* caponise.

ka·pok *n.* snow; kapok, silk/seed cotton; wadding; →WILDEKAPOK. **ka·pok** *ge=, vb.* snow. **~aartappels** mashed potatoes. **~blom** *Lanaria lanata*. **~boom** *(Ceiba pentandra)* kapok/silk-cotton tree. **~bos(sie)** *(Eriocephalus* spp.*)* wild rosemary. **~gewig** bantamweight. **~gewig-bokskampioen** bantamweight boxing champion. **~haan(tjie)** bantam cock; *(fig.)* cock sparrow, small firebrand, spitfire, pert/cocky person. **~hennetjie** bantam hen. **~hoender** bantam fowl. **~kussing** kapok cushion/pillow. **~voël(tjie)** Cape penduline tit. **~wol** →KAPOK. **~wolkies** mackerel clouds.

ka·pok·kie =*kies* bantam fowl; *(bot.) Erica* spp..

ka·po·si·sar·koom *(also K~, med.)* Kaposi's sarcoma.

ka·pot[1] =*potte* =*potter* =*potste* broken, in bits/pieces, *(infml.)* kaput; exhausted, (dead) tired, dog-tired, tired out, dead beat, (worn) out; *(infml.)* knackered, fagged/pooped/whacked (out), clapped out, wasted; in rags/tatters; out of order, defective, faulty; played out; *iets ~ dra* wear s.t. to a frazzle; ~ *gaan* go to pieces; ~ *geskrik* frightened out of one's wits; *iets maak iem.* ~ s.t. crocks s.o. up *(infml.)*; ~ *raak* break down; crock up *(infml.)*; *iem. se senuwees was* ~ s.o.'s nerves were shattered; *iem. werk hom/haar* ~ s.o. works him=/herself to a standstill.

ka·pot[2] *(text.)* capote. **~mantel** capote.

ka·pot·jie =*jies, (<Du.)* French letter, contraceptive; *(bot.) Schizodium* spp..

Kap·pa·do·si·ë *(geog., hist.)* Cappadocia. **Kap·pa·do·si·ër** =*siërs, n.* Cappadocian. **Kap·pa·do·sies** =*siese, adj.* Cappadocian.

kap·per[1] =*pers* chopper, billhook; feller, cutter, slasher; hewer; picker; hairdresser; barber. **kap·pe·ry** chopping; hewing.

kap·per[2] =*pers, (spice)* caper. **~boom** caper bush.

kap·pers, kap·per·tjies, kap·per·tjie·saad, kap·per·tjie·sa·de capuchin/English capers, caper.

kap·per·tjie =*tjies, (bot.: Tropaeolum majus)* nasturtium; nasturtium seed, caper. **~duif** jacobin. **~skool** drumhead cabbage. **kapper(tjie)sous** caper sauce.

kap·pe·tjie →KAPPIETJIE.

kap·pie =*pies* (sun-)bonnet; circumflex; capsule, cap. **~gars** barley wheat. **~kommando** *(SA, hist.)* petticoat commando.

kap·pie·tjie =*tjies* small bonnet/hood. **~vel** hooded/wrap(a)round skin.

ka·prien caprin. **~suur** capric acid.

ka·pries =*priese,* **ca·pri·ce** =*ces* caprice, whim. **ka·pri·si·eus** =*euse* capricious, whimsical.

ka·pri·ol =*olle, (obs.)* →KAPERJOL.

kap·seis, kap·seis *ge=, (obs.)* capsize.

kap·sel[1] =*sels* coiffure, hairdo, hairstyle; headdress.

kap·sel[2] =*sels, (biol.)* capsule; *(biol.)* theca; *(ceramics)* saggar, sagger. **~ontsteking** capsulitis. **~vormig** =*e* capsular.

kap·sel·loos acapsular.

kap·sie: *teen iets ~ maak* object/demur *(or* raise/make objections *or* take exception) to s.t..

kap·stok hatrack, =stand, hall stand, hat tree, row of pegs; coat rack; *iets aan die ~ hang, (fig.)* shelve s.t.; allow s.t. to *(or* let s.t.) pass; leave s.t. *(or* let s.t. go) at that; change/drop s.t. *(a subject)*; *iets as 'n ~ gebruik om iets aan te hang, (fig.)* use s.t. as a peg on which to hang s.t.. **~pen** coat/hat peg.

kap·su·le =*les, (med.)* capsule; bottle cap; *van 'n ~ (of ~s) voorsien* capsule. **kap·su·lêr** =*lêre* capsular, capsulate(d).

kap·tein =*teins* captain; (tribal) chief, chieftain; skipper; ~ *wees* captain; skipper. **~-generaal** *kapteins=* captain-general. **~reder** =*s* shipmaster.

kap·teins=: **~afdeling** company. **~diploma** master's ticket. **~rang** rank of captain, captaincy. **~uniform** uniform/regimentals of a captain. **~vrou** captain's wife; chief's wife.

kap·tein·skap =*skappe* captaincy; chiefship, chiefdom; chieftainship, chieftaincy.

kap·tein·tjie =*tjies* petty chief.

Ka·pu·syn =*syne,* **Ka·pu·sy·ner** =*ners, (also k~)* Capuchin (monk).

ka·pu·sy·ner =*ners* marrowfat pea. **~aap** capuchin (monkey). **~roos** sulphur rose.

kar *karre* (motor)car; cart; →MOTOR *n.*; ~ *en perde* horse and cart; *die ~ voor die perde span* put the cart before the horse. **~-as** car(t) axle. **~drywer** cart driver. **~kap** cart tent/hood. **~kussing** cart cushion. **~lamp** gig lamp. **~maker** cartwright, cart builder. **~paadjie** cart track. **~perd** carthorse, coach/carriage horse. **~spoor** car track; cart rut. **~tuig** cart harness. **~vrag** cart load, cartful. **~wedren** chariot race. **~wiel** cartwheel.

ka·raak =*rake, (naut., hist.)* carrack.

ka·raat =*rate* carat; *18/ens.* ~ 18/etc. carats.

ka·ra·bi·nier =*niers* carbineer, carabineer.

ka·ra·byn =*byne* carbine. **~haak** *(rock climbing)* karabiner, snap hook/link/ring.

ka·raf =*raffe* →KRAFFIE.

ka·ra·kal =*kals, (zool.)* caracal, African lynx.

ka·ra·koel =*koele, (also K~)* karakul/carakul (sheep). **~pels** karakul/carakul fur/pelt, Persian lamb, astrakhan. **~skaap** →KARAKOEL. **~vel** karakul/carakul skin, astrakhan. **~wol** karakul/carakul fur/wool, astrakhan.

ka·rak·ter =*ters* character, individuality, nature; stamp; mark, sign; *iem. se ~ aantas* cast reflections on/upon s.o.; reflect *(or* be a reflection) on/upon s.o.; *die ~ van 'n bevel/ens. dra* be in the nature of a command/etc.; *met 'n onbevlekte* ~ without a stain on one's character; *in ooreenstemming met iem. se* ~ true to character; *strydig met iem. se ~ wees* be out of character for s.o.. **~adel** nobility of character. **~akteur** character actor. **~beskrywing** characterisation. **~eienskap** quality of character; characteristic. **~fout, ~gebrek** defect/failing/fault of character. **~kunde** characterology, ethology. **~leer** ethology. **~moord** character assassination. **~ontleding** analysis of character. **~ontwikkeling** development of character. **~rol** character part/role. **~skennis** defamation. **~skets** character sketch, vignette. **~skildering** →KARAKTERTEKENING. **~spasie** *(comp.)* character space. **~speler** character actor. **~stel** *(comp.)* character set. **~sterkte** strength of character. **~string** *(comp.)* character string. **~studie** character study. **~tekening, ~uitbeelding** characterisation, delineation, depiction/drawing/portrayal of character; →KARAKTERBESKRYWING. **~trek** characteristic, trait, streak, strain. **~uitbeelding** →KARAKTERTEKENING. **~vas** =*te* of strong character. **~vastheid** strength of character. **~vol** =*le* full of character, characteristic; *'n ~le man/vrou* a man/woman of character. **~vorming** character building/training.

ka·rak·te·ri·seer *ge=* characterise; be characteristic of. **ka·rak·te·ri·se·rend** =*rende* determinative. **ka·rak·te·ri·se·ring** =*rings,* =*ringe* characterisation, delineation, description. **ka·rak·te·ri·stiek** =*stieke, n.* character sketch/description/depiction; characteristic. **ka·rak·te·ri·stiek** =*stieke, adj.* characteristic, typical, distinguishing; ~ *van ... wees* be characteristic of ...; *nie ~ van ... wees nie* be uncharacteristic of ...

ka·rak·ter·loos =*lose* characterless, nondescript; unprincipled, depraved. **ka·rak·ter·loos·heid** characterlessness, lack of character; depravity, unprincipledness.

ka·ram·bool =*bole, (billiards)* carambole, cannon. **ka·ram·bo·leer** *ge=* cannon.

ka·ra·mel =*melle,* =*mels* caramel; burnt sugar. **~kleurig** caramel-coloured. **~poeding** caramel pudding. **~smaak** caramel taste/flavour; *met 'n* ~ caramel-flavoured. **~versiersel** caramel frosting. **~vla** cream caramel, caramel cream/custard.

ka·ra·mel·li·seer *ge=* caramelise.

ka·ra·monk *(spice)* karamonk.

ka·ra·o·ke *(Jap., mus.)* karaoke. **~kroeg** karaoke bar. **~masjien** karaoke machine.

ka·ra·paks =*pakse* carapace.

ka·ra·te karate. **~hou, ~kap, ~kaphou** karate chop.

ka·ra·te·ka =*kas* karateka.

ka·ra·vaan =*vane* caravan *(of camels etc.)*; *(<Eng.)* caravan (→WOONWA); *'n ~ kamele* a train of camels; *'n ~ pakdiere* a pack train. **~herberg** caravanserai, khan. **~weg** caravan route.

ka·ra·van·se·ra(i) =*ra(i)s* caravanserai.

ka·ra·veel =*vele* →KARVEEL.

kar·ba =*ba's* carboy, demijohn, wicker bottle; blackjack; *die ~ lig* pour out a glass; be fond of one's glass. **kar·ba'tjie** small wicker bottle.

kar·ba·mied *(chem.)* carbamide, urea.

kar·beel =*bele* →KORBEEL.

kar·bied *(chem.)* carbide.

kar·bi·nol *(chem.)* carbinol.

kar·bol carbolic (acid), phenol. **~olie** carbolic oil. **~seep** carbolic soap. **~suur** carbolic acid, phenol. **~water** carbolic lotion. **~watte** carbolised cotton wool.

kar·bo·lies =*liese* carbolic.

kar·bo·li·neum carbolineum.

kar·bo·li·seer *ge=* carbolise.

kar·bo·naat *=nate* carbonate. **kar·bo·na·do** *=do's* carbonado, carbon diamond. **kar·bo·na·sie, kar·bo·ne·ring** carbonation. **kar·bo·na·tiet** *=tiete* carbonatite. **kar·bo·neer** *ge=* carbonate; carbonise; carburise. **kar·bo·neer·pro·ses** carbonisation. **kar·bo·ne·ring** carbonation. **kar·bo·niel·chlo·ried** phosgene. **Kar·bo·nies** *=niese, adj.* Carboniferous. **kar·bo·nies** *=niese* carbonian. **kar·bo·niet** carbonite. **kar·bo·ni·seer** *ge=* carbonise, char. **kar·bo·ni·seer·wol** carbonising wool. **kar·bo·ni·se·ring** carbonising.

kar·bon·kel *=kels* carbuncle, garnet; carbuncle, anthrax. ~**neus** drinker's nose, copper/red/ruby nose.

Kar·boon *n., (geol.)* Carboniferous.

kar·bo·run·dum, kar·bo·rund *(chem.)* carborundum.

kar·bu·ra·teur *=teurs, (rare)* →VERGASSER. **kar·bu·reer** *ge=* carburet, carburate. **kar·bu·re·ring** carburetting, carburation.

kar·dan·as cardan shaft.

kar·dan·kop·pe·ling cardan joint.

kar·de·mom cardamom. ~**saad** cardamom (seed).

kar·di·aal *=ale* cardiac, cardial. **kar·di·al·gie** cardialgy, cardialgia.

kar·di·naal *=naals, =nale, n.* cardinal, red hat; *tot ~ verhef word* be appointed/made a cardinal, be raised to the purple. **kar·di·naal** *=nale, adj.* cardinal, chief, vital; *die vier kardinale deugde (regverdigheid, versigtigheid, matigheid en sterkte), (RC)* the four cardinal/natural virtues (justice, prudence, temperance, and fortitude); *van kardinale belang wees* be critically/crucially important. ~**(mantel)** cardinal (cloak). ~**stof** cardinal cloth. ~**(voël)** cardinal.

kar·di·naals-: ~**hoed,** *=e(ns), (RC)* cardinal's/red/scarlet hat. ~**mus** *(bot.: Euonymus europaeus)* spindle tree. ~**vergadering** conclave.

kar·di·na·laat *=late,* **kar·di·naal·skap** cardinalate, cardinalship; the scarlet.

kar·di·o-: ~**graaf** *=grawe, (instr.)* cardiograph. ~**grafie** cardiography. ~**grafies** *=e* cardiographic. ~**grafis** *=te* cardiographer. ~**gram** *=me* cardiogram. ~**logie** cardiology. ~**logies** *=e* cardiological. ~**loog** *=loë* cardiologist. ~**vaskulêr** cardiovascular.

kar·di·o·i·de *=des* cardioid.

kar·doen *=doene, (bot.)* cardoon.

kar·does *=doese* paper bag; *(rare)* cartridge; cartouch(e) *(in fireworks).* ~**broek** knickerbockers; plus fours. ~**papier** bag paper.

ka·ree-: ~**(boom)** *(Rhus lancea)* ka(r)ree (tree). ~**bos** *Rhus ciliata; Lycium* spp.. ~**doring** *Lycium* spp.. ~**hout** ka(r)ree wood, wood of *Rhus lancea.* ~**lat** cane/spar/stick of ka(r)ree wood.

Ka·rel *=rels* Charles; *~ die **Dikke*** Charles the Fat; *~ die **Eenvoudige*** Charles the Simple; *~ die **Eerste*** Charles the First; *~ die **Grote*** Charles the Great, Charlemagne; *~ die **Kaalkop*** Charles the Bald; *~ **Martel*** Charles Martel; *~ die **Oorwinnaar*** Charles the Victorious; *~ die **Stoutmoedige*** Charles the Bold; ***die tyd van** die ~s* the Caroline Age; *~ die **Wyse*** Charles the Wise. ~**roman** Carolingian romance.

ka·rel·groot·oog *(icht.: Boopsoidea inornata)* fransmadam.

Ka·re·li·ë *(geog.)* Karelia. **Ka·re·li·ër** *=liërs, n.* Karelian. **Ka·re·lies** *n., (lang.)* Karelian. **Ka·re·lies** *=liese, adj.* Karelian.

ka·ret[1] *=rette* tailboard; luggage carrier.

ka·ret[2] *=rette, (print.)* caret, insert sign.

ka·ret[3] *=rette* tortoiseshell. ~**skilpad** caret, hawksbill/loggerhead (turtle).

kar·ga *(<Sp., rare)* cargo. ~**door** *=s, (rare)* shipbroker, landing and shipping agent.

ka·ri·a·ti·de *=des, (Gr. archit.)* caryatid.

Ka·rib *=ribe, (member of a people)* Carib; *(lang., also* Karibies*)* Carib. **Ka·ri·bies** *=biese* Caribbean; *~e Eilande* Caribbees, Caribbean Islands; *~e See* Caribbean (Sea), the Spanish Main.

ka·ri·boe *=boes, (zool.)* caribou, reindeer.

ka·rie, kar·rie *(<Khoi)* mead, honey beer; pease beer. ~**moer** honey-beer yeast/settling(s). ~**(moer)bossie** *Anacampseros papyracea.*

Ka·ri·ë *(geog., hist.)* Caria. **Ka·ri·ër** *=riërs, n.* Carian. **Ka·ries** *=riese, adj.* Carian.

ka·ri·ës *(med.)* caries. **ka·ri·eus** *=euse* carious.

ka·rig *=rige =riger =rigste* scant(y), meagre, skimpy, slender *(means);* frugal *(meal); ~ **behandel*** stint; *~ **gekleë(d)*** scantily clad; *~ **gemeubileer(d)/gemeubeleer(d)*** scantily furnished; *~ **met lof*** chary of praise; *nie ~ met **lof** nie* not chary of praise, not stinting praise; *~e **loon*** (mere) pittance; *'n ~e **oes*** a stingy crop; *~ **voorsien*** meagrely/scantily provided; *~ **met woorde*** sparing of one's words. **ka·rig·heid** scantiness, meagreness, frugality, puniness, slenderness; sparseness, scarcity.

ka·ri·ka·tu·raal *=rale* →KARIKATUURAGTIG. **ka·ri·ka·tu·ris** *=riste* caricaturist, cartoonist. **ka·ri·ka·tu·ri·seer** *ge=* caricature, take off.

ka·ri·ka·tuur *=ture* caricature, takeoff; *'n ~ maak van* caricature, take off. ~**tekenaar** caricaturist, cartoonist. ~**tekening** caricature, cartoon.

ka·ri·ka·tuur·ag·tig *=tige* caricaturish, ridiculous, exaggerated.

ka·ril·jon *=jons* carillon, chimes.

Ka·rin·ti·ë *(geog.)* Carinthia. **Ka·rin·ti·ër** *=tiërs, n.* Carinthian. **Ka·rin·ties** *=tiese, adj.* Carinthian.

ka·ri·ool *=ole, (hist.: a horse-drawn carriage)* car(r)iole, carryall.

kar·kaar-: ~**blom** *Anapalina revoluta.* ~**heide** *Erica floribunda, Erica spumosa; wit ~, Erica imbricata.*

kar·kas *=kasse* carcass, carcase; skeleton.

kar·kat·jie *=jies* sty(e), hordeolum; chalazion.

kar·kei *=keie, =keis* →NENTA(BOS[SIE]).

Kar·ke·mis *(geog., hist.)* Carchemish.

kar·kiet *=kiete* reed bird/warbler.

kar·koer *=koere, (bot.)* gourd, bitter melon, wild coloquint. ~**hotnot** →REUSEGORDELAKKEDIS.

kar·lien·blom poinsettia.

Kar·lo·man *(hist., a king)* Carloman.

kar·ma karma.

kar·me·dik *=dikke, =diks, (Cnicus benedictus)* blessed thistle; *wilde~, (Cirsium vulgare)* Scotch thistle.

Kar·me·liet *=liete, (also k~), (RC)* Carmelite (friar), White Friar. **Kar·me·lie·te·or·de, Kar·me·lie·ter·or·de** Carmelite order. **Kar·me·lie·ter·mon·nik** Carmelite friar. **Kar·me·lie·tes** *=tesse* Carmelite nun.

kar·me·naad·jie *=jies, (rare)* chop; *(arch.)* meat packet, present of fresh meat.

kar·mo·syn crimson. ~**bos** *(Phytolacca americana)* pokeweed. ~**rooi** crimson.

kar·myn carmine. ~**rooi** carmine, crimson. ~**suur** carminic acid.

kar·naad·jie →KARMENAADJIE.

kar·nal·lie *=lies* knave, rascal, rogue, scamp, slyboots; wag, hoaxer; *so 'n ~!* the rascal (*or* son of a gun)!.

Kar·na·ti·ka *(geog.)* the Carnatic.

kar·na·val, kar·na·val *=valle, =vals* carnival, Mardi Gras.

kar·ne·ool *=ole, (min.)* cornelian, carnelian.

kar·ni·voor *=vore, n.* carnivore. **kar·ni·voor** *=vore, adj.* carnivorous. **Kar·ni·vo·re, Car·ni·vo·ra** Carnivora.

kar·nuf·fel *(ge)=* bully, push around, knock about/around, rough up, work over *(infml.),* manhandle; maul. **kar·nuf·fe·laar** *=laars* bully. **kar·nuf·fel·ry** bullying.

ka·rob *=robbe,* **ka·rob·boom** *=bome,* **ka·ro·be** *=bes* →JOHANNESBROOD(BOOM).

Ka·ro·lin·ger *=gers, n., (also k~)* Carolingian, Carlovingian. **Ka·ro·lin·gies** *=giese, adj., (also k~)* Carolingian, Carlovingian.

Ka·roo *(SA, geog.)* Karoo; →GROOT-KAROO, KLEIN-KAROO. ~**mis** Karoo manure. ~**sisteem, Sisteem Karoo** Karoo System. ~**veld** Karoo veld.

ka·roo-: ~**bos(sie)** *(esp. Pentzia* spp.*)* Karoo bush. ~**doring** *(Acacia karoo)* Karoo thorn, mimosa. ~**hotnot** →REUSEGORDELAKKEDIS. ~**rot** Kar(r)oo rat. ~**wagter** *(orn.)* Kar(r)oo chat.

ka·ros[1] *=rosse* kaross, skin rug/cloak.

ka·ros[2] *=rosse, (hist.)* carriage, coach.

ka·ro·sji *(Jap.: death caused by job-related exhaustion)* karoshi.

ka·ro·teen *(chem.)* carotene, carotin.

ka·ro·tis·klier, ca·ro·tis·klier, ca·ro·tis·lig·gaam carotid gland.

karp →KARPER.

Kar·pa·te: *die ~* the Carpathians, the Carpathian Mountains. **Kar·pa·ties** *=tiese* Carpathian.

kar·per *=pers,* **karp** *karpe, (icht.)* carp. **kar·per·tjie** *=tjies,* **kar·pie** *=pies* small carp.

kar·pet *=pette, (obs.)* carpet.

kar·po·lo·gie carpology.

kar·re·tjie *=tjies* little car; little cart, trap, gig, dogcart, curricle, pony trap.

kar·ri *(bot.: Eucalyptus diversicolor)* karri.

kar·rie →KARIE.

kar·ring *=rings, n.* (milk) churn. **kar·ring** *ge=, vb.* churn; *(taboo sl.: masturbate)* jerk (o.s.) off, jack/whack off, wank (off), have a wank; *aan iem. ~* pester/bother/worry s.o.. ~**melk** buttermilk; *iem. het in die ~ geval, (fig., rare)* s.o. is dressed all in white. ~**melklug** curdled sky. **kar·ring·sel** *=sels* churning. ~**pols,** ~**staf,** ~**stok** churn dasher, churnstaff.

kar·ro·na·de *=des, (hist., mil.)* carronade.

kar·saai *(text., dated)* kersey.

kar·si·no·geen *=gene* carcinogenic. **kar·si·noom** *=nome* carcinoma, cancer.

Karst: *die ~, (geol.)* the Karst.

karst karst. ~**gebied** karst (region). ~**tregter** doline, dolina, karst hole, sink(hole). ~**water** cavern water.

Kar·ta·go, Car·tha·go *(geog., hist.)* Carthage. **Kar·taags** *=taagse,* **Car·thaags** *=thaagse, adj.* Carthaginian. **Kar·ta·ger, Car·tha·ger** *=gers, n.* Carthaginian.

kar·teer *(ge)=* chart, map; plot. **kar·te·ring** *=rings, =ringe* mapping; plotting.

kar·tel[1] *=telle, n.* cartel, trust, consortium, combine, syndicate. ~**vorming** cartelisation.

kar·tel[2] *=tels, n.* notch; wave, curl *(in hair);* crimp *(in wool);* crenation, crenature *(in a leaf); (archit.)* knurl. **kar·tel** *ge=, vb.* notch; wave *(hair);* mill *(coins);* deckle *(a book edge); (archit.)* engrail, knurl; crimp; curdle, run. ~**band** rickrack/zigzag braid. ~**derm** colon. ~**kop** knurled head. ~**lyn** wavy line. ~**masjien** *(metall.)* milling machine; *(text.)* crimper. ~**moer** milled nut. ~**rand** milling, milled edge; deckle edge, knurled edge. ~**rat** milling wheel. ~**skêr** pinking shears. ~**skroef** knurled screw. ~**werktuig** milling machine.

kar·te·laar *=laars, (cook.)* crimper.

kar·te·lig, kar·tel·rig *=rige* notched; wavy *(hair);* milled *(coins); (bot.)* crenate(d). **kar·te·ling** *=lings, =linge* notch; wave; milling; *(biol.)* crenation; crimp(iness).

kar·tel·leer *ge=* cartelise; →KARTEL[1]. **kar·tel·le·ring** cartelisation.

kar·tets *=tetse* round of grapeshot, canister/case shot, shrapnel. ~**koeël** grapeshot cartridge/bomb. ~**lading** case shot. ~**vuur** grapeshot fire. ~**vuurpyl** case rocket.

kar·to·graaf *=grawe* cartographer, map-maker. **kar·to·gra·fie** cartography, map-making, mapping. **kar·to·gra·fies** *=fiese* cartographic.

kar·ton *=tonne, =tons* cardboard, pasteboard; carton; box; cartoon *(in art); 'n ~ appels/sigarette/ens.* a carton of apples/cigarettes/etc.; *melk/ens. in ~ne(tjies)* milk/etc. in cartons; *'n ~netjie melk/ens.* a carton of milk/etc.. ~**band** (cartoon) boards; *in ~* bound in boards. ~**beker(tjie)** paper cup. ~**boek** board book. ~**doos,** ~**houer** carton. ~**fabriek** cardboard/pasteboard factory. ~**steendruk** papyrography. ~**werk** cardboard work/modelling.

kar·ton·ag·tig *=tige* boardy.

kar·ton·neer *ge=, (bookbinding, rare)* board, put in boards.
kar·to·teek *=teke* card index, filing cabinet.
Kar·tui·ser *=sers,* **Kar·tui·ser·mon·nik** *=nike, (also k~)* Carthusian. **~klooster** Charterhouse, Carthusian monastery. **~orde** Carthusian order. **k~poeier** *(min.)* kermes.
ka·run·kel *=kels* caruncle.
kar·veel, ka·ra·veel *=vele* car(a)vel.
kar·veen *(chem.)* carvene.
kar·wats *=watse, n.* riding whip, quirt, hunting crop; horsewhip; *met die/'n ~ slaan* horsewhip; *onder die ~ kry/steek* horsewhip, thrash. **kar·wats** *ge=, vb.* horsewhip, thrash.
kar·wei *=weie, n., (obs.)* job, piece of work. **kar·wei** *ge=, vb.* do/ride transport (work); convey, cart, haul *(goods); kinders skool toe en terug* (of *heen en weer skool toe*) ~ ferry children to and from (*or* back and forth to) school. **~diens** cartage/carriage/haulage service. **~geld, ~loon** cartage. **~werker** *(obs.)* jobber.
kar·wei·er *=ers* (common) carrier, carter, conveyer, transport rider, cartage contractor, haulier. **kar·wei·e·ry** cartage, carrying trade.
kar·wy *(bot.)* caraway. **~(saad)** caraway (seed). **~saad·koek** seedcake.
kas[1] *kasse, n.* socket *(of an eye, a tooth); (in the dim., obs.)* bezel, mounting *(of a gem);* cash; finance(s); exchequer; cash/pay desk; *by die ~ **betaal*** pay at the cash desk; ***geld/kontant*** *in ~* cash in hand; ***goed*** *by ~ wees, (obs.)* be wealthy/well-to-do (*or* well off/heeled), have plenty of cash/money, be flush (with money), be in funds (*or* in the money); *die **land** se ~* (of *die **landskas***) the exchequer; *die ~ **opmaak*** cash up, write up the cash/accounts, make up the cash (account); ***sleg*** *by ~ wees, (obs.)* be hard up (*or* short of funds/money); *die ~ **styf/stywe*** strengthen the funds; *iets **styf/stywe** die ~, (also)* s.t. swells the funds; *iets **vir** die ~* s.t. for the kitty. **kas** *ge=, vb.* deposit *(money); (obs.)* set *(in gold).* **~boek** cashbook. **~geld** cash in hand, till money. **~kontant** cash float. **~lokaal** *(obs.)* banking hall. **~middele** *(obs.)* cash resources. **~oorskot** (petty) cash surplus. **~register** cash register, (check) till. **~registerstelsel** point-of-sale system. **~rekening** cash account. **~saldo** cash balance. **~stuk, ~sukses, ~treffer** *(rare)* →LOKETTREFFER. **~tekort** deficit, deficiency. **~voorraad** cash in hand.
kas[2] *kaste, n.* case, box; chest *(of drawers);* wardrobe; cabinet; cupboard; bookcase; body *(of a violin);* case *(of a piano);* casing, closet; hutch; →BROEIKAS, KASSIE[1], KWEEKKAS; *uit die ~ klim, (infml.: openly admit one's homosexuality)* come out (of the closet). **~horlosie, ~oorlosie** →STAANHORLOSIE. **~kar** soapbox cart. **~karderby, ~kar(wed)ren** soapbox derby. **~klok** →STAANHORLOSIE. **~lyn** *(print.)* em dash; *halwe ~* en dash. **~papier** →RAKPAPIER. **~pers** box press. **~plant** hothouse/greenhouse plant; →BROEIKASPLANT. **~rak** cupboard shelf. **~slot** padlock, case lock. **~swaelstertvoeg** box dovetail joint. **~vlieër** box kite.
Ka·sak·stan *(geog.)* Kazakhstan. **Ka·sak** *=sak(k)e, (inhabitant)* Kazakh. **Ka·saks** *(lang.)* Kazakh. **Ka·saks** *=sakse, adj.* Kazakh.
ka·sarm *=sarms* rambling house, ramshackle building; *die hele ~* the ragtag/tagrag and bobtail.
ka·sa·ter·wa·ter *(weak/watery coffee/tea)* dishwater, catlap, wish-wash; *na ~ smaak* taste of dishwater.
kas·ba *=bas, (<Arab.: citadel)* kasbah, casbah.
ka·se·a·se casease. **ka·se·ïen** casein. **ka·se·ï·no·geen** caseinogen.
ka·se·mat *=matte* casemate.
ka·se·mier *(text.)* kerseymere.
ka·ser·ne *=nes* barracks. **~arres** confinement to barracks; *in ~ wees* be confined to barracks. **~kamer** barrack room. **~kantoor, ~buro** orderly room. **~plein, ~werf** barrack square/yard.
ka·ser·neer *ge=* barrack, put into (*or* house in) barracks. **ka·ser·ne·ring** barracking.
ka·sie *=sies* small cheese (→KAAS); *(bot.: Malva* spp.*)* mallow. **ka·se·rig** *=rige* cheesy; *~e botter* curdy butter.
ka·si·no →CASINO.
ka·sje·lot, ka·sja·lot *=lotte, (<Fr., rare)* →POTVIS.
ka·sjet *=sjette* cachet, impress, mark, stamp.
kasj·mier, kas·mier, kas·se·mier *(text.)* cashmere.
Kasj·mir *(geog.)* Kashmir. **Kasj·mi·ri** *(lang.)* Kashmiri. **Kasj·mi·ri** *=ri's, n.* Kashmiri(an). **Kasj·mirs** *=mirse, adj.* Kashmiri(an).
ka·sjoe, ka·sjoe *=sjoes* cashew (tree). **~appel** cashew (apple). **~boom** cashew tree. **~neut** cashew (nut).
Ka·sjoe·bi·ë *(geog.)* Kashubia. **Ka·sjoeb** *=sjoebe* Kashubian. **Ka·sjoe·bies** *n., (lang.)* Kashubish. **Ka·sjoe·bies** *=biese, adj.* Kashubian.
kas·ka·de *=des* cascade.
kas·ka·ra cascara.
kas·ke·na·de *=des* pranks, antics, tricks, to-do, shenanigan.
kas·mier →KASJMIER.
Kas·pie·se See: *die ~ ~* the Caspian (Sea).
kas·sa·sie *=sies, (Fr. law)* cassation, annulment, quashing, reversal of judgement; appeal; *hof van ~* appeal court, court of appeal.
kas·sa·we cassava, manioc.
kas·seer *(ge)=* cash; cancel, quash, reverse; cashier. **kas·se·ring** cashing; cancellation, reversal; cashiering.
Kas·sel *(geog.)* Kassel, Cassel. **Kas·sel·se rib** *(cook.)* Kasseler, Kassler rib.
kas·se·mier →KASJMIER.
kas·set *=sette* cassette; slipcase. **~dek** tape deck.
kas·set·teer *ge=* coffer; *ge~de plafon* coffered ceiling.
kas·si·a →KASSIE [2].
kas·sie[1] *=sies* little box; *die ~, (infml.: television)* the box/telly (*or* small screen). **~kneg** *(infml.)* couch potato.
kas·sie[2] cassia; (Chinese) cinnamon. **~boom** cassia, pudding pipe tree; (Chinese) cinnamon tree. **~olie** cassia oil; (Chinese) cinnamon oil.
kas·sier *=siers* cashier; teller *(in a bank);* checker *(in a supermarket).* **kas·siers·kan·toor** cash(ier's) office.
Kas·siet *=siete* Kassite, Cassite.
kas·si·te·riet *(min.)* cassiterite, tinstone.
kas·tai·ing *=ings, (rare)* **kas·tan·je** *=jes* chestnut; →PERDEKASTAIING, WILDEKASTAIING; *die ~s vir iem.* (of *iem. se ~s*) *uit die vuur krap/haal, (fig.)* pull s.o.'s chestnuts out of the fire (*or* pull the chestnuts out of the fire for s.o.), save s.o.'s bacon. **~boom** chestnut tree. **~bruin,** *(rare)* **kastanjebruin** chestnut, nutbrown, auburn, bay. **~kleur,** *(rare)* **kastanjekleur** chestnut (colour), auburn, bay. **~kleurig,** *(rare)* **kastanjekleurig** *=rige* chestnut(-coloured), auburn.
kas·tan·je *=jes, (rare)* →KASTAIING.
kas·tan·jet *=jette* castanet.
kas·te *=tes* caste *(in Hindu society);* →KASTELOOS; *iem. uit sy/haar ~ stoot* outcaste s.o.. **~gees** caste spirit/feeling. **~stelsel** caste system. **~vooroordeel** class/caste prejudice.
kas·teel *=tele* castle; citadel; chateau; keep; *(chess)* rook; poop, forecastle. **~heer** lord of the castle. **~muur** bailey. **~poort** castle gate. **~toring** keep, donjon.
kas·teel·ag·tig *=tige* castle-like, castellated.
kas·te·lein *=leins, (hist.)* innkeeper, publican, landlord, licensee.
kas·te·loos *=lose, adj.* outcaste; →KASTE. **kas·te·lo·se** *=ses, n.* outcaste.
kas·ter·o·lie castor oil. **~boom** *(Ricinus communis)* castor-oil plant/tree, castor bean, palma Christi, palmcrist. **~saad** castor(-oil) bean.
kas·tig *=tige, adj.* ostensible, so-called; bogus, fake, feigned, false, mock, phoney, pseudo, sham, quasi-; *hy/sy het ~ geslaap* he/she was feigning sleep. **kas·tig** *adv.* quasi, as if, as it were; →KAMMA, KAMSTIG.
kas·ti·geer *ge=, (rare)* castigate, chastise; expurgate, bowdlerise, castrate. **kas·ti·ga·sie** *=sies, (rare)* castigation; expurgation.
Kas·ti·li·ë *(geog.)* Castile. **Kas·ti·li·aan** *=ane, n.* Castilian. **Kas·ti·li·aans** *n., (dial.)* Castilian. **Kas·ti·li·aans** *=aanse, adj.* Castilian.
kas·toor beaver fur, castor. **~hoed** beaver (hat), castor.
kas·traat *=trate* castrate, eunuch. **kas·tra·sie** *=sies,* **kas·tre·ring** castration. **kas·treer** *(ge)=* castrate, caponise *(cocks),* neuter, geld *(males and females);* emasculate *(males),* spay *(females);* expurgate. **kas·treer·der** *=ders* gelder. **kas·tre·ring** →KASTRASIE.
kas·trol *=trolle* saucepan, stew pot/pan. **~borsel** pot brush.
kas·trol·le·tjie *=tjies* skillet, small saucepan.
kas·ty *ge=* castigate, chastise, punish; chasten; mortify; scourge; *die **Here** ~ hom wat Hy liefhet, (OAB)* whom the Lord loveth he chasteneth *(AV),* the Lord disciplines those whom he loves *(NIV); wie sy **kind** liefhet, ~ hom* spare the rod and spoil the child; *jou **liggaam** ~, (Chr.)* chastise/mortify one's flesh; *ge~ **word*** take punishment; *(erg) ge~ **word**, (sport, infml.)* take a punishing. **kas·ty·dend** *=dende* chastising, castigating. **kas·ty·(d)er** *=(d)ers* chastiser, castigator. **kas·ty·ding** *=dings, =dinge* chastisement, castigation; punishment; chastening, chastenment; mortification; scourge.
ka·su·a·ris *=risse, (orn.)* cassowary. **~boom** casuarina, beefwood (tree), she-oak. **~hout** beefwood.
ka·su·eel *=ele =eler =eelste* (of *meer ~ die mees =ele*) casual, accidental.
ka·sui·fel *=fels, (RC)* chasuble.
ka·su·ïs *=suïste, (also K~)* casuist. **ka·su·ïs·tiek** *(also K~)* casuistry. **ka·su·ïs·ties** *=tiese* casuistic(al).
ka·suur *=sure, (bot.)* pittosporum.
kat *katte* cat, puss; →KAATJIE, KATJIE, KATTE=; *die ~ die **bel** aanbind, (fig.)* bell the cat; *die ~ uit die **boom** kyk, (fig.)* see which way the cat jumps, see how the wind blows, find out how (*or* which way) the wind blows, see (*or* find out) how the land lies, play a waiting game, sit tight, *(infml.)* suss things out; *die ~ eers uit die **boom** kyk, (also)* think twice about s.t.; *die ~ in die **donker** knyp* be sneaky, do (naughty) things on the sly, sin in secret; indulge in hanky-panky; *daar is meer as een manier om 'n ~ **dood** te maak, (fig.)* there is more than one way to skin a cat, there are many ways to cook eggs; *die **Gestewelde** K~* Puss in Boots; *snags is alle ~te **grou**, (prov.)* all cats are grey in the dark, Joan is as good as my lady in the dark; *geen* (of *nie 'n*) *~(tjie) om sonder **handskoene** aan te pak nie, (infml.)* a difficult person to handle; *soos ~ en **hond** leef/lewe* live like cat and dog, lead a cat and dog life; *soos iets wat die ~ **ingedra** het* like s.t. the cat brought in; *nie 'n ~ se **kans** hê nie, (infml.)* not have a dog's chance (*or* a snowball's chance [in hell] *or* a hope in hell), have a fat chance; *as die ~ weg is, is die **muis** baas* when the cat's away (the mice will play); *met iem. ~ en **muis** speel* play cat and mouse with s.o.; →KAT-EN-MUIS([-]SPELETJIE); *so **nat** soos 'n ~* drenched to the skin; ***ou** ~* grimalkin; *soveel van iets weet as 'n ~ van **saffraan*** know as much about s.t. as the man in the moon; *([vir] jou) 'n ~ in die **sak** koop, (fig.)* buy a pig in a poke; *jy sal moet ~ **staan**, (rare)* you'll need two pairs of hands; →BONTSTAAN; *die ~ aan die **stert** beethê* →STERT; *'n ~ **van 'n** vrou·mens wees* be a she-cat. **~anker** *(naut.)* kedge (anchor); →WERPANKER. **~beer** (red) panda, cat bear. **~bos** →KATDORING. **~bout** preventer bolt. **~derm** catgut, tacking thread, whipcord. **~deur(tjie)** cat flap. **~doring** *(Scutia myrtina)* cat thorn; *(Asparagus* spp.*)* wild asparagus; cat brier; *(Acacia caffra)* (common) hookthorn; →BLINKBLAAR-WAG-'N-BIETJIE. **~-en-muis([-]speletjie)** *(children's game)* cat and mouse, hunt the squirrel; *(fig.)* cat and mouse, cat-and-mouse game; *kat-en-muis speel* play cat and mouse (*or* hunt the squirrel); →MET IEM. KAT EN MUIS SPEEL. **~geslag** →KATTEGESLAG. **~halstrek** (kind of) tug of war. **~kloue, kattekloue** cat's claws. **~musiek** →KATTEKONSERT. **~nael** cat's claw; alligator clip, belt fastener/lacing; *(also, in the pl.), Hyobanche sanguinea)* wild asparagus; cat thorn; →KATDORING. **~oog** cat's eye; *(min.)* cat's-eye; sunstone; green asbestos; *(road reflector, also* katogie*)* cat's-eye; *(bot.: Vinca major)* periwinkle. **~oogkleurspeling**

chatoyancy. ~**pak** catsuit. ~**pootjie** cat's paw; ~ *maak* bring one's fingers together. ~**rug** camber. ~**sand** cat litter. ~**snor** cat's whiskers; butterfly tie. ~**spoegie** short/spitting distance, stone's throw; *'n ~ van ... af* within a spitting distance of (*or* [only] a stone's throw from) ... ~**spoortjie** extremely light rain. ~**sprong** *(ballet)* pas de chat *(Fr.)*. ~**stert** cat's tail; *(bot.: Bulbine/ Bulbinella* spp.) cat's-tail; *(species of)* wild asparagus; prince's feather; catkin; →KATDORING. ~**(te)kop** cat's head. ~**uil** wood/screech owl. ~**vel** catskin. ~**vis** catfish. ~**voet** noiselessly; *~ loop, (lit. & fig.)* tread lightly/ softly; *~ vir iem. wees* be wary of s.o.. ~**vriendelik** wheedling, ingratiating. ~**wilg(er)** basket osier, pussy/ basket willow. ~**wyfie** she-cat, queen.

ka·ta·ba·ties *=tiese, (meteorol.)* katabatic; *~e wind* katabatic wind.

ka·ta·bo·lie →KATABOLISME. **ka·ta·bo·lies** *=liese* catabolic. **ka·ta·bo·lis·me** catabolism.

ka·ta·chre·se *=ses, (rhet.: incorrect usage of a word)* catachresis. **ka·ta·chre·ties** *=tiese* catachrestic.

ka·ta·falk *=falke* catafalque, catafalco.

ka·ta·fil *(bot.)* cataphyll.

ka·ta·fo·re·se *(chem.)* cataphoresis.

kat·ag·tig *=tige* catlike, cattish, catty, feline.

ka·ta·koe·roe *=roes, (orn.)* cuckoo shrike.

ka·ta·kom·be *=bes* catacomb.

Ka·ta·laan →KATALONIËR. **Ka·ta·laans** →KATALONIES.

ka·ta·lek·ties *=tiese, (pros.)* catalectic.

ka·ta·lep·sie, ka·ta·lep·sie catalepsy, trance. **ka·ta·lep·ties** *=tiese, adj.* cataleptic. **ka·ta·lep·ti·kus** *=tikusse, =tici, n.* cataleptic.

ka·ta·li·sa·tor *=tors* catalyst, catalyser, catalytic agent/ converter.

ka·ta·li·se *=ses* catalysis.

ka·ta·li·seer *ge=* catalyse. ~**middel** *=s, =e* catalyst, catalytic agent.

ka·ta·li·se·ring catalysis.

ka·ta·li·ties *=tiese* catalytic.

ka·ta·lo·gi·seer *ge=* catalogue. **ka·ta·lo·gi·seer·der** *=ders* cataloguer. **ka·ta·lo·gi·se·ring** cataloguing. **ka·ta·lo·gus** *=logusse, =logi* catalogue; *beskrywende ~* catalogue raisonné. **ka·ta·lo·gus·prys** list price.

Ka·ta·lo·ni·ë *(geog.)* Catalonia. **Ka·ta·lo·ni·ër** *=niërs, n.* Catalan. **Ka·ta·lo·nies** *=niese, adj.* Catalan.

ka·ta·ma·ran *=rans, (naut.)* catamaran.

Ka·tan·gees *=gese, n. & adj.* Katangese.

ka·ta·pult *=pulte* catapult.

Ka·tar *(geog.)* Qatar, Katar. **Ka·ta·rees** *=rese, n.* Qatari, Katari. **Ka·ta·rees** *=rese, adj.* Qatari, Katari; *Katarese soldate/ens.* Qatari/Katari troops/etc..

ka·tar *=tare* catarrh. **ka·tar·raal** *=rale* catarrhal.

ka·ta·rak *=rakte* cataract, waterfall; pearl eye, cataract *(in the eye)*.

ka·tar·sis catharsis.

ka·ta·stro·fe *=fes* catastrophe, disaster, calamity. **ka·ta·stro·faal** *=fale,* **ka·ta·stro·fies** *=fiese* catastrophic, disastrous, calamitous, devastating.

ka·ta·ter *=ters* rogue, scamp, rascal.

ka·ta·ter·mo·me·ter katathermometer.

ka·ta·to·nie *(psych.)* catatonia. ~**lyer** catatonic. **ka·ta·to·nies** *=niese* catatonic.

ka·te·der *=ders* cathedra; (professorial) chair; lectern.

ka·te·draal *=drale* cathedral (church).

ka·te·geet *=gete* catechist. **ka·te·ge·se** catechesis, catechising, instruction in the catechism. **ka·te·ge·tiek** catechetics. **ka·te·ge·ties** *=tiese* catechetic(al). **ka·te·gis** *=giste, (RC)* catechist, lay aid(e) *(to a missionary)*. **ka·te·gis·mus** *=musse* catechism. **ka·te·gu·meen** *=mene* catechumen.

ka·te·go·rie *=rieë* category, predicament *(logic)*; *~rieë van misdade* categories of crimes. **ka·te·go·ri·aal** *=ale* categorial. **ka·te·go·ries** *=riese* categorical; *~e imperatief* categorical imperative. **ka·te·go·ri·seer** *ge=* categorise.

ka·tel *=tels* bedstead. ~**kaperjolle** *(infml.)* escapades/ frolics/romps in bed, rolls in the hay, rumpy-pumpy. ~**knaap,** ~**knapie** *(infml.)* toy boy. ~**styl** bedpost.

ka·ter *=ters* tom(cat); hangover, head, morning after (the night before), morning-after feeling; *die Gestewelde K~* Puss in Boots.

ka·tern *=terns, (bookbinding)* quire; *(notepaper)* quarter of a quire.

ka·te·sjoe catechu.

ka·te·sjol *(chem.)* catechol.

ka·te·ter *=ters* catheter, bougie. **ka·te·te·ri·seer** *ge=* catheterise. **ka·te·te·ri·se·ring** catheterisation.

ka·te·to·me·ter cathetometer.

Ka·thar *=thare, (hist.: member of a Chr. sect)* Cathar.

ka·ti·oon *=one, (phys.)* cation.

kat·jang *=jangs,* **kat·jang·boon(·tjie)** *=bone, =boontjies, (rare)* peanut, groundnut, monkey nut.

kat·jie *=jies* kitten, catling, pussy; catkin; →KAT; *~ van die baan wees* →**KAATJIE** VAN DIE BAAN WEES; *geen* (of *nie 'n) ~ om sonder handskoene aan te pak nie* →KAT. ~**-drieblaar** *(bot.) Knowltonia* spp..

kat·jie·pie·ring *=rings, (bot.)* gardenia; →WILDEKATJIEPIERING.

kat·jie·tee *=tees, (bot.)* painted lady.

kat·ki·sant *=sante* confirmand, cathecumen.

kat·ki·sa·sie catechism (class), Sunday school; →KATEGESE. ~**boek** catechism. ~**klas** catechism class. ~**les** catechism lesson.

kat·ki·seer *ge=* catechise, give Sunday school; lecture, rebuke. ~**meester** catechist.

kat·lag·ter *=ters, (orn.)* babbler, ground robin; Maxim (gun); →WITKATLAGTER.

ka·tô·ba, ca·taw·ba *(variety of grape)* catawba.

ka·to·de *=des* cathode. ~**straal** cathode ray. ~**straalbuis** cathode-ray tube.

ka·toen cotton; calico. ~**afval** cotton waste. ~**baal** bale of cotton. ~**bedryf** cotton industry. ~**boer** cotton grower. ~**boerdery** cotton-growing. ~**borduurgare** stranded cotton. ~**bos** *(Asclepias* spp.) wild cotton. ~**bou** cotton-growing, cultivation of cotton. ~**draad** cotton thread. ~**druk** calico printing. ~**drukker** calico printer. ~**drukkery** print works, calico-printing works. ~**fabriek** cotton factory/mill. ~**fabrikant** cotton manufacturer. ~**flanel** cotton flannel, flannelette, swansdown. ~**fluweel** velveteen, cotton velvet. ~**gare,** ~**garing** cotton thread/yarn, lisle thread, twist. ~**goed** cottons, Manchester (goods). ~**handel** cotton trade. ~**industrie** →KATOENBEDRYF. ~**kalander,** ~**kewer** boll weevil. ~**land** cotton field. ~**magnaat** cotton king/baron. ~**nywerheid** cotton industry. ~**oes** cotton crop/harvest. ~**olie** cottonseed oil. ~**pit** cottonseed. ~**plant** cotton plant. ~**plantasie** cotton plantation/estate. ~**planter** cotton grower/planter. ~**pluis** linters. ~**pluisery** cotton ginning; cotton ginnery. ~**pluismeul(e)** cotton gin. ~**plukker** cotton picker. ~**reep** sliver. ~**roes** cotton rust. ~**saad** cotton seed. ~**saadkoek** cotton cake. ~**seildoek** duck. ~**spinnery** cotton mill. ~**stertkonyn** cottontail. ~**stof** cotton (fabric/material), calico. ~**wewer** cotton weaver. ~**wewery** cotton mill.

ka·toen·ag·tig *=tige* cottony.

ka·toen·tjie *=tjies, (obs.)* cotton (fabric); cotton dress.

ka·toe·tie *(infml.)* caboodle, shebang; *die hele ~* the whole (kit and) caboodle, the whole shebang/lot.

Ka·to·liek *=lieke, n. & adj.* (Roman) Catholic. **ka·to·liek** *=lieke* catholic, universal, all-embracing. **ka·to·li·seer** *ge=* catholicise. **Ka·to·li·sis·me** *(also k~)* (Roman) Catholicism, Catholicity. **ka·to·li·si·teit** catholicity, comprehensiveness, universality.

ka·ton·kel *=kels, (icht.)* katonkel, barracuda, kuda, skipjack, Spanish/king mackerel; (blue) bonito.

ka·tools *=toolse, (sl.)* silly, ridiculous; lecherous, lustful, randy, horny, amorous; ruttish *(an animal)*; objectionable.

ka·top·triek, ka·top·tri·ka catoptrics, (theory of) reflection. **ka·top·tries** *=triese* catoptric(al).

Ka·to·wi·ce *(geog.)* Katowice.

ka·trol *=trolle, n.* pulley, block, pulley block, gin, jeer, jigger; *(anat.)* trochlea; *iets met 'n ~ ophys* pulley s.t.; *iets van 'n ~ voorsien* pulley s.t.. **ka·trol** *ge=, vb.* pulley. ~**balk** cathead. ~**beuel** pulley fork. ~**blok** pulley/ tackle block. ~**bok** sheers, shear=, sheerlegs. ~**naaf** pulley boss. ~**rand** pulley rim. ~**ring** pulley ring. ~**skyf** sheave. ~**stel** block and tackle. ~**stelsel** pulley system; gin. ~**styl** pulley stile. ~**wiel** pulley (wheel), sheave, truckle.

ka·trol·le·tjie *=tjies* troll.

kats *katse, n.* cat(-o'-nine-tails). **kats** *ge=, vb.* cat, thrash with a/the cat. ~**hou** stroke with a/the cat; *iem. ~e gee* cat s.o..

kat·sie-kats kitty, pussy.

kat·swink dazed, unconscious, in a swoon; in a dead faint; woozy; all in; *~ slaan* stun, knock out.

kat·te-: ~**bak** (car) boot; *(obs.)* dick(e)y/rumble (seat). ~**bakverkoping** car-boot sale. ~**gekerm** →KATTEKONSERT. ~**geslag, katgeslag** cat family; *lid van die ~* felid, feline. ~**gespin** cat's purr(ing). ~**getjank** catcall(s). ~**kloue** →KATKLOUE. ~**konsert,** ~**musiek, katmusiek** caterwauling. ~**kop** *(anat.)* anencephalus; regulator valve, throttle pipe. ~**kroeg** *(infml.)* milk bar. ~**kruid** catmint, catnip, cat's-wort, cat's heal-all. ~**kruie** *Ballota africana.* ~**kwaad** mischief, naughtiness, skylarking; *~ aanvang/doen, met ~ besig wees* make (*or* be up to) mischief, be up to no good. ~**maai** *ge=* chase after girls, go on the tiles, gallivant, rollick, carry on, go on the/a spree. ~**musiek** →KATTEKONSERT. ~**vrees** ailurophobia. ~**vriend** cat lover.

kat·te·rig *=rige* catty, cattish; quarrelsome, bitchy, spiteful; *~e vroumens* bitch, she-cat. **kat·te·rig·heid** cattiness, cattishness, spitefulness, quarrelsomeness, bitchiness.

kat·tie¹ *=ties* kitty, kitten.

kat·tie² *=ties, (unit of weight)* catty.

kat·tig *=tige, (rare)* = KATAGTIG. **kat·tig·heid** cattishness.

Kat·to·witz →KATOWICE.

ka·tun·ker *=kers, (obs.)* →KATONKEL.

Kau·ka·si·ë *(geog.)* Caucasia. **Kau·ka·si·ër** *=siërs, n.* Caucasian. **Kau·ka·sies** *=siese, adj.* Caucasian; *~e den= (neboom)* Caucasus fir. **Kau·ka·sus:** *die ~* the Caucasus.

kau·ri *=ri's, (<Maori)* cowry/cowrie (shell). ~**boom,** ~**den** kauri (pine). ~**gom** kauri gum/copal/resin.

ka·va·lier *=liers* cavalier, horseman; nobleman; squire of dames, gallant; partner; lover.

ka·val·ka·de *=des* cavalcade.

ka·val·le·rie *(mil.)* cavalry, horse. ~**aanval** cavalry charge/attack. ~**dans** musical ride. ~**kaptein** cavalry captain. ~**offisier** cavalry officer. ~**perd** troop horse, trooper.

ka·val·le·ris *=riste* cavalryman, cavalry soldier, trooper, horse soldier.

ka·vi·aar caviar(e).

ka·wa *(shrub; narcotic beverage)* kava.

ka·wel *=wels, (obs.)* parcel, lot. **ka·we·ling** *=lings, =linge, (rare)* parcel, lot; lotting (out).

ka·zo *=zo's, (mus. instr.)* kazoo.

keb *kebs, (obs.)* cab; *~ ry* drive a cab; ride in a cab.

ke·bab *=babs* kebab; *priem-~* shish kebab.

ke·brat·sjien quebrachine, yohimbine, aphrodine. **ke·brat·sji·tol** quebrachitol.

ke·dive, khe·dive *=(dives), (<Pers., hist. title)* khedive.

keel¹ *n., (her.)* gules.

keel² *kele, n.* throat, gullet; pharynx; gorge, crop; escapement; *(anat., bot.)* fauces; barrel *(of a carburettor)*; *iets in iem. se ~ **afdruk**, (infml.)* force/ram/shove/stuff/ thrust s.t. down s.o.'s throat; *iem. (se) ~ **afsny*** cut/slit s.o.'s throat; *mekaar ~ **afsny**, (fig.)* cut each other's throats; *jou eie ~ **afsny**, (fig.)* cut one's own throat, sign one's (own) death warrant, dig one's own grave; *iem. se ~ laat weet hoe swaar sy **agterent** weeg, (sl.)* hang s.o.; *alles* ***deur*** *die ~ laat gaan* pour/send everything down the throat; eat and drink o.s. out of hearth and home; *'n* ***droë*** *~ hê* have a parched throat; be/feel thirsty, have a thirst, feel dry; *iem. se ~* ***fluit*** s.o. is wheezing; *iem. aan/by die ~* ***gryp*** take s.o. by the throat; *mekaar aan/by die ~* ***gryp*** be at each other's (*or* one another's) throats; *iets* ***hang*** *jou by die ~ uit, (infml.)* be sick (and tired) of (*or* be fed up [to the back teeth] with) s.t.; *jou* ***hart*** *sit in jou ~* →HART; *(die/jou) ~* ***natmaak*** have a drink, *(infml.)* wet one's whistle; *'n ~* ***opsit*** start crying/screaming/yelling; *'n vreeslike ~* ***opsit*** cry/scream/shout/yell blue murder, kick up a fuss, protest vociferously; howl like a banshee; *(jou) ~* ***skoonmaak/skraap*** clear one's throat, hawk, hem; *(die/jou) ~* ***smeer,*** *(rare)* = *(die/jou) keel* ***natmaak;*** *die woorde bly in iem. se ~* ***steek*** the words stick in s.o.'s throat; *iem. se ~* ***toedruk*** choke/strangle/throttle s.o.; *iets laat iem. se ~* ***toetrek*** s.t. frightens s.o.; *iem. se kos beland/gaan in die* ***verkeerde*** *~* s.o.'s food goes down the wrong way/throat. **keel** *ge~, vb., (rare)* cut the throat off, kill (off). **~aandoening** *~s, ~e* throat trouble. **~aar** jugular vein. **~af:** *iem. ~ sny* cut/slit s.o.'s throat; *mekaar ~ sny, (fig.)* cut each other's throats. **~afsnyery** throat-cutting. **~arts, ~dokter** throat (and nose) specialist, laryngologist. **~gang** jowl *(of a horse)*. **~gat** gullet; *alles deur jou ~ ja(ag), (infml.)* pour everything down one's throat; *in die verkeerde ~ beland/gaan/kom* go down the wrong way/throat. **~geluid** guttural sound, faucal. **~geswel** tumour/abscess in the throat; throstling *(in cattle)*. **~groef** jugular groove *(of a horse)*. **~holte** pharynx, fauces; *van die ~* pharyngeal. **~holteontsteking** sore throat, pharyngitis. **~kanker** cancer of the throat. **~klank** guttural (sound); *met 'n ~ uitspreek* gutturalise. **~klep(pie)** epiglottis, throat flap. **~klier** jugular gland. **~knobbel, ~knop** Adam's apple. **~kop** larynx. **~lagter** →KATLAGTER. **~-neus(-)opening** choana. **~ontsteking** inflammation of the throat, pharyngitis, quinsy, angina. **~-oor(-)buis** Eustachian tube. **~prop** turnpin. **~pyn** sore throat. **~sak** vocal sac; gular pouch *(in animals)*; dewlap. **~seer** sore throat. **~skoonmaak** *keelskoongemaak,* **~ skoonmaak** *keel skoongemaak* clear one's throat, hawk, hem. **~spieël** laryngoscope. **~stem** guttural/throaty voice. **~stroop** linctus. **~stuk** jowl (of pork). **~sweer** quinsy. **~tand** vertebral/gular tooth. **~tering** laryngeal phthisis. **~vel** dewlap; jowl. **~vol:** *~ vir iem. wees, (infml.)* be fed up (to the back teeth *or* to the gills) with s.o., be cheesed off with (*or* have had more than enough of) s.o.. **~wol** dewlap wool.

ke·ël *keëls, n.* cone; strobile; →KEGEL *n.; met ~s afsluit* cone off *(one carriageway of a motorway)*; *~s dra, (a tree)* cone. **~afdunning** cone drawing. **~as** axis of a cone. **~bessie** cone. **~deursnee, ~deursnit** cone section. **~draend** *~e* cone-bearing, coniferous; *~e plant* conifer. **~draer** cone-bearing plant, conifer. **~klep** conical valve. **~laer** cone bearing. **~projeksie** conic(al) projection. **~prop** fid. **~rat** conical (gear) wheel, bevel(-gear) wheel, bevel gear. **~rataandrywing** bevel drive. **~skuinste** conicity. **~skyf** cone pulley. **~snee** conic (section). **~stomp** frustum. **~struktuur** cone structure. **~vlak** conical surface. **~vormig** *~e* conic(al), cone-shaped, coniform; pineal; turbinal, turbinate; *~ maak* cone; *omgekeer(d) ~, (bot.)* obconic(al).

Kee·ling·ei·lan·de Keeling Islands; →KOKOSEILANDE.

keep *kepe, n.* notch, nick, score, cut, gash, groove, gab, snick, vee indentation; tally; jag, joggle; v *(of a gunsight)*. **keep** *ge~, vb.* notch, nick, cut, gab, nock, scotch, groove, gash, snick, indent; dab; *saagtande ~* gum a saw. **~beitel** butt chisel. **~bout** swage bolt. **~rug** *(mot.)* notchback.

keer *kere, n.* turn, change; time; ***al*** *twee ~, twee ~* ***al*** twice already; ***albei*** (of ***al twee***) *kere* both times; ***baie*** *kere* many times; ***dié/hierdie*** *~* this time; ***een*** *~* once; *meer as* ***een*** *~* more than once; *(tog)* ***een*** *~* for once; *nie* ***een*** *enkele ~ nie* never once; *hierdie* ***een*** *~* (for) this once; *nog* ***een*** *~* once more, one more time; *(vir) die* ***eerste*** *~* for the first time; *vir die* ***eerste,*** *die tweede, die laaste ~* going, going, gone; *die* ***eerste/ens.*** *~* the first/etc. time; ***elke*** *~ dat iem. ...* every time s.o. ...; ***elke/iedere*** *~* every time; *'n* ***enkele*** *~* once (in a while); ***enkele*** *kere* a few times; *daar is* ***geen*** *~ aan iem./iets nie* there is no stopping s.o./s.t.; *gedane sake het* ***geen*** *~ nie* →GEDAAN; *tien/ens. ~* ***groter*** ten/etc. times larger; ***hierdie*** *~ tog* (for) this once; ***hoeveel*** *~ al* →HOEVEEL; *een/twee ~* ***in*** *die/'n jaar/maand/week* →***per;*** ***nege*** *uit die tien ~* nine times out of ten; ***nog*** *'n ~* once more, once/yet again; (all) over again; ***nog*** *'n ~ soveel* as much again/more; ***nog*** *'n ~ gebeur* happen for the second time; ***ook*** *'n ~* for once; ***op*** *'n ~* once, one day; *~* ***op*** *~* again and again, time and (time) again, time after time; over and over (again), repeatedly; many (and many) a time; *twee/ens.* ***op*** *'n ~* two/etc. at a time; *een/twee ~* ***op*** *'n dag* →***per;*** *'n* ***paar*** *~* once or twice, a few times; *R2* ***per*** *~* R2 a time; *een/twee ~* ***per*** (of ***in die/'n***) *jaar/maand/week* once/twice a year/month/week; *een/twee ~* ***per*** (of ***op 'n***) *dag* once/twice a day; *drie/ens. ~* ***so*** *groot as ...* three/etc. times as big/large as ...; *dit is twee ~* ***so*** *groot as ...* it is twice as big/large as (*or* double/twice the size of) ...; *dit is twee ~* ***so*** *ver/vêr as tussen ... en ...* it is twice as far as (*or* it is double the distance) between ... and ...; ***tallose*** *kere* times without (*or* times out of) number; ***twee*** *~* twice; *'n* ***tweede*** *~ gebeur* happen for the second time; *een* ***uit*** *(die) duisend/ens. ~* once in a thousand/etc. times; ***verskeie*** *kere* several times; ***vir*** *die eerste/ens. ~* for the first/etc. time; ***weer*** *'n ~* yet again. **keer** *ge~, vb.* turn; prevent, stop, block; defend; field; check, contain, hold off, stem; resist, dam; turn up/round; shrink back; oppose; ward off; parry; deter; *~* ***dat*** *iets gebeur, (referring to s.t. bad/unfavourable)* prevent s.t. from happening; *~* ***dat*** *iem. gaan/ens.* prevent s.o.'s going/etc.; *die* ***gety*** *begin te ~* the tide is turning (*or* is on the turn); ***in*** *jouself ~* retire/shrink into o.s.; *dis* ***moeilik*** *om iem. te ~* s.o. takes a lot of stopping; ***niks*** *kan hom/haar ~ nie* there's no holding/stopping him/her; *per kerende* ***pos*** by return (of post); *die* ***skape*** *~* turn (back) the sheep; *dit is nie* ***te*** *~ nie* it cannot be stopped/prevented; *'n* ***tjek*** *~* stop a cheque; *jou* ***tot*** *God ~* turn to God; *~* ***voor!*** stop it/him!; *die* ***vyand*** *~* check the enemy; *die* ***water*** *~* stem the flood. **~balk** check baulk. **~bank** aquifuge. **~blok** stop/scotch block. **~dag** return day/date; *môre is die ~ van die bevel* the rule is returnable tomorrow. **~dam** barrage, weir, mole. **~datum** →KEERDAG. **~dig** rondeau. **~jagter** *(an aircraft)* interceptor. **~klem** retaining clip. **~klep** check/stop valve. **~klip** guard stone. **~koeël** ball check, check ball. **~koppeling** reversing clutch. **~kring** tropic. **~kringsgordel** the tropics. **~lint** stopping tape. **~moer** check nut. **~muur** revetment (wall), retaining/breast wall; talus wall; weir; barrier. **~plaat** baffle/check/deflecting plate. **~plank** splashboard. **~ploeg** turnwrest/turnwrist plough. **~prop** retaining plug. **~punt** turning point, watershed, turn (of the tide), new turn, crisis; cusp, apsis *(of a planet)*; *'n ~ bereik, (a war etc.)* reach a turning point; *op die ~* at the crossroads. **~reël** burden *(of a song)*. **~reling** checkrail, meeting rail. **~ring** retaining ring. **~sinus** *(math.)* versed sine. **~skot** *~te* deflector. **~slag** parry. **~staaf** check~, guardrail, guide rail. **~stang** guide rail, stop rod. **~steen** baffle brick. **~strook** backing strip. **~sy** reverse *(of a medal)*; reverse/flip side; verso; *(rare)* wrong side *(of material)*; other side; back; *alles het sy ~* there is a reverse to every medal, there is another side to every picture; *die ~ van die penning, (fig.)* the other side of the picture. **~syprojeksie** *(phot.)* back projection. **~tyd** deadline, set term/time; limited period. **~vliegtuig** interceptor. **~vuur** stopping fire. **~wal** weir, barrage; breakwater *(on diggings)*. **~werk** defence; (ground) fielding; *~ doen* field.

keer·baar *~bare* stoppable.

keer·der *~ders* herder; defender; *(mech.)* retainer, check.

keer·om *~oms,* **keer·om·straat** *~strate, (rare)* →DOODLOOPSTRAAT.

keert *(mil., obs.): ~ maak* turn about. **~swenk** *keertgewheel* about. **~swenking** about wheel, wheel about. **~wending** about turn; *~ regs* right-about (turn).

keer·tjie *~tjies* time; →KEER *n.; 'n enkele ~* once in a blue moon.

kees *kese* baboon; jocko; *dis klaar met ~, (infml.)* s.o. has had his/her chips, s.o. is finished (*or* a goner *or* done for), that's the end of him/her.

kees·hond keeshond, spitz (dog), Dutch barge dog; *Chinese/Sjinese ~* chow(-chow).

kef *ge~* yap, yelp, bark; squabble, wrangle. **kef·fe·rig** *~rige* yappy. **kef·fer(·tjie)** *~(tjie)s, (also* kefferhondjie*)* yapper, yappy little dog; wrangler.

ke·fa·lo·po·de, se·fa·lo·po·de *~des, (zool.)* cephalopod.

keg·an·ker kedge.

ke·gel *~gels, n.* tenpin; *(trad.)* ninepin, skittle (pin); →KEËL. **ke·gel** *ge~, vb.* play tenpins; *(trad.)* play ninepins/skittles. **~baan** tenpin alley; *(trad.)* ninepin/skittle alley. **~bal** tenpin ball; *(trad.)* ninepin/skittle ball; *(also* kegelspel*)* tenpin bowling; *(trad.)* (game of) ninepins/skittles/bowls. **~klub** bowling club. **~spel** →KEGELBAL. **~speler, ~speelster** tenpin player; *(trad.)* ninepin/skittle player, skittler.

kei *keie* cobble(stone); *met ~e uitlê* cobble. **~hard** *~e* adamant. **~leem** till, boulder clay. **~skrif** *(Germ.)* →WIGSKRIF, SPYKERSKRIF. **~steen** cobblestone, round stone.

kei·ap·pel *(Dovyalis caffra)* Kei apple.

keil *keile, n.* wedge; key; quoin; top hat, topper, tall hat, chimneypot (hat), silk hat; tile; shim. **keil** *ge~, vb.* fling, pitch, shy; wedge, drive in a wedge; quoin; shim. **~werk** wedging; keying.

kei·ser *~sers* emperor; Caesar; padishah; *die ~* ***betaal,*** *(infml.)* relieve o.s.; *die* ***Duitse*** *~* the Kaiser; *iem. dink hy/sy is die ~ se* ***hond,*** *(infml.)* s.o. thinks he/she is just it; ***Russiese*** *~* tsar, czar; *gee die ~ wat die ~* ***toekom*** render unto Caesar the things which are Caesar's. **K~konsert** Emperor Concerto. **~pikkewyn** emperor penguin. **~ryk** empire; *die K~ van Napoleon Bonaparte, (Fr. hist., 1804-1815)* the Empire; *die K~ van Napoleon III, (Fr. hist., 1852-1870)* the Second Empire. **~snee** *~sneë* Caesarean/Caesarian section/operation/birth, caesarotomy. **~stad** imperial city. **~tyd** imperial age, age of the emperors.

kei·se·rin *~rinne* empress. **~-weduwee** *~s* empress dowager, dowager empress.

Kei·ser·li·ke *~kes, n.* Imperial. **kei·ser·lik** *~like, adj.* imperial; imperialist; *K~e Garde* Imperial Guard; *~e leër* imperial army; *die K~e Prins* the Prince Imperial.

kei·sers-: **~gesind** *~e, adj.* imperialist. **~gesinde** *~s, n.* imperialist. **~gesindheid** imperialism. **~kroon** imperial crown; fritillary, crown imperial; *(bot.)* red crassula; *(bot.)* yucca; *(bot.)* agapanthus. **~troon, keisertroon** imperial/emperor's throne.

Kei·sers·ka·naal: *die ~* the Imperial Canal.

kei·ser·skap *~skappe* emperorship.

ke·jak·ker →KERJAKKER.

ke·ker·er·tjie chickpea, dwarf pea, garavance, gram.

kek·kel *ge~* cackle; clack; chatter, jabber, gabble, jaw, rattle, talk/chat garrulously; tattle, yap. **~bek, ~kous** chatterbox, gossip, tattler, gabbler. **~praatjies** chitchat, gossip.

kek·ke·laar *~laars* cackler, chatterer, babbler. **kek·ke·la·ry, kek·kel·ry** cackle, chitchat, tittle-tattle, gossip. **kek·ke·lend** *~lende* cackling; prattling.

kel·der *~ders, n.* cellar; vault; crypt; *na die ~ gaan* go to pot (*or* the dogs); go to the bottom, go to Davy Jones's locker; *in 'n ~ bêre/berg/sit* cellar, lay/store up (in a cellar); *in die ~* below stairs. **kel·der** *ge~, vb.* sink *(a ship)*; *(rare)* cellar, lay/store up (in a cellar); *(rare)* slump, tumble, go down. **~bou** hypogeum. **~deur** cellar door. **~gat** air/vent hole. **~gewelf** cellar vault. **~huur** cellarage. **~kamer** basement room. **~kneg** cellarman. **~lug** damp air (*or* fusty/musty smell) of a cellar. **~luik** cellar flap, trapdoor. **~meester** cellarer, cellar master. **~mot** woodlouse. **~reuk** fusty/musty smell (of a cellar). **~ruimte** cellarage. **~trap** cellar stairs. **~venster** cellar window. **~verdieping** basement; *tweede ~* sub-basement. **~woning** basement(house), ~(flat).

kel·de·ring *~rings, ~ringe* slump; sinking; →KELDER *vb.*

kel·der·tjie *~tjies* little cellar; *(obs.)* hamper (of liquors); *(obs.)* tantalus.

ke·lim -*lims* kelim. ~**tapyt** kelim rug.

kelk *kelke* cup, chalice; calyx *(of a flower)*; hull *(of a strawberry, raspberry, etc.)*; *(Datura* spp.*)* moonflower; sheath; *'n bitter(e)* ~ a bitter cup; *in 'n* ~ chaliced. ~**blaar,** ~**blad** sepal. ~**blaaragtig** -*e* sepaline, sepaloid. ~**blom** calyx. ~**blommig** -*e* calycifloral, -florate, -florous. ~**buis** calyx tube. ~**kaffie** glume. ~**nekkie** throat *(of a flower)*. ~**punt** taft. ~**standig** -*e* episepalous. ~**vormig** -*e* cup-shaped, cup-like; *(bot.)* chaliced, calyx-like, calyciform, calycoid, calycoideous, calycinal, calycine.

kel·kie -*kies* (wine)glass; (egg) cup; moonflower; *(bot.) Datura cornigera;* calycle.

kel·kie·wyn[1] -*wyne*, -*wyns*, *(bot.: Geissorrhiza radians)* wine cup.

kel·kie·wyn[2] -*wyne*, -*wyns*, **sand·pa·trys** -*tryse*, *(orn.)* Namaqua sandgrouse.

kel·ner -*ners* waiter, steward.

kel·ne·rin -*rinne* waitress, stewardess. ~**werk,** ~**diens** waitressing.

kelp kelp.

kel·pie -*pies*, *(also K~, breed of dog)* kelpie.

Kelt *Kelte* Celt, Kelt; *Skotse/Ierse* ~ Gael. **Kel·ti·be·ri·ër** -*riërs*, *n.* Celtiberian. **Kel·ti·be·ries** -*riese*, *adj.* Celtiberian. **Kel·ties** -*tiese* Celtic, Keltic. **Kel·to·loog** -*loë* Celtologist, Celtologue, Celtic scholar.

kemp·bees·te *(also K~)* Kemp cattle.

Kem·pe: *die* ~, *(geog.)* the Campine *(in Belgium)*.

kemp·haan *(male)* ruff; *(fem.)* reeve.

ken[1] *kenne*, *(anat.)* chin, mentum; *van die* ~, *(anat.)* mental; *tot aan die* ~ up to the chin, chin deep; *vierkantige* ~ square jaw. ~**baard** imperial, chin beard, goatee. ~**band** chin stay/strap; *(anat.)* vinculum. ~**ketting** curb (chain) *(of a horse)*. ~**kuiltjie** dimple in the chin. ~**punt** pogonion, point of the chin. ~**riem** chin strap/stay. ~**rus,** ~**stut** chin rest/support. ~**senuwee** mental nerve. ~**wol** jaw pieces, jowl wool.

ken[2] *ge-*, *vb.* know, understand, be acquainted with, recognise; know of; *iem./iets* ***aan*** *...* ~ know s.o./s.t. by ...; *iem. op 'n* ***afstand*** ~, *(infml.)* have a nodding acquaintance with s.o.; ***armoede/ens.*** ~ know what poverty/etc. is; *iets* ***beter*** ~ know s.t. better; *iem. het* ***beter*** *dae ge~* →DAG[1]; ***bly*** *(om) u te* ~*(ne)* pleased to meet you; *iets van* ***buite*** ~ know s.t. by heart; *iem.* ***byna*** *nie* ~ *nie* scarcely know s.o.; *iets* ***deur*** *en deur* (of *op jou* ***duim[pie]***) ~ have s.t. at one's fingertips, know s.t. backwards (*or* inside out); *'n plek* ***deur*** *en deur* ~ know a place like the back/palm of one's hand; *iets te* ~*ne* ***gee*** suggest/imply/intimate s.t.; *te* ~*ne* ***gee*** *dat ...* suggest/imply/intimate that ...; *'n wens te* ~*ne* ***gee*** →WENS *n.*; *iem.* ~ ***geen*** *Grieks nie* s.o. has no Greek; ***genoeg*** *van 'n taal* ~ *om oor die weg te kom* (of *om jou te behelp*) have a working knowledge of a language; *iem.* ***goed*** ~ know s.o. well; *iets* ***goed*** ~ be familiar with s.t.; *'n taal* ***goed*** ~ be proficient in a language; *die werk nog nie* ***goed*** ~ *nie* be new to the job; *iem.* ***hoegenaamd*** *nie* (of *van geen* ***kant*** *af*) ~ *nie* not know s.o. from Adam; *iem.* ***in*** *iets* ~ consult s.o. about s.t beforehand, act with s.o.'s knowledge; *iets uit jou/die* ***kop/hoof*** *(uit)* ~ know s.t. by heart; *jou* ***laat*** ~ *as ...* prove/show o.s. as ...; *jou nie* ***laat*** ~ *nie*, *(rare)* not stand back; *iem. al* ***lank*** ~ have known s.o. for a long time; *iem.* ***leer*** ~ come/get to know s.o.; ~ *julle/u* ***mekaar?*** have you met?; *die* ***moeilikhede*** ~ know what difficulties there are; *('n) mens* ***moet*** *iem. (leer)* ~ s.o. needs knowing; *iem. sal sy/haar ry* ***moet*** ~ s.o. will have to do some fast driving; s.o. will need all his/her driving skill; s.o. will have to drive very carefully; *iem. van* ***naby*** ~ know s.o. intimately; *iets* ***nie*** ~ *nie* not know (*or* be unacquainted with) s.t.; ~ *jy my* ***nog?*** do you remember me?; *jou* ***onderwerp*** ~ know what one's talking about; *iem.* ***oppervlakkig*** ~ have a nodding acquaintance with s.o.; ***perde/ens.*** ~ know about horses/etc.; *iem. van* ***sien*** ~ know s.o. by sight; *iem. net van* ***sien*** ~ not know s.o. to speak to; *iem.* ***sleg*** ~ not know s.o. well at all; *dan* ~ *jy my maar* ***sleg*** it shows how little you know me; ***so*** ~ *ek ... nie* I've never known ... to be like this; ***sonder*** *om iem. daarin te* ~ without reference to s.o.; ***soos*** *ek hom/haar* ~, *sal hy/sy ...* if I know him/her, he'll/she'll ...; *iets* ***soos*** *die palm van jou hand* ~ know s.t. backwards (*or* inside out *or* like the back/palm of one's hand); *mense/dinge* ***uitmekaar*** ~ →UITMEKAAR *adj. & adv.*; ~ ***uself,*** *(fml.)* know thyself; *iem.* ~ *geen* ***vrees*** *nie* s.o. knows no fear; s.o. is a stranger to fear; *iem. nie* ***wil*** ~ *nie* give s.o. the cold shoulder, cut s.o. (dead); *iem. nie meer* ***wil*** ~ *nie* disown s.o.. ~**bron** source of knowledge. ~**groep** index group. ~**kaartjie** tag. ~**kromme** *(elec.)* characteristic. ~**letter** distinguishing letter. ~**lyn** characteristic line. ~**merk** -*e*, *n.* distinguishing mark; characteristic, feature; *(biol.)* character; hallmark, earmark *(fig.)*; *sonder bepaalde* ~*e* indistinctive; *(beslissende)* ~ criterion; *die besondere* ~*e* the salient features. ~**merk** *ge-* mark, characterise, typify; distinguish; *iets word deur ... ge~* s.t. is characterised/marked by ... ~**plaatjie** identification/identity disc. ~**punt** point of identification. ~**reël** *(print.)* catchline. ~**skets** *ge-* mark, characterise, be characteristic of, typify; delineate, illustrate. ~**sketsend,** ~**sketsend** -*e* characteristic; ~ *vir/van ... wees* be characteristic/typical of ...; be illustrative of ... ~**sketsing** characterisation; delineation. ~**skyf** identification disc. ~**spreuk** motto. ~**strokie,** ~**vlaggie** tag, tab. ~**syfer** index number. ~**teken** *n.* distinctive/distinguishing mark, characteristic; token, badge; colours; symptom. ~**teken** *ge-*, *vb.* characterise. ~**teoreties** epistemological. ~**teorie** theory of knowledge, espistemology. ~**vermoë** (faculty of) cognition, cognitive power/faculty, perceptive faculty. ~**vlaggie** →KENSTROKIE. ~**waarde** characteristic value. ~**woord** *(print.)* guide word, catchword; *(comp.)* password. ~**wysie** signature tune; theme song/tune.

ken·baar -*bare* knowable, distinguishable, recognisable; ~ *maak* make known. **ken·baar·heid** recognisability.

Ken·chre·ë *(hist.: harbour of Corinth)* Cenchreae.

ken·do *(Jap. art of fencing)* kendo.

Ke·ni·a *(geog.)* Kenya. **Ke·ni·aan** -*ane*, *n.* Kenyan. **Ke·ni·aans** -*aanse*, *adj.* Kenyan.

ken·loos -*lose* chinless.

ken·mer·kend -*kende* characteristic, distinctive, distinguishing; outstanding, salient; symptomatic; typical; ~*e identiteit* well-defined identity; ~ *vir/van ... wees* be characteristic of ...; be typical of ...; be distinctive of ...; be specific to ...; *iets is* ~ *vir/van iem.*, *(also)* s.t. is in character for s.o.. **ken·mer·kend·heid** distinctiveness.

ken·ne →KEN[2] *vb.*.

ken·ne·bak, *(arch.)* **kin·ne·bak** jaw(bone), mandible. ~**slag** blow/clout on the jaw; *(fig.)* kick in the teeth; *iem. 'n* ~ *gee* hit/slap s.o. across the jaw; *(fig.)* kick s.o. (*or* give s.o. a kick) in the teeth.

ken·ne·lik -*like adj. & adv.* recognisable (-bly); visible (-bly), apparent(ly), obvious(ly); appreciable (-bly); undoubtably; signally; *iem. het* ~ *nie daarin geslaag om iets te doen nie* s.o. signally failed to do s.t..

ken·ner -*ners* expert, authority, connoisseur, master, pundit, *(<It.)* cognoscente; *(infml.)* buff, fundi; judge; *'n* ~ *van ... wees* be an authority on ... *(international relations etc.)*; be a connoisseur of ... *(wine etc.)*; be a good judge of ... *(horses etc.)*; be a student of ... *(politics, the Scriptures, etc.)*; *'n* ~ *van Latyn* a Latinist (*or* Latin scholar). **ken·ners·blik,** -**oog** the eye of a connoisseur, a trained eye.

ken·ne·tjie[1] *(game)* (tip)cat.

ken·ne·tjie[2] -*tjies* little chin. ~**vormig** fusiform.

ken·nis knowledge; acquaintanceship; consciousness; science; cognisance, knowing, cognition; information; *(pl.* -*se)* acquaintance; ***aangename*** ~*!* how do you do?, pleased to meet you!; *weer* ~ ***aanknoop,*** *(rare)* renew acquaintance; ***algemene*** ~ general knowledge; *'n* ***basiese/elementêre/gangbare/praktiese*** ~ *van die taal besit/hê* have a working knowledge of the language; ~ ***besit*** have/possess knowledge; *'n* ***breë*** ~ *van iets* a wide knowledge of s.t.; ***buite*** ~ *wees*, *(rare)* be unconscious; ***by*** ~, *(rare)* conscious; *weer* ***by*** ~ *kom*, *(rare)* recover one's senses, regain consciousness; ***diepgaande/intieme*** ~ intimate knowledge; *van iets* ~ ***dra*** know about s.t., be aware/cognisant (*or* have knowledge/cognisance) of s.t.; *iem. se* ~ *van iets is maar* ***dunnetjies/oppervlakkig*** s.o.'s knowledge of s.t. is rather shaky/sketchy; ***eerstehandse*** ~ firsthand knowledge; ***eerstehandse*** ~ *hê*, *(also)* have inside information; *'n* ***elementêre/gangbare*** ~ *van die taal besit/hê* →***basiese/elementêre/gangbare/praktiese;*** *van iem. se* ~ ***gebruik*** *maak* pick/tap s.o.'s brains; ~ ***gee*** resign, hand/send in (*or* tender) one's resignation, give an employer one's notice; lodge notice; *iem.* ~ ***gee*** give s.o. notice; serve notice (up)on s.o.; ~ ***gee*** *van iets* announce (*or* give notice of) s.t.; table (*or* give notice of) s.t. *(a motion)*; *iem. van iets* ~ ***gee*** inform/notify (*or* give s.o. notice) of s.t.; advise s.o. of s.t.; *ons het al* ~ ***gemaak*** we have met; ~ *van iets* ***hê*** have knowledge of s.t.; ~ *van perde/ens.* ***hê*** know about horses/etc.; *'n goeie* ~ *van 'n vak* ***hê*** be well-grounded (*or* have a good grounding) in a subject; ~ *geskied* ***hiermee*** *dat ...* (fml.), ***hiermee*** *word* ~ *gegee dat ...* notice is hereby given that ...; *iem.* ***in*** ~ *stel*, *(also)* serve notice (up)on s.o.; *iem. van iets* ***in*** ~ *stel* inform/notify/apprise s.o. of s.t., let s.o. know s.t.; give s.o. notice of s.t.; advise s.o. of s.t.; ***intieme*** ~ →***diepgaande/intieme;*** *met jou* ~ *te* ***koop*** *loop* air one's knowledge; ~ ***kry*** receive (*or* be given) notice (of dismissal); be notified/informed; ~*se* ***kry*** pick up acquaintances; *jou* ~ ***lug,*** *(rare)* = *met jou kennis te* ***koop*** *loop*; *met iem.* ~ ***maak*** (of ***kennismaak***) meet (*or* become/get acquainted with) s.o., make s.o.'s acquaintance; *nader met iem.* ~ ***maak*** (of ***kennismaak***) become/get better acquainted (*or* improve one's acquaintance) with s.o.; *toevallig met iem.* ~ ***maak*** (of ***kennismaak***) pick up an acquaintance with s.o.; *met iets* ~ ***maak*** (of ***kennismaak***) learn (*or* come across *or* get to know) s.t.; *vlugtig met 'n onderwerp* ~ ***maak*** (of ***kennismaak***) dip into a subject; *met die polisie* ~ ***maak*** (of ***kennismaak***) fall/run foul of the police; ~ *is* ***mag*** knowledge is power; ~ ***neem*** take notice; *van iets* ~ ***neem*** take note/cognisance of (*or* become acquainted with) s.t.; ***onder*** ~*se*, *(pl.)* among acquaintances/friends; ~ ***opdoen*** acquire knowledge; pick up knowledge; *jou* ~ ***opfris/opknap*** refresh (*or* brush up) one's knowledge; *iem. se* ~ *van iets is maar* ***oppervlakkig*** →***dunnetjies/oppervlakkig; oppervlakkige*** ~ casual acquaintance; sketchy knowledge; *'n* ***praktiese*** ~ *van die taal besit/hê* →***basiese/elementêre/gangbare/praktiese;*** *die* ***strewe*** *na* ~ the pursuit of knowledge; ***ter*** ~ for information; ***tot*** *iem. se* ~ *kom*, *(fml.)* come to s.o.'s notice; *'n man/vrou* ***van*** ~ a man/woman of learning; ~ ***van*** *rekenaars/ens.* ***hê*** know about computers/etc.; *met* ~ ***van*** *sake* with full knowledge of the facts, with authority. ~**basis** *(comp.)* knowledge base. ~**dors** thirst for knowledge. ~**gewing** -*s*, -*e* notice, information, intimation, notification, announcement; *vir* ~ ***aangeneem*** noted; taken as read; tabled; *vir* ~ ***aanneem*** note; ~ ***geskied*** *hiermee dat ...* notice is hereby given that ...; *op* ***kort*** ~ at short notice; *tot* ***nader(e)*** ~ till/until further notice. ~**gewingbord** notice board. ~**leer** epistemology; theory of knowledge. ~**maak:** *met iem.* ~ →KENNIS. ~**making** -*s*, -*e* (making) acquaintance, meeting; *'n* ~ *met iem.* ***aanknoop,*** *(obs.)* strike up an acquaintance with s.o.; ***by*** *nader(e)* ~ (up)on closer acquaintance; ~ *met iem.* ***soek,*** *(obs.)* seek acquaintance with (*or* the acquaintance of) s.o.; ***ter*** ~ by way of introduction. ~**neming** -*s*, -*e* (taking) cognisance; inspection, examination; *ter* ~ for information; *geregtelike* ~ judicial notice. ~**stelsel** *(comp.)* expert system. ~**teoreties,** ~**teorie** →KENTEORETIES, KENTEORIE.

ke·no·sis kenosis. ~**leer** doctrine of kenosis.

ken·ter *ge-*, *(rare)* turn; *(a ship)* careen; *die gety begin te* ~ the tide is on the turn. **ken·te·ring** -*rings*, -*ringe* change, turning point, upturn, turn; watershed *(fig.)*; *(rare)* careening; *daar het 'n* ~ *gekom*, *(fig.)* the tide has turned (*or* is turning); ~ *van die gety*, *(rare)* turn of the tide.

ken·tour →SENTOUR.

Ken·tuck·y *(geog.)* Kentucky. ~**blougras** *(also k~)* Kentucky bluegrass, (smooth) meadow grass.

Ken·tum·taal *(also k~)* →CENTUMTAAL.

kep *=keppe,* **keps** *kepse, (infml.)* cap; →PET.

ke·per *n.* twill; chevron; *(also, in the pl.)* twilled goods; *op die ~ beskou* on close(r) inspection/examination/analysis; all things considered; after/when all is said and done; *iets op die ~ beskou* examine/scrutinise (*or* look at) s.t. closely. **ke·per** *ge=, vb.* twill. **~binding** twill weave. **~flanel** twilled flannel. **~stof** twilled cloth/fabric, twill, jean. **~weefsel** twill weave.

ke·pe·rig *=rige* hackly, jagged.

ke·pi *=pi's, (Fr.)* kepi.

ke·pie *=pies, (dim.)* chip, notch; *etc.;* →KEEP *n..*

kep·pie·rog *(icht.)* (spotted) eagle ray, bishop ray, bonnet skate.

ke·ra·miek ceramics, ceramic/potter's/fictile art; ceramic ware, ceramics, pottery articles. **ke·ra·mies** *=miese* ceramic. **ke·ra·mis** *=miste* ceramist.

ke·rar·gi·riet cerargyrite, horn silver.

ke·ra·tien keratin. **ke·ra·ti·tis** keratitis. **ke·ra·to·fier** keratophyre. **ke·ra·toom** *=tome* keratome.

Ker·be·ros, Cer·be·rus *(Gr. myth.)* Cerberus.

ke·re: *te ~ gaan* →TEKERE GAAN.

kê·rel *=rels* chap, fellow, bloke, guy; *(obs.)* boyfriend; *(die)* ***arme/stomme*** *~!* the poor fellow/beggar/devil!; *'n* ***gawe*** *~* a jolly good fellow, a nice/regular guy, a good/real sport; *'n* ***gevaarlike*** *~* an ugly customer; *hulle is* ***nooi*** *en ~, (somewhat dated)* they are sweethearts/lovers; ***ou*** *~, (form of address)* old boy/chap/cock/man; *'n* ***ou*** *~ van iem.* an old flame of s.o. *(infml.); 'n* ***snaakse*** *~* a queer fish *(infml.); iem. se* ***vaste*** *~* s.o.'s steady date; *iem. se* ***vaste*** *~ wees* go steady with s.o.; *hulle is* ***vaste*** *nooi en ~, (somewhat dated)* they are going steady. **~kind** *(rare)* boy. **~mens** *(obs.)* →MANSMENS.

kê·rel·tjie *=tjies, (dim.)* chappie, little fellow/chap; *die ~ met die kurkhoed soen* drink (too much).

ke·ren·de →KEER *vb..*

kerf *kerwe, n.,* nick, notch *(on a salary scale),* jag, snick, slit, kerf, incision; gear; ***bo*** *iem. se ~* above s.o.'s power/ability; not to s.o.'s liking; ***boonste*** *~* top notch; ***in*** *die boonste ~, (obs.)* in top gear; very severely, drastically; *~ en* ***korrel*** viewfinder *(of a rifle); iem.* ***oor*** *die ~ stoot* push s.o. too far. **kerf** *ge=, vb.* carve, notch, score, incise; hack, slash; shred; cut *(tobacco);* slice; chop *(straw etc.);* scarify; *skuins ~* skive. **~beitel** carving chisel. **~blok** cutting/carving block. **~els** scoring awl. **~hoek** skive angle. **~masjien** chaff cutter/slicer/chopper. **~mes** skiver, cutting/notching knife. **~plank** cutting board. **~rand** mill edge. **~stok** tally (stick), nickstick; *baie/heelwat op jou ~ hê, (fig.)* have a bad record; have much (*or* a lot) to answer for; *... op jou ~ hê, (referring to achievements, experiences)* have ... under one's belt. **~stokstelsel** tally system. **~tabak** shag, cut plug. **~werk** carving; chip carving; →KERF *vb..*

ker·fie *=fies, (dim.)* little notch.

ke·ring *=rings, =ringe* check; dam; turn(ing), version.

ker·jak·ker *ge=* romp, career, run (about).

kerk *kerke, n.* church; chapel; tabernacle; service; congregation; ***agter*** *die ~* behind the church; *~ toe* ***gaan*** attend (*or* go to) church; *is jy in die ~* ***gebore****?, (infml.)* why don't you close the door behind you?; ***in*** *die ~* in/at church; *die* ***koeël*** *is deur die ~* the die is cast; ***lidmaat*** *van 'n ~* ***word*** join a church; *die* ***lydende*** *~* the Church suffering; ***ná*** *~* after church; *die* ***seëpralende/seëvierende*** *~* the Church triumphant; *~ en* ***staat*** church and state; *die* ***strydende*** *~* the Church militant; *~* ***toe*** *gaan* →***gaan;*** *die ~ is* ***uit*** church is over; *iem. se ~ is* ***uit,*** *(infml.)* it is all over/up with s.o., s.o. is through; ***uit*** *die ~ gaan* leave the church; ***uit*** *die ~ kom* come out of the church; come from church; ***uit*** *die ~ stoot* (of *van die ~ wegja[ag])* unchurch s.o.; ***voor*** *~* before church; ***voor*** *die ~* in front of the church. **kerk** *ge=, vb.* church; solemnise a marriage in church; *hulle is getroud maar nie ge~ nie* they are married but not churched. **~amp** church office. **~ban** excommunication. **~bank** pew, stall. **~beampte** church officer. **~besoek** church attendance. **~besoeker** →KERKGANGER. **~bestuur** church government. **~blad** church magazine. **~boek** church/service book; church register. **~bus(sie)** church bus; →KOLLEKTEBUS. **~dag** church day. **~deur** church door. **~diens** *=te* (church/divine/religious) service, public worship; service of the church; *in die ~ gaan, (rare)* →IN DIE (KERKLIKE) **BEDIENING** GAAN/TREE, **PREDIKANT** WORD. **~gaan** *kerkge=* go to (*or* attend) church. **~gang** churchgoing, going to church. **~ganger, ~besoeker** *=s* churchgoer, worshipper; chapelgoer. **~gebou** church (building); chapel. **~gebruik** church use; church usage; (religious) rite. **~genootskap** denomination, sect. **~gesag** ecclesiastical authority. **~gesang** church singing; (church) hymn; anthem. **~gesind, kerksgesind** churchy, churchgoing; devout, pious. **~gesindheid, kerksgesindheid** churchiness; piety. **~geskiedenis** church/ecclesiastical history. **~gewaad** vestment, ecclesiastical garment. **~gewelf** church vault. **~goed** church property. **~hek** church gate. **~hervormer** (church) reformer. **~hervorming** reformation. **~historikus** church historian. **~hof** churchyard, cemetery, graveyard; *by die ~ fluit* whistle in the dark. **~hofblomme** graveyard flowers; *(infml.)* grey hairs. **~hofsipres** upright cypress. **~horlosie** church clock. **~huis** *(chiefly hist.)* town house of a/the farmer; house belonging to the church, church house. **~kantoor** church offices. **~klere** Sunday best/clothes. **~klok** church bell. **~klokgelui** tolling of church bells (*or* a church bell). **~koor** church choir. **~kraai** (jack)daw. **K~latyn** Liturgical Latin. **~leer** church doctrine. **~leier** leading churchman, ecclesiastical leader, leader of the church. **~lid** church member. **~lied** (church) hymn; anthem. **~man** churchman; ecclesiastic, clergyman. **~mens** churchman. **~mense** church people. **~muis** church mouse; *so arm/kaal as/soos 'n ~/kerkrot* as poor as a church mouse. **~musiek** church music, sacred music. **~opsiener** churchwarden. **~orde** church ordinance. **~orgaan** church magazine. **~orrel** church organ. **~pak** Sunday suit. **~parade** church parade. **~plein** church square; *aan K~* (fronting) on Church Square; *op K~* (situated directly) on Church Square. **~plek** place of worship. **~portaal** church porch, narthex. **~portiek** parvis. **~raad** church council, consistory, (select) vestry. **~raadslid** vestryman, member of the consistory. **~raadsvergadering** consistorial meeting. **~reël** canon. **~reg** *(also kerklike reg)* canon/ecclesiastical/church law. **~regering** church/ecclesiastical government. **~register** parish/church register. **~regsgeleerde** canonist. **~regtelik** *=e* canonistic(al), canonical; according to church/canon/ecclesiastical law. **~roof** church robbery, sacrilege, profanation. **~rot** →KERKMUIS. **~saak** church affair, matter for the church; church case. **~saal** church hall. **~sakkie** *(obs.)* →KOLLEKTESAKKIE. **~skender** sacrilegious person. **~skennis** sacrilege. **~skeuring** (church) schism. **~skool** church/denominational school. **K~slawies:** *(Ou) ~* (Old) Church Slavonic/Slavic. **~terrein** close. **~toring** church tower; steeple; *top van 'n ~* spire. **~tug** ecclesiastical discipline. **~tyd** church (service); church time, service hours; time for (*or* to go to) church; *ná ~* after church; *onder ~* during divine service; *voor ~* before church. **~uil** church owl, (Cape) barn owl, screech owl. **~vader** father of the church; church father, patriarch; *van die ~s* patristic. **~vaderlik** *=e* patristic. **~vas** attached to the church. **~verband** (religious) denomination. **~vergadering** church meeting; synod; convocation. **~verordening** church ordinance. **~vervolging** persecution of the church. **~voog** churchwarden; prelate. **~vors** prelate, prince of the church. **~vorstelik** *=e* prelatic(al). **~vrou** churchwoman. **~waarts** churchward(s). **~weë, kerksweë** *(fml.): van ~* on the part of the church. **~wet** church statute; →KERKREG. **~wyding** consecration of a church.

ker·ker *=kers, n.* dungeon, prison. **ker·ker** *ge=, vb., (rare)* imprison, incarcerate. **~lug** dungeon air.

kêr·kêr *=kêre, =kêrs, (bot.) Erica* spp.; →KARKAARHEIDE.

ker·ke·ring *(rare)* incarceration; →KERKER.

ker·kie *=kies, (dim.)* chapel.

ker·kis·me churchism, churchiness, churchianity, ecclesiasticism. **ker·kis·ties** *=tiese* churchy, churchified.

kerk·lik *=like* ecclesiastical; canonical; *~e* ***bediening*** benefice; *~e* ***gebruik*** ordinance; *~e* ***gesag*** power of the keys, ecclesiastical authority; *~e* ***jaar*** church/Christian year; *~e* ***onderwys*** parochial/denominational education; *~e* ***party*** clerical/church party; *~e* ***plegtigheid*** church ceremony; *~e* ***reg*** →KERKREG; *die K~e* ***Staat*** the Papal State(s), States of the Church.

kerk·loos *=lose* churchless, without a church. **kerk·loos·heid** being without a church.

kerk·los indifferent to the church. **kerk·los·heid** indifference to the church.

kerks *kerkse:* **~gesind** *=e* →KERKGESIND. **~gesindheid** →KERKGESINDHEID. **~weë** →KERKWEË.

kerks·heid *(rare)* churchianity, churchiness.

kerm *ge=* moan, grumble, gripe, groan, grouch, grouse, whine, whinge, bellyache; wail, lament; *oor iets ~, (infml.)* moan/grouch about s.t.; *~ van (die) pyn* moan/groan with pain. **~derm** →KERMKOUS. **~kous** moaner, grumbler, grouser, whinger, whinge (bag), bellyacher.

ker·mer *=mers* →KERMKOUS.

ker·mes *=messe, (insect colouring matter; mineral)* kermes. **~eik** kermes (oak). **~skildluis** *(entom.)* kermes. **~suur** kermesic acid.

ker·me·siet kermesite.

ker·mes·se *=ses, (cycling)* kermesse, round-the-houses race.

ker·mis *=misse* fair, carnival; fête; funfair, kermis, kermess; *dit is nie elke dag ~ nie, (infml.)* Christmas comes but once a year, it is not all beer and skittles; one's luck may not hold a second time. **~bed** shakedown. **~kraampie, ~stalletjie** (fair) booth. **~pret** fun at the fair. **~terrein** fairground. **~week** fair week, week of the fair. **~wiel** big/Ferris wheel.

kern *kerne, kerns* kernel *(of a nut);* core *(of fruit);* heart *(of a tree);* pith *(of wood); (bot.)* medulla; *(elec.)* core *(of a cable); (geol., min., comp., woodw.)* core; *(phys.)* nucleus; *(fig.)* core, gist, marrow, pitch, essence, quintessence, crux, root, heart *(of a matter); tot die ~* ***deurdring,*** *(also)* get down to bedrock; *tot die ~ van 'n probleem* ***deurdring*** get (down) to the (very) root of a problem; *tot die ~ van die saak* ***deurdring*** reach (*or* go to) the heart of the matter, get/go to the root of the matter; *tot die ~ van iets* ***deurdring*** get to the bottom of s.t.; ***die*** *~* the sum and substance, the point; *die* ***harde*** *~* the hard core; ***in*** *sy ~* at the root; *by die ~ van die saak* ***kom,*** *(also, infml.)* get down to brass tacks; ***met*** *'n ~* nucleate; *die ~* ***miskyk*** miss the point; ***om*** *'n ~ saamtrek* nucleate; *aan die ~ van 'n probleem/ens.* ***raak*** go to the heart of a problem/etc.; *die ~* ***van*** *die saak* the crux of the matter; *(infml.)* the bottom line (*or* name of the game); *'n ~* ***van*** *waarheid* a grain/germ of truth; *iets is die ~* ***van*** *..., (also)* s.t. is central to ... **~aandrywing** nuclear power. **~aangedrewe** nuclear-powered. **~afskrikmiddel** nuclear deterrent. **~afval** atomic/nuclear waste. **~bars** →KERNSKEUR. **~besetting** nucleus garrison. **~bom** nuclear bomb/device. **~boor** core drill. **~bou** nuclear structure. **~brandstof** nuclear fuel. **~chemie** nuclear chemistry. **~delend:** *direk ~* amitotic; *indirek ~* mitotic. **~deling** nuclear division; *direkte ~* amitosis; *indirekte ~* mitosis. **~drumpel** nuclear threshold. **~duikboot** nuclear submarine. **~eiwit(stof)** nucleoprotein. **~energie** nuclear energy. **~fisika** nuclear physics. **~fisikus** *=sikusse, =sici* nuclear physicist. **~fout** basic error. **~fusie** nuclear fusion. **~gedagte** basic/central idea. **~geheue** *(comp.)* core (memory). **~gesin** *(sociol.)* nuclear family. **~gesond** *=e* healthy to the core, fit and healthy, as sound as a bell, hale and hearty; (basically) sound; *liggaamlik ~* sound in mind and limb. **~hout** heartwood, duramen. **~huis** nucleus house. **~krag** nuclear power/energy. **~kragduikboot** nuclear-powered submarine. **~(krag)sentrale** nuclear power plant/station, atomic power station, *(infml.)* nuke. **~lading** nuclear charge. **~leër** skeleton army. **~liggaampie** nucleolus, nucleole. **~lis** *=se, (rare)* →CHROMOSOOM. **~magnetiese reso=**

nansie *(abbr.:*KMR*)* nuclear magnetic resonance *(abbr.:* NMR*)*. ~**moer** stock seed potato. ~**monster** core sample. ~**moondheid** nuclear power. ~**navorsing** nuclear research. ~**ontwapening** nuclear disarmament. ~**oond** *(rare)* →KERNREAKTOR. ~**oorlog** nuclear war. ~**oorlogvoering** nuclear warfare. ~**personeel** skeleton staff. ~**plaat** nuclear plate. ~**plasma** nucleoplasm. ~**proteïen** nucleoprotein. ~**reaksie** nuclear reaction. ~**reaktor** nuclear reactor. ~**sambreel** nuclear umbrella. ~**sap** nuclear sap. ~**skaduwee** umbra. ~**skeur,** ~**bars** heart crack/shake. ~**sperverdrag** nuclear non(-)proliferation treaty. ~**spil** core bar. ~**spinresonansietomografie** *(med.)* magnetic resonance imaging. ~**spleet** →KERNSKEUR. ~**splitsing,** ~**splyting** nuclear fission. ~**spreuk** apophthegm. ~**staf** *(mil.)* skeleton staff. ~**struktuur** →KERNBOU. ~**studie** nucleonics. ~**toestel** nuclear device. ~**toetsverbod** (nuclear) test ban. ~**transformator** core transformer. ~**tyd** core time *(in a flexitime system)*. ~**vak** essential/compulsory subject. ~**verbod** nuclear freeze. ~**verbruining** core flush *(of apples)*. ~**versmelting** *(bot.)* nuclear fusion. ~**versneller** nuclear accelerator. ~**vlek(kies)** *(bot.)* hilum. ~**vlies** nuclear membrane. ~**vorming** nucleation. ~**vraag** nub, central question, 64 thousand dollar question. ~**(v)rot** heart rot. ~**vrug** pome; kernel fruit. ~**vry** nuclear-free, non(-)nuclear; denuclearised. ~**vuis** nuclear force. ~**waarheid** fundamental truth. ~**wapen** nuclear weapon, *(infml.)* nuke; *(in the pl.)* nuclear arms. ~**wapenvry** = KERNVRY. ~**wetenskap** nucleonics, nuclear science. ~**winter** nuclear winter. ~**woordeboek** concise dictionary.

kern·ag·tig -*tige* -*tiger* -*tigste* (of *meer ~ die mees* -*tige)* pithy, concise, terse, crisp. **kern·ag·tig·heid** pithiness, conciseness, terseness.

kern·loos -*lose* enucleate.

ke·ro·gra·fie cerography. **ke·ro·plas·tiek** ceroplastics. **ke·ro·seen** kerosene, coal oil.

ker·plaks →KAPLAKS.

ker·rem *(game)* car(r)om.

ker·rie *n.* curry; *met ~* curried; *dis alles ~(kruie), (infml., rare)* it is all nonsense/tripe; *~ en rys* curry and rice. **ker·rie** *ge-, vb.* curry. ~**brood** *(SA Ind. cook.)* bunny chow. ~-**eiers** curried eggs. ~**gereg** curried dish. ~**hoender** chicken curry, curried chicken. ~**kos** curry (dish), curried food. ~**kruie** curry; →KERRIE *n.*. ~**lamsvleis** curried lamb. ~**(poeier)** curry (powder). ~**rys** curry and rice. ~**sop** mulligatawny (soup). ~**vetkoek** *(SA cook.)* curry/curried bunny. ~**vis** curried fish. ~**vleis** (meat) curry, curried (*or* curry of) meat; *~ en/met rys* curry and rice.

kers *kerse* candle; taper; *die ~ aan twee kante* ***brand*** burn the candle at both ends; *'n ~* ***doodmaak/doodblaas*** blow/put out a candle; *'n ~* ***opsteek*** light a candle; *by iem. ~* ***opsteek*** *oor iets* seek information from s.o. on s.t.; *so* ***regop*** *soos 'n ~* →REGOP; *iem. kan nie vir/by ... ~* ***vashou*** *nie* s.o. can't/cannot (*or* is not fit to) hold a candle to ..., s.o. can't/cannot (*or* does not) compare with ..., s.o. is not in the same class as ...; *in die ~* ***vlieg,*** *(idm.)* burn one's wings, come to grief; *om die ~* ***vlieg*** *tot jy daarin val, (idm.)* go to the well once too often. ~**bessie** candleberry, candlenut. ~**bessieboom** *(Aleurites moluccana)* candlenut tree. ~**bessie(-)olie** candlenut oil. ~**boom** *(Cassia abbreviata* subsp. *beareana)* long-tail(ed) cassia, sjambok pod. ~**bos(sie)** candle bush, Bushman's candle. ~**(e)fabriek** candle factory. ~**filter** bougie. ~**houer** candlebracket. ~**hout** *(Rothmannia capensis)* candlewood, wild gardenia; *Pterocelastrus tricuspidatus*. ~**houtbloekom** tallow tree/wood. ~**krag** candlepower. ~**lig** candlelight; *by ~* by candlelight. ~**maker** (tallow) chandler. ~**makery** tallow chandlery. ~**opsteektyd** candle-lighting time, gloaming; Malay "Night of Power". ~**pit** candlewick. ~**pitstof** *(text.)* candlewick. ~**regop, penregop** →KIERTSREGOP. ~**snuiter** (pair of) snuffers. ~**snuitsel** *(rare)* (candle)wick end. ~**sterkte** candlepower. ~**stompie** candle end. ~**toets** candling test. ~**verkoper** (tallow) chandler. ~**vet** candle grease, tallow. ~**vlam(metjie)** candle flame. ~**vorm** -*s* candle mould. ~**was** candle wax.

Kers-: ~**aand** Christmas Eve. ~**boodskap** Christmas message. ~**boom** Christmas tree. ~**byeenkoms** Christmas function. ~**dag** Christmas (Day); *Eerste ~, (obs.)* Christmas Day; *Tweede ~* Boxing Day; →WELWILLENDHEIDSDAG. ~**dagaand** Christmas night. ~**eiland** *(geog.)* Christmas Island. ~**fees** Christmas; *geseënde/gelukkige (*of *geluk met die) ~!* merry Christmas!, a merry Christmas to you!; *met ~* at Christmas (time); *~ vier/hou* celebrate Christmas; *voor ~* before Christmas; *dag voor ~* Christmas Eve. ~**feeskaartjie** →KERSKAART(JIE). ~**feesklub** Christmas club. ~**feeskoek** Christmas cake. ~**feestyd** →KERSTYD. ~**feesvader** →KERSVADER. ~**feesviering** →KERSVIERING. ~**fonds** Christmas fund. ~**gesang** Christmas anthem. ~**geskenk** Christmas present/box. ~**gety** →KERSTYD. ~**groete** *(pl.)* Christmas/Season's greetings. ~**kaart(jie),** ~**feeskaart(jie)** Christmas card. ~**kantate** Christmas cantata. ~**klapper** Christmas cracker. ~**koek** Christmas cake. ~**konsert** carol concert. ~**krip** Christmas crib. ~**lied** Christmas carol. ~**maal(tyd)** Christmas dinner. ~**maand** December. ~**man:** *die ~* →KERS(FEES)VADER. ~**mandjie** Christmas hamper. ~**mis** →KERSFEES. ~**môre,** ~**more** Christmas morning. ~**nag** Christmas night/Eve. ~**nommer** Christmas number/edition. ~**oggend** →KERSMÔRE. ~**party(tjie)** Christmas party. ~**pasteitjie** mince pie. ~**poeding** Christmas/plum pudding. ~**present** →KERSGESKENK. ~**pret** Christmas cheer. **k~roos** *(Helleborus niger)* Christmas flower/rose; *(Hydrangea* spp.) →KRISMISROOS. ~**sang** carol singing. ~**sanger** carol singer. ~**seël** Christmas stamp. ~**spel** Nativity play. ~**stemming** Christmas atmosphere. ~**tyd** -*tye,* ~**gety** -*getye* Christmas season/time, Christmastide, Yuletide; *in die ~* at Christmas time. ~**uitgawe** Christmas edition/number. ~**(fees)vader** Father Christmas. ~**vakansie** Christmas holiday(s). ~**viering** Christmas celebration. ~**vreugde** Christmas cheer/mirth. ~**vulsel** mincemeat. ~**week** Christmas week. ~**wens** Christmas wish; *Kers- en Nuwejaarswense* compliments of the season.

ker·se·boom *(obs.)* →KERSIEBOOM.

ker·sie[1] -*sies* little candle.

ker·sie[2] -*sies* cherry; *die ~ op die koek, (fig.)* the cherry on top, the icing on the cake. ~**boom** cherry tree. ~**boord** cherry orchard. ~**bos** *Euclea* spp.. ~**brandewyn,** ~**likeur** Kirsch(wasser), cherry brandy. ~**hout** *(Pterocelastrus tricuspidatus)* cherry wood. ~**kleur** *n.* cherry (red), cerise. ~**kleurig** -*e., adj.* cherry (red) *(attr.* cherry-red*)*, cerise. ~**likeur** →KERSIEBRANDEWYN. ~**pastei** cherry pie. ~**pit** cherry stone. ~**plukker** cherry picker. ~**pruim** *(Prunus cerasifera)* cherry plum. ~**rooi** cerise; →KERSIEKLEUR, KERSIEKLEURIG. ~**tamatie** cherry tomato. ~**vars** →KERSVERS.

kers·o·gie, kês·o·gie *(orn.)* (Cape) white-eye.

kers·ten *ge-* christianise. **kers·te·ning** christianisation.

kers·vers, kers·vars *(dated)* quite fresh; brand-new; piping hot, red-hot.

ke·rug·ma *(<Gr., Chr. theol.)* kerygma. **ke·rug·ma·ties** -*tiese* kerygmatic.

ker·we *ge-* →KERF *vb.*. **ker·wer** -*wers* carver; tobacco cutter. **ker·wing** carving, scoring; scarification.

ker·wel -*wels, (bot.)* chervil; →WILDEKERWEL; *giftige ~* hemlock; *Kaapse ~* blackjacks, beggar('s)-ticks; *Spaanse ~* myrrh.

kês boiled sour milk, loppered milk; curd(s). ~**kuiken** (mere) chicken/child/youngster. ~**ogie** →KERSOGIE.

ke·sie -*sies* small baboon.

ke·sie·blaar →KIESIEBLAAR.

ke·teen -*tene* ketene.

ke·tel -*tels* kettle; cauldron; boiler; still; *jou ~(tjie) by 'n ander se vuur sit* take advantage of s.o.; *die pot verwyt die ~ dat hy swart is* the pot calls the kettle black; *staande ~* vertical boiler. ~**aanpaksel,** ~**aanslag** (boiler) scale, boiler deposit, fur, incrustation. ~**battery** bench of stills. ~**bou** boilermaking. ~**dal** *(geog.)* cirque, basin-shaped valley. ~**druk** boiler pressure. ~**haak** kettle hook. ~**huis** boiler house. ~**kamer** boiler room. ~**koek** plum duff. ~**kole** →KETELSTEENKOOL. ~**lapper** tinker. ~**maker** boilermaker. ~**makery** boiler shop. ~**musiek** *(chiefly hist.: cacophonous mock serenade to newlyweds)* charivari, shivaree, tin-kettling. ~**oppasser** boilerman. ~**pak** boiler suit. ~**plaat** *(tech.)* boilerplate. ~**pyp** boiler tube. ~**romp** boiler shell. ~**ruim** boiler room. ~**steen** fur, (boiler) scale, incrustation, boiler deposit; *~ afklop/verwyder* scale. ~**steenkool** steam coal. ~**steun** boiler stay. ~**stoel** boiler bearer/cradle. ~**stoker** boiler fireman. ~**trom** kettledrum, timbal, timpano; →POUK. ~**tromslaner,** ~**tromspeler** →POUKENIS. ~**tuit** kettle spout. ~**vormig** -*e* basin-shaped.

ke·tel·tjie -*tjies* billy(can).

ke·tien ketine.

ket·jap *(Mal.)* ketchup, catchup, catsup.

ke·to·geen -*gene* ketogenic. **ke·to·ge·ne·se** ketogenesis.

ke·tol -*tols* ketol. **ke·tool** -*tole* ketole. **ke·toon** -*tone* ketone. **ke·to·se** -*ses, (chem.)* ketose; *(med.)* ketosis.

kets *ge-* misfire; backfire; *(a gun)* snap; misfire, *(an engine)* miss; *(in billiards)* miscue; blackball *(s.o.)*. ~**gat** *(min.)* misfire, misfired hole. ~**skoot** misfire; flash in the pan, miscue. ~**stoot** miscue.

ket·sing misfiring; missing *(of an engine)*.

Ke·tswa·jo →CETSHWAYO.

ket·ter -*ters, n.* heretic; *vloek soos 'n ~* swear like a trooper; *elke ~ het sy letter, (rare)* everyone can quote something to support his/her beliefs. **ket·ter** *ge-, vb.* rage, storm, swear; expound heresies. ~**hoof** heresiarch. ~**jag** *(hist.)* heretic-hunt(ing), heresy-hunt(ing); witch-hunt. ~**jagter** -*s, (hist.)* heretic-hunter, heresy-hunter; witch-hunter. ~**vervolging** persecution of heretics.

ket·ters -*terse* heretical.

ket·te·ry, ket·te·ry -*rye* heresy.

ket·tie -*ties, (dated)* catty *(sl.)*, catapult; →REKKER.

ket·ting -*tings, n.* chain; cable *(of an anchor)*; *(weaving)* warp; cordon; slip *(of a dog)*; chain, series, sequence; *(also, in the pl.)* chains, bonds, fetters *(of slavery)*; ***aan*** *die ~* on the chain, chained up; *iem.* ***aan*** *die ~ lê* chain up s.o., put s.o. on a chain; ***in*** *~s* in bonds/chains; *iem.* ***in*** *~s slaan* put s.o. in chains; *die ~* ***losmaak*** undo the chain, unchain; *die/jou ~s* ***verbreek,*** *(fig.)* break (*or* shake off) one's chains; *'n ~* ***vorm*** form a (human) chain. **ket·ting** *ge-, vb.* chain (up), fetter; *iem./iets aan ... ~* chain s.o./s.t. to ...; *aan ... ge~ wees* be chained to ... ~**aandrywing** chain drive. ~**as** chain/pinion axle. ~**bak** chain locker. ~**binding** chain weave. ~**blits,** ~**weerlig** chain/forked lightning. ~**boel** bull mastiff. ~**botsing** pile-up. ~**bout** link/coupling pin. ~**breuk** continued fraction. ~**brief** chain letter. ~**brug** suspension/chain bridge. ~**dek** cable deck. ~**draad,** ~**garing,** ~**gare** warp (end/thread/yarn). ~**draer** chain-, line-, rod-, tapeman. ~**ganger** -*s, (hist.)* chained convict, one of a chain gang; *(also, in the pl.)* chain gang. ~**garing** →KETTINGDRAAD. ~**(ge)dig** chain-rhyming poem. ~**gedrewe** chain-driven. ~**grendel** chain bolt. ~**harp** chain shackle. ~**hond** bandog. ~**kas** chain case. ~**koeël** chain/angel shot. ~**koppeling** chain coupling. ~**lyn** catenary. ~**meting** chainage, chaining. ~**naat** chain riveting. ~**oog** chain eye. ~**oorbrenging** chain drive. ~**papier** continuous paper/stationery. ~**papiertoevoer** *(comp.)* tractorfeed. ~**plaat** dress guard *(of a bicycle)*. ~**pomp** chain pump. ~**put** draw well. ~**rand** chain edge. ~**rat** chain wheel, sprocket (wheel), bracket wheel, chain sprocket; chain gear. ~**reaksie** chain reaction, knock-on effect. ~**reël** chain rule, conjointed/compound rule of three. ~**rem** chain brake. ~**riem** link belting, drive chain. ~**roker** chain smoker; *'n ~ wees* chain-smoke. ~**rokery** chain-smoking. ~**rook** *vb.* chain-smoke. ~**rooster** chain grate. ~**rym** chain rhyme. ~**saag** chain saw. ~**skering** warping. ~**skroef** chain vice. ~**sleep** *kettingge-, (obs.)* do (*or* assist at) land-surveying. ~**sleper** line(s)man. ~**sleutel** chain wrench. ~**sluitrede** *(log.)* sorites, chain syllogism. ~**smedery** chain forge. ~**smid** chain smith/forger. ~**spanner** chain tensioner (*or* tightening device). ~**spil** fusee. ~**steek** chain riveting; *(needlework)* chain/lock stitch; *(book-binding)* kettle stitch; *los ~, (embroidery)* lazy daisy stitch. ~**strop** chain sling. ~**sy** thrown silk; organzine. ~**takel** chain hoist/tackle. ~**verband** *(archit.)* chain bond. ~**vormig** =*e* chain-like, catenoid, catenulate, catenate(d), concatenate(d). ~**werk** chain gear. ~**wiel** gearwheel. ~**winkel** chain store; multiple store/shop.

ket·ting·loos =*lose* chainless.

ket·tin·kie =*kies* chain(let), small chain.

keu *keue, keus* (billiard) cue.

Keu·len *(geog.)* Cologne; *~ en Aken is nie op een dag gebou nie, (rare)* →ROME IS NIE IN EEN DAG GEBOU NIE. **Keu·le·naar** =*naars,* =*nare* inhabitant of Cologne. **Keuls** *n.* Cologne dialect. **Keuls** *Keulse, adj.* (of) Cologne; *~e aarde* Cologne earth; *~e dialek* Cologne dialect; *~e water* eau de Cologne. **keuls·geel** Cologne yellow.

keur *keure, n.* choice, selection; pick, elite, flower, best, cream; hallmark; platemark *(on silver etc.)*; *(hist.)* bylaw, bye-law; charter; *~ van **gedigte*** choice/selection of poems, anthology; ... ***te kies/kus*** *en te ~* ... in plenty, a choice/variety of ...; ***op*** *~, (obs.)* →**OP SIG**; *'n ~ **uit*** ... a selection from ... *(s.o.'s poetry etc.)*. **keur** *ge=, vb.* examine, judge, try, test, inspect, screen, censor, scrutinise; assay *(metals)*; taste, sample *(wine, cigars, etc.)*; pyx *(coins)*; *(sport)* seed; →GEKEURD; *ge~de speler* seeded player. ~**aandele** blue-chip shares. ~**bende** picked men/troops. ~**blad** digest. ~**boom** *(Virgilia oroboides)* blossom tree. ~**botter** choice butter. ~**bundel** *(poems, essays, etc.)* anthology, selected works. ~**graad** choice quality/grade. **K~-Hesse** Electoral Hesse, Hesse-Cassel. ~**hout** selected timber. ~**kaart** scorecard. ~**komitee, keuringskomitee** selection committee; *(art)* judging/hanging committee; *(tennis)* screening/seeding committee. ~**korps** élite corps, picked body/unit (of men), crack regiment. ~**lys** selection/selected list; seeded list, (list of) seedings. ~**meester** (food) inspector; conner, taster; adjudicator; assayer *(of metals)*. ~**merk** hallmark, stamp. ~**metaal** refined metal. ~**prins** electoral prince, elector. ~**prinses** electoral princess, electress. ~**raad** selection board. **K~-Sakse** Electoral Saxony. ~**spel** *(mus.)* selection(s). ~**steen** touchstone. ~**stempel,** ~**teken** →KEURMERK. ~**tabak** choice tobacco. ~**troepe** picked/elite/élite forces/troops. ~**verwantskap** selective affinity. ~**vors** electoral prince, elector. ~**vorstedom** electorate. ~**vorstelik** electoral. ~**vorstin** electress. ~**wol** choice wool.

keur·der =*ders* inspector *(of food)*; assayer *(of metals)*; taster *(of drinks)*; selector, chooser; censor *(of films etc.)*; (manuscript) reader; examiner; judge.

keu·rig =*rige* exquisite, trim, prim, dainty, neat; select, fine, choice; *~ afgewerk* of excellent workmanship; *jou ~ van iets kwyt* make a clean job of s.t.; *~ daar uitsien* look very trim and neat. **keu·rig·heid** exquisiteness, trimness, daintiness, neatness, fineness, choiceness, nicety.

keu·ring =*rings,* =*ringe, (med.)* examination; inspection *(of foodstuffs)*; assaying *(of metals)*; *(sport)* seeding; scrutiny; test; selection; screening; testing; tasting. **keu·rings·diens** food-inspection department. **keu·rings·ko·mi·tee** →KEURKOMITEE.

keurs·lyf *(fig.)* strai(gh)tjacket; *(dated)* corset, bodice; *(hist.)* stomacher, stays; ... *in 'n ~ (in)dwing, (fig.)* strai(gh)tjacket/shackle/fetter/trammel ..., put ... under constraint; *die ~ van ..., (fig.)* the strai(gh)tjacket/shackles/fetters/trammels of ... *(imperialism, tradition, rules and regulations, etc.)*.

keur·tjie =*tjies, (Virgilia oroboides)* blossom tree; *(Podalyria* spp.) wild sweet pea.

keu·se =*ses* choice, selection; option; *'n ~ **doen/maak*** make a choice, choose; have/take one's choice; *'n ~ **van een*** Hobson's choice; *iem. se **eerste** ~* s.o.'s first choice; *die **eerste** ~ **hê*** have first choice/pick; *'n Engelsman/ens. deur/uit **eie** ~* an Englishman/etc. by adoption; *iets uit **eie** ~ doen* do s.t. by/of one's own choice; ***geen/g'n*** *~ **hê** nie* have no/Hobson's choice; have no alternative; *daar is **geen/g'n** ~ nie* there is no (*or* it is Hobson's) choice; *daar is vir iem. **geen/g'n** ~ nie as om te* ... s.o. has no alternative/option but to ...; *iem. **geen/g'n** ~ laat nie* leave s.o. no option; *vir iem. **geen/g'n** ~ laat as om te ... nie* leave s.o. no alternative but to ...; *daar bly **geen/g'n** ander ~ oor nie* there is no alternative/choice/option; *die ~ het op ... **geval*** the choice fell on ...; *'n ~ **hê*** have a choice; *die ~ **hê** om (dit of dat te doen)* have the alternative of (doing this or that); ***na*** *(eie) ~* at will; *vak **na** ~, (rare)* →KEUSEVAK; *'n **ruim** ~* a wide choice (*or* a large assortment) *(of colours etc.)*; a fine selection *(of materials etc.)*; ***sonder*** *~ van ('n) boete* without the option of a fine; *die ~ **lê tussen** A en B* the choice is/lies between A and B; *dis 'n ~ **tussen** vrede en oorlog* the alternative to peace is war; *'n ~ **uit*** ... a choice from ...; a selection from ...; ***uit*** *vrye ~* by choice, of one's own free will; *'n ~ **uitoefen*** exercise a choice; *'n ~ tussen twee alternatiewe **uitoefen*** opt between two alternatives; *die ~ **val** op iem.* the choice falls on s.o.; *iets **van jou** ~* s.t. of one's choice; ***voor*** *die ~ staan om te* ... be faced with the choice to ...; *iem. **voor** die ~ **stel*** give s.o. the choice, force s.o. to choose *(between ... and ...)*; *jou ~ **voorbehou*** keep/leave one's options open. ~**blokkie** *(comp.)* check box. ~**lys** *(comp.)* menu. ~**spyskaart** à la carte (menu). ~**vak** optional subject.

keus·teelt selective breeding.

keu·tel →KUTTEL.

keu·wel *ge=, (rare)* chat, prattle; gurgle, chortle.

ke·wer =*wers* beetle, dor, coleopteran, bug. ~**orgidee** twayblade.

Kga·ma Kgama, Khama.

kgot·la =*las, (N.So.)* kgotla; assembly; place of assembly.

kha·li·fa =*fas* khalifa (festival).

khan *khans* khan. **kha·naat** =*nate* khanate.

Khar·toem Khartoum, Khartum.

khe·di·ve →KEDIVE.

Khi·os, Chi·os *(geog.)* Chios, Khíos.

Khi·wa, Chi·va *(Russ., geog., hist.)* Khiva.

Khmer *(inhabitant; lang.)* Khmer. ~ **Rouge** *(Kampuchean communist party)* Khmer Rouge.

Khoi *n., (lang.)* Khoi. **Khoi** *adj.* Khoi. **Khoi-Khoi** =*Khoin, (member of a people)* Khoikhoi.

Khoi-San *(population group)* Khoisan.

ki·aat(·hout) kiaat, Cape teak.

ki·a·niet, si·a·niet *(min.)* cyanite, kyanite, disthene.

kib·bel *ge=* bicker, squabble, wrangle, hassle, quarrel, have a tiff; →KNIBBEL; *oor iets ~* quibble about/over s.t.; *met iem. oor iets ~* haggle about/over s.t. with s.o.; squabble with s.o. about/over s.t.. **kib·be·laar** =*laars* bickerer, squabbler, wrangler. **kib·bel·ag·tig** =*tige* quarrelsome. **kib·be·la·ry, kib·bel·ry** bickering(s), altercation, squabble, squabbling, wrangle, wrangling, hassle, tiff.

kib·boets, kib·boets =*boetse* kibbutz, communal farm. ~**bewoner** kibbutznik.

ki·ber·ne·tiek *etc.* →KUBERNETIEK *etc.*.

kid·leer kid(skin).

Ki·ëf Kiev.

kief¹ →KIEU.

kief² *(sl.)* cool, hip, funky; *nie ~ nie, (also)* uncool.

kief·fer·peer Kieffer pear.

kie·ke·boe peekaboo.

kie·kie =*kies, n.* snap(shot), *(infml.)* pic; *'n ~ neem* snap, take a snap. **kiek** *ge=, vb.* snap, take a snap(shot), shoot.

kiel¹ *kiele, n., (obs.)* smock.

kiel² *kiele, n.* keel, bottom *(of a ship)*; *(biol.)* carina; valley *(of a roof)*; corner *(between two wings of a house)*; sheltered nook; *(bot.)* scaphium; *die ~ lê* lay down a keel; *'n los ~* a false keel. **kiel** *ge=, vb.* keel, careen, heave down. ~**bak** keelbox. ~**blok** keelblock. ~**dak** valley roof. ~**gang** garboard. ~**geut** valley gutter. ~**haal** *ge=* keelhaul. ~**hak** *(naut.)* skeg. ~**houer(pik),** ~**pik** *(rare)* pick(axe) (→PIK¹ *n.*); *(rare)* mattock (→BYLPIK). ~**koker** keelbox. ~**kortspar** valley jack rafter. ~**lys** keel (moulding). ~**pan** valley tile. ~**pik** →KIELHOUER(PIK). ~**plank** cantboard, valley board. ~**reg** keelage. ~**skuit** keelboat. ~**sog** →KIELWATER; *in iem. se ~ vaar* follow in s.o.'s wake. ~**spaan** valley shingle. ~**spar** valley rafter. ~**vormig** =*e* carinate. ~**water** track, wake, wash; dead water.

kie·lie *ge=* tickle, titillate; *dit ~ onder iem. se voet* s.o.'s foot tickles. ~**bak** armpit; *~ (of met die ~ke) in die wind staan* stand with arms akimbo. ~**beentjie** funny bone. ~**-kielie** tickle-tickle.

kie·lie·rig =*rige* ticklish. **kie·lie·rig·heid** ticklishness.

kie·ling careening.

kiel·loos =*lose, (zool.)* ecarinate.

kiem *kieme, n.* germ, *(infml.)* bug; embryo; bacterium; seed; origin; ***in die*** *~* in embryo; ***in die*** *~ aanwesig* germinal; *'n ~ **kry*** catch (*or* pick up) a bug; *die ~ van die **kwaad*** the seeds of vice; *iets in die ~ **smoor*** nip s.t. in the bud; stifle s.t. at birth. **kiem** *ge=, vb.* germinate; sprout, shoot; →ONTKIEM¹. ~**-as** hypocotyl. ~**blaar** cotyledon, seed/seminal leaf. ~**blaas** blastocyst. ~**blad** germinal layer. ~**bladig,** ~**blarig** =*e* cotyledonous. ~**buis** germ tube. ~**dodend** =*e* germicidal, bactericidal. ~**doder** =*s* germicide, antiseptic. ~**draer** germ/disease carrier; *(bot.)* suspensor. ~**huidjie** blastoderm. ~**krag** germinative power; vitality, viability. ~**kragtig** =*e* germinative; viable. ~**laag** germinal layer. ~**lob** cotyledon, seed leaf. ~**lyn** *(med.)* germ line. ~**lynterapie** *(med.)* germ-line therapy. ~**meel** germ meal. ~**oorlog(voering)** germ war(fare). ~**plantjie** seedling; *(bot.)* embryo. ~**plasma** *(biol.)* germ plasm. ~**porie** germ pore. ~**proses** →ONTKIEMINGSPROSES. ~**sak** embryo sac. ~**-sel** =*le* germ cell, ovule, ovulum. ~**skyf** blastoderm. ~**stremmiddel** =*s, (rare)* →ANTIBIOTIKUM. ~**vermoë** →ONTKIEMINGSVERMOË. ~**vlies** hymenium; *van die ~* hymenial. ~**vlieslaag** hymenial layer. ~**vorming** germination. ~**vratjie** *(bot.)* caruncle. ~**vry** =*(e)* germfree, sterile, aseptic; *~ maak* degerm, sterilise. ~**vryheid** sterility. ~**werend** =*e* antiseptic; *~e middel* antiseptic. ~**wit** endosperm. ~**wortel** radicle.

kiem·baar =*bare* viable.

kie·ming =*mings,* =*minge, (rare)* →ONTKIEMING.

kie·mings- →ONTKIEMINGS=.

kiem·pie =*pies, (bot. etc.)* germule; *(biol.)* gemmule.

kiep *kiepe, (infml.)* fowl. **kiep** *interj.* shoo *(to drive off fowls)*.

kie·per·sol =*solle,* =*sols, (also* kiepersolboom, *Cussonia* spp.) cabbage/umbrella tree. ~**(hout)** *(Rhus legati)* cabbagewood.

kie·pie =*pies, (children's lang.)* chicken. ~**bos** *Sutherlandia frutescens, Sutherlandia tomentosa.* ~**mielies** *(infml.)* chicken maize; popcorn (→SPRINGMIELIES).

kiep-kiep *interj.* chick chick, chuck chuck *(to fowls)*; *~ roep, (rare)* make a general accusation, generalise; *hier ~ en daar ~* precipitately, in a rush/hurry. **kiep-kie·pie(s)** →KIPKIPPERS.

kier *kiere, (rare)* chink, slit; *die deur staan op 'n ~* the door is ajar. **kier·tjie** =*tjies* chink, crack; *op 'n ~ oop* ajar.

kie·rang, kie·ran·kies *n.* cheat(ing), tricking *(at games)*, humbug; *dis (of dit is) ~* it's not (*or* it is not *or* it isn't) fair play, that's cheating; *klik is ~, (rare)* that would be telling; *(iem. se) ~ sal (uit)braai* s.o.'s chickens will come home to roost. **kie·rang** *ge=, vb.* cheat, dupe, play false/foul, trick, take in; *moenie ~ nie!* play the game!. **kie·rang** *adj. & adv.* not fair, unfair; *~ speel* cheat, play false. **kie·ran·kies** →KIERANG.

kie·rie =*ries* (walking) stick; (knob)kierie/kerrie, knobstick, bludgeon, club, cudgel; *onder die ~ kry* thrash. ~**bene,** ~**beentjies** *(infml.)* spindly/spidery legs. ~**hout** redcurrant (tree). ~**klapper** *(bot.) Combretum* spp.. ~**kop** *(infml.)* ostrich.

kierts·reg·op, kers·reg·op, pen·reg·op bolt upright, straight-backed, ramrod straight, (very) erect.

kies¹ *kieste, n.* cheek pouch; molar; *'n looikuip van jou ~ maak, (obs.)* chew tobacco. ~**kou** *ge=, (obs.)* nag; *kerm en ~* jaw, bother. ~**tand** molar (tooth), double/back/

cheek tooth, grinder; *vals ~* premolar; *ware ~* (true) molar. **~tang** dental forceps.

kies² *n., (min.)* pyrites. **~houdend** *=e* pyritical.

kies³ *kiese kieser kiesste, adj.* considerate, delicate; nice, tender, dainty. **kies·heid** delicacy, considerateness; refinement.

kies⁴ *ge=, vb.* choose, select; opt for; pick, fix (up)on, single out; elect; vote; →VERKIES; *~ of **deel*** take it or leave it, have Hobson's choice; ***eerder** X as Y ~* choose X in preference to Y; *op **grond** van ... ge~ word* be selected on ... *(a good performance etc.)*; *iem. **in** ... ~* elect s.o. to ... *(a council etc.)*; *die **kant** ~ van ...* choose the side of ..., side (*or* cast one's lot in) with ...; *daar is ... te ~ en te **keur*** →KUS³ *n.*; *jy **moet** een van twee ~, (also, infml.)* you cannot have your cake and eat it, you cannot eat your cake and have it; ***niks** te ~ hê nie* have no option; *ge~ word **om/weens** ...* be selected for ... *(certain qualities)*; ***party** ~ vir ..., (rare)* →*die **kant** kies van ...*; *iem. in 'n **raad/amp** ~* elect s.o. to a council (*or* an office); ***reg** om te ~* option; ***stelling** ~* →STELLING; *iem. **tot** voorsitter ~* elect s.o. (as) chairman (*or* to the chair); ***tussen** ... en ... ~* choose between ... and ...; ***tussen** ... ~, (also)* decide between ...; *dit moeilik vind om **tussen** ... te ~, (also)* be torn between ...; *baie om **uit** te ~* a wide choice; *iem. tot **vriend** ~* choose s.o. as/for a friend; *jou **woorde** ~* pick one's words. **~afdeling, ~distrik** constituency, electoral division. **~beampte** electoral officer. **~bevoeg, ~geregtig** →STEMGEREGTIG. **~distrik** →KIESAFDELING. **~dwang** →STEMDWANG. **~geregtig** *=de* →STEMGEREGTIG. **~hefboom** selecting lever. **~keurig** *=e* choosy, selective, fastidious, finicky, finical, finicking, particular, fussy, pernickety; faddish; *~ wees met iets* (*of wat iets betref*) be particular about s.t. *(food etc.)*; *op iets ~ wees, ~ wees wat iets betref* be fastidious about s.t. *(one's appearance etc.)*; *te ~ wees* be overparticular/squeamish; *nie te ~ wees omtrent die metode nie* not be too nice about the method. **~keurigheid** selectiveness, selectivity, fastidiousness, finickiness, particularity. **~kollege** electoral college. **~kring** →KIESSIRKEL. **~kwota** electoral quota. **~lys** list of candidates; *(comp.)* menu. **~plig** *(rare)* →STEMPLIG. **~reg** franchise, right of voting; *die ~ hê* have the/a vote. **~reghervorming** electoral reform. **~sirkel** electoral circle. **~skakelaar** selector switch. **~spel** *(golf)* greensome. **~stelsel** electoral/election system. **~vereistes** electoral qualifications. **~vergadering** elective assembly. **~wet** electoral law/act, ballot act. **~wedstryd** *(rare)* →PROEFWEDSTRYD. **~wyk** electoral ward *(in cities, towns, etc.)*.

kie·sa, kie·za *ge=, (<Zu.)* drizzle.

kies·baar *=bare* eligible. **kies·baar·heid** eligibility.

kie·sel *=sels* pebble; silicon; *(chem. symb.: Si)* silicium. **~aarde** silica. **~afwerking** pebble finish. **~goer** kieselguhr, infusorial/diatomaceous earth. **~jel** *(chem.)* silica gel. **~kalk** silicate of lime. **~leisteen** Lydian stone, siliceous schist. **~sinter** siliceous sinter. **~steen** cobblestone, pebble; silica rock. **~stoflong** chalicosis. **~suur** silicic acid. **~suursout** silicate.

kie·sel·ag·tig *=tige* siliceous; gravelly.

kie·ser *=sers* voter, constituent, elector; *die ~s* the electorate; *die ~s laat beslis* go to the country; *~s omhaal* swing votes. **~tal** →KIESERSTAL.

kie·sers=: ~korps electorate. **~lys** voters' roll, electoral list/register. **~tal, kiesertal** number of voters/electors. **~volk** *(rare)* electorate.

kie·sie·blaar, ke·sie·blaar *(Malva parviflora)* cheeseweed, wild mallow; *Isoglossa* spp..

kie·sing *=sings, =singe* election.

kie·tel *ge=, (rare, obs.)* tickle, titillate.

kiets quits, even, square; *ons is ~* we are quits/even/square; *kom ons sê ons is ~* let's call it quits; *~ wees met iem.* be quits with s.o.; be (all) square with s.o.; *~ speel, (obs.)* tie; *uit die ~ speel, (obs.)* play off a tie.

kiet·sie *=sies* kitty, pussy. **~kats** kitty-cat.

kieu *kieue,* **kief** *kiewe* gill, branchia. **~boog** gill/branchial arch. **~deksel** gill cover/flap, operculum. **~holte** gill chamber, peribranchial cavity. **~potig** *=e* branchiopod(an), branchiopodous. **~potige** *=s* branchiopod(an); *K~s* Branchiopoda. **~spleet** gill cleft/split. **~vlies** gill membrane.

kie·wiet *=wiete, (orn.)* (Cape) plover; *Europese ~* lapwing, pewit. **~eier** plover's egg. **kie·wie·tjie** *=tjies* (Cape) plover; crowned plover; *bont~* blacksmith plover.

kie·za →KIESA.

ki·fo·se kyphosis.

kik *kikke, n.* sound; ***geen/g'n** ~ nie!* mum's the word!; ***geen*** (*of nie 'n*) *~ gee nie* not utter a sound; *ek wil geen ~ van jou **hoor** nie!* I don't want to hear a peep out of you!; *net ~ **sê*** just say the word; ***sonder** 'n ~* without uttering a sound. **kik** *ge=, vb.* make a sound; *nie ~ of mik nie* not open one's mouth; *nie oor iets ~ nie* not breathe a word about s.t.; *sonder om te ~ (of te mik)* without uttering a sound. **~vors** *=e,* **kikker** *=kers, (rare)* →PADDA; *so waar as ~ met padda getroud is, (rare)* as sure as death/fate/nails (*or* a gun), (as) sure as God made little apples), (as) sure as eggs is/are eggs, as sure as sure (can be).

Ki·koe·joe *=joes* Kikuyu. **k~gras** Kikuyu grass.

ki·koi *=kois, (Swah., text.)* kikoi.

kil *kil killer kilste, adj.* chilly, cold; shivery; *(fig.)* chill(y), frosty, cool, cold, icy, frigid, unwelcoming; bleak; emotionless, unfeeling; *'n ~ blik* an icy stare; *~le (stil)swye* stony silence. **kil** *ge=, vb.* chill. **~yster** chilled iron.

kil·heid chill; *(fig.)* frostiness, iciness, frigidity, wintriness, winteriness, winterliness.

Ki·li·man·dja·ro Kilimanjaro.

ki·lo *=lo's, (infml.: kilogram, kilometre, etc.)* kilo. **~temmer** *(infml., rare)* weight watcher.

ki·lo·gram *=gram(me)* kilogram(me); ***honderde/duisende** ~me* hundreds/thousands of kilogram(me)s; ***ongeveer*** (*of 'n **stuk** of*) *10/ens. ~* about 10/etc. kilogram(me)s; ***twee/ens.** ~ ...* two/etc. kilogram(me)s of ... *(sugar etc.)*. **~kalorie** kilogram(me)/large/great calorie.

ki·lo·greep *=grepe, (comp.)* kilobyte.

ki·lo·hertz kilohertz.

kil·o·joule *=joule(s)* kilojoule. **~waarde** kilojoule count.

ki·lo·li·ter *=ter(s)* kilolitre.

ki·lo·me·ter *=ter(s)* kilometre; *die motor het al 20 000 ~ **afgelê*** the car has 20 000 kilometres on the clock; ***honderde/duisende** ~s* hundreds/thousands of kilometres; ***in** ~s* in kilometres; *vyftig/ens. ~ **van** ... (af)* fifty/etc. kilometres out of ...; *vyftig/ens. ~ **ver/vêr*** fifty/etc. kilometres off; *vyftig/ens. ~ **verder/vêrder*** fifty/etc. kilometres on. **~teller** cyclometer.

ki·lo·pe·ri·o·de *=des, (obs.)* kilocycle; →KILOHERTZ.

ki·lo·ton *=ton(ne)* kiloton.

ki·lo·volt *=volt(s)* kilovolt.

ki·lo·watt *=watt(s)* kilowatt. **~-uur** *=-ure* kilowatt-hour.

kil·te *=tes* chill.

kim¹ *kimme, n.* skyline, horizon; chime, chimb, rim *(of a barrel)*; bilge *(of a ship)*; *aan die ~ verskyn* appear above the horizon. **~diepte, ~duiking** dip/depression of the horizon. **~hoek** angle with the horizon. **~lyn** skyline. **~reling** bilge rail. **~teken** sky-sign.

kim² *n.* mould(iness), mildew; must; scum; fur *(on wine)*; *daar is ~ aan die kaas* the cheese is getting mouldy. **kim** *ge=, vb.* mould, get/become mouldy/musty; mantle. **~laag** scum.

Kim·ber *=bers* Cimbrian; *(also, in the pl.)* Cimbrians, Cimbri. **Kim·bries** *n., (lang.)* Cimbrian, Cimbric. **Kim·bries** *=briese, adj.* Cimbrian, Cimbric.

kim·ber·liet kimberlite, blue ground.

Kim·me·ri·ër *=riërs, n., (Gr. myth.)* Cimmerian. **Kim·me·ries** *=riese, adj.* Cimmerian.

ki·mo·graaf *=grawe* cymograph, kymograph.

ki·mo·no *=no's* kimono.

kin *kinne, (obs.)* →KEN¹. **kin·ne·bak** →KENNEBAK.

ki·na quinine; →KINA(BAS), KINA(BOOM). **~(bas)** cinchona/Peruvian/Jesuits'/china bark. **~(boom)** *(Cinchona* spp.*)* cinchona (tree), quina; *(Rauwolfia caffra)* quinine tree. **~bossie** *Leucadendron concinnum.* **~pil** quinine pill/tablet. **~suur** quinic acid. **~tinktuur** quinine tincture. **~vergiftiging** cinchonism, quinine poisoning. **~water** tonic water. **~wyn** quinine wine.

ki·na·krien *(pharm.)* quinacrine.

kind *kinders* child; kid(dy); baby, babe, infant; youngster; *(also, in the pl.)* children, offspring, family; →KINTA, KINDJIE; ***aap** se ~* (genuine) monkey; ***al** ~ wees wat iem. het* be s.o.'s only child; ***as** ~ was iem. ...* as a child s.o. was ...; ***as** ~ en as man* man and boy; *die ~ met die **badwater** uitgooi* →BADWATER; *'n **bedorwe** ~* a spoilt child; *~ers **bly** (maar) ~ers* children will be children; *'n ~ **by** sy eerste/ens. vrou* a child by his first/etc. wife; *die ~ **by** sy naam noem* →***naam***; *jy is 'n ~ des **doods**!* →DOOD *n.*; ***elke** ~ weet dit* any child knows that; *iem. se **enigste** ~ wees* be s.o.'s only child; *'n ~ vir die **galg** grootmaak, (fig.)* rear a child in vice; *~ers moet **gesien** maar nie gehoor word nie* children should be seen and not heard; *(soos) 'n **groot** ~ wees, (infml.)* be a babe in the woods; *~ers **grootmaak*** raise/rear children; *~ers **hê*** have a family; *soos 'n ~ in die **huis** wees* be treated like one of the family; *die ~ **is** 'n dogtertjie/seuntjie* the baby is a girl/boy; *wie sy ~ liefhet, **kasty** hom* spare the rod and spoil the child; *geen/g'n/nie ~ of **kraai** hê nie, (nóg) ~ nóg **kraai** hê, sonder ~ of **kraai** wees* have no relations, have neither chick nor child (*or* neither kith nor kin); *'n ~ **kry*** have a baby; *~ers **kry*** bear children; *iem. is sy/haar **ma/pa** se ~* s.o. takes after his/her mother/father; *~ers, **maar** dis koud!* my/heavens, but is it cold!; *die ~ by sy **naam** noem, (fig.)* call a spade a spade; *iem. is **nog** maar 'n ~* →***sommer***; *'n **onhebbelike/ongeseglike** ~* an unmanageable/unruly child; *so **onskuldig** soos 'n pasgebore* (*of pas gebore*) *~* as innocent as a babe; *~ers **oppas*** baby-sit; ***ou** ~!, (infml.)* old thing!; *iem. is sy/haar **pa** se ~* →***ma/pa***; *'n **pure/skone** ~ wees* be a mere (*or* only a) child; *die ~ van die **rekening** wees, (rare)* pay the piper, foot the bill; *... **se** ~* a genuine/proper/real ... *(farmer etc.)*; that ... *(goat etc.)*; *~ers is 'n seën van die Here, maar hulle hou die motte uit die **klere**, (prov., rare)* he that has children, all his morsels are not his own; *'n ~ op die **skoot*** a babe/baby in arms; ***so** (die) ~, so (die) man* the child is father to the man; like father, like son; *iem. is **sommer*** (*of **nog** maar*) *'n ~* s.o. is a mere (*or* only a) child; ***soos** 'n ~ in die huis wees* →***huis***; *'n ~ van jou **tyd** wees* be a product of the times; *as jy met ~ers **uitgaan**, kom jy met ~ers tuis, (rare)* if you are too familiar with children, they will take advantage of you; if you depend on children, you will be deceived; *nie **vandag** se ~ wees nie* be no (spring) chicken, be getting on in years; know a thing or two, know how many beans make five, be no fool/greenhorn, be nobody's fool; *'n ~ **verwag*** expect a baby; ***vrou** en ~ers* wife and family. **~lief** dear, dearie, deary, darling, child. **~-vrou** child-woman. **~-vroutjie** child-wife. **~wees** childhood, being a child.

kin·der=: ~aard child nature. **~arbeid** child labour. **~arts** paediatrician. **~baring** *(rare)* child-bearing. **~bed(jie)** cot, child's bed, crib. **~bedkoors** childbed/puerperal fever. **~beskerming** child (life) protection; *vereniging vir ~* child life protection society, children's aid society. **~bessie** *Halleria elliptica.* **~bestand, ~veilig** childproof, child-resistant. **~beul** *(obs.)* child torturer/molester. **~bewaarplaas, =plek** crèche, day nursery; nursery school. **~bewys** *(jur.)* kinderbewys, bond to secure property of children. **~boek** children's book; nursery book. **~boekskrywer, =skryfster** writer of juvenile stories. **~bottel** feeding bottle. **~breukband** child's truss. **~bruid** child bride. **K~bybel** children's Bible. **~dae** childhood (days). **~dam** *(rare)* →PLASDAM(METJIE). **~diarree** infantile diarrhoea. **~dief** child stealer, (child) kidnapper; →KINDERROWER. **~diefstal** →KINDERROOF. **~diens** *(relig.)* children's service. **~doek** *(rare)* →BABADOEK. **~dokter** →KINDERARTS. **~doop** infant baptism. **~ensiklopedie** children's encyclop(a)edia. **~fees** children's festival/party. **~gebabbel** child's prattle. **~geboorte** childbirth. **~gees** child mind. **~gehoor** child audience, audience of children. **~gek** *n.* lover of children. **~gek** *adj.* fond of children. **~geneeskunde** paediatrics. **~hand** child's hand; *'n ~ is gou gevul, (rare)* children are easily pleased. **~harp** child's harp; *K~, (hist.)* Sunday-school hymn book. **~hart**

heart of a child. ~**hawe** crèche. ~**hof** children's/juvenile court. ~**hospitaal** children's hospital. ~**huis,** ~**tehuis** children's home. ~**jare** (years of) childhood, infancy; *van iem. se vroegste ~ af* from s.o.'s earliest years. ~**juffrou** *(dated)* →KINDERMEISIE. ~**kamer** nursery, playroom. ~**karretjie** pushcart, kiddie car. ~**kenner** paedologist. ~**kerk** children's service. ~**klere** children's clothes; *(in shops)* children's wear. ~**kliniek** child clinic. ~**koerant** children's newspaper. ~**koor** juvenile/children's choir. ~**kop** kind of shaddock. ~**korting** *(income tax)* child allowance, deduction/rebate for children. ~**kos** children's food, spoon meat; *dit is g'n ~ nie* that is not milk for babes. ~**kuns** child art. ~**kwaal** →KINDERSIEKTE. ~**latyn** *(obs.)* secret (children's) language. ~**leed** childish grief. ~**leer** paedology. ~**leiding(s)kliniek** child guidance clinic. ~**lektuur** children's books, juvenile literature/reading. ~**lepel** baby spoon. ~**lewe** child life; childhood. ~**liefde** parental love; filial love/affection. **K~lyn** Childline. ~**mandjie** baby basket, bassinet. ~**maniere** childish manners. ~**meisie** nanny, nursemaid, children's/child's nurse, mother's help; *(arch.)* dry nurse. ~**mishandelaar** child abuser. ~**mishandeling** child abuse, cruelty to (*or* maltreatment of) children, baby/child battering, baby-bashing. ~**molesteerder** *(sexually)* child molester/abuser. ~**molestering** child molestation. ~**moord** child murder, infanticide; *(Bib.)* massacre of the Innocents. ~**moordenaar** child murderer, infanticide. ~**moordenares** child murderess, infanticide. ~**naam** child's name; childish name. ~**oppasser** child minder; baby-sitter. ~**oppasster** nanny, nurse(maid); baby-sitter. ~**party(tjie)** children's party. ~**plig** filial duty. ~**pokke,** ~**pokkies** smallpox, variola. ~**pokkiesagtig** varioloid. ~**portret** child('s) portrait, portrait of/as a child. ~**praatjies** childish prattle, baby talk; childish/silly talk. ~**preek** sermon for children. ~**rokkie** child's frock/dress. ~**rympie** nursery rhyme. ~**roof** child stealing, (child) kidnapping. ~**rower** child stealer, kidnapper. ~**sendingkrans** children's mission circle. ~**siekte** children's/infantile complaint/ailment, disease of children. ~**sielkunde** child psychology. ~**siekteleer** paediatrics. ~**skeurbuik** infantile scurvy, Barlow's disease. ~**skoen** child's shoe; *iem. het sy/haar ~e ontgroei/uitgetrek* s.o. has grown up (*or* is no longer a child); *die onderneming staan nog in sy ~e* the enterprise is still in its infancy. ~**slot** child lock. ~**sorg** baby care; child welfare; *vereniging vir ~* child welfare society, child life protection society, children's aid society. ~**sorgbeampte** child welfare officer. ~**speelgoed** (children's) toys. ~**spel(etjie)** children's game. ~**speletjies** *(pl., fig.)* child's play, kid's stuff; *dis ~* it's (*or* it is) child's play (*or* kid's stuff), there is nothing to it; *iets is nie ~ nie* s.t. is no child's play; *dis vir iem. ~, (also)* s.o. can do it with his/her eyes shut. ~**spesialis** →KINDERARTS. ~**sprokie** nursery tale. ~**stem** child's/childish voice. ~**sterfte** child mortality; infant mortality. ~**sterftesyfer** child mortality rate; infant mortality rate. ~**stoel(tjie)** baby/high/nursery chair; child('s)/kiddie seat. ~**storie** →KINDERVERHAAL. ~**studie** paedology. ~**taal** childish prattle; child's/children's language, infant speech. ~**tehuis** →KINDERHUIS. ~**toelaag,** ~**toelae** children's/family allowance. ~**trein(tjie)** children's train. ~**tuin** kindergarten, nursery school; children's garden. ~**tuinstelsel** kindergarten system. ~**tyd** childhood. ~**veilig** →KINDERBESTAND. ~**verhaal** children's tale/story, nursery tale/story. ~**verlamming** *(dated)* polio, infantile paralysis; →POLIOMIËLITIS. ~**vers(ie)** nursery rhyme. ~**versorger** child minder. ~**versorging** child care/minding. ~**verstand** child's brain/mind/intelligence, infant(ile) intelligence. ~**verwaarlosing** child neglect. ~**vriend** friend/lover of children. ~**waentjie** pram, *(fml.)* perambulator, pushchair, baby buggy, kiddie car. ~**wagter** baby-sitter. ~**welsyn** →KINDERSORG. ~**wêreld** child world/land. ~**werk** child's/children's work. **K~wet** Children's Act. ~**woord** nursery term.

kin·der·ag·tig *-tige* childish, babyish, infantile; petty, foolish, silly, puerile. **kin·der·ag·tig·heid** childishness, infantilism; foolishness, silliness, puerility.

kin·der·lik *-like* childlike, infantile, filial; innocent; naive; *~e geloof* childlike faith; *~e liefde* filial love; *wees ~ en nie kinderagtig nie* be childlike, not childish. **kin·der·lik·heid** childlike nature, naivety, artlessness, simplicity.

kin·der·loos *-lose* childless, issueless. **kin·der·loos·heid** childlessness.

kind·jie *-jies, kindertjies, (dim.)* baby, babe, infant; tot, kid(dy), little child; dear, darling; *iem. vertel waar kindertjies vandaan kom, (infml.)* tell s.o. about the birds and the bees.

kinds *kindse* doting, senile; *'n ~e oumens (of ou mens), (derog.)* a geriatric; *~ wees* be in one's dotage (*or* second childhood), be senile (*or* a dotard); *~ word* be lapsing into dotage (*or* second childhood), go senile. ~**been:** *van ~ af* from/since childhood. ~**dae,** ~**dag:** *van ~ af* from/since childhood; →KINDERDAE. ~**deel,** ~**gedeelte** *(jur.)* child's portion. ~**kind** grandchild; *~ers* grandchildren; posterity.

kinds·heid dotage, second childhood, senility; anility, puerilism, childishness; childhood, infancy, babyhood.

kind·skap filiation; *~ Gods, ~ van God* being a child of God.

ki·ne·as *-aste, (obs.)* →FILMLIEFHEBBER. **ki·ne·as·ties** *-tiese, (obs.)* →FILMIES.

ki·neen *(chem.)* quinene, quinenine.

ki·ne·ma *-mas, (obs.)* →BIOSKOOP. **ki·ne·ma·tiek** →KINEMATIKA. **ki·ne·ma·ties** *-tiese, (mech.)* kinematic. **ki·ne·ma·ti·ka** *(mech.)* kinematics. **ki·ne·ma·to·graaf** *-grawe, (hist.)* cinematograph. **ki·ne·ma·to·gra·fie** cinematography. **ki·ne·ma·to·gra·fies** *-fiese* cinematographic.

ki·ne·se kinesis. **ki·ne·si·o·lo·gie** kinesiology. **ki·ne·tiek** →KINETIKA. **ki·ne·ties** *-tiese* kinetic; *~e kuns* kinetic art; *~e teorie* kinetic theory. **ki·ne·ti·ka** kinetics.

ki·ni·dien *(pharm.)* quinidine.

ki·nien *(pharm.)* quinine. ~**poeier** quinine powder. ~**sout** crystallised quinic acid, quinic salt(s). ~**suur** quininic acid.

ki·ni·noon quininone.

kink *kinke, n.* →KINKEL. **kink** *ge-, vb.* turn, twist.

kin·ka·joe *-joes, (zool.)* kinkajou.

kin·kel *-kels* kink, hitch, knot, twist; snarl; →DRAAI *n.*; *vol ~s en draaie wees* be full of twists and turns; *daar is 'n ~ in die kabel* there is a hitch/snag somewhere, there is something wrong; *'n ~ gee* kink. ~**bossie,** ~**klappers** *Tetragonia fruticosa.* ~**dans** twist.

kin·kel·rig *-rige* kinky.

kink·hoes whooping cough, pertussis.

kink·ho·ring conch, whelk (shell).

kin·ne·bak *(rare)* →KENNEBAK.

ki·no·gom kino gum.

ki·no·lien *(chem.)* quinoline.

ki·no·loog *-loë* quinologist. **ki·noon** quinone.

Kin·sha·sha *(geog.)* Kinshasha.

kin·ta, kin·tie (dear) child; →KIND; *nee, ou ~!* no, you don't!.

ki·osk *-oske* kiosk; newsstand; stall.

kip *ge-, (<Du., rare)* tilt, tip. ~**kar** →WIPKAR. ~**wa** →WIP(VRAG)WA

kip·kip·pers, kip·kip·pies *(bot.), (Nymania capensis)* Chinese lanterns; *(Sutherlandia frutescens)* turkey flower; *Gladiolus alatus.*

kip·per *-pers* kipper.

kip·pie·bos →KIEPIEBOS.

Kip·tsjak *(member of an ancient Turkic tribe)* Kipchak.

kir¹ *ge-* coo.

kir² *(an alcoholic drink)* kir.

Kir·gi·stan *(geog.)* Kyrgyzstan, Kirghizstan. **Kir·gi·si·ër** *-ërs, n.* Kyrgyz, Kirghiz. **Kir·gi·sies** *n., (lang.)* Kyrgyz, Kirghiz. **Kir·gi·sies** *-siese, adj.* Kyrgyz, Kirghiz.

kis¹ *kiste, n.* box, case, trunk; bin; chest *(of tea)*; coffin *(for a corpse)*; coffer *(for valuables)*; hutch *(for ore)*; *(antique furniture)* kis(t). **kis** *ge-, vb.* (place in a) coffin. ~**bank** monk's bench. ~**dam** coffer(dam). ~**deksel** box/trunk lid; coffin lid. ~**duiweltjie** jack-in-the-box. ~**klere** *(joc.)* best clothes, Sunday best, Sunday-go-to-meeting clothes; *in jou ~* in one's Sunday best (*or* best bib and tucker). ~**maker** →KIS(TE)MAKER. ~**pak** *(joc.)* Sunday suit; *in jou ~* togged up. ~**plankie** shook. ~**veer** box spring. ~**vervoer** →HOUERVERSKEPING. ~**vragskip** →HOUERSKIP.

kis² *adv.: iem. ~* ***duik*** crash tackle s.o.; *iem. ~* ***loop*** run s.o. off his/her feet; *iem. ~* ***slaan*** knock s.o. out (*or* into a pulp); *iem. ~* ***speel*** gain a runaway victory over s.o.. ~**hou** *(tennis, golf)* ace; *'n ~ slaan, (tennis)* serve an ace.

Kis *(OT: Saul's father)* Kish.

kis·met *(<Arab.)* kismet, destiny, fate.

kis·sie *-sies* small box; box *(of cigars etc.)*; casket, pyx. **kis·sie(s)·hout** shooks. **kis·(te·)ma·ker** box/case/trunk maker; coffin maker.

kit *kitte, n., (geol.)* bonding material, bond; lute, cement, bonding agent. **kit** *ge-, vb.* lute, bond, cement. ~**lym** lute. ~**middel** *-s, -e* lute, cement, bonding agent, bond.

ki·taar, ghi·taar *-tare, -taars* guitar; *Griekse ~* cithara. ~**meester,** ~**virtuoos,** ~**sensasie,** ~**towenaar,** ~**ghoeroe** guitar whiz(z)/wiz. ~**speler,** ~**speelster** guitarist. ~**vis** guitarfish, sand shark.

ki·ta·ra *(Gr. mus., hist.)* cithara, kithara.

kits¹ *kitse, (naut.: a two-masted sailing boat)* ketch.

kits² trice; *in 'n ~* in (next to) no time, in less than no time, in no time at all, in a jiffy/flash/twinkling, like a flash; *iets in 'n ~ klaarmaak, (also)* polish s.t. off *(work etc.)*. ~**bank** autobank. ~**besoek** *(infml.)* quickie visit; rapid/Cook's tour. ~**boete** on-the-spot fine. ~**dieet** crash diet. ~**egskeiding** *(infml.)* quickie divorce. ~**grasperk** instant/roll-on lawn. ~**inspeksie** snap inspection. ~**kamera** instant camera. ~**klaar** instant(aneous), instant(ly prepared); *'n ~ oplossing/ens.* an off-the-shelf solution/etc.. ~**koffie** instant coffee. ~**kos** fast food. ~**kosrestaurant,** ~**kosrestourant** fast-food restaurant. ~**(lende)skyf** minute steak. ~**lening** *(infml.)* quickie loan. ~**lyn** hot line. ~**oplossing** speedy solution, *(infml.)* quick fix. ~**rekenaar** ready reckoner. ~**rykwordskema** get-rich-quick scheme. ~**sukses** overnight success. ~**tee** instant tea. ~**wassery** laundrette, laundromat. ~**wenner** *(bridge)* quick trick.

kitsch kitsch. **kit·sche·rig** *-rige* kitschy, chintzy, camp.

kit·se·ry kedgeree.

kit·te·laar *-laars* tickler; *(anat.)* clitoris.

kit·tel·o·rig *-rige, (obs.)* touchy, short-tempered, thin-skinned. **kit·tel·o·rig·heid** *(obs.)* touchiness.

ki·wi *-wi's, (orn.)* kiwi; *(K~, infml.: New Zealander)* Kiwi. ~**vrug** kiwi fruit, *(formerly)* Chinese gooseberry.

kla *ge-* complain, grouse, grumble, gripe, moan; lament, wail; ***by iem.*** *~* complain to s.o.; *dit is* ***God*** *ge~, (obs.)* →DIT SKREI TEN HEMEL; *(ek)* ***kan*** *nie ~ nie* (I) can't complain, no complaints; *iem.* ***mag*** *nie ~ nie* s.o. mustn't grumble; ***niks*** *te ~ nie* no complaints; *jou* ***nood*** *by iem. ~* pour out one's troubles to s.o.; ***oor*** *iets ~* complain about/of s.t.; ***oor/van*** *hoofpyn/ens. ~* complain of a headache/etc.; *by iem.* ***oor*** *iets gaan ~* go to s.o. with one's complaints about s.t., take one's complaints about s.t. to s.o.; ***steen en been*** *~* complain bitterly/endlessly. ~**kous** grumbler, grouser. ~**pot** *(rare)* = KLAKOUS. ~**siek, klaagsiek** *-e* querulous. ~**stem** →KLAAGSTEM.

klaag *ge-, (obs.)* →KLA. ~**kous** →KLAKOUS. ~**lied** *-ere* (song of) lamentation, dirge, threnody; *(infml.)* hard-luck story; →KLAAGSANG; *die K~ere (OT)* the Lamentations (of Jeremiah); *ou ~ere* querulous fellow, grumbler, grouser, moaner. **K~muur** Wailing Wall/Place. ~**pot** *(rare)* = KLAKOUS. ~**psalm** penitential psalm. ~**sang** elegiac poem, elegy, dirge, threnode, threnody, lament. ~**siek** *-e* →KLASIEK. ~**stem, klastem** plaintive voice. ~**toon** plaintive tone.

klaag·lik *-like* doleful, dolorous, plaintive; *~ misluk* be a dismal failure, fail dismally/abysmally. **klaag·lik·heid** plaintiveness.

klaag·ster *-sters* female complainant.

klaar¹ *klare, adj.* clear; pure; →KLAARHEID; *klare onsin* sheer/downright/rank/blatant/patent nonsense, pure rubbish, absolute bosh/rot, stuff and nonsense; *so ~ as/soos die dag* as clear as daylight (*or* as the noonday sun). **klaar** *ge-, vb.* clarify. ~**spaan** clarifier.

klaar² *adj. & adv.* finished, done, over (and done with); *(infml.)* sewed/tied/wrapped up, in the can; ready; exhausted, dead (tired/beat), ready to drop, worn out, worn to a frazzle; *(infml.)* clapped out, dog-tired, knackered, wasted, pooped, strung out; clear, limpid; evident; *iem. rook/ens. (al)* ~ s.o. smokes already (*or* has already started smoking); ~ *wees **daarmee*** be/have done with it; ***dis*** *(of en **daarmee**)* ~ and that's (*or* that is) that; ***dis*** *(nou) maar* ~ there's (*or* there is) no doubt about it; there are no two ways about it; that's a fact; that's for sure; *iem. is 'n ..., dis (nou) maar* ~ s.o. is a ... all right; ***gou*** ~ *wees om iets te doen* be quick to do s.t.; *iets* ~ ***hê*** have done with s.t.; be finished/through with s.t. *(work etc.)*; have s.t. ready; *altyd iets* ~ ***hê,*** *altyd **met*** *iets* ~ *wees* always be ready with (*or* never be at a loss for) s.t. *(an answer etc.)*; ***heeltemal*** ~ *wees* be quite ready; be quite finished; *iets* ~ ***hou*** keep s.t. ready/handy (*or* at hand), hold s.t. in readiness; *jou* ~ ***hou,*** *(obs.)* →GEREED STAAN; *iem. **is*** ~ s.o. has finished; *(infml.)* s.o. has had it; *die suiker/ens. **is*** ~ we are out of sugar/etc.; *dit **is*** ~ *eenuur/ens.* it is past one/etc. (o'clock); *die werk **kom** nie* ~ *nie* →KLAARKOM; ~ ***lê*** put ready, lay out; lie ready/waiting; ~ ***lees*** finish reading; *'n klare **lug*** a clear/serene sky; ~ ***maak*** →KLAARMAAK; ~ *wees **met** iem.* be through (*or* be/have finished/done) with s.o.; ~ *wees **met** iets* be/have done/finished (*or* be through) with s.t. *(a job etc.)*; ~ *wees **met** die saak* the matter is off one's hands; *dis* ~ ***met*** *iem.* s.o. is finished/through (*or* done for), s.o. is a goner (*or* has had it), it is all over/up with s.o.; *(infml.)* s.o. has had his/her chips; *dis* ~ ***met*** *kees* →KEES; *gou* ~ ***met*** *'n antwoord* prompt at an answer, ready/quick at repartee; *daarmee is dit (nog) **nie*** ~ *nie* that is not the whole story; ~ *wees **om** te ...* be ready to ... *(leave etc.)*; be ready for ... *(work etc.)*; ***sien** kom* ~ →KLAARKOM; ~ ***sit*** set out, put ready; ~ ***sit/staan*** *vir iem.* be ready for s.o.; ***so*** ~ *as/soos 'n klontjie, (rare)* →SO **HELDER** SOOS GLAS ***so*** ~ *soos koffiemoer, (infml.)* →SO HELDER SOOS **KOFFIEMOER;** ~ ***staan*** stand to; ~ *wees **vir** ...* be ready for ...; ~ ***vir*** *die geveg* in fighting trim; ~ ***wakker*** *wees, (obs.)* →HELDER/NUGTER/WAWYD **WAKKER** WEES; *iem. **was*** ~ *en (hy) slaat ...* s.o. let fly at ..., s.o. upped and hit ...; ~ ***wees*** have finished; be finished (*or* done for). **~gaar** ready-cooked, ready-to-eat. **~kom** *klaarge-* get ready; get/be done; finish up/off; manage; ***alleen*** ~ manage by (*or* fend for) o.s.; go it alone; ***daarsonder*** ~ do/go without; ***goed*** *met iem.* ~ get along/on well with s.o.; *(infml.)* click (*or* hit it off) with s.o.; *hulle kom nie **goed** klaar nie* they don't get along/on (*or* hit it off [with each other]); ***met*** *iets* ~ make do/shift (*or* get by) with s.t.; manage (*or* scrape along/by) on s.t.; ***sien*** *kom klaar* cope/manage somehow; make shift; *iem. moet maar **sien** kom klaar* s.o. is left to (*or* thrown on) his/her own resources; *jy moet maar **sien** kom klaar, (also)* it's all yours; ***sonder*** *iets* ~ do/go (*or* get along/on *or* make do/shift) without s.t.; dispense with s.t.; deny o.s. s.t.; *iem. kan nie **sonder** ...* ~ *nie* s.o. cannot spare ... now; *die **werk** moet* ~ the work must be done/finished; *die **werk** kom nie* ~ *nie* the work is not getting done. **~kry** *klaarge-* get ready, get/have done, finish; *kry klaar!* have done!. **~ligte:** *op* ~ *dag, (arch.)* = **HELDER** OORDAG. **~maak** *klaarge-* finish (off), complete; get ready, prepare; dress; cook; make up; coach; *iem. het hom/haar nie **daarvoor** klaargemaak nie* s.o. did not bargain for/on that; *iets **gou(-gou)*** *(of in 'n **kits**)* ~ polish/toss s.t. off; ***kos*** ~ prepare food; ***met*** ... ~ get done with ...; *nie* ~ ***met*** *skool/universiteit nie* drop out of school/university; *... maak **my** (nog) klaar!, (infml.)* ... will be the end of me!; *(jou)* ~ ***om*** *te spring* get ready (*or* gather o.s.) to jump, gather o.s. for the jump; *(jou)* ~ ***(om*** *te werk/baklei)* roll/turn up one's sleeves; *(jou)* ~ ***vir*** *iets* prepare o.s. for s.t. *(a trip etc.)*; ***werk*** ~ get through work. **~makery** preparation(s). **~praat** *adj.* done, finished; done for, finished with; *dit is* ~ it is all over, the game is up; *dis* ~ *met iem.* it is all over/up with s.o., s.o. is finished/through (*or* done for), s.o. has had it (*or* has cooked his/her goose), s.o. is a goner; *dit sal* ~ *met iem. wees, (also, infml.)* it will be curtains for s.o.. **~speel** *klaarge-*: *dit* ~ manage, work it, bring/pull it off, fix it up, do the trick, get away with s.t.; *dit self* ~ manage by o.s., shift for o.s.; *met iem.* ~ polish s.o. off, settle/dish s.o., settle s.o.'s hash; *met iets* ~ cope with s.t.; wrap s.t. up; *(gou) met iets* ~ polish s.t. off. **~staan** *klaarge-* be ready; ~ *(om jou te verdedig)* stand at bay; *altyd vir iem.* ~ be at s.o.'s beck and call. **~verpakking** pre-packaging.

klaar·blyk·lik *-like, adj.* (self-)evident, obvious, clear, manifest, patent, plain, palpable, overt. **klaar·blyk·lik** *adv.* evidently, obviously, clearly, manifestly, patently, plainly, undoubtedly, signally; *dit is* ~ *'n fout* it is obviously an error; ~ *is iem. ...* obviously/evidently s.o. is (*or* it is obvious that s.o. is) ... **klaar·blyk·lik·heid** obviousness, patency.

klaar·heid clearness, clarity, limpidity; perspicuity; *iets tot* ~ *bring* clear s.t. up, throw/shed light on s.t.; *oor iets tot* ~ *kom* get clear about (*or* get to the bottom of) s.t..

klaas: ~ *is **baas*** the tail is wagging the dog; ***baas*** *en* ~ master and man; *eers **baas** en dan* ~ precedence to those entitled to it; *K~ **Vakie*** (Wee) Willie Winkie, the dustman/sandman; *in die land van K~ **Vakie*** in the land of Nod.

klaas·louw·bos(·sie) *(Athenasia spp.)* Klaas Louw bush.

klaas·neus(·muis) elephant shrew.

klaas·skaap·wag·ter(·tjie) *(orn.)* →SKAAPWAGTER.

klad *kladde, n.* blemish, blot, stain, blotch, smudge; rough draft/copy/sketch; foul copy *(fig.)*; stigma, slur, spot, stain, blot; *'n* ~ *op iem. se **eer** werp* slur/blacken s.o.'s character, cast aspersions on s.o.'s honour; ***in*** ~, *(rare)* →IN **KONSEPVORM**; *'n brief in* ~ ***skryf/skrywe,*** *(rare)* →'N **KONSEPBRIEF** OPSTEL; *'n* ~ *op jou (goeie) **naam*** a stain/slur on one's character/name/reputation, a blot on one's record/escutcheon; *sonder 'n* ~ *op jou **naam*** without a spot on one's reputation. **klad** *ge-, vb.* blot, stain; smudge; daub; scrawl, scribble. **~aantekeninge** rough notes. **~blok** blotter; scratch pad. **~boek, ~werkboek** waste book; scribbling book, scribbler. **~notule** draft minutes, rough copy/draft of minutes. **~papier** blotting paper; →VLOEIPAPIER. **~skilder** dauber. **~skildering** daub; daubing. **~skildery** daub. **~skrif** rough-copy book, scribbling book, scribbler; scribbling; rough work/copy/draft/sketch. **~werk** rough copy; daub. **~werkboek** →KLADBOEK.

klad·der *-ders* scribbler, dauber. **klad·de·rig** *-rige* blotted; daubed.

kla·do·de *-des, (bot.)* cladode.

kla·e *ge-, (obs.)* →KLA. **kla·end** *-ende* plaintive; querulous, grumbling, complaining; ailing; *op 'n* ~*e toon* in a minor key. **kla·er** *-ers, (jur.)* complainant; complainer. **kla·e·rig** *-rige* querulous, complaining, peevish; seedy.

klag *klagte,* **klag·te** *-tes* complaint; lamentation; accusation, charge; →AANKLAG; *'n* ~ *teen iem. indien/inbring/lê* bring/file/lay/lodge/make a complaint against s.o.. **klagbrief** letter of complaint. **klagskrif** plaint; petition, memorial. **klagstaat** charge sheet. **klagteboek** complaint(s) book. **klagtekantoor** charge office; complaints bureau.

Klai·pe·da *(Russ., geog.,* Memel *in Germ.)* Klaipeda.

klak·ke·loos *-lose, adj. & adv.* groundless; offhand, without more ado, without rhyme or reason, without any motive.

klam *klam klammer klamste, adj.* damp, clammy, dank, moist; humid; ~ *hitte* moist heat; ~ *hout* unseasoned wood; ~ *maak* damp(en). **klam** *ge-, vb., (rare)* damp(en). **~grondplant** mesophyte.

klam·heid damp(ness), clamminess, dankness; moistness; humidity.

klam·mer *-mers* damper, moistener. **klam·me·rig** *-rige* rather clammy/damp/moist; rather humid. **klam·me·rig·heid** slight dampness/moistness.

klam·mig·heid dampness, clamminess, moistness; moisture.

klamp *klampe, n.* clamp, cramp (iron); brace; cleat, dog, bracket; hasp; fish. **klamp** *ge-, vb.* chock; fish, clamp, cramp, cleat; →AANKLAMP. **~bout** clamp bolt. **~lat** batten. **~skoene** *(pl.)* cleated shoes. **~skroef** clamping screw. **~spyker** cleat nail; clasp(-headed) nail. **~verbinding** clamp connection.

klam·te →KLAMHEID.

klan →CLAN, SIBBE.

klan·des·tien *-tiene* clandestine, secret, undercover, underground.

klan·di·sie custom, customers, clientele, connection(s), patronage; goodwill; ~ *kry* get customers/business. **~waarde** goodwill *(of a business)*.

klank *klanke, n.* sound; sonance; tone; *iem. se naam het 'n **goeie*** ~ s.o. is held in high repute (*or* enjoys a good reputation); ***hol(le)*** ~*e* empty words/sounds; ***onder*** *die* ~*e van ...* to the strains of ... *(an anthem etc.)*; ***stemhebbende*** ~ sonant; ~ ***vorm*** vocalise; ***ydele*** ~*e* idle words. **klank** *ge-, vb.* sound, articulate; vocalise; phonate. **~arm** tone arm. **~ateljee** sound studio. **~baan** soundtrack; *'n* ~ *aanbring* dub in a soundtrack. **~baanredigering** dubbing. **~band** recording tape. **~beeld** *(rad.)* edited version. **~beker** bell *(of a trumpet etc.)*. **~bord** soundboard, sounding board, resonator *(of a mus. instr.)*; sounding board *(over/behind a pulpit etc.)*; *(fig.)* sounding board. **~boei** sonobuoy. **~demper** silencer; sordine, damper; mute. **~dieptepeiler** sonic depth finder. **~dig** soundproof, noiseproof. **~digting** soundproofing. **~effek** sound effect. **~ekspressie** musical effect(s). **~energie** sound energy. **~-en-lig(-)vertoning** sound and light show, *(Fr.)* son et lumière. **~figuur** acoustic figure. **~film** →KLANK(ROL)PRENT. **~gat** soundhole. **~geleier** *(mus.)* soundpost *(of a stringed instr.)*. **~getroue** →KLANKTROU-. **~getrouheid** high fidelity. **~gevoelig** *-e* sensitive to sounds. **~gewend** *-e* soniferous. **~golf** *-golwe* sound/acoustic wave. **~greep** sound bite. **~grens** sound/sonic barrier; *die* ~ *deurbreek* break through the sound barrier. **~grensknal** sonic boom/bang. **~ingenieur** sound engineer; →KLANKTEGNIKUS. **~kaart** *(comp.)* sound card. **~kamera** sound camera. **~kas** soundbox; resonator, resonance box. **~kleur** timbre. **~knoppie** mute button *(of a TV etc.)*. **~kopieerder** dubber. **~leer** phonetics. **~loos** *-lose* toneless; silent. **~loosheid** tonelessness; silence. **~meter** sound ranger; *(mus.)* monochord. **~meting** sound ranging. **~metode** phonic method, phonics. **~nabootsend** *-e* onomatopoeic, onomatopoetic; ~*e woord* onomatopoeia. **~nabootsing** echoism; onomatopoeia, sound imitation. **~opening** soundhole. **~opname** sound recording. **~opnemer** sound recorder. **~opvangtoestel** sounder. **~presisie** high fidelity; →KLANKTROU-. **~(rol)prent** sound/talking film, talkie. **~ryk** *-e* melodious, full-sounding, rich *(voice)*. **~rykheid** sonority, richness. **~simboliek** symbolism of sounds *(in a lang.)*. **~skrif** phonetic writing. **~skyf** compact disc. **~snelheid** speed of sound. **~spektrograaf** sound spectrograph. **~steen** phonolite, clinkstone; →FONOLIET. **~stelsel** sound system; phonetic system *(of a lang.)*. **~tegnikus** sound technician; →KLANKINGENIEUR. **~teken** phonetic symbol. **~tint** tone colour, timbre. **~toets** soundcheck. **~trou-, ~(ge)troue** *(attr.)* high-fidelity. **~trouheid** high fidelity. **~verandering** sound/phonetic change. **~verdower** damper, mute, sordine; →KLANKDEMPER. **~verskil** phonetic difference. **~verskuiwing** sound shift(ing). **~verskynsel** acoustic phenomenon. **~versterker** (sound) amplifier. **~versterking** sound amplification. **~vervorming** sound distortion. **~vol** *-le* →KLANKRYK. **~volume** volume of sound. **~voortbrengend** *-e* soniferous. **~voortbrenging** sound production. **~vorming** formation of sound. **~vry** soundproof. **~wet** sound/phonetic law. **~wysiging** sound change.

klan·kie: *'n* ~ *in jou stem hê* have an edge to one's voice; *die vleis het 'n* ~ the meat is high.

klant *klante* customer, patron, client *(of a business)*; *(in the pl.)* clientele, clientage; ~*e werf* canvass customers, drum up business.

klan·te- **~lokker** tout, barker. **~vriendelik** customer-friendly.

klap *klappe, n.* slap, smack, clip, clout; lash, stroke, crack *(of a whip)*; flap *(of a table, tent, book, etc.)*; peak *(of a cap)*;

clap; setback; *in een* ~ at one go; *iem. 'n* ~ ***gee*** slap/smack s.o., give s.o. a slap/smack, *(infml.)* clout s.o.; deal s.o. a blow; *'n* ~ *in/deur die **gesig*** a slap in the face, a smack in the eye/face; *iets is vir iem. 'n* ~ *in die **gesig*** s.t. is a slap in the face for (*or* an insult to) s.o.; ***harde*** ~ slam; *'n* ~ ***kry**, (lit.)* get a smack; *(fig.)* take a knock; *'n **kwaai/lelike*** ~ a nasty knock; *die* ~ *van die **sweep** ken, (fig.)* know the ropes; *'n **taai*** ~ a sharp/stinging slap/blow (*or* good/hard smack); *iem. 'n **taai*** ~ *gee, (also)* give s.o. a wallop; *die een wees wat die ~pe moet **verduur**, (fig.)* be on the receiving end of s.t.; *'n* ~ *van die **windmeul(e)** weg hê* →WINDMEUL(E). **klap** *ge~, vb.* slap, hit, smack, cuff, clip; strike, knock; click *(with the tongue); (a cork)* pop, go pop; patter; *(a sail)* slat; blab, tell tales; ***dat** dit (so)* ~, *(infml.)* flat out, like billyo(h)/mad/stink; *werk **dat** dit (so)* ~ work with a vengeance (*or* like fury *or* against time); *die **deur*** ~ the door slams; slam the door; ***hakke*** ~ click heels; *(met) jou **hande*** ~ →HAND; *iets **hoor*** ~ hear s.t. go pop; ***met** die/jou lippe* ~ smack one's lips; ***met** die/jou vingers* ~ snap one's fingers; ***met** die/sy vlerke* ~ flap/beat its wings; ***met** die sweep* ~ crack the whip; *uit die **skool*** ~, *(rare)* tell tales out of school; *die **skoot*** ~ the shot rings out; *iem. se **tande*** ~ s.o.'s teeth are chattering. **~bank** folding/hinged seat. **~bed** convertible/folding/pull-down/wall bed. **~bessie** *-s, (rare)* →APPELLIEFIE. **~bord, klapper** *(filming)* clapperboard. **~broek** flap trousers. **~brug** →OPHAALBRUG. **~deksel** hinged lid, flip top. **~deur** flap door; swing door. **~hek** swing gate. **~hoed** crush/opera hat, gibus; deerstalker (hat). **~houtjies** (rattle) bones, castanets, clacks. **~kamera** folding camera. **~klank** click; stop, explosive. **~-klap** flipperty-flopperty. **~-klappertjie, ~-klappie** →KLAPPERTJIE. **~(kou)gom** *(obs.)* →BORRELGOM. **~loop** *ge~, (<Du., obs.)* sponge, cadge, scrounge. **~loper** *(<Du., obs.)* sponger, cadger, scrounger, freeloader. **~lopery** *(<Du., obs.)* sponging, cadging, scrounging, freeloading. **~mus** cap with (ear) flaps, Balaclava cap. **~mus(rob)** bladder-nosed seal. **~plaat** fall plate. **~rib** thin flank. **~roos** (corn) poppy, Flanders poppy. **~sak** flap pocket. **~sitplek** hinged seat. **~skarnier** butt; flap hinge. **~skyf** collapsible target. **~slot** slam lock. **~soen** smacking kiss, smacker, smackeroo. **~stoel** *(rare)* →OPVOUSTOEL, OPKLAPSITPLEK. **~stok** *(golf)* cleek. **~sy** dropside *(of a truck etc.)*. **~tafel** drop-leaf/flip-top/Pembroke table; folding/gateleg(ged) table. **~teks** = FLAPTEKS. **~venster** hinged window. **~visier** folding/leaf sight. **~vliegtuig** *(chiefly hist.)* ornithopter, orthopter. **~wiek** *ge~* clap/flap its wings.

klap·per¹ *-pers, n.* (fire)cracker, squib; cap *(for a toy gun); (phon.)* occlusive, plosive, stopped consonant, stop, mute; *(filming, pers.)* clapper (→KLAPBORD); *(percussion instr.)* clapper; index, register; *(obs.)* →NUUSDRAER, VERKLIKKER. **klap·per** *ge~, vb.* rattle; flap; *(teeth, a machine, etc.)* chatter; play the castanets. **~tand** *ge~: iem.* ~ *van die koue* s.o.'s teeth are chattering with cold.

klap·per² *-pers, n.* coconut; *dubbele* ~ double coconut, coco de mer; *gedroogde* ~ copra, dried/desiccated coconut. **~beskuitjie** →KLAPPERKOEKIE. **~(boom)** coconut tree/palm; *(Strychnos* spp.*)* bitterberry (*or* monkey orange) tree. **~bos** *(Nymania capensis)* Chinese lantern(s); *Podalyria* spp.. **~brak** *(bot.) Tetragonia* spp.. **~dop** coconut shell; *(infml.)* nob, noggin, noodle, nut; *(rare)* bald head/pate; *kan jy dit nie in jou* ~ *kry nie?* can't you get it into your fat head?. **~haar** coir, coco fibre/matting. **~haarmat** coir/coconut mat. **~haarmatras** coir mattress. **~koek** coconut cake. **~koekie** coconut biscuit. **~melk** coconut milk. **~olie** coconut oil. **~vesel** coconut fibre. **~ys** coconut ice.

klap·per·tjie *-tjies, (orn.)* clapper lark; *(bot.) Cysticapnos vesicarius; Laeveldse* ~, *(orn.)* flappet lark.

klap·pie *-pies* small flap *etc.* (→KLAP *n.*); tap. **klap·pies·brak** →KLAPPERBRAK.

klap·ro·thiet, klap·ro·tho·liet *(min.)* klaprothite, klaprotholite.

kla·ret claret.

kla·rig·heid clearness; clarity; *(obs.)* readiness; →KLAAR² *adj. & adv.*; ~ *oor iets hê* be clear in one's mind about s.t.; ~ *oor iets (ver)kry* get clarity on s.t.; ~ *maak vir ...*, *(obs.)* prepare (*or* get ready *or* make preparations) for ...

kla·ri·net *-nette, (mus. instr.)* clarinet. **~speler**, *(rare)* **~blaser** clarinettist, clarinet player. **kla·ri·net·tis** *-tiste* clarinettist.

kla·ring clearing, clarification, purification; *(customs)* clearing, clearance.

kla·rings : **~bewys** clearance certificate. **~-en-versendingsagent** clearing and forwarding agent. **~kaart** clearance card. **~koste** clearance fee. **~middel** *-s, -e* clearing/clarifying agent.

Kla·ris *-riste, (nun)* (Poor) Clare.

kla·roen *-roene* clarion. **~geskal, ~stoot** clarion call; trumpet call.

klas *klasse, n.* class; form; grade; category; brand; *(biol.)* order; kind, sort; type; →KLASSE-; *in 'n **afsonderlike*** ~ in a class by itself; *'n* ~ ***bywoon*** attend a class; ***daardie*** ~ *mense* people of that type; ~ ***drie, derde*** ~ Form 3, third form; ***eerste*** ~ first class; *(in die)* ***eerste*** ~ *reis* travel first class; *in die **eerste/tweede*** ~ *slaag* take a (*or* pass [in the]) first/second class; *in die* ~ in class; ~ ***loop*** attend classes; *twee ~se val **saam*** two classes clash; ***sonder*** *~se* classless; *van ~se **wegbly*** bunk/cut classes *(infml.)*. **klas** *ge~, vb.* →KLASS(IFIS)EER. **~-aksie** *(jur.)* class action. **~bewus** →KLASSEBEWUS. **~boek** class book. **~geld** tuition fee. **~genoot** →KLASMAAT. **~groepering** interlotting *(of wool)*. **~kamer, ~lokaal** class-, schoolroom. **~lys** class list. **~maat** classmate. **~onderwys** class teaching, classroom education. **~onderwyser** class teacher, form master. **~predikaat** (class) symbol, class mark. **~stelsel** →KLASSESTELSEL. **~syfer** class mark. **~trots** *n.* →KLASSEBEWUSSYN. **~trots** *adj.* →KLASSEBEWUS. **~voog** monitor.

klas·loos →KLASSELOOS.

klas·se : **~bewus, klasbewus, klastrots** class-conscious. **~bewussyn, klasbewussyn, ~bewustheid, klasbewustheid, ~trots, klastrots** class consciousness. **~diskriminasie** classism. **~diskrimineerder** classist. **~diskriminerend** *-e* classist. **~gees** class/caste feeling, class/caste spirit. **~gevoel** class feeling. **~haat** class hatred. **~indeling** classification, class grouping. **~loos, klasloos** *-lose* classless. **~oorheersing** class domination. **~regering** class rule/government. **~stelsel** class system. **~stryd** class war(fare)/struggle. **~vooroordeel** class prejudice.

klas·seer *(ge)~* sort, class(ify); grade. **klas·seer·der** *-ders* classer; grader. **klas·se·ring** classing, classification; grading.

klas·siek *-sieke* classic(al); *~e Latyn* classical Latin; *~e werk* classic. **klas·sie·ke:** *die* ~ the classics/humanities; *professor in die ~e tale* professor of classics.

klas·si·fi·ka·sie *-sies* classification, classing, ordination. **klas·si·fi·seer** *ge~* classify, sort; class, grade; staple; size. **klas·si·fi·seer·der** *-ders* classifier. **klas·si·fi·se·ring** *-rings, -ringe* classifying, classification, classing, *etc.* (→KLASSIFISEER).

klas·si·kaal *-kale, (educ., rare)* class; *~kale onderwys* →KLASONDERWYS

klas·si·kus, klas·si·kus *-sikusse, -sici* classicist, classical scholar.

klas·sis *-sisse, (relig.)* classis, presbytery.

klas·si·sis·me *(also K~)* classicism. **klas·si·sis·ties** *-tiese, (also K~)* classicistic. **klas·si·si·teit** *(also K~)* classicality.

klas·sis·me *(prejudice on grounds of social class)* classism. **klas·sis** *-siste* classist. **klas·sis·ties** *-tiese* classist.

klas·ties *-tiese, (geol.)* clastic, fragmental.

kla·ter *ge~* rattle; splash. **~goud** tinsel, leaf brass, brass foil, Dutch gold/leaf/metal; *(fig.)* gloss, tinsel, trumpery, gold brick *(infml.)*; *met* ~ *versier* tinsel.

kla·ve·sim·bel *-bels* harpsichord, clavecin *(Fr.)*, clavicembalo *(It.)*. **kla·ve·si·nis** *-niste* harpsichordist, clavecinist. **kla·vi·a·tuur** *-ture* claviature, keyboard. **kla·vi·chord** *-chorde* clavichord.

kla·vier *-viere* piano(forte); *(obs.)* →KLAWERBORD; *klein* ~ pianette; ~ *speel, (also* klavierspeel*)* play the piano; *voor/aan die* ~ at the piano. **~begeleiding** piano accompaniment. **~fabrikant** piano maker. **~kas** piano case. **~kis** piano packing case. **~kleedjie, ~loper** key/piano cover. **~les** piano lesson. **~skarnier** continuous/piano hinge. **~skroef** tuning peg/pin. **~speel** →KLAVIER SPEEL. **~spel** piano playing. **~speler** pianist, piano player. **~stemmer** piano tuner. **~stoel(tjie)** piano stool. **~trio** piano trio. **~uitvoering** piano recital.

kla·vi·kel *-kels* clavicle, clavicula.

kla·wer¹ *-wers* key *(of a mus. instr.)*. **~slot** lever lock. **~bord** keyboard. **~bordspeler** keyboard player, keyboardist. **~instrument** keyboard instrument.

kla·wer² *-wers* clover, shamrock, trefoil; lucerne *(infml.)*; medick; *(also, in the pl.)* clubs *(in card games)*; *rooi~* meadow clover; *wit~* Dutch clover. **~aas** ace of clubs. **~blaar** cloverleaf, trefoil (leaf), shamrock (leaf); trio. **~blaarpatroon** trefoil; *met* ~ trefoiled. **~boer** knave/Jack of clubs, pam. **~boog** trefoil arch. **~brug** *-brûe* cloverleaf *(on a road)*. **~gras** screw bur(r), bur(r) clover. **~heer** king of clubs. **~jas** *(card game)* pam, klaberjas(s). **~kruising** cloverleaf (intersection). **~kweek** daisy lawn. **~patroon** trefoil (pattern). **~saad** cloverseed. **~ses** six of clubs. **~suring** wood sorrel. **~vier** four of clubs; four-leaved clover. **~vormig** *-e* trefoiled. **~vrou** queen of clubs.

kle·der *-ders* dresser.

kle·ding clothing, clothes, costume, attire, raiment, (wearing) apparel, wear, garb, vesture. **~stof** cloth, fabric, dress/clothing material; *(also, in the pl.)* drapery; *'n rol* ~ a bolt of cloth. **~stofhandel** drapery. **~stofhandelaar** draper, cloth merchant. **~stuk** garment, article of dress/clothing/attire.

kle·dy *(fml., rare)* raiment, apparel, vestments, vesture, dress.

klee *ge~, vb.* dress, clothe, deck, enrobe; →AANTREK, GEKLEE(D); *jou gedagtes/ens. in digterlike/ens. taal* ~ couch one's thoughts/etc. in poetic/etc. language; *kinders voed en* ~ feed and clothe children.

kleed *klede, n.* dress, garb, garment, robe, cloth; gown; habit; vestment; shroud; carpet; table cover; throw *(over a chair etc.)*; coating; *(biol.)* coat; →KLERE; *die geestelike* ~ clerical garb, the cloth. **~hokkie** changing cubicle. **~kamer** dressing room; robing room; change room; cubicle; cloakroom; powder room. **~repetisie** (full-)dress rehearsal; →GEKLEE(D). **~stof** →KLEDINGSTOF. **~spieël** toilet glass/mirror. **~tafel** dressing table. **~tafelstel** vanity set.

kleed·jie *-jies* (small) tablecloth; table centre; saddlecloth; rug; mat.

Kleef Cleves; *Anna van* ~ Anne of Cleves.

kleef *ge~, (also* klewe*)* cleave, cling, stick, adhere; *aan iets* ~ adhere to s.t. *(lit.)*; stick to s.t.; cleave to s.t. *(a tradition etc.)*; *daar* ~ *bloed aan die geld* it's/that's (*or* it/that is) blood money; *daar* ~ *'n smet aan die geld* that/the money is tainted. **~band** adhesive/sticking/gummed tape. **~bom** limpet bomb. **~broek** tights, skintight (*or* [very] tight) pants/trousers. **~krag** adhesive/adhesion force, adhesive power. **~kruid** cleavers, clivers, goosegrass. **~lint** adhesive tape; →KLEEFBAND, PLAKLINT. **~middel** *-s* adhesive, agglutinant; paste. **~myn** limpet mine. **~pak** body suit. **~pap** size. **~papier** gummed paper. **~plastiek** clingfilm, clingwrap. **~pleister** adhesive/sticking plaster. **~rok** (very) tight dress. **~seël** sticker. **~stof** adhesive, agglutinant, gluten. **~strook** sticker. **~trui** (very) tight sweater/jersey. **~verband** adhesive bandage. **~vermoë** →KLEEFKRAG. **~vry** *-e* non(-)stick. **~wol** clammy wool.

kleer·tjies *pl., dim.* baby/children's clothes; little garments; →KLERE.

klei *(building material)* clay, adobe, mud; pug; →POTKLEI; ~ ***aanmaak/brei*** puddle, pug; ~ ***droogmaak*** chat; ~ *in iem. se **hande** wees* be putty in s.o.'s hands; ***mengsel** van* ~ *en strooi* cob; ***met*** ~ ***dig*** puddle; ***met*** ~ *opvul* pug. **~animasie** claymation. **~bak** hod. **~bedding** *(geol.)* clay bed, gault. **~bewerking** pugging. **~deeg** play dough. **~duif** clay pigeon. **~gat, ~groef** clay pit.

~grond clayey/loamy soil/ground. **~gruis** hoggin. **~houdend** *=e* clayey. **~huisie** mud hut. **~klip** claystone. **~laag** clay bed/layer. **~lat** clay-stick *(in a trad. boys' game)*. **~latgooi** *kleilatge=* play clay-stick. **~leem** till. **~lei** clay slate. **~masker** mud pack/mask. **~meul(e)** clay mill, pug (mill), mortar mill. **~muur** clay/mud wall. **~os** *(trad. toy made by children)* clay ox. **~pad** clayey road. **~perd** clay horse. **~pot** clay pot. **~roer** →KLEILAT. **~skoot** mud blast. **~steen** →KLEIKLIP. **~teël** quarry tile. **~trap** *kleige=* flounder, be at a loss. **~trappery** floundering. **~vloer** mud/clay/earth(en) floor. **~werk** clay modelling.

klei·ag·tig *=tige* →KLEIERIG.

klei·e·rig *=rige* clayey, clayish; doughy, soggy, sodden *(bread)*. **klei·e·rig·heid** clayeyness, clayishness.

klei·ig *=ige, (geol.)* argillaceous.

kleim *kleims, (min.)* claim; *'n ~ afpen, (lit. & fig.)* stake (out) a claim. **~baken** claim beacon. **~houer** claimholder.

Klein Minor, Lesser; *die ~ **Antille*** the Lesser Antilles; *die ~ **Beer*** the Little Bear, Ursa Minor; *~ **Duimpie*** Tom Thumb; *'n ~ **Duimpie*** a hop-o'-my-thumb; *die ~ **Hond*** the Lesser Dog, Canis Minor; *~ **Karoo*** →KLEIN-KAROO; *~ **Leeukop*** Little Lion's Head; *(die) ~ **Olifantsrivier*** the Little Olifants River; *die ~ **Profete*** the Minor/Lesser Prophets. **~-Asië** *(geog.)* Asia Minor. **~-Karoo** *(SA, geog.)* Little Karoo; →GROOT-KAROO.

klein *n.: ~ en **groot*** big and small; everyone; *wie die ~e nie eer nie, is die **grote** nie werd nie; wees **spaarsaam** in die ~e* take care of the pence (and the pounds will take care of themselves); ***in** die ~(e)* in miniature; on a small scale; *wêreld **in** die ~(e)* the world on a small scale (*or* in a nutshell), microcosm. **klein** *klein kleiner kleinste, adj.* little, small; slight, petty, trifling; →KLEINSTE; *~ **advertensies*** →ADVERTENSIE; ***al** hoe ~er* smaller and smaller; *~er **as** ... wees* be smaller than ...; ***baie** ~* minute, miniature, tiny, wee, diminutive, minuscule; *~ **begin,** aanhou(er) wín* perseverance will be rewarded; *~ **begin,** groot gewin* big/tall/great/large oaks from little acorns grow; *'n ~ **bietjie*** a little/tiny bit, trace; *~ **boer*** →KLEINBOER; ***darem** maar 'n ~ sommetjie* a small enough sum; *te ~ **dosis*** underdose; *'n ~ **eter*** a small/poor eater; *~ **flap** (orn.)* red-collared widow (bird); *~er **gedigte*** minor poems; *'n ~ **gehoor*** a thin house; *~ **handdoek*** hand towel; *iem. het 'n ~ **hartjie,** iem. se **hartjie** is maar ~* →HARTJIE; ***iets** ~s* something small; *~ **kaliber*** small bore; *'n ~ **kamertjie*** a (pok[e]y/tiny) little room; *~ **kind(jie)*** small child; baby; infant; *~ **letter*** small letter; →KLEINLETTER; *~ **maak*** reduce; →KLEINMAAK; *so ~ as moontlik **maak*** minimise; *iem. ~ **maak*** bring s.o. to his/her knees, humiliate s.o.; *iets by die ~ **maat** verkoop* sell s.t. (at/by) retail; *'n ~ **meerderheid*** a narrow majority; *~ **mensies*** the small fry; petty people; *die ~s **moontlike** ...* the smallest possible ...; *~ **moordvis*** false killer (whale); ***niks** ~s in iem. nie* nothing small/petty about s.o.; *'n ~ **operasie*** a minor operation; *~ **planeet*** minor planet; *jou ~ **rakker/skelm!*** you little/young rascal!; *~ **saal*** minor hall; *op ~ **skaal*** in a small way, on a small scale; *op ~ **skietafstand*** at close range; *~ **skrif*** small handwriting; *'n woord ~ **skryf/skrywe*** write a word with a small letter (not capitalise); *~ **sprinkaanvoël*** pratincole; *~ **strykystertjie*** baby iron; *~ **teater*** little theatre; *~ **terts,** (mus.)* minor third; *~ **ton*** short ton; *~ **treetjies*** short steps; *~ **trom*** snare/side drum; *~ **uitgawe(s)*** small expense(s); petty expenses; *~ **vaartuie,** (naut.)* small craft; ***van** ~s af* from childhood/infancy (*or* an early age); *~ **van** persoon, maar groot van patroon* small in stature, but great-hearted; *hy is ~ **van stuk*** he is a bantam; *sy is ~ **van stuk*** she is petite; *~ **vleuel(klavier)*** baby grand (piano); *~ **voel*** feel small; *'n ~ **winsie*** a small profit, a quick return; *~er **word*** shrink, dwindle, grow smaller, decrease in size; *die voorraad **word** ~* the stock is getting low; *(hard)loop dat jy so ~ **word*** run away very fast. **~ag** disparage; →GERINGAG. **~beeldkamera** →MINIATUURKAMERA. **~boer** peasant; small farmer; smallholder. **~boet(ie)** little brother, *(infml.)* kid brother. **~boog** minor arc. **~burgerlik** *=e* petty bourgeois; small-town *(attitudes etc.)*. **~burgery** petty bourgeoisie, lower middle class. **~dag** childhood. **~dief** petty thief. **~ding** little one, child, kiddie. **~dogter** granddaughter. **~dorps** *=e* small-town, provincial, parochial, suburban *(attitudes etc.)*. **~geestig** →KLEINSIELIG. **~geestigheid** →KLEINSIELIGHEID. **~geld** (small) change; petty cash; *iem. ~ **gee*** give s.o. change; *iem. te min ~ **gee*** give s.o. short change, short-change s.o.; ***hou maar die ~!*** keep the change!; *van iem. ~ **maak,** (infml.)* make mincemeat of s.o.; *~ wees in **vergelyking** met ..., (infml.)* be peanuts compared to ... **~geldjies** small change, chicken feed. **~geldmasjien, ~outomaat** change(-giving) machine. **~geloof** →KLEINGELOWIGHEID. **~gelowig, ~gelowig** *=e* of little faith, lacking in faith. **~gelowigheid, ~gelowigheid** lack of faith. **~geweervuur** small-arms fire. **~gewere** small arms. **~goed** small/young ones, kids, youngsters, *(infml.)* small fry. **~handel** retail trade, retailing; *in die ~ verkoop* retail, sell (by) retail. **~handelaar** retail dealer, retailer. **~handel(s)afsetpunt** retail outlet. **~handel(s)prys** retail price. **~handel(s)prysindeks** retail price index. **~handelsaak** retail business. **~harsings** cerebellum. **~hartig** *=e* faint-hearted, pusillanimous; petty. **~hartigheid** faint-heartedness, pusillanimity; pettiness. **~hoewe** →HOEWE. **~hondjiestadium** puppyhood. **~hoofdig** *=e* →KLEINSKEDELIG. **~hout** scantling. **~huisie** toilet, lavatory, WC, privy; *(infml.)* lav, bog; *(SA, infml.)* long drop. **~jantjie** *(orn.)* (bush) warbler. **~jong** →KLONG, KLONKIE. **~kas** petty cash. **~kaskoste** out-of-pocket expenses. **~kind** grandchild. **~kinderhospitaal** infant hospital. **~kinderjare** infancy. **~kindertyd** babyhood. **~-klein** tiny, teeny-weeny. **~kleur** *(bridge: diamonds or clubs)* minor suit. **~kluis** safe-deposit box. **~kooks** breeze. **~koor** semichoir. **~kop** small end. **~koppie:** *~ trek, (fig.)* shrink back; back out, get cold feet, *(infml.)* chicken out. **~kopspyker** brad. **~koring** *Triticum aestivum*. **~kry** *kleinge=* master, understand; *iem. ~, (obs.)* bring s.o. to his/her knees (*or* to heel); *hy/sy kan iem. nie ~ nie* he/she cannot make s.o. out; *iets ~* master/understand (*or* make out) s.t.; *iem. kan dit nie ~ nie* it sticks in s.o.'s gizzard *(infml.)*. **~kuns** art/literature of smaller scope. **~letter** small/lower case, minuscule; *→klein letter*. **~maak** *kleinge=* give change for *(money)*; cash *(a cheque)*; mince; *→klein maak; 'n vyftigrandnoot/ens. vir iem. ~* give s.o. change for a fifty-rand/etc. note. **~man** baby boy. **~moedig** *=e* faint-hearted, despondent, pusillanimous. **~moedigheid** faint-heartedness, despondency, pusillanimity. **~neef** *(son of one's father's/mother's cousin)* second cousin; *(son of one's nephew/niece; grandson of one's brother/sister)* great-nephew, grandnephew. **~niggie** *(daughter of one's father's/mother's cousin)* second cousin; *(daughter of one's nephew/niece; granddaughter of one's brother/sister)* great-niece, grandniece. **~nooi** young lady; young mistress. **~pens(ie)** reticulum; →NETPENS. **~rat** pinion. **~sakebedryf** small business. **~sakeman** small businessman. **~sakeonderneming** small business. **~sakeontwikkeling** small business development. **~sakesektor** small business sector. **~serig** *=e* touchy, oversensitive, easily hurt; *moenie (so) ~ wees nie!* don't be so touchy!; don't be such a baby!. **~serigheid** touchiness, oversensitiveness, fussiness. **~seun** grandson. **~sielig** *=e* little/small/pretty/narrow-minded, narrow-spirited; petty. **~sieligheid** little/small-mindedness, pettiness, pusillanimity. **~sirkel** *(geom.)* small circle. **~skaalboer** →KLEINSKAALS. **~skaalintegrasie** →KLEINSKAALS. **~skaalkaart** small-scale map. **~skaalonderneming** boutique operation. **~skaalprodusent** →KLEINSKAALS. **~skaals** *=e* small-scale; *~e **boer*** small-scale farmer; *~e **integrasie,** (comp.)* small-scale integration; *~e **produsent*** small-scale producer; *~e **wynmakery*** boutique winery. **~skalig** *=e* small-scale; *~e kaart* small-scale map. **~skedelig** *=e* microcephalic, *=*cephalous. **~skedeligheid** microcephaly, *=*cephalism. **~span** little/young ones, kids, youngsters, *(infml.)* small fry. **~spraak** *(rare)* understatement. **~steeds** *=e, (rare)* →KLEINDORPS. **~sus(sie)** little sister, *(infml.)* kid sister. **~tongetjie** uvula; *die ~ hang* the palate is down, the uvula is lowered. **~tongontsteking** staphylitis. **~toon(tjie)** little/small toe. **~tyd** babyhood; infancy; (early) childhood. **~vannag** *(rare)* last night in the small hours. **~vee** small stock, sheep and goats. **~vlerkie** alula. **~ware** haberdashery. **~wild** small/ground game.

klei·neer *(ge)=* →VERKLEINEER. **klei·ne·rend** *=rende* →VERKLEINEREND. **klei·ne·ring** →VERKLEINERING.

klei·ne·rig *=rige* smallish, rather small.

klein·heid smallness, littleness, minuteness; exiguity.

klei·nig·heid *=hede* trifle, small thing, bagatelle, minutia, fleabite; *(also, in the pl.)* trivial matters, details; *iets as 'n ~ **beskou*** make/think nothing of s.t.; ***dit** is (maar) 'n ~* that is just chicken feed; *dit is **geen** ~ nie* it is no light matter; it takes some (*or* a lot of) doing; that's a tall order; *dit is vir iem. **'n** ~* it is nothing to s.o.; *dit kom op die **kleinighede** aan* it's the little things that matter/count; *dankbaar vir **kleinighede** wees* be thankful for small mercies; *dit is **vir** iem. 'n ~* it is nothing to s.o..

klein·lik *=like* →KLEINGEESTIG, KLEINSIELIG.

klei·nood *=node* jewel, gem, treasure.

kleins →KLEIN *adj.*.

klein·ste smallest; minimal, minimum; *~ gemene **deler,** (fig., often derog.)* lowest common denominator; *die ~ **foutjie*** the smallest/slightest mistake; *~ gemene/gemeenskaplike **noemer,** (math.)* lowest common denominator; *~ gemene **veelvoud*** lowest common multiple. **klein·ste·tjie** *=tjies* smallest/littlest/tiniest one.

klein·te *(rare)* smallness, littleness; →KLEINHEID.

klein·tjie *=tjies* small one; little one; baby, mite; cub, whelp, puppy, *etc.*; *(infml.)* quick one, quickie, drop, snort, snifter, nip, small drink; *(also, in the pl.)* kids, kiddies, youngsters, *(infml.)* small fry; young, get *(of animals)*; little people; ***die** ~(s)* the small one(s); the little one(s); *baie ~s maak 'n **grote*** many a mickle makes a muckle; *~s **kry,** (animals)* bring forth (*or* give birth to) young; *(a bitch)* pup, have puppies; *(a cat)* have kittens; *(a fox, bear, lion, etc.)* cub; *(a sow)* pig, farrow; *(fig., infml., also* 'n kleintjie kry*)* have kittens, have/throw a fit, blow one's top; *(gou) 'n ~ **maak,** (infml.)* have a drop/snort, take a snifter, have a quickie; ***pas** die ~s op, (infml., rare)* take care of the pence (and the pounds will take care of themselves).

kleis·to·gaam *=game, (bot.)* cleistogamic, cleistogamous. **kleis·to·ga·mie** cleistogamy, kleistogamy.

klem *klemme, n.* accent, emphasis, stress, ictus; *(phon.)* tone; lockjaw, tetanus; stag evil *(of horses)*; trap, catch; cleat; chuck; *(wrestling)* clasp, lock; clamp, clip, cramp, vice, dog; *(elec.)* terminal; scrape, trouble; *in die ~ sit/wees* be in a fix (*or* a [tight] squeeze); *~ in die **kaak/kake*** →KLEM-IN-DIE-KAAK; *~ op iets **lê*** stress/emphasise s.t., underline s.t. heavily *(fig.)*; ***met** ~ (van redes)* forcibly, emphatically, with great emphasis; with forceful arguments; ***uit** die ~ kom/raak* get out of a fix (*or* a tight corner), get into smooth waters again; *die ~ **val** op ...* the ... is stressed, the accent falls on ... *(the first/etc. syllable)*; the accent is on ... *(quality etc.)*. **klem** *ge=, vb.* pinch, jam *(one's finger)*; clasp, clip; clench, set *(one's teeth)*, tighten *(one's lips)*; bind, fasten, clamp *(s.t. in a vice)*; cramp, grip, seize, bite *(with a tool)*; *die **deur** ~, (rare)* the door sticks (*or* is sticking); *aan die **hart** ~* clasp/press to one's heart; *die **tande** op mekaar ~* clench/set the teeth. **~bout** clip/set bolt. **~bus** chuck *(of a drill)*. **~busring** chuck ring. **~haak** clamp, clip, cramp (iron), holdfast, dog (iron), bench hook. **~-in-die-kaak, kaakklem** lockjaw, tetanus, trismus. **~kopstuk** chuck. **~kraan** pinchcock. **~lengte** grip *(of a bolt)*. **~moer** jam/clamping/tightening nut, clasp/set nut. **~plaat** *(elec.)* terminal plate; clip. **~pot** socket. **~skroef** clamp(ing)/bracket/binding screw, setscrew; *(elec.)* terminal. **~spanning** terminal voltage. **~stuk** horse. **~tang** clamp. **~teken** accent, stressmark. **~toon** accent, stress; emphasis, ictus. **~verband** tourniquet. **~weerserum** antitetanic serum.

kle·ma·tis *=tisse, (bot.)* clematis, traveller's joy, virgin's/lady's bower.

Kle·mens →CLEMENS.

kle·men·sie *(obs.)* clemency, mercy, indulgence; *~ vir ... vra* ask indulgence for ...

klem·mend *=mende, (fig., fml.)* forcible, cogent, conclusive; *'n ~e betoog* a conclusive argument; *in ~e bewoordinge* in forcible phraseology; *~e redenering* close/cogent reasoning.

Kle·o·pa·tra, Kle·o·pa·tra, Cle·o·pa·tra, Cle·o·pa·tra *(queen of Eg.)* Cleopatra.

klep[1] *kleppe, n.* valve *(of a machine, heart, etc.)*; stop; key *(of a bugle etc.)*; damper *(of a fireplace)*; leaf *(of a gunsight)*; →KLEPPIE; *met ~pe* valved, valvular; *sonder ~pe* valveless. **~-as** valve shaft. **~bedding** valve seat(ing). **~deksel** valve cover plate; tappet cover. **~dop** valve cap. **~drukstuk** valve gland. **~gleuf** valve slot. **~horing** key bugle. **~huis** valve body. **~kamer** valve chamber. **~kas** valve casing. **~kern** valve core. **~klink** trip gear. **~kop** valve head. **~kraan** valve cock. **~leier** valve guide. **~lighoogte** valve lift/stroke. **~ligter** valve lifter. **~meganiek, ~meganisme** valve mechanism/gear. **~motor** valve engine. **~ontsteking** *(med.)* valvulitis. **~oorslag** valve overlap. **~pakstuk** valve gasket. **~ratwerk** valve gearing. **~reëling** valve timing. **~skerm** valve guard/shield. **~slip** cusp. **~skyf** valve disc. **~sleutel** valve key. **~sluiter** valve lock. **~slyper** valve grinder. **~speling** valve clearance. **~spie** →KLEPSPY. **~spil** valve spindle. **~spy** valve key. **~stand** valve position. **~steel** valve stem. **~steelleier** valve-stem guide. **~stelling** valve adjustment. **~stelskroef** valve-adjusting screw. **~stoter** (valve) tappet, valve lifter. **~suil** valve pillar. **~veer** valve spring. **~visier** leaf sight. **~vlak** valve face. **~vlies** *(anat.)* valve. **~voet** valve base. **~vormig** *=e* valvular, valvate. **~werk** valve gear/mechanism.

klep[2] *n., (infml.)* clap, gonorrhoea.

klep[3] *ge=, vb.* clapper, clatter; *(a bell)* clang, toll.

kle·pel *=pels* clapper, tongue *(of a bell)*; *iem. het die klok hoor lui, maar weet nie waar die ~ hang nie* →KLOK *n.*.

klep·loos *=lose* valveless.

klep·per *=pers, n.* rattle; *(also, in the pl.)* (rattle) bones, castanets, clacks. **klep·per** *ge=, vb.* clapper, rattle, clatter; *(teeth)* chatter.

klep·pie *=pies* valvule; *met ~s* valvulate.

kleps·ge·wys *=wyse adj.,* **kleps·ge·wys, kleps·ge·wy·se** *adv.* valvate.

klep·to·kra·sie kleptocracy. **klep·to·kraat** *=krate* kleptocrat.

klep·to·ma·nie *(psych.)* kleptomania. **klep·to·maan** *=mane, n.* kleptomaniac. **klep·to·ma·nies** *=niese, adj.* kleptomaniac.

kle·ra·sie clothing, (wearing) apparel, dress, garments; drapery. **~bedryf** clothing industry. **~handel** drapery. **~winkel** draper's (shop), drapery store; outfitter's shop.

kle·re clothes, clothing, garments; dress; *jou ~* ***aanhê*** have one's clothes on; *min ~* ***aanhê*** be scantily clad; *jou ~* ***aantrek*** puts one's clothes on, *(infml.)* get into one's clothes; *met ~ en* ***al*** clothes and all; *~* ***dra*** wear clothes; ***gewone*** *~* plain clothes, civilian clothes/dress, mufti; ***in/met*** *jou ~* with one's clothes on; *nie in jou* (of *'n mens se)* ***koue*** *~ gaan sit nie* not be left cold/unaffected, be deeply affected, have a deep effect (*or* leave its mark) on one; *iem. het net die ~ aan sy/haar* ***lyf*** s.o. has only the clothes he/she stands up in; *die ~ maak die* ***man,*** *(idm.)* fine feathers make fine birds; *die ~ maak nie die* ***man*** *nie, (idm.)* it is not the gay coat that makes the gentleman; handsome is as handsome does; *~ op* ***maat*** *maak* tailor; *van* ***mooi*** *~ hou* be dressy (*or* fond of fine clothes); *iets gaan nie (sommer) in iem. se ~* ***sit*** *nie* s.t. affects s.o. deeply; ***skoon*** *~* a change of clothes; ***sonder*** *jou ~* with one's clothes off; *uit jou ~* ***spring,*** *(infml.)* peel off (one's clothes); *alles in ~* ***steek*** spend everything on clothes; *jou ~* ***uittrek*** take one's clothes off, get undressed; ***voorraad*** *~* wardrobe; *altyd* ***windmakerige*** *~* ***dra*** be a flashy/sharp dresser. **~bedryf** clothing industry. **~borsel** clothes brush. **~drag** dress, clothing, fashion, costume, garb. **~fabriek** clothing factory. **~fabrikant** clothing manufacturer. **~haak** clothes hook/peg. **~handel** clothing/garment trade, *(infml.)* rag trade. **~handelaar** outfitter; draper, clothier. **~hanger** coathanger, clothes hanger, (dress) hanger. **~kas** wardrobe, clothes-press. **~maakster** dressmaker. **~maker** tailor. **~makerskryt** tailor's/French/Venetian chalk. **~makery** tailoring; *~ op maat* bespoke tailoring. **~mot** clothes moth. **~prag** display/show of clothes, fine clothes, (rich) attire. **~sak** tog bag. **~skeur** tearing of clothes; *nie sonder ~ êrens afkom nie* escape with great difficulty, not get off with a whole skin (*or* without a scratch *or* scot-free). **~staander** clothes-horse, clothes rack. **~stof** →KLEDINGSTOF. **~-uitverkoping** clothing sale. **~werker, ~werkster** clothing/garment worker. **~winkel** clothes shop, draper's (shop), drapery store. **~wol** clothing wool.

kle·ri·kaal *=kale, n., (party)* clericalist. **kle·ri·kaal** *=kale, adj., (of the clergy)* clerical. **kle·ri·ka·lis·me** *(also K~)* clericalism. **kle·rus** *(rare)* clergy.

klerk *klerke* clerk; writer *(in the navy)*; *(also, in the pl.)* clerical staff, clerks; *eerste ~* principal clerk; *vroulike ~* woman clerk; *K~ van die Volksraad, (hist.)* Clerk of the Assembly. **kler·ke·werk** clerical work, clerking. **klerk·lik** *=like* clerical *(of writing)*; clerkly; *~e personeel* clerical staff; *~e party* clerical party; *~e werk* clerical work, clerking.

klets *n.* twaddle, talkee-talkee, (tommy) rot, bunkum, piffle, tosh, slush, balderdash, bull, (stuff and) nonsense, rubbish, blather, babble, drivel. **klets** *ge=, vb., (rain)* splash, swish; chat, chatter, babble, gabble, (jibber-)jabber, natter, jaw, gas, yap; gossip; drivel, piffle, talk rot/rubbish/trash, talk through one's hat (*or* [the back of] one's neck); *aanmekaar/aanhoudend/aaneen/onafgebroke (of een stryk deur) ~* talk the hind leg off a donkey, talk nineteen to the dozen, babble away/on, ya(c)k, yackety-yak. **klets** *interj.* bang, smack. **~kous** chatterbox, babbler, chatterer, gabbler; gossip(er), gossipmonger, blabber(mouth). **~lyn** *(telecomm.)* chatline. **~nat** →WATERNAT. **~praatjies** small talk, (idle) gossip, drivel, *(infml.)* ya(c)k, yackety-yak. **~program** *(rad., TV)* chat/talk show. **~radio** CB (*or* citizen's band) radio; →BURGER(BAND)RADIO. **~rym** *n.* rap (music). **~rym** *ge=, vb., (mus.)* rap. **~rymer** *(mus.)* rapper.

klet·ser *=sers* twaddler, yapper, piffler. **klet·se·rig** *=rige* blithering, talkative, noisy, chattering, twaddling, yapping; gossipy. **klet·se·ry** chattering, jabbering, small talk, ya(c)k, yackety-yak, talkee-talkee; twaddle.

klet·ter *ge=, (arms)* clang, clash, rattle; *(rain)* patter, pelt, clatter. **klet·te·rend** *=rende* clanging, clashing; pattering, pelting, clattering.

kleur *kleure, n.* colour(ing); tint; tincture; colo(u)ration; hue; complexion *(of s.o.'s face)*; shade; suffusion; suit *(of cards)*; timbre *(of music)*; stain(ing), dye; paint; ***aanvullende/komplementêre*** *~e* complementary colours; *~* ***beken*** show one's (true) (*or* come out in one's true) colour(s), show where one stands; *(card games)* follow suit; *'n* ***bietjie*** *~* a touch of colour; *'n ~ aan iets* ***gee*** give s.t. a slant; *'n ander ~ aan iets* ***gee*** put a different/new complexion/face up(on) s.t.; *'n moderne ~ aan iets* ***gee*** give s.t. a modern slant; *iets 'n skerper ~* ***gee*** tone s.t. up; *~* ***hou*** not fade, have fast colour(s); ***in*** *~(e)* in colour; *~* ***kry*** gain colour; *iem.* ***kry*** *'n ~* s.o. blushes (*or* goes red in the face); ***lang*** *~, (bridge)* long suit; ***politieke*** *~* political complexion; *alle ~e van die* ***reënboog*** all the colours of the rainbow, every hue in the paintbox; *iets in* ***somber*** *~e skilder* paint a dark picture of s.t.; *'n* ***spatsel*** *~* a dash of colour; *'n* ***vaste*** *~* a fast colour; *van ~* ***verander,*** *(pol.)* turn one's coat; *~ aan ...* ***verleen*** add/give/lend colour to ...; *~* ***verloor*** lose colour, fade; *~* ***versaak,*** *(card games)* not follow suit; *van ~* ***verwissel*** change colour; *die ~e* ***vloek*** *met/teen mekaar* the colours clash; *in* ***volle*** *~* in full colour; ***wat*** *is die ... se ~?,* ***watter*** *~ het die ...?* what colour is the ...?, what is the ...'s colour?; *jou ~(e)* ***wys*** show one's true colour(s). **kleur** *ge=, vb.* colour; dye, stain; tint; suffuse; tinge; tone; *(fig.)* angle; *(elektronies/rekenaarmatig) ~* colourise *(an old black-and-white film)*; *iets minder skerp ~* tone s.t. down; *te sterk ~* overcolour, overpaint; overdo, overstate, paint the lily. **~aanwending** use of colour. **~adviseur** colour consultant. **~afwisseling** tonality; variegation. **~baadjie** blazer. **~bad** toning bath. **~basis** colour base. **~beleid** colour policy. **~bewus** colour-conscious. **~bewustheid** colour-consciousness. **~blind** *=(e)* colour-blind, monochromatic. **~blinde** *=s* monochromat. **~blindheid** colour-blindness, achromatopsia; *gewone ~* daltonism; *volslae ~* monochromatism. **~bylaag, ~bylae** colour supplement. **~diepte** colour intensity. **~drenking** impregnation. **~druk** colour printing. **~effek** colour effect. **~-eg** →KLEURHOUDEND. **~-egtheid** →KLEURVASTHEID. **~fikseerbad** toning and fixing bath. **~film** *(phot.)* colour film. **~filter** colour filter/screen; subtractor. **~foto** colour photo(graph). **~fotografie** colour photography, photochromy. **~garingstof** yarn-dyed fabric. **~garingtapyt** ingrain carpet. **~gevoel** colour sense, sense of colour; colour-consciousness. **~gevoelig** *=e* colour-sensitive, chromosensitive; orthochromatic *(plate)*. **~gevoeligheid** colour-sensitiveness, chromosensitiveness; colour-consciousness. **~gewend** *=e* colorific. **~gewing** colo(u)ration. **~glas** stained glass. **~houdend** *=e* = KLEURVAS. **~kaart** colour atlas/chart; tint card. **~kalk** colour wash; *met ~ skilder/verf* colour-wash. **~kode** colour code. **~kodeerder** colour-coder. **~kontras** colour contrast. **~kryt** coloured chalk; crayon. **~laag** colour coat. **~lappie** *(mil., rare)* flash. **~litografie** chromolithography. **~menging** colour blending. **~meter** colorimeter, tintometer. **~middel** *=s, =e* colouring agent, pigment, colouring matter, tint. **~nuansering** tonality. **~passer** colour matcher. **~plaat** colour(ed) plate, reproduction in colour. **~plaatjie** colour slide, transparency; small colour(ed) plate. **~potlood** colouring pencil. **~prent** colour(ed) print; colour film; →KLEURROLPRENT. **~proses** dyeing process. **~raam** colour frame. **~rolprent** colour film, film in colour; →KLEURPRENT. **~ryk** *=e* richly coloured, colourful, glowing (with colour). **~sin** sense of colour, chromatic sense. **~skaal** colour/chromatic scale. **~skakering** variation of colours; shade (of colour), nuance, hue, tinge. **~skeiding** colour separation. **~skeidslyn** colour line. **~skema** colour scheme. **~skerm** colour screen. **~skifting** colour dispersion; spectrum. **~skyf** colour disc. **~skyfie** colour slide. **~slagboom** colour bar. **~span** team (of oxen) of one colour. **~spatsel** splash of colour. **~speling** play of colours, iridescence, irisation, opalescence. **~spoel** *=e,* **~spoelmiddel** *=s, =e* rinse. **~spoel** *ge=* rinse *(hair)*. **~steendruk** chromolithograph; chromolithography. **~steendrukkuns** chromolithography. **~stof** colouring matter, pigment, dye(stuff), stain. **~stoffabriek** dye works. **~syfer** colour index. **~televisie(stel), ~-TV(-stel)** colour television/TV. **~toon** colour tone. **~trots** *n.* colour-consciousness. **~trots** colour-conscious. **~-TV(-stel)** →KLEURTELEVISIE(STEL). **~twyngaring** twist yarn. **~vas** colourfast, fadeless, unfading, fast-dyed/coloured; *die materiaal/stof is ~* the material is colourfast/fadeless (*or* has fast colours). **~vastheid** colourfastness. **~vegie** touch of colour. **~venster** stained-glass window. **~veranderend** versicolour. **~verandering** change of colour. **~verklanking** colour phonism. **~vesel** black fibre *(in wool)*. **~vlies** uvea. **~vloeiing** bleeding. **~vooroordeel** colour prejudice. **~vraagstuk** colour question. **~werk** dyeing. **~wisselend** *=e* versicolour. **~wisseling, kleurewisseling** change of colour(s), iridescence. **~wol** black wool.

kleur·der *=ders* dyer; stainer.

kleu·re·: **~beeld** spectrum. **~gloed** blaze of colour. **~harmonie** colour harmony, chord of colour, colour chord. **~leer** chromatics, chromatology. **~meng(el)ing** blending of colours; iridescence, irisation. **~monster** colour card. **~prag** blaze/feast/orgy/riot/splendour of colour(s). **~rykdom** wealth of colour(s). **~spektrum** colour/chromatic spectrum. **~spel** play of colours, iridescence. **~wisseling** →KLEURWISSELING.

kleu·rig *=rige* colourful, rich in colour, multicoloured; gay-plumaged *(bird etc.)*; *(fig.)* colourful, vivid. **kleu·rig·heid** colourfulness.

kleu·ring coloration, colouring, dyeing, staining, tinting, pigmentation; *(elektroniese/rekenaarmatige) ~* colourisation.

kleur·ling *=linge* coloured person, person of colour; *(K~, hist. or derog.)* (Cape) Coloured person.

kleur·loos *=lose* colourless, achromatic; complexionless; colourless, dull, drab, dowdy; humdrum, unvaried, unvarying. **kleur·loos·heid** colourlessness, achromatism; dullness, drabness, dowdiness.

kleur·sel *-sels* colouring (matter); distemper; dye, pigment.

kleu·ter *-ters* tot, infant, kid(dy), pre-school child. **~boek** nursery book. **~klas** infant/nursery class. **~skool** nursery/infant/preprimary school, kindergarten. **~taal** baby talk, babbling language; "little" language.

kle·we *ge-* →KLEEF. **kle·wend** *-wende* fixative, glutinous, sticky. **kle·wer** *-wers* sticker. **kle·we·rig** *-rige* sticky, adhesive, gluey, gummy, viscous, viscose, viscid, tacky, glutinous; *(infml.)* gooey, gungy, icky; cloggy *(mud etc.)*; clammy *(hands)*; sizy; *~e massa, (infml.)* goo, gunk, gunge. **kle·we·rig·heid** stickiness, adhesiveness, glueyness, gumminess, viscosity, viscidity, tackiness, lubricity *(of oil)*; clamminess *(of the hands)*. **kle·wing** clinginess *(of wool)*.

klê·za, kle·za *ge-* milk into one's mouth.

klief *ge-* cleave, split; plough, breast *(the waves)*; slice *(the air)*; cut. **~vlak** cleavage plane.

klief·baar *-bare* cleavable. **klief·baar·heid** *(min.)* cleavage, cleavability.

kliek *klieke, n.* clique, circle, set, coterie, in-crowd, in-group, clan, *(infml.)* crew. **kliek** *ge-, vb.* form a clique/set/coterie; *(hist.)* form a junto. **~gees** = KLIEKERIGHEID. **~taal** jargon.

klie·ke·rig *-rige -riger -rigste* cliquish, clannish; factious. **klie·ke·rig·heid** cliquism, cliquishness, clannishness; factiousness.

kli·ënt *kliënte* client *(of a professional pers.)*. **kli·ën·te** *-tes, (rare)* female client. **kli·ën·teel** *(rare)* clientele, customers.

klier *kliere* gland. **klier·ag·tig** *-tige*, **klier·de·rig** *-rige* glandular, glandulous; scrofulous; adenoid(al). **~blasie** follick. **~buis** glandular duct. **~geswel** bubo, glandular swelling, struma. **~gewas** glandular tumour, adenoma. **~holte** *(anat.)* crypt. **~kanker** Hodgkin's disease, leukaemia, adenocarcinoma. **~koors** glandular fever. **~kunde** adenology. **~lyer** scrofulous patient. **~maag** proventriculus *(of birds)*. **~ontsteking** adenitis, glandular inflammation. **~siekte** scrofula, king's evil. **~tuberkulose** scrofula. **~verswering** suppuration of the glands. **~vormig** *-e* glandiform, adenoid. **~weefsel** secretory/glandular tissue. **~werking** glandular functions.

klier·loos *-lose* eglandular, eglandulose.

klier·tjie *-tjies* glandule.

klie·we *ge-* →KLIEF. **klie·wing** *-wings, -winge* cleavage; parting, segmentation, merotomy; fission. **klie·wingsvlak** cleavage plane.

klik *klikke, n., (golf)* cleek; click *(with the tongue)*. **klik** *ge-, vb.* tell tales, peach, split, sneak, squeal; click *(with the tongue)*; *(comp.)* click *(with a mouse)*; *~ is kierang* →KIERANG. **klik** *interj.* click. **~klak** click-clack. **~klank** click. **~lig(gie)** warning/pilot light. **~pal** *(machine)* clicker. **~pyp** warning pipe. **~stok** *(golf)* cleek.

klik·ker *-kers* telltale, talebearer, sneak, squealer, snitch, *(SA, infml.)* pimp; indicator. **klik·ke·rig** *-rige* telltale, talebearing. **klik·ke·rig·heid, klik·ke·ry** talebearing, -telling.

klim *klimme, n.* climb, clamber. **klim** *ge-, vb.* climb, ascend, rise, go up, mount; *(an official etc.)* rise, be promoted; *(distress etc.)* increase; *(an aircraft)* gain height; *in die **bed** ~* go to bed; *uit die **bed** ~* get out of bed; ***berge** ~* climb mountains; *(in) 'n **boom** ~* climb (up) a tree; *ten **hemel** ~* rise/mount to heaven; ***in** iets ~* climb into s.t.; *→**boom**; iem. se **jare** ~* s.o. is advancing in years; ***oor** iets ~* climb/get over s.t.; ***op** iets ~* climb/get onto (*or* on to) s.t.; *die **son** ~ aan die hemel* the sun rises/mounts in the sky; *'n **trap** ~* mount/ascend stairs. **~boog** rampant arch. **~boon(tjie)** runner (bean), twining/pole bean. **~hoek** angle of climb/ascent. **~kram** piton. **~lyn** *(archit.)* walking line. **~op** *-pe, -s*, **~opplant** *-e* (wall) creeper; ivy; bindweed; traveller's joy; *met ~ begroei* ivied, ivy-mantled. **~pen** piton. **~plant** climbing plant, climber, scandent plant, creeper, liana, liane. **~poot** scansorial foot. **~raam** climbing frame, jungle gym. **~roos** rambler (rose), climbing rose. **~spoor** climbing iron. **~stewel** spike boot. **~toestel** jungle gym. **~toets** (hill-)climbing test. **~tol** yo-yo. **~tou** climbing rope. **~vermoë** climbing ability, gradability, ascensional power(s). **~vis** mudskipper; climbing perch. **~vlug** climb. **~voël** scansorial bird, climber; *(fig.)* social climber, yuppie, yuppy, upwardly mobile professional; *(also, in the pl., orn.)* scansores. **~wortel** clinging root. **~yster** climber, climbing/step iron; crampon.

kli·maat climate. **~beskrywing** climatography. **~gordel**, **~streek** climatic zone. **~kunde** climatology. **~kundige** climatologist.

kli·maks *-makse* climax, culmination point; *'n ~ bereik* reach (*or* come to) a climax; *tot 'n ~ styg* work up to a climax; *iets tot 'n ~ voer* bring s.t. to a climax. **kli·mak·te·ries** *-riese, adj., (bot.)* climacteric; *(med.)* climacteric, menopausal. **kli·mak·te·ri·um** *-riums, -ria* climacteric, climacterium, change of life, menopause.

kli·ma·ties *-tiese* climatic. **kli·ma·to·lo·gie** climatology. **kli·ma·to·lo·gies** *-giese* climatologic(al). **kli·ma·to·loog** *-loë* climatologist.

klim·baar *-bare* mountable, climbable.

klim·mend *-mende* ascending, climbing; increasing, rising; ascendant; rampant; scandent, scansorial; *(bot.)* voluble; →KLIM *vb.*; *met ~e **belangstelling*** with increasing interest; *~e **jare*** advancing age; *~e **leeu*** lion rampant; *~e **waters*** rising floods;

klim·mer *-mers* climber; mounter; scaler; →KLIMPLANT. **klim·ming** climbing, ascension; *regte ~, (astron.)* right ascension.

kling *klinge, (obs.)* blade, sword; *oor die ~ ja(ag)* put to the sword. **~klang** ding-dong.

klin·gel *-gels, n., (advt.)* jingle. **klin·gel** *ge-, vb.* tinkle, jingle, tintinnabulate. **klin·ge·lend** *-lende* tinkling, tinkly, jingly, tintinnabulous. **klin·ge·ling** *-linge* tinkling, jingling, ting-a-ling, ding-a-ling.

kli·niek *-nieke* clinic; dispensary. **kli·nies** *-niese* clinical; *~e assistent* medical registrar.

klink[1] *ge-* sound, ring, ding, tinkle, clang, clank, jingle, chink, twang; clink, click, touch *(glasses)*; *dit ~ (as)of ...* it sounds as if ...; *... ~ **bekend*** ... has a familiar ring, there is a familiar ring about ...; *iets ~ **eg/opreg*** s.t. rings true; ***glase** ~ met ...* clink glasses with ...; *dit ~ **goed*** that sounds good; that sounds like fun; *iets ~ vir iem. nie **goed/lekker/pluis** nie* s.o. does not like the sound of s.t.; *dit ~ **na** 'n ...* it sounds like a ...; *iets ~ **oneg/onopreg/vals*** s.t. rings false; *die **stemvurk** laat ~* sound the tuning fork; ***vreemd** in die ore ~* sound strange. **~dig** *-te* sonnet. **~klaar** *-klare* pure; sheer; *~klare onsin* sheer/downright/rank/blatant nonsense, pure rubbish, absolute rot. **~klank** jingle(-jangle); stilted language; mere/empty words. **~stiebeuel:** *dit gaan ~* things are going swimmingly.

klink[2] *klinke* latch, catch, hasp; pawl, detent; dog *(in machine tools)*; *(teleph.)* jack; *op die ~ wees, (rare)* →OP (DIE) KNIP WEES. **~prop** *(teleph.)* jack plug.

klink[3] *ge-* clinch; rivet *(bolts)*; nail. **~bout** clinch bolt, rivet, dowel. **~hamer** riveting hammer, riveter. **~hefboom** trip lever. **~las** riveted joint. **~masjien** riveting machine, riveter. **~naat** riveted seam. **~nael** rivet; clinch nail, clincher. **~naelbroek** jeans. **~naeldeurslag** rivet punch. **~naelkop** rivet head. **~skakelaar** →UITSKOPSKAKELAAR. **~sleutel** latchkey. **~slot** latch lock. **~stang** pawl rod. **~tang** riveting clamp. **~werker** riveter.

klin·kend *-kende -kender -kendste* resonant *(voice)*; ringing *(laugh)*; sonorous *(phrases)*; clangorous, (high/fine-)sounding *(titles, words, etc.)*; thumping *(majority)*; resounding, signal *(victory)*; *~e munt* hard/spot cash; metallic currency; *in ~e munt betaal* pay cash on the nail; *~e rede* sounding oration.

klin·ker *-kers* vowel, vocal (→VOKAAL); riveter; clinker, hard-burnt brick; hard tack, ship/army biscuit; *~s aanbring* vowelise; *tot 'n ~ maak* vowelise. **~kaart** vowel chart. **~lengte** *(phon.)* vowel quantity, quantity of a vowel. **~rym** assonance, vowel rhyme. **~steen** clinker (brick). **~wisseling** (vowel) mutation.

kli·no- *comb.* clino-. **~graaf** *-grawe* clinograph. **~grafies** *-e* clinographic. **~meter** clinometer.

klip *klippe(rs)* stone; rock, boulder *(in the sea etc.)*; *van jou ~ **af** wees, (infml.)* be (right) off the rails; *'n ~ in die **bos** gooi, (fig.)* be provocative, set people arguing; *so **dood** soos 'n ~* →DOOD *adj. & adv.*; *iem. met ~pe **doodgooi*** stone s.o. to death; *die **eerste** 'n ~ gooi, (Bib.)* cast the first stone; *~pe **kan eet**, (fig.)* have a strong stomach; *iem./iets met ~pe **gooi*** throw stones at s.o./s.t.; *~pe **kou**, (fig.)* have a hard time (of it); suffer hardship(s); ***op** jou ~ wees, (infml.)* be/feel fine; *'n ~ in iem. se **pad** rol, (fig.)* place/put an obstacle in s.o.'s way; *vir iem. 'n ~ uit die **pad** rol, (fig.)* do s.o. a favour (*or* good turn); *jy* (of *['n] mens) kan iem. se huis van ... af met 'n ~ **raak gooi*** (of ***raakgooi***) s.o.'s house is a stone's throw from ...; *die ~pe **reën/spat*** stones fly; *'n ~ aan die **rol** sit, (fig.)* set a ball rolling; *'n **rollende** ~ vergaar geen mos nie, (idm.)* a rolling stone gathers no moss; *'n **ronde** ~* a cobblestone; *soos 'n ~ **slaap*** →SLAAP[2] *vb.*; *~ **speel*** →KLIP-KLIP; ***stadig** oor die ~pe!, (infml.)* go slowly!, mind your step!, steady (now/on)!; hold your horses!; *iem. onder die ~pe **steek*** pelt s.o. with stones, throw stones at s.o.; *die ~pe sal **uitroep**, (Bib.)* the stones will cry out; ***vol** ~pe wees, (an area, a path, etc.)* be stony. **~baken** stone beacon. **~ballas** ballast stone. **~bank** rocky ledge/outcrop, stone stratum/reef. **~beitel** boaster, stonecutter's chisel; tooler, stone chisel. **~beitelwerk** boasting. **~bekleding** (stone) pitching. **~belletjie** →KLIPKLOSSIE. **~blom** *Liparia comantha; Rochea* spp.; *Crassula* spp.. **~boegoe** rock buchu. **~bok** = KLIPSPRINGER. **~boog** masonry arch. **~boor** stone drill; rock drill; jumper (drill). **~bouer** waller. **~breekgat, -plek** quarry. **~breekmasjien** stonebreaker, -crusher. **~breker** *(man or machine)* stonebreaker; *(machine)* stonecrusher; *(man)* quarryman, knapper. **~brekery** stonecrushing. **~byl** stone axe. **~christen** hypocrite, Christian in name only; *die ~e* the unco guid. **~dagga** *(bot.: Leonotis* spp.) wild hemp . **~dam** rock-fill dam. **~das(sie)** rock rabbit/dassie. **~dekstuk** stone cap. **~doring** *Scolopia mundii.* **~els** *(bot.)* rock alder. **~gat** stone pit/quarry. **~gooi** *n.* stone's throw; *(net) 'n ~ (van/na ...)* (only) a stone's throw (from/to ...); *'n ~ ver/vêr (van jou huis/ens. af), (fig.)* on one's doorstep. **~gooi** *-ge-, vb.* throw stones. **~gooier** stone thrower. **~gooiery** stone-throwing, stoning. **~groef** *-groewe* stone quarry. **~groefwerk** quarrying. **~groefwerker** quarryman. **~grond** scrag. **~gruis** chips, metalling, (road) metal, gravel; grit. **~gruispad** metalled road. **~grys** *n.* stone colour. **~grys** *adj.* stone-coloured. **~hamer** knapper, knapping hammer, stone(-breaker's) hammer. **~hard** *-e, adj.* flinty, flintlike, (as) hard as stone/nails. **~hard** *adv.* rock-hard; extremely, very; *~ gesels* talk animatedly; *iem. het ~ gevry* s.o. made love with a vengeance. **~hout** *Heeria argentea.* **~huis** stone house. **~kabeljou** *(icht.)* rock cod. **K~kaffer** *(racist, obs.)* Mountain Damara, Klipkaffir. **~kalossie** →KLIPKLOSSIE. **~kapmasjien** stonecutter, stone dresser. **~kapper** stonecutter, -worker, stone dresser; banker; *(orn.)* ground woodpecker. **~kap(pers)hamer** bushhammer, kevel (hammer). **~kapperswerkplaas** stonecutter's yard. **~kappery** stonecutting, -dressing, -work. **~kappery** *(business)* stonecutter's yard. **~kleur** stone colour. **~kleurig** *-e* stone-coloured. **~-klip** *(game)* jacks, five stone(s); *~ speel, klip speel* play (at) five stone(s). **~klossie, ~kalossie** *(bot.) Lachenalia tricolor.* **~koester** *(orn.)* rock pipit. **~kop** tor, rocky hill; *(infml.)* clod, block-, air-, bone-, knuckle-, meathead, lamebrain, thicko, thickie, thicky; obstinate person. **~koppie** tor. **~kous** *(a mollusc)* ear shell, sea ear, abalone. **~kraal** stone kraal. **~krans** rock ledge, krans, krantz. **~latei** summer stone. **~lelie** →KLIPPYPIE. **~maat** stone gauge. **~messelaar** (stone)mason. **~messelkalk** mason's lime. **~messelwerk** (stone) masonry. **~meul(e)** stonecrusher. **~mossie** *(orn.)* rock bunting; →KLIPSTREEPKOPPIE. **~muis** *(Petromus* spp.) dassie/rock rat; *(Rattus namaquensis)* Namaqua rock rat. **~muur** stone/masonry wall; *klipmure bou* walling; *voor 'n ~ te staan kom, jou teen 'n ~ vasloop, (fig.)* come up against a blank wall; *soos 'n ~ staan, (cr.)* stonewall. **~paadjie** flagged path. **~plaat** flat slabs of rock, flat outcrop (*or* stretch of rock). ~**plaveisel** flag/stone pavement. ~**plaveiwerk** flagging. ~**poeier** stone powder. ~**puin** detritus. ~**pypie** *(bot.), Gladiolus hyalinus.* ~**rand** stone edging. ~**rant** rocky hill/ridge. ~**rif** rocky ridge/ outcrop. ~**riool** rubble/French drain. ~**rug** rocky ridge. ~**saag** grub/stone saw. ~**sal(a)mander** girdled/crag lizard. ~**sap** *(moisture in newly quarried stone)* quarry sap. ~**sissie** *(Adenandra* spp.) china flower. ~**skaap** mouf(f)lon. ~**skans** stone breastwork, sangar. ~**skerm** stone guard. ~**skeur** crevice, fissure, cleft *(in rock).* ~**sout** rock salt, halite. ~**splinter** spall, gallet, stone chip. ~**springer** *(zool.)* klipspringer, African chamois. ~**spyker** masonry nail. ~**stapel** cairn. ~**stapeling** stone-packing; stacking a cairn. ~**stapelwerk** stone-packing, dry masonry. ~**steen** stone, rock; *(infml.)* idiot, numskull. ~**steenhard** =*e* flintlike, (as) hard as stone; very difficult; rock-ribbed; adamantine; →KLIPHARD; ~ *van die geld* flush with money. ~**stof** stone dust. ~**storting** rockfall; riprap. ~**streepkoppie** →KLIPMOSSIE. ~**suier** *(icht.)* rock sucker, suckerfish. ~**sweet** secretion *(of a rock rabbit),* hyraceum. ~**trap** stone stair(s). ~**trappie** stone step(s). ~**uintjie** *(bot.) Babiana nana.* ~**varing** wall rue. ~**vis** *(icht.:* Clinidae *fam.)* klipfish; dried cod. ~**vloer** stone floor. ~**voorwerk** stone facing. ~**vreter** *(fig.)* diehard, hardliner. ~**wagter** *(orn.)* Cape rock thrush. ~**werk** stonework; stonecutting, =dressing; *geprikte* ~ dabbing. ~**werkbank** (mason's) banker. ~**werker** stoneworker. ~**werktuig** stone implement. ~**wol** →ROTSWOL.

klip·ag·tig =*tige* stony, rocky.

klip·per =*pers, (naut.)* clipper (ship).

klip·pe·rig =*rige* stony, rocky; ~*e strand* shingly beach. **klip·pe·rig·heid** stoniness, rockiness.

klip·pie =*pies, klippertjies* pebble; *(also, in the pl.)* grit; *iem./iets is (soos) 'n ~ in jou skoen* s.o./s.t. is a continual nuisance to one; *ronde ~(s)* shingle. ~-**hink** hopscotch. ~**strand** shingly beach.

klip·pies=: ~**helling** scree. ~**tuin** pebble garden.

klip·pies·rig =*rige* shingly.

klis·ma =*mas, (med.)* enema; *'n ~ toedien* administer an enema. **klis·teer** *(ge)*= administer an enema. **klis·teer·spuit** enema syringe.

kli·to·ris =*risse* clitoris.

klits[1] *klitse, n., (bot.)* bur(r); burdock; *Achyranthes aspera; aan iem. klou soos 'n ~* stick to s.o. like a bur(r)/ leech/limpet; stick like glue; *so 'n klein ~!, (infml.)* the little rascal!. ~**gras**, ~**kruid** burdock, burweed, prickle grass. ~**klawer** bur(r) clover; sea egg. ~**wol** burry wool.

klits[2] *ge=, vb.* beat *(eggs);* whip *(cream);* mill *(chocolate);* beat, smack, clout *(s.o.); (infml.)* pot *(s.o. with a gun); iets tot room ~* cream s.t.; *~ kry, (infml.)* get a spanking; *jy kry ~!, (infml.)* you'll get spanked!. **klit·ser** =*sers* (egg)= beater, (egg) whisk/whip.

klo·aak =*ake,* **klo·a·ka** =*kas* cloaca, sewer, cesspool; *(anat.)* cloaca.

klod·der =*ders, n.* clot, blob, dab; gout *(of blood).* **klod·der** *ge=, vb.* coagulate, clot; daub *(with paint).* **klod·de·rig** =*rige* blobby.

kloek[1] *kloeke kloeker kloekste, adj., (dated)* bold, brave, manly, stout, strong. **kloek·heid** *(dated)* boldness, bravery, valour, courage. ~**moedig** =*e, (fml.)* bold, brave, courageous, stouthearted. ~**moedigheid** *(fml.)* boldness, bravery, valour, courage, stoutheartedness.

kloek[2] *ge=* cluck, chuck. ~**hen** mother hen. ~-**kloek** cluck-cluck. **kloeks** *(rare)* broody; ruttish.

klo·fie =*fies* narrow ravine, little kloof, gully; →KLOOF.

klok *klokke, n.* clock, timepiece; bell; bell glass; bell jar; receiver *(of an air pump); die ~ is* ***agter*** the clock is slow; *die* ***gebeier/gelui*** *van ~ke* the peal(ing) of bells; *so* ***gereeld*** *soos 'n ~* like clockwork; *iets aan die* ***groot*** *~ hang, (fig.)* shout s.t. from the rooftops, broadcast (*or* make a noise about) s.t., blaze s.t. abroad, blazon s.t. forth/ out; *dit* ***klink soos*** *'n ~, (rare)*that sounds good; that is capital/first-rate/A1; ***kyk na*** *die ~!* look at the time!; *die ~* ***loop*** the clock goes; *die ~* ***loop voor*** the clock gains; *'n ~* ***lui*** ring a bell; *iem. het die ~ hoor* ***lui, maar*** *weet nie waar die bel/klepel hang nie* s.o. has heard something but doesn't really know what it's all about; *die ~ lui (stadig)* the bell tolls; *daar* ***lui/gaan*** *die ~* there goes the bell; ***met*** *die ~ (saam)* clockwise; ***op*** *die ~ af* to the minute; *die kind kan nog nie* ***op*** *die ~* ***kyk*** *nie* the child can't tell the time (*or* read the clock) yet; *die ~* ***slaan*** the clock strikes; *tien/ens.* ***slae*** *van die ~* ten/ etc. strokes of the clock; *'n* ***stel*** *~ke* a peal of bells; *'n* ***stem*** *soos 'n ~* a voice as clear as a bell; ***teen*** *die ~ (in)* anticlockwise, counterclockwise; *alles gaan* ***volgens*** *die ~* everything is done by the clock; *die ~ is* ***voor*** the clock is fast; *'n ~* ***vorentoe sit*** put a clock forward/on. **klok** *ge=, vb., (a turkey)* gobble; *(a skirt)* flare. ~**blom** bell-shaped flower. ~**boei** bell buoy. ~**boog** bell arch. ~**broek,** ~**pypbroek** bell bottoms, bell-bottom(ed) pants/trousers, flared pants/trousers, flares. ~**fles,** ~**glas** bell jar. ~**gebom** booming/clang of bells. ~**gelui** pealing/tolling/ringing/clang(ing)/chiming of (the) bells. ~**gholf** *(sport)* clock golf. ~**gieter** bellfounder. ~**gietery** bellfoundry. ~**gras** *(Briza maxima)* (large/ big/great) quaking grass, lady's heart grass; →KLOKKIESGRAS. ~**grassie** quiver/quaking grass. ~**helder** (as) clear as a bell; ringing *(voice).* ~**hoed(jie)** cloche (hat). ~**huis** bell chamber, belfry; core *(of fruit).* ~**kas** clock case. ~**knoppie** bell push. ~**koord** bell pull. ~**kunde** campanology. ~**luier** bell-ringer/toller. ~**maker** clockmaker. ~**metaal,** ~**spys** bell metal. ~**mou** bell sleeve. ~**pypbroek** →KLOKBROEK. ~**reël(ing)** curfew. ~**rok** flared dress. ~**romp** bell/flared skirt. ~**slag** stroke of the clock; *iets ~ doen* do s.t. time and again; *(met) ~ een/ens.* on the stroke of one/etc.; *iem. was (op) ~ daar* s.o. was there on the stroke (*or* punctually *or* on the dot). ~**slot** time lock. ~**spys** →KLOKMETAAL. ~**stoel** bell cage. ~**stuk** *(dressm.)* godet. ~**toring** clock/bell tower, belfry; campanile. ~**tou** bell rope. ~**tyd** clock time, time by the clock. ~**val** flounce. ~**verdieping** belfry. ~**vormig** =*e* bell-shaped; *(bot.)* campanulate. ~**werk** clockwork.

klok·ke=: ~**kunde** →KLOKKUNDE. ~**lied** peal of bells. ~**spel** chimes, carillon; bell-ringing, pealing of bells; *(mus.)* glockenspiel. ~**speler** bell-ringer, carillonneur, campanologist, bellmaster, carillon/chime player; →BEIAARDIER.

klok·ke·nis =*niste, (obs.)* →KLOKKESPELER.

klok·kie =*kies* little clock; little bell; tinkler; *(bot.)* bluebell, harebell, bellflower, campanula, Canterbury bell; *klein ~* tintinnabulum; *lui die ~!* ring the bell!; *die ~ lui om iem. te roep* ring for s.o.; *die ~ lui om iets te kry* ring for s.t..

klok·kies=: ~**gras** *(Briza minor)* (lesser/little/small) quaking grass; →KLOKGRAS. ~**heide** *Erica* spp..

klomp[1] *klompe* crowd, number, lot, group, bunch, pack, troop; lump, dollop, heap; quantity, deal; clump; nugget *(of gold);* wodge *(of papers etc.); in ~e* ***bymekaarkom*** troop together; *hulle is 'n* ***gawe*** *~, (infml.)* they are a nice crowd; *die hele ~, (infml.)* the (whole) lot; *'n* ***hele*** *~ ..., (infml.)* a whole lot/raft (*or* loads [and loads] *or* piles [and piles] *or* heaps [and heaps] *or* oodles [and oodles]) of ... ; *dis* ***ons*** *~* it is our mob/lot; *'n ~* ***skoolkinders*** a troop of schoolchildren; *net* ***soos*** *'n ~ ...* like so many ...

klomp[2] *klompe* clog, wooden shoe, sabot. ~**hand** club hand. ~**voet** club foot.

klom·pe=: ~**dans** clogdance. ~**danser** clogdancer.

klom·per =*pers, (obs.)* →BLOKSKOEN.

klom·pie =*pies* a bit/little; a few, some; small heap; handful, small number/quantity; batch, bunch, cluster, knot; bevy; covey; squad; *'n ~* ***appels*** a few (*or* some *or* a handful of) apples; *'n ~* ***bome*** a clump of trees; *'n ~* ***geluk*** a little (*or* a bit of) luck; *'n ~* ***grond*** a small heap of ground; *'n* ***hele*** *~ mense* quite a few people; *'n ~* ***mense*** a few people; *'n ~* ***soldate*** a small party of soldiers. **klom·pies·ge·wys, klom·pies·ge·wy·se** in small lots, in dribs and drabs.

klo·naal =*nale* clonal. **klo·nies** =*niese* clonic. **klo·ning** cloning; →KLOON *n.*.

klong *klonge, (racist)* coloured/black youth/youngster; *(endearing or joc.)* son; boy; lad. **klon·kie** =*kies, (racist)* (coloured/black) boy; *(endearing)* young/little son; young/little boy.

klonk *n., adv. & interj.* clonk. ~-**klonk** clonk.

klont *klonte, n.* lump *(of sugar);* clod *(of earth);* nugget *(of gold);* pig *(of iron);* clot, grume *(of blood);* dollop, nut, pat *(of butter);* →KLONTJIE; *~ in die bloed* thrombosis; *~ in die bors* lump in the breast. **klont** *ge=, vb.* clot, curdle, coagulate; become lumpy, form lumps (*or* a lump); *(med., also* klonter*)* thrombose. ~**goud** nugget gold. ~**suiker** lump/cube/loaf sugar. ~**vorming** clumping, clotting.

klon·ter =*ters, n.* clot *(of blood);* dab *(of mud);* →KLONT *n.*. **klon·ter** *ge=, vb.* clot, curdle, coagulate; →KLONT *vb.*. **klon·te·rig** =*rige* clotted, clotty, lumpy, cloggy, full of lumps/clods/etc.; curd(l)y; **klon·te·ring, klon·ting** clotting, coagulation.

klont·jie =*tjies* small lump, blob, cube, nodule, nubble, pastille; small clod *(of earth); 'n ~ botter* a knob of butter; *'n ~ suiker* a lump of sugar (*or* sugar lump).

kloof *klowe, n.* chasm, cleft, defile, fissure, gap, rift; kloof, gulch, ravine, gorge; *(fig.)* gulf; *daar lê 'n ~ tussen hulle* there is a gulf between them; *'n ~ tussen die berge* a ravine/kloof between the mountains. **kloof, klowe** *ge=, vb.* cleave, split, divide; chop *(wood);* rip *(timber); 'n diamant ~* split/cleave a diamond. ~**beitel** coping/cleaving chisel. ~**blok** puncheon. ~**byl** cleaving axe, cleaver. ~**dakspaan** shake. ~**hals** plunge/plunging neckline. ~**hout** split wood. ~**masjien** slitter, slitting machine. ~**mes** splitting/riving knife. ~**paal** split pole. ~**pons** coping punch. ~**saag** ripper, rip(ping)/ jack/board saw. ~**spaandak** split roof. ~**vlak** cleavage plane; quarry bed. ~**wig** feather, splitting wedge. ~**wind** ravine/canyon wind. ~**yster** splitting iron.

kloof·baar =*bare* cleavable; fissile; *(nuclear phys.)* fissionable *(atom).* **kloof·baar·heid** fissility; fissionability.

kloof·sel *(diamonds)* cleavage.

kloon *klone, n., (biol., comp.)* clone. **kloon** *ge=, vb.* clone. ~**vorming** cloning.

kloos·ter =*ters* cloister, abbey; monastery *(for monks);* nunnery, convent *(for nuns); in 'n ~ gaan* become a monk; take the veil, become a nun; *iem. in 'n ~ sit* cloister s.o.. ~**balsem** friar's balsam. ~**broeder** friar; lay brother. ~**gang** cloister. ~**gelofte** monastic vow; *die/ jou ~ aflê* take one's vows. ~**gewaad** monastic dress. ~**gewelf** cloister vault. ~**hoof** prior. ~**kerk** convent church, minster, abbey. ~**lewe** monastic/monkish/ convent life, monkery. ~**moeder** Mother/Lady Superior. ~**muur** cloister wall. ~**orde** monastic order. ~**owerste** superior. ~**reël** monastic rule. ~**sel** monastery/convent/cloister cell. ~**skool** convent/cloister school. ~**stof** convent cloth. ~**suster** nun. ~**tug** monastic discipline. ~**tuin** monastery/convent garden. ~**vader** superior. ~**voog** *(RC)* abbot, prior, superior; *(Gr. Orthodox Church)* archimandrite. ~**wese** monasticism, monkhood. ~**wet** →KLOOSTERREËL.

kloos·ter·ag·tig =*tige* cloistral, monastic, convent-like, conventual. **kloos·ter·lik** =*like* monastic, conventual, cloistral. **kloos·ter·ling** =*linge* inmate of a cloister; c(o)enobite; monk; nun.

kloot *klote, (rare)* testicle, testis; *(naut.)* truck.

klop *kloppe, n.* knock, tap, rap; throb, beat, palpitation *(of the heart);* knock *(in an engine); 'n ~ aan die deur* a knock on the door; *die ~ van die hart* the beating/ throbbing of the heart, heartbeat; *die ~ van die pols* the beat of the pulse. **klop** *ge=, vb.* knock, tap, pat, rap; hammer; hit, whack, *(infml.)* wallop; pulsate, pulse; *(the heart)* beat, throb, thump, palpitate; beat, thrash, lick, defeat, get the better of *(s.o.); (journ.)* scoop *(other newspapers);* agree, be consistent, correspond, fit in *(with); (accounts)* balance, square, tally; *(an engine)* knock; *daar* ***word*** *ge~* there's a knock (at the door); *die* ***as uit*** *'n pyp ~* knock the ashes from (*or* out of) a pipe; *aan 'n* ***deur*** *~* knock on a door; *iem.* ***behoorlik/deeglik*** *~* beat s.o. soundly; ***dit*** *~* that tallies; ***eiers*** *~* beat/ whisk eggs; *iem. se* ***kas*** *~* ***altyd*** s.o. is never a cent out; *iem.* ***maklik*** *~* beat s.o. easily, *(infml.)* walk (all) over s.o.; *alle* ***mededingers*** *~* beat/top all rivals; ***met*** *iets ~* correspond with s.t.; answer to s.t. *(a description etc.); dit ~* ***nie met*** *iem. se verklaring nie* it/that does not agree/tally/square/correspond (*or* fit in) with s.o.'s statement; ***metaal*** ~ beat (out) metal; *dit sal **moeilik** wees om iem. te* ~ s.o. will take a lot of beating; ***op*** *iets* ~ tap on s.t.; *iem.* ***op*** *die skouer* ~ pat s.o. on the back; *iets tot* ***room*** ~ cream s.t.; *die* ***span*** *is nog nie ge~ nie* the team has not lost a match (*or* is still unbeaten); *die* ***syfers*** ~ *nie* the figures do not agree/balance; ***tapyte*** ~ beat carpets; *met die/jou* ***vingers*** ~ tap with the/one's fingers; *iem.* ***vuurwarm*** ~, *(infml.)* dust/trim/warm s.o.'s jacket; ***wild*** ~ beat up game. **~boor** jackhammer, pneumatic drill. **~dans** *-e, n.* tap dance. **~dans** *ge-, vb.* tap-dance. **~danser** tap dancer. **~dansery** tap-dancing. **~disselboom:** *dit gaan* ~ matters are on an even keel, it is plain sailing, it is going swimmingly, *(infml.)* everything's hunky-dory. **~gees** rapping spirit, poltergeist. **~gatjie** = TOKTOKKIE. **~hamer** mallet; dresser; gavel. **~hings** rig, ridgeling, ridgel, cryptorchid/monorchid (stallion). **~jag** roundup; police drive/raid/swoop; *'n ~ hou/uitvoer* make a raid; *'n ~ op ...* a raid on ... **~kewer** deathwatch (beetle). **~-klop** pit-(a-)pat. **~klop-pie** *-s (orn.)* cisticola. **~lees** *(panel beating)* dolly. **~massering** tapotement. **~medium** spirit rapper. **~pik** *(rly.)* beater, stamper. **~ram** rig, ridgel(ing), cryptorchid (sheep/goat). **~room** whipping cream. **~steen** *(shoemaker's)* lapstone; *(washerwoman's)* washing stone. **~tor** →KLOPKEWER. **~vry** *(mot.)* antiknock. **~weerder, ~weer-middel** *-s, (mot.)* antiknock agent, knock inhibitor/suppressor. **~werend** *-e* antiknock. **~werk** bumping *(in panel work)*. **~yster** snarling iron, snarler.

klop·pend *-pende* pulsative, pulsatory; knocking; *~e hoofpyn* throbbing headache.

klop·per *-pers* knocker; pulsator; beater; *(telegr.)* sounder; whisk; mallet; fish club. **klop·pe·ry** beating, knocking.

klop·pie *-pies* tap, gentle knock.

klop·ping *-pings, -pinge* beat(ing), throb(bing), pulsation, palpitation.

klops *klopse* (Cape) coon/minstrel; (Cape) coon/minstrel band/group/troupe.

klop·se-: **~karnaval** *-le, -s,* **~fees** *-te, (SA)* (Cape) coon/minstrel carnival. **~lied** coon/minstrel song.

klos *klosse, n.* bobbin, reel, spool; *(elec.)* coil; cleat *(for rope)*; lock, dag(lock), taglock *(of sheep)*; tassel; tuft. **klos** *ge-, vb., (rope)* form locks, lock, cleat. **~besem** mop. **~kant** bobbin/pillow lace. **~wol** locks.

klo·set *-sette, (obs.)* closet, toilet. **~papier** *(obs.)* toilet paper.

klos·sie[1] *-sies* small tassel *etc.* →KLOS *n.*. **klos·(sies·)-gras** *Chloris virgata*.

klos·sie[2] →KALOSSIE.

klots *klotse, n.* lapping *(of waves)*; popple *(of water)*; *(billiards)* kiss. **klots** *ge-, vb. (waves, water)* lap, dash, splash, beat, popple; *(billiards)* kiss; **~karambool** *(billiards)* kiss cannon.

klou *kloue, n.* claw; hoof *(of ruminants)*; talon; paw; *(sc.)* ungula; *(bot., zool.)* unguis; dog, jaw, claw, cleat; clip, lug, bench clamp, catch; fluke *(of an anchor)*; calk(in); →KLOUTJIE; ***hou*** *jou ~e van ... af!* keep your paws off ...!; *iem.* ***in*** *jou ~e kry* get one's claws into (*or* get one's hooks into/on) s.o.; ***in*** *die ~e van ... wees/beland/val* be in (*or* fall into) the clutches/grip of ...; ***met*** *~e* taloned; ***uit*** *iem. se ~e bly* stay out of s.o.'s clutches; *iem.* ***uit*** *die ~e van die dood red* snatch s.o. from the jaws of death. **klou** *ge-, vb.* cling, stick; paw; clutch; claw; *(a tool)* bite; *(tyres)* grip; *aan ...* ~ cling/stick to ...; *(infml.)* latch on to ...; *soos klitsgras* (of *['n] klits*) ~ stick like glue, cling/stick like a bur(r)/leech/limpet. **~aap, ~apie** pygmy marmoset. **~bout** claw bolt. **~broek** = KLEEFBROEK. **~byl** claw hatchet. **~doring** grapple plant/thorn. **~-en-koeël(-)poot** *(rare)* claw-and-ball foot *(of a table etc.)*; →BAL-EN-KLOU(-)POOT. **~haak** clasp hook; cleek. **~hamer** nail/claw hammer. **~kaak** chelicera *(of a spider etc.)*. **~koevoet** claw bar. **~kop** chuck, collet. **~(kop)-bek** chuck jaw. **~koppelaar** claw clutch/coupling, dog/jaw clutch. **~kopsleutel** chuck key. **~kopvlak** chuck face. **~kopwerk** chuck work. **~merk** claw mark. **~moer** dog nut. **~(-)ontsteking** whitlow. **~plaat** chuck (plate). **~ring** chuck ring. **~seer, ~siekte** *(vet.)* foot disease. **~vormig** *-e* ungual, unguiform. **~yster** claw/ripping bar, ripper; grappling iron, crampon.

klou·e·rig *-rige* clinging; sticky, tacky; pawing; *iem. is (baie)* ~ s.o. can't keep his/her hands off one. **klou·e-rig·heid** stickiness, tackiness; tendency to paw.

klou·stro·fo·bie claustrophobia. **klou·stro·fo·bies** *-biese, adj.* claustrophobic. **klou·stro·foob** *-fobe, n.* claustrophobic.

klou·su·le *-les* clause, paragraph; proviso, stipulation.

klou·ter *ge-* clamber, climb, scramble. **~dief** *-diewe* cat burglar. **~plant** scrambler. **~raam** *-rame* climbing frame, jungle gym.

klou·te·raar *-raars* clamberer, climber, scrambler.

klou·tjie *-tjies* small claw; small paw; hoof *(of a cow etc.)*; cowheel; →KLOU *n.*; *die ~ by die oor bring* make s.t. sound plausible; figure s.t. out. **klou·tjies·o·lie** neat's-foot oil.

klo·we *ge-* →KLOOF *vb.*. **klo·wer** *-wers* splitter, slitter; cleaver. **klo·wing** cleavage, splitting, fission, slitting.

klub *klubs* club; *'n ~ vorm* club (together). **~baadjie** club blazer. **~gebou** clubhouse, club building, *(golf, infml.)* the nineteenth hole. **~lid** club member. **~lokaal** club room. **~maat** club fellow. **~stoel** club easy.

klub·pie *-pies* small club.

klug *klugte* farce; burlesque; joke; *'n ~ van iets maak* make a mockery of s.t.. **~spel** farce, low comedy; joke, scream. **~speler** (low) comedian. **~spelletjie** short farce. **~spelskrywer** writer of farces (*or* low comedies).

klug·tig *-tige* farcical, comical, funny, droll, odd. **klug-tig·heid** farcicalness, fun, drollery, oddness, oddity; burlesque, slapstick.

kluif *kluiwe, n., (rare)* bone *(to pick)*; *'n hele ~ wees, (arch.)* be a tough job (*or* a hard nut to crack). **kluif, klui·we** *ge-, vb., (rare)* pick *(a bone)*; gnaw, nibble at. **~hout, klui-werboom** *(naut.)* jib boom. **klui·fie** *-fies, (rare)* titbit; →KLUIF *n.*.

kluis *kluise* safe; vault, strongroom; safe-deposit box; cell, hermitage, hut; *(naut.)* hawse. **~breker, ~dief** safe-blower/breaker/cracker, *(sl.)* peterman. **~gat** hawsehole. **~pyp** hawsepipe.

klui·se·naar *-naars* hermit, recluse, solitary; *(hist.)* anchorite, anchoret; *soos 'n ~* reclusive. **~kreef** hermit crab.

klui·se·naar·ag·tig *-tige* reclusive.

klui·se·naars-: **~hut** hermit's cell, hermitage. **~lewe** hermit's life, life of a recluse, solitary life; cloistered life.

kluis·ter *-ters, n., (arch.)* chain, fetter, shackle; *(also, in the pl.)* trammels. **kluis·ter** *ge-, vb.* (en)chain, fetter, shackle, trammel; enthral; *aan jou bed ge~ wees* be bedridden (*or* confined to one's bed); *aan 'n lessenaar ge~ wees* be desk-bound (*or, infml.*) chairborne.

kluit *kluite* clod, lump; *onder die ~e wees, (infml.: in the grave)* be six feet under (*or* pushing up daisies); *klein ~, (infml.)* little imp/mischief. **~breker** *(agric.)* clod crusher.

klui·te·rig *-rige* full of clods/lumps, cloddy, cloggy.

kluit·jie *-tjies* small clod/lump; dumpling, doughboy; fib, lie; *~s bak/verkoop, (infml.)* tell fibs; tell tall stories; *'n yslike ~ bak, (infml.)* tell a whopper; *iem. met 'n ~ in die riet stuur* fob s.o. off. **~brood** doughy bread. **~sop** dumpling soup.

klui·we *ge-* →KLUIF *vb.*.

klui·wer *-wers, (naut.)* jib. **~boom** →KLUIFHOUT. **~seil** jib sail.

klun·gel *-gels,* **klun·ge·laar** *-laars, n., (obs.)* bungler; tinkerer; dawdler. **klun·gel** *ge-, vb., (obs.)* bungle; tinker; dawdle.

kluts: *die ~ kwyt wees, (infml.)* be (all) at sea (*or* all abroad *or* out of one's depth *or* off beam *or* fogged *or* in a fog *or* screwed up); be in a flat spin; *die ~ kwytraak, (infml.)* lose one's grip/head/mind/marbles (*or* the/one's thread), be out to lunch, psych(e) out, have a brainstorm; get flurried, go into a flat spin; *die ~ heeltemal kwytraak, (infml.)* go stark raving/staring mad/bonkers, get all screwed up.

klu·wel·tjie *-tjies, (anat.)* glomerule, glomerulus; *in ~s byeen* glomerulose.

knaag *ge-* gnaw; nag; fret; *(a remark etc.)* rankle; *aan iem. ~, (fig.)* keep on at s.o.; *aan iem. ~ om iets te doen* keep at s.o. to do s.t.; *aan iets ~* gnaw (*or* nibble [away]) at s.t. *(a carrot etc.)*; *iets ~ aan iem., (fig.)* s.t. gnaws at s.o. (*or* is eating s.o. up); *iets ~ aan iem. se gewete* s.t. preys (up)on s.o.'s conscience; *wat ~ aan hom/haar?* what's bugging/eating him/her?. **~dier** rodent, gnawer. **~dierdoder** rodenticide. **~dierpes** tularaemia.

knaap *knape* boy, lad; fellow, chap; page; *(arch.)* lectern (→KATEDER).

knab·bel *ge-* nibble (away) *(at/on)*, munch away *(at)*, gnaw (away) *(at)*. **knab·be·laar** *-laars* nibbler, muncher, *(esp. an animal)* gnawer.

kna·end *-ende, adj.* gnawing *(hunger, pain)*; troublesome; nagging; insistent; monotonous; unending, ceaseless, incessant, unabating, everlasting; lurking *(doubt)*; *'n ~e* ***affêre*** a boring business; *'n ~e* ***kêrel*** a troublesome/nagging fellow; *'n ~e* ***pad/reën*** an unending road/rain; *~e* ***pyn*** unabating pain; *~e* ***sorge*** carking care; *~e* ***verdriet*** poignant grief; *moenie so ~* ***wees*** *nie* don't nag so, stop griping. **kna·end** *adv.* everlastingly *etc.* (→KNAEND *adj.*, KNAAG).

kna·e·ry gnawing; nagging.

kna·ging *-gings, -ginge* gnawing; *~s/~e van die gewete* pangs/pricks/stings/twinges of conscience.

knak *knakke, n.* crack, snap; injury; blow, setback; nip *(in wire)*; *iem. se gesondheid het 'n ~ gekry* s.o.'s health received a setback (*or* was impaired); *'n ~ aan ... gee* impair ..., deal ... a blow; *'n ~ in die stem* a catch in the voice. **knak** *ge-, vb.* crack, snap, break; impair, injure; cripple *(an industry etc.)*; *(fig.)* break, destroy, ruin, finish, shatter; break, give, collapse; *(fig.)* collapse, break down, have a breakdown, go to pieces, come/fall apart, *(infml.)* crack up, psych(e) out, have a brainstorm; *die paal/ens. het ge~* the pole/etc. snapped; *iem. het sy/haar gesondheid ge~* s.o. impaired his/her health; *ge~te riet* broken reed. **~as** swing axle. **~breuk** greenstick (fracture). **~las** knuckle joint. **~punt** *(geol.)* knickpoint. **~skiet, ~vuur** snap shooting; trapshooting; skeet(shooting). **~stert:** *ou K~, (infml., rare: the Devil)* Old Nick. **~trap** dogleg stair(case). **~wors** (small) frankfurter, Cambridge sausage.

knaks *(rare)* unfriendly; sour; at loggerheads; *~ met iem. wees* be at odds with s.o..

knal *knalle, n.* bang; detonation, explosion; crack, report *(of a gun)*; clap *(of thunder)*; pop *(of a cork)*; snap; *'n harde ~* a big/loud bang. **knal** *ge-, vb.* bang; detonate, explode; *(a gun)* crack, bark; clap, crash; *(a cork)* pop; snap; *(sc.)* fulminate. **~demper** silencer, muffling device, muffler, exhaust (box). **~demping** silencing, muffling. **~doppie** *(rly.)* detonator; fulminating cap. **~effek** *-te* stage effect, spectacular finish; snap ending. **~gas** detonating/explosive/oxyhydrogen gas. **~gasvlam** oxyhydrogen flame. **~geweer(tjie)** cap gun; popgun. **~goud** fulminating gold. **~groen** glaring/staring green. **~kop** warhead. **~kwik** fulminating (*or* fulminate of) mercury. **~lont** detonating fuse. **~opening** cutout. **~patroon** petard, detonator, detonating cartridge. **~pienk** shocking pink. **~pistool** cap gun/pistol. **~poeier** detonating/fulminating powder. **~pot** *(Du.)* →KNALDEMPER. **~punt** flash point. **~rooi** glaring/staring red. **~sein** detonator signal. **~silwer** fulminating (*or* fulminate of) silver. **~sinjaal** torpedo. **~sku** gun-shy. **~sout** fulminate. **~stof** fulminating explosive. **~suur** fulminic acid.

knal·lend *-lende* fulminant, fulminating, fulminatory. **knal·ler** popper.

knap *knap knapper knapste, adj.* able, capable, clever, bright, proficient, brainy, smart, intelligent, *(infml.)* hotshot *(attr.)*, *(infml.)* ace; workmanlike; narrow; tight; scanty; short; confined *(space)*; *(obs.)* handsome, personable; *(obs.)* neat, spruce; *~* ***in*** *Latyn/ens. wees* be good at/in Latin/etc., be a good Latin/etc. scholar; *'n ~* ***leerling/ens.*** a bright pupil/etc.; *~* ***met*** *... wees* be deft with ... *(one's hands)*; *'n ~* ***stuk*** *werk* a clever/smart piece of work; *~* ***van*** *geld wees* be short of money. **knap** *adv.* cleverly, deftly, neatly, skilfully; tightly; scantily; only just; *(obs.)* handsomely; *iem. was ~* ***daar***

of dit begin reën s.o. had hardly arrived when the rain started (*or* when it started to rain *or* when it started raining); ~ ***gedaan!*** well done!, very good!, good for you!, nice work!; *(iron., infml.)* bully for you!; *dit is ~ **gedaan*** that was cleverly managed (*or* neatly done); ~ ***pas/sit,*** *(a garment)* be tight(-fitting) (*or* a tight fit). ~**handig** *-e, adj.* dexterous, handy, clever, deft, skilful, skilled, quick, adroit. ~**handig** *adv.* deftly, expertly; →KNAPHANDIG *adj.*. ~**handigheid** dexterity, cleverness, deftness, (manual) skill. ~**kaart** smart card.

knap·heid ability, cleverness, efficiency, skill, proficiency; tightness; *(obs.)* handsomeness, good looks; →KNAP *adj.*.

kna·pie *-pies* little boy, nipper; urchin; →KNAAP.

knap·per *ge-* crackle, crepitate. **knap·pe·rend** *-rende* crisp.

knap·pies skilfully; tightly; scantily; ~ *ryp, (rare)* not fully ripe.

knap·sak knapsack, haversack, kitbag. ~**boer(tjie)** small farmer. ~**kêrel,** ~**kerwel** →KNAPSEKÊREL.

knap·se·kê·rel *(bot.)* blackjack, beggar('s)-tick, sweetheart.

knars *ge-* →KNERS. ~**been** cartilage, gristle. **knar·se·tand** *ge-, (rare)* gnash/grind/grit one's teeth; ~*(end) vloek, (rare)* grind out an oath.

knas·ter *-ters* →KANASTER.

kna·ter *-ters, (vulg.: testicle)* ball, bollock, nut, rock; *iem. aan sy ~s beethê, (vulg. sl.)* have s.o. by the balls.

kne·ding kneading; *(massage)* petrissage; →KNIE[2].

knee *ge-* →KNIE[2].

kneg *knegte, n.* servant, menial; *(agric.)* farmhand, labourer; *(also fig.)* slave. **kneg** *ge-, vb.* →VERKNEG. ~**(s)diens** menial service.

knegs *knegse* servile; menial. **kneg·skap** servitude, slavery, bondage, thraldom, thrall, vassalage.

kneg·te·lik *-like* slavish, servile.

kne·kel·huis *(hist.)* charnel house; ossuary.

knel *knelle, n.* pinch, difficulty; *in die ~ sit/wees, (rare)* →IN DIE **KNYP** SIT/WEES. **knel** *ge-, vb.* pinch, squeeze, jam; bind; oppress; *(med.)* strangulate; *ge~(d)* hard pressed; *deur ... ge~ word* be in the grip of ... *(drought etc.).* ~**gang** critical path. ~**gangontleding** critical path analysis. ~**greep** firm/iron/tight/vice-like grip; →WURGGREEP. ~**punt** bottleneck *(fig.).* ~**verband** tourniquet, garrot.

knel·lend *-lende* irksome; oppressive; ~*e bande* bonds/fetters of oppression. **knel·ling** *-lings, -linge* pinch(ing); restraint; oppression; *(med.)* strangulation.

knel·ter *ge-* →KNIEHALTER.

kners *ge-* creak, grate; jar; crunch; *(op) jou tande ~* gnash/grind/grit one's teeth. ~**geluid** grinding/grating noise.

kner·send *-sende* grating; crunching, crunchy. **kner·sing** *-sings, -singe* gnashing, grinding.

Knes·set: *die ~, (Isr. parl.)* the Knesset.

knet·ter *ge-* crackle, sputter, spurt; *(thunder)* crash; *(guns, fire, etc.)* blaze away; crepitate; *(minerals)* decrepitate. **knet·te·ring** crackling, sputtering; sizzle; crash(ing); crepitation; decrepitation.

kneu·kel *-kels* knuckle. ~**gewrig** knuckle joint.

kneus *kneuse, n.* bruise, contusion. **kneus** *ge-, vb.* bruise; maul; contuse. ~**plek,** ~**wond** bruise, contusion; upset *(in wood).*

kneu·sing *-sings, -singe* bruise, contusion; bruising.

kne·wel *-wels, n.* whopper, whacker, huge one, beauty, stunner, spanker; *(tech.)* toggle, tommy (bar); *(obs.)* moustache; *(obs.)* whiskers; *'n ~ van 'n ...* a huge (*or* a very big) ... *(fellow etc.);* a jumbo(-sized) ... *(diamond etc.).* ~**skroef** tommy screw. ~**stang** gag bit; *'n ~ aansit* gag *(a horse).* ~**teuel** gag rein.

knib·bel *ge-* haggle, bargain, chaffer, dicker, higgle; quibble, pettifog. ~**spel** jackstraws, spillikins.

knib·be·laar *-laars* haggler, (hard) bargainer, higgler; pincher; quibbler, pettifogger. **knib·bel·ag·tig** *-tige,* **knib·bel·rig** *-rige* haggling, higgling; quibbling. **knib·be·la·ry, knib·bel·ry** haggling, bargaining, higgling; cheeseparing, pinching; quibbling.

knie[1] *knieë, n.* knee; elbow *(of an engine); op **blote** knieë smeek* beg on both knees; *die **broek** kry knieë* the trousers are bagging at the knees; *die ~ voor ... **buig*** bend/bow the knee to ...; *jou knieë **dra*** run (away) fast, take to one's heels, run for one's life, rush off, cut and run, *(infml.)* skedaddle; ***met** knieë* kneed; *iets **onder** die ~ hê, (fig.)* know (how to do) (*or* be on top of) s.t., *(infml.)* have s.t. taped; *iets **onder** die ~ kry, (fig.)* master (*or* get on top of) s.t. *(a subject etc.); iem. **oor** die/jou ~ trek* put s.o. across/over one's knee; ***op** jou knieë* on bended knee(s); ***op** jou knieë val, jou **op** jou knieë werp* go (down) on (*or* fall to) one's knees; ***op** jou knieë wees* be on one's knees; *iem. **op** die/sy/haar knieë bring/dwing* bring/force s.o. to his/her knees; *'n kind **op** die ~ hê* nurse a child; *met die ~ **stoot/aanstoot*** knee; *iem. se knieë **swik*** s.o. gives at the knees; ***tot** aan die knieë* knee-deep; ***water** op die ~* water on the knee; *~ in die **wind** slaan na ...* make tracks for ... ~**band** knee protector/supporter; knee-halter. ~**besering** knee injury. ~**boog** →KNIEHOLTE. ~**broek** *(hist.)* knee breeches, plus fours, knickerbockers; knickers, bloomers. ~**buigend** *-e* obsequious, deferential, fawning, cringing, grovelling, submissive, knee-crooking. ~**buiging** kneeling, bending of the knees; knee bend; curts(e)y, bob; *(RC)* genuflection; *'n ~ maak* curts(e)y, bob, bob/drop/make a curts(e)y; *(RC)* genuflect. ~**buigstuk** knee bend. ~**diep** knee-deep, up to the knees; *~ voor dag, (poet., liter.)* long before daybreak. ~**gewrig** knee joint *(of a pers.);* stifle joint *(of a horse).* ~**gewrigsontsteking** gon(arthr)itis. ~**hefboom** bell crank/lever. ~**holte,** ~**kuil,** ~**boog** hollow/back/bend of the knee, ham. ~**hoog** knee-high. ~**hoogte** knee height. ~**jig** gout in the knee; gonagra. ~**knik** *n.* curts(e)y, bob; →KNIEBUIGING; *'n ~ maak* curts(e)y, bob, bob/drop/make a curts(e)y; *(RC)* genuflect; *'n ~ vir iem. maak* curts(e)y/bob to s.o.. ~**knik** *ge-, vb.* curts(e)y, bob. ~**knop** →KNIEKOP. ~**kombers** travelling rug. ~**kop** kneecap; →KNIESKYF. ~**kous** *(usu. in the pl.)* knee-high, knee(-length) stocking; *(in the pl., arch.)* half-hose; kneepan *(for horses).* ~**kuil** →KNIEHOLTE. ~**kuil-aar** popliteal vein. ~**kuilslagaar** popliteal artery. ~**kussing** →KNIELKUSSING. ~**lengterok** knee-length dress. ~**opening** kneehole. ~**peesrefleks** →KNIEREFLEKS. ~**pers** toggle press. ~**plooi** knee fold. ~**pyn** gonalgia. ~**pyp** knee pipe. ~**refleks** knee jerk/reflex. ~**register** *(mus.)* knee-stop/swell *(of a harmonium).* ~**sening** hamstring; *die ~ deursny* hamstring. ~**skakelaar** toggle switch. ~**skut,** ~**skerm** knee guard, kneepad. ~**skyf** kneecap, knee bone, patella; stifle bone *(of a horse, dog, etc.).* ~**spalk** knee splint. ~**steun** knee rest; knee bracket. ~**stewel** knee boot, Wellington. ~**stuk** knee piece; elbow piece *(of an engine);* bracket. ~**val** *n.* genuflection; *'n ~ voor iem. doen* bend/bow the knee to (*or* fall to one's knees before) s.o., throw o.s. at s.o.'s feet. ~**val** *ge-, vb.* curts(e)y, genuflect, get down on one's knees. ~**verbinding** toggle joint. ~**vering** knee action. ~**viool** = BASVIOOL. ~**vormig** *-e* knee-shaped; *(biol.)* geniculate(d). ~**water** water on the knee, housemaid's knee.

knie[2] *ge-* knead; fashion, mould, work up. ~**bak,** ~**skottel** kneading bowl/basin. ~**emmer** kneading bucket/pail. ~**masjien** dough mixer, kneading machine, kneader. ~**plank** moulding board.

knie·baar *-bare* kneadable; plastic, pliable, mouldable; *(geol.)* fictile. **knie·baar·heid** kneadableness; plasticity, pliableness, pliability.

knie·ë *ge-* →KNIE[2]. **knie·ënd** *-ënde* kneading; moulding.

knie·ër *-ërs* kneader. **knie·ë·ry** kneading.

knie·hal·ter, knel·ter *ge-* hamshackle, *(SA)* knee-halter *(a horse etc.); (fig.)* hamper, handicap, hamstring *(s.o.); ge~ wees* labour under a disadvantage; *deur beperkings ge~ word* be fenced in by restrictions. ~**slag** clove hitch. ~**span** *ge-* (knee-halter and) hobble *(a horse).*

kniel *ge-* kneel; *voor iem. ~* kneel before/to s.o.. ~**bank(ie)** kneeling stool, kneeler, footstool. ~**kussing** kneeling pad, hassock, kneeler, kneeling cushion. ~**mat** prayer rug.

knie·lend *-lende* kneeling; on bended knee(s). **knie·ler** *-lers* kneeler.

knies *ge-* fret, mope, brood, worry, pine, sulk; →DOODKNIES. ~**oor** *(obs.)* →KNIESER.

knie·ser *-sers* worrier, mope. **knie·se·rig** *-rige* fretful, moping, mopish. **knie·se·rig·heid** fretfulness, mopishness. **knie·se·ry** fret(ting).

knik *knikke, n.* nod, beck; dip, depression; kink; buckle; *(mech.)* knuckle joint; toggle; bracket *(of a hinge); 'n ~ maak, (a road etc.)* describe a dogleg. **knik** *ge-, vb.* nod; beckon; buckle; collapse; wink *(at); **gedurig** ~* nid-nod; ***goedkeurend** ~* nod approbation; ***instemmend/toestemmend** ~* nod assent; *iem. se **knieë** ~* s.o.'s knees are knocking/trembling; ***(met die/jou kop)** ~* nod one's head; ***(met die/jou oog)** ~* wink; ***toestemmend** ~ →**instemmend/toestemmend**; **vir** iem. ~* nod at/to s.o.; wink at s.o., give s.o. a wink. ~**belasting** = KNIKLAS. ~**beweging** nutation, nod. ~**knieë** *(rare)* →AANKAPKNIEË. ~**las** buckling/collapsing load. ~**pyp** crossover (pipe); offset pipe. ~**skakelaar** crossover; →KNIESKAKELAAR. ~**spanning** buckling stress. ~**spoor** cross rut *(in a road).* ~**sterkte** buckling strength/resistance.

knik·kend *-kende* nodding, nutant.

knik·ker *-kers, n., (obs.)* marble (→ALBASTER, GHOEN); toggle; bullet head; *(bot.: Romulea spp.)* frutang. **knikker** *ge-, vb., (obs.)* play marbles; →UITKNIKKER. **knik·ke·rig** *-rige* bumpy, shaky, dotty. **knik·ker·tjie** *-tjies, (obs.)* small marble; *(obs.)* game of forfeits; *(infml., rare)* kiddie; *(bot.: Romulea spp.)* frutang; *(in the pl., bot.) Caesalpinia* sp..

knik·kie *-kies* slight nod; small hollow *(in a road).*

knik·king nodding, nutation.

knip *knippe, n.* cut, snip *(with scissors);* snare, spring, trap; catch, bolt, clasp *(of a door);* detent *(in clocks, machinery, etc.);* hasp; hook, snap, spring, catch *(of a purse);* (snap) fastener; clip; flick; *die ~ is **aan*** the safety catch is on; *die ~ **afhaal*** unlatch; *met 'n ~ van die **oog*** with a wink of the eye; ***op** ~ wees, (a door etc.)* be on the latch/catch; *die deur/ens. **op** ~ sit* put the door/etc. on the latch/catch; ***van** die ~ af wees* be off the latch/catch. **knip** *ge-, vb.* cut *(with scissors);* clip, trim, pare *(one's nails);* clip, trim *(a hedge);* snip *(a piece of thread);* clip, punch *(tickets);* snap *(one's fingers);* flick; shear; wink; *vir iem. ~ **en buig*** bow and scrape to s.o.; ***(hare)** skuins ~* shingle (hair); *iets **kort** ~* →KORT *adj. & adv.; jou **oë** vir die lig ~* blink (one's eyes) against the light; *jou **oog** vir iem. ~* give s.o. a wink; *~ **en plak,** (comp.)* cut and paste; *'n **uiltjie** ~* have forty winks, take a nap; *iets **uit** ... ~* cut s.t. out of ...; ***vir** dokter/ens. ge~ wees* →VIR DOKTER/ENS. **UITGEKNIP** WEES; ***vir** mekaar ge~ wees* →VIR MEKAAR **UITGEKNIP** WEES. ~**beuel** clasp, snap (frame) *(of a purse).* ~**kaartjie** clip card. ~**kam** trimming comb. ~**lem** shear blade. ~**lig** winking light, blinker. ~**masjien** shearing machine, shears; clipper; jerry. ~**mes** pen-, pocketknife, clasp knife; *buig soos 'n ~* bow and scrape; *jou lyf ~ hou, (rare)* bounce, swank; court a girl; *groot ~* jackknife. ~**mesry** *knipmesge-* swank it on horseback. ~**ogie,** ~**oog** wink; twinkle; blink; *iem. 'n ~ gee/gooi* give s.o. a wink, wink at s.o.; make eyes at s.o., give s.o. the glad eye. ~**oog** *ge-* wink; bat an eyelid; *knipogend* winking; *vir iem. ~* wink at s.o., give s.o. a wink. ~**patroon** paper/cutting pattern. ~**skêr** nip shears. ~**sleutel** latchkey. ~**slot** latch (lock), snap lock/bolt, click lock. ~**speld** safety pin. ~**stang** catch rod. ~**tang** (cutter) nippers. ~**tor** click/snap beetle, skipjack. ~**veer** latch spring. ~**vlies** *(zool.)* third eyelid, nic(ti)tating membrane, haw. ~**werk** shearing.

knip·hof·i·a *-as, (bot.)* red-hot poker.

knip·per *-pers, n.* clipper, (pair of) clippers; punch; docker, trimmer, cropper. **knip·per** *ge-, vb.* blink, wink; nic(ti)tate; *met jou oë ~* flutter one's eyelids.

knip·pie *-pies* dash, pinch *(of salt);* slide *(for hair); (infml., also* knypie*)* quickie, nooky, nookie; →KNIP *n.; 'n ~ ...* a dash/pinch of ... *(pepper etc.); iets met 'n ~ aan ... vasmaak* clip s.t. onto (*or* on to) ...; *'n ~ vang/vat, (infml.)* have a quickie (*or* a roll in the hay *or* [a bit of] nooky/nookie), make whoopee.

knip·sel *-sels* cutting, clipping; crop; snip; scrap. ~**boek** scrapbook. ~**diens** press-cutting service.

knob·bel *-bels* bump, knob; swelling, nodule, boss,

protuberance, node; *(anat.)* cusp; tooth cusp; nub, nubble. **knob·bel·rig** *=rige, (rare)* **knob·bel·ag·tig** *=tige* knotty *(fingers);* gnarled, gnarly *(branch);* knobby, knobbly; nodular; torose, torous; sesamoid, tubercular, tuberculate(d). **knob·bel·tjie** *=tjies* nodule; papule; tubercle.

knoei *ge=* mess (about), make a mess; blunder, bungle, botch; scamp *(work);* wangle, pull the wires, intrigue, scheme; →KNOEIERY; ~ ***aan*** ... fool/mess/monkey/muck about with (*or* tinker at) ...; ~ ***met*** ... tamper with (*or* manipulate/massage) ... *(data, statistics, etc.);* ~ ***met*** *werk* scamp work; *hulle* ~ ***saam*** they are intriguing. **~boel** →KNOEIERY, KNOEIWERK. **~bou** jerry-building. **~bouer** jerry-builder. **~gebou** jerry-built structure. **~hou, ~slag** foozle. **~spul** fix; mess, *(infml.)* botch(-up). **~werk** bad/bungling/scamped/botched/shoddy/sloppy/skimped work, *(infml.)* botch(-up); muddle; wangling.

knoei·er *=ers* blunderer, bungler, botcher, muddler; schemer, wangler, cheat, intriguer. **knoei·e·rig** *=rige* inclined to blunder *etc.;* inclined to wangle *etc.;* shoddy; pettifogging; →KNOEI. **knoei·e·ry** *=rye* mess, botch, fix, bungle, bungling; wangling, jobbery, jiggery-pokery, graft, machination, intrigue, corrupt/sharp practice; *(fml.)* malversation.

knoes →KNOETS.

Knoet *(hist.: Dan. king of Eng.)* Canute, Cnut, Knut.

knoet[1] *knoete* knout.

knoet[2] *knoete,* **knoet·vo·ël** *=ëls, (orn.: Calidris canutus)* knot.

knoets *knoetse,* **knoes** *knoeste* gnarl; knot, burl; knob; node; bur(r) *(in wood);* snag; wart. **knoe·sie** *=sies* nodule. **knoet·se·rig, knoes·te·rig** *=rige,* **knoet·sig** *=sige* gnarled, gnarly; knotty, knotted; knobb(l)y; nodose, nodous, nodular; tubercular. **knoet·se·rig·heid, knoes·te·rig·heid, knoet·sig·heid** knottiness; knobbiness; nodosity.

knof·fel garlic; →WILDEKNOFFEL; *iem. se asem ruik na* ~ s.o. has garlicky breath. **~asem** garlicky breath. **~botter** garlic butter. **~brood** garlic bread. **~huisie** clove of garlic. **~mayonnaise** aïoli, aioli. **~pers, ~drukker, ~kneuser** garlic press. **~polonie** garlic polony. **~sous** garlic sauce. **~sout** garlic salt.

knof·fel·ag·tig *=tige* garlicky.

knok *knokke, (rare)* bone, knuckle.

knok·kel *=kels* knuckle. **~eelt, ~toon** bunion. **~koors** dengue (fever).

knol *knolle* bulb; nodule; tuber; concretion; ***gerokte*** ~ corm; *'n ou ~, (infml.), (an old horse)* a hack; *(a feeble pers.)* an old crock; *(an old-fashioned pers.)* a square; *iem. ~le vir* ***sitroene*** *verkoop, (infml.)* make s.o. believe that the moon is made of green cheese, pull a fast one on s.o., take s.o. in, deceive s.o.; *~le* ***uithaal*** lift tubers. **~draend** *=e* tuberous, tuberose, tuberiferous. **~gewas** tuberous plant. **~kool** kohlrabi. **~korund** boulder corundum. **~raap** swede, Swedish turnip. **~seldery** celeriac. **~swam** truffle. **~vormig** *=e* tuberiform; *(bot.)* tuberous, tuberose, tubercular.

knol·ag·tig *=tige* bulbous, tuberous. **knol·le·rig** *=rige* nodular. **knol·le·tjie** *=tjies, (bot.)* tubercle; corm; nodule.

knoop *knope, n.* button; node; crux *(of a matter);* tangle, knot *(in rope);* kink; stud *(for a collar); (bot.)* node; expletive, oath; plot *(of a story);* →KNOPE=; *die (Gordiaanse) ~* ***deurhak*** cut the (Gordian) knot; *daar is 'n ~ in die* ***draad,*** *(fig.)* there is a hitch somewhere; *die ~ is aan die* ***end/punt*** *van die riem, (idm., rare)* merry is the feasting till we come to the reckoning, the reckoning comes at the end; *'n ~* ***gee/los,*** *(infml.)* swear, utter an oath; *die ~ (van die huwelik) is* ***gelê*** the marriage knot has been tied; *daar* ***lê/sit*** *die ~* that's (*or* that is) the problem/snag/trouble, there's (*or* there[in] lies) the rub; *daar* ***lê/sit*** *juis die ~!, (also)* that's (just) it!; *waar* ***lê/sit*** *die ~?* what's the problem/snag/trouble?; *knope is* ***los/vas*** buttons are undone (*or* done up); *'n ~* ***losmaak*** undo/untie a knot; undo a button; *'n ~* ***maak*** tie a knot; *'n* ***snelheid*** *van 20/ens. knope* a speed of 20/etc. knots; *'n* ***stywe*** *~* a tight knot; *knope* ***vasmaak*** do up buttons. **knoop** *ge=, vb.* button (up); knot; hitch; tangle; tie; net *(a purse);* make *(nets);* tat; swear; *'n* ***das*** *~* knot/tie a tie; ***Duitse*** *~* timber hitch; ... ***aan mekaar*** *~* knot ... together; *iets in jou* ***oor*** *~* make a mental note of s.t.; ***soos*** *'n ketter/matroos ~, (infml.)* swear like a bargee/lord/trooper. **~bos** buttonbush. **~das** necktie. **~derm** volvulus; ileal kink, torsion of the gut(s); intussusception, telescoping of a gut; *(vet.)* gut-tie. **~doos** button box. **~-en-doop** *n.* tying and dyeing, tie-dyeing. **~-en-doop** *ge=, vb.* tie and dye. **~fraiing** knotted fringe. **~garing, ~gare** knotted yarn. **~gras** knotgrass. **~haak, ~hakie** buttonhook. **~kleuring** tie-dyeing. **~kraag** button-down collar. **~kruid** *(Centaurea* sp.) knapweed, knotweed. **~laars** *(obs.)* →KNOOPSTEWEL. **~lus** frog (fastener) *(on a uniform); met ~se* frogged. **~lyn** nodal line. **~naald** netting needle. **~plaat** gusset (plate). **~pool** knotted pile. **~punt** junction, (railway) centre; nodal point, node, nodus. **~-sel** *=le* nodal cell. **~skoen** button shoe. **~skrif** quipu writing. **~steek** knot stitch; *Duitse ~* coral stitch. **~stewel** button boot. **~trui** cardigan. **~werk** knotting, knotwork; tatting. **~werker** tatter.

knoops·gat *=gate* buttonhole. **~maker** buttonholer; buttonhole attachment. **~skêr** buttonhole scissors. **~steek** buttonhole stitch. **~sy** buttonhole twist.

knop *knoppe, n.* knob, handle *(of a door);* peg *(of a hat-rack); (bot.)* node, gemma; knob, head, top *(of a stick);* bump, lump; pommel *(of a saddle); (elec.)* (press/push) button, switch; bud *(of a plant);* gall *(on a tree); (sc.)* stud, boss, protuberance, umbo; knoll, rounded hill, hummock; *(derog.)* (country) bumpkin, clod(hopper); →KNOPPIES=; ***in die*** *~ wees* be in bud; *'n digter/ens.* ***in die*** *~* a budding poet/etc.; *'n ~ in die* ***keel*** a lump in the throat; *~pe* ***kry,*** *(bot.)* gemmate; *iem. het 'n ~ op die* ***maag,*** *iem. se* ***maag*** *trek op 'n ~* s.o.'s stomach is in a knot; ***met*** *~pe, (bot.)* emmate; *iem. 'n ~* ***steek/draai,*** *(obs.)* →IEM. 'N STREEP TREK; *~pe* ***uitbreek*** disbud; *met ~pe* ***versier*** stud; ***vol*** *~pe* knobbed, knobb(l)y. **knop** *ge=, vb.* bud; burgeon; bulge. **~aar** *(rare)* →SPATAAR. **~afsterwing** bud blight. **~bos(sie)** *Berzelia* spp.. **~dop(skilpad)** geometric tortoise; →SUURPOOTJIE. **~draend** *=e, (bot.)* umbonate, gemmiferous. **~grendel** knob bolt. **~kierie** club, bludgeon, knobkierie, knobkerry, knobstick. **~knie** knobb(l)y knee. **~neus** bulbous nose, bottlenose, conk; *(pers.)* conky. **~slot** knob lock. **~stof** nut fabric. **~velsiekte** lumpy skin (disease). **~vinger** clubbed finger. **~vormig** *=e, (bot.)* nodose, tuberose, umbonate. **~vorming** budding; *deur ~ voortplant* gemmate; *deur ~ voortplantend* gemmiparous. **~wortel** club root; eelworm disease. **~wurm** nodular worm.

kno·pe=: ~doos →KNOOPDOOS. **~winkel** button shop.

kno·pie *=pies* little button; small knot. **~spinnekop** button spider, black widow (spider).

kno·ping knotting.

knop·pe·rig *=rige* knobb(l)y, knotted; nodose, nodous, nodular, nodulose, nodulous, tuberose; cloddish, uncouth. **knop·pe·rig·heid** knobb(l)iness; nodosity.

knop·pie *=pies* small knob; small bud; gemmule; nodule; tubercle; papule; stud, small boss, *etc.;* knobble; splint *(on the leg of a horse);* →KNOP *n.; op 'n ~ druk* press/push a button; *op iem. se ~ druk, (infml.)* call on s.o. to do s.t..

knop·pies=: ~blaar erinose. **~bos** *Leucadendron* spp.. **~doring** *(Acacia nigrescens)* knob thorn. **~garing** knop(ped) yarn, spot yarn. **~goed** *(text.)* huckaback. **~hout** buttonwood. **~klits** *Cynoglossum* spp.. **~lei** *(geol.)* knotenschiefer. **~velsiekte, knopvelsiekte** lumpy skin (disease).

knop·pies·rig *=rige, (biol.)* tubercular.

knor *knorre, n.* growl; grunt; *~ kry* get a scolding. **knor** *ge=, vb.* growl; grunt; snarl; grumble; chide, scold; *die hond ~* the dog growls; *vir ... ~* growl at ... **~buffel, ~os** yak; →JAK. **~haan** gurnard. **~kissie** *(infml.: concertina)* squeeze box. **~pot** growler, grumbler, grouser. **~tjor** (go-)kart.

knor·der *=ders, (icht.: Pomadasys spp.)* grunter.

knor·rig *=rige* grumpy, crabbed, grouchy, crusty, grumbling, churlish, irritable, peevish, petulant, surly, testy, splenetic, morose. **knor·rig·heid** grumpiness, crabbedness, grouchiness, churlishness, irritability, peevishness, testiness, *etc.* (→KNORRIG).

knot *knotte, n., (rare)* knot, skein, hank *(of wool);* weaver's hitch. **knot** *ge=, vb.* head, prune, top *(a tree);* stunt, poll, pollard *(a willow);* truncate *(a cone);* clip *(a wing);* curtail *(s.o.'s power).* **~boom** pollard. **~hout** pollards. **~stam** pollard. **~wilg(er)** pollard willow.

knots *knotse* club, cudgel, bludgeon, knobstick; Indian club; mace; *(golf)* baffy. **knots·vor·mig** *=mige* clubbed, club-shaped, clavate, claviform.

knou *knoue, n.* setback, damage, injury; *iets 'n ~* ***gee/toedien*** damage s.t. *(crops etc.);* impair s.t. *(s.o.'s health etc.);* set s.t. back *(an enterprise etc.); iets het 'n ~* ***gekry*** (*of het 'n ~* ***weg***) s.t. has been damaged/impaired (*or* set back) *(crops, s.o.'s health, an enterprise, etc.); iem. het 'n* ***groot/kwaai*** *~ weg* s.o. has suffered a grievous blow; *iets is 'n ~* ***vir iem.*** *se trots* s.t. is a blow to s.o.'s pride. **knou** *ge=, vb.* damage, harm, hurt, injure, tarnish; maul, knock about, savage.

knul *knulle, (rare)* lout; fellow.

knup·pel *=pels, n.* club, cudgel; baton, cosh, nightstick, truncheon, bludgeon, billet *(of metal);* joystick *(of an aeroplane); 'n ~ onder/tussen die hoenders* (*of in die hoenderhok*) *gooi, (fig.)* put/set the cat among the pigeons, cause a flutter in the dovecote; *met ~s bestraat, (hist.)* corduroy *(a road).* **knup·pel** *ge=, vb.* cudgel. **~aanval** baton charge. **~bestrating** *(hist.)* corduroy *(of a road).* **~dik** *(infml.)* quite satisfied, full to bursting, stuffed, gorged; *~ wees* have a good meal under one's belt. **~hout** *(hist.)* corduroy. **~pad** *(hist.)* corduroy road. **~stormloop** baton charge. **~vormig** *=e* claviform, clubbed, club-shaped.

knus *knus(se) knusser knusste, adj.* snug, cosy, comfy, homely, hom(e)y, lived-in, *(infml.)* mumsy; *so ~ wees soos 'n vlooi in 'n kooi, (infml.)* be as snug as a bug in a rug. **knus, knus·sies** *adv.* snugly, cosily. **knus·heid** snugness, cosiness. **knus·sies** →KNUS *adv..* **knus·sig** *=sige, (rare)* →KNUS *adj..*

knut·sel *ge=* potter/fiddle (about/around), tinker *(with);* work at a hobby; *(infml., comp.)* hack. **~werk** pottering, trifling work; odd jobs; hobbies.

knut·se·laar *=laars* potterer, tinkerer, hobbyist.

knut·se·la·ry, knut·sel·ry fiddling, tinkering; handiwork; hobby. **knut·se·ling** *(infml., comp.)* hacking.

knyp *knype, n.* pinch, tweak; *in die ~* ***beland,*** *(infml.)* get (o.s.) into a fix/jam; *iem. in die ~ laat* ***beland,*** *(infml.)* put s.o. in a tight spot/corner; *in die ~* ***raak,*** *(infml.)* get/have the wind up; get cold feet; *in die ~* ***sit/wees,*** *(infml.)* be in trouble (*or* in a tight corner/spot *or* in a quandary *or* in a fix/jam/pickle/scrape); be on the spot; be (caught) in a cleft stick. **knyp** *ge=, vb.* pinch, nip, squeeze, tweak; *iem. in die arm ~* pinch s.o.'s arm; *ge~ wees* be in a fix, feel the pinch/draught; *as dit begin ~, (infml.)* if/when it comes to the crunch, when it comes to the push, when push comes to shove. **~breekmasjien** jawcrusher. **~breker** jawcrusher. **~breuk** crushing fracture. **~bril** folders, pince-nez, nose-nippers. **~horing** ingrowing/pinched horn. **~kop** beast with ingrowing horn(s). **~stert** funky, windy; *~ raak, (infml.)* get cold feet. **~stok** cleft stick. **~tang** (pair of) pincers *(big),* nippers *(small),* pliers. **~(tang)beweging** *(mil.)* pincer movement.

kny·per *=pers* nipper, pincher; *(entom.)* clasper; *(zool.)* claw; chela *(of a crustacean);* chelicera *(of an arachnid);* clip, fastener; clothes peg; pince-nez; pincers, forceps, nippers, clasp, grip. **kny·per·bord** clipboard. **kny·pe·rig** *=rige* stingy, mean; inclined to pinch/squeeze.

kny·pie *=pies* nip, pinch; →KNIPPIE; *'n ~ ...* a pinch/dash of ... *(salt, pepper, etc.).*

kny·ping *=pings, =pinge* nip-out, pinch-out.

ko= *pref.* co=.

ko·a·gu·la·sie coagulation, clotting. **ko·a·gu·leer** *ge=* coagulate, clot. **ko·a·gu·leer·mid·del, ko·a·gu·le·rings·mid·del** *=dels, =dele* coagulant. **ko·a·gu·le·ring** coagulation, clotting.

ko·ak·si·aal *=ale* coaxial.

ko·ak·sie coaction. **ko·ak·tief** *-tiewe* coactive.

ko·a·la *-las,* **ko·a·la·beer** *-bere* koala (bear), kangaroo bear.

ko·a·li·seer *ge-* coalesce. **ko·a·li·sie** *-sies* coalition. **Ko·a·li·sie·oor·log** Coalition War. **ko·a·li·sie·re·ge·ring** coalition government. **ko·a·li·si·o·nis** *-niste* coalitionist.

ko·balt *(chem., symb.: Co)* cobalt. **~blom** cobalt bloom, erythrite. **~blou** cobalt blue. **~bom** cobalt bomb. **~erts** zaffre, zaffer. **~gebreksiekte** *(stock disease)* pine. **~geel** cobalt yellow. **~glans, kobaltiet** cobalt glance, cobaltine, cobaltite. **~glas** smalt. **~groen** cobalt green. **~kies** linnaeite. **~sulfaat, ~vitrioel** cobalt sulphate, red vitriol.

ko·bal·ties *-tiese* cobaltian.

ko·bold *-bolde* kobold, goblin, hobgoblin, brownie, gremlin.

ko·bra *-bras* cobra; →GEELSLANG.

ko·da *-das, (It., mus.)* coda.

ko·da·mien *(chem.)* codamine.

kod·dig *-dige* droll, comic(al), funny; odd, curious, quaint, grotesque. **kod·dig·heid** funniness, drollness, drollery, comicality; oddness, oddity.

ko·de *-des* code, cipher, cypher; *in ~* in cipher/cypher; *'n ~ ontsyfer* break a code; *iets in ~ skryf/skrywe* encode s.t.. **~naam** codename. **~nommer** code number. **~omsetter** transcoder. **~ontsyferaar** code breaker. **~slot** combination lock. **~woord** codeword.

ko·deer *(ge)-* (en)code, encipher. **ko·deer·baar** *-bare* codable. **ko·deer·baar·heid** codability. **ko·de·ring** coding.

ko·de·ïen *(med.)* codeine.

ko·deks *-dekse* codex.

ko·di·fi·seer *ge-* codify. **ko·di·fi·ka·sie** *-sies* codification. **ko·di·fi·se·ring** *-rings, -ringe* = KODIFIKASIE.

ko·di·sil *-sille* codicil, supplement.

kod·ling·mot codlin(g) moth; →APPELMOT.

Ko·dok *(geog.)* Kodok.

Koe·a·la Loem·poer →KUALA LUMPUR.

Koe·ban(·ri·vier) Kuban (River).

Koe·blai Khan Kublai Khan.

koe·boe·bes·sie kooboo/kubu berry, Cape cherry.

koe·doe *-does* kudu, koodoo. **~bul** bull kudu/koodoo. **~kalf** kudu/koodoo calf. **~koei** cow kudu/koodoo. **~plant** Indian mulberry.

ko·ë·du·ka·sie, ko·e·du·ka·sie coeducation.

koe·ël *koeëls, n.* bullet *(of a gun);* ball *(of a cannon);* shot; fetlock (joint) *(of a horse); as jy vir die ~* ***bedoel*** *is, sal jy nie in troebel water verdrink nie* (of *elke ~ het sy* ***bestemming***) every bullet has its billet; *'n* ***flou*** *~* a spent bullet; ***fluitende*** *~s* swishing bullets; *iem. het die ~* ***gekry*** s.o. was shot; *met ~s* ***gelaai*** shotted; *'n ~ is te* ***goed*** *vir iem.* s.o. is not worth powder and shot; *'n ~ deur jou kop* ***ja(ag)*** blow one's brains out; *iem. 'n ~ deur die lyf* ***ja(ag)*** put a bullet through s.o.; *die ~ is deur die* ***kerk,*** *(fig.)* the die is cast, it is too late to do anything about it; *'n ~ in die lyf* ***kry,*** *(also, infml.)* stop a bullet; ***soos*** *'n ~ uit 'n geweer/roer* like a shot; ***ruwe*** *~* slug. **koe·ël** *ge-, vb.* pelt, throw; shoot/fire at; *iem. met iets ~* pelt s.o. with s.t. *(stones etc.).* **~afstand** range. **~-as** ball pivot. **~baan** trajectory, curve of a projectile; ball track; ball(-bearing) race. **~bakterie** coccus. **~blomplataan** *(bot.)* buttonwood. **~bui** rain of bullets. **~dig** *(rare)* = KOEËLVAS. **~fles(sie)** marble stopper bottle. **~gat** bullet/shot hole. **~gepoleer** ball-burnished. **~gewrig** arthrodia, ball and socket (*or* cup-and-ball) joint, socket/spheroid/ball joint *(mot.).* **~gieter** ball founder. **~huls** bullet case. **~klep** ball/pea/globe valve. **~knip** ball catch. **~kop** ball head. **~kraan** ball tap. **~laer** ball bearing; ball race. **~mal** *(hist., rare)* →KOEËLVORM. **~mantel** jacket *(of a bullet).* **~meul(e)** ball mill. **~moer** ball nut. **~patroon** ball cartridge. **~pen** ball pin. **~prop** ball plug. **~reën** shower/hail of bullets. **~ring** ball(-bearing) race. **~rond** globular, spherical; well rounded. **~skerm** mantlet. **~tang** *(surg.)* crow-bill *(for extracting bullets etc.).* **~tap** ball journal. **~tapbout** ball stud. **~trekker** worm. **~vas** *-te* bulletproof, shot-proof; *~te baadjie* bulletproof/fla(c)k jacket. **~vis** globefish, tetrodon. **~vorm** spherical/globular shape, spherical/globular form, sphericalness; *(hist., also [rare]* koeëlmal*)* bullet mould. **~vormig** *-e* globular, spherical. **~vry** *(rare)* = KOEËLVAS. **~vuur** small-arms fire. **~wond** bullet/gunshot wound.

koe·ël·tjie *-tjies* pellet; globule, spherule; (ball in a) ball bearing.

ko·ëf·fi·si·ënt, ko·ef·fi·si·ënt *-siënte* coefficient.

koei *koeie* cow; *'n mens noem nie 'n ~* ***bont*** *as daar nie 'n vlekkie aan is nie, (idm.)* (there's *or* there is) no smoke without fire; *dis nie die ~ wat die hardste* ***bulk*** *wat die meeste melk gee nie, (idm.)* it is not the hen that cackles (the) most that lays the biggest egg; *'n mens kan die ~ die* ***bulk*** *nie belet nie* nature will have her way; *'n ~* ***dek*** serve a cow; *'n* ***droë*** *~* a cow not in milk; *'n ~ kan moontlik 'n* ***haas*** *vang* (of *in 'n* ***boom*** *klim*), *(idm.)* pigs might fly; *'n ~ met 'n* ***kalf*** a cow in milk; *praatjies oor ~tjies en* ***kalfies*** small talk; *oor ~e/~tjies en* ***kalwers/kalfies*** *gesels/praat* make (*or* indulge in) small talk, talk about this and that (*or* about nothing in particular); *so* ***kwaai*** *soos 'n ~ met haar eerste kalf* as angry as a bear with a sore head; ***ou*** *~e uit die sloot grawe, (fig.)* (re)open (*or* open up) old sores/wounds, rake up old issues/grievances/grudges/resentments/etc.; *moenie* ***ou*** *~e uit die sloot grawe nie!, (also)* let bygones be bygones!. **~brug** orlop (deck). **~haai** *(icht.)* cow shark. **~hakke** cow hocks. **~kamp** cow paddock/pasture. **~klok** cowbell. **~kraal** cow pen/kraal. **~-oog** cow's eye; *(bot.)* ox-eye. **~paal** milking post. **~parade** *(infml., derog.: beauty contest)* cattle market. **~pokke, ~pokkies, beespokke, -pokkies** cowpox, vaccinia. **~skuur, ~stal** cowshed, -house. **~wagter** →BEESWAGTER.

koei·tjie *-tjies* little cow; *oor ~s en kalfies gesels* →KOEI.

koe·ja·wel *-wels* guava; *Chinese/Sjinese ~* strawberry guava.

koek *koeke, n.* cake; *(her.)* torteau; *(taboo sl.: female genitals)* fanny, pussy, cunt; *die ~ het in die* ***as geval,*** *(infml.)* it was a flop; *'n ~* ***bak*** bake a cake; *'n* ***hap*** *uit/van die ~ kry* →HAP *n.; dit is ~* ***hiernamaals,*** *(infml., rare)* it is pie in the sky; *dit is so* ***maklik*** *soos ~ eet* →MAKLIK *adj.; 'n* ***stuk*** *~* a piece of cake. **koek** *ge-, vb.* cake, clot; knot; *(hair)* mat; bunch, cluster, huddle; lump, become lumpy; *(bees)* swarm together; cling together. **~bak** *koekge-* bake cakes (*or* a cake). **~bakker** confectioner, pastry cook. **~beslag** cake mixture. **~blik** cake tin. **~bord** cake dish. **~bordjie** cake plate. **~heuning** honey in the comb, comb honey. **~kraam** cake stall. **~krummel** cake crumb. **~meel** cake flour. **~mengsel** cake mix. **~pan** baking/cake pan; cake tin. **~plaat** griddle. **~poeding** cottage pudding. **~rakkie** cake cooler, cooling tray. **~saad** caraway seed. **~soda** bicarbonate of soda, sodium bicarbonate, baking/cooking soda. **~spaan** cake lifter/server. **~staander** cake stand. **~struif** trifle. **~tabak** cavendish. **~versiering** cake decoration. **~versiering, ~versiersel** icing. **~vorm** *-s* cake mould/pan, tube pan. **~vurkie** cake fork. **~winkel** cake shop.

koe·ke·le·koe cock-a-doodle-doo.

koe·ke·loer *ge-* peep, peer, spy, pry. **~(haar)styl** peekaboo (hair)style.

koe·ke·ma·kran·ka, koek·ma·kran·ka *-kas, (bot.: Gethyllis spp.)* kukumakranka.

koe·ke·pan *-panne, (min.)* cocopan, tram; *met ~ne vervoer* tram. **~vervoer** tramming. **~werker, ~opsigter** trammer.

koe·ke·ra·sie *-sies, (infml.)* combobulation, tangle, tangled mass.

koe·kie *-kies* small cake, pastry; *(droë) ~* cookie, biscuit; *'n ~ seep* a cake of soap; *'n ~ suurdeeg* a cake of yeast. **~suurdeeg** pressed yeast. **~vaatjie** biscuit barrel.

koek·ma·kran·ka →KOEKEMAKRANKA.

koe·koek *-koeke* cuckoo; *(sp. of fowl)* Plymouth Rock; *(rare)* skylight *(on a ship).* **~eier** cuckoo egg. **~hen** speckled hen. **~(hoender), koekoekie** Plymouth Rock. **~horlosie, ~klok** cuckoo clock. **~valk** cuckoo falcon. **~vink** cuckoo finch.

koe·koe·kie →KOEKOEK(HOENDER).

koe·koeks·blom ragged robin, cuckoo flower; lady's-smock.

ko·ëk·si·sten·sie, ko-ek·si·sten·sie *n. (no pl.)* coexistence.

koe(k)·sis·ter *-ters, (SA, cook.)* koe(k)sister.

koel *koel(e) koeler koelste, adj.* cool, cold, chilly, fresh; cool(-headed), calm, collected, composed, dispassionate, passionless; aloof, distant, frigid, unaffectionate; self-possessed *(attitude);* stony-faced; *(sl.)* cool, funky; *in ~en* ***bloede*** in cold blood, cold-bloodedly; *~* ***bly*** keep cool; *iets ~* ***hou*** keep s.t. cool; *~ en* ***kalm*** *bly, (infml.)* play it cool; *~* ***klere*** light clothes; *~* ***kleure*** cool colours; *die* ***kop*** *~ hou* keep one's head, keep a level head; *dis* (of *dit is*) ***lekker*** *~* it's (*or* it is) pleasantly cool; ***nie*** *~ nie, (sl.)* uncool; *'n ~(e)* ***ontvangs*** a cool/cold/chilly/frosty reception; *'n ~* ***plek*** a cool/shady spot; *~* ***weer*** mild weather; *'n ~* ***windjie*** a fresh breeze; *dit* ***word*** *~, (the weather)* it is getting chilly/cooler; *iem.* ***word*** *~ (infml.)* s.o. freezes up. **koel** *adv.* coolly, coldly, collectedly, composedly, dispassionately; frigidly, icily; self-possessedly; →KOEL *adj.*. **koel** *ge-, vb.* cool; give rein to *(one's feelings, passions, etc.);* vent *(one's rage, wrath, resentment, etc.);* wreak *(vengeance);* →VERKOEL. **~bak** cooler, cooling trough. **~bewaring** →KOELOPBERGING. **~bloedig** *-e, adj.* cold-blooded; calculating, calculated; *(obs.)* cool(-headed), collected, phlegmatic, unperturbed, impassive, unmoved. **~bloedig** *adv.* coolly; in cold blood, cold-bloodedly, callously. **~bloedigheid** cold-bloodedness *(fig.); (obs.)* phlegmatic nature; *(obs.)* coolness; *(obs.)* cool-headedness, impassiveness, imperturbability. **~boks** →KOELHOUER. **~drank** soft/cold/cool drink. **~drankbuffet** soda fountain. **~eenheid** cooling unit. **~eier** chilled egg. **~emmer** cooling/ice pail; cooler. **~faktor** *(meteorol.)* chill factor. **~houer, ~boks** cool box, icebox. **~inrigting, ~installasie** cooling plant/system; refrigerating/cold-storage works, cold-storage/freezing/refrigerating plant. **~kamer** cooling chamber, cool room, refrigerator (room), cold storage (chamber); *(also:* koelkamers*)* cold store; chilling room *(in a brewery).* **~kamervleis** chilled meat. **~kas** refrigerator, *(infml.)* fridge, cooler, *(Am.)* icebox (→YSKAS); *(infml., rugby)* cooler, sin bin; *(infml., ice hockey)* penalty box; *~ (sonder 'n vriesvak[kie])* larder fridge. **~kaseier** chilled egg. **~kieu** *(aeron.)* cooling gill. **~kis(sie)** cooler. **~kop** cool, calm, collected, unmoved, unruffled, *(infml.)* unfazed; *~ bly* keep a cool/level head, stay/remain level-headed, *(infml.)* keep one's (*or* play it) cool. **~mantel** water/cooling jacket. **~middel** *-s, -e* cooling agent, coolant; refrigerant. **~oond** cooling furnace, annealing oven. **~opberging, ~bewaring** cold storage. **~pakhuis** →KOELSKUUR. **~pommade** cold cream. **~pomp** coolant pump. **~pyp, ~slang** cooling pipe, condensing coil, worm condenser. **~rooster** cooling tray; (cake) cooler. **~ruim** refrigerated hold. **~ruimte** refrigerating/cold-storage space. **~sak, ~tas** cool bag. **~seil** windsail. **~skip** refrigerated ship. **~skuur, ~pakhuis** cold store, cold storage warehouse. **~slang** →KOELPYP. **~stelsel** cooling system. **~stof** coolant. **~tas** →KOELSAK. **~tegniek** refrigeration. **~tegnikus** refrigeration expert. **~toring** cooling tower. **~trok, ~wa** refrigerator car/truck. **~vat** cooler, cooling vat, refrigerator. **~vin** cooling fin/rib/vane. **~-vrieskas** fridge-freezer. **~water** cooling water. **~weg** coolly.

koe·lak *-lakke, (Russ. landowner)* kulak.

koe·lan *-lans, (zool.)* kulan, onager, wild ass.

koe·ler *-lers* cooler, condenser.

koe·le·rig *-rige* somewhat cool/chilly/fresh; →KOEL *adj.*. **koe·le·rig·heid** chilliness.

koel·heid coolness, coldness, chilliness; self-possession; frigidity.

Koe·lie *-lies, (derog.)* Indian, Asiatic. **koe·lie** *-lies* coolie. **~winkel** *(derog.)* Indian store/shop.

koe·ling cooling; chilling, refrigeration.

koel-koel *ge-, (a turkey)* gobble.

koel·te *-tes* cool(ness); breeze; shade; shady spot; *sonder* ~ unshaded; *in die* ~ in the shade. **~boom** shade tree; nurse tree. **~kant** shady side.

koel·te·tjie *-tjies* shady spot; slight breeze.

koel·tjies (quite) coolly *(of behaviour)*.

koe·mis *(<Tatar, fermented mare's/camel's milk)* kumiss, koumis(s), koumyss.

koem·kwat, kum·kwat *-kwats* kumquat.

koeng foe *(Chin. martial art)* kung fu.

koe·nie *-nies*, **koe·nie·bos** *-bosse* →GHNARRABOS.

koe·nie-kan·nie, kan·nie-koe·nie: *dit is* ~, *(obs.)* the grapes are sour.

ko·ën·siem, ko-en·siem *-sieme* coenzyme.

koe·pee *-pees, (vehicle)* coupé; coupé, half-compartment. **koe·peer** *(ge)-, (rare)* cut *(cards)*.

koe·pel *-pels* dome, cupola; crown. **~dak** domed/dome-shaped roof, cupola. **~gebou** rotunda. **~gewelf** dome(-shaped vault). **~helling** *(geol.)* quaquaversal dip. **~kerk** dome(d) church. **~muur** drum. **~oond** cupola. **~stadion** *(sport)* astrodome, astrohatch. **~venster** bow window. **~vormig** *-e* dome-shaped, domical.

koe·pel·tjie *-tjies* small dome; *(geol.)* stock.

koe·plet *-plette* couplet; stanza, verse.

koe·pon *-pons, -ponne* coupon. **~boekie** book of coupons.

koer *ge-, (a dove, pigeon, etc.)* coo; *(a baby)* gurgle; *(murmur lovingly/fondly)* coo.

Koer'aan, Qoer'aan, Qur'aan →KORAN.

koe·rant *-rante* (news)paper; *iem. is **by** 'n* ~ s.o. is on a newspaper (*or* connected with the press), s.o. is a journalist; ***in** die ~(e) staan/kom* be in (*or* get into) the paper(s); *op 'n ~ **inteken*** subscribe to (*or* take [in]) a newspaper; *'n **invloedryke*** ~ a newspaper of standing; ~ ***lees*** read a/the newspaper; ***lieg soos** 'n* ~ lie like a trooper; ***offisiële*** ~ gazette; ***provinsiale*** ~ provincial gazette; *'n **veelgelese*** (of ***veel gelese***) ~ a widely read newspaper; *'n **wandelende** ~, (infml.)* a gossip/gossipmonger. **~artikel** newspaper article. **~berig** newspaper report. **~handelaar** newsagent. **~joggie, ~seun** newsboy, (news)paper boy. **~kantoor** newspaper office. **~kiosk, ~stalletjie** newsstand. **~knipsel** newspaper/press cutting. **~leser** newspaper reader. **~magnaat** press baron, newspaper tycoon. **~man** news(paper)man, pressman, journalist. **~oorlog** paper war. **~papier** newsprint (paper), newspaper print. **~redakteur** newspaper editor. **~seun** →KOERANTJOGGIE. **~skryfster** news(paper)woman, woman journalist. **~skrywer** journalist, news writer, news(paper)man, pressman, news(paper)woman; newspaper contributor, correspondent. **~skrywery** journalism. **~styl, ~taal** journalistic style/language, newspaper language, journalese. **~uitknipsel** →KOERANTKNIPSEL. **~verkoper** newspaper seller, newsboy, -man; news vendor; newsagent. **~werk** journalism. **~wese** newspaper industry.

koe·rant·jie *-jies* small newspaper; *(disparagingly)* sheet, rag.

koe·ra·sie courage, pluck, guts, spunk; libido; *'n persoon van* ~ a plucky person.

Koerd *Koerde* Kurd. **Koer·dies** *n., (lang.)* Kurdish. **Koer·dies** *-diese, adj.* Kurdish; *~e mat* Kurdistan mat. **Koer·di·stan** *(geog.)* Kurdistan.

koe·rier *-riers* courier; messenger; *koninklike* ~ king's/queen's messenger.

Koe·ri·le Kuril(e) Islands, Kurils.

Koer·land *(geog., hist.)* Courland, Kurland; *iem. het van ~ se vleis geëet, (obs.)* s.o. is a lazy beggar.

koers *koerse, n.* course, tenor, direction, route; *(stocks)* price quotation; *(money)* (rate of) exchange, rate; policy, tack, trend; *'n ~ **bepaal/vasstel*** chart a course; *iem. van ~ **bring*** fluster s.o.; put s.o. off his/her stroke; *jou **eie** ~ volg* keep to one's own line; *~ van die **gesprek*** drift of the conversation; *~ **hou*** (of ***koershou***) be on course; keep straight (*or* [to] one's course); ***hou** ~!* stay on the right course!; *dieselfde ~ **hou**, (naut.)* stand on; *~ **hou*** (of ***koershou***) *na* ... head/make/steer for ...; ***in** daardie* ~ that way, in that direction; *'n ander ~ **inslaan*** change one's (*or* try another) tack; *skielik 'n ander ~ **inslaan*** fly/go off at a tangent; *'n nuwe ~ **inslaan*** strike out in a new direction; make a new departure; *'n ~ **inslaan/kies*** take a direction; take a tack; *ek moet nou (my) ~ **kry**, (infml.)* I'll be on my way; I have to toddle along; *dit sal vanself ~ **kry*** (of ***koerskry***) things will sort themselves out; ***kry** (jou) ~!, (infml.)* beat it!, scram!; *iem. kan nie met iets ~ **kry*** (of ***koerskry***) *nie* s.o. can't/cannot understand/manage s.t.; *~ **kry*** (of ***koerskry***) *na* ... head for ...; *iem. is sy/haar/die ~ **kwyt**, iem. het die ~ **kwytgeraak*** s.o. got lost; ***op** ~ kom* get into one's stride, settle down; ***op** die regte/verkeerde ~ wees* be on the right/wrong tack; *die ~ op ... **rig*** shape a course for/to ...; ***teen** die ~ van* ... at the rate of ...; ***uit** die ~ wees* be off course; ***van** ~ (af) raak* drift/go (*or* be driven) off course, lose (one's) direction; *~ van **uitgifte*** price of issue; *~ **vat*** (of ***koersvat***) get under way; *~ **vat*** (of ***koersvat***) *na* ... head/make (*or* be heading) for ...; shape a course for/to (*or* make towards *or* steer for) ...; *~ **vat/kies*** (of ***koersvat/-kies***), *(also)* take a definite line; *van ~ **verander*** change/alter (one's) course; *(naut.)* go about; veer round; change tack; *(fig.)* change front, about-turn, make a volte-face; *skielik van ~ **verander*** fly/go off at a tangent. **koers** *ge-, vb.* head/make/steer for; stand in *(from the sea)*; stand out *(to sea)*. **~afdrywing** drift. **~afwyking** deviation, variation *(in course)*. **~baken** landmark. **~bepaling** direction finding. **~berekening** calculation of exchange. **~daling** *-s, -e* fall in prices; depreciation (of currency), drop in the exchange rate. **~hou** →KOERS HOU. **~kry** →KOERS KRY. **~lys** list of quotations, stock-exchange list, stocklist. **~notering** (market) quotation. **~peiler** *(instr.)* navigator. **~roer** vertical rudder. **~skommeling** fluctuation. **~styging** rise in the exchange rate. **~vas** unswerving, unwavering; consistent; principled. **~vat** →KOERS VAT. **~vastheid** consistency, singleness of purpose; directional stability. **~verandering** change of course/direction; haul, deflection of wind; change of rate. **~verbetering, ~verhoging** advance, improvement (in prices), rise in the exchange. **~verlaging** fall/drop in the exchange rate. **~verlies** loss on exchange. **~verloop** course of exchange. **~verskil** difference in price, difference in exchange rate, agio. **~waarde** market/exchange value.

koers·loos *-lose* undirected; *(fig.)* rudderless. **koers·loos·heid** lack of direction.

koer·ta *(Hindi, loose-fitting collarless shirt/tunic)* kurta, khurta.

koes *n., (rare): jou ~ hou* keep a low profile, stay in the background. **koes, koets** *ge-, vb.* crouch, stoop, dodge, jink, lie low, duck; sidestep; *~ vir* duck. **~-koes** *adv.* continually dodging/crouching.

koe·sis·ter →KOE(K)SISTER.

koes·koes[1] *(cook.)* couscous; millet porridge.

koes·koes[2] *-koese, (zool.)* cuscus, (spotted) phalanger.

koes·naat·jie *-jies, (bot.) Crassula columnaris.*

koes·ter *n., (icht.)* koester; *(orn.)* →KOESTER(TJIE). **koester** *ge-, vb. (the sun)* warm *(the earth etc.)*; nurse *(a drink)*; have *(doubts, high ideas/hopes, great expectations, etc.)*; cherish, entertain *(the hope that ...)*; nurture *(a dream, plan, etc.)*; cherish, foster *(illusions etc.)*; entertain *(feelings)*; cherish, nourish *(a desire)*; harbour, nurse *(an idea, a grievance)*; harbour *(evil thoughts, feelings of jealousy, suspicion[s], etc.)*; bear *(love, malice, a grudge, etc.)*; indulge *(a hope)*; hug *(a prejudice)*; *'n **adder** in/aan die/jou bors* ~ →ADDER. *jou **in** ... ~* bask in ... *(the sun, s.o.'s favour)*; *die **voorneme** ~ om iets te doen* intend doing (*or* to do) s.t.; *'n **wrok** teen iem.* ~ →WROK. **~haai, reusehaai** *(icht.: Cetorhinus maximus)* basking shark, sailfish.

koes·te·rend *-rende* nurturing, fostering; *'n ~e omgewing* a nurturing environment; *~e sorg* nurturance.

koes·te·ring cherishing, nurturance, *etc.* (→KOESTER *vb.*).

koes·ter(·tjie) *-ter(tjie)s, (orn.)* pipit.

koet *koete, (orn.)* (European) coot.

koe·ter·waals, koe·ter·waals *n.* jargon, gibberish, double Dutch, lingo, abracadabra, gobbledygook. **koe·ter·waals, koe·ter·waals** *-waalse, adj.* unintelligible.

koets *koetse, n.* coach, carriage; *(joc.)* car; *ligte* ~ phaeton; *~ ry* coaching; stage. **koets** *ge-, vb.* →KOES *vb.*. **~huis** coach house. **~perd** coach horse. **~werk** coachwork, body(work). **~werkfabriek** coachworks.

koet·ser *-sers* dodger; →KOES.

koet·sier *-siers, (chiefly hist.)* coachman; driver, whip(per); charioteer; cabman *(of a horse-drawn carriage)*; *die K~, (astron.)* the Charioteer, Auriga; *iem. is 'n goeie/slegte* ~ s.o. is a good/poor whip.

koets-koets →KOES-KOES.

koe·vert *-verte* envelope, cover; *in 'n gewone* ~ under plain cover.

koe·voet *-voete* crowbar, lever, jemmy; *(hist.)* handspike.

Koe·weit *(geog.)* Kuwait. **Koe·wei·ti** *-ti's* Kuwaiti. **Koe·weits** *-weitse* Kuwaiti.

koe·wer·tuur *-ture, (obs., <Du.)* cover.

kof·fer *-fers* (suit)case; (travelling) bag; trunk; box; coffer *(for valuables)*; *plat* ~ portmanteau, suitcase; *iem. het sy/haar ~s gepak (en is weg)* s.o. packed his/her bags (and left). **~dam** coffer(dam). **~hangkas** wardrobe trunk. **~oortreksel** suitcase cover. **~sleutel** suitcase key; trunk key. **~(stoom)ketel** wag(gon) boiler. **~vis** *(icht.: Ostracion spp.)* box-, cofferfish.

kof·fer·tjie *-tjies* small suitcase; coffret, small box.

kof·fer·toer, kof·fer·tuur →KOEWERTUUR.

kof·fie coffee; *~ **brand*** roast coffee (beans); *'n (koppie) ~ **drink*** have a (cup of) coffee; ***een** ~, ~ vir **een*** one coffee; ***flou/sterk*** ~ weak/strong coffee; ***Ierse*** ~ Irish coffee; *~ drink soos die **kan** hom skink, (fig.)* take things as they come; *kan ek 'n **koppie** ~ kry?* may I have a cup of coffee?; *iets is **op** die ~, (infml.)* s.t. is kaput (*or* on the blink *or* not functioning/working *or* out of order), s.t. has gone phut; *iem. is **op** die* ~ s.o. has gone pot; *~ **skink*** pour/serve coffee; ***swart*** ~ (of ~ ***sonder melk***) black coffee; ***wit*** ~ (of ~ ***met melk***) white coffee. **~bakkie** basin of a coffee mill. **~bessie** coffee berry. **~blik** coffee tin/bin. **~bitter** *(rare)* →KAFEÏEN. **~boom** coffee tree. **~boon(tjie)** coffee bean; *uitgedopte ~bone* hard coffee, nibs. **~brandery** coffee roasting; coffee-roasting factory. **~bruin** coffee-coloured. **~-ekstrak** coffee essence, essence/extract of coffee. **~filter, ~filtreerder** coffee filter. **~huis** coffee house/shop, café. **~kamer** coffee room/shop; refreshment room. **~kan** coffeepot; coffee urn. **~ketel** coffee kettle. **~kleur** coffee colour. **~kleurig** *-e* coffee-coloured. **~koek** coffee cake. **~kommetjie** *(obs.)* coffee bowl. **~koper** coffee dealer/merchant. **~koppie** coffee cup; *klein* ~ demitasse *(<Fr.)*. **~kraam** coffee stall. **~kroeg** *-kroeë* coffee bar. **~masjien, ~maker** coffee machine/maker. **~melk** milk for coffee. **~melkpoeier** coffee whitener. **~meul(e)** coffee mill/grinder. **~moer** coffee grounds; *so helder soos ~, (infml.)* as clear as mud. **~pens** *(infml., rare)* coffee addict. **~peer** coffee pear. **~pit** coffee bean; *(also, in the pl.)* nibs. **~pit(gogga)** *Zophosis* spp.. **~plantasie** coffee plantation/estate. **~planter** coffee planter/grower. **~poeier** coffee powder, instant coffee. **~pot** coffeepot; *(infml.)* coffee addict; *iem. is 'n regte ~, (also, infml.)* s.o. is a real coffaholic. **~pouse** coffee break. **~praatjie** chat; *(also, in the pl.)* tea-table gossip. **~roes** coffee rust. **~roompoeier** →KOFFIEVERROMER. **~sakkie** coffee bag. **~sif(fie)** coffee strainer. **~stel** coffee set/service. **~stomer** *(apparatus)* espresso. **~surrogaat** coffee substitute. **~suur** caffeic acid. **~tafel(tjie)** coffee table. **~trommel** *(chiefly hist.)* coffee tin/bin/canister. **~verromer** coffee creamer. **~vorm** coffee mould. **~water** water for coffee; weak coffee. **~winkel** coffee shop.

kof·fie·tjies *(infml.): ('n bietjie)* ~ a little coffee.

ko·fi·a *-as* fez, tarboosh.

kof·skip *(naut., hist.)* koff.

kog·gel *ge-* mimic, mock, imitate; tease, gibe. ~**man·der,** ~**mander** *-s, (zool.)* agama, rock lizard; →BLOUKOP(KOGGELMANDER), KLIPSAL(A)MANDER. ~**manne·tjie,** ~**mannetjie** *-s* →KOGGELMANDER. ~**ooi** →KONKELOOI. ~**ram** teaser. ~**stok** coupling bar, tie rod, spacer.

kog·ge·laar *-laars* mimic(ker); teaser; *(orn.)* capped wheatear.

kog·ge·la·ry, kog·gel·ry mimicking, mimicry, mocking; teasing.

kog·le·a, coch·le·a *-as, (anat.)* cochlea.

kog·ni·sie cognition. **kog·ni·tief** *-tiewe* cognitive.

kog·skip *(naut.)* cock(le)boat.

ko·ha·bi·teer *ge-* cohabit. **ko·ha·bi·ta·sie** cohabitation.

ko·he·rent *-rente* coherent. **ko·he·ren·sie** coherence. **ko·he·rer** *-rers, (phys., hist.)* coherer. **ko·he·sie** cohesion, coherence.

kohl *(<Arab., eye make-up)* kohl.

ko·hort *-horte* cohort.

Koi →K(H)OI.

koi·no·lo·gie coenology.

koi·no·ni·a *(<Gr., Chr. theol.)* koinonia.

ko·ïn·si·den·sie, ko·in·si·den·sie *-sies* coincidence.

Koi·san →K(H)OISAN.

ko·ï·tus, ko·i·tus coitus, coition.

kok *kokke, koks* cook; →KOKS-; ***eerste*** ~ chef; *te veel ~s/~ke **bederf** die bry* too many cooks spoil the broth; *honger is die **beste*** ~ hunger is the best sauce; *as die ~ en die **koksmaat** (of **kok se maat**) rusie/twis kry, weet jy waar die spek/sopvleis bly, (idm.)* when accomplices quarrel, their secrets come to light.

ko·ka coca; *(infml.: cocaine)* coke, snow, Charlie. ~**plant** coca.

ko·ka·ïen cocaine. ~**slaaf** cocaine addict, *(sl.)* snowhead.

Ko·kan·je: *die land van ~, (med. legend)* the land of Cockaigne/Cockayne; →LUILEKKERLAND.

ko·kar·de *-des, (rare)* **ko·kar** *-karre* cockade, badge, rosette.

ko·ke·le·ko(·neut) *(rare)* Brazil nut.

ko·kend *-kende* boiling; →KOKER[1], KOKERY, KOOK; ~ *warm* piping/scalding hot; ~ *van woede* seething with rage.

ko·ker[1] *-kers* cook; cooker; boiler.

ko·ker[2] *-kers* cylinder; case, sheath, casing; socket; quiver *(for arrows);* (stallion's) pizzle; plunger; trunk; scrinium *(for Rom. manuscripts).* ~**boom** *(Aloe dichotoma)* large aloe, quiver tree. ~**brug** tubular bridge. ~**grendel** barrel/tower bolt. ~**juffer** *(entom.)* caddis fly, mayfly. ~**lêer** tubular girder. ~**paal** tubular pole. ~**raam** box-type frame. ~**sleutel** tubular spanner. ~**slot** tubular lock. ~**vrug** *(bot.)* capsule, capsular fruit, follicle. ~**wurm** caddis worm, caseworm.

ko·ker·tjie *-tjies* small case/tube; *(bot.)* oc(h)rea; →KOKER[2].

ko·ke·ry cooking, boiling; cookery.

ko·ket *-kette, n.* coquette, flirt; *gewete(n)lose* ~ vamp. **ko·ket** *-(kette) -ketter -ketste, adj.* coquettish. **ko·ket·teer** *ge-* flirt, coquet, make advances, philander. **ko·ket·teer·der** *-ders* (male) flirt. **ko·ket·teer·de·ry** flirting. **ko·ket·te·rig** *-rige* flirtatious, flirty, flirtish. **ko·ket·te·rie** *-rieë* coquetry, flirtation, philandering.

kok·hals *ge-, (rare)* retch, heave, keck.

kok·ke·door *-dore* bigwig; *'n groot ~, (infml.)* a bigwig/big-leaguer/high(er)-up (*or* big bug/fish/gun/noise/shot/wheel *or* high cockalorum).

kok·kel·kor·rel *-rels* India berry.

kok·ke·rot *-rotte* →KAKKERLAK.

kok·ke·tiel *-tiele, (orn.)* cockatiel, cockateel.

kok·ke·wiet *-wiete, (orn.: Laniarius ferrugineus)* boubou; →WATERFISKAAL.

kok·kie *-kies* cooky.

kok·kus *-kusse* coccus. ~**vormig** *-e* coccoid.

ko·kon *-konne, -kons* cocoon; *jou in 'n ~ toespin* (of *in 'n kokonbestaan terugtrek), (fig.)* cocoon.

ko·kos-: ~**boom,** ~**palm** coconut tree/palm. **K~eilande** Cocos Islands. ~**mat** = KLAPPERHAARMAT. ~**melk** coconut milk. ~**neut** coconut. ~**olie** coconut oil. ~**palm** →KOKOSBOOM. ~**suiker** coco-palm sugar. ~**vesel** coco(nut) fibre. ~**vet** (hard) coconut oil.

koks-: ~**hulp** cook's boy; galley boy *(on a ship).* ~**maat** cook's mate, galley boy. ~**mes** cook's knife. ~**pet,** ~**mus** chef's/cook's cap. ~**voorskoot** chef's/cook's apron. ~**vurk** cook's fork.

kok·si·di·o·se *(vet.)* coccidiosis.

kok·siks *-sikse, (anat.)* coccyx.

kol *kolle, n.* spot; stain, blotch; patch, blaze, star *(on a horse's forehead); (shooting)* bull's-eye, carton; *'n **blinde** ~, (lit. & fig.)* a blind spot; ***in** die ~ wees, (fig.)* be spot on; ***na aan** die ~,* ***nie ver/vêr** van die ~ (af) nie, (a guess)* not far out; ***op** 'n ~, (infml.)* at one time; *die ~ **tref,** (lit. & fig.)* hit the mark, score a bull's-eye; ***vuil*** ~ smudge, splodge. **kol** *ge-, vb.* mark with a spot. ~**gans** Egyptian goose. ~**haas** *(Lepus saxatilis)* scrub hare. ~**hou** *(golf)* hole in one, *(infml.)* ace; *'n ~ slaan* get/have/hit/score a hole in one. ~**-kol** in patches, at intervals, sporadically, in spots, here and there. ~**lig** spotlight. ~**maat** hole/shot gauge. ~**mol,** ~**blesmol** star sand mole, Cape mole rat. ~**perd** horse with a star. ~**skoot** bull's-eye, carton; *'n ~ skiet* hit the bull's-eye. ~**skyf** bull's-eye target. ~**stert** *(icht.: Diplodus sargus)* blacktail, dassie. ~**suring** *(Pelargonium peltatum)* ivy-leaved pelargonium. ~**toets** *(med.)* patch test *(for allergic sensitivity).*

ko·la-: ~**boom** cola/kola tree. ~**neut** cola/kola nut, cola/kola seed.

kol·bak *-bakke, -baks, (Du., mil.)* busby, bearskin.

kol·broek(·vark) Colebrooke (pig).

kol·chos *-chosse, (<Russ.)* kolk(h)oz, kolkhos, collective farm.

kol·der *-ders, (hist.)* jerkin.

ko·le- (→KOOL[1], STEENKOOL). ~**bak, koolbak** coal box/scuttle. ~**brander, koolbrander** charcoal burner. ~**brandery** charcoal burning. ~**bunker, koolbunker** coal bunker. ~**damp** →KOOLDAMP. ~**draer** coaler, coal heaver, coalie. ~**-emmer, koolemmer** coal scuttle. ~**gas** →KOOLGAS. ~**gruis** →KOOLGRUIS. ~**hok, koolhok** coal hole/shed. ~**kuip** coal tub. ~**laaier** *(a pers.)* coal whipper. ~**laaihaak** coaling hook. ~**laaitoestel** coaling plant. ~**meter** coal meter. ~**myn** →KOOLMYN. ~**mynbedryf** →KOOLMYNBEDRYF. ~**myneienaar** →KOOLMYNEIENAAR. ~**myntering** →KOOLMYNTERING. ~**mynwerker** →KOOLMYNWERKER. ~**pan, koolpan** firepan, brazier. ~**roet** coom. ~**ruim** coal hold. ~**ruimte** coaling capacity. ~**skepbak** coal whipper. ~**skip, koolskip** collier; *matroos op 'n* ~ collier. ~**skop, koolskop** coal shovel/scoop. ~**skuit** keel. ~**stasie, koolstasie** coaling station. ~**stof** coal dust, coom. ~**stoof** →KOOLSTOOF. ~**stookskip** coal-burning ship. ~**stortgeut** coal shute. ~**tip** coal tip. ~**tremmer** coal trimmer. ~**trok, kooltrok** coal truck. ~**veld** →STEENKOOLVELD. ~**wa, koolwa, steenkoolwa** coal tender.

ko·le·kal·si·fe·rol →CHOLEKALSIFEROL.

ko·le·ra →CHOLERA.

ko·le·ries →CHOLERIES.

ko·les·te·rol →CHOLESTEROL.

ko·le·tjie *-tjies* →KOOLTJIE.

kolf *kolwe, n. (cr., baseball)* bat; club; (gun)stock, butt (end); *(distilling)* receiver, flask, retort, bulb tube; *(bot.)* spadix; *(game)* kolf; *die ~ hanteer, (also, cr.)* wield the willow. **kolf,** *(rare)* **kol·we** *ge-, vb., (cr., baseball)* bat; *(game)* play (at) kolf; *gaan ~, (cr.)* go in, go and bat. ~**baan** mall. ~**beurt** *(cr.)* innings; *(baseball)* inning. ~**blad** *-blaaie, (cr.)* wicket, pitch; *'n goeie ~* a good wicket; *'n mak ~* a plumb wicket; *op 'n moeilike ~ speel* be/bat on a sticky wicket. ~**bout** stock bolt. ~**diepte** batting depth. ~**fles** retort. ~**glas** *(chem., obs.)* mat(t)rass. ~**greep** small of a butt, rifle stock. ~**helm** *(cr.)* protective helmet. ~**krag** batting strength. ~**lys** batting order. ~**mos** club moss. ~**perk** *(cr.)* batsman's/popping crease. ~**sak** bucket *(of a gun).* ~**streep** *(cr.)* popping crease. ~**tempo** *(cr.)* strike rate *(of a batsman).* ~**vormig** *-e* club-shaped; *(biol.)* clavate, claviform. ~**(werk)** batting, batsmanship.

kol·gi·sien *(chem.)* colchicine.

ko·li·brie *-bries, (orn.)* colibri, hummingbird.

ko·liek colic, tormina. ~**pyn** gripes.

ko·lien →CHOLIEN.

ko·ling carbur(is)ation.

ko·li·se·um →COLOSSEUM.

ko·li·tis colitis.

kol·jan·der coriander; →VINKEL.

kolk *kolke, n.* eddy, whirlpool; abyss, gulf; pothole; pool; (air) pocket; sluice chamber; *in die/'n ~ sit/wees, (rare)* →IN DIE KNYP SIT/WEES. **kolk** *ge-, vb., (abyss)* yawn; *(water)* eddy, whirl. ~**gat** pothole *(in a river).* ~**kamer** vortex chamber.

kol·king *-kings, -kinge* eddying, smother *(of water).*

kol·kol(·bos) *Berzelia* spp..

kol·la·bo·ra·teur *-teurs* collaborator *(with the enemy).*

kol·la·geen collagen.

kol·laps *-lapse, (med.)* collapse.

kol·la·sie *-sies* collation. ~**reg** advowson.

kol·la·si·o·neer *ge-* collate, check. **kol·la·si·o·ne·ring** collation.

kol·la·te·raal *-rale* collateral; *kolaterale linie* collateral line.

kol·la·tor *-tore* collator.

kol·le·ga *-gas* colleague, confrère, fellow worker.

kol·lege *-leges* college; council, board; *op ~* at college. ~**gebou** college (building). ~**gelde** college/lecture/tuition fees. ~**koshuis** college hostel. ~**lid** collegian. ~**stof** *(text., obs.)* college cloth.

kol·le·gi·aal *-giale* fraternal, as a colleague; collegial. **kol·le·gi·a·li·teit** fraternity, fraternal spirit, collegiality, esprit de corps.

kol·lek·sie *-sies* collection. **kol·lek·tant** *-tante* collector.

kol·lek·te *-tes* collection; offertory (money); *'n ~ van huis tot huis* a door-to-door collection; *'n ~ hou/opneem* take up a collection, pass/send the hat round; *die ~ sal nou ingesamel word, (in church)* the collection will now be taken up. ~**bord** collection/offertory plate. ~**bus** collecting/collection box; offertory box *(in church).* ~**dag** collection/flag day. ~**geld** offertory. ~**sakkie** offertory/collection bag.

kol·lek·teer *ge-* collect, make/take a collection, take up the collection *(in church).* ~**oproep** collect call, reversed charge call.

kol·lek·teer·der *-ders* collector.

kol·lek·tief *-tiewe, n.* collective (noun/name). **kol·lek·tief** *-tiewe, adj.* collective; *~tiewe plaas* collective (farm), kolkhoz; *tot ~tiewe besit maak* collectivise. **kol·lek·ti·vis** *-viste, (also K~)* collectivist. **kol·lek·ti·vi·seer** *ge-* collectivise. **kol·lek·ti·vis·me** *(also K~)* collectivism. **kol·lek·ti·wi·teit** collectivity, collectiveness. **kol·lek·tor** *-tors, (elec.)* collector.

kol·len·chiem *(bot.)* collenchyma.

kol·le·rig *-rige, adj.* spotty, spotted; patchy; *(bot.)* variegated. **kol·le·rig** *adv.* patchily, in patches. **kol·le·rig·heid** spottiness.

kol·le·tjie *-tjies* dot; small spot, speck.

kol·le·wyn·tjie →KOLWYNTJIE. ~**pan** →KOLWYNTJIEPAN.

Kol·lie *-lies, (also k~, breed of dog)* collie.

kol·li·ma·sie collimation. **kol·li·ma·tor** *-tors* collimator. **kol·li·meer** *ge-* collimate.

kol·lo·di·um, kol·lo·di·on collodion, collodium.

kol·lo·ï·daal *-dale* colloidal.

kol·lo·ïed *-loïede, n. & adj.* colloid. ~**chemie** colloid chemistry.

kol·lo·kwi·um →COLLOQUIUM.

kol·lu·sie collusion; ~ *pleeg* collude. **kol·lu·sief** *-siewe* collusive; *kollusiewe handelinge* collusive acts/dealings.

kol·lu·vi·aal *-ale* colluvial.

ko·lo·fon -*fons* colophon.

ko·lo·kwint -*kwinte, (bot.)* colocynth, bitter apple.

ko·lom -*lomme* column, pillar; *(print.)* column; *(elec.)* pile; *galvaniese* ~ galvanic pile. ~**hoof,** ~**opskrif** column heading. ~**vormig** -*e* columnar.

ko·lom·me·tjie -*tjies* baluster.

ko·lon -*lons, (gram.; anat.)* colon.

ko·lo·nel -*nels* colonel; *(RAF)* group captain. ~-**generaal** *kolonels-generaal* colonel-general. ~-**kommandant** colonel-commandant.

ko·lo·nel·skap -*skappe* colonelcy.

ko·lo·nels·rang colonelcy, colonel's rank.

ko·lo·ni·aal -*ale* colonial. **Ko·lo·ni·a·ler** -*lers, (hist.)* Cape Colonist; inhabitant of the Cape Colony/Province. **ko·lo·ni·a·lis** -*liste, n., (also K~)* colonialist. **ko·lo·ni·a·lisme** *(also K~)* colonialism. **ko·lo·ni·a·lis·ties** -*tiese, adj., (also K~)* colonialist(ic). **ko·lo·nie** -*nies* colony; settlement; plantation; *man uit die ~s* colonial; *die (Ou) K~* the Cape Colony. **ko·lo·nie·vor·mend** -*mende, (biol.)* colonial; *(biol.)* social. **ko·lo·nis** -*niste* colonist; settler, colonial; coloniser. **ko·lo·ni·sa·sie** colonisation; settlement. **ko·lo·ni·sa·tor** -*tors* coloniser. **ko·lo·ni·seer** *ge-* colonise; settle. **ko·lo·ni·seer·der** -*ders* coloniser. **ko·lo·ni·se·ring** →KOLONISASIE.

ko·lon·na·de -*des* colonnade, peristyle, portico; *(oordekte)* ~ stoa.

ko·lon·ne -*nes* (army) column; *in geslote* ~ in close quarters. ~**krygshof,** ~**krygsraad** *(mil.)* drumhead court martial.

ko·lo·ra·tuur coloratura; colouring. ~**sopraan** coloratura soprano.

ko·lo·riet *(<It., painting)* colo(u)ration, colouring. **ko·lo·ri·me·ter** colorimeter. **ko·lo·ris** -*riste* colourist. **ko·lo·ris·ties** -*tiese* coloristic.

ko·los -*losse* colossus; *'n ~ van 'n ...* a great hunk of a ... *(weightlifter etc.)*. **ko·los·saal** -*sale -saler -saalste* colossal, gigantic, huge, enormous, *(infml.)* ginormous; gargantuan, immense, mammoth; stupendous; whacking; thumping *(lie)*; monumental *(ignorance)*; slashing *(reductions)*; outrageous *(blunder)*. **ko·los·saal·heid** hugeness.

Ko·los·se *(geog., hist.)* Colossae. **Ko·los·sen·se** *(book of the NT)* Colossians. **Ko·los·sen·ser** -*sers* Colossian. **Ko·los·sen·sies** -*siese* Colossian.

ko·los·se·um →COLOSSEUM.

ko·los·to·mie, ko·lo·to·mie *(med.)* colostomy, colotomy.

kol·por·ta·sie colportage, canvassing, vending, hawking. **kol·por·teer** *ge-* canvass, hawk *(books)*. **kol·porteur** -*teurs* colporteur, canvasser, (book) salesman.

kol·po·skoop -*skope* colposcope.

kol·sem -*sems* ke(e)lson *(of a ship)*.

ko·lum·baat →COLUMBAAT.

ko·lum·biet →COLUMBIET.

ko·lum·bi·um →COLUMBIUM.

ko·lu·re colure.

kol·we *ge-* →KOLF *vb.*. **kol·wer** -*wers* batsman, bat; *(baseball etc.)* batter; *(baseball)* striker. **kol·we·ry** batting.

kol·wyn·tjie, kol·le·wyn·tjie -*tjies*, cupcake. ~**pan** pattypan, muffin pan, bun tin.

kom[1] *komme, n.* basin, bowl, dish; cup, vessel; dale, vale, depression; *(geol.)* centroclinal fold, centrocline; *(archit.)* bay. ~**venster** bow/bay window. ~**vormig** -*e* bowl-shaped, basin-shaped, cup-shaped; calycine; *(anat.)* cotyloid.

kom[2] *n.*: ***aan** die ~ wees* be coming (*or* on the way); be in the offing (*or* in the wind *or* on the horizon); be in the pipeline; *daar's iets* (of *iets is*) ***aan** die* ~ s.t. is at hand; s.t. is on the way; there's (*or* there is) something in the air; *~ en **gaan*** coming(s) and going(s); *iem. se ~ en **gaan**, (also)* s.o.'s movements. **kom** *ge-, vb.* come; arrive, *(infml.: have an orgasm)* come; ***aan** iets* ~ get/obtain (*or* come by) s.t.; *wat ~ dit daarop **aan?*** what does it matter?; ***aanhou** (met)* ~ keep coming; ***ag** ~ (nou)!* o rubbish!; ***agter** iets* ~ find s.t. out; father s.t. out; ***agter** die waarheid* ~ →WAARHEID; ***agteraan*** ~ hang back; ***al** wat ~, is ... ...* has not turned (*or* did not turn) up; ~ ***besoek*** come and see, come to visit; ~ ***binne!*** come in!; ~ ***bog!*** o rubbish!; ***by** iem.* ~ visit s.o.; catch up with s.o.; *iem. ~ nie **by** ... nie* s.o. cannot (*or* is not fit to) hold a candle to ...; ***by** iets* ~ get (a)round to s.t.; *iem. ~ **nooit daar** nie* s.o. never visits there; *iem. sal nooit weer **daar** ~ nie* s.o. will never show his/her face there again; *hoe sal ek maak om **daar** te ~?* how am I to get there?; *waar ~ jy **daaraan?*** where did you get that?; who told you that?; *iem. kon nie **daarby** ~ nie* s.o. couldn't (*or* could not) get (a)round to (doing) it; *niks ~ **daarby** nie* nothing equals it; *dit ~ **daarvan!*** see what happens?; now you've done it!; *die komende **dinge*** things to come; ***dit** ~!* coming up! *(infml.)*; ***dit** ~ reën* rain is coming; *iem. het **eerste** ge~* s.o. was the first to come; ***eerste** ~, eerste maal* first come, first served; ***ek** ~!* (I'm) coming!; ***êrens** in die lewe* ~ make something of o.s.; *~ en **gaan*** come and go; *nie weet of jy ~ of **gaan** nie* not know whether one is Arthur or Martha; *~ ons **gaan/loop/ry!*** let's (*or* let us) go!; *op 'n **gedagte*** ~ →GEDAGTE; *die werk moet **gedoen/gedaan/klaar*** ~ the work must get done; *die **gees** het oor iem. ge~* the spirit descended upon (*or* moved) s.o.; *die land moet **geploeg*** ~ the field has to be ploughed; *iem. ~ asof hy/sy **geroep** is* s.o.'s arrival is very timely; *~ **gerus!*** do come!; *~ **haal*** come for; *in die **hemel*** ~ →HEMEL; *~ **hier!*** come here!; *~ ('n) bietjie **hier!*** just come here!; *~ **hiernatoe!*** come over!; *iem. ~ **hiernatoe*** s.o. is coming over; *iem. vra **hoe** om daar (uit) te* ~ ask s.o. the way; ***hoe** het dit ge~?* how did it come about?; ***hoe** ~ dit dat ...?* how is it that ...?; ***iem.*** ~ s.o. is coming; *daar het nooit **iets** van ge~ nie* nothing ever came of it; *~ **jy?*** (are you) coming?; *so ... as **kan*** ~ as ... as they come *(pretty etc.)*; as ... as could be *(calm etc.)*; as ... as they make them *(dependable etc.)*; ***kom!**, (to a horse)* gee up!; ***kom, kom!*** come, come!; come now!; *toe ek my ~ **kry*** when I came to my senses, when I realised the position/situation, before I knew where I was; *iem. **laat*** ~ call (in) (*or* send for) s.o. *(a doctor)*; get s.o. in *(to help etc.)*; have s.o. come; have s.o. up; *iets **laat*** ~ send (away/off/out) for s.t. *(goods)*; order s.t. *(a taxi etc.)*; call (*or* send for) s.t. *(the police etc.)*; *sal u hier **langs*** ~ will you step this way?; ***langs/naas/teenoor** ...* ~ get abreast of ...; *aan die **lig*** ~ →LIG[2] *n.*; ***met** die trein/ens.* ~ come by train/etc.; ***met** iets (te voorskyn)* ~ float (*or* come up) with s.t. *(an idea etc.)*; come forward with *(a proposal etc.)*; produce s.t. *(a plan etc.)*; *B ~ **ná** C* B comes after C; ***na** aan iem.* ~ come close to s.o.; ***na** iem. toe* ~ come up to s.o.; *iets ~ **naby** aan ...* s.t. approximates (to) ...; s.t. verges (up)on ...; *nie **naby** ... ~ nie, (infml.)* not be a patch on (*or* in the same street with) ...; *niemand ~ **naby** ... nie, (also)* no one can touch ...; ***nader*** ~ →NADER *adv.*; *dit ~ daarop **neer*** to all intents and purposes it is, it comes to, it amounts to; it boils down to; *iem. ~ **nêrens** nie* s.o. never goes out; s.o. achieves nothing; *daar ~ **niks** van nie* nothing will come of it; it is out of the question; *dit ~ **nog*** that's (*or* that is) still to come; *daar ~ **nog** ag(t)/ens.* there are eight/etc. to come; *vier is klaar en twee ~ **nog*** four are finished with two to go, four are finished and two more are under way (*or* in progress); *in die **nuus*** ~ →NUUS; *~ **om** te ...* come for ...; ***om** iets* ~ get round s.t.; *ek hoop ek ~ nie **ongeleë** nie* I hope I'm not intruding; *~ **ons** ...* let's (*or* let us) ...; suppose we ...; ***oor** iets (heen)* ~ get across s.t.; get over s.t.; make a recovery from s.t.; ***op** ... (te staan)* ~ come to (*or* out at) ...; amount to ...; ***op** iets* ~ get up s.t.; hit/strike (up)on s.t. *(an idea etc.)*; remember (*or* think of) s.t. *(s.o.'s name etc.)*; ***op** 'n syfer* ~ arrive at a figure; *~ jy **(saam)?*** (are you) coming (along)?; *dit moet **skoon*** ~ it must be cleaned (up); *mag ... **spoedig** ~!* roll on ...! *(infml.)*; ***steeds*** ~ keep coming; *... **te** kort* ~ →KORT *adj. & adv.*; *iem. **te** na* ~ →NA[1] *adj. & adv.*; ***te** pas* ~ be (*or* come in) handy; *as iem. **te** sterwe* ~ in case of s.o.'s death; ***te** voorskyn ~ met* come up with; *iets **te** wete* ~ come/get to know s.t.; ***ter** sprake* ~ come up (for discussion), come out; ***tot** ...* ~ reach (*or* come to *or* arrive at) ... *(a decision, conclusion, etc.)*; ***tot** by ...* ~ come up to ... *(one's waist etc.)*; ***tot** jouself* ~ come to one's senses; find o.s.; ***tot** stilstand* ~ →STILSTAND; ***tussenbei(de)*** ~ step in, intervene; *die **tyd** het ge~* the time has arrived; ***uit** iets* ~ come out of s.t.; get out of s.t.; ***uit** Latyn/ens. ~, (a word etc.)* derive (*or* be derived) from Latin/etc.; *die deur ~ in/op die gang **uit*** the door opens into the corridor; ***uit/van** ...* ~ hail from ... *(England etc.)*; ***van** ...* ~ come from ... *(Port Elizabeth etc.)*; *waar ~ ... so skielik **vandaan?*** where did ... spring from?; *waar moet die ... **vandaan** ~?* where is the ... to come from? *(money etc.)*; *~ ek nie **vandag** daar nie, dan ~ ek môre/more daar* →MÔRE; *iets ~ **vanself*** s.t. comes naturally; *dit ~ van **ver/vêr** (af)* it comes a long way; *iem. het van **ver/vêr** af ge~* s.o. has come a long way; *as dit so **ver/vêr*** ~ if it comes to that; *so **ver/vêr** ~ om iets te doen* get (a)round to s.t.; *nie **verder/vêrder** kan ~ nie* be stranded; ***vol*** ~ be filling up; ***voor*** ~ draw ahead; *met ... **vorendag** (of **voor die dag** of **te voorskyn**)* ~ come up with ...; ***waar** ~ jy daaraan?* →***daaraan***; ***wanneer** die ... ~* come the ...; *as die **ware Jakob*** ~ when Mr Right comes along; *(laat) ~ wat **wil*** come what may; at all costs, at any cost; come rain or shine, come hell or high water; damn the consequences; ***weer*** ~ come back.

ko·ma -*mas* coma, stupor; *in 'n ~ raak* fall/go/lapse into a coma; *in 'n ~ wees* be in a coma.

kom·aan *interj.* come on/along; buck/cheer up, snap out of it.

kom·bat·tant -*tante* combatant.

kom·bers -*berse* blanket; *(also, in the pl.)* covers; ***onder een** ~ slaap, (fig.)* be hand in glove (together); *hul(le) ~ **is geskeur**, (rare)* they have separated; ***onder** die ~e* between the sheets; ***gestikte*** ~ comforter. ~**boog** *(nursing)* bed cradle. ~**blom** gaillardia, blanket flower. ~**materiaal,** ~**stof** blanket cloth, blanketing. ~**rebel** would-be rebel. ~**sak** holdall. ~**steek** blanket stitch. ~**stem** *(SA, pol. hist., derog.)* blanket vote.

kom·bi -*bi's* minibus.

kom·bi·na·sie -*sies* combination, permutation; combine, ring. ~**hou** *(boxing)* one-two. ~**passer** combination/compound callipers. ~**pomp** combination pump. ~**slot** combination lock. ~**vermoë** power of combination. ~**vorm** *(ling.)* combining form.

kom·bi·na·to·ries -*riese* combinative, combinatory.

kom·bi·neer *ge-* combine. **kom·bi·neer·baar** -*bare* compatible.

kom·buis -*buise* kitchen. ~**afval** garbage, swill. ~**bediende** scullery maid; scullion. ~**deur** kitchen door. ~**doek** kitchen cloth. ~**eenheid** -*eenhede* kitchen unit. **K~engels** kitchen English. ~**gereedskap** kitchen utensils. ~**gerei,** ~**goed** kitchenware, kitchen utensils. ~**handdoek** kitchen towel. ~**hulp** kitchen help. ~**kas** kitchen cabinet; kitchen cupboard, (kitchen) dresser. ~**kraan** sink bib(cock). ~**kruie** potherbs, fine/culinary herbs. ~**mes** kitchen knife. ~**papier** kitchen paper/roll. ~**seep** kitchen soap. ~**sout** kitchen/cooking/common salt. ~**stoel** kitchen chair/stool. ~**stoof** *(rare)* (cooking/cook) stove, (kitchen) range. ~**taal** kitchen language; jargon, uneducated/vulgar speech, patois. ~**tafel** kitchen table. ~**tee,** ~**partytjie** kitchen tea/shower. ~**vloer** kitchen floor. ~**ware** →KOMBUISGEREI. ~**water** slops, slop water. ~**werf** kitchen yard. ~**werk** kitchen/culinary work.

kom·bui·sie -*sies* kitchenette.

ko·me *(obs., rare): so erg as ~ kan* (of *as kan kom*) as bad as could be; →KOM[2] *vb.*.

ko·me·di·ant -*ante* comedian, funny man, gagman, gagster. **ko·me·di·an·te** -*tes (fem.)* comedienne.

ko·me·die -*dies* comedy; farce; mummery; *(arch.)* play; *dit was alles **louter(e)*** ~ it was all sham (*or* pure comedy *or* a farce *or* make-believe); *~ **speel*** play-act, put on an act, pretend; *iem. **speel** maar ~* s.o. is acting a part (*or* pretending); ***wat** 'n ~!* what a farce/game!. ~**huis** *(arch.)* theatre. ~**spel** comedy; farce, make-believe, play-acting, histrionics. ~**speler** comedian; *(arch.)* player, actor. ~**stuk** comedy; *(arch.)* play.

ko·meet -*mete* comet. ~**stert** tail of a comet.

ko·meet·ag·tig *-tige* cometary.

ko·mend *-mende* coming, *(pred.)* to come, next, future, upcoming; →KOM².

kom·for·ta·bel *-bele, (rare)* comfortable, commodious, snug.

ko·miek *-mieke, n., (rare)* low comedian, clown, comic, funny man. **ko·miek·lik** *-like -liker -likste, adj.* comic(al), funny, odd, droll. **ko·miek·lik·heid** comicality, oddness, funniness.

ko·mies *-miese* comic(al), funny; *~e figuur* figure of fun, comical figure; *~e opera* comic(al) opera. **ko·mies-he·ro·ïes** mock-heroic.

Kom·in·form *(hist.)* Cominform.

Kom·in·tern *(hist.)* Comintern.

ko·mi·tee *-tees* committee; *in 'n ~* ***dien*** be/serve/sit on a committee; *in ~* ***gaan*** go into committee; ***gekose/parlementêre*** ~ select committee; *~* ***insake*** *'n wetsontwerp* committee on a bill; *die/'n ~* ***sit*** the/a committee sits; *in ~* ***sit*** go into committee; *in 'n ~* ***sit*** →*in 'n komitee* ***dien***. **~kamer** committee room. **~lid** *-lede* committee member. **~vergadering** committee meeting.

kom·kom·mer *-mers* cucumber; *wilde~, Cucumis africanus; plesier is nes 'n groen ~, pluk jy hom af, verlep hy sommer* pleasures are like poppies spread, you seize the flower, its bloom is shed. **~boom** *(Magnolia acuminata)* cucumber tree; *(Averrhoa bilimbi)* bilimbi, cucumber tree; *(Kigelia africana)* →WORSBOOM. **~kruid** borage. **~pampoen, slangspanspek** snake melon. **~rank** cucumber tendril. **~slaai** cucumber salad. **~stoel** cucumber plant. **~tyd** silly/dead/quiet/slack/dull/off season, off-time, (big) gooseberry season.

kom·ma *-mas* comma. **~basil** *(microbiol.:Vibrio comma)* comma bacillus. **~punt** *-e* semicolon.

kom·man·dant *-dante* commandant; *(SA)* lieutenant colonel; commander; master, captain. **~-generaal** *-e-generaal* commandant general, commander in chief.

kom·man·dant·skap *-skappe* commandantcy, commandantship; commandership.

kom·man·dants·rang, -titel rank/title of commandant/commander.

kom·man·deer *ge-* command, order, be in command of; call up *(men)*; commandeer, requisition *(goods)*; call out *(troops)*; *almal ~, (pej.)* order/boss everybody about/around; *iem. laat hom/haar nie ~ nie* s.o. won't take orders from anybody (*or* won't be dictated to); *iets van iem. ~* requisition s.t. from s.o.. **~brief** commandeer letter, requisition.

kom·man·de·ment *-mente* command, military region.

kom·man·de·ring commandeering, requisitioning.

kom·man·deur *-deurs* commander. **kom·man·deur·skap** *-skappe* commandership. **kom·man·deurs·rang, -titel** rank/title of commander.

kom·man·do *-do's* commando; *op ~ gaan* take the field, go on commando; *op ~ wees* campaign. **~brug** (navigating) bridge, pilot/conning bridge, control platform. **~pos** control post. **~pot** *(mil.)* dixie. **~skakelaar** master controller. **~soldaat** commando (soldier). **~toring** conning tower. **~troepe** commandos. **~voël** stone plover. **~wurm** army/mystery worm.

kom·man·do'tjie *-tjies* small commando.

kom·me *(dated): aan't* (of *aan 't*) *~, aan die kom* coming; →KOM² *vb.*.

kom·men·saal *-sale, (rare)* boarder, lodger; *(bot., zool.)* commensal. **kom·men·sa·lis·me** commensalism. **kom·men·su·ra·bel** *-bele* commensurable.

kom·men·taar *-tare* comment(ary); gloss; *(hist.)* postil, scholium; ***geen*** ~ no comment; *~* ***lewer*** offer comments; *~ op iets* ***lewer*** comment (*or* make comments) (up)on s.t.; ***lopende*** *~* ***oor*** *...* running commentary on ...; *~ (is)* ***oorbodig!*** comment is superfluous!. **~skrywer** commentator; *(philol.)* scholiast.

kom·men·ta·ri·eer *ge-, (rare)* commentate/comment (up)on; gloss, annotate. **kom·men·ta·tor** *-tors* commentator.

kom·mer care, affliction, grief, misery, sorrow, distress, trouble, anxiety, need, concern, worry, alarm, fretting; *iem. (groot) ~* ***besorg*** be a (great) sorrow to s.o.; ***diepe*** *~* deep/grave/great anxiety; *iem. se ~* ***oor*** *...* s.o.'s anxiety about/for ...; *iets* ***wek*** *~* s.t. causes anxiety/worry; s.t. arouses/causes concern; *dit* ***wek*** *~ dat ...* it gives cause for concern that ... **~kous, ~pot** worrier, *(infml.)* worryguts. **~krale** *(pl.)* worry beads. **~plooie** *(pl.)* worry lines; *'n gesig deur ~ gegroef* a face lined with worry. **~vol** *-le* anxious, distressed, distressful, wretched. **~wekkend** disturbing, perturbing, worrying, vexing.

kom·mer·lik *-like, (rare)* needy, indigent; distressed, anxious; scanty.

kom·mer·loos *-lose* carefree, free from care, untroubled.

kom·mer·nis *-nisse* →KOMMER.

kom·mer·si·a·li·sa·sie commercialisation. **kom·mer·si·a·li·seer** *ge-* commercialise. **kom·mer·si·a·li·se·ring** commercialisation. **kom·mer·si·eel** *-siële* commercial; mercantile; *kommersiële radio* commercial radio.

kom·me·tjie *-tjies* small basin; cup, bowl, mug, noggin; *(hist.)* porringer. **~(s)gatmuishond, ~(s)muishond** *(Atilax paludinosus)* marsh/water mongoose. **~teewater** *(Adenandra* spp.*)* china flower.

kom·mis·sa·ri·aat *-ate* commissariat, supply service, supplies; commissionership. **~basis** supply base. **~depot** *(mil.)* supply depot. **~kolonne** supply column. **~offisier** *(mil.)* supply officer.

kom·mis·sa·ris *-risse* commissioner; commissary; *(Russ.)* commissar; *hoë ~* high commissioner; *~ van die koning(in)* lord lieutenant of a county/province; Queen's Commissioner *(in Limburg)*; *~ van ede* commissioner of oaths. **~-generaal** *-risse-generaal* commissioner-general. **~-politiek** *-risse-politiek* political commissioner. **kom·mis·sa·ris·skap** commissionership.

kom·mis·sie *-sies* commission; committee; order; *'n ~* ***aanstel*** appoint a commission; ***akte*** *van ~, (mil.)* commission; ***in*** *~* on commission; on consignment; *~* ***van ondersoek*** commission of inquiry, review body/panel; *~* ***van toesig*** supervisory committee, board of visitors; ***teen*** *~* at a commission. **~agent** commission agent. **~goed** goods on consignment, consigned goods. **~handel** commission business. **~lid** committee member, member of a/the commission, commissioner. **~loon** factorage. **~offisier** commissioned officer. **~vergadering** committee meeting, meeting of a/the commission.

kom·mit·teer *ge-* commission, delegate; commit; *ge~de kind, (jur., hist.)* committed child. **kom·mit·te·ring** *-rings, -ringe* committal.

kom·mo·di·fi·seer *ge-* commodify. **kom·mo·di·fi·se·ring** commodification.

kom·mo·door *-doors* commodore.

kom·mu·naal *-nale* communal. **kom·mu·na·lis·me** communalism. **kom·mu·ne** *-nes* commune; →DIE PARYSE **COMMUNE.**

kom·mu·nie *-nies, (RC)* (Holy) Communion; *laaste ~* viaticum. **~bank** altar rail.

kom·mu·ni·kant *-kante, (Chr.)* communicant.

kom·mu·ni·ka·sie *-sies* communication. **~breuk** communication breakdown. **~gaping** communication gap. **~kunde, ~leer** communication studies. **~middel** *-dele, -dels* means of communication. **~pakket** communications package. **~probleem** communication problem. **~programmatuur, ~sagteware** communications software. **~satelliet** communications satellite. **~tegnologie** communications technology. **~vaardighede** communication skills.

kom·mu·ni·keer *ge-* communicate; *met iem. ~* communicate with s.o..

kom·mu·nis *-niste, (member of a party: K~)* communist. **kom·mu·ni·seer** *ge-, (rare)* communise, bolshevise; →KOMMUNIKEER. **kom·mu·ni·se·ring** communisation. **kom·mu·nis·me** *(also K~)* communism. **kom·mu·nis·ties** *-tiese, (also K~)* communist(ic); *K~e Party* Communist Party.

kom·mu·ta·sie *-sies* commutation. **kom·mu·ta·tor** *-tors* commutator; *(elec.)* commuter. **kom·mu·teer** *ge-* commute.

kom·pak *-pakte -pakter -pakste* compact. **~skyf** compact disc, *(abbr.)* CD.

kom·pak·sie compaction. **kom·pakt·heid** compactness. **kom·pak·te·skyf·spe·ler** →LASER(SKYF)SPELER.

kom·pa·nie *-nies, (mil.)* company. **~bevelvoerder** company commander. **~-sersant-majoor** company sergeant major.

kom·pan·jie *-jies, (commercial)* company; *Die Verenigde Oos-Indiese K~* the Dutch East India Company. **~skap** partnership.

Kom·pan·jies-: **~dienaar** servant of the (Dutch East India) Company. **~diens:** *in (die) ~* in the Company's service, in the service of the Dutch East India Company. **~tuin:** *die ~* the Public Gardens (Cape Town), the Company's Garden. **~tyd** time/period of the (DEI) Company.

kom·pa·rant *-rante, (jur.)* appearer, party. **kom·pa·ra·sie** *-sies, (gram.)* comparison. **kom·pa·ra·tief** *-tiewe, n. & adj.* comparative. **kom·pa·reer** *ge-, (jur.)* appear. **kom·pa·ri·sie** *(jur.)* appearance.

kom·par·te·ment *-mente* compartment.

kom·pas *-passe* compass; *die ~ inpeil* set the compass; *op ~ vaar* sail by compass; *iem. se ~ staan stil, iem. se ~ het gaan staan, (fig.)* s.o. is at sea (*or* all abroad *or* out of his/her depth). **~afwyking** deviation of the compass/needle, compass deviation. **~beuel** gimbal(s) (of the compass). **~doos** compass chamber. **~fout** compass error. **~glas** compass window. **~huis(ie)** binnacle. **~kaart** compass card. **~koers** compass course. **~korreksie** compass correction. **~miswysing** compass error. **~naald** compass needle, needle of the compass. **~peiling** compass bearing. **~plaat** compass face. **~rigting** →KOMPASSTREEK. **~roos** compass card/rose, fly, wind rose. **~stand** compass reading. **~streek** compass point, point of the compass, rhumb. **~trommel** compass box/case. **~uitslag** compass deflection. **~verstelling** compass correction.

kom·pas·sie¹ *-sies* small (pocket) compass.

kom·pas·sie² compassion.

kom·pen·di·um *-diums, -dia* compendium; summary, abstract.

kom·pen·sa·sie *-sies* compensation; setoff, offset. **~klep** →KOMPENSEERKLEP. **~slinger** compensating/compensated/compensation pendulum, gridiron pendulum. **~stroom** compensating current.

kom·pen·sa·tor *-tors,* **kom·pen·seer·der** *-ders* compensator. **kom·pen·sa·to·ries** →KOMPENSEREND.

kom·pen·seer *ge-* compensate, counterbalance; make good *(a loss)*. **~klep, kompensasieklep** compensator/compensating valve.

kom·pen·seer·der →KOMPENSATOR.

kom·pen·se·rend *-rende,* **kom·pen·sa·to·ries** *-riese* compensational, compensatory.

kom·per *-pers, n., (rare)* computer; →REKENAAR, REKENOUTOMAAT.

kom·pe·teer *ge-* compete; *met iem. ~* compete with s.o..

kom·pe·ten·sie *(jur.)* competence, legal capacity. **kom·pe·tent** *-tente meer ~, die mees -tente, (jur.)* competent.

kom·pe·ti·sie *-sies* competition; league. **~spel** competitive game. **~wedstryd** league match.

kom·pi·la·sie *-sies* compilation. **~werk** compilation; compiling. **kom·pi·la·tor** *-tore, -tors* compiler, bookmaker. **kom·pi·leer** *ge-* compile.

kom·pleet *meer ~ die mees -plete, adj.* complete; utter *(failure)*; positive *(scandal)*; self-contained. **kom·pleet** *adv.* completely, utterly; just like; *iem. is ~ gek* s.o. is like one mad; *iem. is ~ haar ma (of sy pa)* s.o. is just like her mother (*or* his father). **kom·pleet·heid** completeness; perfection. **kom·ple·te, kom·ple·to·ri·um** *(RC)* complin(e), complement.

kom·pleks *=plekse, n.* complex; aggregate, totality, system; group/block of buildings, cluster; *(geboue)~* (building) complex; *'n ~ oor iets hê* have a complex (*or [infml.]* be hung up) about s.t.; *'n ~ oor iets ontwikkel* develop a complex (*or [infml.]* get hung up) about s.t.. **kom·pleks** *=plekse, meer ~ die mees =e, adj.* complex, complicated. **kom·plek·si·teit** complexity.

kom·ple·ment *=mente* complement. **kom·ple·men·têr** *=têre* complementary; *~e kleure* complementary/accidental colours; *~e hoek* complementary angle. **kom·ple·teer** *ge=* complete; complement. **kom·ple·te·rend** *=rende* completive, complemental.

kom·pli·ka·sie *=sies* complication.

kom·pli·ment *=mente* compliment; pleasantry; *iets as 'n ~* ***beskou*** take s.t. as a compliment; *met die ~e van die* ***dag*** (wishing you) the compliments of the season; *'n* ***dubbelsinnige*** *~* a backhanded compliment; ***gee*** *hom/haar my ~e* give him/her my compliments/regards/respects; *(iron.)* you can tell him/her with my compliments; *iem. 'n ~ oor ...* ***maak*** compliment (*or* pay s.o. a compliment) on ...; *iem. kan 'n goeie ~* ***maak*** s.o. knows how to turn a compliment; ***met*** *die ~e van die uitgewer/skrywer* with the compliments of the publisher, with the author's compliments; ***sonder*** *~e* without ceremony/circumstance (*or* much ado), unceremoniously; *~e* ***tuis*** remember me to all at home; *na ~e* ***vis/hengel*** angle/fish for compliments; ***vol*** *~e wees, (rare)* →VOL FIEMIES WEES. **kom·pli·men·teer** *ge=* compliment; *iem. met iets ~* compliment s.o. on s.t.. **kom·pli·men·têr** *=têre* complimentary. **kom·pli·men·teus** *=teuse* complimentary; full of compliments. **kom·pli·ment·jie** *=jies* little compliment; *~s maak, (also)* talk sweet nothings.

kom·pli·seer *ge=* complicate. **kom·pli·si·teit** complicity.

kom·plot *=plotte* plot, intrigue, conspiracy. **kom·plot·teer** *ge=, (rare)* plot, intrigue, conspire.

kom·po·neer *ge=* compose. **kom·po·nis** *=niste* composer.

kom·po·nent *=nente* component.

kom·pos compost; *~ maak* compost, make compost. **~vorming** composting.

kom·po·siet *=siete, (bot.)* composite; *K~e* Compositae. **kom·po·si·to·ries** *=riese* compositional. **kom·po·si·tum** *=situms, =sita, (gram.)* compound.

kom·po·si·sie *=sies* composition; design *(of a painting); (gram.; jur.)* compound. **~leer** theory of composition.

kom·pres *=presse* compress, pledget, pack; *koue/warm ~, (med.)* wet pack. **~katoen** jaconet.

kom·pres·sie *=sies* compression; cushioning *(of steam).* **~klep** compression valve. **~kraan** compression tap. **~slag** compression stroke. **~verhoging** supercharging. **~verhogingspomp** supercharger.

kom·pres·sor *=sors* compressor.

kom·pri·meer *ge=, (rare)* compress, condense.

kom·pro·mie *=mieë* →KOMPROMIS.

kom·pro·mis *=misse,* **kom·pro·mie** *=mieë* compromise; *'n ~ met ... aangaan/maak* compromise with ...; *~se* (of *'n ~*) *maak* compromise, temporise; *pas op vir ~se* beware of compromise. **kom·pro·mis·loos** *=lose* uncompromising, hardline. **kom·pro·mit·tant** *=tante* compromising. **kom·pro·mit·teer** *ge=* compromise; commit; *jou ~* compromise o.s.; commit o.s..

komp·tro·leur *=leurs, (mil.)* comptroller.

kom·pul·sie *=sies* compulsion. **kom·pul·sief** *=siewe* compulsive; *kompulsiewe koper* compulsive buyer/shopper, *(infml.)* shopaholic.

koms arrival, coming; advent *(of Christ);* accession *(to the throne);* →KOM²; *op ~ wees* be coming/approaching (*or* on the way); be at hand (*or* in the offing *or* in the wind); be in the pipeline.

kom·sat *=satte, (kommunikasiesatelliet)* comsat.

Kom·so·mol *(<Russ., hist.: a communist youth organisation)* Komsomol.

ko·myn cum(m)in. **~kaas** cum(m)in/spiced cheese.

kon →KAN² *vb.*.

ko·na·sie conation. **ko·na·tief** *=tiewe* conative.

kond *(arch.): ~ doen* announce, proclaim; *~ maak* make known. **kond·skap** *(arch.)* information, intelligence.

kon·dee *=dees, (rare)* knot (of hair), coiled hair, bun, chignon, topknot; →BOLLA.

kon·den·saat *=sate* condensate. **~afskeier, ~verwyderaar** steam trap; →KONDENSEERPOT.

kon·den·sa·sie condensation. **~pyp, kondenseerpyp** still tube. **~spoor, ~streep** contrail. **~warmte** heat of condensation.

kon·den·sa·tor *=tors* condenser; *(elec.)* capacitor. **~lading** condenser charge. **~motor** condenser motor.

kon·den·seer *ge=* condense. **~middel** *=s, =e* condensing agent. **~oppervlak** condensing surface. **~pot** steam trap; →KONDENSAATAFSKEIER. **~pyp** →KONDENSASIEPYP.

kon·den·seer·baar *=bare* condensable. **kon·den·se·ring** condensation.

kon·dens·melk condensed milk.

kon·den·sor *=sors, =sore* →KONDENSATOR. **~lens** condenser lens.

kon·di·sie *=sies* condition, fettle; *(pl.)* terms; form, state; service; *in goeie ~ wees, (goods, animals)* be in good condition; *(persons)* be fit (*or* in good form/shape); *in goeie ~ bly* keep fit; *in slegte ~ wees, (goods, animals)* be in bad condition; *(persons)* be unfit (*or* in bad form/shape). **kon·di·si·o·neel** *=nele* conditional, qualified; *kondisionele wys(e)* conditional mood. **kon·di·si·o·neer** *ge=* condition, accustom. **kon·di·si·o·ne·ring** conditioning.

kon·do·le·an·sie *=sies, (rare)* condolence. **~brief** *(rare)* letter of condolence/sympathy.

kon·do·leer *ge=, (rare)* condole. **kon·do·le·rend** *=rende, (rare)* condolatory.

kon·do·mi·ni·um *=niums, =nia* condominium.

kon·do·na·sie *=sies* condonation. **kon·do·neer** *ge=* condone.

kon·doom *=dome* condom.

kon·dor *=dors* condor.

kon·duk·sie conduction. **kon·duk·tan·sie** *(elec.)* conductance, conducting power. **kon·duk·ti·wi·teit** conductivity.

kon·duk·teur *=teurs* conductor, guard. **kon·duk·teurs·wa** guard's/goods van, caboose. **kon·duk·tri·se** *=ses, (rare)* conductress, *(infml.)* clippie.

kon·fe·de·raal *=rale,* **kon·fe·de·ra·tief** *=tiewe* confederal. **kon·fe·de·ra·sie** *=sies* confederation, confederacy. **kon·fe·de·reer** *ge=* confederate.

kon·fe·reer *ge=* consult, confer, hold a conference.

kon·fe·ren·sie *=sies* conference; *'n ~* ***belê*** convene a conference; *'n ~ oor iets* ***hou*** hold a conference on s.t.; ***in*** *'n ~ wees* be in conference; *met iem.* ***in*** *~ wees* be in conference with s.o.; ***op*** *'n ~* at a conference. **~ganger** *=s* conferee. **~saal** conference hall/room.

kon·fes·sie *=sies* confession. **kon·fes·si·o·neel** *=nele* confessional; denominational, sectarian.

kon·fet·ti →CONFETTI.

kon·fi·den·si·eel *=siële* confidential.

kon·fi·gu·ra·sie *=sies* configuration.

kon·fir·ma·sie *=sies* confirmation. **kon·fir·meer** *ge=* confirm.

kon·fis·ka·sie *=sies,* **kon·fis·ke·ring** confiscation, seizure. **kon·fis·keer** *ge=* confiscate, seize. **kon·fis·keer·baar** *=bare* confiscable. **kon·fis·keer·der** *=ders* confiscator. **kon·fis·ke·rend** *=rende* confiscatory.

kon·flik *=flikte* conflict; *in ~ kom met ...* come into conflict (*or* conflict/clash) with ..., find o.s. up against ... **~gebied** trouble spot. **~geteister(d):** *konflikgeteisterde gebied* trouble spot. **~oplossing** conflict resolution. **~psigologie** conflict psychology. **~punt** trouble spot. **~situasie** conflict situation. **~toneel** trouble spot.

kon·foes *ge=, (infml.)* mess up, upset.

kon·foor *=fore* chafing dish, food warmer; dish warmer, hotplate; chauf(f)er, brazier, fire pan.

kon·form *=forme, (math.)* conformal *(curvature, representation etc.); ~ die voorskrifte/ens., (rare)* in conformity/accordance with (*or* conformable to) instructions. **kon·for·ma·sie** conformation. **kon·for·meer** *ge=* conform; *~ met ...* conform to ... **kon·for·mis** *=miste* conformist. **kon·for·mis·ties** *=tiese, adj.* conformist. **kon·for·mi·teit** conformity.

kon·fra·ter *=ters, (obs.)* colleague, confrère.

kon·fron·ta·sie *=sies* confrontation, showdown, face-off; *iem. se ~ met ...* s.o.'s confrontation with ...; *die ~ tussen ... en ...* the confrontation between ... and ... **kon·fron·teer** *ge=* confront; *iem. met ... ~* confront s.o. with ...; *deur ... ge~ word* be confronted by ... *(s.o.).* **kon·fron·te·ring** →KONFRONTASIE.

Kon·fu·si·aan *etc.* →CONFUCIAAN.

kon·fu·sie confusion. **kon·fuus** *=fuse, (rare)* confused, abashed, taken aback.

kon·fu·ta·sie *(rare)* confutation; →WEERLEGGING.

kon·fyt *=fyte* jam, preserve; comfits. **~fles** jam jar. **~potjie** jam dish/pot. **~rol** jam/Swiss roll. **~tert** jam tart.

kon·ges·tie congestion; *aan ~ ly, (also)* be congested.

kong·koit *=koite, (orn.)* gorgeous bush shrike.

kon·glo·me·raat *=rate* conglomerate, conglomeration; puddingstone. **kon·glo·me·ra·sie** *=sies* conglomeration. **kon·glo·me·reer** *ge=* conglomerate.

Kon·go *(geog.)* Congo; *die Belgiese ~, Kongo (Leo), (1908-60)* the Belgian Congo, Congo (Leo); *die Demokratiese Republiek ~, (since 1997)* the Democratic Republic of Congo. **~-Kinshasha** *(1960-71)* Congo-Kinshasha; →ZAÏRE. **~(rivier):** *die ~* the Congo (river). **~-Vrystaat:** *die ~, (1885-1908)* the Congo Free State.

kon·go·ï·daal, kon·ko·ï·daal *=dale, (chiefly min.)* conchoidal.

Kon·go·lees *=lese, n. & adj.* Congolese.

kon·go·lo·gie, kon·ko·lo·gie, kon·ki·li·o·lo·gie *(the collection/study of mollusc shells)* conchology. **kon·go·lo·gies, kon·ko·lo·gies, kon·ki·li·o·lo·gies** *=giese* conchological.

kon·gre·ga·sie *=sies, (RC)* congregation, order; *(RC)* congregation, sodality; *(esp. in the Congregational Church; in some universities)* congregation. **Kon·gre·ga·si·o·na·lis** *=liste, n.* Congregationalist. **Kon·gre·ga·si·o·na·lis·me** *(also k~)* Congregationalism. **Kon·gre·ga·si·o·na·lis·ties** *=tiese, adj., (also k~)* Congregationalist; *~e Kerk* Congregational Church. **kon·gre·geer** *ge=* congregate.

kon·gres *=gresse* congress, conference, convention; *~ hou* congress, hold a congress/conference; *die K~, (USA)* Congress. **~ganger, ~lid** delegate, member of a congress, conferee. **K~lid** *(USA)* Congressman, *=woman.* **kon·gres·sis** *=siste, (rare)* member of a congress. **K~party** Congress Party. **~sitting** meeting/session of a congress.

kon·gru·eer *ge=* be equal and similar (to), agree in all respects (with); *(gram.)* agree. **kon·gru·en·sie** *=sies* equality and similarity; congruence, congruency, congruity; *(gram.)* agreement, concord. **kon·gru·en·sie·re·ël** rule of concord. **kon·gru·ent** *=ente* equal and similar, identical, congruent.

kong·si *=si's, (<Chin., rare)* ring, combine, trust; clique.

ko·ni·die *(bot.)* conidium. **ko·ni·di·o·foor** *=fore* conidiophore. **ko·ni·di·o·spoor** conidiospore.

ko·nies *=niese* conic(al); tapered; *~e* ***dryfwerk*** bevel gear; *~e* ***fles*** conical/Erlenmeyer flask; *~e* ***klep*** cup valve; *~e* ***rat*** bevel wheel/gear; *~e* ***tandrat*** mitre wheel; *~e* ***toestel*** taper attachment.

ko·ni·feer *=fere* conifer, coniferous tree.

ko·ni·me·ter konimeter.

ko·ning *=nings* king, monarch; →KONINGS=; *die* ***Boeke*** *van die K~s* the Books of the Kings; *~ van die* ***diere/voëls*** king of the beasts/birds; *die* ***drie*** *K~s* the three Kings/Magi; *elke* ***haan*** *is ~ op sy eie mishoop* every cock crows best on his own dunghill; →KRAAI *vb.; dink jy is die ~ se* ***hond*** *se oom (se kat se neef)* think o.s. the cat's pyjamas/whiskers, fancy o.s. (just it); *die ~ se* ***koets*** Black Maria; *die K~ van die* ***konings*** the King of kings; *~* ***kraai*** triumph, glory; *iem. se haan moet altyd ~* ***kraai***

→HAAN; *iem. tot ~ **kroon*** crown s.o. (as) king; *soos 'n ~ **leef/lewe*** live like a king; *~ **maak**, (checkers)* king, go to king; *~ **speel*** king it; *iem. tot ~ **uitroep*** proclaim s.o. king; *die K~ **van** Rome* the King of Rome; *die ~ **van** verskrikkinge* the king of terrors; *die ~ **van** die wyne* the king of wines. **~blousysie** *(orn.)* (violet-eared) waxbill. **~-keiser** king-emperor. **~klipvis** *-(se)*, **~klip** *-(pe), (Xiphiurus capensis)* kingklip; →KLIPKABELJOU, KOESTER. **~maker** *(lit.)* kingmaker. **~paradysvoël** kingbird. **~pikkewyn** king penguin. **~riethaan** purple gallinule; *klein ~* lesser gallinule. **~rooibek(kie)** king rooibekkie, pintailed whydah; →HIETS. **~ryk** (as) rich as a king. **~(-)seer** *(pathol., hist.)* king's evil. **~septer**, **~staf** royal sceptre. **~seun** king's son, prince. **~staf** →KONINGSEPTER. **~vis** kingfish; *(Lampris regius)* sunfish, opah. **~vlinder** monarch (butterfly).

ko·nin·gin *-ginne* queen; *~ maak, (chess)* queen; *~ speel* queen it; *die ~ van ...* the first lady of ... *(jazz etc.)*; the grande dame of ... *(fashion etc.)*. **~by** queen bee. **~gambiet** *(chess)* queen's gambit. **K~ Maudland** Queen Maud Land. **~moeder** queen mother/dowager. **~-regentes** queen regent. **~-weduwee** queen dowager.

ko·nin·gin·loos *-lose* queenless.

Ko·nin·gin·ne·dag *(in the Netherlands)* Queen's birthday.

ko·nin·gin·skap queenhood, queenship, queendom; *tydens die vyfde/ens. jaar van haar ~* during her fifth/etc. regnal year.

ko·ning·loos *-lose* kingless.

ko·nings-: **~aasvoël** black/king vulture. **~arend** royal eagle. **~advokaat** *(SA, hist.)* King's/Queen's Counsel. **K~berg(en)** *(hist.)* Königsberg. **~blou** royal blue, azure-, smalt-blue. **~dogter** king's daughter, princess. **~geel** orpiment/king's yellow. **~gesind** *-e* royalist(ic), monarch(i)al, monarchic(al), monarchist(ic). **~gesinde** *-s* royalist, monarchist. **~gesindheid** monarchism. **~getuie** king's/queen's evidence. **~huis** royal house, dynasty. **~kandelaar** →KANDELAARBLOM. **~kegel** kingpin. **~kers, keiserskers** *(bot.: Verbascum thapsus)* mullein; →FAKKELKRUID. **~kind** royal child, child of royal blood. **~kleur** purple. **~kop** king's head. **~kroon** royal crown. **~kruid** (sweet/common) basil. **~mag** royal/regal power. **~moord** regicide. **~moordenaar** regicide. **~paar** royal couple, king and queen. **~palm** royal palm. **~tier** Bengal tiger. **~titel** title of king, regal title. **~troon** royal throne. **~voël** tanager. **~water** aqua regia, royal water.

ko·ning·skap *-skappe* kingship, royalty, kinghood; *tydens die vyfde/ens. jaar van sy ~* during his fifth/etc. regnal year.

ko·nin·kie *-kies* kingling, kinglet, petty king.

ko·nink·lik *-like* royal, regal, kingly, kinglike; *K~e **Akademie*** Royal Academy; *~e **bedrag/som**, (often joc.)* princely sum; *~e **besluit*** order in council; *van ~e **bloed*** of royal blood, of the blood royal; *~e **goedkeuring*** royal assent; *dit ~ **hê*** have a royal time; *U/Haar/Sy K~e **Hoogheid*** Your/Her/His Royal Highness; *die ~e **huis*** the royal house, the dynasty; the royal household; *~e **koerier*** king's/queen's messenger; *~ **leef/lewe*** live like a king/lord; *'n ~e **lewe** lei* live like a king, *(infml.)* live like fighting cocks; *'n ~e **maal(tyd)*** a regal repast; *iem. ~ **onthaal*** entertain s.o. royally; *~e **professor**, (Br.)* Regius professor. **ko·nink·lik·heid** kingliness.

ko·nink·ryk kingdom, monarchy; *die K~ van God* (of *die hemele)* the Kingdom of God/Heaven; *die K~* the Kingdom.

ko·ni·si·teit conicity.

kon·jak cognac, brandy.

kon·jek·tu·raal *-rale* conjectural. **kon·jek·tuur** *-ture* conjecture.

kon·ju·ga·sie *-sies* conjugation. **~buis** conjugating tube; conjugation canal. **kon·ju·geer** *ge-* conjugate. **kon·ju·ge·ring** conjugation.

kon·junk *-junkte* conjunct. **kon·junk·sie** *-sies, (astron.)* conjunction; concourse. **kon·junk·tief** *n. & adj.* conjunctive, subjunctive; *~tiewe wys(e)* conjunctive/subjunctive mood. **kon·junk·ti·vi·tis** *(med.)* conjunctivitis.

kon·junk·tuur *-ture* conjuncture. **~golf**, **~siklus** trade cycle.

kon·ka *-kas* drum, large tin/can; *'n ~ petrol/ens.* a drum of petrol/etc..

kon·kaaf *-kawe* concave; *konkawe lys* cove (moulding). **~-konveks** concavo-convex. **kon·ka·wi·teit** concavity.

kon·kel *ge-* plot (and scheme), wangle, intrigue; machinate; botch, bungle; *met ... ~* massage ... *(data, statistics, etc.)*. **~ooi** ewe taking the lamb of another. **~werk** muddling, botched work, bungling, botch(ing), wangling, scheming; →KNOEIWERK; *donkerwerk is ~* →DONKERWERK.

kon·ke·laar *-laars* intriguer, plotter, schemer, wangler, wheeler-dealer. **kon·ke·la·ry, kon·kel·ry** *-rye* wangling, intriguing, conniving, scheming, plotting, wheeling and dealing, wheeler-dealing, machination(s).

kon·ki·li·o·lo·gie →KONGOLOGIE. **kon·ki·li·o·lo·gies** →KONGOLOGIES.

kon·klaaf *-klawe* conclave.

kon·klu·deer *ge-* conclude, infer. **kon·klu·deer·baar** *-bare* inferential. **kon·klu·sie** *-sies* conclusion, inference; →GEVOLGTREKKING; *tot 'n ~ kom* arrive at (*or* come to) a conclusion, infer; *~s trek, (rare)* draw conclusions, put two and two together; *'n ~ uit ... trek, (rare)* draw a conclusion from ...

kon·ko·ï·daal →KONGOÏDAAL.

kon·ko·lo·gie →KONGOLOGIE.

kon·kor·daat *-date* concordat. **kon·kor·dan·sie** *-sies* concordance; conformity; *(gram.)* concord; *'n ~ op/van die Bybel* a concordance of/to the Bible. **kon·kor·dant** *-dante* concordant; *~e kus* →LENGTEKUS; *~e lae, (geol.)* conformable strata.

kon·kreet *-krete -kreter -kreetste* concrete; *konkrete selfstandige naamwoord* concrete noun; *konkrete getal* concrete number. **kon·kreet·heid** concreteness. **kon·kre·sie** *-sies* concretion. **kon·kre·ti·seer** *ge-* concretise.

kon·ku·bi·naat concubinage. **kon·ku·bi·ne** *-nes* concubine.

kon·kur·reer *ge-, (rare)* compete.

kon·kur·ren·sie competition, rivalry. **~nyd** professional jealousy, jalousie de métier *(Fr.)*. **~prys** competitive price.

kon·kur·rent *-rente, n.* competitor, rival. **kon·kur·rent** *-rente, adj.* concurrent *(creditors)*.

kon·kus·sie *-sies* concussion.

kon·naat *-nate, (geol.)* connate.

kon·nek·sie *-sies* connection. **kon·nek·si·o·nis·me** *(psych.)* connectionism. **kon·nek·teer** *ge-* connect (up). **kon·nek·ti·wi·teit** *(comp.)* connectivity.

kon·nos·se·ment *-mente* bill of lading.

kon·no·ta·sie *-sies* connotation. **kon·no·ta·tief** *-tiewe, (ling.)* connotative; *konnotatiewe betekenis* connotative meaning.

ko·no·ïed *-noïede, n.* conoid. **ko·no·ï·daal** *-dale, adj., (chiefly zool.)* conoid(al).

kon·se·kra·sie consecration. **kon·se·kreer** *ge-* consecrate.

kon·se·ku·tief *-tiewe, (rare)* consecutive.

kon·se·kwen·sie *-sies* consequence; consistency, logical conclusion. **kon·se·kwent** *-kwente, adj.* consistent, logical, consequent. **kon·se·kwent** *adv.* consistently.

kon·sen·sie *(rare)* conscience; →GEWETE. **kon·sen·si·eus** *-euse, adj.* conscientious, scrupulous. **kon·sen·si·eus** *adv.* conscientiously.

kon·sen·su·eel *-ele* consensual. **kon·sen·sus** consensus.

kon·sent *-sente, (obs.)* consent; *~(e) gee, (obs.)* consent to a marriage; *~(e) vra, (obs.)* ask (parents') consent (to get married). **kon·sen·teer** *ge-, (obs.)* consent.

kon·sen·traat *-trate* concentrate. **kon·sen·tra·sie** *-sies* concentration. **kon·sen·tra·sie·kamp** concentration camp. **kon·sen·tra·sie·vuur** concentrated fire. **kon·sen·tra·tor** *-tors* concentrator. **kon·sen·treer** *ge-* concentrate, centre; focus *(one's thoughts)*; fix *(one's mind)*; *op iets ~* concentrate (up)on s.t.; *iem. se verwagtinge is daarop ge~* s.o.'s expectations are centred on it; *troepe ~* mass troops. **kon·sen·tries** *-triese* concentric. **kon·sen·tri·si·teit** concentricity.

kon·sep *-septe* draft; blueprint *(fig.)*; concept; working paper; *'n nuwe ~ in die grimeerbedryf/ens.* a new concept in the cosmetics industry/etc.; *'n ~ van ... vorm* conceptualise ... **~aanslag** draft assessment. **~brief** draft letter; *'n ~ opstel* draft a letter, write a letter in rough. **~grondwet** draft constitution. **~kontrak**, **~ooreenkoms** draft contract. **~ordonnansie** draft ordinance. **~reglement** draft regulation. **~vorm** (rough) draft; *in ~* in draft; *iets in ~ opstel* make a (rough) draft of s.t.. **~wetsontwerp** draft bill.

kon·sep·sie *-sies* conception; concept. **kon·sep·si·o·neel** *-nele* conceptional. **kon·sep·tu·a·li·sa·sie, kon·sep·tu·a·li·se·ring** conceptualisation. **kon·sep·tu·a·li·seer** *ge-* conceptualise. **kon·sep·tu·a·lis·me** conceptualism. **kon·sep·tu·eel** *-ele* conceptual.

kon·serf *-serwe* mixed jam/preserve.

kon·sert *-serte* concert, recital; *private ~* musicale; *'n ~ gee/hou* give a concert. **~aria** concert aria. **~besoek** concertgoing. **~besoeker** →KONSERTGANGER. **~ganger** *-s* concertgoer. **~gebou** concert hall. **~geselskap**, **~groep** concert party. **~kunstenaar** concert performer. **~meester** leader of the orchestra, concertmaster. **~pianis** concert pianist. **~reis** concert tour. **~reeks** concert season. **~saal** concert hall/room, music hall/room. **~sanger**, *(fem.)* **~sangeres** concert singer. **~stuk** concert piece, concerto. **~trom** side/snare drum. **~-uur** concert hour. **~vleuel** concert grand (piano).

kon·ser·tant *-tante* concertante; *~e simfonie* sinfonia concertante.

kon·ser·teer *ge-, (rare)* give a concert.

kon·ser·ti·na *-nas* concertina; *(mech.)* bellows. **~(bossie)** *Crassula perforata*. **~deur** folding door. **~hek** (frameless) wire gate, fold-up gate. **~papier** fanfold paper. **~plooi** accordion pleat.

kon·ser·va·sie conservation, preservation. **kon·ser·va·tor** *-tors* →KURATOR. **kon·ser·va·to·ri·um** *-riums, -ria* conservatoire, conservatory.

kon·ser·veer *ge-* preserve, keep, conserve; *konserverende tandheelkunde* conservative dentistry. **~middel** →PRESERVEERMIDDEL.

kon·ser·wa·tief *-tiewe, n.* conservative; *die Konserwatiewe, (party members)* the Conservatives. **kon·ser·wa·tief** *-tiewe -tiewer -tiefste, adj.* conservative; *Konserwatiewe Party* Conservative Party. **kon·ser·wa·tis·me** conservatism.

kon·ses·sie *-sies* concession, franchise. **~gewer** franchiser, franchisor. **~houer, konsessionaris** franchisee, franchise holder, concessionaire, concessioner, concessionary, grantee. **~kaartjie** concession ticket. **~ooreenkoms** franchise agreement.

kon·ses·sief *-siewe* concessive.

kon·ses·si·o·na·ris *-risse* →KONSESSIEHOUER.

kon·si·de·rans *-ranse, (jur.)* preamble. **kon·si·de·ra·sie** *-sies* consideration; *iets in ~ neem* consider s.t., take s.t. into consideration/account; *uit ~ vir ...* out of consideration/deference for (*or* in deference to) ... **kon·si·de·reer** *ge-* consider.

kon·si·li·ant *-ante* →VERSOENEND. **kon·si·li·a·sie** conciliation. **kon·si·lie** *-lies* (ecclesiastical) council. **kon·si·li·eer** *ge-* conciliate.

kon·sin·jant *-jante* consignor. **kon·sin·ja·sie** *-sies* consignment; consignation; *in ~* on consignment. **kon·sin·ja·sie·fak·tuur** *-ture* consignment invoice. **kon·sin·ja·ta·ris** *-risse* consignee. **kon·sin·jeer** *ge-* consign. **kon·sin·jeer·der** *-ders* consignor.

kon·si·pi·eer *ge-* conceive; draft.

kon·sis·ten·sie consistency. **kon·sis·tent** *-tente -tenter -tentste* consistent.

kon·si·sto·rie *-ries* consistory; vestry; *~ hou* palaver, sit chatting; *oor iem. ~ hou* discuss s.o. behind his/her back. **kon·si·sto·ri·aal** *-ale* consistorial.

kon·skrip·sie conscription.

kon·so·le =les console. ~**tafeltjie** =s console table.

kon·so·li·da·sie consolidation. **kon·so·li·deer** ge= consolidate; *skulde* ~ fund debts. **kon·so·li·de·ring** consolidating, consolidation.

kon·so·nan·sie consonance, concord, harmony. **kon·so·nant** =nante consonant; *(mus.)* concord. **kon·so·nan·taal** =tale consonantal.

kon·sor·te *(pl.)* associates, confederates, company. **kon·sor·ti·um** =tiums consortium *(of banks etc.)*, trust.

kon·so·si·eer ge= consociate. **kon·so·si·a·lis·me** consociationalism. **kon·so·si·a·sie** consociation. **kon·so·si·a·tief** =tiewe consociational.

kon·sta·bel =bels constable, policeman, bobby *(infml.)*, cop(per) *(infml.)*; officer, patrolman; *twee ~s* two police(men); *vroulike ~* policewoman.

kon·stant =stante =stanter =stantste, adj. constant, uniform, steady, unvarying; firm, loyal, staunch; dead *(load)*; *~e helling* uniform slope. **kon·stan·te** =tes, n. constant. **kon·stant·heid** uniformity.

Kon·stan·ti·no·pel *(geog., hist.)* Constantinople; →ISTANBUL. **Kon·stan·ti·no·po·li·taan** =tane, n. Constantinopolitan. **Kon·stan·ti·no·po·li·taans** =taanse, adj. Constantinopolitan.

Kon·stan·ti·us →CONSTANTIUS.

Kon·stan·tyn, Con·stan·tyn Constantine.

Kon·stanz *(geog.)* Constance; *die Konsilie van ~* the Council of Constance.

kon·sta·teer ge= state; establish *(a fact)*; put on record; diagnose; confirm, certify, testify to, declare, pronounce. **kon·sta·te·ring** establishment; ascertainment; declaration.

kon·stel·la·sie =sies constellation; *'n ~ vorm* constellate.

kon·ster·na·sie consternation, to-do; *~ op die stasie, (fig., infml.)* panic stations.

kon·sti·pa·sie constipation. **kon·sti·peer** ge= constipate.

kon·sti·tu·an·te =tes, *(rare)* →GRONDWETGEWENDE VERGADERING. **kon·sti·tu·eer** ge= constitute. **kon·sti·tu·eer·der** =ders constitutor. **kon·sti·tu·e·rend** =rende constituent; *~e mag* constituent power; *~e plaaslike owerhede* constituent local authorities. **kon·sti·tu·e·ring** constitution, constituting. **kon·sti·tu·sie** =sies constitution. **kon·sti·tu·si·o·neel** =nele constitutional; *Konstitusionele Hof, (SA)* Constitutional Court; *~ maak* constitutionalise. **kon·sti·tu·si·o·na·lis** =liste, *(also K~)* constitutionalist. **kon·sti·tu·si·o·na·lis·me** *(also K~)* constitutionalism. **kon·sti·tu·tief** =tiewe constitutive.

kon·stru·eer ge= construct; construe *(a passage)*; design, plot *(a curve)*.

kon·struk·sie =sies construction; construct; structure; building; composition. ~**fout** structural/construction defect/fault; design error. ~-**ingenieur** construction engineer. ~**metode** method of construction. ~**tekening** working drawing.

kon·struk·teur =teurs constructor. **kon·struk·tief** =tiewe constructive.

kon·sub·stan·si·a·sie consubstantiation.

kon·suis →KWANSUIS.

kon·sul =suls consul; *~ van Mexiko* consul of Mexico. ~-**generaal** *konsuls-g.* consul general. **kon·sul·skap** =skappe consulship, consulate.

kon·su·laat =late consulate. ~-**generaal** *konsulate-g.* consulate general.

kon·su·lent =lente relieving minister.

kon·su·lêr =lêre consular.

kon·sult =sulte consultation, consult. ~**geld** =e →KONSULTASIEGELD. ~**geneesheer** consulting specialist. ~**ingenieur** →RAADGEWENDE INGENIEUR. ~**praktyk** chamber practice.

kon·sul·teer ge= consult, get (medical) advice, get (legal) opinion; see. **kon·sul·tant** =tante consulter; consultant. **kon·sul·tant·skap** consultancy. **kon·sul·ta·sie** =sies consultation. **kon·sul·ta·sie·geld** =e consultation fee. **kon·sul·te·rend** =rende consultative, consultory; *~e geneesheer* consultant.

kon·su·meer ge= consume. **kon·su·ment** =mente, *(rare)* consumer; →VERBRUIKER. **kon·sump·sie** consumption, use. **kon·sump·tief** =tiewe consumptive.

kon·tak =takte, n. contact, touch; *(pers.)* contact; *~ **kry*** make contact; *~ **maak**, (elec.)* make contact; *met iem. ~ **maak*** make/establish contact with s.o.; *~te **maak/opbou*** make/establish contacts; *~ **verbreek**, (elec.)* break contact; *~ met ... **verloor*** lose touch with ... ~**arm** *(elec.)* wiper; trolley pole. ~**besmetting** contagion. ~**bron**, ~**fontein** contact spring. ~**doos** plug box. ~**hoek** angle of contact. ~**kas** *(elec.)* outlet box. ~**lens** contact lens. ~**myn** contact mine. ~**persoon** contact. ~**prop** contact plug. ~**punt** point of contact, contact point. ~**rif** contact reef. ~**rol** trolley head. ~**situasie** contact situation. ~**skerm** touch(-sensitive) screen. ~**skoen** *(phot.)* hot shoe. ~**sleutel** ignition key. ~**sok** *(elec.)* socket (outlet). ~**sport** contact sport. ~**veer** contact spring. ~**vlak** contact area/surface. **kon·tak** ge=, n. contact.

kon·ta·mi·neer ge= contaminate. **kon·ta·mi·nant** =nante contaminant. **kon·ta·mi·na·sie** =sies contamination.

kon·tant n. (hard) cash, ready money, *(infml.)* readies; ***afslag** vir ~* cash discount; *(in) ~ **betaal*** pay (in) cash; *~ **by** aflewering* cash on delivery; *~ **by/met** bestelling* cash with order; *kom ons sit ons ~ **bymekaar*** let's pool our cash; *'n **gebrek** aan ~* a lack/shortage of funds; *~ in **kas*** cash in hand; ***R100/ens.** ~* R100/etc. cash (down); *~ **sonder** aflewering* cash and carry. **kon·tant** =tant, adj. cash; *glad te ~ met iets wees* be much too free with s.t. *(advice)*; be much too ready with s.t. *(one's fists)*. **kon·tant** adv. cash (down); *~ betaal* pay cash. ~**betaling** cash payment. ~**geld** (hard) cash, ready money, *(infml.)* readies. ~**kaart** cash card. ~**kas** till. ~**koei** *(infml., fin.)* cash cow. ~**tjek** cash cheque. ~**uitgawes** out-of-pocket expenses. ~**verkoop** cash sale. ~**waarde** cash value.

kon·tant·loos =lose cashless.

kon·teks =tekste context; *iets buite ~ behandel/ondersoek* decontextualise s.t.; *iets in (die/'n) ~ plaas* contextualise s.t.. **kon·teks·tu·a·li·seer** ge= contextualise. **kon·teks·tu·eel** =ele contextual.

kon·tem·pla·sie contemplation. **kon·tem·pla·tief** =tiewe contemplative. **kon·tem·pleer** ge= contemplate.

kon·tem·po·rêr =rêre contemporary.

kon·ten·sie =sies contention. **kon·ten·si·eus** =euse contentious.

kon·tent *(obs.)* content(ed); →TEVREDE.

kon·ter·dans →KONTRADANS.

kon·ter·feit ge=, *(arch.)* picture, portray. **kon·ter·feit·sel** =sels, *(arch.)* picture, portrait, portrayal, likeness.

kon·ti·nen·sie continence.

kon·ti·nent[1] =nente, n. continent. ~**skuiwing**, ~**swerwing** continental drift.

kon·ti·nent[2] =nente, adj., *(physiol.)* continent.

kon·ti·nen·taal =tale continental; *(K~)* Continental, of the Continent *(or* of Europe); *kontinentale/ligte **ontbyt*** continental breakfast; *die kontinentale **plat*** the continental shelf; *die Kontinentale **stelsel*** the Continental system; *kontinentale **waterskeiding*** continental divide *(often C~ D~)*, Great Divide *(in the Rocky Mountains of N.Am.)*.

kon·tin·gent =gente, n. contingent, quota. **kon·tin·gent** =gente, adj. contingent. **kon·tin·gen·teer** ge= apply the quota system. **kon·tin·gen·te·ring** application of the quota system.

kon·ti·nu =nue continuous. **kon·ti·nu·a·sie** =sies, *(jur.)* continuation. **kon·ti·nu·eel** =ele continual. **kon·ti·nu·eer** ge= continue, extend. **kon·ti·nu·ï·teit** continuity. **kon·ti·nu·ï·teits·aan·bie·der** continuity announcer. **kon·ti·nuum** =nuums, =nua continuum.

kon·toer =toere, n. contour. **kon·toer** ge=, vb. contour. ~**kaart** contour map. ~**lyn** contour (line). ~**ploeëry** contour ploughing. ~**skerpte** *(phot.)* acutance. ~**veer** *(orn.)* contour feather. ~**wal** contour; *~le aanlê* contouring.

kon·tra, con·tra contra, against, versus.

kon·tra: ~-**attraksie**, ~**ättraksie** counterattraction. ~**bande** contraband; bootleg. ~**bas** =se double bass, contrabass; bass/string fiddle. ~**basviola** *(mus.)* violone. ~**beleefdheid** *(rare)* return of civilities. ~**bewys** counterfoil. ~**biljet** check ticket/slip, counterfoil, =check. ~**boeking** cross entry. ~**boog** counterarch. ~**dans**, **konterdans** *(hist.)* country dance, contredanse. ~**diksie** =s contradiction. ~**fagot** contrabassoon, double bassoon. ~**gewig** counterweight. ~-**indikasie**, **kontraïndikasie** counterindication. ~**kultuur** counterculture, reverse culture, alternative society. ~**memorie** counter-memorial. ~**merk** countermark; pass-out. ~**moer** lock(ing) nut. ~**myn** countermine. ~**order** counterorder. ~**pos** counterentry, setoff. ~**prestasie** compensation, equivalent, return, quid pro quo. ~**produktief** counterproductive. ~**punt** counterpoint. ~**puntaal** =tale contrapuntal. ~**punteer** ge= counterpoint. ~**reformasie** counter-reformation; *die K~* the Counter-Reformation. ~**reg** countervailing duty. **K~-Remonstrant** n. Counter Remonstrant, Anti-Remonstrant. **K~-Remonstrants** =e, adj. Counter Remonstrant, Anti-Remonstrant. ~**revolusie** counter-revolution. ~**revolusionêr** =e counter-revolutionary. ~**sepsie** contraception. ~**skottel** offset disc. ~**spioenasie** counterespionage. ~**variant** contravariant. ~**versekering** floater insurance. ~**voorstel** counterproposal, =motion, counter-resolution.

kon·tra·heer ge= contract, shrink.

kon·trak =trakte contract, agreement; indenture; *'n ~ **aangaan/sluit*** conclude/make *(or* enter into) a contract *(or* an agreement); *iem. op ~ **aanstel*** appoint s.o. on contract; *dis alles **in** die ~, (fig.)* it's all in the day's work *(or* in the game); *'n ~ **kry*** win *(or [infml.]* land) a contract; *die ~ **loop** af* the contract terminates; ***op** ~* by/on/under contract; *'n ~ **opsê*** cancel/terminate a contract; *uit 'n ~ **terugtree*** abandon a contract; *'n ~ aan ... **toeken*** award a contract to ...; ***volgens** ~* according to contract. ~**arbeider** indentured labourer. ~**breuk** breach/violation of contract. ~**brug** contract bridge. ~**moordenaar** contract killer. ~**polis** floating policy. ~**prys** contracted/agreed price. ~**speler** *(sport)* contract(ed) player, signing. ~**termyn** contractual period. ~**voorwaardes** terms of the contract. ~**werk** contract work. ~**wol** contracting wool.

kon·trak·tant =tante contractor, contracting party; *~ van/vir ...* contractor to ... **kon·trak·teer** ge= contract, enter into an agreement, make a contract; *~ om iets te doen* contract to do s.t.; *die (hoë) kontrakterende partye by ..., (jur.)* the (high) contracting parties ... **kon·trak·te·reg** law of contracts. **kon·trak·teur** =teurs contractor. **kon·trak·tu·eel** =ele contractual; *jou ~ verbind* bind o.s. by contract.

kon·tra·mi·ne, kon·tra·mi·ne *(via Du., <Fr., rare)*: *in die ~ wees* be contrary/contradictious.

kon·tra·mi·neer ge=, *(mil.)* countermine.

kon·tra·rie *(rare)* contrary, contradictious. **kon·tra·ri·eer** ge=, *(obs.)* cross, thwart.

kon·tras =traste contrast; setoff, offset; ***in** ~ met ...* in contrast to/with ...; *'n **skerp** ~* a harsh/sharp contrast; *'n **skerp** ~ met ... vorm* contrast glaringly with ...; *die ~ **tussen** ... en ...* the contrast between ... and ...; *'n ~ met ... **vorm*** be in contrast to/with ... ~**kleur** contrasting colour.

kon·tras·teer ge= contrast; *skerp met ... ~* contrast glaringly with ...; *iets met ... ~* contrast s.t. with ... **kon·tras·te·rend** =rende contrasting *(colour etc.)*.

kon·tras·tief =tiewe, *(ling.)* contrastive.

kon·trei =treie region. ~**kos** regional food/fare. ~**kuns** regional art/literature.

kon·trep·sie *(<Eng., infml.)* contraption, device, gadget, *(sl.)* gizmo, gismo.

kon·trêr =trêre, *(via Du., <Fr., rare)* contrary, contradictious.

kon·tri·bu·ant =ante, *(rare)* contributor; →BYDRAER. **kon·tri·bu·eer** ge= contribute. **kon·tri·bu·sie** =sies contribution; subscription.

kon·tro·le *-les* control, check(ing); supervision; inspection; blank, checkup; countercheck; *~ oor iem./iets hou/uitoefen* exercise control over s.o./s.t.; *onder ~ van ... staan* be under the control of ...; *die ~ verlaat* check out. **~-as** control shaft. **~-analise** check analysis. **~boek** check book. **~bord** tally board. **~dag** key day. **~draad** pilot wire. **~-eenheid** *(comp.)* control unit. **~groep** check/control group. **~handvatsel, ~arm** control, control handle/lever. **~hefboom** control lever. **~kaart** tally card. **~klep** pilot valve. **~klerk** tally clerk. **~knop(pie)** control knob *(on a TV etc.)*. **~kompas** master compass. **~laai** check till. **~lamp** pilot lamp. **~lys** check list. **~maat** master gauge. **~monster** check sample. **~peiling** check bearing. **~proef** control experiment. **~punt** checkpoint. **~rekening** check(ing)/control account. **~sentrum** *(astronaut.)* mission control. **~stelsel** monitoring system.

kon·tro·leer *ge-* control, check (on *or* [up] on); keep a tally; supervise; inspect, examine; verify *(a statement)*; *iets in oorleg met iem. ~* check s.t. with s.o.; *kontrolerende maatskappy, (rare)* →BEHEERMAATSKAPPY; *iets steeds ~* keep a check on s.t.. **kon·tro·leer·baar** *-bare* checkable; controllable, verifiable. **kon·tro·leer·baar·heid** controllability. **kon·tro·leer·der** *-ders* verifier. **kon·tro·le·ring** checking, monitoring, verification.

kon·tro·leur *-leurs* controller, checker; inspector; ticket examiner; check taker; supervisor; comptroller, conductor; tally keeper; *~ van die hofhouding* comptroller of the household. **~-generaal** controller-general.

kon·tro·vers *-verse* controversial. **kon·tro·ver·se** *-ses* controversy. **kon·tro·ver·si·a·li·teit** controversiality. **kon·tro·ver·si·eel** *-siële* controversial.

ko·nus *-nusse* cone.

kon·veks *-vekse* convex. **~-konkaaf** convexo-concave.

kon·vek·sie convection. **~oond** convection oven. **~stroom** convection current. **~verwarmer** convector (heater).

kon·vek·si·teit convexity.

kon·vek·tief *-tiewe* convective.

kon·vek·tor *-tors* convector (heater).

kon·ven·sie *-sies* convention; *eiser in ~, (jur.)* plaintiff in convention. **kon·ven·si·o·na·lis·me** conventionalism. **kon·ven·si·o·neel** *-nele -neler -neelste* (of *meer ~ die mees -nele*) conventional, traditional, orthodox; *~ maak* conventionalise; *~nele oond* conventional oven; *~nele wapens* conventional weapons.

kon·vent *-vente* conventicle. **kon·ven·ti·kel** *-kels* conventicle.

kon·ver·geer *ge-* converge. **kon·ver·gen·sie** convergence. **kon·ver·ge·rend** *-rende* convergent.

kon·ver·sa·sie *-sies* conversation. **kon·ver·seer** *ge-, (rare)* converse; →GESELS, PRAAT.

kon·ver·sie *-sies* conversion. **~lening** conversion loan. **kon·ver·teer** *ge-* convert. **kon·ver·teer·baar** *-bare* convertible; *konverteerbare effekte* conversion stock.

kon·vo·ka·sie *-sies* convocation; *die K~ besluit* Convocation resolves.

kon·vooi *-vooie* convoy; *in 'n ~ reis/ry/vaar* travel/drive/go/ride/sail in convoy. **~skip** *-skepe*, **~vaarder** *-vaarders* convoy (ship), escort vessel, consort.

kon·vooi·eer *ge-, (rare)* convoy, escort; →BEGELEI. **kon·vooi·er** *-ers, (rare)* →KONVOOISKIP. **kon·vooi·ë·ring** *(rare)* convoying.

ko·nyn *-nyne* rabbit, con(e)y. **~bont, ~pels** con(e)y fur. **~gat** rabbit hole/burrow. **~hok** rabbit hutch. **~kolonie** (rabbit) warren. **~mannetjie** buck rabbit. **~vel** rabbit skin, con(e)y. **~voer** rabbit food.

ko·nyn·tjie *-tjies* (small) rabbit, *(children's lang.)* bunny (rabbit).

Koo: *die ~, (geog.)* the Koo.

kooi *kooie, (obs. or infml.)* bed; *(obs.)* berth, bunk *(on a ship)*; *(obs.)* bed of hay/etc. *(for an animal)*; *(dated)* cage (→HOK, KOUTJIE); *in die ~ **kruip**, ~ toe gaan, (infml.)* hit the hay/sack, turn in; *'n ~ **maak**, (rare)* bed down; *iets **sit** iem. in die ~, (fig.)* s.t. is beyond (*or* too much for) s.o.; *~ **toe**, jy* (of *met jou)!, (said to a child)* to bed with you!. **~anker** *(elec.)* squirrel cage. **~goed** bedclothes, bedding; stable bedding; *(Helichrysum* spp.*)* Hottentot bedding; →HOTNOTSKOOIGOED. **~lig** *-te, (obs.)* bunk light. **~pisser** *(vulg.)* bed-wetter.

kook *n.* boil; *aan die ~ wees* be on the boil; *saggies/effens/effe(ntjies) aan die ~ wees* be on the simmer; *van die ~ af wees* be off the boil. **kook** *ge-, vb.* boil *(water)*; cook *(food)*; do the cooking; boil, fume, seethe *(with rage)*; try (out) *(metal, fat, oil)*; *(infml.)* cook, doctor, massage *(data, statistics, etc.)*; *iem. se **bloed** ~* s.o.'s blood is boiling/up; *nou gaan die **ding** ~* now things are going to happen; ***goed** ~* be a good cook; ***hard** ge~* (of ***hardgekook***) *wees, (an egg)* be hard-boiled; *dit ~ **in** iem. (infml.)* s.o. is on the simmer; *~ van **ongeduld*** fume/fret (with impatience); ***oor** iets ~, (infml.)* be agitated (*or* in a stew) about s.t.; *iets **saggies/stadig** laat ~* simmer s.t., allow s.t. to simmer; ***te** kort ~* undercook; ***te** lank ~* overcook; ***van** ... ~* boil/burst/seethe (*or* be boiling/bursting/seething) with ... *(rage etc.)*; bristle/fume/seethe (*or* be bristling/fuming/seething) with ... *(indignation etc.)*. **~appel** cooking apple. **~blik, ~emmertjie** billy(can). **~boek** cookery book, cookbook. **~demonstrasie** cookery demonstration. **~fles** *(chem.)* boiling flask. **~gas** cooking/fuel gas. **~gat, ~kuil** cooking hole/pit. **~gereedskap, ~gerei** cooking utensils, cookware. **~groente** boiler. **~hitte** boiling heat/temperature. **~hoender** boiler (chicken). **~huis** cookhouse. **~kan, ~ketel** cauldron, copper, urn. **~kolf** *(rare)* →KOOKFLES. **~kuil** →KOOKGAT. **~kuns** cookery, art of cooking, culinary art, cuisine, gastrology; *hoëre ~* gastronomy, cuisine. **~lekkers** boiled sweets, boilings. **~melk** boiled milk; boiling milk. **~olie** cooking oil. **~plaat** hotplate. **~pot** boiler, copper, cauldron, caldera *(geol.)*, stewpot. **~potjie** skillet. **~punt** boiling point; *~ bereik* reach boiling point; *op ~* at boiling point; *iets op ~ bring* bring s.t. to the boil. **~sak(kie)** cooking bag. **~sjokolade** cooking chocolate. **~skerm** cooking shelter/shed/screen. **~skool** cookery school. **~sloot** cooking trench. **~stoof** *(obs.)* →STOOF *n.*. **~tenk** urn. **~toestel** cooking apparatus, cooker. **~vet** cooking fat. **~warm** boiling hot. **~water** boiling water. **~water-** *comb., (infml.)* brilliant, great, mean, superb; *~rugby speel* play a mean game of rugby. **~waterkan** coffee/tea urn. **~waterstysel** boiling-water starch, cooked starch.

koo·ka·bur·ra *-ras, (orn.)* kookaburra.

kooks coke. **~aanleg** coking plant. **~gruis** breeze. **~installasie** coking plant. **~kool, ~steenkool** coking/caking coal. **~oond** coke oven. **~steenkool** →KOOKSKOOL.

kook·sel *-sels* boiling; decoction; batch; *die hele ~* the whole boiling; the whole caboodle.

kook·se·ry coking plant; →KOOKS.

kool[1] *kole* coal, ember; carbon; →KOLE-, KOOLSTOF, KOOLSUUR; ***fyn** kole* duff (coal); *iem. **oor** die kole haal, (infml.)* haul s.o. over the coals, skin s.o. alive, give s.o. a piece of one's mind, dress s.o. down, give s.o. a dressing-down, tell/tick s.o. off, give s.o. an earbashing/earful; ***op** die kole braai* grill; ***op** hete kole sit/wees, (fig.)* be on tenterhooks (*or* on pins and needles); *vurige kole **op** iem. se hoof hoop, (fig.)* heap coals of fire on s.o.'s head, return good for evil; *'n **vurige** ~* a live coal. **~aanpaksel, ~aanslag** carbon deposit. **~arm** low-carbon *(steel)*. **~bak** →KOLEBAK. **~borsel** block brush. **~brander** →KOLEBRANDER **~bunker** →KOLEBUNKER. **~damp** carbon monoxide. **~dioksied** carbon dioxide; →KOOLSUURGAS. **~draad** carbon filament. **~druk** carbon print(ing). **~emmer** →KOLE-EMMER. **~gas, kolegas** coal gas. **~gat** coal hole. **~gruis, kolegruis** small/slack coal, coal dross/dust. **~hok** →KOLEHOK. **~hidraat** carbohydrate. **~hout** coalwood. **~klop** carbon knock. **~lint** carbon ribbon. **~mees** *(orn.)* great tit(mouse), saw sharpener. **~meter** →KOLEMETER. **~monoksied** carbon monoxide. **~myn, kolemyn** coal mine/pit, colliery. **~mynbedryf, kolemynbedryf** coal mining. **~myneienaar, kolemyneienaar** coal owner/master. **~myntering, kolemyntering** anthracosis. **~mynwerker, kolemynwerker** coal miner. **~oksied** carbonic oxide. **~pan** →KOLEPAN. **~papier** carbon paper. **~ryk** high-carbon *(steel)*. **~skip** →KOLESKIP. **~skop** →KOLESKOP. **~spits** carbon (stick); crayon *(in an arc lamp)*. **~staal** high-carbon steel. **~stasie** →KOLESTASIE. **~stoof** coal stove. **~swart** *n.* carbon black. **~swart** *adj.* coal-black. **~teer** coal/gas tar. **~teerseep** coal-tar soap. **~tremmer** →KOLETREMMER. **~trok** →KOLETROK. **~veld** →STEENKOOLVELD. **~vuur** coal fire. **~wa** →STEENKOOLWA. **~waterstof** *(chem.)* hydrocarbon. **~waterstofverbinding** hydrocarbon.

kool[2] *kole* cabbage, cole, kale; *die ~ **kop*** the cabbage forms a head; ***oom** K~* →OOM; ***ronde** ~* drumhead cabbage; *die ~ is die **sous** nie werd nie, (fig.)* the game is not worth the candle; *iem. 'n ~ **stoof/stowe**, (rare)* play s.o. a trick, hoax (*or* play a trick/prank/joke/hoax on) s.o.. **~akker** cabbage field/patch. **~blaar** cabbage leaf. **~bos** button-bush. **~kop** cabbage (head). **~palm** cabbage palm/tree. **~raap** swede, Swedish/Russian turnip; kohlrabi, turnip(-rooted) cabbage; *~ bo die grond* kohlrabi. **~rabi** kohlrabi. **~roos** cabbage rose. **~slaai** coleslaw. **~saad** cabbage seed, coleseed, colza. **~sop** kale. **~stronk** cabbage stalk/stump. **~witjie** *(butterfly)* cabbage white.

kool[3] *kole: (so) by my ~!* I swear!, honestly!, (up)on my word!, upon my soul!; by jingo!.

kool·stof carbon *(chem., symb.: C)*; *met ~ verbind* carburet; *gebonde ~* combined carbon. **~dioksied** →KOOLSUURGAS. **~disulfied** *(chem.)* carbon bisulphide/disulphide. **~gehalte** carbon content. **~gidslaag, ~gidsrif** *(geol.)* carbon leader. **~houdend** *-e* carbonaceous, carboniferous. **~inhoud** carbon content. **~monoksied** carbon monoxide. **~staal** (high-)carbon steel. **~tetrachloried** carbon tetrachloride. **~verbinding** carbon compound. **~vesel** carbon fibre. **~vry** carbon-free.

kool·stof·ag·tig *-tige* carbonaceous.

kool·suur carbonic acid. **~gas** carbonic acid gas, carbon dioxide; chokedamp, black damp; *vaste ~, (rare)* →DROËYS. **~kalk** carbonate of lime. **~sneeu** *(rare)* →DROËYS. **~sout** carbonate.

kool·tjie, ko·le·tjie *-tjies* coal of fire, cinder, ember; *'n ~ vuur haal, (rare)* →JOU **HAAS**. **kool·tjie·vuur** *(bot.)* pheasant's eye.

koop *kope, n.* purchase, buy; *'n ~ **(af)sluit*** close a bargain; *'n ~ **beklink*** swing a deal; *'n goeie ~ **doen/maak*** make a (good) bargain; ***op** die ~ toe* in addition (to that), besides, into the bargain, moreover, to boot, for good measure; in the process; *iets **op** die ~ toe gee* throw s.t. in(to the bargain); *'n ~ **sluit*** make a purchase, buy, purchase; ***te** ~* for sale; *iets is **te** ~* s.t. is available/obtainable/purchasable (*or* on sale/offer *or* in/on the market *or* may be bought/purchased); s.t. is up for sale; *iets **te** ~ aanbied* offer s.t. (*or* put s.t. up) for sale, put s.t. on the market; *iets word **te** ~ aangebied* s.t. is up for sale; ***te** ~ gevra* wanted to buy/purchase; *uit die hand **te** ~* for sale by private contract/agreement/treaty, to be sold privately; *met iets **te** ~ loop* advertise/flaunt/parade (*or* show off *or* make a [great] display of) s.t.; air s.t. *(one's knowledge)*; *met name **te** ~ loop* →NAAM; *nie met ... **te** ~ loop nie* make no show of ... **koop** *ge-, vb.* buy, purchase; ***by** ... ~* shop at ...; ***by** 'n winkel ~* buy at (*or* deal at/with *or* patronise) a shop; *iets **by/van** iem. ~* buy s.t. from s.o.; buy s.t. off s.o.; *iets **duur** ~* pay a high price for s.t. *(liberty etc.)*; *iem. se **duur** gekoopte ...* s.o.'s dearly bought ... *(liberty etc.)*; *'n ... **soek** om te ~* shop for a ...; *iets **voetstoots** ~* buy s.t. as is (*or* as it stands). **~akte** deed of sale/purchase, bill of sale, purchase deed. **~belasting** purchase tax, sales duty. **~bestelling, ~opdrag, ~order** buying/purchase/purchasing order. **~bewys** shopping voucher. **~brief** →KOOPAKTE. **~dag** day of sale. **~ekspedisie** →KOOPTOG. **~-en-verkoop(-)opsie, dubbele opsie** *(stock exchange)* put-and-call option, double option. **~gier** shopping/spending spree; *die ~ kry* go on a shopping/spending spree. **~handel** commerce, trade; *kamer van ~* chamber of commerce. **~hulp** buy-aid. **~(hulp)vereniging** buy-aid society. **~jol** →KOOPTOG. **~kontrak** contract of (purchase and) sale, purchase deed. **~krag** buying/

consuming/purchasing/spending power. **~kragtig** =*e* able to buy/spend. **~lus** desire/inclination/wish to buy; *jou ~ bevredig, uiting aan jou ~ gee* go on a shopping/spending spree. **~lustig** =*e* eager/willing to buy; fond of buying, extravagant. **~lustige, ~maniak, ~verslaafde** *(infml.)* shopaholic. **~man** =*ne,* =*s, koopliede, kooplui, (hist.)* dealer, merchant, monger, trader, factor; *('n) ~ word, (hist.)* go into business/trade, become a merchant. **~mansgees** commercial spirit. **~manskap** business, trade. **~manstand** *(hist.)* merchant class. **~monster** purchase sample. **~nota** *(stock exchange)* bought note. **~opdrag** →KOOPBESTELLING. **~opsiebewys** share warrant. **~order** →KOOPBESTELLING. **~plek, ~punt** point of purchase. **~prys** purchase price. **~seel** *(rare)* →KOOPAKTE. **~siek** overfond of buying, extravagant. **~som** purchase price. **~tog, ~jol, ~ekspedisie** shopping/spending spree. **~verslaafde** →KOOPLUSTIGE. **~traagheid** buyer's/sales resistance. **~vaarder** =*s, (hist.)* merchantman, trader, trading/merchant vessel. **~vaart** *(hist.)* mercantile transport/navigation/shipping; →KOOPVAARDY. **~vaartkruiser** *(hist.)* merchant cruiser. **~verpligting** tie; *drankwinkel onder ~* tied house. **~voorwaardes** terms (of sale). **~ware** commodities, wares, merchandise. **~waarde** value in exchange. **~waentjie** trolley *(in a supermarket)*.

ko·öp *koöps,* **ko·op** *ko-ops, (infml.)* co(-)op; →KOÖPERASIE.

koop·baar =*bare* purchasable, buyable.

ko·ö·pe·ra·sie, ko-o·pe·ra·sie =*sies* co(-)operation; co(-)operative. **~winkel** co(-)operative store, *(infml.)* co(-)op.

ko·ö·pe·ra·teur, ko-o·pe·ra·teur =*teurs* co(-)operator.

ko·ö·pe·ra·tief, ko-o·pe·ra·tief =*tiewe* co(-)operative; *~tiewe maatskappy/vereniging* co(-)operative, *(infml.)* co(-)op; *~tiewe winkel* co(-)operative store, *(infml.)* co(-)op.

ko·ö·pe·ra·tor, ko-o·pe·ra·tor =*tors, (rare)* →KOÖPERATEUR.

ko·ö·pe·reer, ko-o·pe·reer *ge*= co(-)operate.

ko·öp·teer, ko-op·teer *ge*= co(-)opt. **ko·öp·te·ring, ko-op·te·ring** co(-)optation, co(-)option.

koop·vaar·dy *(chiefly hist.)* merchant service/shipping, mercantile marine, commercial navigation. →HANDELSKEEPVAART. **~matroos** merchant seaman. **~meester** shipping master. **~skip** merchantman, trader, trading vessel, merchant ship; →HANDELSKIP. **~vlag** merchant flag; →HANDELSVLAG. **~vloot** mercantile/merchant marine, merchant navy; →HANDELSVLOOT. **~wet** merchant shipping act.

koor *kore* choir *(of singers);* chorus *(of a song, drama);* chancel; ***in ~ praat*** chorus, speak in chorus; ***in ~ sing*** sing in chorus; ***in 'n ~ sing*** sing in a choir; *'n ~* ***van stemme*** a chorus of voices; *'n* ***volle*** *~* a full choir. **~afsluiting** →KOORHEK. **~bank** =*banke,* **~stoel** =*gestoelte* choir stall. **~dans** →REIDANS. **~dirigent** choral/chorus conductor, choirmaster. **~galery** choir loft. **~gesang** →KOORSANG. **~geselskap** chorus line. **~hek, ~afsluiting, ~skerm** rood/chancel/choir screen *(of a church)*. **~hemp** →KOORKLEED. **~kapel** chantry (chapel). **~kleed** surplice, alb. **~knaap** choirboy, boy chorister. **~leidster** choirmistress. **~leier** choirmaster; precentor. **~lessenaar** lectern. **~lid** chorister. **~meisie** chorus girl; chorine. **~nis** apse. **~oefening** choir practice. **~ruimte** choir chancel. **~sang** choral song; choral/combined singing. **~sanger(es)** choralist; chorister *(in church)*. **~skerm** →KOORHEK. **~skool** choir school. **~spraak** choral speech, verse speaking. **~stoel** →KOORBANK. **~uitvoering** choral recital. **~vereniging** choral society.

koord *koorde* cord; *(elec.)* flex; twine, string. **~band** petersham (belting); *stywe ~* petersham stiffening. **~binding** cord weave. **~bossie** *Crassula lycopodioides.* **~dans** *(lit. & fig.)* balancing act; *'n ~ uitvoer, (fig.)* walk a tightrope. **~danser(es)** rope dancer/walker, funambulist, balancer, tightrope performer/dancer, equilibrist, high-wire dancer. **~dansery** rope dancing/walking, tightrope performance, funambulism, wirewalking. **~ferweel** corduroy. **~fluweel** corded/ribbed velvet. **~garing, ~gare** cord yarn. **~kamstof** whipcord. **~lint** corded/petersham ribbon, grosgrain (ribbon). **~loper** rope/tightrope walker. **~spyker** glimp pin. **~steek** cord stitch. **~stof** corded fabric. **~sy** grosgrain (silk). **~werk** braidwork.

koor·de =*des, (math.)* chord, subtense; *gemene ~s* common chords.

ko·ör·di·naat, ko-or·di·naat =*nate* co(-)ordinate. **ko·ör·di·na·sie, ko-or·di·na·sie** co(-)ordination; *gebrek aan ~* inco(-)ordination. **ko·ör·di·na·te·stel·stel, ko-or·di·na·te·stel·stel** co(-)ordinate system, system of co(-)ordinates. **ko·ör·di·na·tor, ko-or·di·na·tor** =*tors* co(-)ordinator. **ko·ör·di·neer, ko-or·di·neer** *ge*= co(-)ordinate; *iets met iets anders ~* co(-)ordinate s.t. with s.t. else.

koord·jie =*jies* bit/length/piece of cord. **koord·jies·fer·weel** *(rare)* →KOORDFERWEEL.

koord·loos =*lose* cordless *(telephone etc.)*.

koors *koorse* fever, pyrexia; ***anderdaagse*** *~* tertian fever; *die ~ het iem.* ***beet(gepak)****, (infml.)* s.o.'s (*or* s.o. has) been bitten by (*or* s.o.'s got) the bug; ***daaglikse*** *~* quotidian fever; ***derdedaagse*** *~* quartan fever; *deur ~* ***geteister*** fever-ridden; *~* ***hê*** have/run a temperature; ***hoë*** *~* ***hê*** have a high fever; *iem. se ~ is/loop* ***hoog****, (infml.)* s.o. is hopelessly/madly (*or* head over heels *or* over head and ears) in love; s.o. is in a great hurry; *die ~ loop* ***hoog*** *vir ...* there is tremendous excitement for ...; *aan die ~* ***lê*** be down with fever; *iem. se ~* ***meet*** take s.o.'s temperature; ***op-en-afgaande*** *~* remittent fever; ***terugkerende*** *~* intermittent fever; *deur ~* ***veroorsaak*** pyrogenetic. **~aanval** attack of fever; ague fit. **~afname** defervescence. **~akasia** fever tree. **~blaar** blister, cold sore; *(in the pl.)* herpes (labialis). **~boom** fever/sulphur tree. **~bos** fever bush. **~broeiplek** →KOORSNES. **~bui** flush. **~daling** →KOORSAFNAME. **~drank** febrifuge. **~drywend** =*e* →KOORSWEREND. **~hitte** fever heat. **~kruid** feverfew. **~lyer** fever patient. **~meter** →KOORSPEN(NETJIE). **~middel** →KOORSWEERDER. **~nes, ~broeiplek** fever trap. **~pen(netjie)** clinical thermometer. **~rilling** feverish shiver(ing), shivering fit. **~siekte** (malarial) fever, malaria. **~termometer** →KOORSPEN(NETJIE). **~verdrywend** =*e* →KOORSWEREND. **~(ver)wekkend** =*e* pyrogenic, pyrogenous. **~vlek** fever spot; hectic spot. **~vry** =*e* free from fever, fever-free, afebrile. **~weerder** =*s,* **~middel** =*s,* =*e* antipyretic, febrifuge, antifebrile. **~werend** =*e* antipyretic, febrifugal, febrifuge, antifebrile. **~woeling** jactitation. **~wortel** valerian.

koors·ag·tig =*tige meer ~ die mees* =*tige* feverish, fevered, febrile; m(a)enadic, raving; *(fig.)* feverish, frantic, frenetic, frenzied, hectic; *~e haas* feverish haste/hurry; *~e poging* frantic effort, feverish attempt; *~ probeer* try frantic(al)ly. **koors·ag·tig·heid** feverishness *(fig.);* hyperthermia. **koor·se·rig** =*rige* →KOORSIG. **koor·sig** =*sige* feverish, febrile, pyretic, fevered, feverous; *~ maak* fever; *~ wees* have/run a temperature. **koor·sig·heid** feverishness, febrility, pyrexia, fever.

koor·tjie =*tjies* small choir.

koos *kose, n., (infml.)* jerry, chamber pot.

koot: *my ~!, (infml.)* good Lord!.

koot *kote* knucklebone; pastern *(of a horse)*. **~been** knucklebone, astragalus, pastern. **~gewrig** *(anat.)* knuckle joint; *(vet.)* pastern joint. **koot·jie** =*jies, (anat.)* phalanx.

kop *koppe, n.* head, pate, poll, nob, crown, *(infml.)* noggin; top; headpiece; hill, mountain, kop(je); peak, summit; cob *(of maize);* crest *(of a wave);* hand, soul *(on board);* headline, heading, caption; *(typ.)* header; bowl *(of a pipe);* poll, *(infml.)* business end *(of a hammer);* knob; fluke *(of a lance, harpoon, etc.);* →HOOF, KOPSHOUT; *~* ***aan*** *~* end to end; neck and neck, dead level, *(infml.)* nip and tuck; *~* ***aan*** *~ hardloop* run neck and neck (*or* a close tie); *hulle is ~* ***aan*** *~, (also)* it is a dead heat; *~* ***aan*** *~ kom* draw level; *~* ***aan*** *~ lê* abut; *~* ***aan*** *~ loop/wees* be neck and neck; *die uitslag was ~* ***aan*** *~* it was a close finish; *~* ***aan/teen*** *~ bots* collide head on, have a head-on collision; collide end on; *sy/haar ~ moet* ***af!*** off with his/her head!; *iem. (se) ~* ***afkap****, iem.* ***kop af kap*** behead s.o.; *dan laat ek my ~* ***afkap*** (of ***kopaf kap****), (infml.)* well, I never; I'll eat my hat (first); ***agter in*** *iem. se ~* at the back of s.o.'s mind; *jou ~* ***agteroor gooi*** toss (back) one's head; *met die/jou ~* ***agteroor*** *gegooi* with a toss of the/one's head; *iem. se ~ wil* ***bars*** s.o.'s head is splitting; *die perd het (die/sy) ~ tussen die* ***bene*** *gesteek* the horse bucked/buckjumped; *jou ~ op 'n* ***blok*** *sit vir iets* put/lay one's head on the/a block for (*or* be dead sure of) s.t.; ***bo(kant)*** *iem. se ~* over s.o.'s head; *(met die) ~ voor die* ***bors*** *loop/sit/staan* →***onderstebo;*** *jou ~ oor iets* ***breek*** bother/trouble one's head about s.t., rack one's brains (*or* puzzle [one's head]) over s.t.; *jou ~* ***in 'n by(e)nes*** *steek* stir up a hornet's nest; *jou ~* ***bymekaarhou*** keep one's head; *~pe* ***bymekaarsit/****=****steek*** put our/their heads together *(about s.t.); iem. se ~* ***is deur*** s.o. has succeeded (*or* made it); *jou eie ~* ***dra*** think for o.s.; *iem. se ~* ***draai,*** *alles* ***draai*** *in iem. se ~* s.o. feels giddy, s.o.'s head is reeling/spinning/swimming; s.o.'s head/mind is (*or* thoughts are) in a whirl; *iem. se ~* ***draai*** *van iets* s.t. makes s.o.'s head reel/spin; *iem. se ~ laat* ***draai*** →*met iem. se kop* ***smokkel;*** ***dronk*** *in die ~* ***voel*** feel dizzy; *iem. se ~ word* ***dronk*** s.o.'s head begins to reel; *iets maak iem. se ~* ***dronk*** s.t. makes s.o.'s head reel/spin; *(met die/jou) ~* ***eerste*** head first/foremost, headlong; *... sal op jou* ***eie*** *~ neerkom, (fig.) ...* will come home to roost; *die wyn* ***gaan*** *na iem. se ~ toe* the wine goes to s.o.'s head; *die wyn is bekend daarvoor dat dit gou na jou ~ toe* ***gaan****, (also)* the wine is known for its headiness; *die lof/sukses* ***gaan/styg*** *na iem. se ~ toe* the praise/success goes to s.o.'s head; *'n* ***gat*** *in die ~* ***praat*** talk (s.o.) round, get round (s.o.); ***gebruik*** *jou ~!* use your head/brains!, *(infml.)* use your loaf!; ***gedagtes*** *vlieg deur iem. se ~* thoughts run through s.o.'s head; *~* ***gee*** submit, yield, give way/in, budge; come to heel; *nie ~* ***gee*** *nie* stick to one's guns; ***gee*** *iem. op sy/haar ~* give it s.o. (in the neck), wallop s.o.; *iem. het dit in sy/haar ~* ***gekry*** *om iets te doen* s.o. took it into his/her head to do s.t.; *as jy nie daar is nie, word jou ~ nie* ***gewas*** *nie, (fig.)* first come first served; *'n* ***goeie*** *~ (op jou lyf)* (of *'n* ***lang*** *~* of *'n ~ op jou* ***lyf****) hê* have a good head on one's shoulders, have one's head screwed on right (*or* the right way), know how many beans make five, be no(body's) fool, not be born yesterday; have brains; *iem. iets voor die* (of *iets voor iem. se*) *~* ***gooi*** lay s.t. at s.o.'s door; hold s.t. against s.o.; cast/fling/throw s.t. in s.o.'s teeth; *'n ~* ***groter*** taller by a head; *jou ~ laat* ***hang*** hang one's head; be down in the mouth; *jou ~ (van skaamte) laat* ***hang*** hide one's head; *iets* ***hang*** *bo iem. se ~, (lit. & fig.)* s.t. hangs over s.o.('s head); *'n* ***harde*** *~* ***hê****, (fig.)* be stubborn/stiff-necked, have a will of one's own; *mekaar aan die ~* ***hê*** be at loggerheads; *'n* ***helder*** *~* a clear brain; *iets het iem. se ~ op* ***hol*** *gemaak* s.t. has turned s.o.'s brain/head; s.t. has gone to s.o.'s head *(praise, success, etc.);* *~* ***hou*** (of *jou ~* ***bymekaarhou****)* keep one's head, keep cool/calm; *iets in iem. se ~* ***indreun/(in)hamer*** hammer s.t. into s.o., beat/hammer s.t. into s.o.'s head; *iets die ~* ***indruk*** suppress s.t. *(drug trafficking, a rebellion, etc.);* quash/squash (*or* dispose of) s.t., knock s.t. on the head *(a rumour etc.);* nip s.t. in the bud *(corruption etc.); iem. se ~* ***inslaan*** bash s.o.'s head in, brain s.o.; *die ~* ***intrek*** draw in one's horns; *iem. se ~* ***kap aan****, (infml.)* s.o. is a blockhead; *iets uit jou/die ~ (uit)* ***ken*** →KEN[2] *vb.; iem. 'n/se ~* ***kleiner*** *maak, (joc., rare)* behead s.o.; *met jou ~* ***knik*** nod one's head; *'n* ***koeël*** *deur jou ~ ja(ag)* →KOEËL *n.; 'n ~* ***kool*** a (head of) cabbage; *met 'n* ***kort*** *~ wen* win by a short head; *(jou) ~* ***krap****, (lit. & fig.)* scratch one's head; *iets laat iem. sy/haar ~* ***krap*** s.t. puzzles s.o.; →KOPKRAP; *jy kan iem. voor die ~* ***kyk/sien****, maar nie in die* ***krop*** *nie, (idm.)* you can't judge s.o. by appearances; *dit in die/jou ~* ***kry*** fasten on the idea; *iets in die/jou ~* ***kry*** get s.t. into one's head; *op jou ~* ***kry****, (infml.)* get/catch it in the neck; *iem. kan iets nie uit sy/haar ~* ***kry*** *nie* s.o. can't get s.t. out of his/her mind; *iem. oor die ~* ***kyk*** look down upon s.o.; ignore s.o., cut s.o.; *'n lang ~ hê →goeie; iets uit jou/die ~ (uit) leer →*LEER[1] *vb.; die/jou ~ lig/oplig/optel* raise (*or* lift up) one's head; *iem. se ~ lees/ondersoek, (infml.)* read s.o.'s head; *'n slang lig sy ~* a snake rears its head; *'n ~ op jou lyf hê →goeie; iets maal deur iem. se ~* s.t. runs in s.o.'s head; *jou ~ moeg maak* beat/cudgel/rack one's brains; *~ of munt* heads or tails; *~ in een mus wees, (infml.)* be as thick as thieves; *met iem. ~ in een mus wees, (infml.)* be in league/cahoots (*or* hand in glove) with s.o.; *met jou ~ teen 'n muur loop →*MUUR; *jou ~ neerlê* lay down one's head; *iets op sy ~ (neer)sit* stand s.t. on its head; *dit lyk of iem. totaal niks in sy/haar ~ het nie* s.o.'s mind seems completely vacant; *(met die/jou) ~ onderstebo* (of *voor die bors*) *loop/sit/staan, kop-onderstebo loop/sit/staan* be crestfallen/dejected/dispirited; *oor iem. se ~* over s.o.'s head; *~ op!* cheer/buck up!, keep up your spirits!; *op die ~* ... exactly ...; *op die ~ vyfuur/ens.* five/etc. o'clock on the dot, on the stroke of five/etc.; *om vyfuur/ens. op die ~* at five/etc. (o'clock) sharp, at five (o'clock) on the dot; *dit was op die ~ 'n jaar daarna* it was a year later to the (very) day; *iem. is op sy/haar ~, (infml.)* s.o. is on the ball; *iets is op sy ~, (infml.)* s.t. is spot on; *die/jou ~ oplig →lig/oplig/optel; die ~ opsteek, (fig.)* raise/rear its head; *die/jou ~ optel →lig/oplig/optel; iem. se ore van sy* (of *die ore van iem. se*) *~ (af) praat →*PRAAT *vb.; iem. se ~ tussen sy/haar ore sit, (infml.)* put s.o. in his/her place; *per ~* a/per head, per person; per man; per capita; *~ en pootjies* head and trotters; *(met) ~ en pootjies aanneem* accept entirely; *ons is ~ en pootjies daarin* we are in it boots and all; *iem. iets in die* (of *iets in iem. se*) *~ praat* put s.t. into s.o.'s head; *iem. iets uit die* (of *iets uit iem. se*) *~ praat* persuade/reason/talk s.o. out of (*or* dissuade s.o. from doing) s.t.; *~ en punt lê/slaap* lie head to toe; *van jou ~ (af) raak* lose one's mind, take leave of one's senses, become demented; *jou ~ in rat kry, (infml.)* get one's head together; *nie reg in jou ~ wees nie, (infml.)* be out of one's head/skull (*or* off one's head); *jou ~ laat sak* hang one's head; *jou ~ in die sand steek, (fig.)* bury one's head in the sand; *iem. se ~ is seer* s.o. has a headache; *op iem. se ~ sit, (fig.)* sit (up)on s.o.; *(nie) op jou ~ laat sit (nie)* (not) allow o.s. to be sat (up)on; *iets uit die/jou ~ sit* forget (about) s.t., put s.t. out of one's head/mind; *sit dit uit jou ~!* forget it!; *iets op sy ~ sit/plaas* stand s.t. on its head, on end; *jou(self) deur die ~ skiet* blow one's brains out; *die ~ in die skoot lê, (rare)* give in, submit; *'n skrander ~ hê* be a bright spark; *jou ~ skud* shake one's head; wag one's head; *met iem. se ~ smokkel, iem. se ~ laat draai* addle s.o.'s mind/brain; *sonder ~* headless; *die spyker op die ~ slaan* hit the nail on the head; *spykers met ~pe slaan* get down to brass tacks; *iem. se ~ staan soontoe* s.o. has set his/her mind on that; s.o. is bent in that direction; *iem. se ~ staan na die boerdery* s.o. wants to go farming; *al staan iem. op sy/haar ~* whatever s.o. may do, do what s.o. will; *die wêreld staan op sy ~* the world is turned topsy-turvy (*or* upside down); *met die/jou ~ stamp* head; *iem. sal sy/haar ~ stamp, (fig.)* s.o. will find out his/her mistake; s.o. will run into trouble/difficulties; *nie weet waar om jou ~ in/weg te steek nie* die of shame/embarrassment, be terribly ashamed/embarrassed, want to sink through the floor; *met ~ en stert* with hide and hair, with body and bones; *iem. kan nie/geen/g'n ~ of stert van iets uitmaak nie* s.o. can't/cannot make head or tail of s.t.; *jou ~ in die strop/strik steek* put one's head in the noose; *die wyn styg na iem. se ~ toe →die wyn gaan na iem. se kop toe; 'n stywe ~ hê, (rare) →harde; ~pe tel* count heads/noses, do/have/take a headcount; *twee ~pe is beter as een (al is een 'n skaapkop)* two heads are better than one; *iem. van ~ tot tone bekyk/beskou* look/eye s.o. up and down, appraise s.o. from head to foot; *van ~ tot tone/toon* from top to bottom/toe, from head to foot, all over; *twee ~pe is beter as een* two heads are better than one; *iets het ~ uitgesteek, (fig.)* s.t. has come/cropped up (*or* raised/reared its head); *uit iets ~ uittrek* back out of (*or* cry off from) s.t., *(infml.)* chicken/cop/duck out of s.t.; *iem. is van sy/haar ~ af* s.o. is out of his/her head/mind/senses (*or* is off his/her head/nut), s.o. is nuts (*or* has gone bats); *is jy van jou ~ af?* are you out of your mind/senses?, have you taken leave of your senses?; *vaste ~* headstock; *iets ~ toe vat, (infml.)* take s.t. seriously, get upset about s.t.; *moet dit nie ~ toe vat nie!, (infml.)* don't take it so seriously!, don't let it upset you!; *(jou) ~ verloor, (fig., infml.)* lose one's head, hit/press/push the panic button, have a brainstorm, freak (out), psych(e) out; *iem. (sy/haar) ~ laat verloor* freak s.o. out; *'n ~ vir syfers/ens. hê* have a (good) head for figures/etc.; *jou eie ~ volg* follow one's (own) mind; take the bit between one's teeth; *iem. sy/haar eie ~ laat volg* give s.o. his/her head; *iem. wil sy/haar eie ~ volg* s.o. wants to have his/her own way; *~pe sal waai, (infml.)* heads will roll; *iem. se ~ (goed/lekker vir hom/haar) was, (infml.)* dress s.o. down, give s.o. a dressing-down/talking-to/telling-off/ticking-off, haul s.o. over the coals, skin s.o. alive, flay/rebuke/scold (*or* tear into) s.o.; *~ bo water hou* keep one's head above water; *~ wegsteek* be ashamed, hide one's head; *met 'n ~ wen* win by a head; *agterkom hoe iem. se ~ werk, (infml.)* find out what makes s.o. tick; *hul ~pe werk eenders/eners, (infml.)* they are on the same wavelength; *iem. se ~ werk nie lekker nie, (infml.)* s.o.'s not quite compos mentis; *iem. se ~ werk so* that's s.o.'s way of thinking. **kop** *ge-, vb.* head *(a ball); (maize)* form a cob; *(cabbage etc.)* head (up), form a head; *(med., hist.)* cup, bleed *(a patient); die hoender is ge~, (rare)* the fowl has had its head cut off. **~-aan-kop(-)botsing** →KOPTEEN-KOP(-)BOTSING. **~af:** *doller/erger as ~ kan dit nie* it can't get worse, at the worst one can but lose one's head; oh, well, you can kill a man only once. **~bal** header. **~balk** head beam, headstock. **~band** headband; fillet; *(Gr., hist.)* taenia; *(obs.)* frontlet. **~been** skull, cranium. **~bedekking** →HOOFBEDEKKING. **~belasting, hoofbelasting** poll tax, capitation (tax), head tax. **~borsstuk** cephalothorax. **~belasting** →HOOFBELASTING. **~doek** headscarf, headsquare, head cloth, kerchief. **~dokter** *(infml.: psychiatrist)* shrink, headshrinker. **~draaibank** chuck lathe. **~draaier** *(infml.)* spin doctor. **~gee** *kopge-: nie ~ nie* refuse to budge, stand/stick to one's guns. **~glas** cupping glass. **~hare** hair of the head. **~-in-die-sand(-)benadering** ostrich(like) approach. **~-in-die-sand(-)houding** ostrich(like) attitude. **~kant** top side. **~kantlaag** *(building)* rowlock. **~klem** headlock. **~klep** overhead valve. **~klep-enjin** valve-in-head/overhead-valve engine. **~knik** nod. **~knikker** yes-man. **~kool** cabbage. **~krap** *kopge- (fig.)* scratch one's head; *iem. laat ~* give s.o. s.t. to think about; *iets laat iem. ~* s.t. puzzles s.o.; *oor iets ~* puzzle over s.t.. **~krapper** *(fig.)* puzzler, Chinese puzzle; stumper. **~krappery** headscratching. **~krimper** *(anthr.)* headshrinker. **~krimping** headshrinking. **~kroon** poll. **~kroonsweer** poll evil. **~kussing** pillow. **~laag** top/header course, heading course/layer *(of bricks)*. **~laagverband** *(masonry)* header/heading bond. **~lamp** headlamp. **~las** trim. **~ledekant** *(hist.)* tent bed. **~lengte** head; *met 'n ~ wen* win by a head. **~lig** headlight. **~luis** head louse. **~lyn** headline, line of the head. **~lyswerk** head moulding. **~maat** head measurement. **~massering** scalp massage. **~onderstebo** *(also* kop onderstebo*)*, *adj.* crestfallen, dejected, dispirited; →(MET DIE/JOU) KOP ONDERSTEBO LOOP/SIT/STAAN. **~onderstebo,** *(also* kop onderstebo*) adv.* dejectedly; →KOP; *iem. staan ~* s.o. hangs his head. **~-operasie** head operation. **~plaat** face-, headplate. **~plank** weaner, headboard. **~potig, ~potig** *-e, adj.* cephalopod, head-footed. **~potige, ~potige** *-s, n.* cephalopod; *K~s* Cephalopoda. **~petellery** headcount. **~reël** headline. **~ruimte** headway, headroom; overhead clearance; bulkhead *(of stairs)*. **~see** head sea. **~seer** headache (→HOOFPYN); *(bot.) Caralluma incarnata, Caralluma lutea*. **~senu(wee)** cranial nerve. **~skerm, ~skut** headguard. **~skild** clypeus. **~skoot** shot in the head; *(soccer)* header; *(fig.)* floorer, clincher, knockdown argument, effective reply, palpable hit; *iem. 'n ~ gee, (fig.)* squash s.o.; strike home. **~sku** *-(we) -wer -skuuste* skittish, bridleshy; shy, evasive, timid; *iets maak iem. ~* s.t. makes s.o. wary; *~ wees om iets te doen* shy away from doing s.t.; *~ wees vir* ... shy (away) from ... **~skuddend** with a shake of one's head. **~skudding** headshake, shake of the head. **~skut** →KOPSKERM. **~slaai** →KROPSLAAI. **~slagaar** carotid artery. **~snee** top edge *(of a book)*. **~speel** *ge-, kopge-, (a horse)* prance, move the head up and down. **~(pie)speld** (dressmaker's) pin. **~sprong** *(gym.)* headspring. **~spyker** tack. **~staande** *adj. (attr.), (philat.)* tête-bêche *(<Fr.)*. **~stamp** *n.* head butt. **~stamp** *vb.* head-butt. **~stand** headstand. **~stasie** *(rly.)* railhead. **~steen** headstone; *(brick)* header; *halwe ~* snap header. **~stel** puncheon *(of a window frame)*. **~stem** head voice, falsetto. **~steun, ~stut** headrest; head restraint *(attached to a car seat)*. **~stuk** head *(on a coin etc.)*; head(piece), heading; headstall; *(fig.)* big gun; *(print.)* →MASHOOF; *~ke praat/gesels* discuss important matters; have fruitful talks; get down to brass tacks; *... het ~ke gepraat/gesels* ... talked their heads off. **~stut** →KOPSTEUN. **~-teen-kop(-)botsing, ~-aan-kop(-)botsing** head-on collision. **~telefoon** headphone, head receiver, headset. **~tellery** →KOPPETELLERY. **~uittrekkery** cop-out *(sl.)*. **~vel** scalp. **~velwol** bonnet wool. **~versamelaar** *(machinery)* header. **~vormig** *-e* capitate. **~vrot** ear rot. **~wasmiddel** *-s, -e* shampoo. **~wassery** head washing; *(fig.)* dressing-down, talking-to, telling-off, ticking-off. **~werk** headwork, mental work. **~wind** head wind, noser. **~windsel** pug(g)ree, pug(g)aree. **~wol** head wool. **~wond** head wound. **~wurm** nasal bot.

ko·pal, ko·pal copal. **~hars** gum copal.

kop·dok·kies *(obs.)* thimble pie; *iem. ~ gee, (fig., obs.)* let s.o. have it.

ko·pek *-pekke, -peks, (Russ. monetary unit)* cope(c)k, kopeck.

Ko·pen·ha·gen *(geog.)* Copenhagen. **Ko·pen·haags** *-haagse* (of) Copenhagen; *~e bolletjie, (cook.)* Copenhagen.

ko·per[1] *-pers* buyer, purchaser, customer; →KOPERS-, KOPERY.

ko·per[2] *(chem., symb.: Cu)* copper; *(coins)* coppers; *(mus.)* brass; →GEELKOPER; *met ~ bedek* copper-coated; *iets met ~ bedek/beslaan* coat s.t. with copper, copper s.t.; *iets met ~ beklee* sheathe s.t. with copper; *met ~ beklee(d)* copper-clad/sheathed. **~aar** copper vein/lode, vein/streak of copper. **~as** *(chem.)* copperas. **~asetaat** *(chem.)* cupric/copper acetate. **~blaar(boom)** copperleaf (tree). **~blad** copperplate. **~blasers** *(pl.)* brass *(in an orchestra)*. **~bruilof** brass wedding. **~diepdruk** copperplate print(ing). **~draad** copper/brass wire. **~draad(gras)** prostrate knotweed, willow weed, polygonum. **~druk** copperplate. **~erts** copper ore. **~foelie** copper foil. **~fulminaat** fulminate of copper. **~gehalte** →KOPERINHOUD. **~geld** copper coins/money, copper(s). **~gieter** brazier, copper/brass founder. **~gietery** copper/brass foundry, brass-, copperworks. **~glans** coppery lustre; *(min.)* copper glance, chalcocite. **~goed** copper-, brassware, copper utensils. **~graveerkuns** chalcography. **~graveerwerk** copperplating. **~gravure** copperplate (engraving), chalcograph. **~groen** *n.* verdigris, verd antique. **~groen** *adj.* aeruginous. **~houdend** *-e* cupriferous, copper-bearing. **~inhoud** copper content. **~kapel** →GEELSLANG. **~karbonaat** verditer, carbonate of copper. **~kies** copper pyrites, chalcopyrite. **~kleur** copper/brass colour. **~kleurig** *-e* copper/brass-coloured; brazen *(sky)*. **~legering** copper alloy. **~munt** *(coin)* copper. **~myn** copper mine. **~nikkel** cupronickel. **~oksied** cupric oxide. **~oplossing** solution of copper. **~plaat** copperplate. **~plettery** copper mill. **~roes** verdigris. **~rooi** coppery red; *(chem.)* copperas. **~slaer** →KOPERSMID. **~slang** brazen serpent. **~smarag** dioptase. **~smedery** coppersmith's shop. **~smid** *-smede* coppersmith, brazier. **~snyer** copperplate engraver. **~spys** copper speiss. **~staaf** copper bar. **K~streek:** *in die ~* in/on the Copperbelt. **~sulfaat** copper sulphate, copper/blue vitriol, bluestone. **~suur** cupric acid. **~sweis** *ge-* braze. **~uraniet** copper uranite, torbernite. **~verbinding** copper compound. **~vitriol** →KOPERSULFAAT. **~ware, ~werk** copperware, brassware.

ko·per·ag·tig -tige coppery, cupreous; brassy.

ko·pers-: ~**mark** buyer's market. ~**ring** sale ring. ~**vriendelik** customer-friendly. ~**weerstand** consumer/sales/buyer's resistance.

ko·pe·ry buying, shopping; →KOOP, KOPER[1].

ko·pie[1] -pies bargain; good buy; *'n billike/goeie* ~ a bargain buy; *~s in die aandelemark* stock market bargains; *'n ~ maak/doen* make a bargain; *'n ~ raakloop* find/get/strike (*or* pick up) a bargain; *regtig 'n ~ wees* be a (great/dead) bargain; *'n vinnige ~* a snip. **ko·pie(s)·jag** →WINSKOPIEJAG. **ko·pie(s)·jag·ter** →WINSKOPIEJAGTER.

ko·pie[2] -pieë copy, duplicate, replica, transcription; manifold; manuscript (*for a printer*); *'n ~ van iets maak* make a copy of s.t.. ~**beskerming** (*comp.*) copy protection. ~**bord** (*phot.*) copyboard. ~**houer** copyholder. ~**keurder** (*journ.*) copy taster. ~**reg** copyright; *die ~ is verstreke* (the book is) out of copyright; *die ~ van ...* the copyright in ... ~**regvry** copyright-free, free/exempt from copyright, in the public domain. ~**skrywer** copywriter.

ko·pi·eer ge- copy, duplicate. ~**bestand** (*comp.*) copy-protected (*a software product*). ~**ink** copying ink. ~**masjien** copying machine; →FOTOKOPIEERDER. ~**papier** copying/manifold paper. ~**pers** copying/letter press. ~**potlood** copying pencil. ~**toestel** copying press, manifolder, duplicator. ~**vel** tracing sheet, translucency. ~**werk** copy work; copying.

ko·pi·eer·der -ders copyist, copier, duplicator. **ko·pi·ë·ring** -rings, -ringe copying. **ko·pi·ïs** -iste, (*chiefly hist.*) copyist, copying clerk, transcriber.

ko·pi·va (*med.*) copaiba, copaiva (→BALSEMKOPIVA); (*bot.*) bulbine.

kop·loos -lose headless; acephalous (*skeleton*). **kop·loos·heid** acephaly, acrania.

kop·pel -pels, *n.* band, belt; leash; couple, coupling, swivel; (*mech.*) torque. **kop·pel** ge-, *vb.* couple (*people, dogs, carriages*); tie, link; connect (up), join, hyphenate (*words*); (*aeron.*) dock; pimp, pander; engage, put/throw into gear; bracket, brace; *iem. aan ... ~* link s.o. with ...; *gewere ~* pile/stack arms. ~**advertensie** tie-in. ~**arm** connecting arm. ~**as** coupling shaft. ~**balk** tie beam. ~**bout** coupling pin/bolt. ~**haak** coupling hook. ~**huis** →SKAKELHUIS. ~**kas** junction box. ~**ketting** coupling chain, coupler. ~**koerstafel** traverse table. ~**kruis** (*mech.*) universal cross. ~**letter** ligature. ~**lyn** (*telecomm.*) junction, junction circuit/line; *privaat/private ~* tie line. ~**lynoproep** junction call. ~**moer** coupling/union nut. ~**omsitter** torque converter. ~**pedaal** clutch pedal. ~**pen** coupling pin. ~**pols** (*med.*) coupled pulse. ~**rat** clutch gear. ~**riem** belt, coupling strap/thong. ~**skakel** connecting/connector/master link. ~**skyf** coupling disc. ~**sok** union socket, coupling sock(et). ~**spil** coupling spindle. ~**staaf** tie bar/rod. ~**stang** connector rod, coupling rod/bar, tie (rod), tie bar, pitman (rod), drawbar. ~**stok** coupling/tie rod. ~**stuk** coupler, coupling (member); spud; (*elec.*) hickey. ~**teken** hyphen; *met 'n ~ verbind* hyphenate. ~**toto** -'s double tote. ~**uitsending** (*rad., TV*) simulcast. ~**verkoop** -verkope conditional/qualified/tie-in sale. ~**vlak** (*comp.*) interface. ~**vlug** connecting flight. ~**werkwoord** copula, copulative verb. ~**woord** copulative.

kop·pe·laar -laars coupler; (*mot.*) clutch; procurer, pander, pimp; *die ~ los* engage the clutch; *die ~ trap* disengage the clutch. ~**as** clutch shaft. ~**flens** clutch flange. ~**pedaal** →KOPPELPEDAAL. ~**stang** clutch rod. ~**veer** clutch spring.

kop·pe·laar·ster -sters bawd, procuress, panderess.

kop·pe·la·ry bawdry, pimping, procuring.

kop·pe·ling -lings, -linge coupling, linkage; (*aeron.*) docking; joint; (*biol.*) union; connection; clutch, shackle, gearing brace. **kop·pe·lings·ma·neu·ver** docking manoeuvre.

kop·pen·ent (bed)head; *aan die ~ van die tafel* at the top/head of the table.

kop·pe·snel ge- headhunt, go headhunting. **kop·pe·snel·ler** -lers headhunter, scalp hunter; (*fig.*) headhunter. **kop·pe·snel·le·ry** headhunting, scalp hunting; (*fig.*) headhunting.

kop·pe·stamp (*infml.*) brainstorm; *'n ~ hou* have a brainstorm. ~**(sessie)** brainstorming (session).

kop·pie -pies small head; cup; hillock, knoll, koppie, kopje; (*bot., zool.*) cupule; →KLEINKOPPIE; *'n halwe ~* half a cup; *'n ~ tee/ens.* a cup of tea/etc.; *twee ~s tee/ens.* two cups of tea/etc.; *'n ~ vol* a cup(ful). ~**blom** nierembergia.

kop·pies·dag·ga (*bot.: Leonotis leonurus*) lion's ear/tail.

kop·pie·tjie -tjies small cup; small hill, hillock.

kop·pig -pige headstrong, pig-headed, piggish, mule-headed, mulish, (as) stubborn (as a mule), obstinate, bloody-minded, self-willed, intractable, contrary, perverse, cross-grained, obstreperous; (*infml.*) stroppy, bolshie, bolshy; (*rare*) heady (*wine etc.*); (*rare*) nappy (*beer*); *iem. ~ maak* get s.o.'s back up; *so ~ soos 'n donkie/esel/muil* (as) stubborn as a mule. **kop·pig·heid** headstrongness, stubbornness, obstinacy, obduracy, pig-headedness, mulishness, pertinacity, bloody-mindedness, self-will, stiff-neckedness, stroppiness; (*rare*) headiness (*of wine etc.*).

ko·pra copra.

ko·pro·duk·sie coproduction.

ko·pro·fi·lie (*psych.: abnormal interest in faeces*) coprophilia.

ko·pro·liet -liete, (*palaeontol.*) coprolite; (*pathol.*) coprolith.

kops·hout, kop(s)·vlak (*wood technol.*) end grain.

Kop(t) *Kopte* Copt. **Kop·ties** -tiese, *n. & adj.* Coptic.

ko·pu·la, (*Lat.*) **co·pu·la** -las, (*ling.*) copula. **ko·pu·la·sie** -sies, (*bot.*) graft; (*zool.*) copulation, coupling. **ko·pu·leer** ge- copulate.

ko·raal[1] -rale coral; coral (red). ~**bank** coral reef. ~**boom** (*Erythrina* spp.) coral tree. ~**bos** coral bells. ~**dier(tjie)** coral polyp/insect, coralline. ~**eiland** coral island. ~**halssnoer** coral necklace. ~**kleur** coral. ~**kleurig** -e, ~**rooi** coral(-coloured), coral (red). ~**lelie** coral lily. ~**mos** coral moss, coralline. ~**poliep** coral polyp. ~**rif** coral reef. ~**rooi** →KORAALKLEURIG. **K~see** Coral Sea. ~**slang:** (*Amerikaanse*) ~ coral snake. ~**steek** coral stitch. ~**steen** corallite. ~**visser** coral fisher/diver. ~**vormend** -e coralliferous. ~**vormig** -e coralliform. ~**wortel** (*Corallorhiza* spp.) coralroot.

ko·raal[2] -rale, (*mus.*) choral (song); chorale, chant. ~**boek** choral(e)/hymn book. ~**gesang** choral song/singing, hymn, plainsong, chant. ~**musiek** choral music. ~**sang** plainsong.

ko·raal·ag·tig[1] -tige coralline, coralloid.

ko·raal·ag·tig[2] -tige, (*mus.*) like a chorale.

ko·ra·leen (*chem.*) coralene.

ko·ra·lies -liese, (*mus.*) choral.

ko·ra·liet corallite.

ko·ra·lyn *n.*, (*substance*) coralline. **ko·ra·lyn** -lyne, *adj.* coralline, coral-like.

Ko·ran, Ko·ran, Koer'aan, Qoer'aan, Qur'aan: *die ~* the Koran/Qur'an. **Ko·raans** -raanse Koranic, of the Koran/Qur'an.

Ko·ra·na, Kor·an·na -nas, (*SA, hist.: member of a people*) Koran(n)a. ~**taal** Koran(n)a (language).

Ko·ra·ner -ners →KORANA.

kor·beel, kar·beel -bele corbel; upper strut. ~**huis** corbelled house. ~**werk** corbelling.

kor·daat -daat, -date -dater -daatste bold, firm, plucky, resolute. ~**stuk** feat, bold/plucky/resolute deed, achievement, exploit.

kor·daat·heid boldness, firmness, pluck.

kor·diet cordite.

kor·don -donne, -dons cordon; *'n ~ om ... span/trek/opstel/slaan* put/throw/draw a cordon (a)round ..., cordon ... off.

kor·don·net cordonnet. ~**steek** cordonnet stitch. ~**garing,** ~**gare** cordonnet yarn.

Ko·re·a (*geog.*) Korea. **Ko·re·aan** -ane, *n.* Korean. **Ko·re·aans** *n.*, (*lang.*) Korean. **Ko·re·aans** -aanse, *adj.* Korean.

ko·rent -rente, **ko·rint** -rinte currant.

ko·ren·te-, ko·rin·te-: ~**bessie** wild currant. ~**bos** (*Rhus* spp.) wild currant bush. ~**brood** currant bread/loaf. ~**koek** currant cake. ~**koekie:** (*hartvormige*) ~ queencake. ~**poeding** currant pudding.

ko·re·o·graaf, ko·re·o·gra·fie →CHOREOGRAAF, CHOREOGRAFIE.

ko·res·pon·dent, ko·res·pon·dent, ko·res·pon·dent, ko·res·pon·dent -dente, (*jur.*) co-respondent.

korf *korwe* basket, corf, hamper; (bee)hive. ~**bal** corfball. ~**behuising** (*rare*) →TROSBEHUISING. ~**boog** surbase(d) arch. ~**fles** wicker bottle; demijohn, carboy. ~**skans** gabionade.

kor·haan, kor·haan -hane bustard; blackcock; moorcock. ~**wurm** (*Hartertia gallinarum*) bustard worm.

kor·hoen·der grouse, moorcock, -fowl.

ko·ri·fee -feë coryphaeus (*in ancient Gr. drama*); (*arch. or liter.*) leader, chief.

ko·ring corn, wheat; *dis* (*of dit is*) *~ op die* (*of iem. se*) *meul(e)* that's (*or* that is) grist to/for s.o.'s/the mill; *die kaf van die ~ skei* →KAF[1] *n.*; *nog groen ~ op die land hê* not be out of the wood yet; have young children who may still go wrong; *'n lap/stand/stuk ~* a stand of wheat; *'n land vol ~ saai, 'n land onder ~ sit* put a field under wheat; *slegte ~* offal wheat. ~**aar** wheatear, ear of corn/wheat, spica. ~**aarbinding** barleycorn weave. ~**aarsteek** wheatear stitch. ~**aarverband,** ~**aarwindsel** spica. ~**akker** cornfield; patch/strip of corn/wheat. ~**bedryf** wheat industry. ~**beurs** corn exchange. ~**blom** (*Centaurea cyanus*) cornflower, bluebottle, bluebonnet, bluet; *Ixia flexuosa*. ~**(blom)blou** cornflower (blue), azure. ~**boer** wheat farmer. ~**boerdery** wheat farming. ~**bou** corn growing/cultivation, wheat farming/production. ~**brandewyn** corn brandy/spirit. ~**brood** wheat(en) bread, wheat(en) loaf. ~**gerf** corn sheaf/shock, sheaf/shock of corn. ~**gras** manna grass. ~**grond** wheat land. ~**halm** cornstalk. ~**handelaar** corn trader/merchant/dealer/chandler. ~**kiem** germ of wheat. ~**kleurig** -e wheaten. ~**oes** wheat crop. ~**koffie** wheat coffee. ~**korrel** wheat corn, grain of wheat. ~**kriek** (*Eugaster longipes; Hetrodes pupus*) corn/harvester cricket. ~**land** corn-, wheatfield. ~**luis** wheat louse. ~**maat** corn measure; *jou lig onder 'n ~ verberg* →JOU LIG/LAMP ONDER 'N MAATEMMER VERBERG/WEGSTEEK. ~**meel** flour, wheat meal. ~**meul(e)** corn-, flourmill. ~**mied** corn stack. ~**mot** wolf moth. ~**oes** wheat harvest/crop. ~**pap** frumenty, furmety. **K~raad** (*hist.*) Wheat (Industry Control) Board. ~**repies** shredded wheat. ~**roes** wheat rust. ~**roos** poppy; corncockle. ~**sak** wheat/corn bag. ~**skop** wheat shovel. ~**semels** wheat(en) bran. ~**skurf(siekte)** wheat scab. ~**skuur** granary. ~**solder** cornloft, granary. ~**stoppel(s)** corn stubble. ~**streek,** ~**wêreld** wheat belt. ~**strooi** wheat(en) straw. ~**uitloop** green malt. ~**vlieg** frit fly. ~**vlok** wheat flake. ~**voël** sparrow weaver, bower finch.

ko·rint →KORENT.

Ko·rin·te (*geog.*) Corinth. **Ko·rin·ti·ër** -tiërs Corinthian; (*also, in the pl.*) (Epistle to the) Corinthians. **Ko·rin·ties** -tiese Corinthian; *~e Spele* Isthmian Games; *~e orde/styl* Corinthian order.

Ko·ri·o·la·nus, Co·ri·o·la·nus (*hist., Rom. general*) Coriolanus.

ko·ris -riste chorister. **ko·ris·te** -tes chorus girl, chorine.

kor·jaal -jale dugout (canoe).

kor·mo·rant -rante, **kor·mo·raan** -rane, (*orn.*) cormorant.

kor·mus -musse, (*bot.*) corm.

kor·na·el *n.* centre punch; *met 'n ~ sentreer* centre punch.

kor·nak -naks mahout, elephant driver/keeper (*in India and the East Indies*).

kor·na·lyn, kar·ne·ool (*min.*) carnelian, cornelian.

kor·nea, ho·ring·vlies (*anat.*) cornea (*of the eye*).

kor·net =nette, *(mus.)* cornet; cornet *(of a horse).* **~blaser** =s, **kornettis** =tiste cornet player, cornet(t)ist. **~mus** cornet.

Kor·nies →CORNIES.

kor·noe·lie·(hout) dogwood.

kor·nuit =nuite comrade, companion, crony; confederate.

ko·rol·lêr =lêre corollary.

Ko·ro·man·del·kus *(geog.)* Coromandel Coast. **ko·ro·man·del·hout** coromandel wood/ebony, calamander (wood).

ko·ro·na =nas, *(min.; astron.)* corona.

ko·ro·nêr =nêre coronary; *'n ~ skiet, (infml.)* (nearly) have a coronary (*or* a heart attack).

kor·po·kra·sie corpocracy. **kor·po·kraat** =krate corpocrat. **kor·po·kra·ties** =tiese corpocratic.

kor·po·raal =raals corporal. **~strepe** corporal's stripes.

kor·po·raal·skap corporalship *(body of soldiers);* rank of corporal.

kor·po·raals·rang corporalship, corporal's rank.

kor·po·raat·lid =lede, *(rare)* →KORPORATIEWE LID.

kor·po·ra·sie =sies corporation. **~lid** corporator.

kor·po·ra·tief =tiewe corporative; *~tiewe* ***beeld/identiteit*** corporate identity/image; *~tiewe* ***burokraat*** corporate bureaucrat, corpocrat; *~tiewe* ***burokrasie*** corporate bureaucracy, corpocracy; *~tiewe* ***gasvryheid*** corporate hospitality; *~tiewe* ***lid*** corporate member; *~tiewe* ***liggaam,*** *(jur.)* body corporate; *~tiewe* ***naam*** corporate name; *~tiewe* ***staat*** corporate state; *~tiewe* ***stroper,*** *(fin.)* corporate raider.

kor·po·ra·ti·seer *ge=* corporatise *(a public institution).* **kor·po·ra·tis·me** corporat(iv)ism. **kor·po·ra·tis·ties** =tiese corporatist.

korps *korpse* corps, body; *diplomatieke ~* diplomatic corps, corps diplomatique; *~ werktuigkundiges* corps of mechanics. **~gees** esprit de corps.

kor·pu·len·sie corpulence, stoutness. **kor·pu·lent** =lente corpulent, fat, stout.

kor·pus =pusse, **cor·pus** =pora corpus. **kor·pus·ku·lêr** =lêre corpuscular.

kor·rek =rekte =tekter =rekste of meer ~ die mees =te, *adj.* right, correct; proper. **kor·rek** *adv.* rightly, correctly, properly; *~ handel* do the correct/proper thing.

kor·rek·sie =sies correction; *'n ~ aanbring* make a correction; *onder ~ praat* speak under correction. **~lak, korrigeerlak** correction fluid. **~vuurpyl** *(aeron.)* thruster, vernier rocket.

kor·rek·si·o·neel =nele correctional. **kor·rekt·heid** correctness, correctitude *(behaviour),* propriety. **kor·rek·tief** =tiewe, *n. & adj.* corrective; *'n ~ op ...* a corrective for ... **kor·rek·tor** =tore, =tors, *(rare)* corrector; →HERSIENER, NASIENER, PROEFLESER.

kor·rel =rels, *n.* corn, grain; pellet; bead *(of a gun);* granulation *(of sugar);* front sight, foresight; *iem.* ***onder*** *die ~ hou* cover s.o., keep s.o. covered; *iets met 'n ~* ***sout*** *neem/opvat* →KORRELTJIE; *~* ***vat*** (take) aim, sight; *na ... ~* ***vat*** aim at/for (*or* take aim at) ...; *~s* ***vorm*** granulate. **kor·rel** *ge=, vb.* aim, take aim; grain, granulate; pick *(from a bunch of grapes); na ... ~* aim at/for (*or* take aim at) ..., level/point a gun at (*or* draw a bead on) ... **~beskermer** foresight protector. **~blad** foresight blade. **~doppie** sight cap/protector. **~draend** =e graniferous. **~gis, giskorrels** yeast granules, granulated yeast. **~grootte** size of grain. **~hoek** sighting angle. **~hou** *korrelge=* keep a steady aim. **~konfyt** grape jam. **~kop** touchy/short-tempered/quarrelsome person; peevish/querulous fellow, grouser, crosspatch, grumbler; curmudgeon. **~kunsmis** granular fertiliser. **~kwarts** ganister. **~lood** shot lead. **~lêmeel** laying-meal pellets. **~papier** torchon paper. **~papierbord** torchon board. **~sink** granulated zinc. **~skroef** foresight screw. **~sneeu** snow grains, granular snow; *vaste ~* firn (snow), névé. **~struktuur** granular structure, granularity. **~suiker** granulated sugar. **~tekstuur** granular texture, granulation tissue. **~vat** *korrelge=* (take) aim *(at),* sight; →KORREL *vb..* **~vlees, ~vleis** granular tissue. **~vorm** granulated form, pellet form (feeds). **~vormig** =e granular, graniform. **~weefsel** *(med.)* proud flesh, granulation tissue.

kor·re·laat =late correlate, correlative. **kor·re·la·sie** =sies correlation; *in ~ bring* correlate; *in ~ staan* correlate; *'n ~ tussen dinge vind* establish a correlation between things. **kor·re·la·tief** =tiewe correlative. **kor·re·leer** *ge=* correlate; *iets met iets anders ~* correlate s.t. with s.t. else.

kor·rel·ag·tig =tige granular, granulous. **kor·rel·ag·tig·heid** granularity.

kor·re·lig, kor·re·lig·heid →KORRELRIG, KORRELRIGHEID.

kor·re·ling aiming; granulation; graining.

kor·rel·rig =rige graniform, granular, granulose, granulous; granulated; grainy; sabulous; crunchy, scrunchy; crumbling; *(med.)* miliary; quarrelsome; *~ maak/word* grain. **kor·rel·rig·heid** granularity; graininess *(of a photo etc.);* grittiness *(of sand etc.).*

kor·rel·tjie =tjies grain, granule; pellet; *iets met 'n korrel(tjie)/knippie sout neem/opvat* take s.t. with a pinch/grain of salt.

kor·re·spon·deer *ge=* correspond, be in correspondence; *met iem. oor iets ~* correspond with s.o. about s.t..

kor·re·spon·den·sie correspondence. **~kaart** correspondence card. **~kollege** correspondence college. **~kursus** correspondence course. **~les** postal lesson. **~skool** correspondence school.

kor·re·spon·dent =dente, *(fem., obs.)* **kor·re·spon·den·te** =tes correspondent; correspondence clerk. **kor·re·spon·de·rend** =rende correspondent, corresponding.

kor·ri·dor =dors corridor. **~siekte** *(vet.)* corridor/buffalo disease.

kor·ri·geer *ge=* correct, put right; read *(proofs);* set *(a person)* right. **~lak** →KORREKSIELAK. **~werk** correction work.

kor·ro·deer *ge=* corrode. **kor·ro·deer·baar** =bare corrodible, corrosible. **kor·ro·de·rend** =rende corrosive.

kor·ro·sie corrosion. **~bestand** corrosion-resistant, non(-)corrodible. **~werend** =e anticorrosive.

kor·rup·teer, kor·rum·peer *ge=* corrupt. **kor·rup** =rupte =rupter =rupste of meer ~ die mees =rupte corrupt. **kor·rup·sie** =sies corruption.

kors *kors(t)e, n.* crust *(of bread etc.);* scab *(on a wound);* scurf; rind *(of cheese);* encrustment, incrustation; cortex; *met 'n ~ ... bedek wees* be caked in/with ... *(mud etc.). ~te vorm* bark; crust, form scabs/crusts. **kors** *ge=, vb.* crust, form a crust; bark. **~aanpaksel** encrustment. **~bars** check, surface shake *(in wood); ~te maak, (wood)* check. **~breker** scarifier. **~droging** case-hardening *(of wood).* **~glans** bloom *(bread).* **~mos** *(bot.)* lichen. **~mosagtig** =e lichenous. **~moskunde** lichenology. **~vormig** =e crustiform. **~vorming** encrustation, incrustation.

kor·se·let =lette cors(e)let.

kor·se·lig =lige, *(obs.)* →KNORRIG. **kor·se·rig, kors·te·rig** =rige crusty. **kors·tig** =tige, *(bot.)* crustaceous.

kor·set =sette corset, stays. **~knakker** *(infml.: sexually explicit romantic novel)* bodice ripper, bonkbuster. **~maker** corseteer, corsetier, stay maker. **~veter** staylace. **~ware** corsetry.

kor·sie =sies crust; *by gebrek aan brood eet 'n mens ~s van pastei* necessity knows no law; if one can't get water, one must fain drink wine; failing crumb one must be content with crust; *'n ~ brood* a crust of bread, heel of bread.

Kor·si·ka *(geog.)* Corsica. **Kor·si·kaan** =kane, *n.* Corsican. **Kor·si·kaans** =kaanse, *adj.* Corsican.

kors·loos =lose crustless *(milk tart etc.);* rindless *(cheese).*

kors·te·rig →KORSERIG.

kors·wel, kors·wil *n.* fun, raillery, banter, jest, joke; *uit ~* jokingly, jestingly, in jest. **kors·wel, kors·wil** *ge=, vb.* banter, jest, joke, trifle with, fool (around); *met iem. ~* banter/jest with s.o..

kort *korte korter kortste adj. & adv.* short; brief; *(soccer etc.)* close *(pass); (cr.)* short-pitched *(bowling, delivery); op ~* ***afstand*** →AFSTAND; *~* ***agter*** *...* →AGTER *prep.;* ***al*** *hoe ~er* shorter and shorter; *~* ***as*** →KORTAS, STOMPAS; *'n ~* ***baadjie*** a short-waisted jacket; *~ (geplante)* ***bal,*** *(cr.)* short-pitched ball; *~* ***begrip*** →KORTBEGRIP; *~* ***bestelling/betekening,*** *(jur.)* short service; *~ en* ***bondig*** *wees* be short/brief and to the point; *~* ***broek*** short trousers/pants; →KORTBROEK; *~* ***buite(kant)*** *die dorp* just outside the town; *~* ***daarna*** shortly after(wards); *~ en* ***dik*** thickset, stumpy, stubby, dumpy, squat; *~ van* ***draad*** *wees* →DRAAD *n.; 'n ~* ***draai*** →DRAAI *n.; iets is ~ van* ***duur*** →DUUR[1] *n.; aan die ~ste* ***ent*** *trek/wees* →ENT[1] *n.; om ~ te* ***gaan*** in short, in a/one word; to be brief, to cut/make a long story short; *om ~ te* ***gaan,*** *dit is ...* the long and the short of it is that ...; *op 'n ~* ***galop*** *ry* →GALOP *n.; ~ van* ***gedagte*** *wees* →GEDAGTE; *~* ***gelede*** →GELEDE[1] *adv.; ~* ***gespan,*** *(rare)* →KORTGEBAKER(D); *~ en* ***goed*** in short; *~* ***golf*** →KORTGOLF; *iem. aan die ~* ***hare*** *beethê, (coarse sl.)* have s.o. by the balls; *iem. ~* ***hou*** keep s.o. on a tight rein; ***in*** *('t) ~* in short; *dit* ***kan*** *~er (gesê word)* it can be said more briefly; *aan die ~* ***kant*** *wees* be shortish (*or* on the short side); *~ en* ***klaar*** short and sweet; to put it baldly; without beating about the bush; straight out; *iets ~ en* ***klein*** *breek/slaan, (rare)* →IETS FYN EN FLENTERS BREEK/SLAAN; *~* ***kleur,*** *(bridge etc.)* short suit; *... ~* ***knip*** bob/crop ... *(hair);* cut ... short *(nails etc.);* →KORTKNIP; *iem.* ***kom*** *R10 ~* →KORTKOM; *met 'n ~* ***kop*** *wen* →KOP *n.; ~ en* ***kragtig*** short and sweet; *(wees) ~ maar* ***kragtig*** brevity is the soul of wit; *~* ***kursus*** short course; *ná ~er of* ***langer*** *tyd* sooner or later; *~,* ***lank,*** *~, (Morse code)* dot, dash, dot; *~ voor* ***lank*** before long; *iem. se* ***lont*** *is ~* →LONT; *dit ~* ***maak*** be brief; ***maak*** *dit ~* cut it short; *iets ~er* ***maak*** shorten s.t.; *~ ná/agter* ***mekaar*** in quick succession (*or* rapid sequence); *~(e)* ***mette*** *met iem./iets maak* →METTE; *~* ***ná*** *...* →NA[2] *prep.;* ***nou*** *~* recently; *~* ***omdraai*** turn on one's heel; →KORTOM; *~* ***omspring*** do an about-turn, make a right-about face; *~* ***op*** *mekaar* →MEKAAR; *~* ***papier,*** *(fin.)* short paper; *~ van* ***personeel*** short-staffed, short-handed; *die tyd* ***raak*** *~* time is running out; *3/ens. meter ~er as die* ***rekord*** 3/etc. metres short of the record; *~ en* ***saaklik*** in a nutshell; *iets ~ en* ***saaklik*** *stel* put s.t. in a nutshell; *op ~* ***sig*** at short sight; *~* ***skiet*** →TE KORT SKIET; *iem.* ***te*** *~ doen* short-change s.o.; give s.o. short measure/weight; *(infml.)* put/do s.o. down, sell s.o. short; *die waarheid* ***te*** *~ doen* →DIE WAARHEID TE NA KOM; *dit was hier* ***te*** *~ en daar te lank* there were all sorts of excuses (*or* [petty] objections); *...* ***te*** *~ kom* run short/out of ... *(time);* be ... short *(three men etc.);* have a shortage of ... *(money etc.); niks* ***te*** *~ kom nie* lack for nothing, not go short; ***te*** *~ skiet* →TE KORT SKIET; *op ~* ***termyn*** →TERMYN; *~* ***vasgemaak,*** *(rare)* →KORTGEBAKER(D); *~* ***verlof*** →KORTVERLOF; *~* ***vooraf*** at short notice; *ek sal ~* ***wees*** I'll (*or* I will) be brief; *~* ***wissel,*** ***wissel*** *op ~ termyn, (fin.)* short(-dated) bill; *~* ***wol*** short wool, shorts; *~er* ***word,*** *(days etc.)* shorten, close/draw in. **kort** *ge=, vb.* shorten, crop *(hair);* dock *(a tail);* clip *(wings);* need, be short of, lack; ***bande*** *~, (obs.)* shrink/tighten tires *(of a cartwag[g]on); 'n* ***dryfband*** *~* take up a driving belt; *iem. ~* ***R10*** s.o. is R10 short (*or* is short of R10); →KORTKOM; *die* ***tyd*** *~* beguile (*or* while away *or* shorten/pass) the time, make the time pass. **~af** →KORTAF. **~asem(rig)** short of breath, short-winded, puffed; asthmatic, wheezy, pursy; *(horse)* broken-winded; *~ wees* pant. **~afstandvervoer** short haul, short-distance transport. **~afstandvliegtuig** short-haul/short-distance aircraft. **~as** *(math.)* minor axis. **~asemrigheid** shortness of breath, shortwindedness; *(med.)* pursiness, dyspn(o)ea; *(vet.)* heaves, broken wind. **~been** short-legged; *(also* kortbeentjie*)* double crochet. **~begrip** digest, abridg(e)ment, abstract, précis, résumé, synopsis, summary. **~broek** shorts; →KORT BROEK. **~by** *(cr.)* short leg; *(baseball)* short stop. **~dagplant** short-day plant. **~deling** *(math.)*

short division. ~**gebaker(d),** ~**gebaker(d),** ~**gebaken(d),** ~**gebonde,** ~**gebonde** hot/short-tempered *(fig.),* easily offended, touchy, hasty, peppery, quick-tempered; ~ *wees, (also, infml.)* have a short fuse. ~**gebakerdheid,** ~**gebakerdheid,** ~**gebakendheid,** ~**gebondenheid,** ~**gebondenheid** touchiness, hastiness, pepperiness, irascibleness, irascibility, quick temper, short temper, *(infml.)* short fuse; →KORT *adj.*. ~**golf** *(rad.)* short wave. ~**golfband** short-wave band. ~**golfsender** short-wave transmitter. ~**haarkat** shorthair, short-hair(ed) cat. ~**harig,** ~**harig** =*e* short-haired. ~**hoofdig** →KORTSKEDELIG. ~**horingkoei** short-horned cow. ~**hou** *kortge=*: *iem.* ~ keep a tight hand on s.o.. ~**kap** jack truss. ~**knip** *kortge=* cut short *(s.o.'s career, a visit, etc.); iem.* ~ cut s.o. off/short *(while he/she is speaking); kortgeknipte* (of *kort geknipte*) ... (close-)cropped (*or* closely cropped) ... *(hair);* closely cut ... *(nails).* ~**kom** *kortge=* lack, want; be lacking; fall short, fail; ***al wat*** ~ all that is wanting; *iem.* ***kom*** *R10/ens. kort* s.o. is short of R10/etc.., s.o. is R10/etc.. short; *iem.* ***kom*** *niks kort nie* s.o. lacks for nothing (*or* doesn't go short); *die kind* ***kom*** *'n pak slae kort* the child needs a hiding. ~**kop** bob, bobbed head. ~**koppig** →KORTSKEDELIG. ~**-kort** frequently, every now and again/then, time and again, at all hours (of the day and/or night). ~**kuns** sketch. ~**lys** short list; *iem./iets op die/'n/hul/ens.* ~ *plaas* short-list s.o./s.t.. ~**mouhemp** short-sleeved shirt; *'n wit/ens.* ~ a short-sleeved white/etc. shirt. ~**mourok** short-sleeved dress. ~**om** in short, in brief, in fine, in a word, to cut a long story short. ~**pad** *(also* kortpaadjie*)* short cut; *(fig.)* fast track *(to the top);* ~ *kies* take a short cut; cut corners. ~**padtoets** *(comp.)* hot key. ~**potig** =*e* breviped. ~**puntig** =*e* apiculate. ~**sigtig** =*e* short-sighted, purblind; *op* ~*e wyse* short-sightedly; ~ *wees* take a short view. ~**sigtigheid** short-sightedness; short sight. ~**skedelig,** ~**koppig,** ~**hoofdig** =*e* short-, broad-, round-headed, brachycephalic, brachycephalous. ~**skedelige,** ~**koppige,** ~**hoofdige** =*s* shorthead, broadhead, roundhead, brachycephal. ~**skedeligheid,** ~**koppigheid,** ~**hoofdigheid** brachycephaly. ~**skiet** →TE KORT SKIET. ~**skieter** =*s* underachiever. ~**skoppie** punt *(rugby);* ~ *gee* punt. ~**skrif** rapid writing, tachygraphy. ~**sluit** *kortge=* short-circuit, short. ~**sluiting** short-circuit(ing); *'n* ~ *veroorsaak* short-circuit, short. ~**snoetvark** dish-faced pig. ~**spar** jack rafter; *krom* ~ jack rib. ~**speelplaat,** ~**speler** *(hist.)* seventy-eight. ~**steelpyp** short-stemmed pipe. ~**stert** bobtail, bobtailed horse, *etc.* ~**stert**=, ~**stertig** =*e* bobtailed, brevicaudate. ~**stondig** =*e* short, short-lived, of short duration, transient, transitory, fugitive, evanescent, ephemeral, momentary, passing, brief. ~**stondigheid** short duration, shortness, briefness, transience, transitoriness, evanescence. ~**stylig** *(bot.)* thrum-eyed. ~**teken** breve. ~**termyn**= *comb.* short-term, short-run *(goals etc.);* →OP KORT TERMYN. ~**termynbenadering** short-term approach, short-termism. ~**termynhuur** short lease. ~**termynlening** short-term loan. ~**termynvoorwaarde** short-term provision. ~**tyd** short time; ~ *werk* work (*or* be on) short time, go on short-time working; *iem.* ~ *laat werk* put s.o. on short-time working; ~ *moet werk* be put on short-time working. ~**tydwerk** short-time working. ~**vat** *kortge=* handle firmly, be strict with; keep a tight rein on, keep in check; haul over the coals, tell/tick off, roast, tear into, dress down. ~**verhaal** short story. ~**verhaalskrywer** short-story writer. ~**verlof** short leave. ~**vlerkig** =*e* short-winged, brevipennate, brachypterous. ~**volk** *(obs., regional)* little folks, children. ~**weg** briefly, shortly, in short; for short; curtly, summarily, flatly. ~**wiek** *ge=* clip the wings of, handicap. ~**wol** Down wool. ~**wolvel** pelt; Down wool fleece.

kort·af abrupt, curt, blunt, bluff, brusque, short(-spoken), summary, unceremonious, offhand, offhandedly; *iem. baie* ~ *behandel* be very short with s.o.. **kort·af·heid** curtness, abruptness, offhandedness, shortness, brusqueness.

kor·te =*tes,* **kor·te·tjie** =*tjies* short one, shorty, shortie.

kor·te·las =*lasse* cutlass.

kor·te·ling =*linge* →KORTLING.

kor·te·rig =*rige* shortish, rather short, on the short side.

kor·te·tjie →KORTE.

kort·heid brevity, shortness, briefness, conciseness, succinctness. **kort·heids·hal·we** for short, for the sake of brevity, for briefness' sake.

Kort·ho·ring *(breed of cattle)* Shorthorn. ~**koei** Shorthorn cow. **k~koei** short-horned cow.

kor·ti·kaal =*kale, (anat.)* cortical.

kor·ting =*tings,* =*tinge* deduction, reduction, discount, rebate, allowance, abatement; →AFSLAG; ~ ***aan*** *herverkopers, (rare)* →HANDELSKORTING; ***met*** ~ at a discount; ***min*** *10%* ~ less 10% discount; ~ ***op*** *die prys van iets gee/toestaan* allow/give a discount on the price of s.t.; ~ ***vir*** *kontant* cash discount.

kor·ti·soon, kor·ti·so·ne cortisone.

kort·liks briefly, shortly, in short.

kort·ling, kor·te·ling =*linge* putlog; (piece of) swingle-tree.

kort·lings *(obs.)* lately, recently, the other day, a short time/while ago.

Kort·ryk Courtrai.

ko·rund *(min.)* corundum.

kor·vee *(mil.)* fatigue, fatigue work. ~**drag:** *in* ~ in fatigue dress. ~**kompanie** fatigue company. ~**pet** fatigue cap. ~**span** fatigue (party).

kor·vet =*vette* corvette.

Kos *(island)* Cos.

kos[1] *kosse, soorte kos, n.* food, fare, victuals, board; living, livelihood; *die/jou* ~ *na* ***binne*** *werk, (infml., usu. derog.)* stuff one's face; *iets is* ~ *vir die* ***fynproewer*** s.t. is caviar(e) to the general; *jou oë* ~ ***gee*** feed one's eyes; *diere* ~ ***gee*** feed animals; ***goeie*** ~ *voorsit* keep a good table; ~ *en* ***inwoning*** bed and board; board and lodging; *met* ~ *en* ***inwoning*** *(inbegrepe)* all found; ~ ***kook*** cook; *as die* ~ ***koud*** *word, word die vrou warm* a late husband finds a cold dinner and a cross wife; ~ ***kry,*** *(animals)* be fed; ~ ***maak/opsit*** prepare a meal, get dinner/supper ready, start preparing a meal; *dit is* ***ou*** ~ that is an old story (*or* ancient history *or* a thrice-told tale); ***ou*** ~ *opdis/opwarm/voorsit, (fig.)* offer a rehash of the same old thing; retell an old story; *aan* ~ ***peusel,*** *net aan* ~ ***proe*** peck/pick at (*or* toy with) food; ***ryk*** ~ rich food; ***skraal*** ~ *kry, (rare)* be on a spare diet; ***smul*** (of *[infml.]* ***weglê/wegval***) *aan* ~ tuck into food; ~ ***soek*** forage; ***sonder*** ~ *bly* go hungry; tighten (*or* pull in) one's belt; *'n* ***stukkie*** ~ a bite (to eat); ***swaar*** ~, *(fig.)* strong meat, solid food; *die* ~ *is op (die)* ***tafel!*** dinner is served!; *(joc.)* feeding time!; *geen* ***trek*** *in* ~ *hê nie* have no appetite; ***vaste*** ~ solid food; *jou* ~ ***verdien*** make/earn/get a living, earn one's keep; be worth one's salt/keep; *jou* ~ ***werd*** *wees* be worth one's salt/keep. ~**baas** *(rare)* landlord. ~**bal** bolus, food ball. ~**blik** lunch box; *(mil.)* mess tin. ~**deurtjie** buttery hatch. ~**emmer(tjie)** *(rare, obs.)* dinner bucket/pail. ~**ganger** =*s* school boarder; *(obs.)* boarder, commensal. ~**geld** board money, (cost of) board, boarding (fee), boarding. ~**huis** boarding house; hostel. ~**huisvader** boarding master. ~**hyser** dumb waiter. ~**kas** larder, food cupboard. ~**kommandant** commissary. ~**leweransier** victualler. ~**pakkie** food parcel; packed lunch. ~**pot** stew pot, saucepan. ~**rantsoenering** food rationing. ~**sak** food bag, *(arch.)* wallet. ~**skool** boarding school. ~**skoollewe** boarding-school life. ~**slaaf,** ~**verslaafde** foodaholic, foodoholic. ~**soeker** forager. ~**soort** (kind of) food. ~**sproei** cooking spray. ~**trommel** tuck box *(of a school boarder).* ~**verslaafde** →KOSSLAAF. ~**voorraad** food supply/supplies, provisions. ~**voorsiening** victualling. ~**vrou** food fundi. ~**wa** chuck wag(g)on. ~**ware** foodstuffs, articles of food, foods, provisions. ~**winkel** food store/shop. ~**winner** *(obs.)* →BROODWINNER. ~**winning** *(obs.)* →BROODWINNING.

kos[2] *ge=, vb.* cost, be priced at; ***beleefdheid*** ~ *niks (nie)* politeness/civility costs nothing; ***dit*** ~ ... the price is (*or* it sells for) ...; *hulle* ~ ***ewe veel*** they are the same price; *(amper) 'n* ***fortuin*** ~ →FORTUIN; *dit* ~ ***geld*** it costs a lot of money, it is/runs expensive; *dit* ~ *iem. 'n* ***jaar/ens.*** *om iets te doen* s.o. takes a year/etc. over s.t.; *dit sal iem. se* ***lewe/dood*** ~ that will cost s.o. his/her life; *baie* ***moeite*** ~ give/cost a great deal of trouble; *dit het iem. byna 'n* ***oog*** *ge~* it nearly cost s.o. an eye; *dit* ~ *baie* ***tyd*** *om te ...* it takes a long time to ...; *dit* ~ *'n* ***uur*** *om daar te kom* it takes an hour to get there; ***wat*** ~ *...?* how much is (*or* what is the price of *or* how much do you charge for) ...?; ***wat*** ~ *dit?* how much?; what's the charge?; ***wat*** *sal dit* ~*?, (also)* what is your fee?, what are your fees?; *al* ~ *dit (ook)* ***wat,*** *(laat dit)* ~ *wat dit* ***wil*** cost what it may, at all costs, at any cost/price, whatever the cost; *dit* ~ *ses/ens.* ***weke*** *om te ...* it takes six/etc. weeks to ... ~**prys** cost price, prime cost; *teen* ~ at cost.

Kô·sa *(dated spelling)* →XHOSA.

Ko·sak =*sakke* Cossack. **Ko·sak·ke·koor** Cossack choir; Cossack chorus. **ko·sak·mus** cossack hat.

kos·baar =*bare* valuable *(antiques, time, etc.);* precious *(jewels, moment, etc.); (dated)* expensive, costly, dear, high-priced; *(obs.)* sumptuous *(dinner); iem. se* =*ste besitting* s.o.'s most prized possession; *kosbare vonds* treasure trove. **kos·baar·heid** value; preciousness; *(dated)* expensiveness, costliness; *(obs.)* sumptuousness, sumptuosity.

ko·se·kans =*kanse,* =*kante, (math.)* cosecant.

ko·siel·groep *(chem.)* cosyl group.

ko·si·nus =*nusse, (math.)* cosine.

ko·sje·niel →COCHENILLE.

ko·sjer *(Jud.)* kosher *(meat etc.);* ~ *slag* schächten.

kos·me·tiek =*tieke, n.* cosmetic; cosmetics. ~**salon** *(rare)* →SKOONHEIDSALON.

kos·me·ties =*tiese* =*tieser* =*tiesste, adj.* cosmetic; ~*e behandeling* beauty treatment.

kos·me·tis =*tiste,* **kos·me·ti·kus** =*kusse, (rare)* →SKOONHEIDS(DES)KUNDIGE.

kos·mies =*miese* cosmic; ~*e stof* cosmic dust; ~*e straling* cosmic radiation.

kos·mo·che·mie cosmochemistry. **kos·mo·go·nie** cosmogony. **kos·mo·go·nies** =*niese* cosmogonic(al), cosmogonal. **kos·mo·graaf** =*grawe* cosmographer. **kos·mo·gra·fie** cosmography. **kos·mo·gra·fies** =*fiese* cosmographic(al). **kos·mo·lo·gie** cosmology. **kos·mo·lo·gies** =*giese* cosmologic(al). **kos·mo·loog** =*loë* cosmologist.

kos·mo·po·liet =*liete, n.* cosmopolitan, cosmopolite. **kos·mo·po·li·ties** =*tiese, adj.* cosmopolitan. **kos·mo·po·li·tis·me** *(also K~)* cosmopolitanism.

kos·mos cosmos; *(also, in the pl.)* cosmos (flowers).

kos·naat·jie →KOESNAATJIE.

kos·taal =*tale, (anat.)* costal.

kos·te *(sing. & pl.)* expense, cost; costs, expenditure, outlay, charges; ~ ***aangaan*** *om iets te doen* go to the expense of doing s.t.; *iem. die* ~ *laat* ***aangaan*** *om iets te doen* put s.o. to the expense of doing s.t.; ~ ***aangaan/maak*** incur expenses; ***algemene*** ~ overheads; *op* ***algemene*** ~, *(rare)* →OP STAATSKOSTE; ~, ***assuransie,*** *vrag (abbr.:*k.a.v.*)* cost, insurance, freight *(abbr.:*c.i.f.*);* ~ ***bereken*** cost; ~ ***bestry*** defray/meet costs/expenses; *sonder* ***bykomende/ekstra*** ~ at no extra cost/expense; *dit* ***dek*** *sy* ~ it earns its keep; *die* ~ ***dra*** bear the cost; *op iem. se* ~ ***eet*** eat at s.o.'s expense; *op* ***eie*** ~ at one's own expense; *jou* ***eie*** ~ *dra* pay one's own way; *met* ***geringe*** ~ at little cost, at small expense; ***groot*** ~ *aangaan/maak/oploop* go to great expense; *met* ***groot*** ~ at great cost/expense; *'n* ~ ***hef*** charge a fee; *vir die* ~ ***instaan*** foot the bill *(infml.); op iem. se* ~ ***leef/lewe*** live off s.o.; ~ *van* ***lewensonderhoud,*** *(rare)* →LEWENSKOSTE; *die* ***lopende*** ~ the running costs; ~ ***meebring*** entail expense(s)/expenditure; ***met*** ~, *(jur.)* with costs; *die* ~ ***om*** *iets te doen* the charge for doing s.t.; ~ *van* ***onderhoud*** cost of maintenance; ***ongeag*** *die* ~ regardless of cost; at all costs, at any cost; *geen* ~ ***ontsien*** *nie* spare no (*or* be regardless of) expense; ***op*** *iem. se* ~ at s.o.'s expense; ***op*** ~ *van* ... at the expense/charge of ...; ~ ***reken*** charge, bring up charges; *die* ~ ***takseer,*** *(jur.)* tax the costs; ***teen*** *'n* ~ *van* ... at a cost of ...; ***ten***

~ *van* ... at the cost/expense of ...; ***ten*** ~ *van iem.* at s.o.'s cost/expense; *'n grap* ***ten*** ~ *van iem.* a joke at s.o.'s expense; *hy het hom* ***ten*** ~ *van my vermaak* he enjoyed himself at my expense; ~ *van die* ***teen-/teëparty,*** *(jur.)* adverse costs; *die* ~ *van iets aan iem.* ***terugbetaal*** refund s.t. to s.o.; reimburse s.o. for s.t.; *die* ~ *wat aan iets* ***verbonde*** *is* the cost(s) involved in s.t.; ~ *van* ***vervoer*** cost of carriage/transport; ***winsgewende*** ~ income-, revenue-earning expenditure. **~berekenaar** estimator, cost accountant. **~berekening** calculation of expenses, costing, cost accounting. **~besnoeiing** cost cutting. **~besparend** cost cutting. **~bewus** cost-conscious *(manager etc.)*. **~-effektief** cost-effective. **~-effektiwiteit** cost-effectiveness. **~lys** →KOSTEREKENING. **~-plus** *n.* cost-plus. **~-plus-basis** cost-plus basis. **~-plus-prys** cost-plus price; *bepaling van die* ~*(e)* cost-plus pricing. **~-plus-prysbepaling** cost-plus pricing. **~raming** estimate of the cost. **~rekenaar** *=s* costing accountant, cost accountant. **~rekening** expense account; calculation of expenditure; costing; bill of costs. **~rekenmeester** cost(ing) accountant. **~sentrum** *(business econ.)* cost centre. **~staat** →KOSTEREKENING. **~struktuur** cost structure. **~tarief** tariff of charges, fees. **~-voordeel-analise/ontleding** cost-benefit analysis. **~vry** *=vry(e)* →KOSTELOOS.

kos·te·lik *=like* priceless, amusing, delightful *(a joke, story, etc.)*; precious *(memories)*; *(obs.)* fine, excellent, exquisite, magnificent, splendid. **kos·te·lik·heid** pricelessness; preciousness; *(obs.)* fineness, excellence, exquisiteness, magnificence, splendour.

kos·te·loos *=lose* free, gratis, free of charge.

kos·ter *=ters* sexton, verger, sacrist, sacristan, vesturer, (parish) clerk, beadle. **kos·te·res** *=resse* female sexton/verger. **kos·ter·skap** sextonship, vergership.

kos·tu·meer *ge=* dress up; dress *(a play)*; costume. **kos·tu·me·ring** dressing *(of a play)*. **kos·tu·mier** *=miers* costumier; wardrobe mistress/master.

kos·tuum *=tuums* costume, get-up; *(dated: a matching jacket and skirt)* suit (→BAADJIEPAK); *(jur.)* custom; *in* ~ *gekleed* dressed in character. **~bal** *=s* costume/fancy-dress ball. **~repetisie** →KLEEDREPETISIE. **~ring** dress ring. **~stuk** costume play, period play/piece.

kos·tuum·pie *=pies* little costume.

ko·syn *=syne* sash *(of a window)*; frame *(of a door)*. **~koker** window box *(of a sash window)*. **~skaaf** sash plane.

ko·tan·gens *=gense, =gente, (math.)* cotangent.

ko·te·let *=lette* cutlet, chop. **~tooisel** cutlet frill.

ko·te·rie *=rieë* coterie, clique, in-group.

kot·huis cottage. **~bewoner** cottager.

ko·tiel *=tiele* cotyledon, seed leaf.

ko·til·jon *=jons,* **ko·til·jons** *=jonse, (an 18th-century dance)* cotill(i)on.

kots *ge=, (coarse)* vomit, puke, get sick; *ek* ~ *daarvan* I am sick (to death) of it.

kot·ter *=ters,* cutter.

ko·turn *=turne, (ancient Gr. tragedy: a thick-soled boot worn to gain height)* cothurn(us), buskin.

kou¹ *koue* cage; →KOUTJIE¹; *'n voël in 'n* ~ *sit* cage a bird. **~anker** *(elec.)* squirrel cage. **~voël, kôvoël** tawny eagle. →**voël(tjie)** cage bird.

kou² *n.* cold; ~*(e) vat* →KOUE *n.*. **~beitel** cold chisel. **~(e)bos** *Indigofera frutescens.* **~water=** →KOU(E)WATER=.

kou³ *ge=, vb.* chew, masticate, munch, champ; *aan iets* ~ chew on s.t.; *gaan* ~ scoff (eat); *'n harde been om te* ~ a hard nut to crack, a tough job, a tall order; *hy het harde bene ge~* he has been through the mill (*or* deep waters); he has roughed it; ~ *maar aan daardie pruimpie* put that in your pipe and smoke it. **~geluid** chomping, champing, sound of chewing. **~goed** s.t. to chew; *(bot.) Sceletium* spp.. **~gom** chewing gum. **~maag** ventricle; gizzard, crop *(in birds)*; proventriculus *(in insects)*. **~middel** masticatory. **~spier** masticatory muscle. **~vlak** occlusal surface *(of tooth)*.

kou·baar *=bare* masticable.

koud *koue kouer koudste* cold, chill(y); bleak; frosty; frigid; stony-faced; unaffectionate; unwelcoming; *iem.* ***word*** ~ *daarvan* it makes s.o. go cold all over, it gives s.o. the shivers; *iem.* ~ ***behandel*** be cold to s.o.; ***bitter/snerpend*** ~ bitterly cold; *koue* ***blik*** cold stare; *dis* ***bytend*** ~ there's a bite in the air; *koue* ***fontein*** cold/non(-)thermal spring; ***iets*** ~*s* something cold; *dit raak iem. se koue* ***klere*** *nie* it leaves s.o. stone-cold; ~ ***kry*** be cold; feel cold; *baie* ~ ***kry*** freeze; *iets* ***laat*** *iem.* ~ s.t. leaves s.o. cold/unmoved, s.o. is indifferent to s.t., s.t. doesn't do anything for s.o., *(joc.)* s.o. is underwhelmed by s.t.; *koue* ***lugstreek*** frigid zone; ~ ***maak*** chill, refrigerate; *koue* ***oorlog*** cold war; ***skerp*** ~ nippy; *koue* ***vis,*** *(fig.: cold, aloof pers.)* cold fish, iceberg; *koue* ***vleissoorte*** cold meats; *dit was soos koue* ***water*** *op iem. se lyf* it made s.o. go cold all over; *jou hande nie in kou(e)* ***water*** *steek nie* not do a stroke of work; *kou(e)* ***water*** *op iemand se planne gooi* pour cold water on s.o.'s plans; ~ ***word*** get/go cold; *die* ***woord*** *was nog nie* ~ *nie* the word had scarcely been uttered (*or* left s.o.'s lips). **~aansit** *n., (comp.)* cold start. **~bloedig, ~bloedig** *=e, (zool.)* cold-blooded, poikilothermal, poikilothermic; ~*e dier* cold-blooded animal, poikilotherm. **~bloedigheid, ~bloedigheid** *(zool.)* cold-bloodedness, poikilothermia, poikilothermism, poikilothermy. **~breukig** *=e,* **~bros** cold-short. **~breukigheid, ~brosheid** cold-shortness. **~getrokke** cold-drawn. **~gewals** *=te* cold-rolled. **~golwing** *(hairdressing)* cold wave. **~lei** *koudge=* cool (down); walk (a horse) up and down; gull, hoodwink, sidetrack *(a person)*. **~saag** *ge=, koudge=* cold saw. **~sit** *koudge=* get the better of, outdo, outsmart, outfox, surpass, outrival, trump; oust; ba(u)lk; *'n probleem/ens. wat jou* ~, *(infml.)* a stumper. **~verharding** hardening by working. **~vuur** *(rare)* →KOUEVUUR. **~wals** *koudge=* cold-roll; →KOUDGEWALS.

koud·heid coldness; frigidity; frostiness; chill(iness).

kouds: *iets* ~ →KOUD.

kou·e *n.* cold, coldness; chill; ***beef/bewe/bibber/ril/rittel*** *van (die)* ~ quake/shake/shiver with cold; *die* ***bitter/kwaai*** ~ the bitter/intense/severe cold; *die* ***deurdringende/nypende/snerpende/snydende*** ~ the piercing cold; ***dom*** *wees van (die)* ~, *(one's fingers, hands)* be numb with cold; *iets neem die* ***ergste*** ~ *weg* s.t. takes the chill off; ~ *in die* ***lyf*** cold shivers, shakes; *'n* ***skielike*** ~ a cold snap/spell; ~ ***vat*** catch (a) cold, contract/get/take a cold, catch a chill; ***teen*** *die* ~ against the cold, to keep the cold out. **~front** cold front. **~golf** *(meteorol.)* cold wave. **~koors** *(med.)* ague, cold shivers, shivering fit, the shivers/shakes, rigor; ~ *hê* have the shivers/shakes; *iets laat iem.* ~ *kry* s.t. gives s.o. the cold shivers. **~kryger** cold warrior. **~vuur** gangrene, mortification; *deur* ~ *aangetas* gangrenous; ~ *laat kry* gangrene.

kou·e·lik →KOULIK.

kou·er *=ers* masticator. **kou·e·ry** chewing, mastication, manducation.

kou·e·rig *=rige* coldish, rather cold, chilly, nippy.

kou(·e)·wa·ter·: ~behandeling cold-water treatment, hydropathy. **~inrigting** hydropathic establishment/institution. **~kompres** cold compress/pledget. **~kuur** cold-water cure/therapy. **~seep** cold-water soap. **~stysel** cold-water starch, unboiled starch.

Kou·ka·si·ë, Kou·ka·si·ër, Kou·ka·sies, Kou·ka·sus *(rare)* = KAUKASIË, KAUKASIËR, KAUKASIES, KAUKASUS.

kou·kus *=kusse, n.* caucus; ~ *hou* caucus, *(infml.)* go into a huddle. **kou·kus** *ge=, vb.* caucus.

kou·lik *=like* subject/sensitive to cold, chilly. **kou·likheid** chilliness, sensitivity to cold.

Koup: *die* ~ the Koup/Gouph.

kous *kouse* stocking; *(tyre)* gaiter; *(also, in the pl.)* hose, hosiery; ~*e* ***aantrek*** put on socks/stockings; ~ *vol* ***aartappels*** stocking/sock full of holes; ***in*** *jou* ~*e* in one's stockings; *met die* ~ *oor die* ***kop*** empty-handed, with nothing to show for one's pains; ***op*** *jou* ~*e* in one's stockings, in one's stocking(ed) feet; ~*e en* ***skoene*** shoes and stockings. **~ankertjie** stocking suspender. **~band** garter, suspender; garter snake; *Orde/Ridder van die K~* Order/Knight of the Garter; *'n* ~ *omsit* garter. **~broekie** pantyhose, pantihose, tights. **~handelaar** hosier. **~winkel** hosier's shop. **~gordel** suspender belt. **~gras** prickle grass. **~masker** stocking mask. **~mus** stocking cap. **~ophouer** (sock) suspender. **~steek** stocking stitch. **~voet** stocking foot; *op* ~*e* in one's stockings, in one's stocking(ed) feet. **~ware** hosiery. **~weefsel** stocking web. **~wol** hosiery wool.

kou·saal *=sale* causal; *daar is 'n kousale verband tussen hulle* they are causally connected. **kou·sa·li·teit** causality. **kou·sa·li·teits·leer** causality. **kou·sa·tief** *=tiewe, n. & adj.* causative; factitive.

kou·sel *=sels* chew(ing), cud; mouthful. **kou·sel·tjie** *=tjies* bite, s.t. to eat.

kou·sie *=sies* small stocking, sock.

kou·sjer →KOSJER.

kou·ter *=ters* coulter. **~bos** *Athanasia trifurcata.* **~wiel** rolling coulter.

kou·te·ri·seer *ge=* cauterise.

kou·tjie¹ *=tjies* small cage; →KOU¹; *eers die* ~, *dan die vroutjie* first the cage, then the bird (*or* provide the house then you marry the girl).

kou·tjie² *=tjies* chew(ing), cud, plug, quid, small mouthful.

kô·vo·ël →KOUVOËL.

Kov·sie *=sies* Kovsie, student of the University of the Free State.

Ko·zhi·ko·de *(geog.)* Kozhikode.

kraag *krae* collar *(of a coat etc.)*; frill; collet; front *(of a sheep)*; yoke; ruff *(of birds)*; flange *(of a pipe)*; *iem.* ***aan*** *die* ~ ***beetkry/gryp*** grab/seize s.o. by the collar, collar s.o.; ~ *van 'n* ***boorgat/skag*** collar of a borehole/shaft; ***hoë*** ~ choker; *baie deur die* ~ ***ja(ag),*** *(rare)* put away a lot (of alcohol); *jou* ~ ***opslaan*** turn one's collar up. **~as** thrust shaft. **~band** collar band; neckband; collet. **~beer** Asiatic *or* Himalayan black bear. **~blok** thrust block. **~broekie** *(outmoded)* cuff-leg panties. **~gat** flanged hole. **~jas** cape coat; fur-collared coat; box coat. **~laer** collar bearing. **~mannetjie** maned lion. **~plaat** collar plate. **~plooi** collar/ruff pleat. **~plooie** *(also)* frontal development *(wool)*. **~pyp** collared pipe. **~ring** collar ring. **~steen** ancon(e), corbel, console, truss. **~verrotting** *(fruit trees)* crown rot.

kraai *kraaie, n.* crow; →BONTKRAAI, SWARTKRAAI; ***die K~,*** *(astron.)* the Crow, Corvus; *elke swart* ~ *dink sy* ***eier*** *is die witste, (idm.)* all s.o.'s geese are swans; *die* ~*e* ***gaap,*** *(infml.)* it is very/oppressively/swelteringly hot, it is a very hot day; *(nóg)* ***kind*** *nóg* ~ *hê* →KIND; *lyk of die* ~*e jou* ***kos*** *opgeëet het* look very dejected; *so* ***maer*** *soos 'n* ~ (of [w.g.] *deur die* ~*e* ***bespreek)*** *wees* be as thin/lean as a rake; *as iem. nie daardie* ***mond*** *gehad het nie, het die* ~*e lankal sy/haar oë uitgepik* s.o.'s jaw has saved his/her face many a time; ~*e* ***pik*** *nie mekaar se oë uit nie* dog does not eat dog, there is honour among thieves; *al moet die* ~*e dit* ***uitbring*** the truth will out; *'n vlieënde* ~ *het altyd iets/wat* jackals never go empty; *so* ***warm*** *dat die* ~*e gaap* blisteringly/oppressively/scorchingly/swelteringly hot; *soveel van iets* ***weet*** *as/soos 'n* ~ *van Sondag/godsdiens, (rare)* = SOVEEL VAN IETS WEET AS 'N **KAT** VAN SAFFRAAN. **kraai** *ge=, vb.* crow; *jy kan* ***gaan*** ~ go and boil your head; ***koning*** ~ →KONING; *iem. se haan moet altyd* ***koning*** ~ →HAAN; ~ *(van die* ***lag****), (infml.)* laugh like a drain; *dis niks om* ***oor*** *te* ~ *nie* it is nothing to write home about. **~bek** crow's beak; pipe wrench; *(icht.)* knifejaw. **~bekbeen** coracoid. **~bekvormig** *=e* coracoid. **~bessie** wild currant *(Rhus* spp.*);Diospyros glabra.* **~heide** crowberry. **~nes** crow's nest; *(naut.)* crow's-nest; *(tech.: hydraulic crane)* cherry picker; tangle; *(comp.)* card wreck. **~plooitjies, ~pootjies, ~spoortjies** *(pl.)* crow's feet, laughter lines. **~poot** crow's leg; *(tech.)* crow's foot. **~-uintjie** *Babiana mucronata.*

kraai·ag·tig *=tige* corvine.

kraai·er *=ers* crower; chanticleer.

kraak¹ *krake, n.* crack, cracking; flaw, fissure; *'n* ~ *hê, (s.o.)* have a screw loose (somewhere), be a nutcase; *(meat)* be high/off. **kraak** *ge=, vb.* crack; creak; chink; (s)crunch *(gravel)*; crackle *(snow)*; crepitate; groan; jar;

dat** dit (so)* ~, *(infml.)* with a vengeance, flat out, like fury/mad/crazy; *dit het gevries **dat** dit* ~ it froze as hard as nails; *werk **dat** dit* ~, *(infml.)* work overtime (*or* like fury); ***gaan** ~!* go to blazes; ***skoene** wat* ~ squeaking shoes; *iem. se **stem ~ s.o. has a grating/raucous voice; *krakende **waens** loop die langste* →WA. ~**beskuitjie** cracker; cream cracker. ~**gas** cracking gas. ~**geluid** cracking sound. ~**nuut,** ~**nuwe** brand-new. ~**porselein** eggshell china, crackleware. ~**proses** cracking *(of oil).* ~**sindelik,** ~**skoon** scrupulously clean, spotless, speckless, as clean as a new pin/penny. ~**skil** *(citrus disease)* crinkly skin. ~**skoen** creaking/squeaking shoe. ~**skoon** *(infml.)* squeaky clean; →KRAAKSINDELIK. ~**stadium** crack degree. ~**stem** creaking/creaky/grating/rasping/raucous voice. ~**stewel** →KRAAKSKOEN. ~**wit** gleaming white.

kraak² *krake, n.* →KARAAK.

kraak·been cartilage, gristle. ~**gewrig** synchondrosis. ~**skyf** meniscus. ~**stof** chondrin. ~**verskuiwing** slipped disc. ~**weefsel** cartilaginous tissue.

kraak·been·ag·tig *-tige* cartilaginous, gristly. **kraak·be·nig** *-nige* cartilaginous.

kraal¹ *krale, n.* bead; bead(ing) *(of a board); krale (in)ryg* thread beads; *'n string krale* a string of beads. ~**boon(tjie)** love bean. ~**borduurwerk** beading embroidery, beadwork. ~**bossie** *Aptosimum steingroeveri.* ~**doilie** ~**doekie** (beaded) doily. ~**lys** bead(ing). ~**lyswerk** beading, bead moulding. ~**ogie** *(orn.)* (Cape) white-eye. ~**oog** beady eye. ~**skaaf** *(woodw.)* bead(ing) plane, beader. ~**varing** bead fern. ~**voeg** beaded joint. ~**werk** beading, beadwork. ~**yster** beading tool.

kraal² *krale, n.* pen, fold, corral, kraal; ***agteros** kom ook in die* ~ →AGTEROS; *iets is/pas (so reg) **in** iem. se* ~, *(infml.)* s.t. is (right) up s.o.'s alley/street; s.t. suits s.o. (down to the ground); s.t. is just s.o.'s cup of tea; *in iem. se* ~ ***kom,** (fig., rare)* poach on s.o.'s preserve(s)/territory; *skape/ens. **uit** die* ~ ***laat*** unpen sheep/etc.. **kraal** *ge-, vb.* kraal, corral, drive into a kraal. ~**bos** *Galenia africana.* ~**heining** boma. ~**hek** kraal gate. ~**hoof** headman, kraal head, petty chief. ~**mis** kraal manure.

kraal·tjie¹, kra·le·tjie *-tjies* (little) bead.

kraal·tjie² *-tjies* pen, small kraal, cot, cote.

kraam¹ *n.* delivery, childbirth, confinement; *(obs.)* childbed; *in* ~ *wees* be in labour. **kraam** *ge-, vb.* be in labour; *begin* ~ go into labour. ~**afdeling** maternity ward/department, obstetric(al) ward/department. ~**bed** *(rare)* childbed; confinement; *in die* ~ *sterwe* die in childbirth. ~**bedkoors** →KRAAMKOORS. ~**been** milk/white leg. ~**besoek** maternity visit. ~**drag** maternity wear. ~**gordel** maternity belt. ~**inrigting** maternity home/hospital. ~**kaart** maternity chart. ~**kamer** delivery/labour room. ~**koors** puerperal/childbed fever. ~**nasorg** postnatal care. ~**rok** maternity dress. ~**saal** maternity/labour ward. ~**sorg** maternity care. ~**toelaag,** ~**toelae** maternity grant. ~**tyd** puerperium. ~**uitrusting** maternity outfit. ~**verlof** maternity leave. ~**verpleegster** maternity/obstetric(al) nurse. ~**verpleging** obstetrics, midwifery, maternity nursing. ~**voordele** maternity benefits.

kraam² *krame* booth, kiosk, stall, stand; *iets pas in iem. se* ~ s.t. suits s.o.'s book/purpose; *Oosterse* ~ souk; *die krame opslaan/afbreek* set up (*or* take down) the fair. ~**eienaar,** ~**houer** stall holder/keeper.

kraam·pie *-pies, (also)* sideshow.

kraan¹ *krane* tap; cock, stopcock, faucet; jet; hydrant; *'n* ~ ***inslaan*** tap; ***met** 'n* ~ on tap; *die* ~ ***na** iets toedraai, (fig., infml.)* pull the plug on s.o./s.t.; *'n* ~ ***oopdraai/toedraai*** turn a tap on/off. ~**sleutel** cock spanner/wrench. ~**water** tap water.

kraan² crane, derrick, davit. ~**arm** (crane) jib, jib boom. ~**armanker** jib stay. ~**armkatrol** jib pulley. ~**armkop** jib head. ~**baan** gantry. ~**balk** cathead, crane beam/girder, outrigger, davit. ~**geld** cranage. ~**masjinis** crane driver. ~**saag** pitsaw, long saw. ~**stellasie** gantry.

kraan·voël crane; *blou* ~ →BLOUKRAAN(VOËL); *die K~, (constellation)* Grus, the Crane. ~**blom, geelpiesang, paradysblom** *(Strelitzia reginae)* strelitzia, crane flower, bird of paradise (flower).

krab·bel *-bels, n.* scratch, scrawl, scribble; sketch; doodle; squiggle; *(word-building game)* Scrabble *(trademark).* **krab·bel** *ge-, vb.* scratch, scrawl, scribble, scrabble; doodle; scramble. ~**papier** scrap paper. ~**poot,** ~**skrif** scrawl, scribble, crabbed writing, niggling hand(writing).

krab·be·laar *-laars* ink-slinger, penpusher, scribbler. **krab·be·lig** *-lige* scratchy.

krab·be(r)·tjie *-tjies* earring.

kraf·fie *-fies* water bottle, carafe; decanter *(for wine).*

kraft·pa·pier kraft (paper).

krag *kragte* strength, force, vigour, brawn, vim, power, might; (electric[al]) power, electricity; energy; muscle *(fig.);* trenchancy *(style);* efficacy, efficiency, potency, virtue *(of medicines);* substantiality; intenseness, intensity; validity; vehemence; →KRAGS-, KRAGTE-; *die* ~ ***af-sluit/afsny*** cut off the power; *met* ~ ***agter** jou* from strength; *iets verg **al** iem. se* ~*te* s.t. taxes s.o.'s strength; *met **alle*** ~ with might and main, with all one's might; ***alle*** ~*te inspan* muster all one's strength, strain every nerve; go all out; *jou* ~ ***beproef*** try one's hand (at); ***bo** iem. se* ~*(te) wees* be beyond s.o.('s power), be too much for s.o.; *deur **brute*** ~ by sheer force; *onderhandel met* ~ ***daaragter*** negotiate from strength; *met/op **eie*** ~ under one's own power/steam; *uit eie* ~ *opkom* pull o.s. up by one's (own) bootstraps; *op **eie** ~te staatmaak* depend on one's own resources, go it alone; ***elektriese*** ~ electric power; ~ ***gee/bysit*** invigorate, sustain; *(die senuwees)* ~ ***gee*** innervate, tone up, support; *iets **getuig** van* ~ s.t. is a sign of strength; *uit* ~ *van die **gewoonte*** by/from/through force of habit; *iem. se* ~ ***lê in** iets* s.t. is s.o.'s strong point; *iem. se* ~ *lê nie **in** ... nie* ... is not s.o.'s strong point; *iem. is 'n* ~ ***in** die party* s.o. is a strong man in the party; *al jou* ~*te **inspan*** muster all one's strength; *God gee* ~ *na **kruis*** God tempers the wind to the shorn lamb; *jou* ~*te aan ... **leen*** throw one's weight in with ...; *in die* ~ *van jou **lewe*** in one's prime, in the prime of one's life; *met iem.* ~*te **meet*** measure one's strength with s.o.; try conclusions with s.o.; *jou* ~*te met ... **meet,** (also)* pit one's strength against ...; *'n bokser/span met ...* ~*te laat **meet*** match a boxer/team with ...; *iem. se* ~*te **neem** af* s.o. is getting weak (*or* is sinking); *... **nuwe*** ~ *gee* revitalise ...; *iets **ondermyn** iem. se* ~*te* s.t. saps s.o.'s energy/strength; *jou* ~*te oor-eis* overexert o.s.; ***op** ~te kom* regain one's strength, recuperate, get fit; ~ ***opwek*** generate power; ~*te **saam-snoer*** join forces; ~ *by iets **sit*** add force to s.t. *(an argument etc.); iets **sloop** iem. se* ~*te* s.t. saps s.o.'s energy/strength; *jou* ~*(te) **spaar*** nurse/save one's strength, conserve one's energy; *met **terugwerkende*** ~ *tot ...* backdated to ...; *in* ~*te **toeneem*** gain/gather strength; *van* ~ ***tot*** ~ *gaan* go (on) from strength to strength; ***uit*** ~ *van ...* by force of ...; by reason of ...; by right of ...; in terms of ...; *daar gaan* ~ *van iem. **uit*** s.o. is a source of strength; *iets **van*** ~ *maak* put s.t. into force; ***van*** ~ *wees* be valid/operative (*or* in effect/force); *nie **van*** ~ *wees nie* be invalid; *ten volle **van*** ~ *wees* be of full force and effect; *die aanbod bly **van*** ~ *tot ...* the offer holds (good) till ...; ***van*** ~ *word* come into effect/force, take effect, become valid/operative; *met ingang van ... **van*** ~ *word* become effective from ...; ~*te **ver-samel*** gather strength; *jou* ~*te **verspil*** flog a dead horse; *met/op **volle*** ~ at full power/strength; (at) full blast/speed/steam, at full throttle/tilt, all/flat out; at full capacity, full out; *met/op **volle*** ~ *werk* be firing on all (four) cylinders; *met **volle*** ~ *agteruit* full speed/steam astern; *met/op **volle*** ~ *vorentoe* full speed/steam ahead; *op **volle*** ~ at full strength; *op **volle*** ~ *wees* be up to strength; *nie op **volle*** ~ *wees nie* be below/under strength; *van* ~ ***voorsien*** power; ~ *van **wet*** force of law, legal force; ~ *van **wet** kry* acquire the force of law; *jou* ~*te aan iets **wy*** devote one's energy/energies to s.t.; *jou* ~ ***wys*** show one's mettle. **krag-** power-driven/operated. ~**aandrywing,** ~**bediening** power drive; *met* ~ power-driven/operated. ~**aangedrewe** power-operated/driven. ~**aanleg** power plant. ~**aftakker** *(mot.)* power takeoff. ~**besparing** conservation/saving of strength/energy; saving of electricity. ~**blok** power pulley. ~**bron** source of power/energy; source of strength; power plant; *natuurlike* ~ prime mover. ~**buis** tube of force. ~**dadig** *-e* energetic, vigorous; effective, effectual, efficacious; forceful, forcible, powerful, strong, thrustful; potent, hard-hitting. ~**dadigheid** energy, vigour; efficacy; power, force(fulness), strength. ~**draad** power line. ~**eenheid** unit of electricity; unit of force, dynamic unit. ~**fiets** moped, buzz bike, autocycle. ~**gas** power gas. ~**getou** power loom. ~**inspanning** →KRAGS-. ~**installasie** (electric) power plant. ~**kabel** (high-)power cable. ~**katrol** power takeoff. ~**klep** power valve. ~**kolwer** hard-hitting/forcing batsman, hard hitter. ~**kop** power head. ~**kos** energy-giving food. ~**leiding** power line/mains. ~**lyn** line of force; *(elec.)* transmission line. ~**lyneveld** →KRAGVELD. ~**man** *Pachypodium bispinosum; (lit. & fig.)* strongman (→KRAGMENS). ~**mas** (power) pylon. ~**masjinerie** power plant (machinery). ~**mens** strong man, man of might, *(infml.)* powerhouse. ~**meter** dynamometer; *magnetiese* ~ magnetometer. ~**meting** clash, contest, showdown, head-to-head *(between two teams etc.);* trial/test of strength, tug of war; measurement/determination of force, dynamometry; *die* ~ *tussen ... en ...* the clash/contest/showdown between ... and ...; the test/trial of strength between ... and ... ~**moment** moment of a force. ~**net(werk)** power grid. ~**onderbreking** power failure, outage. ~**ontwikkeling** generation of power. ~**oorbrenging** power transmission. ~**oorbringstelsel** *(mot.)* power train. ~**paal** power standard. ~**paraffien** power paraffin. ~**persing** dumping *(of wool).* ~**perswol** dumped wool. ~**proef** trial of strength. ~**prop** power plug. ~**punt** point of application of a force; *(elec.)* power point. ~**rem** power brake. ~**saag** power saw. ~**sentrale** *-s* (electric) power/generating station, power plant, powerhouse. ~**skroef** power screw. ~**skrop** power scraper. ~**slag** power stroke, firing stroke. ~**sop** broth, bisk, bisque. ~**(s)ontwikkeling** output of power; output of effort. ~**spel** *(sport)* power play. ~**stasie** →KRAGSENTRALE. ~**stop** wall plug. ~**stroom** flux. ~**stuur** power steering. ~**takel** *(mech.)* purchase. ~**term** →KRAGWOORD. ~**toer** tour de force, stunt. ~**toevoer** power supply. ~**veld** field of force. ~**verbruik** power consumption. ~**verlies** loss of power/energy; *(med.)* asthenia. ~**verspilling** waste of energy. ~**vertoon** display of strength/power. ~**verval** *(pathol.)* cachexia, cachexy. ~**voedsel** forcing/nourishing/strengthening food, energy-supplying food. ~**voer** concentrate(s), concentrated feed, power fodder. ~**voerder** power unit. ~**voereenheid** *(elec.)* power pack. ~**vol** *-le* forcible, powerful, vigorous. ~**woord** expletive.

krag·gies *interj., (obs.)* well I'm blowed; →KRAGTIG *interj..*

kra·gie *-gies* collaret(te), fichu; →KRAAG.

krags-: ~**besef** consciousness of power. ~**inspanning, kraginspanning** effort, exertion, spurt (of energy). ~**uiting** display of power.

krag·te-: ~**diagram** diagram of forces. ~**driehoek** triangle of forces. ~**ewewig** equilibrium of forces. ~**koppel** couple of forces. ~**leer** dynamics. ~**lyn** line of action. ~**paar** couple. ~**parallelogram** parallelogram of forces. ~**skaal** scale of forces. ~**stelsel** system of forces.

krag·te·loos *-lose* weak, effete, ineffective, feeble, impotent, nerveless, debile, powerless; invalid; ineffectual, of no effect; ~ *maak* invalidate, make null and void, annul, nullify, overrule. **krag·te·loos·heid** weakness, feebleness, powerlessness; impotence; debility; *(jur.)* invalidity, voidness.

krag·tens in/by virtue of, (up)on the strength of, in consequence of; in pursuance of, pursuant of (to); ~ *'n wet* under (*or* in terms of) an act (of parliament); ~ *hierdie wet* under this act.

krag·tie *interj.* →KRAGTIG *interj..*

krag·tig *-tige, adj.* strong, powerful, mighty, virile, forceful, robust; strengthening; nourishing *(food);* vigorous *(attack);* cogent *(argument);* telling *(answer);* intense; strenuous *(effort);* expressive; trenchant *(speech);* forceful, punchy *(style);* forcible *(lang.);* high-powered *(car etc.);* potent *(brew, drug).* **krag·tig, krag·tig·lik** *adv.* strongly, powerfully, forcefully, vigorously, strenuously, forcibly. **krag·tig** *interj.* well I'm blessed, great Scott; *~, maar dis koud!* my, it's cold!. **krag·tig·heid** strength, forcefullness, vigour, powerfulness.

Krain *(geog.)* Carniola.

krait *kraite, (snake)* krait.

krak *n. & vb.* →KNAK.

Kra·kau *(Germ.)* →KRAKOW.

kra·keel *-kele, n.* quarrel, wrangle. **kra·keel** *ge-, vb.* quarrel, wrangle.

kra·ke·leer *ge-* crackle *(porcelain, pottery).*

kra·ke·ling *-linge* cracker, cracknel, twisted bun; crackling; *sout ~* pretzel.

kra·ke·luur *-lure* chap *(in skin etc.); (network of fine cracks on old paintings)* craquelure; →WINDBARSIE.

kra·ken *(legendary sea monster)* kraken.

kra·ker *-kers* cracker. **kra·ke·rig** *-rige* crackling, creaky, crunchy, gritty, cracky. **kra·ke·rig·heid** creakiness; →KRAAK[1]. **kra·kie** *-kies* small crack, flaw; feather (flaw in gemstone); *'n ~ hê, (wine)* be too acid; *(meat)* be high/off; *(s.o.)* have a screw loose (somewhere), be a nutcase; *daar is 'n ~* there is a rift in the lute. **kra·king** cracking (process).

Kra·kow *(<Polish, geog.)* Cracow. **Kra·ko·wer** inhabitant of Cracow. **Kra·kows** *-kowse* Cracovian.

kra·le-: *~snoer* string of beads. *~werk* beading, beadwork. **kra·le·tjie** →KRAALTJIE[1].

kram *kramme, n.* staple; clasp; hasp; clamp; cramp (iron), crampon; *~ en oorslag* hasp and staple; *met 'n ~ vassit* staple. **kram** *ge-, vb.* staple; clamp; cramp. **~bout** U-bolt, stirrup bolt. **~drukker** →KRAMMER. **~hegter** *-s* stapler. **~plaat** staple plate. **~skieter, ~pistool** staple gun.

kra·mat, kra·mat *-mats, -matte, (<Mal.)* kramat, Moslem shrine, sacred grave.

kra·mer *-mers* hawker, pedlar, chapman, cheapjack; pettifogger; haberdasher. **kra·mers·la·tyn** dog Latin. **kra·mers·volk** nation of shopkeepers. **kra·me·ry** *-rye* haberdashery; pedlary, small wares, hawker's/pedlar's goods/wares, cheapjack goods; hawking, peddling; pettifoggery, pettifogging.

kram·mer *-mers,* **kram·druk·ker** stapler, stapling machine. **kram·me·tjie** *-tjies* small staple/clamp/etc. →KRAM *n.*.

kramp *krampe* cramp, spasm, gripes; *iets/iem. gee iem. 'n ~, (infml.)* s.t./s.o. gives s.o. a pain in the neck; *'n ~ (of ~e) hê/kry* have/get a cramp (*or* cramps); *ek wens hy kry ('n) ~* to blazes with him, the devil take him; *'n ~ veroorsaak* convulse. **~aanval** attack/fit/seizure of cramp, convulsion. **~druppels** *(chiefly hist.)* cramp drops. **~hoes** convulsive/spasmodic cough. **~lag** convulsive laugh. **~middel** *-s* antispasmodic; gripe water. **~rog** *(icht.)* electric ray. **~siekte** stomach disease, Molteno disease *(of animals).* **~stillend** *-e* antispasmodic, antispastic. **~water** gripe water. **~werend** *-e* antispasmodic; *~e middel* antispasmodic.

kramp·ag·tig *-tige* convulsive, cramping, spastic, spasmodic *(jerks);* desperate *(attempts); ~e beweging* spasm. **kramp·ag·tig·heid** convulsiveness; spasticity; desperation. **kram·pig·heid** stringhalt, springhalt *(in horses).*

krams·vo·ël *(orn.)* fieldfare.

kra·nig *-nige* bold, dashing, smart, crack, *(infml., attr.)* hotshot; *jou ~ gedra* behave splendidly, put up a brave fight, give a good account of o.s.; *'n ~e skut* a crack shot. **kra·nig·heid** boldness, dash, smartness, spirit; gallantry.

kra·ni·o·lo·gie craniology. **kra·ni·o·me·trie** craniometry. **kra·ni·o·sko·pie** cranioscopy. **kra·ni·um** *-ums* cranium.

krank *kranke, (fml.)* sick, ill; **~bed** sickbed. **~sinnig** *-e* crazy, crazed, demented, insane, lunatic, mad; *dit is ~* it is sheer madness. **~sinnigheid** craziness, insanity, lunacy, madness, mania, mental disorder, dementia; *louter/pure ~* stark madness.

kran·ke *-kes* patient, sick person. **kran·ke·ment** *-mente* complaint, ache, pain, ailment; *vol ~e* full of aches and pains.

krank·heid disease, illness, sickness.

krank·lik *-like* sickly, infirm, invalid. **krank·lik·heid** sickliness, infirmity, invalidity.

krank·sin·ni·ge *-ges* lunatic, maniac, madman, madwoman; *klaarblyklike ~* certifiable lunatic; *gevaarlike ~* homicidal maniac. **~gestig** lunatic/insane asylum; →SIELSIEKEHOSPITAAL. **~verpleger** male mental nurse. **~verpleegster** (female) mental nurse. **~verpleging** mental nursing.

krans[1] *kranse, n.* chaplet, coronet, crown, garland, wreath; *(anat.)* corona; *(bot.)* whorl; ring *(in gears);* circle, small society; *'n ~ by ... lê* lay/place a wreath at ...; *'n ~(ie) op iem. se graf lê* lay a wreath on s.o.'s grave; *goeie wyn het geen ~ nodig nie* good wine needs no bush. **krans** *ge-, vb.* garland, wreathe. **~gewys** *-e, (bot.)* whorled; *~ gerangskik* whorled. **~legging** *-s, -e* wreath-laying (ceremony). **~slagaar** *(obs.)* →KROONSLAGAAR. **~standig, ~standig** *-e* whorled, verticillate. **~vormig** *-e* doughnut-shaped, whorled.

krans[2] cliff, krans, krantz, precipice, rock face, crag, high rock; **~berg** escarpment mountain. **~duif** (Cape) rock pigeon. **~lys** *(archit.)* cornice; rock ledge. **~lysie** *(archit.)* chaplet; small ledge. **~wand** escarpment.

kran·sie[1] *-sies* small wreath; circlet, chaplet; →KRANS *n.*.

kran·sie[2] small cliff.

krap[1] *krappe, n.* crab. **~spinnekop** crab spider, flower spider. **~vormig** *-e* cancrine, cancroid.

krap[2] *krappe, n.* scratch; score. **krap** *ge-, vb.* scratch; claw; paw; scrawl, scrabble, scribble; *iets ~ aan iem.* s.t. rankles (with) s.o.; *'n **anker** (laat) ~* drag an anchor; *jou **baard** ~* scrape one's chin; *iem. in die **gesig** ~* scratch s.o.'s face; *(jou) **kop** ~* →KOP *n.*; *~ jy my **rug**, dan ~ ek jou(n)e* →RUG[1]; *in iem. se **slaai** ~* →SLAAI; ***teen** iets ~* scrape against s.t.; *as die **vlooie** byt, moet jy ~* →VLOOI; *in 'n **vuur** ~* stir a fire. **~borsel** scratch brush. **~kaart(jie)** scratch card. **~merk** scratch (mark), claw mark. **~papier** scrap paper. **~skrif(fie)** spidery hand/writing. **~yster** scraping iron, scraper, raker.

krap[3] *n.* →MEEKRAP.

krap·ag·tig, krap·ag·tig *-tige* crabby, crablike.

krap·per *-pers* scraper, scratcher; scribbler. **krap·pe·rig** *-rige* scratchy; *~e (hand)skrif* spidery hand/writing. **krap·per·tjie** plectre, plectrum.

kras[1] *krasse, n.* scratch (mark); scribe mark; screech, croak. **kras** *ge-, vb.* scratch, scrape; grate; *(birds)* screech, croak, caw; *(archit.)* scribe; *in die ore ~* jar (up)on the ear; *op die viool ~* scrape the violin/fiddle. **~blok** scribing/surface block. **~geluid** jar(ring) sound. **~merk** scribe mark. **~pen** scribe(r); scratch gauge, surface gauge.

kras[2] *kras(se) krasser krasste, adj.* strong, vigorous, robust; drastic, tough *(measure);* extreme, violent *(criticism); dis (of dit is) nogal (['n] bietjie) ~* that's (*or* that is) pretty (*or* a bit) steep; that's (*or* that is) pretty (*or* a bit) stiff; that's (*or* that is) a tall order; that's (*or* that is) a bit thick; *'n ~(se) opskrif* a shrieking headline; *~(se) taal* strong language. **kras** *adv.* strongly; drastically; *~ optree teen(oor)* take drastic steps against; *om dit ~ te stel* to put it crudely; *jou ~ uitdruk/uitlaat* use strong language.

kras·heid strength, severity, crassitude, crassness. **kras·send** *-sende -sender -sendste* strident, harsh-sounding, grating. **kras·ser** *-sers* scraper, scratcher; scratch awl. **kras·ter·boor** auger.

krat *kratte, n.* crate, skeleton case, frame. **krat** *ge-, vb.* crate. **~raam(werk)** crib(work).

kra·ter *-ters* crater; *'n ~ vorm* crater, form a crater; *jou naam ~ maak, 'n ~ van jou(self) maak, (infml., euph.)* make a fool (*or* an ass) of o.s., *(SA)* come/slip on one's guava. **~meer** crater lake. **~pyp** volcanic pipe/vent. **~rand** lip/rim of a crater. **~vormig** *-e* crater-like, crater-shaped. **~wand** crater wall, flare of crater.

kra·wat *-watte* cravat.

kraw·we·tjie *(obs.)* →KRABBE(R)TJIE.

kre·a·sie *-sies* creation. **kre·a·tief** *-tiewe, (also [euph.] fin.)* creative; *~tiewe rekeningkunde* creative accountancy/accounting. **kre·a·ti·wi·teit** creativeness, creativity.

kre·a·si·o·nis·me *(theol.)* creationism; creation science. **kre·a·si·o·nis** *-niste* creationist.

kre·a·tien creatin(e).

kre·a·tuur *-ture* creature, being.

kre·dens·kas credenza. **kre·dens·ta·fel** *(eccl.)* credence (table), credenza, prothesis.

kre·diet *-diete* credit; ***beperkte** ~* limited credit; *~ **bewillig*** vote credits; ***blanko** ~* unlimited/blank credit; ***druk** op die ~* credit pressure; ***gedekte** ~* established credit; *~ **gee*** allow/give credit; *iem. vir iets ~ **gee*** give s.o. credit for s.t.; *iem. se ~ is **goed*** s.o. can buy on credit, s.o.'s name is good, s.o. is well-to-do; *~ **hê*** have credit; *daar staan R100 **in** iem. se ~* there is R100 to s.o.'s credit; *~koste en **inningskoste*** credit and collection cost; *vir iets ~ **kry*** get credit for s.t.; *iets **op** ~ koop* buy s.t. on credit; *~ **teen** sekuriteit* credit against security; *~ **skep*** create credit; *~ aan iem. **verleen*** extend credit to s.o.. **~agentskap** →KREDIETBURO. **~akkommodasie** credit accommodation. **~analise, ~ontleding** credit analysis. **~bank** credit bank. **~basis** credit basis. **~beheer** credit control. **~beperking** credit restriction/squeeze, credit curb, credit curtailment, credit restraint. **~bestuurder, ~kontroleur** credit manager, credit supervisor. **~bewys** credit voucher. **~boek** credit book. **~boeking** credit entry. **~brief** letter of credit; *(also* kredietbriefie, kredietnota*)* credit advice/note/slip. **~buro, ~agentskap, ~inligtingsburo** credit (reference/reporting) agency. **~ekonomie, ~huishouding** credit economy. **~faktuur** credit advice/note. **~geriewe, ~fasiliteite** *(pl.)* credit facilities. **~gewer, ~verlener** credit grantor. **~handel** credit commerce. **~inkrimping, ~inkorting** credit contraction/squeeze. **~inligtingsburo** →KREDIETBURO. **~inskrywing** credit entry. **~instelling** credit institution. **~instrument** credit instrument. **~kaart** credit card; *goue ~* →GOUE. **~kant, ~sy** credit side. **~keuring** credit screening. **~limiet** →KREDIETPERK. **~nota** →KREDIETBRIEF. **~perk, ~limiet, ~plafon** credit limit/ceiling. **~pos** credit item. **~reëling** credit regulation; *(in the pl.)* credit arrangements. **~rekening** credit account. **~saldo** credit balance, balance/cash in hand. **~skaarste** credit stringency. **~skeppend** *-e* credit-creating; *~e vermoë* credit-creating ability. **~skepping** credit creation. **~spanning** credit strain. **~speling** credit swing. **~stand** credit rating. **~stelsel** credit system. **~strokie** credit slip. **~sy** →KREDIETKANT. **~transaksies** credit transactions. **~vereniging** credit association/union. **~vraaglys** credit demand schedule. **~voorskrifte** credit directives. **~voorwaardes** *(pl.)* credit terms. **~waardig** *-e* solvent, in good credit, creditworthy. **~waardigheid** solvency, credit standing, creditworthiness; *bepaling van ~* credit rating; *kontrole op ~* credit check. **~waardigheidsverslag** credit report.

kre·dit *-dits, -ditte, (obs.)* →KREDIET.

kre·di·teer *ge-* credit; *iem. met iets ~* credit s.o.('s account) with s.t. *(an amount of money).* **kre·di·te·ring** crediting; credit entry.

kre·di·teur *-teure, -teurs* creditor; *bevoorregte/preferente ~* creditor by priority; *hipoteekhoudende/verbandhoudende ~* creditor on mortgage. **~land** creditor/lending country, creditor nation.

kre·di·teu·re-: **~grootboek** creditors' ledger. **~kontrolerekening** creditors' control account.

kre·di·teurs-: **~lys** creditors' list. **~vergadering** creditors' meeting. **~vorderinge** creditors' claims.

kre·do →CREDO.

kre·ëer *ge-* create.

kreef *krewe, (SA)* crayfish, *(Eur.,Am.)* lobster; *(also* see=kreef*)* crayfish, *(Eur.,Am.)* crawfish *or* rock/spiny lob=ster; →VARSWATERKREEF; *die K~, (astrol., astron.)* Cancer, the Crab; *~ vang* catch crayfish/lobsters, lobster. **~dig, ~vers** palindrome. **~fabriek** crayfish/lobster factory. **~fuik, krewefuik** crayfish/lobster pot/trap/crate. **~kel=kie** crayfish cocktail. **~slaai** crayfish/lobster salad. **~sop** crayfish/lobster soup. **~vangs** crayfish/lobster catch; catching of crayfish/lobsters. **~vers** →KREEF=DIG. **~waters** crayfish/lobster grounds.

kreef·ag·tig, kreef·ag·tig *=tige* cancroid, crablike.

kreefs=: K~keerkring tropic of Cancer. **~oog** crab's eye, gastrolith.

kreef·te·gang retrogression; *die ~ gaan* go from bad to worse, go downhill, decline, retrogress, deteriorate.

kreek *kreke, (rare)* creek, inlet, cove, billabong.

kreet *krete* cry, shout, scream, shriek, yell; ejaculation, exclamation; slogan; *'n ~ aanhef* raise a cry; *'n bloed=stollende ~* a bloodcurdling (*or* an unearthly) scream.

kreip →CRÊPE. **~verband** →CRÊPEVERBAND.

kreits *kreitse* circle; kreis.

kre·ma·sie cremation. **kre·ma·to·ri·um** *=riums, =ria* crematorium, crematory. **kre·meer** *(ge)=* cremate.

kre·me·tart cream of tartar. **~(boom)** baobab (tree), cream of tartar tree, lemonade tree, monkey bread tree. **~vrug** monkey bread.

krem·lin *=lins* kremlin, Russian citadel. **Krem·lin:** *die ~* the Kremlin. **Krem·li·no·lo·gie** *(also k~)* Kremlino=logy. **Krem·li·no·loog** *=loë, (also k~)* Kremlinologist.

krems·wit *(rare)* →WITLOOD.

kre·nel·leer *ge=* crenellate.

kreng¹ *krenge, n., (obs.)* carrion; carcass, carcase; *(an objectionable pers.)* beast, brute, pig; rotter; *jou ~!* you beast/pig/etc..

kreng² *ge=, vb.* careen *(a ship)*. **kren·ging** careen(ing).

krenk *ge=* hurt, injure, offend, pique, mortify, wound; *iem. se **eer*** (*of goeie naam ens.*) *~* slander/injure s.o.'s reputation; ***iem.** ~* hurt s.o.'s feelings; *ge~te **trots*** of=fended pride; *ge~ **voel*** feel hurt/aggrieved/offended. **kren·kend** *=kende* insulting, offensive; mortifying; →KRENK. **kren·king** *=kings, =kinge* insult, mortification, offence, injury, grievance.

kren·te·rig *=rige =riger =rigste* mean, niggardly, stingy, cheeseparing, penny-pinching; small-minded. **kren·te·rig·heid** niggardliness, stinginess, meanness, cheese=paring, pennypinching.

kre·o·lien creolin(e).

kre·o·li·seer *ge=* creolise. **kre·o·li·se·ring** *=rings, =ringe* creolising, creolisation. **kre·o·li·se·rings·pro·ses** cre=olising process, process of creolisation. **kre·o·lis·me** *=mes, (also K~)* creolism. **kre·ool** *kreole* creole; *(also K~)* Creole.

Kre·ools *n., (lang.)* Creole. **Kre·ools, kre·ools** *=oolse, adj.* Creole, creole.

kre·o·sol creosol, creasol. **kre·o·soot** creosote. **kre=o·so·teer** *ge=* creosote.

krep →CRÊPE.

kre·peer *(ge)=* die *(of animals)*; be miserable, wretched.

kre·pi·ta·sie, kre·pi·tus crepitation.

kre·sol cresol.

kres·sen·do →CRESCENDO.

Kre·ta Crete. **Kre·ten·ser** *=sers, n.* Cretan. **Kre·ten=sies** *=siese, adj.* Cretan.

kre·tie: *(die) ~ en (die) pletie* ragtag/tagrag and bobtail, riffraff, ragamuffins.

Kre·ties *=tiese* →KRETENSIES.

kre·tin *=tins* cretin. **kre·tin·ag·tig** *=tige,* **kre·ti·neus** *=neuse,* **kre·ti·no·ïed** *=noïede* cretinous, cretinoid. **kre·ti·nis·me** cretinism.

kre·ton *(text.)* cretonne.

kreu·kel *=kels, n.* crease, crinkle, fold, pucker, ruck, wrinkle; *(geol.)* plication. **kreu·kel** *ge=, vb.* crease, crin=kle, crumple, fold, pucker (up), ruck (up), wrinkle. **~droog** rough-dry, -dried. **~fluweel** crushed velvet. **~papier** crinkled paper. **~stof** *(text., dated)* crash. **~traag** *=trae* crease-resistant, crease-resisting; *~trae hemp/ens.* non(-)iron/drip-dry/wash-and-wear/crease-resistant shirt/etc.. **~vry** *=(e)* non(-)crushable, non(-)=creasing, creaseless, creaseproof.

kreu·kel·baar *=bare* crushable. **kreu·ke·ling** *=lings, =linge* wrinkling; plication, puckering. **kreu·kel·rig** *=rige* crumpled, creased, creasy, crinkled, crinkly, puckery, wrinkled; plicated.

kreun *kreune, n.* groan, moan, whimper; *'n ~ uitstoot* heave a groan. **kreun** *ge=, vb.* groan, moan, whimper; *~ van ...* groan with ... *(pain etc.)*.

kreu·pel, krup·pel *adj.* cripple(d), lame, limping, game *(leg)*, halt; *hy is/loop ~* he is lame, he is a cripple, he limps (*or* walks with a limp *or* haltingly *or* has a limp); *~ maak* cripple; *~ word,* go lame; *(a horse)* found=er. **~boom** *Leucospermum conocarpodendron; (Olden=burgia arbuscula)* dwarf tree. **~bos** thicket, under=growth. **~hout** scrub, brushwood, undergrowth, brake, bosk, bosket, bosquet, covert, thicket, underwood; coppice; *Leucospermum conocarpodendron;* →GOUD=BOOM, GOUDBLOM. **~rym** doggerel (rhyme). **~sorg, kreupelesorg** cripple care, care of cripples.

kreu·pe·le, krup·pe·le *=les* cripple, lame person; *die ~s wil altyd voordans* empty vessels make the most noise.

kreu·pe·le·sorg →KREUPELSORG.

kreu·pel·heid crippleness, lameness, claudication.

kre·wel *=wels* prawn; shrimp; →STEURGARNAAL.

krie →KARIE. **~doring** *Lycium arenicolum* and other *Lycium* spp.. **~moer** →KARIEMOER.

kriek *krieke* (house) cricket, grig; *alla ~!* good heavens!. **krie·kie** *=kies* (house) cricket.

krie·ket cricket. **~bal** cricket ball. **~kaptein** cricket captain/skipper. **~kolf** cricket bat. **~paaltjie** wicket. **~span** cricket team, cricket eleven. **~spel** cricketing. **~speler** cricketer, cricket player. **~veld** cricket field/ground. **~wedstryd** cricket match.

kriel *n.* whip(stitch). **kriel** *ge=, vb.* whip(stitch). **~haan=(tjie)** *(rare)* →KAPOKHAAN(TJIE). **~soom(pie)** whipped seam. **~steek** whipstitch, whipping (stitch).

krie·sel *=sels* scrap. **krie·sel(·tjie)** *=(tjie)s* (wee) bit, jot, particle, scrap, crumb; *geen ~ ... nie* not a jot of ...; *daar is geen ~ oor nie* there is not a scrap left; *net 'n ~ ...* just a suspicion of ...

krie·wel *ge=* tickle, itch; fidget, squirm; *(skin)* creep, crawl.

krie·wel: *die ~s kry* be given the creeps *(infml.)*. **~kop** crosspatch, curmudgeon. **~krappers** *(rare)* scrawl; caprices, whims. **~siekte** itch(ing) (disease), ergotism.

krie·we·ling *=lings, =linge* tickling, itching; fidgeting; *(med.)* formication. **krie·wel·rig** *=rige* itchy, tickling, scratchy; itchy, fidgety, antsy, twitchy; irritable, edgy, irascible, prickly, touchy, nettled *(at)*; *iets maak iem. ~* s.t. gives s.o. the creeps/willies *(infml.)*; *~ word* squirm; *'n mens word ~ daarvan* it gets under one's skin; it gives one the creeps. **krie·wel·rig·heid** irritability, iras=cibility, prickliness, touchiness.

krik *krikke, (rare)* →DOMKRAG *n.*. **~eend** teal.

kril krill.

Krim: *die ~* the Crimea; *die ~-oorlog* the Crimean War.

kri·mi·na·lis *=liste* criminalist, criminal lawyer. **kri·mi=na·li·seer** *ge=* criminalise. **kri·mi·na·li·se·ring** crimi=nalisation. **kri·mi·na·li·teit** criminality, crime; crime rate. **kri·mi·neel** *=nele* criminal; horrible, outrageous; *dit het ~ gegaan* it was a tough job. **kri·mi·no·lo·gie** criminology. **kri·mi·no·lo·gies** *=giese* criminologic(al). **kri·mi·no·loog** *=loë* criminologist.

krimp *n.* shrink, shrinkage. **krimp** *ge=, vb.* shrink, con=tract, diminish, dwindle, narrow, shrivel; flinch, wince; *(moon)* wane; *die **ertsaar** ~* there is a pinch in the reef; ***inmekaar** ~* shrink up; ***laat** ~* shrink; ***tot** ... ~* dwin=dle (away) to ...; *~ **van** (die) ...* writhe/squirm (*or* dou=ble up) with ... *(pain etc.)*; *~ende **wind*** backing wind. **~dop(pie)** crown cap *(of a bottle)*. **~(ings)grens** shrink=age limit. **~las** shrunk joint. **~maat** shrinkage. **~pas=sing** shrink fit. **~plastiek** shrink wrap; *iets in ~ verpak* shrink-wrap s.t.. **~siekte** loco disease, nenta. **~siek=teblaar** *Urginea sanguinea.* **~siektebos(sie)** *Lessertia annularis;* →NENTA(BOS[SIE]). **~skeur, ~bars** contrac=tion crack, shrinkage. **~spier** retractor (muscle). **~tang** *(metall.)* crimper. **~traag** shrink-resistant/resisting. **~vark(ie)** (Cape) hedgehog; pill millipede. **~verlies** shrinkage. **~verpak** shrink-wrap. **~verpakking** shrink wrap. **~voeg** contraction joint. **~vry** shrink-proof, un=shrinkable, non(-)shrinkable. **~vryheid** unshrinkable=ness.

krimp·baar *=bare* contractile; contractible. **krimp·baar=heid** contractility.

krim·pe·lien →CRIMPLENE.

krim·per *(metall.)* crimper.

krim·ping *=pings, =pinge* shrinking, shrinkage, contrac=tion, dwindling, narrowing; *(anat.)* crenation; wince; *~ van die hart* systole.

kring¹ *kringe, n.* circle, circuit, cycle, cordon, ring, or=bit; corona, halo; chukker, chukka *(polo)*, zone; quar=ter; walk of life; set of people; *in **alle** ~e* in all walks (*or* every walk) of life; *in **breë** ~* far and wide; *~e **blaas*** blow rings; *in **godsdienstige** ~e* in religious circles; *in **hoë** ~e verkeer* move in high circles/society; *uit die **hoër/beter** ~e* from (*or* out of) the top drawer *(fig.)*; *die **hoogste** ~e* the upper crust; *in die **hoogste** ~e* in the upper circles (*or* upper walks of life), in (grand) soci=ety; ***in** iem. se ~* in s.o.'s circle; *die aarde beweeg **in** 'n ~ om die son* the earth moves in an orbit around the sun; *tot 'n **invloedryke** ~ behoort* be well connected; *in 'n ~ **loop*** go round in a circle; *~e **maak*** circle; *'n ~ **maak*** describe a circle; *(donker) ~e om/onder die/jou oë hê* have dark rings (a)round/under the/one's eyes, have bags (*or* [dark] shadows) under the/one's eyes; *in 'n ~ **redeneer*** argue in a circle; *in **sekere** ~e* in cer=tain quarters; *~ van die **spotters*** seat of the scornful; *in 'n ~ gaan **staan/sit*** form a circle; *nie **uit** ons ~ nie* not of our number; *~ van **vlae*** circle of flags; *iets **vorm** 'n ~ om ...* s.t. rings ...; *~ van **vriende*** →VRIEN=DEKRING. **kring** *ge=, vb.* coil, curl, circle, describe a circle; form a circular stain; mark *(animals, bags)* with circles; *iets ~ boontoe* s.t. spirals up *(smoke etc.)*. **~dia=gram** circuit diagram. **~effek** ripple effect. **~film** loop film. **~gat(bok)** →WATERBOK. **~loop** cycle, circuit, cir=cular course, circle; period; rotatory motion; gyration; *'n **bose/noodlottige/skadelike** ~* a vicious circle; ***goeie/positiewe** ~* virtuous circle; *die ~ van die **tyd*** the whirligig of time; *'n ~ **voltooi*** come full circle. **~loop=pomp** circulating pump. **~pad, ~weg** ring road. **~rit** *(horse-riding)* circle. **~spier** circular muscle, orbicular muscle, constrictor, sphincter. **~storm** cyclone. **~stroom** circular current. **~teater** theatre-in-the-round. **~tele=visie, geslotebaantelevisie, geslotekringtelevisie** closed-circuit television. **~vlug** circuit. **~vormig** *=e* cir=cular, orbicular; gyrate, gyrous; *(motion)* rotatory. **~weg** *(also)* boulevard; →KRINGPAD.

kring² *kringe* →KRENG¹ *n.*.

krin·gel *ge=, (smoke)* curl.

krin·ge·tjie *=tjies* small circle/ring; →KRING¹ *n.*; *~s rook blaas* blow (*or* send out) smoke rings (*or* rings of smoke).

krink *krinke, n.* swivel plate *(of a wagon)*; swing. **krink** *ge=, vb.* swivel, swing (round), turn; heave down; heel, wind *(a ship)*; wheel. **~arm** steering/knuckle arm. **~as** *(mot.)* swivel arm, swing axle; →SWAAIAS. **~hout(boom)** *(Securidaca longipedunculata)* tree violet. **~sirkel** turn=ing circle. **~spil** swivel pin, kingpin, kingbolt, knuckle pin.

krin·kel *=kels, n.* crinkle. **krin·kel** *ge=, vb.* crinkle, crimp. **~papier** crêpe paper. **~snit=** crinkle-cut *(chips etc.)*. **~wol** crinkled wool.

krin·ke·lend *=lende* crinkly.

krin·king heel *(of a ship)*.

kri·no·lien *=liene* crinoline. **kri·no·let** crinolette.

krin·tang *=tangs,* **krin·ting** *=tings, (bot.)* wild currant; →KORENTEBESSIE.

kri·o= *comb.* cryo=.

kri·o·be·sker·mer *(physiol.)* cryoprotectant.

kri·o·be·waar *(biol., med.)* cryopreserve. **kri·o·be·wa·ring** cryopreservation.

kri·o·bi·o·lo·gie cryobiology.

kri·o·chirurgie, =sjirurgie cryosurgery.

kri·oel *ge=* abound/swarm/teem/crawl *(with),* be alive *(or* overrun) *(with); ~ van ...* swarm *(or* be swarming *or* be alive) with ... *(people etc.);* abound in/with *(or* teem with *or* be teeming with) ... *(game etc.);* bristle/crawl *(or* be bristling/crawling) with ... *(maggots, worms, etc.);* be infested with ... *(fleas etc.);* be full of *(or* riddled with) ... *(errors, mistakes); die plek ~ van ..., (also, infml.)* the place is lousy with ... *(hippies, rabbits, etc.).*

kri·o·fiel *=fiele,* **kri·o·fi·lies** *=liese, (biol.)* cryophilic.

kri·o·foor *=fore, (phys.)* cryophore.

kri·o·geen *=gene, n., (phys.)* cryogen. **kri·o·geen** *=gene,* **kri·o·ge·nies** *=niese, adj.* cryogenic. **kri·o·ge·nie, kri·o·ge·ni·ka** cryogenics, cryogeny.

kri·o·hi·draat *(chem.)* cryohydrate. **kri·o·hi·dries** *=driese* cryohydric.

kri·o·liet *(chem.)* cryolite.

kri·o·ni·ka *(deep-freezing of human corpses)* cryonics.

kri·o·staat *=state, (phys.)* cryostat.

krip[1] →CRÊPE.

krip[2] *krippe* manger, crib; trough; *aan die ~ staan* be in the civil service. **~byter** crib-biter. **~vreter, ~sta·ner** state employee, government official, partaker of the loaves and fishes; *(infml., derog.)* fat cat.

kript *kripte* crypt, undercroft.

krip·ties *=tiese =tieser =tiesste of meer ~ die mees =tiese, adj.* cryptic(al). **krip·ties** *adv.* cryptically.

krip·to·gaam *=game, n., (bot.)* cryptogam. **krip·to·gaam** *=game, adj.* cryptogamic, cryptogamous, cryptogamian.

krip·to·geen *=gene, (med.)* cryptogenic.

krip·to·graaf *=grawe* cryptographer, cryptographist, cryptologist. **krip·to·gra·fie** cryptography. **krip·to·gra·fies** *=fiese* cryptographic(al). **krip·to·gram** *=gramme* cryptogram.

krip·to·kom·mu·nis *(rare)* crypto-Communist.

krip·ton *(chem., symb.:* Kr*)* krypton.

Kris *Kriste, (also k~, a Muslim term for* Christen*)* Christian; *~ draai* become a Christian.

kris *krisse* kris, creese, cris.

kri·sant *=sante* chrysanthemum, aster, pyrethrum.

kri·sis *=sisse* crisis, critical moment/point/stage, turning point; climacteric, climactery; *'n ~ **afweer/voorkom*** avert a crisis; *'n ~ **beëindig/oplos*** resolve a crisis; *'n ~ **bereik*** come to a head; *'n ~ **deurmaak*** go/pass through a crisis; *(a patient)* be at the/a critical stage; *die pasiënt is **oor** die ~* the patient has passed the critical stage *(or* has turned the corner); *'n ~ **verhaas*** precipitate a crisis; *'n ~ **veroorsaak*** cause a crisis. **~bestuur** crisis management. **~sentrum** crisis centre; *~ vir verkragtingslagoffers* (of *vir slagoffers van verkragting)* rape crisis centre. **~situasie** crisis situation. **~teologie** crisis theology. **~toestand** crisis situation.

Krisj·na Krishna.

kris·kras crisscross; *~ gelaag, (geol.)* cross/false-bedded. **~gelaagdheid** *(geol.)* cross/false bedding.

Kris·mis *(<Eng., infml.)* Christmas; *dis nie aldag ~ nie* life is not all beer and skittles; *Krismis!* great Scott!; *Ou ~* Xmas Eve; →KERSFEES. **k~roos, k~blom, hortensia, hortensie** *(Hydrangea* spp.*)* hydrangea, *(SA)* Christmas flower/rose. **k~kat:** *soos 'n ~ uitgevat wees, (infml.)* be dressed/done up like a dog's dinner. **k~lelie** agapanthus. **k~wurm** peacock/emperor moth, Christmas caterpillar; *(infml.: concertina)* squeeze box.

Kris·pyn, Cris·pi·nus *(saint)* Crispin.

kris·tal *=talle* crystal; *so helder soos ~* as clear as crystal/daylight. **~-as** axis of crystal. **~behandeling** *(med.)* crystal treatment. **~beskrywing** crystallography. **~bou** crystal structure. **~buis** transistor. **~detektor** *(rad.)* crystal detector. **~druif** crystal grape. **~geneser, ~heler** *(med.)* crystal healer. **~genesing** *(med.)* crystal healing. **~glas** crystal glass, cut glass. **~helder** crystal clear, as clear as crystal/daylight. **~holte** vug(g), vugh. **~kleefpapier** mounting tissue. **~klip** crystal. **~kunde** crystallography. **~kyker** crystal gazer. **~kykery** crystal-gazing. **~lens** crystalline lens. **~ontvanger, ~stel** *(rad.)* crystal set. **~rooster, ~tralie** crystal lattice. **~soda** natron, washing soda. **~stel** →KRISTALONTVANGER. **~stelsel** crystalline system, crystallographic system. **~ster** stellate crystal. **~struktuur** crystal structure. **~terapie** *(med.)* crystal therapy. **~tralie** →KRISTALROOSTER. **~tweeling** macle, twin(ned) crystal. **~violet** *(chem., med.)* crystal/gentian violet. **~vorm** crystalline form. **~vormig** *=e* crystalline. **~vorming** crystallisation. **~water** water of crystallisation; crystal-clear water; *sout met ~* hydrous salt. **~werk** crystalware. **~wier** diatom.

kris·tal·ag·tig *=tige* crystallike, crystalline, crystalloid. **kris·tal·liet** crystallite. **kris·tal·li·ni·teit** crystallinity. **kris·tal·li·sa·sie** crystallisation. **kris·tal·li·sa·sie·wa·ter** water of crystallisation; →KRISTALWATER. **kris·tal·li·seer** *ge=* crystallise, candy *(fruit).* **kris·tal·li·se·ring** crystallising, crystallisation. **kris·tal·lo·graaf** *=grawe* crystallographer. **kris·tal·lo·gra·fie** crystallography. **kris·tal·lo·gra·fies** *=fiese* crystallographic(al). **kris·tal·lo·ï·daal** *=dale* crystalloidal. **kris·tal·lo·ï·de** *=des, n.* crystalloid. **kris·tal·lo·ïed** *=loïede, adj.* crystalloid. **kris·tal·lyn** *=lyne* crystalline.

krit *(infml.)* crit; →KRITIEK *n.,* KRITIKUS.

kri·te·ri·um *=riums, =ria* criterion.

kri·tiek *=tieke, n.* criticism; critique, review; ***afbrekende** ~* destructive criticism; ***benede** (alle) ~* beneath criticism/contempt; *kwaai onder ~ **deurloop*** face *(or* come in for) a lot of criticism; *na ~ **luister*** be open to criticism; *iem. se ~ **op/teen** ...* s.o.'s criticism of ...; ***opbouende** ~* constructive criticism; *een **punt** van ~ hê* have one criticism to make; ***skerp/kwaai/hewige/fel/heftige/striemende/snydende/venynige/bytende/vlymende/bitsige/vernietigende/krasse** ~* harsh/sharp/strong/severe/scathing/stinging/biting/withering/devastating criticism; *(infml.)* slating, hatchet job; *~ **uitdeel*** dish out criticism; *~ **uitlok*** attract/invite *(or* come in for) criticism; *~ op ... **uitoefen*** criticise *(or* level criticism at) ...; *bo ~ **verhewe** wees* be above/beyond criticism; ***vol** ~* fault-finding, censorious, judg(e)mental. **kri·tiek** *=tieke, adj.* critical, crucial, climactic, climacteric, make-or-break *(attr.); ~e **druk/hoek/hoogte/punt/snelheid/temperatuur*** critical pressure/angle/altitude/point/speed/temperature; *die ~e **oomblik*** the critical/psychological moment; *~e **pad/roete**, (business econ.)* critical path; *~e **punt*** crisis; *~e **setel*** marginal seat; *in 'n ~e **toestand** wees* be critically ill; *'n ~e **toets*** a crucial test. **kri·tie·ke·pad·ont·le·ding, kri·tie·ke·roe·te·ont·le·ding** *(business econ.)* critical path analysis. **kri·tiek·loos** *=lose* uncritical, nonjudg(e)mental. **kri·ties** *=tiese, adj.* critical; ***(al)te** ~* overcritical; *~e **houding*** critical attitude; *~e **vermoë*** critical faculty; *~e **vriend*** candid friend; *~ **wees** (teen)oor* (of *staan teenoor) ...* be critical of ... **kri·ti·kas·ter** *=ters* criticaster, fault-finder, hairsplitter, *(infml.)* knocker. **kri·ti·kus** *=tikusse, =tici* critic. **kri·ti·seer** *ge=* criticise; censure, criticise unfavourably; slate, pick to pieces, criticise severely; review *(a book)* (→RESENSEER); find fault with, disapprove of; *iets kwaai/skerp ~* pull s.t. apart, *(infml.)* pick/pull/take/tear s.t. to pieces.

Kro·aat *=ate* Croat(ian). **Kro·a·si·ë** Croatia. **Kro·a·ties** *n., (lang.)* Croatian. **Kro·a·ties** *=tiese, adj.* Croatian.

kroeg *kroeë* bar, pub, canteen, tavern, drinking place, *(infml.)* watering hole. **~baas** tavern keeper, barkeeper, publican. **~bedryf** barkeeping. **~biljart** bar billiards. **~eienaar, ~houer** →KROEGBAAS. **~kelnerin** barmaid. **~kruip, ~loop** *vb.* barhop. **~loper** pub-loafer, -crawler, barfly. **~lopery** pub-crawl(ing). **~man** barman, bartender. **~meisie** barmaid. **~sitkamer** lounge bar. **~taal** pothouse talk. **~vlieg** barfly. **~vliegklou** barfly jumping.

kroek[1] *kroeke, (dated)* slum; location; hovel, kaya.

kroek[2] *kroeks, (<Eng.)* crook; *cowboys en ~s speel* play cowboys and crooks.

Kroe·ne·ger *(member of a Liberian tribe)* Krooman.

kroep *(illness)* croup. **kroep·ag·tig** *=tige* croupy. **~hoes** croup cough. **~ketel** bronchitis kettle, steam kettle.

kroe·pier →CROUPIER.

kroe·poek krupuk.

kroes[1] *kroes kroeser kroesste, adj.* frizzy, frizzled, crisp(ed), crispy, kinky, crinkly, woolly, curly; *~ maak* frizzle, friz(z); *~ hare* frizzy/crisp/crinkly/woolly hair; *~ voel* feel seedy *(or* off colour). **~bos** *Muraltia rubeacea.* **~harig** *=e* frizzy-haired. **~kop** frizzy head, curly-headed person; frizzled hair, frizzle, woolly head; curly head; curly top.

kroes[2] *kroese, n.* crucible. **~staal** crucible steel. **~tang** crucible tongs.

kroe·se·rig *=rige* (somewhat) frizzy *etc.* (→KROES[1] *adj.*); off colour, peaky, under the weather.

kroes·heid crispness, frizziness.

kroe·sie *=sies* crucible; noggin; →KROES[2] *n.*.

krok: *'n ou ~, (infml.: a decrepit pers.)* an old crock.

kro·kant *=kante, n.* crunchy, crunchie. **kro·kant** *=kante, adj.* crisp, crunchy.

kro·ket *=kette,* **kro·ket·jie** *=jies* croquette.

kro·ko·dil *=dille* crocodile. **~klem** crocodile clip. **~leer** crocodile (leather). **~stof** crocodile cloth. **~trane** crocodile tears, insincerity, hypocrisy. **~vel** crocodile skin.

kro·ko·dil·ag·tig *=tige* crocodilian, saurian. **kro·ko·dil·le·tjie** *=tjies* small crocodile.

kro·kus *=kusse, (bot.)* crocus.

krom *krom(me) krommer kromste, adj. & adv.* bent, crooked; curved *(line);* hooked *(nose);* stooped *(body);* round-shouldered; twisted *(trees etc.); (biol.)* uncinate; *~ **Afrikaans*** halting/faulty/broken/defective Afrikaans; *~ **bene*** bandy legs; *'n ~ en verdraaide **geslag*** a crooked generation; *'n ~ **houding*** a stoop; *~ lê van die **lag**, jou ~ **lag*** be convulsed *(or* double up) with laughter, (nearly) split/burst one's sides (with laughter), be in stitches; *~ **lê*** double up, lie doubled up; work strenuously; *~ **loop*** stoop; *~ **naald*** curved needle; *~ **neus*** hooked/hawk nose, beak *(fig.); ~ **paaie/weë*** crooked/underhand ways; *~ **praat*** speak imperfectly/haltingly, speak a mixed language, mutilate a language; *met 'n ~ **rug*** round-shouldered; *~ **trek*** (of ***kromtrek**), (wood)* warp, become warped, buckle, bend, spring; hunch; distort; *jou ~ **werk, werk** dat jy die ~me note haal* work one's fingers *(or* slave o.s.) to the bone. **krom** *ge=, vb.* bend, bow, crook, curve; *jou onder die juk ~* bend under the yoke, submit. **~been** *n.* bandy-/bow-legged man, knock-kneed fellow. **~been** *adj.* bandy-, bow-legged; knock-kneed, baker-legged. **~bek** crook, pick; pipe wrench; crombec, crookbill. **~bekstrandloper** *(orn.)* curlew sandpiper. **~horing** *(mus.)* krum(m)horn. **~hout** knee timber/piece; *(bot.)* knee; vine. **~houtsap, ~-sop** wine; brandy; *iem. het ~ gedrink, (infml.)* s.o. is tipsy/tiddly/pickled *(or* half seas over *or* three sheets in the wind). **~lynig** *=e* curvilinear. **~lynmeter** opisometer. **~nek** retort. **~nekpampoen** crookneck (squash). **~neksleutel** bent spanner/wrench. **~neus** hooknosed person. **~passer** calliper compasses, (outside) callipers, bent callipers. **~praat** *n.* lisping, little language *(of children);* mutilated speech *(of adults).* **~prater** lisper; murderer/mutilator of a language. **~rug** arched back; *~ maak* arching the back. **~saag** curved saw; bowsaw, frame saw. **~spoor** curved track. **~staf** crook; crozier, crosier, pastoral staff. **~steelpyp** bent pipe. **~stuk** timber *(of a ship).* **~swaard** falchion, scimitar, yataghan. **~taal** gibberish, jargon, faulty/mutilated language, mixed speech. **~trek** *kromge=* →**KROM** TREK. **~trekking** warp(ing); buckling; distortion; bending; casting *(of wood).*

kro·mes·kie *=kies, (<Polish, cook.)* kromesky.

krom·heid crookedness.

krom·me *=mes* graph, curve; *'n ~ teken/trek* plot a curve.

krom·me·rig: *~e neus* aquiline nose.

krom·ming *=mings, =minge* bend, curve, turn, winding;

curvature; flexure; *(railways, roads)* camber; *'n ~ maak, (a river etc.)* make a sweep.

krom·mings=: ~graad degree of curvature. **~maat:** *~ van Gauss* Gaussian curvature/curve. **~hoek** angle of curvature. **~lyn** line of curvature.

krom·te *=tes* bend; curvature.

kro·niek *=nieke* chronicle; *K~e, (OT)* Chronicles; *iem. die ~e voorlees* →IEM. DIE **LEVIETE** (VOOR)LEES. **~skry=wer** chronicler, annalist.

kro·niek·ag·tig *=tige* annalistic.

kro·nies →CHRONIES.

kro·ning *=nings, =ninge* coronation, crowning.

kro·nings=: ~dag coronation day. **~eed** coronation oath. **~gewade** *(pl.)* coronation robes. **~plegtigheid** coronation ceremony.

kron·kel *=kels, n.* coil, twist(ing), kink; meander; torsion; twisting/torsion of the gut(s); squiggle, squirm; *~ in die derm* twisted intestine. **kron·kel** *ge=, vb.* coil, meander, twist, wind, turn (in and out), serpentine, zigzag, wriggle, worm, squirm, squiggle, contort, wiggle, wreathe, crankle, snake; *die pad ~ deur ...* the road snakes/winds through ... **~dans** serpentine dance. **~derm** *(intestine)* ileum; *(disease)* ileus volvulus. **~derm=ontsteking** ileitis. **~draaie** serpentine windings. **~gang** maze; meandering course. **~loop** winding/meandering/serpentine course; collywobbles. **~lyn** squiggly line, squiggle. **~pad, ~weg** crooked/tortuous/winding road/path. **~patroon** serpentine pattern. **~veer** coil(ed) spring.

kron·kel·ag·tig *=tige, (rare)* →KRONKELEND. **kron·ke·lend** *=lende,* **kron·kel·rig** *=rige* winding, twisty, twisting, curvy, curving, meandering, serpentine, zigzag, coiling *(road etc.)*; squiggly, wiggly, wriggly *(line)*; tortuous, devious, sinuous *(route etc.)*; *(chiefly tech.)* convolute(d). **kron·ke·ling** *=lings, =linge* coil, kink, spire, twist; convolute, convolution; contortion; torsion; sinuosity, wriggle, winding, meander, wiggle.

kro·no= *comb.* →CHRONO=.

kroon *krone, n.* crown, coronet, diadem; top chandelier, gaselier, electrolier, lustre; *(anat.)* corona; coronet *(of hoof)*; *(archit.)* coping; *(bot.)* corolla; *(coin)* crown (piece); crowning glory; *die K~, (jur.)* the Crown; *die ~ dra* wear the crown; *die ~ bo/op iem. se* ***hoof*** *hou* pay/show deference to s.o.; *geen ~ sonder* ***kruis*** no cross no crown; *die ~* ***neerlê*** resign the crown, abdicate (the throne); *dit* ***sit*** *die ~ daarop* that crowns it all; *dit* ***span*** *die ~* that caps it (all), that/it takes the biscuit/bun/cake; *iem. na die ~* ***steek*** rival (*or* compete/vie with) s.o.; *die ~ op iem. se* ***werk*** the crown of s.o.'s labours. **kroon** *ge=, vb.* crown; *(draughts)* go to king; *iem. tot koning ~* crown s.o. king; *om die naarheid te ~, (infml.)* to crown it all. **~arend** crowned eagle. **~blaar** petal. **~blaardraend** *=e* petal(l)ed, petaliferous. **~blaarloos** *=lose* apetalous. **~blaarvormig** *=e* petaliform, petal-shaped. **~braaistuk** crown roast. **~draend** *=e, (bot.)* corollate(d). **~draer** bearer of a crown. **~duif** victoria pigeon. **~duiker** *(orn.)* crowned cormorant. **~formaat** crown size. **~gal** *=le, (a plant disease)* crown gall. **~ge=tuie** crown witness, witness for the crown. **~glas** crown glass. **~glasbol** specula. **~grond** crown land; royal demesne. **~grondbrief** crown(-land) grant. **~juwele** crown jewels. **~kaffie** *(bot.)* palet, palea; *binne(n)ste ~* inner glume/palet. **~kandelaar** *=laars, =lare,* **~lug=ter** *=s,* **~lig** *=te* chandelier, candelabrum, lustre; *elektriese ~* electrolier. **~kolonie** crown colony. **~lugter, ~lig** →KROONKANDELAAR. **~lys** cornice; crown moulding; taenia. **~moer** castle/castellated nut. **~papier** crown paper. **~pretendent** pretender to the crown. **~prins** crown prince; *Franse ~* dauphin. **~prinses** crown princess; *Franse ~* dauphine. **~raad** crown council. **~rat** crown wheel. **~roes** crown rust *(in oats)*. **~saag** crown/cylinder/hole saw. **~sierade** (royal) regalia. **~slag=aar** coronary artery. **~slagaartrombose, ~slagaar=verstopping** coronary thrombosis. **~standig** *=e* epipetalous. **~stuk** *(coin)* crown piece; *(archit.)* crown/cap(ping) piece. **~verrotting** crown rot *(in lucerne)*. **~vervolger** crown prosecutor.

kroon·tjie *=tjies* coronet; cowlick, crown *(in the hair)*.

kroon·tjies=: ~gras wart grass. **~kruid** wartweed, wartwort.

kroos[1] *n., (bot.)* duckweed.

kroos[2] *n.* issue, offspring, progeny. **~trooster** *(rare)* baby-sitter; →KINDEROPPASSER.

krop *kroppe, n.* craw, crop, gizzard *(of a bird)*; jowl; throat; goitre; *dit steek iem. (dwars) in die ~* it sticks in s.o.'s craw/gizzard/throat, it goes against the grain (with s.o.), *(infml.)* it (really) bugs/peeves s.o.; *op die ~ van jou maag* at the pit of one's stomach; *'n gevoel op die ~ van jou maag hê dat ...* have a gut feeling that ... **~aargras** cock's-foot grass. **~duif** cropper, pouter (pigeon). **~gans** crammed goose. **~geswel** goitre, bronchocele, Derbyshire neck, struma. **~gevoel** gut feeling. **~kos** pigeon's milk. **~mens** cretin. **~siekte** cretinism. **~slaai, kopslaai** (head/cabbage) lettuce; →SLAAIKOP. **~vol** *(infml.)* fed up, cheesed off; *~ wees vir iem.* be fed up (to the gills *or* [back] teeth) with s.o., be sick of (*or* cheesed off with) s.o..

kro·si·do·liet crocidolite, blue asbestos.

krot *krotte* den, hovel, shack, hole, shanty, kennel, doghole; *(also, in the pl.)* slum(s). **~buurt** *=e, (rare)* **~buurte** *=s* slum quarter. **~(te)melker** *(rare)* slum landlord. **~(te)=melkery** *(rare)* slum landlordism. **~woning** slum dwelling.

kro·ton[1] *=tons, (bot.)* croton.

kro·ton[2] *=tons* →CROUTON.

krou·kie croquet.

kru *kru kru(w)er kruuste* crude, coarse, rude, boorish, churlish. **kru·di·teit** *=teite,* **kru·heid** *=hede* crudity, crudeness, coarseness, boorishness, churlishness.

Kru·ger·dag Kruger Day. **Kru·ger·is·me** *(also k~, hist.)* Krugerism. **Kru·ger·rand** Krugerrand.

krui(d) *(flavouring: pl. kruie),* **kruid** *(plant: pl. kruide)* herb; medicinal herb; *(bot.)* wort; *daarvoor het geen/g'n ~ gegroei nie, (obs.)* there is no cure/remedy for it. **kruid=boek** *(rare)* →KRUIEBOEK. **kruidkoek** *(obs.)* →KRUIE=KOEK. **kruidkunde** *(obs.)* →PLANTKUNDE.

kruid·ag·tig herbaceous; oleraceous; herby; *~e plante* herbs.

krui·de·nier *=niers* grocer. **krui·de·niers·wa·re** groceries. **krui·de·niers·win·kel** grocer's shop, grocery (shop).

krui·(d)e·rig *=rige* spiced, spicy. **krui·(d)e·rig·heid** spiciness; spicery.

krui·(d)e·ry, krui·(d)e·ry *=rye* condiment, seasoning, spice, flavouring; spicery. **~skyf** *(SA cook.)* monkey gland steak.

kruid·jie-roer-my-nie *=nies* touchy person; *(also* kruidjie-roer-my-nie(-)bos, *Melianthus* spp.*)* honey bush; *(Mimosa pudica* var. *hispida)* sensitive plant, touch-me-not; *'n ~ wees* wear/have a chip on one's shoulder. **kruidjie-roer-my-nieagtig** *=nieagtige* touchy.

krui(·e)[1] *ge=* season, spice; mull, flavour; lend flavour/piquancy to; *iets met ... ~* spice s.t. with ...; *sterk ge~* highly flavoured/seasoned/spiced; devilled; →GEKRUI(D). **krui·mid·del** seasoning. **krui·nael(·tjie)** *=(tjie)s* clove.

krui(·e)[2] *ge=, (a vehicle/person)* lumber, trundle *(up a hill etc.)*; *(rare: a railway porter etc.)* trundle *(luggage)*.

krui·e *n.* →KRUI(D). **krui·e** *ge=, vb.* →KRUI(E)[1]. **~bier** herb beer. **~boek** herbal. **~brandewyn** spiced brandy. **~dokter** herbalist. **~groente** potherb. **~kenner** herbalist. **~kas** spicery. **~koek** seedcake, spiced cake. **~ken=nis** herbalism. **~kos** devil. **~reuk** spicy smell. **~sakkie** bouquet garni. **~salf** herbal ointment. **~tee** herb tea. **~tuin** herb garden. **~versameling** herbarium. **~wyn** herbal wine, mulled wine, hippocras.

krui·er *=ers* (luggage) porter; barrow man; *as ~ werk* porter. **~brug** gantry. **krui·ers·loon** porterage. **krui·e=ry** porterage, trundling.

krui·e·rig *=rige* herby.

krui·e·ry·skyf →KRUI(D)ERYSKYF.

kruik *kruike* jar, jug, pitcher; urn; cruse; stone bottle, stone jug; stoup; *die weduwee se ~* →WEDUWEE. **krui=kie** *=kies* cruet. **kruik·vor·mig** *=mige* urceolate, urniform.

kruim *(obs., the inner part of bread)* crumb.

kruin *kruine* crown, top; poll *(of the head)*; top, head *(of a tree)*; crest *(of a wave etc.)*; brow, crest *(of a hill etc.)*; summit, peak *(of a mountain)*; *(bot.)* coma; cap; vertex; *die ~ bereik* reach the summit/top; *op die ~ van die golf ry/wees, (fig.)* be riding high; *op die ~* at the summit *(of the mountain)*. **~band** poll strap. **~draad** crown wire. **~ligging** crown presentation. **~lyn** crest line. **~moer** crown nut. **~punt** crest. **K~roete** Summit Route. **~ryer** crown driver. **~skering** tonsure. **~toevoer** top feed. **~waarde** *(sc.)* amplitude.

kruip *ge=, (humans, animals)* creep, crawl; *(in a furtive manner)* slink, sneak, steal; *(like a worm)* worm; *(plants)* creep, trail; *(abase/demean o.s.)* crawl, cringe, grovel, bow and scrape, kowtow; *in jou* ***dop/skulp*** *~* draw/pull in one's horns, go/retire into one's shell, sing small; *uit jou* ***dop/skulp*** *~* come out of one's shell, open out; *jy moet* ***eers*** *~ voordat jy kan loop* one has to begin in a small way; *op* ***hande*** *en voete ~* go on all fours; ***in*** *iets ~* crawl into s.t.; *die* ***tyd*** *~* time drags/crawls; ***uit*** *iets ~* crawl out of s.t.; ***voor*** *iem. ~* crawl/cringe before/to s.o., grovel before s.o., kowtow/truckle (*or* bow and scrape *or* suck up) to s.o., fawn (up)on s.o.. **~bal** *(cr.)* creeper, grubber. **~band** caterpillar tread; *met ~e* half-track(ed). **~bandvoertuig** (half-)track(ed) vehicle. **~broek(ie)** crawler, romper(s). **~gang** catwalk. **~gras** goat's beard; manna grass, mouse barley. **~grens** creep limit. **~houding** servile disposition; position for crawling. **~knieë** housemaid's knee. **~mol** golden mole. **~pak(kie)** →KRUIPBROEK(IE). **~plant** creeping/trailing/prostrate/repent/reptant/ procumbent plant, trailer, groundling. **~ruspe(r)** geometer. **~sand** shifting sand. **~seer** ringworm, serpigo. **~slag** crawl; *met die ~ swem* crawl. **~steek** couching (stitch). **~sweer** wandering abscess. **~swem** *ge=* crawl. **~trekker** caterpillar tractor. **~vas** creep-resistant. **~vastheid** creep resistance. **~we=rend** *=e* anticreep.

krui·pend *=pende* creeping, crawling, creepy; *(bot.)* decumbent, effuse, repent, reptant; *~e dier* reptile; *leer van die ~e diere* herpetology.

krui·per *=pers* creeper, crawler; groveller, toady, bootlicker, truckler; sycophant; flunkey. **krui·pe·rig** *=rige* cringing, fawning, servile, fulsome, obsequious, toadying, sycophantic, truckling. **krui·pe·rig·heid** cringing, fawning, servility, toadyism, obsequiousness, flunkeyism, sycophancy. **krui·pe·ry** →KRUIPERIGHEID.

krui·ping creep.

kruis *kruise, n.* cross; crucifix; *(mus.)* sharp; small/hollow of the/one's back; croup, crupper *(of a horse)*; rump *(of sheep etc.)*; crown *(of an anchor)*; crotch *(of trousers)*; affliction, annoyance, nuisance, trial; *die* ***Blou*** *K~* the Blue Cross; *elkeen moet sy eie ~* ***dra*** everyone has to bear his/her own cross; ***F*** *~, (mus.)* F sharp; *elke* ***huis*** *het sy ~* there is a skeleton in every cupboard, every house has its trials; *'n ~* ***maak/slaan*** make the sign of the cross, cross o.s.; *~ of* ***munt*** heads or tails; *die K~* ***preek*** preach the Cross; *die* ***Rooi*** *K~* the Red Cross; *'n hele paar ~e agter die* ***rug*** *hê, (rare)* be well advanced in years; *iem. aan die ~* ***slaan*** nail s.o. to the cross, crucify s.o.. **kruis** *adv.: ~ en dwars* crisscross, hither and thither, in all directions. **kruis** *ge=, vb.* cross, intersect; interbreed, hybridise, cross(breed), intercross; crucify, nail to the cross; cruise; →GEKRUIS; *die/jou* ***arms*** *~* cross one's arms; *die* ***briewe*** *het mekaar ge~* the letters crossed each other; ***jou*** *~* cross o.s., make the sign of the cross; *die* ***swaarde/degens*** *~* cross swords; *'n dier/plant* ***met*** *... ~* cross an animal or a plant with ...; *'n* ***tjek*** *~* cross a cheque. **~afneming** descent from the Cross, deposition from the Cross. **~afstand** cruising range. **~arseer** *ge=* crosshatch. **~arsering** crosshatching. **~balk** crossbeam. **~band** crucial ligament; *(in the pl.)* (a pair of) braces. **~beeld** crucifix, rood. **~been** *n.* →HEILIGBEEN. **~been** *adv.* with crossed legs, cross-legged. **~bees** head of crossbred cattle. **~bek** *(orn.)* crossbill. **~beligting** crosslight. **K~berg** (Mount) Cal=

vary. **~besmetting** →KRUISINFEKSIE. **~bessie** *(Grewia* spp.) four corners (berry); *(Eur.)* gooseberry. **~bestuif** cross-pollinate. **~bestuiwing** cross-pollination, xenogamy, staurogamia. **~bevrug** cross-fertilise. **~bevrugting** cross-fertilisation, allogamy, xenogamy. **~binding** cross-weave. **~blommig** =*e* cruciferous; *~e plante* crucifer; *K~es* Cruciferae. **~blom** passionflower, star of Bethlehem; crucifer, crossflower; *(archit.)* cross quarters. **~boog** crossbow, arbalest; *(archit.)* groined/diagonal arch. **~boogskutter** crossbowman. **~boor** square bit. **~bout, ~pen** gudgeon (pin). **~brug** *(rare)* →OORBRUG *n.*. **K~dae** Rogation days. **~dood** death on the cross. **~doof** *ge=, (rad., TV, etc.)* cross-fade. **~dowing** *(rad., TV, etc.)* cross-fade. **~draad** rectile, spider('s) line; hairline *(on a lens)*. **~draadjie** cross hair *(of an optical instr.)*. **~drade** cross wires. **~draend** →KRUISBLOMMIG. **~draer** crucifer, cross bearer. **~galery** rood loft. **~gang** Way of the Cross; cloister. **~gewelf** cross (groined) vault. **~gewys** =*e, adj.* crossway, crosswise, decussate. **~gewys(e)** *adv.* crossway(s), crosswise, decussately. **~gras** Bermuda quick(grass), crop/manna grass, wild millet, finger grass. **~grendel** crossbolt. **~hoogte** *(av.)* cruising altitude/level. **~hout** the cross, the tree, the rood; marking/joiner's/shifting gauge. **~houtpasser** trammels, pair of trammels. **~infeksie, ~besmetting** *(med.)* cross infection. **K~kaap** Cape Cross. **~kapvyl** crosscut file. **~karmenaadjie** →KRUISTJOP. **~kerk** cruciform church. **~kleding** cross-dressing. **~knoop** crown knot, square knot, reef knot. **~kop** cross head *(of a machine)*. **~kop(pen)** gudgeon. **~koppeling** universal joint/coupling, Cardan joint. **~kruid** groundsel; ragweed; ragwort, cankerweed; →SPRINKAANBOS. **~kultureel** =*kulturele* cross-cultural. **~laag** *(masonry)* broken course. **~laagband** cross-ply tyre; →STRAAL(LAAG)=BAND. **~lassteek** cross-stitch faggoting. **~mas** miz(z)enmast; →BESAANSMAS. **~missiel** →KRUISERMISSIEL. **~ of munt** *(game)* pitch-and-toss. **~(onder)vra** *het (ge)= (jur.)* cross-question, -examine. **~ondervraging** cross-questioning, -examination. **~pad** crossroad, crossing; *by die ~, (lit.)* at the crossing/crossroads; *(fig.)* at the crossroads, at the parting of the ways. **~peiling** cross bearing. **~pen** gudgeon. **~produk** cross. **~proef** →KRUISTOETS *n.* **~punt** (point of) intersection; crossing, crossover; *(rly.)* junction. **~ra** miz(z)en yard. **~raam** crosshead. **~ras** crossbreed. **~raswol** crossbred wool. **~reageer** *ge=, (biochem.)* cross-react. **~reaksie** *(biochem.)* cross reaction. **~register** cross-index. **~rib** diagonal rib. **~ridder** knight of the cross, Crusader. **~seil** miz(z)en (sail). **~skaap** crossbred sheep. **~skyf** rump steak. **~snarig** =*e* overstrung *(a piano)*. **~snelheid** cruising speed. **~spoedreëlaar** *(mot.)* cruise control. **~spoedreëling** *(mot.)* cruise control. **~steek** cross-stitch. **~steen** *(min.)* crucite, chiastolite. **~stelling** =*e* chiasmus. **~straat** cross street, crossing. **~streep** crossline. **~stuk** *(beef)* rump; X-piece; crossing, frog *(on rails)*; *wissels en ~ke, (rly.)* points and crossings. **~stutting** herringbone bridging/strutting. **~subsidie** cross-subsidy. **~subsidieer** *gekruis=* cross-subsidise. **~subsidiëring** cross-subsidisation. **~teel** interbreed, cross. **~teling, ~teelt** crossing, crossbreeding, hybridisation. **~teken** sign of the cross; *die ~ maak* make the sign of the cross, cross o.s.. **~tjop, ~karmenaadjie** chump chop. **~toets, ~proef** *n., (immunology)* crossmatching. **~toets** *vb., (immunology)* crossmatch. **~tog** crusade; *die K~te* the Crusades; *op 'n ~ gaan* embark/go on a crusade; *'n ~ onderneem/voer* conduct a crusade; *'n ~ teen/vir iets* a crusade against/for s.t.. **~tralies** transenna. **~uitwykspoor** *(rly.)* crossing loop. **~vaarder** crusader. **~vaart** crusade; cruise, cruising. **~verband** *(archit.)* cross bond; cross bandage. **~verbinding** chiasma. **~verdediger** *(soccer)* sweeper. **~verheffing** exaltation of the cross. **~verhoor** cross-examination; ***in/onder** ~* under cross-examination; *iem. **in/onder** ~ neem* cross-examine/cross-question s.o.; *(infml.)* grill s.o., give s.o. a grilling; ***in/onder** ~ geneem word, 'n ~ **ondergaan,** aan 'n ~ **onderwerp** word* be cross-examined; *'n ~ **waarneem*** conduct a cross-examination. **~vermoë** cruising power. **~versmelting** chiasma. **~verspanning** cross bracing. **~verspanstuk** cross brace. **~vertaler** *(comp.)* cross compiler. **~verwys** *het ~* cross-refer. **~verwysing** cross-reference; *~s maak* cross-index. **K~vinding** Invention of the Cross. **~vlug** cruise. **~vormig** =*e* cross-shaped, cruciform, cruciate, crucial. **~vra, ~ondervra** *ge=, (jur.)* cross-examine/question, *(infml.)* grill. **~vraag** *n.* cross-question; *kruisvrae stel* cross-examine. **~vraer** cross-examiner. **~vuur** crossfire. **~weg** Way of the Cross; *stasies van die ~* Stations of the Cross. **~werwel** sacral vertebra. **~wol** crossbred wool. **~woord(e)** word(s) spoken on the Cross.

kruis·baar =*bare, (biol.)* compatible. **kruis·baar·heid** *(biol.)* compatibility.

krui·se·ling =*linge* one crucified. **krui·se·lings** =*lingse* →KRUISGEWYS *adj.*, OORKRUIS *adv.*.

krui·se·ment mint, water mint. **~sous** mint sauce. **~tee** mint tea.

krui·ser =*sers* cruiser. **~gewig** cruiserweight. **~missiel, kruismissiel** cruise missile.

krui·sie =*sies* cross, mark; crosslet; *(print.)* obelus, obelisk, dagger; *'n ~ trek/maak* make a cross; *jou ~ trek/maak* vote, cast/register one's vote, cast one's ballot.

krui·sig *ge=* crucify; *die vlees ~* mortify the flesh. **krui·si·ging** crucifixion.

krui·sing =*sings,* =*singe* crossing, intersection; decussation; cross *(result of crossbreeding)*; hybridism, hybridisation, crossing, crossbreed(ing); *(biol.)* chiasma; *(gram.)* chiasmus; *'n ~ van ... en ... wees* be a cross between ... and ...

krui·sings=: ~brug *(rare)* →OORBRUG *n.*. **~hoek** angle of intersection.

kruis·lings =*lingse* →KRUISGEWYS *adj.*, OORKRUIS *adv.*.

kruit powder, gunpowder; *jou ~ **droog** hou* keep one's powder dry; *~ en **lood*** powder and shot; *iem. se ~ is **nat*** →IEM. SE **TWAK** IS NAT; *~ in die **pan** gooi, (hist.)* prime; *jou ~ **verspil*** waste powder and shot; *~ en **vuur** wees* be like fire and tow; *iem. se ~ is **weggeskiet/verskiet*** s.o. has shot his/her bolt; s.o. is at the end of his/her resources; *geen skoot ~ **werd** wees nie* not be worth powder and shot. **~bad** spa. **~bom** petard. **~bus** (powder) flask. **~damp** (gun)powder smoke. **~doos** powder box. **~draer** *(mil., hist.)* powder monkey. **~fabriek** powder mill. **~horing** powder horn/flask. **~huis** powder magazine/store/house. **~ kamer** powder room; powder chamber *(of a cannon)*. **~kis** powder chest. **~korrel** grain of powder. **~lading** gunpowder charge. **~loop, ~streep** gunpowder train. **~lug** smell of powder. **~magasyn, ~toring** powder magazine. **~pan** touchpan *(of a flintlock)*. **~poeier** powder dust. **~slag** powder blast. **~vat** powder keg/barrel; tinderbox *(fig.)*. **~water** water containing sulphuretted hydrogen, hepatic water.

krui·wa (wheel)barrow; *'n ~ hê, (rare)* have powerful patronage (*or* influential backing); *~ stoot, (infml., vulg.)* be in the family way, have a bun in the oven, be in the pudding club, be preggers/preggy. **~stoot** wheelbarrow race. **~vrag** (wheel)barrow load.

kruk *krukke, n.* crutch; perch, crank, crock; (cross-)handle; doorhandle; *(rare)* stool; *hake en ~ke* →HAKE-KRUKKE; *met/op ~ke loop* walk with (*or* go on) crutches; *'n ou ~* = 'N OU **KROK**. **kruk** *ge=, vb.* go on crutches. **~arm** crank lever. **~as** =*se* crankshaft, crank axle. **~bak** →KRUKKAS. **~boor** wimble. **~handvatsel** (cross-)handle. **~kas** crankcase, sump case. **~pen** crankpin, gudgeon pin. **~stang** connection/main rod, crankrod.

kruk·ke·rig =*rige,* **kruk·kig** =*kige* ailing, seedy; crocky, crocked.

kruk·ke(r)·lys *(sport)* injury/casualty list; *op die ~ wees* be crocked (*or* on the injury/casualty list).

krul *krulle, n.* curl; tress *(of hair)*; shaving *(of wood)*; flourish, paraph *(of a pen)*; squirl *(in handwriting)*; scroll *(ornamental)*; curlicue; volute; coil, kink; *(also, in the pl.)* scobs, shavings; *vol ~le wees, baie ~le hê, (infml.)* be quirky (*or* full of quirks); *iem. is sonder ~le, (infml.)* there is no nonsense about s.o.. **krul** *ge=, vb.* curl; frizz, wave, crisp, crimp *(hair)*; twist; spiral; *'n bal laat ~* screw a ball; *die bal het baie ge~* there was a lot of twist on the ball; *~ van die lag* →LAG *n.*. **~andyvie** curly endive, chicory. **~bal** twister; *(cr.)* in=, outswinger. **~blaar (siekte)** (leaf) curl, leaf roll. **~gewel** scrolled gable. **~golf** comber. **~haarretriever** *(breed of dog)* curly-coated retriever. **~hare** curly hair. **~harig** =*e* curly-haired. **~hou** *(tennis, billiards)* screw. **~kant** scroll end. **~kool** curled cabbage, (garden) kale, borecole. **~kop** curly head/top; *(bot.) Eucomis* spp.. **~kopkind** curly-headed child. **~letter** flourished letter. **~lyn** spiral line. **~lys** scroll; volute. **~papier** *(hairdressing)* curlpaper. **~pen** (hair) curler, curling pin. **~saag** scroll saw. **~seldery** curled celery. **~siekte** curl disease. **~stoot** *(billiards)* screw. **~tablet** cartouche. **~tang** *(hairdressing)* curling tongs/iron(s)/pins, crimper; *met 'n ~ stileer* crimp, tong. **~tree** round/curtail step. **~versiering** cartouche, scroll. **~vormig** =*e* volute(d). **~werk** cartouche, scrollwork.

krul·le·bol curly head; curly head/top.

krul·ler =*lers* curler; (hair) curler; *(text.)* crisper; *(cook.)* cruller. **krul·le·rig** =*rige* curly; crisp(y); coil-like; *'n kind/ens. met ~e hare* a curly-haired child/etc.. **krul·le·rig·heid** curliness, crisp(i)ness.

krul·le·tjie =*tjies* (little) curl, ringlet; squirl *(in handwriting)*; *(Ferraria undulata)* spider flower; *met ~s versier* scroll.

krul·ling =*lings,* =*linge* curling, curl, crispation.

krum·mel =*mels, n.* crumb; trifle; *~s is ook brood* half a loaf is better than no bread. **krum·mel** *ge=, vb.* crumble. **~deeg** plain pastry. **~koek** crumb cake. **~kors** crumb crust. **~meul(e)** breadcrumb machine. **~pap** crumbly (mealie)porridge. **~vleis** crumbed meat.

krum·mel·rig =*rige* =*riger* =*rigste* crumb(l)y, crummy; friable. **krum·mel·rig·heid** crumbliness, crumbiness; friability.

krum·mel·tjie =*tjies* small crumb; *as ~ brood word* upstarts make bad masters.

krup·pel →KREUPEL. **~balk** tail joist/beam, tailpiece, trimmed joist. **~spar** trimmed rafter.

kru·si·fiks =*fikse* crucifix.

krus·ta·see =*seë* crustacean; *Krustaseë* Crustacea.

kry *ge=* get, secure, procure, take, receive, catch *(a cold)*, have *(a baby)*, acquire *(knowledge)*, obtain *(copper out of ore)*; →KLAARKRY; *~ **aartappels/ens.!*** help yourself to potatoes!; ***behandeling** ~* undergo treatment; *iem. het twee jaar* (of *R6000* ***boete***) *ge~* s.o. got two years (*or* [a fine of] R6000); *iem. se **brief** ~* receive s.o.'s letter; *iets is **by** ... te ~* →**te**; *('n) mens ~ ...**daar*** you get ... there; *ek ~ jou **daar**, ek sal jou **daar** ~* I'll meet you there; *jy ~ my nie weer **daar** nie* I will not set foot there again; *iem. **daartoe** ~* get s.o. to do (*or* coax s.o. into doing) s.t.; *wat ~ ek **(daaruit)?*** what is in it for me?, what is it worth to me?; *'n **deel** ~* come in for a share; *het jy dit of ~ jy **dit?*** what is tickling (*or* amusing) you?; *'n **erfenis** ~* come into money, inherit; *iets **gedaan** ~* get s.t. done; *jy kan dit **gerus** ~* you are welcome to it; *die mag in die **hande** ~* →MAG[1] *n.*; ***hoeveel** het jy daarvoor ge~?* what did you get for it?; how much did it fetch?; ***hoeveel** ~ jy van my?* how much do I owe you?; ***hoofpyn** ~* get/develop a headache; ***iem.** ~* do s.o. down, take s.o. in, fool s.o.; *iem. **kan** dit ~ as hy/sy **wil*** it is his/hers for the taking; *'n **kind** ~* have a baby; ***kinders** ~* bear children; *~ 'n stukkie **koek/ens.!*** have some cake/etc.!; *kan ek 'n koppie **koffie/tee** ~?* may I have a cup of coffee/tea?; *iem. het hom/haar daar **kom** ~* s.o. found him=/herself there; *as jy jou weer **kom** ~* before you know where you are; *toe hy hom* (of *sy haar*) ***kom** ~ ...* the next thing he/she knew ...; ***kos** ~* be fed, be given food; ***koud/warm** ~* be/feel cold/hot; *iem. iets **laat** ~* let s.o. have s.t.; ***mag** ek asseblief die ... ~?* may I have the ... please?; can/could/may I trouble you for the ...?; ***mekaar** ~* get married (in the end); *'n **ongeluk** ~* meet with an accident; *'n vriendelike **ontvangs** ~* meet with a kind reception; *ek **sal** jou nog ~!* I'll get (even with) you!, I'll get (my own back on) you!, I'm not (*or* I haven't) finished with you yet!; *'n **siekte** ~* get/develop/catch/contract (*or* come/go down with) a disease; *iem. kon iem. anders nie te **sien** ~ nie* s.o. could not get hold of s.o. else, *(infml.)* s.o. was not get-at-able; *die **skuld** ~* incur blame, be blamed; *iets is by ... **te** ~* s.t. is obtainable (*or* may be obtained) from ...; *daar is koue vleis **te** ~* there is cold meat going; *iets is nêrens **te** ... nie* s.t. is nowhere to be had; *iets is nie **te** ~ nie* s.t. is not to be had (*or* is unprocurable); *~ wat jou **toekom*** get what one deserves; come into one's own; ... ***toevallig** ~* chance on/upon ...; *iets **uit** iem. ~* draw/get/prise/prize/tease s.t. out of s.o. *(a confession etc.); niks **uit** iem. ~ nie* get nothing out of s.o.; be unable (*or* not be able) to draw s.o. out; *iets **van** ... ~* get s.t. from ...; derive s.t. from ...; *~ **van** myne!* have some of mine!; *iem. so **ver/vêr** ~ om iets te doen* get s.o. to do s.t.; *die **verlore** ... ~* find the lost ...; ***woorde** ~* pick a quarrel.

kryg *n., (rare, fml.)* fight, war; *~ voer* wage war. **kryg** *ge=, vb., (rare, fml.)* make/wage war. **~skool** military college/school, war college. **~sugtig** *=e =er =ste* bellicose, warlike, war-minded. **~sugtigheid** bellicoseness, bellicosity, warlike spirit, war-mindedness.

kry·ger *=gers* warrior.

krygs=: **~akademie** military academy/college, war college. **~banier** banner of war, war flag. **~basuin** *(hist.)* war trumpet. **~bedryf** military industry. **~behoeftedepot** munition depot/store. **~behoeftes** munitions (of war), ordnance, military stores. **~bende** band/troop of soldiers. **~bevelhebber, militêre bevelhebber** military commander. **~daad** warlike action, martial exploit. **~dans** war dance. **~diens** →MILITÊRE DIENS; ***in** ~* on active service; *tot ~ **verplig*** conscript; ***verpligte** ~* conscription; *~ **verrig*** serve, see service. **~eer** military honour; honours of war; *met ~ aftrek* march out with all honours of war. **~gebruik** military usage. **~gedruis** tumult of war. **~geroep, ~geskreeu** war cry/whoop. **~geskiedenis** military history. **~gevange:** *iem. ~ neem* take s.o. prisoner (of war). **~gevangene** prisoner of war. **~gevange(ne)kamp** prisoners-of-war camp. **~gevange(n)skap** captivity (in war). **~geweld** force of arms. **~god** god of war. **~godin** goddess of war. **~haftig** *=e* martial, soldierly, warlike; *~e houding* soldierly bearing/carriage; *'n ~e volk* a warlike (*or* warrior) people. **~haftigheid** soldierly/martial spirit, valour, warlike appearance. **~heer** warlord. **~held** military/war hero. **~hof** *=howe* court martial, military court; *voor 'n ~ daag* court-martial. **~kas** war/military chest. **~kunde** military science, warcraft. **~kundig** *=e* military. **~kundige** *=s* strategist. **~kuns** generalship, art of war, military art; *(also* Oosterse krygskuns*)* martial art. **~leuse** battle cry. **~lewe** military life. **~lied** war/battle song. **~lis** stratagem, ruse, feint. **~lustig** →KRYGSUGTIG. **~mag** (military) force; *'n ~ op die been bring* raise a force. **~makker** fellow soldier, brother officer. **~man** *=ne, krygsliede* soldier, warrior, man-at-arms; fighting man. **~manshouding** soldierly bearing, carriage. **~manskap** soldiership. **~masjinerie** ordnance machinery. **~museum** war museum. **~musiek** military/martial music. **~oefening** manoeuvre; *~e doen* be on manoeuvres. **~offisier** military officer (commander), army officer. **~owerste** military commander, *(fig.)* captain. **~plan** plan of campaign. **~raad** council of war; court martial; *iem. voor 'n ~ daag* court-martial s.o.; *voor 'n ~ verskyn* be court-martialled, appear before a court martial. **~reg** law(s) of war, law of arms; military law. **~roem** military fame/glory. **~taal** military terminology. **~toerusting** preparation/equipment for war, armament. **~tog** campaign, military expedition, combat mission. **~toneel** theatre/seat of war. **~trompet** war trumpet. **~tug** military discipline. **~tuig** munitions, implements of war; armament(s), weaponry, military hardware. **K~tuigraad** *(hist.)* Armaments Board. **~vaardig** warlike, bellicose. **~vernuf** military expertise. **~verrigting** (military) operation, field operation. **~vliegtuig** military aircraft. **~vlug** sortie *(by aircraft)*. **~voorraad** military stores; munition. **~wese** military system, military matters. **~wet** martial law; *(die) ~ afkondig* proclaim/declare martial law; *~ in 'n gebied afkondig, (also)* put a territory under martial law. **~wetenskap** military science, science/theory of war.

krys *ge=* scream, shriek, screech; skirl; cry; *(birds)* caw, squawk, croak.

kryt¹ *kryte, n.* chalk; crayon; *(also K~, geol.)* Cretaceous; *fyn ~* whiting; *rooi ~* sanguine; *'n (stuk) ~* a (piece/stick of) chalk. **~aarde** cretaceous earth. **~blom** gypsophila, baby's-breath. **~doos** chalk box. **~groef** chalkpit. **~houdend** *=e* chalky. **~laag** layer of chalk, chalk bed. **~rots** chalk cliff. **~staking** chalkdown. **~streep, ~strepie** chalk/white line; *(text.)* chalk stripe. **~tekening** crayon drawing; *'n ~ maak van* crayon; *rooi ~* sanguine. **~wit** chalk(y) white. **~wol** chalky wool.

kryt² *n.* arena; *(boxing, wrestling)* ring; *in die ~ klim* get into the ring; *in die ~ tree* enter the fray, begin the struggle; *vir iem. in die ~ tree* defend (*or* take up the cudgels for) s.o..

kryt·ag·tig *=tige* chalky, cretaceous.

kte·no·ïed *=noïede* ctenoid.

Ku·a·la Lum·pur, Koe·a·la Loem·poer *(geog.)* Kuala Lumpur.

Ku·ba Cuba. **Ku·baan** *=bane n.* Cuban. **Ku·baans** *=baanse, adj.* Cuban; *~e hak* Cuban heel. **ku·ba·niet** cubanite.

ku·beer *(ge)=* cube, raise to the third power.

ku·ber= *comb.* cyber=.

ku·ber·kra·ker, =slui·per, =ter·ro·ris cyberpunk.

ku·ber·ne·tiek, ku·ber·ne·ti·ka cybernetics. **ku·ber·ne·ties** *=tiese* cybernetic. **ku·ber·ne·ti·kus** *=tikusse, =tici* cyberneticist, cybernetician.

ku·ber·punk *(genre of sci-fi)* cyberpunk. **~skrywer** cyberpunk.

ku·ber·ruim·te cyberspace; *in die ~ rondreis* surf the Net/Internet.

ku·biek *=bieke, n.* cube; *in die ~ verhef* cube, raise to the third power; *2 in die ~ is 8* 2 cubed (*or* 2 to the third power) is 8. **ku·biek** *=bieke, adj.* cube, cubic *(metre etc.)*; *~e **inhoud*** cubage, cubature, volume, cubic/solid content; *~e **maat*** cubic/solid measure; standard *(wood)*; *~e **meter*** stere, cubic metre; *~e **vergelyking*** cubic equation. **~getal** cube (number). **~wortel** cube/cubic root. **ku·bies** *=biese* cubical, cubic, cube-shaped; →KUBIEK *adj.*; *~e splyting* cubic cleavage.

ku·bis *=biste* cubist. **ku·bis·me** *(also K~)* cubism. **ku·bis·ties** *=tiese, (also K~)* cubist(ic).

ku·bus *=busse* cube. **~vormig** *=e* cube-shaped, cubical, cubiform.

kud·de *=des* flock *(of sheep)*; herd *(of cattle)*; *die predikant en sy ~* the minister and his flock. **~dier** herd animal, gregarious animal. **~drang, ~gees, ~gevoel** herd feeling/spirit. **~-instink** herd sense/instinct. **~ram** flock ram. **~skaap** flock sheep. **~wol** flock wool.

kud·de·ag·tig *=tige* flocky.

kug *kugge, n.* (dry) cough, hacking cough. **kug** *ge=, vb.* cough, hack. **kug·gie** *=gies* short/dry cough, hem.

kui·er *=ers, n.* visit, call, outing; stay; *by iem. op ~ wees* be visiting (*or* be on a visit to) s.o.. **kui·er** *ge=, vb.* call, visit; enjoy o.s.; stroll; ***by** iem. ~* be visiting (*or* be on a visit to *or* stay with) s.o.; *lank **by** iem. ~* pay s.o. a long visit; ***by** 'n meisie ~* court a girl; ***gaan/kom** ~* go/come on a visit; *by/vir iem. **gaan/kom** ~* pay s.o. a visit, visit s.o.; pay s.o. a call, pay a call on s.o.; come/go and see s.o.; *'n bietjie/rukkie by/vir iem. **gaan/kom** ~* pay s.o. a short visit. **~gas** (house) guest, visitor. **~mense** visitors. **~plek** visiting place; holiday resort.

kui·er·de·ry *(rare)* →KUIERY. **kui·er·tjie** *=tjies* call, short visit/stay; outing; *'n ~ maak* pay a short call. **kui·e·ry** visiting; strolling.

kuif *kuiwe* fringe, tuft, forelock, topknot, quiff; crest, hood, tuft *(of birds)*; *(bot.)* coma; *jy moet jou ~ kam* you must brush/tidy your hair. **kuif=** crested, crowned, tufted. **~aap** macaque. **~akkedis** basilisk. **~bal** shuttlecock. **~eend** tufted duck. **~fisant** crested pheasant. **~kraanvoël** crested crane. **~reier** egret. **~wol** topknot.

kuif·kop person with a forelock; tufted bird; bulbul; →KUIFKOPVOËL. **~hoender** tufted fowl. **~koestertjie** crested pipit. **~valk** black hawk. **~voël** bulbul, topknot, blackhead, blackcap.

kui·ken *=kens* chick(en); poult; fledg(e)ling, nestling; *(pigeon)* squab; youngster; *iem. is nog (maar) 'n ~* s.o. is a mere chicken; *die ~s tel voor hulle gepik het* count one's chickens before they are hatched. **~dief** *(orn., various spp.)* yellow-billed kite, Cape kite, (hen) harrier, hen hawk; *(infml.)* baby/cradle snatcher. **~draad** chick wire, small-meshed wire. **~hok** chicken coop. **~kos** chicken feed/mash; *(Sorghum drummondii)* chicken corn/grass. **~moord** bullying (of youngsters). **~saad** chicken grain. **~swak** as weak as a kitten.

kui·ken·tjie *=tjies* chickling.

kuil *kuile, n., (racing)* pit; hole; pool; *(golf)* bunker; well; pouch; waist *(of a sailing vessel)*; *'n ~ grawe* dig a pit; *vir iem. 'n ~ grawe* dig a pit for s.o.; *in die ~ val wat jy vir 'n ander gegrawe het* be caught in (*or* fall into) one's own trap, be hoist with one's own petard. **kuil** *ge=, vb.* put in pits, ensile, (en)silage, silo. **~dek** well deck. **~saag** pitsaw, long saw, whipsaw. **~saer** pitsawyer. **~stok** *(golf)* wedge, niblick. **~toring** silo. **~trap** well staircase. **~voer** (en)silage. **~voer-oesmasjien** silage harvester. **~vuur** pot-fire. **~water** pit water.

Kuils·ri·vier Kuils River.

kuil·tjie *=tjies* dimple; pit; small pool; *met ~s in die wange* with dimpled cheeks; *~s maak* dimple.

kuip *kuipe, n.* tub; vat, barrel, cask; pit *(at a racetrack)*. *in 'n ~ bad* tub. **kuip** *ge=, vb.* cooper; scheme, intrigue, wangle. **~bad** bathtub; tub (bath); slipper bath. **~balie** tub, vat. **~hout** staves. **~kleuring** vat dyeing. **~stoel** tub chair. **~stop** *(motor racing)* pit stop; *'n ~ doen* make a pit stop.

kui·per¹ *=pers* cooper, hooper; →KUIPERS=, KUIPERY¹. **~skaaf** howel.

kui·per² *=pers* intriguer, schemer, wangler; →KUIPERY².

kui·pers=: **~ambag** coopering, cooperage. **~loon** cooperage. **~voegwerk** coopered jointing. **~werk** coopering. **~winkel** cooper's workshop, cooperage.

kui·pe·ry¹ cooperage.

kui·pe·ry², kui·pe·ry *=rye* intrigue, scheming, wangling, machination, graft.

kuis *kuis(e) kuiser kuisste, adj.* chaste, innocent, pure, virtuous, virginal, maidenly, clean-living. **kuis** *ge=, vb.* expurgate, castigate; →GEKUIS. **~boom** *(Vitex agnus-castus)* chaste tree.

kuis·heid chastity, purity, chasteness, continence. **kuis·heids·gor·del** chastity belt.

kuit¹ *kuite, n.* calf *(of the leg)*; *van die ~* sural. **~been** splint (bone), fibula. **~beenaar** peroneal vein. **~broek** knee breeches, smalls; plus fours; jeans; half-mast trousers. **~kous** half-hose. **~kramp** sural cramp. **~parade** legshow, legs on parade, display of legs. **~slagaar** sural artery. **~spier** calf/sural muscle. **~vleis** fleshy part of the leg.

kuit² *n.* (hard) roe, spawn *(female)*, milt *(male)*; ova *(of fish)*; *~ skiet* spawn, milt. **~steen** →OÖLIET. **~vis** spawner.

Ku Klux Klan Ku Klux Klan.

kul *ge=* cheat, deceive, take in, hoodwink, (be)fool, fox, trick, gull, do down, outsmart, swindle, mislead; *jy is ge~* you've been had; *~ uit* do out of. **~bal** *(cr.)* chinaman. **~kaart** false card. **~werk** botch.

kul·ler *=lers* hoaxer, bamboozler, diddler. **kul·le·ry** cheating, sharp practice, trickery, chicanery, deceit, swindle, humbug; →KUL.

kul·mi·na·sie *=sies* culmination. **~punt** culminating point.

kul·mi·neer *ge=* culminate. **kul·mi·ne·rend** *=rende* culminant.

kul·poos *=pose, (jur.)* culpable.

kul·ties *=tiese* cultic, cult.

kul·ti·var *=vars* cultivar.

kul·ti·veer *ge=* cultivate.

kul·tu·reel *=rele* cultural; *~rele **iko(o)n*** cultural icon; *~rele **kloof*** culture gap; *~rele **revolusie/rewolusie***

cultural revolution; *K~rele **Revolusie/Rewolusie**, (China, 1965-69)* Cultural Revolution; *~rele **wapen**, (SA)* cultural/traditional weapon.

kul·tus *-tusse* cult; **~(rol)prent, ~fliek** cult movie. **~fi=guur** cult figure.

kul·tuur *-ture* culture; cultivation; *kulture kweek* cul=ture; *iem. van ~* a cultured person. **~beweging** cul=tural movement. **~filosofie** philosophy of culture. **~gaping** culture gap. **~geskiedenis** cultural history, history of civilisation/culture, social history. **~groep** subculture. **~histories** *-e* culture-historical; *~e museum* museum of cultural history, cultural history museum. **~historikus** cultural historian. **~indoenas** →KULTUUR=MENSE. **~lewe** cultural life, culture. **~medium** culture medium. **~mense, ~persoonlikhede, ~indoenas, ~pouse** *(pl.)* culturati. **~paap** →KULTUURVRAAT. **~pa=troon** culture pattern. **~plant** cultivated plant. **~pouse** →KULTUURMENSE. **~prestasie** cultural achievement. **~provinsie** culture area. **~raad** cultural council. **~sake** cultural affairs. **~skat** cultural treasure. **~skok** cul=ture shock. **~stelsel** culture system. **~taal** language of culture, standard(ised) language. **~tempel** shrine of culture. **~variëteit** cultivar, cultivated variety; →KUL=TIVAR. **~volk** civilised nation. **~vraat, ~paap** *(infml.)* culture vulture. **~waarde** cultural value.

kul·tuur·loos *-lose* uncultured, devoid of culture. **kul=tuur·loos·heid** lack of culture, philistinism. **kul·tuur=lo·se** *-ses* uncultured person, philistine.

ku·meen cumene.

ku·mek *-meks* cumec.

kum·kwat →KOEMKWAT.

kum·mel kümmel, cumin liqueur.

kum·mer·band →KAMARBAND.

ku·mu·la·tief *-tiewe* cumulative; *~-preferente aandeel* cumulative preference/preferred share.

kun·de knowledge, learning, lore; art, science, skill. **kun=dig** *-dige -diger -digste* able, capable, clever, learned, instructed, knowledgeable, experienced, skilful; *~ oor/in iets wees* be expert at/in/on s.t.. **kun·dig·heid** *-hede* abili=ty, learning, knowledge, skill; knowledgeableness; schol=arship; know-how; expertise; *(also, in the pl.)* accom=plishments, acquirements, attainments; *iem. se ~ oor iets* s.o.'s expertness at/in/on s.t..

kun·ne *-nes, (rare)* sex; *van beiderlei ~, (obs.)* of both sexes.

kuns *kunste* art; knack, skill; trick, feat; sleight of hand; →KUNSIE; *die ~ **aanleer** om iets te doen* get the knack of doing s.t.; *die **beeldende** ~te* the visual/plastic arts; *die **boer** die ~ afvra* pump s.o.; want to know too much; ***dit** is die ~* that's the big point, there lies the rub; *iets tot 'n **fyn** ~ ontwikkel, die ~ **bemeester** om iets te doen* get s.t. (down) to a fine art; *dit is **geen** (groot) ~ nie* there is nothing to it; there is no trick to it; *in die ~ van iets **gekonfyt** wees* have (got) s.t. (down) to a fine art; *~ en **huisvlyt*** arts and crafts; ***in** die ~* in art; *die ~ om iets te doen haarfyn **ken*** have s.t. down to a T *(infml.)*; *die ~ **ken/verstaan** om iets te doen* know how to do s.t., have the knack of doing s.t.; *die **skone** ~te* the fine arts; *die **uitvoerende** ~te* the performing arts; *met ~ en **vlieg=werk*** →VLIEGWERK; *~te en **wetenskappe*** arts and sciences. **~arm** *n.* artificial arm, prosthesis. **~arm** *adj.* deficient in art. **~been** artificial leg, prosthesis. **~be=skermer** patron of art, Maecenas, maecenas. **~be=skouing** art review/discussion; conception of art, phi=losophy of art. **~blom** artificial flower. **~botter** but=terine, synthetic/artificial butter; margarine. **~broe=(de)r** brother artist, fellow artist. **~diamant** synthetic diamond; paste. **~fliek** art film. **~fliekteater** cine=matheque. **~galery** art gallery. **~gebit** →KUNSTANDE. **~genootskap** society of arts. **~genot** artistic enjoy=ment/pleasure. **~geskiedenis** art history, history of art. **~gevoel** artistic feeling/sense, sense of art. **~gom** dextrin(e), British gum. **~goud** oroide, oreide. **~greep** artifice, knack, trick; stunt; sleight of hand; manoeu=vre. **~handel** *-s* art trade, trade in works of art; →KUNS=WINKEL **~handelaar** art dealer. **~handwerk** craftwork, arts and crafts, manual arts. **~handwerker** craftworker. **~hars** artificial resin, synthetic resin. **~heuning** syn=thetic honey. **~histories** of art history, art-historical. **~historikus** historian of art, art historian; student of art history. **~ideaal** artistic ideal. **~-in-uitvoering** per=formance art. **~kabinet** art cabinet. **~kenner** connois=seur (of the arts), virtuoso. **~kring** art circle/club/union, artistic society. **~kritiek** art criticism, criticism of art, critique. **~kritikus** art critic. **~ledemate** arti=ficial limbs. **~leer** leatherette, imitation/artificial leather. **~lied** *-ere* →LIED. **~liefde** love of art, virtu. **~liefheb=ber** art lover, lover of art. **~liewend, ~liewend** *-e* art-loving, artistic-minded. **~lig** artificial light. **~maan** ar=tificial moon/satellite. **~matig** *-e* artificial, man-made, synthetic, factitious; contrived; *~e bevrugting* artificial (*or* in vitro) fertilisation; *~e inseminasie* artificial insemi=nation; *~e intelligensie* artificial intelligence; *~e liggaams=deel* prosthesis. **~matigheid** artificiality. **~mens** *(sci-fi)* humanoid. **~merrel** malm. **~merrelsteen** malm brick. **~middel** artificial means, expedient. **~mis** fertiliser. **~moeder** *(poultry farming)* brooder, hover, foster moth=er. **~museum** art gallery, museum of art. **~naaldwerk** art needlework. **~newel** screening smoke. **~nier** *(ma=chine)* artificial kidney. **~nywerheid** industrial art, ap=plied art, arts and crafts. **~onderwys** art teaching. **~onderwyser** art teacher. **~opvatting** *-e* aesthetic views, views on art. **~oog** artificial eye. **~penis** dildo(e). **~produk** product/work of art. **~redakteur** arts editor. **~reël** rule of art. **~room** synthetic/artificial/non(-)dairy cream. **~rubber** synthetic/artificial rubber. **~ruiter** trick rider. **~ry** trick riding. **~ryer** circus rider, trick rider, equestrian; fancy skater. **~ryk** *-e* artistic. **~saal** picture/art gallery. **~satyn** satinet(te). **~sin** artistry, artistic sense/judgment/talent/taste. **~sinnig** *-e* artistic; art-loving. **~sinnigheid** artistic gift/talent; love of art. **~skaatser** figure/fancy skater. **~skaats** figure/fancy skating. **~skat** art treasure. **~skepping** artistic creation. **~skilder** painter, artist. **~skool** art school, school of (fine) art. **~smaak** artistic taste. **~smeedwerk** orna=mental ironwork. **~snoeier** topiarist. **~sprokie** mod=ern fairy tale. **~steen, ~diamant** paste. **~stof** synthetic (material). **~stuk** clever feat, stunt; work of art, mas=terpiece. **~sy** artificial silk, synthetic silk. **~tand** arti=ficial tooth. **~tande, kunsgebit, vals tande** *(also* stel kunstande *[of* vals tande*])* denture(s), (set of) false/ar=tificial teeth. **~tempel** temple/shrine of art. **~tentoon=stelling** art exhibition. **~terapie** art therapy. **~term** art term, term of art; technical term. **~uitstalling** art exhi=bition. **~vaardig** *-e* clever, skilful. **~vaardigheid** clever=ness, skill, craftsmanship. **~versamelaar** art collector. **~versameling** art collection. **~vesel** synthetic/arti=ficial fibre. **~vlieënier,** aerobat, aerobatic/stunt pilot, stunt flyer/flier. **~vlieëry** aerobatics, stunt flying, stunt=ing. **~vlieg** *(angling)* (artificial) fly; dry fly; wet fly; *met ~vlieë hengel* fly-fish. **~vliegfiguur** flying stunt. **~vlieghengel** fly-fishing. **~vlug** flying stunt/trick. **~vlyt** arts and crafts, handicrafts, craftwork, mechanic(al) arts. **~vol** *-le* artistic. **~voorwerp** art object, objet d'art; curio. **~vorm** *-e* artistic/art form. **~vriend** art lover, lover of art; fellow artist. **~waarde** artistic value/worth. **~wedstryd** eisteddfod. **~wêreld** world of art. **~werk** work of art, artwork. **~winkel** art shop; *'n ~ hê* have an art shop, deal in works of art. **~wol** artificial/syn=thetic wool. **~ys** artificial ice.

kun·sie *-sies* feat, trick, wrinkle, gag, gadget, artifice, jugglery, legerdemain, knack, sleight of hand, dodge; *die fyner ~s van iets ken/verstaan* have (got) s.t. (down) to a fine art; *'n ~ met kaarte* a card trick; *die ~s van die vak* the tricks of the trade.

kuns·te·loos *-lose* artless, naive, unsophisticated. **kuns=te·ma·ker** *(obs.)* acrobat, contortionist; stunt man; jug=gler.

kuns·te·naar *-naars, -nare* artist, artiste; virtuoso. **kuns=te·naar·skap** artistry; being an artist. **kuns·te·naars=le·we** artist's life; Bohemian life. **kuns·te·naars·ta=lent** artistic talent(s), artistry. **kuns·te·naars·vry·heid** artistic license. **kuns·te·na·res** *-resse* female artist; artiste.

kuns·tig *-tige, adj.* artful, skilful, clever, ingenious; artis=tic. **kuns·tig** *adv.* artfully, artistically, *etc.*; *~ vlieg* stunt; →KUNSTIG *adj.*. **kuns·tig·heid** artfulness, cleverness, ingeniousness; artistry.

ku·pel *-pels* cupel. **ku·pel·leer** *ge-* cupel(late). **ku·pel=leer·oond** cupelling furnace. **ku·pel·le·ring** cupella=tion.

kup·fer·ron cupferron.

Ku·pi·do, Cu·pi·do *(Rom. god of love)* Cupid. **Ku·pi=do·boog** *(archery bow)* Cupid's bow; *(k~, shape of the upper lip)* Cupid's bow. **ku·pi·do'tjie** *-tjies* kewpie. **ku=pie** *-pies* kewpie.

ku·pram·mo·ni·um cuprammonium. **ku·preen** cu=prene. **ku·pre·ïen** cuprein(e). **ku·pri·chlo·ried** cupric chloride, copper chloride. **ku·priet** cuprite, red copper ore. **ku·pri·ver·bin·ding** cupric compound. **ku·pro·ver=bin·ding** cuprous compound.

ku·rang *(arch.)* →KIERANG.

ku·ra·re curare. **ku·ra·rien** curarine.

ku·ras *-rasse* cuirass. **ku·ras·sier** *-siers* cuirassier.

ku·ra·te·le *(jur.)* guardianship, wardship, tutelage; *on=der ~ staan/wees* be under guardianship/tutelage, be a ward of the court; *iem. onder ~ stel* make s.o. a ward of the court, appoint a guardian over s.o., put s.o. under legal control/restraint.

ku·ra·tor *-tore, -tors* curator, guardian, custodian; keep=er; trustee; →CURATOR; *~ van 'n **boedel*** trustee of an estate; ***benoemde** ~* curator nominate; ***raad** van ~e* board of trustees; *~ **datief*** curator dative. **ku·ra·to·ri=um** *-riums, -ria* board of trustees/curators, curatory. **ku·ra·tor·skap** guardianship, trusteeship, custodian=ship; curatorship; *(in bankruptcy)* receivership; *onder ~ geplaas word* go into receivership; *onder ~ staan* be in receivership. **ku·ra·tri·se** *-ses* curatrix.

ku·ret *-rette* curette. **ku·ret·ta·sie** *-sies* curettage. **ku·ret=teer** *ge-* curette.

ku·ri·aal *-ale* curial. **ku·rie** curia; *die K~, (RC)* the Curia.

ku·rien curine.

ku·ri·eus *-rieuse, (rare)* curious, odd, peculiar. **ku·ri·o=si·teit** *-teite* curiosity, oddity; curiosity, curio, curious object. **ku·ri·o·si·tei·te·han·de·laar** curio dealer. **ku·ri=o·si·tei·te·ver·sa·me·laar** curio hunter/collector. **ku·ri=o·sum** *-osums, -osa, (rare)* curiosity, curio, curious ob=ject; →KURIOSITEIT.

Ku·ril·los →CYRILLUS.

kurk *kurke, n.* cork; *so droog soos ~* dry as dust; *met ~(mondstuk)* cork-tipped. **kurk** *ge-, vb.* cork, close *(a bottle)*. **~blad** cork slab. **~boom** cork tree; cork oak. **~droog** *-droë* (as) dry as dust/tinder (*or* a bone/chip/whistle), bone-dry. **~eik** cork tree. **~geld** corkage. **~helm** pith helmet, topee, topi. **~hout** whitewood. **~huid** peri=derm. **~kambium** phellogen. **~mes** cork cutter. **~mond=stuk** cork tip; *met ~* cork-tipped. **~prop** cork *(in a bottleneck)*. **~smaak** corky taste; *met 'n ~* corked, corky. **~stof** suberin(e); *(bot.)* cutin. **~stofvorming** suberisa=tion. **~suur** suberic acid. **~teël** cork tile. **~trekker** corkscrew; corkscrew curl. **~trekkerstof** corkscrew fabric. **~weefsel** suber, cork tissue. **~wortel** *Erythrina zeyheri*.

kurk·ag·tig *-tige* corky, corklike, suberose, suberic, suber(e)ous. **kurk·ag·tig·heid** corkiness.

kur·ku·ma curcuma, turmeric.

kur·per *-pers* kurper, bream, tilapia *(Tilapia* spp.*)*.

kur·ri·ku·lum *-kulums, -kula,* curriculum.

kur·sief *-siewe, (print.)* italic; *(writing)* cursive; *in ~* in italics; *~ gedruk* printed in italics. **kur·si·veer** *ge-* print in italics, italicise; *ek ~* my italics, the italics are mine. **kur·si·ve·ring** italicisation; *kursivering van my* my ital=ics, the italics are mine.

kur·sjien kurchine.

kur·so·ries *-riese* cursory.

kur·sus *-susse* course *(of study)*, curriculum; class; school year, academic year; *'n ~ loop/volg* follow/take a course.

kur·wa·tuur *-ture* curvature. **kur·we** *-wes, (math.)* curve, graph. **kur·we·saag** coping saw.

kus[1] *kusse, n.* kiss. **kus** *ge=, vb.* kiss. **~hand(jie)** hand-blown kiss; *'n ~ gee* blow a kiss, kiss one's hand to.

kus[2] *kuste, n.* coast, (sea)shore, seaboard; seaside, (sea)=shore; ***aan/op** die ~* on the coast; *die ~ **bereik*** make land; ***by/langs** die ~* offshore; ***digby** die ~* off the coast; ***langs** die ~* coastwise; ***langs** die ~ vaar* coast; ***na** die ~* shoreward(s); ***naby** die ~ vaar* hug the land; *'n skip **op** die ~ sit, (obs.)* →'N SKIP LAAT **STRAND**; *'n paar myl **van** die ~* (of *~af*) a few miles offshore. **~battery** shore battery, coast(al) battery. **~bewaringsgebied** heritage coast. **~bewoner** inhabitant of the coast, coast dweller, coastman, coaster. **~boot** coastal vessel, coaster. **~deining** land swell. **~dorp** seaside town. **~dorpie** seaside village. **~erf** coastal plot. **~gebied** seaboard, coastal area/belt, littoral. **~gesteldheid** nature of the coast=(line). **~handel** coasting trade, cabotage. **~klimaat** coastal/littoral climate. **~kloof** combe, coomb. **~land** littoral, seaboard. **~lig** coast-light. **~lyn** coastline, shore=, sealine, seaboard. **~muis** coastal forest mouse. **~oord** seaside resort. **~pad** coastal road, marine drive. **~patrollie** shore patrol. **~plaas** coastal farm. **~plek** sea=side place, coastal place. **~rif** coastal reef, fringing reef. **~roete** coastwise sea lane, coastwise seaway. **~see** *(rare)* →GEBIEDSWATERS. **~soom** seaboard, littoral. **~stad** seaside city. **~stasie** shore station. **~streek** coastal belt/district/region/area, littoral, seaboard. **~strook** coastal strip/margin, littoral. **~terras** coastal platform. **~vaarder** *=s* coaster, coasting vessel. **~vaart** coastal voyage; coastal shipping; cabotage, coasting/coastal trade. **~verdediging** coast(al) defence. **~vissery** in=shore/coastal fishing. **~waarts** *adj. & adv.* onshore. **~wag** coastguard. **~wagter** coastguard, =guard(s)=man. **~weg** coast(al)/beach road, marine drive. **~wind** shore wind.

kus[3] *n.: daar is ... te ~/kies en te keur* there is a wide choice/variety of ..., there are ... in plenty; *jy kan te ~/kies en te keur gaan* you may pick and choose.

ku·sek *=seks* cusec.

kus·kus·gras kuskus/cuscus (grass), khuskhus, vetiver.

kus·sing *=sings, n.* pillow *(of a bed)*; cushion *(on a chair etc.)*, pad; bolster *(fig.)*; *as 'n ~ **dien**, (lit. & fig.)* have a cushioning effect; *op die ~(s) **kom*** come/get into office; *op die ~(s) **sit*** be in office; *van ~s **voorsien*** cushion. **kus·sing** *ge=, vb.* pillow, cushion. **~band** cushion tyre. **~blok** bearing, pillow block; wall plate; journal. **~geveg** pillow fight. **~lawa** *(geol.)* pillow lava. **~oortreksel** tick, ticking; cushion cover. **~slaan** pillow fight(ing), bolster. **~slaan(paal)** bolster bar. **~slanery** pillow fighting. **~vormig** *=e* pulvinate. **~sloop** pillow=case, pillowslip.

kus·sin·kie *=kies* pad; small cushion/pillow; tournure.

kus·to·de *=des, (rare, print.)* catchword.

ku·tien cutin.

ku·ti·ku·lêr *=lêre* cuticular.

kut·tel, keu·tel *=tels* f(a)ecal pellet, crottel, turd; *(also, in the pl.)* droppings.

kuur[1] *kure* cure, treatment, course of treatment.

kuur[2] *kure, (obs.)* caprice, whim, freak; *vol kure* full of whims *(s.o.)*; vicious *(a horse)*.

kwaad[1] *kwaad kwater kwaadste, adj. & adv. (pred.)* angry, annoyed, cross, irate, vexed; angrily; *~ **aankyk/aanstaar*** glare at, scowl at, give *(s.o.)* a dirty look; ***al** hoe kwater word* work o.s. into a rage; ***briesend/woedend** ~* hopping/raving mad; *toe was/word iem. **éérs*** (of *vir jou regtig*) *~* then s.o. became properly/really angry; ***hoe** later hoe kwater* →LATER *adv.*; *iem. ~ **maak*** anger s.o., make s.o. angry, put s.o. in a passion; rub s.o. up the wrong way; vex s.o.; incense s.o.; get s.o.'s back up; *iets **maak** iem. ~* s.t. angers s.o., s.o. is angered by s.t.; *~ wees **oor** iets* be angry about/at s.t.; *~ wees **oor** niks* be angry over nothing; *so ~ **soos** 'n geitjie* as cross as two sticks; ***vir** iem. ~ wees* be angry (or *[infml.]* mad) at/with s.o.; be cross with s.o.; *~ **word*** get angry, raise one's hackles, get one's back up; get cross; lose one's temper; *gou ~ **word*** be easily angered; have a (quick/short/hair-trigger) temper, be short-tempered, rouse easily, *(infml.)* have a short fuse; *iem. **word** nie gou ~ nie* s.o. is slow to anger; *~ **word** oor* take umbrage at; *moenie ~ **word** nie, (also)* keep your hair/shirt on; *~ **wees** vir* be angry with; cut up rough.

kwaad[2] *kwade, n.* evil, wrong, harm, ill(s), mischief, injury, damage; *iem. ~ **(aan)doen*** harm/hurt/injure s.o., do s.o. a mischief; *geen ~ sonder **baat*** every cloud has a silver lining, it's an ill wind that blows nobody any good; *geen ~ (daarmee/daarby) **bedoel** nie* intend/mean no harm; mean no offence; *~ **dink** van iem.* think ill of s.o.; *g'n ~ **dink** nie* think no evil; *~ **doen*** do harm; be naughty, cause/do mischief; do wrong; *iem. ~ **doen*** be bad for s.o., harm s.o.; do s.o. a mischief; *dit kan iem. nie/geen ~ **doen** nie* it can do s.o. no harm; *dit kan nie/geen ~ **doen** om te probeer nie* there's no harm in trying; *jou saak ~ **doen*** injure/harm one's cause; *wie ~ **doet** ~ vermoed* evil be to him who evil thinks; *iem. iets ten kwade **dui*** take s.t. amiss; *iem. iets nie ten kwade **dui** nie* not blame s.o. for s.t.; *van ~ tot **erger*** from bad to worse; *dit het iem. geen ~ **gedoen** nie* s.o. is none the worse for it; *onderskei tussen **goed** en ~* distinguish be=tween good and evil; *~ met **goed** vergeld* return good for evil, heap coals of fire on s.o.'s head; *daar het ~ **in** die vinger/wond/ens. gekom* the finger/wound/etc. is in=flamed/festering; *die ~ loon sy **meester*** evil brings its own punishment; ***niks** ~s oorkom nie* come to no harm; *'n **noodsaaklike** ~* a necessary evil; *~ **praat/spreek** van iem.* slander/malign s.o., talk scandal about s.o.; *daar **steek** geen ~ in nie* there is no harm in that; *iem. in sy/haar ~ **sterk*** encourage s.o. in his/her wrong=doing; encourage s.o. in his/her wrong attitude; *~ **steek/stig/stook*** cause/do/make/sow (or stir up) mischief, arouse/foment/generate/sow discord, cause/create (or stir up) strife; cause/make trouble; *die minste van **twee** kwade kies* choose the lesser of two evils; *van geen ~ **weet** nie* be as innocent as a lamb; *van iem. geen ~ **weet** nie* know nothing bad of s.o., know nothing to s.o.'s disadvantage; *die **wortel** van alle ~* the root of all evil. **kwaad** *kwade erger ergste, adj.* bad, evil; ill; *~ **bloed** set/sit* create bad blood, rouse ill feeling; *dit was 'n kwade **dag** vir ons* it was a bad day for us; *die kwade dag uitstel* put off the evil day (or the day of reckon=ing); *vir die kwade dag spaar* provide against a rainy day; *~ **geld*** →KWAADGELD; *kwade **neigings*** vicious tendencies; *kwade **trou*** bad faith, mala fides; *te **kwader** trou* in/with bad faith, mala fide; *te kwader **ure*** in an evil hour.

kwaad-: **~aardig** *=e* malicious, vicious; ill-natured, malefic; malignant, virulent *(disease)*; *~e bloedarmoede* pernicious anaemia; *~e gewas* malign(ant) growth, tu=mour, tumor, sarcoma. **~aardigheid** malice, malig=nity, viciousness, maleficence, spite; malignancy, viru=lence *(of a disease)*. **~denkend** *=e* suspicious; evil-minded, prone to think ill (of s.o.). **~denkendheid, ~denkery** suspiciousness, suspicion; evil-mindedness. **~doener** *=s* evildoer, wrongdoer, malefactor; rascal, imp, mis=chievous child. **~doenerig** *=e* mischievous, bent on (or inclined to) mischief. **~doenerigheid** mischievous=ness; *uit/van ~* for devilment. **~doenery** mischief; wrongdoing; *uit ~* for devilment. **~geld:** *vir ~ rondloop* loaf about/around, idle away one's time, run loose. **~gesind** *=e* ill-affected, ill-disposed, malignant, malign, evil-disposed; →KWAADWILLIG. **~gesinde** *=s* ill-wisher. **~gesindheid** unfriendliness, bad feeling; →KWAAD=WILLIGHEID. **~kat** *(sl.)* foxy lady. **~-kwaad** rather an=gry, quite angry. **~praat,** *(rare, fml.)* **~spreek** *kwaadge=* slander, backbite, malign; *van iem. ~* speak ill of s.o.. **~prater,** *(fml.)* **~spreker** scandalmonger, backbiter, maligner, vilifier, slanderer, detractor. **~praterig, ~sprekend, ~sprekerig** *(rare)* scandalmongering, backbiting. **~pratery,** *(rare, fml.)* **~sprekery** scandal, ill-natured gossip, slander, scandalmongering, vilification. **~skiks** unwillingly; *goedskiks of ~* willy-nilly, nolens volens. **~spreek** *kwaadge=* →KWAADPRAAT. **~sprekend, ~sprekerig** →KWAADPRATERIG. **~spreker** →KWAADPRATER. **~sprekery** →KWAADPRATERY. **~steker** →KWAADSTOKER. **~stekerig** →KWAADSTOKERIG. **~stekery** →KWAAD=STOKERY. **~stigter** →KWAADSTOKER. **~stoker, ~steker, ~stigter** mischief-maker, -monger, *(infml.)* stirrer. **~stokerig** *=e* mischief-making. **~stokery, ~stokery** mischief-making. **~willig** *=e* malevolent, ill-disposed, malicious; malignant; *~e verlating* malicious desertion. **~willigheid** ill will, malice, malevolence; malignancy, malignity; foul play.

kwaad·heid anger, crossness; *rooi wees van ~* be flushed/red with anger.

kwaai *kwaaier kwaaiste, adj.* bad-tempered, ill-natured, hot-tempered, vicious; strict, severe, harsh *(teacher etc.)*; frowning, glowering *(face, looks)*; heavy *(cold)*; stiff, steep *(price)*; punishing *(effect etc.)*; formidable, doughty, tough; vicious, fierce *(dog etc.)*; *'n ~ **aanval*** a bad/vio=lent attack; a severe attack *(of an illness)*; *dit is ('n) **bietjie** ~* that's a tall order, *(infml.)* that's pretty (or a bit) steep/stiff; that's a bit thick; *'n ~ **blik*** a dirty/severe look; *aan iem. 'n ~ **brief** skryf/skrywe* write s.o. a stink=ing letter; *'n ~ **bui*** an ugly mood, a tantrum; *'n ~ **hoofpyn*** a bad/violent headache; *iem. is nie so ~ soos hy/sy **lyk** nie* s.o.'s bark is worse than his/her bite; *~ wees **met** ...* be hard on (or severe with) ... *(workers etc.)*; *iem. het sy/haar ~ **mus** op* s.o. is in his/her tantrums; *~ **roker*** heavy smoker; *~ **ryp*** heavy/killing frost; *dis 'n ~ **saak*** it's a bad business; *'n ~ **siekte*** a virulent disease; *die **siekte** is ~ op ...* the disease is prevalent at ...; *so ~ **soos** 'n koei met haar eerste kalf* (of *op die kaal vlakte*) as an=gry as a bear with a sore head; *'n ~ **wind*** a hard wind; *'n ~ **winter*** a hard/severe winter; *~ **woorde*** angry/hard/harsh/high words, strong language. **kwaai** *adv.: iem. rook ~* s.o. smokes heavily; *~ optree teen* get tough with; *~ spook* fight gamely. **~kop** quick-tempered/irascible person, hotspur, spitfire. **~vriende** *(pl.)* bad friends; *hulle is ~* they are bad friends; they are not on speaking terms; there is bad blood between them. **~vriendskap** enmity, hostility, ill feeling/blood/will; *in ~ lewe* not be on speaking terms.

kwaai·e·rig *=rige* rather bad-tempered/vicious/etc.; rather strict; →KWAAI. **kwaai·(ig·)heid** bad temper, vi=ciousness; strictness, severity, harshness; viciousness, fierceness *(of a dog etc.)*.

kwaak *ge=* croak; quack; *of iem. nou kwik of ~* →KWIK[2] *vb.*.

kwaal *kwale* ailment, complaint, disease, trouble, mal=ady, disorder; *iem. se ou ~* s.o.'s old trouble; *die kwale van die ouderdom* the infirmities of age; *die middel is erger as die ~* the remedy is worse than the disease.

kwab *kwabbe* lobe. **kwab·be·tjie** *=tjies* lobule.

kwa·cha *(monetary unit of Malawi and Zambia)* kwacha.

kwa·de →KWAAD[2].

kwa·draat *=drate* square; *(print.)* quadrat; *3 ~* (of 3^2) *is 9* the square of 3 (or 3^2) is 9; *iets tot die ~ verhef* square s.t., raise s.t. to the square. **~getal** square number, quadrate number. **~teël** quarrel. **~wortel, kwadraats=wortel** square root.

kwa·draats·ver·ge·ly·king quadratic equation.

kwa·dra·fo·nies, kwa·dro·fo·nies *=niese* quadra=phonic, quadrophonic.

kwa·drant *=drante* quadrant, quadrantal. **~pyp** quar=ter bend. **~(meet)passer** wing cal(l)ipers. **~slinger** quadrantal pendulum.

kwa·dra·teer *ge=* quadrate. **kwa·dra·ties** *=tiese* quad=ratic. **kwa·dra·tuur** quadrature; squaring; *in ~* quadrat=ed; *die ~ van die sirkel soek* try to square the circle; *~ van die sirkel* squaring of the circle.

kwa·dreer *(ge)=* square *(a number, circle)*; quadrate. **kwa·dre·ring** squaring.

kwa·dren·ni·um *=niums, =nia* quadrennium.

kwa·dril·joen *=joene, (10^{15}; dated, chiefly Br., 10^{24})* quadrillion.

kwa·dri·va·lent *=lente, (chem.)* tetravalent.

kwa·dro·fo·nies →KWADRAFONIES.

kwa·droon *=drone* quadroon.

kwa·dru·ple·gie *(med.)* quadriplegia. **kwa·dru·pleeg** *=pleë* quadriplegic. **kwa·dru·ple·gies** *=giese* quadriple=gic.

kwag·ga *=gas* quagga; zebra. **~gras** *Eragrostis* spp..

~**kweek** hairy couch. ~**vy** *(Lithops)* stone plant; *Pleiospilos* sp..

kwa·jong *-jongens* mischievous/naughty boy, rascal, urchin, imp, scamp. ~**streek** boy's trick, practical joke, monkey trick, boyish prank; *hy voer ~streke uit* he is up to devil(t)ry (*or* to no good).

kwa·jon·gens·ag·tig *-tige* impish, mischievous, rascally. **kwa·jon·gens·ag·tig·heid** mischievousness, impishness, rascality.

kwak[1] *kwakke, n.* quack; →KWAKSALWER. **kwak** *ge-, vb.* →KWAAK.

kwak[2] *kwakke, n., (rare)* thud, thump, bump, flop. **kwak** *ge-, vb., (rare)* pitch, hurl, dash, dump, flop; bump, come down with a thud.

kwa·kend *-kende* croaking, croaky.

kwa·ker *-kers* croaker.

Kwa·ker *-kers* Quaker, Friend; *die ~s* the Quakers, the Society of Friends. ~**leer, Kwakery** Quakerism.

Kwa·kers·by·een·koms Quaker meeting.

kwak·kel *-kels, (arch.)* →KWARTEL.

kwak·sal·wer *-wers, n.* quack; charlatan, mountebank, quacksalver; medicaster. **kwak·sal·wer** *ge-, vb.* (play the) quack. **kwak·sal·wer·ag·tig** quackish. **kwak·sal·wers·mid·del** *-dels* quack remedy/medicine, nostrum. **kwak·sal·we·ry** quackery; charlatanry, charlatanism.

kwal *kwalle* jellyfish, slobber, medusa.

kwa·li·fi·ka·sie *-sies* qualification; *die nodige ~s vir ... hê* have the necessary qualifications for ...; *aan die ~s vir ... voldoen* qualify for ... **kwa·li·fi·seer** *ge-* qualify; *'n bewering ~* qualify a statement. **kwa·li·fi·seer·der** *(sport etc.)* qualifier. **kwa·li·fi·se·rend** *-rende, (sport)* qualifying *(round, heat, etc.)*; *~e verklaring* qualifying statement.

kwa·lik amiss, ill; hardly, scarcely; *~ kan* ***bekostig*** can ill afford; *~* ***neem*** take exception to, take offence/umbrage at, take amiss/ill, resent; *moet my nie ~* ***neem*** *nie* I'm sorry; pardon me, I beg your pardon; *iem. iets ~* ***neem*** blame s.o. for s.t.; take exception to s.t.; hold s.t. against s.o.; *jy sal my dit seker nie ~* ***neem*** *nie* I'm sure you will not take it amiss; *iem. iets erg ~* ***neem*** resent s.t. bitterly/strongly; *~ in* ***staat*** *om iets te doen* hardly/scarcely able to do s.t..

kwa·li·ta·tief *-tiewe* qualitative; *~tiewe analise, (chem.)* qualitative analysis.

kwa·li·teit *-teite* quality, character, capacity; grade; *~ is belangriker as kwantiteit* quality is more important than quantity; *in jou ~ as/van ..., (dated)* →IN JOU HOEDANIGHEID AS/VAN ...; *slegte ~* poor quality. ~**tyd** quality time.

kwa·li·teits: ~**artikel** high-grade article, (high-)quality article. ~**koerant** quality (news)paper. ~**produk** quality product. ~**versekering** quality assurance. ~**wyn** quality wine; vintage wine.

Kwan(g)·toeng *(geog.)* Kwan(g)tung.

kwan·sel *ge-, (rare)* barter, bargain, haggle, traffic, higgle; *~ oor ...* bargain for ... **kwan·se·laar** *-laars, (rare)* barterer, bargainer, haggler, huckster(er). **kwan·se·la·ry, kwan·sel·ry** *(rare)* bartering, bargaining, haggling, huckstering, truck.

kwan·suis as if (it were), ostensibly, feignedly; *iem. werk ~* s.o. pretends to work; *iem. is ~ gediplomeerd* s.o. is professedly certificated.

kwant *kwante, (obs.)* →KWANTUM.

kwan·ti·fi·seer *ge-* quantify; rate, measure. **kwan·ti·fi·seer·der** *(log., gram.)* quantifier. **kwan·ti·fi·se·ring** quantification.

kwan·ti·seer *ge-* quantise. **kwan·ti·se·ring, kwan·ti·sa·sie** quantisation.

kwan·ti·ta·tief *-tiewe* quanti(ta)tive; *~tiewe analise/ontleding, (chem.)* quanti(ta)tive analysis.

kwan·ti·teit *-teite* quantity, amount.

kwan·ti·teits: ~**teken** quantity mark *(of vowels)*. ~**teorie** *(econ.)* quantity theory.

kwan·tor *-tors, -tore, (log., gram.)* quantifier.

kwan·tum *kwantums, kwanta* quantum, quantity, amount. ~**chromodinamika** *(phys.)* quantum chromodynamics. ~**fisika** quantum physics. ~**getal** *(phys.)* quantum number. ~**meganika** quantum mechanics. ~**sprong** *(phys. or fig.)* quantum leap/jump. ~**teorie** quantum theory.

kwar *kwarre, (rare)* runt, stunt, stunted animal, scrub; weed. **kwar·re·lig** *-lige, (rare)* stunted.

kwa·ran·tyn quarantine; *iem./iets onder/in ~ plaas/sit/stel* put s.o./s.t. in quarantine, quarantine s.o./s.t.; *onder/in ~ wees* be in quarantine. ~**vlag** sick flag.

kwark *kwarke, (phys.)* quark.

kwar·rel·gras, kwar·rel·saad(·gras) = KANARIEGRAS.

kwart *kwarte, n.* quarter, quartern, fourth part; *(measure)* quart; *(mus. note)* crotchet; *(mus. interval)* fourth; *~ oor een/ens.* a quarter past one/etc.; *~ voor een/ens.* a quarter to one/etc.; *om ~ oor/voor* on the quarter-hour. **kwart** *adj.* quarter; *~ eeu* →KWARTEEU. ~**dek** quarterdeck. ~**draai** quarter turn. ~**duim** quarter of an inch. ~**eeu** quarter-century, quarter of a century. ~**eeufees** silver jubilee, quarter-century celebration. ~**eindrond(t)e** quarterfinal round; *speler/span wat die ~ gehaal (of tot die ~ deurgedring) het* quarter-finalist. ~**eindstryd** quarterfinal(s). ~**gebied** *(rugby)* twenty-five. ~**honderd** quartern. ~**lyn** *(rugby, hist.)* twenty-five-yard line. ~**maat** quartern. ~**myl** quarter-mile. ~**myl·loper** quarter-miler. ~**naatjie** *-s, (racist, arch.)* quadroon. ~**noot** crotchet, quarter note. ~**pint** gill. ~**sirkel** quadrant. ~**swenk(ing)** quarter wheel. ~**toon** quarter tone.

kwar·taal *-tale* quarter *(of a year)*, three months, trimester; (school) term; *gedurende die ~* during the term, during term-time; *in die ~* in term(-time); *per ~* quarterly, by the quarter. ~**blad** quarterly (journal). ~**geld** quarterage. ~**rapport** *(educ.)* quarterly report. ~**rekening** quarterly account. ~**staat** quarterly return/statement. ~**vergadering** quarterly meeting. ~**verslag** quarterly report.

kwar·taal·liks quarterly.

kwar·taals: ~**eksamen** quarterly examination. ~**gewys(e)** quarterly, every three months.

kwar·teer *(ge)-* quarter. **kwar·te·ring** *-rings, -ringe* quartering.

kwar·tel *-tels, (orn.)* quail. ~**koning** *(orn.)* corncrake, landrail.

Kwar·têr *n., (geol.)* Quaternary. **kwar·têr** *-têre, adj.* quaternary; *(also K~, geol.)* Quaternary.

kwar·tet *-tette* quartet(te). ~**spel** *(card game)* happy families.

kwar·tiel *(stat.)* quartile.

kwar·tier[1] *-tiere* quarter of an hour, quarter-hour; quarter *(of the moon)*; *(her.)* quarter(ing); →DRIEKWARTIER; *laaste ~ van die maan* last quarter of the moon, old moon. ~**lys** *(naut.)* station-bill. ~**stand** quarter *(of the moon)*; *die maan is in die eerste ~* the moon is in the first quarter.

kwar·tier[2] *-tiere* quarter *(in battle)*; quarter *(of a town)*; quarter, billet, dwelling; *in ~ wees/gaan, (mil.)* occupy quarters; *~ inrig/maak, (mil.)* prepare quarters; *~e vir gesinne* married quarters. ~**arres** confinement to quarters. ~**meester** quartermaster, paymaster. ~**meester-generaal** *-s-generaal* quartermaster general. ~**mus,** ~**pet** *(hist.)* forage cap.

kwar·tie·ring billeting, quartering.

kwart·jie *-jies, (Du. money)* 25 cents; 25-cent piece.

kwar·to *-to's* quarto. ~**formaat** quarto size.

kwarts *kwartse* quartz. ~**aar** quartz vein. ~**draad** quartz fibre. ~**glas** quartz glass, vitreous silica. ~**horlosie,** ~**oorlosie** quartz watch. ~**houdend** *-e* quartziferous. ~**klok** quartz clock. ~**lamp** quartz lamp. ~**porfier** *(geol.)* quartz porphyry.

kwarts·ag·tig *-tige* quartzy, quartzose, quartzous. **kwart·siet** quartzite.

kwar·tyn *-tyne* quarto.

kwas[1] *kwaste* brush, tuft; coxcomb; *(ornament)* tassel; switch *(of a tail)*; knag, knot, knur(r) *(in wood)*, burl, node; *dit is R... aan iem. se ~, (rare)* s.o. will have to pay up (*or [infml.]* cough up *or* fork out/up) R...; *dit aan jou ~ kry, (rare)* be blamed for it; bear the brunt; *na jou ~ skop, (fig., rare)* be full of beans. ~**gat** knothole. ~**haal** brushstroke. ~**haar** bristle. ~**lak** knotting. ~**tegniek** brushwork. ~**veeg** brushstroke, sweep of the brush. ~**vinvis** crossopterygian. ~**vormig** *-e* penicillate(d).

kwas[2] (lemon) squash.

kwas[3] kvas(s), Russian beer.

kwa·sar *-sars* quasar, quasi-star.

kwa·si- *comb.* quasi-, pseudo-, *(before a vowel)* pseud-, mock. ~**beskeie** mock-modest. ~**geld** *(fin.)* near money. ~**geregtelik** quasi-judicial. ~**godsdienstig** quasi-religious. ~**ster** *-re, (rare)* = KWASAR.

kwa·sji·or·kor, kwa·sji·or·kor *(med.)* kwashiorkor.

kwas·se·ring quassation.

kwas·sie *-sies* small brush, etc.; brush *(for writing)*; tassel; pompom, pompon; →KWAS[1]. **kwas·sie·ag·tig** *-tige* tufty. **kwas·sie(·hout)** quassia, bitter ash/wood.

kwas·te·rig *-rige* knotty, gnarled, knaggy, nodose, nodular, knobby, knobbly; snagged, snaggy; bad-tempered, full of whims. **kwas·te·rig·heid** nodosity, knottiness; bad temper.

kwa·ter →KWAAD[1] *adj.*.

kwa·ter·nêr *-nêre* quaternary. **kwa·ter·ni·on** *-one* quaternion.

kwa·tryn *-tryne, (pros.)* quatrain, tetrastich.

Kwa·Zu·lu-Na·tal *(geog.)* KwaZulu-Natal.

kweek *n.: growwe ~* coarse couch (grass); *regte ~* quick(grass). **kweek** *ge-, vb.* cultivate, nurture, nurse, grow *(plants)*; breed *(animals)*; foster *(goodwill)*; nourish *(hatred)*; train; *'n* ***baard*** *~* grow a beard; *in 'n* ***broeikas*** *~* force *(plants)*; *ge~te* ***pêrel*** cultured/cultivated pearl; *ge~te* ***rente*** accrued interest; *'n* ***snor*** *~, (also)* sprout a moustache; *ge~te* ***variëteit*** cultivar. ~**bak** hotbed. ~**bedding** seedbed. ~**bodem** culture medium. ~**boom** nurse tree. ~**dam** nursery *(for fish)*. ~**(gras)** couch/quitch (grass), dog('s)/twitch/wheat/devil's grass. ~**huis,** ~**kas** hothouse, greenhouse. ~**huiseffek** greenhouse/hothouse effect. ~**huisgas** greenhouse gas. ~**kas** *(hort.)* cold frame. ~**materiaal** nursery stock. ~**middel** nutrient medium. ~**plek,** ~**plaas** nursery; hatchery; *(fig.)* hothouse *(of artistic activity etc.)*; *(fig.)* matrix *(of an ideology etc.)*; *(fig., pej.)* hotbed, breeding ground. ~**plaat** culture plate. ~**plant(jie)** nurs(e)ling. ~**reaktor** breeder reactor. ~**sak** growbag. ~**skool** training school/college; *(fig.)* hothouse *(of artistic activity etc.)*; *(fig., pej.)* hotbed, breeding ground. *(teologiese) ~* (theological) seminary, theological college. ~**stof** breeder material. ~**toestel** incubator. ~**tuin** nursery (garden). ~**variëteit** cultivar.

kweek·baar *-bare* cultivable, cultivatable. **kweek·baar·heid** cultivability.

kweel *ge-* carol, warble.

kween *kwene* sterile cow/mare/ewe/etc..

kwee·pas·ser odd-leg cal(l)ipers, jenny cal(l)ipers, male and female cal(l)ipers, hermaphrodite cal(l)ipers.

kwe·ke·ling *-linge* pupil; apprentice; trainee; nurs(e)ling; *~(onderwyser/onderwyseres)* pupil-teacher, student/practice teacher.

kwe·ker *-kers* grower, breeder, cultivator; nurseryman; fancier; →KWEEK *vb.* **kwe·ke·ry** *-rye* nursery; seed plot; hatchery. **kwe·king** *-kings, -kinge* culture; cultivation; breeding.

kwê·kwê *-kwês* goat/tailorbird, bleating/green-backed bush warbler.

Kwe·kwe *(geog.)* Kwekwe.

kwel *ge-* annoy, torment, trouble, vex, obsess, bother, distress, harass, badger, worry, nag, *(infml.)* bug; *iem. ~ hom/haar* ***daaroor*** s.o. worries about it, it worries (*or [infml]* bugs) s.o.; *~ jou nie* ***daaroor*** *nie* don't let it trouble you; *jou* ***erg*** *~* be much/very worried; *die* ***gedagte*** *~ iem.* the thought haunts s.o. (*or* preys on/upon s.o.'s mind); *iem. se* ***gewete*** *~ hom/haar* s.o.'s conscience troubles/stings him/her; ***iets*** *~ iem.* s.o. has s.t. on his/her mind, s.t. worries/troubles s.o.; *~* ***jou*** *nie!* don't worry (yourself)!; *~* ***jou*** *nie daaroor nie!, (also)* don't let it trouble you!; *jou **oor** ... ~* worry about/over ...; agonise over ...; *jou nie **oor** ... ~ nie* not let ... trouble one; *deur **sorge** ge~* care-ridden; *jou **verskriklik** ~* be in torment, suffer torments. ~**duiwel,** ~**gees** teaser, tormentor, pest, imp. ~**gedagte** nagging thought, obsession. ~**gees** worrier, *(infml.)* worryguts. ~**kol** *(rare)* trouble spot. ~**siek,** ~**sugtig** *=e* vexatious. ~**sug** vexatiousness. ~**vraag** worrying question, worry; heckling question; *kwelvrae stel* heckle. ~**vraer** heckler. ~**vuur** harassing fire. ~**waarde** nuisance value.

kwê·la *ge=* kwela. ~**dans** kwela dance. ~**fluit(tjie)** penny whistle.

kwel·lend *=lende* vexatious, harrowing, harassing, tormenting; haunting *(memories); ~e sorge* carking cares. **kwel·le·ry** molestation. **kwel·ling** *=lings, =linge* torment, harassment, trouble, vexation, worry; *'n ~ des geestes* a mental torment; *sonder die minste ~* without any qualms, without the slightest qualm; *iets sonder die minste ~ doen, (also)* not scruple to do s.t..

kwe·per *=pers* quince. ~**(boom)** quince (tree). ~**heining** quince hedge. ~**jellie** quince jelly. ~**kierie** supplejack, quince/walking cane. ~**konfyt** quince jam. ~**laning** quince hedge, row of quince trees. ~**lat** quince stick; *onder die ~ deurloop, met die ~ kennis maak, die ~ proe* be birched/licked; *iem. met die ~ gee* tan s.o.'s hide, birch/thrash s.o.. ~**sambal** quince sambal. ~**selei** quince jelly.

kwêr *ge=, (rare)* nag, jaw. **kwe·ru·lant** *=lante, (rare)* querulous/peevish person, nagger, sea lawyer.

kwes *ge=* injure, wound, scotch; scathe; bruise *(fruit);* wing *(bird).* ~**bom** antipersonnel bomb. ~**myn** antipersonnel mine. ~**plek** wound, scar.

kwes·baar, kwets·baar *=bare* vulnerable; *vir ... ~ wees* be vulnerable to ... *(attacks etc.).* **kwes·baar·heid, kwets·baar·heid** vulnerability.

kwe·sel *ge=, (rare)* cant, play the bigot. **kwe·se·laar** *=laars, (rare)* bigot, canter. **kwe·sel·ag·tig** *=tige, (rare)* bigoted, canting. **kwe·se·la·ry** *(rare)* cant, bigotry.

kwes·sie *=sies* matter, question; issue; quarrel; *'n ~ **aanpak/aanroer*** address an issue; *iets is **buite** ~* s.t. is beyond dispute (*or* beyond [all] question); s.t. is out of the question; ***buite** ~ stel* rule out (of court); *die ~ waaroor dit **gaan*** the point at issue; *daar is **geen** ~ van nie* it is out of the question, *(infml.)* it is not on; *daar is **geen** ~ van nie!, (also, infml.)* that's out!; *die saak **in** ~, (<Du.)* the point at issue (*or* in question); *'n **netelige** ~* a ticklish question; a touchy subject; *'n **saaklike** ~, 'n ~ van **feite*** a question of fact; *'n ~ van **tyd*** a matter/question of time. **kwes·ti·eus** *=euse =euser =eusste* of *meer ~ die mees =euse, (rare, fml.)* doubtful, dubious, questionable; contentious, debatable.

kwes·tor *=tors* →QUAESTOR. **kwes·tuur** *=ture* →QUAESTUUR.

kwets *ge=* grieve, offend, outrage, injure, wound, hurt *(s.o.'s feelings);* →KWETSEND. **kwets·baar** *=bare* →KWESBAAR. **kwet·send** *=sende* hurtful, unkind, wounding *(remark etc.);* offensive *(lang.); ~e vergelyking* invidious comparison. **kwet·sing** *=sings, =singe* hurt(ing), offence; trauma. **kwet·suur** *=sure, (rare)* hurt, injury, wound, lesion, trauma.

kwet·sal *(orn.)* quetzal; *(monetary unit of Guatemala)* quetzal.

kwet·ter *ge=* chirp, chirrup, twitter; chatter, babble, jabber, prattle, *(infml.)* ya(c)k, yackety-yak.

kwê·vo·ël, pê·vo·ël grey lourie, go-away bird.

kwiek *n. & vb., (rare)* = KWIK².

kwi·ë·tis·me *(relig., also K~)* quietism. **kwi·ë·tis** *=tiste, (also K~)* quietist. **kwi·ë·tis·ties** *=tiese, (also K~)* quietist(ic).

kwik¹ *n.* mercury, quicksilver *(chem.; symb.:* Hg*); ~ byvoeg* mercurise; *met ~ behandel* mercurialise; *die ~ daal/sak/styg* the barometer is dropping/falling/rising; the temperature is dropping/falling/rising. ~**bad** mercurial bath. ~**bak** mercury cup/trough. ~**barometer** mercurial barometer. ~**buis** mercury tube. ~**byvoeging** mercurisation. ~**chloried** corrosive sublimate. ~**damp** mercury/mercurial vapour, mercury gas. ~**houdend** *=e* mercurial. ~**-I-verbinding** mercurous compound. ~**-II-verbinding** mercuric compound. ~**kolom** mercurial/mercury column, column of mercury. ~**kuur** mercury cure. ~**laag** foil. ~**lamp** mercury lamp. ~**middel** *=s* mercurial. ~**myn** quicksilver mine. ~**oksied** mercuric oxide. ~**pil** blue pill. ~**salf** blue/mercurial ointment. ~**silwer** *n., (chem., symb.:* Hg*)* quicksilver, mercury. ~**silwer** *adj., (fig.)* quicksilver. ~**silweragtig** *=e* mercurial. ~**silwererts** mercurial ore. ~**sout** mercuric salt. ~**sublimaat** corrosive sublimate, mercuric chloride. ~**termometer** mercurial thermometer. ~**verbinding** *=s, =e* mercury compound. ~**verf** foil *(behind glass to make a mirror).* ~**vergiftiging** mercurialism, mercurial poisoning, hydrargyrism. ~**waterpas** mercury level.

kwik² *n.: geen (of nie 'n) ~ of kwak/kwaak nie* not a sound/word. **kwik** *ge=, vb.: of iem. nou ~ of kwak/kwaak* no matter what s.o. does.

kwik·ag·tig *=tige* mercurial.

kwik·kie *=kies* →KWIKSTERTJIE. **kwik·ster·tjie** *=tjies* wagtail.

kwilt *kwilte, n.* quilt. **kwilt** *ge=, vb.* quilt. ~**stof** quilting. ~**werk** quilting.

kwi·nêr *=nêre* quinary.

kwin·ke·leer *ge=* carol, twitter, warble.

kwink·slag joke, quip, witticism, (wise)crack, sally, flash of wit, gag; *'n ~ maak* make a quip/crack *(infml.); 'n ~ oor ... maak/kwytraak* make a wisecrack about ...

kwint *kwinte, (mus.)* fifth, quint(e); prank, trick; vagary; *~e en kwale* ailments; shortcomings; *vol ~e wees* be capricious/whimsical/fickle (*or* full of whims). **kwin·taal** *=tale* quintal. **kwint·ap·pel** bitter apple, colocynt(h); →KOLOKWINT. **kwint·es·sens** quintessence, pith, gist. **kwin·tet** *=tette* quintet(te). **kwin·til·joen** *=joene* quintillion. **kwint·snaar** E-string.

Kwi·ri·naal →QUIRINAAL.

kwis·pe·door *=doors, =dore* spittoon, spit box, cuspidor(e).

kwis·pel *ge=* wag, frisk; *die hond ~ met sy stert* →STERT. ~**stert** *ge=* wag the tail.

kwis·tig *=tige =tiger =tigste, adj. & adv.* lavish(ly), liberal(ly), exuberant(ly); *~ **met** ... wees* be lavish (*or [infml.]* flush) with ... *(money etc.);* be free/liberal with ...; *~ wees **met** geld/ens. vir ...* lavish money/etc. on ...; *met 'n ~e **hand*** →HAND; *geld ~ **uitgee/bestee*** spend money extravagantly. **kwis·tig·heid** lavishness, liberality, prodigality; *in/met ~* in profusion.

kwi·tan·sie *=sies* receipt; voucher; *'n kwitansie vir ... uitskryf/=skrywe* make out a receipt for ... ~**boek** receipt book, book of receipts. ~**strook** receipt slip.

kwi·teer *(ge)=* receipt. **kwi·te·ring** quittance.

Kwo·min·tang *(<Chin.): die ~, (hist., pol.)* the Kuomintang.

kwo·rum *=rums* quorum.

kwo·si·ënt *=siënte* quotient.

kwo·ta *=tas* quota, contingent, share.

kwo·teer *(ge)=* quote *(a price);* tender *(for a transaction etc.);* allocate, apportion *(a quota).* **kwo·ta·sie** *=sies* quotation; *(aan) iem. 'n ~ vir ... gee* give s.o. a quotation for ...

kwyl *n.* drivel, slaver, salivation, dribble, slobber. **kwyl** *ge=, vb.* drivel, slaver, slobber, run at the mouth, drool, salivate, dribble; *oor iem./iets ~, (infml.)* drool over s.o./s.t.. ~**wortel** pyrethrum.

kwy·ler *=lers* driveller, dribbler, slobberer. **kwy·le·rig** *=rige* slobbery, slobbering. **kwy·ling** slavering, drooling, salivation.

kwyn *ge=* languish, pine away, droop; *(plants)* decline, fade, wilt, wither; *(conversation, interest)* drag, flag; *(strength etc.)* seep away, dwindle (away); waste (away), fall into (a) decline, fade, starve; *begin ~* sicken. ~**wol** *(text.)* wasty wool.

kwy·nend *=nende* languishing, flagging, drooping, fading; *~e dier/plant, (rare)* threatened species. **kwy·ning** drooping, languishment; wilting; flagging, decline; dystrophy; dwindling; wasting *(med.);* droop; →KWYN.

kwyt *adj.* (→KWYTRAAK): *iem. is sy/haar **geld** ~* s.o. (has/had) lost his/her money; ***iem.** gelukkig ~ wees* be rid of s.o., thank goodness; *iem. se **naam** ~ wees* forget s.o.'s name; *'n paar **rand** ~ wees* be minus a few rands. **kwyt** *ge=: vb. jou van ... ~* acquit o.s. of (*or* discharge/perform) ... *(a task etc.); jou goed van jou taak ~, (also)* quit o.s. well. ~**brief** receipt; (letter of) discharge; clearance certificate. ~**raak** *kwytge=* (→KWYT *adj.*): *'n **aanmerking** ~* drop/make/pass a remark; *die **draad** ~* →DRAAD *n.; **gal** op iem. ~* vent one's spleen on s.o.; ***iem.** ~* get rid of s.o., shake/throw s.o. off; ***iets** ~* lose s.t. *(one's bearings/way, a trail, etc.);* sell, dispose of s.t. *(a house etc.);* mouth s.t. *(platitudes etc.);* →***aanmerking;** die **kluts** ~* →KLUTS. ~**skeld** *kwytge=* forgive *(sins),* let off; remit *(tax);* cancel *(debt);* pardon, waive; *uitstel gee is nie ~ nie* omittance is no quittance. ~**skelding** *=s* absolution, forgiveness *(of sins);* acquittal, amnesty, pardon; remission *(of taxes etc.);* indemnity, write-off; waiving, cancellation; quietus; *~ van straf* free pardon; *algemene ~* general pardon.

kwy·ting discharge, performance *(of a task);* payment, settlement *(of an account, a debt);* discharge *(of a liability).*

ky·a·ni·seer *ge=* kyanise *(wood).*

kyf *n.: buite ~, (obs.)* beyond (a) doubt; *buite alle ~, (obs.)* beyond all doubt. **kyf** *ge=, vb.* dispute, quarrel, wrangle, brawl. ~**party** quarrelling, wrangling, bickering, tiff. ~**siek** *=e* quarrelsome.

kyf·ag·tig, kyf·ag·tig *=tige* quarrelsome, shrewish, vixenish, termagant. **kyf·ag·tig·heid** quarrelsomeness, termagancy, shrewishness.

kyk *n.* aspect, look; view; →KYKIE; *'n ~ **op** ..., (also)* a view of ...; an angle on ...; *'n ~ **op** iets gee* shed/throw light on/upon s.t.; *iets gee iem. (glad) 'n ander ~ **op** sake* s.t. is an eye-opener to s.o. *(infml.); 'n ander ~ **op** iets hê* take a different view of s.t.; *dieselfde ~ **op** iets hê as iem.* see eye to eye with s.o.; *'n ~ **op** iets kry* get one's eye in, begin to see/understand s.t. more clearly; *iem. se ~ **op** die lewe* s.o.'s outlook (on life); *'n skewe/verwronge ~ **op** die lewe* a warped outlook; *iem. se ~ **op** die saak* s.o.'s view of the matter; *'n ~ **op** 'n saak, (also)* a slant on a subject; ***te** ~* on view; *'n nuwe ~ **van** die saak* a new slant on the subject. **kyk** *ge=, vb.* look, look at, see, view; pry; pore; →MISKYK, UITKYK *vb.; ~ ('n) **bietjie** hier/daar!, (also, infml.)* get an eyeful of this/that!; *~ (op) **bl.** 15/ens.* see (*or* turn to) p. 15/etc.; ***boontoe** ~* look up; *in die **bottel/glas** ~* be addicted to drink; *na **buite*** (*of **buite[n]toe***) *~* look out; *~ net **daar!*** take a look at that!; *~ (tog) wat jy **doen!*** take (*or* have a) care!; *iem. moet ~ wat hy/sy **doen,** (fig.)* s.o. has to mind/watch his/her step, s.o. has to step warily; ***gaan** ~* go and (have a) look; *(na) iets **gaan** ~* go to see s.t.; *~ wat **gedoen** kan word* see what can be done; ***goed** ~* take a good look; look well; ***gou** na iets ~* have a quick look at s.t.; run one's eyes along/down/over s.t.; *~ **hier!*** look/see here!; *~ **hoe** ...* see how ...; *~ so 'n **kêrel!*** just look at the fellow!; *iem. ~ die **kêrel** tog so* s.o. gave the fellow a look; ***kom** ~* come and (have a) look; *baie mense het (dit/daarna) **kom** ~* many came to look (at it); ***kom** self ~, kom ~ self* come and see for yourself; *(na) iets **laat** ~* show/exhibit/display s.t.; ***laat** my ~, (lit.)* let me see; ***maar** ~ so 'n ...!* some ..., what? *(infml.); iem. **middeldeur** ~* wither s.o. with a (*or* give s.o. a withering) look; ***na** ... ~* look at ...; have a look at ...; watch ... *(a film, game, etc.);* view ... *(a house etc.);* look toward(s) ...; look after (*or* care for *or* mind) ...; tend ... *(plants etc.);* attend to ...; see to ... *(s.t. that is out of order etc.); aandagtig/stip **na** iets ~* look hard at s.t.; *'n bietjie **na** iets ~* have/take a look at s.t.; *iem. kan nie **na** iets ~ nie* s.o. cannot bear the sight of s.t.; *minagtend **na** iem. ~* look down one's nose at s.o.; *skelmpies/steels **na** ... ~* steal a glance/look at ...; *skuins **na** ... ~* squint at ...; look askance at ...; *stip/strak **na** ... ~* gaze (fixedly) at ...; *iem. ~ stip/strak **na** iets, (also)* s.o.'s eyes are riveted on s.t.; *veelseggend **na** iem. ~* give s.o. a meaning look; *vlugtig **na** ... ~* glance at ...; *(infml.)* peek (*or* have/take a peek) at ...; *~ **na/vir***

my mark me; *op jou* ***neus*** ~ look foolish; *die huis* ~ ***noord/ens.*** the house faces (to[wards] the) north/etc.; ~ ***nou!,*** *nou* ~*!* just look (at that)!; ***nou*** ~ *(nou)!* (just) fancy!; *iem. in die* ***oë*** ~ meet s.o.'s eye; look s.o. in the eyes/face; *iem. na die* ***oë*** ~ be dependent on s.o.; *goed uit jou* ***oë*** ~ be very observant/circumspect; watch your p's and q's; ~ ***of*** ... see whether ...; ***oormekaar/ skeel*** ~ squint, have a squint; ~ ***op*** *bl. 15/ens.* →***bl.;*** ***op*** *jou horlosie/oorlosie* ~ consult one's watch; ***op*** *die klok* ~ watch (*or* look at) the clock; read the clock; ***rugby/ televisie/ens.*** ~ watch rugby/television/etc.; *ek* ***sal*** ~ I'll (*or* I will) see; *ek* ***sal*** ~ *wat gebeur* I'll wait and see; *jou* ***sat*** ~ look one's fill; ~ ***self!*** see for yourself!; *kom* ~ ***self,*** *kom* ***self*** ~*!* come and see for yourself!; ***self*** *na iets* ~ see s.t. for oneself; ***skeel*** ~ →***oormekaar/skeel;*** ***suur/boos*** ~ scowl; ***vir*** *iem.* ~ look at s.o., give s.o. a look; ***vry*** *om te* ~ a cat may look at a king; ~ ***waar*** *jy loop/ry!* look where you're going!; ~ ***wat*** *gedoen kan word* see what can be done; ***wat*** ~ *jy?* what are you looking at?; *toe iem.* ***weer*** ~ ... the next thing s.o. knew ...; *verbaas* ***weer*** ~ do a double take. **~dag** show/view=(ing) day. **~gaatjie, ~gat** peep=, loop=, eyehole, judas; spy/observation/inspection hole; sight hole. **~gleuf** visor *(mil.),* observation/eye slit. **~-in-die-pot** *n.* snoop=er, Paul Pry. **~kas** showbox; peepshow, *(arch.)* raree show; *(hist.)* cosmorama. **~kas(sie)** *(infml.)* the box (*or* small screen *or* gogglebox), TV, telly. **~lisensie** tele=vision *or* viewing licence. **~koper** window-shopper. **~lus** eagerness to see, curiosity; inquisitiveness. **~lus=tig** =*e* eager to see, curious; inquisitive, prying. **~lus=tige** =*s* sightseer. **~spel** peepshow; *(chiefly hist.)* dio=rama; *(hist.)* cosmorama; spectacular play; spectacle; television play; pageant. **~spleet** observation slit, (sight) aperture. **~sport** spectator sport. **~stuk** spectacular play. **~syfer** *(TV)* rating; *die hoogste* ~ *behaal* top the ratings. **~tyd** viewing time. **~uit** =*e* peephole; lookout, watchtower. **~venster** viewing window. **~weer** *n., (TV)* (action/instant) replay.

ky·ker =*kers* looker-on, spectator; eye, pupil; viewer; spyglass, telescope; opera glass. **~vernouing** miosis, myosis.

ky·kers(·pu·bliek) viewership. **ky·ker(s)·tal, ky·ker(s)=ge·tal(·le)** viewership.

ky·kie =*kies* look, peep, squint, glimpse, *(infml.)* look-see; ~*s* ***in*** *die geskiedenis* glimpses of history; *iets gee iem. 'n* ~ ***in*** ... s.t. gives/affords s.o. a glimpse of ...; *'n* ~ ***in*** ... *kry* get a glimpse of ...; *'n* ~ ***op*** ... a sidelight on ...

Ky·re·ni·a *(geog.)* Kyrenia.

Ky·ri·e (e·le·i·son) (*<Gr., Chr. liturgy:* Lord, have mer=cy*)* Kyrie (eleison).

ky·wend =*wende* →KYF *vb.*. **ky·we·ry** =*rye* quarrel(ling), wrangling.

Ll

l, L *=e', ='s (twelfth letter of the alphabet)* l, L, el; *(Rom. numeral 50)* L. **l'e·tjie** little l.

la *(mus.)* la.

laaf, la·we *ge=* refresh; try to bring *(s.o.)* to, try to restore consciousness; *jou met 'n drankie ~* refresh o.s. with a drink. **laaf·nis** →LAFENIS.

laag[1] *lae, n.* layer; *(geol.)* bed, stratum; *(coal)* seam; coat(ing); film; ply; course *(of bricks)*; storey; shelf; tier; ambush; *met 'n ~ ... **bedek** wees* be caked in/with ..., be coated with ... *(mud etc.)*; *iem. die volle ~ **gee**, (lit., fig.)* give s.o. a broadside, fire a broadside at s.o.; *in lae **gepak/gerangskik/gesny/ens.*** layered; *in lae **pak/ rangskik**, (cook.)* layer; *die verskillende lae van die **samelewing*** the different strata of society; *in lae **sny*** layer *(hair)*. **laag** *ge=, vb.* course *(masonry)*. **~epiteel** *(biol.)* stratified epithelium. **~hout** plywood. **~koek** layer cake. **~op-laag-voorkoms** *(fashion)* layered look. **~rif** bedded reef. **~vlak** bedding plane. **~vormig** *=e* stratiform *(tech.)*. **~vormigheid** stratification. **~vorming** stratification. **~wolk** *(meteorol.)* layer cloud; *(also, in the pl.)* strati. **~wrywing** *(tech.)* skin friction.

laag[2] *lae, n., (meteorol.)* low(-pressure area). **laag** *adj.* low *(house, dress, tide, price, note, class)*; low, base, infamous, mean, vile *(creature)*, foul; despicable, common; vulgar, villainous; scurrilous; menial; →LAE=, LAER[1] *adj. & adv.*; *~ **(af)*** low down; *lae **druk/frekwensie/spanning/temperatuur*** low pressure/frequency/ tension/temperature; *lae **frekwensie*** low frequency; *van lae **geboorte*** baseborn *(arch.)*; *'n lae **gebou**, (also)* a low-rise (building); *lae **gety*** ebb, low tide; *~ by die **grond*** near the ground; *lae **halslyn*** plunging neckline; *iets ~ **hou*** keep s.t. down *(one's head)*; hold s.t. down *(prices)*; *lae **hou*** foul blow; *raming aan die lae **kant*** conservative estimate; ***laagste*** undermost; *lae **lak*** →LAE-LAK; *lande met lae **lone*** low-wage countries; *'n lae **opinie** van iets hê* have a low opinion of s.t.; *~ste **prys*** floor price; *~ste **pryse*** lowest/keenest prices; *~ste **rat/ gang/versnelling*** low gear; *laer **stand(e)*** lower class(es); *lae **tegnologie*** low technology, *(abbr.)* low tech. **laag** *lae laer laagste, adv.* low; lowly, meanly, basely; *te ~ **besoldig*** underpay; *~ **daal*** sink low; *~ op ... **neersien**, (rare)* look down upon ...; *~ **sing*** sing low; *~ **vat*** tackle low. **~betaal(d), ~besoldig(d)** low-paid, low-salaried, low-wage *(worker etc.)*. **~-by-die-gronds** *=e, (dated)* commonplace, dull, banal, uninspired; low-down, low, common, base, sordid. **~drukgebied, laedrukgebied** *(meteorol.)* low-pressure area, depression, low, cyclone. **~drukstelsel, laedrukstelsel** low-pressure system. **L~-Egipte** →BENEDE-EGIPTE. **~geleë** low-lying *(ground)*. **~gestem(d)** low-pitched, low-toned. **~gety** ebb; neap tide. **~hangend** low-slung. **~hartig** *=e, (rare)* base, low, mean, vile. **~hartigheid** *(rare)* baseness, vileness, meanness, nefariousness. **~land** lowland; *die Skotse L~* the Scottish Lowlands. **~lander** lowlander; *(Skotse) L~* Lowlander. **L~latyn** Low Latin. **~liggend, ~ liggend** *=e* low-lying *(cloud)*. **L~maleis** *(lang.)* Bazaar Malay. **~reliëf** →VLAKRELIËF. **~seisoen** low season. **~spanning** low voltage; low tension. **~stammig** *=e* short-stemmed, low-stocked *(plant)*. **~tegnologies** *(sometimes joc.)* low-tech *(industry etc.)*. **~vat** *=te, n., (rugby)* (low) tackle. **~vat** *laagge=, vb.* tackle (low). **~vlakglooiing, ~vlakhang** dip slope. **~vlakte** low-lying plain; *die Noord-Amerikaanse L~* the Great Plains (of North America). **~vlieënde** *(attr.)* low-flying *(aircraft, bird)*. **~water** low tide, ebb (tide); *by ~* at low tide; *dis ~* it is low tide/water, the tide is out. **~waterbrug** causeway. **~waterlyn** low-water mark, tidemark. **~watermerk** tidemark.

laag·heid *=hede, (lit., fig.)* lowness; meanness, baseness; turpitude, villainy, sordidness; *(also, in the pl.)* mean things/conduct.

laags·ge·wys, laags·ge·wy·se in layers; stratiform *(tech.)*.

laag·te *=tes, (lit.)* lowness, low level; *(also* leegte*)* valley, depression, dip, flat, hollow, laagte; *oor hoogtes en deur ~s* up hill and down dale. **~punt** low (point), nadir, lowest point; anticlimax; *sy/'n ~ bereik, (relations etc.)* reach a low/nadir; *(a recession etc.)* bottom out; touch bottom; *by 'n ~* at a low; at a nadir; *'n nuwe ~ bereik* reach a new low. **~tyd** valley period. **~-uur** valley hour.

laag·te·tjie, leeg·te·tjie *=tjies* slight dip.

laai[1] *laaie, n.* drawer *(of a desk etc.)*; stock *(of a gun)*; **~hingsel** drop handle. **~kas** chest of drawers; *hoë ~* tallboy; *dubbele hoë ~* chest-on-chest. **~tafel** chest of drawers; table with a drawer.

laai[2] *laaie, n.* custom, trick, stunt, dodge; *dis iem. se ou ~* that is s.o.'s usual game/trick; *weer met jou ou ~e besig wees, (infml.)* be at one's old tricks again.

laai[3] *ge=, vb.* load, charge, prime *(gun)*; load (up) *(a wag[g]on, ship, etc.)*; freight; truck; ship; charge *(a battery)*; *(die/'n bedryfstelsel) ~, (comp.)* boot (up), bootstrap; *met **betekenis** ge~ wees* be charged/dense/loaded with meaning; *iets **in** ... ~* load s.t. into ...; discharge s.t. into ...; ***koud** ~, (comp.)* give a cold boot; *jou **maag** vol kos ~* load your stomach with food; ***met** ... ge~ wees* be loaded with ...; be charged with ...; *iets **op** ... ~* load s.t. onto ...; *iets **op** iem. ~* off-load s.t. onto (*or* on to) s.o. *(tasks etc.)*; slap s.t. on s.o. *(a tax)*; *moenie te veel **op jou** ~ nie* don't undertake too much; ***swaar** ge~ wees van ...* be heavily loaded with ...; *iets met ... **vol** ~* heap s.t. with ...; ***warm** ~, (comp.)* give a warm boot; ***weer** ~, opnuut ~* reload. **~bak** loading bin. **~blad** apron *(at an airport)*. **~boom** derrick; jenny. **~bord** pallet. **~brief** loading note. **~brug** gantry; loading ramp. **~deur** loading door. **~gat** touchhole; *(min.)* box hole; vent *(of a cannon)*. **~gebied** loading zone. **~geld** loading charge; stowage. **~graaf** power shovel, front-end loader, earth mover. **~hark** sweep rake, hay sweep. **~kas** *(min.)* loading box. **~kis** *(rare)* container; →HOUER. **~kraal** loading kraal, loading pen. **~kraan** loading crane, charging crane. **~lyn** *(naut.)* load line. **~mas** king post. **~masjien** loading machine, (mechanical) loader, charger. **~mate** loading gauge limits. **~meester** checker; tally clerk *(in a harbour)*. **~plank** skid; loading bank. **~platform** loading platform; charging floor. **~plek** loading place, berth; *(zone)* loading bay. **~ruim** cargo hold/space. **~ruimte** tonnage *(of a ship)*, stowage. **~span** loading gang. **~spanning** charging voltage. **~steier** loading stage. **~stok** ramrod, rammer; charging stick/ rod, tamping rod; gun rod/stick; *lyk of jy 'n ~ ingesluk het, (infml.)* be as stiff as a poker/ramrod. **~stroom** charging current. **~toestel** →LAAIER. **~tregter** feed hopper. **~vak** loading bay/zone. **~vermoë** load(ing) capacity *(of a vehicle)*; carrying capacity *(of a ship)*; *(elec.)* charge capacity.

laai·e: *iets is/staan in ligte ~* →LIGTE LAAIE.

laai·er *=ers* charger; loader.

la(a)i·tie *(infml., sometimes derog.: young boy)* lightie, lighty, la(a)itie.

laai·tjie *=tjies* little drawer.

laak *ge=, (rare)* blame, find fault with, reprehend, criminate, dispraise, censure. **laak·baar** *=bare* blameworthy, reprehensible, censurable, blamable, wrongful, objectionable; *laakbare gesindheid, (jur.)* mens rea *(Lat.)*; *laakbare mens, (also, infml.)* sleaze. **laak·baar·heid** reprehensibleness, blameworthiness, sleaze *(infml.)*.

Laa·land *(geog.)* Lolland, Laaland.

laan *lane* avenue, walk, boulevard.

laars *laarse, (rare, dated)* boot, field boot; *hoë ~* knee boot.

laas last, lastly; lately, recently; (the) last time; *~ **jaar/ nag/Vrydag/ens.*** last year/night/Friday/etc.; *na/op **lange** ~* at long last; *iem. het iets **lank** ~ gedoen* →LANK *adj. & adv.*; ***vir** ~ iets doen* do s.t. for the last time; *'n drankie **vir** ~* a final drink; ***wanneer** was jy ~ daar?* when were you there last?; *hy/sy **was** ~ nog in ...* the last time I heard (of him/her) he/she was still in ... **~genoemde, ~gemelde** *(rare)* latter *(of two)*; last-named, last-mentioned, the latter. **~lede** last; *~ Vrydag, Vrydag ~, (fml., dated)* Friday last.

laas·te *n.* last one; *die L~ **Avondmaal/Awendmaal**, (Chr.)* the Last Supper; *die ~* the last one; the latter; *op **een** na die ~* the last but one; *maar baie wat **eerste** is, sal ~ wees, en wat ~ is, eerste, (Bib.)* but many that are first shall be last, and the last shall be first; ***einde** ten ~, ten **einde** ~, **eindelik** (en) ten ~* at (long) last, at length; *in die **gedeelte/maande** van die jaar, (also)* at the back end of the year; *die **heel** ~* the very last; *op die ~ **kop uittrek*** back out at the eleventh hour; *ten **(lange)** ~* →***ten;*** *die ~ maar nie die **minste** nie* last but not least; *iets op die ~ **oomblik/nippertjie** doen* do s.t. at the last minute; ***op** die ~* at last; at the eleventh hour; ***op** die/sy ~* at the latest; *iem. lê **op** sy/haar ~* s.o. is dying, s.o. is at the point of death; *die ~ **sakramente** aan iem. bedien, (Chr.)* administer the last rites/sacraments to s.o.; ***ten** (lange) ~* at (long) last, at length; lastly, finally; ***tot** op die ~* to the last; up to the last moment; *iem. sou die ~ wees **wat** so iets doen* s.o. would be the last to do such a thing. **laas·te** *adj.* last; finishing, final; ultimate; latest *(reports)*; *~ **aanmaning*** →AANMANING; *~ **adres** bekend* last known address; *die ~ vyf **dae** van die jaar* the last five days of the year; *ek het ... die ~ vyf **dae** nie gesien nie* it is five days since I saw ... last; *die ~ **een*** every single one; all and sundry; the endmost; *die ~ **eksamen*** the final examination; *die ~ **hand** aan iets lê* add/apply/give/put the finishing touches to s.t.; *~ **hoepel**, (fig.)* rock bottom; *in die ~ **jare*** of late years, in recent years; *die ~ **laag*** the finishing coat; *die ~ **maal*** the (very) last time; *die/de ~ **mens** was daar* everybody (*or* every man jack) was there; *op die ~ moontlike **oomblik*** in the nick of time; *die L~ **Oordeel*** the Last Judg(e)ment; *~ **sent*** bottom dollar; *~ **skof**, (fig.)* home stretch; *die ~ **trein** is om middernag* the last train departs/arrives at midnight; *in die ~ **tyd*** lately, recently, of late; *die ~ **uitgawe** (van die dag)* the final edition; *ouderdom op die ~ **verjaar(s)dag*** age last birthday; *~ **wens*** dying wish; *die ~ **woord** hê* →WOORD. **laas·te** *adv.* last; *wie (die) ~ lag, lag (die) lekkerste* →LAG *vb.*; *ek hoor die nuus altyd ~* I'm always the last to hear the news; *wanneer was jy ~ daar?* when were you there last?. **laas·tens** finally, lastly, ultimately.

laat[1] *laat, later laatste, adj. & adv.* late; belated, overdue; unpunctual; *~ in die **aand/nag*** late at night; ***beter** ~ as nooit* →***nooit;*** *~ in die **dag**, (lit.)* late in the day; ***dit** is ~* it is late; *~ **gebore*** late-born; ***hoe** ~ het jy dit?* what time do you make it?, what do you make the time?; *vra **hoe** ~ dit is* ask the time; ***hoe** ~ is dit?* what time is it?, what is the time?; *kan jy my sê **hoe** ~ dit is?* have you (got) the time?; *kyk **hoe** ~ dit is* look at the time; *kyk **hoe** ~ is dit al!* look at the time!; *vir iem. sê **hoe** ~ dit is* give/tell s.o. the time; *iem. weet **hoe** ~ dit is, (fig., infml.)* s.o. knows what is going on, s.o. knows the score (*or* what the game is); *tot wie weet **hoe** ~* till all hours; ***jy's ~!**, (infml.)* you've got a hope!, no fear!;

jy's ~ as jy dink jy kan ...!, (infml.) you're badly mistaken if you think you can ...!; *~* **kom** be late; *hoe ~* **kom** *...?* what time is ... coming?; what time will ... arrive?; *~ in jou* **lewe** late in life; *~ in die* **nag** →**aand/nag;** *beter/liewer(s) ~ as* **nooit** better late than never; it is never too late to mend; *~* **ontbyt** →ONTBYT *n.;* **op** *sy/die ~ste* at the (very) latest; *('n bietjie) ~* **slaap** have a lie-in *(infml.); is dit* **so** *~?, (fig., infml.)* so that's the time of day!; *L~* **Steentyd(perk)** Later Stone Age; *dit is* **taamlik** *~, (fig.)* it's (rather) late in the day; **te** *~* out of (due) time; **te** *~ kom vir die trein* miss the train; **te** *~ vir die konsert* late for the concert; *dit is* **te** *~ om iets te doen* it is too late to do s.t.; *die* **trein** *is ~* the train is late (*or* behind time); *op hierdie ~* **uur** at this late hour; *iem. is/kom ~* **vir** ... s.o. is late for ... *(a meeting etc.); ~* **vy** late fig; →LAATVY. *dit* **word** *~* it is getting late; time is getting on. **~aand** late at night. **~aand-, ~aandse** *(attr.)* late-night. **~betaling** *(fin.)* contango. **~bloeiend** *-e* late flowering, serotine, serotinal, serotinous. **~bloeier** *(person)* late developer; *(plant, person)* late bloomer. **~kommer** latecomer. **~lammetjie** *(infml.: late-born child)* afterthought, laatlammetjie *(<Afr.); (fig.)* latecomer. **L~ Latyn** *(lang.)* Late Latin. **~-maar-loopgung-ho** *(attitude etc.).* **~middag** late in the afternoon. **~nag** late at night. **~nag-, ~nagtelike, ~nagse** *(attr.)* late-night. **~oes(wyn)** *(SA)* late harvest. **~opstaner** *-s* late riser; slugabed *(mainly Am., arch.).* **~perskegesig** sour face. **~roes** Irish blight; late blight. **~ryp** late frost. **~slaper** sleepyhead, late riser; slugabed *(chiefly Am., arch.).* **~slapery** (habit of) rising late. **~vat** *-te, (rugby)* late tackle. **~vy** donkey.

laat² *ge-, vb.* let; leave; allow, permit, let; cause to; leave off, stop; refrain from *(doing s.t.);* make *(s.o. do s.t.);* have *(s.t.)* done; *~* **afkoel** allow to cool; *die kinders* **by** *iem. ~, (also)* off-load the children onto (*or* on to) s.o.; *dit* **daar** *~, dit* **daarby** *~ (bly)* leave it at that; let it go at that; *iets* **daar** *~, iets* **daarby** *~ (bly)* allow s.t. to pass; *'n bewering* **daar** *~, (also)* leave a statement unanswered; *dit* **daarby** *~, (also, infml.)* call it a day; *besluit om dit* **daarby** *te ~* agree to differ; *~ my dit* **doen** let me do it, allow me to do it; *iets ~* **doen** have s.t. done; *~ ek* **gaan/loop/ry** I must go; *~ ons* **gaan/loop/ry!** let us go!; *~* **haal** send for; *hy/sy* **kan** *dit nie ~ nie* he/she has to do it, he/she cannot help it/himself/herself, he/she cannot refrain from doing it; *~ die* **kindertjies** *kom* suffer the children to come; *'n pak* **klere** *~ maak* have a suit made; *iem. ~* **kom** send for s.o., have s.o. come/up; get s.o. in; *~* **loop** get rid of, ditch *(an employee); ~ dit* **maar** don't trouble (yourself); *iem. met 'n* **onbevredigde gevoel** *~* leave s.o. with a dissatisfied feeling; *iets* **opsy** *~* pass s.t. by; give s.t. a miss *(infml.); met* **rus** *~* leave alone (*or* in peace); *~* **sak** lower; *~ my* **sien** let me see, allow me to see; *~ ek* **sien** ... let me see ..., I am not sure; *jou ~* **skeer** have a shave; *~* **skiet** slacken; *~* **staan** leave, ditch *(a car, husband, wife, etc.); slegte gewoontes ~* **staan** get rid of bad habits; *iets ~* **staan** leave s.t. (alone); *jou goed daar ~* **staan** left your things there; *iem. kan nie Latyn lees nie, ~* **staan** *dit skryf* s.o. cannot read Latin, let alone write it; *iem. die* **tyd** *~* allow s.o. the time; *iem.* **uit** *iets ~* leave s.o. out of s.t.; cut s.o. from s.t. *(a will etc.); ~* **vaar** give up, cast/fling to the winds, ditch *(plan, project, etc.); 5* **van** *10 ~ 5* 5 from 10 leaves 5; *jou dit nie ~* **vertel** *nie* refuse to believe it; *~* **vra** send to ask; **waar** *het jy dit ge~?* where did you leave/put it?; *~* **wag** keep waiting; *~* **weet** let *(s.o.)* know, send word, give notice; *'n* **wind** *~* break wind; (let a) fart. **~-maar-loop(-)houding** laissez-faire attitude.

laat·heid *(no pl.)* lateness.

laat·ste latest; *die eerste trein was 'n uur laat, die tweede later, die derde die ~ van almal* the first train ran an hour late, the second later and the third was the latest of them all; *op die/sy ~* at the latest.

laat·te *(rare): teen die ~* at a late hour; *môre/more/gister teen die ~* later tomorrow/yesterday.

La·ba·rang *(a Muslim feast marking the end of Ramadan)* Labarang, Eid (ul-Fitr).

lab·ber·daan *(<Du.)* salt fish; salt cod.

la·bi·aal *-biale, n. & adj., (phon.)* labial. **la·bi·a·li·sa·sie** *(phon.)* labialisation. **la·bi·a·li·seer** *ge-, (phon.)* labialise.

la·biel *-biele -bieler -bielste, (phys., chem.)* labile; fluctuating, unstable; *~e ewewig* neutral equilibrium. **la·bi·li·teit** lability.

la·bi·o·den·taal *-tale, n. & adj., (phon.)* labiodental.

la·bi·rint *-rinte, (anat.)* labyrinth; *(lit. & fig.)* labyrinth, maze. **la·bi·rin·ties** *-tiese* labyrinthine, daedal.

la·bo·ra·to·ri·um *-riums, -ria* laboratory, lab *(infml.).* **~dier** laboratory animal.

La·bra·dor *(geog.)* Labrador; *(breed of dog, also l~)* Labrador *(also l~); goue l~* golden labrador. **~hond, ~-retriever** *(also l~)* Labrador dog/retriever *(also l~).* **~kus** Coast of Labrador.

La·ce·de·mon *(geog., hist.)* Lacedaemon. **La·ce·dae·mo·ni·ër** *-niërs, n.* Lacedaemonian. **La·ce·do·mo·nies** *-niese, adj.* Lacedaemonian.

la·ding *-dings, -dinge* load; cargo, freight, (ship)load, shipment; *(elec.)* charge; *(min.)* blast; input; *die volle ~, (mil.)* battering charge.

la·dings-: ~gas propellent gas. **~gewig** *(naut.)* dead weight. **~koste** shipping charges. **~opsigter** supercargo.

La·dro·ne →MARIANA-EILANDE.

lae- (→LAAG² *adj.*): **~alkoholbier** low-alcohol beer. **~basluidspreker** subwoofer. **~drukstelsel** →LAAGDRUKSTELSEL. **~frekwensie-** *comb.* low-frequency *(current etc.).* **~graads:** *~e brandstof/petrol* low-grade fuel/petrol. **~hakskoen** flat-heeled shoe. **~-intensiteit-** *comb.* low-intensity *(conflict, warfare, etc.).* **~kosteprent** low-budget film. **~kragmotor** low-powered car. **~lak** *(infml.)* scoundrel, skunk, dirty dog, nasty (piece/bit of work). **~loon-** *comb.* low-wage *(economy).* **~risiko-** *comb.* low-risk *(investment etc.).* **~tegnologie-** *comb., (sometimes joc.)* low-tech *(industry etc.).* **~toonluidspreker** low-frequency speaker, woofer. **~vet-** *comb.* low-fat *(cheese, milk, etc.).* **~vlaktaal** *(comp.)* low-level language. **~vlaktegnologie** low technology, *(abbr.)* low tech.

la·er¹ *adj. & adv.* lower; inferior; minor; *~* **af** lower down; *al* **hoe** *~* lower and lower; *~* **hof** →LAERHOF. *~* **onderwys** primary education; *~ as* **ooit** *wees* be at (*or* reach) an all-time low; *~* **prys** lower price; *~* **skool** →LAERSKOOL; *~* **stande** lower classes; *~* **wal** lee shore. **~hof, ~ hof** inferior/lower court; *die ~* the court below; **~huis** *(parl.)* lower house; *(Britse) L~* (House of) Commons; *(Ierse) L~* Dail (Eireann). **~inkomstegebied** downmarket area. **~inkomstegroep:** *huis vir die ~* downmarket house. **~skool, ~ skool** primary school. **~skoolkind** primary school child. **~skoolleerling** primary pupil.

la·er² *laers, n.* camp; laager *(SA, hist. or fig.);* encampment; *(die) ~ opbreek* break camp; *~ trek* form a laager, go into camp/laager; camp, pitch camp. **la·er** *ge-, vb.* go into camp; *(hist.)* laager. **~goed** *(mil.)* impedimenta. **~kommandant** laager commandant. **~plek** (site of) laager/camp. **~predikant** *(hist.)* field preacher. **~smous** *(hist.)* sutler, vivandier *(Fr., hist.).* **~vuur** *(hist.)* campfire.

la·er³ *laers, n.* bearing *(of a machine).* **~baan** race. **~bus** bearing bush. **~metaal** bearing metal. **~ring** (bearing) race.

la·e·veld lowveld.

laf *lawwe lawwer lafste* silly, foolish, fatuous, witless; mawkish, mushy; senseless, inane; insipid, tasteless, savourless *(food);* lifeless, dull; flat, unfunny, corny *(joke); lawwe dinge doen* do silly things; *lawwe praatjies* balderdash *(infml.),* drivel, tosh *(Br. infml.),* silly talk; *moenie ~ wees nie!* don't be silly!. **laf·aard** *-aards* coward, *(infml.)* chicken, *(poet., liter.)* poltroon. **laf·heid** silliness, inanity; sloppiness; insipidity, insipidness; fatuity, fatuousness; tastelessness; →LAF.

la·fe·nis, laaf·nis *-nisse* refreshment; relief.

laf·har·tig *-e* cowardly, pigeon-hearted, pusillanimous, faint-hearted, yellow *(fig., infml.).* **laf·har·tig·heid** cowardliness, cowardice.

lag *lagge, lagte, n.* laugh, laughter; *iem. is* **aan** *die ~* s.o. is laughing; *iem.* **aan die** *~ maak* make s.o. laugh, raise a laugh; **brul/skater** *van die ~* laugh out loud, laugh uproariously, roar/scream/shriek with laughter; **dik** *van die ~ wees* be highly amused; *aan die ~* **gaan** start laughing, begin to laugh, burst out laughing; *hulle het* **gebrul/gerol** *van die ~* they (nearly) split their sides (with laughter); they were rolling in the aisles; **(groot)** *~ oor iets kry* be (highly) amused at/by s.t., be tickled (to death [*or* pink]) by s.t.; *ek kon my ~ nie* **hou** *nie* I could not help laughing, I could not help but laugh; *ek kon skaars my ~* **hou** I could hardly keep a straight face; *so ... wees dat jy jou ~ nie kan* **hou** *nie, (infml.)* be very ... *(curious about s.t., keen to do s.t.); jou ~* **(in)hou** keep one's countenance; **krom lê** (of **krul**) *van die ~,* **lê** *soos jy~, jou* **slap** *~, (infml.)* be convulsed (*or* double/crease up) with laughter, be in fits/stitches; *iem. laat* **krom lê** *van die ~, (infml.)* have s.o. in stitches; *~* **kry** *oor iets* laugh at s.t., be amused at/by s.t.; *vir iem. ~* **kry** laugh at s.o., find s.o. laughable; *jy laat my ~* **kry!** don't make me laugh!; *moenie my laat* (of *moenie laat ek*) *~* **kry** *nie!* don't make me laugh!; *iem. aan die ~* **maak/sit** make s.o. laugh; set s.o. laughing; **onbedaarlik** *aan die ~ gaan/raak* go into hysterics *(infml.);* **rol** *van die ~, (infml.)* fall about (laughing); *iem. laat* **skater/skree(u)** *van die ~* have s.o. in stitches *(infml.);* **skud** *van die ~* rock with laughter, be convulsed with laughter, fall about (laughing) *(infml.); iem. is* **slap** *van die ~* s.o. is limp/weak with laughter; **stik** *van die ~* choke with laughter; **uitbars** *van die ~* burst out laughing, explode with laughter; **vol** *~ wees* be full of (suppressed) laughter. **lag** *ge-, vb.* laugh; *jou (amper/byna) 'n* **apie/boggel(tjie)/ertjie/papie** *~* burst/split one's sides (with laughter), double up with laughter, laugh like a drain, laugh one's head off, laugh o.s. sick; *jou (amper/byna) 'n* **apie/boggel(tjie)/ertjie/papie** *oor iets ~, (infml.)* be tickled to death (*or* be tickled pink) by s.t.; **begin** *~* begin to laugh, start laughing; **bulderend** *~* laugh uproariously; **by** *jouself ~* laugh to o.s.; *jou* **dood/kis/siek** *~, (infml.)* laugh fit to burst, laugh one's head off, laugh o.s. sick; *dit is om jou* **dood/slap** *te ~* it is excruciatingly/screamingly funny, it was a (perfect) scream *(infml.); agter jou* **hand** (of *in jou* **vuis**) *~* laugh in/up one's sleeve; **hardop** *~* laugh out; *jou* **krom** *~,* **lê** *soos jy ~, ~ dat jy* **krom** *lê* double up with laughter, laugh like a drain; **laaste** *~* have the last laugh; *wie (die)* **laaste** *~, ~ (die) lekkerste* he who laughs last laughs longest, he laughs best who laughs last; *iets doen om mense te* **laat** *~* do s.t. for laughs *(infml.); iem.* **laat** *~* make s.o. laugh; *jy* **laat** *my ~!* don't make me laugh!; *moenie my* **laat** (of *moenie* **laat** *ek*) *~ nie!* don't make me laugh!; **lê** *soos jy ~* →**krom; lekker** *~* have a good laugh; *~* **maar!** laugh away!; **met** *iem. ~* have a laugh with s.o.; *iem.* **moes** *~* s.o. had to laugh; **nie** *iets* (of **niks**) *wees om oor te ~ nie* be no joke (*or* laughing matter); *dis* **om** *van te ~* it makes one laugh; **onbedaarlik** *~* be in fits/hysterics *(infml.);* **oor/vir** *iets ~* laugh at s.t.; laugh over s.t.; *jou* **siek** *~, ~ dat jy* **skud** split one's sides; *ons sal* **sien** *of hy/sy sal ~* he/she will laugh on the other/wrong side of his/her face/mouth *(infml.);* **stilletjies** *oor iets ~* chuckle over s.t., have a quiet laugh over s.t.; **vir** *iem./iets ~* laugh at s.o./s.t.; *in jou* **vuis** *~* →**hand.** **~baan** laugh track; canned laughter. **~bek** laugher. **~bui** fit of laughter. **~duif(ie)** laughing dove; →LEMOENDUIF. **~gas** laughing gas, nitrous oxide. **~kramp** convulsions of laughter. **~-lag** laughingly. **~lus** inclination to laugh, risibility; *die ~ opwek* provoke laughter, make *(people)* laugh. **~lustig** *-e* laughter-loving, fond of laughter, risible. **~plooitjies** *(pl.)* laughter lines, crow's foot. **~siek** giggling, given/addicted to laughter. **~siekte** giggles, laughing sickness; *die ~ hê* have the giggles. **~spier** *(anat.)* laughing muscle, risorius muscle; *(in the pl., also)* risorii; *die ~e prikkel* raise laughs (*or* a laugh); *iets prikkel iem. se ~e* s.t. makes s.o. laugh. **~voël** laughing bird. **~wekkend** *-e* laughter-provoking, laughter-stirring, laughable, funny; hilarious, mirth-provoking; ludicrous, ridiculous; risible; *~e figuur* figure of fun. **~wekkendheid** ludicrousness, ridiculousness, funniness, risibility.

la·ger(·bier) *(also L~)* lager (beer).
lag·gend *-gende, adj.* laughing; →LAG *vb.*. **lag·gend** *adv.* laughingly; *al ~e* laughing (all the time).
lag·ger *-gers, (rare)* laugher. **lag·ge·rig** *-rige* giggling, risible, inclined to laugh, laughter-loving, fond of laughing. **lag·ge·ry** laughing, laughter, merriment.
lag·gie *-gies* little laugh, smile; *'n gedwonge/gemaakte ~* a strained laugh.
la·gie *-gies* small/thin layer; *(osteol.)* lamella; film, scale; *'n ~ ...* a film of ... *(oil, dust, etc.)*; *dun ~* pellicle; *in dun ~s* straticulate; *onder 'n dun ~ ...* under a veneer of ...
La·gis *(geog., OT, OAB)* Lachish; →LAKIS.
la·gu·ne *-nes* lagoon.
lai·tie →LA(A)ITIE.
lak[1] *lakke, n.* sealing wax; *(varnish)* lac, lacquer, japan; seal; *lae ~* →LAELAK. **lak** *ge-, vb.* seal *(a letter)*; lacquer, japan *(varnish)*. **~leer** patent leather, japanned leather. **~plant** poke(weed). **~poleerder** French-polisher. **~poleerwerk** French-polishing. **~politoer** French polish. **~sement** shellac cement. **~skilder** doper. **~skoen** patent leather shoe. **~verf** drop colour; lake. **~vernis** *n.* lac varnish, lacquer. **~vernis** *ge-, vb.* lacquer, japan. **~ware** lacquered ware, japanned goods. **~werk** lacquer; lacquered ware, japanned goods.
lak[2] *ge-, vb., (rugby)* tackle, bring down hard *(a player)*.
la·kei *-keie* lackey, footman, menial, liveried servant; *(fig., derog.: servile pers.)* lackey, flunk(e)y, poodle.
la·ken *-kens, (text.)* cloth; sheet *(for a bed)*; *skoon ~s oortrek* change sheets; *die ~s uitdeel, (infml.)* call the shots/tune, run/boss the show, rule the roost/roast; *~s wissel* change sheets. **~linne** sheeting. **~stof** broadcloth. **~verwer** *(hist.)* cloth dyer.
la·ken·se *(arch.)* broadcloth; *(swart)~ pak* broadcloth suit.
La·kis *(geog., OT, NAB)* Lachish.
Lak·ka·dive-ei·lan·de *(geog.)* Lakshadweep Islands.
lak·ker *-kers* varnisher.
lak·ko·liet *-liete, (geol.)* laccolith.
lak·moes litmus, turnsole, orchil, archil.
lak·mo·ïed *-moïede, (chem.)* lacmoid.
La·ko·ni·ë *(hist., geog.)* Laconia. **La·ko·ni·ër** *-niërs, n.* Laconian. **La·ko·nies** *-niese, adj.* Laconian.
la·ko·niek *-nieke,* **la·ko·nies** *adj.* laconic, short-spoken. **la·ko·niek** *adv.* laconically. **la·ko·nis·me** laconicism.
La·ko·nies →LAKONIË.
la·ko·nies →LAKONIEK *adj.*.
laks *laks(e) lakser laksste* lax, slack, permissive; remiss; unenterprising, indolent; *~ wees* keep a slack hand/rein; *~ word* grow slack. **laks·heid** laxity, slackness, remissness.
lak·sa·tief *-tiewe, n. & adj., (rare)* laxative, evacuant, aperient.
lak·seer *(ge)-* open the bowels; go to stool, have a motion, purge *(intr.)*. **~middel** *-s* laxative, aperient, evacuant.
laks·man *-manne* hangman, executioner; *(orn.)* butcherbird, fiscal shrike, Jack Hanger, Jackie/Johnny Hangman; →FISKAALLAKSMAN.
lak·taam *-tame, (chem.)* lactam.
lak·taat *-tate, (chem.)* lactate. **lak·ta·sie** *-sies* lactation. **lak·te·aal** *-ale* lacteal; *lakteale vat* lacteal. **lak·tiem** *-tieme, (chem.)* lactim.
lak·to-: **~flavien** →RIBOFLAVIEN. **~geen** *-gene, n., (biochem.)* lactogen. **~geen** *-gene, adj.* lactogenic. **~meter** lactometer. **~skoop** *-skope* lactoscope.
lak·to·se lactose, milk sugar.
la·ku·ne *-nes* gap, blank, lacuna, vacancy.
la·loen·tjie, le·loen·tjie *-tjies* small muskmelon.
lam[1] *-mers, n.* lamb; →LAMMER-, LAMS-; *die L~ van God, (NT)* the Lamb of God; *so mak soos 'n ~* →MAK; *my ~* my dear; *selfs 'n ~ skop* (even) a worm will turn; *soos 'n ~ ter slagting* like a lamb to the slaughter; *'n ~ werp* drop a lamb. **lam** *ge-, vb.* lamb, fawn, kid. **~tyd, lammertyd** lambing season, lambing time. **~wol** →LAMMERWOL. **~wolbreistof** lamb's down.

lam[2] *lam lammer lamste, adj. & adv.* paralysed, paralytic, game; tired, weary, fatigued; *~ boud* paralysed thigh; *iem. het hom/haar ~ geskrik* s.o. was scared silly/stiff; *jou ~ skrik, (also)* be frightened out of one's senses/wits; *~ en tam wees* be totally exhausted; *~ wees van (die) ...* be paralysed with ... *(fright etc.)*. **~bosluis** paralytic tick. **~kruis(siekte)** sway-back (disease). **~lê** *lamge-* paralyse; *lamgelê deur 'n staking* immobilised by a strike, strikebound. **~lendig** *-e* miserable, weak, wretched; spiritless; lazy, sloppy. **~lendigheid** wretchedness, slackness; *etc.*; →LAMLENDIG. **~sak** *-ke, (fig.)* slacker, shirker, skulker, weakling. **~sakk(er)ig, ~sakk(er)ig** *-e -er -ste (of meer ~ die mees -e)* laggard, spunkless, scrimshanking, shirking, weak-kneed *(infml.)*, chinless, flabby, poor-spirited, mean-spirited. **~sakk(er)igheid, ~sakk(er)igheid** shirking, poltroonery, scrimshanking. **~salig** *-e* miserable. **~siek(te)** →GALLAMSIEKTE. **~slaan** *lamge-* paralyse *(trade)*; render helpless; *iem. was lamgeslaan* s.o. was struck all of a heap *(infml.)*.
la·ma[1] *-mas, (priest)* lama. **~klooster** lamasery.
la·ma[2], **lla·ma** *-mas, (zool.)* l(l)ama. **~wol** l(l)ama (wool).
La·ma·ïs *-maïste* Lamaist, Lamaite. **La·ma·ïs·me** Lamaism. **La·ma·ïs·ties** *-tiese* Lamaist(ic).
la·man·tyn *-tyne, (zool.)* manatee, sea cow.
lam·ba·da *(Port., Braz. dance [music])* lambada.
lam·bri·seer *ge-* panel, wainscot. **lam·bri·se·ring** panelling, wainscot(ing).
la·mé *(text.)* lamé.
la·mel *-melle* lamella, lamina. **~hout** laminated wood. **~stof** laminated material.
la·mel·leer *ge-* laminate. **la·mel·lêr** *-lêre* laminate(d). **la·mel·le·ring** lamination.
la·men·ta·sie *-sies* lamentation. **la·men·teer** *ge-* lament, beat one's breast.
lam·heid paralysis, palsy; tiredness, fatigue; *met ~ slaan* paralyse.
la·mi·neer *ge-* laminate.
la·ming·ton *(cook.)* lamington.
lam·me *-mes* paralytic. **lam·mig·heid** lameness.
lam·mer- (→LAM[1] *n.*, LAMS-): **~gier** *(orn.: Gypaetus barbatus)* lammergeier, lammergeyer, bearded vulture. **~kamp** lamb's paddock. **~kraal** lamb's pen/kraal. **~oes** a season's (fall of) lambs, fall. **~ooi** wet ewe, lambing ewe. **~skape** ewes with lambs, lambing ewes. **~tyd** →LAMTYD. **~vanger** *(orn.)* African lammergeier/-geyer; golden eagle, bearded vulture, martial eagle. **~wol** lambs' wool. **~wolke** fleecy clouds.
lam·me(r)·tjie *-tjies* (little) lamb, lambkin; yearling; *soos 'n ~ kom* come like a lamb.
lamp *lampe* lamp; *(hist.)* valve *(of a wireless)*; *'n ~ opsteek* light a lamp; *jou ~ onder 'n maatemmer verberg/wegsteek* →MAATEMMER. **~arm** lamp bracket. **~glas** lamp chimney. **~houer** lamp holder/socket. **~kap** lampshade. **~lig** lamplight. **~olie** paraffin (oil), lamp oil, kerosene. **~paal** lamppost, light standard. **~pit** lampwick. **~pyp** lamp chimney. **~sender** valve transmitter. **~skerm** lampshade; lamp globe. **~skulp** lamp shell, brachiopod shell. **~swart, ~roet** lampblack.
lam·pet-: **~beker, ~kan** *(hist.)* ewer, pitcher, toilet jug. **~kom** *(hist.)* toilet basin, washbasin, wash hand basin.
lam·pie *-pies* little lamp. **lam·pi·on** *-ons, -onne* Chinese/Japanese lantern, lampion.
lams- (→LAMMER-): **~boud** leg of lamb. **~braaiboud** roast leg of lamb. **~kotelet** lamb cutlet. **~leer** lambskin (leather). **~lewer** lamb's fry. **~ore** *(bot.: Limonium spp.)* statice. **~pels** lamb fur. **~ribbetjie** lamb rib. **~ribstuk** rack of lamb. **~rug** saddle of lamb. **~tjop** lamb chop. **~vel** lambskin, kip. **~vleis** lamb. **~vlies** *(zool.)* amnion.
land[1] *lande, n.* land *(and sea)*; field *(of barley etc.)*; country *(of a nation)*, land; croft *(Br.)*; ***aan ~*** on land; on shore; ashore; *die ~ van **belofte**, die **beloofde** ~* the land of promise, the promised land; *vis aan ~ **bring*** grass fish; *uit die ~ **dros/verdwyn/vlug*** jump/skip the country *(infml.)*; *aan ~ **gaan*** go ashore *(people)*; *van 'n skip aan ~ **gaan/stap*** disembark from a ship; *deur/oor die hele ~ **gaan*** go right round the country; *waar het jy te ~e **gekom?*** where did you land?, what happened to you?; *die **hele** ~ deur* throughout (the length and breadth of) the country; *oor die **hele** ~* across the country; up and down the country; *oor die **hele** ~ heen* throughout (the length and breadth of) the country; ***hier** te ~e* in this country, locally; ***in** die ~* in the country; *'n **kind** van die ~* a son of the soil; *aan ~ **kom*** come ashore; *êrens te ~e **kom*** land somewhere; *iem. is **lank** in die ~* s.o. is an old hand/stager, s.o. knows the ropes; *iem. is nog in die ~ van die **lewendes*** s.o. is still in the land of the living; ***liewe** ~!, (infml.)* Heavens above/alive!, great balls of fire!; ***my** ~* my country (*or* native land); ***na** die ~* to the shore; *~ **nader*** make a landfall; ***in ons** ~* in this country; ***oor** ~* by land; ***oor** die ~ (heen)* across the country; ***op** ~* on land; on shore; ***op** die ~e werk* work in the fields; *die ~ **platloop*** tramp the country; *~ en **sand** gesels, (infml.)* talk of cabbages and kings; *~ en **sand** aanmekaar praat, (infml.)* talk the hind leg off a donkey, talk nineteen to the dozen; *op (die) ~ en (op die) **see**, te ~ en ter **see*** →***water***; *~ in **sig** kry* make a landfall; *iem. aan ~ **sit*** put s.o. ashore; ***terug** na die ~* back to the land; *die pes **trek** deur die ~* the plague sweeps the country; *die ~ **verlaat*** leave the country; *die ~ **vol*** all over the country; *~ en **volk*** country and nation/people; *op ~ en te **water**, op (die) ~ en (op die) **see**, te ~ en ter **see*** by land and sea; *~s **wys** ~s eer* do in Rome as the Romans do; so many countries, so many customs. **~aanwas** *(jur.)* alluvion. **~aard** national character. **~adel** landed nobility/aristocracy, country gentry; *laer ~* squir(e)archy. **~afsetting** terrestrial deposit. **~arbeider** farm/agricultural worker/labourer, cottager. **~bank** land bank. **~bebouing** tillage. **~besit** →GRONDBESIT. **~besitter** →GRONDEIENAAR. **~beskrywer** = CHOROGRAAF. **~beskrywing** = CHOROGRAFIE. **~bestuur** →LANDSBESTUUR. **~bewoner** country dweller, peasant. **~bries** land breeze. **~brug** land bridge. **~dag** *(hist.)* diet, Landtag *(Germ.)*. **~diens** *(mil.)* land service. **~dier** land animal, terrestrial animal. **~edelman** squire, country gentleman. **~eienaar** →GRONDEIENAAR. **~engte** *(geog.)* isthmus, neck; gut. **~genoot** *-note* fellow countryman, -woman, fellow citizen, compatriot. **~goed** *-ere* (country) estate, country seat, manor, demesne. **~goedeienaar, ~edelman** country gentleman. **~goedwyn** estate wine. **~graaf** landgrave. **~gravin** landgravine. **~grens** →LANDSGRENS. **~heer** landowner, lord of the manor, squire, country gentleman. **~heerlik** *-e, (obs.)* manorial. **~heerswoning** mansion house. **~honger** land-hunger. **~hoof** abutment, abutment pier *(of a bridge)*; head of a bridge. **~huis** country house, (country) villa, country residence, grange *(chiefly Br.)*. **~huisie** cottage, small country house. **~inwaarts** inland, inward(s), upcountry. **~jonker** →LANDEDELMAN. **~juweel** *(hist.)* pageant. **~kaart** map. **~kant** landside. **~klimaat** continental climate. **~krap** land crab. **~loop** cross-country run. **~loopatleet, ~loper** cross-country runner. **~loper** *(rare)* tramp, vagabond, hobo, vagrant; →LANDLOOPATLEET. **~lopery** *(rare)* vagabondage, vagrancy, tramping. **~lyn** land line. **~maat** surface/square measure. **~mag** army, land forces; *(hist.)* yeomanry. **~man** *-ne* (agricultural) farmer, husbandman *(arch.)*; country dweller, son of the soil. **~massa** land mass. **~moondheid** land power. **~myl** statute mile. **~myn** land mine. **~naam** name of a country. **~ontdekker** explorer. **~ontdekking** exploration. **~ontginning** cultivation (of the land); land reclamation. **~oppervlak** land surface. **~oppervlakte** land area. **~padda** toad. **~pag** land-rent. **~pale** boundaries. **~plaag** →LANDSPLAAG. **~pos** surface mail. **~punt** spit (of land), point (of land), foreland, bill, cape, promontory, headland, naze. **L~raad** Land Board. **~rasvark** *(also L~)* Landrace pig. **~register** terrier. **~reis** journey (by land), overland tour. **~roete** overland route. **~rot** *(lit.)* landrat; *(naut., infml.)* landlubber. **~saat** *-sate* countryman, son of the soil. **~sake** public/national affairs, matters of state/government. **~seun** native son, son of the soil. **~siekte** epidemic. **~skeiding** boundary. **~skilpad** tortoise. **~skoonmaker** pioneer. **~skuld** = STAATSKULD. **~slak** land snail. **~storm** storm on land; *(mil.)* Landsturm *(Germ.)*, territorial

reserve. ~**streek** region, district, territory. ~**strydkragte** land forces. ~**sy** landside. ~**teken** landmark. ~**tog** (land) expedition. ~**tong** tongue/neck of land, spit (of land), foreland, shoot. ~**verhuiser** emigrant, transmigrant. ~**verhuising** (e)migration. ~**verlof** shore leave. ~**verraad** →LANDSVERRAAD. ~**verraaier** →LANDSVERRAAIER. ~**vliegtuig** land-based aircraft. ~**voog** *(hist.)* governor, proconsul, procurator. ~**waarts** *adj. & adv.* onshore; shoreward(s); ~ *waai, (d. wind)* blow onshore; *~e wind* onshore wind. ~**weer** *(hist.)* territorial force, citizen force, militia. ~**weerman,** ~**weersoldaat** *(hist.)* militiaman, citizen soldier, territorial. ~**werk** work on the land, field labour. ~**wind** land wind, (off)shore wind; *ligte* ~ land breeze. ~**winning** *(rare)* →GRONDHERWINNING. ~**wyd** →LANDSWYD. ~**wyn** vin ordinaire *(Fr.),* ordinary wine, wine of the country. ~**ys** inland ice.

land[2] *ge=, vb.* land *(also of aeroplanes),* arrive, touch down; alight, descend, disembark.

lan·dau·er *=ers, (Germ., hist.)* landau. **lan·dau·let** *=lette* landaulet(te).

land·bou agriculture, tilth, husbandry, farming; *Departement van L~ en Grondsake* →DEPARTEMENT; *Ministerie van L~ en Grondsake* Ministry of Agriculture and Land Affairs. ~**bank** agricultural bank. ~**bedryf** agriculture; agricultural/farming industry, agrobusiness. ~**belange** agricultural interests. ~**blad** agricultural journal. ~**chemikalie** agrichemical. ~**departement** agricultural department. ~**-ekonomie** agricultural economics, agronomics. ~**-ekonomies** agro-economic. ~**gemeenskap** farming community. ~**genootskap** agricultural society. ~**gereedskap** agricultural implements. ~**grond** farmland. ~**hoewe** agricultural holding. ~**-ingenieur** agricultural engineer. ~**-ingenieurswese** agricultural engineering. ~**-inrigting** agricultural institution. ~**kalk** agricultural lime. ~**kollege** college of agriculture, agricultural college. ~**kolonie** agricultural colony. ~**koöperasie** farmer's co(-)operative. ~**krediet** agricultural credit. ~**kunde** agriculture, agricultural science, geoponics, husbandry. ~**kundig** *=e* agricultural. ~**kundige** *=s* agriculturist, agricultural expert. ~**kursus** agricultural course. ~**middel** agricultural remedy. ~**-onderrig** agricultural instruction. ~**-onderwys** agricultural education/instruction. ~**-onderwyser** teacher of agriculture, instructor in agriculture. ~**-opleiding** agricultural training. ~**plaag** agricultural pest. ~**produk** agricultural product/commodity, agriproduct. ~**proefstasie** agricultural experimental station. ~**skeikunde** agricultural chemistry. ~**skool** agricultural school/college. ~**skou** agricultural show. ~**streek** agricultural district. ~**tegnies** *=e: L~e Dienste* Agricultural Technical Services. ~**tentoonstelling** agricultural show. ~**-unie** agricultural union. ~**vereniging** agricultural association. ~**weerstasie** crop weather station. ~**werktuig** agricultural implement. ~**wetenskap** agricultural science.

land·bou·er *=ers* farmer, agriculturist; agrarian; planter; tiller; husbandman *(arch.).*

land·dros *=droste* magistrate; *(SA, hist.)* landdrost. ~**amp** magistracy, office/dignity of a magistrate. ~**distrik** magisterial district, magistracy. ~**hof** magistrate's court; courthouse. ~**kantoor** magistrate's office, magistracy; courthouse. ~**klerk** magistrate's clerk. ~**setel** seat of a magistracy, magistracy.

lan·de·lik *=like* rural; rustic, pastoral; bucolic, sylvan, silvan; predial *(arch.);* agrarian; agrestic; georgic *(poet., liter.); ~e gedig* georgic. **lan·de·lik·heid** rurality, rusticity.

lan·de·ry·e farmlands, cultivated fields/lands; *op die ~ werk* work in the fields.

lan·ding *=dings, =dinge* landing *(of a ship, an aeroplane, etc.);* touchdown *(of an aeroplane);* disembarkation; *'n ~ doen* make a landing. ~**strook** airstrip, landing strip.

lan·dings-: ~**baan** landing path, runway, tarmac. ~**blad** landing apron. ~**boot** tender. ~**brug** gangway. ~**dek** flight deck. ~**hoof** pier, jetty, landing stage. ~**plek,** ~**terrein** landing place/field/ground; landing area. ~**toestel** undercarriage *(of an aeroplane).* ~**troepe** landing force(s). ~**tuig** lander. ~**vaartuig** *(mil.)* landing craft. ~**veld** landing field/ground. ~**wiel** landing wheel.

land·jie *=jies* small country; small field.

land·meet *landge=* survey. ~**kunde** (land-)surveying. ~**kundig** *=e* surveying.

land·me·ter (land-)surveyor. ~**-generaal** *landmeters-* = surveyor general. ~**(ruspe)** *(entom.)* inchworm, measuring worm, geometer.

land·me·ters-: ~**hulp** chainman, rodman *(chiefly Am.).* ~**ketting** surveyor's chain, devil's gut, land chain. ~**pen** survey peg.

land·me·te·ry = LANDMETING.

land·me·ting surveying, land survey.

lan·dou *=doue, (poet., obs.)* field, pasture; region.

lands-: ~**begroting** national budget. ~**belang** public interest, public policy; *in die ~* in the (best) interest(s) of the country, in the national interest. ~**beleid** national policy. ~**bestuur** government, administration (of a country), public administration, machinery of government. ~**diens** land service; national service; public service; *die L~diens* the Land Service. ~**ekonomie** national economy. ~**geaardheid** nature of the country; national character. ~**geld** = STAATSGELD(E). ~**grens, landgrens** country border, land frontier/border; international boundary. ~**kas** = STAATSKAS. ~**kneg** landsknecht *(Germ., hist., mil.).* ~**man** *=ne* (fellow) countryman, compatriot. ~**nood** national emergency. ~**plaag, landplaag** epidemic, pest affecting the whole country. ~**reën** widespread rain, set-in rain. ~**reg** law of the country. ~**regering** state government. ~**reis** country-wide tour, general tour. ~**taal** language of the country/people, vernacular, national language. ~**trots** pride of country. ~**vader** father of the people. ~**veiligheid** public safety. ~**verdediging** national defence, defence of the country. ~**verhuiser** →LANDVERHUISER. ~**verraad, landverraad** high treason. ~**verraaier, landverraaier** traitor to one's country, quisling. ~**vlag** national flag. ~**vraagstuk** national problem. ~**vyand** national enemy. ~**wet** law of the land/country. ~**wyd, landwyd** country-wide, nationwide, national.

land·seer(-new·found·lan·der) *(also L~, breed of dog)* Landseer (Newfoundland).

land·skap *=skappe* landscape; landscape (painting). ~**skilder** landscape painter, landscapist. ~**skilderkuns** landscape painting. ~**venster** picture window.

land·skaps-: ~**argitek, landskapargitek** landscaper. ~**beskrywing, landbeskrywing** = CHOROGRAFIE. ~**pad** scenic drive. ~**tekenaar, landbeskrywer** = CHOROGRAAF.

lan·fer (mourning) crape. ~**band** *(hist.)* weeper, mourning band.

lang *lang(e) (attr.), langer langste* long; tall *(a pers.);* long-lasting *(a career etc.);* →LANK *adj. & adv.; iets op die ~e **baan** skuif/skuiwe* →BAAN *n.; ~ **been*** long leg; *'n ~ **gesig** trek* →GESIG; *~/lank **gevestig*** old-established; *die ~s **gevestigde** firma* the oldest established firm; *~ **golf** (rad.)* long wave; *'n **jare** ~e ...* a long-running ... *(dispute, television series, etc.); ~e **jare** gelede* many years ago; *tien ~e jare* ten long years; *~ **man*** tall man; *~, slap **motor/kar*** stretch limo/limousine; *op ~e **na** nie* not by a long way; ***nie** ~er **nie*** not any more; *~ **roeispaan*** sweep; *die **rokke** word ~er* the hemline is lowered; *~ **tand*** tusk; *met ~ **tande** eet* →TAND; *op ~ **termyn*** →TERMYN (*see also* LANGTERMYN-); *drie/ens. ~e **ure*** three/etc. mortal hours; *~ **vingers** hê* →VINGER; *~ **wol*** longs. ~**afstandatleet,** ~**drawwer,** ~**hardloper** (long-)distance runner, marathon runner. ~**afstandbomwerper** long-range bomber. ~**afstandloper,** ~**stapper** long-distance walker. ~**afstandnommer** *(sport)* distance event. ~**afstandvervoer** trunking. ~**arm(-)aap** *(zool.)* gibbon. ~**armig** *=e* long-armed. ~**as** *(geom.)* major axis. ~**asem** stayer. ~**asemig** *=e* long-winded, prolix, verbose. ~**asemigheid** long-windedness. ~**asemsprinkaan** *(entom.: Cicada)* cricket; *soos 'n ~ wees* be long-winded. ~**been-** *comb.* long-legged *(girl).* ~**blom(gras)** *(bot.)* cocksfoot. ~**boog** longbow. ~**broek** slacks, (a pair of) pants/trousers. ~**dag-** *comb., (bot.)* long-day *(plant etc.).* ~**deling** *(math.)* long division. ~**derm** gangling fellow. ~**diens-** *comb.* long-serving *(officer etc.).* ~**dradig** *=e* tedious, long-winded, prolix, wordy, verbose, diffuse, sesquipedalian. ~**dradigheid** tediousness, long-windedness. ~**durig** *=e* long *(illness);* of long duration/standing, long-standing, protracted, prolonged, sustained, chronic; long-lasting *(effect);* long-term. ~**durigheid** long duration, protractedness, length. ~**gatboor** slot borer. ~**gerek** *=te* long-drawn(-out); protracted *(proceedings);* lengthy, prolix; sustained. ~**gerektheid** protractedness; elongation. ~**gevestig** old-established, long-established. ~**gevoel(d)** long-felt. ~**gewens** long-sought. ~**golfband** long-wave band. ~**golfdiens** long-wave service. ~**golfstraling** long-wave/terrestrial radiation. ~**grasveld** tall grassland. ~**haar-** *comb.* long-haired *(blonde etc.).* ~**haar(mens)** person with long hair; *(chiefly Am.: arty pers.)* longhair. ~**haarvlermuis** hairy bat. ~**harig** *=e* long-haired; *(bot.)* pilose. ~**hoofdig,** ~**hoofdig** *=e, (anthr.)* long-headed, dolichocephalic, dolichocephalous. ~**horingbees** longhorn. ~**horingsprinkaan** katydid. ~**jarig** *=e* long standing, of many years. ~**klip** *(archit.)* scantling. ~**kop** jigger. ~**korrelrys** long-grained rice. ~**lekker** = BORSSUIKER. ~**lewend** *=e* long-lived. ~**lewende** *=s* →LANGSLEWENDE. ~**lewendheid** longevity. ~**man** *(infml.)* long finger, middle finger. ~**mourok** long-sleeved dress/frock. ~**mou-T-hemp** long-sleeved T-shirt. ~**moutrui** long-sleeve(d) jersey; →OORTREKTRUI. ~**naweek** long weekend. ~**nekkameel** = GIRAF. ~**neus:** *vir iem. ~ maak* thumb one's nose at s.o.. ~**neus-** *comb.* long-nosed *(puppet etc.).* ~**neus-swartvinhaai** blackfin shark. ~**oog:** *~ wees* be jealous/envious. ~**oor** *(infml.)* donkey; *eers grootmense (of ou mense) dan langore* children must wait their turn. ~**ooruil** long-eared owl. ~**oorvlermuis** long-eared bat. ~**orig** *=e* long-eared. ~**pooltapyt** deep-pile(d) carpet. ~**poot** *n.* crane fly; daddy-long-legs. ~**poot-** *comb.* long-legged *(beetle etc.).* ~**sigwissel** long(-dated) bill. ~**skedelig** *=e* long-headed; *(anat.)* dolichocephalic, dolichocephalous. ~**skedelige** *=s* longhead. ~**slaper** *=s* sleepyhead, late riser, slugabed *(chiefly Am., arch.).* ~**snoetmuis** dwarf shrew. ~**speelplaat** long-playing record, long-player. ~**steelbesem** long-handled broom. ~**steelblom** long-stemmed flower. ~**steelpyp** long-stemmed pipe. ~**stertakkedis** long-tailed lizard. ~**stertjie** *(orn.)* prinia; warbler. ~**sterlaksman** magpie shrike, *(formerly)* long-tailed shrike. ~**stuk** top timber. ~**tand** *(infml.)* unwillingly, reluctantly, without enthusiasm. ~**toon** *(orn.)* jacana. ~**vakansie** long vacation. ~**vergete** long-forgotten. ~**verlof** long leave. ~**verlore** long-lost *(friend etc.).* ~**verloë** long past. ~**verwagte** *(attr.)* long-awaited. ~**vingerig** *=e* long-fingered, macrodactylous; *(fig.)* light-fingered. ~**vlerkstormvoël** *(orn.)* Cape parson. ~**vleuelig** *=e* macropterous. ~**voetig** *=e* long-footed. ~**wa** perch, reach, bearing shaft. ~**werpig** *=e* oblong, elongate(d). ~**werpigheid** oblong shape. ~**wolvel** wool fell. ~**wylig** *=e, (obs.)* →LANGDRADIG. ~**wyligheid** *(obs.)* →LANGDRADIGHEID.

lang·been *n., (infml.: tall pers.)* longshanks; *(crochet)* treble. **lang·been** *adj.* leggy, long-legged. ~**gras** = BOESMAN(S)GRAS. ~**spinnekop** daddy-long-legs. ~**(steek)gras** (kind of) bristle grass. ~**tregter** thistle funnel. ~**trekker** *(agric.)* high-clearance tractor.

lang·been·tjie *(bot.: also* langbeen*) Leucadendron concinnum; Euphorbia globosa.*

lang·be·nig *=nige* long-legged. **lang·be·nig·heid** legginess.

lang·e *n.: die ~* the long one *(a stick etc.);* the tall one *(a pers.); die ~s* the long/tall ones.

lan·ge·laas: *op ~* at long last, ultimately.

lan·ger longer; ***al hoe** ~* longer and longer; taller and taller; ***hoe** ~ hoe beter* the longer the better; better and better; ***hoe** ~ hoe meer* more and more; ***hoe** ~ hoe vinniger* faster and faster; *iets ~ **maak*** let s.t. out *(clothing);* ***nie** ~ nie* no longer, not any longer; no more, not any more. **lan·ge·rig** *=rige* tallish, rather tall *(a pers.);* longish, rather long. **lan·ge·tjie** *=tjies* little long one. **lan·ge·raat** *(infml.)* longshanks; long/middle finger.

Lan·go·bard *=barde, (hist.)* Longobard. **Lan·go·bar·dies** *=diese* Longobardian, Longobardic.

lan·gous·tine *=tines (Fr.),* **lan·goes·tien** *=tiene, (large prawn or small lobster)* langoustine.

langs next (to), beside; alongside (of), along; via; ***agter*** ~ round the back way; ***by*** *ons* ~ (a)round our way; ***daar*** ~ →DAARLANGS *pron.; by iem. se huis* ~ ***gaan*** stop by s.o.'s house; ~ *die* ***grond,*** *op die grond* ~ along the ground; ***hier*** ~ →HIER *adv.;* ~ *diplomatieke* ***kanale*** through/by diplomatic channels; ~ *die* ***kus*** along the coast; ~ ***mekaar*** side by side, abreast, next (to) each other; *vreedsaam (of in vrede)* ~ ***mekaar*** *leef/lewe* be peacefully coexistent; ~ ***my*** beside (*or* next to) me; ~ ***my*** *verby* past me; ~/*met 'n* ***ompad/omweg*** by a devious route; ***onder*** ~ by the lower route; ***pad*** ~ →PAD; ~ *die* ***pad*** →PAD; ~ *die* ***straat*** in the street; ~ *die kus* ***vaar/seil*** skirt the shore; ***voor*** ~ up in front; →VOORLANGS. **~aan** next door (to); *net* ~ next door. **~balk** longitudinal beam/member. **~bank** longitudinal seat. **~deursnee** *-sneë,* **~deursnit** *-snitte* →LENGTEDEURSNEE. **~dradig** *-e* straight-grained *(wood).* **~gesaag** *-de* plain-sawn, tangent-sawn. **~helling** longitudinal slope. **~hellingmeter** longitudinal clinometer. **~hout** edge grain, grain wood. **~landig** *-e* inshore. **~lewend** *-e* surviving; *~e gade* surviving spouse. **~lewende** *-s* survivor, longer/longest liver. **~mekaarstelling** vicinal position. **~naat** longitudinal seam. **~rigting** longitudinal direction. **~saagwerk** plain sawing. **~skeeps** lengthwise of the ship, longitudinally, fore-and-aft. **~skot** longitudinal bulkhead. **~snee** longitudinal section. **~sy** *(naut.)* alongside. **~uitsetting** →LENGTE-UITSETTING.

lang·saam *-same, adj.* slow; dilatory, tardy; *'n langsame dood* a lingering death; *langsame deel, (mus.)* slow movement; ~ *maar seker* slow but sure. **lang·saam** *adv.* slow(ly); unhurriedly, gradual(ly); ~ ***vorder*** progress slowly. **lang·saam·heid** slowness. **lang·sa·mer·hand** gradually, by degrees.

lang·ter·myn- *comb.* long-term *(insurance, investment, policy, prospect, growth, etc.);* long-range *(planning, basis, forecast, etc.);* long-stay *(patient etc.).* **~huur** long lease. **~wissel** long(-dated) bill.

la·nie *(infml., sometimes derog.: white man; boss, employer; member of the upper classes)* larney, la(a)nie, lahnee; *(derog.)* whit(e)y.

la·ning *-nings* hedge, hedgerow, row of trees; avenue; *(hist.)* xystus. **~spinnekop** hunting spider.

la·nin·kie *-kies* small avenue.

la·ni·tal, melk·wol lanital.

lank *adj. & adv.* long; tall; *iem. is* ***al*** ~ *hier* s.o. has been here for a long time; *iem. is* ***al*** ~ *siek* s.o. has been ill (for) a long time; *nie* ~ ***bly/wegbly*** *nie* not be long; ~ *en* ***breed,*** *(fig.)* at great length; *dis so* ~ *as (wat) dit* ***breed*** *is* it's as broad as it's long, it is six of one and half a dozen of the other; *dit is vir my so* ~ *as (wat) dit* ***breed*** *is* it is all the same to me; *drie/ens.* ***dae/jaar/maande/minute/uur/weke*** ~ for three/etc. days/years/months/minutes/hours/weeks; *dit* ***duur*** ~ it takes long; ***ewe*** ~ *wees* be the same length (*or* equally long) *(sticks etc.);* be the same height (*or* equally tall) *(people);* ~ ***gelede*** long ago; since time out of mind; *dit is* ~ ***gelede*** it is long since; *baie/verskriklik* ~ ***gelede,*** *(also, infml.)* yonks ago; ~/*lang* ***gevestig*** →LANG; ***hoe*** *~?* how long?; till when?; ***hoe*** ~ *nog?* how much longer?; *dit was nie* ***hoe*** ~ *nie of ...* quite soon ...; *iem. wag al* ***hoe*** ~ s.o. has been waiting for a long time; ***jare*** ~ for years; *iem. het iets* ~ ***laas*** (*of* ***lanklaas***) *gedoen* s.o. has not done s.t. for a long time; *ek het jou darem* ~ ***laas*** (*of* ***lanklaas***) *gesien* it is a long time since I saw s.o., *(infml.)* long time no see; *iem. is* ~ *in die* ***land*** →LAND[1] *n.; ek sal, so* ~ ***lewe,*** ... I will, God willing, ...; *jou (hele)* ***lewe*** ~ all one's life, one's life long, for the length of one's days; ~ ***lewe*** *Liverpool/ens.!* Liverpool/etc. for ever!; *moenie* ~ ***maak*** *nie* don't be long; *...* ***meter*** ~ ... metres in length; *dit is vyf/ens.* ***meter*** *~, (also)* it measures five/etc. metres; it is five/etc. metres long; *iem. is ...* ***meter*** ~ s.o. stands ... metres (*or* is ... metres tall); *tot 10/ens.* ***meter*** ~ *groei/word* grow as long as 10/etc. metres; ~ ***nie*** not by a long shot *(infml.)*/sight *(infml.)*/way; *dit is* ~ ***nie*** *genoeg/ens. nie* it is far from enough/etc.; *ek het X* ~ ***nie*** *gesien nie* I have not seen X for/in a long while; *iem. is* ~ ***nie*** *gesond/ens. nie* s.o. is far from well/etc.; ~ ***nie*** *so ... nie* not nearly so ...; ~ ***nie*** *so dom as hy/sy voorgee nie* not half as stupid as he/she pretends to be; ~ ***nie*** *so goed nie* nothing like so good *(infml.);* ***nie*** ~ *nie* not for long; *(nog)* ~ ***nie*** *... nie* not nearly ...; *nog* ~ ***nie*** *klaar/ens. nie* not finished/etc. by a long way; *dit is nog* ~ ***nie*** *volmaak/ens. nie* it is a long way off perfection/etc.; ~ ***nie*** *sleg nie* not at all bad, not half bad; ~ ***nie*** *soveel nie* far short of that; *dit was* ***nie*** *(te)* ~ *nie of ...* before long ..., it did not take long before ...; ***nie*** *te* ~ *nie of dit het gebeur* before long it happened; *die werk* ***nog nie*** ~ *doen nie* be new to the job; ***op*** *sy langste* at its longest; ~ ***praat*** talk for a long time; ***so*** ~ ... as/so long as ...; ***so*** ~ *iem. leef/lewe* as long as s.o. lives; ~ *van* ***tand*** *wees, (a horse)* be long in the tooth; ***te*** ~ (pred.), ***te*** *lang* (attr.) overlong; *'n* ***tyd*** ~ for a time; ~ ***uitgroei,*** *(a plant)* straggle; *ons* ***wag*** *al* ~ *daarop* it is long overdue; *nie* ~ ***wegbly*** *nie* →***bly/wegbly;*** *iem. het nie* ~ ***weggebly*** *nie* s.o. was not long in coming; *nog nie* ~ *in Johannesburg/Gauteng/ens.* ***woon*** *nie* be new to Johannesburg/Gauteng/etc.. **~al** long ago; *iem. is (al)* ~ *dood* s.o. has been dead a long time, s.o. died long ago; *iem. moes iets (al)* ~ *gedoen het* s.o. should have done s.t. a long time ago; *iets moes* ~ *gebeur het* s.t. is long overdue; *wag jy (al) ~?* have you been waiting long?. **~moedig** *-e* long-suffering, patient; slow to anger *(Bib.); wees* ~ *met iem.* have patience with s.o.; *die liefde is ~, (OAB)* charity suffereth long *(AV).* **~moedigheid** patience, long-suffering, long-sufferance. **~uit** at full length, prone, prostrate.

lank·heid length; tallness.

la·no·lien lanolin(e).

lans *lanse* lance; →LANSIE. **~stok** pikestaff. **~vormig** →LANSETVORMIG.

lan·seer *(ge-)* launch *(a torpedo, scheme, etc.);* float, circulate *(rumours);* lance *(an abscess); (aeron.)* catapult; get off the ground; start *(a theory); 'n onderneming* ~ launch an undertaking. **~baan** launching pad/site. **~buis** launching tube. **~helling** launching ramp. **~hoek** angle of launch. **~kussing** launching pad. **~poort, ~venster** launch window. **~stelling** launching platform. **~toestel** launching gear. **~tuig** *(aeron.)* launch(ing) vehicle. **~venster** →LANSEERPOORT. **~vuurpyl, lanseringsvuurpyl** launch(ing) vehicle.

lan·seer·der *-ders* launcher *(for a missile).* **lan·se·ring** *-rings, -ringe* blastoff, shot *(of a rocket); (astronaut.)* liftoff; launch(ing) *(of a new product);* ~ *van die/'n maantuig* moonshot. **lan·se·rings·vuur·pyl** →LANSEERVUURPYL.

lan·ser·vis *(Alepisaurus* spp.*)* lancet fish.

lan·set *-sette* lancet. **~vissie** *(icht.: Branchiostoma* spp.*)* lancelet. **~vormig** *-e* lance-shaped; *(bot., tech.)* lanceolate.

lan·sie *-sies* small lance; *'n* ~ *vir iem. breek* take up the cudgels for s.o., stick up for s.o., break a lance for s.o..

lan·sier *-siers, (hist.)* lancer; *(in the pl., hist., dance)* lancers.

lan·taan *(chem., symb.:* La*)* lanthanum.

lan·ta·na *(bot.)* (common) lantana.

lan·ter·fan·ter *-ters, n.* idler, loiterer, loafer. **lan·ter·fan·ter, lan·ter·fant** *ge-, vb.* idle, loiter, loaf.

lan·tern *-terns* lantern; *groot ~, weinig lig* you're standing in my light; s.o. has a big head but no brains. **~dak** lantern roof. **~heide** *(Erica blenna)* lantern heath, Riversdale heath; bell heath. **~paal** lantern post. **~plaatjie** *(hist.)* lantern slide. **~rat** lantern wheel. **~ratskyf** trundle head.

lan·tern·tjie *-tjies, (dim.)* small lantern.

La·o →LAOS.

La·o·di·ce·a *(geog., hist.)* Laodicea. **La·o·di·ce·ër** *-ceërs, n.* Laodicean. **La·o·di·cees** *-cese, adj.* Laodicean.

La·o·ko·ön *(Gr. myth.)* Laocoon.

La·os *(geog.)* Laos. **La·o** *Lao's, n.* Laotian. **La·o·ties** *-tiese, adj.* Laotian.

lap *lappe, n., (frayed piece)* rag; cloth *(for wiping, rubbing, etc.);* (piece of) material; fent; clout; vamp; patch *(on a coat, shoe, etc.);* patch, piece *(of ground);* remnant *(of material);* patch of (different) colour *(of an ox, a cow);* bandage *(round a finger etc.); iets op die ~pe* ***bring,*** *met iets op die ~pe* ***kom*** bring s.t. (out) into the open; *iets* ***kom*** *op die ~pe* s.t. comes out, s.t. becomes known; *met iets op die ~pe* ***kom*** →***bring;*** *'n* ~ ***koring*** a patch/stand of wheat; *dis soos 'n* ***rooi*** ~ *vir 'n bul* it's like a red rag to a bull; *'n groot* ~ ***wêreld*** an expanse of territory. **lap** *ge-, vb.* patch *(a dress, shoe, etc.);* mend; patch up; *iets is bont ge~* s.t. is full of patches *(s.o.'s trousers etc.).* **~bestrating** →LAPPLAVEISEL. **~boek** rag book. **~hoed** cloth hat, floppy hat. **~middel** *-s* patchwork, makeshift, band-aid, patch-up. **~pesak** ragbag. **~-pet** cloth cap. **~plaveisel, ~bestrating** crazy paving. **~pop** rag doll, moppet, rag baby. **~vleis** thin flank *(of beef).* **~werk** patching; *(lit., fig.)* patchwork; tinkering; *lap- en stopwerk* mending.

Lap *Lappe,* **Lap·lan·der** *-ders, (inhabitant)* Lapp, Laplander. **Lap·land** *(geog.)* Lapland. **Lap·lands** *-landse,* **Laps** *Lapse, adj.* Lapp(ish), Laplandish. **Laps** *n., (lang.)* Lapp(ish).

la·pa *-pas, (So.)* lapa.

la·pa·ro·skoop *-skope, (med.)* laparoscope. **la·pa·ro·sko·pies** *-piese* laparoscopic.

la·pel *-pelle* lapel, revers *(Fr.).* **~kraag** revers collar. **~mikrofoon** body mike.

la·pi·dêr *-dêre, adj.* lapidary.

la·pil·lus *-pilli, (geol.)* lapillus.

lap·is laz·u·li →LASUURSTEEN.

lap·per *-pers* patcher, vamper, tinkerer.

lap·pie *-pies, (dim.)* rag, small piece/patch; shred, flap; →LAP *n.; 'n* ~ *grond* a patch of ground. **~sak** →LAPPESAK. **~smous** ragman, pedlar, (cloth) hawker.

lap·pies-: **~boon(tjie)** ladybird bean. **~kombers, ~deken** crazy/patchwork quilt.

lap·sus *-susse, (Lat., fml.)* slip, lapse, lapsus.

lar·deer *(ge-)* lard. **~priem** larding pin/needle. **~spek** lardo(o)n.

lar·deer·sel *-sels* lard.

la·re: ~ *(en penate), (Rom., hist.)* lares (and penates).

lar·fie *-fies, (dim.)* small grub, larva; →LARWE.

lar·go *n., (It., mus.: largo passage)* largo. **lar·go** *adj. & adv., (slowly and broadly)* largo.

la·rie *(rare)* (stuff and) nonsense, humbug, flapdoodle *(Am., infml.),* tripe, hokum.

la·riks(·hout) larch.

la·rin·gaal *-gale, (phon.)* laryng(e)al. **la·rin·gi·tis** *(med.)* laryngitis. **la·rin·go·lo·gie** laryngology. **la·rin·go·skoop** *-skope* laryngoscope. **la·rinks** *-rinkse, (anat.)* larynx.

lar·vaal *-vale* larval.

lar·we *-wes* larva, grub, wriggler. **~gif** larvicide. **~stadium** larval stage.

las[1] *lasse, n.* joint, junction, juncture; weld *(of metal);* scarf *(of leather, metal, timber, etc.);* seam *(of cloth);* splice. **las** *ge-, vb.* weld *(metal);* scarf *(leather, metal, timber, etc.);* joint, rabbet *(timber);* join (together), pool *(resources);* splice *(rope, timber, film, etc.);* mend; *iets aan ...* ~ join s.t. to ... **~bak** flush box. **~bout** *(rly.)* fish bolt; joint bolt. **~draad** tying wire. **~lap** remnant, patch. **~plaat** butt-cover plate; joint plate; *(rly.)* fishplate. **~plek** join, joint; weld; rabbet; mend. **~riem** belt race. **~skakel** master link. **~skroef** joint screw, fish screw. **~staal** welding steel. **~toestel** splicer.

las[2] *laste, n., (lit., fig.)* burden, load; *(pressure)* weight, load; cargo *(of a ship); (measure of weight)* last; onus; nuisance, annoyance, trouble, plague; command, order, direction, instruction; charge; ***bate(s)*** *en ~te* →BATE; *iem. van 'n* ~ ***bevry*** relieve s.o. of a load; *'n* ~ ***dra/tors*** bear a burden; *iem. (baie)* ~ ***gee*** cause/give s.o. (a lot of) trouble; ~ ***gee,*** *(also)* cause problems; *iem. ~* ***gee,*** *(also)* trouble s.o.; →***veroorsaak;*** *iem. het* ***geen*** ~ *gegee nie, (also)* s.o. has not been trouble; *dit is 'n* ~ *van iem. se* ***hart*** *af* →HART; ~ ***hê*** *van ...,* ~ *van ...* ***hê*** be liable to ...; be subject to ... *(colds etc.);* suffer from ...; have trouble with ...; be troubled with ...; *baie* ~ ***hê*** *van ..., (also)* ... is a great trouble to ...; *hoe lank* ***het*** *jy al* ~ *daarvan?* how long has it been troubling you?, how long have you been suffering from it?; ~ *met ...* ***kry*** have trouble with ...; *iem. iets ten ~te* ***lê*** charge s.o. with s.t.; lay s.t. at s.o.'s door; impute s.t. to s.o.; *die* ~ *op jou* ***neem***

shoulder the burden; ***op*** *las* by order; ***op*** *~ van ...* by order of ...; *'n ~ op/vir iem. wees* be a burden on s.o.; *'n las aan ...* ***oplê*** place a burden (up)on ...; ***publieke*** ~ public nuisance; *'n ~ op die* ***staat*** a burden on the state; *'n* ***swaar*** *~ dra* carry a heavy load; carry a heavy burden; *onder 'n* ***swaar*** *~ gebuk gaan* be bowed down under a heavy burden; ***swaar/drukkende*** ~ hardship; ***ten*** *~te kom van* be chargeable to; *dit kom regstreeks* ***ten*** *~te van* it is a direct charge upon; *iem. iets* ***ten*** *~te lê* lay s.t. at s.o.'s door; charge s.o. with s.t.; impute s.t. to s.o.; *iem.* ***tot*** *~ wees* be an encumbrance/burden to s.o.; *iets is iem.* ***tot*** *~, (also)* s.o. is encumbered with s.t.; *iem. ~* ***veroorsaak*** put s.o. to trouble. **~brief** *(jur.)* warrant, order, writ, mandate; *'n ~ tot/vir iem. se aanhouding/arres/inhegtenisname/inhegtenisneming uitreik* issue a warrant for s.o.'s arrest; *~ vir eksekusie* warrant of execution. **~dier** pack animal, beast of burden. **~draend** *=e* onerary. **~draer** bearer of a load/burden; *die ~ wees* bear the burden. **~gewend, ~gewend** *=e* mandatory. **~gewer** *=s, (jur.)* principal; mandator, constituent. **~gewing** *=s, =e* instruction, command; mandate, bidding, order; requirement. **~hebber** *=s* mandatory, mandatary. **~lyn** load line; →PLIMSOLLMERK. **~nemer** mandatory, mandatary. **~pos** *=te* nuisance, plague, bore; gadfly *(fig.),* nuisancer *(rare); iem. is 'n publieke ~* s.o. is a public nuisance; *iem. is 'n ware ~* s.o. is a regular nuisance. **~punt** point of resistance. **~verdeling** load distribution, distribution of load.

la·sa·gne *(It. cook.)* lasagne, lasagna.

la·sa·ret *=rette, (dated)* lazaret(to), lazar house.

La·sa·rus *(NT)* Lazarus; *l~, (dated)* leprosy.

las·baar *=bare* weldable; →LAS¹ *vb.*.

la·ser *=sers* laser. **~aftasting, ~skandering** laser scanning. **~chirurgie, ~sjirurgie** laser surgery. **~drukker** laser printer. **~geweer** laser gun. **~skyf** laser disc/disk; *(also* laserplaat*)* compact disc, CD *(abbr.)*. **~(skyf)speler, ~(plaat)speler, kompakteskyfspeler** CD *(or* compact disc) player. **~(skyf)video** CD video. **~straal** laser beam. **~wapen** laser weapon.

las·kaar *=kare* lascar.

Las·sa·koors *(med.)* Lassa fever.

las·ser *=sers* jointer, splicer.

las·so *=so's* lasso.

las·te *(sing.)* →LAS² *n.*.

las·ter *n.* slander *(by word of mouth),* calumny *(fml.);* libel *(written),* obloquy, defamation. **las·ter** *ge=, vb.* slander, defame; blaspheme; backbite; calumniate. **~geding, ~proses, ~saak** libel case/action. **~praatjie** slander *(jur.),* scandal. **~siek** *=e* fond of scandal. **~skrif** *(jur.)* libel. **~sug** love of scandal. **~taal** slanderous talk, slander; blasphemy. **~tong** slanderous tongue. **~veldtog** dirty tricks campaign.

las·te·raar *=raars* slanderer, defamer; blasphemer, traducer, maligner, detractor, vilifier. **las·te·rend** *=rende* abusive, defamatory, detractive. **las·te·ring** *=ringe* slander; blasphemy; calumny *(fml.).* **las·ter·lik** *=like* slanderous, libel(l)ous; blasphemous *(against God);* evil-speaking, injurious, scandalous, defamatory.

las·tig *=tige* difficult, fiddly *(work etc.);* trying, tough *(job);* awkward *(position);* bothersome, perplexing, thorny *(problem);* tricky *(situation);* importunate; delicate *(question);* troublesome, petulant, unmanageable *(child);* infuriating *(habit);* inconvenient; cumbersome; vexed *(question); dit is* ***baie*** *~* it is such a bother; *moet jou nie ~* ***hou*** *nie* don't be difficult; *'n ~e* ***kind*** a troublesome child; a nuisance; *'n ~e* ***kwessie*** a knotty issue, an embarrassing problem/question; *dit vir iem. ~* ***maak*** make trouble for s.o.; ***nogal*** *~ wees* be a bit of a nuisance *(infml.); iem. ~* ***val*** pester s.o.; interfere with s.o.; *(fml.)* incommode s.o.; harass s.o.; *iem. met iets ~* ***val*** trouble/worry s.o. with s.t.; burden s.o. with s.t.; *dit spyt my om jou ~ te* ***val*** sorry to trouble you; ***verduiwels*** *~ wees, (infml.)* be an infernal nuisance; *~* ***wees,*** *(a child)* be a nuisance, act up. **las·tig·heid** troublesomeness; importunity; awkwardness; petulance, vexatiousness, tediousness; prickliness *(of a problem etc.);* →LASTIG.

la·su·liet *(min.)* lazulite, blue spar.

la·su·riet = LASUURSTEEN.

la·suur azure. **~blou** ultramarine. **~steen, lasuriet,** *(Lat.)* **lapis lazuli** *(min.)* lazurite, lapis lazuli.

lat¹ *latte, n.* cane, switch, stick; *(support)* lath; birch, switch; wattle; batten; slat; fillet; *(taboo sl.: penis)* dick, tool, John Thomas; *onder die ~ deurloop* be caned, get the cane; *'n ~ vir jou eie bas (infml.)/gat (sl.) pluk* make a rod for one's own back. **lat** *ge=, vb.* batten. **~bekleding** *(min.)* lagging. **~bos, ~bundel** fascine. **~heining** lattice fence. **~merk** weal. **~pad** fascine road. **~werk** lathing, lath work; lattice(work), trellis(work), espalier, wattle-work.

lat²: *'n jong ~, (infml.)* a young chap.

la·te: *doen en ~* →DOEN *n.*.

la·tei *=teie, (archit.)* lintel; transom. **~hoogte** frame height.

la·teks latex.

la·tent *=tente* latent; quiescent *(illness);* potential; *~e warmte* latent heat.

la·ter *=tere, adj.* later; subsequent, ulterior; *~e* ***boeking,*** *(accounting)* post-entry; *~e* ***geslagte*** succeeding generations; *in jou ~e* ***lewe*** late in life; *die ~e* ***president*** in later years president. **la·ter** *adv.* later; later on, afterwards; further on, hereunder; *~ van* ***datum*** puisne *(chiefly Br.);* ***hoe*** *~ hoe kwater, (infml.)* from bad to worse; the later the merrier; *~* ***van jare*** as time goes/went on; *~ van* ***tyd*** later on. **la·te·rig** *=rige* latish.

la·te·raal *=rale, (phon.)* lateral; *laterale denke* lateral thinking.

La·te·raan *(RC): die ~* the Lateran (Palace); *St. Johannes ~* St. John Lateran. **La·te·raans** *=raanse* Lateran; *die ~e verdrag* the Lateran treaty.

la·te·riet *(geol.)* laterite.

la·tier·boom stable bar.

La·ti·nis *=niste, (also l~)* Latinist, Latin scholar. **La·ti·nis·me** *=mes, (also l~)* Latinism. **La·ti·nis·ties** *=tiese, (also l~)* Latinate. **La·ti·ni·teit** *(also l~)* Latinity.

la·ti·tu·di·nêr *=nêre* latitudinarian.

lat·jie *=tjies, (dim.)* little stick/cane; spline *(of a fan);* →LAT¹ *n.*.

la·toen *=toene, (rare)* latten; shim.

la·tri·ne *=nes* latrine.

lat·te·muur battened wall.

lat·te·sol·der *(theatre)* grid.

La·tyn *n., (lang.)* Latin. **La·tyn** *=tyne, n., (hist.: inhabitant of Latium)* Latin. **~kenner** Latinist; →LATINIS. **~onderwyser** Latin teacher.

La·tyns *=tynse, adj.* Latin; *~e letters* Roman characters. **~-Amerika** Latin America. **~-Amerikaans** *adj.* Latin American. **~-Amerikaner** Latin American.

la·tyn·seil lateen sail.

lau·da·num →LOUDANUM.

lau·mon·tiet *(min.)* laumon(t)ite.

Lau·rens →LAWRENCE.

Lau·ren·ties *=tiese* Laurentian; *~e Skild* →**KANADESE SKILD**.

Lau·sitz: *die ~, (geog.)* Lusatia.

la·vas *=vasse, (bot.)* lovage.

la·veer *(ge)=, (naut.)* tack (about); *terug ~, (naut.)* beat back.

la·ven·tel lavender. **~boom** *(Heteropyxis natalensis)* lavender tree. **~bos(sie)** (wild) lavender shrub. **~flessie** scent-bottle; *(hist.)* vinaigrette, vinegarette. **~haan** *(infml., often derog.)* glamour boy, lounge lizard. **~olie** lavender oil. **~sakkie** lavender bag. **~water** lavender water.

la·wa lava. **~-as** lava ash, volcanic/vulcanic ash. **~bom** volcanic bomb. **~glas** *(geol.)* obsidian, volcanic/vulcanic glass, vitreous lava. **~keël, ~kegel** lava cone. **~koepel** volcanic/vulcanic dome. **~lamp** lava lamp. **~meer** lava lake. **~naald** spine. **~stroom** lava stream, lava flow.

la·waai *n. (no pl.)* noise, din, uproar, row, racket, tumult, shindy, babel; hullabaloo, razzle-dazzle, razzmatazz *(infml.);* clamour; *'n* ***groot*** *~* a great noise; *'n* ***helse*** *~ maak, (infml.)* make a hell of a noise, kick up hell, raise hell; *'n ~ dat* ***hoor*** *en sien vergaan, (infml.)* an infernal/unholy noise; *~* ***maak,*** *'n ~* ***maak/opskop,*** *(lit.)* kick up a din/racket, make a din/racket/row; *(fig.)* kick up a lot of dust, raise a lot of dust, kick up a fuss/row, make a fuss/scene; *'n ~ oor iets* ***maak,*** *(also, infml.)* make a splash of s.t. *(in the press); (groot) ~ oor iem./iets* ***maak,*** *(also, infml.)* beat/bang/thump the (big) drum(s) for s.o./s.t.; *'n groot ~ oor* ***niks*** much ado about nothing; a storm in a teacup; ***veel*** *~ en weinig wol (of meer ~ as wol)* much ado about nothing, great/much cry and little wool; *dit* ***was*** *vir jou 'n ~!* what a din there was!; *met 'n ~* ***wegtrek*** roar off; *'n ~ van die ander* ***wêreld,*** *'n* ***woeste/ylike*** *~, (infml.)* an infernal/unholy din/noise/racket; *meer ~ as* ***wol*** →***veel.*** **la·waai** *ge=, vb.* make a noise, be rowdy, kick up a row, blare. **~maker** rowdy, noisy person, blusterer; *(orn.)* chorister bird, noisy robin. **~makery** rowdyism. **~spul** bear garden *(fig.).* **~wa:** *op die ~ klim, (infml.)* climb/get/jump on the bandwagon. **~water** *(infml.)* booze, spirits; *~ drink* booze, be half seas over *(or* three sheets in the wind).

la·waai·e·rig *=rige* noisy, rowdy, boisterous, obstreperous, uproarious, clamorous. **la·waai·e·rig·heid** noisiness, rowdiness; →LAWAAIERIG.

la·we *ge=* →LAAF.

la·we·ment *=mente, (med.)* enema, lavement; *(arch.)* clyster; *~ toedien/sit* give an enema. **~spuit** enema syringe.

la·wi·ne *=nes* avalanche; snow slide/slip.

la·wing comforting, relieving, quenching *(thirst),* refreshing; resuscitation.

Law·rence: *Sint ~rivier* Saint Lawrence River; *Sint ~waterweg* Saint Lawrence Seaway.

law·ren·ci·um *(chem., symb.: Lr)* lawrencium.

law·so·niet *(min.)* lawsonite.

law·we·rig *=rige* rather silly; →LAF. **law·wig·heid** *=hede* silliness, foolishness; corn; *(in the pl.)* silly talk/jokes.

lê¹ *lêe, lês, n.* lying; *(sport)* lie; *nie jou ~ kry nie* can't lie down comfortably. **lê** *ge=, vb.* lie *(in bed);* lie, be situated *(on a river etc.); die stad ~* ***aan/langs*** *'n rivier* the town lies on a river; *dit ~ in iem. se* ***aard*** it is s.o.'s nature, s.o. is made that way; ***agter*** *iem. ~, (lit.)* lie behind s.o.; *(fig.)* be out to get s.o. *(a suspected criminal, a man/woman as a friend/lover, a potential employee); iem. ~* ***agter*** *iets* s.o. is keen to get (hold of) s.t.; *iets ~* ***agter*** *iem., (lit. & fig.)* s.t. lies behind s.o.; ***agteroor*** *~* lie back; *gemaklik* ***agteroor*** *~* lounge back; *in ...* ***agteroor*** *~* recline in ...; *dit ~ nie in iem. se* ***bedoeling*** *nie* s.o. does not intend it, it is not one's intention; ***bly*** *~* stay down; lie over; *(boxing)* take the count; ***bo*** *~* lie on top; ***bo-op*** *iets/iem. ~* lie on top of s.t./s.o.; *iets* ***(bo-)op*** *... ~* superimpose s.t. (up)on ...; ***by*** *iem. ~* lie with s.o.; *iem. slaan/stamp dat hy/sy* ***dáár*** *~* knock/send s.o. flying; *daar ~ die* ***ding*** that's just it *(or* the point), there's the rub; *iem. ~* ***en*** *lees/ens.* s.o. lies reading/etc.; ***gaan*** *~* (go and) lie down; go to bed, *(infml.)* turn in; *(the wind)* blow out *(often refl.); lekker* ***gaan*** *~* snuggle down; *(met siekte)* ***gaan*** *~* take to one's bed; *die* ***geheim*** *~ daarin* the secret is this; ***iem.*** *~ al drie dae* s.o. has been in bed for three days; ***in*** *iets ~* lie in s.t.; ***laat*** *gaan ~* have a late night; *iets êrens* ***laat*** *~* leave s.t. lying somewhere; *iets* ***laat*** *~, (also)* leave s.t. alone; leave s.t. behind; ***langs*** *... ~* lie next to ...; be adjacent to ...; ***lê!,*** *(to a dog)* down!; *iem. ~* ***lekker*** s.o. lies snug; *iets* ***links*** *laat ~* pass over s.t.; *iets* ***heeltemal links*** *laat ~* leave s.t. severely alone; ***met*** *griep/ens. ~* be down *(or* laid up) with the flu/etc.; *wat die* ***naaste*** *~, moet die swaarste weeg* charity begins at home; ***onder*** *~* lie beneath/underneath; ***onder*** *iets/iem. ~* lie under s.t./s.o.; *~* ***onder*** lie under, underlie; ***op*** *iets ~* lie on s.t.; recline (up)on s.t.; *iets ~* ***op/onder*** *die tafel/ens.* s.t. is lying on/under the table/etc.; *~* ***op*** overlie; ***plat*** *~* lie down; ***plat*** *gaan ~* throw o.s. down; *die stad ~ aan/langs 'n* ***rivier*** →***aan/langs;*** *vir enige man op haar* ***rug*** *~, (also, taboo sl.)* be an easy lay; *'n bietjie* ***skuins*** *~, (infml.)* have/take a nap; *iem. laat nie* ***slap*** *~ nie* s.o. is not behindhand; *in* ***staatsie*** *~* →STAATSIE; *iets ~* ***swaar*** *op jou maag* s.t. lies heavy on one's stomach; *styf **teen** iem.* ~ cuddle up to s.o.; *hulle ~ styf **teen** mekaar* they cuddle up together; ***toe** ~ onder/van* ... be (all) covered with ... *(snow etc.)*; *dit ~ **tussen** A en B, (lit.)* it lies between A and B; *(fig.)* the choice is between A and B; ***uit** iets* ~ lean out of s.t. *(a window)*; ***vroeg** gaan* ~ have an early night; *by 'n **vrou*** ~ lie/sleep with a woman; *die **wind** het gaan* ~ →WIND¹ *n.*. **~bad** *(chiefly hist.)* slipper bath. **~battery** *(agric.)* (laying) battery. **~dae** *(naut., jur.)* days of demurrage. **~geld** demurrage, pierage, pier dues. **~plek** place/room to lie down, lying room; bed; berth, mooring place; burrow, haunt, lair *(of a wild animal)*, den; covert, form *(of a hare)*; ~ *soek* cuddle, nestle close to *(a girl)*, make love (to); *êrens 'n ~ vind, (infml.)* shack up somewhere. **~plooi** *(geol.)* recumbent fold. **~skiethouding** *(shooting)* prone position. **~steek** couching stitch. **~stoel** lounge/reclining chair, recliner.

lê² *n.* laying; *die henne is fluks aan die* ~ the hens are laying splendidly. **lê** *ge-, vb.* put, place, lay; bed; *die laaste **hand** aan iets* ~ →LAASTE *adj.*; *rondloop/ronddwaal/wees soos 'n **hen** wat 'n eier wil* ~ →HEN; *'n **hoeksteen*** ~ →HOEKSTEEN; *'n **rietdak*** ~ thatch a building. **~battery** hen battery. **~boor** *(entom., icht.)* ovipositor; *(entom.)* piercer. **~buis** egg tube. **~hen** laying hen, layer. **~meel** laying mash. **~ras** laying strain. **~tyd** laying season.

Le·a *(OT)* Leah.

leb *lebbe* rennet bag/stomach. **~maag** *(zool.)* rennet bag/stomach, abomasum, milk stomach.

le·de¹ *n., (pl.)*: *iets onder ~ hê* →LID². **~braak** *ge-, (hist.)* break on the wheel. **~dag** (private) members' day. **~geld, lidmaatskapsgeld** (member's) subscription, sub, dues. **~kaart** →LIDMAATSKAPSKAART. **~land** →LIDLAND. **~lokaal** members' enclosure. **~lys** list of members, members' list, membership list, roll of membership. **~maat** *-mate, (chiefly pl.)* limb, member *(of a human body)*, part of the body, extremity. **~pop** lay figure; puppet. **~staat** →LIDSTAAT. **~tal** membership (strength), number of members. **~vergadering** members' meeting. **~water, litwater** *(med.)* synovia.

le·de² *adj.*: *met ~ oë* sorrowfully; enviously, with envious eyes; *met ~ oë aanskou* view, look on with a jaundiced eye, envious eyes.

le·de·kant *-kante, (dated)* bedstead, four-poster. **~gordyn** bed curtain. **~hemel** tester, canopy.

le·dig *-dige, adj.* idle; vacant; otiose; *~e tyd* spare time, leisure hours; *~ sit* idle. **le·dig** *ge-, vb.* empty, deplete. **~ganger** *(rare)* →LEEGLÊER.

le·dig·heid idleness; otiosity, otioseness *(arch.)*; *~ is die duiwel se oorkussing* Satan finds some mischief still for idle hands to do, idleness is the parent of vice, idleness is the root of all evil.

le·di·ging emptying, draining, clearing, depletion; *(Chr. theol.)* kenosis.

le·ë (→LEEG *adj. & adv.*): **~derm** *(anat.)* jejunum. **~koppie** *(infml., derog.)* bimbo, bimbette, Barbie doll. **~nessindroom** *(psych.)* empty nest syndrome.

leed harm; sorrow, grief, pain, affliction; *iem. ~ **aandoen*** hurt s.o., cause s.o. grief; *iem. geen ~ **aandoen** nie, (also)* not harm a hair on s.o.'s head; *iets **doen** iem.* ~ s.t. grieves s.o.; ***lief** en* ~ →LIEF *n.*. **~vermaak** malicious joy/pleasure, delight in another's misfortune, schadenfreude *(Germ.)*, gloating. **~vermakerig** with malicious joy, with spiteful pleasure, gloatingly. **~wese** regret; *jou ~ teenoor iem. **betuig** dat* ... express one's regret to s.o. that ... *(he/she has to do s.t. or cannot do s.t.)*; ***diepe*** ~ deep regret; ***met*** ~ with regret; ***met** groot* ~ with much/great regret; ***tot** iem. se* ~ to s.o.'s regret.

Lee-En·field(-ge·weer), Lee-En·field(·ge·weer) *(hist., also lee-enfield)* Lee-Enfield (rifle).

leef, lewe *ge-* live, flourish, subsist, exist; *al wat ~ en **beef*** each and every one, every living soul; ***bly*** ~ keep/stay alive; *wie **dan** ~, die dan sorg* →WIE *indef. pron.*; ***eenvoudig*** ~ lead/live a simple life, live in a small way; *in **ellende*** ~ lead a life of misery; ***goed*** ~ make a comfortable living; *iem. kan **goed*** ~ s.o. is comfortably off; *te **groot*** ~ live beyond one's means; ***hoog*** ~ live it up *(infml.)*; ~ *en **laat*** ~ live and let live; *'n skrywer/skryfster **laat** sy/haar karakters* ~ a writer makes his/her characters live, a writer's characters are living people; *so **lank** iem.* ~ as long as s.o. lives; *dit sal hou so **lank** iem. ~, (also)* it will last s.o.'s time; *ek sal, so **lank** lewe,* ... I will, God willing, ...; I will, if I am spared, ...; ***lank** lewe die koning!* long live the king!; ***lank** lewe die Springbokke!* three cheers for the Springboks!; ***lekker*** ~ be/live in clover *(infml.)*; live the life of Riley *(infml.)*; ***losbandig*** ~ lead/live a dissolute life; ***nog*** ~ survive; *iem. verdien te min **om te** ~ en te veel om dood te gaan* s.o. does not get a living wage; ***onberispelik*** ~ lead/live a blameless life; ***ooreenkomstig/volgens** iets* ~ live up to s.t. *(principles etc.)*; ***skraps/suinig*** ~ live frugally, lead/live a frugal life; *(infml.)* pull one's belt in, tighten one's belt; ***so** waar as/soos ek* ~ as true as I am alive; ***stil** gaan* ~ go into retirement; ***stil*** ~ live in retirement; ***swaar*** ~ have a hard time (of it); labour under difficulties; receive/take punishment; *iem. **swaar** laat* ~ give s.o. a hard time; ***van** iets* ~ live (up)on s.t. *(bread, a pension, etc.)*; subsist on s.t.; exist (up)on s.t.; feed on s.t.; live off s.t.; ***van** (die) jag/ens.* ~ live by hunting/etc.; *'n mens kan nie net **van brood** ~ nie, (OT)* one cannot live on bread alone; one cannot live by bread only; ***vir** iets* ~ live for s.t.; *die moeder ~ net **vir** haar kind* the mother is wrapped up in her child; ***volgens** iets* ~ →***ooreenkomstig/volgens***; *in **weelde*** ~ lead a life of luxury; *hy ~ **wild*** he sows his wild oats. **~reël** diet; regimen, rule of life. **~ruimte** living space; →LEWENSRUIMTE. **~styl** →LEWENSTYL. **~tog** *(fml.)* sustenance, victuals, provisions, aliment. **~tyd** lifetime; age; ***bo/oor** die ~ wees* be over age; *van **dieselfde*** ~ of the same age; contemporary; *iets **duur** iem. se* ~ s.t. lasts s.o.'s time; *mense van **elke*** ~ people of all ages; *op **gevorderde*** ~ at an advanced age, late in life; *van ('n) **gevorderde** ~, (euph.)* ageful; ***groot** vir jou ~ wees* be tall for one's age; *iem. het 'n **hoë** ~ **bereik*** s.o. lived to a great age, s.o. lived to a ripe old age; ***in** iem. se* ~ in s.o.'s lifetime; *die **manlike** ~ **bereik*** reach manhood, come to man's estate; *op **middelbare*** ~ in middle age; ***onder** die ~ wees* be under the age; ***op** jou* ~ at one's age (*or* time of life); ***op** vyfjarige/ens. ~, op die ~ van vyf/ens. jaar* at the age of five/etc.; *op **ryp(e)*** ~ at a ripe age. **~tydsgrens** = OUDERDOMSGRENS. **~tydsgroep, ~kategorie** = OUDERDOMSGROEP. **~tydsverskil** age difference/gap. **~wyse** way/manner of living, way of life.

leef·baar *-bare* bearable, endurable, liv(e)able (in). **leef·baar·heid** liv(e)ableness; →LEEFBAAR.

leeg *leë leër leegste, adj. & adv.* empty, bare; vacant; vacuous; inane; null; blank; hollow; void; stultifying *(a relationship)*; →LEË-; *leë **bedenksels*** vain imaginings; *'n leë **belofte*** →BELOFTE; *leë **boulbeurt*** →BOULBEURT; *'n leë **gebaar*** a token gesture; *leë **gewig/massa*** unladen weight; *met leë **hande*** empty-handed; *leë **houers*** (of ***leës***) empty returns, empties; *leë **kalorieë*** empty calories; *leë **kop*** empty head; *leë **maag*** empty stomach; *leë **nes**, (lit. & fig.)* empty nest; ~ ***raak*** empty; run dry; *leë **ruimte*** vacancy; *die huis **staan*** ~ the house is unoccupied/empty; ~ *(**staande**)* disused *(a building)*; ***taamlik** ~, (also)* uncrowded *(a train etc.)*. **~drink** drain, empty. **~eet** eat up, finish. **~gewig** unladen weight, weight empty. **~haal** *leegge-, (rare)* gut. **~hoof** nitwit *(infml.)*, empty-headed fellow, featherbrain. **~hoofdig** *-e* empty-headed, addle-headed, vacant. **~lê** *leegge-* idle, laze, loaf, drone. **~lêer** idler, loafer, sluggard. **~lêery** idling, loafing. **~loop** *leegge-* become empty, empty itself; run dry; idle, loaf; run without a load; *laat* ~ empty, drain (off); *die masjien laat* ~ stop feeding the machine. **~loper** loafer, idler, do-nothing, drone. **~lopery** loafing, idling. **~maak** empty, clear, finish, deplete; evacuate *(tech.)*; exhaust. **~pomp** pump dry, exhaust. **~staande** tenantless. **~steel** rifle.

leeg·heid emptiness; vacuity; vacancy; →LEEG *adj. & adv.*.

leeg·te¹ *-tes* emptiness, vacancy; void; blank.

leeg·te², leeg·te·tjie →LAAGTE, LAAGTETJIE.

leek *leke* layman, nonspecialist; *nog 'n ~ wees wat budjies/klassieke musiek/ens. betref* be new to budgerigars/classical music/etc.; *die leke* the laymen, the laity; →LEKE-.

leem loam. **~grond** loam soil.

leem·ag·tig *-tige* loamy.

Lee-met·ford(-ge·weer), Lee-met·ford(-ge·weer) *(hist., also l~)* Lee-Metford (rifle).

leem·te *-tes* gap, blank; lacuna; hiatus; void *(by death etc.)*; deficiency; vacuum; *'n ~ **aansuiwer*** repair/rectify an omission; *'n ~ **(aan)vul*** fill a vacuum; fill a gap; make up a deficiency, remedy/supply a deficiency; *'n ~ **in** 'n betoog* a flaw in an argument; *'n ~ **laat*** leave a gap/void; *'n ~ in iem. se **opvoeding*** a gap in s.o.'s education; *'n ~ in ... **veroorsaak/laat*** create/leave a vacuum in ...; *in 'n ~ **voorsien*** bridge/close/fill/stop a gap; *'n ~ **vul*** fill a void; →***(aan)vul***.

leen *n.* fief, feoff *(hist.)*; feudal tenure; *iem. iets te ~/lene **gee*** let s.o. have the loan of s.t., lend s.t. to s.o.; *iets in ~ **hê**, (rare)* have s.t. on loan, have the loan of s.t.; *iets van iem. in ~ **hê**, (rare)* have s.t. on loan from s.o.; *iets te ~/lene **kry*** get the loan of s.t.; *waar iem. geld te ~/lene kan **kry*** where s.o. can borrow money; *dit is **te** ~/lene* it is on loan; *iets te ~/lene **vra*** ask for the loan of s.t., ask to borrow s.t.. **leen** *ge-, vb.* borrow *(from)*; lend *(to)*; spare; *iets **aan/vir** iem. ~, iem. iets* ~ lend s.t. to s.o., lend s.o. s.t.; *iem. (tydelik) **aan** ...* ~ second s.o. to ...; *iets **by/van** iem.* ~ borrow s.t. from s.o.; *iets **is** geleen* s.t. is on loan; ***mag** ek jou ... ~?* may I borrow your ...?, may I have the loan of your ...?; *jou **ore** aan ...* ~ lend an ear (*or* one's ears) to ...; *dit ~ hom **tot*** ... it lends itself to ...; it is open to ... *(abuse etc.)*; *jou **tot*** ... ~ lend o.s. to ... *(a policy, purpose, etc.)*. **~bank** →LENINGSBANK. **~besitter** feudal tenant. **~bevoegdheid** borrowing powers. **~biblioteek** lending/circulating library. **~diens** *(hist.)* feudal service. **~eed** *(hist.)* oath of allegiance/fealty. **~geld** borrowed money. **~goed** borrowing(s), borrowed thing(s); *(ling.)* borrowings; *(hist.)* fief, feoff, feudal estate/holding; feudality; benefice; **~grond** *(hist.)* quitrent land. **~heer** *(hist.)* liege/feudal lord. **~houer** →LEENMAN. **~kapitaal** →LENINGSKAPITAAL. **~man** *-ne, (hist.)* vassal, liegeman, feudal tenant, feoffee; beneficiary; *(hist., jur.)* feudatory. **~manskap** *(hist.)* vassalage. **~manstrou** *(hist.)* fealty, allegiance. **~plig** *(hist.)* feudal duty, vassal duty. **~pligtigheid** *(hist.)* fealty. **~reg** feudal right; right of investiture; feudal law. **~roerig** *-e, (hist.)* feudal, feudatory; beneficiary; *~ aan ..., (hist., jur.)* in fee to ... **~roerigheid** *(hist.)* feudality. **~spreuk** device, motto. **~stelsel** *(hist.)* feudal system. **~versameling** loan collection. **~vorm** *-e* loan form. **~vors** *(hist.)* feudal prince. **~vrou** *(hist.)* liege lady. **~wese** feudalism. **~woord** *(ling.)* loan word, borrowed word, borrowing.

leen·baar *-bare* lendable; loanable.

lê·end¹ *-ende* lying; *(her.)* couchant; →LÊ¹ *vb.*.

lê·end² *-ende* laying *(hen)*; →LÊ² *vb.*.

leep·oog bleary/droopy eye.

leer¹ *leerstellings, leerstellinge, n.* doctrine; theory; teaching; doxy; gospel; *(no pl.)* apprenticeship; *'n mens kan by X in die ~ gaan* X can teach one how to do it; ***geheime*** ~ cab(b)ala; *by ... **in** die ~ wees* serve one's apprenticeship with ...; *die ~ **van Christus*** the teaching/doctrine of Christ; *'n ~ **verkondig*** preach a doctrine; *'n ~ **verwerp*** reject a doctrine. **leer** *ge-, vb.* teach *(children, a subject, etc.)*; instruct; indoctrinate; train; tutor; break in *(a horse)*; learn *(s.t. from s.o.)*; *iem. moet nog **baie** ~, iem. het nog **baie** om te* ~ s.o. has much to learn, s.o. has a long way to go *(fig.)*; *iets van **buite** (of uit jou/die **kop/hoof** [uit])* ~ get/learn s.t. by heart, memorise s.t., commit s.t. to memory; *iets **by/van** iem.* ~ learn s.t. from s.o.; *al **doende** ~ ('n) mens* practice makes perfect; *iem. ~ **gou*** s.o. is apt at learning; *iem. ~ **ken*** come/get to know s.o., become acquainted with s.o.; *iem. **laat*** ~ put s.o. through school/college/university; *iem. wil hom/haar nie **laat** ~ nie* s.o. doesn't want to be taught; s.o. will not be schooled; ***nood** ~ bid* →NOOD; *~ **om** te* ... learn to ...; *~ **om** geduldig te wees* school o.s. to be patient; ***osse*** ~ train oxen (to the yoke); *('n) mens word nooit te **oud** om te ~ nie* →OUD; *'n **perd*** ~ train a horse (to the saddle), break in a horse; *deur/volgens die metode van ~ en **probeer*** by trial and error; *ek **sal** hom/haar ~!* I'll show/teach him/her!; *dit **sal** hom/haar* ~

om te ... that will teach him/her to ...; *dit sal die tyd ~* time will show; *iets* ***soos 'n papegaai*** *~* learn s.t. by rote; *iem. ~* ***swem/ens.*** s.o. is learning to swim/etc.; *iem. ~ iem. anders* ***swem/ens.*** s.o. is teaching s.o. else to swim/etc.; ***tot*** *graad tien/ens. ~* go as far as (*or* leave school after) grade ten/etc.; *'n* ***vak*** *~* learn/take a subject; *iem. het* ***ver/vêr*** *geleer* s.o. has had a good education; ***vir*** *iets ~* study for s.t. *(an examination etc.)*; ***vir*** *dokter/ens. ~* study to be a doctor/etc.; ***vir*** *dokter ~, (also)* study medicine. ~**boek** textbook; schoolbook, handbook. ~**dig** didactic poem. ~**gang** course of study/instruction, curriculum. ~**geld** school fees; tuition fee; *~ betaal* learn s.t. to one's cost, learn from bitter experience. ~**gesag** *(RC)* magisterium. ~**gestrem(d)** learning-disabled, educationally subnormal. ~**gestremdheid** learning disability. ~**gierig** *-e* eager to learn, studious. ~**gierigheid** eagerness to learn, studiousness. ~**jaar** *-jare* year of study, year's course; *(in the pl. also)* years of apprenticeship. ~**klerk** articled clerk; *by iem. as ~ ingeskryf wees* be articled to s.o.. ~**kontrak** indentures, articles of apprenticeship/clerkship. ~**krag** *-te, (fml.)* teacher; *(also, in the pl.)* teaching staff, academic staff. ~**kurwe** learning curve. ~**lus** studiousness, eagerness to learn, teachability. ~**meester** teacher, tutor, preceptor, instructor, taskmaster. ~**metode** method of teaching; method of studying/learning. ~**middel** *-e, -s* teaching aid. ~**plan** syllabus, curriculum; *die ~ afwerk* cover the syllabus. ~**plig** compulsory education, compulsory (school) attendance. ~**pligtig** *-e* of school age; *~e leeftyd* school age; *kinders bo 7 is ~* education is compulsory for children over 7. ~**pligwet** compulsory education act. ~**rede** *(obs.)* sermon; instruction. ~**reël** canon; *Dordtse L~s* Canons of Dort. ~**ryk** *-e* instructive. ~**skool** training school, practice school, school for practical teaching; *die ~ van beproewing* the school of adversity; *dit was vir iem. 'n goeie ~* it has taught s.o. many things, s.o. gained valuable experience by it; *iem. moes eers deur die ~ gaan* s.o. had to go through the mill first. ~**stellig** *-e* dogmatic; doctrinal; *~e persoon* doctrinaire. ~**stelligheid** dogmatism. ~**stelling** *-s, -e* doctrine, dogma, tenet. ~**stelsel** philosophic/theological/scientific system, doctrine. ~**stoel** chair *(at a university)*, professorship; *die ~ vir geskiedenis/ens.* the chair of history/etc.; *~ in die* (of *van*) *natuurkunde* chair of physics. ~**stof** subject matter (of teaching). ~**stuk** doctrine, dogma, tenet. ~**suiwerheid** orthodoxy, purity of doctrine. ~**tug** doctrinal discipline. ~**tyd** study hour, time to learn; apprenticeship; tirocinium, pupil(l)age; *'n ~ deurmaak* serve an apprenticeship; *iem. dien sy/haar ~ (as prokureur) uit* s.o. serves his/her articles. ~**vak** theoretical subject. ~**werk** facts/things/etc. to be learnt. ~**wyse** = LEERMETODE.

leer² *n., lere* ladder; *maatskaplike ~* social ladder/scale; *bo-op die (maatskaplike) ~* at the top of the tree; *'n ~ in 'n kous* a ladder/run in a stocking. **leer** *ge-, vb., (a stocking)* ladder, run. ~**aar** ladder vein. ~**rug(stoel)** ladder-back (chair). ~**sport** rung of a/the ladder. ~**steek** ladder stitch. ~**styl** ladder post. ~**vormig** *-e, (bot.)* scalariform. ~**wa** *(hist.)* rack wa(g)gon.

leer³ *n.* leather; *van anderman se ~ breë rieme sny* it is easy to cut thongs from other men's leather. ~**baadjie** leather jacket. ~**band** leather strap; leather binding *(of a book)*. ~**bekleding** leather upholstery. ~**bereiding** leather-dressing, currying. ~**bloekom** hickory gum, leatherjacket. ~**breier** = LEERLOOIER. ~**doek** leathercloth. ~**goed** leather goods. ~**handel** leather trade. ~**handelaar** leather merchant. ~**knuppel** blackjack. ~**lap** leather patch; chamois, shammy (leather). ~**looier** tanner, currier. ~**looiery** tannery; tanning. ~**mark** leather market. ~**ring** →LEERWASSER. ~**sak** leather bag; *(Bib.)* bottle. ~**skilpad** leatherback. ~**skort** leather apron *(worn by craftsmen)*. ~**smeer** dubbin(g). ~**stoel** leather chair. ~**vet** dubbin(g). ~**vis** *(icht.)* garrick, leerfish, leervis. ~**ware** leather goods. ~**wasser,** ~**waster** leather washer. ~**werk** leather-work.

le·ër *leërs, n.* army; armed forces; host, multitude; *by die ~ aansluit* join the army; *in die ~ gaan* join the colours/army/forces. **le·ër** *ge-, vb., (mil.)* encamp, quarter, billet. ~**afdeling** army division, column. ~**basis** army base. ~**bed** camp stretcher. ~**bende** band/troop of soldiers. ~**bewind** stratocracy. ~**groep** army group. ~**hoof** army commander, army chief. ~**kommandement** army command. ~**korps** army corps. ~**leiding** army command; *hoogste/opperste ~* supreme/high command. ~**leweransier** army contractor. ~**mag** (military) force, army. ~**naloper** camp follower. ~**offisier** army officer, military officer. ~**opleiding** army training. ~**order** army order(s), standing orders. ~**organisasie** organisation of the army. ~**owerste** army commander. ~**skaar,** ~**skare** *-s, (chiefly Bib.)* host. ~**smous** →LEËRNALOPER. ~**stafhoof** army chief of staff. ~**trein** army train.

lê·er¹ *-ers, (hist. measure of capacity, chiefly in the wine industry: ± 600 l)* leaguer; *(rly.)* sleeper; girder; file, register, docket; *'n ~ oor ... aanhou/hê* have/keep a file on ...; have ... on file; *'n ~ aanlê* open a file. *2 ~ wyn* 2 leaguers of wine. ~**afskrif** file copy. ~**bediener** *(comp.)* file server. ~**bestuur,** ~**beheer** *(comp.)* file management. ~**beveiliging,** ~**beskutting** *(comp.)* file protection. ~**kas** filing cabinet. ~**latei** summer(-tree). ~**naam** *(comp.)* file name. ~**omslag** file cover. ~**vat** leaguer.

lê·er² *-ers, (a hen)* layer.

leer·ag·tig, leer·ag·tig *-tige* leathery; *(sc.)* coriaceous.

leer·baar *-bare* learnable.

leer·der *-ders, (educ., also* leerling*)* learner, pupil, scholar, student; breaker. ~**raad** pupils' council.

leer·der·tjie *-tjies, (educ.)* little pupil, *etc.*; →LEERDER.

leer·de·ry learning, studying.

lê·er·ig *-ige -iger -igste* lounging, lazy.

le·ë·ring encampment; billet(s); billeting.

leer·ling *-linge* disciple; trainee; apprentice; *(educ.)* pupil (→LEERDER). ~**apteker** chemist's/apothecary's apprentice. ~**bestuurder** learner driver; trainee manager. ~**drukker** printer's apprentice, printer's devil *(hist.)*. ~**klerk** indentured clerk, articled clerk, probationer clerk. ~**kontrak** →LEERKONTRAK. ~**lisensie** →LEERLINGRYBEWYS. ~**masjinis** learner engine driver. ~**onderwyser** pupil-teacher. ~**opsigter** monitor. ~**prokureur** articled clerk. ~**raad** →LEERDERRAAD. ~**rybewys,** ~**lisensie** learner's licence. ~**setter** apprentice compositor. ~**stelsel** apprenticeship system. ~**telegrafis** telegraph learner. ~**verpleegster,** ~**verpleër** student/trainee nurse, probationer. ~**vlieënier** pupil pilot.

leer·lin·ge·tjie *-tjies, (educ.)* →LEERDERTJIE.

leer·ling·skap apprenticeship.

leer·saam *-same* informative, instructive; improving; educative, educational; enlightening. **leer·saam·heid** instructiveness.

leer·tjie *-tjies* small ladder, stepladder; →LEER² *n.*.

le·ër·tjie *-tjies* small army; →LEËR *n.*.

lê·e·ry lying about/around, lounging.

lees¹ *leeste, n.* last, shoetree; *(tech.)* triblet; *op* ***dieselfde*** *~ geskoei wees* be cast in the same mould, be on the same lines; *iets is op die ~ van ...* ***geskoei*** s.t. is based on ...; *jou by jou ~* ***hou*** stick to one's last; *op die ~* ***plaas/rek*** tree; *iets op die ~ van ...* ***skoei*** model s.t. after/on ...; ***skoenmaker,*** *hou jou by jou ~* →SKOENMAKER.

lees² *n.* reading. **lees** *ge-, vb.* read *(a book, s.o.'s thoughts)*; make out; interpret; *iets* ***aan/vir*** *iem. ~* read s.t. to s.o.; *~* ***alles*** *daarvan!* read all about it!; *iets staan op iem. se* ***gesig*** *te ~* s.t. is written all over/across/in/on s.o.'s face, s.o.'s face shows s.t. (*or* gives him/her away); ***hardop*** *~* read aloud; *in iem. se* ***hart*** *~* read s.o.'s heart; ***iem. soos 'n boek*** *~* read s.o. like a book; ***lekker*** *~* have a good read; *dié boek ~* ***lekker*** this book is a good read; *iem. (goed) die* ***les*** *~* →LES¹ *n.*; *iem. die* ***leviete*** *~* →LEVIET; ***oor/van*** *iets ~* read about s.t.; *iem.* ***soos 'n boek*** *~* read s.o. like a book; ***stil*** *~* read silently; ***uitgebreid*** *~* read widely; *'n boek* ***vlugtig*** *~* skim (through) a book. ~**(alleen)geheue** *(comp.)* read-only memory *(abbr.:* ROM*)*. ~**beurt** turn to read, turn at reading. ~**biblioteek** lending library. ~**blindheid** *(psych.)* alexia. ~**boek** reading book, reader. ~**bril** reading glasses/spectacles. ~**diens** sermon reading, service conducted by an elder. ~**drama** play to be read, closet play, closet drama. ~**-en-skryf-geheue** *(comp.)* random-access memory *(abbr.:* RAM*)*. ~**genot** reading pleasure. ~**geselskap** reading club. ~**glas** reading glass. ~**kaart** reading chart. ~**kamer** reading room. ~**kennis** reading knowledge. ~**kop** *(comp.)* read head. ~**kring** reading circle/club. ~**kuns** art of reading. ~**lamp** reading lamp; bed(side) lamp. ~**lekker** *(sweet)* motto kiss, conversation sweet/lozenge. ~**les** reading lesson. ~**lus** love of reading; eagerness to read. ~**lys** reading list. ~**metode** method of reading. ~**oefening** reading exercise; reading practice. ~**onderwys** instruction in reading, teaching of reading, reading lesson. ~**ouderdom** reading age. ~**peperment** →LEESLEKKER. ~**saal** reading room; library. ~**-skryf-geheue** *(comp.)* read-write memory. ~**-skryf-kop** *(comp.)* read-write head. ~**snelheid,** ~**spoed,** ~**tempo** reading speed. ~**stof** reading matter; *algemene ~* non(-)fiction. ~**stuk** lesson, pericope, reading (passage); *(also, in the pl.)* lectionary. ~**tafel** reading table. ~**teken** punctuation mark; *sonder ~s* unpunctuated *(text etc.)*. ~**toon** tone of reading. ~**traag** *adj.* aliterate. ~**trant** style/manner of reading. ~**tyd** reading time. ~**uur** reading hour. ~**vermoë,** ~**vaardigheid:** *die ~ van 'n sewejarige (kind)* a reading age of seven. ~**wyse** way/manner of reading. ~**wyser** bookmark(er); →BOEKMERK.

lees·baar *-bare* readable *(a book)*; legible *(handwriting)*; decipherable; **lees·baar·heid** readableness; legibility.

leeu *leeus* lion; *(reg) in die ~ se* ***bek*** right into the trap (*or* lion's mouth/den); *soos 'n* ***briesende*** *~* like a roaring lion; *iem. en die ~ was* ***deurmekaar*** s.o. has had (a drop) too much; ***die L~,*** *(astron.)* the Lion, Leo; *jou/dit in die ~ se* ***hok*** *waag, (fig.)* beard the lion in his den; *'n* ***trop*** *~s* a pride of lions. ~**apie** *(zool.)* tamarin, lion marmoset, lion monkey. ~**bekkie** *(bot.: Antirrhinum majus)* snapdragon; *Kaapse ~, (Nemesia bicornis)* Cape snapdragon; *rooi~, (Nemesia strumosa)* Cape jewels. ~**(e)hart** lionheart; *Richard L~* Richard the Lion-Heart(ed), Richard Coeur de Lion. ~**hok** lion's/lions' cage. ~**hond** lion dog. ~**jag** lion hunt. ~**jagter** lion hunter. **L~kop** *(SA, geog.)* Lion's Head. ~**kuil** *(fig.)* lion's den. ~**mannetjie** (male) lion. ~**melker** *(rare)* Munchausen, teller of tall tales. ~**tand** *(lit.)* lion's tooth. ~**temmer** lion tamer; *(fig., sport)* giant killer. ~**tier** *(zool.)* liger. ~**trop** pride of lions. ~**vel** lion's skin. ~**veld** lion country. ~**vis** *(Pterois volitans)* lion-, turkeyfish. ~**welp** lion cub. ~**wêreld** lion country. ~**wyfie** *-s, (dated)* **leeuin** lioness.

leeu·ag·tig *-tige* lionlike, leonine.

leeu·e·aan·deel lion's share. **leeu·e·moed** lion's courage; *'n persoon met ~* a lion-hearted person.

leeu·rik →LEWERIK.

leeu·tjie *-tjies, (dim.)* lion cub, little lion, whelp.

leg-: ~**kaart** jigsaw puzzle. ~**penning** *(rare)* (commemorative) medal. ~**tenk** lagering tank. ~**werk** = INLEGWERK.

le·gaat *-gate* legacy, bequest; *(RC, hist.)* legate.

le·ga·li·sa·sie legalisation. **le·ga·li·seer** *ge-* legalise. **le·ga·lis·ties** *-tiese* legalistic. **le·ga·li·teit** legality.

le·ga·sie *-sies* legation. ~**sekretaris** secretary of legation.

le·ga·ta·ris *-risse, (jur.)* legatee, devisee. **le·ga·teer** *ge-, (jur.)* bequeath.

le·geer *(ge)-, (metall.)* alloy.

le·gen·da·ries *-riese -rieser riesste* (of *meer ~ die mees -riese)* legendary, fabled; *'n ~e figuur* a legend. **le·gen·de** *-des* legend, saga; legend *(incl. maps, coins, etc.)*; *'n* ***jazz/rolprent***~ a jazz/cinema legend; *'n* ***lewende*** *~* a living legend; ***volgens*** *~ ...* legend has it that ...; *'n ~ in jou eie leeftyd* ***word*** become a legend in one's own lifetime.

le·ge·ring *-rings* alloy. ~**staal** alloy steel.

le·ges *(pl., jur.)* surplice fees, dues *(of a church, an office)*.

leg·ger *-gers, (obs.)* file *(of documents)*; →LÊER¹.

leg·horn(·hoen·der) Leghorn (fowl).

le·gi·o legion; *~ is my naam, want ons is baie, (OAB)* my name is Legion, for we are many *(NIV)*; *hul aantal is ~* their name is legion, their numbers are legion.

le·gi·oen -oene, *(Rom., hist., mil.)* legion; *die L~ van Eer* the Legion of Honour. **~siekte** *(med.)* legionnaire's/legionnaires' disease. **~soldaat** legionary.

le·gis·la·tief -tiewe, *(rare)* legislative. **le·gis·la·tuur** -ture, *(rare)* legislature.

le·gi·tiem -tieme -tiemer -tiemste (of meer ~ die mees -tieme) legitimate. **le·gi·ti·ma·sie** -sies legitimation; admission *(of a clergyman)*. **le·gi·ti·ma·sie·be·wys** = IDENTITEITSBEWYS. **le·gi·ti·meer** ge- legitimate; admit *(a minister of religion)*. **le·gi·ti·mis** -miste legitimist. **le·gi·ti·mi·teit** legitimacy.

leg·sel -sels, *(number of eggs laid)* laying.

lei[1] *leie, n.* slate; *iem. met 'n skoon ~* s.o. with a clean record; *met 'n skoon ~ begin* start with a clean sheet/slate; start afresh/anew, start (all) over again. **~aarde** shale. **~bedekking** slate cover. **~blou** →LEI(STEEN)= BLOU. **~dak** slate roof. **~dakpan** rag. **~dekker** slater. **~dekkersbyl** slate cutter. **~groef** slate quarry, slate pit. **~kleur** slate (colour). **~kleurig** -e slate-coloured. **~klip** slate. **~(klip)olie** slate oil, shale oil. **~kole** bone/bony coal, slate coal. **~steen** →LEIKLIP. **~(steen)blou** slate blue.

lei[2] *ge-, vb.* lead *(water, s.o., an animal, a life)*; marshal, manage, shepherd, govern; conduct *(an army, orchestra, a prayer meeting, business, etc.)*; direct, guide *(troops, operations, etc.)*; train *(plants)*; *'n **diens** ~* →DIENS; *jou deur (die) omstandighede **laat** ~* play it by ear *(fig.)*; *iem. wil hom/haar nie **laat** ~ nie* s.o. refuses to be guided; *'n armsalige **lewe** ~* lead a miserable life; ***na** ... ~* lead (in)to (or give access to) ...; *die pad ~ **na** ...* the road goes/leads to ...; ***na** die verderf(enis) ~* lead to perdition/destruction; *iem. **na** ... ~* lead s.o. to ...; *alle **paaie** ~ na Rome* all roads lead to Rome; *iets ~ **tot** ...* s.t. leads (up) to ...; s.t. causes ...; s.t. results in ...; s.t. calls forth ...; s.t. makes for ...; *iem. **verder/vêrder** ~* lead on s.o.; *~ ons nie in **versoeking** nie* →VERSOEKING; *deur **vooroordeel** ge~* swayed by prejudice; *~ my in U **waarheid**, (OT)* lead me in Thy truth. **~baan** guide *(of a rope etc.)*; slide. **~balk** guide *(of a cage etc.)*. **~band** leading strings; *aan 'n ~* on a lead/leash; *aan die ~ loop* be tied to s.o.'s apron strings *(infml.)*, be in leading-strings. **~besproeiing** gravity irrigation. **~beurt**: *iem. se ~* s.o.'s turn to irrigate (or use water). **~blok** guide block. **~bok** bell goat. **~boom** guide, runner, espalier. **~bus** guide box/bush. **~dam** irrigation dam. **~draad** clue; lead; guiding line; guide wire; *'n ~ hê, (the police etc.)* have a lead; have something to go by/(up)on; *geen ~ hê nie* have nothing to go by/(up)on. **~geut** (irrigation) flume. **~kaart** guide card. **~kanaal** conduit; raceway. **~katrol** idle(r)/jockey pulley, idler. **~pen** guide/gauge pin. **~plaat** coiler; guide plate; deflector. **~pyp** *(elec.)* conduit. **~reling** guide rail. **~riem** lead, leash, dog lead; *aan 'n ~* on a lead/leash. **~sloot, ~spoor, ~staaf** guide. **~spy** (sunk) feather (key); joint tongue; sliding feather key. **~stang** *(mot.)* pilot rod; tail rod; slide rod; guide/guiding rod. **~streep** guideline. **~tou** lead; leash; *aan 'n ~* on a lead/leash. **~veer** guide spring. **~vermoë** = GELEIDINGSVERMOË. **~voor** irrigation ditch, furrow. **~water** irrigation water. **~wiel, ~rol(ler)** idle wheel, idler.

lei[3] *leis, n., (garland of flowers)* lei *(in Hawaii etc.)*.

lei·ag·tig, lei·ag·tig -tige slaty.

lei·baar guidable, leadable; trainable, tractable.

Lei·den *(geog.)* Leiden, Leyden. **Lei·de·naar** -naars inhabitant of Leyden. **Leids** *Leidse* (of) Leyden; *~e fles* Leyden jar.

lei·dend -dende leading, frontline *(figure etc.)*; guiding; directive, hegemonic; *~e persoon* prime mover; *~e gees* mastermind.

lei·ding -dings, *(elec.)* line; pipes, piping; *(min.)* duct, conduit, runner guide; *(elec.)* transmission; conductorship *(of an orchestra)*; guidance *(of a parent etc.)*; leadership *(of the prime minister)*; management, control, direction; *~ **gee*** give a lead, take a/the lead; exercise leadership; lead the way; *die ~ **neem*** take control; take the initiative; ***onder** ~ van ...* under the direction of ...; under the guidance of ...; under the leadership of ...; under the baton of ... *(a musical conductor)*; led by ...; headed by ...; *die ~ van iets **oorneem*** take control of s.t.; *iets **staan** onder die ~ van ..., (also)* s.t. is conducted/directed by ...; *~ by die **studie** van ...* guide to the study of ... **~skerm** *(aeron.)* harness.

lei·dings·buis conduit pipe.

leids-: **~man** -ne leader, guide, mentor; *want uit jou sal 'n L~ voortkom, (OAB)* for out of thee shall come a Governor *(AV)*.

leid·ster[1] -sters (female) leader.

leid·ster[2] -sterre, *(astron.)* guiding star, lodestar, loadstar, cynosure *(rare)*.

lei·er -ers leader, head; guide; director; protagonist; fugleman *(fig.)*; *'n ~ verloën* deny a leader; *'n ~ volg* follow a leader. **~ouderling** leading elder.

lei·er·loos -lose leaderless, acephalous *(a society etc.)*.

lei·ers-: **~beraad, ~konferensie** summit meeting/conference, conference of leaders. **~figuur** leader. **~gawe** qualities/gift of leadership. **~korps** leadership. **~posisie, ~rol, leierskap** leadership.

lei·er·skap -skappe →LEIERSPOSISIE.

lei·sel -sels driving rein; *die perde die ~s **gee*** give the horses the reins; *die ~s in **hande** neem* take charge; *(die) ~s **hou*** hold the reins; *met **los/slap** ~s* with a loose rein; *die ~s **oorneem*** take over the reins *(of government, office, etc.)*; *die ~s **stywer** trek* pull in the reins; *die ~s **vat*** take the reins. **~houer** driver; holder of the reins; *iem. is 'n goeie ~* s.o. knows how to hold the reins (or drive a pair of horses). **~ring** terret, territ.

leit·mo·tief -tiewe leitmotif, leitmotiv.

lek[1] *lekke, n.* leak(age); puncture *(in a tube)*; *'n ~ heelmaak* mend a puncture; *'n ~ kry/opdoen* get/have a puncture; spring a leak *(a vessel)*; *'n ~ stop* stop a leak. **lek** *ge-, vb.* leak, be leaky; make water *(a vessel)*; *gaan ~, (sl.)* spend a penny. **~bak** drip tray; drip(ping) pan; oil catcher/trough; save-all. **~band** punctured tyre; flat tyre. **~hart** *(med.)* leaking heart, hole in the heart. **~plek** leak, puncture; *'n ~ heelmaak* mend a puncture; *'n ~ kry/opdoen* spring a leak. **~vas, ~vry** leakproof, puncture-proof.

lek[2] *lekke, n.* lick *(for animals)*. **lek** *ge-, vb., (also flames)* lick ; *(fig.)* wheedle; *iem. ~, (infml.)* lick s.o.'s shoes, toady (or suck up) to s.o.; *iem. se gat ~, (taboo sl.)* lick s.o.'s arse; *iem. wil ge~ wees* (of *wil hê ['n] mens moet hom/haar ~*), *(infml.)* s.o. wants to be begged (or buttered up). **~stroop** *(med., arch.)* electuary. **~sug** *(vet.)* salt sickness.

le·ke- (→LEEK): **~bedienaar** *(C. of E.)* lay reader. **~broeder, ~broer** lay brother. **~dom** laity, temporality. **~prediker** lay preacher. **~publiek** lay public.

lek·ka·sie -sies leak(age).

le·kgo·tla *(N.So., So., Tsw.: meeting place; court of law; council; assembly)* lekgotla.

lek·ker -kers, *n.* sweet; sweetmeat *(arch.)*; pleasure; *iem. eet agter die ~ aan* s.o. eats (too much) because the food is so tasty; *~ is maar/net 'n vinger lank* pleasures are like poppies spread, pleasure cannot last long. **lekker** ~ -kerder -kerste, *adj. & adv.* nice, delicious *(taste)*; good (to eat), savoury, palatable, tasty *(food)*; comfortable *(chair, bed, etc.)*; fair *(weather)*; sweet, nice *(smell)*; fine, nice *(fellow)*; pleasant, pleasurable, enjoyable, *(infml.)* fun *(attr.)*; *(infml.)* tight, tipsy; merry; *(SA, infml.)* lekker; *~ **baantjie*** →BAANTJIE; *~ **ding/kat/stuk**, (sl.)* foxy lady; *een van die ~ **dinge** omtrent ...* one of the nice things about ...; *iets vir die ~ **doen*** →LEKKERTE; *~ **eet*** →EET; *'n ~ **gemors*** a nice mess; *iets ~ **hard** slaan* hit s.t. good and hard/proper; *~ **hard** val* fall rather heavily, come a cropper; *iem. is ~ **ingeloop*** s.o. was stupid enough to fall for it (or fell for it, hook, line and sinker); *~ **koel/ens.*** nice and cool/etc.; *~ **kry*** be thrilled *(with joy)*, get a thrill, experience pleasure; gloat; *iem. **kry** ~* s.o. likes it; s.o. finds it soothing; *~ **kry** om iets te doen* take pleasure (or a delight) in doing s.t., love doing s.t.; *maak soos jy ~ **kry**, (infml.)* go one's own (sweet) way; *maak soos jy ~ **kry!**, (infml.)* do as you please!, please yourself!; *~ **kwaad** wees* be jolly cross; *~ **lê*** lie snug; *~ **lewe*** live in comfort/clover; *die/'n ~ **lewe*** the/a good life; *iem. ~ **maak**, (infml.)* make s.o. tight; *'n ~ **meisie** wees, (also, taboo sl.)* be an easy lay; *~ **onbeskof** wees* be dashed rude; *~ **ruik*** have a pleasant smell; smell good; *vir die ~ **saamkom/saamgaan*** →LEKKERTE; *~ **smaak*** taste good; *~ **voel*** feel (or be doing) fine; *nie ~ **voel** nie* feel off colour *(infml.)*, feel out of sorts; feel queer/strange; *iem. **voel** nie ~ oor iets nie* s.o. is not happy about s.t., s.t. worries s.o.; *regtig ~ **voel*** be as fit as a fiddle (or in the best of spirits); *~ **warm*** →WARM *adj. & adv.*; *dis ~ om te **weet** (dat) ...* it's nice to know (that) ... **lekker** *interj.* goody, whee, yummy, yum-yum. **~bek** gourmet, epicure, gastronome(r), gastronomist, go(u)rmand; *(infml.)* foodie, foody; *'n ~ wees, (also)* love (or be fond of) good food (and drink). **~bekkig** -e finicky, finical, lickerish, fastidious, dainty, sweet-toothed. **~bekkigheid** finickiness, lickerishness; →LEKKERBEK. **~breek** *(bot.: Ochna pulchra)* peeling plane. **~fabriek** →LEKKERGOEDFABRIEK. **~geloof** accommodating faith. **~gelowiges** *(pl., derog. sl.)* happy clappies. **~goed, lekkers** sweets, *(SA, infml.)* lekkergoed. **~goedfabriek** sweet factory. **~goedfabrikant** sweet manufacturer. **~goedmaker** confectioner, sweet maker. **~goedvervaardiging** sweet making/manufacturing. **~goedwinkel** sweet/tuck shop, confectionery, confectioner's shop. **~jeuk, ~krap** *(pathol., infml.: jeuksiekte)* seven-year itch, (infectious) itch, scabies, acariasis. **~kry** pleasure, thrill, pleasurable sensation, enjoyment; →LEKKER *adj. & adv.*; *vir die ~* for kicks. **~leesboek**: *'n ~* an easy read, a fireside book. **~luister-** *comb.* easy-listening *(album etc.)*. **~luistermusiek** easy listening. **~lyf** *(infml.)* squiffy; *iem. is ~* s.o. has had one over the eight. **~maakkoek** tipsy cake. **~maker** →LEKKERGOEDMAKER. **~plek** *(euph.: hell)* devil's domain, Hades *(Gr. myth.)*, purgatory. **~ruikbossie** →LAVENTELBOS(SIE), LEKKERRUIKHEIDE. **~ruikheide** *(Erica denticulata)* scented heath. **~ruikpeul(boom)** *(Acacia nilotica)* scented thorn (tree), redheart. **~winkel** →LEKKERGOEDWINKEL.

lek·ker·heid niceness, deliciousness; →LEKKERTE.

lek·ke·rig -rige, *(fig.)* slimy, sycophantic.

lek·ker·ny, lek·ker·ny -nye delicacy, dainty, titbit, goody.

lek·ker·te enjoyment; deliciousness; *een van die groot ~s van ...* one of the nice things about ...; *iets vir die ~/lekker doen* do s.t. for kicks *(infml.)*; *vir die ~/lekker saamkom/saamgaan* come/go along for the ride.

lek·ker·tjie -tjies, *(dim.)* sweet(ie); →LEKKER *n.*.

lek·ke·ry[1] leak(ing).

lek·ke·ry[2] licking; *(fig.)* toadyism.

lek·sel -sels lick; *~(tjie) tee* mouthful of tea.

lek·si·kaal -kale lexical. **lek·si·ka·li·seer** ge- lexicalise. **lek·si·ka·li·se·ring** lexicalisation. **lek·si·ko·graaf** -grawe lexicographer, dictionary-maker. **lek·si·ko·gra·fie** lexicography, dictionary-making. **lek·si·ko·gra·fies** -fiese lexicographic(al). **lek·si·ko·lo·gie** lexicology. **lek·si·ko·lo·gies** -giese lexicological. **lek·si·ko·loog** -loë lexicologist. **lek·si·kon** -sikons lexicon.

lek·tor -tore, -tors lecturer *(at a university etc.)*; *(RC)* lector; *'n ~ in fisika/Latyn/ens.* a lecturer in physics/Latin/etc.. **lek·to·raat** -rate lectureship. **lek·tor·skap** -skappe →LEKTORAAT. **lek·tri·se** -ses (female/woman) lecturer.

lek·tuur reading matter; literature; reading; *algemene ~* non(-)fiction; *~ vir kinders* children's books.

lel *lelle* lobe *(of an ear)*; gill *(of a cock)*; wattle *(of a turkey)*; jewing *(of a pigeon)*. **~kiewiet** *(Vanellus senegallus)* wattled plover. **~kraan(voël)** *(Bugeranus carunculatus)* wattled crane. **~spreeu** *(Creatophora cinerea)* wattled starling; →VAALSPREEU.

le·lie -lies lily; *wit ~* madonna lily. **~blank** *(fig. or infml.)* lily-white. **~(tjie)-van-(die-)dale, ~(tjie)-der-dale** *lelie(tjie)s-* lily of the valley, May lily. **~vormig** -e lily-shaped, crinoid. **~wit** →LELIEBLANK.

le·lie·ag·tig, le·lie·ag·tig -tige lily-like, liliaceous. **Le·lie·ag·ti·ges, Le·lie·ag·ti·ges** Liliaceae.

le·lik *n.* ugly; ugly face; →LELIKERD. **le·lik** -like, *adj.* ugly *(face, dog, scar, weather; conduct, vice, etc.)*; nasty *(fall, kick, etc.)*; bad *(cough, road, accident, mistake, language)*; bad-looking, unsightly; dirty *(word)*; ***baie/verskriklik***

~ very/really/mega ugly; *~e* ***hou/klap*** nasty knock; *die ~e* ***kant*** the seamy side; *'n ~e* ***meisie*** a plain (*or* an ugly) girl; *so ~ soos die* ***nag,*** *(infml.)* as ugly as sin; ***nogal*** ~ quite/rather ugly; *'n ~e* ***ongeluk*** a bad/nasty accident; *'n ~e* ***verkoue*** a bad/nasty cold; ***vrek*** *~, (sl.)* damn ugly; *maar ~* ***wees*** not be much to look at; *~e* ***woorde*** *gebruik* use bad language. **le·lik** *adv.* uglily; badly; *ons moes ~* ***hardloop*** we had to run for all we were worth; *iem. het ~* ***seergekry*** s.o. is/got badly hurt; ~ ***skrik*** get a nasty fright; *iem. ~ in die* ***steek*** *laat* let s.o. down badly, leave s.o. in the lurch; →STEEK *n.*; ~ ***val*** have a nasty fall.

le·li·kerd *-kerds* ugly (person), scarecrow *(fig.)*, sight, fright. **le·lik·heid** ugliness.

lel·le·tjie *-tjies, (dim.)* lobule, flap; →LEL.

le·loen·tjie →LALOENTJIE.

lem *lemme* blade; cutter, knife. **~vormig** *-e* bladed.

Lem·berg *(Germ.)* →LVIV.

lem·ma *-mas, -mata* headword, catchword. **lem·ma·tiseer** *ge-* lemmatise. **lem·ma·ti·se·ring** lemmatisation.

lem·me·tjie[1] *-tjies, (dim.)* small blade; razor blade; →LEM. **lem·me·tjies·draad** razor wire.

lem·me·tjie[2] *-tjies, (bot.)* lime. **~boom** lime tree. **~groen** lime green.

lem·ming *-mings, (zool.)* lemming.

lem·nis·kaat *-kate, (math.)* lemniscate.

le·moen *-moene* orange. **~blaar** orange leaf. **~blaarolie** petitgrain oil. **~bloeisel** orange blossom; *(also, in the pl., bot.: Erica papyracea)* (white) paper(y) heath. **~bloeiselwater** orange flower water. **~blomolie** neroli (oil). **~boord** orange grove. **~doring** thorn/spike of an orange tree; *(Fagara humilis)* Lowveld lemon thorn; *Maytenus heterophylla; Gymnosporia buxifolia; Parkinsonia africana, etc..* **~drank** →LEMOENKWAS. **~duif** lemon/cinnamon dove; *(Streptopelia senegalensis)* laughing dove. **~essens** orange essence. **~geur** orange flavour. **~gras** *(Cymbopogon* spp.*)* lemon grass. **~hout** orangewood; lemonwood, wild lemon. **~huisie, ~skyf(ie)** orange segment, segment of an orange. **~klimop** *(Clematis vitalba)* clematis. **~kodlingmot** false codlin(g) moth. **~konfyt** marmalade. **~kwas** orange squash. **~olie** orange oil. **~pampoen(tjie)** (little) gem squash. **~pers** lemon squeezer. **~pit** orange pip. **~ruspe(r)** orange dog. **~sap** orange juice. **~skil** orange peel; *stukkie ~* zest *(in a drink)*. **~skyf(ie)** →LEMOENHUISIE. **~spanspek** vine peach, melon apple, mango melon. **~stroop** lemon syrup.

le·mur *-murs, (zool.)* lemur.

le·mu·re *(mv.), (Gr. myth.)* lemures, spirits, ghosts, souls of the dead.

len·de *-dene, -des* loin; *die ~ne omgord* gird up the loins; *die ~s van beeste, (meat cut)* sirloin of beef. **len·de-** *(anat.)* lumbar. **~breuk** rupture of the loins. **~doek** loincloth, waistcloth, breechcloth. **~jig** →LENDEPYN. **~lam** *~ meer ~ die mees ~* hipshot; ramshackle *(vehicle)*; rickety *(furniture, person)*; crazy *(ship)*; feeble, shaken, shaky, tottering, decrepit, broken-down, tumbledown, cranky. **~pyn, ~jig** lumbago. **~skyf** sirloin steak. **~spier** lumbar muscle. **~steek** lumbar puncture. **~streek** lumbar region; reins *(arch.)*. **~stuk** sirloin, loin *(of beef)*; saddle *(of mutton)*. **~tjop** loin chop. **~werwel** lumbar vertebra.

le·ne: *iem. iets te ~ gee* →LEEN *n.*. **le·ner** *-ners* borrower; lender. **le·ne·ry** borrowing; lending.

leng[1] *n.* ropiness *(in bread, cereals)*.

leng[2] *lenge,* **leng·vis** *-visse, (icht.: Molva molva)* ling.

leng·te *-tes* length; *(geog.)* longitude; height *(of a pers.)*; stature; footage; *tot in ~ van dae* →DAG; *ek sal in die huis van die Here bly in ~* ***van dae,*** *(OAB)* I will dwell in the house of the Lord forever; *die bal op 'n* ***goeie*** *~* ***plant,*** *(cr.)* keep/maintain a good length; *... meter* ***in*** *die ~* ... metres in length; ***in*** *die ~* lengthwise; ***in*** *die ~ toegevou, (bot.)* conduplicate; ***van*** *2 meter ~* of 2 metres in length; *in* ***volle*** ~ at full length; *jou in jou* ***volle*** *~ oprig* draw o.s. up (*or* rise) to one's full height; *in jou* ***volle*** *~ op die grond lê* lie full length on the ground; ***werklike*** ~ virtual length. **~as** longitudinal axis/shaft, long axis. **~balk** longitudinal girder. **~dal** →LENGTEVALLEI. **~deursnee,** *-sneë* **~deursnit** *-snitte* longitudinal section, horizontal section. **~draad** lengthwise/selvedge thread. **~duin** longitudinal dune, seif/saif (dune). **~-eenheid** *-hede* unit of length. **~graad** *(geog.)* degree of longitude. **~kus** longitudinal coast. **~ligging** (geographical) longitude. **~maat** linear measure, long measure. **~meting** *(geog.)* longimetry; calculation of the longitude. **~sirkel** *(geog.)* circle/line of longitude, meridian. **~skikking** sizing. **~snee** →LANGSSNEE. **~spier** *(anat.)* longitudinal muscle. **~spleet** *(geol.)* longitudinal crevasse. **~teken** *(phon.)* macron, quantity mark. **~trilling** longitudinal vibration/oscillation. **~-uitsetting** linear expansion. **~vallei** longitudinal valley. **~veer** axial spring. **~verskil** meridional difference of latitude, meridional distance. **~verskuiwing** longitudinal displacement.

leng·vis →LENG[2].

le·nig[1] *-nige, adj.* lithe, supple, loose-limbed, limber; pliant, flexible, whippy; lean *(an organisation etc.)*. **le·nig·heid** suppleness, litheness.

le·nig[2] *ge-, vb.* allay, alleviate *(pain)*, relieve *(pain, distress)*, mollify, mitigate. **le·ni·gend** *-gende* obtundent. **le·ni·ging** alleviation, relief.

le·ning *-nings, -ninge* loan; *'n ~* ***aangaan/sluit/verkry*** raise/negotiate a loan; *'n ~* ***opneem*** take up a loan; *'n ~* ***toestaan*** grant a loan; *'n ~* ***uitskryf/uitskrywe*** float/issue a loan.

Le·nin·grad *(geog., hist.)* Leningrad; →SINT PETERSBURG.

le·nings-: **~bank** credit bank. **~begroting** loan budget. **~bevoegdheid** borrowing power(s). **~effekte** loan stock(s). **~fonds** loan fund. **~kapitaal, leenkapitaal** loan capital. **~koers** interest rate. **~plaas** loan farm, quitrent farm. **~program** loan program(me). **~rekening** loan account. **~uitgawe** loan expenditure.

Le·ni·nis *-niste, n.* Leninist, Leninite. **Le·ni·nis·me** Leninism. **Le·ni·nis·ties** *-tiese* Leninist, Leninite.

le·nin·kie *-kies, (dim.)* small loan; →LENING.

le·no leno *(textile)*, cotton gauze.

lens *lense* lens; optic glass; *(geol.)* lenticle. **~glas** lenticular glass. **~opening** *(phot.)* aperture. *harde/sagte ~* hard/soft lens; *die ~ verklein, (phot.)* stop down. **~pomp** *(min.)* bilge pump. **~put** well of a ship. **~vog** crystalline humo(u)r. **~vormig** *-e* lens-shaped, lenticular; *~e laag, (geol.)* lens, lenticle; *~e wolk* cap cloud.

len·sie[1] *-sies, (dim.)* lenticule.

len·sie[2] *-sies* lentil. **~sop** lentil soup; *... vir 'n skottel/bord/pot ~ verkoop/verkwansel* sell ... for a mess of pottage.

len·te *-tes* spring; *in die ~* in spring; *die koms/intrede van die ~* the advent of spring. **~aand** spring evening. **~blom** spring/vernal flower. **~bode** harbinger of spring. **~bui** spring shower. **~dag** spring day. **~fees** spring festival. **~gevoel** →LENTEKOORS. **~hout** spring wood. **~klokkie** snowdrop; *(bot.: Leucojum* spp.*)* snowflake. **~koors, ~gevoel** spring fever. **~koring** spring wheat. **~lied** spring song. **~maand** month of spring. **~mode** spring fashion. **~môre, ~more** spring morning. **~nag** night in spring, spring night. **~nagewening** vernal/spring equinox. **~skool** refresher course. **~son** spring sun. **~teken** vernal sign. **~tyd** springtime, springtide; heyday. **~-uitverkoop** spring sale. **~wiek** *(bot.)* tare, vetch.

len·te·ag·tig *-tige* springlike.

len·ti·sel *-selle, (bot.)* lenticel.

len·ti·vi·rus *(med.)* lentivirus.

len·to *adj. & adv., (It., mus.)* lento, slowly.

Le·o *(astron., astrol.)* Leo, the Lion.

Le·o·ni·de *-des, (astron.: meteor shower in Nov.)* Leonids.

Le·o·pold·stad *(geog., hist.)* Leopoldville; →KINSHASHA.

le·o·tard *-tards* leotard.

le·pel *-pels, n.* spoon; ladle *(for ladling out)*; *(angling)* spoon lure, spinner; scoop; *~ in die* ***dak*** *steek, (infml.: die)* kick the bucket, hop the twig, cop/kick/peg/snuff it, peg out, cash in (one's checks/chips); *met 'n* ***goue*** *~ (of* ***silwerlepel****) in die mond gebore wees* be born with a silver spoon in one's mouth; *iem. iets met die ~* ***ingee/voer,*** *(fig.)* spoonfeed s.o.; *'n vrou dra meer uit* ***met*** *'n ~ as 'n man inbring met 'n skepel, (idm.)* a thriftless wife is the husband's undoing; *so lank as die ~ in die* ***pap-pot*** *staan, (infml.)* never say die; *met 'n* ***silwerlepel*** *in die mond gebore wees* →***goue;*** *'n lepel* ***(vol)*** ... a spoonful of ...; *die ~ te* ***vol*** *skep, (fig.)* fill one's glass too often, booze too much; *'n ~* ***vol*** *stroop* a spoon full (*or* spoonful) of syrup. **le·pel** *ge-, vb.* spoon (out/up). **~bakkie** spoon dish. **~beitel** spoon chisel. **~blad** bowl of a spoon. **~boor** spoon bit/drill; half-round bit. **~eend** spoonbill duck. **~gans** spoonbill. **~hou** *(tennis)* = SKEPHOU. **~hout** *(Hartogia schinoides)* spoon wood. **~kos** spoon meal. **~lê** *lepelge-* cuddle. **~steel** handle of a spoon. **~vormig** *-e* spoon-shaped. **~vurk** runcible spoon.

le·pe·laar *-laars, (orn.)* spoonbill.

le·pels·ge·wys, le·pels·ge·wy·se by spoonfuls.

le·pel·tjie *-tjies, (dim.)* small spoon; →LEPEL *n.*.

le·pi·do·liet *(min.)* lepidolite.

le·pi·dop·te·ro·loog *-loë,* **le·pi·dop·te·ris** *-riste* lepidopterist, lepidopterologist.

le·pra *(rare)* leprosy. **~lyer** leper.

le·preus *-preuse, (rare)* leprous. **le·proos** *-prose, (rare)* leper. **le·pro·se·ge·stig, ~tehuis** leper hospital/house.

lep·ton *lepta, (hist., coin)* lepton.

lep·to·spi·ro·se *(med.)* leptospirosis, Weil's disease.

le·raar *-raars* minister *(of religion)*. **le·raars·amp** *-ampte,* **le·raar·skap** *-skappe* ministry, office of a minister.

le·ring *-ringe* instruction; precept; edification; doctrine; →LEER[1] *n.*; *~e wek, voorbeelde trek* example is better than precept.

les[1] *lesse, n.* lesson; lecture; precept; edification; *~se* ***bywoon*** attend classes/lessons; *~(se)* ***gee*** give lessons, give/hold classes, teach; lecture; *~* ***hê*** have a lesson; ***laat*** *dit vir jou 'n ~* ***wees!*** let that be a lesson to you!; *'n ~* ***leer*** learn a lesson; *iem. 'n ~* ***leer*** teach s.o. a lesson; *iem. sal sy/haar ~* ***leer*** s.o. will find out his/her mistake; *iem. 'n ~* ***leer*** teach s.o. a thing or two; *dit sal jou 'n ~* ***leer*** that will teach you a lesson; *iem. (goed) die ~* ***lees*** read s.o. a lecture/lesson, give s.o. a talking-to/telling-off/ticking-off *(infml.)*, take s.o. to task, tell s.o.'s fortune *(infml.)*; *by iem. ~(se)* ***neem*** take lessons from s.o.; *jou ~* ***opsê,*** *(lit.)* say one's lesson; *~* ***opsê,*** *(infml.)* have a rough/tough time; get it hot; *iem. oor iets laat ~* ***opsê,*** *(infml.)* call s.o. to account for s.t., take s.o. to task for s.t.; give s.o. a hard time; *iem. sal ~* ***opsê,*** *(infml.)* s.o. will know all about it; *iem. lelik laat ~* ***opsê*** *oor iets* give s.o. a lot of fla(c)k for s.t.; ***vir*** *iem. 'n ~ wees* be a lesson to s.o.. **~geld** tuition fee, school fees, lecture fee. **~rooster** school timetable. **~uur** (teaching) period, class hour, lecture.

les[2] *adj.* last; →LESTE; *~ bes* last but not least; the last is the best.

les[3] *ge-, vb.* quench *(thirst)*, slake. **les·baar** *-bare* quenchable. **les·sing** *(rare)* quenching, slaking.

les·biër *n.* lesbian. **les·bies** *-biese, adj.* lesbian; *~e liefde* lesbian love, lesbianism. **les·bi(a)·nis·me** lesbianism.

Les·bos *(geog.)* Lesbos. **Les·biër** *(inhabitant)* Lesbian. **Les·bies** *n., (dial.)* Lesbian. **Les·bies** *adj.* Lesbian, of (the island) Lesbos.

le·sens·waar·dig *-dige* worth reading, readable. **le·sens·waar·dig·heid** readableness.

le·ser *-sers* reader; lecturer; *heil die ~* to whom it may concern; *iem. is 'n ywerige ~* s.o. is an avid reader. **le·se·res** *-resse* (woman) reader. **le·sers·kring** readership, readers *(of a publication)*; →LEESKRING; *ons ~* our readers. **le·sers·pu·bliek** reading public. **le·sers·tal** readership, number of readers. **le·se·ry** reading; →LEES[2] *vb.*.

le·sing *-sings, -singe* lecture; reading; version, interpretation; reading *(on an instr.)*; *'n ~* ***hou*** deliver/give a lecture; deliver/present/read a paper; *'n ~ oor iets* ***hou,*** *(also)* lecture on s.t.; *'n ~ vir/voor studente* ***hou*** lecture to students; *'n ~* ***oor*** *...* a lecture about/on ...; a paper about/on ...; *die* ***tweede*** *~* the second reading *(of a bill in Parliament).* ~**reis** lecture tour. ~**saal** lec=ture hall.

le·si·tien *(biochem.)* lecithin.

Le·so·tho *(geog.)* Lesotho.

les·se·naar *=naars* desk; escritoire *(Fr.)*; →KATEDER. ~**blad** desktop. ~**lamp** desk lamp. ~**setstelsel** desk=top publishing system. ~**setter** desktop publisher. ~**set=werk** desktop publishing *(abbr.:*DTP*); programmatuur/sagteware vir ~* desktop publishing software. ~**stel** desk organiser.

les·te: *die ~ een, (dated or infml.)* every single one; →LES[2] *adj.*.

Let *Lette,* **Let·lan·der** *=landers, n., (inhabitant)* Lat=vian, Lett *(dated)*; →LETTIES. ~**land** *(geog.)* Latvia.

let *ge=:* ***op*** *...* ~ give/pay heed to ..., take heed of ..., be heedful of ...; take note/notice of ...; be mindful of ...; pay regard to ...; attend to ..., see to ...; listen for ...; look for ...; look to ... *(the quality);* watch *(the press); ge~* ***op*** ... in view of ..., having regard to ..., bearing in mind ...; *ge~* ***op*** *die feit dat ...* considering that ...; *daar moet* ***op*** *ge~ word dat ..., daar dien* ***op*** *ge~ te word dat ..., (fml.)* it should be noted that ...; *nie* ***op*** *die onkoste ~ nie* over=look (*or* not consider) the cost; *sonder om* ***op*** *... te ~* heedless/irrespective/regardless/mindless of ...; *op jou* ***sake*** *~* look after one's business (affairs); *nie op 'n* ***versoek*** *~ nie* ignore/disregard (*or* pay no attention to) a request; *~* ***wel!*** mind you!; mark you!; make no mistake! *(infml.)*; *~* ***wel*** please note, nota bene *(Lat.)*, take notice; *~ op my* ***woorde*** *hoor!* mark my words!.

le·tar·gie *(med.)* lethargy. **le·tar·gies** *=giese* lethargic.

Le·the *(Gr. myth.)* Lethe.

let·sel *=sels* wound, lesion, injury; blemish; damage, harm; ***blywende*** *~s oorhou* be marked for life; ***geen*** *~s van iets oorhou nie* come out of s.t. unscathed; ***son=der*** *~ daarvan afkom* escape unscathed/unharmed/unhurt; *iem. (ernstige) ~s* ***toedien*** inflict (grievous) bodily harm on s.o..

let·ter *=ters, n.* letter, character; *(print.)* type; *'n* ***dooie*** *~* a dead letter *(of the law)*; *na die ~ en die* ***gees*** in let=ter and spirit; *in* ***Gotiese*** *~s* in Gothic lettering; →GO=TIES *adj.*; *iem. se naam is met* ***goue*** *~s geskryf/geskrywe* s.o.'s name is written in letters of gold; *iets in* ***groot*** *~s druk* make a splash of s.t. *(in the press)*; *jou aan die ~* ***hou*** stick to the letter; ***klein*** *~* small letter; ***kur=siewe*** *~s* italics; ***na*** *die ~* to the letter; literally; ***skreef=lose*** *~* →SKREEFLOOS; ***vet*** *~s* bold type. **let·ter** *ge=, vb.* mark, letter. ~**bak** typecase. ~**beeld** type(face). ~**dief** *(rare)* plagiarist, pirate. ~**diefstal** plagiarism; *~ pleeg* plagiarise. ~**druk** letterpress. ~**gieter** *(dated)* type founder. ~**gietery** *(dated)* type foundry. ~**greep** sylla=ble; *in lettergrepe verdeel* syllabify, syllabicate, syllabise; *met ewe veel lettergrepe* parisyllabic. ~**greepraaisel** cha=rade. ~**greepskrif** syllabary. ~**greepverdeling** syl=labi(fi)cation. ~**grepig** *=e* syllabic. ~**grootte** type size. ~**haak** composing stick. ~**ink** marking ink. ~**kas** type=case. ~**keer** anagram; palindrome. ~**kneg** literalist. ~**knegtery** literalism, letter-worship. ~**krul** *n., (print.)* kern(e). ~**kunde** literature; *in die ~* in literature; *iem. studeer in die ~* s.o. studies literature; *'n student in die ~* a student of literature. ~**kundig** *=e* literary; *~e kri=tikus* literary critic; *~e museum* museum of literature. ~**kundige** *=s* literary (wo)man, (wo)man of letters; littérateur *(Fr.)*, literator. ~**kundigheid** literariness. ~**kwas** signwriter's brush. ~**lap** sampler. ~**lyn** type line. ~**metaal** type metal. ~**naam** acronym; logo(type). ~**notasie** *(mus.)* alphabetical notation. ~**ontwerper** typographer, printing designer, type designer. ~**proef** proof sheet. ~**raaisel** word puzzle, logogriph. ~**setter** compositor, typesetter. ~**settery** composing; com=posing room. ~**sifter** hypercritic. ~**siftery** hairsplit=ting, hypercriticism. ~**skilder** signwriter, sign painter. ~**slot** letter lock. ~**snyer** letter cutter. ~**soort** type=face, type (fount), font; character; lettering. ~**spasie** *(typ.)* letter space. ~**spesie**, ~**spys** type metal. ~**teken** character. ~**tipe** typeface, type fount, font. ~**uitspraak** spelling pronunciation. ~**vas** *=te* letter-perfect *(Am.)*, letterbound. ~**vers** acrostic. ~**verspringing**, ~**wisse=ling** *(typ.)* transposition of letters. ~**vreter**, ~**eter** *(infml.)* bookworm, studious fellow. ~**werk** lettering. ~**woord** acronym. ~**yster** branding iron.

let·te·re *(pl.)* language and literature; the humanities; *fakulteit ~ (en wysbegeerte)* faculty of arts; *die fraaie ~* belles-lettres *(Fr.)*; *gebou vir ~ (en wysbegeerte)* arts block/building. ~**gebou** arts block/building.

let·ter·lik *=like, adj.* literal, verbal. **let·ter·lik** *adv.* lit=erally; to the letter; *~ gemartel* literally tortured; *iem. ~ opneem* take s.o. at his/her word. **let·ter·lik·heid** literal=ness.

let·ter·tjie *=tjies, (dim.)* (little) letter; *iem. 'n paar ~s skryf* drop s.o. a line.

Let·ties *n., (lang.)* Latvian, Lettish *(dated)*. **Let·ties** *=tiese, adj.* Latvian, Lettish *(dated)*.

leu·en *=ens* lie, untruth, falsehood, fable, falsity, men=dacity, stretcher; *'n* ***aaneenskakeling*** *van ~s* a string of lies; a tissue/web of lies; *iem. is van ~s* ***aanmekaar gesit,*** *(infml.)* one can't believe a word of what s.o. says; *dis* ***alles*** *~s* it's all lies; *'n* ***boel/hoop/spul*** *~s, (infml.)* a pack of lies; *'n* ***direkte/infame*** *~* a downright/flat lie; *'n* ***groot*** *~* →***tamaai;*** *'n* ***infame/onbeskaamde/ skaamtelose*** *~* a barefaced/blatant lie; *'n* ***infame*** (of [infml.] ***vervlakste/vervloekste***) *~* a damn(ed) lie; *'n ~ aan die* ***kaak*** *stel* nail a lie; *'n ~ het (maar) 'n* ***kort*** *been* →***waarheid;*** *die een ~* ***na/op*** *die ander* lie after lie, one lie after the other; *'n* ***onskuldige*** *~(tjie)* a white lie; *'n* ***publieke*** *~* a deliberate lie; *'n* ***tamaai/yslike/groot*** *~* a big/great/spanking/swingeing/thundering lie, a whopper/strapper *(infml.)*; *~s* ***verkoop*** tell lies; *vir iem. 'n ~* ***vertel*** tell s.o. a lie; *al is die ~ nog so snel, die* ***waar=heid*** *agterhaal hom wel, 'n ~ het (maar) 'n kort been* the truth will out. ~**gees** spirit of falsehood. ~**propagan=da** lying propaganda. ~**storie** fabrication, fairy tale/story. ~**taal** lies, lying, mendacity. ~**verklikker** lie de=tector.

leu·e·naar *=naars* liar, storyteller; ***bewys*** *dat iem. 'n ~ is* prove s.o. a liar; *iem. tot ~* ***maak*** call s.o. a liar; *wil jy my tot ~* ***maak?*** are you calling me a liar?; *jouself tot ~* ***maak*** stultify o.s.; *iem. is 'n* ***vervlakste*** *~, (infml.)* s.o. is a damned liar.

leu·en·ag·tig, leu·en·ag·tig *=tige* lying, untruthful, mendacious, double-tongued *(pers.)*; false, falsified, untrue *(account)*. **leu·en·ag·tig·heid, leu·en·ag·tig·heid** untruthfulness, falsehood, mendaciousness, mendaci=ty; →LEUENAGTIG.

leu·en·tjie *=tjies, (dim.)* fib; →LEUEN.

leu·ke·mie *(med.)* leuk(a)emia. **leu·ko·ba·sis** *(chem.)* leuco base. **leu·koom** *=kome, (med.)* leucoma. **leu·kor=ree** *(med.)* leucorrh(o)ea, leukorrhea. **leu·ko·se** *(vet.)* leucosis, leukosis. **leu·ko·siet** *(physiol.)* leucocyte, leu=kocyte. **leu·ko·to·mie** leucotomy.

leu·ko·der·ma *(med.)* leucoderma, vitiligo.

leun *ge=* lean; ***agteroor*** *~* lean/lie back; settle back; *iets teen ...* ***laat*** *~* lean s.t. against ...; ***oor*** *iem./iets ~* lean/reach across s.o./s.t.; ***op*** *... ~* lean (up)on ...; recline (up)on ...; rest (up)on ...; *met iets* ***op*** *... ~* rest s.t. (up)on ...; ***uit*** *iets ~* lean out of s.t.; ***vooroor*** *~* lean forward. ~**skoor** raking shore *(of a wall)*. ~**stoel, leu=ningstoel** easy/fireside chair, armchair; Morris chair; *verstelbare ~* recliner. ~**stoelkritikus** armchair critic. ~**stoelpolitikus** armchair politician. ~**stoelreisiger** armchair traveller. ~**stok** mahlstick, maulstick. ~**stut** raker. ~**wa** semitrailer.

leu·nend *=nende* leaning; *(bot.)* accumbent; slanting.

leu·ning *=nings* back *(of a chair)*; rail(ing); guardrail; parapet; support; *(staircase)* banisters; balustrade *(to a balcony, terrace)*; arm (rest); ~**bank** settee, settle. ~**sofa** chaise longue. ~**stoel** →LEUNSTOEL.

leu·se *=ses* motto, device; watchword, catchword, slo=gan; gnome, maxim; *"terug na die land" is die ~* "back to the land" is the cry.

leu·sien, leu·si·ne *(biochem.)* leucin(e).

leu·siet *(min.)* leucite.

leu·si·ne →LEUSIEN.

leu·si·tiet leucitite.

leu·ter *ge=, (rare)* linger, loiter, dawdle; twaddle. ~**kous** dawdler.

Leu·ven *(geog.)* Louvain.

Le·vant: *die ~, (geog., hist.)* the Levant. **Le·van·tyn** *=tyne, (inhabitant)* Levantine, Levanter; *(l~, wind, also* levant=[er]) levanter. **Le·van·tyns** *=tynse, adj.* Levantine.

Le·vi *(OT)* Levi. **Le·viet** *=viete, (Jud.)* Levite; *iem. die l~e (voor)lees* read s.o. a lecture/lesson; *(infml.)* give s.o. a talking-to/telling-off/ticking-off (*or* an earbashing/ear=ful), read the Riot Act to s.o.. **Le·vi·ties** *=tiese* Levitical, Levitic. **Le·vi·ti·kus** *(OT)* Leviticus.

le·vi·a·tan *=tans, (Bib.)* leviathan.

le·vi·raat, le·vi·raats·hu·we·lik levirate.

le·vi·ta·sie levitation.

le·vu·lo·se = FRUKTOSE.

le·we *=wens, =wes, n.* life; living; living conditions; heart('s) blood; bustle, liveliness, pep; quick *(of nails etc.)*; *in die* ***aand*** *van iem. se ~* in the afternoon/evening of s.o.'s life, in s.o.'s old age, in s.o.'s declining years; *asof sy/haar ~ daarvan* ***afhang*** for dear life; *met jou ~ daarvan* ***afkom*** escape with one's life; *(net) met jou ~ daarvan* ***afkom,*** *(also)* escape by the skin of one's teeth; ***agter=uitgaan*** *in die ~* come down in the world; *iem. van die ~* ***beroof*** take a life; *'n* ***beter*** *~ lei* turn over a new leaf; *vir iem. se ~* ***bevrees*** *wees, (rare)* →*vir iem. se lewe* ***vrees;*** *in die* ***bloei/fleur*** *van die ~* in the flower/bloom of life; *jou ~* ***blootstel*** expose one's life; *aan die ~* ***bly*** keep/stay alive; keep body and soul together; live on; sub=sist; *net aan die ~* ***bly*** scrape/scratch a living; *~ in iets* ***bring*** liven up s.t.; *iem. om die ~* ***bring*** kill s.o.; take a life; *hulle wil iem. om die ~* ***bring*** they seek s.o.'s life; *jouself om die ~* ***bring*** take one's own life; *~ in die* ***brou=ery*** *bring* liven up the proceedings; *in die* ***burgerlike/ gewone*** *~* in civvy/Civvy street/Street *(infml.)*; *(nooit) in my* ***dag*** *des ~ns nie* →DAG[1]; ***die*** *~* life; *op/om ~ en* ***dood*** like grim death; for dear life; to the death; *'n stryd op/om ~ en* ***dood*** a life-and-death struggle; *be=skik oor ~ en* ***dood*** have the power of life and death; *iem. sweef/swewe tussen ~ en* ***dood*** s.o. is hovering be=tween life and death, s.o. is at the point of death, s.o.'s life is/hangs in the balance; *'n kwessie/saak van ~ of* ***dood*** a life-and-death/life-or-death matter;*dit is 'n saak van ~ of* ***dood*** this is a matter of life and death; *iem. se ~ hang aan 'n* ***draadjie*** s.o.'s life hangs by a thread; *die ~ is* ***duur*** the cost of living is high; *die* ***ewige*** *~* →EWIG *adj. & adv.*; *in die* ***fleur*** *van die ~* →***bloei/fleur;*** *so* ***gaan*** *dit in die ~* such is life; *jou ~* ***gee*** lay down one's life; *~* ***gee*** *aan ...* give life to ...; *iem. het (of daar is)* ***geen*** *~ in hom/haar nie* there is no life in s.o.; *uit die ~* ***gegryp*** taken from life; *vir oulaas nog die ~* ***geniet*** have a final fling; *'n* ***gereelde*** *~ lei* keep regular hours; *na die ~* ***geteken*** taken from life; ***getrou*** *na die ~* true to life; *jou ~ in* ***gevaar*** *stel* take one's life into one's hands; *in die* ***gewone*** *~* →***burger=like/gewone;*** *'n* ***goeie*** *~* a good life; *'n* ***goeie*** *~ lei* live well; *die* ***grootste*** *... van jou ~* the ... of one's life; *jou* ***hand*** *aan jou (of die hand aan) eie ~ slaan* →HAND; *jou* ***hele*** *~* all one's life; *jou* ***hele*** *~ lank, gedurende jou* ***hele*** *~* throughout one's life; *'n* ***helse*** *~, (infml.)* a hell of a life; *die ~* ***hiernamaals*** →HIERNAMAALS; *so lank (as) daar ~ is, is daar* ***hoop*** where there's life there's hope; *iem./iets aan die ~* ***hou*** keep s.o./s.t. alive; *dit* ***hou*** *('n) mens aan die ~* it's a living; *iem. in die ~* ***hou*** bring s.o. through; ***in*** *die ~* in life; *iem. is nog* ***in*** *(die) ~* s.o. is still living/alive; *mnr./ens. X,* ***in*** *~ bestuurder/ens. van ...* Mr/etc. X, the late manager/etc. of ...; *die ~* ***ingaan*** enter upon life; *die ~* ***inskiet/laat/verloor*** lose one's life, be killed; *'n* ***kans*** *in die ~* a place in the sun; *die ~* ***leer ken*** see life; *iem.* ***ken*** *die ~* s.o. has seen life; *dit kan jou jou ~* ***kos*** it could cost one one's life; *jou ~* ***laat*** *vir ...* shed one's blood for ...; *ek sal, so* ***lank*** *~, ...* →LANK *adj. & adv.*; *iem.* ***lei*** *'n ... ~* s.o. leads a ... life; *'n lekker ~* ***lei*** lead an easy life; *'n* ***lekker*** *~* →LEKKER *adj. & adv.*; *'n* ***luilekker*** *~* →LUILEKKER; *die ~ vir iem.* ***moeilik maak*** make life difficult for s.o.; *jou* ***naels*** *tot op die ~ byt/kou* bite one's nails to the quick; *jou eie ~* ***neem*** take one's (own) life, do away with o.s. *(infml.)*; *dit* ***noem*** *ek ~!, (infml.)* this is the life!; *nog* ***nooit*** *in my ~ nie* never in my life; *iets* ***nuwe*** *~ inblaas* breathe new life into s.t.; *'n* ***nuwe*** *~ begin* begin a new life, turn over a new leaf, make a fresh start; *'n **nuwe** ~ kry* get a new lease of/on life; ***nuwe** ~ in ... blaas, ... nuwe ~ gee* revitalise ...; *'n **onbekommerde** ~* →ONBEKOMMERD; *'n **onbesproke** ~ lei* lead/live a blameless life; *in die **openbare** ~* in public life; *as jy jou ~ **opnuut** kon hê* if one could have one's time over again; *jou ~ **opoffer*** make the supreme sacrifice; *in die **privaat/private** ~* in private life; *iem. se ~ **red*** save s.o.'s life; *iets in die ~ **roep*** bring s.t. into being/existence, found s.t.; bring s.t. to life; create/father/found/generate/institute/inchoate s.t.; bring s.t. to life; revive s.t.; *('n) mens is jou ~ daar nie **seker** nie, ('n) mens is daar nie **seker** van jou ~ nie* one is not sure of one's life there; *daar **sit** ~ in* it goes with a swing; *~ in iets **sit*** add zest to s.t.; *die ~ aan ... **skenk*** give birth to ... *(a child); die ~ aan 'n kind **skenk**, (also)* bring a child into the world *(said of a mother); jou ~ **slyt*** spend one's life; ***so** is die ~* such is life; *in die **somer** van die ~* in the summer of life; *iem. se ~ **spaar*** spare s.o.'s life; *jou ~ op die **spel** plaas* take one's life in one's hands; venture one's life; *iem. se ~ is op die **spel*** s.o.'s life is in danger (*or* at stake); *geen **sprankie/vonkie** ~ nie* not a spark of life; *hoe **staan** die ~?* how is the world using you?; *'n **stil** ~ lei* lead a quiet life; *'n **stryd** om/op ~ en dood* a life-and-death/life-or-death struggle; *'n **swaar** ~* a hard life; *die ~ van 'n **tand*** the nerve of a tooth; *iem. in die ~ **terugroep*** restore s.o. to life; ***van** die ~* of life; *'n **veelbewoë** ~ lei* lead a stirring/chequered life; *jou ~ vir ... **veil** hê* be ready to sacrifice one's life for ...; *iem. se ~ **vergal/versuur*** be the bane of s.o.'s existence/life; lead s.o. a life; make s.o.'s life a misery; *jou ~ duur **verkoop*** sell one's life dearly; *die ~ **verloor*** →***inskiet/laat/verloor**; vyf (mense) het die ~ **verloor*** five lost their lives; *iem. se ~ **versuur*** →***vergal/versuur**; **vir** jou ~* for life; *~ **voel*** feel the f(o)etus moving, feel (*or* become aware of) f(o)etal movement(s), feel (*or* become aware of) the first stirrings of life, *(tech.)* experience quickening; *geen **vonkie** ~ nie* →***sprankie/vonkie**; vir iem. se ~ **vrees*** fear for s.o.'s life; *vir jou ~ **vrees*** go in fear of one's life; *jou ~ **waag*** take one's life in(to) one's hands; risk/venture one's life; risk one's neck; *jou ~ in die **weegskaal** plaas* stake one's life; *iets uit die **werklike** ~* a slice of life. **lewe** *ge-, vb.* →LEEF. **~gewend** *-e* life-giving. **~wekkend** *-e* life-giving, vivifying.

le·we·loos, le·wens·loos *-lose* lifeless, dead; inanimate *(nature)*; lifeless, dead, spiritless *(eyes etc.)*. **le·we(ns)·loos·heid** lifelessness; spiritlessness.

le·wen- (→LEWENS-): **~sap** sap, vital juice. **~sat** tired/weary of life. **~satheid** world-weariness. **~see** sea of life. **~siklus** life cycle. **~skets** biographical sketch, biography. **~standaard** standard of life/living. **~statistiek(e)** vital statistics. **~stryd** struggle of life, life struggle. **~styl, leefstyl** lifestyle, way of life, better/gracious living.

le·wend *-wende* living, alive; *~e **beeld*** tableau; *'n ~e **fossiel*** a living fossil; *~e **geloof*** living faith; *~e **geskiedenis*** living history; *~e **gewig*** live weight; *~e **hawe*** →HAWE[1] *n.*; *~ daaruit **kom*** escape with one's life; *~e **lyk*** zombi(e), living corpse; *in ~e **lywe*** →LYF; *iem. ~ **maak*** bring s.o. back to life; *'n ~e **opname*** a live recording; *'n ~e **optrede*** a live performance/show; *geen ~e **siel/wese*** not a living soul; *~e **taal*** living language; *~e **testament*** living will; *'n ~e **uitsending*** a live broadcast; *~e **vermaak*** live entertainment; *~ **word*** come alive; →**LEWENDIG WORD**. **~barend** *-e, (zool., bot.)* viviparous. **~making** vivification, quickening.

le·wen·de *n.: die ~s en die **dooies*** (of *[Bib.] die ~ en die dode)* the quick and the dead *(AV)*; the living and the dead *(NIV)*; *in die **land** van die ~s wees, (joc.)* still be in the land of the living; be above ground *(fig.)*

le·wen·dig *-dige, adj.* living *(a person)*; live *(an animal)*; lively, vibrant *(a girl, description, etc.)*; bright, lively *(colours)*; active, vivacious, full of life, buoyant; vibrant, volatile, breezy; spry; spirited; frisky *(a horse)*; perky, bright *(eyes)*; alive; dashing; vivid *(a description)*; busy *(a street)*; buoyant, brisk *(trade)*; keen *(imagination, interest, discussion, etc.)*; graphic *(description)*; mercurial *(disposition)*. **le·wen·dig** *adv.* in a lively manner, fiery, intense; *~ daarvan afkom, ~ daaruit kom* escape with one's life; *~ in iets **belang stel*** (of ***belangstel***) take an active/lively interest in s.t.; *jou iets ~ **herinner*** have a vivid recollection of s.t.; *die herinnering ~ **hou*** keep the memory green; *~ **maak*** ginger (up); *~ **ontleed/oopsny*** vivisect; *~ **word*** come to life; liven up; come alive; quicken. **~-dood** dead(-and)-alive, more dead than alive, too slow for one's own funeral. **le·wen·dig·heid** liveliness, dash; gusto, verve; →LEWENDIG.

le·wens-: **~aand** evening of life, decline of life; *in iem. se ~* in the afternoon/evening of s.o.'s life. **~aar** fountain of life, life artery. **~angs** angst *(<Germ.)*. **~asem** breath of life. **~baan** course of life. **~bedreiging** biohazard. **~beginsel** vital principle. **~behoefte** necessity of life; *(also, in the pl.)* necessaries of life. **~behoud** preservation of life. **~belang:** *'n kwessie/saak van ~* a life-and-death/life-or-death matter; *van ~ wees* be vitally/critically/crucially important; *van ~ wees vir ...* be of vital importance/interest (*or* be vitally important) to ... **~benodig(d)hede** necessaries of life. **~berig** biographical sketch, memoir; obituary (notice), in memoriam. **~beskouing** view/philosophy of life, ideology, attitude towards life, outlook on life. **~beskoulik** philosophical; ideological. **~beskrywer** biographer. **~beskrywing** biography, life history, memoirs; *'n ~ van iem.* a biography of s.o.. **~bestaan** existence; *dit is iem. se ~* that is s.o.'s bread and butter. **~bloed** *(poet., liter.)* lifeblood, heart('s) blood. **~blyheid** joy of life/living, enjoyment of life, joie de vivre *(Fr.)*, zest for life. **~boek** book of life. **~boom** *(OT)* tree of life; *(Thuja spp.)* arbor vitae. **~bron** source of life. **~dae** days of life; *al jou ~* all one's born days. **~dag:** *in jou ~* in one's life(time). **~dele** →LEWENSORGANE. **~doel** aim/goal/object in life. **~draad** thread of life; *die ~* the thread of life. **~drang** life force, lust of/for life. **~drif** *(psych.)* libido. **~duur** duration of life; life span, span of life; *batterye met 'n lang ~* long-life batteries; *iem. se verwagte ~* s.o.'s expectation of life (*or* life expectancy). **~duurte** →LEWENSKOSTE. **~eg** *-te* true to life, authentic. **~elikser** elixir of life. **~energie** physical energy. **~ervaring** experience (of life), life experience; *iem. het baie ~* s.o. has seen life. **~essens** *(type of medicine)* essence of life. **~faktor** biotic factor. **~feit** fact of life. **~filosofie** philosophy of life. **~funksie** vital function. **~gang** wheels of life. **~gebied** walk of life. **~gehalte, ~kwaliteit** quality of life. **~geluk** joy of life, joy in life. **~genot** enjoyment of life; *(pl.: lewensgenietinge)* amenities of life. **~geskiedenis** life story, biography; *(biol.)* life cycle. **~getrou** true to life, lifelike, authentic. **~getrouheid** authenticity, trueness to life. **~gevaar** danger/peril of life; biohazard; *buite/in ~ wees/verkeer* be off/on the danger list; *in ~ verkeer/wees* be in peril of one's life; be on a razor-edge; *met ~* at the risk of one's life. **~gevaarlik** life-threatening, perilous; biohazardous; *~e plek* deathtrap. **~groot** life-size(d) *(portrait)*, full-length; as large as life; *meer as ~* larger than life; *twee keer ~* twice life size. **~grootte** life size. **~houding** attitude to(ward[s]) life. **~instandhoudingstelsel** →LEWENSONDERSTEUNINGSTELSEL. **~kans** life expectancy, expectation of life. **~kiem** germ of life. **~klimaat** milieu. **~koste, ~duurte** (high) cost of living. **~koste-indeks, ~duurte-indeks** cost-of-living index. **~kostetoelaag, ~duurtetoelaag, -toelae** cost-of-living allowance/bonus. **~krag** vitality, energy; vital power/force, life force; vigour; *afnemende ~* failing health. **~kragtig** *-e* vigorous, vital, energetic. **~kuns** art of living, gracious living, good living. **~kwaliteit** →LEWENSGEHALTE. **~kwessie** vital question, matter of life and death; *dit is 'n ~* this is a matter of life and death. **~lang** *-e, adj. (attr.)* lifelong, for life; *~e **besit*** perpetuity; *~e **erelid*** honorary life member; *~e **gevangenisstraf*** life sentence, imprisonment for life, life imprisonment; *tot ~e **gevangenisstraf** veroordeel* sentence for life; *~e **lid*** life member; *~e **versekering*** whole-life insurance. **~lank** *adj. (pred.)* for life; *~ hou* last a lifetime; *~ kry* get a life sentence; *iem. tot ~ veroordeel* sentence s.o. for life. **~las** burden of life. **~leed** life's sorrow. **~leer** biology, biotics; lessons of life; philosophy of life. **~les** lesson for life. **~lig** light of day; *die (eerste) ~ aanskou/sien* see the light (of day) *(rhet.)*, be born. **~loop** career, life story, course of life; life history; *(biol.)* life cycle. **~lot** fate, fortune. **~lus** love of life; exuberance, animal/high spirits, joy of life; vitality; go; joie de vivre *(Fr.)*; *vol ~ wees* be full of life. **~lustig** *-e* full of life, spirited, vivacious, exuberant; *~e mens* live wire *(infml.)*. **~lustigheid** cheerfulness, high/animal spirits, vivacity, exuberance, exhilaration. **~lyn** *(palmistry)* line of life, lifeline; course of life. **~maat** (marriage) partner; lifelong companion. **~middel** *-e, -s* foodstuff; *(also, in the pl.)* provisions, foodstuffs, supplies, viands, sustenance. **~moed** fortitude, courage to live, vital energy. **~moeg** tired/weary of life, world-weary. **~moegheid** weariness of life, world-weariness. **~noodsaaklik** crucially necessary. **~omstandighede** circumstances of life, living conditions. **~onderhoud** livelihood, sustenance, subsistence; *koste van ~* cost of living; *in jou eie ~ voorsien* provide for o.s.. **~ondersteuningstelsel, ~instandhoudingstelsel** life-support system. **~ontvlugting** escape from life, escapism. **~onvatbaar** →ONLEWENSVATBAAR. **~oorgang** change of life, menopause. **~opvatting** outlook (on life), view of life, approach to life; *'n eng/bekrompe ~* a narrow outlook. **~organe** vitals, vital parts. **~pad** path of life, road of life, life's road/way. **~patroon** life pattern. **~peil** standard of living/life. **~rat** *(hist., toy)* zoetrope, wheel of life. **~redder** →MENSEREDDER. **~reg** life interest/usufruct; right of existence. **~reis** life's journey. **~ruimte** living space; *(fig.)* elbow room, place in the sun; **~staat:** *van ~ verander* change one's condition. **~taak** lifework. **~teken** sign of life. **~terrein** walk of life; *op alle ~e* in every walk of life, in all walks of life. **~tipe** biotype. **~tyd** life span. **~uur** hour of life. **~vatbaar** viable, feasible, capable of maintaining life. **~vatbaarheid** vitality, vital power, viability. **~verhaal** life story. **~verrigtinge** vital functions. **~versekeraar** life insurer. **~versekering** (life) insurance. **~voorwaarde** condition of life; vital condition. **~vorm** *-e* life form; way of life. **~vraag** vital question. **~vreugde** joy of living; joy in life, zest for life/living; *jou ~ verloor* lose one's zest for life. **~waar** true to life. **~waarde** value in life. **~wandel** *(fml.)* (conduct in) life; *slegte ~* evil courses. **~weg** course of life. **~werk** lifework. **~wetenskap** life science. **~wys** *-e* sophisticated. **~wyse** way/manner of living, way of life, conduct. **~wysheid** worldly wisdom, knowledge of the world.

le·wens·loos →LEWELOOS.

le·wens·ver·se·ke·rings-: **~agent** insurance agent. **~genootskap** life insurance society. **~kantoor** life office. **~maatskappy** life insurance company, life (insurance) office. **~polis** life (insurance) policy. **~premie** premium on a life policy. **~wese** life insurance.

le·wer[1] *-wers, n.* liver; *wat het oor jou ~ geloop?, (infml.)* what's biting/bitten you?; *iem. se ~ is nat, (rare)* s.o. is tipsy/tight. **~aandoening** liver complaint/ailment. **~-aar** hepatic vein. **~bot** = LEWERSLAK. **~breuk** *(med.)* hepatocele. **~buis, ~galbuis** hepatic duct. **~gal** bile. **~gewas** *(pathol.)* hepatoma, tumour of the liver. **~kanker** cancer of the liver. **~kleurig** *-e* hepatic. **~koekie** liver rissole/patty. **~kruid** *(bot.)* agrimony. **~kwaal** liver disease/ailment. **~mos** *(bot.: Hepatica sp.)* liverwort; *L~se, (bot.)* Hepaticae. **~ontsteking** hepatitis, inflammation of the liver. **~opaal** *(min.)* menilite. **~pastei** liver pie. **~plant** mayflower. **~siekte** liver disease; rot *(in sheep)*; calf paratyphoid. **~skrompeling, lewersirrose** cirrhosis of the liver. **~slagaar** hepatic artery. **~slak** liver fluke. **~sout** liver saline, liver salt. **~steen** *(med.)* liver stone. **~traan** cod-liver oil. **~uitsetting** enlargement of the liver. **~vlek** *(med.)* liver spot; *(also, in the pl.)* chloasma, liver spots. **~wors** liver sausage, liverpolony. **~wurm** liver fluke.

le·wer[2] *ge-, vb.* furnish, supply; purvey, produce; deliver *(goods at a place)*; do *(good work)*; *iets **aan** iem. ~* supply s.o. with s.t. (*or* s.t. to s.o.); ***bewys** ~* →BEWYS *n.*; *'n **bydrae** tot ... ~* →BYDRAE; *aan ge~de **goedere*** to goods supplied; ***kommentaar** ~* →KOMMENTAAR; *aan ge~de **rekening*** to account rendered; ***stof** tot nadenke ~* give food for thought; ***uitspraak** ~* →UITSPRAAK. **~tyd** lead time.

le·we·raar *=aars* supplier, deliverer *(lit.)*.

le·we·ran·sie *=sies, (rare)* supply, delivery. **le·we·ran·sier** *=siers* furnisher, supplier; purveyor, caterer; stockist; chandler; provider; tradesman; *~ aan ...* contractor to ... **le·we·ran·siers·hek, =in·gang** tradesman's entrance.

le·wer·baar *=bare* available, deliverable.

le·we·rik, leeu·rik *=rikke,* **le·we·ri·kie, leeu·ri·kie,** *(dated)* **le·wer·kie** *=kies, (orn.)* lark, skylark; *(Eremopterix* spp.*)* finchlark.

le·we·ring *=rings, =ringe* delivery, supply; purveyance; yield, output; *~ aanneem/aanvaar* take delivery.

le·we·rings=: **~termyn** term of delivery. **~tyd** delivery time, time of delivery. **~voorwaardes** conditions/terms of delivery.

le·we·tjie *=tjies, (dim.)* little life.

le·wi·siet *(chem. warfare)* lewisite.

Le·wis·ma·sjien·ge·weer *(hist.)* Lewis gun.

lha·sa-ap·so *=so's, (also L~, breed of dog)* lhasa apso *(also L~)*.

li *(Chin. mile)* li.

li·aan *=ane, (bot.)* liana, liane.

li·ai·son *=sons, (Fr.)* liaison; illicit love affair.

Li·as *(geol.)* Lias. **~formasie** Liassic formation.

li·as·seer *ge=* file. **~kaart(jie)** file card . **~kas** filing cabinet. **~klerk** filing clerk. **~mandjie** filing tray. **~stelsel** filing system.

li·as·se·ring filing.

Li·ba·non *(geog.)* Lebanon; *die ~, (mountains)* the Lebanon. **Li·ba·nees** *=nese, n. & adj.* Lebanese.

li·ba·sie *=sies, (rare)* libation.

li·bel[1] *=belle, (hist.)* lampoon, libel. **li·bel·lis, li·bel·skry·wer** lampooner, lampoonist.

li·bel[2] *=belle, (rare)* →NAALDEKOKER.

li·be·raal *=rale, n., (also liberale)* liberal; *(L~, pol.)* Liberal, Whig *(Br., pol., hist.)*. **li·be·raal** *=rale, adj.* liberal; broad-minded; *(L~, pol.)* Liberal *(Party)*. **li·be·rale** *=rales, n.* →LIBERAAL *n..* **li·be·ra·lis** *=liste, n., (obs.)* liberalist; →LIBERAAL *n..* **li·be·ra·li·sa·sie** liberalisation. **li·be·ra·li·seer** *ge=* liberalise. **li·be·ra·li·se·ring** liberalisation. **li·be·ra·lis·me** *(also L~)* liberalism. **li·be·ra·lis·ties** *=tiese, (also L~)* liberalist(ic). **li·be·ra·li·teit** liberality.

Li·be·ri·ë *(geog.)* Liberia. **Li·be·ri·ër** *=riërs, n.* Liberian. **Li·be·ries** *=riese, adj.* Liberian.

li·ber·ti·nis·me libertarianism. **li·ber·tyn** *=tyne, n.* libertarian; libertine. **li·ber·tyns** *=tynse, adj.* libertine.

li·be·the·niet *(min.)* libethenite.

li·bi·do *(psych.)* libido; *afwesigheid/verlies van ~* anaphrodisia. **~demper** anaphrodisiac. **li·bi·di·naal** *=nale* libidinal. **li·bi·di·neus** *=neuse* libidinous.

Li·bi·ë *(geog.)* Libya. **Li·bi·ër** *=biërs, n.* Libyan. **Li·bies** *n., (lang.)* Libyan. **Li·bies** *=biese, adj.* Libyan.

Li·bra *(astron.)* Libra, the Balance.

li·bret·tis *=tiste,* **li·bret·to·skry·wer** librettist. **li·bret·to** *=to's, (mus.)* libretto, wordbook.

Lich·ten·stein *(castle in Germany)* Lichtenstein; →LIECHTENSTEIN. **l~hart(e)bees** Lichtenstein's hart(e)beest.

Li·ci·ë *(geog., hist.)* Lycia. **Li·ci·ër** *=ciërs, n.* Lycian. **Li·cies** *n., (lang.)* Lycian. **Li·cies** *=ciese, adj.* Lycian.

lid[1] →LEDEMAAT.

lid[2] *lede* member *(of a society, an equation)*; fellow; term *(of a ratio)*; lid *(of an eye)*; section *(of a machine)*; paragraph *(of law)*; *as ~ van ... **aangewys** word* be selected for ... *(a team etc.)*; *die **gewone** lede* the rank and file; ***manlike** ~* male member; (privy) member; ***net/slegs** lede, **net** vir lede, vir lede **alleen*** members only; *'n **nuwe** ~ van ...* a recruit to ...; *iets **onder** lede hê* be sickening for/with s.t.; *iem. is ~ **van** ...* s.o. is a member of ... *(an association)*; s.o. belongs to ... *(a group)*; s.o. serves/sits on ... *(a committee)*; *'n **vaste** ~ van ... wees* be a permanent member of ... *(the Security Council etc.)*; *die ~ **vir** ...* the member for ... *(a constituency)*; *'n **volle** ~ van ... wees* be a full member of ... *(an association etc.)*; *iem. is 'n **waardevolle** ~ van 'n gemeenskap/ens.* s.o. is an asset to a community/etc.; *~ van iets **word*** join (*or* become a member of) s.t. *(an association etc.)*. **~kerk** *=e* member church. **~land, ledeland** *=e* member country. **~maat** *=mate* member *(of a church)*; *~ word* be confirmed, join a church; *belydende ~* →BELYDEND. **~maatskap** membership; fellowship; *die ~ is oop vir ...* membership is open to ...; *~ weier* blackball. **~maatskapsgeld** →LEDEGELD. **~maatskapskaart, ~maatskapsbewys, ledekaart** membership card/identification. **~staat, ledestaat** *=state* member state, member nation. **~woord** *(gram.)* article.

lid·diet *(explosive)* lyddite.

lid·do·ring corn. **lid·do·ring·ag·tig** *=tige* corny.

Li·di·ë *(geog., hist.)* Lydia. **Li·di·ër** *=diërs, n.* Lydian. **Li·dies** *n., (lang.)* Lydian. **Li·dies** *=diese, adj.* Lydian.

li·diet Lydian stone, lydite.

Liech·ten·stein *(geog.)* Liechtenstein; →LICHTENSTEIN.

Lied *Lieder (Germ.),* **kunslied** *=liedere* lied, art song.

lied *liedere* song; anthem, hymn; descant; tune; *'n ~ aanhef/insit* break/burst into song, strike up a song; *Franse ~(jie)* chanson; *met 'n ~ lostrek* break/burst into song. **~siklus** song cycle.

lie·der=: **~boek, ~bundel** book of songs/hymns, songbook. **~eaand** evening of song; singsong. **~(e)komponis** composer of songs, melodist. **~(e)skat** hymnology. **~wysie** tune of song; archaic hymn tune.

lie·der·lik *=like* dirty, filthy; foul, smutty; obscene *(language)*; ugly, nasty *(wound)*; rotten; sluttish, slatternly; dissolute; sloven(ly), squalid. **lie·der·lik·heid** dirtiness; squalor; →LIEDERLIK.

lied·jie *=jies* tune, song, ditty, shanty, lyric *(popular)*; *'n ander ~ sing* change one's tune, sing another (*or* a different) tune; *altyd dieselfde (ou) ~ sing, (infml.)* harp on one (*or* the same) string; *die ou ~* the same old story/song. **~boer, ~(s)maker** songsmith. **~sanger** ballad singer, ballade(e)r, minstrel, singer of a tune/song. **~skryf** *n.* songwriting. **~skrywer** songwriter, lyricist. **~(s)maker** →LIEDJIEBOER.

lief *n.: ~ en leed met ... **deel*** throw/cast in one's lot with ...; *liewe **hel!**, (sl.)* flipping hell!; *(die) ~ en (die) **leed*** the sweet and the bitter of life, the sweets and bitters of life, the bitter and the sweet, the rough and the smooth; *in ~ en **leed*** in joy and sorrow; for better or (for) worse; come rain, come shine; in rain or shine *(fig.)*; *iets vir ~ **neem*** accept s.t., settle for s.t., be content with s.t.; acquiesce in s.t.; put up with s.t.; *met iets vir ~ **neem**, (also)* make the best of s.t. (*or [infml.]* a bad job); *maar vir ~ moet **neem*** have to smile and look pleasant; *sake vir ~ **neem*** take things as one finds them; *vir ~ **neem** wat jy (te ete) kry* take potluck. **lief** *adj.* dear, beloved, fond *(parents)*; dear, sweet, nice, good *(child)*; dear, kind *(old soul)*; charming *(people)*; *'n liewe **dogtertjie/ens.*** a sweet baby girl/etc.; *die/ons liewe **Heer*** the Good Lord; *liewe **hemel/vader/tyd!*** good heavens!, dear me!; *~ wees **om** te vloek/ens.* be given to swearing/etc.; *~ wees **om** te lag/ens.* be fond of laughing/etc.; *iem. is **so** ~ om te ...* s.o. is kind enough to ...; *~ wees **vir** iem.* love s.o.; *~ wees **vir** iets* be fond of s.t., be keen on s.t.; love s.t. *(tennis etc.)*; be partial to s.t. *(red wine etc.)*; *om die liewe **vrede** (ontwil)* for the sake of peace; *~ste **wens*** fondest wish/desire. **lief** *liewe liewer liefste, adv.* sweetly, nicely; →LIEF *adj.*; *iem. is so ~ as kan kom* s.o. is as good as gold. **~hê** *=gehad* love, cherish, care for, be fond of; *iem. innig ~* love s.o. dearly/deeply; *ophou om iem. lief te hê* fall out of love with s.o.. **~hebbend** *=e* loving, affectionate, fond, tender; *jou ~e man/vrou* your ever-loving husband/wife. **~hebber** *=s, n.* lover; *(sport)* enthusiast; *(film)* fan; devotee; amateur *(actor)*; fancier; *'n ~ van ... wees* be a devotee of ...; be fond of (*or* love) ...; *'n hartstogtelike ~ van ... wees* have a passion for ... **~hebber** *ge=, vb.: in iets ~, (rare)* dabble in (*or* toy with) s.t.. **~hebbery** *=e* hobby, fad; sideline; fancy; *iets uit (of as 'n) ~ beoefen* do s.t. as a hobby. **~koos** *ge=* caress, fondle; cuddle; bill and coo *(infml.)*; stroke; pet; *ge~de skrywer* favourite writer. **~kosery** *=e* caressing, fondling. **~kosing** *=s, =e* caress, endearment. **~kry** *liefge=* grow fond of; fall in love with. **~lingskrywer, =skryfster** favourite writer/author. **~tallig** *=e* sweet, lovable, charming, amiable, winsome. **~talligheid** sweetness, charm; winning ways; →LIEFTALLIG.

lief·da·dig *=dige* charitable, benevolent, caring *(society etc.)*; bounteous, bountiful. **lief·da·dig·heid** charitableness; charity; benevolence, beneficence; *van ~ leef/lewe* live on charity. **lief·da·dig·heid·se·ël** charity stamp.

lief·da·dig·heids=: **~fonds** benevolent fund. **~genootskap** benevolent/charitable society. **~instelling** charitable institution. **~konsert** charity concert. **~vereniging** charitable society. **~vertoning** charity show/performance.

lief·de *=des* love; fondness, fancy; charity; *met **alle** ~* of course, with (the greatest of) pleasure; by all means; *as **armoede** by die deur inkom, vlieg die ~ by die venster uit* →ARMOEDE; *die ~ is **blind*** love is blind; *~ op die eerste **gesig*** love at first sight; ***kinderlike** ~* →KINDERLIK; *~ vir ... **koester*** bear love for ...; *('n bietjie) ~ **maak*** make love; *(infml.)* make whoopee, have (a bit of) nooky/nookie; *met 'n meisie ~ **maak*** make love to a girl; *iem. vra om met jou ~ te **maak*** proposition s.o.; ***onbeantwoorde** ~* unrequited love; ***ongelukkig** in die spel, gelukkig in die ~* unlucky in cards, lucky in love; ***ongelukkig** in die ~ wees* be crossed in love; *dit het iem. se ~ vir ... laat **ontbrand*** it kindled s.o.'s love for ...; *in die ~ en in **oorlog** is alles geoorloof* all's fair in love and war; ***ou** ~ roes nie* →ROES[2] *vb.*; *die ~ maak altyd 'n **plan*** love will find a way; *iem. ~ **toedra*** bear love for s.o.; *uit ~ **trou*** marry for love; ***uit** ~* for the sake of love; ***uit** ~ vir ...* for love of ...; *bloot **uit** ~* simply as a labour of love; *iets **uit** ~ vir iem. doen* do s.t. out of love for s.o.; *iem. se ~ **verwerf*** win s.o.'s love; *iem. se ~ **vir** sy/haar ...* s.o.'s love for his/her ... *(country, wife, etc.)*; *iem. se ~ **vir** die kuns/ens.* s.o.'s love of art/etc.; ***ware** ~* true love; *van ~ en koue **water** leef/lewe* live on love and cold water (*or* fresh air). **~blyk** →LIEFDESBLYK. **~gawe, liefdesgawe** charity, alms, charitable gift; *die ~ sal nou ingesamel word* the collection will now be taken up *(in church)*. **~groete:** *met ~* (yours) with love, yours affectionately. *met innige ~* with fondest/dearest love. **~-haat(-)verhouding** love-hate relationship. **~knoop** →LIEFDESKNOOP. **~pand** →LIEFDESPAND. **~ryk** *=e, n.* realm of love. **~ryk** *=e, adj.* loving *(mercy of God etc.)*; →LIEFDERIK *adj.*. **~smart** pain(s)/pangs of love. **~soen** kiss of love. **~sonnet** love sonnet. **~suster** *(rare)* sister of charity/mercy. **~vol** *=le, adj. & adv.* loving(ly), affectionate(ly), adoring(ly), full of love; *in ~le herinnering* in loving memory.

lief·de·loos *=lose =loser =loosste* loveless, unloving, unaffectionate, unfeeling, cold, uncharitable, unkind. **lief·de·loos·heid** lovelessness, uncharity, *etc.* (→LIEFDELOOS).

lief·de·rik *=rike =riker =rikste, adj.* loving, affectionate, kind; →LIEFDERYK *adj.*; *~ teenoor iem. wees* be affectionate towards s.o.. **lief·de·rik** *adv.* lovingly, affectionately, kindly. **lief·de·rik·heid** lovingness; benignity.

lief·des=: **~avontuur** amorous/love adventure, amour. **~band** tie of love. **~betuiging** declaration of love. **~blyk** mark of affection, token of love. **~brief** love letter. **~byt** lovebite. **~daad** deed/act of love. **~diens** act of love; act of charity. **~drank(ie),** *(infml.)* **~doepa** love potion, philtre, philter. **~driehoek:** love triangle; *die ewige ~* the eternal triangle; *in 'n ~ vasgevang wees* be involved in an eternal triangle. **~droom** dream of love. **~ervaring** amorous experience. **~gawe** →LIEFDEGAWE. **~gedig** love poem. **~gloed** ardour (of love). **~godin** goddess of love. **~godjie** love, cupid. **~knoop** love/lover's knot; tie of love. **~kus** kiss of love. **~leed** pains/pangs of love. **~lewe** love life. **~lied(jie)** love song. **~maal(tyd)** love feast, agape. **~naam:** *in ~* for goodness'/heaven's sake. **~nessie** love nest. **~pand** pledge/seal of love. **~pyl(tjie)** Cupid's dart. **~roman** novel of love, love story. **~taal** language of love. **~verhaal** *=verhale* love story; *(also, in the pl.)* romantic fiction. **~verhouding** (love) affair, relationship, romance; *'n ~ met iem. aanknoop/hê* have an affair with s.o.. **~verklaring** declaration of love. **~verlange** lovelornness. **~vlam** flame of love. **~voorspel** foreplay. **~vuur** fire of love. **~werk**

labour of love; work of charity, charitable deed/act. **~wil:** *om ~* for goodness'/heaven's sake; *om ~!* for pity's sake!, for Pete's sake! *(infml.)*, for the love of Mike! *(infml.)*. **~woord(jie)** loving word, word of love; *~woordjies in iem. se oor fluister* whisper sweet nothings in s.o.'s ear.

lief·heid sweetness; →LIEF *adj.*.

lie·fie *-fies, n.* darling, love, lovey, pretty, sweetie(-pie), *(chiefly Br., infml.)* popsy, popsie; *my ~* my sweet. **lie·fie** *ge-, vb., (baby talk)* hug.

lie·fies *adv.* pretty, prettily, sweetly; bland; *(ewe) ~* sweetly.

lief·lik *-like, adj.* lovely, sweet, beautiful, charming, delightful; *hoe goed en hoe ~ is dit dat broers saamwoon, (OAB)* how good and how pleasant it is for brethren to dwell together in unity *(AV)*; *die (meet)snoere het vir my in ~e plekke geval, (OAB)* the lines are fallen unto me in pleasant places *(AV)*. **lieflik** *adv.* sweetly, beautifully, charmingly, delightfully, gorgeously; *~ stil wees* be blissfully peaceful. **lief·lik·heid** loveliness.

lief·ling *-linge* darling, love; favourite; poppet, pet; sweetheart; dear heart; deary, dearie.

lief·lings-: **~arbeid** favourite pursuit. **~digter** favourite poet. **~kind** favourite, blue-eyed boy/girl. **~vak** favourite subject. **~werk** favourite work.

liefs *adv.* preferably, rather; best; *~ nie* rather not; *watter wil jy ~ hê?* which do you prefer?.

lief·ste *-stes, n.* sweetheart, beloved; darling, dearest, love. **lief·ste** *adj.* dearest, darling.

lieg *ge-* lie, tell lies, fib; *iem. ~ dat hy/sy* ***bars,*** *(sl.)* s.o. is a damned liar (*or* lies in his/her teeth/throat) *(infml.)*; ***dit*** *~ ...!* that's a lie!; ***grof*** *~* lie shamelessly; ***sê*** *jy ek ~?* are you calling me a liar?; *~* ***soos*** *'n tandetrekker, op 'n* ***streep*** *~, (infml.)* lie in one's teeth/throat, lie like a trooper, lie as fast as a horse can trot *(rare)*; ***vir*** *iem. ~* lie to s.o.. **~stem** lie vote.

lie·ge·ry lying, mendacity.

lie·maak *liege-* sham, feint, tease. **lie·ma·ke·ry** sham.

liep·lap·per *-pers* loafer, ne'er-do-well.

lier *liere, (mus.)* lyre; psalterium *(of the brains)*; *die L~, (astron.)* the Lyra. **~dig** *(rare)* lyric (poem). **~digter** *(rare)* lyric poet. **~sang** *(rare)* lyric (poem). **~voël** lyre-bird. **~vormig** *-e, (biol.)* lyrate(d).

lies *lieste* groin *(human)*; flank *(of an animal)*; *lank in die ~* slack-loined; *dun in die ~, (a horse)* herring-gutted. **~band** jockstrap. **~breuk** inguinal hernia. **~geswel** inguinal swelling. **~lap** (thin) flank. **~plooi** inguinal fold. **~ring** abdominal ring. **~streek** groin, inguinal region. **~stuk** flank *(of meat)*, spring *(of a pig)*. **~wol** flank/brown wool.

lie·tsjie *-tsjies* litchi, lychee, lichee.

lie·we·ling *(poet., liter.)* →LIEFLING.

Lie·wen·heer: *die/ons ~* the Good Lord. **l~sbesie, lieweheersbesie** ladybird.

lie·wer·lee: *van ~, (obs. or poet., liter.)* gradually.

lie·wer(s) rather; sooner, first; preferably; *~ jy* ***as*** *ek* rather you than me; *iem. sou ~ van honger* ***doodgaan*** s.o. would first starve; *~ water* ***drink*** *as wyn* prefer water to wine; *iem.* ***moes*** *~ nie ge... het nie* it would have been better if s.o. hadn't ...; *iem.* ***moet*** *~ ...* s.o. would do well to ...; *iem.* ***moet*** *dit maar ~ doen* s.o. had better do it; *~* ***nie*** *gaan nie* rather not go, prefer to stay; *ek wil ~* ***nie*** *daarvan praat nie* I'd rather not talk about it; *iem.* ***sou*** *~ ...* s.o. would (just) as soon ...; *iem. sou ~* ***sterf*** *as ...* s.o. would sooner die than ...; ***veel*** *~* much rather.

lie·wig·heid: *iem. met ~ versmoor* kill s.o. with kindness.

lig[1] *ligte ligter ligste, adj.* light *(weight, work, touch, soil, rain, wine, sleep, food, step, literature, music, heart, etc)*; slight, mild *(illness)*; mild *(tobacco, drink, punishment, etc.)*; *~te* ***aanslag,*** *(mus.)* soft touch; *iem. is te ~* ***bevind*** s.o. was found wanting; *~te* ***bier*** pale ale; *~te* ***bries*** gentle breeze; *~ in die* ***broek*** slight, slender; *te ~ in die* ***broek*** *vir 'n taak wees* →BROEK; *~te* ***ete*** light meal; *~ in die* ***kop*** light-headed; *~te* ***leesstof*** light fiction; *~te* ***nywerheid*** light industry; *so ~* ***soos*** *'n veer(tjie)* as light as a feather; *~te* ***vliegtuig*** light aircraft; *~te* ***wind*** gentle wind. **lig** *adv.* lightly; easily; slightly *(injured)*; mildly; flimsily *(dressed)*; *~* ***afkom*** get off (*or* be let off) lightly; *iem. ~ laat* ***afkom*** let s.o. off lightly; *iets ~* ***doen*** be apt to do s.t. *(forget, take offence)*; *~* ***gewapen(d)*** light-armed; *~* ***loop*** (of ***ligloop***) tread warily; be circumspect; *~* ***loop*** (of ***ligloop***) *vir iem.* be wary of s.o.; ***loop*** *maar ~ vir daardie firma/ens., (also, infml.)* that firm/etc. is bad news; *~ter* ***maak*** lighten; mitigate; *iets ~* ***opneem*** make light of s.t.. **lig** *ge-, vb.* raise, heft *(infml.)*, hoist, heave; weigh *(an anchor)*; clear *(a letter box)*; *(die)* ***anker*** *~* →ANKER; *'n* ***bal*** *~* loft a ball; *iem. se* ***doopseel*** *~, (fig., rare)* lay bare s.o.'s past, test s.o.'s credentials; *jou* ***hoed*** *vir iem. ~* = JOU **HOED** VIR IEM. AFHAAL; *die slang het sy* ***kop*** *ge~* the snake reared its head; *'n sittende* ***lid*** *~* unseat a member; *iem.* ***uit*** *'n amp ~* lever s.o. out of a position; *iem.* ***uit*** *die saal ~* displace s.o.. **~gelowig** *-e* credulous; gullible, dupable. **~gelowigheid** credulity; gullibility. **~geraak** *-te -ter -ste* touchy, irascible, testy. **~geraaktheid** touchiness, irascibility, prickliness. **~gewig** lightweight. **~gewigbokskampioen** lightweight boxing champion. **~hartig, lughartig** *-e* light-hearted, carefree, happy-go-lucky, airy, jaunty, volatile, buoyant. **~hartigheid, lughartigheid** light-heartedness. **~hoofdig** *-e* light-headed, dizzy, *(infml.)* woozy; *dié wyn is bekend daarvoor dat dit jou gou ~ maak* this wine is known for its headiness. **~hoofdigheid** light-headedness, dizziness, *(infml.)* wooziness. **~krag** hoisting power. **~loop** →LIG LOOP. **~sinnig** *-e* frivolous, flippant, wanton, flighty. **~sinnigheid** frivolity, flippancy, levity. **~swaargewig(bokser)** light heavyweight, cruiser(weight). **~swaargewigbokskampioen** light heavyweight boxing champion, cruiserweight boxing champion. **~vaardig** *-e, (rare)* rash, reckless, thoughtless. **~vaardigheid** *(rare)* rashness, recklessness, thoughtlessness, levity. **~voetig** *-e* nimble-footed, wing-footed. **~voet(s)** gingerly. **~weg** lightly. **~weltergewig(bokser)** light welterweight.

lig[2] *ligte, n., (lit., fig.)* light; irradiation; incandescence; *~te is* ***aan/af*** lights are on/off; *~te* ***aanskakel/aansit*** switch on lights; light up; *'n ~* ***afskakel/afsit*** switch off a light; *iets in 'n* ***ander*** *~ stel* put a different/new complexion/face (up)on s.t.; *~te* ***brand*** (of ***brand nie)*** lights are on (*or* off); *iets aan die ~* ***bring*** disclose/reveal s.t., bring s.t. to light, bring s.t. (out) into the open, lay bare s.t.; dig out s.t.; *~te* ***demp/verdof*** dim lights; *~* ***deurlaat*** transmit light; *in* ***dieselfde*** *~ sien* see eye to eye; *~te* ***domp/neerslaan*** dim/dip lights; *~te* ***dood/uit!*** lights out!; *'n* ***dowwe*** *~* a dim light; *iets in 'n* ***duidelike*** *~ stel* bring s.t. out in bold/full relief; *iets in 'n* ***ernstige*** *~ beskou/sien* take a grave/serious view of s.t.; *daar* ***gaan*** *vir jou 'n ~* ***op*** see daylight; see s.t. in a different light; *iem. is* ***geen*** *~ nie* s.o. is no great/shining light; *die ~ is* ***goed*** visibility is good; *'n* ***helder*** *~* a bright light; *iets teen die ~* ***hou*** hold s.t. up to the light; ***in*** *die ~ van ...* in view of ...; in the light of ...; ***invallende*** *~* incident light; *aan die ~* ***kom*** come out, be revealed, come to light, transpire; become manifest; *~* ***maak*** strike a light; switch on the light; light up; *jou ~ onder 'n* ***maatemmer*** *verberg/wegsteek* →MAATEMMER; *~te* ***neerslaan*** *→****domp/neerslaan;*** *iem. was* ***onder*** *die ~te, (infml.)* s.o. has been X-rayed; *by iem. (gaan/kom) ~* ***opsteek*** seek information from s.o. *(from experts on a subject)*; *iem./iets in 'n goeie/gunstige/slegte/ongunstige ~* ***plaas/stel*** place/put s.o./s.t. in a good/favourable/bad/unfavourable light; *'n ~ op iets* ***rig*** shine a light on s.t.; *die ~* ***sien,*** *(a book)* see the light, appear in print, be published; *~ en* ***skaduwee*** light and shade; *die ~ is* ***sleg*** visibility is bad; *iem. in 'n* ***slegte*** *~ stel, (also)* reflect (*or* cast reflections) (up)on s.o.; *iets stel iem. in 'n* ***slegte*** *~, (also)* s.t. reflects (up)on s.o., s.t. is a reflection (up)on s.o.; *in iem. se ~* ***staan*** stand in s.o.'s light; *iem./iets in 'n goeie/gunstige/slegte/ongunstige ~* ***stel*** *→****plaas/stel;*** *'n* ***swak*** *~* a feeble light; *die ~ op ... laat* ***val*** highlight ... *(problems etc.)*; *... in 'n* ***vals(e)*** *~ plaas/stel* place/put ... in a false light; *~te* ***verdof*** *→****demp/verdof;*** *in 'n* ***verkeerde*** *~ stel* put false colours upon; *handel* ***volgens*** *die ~ wat jou gegee is* act according to one's lights; *die ~ van die* ***wêreld*** the light of the world; *~ op iets* ***werp*** shed/throw light (up)on s.t.; *vir iem. ~ op iets* ***werp,*** *(also)* enlighten s.o. about/on s.t.. **lig** *ligte ligter ligste, adj.* light, bright *(room, colour, etc.)*; blond(e), fair *(pers.)*; *~te blou/bruin/geel/ens.* →LIGBLOU, LIGBRUIN, LIGGEEL, *ens.*; *dis ~te maan* →MAAN[1] *n.*; *~ word* dawn. **lig** *ge-, vb.* give light; shine, light; (hold the) light; dawn; flash; *(clouds)* lighten; *met jou lamp in iem. se* ***gesig*** *~* shine one's lamp in s.o.'s face; *met 'n* ***lantern*** *~* shine with a lantern; ***op*** *iets ~* shine a light on s.t.; ***vir*** *iem. ~* light s.o., light the way for s.o.; hold the light for s.o.. **~afbreekbaar** photodegradable *(plastic)*. **~baken** beacon light, pharos, cresset *(hist.)*. **~beeld** display; lantern view. **~behandeling** phototherapy, light treatment. **~blond** *-e* light, fair, flaxen. **~blou, ~te blou** light blue. **~boei** light buoy, floating light. **~bol** flare light. **~bom** flare bomb. **~boog** electric arc, voltaic arc. **~boogsweiser** →BOOGSWEISER. **~boogsweising** →BOOGSWEISING. **~brekend** *-e* refractive. **~breking** refraction (of light). **~bron** light source, source of light/illumination, luminous source. **~bruin, ~te bruin** light brown, hazel. **~bundel** beam of light, light beam. **~chemie** photochemistry. **~dag** daylight; dawn; *laat* ***deurloop*** *~ toe, (infml.)* make a night of it, keep it up all night; ***helder*** *~* broad daylight; ***met*** *~* at dawn; *net* ***voor*** *~* just before dawn/daybreak. **~deeltjie** *(phys.)* photon. **~deurlatend** *-e* translucent, diaphanous. **~deurlatingsvermoë** translucency, diaphaneity. **~draer** *(fig.)* light bearer, torchbearer. **~druk** *(print.)* phototype, heliographic print, *(hist.)*, blueprint, collotype. **~eenheid** light unit, unit of light. **~effek** light(ing) effect. **~(emissie)diode** light-emitting diode. **~-en-donker** *(art of painting)* chiaroscuro. **~fakkel, ~granaat, ~koeël, Very(-)lig** flare, distress rocket, Very light. **~fakkelpistool, Very(-)pistool** distress gun, Very pistol. **~gas** coal/town gas. **~gat** lamp hole; loophole *(of a ship)*. **~geel, ~te geel** light yellow, primrose (yellow), jonquil, stramineous. **~geelgroen, ~te geelgroen** sage (green). **~gestalte** phase *(of the moon)*. **~gevoelig** *-e* sensitive to light, photosensitive; *~ maak* photosensitise; *~e orgaan* photoreceptor. **~gewend** *-e* luminous, luminescent, incandescent, illuminative; *~e verf, (rare)* →GLIMVERF. **~gewendheid** luminosity. **~gewer** light giver; *(poet., liter.)* luminary. **~glans** lustre, sheen, refulgence. **~golf** light wave. **~granaat** →LIGFAKKEL. **~installasie** lighting installation; light plant. **~jaar** light year; *twee ligjare* two light years; *ligjare (ver/vêr) van iets verwyder(d) wees, (fig.)* be light years (removed) from s.t.. **~kant** bright side. **~keël, ~kegel** cone of light, luminous cone. **~kewer** glow-worm. **~kleurig** *-e* light-coloured. **~knippie** electric light switch. **~koeël** →LIGFAKKEL. **~kol** spot of light, highlight. **~krans** corona *(round the sun)*, glow; halo, nimbus. **~kring** circle of light, luminous circle; halo; aureole, aureola; photosphere; *(meteorol.)* glory; light circuit; *(phot.)* halation. **~kringvorming** *(phot.)* halation. **~kromming** *(biol.)* phototropism, phototropy. **~kroon** chandelier, electrolier, corona. **~kruis** *(meteorol.)* cross. **~kunde** photology. **~leiding** electric light wiring. **~matroos** *(<Du., obs.)* →GEWONE **SEEMAN.** **~meter** photometer, light meter, illumination meter. **~meting** photometry. **~paal** electric standard. **~pen** *(comp.)* light pen. **~pers, ~te pers** mauve. **~pistool** flare pistol. **~plant** photophilous plant. **~plek** spot of light; *(painting)* highlight; *(phot.)* flare spot. **~punt** light(ing) point, luminous point, spot of light; ray of light/hope, bright spot; relieving feature. **~reklame** illuminated/electric sign. **~rooi, ~te rooi** light red, damask, carnation. **~roos, ~te roos** pink; →PIENK, SKELPIENK. **~sein** light signal. **~skag** light well. **~skakelaar** light(ing) switch. **~skerm** shade, screen. **~skip** lightship. **~sku** *-(we) -sku(w)er -skuuste* shunning the light, photophobic. **~skuheid** photophobia. **~snelheid** speed/velocity of light. **~soekend** *-e* heliotropic. **~soeking** heliotropism. **~spikkel** speck/spot of light; highlight. **~spoorkoeël** tracer (bullet). **~spreiding** diffused lighting. **~stad** city of light. **~steen** luminous stone. **~steendrukkuns** photolithography. **~steendruk(plaat)** photolithograph. **~sterkte** light/luminous intensity, luminous power, intensity of light, luminosity. **~sterktemeter** photome-

ter. **~steuring, ~storing** light failure. **~stip** speck/dot of light. **~stof** luminous matter. **~straal** ray/beam/shaft of light; *die ~ in iem. se lewe wees* be the light of s.o.'s life. **~streep** *n.* streak/ray of light; *(also* ligstrepie*)* highlight *(in hair)*. **~streep** *vb.: (laat) ~* highlight *(hair)*. **~strooiing** light dispersion, dispersion of light. **~stroom** stream of light. **~sy** bright side. **~terapie** phototherapeutics, -therapy. **~toebehoorsel** light fitting. **~toebehore** *(pl.)* light fittings. **~toets** light test; candling test *(for eggs)*. **~uitstraling** emission of light. **~vastheid** fastness to (sun)light. **~vertoning** light show. **~vos** light chestnut *(horse)*. **~wagter** lighthouse keeper. **~weerkaatsing** reflection of light. **~werper** projector.

li·ga *-gas* league; *boaan die ~ staan* top the league; *in die groot ~ inbeweeg, deel van die groot ~ word, (fig., infml.)* hit/join/make the big league. **~speler** league player. **~wedstryd** league game/match.

li·ga·ment *-mente, (anat.)* ligament.

li·ga·tuur *-ture, (med.)* ligature.

li·geen *-gene, (bot.)* lichen; →KORSMOS. **li·ge·no·lo·gie** lichenology; →KORSMOSKUNDE. **li·ge·no·lo·gies** *-giese* lichenous, lichenose. **li·ge·no·loog** *-loë* lichenologist.

lig·gaam *-game* body; *(biol.)* soma; corpus *(Lat.)*; corporality; ***dooie*** *~* corpse; *gesond na ~ en **gees*** sound in body and mind; *deur iem. se **hele** ~ versprei* pass into s.o.'s system; *leer van die **menslike** ~* somatology; ***na** die ~* physically; *'n **rein** ~ is die naaste aan 'n rein hart* cleanliness is next to godliness; *na ~ en **siel*** (in) body and soul, in body and mind; ***vaste*** *~* solid; *jou ~ **verkoop*** prostitute o.s; ***wetgewende*** *~* legislative body. **~sel** *-le* body cell, somatic cell. **~siekte** physical illness. **~skandeerder** body scanner. **~straf** = LYFSTRAF. **~streek** body region. **~swakte** bodily/physical weakness, invalidism, (bodily) debility.

lig·gaam·lik *-like* bodily; corporal *(punishment)*; corporeal, material; physical *(culture, education)*; somatic; *~e **geweld*** physical force; *~e **ondersoek*** physical examination, *(infml)* physical; *~ **ongeskik*** medically unfit; *die ~e **oog*** the outward eye; *~e **opvoeding*** physical education; →LIGGAAMSOPVOEDING; *~ **swak*** physically weak; *~e **welsyn*** material well-being. **lig·gaam·lik·heid** corporeality.

lig·gaam·loos *-lose* disembodied, fleshless, discarnate.

lig·gaam·pie *-pies, (dim.)* small body; corpuscle; *~ van Malpighi, (anat.)* Malpighian body/corpuscle.

lig·gaams-: ~beweging (body) exercise. **~bewus** body conscious. **~bou** build, frame, stature, physique. **~bouvorm, ~tipe** body type, somatotype. **~deel** part of the body, limb, member. **~gebrek** disability, physical defect. **~gestalte** build, stature. **~gestel(dheid)** constitution. **~gif** systemic poison. **~hoek** solid/trihedral angle. **~holte** body cavity; *(zool.)* coelenteron. **~houding** carriage. **~krag** physical strength/energy. **~leer** somatology. **~lyn** body line. **~meting** *(geom.)* stereometry; anthropometry. **~oefening** physical exercise. **~omloop** systemic circulation. **~ontwikkeling** physical development, body building. **~opbou** body building. **~opvoeding** physical education. **~temperatuur** body temperature. **~tipe** →LIGGAAMSBOUVORM. **~toestand** bodily condition. **~vog** body fluid, tissue fluid. **~vorm** build. **~wand** body wall. **~warmte** body heat, animal heat, blood heat.

lig·gend *-gende, (her.)* couchant; ***agteroor*** *~* recumbent; *~e **figuur*** reclining figure; *dit is voor die **hand** ~ dat* ... →HAND; *~e **houding*** prone position.

lig·gie *-gies, (dim.)* (little) light; →LIG² *n.*.

lig·gies lightly; slightly; →LIG¹ *adv.*.

lig·ging *-gings, -ginge* situation; site, position, location; set; posture; bearing; *(med.)* presentation; lie *(of the land)*. **lig·gings·be·pa·ling** location, orientation. **lig·gings·waar·de** site value; place utility.

lig·loos *-lose* lightless; →LIG² *n.*.

lig·nien *(bot.)* lignin.

lig·niet *(min.)* lignite, brown coal.

lig·te·kop blond(e).

lig·te laai·e: *iets is/staan in ~ ~* s.t. is ablaze (*or* in a blaze).

lig·te·lik lightly; slightly.

lig·tend *-tende* luminous, shining, incandescent; *'n ~e ster, (fig.)* a shining light; *'n ~e voorbeeld* a shining example.

lig·ter *-ters* hoist; lifter, lift; lever. **~geld** lighterage. **~hout** lever. **~man** lighterman. **~skip** lighter.

lig·te·rig *-rige* lightish.

lig·te-uit lights out *(in a boarding school etc.)*.

ligt·heid lightness.

lig·ting *-tings, -tinge* collection, clearance *(of letters)*; draft, levy *(of soldiers)*; raising.

Li·gu·ri·ë *(geog.)* Liguria. **Li·gu·ri·ër** *-riërs, n.* Ligurian. **Li·gu·ries** *n., (lang.)* Ligurian. **Li·gu·ries** *-riese adj.* Ligurian.

li·gus·ter *-ters, (bot.)* privet.

Li·ka·o·ni·ë *(geog., hist.)* Lycaonia.

Li·ka·si *(geog.)* Likasi.

li·keur *-keure, -keurs* liqueur. **~brandewyn** liqueur brandy. **~glas** liqueur glass. **~keldertjie** cellaret. **~lekker** brandy ball. **~poeding** *(cook.)* diplomat pudding. **~sjokolade** liqueur chocolate. **~stokery** liqueur distillery.

li·kied *-kiede, (fin.)* liquid, floating *(assets)*. **li·ki·di·teit** liquidity.

lik·ke·waan *-wane, (zool.)* iguana, legua(a)n *(SA)*, Cape monitor.

Li·koed *(Hebr., pol.)* Likud. **~party** Likud Party.

li·ko·po·di·um lycopod(ium).

lik·sens *-sense, (infml., rare)* →LISENSIE.

li·kwa·sie liquation.

li·kwi·da·sie *-sies* liquidation; winding up; settlement; *in ~ gaan* go into liquidation; *in ~ wees* be in/under liquidation. **~-uitverkoping** liquidation sale, winding-up sale. **~waarde** *(comm.)* break-up value *(of a company)*.

li·kwi·da·teur *-teurs* liquidator. **li·kwi·deer** *ge-* liquidate, wind up; go into liquidation; eliminate *(s.o.)*. **li·kwi·di·teit** = LIKIDITEIT.

li·kwied¹ *-kwiede* →LIKIED.

li·kwied² *-kwiede, (phon.)* liquid (consonant).

li·la *(colour)* lilac; *sag ~, (colour)* lavender. **~blou** lavender blue. **~grys** lavender grey.

Li·li·a·seë *(pl.)* Liliaceae.

lil·li·put·ter *-ters* Lilliputian. **lil·li·put·te·rig** *-rige* Lilliputian.

li·ma·boon(·tjie) Lima bean.

lim·bier beer shandy.

lim·bo: *die ~, (a Carribean dance)* the limbo.

Lim·burg *(geog.)* Limburg, *(Fr.)* Limbourg. **l~kaas, Limburgse kaas** Limburger, Limburg cheese.

Lim·bur·ger *-gers, (inhabitant)* Limburger. **Lim·burgs** *-burgse* (of) Limburg; *~e kaas* →LIMBURGKAAS.

lim·bus *-busse, (RC)* limbo; *(biol.)* limbus.

li·me·riek *-rieke*, **li·me·rick** *-ricke, -ricks* limerick. **limerickkant** Limerick lace.

limf *(physiol.)* lymph. **~buis** lymphatic duct. **~klier** lymph gland/node. **~knoop** *(anat.)* ganglion. **~sel** *-le, (physiol.)* lymph cell/corpuscle, lymphocyte. **~selgewas** →LIMFOOM. **~selvormer** *(med.)* lymphoblast. **~vat** lymphatic (vessel). **~vatontsteking** *(med.)* lymphangitis. **~vog** *(physiol.)* chyle. **~weefsel** lymphoid tissue.

lim·fa·ties *-tiese, (physiol.)* lymphatic. **lim·fo·ïed** *-foïede, (anat. & med.)* lymphoid. **lim·foom** *-fome, (med.)* lymphoma.

li·miet *-miete* limit. **li·mi·ta·sie** *-sies* limitation. **li·mi·teer** *ge-, (rare)* limit.

li·mi·naal *-nale* liminal.

lim·no·lo·gie limnology.

li·mo·na·de *-des* lemonade, pop. **~boom** lemonade tree; →BAOBAB, KREMETART(BOOM).

li·mo·niet *(min.)* limonite, brown h(a)ematite.

li·mou·sine *-sines (<Fr.)*, **li·mo·sien** *-siens* limousine. **~liberaal** champagne/limousine liberal. **~sosialis** champagne/limousine socialist.

Lim·po·po *(geog., SA)* Limpopo.

lin·de *-des*, **lin·de·boom** *-bome* lime/linden tree, basswood. **~blaar** lime leaf. **~bloeisel** lime-tree blossom. **~hout** lime wood, basswood.

Lin·des·nes *(geog., Norway)* Lindesnes, (the) Naze.

li·ne·aal *-neale, adj., (obs.)* lineal; →LINIÊR. **li·ne·a·ri·teit** →LINIARITEIT. **li·ne·êr** →LINIÊR.

lin·gui·ni *(It. cook.)* linguini.

lin·guis *-guiste* linguist. **lin·guis·tiek** linguistics, science of language. **lin·guis·ties** *-tiese* linguistic.

li·ni·aal *-ale* ruler, rule. **li·ni·a·ri·teit, li·ne·a·ri·teit** linearity. **li·ni·a·tuur** ruling, form of ruling.

li·nie *-nies, (mil.)* line; equator; *(anthr.)* lineage; *'n ~ **handhaaf**, (mil.)* hold a line; *langs/oor die **hele** ~, (mil.)* all along the line; *in die **vroulike** ~* in the female line, on the distaff (*or* spindle side); *die **vyandelike** ~* the enemy lines. **~regiment** line regiment, regiment of the line. **~skip** ship of the line, liner. **~soldaat** linesman. **~troepe** troops of the line.

li·ni·eer *ge-* rule. **~masjien** *(print.)* ruling machine, machine ruler.

li·ni·êr *-niêre*, **li·ne·êr** *-neêre* linear; *~e algebra* linear algebra; *~e vergelyking* simple equation.

li·ni·ë·ring lineation, ruling.

li·ni·ment *-mente, (rare)* liniment.

lin·ker *-kers* →LINKERHOU. **lin·ker-** left; near *(foreleg, wheel)*. **~agterbeen, ~poot** near hind leg/foot. **~agterspeler** *(sport)* left back. **~arm** left arm. **~been** left leg. **~binnespeler** *(soccer)* inside left. **~bladsy** verso *(of a book)*. **~flank** left flank; *op die ~* on the left (flank). **~haak(hou)** *(boxing)* left hook. **~hak** left heel. **~hand** left hand; *op ~* on the left; *laat jou ~ nie weet wat jou regterhand doen nie, (OAB)* let not thy left hand know what thy right hand doeth *(AV)*; do not let your left hand know what your right hand is doing *(NIV)*; *met die ~ trou* marry with the left hand, contract a morganatic marriage. **~handse** *adj. (attr.)* left-hand. **~handspeler** left-hander, southpaw *(Am.)*. **~hou, linker** *(boxing)* left. **~kant** left (side), left-hand side; near side *(of a vehicle)*; *aan die ~* on the left; to the left; *aan iem. se ~* on s.o.'s left, on s.o.'s left-hand side; *~ toe, na die ~* to the left. **~kants(t)e** *adj. (attr.)* left-hand. **~knie** left knee. **~oewer, ~wal** left bank. **~oog** left eye. **~oor** left ear. **~skakel** *(soccer)* left half. **~skouer** left shoulder. **~skuinsbalk** *(her.)* bar/bend sinister. **~stuur** left-hand drive/steering. **~stuur-** *(comb.)* left-hand-drive *(vehicle etc.)*. **~sy** left side *(of the body etc.)*; *die ~, (pol.)* the left. **~vleuel** *(pol., rugby, etc.)* left wing, left-winger; *(mil.)* left flank; *(soccer, hockey, etc.)* outside left. **~voet** left foot. **~voorpoot** near front leg/foot.

links *linkse linkser linksste, adj., (also* linkshandig*)* left-handed, *(infml.)* cack-handed; leftist, *(infml.)* bolshie, bolshy; near; gauche; sinistral; *iem. was (ook) nie ~ nie en* ... s.o. seized the opportunity to (*or* took the gap and) ... **links** *adv.* of the left; to the left; *(theatre)* on the prompt side; *~ **draai*** turn (to the) left; ***heel** ~* on the extreme left; ***hou** ~* keep (to the) left; *iem. ~ **laat lê*** give s.o. the cold shoulder, cold-shoulder s.o., shun/ignore (*or* steer clear) of s.o.; *iets ~ **laat lê*** ignore s.t., give s.t. the go-by *(infml.)*, pass s.t. over, leave/let s.t. severely alone; ***(na)*** *~* to the left; ***op** ~* to the left; on the left side; *~ **en regs**, (infml.)* left and right, left, right and centre; all over the place/shop; *~ **van** ...* to the left of ...; *~ **van** iem., (also)* on s.o.'s left; *~ **voor*** near front; *~ **weg*** to the left. **~af:** *~ gaan/loop/ry* turn left. **~agter** left rear/back. **~binne** *-s, (sport)* inside left. **~bouler** left-hand bowler. **~buite** *-s, (sport)* outside left. **~draai** *n.* left turn. **~draaiend** *-e, (chem.)* l(a)evorotatory. **~effek** *(billiards)* left side. **~geneig** left-leaning. **~gesind** *-e* leftist, leftish, pink *(infml., often derog.)*; *~e groep* left-wing group. **~gesinde** *-s* leftist, left-winger, *(infml.)* lefty, leftie. **~gesindheid** leftism. **~(handig)**, *-e* left-handed, sinistral, *(infml.)* cack-handed. **~handige** *-s* left-hander. **~handigheid** left-handedness, sinistrality. **~kolwer** left-handed batsman, left-hander. **~om** round to the left; anticlockwise, counterclockwise *(Am.)*; (mil.) left turn!. **~omdraaiing** counterclockwise rotation. ~**op** up from the left; on the left side. ~**-op-ag(t)** →HOT-OP-AG(T). ~**sentristies** =*e, (pol.)* left-of-centre *(coalition, party, etc.)*. ~**speler** left-hand player. ~**sydig** left-sided.

link·se =*ses, n., (pol.)* leftist, left-winger, *(infml.)* lefty, leftie.

links·heid left-handedness.

lin·ne linen; *(bookbinding)* cloth; *in ~ gebind* clothbound; *ongebleikte ~* unbleached linen, brown holland. ~**band** cloth binding. ~**bandboek** clothbound book. ~**binding** plain weave. ~**draad** linen thread. ~**goed** (household) linen, white goods. ~**handel** linen trade. ~**handelaar** linen merchant/draper. ~**kamer** linen room. ~**kas** linen cupboard/press. ~**mandjie** linen/clothes basket. ~**omslag** cloth boards. ~**pers** linen press. ~**rug** linen back. ~**stof** linen fabric. ~**wewer** linen weaver. ~**wewery** linen factory; linen weaving. ~**winkel** linen/draper's shop. ~**wol** *(text.)* linsey-woolsey.

li·no-: ~**druk** →LINOLEUMDRUK. ~**snee** →LINOLEUMSNEE. ~**tipe** linotype.

li·no·leum linoleum. ~**druk, linodruk** linoleum-block print; linoleum-block printing. ~**snee, linosnee** lino(leum) cut.

li·non *(text.)* lawn.

lint *linte* ribbon; fillet; band, streamer; tape; *(her.)* scroll; riband *(for a medal)*; favour; cordon; *die ~ breek* break/breast the tape *(in a race)*; *~ insit, met ~ afmerk* tape; *iets met ~ verbind* tape up s.t.. ~**belegsel** ribbon facing. ~**blom** ray floret/flower. ~**gras** ribbon grass. ~**noedels** *(pl.)* tagliatelle *(It.)*. ~**ontwikkeling** *(town planning)* ribbon/strip development. ~**saag** →BANDSAAG. ~**slinger** festoon. ~**vis** ribbonfish. ~**vormig** =*e* tapelike, ligulate *(biol.)*, band-shaped. ~**ysterklip** banded ironstone.

lint·jie =*tjies (dim.)* ribbon.

lin·ters *(pl.)* →KATOENPLUIS.

lint·wurm tapeworm, ta(e)nia. ~**drywer** = LINTWURMMIDDEL. ~**kop** *(zool.)* scolex. ~**middel** =*s* ta(e)niafuge.

li·o·foob =*fobe, (chem.)* lyophobic. **li·o·troop** =*trope, (chem.)* lyotropic.

lip *lippe* lip *(of a mouth, wound, etc.)*; *(anat.)* labium; *(bot; zool.)* labellum; *(carpentry)* scarf; *(horseshoe)* clip; brow *(of a mine)*; chap; tab; *jou ~pe (vir iets)* ***aflek*** lick/smack one's lips (at the prospect/thought of s.t.), *(infml.)* lick one's chaps/chops (at the prospect/thought of s.t.); *op* ***almal*** *se ~pe wees* be on everybody's lips; *tussen ~ en* ***beker*** *lê 'n groot onseker* there's many a slip 'twixt the cup and the lip; *op jou ~(pe)* ***byt*** bite one's lip(s)/tongue; *iets is op* ***elke*** *~* s.t. is on everybody's lips; *iem. se ~(pe)* ***hang*** →HANG; *aan iem. se ~pe* ***hang*** →HANG; *met jou ~pe* ***klap*** smack one's lips; *iem. kan iets nie oor sy/haar ~pe* ***kry*** *nie* s.o. finds it impossible to drink/eat s.t.; s.o. finds it impossible to say s.t.; *~pe* ***lees*** read lips; →LIPLEES *vb.*; *iem. het nog* ***niks*** *oor sy/haar ~pe gehad nie* nothing has passed s.o.'s lips; *'n woord* ***op*** *jou ~pe hê* have a word at the tip of one's tongue; *jou ~pe* ***optrek*** curl one's lip; *met* ***saamgeperste*** *~pe* with a stiff upper lip; *jou ~pe* ***saamtrek*** screw up one's lips/mouth. **lip**= labial. ~**aanbidding** lip homage/worship. ~**band** yapp (binding). ~**blommig** =*e, (bot.)* labiate. **L~blommiges** Labiatae. ~**boor** *(tech.)* nose/lip/pod/quill bit. ~**glans** lip gloss. ~**las** scarf (joint), scarfed joint. ~**lees, ~lesery** *n.* lip-reading. ~**lees** *ge-, vb.* lip-read. ~**leser** =*s* lip-reader. ~**omslag** →LIPBAND. ~**ontsteking** *(pathol.)* cheilitis, chilitis. ~**pyp** flue pipe. ~**salf** lipsalve. ~**sink** *n., (TV, films, infml., short for* lipsinchronisasie, =kronisasie*)* lip-sync(h). ~**sink** *vb., (infml.)* lip-sync(h). ~**spleet** *(pathol.)* cheiloschisis. ~**stif(fie)** lipstick. ~**taal** →LIPPETAAL. ~**versiering** labret. ~**vis** *(icht.)* wrasse. ~**vormig** =*e* lip-shaped, labiate, labial.

Li·pa·rie·se: *die ~ Eilande, (geog.)* the Lipari Islands.

li·pa·se =*ses, (biochem.)* lipase.

li·pied =*piede, (biochem.)* lipid(e).

Li·piz·za·ner =*ners, (horse)* Lipizzaner, Lippizaner.

lip·loos =*lose, (med.)* achilous; lipless. **lip·pie** =*pies, (dim.)* liplet.

li·po·ïed =*des, n.* lipoid. **li·po·ïed** =*poïede, adj.* lipoid(al).

li·poom =*pome, (pathol.)* lipoma. **li·po·soom** =*some, (biochem.)* liposome.

lip·pe-: ~**beer** *(zool.)* sloth bear. ~**diens** lip service; *~ aan ... bewys* pay lip service to ... ~**hulde** lip homage; *~ aan ... bring* pay lip service to ... ~**lees** →LIPLEES. ~**taal** lip language *(used by the hearing impaired)*; *(fig.)* idle words, cant; *dis alles net ~* it's mere words; words are but wind; fine words butter no parsnips.

lip·pig =*pige* labiate.

Lip·pi·za·ner →LIPIZZANER.

li·ra *lire, (Turk. monetary unit)* lira.

li·riek lyric(al) poetry; lyrics. **li·ries** =*riese* lyric(al); *'n ~e gedig* a lyric (poem), lyrical poem; *~ oor iets raak* wax lyrical about/on s.t.. **li·ri·kus** =*rikusse,* =*rici* lyric(al) poet. **li·ris·me** lyricism.

lis[1] *liste* stratagem, artifice, trick, ruse, device, guile, craft, contrivance, wile, frame-up; *met ~* cunningly, by craft.

lis[2] *lisse, (rare)* = LUS[2]. ~**blom** iris, flag; *Florentynse ~* orris.

li·sen·si·aat =*ate, (certificate; holder of certificate)* licentiate; licensed preacher.

li·sen·sie =*sies* licence; *iets in ~ vervaardig* manufacture s.t. under licence. ~**bewys** clearance certificate. ~**geld** licence fee. ~**hof** licensing court. ~**houer** licensee; licence holder.

li·sen·si·eer *ge-* license.

li·ser·gien·suur *(chem.)* lysergic acid. ~**diëtielamied** *(abbr.: LSD)* lysergic acid diethylamide.

li·se·um *liseums, lisea, (rare)* lyceum.

li·sien *(biochem.)* lysine. **li·so·siem** *(biochem.)* lysozyme.

lis·pel *ge-* lisp.

Lis·sa·bon *(geog.)* Lisbon. **Lis·sa·bon·ner** =*ners, n.* Lisbonian. **Lis·sa·bons** =*bonse, adj.* Lisbonian.

lis·te·rel·lo·se *(med.)* listeriosis, circling disease.

lis·tig =*tige* cunning, crafty, shrewd, sly, wily, scheming, artful, weaselly, insidious. **lis·tig·heid** cunning, slyness, wiliness, *etc.* (→LISTIG).

lit *litte* joint; articulation; member, segment; *(bot.)* internode; *~te* ***losmaak,*** *(an athlete)* limber/warm up; *jou ~te* ***roer*** *, (infml.)* shake a leg, make haste; *iem. sal sy/haar ~te moet* ***roer,*** *(infml.)* s.o. will have to shake a leg (*or* stir his/her stumps); ***roer*** *jou ~te!, (infml.)* shake a leg!, snap to it!, make it snappy!; *jou uit ~* ***skrik,*** *(rare)* be shocked out of one's wits; ***uit*** *~ wees, (an arm etc.)* be out (of joint), be dislocated; *iets* ***uit*** *~ maak* put s.t out; *geen ~* ***verroer*** *nie* not stir a finger. ~**peul** *(bot.)* loment(um). ~**roos** →BLADROOS. ~**water** →LEDEWATER.

li·ta·nie =*nieë, (Chr.)* litany.

Li·tau·e, Li·tou·e *(geog.)* Lithuania. **Li·tau·er, Li·tou·er** =*ers, n.* Lithuanian. **Li·taus, Li·tous** *n., (lang.)* Lithuanian. **Li·taus** =*tause,* **Li·tous** =*touse, adj.* Lithuanian.

li·ter =*ter(s)* litre; ***honderde/duisende*** *~s* hundreds/thousands of litres; ***in*** *~* in litres; ***'n*** *~ melk/ens.* a litre of milk/etc.; ***twee*** *~ melk/ens.* two litres of milk/etc..

li·te·ra·lis =*liste* literalist. **li·te·ra·lis·me** literalism. **li·te·ra·tor** =*tore,* =*tors* literary person, literator, person of letters, littérateur *(Fr.)*. **li·te·rêr** =*rêre* literary; *~e kritikus* literary critic. **li·te·rêr·hi·sto·ri·kus** historian of literature, literary historian.

li·te·ra·tuur =*ture* literature. ~**geskiedenis** history of literature; literary history. ~**taal** literary language.

li·ti·um *(chem., symb.: Li)* lithium. ~**deuteried** lithium deuteride.

lit·jies-: ~**bos** *Psilocaulon spp.*. ~**gras** *(Polygonum aviculare)* jointed grass. ~**kaktus** *(Opuntia aurantiaca)* jointed cactus. ~**kweek** coarse quick, coarse couch grass, buffalo grass. ~**tee** *Thesium spicatum.*

li·to- *comb.* litho-: ~**chroom** =*chrome* chromolithograph. ~**graaf** =*grawe* lithographer. ~**grafeer** *ge-* lithograph. ~**grafie** (art of) lithography; offset (printing); *(pl.:* litografieë*)* lithograph. ~**grafies** =*e* lithographic. ~**lise** litholysis. ~**logie** lithology. ~**logies** =*e* lithological. ~**masjien** litho machine. ~**poon** lithopone. ~**sfeer** *(geol.)* lithosphere. ~**skoop** =*skope* lithoscope. ~**tomie** lithotomy.

li·to·raal, lit·to·raal =*rale, adj.* littoral.

li·to·tes *(rhet.)* litotes, meiosis, understatement.

Li·tou·e, Li·tou·er, Li·tous →LITAUE, LITAUER, LITAUS.

lit·steng *(bot.: Hippuris vulgaris)* mare's tail.

lit·te·ken *n.* scar, cicatrice, cicatrix, flesh mark, stigma, seam. **lit·te·ken** *ge-, vb.* scar. ~**weefsel** *(med.)* scar tissue.

lit·te·ke·ning scarring.

lit·to·raal →LITORAAL.

li·turg =*turge* liturgist. **li·tur·gie** =*gieë* liturgy. **li·tur·giek** liturgics. **li·tur·gies** =*giese* liturgical. **li·tur·gis** =*giste* →LITURG.

Li·ver·po·li·taan =*tane,* **Li·ver·poo·ler** =*lers* Liverpudlian, *(infml.)* Scouse(r). **Li·ver·po·li·taans, Li·ver·pools** *n., (dial.)* Liverpudlian, *(infml.)* Scouse. **Li·ver·po·li·taans** =*taanse,* **Li·ver·pools** =*poolse, adj.* Liverpudlian, *(infml.)* Scouse.

Li·vi·us *(Rom. historian)* Livy.

Li·vor·no *(geog.)* Leghorn; →LEGHORN(HOENDER).

li·vrei =*vreie* livery. ~**bediende, ~kneg** livery/liveried servant, footman, page; *(derog.)* flunk(e)y. ~**pak** livery (suit).

lla·ma →LAMA[2].

lob *lobbe* lobe. ~**vormig** =*e* →LOBBIG.

lob·be·tjie =*tjies, (dim.)* lobule.

lob·big =*bige* lobate(d); *(biol.)* parted, partite.

lo·be·li·a =*lias, (bot.)* lobelia.

lo·bêr =*bêre, (chiefly med.)* lobar.

lo·bo·la, lo·bô·la lobola, lobolo, bride price/wealth.

lo·cus clas·si·cus *(Lat.: classical passage; stock quotation)* locus classicus.

Lo·de·wyk: *~ die* ***Duitser*** Louis the German; *koning ~* ***Filips*** King Louis Philippe; *~ die* ***Heilige*** Saint Louis; *~ die* ***Kind*** Louis the Child; ***koning*** *~* King Louis; *~* ***Napoleon*** Louis Napoleon; *~ die* ***Stamelaar*** Louis the Stammerer; *~ die* ***Vrome*** Louis the Pious.

lo·ding =*dings,* =*dinge* sounding.

loef *(naut.)* luff, windward side; *'n skip die ~ afsteek* get to windward of a ship, blanket a ship; *iem. die ~ afsteek* beat s.o. to s.t.; steal a march on s.o.; take the wind out of s.o.'s sails, outwit/outmanoeuvre s.o., get/have the advantage of s.o., wipe s.o.'s eyes. ~**anker** weather-side anchor. ~**balk** outrigger *(of a sailing ship)*. ~**gierig** =*e, (naut.)* weatherly. ~**kant, ~sy** weather side, wind(ward) side, weatherboard. ~**waarts** *(naut.): ~ beurend/vorderend* weatherly; *~e vermoë* weatherliness.

loei *ge-* low; roar; bellow; scream *(of a siren)*. **loei·er** =*ers* siren.

loe·kwart →LUKWART.

lo·ën *ge-* deny, disavow, disclaim. ~**straf** *ge-* belie, give the lie to *(a supposition)*; falsify; *jou dade ~ jou woorde* your deeds belie your words; *iets ~* give the lie to s.t.; *vrees ~* falsify fears.

lo·ë·naar =*naars* denier. **lo·ën·baar** =*bare* refutable, deniable. **lo·ë·ning** =*ninge* denial, disavowal.

loep *loepe: iets kom onder die ~* s.t. is subjected to scrutiny; *iets onder die ~ neem* put s.t. under the microscope (*or* magnifying glass), subject s.t. to scrutiny, scrutinise s.t.; *onder die ~ wees, (rare)* be under scrutiny.

loer *n.: op die ~* ***lê*** lie in wait; *na/vir iem. op die ~* ***lê*** lie in wait for s.o.; *na ...* ***op*** *die ~ wees* be on the lookout for ..., watch for ...; ***op*** *die ~ wees, (also)* be on the prowl. **loer** *ge-, vb.* peep, peer, pry; lurk, watch, skulk; *na ... ~* peep at ..., have/take a peep at ..., glance at ...; *op iem. ~* spy (up)on s.o. ~**gaatjie, ~gat** peephole, eyelet; inspection hole, spyhole. ~**venstertjie** peephole, secret eye. ~**vink** peeping/Peeping Tom, voyeur.

loer·der =*ders* peeper, spy, snoop(er), peeping/Peeping Tom.

loe·rie =*ries, (orn.)* lourie, loerie, touraco, turaco(u).

loes *(geol.)* loess.

loe·sing -*sings* hiding, thrashing, spanking, whacking, caning, dusting; drubbing, beating-up, beating; *'n afgedankste/deftige/gedugte* ~ a good/sound hiding/thrashing (*or* good beating *or* darn[ed] good hiding); *iem. 'n* ~ **gee** give s.o. a hiding (*or [infml.]* a walloping/whacking); *(sport)* give s.o. a drubbing; *'n* ~ **kry** get a hiding (*or [infml.]* a walloping/whacking); *'n groot* ~ **kry** (*of* **op die lyf loop**), *(sport)* take a drubbing/hammering/pounding.

lof[1] praise, commendation; *die* ~ **besing** *van* ... eulogise ...; **bo** *alle* ~ *(verhewe) wees* be beyond praise; **groot/hoë** ~ high praise; *iem.* **groot/hoë** ~ *toeswaai* praise s.o. highly; **groot/hoë** ~ *verwerf* earn/win high praise, earn golden opinions; *met die* **hoogste** ~ *van iem. praat* speak of s.o. in the highest terms; *iem./iets met* **karige** ~ *afmaak/veroordeel* damn s.o./s.t. with faint praise; **met** ~ *slaag/deurkom* pass with distinction; **net** ~ *vir ... hê* have nothing but praise for ...; **onverdiende** ~ unmerited praise; **onvoorwaardelike** ~ unreserved praise; *met* ~ *oor/van ...* **praat** speak highly/well of ...; *eie* ~ **stink** self-praise is no recommendation; *iets* **strek** *iem. tot* ~ s.t. does s.o. credit, s.t. is to s.o.'s credit; *iem./iets* ~ **toeswaai** praise/laud s.o./s.t.; pay (a) tribute to s.o./s.t.; **tot** ~ *van* ... in praise of ...; *iem./iets se* ~ **uitbasuin/verkondig** sing/sound the praises of s.o./s.t.; *jou eie* ~ **uitbasuin/verkondig** blow one's own trumpet; ~ **verdien** deserve praise, be deserving of praise; ~ **verwerf** earn/win praise; *hoë* ~ **verwerf** earn/win golden opinions. ~**brief** letter of commendation. ~**dig** -*te* panegyric, laudatory poem, praise poem, poem of praise. ~**digter** panegyrist. ~**gedig** →LOFDIG. ~**gesang** hymn/song of praise; →LOFSANG. ~**lied** paean, dithyramb, song/hymn of praise; *(in the pl., infml., also* lofsange*)* praises, hype, puffery; *die* ~ *van Dawid* David's psalm of praise; *'n* ~ *op ... aanhef* sing the praises of ...; *'n* ~ *op die natuur* a hymn in praise of nature. ~**prys** *ge-* extol, (be)laud, praise, commend. ~**prysing** -*e* laudation, praise, panegyric; *(eccl.)* doxology. ~**psalm** psalm of praise. ~**rede:** *'n* ~ *op/oor ... lewer* deliver a eulogy on ... ~**redenaar** panegyrist, eulogist, praiser, lauder. ~**sang** song/hymn of praise, paean; *(formula of praise to God)* doxology, canticle, gloria; →LOFLIED. ~**sanger** laudator, *(SA)* praise singer, praiser, imbongi *(Ngu.)*. ~**sing** *ge-* laud, praise, extol; *God* ~ praise the Lord. ~**spraak** praise, encomium *(fml.)*, laudation, eulogy. ~**trompet** trumpet of praise. ~**uiting** -*e*, -*s* praise, eulogy, encomium, tribute, laudation. ~**waardig** -*e* laudable, praiseworthy, commendable, meritorious. ~**waardigheid** praiseworthiness, meritoriousness.

lof[2] *lowwe, (chiefly pl.)* foliage, leaves *(of vegetables)*, tops, leafage; →LOOF[1] *n.*. ~**werk** →LOOFWERK.

lof·lik -*like* praiseworthy, laudable, commendable. **loflik·heid** praiseworthiness, laudability.

log[1] *logs, n.* log *(for gauging the speed of a ship)*; log(book). ~**boek** *(naut.)* logbook; →RITBOEK. ~**lyn** log line.

log[2] *logge logger logste, adj.* clumsy, inept, heavy-footed, unwieldy, cumbersome. **log·heid** unwieldiness; →LOG[2] *adj.*.

lo·gan·bes·sie loganberry.

lo·ga·rit·me -*mes* logarithm, log. ~**tafel** table of logarithms, logarithmic/logarithm table.

lo·ga·rit·mies -*miese* logarithmic.

lo·ge -*ges, (rare)* →LOSIE[1].

log·ger -*gers, (naut.)* lugger. ~**seil** lugsail.

log·gi·a -*gias, (It., archit.)* loggia.

lo·gies -*giese, adj.* logical; sequacious *(fml.)*, consequent; dialectical, discursive *(philos., arch.)*; ~*e* **atomisme** logical atomism; ~*e* **denkwyse** straight thinking; ~*e* **gevolg/konsekwensie/uitvloeisel/uitwerking** logical consequence; ~*e* **gevolgtrekking** logical conclusion; ~*e* **positivisme** logical positivism; *die* ~*e* **verklaring** *vir iets* the rationale behind/for/of s.t.. **lo·gies** *adv.* logically; ~ *beredeneer(d)* closely reasoned.

lo·gi·ka logic; *die* ~ *agter iets* the rationale behind/for/of s.t.; *nugtere* ~ cold logic. ~**bom** *(comp.)* logic bomb.

lo·gi·kus -*gikusse*, -*gici* logician.

lo·ging leaching.

lo·gis·tiek *n.* logistics. **lo·gis·tiek** -*tieke*, **lo·gis·ties** -*tiese, adj.* logistic(al).

lo·go -*go's* logo. ~**graaf** -*grawe* logographer. ~**gram** -*me* logogram. ~**pedie** logop(a)edics, logop(a)edia. ~**(tipe)** logo(type); →LETTERNAAM.

lo·jaal -*jale* loyal; *teenoor* ... ~ *wees* be loyal to ... **lo·ja·lis** -*liste* loyalist. **lo·ja·lis·me** loyalism. **lo·ja·li·teit** loyalty. **Lo·ja·li·teits·ei·lan·de** *(geog.)* Loyalty Islands.

lok[1] *lokke, n.* lock, curl, coil; *(in the pl., also)* tresses. **lokkig** -*kige, (rare)* curly.

lok[2] *ge-, vb.* entice, lure, decoy; invite, bait, train; attract *(capital)*; *dit sal iem.* ~ that will fetch s.o.; *klante* ~ tout; *iem. met iets* ~ dangle s.t. before (*or* in front of) s.o.. ~**aas** -*ase, (fishing)* lure; *(fig.)* groundbait; *(fig.)* bait; decoy; gudgeon. ~**brokkie** →LOKTEKS. ~**dans** striptease. ~**duif** *(hunting)* stool *(Am.)*. ~**eend** decoy (duck). ~**film** →LOKPRENT. ~**flits** teaser *(from a video)*. ~**hond** piper. ~**loertjie:** *'n* ~ *na ... kry* be treated to a sneak preview of ... *(a film)*. ~**middel** -*s*, -*e* bait, inducement, lure, decoy. ~**prent,** ~**film** trailer, teaser. ~**roep** lure, siren call, tempter's/temptress's voice. ~**stem** lure, siren call, tempting voice. ~**teks,** ~**brokkie,** ~**stuk** teaser *(from a book)*. ~**val** trap; *vir iem. 'n* ~ *stel* set a trap for s.o., *(infml.)* set s.o. up. ~**valstelsel** trapping system. ~**veer** feather lure. ~**vink** decoy; police trap, instigator, agent provocateur. ~**voël** *(in hunting)* decoy (bird), stool *(Am.)*; *(fig., infml.)* nark, stool pigeon, decoy; tout(er). ~**woord** catchword.

lo·kaal -*kale, n.* room; hall. **lo·kaal** -*kale, adj.* local; *lokale kleur* local colour; *lokale trein* local (train). **lo·ka·li·sa·sie** localisation. **lo·ka·li·seer** *ge-* localise. **lo·ka·lis·me** -*mes* localism. **lo·ka·li·teit** -*teite* locality.

lo·ka·sie -*sies, (obs.)* location. **lo·ka·tief** -*tiewe, n. & adj., (gram.)* locative.

lo·ket -*kette* box office; ticket window; booking office; wicket; *by die* ~ at the counter; *iets misluk/slaag by die* ~ s.t. is a failure/success at the box office. ~**treffer** box-office hit/success; *(infml.)* blockbuster, crowd puller. ~**ure** box-office hours, booking hours.

lok·ker·tjie -*tjies* decoy (bird).

lo·ko -*ko's, (infml.)* loco; →LOKOMOTIEF. ~**loods** →LOKO(MOTIEF)LOODS. ~**mobiel** -*e, (rare)* locomobile. ~**motief** -*tiewe* locomotive. ~**motiefbou** engine building. ~**motiefbouer** engine builder. ~**(motief)loods** engine shed, engine house. ~**motiefpersoneel** enginemen. ~**(motief)werf** locomotive yard. ~**motories** -*e, (biol., zool.)* locomotor(y); ~*e ataksie* locomotor ataxia. ~**personeel** *(rly.)* footplate staff. ~**prys** spot price.

lo·ko- *comb.:* ~**mark** *(comm.)* spot market.

loks *(<Eng.)* locks; →KLOSWOL.

lok·so·dro·mies -*miese, (naut.)* loxodromic(al); ~*e lyn* loxodrome. **lok·so·droom** -*drome* rhumb line, loxodrome.

lo·ku·lêr -*lêre, (biol.)* locular; →HOKSADIG.

lo·kus -*kusse, (Lat.)* locus.

lo·ku·sie *(rare)* locution.

lol *ge-, vb.* give trouble, bother, be troublesome; *(infml.: a computer etc.)* have a hiccup/hiccough, act up; nag; **by** *iem. oor iets* ~ bother/pester/worry s.o. about s.t.; *iem.* ~ **darem nou** s.o. is not playing the game; *nou* ~ **dit** things are looking bad; *as dit lyk na* ~, *as dit* **lyk** *of dit wil* ~ if things look bad; **met** *iets* ~ monkey about with s.t. *(infml.)*; **met** *iem.* ~ mess (around) with s.o.; interfere with s.o. sexually; **moenie** *by ... gaan* ~ *nie* you'd better leave ... alone; *die* **motor** ~ the car is giving trouble; *moenie nog* ~ **om** *te ... nie* don't bother to ... *(do s.t.)*; *iem. se* **oog/ens.** ~ s.o.'s eye/etc. is troubling him/her; **oor** *iets* ~ nag about s.t.; *moenie nou (kom)* **staan** *en* ~ *nie* don't start making difficulties now. ~**pot** nuisance, bore, fusser, fussbudget, fusspot *(Am.)*.

Lol·lard -*larde, (Eng., hist.)* Lollard.

lol·le·rig -*rige* troublesome; nagging, meddlesome, pestilent, fussy. **lol·le·rig·heid** troublesomeness; →LOLLERIG.

lol·le·ry -*rye* nagging; troublesomeness; trouble, nuisance, bother, annoyance; *dis (nou) 'n* ~*!* this is a fine how-do-you-do/how-d'ye-do!.

Lom·bar·dy·e *(geog.)* Lombardy. **Lom·bard** -*barde*, **Lom·bar·dië**r -*diërs, (inhabitant)* Lombard. **Lom·bar·dies** -*diese*, **Lom·bar·dys** -*dyse* Lombard(ic); *Lombardiese populier* Lombardy poplar.

lo·me·rig -*rige* drowsy, sleepy, languid; lethargic, dull, comatose; →LOOM. **lo·me·rig·heid** drowsiness; languor; lethargy.

lom·mer, *(dated)* foliage; shade. ~**ryk** -*e* shady, umbrageous.

lom·mer·ag·tig -*tige, (dated)* shady.

lomp *lomp(e) lomper lompste, adj.* clumsy, awkward, blundering, ham-fisted *(infml.)*, ham-handed *(infml.)*, gauche; rude; ungainly; unwieldy, cumbersome, cumbrous; **groot** *en* ~ hulking; *iem.* **is** ~, *(also)* s.o. has two left feet, s.o.'s fingers are all thumbs; *'n* ~*e* **lummel** a blundering idiot; *jou* ~ **uitdruk** express o.s. crudely.

lom·pe *n., (pl.), (dated)* rags; *in* ~ *geklee(d)* clad in rags. ~**papier** rag paper. ~**wol** shoddy (wool).

lom·perd -*perds* bumpkin, clodhopper, boor; oaf. **lompheid** clumsiness; crassitude.

Lon·den *(geog.)* London. **Lon·de·naar** -*naars* Londoner. **Lon·dens** -*dense* (of) London; *die* ~*e Times* The Times of London, the London Times; ~*e Sendinggenootskap* London Missionary Society.

lo·nend -*nende* -*nender* -*nendste* (*of meer* ~ *die mees* -*nende*) rewarding, worthwhile, profitable, profit-making, paying, payable; economic, cost-effective; →LOON *vb.*; ~*e erts* pay(able) ore/rock; ~*e grond* pay dirt *(chiefly Am.)*; ~*e onderneming* economic proposition; ~ *wees* pay off. **lo·nend·heid** profitability; cost-effectiveness. **lo·nend·heids·grens** pay limit.

long *longe, (anat.)* lung. ~**aandoening** affection of the lungs, lung trouble/complaint; pulmonary complaint. ~**aar** pulmonary vein. ~**blaasasemhaling** vesicular breathing/respiration. ~**blasie** pulmonary alveolus. ~**bloeding** h(a)emorrhage of the lungs, pulmonary h(a)emorrhage. ~**bloedsomloop** pulmonary circulation. ~**breuk** pneumatocele. ~**emfiseem** pulmonary emphysema, heaves. ~**-en-lugpypontsteking** bronchopneumonia. ~**gewas** lung tumour, pulmonary swelling/abscess. ~**kanker** lung cancer, cancer/carcinoma of the lung. ~**kruid** *(bot.)* horehound, hoarhound. ~**kwaal** lung disease/trouble, pulmonary tuberculosis. ~**lyer** consumptive *(dated)*. ~**ontsteking** pneumonia; *dubbele* ~ double pneumonia. ~**pes** lung plague, pneumonic plague. ~**pyp** bronchus. ~**pypontsteking** bronchitis. ~**pypspieël** bronchoscope. ~**sakkie** infundibulum. ~**siekte** lung sickness *(in cattle)*; lung disease. ~**slagaar** pulmonary artery. ~**tering** phthisis, pulmonary tuberculosis. ~**verwydering** pneumonectomy. ~**vis** lungfish. ~**vlies** pleura. ~**vliesontsteking** pleurisy. ~**wurm** lungworm. ~**wurmsiekte** *(vet.)* hoose, hooze.

Long Tom *(SA, hist.: a cannon)* Long Tom. ~**(-bierblik)** *(infml.)* Long Tom.

lonk *lonke, n., (rare)* ogle, wink; leer. **lonk** *ge-, vb., (rare)* ogle, wink; give the glad eye.

lons *ge-, (rare, a horse)* lunge, longe; *'n perd (laat)* ~ lunge a horse. ~**riem** lunge, longe.

lont *lonte* fuse, igniter, slow match *(hist.)*; *iem. se* ~ *is kort, iem. het 'n kort* ~, *(infml.)* s.o. has a short fuse (*or* a quick/hair-trigger temper), s.o.'s fuse is short, s.o. is short-tempered; ~ *ruik* smell a rat; *'n* ~ *stel* time a fuse. ~**roer** *(hist.)* musket. ~**slot** *(mil., hist.)* matchlock. ~**stok** *(hist.)* linstock. ~**tang** fuse pliers.

lood *n., (chem., symb.: Pb)* lead; sinker; plumb line; plummet, sounding lead; *iem. laat* ~ **eet,** *(infml.)* pump s.o. full of lead; **in die** ~ plumb, vertical; **kruit** *en* ~ →KRUIT; *in die* ~ **kry** plumb; *met* ~ *in die* **skoene** with leaden feet; **sonder** ~ unleaded; *iem. onder die* ~ **steek,** *(infml.)* fire at (*or* open fire on) s.o.; *iets is* **uit** *die* ~ s.t. is out of plumb, s.t. is out of the vertical, out of the perpendicular; ~ *om ou* **yster,** *(rare)* six of one and half a dozen of the other. **lood** *ge-, vb.* lead *(panes)*; plumb, sound; *(infml.)* shoot, fire, pepper, bombard, let fly (at). ~**aar** lead vein. ~**antimoon** *(min.)* zin(c)kenite. ~**arm** unleaded *(petrol)*. ~**as** dross of lead; lead ash. ~**asetaat**

(chem.) lead acetate, sugar of lead *(obs.)*. ~**blou** lead blue. ~**dam** tinker's dam. ~**diasetaat** →LOODSUIKER. ~**erts** lead ore. ~**foelie** lead foil. ~**gieter** plumber. ~**gietershulp** plumber's mate. ~**gietery** plumbery, plumber's shop; lead works; plumbing. ~**gif** litharge. ~**glans** *(min.)* galena, galenite, lead glance; *(bot., disease)* silver leaf. ~**glas** flint glass. ~**glasuur** lead glaze. ~**glit, glit** litharge, lead oxide. ~**grys** lead grey. ~**hamer** lead hammer; dummy. ~**houdend** =*e* plumbiferous, plumbic, containing lead; ~*e petrol* →LOODPETROL. ~**hout** *(Combretum imberbe)* leadwood; elephant's wood, wild/Rhodesian wistaria. ~**kamersuur** chamber acid. ~**kleur** lead colour. ~**kleurig** =*e* lead-coloured; *'n ~e hemel* a leaden sky. ~**koeël** lead bullet. ~**koliek** painter's/lead colic. ~**kruid** leadwort, plumbago. ~**lap** flashing. ~**lyn** perpendicular; plumb line; sounding line; *(math.)* normal; *'n ~ neerlaat* drop a perpendicular. ~**menie** = ROOILOOD. ~**myn** lead mine. ~**petrol**, ~**houdende petrol** leaded petrol. ~**puntkoeël** soft-nosed bullet, dumdum (bullet). ~**pyp** lead pipe. ~**reg** =*te* perpendicular; plumb, vertical; erect; square; sheer; *~te* ***lyn*** perpendicular, normal; ***nie*** *~ nie* out of the vertical; *~* ***op*** ... square on ...; *iets ~* ***plaas*** square up s.t.; *~te* ***stand*** perpendicularity; *~* ***stel*** plumb, square up. ~**regtheid** perpendicularity. ~**roei** *(archit.)* came. ~**sekering** lead fuse/plug. ~-**sel** =*le* lead accumulator. ~**suiker** sugar of lead, lead diacetate. ~**sulfaat** sulphate of lead. ~**suur** plumbic acid. ~**swaaier** *(infml.)* lead-swinger. ~**swaar** leaden, like lead. ~-**tin(-)legering**, ~**vertinsel** terne (metal). ~**verbinding** lead compound; lead joint. ~**verf** lead paint. ~**vergiftiging** lead poisoning, plumbism, saturnism *(arch.)*. ~**vertinsel** →LOOD-TIN(-)LEGERING. ~**vry** =*vrye* lead-free; *~e/ongelode petrol/brandstof* lead-free/unleaded petrol/fuel. ~**ware** leading. ~**wit** white lead; *suiwer ~* flake white. ~**witfabriek** white lead works.

lood·ag·tig =*tige* leadlike, leaden, plumbeous.

lood·jie =*jies, (dim.)* (small piece of) lead; plumb bob.

loods[1] *loodse, n.* shipman; pilot *(of a ship or an aircraft)*; →VLIEËNIER. **loods** *ge*=, *vb.* pilot *(ship)*; fly *(plane)*; direct, steer, conduct; *'n wet deur die parlement ~ (of deur~)* pilot a measure/bill through parliament. ~**ballon** = GIDSBALLON. ~**bewys** pilot's certificate. ~**boot** pilot boat. ~**diens** pilot service. ~**geld** pilotage (fees). ~**geriewe** hangarage. ~**kaart** pilot chart. ~**kunde** pilotage. ~**man** *(icht.)* romero; suckerfish, sharksucker, remora. ~**ondersoek** pilot study. ~**sein**, ~**sinjaal** pilot signal. ~**skerm** pilot chute. ~**(sleep)boot** pilot tug. ~**stasie** pilot station. ~**vaartuig** pilot vessel. ~**vaarwater** pilot('s) water. ~**vis** *(icht.)* pilot fish; →LOODSMAN. ~**vlag** pilot flag, pilot jack. ~**voorman** *(rly.)* running foreman. ~**walvis** pilot whale. ~**wese** pilotage.

loods[2] =*loodse, n.* shed; warehouse; hangar *(for aeroplanes)*; hong *(in China)*; magazine.

lood·sing pilotage.

loof[1] *n., (collect.), (also lower)* foliage, leaves, leafage, greenery. ~**blaar** foliage leaf, frond. ~**boom** foliage tree, hardwood tree. ~**hout** hardwood. **L~huttefees, Huttefees** *(Hebr., Jud.)* Feast of Tabernacles, Succoth, Sukkoth. ~**plant** thallophyte, foliage plant. ~**ryk** =*e* →LOWERRYK. ~**werk** garland, festoon; cartouch(e); leafage; fretwork.

loof[2], **lo·we** *ge*=, *vb.* praise, glorify, laud, acclaim, extol; *loof die Here, o my siel, (Bib.)* bless the Lord, o my soul.

loog *n.* lye, bate, buck *(obs.)*; *(geol.)* alkali. **loog** *ge*=, *vb.* steep in lye, bate, buck *(obs.)*. ~**as** lye ashes, buck ashes, kelp ash. ~**bak**, ~**kuip** lye tank/trough/tub, lixiviating tub, steeper. ~**bos** *(Psilocaulon spp.)* lye bush. ~**kruid** *(bot.)* glasswort, kelpwort, alkali, saleratus weed. ~**kuip** →LOOGBAK. ~**seep** →BOERSEEP. ~**sout** alkali. ~**water** lye, buck *(obs.)*.

loog·ag·tig, loog·ag·tig =*tige* like lye; alkaline.

looi *n.* tan(ning). **looi** *ge*=, *vb.* tan; leather, strap, lash, lick *(infml.)*, thrash, tan. ~**bas** tanbark, tanning bark, wattle bark. ~-**ekstrak** tanning extract. ~**kuip**, ~**kuil** tan vat, tan pit. ~**proses** tanning process. ~**stof** tan; tanning agent; tannin. ~**suur** tannic acid, tannin. ~**water** ooze. ~**wol** glover's wool.

looi·er =*ers* tanner; currier. **looi·ers·boom** sumac(h).

looi·e·ry tanning; tanner's trade; tannery, tan yard.

loom *lome lomer loomste* drowsy; languid; heavy, slow; leaden *(limbs)*; dull, inert; →LOMERIG. **loom·heid** drowsiness; lassitude; →LOOM.

loon *lone, n.* wage, pay (packet); reward; earnings; hire, fee; meed *(arch.)*; *iem. se ~* ***agterhou/inhou*** stop s.o.'s wages; *die* ***arbeider*** *is sy ~ werd* →ARBEIDER; ***bestaanbare*** *~* →BESTAANBAAR; *'n* ***geringe/karige*** *~* a small wage, a mere pittance; *iem. kry/trek/verdien 'n* ***goeie*** *~* s.o. earns/gets a good wage (*or* good wages); *iem. 'n* ***goeie*** *~ betaal* pay s.o. a good wage; *met* ***halwe*** *~* on half pay; *'n* ***karige*** *~* a pittance; *~* ***na/volgens prestasie*** payment by result(s); *~* ***na werke*** *kry, (rare)* →*jou* ***verdiende*** *loon kry;* ***ondank*** *is die wêreld se ~* →ONDANK IS WÊRELDSLOON; *die ~* ***van die sonde*** *is die dood, (Bib.)* the wages of sin is death; *lone* ***vaspen*** freeze wages; *jou* ***verdiende*** *~ kry/ontvang* get/receive one's just deserts, get one's due/just reward, get what one is looking for; get one's comeuppance *(sl.)*; *iem. het sy/haar* ***verdiende*** *~ gekry, (also)* s.o. has met his/her nemesis; *dit is jou* ***verdiende*** *~!* it/that serves you right!; *dit sal iem. se* ***verdiende*** *~ wees* s.o.'s got (*or* s.o. has) it coming *(infml.)*; ***vir*** *'n ~ van ...* at a wage of ...; *met* ***volle*** *~* on full pay; *jou ~* ***werd*** *wees* earn one's keep; be worth one's salt. **loon** *ge*=, *vb.* reward, pay; →LONEND; ***God*** *sal jou ~* God will repay/reward you; *dit sal die* ***moeite*** *~* it is worth while, it is worth the trouble; ~**aksie** wage action. ~**arbeider** paid worker. ~**beslag** garnishment; *~ teen ... neem* garnishee ... ~**beslaglegger** garnisher. ~**bevriesing, loonsbevriesing** pay freeze. ~**eis** wage demand/claim. ~**fonds** wage fund. ~**fondsteorie** wage-fund theory. ~**gaping** wage gap. ~**geld** wages, pay; wage packet. ~**geskil** wage dispute. ~**kaart** clock card. ~**klerk** pay/wages clerk. ~**koevert** pay packet. ~**lys** payroll, wage roll/list; →LOONSTAAT. ~**onderhandelings**, =**linge** *(pl.)* wage negotiations/talks. ~**ooreenkoms** wage agreement. ~-**prys-spiraal** wage-price spiral. ~**raad** *(often L~)* wage board. ~**reëling** wage regulation. ~**setting** = LOONVASSTELLING. ~**skaal** scale/rate of wages, wage scale/rate. ~**skikking** pay/wage settlement. ~**slaaf** wage slave, hack. ~**staat** wage list/roll/sheet, pay sheet, payroll. ~**staking** wage strike. ~**standaard** rate of pay, wage standard. ~**strokie** pay slip. ~**stryd** wage war. ~**tarief** wage rate. ~**teorie** wage(s) theory. ~**tjek** pay cheque. ~**trekkend** =*e* wage-earning. ~**trekker** =*s* wage earner. ~**vaspenning** wage freeze/stop. ~**vasstelling** wage determination/award/fixation. ~**verhoging, loonsverhoging** wage/pay hike/increase. ~**vermindering, loonsvermindering** reduction/decrease/cut in wages, wage reduction/decrease/cut. ~**vrag** payload. ~**werk** wage work/employment. ~**wet** wage act.

loons-: ~**bevriesing** →LOONBEVRIESING. ~**verhoging** →LOONVERHOGING. ~**vermindering** →LOONVERMINDERING.

loon·tjie: *boontjie kry sy* →BOONTJIE.

loop *n.* walking; walk, gait; running *(of a machine)*; *(mus.)* tenor; trend; course *(of events)*; *(pl.: lope)* barrel, *(infml.)* business end *(of a rifle etc.)*; stream, watercourse; *(mus.)* run; run *(of fish)*; course *(of a river)*; *iem.* ***gaan/sit*** *met iets op ~* s.o. gets overenthusiastic about s.t. *(a plan, an idea, etc.)*; *nie op ~* ***gaan/sit*** *nie* keep calm; *op ~* ***gaan/sit/slaan*** go on the run; run away; stampede *(animals)*; bolt *(horses)*; *die ~ van* ***gebeurtenisse/sake*** the course/trend of events; *die* ***gewone*** *~ van sake* the general run of affairs; *in die* ***gewone*** *~ van sake* in the ordinary course (of events); in the course of nature; as a matter of routine; in the ordinary way; *in die* ***gewone*** *~, (also)* for all practical purposes; ***in*** *die ~ van ...* during ..., in the course of ... *(the year)*; in the line of ... *(s.o.'s duties)*; ***in*** *die ~ van die tye/tyd/jare* as the years went by, with the passing of years; *iem. op ~* ***ja(ag)*** frighten/scare s.o. away, put s.o. to flight; have s.o. on the run; *iets aan die ~* ***kry*** get s.t. moving; *iem.* ***kry*** *sy/haar ~, (infml.)* s.o. leaves; *die ~* ***neem*** run away, take to one's heels; *sake hul ~ laat* ***neem*** allow things to develop, let things develop; ***op*** *~ wees* be in flight; be out of hand; *die ~ van* ***sake*** →***gebeurtenisse/sake;*** *op ~* ***sit/slaan*** →***gaan/sit/slaan;*** *die ~ van die* ***treine*** the running of trains, the train service; *'n* ***uur*** *~* an hour's walk; *... sy* ***vrye*** *~ laat neem* allow/give free/full play to ...; give free rein to ..., give the rein(s) to ...; *jou gedagtes hul* ***vrye*** *~ laat neem, (also)* give free range to one's thoughts. **loop** *ge*=, *vb.* walk; tramp; stroll; step; *(a watch etc.)* go; *(eyes, nose, a car, train, wheel, road, rope through an eyelet, candle, verse, etc.)* run; *(a machine)* function, go, run; *(a river etc.)* flow, run; *(a wound)* fester, weep; *(a contract)* run; *(comp.)* run; *(events)* trend; take, read *(a subject)*; course; →LOPEND; ***aan*** *die ~* on the move; ***ag*** *~!, (infml.)* get along (with you)!, go on!; you don't say (so)!; *die* ***bal*** *laat ~, (rugby)* run the ball; *iem./hy/sy ~ dat dit/hy/sy* ***bars,*** *(infml.)* s.o./he/she runs like blazes/hell/mad; ***boontoe*** *~* walk up; ***deur*** *iets ~* pass through s.t. *(a room)*; *(lit.)* wade through s.t.; *iem.* ***disnis/flou/gedaan/kis*** *~* walk s.o. off his/her legs/feet; *iets ~ ten* ***einde*** s.t. draws to a close (*or* an end); *~* ***en*** *sing/ens.* walk singing/etc., sing/etc. while one walks; *'n entjie* ***gaan*** *~* go for a stroll/walk, take a stroll/turn/walk, *(infml.)* go walkies; *met iem.* ***gaan*** *~* take s.o. out for a walk; *sake* ***glad*** *laat ~* oil the wheels; *sake ~* ***goed*** things are going well; *iets ~* ***goed,*** *(also)* s.t. is on track *(a plan etc.)*; ***goed*** *~, (also)* keep time *(a watch)*; ***heen*** *en weer ~* →HEEN; ***hoog*** *~* run high *(feelings etc.)*; *die rivier ~* ***in*** *die see* the river flows/falls into the sea; ***in*** *die duisende/ens. ~* run into thousands/etc.; ***inmekaar*** *~* run together; *~* ***jy!,*** *(infml.)* get along (with you)!; ***kaalvoet*** *~* go barefoot; *('n) mens* ***kan*** *daarnatoe/soontoe ~* it is within walking distance; *iem.* ***kis*** *~* →***disnis/flou/gedaan/kis;*** ***klasse*** *~, (infml.)* follow/attend classes *(at a university)*; ***kom*** *ons ~!* let us (*or* let's) go!; ***krom/vooroor*** *~* have (*or* walk with) a stoop; ***laat*** *~!, (infml.)* let her/it rip!; get a move on!; *iem.* ***laat*** *~* let s.o. go, dismiss s.o. *(from a job)*; let off s.o.; ***laat*** *my ~!* let me go!; ***laat*** *ons ~!* let us go!; *sake maar* ***laat*** *~* let events take their course; *iets in ...* ***laat*** *~* let s.t. run into ... *(water into a bucket etc.)*; discharge s.t. into ... *(sewage into the sea etc.)*; *'n trein oor Kimberley/ens.* ***laat*** *~* route a train through Kimberley/etc.; *iets uit ...* ***laat*** *~* discharge s.t. from ...; ***langs*** *...* ***kom*** *~* draw alongside ...; ***langs*** *iem. gaan ~* fall in alongside/beside s.o.; *iem. moet* ***lig*** *~* s.o. has to tread warily; ***lig*** *~* ***vir*** *...* be wary of ...; ***loop!*** go away!, beat it!, be off!; begone *(poet., liter.)*; ***los*** *~* be at large; run loose; range free; ***mank*** *~* have a limp; ***met*** *petrol ~, (a motor vehicle)* run on petrol; ***mooi*** *~!, (infml.)* take care of yourself! *(said to s.o. who is leaving)*; *die pad ~* ***na*** *...* the road goes/leads to ...; ***na*** *...* ***toe*** *~* walk up to ... *(s.o.)*; *iets ~* ***nie*** s.t. is not going *(a train, watch, etc.)*; ***om*** *iets ~* walk around s.t.; *iem.* ***onderstebo*** *~* bowl/knock s.o. over, send s.o. flying; ***oor*** *iets ~* walk over s.t.; step across s.t.; ***op*** *en af/neer ~* pace up and down; *die motor het van die* ***pad*** *ge~* the car left the road; ***padlangs*** *~, (fig.)* be straightforward; ***raak*** *~* →RAAKLOOP; ***saggies*** *~* tread lightly; ***skeef*** *~* →SKEEF *adv.*; ***stadig*** *~* go slow; ***stadiger*** *~* slow down/up/off; ***teen*** *iem. ~* walk close to s.o.; ***terwyl*** *iem. ~* as s.o. goes; *iets ~* ***tot*** *by ...* s.t. runs to ...; *iem.* ***trompop*** *~* →TROMPOP *adj. & adv.*; *iem. ~* ***tweede/ens.*** s.o. lies second/etc.; *paaie ~ in alle rigtings* ***uit/van*** *...* roads radiate from ...; *iets ~* ***uitstekend*** s.t. goes like a bomb/dream *(infml.)*; *die tydperk ~* ***van*** *...* ***tot*** *...* the period runs from ... to ...; ***verder/vêrder*** *~* walk on; *haastig* ***verder/vêrder*** *~* hurry along/on; ***verkeerd*** *~* miss one's way; walk in the wrong direction; *alles ~ vandag vir my* ***verkeerd*** it just isn't my day *(infml.)*; *as iets* ***verkeerd*** *~* if s.t. goes wrong; *dit/sake ~* ***verkeerd*** things are going wrong; ***versigtig*** *~* step carefully, pick one's step/way; ***vinnig*** *~* walk fast *(s.o.)*; go fast *(a train)*; run fast *(water)*; ***voel-voel*** *~, (lit.)* feel one's way; ***vooroor*** *~* →***krom/vooroor;*** ***vry*** *~* run wild *(animals)*; *~* ***was*** *jou hande!* go and wash your hands!. ~**afstand:** *iets is binne ~* s.t. is within walking distance. ~**baan** career; *(astron.)* →WENTELBAAN; *iem. het (sy/haar ~) as ...* ***begin*** s.o. began life as ...; *jou in 'n ~ vestig* make a career for o.s.. ~**baanonderbreking** career break. ~**brug** footbridge; gangway *(of a ship)*; catwalk *(on a building)*; brow; walkway. ~**dop** stirrup cup; *'n ~ maak, (infml.)* have one for the road. ~**fout** running fault. ~**gang** *(min.)* travelling way, gangway; passageway; *bewegende* ~ travolator, travelator, moving pavement *(at an airport etc.)*. **~golf** *(phys.)* travelling wave. **~graaf** trench; *'n* ~ ***grawe/maak*** dig a trench; ***in*** *die loopgrawe* in the trenches; *die* ***laaste*** ~ the last ditch; *in die* ***laaste*** ~ *wees, (fig.)* have one's back to the wall. **~graafkoors** trench fever. **~graafmortier** trench mortar. **~graafoorlog** trench war. **~hok** *(rare)* →HOENDERKAMP. **~jonge** *-jongens, (dated)* messenger boy, office boy, devil. **~kat** traveller, ceiling crab, chain crab, crab winch, (travelling) crab. **~koeël** antifriction ball. **~koste** *(rly.)* running expenses. **~kraan** jenny; mobile/travelling crane. **~kring** *(rare)* →WENTELBAAN. **~lig** working light. **~lyn** trap line. **~lys** catwalk. **~maag** *(infml.: diarrhoea)* gippy/runny tummy. **~neus** runny nose. **~pad** footway, walk. **~pas** *(mil.)* double march, double(-quick) time; ~ *mars!* double (time)!; *in die* ~ at the double. **~plank** gangway, gangboard, gangplank. **~plek** place for walking; pasture, pasturage, pastureland; haunt *(of wild animals)*, feeding place; retreat; *dis iem. se* ~ *dié* s.o.is a frequent visitor/caller here; s.o. is always hanging round/about here. **~pop** walking doll. **~prop** tampion, tompion. **~raam** walking frame, walker *(used by disabled/infirm people)*. **~reg** *(chiefly hist.)* pannage *(for feeding pigs in woodland)*. **~ring** walking ring, baby-walker. **~sand** running sand, sand drift. **~skoen** walking shoe. **~sport** hiking, pedestrianism. **~steier** travelling stage/cradle. **~straat** pedestrian mall/precinct. **~stuk** tread. **~tou** horse. **~tyd** time to go; period of gestation; currency *(of a bill)*; running time, schedule; time of transit; *(geoph.)* travel time. **~ure** *(rly.)* running hours. **~vlak** running surface; tread *(of a wheel, tyre, etc.)*; *(rly.)* running top. **~vlakrubber** *(mot.)* camel back. **~voël** courser, cursorial/gressorial bird; walking bird; flightless bird, ratite. **~waentjie** walking chair. **~werk** running gear *(of a vehicle)*; *(infml.)* legwork. **~wiel** travelling wheel. **~yster** cal(l)iper (splint), cal(l)ipers.

loop·baar *-bare* walkable *(path, mountain, etc.)*.

loops *loopse* on/in/at heat, ruttish, in season, oestrous, oestral, *(sl.)* horny. **loops·heid** heat, rut(tishness), oestrus, oestrum.

loot[1] *lote, n., (bot.)* shoot, offshoot, switch, sprig; sucker; *(fig.)* progeny, offspring.

loot[2] *lote, n., (sport)* toss, ballot; *die* ~ *verloor/wen* lose/win the toss. **loot** *ge-, vb.* cast/draw lots; toss; draw *(for places)*; *om/oor ...* ~ toss for ...; draw lots for ...; raffle for ...

loot·jie[1] *-tjies, (dim.)* sprig, small shoot; →LOOT[1] *n.*.

loot·jie[2] *-tjies* lottery/sweepstake ticket; draw; *iem. het 'n kort* ~ *getrek, (infml.)* s.o. got the dirty end of the stick; *~s trek* cast/draw lots; *vir iets ~s trek* draw for s.t..

lo·pend *-pende* running *(water, eyes, sore, hand, costs)*; cursive *(writing, script)*; *(zool.)* cursorial; flowing; ambulant; current *(month)*; *~e* ***aftreestelsel*** pay-as-you-go pension/retirement scheme; *~e* ***band*** assembly belt; conveyer; *~e* ***beslag*** pouring batter; *~e* ***betaalstelsel/aftrekstelsel*** pay-as-you-earn system; *~e* ***herstelwerk*** running repairs; *~e* ***inkomste*** current revenue; *~e* ***kommentaar*** running comment(ary); *~e* ***lont*** running fuse; *~e* ***neus*** runny/streaming nose; *~e* ***oog*** streaming eye; *~e* ***oor*** otorrh(o)ea; *~e* ***projek*** ongoing project; *~e* ***rekening*** current account; *~e* ***saak*** going concern; *~e* ***seer*** fester; *~e* ***skrif*** cursive writing, running hand; *~e* ***sous*** pouring sauce; *~e* ***totaal*** running total; *~e* ***tuig****, (naut.)* running gear; *~e* ***uitgawe*** current expenditure/expenses, day-to-day expenses; *~e* ***water*** running water.

lo·per *-pers* walker, peripatetic; messenger; (carpet) runner, stair carpet; (table) runner, table centre; runner *(of a sleigh)*; master key, pass key, skeleton key, check key; runner stone *(of a mill)*; slide; pulley chain/cord/rope; *(chess)* bishop; *(fencing)* wire dropper; pacer; hook spanner; *(comp.)* cursor; *(also, in the pl.)* large-sized buckshot, slugs. **~posisie** *(comp.)* cursor position. **~toets** *(comp.)* cursor key.

lo·pe·rig *-rige* runny, running, apt to run *(substances)*.

lo·pe·ry walking (about).

lo·pie *-pies, (mus.; cr.)* run; rivulet, runlet, streamlet, watercourse, brooklet, rill; *~s kry/aanteken, (cr.)* get/make runs; *~s opstapel* pile up runs. **~tempo** *(cr.)* strike rate *(of a batsman)*.

lord *lords* lord; peer; milord *(hist. or joc., form of address for an Eng. nobleman)*; *iem. tot* ~ *verhef* create a peer; raise s.o. to the peerage. **L~-Kamerheer** *(Br.)* Lord Chamberlain; **L~-Kanselier** *(Br.)* Lord Chancellor; **L~-Seëlbewaarder** *(Br.)* Lord Privy Seal.

lor·do·se *(med.)* lordosis.

lord·skap *-skappe* lordship; peerage; *u* ~ my lord; your lordship.

lo·ri·kiet *(orn.)* lorikeet.

lork *lorke*, **lor·ke·boom** *-bome* larch.

lorn·jet *-jette, (glasses or opera glasses with a long handle at one side)* lorgnette, lorgnon.

lor·rie *-ries* lorry, truck.

los[1] *losse, n. (zool., Eur., Am.)* lynx.

los[2] *losse losser losste, adj.* loose *(clothes, hair, stone, soil, rein, style, statement)*; extra, single, odd, spare *(copy, number)*; odd *(volumes)*; undone *(parcel, button, hair)*; isolated *(cases)*; unbuttoned *(fly)*, unfastened *(buttons, garments, stays)*; detached *(sentences)*; removable, detachable *(cover)*; odd *(job)*; stray *(notes, thoughts, etc.)*; loose, dissolute, wanton; loose, movable *(axle)*; loose *(earth)*; free *(pers.)*; odd, spare *(moments)*; unattached, unconnected; scattered *(showers)*; free *(balloon)*; untethered *(animal)*; solitary *(instance)*; *(print.)* movable *(type)*; idle *(rumour)*; isolated *(facts)*; easy *(market)*; slack *(nut)*; occasional *(chair/table)*; casual *(labourer)*; *~(se)* ***alliansie*** broad(brush) alliance; ***anker*** *~!* →ANKER *n.*; *~* ***blad*** loose leaf, flyleaf *(of a table)*; *~* ***kontant****, (bookk.)* (cash) float, petty cash; *~* ***kussing/mat(jie)*** scatter cushion/rug; *~ser* ***maak*** ease, slacken; *~* ***oortreksel*** loose cover; *op ~se* ***skroewe*** at sixes and sevens; *~* ***spel*** →LOSSPEL; *~* ***tjek*** counter cheque; *~* ***uitgawes*** out-of-pocket expenses; *op ~se* ***voet*** on a loose (*or* insecure) footing, informally. **los** *adv.* loosely; clear; *iem. se tong het ~* ***geraak*** s.o.'s tongue started wagging, s.o.'s tongue was loosened; *~* ***lê*** be loose; lie detached/loose; *~* ***loop*** have nothing to do, loaf about, idle; be at large; run loose; →LOSLOPEND; *te gek om ~ te* ***loop*** →GEK *adj. & adv.*; *~* ***raak*** come off; get clear; slip the leash; get loose; come undone/unfastened; come/get unstuck; work loose; *(a ship)* get adrift, be driven from her moorings; *van ... ~* ***raak****, (also)* become detached from ...; *~* ***sit****, (a tooth)* be loose; *~* ***skryf*** write as separate words; *~ en* ***vas*** at random; *~ en* ***vas*** *koop* buy right and left, buy recklessly; *~ en* ***vas*** *lieg* lie like a trooper, tell lies by the score, lie as fast as a horse can trot; *~ en* ***vas*** *praat* wag one's tongue *(infml.)*; have a loose tongue; blow hot and cold; *~* ***voor*** *wees* be out in front (*or* streets ahead *or* way/well ahead), be/look uncatchable; *iem. was met die wegspring ~* ***voor*** s.o. got (away to) a flying/head start, s.o. had a safe lead at the start; *~* ***voor*** *wen* gain a runaway victory; *~* ***vrou****, (infml., derog.)* fast woman, woman of easy virtue, lady of the night, floozy, tart. **los** *ge-, vb.* fire *(a shot)*; unship, discharge, unload *(a ship)*; redeem *(pledged goods)*; claim *(goods)*; ransom *(a prisoner)*; release, (set) free, discharge; drop, let go (of), leave *(a subject)*; *(infml.)* ditch *(a husband, wife)*; let go (one's hold); drop *(a hint)*; *~* ***dit!*** drop it!, forget about it!; *~* ***dit*** *(maar)!, (also, infml.)* skip it!; *'n* ***gedagte*** *~* mention s.t.; ***(laat)*** *~* let go; *iets* ***(laat)*** *~* let go of s.t.; ***los!*** let go!; *~* ***my!*** let me go!; take your hands off me!; *iets* ***soos*** *'n warm patat ~, (infml.)* drop s.t. like a hot potato. **~bandig** *-e, adj.* licentious, debauched, dissolute, fast, wild, profligate, promiscuous, wanton. **~bandige** *-s, n.* rake, libertine. **~bandigheid** licentiousness, profligacy, dissipation. **~bars** *losge-* tear; burst out, explode, let fly; break out; fly out; *die weer bars los* the storm breaks; *'n storm het oor iem. losgebars, (fig.)* a storm burst on s.o.'s head. **~barsting** *-s, -e* burst, explosion, outbreak. **~berg** residual mountain. **~bind** *losge-* untie. **~bladboek** loose-leaved/loose-leaf book. **~bladig** *-e* loose-leaved; *~e boek* loose-leaf book. **~blarig** *-e, (bot.)* choriphyllous. **~bol** *-le* libertine, rake, profligate, roué *(Fr.)*, playboy; →SWIERBOL. **~brand** *losge-* open fire, shoot, let rip, fire away; pour a broadside into; let fly, launch out; discharge; *op ... ~, (soldiers etc.)* open fire on (*or* blaze away at) ...; *(fig.)* pounce (up)on (*or* go for) ... *(s.o.)*. **~branding** discharge; →LOSBRAND. **~breek** *losge-* break loose/away/out/free; *van ... ~* break away from ... **~bus** *(mech.)* floating bush. **~draai** *losge-* undo, loosen; untwist, unwind, wind off, uncoil, unscrew. **~druk** *losge-* fire, let rip. **~gaan** *losge-* become unfastened, come loose, come undone; *van ... ~* come away from ...; split off from ... **~geknoop** *-te* unbuttoned, unfastened *(a coat etc.)*; untied, undone *(a knot)*. **~geld** ransom (money); landing charges/rates *(for ships)*; discharging fee *(for ships)*; Danegeld, Danegelt *(hist.)*; *(Bib.)* payment *(NIV)*. **~gemaak** *-te* unfastened. **~gemaal** *(rugby)* (loose) maul. **~gespe** *losge-* unbuckle, unstrap. **~goed** effects, movable property, movables. **~goedverband** *(Am.)* chattel mortgage. **~gooi** *losge-* throw loose; cast off *(a rope)*; cast adrift, unmoor *(a boat)*; unfurl *(sails)*. **~gord** *losge-* ungird. **~haak** *losge-* unhook, unhitch. **~hand:** *~ teken* draw out of hand. **~hande** with hands free; with the greatest of ease; *~ ry* ride *(a horse)* without holding on *(to the saddle)*; ride/drive like an expert; *~ wen* win in a canter, win hands down. **~hang** *losge-* hang loose, dangle; *~ende hare* hair hanging loose; *~ende tou* dangling rope. **~hawe** port of discharge. **~hefboom** release lever. **~kelkblarig** *-e, (bot.)* chorisepalous. **~klep** release valve. **~knip** *n.* releasing catch. **~knip** *losge-, vb.* cut loose. **~knoop** *losge-* unknot; unbutton *(a coat)*; untie, undo *(a knot)*. **~kom** *losge-* get loose; get free/off; be released/discharged; win free; *iem. kon nie* ***eerder*** *~ nie* s.o. could not get away sooner; *wanneer kom die* ***geld*** *los?* when will the money be available?; *iem. se* ***tong*** *het losgekom* s.o.'s tongue started wagging; s.o. began to unbend; ***uit*** *iets ~* squirm out of s.t.; ***van*** *iets ~* get off s.t.; *nie* ***van*** *iets kan ~ nie* be possessed by/with s.t. *(an idea)*. **~koop** *losge-* buy off, ransom, redeem. **~kop** *(lathe)* tailstock; *(rugby, also* loskopstut*)* loose head. **~kopdolla** *(infml.)* bimbo. **~koppel** *losge-* disconnect, throw out of gear; untie, uncouple; *iets van ... ~* disconnect s.t. from ... **~kopvoor(ry)speler, ~kopvoorry(man)** loose-head forward. **~kroonblarig** *-e* choripetalous. **~kruitpatroon** blank cartridge. **~kry** *losge-* get loose; untie; unscrew; *iem. ~* obtain an acquittal *(in court)*. **~laat** *losge-* let loose; free, release, discharge; absolve; liberate; unfetter; let go (of), unhand; *laat my los!* let me go!; *'n gedagte wil iem. nie ~ nie* a thought haunts s.o.; *... op iem. ~* set ... (up)on s.o. *(a dog etc.)*. **~lating** liberation; release; relinquishment; →LOSLAAT. **~lieg** *losge-* get out by lying; *jou ~* lie o.s. out of it. **~liggend** *-e* detached, unconnected. **~lippig** *-e* flippant; loose-lipped, loose-tongued, loose-mouthed, leaky. **~lippigheid** flippancy; irresponsibility in speech. **~lit(tig)**, **~lywig** *-e* loose-jointed, loose-limbed. **~lootjie** *(sport)* bye. **~lopend** *-e* untethered *(an animal)*; unattached, footloose *(a bachelor etc.)*; *'n ~e hond/ens.* a stray dog/etc.. **~loper** *-s* unmarried/unattached/footloose person. **~lopie** *(cr.)* bye. **~lywig** →LOSLIT(TIG). **~maag** diarrhoea, runny tummy. **~maak** *losge-* loosen; free; detach; disconnect; disengage; cast loose; unhitch; untether; unravel, disentangle; release *(a brake)*; untie, undo *(a knot)*; unbutton *(a coat)*; undo, unfasten *(hair, a coat, button, parcel)*; unfurl *(sails)*; loosen *(soil)*; unlock *(capital)*; ***jou*** *~* free o.s.; ***litte*** *~* stretch one's legs; warm up; *iem. se* ***tong*** *~, (fig.)* loosen s.o.'s tongue; *iets* ***uit*** *... ~* extricate s.t. from ...; *iem./iets* ***van*** *... ~* part s.o./s.t. from ...; separate s.o./s.t. from ...; *iem.* ***van*** *... ~, (also)* release s.o. from ... *(duties etc.)*; *jou* ***van*** *... losmaak* extricate o.s. from ...; dissociate/distance o.s. from ...; *jou* ***van*** *die gedagte/denkbeeld ~* get away from the thought. **~maat:** *in ~* in bulk. **~maathantering** bulk handling. **~maatvrag** bulk cargo. **~making** loosening; freeing; detachment; →LOSMAAK; *~ van ...* dissociation from ... **~passend** *-e* loose-fitting. **~pit(perske)** freestone (peach). **~pleit** *losge-* free by pleading. **~plek** discharging berth. **~pluis** *losge-* tease out *(fibres)*. **~praat** *losge-: jou uit iets ~* bluff one's way out of s.t.. **~prys** ransom; Danegeld, Danegelt *(hist.)*; *'n ~ van iem. eis* hold s.o. to ransom. **~rafel** *losge-* unravel; become ragged. **~roei** *losge-: die/'n derde/ens. plek ~* paddle to third/etc. place. **~ruk** *losge-* pull/tear loose; *jou ~*

tear o.s. free, break away, break free; *iem. wil* ~ s.o. is straining at the leash. ~**ryg** *losge=* unlace, undo, unbrace. ~**sinnig** *=e, (rare)* frivolous, flippant. ~**sinnigheid** *(rare)* frivolity, flippancy. ~**skakel** *n., (rugby)* fly/outside/stand-off half. ~**skakel** *losge=, vb.* uncouple; throw out of gear; unlink. ~**skeur** *losge=* tear loose/free, unrip; *jou van ...* ~ tear o.s. away from ... ~**skilnartjie** mandarin(e) orange. ~**skroef,** ~**skroewe** *losge=* unscrew, unbolt. ~**skrum** loose scrum, ruck; ~**skrumspel** rucking, loose scrumming. ~**skud** *losge=* shake loose; depolarise; *jou* ~ *van iem.* shake s.o. off. ~**slaan** *losge=* knock loose; earn *(money)*; get hold of, obtain, secure; *die **geld** iewers* ~ get/raise the money somewhere; ***jou*** ~ fight o.s. free; ~ ***op*** hammer at; *R5 **uit** iem.* ~ get R5 from (*or* wangle R5 out of) s.o.. ~**smelt** *losge=* burn off. ~**sny** *losge=* cut loose; cut *(a rope, the leaves of a book)*. ~**spel** *(chiefly rugby)* ragged play; loose play; *in die* ~ in the loose. ~**speld** *losge=* unpin. ~**spring** *losge=* spring loose/open, fly open. ~**staande** detached, isolated; ~ *rekenaar* stand-alone computer. ~**steek** *losge=* dig loose; let out (*or* fly) at, lash/hit out, pitch into, go for, give it hot, lay into, whip, belabour, teach a lesson, give a dressing-down; egg/hurry on; *steek los!, (infml.)* let her/it rip!; *steek ... los!, (infml.)* that's the stuff to give ...! ~**storm** *losge=: op ...* ~ rush upon/at ... ~**strik** *losge=* untie *(a ribbon, bow, etc.)*. ~**toestel** release device; discharging apparatus. ~**torring** *losge=* unpick, undo *(stitches)*; unstitch; unsew; unrip; unravel. ~**trek** *losge=* pull/tear loose; let/lash out, let fly, let rip, let go; swing into action; undo; unpick; peel (off); open fire; *trek maar los!, (infml.)* fire away!; *op ...* ~ open fire on ...; *op/teen iem.* ~ hit out at s.o.; let s.o. have it *(infml.)*. ~**trio** *(rugby)* loose forwards. ~**tyd** unloading time. ~**voorspeler** loose forward. ~**week** *losge=, vb.* soak off. ~**weg** loosely; lightly. ~**werk** *n.* discharging/unloading operations. ~**werk** *losge=, vb.* work loose; disengage/free o.s.; *jou uit die modder* ~ struggle out of the mud. ~**wikkel** *losge=* unwrap, undo; loosen; prise (off); *iets uit ...* ~ dislodge s.t. from ...; *jou uit ...* ~ disengage o.s. from ...; get out of (*or* disentangle o.s. from) ...; *(infml.)* squirm/wiggle/wriggle out of ...; *(sl.)* cop out of ... ~**woel** *losge=* →LOSWIKKEL.

Los An·ge·les: *inwoner van* ~ ~ Angeleno.

los·baar *=bare* redeemable.

lo·seer *(ge)=* board, stay, lodge; put up, lodge, provide board and lodging. *by iem.* ~ board with s.o.; lodge with s.o.; *by/in ...* ~ stay at ... *(a guesthouse etc.)*. ~**gas** *(obs.)* →LOSEERDER.

lo·seer·der *=ders* lodger, boarder, paying guest.

los·heid looseness; slackness; laxity, laxness; →LOS².

lo·sie¹ *=sies* (Freemasons') lodge; bay.

lo·sie² *=sies* box *(in a theatre)*.

lo·sies (board and) lodging, accommodation, lodg(e)ment; *(aan) iem.* ~ *gee/verskaf* put up s.o., provide board and lodging; ~ *per dag* daily accommodation; *vry* ~ free board and lodging. ~**geld** boarding fees, battels. ~**huis** boarding house, lodging house, hostel, pension *(Fr.)*. ~**plek** lodging; *(mil.)* billet; digging *(Br., infml., obs.)*.

los·kop *adj.* changeable, changeful. ~**dolla,** ~**meisie** bimbo.

los·ser *=sers* discharger, unloader; release device/lever; releasing lever; hopper (truck); redeemer; tripper. ~**trok** hopper.

los·se·rig *=rige, adj.* rather loose; →LOS *adj.*. **los·se·rig** *adv.* loosely. **los·se·rig·heid** comparative looseness.

los·sies loosely; lightly; *iem. slaap baie* ~ s.o. is a very light sleeper (*or* sleeps lightly).

los·sing *=sings, =singe* discharge; landing; unloading *(of a ship)*; *(fin.)* redemption; release; *(jur.)* replevin; →LOS *vb.*. **los·sings·ge·wig** landed/landing weight.

lot¹ fate, destiny; lot; karma *(Hind., Buddh., infml.)*; fortune; doom; destination; allotment; hap *(arch.)*; dole *(arch.)*; *jou in jou* ~ ***berus,*** *jou aan jou* ~ ***onderwerp*** reconcile/resign o.s. to one's fate; *iets **beseël/beslis** iem. se* ~ s.t. seals s.o.'s fate; *iem. se* ~ *is **beseël/beslis*** s.o.'s fate is sealed; *die* ~ *is iem. **beskore** om iets te wees/doen* it is s.o.'s destiny/lot to be/do s.t.; *iem. se* ~ ***beslis,*** *(also)* decide s.o.'s fate; *jou* ~ ***betreur*** bemoan one's fate; *die* ~ *van ... **deel,** jou* ~ *aan ... **verbind*** cast/throw in one's lot with ...; *dit is iem. se* ~ ***om*** *te ...* s.o. is doomed to ...; *iem. aan sy/haar* ~ ***oorlaat*** leave s.o. to his/her fate; cast/cut/turn s.o. adrift; leave s.o. to his/her own devices; *iets is iem. **se*** ~ s.t. falls to the lot of s.o., s.t. falls to s.o.'s share; ***tevrede*** *met jou* ~ satisfied with one's lot; *die* ~ ***val*** *op iem.* the lot falls upon s.o.; *jou* ~ *aan ... **verbind*** →***deel;*** *in* ~*te **verkoop*** sell in lots. ~**genoot** companion/partner in distress, fellow sufferer, comrade. ~**geval** *=le* lot, fortune, vicissitude; *(also, in the pl.)* changes and chances, fortunes, adventures, experiences, misfortunes. ~**swanger** fateful, big with fate; →LOTSWISSELING.

lot² *lote, (obs.)* →LOOTJIE².

lo·te·ling *=linge* ballotee; *(often mil.)* conscript.

lo·te·ry, lo·te·ry *=rye* lottery; sweep, draw; raffle; gamble. ~**kaartjie, loterykaartjie** lottery ticket. ~**wiel** wheel of fortune; lottery wheel.

Lo·t(h)a·rin·ge *(geog.)* Lorraine. **Lo·t(h)a·rin·ger** *=gers* Lorrainer. **Lo·t(h)a·rings** *=ringse* Lotharingian, Lorrainese.

Lo·tha·ri·us *(emperor)* Lothair; Lothario.

lo·ti *maloti, (monetary unit of Lesotho)* loti.

lo·ting *=tings, =tinge* draw, ballot, drawing of lots; *deur* ~ by lot, by casting/drawing lots.

lot·jie: *('n bietjie) (van* ~*) getik* →GETIK² *adj.*.

lots=: ~**bestemming** destiny, fate, lot. ~**gemeenskap** community sharing a common fate. ~**wisseling** vicissitude; changes of fortune.

lot·to lotto.

lo·tus *=tusse, (also* lotusblom*)* lotus. ~**eter** *(class. myth.)* lotus-eater; *land van die* ~*s* lotus land. ~**posisie** lotus position/posture *(for meditation)*.

lou *lou louer louste* lukewarm, tepid; hypothermal; unenthusiastic; half-hearted; slow *(iron)*; ~ *word* tepefy; *omdat jy* ~ *is en nie koud of warm nie, sal Ek jou uit my mond spuug, (Bib.)* because thou art lukewarm, and neither cold nor hot, I will spue thee out of my mouth *(AV)*. ~**oond** warming oven; *iets in die* ~ *sit, (fig.: postpone s.t.)* put s.t. on the back burner; *in die* ~ *wees, (fig.: be postponed)* be on the back burner. ~**warm** →LOU.

lou·da·num laudanum.

lou·er *n.* →LOURIERKRANS; *(also, in the pl., fig.)* laurels; ~*e behaal* gain laurels; *op jou* ~*e rus* rest on one's laurels (*or [infml.]* oars); *die* ~*e wegdra* bear (*or* carry off) the palm. **lou·er** *ge=, vb. (rare)* crown with laurels, laud, honour. ~**krans** *(rare)* →LOURIERKRANS.

lou·e·re *(pl.)* →LOUER *n.*.

lou·e·rig *=rige* lukewarm(ish). **lou·heid** *(lit., fig.)* lukewarmness, tepidity, tepidness.

Lou·is Louis; →LODEWYK.

Lou·i·si·a·na *(geog.)* Louisiana.

Lou·ren·ço Mar·ques *(geog., hist.)* →MAPUTO.

lou·rier *=riere, (bot.)* laurel; *Kaapse* ~ stinkwood tree. ~**blaar** laurel leaf; *(cook.)* bay leaf. ~**boom, lourier** laurel tree, bay tree. ~**kersie** cherry laurel. ~**krans** laurel wreath. ~**struik** bay. ~**tak** laurel branch. ~**water** bay rum. ~**wilg(er),** ~**wilge(r)boom** sweet willow.

lou·ter *=ter(e) =terder =terste, adj.* pure, sheer; sublime; arrant; exquisite; mere; simple; stark; ~ ***goud*** pure gold; ~*(e) **kranksinnigheid*** stark madness; ~*(e) **leuens*** nothing but lies; ~*(e) **luiheid*** sheer laziness; ~*(e) **onsin*** pure/sheer/absolute nonsense. **lou·ter** *adv.* purely, simply, merely. **lou·ter** *ge=, vb.* purify, refine, try, test; chasten; *silwer word in 'n smeltkroes ge*~*, (NAB)* the fining pot is for silver *(AV)*; *the crucible for silver (NIV)*. ~**vuur** fire of purification, purification fire.

lou·te·ring *=ringe, =rings* purification, refining. **lou·te·rings·pro·ses** process of purification.

lo·we *ge=* →LOOF² *vb.*. **lo·wend** *=wende* laudatory, laudative, praising, encomiastic.

lo·wer *=wers, (collect.)* →LOOF¹. ~**boom** *(rare)* →LOOFBOOM. ~**groen** leaf green, bright/vivid green. ~**ryk** *=e* leafy, bosky.

lo·wer·tjie *=tjies, (rare)* sequin, spangle; →BLINKER.

low·we *(pl.)* →LOF², LOOF¹ *n.*.

LSD LSD, acid. ~**-slaaf** LSD addict, *(sl.)* acid freak, acidhead.

Lu·ca·nus, Lu·ka·nus *(Rom. poet)* Lucan.

Lu·ci·fer Lucifer.

Lu·cul·lus *(Rom. general)* Lucullus. **Lu·cul·lies** *=liese* Lucullan, Lucullean, Lucullian.

Lud·diet *=diete, (Eng. hist.)* Luddite.

lu·do *(game)* ludo.

luf·fa(·spons) loofa(h), vegetable sponge.

lug *n.* air; sky; atmosphere; scent, smell, odour; clouds; airing *(of clothes etc.)*; *die* ~ ***bestryk*** sweep the sky *(a searchlight)*; *iets in die* ~ ***blaas,*** *(fig., infml.)* blow s.t. sky-high; *die **blou*** ~ the blue sky; ***bo*** *in die* ~ overhead; *die* ~ *laat **dawer/weergalm*** make the rafters/welkin ring; *iets* ~ ***gee,*** *(lit.)* air s.t., give s.t. an airing; *aan iets* ~ ***gee,*** *(lit. & fig.)* give s.t. an airing; *(fig.)* give vent to s.t. *(one's feelings, indignation, etc.)*; *iets is uit die* ~ ***gegryp*** s.t. is utterly unfounded, s.t. is quite/utterly groundless; s.t. is a complete fabrication; *'n bal in die* ~ ***gooi/slaan,*** *(also, infml.)* sky a ball; *iets uit die* ~ ***gryp,*** *(fig.)* pluck s.t. out of the air *(figures etc.)*; trump s.t. up *(a charge etc.)*; *in die* ~ ***hang,*** *(fig.: be uncertain)* be up in the air (*or* in limbo); *iets in die* ~ *laat **hang,*** *(fig., infml.)* leave s.t. up in the air; *'n **helder*** ~ a clear sky; ***in*** *die* ~ in the air; in the sky; *die* ~ ***ingaan,*** *(lit.)* get off the ground; *vars* ~ ***inlaat*** ventilate; *die* ~ ***insnuif/opsnuif*** scent the air, sniff the air *(lit.)*; ~ ***kry*** *van iets* get/have wind of s.t.; *die* ~ *laat **weergalm*** →***dawer;*** *in die **ope*** ~ in the open (air), out of doors; *in die* ~ ***opstyg*** ascend into the air; *(vars)* ~ ***skep*** take the air, take an airing, get fresh air, air o.s.; *iem. **skerm** in die* ~ s.o. beats the air; *in die* ~ ***spring/vlieg*** blow up; *iets in die* ~ *laat **spring/vlieg*** blow s.t. up *(a bridge)*; *jou hande in die* ~ ***steek*** put up one's hands; *die* ~ ***suiwer,*** *(lit.)* clear the air; *in die* ~ ***sweef/swewe,*** *(infml.)* have one's head in the clouds, be in the clouds; *die* ~ ***trek*** *oop* it is clearing up; *die* ~ ***trek*** *toe* the sky clouds over, the clouds are gathering; *iets is **uit** die* ~ *gegryp* →***gegryp;*** *uit die* ~ ***val,*** *(lit.)* fall from the sky; *(fig., infml.)* appear out of the blue, appear (as if) from nowhere, appear out of nowhere; ***vars*** ~ fresh air; *iem. wil 'n bietjie **vars*** ~ *skep* s.o. wants a breath/whiff of fresh air; ***vars*** ~ *laat deurwaai, (infml.)* blow away the cobwebs; *'n **verandering** van* ~ a change of air; *die* ~ ***verpes*** poison the air/atmosphere; *in die* ~ ***vlieg*** →***spring/vlieg;*** ***warm*** ~*, (lit.)* hot air; *'n geroep **weerklink** deur die* ~ a shout rends the air. **lug** *ge=, vb.* air *(a room, clothes, etc.)*, ventilate; (give) vent (to), air, voice; *jou **griewe*** ~ air, ventilate one's grievances; *jou **hart*** ~ →HART; *jou **kennis*** ~*, (rare)* air/parade one's knowledge. ~**aanval** air attack, air raid, air strike. ~**advertensie** sky advertisement/sign. ~**afdeling** air compartment. ~**afskorting** →LUGSKOT. ~**afstroming** air cataract. ~**afvoer** air drainage. ~**afweer** anti-aircraft defence; fla(c)k; ack-ack *(infml.)*. ~**afweergeskut** anti-aircraft artillery, ack-ack *(infml.)*. ~**afweervuur** fla(c)k. ~**alarm** air-raid alarm/alert/warning, air alarm. ~**baan** air passage; *(min.)* airway; air lane; air trajectory. ~**bad** air bath. ~**baken** aviation beacon. ~**bal** *(cr.)* flighted ball, lob; *'n* ~ *boul* lob. ~**ballon** (air) balloon. ~**band** pneumatic tyre; tubeless tyre. ~**bars** *(mil.: explosion in the air)* airburst. ~**bars(ting)** *(mil.)* airburst. ~**basis** →LUG(MAG)BASIS. ~**bed** air bed. ~**bedrywighede** air operations. ~**bel** air bubble. ~**belwaterpas** (tubular) spirit level, air level. ~**bemanning** aircrew, flight crew. ~**beskermingshoof** air-raid warden. ~**beskrywer** aerographer. ~**beskrywing** aerography. ~**besoedeling** air pollution. ~**bespuiting,** ~**bestuiwing** *(agric.)* crop dusting. ~**bevogt(ig)er** air humidifier. ~**bewoner** inhabitant/spirit of the air. ~**blaas** air bubble, air bell, air-pocket; air bladder. ~**blasie** air bubble, air bell; follicle; air cell, air sac. ~**bom** air bomb. ~**bombardement** aerial bombardment, air raid, blitz, air strike, strafe. ~**boog** *(archit.)* flying buttress. ~**boor** air drill, pneumatic drill. ~**botsing** midair collision; *'n amperse* ~ an air miss. ~**brief** aerogram(me), air letter. ~**brug** overhead/flyover/air bridge, overpass (bridge), overbridge; airlift. ~**buis** air pipe, air tube; trachea *(of an insect)*; airway; airline *(of a diver)*. ~**buisie** *(zool.)* spiracle; *(zool.)*

tracheole. **~(buite)band** tubeless tyre. **~bus** airbus. **~dekking, ~sambreel** *(mil.)* air cover/umbrella. **~diens** airline, air service, airway. **~dig** *-te* airtight, airproof; *~ geslote* hermetically sealed. **~digtheid** airtightness; atmospheric/air density. **~dinamika** aerodynamics. **~dinamikus** aerodynamicist. **~doelgeskut** anti-aircraft guns, ack-ack *(infml.)*. **~doelkanon** anti-aircraft gun. **~draad** aerial, antenna; overhead wire; *gerigte ~* directional aerial. **~droging** air-drying. **~droog** *lugge-, ge-, vb.* air-dry; *luggedroogde hout/ens.* air-dried wood/etc.. **~droog** *-droë, adj.* air-dry; air-cured *(tobacco)*; dry to the touch. **~druk** air pressure; pneumatic pressure; atmospheric pressure. **~drukboor** →LUGBOOR. **~drukhamer** →LUGHAMER. **~drukmeter** air gauge. **~drukpomp** lift pump. **~drukpos** pneumatic post, tubular post. **~drukreëling** pressurisation. **~drukrem** air/pneumatic brake. **~eiland** →LUGHOOF. **~elektrisiteit** atmospheric electricity. **~embolie** *(pathol.)* air embolism. **~eskader** air squadron; →ESKADRIELJE. **~fiets** pinwheel. **~filter** air filter. **~fles** air bottle. **~foto** aerial photo(graph). **~fotografie** aerial photography. **~gaatjie** ventage, small air hole; *(zool.)* spiracle, stigma. **~gang** *(biol.)* airway; air/wind passage, air shaft; air duct. **~gas** air gas. **~gat** ventilator, air hole, (air) vent, breathing hole. **~gedroog, gelugdroog** *-de* →LUGDROOG *vb.*. **~gees** sylph, spirit of the air. **~gekoel** *(rare)* →LUGVERKOEL. **~geleiding** overhead wires. **~gesig** skyscape. **~gesteldheid** climate. **~geswel** = EMFISEEM. **~geveg** air fight, air battle/action; *(mil.)* dogfight. **~gloed** airglow. **~godin** sylph. **~golf** airwave; *(meteorol.)* air breaker, atmospheric wave (billow). **~gordyn** air curtain. **~hamer** pneumatic/air hammer. **~hartig, ~hartigheid** →LIGHARTIG, LIGHARTIGHEID. **~hawe** airport, aerodrome. **~holte** air pocket. **~honger** air hunger. **~hoof, ~eiland** *(mil.)* airhead. **~hou** *(tennis, cr.)* lob; skyer; *(golf)* fresh-air shot; *'n ~ slaan* lob; *(cr.)* loft/sky a ball. **~hyser** pneumatic hoist. **~inlaat** air-intake. **~kabel** aerial/overhead cable. **~kabel(inrigting)** telpher. **~kabellyn** telpher line. **~kabelvervoer** telpherage. **~kamer** air chamber; air cell *(of an egg)*. **~kanaal** air passage, air flue; *(min.)* airway; *(mus.)* air duct; *(radio)* elevated duct. **~kaper** skyjacker. **~kapery, ~kaping** skyjacking, air piracy. **~kartering** air mapping. **~kas** wind chest; air box. **~kasteel** castle in the air, air castle, castle in Spain, (day)dream; might-have-been; *lugkastele bou* build castles in the air. **~klep** *(mus.)* air valve, ventil. **~knik** air pocket; *(also, in the pl.)* bumpiness. **~koeler, ~koeling** *(rare)* →LUGVERKOELER, LUGVERKOELING. **~(koel)mantel** *(tech.)* air jacket. **~koets** sky coach. **~koetsdiens** sky-coach service. **~koker** air shaft, ventilating shaft; vent shaft; flue; air horn *(of a carburettor)*. **~kolom** air column, column of air. **~kondensator** air condenser. **~korridor** air corridor. **~kraan** air cock; air tap. **~kunde** aerology. **~kussing** air bag; air pillow, air cushion, air bed; cushion of air. **~kussingtrein** aerotrain, hovertrain. **~kuur** air cure. **~laag** air layer, layer of air; *hoër luglae* upper air. **~laat** *lugge-, ge-* bleed *(brakes)*. **~laatklep** bleed(er)/bleeding valve. **~laatskroef** *(mot.)* bleed(er) screw. **~landskap** skyscape. **~lating** bleeding. **~ledig** *(obs.)* →LUGLEEG. **~leeg** *-leë, adj.* exhausted, with no air inside, exhausted; *~leë ruimte* vacuum; *~leë buis* vacuum tube; *~leë distillasie* vacuum distillation. **~leegte** *-s* vacuum; *in 'n ~* in a vacuum. **~leibuis** air duct. **~leiding** overhead/air/aerial line; *(min.)* airmain; air duct. **~lyn** *(teleph.)* overhead/air/aerial line; →LUGVAARTLYN. **~maarskalk** air marshal; *eerste ~, (Br., mil.)* air chief marshal. **~mag** air force. **~(mag)basis** air(-force) base. **~man** *(mil.)* airman. **~mantel** air case. **~massa** air mass. **~matras** air mattress, air bed. **~meganikus** aircraft(s)man, aircraft mechanic. **~meter** *(phys.)* aerometer; →LUGVLOEIMETER. **~motor** aero motor. **~navigator** air navigator. **~net** aerials. **~observasie** →LUGWAARNEMING. **~omloop** air circulation. **~ondersoek** aeroscopy. **~ongeluk** air crash. **~oond** wind furnace. **~oorlog** aerial warfare. **~opening** air hole, breathing hole, air vent; air bleeder, air release; blower; air port; *(zool.)* spiracle. **~opmeting** air survey. **~opname** aerial survey; air photograph. **~pers(er), ~perspomp** air compressor. **~pistool** air pistol. **~plant** aerial plant, aerophyte, epiphyte. **~pomp** inflator, air/pneumatic pump. **~ponie** hoverscooter. **~pos** air mail; *per ~* by air (mail) *(a letter)*. **~(pos)brief** airmail letter. **~posseël** airmail stamp. **~posstrokie** airmail sticker. **~prop** airlock. **~pyp** windpipe, trachea, respiratory tube; *(anat.)* bronchus; throttle *(arch.)*; flue, funnel; *(archit.)* ventiduct; *(min.)* air main. **~pypie** *(anat.)* bronchial tube; *(in the pl.)* bronchia, bronchial tubes. **~pypinsnyding** tracheotomy. **~pypontsteking** trach(e)itis. **~pypverruimer** *(med.)* bronchodilator. **~ramp** air disaster. **~redery** aviation company, airline (company). **~reëlaar** air regulator; →LUGVERSORGER. **~reëling** air regulation; →LUGVERSORGING. **~reg** air law. **~reiniger** air cleaner. **~reis** air trip, air voyage. **~reisiger** air traveller, air passenger; aviator. **~reklame** skywriting. **~rem** pneumatic brake, (compressed) air brake, atmospheric brake. **~remming** aerobraking. **~roes** *(rare)* = VLUGVOOSHEID. **~roete** air route, skyway. **~rooster** *(archit.)* air grate, ventilator. **~rowery** air piracy, skyjacking. **~ruim** atmosphere, space, ether, heaven; airspace; *in die ~ verdwyn* vanish into space; *'n land se ~ skend* violate a country's airspace. **~ruimte** airspace. **~sak** air sac, air bag; air pocket. **~sakkie** air cell, air sac. **~sambreel** →LUGDEKKING. **~-see-redding** air-sea rescue. **~sel** *-le* air cell, air sac. **~siek** airsick. **~siekte** airsickness, mountain sickness. **~skaal** →LUGWEEGSKAAL. **~skag** air shaft, ventilation shaft. **~skip** airship, zeppelin, dirigible, lighter-than-air aircraft. **~skipper** aeronaut, aviator. **~skoot** skyer, lofted shot; shot in the air; →LUGHOU. **~skot** air partition. **~skrif** skywriting. **~skroef** propeller, airscrew *(of an aeroplane)*. **~skrywer** skywriter. **~skyn(sel)** sky glow. **~slaankrag** air power. **~slag** air blast; aerial battle. **~slagwerking** blast. **~sleepteiken** *(mil.)* drogue. **~slot, ~sluiting** airlock. **~snelheid** air speed. **~-spersone** no-fly zone. **~spieëling** mirage, Fata Morgana *(It.)*. **~spoor** conidiospore; →LUGSPOORWEG. **~spoordraer** conidiophore. **~spoor(weg)** overhead/hanging/aerial railway; aerial cableway; sky railway, elevated railway/railroad. **~spuit** air gun. **~staf** air staff. **~stafhoof** air chief of staff. **~stamp** air bump. **~steen** airbrick, ventilating brick. **~steier** flying scaffold. **~steun** *(mil.)* air support. **~steunpunt** air base. **~steuring, ~storing** atmospherics, static. **~storting** *(meteorol.)* microburst. **~straling** sky glow; sky radiation. **~streek** (climatic) zone, region. **~stroming** air drift; airflow. **~stroom, ~stroming** airstream, air current. **~stroommeter** air meter. **~stryd** air fighting, air-force operations. **~strydkragte** air forces. **~suf, ~tam** *(rare)*: *~ wees* = VLUGVOOS WEES. **~sufheid, ~tamheid** = VLUGVOOSHEID. **~suier** extractor fan. **~suiging** backwash *(of an aircraft)*. **~suil** = LUGKOLOM. **~suiweraar** air cleaner/filter. **~suiwerend** *-e* air purifying, ventilating. **~swemgordel** air jacket. **~taxi** air taxi, taxi plane. **~termometer** air thermometer. **~tikkery** skytyping. **~tikreklame** skytyping. **~toertjie** air stunt; *(also, in the pl.)* aerobatics. **~toevoer** air supply, ventilation; *horisontale ~* advection. **~tonnel** *(min.)* air adit. **~torpedo** aerial torpedo. **~-tot-grond(-)missiel, ~-tot-oppervlak(-)missiel** air-to-ground/surface missile. **~-tot-lug(-)missiel** air-to-air missile. **~transport** →LUGVERVOER. **~transporttroepe** airborne troops. **~trek** air drift, draught. **~tyd** *(rad., TV)* airtime, broadcasting time; airplay *(of a CD etc.)*. **~uitlaat** air exhaust/escape. **~vaarder** aeronaut, airman. **~vaart** →LUGVAART. **~vak** air compartment. **~vat** trachea *(of an insect)*. **~venster** air vent. **~verdediging** air defence. **~verfrisser** air freshener. **~verkeer** air traffic. **~verkeer(s)leiding, ~verkeer(s)beheer** air-traffic control, flight control. **~verkeer(s)leier, ~verkeer(s)beheerder** air-traffic controller, flight controller. **~verkenning** aerial reconnaissance. **~verkoel(d)** *-de* air-conditioned, air-cooled. **~verkoeler** air cooler; →LUGVERSORGER. **~verkoeling** air cooling; →LUGVERSORGING; *met ~* air-cooled. **~verskynsel** atmospheric phenomenon, meteor. **~versorger, ~reëlaar** air conditioner. **~versorging, ~reëling** air conditioning. **~verstopping** airlock. **~vertoning** air rally. **~vervoer** air/aerial transport. **~(vloei)meter** *(min.)* air meter, airometer. **~vloot** air fleet, air force. **~voggehalte** humidity (of the air). **~vogmeter** hygrometer. **~vogtigheid** dampness/humidity of the air/atmosphere. **~vogwyser** hygroscope. **~vormig** *-e* aeriform. **~vrag** air cargo/freight. **~vraggeld** air freight(age). **~vry** *-e* air-free; airless. **~vuis** air power. **~waaier** fan. **~waardig** *-e* airworthy. **~waardigheid** airworthiness. **~waardin** air hostess, air stewardess. **~waarnemer** air/aerial observer. **~waarneming** air observation. **~wapen** air arm. **~weegkunde** aerostatics. **~(weeg)skaal** air poise, aerostatic balance. **~weerstand** resistance of the air, air resistance. **~weg** skyway, air route; air lane/passage; airway. **~werktuigkundige** air mechanic, aircraft(s)man; →LUGMEGANIKUS. **~werweling** atmospheric vorticity. **~wisseling** ventilation. **~wortel** aerial root.

lug·gie *-gies* breath of air, slight breeze; zephyr *(poet., liter.)*; whiff, waft, scent, tang; *'n ~ skep* get a breath of air; take the air, take an airing; *daar trek geen ~ nie* not a breath is stirring.

lug·ter *-ters* chandelier; electrolier; →KROONKANDELAAR.

lug·tig *-tige, adj.* airy *(room, tread)*; light, light-hearted *(manner)*; nervous; cautious; funky, afraid; ethereal; jaunty *(tread)*; gay; *~e klere, (rare)* airy/light clothes; *~ wees vir ...* be wary of ... *(s.o.)*; be apprehensive/scared of ... *(an encounter etc.)*. **lug·tig** *adv.* airily, lightly; light-heartedly; nervously; cautiously, warily; *~ stap* walk with a light/airy tread. **lug·tig·heid** airiness; light-heartedness; flippancy, jauntiness; levity; cautiousness; scaredness.

lug·ting ventilation.

lu·gu·ber *-bere, (rare)* lugubrious, dismal, ghastly. **lu·gu·ber·heid** lugubriousness, ghastliness.

lug·vaart aviation, aeronautics, air navigation; *burgerlike ~* civil aviation. **~baken** air beacon. **~(beheer)stasie** air-traffic control station. **~geneeskunde** aviation medicine. **~kaart** air map. **~kunde** aeronautics. **~kundig, ~kundig** *-e* aeronautical. **~lyn, luglyn** airline. **~maatskappy** air company. **~radio** aeradio. **~skool** air school, school of aeronautics.

lui[1] *n., (pl.), (rare, dated)* folk, people.

lui[2] *luie luier luiste, adj.* lazy, indolent, sluggish, slothful; shiftless; slack; *'n ~ **baantjie*** sinecure; *geen ~ **haar** op jou kop hê nie* not know what it means to be idle; *~ **houding*** sprawl; *'n ~ **lewe** lei* lead a lazy (*or* an easy) life; *'n ~e **lummel*** a lazy lout; ***so** ~ wees dat jy iets kan oorkom* be too lazy for words; *iem. is ~ by die **vak/werk**, (maar) fluks by die bak, (infml.)* s.o. is a poor worker but a good eater. **lui** *adv.* lazily, *etc.*; →LUI[2] *adj.*. **~aap** *(zool.)* (slow) loris. **~bos(sie)** *Lobostemon fruticosus.* **~haai** lazy shark; *(Poroderma* spp.) (striped) dogfish. **~huisvrouboon(tjie)** lazy housewife bean. **~(e)lak** *-ke, n.* sluggard, do-little, lazybones *(infml.)*, idler. **~lekker** easeful, luxurious; *~ drag* casual clothes; *'n ~ lewe* lotus-eating, a life of ease, a soft life. **~lekkerland** (Land of) Cockaigne/Cockayne, lotus land; happy valley. **~slang** *(zool.)* python, boa constrictor, anaconda.

lui[3] *ge-, vb.* ring; peal, toll *(a bell)*; sound; chime, clang; *die **berig** ~ nie gunstig nie* the report is not favourable; *soos die **gesegde** ~* as the saying goes (*or* has it); *daar ~ die **klok*** there goes the bell; *~ die **klok*** ring the bell; *die **storie** ~ so* the story goes like this; *die **titel** ~ so* the title reads/runs as follows. **~toon** *(teleph.)* ring(ing) tone. **~verbinding** *(teleph.)* ring circuit.

lui·aard *-aards* lazy person, lazybones *(infml.)*, sluggard, slacker; *(animal)* sloth; *'n ~ **dra** hom dood, maar (hy) loop nie twee maal nie* a sluggard would rather carry a heavy load than make two trips; ***drievingerige** ~, (zool.: Bradypus* spp.) ai, three-toed sloth; *gaan na die **mier**, ~, kyk na sy weë en word wys, (OAB)* go to the ant, thou sluggard; consider her ways, and be wise *(AV)*; ***tweevingerige** ~, (zool.: Choloepus* spp.) two-toed sloth; *(as die) son (is) in die **weste**, (is die) ~ op sy beste* the sluggard is at his best when the sun sinks in the west.

luid *luide luider luidste, adj.* loud; stentorian; *met ~e stem* in a loud voice. **luid** *adv.* loudly. **~keels** loud, at the top of one's voice, out loud. **~rugtig** *-e* noisy, boisterous, roistering, vociferous, loud-spoken, uproarious, rowdy, loud(mouthed); obstreperous, tumultuous; termagant; *iem. is ~ verwelkom* s.o. received a tumultuous welcome. ~**rugtigheid** noisiness, boisterousness, rowdiness, loudness, obstreperousness. ~**spreker** loudspeaker, *(infml.)* squawk box. ~**sprekerstelsel** loudspeaker system; public address system.

lui·dens *(fml.)* according to *(a document)*.

lui·er¹ *-ers, n.* nappy, (baby's) napkin *(Br., dated)*, diaper *(Am.)*. *vir 'n baba 'n droë/skoon ~ aansit* change a baby's nappy. ~**broek(ie)** waterproof. ~**speld** safety/napkin pin. ~**uitslag** *(med.)* nappy rash.

lui·er² *ge-, vb.* loaf, lounge, laze, idle; *(mot.)* idle; *agteroor ~* loll back *(in a chair)*. ~**stoel** *(rare)* easy/lounge chair.

lui·e·rig *-rige* rather lazy.

lui·fel *-fels, (obs.)* hood *(over a sidewalk)*.

lui·heid laziness, indolence, sloth; sluggishness, stagnancy; *kleine ~ groot verdriet* a stitch in time saves nine. **lui·ig·heid** →LUIHEID.

Luik *(geog.)* Liège.

luik *luike, n.* shutter *(of a window)*; trap *(in a theatre)*; hatch *(of a ship)*; trapdoor; manhole; scuttle; flap; panel *(triptych)*; *die ~e vasskroef* batten down the hatches *(on a ship)*. **luik** *ge-, vb., (rare)* shut. ~**gat** hatchway, scuttle; manhole. ~**grendel** hatch bar. ~**hoof,** ~**rand** *(naut.)* coaming. ~**rug(motor)** hatchback.

luim *luime* mood, humour; whim, caprice; vagary, fancy; *in **ernstige** ~* in serious vein; *in 'n **goeie** ~* in a good mood/temper; *in **ligte** ~* on the lighter side, in lighter vein; *in 'n **slegte** ~ wees* be in a bad mood/temper; *in 'n **vreeslike/verskriklike** ~ wees* be in a vile/violent temper. **lui·mig** *-mige* humorous, witty; capricious; sprightly. **lui·mig·heid** humour, humorousness, wit; capriciousness.

lui·perd *-perds* leopard; panther, catamount, mountain cat; pard *(arch., poet., liter.)*. ~**kruip** *n. & vb., (mil.)* leopard crawl. ~**skilpad** *(<Eng.)* →BERGSKILPAD. ~**vel** leopard skin.

luis *luise* louse; tick; vermin; *'n (lae) ~, (infml.)* a louse/heel/rotter/scumbag/swine; *jou lae ~!, (also)* you scum!; *vol ~e* lice-infested, vermin-infested, pedicular, pediculous. ~**koors** typhus, jail/ship fever. ~**plaag** plague of lice. ~**vlieg** ked.

lui·sies(·bos) *(bot.: Leucospermum spp.)* pincushion.

lui·sig *-sige* pedicular.

luis·ter¹ *n.* splendour, brilliance, lustre, magnificence; éclat *(Fr.)*; glitter; *~ aan ... verleen* add lustre to ... **luis·ter·ryk** *-ryke -ryker -rykste* (of meer ~ die mees ~e) splendid, magnificent, glorious; distinguished, brilliant, glittering *(career)*.

luis·ter² *ge-, vb.* listen; hear; ***aandagtig/goed/mooi/skerp*** *~* listen attentively/closely; *iem. ~ **aandagtig**, (also)* s.o. pricks (up) his/her ears, s.o. is all ears; *~ ('n) bietjie **hier!*** just listen to this!; ***mooi** vir iem. ~, (also)* obey s.o.; *tot die end/einde **na** iem. ~* hear s.o. out; *geduldig **na** iem. ~* give s.o. a fair hearing; ***na** iets ~* listen to s.t. *(lit., fig.)*; listen for s.t.; listen in to s.t. *(a conversation)*; be open to s.t. *(criticism etc.)*; *iem. wil nie **na** iets ~ nie, (also)* s.o. turns a deaf ear to s.t.; *~ (nou) mooi **(na my)*** read my lips; *~ **of** jy ... kan hoor* listen for ... *(the song of a bird etc.)*; *die mense is **verplig** om na iem. te ~* s.o. has a captive audience; ***vir** iem. ~* listen to (*or* obey) s.o.; *iem. **wil** nie ~ nie* s.o. doesn't want to listen/obey. ~**galery,** ~**gang** listening gallery. ~**kamer** listening booth. ~**pos** *(mil.)* listening post. ~**syfer** *(rad.)* rating; *die hoogste ~ behaal* top the ratings. ~**trompet** acoustic telescope. ~**tyd** *(rad.)* listening time. ~**vink** eavesdropper; *(infml.: concealed microphone)* bug; *'n ~ in ... aanbring* bug ... *(an office etc.)*.

luis·te·raar *-raars* listener, listener-in.

luit *luite, (mus.)* lute. ~**speelster** lutanist, lutenist, (female) lute player. ~**spel** lute playing. ~**speler** lutanist, lutenist, lute player.

lui·te·nant *-nante, (officer's rank)* lieutenant, subaltern. ~**-generaal** *-s* lieutenant general. ~**-goewerneur** *-s* lieutenant governor. ~**-kolonel** *-s* lieutenant colonel. ~**-kommandeur** *-s* lieutenant commander. ~**-ter-see** *luitenante-~, (Du.)* naval lieutenant.

lui·te·nant·skap, lui·te·nants·rang lieutenancy, rank of lieutenant.

lui·ters innocent, unaware; *iem. is (of hou hom/haar) (dood)~* s.o. pretends to know nothing about s.t., s.o. feigns innocence, s.o. remains quite unconcerned.

lui·tjie: *iem. 'n ~ **gee**, (<Eng., infml.)* give s.o. a ring/tinkle.

Lu·kas *(NT)* Luke.

Lu·ki·a·nos, Loe·ki·a·nos *(Gr. writer)* Lucian.

luk·raak *adj.* wild, random, haphazard, hit-or-miss, desultory. **luk·raak** *adv.* at random, randomly, haphazardly, at a hazard. ~**metode:** *deur/volgens die ~* by trial and error.

lu·kra·tief *-tiewe, (rare)* lucrative.

lu·ku·bra·sie *-sies, (rare)* lucubration.

lu·kwart, loe·kwart *-kwarte* loquat.

lum·baal *-bale, (anat.)* lumbar; *lumbale punksie* lumbar puncture.

lu·men *-mens, (phys., abbr. lm)* lumen.

lu·mier *-miers, n., (fml.)* break of day, dawn. **lu·mier** *ge-, vb., (rare)* break *(of day)*, dawn.

lu·mi·nes·sen·sie *(phys.)* luminescence. **lu·mi·neus** *-neuse -neuser -neusste* luminous, bright. **lu·mi·no·foor** *-fore* luminophor.

lum·mel *-mels, n.* gawk, hobbledehoy, lout, oaf, simpleton, booby, boor, palooka. **lum·mel·ag·tig** *-tige* boorish, oafish, loutish; bumbling, blundering, bungling, lumbering.

lum·pek·to·mie *(med.: surgical removal of a tumour in a breast)* lumpectomy.

lu·net *-nette* lunette.

luns *lunse, n.* linchpin, lynchpin, axle pin, forelock. ~**gat** pinhole. ~**pen** linchpin, lynchpin, axle pin, forelock. ~**riem** axle strap; *(fig.)* dirty bounder/devil/swine; rascal, blighter.

Lu·per·ka·lie·ë *(Rom. festival)* Lupercal(ia).

lu·pien *-piene* lupin(e). ~**rusper** lupin(e) caterpillar.

lu·pi·no·se *(vet.)* lupinosis.

lu·pus *(pathol.)* lupus. ~**lyer** lupus patient.

lus¹ *luste, n.* desire, appetite; liking, inclination; craving, itching; greed; fancy; hunger; stomach *(for)*; lust, (carnal) desire; delight, joy; *iets met ~ **aanpak*** do s.t. with zest; *iem. se ~ **bevredig*** gratify s.o.'s desire; *jou ~te **botvier*** indulge one's passions; *~ **hê** vir iem., (infml.)* feel like giving s.o. what for; *geen/nie ~ daarvoor **hê** nie* not care for it; *as jy ~ **het*** if you like; *as jy ~ **het** (om dit te doen)* if you care to do it; *iem. **het** ~ om iets te doen* s.o. feels like doing s.t., s.o. wants to do s.t., s.o. feels inclined to do s.t., s.o. is minded to do s.t., s.o. has a mind to do s.t., s.o. is eager to do s.t.; *iem. **het** baie ~ om iets te doen* s.o. has a good mind to do s.t.; *iem. **het** half ~ om te ...* s.o. has half a mind to ...; ***het** jy ~ om te ...?* would you care/like to ...?; *soos jy ~ **het*** as you please; *iem. **het** ~ vir ...* s.o. feels like ...; s.o. is hungry for ...; s.o. could do with ... *(a drink etc.)*; s.o. is in the mood for ...; *iem. **het** nie/niks ~ vir iets nie* s.o. has no stomach for s.t. *(fighting etc.)*; *iem. **het** 'n ~ vir iets* s.o. has a taste for s.t.; s.o. has a craving for s.t.; *jy **het** lankal ~ vir iem.* one has had one's eye on s.o. for a long time; *ek is nie ~ vir **jou** ... nie* I don't want your ... *(jokes etc.)*; *~ **kry** vir ...* (suddenly) feel like ... *(a cold beer etc.)*; *aan jou ~te die vrye **loop** gee/laat* indulge one's passions; ***met** ~* with relish; with a will; *iets **met** ~ doen, (also)* take pleasure in doing s.t.; *dit is **my** ~ en my lewe* it is meat and drink to me, it is the breath of life to me; *'n ~ vir die **oog/oë*** a feast/treat for the eye(s), a treat to look at; *(infml.)* quite an eyeful, a sight for sore eyes; *jou ~ **oormaak**, (obs.)* satisfy one's appetite; *'n ~ wees om te **sien*** be a sight *(a garden)*; *'n ~ wees om iem. te **sien** toneelspeel* (of *toneel speel*) be a treat to see s.o. act; *'n **slaaf van** jou ~te* a slave to one's passions/desires; *iem. se ~ **vir** iets* s.o.'s liking for s.t.; *iets is **vir** iem. 'n ~* s.o. takes pleasure in s.t. *(work etc.)*; *die **vleeslike** ~te* the desires of the flesh; *iem. het **weinig** ~ vir iets* s.o. is unenthusiastic about s.t.. **lus** *ge-, vb., (infml.)* like, feel like, feel inclined; *ek ~ 'n ...* I could do with ... *(a cup of coffee etc.)*. **lus** *adj. & adv.* desirous, inclined, minded; *iem. is/voel ~ **om** iets te doen* s.o. feels like doing s.t., s.o. wants to do s.t., s.o. feels inclined to do s.t., s.o. is minded to do s.t., s.o. has a mind to do s.t., s.o. is eager to do s.t.; *iem. is/voel baie ~ **om** iets te doen* s.o. has a good mind to do s.t.; *iem. is/voel half ~ **om** te ...* s.o. has half a mind to ...; *is/voel jy ~ **om** te ...?* would you care/like to ...?; *iem. is/voel ~ **vir** ...* s.o. feels like ...; s.o. is hungry for ...; s.o. could do with ... *(a drink etc.)*; s.o. is in the mood for ...; *iem. is/voel nie/niks ~ **vir** iets nie* s.o. has no stomach for s.t. *(fighting etc.)*; *ek is nie ~ **vir** jou ... nie* I don't want your ... *(jokes etc.)*; *iem. is/voel **weinig** ~ vir iets* s.o. is unenthusiastic about s.t.. ~**hof** (garden of) Eden *(fig.)*, paradise; pleasure garden, pleasance; bower. ~**makertjie** appetiser, apéritif, bracer. ~**oord** pleasure ground; beautiful/charming/delightful place. ~**prieel** *(rare)* bower.

lus² *lusse* loop; noose; bight; tag, tab; strap; *rooi ~* red tab. ~**hanger** *(infml.)* straphanger. ~**knoop** loop knot. ~**lyn** loop line. ~**steek** loop stitch. ~**stof** loopy fabric. ~**vlug** *(av.)* loop, looping the loop.

lu·sern *(bot.)* alfalfa, lucerne, medic(k). ~**hooi** lucerne hay. ~**kamp** lucerne paddock. ~**land** lucerne field. ~**meel** lucerne meal. ~**oes** lucerne crop. ~**pers** lucerne press/baler.

Lu·si·a·de: *die ~, (liter.)* the Lusiad.

lu·si·fe·ris *-riste, (collector of matchbox labels)* phillumenist.

Lu·si·ta·ni·ë *(geog., hist.)* Lusitania.

lus·sie *-sies, (dim.)* small loop *etc.*; terry; →LUS². **lus·sies·hand·doek** terry towel. **lus·sies·naald** loop needle.

lus·te·loos *-lose* listless, languid, spiritless, inert, dull, apathetic, supine, vacant. **lus·te·loos·heid** listlessness, apathy, inertia, languor, lifelessness, dullness, lassitude, inertness, disinclination; *in ~ gedompel wees* be sunk in apathy.

lus·ter *-ters, (<Fr.)* lustre, luster *(Am.)*.

lus·tig *-tige, adj.* cheerful, merry, gay, blithe. **lus·tig** *adv.* cheerfully, merrily, gaily, heartily; *(sing)* lustily, vigorously, with a will. **lus·tig·heid** cheerfulness; →LUSTIG.

lus·trum *lustrums, lustra, (Lat.)* lustrum, quinquennium.

lu·te·aal *-ale, (physiol.)* luteal.

lu·te·si·um *(chem., symb.: Lu)* lutetium, lutecium.

Lu·the·raan *-rane, n., (also l~)* Lutheran. **Lu·thers** *-therse, adj., (also l~)* Lutheran.

lut·tel *-tele, (dial., rare)* little, small, weak; *na 'n ~e paar dae* after only a few days; *met ~ tevrede* satisfied with little. **lut·te·rig** *-rige* ramshackle, rickety.

luuks *luukse luukser luuksste* (of meer ~ die mees luukse) luxury, luxurious, de luxe, *(infml.)* ritzy; →LUUKSUEUS; *'n ~e bus/trein/woonstel/ens.* a luxury bus/train/flat/etc.; *'n ~e kajuit* a stateroom; *'n ~e uitgawe* an edition de luxe, a de luxe (*or* cabinet) edition.

luuk·se *-ses* luxury; *die enigste ~ wat hy hom* (of *sy haar*) *veroorloof* the only luxury he/she permits him-/herself; *jou die ~ van 'n duur aandete veroorloof* indulge in an expensive supper; *sy het haar die ~ van 'n sybloes(e) veroorloof* she rather extravagantly bought herself a silk blouse. ~**belasting** wealth/luxury tax.

luuk·su·eus *-euse -euser -eusste* luxurious; →LUUKS.

lux *luxe, (phys., unit of illuminance: abbr. lx)* lux.

Lux·em·burg *(geog.)* Luxemb(o)urg. **Lux·em·bur·ger** *-gers* Luxemb(o)urger. **Lux·em·burgs** *n., (dial.)* Luxemburgish. **Lux·em·burgs** *-burgse, adj.* Luxemb(o)urgian.

Lu·xor *(geog.)* Luxor.

Lu·zern *(geog.)* Lucerne.

Lviv *(Ukrainian)*, **Lvov** *(Russ.)*, **Lwów** *(Polish)*, **Lemberg** *(Germ.)*, *(geog.)* Lviv.

ly¹, ly·kant *n., (naut.)* lee (side); *aan die ~ van iets wees* be in/under the lee of s.t., be on the leeward (side) of s.t. *(an island etc)*. ~**boord** leeboard, lee side. ~**seil** stunsail, studdingsail. ~**sy** = LY¹ *n.*. ~**waarts** leeward. ~**wal** lee shore.

ly² *ge~, vb.* suffer *(pain, defeat, want, loss, etc.)*; bear, endure; smart; ***aan** iets* ~ suffer from s.t.; be sick with s.t.; be afflicted by/with s.t.; be liable to s.t.; ~ ***deur*** ... suffer as a result of ...; ***dors*** ~ suffer thirst; ***erg*** ~ suffer severely; ~ *of/en* ***gly**, (hist., game)* suffer or shift, go or stay; ***onder** iets* ~ suffer from s.t.; ... ~ ***onder** iets, (also)* s.t. interferes with ... *(s.o.'s work etc.)*; *iem. se* ***reputasie*** *het daaronder ge~* it seriously affected s.o.'s reputation, s.o.'s reputation suffered; ~ *wat daarop* ***volg*** bear/face/suffer/take the consequences; *iem. sal* ~ *wat daarop* ***volg**, (also)* on s.o.'s own head be it.

ly·de *(OAB)* bitterness *(AV)*; anguish *(NIV)*. **ly·de·lik** *~like* passive; non(-)resistant; unprotesting; impassive; *~e verset* passive resistance. **ly·de·lik·heid** passiveness, passivity, non(-)resistance. **ly·dend** *~dende, adj. & adv.* suffering; *(rare)* passive; →LY *vb.*; *~* ***maak/word**, (ling.)* passivise; *die ~e* ***mensheid*** suffering humanity; *die ~e* ***party*** the sufferer, the underdog, the losing side; *iem. is die ~e* ***party*** s.o. has to bear the brunt of it; *~e* ***voorwerp**, (gram.)* direct object; *~e* ***vorm**, (gram.)* passive voice.

ly·dens-: ~**beker** cup of bitterness/sorrow. ~**geskiedenis** *(Chr., L~)* Passion; tale of suffering/woe/misery. **L~preek** *(Chr.)* Passion sermon. **L~tyd:** *die ~/Lydensweke, (Chr.)* Passiontide. **L~week** *(Chr.)* Passion/Holy Week; →LYDENSTYD. ~**weg** *(fig.)* way of suffering, via dolorosa; *die L~* the Way of the Cross, the Via Dolorosa.

ly·ding suffering; *naamlose/namelose/onuitspreeklike ~* unspeakable agony; *iem. se smartlike ~* s.o.'s painful suffering; *'n dier van sy/haar ~ verlos* put an animal out of his/her misery.

lyd·saam *~same* meek, patient, long-suffering. **lyd·saam·heid** meekness, patience, long-suffering, long-sufferance; *met ~ dra* be patient of.

ly·e suffering, passion. **ly·er** *~ers* sufferer, patient, case; endurer; martyr; *~ aan ...* sufferer from ...

lyf *lywe* body; figure; bottom *(of a plough)*; body *(of wine)*; *geen hemp/ens.* ***aan*** *jou ~ nie* not a shirt/etc. to one's back; *ek het dit nog nooit* ***aan*** *eie ~ gevoel nie* I have never experienced it; *~* ***aansit/kry*** lose one's figure; *iem. se* ***bene*** *onder sy/haar ~ uitslaan, (rare)* take the wind out of s.o.'s sails, bowl s.o. over; *iets op die* ***blote*** *~ dra* wear s.t. next to the skin; *iem. te ~* ***gaan*** attack s.o., go at/for s.o., lace/lash/lam/lay/light/pitch/sail/wire into s.o. *(infml.)*, tilt (*or* strike out) at s.o.; *iem. het nou iets goeds op die ~* ***geloop*** s.o. has discovered s.t. really good now, s.o. has struck oil this time; *jou ~* ***grootman*** *hou, (infml.)* be too big for one's boots; *iem.* ***hang*** *alles aan sy/haar ~, (infml.)* s.o. spends everything on clothes; *'n ~* ***hê, met*** *'n ~ wees, (infml.)* be tight/tipsy; *jou ~ ...* ***hou*** pretend to be ... *(a doctor etc.)*; *... van jou ~ af* ***hou*** fend/keep ... off; *jou ~ reg* ***hou*** *vir ..., (infml.)* prepare o.s. for ...; *jou ~ windmaker* ***hou*** swank; *dit* ***jeuk*** *oor iem. se hele ~* s.o.'s whole body is itching; *~ en* ***lede/lewe*** life and limb; *gesond van ~ en* ***lede*** sound in wind and limb; *in* ***lewende*** *lywe* in person; in the flesh; *iem. se aanwesigheid in* ***lewende*** *lywe, (also)* s.o.'s bodily presence; *'n filmster/ens. in* ***lewende*** *lywe* a real live film star/etc.; *iem. op die ~* ***loop*** bump/run into s.o., run across s.o.; *iets op die ~* ***loop*** find/discover st.; *iem. is* ***met*** *'n ~ →****het;*** *iets het* ***niks*** *om die ~ nie* s.t. has no substance, s.t. lacks substance *(an argument etc.)*; ***om*** *die ~* round the waist; ***my ou*** *~* my old bones; *die* ***regte*** *~ vir ... hê, (infml.)* be cut out for ..., be cut out to be ...; *iem. se ~* ***soek**, (sl.)* have the hots (*or* have hot pants) for s.o.; *jou ~* ***spaar**, (infml.)* loaf, shirk work, swing the lead, lie down on the job; nurse one's strength; ***swaar*** *van ~* heavy-bodied; ***van*** *iem se ~ af bly* leave s.o. alone; *iets het nie* ***veel*** *om die ~ nie* s.t. has (*or* is of) little substance *(an argument etc.)*; s.t. is not worth much; *iem. sal sy/haar ~ moet* ***vetsmeer*** →VETSMEER; *hoe* ***voel*** *jou ~?* how do you feel?, how are things?, how's the body?; *~* ***wegsteek**, (infml.)* loaf, shirk work, swing the lead, lie down on the job. ~**arts** personal physician/doctor; court physician. ~**band** sash; waistband, belt *(without a buckle)*. ~**bediende,** ~**kneg** valet, body servant; personal servant; *(Br., mil.)* batman. ~**blad** official journal; (press) organ, mouthpiece, (personal) organ. ~**bouler** *(cr.)* body-line bowler. ~**boulwerk** *(cr.)* body-line bowling. ~**broek(ie)** camiknickers. ~**diefstal** theft from the person. ~**dienaar** *(hist.)* henchman. ~**doek** *(Bib.)* girdle *(AV)*; loincloth *(NIV)*. ~**eiene** *~s, (hist.)* serf, villein, bond(s)man, bond(s)woman, predial. ~**eienskap** *(hist.)* serfdom, bondage, villeinage. ~**garde** = LYFWAG. ~**goed** *(rare)* paraphernalia. ~**hare** body hair(s). ~**hemp** body shirt. ~**hou** body blow, body punch. ~**kneg** →LYFBEDIENDE. ~**kous** body stocking. ~**luis** body louse, cootie *(Am., infml.)*. ~**orgaan** →LYFBLAD. ~**pantser** body armour. ~**plank** boogie board. ~**plankry** *n.* boogie-boarding. ~**plankryer** boogie-boarder. ~**plooi(tjie)** body wrinkle. ~**poeier** dusting powder. ~**rente** (life) annuity. ~**rentenier** annuitant. ~**room** body lotion. ~**seer** *adj.* suffering from pains in the body. ~**sieraad** personal ornament. ~**skandeerder** body scanner. ~**spreuk** *(rare)* motto, device, household word. ~**straf** corporal punishment, whipping, flogging. ~**taal** body language. ~**wag** bodyguard, lifeguard(s); *koninklike ~, (Br.)* Yeoman of the Guard, beefeater. ~**wapen** personal weapon. ~**wegsteker** lead-swinger, shirker.

ly·fie *~fies* little body; *(garment)* bodice, basque, corsage; *'n oulike/vietse ~* a neat/trim/smart little figure.

Lyf·land *(geog., hist.)* Livonia. **Lyf·lan·der** *~ders, n.* Livonian. **Lyf·lands** *n., (lang.)* Livonian **Lyf·lands** *~landse, adj.* Livonian.

lyf·lik *~like* bodily, corporeal, actual; *~e aanwesigheid* corporeal presence. **lyf·lik·heid** corporeality.

lyfs-: ~**behoud** *(dated)* = LEWENSBEHOUD. ~**gevaar** *(dated)* = LEWENSGEVAAR. ~**geweld** personal violence.

lyk¹ *lyke* corpse, (dead) body; *(med., poet, liter.)* cadaver; *'n ~ uitlê* lay out a body; *(nie) oor ~e (heen) kan loop/stap (nie), (a businessman etc.)* have/lack the killer instinct. ~**baar** bier. ~**besorger** undertaker, funeral contractor/director/furnisher, mortician *(chiefly Am.)*. ~**bidder** *(hist.)* mute *(at funerals)*. ~**bus** funerary urn. ~**dief** →LYKROWER. ~**diefstal** →LYKROOF. ~**diens** funeral/burial service, obsequies, obit. ~**dig** obituary poem. ~**doek** cerecloth. ~**draer** bearer. ~**gif** septic virus. ~**huis, lyks·huis** mortuary, morgue. ~**kis** *(archaeol.)* cist; *(rare)* coffin (→DOODSKIS); *~ van klip* sarcophagus. ~**kleed** →LYKSKLEED. ~**kleur** livid colour. ~**kleurig** *~e* livid, cadaverous. ~**lug** cadaverous smell. ~**offer** funeral sacrifice. ~**oond** *(rare)* crematorium; →KREMATORIUM. ~**opening** *(rare, med.)* autopsy, necropsy, necroscopy. ~**rede, lyksrede** funeral oration. ~**roof,** ~**diefstal** *(hist.)* body snatching. ~**rower,** ~**dief** *(hist.)* body snatcher, ghoul; resurrectionist. ~**sak** *(mil. etc.)* body bag. ~**sang** dirge, lament, threnody, threnode, coronach *(Sc., Ir.)*; *Ierse ~* keen. ~**skender** necrophile, necrophiliac. ~**skending** necrophilia, necrophilism. ~**skouer** coroner. ~**skouing** postmortem (examination), autopsy, necropsy; inquest; *'n geregtelike ~ hou* conduct/hold an inquest; *'n ~ van iem. hou/verrig* conduct/do a postmortem on s.o., carry out a postmortem on s.o.. ~**stapel** funeral pyre/pile. ~**stoet,** *(rare)* ~**stasie** funeral procession/cortège/cortege/train. ~**verassing,** ~**verbranding** cremation, incineration. ~**verslinder** ghoul. ~**verstywing** rigor mortis. ~**vet** adipocere. ~**vretend** →AASVRETEND. ~**wa** →LYKSWA. ~**waak** wake.

lyk² *lyke, (naut.)* leech *(of a sail)*.

lyk³ *ge~, vb.* look, seem, appear; *weer ~ soos* ***altyd*** look o.s. again; *~* ***(as)of*** *...* look as if ...; *dit ~* ***(as)of*** *...* it appears/seems as if ...; *dit sou ~* ***(as)of*** *...* it would appear as if ...; *dit wil al ~* ***(as)of*** *...* it seems likely that ...; *iem. ~* ***beteuterd*** s.o. looks small; *dit ~* ***daarna*** it looks like it; *jy ~* ***daarna!**, (infml.)* you look like it!; ***deftig*** *~* look smart; *dit ~ maar* ***donker*** the outlook is dark; *op 'n* ***druppel/haar*** *na iem. ~* look exactly like s.o.; *op 'n haar (na)* ***eenders/eners*** *~* be as (a)like as two peas (in a pod) *(infml.)*; *iem. ~* ***gesond*** s.o. looks well; *weer* ***gesond*** *~, (also)* look o.s. again; *dit/sake ~* ***gevaarlik/sleg*** things are looking bad/serious; ***goed*** *~* look good; *iem. ~* ***goed*** s.o. looks well; *op 'n* ***haar*** *na iem. ~ →****druppel/haar;*** ***hoe*** *~ dit?* how do matters stand?; ***hoe*** *~ dit (daarmee)?* how/what about it?; ***hoe*** *~ dit met 'n ...?* would you like a ...? *(cup of coffee etc.)*; could I have a ...? *(cup of coffee etc.)*; ***hoe*** *~ dit vir jou?* how does it strike you?; ***hoe*** *~ dit, sal jy nie ...?* well now, won't you ...?; ***kyk*** *hoe ~ hy/sy!* what a state he/she is in! *(infml.)*; *hoe dwaas/ens. dit ook (al)* ***mag*** *~* silly/etc. as it may seem; *na/op* ***mekaar*** *~* be alike; *sprekend (of soos twee druppels water) na/op* ***mekaar*** *~* be as (a)like as two peas (in a pod) *(infml.)*; *hulle ~ 'n bietjie na/op* ***mekaar*** there is some resemblance between them; *iem. ~* ***moeg/ens.*** s.o. seems to be tired/etc.; *sy ~ (baie)* ***mooi/goed*** *in daardie rok* that dress/etc. does something for her; *dit ~ (vir)* ***my*** *...* it appears/seems to me ...; *dit ~ vir* ***my*** *snaaks/ens.* it seems funny/etc. to me; *dit ~* ***na*** *...* it promises to be ...; it bears the semblance of ...; *weer* ***na*** *die ou ... ~* look o.s. again; *dit ~ (so reg)* ***na*** *jou* that's just like you; *dit ~* ***na*** *niks* it is not worth looking at; ***na/op*** *iem. ~* look like s.o., take after s.o.; bear a likeness/resemblance to s.o.; *enigsins* ***na/op*** *... ~* bear a distant likeness to ...; ***na*** *'n ... ~, (also, infml.)* come across as a ...; *daardie baadjie/ens. laat hom/haar* ***na*** *niks ~ nie* that jacket/etc. does nothing for him/her; *~* ***of*** *... →****(as)of;*** *weer* ***perdfris*** *~* look o.s. again; *dit ~ na* ***reën**, dit ~ of dit gaan* ***reën*** it looks like rain; ***siek*** *~* have a sickly look; *iem. ~ vir jou* ***siek/sleg**, (also)* not like the look(s) of s.o.; ***sleg*** *~* look bad; be a sorry sight; *dit/sake ~* ***sleg*** *→****gevaarlik/sleg;*** *dit ~* ***so, so*** *~ dit* it seems so, so it seems, it looks that way; *dit ~ nie* ***so*** *nie* it seems not; *iem. ~ ook* ***so*** s.o. looks the part; *iets ~* ***vir*** *iem. oordrewe/ens.* s.t. strikes s.o. as exaggerated/etc.; *iets ~* ***vir*** *iem. mooi* s.o. finds s.t. attractive/pretty; *~ soos wie* ***weet*** *wat, (infml.)* look like nothing on earth; *dit ~* ***wit*** it shows white.

lyk·ag·tig *~tige* like a corpse, cadaverous.

ly·kant →LY¹ *n.*.

lyks-: ~**huis** →LYKHUIS. ~**kleed** pall; shroud, winding sheet. ~**rede** →LYKREDE. ~**wa** hearse, funeral carriage, catafalque, catafalco.

lym *n.* glue; gum; paste; size; *koue ~* liquid glue. **lym** *ge~, vb.* glue. ~**band,** ~**inbinding** *(bookbinding)* adhesive/perfect binding. ~**bos(sie)** *Chironia baccifera*. ~**grond** glue-priming. ~**kwas** glue brush, paste brush. ~**pot** glue pot, gum pot, paste pot. ~**snuiwer** = GOMSNUIWER. ~**stof** *(biol.)* collagen. ~**suiker** →GLISIEN. ~**water** glue water, glue wash, size; *met ~ was* glue-wash.

lym·ag·tig *~tige* gluey, glutinous; *(chem., med.)* colloidal. **ly·me·rig** *~rige* gluey; sticky; sizy.

lyn *lyne, n.* line; string, rope; cord; curve; circuit; line *(of the face, hands, descent, telegraph, shipping, etc.)*; (railway) line; *(genet.)* strain; boundary; trace *(of an instrument, a pen, etc.)*; leash, lead *(of a dog)*; *iets in ~* ***bring*** line up s.t.; true (up) (*or* align) s.t.; ***in een*** *~* in (a) line; ***op een*** *~* ***bring*** bring into line; ***op een*** *~ met ...* on a level with ...; ***op een*** *~ met ... staan* rank with ...; *iem./iets* ***op een*** *~ met ... stel* class/rank s.o./s.t. with ...; ***ewewydige*** *~e* parallel lines; *iets* ***hang*** *aan 'n ~* s.t. hangs on a line *(the washing)*; ***langs/met*** *die ~ af* down the line; *dit lê in jou ~* that is (in) one's line; *gaan ~* ***natmaak**, (infml.)* go fishing; ***op*** *'n ~* in a line; *'n dier/ens.* ***op*** *~ plaas/sit* tether an animal/etc.; ***op*** *~ staan, (an animal)* be tethered; *'n* ***reguit*** *~* a straight line; *in 'n* ***reguit*** *~* as the crow flies; *'n ~* ***trek*** draw a line; ***uit*** *die ~ (uit)* out of line; *'n ~* ***vrymaak*** clear a line. **lyn** *ge~, vb.* rule; line. ~**baan** rope walk/yard, ropery. ~**bestuur** *(comm.)* line management. ~**bestuurder** *(comm.)* line manager. ~**blok** line block/cut/plate/engraving, zincograph. ~**boor** *ge~* line bore. ~**boot** (ocean) liner. ~**cliché** →LYNBLOK. ~**diens** scheduled service. ~**draad** boundary fence. ~**golf** longitudinal wave. ~**gooi** *n.* casting. ~**gooi** *lynge~, vb.* cast. ~**gooier** caster. ~**gooi(ery)** casting. ~**gravure** line engraving. ~**hek** boundary gate. ~**opsigter** *(teleph.)* linesman. ~**perspektief** linear perspective. ~**reg** perpendicular, straight; direct; *~ in stryd met ...* in direct opposition to ...; diametrically opposed to ...; *~ in stryd met iem. se bewering* in direct contradiction with s.o.'s assertion; *in ~te teen-/teëstelling met ...* in direct contrast with ... ~**regter** *(tennis)* linesman. ~**skip** (ocean) liner. ~**spektrum** line spectrum. ~**staan** *~stane, n., (rugby)* line-out; *die/'n ~ vorm* line out. ~**staanspeler** line-out player/man. ~**teelt** line breeding. ~**tekening** line drawing; geometrical/mechanical drawing; linear diagram. ~**verklikker** *(tennis)* cyclops. ~**vis** line fish.

~visser line fisherman. **~vissery** line fishing. **~vlieg-tuig** airliner. **~vlug** scheduled flight. **~wagter, ~wer-ker** *(teleph.)* linesman.

lyn-: ~koek →LYN(SAAD)KOEK. **~olie** linseed oil; *gaar ~* boiled linseed oil; *rou ~* raw linseed oil. **~oliesuur** *(chem.)* linoleic acid. **~saad** linseed. **~(saad)koek** linseed cake, oilcake. **~waad** *(dated)* linen.

lynch *ge-* lynch.

lyn·tjie *-tjies, (dim.)* line; *iem. aan 'n ~ hê* have s.o. on a string; *iem. aan die/'n ~ hou, (infml.)* keep s.o. dangling, have/keep s.o. on a string, have/keep s.o. at the end of a string. **lyn·tjies·pa·pier** lined paper.

Ly·on *(geog.)* Lyons.

Ly·ra *(astron.)* Lyra.

lys *lyste, n.* list; schedule, register, rota *(chiefly Br.)*; inventory; catalogue; scroll, table; cornice, moulding; beading; skirting board; frame *(of a picture)*; picture rail; ledge; fillet; *'n ~ aanlê* open/start a list; *die ~ van **aktiewes*** the active list; ***boaan*** (of ***bo aan***) *die ~ staan, **eerste** op die ~ staan* top the list, be at the top of the list; *'n ~ **maak/opstel*** make/compile a list, draw up a list; *'n ~ **name*** a list of names; *op 'n ~ **staan*** appear/be on a list; *vir iets op die ~ **staan*** be down for s.t. *(a contribution, task, etc)*. **lys** *ge-, vb.* frame; list, schedule. **~beitel** moulding iron. **~groef** quirk. **~masjien** *(carp.)* moulding machine. **~onderlaag** *(carp.)* muffle. **~skaaf** beading tool, fillet plane, moulding plane. **~werk** moulding *(of a house, room, etc.)*; astragal; beading; framework.

ly·sie *-sies, (dim.)* small list; narrow ledge; small frame; →LYS *n.*; *'n kort ~* a short list.

Ly·sol *(trade name)* Lysol.

lys·ter *-ters, (orn.)* thrush, mavis *(poet., liter.)*, throstle *(poet.)*, blackbird. **~bes(sie)** *(bot.)* dogberry, sorb. **~bes(sie)boom** *(bot.: Sorbus aucuparia)* rowan (tree), mountain ash.

lys·ting *-tings, -tinge* listing; enrol(l)ment; framework.

ly·we *(sing.)* →LYF.

ly·wig *-wige* corpulent; bulky *(volume)*, thick, substantial, voluminous; full-bodied *(wine, oil)*; of good body *(wine)*; bulky *(wool)*; bold; *~e boekdeel* tome. **ly·wig·heid** corpulence, fatness; bulkiness, thickness, consistency; body *(of wine, wool, paint)*.

Mm

m, M =*'e*, =*'s*, *(dim.: m'etjie)*, *(13th letter of the alphabet)* m, M; *(Rom. numeral 1000)* M; *klein* ~ little m. **M-dak** M roof.

'm, 'n *interj., (to express hesitation)* um; *(to express assent)* uh-huh, yep, yup; *(to express inquiry)* eh?, what?.

ma *ma's*, **mam·ma** =*mas*, *(rare)* **ma·ma** =*ma's*, *(dim.: ma(ma)'tjie, mammatjie, mammie)* mom, mother, mum=my, mam(m)a; *(infml.)* ma, old lady; *iem. slaan dat hy/sy sy/haar (ou)~ vir 'n eendvoël aansien* →EENDVOËL. **M~-hulle** Mother and them (*or* the rest *or* those with her).

maag[1] *mae* stomach; maw *(of an animal)*, gizzard *(of a bird)*; corporation, tummy *(infml.)*; *(anat.)* venter; *van jou ~ 'n* ***afgod*** *maak* be a glutton/go(u)rmand, gorge (o.s.); *'n goeie ~* ***hê*** have a good digestion; *'n* ***hol/leë*** *~* an empty stomach; *jou ~* ***ingord*** pull in (*or* tighten) one's belt; ***kos*** *lê swaar op iem. se ~* food sits heavy on s.o.'s stomach; *op die* ***krop*** *van die ~* at/in the pit of the stomach; *op 'n* ***leë/nugter*** *~* on an empty stomach; *jou oë is groter as jou ~* →OOG; *iem. se ~ is* ***onderstebo/oorstuur(s)*** s.o.'s stomach is upset; *jou ~* ***oorlaai*** over=eat; ***plat*** *op jou ~ lê* lie face down(wards); *iem. se ~* ***rammel/skree(u)*** *van die honger* s.o. is ravenous; *iem. kan dit op sy/haar ~* ***skryf/skrywe*** *(en met sy/haar hemp afvee), (infml.)* s.o. may/can whistle for it, s.o. will have to whistle for it; *'n ~* ***soos*** *'n volstruis hê* have a strong stomach, have the digestion of an ostrich; *jou ~* ***vashou*** *van die lag* hold one's sides (with laughter); *iem. se ~ kan baie* ***verdra*** s.o. has a strong stomach; *~* ***vol*** stomachful; *op 'n* ***vol*** *~* on a full stomach; *van jou ~ 'n* ***wolsak*** *maak* stuff one's face *(sl., usu. derog.)*. **~aandoening** stomach/gastric complaint, stomach trouble/upset, upset stomach, gastric trouble. **~bal** bezoar. **~bankrotwurm** →BANKROTWURM. **~bitter** (stomachic) bitters, bitter tonic. **~bloeding** *(med.)* gastric h(a)em=orrhage. **~bom** *(infml.)* stomach bomb; *(hist.)* dump=ling. **~bossie** *Lycium krausii*. **~breuk** gastrocele. **~bry** *(physiol.)* chyme. **~dermkanaal** gastrointestinal tract, alimentary canal. **~dermontsteking** gastroenteritis; (cat) distemper. **~dokter** gastrologist, stomach spe=cialist. **~druppels** stomachic elixir. **~gif** stomach poi=son. **~griep** gastric influenza/flu. **~hewel** →MAAG=PYP. **~holte** stomach cavity, pit of the stomach. **~ingang** *(anat.)* cardia. **~kanker** cancer of the stomach. **~katar** *(rare)* catarrh of the stomach; →GASTRITIS. **~klier** gastric gland, peptic gland. **~koors** gastric fever; military fever. **~kramp** stomach cramp, spasm of the stomach, gastrospasm, gastric spasm. **~kwaal** stomach/gastric disease, gastric/abdominal complaint. **~kyker** gastroscope. **~lyer** stomach sufferer, gastric patient. **~middel** =*s*, =*e* stomachic *(med., obs.)*. **~mond** *(anat.)* cardia. **~mondkramp** *(med.)* cardiospasm. **~omvang** girth. **~ongesteldheid** stomach upset, up=set stomach. **~ontsteking** gastritis, inflammation of the stomach. **~operasie** operation on the stomach, gastrotomy. **~pomp** stomach pump. **~pyn** stomach=ache, tummy ache, bellyache *(infml.)*; tormina; *dit gee 'n mens ~* it just makes one sick, it annoys/vexes one, it gives one the pip *(rare, sl.)*. **~pynbossie** birch leaf pelargonium. **~pyp** stomach tube. **~sap** gastric juice. **~seer, rou ~seer** stomach/gastric/peptic ulcer. **~senu(wee)** gastric/stomach nerve. **~siekte** stomach disease, gastropathy. **~skoot** belly flop *(of a diver)*; *'n ~ duik* do a belly flop. **~slot** *(anat.)* pylorus. **~slotklep** pyloric valve. **~spieël** gastroscope. **~spier** →BUIKSPIER. **~spoeling** gastrolavage. **~streek** gastric/abdominal region. **~suur** acidity of the stomach. **~sweer** →MAAGSEER. **~uitgang** pyloric end of the stomach. **~verkleiningsoperasie** abdominoplasty, *(infml.)* tummy tuck. **~versterkend** =*e* stomachic *(med., obs.)*. **~vlies** stomach lining, coat of the stomach. **~vliesontsteking** gastri=tis. **~vol** satisfied; *(lit., fig.)* crop-full; *(fig.)* fed up *(infml.)*; *~ maak* feed up; *oor/vir iets ~ wees, (infml.)* be disgust=ed at/by s.t.; *~ wees vir iem., (infml.)* be fed up (to the back teeth, to the gills) with s.o., be sick of s.o.. **~wal(letjie)** *(fig., infml.)* spare tyre. **~wand** stomach wall. **~werking** diarrh(o)ea; purging; scours *(in animals)*. **~wind** flatus. **~wond** stomach wound. **~wurm** stom=ach worm.

maag[2] *(obs., fml.)* kin; kinsman, kinswoman. **maag-skap** *(obs., fml.)* relatives, kin, kindred, kinsfolk; kith and kin; kinship; consanguinity.

maagd *maagde* virgin; maid(en), may, damsel *(arch., poet. or liter.)*; *die M~, (astrol.)* Virgo; *die M~ Maria* the Virgin Mary, Madonna; *die M~ van Orléans* the Maid of Orléans; →JEANNE D'ARC. **maag·dom** maiden=head, maidenhood, virginity. **maagd·skap** →MAAGDE=LIKHEID.

maag·de-: **~blom** *(bot.: Vinca major)* periwinkle. **M~-eilande** Virgin Islands. **~goud** virgin gold. **~palm** →MAAGDEBLOM. **~rei** chorus of virgins. **~roof** rape, ravishment; *die Sabynse ~* the rape of the Sabine women. **~vlies** hymen, maidenhead *(obs.)*.

maag·de·lik =*like* virginal, maidenly, maidenish, vestal; virgin *(snow etc.)*; *~e geboorte, (relig.)* virgin birth *(of Jesus)*; *~e voortplanting, (biol.)* parthenogenesis. **maag=de·lik·heid** virginity, maidenhood, maidenhead.

Maag·den·burg *(geog.)* Magdeburg.

maai[1] *n.: gaan/loop na jou ~!, (sl.)* go to blazes! *(sl.)*; *jou* ***geld*** *is na sy ~* one's money is down the drain; *iem. is* ***in*** *sy/haar ~, (infml.)* s.o. is a goner; *jou* ***malle*** *~ (na iets) afsoek, (infml.)* search high and low (for s.t.).

maai[2] *ge*=, *vb.* cut *(grass, corn)*; *(chiefly hist.)* mow; *(also Bib.)* reap; scythe; take a heavy toll; *~ waar jy nie* ***gesaai*** *het nie* reap where one has not sown; *baie* ***mense*** *is afge~* many people were mown/cut down, many died; *~* ***onder*** *die ...* kill a great many of the ... *(sol=diers)*; polish off the ..., eat most of the ... *(fruit on a tree)*. *~ en* ***pagaai****, (rare, of children)* bustle and fidget; *wat jy* ***saai****, sal jy ~* →SAAI[2]. **~masjien** reaping ma=chine, reaper, harvester, mower. **~tyd** reaping/har=vest time.

maai·er[1] =*ers* mower, reaper, harvester.

maai·er[2] =*ers* maggot, grub; bot(t); *besmet met ~s* fly=blown, maggoty.

maai·e·ry reaping; →MAAIER[1].

maai·foe·die =*dies*, **maai·foe·lie** =*lies*, **maai·foe=rie** =*ries*, *(sl.)* scoundrel, rascal, blackguard.

maak *n.* making; *iets is in die ~* s.t. is being made, s.t. is in the making; *iem. het iets in die ~* s.o. is having s.t. made. **maak** *ge*=, *vb.* make *(things, a dress, a difference, 5 points, 6 runs, a fortune, a name, enemies, friends, poems, laws, trips, journeys, sounds, etc.)*; form *(an idea of)*; mix *(a drink)*; create, construct, coin, turn out; do; *~* ***(as)of*** *...* make as if ...; pretend to ...; *~* ***(as)of*** *jy dood is* play dead; *~* ***(as)of*** *jy iets doen* go through the motions (*or* make a pretence) of doing s.t.; *~* ***(as)of*** *jy kwaad/ens. is* one's anger/etc. is all put on; *~* ***(as)of*** *jy spyt is* make a show of regret, put on a semblance of regret; *~ en* ***breek*** *(soos jy wil)* do just as one pleases, have one's own way; *... kan iem. ~ of* ***breek*** ... can make or break/mar s.o.; *iem. ~* ***daarna****, (infml.)* s.o. is asking for it; ***daarvan*** *~ wat jy kan* make the best of it; *~* ***dat*** *iets gebeur* cause s.t. to happen; *~* ***dat*** *iem. hard werk* make s.o. work hard; *~* ***dat*** *jy wegkom!* be off!, get out!; ***dit*** *~* manage (it), succeed, *(lit. & fig.)* get there; ***dit*** *~ R100* it makes R100; *iem.* ***erger*** *~ as wat hy/sy is* make s.o. out worse than he/she is; *'n* ***gedig*** *~* write a poem; *~ soos jy* ***gesê*** *word* →SÊ *ww.*; *iets* ***gou/inderhaas*** *~* throw s.t. together; run s.t. up; *met iets te ~/make* ***hê*** be involved in s.t.; have a share in s.t.; be up against s.t. *(infml.)*; *met iem. te ~/make* ***hê*** have s.o. to contend with; *niks met iem./iets te ~/make wil* ***hê*** *nie* want nothing to do with (*or* want none of) s.o./s.t.; *dit* ***het*** *met ... te ~/make* it has to do with ...; *wat* ***het*** *dit met ... te ~/make?* what has it got to do with ...?; *wat* ***het*** *jy daarmee te ~/make?* what is that to you?; *iets van* ***kant*** *~* →KANT[1] *n.*; *die* ***klere*** *~ die man* →KLERE; ***"klik"*** *~* go "click"; *met iets te ~/make* ***kry*** be faced with s.t., come up against s.t. *(infml.)*; *met iem. te ~/make* ***kry*** find o.s. up against s.o. *(infml.)*; *iets* ***laat*** *~* have s.t. made; *iem. aan die* ***lag/ens.*** *~* set s.o. laughing/etc., set off s.o.; *moenie* ***lank*** *~ nie!* don't be/take long!; *iem. kan dit nie* ***lank*** *~ nie* s.o. cannot last long; *iem. sal dit nie meer* ***lank*** *~ nie, (also)* s.o. is not long for this world; *iem. tot* ***leuenaar*** *~* give s.o. the lie; *wat kan ('n) mens* ***met*** *hom/haar ~?* what can one do about/with him/her?; *iets* ***na/volgens*** *... ~* pattern s.t. after/on ...; ***naam*** *~* →NAAM; *iets tot* ***niet*** *~* →NIET[1]; *dit ~* ***niks*** *nie* →NIKS; *dit het* ***niks*** *daarmee te ~/make nie* →NIKS[1]; *iem. het hier* ***niks*** *te ~/doen nie* s.o. has no business here; *iem. kan jou* ***niks*** *~ nie* s.o. cannot do anything to you; *'n* ***ongeluk*** *~* cause an accident; ***oorlog*** *~* make war, go to war; *iem. aan die* ***praat*** *~* set off s.o.; *dit ~* ***nie saak*** *nie* →SAAK; *~ soos ek* ***sê****, moe=nie ~ soos ek ~ nie* do as I say, not as I do; ***skuld*** *~* →SKULD *n.*; *ook* ***so*** *~* follow suit; *~ dan maar* ***so!*** have it your own way!; *wat ~* ***so?*** what is that noise?; *~* ***soos*** *iem. ~* take one's cue from s.o.; *hy/sy is so ge~ en so (ge)laat* ***staan****, (infml.)* you'll never be able to change him/her; *'n* ***tekening/skildery/ens.*** *~* do a drawing/painting/etc.; *iets* ***uit/van*** *... ~* make s.t. (out) of ...; *iets word* ***van*** *... ge~* s.t. is made of ...; *iets is* ***van*** *... ge~* s.t. was made of ...; *nie weet wat om* ***van*** *iets te ~ nie* not know what to make/think of s.t.; *'n* ***verandering*** *~* →VERANDERING; *iets* ***volgens*** *... ~* →***na/volgens****;* ***wat*** *~ jy daar/hier?* what are you doing there/here?; ***wat*** *~ ... hier?* what is ... doing here?; ***wat*** *~ dit (saak)?* what (does it) matter?; ***wat*** *moet ek ~?* what am I to do?; ***wat*** *het jy nou weer ge~?* what have you done now?; ***wat*** *het jy vir hom/haar ge~?* what did you do to him/her?; *iem. ~* ***weer*** *so* s.o. does it again; *~ dat jy* ***wegkom!*** →WEGKOM; ***werk*** *daarvan ~ om ...* make a point of ...; *iem. wys met* ***wie*** *hy/sy te ~/make het* show s.o. what one is made of; *iem. (kan) ~ net wat hy/sy* ***wil*** s.o. does exactly as he/she likes; s.o. has it (all) his/her own way; s.o. gets away with murder *(infml.)*; *~ soos jy* ***wil*** be a law unto o.s.; *~ soos jy* ***wil!*** do as you like/please!, do what you like!; please your=self!; *met iem. ~ wat jy* ***wil*** mould s.o. like wax; have s.o. in one's pocket; *laat iem. ~ wat hy/sy* ***wil*** let s.o. do his/her worst.

maak-: **~loon** charge for making, making charge, cost of making up (*or* of manufacture). **~-soos-ek** *(game)* follow-my-leader; →NAVOLGERTJIE. **~werk** manufac=ture *(of literature etc.)*.

maak·sel =*sels* make, handiwork, workmanship, manu=facture; concoction; coinage; *iets is eie ~* s.t. is (of) one's own make; *van Britse/ens. ~* British/etc. made/manufacture, made in Britain/etc., British/etc. make.

maal[1] *male*, *n.* →MAALTYD; *iets is* ***mosterd*** *na die ~* →MOSTERD; ***na*** *die ~ wees, (fig.)* miss the boat/bus. **~tyd, maal** meal; repast *(fml.)*; board; spread; *'n ~* ***berei/***

klaarmaak prepare a meal; 'n dampende ~ a steaming hot meal; wie nie pas op sy tyd, is sy maaltyd kwyt latecomers dine with Duke Humphrey; ligte ~ light meal, collation, snack; 'n ~ van iets maak dine off/on s.t.; 'n stewige/stywe ~ a hearty/square/substantial meal.

maal[2] *male, n.* time; →KEER *n.; albei* (of *al twee*) *male* both times; *al twee* ~ →*twee; baie male* many times; *een* ~ once; *hierdie een* ~ (for) this once; *meer as een* ~ more than once; *nog een* ~ once more, one more time; *iem. het aan een ~ genoeg* once is enough for s.o.; *(tog) een* ~ for once; *een/twee/drie* ~ ... once/twice/three times ...; *die eerste/ens.* ~ the first/etc. time; *(vir) die eerste/ens.* ~ for the first/etc. time; *vir die eerste, die tweede, die laaste* ~ going, going, gone; *elke ~ dat iem.* ... every time s.o. ...; *'n/een enkele* ~ once, a/one single time; *nie een enkele ~ nie* never/not once; *enkele male* a few times; once or twice; *drie ~ so groot as* ... three times as big/large as ...; *dit is twee ~ so groot as* ... it is double/twice the size of ...; *hoeveel ~ al* →HOEVEEL; *een ~ in 'n/die jaar/maand/week* →*per; drie ~ vier is twaalf* three times four is twelve; *twee ~ een is twee* twice one is two; *nege uit die tien* ~ nine times out of ten; *nog 'n* ~ once/yet again, once more; (all) over again; *nog 'n ~ gebeur* happen for the second time; *'n ~ of twee, drie* two or three times; *een/twee ~ op 'n dag* →*per; 'n paar* ~ once or twice; a few times; *een/twee ~ per* (of *op 'n*) *dag* once/twice a day; *een/twee ~ per* (of *in 'n/die*) *jaar/maand/week* once/twice a year/month/week; *dit is twee ~ so ver/vêr as tussen ... en* ... it is double the distance between ... and ...; *twee ~ soveel* as much again; *male sonder tal, tallose male* times without number, times out of number; *ten ene male* once (and) for all; *al twee ~, tweeal* twice already; *'n tweede ~ gebeur* happen for the second time; *verskeie male* several times. **maal** *ge-, vb.* multiply; *ses met drie* ~ multiply six by three. **~teken** multiplication sign.

maal[3] *ge-, vb.* grind, mill; mince; circle around; eddy; mull; put through the mill; *die beeste ~ in die kraal* the cattle are milling about in the kraal; *eerste kom, eerste* ~ →EERSTE *n., adj. & adv.; oor 'n gedagte* ~ mull over an idea; *iets bly in/deur iem. se gedagtes/kop* ~ s.t. preys on/upon s.o.'s mind; *iem. se kop* ~ s.o. feels dizzy/giddy; *dit ~ in jou kop* it keeps running in one's head; *(aanhoudend/gedurig) oor een ding* ~ have a bee in one's bonnet about s.t. *(infml.)*; be possessed by/with s.t. *(an idea etc.)*; *iem. ~ (aanhoudend/gedurig) oor iets* s.o.'s mind runs on s.t; *twee harde stene ~ nie, (rare)* when Greek meets Greek (then is/comes the tug of war), diamond cut diamond; *dit ~ maar voort* it keeps on and on. **~beweging** grinding motion. **~gat** whirlpool; pothole *(in a stream)*. **~geld** miller's/milling fee, toll. **~graan** →MAALKORING. **~klip** grinding stone; muller. **~klippers** pebbles *(in a tube mill)*. **~kolk** →MAALGAT. **~koring, ~graan** grist. **~loon** *(hist.)* multure. **~stroom** *-strome, (liter., fig.)* maelstrom, whirlpool, vortex, welter. **~tand** molar (tooth), grinder. **~toets** mill test. **~vleis** minced/ground meat, mince.

maal·baar *-bare* millable.

maan[1] *mane, n.* moon; *die afgaande/afnemende* ~ the waning moon; *teen die ~ blaf* bay at the moon; *die ~ gaan onder* the moon sets; *iem. is met die ~ gepla* s.o. is moonstruck; *deur die ~ getik wees* be loony/balmy; *die ~ groei* the moon waxes (*or* is on the increase); *die groeiende/wassende* ~ the waxing moon; *die ~ is half* there is a crescent moon; *glo dat die ~ van kaas gemaak is* believe that the moon is made of green cheese; *die ~ kom op* the moon rises; *(rare)* here comes Baldy *(referring to a baldheaded pers.)*; *dis ligte* ~ there is a moon; *loop/vlieg na die ~!, (sl.)* go to blazes!, go and boil your head!; *iem. kan iets net so min doen as die man in die ~, (infml.)* s.o.'s claims that he/she can do s.t. are just moonshine; *die man(netjie) in die* ~ the man in the moon; *iets is na die ~, (infml.)* s.t. has been ruined, s.t. is lost *(a reputation etc.)*; nothing has come of s.t. *(s.o.'s good intentions etc.)*; *sy skool gaan na die* ~ his school is going to the dogs (*or* to rack and ruin *or* to pot); *die ~ neem af* the moon wanes (*or* is on the wane); *aan die ~ wil vat* want the moon; reach for the moon; *die ~ is vol* the moon is (at the) full, there is a full moon. **~baan** orbit of satellite, satellite orbit. **M~berge** *(geog.)* Mountains of the Moon. **~besie** →MAANKARRETJIE. **~beskrywing** selenography. **~bewing** moonquake. **~bewoner** inhabitant of the moon, *(myth.)* lunarian. **~blind** *(vet.)* moon-blind. **~blindheid** moon blindness, mooneye *(in horses)*. **~blom** *(Ipomoea alba)* moonflower. **~boog** →MAANREËNBOOG. **~fase** phase of the moon. **~gestalte** phase of the moon. **~godin** moon goddess. **~halo** lunar halo. **~jaar** lunar/moon year. **~kaart** lunar chart/map, selenograph. **~kalf** *(obs.)* mooncalf. **~karretjie, ~besie, ~waentjie** moon buggy. **~kenner** *(arch.)* lunarian. **~kop** *(bot.: Papaver somniferum)* opium poppy. **~kop** *(rare)* poppy seed; *(pl.: maankoppe)* poppies. **~krans, ~kring** lunar bow. **~kringloop** lunar cycle. **~kundige** selenologist. **~landing** moon landing. **~landingstuig** lunar (excursion) module *(abbr.: LEM)*. **~lens** meniscus. **~maand** lunar month. **~olie** poppy oil. **~oog** →MAANBLINDHEID. **~reënboog** lunar/moon rainbow, moonbow. **~saad** poppy seed, maw seed. **~saadolie** poppy seed oil. **~siek** *-e* moonstruck, moonstricken. **~siekte** lunacy. **~siklus** lunar cycle. **~sirkel** Metonic cycle. **~skyf** disc of the moon, lunar disc. **~spleet** *(astron.)* rill(e). **~steen** *(min.)* moonstone, girasol(e), girosol. **~straal** moonbeam, ray of moonlight. **~top** forelock *(of a horse)*. **~tuig** mooncraft. **~varing** *(Botrychium lunaria)* moonwort. **~vis** *(Mene maculata)* moonfish, ocean sunfish. **~vlek** moonspot. **~vormig** *-e* lunate. **~waentjie** →MAANKARRETJIE. **~wagter** moonwatcher. **~wandeling** moonwalk. **~wetenskap** selenology.

maan[2] *ge-, vb.* exhort, urge, warn, admonish. **~brief** dunning letter; *(relig.)* monitory.

maand *maande, n.* month; *~e aaneen* for months; *aanstaande/volgende* ~ next month; *die afgelope* ~ the last/past month; *al om die ander ~, al om die derde/ens.* ~ →OM[1] *prep.; binne 'n* ~ inside (of) a month; *binne drie ~e* in three months, in three months' time; *die ~ daarop* the next month; *dis ~e dat X laas gesien is* X has not been seen for months; *dié/hierdie* ~ this month; *elke* ~ every month; *ek het hom/haar in geen ~e gesien nie* I haven't seen him/her for months; *die hele ~ (deur)* throughout the month, the whole month long; *die laaste* ~ the last month *(of a period)*; *'n ~ lang(e)* ... a month-long ...; *~e (lank)* for months; *in minder as 'n* ~ inside (of) a month; *~ ná* ~ month in, month out; →MAANDIN; *die ~ Oktober/ens.* the month of October/etc.; *oor 'n* ~ in a month, in a month's time; *oor drie ~e* in three months, in three months' time; *'n ~ ou/oud/oue* ... a month-old ...; *'n ~e oue* ... a months-old ...; *... per* ~ ... a/per month; ... monthly; *die ~ tevore* the previous month; *vandag oor 'n* ~ this day month, today month; *voordat baie ~e verby is* before many moons (are past); *verlede* ~ last month; *vir 'n ~ ... toe gaan* go to ... for a month; *volgende* ~ →*aanstaande/volgende; die volgende* ~ the next month; *die vorige* ~ the previous month. **~berig** monthly report/statement. **~blad** monthly (magazine/journal/periodical/publication). **~duif** common pigeon. **~geld** *(obs.)* monthly pay/salary; monthly allowance. **~gemiddelde** monthly average. **~gras** orchard grass. **~in:** *~ en maanduit* month in, month out. **~kaart(jie)** monthly ticket. **~klawer** moon trefoil. **~siek:** *~ wees, (dial., dated, rare)* = MENSTRUEER. **~siekte** *(dial., dated, rare)* →MAANDSTONDE, MENSTRUASIE. **~staat** monthly return/statement. **~stonde** *-s* menstruation, menstrual period, menses; *(also, in the pl.)* (monthly) period(s), courses *(rare)*, monthlies; *jou ~ hê/beleef* have one's/a period. **~stondepyn** period pain. **~verslag** monthly report. **~vloed** *(rare)* →MAANDSTONDE, MENSTRUASIE.

Maan·dag Monday; *blou* ~ →BLOU *adj.; 'n ~se gevoel* a Mondayish feeling; *iem. werk nie Maandae nie* s.o. doesn't work on Mondays. **~aand** *ens.* →DINSDAG.

maan·de·liks *-likse, adj. & adv.* monthly, once a month, every month.

maan·haar maned lion; hogback, hog's back; (hair from a) mane; *(pl.: maanhare)* mane, fringe; crest; *iem. se maanhare rys, (infml.)* s.o.'s hackles rise; *iem. se maanhare rys gou* s.o. is quick to take offence, s.o.'s hackles rise quickly; *iem. se maanhare laat rys, (infml.)* get s.o.'s hackles up, raise s.o.'s hackles, make s.o.'s hackles rise; *sonder maanhare* maneless. **~jakkals** *(Proteles cristatus)* aardwolf, maned jackal. **~leeu** maned lion.

maan·lig moonlight. **~aand** moonli(gh)t night/evening. **~blond** *adj., (rare)* platinum-blonde; →WITBLOND. **~blondine** *n., (rare)* platinum blonde. **~krans** lunar corona. **~nag** moonli(gh)t night. **~straal** moonbeam.

maan·loos *-lose* moonless.

maans-: **~omloop** *(astron.)* lunation, lunar revolution. **~ondergang** moonset. **~opkoms** moonrise. **~verandering** phase of the moon. **~verduistering** *-s, -e* lunar eclipse, eclipse of the moon.

maan·skyn moonlight, moonshine; **~aand** moonli(gh)t night/evening. **~nag** moonli(gh)t night.

maan·tjie *-tjies, (dim.)* moonlet.

maar[1] *mare, n., (geol.)* maar.

maar[2] *mare, n., (rare)* but; *daar is 'n ~ by* there is a but in the matter. **maar** *adv. & conj.* but, merely, only, just; yet, however; *~ alte graag* all/only too gladly; *as ... ~ hier was!* if only ... were here!, how I wish ... were here!; *darem ~ nog klein* quite small as yet; *iem. moet dit ~ doen* s.o. had better do it; *as ek ~ ... gehad het!* oh for ...!; *dis ~ goed ook* it's just as well; and a good thing too, and quite right too; *jy kan ~ praat* you may speak freely; *iem. kan mos ~ loop* s.o. could always walk; *iem. kon ook ~ gegaan/ens. het* s.o. might just as well have gone/etc.; *~ dis koud!* my, it's cold!; *dis ~ menslik* it's only human; *jy sal ~ moet wag* you will just have to wait; *~ nee, dit sou nie gebeur nie* but it was not to be; *nie ~ nie, hoor!* but me no buts!; *iem. het nog ~ begin toe* ... s.o. had hardly begun before ..., s.o. had just started when ...; *nog ~ 'n snuiter* a mere youngster/boy; *'n week of ook ~ 5 dae* a week or even 5 days; *~ te duidelik wees* be crashingly obvious; *toe ~!* all right!, don't worry; just you wait! *(encouragement or threat depending on the tone)*; *~ verlede week/maand* only (*or* as recently as) last week/month; *vertel dit ~ aan my* better tell it to me; you may tell me; *wag ~!* just you wait!; *soveel soos jy ~ wil* as much as ever you want.

maar·skalk *-skalke, -skalks* marshal. **~srang** rank of marshal. **~staf** marshal's baton.

Maart *n.* March. **~blom** *(bot.: Haemanthus coccineus)* April fool; March flower; *(Haemanthus spp.)* blood flower, snake lily. **~lelie** *(bot.: Amaryllis belladonna)* March/Easter lily, South African amaryllis, belladonna lily. **~maand** the month of March.

Maas: *die ~, (river)* the Meuse.

maas[1] *mase, n.* mesh. **maas** *ge-, vb.* mesh; darn; re-knit; do invisible mending. **~binding** mesh weave. **~draad** mesh wire, wire mesh. **~kouse** *(pl.)* mesh stockings. **~steek** mesh stitch; grafting stitch. **~stof** mesh (fabric). **~werk** network, mesh work; *(archit.)* tracery. **~wydte** size of mesh; size of a sieve.

maas[2], a·maas *n.* calabash milk, sour porridge. **~kaas** cottage cheese.

maas·ban·ker →MARSBANKER.

Maas·tricht *(geog.)* Maastricht. **~verdrag, ~ooreenkoms** *(1992)* Maastricht Treaty.

maat[1] *mate* measure, size, gauge; measurement, quantum; *(mus.)* tempo, time, bar, measure *(Am.)*; *(poetry)* measure, metre; →MATE; *die ~ aangee, (mus.)* mark time; *in die ~ bly* keep time *(with the music)*; *bo* ~ beyond measure, exceedingly; *by die ~ verkoop* sell by measure; *'n ~ dra* take a size; *driedelige mate, (mus.)* bars with three beats; *mate vir droë/nat ware* dry/liquid measures; *die eerste mate, (mus.)* the opening bars; *die ~ van die gedig* the metre of the poem; *na ~ gemaak wees/word* →*op/na; mate en gewigte* weights and measures; *goeie* ~ good/full measure; *by die groot* ~ in large quantities; in bulk; *by die groot ~ koop* buy wholesale; *iets by die groot ~ verkoop* sell s.t. in bulk; *die ~ hou, (mus.)* keep time; *iets by die klein ~ verkoop* sell s.t. (at/by) retail; ***kubieke*** *~* →KUBIEK *adj.; met dieselfde ~ waarmee julle vir ander* ***meet,*** *sal vir julle gemeet word, (NAB)* with what measure ye mete, it shall be measured to you again *(AV); die ~/mate van ...* ***neem*** take the measurements of ...; ***op*** *(die) ~ van ...* to the beat of ...; in time to ...; ***op/na*** *~ gemaak wees/word* be custom-made (*or* made to measure); *iets* ***op/na*** *~ laat maak* have s.t. made to measure; *'n pak klere* ***op/na*** *~* a suit to measure, a tailor-made suit; *twee mate* ***rus,*** *(mus.)* two bars rest; *die ~* ***slaan,*** *(mus.)* beat/keep time; ***slegte*** *~* short measure; *met* ***twee*** *mate meet* apply double standards; show partiality; ***uit*** *die ~* out of time; *die ~ van iem. se* ***voet*** *neem* take the measure of s.o.'s foot; *iem. se ~ is* ***vol*** s.o.'s cup is full; ***volle*** *~* full measure; ***watter*** *~ dra jy?* what size do you take?. **~analise** *(chem.)* volumetric analysis. **~band** tape measure, measuring tape. **~beker,** *(rare)* **meetbeker** measuring jug. **~deel** volume part. **~eenheid** unit of measure, denomination, measuring unit. **~emmer** bucket measure; *jou lig/lamp onder 'n ~ verberg/wegsteek* hide one's light under a bushel. **~fles** measuring flask. **~getal** measure. **~gevoel** sense of rhythm. **~gewer** *(mus.)* modulator. **~glas,** *(rare)* **meetglas** measuring glass, graduated measure, gauge. **~koeël** standard bullet. **~koord** string measure. **~koppie,** *(rare)* **meetkoppie** measuring cup. **~lengte** gauged length. **~lepel** *(rare)* **meetlepel** measuring spoon. **~lint** *(rare)* →MAATBAND. **~lont** time fuse. **~lyn** dimension/measuring line; *(mus.)* bar line. **~model** dummy. **~plaat** *(archit.)* templet, template. **~plank** *(woodwork)* scantling. **~reël** measure, precaution; *halwe ~s* half measures; *~s tref/neem* take steps/measures; *~s teen iets tref/neem, (also)* provide against s.t.. **~skets** dimensional sketch. **~skoppie** measuring scoop. **~slag** beat. **~soortteken** time signature. **~staf** *=stawwe* standard, measure, gauge, criterion; yardstick; *'n ~* ***aanlê*** apply a yardstick; apply a criterion; apply a standard; *iets as ~* ***gebruik*** use s.t. as a yardstick; *met 'n ~* ***meet*** apply a yardstick; *'n ~* ***vir*** *iets* a test for s.t.; ***volgens*** *dié ~* (measured) by this yardstick; ***volgens*** *dié maatstawwe, (also)* measured by these standards; ***volgens*** *iem. se ~* by s.o.'s standard(s). **~stelsel** system of measures/measurement. **~stok, meetstok** *(shopkeeper's)* yardstick; *(shoemaker's)* size stick; *(carpenter's)* rule; measuring rod; gauge (rod); *(mus.)* →DIRIGEERSTOK. **~streep** *(mus.)* bar (line). **~syfer** dimension figure. **~teken** →MAATSOORTTEKEN. **~variasie** variation in dimension. **~vas** *=te* (steady in) keeping time. **~vastheid** steadiness (in keeping time). **~werk** *(rare)* goods made to order/measure.

maat² *maats, maters* pal, chum, buddy *(Am., infml.),* friend, mate *(Austr., Br.),* comrade, companion; *(sport)* (team)mate, partner; compeer *(arch.);* fellow; *iem se ~s is* ***dood,*** *(infml.)* s.o. is without a rival (or has no equal), no one can hold a candle to s.o.; *hulle is* ***groot*** *~s* they are great friends; *(infml.)* they are great chums (*or* as thick as thieves), they are very chummy; ***groot*** *~s met iem. wees, (also)* be buddy-buddy with s.o.; ***groot*** *~s word* get on/along like a house on fire; ***Jan Rap*** *en sy ~* →JAN; *met iem. ~s* ***maak*** chum/pal up with s.o. *(infml.),* make friends with s.o.; ***met*** *iem. ~s wees* be good friends with s.o.; hobnob with s.o.; *... is* ***nie*** *jou ~ nie!* treat ... with more respect! *(s.o.);* don't get familiar with ...!; ***ou*** *~, (infml.)* old chap/bean/man/sport *(in addressing s.o.); 'n* ***skoen*** *se ~* the pair to a shoe; ***weer*** *~s wees* make up.

maat·jie¹ *=tjies, n. (dim.)* small measure, gauge. →MAAT¹.

maat·jie² *maatjies, matertjies, n., (dim.)* little friend/mate/pal/playmate; →MAAT².

maat·loos *=lose: maatlose verse* free verse, vers libre *(Fr.).*

maat·skap comradeship, friendship. **maat·skap·lik** *=like* social; *~* ***gesind*** public-spirited; *~e* ***klas/stand*** social class; *~e* ***manipulasie*** social engineering; *~e* ***pensioen*** social pension; *~e* ***werk*** welfare/social work; *~e* ***werker/werkster*** welfare/social worker.

maat·skap·py *=pye* society; company; association; corporation; *~ op* ***aandele,*** *(<Du.)* →AANDELEMAATSKAPPY; *~ met beperkte* ***aanspreeklikheid*** limited liability company, company with limited liability; *'n ~* ***oprig/stig*** establish/float/form a company; ***stand*** *in die ~* social position. **~beeld** corporate identity/image. **~belasting** company tax; corporation tax. **~beleid** company policy. **~blad** (in-)house magazine/journal. **~direkteur** company director. **~groep, ~reg, ~wet** →MAATSKAPPYEGROEP, MAATSKAPPYEREG, MAATSKAPPYEWET. **~lojaliteit** company loyalty. **~motor** company car. **~prokureur** company lawyer. **~sekretaris** company secretary.

maat·skap·py·e-: **~groep** group of companies. **~reg, maatskappyreg** company law. **~wet, maatskappywet** companies act.

ma·be·la, ma·bê·la *(<Ngu.):* **~(pap)** mabela.

ma·ca·dam *(road surfacing)* macadam. **ma·ca·da·mi·seer** *ge-* macadamise.

ma·ca·da·mi·a, ma·ka·da·mi·a *(bot.)* macadamia. **~neut** macadamia nut.

ma·ca·ro·ni macaroni. **~-en-kaas** *(cook.)* macaroni cheese.

Mac·ca·bae·us →JUDAS MAKKABEÜS.

ma·cé·doine *=nes, (Fr., cook.)* macédoine.

Mach: **~(getal)** *(also m~)* Mach (number). **~meter** *(also m~, aeron.)* Machmeter.

Ma·chi·a·vel·li *(also fig.)* Machiavelli. **Ma·chi·a·vel·li·aans** *=aanse, (also m~)* Machiavellian. **Ma·chi·a·vel·lis·me** *(also m~)* Machiavellianism.

ma·cho *adj.* macho. **~ (man), ~ (meneer)** *(infml.)* macho, he-man, hunk (of a man).

ma·cra·mé macramé (lace).

Ma·da·gas·kar *(geog.)* Madagascar; **~bees** = MALGASBEES.

ma·dam *=dams, n.* fine/grand lady.

ma·da·po·lam *(text.)* madapol(l)am.

ma·das·ter *=ters* Malay sandal.

ma·dei·ra·wyn Madeira (wine).

ma·de·lie·fie *=fies, (bot.)* daisy, gowan *(Sc.); Barbertonse ~* →GERBERA; *Namakwalandse ~* →NAMAKWALANDS; *string ~s* daisy chain. **~steek** lazy daisy stitch.

Ma·di·ba *(infml.: ex-pres. Nelson Mandela)* Madiba.

Madj·lis *(parliament, esp. in Iran)* Majlis.

ma·doem·bie *(bot.)* madumbi.

Ma·don·na *=nas* Madonna. **m~beeld** = MARIABEELD. **m~lelie** Madonna lily.

Ma·dras *(geog.)* Madras; *(m~, text.)* madras. **~(serp)** madras.

ma·dres·sa, ma·dras·sa *=sas, (Islam. educational institution)* madrasa(h), medrese.

Ma·drid *(geog.)* Madrid. **Ma·drids** →MADRILEENS. **Ma·drid·ter** →MADRILEEN.

ma·dri·gaal *=gale, (mus.)* madrigal. **ma·dri·gaal-** *comb.* madrigalian. **ma·dri·ga·lis** *=liste, (mus.)* madrigalist.

Ma·dri·leen *=lene,* **Ma·drid·ter** *=ters, n.* Madrilenian. **Ma·dri·leens** *=leense,* **Ma·drids** *=dridse, adj.* Madrilenian.

Mae·ce·nas, Me·se·nas *(Rom. statesman)* Maecenas; *(fig., m~)* Maecenas, art patron.

ma·er *maer maerder maerste* lean, thin; scraggy, scrawny, attenuated; bony, angular, gaunt; slender, slim, spare; jejune; *(fig.)* poor, meagre; low-grade *(coal, ore, etc.);* lean, meagre *(concrete);* cold, meagre *(lime);* lean *(meat); ~ en* ***benerig*** rawboned; *~* ***jare*** locust years; *~* ***nekstuk*** scrag(-end); ***so*** *~ soos 'n kraai,* ***vrek*** *~, (infml.)* as thin as a lath/rake; *soos 'n ~* ***vark*** *skreeu/skree* →SKREEU; ***vrek*** *~* →***so;*** *~* ***word*** get thin, lose weight; *5 kilogram ~der* ***word*** lose 5 kilograms. **~man** *=ne, (rare)* the west wind. **~man(bol)** *Urginea altissima; Ornithogalum prasinum.* **~merrie** shin, shank; *jou ~ stamp* bark one's shin.

ma·e·re·tjie *=tjies* little thin one. **ma·er·heid, ma·er·te** thinness, leanness, slenderness; jejuneness; meagreness.

ma·e·sto·so *adj. & adv., (It., mus.)* maestoso.

ma·es·tro *=tro's* maestro.

Ma·fi·a Mafia. **~baas** Mafia boss, godfather, capo *(It.).* **~lid** mafioso, member of the Mafia.

Ma·fi·keng *(geog.)* Mafikeng.

mag¹ *magte, n.* power, might, force, strength; mightiness; sway; potency; puissance; control; authority; *(math.)* power; *iets met (alle) ~* ***aanpak,*** *iets met alle ~ en krag* ***aanpak*** go at s.t. hammer and tongs *(infml.);* get stuck into s.t. *(infml.); met/uit* ***alle*** *~* for dear life; with all one's might; with might and main; all out, for all one is worth; *met* ***alle/volle*** *~, (also)* full out; *'n ~ op die* ***been*** *bring* raise a force; *iem. met ~* ***beklee*** vest s.o. with power(s); *die ~* ***berus*** *by iem.* the power is vested in s.o.; ***binne*** *iem. se ~* within s.o.'s grasp; *iets is* ***bo(kant)*** *iem. se ~, iets gaan iem. se ~ te* ***bowe*** s.t. is not in (*or* does not lie in) s.o.'s power; ***bose*** *~te* evil forces; *iets is* ***buite*** *iem. se ~* s.t. is out of s.o.'s power; ***by*** *~te wees om te ...* be able to ..., be in a position to ...; *nie* ***by*** *~te wees om te ... nie* be unable to ..., be in no position to ..., not be in a position to ...; ***derde*** *~* →DERDE; *van* ***dieselfde*** *~* coordinate; *iets* ***gee*** *iem. ~* s.t. gives s.o. power/leverage; *met ~ en* ***geweld/krag*** with might and main; by (main) force; *dit is die ~ van die* ***gewoonte*** →GEWOONTE; *die ~ in die* ***hande*** *kry* come/get into power; *die ~ (in die hande)* ***hê*** be in control; be in power; *iem. volkome in jou ~* ***hê*** have s.o. in the hollow of one's hand, have/hold s.o. in the palm of one's hand; have the whip hand over s.o.; ***in*** *iem. se ~ wees* be in s.o.'s power ; be at s.o.'s mercy (*or* at the mercy of s.o.); *iets is* ***in*** *iem. se ~* s.t. is/lies in s.o.'s power; *iets is nie* ***in*** *iem. se ~ nie* s.t. is not in s.o.'s power, s.t. does not lie in s.o.'s power; *iets goed* ***in*** *jou ~ hê* have s.t. well in hand; *met ~ en* ***krag*** →***geweld/krag;*** *~* ***kry*** rise to power; *~ vir die* ***massas*** people power; *'n ~ der* ***menigte*** a vast crowd; *'n ~ der* ***menigte*** *... no end of ... (infml.); met ~ en* ***mening*** with might and main; by (main) force; *'n ~ van* ***mense*** crowds of people; ***onbeperkte*** *~(te)* unlimited power(s); *~ is* ***reg*** might is right; *iem. se ~* ***reik*** *ver/vêr* s.o. has a long arm *(fig.); die ~ agter die* ***skerms*** the power behind the throne; *~te agter die* ***skerms,*** *(also)* wheels within wheels; ***tot*** *die derde/ens. ~* to the third/etc. power; *~* ***uitoefen*** wield power; *die 2de ~* ***van*** *5 is 25* 5 squared (*or* 5 to the 2nd power) equals 25, the 2nd power of 5 is 25; *iets tot die derde/ens. ~* ***verhef*** raise s.t. to the third/etc. power; *~ aan iem.* ***verleen*** vest s.o. with power(s); *die ~* ***verloor*** fall from power. **~brief** *(jur.)* warrant, power of attorney. **~gewer** principal, person who instructs another to act as his agent. **~hebbend** *=e* having authority. **~hebbende** *=s* one in authority. **~hebber** *=s* one in authority, ruler; potentate; *die ~s* the powers that be, the establishment. **~punt** power *(of lever),* point of application of effort; radial axis, axial. **~sentrum** power centre. **~spreuk** authoritative utterance; catchword, watchword, spell word; silencer, clincher. **~struktuur** power structure. **~stryd** power struggle. **~sug** megalomania. **~sugtig** megalomaniac; *~ wees* be a megalomaniac. **~sugtige, ~vraat** megalomaniac. **~woord** authoritative word; →MAGSPREUK.

mag² *interj.* →MAGTIG².

mag³ *vb. (p.t.: mog)* may, be allowed/permitted; ***as*** ***ek*** *~* if I may; *iem. ~/kan* ***bly wees*** *daaroor* s.o. may rejoice at it; *bid dat iem. ~* ***deurkom*** pray that s.o. may get through; ***dit*** *~* it is allowed; ***dit*** *~ nie* that may not be, it is prohibited; ***dit*** *~ nie (gedoen word nie)* it is not allowed; *iem. ~ iets* ***doen*** s.o. is allowed to do s.t.; s.o. may do s.t.; *iem. ~ iets nie* ***doen*** *nie, (also)* s.o. is not supposed to do s.t.; *~* ***ek*** *...?* may I ...?; allow me to ...!; *wat ook al ~* ***gebeur*** happen what may; *~ dit* ***gebeur!*** I wish it would happen!; *iem. ~ dit nie* ***gedoen*** ***het*** *nie* s.o. was not entitled/authorised to do it; *~ dit die* ***geval*** *wees, dan ...* if so, then ...; *~ die* ***Here*** *ons help* may God help us; ***jy*** *~* one may (*or* is allowed to); *iem. ~ op ...* ***reken*** s.o. may count on ...; *iem. ~ dit nie* ***sê/weet*** *nie* s.o. is not supposed to say/know it; *jy ~ nie* ***steel*** *nie, (Bib.)* thou shalt not steal; *jy ~ nooit* ***teenpraat/teëpraat*** *nie* one must not contradict; *mog 't* ***treffe!*** oh for a piece of luck!.

ma·ga·syn *=syne* store(s), storehouse, storeroom; warehouse; magazine *(of a rifle)*. ~**geweer** magazine rifle. ~**klerk** stores clerk. ~**knip** magazine catch. ~**meester** storeman, storekeeper.

Mag·da·le·na Magdalen(e), Madeline. **Mag·da·le·nien,** *n.* Magdalenian. **Mag·da·le·nies** -*niese, adj.* Magdalenian.

mag·dom lot(s), heap(s), crowd(s); *'n ~ (van) ...,* *(infml.)* heaps of ... *(things)*; a profusion of ... *(flowers etc.)*; a wealth of ... *(fruit etc.)*; *(infml.)* oceans of ...; *'n ~ (van) mense* crowds of people.

Ma·gel·laan *(Port. explorer)* Magellan; *Straat van ~, (geog.)* Strait of Magellan, Magellan's Strait. **Ma·gel·laan·se Vlek·ke/Wol·ke** *(astron.)* Magellanic Clouds.

ma·gen·ta magenta, crimson.

mag·gies *interj.* →MAGTIG².

ma·gie¹ -*gies, (dim.)* tummy, paunch, *(infml.)* a bit of a belly; gizzard *(of a bird)*.

ma·gie² *n.* magic (art). **ma·gi·ër** -*giërs, n.* magician; magus *(in the pl.* magi*)*, mage *(arch. or poet., liter.)*. **ma·gies** -*giese, adj.* magic; *~e realis* magic(al) realist; *~e realisme* magic(al) realism.

ma·gilp →MEGILP.

Ma·gi·not·li·nie *(mil. hist. or fig.)* Maginot Line.

ma·gis·ter -*ters* master (of arts/science/etc.). **ma·gis·ter(s)·graad** master's degree.

ma·gi·straal -*strale* magisterial, authoritative; masterly; magistral, masterful, imposing, grand.

ma·gi·straat -*strate* magistrate, *(SA)* →LANDDROS; *(hist.)* gonfalonier; *(icht.)* red stumpnose, Miss Lucy *(also m~ l~, SA, infml.)*. ~**setel** seat of magistrate. ~**skap** magistracy.

ma·gi·straats-: ~**distrik** *(hist.)* magisterial district, magistracy, magistrature. ~**hof** magistrate's court, police court. ~**kantoor** magistrate's office, magistracy. ~**klerk** magistrate's clerk. ~**woning** *(hist.)* residency.

ma·gi·stra·tuur -*ture* →MAGISTRAATSDISTRIK.

Mag·jaar -*jare, n.* Magyar, Hungarian. **Mag·jaars** *n., (language)* Magyar. **Mag·jaars** -*jaarse, adj.* Magyar, Hungarian; *~e mou* Magyar sleeve.

Mag·le·mo·se- *comb., (archaeol.)* Maglemosian, Maglemosean. ~**kultuur** Maglemosian, Maglemosean.

mag·ma -*mas, (geol.)* magma. **mag·ma·ties** -*tiese* magmatic.

mag·naat -*nate* magnate, tycoon.

Mag·na Car·ta *(Eng. hist.)* Magna C(h)arta.

mag·neet -*nete* magnet; magneto; lodestone, loadstone. ~**afwyking** magnetic declination. ~**anker** (magnetic) armature. ~**band** magnetic tape. ~**ewenaar** magnetic equator. ~**helling** magnetic inclination/dip. ~**kaart** magnetic card. ~**kaartleser** magnetic card reader. ~**krag** magnetic force. ~**lyne** magnetic lines of force. ~**naald** magnetic needle, compass needle. ~**pool** magnetic pole *(of a magnet)*. ~**steen** loadstone, lodestone, magnetic ironstone. ~**strook,** ~**strokie** magnetic strip/stripe *(across the back of a credit card etc.)*. ~**veld** magnetic field. ~**yster** = MAGNETIET.

mag·ne·si·a magnesia, magnesium oxide, bitter earth. ~**water** milk of magnesia.

mag·ne·sies -*siese* magnesic; magnesian. **mag·ne·siet** *(min.)* magnesite.

mag·ne·si·um *(chem., symb.:* Mg*)* magnesium. ~**band** magnesium ribbon. ~**draad** magnesium wire. ~**houdend** -*e* magnesian, magnesic. ~**lamp** magnesium lamp. ~**lig** magnesium light. ~**poeier** magnesium powder.

mag·ne·ties -*tiese* magnetic; *~e **aantrekking/afstoting*** magnetic attraction/repulsion; *~e **afwyking*** magnetic declination/deviation; *~e **elektrisiteit*** magnetoelectricity; *~e **kompas*** magnetic compass; *~e **kragmeter*** magnetometer; *~e **levitasie/swewing*** magnetic levitation; *~e **moment**, (phys.)* magnetic moment; *~e **myn*** magnetic mine; *~e **noorde/suide*** magnetic north/south; *~e **noordpool/suidpool*** magnetic north/south pole; *~e **skyf**, (comp.)* magnetic disk; *~e **storm*** magnetic storm; *~e **sweeftrein*** maglev (train); *~e **swewing*** →*levitasie/swewing*; *~e **veld*** magnetic field; *~e **weerstand*** reluctance, magnetic resistance. **mag·ne·tiet** *(min.)* magnetite, magnetic iron. **mag·ne·ti·seer** *ge-* magnetise. **mag·ne·ti·seer·baar** -*bare* magnetisable. **mag·ne·ti·se·ring** magnetisation. **mag·ne·ti·seur** -*seurs* magnetiser. **mag·ne·tis·me** magnetism, magnetic susceptibility; magnetics; *observatorium vir ~* magnetic observatory; *dierlike ~* mesmerism.

mag·ne·tie·se-: ~**resonansiebeelding** *(med., abbr.:* MRB*)* magnetic resonance imaging *(abbr.:* MRI*)*. ~**resonansiemasjien,** ~**resonansieskandeerder,** ~**resonansieaftaster, MR-masjien** *(med.)* magnetic resonance imager, MR scanner.

mag·ne·to -*to's, n.* magneto. ~**-elektries** -*e* magnetoelectric. ~**-elektrisiteit** magnetoelectricity. ~**foon** -*fone, (dated)* →BANDOPNEMER. ~**graaf** magnetograph. ~**meter** magnetometer. ~**motories** magnetomotive; *~e krag* magnetomotive force. ~**-ontsteking** magneto ignition. ~**sfeer** magnetosphere.

mag·ne·to·me·trie magnetometry.

mag·ne·ton *(phys.)* magneton.

mag·ne·tron *(electron.)* magnetron.

mag·ni·fi·cat *(Lat., Chr. liturgy)* magnificat.

mag·no·li·a -*lias, (bot.)* magnolia.

mag·nox *(phys.)* magnox. ~**brandstof** magnox fuel. ~**reaktor** magnox reactor.

mag·num·fles magnum.

Ma·gog *(Bib.)* Magog; →GOG.

ma·got -*gots* Barbary ape.

ma·gou¹ *(<Ngu., a non-alcoholic home-brewed drink)* mahewu, mageu.

ma·gou² →GIFBLAAR.

ma·griet(jie) →MARGRIET(JIE).

mags-: ~**aanwyser** *(math.)* exponent, index. ~**arrogansie** arrogance of power. ~**basis** power base. ~**behep,** ~**belus** power crazy, megalomaniac; *~ wees* be power crazy, be a megalomaniac. ~**behepte,** ~**beluste,** ~**wellusteling** megalomaniac. ~**beheptheid,** ~**belustheid** →MAGSWELLUS. ~**bemiddelaar** power broker. ~**bestek** sphere of influence. ~**bestel** establishment. ~**betoon** →MAGSVERTOON. ~**blok** power bloc(k). ~**deler:** *(politieke) ~* cohabitant, cohabitee, cohabiter. ~**deling** sharing of power, power-sharing; *(politieke) ~* cohabitation. ~**ewewig** balance of power. ~**gebied** sphere of influence. ~**greep** coup, putsch. ~**honger** appetite/craving/lust for power; *(also* magshongerig*)* power-hungry. ~**leemte** power vacuum. ~**middel** -*e, -s* weapon *(fig.)*. ~**misbruik** abuse of power; *(jur.)* misfeasance. ~**oordrag** delegacy, transfer of power. ~**oorname** assumption of power. ~**politiek** power politics/play, gunboat diplomacy, machtpolitik *(<Germ.)*. ~**posisie** position of power/authority. ~**uitbreiding** expansion of power. ~**verheffing** *(math.)* involution. ~**verhouding(e)** relative power(s). ~**vertoon** display/parade of power/force, show of strength/force, power play; *'n ~ lewer* make a show of strength. ~**waan** delusion of power. ~**wellus,** ~**beheptheid,** ~**belustheid** lust for/of *(or* craving for*)* power, megalomania; *vol ~* power drunk. ~**wellusteling** →MAGSBEHEPTE. ~**woord** →MAGWOORD.

mag·te·loos -*lose* powerless, helpless, overcome, impotent; *~ staan teenoor iem.* be powerless against s.o.; *~ maak* paralyse. **mag·te·loos·heid** powerlessness, helplessness, impotence, paralysis.

mag·tie *interj.* →MAGTIG².

mag·tig¹ -*tige* powerful, mighty, potent; *iets ~ word* make o.s. master of s.t.; *'n taal ~ wees* have mastered a language, have full command of a language; *jou vak heeltemal ~ wees* have a perfect grasp of one's subject.

mag·tig², mag·tag *(coarse)*, **mag·gies** *(euph.)*, **mag·tie** *(euph.)*, *interj.* (good) heavens/Lord, wow, great Scott, crikey *(infml.)*; *~ maar ek het die geskrik!* Lord, what a fright I got!; *~ man, maak gou!* for heaven's sake, man, hurry up!.

mag·tig³ *ge-, vb.* authorise, warrant, empower, delegate, depute, commission; →BEMAGTIG; *iem. ~ om iets te doen* authorise s.o. to do s.t.. **mag·ti·ging** -*gings, -ginge* authorisation, warrant, mandate, authority; fiat; docket. **mag·ti·gings·brief** letter of authority; charter. **mag·ti·gings·wet** *(jur.)* enabling act/measure.

mag·ti·ge *n.* ruler, leader; *die ~s* the mighty.

Ma·ha·ja·na *(form of Buddh.)* Mahayana.

ma·ha·ra·dja -*djas, (hist., Ind. prince)* maharaja(h). **ma·ha·ra·ni** -*ni's, (fem.)* maharani, maharanee.

ma·ha·ri·sji -*sji's, (Hindu teacher)* maharishi.

ma·hat·ma -*mas, (<Skt., Hind.)* mahatma; *M~ Gandhi* Mahatma Gandhi.

Mah·di: *die ~, (Islam.)* the Mahdi. **Mah·dis·me** Mahdism.

ma·hem -*hemme, -hems, (orn.)* crowned crane. ~**blom** →KRAANVOËLBLOM.

mah·jong *(Chin. game)* mah-jong(g).

ma·ho·nie-: ~**(hout)** mahogany; *Australiese mahonie* jarrah. ~**houtkas** wardrobe/etc. of mahogany, mahogany wardrobe/etc..

Mah·rat·ta -*ratte,* **Mah·ra·thi** -*tas, (Ind. caste)* Maratha, Mahrata. **Mah·rat·ti, Mah·rat·hi** *(language)* Mahratti, Marathi.

mai·eu·tiek *(philos.)* maieutics. **mai·eu·ties** -*tiese* maieutic(al).

Mainz, *(Fr.)* **Ma·yence** *(geog.)* Mainz.

mai·son·net·te -*tes* maison(n)ette.

mai·tres·se -*ses, (Fr., fml.)* mistress, kept woman, fancy lady.

Ma·ja *(tribal group; language)* Maya. ~**kultuur** Maya(n) culture.

ma·jes·tas *(jur.)* majesty.

ma·je·steit -*steite* majesty; *(U) M~* Your Majesty. ~**skennis** lese-majesty, lèse majesté.

ma·je·steit·lik -*like* majestic. **ma·je·stu·eus** -*euse* majestic, august; *(mus.)* majestic, maestoso *(It.)*; *~e beweging/passasie, (mus.)* maestoso *(It.)*.

ma·jeur *(mus.)* major; *A ~* A major.

ma·jo·li·ka *(It. ceramics)* majolica, maiolica. ~**vaas** majolica/maiolica vase.

ma·joor -*joors, (mil.)* major. **ma·joor·skap** majority, majorship. **ma·joors·rang** majorship, majority, rank of major. **ma·jo·raat** -*rate* primogeniture; entailed estate. **ma·jor·do·mo, ma·jor·do·mus** major-domo. **ma·jo·ri·teit** *(rare)* majority, full age.

Ma·jor·ka *(geog.)* Majorca, Mallorca *(Sp.)*. **Ma·jor·kaan** -*kane* Majorcan. **Ma·jor·kaans** -*kaanse* Majorcan.

ma·jus·kel -*kels, (typ.)* majuscule, capital letter.

mak *mak makker makste* tame, meek, gentle, docile, tractable; domesticated *(breed)*; *~ **dier**, (also)* domestic(ated) animal; *'n ~(gemaakte) **Engelsman/ens.**, (joc. or derog.)* an Afrikanerised Englishman/etc.; *iem. ~ **maak*** bring s.o. to heel; soften up s.o.; *iets ~ **maak*** tame/domesticate s.t. *(a wild animal)*; break in s.t. *(a horse)*; *'n ~ **perd*** a quiet horse; ***so** ~ soos 'n lam (as)* quiet as a lamb; (as) mild as milk; *iem. **word** al ~* s.o. is beginning to lose his/her shyness. ~**stof** non(-)explosive.

ma·kaak -*kake, (Old World monkey: Macaca* spp.*)* macaque.

ma·ka·ber -*bere* macabre.

ma·ka·da·mi·a →MACADAMIA.

Ma·kas·saar -*sare, n., (inhabitant)* Maka(s)sarese, Macassarese; →MAKASSAR. **Ma·kas·saars** *n., (lang.)* Makas(s)arese, Macassarese. **Ma·kas·saars** -*saarse, adj.* Makas(s)arese, Macassarese.

Ma·kas·sar *(geog., hist.)* Makas(s)ar, Macassar; →UJUNG PANDANG. **m~olie** *(formerly used as a hair oil)* Macassar (oil).

ma·kas·ter·kop *(obs.)* curly head; woolly hair. **ma·kas·ter·tjie** -*tjies, (obs.)* child's Balaclava cap.

ma·ka·taan -*tane* wild watermelon.

Ma·ka·tees, Man·ta·tees -*tese, (SA, hist.)* Mantatee, Mantati.

ma·ke *(inf.)* →MAAK.

ma·keer *(ge)-* ail; lack, be wanting, be amiss, be missing; need; *iem. ~ **iets*** s.t. is amiss/wrong with s.o.; *dit ~ **iets*** there is s.t. wrong with it; *... ~ nooit iets nie* there is never anything wrong with ...; ... ~ ***niks*** there is nothing the matter with ...; ***niks*** ~ *nie* be all right; *iem.* ~ ***nooit*** *nie* s.o. is never absent, s.o. never fails to come; *daar* ~ *'n* ***rand*** there is a rand short; *daar* ~ *drie* ***skape*** there are three sheep missing; ***wat*** *~?* what is the matter/trouble?, what is wrong?; *(infml.)* what's up?, what's bugging you?; ***wat*** ~ *die ...?* what is wrong with the ...?; ***wat*** ~ *hom/hy/haar/sy?* what is the matter with him/her?; what has come over him/her?; what ails him/her?; what's biting/bitten him/her? *(infml.);* what's up with him/her? *(infml.);* what is wrong with him/her?.

ma·ke·laar *=laars* broker; jobber *(Br., obs.); (hist.)* scrivener; ~ *in effekte, (rare)* →EFFEKTEMAKELAAR. **ma·ke·la·ry** (stock)broking, broking (industry/business), brokerage (business).

ma·ke·laars=: ~**loon** brokerage (charges/fees), broker's commission/charges/fees. ~**nota** broker's contract note.

ma·ke·ly *(rare, art, mus.)* workmanship, facture.

ma·ker *=kers* author, creator, maker, framer, wright *(arch.);* →MAAK; *elkeen is die* ~ *van sy eie geluk* everyone is the architect of his/her own fortune(s). ~**stempel** touchmark *(on pewter).*

ma·ket *=kette* maquette.

mak·heid docility, tameness, mansuetude *(arch.);* →MAK.

ma·ki *=ki's, (zool.)* lemur.

ma·kie·tie *=ties, (infml.)* jollification; spree; do; ~ *hou, (infml.)* celebrate; *('n) groot* ~ *hou, (infml.)* have a beano (*or* a big celebration *or* a high old time), push the boat out.

Mak·ka·be·ërs *n. (pl.), (hist.)* Maccabees; *(die boeke van die)* ~, *(Bib.)* the Books of (the) Maccabees. **Mak·ka·bees** *=bese* Maccabean; *Makkabese Spele* Maccabi/Maccabean Games. **Mak·ka·be·üs** →**JUDAS** MAKKABEÜS.

mak·ker *=kers* mate, companion, partner, comrade, pal, associate. ~**hulp** *(mil., infml.)* buddy aid/care. ~**ondersteuning** buddying. ~**stelsel** buddy system.

mak·klip freestone.

mak·lik *=like, adj.* easy; facile; effortless; comfortable; *'n ~e* ***baantjie*** a soft/cushy job; *dis* ~ *om te* ***praat*** easier said than done; *~e* ***prooi/teiken,*** *(infml., fig.)* easy game/mark/meat; *so* ~ ***soos*** *brood en botter* (*of koek eet*), *(infml.)* (as) easy as anything/lying/pie/winking (*or* falling off a log); *~e* ***uitweg*** easy option; *iets is* ***vir*** *iem.* ~ s.t. comes naturally to s.o.; **mak·lik** *adv.* easily, with ease, comfortably; *iem.* ***bly*** *nie* ~ *tuis nie* s.o. doesn't stay at home if he/she can help it; *iem.* ***doen*** *dit* ~ s.o. takes it in his/her stride; *iets* ~ ***doen,*** *(also)* be apt to do s.t. *(forget, take offence, etc.); iets kan* ~ ***gebeur/voorkom*** s.t. is liable to occur; *iem.* ***kan*** ~ ... it is easy for s.o. to ...; *dit vir iem.* ~ ***maak*** *om te* ... smooth the way for s.o. to ... **mak·lik·heid** ease, easiness, facility, comfortableness; →GEMAKLIKHEID.

ma·kop·pa *=pas* mamba.

ma·kou[1] *=koue* Muscovy/musk duck. ~**eend** maccoa duck. ~**mannetjie** Muscovy drake. ~**wyfie** Muscovy duck.

ma·kou[2] →GIFBLAAR.

ma·kriel *=kriele, (icht.)* mackerel; *Spaanse* ~ sierra. ~**wind** mackerel breeze/gale.

ma·kro *(comp.)* macro. ~**fotografie** macrophotography. ~**lens** *(phot.)* macro lens *(for close-up photography).* ~**modus** *(phot.)* macro mode. ~**-opdrag, ~öpdrag, ~-instruksie, ~ïnstruksie** *(comp.)* macro instruction. ~**straler** *(av.)* jumbo jet.

ma·kro= *comb.* macro=.

ma·kro·bi·o·tiek macrobiotics. **ma·kro·bi·o·ties** *=tiese* macrobiotic.

ma·kro-e·ko·no·mie, ma·kro·ë·ko·no·mie macroeconomics. **ma·kro-e·ko·no·mies, ma·kro·ë·ko·no·mies** *=miese* macroeconomic.

ma·kro-e·le·ment, ma·kro·ë·le·ment, ma·kro·voe·ding·stof *(biol.)* macronutrient.

ma·kro-e·vo·lu·sie, ma·kro-e·wo·lu·sie, ma·kro·ë·vo·lu·sie, ma·kro·ë·wo·lu·sie *(biol.)* macroevolution.

ma·kro·faag *=fage, (med.)* macrophage.

ma·kro·ke·fa·lie, =se·fa·lie macrocephaly. **ma·kro·ke·faal, =se·faal** *=fale* macrocephalic, macrocephalous.

ma·kro·kern *=kerne, =kerns* macronucleus.

ma·kro·kos·mos macrocosm. **ma·kro·kos·mies** *=miese, adj. & adv.* macrocosmic(ally).

ma·krol *=krolle,* **ma·krol·le·tjie** *=tjies* macaroon, almond cake/biscuit.

ma·kro·se·fa·lie, ma·kro·se·faal →MAKROKEFALIE, MAKROKEFAAL.

ma·kro·siet *=siete, (pathol.)* macrocyte.

ma·kro·sko·pies *=piese* macroscopic.

ma·kro·spoor →MEGASPOOR.

ma·kro·voe·ding·stof →MAKRO-ELEMENT.

mak·si *=si's, (garment reaching to the ankle)* maxi. ~**reeks** *(TV)* maxiseries. ~**romp** maxiskirt.

mak·si= *comb.* maxi=.

mak·sil *=sille, (anat., zool.)* maxilla. **mak·sil·lêr** *=lêre* maxillary.

mak·si·maal *=male* maximum, maximal(ly), top. **mak·si·ma·lis** *=liste* maximalist.

mak·si·ma·li·seer, mak·si·meer *ge=* maximise. **mak·si·ma·li·se·ring, mak·si·me·ring** maximisation.

mak·si·me *=mes, (rare)* maxim, saying, adage.

mak·si·mum *=simums, =sima, n.* maximum; ceiling; *hoogste* ~ absolute maximum. **mak·si·mum** *adj.* maximum; ~ *prys* maximum/ceiling price; ~ *temperatuur* maximum temperature. ~**-(en-)minimum(-)termometer** maximum and minimum thermometer. ~**termometer** maximum thermometer. ~**veiligheidsgevangenis, ~sekuriteitsgevangenis** maximum security prison.

mal[1] *malle, n.* mould, shape, model, gauge; jig; stencil(-plate); templet, template.

mal[2] *mal(le) maller malste, adj.* mad, crazy, insane, lunatic; *(infml.)* bananas, cuckoo; maniacal; foolish, daft, silly; →MALLE; ***half*** ~ moonstruck, moonstricken; ***heeltemal*** ~ *wees* be a raving lunatic; ***is jy*** *~?* are you mad?, are you out of your senses?; ~ *van* ***jaloesie*** insanely jealous; *iem.* ~ ***maak*** drive s.o. crazy/bananas; ~ ***man*** madman; ~ ***mens*** lunatic, maniac; *(infml.)* headcase, nutcase; *jou ~le moer af sukkel* →MOER[2]; *iem.* ***moet*** ~ *wees om te* ... s.o. must be mad to ... *(do/believe s.t.);* ~ *wees* ***oor*** *..., (infml.)* be crazy/dippy/dotty/mad about ...; ~ *wees* ***oor*** *iem., (also, infml.)* be hung up on (*or* bananas about) s.o., have a pash for/on s.o.; ~ ***praatjies*** nonsense; ***so*** ~ *wees* be that mad; *so* ~ ***soos*** *'n haas, (infml.)* (as) mad as a March hare, (as) mad as a hatter, (as) nutty as a fruitcake; ***soos*** ~ *goed hardloop* run as if possessed; *iem. is in sy/haar ~le* ***verstand*** it's all up with him/her; ~ ***word*** go mad, *(infml.)* go bananas. ~**beessiekte** *(vet. sc.)* mad cow disease. ~**gif** arrow poison. ~**huis** *(infml., derog.)* madhouse, nuthouse, funny farm. ~**jan, Mal Jan** crackpot; *iem. is* ~ *onder die hoenders, (infml.)* s.o. is the only man among a number of women. ~**kop** rattlebrain, rattlehead, rattlepate, crackpot; madcap, tomboy; *'n* ~ *onderneming* a mad venture; ~ *wees* play the giddy goat. ~**kopby** mason bee. ~**kop(pig)heid** *(infml.)* crankiness. ~**kopsiekte** (the) staggers *(in sheep).* ~**kuns** crazy art. ~**mier** pugnacious ant. ~**trap** madcap.

ma·laat *=late, (chem.)* malate.

Ma·la·baars, Mal·baars *n., (language)* Malayala(a)m. **Ma·la·baars, Mal·baars** *=baarse, adj.* Malayalam.

Ma·la·bar: ~**(kus)** *(geog.)* Malabar Coast. ~**-rot** bandicoot.

má·la·ga(·wyn) Málaga (wine).

ma·la·giet *(min.)* malachite. ~**groen** mineral green, mountain green, Victoria green.

ma·lai·se *(Fr.)* depression, malaise, slump, stagnancy.

ma·lai·ta →AMALAITA.

Ma·lak·ka *(geog.)* Malacca.

ma·la·ko·lo·gie malacology.

Ma·la·niet *=niete, (SA pol. hist.)* Malanite. **Ma·la·nis·me** Malanism.

ma·la·pro·pis·me *=mes* malapropism. **ma·la·pro·pis·ties** *=tiese* malapropian.

ma·la·ri·a malaria, malarial fever; *deur* ~ *geteister* malarial; *tropiese* ~ malignant subtertian malaria. ~**basil** malaria(l) germ. ~**koors** malarial fever. ~**lyer** malarial patient. ~**middel** antimalarial. ~**muskiet** malarial mosquito, anopheles (mosquito). ~**streek** malarial region. ~**vry** free from malaria.

ma·la·ti·on *(insecticide)* malathion.

Ma·la·wi *(geog.)* Malawi. **Ma·la·wi·ër** *=wiërs* Malawian. **Ma·la·wies** *=wiese* Malawian. **Ma·la·wi·meer** Lake Malawi.

Mal·baar *=bare, (hist.)* slave from Malabar; →MALABAARS *n. & adj.*.

mal·baar *=bare, (rare)* chatterbox, chatterer. **mal·baar·tjie** *=tjies, (orn.)* sooty shearwater; *(rare)* little chatterbox.

ma·le: *ten ene* ~ →MAAL[2] *n.*.

Ma·le·a·gi *(OT)* Malachi.

ma·le·dik·sie malediction.

Ma·lei·a *(geog.)* Malaya. **Ma·lei·er** *=ers, n.* Malay. **Ma·lei·er·mus** = FES. **Ma·leis** *n., (language)* Malay. **Ma·leis** *=leise, adj.* Malay(an). **Ma·lei·si·ë** *(geog.)* Malaysia. **Ma·lei·si·ër** *n., (inhabitant)* Malaysian. **Ma·lei·sies** *=siese* Malaysian. **Ma·leis-Por·tu·gees** *n. & adj.* Malayo-Portuguese.

ma·le·ïen·suur *(chem.)* maleic acid.

ma·le·moet *=moete* malamute, malemute (dog).

ma·le·ry grinding, milling; mill house; →MAAL[3] *vb.*.

Mal·gas *=gasse, n.* Malagasy; Madagascan. **m~(bees)** head of Madagascar cattle.

mal·gas *=gasse, (orn.)* gannet; booby; →BRUINMALGAS, WITMALGAS.

Mal·gas·sies *n., (language)* Malagasy. **Mal·gas·sies** *=siese, adj.* Malagasy, Madagascan; *~e Republiek, (hist.)* Malagasy Republic; →MADAGASKAR.

mal·heid lunacy, insanity, madness; craziness; *louter/pure* ~ stark madness.

Ma·li *(geog.)* Mali. **Ma·li·nees** *=nese, n. & adj.* Malian.

ma·lie[1] *n., (infml.: money)* dough, bread, lolly, moolah.

ma·lie[2] *=lies, n., (obs.: game with a boxwood ball)* (pall-)mall; *(also malieklip, obs.: game with stone quoits)* chucker. **ma·lie** *ge=, vb.* play (at) chucker. ~**baan** (pall-)mall. ~**kolf** mall.

ma·lie[3] *=lies, n., (hist.)* ring *(of a coat of mail).* ~**kolder** *(hist.)* coat of mail, (chain) mail, chain armour; hauberk; habergeon.

ma·ling milling (about); whirling; welter; mêlée *(Fr.),* melee, rough-and-tumble; eddy; swirl; ~ *aan iets hê, (obs.)* not care a rap/fig (*or* two hoots) about s.t..

ma·lin·ger *=gers, n., (rare)* malingerer, shirker. **ma·lin·ger** *ge=, vb., (rare)* feign sickness, malinger.

ma·li·si·eus *=euse, (rare)* malicious.

mal·le *=les* mad person.

mal·le·meu·le *=le(n)s* merry-go-round, whirligig, carousel, roundabout *(Br.).*

mal·le·o·lus *(anat.)* malleolus. **mal·le·o·lêr** *=lêre* malleolar.

mal·le·rig *=rige* foolish, dotty, rather crazy.

mal·lig·heid silliness; tomfoolery; nonsense.

mal·mok *=mokke, (orn., spp. of)* albatross; →GEELBEKMALMOK, GRYSKOPMALMOK. ~**albatros** black-browed albatross. **mal·mok·kie** *=kies* →MARMOTJIE.

ma·lom·bo(·jazz) malombo.

mals *malse malser malsste* lush (grass), mellow (fruit), tender (meat); juicy; soft. **mals·heid** lushness; softness, tenderness; mellowness.

Mal·ta *(geog.)* Malta. ~**koors** brucellosis, rock fever, Malta/Mediterranean/Neapolitan fever.

mal·ta·se *(biochem.)* maltase.

Mal·tees *=tese, n., (inhabitant: also Maltesiër)* Maltese; Maltese dog/terrier. **Mal·tees, Mal·te·sies** *n., (language)* Maltese. **Mal·tees,** *=tese* **Mal·te·sies** *=siese, adj.* Maltese.

Mal·te·ser *-sers* Maltese dog/terrier. **~hond** Maltese dog/terrier; →MALTEES *n..* **~kruis, Maltese/Maltesiese kruis** Maltese cross. **~orde** Order of Malta.

Mal·thu·si·aan *-siane, (also m~, econ.)* Malthusian. **Mal·thu·si·aans** *-aanse, (also m~)* Malthusian. **Mal·thu·si·a·nis·me** *(also m~)* Malthusianism.

mal·to·se *(chem.)* maltose, malt sugar.

mal·va *-vas, (bot.)* geranium, mallow; celandine-leaved pelargonium; cranesbill; *wilde ~* →WILDEMALVA. **~lekker** marshmallow. **~pers** mauve.

mal·ver·sa·sie *(jur., rare)* malversation.

mal·ve·sy(·wyn) malmsey (wine), malvoisie.

ma·ma *-ma's* →MA.

mam·ba *-bas* mamba. **mam·ba·äg·tig, mam·ba·ag·tig** *-tige* like a mamba.

mam·bo *(Latin American dance)* mambo.

mam·ma *-mas* →MA. **~kappie** *(rare)* = MOEDERKAPPIE. **mam·ma·tjie** *-tjies* →MAMMIE.

mam·me·luk *-lukke* Mameluke.

mam·mie *-mies,* **mam·ma·tjie** →MA.

mam·mil·lêr *-lêre* mamillary.

mam·mo- *comb.* mammo-. **~grafie** *(med.)* mammography. **~gram** *(med.)* mammogram. **~plastiek** *(med.)* mammoplasty.

mam·moet *-moete* mammoth. **~boom** sequoia.

Mam·mon *(NT)* Mammon; *(die) ~ dien* serve/worship Mammon. **~(s)diens** service of Mammon. **~verering** Mammon worship, Mammonism.

mam·par·ra *-ras, (infml., derog. or joc.)* ass, fool, clot, fathead, twit, numskull, daftie, dolt, duffer, *(township sl.)* moegoe, mugu.

mam·poer mampoer, home-made (peach) brandy, moonshine *(Am.)*.

mams, mam·sie *(infml.)* mumsy.

man *manne, mans* man; mate *(infml.)*; male; *(mil.)* number; *(pl.* mans*)* husband; *(only sing.)* man, person, human; *(mil., pl.* manne*)* men; *(workers, pl.* manne*)* hands; *alle ~* ***aan dek*** all hands on deck; *ag, ~* oh, man; *hy is* ***al*** *'n ~* he is quite a man; ***as*** *~* as a man; *vasstel wie's die ~ne met die harde* ***baard,*** *(infml.)* separate the men from the boys, sort out the men from the boys; *'n* ***bemiddelde/welgestelde*** *~* a man of means; ***beroemde*** *~ne* famous men; *iets aan die ~* ***bring*** find a buyer (*or* buyers) for s.t.; *iem. aan die ~* ***bring*** catch s.o. *(a criminal); ~ van die* ***dag*** man of the moment; *soos* ***een*** *~* as one (man), to a man, with one accord/assent; *iets soos* ***een*** *~ doen* do s.t. with one accord; *~ van* ***eer*** man of honour; *'n* ***gebrandmerkte*** *~* a marked man; *hy* ***gedra*** *hom soos 'n ~* he plays the man; *tien ~ is* ***gekommandeer*** ten men were called up; *~s* ***genoeg*** *wees om te ...* be man enough to ..., be enough of a man to ...; *nie ~s* ***genoeg*** *vir 'n werk wees nie* be unequal to a task; *'n veel* ***gesiene*** *~* a man about town; *die ~ne het goed* ***gespeel*** the boys played well; *die* ***gewone*** *~* the plain man, the man in the street; *'n ~* ***honderd/duisend*** a man of men; quite a man; *'n* ***jong*** *~* a young man; *daar* ***kom*** *'n ~ aan, (infml.)* there will be trouble; he is in for it; *tot die* ***laaste*** *~ (toe)* to the last man, to a man; *'n* ***lang*** *~* a tall man; *'n* ***leër*** *van 20 000 ~* an army of 20 000 men; *my* ***liewe*** *~!* my good man!; *van iem. 'n ~* ***maak*** make a man of s.o.; *die ~(netjie) in die* ***maan*** →MAAN[1] *n.; met ~ en* ***mag*** with might and main; *~ en* ***muis*** *vergaan* perish to a man; *die skip het met ~ en* ***muis*** *vergaan* the ship was lost with all on board; *dit is* ***my*** *~* he is my man (*or* the man for me); *iem. tot ~* ***neem,*** *(fml.)* take s.o. in marriage *(a man); jy is* ***net*** *die ~ wat ek soek* you are the very man I am looking for; ***onder*** *ons ~s* among (us) men; ***ons*** *~ne* our boys; ***op*** *die ~ af* to the point; ***op*** *die ~ af met iem. praat* give it to s.o. (straight) from the shoulder; *iets* ***op*** *die ~ af vra* ask a straight question; *iem. doen 'n* ***paar*** *~ se werk* s.o. does the work of two or three men; *so moet 'n ~* ***praat!*** that's the way to talk!; *hy is* ***pure*** *~* he is every inch a man; *dis nou sommer 'n* ***pure*** *~* there's a man for you; ***soos*** *'n ~* like a man; manlike; *hy* ***speel*** *die ~* he plays the man *(not the ball); rugby is 'n* ***spel*** *vir ~ne* rugby is a man's game (*or* a game for men); *hy* ***staan*** *sy ~* he asserts himself; he gives a good account of himself; he shows fight; he gives as good as he gets; he holds/keeps/stands his ground, he holds his own, he keeps his end up *(infml.)*; he is equal to the occasion, he rises to the occasion; *hy* ***staan*** *sy ~ en meer* he is more than holding his own; *hy* ***staan*** *sy ~ teen ...* he stands/sticks up to ...; *hy kan sy ~* ***staan*** he can look after himself; he can take it *(infml.)*; *'n ~ uit een* ***stuk*** a solid man; *~* ***teen*** *~ veg* fight man to man; hand-to-hand fight; ***tien*** *~* ten men; *van ~* ***tot*** *~* as man to man, as one man to another; from man to man; *sy het* ***twee*** *~s gehad* she has had two husbands; *'n* ***uitgaande/wêreldwyse*** *~* a man about town; *~* ***vir*** *~* man for man; to a man; *~ van* ***vrede*** man of peace; *hulle is ~ en vrou* they are husband/man and wife; *mans en* ***vroue(ns)*** men and women; *'n ~ se* ***woord*** *is 'n ~ se eer* an honest man's word is as good as his bond; *'n ~ van sy* ***woord*** a man of his word, a man who is as good as his word; *~* ***word*** grow to manhood, reach manhood.

man-: **~alleen** all alone; single-handed; *iets ~ doen* do s.t. (all) on one's own (*or* single-handed). **~dag** man-day. **~gat** manhole. **~gatdeksel** manhole cover. **~gathaak** manhole dog. **~haftig** *-e* brave, courageous, manly; cheeky, impertinent; doughty. **~haftigheid** bravery, courage; cheek, impertinence. **~lief** hubby. **~moedig** *-e* bold, brave, courageous, manful, manly. **~moedigheid** boldness, bravery, courage, prowess, manfulness, manliness. **~saal** men's ward; men's dormitory; cross-saddle. **~siek** *-e* man-mad, mad after men; nymphomaniac; *'n ~e vrou* a nymphomaniac. **~siekte** nymphomania. **~skoen** man's shoe. **~slag** manslaughter; *strafbare ~* manslaughter, culpable homicide. **~sokkie** man's sock. **~span** men's team. **~stem** man's voice, male voice. **~uur** man-hour.

man·ag·tig *-tige, (often derog.)* mannish, manlike, masculine. **man·ag·tig·heid** mannishness, masculinity; *(med.)* virilism.

Ma·nas·se *(OT)* Manasseh.

ma·na·to(k)·ka *(tree)* manitoka.

man·baar *-bare, (rare)* marriageable, nubile; *die manbare leeftyd bereik* →DIE **MANLIKE** LEEFTYD BEREIK. **man·baar·heid** *(rare)* marriageableness, nubility; manhood, man's estate. **man·baar·wor·ding** *(rare)* pubescence.

Man·ches·ter *(geog.)* Manchester; *inwoner van ~* Mancunian. **~terriër** *(also m~)* Manchester terrier, black-and-tan (terrier).

man·daat *-date* mandate; →MANDATARIS *etc..* **~bevoegdheid** mandatory power. **~gebied** mandated territory; *M~ van die Stille Oseaan-eilande, (1947-78)* Trust Territory of the Pacific Islands. **~houer** mandatory, mandatary.

man·da·la *(Hind. and Buddh.; psych.)* mandala.

man·dant *-dante* mandator.

man·da·ryn *-ryne, (Chin. functionary)* mandarin. **~eend** mandarin duck. **~kraag** mandarin collar.

man·da·ta·ris *-risse* →MANDAATHOUER. **man·da·toor** *ge-* mandate. **Man·da·te·kom·mis·sie** *(hist.)* Mandates Commission. **man·da·tor** *-tore, -tors* mandator, principal.

man·de·ment *-mente* bishop's charge.

man·der·kruid *(bot.)* germander; →GAMANDER.

man·di·bel *-bels, (anat., zool.)* mandible. **man·di·bu·lêr** *-lêre* mandibular.

mand·jie *-jies* basket, hamper; scuttle; pannier; corf; crate; *'n ~* ***groente/ens.*** a basket of vegetables/etc.; *met die (hele) ~* ***patats*** *uitkom* →PATAT; *'n ~* ***vol*** *...* a basketful of ...; ***water*** *in 'n ~ (probeer) dra, (fig.)* (try to) carry water in a sieve; *vir iem.* ***water*** *in 'n ~ dra* do s.o. a favour (*or* roll a stone out of s.o.'s path). **~boot** basket boat, coracle. **~fles** carboy, wicker bottle. **~maker** basket maker, basket weaver. **~steek** basket stitch. **~werk** basketry, basketwork, basketware, wickerware, wickerwork. **~wilg(eboom), ~wilger(boom)** *(bot.)* osier.

mand·jies·goed wicker(work); osiers; →MANDJIEWERK.

mand·jies·wilg →MANDJIEWILG.

mand·jie·tjie *-tjies, (dim.)* small basket.

man·do·lien *-liene, -liens, (mus. instr.)* mandolin(e). **~speler** mandolinist.

man·door *-doors, -dore* foreman, headman, mandor(e), mandoor, mandur.

man·dor·la *-las, (art, archit.)* mandorla.

man·dra·go·ra *(bot.)* mandrake, mandragora *(poet., liter.)*.

Man·drax *(pharm.)* Mandrax.

man·dril *-drille, -drils, (zool.)* mandril(l).

Man·ei·lan·der Manxman, Manxwoman.

ma·nel *-nelle* frock coat, dress coat, tailcoat. **~pak** morning dress. **~pant** coat-tail.

ma·nel·le·tjie *-tjies, (dim.)* little frock coat.

ma·ner *-ners* dunner; →MAAN[2] *vb..*

ma·ne·skyn →MAANSKYN; *rosegeur en ~* →ROSEGEUR.

ma·neu·ver *-vers* manoeuvre; *(mil.)* operation; move; *~s hou* be on manoeuvres. **~dag** field day.

ma·neu·vreer *ge-* manoeuvre; *afwaarts ~* nurse down. **ma·neu·vreer·baar** *-bare* manoeuvrable. **ma·neu·vreer·baar·heid** manoeuvrability. **ma·neu·vreer·der** *-ders* manoeuvrer.

ma·ne·wa·les antics; business *(on stage)*, carryings-on; *~s uithaal* perform antics.

man·ga *-gas, (dial.)* crush pen.

man·gaan *(chem., symb.: Mn)* manganese. **~aarde** wad *(dial.)*. **~erts** manganese ore. **~houdend** *-e* manganiferous. **~kool** pelagite. **~spaat** rhodochrosite. **~staal** manganese steel. **~suur** manganic acid. **~verbinding** *-s, -e* manganic compound. **~yster** spiegel (iron), spiegel(eisen).

man·ga·bei *-beis,* **man·ga·bie** *-bies, (zool.: white-eyelid monkey)* mangabey.

man·ga·naat *-nate, (chem.)* manganate.

man·ga·niet *(min.)* manganite.

man·gel[1] *-gels, n.,* mangle, mangling machine, calender. **man·gel** *ge-, vb.* mangle *(clothes)*, calender. **~bord** mangling board. **~pers** calender.

man·gel[2] *-gels, n., (anat.)* tonsil, amygdala. **~abses** *(med.)* quinsy. **~afsnyding** *(med.)* tonsillotomy. **~ontsteking, ~sweer** *(med.)* tonsillitis, quinsy. **~uitsnyding** *(med.)* tonsillectomy.

man·gel[3] *-gels, n.,* **man·gel·wor·tel** *(bot.)* mangel(-wurzel), mangold(-wurzel).

man·ge·laar *-laars, -lare* mangler.

man·gliet *(bot.)* mangrove.

man·go *-go's* mango. **~boom** mango tree.

man·go·stan *-stans, (tropical fruit)* mangosteen.

man·grove *-groves, (bot.)* mangrove.

man·hat·tan *(a cocktail)* manhattan. **M~(eiland)** *(geog.)* Manhattan (Island).

Ma·ni, Ma·ni·chae·us *(Pers. prophet)* Manes, Mani, Manichaeus.

ma·ni·ak, ma·ni·ak *-akke* maniac, *(infml.)* crank; fanatic, faddist, *(concerning fitness etc.)* freak. **ma·ni·a·kaal** *-kale* maniacal.

Ma·ni·ca·land *(geog.)* Manicaland.

Ma·ni·chae·us →MANI.

Ma·ni·che·ër *-cheërs, n., (also m~)* Manich(a)ean, Manichee *(arch.)*. **Ma·ni·chees** *-chese, adj., (also m~)* Manich(a)ean. **Ma·ni·che·ïs·me** *(relig., chiefly hist., also m~)* Manich(a)eism.

ma·nie, ma·nie *-nies, -nieë, (psych.)* mania, rage, furor; craze, fad.

ma·nier *-niere* way, fashion, manner; mannerism; mode; strain; method; style; ***al*** *~ waarop iem. ...* the only way s.o. ...; ***beskaafde/verfynde*** *~e* polished manners; *die* ***een*** *~* the one way; *die* ***enigste*** *~* the only way; *iem. het* ***geen/g'n/nie*** *~e nie* s.o. has no manners, s.o. is ill-mannered; *dit is* ***geen/g'n*** *~ nie* that is no way to behave; ***goeie*** *~e* good manners/breeding/form; ***(goeie)*** *~e hê* have good manners, be well-mannered; *iets is* ***goeie*** *~e, (also)* s.t. is good form; ***hoflike*** *~e* polite manners; *die* ***juiste/regte*** *~* the proper way; *die ~ hê* ***om***

te ... have a way of ...; *dit is die ~ **om** dit aan te pak* that is the way to do it; ***op** alle moontlike ~e* by all means; ***op** allerlei ~e* in one way and another; ***op** (die) een of ander ~* in one way or another, in some way, somehow or other; by hook or by crook; ***op** (die) een of ander ~ 'n bestaan voer* live by one's wits; ***op** 'n ~ 'n bestaan maak* eke/hew out an existence (*or* a livelihood/living); ***op** die ~ van* ... after/in the manner of ...; ***op** dié/daardie ~* like that; in that way; in that manner; at that rate; ***op** dié/hierdie ~* like this; in this way; in this manner; at this rate; ***op** eerlike of oneerlike ~* by fair means or foul; *iets **op** die moeilike ~ doen* do s.t. the hard way; *dit **op** die natuurlike ~ doen* do it (in) nature's way; ***op** die Russiese ~* à la russe; ***op** die verkeerde ~* (in) the wrong way; ***op** dieselfde ~* in the same way; ***op** jou ~ 'n tuinier wees* be something of a gardener *(infml.)*; *ek sal dit **op** my ~ doen* I will do it my way; ***op** 'n ~* in a way; in a manner; after a sort; *iets **op** 'n ~ doen* do s.t. after a fashion; ***op** 'n ~ 'n ... wees* be a ... of sorts *(infml.)*, be a ... of a sort *(infml.)*; ***op** so 'n ~* in such a manner; ***op** watter ~?* in what way?; *die **regte** ~ om dit te doen* the right way to go about it; *→**juiste/regte; slegte** ~e* bad manners. **ma·ni·ë·ris** *=riste* mannerist. **ma·ni·ë·ris·me** mannerism *(in art)*. **ma·ni·ë·ris·ties** *=tiese* mannered, manneristic(al). **ma·nier·lik** *=like* polite, well-behaved, well-mannered, mannerly. **ma·nier·lik·heid** politeness, good manners, deportment, gentlemanliness. **ma·nier·tjie** *=tjies* mannerism *(in behaviour)*, trick.

ma·nies *=niese* manic; **~-depressief** manic-depressive.

ma·ni·fes *=feste* manifesto, pronunciamento. **ma·ni·fes·tant** *=tante* demonstrator, manifestant. **ma·ni·fes·ta·sie** *=sies* demonstration, manifestation. **ma·ni·fes·teer** *ge=* demonstrate, manifest. **ma·ni·fes·te·ring** *=rings, =ringe* manifestation, manifesting.

ma·ni·kuur *=kure, n.* manicure. **ma·ni·kuur** *ge=, vb.* manicure. **ma·ni·ku·ris** *=riste* manicurist.

Ma·ni·la *(geog.)* Manila.

ma·nil·la *=las,* **ma·nil·la·si·gaar** *(also M~)* Manil(l)a cigar/cheroot. **~hennep** Manil(l)a hemp, abaca. **~tou** Manil(l)a (rope).

ma·ni·ok *(bot.)* manioc(a), cassava.

ma·ni·pel *=pels, (Rom., hist.; RC, hist.)* maniple.

ma·ni·pu·la·sie *=sies* manipulation; management *(arch.)*; engineering; *~ van pryse* price rigging. **ma·ni·pu·leer** *ge=* manipulate; manoeuvre; *'n ge~de balansstaat* a cooked balance sheet; *(oneerlik) ~* rig, wangle. **ma·ni·pu·leer·baar** *=bare* manipulable, manipulatable. **ma·ni·pu·leer·baar·heid** manipulability. **ma·ni·pu·leer·der** *=ders* wangler, manipulator. **ma·ni·pu·le·rend** *=rende* manipulative, manipulatory.

ma·nis·me manism.

ma·ni·toe *(ethnol.)* manito(u), manitu.

ma·ni·to·ka →MANATOK(K)A.

man·ji·fiek *=fieke* magnificent, glorious, gorgeous, splendid, superb, out of this world.

mank crippled, lame, limping, halting, game, cripple; *aan iets ~ gaan* suffer from s.t. *(a deficiency)*; ***aan** 'n euwel ~ gaan* →EUWEL *n.*; *~ **loop*** limp, have a limp in one's gait; *die **redenering** gaan ~* the argument does not hold water; *~ **word*** go lame. **~heupwolf** *(obs.)* →HIËNA. **~poot** cripple, *(rhet.)* dot and go one.

man·ke *=kes* lame person, cripple, hobbler. **man·ke·ment** *=mente* defect, demerit, fault; trouble, failure.

mank·heid lameness, claudication.

man·ko·liek *=lieke,* **man·ko·lie·kig** *=kige,* **man·ko·lie·ke·rig** *=rige* crocked, ill, seedy; decrepit, rickety, infirm, doddery. **man·ko·lie·kig·heid, man·ko·lie·ke·rig·heid** illness, seediness.

man·lik *=like* masculine *(gender, rhyme)*; male *(issue)*; manly; virile; straightforward; *~e **blom*** male/staminate flower; *~e **geslag*** male sex; *(gram.)* masculine (gender); *~e **hoofrol**, (theatr.)* principal boy *(played by a woman in a pantomime)*; *~e **jare*** manhood; *~e **kant/linie**, (geneal.)* spear side; *~e **klerk*** male clerk; *die ~e **leeftyd** bereik* reach manhood, come to man's estate; *in die ~e **lyn*** patrilineal, patrilinear; *~e **rym*** →RYM *n.*.

man·lik·heid manhood; masculinity; manliness; maleness; *(penis)* (male) member; *die ~ ontneem* unman.

man·na *(Bib.)* manna; *(bot.)* millet. **~(gras)** *(Clyceria fluitans)* manna (grass); finger grass; *(Digitaria sanguinalis)* wild millet; meadow grass, crop grass. **~(saad)·gras** setaria (grass). **~suiker** *(chem.)* manna sugar, mannitol, mannite.

man·ne-: **~jagter** *(derog.)* chaser. **~kiesreg** manhood suffrage. **~koor** male (voice) choir. **~krag** manpower. **~moed** stoutheartedness, manly courage. **~taal** manly language, forcible language; *dit is ~!* that's the stuff!. **~werk** man's/men's work.

man·ne·kyn *=kyne* mannequin, (fashion) model.

man·ne·tjie *=tjies* male; chappie, manikin, little fellow/man, *(infml.)* nipper; young man; mate, male *(of an animal)*; *(min.)* jockey; *die ~ in die maan* →MAAN[1] *n.*. **~-aap, mannetjiesaap** male monkey. **~-eend, mannetjieseend** drake. **~pou** →POUMANNETJIE. **~(s)beer** →BEERMANNETJIE. **~(s)bobbejaan** male baboon. **~(s)gans** gander. **~(s)haas** buck hare. **~(s)jakkals** male jackal, dog fox. **~(s)kalkoen** turkeycock. **~(s)kat** tom(cat). **~(s)kind** →JONGETJIESKIND. **~(s)mossie** cock sparrow. **~salm** kipper. **~(s)valk** tercel, tiercel. **~(s)voël** cock, he-bird; male ostrich. **~(s)volstruis** male ostrich. **~(s)vos** dog fox.

man·ne·tjies·ag·tig *=tige* termagant, viraginous; mannish; masculine; *'n ~e vrou* a virago, a termagant *(rare)*. **man·ne·tjies·ag·tig·heid** mannishness.

man·ne·tjies·fluit wolf whistle/call.

man·ne·tjies·va·ring *(bot.: Dryopteris spp.)* male fern.

man·ne·tjies·vrou *=vroue(ns)* virago, mannish woman, strapper, *(sl.)* butch.

man·ni·tol *(chem.)* mannitol, mannite, manna sugar.

ma·no·me·ter *=ters* manometer.

mans: *~ genoeg wees om te* ... →MAN. **~broek** (man's) trousers, breeches. **~drag** menswear; *(chiefly hist.)* male costume. **~dubbelspel, ~dubbels** men's doubles. **~enkelspel, ~enkels** men's singles. **~figuur** figure of a man, male figure. **~frokkie** singlet. **~hand** man's hand; man's writing. **~handskoen** gentleman's glove. **~hangkas** (gentle)man's wardrobe. **~hemp** man's shirt. **~hoed** man's hat. **~hoogte** man's height. **~kledingstof** suiting. **~klerasie** men's clothing. **~klerasiewinkel** outfitter's shop. **~klere, ~kleding** men's clothes/clothing/dress, menswear, male attire; *~ dra, (a woman)* cross-dress. **~klerehandelaar** (men's) outfitter. **~koshuis** men's residence/hostel (*or* boarding house). **~lengte** man's height/length/size. **~mens** male (person), man; *(also, in the pl.)* menfolk. **~naam** masculine name, man's name. **~onderbroek** men's underpants/drawers. **~onderklere** men's underwear. **~oor** *(bot.)* hazelwort. **~pak** man's/men's suit. **~persoon** →MANSMENS. **~portret** portrait of a (gentle)man, male portrait. **~regte** *(pl.)* men's rights/lib; *voorstander van ~* masculinist. **~rol** male part/role/rôle. **~(toilet)** Gents, men's public toilet. **~uitruster** gents' outfitter. **~winkel** men's shop.

man·sar·de·dak *(archit.)* mansard (roof).

man·sjet *=sjette* cuff, wristband *(of a shirt, blouse, etc.)*; *(also* mansjetknoop, mansjetknopie*)* cuff link.

man·skap *=skappe* private *(in the army)*; rating *(in the navy)*; common soldier, ranker; *(also, in the pl.)* men, command, crew, hands, personnel, ranks.

man·ta(·rog) *(icht.: Manta birostris)* manta (ray).

Man·ta·tees *=tese* →MAKATEES.

man·tel *=tels* cloak, mantle, wrap; cape; cope; *(zool.)* pallium; mantua *(hist.)*; tabard; casing, jacket, shell; sheath; fire screen; *jou ~ na die wind **draai/hang*** trim one's sails to the wind, be a turncoat/weathercock; *iem. se ~ het op die skouers van ... **geval*** s.o.'s mantle has fallen on ...; *iets met die ~ van die **liefde** bedek* cover s.t. with the cloak of charity, draw a veil over s.t.; ***onder** die ~ van* ... under the cloak of ... **~aap, ~bobbejaan** capuchin monkey. **~bobbejaan** hamadryas; →MANTELAAP. **~breuk** hiatus hernia. **~dier** tunicate. **~draaier** turncoat, temporiser, trimmer, weathercock. **~kap** hood, capuchin. **~kraag** cape collar. **~meeu** *(orn.)* saddleback. **~mou** cape sleeve. **~pak(kie)** (skirt and) cape suit, *(dated)* cape costume/ensemble. **~rak** = KAGGELRAK. **~skulp** scallop (shell).

man·tel·tjie *=tjies, (dim.)* kirtle *(arch.)*; →MANTEL.

man·tiek mantic, divination, soothsaying.

man·til·la *=las, (scarf for head or around shoulders)* mantilla.

man·tis·se *=ses, (math.)* mantissa.

man·tra *(Buddh., Hind.)* mantra.

Man·tsjoe *=tsjoes, (member of a people; language)* Manchu. **Man·tsjoe·kwo** *(geog., hist.)* Manchukuo, Manchoukuo. **Man·tsjoe·ry·e** *(geog.)* Manchuria. **Man·tsjoe·ry·er** *=ers, n.* Manchurian. **Man·tsjoe·rys** *=ryse, adj.* Manchurian.

ma·nu·aal *=ale* manual *(of an organ)*.

Ma·nu·el·styl *(Port. archit.)* Manueline style.

ma·nu·mis·sie *=sies, (hist.: freeing from slavery)* manumission.

ma·nu·skrip *=skripte* manuscript, copy, script, written text; *as ~ gedruk* for private circulation. **~houer** *(print.)* copyholder. **~kaart** field sheet.

Manx *(lang.)* Manx.

Mao·baad·jie Mao jacket.

Ma·o·ïs *=oïste, (also m~)* Maoist. **Ma·o·ïs·me** *(also m~)* Maoism. **Ma·o·ïs·ties** *=tiese, (also m~)* Maoist.

Ma·o·ri *=ri's* Maori.

Ma·pog *(SA, hist., tribal chief)* Mapoch. **m~lelie** *(Zantedeschia* sp.*)* yellow arum (lily).

Ma·pog·ger *=gers* Mapoch tribesman.

map·stieks *(interj.)* my goodness, by Jove *(obs.)*.

Ma·pu·to *(geog.)* Maputo.

ma·ra-: **~beker** cup of bitterness.

ma·ra·boe *=boes, (orn.)* marabou stork. **~vere** marabou.

ma·ra·boet *=boets, (Moslem hermit)* marabout. **~graf** marabout.

ma·rak·ka *=kas, (mus. instr.)* maraca; *(Lagenaria siceraria, also* maranka, marankie*)* calabash marrow, bottle gourd.

ma·ran·ta *(bot.)* maranta.

ma·ra·schi·no, ma·ra·skyn *(liqueur)* maraschino. **~kersie** maraschino cherry.

ma·ras·me *(med.)* marasmus.

ma·ra·t(h)on marathon. **~atleet, ~loper** marathon runner, marathoner. **~debat** marathon debate, *(infml.)* talkathon. **~samesprekings** marathon discussions, *(infml.)* talkathon. **~wedloop** marathon race.

Mar·burg·siek·te *(also m~)* green monkey disease, Marburg disease.

mar·ca·to, *adj. & adv., (It., mus.)* marcato. **~passasie, ~beweging** marcato.

mar·co·ni·gram *(telegr., obs.)* →RADIOGRAM. **mar·co·nis** *=niste, (telegr., obs.)* →RADIOTELEGRAFIS.

Mar·cus →MARKUS.

Mar·di Gras *(Fr., RC)* Mardi Gras.

Mar·doek *(Babylonian myth.)* Marduk.

ma·re *=res, (rare, dated)* message, tidings.

ma·rem·ma *=mas, (It.: seaside marshland)* maremma. **~skaaphond** *(also M~)* maremma (sheepdog).

Ma·ren·go *(geog.)* Marengo. **m~hoender** *(cook.)* chicken Marengo.

ma·re·tak *(rare)* →MISTEL.

mar·ga·rien margarine. **~suur** *(chem.)* margaric acid.

mar·ga·ri·ta *(a cocktail)* margarita.

mar·ge *=ges* margin. **mar·gi·naal** *=nale* marginal; *~nale **belastingkoers*** marginal rate of taxation; *~nale **myn*** marginal mine; *~ gelyke **opbrengs/opbrings*** equimarginal yield; *~nale **toevoeging*** marginal increment. **mar·gi·na·li·sa·sie** marginalisation. **mar·gi·na·li·seer** *ge=* marginalise. **mar·gi·na·li·se·ring** marginalising.

mar·griet, ma·griet *=griete,* **mar·griet·jie, ma·griet·jie** *=jies* daisy, *(Sc.)* gowan; marigold; *(Chrysanthemum leucanthemum)* marguerite, moonflower, ox-eye daisy; *Ursinia* spp.; →GEELMARGRIET, WILDEMARGRIET, WITMARGRIET. **~gras** daisy lawn.

Ma·ri·a Maria; Mary; ~ *die **Bloedige** (hist.)* Bloody Mary; *die **Maagd*** ~ the Virgin Mary; *keiserin* ~ ***Theresia**, (hist.)* Empress Maria Theresa; ~ ***Theresia-daalder**, (hist.)* Maria Theresa dollar. **~-aanbidder** *(derog.)* Mariolater. **~-aanbidding** Mariolatry, worship of the Virgin Mary. **~-altaar** Lady altar. **~beeld** image of the Virgin Mary. **~boodskap** Annunciation. **m~dissel, m~distel** milk thistle. **~hemelvaart** *(RC: 15 Aug.)* Assumption. **~kapel** *(RC)* Lady chapel. **~legende** Marian legend. **~-Ligmis** *(RC)* Candlemas, Purification of the Virgin Mary. **~-sekwent** *(RC, mus.)* Stabat Mater. **~verering** *(relig.)* veneration of the Virgin Mary (*or* the Blessed Virgin).

Ma·ri·a·na-ei·lan·de, Ma·ri·a·nas Mariana Islands, Marianas.

ma·rien *-riene* marine, of the sea; *~e bioloog* marine biologist.

ma·ri·ët·te·klok(·kie) *(bot.)* Canterbury bell.

ma·rim·ba *-bas, (mus. instr.)* marimba.

ma·ri·na *-nas, (basin for pleasure boats etc.; SA: waterside housing development)* marina.

ma·ri·na·de *-des* marinade.

ma·ri·ne navy; shipping; fleet; seapower; *minister van m~* Minister of Marine (*or* the Navy); First Lord of the Admiralty *(Br.)*. **~-artillerie** naval artillery. **~begroting** naval estimates. **~blou** marine blue. **~lys** navy list. **~offisier** naval officer. **~skilder** marine painter, painter of ships. **~skool** naval college. **~stasie** naval station. **~vliegtuig** naval (aero)plane. **~werf** naval shipyard, navy yard. **~wese** navy, naval affairs.

ma·ri·neer *ge-* marinade, pickle. **~sous** marinade; →MARINADE.

ma·ri·nier *-niers, (soldier)* marine; mariner. **ma·ri·niers·korps** marine corps. **ma·ri·nis** *-niste, (geol.)* marinist; navalist.

Ma·ri·nis·me *(also m~, poet.)* Marinism.

ma·ri·nis·me *(geol.)* marinism; navalism.

Ma·ri·o·la·trie *(derog.)* Mariolatry. **Ma·ri·o·lo·gie** *(also m~)* Mariology.

ma·ri·o·net *-nette* marionette, puppet. **ma·ri·o·net·(te·)spel, -teater** puppet show. **ma·ri·o·net·(te·)speler** puppet master; puppet player.

ma·ri·po·sa·le·lie meadow tulip.

Ma·ris *-riste, (RC)* Marist; *Broeders ~te* Marist Brothers.

ma·ri·taal *-tale* marital; *maritale mag* marital power.

ma·ri·tiem *-tieme* maritime.

mar·jo·lein *(bot.)* marjoram, origan(e) *(rare)*.

Mark: *die ~ (Brandenburg) (hist.)* the Mark (of Brandenburg); *die ~e, (It.)* the Marches.

mark[1] *marke, n., (former Germ. coin)* mark; *2 ~* 2 marks.

mark[2] *mark(t)e, n.* market; mart, emporium; ***Arabiese** ~* s(o)uk; *iets in/op die ~ **bring*** put s.t. on the market; *'n **flou** ~* a thin market; *na die ~ **gaan*** go to market; ***in/op** die ~ wees* be in/on the market; *in/op die ~ **kom*** come into/on the market; *iets op 'n ~ **koop*** buy s.t. at/on a market; *die ~ **manipuleer*** rig the market; *die ~ **oorvoer*** overstock the market; *in/op die **ope** ~* in/on the open market; *van/op alle ~te **tuis** wees, (<Du., obs.)* be a jack of all trades (*or* an all-rounder); *'n ~ vir iets **vind*** find a market (*or* an outlet) for s.t.. **~aanbod** market supply. **~aandeel** market share. **~berig** market report. **~dag** market day; nundine *(Lat.)*. **~ekonomie** market economy. **~gebou** market building/hall. **~gedrag** market behaviour. **~geld** market money; market dues/fees/toll, stallage. **~geskree(u)** ballyhoo *(infml.)*. **~klaar** ready for marketing, finished *(product)*. **~kraam** market booth, market stall. **~kragte** *(pl.)* market forces. **~leier** market leader. **~maker, ~skepper** *(chiefly stock exchange)* market maker. **~meester** market master, market superintendent. **~navorser** market researcher. **~navorsing, ~ondersoek, ~peiling** market research. **~neiging** market trend. **~nis** market niche. **~ontleding, ~analise** market analysis. **~opname** market survey. **~plein** market square, marketplace; *'n gebou aan M~* a building fronting on Market Square; *'n vlooimark op M~* a flea market on Market Square. **~plek** emporium, forum. **~prys** market price. **~segment, ~deel** market segment. **~segmentering, ~verdeling** market segmentation. **~skepping** *(chiefly stock exchange)* market making. **~stad** market town. **~stalletjie** market stall. **~vrou** market woman. **~waarde** market/current value.

mar·kant *-kante, (poet., liter.)* striking *(personality etc.)*; outstanding *(contribution etc.)*; prominent *(place etc.)*; salient *(point)*.

mar·ka·siet *(min.)* marcasite.

mar·keer *(ge)-* mark; *die pas ~, (mil.)* mark time. **~boot** *(boat racing)* stake boat.

mar·kee·tent →MARKIES, MARKIESTENT.

mar·ke·ten·ter *-ters, (hist.)* sutler, vivandier *(Fr.)*. **mar·ke·tent·ster** *-sters, (fem.)* vivandière *(Fr.)*, sutler.

mar·keur *-keurs* billiard marker.

mark·graaf *(hist.)* margrave. **mark·gra·vin** *(fem.), (hist.)* margravine.

mar·kies *-kiese* marquis, marquess *(Br.)*; marquee; *~ Curzon, (Br. statesman, viceroy of Ind.)* the Marquis Curzon; *die ~ van Carabas, (fairy tale character)* the Marquis of Carabas. **~tent, markeetent** marquee (tent).

mar·kie·sin *-sinne, (fem.)* marchioness; marquise.

mar·ki·saat *-sate* marquisate. **mar·ki·set** *(text.)* marquisette.

mark·ka *(hist. monetary unit of Finland)* markka; →EURO.

Mar·kus *(Bib.)* Mark; *~ Antonius, (Lat.) Marcus Antonius (Rom. gen., ?83-30 BC)* Mark Anthony, Marcus Antonius; *~ Aurelius Antoninus* →MARKUS AURELIUS ANTONINUS.

marl *ge-, (naut.)* marl. **~pen, ~priem** marline spike.

mar·lyn[1] *-lyne, (naut., light rope)* marlin(e).

mar·lyn[2] *-lyne, (icht.)* marlin, spearfish.

mar·lyn(·stof) *(text.)* marl.

Mar·ma·ra, Mar·mo·ra: *die See van ~* the Sea of Marmara/Marmora.

mar·me·la·de *-des* marmalade. **~bos** *(Streptosolon jamesonii)* marmalade bush.

mar·mer *n.* marble; *groen ~, (also)* verd antique. **marmer** *ge-, vb.* grain, marble, mottle. **~-aar** vein in marble, marble vein. **~beeld** marble statue/image. **~blad** marble slab; marble top. **~blok** marble block. **~groef** marble quarry. **~hout** marble wood. **~papier** marbled paper. **~rand** marble edge. **~saag** marble saw. **~skilder** grainer. **~slyper** marble cutter. **~slypsel** marble dust. **~steen** marble.

mar·mer·ag·tig *-tige* marble-like, like marble, marmoreal *(poet., liter.)*.

mar·me·ring marbling, graining.

mar·mot *-motte, (zool.)* marmot, woodchuck; *Virginiese ~* groundhog. **mar·mot·jie** *-tjies* small marmot; guinea pig.

ma·roe·la *-las (SA bot.: Sclerocarya birrea; also maroelaboom)* marula, maroela; *(also maroelaneut)* marula/maroela plum.

ma·roen *(colour)* maroon.

ma·rog *(bot.)* marog(o), morogo, Cape pigweed; vegetable stew.

Ma·rok·ko *(geog.)* Morocco. **Ma·rok·kaan** *-kane, n.* Moroccan. **Ma·rok·kaans** *-kaanse, adj.* Moroccan.

ma·ro·kyn-: **~(leer)** morocco leather, saffian. **~(stof)** *(text.)* marocain.

Ma·ro·niet *-niete, n.* Maronite. **Ma·ro·ni·ties** *-tiese, adj.* Maronite.

ma·rot *-rotte, (hist.)* fool's bauble.

Mar·que·sas-ei·lan·de *(geog.)* Marquesas (Islands).

mar·que·te·rie marquetry, marquetery, marqueterie, inlaid work.

Mar·ra·kesj, Mar·ra·kesj *(geog.)* Marrakesh, Marrakech *(in Morocco)*.

Mar·ron *-rons, (member of a Surinam people)* Maroon.

Mars *(astron., Rom. myth.)* Mars; *van ~* Martian; *'n bewoner van ~* a Martian. **~bewoner** Martian.

mars[1] *(naut.)* top *(on a mast); groot~* maintop; *heelwat in jou ~ hê, (rare)* have a good deal in one's wallet, know a thing or two. **~lantern, ~lig** top lantern/light. **~matroos** topman, topsman. **~seil** topsail. **~steng** topmast.

mars[2] *marse* march; *op ~ gaan* march out; *op ~ wees* be on the march; *voorwaarts ~!* forward march!. **~bevel** marching order, movement order. **~dag** *(mil.)* moving day. **~lied** marching song. **~maat** march time. **~musiek** march music, military music. **~oefening** route march(ing). **~orde** order of march(ing), marching order. **~order** marching order, movement order. **~roete** line/route of march. **~tempo** marching rate, rate of march; march rhythm; quick march/time; *vinnige ~, (mil.)* double time. **~vaardig** *-e* ready to march, in marching trim/order; ready for the road, mobile.

mars·ban·ker, maas·ban·ker, mas·ban·ker *-kers, (icht.: Trachurus capensis)* maasbanker, horse mackerel; *Noord-Atlantiese ~, (icht.: Brevoortia tyrannus)* menhaden, mossbunker *(Am.)*.

Mar·seil·le *(geog.)* Marseille *(Fr.)*, Marseilles *(Br.)*. **Marseil·laan** *-lane, n.* Marseillais, inhabitant of Marseilles. **Mar·seil·laans** *-laanse, adj.* Marseillaise. **Mar·seillaise:** *die ~, (Fr. nat. anthem)* the Marseillaise. **Marseil·les** *(SA, geog.)* Marseilles.

mar·se·pein *(cook.)* marzipan, almond paste, marchpane *(arch.)*.

Mar·shall-ei·lan·de *(geog.)* Marshall Islands.

mar·si·aal *-ale, (rare, mil.)* martial.

mar·sjeer *(ge)-* march; *deur die stad ~, (also)* parade the town. **mar·sjeer·der** *-ders* marcher.

mars·kra·mer →KRAMER.

mar·ta·vaan *-vane* Martaban jar.

mar·tel *ge-* (put to the) rack, (put to the) torture; torment, martyr, harrow. **~dood** martyr's death, martyrdom, stake; *'n ~ sterf* suffer death by torture. **~gang** way of martyrdom. **~(werk)tuig** instrument of torture.

mar·te·laar *-lare, -laars* martyr; *iem. is 'n ~ vir 'n saak* s.o. is a martyr to a cause; *as ~ sterf* die a martyr's death. **mar·te·laar·skap** martyrdom. **mar·te·la·res** *-resse* woman martyr. **mar·te·la·ry** torture; torment. **mar·te·ling** *-linge* torture, torment, infliction, martyrdom.

mar·te·laars-: **~aanbidding** martyrolatry. **~bloed** martyr's/martyrs' blood, blood of the martyrs. **~boek, ~geskiedenis** martyrology. **~kerk, ~kapel** martyry. **~kroon** martyr's crown. **~verering** →MARTELAARS-AANBIDDING.

mar·ten·siet *(metall.)* martensite.

mar·ter *-ters, (zool.)* marten. **~pels, ~bont** marten.

Mar·ti·a·lis *(Rom. poet)* Martial.

Mar·ti·ni-Hen·ry(-ge·weer) *(hist., also m~ h~)* Martini-Henry (rifle).

Mar·ti·nique *(geog.)* Martinique. **Mar·ti·ni·kaan** *-kane, (inhabitant)* Martinican. **Mar·ti·ni·kaans** *-kaanse* Martinican.

mar·ti·ro·lo·gie = MARTELAARSBOEK.

Marx·is *-iste, n., (also m~)* Marxist, Marxian. **~-Leninis** *(also m~)* Marxist-Leninist. **~-Leninisme** *(also m~)* Marxism-Leninism.

Marx·is·me *(also m~)* Marxism.

Marx·is·ties *-tiese, adj., (also m~)* Marxian, Marxist.

mas[1] *maste, (naut.)* mast; *(gym.)* pole; *die ~ **opkom*** make the grade; *alleen die ~ **opkom*** go it alone; *self die ~ **opkom**, self sien om die ~ op te **kom*** fend/shift for o.s., fight one's own battles; *self/alleen die ~ moet **opkom*** be left to (*or* thrown on) one's own resources; *'n ~ **stryk*** strike a mast. **~bos** fir wood; forest/thicket of masts (and spars). **~hoof** *(print.)* masthead *(of a newspaper)*. **~hout** pine wood, fir wood. **~koker** *(naut.)* tabernacle. **~korf** *(naut.)* crow's-nest. **~kraan** sheerlegs, shearlegs, shears. **~ring** mast hoop. **~-sel** *(med.)* mast cell. **~top** masthead. **~tou** stay. **~werk** clove hitching. **~werkknoop, ~werkslag** clove hitch, hogtie *(Am.)*.

mas[2] mast, acorns; (beech-)nuts.

Ma·sai *-sais, (member of a people; their language)* Masai.

ma·sa·la *(cook.)* masala.

mas·ban·ker →MARSBANKER.

Mas·bie·ker =*kers, (hist.)* Mozambiquer, coloured person/slave from Mozambique.

mas·car·po·ne *(It.):* ~**(kaas)** mascarpone.

Ma·se·do·ni·ë *(geog.)* Macedon(ia). **Ma·se·do·ni·ër** =*niërs, n.* Macedonian. **Ma·se·do·nies** =*niese, adj.* Macedonian.

ma·sels *(med.)* measles; *(tech.)* rubeola, morbilli; *Duitse ~s,* rubella, German measles; →ROOIHOND. **ma·sel·vleis** measly meat.

ma·ser =*sers, (microwave amplification by stimulated emission of radiation)* maser.

ma·se·ra·sie maceration. **ma·se·reer** *ge=* macerate.

Ma·sho·na →MASJONA.

ma·siet =*siete* mosque, masjid *(Arab.)*.

ma·sjien =*sjiene* machine; engine; sewing machine; *'n ~ **bedien/hanteer*** operate a machine; *'n ~ aan die **gang** sit* start a motor; *'n ~ **onderhou/versien*** service a machine; *die ~ het **onklaar** geraak* we had engine trouble. ~**bediener** →MASJIENOPERATEUR. ~**bou** engine building, construction of engines/machines; (mechanical) engineering; engineering industry. ~**boufirma** engineering firm. ~**bouvak** mechanical engineering. ~**breistof** machine-knitted fabric. ~**deel** spare (part), machine part. ~**defek** engine trouble. ~**fabriek** engineering works. ~**gare,** ~**garing** machine cotton; mill-spun yarn. ~**gebrei** machine-knitted. ~**gemaak** machine-made. ~**gereedskap** machine/power tools; *stuk ~* machine/power tool. ~**geweer** machine gun. ~**graaf** (mechanical) excavator; power shovel;. ~**kamer** engine room; engine house. ~**kap** bonnet/hood of engine. ~**kode,** ~**taal** *(comp.)* machine code/language. ~**leer** (practical) mechanics; theory of machines. ~**leesbaar** machine-readable, computer-readable. ~**maker** machinist. ~**mens** *(sci-fi)* humanoid. ~**monteur** machine/engine fitter, millwright, erector, assembler. ~**olie** machine/lubricating oil. ~**operateur,** ~**bediener** machine operator/minder. ~**pistool** machine pistol, sub-machine gun. ~**proef** *(print.)* press proof. ~**setter** machine compositor. ~**skrif** *(arch.)* →TIKSKRIF. ~**smeer** engine grease. ~**sy** sewing silk, machine silk. ~**tekenaar** engineering draughtsman, mechanical draughtsman. ~**tekene** engineering drawing, machine drawing, mechanical drawing. ~**tekening** engineering drawing, machine drawing; plan of a machine. ~**tou** binder twine. ~**tydperk** machine age. ~**vertaling** machine translation. ~**vorm** machine die. ~**wasbaar** =*bare* machine-washable. ~**weiering** engine failure. ~**werk** machine work; machine-made work. ~**werker** machinist. ~**werkplaas** engineering works. ~**werk(s)winkel** machine shop; mechanical workshop. ~**werktuig** =*tuie* machine tool.

ma·sji·naal =*nale, adj.* mechanical; automatic; *masjinale draaibank* power lathe; *masjinale leerproses* rote learning, learning by rote. **ma·sji·naal** *adv.* mechanically; automatically; *~ afgewerk* machine-finished; *~ gemaak/vervaardig* machine-made, mill-spun, factory-made.

ma·sji·na·sie machination.

ma·sji·neer *ge=* machine; →GEMASJINEER(D). **ma·sji·neer·baar** =*bare* machinable. **ma·sji·neer·der** =*ders* machiner.

ma·sji·ne·rie machinery, enginery; *(fig.)* machinery *(of the state etc.)*. ~**verhuring** plant hire. ~**verhuringsfirma,** =**maatskappy,** =**onderneming** plant hire (business/company/firm).

ma·sji·ne·ring machining.

ma·sji·nis =*niste* engineer *(on a ship); (rly.)* engine/train driver, engineman; sceneshifter *(in a theatre);* machinist, tenter; *eerste ~* chief engineer *(on a ship)*.

Ma·sjo·na, Ma·sho·na *(the Shona people collectively)* Mashona. ~**land** *(geog.)* Mashonaland.

mas·ka·ra mascara, eyeblack *(dated)*.

Mas·ka·re·ne Mascarene Islands, Mascarenes.

mas·kas *interj.* →MAGTIG².

Mas·kat *(geog.)* Muscat.

mas·keer *(ge)=* camouflage, cover (up), mask, screen, veil, hide, conceal. ~**band** masking tape.

mas·ker =*kers, n.* mask; visor; face guard; disguise; *'n ~ **aansit*** put on a mask; *die ~ het **afgeval*** the mask slipped; *iem. se ~ **afruk*** unmask s.o.; *die ~ **afwerp*** drop (*or* throw off) the mask; *'n ~ **afwerp,** (also)* shed a disguise, throw off a disguise; ***onder** die ~ van ...* under the mask of ...; in/under the guise of ... **mas·ker** *ge=, vb.* mask, veil, camouflage. ~**bal** masked ball, masquerade. ~**blom** monkey flower. ~**spel** masque, mask.

mas·ke·ra·de =*des* masquerade, mummery.

mas·ke·ring¹ masking, disguise; →MASKER *vb.*.

mas·ke·ring² covering up, masking, camouflage *(of troops, guns, etc.)*.

mas·kie →ALMISKIE.

mas·kon *(astron.)* mascon.

mas·kot =*kotte* mascot.

mas·ku·li·nis =*niste* masculinist. **mas·ku·li·nis·ties** =*tiese* masculinist.

ma·so·chis =*chiste* masochist. **ma·so·chis·me** masochism. **ma·so·chis·ties** =*tiese* masochistic.

Ma·soe·re·land, Ma·soe·ri·ë *(geog.)* Masuria. **Masoer** =*soere* Masurian. **Ma·soe·ries** =*riese* Masurian; *die ~e Mere* the Masurian Lakes.

Ma·so·ra, Mas·so·ra *(<Hebr., Bib.)* Masora(h), Massora(h).

ma·so·reet =*rete* Mas(s)orete. **ma·so·re·ties** =*tiese* Mas(s)oretic.

mas·sa =*sas* crowd, mass, multitude; congeries; host; lot, bulk, lump; pile; gross; pool; ***by die** ~ verkoop* sell in bulk; ***die** ~* the crowd; the great mass; the masses; the (common) ruck; *in ~ **geproduseer*** mass-produced; →MASSAGEPRODUSEERDE; *die **groot** ~* the common/vulgar herd, the common ruck; ***in** ~* in bulk; in the mass/gross; massed; ***massas** ...* masses (*or [infml.]* zillions) of ...; ***'n** ~ ...* masses of ...; *(infml.)* stacks of ... *(work); iets in ~ **produseer*** mass-produce s.t.; ***sonder** ~* massless; *bo die ~ **uitstyg,** jou bo die ~ **verhef*** rise (*or* raise o.s.) above the crowd; *in die ~ **verlore** raak, (fig.)* be just one of the crowd; *'n ~ **vorm*** mass; *na die ~ **vry*** play to the gallery. ~**-aankope** mass buying. ~**-aanval** massed attack, attack in mass. ~**-aksie,** ~**optrede** mass action. ~**defek,** ~**tekort** *(phys.)* mass defect. ~**digtheid** bulk density. ~**distribusie** mass distribution. ~**-eenheid** unit of mass. ~**-energie** *(phys.)* mass energy. ~**fabriek** mass production plant. ~**fabrikasie** mass production, wholesale manufacture/production, manufacture on a large/vast scale. ~**geheue** *(comp.)* mass storage. ~**geproduseerde** *(attr., also in massa geproduseerde)* mass-produced *(goods etc.)*. ~**getal** *(phys.)* mass number. ~**geweld(pleging)** mob violence. ~**konsumpsie** mass consumption. ~**mark** mass market. ~**medium** =*mediums,* =*media* mass medium. ~**meter** mass meter. ~**moord** massacre, mass murder. ~**moordenaar** mass murderer. ~**naamwoord** mass noun. ~**oorlog** war of the masses. ~**optrede** →MASSA-AKSIE. ~**pos** bulk post. ~**produksie** mass production; *in ~* mass-produced; *fabriek met ~* mass production plant; →MASSAFABRIKASIE. ~**sang** community/mass singing. ~**sielkunde,** ~**psigologie** mass psychology. ~**spektograaf** *(phys.)* mass spectograph. ~**spektrometer** *(phys.)* mass spectrometer. ~**spektrum** *(phys.)* mass spectrum. ~**-suggestie** mass suggestion. ~**tekort** →MASSADEFEK. ~**transport,** ~**vervoer** transport in bulk. ~**verbruik** mass consumption. ~**vergadering** mass meeting. ~**voorraad** bulk supply. ~**vrag** bulk cargo. ~**vragskip** bulk cargo ship.

mas·saal =*sale* massive; *massale soortlike gewig* bulk specific gravity.

mas·sa·ge *(<Fr.)* massage.

mas·sa·li·teit massiveness.

Mas·sau·a, Mas·sa·wa *(geog.)* Massawa, Massaua.

mas·seer *(ge)=* massage, knead. ~**salon** massage parlour.

mas·seer·der =*ders* →MASSEUR. **mas·seer·ster** =*sters* →MASSEUSE.

mas·se·ring massaging, massage.

mas·se·ter(·spier) *(anat.)* masseter (muscle).

mas·seur =*seurs,* **mas·seer·der** masseur, massagist, massager. **mas·seu·se** =*ses,* **mas·seer·ster** masseuse.

mas·sief =*siewe, n., (geol.)* massif. **mas·sief** =*siewe, adj.* massive, enormous, huge, solid; mighty. **mas·si·fi·ka·sie** massification. **mas·si·fi·seer** *ge=* massify. **mas·si·wi·teit** massiveness, solidity.

mas·si·kot *(yellow lead monoxide)* massicot.

Mas·so·ra →MASORA.

mas·ta·ba =*bas, (<Arab., archaeol.: ancient Eg. tomb)* mastaba.

mas·tek·to·mie mastectomy.

mas·tiek mastic. ~**asfalt** mastic asphalt.

mas·tig *interj.* goodness (gracious), heavens, gosh, my.

mas·tik →MASTIEK.

mas·ti·ka·sie mastication.

mas·ti·tis mastitis; *(vet.)* garget.

mas·to·don =*dons,* =*donte, (extinct animal)* mastodon. **mas·to·don·ties** =*tiese* mastodontic.

mas·to·ïed =*ïede, n., (anat.)* mastoid, mastoid bone/process. **mas·to·ïed** =*ïede, adj.* mastoid. ~**ontsteking** *(med.)* mastoiditis. ~**verswering** mastoid abscess.

mas·tur·beer *ge=* masturbate. **mas·tur·ba·sie** masturbation. **mas·tur·beer·der** =*ders,* **mas·tur·bant** =*bante* masturbator.

ma·su·ri·um *(obs.)* →TEGNESIUM.

ma·sur·ka =*kas, (Polish dance)* mazurka, mazourka.

mat¹ *matte, n.* mat, doormat, floor mat, (floor) rug; seat, bottom *(of a chair); (often)* carpet; *los ~(tjie)* scatter rug; *die ~ onder iem. (se voete) uittrek/uitpluk/uitruk, (fig., infml.)* pull the plug on s.o./s.t.; *deur die ~ val, (fig.: a plan)* fall through. **mat** *ge=, vb.* mat, cane, rush, bottom, seat *(a chair)*. ~**baan** *(cr., obs.)* matting wicket. ~**besempie** carpet whisk. ~**binding** hopsack weave. ~**stoel** →ROTTANGSTOEL. ~**stof** matting, basket cloth. ~**werk** matting.

mat² *mat(te) matter matste, adj.* languid, lifeless, listless, spiritless, tired, weary; dead, dull *(gold);* mat, matt(e) *(paper);* lacklustre, lustreless *(eye);* dim *(light);* flat *(paint)*. **mat** *adv.* languidly *etc.* (→MAT *adj.*); *~ geskilder* mat/matt(e) painted; *~ maak* mat, matt(e); frost; *~ word* tarnish. ~**afwerking,** ~ **afwerking** mat/mat(te)/dead finish. ~**effek,** ~ **effek** rubbed effect. ~**glas,** ~ **glas** mat/matt(e) glass, obscured/frosted glass. ~**kool** splint coal. ~**verf** ~ **verf** matt(e)-finish paint, matt(e) paint. ~**werk** frostwork. ~**wit,** ~ **wit** dead white.

mat³ *n., (chess)* checkmate; *gesmoorde ~* smothered mate. **mat** *adv.: iem. ~ sit, (chess and fig.)* (check)mate s.o..

mat⁴ *matte, n., (hist., monetary unit)* piastre; *Spaanse ~* Spanish piastre, piece of eight.

ma·ta·dor =*dors* matador.

ma·te degree, measure; *in **besondere** ~ ... wees* be ... to a degree; ***buite** ~* beyond measure, excessively, exceedingly, extremely; *in die ~ **dat** ...* to the extent that ...; *in **dié** ~* to that extent; *in **geringe** ~* in a small way; *in **groot/hoë** ~* to a great/large extent; *in **hoë** ~* in (a) great measure; in a big way; *in die **hoogste** ~* to the highest degree; to the nth degree; ***in/tot** 'n ~* to a certain (*or* some) degree/extent, in some measure; up to a point; *in **meerdere** of mindere ~* in varying degrees; to a greater or lesser extent; *iets **met** ~ doen* do s.t. in moderation; ***met** ~* moderately; ***na** die ~ van ...* to the extent of ...; ***na** die ~ waarin ...* according as ...; ***na** die ~ van iem. se kragte* to the extent of s.o.'s powers; ***na** die ~ waarin ...* according as ...; *in **ruime** ~* amply; *'n **sekere** ~ van ...* a measure of ...; *in **sekere** ~* to a certain (*or* some) degree/extent, in some measure; up to a point; *dit is in **sekere** ~ teleurstellend* it is something of a disappointment *(infml.)*; *in **so** 'n ~ **dat** ...* so much (so) that ...; *in **toenemende** ~* increasingly; progressively; *in **watter** ~ ...* to what degree ...; to what extent ...

Ma·te·be·le =*les, (population group)* Matabele. ~**land** *(geog.)* Matabeleland.

ma·te·loos =*lose* excessive, measureless, inordinate, unlimited, unmeasured. **ma·te·loos·heid** excessiveness, inordinacy, inordinateness.

ma·te·ma·ties -tiese mathematical, *(rare)* mathematic. **ma·te·ma·ti·kus** -tikusse, -tici mathematician.

ma·ter·fa·mi·li·as *(Lat.: female head of a family/household)* materfamilias.

ma·te·ri·aal -ale material(s); fabric; stuff; *rollende ~* rolling stock. **~sterkte** strength of materials. **~vastheid** strength of materials. **~versagter, ~versagmiddel** fabric softener. **~verswakking** fatigue *(in materials)*.

ma·te·ri·a·lis -liste, *(also M~)* materialist. **ma·te·ri·a·li·seer** ge- materialise. **ma·te·ri·a·lis·me** *(also M~)* materialism; *(philos.)* hylozoism. **ma·te·ri·a·lis·ties** -tiese materialist; hylozoic; *~e samelewing/maatskappy/gemeenskap* acquisitive society.

ma·te·ri·a me·di·ca *(Lat.: [study of] remedial substances)* materia medica.

ma·te·rie -rieë, -ries matter. **~-omsetting** transformation of matter.

ma·te·ri·eel *n., (mil.)* materiel, matériel, equipment. **ma·te·ri·eel** -riële -riëler -rieelste, *adj.* material; *materiële reg* substantive law.

ma·ters *(pl.)* →MAAT². **ma·ter·tjies** *(dim.)* →MAATJIE².

ma·te·sis *(obs.)* mathematics.

mat·heid exhaustion, tiredness, languor, lassitude, fatigue, weariness, burnout; deadness, dimness, dullness, tarnish.

Ma·tie -ties, *(infml.: Stellenbosch student)* Matie.

ma·tie -ties, *(form of address)* mat(e)y, chum. **ma·tie·rig** -rige, *adj.* matey. **ma·tie·rig·heid** mateyness.

ma·tig -tige, *adj.* moderate *(wind, eater, etc.)*; frugal *(meal)*; placid; modest; continent, abstemious, sober, temperate *(pers.)*; *~e **dosis*** mild dose; *~e **pas*** steady pace; *'n ~e **skatting*** a moderate/conservative estimate; *~e **sukses*** indifferent success. **ma·tig** *adv.* moderately *etc.* (→MATIG *adj.*); *~ eet* eat sparingly; *maar ~ ingenome met iets* not overpleased with s.t.. **ma·tig** ge-, *vb.* moderate, modify, mitigate; temper, restrain *(one's anger etc.)*, qualify, check. **ma·tig·heid** abstemiousness, frugality, moderation, soberness, temperance, continence, sobriety; sweet reasonableness. **ma·tig·heids·bond, -ge·noot·skap** temperance society. **ma·ti·ging** moderation, modification, mitigation.

ma·ti·nee -nees matinee, matinée.

ma'tjie -'tjies →MA.

mat·jie -jies, *(dim.)* little mat; rug. →MAT¹.

mat·jies-: ~goed matting; *(Typha* spp.*)* bulrush; *(Cyperus* spp.*)* sedge. **~huis** *(hist.)* mat house/hut, rush hut.

ma·toe·mie -mies, **mingerhout** matumi, Transvaal/African teak. **~(boom), mingerhout(boom)** matumi (tree). **~(hout), mingerhout** matumi (wood).

ma·tras -trasse mattress. **~goed** *(text.)* tick(ing). **~kop** mophead, mop of hair. **~maker** mattress maker, upholsterer. **~oortreksel, ~sloop** mattress cover, tick. **~steek** spot-stitch, mattress stitch. **~tyk** →MATRASGOED.

ma·tri·ar·gaal -gale matriarchal. **ma·tri·ar·gaat** matriarchy, mother right.

ma·triek *n., (SA, infml.: abbr. for* matriculation*)* matric. **ma·triek** -trieks, **ma·tri·ku·lant** -lante, **ma·triek·leer·der** -ders, **ma·triek·leer·ling** -linge, *n.* matriculant. **~(eksamen)** matric (examination).

ma·triks -trikse, *(geol., biol., math., fig.)* matrix. **~drukker** *(comp.)* dot-matrix printer.

ma·tri·ku·la·sie, ma·triek matriculation. **~-eksamen** matriculation examination. **M~raad:** *Gemeenskaplike ~, (SA, hist.)* Joint Matriculation Board.

ma·tri·ku·leer ge- matriculate.

ma·tri·li·ne·êr -neêre, **ma·tri·li·ni·êr** -niêre, **ma·tri·li·ne·aal** -neale matrilineal, in the female line.

ma·tro·ne -nes matron.

ma·troos -trose sailor; deck hand; matelot, matlo(w) *(Br., infml.)*; mariner; seaman; *as gewone ~ vaar* sail before the mast; ***ou** ~* sea dog *(infml.)*, water dog *(infml.)*; ***praterige** ~* sea lawyer *(infml.)*; ***vloek** soos 'n ~* →VLOEK *vb.*. **~baadjie** monkey jacket; pea coat/jacket *(hist.)*. **~bloes(e)** sailor blouse, middy (blouse) *(chiefly hist.)*. **~blou** sailor blue. **~bredie** lobscouse. **~broek** sailor's/bell-bottom(ed) trousers, bell bottoms. **~herberg, ~kroeg** sailors' tavern. **~hoed** sailor hat; tarpaulin. **~kis** sea chest. **~klere** slops. **~koor** sailors' chorus. **~kop** crew cut. **~kraag** sailor collar. **~kuller** = MATROOSSWENDELAAR. **~lewe** sailor's life. **~lied** sea shanty, sea song, sailors' song. **~pak** sailor suit. **~sak** ditty bag. **~swendelaar** landshark. **~werk** sailor's work, sailoring. **~werwer** crimp.

ma·tro·se·blou →MATROOSBLOU.

ma·trys -tryse, *(math.)* matrix; mould; *(print.)* flong. **~blok** swage block; *(print.)* matrix block. **~gieting** die-casting. **~houer** matrix holder. **~model** die model. **~papier** *(print.)* flong. **~staal** die steel.

mat·so -so's, *(Jewish Passover bread)* matzo(h), matza(h).

Mat·ta·ti·as *(NT)* Mattathias.

mat·teer *(ge)-* mat, matt(e), render mat/matt(e).

mat·te·klop·per carpet-beater. →MAT¹.

Mat·the·üs *(OAB)*, **Mat·te·us** *(NAB)* Matthew; *Evangelie van Mattheüs/Matteus, (Bib.)* Gospel of Matthew.

Mau·re·ta·ni·ë *(geog.: ancient region in N.Afr.)* Mauretania.

Mau·ri·ta·ni·ë *(geog.: land in NW Afr.)* Mauritania. **Mau·ri·ta·ni·ër** -niërs Mauritanian. **Mau·ri·ta·nies** -niese Mauritanian.

Mau·ri·ti·us *(geog.)* Mauritius. **Mau·ri·ti·aan** -ane, **Mau·ri·ti·ër** -ërs, *n.* Mauritian. **Mau·ri·ti·aans** -aanse, *adj.* Mauritian.

Mau·rits: *maarskalk ~ van Sakse, (Fr. hist.)* Marshal (Maurice de) Saxe.

Mau·ser, mou·ser -sers, *(hist., also mauser)* Mauser. **~(rewolwer)** Mauser (revolver/pistol).

mau·so·le·um, mou·so·le·um -soleums, -solea mausoleum.

mau·ve mauve.

Max·im -ims, **Mek·sim** -sims, *(also m~)*: **~(masjiengeweer)** *(mil., hist.)* Maxim (gun). **~(-Nordenfelt)** Maxim(-Nordenfelt).

Max·i·mi·li·aan *(emperor, 1832-67)* Maximilian.

max·well *(phys.: a unit of magnetic flux)* maxwell.

ma·ya *(Skt., Hind., Buddh.)* maya.

ma·yon·nai·se -ses mayonnaise. **~-eiers** *(cook.)* eggs mayonnaise.

Mban·da·ka *(geog.)* Mbandaka.

mba·qa·nga, *(Zu., mus.)* mbaqanga.

mbi·ra *(Shona, mus.)* mbira.

mbon·go -go's, *(rare, derog.)* yes-man; →IMBONGI.

Mc·Car·thy·is·me *(Am.)* McCarthyism. **Mc·Car·thy·is** -iste McCarthyist.

me·a cul·pa *n. & interj., (Lat.: my fault)* mea culpa.

me·an·der -ders, *(geomorphol.)* meander. **~meer** oxbow lake.

me·bos *(an apricot confection)* mebos. **~konfyt** mebos jam.

Me·che·len *(geog.)* Mechelen, Malines *(Fr.)*, Mechlin *(Eng.)*. **Me·chels** -chelse (of) Mechelen/Mechlin/Malines; *~e kant* Mechlin lace, malines.

me·dal·je -jes medal; gong *(Br. mil. sl.)*; roundel; *'n ~ slaan* strike a medal; *vol ~s* bemedalled. **~kenner, medaljis** medallist. **~snyer, medaljeur** medallist. **~wenner** medallist.

me·dal·jeur -jeurs →MEDALJESNYER. **me·dal·jis** -jiste →MEDALJEKENNER. **me·dal·jon** -jons medallion, locket, roundel.

Me·de: *'n wet van ~ en Perse, (infml.)* a law of the Medes and Persians. →MEDER.

me·de¹ *(fml., dated)* partly, to some extent; also, too.

me·de² mead, metheglin, honey beer.

me·de- *pref.* co-, fellow. **~aangeklaagde** →MEDEBESKULDIGDE. **~aanspreeklik** -e co-responsible, jointly liable. **~aanspreeklikheid** co-responsibility. **~aanwesig** -e co(-)present. **~aanwesigheid** co(-)presence. **~afgevaardigde** co(-)delegate, fellow deputy. **~-Afrikaner** fellow Afrikaner. **~amptenaar** colleague (in service). **~arbeider** fellow worker, co(-)operator, co-worker, collaborator, workmate. **~bediende** fellow servant. **~begiftigde** co-donee. **~belanghebbende** copartner, sharer, party/person also interested. **~besitter,** →MEDE-EIENAAR. **~beskuldigde** coaccused, fellow accused, co-respondent. **~(-) besturende direkteur** joint managing director. **~bestuurder** joint manager(ess), co-manager(ess); co-driver. **~bewoner** cohabitant. **~borg** cosponsor *(of a sports event etc.)*; *(ins.)* co-surety. **~broe(de)r** colleague; fellow man. **~burgemeester** brother mayor. **~burger** fellow citizen, townsman. **~-Christen** fellow Christian. **~dader** accomplice, co-principal *(in crime)*. **~deelbaar** -bare communicable. **~deelbaarheid** communicability. **~deelsaam** -same communicative, expansive, effusive; charitable, liberal, open-handed. **~deelsaamheid** communicativeness; charitableness, liberality, openhandedness. **~deler, meedeler** informant, communicator. **~deling** -lings, -linge announcement, account, communication, information; report, statement, release, communiqué *(Fr.)*; handout, bulletin; intimation; *'n ~ doen* make an announcement; *(amptelike) ~* communiqué *(Fr.)*; *~s van 'n genootskap* communications/transactions of a society. **~dingend** -e competitive; emulous *(fml.)*; *hoogs ~ wees* be highly competitive. **~dinger** -s competitor, rival, emulator, contestant; *'n ~ om iets wees* be a contender for s.t.. **~dinging** competition, rivalry; *~ hê* face competition; *in ~ met ...* in competition with ...; *moordende ~* cut-throat competition; *skerp/sterk/strawwe ~* severe/stiff competition. **~direkteur** codirector, co-manager(ess), joint manager(ess). **~doë** compassion, sympathy. **~doënd** -e compassionate, sympathetic, merciful. **~doëndheid** compassion, sympathy. **~-eienaar, ~besitter** co-owner, part-owner, joint proprietor/owner, *(fem.)* joint proprietress. **~-eienaarskap** co-ownership. **~-eksekuteur** coexecutor. **~-erfgenaam** coheir, joint heir, parcener. **~-erfgenaamskap** (co)parcenary. **~-ewig** -e coeternal. **~gas** fellow guest. **~gebruik** joint use. **~gedaagde** *(jur.)* codefendant, co-respondent. **~gelowige** fellow believer. **~geregtig** -de coentitled, jointly entitled. **~geregtigde** -s co-sharer, participant, jointly entitled person. **~getuie** fellow witness. **~gevangene** fellow prisoner. **~heerser** joint sovereign. **~helper** assistant, collaborator, cooperator, helpmate *(rare)*. **~hengelaar** brother of the angle. **~hoof** co-principal. **~hoofbestuurder** joint general manager. **~hoofskuldenaar** co-principal debtor. **~huurder** co-tenant. **~-ingesetene** →MEDEBURGER. **~kandidaat** running mate. **~kieser** fellow elector. **~klinker** consonant. **~krygsman** fellow soldier, fellow warrior. **~leerder, ~leerling** fellow learner/pupil. **~leraar** co-minister, coincumbent. **~lid** fellow member, confrère. **~ly(d)e** compassion, commiseration, sympathy; →MEEGEVOEL; *~ met iem. **hê*** feel concern for s.o.; feel pity for s.o.; grieve for s.o.; *~ **met** iem. hê, (also)* one's heart aches for (*or* goes out to) s.o.; *~ met iem. **toon*** commiserate with s.o.; ***vol** ~ na iem. kyk* look at s.o. pityingly. **~ly(d)end** -e compassionate, sympathetic; *iem. ~ aankyk* look at s.o. pityingly. **~ly(d)endheid** →MEDELYE. **~mens** fellow man, fellow (human) being, fellow creature. **~menslik** -e humanitarian. **~menslikheid** common humanity, fellow feeling. **~minnaar** rival in love. **~minnares** female rival in love. **~ondergetekende** co-undersigned, co-signatory. **~onderteken** countersign. **~ondertekenaar** co-signatory; witness. **~ondertekening** co-signature, countersignature. **~oorsaak** contributory/secondary cause. **~oorsaaklikheid** *(jur.)* contributory negligence; joint causality. **~opsteller** joint author, part author; joint drafter, framer. **~-outeur** joint author, part author, collaborator. **~passasier** fellow traveller/passenger, travel(ling) companion. **~pligtig** -e, *(jur.)* accessory, accessary; *met iem. ~ wees (aan 'n misdaad)* aid and abet s.o. (in a crime). *iem. was ~ aan iets* s.o. was a party to s.t.. **~pligtige** -s accessory, accessary, accomplice; confederate; *'n ~ van 'n misdadiger aan 'n misdaad* an accomplice of a criminal in a crime; *'n ~ aan 'n misdaad* an accessory/accessary to a crime; a party to a crime. **~pligtigheid** complicity; participation; *iem. se ~ aan iets* s.o.'s complicity in s.t.. **~redakteur** coeditor. **~reder** part-owner, joint owner *(of ships)*. **~regent** co-regent. **~regter** fellow judge. ~**reisiger** →MEDEPASSASIER. ~**respondent** co-respondent. ~**seggenskap** copartnership; right of say; participation *(in decision making).* ~**skenker** co-donor. ~**skepsel** fellow being, fellow creature. ~**skrywer** coauthor, part author. ~**skuldeiser** cocreditor, joint creditor. ~**skuldenaar** codebtor, co-obligor. ~**skuldige** fellow culprit; →MEDEPLIGTIGE. ~**speler** fellow player, partner, teammate. ~**spreker** interlocutor *(fml.).* ~**stander** partisan, partner, supporter. ~**ster** co-star; *iem. se ~ in 'n (rol)prent wees* co-star with s.o. in a picture. ~**stigter** cofounder. ~**stryder** fellow fighter, comrade *(in a cause);* comrade in arms; →MEDEKRYGSMAN. ~**student** fellow student. ~**verantwoordelik** *=e* co-responsible. ~**verbondene** *=s* ally. ~**verweerder** co-defendant, co-respondent. ~**vlieënier** copilot. ~**voog** coguardian. ~**werkend** *=e* co(-)operating. ~**werker** cooperator, co-worker, fellow worker; collaborator; coagent; coadjutor; associate; contributor, correspondent *(to a paper etc.); finansiële ~* financial correspondent, *(Br.)* city editor. ~**werking, meewerking** assistance, collaboration, contribution, co(-)operation, instrumentality; ministration; *met (die) ~ van ...* in collaboration with ...; in conjunction with ...; in co(-)operation with ...; in association with ... ~**wete** knowledge; privity; ***met** (die) ~ van ...* with the knowledge of ...; *iets is **met** iem. se ~ gedoen* s.t. was done with s.o.'s knowledge; ***sonder** iem. se ~* without s.o.'s knowledge; *iets **sonder** iem. se ~ doen, (also)* do s.t. un(be)known to s.o..

Me·de·a *(Gr. myth.)* Medea.

Me·der *=de(rs),* **Me·di·ër** *=diërs, (hist.)* Mede, Median.

me·di·a[1] *(pl. of* medium*):* ~**beampte** press officer. ~**geleentheid** media event. ~**kantoor** press office. ~**korps** press corps. ~**reklame** above-the-line advertising. ~**sekretaris** press secretary.

me·di·a[2] *(anat., entom.; phon.)* media.

me·di·aan *=ane, n. & adj., (geom., stat.)* median; *(print.)* medium *(paper size).* ~**aar** median (vein). ~**folio** demy folio. ~**formaat** medium size. ~**letter** pica. ~**lyn** median (line). ~**papier** medium paper. ~**senu(wee)** median nerve.

me·di·ant *=ante, (mus.)* mediant.

me·di·a·sie mediation. **me·di·a·teur** *=teurs, (rare)* mediator, intercessor.

me·di·a·ti·seer *ge=, (rare)* mediatise. **me·di·a·ti·sa·sie** mediatisation.

Me·di·ë *(hist., geog.)* Media. **Me·di·ër** →MEDER. **Medies** *=diese* Median, Medic.

me·dies *=diese, n. & adj.* medical; medicinal; *~e **beampte*** medical officer, officer of health; *~e **fonds*** medical aid fund; *~e **keuring*** physical examination, *(infml.)* physical; *~e **superintendent*** medical superintendent; *~e **verslag*** medical report.

me·di·ë·val *(print.)* medi(a)eval. **me·di·ë·vis** *=viste* medi(a)evalist.

me·di·ka·ment *=mente, (fml., obs.)* medicament; medicine; drug. **me·di·ka·sie** *=sies* medication. **me·di·kus** *=dikusse, =dici* doctor, medic *(infml.),* physician.

me·di·na·wurm Guinea worm.

me·di·o·kri·teit *=teite, (rare)* mediocrity.

me·di·si·naal *=nale* medicinal; medicated; *medisinale gewig* apothecaries' weight; *medisinale water* medicated water; *~ toeberei* medicated.

me·di·sy·ne *=ne(s)* medicine, drug; medicament; *~ **gebruik/(in)neem/drink*** take medicine; *iets as ~ **gebruik*** take s.t. medicinally; *~ **ingee*** dose; *(in die) ~ **studeer*** study medicine; *iem. het **te veel** ~ gedrink, (fig., rare)* s.o. had a drop too much; *~ **toeberei*** make up medicine; *~ **toedien*** medicate; *~ **voorskryf*** prescribe medicine. ~**bossie** simple. ~**bottel(tjie),** ~**fles(sie)** medicine bottle. ~**kas** medicine cupboard. ~**kis(sie)** medicine chest. ~**moord** medicine murder. ~**stroop** julep.

me·di·sy·ne·ag·tig *=tige* medicine-like.

me·di·ta·sie *=sies* meditation. **me·di·ta·tief** *=tiewe* meditative(ly), contemplative(ly). **me·di·teer** *ge=* meditate. **me·di·teer·der** meditator.

Me·di·ter·reens *=reense* Mediterranean.

me·di·um *=diums, =dia, n.* medium; means, vehicle; *'n magtige ~* a powerful vehicle; *'n ~ vir ...* a vehicle for ...

me·di·um= *comb.* medium. ~**afstand(-) ballistiese missiel** medium-range ballistic missile *(abbr.:* MRBM*).* ~**afstandmissiel** medium-range missile. ~**droog** medium dry *(sherry etc.).* ~**frekwensie** *(rad.)* medium frequency. ~**golf** medium wave. ~**snelbouler,** ~**snelleer** *(cr.)* medium(-fast) bowler, *(infml.)* medium pacer.

me·di·u·miek *=mieke* mediumistic. **me·di·u·mis·ties** *=tiese* mediumistic. **me·di·um·skap** mediumship.

me·do·ra *=ras* (Malay) bridal crown/veil.

Me·du·sa *(Gr. myth.)* Medusa.

me·du·sa *=sae, =sas, (zool.)* medusa, jellyfish.

mee *adv. & prep.* with, together. **mee=** →MEDE=, SAAM=. ~**bring** *meege=* bring along, bring with one, bring in *(a dowry);* carry *(responsibility);* entail *(a delay);* involve *(danger);* cause *(illness);* entrain, bring on; *iem. se werk/ens. bring mee dat hy/sy ...* s.o.'s work/etc. requires that he/she ...; *iem. se stand sal dit ~* it will be required by s.o.'s social position. ~**deel** *meege=* communicate *(news);* inform *(s.o.);* let *(s.o.)* know; disclose *(facts);* report *(occurrences);* record *(one's experiences);* advise; impart; convey; confide; state; *iem. ~ **dat** ...* inform s.o. that ...; *iem. is meegedeel **dat** ...* s.o. has been informed that ...; *iem. **iets** ~* inform s.o. of s.t.; *iem. iets **versigtig** ~* break s.t. gently to s.o.; *iem. iets in **vertroue** ~, iem. iets **vertroulik** ~* tell s.o. s.t. confidentially, confide s.t. to s.o.. ~**deler** informant, informer. ~**deling** →MEDEDELING. ~**ding** *meege=* compete, be a candidate for, vie; *met iem. **in** iets ~* compete/vie with s.o. in s.t.; *met iem. **om** iets ~* compete/vie with s.o. for s.t.; ***teen** iem. ~* compete against s.o.; ***teen** 'n prys ~* meet a price. ~**doen** *meege=* join *(in a game);* take part *(in a performance);* compete *(in a match);* take a hand *(in an election, in a game);* be in the swim *(socially);* participate; *~ **aan*** go in for; join in; take up; engage in, take part in; *iem. wil nie **aan** iets ~ nie* s.o. won't be party to s.t.; *sonder geld kan jy **nie** ~ nie* without money one is out of it; ***nie aan** die oorlog ~ nie* stand out of the war. ~**doënloos** *=lose =loser =loosste* (of *meer ~ die mees =lose)* merciless, ruthless, pitiless, inexorable, unsparing, relentless, unforgiving, unrelenting, dog-eat-dog. ~**doënloosheid** relentlessness, heartlessness, pitilessness, savageness. ~**-eet** *meegeëet* partake of s.o.'s meal, stay for dinner/supper. ~**-erf** *meegeërf* be joint heir(ess), come in for a share of a legacy. ~**-eter** *(<Du., obs.)* fellow diner; *(med.)* blackhead. ~**gaan** *meege=* accompany; subscribe *(to a view);* fall in *(with an arrangement);* agree *(with s.o.); met die tyd ~* move/keep abreast (*or* keep pace) with the times. ~**gaande** compliant, complaisant, accommodating, biddable, docile, tractable, acquiescent; supple, amenable, easy(-going); flexible; *~ feite* collateral facts. ~**gaandheid** complaisance, compliance; docility, tractability, co(-)operativeness, conformity, sweet reasonableness. ~**gebring:** *~ deur ...* incidental to ... ~**gee** *meege=* give/send along with; give (way), yield; give, sag; *iets gee mee onder ...* s.t. gives way under ..., s.t. collapses under ...; *wat nie ~ nie* unyielding. ~**gevoel** sympathy, fellow feeling; →DEELNEMING; *jou ~ **betuig*** express one's sympathy; ***betuiging** van ~* condolence; *met iem. ~ **hê*** have sympathy with s.o., feel (sympathy) for s.o.; ***innige** ~* deep sympathy; *~ **met** iem. by die heengaan van 'n geliefde* sympathy with s.o. in a bereavement; *iets **uit** ~ doen* do s.t. out of sympathy. ~**help** *meege=* assist, contribute *(one's share),* lend a hand, make o.s. useful; *iets help mee om te ...* s.t. helps to ... *(achieve s.t.).* ~**klink** *meege=* resonate. ~**kom** *meege=* →SAAMKOM. ~**kry** *meege=, (rare)* get, receive. ~**leef,** ~**lewe** *meege=: met iem. ~* sympathise with s.o.. ~**lewing** sympathy; *~ met ...* sympathy with ... ~**loop** *meege=* accompany *(s.o.),* go/walk/come along *(with);* follow, go *(with).* ~**loper** hanger-on; *(fig., pol.)* fellow traveller, camp follower, passenger; conformist, follower; sympathiser. ~**lopery** conformism. ~**luister** *meege=* listen in, eavesdrop; monitor, tap *(a phone).* ~**luisterapparaat,** ~**toestel** wiretap; *'n ~ aan iem. se telefoon koppel* wiretap s.o.'s phone; *'n ~ in ... aanbring* bug *(an office etc.).* ~**luistering,** ~**luistery** telephone tapping, wiretapping. ~**maak** *meege=* go through, experience, live; take part in; see, witness; *'n reis ~* make (*or* go on) a journey; *'n reis met iem. ~* travel together with s.o.. ~**neem** *meege=* take along; carry away *(a good opinion); iets ~* take s.t. along (*or* with one). ~**neemplaat** catch plate, driver, carrier *(of a lathe).* ~**nemer** catch plate, driver, carrier *(of a lathe);* fixed arm; bearer; (driving) dog. ~**praat** *meege=, (fml.)* join, take part *(in a conversation);* have a say *(in a matter);* put in a word; go along *(with).* ~**reis,** *(fml.) meege=* accompany, travel along with. ~**reken** *meege=* count (in), include. ~**sleep** *meege=* carry along, drag along, carry/sweep before it; impassion; inveigle; ***deur** ... meegesleep word* be/get carried away by ..., be entranced at/by/with ...; *deur die **geesdrif** meegesleep* swept off one's feet by the enthusiasm; *iem. het sy /haar **gehoor** meegesleep* s.o. carried his/her audience with him/her; *hulle is in sy/haar **ondergang** meegesleep* they were involved in his/her ruin; *meegesleep deur iem. se **welsprekendheid*** carried away by s.o.'s eloquence. ~**slepend** *=e* compelling, impassioned, fascinating. ~**sleur** *meege=: deur ... meegesleur word* be/get carried away by ... ~**sleurend** *=e* absorbing, gripping, riveting, spellbinding; *'n ~e boek, (also)* a page-turner; *'n pragtig geskrewe, ~e boek, (also)* a beautifully written, compelling read. ~**speel** *meege=, (fml.)* join in *(a game),* take part (*or* a hand) *(in a game).* ~**spreek** *meege=, (fml.)* →MEEPRAAT. ~**stry** *meege=, (fml.)* join in the fight; fight on the side of. ~**tel** *meege=, (fml.)* count, include; *dit kan nie ~ nie* that does not count, that counts/goes for nothing; *nie ~ nie* be out of it (*or* the hunt). ~**valler(tjie)** *=s* piece/bit of good luck, windfall, stroke of luck, scoop, godsend, bonus, bonanza; steal; money from home; *'n ~ kry* have a piece of (good) luck, have a stroke of luck, have a good break; get a windfall. ~**voel** *meege=* sympathise; *met ... ~* sympathise with ..., feel sympathy for ..., have sympathy with ... ~**voelend** *=e* condolatory, sympathetic. ~**voer** *meege=* carry along; carry about *(with one);* carry off; waft; sweep away; bring down; *'n staatsman moet sy volk ~* a statesman must take the people with him. ~**voerend** *=e* absorbing. ~**werk** *meege=* cooperate, collaborate, contribute, assist; *ten goede ~* be all to the good; *tot ... ~* contribute to(wards) ... *(failure or success).* ~**werkend** *=e* contributory, co(-)operative, confluent, concurrent; *~e nalatigheid, (jur.)* contributory negligence. ~**werking** = MEDEWERKING.

mee·krap *(plant [Rubia spp.], dye or pigment)* madder. ~**wortel, krapwortel** madder root.

meel meal; *fyn ~* flour; farina; *growwe ~* wholemeal, middlings; *vol ~* full of flour; farinose. ~**bessie** *(bot.: Sorbus aria)* whitebeam. ~**blik** flour bin. ~**blom** (wheat) flour. ~**bol** *(hist.)* meelbol, ball of baked flour *(for infants).* ~**bom** flour bomb. ~**boom** sago tree. ~**dou** mildew, blight, oidium *(in vines).* ~**draad** *(bot.)* stamen; *met een ~* monandrous. ~**draadblom** staminate/male flower. ~**draadkrans** *(bot.)* androecium. ~**draadloos** *(bot.)* anandrous *(flowers).* ~**handel** flour trade. ~**handelaar** flour merchant. ~**kewer** flour beetle. ~**kis** flour bin. ~**koek** flour cake. ~**kos** starchy/farinaceous food *(for animals).* ~**pap** flour paste *(for papering);* gruel; flour poultice. ~**sak** flour bag. ~**sif** flour sieve, sifter, bolter. ~**strooier** *(cook.)* sifter, flourdredger, flourbox. ~**trommel** flour bin. ~**voedsel** = MEELKOS. ~**wurm** mealworm.

meel·ag·tig *=tige* mealy, floury, farinaceous.

meen *ge=* mean; feel, judge; intend; fancy, suppose, think; be of the opinion; deem; imagine; consider; hold; →BEDOEL; *~ **dat** ...* hold the opinion that ..., be of the opinion that ...; calculate that ...; *iem. ~ **dat** ..., (also)* s.o. will have it that ...; *~ **jy dit?*** are you serious?; *iem. ~ **dit gaan** te ver/vêr* s.o. feels it goes too far; ***ek** ~* I believe; *iets **(ernstig)** ~* mean s.t. (seriously); *dit **ernstig** ~ met iem.* be serious about s.o.; *iem. ~ dit **goed*** s.o. means well; *iem. wat dit **goed** ~* a well-intentioned person, a well-wisher; *dit **goed/wel** ~ met iem.* mean well by s.o.; *baie **mense** ~ dat ...* it is widely felt that ...; *die meeste **mense** ~ dat ...* the weight of opinion is that ...; *~ **om** iets te doen* mean/intend to do s.t.; *nie ~ **om** iets te doen nie, (also)* have no thought of doing s.t.; *dit **(regtig/werklik)** ~* be in earnest; *~ wat jy **sê*** mean what one says; *dit **sou** ek ~!* I should think so!; ***wat** ~ jy daarmee?* what do you mean by that?; *dit **wel** ~ met iem.* →**goed/wel.**

meent *meente* common. **~behuising** →TROSBEHUISING.

meer¹ *mere, n.* lake; *aan die ~* by the lakeside. **meer** *ge-, vb., (rare)* tie up, moor *(tr., intr.)*; →VASMEER. **~boei** mooring buoy. **~kabel** mooring cable. **~koet** *-e, (Eur., orn.)* coot. **~kokos** coco de mer *(Fr.)*. **~kol** *-le, (orn.)* coot; jay. **~kool** sea kale/cabbage. **~kunde** limnology. **~man** *-ne* merman. **~min** *-ne* mermaid. **~paal** mooring post. **~plek** mooring place. **~ring** mooring ring. **~skuim** *(min.)* meerschaum, sepiolite. **~skuimpyp** meerschaum (pipe). **~stoel** *(naut.)* dolphin *(for mooring)*. **~swa(w)el** *(orn.)* lake tern. **~tou** mooring cable, mooring rope, mooring(s), stern fast/line/rope. **~tuig** moorings. **~val** *(icht.)* sheatfish. **~veld** mooring area.

meer² *adj. & adv.* more; further; *dit is ~ plaaslik van* ***aard,*** *dit is van ~ plaaslike* ***aard*** it has more of a local character; *al (hoe) ~, ~* ***en*** *~* more and more; *X het ~ ...* ***as*** *Y* X has more ... than Y; *tien skape/ens. ~* ***as*** *...* ten more sheep/etc. than ...; *~* ***as*** *200/ens.* more than 200/ etc., upwards of 200/etc., in excess of 200/etc.; *~* ***as*** *een kerklike amp beklee* pluralise; *~* ***as een maal*** more than once, repeatedly; *~* ***as*** *genoeg* more than enough, too much; enough and to spare; *iem. het ~ geld* ***as wat*** *hy/sy kan tel* s.o. has more money than he/she can count; ***baie/veel*** *~* many more; far more; much more; *~ in die* ***besonder*** →BESONDER *n.*; *~ in* ***besonderhede*** →BESONDERHEID; *hoe ~ hoe* ***beter*** the more the better; *~* ***bied*** *as ...* outbid ...; *'n* ***bietjie/rapsie*** *~* a little more, slightly more; *'n hele* ***boel*** *~, (infml.)* a sight more; *en* ***dergelike*** *~* →so; ***des/soveel*** *te ~* all the more; so much the more; only more so; (all) the more so; *en wat* ***dies*** *~ sy* and so forth/on; and what have you *(infml.)*; ***effens/effe(ntjies)/iets*** *~* a little more, slightly more; ***effens/effe(ntjies)/iets*** *~ as ...* just over ..., just more than ...; *~* ***en*** *~* →***al***; *die ~* ***gegoedes*** those better off; *~* ***gevorderd*** (more) advanced; ***g'n*** *botter/ens. ~ hê nie* have run out of butter/etc.; *iem. het* ***g'n*** *geld ~ nie* s.o. has no money left; *iem. is* ***g'n*** *kind ~ nie* s.o. is no longer a child; ***g'n*** *woord ~ nie!* not another word; *~ wil ek nie* ***hê*** *nie* I have as much as I want; ***hoe*** *~* the more, increasingly; ***hoe*** *~ ..., des te ~ ...,* ***hoe*** *~ ..., hoe ~ ...* the more ..., the more ...; ***hoe*** *~ hy/sy kry, hoe ~ wil hy/sy hê* the more he/she gets, the more he/she wants; ***hoe*** *langer, hoe ~* more and more, the longer the more; *al* ***hoe*** *~ mense* an increasing number of people; *~ as* ***honderd/duisend*** more than a hundred/thousand; ***iets*** *~ as ...* →***effens***; *nou* ***kan*** *hy/sy nie ~ nie* this is the last straw; *iem. sal dit nie ~* ***lank maak*** *nie* s.o. won't last much longer; ***min*** *of ~* more or less; *honderd/ens. ~ of* ***minder*** give or take a hundred/etc. *(infml.)*; *niks ~ of* ***minder*** *nie* neither more nor less; ***net*** *nog ~* only more so; ***nie*** *~ nie* no longer/more, not any longer/ more; not now; *iem. is* ***nie*** *~ nie* s.o. is no more; *iem. het* ***nie*** *~ ... nie* s.o. has no more ..., s.o. has no ... left; *daar is* ***nie/niks*** *~ nie* there isn't any more, there is no more; ***niemand*** *~ nie* no one else; ***niks*** *~ nie* no more; nothing more; ***niks*** *~ as ... nie* no more than ...; ***niks*** *~ as jou plig nie* no more than your duty; *dit is* ***niks*** *~ as billik nie* it is only fair/just; ***nog*** *~* still more; more so; *(selfs)* ***nog*** *~* even more; →***selfs***; ***nooit*** *~ nie* never again; *kan/wil jy* ***nou*** *~!, (infml.)* can/would you believe it?, can you beat it/that!, what next?, I ask you!, my my!, well I never!, strike me dead/pink!; ***onder*** *~* among other things; *'n* ***rapsie*** *~* →***bietjie/rapsie***; *~ kan ek nie* ***sê*** *nie* I cannot say more (than that); ***selfs*** *(nog) ~* even more so; *iem. ~* ***sien*** see more of s.o.; *daar* ***sit/steek*** *~ agter* there is more to it than that; *daar* ***sit/steek*** *~ agter as wat jy dink* there is more to it than meets the eye *(infml.)*; *dit* ***smaak*** *na ~* I would like some more; *en* ***so*** *~, en* ***dergelike*** *~* and so forth/on; and all that; and what not; ***sonder*** *~* without further/more/much ado; without question; without comment; *iets is* ***sonder*** *~ ...* s.t. is purely and simply ..., s.t. is ... pure and simple; *iets* ***sonder*** *~ doen* do s.t. straight off *(infml.)*; ***soveel*** *te ~* →***des/soveel***; ***steeds*** *~* more and more; *daar* ***steek*** *~ agter* →***sit/steek***; ***te*** *~ omdat/aangesien/ daar ...* the more so as/because ...; ***veel*** *~* →***baie/veel***; *~ as* ***voorheen*** more than it did; more than it was; ***wat*** *~ is, ...* what's more, ..., what is more, ...; ***wat*** *kan iem. ~ doen?* what more can s.o. do?; ***wat*** *wil iem. ~ hê?* what more does s.o. want?; *en* ***wat*** *dies ~ sy* →***dies***; *dit is* ***weinig*** *~ as ...* it is little more than ...

meer- lacustrine. **~armtrap** stair with several flights. **~baan-** *comb., (mus.)* multitrack *(recorder, recording, etc.)*. **~bloeiend** *-e, (bot.)* remontant. **~bloeier** *(bot.)* remontant. **~daags** *-e* lasting some days. **~dekker(vliegtuig)** multiplane. **~dimensionaliteit** multidimensionality. **~dimensioneel** multidimensional(ly). **~doelig** *-e* multipurpose. **~fasig** *-e* multiphase. **~gangmasjien** multispeed machine. **~graadolie** multigrade oil. **~jarig** *-e* perennial. **~keuse-** *comb.* multiple-choice *(question)*. **~keusig** *-e, (usu. attr.)* multiple-choice *(question)*. **~kleurig** *-e* variegated, particoloured; polychrome, -chromic, -chromous. **~lagig** *-e* stratified; multi-ply *(wood)*. **~lettergrepig** *-e* polysyllabic. **~maal, ~male** frequently, more than once, often. **~motorig** *-e* multiengined. **~sillabig** *-e* multi-, polysyllabic. **~sinnig** *-e* ambiguous, many-faceted *(in meaning)*. **~slagtig** *-e* having more than one gender; polygenetic; *(bot.)* polygamous. **~slagtigheid** polygenesis; *(bot.)* polygamy. **~stemmig** *-e* polyphonic; for voices; *~e lied* part-song; *~e sang* part-singing. **~stukvuurpyl** multistage rocket. **~sydig** *-e* multilateral. **~talig** multilingual. **~taligheid** multilingualism. **~trapmasjien** multistage engine. **~trappig** *-e* multistage. **~verdieping-** *comb.* multistorey *(building etc.)*. **~verdiepingparkeergarage** multistorey (car park). **~vlakkig** *-e, (usu. attr.)* multilevel *(building etc.)*; multifaceted *(film etc.)*. **~vormig** *-e* allotropic. **~vormigheid** allotropy, allotropism. **~vuldigekeuse-** *comb.* multiple-choice *(question)*. **~waarde** surplus value. **~waardig** *-e* multivalent, polyvalent. **~waardigheid** multivalence, -valency, polyvalence, -valency. **~waardigheidsgevoel** feeling of superiority. **~weg-** *comb., (elec.)* multiway *(plug etc.)*.

meer·der-: **~jarig** *-e* of (full) age; *~ verklaar, (jur.)* emancipate; *~ word* come of age; attain one's majority; reach manhood. **~jarigheid** majority, adulthood; coming of age; emancipation; *~ bereik* attain one's majority. **~jarigverklaring** emancipation. **~waardig** *-e* superior. **~waardigheid** superiority. **~waardigheidsgevoel** feeling of superiority. **~waardigheidskompleks** *(psych.)* superiority complex.

meer·de·re *-res, n.* superior, superordinate; senior; *ons ~s* our betters; *iem. is jou ~* s.o. is one's superior. **meer·de·re** *adj. (attr.)* more; additional; greater; superior; overriding; *~* ***groep/taal*** dominant group/language; *~* ***kennis*** additional knowledge; superior knowledge; *in ~ of* ***mindere*** *mate* →MATE; *~* ***oortreding*** major transgression; *~* ***regsbevoegdheid*** overriding jurisdiction; *~* ***vergaderings*** superior bodies.

meer·der·heid majority; plurality; superiority, supremacy; *iets met 'n ~* ***aanneem*** carry s.t. by a majority; *'n ~* ***behaal*** get/secure a majority; *jou ~* ***bewys*** prove o.s. the better person; *'n* ***blote/gewone*** *~* a bare/ simple majority; *die ~ is* ***daarvoor!,*** *(parl.)* the ayes have it!; *'n* ***geringe/klein*** *~* a narrow majority; *die* ***groot*** *~* the great mass *(or* generality); ***in*** *die ~ wees* be in the majority; *'n* ***klinkende*** *~* a thumping majority *(infml.)*; *die ~ sê* ***nee*** the noes have it; *die* ***oorgrote*** *~ van ...* the vast majority of ...; *'n* ***skrale*** *~* a bare majority; *die ~ van* ***stemme*** the majority of votes; *met/by ~ van* ***stemme*** by a majority of votes; *die* ***stomme*** *~* the silent majority; *die* ***swygende*** *~* →SWYGEND; *die ~ (van) Amerikaners/ens.* the majority of Americans/etc.; *'n* ***verpletterende*** *~* a swingeing majority; *die ~ van die* ***volk*** the majority of the people; *'n* ***volstrekte*** *~* an absolute majority. **~stem** majority vote; *by ~* by (a) majority vote.

meer·der·heids-: **~aandeel** *(fin.)* majority holding. **~beginsel** *(pol.)* majority rule, first-past-the-post system. **~belang** controlling interest. **~besluit** majority decision. **~party** majority party. **~regering** majority rule. **~verslag** majority report.

meer·kat *-katte, -kaaie* meerkat, meercat; suricate.

meer·ling(·ge·boorte) multiple birth.

meer·tjie *(dim.)* lakelet.

meer·voud *-voude, n.* plural. **meer·vou·dig** *-dige, adj.* plural, multiple; *~e persoonlikheid (psych.)* multiple personality; *~e ster* multiple star; *~e telegrafie* multiplex telegraphy. **meer·vou·dig·heid** plurality, pluralism.

meer·vouds-: **~uitgang** plural ending. **~vorm** *-e, -s* plural form. **~vorming** formation of the plural.

mees¹ *mese, n., (orn.)* titmouse, tomtit, tit, titling.

mees² *adv.* most; *~ belasterde politikus* most vilified politician. **~al** →MEESTAL. **~begunstigde** most favoured; *behandeling as ~ nasie* most-favoured-nation treatment. **~begunstiging** most-favoured(-nation) treatment. **~begunstigingsverdrag** most-favoured-nation treaty.

mees·muil *ge-, (rare)* simper, smirk, sneer, grin.

meest·al, mees·al mostly, usually, more often than not, most of the time, most times, for the most part.

mees·te *n.: op die/sy ~ ...* not more than ..., ... at (the) most, ... at the very most, ... at the outside, ... at the utmost; *die ~ van ons* most of us; *die ~ van ...* the best/ better/greater part of ... **mees·te** *adj. & adv.* greatest, most; mostly; best part *(of a quantity)*; utmost; the majority *(of people)*; *iem.* ***eet*** *die ~* s.o. eats most (of all); *die ~* ***gaste*** *is weg* most *(or* the majority) of the guests have gone; *iem.* ***hou*** *die ~ hiervan* s.o. likes this best; *die ~* ***mense*** most people; the majority of people; *die ~* ***mense*** *meen ..., (also)* the weight of opinion is ...; *wat iem. die ~* ***nodig*** *het* what s.o. requires/wants/needs most; ***op*** *sy ~* at most, at the outside/utmost, not more than; *ons gesels die ~* ***van*** *... ...* is the one/thing we talk about most, our talk is mostly of ... **mees·ten·deels** *(rare)* →MERENDEELS. **mees·ten·tyds** *(rare)* →MEESTAL.

mees·ter *-ters* master; expert, maestro, wizard, *(infml.)* whiz(z), wiz; *(dated)* teacher; preceptor; maître *(Fr.)*; *daar is altyd ~* ***bo*** *~* every man has his match; *jou* ***eie*** *~ wees* be one's own master; *~ van die* ***hooggeregshof*** master of the supreme court; *~ van* ***jouself*** *wees* hold o.s. in hand, control o.s.; *die* ***kwaad*** *loon sy ~* vice punishes itself; *jou ~* ***maak*** *van ..., ~* ***word*** *van ...* master ...; *die oog van die ~ maak die* ***perd*** *vet, (prov.)* the eye of the master makes the horse fat *(or* the cattle thrive); ***ou*** *~, (great Eur. painter/painting of the period 1500-1800)* old master; *'n* ***streng(e)*** *~* a hard master; *die* ***toestand*** *~ wees* have the situation in hand; *'n ~ in jou* ***vak*** *wees* be a master of one's trade; *'n* ***vak*** *~ wees/word* be/become master of a subject; *'n* ***vak*** *~ wees, (also)* have a mastery of a subject. **~bakker** master baker. **~bouer** master builder. **~drukker** master printer. **~goed** *(arch.)* medicine. **~hand** master('s) hand, master touch. **~klas** masterclass. **~opname** *(mus.)*: *'n nuwe (digitale) ~ (of nuwe [digitale] ~s) van ... maak* remaster ... **~sanger** *(mus., hist.)* Meistersinger *(Germ.)*; mastersinger. **~stuk** masterpiece, classic; masterstroke. **~werk** →MEESTERSTUK.

mees·ter·ag·tig *-tige* imperious; pedantic; magisterial.

mees·te·res *-resse* mistress, milady, missus, missis.

mees·ter·lik *-like* excellent, masterly, masterful; *~e set* masterstroke.

mees·ters·graad master's degree.

mees·ter·skap mastership, mastery, proficiency, masterdom; authority; *die ~ op see* the command/mastery of the sea; *~ oor die taal* command of the language; *~ oor die vorm* mastery of form.

meet *n., (arch.)* starting line/point; *van ~ af (aan)* from the beginning/outset; *weer van ~ af (aan) begin, (also)* start afresh/anew, start (all) over again. **meet** *ge-, vb.* measure, gauge; dial; gird; ***in*** *kilometers/liters/meters ~* measure in kilometres/litres/metres; *met iem.* ***kragte*** *~* →KRAG; *jou* ***lengte*** *op die grond ~* fall full length upon the ground; *met dieselfde* ***maat*** *waarmee julle vir ander ~, sal vir julle ge~ word, (NAB)* with what measure ye mete, it shall be measured to you again *(AV)*; you will be judged by your own standard; *met twee* ***mate*** *~* measure by two standards, show partiality; *jou* ***met*** *iem. ~* measure o.s. against s.o.; *jou nie* ***met*** *iem. kan ~ nie* be no match for s.o.; *iem. ~ ...* ***meter,*** *(rare)* = IEM. IS ... METER **LANK**; *~* ***na*** measure by; *~ en* ***pas*** struggle to make (both) ends meet. **~band** = MAATBAND. **~beker** →MAATBEKER. **~bestek** range *(of instrument)*. **~dek** tonnage deck. **~driehoek** plotter, plotting instrument.

~**eenheid** measuring unit. ~**gebied** range. ~**geld** metage. ~**glas** →MAATGLAS. ~**grens** range. ~**instrument** measuring instrument. ~**ketting** measuring chain, surveyor's chain, devil's gut. ~**koord** string measure. ~**koppie** →MAATKOPPIE. ~**kunde** geometry. ~**kundig** =*e* geometrical; ~*e pad* locus; ~*e reeks* geometrical progression. ~**kundige** =*s* geometrician, geometer. ~**kuns** mensuration, surveying. ~**lat** measuring staff. ~**lepel** →MAATLEPEL. ~**lint** *(rare)* →MAATBAND. ~**lood** plummet. ~**lyn** *(rare)* →MAATBAND. ~**middel** =*e*, =*s* measuring instrument. ~**net** graticule. ~**passer** cal(l)iper compasses, cal(l)ipers. ~**roede** *(dated)* →MEETSTOK. ~**skyf** gauge disc. ~**sluis** gauging weir. ~**snoer** *(fig.)* yardstick, criterion, gauge, measure. ~**spoel** search coil. ~**stasie** gauging station. ~**stok, maatstok** yardstick; cloth-yard *(obs.)*; *(shoemakers')* size stick; *(carpenter's)* rule; measuring rod, yard. ~**tafel(tjie)** plane table. ~**wiel** measuring wheel, traverse wheel, odometer, perambulator *(fml.)*.

meet·baar =*bare* measurable; *(math.)* commensurable; gaugeable; *meetbare/rasionale getal* rational number. **meet·baar·heid** measurableness; commensurability.

meeu *meeue, (orn.)* (sea)gull, sea mew.

mee·wa·rig =*rige* sympathetic; rueful. **mee·wa·rig·heid** sympathy; ruefulness.

mee·wer·king →MEDEWERKING.

Me·fi·bo·set *(OT)* Mephibosheth.

Me·fi·stof·e·les Mephistopheles. **Me·fi·stof·e·lies** =*liese* Mephistophelian, Mephistophelean.

me·ga- *comb.* mega-. ~**bis** *(comp.)* megabit. ~**foon** =*fone* megaphone. ~**greep** *(comp.)* megabyte. ~**(handels)·merk** megabrand. ~**hertz** *(abbr.* MHz*)* megahertz, megacycles per second. ~**joule** megajoule. ~**liet** =*e*, *(archaeol.)* megalith. ~**lities** =*e*, *(archaeol.)* megalithic. ~**-ohm** →MEGOHM. ~**periode** megacycle. ~**skoop** =*skope* megascope. ~**skopies** =*e* megascopic, macroscopic. ~**spoor, makrospoor** =*spore, (bot.)* megaspore, macrospore. ~**stad** mega-city. ~**ster** megastar. ~**sterstatus** megastardom. ~**ton** megaton(ne). ~**treffer** *(infml.)* (mega-)blockbuster. ~**volt** *(abbr.* MV*)* megavolt. ~**watt** =*watt(s), (abbr.* MW*)* megawatt. ~**winkel** megastore. ~**wop** *(comp.: a million floating-point operations a second)* megaflop.

me·ga·lo- *comb.* megalo-.

me·ga·lo·ma·nie megalomania. **me·ga·lo·maan** =*mane*, **me·ga·lo·ma·ni·ak** =*akke* megalomaniac. **me·ga·lo·ma·nies** =*niese* megalomaniac.

me·ga·lo·po·li·taan =*tane* megalopolitan. **me·ga·lo·po·li·taans** =*taanse* megalopolitan.

me·ga·lo·sou·rus =*sourusse*, **me·ga·lo·sou·ri·ër** =*souriërs, (palaeontol.: very large bipedal carnivorous dinosaur)* megalosaur.

me·ga·niek mechanism; action; clockwork, movement. **me·ga·nies** =*niese* mechanical; operative *(work)*; *(math.)* mechanistic; ~*e* ***boor*** power/machine drill; ~*e* ***draaibank*** power lathe; ~*e* ***gereedskap*** power tools; ~*e* ***kake*** →KAAK; ~*e* ***pers*** power press; ~*e* ***saag*** power saw; ~*e* ***weefgetou*** power loom; *langs ~e* ***weg*** mechanically, by mechanical means. **me·ga·ni·ka** (theoretical) mechanics. **me·ga·ni·kus** =*nikusse*, =*nici* mechanic, mechanician, (practical) engineer, mechanist. **me·ga·ni·seer** *ge-* mechanise. **me·ga·ni·se·ring, me·ga·ni·sa·sie** mechanisation. **me·ga·nis·ties** =*tiese, adj. & adv., (philos.)* mechanistic(ally).

me·ga·no- *comb.* mechano-. ~**reseptor** *(physiol.)* mechanoreceptor. ~**terapie** *(med.)* mechanotherapy.

me·ga·tro·ni·ka mechatronics.

meg·ger =*gers, (elec.)* megger.

me·gilp, ma·gilp *(art: mixture of linseed oil and mastic varnish)* megilp, magilp.

meg·ohm, me·ga-ohm =*ohm(s), (symb.:* MΩ*)* megohm.

Mei May. **m~blom** mayflower. **m~boom** maypole. ~**dag** May Day, May 1; day in May, May day. **m~doring** *(bot.)* hawthorn, quickthorn; maybush; *Kaapse* ~ Cape may. **m~kewer** cockchafer, May bug. ~**koningin** May queen, queen of the May. ~**maand** the month of May. ~**môre,** ~**more** May morning. **m~roos** May rose. ~**viering** May Day celebration. **m~wyn** May drink.

meid *meide, (SA dated, derog.: [black/coloured] maidservant)* meid; *(ou)* ~, *(dated, derog., only said of males)* milksop, sissie. **meid·jie** =*jies, (dim.), (SA dated, derog.: small [black/coloured] servant girl)* meidjie. *my ou ~, (SA dated)* my dear girl.

mein·e·dig =*dige* forsworn, perjured. **mein·e·di·ge** =*ges* perjurer. **mein·e·dig·heid** perjuredness, perjury. **meineed** perjury; false swearing/oath; *tot ~ uitlok* suborn; *~ pleeg* commit perjury, perjure/forswear o.s..

mei·o·se *(biol.)* meiosis; understatement. **mei·o·ties** =*tiese* meiotic.

mei·sie =*sies* girl; maiden, miss, damsel, colleen *(Ir.)*; girlfriend; *dit* ***bly*** *onder ons ~s* →*hou dit* ***onder*** *ons meisies!*; *~s wat* ***fluit,*** *word die deur/huis uitgesmyt (en henne wat kraai, word die nek omgedraai), (infml.)* a whistling woman and a crowing hen are neither fit for God nor men; *~s is nie* ***hand vol*** *nie maar land vol* she is not the only pebble on the beach; *'n* ***liewe*** ~ a sweet girl; ***(my)*** *~, (infml., form of address)* old girl; *'n* ***onaansienlike*** ~ a plain girl; ***onder*** *ons ~s, (infml.)* between you and me and the doorpost/gatepost; *hou dit* ***onder*** *ons ~s!, dit* ***bly*** *onder ons ~s, (infml.)* keep it under your hat!. ~**kind** girl, girl-child, female child. ~**mens** *(joc. or derog.)* girl; *'n skaamtelose ~* a brazen/shameless hussy. ~**(s)·boek** girls' book. ~**(s)drag** girlswear. ~**(s)gek** *(rare)* girl/skirt chaser, flirt, philanderer. ~**(s)gesig** girl's face; girlish face. ~**(s)hoed** girl's hat. ~**(s)jare** girlhood, (female) adolescence. ~**(s)klere** girls' clothes. ~**skoen** girl's shoe. ~**skool** girls' school. ~**(s)koor** girls' choir. ~**(s)koshuis** girls' hostel (*or* boarding school). ~**(s)lewe** girl's life; girlhood. ~**(s)naam** girl's name. ~**span** girls' team. ~**(s)rok** girl's dress. ~**stem** girl's/girlish voice. ~**(s)verhaal** girls' story. ~**(s)werk** girls' work.

mei·sie·ag·tig =*tige*, **mei·sie·rig** =*rige* girl-like, girlish; maidenly; effeminate, sissy, sissified, cissified; *~ maak/raak* feminise.

mei·sies-: ~**dubbelspel,** ~**dubbels** girls' doubles. ~**enkelspel,** ~**enkels** girls' singles.

mei·sie·skap girlhood.

mei·sie·tjie =*tjies, (dim.)* little girl, moppet.

me·juf·frou =*froue(ns)* miss *(used in the 3rd pers.)*.

me·kaar each other, one another; ***aan*** *~ raak/ens.* touch/etc. each other, touch/etc. one another; ***aan/vir*** *~ skryf/skrywe/ens.* write/etc. to each other, write/etc. to one another; ***agter*** ~ in a row; →***ná/agter,*** AGTER *prep.*; *aan ~* ***gelyk*** equal each to each; *hulle het nie veel (met ~)* ***gemeen*** *nie* they do not have much in common; ***langs*** ~ next to each other; side by side; *ons is* ***lief vir*** ~ we are fond of each other, we love one another; ***met*** ~ with each other, with one another; together; ***na*** *~ toe* towards each other; ***ná/agter*** ~ one after another; in succession; by turns, in turn; *drie dae* ***ná/agter*** ~ three straight days; *kort* ***ná/agter*** ~ in rapid sequence; *vinnig* ***ná/agter*** ~ in quick/rapid succession; ***naas*** ~ next to each other; side by side; in juxtaposition; ***onder*** ~ among them(selves)/us/ourselves; ***oor*** ~ about each other; ***op*** ~ on top of each other, one on top of the other; *kort* ***op*** ~ in close order; →OPMEKAAR *adv.*; ***teen*** ~ against each other; ***vir*** ~ for each other, for one another.

Mek·ka *(geog.)* Mecca. ~**ganger** Mecca pilgrim.

me·kon·suur *(chem.)* meconic acid.

Mek·si·ko →MEXIKO.

mek·sim →MAXIM.

me·laats =*laatse* leprous. **me·laat·se** =*ses* leper. **me·laats·heid** leprosy.

me·la·mien melamine. ~**(hars)** melamine (resin).

me·lan·cho·lie, me·lan·ko·lie melancholy, melancholia, depression of spirits. **me·lan·cho·liek, me·lan·ko·liek** =*lieke* →MELANCHOLIES. **me·lan·cho·lies, me·lan·ko·lies** =*liese* melancholy, melancholic, depressed. **me·lan·cho·li·kus, me·lan·ko·li·kus** =*likusse*, =*lici* melancholic.

Me·la·ne·si·ë *(geog.)* Melanesia. **Me·la·ne·si·ër** =*siërs, n.* Melanesian. **Me·la·ne·sies** =*siese, adj.* Melanesian.

me·la·nien melanin.

me·la·niet *(min.)* melanite.

me·la·noom =*nome, (med.)* melanoma. **me·la·no·se** melanosis. **me·la·no·ties** =*tiese* melanotic.

me·las·se molasses, treacle.

Mel·ba Melba; →PERSKE-MELBA. ~**roosterbrood** *(also m~)* Melba toast. ~**vink** *(also m~)* melba finch.

meld *ge-* announce, inform, mention, report, state, tell; *baie gevalle word ge~* many cases are reported; *in antwoord ~ asb. ...* in reply please quote ...

mel·de *n., (bot.: Atriplex hortensis)* orach(e); *(Chenopodium* spp.*)* goosefoot.

mel·dens·waar·dig =*dige* mentionable, worth mentioning, worthy of mention. **mel·ding** report, communication; mention; *geen ~ van ... maak nie, nie van ... ~ maak nie* make no mention of ..., not mention ...; *van ... ~ maak* mention ..., make mention of ..., refer to ..., make (a) reference to ...

Me·le·a·ger, Me·le·a·gros *(Gr. poet)* Meleager.

mê·lée =*lées, (Fr.)* mêlée, melee.

me·le·rig =*rige* mealy, floury, farinaceous; →MEEL. **me·le·rig·heid** mealiness *(in potatoes etc.)*.

Mel·gi·se·dek *(OT)* Melchizedek.

me·li·liet *(min.)* melilite.

me·li·loot(·kla·wer) *(bot.)* melilot, sweet clover.

me·li·niet *(explosive)* melinite.

me·li·o·ra·tief =*tiewe* meliorative. **me·li·o·ris** meliorist. **me·li·o·ris·me** *(philos.)* meliorism.

me·lis·ma *(mus.)* melisma. **me·lis·ma·ties** =*tiese* melismatic.

melk *n.* milk; *die ~* ***afroom*** skim the cream off the milk; *'n* ***beker/glas*** ~ a jug/glass of milk; ***gekruide*** *~, (hist.)* posset; *die koei gee* ***goed*** ~ the cow milks well; *'n land wat oorloop van ~ en* ***heuning*** a country/land flowing with milk and honey, a land of milk and honey; *die koei is* ***in*** *die ~* the cow is in milk; *'n* ***liter/ens.*** ~ a litre/etc. of milk; ***vars*** ~ fresh/sweet milk; *'n* ***vel*** *so wit soos ~ hê* have a complexion of milk; ***water*** *in die ~ gooi* adulterate/dilute milk with water. **melk** *ge-, vb.* milk; *(taboo sl.: masturbate)* wank (off), have a wank; *iem. ~* fleece s.o. (→UITMELK); *(taboo sl.)* jerk s.o. off, wank s.o. (off); *jou ~, (taboo sl.: masturbate)* jerk (o.s.) off, wank (off), whack off. ~**aantekening** milk recording. ~**aar** lacteal vein, lactiferous duct. ~**afskeidend** =*e* lactiferous. ~**afskeiding,** ~**sekresie** lactation. ~**baard** down, soft beard. ~**baardjies** downy beard, down. ~**bees** milker, milch cow; *(also, in the pl.)* dairy cattle. ~**bek** *(vet.)* white muzzle. ~**beker** milk mug/jug. ~**blom(metjie)** *Microloma* spp.. ~**boer** dairy farmer, dairyman. ~**boerdery** dairy farm; dairying. ~**bok** milch goat. ~**bol** milkweed. ~**boom** *(Ficus cordata)* Namaqua fig. ~**bos** *(Asclepias fruticosa)* gosling bush, milkweed; *(Euphorbia lathyris)* caper spurge, mole plant. ~**bosskoenlapper** milkweed butterfly, African monarch. ~**bottel** milk bottle. ~**brood** milk loaf/bread. ~**buis** *(anat.)* milk duct, galactophore; lactiferous tube. ~**dermpie** milksop, sissy, nancy (boy), Miss Nancy. ~**dieet** milk diet. ~**dissel,** ~**distel** *(Sonchus oleraceus)* milk thistle, sow thistle. ~**doek** strainer, butter muslin. ~**duur** lactation period. ~**emmer** milk pail. ~**gebrek** *(med.)* agalactia. ~**gesig** childish face. ~**gewend** =*e* milk-producing, milk-giving, milch; in milk; lactescent, lactiferous; *'n ~e koei* a cow in milk; a milch cow; a good milker. ~**glas** milk glass. ~**gras** milkweed, spurge, wartweed, wartwort, wart grass. ~**houdend** =*e* lactiferous. ~**hout** milkwood. ~**hout(boom)** milkwood (tree); *(wit)~, (Sideroxylon inerme)* (white) milkwood; *rooi~, (Mimusops* spp.*)* red milkwood. ~**jaspis** *(gemstone)* galactite. ~**kamer** dairy (room), milk room. ~**kan** milk can/churn. ~**kar** milk cart, milk float *(Br.)*. ~**kiestand** milk molar. ~**klier** lacteal gland, mammary gland. ~**klierontsteking** mastitis, mammitis. ~**koei** dairy cow, milker; cow in milk; *(infml., fig., also* melkkoeitjie*: source of easy income)* milch cow, meal ticket; *(infml., sport, also* melkkoeitjie*)* pushover, minnow. ~**koffie** café au lait. ~**koker** milk boiler. ~**kom** milk basin, milk bowl. ~**koors** milk fever, lacteal fever. ~**kors** *(med.: seborrhoea of the scalp in babies)* cradle cap. ~**kos** milk food; milk soup. ~**kroeg** milk bar. ~**kruid** milkwort. ~**kudde** dairy herd. ~**kwarts** *(min.)* milky quartz. ~**leier** milk duct. ~**masjien** milking machine, milker. ~**meisie** milkmaid, dairymaid. ~**meter** lactometer, galactometer; lactoscope. ~**muil** *(rare)* fledgeling, greenhorn, milksop. ~**ooi** milch ewe. ~**opaal** white opal. ~**pap** milk porridge. ~**pens** *(zool.)* fourth stomach, abomasum, rennet bag. ~**plaas** dairy farm. ~**poeier** milk powder, powdered/dried/dehydrated milk. ~**pokke** *(med.)* milk pox, amaas. ~**produk** dairy product. ~**produksie** milk production. ~**rasbeeste** dairy cattle, dairy breed. ~**reiniger** clarifier. ~**rond(t)e** milk round. ~**salon** *(rare)* →MELKKROEG. ~**sap** milky juice, latex; *(physiol.)* chyle. ~**saphoudend** -*e, (bot.)* laticiferous. ~**siekte** *(zool.)* milk sickness, the trembles. ~**skommel** milk shake. ~**skon** milk scone. ~**sop** milk soup. ~**spieël** escutcheon *(of an animal)*. ~**stal,** ~**skuur** milking parlour. ~**steen** *(min.)* galactite, chalcedony. ~**suiker** *(chem.)* milk sugar, lactose. ~**suur** *(biochem.)* lactic acid. ~**suursout** *(chem.)* lactate. ~**tand** baby/deciduous/milk tooth. ~**tert** milk tart. ~**tou** *(Secamone* spp.*)* milky rope; *Sarcostemma* spp.; *Euphorbia* spp.. ~**trein** milk/slow train. ~**tyd** milking time; lactation period. ~**vat** milk tub, vessel; *(pl.)* lacteals, lacteal vessels; *(bot.)* latex tubes. ~**vee** dairy cattle, milch cattle. ~**vis** *(Chanos chanos)* milkfish. ~**-vleis-ras** dairy-beef breed. ~**vloeitydperk** lactation period. ~**voerend** -*e* lactiferous. ~**wa** milk wag(g)on, milk van. **M~weg:** *die* ~ the Milky Way. **M~wegstelsel** *(also m~): die* ~ Milky Way galaxy/system. ~**wei** whey. ~**winkel** dairy (shop). ~**wit** milk-white, milky white. ~**wol** →LANITAL.

melk·ag·tig, melk·ag·tig -*tige* milky, lacteous, lactescent; opalescent, opaline. **melk·ag·tig·heid** milkiness. **mel·ker** -*kers* milker. **mel·ke·rig** -*rige* milky, lactiferous, lactescent. **mel·ke·rig·heid** milkiness. **mel·ke·ry** -*rye* milking; dairy farming; dairy (farm). **melkies** *(dim.)* →MELK; *'n bietjie* ~ a little milk.

mel·liet *(min.)* mellite.

me·lo·die -*dieë* melody, air, tune, diapason; *'n ~ op die klavier speel* play an air on the piano. ~**lyn** melody/melodic line.

me·lo·dies -*diese* melodic; ~*e lyn* →MELODIELYN; ~*e mineurtoonleer (mus.)* melodic minor (scale). **me·lo·die·tjie** -*tjies, (dim.)* little tune; →MELODIE. **me·lo·di·eus** -*euse* melodious, tuneful. **me·lo·di·ka** -*kas, (mus. instr.)* melodica.

me·lo·dra·ma melodrama, melodramatics, histrionics. **me·lo·dra·ma·ties** -*tiese* melodramatic; ~*e uitbarsting* histrionics.

me·loen -*loene, (obs.)* melon; →SPANSPEK.

me·lo·maan -*mane* melomaniac. **me·lo·ma·nie** melomania.

mem·braan -*brane* membrane.

mê·me -*mes, (infml., dated)* →KINDEROPPASSTER, MA.

Me·mel *(geog.), (SA)* Memel; *(Germ.)* Memel (→KLAIPEDA). ~**(rivier)** Memel (River) (→NJEMEN).

me·men·to -*to's* memento, souvenir. ~ **mori** *(Lat., a reminder of mortality)* memento mori.

me·mo -*mo's* memo; →MEMORANDUM. **me·moi·res** *(mv.)* memoirs. **me·mo·ran·dum** -*randums,* -*randa* memorandum, minute. **me·mo·reer** *ge-, (obs.)* recall to memory; mention. **me·mo·ri·a·lis** -*liste* memorialist. **me·mo·rie** -*ries, (hist.)* memorial, petition; *begrotingspos pro* ~ token vote. **me·mo·ri·sa·sie** *(rare)* →MEMORISERING. **me·mo·ri·seer** *ge-* commit to memory, learn by heart, memorise. **me·mo·ri·se·ring** memorisation, memorising, committing to memory.

Mem·phis *(geog.: in Eg., Am.)* Memphis. **Mem·phies** -*phiese, adj.* Memphian.

men *ge-, (fml., rare)* drive, steer. **men·ner** -*ners* driver; charioteer.

me·na·de -*des, (Gr. myth.)* m(a)enad.

mé·nage à trois *ménages à trois, (Fr.: a household with three people living together)* ménage à trois.

me·na·ki·noon, vi·ta·mien K₂ menaquinone, vitamin K₂.

Me·nan·der, Me·nan·dros *(Gr. dramatist)* Menander.

me·na·sie -*sies, (mil.)* mess (hall). ~**meester** mess caterer. ~**ordonnans** mess orderly. ~**tafel** mess table.

men·de·le·vi·um, men·de·le·wi·um *(chem., symb.: Md)* mendelevium.

Men·de·lis·me *(biol.)* Mendel(ian)ism. **Men·de·li·aan** -*ane* Mendelian. **Men·de·li·aans** -*aanse* Mendelian.

me·neer -*nere, n.* gentleman; mister, master; Mr *(in address with name);* Sir *(fml., in address without name);* ***ek*** *~ en jy ~, wie sal dan die wa smeer?, (infml., rare)* masters two will not do; *iem. is 'n* ***groot*** ~ s.o. is a big gun; *jy is 'n* ***mooi*** *~!, (infml.)* you're a fine gentleman!; *groot* ~ ***speel*** mount/ride the high horse; *~ die* ***voorsitter*** →VOORSITTER. **me·neer** *(ge)-, vb.* mister. **me·neer·tjie** -*tjies* whippersnapper.

meng *ge-* alloy *(metals);* blend *(colours);* mix *(drinks);* toss *(a salad);* adulterate, dilute, qualify *(liquids);* compound; mingle, commingle *(with people);* interlard; amalgamate; mash; →INMENG; *iets* ***by*** *iets anders* ~ mix s.t. with s.t. else; *whisk(e)y* ***by*** *jou koffie* ~ lace one's coffee with whisk(e)y; ***kleure*** ~ temper/mix colours; ***met*** *... ~* combine with ...; mix with ... *(people);* ***met*** *... ge~ wees* be mixed with ...; be mingled with ...; *~ jou met die* ***semels,*** *dan vreet die varke jou (op)* →SEMELS. ~**bak** mixing bowl; mixing trough. ~**bou** composite construction. ~**garingstof** union fabric. ~**glas** cocktail shaker. ~**kraan** mixer (tap). ~**kristal** *(chem.)* mixed crystal; frequency-charger crystal; *(phys.)* isomorphous mixture. ~**masjien** mixer, blender. ~**oorgang** *(mus., rad., TV)* mix. ~**stokkie** swizzle stick. ~**taal** →MENGELTAAL. ~**trap** *(rad.)* converter, frequency changer, mixer section. ~**verhouding** mixing ratio. ~**vorm** blend.

meng·baar -*bare* mixable, miscible; compatible. **meng·baar·heid** mixability, miscibility; compatibility.

men·gel *ge-* mingle, mix. ~**drankie** cocktail. ~**effek** cocktail effect. ~**(ge)digte** miscellaneous poems. ~**kleurmateriaal** mixture fabric. ~**moes** hodgepodge, hotchpot(ch), jumble, medley, mishmash, mixture, mix, mixed bag, ragbag. ~**slaai** tossed salad. ~**stof** blend, mixed fabric. ~**taal, mengtaal** mixed language. ~**vrugte** fruit cocktail. ~**werk** collectanea, miscellany, miscellanea.

men·ge·ling -*linge,* -*lings* mixture, potpourri, medley.

men·ger -*gers* blender, mixer, stirrer.

men·ging blending, mixing. **meng·sel** -*sels* blend; mixture, mix; compound; brew.

men·hir -*hirs, (archaeol.)* menhir, standing stone.

me·nie, mi·nie *n.* minium, red lead. **me·nie** *ge-, vb.* miniate, paint with minium, illuminate. ~**rooi** miniaceous, miniate.

me·nig-: ~**een** many a one. ~**maal,** ~**male** frequently, many a time, often. ~**vuldig** -*e* abundant, frequent, manifold, multitudinous. ~**vuldigheid** abundance, frequency, multiplicity. ~**werf** *(dated)* →MENIGMAAL.

me·ni·ge many, several; ~ *matroos/ens.* many a sailor/etc..

me·ni·ger·lei *(obs.)* manifold, various.

me·nig·te -*tes* crowd, great number, multitude, throng; swarm; myriad *(poet., liter.);* host; ***die*** ~ the crowd; the many; *die* ***(groot)*** ~ the masses; ***in*** ~ in abundance, in great numbers; *die ~ na die* ***mond*** *praat* play to the gallery; ***'n*** *~ dinge* heaps of things *(infml.);* a multitude of things; ***'n*** *~ mense* very many people; *'n* ***ontsaglike/onafsienbare*** ~ a vast multitude.

me·ni·liet *(min.)* menilite.

me·ning -*nings,* -*ninge* idea, opinion, view; intention; supposition; feeling; belief; judg(e)ment; *iets met ~* ***aanpak*** get down to business, get one's teeth into s.t., get one's head down *(infml.),* buckle down to doing s.t. *(infml.),* get stuck into s.t. *(infml.); die* ***algemene*** ~ the general feeling; *'n* ***algemene*** ~ a widely held belief; *daar is 'n* ***algemene*** *~ dat* ... the belief is widely held that ...; *'n* ***ander*** *~ as iem. hê/huldig* dissent from s.o.'s opinion; *na/volgens my* ***beskeie*** ~ in my humble opinion; ***besliste*** *~s oor iets hê* have definite/pronounced views on s.t., feel strongly about s.t., have strong feelings/views about s.t.; *'n ~* ***bevestig*** confirm an opinion; *by jou ~* ***bly*** stick/hold to one's opinion; *iem. se ~* ***deel*** share s.o.'s opinion; *'n ~* ***gee/uitspreek*** express/give/offer/state/voice an opinion, state one's views; *jou eerlike ~* ***gee*** speak one's mind; *die* ***geldende/heersende*** ~ the prevailing/received opinion; *~s* ***omtrent/oor*** *iets* ***hê*** have views (up)on s.t.; *'n ~* ***hê/huldig*** hold an opinion, hold/take a view; *die ~* ***huldig*** *dat* ... hold the opinion that ..., be of the opinion that ..., take the view that ...; *~s* ***lug*** air views; ***met*** ~ in earnest; with a vengeance; *(infml.)* in spades; *iets* ***met*** *~ doen, (also)* pull out (all) the stops; ***na/volgens*** *iem. se* ~ in s.o.'s assessment/estimation/judg(e)ment/opinion/view, as s.o. sees it, to s.o.'s way of thinking; ***na/volgens*** *my ~, (also)* to my mind; *'n ~ daarop* ***nahou,*** *(fml.)* hold an opinion, hold/take a view; *'n eie ~ daarop* ***nahou,*** *(fml.)* have/hold views of one's own; *iem. se ~* ***omtrent*** *iets* s.o.'s. opinion concerning/of s.t.; *'n* ***ongunstige*** *~ oor ... hê* regard/view ... with disfavour; *iem. se ~ is* ***onverander(d)*** s.o. is still of the same mind; ***onwillig*** *wees om van jou ~s af te sien* be wedded to one's opinions; *die* ***openbare*** ~ →OPENBAAR *adj.; 'n ~* ***opper*** advance an opinion; *iem. se* ***persoonlike*** ~ s.o.'s private opinion; *'n ~* ***toegedaan*** *wees, (fml.)* hold an opinion, hold/take a view; *die ~* ***toegedaan*** *wees dat ..., (fml.)* hold the opinion (*or* be of the opinion *or* hold/take the view) that ...; *'n ander ~* ***toegedaan*** *wees, (fml.)* take a different view of s.t.; *'n ~* ***uitspreek/gee*** →***gee/uitspreek;*** ***van*** *~ verskil* differ in opinion, hold different views, dissent; ***van*** *~ wees dat* ... be of the opinion that ..., hold the opinion/view that ...; ***van dieselfde*** *~ as ... wees* agree with ...; *(nog) geen* ***vaste*** *~ hê nie* have an open mind; *van ~* ***verander*** change one's mind; *aan jou eie ~s* ***verknog*** *wees* be wedded to one's opinions; *'n* ***verskil*** *van* ~ a difference of opinion; *daaroor bestaan* ***verskil*** *van* ~ it is a matter of opinion; *hulle* ***verskil*** *van* ~ they differ in opinion; *hulle twee* ***verskil*** *van ~, (also)* the two of them hold different views; *baie* ***verskillende*** *~s hê* differ widely; *'n ~* ***versterk*** confirm an opinion; ***volgens*** *iem. se* ~ →***na/volgens;*** *'n* ***vooropgesette*** ~ a set idea; *'n ~* ***waag*** hazard/venture an opinion. ~**vormer** →MENINGSVORMER.

me·nin·gi·tis *(med.)* meningitis. **me·nin·ge·aal** -*ale, (biol.)* meningeal. **me·nin·gis·me, me·nin·gis·mus** *(med.)* meningism. **me·nin·gi·ties** -*tiese, (med.)* meningitic.

me·nin·go·kok·kus *(med.)* meningococcus.

me·nings-: ~**peiling** opinion poll/survey, public opinion research. ~**uiting** expression of opinion; *vrye* ~ freedom of expression. ~**verskil** difference/divergence of opinion, disagreement, dissent, variance; *daaromtrent kan daar geen ~ bestaan nie* there can be no two opinions about that; *'n ~* ***oor*** *iets* a disagreement about/over s.t.; *'n ~* ***oplos*** settle an argument; *~* ***tussen*** *...* disagreement among/between ...; *daar was 'n* ***volslae*** ~ there was flat disagreement. ~**vormend, meningvormend** opinion forming. ~**vormer, meningvormer** opinion former/maker/shaper.

me·nis·kus -*kusse* meniscus.

Men·nis -*niste* →MENNONIET. **Men·nis·te·kerk** Mennonite church. **Men·no·niet** -*niete,* **Men·no·nis** -*niste, n., (member of a Chr. sect)* Mennonite. **Men·no·ni·ties** -*tiese, adj.* Mennonite.

me·no·lo·gie menology.

me·no·pou·se menopause; *manlike* ~ male menopause. **me·no·pou·saal** -*sale* menopausal.

me·no·ra -*ras, (Jud.: candelabrum with seven branches)* menorah.

me·nor·ree *(normal flow of blood at menstruation)* menorrhoea.

mens¹ *mense, n.* man, person, human (being), mankind, humankind; creature; body; folks; everybody; ***al*** *die ~e* all the people; ***alle*** *~e* all people; ***allerhande*** *(soorte) ~e* all manner of people; *'n* ***ander/nuwe*** *~ wees* be a new man/woman; *'n mens* ***bly*** *maar 'n ~* to err is human; ***die*** ~ man, men, mankind, humanity; *(also, in the pl.)* men, people; *iem. is 'n lewendige/wakker* ***entjie*** ~ s.o. is a live wire; *iem. is 'n* ***snaakse*** *entjie* ~ s.o. is a strange specimen of humanity, s.o. is an odd bod; ***geen/***

g'n** ~ nie* nobody, no one; not a (living) soul; *iem. is* ***geen/g'n** ~ nie* s.o. is not human; *ek het **geen/g'n** ~ gesien nie* I did not see a soul; *dis **geen/g'n** tyd om 'n ~ uit die bed te haal nie* this is no time to drag a body out of bed; *deur ~e **gemaak man-made *(laws); na die ~ **gesproke,** (rare)* →MENSLIK GESPROKE; *die **gewone** ~e* the rank and file; the (common) ruck; *'n **goeie** ~ wees* be a good soul; *~e **hê*** have company/visitors; ***honderde/duisende** ~e* hundreds/thousands of people; *('n) ~ **hoor** dit wel* one hears it; ***hope** ~e, (infml.)* heaps/shoals/tons of people; *die **inwendige** ~* the inner man; *die **inwendige** ~ versterk* fortify/recruit/refresh one's inner man; *hier **is** ~e* I/we have company/visitors; *jy en **jou** ~e* you and yours; *jou ~e **ken*** know whom one has to deal with; *daar **kom** ~e* visitors are coming; *~e, dis **koud!*** isn't it cold?; *~e **kry*** get visitors; *die **laaste** ~ wat* ... the last person that ...; *van iem. 'n ~ **maak*** make a man of s.o.; *ek is ook **maar** ('n) ~* I am only human; ***onder** die ~e* among the people; ***onder** die ~e kom* mix with people; mix in society; *'n **ongure** ~* a nasty bit/piece of work *(infml.)*; ***ou** ~, (also, infml.)* old dear; *die **ou** ~ aflê* put on the new man *(AV); put off* the old man *(AV); die **ou** ~e* the people of old; *die ~e **sê*** ... people/they say ...; *wat sal die ~e (daarvan) **sê?*** what will people say?; *'n **siekte** onder die ~e* a disease among the people; *'n **slegte** ~* a bad one; ***so** is die ~* such is man; *die ~ is **sterflik*** man is mortal; ***sulke** ~e moet daar ook wees* it takes all sorts (to make a/the world); *hulle is nie sommer **sulke** ~e nie* they are not just anybody; *die **uitwendige** ~* the outer/outward man; ***van** ~ tot ~* from man to man; *dit is meer as wat 'n ~ kan **verdra*** it is more than flesh and blood can bear; ***verstandige** ~e* people of understanding; *iem. **verwag** ~e* s.o. is expecting visitors; *die **voorhistoriese** ~* prehistoric man; *daar is ~e **wat*** ... there are those who ...; ***wie** is daardie ~?* who is that person?; *die ~ **wik,** maar God beskik* man proposes, God disposes.

mens² *indef. pron.* one, people, they, you; *dit **doen** ('n) ~ nie* it is not done; *('n) ~ **hoop** maar dat* ... it is hoped that ...; *('n) ~ **kan** nie elkeen tevrede stel nie* one/you cannot please everybody; ***('n)** ~* one, you; *so iets **sê** ('n) ~ nie* such things are not said; *wat sal ('n) ~ daarvan **sê?*** what can one say?; *('n) ~ **sou** dit byna glo* one would almost believe it; *('n) ~ **vererg** jou vir hom/haar* he/she irritates one.

mens-: **~aap** *(zool.)* man/anthropoid ape, pongid, pithecanthropus. **~beelding** *(liter.)* characterisation. **~dier** hominid. **~(e)been** human leg; human bone. **~(e)bloed** human blood. **~(e)gedaante** human shape. **~(e)geraamte** human skeleton. **~(e)geslag** human race. **~(e)kop** human head, human skull. **~kunde** psychological insight, knowledge of human nature; anthropology. **~kundig** *=e* knowing human nature, psychological; anthropological. **~liewend** *=e* humane, philanthropic, charitable, humanitarian. **~liewendheid** humanity, humaneness, philanthropy, charity, humanitarianism. **~meting** anthropometry. **~onterend** *=e* unworthy of man. **~siening** view of humanity; characterisation. **~sku** *sku(we) sku(w)er skuusste* shy, timid, unsociable. **~skuheid** shyness, unsociability, anthropophobia. **~tipe** human type. **~val** mantrap. **~vleis** human flesh. **~vlooi** common flea. **~vormig** *=e* anthropomorphic. **~vretend** *=e* cannibalistic. **~vreter** man-eater, cannibal, killer (lion); ogre, ogress *(fem.)*. **~vreterhaai** man-eating shark, tommy. **~vretery** cannibalism. **~waardig** *=e* worthy of a human being, decent; *~e loon* living wage. **~waardigheid** human dignity. **~wees** humanness, humanity. **~wording** incarnation.

Men·sa *(association of intellectuals)* Mensa.

mens·ag·tig *=tige* anthropoid, humanoid, hominid, humanlike.

mens·dom people, mankind, humanity; ***daar** was vir jou 'n ~* there were crowds of people; ***die** ~* humanity; ***die** ~ is maar ondankbaar* ingratitude is the way of the world; *~, (maar) dis **koud!*** my, it's cold!.

men·se *interj.* →MENSIG.

men·se-: **~diefstal** *(rare)* →MENSEROOF. **~gedaante:** *in ~* in human guise. **~haat** hatred of mankind, misanthropy. **~hand** human hand; *deur geen ~ aangeraak nie* untouched by human hands. **~hatend** *=e* misanthropic(al), man-hating. **~hater** misanthrope, misanthropist, man-hater. **~heug(e)nis** memory of man; *sedert/by ~* in/within living memory. **~jag** manhunt. **~kenner** judge of people; *iem. is 'n ~* s.o. is a good judge of people (*or* knows human nature). **~kennis** knowledge of (*or* insight into) human nature. **~kind** child of man, human being, son of man/Adam, daughter of Eve; mortal; *~ers, (maar) dis koud* isn't it bitterly cold?. **~leeftyd** lifetime, generation; mortal span, human span. **~lewe** human life; *dit het twee ~ns gekos* two lives were lost; *daar was 'n groot verlies van ~ns* there was great loss of life/lives. **~liefde** humanity, love of mankind, philanthropy, charity. **~massa** crowd, throng, multitude. **~materiaal** manpower, human material. **~offer** human sacrifice. **~paar:** *die eerste ~* the first human couple. **~ras** (human) race. **~redder, lewensredder** lifeguard, life-saver. **~regte** human rights. **M~regtedag** *(SA: 21 March)* Human Rights Day. **~roof** kidnapping. **~rower** kidnapper. **M~seun:** *die ~, (Chr. theol.: Christ)* the Son of Man. **~skild** human shield. **~sku** →MENSSKU. **~skuheid** →MENSSKUHEID. **~slagting** genocide. **~stem** human voice. **~verhoudinge** human relations. **~verstand** human understanding. **~voedsel** human food. **~vrees** anthropophobia, shyness, timidity; fear of man. **~vriend** philanthropist, humanitarian. **~werk** work of man (*or* of human hands). **~wysheid** human wisdom.

mens·heid human race, humanity, mankind, humankind; *die ~ van Christus* the humanity of Christ.

men·sie *=sies, (dim.)* little man, diminutive person, midget; *(med.)* homuncule, homunculus; →MENS¹ *n.; klein ~s* little people.

men·sig, men·se *interj.* (oh) (my) goodness, good gracious, goodness (gracious) (me), by Jove *(obs.)*; →MAGTIG² *interj.*.

Men·sje·wiek *=wieke,* **Men·sje·wis** *=wiste, (hist.)* Menshevik, Menshevist. **Men·sje·wis·me** Menshevism. **Men·sje·wis·ties** *=tiese* Menshevist.

mens·lik *=like* human *(nature)*; humane *(treatment)*; mortal; ***amper*** (of ***minder as***) *~* subhuman; *(~e) **arbeidskrag*** manpower; *die ~e **geslag*** the human race; *~/menslikerwys(e) **gesproke*** humanly speaking; *~e **hulpbronne*** human resources; *~e **immuniteitsgebreksvirus/immunogebreksvirus/immuungebreksvirus,** (abbr.: MIV)* human immunodeficiency virus *(abbr.: HIV)*; *die ~e **lewe*** human life; *die ~e **liggaam*** the human body; *dis **maar** ~* it is only human. *die ~e **natuur*** humanity, human nature; *die ~e **sy/kant*** human interest; *~e **verhoudinge*** human relations; *~e **wese*** human (being). **mens·li·ker·wys, mens·li·ker·wy·se** humanly; *~ gesproke* →MENSLIK GESPROKE. **mens·lik·heid** humanity, humaneness, humane feeling(s); humanness, human nature; milk of human kindness.

men·stru·eel *=ele* menstrual; *menstruele siklus* menstrual cycle. **men·stru·a·sie** menstruation, menses; *oorvloedige ~* menorrhagia. **~pyn** period pain. **men·stru·eer** *ge=* menstruate, have one's/a period.

men·su·raal *=rale* mensural; *(mus.)* mensurable. **men·suur** mensuration.

men·taan *=tane, (chem.)* menthane.

men·ta·li·teit mentality. **men·ta·lis·me** *(philos.)* mentalism. **men·ta·lis·ties** *=tiese* mentalistic(ally).

men·te·neer *ge=, (rare)* keep, maintain *(a woman)*.

men·tiel *=tiele, (chem.)* menthyl.

men·tol menthol. **men·tol=** *comb.* mentholated.

men·tor *=tors* mentor.

men·tum·naat *(anat.)* mental suture.

me·nu *=nu's* menu, *(dated)* bill of fare *(in a restaurant)*; *(comp.)* menu. **me·nu'tjie** *(dim.)* small menu.

me·nu·et *=ette, (mus.)* minuet.

me·ran·ti *(type of wood)* meranti.

Mer·ca·tor·pro·jek·sie, Mer·ka·tor·pro·jek·sie, *(also m~), (cartogr.)* Mercator('s) projection.

Mer·cu·ri·us *(Rom. myth., astron.)* Mercury.

me·rel *=rels, (orn.)* merl(e), European blackbird, ouzel.

me·ren·deel *n.* greater part/number, best/better part, major part, bulk; *die groot ~* the bulk; *die **oorgrote** ~ van* ... by far the greater part of ...; *die ~ **van*** ... the best/better/greater part of ...; *die ~ **van** die mense, (also)* most people, the majority (of people). **me·ren·deels** *adv.* for the greater/most part, mostly; in the majority of cases.

Me·re·streek: *die (Engelse) ~, (geog.)* the Lake District.

merg *(<Du.) : iets dring/gaan/sny deur ~ en been* →MURG.

mer·gel →MERREL.

me·ri·di·aan *=ane, (geog.)* meridian, circle/line of longitude. **~kyker** *(astron.)* meridian/transit circle. **~oorgang** meridian passage/transit. **~sirkel** *(instr.)* meridian/transit circle; hour/declination circle.

me·ri·di·aans·hoog·te meridian altitude. **me·ri·di·o·naal** *=nale* meridional.

me·rie·te merits; *op die ~ van iets ingaan* go into the merits of s.t.; *na/volgens ~* according to merit, on merit, on its merits.

me·rin·gue *=gues, (cook.)* meringue.

me·ri·no *(also M~)* merino. **~(skaap)** merino (sheep). **~(stof)** *(text.)* merino. **~wol** merino wool.

me·ri·steem *(bot.)* meristem. **me·ri·ste·ma·ties** *=tiese* meristematic.

me·ri·to·kra·sie *=sieë* meritocracy. **me·ri·to·kra·ties** *=tiese* meritocratic.

merk *merke, n.* mark; brand *(of articles)*; quality, sort, make; trade mark; *(silver)* hallmark; earmark; sign, token; *(wine)* vintage; *(av.)* marker; tag, badge; print; tally; stigma; *(pox)* pit; *'n ~ te **bowe** gaan, 'n ~ **verbysteek*** top a mark; ***eie** ~, (comm.)* own brand/label; *'n ~ by iem. se **naam** plaas* put a mark against s.o.'s name; ***op** jul(le) ~e!* on your marks!. **merk** *ge=, vb.* mark; tag; brand; stamp; streak; cicatrise; indent; blaze *(a tree)*; scribe; spot; scar; ticket; earmark; notice, perceive, see; *iets **laat** ~* show s.t. *(impatience etc.)*; *iem. **laat** ~ dat* ... let s.o. see that ... *(one is disappointed)*; *iem. is teleurgesteld/ens., maar **laat** niks ~ nie* s.o. is disappointed/etc. but does not show it, s.o. hides his/her disappointment/etc.; *niks **laat** ~ nie, (also)* not give o.s. away. **~beeld** brand image. **~bewustheid** brand awareness. **~boei** marker buoy. **~ink** marking ink, indelible ink. **~kryt** tailor's chalk. **~lap** sampler. **~naam** trade name. **~paaltjie, ~pen** peg stake. **~pen** marker. **~plaatjie** tag. **~steke** tailor's tacking. **~teken** mark, sign, token; *(med.)* stigma; scar. **~trou** brand loyalty. **~(vloei)stof** branding fluid. **~werk** marking (out).

mer·kan·tiel *=tiele* mercantile. **mer·kan·ti·lis·me** *(econ., chiefly hist., also M~)* mercantilism, mercantile system.

mer·kap·taan *=tane, (chem.)* mercaptan.

Mer·ka·tor·pro·jek·sie →MERCATORPROJEKSIE.

merk·baar *=bare* appreciable, noticeable, marked, perceptible.

mer·ker *=kers* marker(-out); *(comp.)* cursor. **~posisie** *(comp.)* cursor position. **~toets** *(comp.)* cursor key.

mer·kie *=kies, (dim.)* spot, little mark; tick.

merk·lik *=like, (fml., rare)* marked, considerable.

mer·ku·ri·ver·bin·ding *(chem.)* mercuric compound.

mer·ku·ro= mercuro=. **~chroom** mercurochrome. **~verbinding** mercurous compound.

merk·waar·dig *=dige* curious, noteworthy, remarkable, striking, notable, signal, phenomenal; *absoluut/eenvoudig ~* supereminent; *~ genoeg* oddly enough. **merk·waar·di·ger·wys, merk·waar·di·ger·wy·se** *(rare)* curiously enough. **merk·waar·dig·heid** noteworthiness, remarkableness, singularity, notability.

mer·loen *=loene, (hist.)* merlon.

Mer·lot *(also m~, viticulture)* Merlot.

mer·lyn *=lyne, (orn.)* merlin, stone falcon/hawk.

Mer·lyn *(legendary magician)* Merlin.

me·ro= *comb.* mero=; *~blasties* meroblastic; *~siet* merocyte.

Me·ro·win·ger *=gers, n., (hist.)* Merovingian. **Me·ro·win·gies** *=giese, adj.* Merovingian.

mer·rel, mer·gel marl.

mer·rie *-ries* mare; *jong ~* filly. **~-esel** jenny (ass), she-ass; female mule. **~perd** mare. **~vul** filly.

mer·rie·tjie *-tjies, (dim.)* little mare.

mer·se·ri·seer *ge-* mercerise. **mer·se·ri·se·ring** mercerisation, mercerising.

mes[1] *messe* knife; blade; cutter; knife edge; *die (lang) ~se is/word (vir iem.)* ***geslyp,*** *(fig.)* the knives are out (for s.o.); *die ~ sny aan albei* ***kante,*** *(rare)* husband and wife are both earning money; *iem. wil sy/haar ~ na albei* ***kante*** *laat sny* s.o. wants to have it both ways; *die ~ op iem. se* ***keel*** *druk/sit, iem. die ~ op die* ***keel*** *druk/sit, (fig.)* have/put a knife to s.o.'s throat; *die/'n ~ op/teen iem. se* ***keel*** *druk/sit/hou, (fig.)* hold a pistol to s.o.'s head; ***klein*** *~sie* dessert knife; ***onder*** *die ~ wees/kom, (infml.)* be/come/go under the knife *(infml.),* be operated on; *'n* ***skerp/stomp*** *~* a sharp/blunt knife; *iem. se ~ is* ***stomp,*** *(rare)* s.o. will not attain his/her object; *iem. met 'n ~* ***toetakel*** carve up s.o. *(infml.); 'n ~ teen iem.* ***uitpluk/uithaal*** draw a knife on s.o.; *jou ~ en* ***vurk*** *neerlê* put down one's knife and fork; *~se en* ***vurke*** cutlery. **~doring** knife tang. **~-eg** scarifier. **~-en-vurk(-)laai** →MESSELAAI. **~hef** knife handle, knife haft. **~kant** (knife) edge, cutting edge. **~laer** knife-edge bearing. **~lêer** knife rest. **~lem** knife blade. **~maker** cutler. **~maniak** slasher. **~plank** knifeboard. **~plooi** knife pleat. **~punt** knife-point, point/tip of a knife; *(cook.)* pinch. **~rand, ~rant** knife edge. **~rug** knife-back; *(geol.)* arête *(Fr.).* **~slyper** knife grinder/sharpener. **~snee** *(rare)* knife edge. **~sny** knife-cut. **~steek** knife thrust/stab. **~steker** stabber, knifer. **~stekery** knifing, stabbing (affair). **~tekening** scraperboard drawing. **~vormig** *-e* cultrate, cultriform. **~vyl** hack file, knife-edge file.

mes[2] *ge-, (rare)* fatten.

Me·sag *(OT)* Meshach.

mes·al·li·ance *-ances, (Fr.)* misalliance, mésalliance.

mes·em·brien mesembrine.

mes·en·te·ries *-riese,* **mes·en·te·ri·aal** *-riale,* mesenteric. **mes·en·te·ri·um** *-ums, (anat.)* mesentery.

Me·si·ë *(geog., hist.)* Moesia.

mes·kal *(alcoholic drink)* mescal, mezcal. **mes·ka·lien** *(drug)* mescalin(e), mezcaline.

mes·me·ries *-riese* mesmeric. **mes·me·ri·seer** *ge-* mesmerise. **mes·me·ris·me** mesmerism.

me·so- *comb.* meso-. **~blas(t)** *-e, (embryol.)* mesoblast. **~fiet** *-e, (bot.)* mesophyte. **~fil** *(bot.)* mesophyll. **~karp** *-e, (bot.)* mesocarp. **~liet** *(min.)* mesolite. **~lities** *-e, (archaeol.)* Mesolithic. **~morf** *(physiol.)* mesomorph. **~pouse** *(meteorol.)* mesopause. **~sefalies, ~kefalies** *(anat.)* mesocephalic. **~sfeer** *(meteorol.)* mesosphere.

me·son *-sone, (phys.)* meson.

Me·so·po·ta·mi·ë *(geog., hist.)* Mesopotamia. **Me·so·po·ta·mi·ër** *-miërs, n.* Mesopotamian. **Me·so·po·ta·mies** *-miese, adj.* Mesopotamian.

Me·so·so·ïes, *-soïese, adj., (geol., also m~)* Mesozoic. **Me·so·so·ï·kum** *n.: die ~* the Mesozoic.

me·so·tron *(phys., obs.)* →MESON.

mes·qui·te *(bot.)* mesquit(e). **~boon(tjie)** mesquit(e) bean.

mes·se-: **~bak** knife box, knife tray, cutlery tray; *iem. het in die ~ geslaap, (rare)* s.o. is sharp (*or* quick in the uptake). **~doos** knife case. **~goed, ~ware** cutlery, table silver. **~goedkis** canteen (of cutlery). **~laai** cutlery drawer. **~slyper** →MESSLYPER. **~ware** →MESSEGOED.

mes·sel *ge-* build, lay bricks; mortar; mason; *dig ~* immure, mure, wall up. **~by** mason bee. **~kalk** building lime. **~klei** mortar. **~spinnekop** mason spider. **~voeg** face joint, mortar joint. **~werk** brickwork, bricklaying, mason work. **~wesp** *-e* mason wasp, mud wasp.

mes·se·laar *-laars* bricklayer, mason. **mes·se·laars·te·ken** mason's mark. **mes·se·la·ry** brickwork, masonry; bricklaying.

Mes·se·ni·ë *(geog., hist.)* Messenia. **Mes·se·ni·ër** *-niërs, n.* Messenian. **Mes·se·nies** *-niese,* **Mes·seens** *-seense adj.* Messenian.

Mes·si·aans *-aanse, (also m~)* messianic. **Mes·si·a·nis·me** *(also m~)* messianism. **mes·si·as** *-asse* messiah; *die M~, (Chr., Jud.)* the Messiah. **Mes·si·as·skap** Messiahship.

mes·sie *-sies, (dim.)* small knife, penknife.

mes·sing[1] brass. **~-tingel** brass-headed tack.

mes·sing[2] *-sings* tongue *(of a board); ~ en groef* tongue and groove.

mes·stof *(dated)* →MISSTOF.

mes·ties *-tiese n. & adj.* mestizo, mustee.

met with; by; at; *~* ***ander woorde*** in other words; ***bedoel*** *~* mean by; ***begin/eindig*** *~* begin/end by; *hulle* ***deel*** *dit ~ mekaar* they share it between them; *~* ***dié*** →DIÉ *pron.; ~* ***die dag*** *... word* →DAG[1]; *~* ***dié doel*** →DOEL[1] *n.; ~ die* ***fees*** at (the time of) the festival; *~ die* ***hand*** →HAND; *~ die hoed in die* ***hand*** →HOED[1]; *~ 'n* ***harde*** *stem* in a loud voice; ***identiek*** *~ ...* →IDENTIEK; *~* ***iem. praat*** speak to s.o.; *~* ***ink*** *skryf* →INK *n.; ~ die* ***jare*** in (the) course of time; *~* ***Kersfees/Pase/Pinkster*** at Christmas/Easter/Whitsun(tide); *~* ***klere*** *en al* clothes and all; *~* ***name*** *...* →NAME; *wie* ***nie*** *~ ons is nie, is teen ons* who is not with us, is against us; *~ die* ***oorgaan*** in crossing; *~ die* ***pad*** →PAD; *~ die* ***pos*** by post; *~ die* ***pouse*** at/in the interval; *~ een* ***punt*** *wen* win by a point; *~* ***punte*** *wen* win on points; *~ 'n nuwe* ***rok*** *(aan)* in a new dress; *~* ***rustyd*** →RUSTYD; *'n* ***sak*** *(~) geld* a bag of money; *~ die* ***spoor*** by rail; *~ die* ***straat*** *af* down the street; *~* ***suiker*** *(in/daarin)* with sugar (in it); *~* ***swart/donker*** *kleure skilder* paint in dark/sombre colours; *~* ***tel,*** *(mil.)* by numbers; ***tot*** *en ~* up to and including; *~ die* ***trein*** by train; *~ sy/haar* ***troue*** on the occasion of his/her wedding; *~* ***uitskeityd*** →UITSKEITYD; *~* ***uitsondering*** *van* →UITSONDERING; *~* ***vakansie*** on holiday; *iets ~* ***verdrag*** *doen* →VERDRAG; *~ u* ***verlof*** by your leave *(fml.); iets ~ ...* ***vermenigvuldig*** →VERMENIGVULDIG; *~* ***viere!*** form fours!; *'n dier ~ ...* ***voer*** feed an animal on ...; *iem.* ***wen*** *toe (~) 6-4* s.o. won by 6-4. **~dat** at the moment when, (just) when. **~dien** *(rare)* concurrently, consequently. **~een** at the same time. **~eens** (all) at once, all of a sudden; suddenly; immediately, forthwith, at a blow. **~gesel** *-le, (fem.: metgesellin)* companion, mate, conjunct, consort.

meta- *comb.* meta-.

me·taal *-tale* metal; ***edele*** *~* →EDELMETAAL; *~* ***klop*** beat metal; ***onedele*** *~* →ONEDEL; *met ~* ***oortrek/bedek/behandel*** metallise; ***ou*** *~* scrap metal. **~aar** metallic lode/vein. **~balk** girder. **~band** metal tyre, fillet of metal. **~barometer** metallic barometer, aneroid barometer. **~bedryf** engineering industry, heavy industry. **~beskrywing** metallography. **~bewerker** metalworker, metallurgist, whitesmith, metal(l)ist. **~bewerking** metalwork(ing), metallurgy. **~bou** all-metal construction. **~dekking** bullion *(of a bank).* **~draad** metal wire, metallic wire; metal filament *(of a bulb).* **~draadlamp** metallic filament lamp. **~ertskundige** metallurgist. **~foto** *(phot., hist.)* ferrotype, tintype. **~gaas** wire gauze/netting/cloth. **~gieter** (metal) founder. **~gietery** (metal) foundry. **~glans** metallic lustre; *swak ~* submetallic lustre. **~grys** gunmetal. **~houdend** *-e* metalliferous. **~industrie** metallurgic industry. **~klank** metallic ring/sound, tang. **~klomp** slug. **~klopper** *(rare)* →DUIKKLOPPER. **~korrel** regulus. **~krulle** turnings. **~kunde** metallurgy. **~kundig** *-e* metallurgic(al). **~kundige** *-s* metallurgist. **~legering** alloy. **~plaat** metal sheet. **~saag** metal saw; hacksaw. **~skuim** *(metall.)* dross, scoria, slag. **~slak** *-ke, (metall.)* scoria, slag. **~spieël** metallic mirror, speculum. **~staaf** metal bar/rod; billet. **~struktuur** metal structure. **~tamheid** metal fatigue. **~vergiftiging** metallic poisoning. **~verklikker** metal detector. **~voorraad** →METAALDEKKING. **~vorming** metallisation. **~ware** metalware, hardware. **~werk** metalwork. **~werker** →METAALBEWERKER.

me·taal·ag·tig, me·taal·ag·tig *-tige* metallic, metalloid(al).

me·taan methane, marsh gas. **~lugmengsel** *(min.)* firedamp.

me·ta·bi·sul·fiet *(chem.)* metabisulphite.

me·ta·ble·ti·ka metabletics.

me·ta·bo·lis·me metabolism. **metabolies** *-e* metabolic. **me·ta·bo·liet** metabolite.

me·ta·doon *(pharm.)* methadon(e).

me·ta·fase *(biol.)* metaphase.

me·ta·fi·si·ka metaphysics. **me·ta·fise** metaphysis. **me·ta·fi·sies** *-siese* metaphysical, superphysical. **me·ta·fi·si·kus** metaphysician.

me·ta·foor *-fore* metaphor. **me·ta·fo·ries** *-e* metaphorical.

me·ta·ge·ne·ties *-tiese* metagenetic, metagenic.

me·ta·ka·loon *(a sedative drug)* methaqualone; →MANDRAX.

me·ta·le *adj., (rare)* metallic *(sound).* **me·tal·liek** *-lieke* metallic *(substance).* **me·tal·li·sa·sie** metallisation. **me·tal·li·seer** *ge-* metallise. **me·tal·li·se·ring** metallisation. **me·tal·lo·gra·fie** metallography. **me·tal·lo·ïed** *-loïede, n.* metalloid. **me·tal·lo·ïed** *-loïede, adj.* metalloid(al).

me·ta·lin·guis·tiek metalinguistics.

me·tal·lurg *-lurge* metallurgist. **me·tal·lur·gie** metallurgy. **me·tal·lur·gies** *-giese* metallurgic(al).

me·ta·me·rie *(chem., zool.)* metamerism. **me·ta·meer** *-mere, n., (chem.)* metamer; *(zool.)* metamere. **me·ta·meer** *-mere, adj., (chem., zool.)* metameric. **me·ta·me·ri·sa·sie, me·ta·me·ri·se·ring** metamerisation.

me·tam·fe·ta·mien *(pharm.)* methamphetamine.

me·ta·mor·fo·se *(biol., chem.)* metamorphosis; *(geol.)* metamorphism; transformation; *(hum.)* transmogrification. **me·ta·morf, me·ta·mor·fies** *-e* metamorphic, metamorphous. **me·ta·mor·fie, me·ta·mor·fis·me** *(geol.)* metamorphism. **me·ta·mor·fo·seer** *ge-* metamorphose, transmogrify.

me·ta·naal *(chem.)* methanal, formaldehyde.

me·ta·no·ë·suur →MIERESUUR.

me·ta·nol, me·tiel·al·ko·hol *(chem.)* methanol, methyl alcohol, wood alcohol/spirit.

me·ta·no·me·ter *(min.)* gas detector.

me·ta·pla·sie *(physiol.)* metaplasia.

me·ta·psi·go·lo·gie metapsychology.

me·ta·sen·tries *-triese* metacentric.

me·ta·sen·trum *(phys., shipbuilding)* metacentre.

Me·ta·so·ë *(zool.)* Metazoa. **m~siekte** metazoan disease.

me·ta·so·ïes *-e* metazoic, metazoan.

me·ta·sta·biel, me·ta·sta·biel *-biele, (phys.)* metastable.

me·ta·sta·se *(med.)* metastasis.

me·ta·taal metalanguage.

me·ta·te·se, me·ta·te·sis, me·ta·te·sis *(phon.)* metathesis.

me·te·drien methedrine *(used by drug addicts).*

me·tem·pi·ries *-riese* metempiric. **me·tem·psi·go·se** metempsychosis.

me·te·oor *-ore* meteor. **~reën** meteoric shower, shower of shooting stars. **~steen** →METEORIET.

me·te·o·ries *-riese* meteoric. **me·te·o·riet** *-riete* aerolite, meteorite, meteoric stone. **me·te·o·ris·me** *(med.)* tympanism, tympanites. **me·te·o·ro·graaf** *-grawe, (meteorol.)* meteorograph. **me·te·o·ro·gram** meteorogram. **me·te·o·ro·lo·gie** meteorology. **me·te·o·ro·lo·gies** *-giese* meteorological. **me·te·o·ro·loog** *-loë* meteorologist.

me·ter *-ters, (unit of length)* metre; meter *(for gas, water, etc.);* measurer, gauger; gauge, indicator; ***baie*** *~s* many metres; ***enkele*** *~s* some metres; ***honderde/duisende*** *~s* hundreds/thousands of metres; ***in*** *~s* in metres; ***'n*** *~ tou/ens.* a metre of rope/etc.; ***staanplek*** *met ~* metered parking bay; ***twee****/ens. ~* two/etc. metres. **~huur** meter rent. **~-kilogram-sekonde-eenhede** *(pl.)* metre-kilogram-second units. **~leser** meter reader. **~meisie** *(rare, joc. or derog.)* meter maid. **~opnemer** meter inspector, meter reader.

me·tiel *(chem.)* methyl; *met ~ meng* methylate. **~alkohol** →METANOL. **~bromied** methyl bromide.

mé·tier *(Fr.)* métier, calling, trade, profession.

me·ti·laat *(chem.)* methylate.

me·ti·leen *(chem.)* methylene. ~**blou** methylene blue. ~**dioksimetamfetamien** *(abbr.: MDMA)* methylenedioxymethamphetamine *(abbr.: MDMA)*.
me·ti·leer *ge-* methylate.
me·ting *-tings, -tinge* measuring; measurement; gauging, metage, recording; reading *(on an instr.)*; →MEET; *~s doen* take measurements.
me·ti·o·nien *(biochem.)* methionine.
me·to·de *-des* method, plan, manner, procedure, system; *(also, in the pl.)* means; *~ van werk* method of working, way *(of doing things)*; *volgens 'n ~* by (*or* according to) a method; *volgens 'n ~ te werk gaan* apply/employ/follow/use a method. ~**leer** →METODIEK.
me·to·diek, me·to·do·lo·gie, me·to·de·leer methodology, science of method.
me·to·dies *-diese -dieser -diesste* (of meer ~ die mees *-e*) methodic(al); *~ rangskik* methodise.
Me·to·dis *-diste, (also m~)* Methodist. **Me·to·dis·me** *(also m~)* Methodism. **Me·to·dis·te·kerk** Methodist Church. **Me·to·dis·ties** *-tiese, (also m~)* Methodist; *~e kerk* Methodist church.
me·to·do·lo·gie →METODIEK. **me·to·do·lo·gies** *-giese* methodological.
me·tol *(phot.)* metol.
me·to·niem *-nieme* metonym. **me·to·ni·mi·a, me·to·ni·mie** metonymy. **me·to·ni·mies** *-miese* metonymical.
me·toop *-tope, (archit.)* metope.
me·triek[1] *n., (pros.)* metrics, metrical art.
me·triek[2] *-trieke, adj.* metric; *die ~e stelsel* the metric system. **me·tries** *-triese* metrical; *~e meetkunde* metric geometry. **me·tri·ka·sie** *(rare)* →METRISERING. **me·tri·seer** *ge-* metricate. **me·tri·se·ring** metrication.
me·tro *-tro's* metro.
me·tro·lo·gie metrology. **me·tro·lo·gies** *-giese* metrological. **me·tro·loog** *-loë* metrologist.
me·tro·noom *-nome, (mus.)* metronome.
me·tro·po·liet *-liete, n., (Chr.)* metropolitan, archbishop. **me·tro·po·lis** *-lisse* →METROPOOL. **me·tro·po·li·taan** *-tane, n.* metropolitan. **me·tro·po·li·taans** *-taanse, adj.* metropolitan; archiepiscopal; *~e omgewing* metropolitan environment. **me·tro·pool** *-pole,* **me·tro·po·lis** metropolis, capital (city), mother city.
me·tro·ra·gie *(med.)* metrorrhagia.
me·trum *metrums, metra, (pros.)* metre *(in verse)*, measure; *die regte ~ hê, (pros.)* scan.
met·te *(RC)* matins; *kort(e) ~ met iem./iets maak* make short work of s.o./s.t.; give s.o./s.t. short shrift; *donker ~, (RC)* Tenebrae.
met·ter-: ~**daad** *(rare)* indeed, in fact, really. ~**tyd** in (the course of) time, as time goes/went on; in time (to come), in process of time, with time; in the long run, latterly, afterwards. ~**woon** *(rare): jou ~ vestig* establish o.s., settle, come to reside, fix one's abode, take up residence.
Me·tu·sa·lag *(OT)* Methuselah.
Me·tu·sa·lem: *iem. is so oud soos ~* →OUD.
met·wors ham sausage, German sausage.
meu·bel *-bels* article/piece of furniture; *(usu. in the pl.)* furniture, movables. **meu·be·leer** *ge-* →MEUBILEER. ~**handelaar** furnisher. ~**kewer** furniture beetle. ~**kunst** cabinetmaking. ~**maker** cabinetmaker, joiner. ~**makery** cabinetmaking. ~**olie** teak oil. ~**pakhuis** furniture warehouse. ~**stof** upholstery fabric. ~**stowwe** (home/soft) furnishings. ~**stuk** piece of furniture, fitment. ~**wa** removal/furniture van, pantechnicon (van) *(Br.)*. ~**waks** furniture polish, French polish. ~**winkel** furniture store.
meu·bel·ment →MEUBLEMENT. **meu·bi·leer, meu·be·leer** *ge-* furnish, fit up; *met ... ge- wees* be furnished with ... **meu·bi·le·ring** furnishing; furniture. **meu·ble·ment, meu·bel·ment, a·meu·ble·ment** *-mente* (set/suite of) furniture; fittings, fitments.
meug: *teen heug en ~* →HEUG *n.*.
meul *meule,* **meu·le** *-lens* mill, grinder, grinding mill; mill house; masticator; ***eerste** by die ~, eerste maal* first come, first served; ***Gods** ~ maal langsaam maar seker* the mills of God grind slowly but they grind exceedingly small; *dit is **koring/water** op iem. se ~* that is grist to s.o.'s mill; *~ **speel*** play (at) nine/twelve men's morris.
meul-: ~**dam** millpond. ~**(e)maker** millwright. ~**klip** →MEULSTEEN. ~**skroef** windmill *(of an aeroplane)*. ~**sloot** millrace, millrun. ~**spel, meulespel** nine/twelve men's morris. ~**steen,** ~**klip** millstone, grinder; *(chiefly archaeol.)* quernstone; *iem./iets is 'n ~ om iem. se nek* s.o./s.t. is a millstone round s.o.'s neck. ~**stroom** millrace; millstream; leat. ~**vliegtuig** gyroplane, autogyro, *-giro.*
meu·le →MEUL. **meu·le·naar** *-naars* miller. **meu·le·spel** →MEULSPEL. **meul(·e)·tjie** *-tjies, (dim.)* small mill. →MEUL.
me·vrou *-vroue* lady, Mrs *(in address with name)*, Madam *(in address without name)*; ma'am *(form of address to queen)*; mistress, missis, missus.
Mex·i·kaan, Mek·si·kaan *-kane, n.* Mexican. **Mex·i·kaans, Mek·si·kaans** *-kaanse, adj.* Mexican; *~e golf* Mexican wave; *~e tulp/papawer, (Argemone mexicana)* Mexican poppy.
Mex·i·ko, Mek·si·ko *(geog.)* Mexico; *die stad ~* →MEXIKOSTAD. ~**stad** Mexico City.
me·zoe·za *-zas, (Jud.)* mezuza(h).
mez·za vo·ce *adj. & adv., (It., mus.: with medium volume/tone)* mezza voce.
mez·zo *-zo's,* **mez·zo·so·praan** *-prane, n., (mus.)* mezzo soprano. **mez·zo** *adj. & adv., (It., mus.): ~ forte, (moderately loud)* mezzo forte; *~ piano, (moderately soft)* mezzo piano.
mez·zo·tint mezzotint; *in ~ graveer* mezzotint.
mho *mho's, (elec., obs.)* mho. →SIEMENS.
mi *(mus.)* mi, me.
mi·aau *interj.* meow, miaou, miaow, mew. **mi·aau** *ge-, vb.* meow, miaou, miaow, mew, mewl, caterwaul.
mi·al·gie *(med.)* myalgia. **mi·al·gies** *-giese, (med.)* myalgic; *~e enkefalomiëlitis/ensefalomiëlitis, (abbr.: ME)* myalgic encephalomyelitis; →CHRONIESE-UITPUTTINGSINDROOM, YUPPIEGRIEP.
mi·as·ma *-mas, (lit., fig.)* miasma. **mi·as·ma·ties** *-tiese* miasmatic, miasmic, miasmal; *~e koors* jungle fever.
Mi·ce·ne *(geog., hist.)* Mycenae. **Mi·ceens** *-ceense, adj., (archaeol.)* Mycenaean. **Mi·ce·ner** *-ners, n.* Mycenaean.
Mi·chel·an·ge·lo *(1475-1564)* Michelangelo.
Mi·chells·pas *(SA)* Michell's Pass.
Mi·das *(Gr. myth.)* Midas.
mid·dag midday, noon, mid-hour; afternoon; *iets het **een** ~ gebeur, iets het **op** 'n (sekere) ~ gebeur* s.t. happened one afternoon; *die **hele** ~* all afternoon; ***in** die ~* in/during the afternoon; ***in** die voor~* in the forenoon/morning; ***middag!*** good afternoon!; ***ná** die ~* in/during the afternoon; ***op** die ~* at noon; ***teen** die ~ (se kant)* toward(s) noon; ***voor** die ~* before noon. ~**blad** afternoon (news)paper. ~**breedte** latitude at noon. ~**diens** afternoon service. ~**dutjie** →MIDDAGSLAPIE. ~**ete** lunch(eon), midday meal; *(die) ~ nuttig/gebruik* take lunch; *voor/ná (die) ~* before/after lunch. ~**hoogte** meridian altitude; noon; *op die ~* at high noon. ~**koerant** →MIDDAGBLAD. ~**kring,** ~**lyn** meridian (line), line/circle of longitude. ~**maal** →MIDDAGETE. ~**pouse** midday interval, lunch break. ~**russie** →MIDDAGSLAPIE. ~**sirkel** →MIDDAGKRING. ~**sitting** afternoon session. ~**skof** *-te* afternoon shift; afternoon session; afternoon lap; afternoon stage/trek/leg *(of a journey)*. ~**slapie** siesta, afternoon nap, forty winks; *'n ~ geniet* have/take a siesta, take a nap. ~**uur** noon(tide); *in die ~* at lunch-time; *op die ~* at midday/noon. ~**vertoning** afternoon performance, matinee, matinée.
mid·de *n.* middle; midst; →MIDDEL[3]; *in die ~ **bring**, (fml.)* advance, put forward *(an opinion)*; ***in ons** ~* in our midst; *iets **in** die ~ **laat**, (fml.)* leave s.t. undecided; ***te** ~ van ...* in the midst of ...; amidst; ***uit** hul ~ gekies/ens.* chosen/etc. from among them. **M~-Afrika** Central Africa. **M~-Amerika** →MIDDEL-AMERIKA. ~**baan** *(cr.)* midwicket. ~**dorp** town centre. **M~-Engeland** →MIDDEL-ENGELAND. **M~-Europa** →MIDDEL-EUROPA. ~**in** in the midst/centre/heart of. **M~-Ooste** Middle East. **M~-Oosters** Middle Eastern. ~**rif, middelrif** *-riwwe* diaphragm, midriff. **M~ryk, Middelryk** *(hist.)* Middle Kingdom/Empire. ~**skip** nave *(of a church)*. ~**stad** city centre/core, metropolitan area, inner city, town centre. ~**stand, middelstand** middle classes; central/middle position. **M~-Victoriaans** *(Br., hist.)* mid-Victorian. ~**weeks** →MIDDELWEEKS. ~**weg, middelweg** *-weë* middle course/way; mean; via media; *die ~ **bewandel*** steer a middle course; *die **goue/gulde** ~* the golden/happy mean, the happy medium; *die goue/gulde ~ tussen ... en ... vind* strike the right balance between ... and ...; *'n ~ **kies*** steer a middle course; *die/'n ~ **vind*** strike the happy mean. ~**wegmusiek** middle-of-the-road music. **M~-Weste** Middle West, Midwest. **M~-Westelik** *-e* Middle Western, Midwestern.
mid·del[1] *-dele, -dels* means; medium; instrument; agent; device; steppingstone; *(also, in the pl.)* wherewithal; *'n ~ van **bestaan*** a means of livelihood/subsistence/support; *~e **bewillig/toestaan*** vote supplies; ***deur** ~ van ...* by means of ...; through the medium of ...; through the instrumentality of ...; by force of ...; through ...; *jou dankbaarheid/ens. toon **deur** ~ van ...* show one's gratitude/etc. in the shape of ...; *die ~ tot 'n **doel*** the means to an end; ***eie** ~e hê* have a fortune of one's own (*or* private means); ***elke** (moontlike) ~ aanwend* employ/use/try every means; *met **elke** (moontlike) ~* by every means; *'n **gebrek** aan ~e* a lack/shortage of funds; ***geringe/karige** ~e* scanty/slender means; *'n ~ ten **goede** wees* be an instrument for good; *nie die ~e **hê** om te ... nie* not have the means/wherewithal *(infml.)* to ..., lack the means/wherewithal *(infml.)* to ...; *oor **private** ~e beskik* have private means; *~e **soek** om te ...* devise means to ...; *'n ~ van **vervoer*** a means of conveyance.
mid·del[2] *-dels, -dele* remedy, cure, corrective, agent, specific; *'n **beproefde** ~* a proven remedy; *daar is **geen** ~ voor nie* there is no help for it; ***gevaarlike/verslawende** ~* dangerous/addictive drug; *'n ~ **hê*** have a remedy; *'n ~ **teen** ...* a cure for ...; a remedy against/for ...
mid·del[3] *-dels* middle, centre; waist; girdle; *'n **dun** ~(tjie) hê* have a slender waist; ***in die** ~ van ...* at/in the centre of ...; ***in die** ~ van 'n loopbaan* in mid-career; ***in die** ~ van die nag* in the depth of night, in the (or at) dead of night; *reg **in die** ~* right in the middle; ***in die** ~ van sake wees* be in the thick of it/things; ***in die** ~ van 'n toespraak* (*of die dag/oggend/ens.*) partway through a speech (*or* through the day/morning/etc.); ***in die** ~ vasgevang wees* be pig(gy) in the middle; *'n vakansiedag/ens. **in die** ~ van die week* a midweek holiday/etc.; ***in die** ~ van die wêreld wees, (fig.)* be at a loss (*or* in a quandary*or* in limbo); *~ **Junie*** in the middle of June, mid-June; *die ~ van die **somer*** midsummer. ~**afstand** medium/middle distance; *(art)* middle ground; *~(-) ballistiese missiel* medium-range ballistic missile *(abbr.: MRBM)*. ~**afstandatleet,** ~**(hard)loper** (middle-)distance runner. ~**afstandmissiel** medium-range missile. ~**afstandnommer** *(athl.)* distance event. ~**afstandwedloop** middle-distance race. ~**agter** centre back. ~**agternek** nape (of the neck). ~**agterspeler** *(soccer, hockey, etc.)* centre back. ~**-Amerika, Midde-Amerika** Central/Middle America. ~**-Amerikaans** Central American **M~-Amerikaner** Central American. ~**baan** middle stripe *(of a flag)*. ~**bestuur** →MIDDEL(VLAK)BESTUUR. ~**blad** centrefold *(of a magazine)*. ~**bladmeisie** centrefold (girl). ~**-C** *(mus.)* middle C. ~**(boord)skutter** waist gunner. ~**bors(segment)** *(entom.)* mesothorax. ~**brein** *(anat.)* mesencephalon. ~**deel** middle part, inside. ~**dek** middle deck. ~**derm** *(zool.)* mesentery. ~**dertigerjare** mid thirties. ~**deur** *n.* middle door. ~**deur** *adv.* across, in half, in two; *iets ~ skeur* tear s.t. in half; tear s.t. (right) down the middle; *iets ~ sny* cut s.t. in half; cut s.t. right down the middle. ~**deursnee,** ~**deursnit** midsection. **M~eeue** Middle Ages. **M~eeus** *-e* Medi(a)eval; *~e Geskiedenis, (476-1492)* Medi(a)eval History. **M~-Engeland, Midde-Engeland** the Midlands. **M~engels** Middle

English. **M~-Europa** Central Europe. **M~-Europeër** Central European. **M~-Europees** Central European. **~eweredig** *(math.)* mean proportional. **~gedeelte** →MIDDELDEEL. **~gewig** middleweight. **~gewig(boks)-kampioen** middleweight (boxing) champion. **~grond** *(art)* middle distance. **~groot** medium(-sized), middle-sized, intermediate. **~grootte** medium/middle size. **~hand** *(anat.)* metacarpus. **~handbeen** metacarpal bone. **~harsings** midbrain, mesencephalon. **M~hoog-duits** Middle High German. **~huid** *(embryol.)* mesoderm. **~inkomsteland** middle-income country. **~jare** *(pl.)* midlife. **~jarekrisis, ~jarigheidskrisis** midlife crisis; male menopause. **~jarig** -*e* middle-aged. **~jarigheid** middle age. **~klas** intermediate/middle class. **~koers** middle price. **~korrelrig** -*e* medium-grained. **~kring** *(target shooting)* magpie. **~kringskoot** magpie. **~(laag)kiemsel** *(embryol.)* mesoblast. **~land** midland; *die M~* the Midlands. **M~lands** -*e* Midland; *die ~e See* the Mediterranean (Sea), *(infml., abbr.)* the Med; *~e Seeklimaat* Mediterranean climate. **~lands** -*e* midland. **~links** centre left. **~loop** middle course, middle reaches *(of a river)*. **~lyf** middle, waist. **~lyn** axis, axial line, diameter; waistline; *(sport)* halfway line, centre line; *halwe ~* semidiameter. **~lynmeter** →ERIOMETER. **~maat** medium size; average, mean; waist measurement; *benede die ~* below the average. **~man** -*ne* middleman; jobber. **~mannetjie** hogback, hog's back, (central) ridge *(of an unsurfaced road or farm track)*. **~matig** -*e* moderate, middling, medium; indifferent, mediocre, so-so. **~matigheid** moderateness; mediocrity. **~moot(jie)** middle slice/cut. **~muur** partition (wall). **M~nederduits** Middle Low German. **M~nederlands** Middle Dutch. **~oor** middle ear, tympanum. **~oorontsteking** inflammation of the middle ear, tympanitis. **~paadjie** centre aisle; centre/middle parting *(in hair)*; *iem. kam ('n) ~, iem. dra sy/haar hare (met 'n) ~* s.o. parts his/her hair in the middle. **~party** *(pol.)* centre party, middle(-of-the-road) party. **~prys** middle/average price. **~prys-klas:** *in die ~* in the medium-priced range. **~prys-klashuis** medium-priced home/house. **~punt** centre, centre/central point, midpoint; hub, pivot, hinge; ganglion; omphalos *(poet., liter.)*; metropolis; *iem. se gesin is die ~ van sy/haar lewe* s.o.'s life revolves around his/her family, s.o.'s family is the focal point of his/her life; *die presiese ~* the dead centre. **~puntig** -*e* centric(al). **~puntshoek** angle at centre. **~puntsoekend** -*e* centripetal. **~puntvliedend** -*e* centrifugal; *~e krag* centrifugal force. **~rib** midrib, web. **~rif** →MIDDERIF. **~rus** *(mus.)* minim rest, half note rest. **M~ryk** →MIDDE-RYK. **~seisoen** shoulder season. **~seisoens** -*e, adj.* midseason; *~e uitverkoping* midseason sale. **~skakel** *(soccer)* centre half. **~skip** (a)midships. **~skot** centre partition; *(min.)* middling(s); interim payment. **~slag** medium, middle-sized; *(also* middelsoort*)* medium, middlings; *(print.)* half-text. **~slagbouler** *(cr.)* medium(-fast) bowler, medium pacer. **~slagtuin** average-size(d)/medium-size(d) garden. **~soet** medium (sweet) *(wine)*. **~somer** midsummer. **~soort** →MIDDELSLAG. **~soortig** -*e* medium, middling. **~spanning** medium pressure. **~speler** *(basketball)* centre jumper. **~stand** →MIDDESTAND. **~stang** kingbolt. **~streep, ~strook** central strip/zone/belt/area. **~stuk** central/middle piece; *(anat.)* mesosoma; *(archit.)* die; epergne *(on a table)*, centrepiece; *~ van 'n skoen* waist of a shoe. **~styl** king post. **~swaard** centreboard *(of a boat)*. **~syfer** average figure. **~term** *(log.)* middle term, mean. **~toon** *(mus.)* mediant. **~veld** *(cr.)* midfield; *die M~, (SA)* the Middleveld. **~vinger** middle finger, long finger. **~(vlak)-bestuur** middle management. **~(vlak)bestuurder** middle manager. **~(vlak)bestuurders, -bestuurskader, -bestuurslede, -bestuurslui** middle management. **~vlies** *(anat.)* mediastinum. **~voet** *(anat.)* metatarsus, instep. **~voetbeentjie** metatarsal. **~voor** centre front. **~voor(speler)** *(soccer, hockey, etc.)* centre forward. **~vrugwandlaag** *(bot.)* mesocarp. **~waarde** average/mean/middle value. **~weeks, mideweeks** midweekly. **~weg** →MIDDEWEG. **~yster** *(golf)* midiron.

mid·de·laar -*laars, -lare* mediator. **mid·de·laar·skap** mediatorship. **mid·de·la·res** -*resse, (fem.), (RC)* mediatrix, mediatress.

mid·del·baar -*bare* average, intermediate, mean, medium, middle, normal; mean *(time)*; *van ~bare grootte* of medium size, middle-sized; *op ~bare leeftyd* at middle age; *van ~bare leeftyd* middle-aged; *~bare skool* secondary school; *~bare son* mean sun; *~bare tyd* mean time; *~bare wolk* medium/middle cloud.

mid·de·le-: **~grens** means limit. **M~komitee** *(Br.)* Committee of Ways and Means. **~toets** means test. **~wet** *(hist., also M~)* finance act *(also F~ A~)*.

mid·de·ler·wyl *(fml., dated)* meanwhile, in the mean time.

mid·del·lik -*like* indirect(ly), mediate(ly); vicarious.

mid·del·ste middlemost, midmost, central, centre; medial; *~ kiemsel (embryol.)* mesoblast; *~ paaltjie (cr.)* middle stump; *~ terme* means *(in a proportion)*.

mid·del·tjie[1] -*tjies, (dim.)* makeshift, expedient; device, trick; nostrum; →MIDDEL[1], MIDDEL[2].

mid·del·tjie[2] -*tjies, (dim.)* (slender) waist; →MIDDEL[3].

mid·der·nag midnight; *om ~* at midnight. **~blou** midnight blue. **~diens** midnight service. **~son** midnight sun. **~vertoning** midnight show.

mid·der·nag·te·lik -*like* midnight *(hour)*.

mi·di -*di's* midi. **~bus** midi-bus. **~(rok)** midi(-dress). **~romp** midi-skirt.

MIDI: **~-sintetiseerder** MIDI synthesizer. **~-stelsel** MIDI system.

mid·skeeps -*e, adj. & adv.* (a)midships.

mid·so·mer midsummer. **M~dag** Midsummer('s) Day. **M~nagdroom** Midsummer Night's Dream.

mid·win·ter midwinter. **~dag** midwinter day.

mied *miede(ns)* heap, pile, stack, rick; *~ pak* stack. **~kraal** stack-stand.

mie·lie -*lies, (chiefly SA)* mealie, mielie; *(in the pl.)* maize, Indian corn; *~s afmaak* shell maize/mealies; *gebreekte ~s* crushed mealies/maize; *geel ~s* yellow maize/mealies; →GEELMIELIE; *gestampte ~s* = STAMPMIELIES; *die ~s kop* the maize is *(or* the mealies are) forming cobs; *'n lap/stand/stuk ~s* a stand of maize/mealies. *wit ~s* white maize/mealies; →WITMIELIE. **~afmaker** maize/mealie/corn sheller, cornhusker. **~baard** maize beard. **~bedryf** mealie/maize industry. **~blaar** -*blare* maize/mealie leaf; *(also, in the pl.)* husk(s) of maize/mealies. **~blom** cornflour. **~boer** maize farmer/grower, mealie farmer. **~brood** mealie bread. **~gif** *(Striga spp.)* witchweed. **~gifbol** *Haemanthus magnificus*. **~gruis** *(cook.)* (maize) grits; crushed mealies. **~heide** *(Erica patersonia)* mealie heath. **~kiem** germ of maize. **~kiemolie** maize germ oil. **~kop** maize/mealie cob, ear of maize. **~land** maize field, mealie field. **~lentekewer** *(Brevipalpus californicus)* maize chafer beetle. **~meel** mealie-meal, maize flour, cornmeal. **~-oes** mealie/maize harvest/crop. **~-olie** maize oil. **~pap** mealiepap *(SA)*, mealie(-meal) porridge, maize porridge. **~pit** kernel of maize/mealies, mealie grain/pip/seed. **~plant** maize/mealie plant. **~planter** *(machine)* maize planter. **M~raad** *(hist.)* Maize (Control) Board. **~ruspe(r)** mealie borer. **~rys** mealie rice. **~saadlob** scutellum. **~skyfies, ~tjips** *(pl.)* corn chips. **~streek** mealie/maize belt, maize-producing area. **~stronk** mealie stalk. **~stronkruspe(r)** mealie stalk borer, mealie/top grub. **~stroop** *(Am.)* corn syrup. **~stroper** husker. **~-uitvoer** export of maize. **~vlokkies, graanvlokkies** cornflakes. **~whisky** corn whisky. **~wurm** mealie worm; →MIELIESTRONKRUSPE(R).

mi·ë·li·tis *(med.)* myelitis.

mie·nie-mie·nie →MINNIE-MINNIE.

mier *miere* ant, pismire *(arch.)*, emmet *(Br., arch. or dial.)*; *~e hê* be fidgety, have the fidgets, *(infml.)* have ants in one's pants. **~eiers** ants' eggs, ant eggs. **~eter** *(rare)* →MIERVRETER. **~gif** ant poison. **~kat** *(dated)* →MEERKAT. **~koningin** ant queen. **~leeu** *(Myrmeleon formicarius)* antlion. **~nes** ants' nest; *'n ~ oopkrap, (fig.)* open a can of worms; *'n ~ van bedrywighede/bedrywigheid wees, soos 'n ~ lyk/wees* be a hive of activity. **~olie** *(chem.)* carbon bisulphide/disulphide. **~vreter** (giant) anteater. **~ystervark** echidna.

mie·re-: **~broodjies** *(rare, infml., bot.)* Beltian/Belt's body. **~plaag** ant pest. **~suur** formic/methanoic acid.

miers·hoop anthill, antheap, tump. **~termiet** snouted harvester termite.

mies *(shortened form, SA, dated: term of address to a [white] woman)* mies; →MIESIES.

mie·sies -*siese, (SA, dated: term of address to a [white] woman; female employer)* miesies, missies, missus, missis.

miet[1] *miete, n., (dated)* →MIED.

miet[2] *miete, n.* larvae/worms of the meal/mill/flower moth *(in flour etc.)*.

miet·jie -*jies, (orn.)* Klaas's cuckoo.

mig·gel -*gels, (icht.)* stump, red stumpnose, Miss Lucy *(SA, infml.)*.

mig·ma·ties -*tiese, (geol., rare)* migmatic.

mig·non·let·ter *(print.)* minion.

mi·grai·ne -*nes* migraine.

mi·gra·sie -*sies* migration. **mi·greer** *(ge)-* migrate.

mih·rab -*rabs, (Islam.)* mihrab.

mik *mikke, n.* fork *(in branches etc.)*; crotch *(of the human body)*; *(teleph.)* cradle; crutch; bifurcation; forked post; forked stick *(for a catapult)*; *jou oor 'n ~ (aan iets) eet* overeat, overindulge, *(sl.)* pig out (on s.t.); *jou oor 'n ~ skrik, (infml.)* be frightened/scared out of one's senses/wits, be scared silly/stiff; *jou oor 'n ~ werk* work o.s. to a standstill. **mik** *ge-, vb.* aim, sight, point; *hoër/laer ~, (fig.)* raise/lower one's sights; *hoog ~* aim high, be ambitious; *na ... ~* take aim at ...; try for ...; *na/op iets ~* aim at/for s.t.; *(fig.)* have s.t. in one's sights, have/set one's sights on s.t.; *~ om iets te doen* aim to do s.t.; make to do s.t. *(speak etc.)*; *iets is op iem. ge~* s.t. is aimed at s.o. *(an insinuation etc.)*. **~bal** object ball, jock. **~buigstuk** *(tech.)* split bend. **~datum** target date. **~hout** = MIKSTOK. **~punt** aim; butt, target, objective; *'n ~ haal* achieve/reach a target; *goed op pad wees na die ~* be on target; *vir iem. 'n ~ stel* set s.o. a target. **~skeer** *n.* crutching *(of sheep)*. **~skeer** *ge-, vb.* crutch. **~stok** forked stick. **~stuk** crotch. **~vering** *(mot.)* wishbone suspension. **~vormig** -*e* forked. **~wol** crutchings, crutch wool.

mi·ka *(min.)* mica, Muscovy glass. **~houdend** -*e* micaceous.

mi·ka·äg·tig, mi·ka·ag·tig -*tige* micaceous.

mi·ka·do -*do's, (Jap., hist., often M~)* mikado.

mi·ko·lo·gie mycology. **mi·ko·lo·gies** -*giese* mycological. **mi·ko·loog** -*loë* mycologist. **mi·ko·se** *(med.)* mycosis. **mi·ko·ties** -*tiese* mycotic.

mi·kro *(infml.)* micro, microwave (oven); micro(computer).

mi·kro- *comb.* micro-. **~analise** microanalysis. **~baan** *(electron.)* microcircuit. **~baanwerk** *(electron.)* microcircuitry. **~balans** microbalance. **~barometer** microbarometer. **~biologie** microbiology. **~biologies** microbiologic(al). **~bioloog** microbiologist. **~chemie** microchemistry. **~chirurgie, ~sjirurgie** microsurgery. **~chirurgies, ~sjirurgies** -*e* microsurgical. **~druk** microprint. **~-ekonomie, ~ëkonomie** microeconomics. **~-ekonomies, ~ëkonomies** -*e* microeconomic. **~-elektronies, ~ëlektronies** microelectronic. **~-evolusie, ~-ewolusie, ~ëvolusie, ~ëwolusie** *(biol.)* microevolution. **~-evolusionêr, ~-ewolusionêr, ~ëvolusionêr, ~ëwolusionêr** -*e* microevolutionary. **~fauna** microfauna. **~fiche** -*s, -'e* microfiche. **~fiet** *(bot.)* microphyte. **~film** microfilm. **~flora** microflora. **~foon** -*fone, -foons* microphone. **~foto** microphoto(graph). **~fotografeer** *ge-* microphotograph. **~fotografie** microphotography. **~galvanometer** microgalvanometer. **~golf** -*golwe*, **~golfoond** -*e n.* microwave (oven); *in die ~ bak, vir ... in die ~ plaas* microwave. **~golf** *vb.* microwave. **~graaf** -*grawe* micrograph. **~grafie** micrography. **~gram** microgram. **~kefalie, ~sefalie** *(med.)* microcephaly, microcephalism. **~kern** micronucleus. **~klimaat** microclimate. **~kode** *(comp.)* microcode. **~kopie** microcopy. **~kopieer** *ge-* microcopy. **~kopiëring** microcopying. **~kosmies** -*e* microcosmic. **~kosmos** microcosm, microcosmos. **~liter** microlitre. **~lities** -*e* microlithic. **~logie** micrology. **~manie** micromania. **~manipulasie** *(biol.)* micrurgy. **~meter-**

skroef micrometer screw. **~miniaturisasie** micro-miniaturisation. **~-opdrag ~öpdrag, ~-instruksie, ~ïnstruksie** *(comp.)* microinstruction. **~-organisme, ~örganisme** microorganism. **~rekenaar** microcomputer. **~reproduksie** microreproduction. **~seisme** *(geol.)* microseism. **~sekonde** microsecond. **~skakelaar** microswitch. **~skoop** *-skope* microscope. **~skopeer** *ge-* microscope. **~skopie** microscopy. **~skopies** *-e* microscopic(al). **~skyfie** *(comp.)* microchip, silicon chip. **~slapskyf** *(comp.)* microfloppy. **~spoor** microspore. **~sporangium** *(bot.)* microsporangium. **~swaartekrag** microgravity. **~tomie** microtomy. **~toom** *-tome, (biol.)* microtome. **~verfilm** →VERMIKROFILM. **~verfilming** →VERMIKROFILMING. **~(vlieg)tuig** microlight/microlite (aircraft). **~verwerker** *(comp.)* microprocessor. **~vorm** *(comp.)* microform.

mi·kro·be *-bes* microbe. **mi·kro·bies** *-biese* microbic, microbian, microbial *(disease).*

mikroliet *-liete, (archaeol.)* microlith; *(geol.)* microlite, microlith.

mi·kron *-kron(e), -kron(s)* micron.

Mi·kro·ne·si·ë *(geog.)* Micronesia. **Mi·kro·ne·si·ër** *-siërs, n.* Micronesian. **Mi·kro·ne·sies** *-siese, adj.* Micronesian.

mik·se·deem *(med.)* myx(o)edema.

mik·so·ma·to·se *(vet.)* myxomatosis. **mik·soom** *-some, (med.)* myxoma.

mik·stuur *(mus.)* mixture.

Mi·laan *(geog.)* Milan. **Mi·la·nees** *n. & adj.* Milanese.

mi·la·ja *-jas* yashmak, yashmac; face veil.

mild *milde milder mildste* generous, free-handed, benign, liberal; unsparing, unstinted; soft, beneficent *(rain);* mild *(weather);* genial *(sunshine);* lenient *(criticism);* charitable *(judgement); met 'n ~e hand* →HAND. **mild·da·dig** generous, free-handed, liberal; charitable; profuse, bountiful. **mild·da·dig·heid** generosity, liberality; charity; bounty. **mil·de·lik** *adv.* lavishly, generously, liberally. **mild·heid** generosity, liberality, profusion, bounty; mildness.

Mi·le·sies *-siese* Milesian.

Mi·le·te *(ancient city)* Miletus. **Mi·le·ter** *-ters, n.* Milesian. **Mi·le·ties** *-tiese, adj.* Milesian.

mi·li·êr *-liêre, (med.)* miliary.

mi·lieu *-lieus, (Fr.)* milieu, (social) environment/background, surroundings, world; atmosphere, ambiance, ambience.

mi·li·sie militia, territorial army, territorials.

mi·li·tant *-tante* militant, combative. **mi·li·ta·ris** *-riste* militarist. **mi·li·ta·ri·seer** *ge-* militarise. **mi·li·ta·ri·se·ring** militarisation. **mi·li·ta·ris·me** militarism. **mi·li·ta·ris·te·re·ge·ring** stratocracy. **mi·li·ta·ris·ties** *-tiese -tieser -tiesste of meer ~ die mees ~e* militarist(ic), military-minded.

mi·li·têr *-têre, n., (rare)* soldier, military man; *die ~e* the military, the army. **mi·li·têr** *-têre, adj.* military; soldierly; *~e **diens*** military service; *~e **diktatuur*** military dictatorship, sword law; *~e **dokter*** army doctor; *met ~e **eer*** with military honours; *~e **gedenkwaardighede,** (pl.)* militaria; *met ~e **geweld** dreig* rattle the sabre *(fig.);* *~e **houding*** martial/military bearing/deportment; *in ~ **opsig*** militarily; *~e **perd*** remount; *~e **reg*** military law.

mil·jard *-jard(e), (Br., obs.: 10^9)* milliard. **mil·jar·dêr** *-dêrs* milliardaire; →BILJOENÊR.

mil·joen *-joen(e)* million; ***by** die ~e* by the million; *een ~ (of een~) **man,** (mil.)* a million men; *'n ~ **mense*** a million people; *~e **mense*** millions of people/etc.; *'n ~* a million. **~voudig** *-e* millionfold.

mil·joe·nêr *-nêrs* millionaire.

mil·joen·ste *-stes* millionth.

mil·len·ni·um *-niums, -nia* millennium, chiliad, a thousand years.

mil·li- *comb.* milli-. **~bar** *-s, (unit of atmospheric pressure)* millibar. **~gram** *(abbr.: mg)* milligramme. **~liter** *-(s), (abbr.: ml)* millilitre. **~meter** *-(s), (abbr.: mm)* millimetre. **~sekonde** millisecond. **~volt** millivolt. **~watt** *(abbr.: mW)* milliwatt.

mil·reis *(a former monetary unit of Port. and Braz.)* milreis.

milt *milte, (anat.)* spleen; milt *(of an animal).* **~aar** splenic vein. **~-anemie** splenic anaemia. **~koors** splenic fever. **~kruid** *(fern: Asplenium spp.)* spleenwort. **~kwaal** splenic trouble, splenoma. **~limfsel** *(anat.)* Malpighian body/corpuscle. **~ontsteking** *(med.)* splenitis, lienitis. **~siekte** →MILTVUUR. **~slagaar** splenic artery. **~steek** splenalgia *(obs.).* **~sug** *(fig.)* spleen *(arch.).* **~sugtig** *-e* splenetic. **~verwydering** *(med.)* splenectomy. **~vuur** *(vet.)* anthrax, braxy, splenic fever *(obs.).*

mil·ter *-ters, (icht.)* milter.

Mil·to·ni·aans *-aanse* Miltonian, Miltonic.

mim·bar *(mosque pulpit)* mimbar, minbar.

mi·meer *(ge)-* mime. **mi·me·o·graaf** *-grawe* mimeograph. **mi·me·ties** *-tiese* mimetic. **mi·me·tis·me** →MIMIKRIE. **mi·miek** mime, mimic art, mimicry. **mi·mies** *-miese* mimic. **mi·mi·krie, mi·me·tis·me** *(biol.)* mimesis, mimetism, mimicry. **mi·mi·kus** *-mikusse, -mici* mimic.

mi·mo·sa *-sas, (bot.)* mimosa (tree); wattle (tree).

min[1] *minder minste adj. & adv.* few, little; slight; small; scant; seldom, rarely; *iem. **ag** hom/haar nie te ~ om ...* s.o. doesn't count it beneath him/her to ...; ***baie*** *~* very little; very few; *daar is **baie/bitter** ~ ...* there is very little ...; there are very few ...; ***bedroef/bitter*** *~* very little indeed, next to nothing, precious little; very few indeed, precious few; *~s **belowende** student* least promising student; *~ van ... **dink*** think little/meanly of ..., count ... of little value; *hom/haar **doodkry** is ~* they can't get him/her down; *en hy/sy **ewe** ~* no more did he/she; *~ of **geen*** few if any, hardly any; *dit is glad te ~ **gesê,** dit sê glad te ~* that is an understatement; *dit het ~ **geskeel** of iem. het verdrink* →SKEEL[1] *vb.; iem. het ~ **geslaap*** s.o. slept little; *te ~ ... **kry,** (also)* be starved of ...; *~ of **meer*** more or less, *(SA)* plus-minus, plus/minus; *so ~ of **meer,** (also)* roughly speaking; *iets is ~ of **meer** ..., (also)* s.t. is an approximation of/to ...; *~ **mense/ens.*** few people/etc.; *iets so ~ **moontlik** hou* keep s.t. to a/the minimum; ***nie*** *~ nie* not a little; *die tyd **raak/word** ~* time is running out; time is getting short; *iem. het ~ **skool** gehad* s.o. (has) had a scanty education; *iem. is 'n ... **soos** ~* as a ... s.o. is second to none; *'n wedstryd **soos** ~* a humdinger/stormer (*or [sl.]*) ripsnorter of a match; *(glad/veels) **te** ~* (far) too little; (far) too few; ***te*** *~ **kleingeld*** short change; *R10 **te** ~ **hê,** (s.o.)* be R10 short; *R10 **te** ~ **wees,** (an amount)* be R10 short; ***te*** *~ **vra*** undercharge; *met ~ **tevrede** wees* be grateful/thankful for small mercies; *baie ~ **tyd** hê* be hard-pressed for time; *die **tyd** raak/word ~* time is running out; ***ver/vêr** kom met ~* make a little go a long way; *~ **vermoënd,** (also* minvermoënd*)* indigent, pauper, poor; ineffective, powerless; *iets **word** ~* s.t. runs low. **~ag** *ge-* disregard, be disdainful/dismissive of, disdain, hold in contempt, despise, slight, undervalue, misesteem, contemn, scorn. **~agtend** *-e* contemptuous, disdainful, dismissive, despising, slighting, scornful. **~agting** contempt, disdain, disrespect; misesteem; scornfulness; disparagement; slight; *iem./iets met ~ **behandel*** treat s.o./s.t. with contempt/scorn, snub s.o.; *iem./iets met die grootste ~ **bejeën*** have the greatest contempt/disdain for s.o./s.t.; *aan ~ **blootstel*** bring into disrepute; *iets in ~ **bring*** bring s.t. into contempt; *iem. se **diepe** ~ **vir*** ... s.o.'s deep/intense comtempt for ..., s.o.'s intense scorn for ...; *~ van die **hof*** contempt of court; *met 'n **hooghartige** ~ vir ...* with a fine disregard for ...; ***uit*** *~ vir ...* in contempt of ...; *~ **vir*** ... contempt for ...; *~ vir iem./iets **voel*** hold s.o./s.t. in contempt; *iem./iets 'n **voorwerp** van ~ **maak*** hold s.o./s.t. up to scorn; *vir ... 'n **voorwerp** van ~ wees* be a scorn to ... **~vermoënd** →MIN VERMOËND.

min[2], **mi·ne** *n., (fml., dated)* love. **min** *ge-, vb.* love.

min[3] *(math.)* less, minus; →MINUS; ***vyf** ~ vier* five less/minus four. **~teken** = MINUSTEKEN.

mi·na·ret *-rette* minaret.

min·der *adj. & adv.* fewer, less; inferior, lower; →MIN *adj. & adv.; **al** hoe ~* less and less; fewer and fewer; *~ **as** ... wees* be fewer than ...; be less than ...; *~ leier/ens. wees **as** ...* be less of a leader/etc. than ...; *~ **as** honderd/ens.* less than a hundred/etc.; *~ **as** 'n week ná ...* within a week of ...; ***baie/veel** ~ as ...* far/much less than ...; *van ~ **belang*** of minor/secondary importance; *~ **belangrik*** of minor importance; *die ~ **bemiddeldes/gegoedes*** the lower income group(s), the little/small man; *'n **bietjie** ~ as ...* a little short of ...; *'n **bietjie/rapsie** ~* a little less, slightly less; ***effens/effe(ntjies)*** *~* a little less, slightly less; ***effens/effe(ntjies)/iets** ~ as ...* just under ...; *iem. speel ~ **goed*** s.o. plays indifferently; *iets is **heelwat** ~* s.t. is well down *(the turnover etc.);* ***hoe*** *~ ...* the less ...; ***hoe*** *~ daarvan gesê word, hoe beter* the less said about it the better; least said soonest mended; ***honderd** man ~* a hundred men fewer/less; ***iets*** *~ as ...* just less than ..., just under ...; *iets geleidelik ~ **maak*** taper off s.t.; ***nie*** *~ as honderd nie* not less than a hundred; ***nie*** *~ (nie) as tien huurders het gekla* no fewer than ten tenants complained; ***nie/niks*** *~ ... nie* not any the less ...; ***niemand*** *~ as ... nie* no less a person than ...; ***niks*** *~ as ... (nie)* nothing less than ...; *iem. kan dit nie hoor nie, **nog** ~ sien* s.o. cannot hear, much less see it; *tien of **nog** ~* ten if that; *iem. wil iets nie **vir** ~ verkoop nie* s.o. won't sell s.t. at less, s.o. won't knock off anything; *dit **weeg** iets ~ as 'n kilogram* it weighs just under a kilogram; ***weinig*** *~* little less; *~ **word*** decrease, diminish, lessen, fall off, decline, drop away/off. **min·der** *ge-, vb., (rare)* decrease, diminish, lessen; narrow *(in knitting);* taper; shorten, take in *(a sail);* →VERMINDER. **~bedeeld** *-e* less well-to-do; less well-endowed; less talented. **~bevoorreg** *-te* underprivileged. **~bevoorregte** *-s* underprivileged person. **M~broeder** Friar Minor. **~gegoed** *-e* needy, poor, indigent. **~jarig** *-e* under age. **~jarige** *-s* minor, pupil *(jur.),* infant. **~jarigheid** minority, nonage *(fml., jur.),* infancy. **~term** *(log.)* minor term. **~waardig** *-e* inferior; base; low-grade; second-rate, third-rate; substandard; *sedelik/moreel ~* morally deficient. **~waardigheid** inferiority; cheapness, poor/low quality. **~waardigheidsgevoel** sense of inferiority. **~waardigheidskompleks** inferiority complex.

min·de·re *-res* inferior; *(mil.)* private; *(also, in the pl.)* rank and file, privates; *die ~s* the lower deck, common sailors.

min·der·heid minority; *jou in die ~ bevind* find o.s. in a minority; *die ~* the minority; the few; *in die ~ wees* be in a/the minority; be outvoted; be outnumbered. **min·der·heid·stem** minority vote. **min·der·heids·verslag** minority report.

mi·ne *-nes, (hist.: Gr. coin/unit of weight)* mina.

mi·neer *(ge)-, (mil.)* mine. **~werk** *(hist., mil.)* mine work.

mi·ne·raal *-rale, n.* mineral. **mi·ne·raal** *-rale, adj.* mineral; *minerale **bad*** →MINERAALBAD; *minerale **bron*** →MINERAALBRON; *minerale **olie*** →MINERAALOLIE; *minerale **regte*** →MINERAALREGTE; *minerale **sout*** (of ***mineraalsout***) mineral salt; *minerale **water*** →MINERAALWATER. **~aar** mineral vein. **~afsetting** mineral deposit. **~bad, minerale bad** mineral bath(s). **~blou** mountain blue. **~bron, minerale bron** mineral spring. **~groen** mountain green, mineral green. **~krans** corona. **~olie, minerale olie** mineral oil; liquid paraffin. **~regte, minerale regte** mineral rights. **~ryk** rich in minerals. **~sout** →MINERAAL *adj..* **~tekort** mineral deficiency. **~verf** mineral colour. **~was** ozocerite, ozokerite, mineral wax. **~water, minerale water** mineral/table water, cold/soft drink. **~waterfabriek** mineral-water factory.

mi·ne·ra·gra·fie mineralography, mineragraphy. **mi·ne·ra·gra·fies** *-fiese* mineragraphic.

mi·ne·ra·li·sa·sie mineralisation. **mi·ne·ra·li·seer** *ge-* mineralise. **mi·ne·ra·li·se·ring** mineralisation. **mi·ne·ra·lo·gie** mineralogy. **mi·ne·ra·lo·gies** *-giese* mineralogic(al). **mi·ne·ra·lo·gra·fie** mineralography. **mi·ne·ra·loog** *-loë* mineralogist.

mi·ne·stro·ne *(It. cook.: thick vegetable soup)* minestrone.

mi·neur[1] *neurs, n., (mil.)* miner.

mi·neur[2] *adj., (mus.)* minor; *A ~* A minor; *in ~* in a minor key.

Ming: **~dinastie, ~vorstehuis** *(1368-1644)* Ming Dynasty. **~porselein** Ming (porcelain).

min·ger·hout →MATOEMIE.

mi·ni *=ni's, (car, dress)* mini. **mi·ni=** *comb.* mini=. **~bus=(sie)** minibus. **~bus(taxi)** minibus taxi; *(infml.)* Zola Budd, kwela-kwela. **~doekie** pantyliner. **~gholf** mini=golf, miniature golf. **~kopter** *=s* minicopter. **~motor** mini(car), micromidget (car). **~pil** *(a contraceptive)* minipill. **~planeet** miniplanet. **~reeks** *(TV)* miniseries. **~rekenaar** minicomputer. **~rok** minidress. **~romp** miniskirt. **~skyf, ~biefstuk, ~steak** ministeak.

mi·ni·a·tu·ris *=riste* miniaturist. **mi·ni·a·tu·ri·sa·sie** miniaturisation. **mi·ni·a·tu·ri·seer** *ge=* miniaturise.

mi·ni·a·tuur *=ture* miniature; *in ~* in miniature. **~kamera** miniature camera. **~-pinscher** *(breed of dog)* miniature pinscher. **~skilder** miniature painter, minia=turist. **~skildery** miniature painting, miniature. **~tekening** thumbnail sketch. **~-treinspoor** miniature railway.

mi·nie →MENIE.

Mi·niem *=nieme, n., (monk)* Minim. **mi·niem** *=nieme, (rare)* small, slight, trifling, minimal. **mi·nim** *=nims, (fluid measure)* minim.

mi·ni·maal *=male* minimal, as low/little as possible. **mi·ni·ma·le·toe·gang·chi·rur·gie, =sji·rur·gie** laparo=scopic (*or* minimally invasive) surgery, *(infml.)* keyhole surgery. **mi·ni·ma·lis** *=liste* minimalist. **mi·ni·ma·li·seer, mi·ni·meer** *ge=* minimise. **mi·ni·ma·lis·me** mini=malism. **mi·ni·ma·lis·ties** *=tiese* minimalist; *~e kuns* minimalism.

mi·ni·mum *=nimums, =nima, n.* minimum; modicum; *'n ~ (aan) versiering* a minimum of decoration; *tot 'n ~ **bring*** reduce to a minimum, minimise; ***laagste** ~* absolute minimum; *'n ~ (van) **geweld*** a minimum of violence; *in 'n ~ (van) **tyd*** in less than no time; *die **volstrekte** ~* the absolute/bare minimum. **mi·ni·mum** *adj.* minimum; *~ **diens*** skeleton service; *~ **loon*** minimum wage; *~ **personeel*** skeleton staff; *~ **prys*** minimum price, floor price; reserve price, upset price; knockdown price; *~ **vereiste*** minimum requirement, bottom line. **~termometer** minimum thermometer.

mi·nis·ter *=ters* minister; *~ van **binnelandse sake/aangeleenthede*** Minister of the Interior; *(Br.)* Home Secretary; *~ van **buitelandse sake*** Minister of Foreign/External Affairs; *(US)* Secretary of State; ***eerste** ~* prime minister, premier; *~ van **finansies*** minister of finance; *(Br.)* Chancellor of the Exchequer; *~ **sonder portefeulje*** minister without portfolio; *~ **ter beskikking** (Br.)* Chancellor of the Duchy of Lancaster. **~-president** *ministers-president, ministers-presidente* premier, prime minister *(on Continent of Europe etc.)*.

mi·ni·ste·rie *=ries* ministry; (office of a) ministry; portfolio; cabinet; *'n ~ vorm* form a cabinet/govern=ment; *die ~ van finansies* the Ministry of Finance. **mi·ni·ste·ri·eel** *=riële* ministerial.

mi·nis·ters=: **~amp** ministerial office. **~bank** min=isterial bench; *(Br.)* Treasury bench. **~kantoor** min=ister's/ministerial office. **~raad** cabinet (council), coun=cil of ministers, ministers' council; minister coun=sellor. **~rang** ministerial rank. **~vrou** cabinet/minis=ter's wife. **~woning** minister's/ministerial residence.

mi·nis·ter·skap ministry, portfolio, ministerial of=fice, ministership.

min·jo·net *=nette, (bot.)* mignonette. **~kant** migno=nette lace.

Min·ke·wal·vis *(Balaenoptera acutorostrata)* minke (whale), little piked whale, lesser rorqual; →DWERG=VINVIS.

min·lik *=like* amicable, friendly; bland; lovable; *~e skikking* amicable settlement; settlement out of court. **min·lik·heid** amicableness, friendliness.

min·naar *=naars* lover; suitor; paramour; gallant. **min·na·res** *=resse* lover, ladylove *(obs.)*; mistress, doxy *(arch., sl.)*, paramour, fancy girl. **min·na·ry** *=rye, (fml., dated)* amour, love affair; gallantry.

min·ne →MIN[2] *n.; iets in der ~ skik* settle s.t. amicably; settle s.t. out of court. **min·ne=** *comb., (fml., dated):* **~band** love tie. **~brief** love letter; *(also* minnebriefie*)* billet-doux. **~dig** amatory poem, love poem. **~digter** love poet, writer of love poetry. **~drank** love potion, (love) philtre/philter. **~drif** ardour of love, amorous/erotic passion. **~gloed** ardour of love. **~god** god of love. **~godin** goddess of love. **~klag** love's lament. **~lied=(jie)** love song, madrigal. **~pand** love token, pledge of love. **~poësie** love poetry. **~pyn** pangs of love. **~sang** →MINNELIED. **~sanger** minstrel, troubadour. **~sangerskuns** minstrelsy. **~taal** amorous/erotic language, language of love. **~vlam, ~vuur** flame/fire of love. **~waansin** erotomania.

min·nie-min·nie *=nies, (Abrus precatorius)* lucky bean, love bean, prayer bean, jequirity (bean).

Mi·no·ër *=noërs, n.* Minoan. **Mi·no·ïes** *n., (lang.)* Mi=noan. **Mi·no·ïes** *=noïese, adj.* Minoan.

mi·nor subsumption. **mi·no·raat** *(jur.)* ultimogeniture.

Mi·no·riet *=riete* →MINDERBROEDER.

Mi·nor·ka *(geog.)* Minorca, *(Sp.)* Menorca. **m~(hoen=der)** *=s* Minorca (fowl).

Mi·nor·kaan *=kane, n.* Minorcan. **Mi·nor·kaans** *=kaanse, adj.* Minorcan.

Mi·no·tou·rus, Mi·no·tau·rus, Mi·no·tau·ros: *die ~, (Gr. myth.)* the Minotaur.

mins *adv.* least; →MIN, SELDE, WEINIG; *M~ Ontwikkelde Lande* Least Developed Countries.

min·saam *=same* affable, bland, gracious, benign, kind(ly), friendly, good-natured, charming. **min·saam=heid** affability, charm, friendliness, kind(li)ness, good nature, blandness.

min·siek *=sieke, (fml., dated)* lovesick, amorous, erotic.

min·ste fewest, least, smallest, minimum; →MIN[1] *adj.& adv.*, MINDER *adj.& adv.*, MINSTENS; *die ~ van **alles/almal*** least of all; *nie die ~ **begrip** van iets hê nie* →BE=GRIP; *nie die ~ **beswaar** maak nie* not object at all; *by die ~ **beweging*** at the slightest movement; *dit is **die** ~* that is nothing (*or* a mere trifle); *nie die ~ **idee** van iets hê nie* →IDEE; *nie die ~ **kans/ens.** nie* not a ghost of a chance/etc.; ***met** die ~ ...* with a minimum of ...; ***nie in** die ~ nie* not at all; not in the least; not in the slightest; not a bit; ***op** sy ~* at the least; *nie die ~ **rede** hê om te ... nie* not have the least/slightest reason to ...; ***ten** ~* at least; at any rate; *dit is **ten** ~ iets* that will be something; ***vir** die ~* at least. **min·stens** at least, at the (very) least; *iem. is ~ sestig/ens.* s.o. is sixty/etc. at the very least, s.o. is not less than sixty/etc..

min·streel *=strele, (hist.)* minstrel, gleeman.

min·tig *interj.* gracious, goodness.

mi·nus minus, less; *8 ~ 3 is 5* 8 minus 3 is 5. **~teken** *(math.)* minus (sign).

mi·nu·si·eus, mi·nu·ti·eus *=euse =euser =eusste (of meer ~ die mees =euse), (rare)* minute *(care)*; scrupulous, close *(attention)*.

mi·nus·kel *=kels* small letter, minuscule. **mi·nus·kuul** *=kule =kuler =kuulste* very small, minuscule.

mi·nu·te *=tes*, **mi·nuut** *=nute, (official document)* minute.

mi·nu·ti·eus →MINUSIEUS.

mi·nuut *=nute* minute; *iem. sal **binne/oor** tien/ens. minute hier wees* s.o. will be here in ten/etc. minutes; ***elke** ~* minutely; *net **enkele** minute* a matter of minutes, only minutes; *vyf/ens. (minute) **oor** tien/ens.* five/etc. (min=utes) past ten/etc.; ***op** die ~* on the dot; to the minute/tick; exactly on time; ***op** die ~ vertrek* leave on the minute; *~ **vir** ~* minute by minute; *vyf/ens. (minute) **voor** tien/ens.* five/etc. (minutes) to ten/etc.. **~glas** minute glass. **~skoot** minute gun. **~wyser** minute hand.

mio= *comb.* myo=.

mi·o·graaf *=grawe* myograph.

mi·o·gram *=gramme* myogram.

mi·o·kar·di·tis *(med.)* myocarditis.

mi·o·lo·gie myology. **mi·o·lo·gies** *=giese* myological. **mi·o·loog** *=loë* myologist.

mi·oom *=ome* myoma.

mi·o·se miosis, myosis.

Mi·o·seen *n., (geol.)* Miocene. **Mi·o·seens** *=seense, (adj.)* Miocene.

mi·o·sien *(biochem.)* myosin.

mi·ra·kel *=kels* miracle, wonder. **~spel** miracle play.

mi·ra·ku·leus *=leuse, (fml., rare)* miraculous.

mi·ra·si·di·um *=diums, (zool.)* miracidium.

mir·baan·o·lie *(chem.)* mirbane oil, nitrobenzene.

Mir·jam *(OT)* Miriam.

mir·li·ton *=tons, (mus. instr.)* mirliton.

Mir·mi·doon *=done, (Gr. myth.)* Myrmidon.

mir·re myrrh.

mir·te=: **~boom** *=bome*, **mirt** *mirte* myrtle (tree). **~groen** myrtle. **~krans** myrtle wreath.

mir·ting *=tings* Cape myrtle.

mis[1] *n.* dung, manure, droppings, animal excrement, faeces, muck, turd, night soil. *deur die ~, (infml.)* fog=gy, befuddled, woozy, spaced (out), spac(e)y, addle-brained/headed/pated; *~ **gee*** manure; *~ **ry*** apply ma=nure *(to the lands)*; ***van** ~* stercoraceous, stercorous. **mis** *ge=, vb.* dung, mute; make droppings; *~ op* be=foul. **~bol** cowpat, ball of dung. **~bredie** pigweed, goosefoot; *(Amaranthus spp.)* thorny amaranth; *Portulaca oleracea*. **~hark** muckrake. **~hoop** dunghill, mid=den *(arch., dial.)*. **~kar** tumbrel, tumbril, dung cart. **~klos** daglock, butt, dung lock, tag *(in wool)*. **~koek** (dried) cowpat, (dried) piece of dung. **~kraal** kraal full of dung; kraal made of dung. **~kruier** dung roller, tumble bug, dung beetle, carrion/scavenger beetle. **~rook** dung fire smoke. **~ryblom, ~rybol** Marchflower, belladonna lily, April fool, blood flower. **~rytyd** ma=nuring time. **~stof** fertiliser; poudrette. **~strooier** *(agric.)* manurer, manure spreader; manuring ma=chine. **~strooiing** *(agric.)* manure spreading. **~vloer** dung-smeared floor. **~vretend** *(zool.)* scatophagous. **~vurk** muck fork, pitchfork. **~vuur** dung fire, fire of dried dung. **~water** liquid manure. **~wurm** cutworm, white grub.

mis[2] *miste, n.* fog, mist; vapour; haze, brume; ***digte/dik** ~* dense/thick fog; *(Br., infml.)* peasouper; *in 'n ~ **gehul**, (lit.)* blanketed in fog; shrouded in mystery; *toe wees **onder** die ~* be wrapped in fog/mist; *deur ~ **opgehou*** fogbound; *die ~ **trek** oop/weg* the fog lifts; *deur 'n ~ **van** trane* through a veil of tears. **mis** *ge=, vb.* be misty/foggy. **~bank** layer of fog, fog bank/patch. **~boog** fog bow, Bouguer's halo. **~drup** fog drip. **~gordel** fog belt. **~horing** foghorn. **~laag** fog layer, layer of fog. **~lamp, ~lig** *(mot.)* fog lamp/light. **~reën** *n.* drizzle, mizzle *(dial.)*; drizzling fog; *Skotse ~* Scotch mist. **~reën** *ge=, vb.* drizzle, mizzle *(dial.)*. **~sein, ~sinjaal** fog signal. **~sluier** fog veil, film. **~weer** foggy weather; drizzling fog. **~weerlanding** fog landing.

mis[3] *misse, n., (RC)* Mass; *die ~ **bywoon*** attend Mass; *die ~ **doen/opdra*** celebrate Mass; *die ~ **hoor*** hear Mass; *~se **laat lees** vir ...* offer Masses for ...; *die ~ **lees*** read/say Mass; ***singende** ~* high/sung Mass; ***stil** ~* low Mass. **~bel** *(RC)* sacring bell. **~boek** *(RC)* missal, Mass book; service book. **~dienaar** acolyte, server. **~diens** (celebration of) Mass. **~gewaad** Mass vestments. **~hemp** *(relig.)* alb. **~kelk(ie)** chalice. **~klokkie** *(RC)* sacring bell. **~priester** *(RC)* officiant.

mis[4] *adj. & adv.* amiss, wrong; beside the mark; over=shot; mistaken; misinformed; *dit **heeltemal/ver/vêr** ~ hê* be wide of the mark; *iem. **het** dit ~* s.o. is mis=taken/wrong, s.o. is in error; s.o. is misinformed; s.o. is in the wrong; *iem. het dit **hopeloos** ~* s.o. is greatly/sadly mistaken; *~ **is** ~* a miss is as good as a mile; *iem. het dit **klaarblyklik** ~* s.o. is clearly in the wrong; *~ of **raak*** hit or miss; *die **skoot** was ~* the shot went wide; *die **skop** was ~* the kick failed; *nie **ver/vêr** ~ wees nie, (a guess)* not be far out; *iem. het dit **ver/vêr** ~, (also)* s.o. is far out; →***heeltemal/ver/vêr***; *iem. het dit nie **ver/vêr** ~ nie* s.o. is not far out/wrong. **mis** *ge=, vb.* miss *(the mark, a train, a connection, etc.)*; lose *(the boat)*; spare, do without *(money)*; lack *(wisdom)*; desiderate; *iem. kan dit **beswaarlik** ~* s.o. can ill afford the loss; *kan jy die **boek** ~?* can you spare the book?; *iem./iets **deerlik** ~* miss s.o./s.t. sadly/sorely; *jy waardeer 'n ding **eers** as jy dit ~* the worth of a thing is best known by the want; *... **net(-net)** ~* miss ... by inches; *die **uitwerking** ~* be ineffective. **~bruik** *=e, n.* abuse, misuse; breach, be=trayal *(of trust)*; imposition; misusage; *iets **leen** hom* *tot ~e* s.t. is open to abuse; ***van** iem. ~ maak* take advantage of s.o.; ***van** iets ~ maak* take advantage of s.t.; play (up)on s.t. *(s.o.'s good nature);* presume (up)on s.t.; trade (up)on s.t.; trespass (up)on s.t. *(s.o.'s hospitality);* impose (up)on s.t. *(s.o.'s friendship).* ***van** (iem. se) gasvryheid ~ maak* outstay one's welcome; *~ **van** lakseermiddels* laxative abuse. **~bruik** *het ~, vb.* abuse, misuse; misapply, misappropriate, misemploy. **~bruik** *-te, adj.* exploited, used, put-upon; *~ voel* feel exploited/used/put-upon. **~bruiker** *-s* abuser, misuser. **~deel(d)** *-e* destitute, poor; unprovided, deprived of; stupid; *~ van verstand* deficient in intellect, feeble-minded; *iem. is glad nie ~ van verstand nie* s.o. has his/her head well screwed on. **~deling** misdeal. **~doen** *het ~, (dated)* do wrong, offend, sin. **~dra** *het ~: jou ~* behave badly, misbehave. **~druk** *(print.)* mackle, macule, spoilage. **~dryf** *-drywe, n.* misdemeanour *(jur.)*, misdeed; (major) crime, offence, felony, delict; *dit maak 'n ~ uit* it constitutes an offence; *'n ~ teen die samelewing* a public wrong; *'n ~ pleeg* commit an offence. **~gaan** *het ~, (rare)* misbehave; *jou ~, (OAB)* sin. **~gis** *het ~: jou ~* make a mistake; *jou deerlik/hopeloos/lelik ~* be gravely/greatly/sadly mistaken. **~gissing** mistake, error, miscalculation. **~gooi, ~ gooi** miss a throw. **~greep** *-grepe, (rare)* blunder, mistake, slip. **~gryp** *misge-, ~* **gryp** *mis ge-* fail to catch. **~handel** *het ~* ill-treat, ill-use, misuse, maltreat, mistreat, mishandle, manhandle, batter, bully, mob; *'n ~de vrou* a battered wife. **~handeling** *-e* ill-treatment, ill-usage, maltreatment, manhandling, bullying, misuse. **~hou** miss, mishit; *(golf)* fresher, fresh-air shot. **~kyk** *(fig.)* cut, ignore; *(lit., also* mis kyk*)* look/see wrong; fail to see, overlook; *die kern ~kyk* miss the point; *('n) mens kan ... nie ~kyk* (of *~ kyk) nie* there is no mistaking ...; *iem. opsetlik ~kyk* cut s.o.. **~lei** deceive, impose upon, mislead, play false, betray, beguile, hoodwink, delude, misguide, misinform. **~leidend** *-e* deceptive, misleading, elusive, fallacious. **~leiding** *-e* deceit, deception, imposture, delusion, circumvention. **~leier** misleader, deceiver, impostor, imposter. **~loop** *misge-* miss; go wrong/awry, fall through, misfire, miscarry; miss out on; *dit kan nie ~ nie* that is a sure card/thing *(infml.); sleg ~* turn out badly; *die vertoning/ens. moenie misgeloop word nie* the show/etc. is unmissable. **~oes** bad harvest, failure of crops; failure; flop; *'n ~ hê* have a bad/poor harvest; *dit was 'n ~* it was a dead failure (*or* a flop/washout); *iem. is 'n ~* s.o. is a useless fellow (*or* a complete failure *or* a washout). **~plaas** misplace; miscast. **~plaas** *-te, adj.* misplaced *(faith);* mistaken *(pity);* misdirected *(sympathy);* ill-timed *(joke);* out of place; incongruous; inapt; mistimed; miscast *(actor);* inapposite, inappropriate; *dit is totaal ~* it is as much in place as a bull in a china shop; *dit is 'n ~te grap* the joke is out of place (*or* in bad taste); *~te vriendelikheid* mistaken kindness. **~plaastheid** mistakenness; inappositeness; →MISPLAAS *adj.*. **~plasing** misplacement; miscasting. **~reken** *het ~* miscalculate. *jou ~* make a miscalculation/mistake, miscalculate, *(infml.)* back the wrong horse. **~rekening** miscalculation; (cost) overrun. **~sit** *misge-, ~* **sit** *mis ge-, (lit.)* miss *(one's seat); die pot ~, (fig., infml.)* come a cropper, fail. **~skatting** miscalculation, error of judgement. **~skiet, ~ skiet** miss a shot, shoot wide; **~skoot, ~ skoot** wide shot, miss. **~skop, ~ skop** miskick; fail with a kick; **~slaan** *misge-, ~* **slaan** *mis ge-, (lit.)* miss, mishit, miss a hit, foozle; give a miss *(at golf); die bal ~, (fig., infml.)* be beside (*or* wide of) the mark. **~slag** miss; error, fault, blunder; misstroke, mishit, foozle. **~stand** *-e, (usu. in the pl.)* nuisance; abuse, evil, ill, mischief. **~stap** *n.* false/wrong step; slip, faux pas, lapse, slip-up; *'n ~ **begaan*** make a slip (*or* false move), take a false step, *(infml.)* slip up; commit a wrong; *'n sosiale ~ **begaan*** make a faux pas; *'n ~ **doen*** make a false move, slip; *geen (enkele) ~ **doen** nie* not put a foot wrong. **~steek, ~ steek** miss (with a stab/thrust). **~stoot, ~ stoot** wrong thrust; miss (one's shot), miscue *(billiards)*, give a miss. **~tas** *misge-, (fig.)* blunder, make a blunder/mistake, fall into error; *nêrens ~ nie* not put a foot wrong. **~tasting** *-s, -e* blunder, indiscretion, mistake, miscalculation; *'n growwe ~* a bad mistake. **~teken** *het ~, ~* **teken** *mis ge-* draw incorrectly. **~tel** *misge-, ~* **tel** *mis ge-* miscount, miscalculate. **~telling** miscount(ing), miscalculation. **~trap** *n., (fig.)* →MISSTAP *n.*. **~trap** *misge-, vb., (fig.)* slip up; *(lit., also* mis trap*)* miss one's footing, make a false step. **~vang, ~ vang** muff *(a pass, catch).* **~vat** *-te, n.* mishandling. **~vat** *misge-, vb., (fig.)* mistake, misunderstand, misconstrue, misconceive, misapprehend, misinterpret; take amiss; *(lit., also ~ vat)* miss one's grip, fail to grasp/catch; mishandle; miss, fumble *(a ball).* **~vatting** *-s, -e* misunderstanding, misapprehension, misconception, false/wrong impression, misconstruction, misinterpretation; mistaken notion; *~ van feite, (jur.)* misdirection of fact. **~verstaan** *het ~* misapprehend, misconstrue, misunderstand; mistake, misprize; *mekaar ~* be at cross purposes. **~verstand** *-e* misunderstanding, cross purpose, disagreement, misapprehension; *dit berus op 'n ~* it is due to a misunderstanding; *onder 'n ~ verkeer/wees* be/labour under a misapprehension; *'n ~ uit die weg ruim* clear up a misunderstanding, clear the air. **~verstane** *p.p.* misunderstood.

mis- *comb.:* **~baar** *n., (rare)* clamour, hubbub, uproar. **~baksel** abortion, monster, monstrosity; churl, ill-bred fellow, wastrel. **~drag** *(Bib., obs.)* abortion, miscarriage. **~geboorte** abortion, miscarriage. **~gewas** bad harvest, failure of crops; deformity; *(deformed plant)* freak; *(infml., derog.)* miscreant, wretch, rat, good-for-nothing. **~gun** *het ~* (be)grudge, envy. **~haag** displease, dissatisfy. **~hae** *n.* displeasure, annoyance, chagrin. **~ken** *het ~* fail to appreciate, misjudge, undervalue; *iem./iets ~* be dismissive of s.o./s.t.. **~kenning** disparagement, disregard, want of appreciation, misjudg(e)ment, neglect; defiance; *'n ~ van die reg* a denial of justice. **~kraam** miscarriage; *'n ~ hê* have a miscarriage; *'n ~ kry* miscarry. **~luk** *het ~* come to naught, fail, miscarry; collapse, fall flat, founder, abort, break down, fall through, be unsuccessful; ***dit** het ~* it failed (*or* was a failure); ***iem.** het ~* s.o. is/was a failure; ***klaaglik** ~* fail dismally/miserably, *(infml.)* fall flat on one's face; *iets ~ **net-net*** s.t. just fails. **~lukkeling** *-e, (rare)* failure, misfit, lame duck, down-and-out(er), stumer *(Br., infml.)*, dud. **~lukking** *-s, -e* failure, miscarriage; breakdown, fizzle, washout; flop; fiasco; debacle; dud, dropout; *'n **groot** ~* a disaster (*or* big/dreadful/terrible flop), *(sl.)* a bummer; ***iem.** is 'n ~* s.o. is a failure; *op 'n ~ **uitloop*** end/result in failure; *op 'n volslae/totale ~ **uitloop*** end in disaster. **~lukte** *adj.* unsuccessful, abortive, crapulous, unfelicitous. **~maak** *het ~, vb.* deform, disfigure. **~maak** *-te, adj.* deformed, malformed, misshapen, disfigured, mismade, unsightly. **~maaktheid** deformity; disfigurement, malformation, misshapenness. **~moed** despondency, downheartedness, gloom, gloom and doom, doom and gloom, low spirits; *in ~ verval, (also, infml.)* get the blues. **~moedig** *-e, adj.* discouraged, disconsolate, disheartened, dejected, glum, depressed, downcast, cast down. **~moedigheid** discouragement, dejection. **~prys** *het ~, (rare)* dispraise, condemn, disapprove of. **~prysing** *(rare)* dispraise, disapproval, disapprobation. **~skape** misshapen, deformed. **~troostig** *-e* dejected, disconsolate, sick at heart, down(hearted), sad. **~troostigheid** dejection, disconsolateness, sadness. **~vorm** *het ~* →MISMAAK. **~vorm(d)** *-(d)e* deformed, malformed; misshapen; distorted; abnormal, miscreate. **~vormdheid** deformity, malformation; misshapenness; distortion; abnormality. **~vorming** disfigurement; malformation, deformation.

mi·san·troop *-trope* misanthrope, misanthropist. **mi·san·tro·pie** misanthropy. **mi·san·tro·pies** *-piese* misanthropic.

mis·baar *-bare adj.* dispensable, expendable, inessential, non(-)essential. **mis·baar·heid** dispensability, expendability.

mis·daad crime, felony, misdemeanour *(jur.)*, offence, delict; misdeed; *'n ~ **begaan/pleeg*** commit a crime; ***die** ~ van diefstal/ens.* the crime of theft/etc.; *dit **maak** 'n ~ uit* it constitutes an offence; *dit is **'n** ~ om te ...* it is a crime to ...; *'n ~ **pleeg** →**begaan/pleeg**; iets **suiwer** van ~* clean s.t. up *(a town etc.); ~/misdade het erg **toegeneem*** there has been a serious increase in crime; *wat die ~ van die **vaders** besoek aan die kinders, (Bib.)* visiting the iniquity of the fathers upon the children; *geen ~ word **vermoed** nie* foul play is not suspected; *'n **vlaag** van ~/misdade* a crime wave. **~agtergrond** (criminal) record. **~bestryder** crime fighter (*or [sl.]* buster). **~bestryding** fight against crime; *(sl.)* crime fighting (*or [sl.]* busting). **~leer** criminology. **~rekord** police record. **~romans** crime fiction; *skrywer van ~* crime writer. **~skrywer** crime writer. **~syfer** crime rate; *'n hoë/lae ~* a high/low incidence of crime. **~verhaal** *-verhale* crime story; *skrywer van misdaadverhale* crime writer. **~verslaggewer** police reporter. **~voorkoming** crime prevention.

mis·da·dig *-dige* criminal *(offence);* culpable *(negligence);* guilty *(pleasures);* maleficent, nefarious; *(jur.)* felonious; *~e opset, (jur.)* criminal intent(ion), mens rea *(Lat.)*. **mis·da·di·ger** *-gers* criminal, evildoer, malefactor *(fml.)*, wrongdoer, misdemeanant *(jur.)*, felon *(obs.)*; *'n verstokte ~* a hardened criminal; *'n ~ word* take to crime. **mis·da·di·gers·ben·de** criminal gang, gang of criminals. **mis·da·dig·heid** criminality, crime; incidence of crime; *verstok/verhard wees in ~* be steeped in crime.

mi·se-en-scè·ne *(Fr.)* stage setting.

mi·se·li·um *(bot.)* mycelium.

mi·se·ra·bel *-bele -beler -belste* miserable, rotten, pitiful, wretched, vile. **mi·se·re·re** miserere.

Mi·si·ë *(geog., hist.)* Mysia.

Misj·na *(Jud.)* Mishna(h).

mis·kien perhaps, possibly, maybe, mayhap *(arch.)*, perchance *(arch.)*; *~ is dit ..., ~ ook nie* it may or may not be ...; *~ doen iem. iets* s.o. may do s.t.; perhaps s.o. will do s.t.; *soos jy ~ weet ...* as you may know ...

mis·lik *-like* sick, bilious, queasy; sickening, nauseating, nauseous; disgusting, beastly, nasty, horrid, rotten; ***gou** ~* squeamish; *iets **maak** iem. ~* s.t. nauseates s.o., s.o. is nauseated by s.t., s.t. makes s.o. sick, s.t. turns s.o.'s stomach; *~e **vent*** stinker, miserable specimen; *~ **voel*** feel queasy/queer/sick; *iem. **word** ~ by die sien van ...* s.o. sickens at the sight of ...; *'n gesig/toneel om van ~ te **word*** a sickening sight. **mis·lik·heid** nausea, sickness, queasiness; beastliness, nastiness, rottenness.

mis·noe·ë displeasure, discontent(ment), disgruntlement, disaffection, ire, dissatisfaction; *iem. se ~ met/oor iets* s.o.'s dissatisfaction about/at/with s.t..

mis·noeg *-noegde* displeased, disgruntled, irate, discontented, dissatisfied, malcontent; *~ maak* discontent; *oor iets ~ wees* be dissatisfied/unhappy (*or* not happy) with s.t.. **mis·noegd·heid** →MISNOEË.

mi·so·ga·mie misogamy. **mi·so·ga·mis** *-miste* misogamist.

Mis·pa *(OT, geog.)* Mizpah.

mis·pel *-pels, (bot.)* medlar; *wilde~, (Vangueria infausta)* wild medlar.

mis·ra·bel →MISERABEL.

mis·saal *-sale, (RC)* missal; service book.

mis·sie *-sies* mission. **~stelling, ~verklaring** mission statement.

mis·siel *-siele* missile; *(also, in the pl.)* missil(e)ry. **~tegnologie** missil(e)ry.

Mis·sis·sip·pi *(geog.)* Mississippi; *(also* Mississippi-rivier*)* Mississippi (River). **Mis·sis·sip·pi·ër** *-piërs* Mississippian. **Mis·sis·sip·pies** *-piese* Mississippian.

mis·si·ve *-ves, (obs.)* missive, dispatch, (official) letter.

Mis·sou·ri *(geog.)* Missouri; *(also* Missouri-rivier*)* Missouri (River). **Mis·sou·ri·ër** *-riërs* Missourian. **Mis·sou·ries** *-riese* Missourian.

mis·tel *-tels, n., (bot.)* mistletoe. **~tak** mistletoe, mistletoe bough/branch.

mis·te·rie *-ries, -rieë* mystery. **~spel** mystery (play). **~vertolker** mystagogue.

mis·te·ri·eus *-euse -euser -eusste* (of *meer ~ die mees -euse)* mysterious.

mis·tiek *n.* mysticism. **mis·tiek** *-tieke, adj.* mystic(al). **mis·ties** *-tiese, adj.* mystic. **mis·ti·fi·ka·sie** mystification. **mis·ti·fi·seer** *ge-* mystify.

mis·tig =*tige* foggy, misty; ~*e weer* fog, mistiness. **mis·tig·heid** fogginess, mistiness.

mis·ti·kus =*tikusse,* =*tici* mystic. **mis·ti·sis·me** *(also M~)* mysticism.

mi·stral *(wind)* mistral.

mi·te =*tes* myth, mythus *(Lat.); hedendaagse* ~ urban legend/myth. ~**skrywer** mythographer, mythopoet *(rare).* ~**vormend** mythopoeic.

Mi·t(h)ra·ïs·me Mithraicism, Mithraism. **Mi·t(h)ra(s)** *(Persian myth.)* Mithra(s).

mi·ties =*tiese* mythical.

mi·ti·ga·sie mitigation.

mi·to·gra·fie mythography.

mi·to·lo·gie mythology. **mi·to·lo·gies** =*giese* mythologic(al). **mi·to·lo·gi·seer** *ge*= mythologise. **mi·to·loog** =*loë* mythologist.

mi·to·ma·nie *(psych.)* mythomania. **mi·to·maan** =*mane* mythomaniac.

mi·to·se *(biol.)* mitosis, indirect nuclear division. **mi·to·ties** =*tiese* mitotic.

mi·trail·leur =*leurs, (Fr., hist.)* mitrailleuse, machine gun; mitrailleur, machine gunner. **mi·trail·leu·se** =*ses, (Fr., hist.)* mitrailleuse, machine gun.

mi·tra·lis·klep →MYTERKLEP.

mits provided (that), providing, on the understanding that; on condition that; ~ *dese (arch.)* by this, hereby; *(jur.)* by these presents; ~ ... *nie* unless. ~**dien** *(arch.)* consequently, therefore. ~**gaders** *(arch.)* together with, as well as.

MIV, M.I.V *(abbr.:* menslike immuniteits=/immuno=/immuungebreksvirus*)* HIV *(abbr.:*human immunodeficiency virus*).* ~**-negatief** HIV negative. ~**-positief** HIV positive.

'm-'m, 'n-'n *interj.* um-hum.

mm *interj* yummy, yum-yum.

mne·mo·niek →MNEMOTEGNIEK. **mne·mo·nies** =*niese* mnemonic, mnemotechnical. **mne·mo·teg·niek** mnemonics, mnemotechnics, memory training. **mne·mo·teg·nies** =*niese* →MNEMONIES.

mo·a *moas, (extinct bird)* moa.

Mo·ab *(OT)* Moab. **Mo·a·biet** =*biete* Moabite. **Mo·a·bi·ties** *n., (language)* Moabite. **Mo·a·bi·ties** =*tiese, adj.* Moabite, Moabitic, Moabitish. **Mo·a·bi·tie·se** Moabite woman, Moabitess.

mo·biel =*biele* =*bieler* =*bielste* mobile; ~*e* ***beeldhouwerk*** mobile sculpture; ~*e* ***biblioteek*** mobile library, book van; ~*e* ***huis/woning*** mobile home; ~*e* ***stakers*** flying pickets; ~*e* ***(tele)foon*** mobile (tele)phone; ~*e* ***wag*** mobile watch.

mo·bi·li·sa·sie mobilisation. ~**plan** plan of mobilisation.

mo·bi·li·seer *ge*= mobilise. **mo·bi·li·teit** mobility.

Mö·bi·us·band *(math.)* Möbius strip.

mo·daal =*dale* modal. **mo·da·li·teit** modality.

mod·der mud, mire, ooze, sludge, slush; *(die)* ***ene*** ~ *wees* be all muddy, be (all) covered with mud; *(iem.) met* ~ ***gooi*** fling/throw dirt (at s.o.), sling/throw mud (at s.o.); *in die* ~ ***rol*** wallow in the mud; *iem. deur die* ~ ***sleep*** drag s.o.'s name through the mud/mire; ***uit*** *die* ~, *(fig.)* out of the wood; *iem.* ***uit*** *die* ~ *help* help s.o. out of trouble. ~**as** *(obs.)* sludge, slush, mire. ~**bad** =*dens* mudbath. ~**gat** mud hole; wallow. ~**gooier** *(fig.)* mudslinger, muckraker. ~**gooiery** mudslinging, muckraking. ~**kas** mud box. ~**kleurig** mud-coloured. ~**klip** →MODDERSTEEN. ~**koek** mud pie. ~**kruiper** *(icht.)* ground gudgeon. ~**kuil** wallow. ~**meul** dredging machine. ~**plas** mud puddle. ~**poel** quagmire, slough, mud hole. ~**ry** slither. ~**skerm** mudguard, mudwing, fender, splashboard, wing. ~**skuit** hopper. ~**sloot** muddy ditch. ~**steen** mudstone. ~**vet** *(chiefly animals)* as plump as a partridge, as fat as a porpoise. ~**vis** mudfish. ~**vlakte** mudflat. ~**vloed** mud rush. ~**vulkaan** mud volcano.

mod·der·ag·tig =*tige* muddy, miry, oozy, sludgy. **mod·der·ag·tig·heid** muddiness; →MODDERAGTIG.

mod·de·rig =*rige* slushy, sloshy, oozy, turbid; ~ *maak* puddle; ~*e pappery* squelchy mud. **mod·de·rig·heid** miriness, slushiness, ooziness, turbidity.

mo·de =*des* fashion; style; mode, trend, vogue; rage; craze; *die* ~ ***aangee*** lead/set the fashion; *die* ***allernuutste*** ~ the latest thing *(infml.); iem. is* ***in*** *die* ~ s.o. is fashionable; s.o. is in the swim; *iets is* ***in*** *die* ~ s.t. is in (fashion), s.t. is the vogue; *hoog/baie/erg* ***in*** *die* ~ *wees* be in (*or* very fashionable), be in the height of fashion, *(infml.)* be the in thing (*or* [all] the rage); *iets kom/raak* ***in*** *die* ~ s.t. comes into fashion; *iets kom weer* ***in*** *die* ~ s.t. comes back (into fashion); ***na*** *die* ~ modish, stylish, after/in the fashion; ***na/volgens*** *die nuutste* ~ in the height of fashion, in the latest fashion; *met die* ~ ***saamgaan*** be in the swim; follow the fashion; ***uit*** *die* ~ obsolete; passé *(Fr.)*; outdated; outmoded; ***uit*** *die* ~ *raak* go out of fashion, become old-fashioned; go out of date; ***uit*** *die* ~ *wees* be out of fashion; be out of date; be out of vogue; *liewer dood as* ***uit*** *die* ~ *wees* →DOOD *adv. & adj.; 'n* ~ ***volg*** follow a fashion; follow a trend; *wat die* ~ ***voorskryf/voorskrywe*** what fashion dictates; *iets* ***word*** ~ s.t. comes into fashion; s.t. becomes the fashion/rage. ~**artikel** fashion article; fashionable article. ~**bewus** fashion-conscious. ~**bewustheid** fashion-consciousness, trendiness. ~**blad** fashion paper. ~**boek** fashion book. ~**gek** dandy, fop, fashionmonger, fashion plate, beau, exquisite *(obs.),* buck *(arch.).* ~**gier,** ~**gril** craze, freak/whim of fashion. ~**kleur** fashion(able) colour. ~**kwaal** →MODESIEKTE. ~**maakster** *(dated)* dressmaker, modiste *(obs.); dress* designer, couturière *(Fr.).* ~**maker** *(dated)* dress designer, couturier; ladies' tailor. ~**naam** fashion name. ~**ontwerper** dress/fashion designer, couturier. ~**parade** fashion parade. ~**plaat** *(dated)* →MODEPRENT. ~**pop** dresser; dressy woman; fashion plate. ~**prent** fashion plate, fashion sheet. ~**siekte** fashionable complaint. ~**skou** →MODEPARADE. ~**slaaf** =*slawe, (infml.)* fashion plate/victim. ~**sug** modishness. ~**verskynsel** passing fancy. ~**winkel** fashion shop. ~**woord** buzz word *(infml.),* vogue word, word in vogue, popular word, word pertaining to fashion.

mo·del =*delle* model; model, type, style; model, design; model, mock-up, dummy; prototype; model, paragon; manikin; exemplar; sitter, model; maquette; *na die* ~ *van* ... on the model of ... ~**antwoord** specimen answer. ~**blad** model paper; *(art)* cartoon. ~**boerdery** model farm(ing). ~**eggenoot** ideal/model husband. ~**eggenote** ideal/model wife. ~**gieter** moulder. ~**kamer** showroom. ~**maker** pattern maker. ~**tekening** cartoon, model drawing. ~ **T(-Ford)** model T (Ford).

mo·del·leer *ge*= model, mould, shape; *iets na* ... ~ model s.t. after/on ... ~**bord** modelling board. ~**klei** modelling clay, plastic clay. ~**kuns** modelling. ~**werk** modelling.

mo·del·le·ring modelling, shaping. **mo·del·leur** =*leurs* modeller.

mo·dem =*dems* modem.

mo·de·ra·men →MODERATUUR. **mo·de·ra·sie** *(rare)* moderation. **mo·de·ra·tor** =*tore,* =*tors* moderator. **mo·de·ra·tor·skap** moderatorship. **mo·de·ra·tuur** =*ture,* **mo·de·ra·men** =*mens* executive church council, synodal board. **mo·de·reer** *ge*= moderate.

mo·de·ra·to *(It., mus.: at a moderate tempo)* moderato.

mo·dern =*derne* =*derner* =*dernste* (of *meer* ~ *die mees* =*derne)* modern; up-to-date; emancipated; forward; ***baie*** ~, *(also, infml.)* happening, hip; *(baie)* ~*e* ***geriewe*** mod cons *(infml.); mees* ~*e* ***geriewe/toerusting/ens.*** up-to-the-minute facilities/equipment/etc; *M~e* ***Latyn*** Modern Latin; *die* ~*e* ***man,*** *(post-feminist man)* the new man *(sometimes N~ M~).* **mo·der·ni·sa·sie** modernisation. **mo·der·ni·seer** *ge*= modernise. **mo·der·ni·se·ring** →MODERNISASIE. **mo·der·nis·me** modernism. **mo·der·nis·ties** =*tiese* modernist. **mo·der·ni·teit** modernity, trendiness *(of ideas etc.).*

mo·di·eus =*euse* =*euser* =*eusste* (of *meer* ~ *die mees* =*e)* fashionable, stylish, modish, trendy.

mo·di·fi·ka·sie =*sies* modification. **mo·di·fi·seer** *ge*= modify.

mo·dil·jon =*jons, (archit.)* modillion, cartouch(e).

mo·dis·te =*tes, (fml., rare)* modiste, (up-to-date) dressmaker.

mo·du·la·sie modulation. **mo·du·le** =*les* module. **mo·du·leer** *ge*=, *(mus.)* modulate. **mo·du·lêr** =*lêre* modular; ~*e funksie* modular function. **mo·du·li·seer** modularise. **mo·du·lus** =*lusse, (math.)* modulus, module.

mo·dus *modusse, modi, (mus.)* mode; ~ *operandi* modus operandi; ~ *vivendi* modus vivendi.

moed courage, heart, nerve, spirit, valour, fortitude, gallantry, prowess, mettle, manliness, pluck; *iem. se* ~ ***begeef/begewe*** *hom/haar, iem. se* ~ *sak in sy/haar* ***skoene,*** *iem.* ***verloor*** ~ s.o.'s courage/heart fails him/her, s.o.'s heart/spirit sinks, s.o.'s heart is in (*or* sinks into) his/her boots; *iem. se* ~ *het hom/haar* ***begeef/begewe,*** *(also)* s.o. lost his/her courage, s.o. lost heart; *iets* ***boesem*** *iem.* ~ *in, iets* ***gee*** *iem.* ~ s.t. buoys up s.o., s.t. puts (new) heart into s.o.; *(al) jou* ~ ***bymekaarskraap*** pluck/muster/screw/summon up one's courage, take one's courage in both hands, nerve o.s.; *iem.* ~ ***gee/inboesem/inpraat*** cheer/buoy s.o. up, put (new) heart into s.o., inspire s.o. with courage, give s.o. a pep talk; ***goeie*** ~ *hê* be in good heart; ***goeie*** ~ *hou* keep smiling, keep one's pecker up *(infml.); hou* ***goeie*** ~*!* keep smiling!, keep your pecker up! *(infml.); die* ~ ***hê*** *om iets te doen* dare (to) do s.t., have the courage/guts *(infml.)*/nerve *(infml.)* to do s.t.; *die* ~ ***hê*** *om iets te doen* dare (to) do s.t.; *nie die* ~ ***hê*** *om iets te doen nie* not have the nerve to do s.t.; ~ ***hou*** keep one's courage/spirits/chin *(infml.)* up, bear up, be of good cheer; ***hou*** ~*!,* ***moenie*** ~ *opgee/verloor nie!* keep your courage up!, don't be disheartened!; *(infml.)* buck up!, (keep your) chin up!, thumbs up!; never say die!; ***hou goeie*** ~, *die slegte kom vanself* never say die!, keep your tail up!; *iem.* ~ ***inboesem/inpraat*** →***gee/inboesem/inpraat;*** ***nuwe*** ~ *kry* come up smiling; *die* ~ *van jou* ***oortuiging*** *hê* have the courage of one's convictions; ~ ***opgee*** give up hope, despair; *iem. se* ~ *op die* ***proef*** *stel* prove s.o.'s courage; ~ ***skep*** cheer/buck *(infml.)*/perk up, take courage/heart; *nuwe* ~ ***skep*** summon up courage; *(weer)* ~ ***skep*** pick up courage, pick one's spirits up; *iem.* ***skep*** *weer* ~ s.o.'s spirits are rising; ***slegte*** ~ *hê* have little hope; ~ ***verloor*** lose courage/heart; *moenie* ~ ***verloor*** *nie!* never say die!; ***vol*** ~ *wees* be of good cheer, be in good heart, be full of hope; *iem. se* ~ *is maar* ***wankelbaar*** s.o.'s courage is rather shaky. ~**gewend** =*e, (rare)* hopeful. ~**verloor:** *op* ~ *se vlakte wees/sit* be in the Slough of Despond. ~**verlore** forlorn.

moe·de: *te* ~, *(obs.)* at heart.

moe·de·loos =*lose* crestfallen, dejected, despondent, discouraged, disheartened, faint-hearted, out of heart; *iets* ***maak*** *iem.* ~ s.t. discourages/disheartens s.o., s.t. gets s.o. down, s.t. dispirits s.o.; ***moenie*** ~ *word/raak nie!* don't be disheartened!; ~ ***wees*** mope; *oor iets* ~ ***wees*** be despondent about/over s.t.. **moe·de·loos·heid** dejection, dejectedness, despondency.

moe·der =*ders* mother; mater *(Br., infml. dated);* genetrix, genitrix *(rare);* matron *(of an institution);* dam *(of animals);* ***ag my*** ~*!* my, how sweet!; *van* ***dieselfde*** ~ uterine; *M~* ***Gans*** Mother Goose; *die M~ van* ***God*** the Mother of God; *M~* ***Natuur*** Mother/Dame Nature; *'n* ***seun*** *van 'n ander* ~, *(jur.)* a son by another venter; *die* ~ ***van*** *alle veldslae/ens., (infml., <Eng.)* the mother of all battles/etc.. ~**aarde:** *(die)* ~ mother earth. ~**band** *(comp.)* master tape. ~**boom** parent tree. ~**bord,** ~**kaart** *(comp.)* motherboard. ~**bors** mother's breast. ~**by** *(entom.)* queen bee. ~**dier** mother animal, dam. ~**figuur** mother figure. ~**gemeente** mother church. ~**gesteente** *(geol.)* mother rock, parent rock, matrix. ~**hart** mother's heart. ~**har(t)slag** *(bot.) Herschelia spathulata.* ~**huis** mother's house, parental home; mother house, convent. ~**instink** maternal/mothering instinct, maternalism. ~**kaart** →MOEDERBORD. ~**kappie** *(bot.: Disperis capensis)* grannie bonnet; *(Pterygodium catholicum)* cowled friar; *blou~, (Disa longicornis)* drip disa. ~**kerk** mother church, metropolitan church. ~**klok** master clock. ~**koek** *(rare)* = PLASENTA. ~**kompas** master compass. ~**kompleks** *(psych.)* mother complex. ~**koring** *(fungus of the genus Claviceps)* ergot.

~**krans** *(med.)* pessary. ~**kruid** *(bot.)* feverfew, pyrethrum, motherwort, marjoram. ~**kultuur** mother culture *(in cheese making)*. ~**kunde** *(arch.)* mothercraft. ~**land** mother country, home country, homeland, motherland; *in die ~ gebore* homeborn. ~**liefde** maternal/mother love. ~**loog** mother liquor/liquid/water; bittern. **M~maagd** Mother of God. ~**maatskappy** parent company. ~**melk** →MOEDERSMELK. ~**metaal** base metal. ~**moord** matricide. ~**moordenaar** matricide. ~**muis** = VAALVELDMUIS. ~**naak** =*te*, ~**nakend** =*e* stark naked, mother-naked. ~**organisasie** parent organisation. ~**owerste** *(RC)* Mother Superior; *(title)* Reverend Mother. ~**paneel** *(comp.)* backplane. ~**plant** mother plant. ~**plig** maternal duty; motherly chore. ~**reg** matriarchy; maternal right, mother right. ~**regtelik** =*e* matriarchal. ~**saad** stock seed, mother seed, foundation seed. ~**sel** =*le* mother cell, parent cell. ~**sielalleen** quite alone, *(infml.)* on one's ownsome. ~**skip** mother/parent ship; depot ship; tender. ~**skoot** mother's lap; *(fig.)* womb; *in die ~* in the womb. ~**smart** mother's sorrow. ~**sorg** maternal care, mother's care; maternity welfare. ~**stad** mother city, metropolis; *die ~ vier sy eeufees* the mother city celebrates her centenary. ~**sterfte** maternal/puerperal/childbed mortality. ~**sy** →MOEDERSKANT. ~**taal** mother/native tongue, first language. ~**taalspreker** native speaker. ~**verering** momism. ~**vlek** birthmark, mole, naevus. ~**vliegtuig** parent aircraft. ~**vlies** dura mater. ~**voël** parent bird. ~**vorm** matrix. ~**vreugde** mother's joy. ~**weelde** maternal bliss.

moe·der·lik =*like* motherly *(love)*; maternal, maternalistic, motherlike. **moe·der·lik·heid** motherliness, maternal nature, maternalism.

moe·der·loos =*lose* motherless.

moe·ders=: **M~dag** Mother's Day, *(Br.: 4th Sunday in Lent)* Mothering Sunday. ~**deel** maternal portion. ~**kant:** *aan/van ~, (geneal.)* on the mother's/distaff side; *oom aan ~* maternal uncle; *halfbroer van ~* uterine brother. ~**kindjie** sissy, milksop, mother's darling. ~**knie:** *iets aan ~ leer* learn s.t. at one's mother's knee (*or* from one's mother), learn s.t. as a child. ~**melk,** *(rare)* **moedermelk** mother's milk; *iets met die ~ indrink* inbibe s.t. with the mother's milk.

moe·der·skap motherhood, maternity; *opleiding in ~* training in mothercraft.

moe·der·tjie =*tjies, (dim.)* little mother; old woman, gammer *(chiefly Br., arch.)*, goody *(arch., liter.)*.

moe·dig =*dige* brave, courageous, plucky, valiant, spirited, bold, great-hearted, valorous; *jou ~ gedra* put on a brave show; *jou ~ hou* put on a bold/brave front. **moe·dig·heid** bravery, courage(ousness), pluck, valour.

moe·dja·he·dien: *die ~, (Islam. fundamentalist guerrillas)* the mujaheddin/mujahedeen/mujahidin/mujahideen *(sometimes M~)*.

moed(s)·wil = MOEDSWILLIGHEID. **moeds·wil·lig** =*lige, adj.* wanton, wilful, spiteful, malicious, petulant, recalcitrant, refractory, obstreperous; mischievous; intentional, studied. **moeds·wil·lig** *adv.* wantonly, wilfully, *etc.* (→MOEDSWILLIG *adj.*); mischievously; intentionally, purposely, on purpose, of set purpose, by design. **moeds·wil·lig·heid** petulance, wantonness, wilfulness; *met ~* on purpose; *uit (pure) ~* out of (pure) mischief, wantonly.

moef·lon =*lons* mouf(f)lon.

moef·ti =*ti's, (Muslim legal expert)* mufti.

moeg *moeë moeër moegste* fatigued, tired, exhausted, weary; *iem. is ~* ***gebore,*** *(infml.)* s.o. is bone lazy; *~* ***gesukkel*** sickened of trying; *jou ~* ***loop*** walk one's legs off; *iem.* ***lyk*** *~* s.o. looks fagged/tired; *iets* ***maak*** *iem. ~* s.t. tires/fatigues s.o.; *jou nie oor ... ~* ***maak*** *nie* not bother (o.s.) (*or* one's head) about ...; ***nooit*** *~ word om iets te doen nie* never tire of doing s.t.; *~* ***raak/word*** *van/vir iets* tire/weary of s.t.; *~ en* ***sat*** *vir iem./iets* sick and tired of s.o./s.t.; *~ wees* ***van/vir*** *iem.* have had enough of s.o.; *~ wees* ***van/vir*** *iets* be tired/weary of s.t., be sick to death of s.t. *(infml.)*, be sick and tired of s.t. *(infml.)*; ***vrek*** *~ wees, (infml.)* be dog-tired; *~* ***word*** get tired, tire, grow weary. **moe·ge·rig, moe·ë·rig** slightly tired. **moeg·heid** fatigue, weariness, tiredness.

moe·goe =*goes*, **mu·gu** =*gu's, (sl., derog.)* moegoe, mugu.

moei·lik =*like, adj.* difficult, hard *(times)*; arduous *(task)*; stiff, thorny, ticklish *(problem)*; heavy *(road)*; uphill *(work)*; tough *(job)*; irritable, irritated, nettled; parlous *(state)*; *~e* ***asemhaling*** forced respiration; *~ (om) te* ***begryp*** elusive, elusory; *'n ~e tyd* ***beleef/belewe/deurmaak*** (of ***tegemoetgaan***), *(also, infml.)* have (*or* be in for) a bumpy ride; *'n ~e* ***vraag,*** *(also)* a puzzler; *~* ***wees,*** *(also, a child)* act up; *~* ***wees*** *vir iem.* get (*or* be cross) with s.o.; be provoked by/with s.o.. **moei·lik** *adv.* with difficulty, hardly; *iem. kan dit ~/beswaarlik* ***doen*** s.o. can hardly do it, s.o. cannot very well do it; *dit sal ~* ***gaan*** it will go hard (*or* be difficult); *dit ~* ***hê*** have a hard/rough time; *dit/sake vir iem. ~* ***maak*** make things difficult for s.o.; give s.o. a hard time; *vir iem. ~* ***raak/word*** get/be cross with s.o.; be provoked by/with s.o.; *iets nogal ~* ***vind*** find s.t. pretty hard; *iets is* ***vir*** *iem. ~* s.t. is difficult for s.o.; s.t. is hard on s.o.. **moei·lik·heid** difficulty; scrape, trouble, fix, quandary, straits; hardship; mischief; *in die ~* ***beland*** land in trouble, get into hot water *(infml.)*; land in difficulties, find o.s. in difficulties, run into difficulties; *iets laat iem. in die ~* ***beland*** s.t. lands s.o. in trouble; s.t. lands s.o. in difficulties; *'n* ***bietjie*** *~* a bit of a problem *(infml.)*; *uit die ~* ***bly*** stay out of trouble; keep out of mischief; *alle ~ te* ***bowe*** *kom* win out, win through (all difficulties); *iem. in die ~* ***bring*** get/land s.o. in trouble; land s.o. in difficulties; cause trouble for s.o.; ***deur*** *'n ~ kom* get over a difficulty; *dit is* ***die*** *~, daar lê* ***die*** *~* that's/there's the snag; there's the rub; *dis juis* ***die*** *~* that's just the issue; ***diep*** *in die ~ wees* be in deep trouble; *moeilikhede* ***doen*** *hulle voor* difficulties arise; ***elke*** *ou ~tjie* every little difficulty; *~* ***gee,*** *(also, infml.), (a computer etc.)* have a hiccup/hiccough; *(an engine etc.)* act up; ***geen*** *~ met ... nie* no problem(s) with ...; *jouself ~ op die* ***hals*** *haal* make a rod for one's own back; *iem. uit die ~* ***help*** help s.o. out of a difficulty/scrape; get s.o. out of trouble; *iem. deur sy/haar ~* ***help*** tide s.o. over a difficulty, help s.o. through; ***in*** *die ~ sit/wees* be in (all kinds of) trouble; be in difficulties; be in a tight spot/corner; *iem.* ***in*** *die ~ bring* get s.o. in trouble; *met moeilikhede te* ***kampe*** *hê* labour under difficulties; *in die ~* ***kom*** get into trouble; *dit* ***lewer*** *~ op* it presents some difficulty; *moeilikhede* ***ondervind/teëkom/teenkom*** pick up problems; *moeilikhede* ***ontstaan*** difficulties arise; *'n ~* ***oorkom*** clear/take a hurdle *(fig.)*; *alle moeilikhede* ***oorwin*** win out, win through (all difficulties); *in die ~* ***raak*** get into trouble; get into deep water(s); *~* ***soek*** look for trouble, be out for trouble, ask for trouble, be asking/looking for trouble, court/invite trouble; *jy* ***soek*** *~* you're looking for trouble; *wil jy ~* ***soek*** *daaroor?* do you want to make something of it? *(infml.)*; *op 'n ~* ***stuit*** meet with a difficulty, come upon a snag, hit/strike (*or* run into) a snag; ***uit*** *die ~ wees* be out of the wood(s); *in (die) ~* ***verkeer*** be in trouble (*or* a scrape/pinch/fix/hole/pickle *or* a tight corner *or* hot water *or* difficulties), be hard put to it; *~* ***veroorsaak*** cause/make trouble; start something *(infml.)*; *moeilikhede* ***vooruitloop*** meet trouble halfway.

moei·saam =*same* fatiguing, laborious, tiring, tiresome, difficult, toilsome, wearisome; laboured *(breathing)*. **moei·saam·heid** difficulty, laboriousness, wearisomeness.

moei·te difficulty, trouble; labour, pains, bother, *(infml.)* schlep(p) *(<Yidd.)*; *iem. ~* ***aandoen*** put s.o. to trouble; ***al*** *die ~ doen* go to all this trouble; ***baie/groot*** *~ (in verband) met iets doen* go to a lot of trouble over s.t, take a lot of trouble over s.t.; take (great) pains over/with s.t.; ***baie*** *~ doen, (also)* give o.s. a lot of trouble, put o.s. to a lot of trouble; *iem. doen* ***baie*** *~ met iets, (also)* s.o. puts a lot (of effort) into s.t.; ***besonder*** *(baie/veel) ~ doen* take particular trouble; *~* ***doen*** take trouble/pains, exert o.s.; put o.s. out; *(baie/heelwat) ~* ***doen*** *om te ..., (also)* be at (great) pains to ...; *die ~* ***doen*** *om te ...* go to the trouble of ..., take the trouble to ...; *moenie ~* ***doen/maak*** *nie!* don't trouble (yourself)!, don't worry!; *moenie die ~* ***doen*** *om te ... nie* don't trouble to ...; *meer ~ met iets* ***doen*** take more care over s.t.; *nie eens/eers die ~* ***doen*** *om te ... nie* not even bother to ...; *~* ***doen*** *vir iets* go out of one's way for (*or* to do) s.t.; *iets* ***gee*** *~* s.t. gives trouble; s.t. presents some difficulty; *iem. (baie) ~* ***gee*** cause/give s.o. (a lot of) trouble; *dis* ***geen*** *~ nie* no bother; ***geen*** *~ met ... nie* no problem(s) with ...; ***geen*** *~ wees nie* be no trouble at all; *jou die ~* ***getroos*** *om iets te doen* go to the trouble of doing s.t.; *hy* ***getroos*** *hom baie ~ om te ..., (also)* he goes to a lot of bother/trouble to ...; *jou ~* ***getroos*** put o.s. out; *jou baie ~* ***getroos*** put o.s. to much trouble; ***groot*** *~ doen, (also)* go to great lengths; *~* ***hê*** *om te ...* find it difficult to ..., have trouble/difficulty in ...; *~ met ...* ***hê/kry*** have trouble with ...; *~* ***hê/ondervind*** experience problems; *dit* ***is/kos*** *~ om te ...* it is an effort to ...; ***jammer*** *oor die ~* sorry you've been troubled; *iets* ***kos*** *iem. ~* s.t. costs s.o. an effort; *~ met ...* ***kry*** →***hê/kry;*** *dit sal die ~* ***loon*** it is worth the trouble; *sorg dat dit iem. die ~* ***loon*** make it worth s.o.'s while; *moenie ~* ***maak*** *nie!* →***doen/maak;*** *iets* ***met*** *~ doen* do s.t. with difficulty; ***met*** *~ 'n bestaan maak* eke out an existence (*or* a livelihood/living); ***met*** *~ ...* have a struggle to ...; *iets* ***met*** *~ doen* struggle to do s.t.; *iem. sal iets* ***met*** *~ doen* s.o. will/would be hard-pressed to do s.t.; ***met*** *(groot) ~ 'n bestaan maak* eke/hew out an existence; ***ondanks*** *al jou ~ niks hê om te wys nie* have nothing to show for one's pains; *~* ***ondervind*** →***hê/ondervind;*** *geen ~* ***ontsien/spaar*** *nie* spare no effort/pains, be unsparing in one's efforts; ***sonder*** *~* without difficulty, effortless; without trouble; without tears; ***sonder*** *~ het 'n mens niks (nie)* no gains without pains; no sweat, no sweet; ***spaar*** *jou die ~, dis ~* ***(te)vergeefs*** you may save your pains, you may save/spare yourself (the) trouble; *jou die ~* ***spaar*** save/spare o.s. the trouble; *dis ~* ***(te)vergeefs*** →***spaar*** *jou die moeite; dit is te* ***veel*** *~* it is too much trouble, it is too much of a fag *(infml.)*; *dis* ***vergeefse*** *~* it is labour lost; ***vergeefse*** *~ doen* lose one's pains; *~* ***veroorsaak*** derange; ***vir*** *jou ~* for one's pains; *dit is die ~* ***werd*** it is worth it *(infml.)*; it is worth the trouble; it is worth (one's) while; *dit is die ~* ***werd*** *om te hoor/ens.* it is worth hearing/etc.; *dit nie die ~* ***werd*** *ag om te ... nie* not trouble to ...; *dit is nie die ~* ***werd*** *nie* it is not worth one's while. ~**vol** =*le* difficult, hard, toilsome, laborious, wearisome. ~**vry** trouble-free.

Moek·den *(geog., hist.)* Mukden. →SJENJANG.

moe·nie =*nies, n.: moets/moete en ~s* →MOET[2] *n.*. **moe·nie** *vb.* don't; →MOET[2] *vb.*; *~ dat ... nie* don't let ...; *~ bang wees nie* never fear; *~ glo nie!* don't you believe it!.

moe·pel =*pels, (bot.: Mimusops spp.)* red milkwood.

moer[1] *moere* nut *(on a bolt)*; *'n ~ losdraai/vasdraai* loosen/tighten a nut. ~**draad** nut thread, female/internal screw, female thread; *~ sny* tap. ~**draadbuigstuk** female bend. ~**draadgat** tapped hole. ~**hamer** monkey wrench/spanner. ~**koppeling** union (joint/connection), pipe union. ~**skroef** female screw. ~**sleutel** nut key, wrench, spanner, screw key/spanner/wrench. ~**snyer** nut tapper.

moer[2] *moers* mother, dam *(of animals)*; setting(s); matrix; womb, uterus; *jou* ***des*** *~s drink/suip, (vulg.)* get pissed (*or* absolutely plastered/sozzled *or* blind drunk), drink o.s. into a stupor; ***in*** *jou ~ (in) wees, (coarse)* be fucked (*or* a goner); *die/de ~* ***in*** *wees vir iem., (vulg.)* be pissed off with s.o.; be furious with (*or* hopping/raving mad at/with) s.o.; *die ... is in sy ~ (in), (vulg.)* the ... is buggered (up) (*or* has had it); *(gaan/loop/vlieg in)* ***jou*** *~!, (vulg. sl.)* bugger/screw you!, piss off!, get stuffed!; *'n ~se* ***lawaai,*** *(vulg.)* a helluva din; *jou* ***malle*** *~ af sukkel* →MAL[2] *adj.*; *nie 'n ~ (vir iem./iets)* ***omgee*** *nie, (vulg.)* not care/give a fuck/shit (about s.o./s.t.), not give/mind a bugger (for s.o./s.t.). ~**balk** bearer, beam, sleeper. ~**balkmuur** sleeper wall. ~**land:** *~ toe, (coarse)* to perdition. ~**neuker** *(rare, coarse)* swine, skunk, bastard.

moer[3] *moere* seed potato, seed tuber. ~**plantjie** *(Anacampseros papyracea)* love plant. ~**wortel** *Anacampseros* spp.; *Glia gummifera.*

moer[4] *(no pl.)* dregs, grounds, lees, draff, precipitate; sediment *(of liquids)*; mother *(of vinegar, wine, etc.)*; dross, ordure, faeces.

moe·ras =*rasse* marsh, morass, bog, swamp, slough, quagmire, moor; *in 'n ~ (laat) vasval/wegsink* embog. **~bewer** coypu, swamp beaver. **~eik** pin oak. **~erts** bog ore. **~gas** marsh gas, methane. **~grond** fen. **~koors** paludal fever, malaria, swamp fever. **~land** marsh=land, swampland, wetland(s). **~palm** nipa. **~plant** marsh plant, helophyte, uliginous plant. **~siekte** ma=laria, paludism *(rare)*. **~turf** (bog) peat. **~voël** marsh bird, marsh fowl, wader, wading bird. **~yster(erts)** bog iron (ore).

moe·ras·ag·tig =*tige* boggy, marshy, swampy, uliginal, uliginous, uliginose, fenny, paludal, waterlogged. **moe=ras·ag·tig·heid** bogginess, marshiness, swampiness.

moe·ras·sig =*sige* = MOERASAGTIG. **moe·ras·sig·heid** = MOERASAGTIGHEID.

moer·bei =*beie* mulberry; *(embryol.)* morula. **~boom** mulberry (tree); *(Bib.)* sycamine. **~kleur** mulberry (colour). **~konfyt** mulberry jam. **~rooi** *n.* mulberry (red). **~rooi** *adj. (attr.)* mulberry(-red), mulberry(-coloured).

moer·de·rig¹, moe·re·rig →MOERIG.

moer·de·rig², moe·re·rig =*rige* dreggy; mothery, barmy. →MOER⁴.

moe·rig =*rige, (coarse)* grouchy, cross.

moers·kont *(vulg. sl.)* son of a bitch, sonofabitch.

moer·tjie¹ =*tjies, (dim.)* small nut; →MOER¹.

moer·tjie² =*tjies, (dim.)* small seed potato; →MOER³.

moes¹ *n.* mash, pulp, mush; purée; stewed fruit; →AP=PELMOES. **~kruid** *(obs.)* greens, potherbs, vegetables. **~tuin** *(obs.)* vegetable garden, kitchen garden.

moes² *(p.t.)* →MOET² *vb.*.

moe·sa·ka *(Gr. cook.)* mous(s)aka.

Moe·sel: *die ~, (river)* the Mosel(le). **~wyn** Mosel(le).

moe·se·lien *(text.)* muslin; *dun ~* mull.

moe·sie =*sies* mole *(on the skin); (hist.)* beauty spot, patch.

Moes·liem →MOSLEM.

moe·soek, moe·soep *(rare)* →MOSES.

moe·son =*sons* monsoon. **~stroming** monsoon drift.

Moes·sorg·ski *(Russ. composer, 1839-81)* M(o)us=sorgsky.

moet¹ *moete, n., (arch.)* spot, stain; mark, scar; *(chiefly med.)* w(h)eal.

moet² *moete, moets, n.* must; *dis 'n ~, (infml.)* it's a must; *dis nie 'n ~ nie* it is optional; *~e/~s en moenies, (infml.)* dos/do's and don'ts. **moet** *vb. (p.t.: moes)* must, have to, be compelled/forced/obliged to; should, ought to; *jy ~* ***aanhou*** *so maak!* don't you keep on like that!, you've got to stop that!; *die trein ~ om tienuur* ***aan=kom*** the train is due to arrive at ten; ***as*** *ek ~, dan ~ ek* if I must, I must; ***as*** *dit ~* if need be, at/in a pinch, if/when it comes to the pinch, when it comes to the push, when push comes to shove; at a stretch; ***as dit*** *moes* if it had to be; *~* ***asseblief*** *nie ... nie* please do not ..., kindly abstain from ..., please refrain from ...; *iem. ~ om 9* ***begin*** s.o. is supposed to start at 9; *ek moes sy/haar moed* ***bewonder*** I could not but admire his/her courage; *jy moes dit mos* ***breek!*** you would break it!; ***dit*** *~* it has to be done, it cannot be helped; *iem. ~ iets* ***doen*** s.o. has to do s.t.; *~ dit nie* ***doen*** *nie* don't do it; *iem. ~* ***dopgehou*** *word* s.o. wants watching; *~ is (ge=dwonge)* ***dwang*** *en huil is kindergesang* accept the in=evitable; *jy ~* ***eenvoudig!*** you simply must!; *~* ***ek*** *...?* must I ...?; am I to ...?; *jy ~ nou maar* ***gaan*** you had better go now; *iets ~ (volstrek)* ***gedoen*** *word* s.t. needs doing, s.t. needs to be done; *iem. moes dood* ***gewees*** *het, maar is soos deur 'n wonder gered* s.o. should have been dead but was saved as if by a miracle; *iem. ~ al 'n ruk dood* ***gewees*** *het* s.o. must have been dead some time; *iem. ~* ***geweet*** *het* s.o. should have known; *iem. ~ dit* ***hê*** s.o. has to have it; s.o. must have it; *iem. ~ skoene/ens.* ***hê*** s.o. needs shoes/etc.; *waar ~ dit* ***heen?*** what is the world coming to?; ***jy*** *~ ...* you have to ..., you've got to ...; one has to ..., you have to ..., you've got to ...; *iem. ~ ...* ***kry*** s.o. is supposed to get ...; *iem. ~* ***lag/ens.*** s.o. cannot help laughing/etc., s.o. has to laugh/etc.; *iem. ~* ***liewer(s)*** *...* s.o. had better ...; *iem. ~ nou* ***maar*** *gaan/ens.* s.o. had better go/etc. now; *dit sal seker* ***maar*** *~* I suppose it will have to be done; *('n)* ***mens*** *~* ... one has to ..., you have to ..., you've got to ...; *iem. ~ môre weer* ***na*** *X* s.o. must go (*or* be off) to X again tomorrow; *dit ~ jy (liewer/liewers)* ***nie*** *doen nie, (also, infml.)* you don't want to do that; *dit ~ net* ***reggemaak/ens.*** *word* it only wants repairing/etc. *(infml.); iem.* ***sal*** *maar mooitjies ~* s.o. will just have to, s.o. will jolly well have to; *iem. ~* ***verdomp*** *..., (infml.)* s.o. damn well has to ...; *dit ~* ***volstrek*** *gebeur* it is a must; *sulke kwessies ~* ***voorkom*** such questions are bound to arise; ***waar*** *~ die geld vandaan kom?* where is the money to come from?; *die totaal ~ sowat ...* ***wees*** the total should be about ...; *iem. ~ nou al tuis* ***wees*** s.o. should be home by now; *('n) mens ~ 'n deskundige/ens.* ***wees*** *om te ...* it takes an expert/etc. to ...; *hy/sy ~ 'n knap persoon* ***wees*** he/she is said to be a clever person; *iem. ~ 'n skrywer* ***wees om*** *...* it takes a writer to ...; *iem. ~ dit* ***weet*** s.o. must (*or* has to) know it; *die mens ~* ***werk*** *om te eet* man shall work to eat; *ek* ***wil hê*** *jy ~ dit doen, ek wil hê dat jy dit doen* I want you to do it.

moe·tie *(<Z, medicine)* muti. **~man** muti man. **~moord** muti killing/murder. **~winkel** muti shop.

moe·zjiek, moe·zjiek =*zjieks, (hist.)* muzhik, m(o)ujik.

mof¹ *mowwe* muff; *(machinery)* sleeve, socket, coupling; mitten *(for hands)*.

mof² *mowwe* crossbreed *(between indigenous and Euro=pean cattle)*; Friesian head of cattle; woolled sheep, me=rino. **~bees** crossbred head of cattle; Friesian head of cattle. **~bul** crossbred bull; Friesian bull. **~hart(e)=bees** Lichtenstein's hart(e)beest. **~koei** crossbred cow; Friesian cow. **~pyp** *(bot.)* Dutchman's pipe. **~skaap** woolled sheep, merino.

mof³ →MOFFIE³.

mo·fet =*fette, (geol., arch.)* mofette.

mof·fel =*fels, n., (metall.)* muffle. **mof·fel** *ge=, vb., (met=all.)* muffle. **~emalje** baked enamel. **~glas** muffled glass. **~lak** stove(d)/stoving enamel. **~oond** muffle, furnace, kiln.

mof·fie¹ =*fies, (dim.)* mitten; →MOF¹.

mof·fie² =*fies, (dim.)* →MOF².

mof·fie³ =*fies, (derog.)* nancy/pansy (boy), queer, fairy. **mof·fie·rig** =*rige* ponc(e)y, swishy.

mog *(p.t.)* might; →MAG *vb.*; *~ het treffe/troffe!* trust to luck!, I hope it's a hit!.

Mo·ga·di·sjoe *(geog.)* Mogadishu, Mogadiscio.

mog·gel =*gels, (icht.: Labeo umbratus)* barbel; *(SA)* bar=ber, Clanwilliam yellow fish.

mo·gol, mo·gol =*gols* mogul.

Mo·ham·med Mohammed, Muhammad; Mahound *(obs.)*. **Mo·ham·me·daan** =*dane, n., (arch.)* Mohamme=dan, Muhammadan; →MOSLEM *n.*. **Mo·ham·me·daans** =*daanse, adj., (also m~)* Mohammedan, Muhamma=dan; →MOSLEMS *adj.*. **Mo·ham·me·da·nis·me** *(also m~)* Mohammedanism.

Mo·hawk *(lang.)* Mohawk; *(ice skating, m~)* Mohawk *(also m~)*. **~(haar)snit, ~haarstyl** mohican ([hair]=cut/hairstyle). **~(-Indiaan)** Mohawk.

Mo·hi·kaan =*kane, n.* Mohican, Mahican. **Mo·hi·kaans** =*kaanse, adj.* Mohican; *~e (haar)snit/haarstyl* mohi=can ([hair]cut/hairstyle).

moi·ré *n.* watered silk, moire, moiré. **moi·ré** *adj.* moire, moiré, watered *(silk)*.

mok¹, mok·poot *n., (vet.)* greasy heel, grease (heel), mud fever; clay fever, the scratches; →MOP³.

mok² *ge=, vb., (rare)* pout, sulk, nurse a grievance.

mo·kas·sin =*sins* moccasin. **~slang** moccasin (snake), copperhead.

mo·ker =*kers, n.* maul, mall, beetle, club hammer, slash hammer. **mo·ker** *ge=, vb.* hammer, strike, hit, bash, punch, pound, pummel, pommel, lash, flog; *(infml.)* clobber, sock, conk, clonk, zonk; *(fig.)* punish; give a thrashing; *(tennis)* smash; maul *(with a hammer)*; *~ hom!* let him have it!. **~hamer** =*s* maul, mall, club hammer; →MOKER *n.*. **~hou** *(tennis)* smash, ace (shot); ham=merblow; *'n ~ kry* take it on the chin; *'n ~ onder die ken kry, (also, sl.)* be copped one under the chin; *iem. 'n ~ toedien, (fig.)* hit/knock s.o. for (a) six *(infml.)*. **~man** *(cr.)* pinch hitter; *(baseball etc.)* slugger. **~stok** trun=cheon, life preserver *(Br.)*.

mo·ke·raar =*raars* slogger, hard hitter.

mo·ket *(text.)* moquette.

mok·ka mocha (coffee). **~by** →MOPANIEBY. **~koek** mocha cake. **~(koffie)** mocha (coffee). **~steen** mocha stone/pebble, moss agate.

mok·sa, mo·xa *(Jap. arthritis cure)* moxa.

mol¹ *molle, (mus.)* flat; *b ~* b flat. **~teken** flat sign.

mol² *molle* mole; *(med.)* wen; *(infml.: spy or double agent)* mole; →MOLS=; *die ~ stoot, (coarse: be pregnant)* be in the pudding club, have a bun in the oven, be preggers/preggy (*or* in the family way); *(rare)* the bowels are be=ginning to move; *so blind soos 'n ~* as blind as a bat/mole/beetle. **~bruin** mole-brown. **~gang** →MOLSGANG. **~kriek** mole cricket. **~ploeg** subsoil plough. **~slaai** dandelion. **~slang** *(Pseudaspis cana)* mole snake. **~trein** underground (train), tube (train), metro. **~val** mole trap. **~vel** moleskin.

mol³ *(chem.)* mole, gram molecule, molar weight, mol *(abbr.)*. **mo·laal** =*lale, adj., (chem.)* molal; →MOLÊR.

mo·las·se *(geol.)* molasse.

Mol·dau *(Germ., river)* Moldau; →VLTAVA.

Mol·da·wi·ë *(geog.)* Moldavia. **Mol·da·wi·ër** =*wiërs, n.* Moldavian. **Mol·da·wies** =*wiese, adj.* Moldavian.

mo·le·ku·le =*les,* **mo·le·kuul** =*kule* molecule. **mo·le·ku·lêr** =*lêre* molecular; *relatiewe ~e massa,* (obs.) *~e gewig* relative molecular mass, *(obs.)* molecular weight. **mo·le·kuul·groot** molecule-sized.

mo·lêr =*lêre, (chem.)* molar, molal; →MOLAAL.

mo·les =*leste* row, trouble; rumpus, uproar; fracas, shindy; *dit het 'n ~ afgegee* it led to a fracas; *~(te) maak* cause/make trouble. **~maker** disruptive element.

mo·le·steer *ge=* molest, rag, mob; molest, abuse, *(euph.)* interfere with *(sexually)*. **mo·le·ste·ring, mo·le·sta=sie** =*sies* molestation.

molg *molge, (zool.)* newt.

mo·lib·daat =*date, (chem.)* molybdate.

mo·lib·deen *(chem.; symb.: Mo)* molybdenum. **~glans, molibdeniet** *(min.)* molybdenite.

mo·lib·diet *(min.)* molybdite.

mol·la =*las* mulla(h).

mol·le·tjie =*tjies, (dim.)* little mole; →MOL².

mol·lig =*lige* chubby, cuddlesome, cuddly, curvaceous, buxom, plump, soft; mellow *(wine, brandy, etc.)*; *aan die ~e kant* plumpish. **mol·lig·heid** chubbiness, plump=ness, softness; mellowness *(of wine, brandy, etc.)*.

mol·lusk =*luske* mollusc. **mol·lus·ke·kun·de** mala=cology.

molm mould; mulch, touchwood, (leaf) mould. **molm=ag·tig** =*tige* mouldy, worm-eaten.

Mo·log *(OT)* Moloch, Molech. **m~akkedis** moloch.

Mo·lo·tof·bom Molotov cocktail.

mols=: ~gang, molgang mole track. **~gat** mole hole. **~hoop** molecast, molehill, tump; *'n berg van 'n ~ maak* →BERG¹ *n.*.

Mo·luk·ke Moluccas, Molucca Islands. **Mo·luk·ker** =*kers, n.* Moluccan. **Mo·luks** =*lukse* Moluccan; *~e See* Molucca Sea.

mol·wa(·en·tjie) trolley, light wagon.

mom *momme, (dated)* mask; disguise; *onder die ~ van ...* under the cloak/guise/mask/show of ..., under cover of ... **~bakkies** =*e* mask, false face. **~net** *(rare)* →KA=MOEFLEERNET.

Mom·ba·sa *(geog.)* Mombasa.

mom(·bier) mum *(Br., obs.)*.

mo·ment =*mente* moment; *(phys., mech.)* momentum. **~koppel** torque. **~opname** *(fig.)* snapshot; →FOTO, KIEKIE.

mo·men·teel =*tele, (rare)* **mo·men·taan** =*tane, adj.* momentary, momentaneous. **mo·men·teel,** *(rare)* **mo·men·taan** *adv.* momentarily, at present, at the moment.

mom·pel *ge=* mumble, murmur, mutter; grumble. **mom·pe·laar** *=laars* mumbler, mutterer, murmurer. **mom·pe·ling** *=lings, =linge* mumbling, muttering, grumbling, murmuring.

Mo·na·co *(geog.)* Monaco.

mo·na·de *=des, (tech.)* monad. **mo·na·dies** *=diese* monadic.

mo·nan·drie *(zool.)* monandry.

mo·narg *=narge* monarch, potentate. **mo·nar·gaal** *=gale* monarchal, monarchial, monarchic, monarchical. **mo·nar·gie** *=gieë* monarchy. **mo·nar·gies** →MONARGAAL. **mo·nar·gis** *=giste, (also M~)* monarchist. **mo·nar·gis·me** *(also M~)* monarchism. **mo·nar·gis·ties** *=tiese, (also M~)* monarchist(ic).

mo·na·siet *(min.)* monazite.

mond *monde* mouth *(also of a river);* kisser, jaw; orifice *(of a stomach); (anat., zool.)* ostium; *(fig.)* tongue; muzzle *(of a gun);* estuary; *iem. neem geen **blad** voor die ~ nie* s.o. does not mince his/her words, s.o. is outspoken; s.o. calls a spade a spade; *iem. se **brood** uit sy/haar ~ neem* →BROOD; ***by** ~e beloof/belowe dat (*of *om te)* ... make a verbal promise that/to ...; ***by** ~ van iem.* through s.o.; *iem. het die versekering **by** ~e van die voorsitter* s.o. has the personal assurance of the chairman; ***deur** die ~ toedien* administer orally; *die ~ van 'n **dronk** mens praat die waarheid* what soberness conceals, drunkenness reveals; *(soos) uit **een** ~* with one voice, unanimously; *uit iem. se **eie** ~* out of s.o.'s own mouth, from s.o.'s own lips; *iets uit iem. se **eie** ~ hê* have s.t. from s.o.'s own mouth/lips; *iem. iets in die ~ **gee*** give s.o. his/her cue (*or* a straight tip); *iem. het ook sy/haar ~ daarin **gesteek*** s.o. put his/her oar in, s.o. shoved in an oar; *nie op die/jou ~ **geval** wees nie, (infml.)* not/never be at a loss for words, have a fluent/ready/smooth tongue (*or* a tongue in one's head), be lippy; ***glad** met die ~ wees, 'n **gladde** ~ hê* have the gift of the gab, have a ready tongue; *het jy **g'n** ~ nie?* have you lost your tongue?; *'n **groot** ~, (infml.)* have a big mouth, talk big, have plenty of jaw; *ek met my **groot** ~* me and my big mouth; *iem. se ~ **hang oop** (van verbasing)* s.o.'s jaw drops (in amazement); *jou ~ **hou*** keep one's mouth/trap *(sl.)* shut, shut one's mouth; hold one's tongue; save one's breath; keep one's (own) counsel; ***hou** jou ~!* hold your tongue!, keep/be quiet!; *(infml.)* shut up!, button your lip!; *(sl.)* keep your trap shut!, shut your mouth/face!; *maar **hou** jou ~, **hoor!*** mum's the word! *(infml.);* ***hou** (maar) liewer(s) jou ~* keep your breath to cool your porridge, save your breath; ***hou** jou ~ van my ... af!, (infml.)* don't you dare say anything about my ...!; *jou ~ oral(s) **insteek*** be given to gossip; *iem. is glad te **kontant** met sy/haar ~* s.o. is much too free with his/her remarks; *... ~e om **kos** te gee ...* mouths to feed; *iem. gee sy/haar ~ nie verniet **kos** nie, (infml.)* s.o. has a fluent/ready/smooth tongue (*or* a tongue in his/her head); *'n held **met** die ~* a hero in words, a braggart/bragger; *die menigte **na** die ~ praat* play to the gallery; *iem. **na** die ~ praat* play up to s.o., soft-soap s.o., butter s.o. up, fawn (up)on s.o., be amenable, be a yes-man; *iem. luister met 'n **oop** ~* s.o. listens open-mouthed; *iem. het nie sy/haar ~ **oopgemaak** nie* s.o. didn't open his/her lips, s.o. didn't say anything; s.o. was tongue-tied; *iem. se ~ het **oopgeval*** s.o.'s jaw dropped *(in surprise); iem. se ~ laat **oophang**, (also infml.)* knock/blow s.o.'s socks off; *so moet 'n ~ (mos) **praat!*** →SO MOET 'N BEK PRAAT!; *jou ~ vol kos **prop*** cram/stuff one's face (with food) *(infml.); met die ~ **prys*** do lip service; *jou ~ nie aan iets **sit** nie* not touch s.t. *(drink, food, etc.); van jou ~ 'n **skoorsteen** maak* →SKOORSTEEN; *iem. se/die ~ **snoer*** shut/stop s.o.'s mouth *(infml.),* shut s.o. up, tie s.o.'s tongue, choke s.o. off; *iets uit jou ~ **spaar*** stint o.s. in s.t.; *dit **spreek** sonder ~* that goes without saying; *iem. se ~ **staan** nooit stil nie, (infml.)* s.o. never stops talking; *uit die ~ van die **suigeling** sal jy die waarheid hoor* →SUIGELING; *met die/sy/haar ~ vol **tande** staan/sit, (infml.)* be speechless, be at a loss for s.t. to say; have nothing to say for o.s.; be/feel tongue-tied; *met/uit **twee** ~e praat* speak with two voices; blow hot and cold; *iets **uit** iem. se eie ~ hê* have s.t. from s.o.'s own mouth/lips; *jou ~ **uitspoel*** rinse one's mouth; *die nuus het **van** ~ **tot** ~ gegaan* the news ran from mouth to mouth (*or* by the grapevine); *jou ~ **verbypraat/verbrand*** drop a brick, put one's mouth/foot in it, give the show away; *so 'n ~ **verdien** kos!* well spoken!; *'n ~ **vol** kos/ens.* a mouthful/morsel of food/etc.; →MONDVOL; *die ~ oor/van iets **vol** hê, (infml.)* have a great deal to say about s.t.; talk of nothing else; *almal het die ~ **vol** oor/van ..., (infml.)* ... is the talk of the town; *altyd die/jou ~ **vol** van ander hê, (also)* always be gossiping (about others); *elkeen het die ~ **vol** van iem. se sukses* s.o.'s success is in everybody's mouth; *sê wat **voor** die/jou ~ kom* say whatever comes uppermost; *iem. behoort sy/haar ~ te **was*** s.o. is foul-mouthed; *iem. se ~ **water*** s.o.'s mouth waters; *dit laat ('n) mens se ~ **water*** it makes one's mouth water, it brings the water to one's mouth; *'n ~ soos 'n **wawiel** hê, 'n ~ van **oor** tot oor hê* have a mouth like a barn door; *iem. **woorde** in die ~ lê* put words into s.o.'s mouth; *die **woorde** uit iem. se ~ neem* take the words out of s.o.'s mouth. **~beslag** *(bot.)* peristome. **~biologie** oral biology. **~bodem** floor of the mouth. **~dele** mouth parts. **~-en-klou(-seer)** →BEK-EN-KLOU. **~fluitjie** mouth organ. **~gat** orifice. **~geneeskunde** oral medicine. **~harmonika** →MONDFLUITJIE. **~harp** *(mus.)* Jew's-harp. **~heelkunde** oralogy, oral medicine, stomatology. **~higiëne** oral hygiene. **~higiënis** dental/oral hygienist. **~hoek** corner of the mouth. **~holte** mouth cavity, buccal cavity, oral cavity. **~kanker** cancer of the mouth, mouth cancer. **~klem** gag; *(vet.)* lockjaw, trismus, mouth gag. **~kyker** stomatoscope, mouth glass. **~middel** *=s, =e* oral (remedy), oral medicine. **~ontsteking, ~holteontsteking** inflammation of the mouth, stomatitis. **~opening** mouth opening, orifice *(tech.); (mus.)* mouth hole; stoma. **~plastiek** stomatoplasty. **~posisie** mouth position. **~prater** *=s* boaster. **~prop** gag. **~provisie** *(dated)* food, provisions, victuals. **~rand** *(bot., zool.)* peristome. **~ryer** *(rare)* back-seat driver. **~siekte** mouth complaint, stomatopathy. **~siektekundige** stomatologist. **~skerm** gumshield. **~slag:** *iem. kan 'n goeie ~ doen, (obs.)* s.o. can ply a good knife and fork. **~spieël** mouth glass, stomatoscope. **~spoeling** mouthwash, rinse. **~spoelmiddel** *=s* mouthwash. **~stand** mouth position. **~stuk** mouthpiece; embouchure, lip plate *(of a mus. instr.);* chase, nozzle *(of a gun);* tip *(of a cigarette).* **~sweer** canker. **~taster, ~voeler** mouth feeler. **~-tot-~-asemhaling** mouth-to-mouth resuscitation, kiss of life; *~ op iem. toepas* give s.o. mouth-to-mouth resuscitation. **~vliesontsteking** *(med.)* stomatitis. **~vol** *(fig., infml.)* mouthful; *'n (hele) ~ wees* be (quite) a mouthful. **~werk:** *iem. het 'n goeie ~, (rare)* s.o.'s tongue is well oiled, s.o. has the gift of the gab. **~wetenskap** oralogy, stomatology.

mon·dain *=daine* wordly(-minded); fashionable, sophisticated, mondaine.

mon·de·lik(s) *=lik(s)e* oral; orally.

mon·de·ling *=linge, =lings, n., (also mondelinge eksamen)* oral examination; viva voce *(Lat.).* **mon·de·ling** *=linge,* **mon·de·lings** *=lingse, adj. & adv.* oral(ly), verbal(ly); vocal; by word of mouth; spoken; *'n ~e ooreenkoms* a verbal agreement; *'n ~e eksamen* →MONDELING *n.; ~e oorlewering* oral/auricular tradition, folk memory; *~ verklaar, (jur.)* nuncupate.

mon·de·ring *=rings, =ringe* accoutrement(s), uniform; habit; habiliments; caparison *(arch., hist.);* paraphernalia; apparel, kit, rig(-out) *(infml.);* equipment; *in volle ~* in full fig/uniform; in war paint.

mon·dig *=dige* of (full) age, major; precocious; →MEERDERJARIG; *die kind is baie ~, (rare)* the child is very precocious; *~ word* come of age, attain one's majority; *tot jou ~e jare kom, (rare)* attain one's majority. **~verklaring** emancipation; coming of age. **~wording** coming of age; emancipation.

mon·dig·heid majority, adulthood; emancipation; fullage; coming of age; →MONDIG.

mon·ding *=dings, =dinge* mouth *(of a river etc.);* estuary *(of a river),* outlet, embouchure; *(rare)* muzzle *(of a gun).*

mond·jie *=jies, (dim.)* (little) mouth; *nie op jou ~ **geval** wees nie* have a ready tongue; *~ **vol,** (pl.:* mondjies vol*)* mouthful, tiny bit; sip; sup; nibble; →MONDJIEVOL; *'n ~ **vol** ... drink* take a sip of ...; *'n ~ **vol** van iets drink* sip at s.t.; *'n ~ **vol** medisyne sluk* take some medicine; *'n ~ **vol** water/ens.* a sip of water/etc.. **~vol** *(infml., fig.): so 'n ~ Engels/ens. ken* have a smattering of English/etc..

Mo·ne·gask *=gaske, n.* Monacan, Monegasque. **Mo·ne·gas·kies** *=kiese, adj.* Monacan, Monegasque.

mo·ne·ta·ris *=riste* monetarist. **mo·ne·ta·ris·me** monetarism. **mo·ne·têr** *=têre* monetary.

Mon·go·le: **~plooi** Mongolian/epicanthic fold. **~vlek** Mongolian spot.

Mon·go·li·ë *(geog.)* Mongolia. **mon·go·lis·me** *(med., derog.)* mongolism; →DOWNSINDROOM. **Mon·go·lo·ïed** *=loïede, n., (anthr.)* Mongoloid. **Mon·go·lo·ïed** *=loïede, adj.* Mongoloid. **Mon·gool** *=gole* Mongol, Mongolian; *(m~, med., derog.)* mongol, mongoloid. **mon·gools** *=goolse* mongolian. **Mon·gools** *n., (language)* Mongol, Mongolian; *(language group)* Mongolic. **Mon·gools** *=goolse, adj.* Mongolian; *(m~, med., derog.)* mongol, mongoloid; *~e plooi* →MONGOLEPLOOI. *~e vlek* →MONGOLEVLEK.

mo·nis *=niste* monist, unitarian. **mo·nis·me** *(philos., theol.)* monism. **mo·nis·ties** *=tiese* monistic.

mo·ni·teer *vb.* →MONITOR *vb.*. **mo·ni·te·ring** monitoring. **mo·ni·te·rings·groep** monitoring group. **mo·ni·te·ring·stel·sel** monitoring system.

mo·ni·tor *=tors, n., (s.o./s.t. that warns, checks, controls, etc.)* monitor; *(comp.)* monitor *(of a PC); (educ., dated)* monitor, prefect; *(hist.: a warship)* monitor. **mo·ni·tor** *ge=,* **mo·ni·teer** *vb.* monitor.

mon·nik *=nike, (also icht.)* monk, friar; shaveling *(arch., derog.).* **~aasvoël** hooded vulture.

mon·nik·ag·tig *=tige* monastic, monkish.

mon·ni·ke: **~klooster** monastery, friary. **~koor** monks' choir/chorus. **~lewe** →MONNIKSLEWE. **~orde** monastic order. **~stand** monkdom, monasticism. **~werk** monkish work; *(fig.)* drudgery, donkey work; *~ doen* flog a dead horse, do the donkey work, plough the sands.

mon·ni·ke·dom monkdom, monkery *(derog.),* monasticism.

mon·ni·kie *=kies, (dim.)* little monk; →MONNIK.

mon·niks: **~baard** *(bot.)* dodder; *(lit.)* monk's beard. **~kap** monk's hood/cowl, friar's cap; *(bot.: Aconitum spp.)* monkshood, aconite, wolfsbane. **~kappie** *(bot.)* cluster disa. **~kapspier** trapezius. **~kleed** monk's frock. **~lewe** monastic life, monkery *(derog.).* **~py** →MONNIKSKLEED.

mon·nik·skap monkhood, monasticism.

mo·no· *comb.* mono-.

mo·no·chord *=chorde, (mus.)* monochord.

mo·no·chro·ma·ties *=tiese, (phys., phot.)* monochromatic, monochroic. **mo·no·chro·mie** monochromy. **mo·no·chroom** *=chrome, n.* monochrome. **mo·no·chroom** *=chrome, adj.* monochrome, monochromic, monochromatic, monochroic.

mo·no·dak·tiel *=tiele, (zool.)* monodactylous.

mo·no·die *=dieë, (mus.)* monody. **mo·no·dies** *=diese* monodic.

mo·no·dra·ma monodrama.

mo·no·fiets unicycle, monocycle.

mo·no·fi·la·ment *(text.)* monofilament, monofil.

Mo·no·fi·siet *=siete, (also m~, Chr. theol.)* Monophysite. **Mo·no·fi·si·ties** *=tiese, (also m~)* Monophysitic, Monophysite. **Mo·no·fi·si·tis·me** *(also m~)* Monophysitism.

mo·no·fo·nies *=niese* monophonic, *(abbr.)* mono.

mo·nof·tong *=tonge, (phon.)* monophthong. **mo·nof·ton·gies** *=giese* monophthongal.

mo·no·gaam *=game* monogamous. **mo·no·ga·mie** monogamy. **mo·no·ga·mis** *=miste* monogamist. **mo·no·ge·ne·se** monogenesis. **mo·no·ge·nie** monogeny. **mo·no·go·nie** monogony.

mo·no·gra·fie *=fieë* monograph. **~skrywer** monographer, monographist.

mo·no·gra·fies =*fiese* monographic. **mo·no·gra·fis** =*fiste* monographist, monographer.

mo·no·gram =*gramme* monogram, cipher, cypher.

mo·no·karp =*karpe, n., (bot.)* monocarp. **mo·no·karp** =*karpe, adj.,* **mo·no·kar·pies** =*piese* monocarpic, monocarpous.

mo·no·ke·faal, mo·no·se·faal =*fale, (bot.)* monocephalous.

mo·no·kel =*kels* monocle, eyeglass.

mo·no·ki·ni =*ni's, (topless bikini)* monokini.

mo·no·klien =*kliene, n., (geol.)* monocline. **mo·no·klien** =*kliene, adj., (cryst.)* monoclinic. **mo·no·kli·naal** =*nale n. & adj.* monoclinal.

mo·no·ko·tiel =*tiele, n., (bot.)* monocotyledon, monocot *(abbr.).* **mo·no·ko·tiel** =*tiele, adj.* monocotyledonous.

mo·no·kraat =*krate* monocrat. **mo·no·kra·sie** monocracy.

mo·nok·sied =*siede, (chem.)* monoxide.

mo·no·kul·tuur *(agric.)* monoculture.

mo·no·liet =*liete* monolith, standing stone. **mo·no·li·ties** =*tiese* monolithic.

mo·no·loog =*loë* monologue.

mo·no·maan =*mane, n.* monomaniac. **mo·no·maan** =*mane,* **mo·no·ma·nies** =*niese adj.* monomaniac(al). **mo·no·ma·nie** monomania.

mo·no·meer =*mere, n., (chem.)* monomer. **mo·no·meer** =*mere, adj., (chem.)* monomeric; *(bot.)* monomerous.

mo·no·me·tal·lis =*liste* monometallist. **mo·no·me·tal·lis·me** monometallism. **mo·no·me·tries** =*triese, (pros.)* monometric(al).

mo·no·mi·aal =*miale, adj.* monomial. **mo·no·mi·um** =*miums,* =*mia,* **mo·no·mi·aal** =*miale, n., (biol.)* monomial.

mo·no·morf =*morfe, (biol.)* monomorphic, monomorphous. **mo·no·mor·fie** monomorphism.

mo·no·na·tri·um·glu·ta·maat *(chem., food additive, abbr.:* MNG*)* monosodium glutamate *(abbr.* MSG*).*

mo·no·nu·kle·o·se *(med.)* mononucleosis.

mo·no-op·na·me =*mes* mono recording.

mo·no·pe·taal =*tale, (bot.)* monopetalous.

mo·no·po·lie =*lieë* monopoly; *die ~ van iets hê* have/hold a/the monopoly of/on s.t., have a corner in/on s.t.; *'n ~ van die handel in ... verkry* gain a monopoly of the trade in ..., corner the market in ... **mo·no·po·lis** =*liste* monopolist. **mo·no·po·li·sa·sie** monopolisation. **mo·no·po·li·seer** *ge=* monopolise. **mo·no·po·lis·me** monopolism. **mo·no·po·lis·ties** =*tiese* monopolistic.

mo·no·pool =*pole, (phys.)* monopole.

mo·nop·so·nie *(econ.)* monopsony. **mo·nop·so·nis·ties** monopsonistic.

mo·nor·gis·me monorch(id)ism.

mo·no·se·faal →MONOKEFAAL.

mo·no·siet =*siete, (physiol.)* monocyte.

mo·no·si·klie *(bot.)* monocycly. **mo·no·si·klies** =*kliese* monocyclic.

mo·no·sil·la·be monosyllable. **mo·no·sil·la·bies** =*biese* monosyllabic.

mo·no·sim·me·tries =*triese, (bot.)* zygomorphic, zygomorphous.

mo·no·te·ïs =*teïste, (also M~)* monotheist, unitarian. **mo·no·te·ïs·me** *(also M~)* monotheism. **mo·no·te·ïs·ties** =*tiese, (also M~)* monotheist, monotheistic.

mo·no·ti·pe *(print., biol.)* monotype. **mo·no·ti·pies** =*piese* monotypical.

mo·no·to·nie *(rare)* monotony. **mo·no·toon** =*tone, n.* monotone. **mo·no·toon** =*tone, adj.* monotonous.

mo·no·troop =*trope, (chem.)* monotropic. **mo·no·tro·pie** monotropic.

mo·no·va·lent =*lente, (chem.)* monovalent, univalent.

Mon·roe·leer Monroe doctrine, Monroeism.

Mon·ro·vi·a *(geog.)* Monrovia.

mon·seig·neur =*neurs, (RC)* Monsignor.

mon·ster[1] =*sters* monster; freak (of nature); brute; beast; horror; ghoul; *die/'n klein ~* the/a little horror; *'n ~ van 'n vrou/ens.* a fright. **mon·ster·ag·tig** =*tige* monstrous, monster. **mon·ster·ag·tig·heid** monstrousness, monstrosity. **mon·ster·ge·was** *(med., biol.)* teratoma. **mon·ster·lik** =*like* monstrous, monster(like).

mon·ster[2] =*sters* sample, specimen; pattern; model; *aan die ~* ***beantwoord*** come up to sample; ***blinde*** *~* grab sample; *'n ~* ***kaas*** a sample of cheese; *~s (of 'n ~)* ***neem*** sample; ***tiperende*** *~* type specimen; ***volgens*** *~ wees* be up to sample. **~boek** pattern book, book of samples. **~frekwensie** *(mus.)* sampling rate. **~kaart** swatch. **~kamer** *(rare)* showroom, sample room. **~lap** sampler. **~nemer, ~versamelaar** *(mus.)* sampler.

mon·ster[3] *ge=, vb.* muster *(soldiers);* marshal; join ship; (pass in) review, inspect. **~petisie** monster petition. **~plek** muster place. **~rol** *(hist.)* muster roll *(mil.);* ship's company; ship's articles; *die ~* ***teken*** sign the ship's articles; *op die ~ wees* be on the strength. **~vergadering** mass meeting, rally.

mon·ste·ra(·plant) monstera.

mon·ste·ring =*rings,* =*ringe, (mil.)* muster, review. **mon·ste·rings·pa·ra·de** muster parade.

mon·strans =*stranse, (RC)* monstrance, ostensory.

mon·strum =*strums, (rare)* monster, monstrosity.

mon·stru·o·si·teit =*teite* monstrosity, freak (of nature); monstrosity, carbuncle of a building/etc..

mon·tage montage.

mon·ta·sie =*sies* mounting, erection *(of machines);* assembling, assembly *(of parts);* prefabrication; mounting, setting *(of jewels);* fitting; staging; →MONTERING. **~bou** prefabricated construction/building. **~huis** →MONTASIEWONING. **~winkel, ~werkplaas** fitting shop. **~woning** prefab(ricated house).

mont·bre·ti·a =*tias, (bot.)* montbretia.

mon·teer *(ge)=* mount, set up, assemble, erect, fix, fit (up), adjust; set *(jewels);* get up, stage *(a play);* rise; *iets in goud/ens. ~* mount s.t. in gold/etc.; *die stuk is goed ge~* the play is well staged/mounted. **~band** assembly belt. **~fabriek, ~werkplaas** assembly plant, fitting shop. **~karton** mounting board. **~plaat** *(rad.)* chassis. **~stel** kit.

Mon·te·ne·gro *(geog.)* Montenegro. **Mon·te·ne·gryn** =*gryne, n.* Montenegrin. **Mon·te·ne·gryns** =*grynse, adj.* Montenegrin.

mon·te·ring =*rings,* =*ringe* assembling, fixing, erecting, erection, fitting, installing, mounting; setting *(jewels);* staging; editing, cutting; →MONTASIE.

Mon·tes·so·ri·me·to·de *(also m~, educ.)* Montessori method.

mon·teur =*teurs* assembler, erector, fitter, mounter; mechanic; engine fitter; erecting machinist; millwright; stager. **~draaier** fitter and turner.

mon·tuur =*ture* mount(ing); setting; fitting; frame.

mo·nu·ment =*mente* monument; *'n ~ ter ere van ...* a monument to ...; *'n ~ oprig* erect a monument; *'n ~ vir ...* a monument to ... **~fontein** monumental fountain.

mo·nu·men·taal =*tale* monumental. **mo·nu·men·ta·li·teit** monumentality.

mo·nu·men·te=: ~kommissie monuments committee. **~sorg** care of monuments. **~wet** monuments act.

mon·zo·niet *(geol.)* monzonite.

mooi *n.: oor ~ en lelik kan ('n) mens stry* tastes differ; *~ vergaan(, maar deug bly staan)* beauty is but skin-deep. **mooi** *mooi mooier mooiste, adj. & adv.* beautiful, fair, fine, good-looking, handsome, lovely, pretty, nice, sightly, well-favoured; *dit is* ***alles*** *baie ~, maar ...* that is all very well, but ...; ***asemrowend/onhebbelik/wonderbaarlik*** *~ (of ~* ***verby****), (infml.)* quite a (*or* a real) looker; *~* ***blyk,*** *is mooier as ~* ***lyk*** handsome is as handsome does; *~/soet* ***broodjies*** *bak* →BROODJIE; *die ~ste* ***daarvan*** *is dat ...* the beauty of it is that ...; *die ~s* ***denkbare*** *troeteldier/ens.* the prettiest pet/etc. imaginable; *~* ***dinge*** *van iem./iets hoor/sê* hear/say nice things about s.o./s.t.; *daar het iem. nie ~* ***gehandel*** *nie* s.o. didn't behave very well in that respect; *'n ~* ***gemors*** a nice mess; *iets is/was nie 'n ~* ***gesig*** (of *is/was nie ~ om te aanskou/sien) nie* s.t. is/was not a pretty sight; *iem. het/is nie net 'n ~* ***gesiggie*** *nie, iem. is meer as net 'n ~* ***gesiggie,*** *(infml.)* s.o.'s not just a pretty face; *die ~ste van die* ***grap*** the cream of the jest; *~* ***grootgemaak*** *wees* be well brought up; *iets is ~* ***hard/ens.*** s.t. is good and hard/etc.; *~er wil ek dit nie* ***hê*** *nie!* what next? *(infml.);* ***iets*** *~s* a thing of beauty; a pretty thing; *iem. is nie* ***juis*** *~ nie* s.o. is no oil painting *(infml.);* ***jy*** *is 'n ~e, jy is 'n ~ een/ene* you're a nice one (*or* a fine fellow); *jou ~* ***klere*** one's Sunday best; *maar die ~ste* ***kom*** *nog* but the best part is yet to come; *iem. ~* ***kry*** let s.o. down; *~* ***loop!*** take care (of yourself)!, see you!; *~* ***luister*** *na ...* listen closely to ...; *~* ***luister*** *vir ...* obey ...; ***luister*** *nou ~* now pay attention; *jy* ***lyk*** *'n ~e om dit te doen!* I'd like to see you do it!; *jou ~* ***maak*** preen o.s.; spruce o.s. up, get spruced up; →MOOIMAAK; *nie ~* ***maak*** *nie* not play the game, not play fair; *'n ~* ***man*** a handsome man; *dis* ***nie*** *~ van hom/haar nie* that's not nice of him/her; *nou* ***nog*** *~er!* well I never!, did you ever!; *iem. ~* ***op*** *die kakebeen slaan/tref* hit s.o. square/sock *(infml.)* on the jaw; *iem. ~* ***op*** *sy/haar oog slaan/tref* hit s.o. smack in the eye *(infml.);* *~* ***pad*** good road; *iem.* ***sê*** *~ dat ...* s.o. actually says ...; *iem. kan iets nie ~* ***sien*** *nie* s.o. cannot see s.t. properly/distinctly; *dit* ***sit*** *~* →SIT *vb.;* *~* ***skoot!*** good show! *(infml.),* good for/on you! *(infml.);* *~* ***slank/ens.*** *wees* be nice and slender/slim/etc.; *~* ***so!*** well done!, good/nice work!, good show! *(infml.),* good for/on you! *(infml.);* very good!; that's right!, that's the spirit! *(infml.); 'n ~* ***som*** *nalaat* leave a tidy sum; *'n ~* ***sommetjie*** →SOMMETJIE; *op jou ~ste daar* ***uitsien*** look one's best; *dit was ~* ***van*** *iem. om te ...* it was nice of s.o. to ...; *~* ***vra*** ask nicely/kindly; *jy's 'n ~* ***vriend(in)!,*** *(iron.)* you're a nice friend!; *te ~ om* ***waar*** *te wees* too good to be true; *die* ***weer*** *is ~* →WEER[1] *n.; dit is ~* ***weer*** →WEER[1] *n.; iem.* ***weet*** *nie so ~ nie* s.o. does not quite know; *nie ~* ***weet*** *wat jy sê nie* not quite know what one is saying; *~er* ***wil*** *jy dit nie hê nie* one can't wish for better; *dit is alles ~* ***woorde*** that is all fine words (*or* moonshine). **~doenery** airs and graces, side *(Br., infml.),* swank *(infml.),* heroics. **~klinkend** =*e* fine-sounding. **~maak** *mooige=* prettify; titivate, prink (up), spruce, primp, preen; *jou ~* smarten/titivate/beautify o.s., dress/prink o.s. up. **~maakgoed** cosmetics. **~makery** prettification; titivation, prinking. **~meisie** *(orn.)* emerald cuckoo. **~nooientjie** *(icht.)* mooinooientjie *(SA),* strepie *(SA),* bamboo fish, striped karanteen. **~praat** *mooige=* coax, beg, cajole, try to persuade, wheedle; *iem. met ~ so ver/vêr kry om iets te doen* coax s.o. into doing s.t.; *iets met ~ uit iem. kry* coax s.t. out of s.o.. **~praatjies** *(pl.)* cajolery, coaxing, flattery, honeyed/sugared words; *(infml.)* sweet/smooth talk, soft soap. **~prater** flatterer, fawner, coaxer. **~pratery** →MOOIPRAATJIES. **~seun** *(infml., derog.)* bimboy. **~skrywer** flashy stylist. **~skrywery** flashy style, fine writing, purple prose. **~weer:** *met iem. ~ speel* fawn (up)on s.o.; *met iets ~ speel, (infml.)* play ducks and drakes with s.t. *(infml.),* squander s.t.; →WEER[1] *n.*.

mooi·e: *die ~ daarvan* the beauty of it; *dit sou die ~ daarvan wegneem* that would take the gilt off; →MOOI *adj. & adv.*. **mooi·heid** beauty, fineness, handsomeness, prettiness, comeliness, pulchritude *(poet., liter.);* *~ vergaan(, maar deug bly staan)* →**MOOI** VERGAAN (, MAAR DEUG BLY STAAN). **mooi·ig·heid** good feelings; *iets met ~ regkry/verkry* get s.t. done by persuasion; *in alle ~* without any unpleasantness. **moois** →MOOI *adj. & adv.*. **mooi·tjies** finely, prettily; *iem. moes iets maar ~ doen* s.o. jolly well had to do s.t..

moond·heid power; nation, state; *die groot moondhede* the great powers.

moont·lik =*like, adj., adv.* possible; potential; practicable; contingent; possibly, perhaps, maybe; conceivably; for all I/you know (*or* one knows); ***al*** *die ~e,* ***al*** *wat ~ is/was* everything possible; ***al*** *die ~e doen* do everything (*or* all that is) possible; ***alle*** *~e ... deurloop/deurmaak/ens.* run the (whole) gamut of ...; *op* ***alle*** *~e en onmoontlike plekke* in all likely and unlikely places; ***as*** *dit nie ~ is nie ...* failing which ...; *die* ***bes/ens.*** *~e ...* the best/etc. possible ...; *dit is* ***bes*** *~ dat ...* it may well be that ...; *dit is* ***bes/heel*** *~* it is quite possible; ***bes/heel***

~ most/very likely; quite possibly; as likely/like as not; *as dit maar **enigsins** ~ is* if it is at all possible; *waar/wanneer (**enigsins**) ~, waar/wanneer dit **ook al** ~ is* where/wherever/whenever possible; *~ het iem. jou **gesien*** s.o. may have seen you; *iem. het iets so **goed** (as) ~ gedoen* s.o. did s.t. as best he/she could; *dit is **goed/heel** ~* that may (very) well happen; *so **gou** (as) ~, so **spoedig** ~* as soon as possible; at your earliest convenience; *die **groots(te)/ens.** ~e* ... the biggest/etc. ... possible; ***heel** ~ is* ... it may well be that ...; ***heel** ~ is dit so* it could well be so; *dit sou **heel** ~ kon wees* it could well be; *~ **het** iem. iets gekoop/ens.* s.o. may have bought/etc. s.t.; ***indien** (enigsins) ~* if (at all) possible; *dit **is** ~, (also)* it is on the cards; *heel ~ **is** iem. dood/ens.* s.o. may well be dead/etc.; *(heel) ~ **kom/ens.** iem.* s.o. may (very) well come/etc.; *so **lank/veel/ens.** (as) ~* as long/much/etc. as possible; *iets ~ **maak*** provide for s.t.; *dit vir iem. ~ **maak** om iets te doen* enable s.o. to do s.t.; *dit is **nie** ~ nie, (also)* it is out of the question; ***so** ... (as) ~* as ... as possible, as ... as may be; ***soveel** (as) ~* as many/much as possible; ***soveel** ... (as) ~* as many/much ... as possible; *sal dit (vir iem.) ~ **wees** om iets te doen?* would it be possible (for s.o.) to do s.t.?. **moont·lik·heid** *-hede* possibility; feasibility; eventuality, potentiality, off chance, prospect, chance; *daar is 'n **besliste** ~ dat ..., daar bestaan 'n besliste* (of *'n **baie sterk**) ~ dat* ... there is a distinct (*or* a [very] real) possibility that ...; ***bestaan** daar 'n ~ dat ...?* is there any possibility that ...?; *die ~ **dat** iets sal gebeur* the possibility of s.t. happening; ***eindelose** moontlikhede bied →**groot**; 'n **geringe** ~* a slender/slim chance, a remote/slender/slight possibility; ***groot** moontlikhede hê/inhou, **vol** moontlikhede wees, **eindelose** moontlikhede bied* have great (*or* be pregnant with *or* offer a world of) possibilities; *moontlikhede **inhou*** have possibilities; *alle moontlikhede **ondersoek*** exhaust all possibilities, explore every avenue; *alle moontlikhede **ooplaat*** keep/leave one's options open; *die ~ dat ... is glad nie **uitgesluit** nie* it is quite possible (*or* there is a distinct possibility) that ...; *'n ~ **uitskakel*** preclude a possibility; *die ~ **van*** ... the chances of ...; *moontlikhede **vir*** ... openings for ...; ***vol** moontlikhede wees →**groot**.*

Moor *More* Moor; *Spaanse ~, (hist.)* Morisco, Moresco. **Moors** *Moorse* Moorish; *~e **boog**, (archit.)* horseshoe arch, Moorish arch; *~e **dans*** morisco, moresco; *~e **piek**, (hist.)* morris pike; *~e **styl*** Morisco, Moresco, Moresque.

moor *ge-* commit murder, kill, murder; maltreat *(an animal)*; overwork *(an animal)*; *(fig.)* slaughter; *die werk ~ 'n mens* the work takes it out of you; *jou voete ~ jou* one's feet are killing one; *so kwaad wees dat jy kan ~* be in a towering rage.

moord *moorde* murder; assassination; slaughter; ***aanklag** van ~* capital charge; →MOORDAANKLAG; *~ en **brand** skree(u), (infml.)* cry/scream/shout blue murder *(infml.)*; raise a hue and cry; *~ en **doodslag*** a wave of killings; (extreme) violence, massacre; *dis nie ~ of **doodslag** nie, (infml.)* it is not of vital importance; *'n **gruwelike** ~* a brutal murder; *~ op 'n **naasbestaande*** parricide; *die ~ **op** ...* the murder of ...; *(die) ~ **op** jou/sy vrou/eggenote* uxoricide; *~ **pleeg*** commit murder; *~ met voorbedagte **rade*** premeditated murder; *iem. kan/wil (die) ~ **steek**, (infml., rare)* s.o. is in a rage; s.o. wants to die; *iem. **weet** niks van die hele ~ nie, (infml.)* s.o. knows nothing about the matter. **~aanklag** capital charge. **~aanslag** attempted murder, murderous attempt/assault, attempt (up)on s.o.'s life; *'n ~ op iem. doen/maak* make an attempt on s.o.'s life. **~bende** *(infml.)* death/hit squad. **~by** killer bee. **~dadig** *-e* murderous, slaughterous, bloody-minded; cut-throat *(competition)*; throttling *(effect)*; internecine; sanguinary *(chiefly arch.)*; homicidal. **~dadigheid** murderousness. **~geroep, ~geskree(u)** cry/cries of murder. **~instink** killer instinct. **~kreet** →MOORDGEROEP. **~kuil** den of murderers; deathtrap; *nie van jou hart 'n ~ maak nie* →HART. **~lus** bloodthirstiness. **~lustig** *-e* bloodthirsty, bent on murder. **~lys** *(infml.)* hit list. **~saak** murder case. **~toneel** scene of a murder/massacre. **~tuig** murder instrument. **~veld** killing field. **~vis** killer whale; *klein ~* false killer whale. **~wapen** murder weapon.

moor·de·naar *-naars* murderer, assassin, manslayer, killer. **moor·de·na·res** *-resse* murderess.

moor·dend *-dende* murderous, cut-throat; *(fig.)* gruelling, backbreaking, punishing, killing; *~e vuur, (mil.)* withering fire; *die pas van 'n ~e program volhou* keep up a punishing programme; *'n ~e program volg* have a punishing schedule. **moor·de·ry** carnage, massacre, slaughter; maltreatment *(of animals)*.

moot *mote, n.* fillet, cut, slice, steak; flitch. **moot** *ge-, vb., (rare)* flitch. **~saag** = TREKSAAG.

moot·jie *-jies, (dim.)* cut, slice; fillet of fish; *in ~s sny* fillet.

mop[1] *moppe, (infml., obs.)* joke; hoax; →GRAP.

mop[2] *moppe, n., (<Eng.)* mop. **mop** *vb.* mop.

mop[3] →MOK *n.*.

mo·pa·nie *-nies, (bot.: Colophospermum mopane)* mopani, mopane, turpentine tree. **~by, mokkaby** *(Trigona* spp.*)* mocca/stingless bee.

mop·mus *(hist.)* mob(cap).

mop·neus pug/snub nose.

mop·per *ge-, (rare)* grumble, grouse, boggle. **mop·pe·raar** *-raars, (rare)* grumbler. **mop·pe·rig** *-rige, (rare)* disgruntled, grumbling, grumbly, grumpy, complaining.

mop·pie *-pies, (Mal. street song)* moppie, coon song.

mops-: **~gesig** pug face. **~(hond)** *-e* pug (dog).

mor *ge-* mutter; *oor iets ~* grumble about/at/over s.t..

mo·raal moral (lesson), tag; morals, morality; →MOREEL; *die ~ is goed/sleg* the morale is high/low. **~filosofie** moral philosophy, ethics. **~teologie** moral theology.

mo·ra·lis *-liste, (also M~)* moralist. **mo·ra·li·sa·sie** moralisation, moralising. **mo·ra·li·seer** *ge-* moralise, point a moral. **mo·ra·li·teit** *-teite* morality; ethics; *(hist.)* morality (play).

mo·ra·to·ri·um *-riums, -ria* moratorium.

Mo·ra·wi·ë *(geog.)* Moravia. **Mo·ra·wi·ër** *-wiërs, (relig.)* Moravian. **Mo·ra·wies** *-wiese* Moravian; *die ~e Broeders* the Moravian/United Brethren.

mor·bi·di·teit morbidity, morbidness. **mor·bied** *-biede -bieder -biedste* (of *meer ~ die mees -biede*) morbid.

mor·bil·li *(pl.), (med.)* morbilli, measles.

Mor·de·gai *(OT)* Mordecai.

mor·dent *(mus.)* mordent.

mô·re, mo·re *-res* morning, morrow; tomorrow; *van die ~ tot die **aand*** from morning to/till night; *~ oor **agt dae*** tomorrow week; ***beroem** jou nie op die dag van ~ nie, (Bib.)* do not boast about tomorrow; *~ is nog 'n **dag*** Rome was not built in a day; *op 'n **goeie** ~* one fine morning; *soos ~ **heeldag*** like anything; *die **hele** ~* all morning; ***in** die ~* in the morning; ***kom** ek nie vandag daar nie, dan kom ek ~* daar there's (*or* there is) no need to hurry; ***laat** nie oor tot ~ wat jy vandag kan besôre* procrastination is the thief of time; ***môre/more!*** good morning (all)!; →MÔRESÊ *interj.*; *~ is **nog** 'n dag* tomorrow is also a day (*or* will do just as well); *(vir iem.) ~ **sê*** say good morning (to s.o.); →MÔRESÊ *interj.*; ***tot** ~!* see you tomorrow!, till tomorrow!; *~ **vroeg*** early tomorrow morning. **~aand** tomorrow evening/night. **~besoek** = OGGENDBESOEK. **~dou** morning dew. **~gebed** = OGGENDGEBED. **~lied** dawn chorus *(of birds)*. **~lig** morning light, dawn. **~lug** morning air. **~middag, ~middag** tomorrow afternoon. **~nag, ~nag** tomorrow night. **~oggend, ~oggend** tomorrow morning, in the morning; *vroeg-vroeg/dadelik ~* first thing in the morning. **~-oormôre, ~-oormore** sooner or later; one of these (fine) days. **~praatjies** morning talk; *iem. se ~ en aandpraatjies kom nie ooreen nie, (infml.)* what s.o. says today he/she contradicts tomorrow. **~rooi** *(poet., liter.)* aurora. **~sê** *interj.* good morning (to you), good morning (all). **~sinjaal** = OGGENDSINJAAL. **~sitting** = OGGENDSITTING. **~skemering** = OGGENDSKEMERING. **~skof** *-te* = OGGENDSKOF. **~son** morning sun. **~ster** morning star, daystar; *(bot.: Tribulus terrestris)* devil's thorn. **~stond** (early) morning; *die ~ het goud in die mond* the early bird catches the worm; early to bed and early to rise makes a man healthy, wealthy and wise; *die tyd van die eerste ~* the dawn of time. **~-uur** = OGGENDUUR. **~wag** morning watch. **~wydte** *(astron.)* amplitude.

Mo·re·a *(geog., hist.)* (the) Morea; →PELOPONNESOS.

mo·reel *n.* morale; *die ~ is goed/sleg* the morale is high/low. **mo·reel** *-rele, adj.* moral; *morele herwapening* moral rearmament. **mo·reel** *adv.* morally.

mo·reen[1] *(text.)* moreen.

mo·reen[2] *-rene,* **mo·re·ne** *-nes, (geol.)* moraine.

mo·rel *-relle* morello, sour cherry.

mor·feem *-feme, (ling.)* morpheme.

mor·fe·ring *(graphics, films)* morphing.

Mor·feus, Mor·pheus *(Rom. myth.: god of sleep)* Morpheus; *in die arms van ~* in the arms of Morpheus.

mor·fien morphine, morphia *(obs.)*. **mor·fi·nis** *-niste* morphinist, morphine addict, morphinomaniac. **mor·fi·nis·me** *(med.)* morphinism.

mor·fo·gra·fie morphography.

mor·fo·lo·gie *(ling.)* morphology; morphemics. **mor·fo·lo·gies** *-e* morphological. **mor·fo·loog** *-loë* morphologist.

mor·fo·se *(biol.)* morphosis.

morg *morge, (chiefly SA, land measure)* morgen.

mor·ga·na·ties *-tiese* morganatic, left-handed *(marriage)*.

mo·riel·je *-jes, (mushroom)* morel.

mor·mel·dier *(rare)* →MARMOT.

Mor·mo·nis·me *(also m~)* Mormonism. **Mor·moon** *-mone, n., (also m~)* Mormon; →HEILIGES VAN DIE LAASTE DAE. **Mor·moons** *-moonse, adj., (also m~)* Mormon.

mor·nay·sous mornay (sauce), sauce mornay; *eiers met ~, (cook.)* eggs mornay.

mo·rog →MAROG.

mo·ron, mo·roon *-rone, (psych., dated)* moron; *(infml., derog.)* moron.

Mor·pheus →MORFEUS.

mor·rend *-rende* murmurous. **mor·rig** *-rige* surly.

mor·rie *-ries, (SA, infml., dated)* sheila, moll.

mors *ge-* mess, make a mess; spill *(milk)*; slop; waste, squander *(money, time)*; *met 'n taal ~* mutilate a language. **~jors** *(infml.)* litterbug. **~pot** *(rare)* →MORSJORS. **~pyp** overflow pipe, waste pipe. **~sluis** waste gate.

mors·af clean off, right through.

mors·dood *-dooie* (as) dead as a doornail (*or* as a/the dodo *or* as mutton), stone dead; *(fig.)* deadly dull.

Morse- *(also m~)*: **~(-)alfabet** Morse alphabet. **~(-)kode** Morse (code). **~(-)lamp** Morse/flaring/flashing lamp. **~(-)skrif** Morse alphabet/code.

mor·se·ry mess, slop; →MORS. **mor·sig** *-sige* dirty, filthy, grimy, grubby; slushy; sordid; murky, smutty *(story)*, messy, squalid, foul. **mor·sig·heid** dirt(iness), filth(iness); murkiness, smut; nastiness, grubbiness, squalor; →MORSIG.

mor·ta·del·la *(an It. sausage)* mortadella.

mor·ta·li·teit mortality.

mor·tel mortar *(in building)*.

mor·tier *-tiere, (mil.)* mortar; *met ~e beskiet* mortar. **~bom** mortar bomb.

mor·ti·fi·ka·sie mortification.

mos[1] *mosse, n.* moss; *met ~ begroei* moss-grown, mossclad. **~agaat** moss agate, mocha stone/pebble. **~beertjie** *(zool.)* bear animalcule, water bear, tardigrade. **~blommetjie** stonecrop. **~eik** Turkey oak. **~groen** mousse. **~kunde** bryology. **~(plant)** bryophyte; *M~e* Bryophyta. **~roos** moss rose. **~steek** moss stitch. **~steppe** tundra. **~vrug** *(bot.)* sporogonium.

mos[2] *n.* must, stum; new wine. **~balie** must vat. **~beskuit** *(SA)* mosbeskuit. **~bolletjie** *-s* →MOSBESKUIT. **~doppie** pot hat, billycock. **~gat** *(hist.)* must pit. **~konfyt** *(SA)* moskonfyt, grape syrup. **~stroop** →MOSKONFYT.

mos[3] *adv.* indeed; (as) you know, of course; →IMMERS; ***daar's** hy ~!* that's it (*or* the ticket)!; now you're talking!;

*ek het jou ~ **gesê*** I told you so, didn't I?; *dit/iem. **is** ~ ...* it/s.o. is ..., as you know; *maar dit **is** ~ Piet!* why, it's Peter!; *toe **raak** ek ~ kwaai verkoue* then I got a bad cold, you know; *iets/hy/sy **was** ~ ...* s.t./ he/she was ..., wasn't it/he/she?; *ek **weet** ~ nie* how can I know?.

mos·ag·tig *-tige,* **mos·sig** *-sige* mossy, mosslike; lichenous, lichenose; →MOS¹ *n.*.

mo·sa·iek *-saïeke* mosaic. **~blokkie, ~steentjie** tessella, tessera. **~goud** ormolu; mosaic gold. **~(siekte)** *(bot.)* mosaic (disease). **~virus** mosaic virus. **~vloer** mosaic floor, tessellated floor. **~werk** mosaic (work); tessellation. **~werker** mosaicist.

Mo·sa·ïes *-saïese, (also m~)* Mosaic; *~e Wet* →WET VAN MOSES. **Mo·sa·ïs·me** *(also m~)* Mosaism.

Mo·sam·biek *(geog.)* Mozambique. **Mo·sam·bie·ker** *-kers, n.* Mozambican. **Mo·sam·bieks** *-biekse, adj.* Mozambican, (of) Mozambique.

mo·sa·sou·ri·ër *-riërs,* **mo·sa·sau·rus** *-russe, (palaeontol.)* mosasaur(us).

Mo·ses *(OT)* Moses; *Wet van ~* →WET¹ *n.*.

mo·ses opponent, rival; master, superior; *iem. se ~ is **dood**, (infml.)* s.o. has no equal/match; *iem. het sy/haar ~ **teë-/teengekom**, (also, infml.)* s.o. has found/met (more than) his/her match; *jou ~ **teë-/teenkom**, (infml.)* meet one's Waterloo; *iem. se ~ **wees**, (infml.)* be one too many (*or* more than a match) for s.o..

mo·sie *-sies* motion; resolution; vote; *'n ~ **aanneem*** adopt/carry a motion; *~ van **afkeuring*** →AFKEURING; *'n ~ van **dank/deelneming/ens.*** →DANK *n.*, DEELNEMING, *ens.*; *'n ~ **indien*** introduce a motion; *van 'n ~ **kennis** gee* table a motion; *'n **kennisgewing** van 'n ~, (parl.)* a notice of a motion; *'n **onbestrede** ~* an unopposed motion; *~ van **orde*** = ORDEMOSIE; *oor 'n ~ **praat*** speak to a motion; *'n ~ tot **stemming** bring* put a motion (to the vote); *'n ~ van **vertroue/ens.** voorstel* propose a vote of confidence/etc.; *'n ~ **verwerp*** defeat/reject a motion; *die ~ is **verwerp**, (also)* the motion was lost; *'n ~ **voorstel*** propose a motion; *'n ~ van **wantroue*** a motion/vote of no confidence. **~hof** motion court.

Mo·si·li·kat·ze *(obs.)* →MZILIKAZI.

Mo·sjesj *(chief of the Basothos, 1786-1870)* Moshesh, Moshoeshoe.

mos·kee *-kees, -keë* mosque, masjid *(Arab.)*.

Mos·kou *(geog.)* Moscow. **Mos·ko·wi·ë** *(geog., hist.)* Muscovy. **Mos·ko·wiet** *-wiete,* **Mos·kou·er** *-ers* Muscovite. **Mos·ko·wi·ties** *-tiese,* **Mos·kous** *-kouse* Muscovite; *~e glas* muscovy glass, muscovite, potash mica. **Moskwa:** *the ~, (river)* Moskva, Moscow River.

Mos·lem *-lems,* **Moes·liem,** *-liems, n.* Muslim, Moslem. **Mos·lems** *-lemse,* **Moes·liems** *-liemse, adj.* Muslim, Moslem.

Mo·soel *(geog.)* Mosul. **~mat** Mosul rug.

mos·sel *-sels* mussel; **~bank** mussel bed, mussel bank. **~bredie** clam chowder. **~skulp** mussel shell. **~vangs** mussel fishing.

mos·sel·ag·ti·ge *-ges, n.* lamellibranch; *M~s* Lamellibranchiata. **mos·sel·ag·tig** *-tige, adj.* lamellibranch.

mos·sie *-sies* (Cape) sparrow; *so **dood** soos 'n ~* = MORSDOOD; *jou oor 'n **dooie** ~ verheug* rejoice over a triviality; *~s met **kanonne** skiet, (infml.)* break a butterfly on the wheel; *iem. is ~ maar **man**, (infml.)* s.o. is small but plucky. **~mannetjie** cock sparrow. **~nes** sparrow's nest; *(infml., dated)* cubby(hole) *(in a car)*. **~wyfie** hen sparrow.

mos·sig *-sige* mossy; →MOS¹.

mos·so *adv., (mus.: to be performed with rapidity)* mosso.

mos·terd mustard; *iets is ~ na die maal* after meat (comes) mustard; after death the doctor; s.t. is too late (to be of use). *wilde~, (bot.)* charlock, wild mustard. **~bad** *-baaie* mustard bath. **~boom** mustard tree. **~gas** mustard gas, yperite. **~lepeltjie** mustard spoon. **~olie** mustard oil. **~pap, ~pleister** mustard poultice/plaster, sinapism *(tech.)*. **~plant** mustard plant. **~potjie** mustard pot. **~saad** mustard seed. **~sous** mustard sauce. **~suur(tjies)** *(cook.)* mustard pickles, piccalilli.

mot¹ *motte, n.* moth; *van die ~te gevreet* mothy, moth-eaten. **~balletjie** mothball. **~bestand** mothproof. **~by, bymot** death's-head moth. **~gif** →MOTTEGIF. **~vry** mothproof. **~werend** *-e* moth-resistant. **~wortel** →MOTTEKRUID.

mot² *ge-, vb., (rare)* →MOTREËN *vb.*.

mo·tel *-tels, -telle* motel.

mo·tet *-tette, (mus.)* motet. **mo·tet·te·koor** motet choir.

mo·tief *-tiewe* motive, cause, reason, ground, incentive, stimulus, inducement; *(lit., art)* motif, theme; motif, motive, design, pattern; *(mus.)* motive.

mo·tiel *-tiele, (biol., psych.)* motile. **mo·ti·li·teit** motility.

mo·ti·veer *ge-* motivate; account for, give reasons for; *ge~de voorstel* reasoned recommendation/proposal. **mo·ti·ve·ring** *-rings, -ringe* motivation.

mo·ti·ve·rings-: **~faktore** motivational factors. **~krag** motivational powers. **~praatjie** pep/pre-match talk.

mot·jie¹ *-jies, (dim.)* little moth; →MOT¹ *n.*.

mot·jie² *-jies, (infml., sometimes derog.)* married Muslim woman.

mo·tor *n., (pl.: motors)* motor car, automobile; *(pl.: motore)* motor; engine; →KAR; *'n ~ **aanhou*** run a car; *die ~ **afsit*** cut the engine; cut the motor; *'n ~ **bestuur*** drive a car; *'n ~ aan die **gang** sit* start a car; start a motor; *die ~ het **geweier*** the engine failed; ***met** die ~ gaan, **per** ~ gaan* go by car; ***per** ~, (also)* by road; *'n **plaat** ~s* a large number of parked cars; *in 'n ~ **ry*** ride in a car; *die ~ het gaan **staan*** the engine failed; ***toe** ~* closed car; *'n ~ **versien*** service a car. **mo·tor** *ge-, vb., (dated)* motor, drive. **~afdak** carport. **~anker** motor armature. **~barkas** motor tender. **~bedryf** motor industry. **~bestuurder** motor driver, chauffeur. **~bom** car bomb. **~boot** motor boat, powerboat. **~bril** (motoring) goggles. **~defek** engine trouble, breakdown. **~duikvlug** *(av.)* power dive; *'n ~ doen/uitvoer* power-dive. **~fabriek** automobile factory. **~fiets** motorcycle, *(infml.)* motorbike. **~fietser** *(infml.)* biker. **~fietsongeluk** motorcycle accident, *(infml.)* motorbike accident. **~fietsry** motorcycling. **~fietsryer** motorcyclist, *(infml.)* biker. **~fietssport** motorcycling. **~foon** →MOTOR(TELE)FOON. **~gedenkwaardighede** *(pl.)* automobilia. **~handel** motor trade. **~hawe** *-s, -ns,* **~diensstasie** *-s* service station, garage. **~hek** motor gate; motor grid. **~huis** (private) garage. **~huisverkoping** garage sale. **~huurmaatskappy, -firma, -onderneming, ~verhuringsmaatskappy, -firma, -onderneming** rent-a-car. **~hysbak** motor skip. **~ingenieurswese** motor engineering. **~jaer** →RENJAER. **~jag** *(naut.)* motor yacht. **~kar** →MOTOR. **~kas** motor casing. **~krag** engine power; *met ~* motor-assisted, motor-propelled. **~lisensie** motor licence. **~neuronsiekte** *(med.)* motor neurone disease. **~olie** motor oil. **~onderdele** motor spares. **~ongeluk** car accident/crash. **~optog** →MOTORSTOET. **~pad** motor road. **~park** = PARKEERTERREIN. **~pas** *(dated: customs permit for a motor vehicle)* triptyque. **~plakker** car sticker. **~poel** car pool. **~renbaan** racing circuit, motordrome, speedway. **~renne** car/motor racing. **~ry** motoring. **~ryer** motor/car driver, racer; →MOTORIS. **~ryskool** driving school. **~siek** carsick. **~siekte** carsickness. **~skip** motor ship. **~slaghuis** *(infml.)* chop shop *(where stolen cars are disassembled for parts)*. **~stoet** motorcade. **~(tele)foon** (in-)car phone. **~term** motoring term. **~torpedoboot** motor torpedo boat *(abbr.: MTB)*, mosquito boat. **~trekkrag** motor traction. **~vaartuig** motor vessel. **~veerboot** car ferry. **~versekering** car insurance. **~vervoer** motor transport. **~vloot** fleet of cars. **~voertuig** motor vehicle. **~wa** motor van. **~wassery** car wash. **~wedren** car race; *(in the pl.)* car/motor racing. **~wedrenjaer** racing driver, racer. **~weg** motorway. **~werktuigkunde** motor mechanics. **~wese** motoring. **~woonskuit** cabin cruiser. **~woonwa** motor caravan. **~woordeboek** motoring dictionary.

mo·to·ries *-riese* motory, motorial; motor; *~e senu(wee)* motor nerve.

mo·to·ris *-riste* motorist, motor/car driver. **mo·to·ri·seer** *ge-* motorise.

mo·tor·loos *-lose* motorless; *~lose vliegtuig* glider.

mo·tor·tjie *-tjies, (dim.)* small motor; →MOTOR; *klein ~* baby car.

mot·re·ën *n.* drizzle, fine rain. **mot·reën** *ge-, vb.* drizzle. **mot·re·ë·ne·rig** *-rige* drizzly, drippy *(a day)*. **mot·re·ën·tjie** *-tjies* slight drizzle, *(dial.)* mizzle.

mot·te-: **~gif, motgif** *-gifte, -giwwe* moth-killer. **~kruid** *(Cymbopogon marginatus)* khuskhus/tambookie/tambukie (grass).

mot·to *-to's* motto, device, epigraph *(at the beginning of a book, chapter, etc.)*.

mou *moue* sleeve; *die **aap** uit die ~ laat* →AAP; *iets **in** die ~ hê/voer* have/keep s.t. up one's sleeve; be up to s.t., be up to no good *(infml.)*, be up to mischief; *iets teen ... **in** die ~ hê/voer* have designs on ...; *wat het/voer X **in** die ~?* what is X up to?, what is X's game?; *met **lang** ~e* long-sleeved; *~e **omslaan*** turn back sleeves; *(jou) ~e **oprol*** roll up one's sleeves; *iets uit die/jou ~ **skud*** produce s.t. without effort; ***sonder** ~e* = MOULOOS; *iem. iets op die ~ **speld*** hoodwink s.o.; *hand uit die ~ **steek*** →HAND; *'n **wye** ~* a wide sleeve. **~beskermer** sleeve guard/shield. **~boordjie, ~(-)omslag** cuff. **~(-)ophouer** sleeve garter/holder. **~plank** sleeve board. **~slip** sleeve opening. **~streep** chevron.

mou·il·leer *ge-, (phon., rare)* →PALATALISEER.

mou·loos *-lose* sleeveless; *~e trui* slipover.

mou·ser →MAUSER.

mous·gat *-gate* armhole, sleeve hole.

mou·so·le·um →MAUSOLEUM.

mous·se *(cook., hair styling)* mousse. **mous·se·li·ne** *(cook.)* mousseline.

mout *n.* malt. **mout** *ge-, vb.* malt. **~asyn** malt vinegar. **~drank** malt liquor. **~ekstrak** malt extract, extract of malt. **~gars** malting barley. **~meel** malt dust. **~melk** malted milk. **~oond** malt kiln, malt oast *(Br.)*. **~suiker** →MALTOSE. **~vloer** malt floor. **~whisky** malt whisky. **~wyn** malt spirits.

mout·ag·tig *-tige* malty.

mou·ter *-ters* maltster. **mou·te·ry** *-rye* malthouse; malting.

mo·veer *(ge)-, (dated)* molest, tease, provoke, vex, bait; *wat het iem. ge~ om dit te doen?* what actuated/moved s.o. to do this?, what made s.o. do this?.

mox·a →MOKSA.

moz·za·rel·la(·kaas) *(It.)* mozzarella (cheese).

Mpon·do →PONDO.

Mpu·ma·lan·ga *(geog.: formerly Eastern Transvaal)* Mpumalanga.

MR-mas·jien, -skandeerder, -aftaster →MAGNETIESERESONANSIEMASJIEN.

mud *mudde(ns), n., (dated: measure of capacity)* muid, bag *(weight); twee/tien ~* two/ten muids. **mud** *ge-, vb.* put in bags. **~sak** muid (bag).

mues·li muesli.

mu·ez·zin, mu·ed·zin *-zins, (Islam.)* muezzin.

muf *n.* mould, mildew; mouldiness. **muf** *muwwe muwwer mufste, adj.* fusty, musty, mouldy, stuffy, mildewed; stale, worm-eaten; nosy *(hay)*. **muf** *ge-, vb.* mould, become mouldy; go/turn stale; *~ word* go/turn stale *(bread)*.

muf·fe·rig *(rare)* →MUWWERIG. **muf·heid** mustiness, fustiness, mouldiness, staleness; →MUF *adj.*.

muf·ti →MOEFTI.

mug·gie *-gies, (entom.)* gnat; *(entom., pers.)* midge; *die ~ uitsif/uitskep en die kameel insluk* strain at a gnat and swallow a camel; *~s met kanonne skiet, (infml.)* break a butterfly on the wheel; *van 'n ~ 'n olifant maak, (infml.)* make a mountain (*or* mountains) out of a molehill (*or* molehills), get things (all) out of proportion. **~gewig** *(boxing, rare)* gnat weight. **~gras** *Adenogramma* sp.. **~motor** midget car, minicar. **~sifter** *(infml.)* gnat strainer, hairsplitter, nit-picker, pettifogger, hypercritic. **~siftery** *(infml.)* hairsplitting, nit-picking, pettifogging. **~(vlieg)tuig** *(infml.)* microlight/microlite (aircraft).

mu·gu →MOEGOE.

muil¹ *muile* mule. **~drywer** muleteer. **~esel** hinny; mule. **~skop** mule-kick. **~span** mule team. **~spinmasjien** mule (jenny). **~wa** mule(-drawn) wag(g)on.

muil² *muile, (fml., dated)* muzzle, mouth. ~**band** *ge=* gag, muzzle; *iem.* ~ shut/stop s.o.'s mouth; *die pers* ~ muzzle/hogtie the press; *jy mag 'n os nie ~ as hy gaan dors nie, (Bib.)* thou shalt not muzzle the ox when he treadeth out the corn. ~**korf** muzzle.

muil³ *muile,* **muil·tjie** *=tjies, (<Du., obs.), (footwear)* mule, (backless) slipper, slip-on.

muil·tjie *=tjies, (dim.)* little mule; →MUIL¹.

muis *muise* mouse; pad *(of the hand);* ball *(of the thumb);* fetlock *(of a horse); (geol.)* horse, rider; *(comp.)* mouse; *as die ~ **dik** is, is die meel bitter* hunger is the best sauce; *(**elektroniese**) ~, (comp.)* mouse; *deur die ~e **gevreet*** mouse-eaten; *as die **kat** weg is, is die ~ baas* →KAT; ***man** en ~ vergaan* →MAN; *daar is nie meer **plek** vir 'n ~ nie* a place is packed to capacity, a place is packed (out); *so **stil** soos 'n ~* (as) quiet as a mouse; *~e **vang*** mouse. ~**digting** mouseproofing. ~**doring** *(bot.)* butcher's broom. ~**gat** *=e* mouse hole. ~**hake** clip hooks. ~**hare** fetlock *(of horses).* ~**kleurig** *=e* mouse-coloured, mousy. ~**kuttels,** ~**keutels** mouse dung. ~**mat(jie)** *(comp.)* mouse mat/pad. ~**nes** mouse nest; *(in the pl., fig.)* musings; *iem. het ~te, iem. se kop is vol ~te, (infml.)* s.o. is lovesick (*or* has cobwebs in the brain); s.o. is girl-struck. ~**plaag** plague of mice, mice plague. ~**stil** mous(e)y, quiet as a mouse; mouselike. ~**tand(jie)** mouse's tooth; milk tooth. ~**val** mousetrap. ~**valk** buzzard. ~**vanger** mouser. ~**voël** coly, mousebird; *groot ~* grey lourie, go-(a)way bird *(SA).* ~**vry** mouseproof.

muis·ag·tig *=tige* mousy, mouselike.

mui·sie *=sies* little mouse; *die ~ sal 'n stertjie hê, (infml.)* this is not the end of the matter; *klein ~s het groot ore, (infml.)* little pitchers have long ears.

muis·hond polecat *(SA),* mongoose, foumart; chestnut *(on a horse's leg);* →STINKMUISHOND; *Egiptiese ~* ichneumon. ~**bossie** *(bot.: Pelargonium schizopetalum)* orchid pelargonium, divided petalled pelargonium.

muit *ge=* mutiny, rebel; *teen ... ~* mutiny against ... *(on a ship).* ~**siek** *=e* mutinous, seditious. ~**sug** mutinous/rebellious spirit, seditiousness.

mui·ter *=ters* mutineer, rebel. **mui·te·ry, mui·te·ry** *=rye* mutiny, rebellion, sedition.

mui·tjie →HUITJIE.

mu·ko·ïed *=des, n.* mucoid. **mu·ko·ïed** *=koïede, adj.* mucoid. **mu·ko·pro·te·ïen** mucoprotein.

mu·kus *(physiol.)* mucus.

mul¹ *mulle, (rare)* loose, powdery, fine *(sand).*

mul² *mulle, (icht.: also mulvis)* red mullet.

mul³ *n.* mould, mulch.

mu·lat *=latte,* **mu·lat·to** *=to's* mulatto.

Mül·hau·sen *(Germ., geog.)* Mulhouse.

mul·heid looseness, sandiness. →MUL¹.

mul·ti= *comb.* multi=.

mul·ti-et·nies *=niese* multiethnic.

mul·ti·funk·sie= *comb.* multifunction(al), multirole.

mul·ti·funk·si·o·neel *=nele* multifunction(al), multirole *(attr.).*

mul·ti·ge·brui·ker·stel·sel *(comp.)* multi-user system.

mul·ti·ka·naal= *comb., (TV)* multichannel.

mul·ti·keu·se= *comb.* multiple-choice *(question).*

mul·ti·kul·tu·reel *=rele* multicultural. **mul·ti·kul·tu·ra·lis·me** multiculturalism.

mul·ti·la·te·raal *=rale, adj. & adv., (pol.)* multilateral(ly).

mul·ti·mark multimarket.

mul·ti·me·di·a *(pl.)* multimedia.

mul·ti·mil·joe·nêr multimillionaire, megamillionaire.

mul·ti·na·si·o·naal *=nale* multinational; *multinasionale maatskappy* multinational (company).

mul·ti·pel *=pele* multiple; *~e sklerose, (pathol.)* disseminated sclerosis. ~**klink** multiple jack.

mul·ti·pleks *n., (telecomm.)* multiplex; *per ~ oorsein* multiplex *(vb.).* ~**sender** multiplex transmitter. ~**telegrafie** multiplex telegraphy.

mul·ti·plek·ser multiplexer.

mul·ti·pli·ka·sie·lens, mul·ti·pli·ka·sie·spie·ël multiplying glass.

mul·ti·pli·ka·tor *=e, =s, (phys., rare)* multiplier.

mul·ti·pli·seer *ge=, (rare)* →VERMENIGVULDIG.

mul·ti·pro·gram·me·ring *(comp.)* multiprogramming.

mul·ti·romp·(seil·)jag *(naut.)* multihull.

mul·ti·seps *=e* multiceps.

mul·ti·toe·gang(s)= *comb., (comp.)* multiaccess.

mul·ti·va·lent multivalent.

mul·ti·ver·die·ping= *comb.* multistorey. ~**verdieping=parkeergarage** multistorey (car park).

mul·ti·ver·wer·ker *(comp.)* multiprocessor.

mul·ti·vi·ta·mien *=miene* multivitamin.

mul·ti·vlak= *comb.,* **mul·ti·vlak·kige** *adj. (attr.), (comm.)* multilevel.

mul·vis →MUL².

mum·mel *ge=, (rare)* mumble.

mum·mie *=mies* mummy. **mum·mi·fi·ka·sie** mummification. **mum·mi·fi·(s)eer** *ge=* mummify.

Mün·chen *(geog.)* Munich.

Münch·hau·sen (baron) Munchausen. ~**-sindroom** *(also m~, med.)* Munchausen's syndrome.

mung·boon·tjie mung (bean).

mun·go *=go's, (zool.)* mongoose, ichneumon.

mu·ni·sie *(rare)* munitions, ammunition; →AMMUNISIE. ~**wa** →AMMUNISIEWA.

mu·ni·si·paal *=pale* municipal, civic. **mu·ni·si·pa·li·teit** *=teite* municipality; *(Br.)* borough.

Mun·ster *(geog.: Ir. province)* Munster.

mun·ster *=sters,* **mun·ster·kerk** *=kerke* minster.

Mün·ster *(geog.: city in Germ.)* Münster. *Vrede van ~, (hist.)* Peace of Westphalia.

munt *munte, n.* coin; coinage, money; piece (of money); currency; mint; head; *iets vir **goeie** ~ aanneem* take s.t. for the truth; ***klinkende** ~* hard cash; specie; *in **klinkende** ~ betaal* pay cash on the nail *(infml.);* ***kop/kruis** of ~* heads or tails; *'n ~ **opgooi/opskiet*** flip/spin a coin; *~e **slaan*** strike coins; *~ uit iets **slaan*** take advantage of s.t., make capital (out) of s.t., capitalise on s.t., cash in on s.t., profit by/from s.t.; *iem. met dieselfde/gelyke ~ **(terug)betaal*** pay s.o. in the same (*or* his/her own) coin, get even with s.o., repay s.o. in kind; pay s.o. back (for s.t.), give s.o. a dose/taste of his/her own medicine *(infml.);* give s.o. tit for tat. **munt** *ge=, vb.* coin, mint; monetise; *geld ~, (lit.)* mint/coin money; *iets is op iem. ge~* s.t. is aimed at s.o. *(an insinuation etc.).* ~**bus** coin box. ~**eenheid** = GELDEENHEID. ~**foon** →MUNT(TELE)FOON. ~**gehalte** alloy/fineness of coins. ~**geld** mintage, specie. ~**goud** *(hist.)* standard gold, gold species. ~**kabinet** cabinet of coins. ~**kenner** numismatist. ~**kissie** pyx (chest) *(in Br. Mint).* ~**kunde** numismatics. ~**maker** minter. ~**masjien** →MUNTOUTOMAAT. ~**materiaal** →MUNTMETAAL. ~**meester** mint master. ~**metaal** bullion. ~**outomaat** vending machine, vendor, vender, automat, slot machine. ~**pariteit** mint par (of exchange), mint parity. ~**pers** coining press, stamping press. ~**plaatjie** planchet, flan, coin plate/blank. ~**reg** right of coinage, mintage. ~**skulp** cowrie, cowry (shell). ~**slag** mintage, coinage. ~**slagkuns** coinage. ~**snoeier** coin clipper. ~**snyer** medallist. ~**spesie** specie. ~**stelsel** = GELDSTELSEL. ~**stempel** coin(age) die/stamp; mintage. ~**stuk** coin. ~**teken** mint mark. ~**(tele)foon** pay phone. ~**versamelaar** coin collector. ~**versameling** coin collection. ~**vervalser** debaser/forger of coins. ~**vervalsing** debasing of coins; forgery of coins. ~**voet** standard of coinage. ~**vorm** *=s* coin mould. ~**vormig** *=e* coin-shaped, nummular. ~**wese** mintage.

mun·ter *=ters* coiner, minter.

munt·jak *=jaks, (zool., type of deer)* muntjac, muntjak.

mu·ra·lis *=liste, (rare)* = MUURSKILDER.

mu·ra·sie *=sies* ruins, ruined wall(s).

murg marrow; *(anat.)* pulp; *(anat.)* medulla *(of fibre); (bot.)* pith; *(fig.)* stamina; *~ **afsteek*** pith; *iets dring/gaan/sny deur ~/merg en **been*** s.t. goes/penetrates/pierces to the marrow, s.t. sets one's teeth on edge; *'n ... in ~/merg en been wees* be a ... to the backbone/marrow, be out and out a ...; be a ... to the quick *(republican etc.);* be a down-the-line ... *(union man etc.); ~ in jou **pype** hê* be very strong; have guts *(infml.)*/pluck; *iem. met ~ in die **pype*** s.o. with backbone. ~**been** marrowbone. ~**bundel** medullary bundle. ~**holte** pulp cavity. ~**kern** medulla. ~**koker** vascular cylinder. ~**kool** marrow cabbage. ~**laag** medullary layer. ~**ontsteking** *(med.)* myelitis. ~**pampoen** (vegetable) marrow. ~**peer** *(rare)* →AVOKADO(PEER). ~**straal** *(bot.)* pith ray, medullary ray, silver grain. ~**-van-groente** *=s* →MURGPAMPOEN. ~**vlek** medullary spot.

murg·ag·tig *=tige* medullary, myeloid.

mur·mel *ge=* murmur; *(a brook, stream, etc.)* babble, purl; *(water)* gurgle; *(a pers.)* coo, *(liter.)* susurrate. **mur·me·lend** *=lende* murmuring; babbling, purling, susurrant. **mur·me·ling** murmur; purling, babble, susurration.

mur·mu·reer *ge=* grumble, murmur, grouse. **mur·mu·reer·der** *=ders* grumbler, grouser. **mur·mu·re·ring** grumbling, grousing, murmur, muttering, murmuring.

mur·ri·nies *=niese* murrhine.

mus *musse* (brimless) cap; bonnet; nightcap; headpiece; coif; mutch *(Sc., hist.); kop in een ~ wees (met iem.)* be hand in glove (with s.o.); *jou kwaai ~ ophê, (infml.)* be in a tantrum; *hulle is kop in een ~* they are thick as thieves.

mu·se *=ses, (Gr., Rom. myth.)* muse; *die M~(s)* the Muses.

Mu·sel·man *=manne, (dated)* →MOSLEM.

mu·se·o·lo·gie, mu·se·um·kunde museology.

mu·se·um *museums, musea* museum; (art) gallery; *'n ~ besigtig* do/visit a museum. ~**eksemplaar** museum piece, museum exhibit. ~**kunde** →MUSEOLOGIE. ~**stuk** museum piece; *(fig.: relic of the past)* dinosaur. ~**wese** museums.

mu·siek music; *op die ~ van ... **dans*** dance to the music of ...; ***in** (die) ~* in music; *~ **maak/speel,*** *(also* musiekmaak*)* make music; *soos ~ in die/jou **ore** klink/wees, (fig., infml.)* be like music to one's ears; *iets op ~ **sit*** set s.t. to music; *~ **speel*** play music; *~ **uitvoer/speel*** execute music. ~**aand** music(al) evening. ~**beoordelaar** music(al) critic, critic/adjudicator of musical performances. ~**blad** sheet of music. ~**blyspel** musical (comedy). ~**boek** music book. ~**direkteur** music(al) director. ~**doos** music(al) box. ~**drama** music drama. ~**ensiklopedie** encyclopaedia of music, musical encyclopaedia. ~**fees** music festival. ~**film** →MUSIEKROLPRENT. ~**geselskap** musical society/club; musical troupe. ~**geskiedenis** history of music, music(al) history. ~**handelaar** music dealer. ~**instrument** musical instrument. ~**kamer** music room. ~**kas** music cabinet. ~**kenner** musician; musicologist; connoisseur of music. ~**kletser** *(rare)* = PLATEJOGGIE. ~**konsert** music(al) concert. ~**korps** *(mil.)* band. ~**kritiek** music(al) criticism. ~**kritikus** music(al) critic. ~**leer** musical science, theory of music. ~**les** music lesson. ~**lessenaar** music desk. ~**lewe** musical life. ~**liefhebber** music lover, lover of music. ~**maak** →**MUSIEK** MAAK/SPEEL. ~**nommer** music(al) item. ~**noot** music(al) note. ~**notasie** musical notation. ~**onderrig** music(al) training. ~**onderwys** music instruction/teaching/education. ~**onderwyser(es)** music teacher. ~**papier** music/manuscript paper. ~**partituur** musical score. ~**resensent** →MUSIEKKRITIKUS. ~**resensie** →MUSIEKKRITIEK. ~**(rol)prent,** ~**film** musical (film). ~**saal** music hall. ~**saluut** musical salute. ~**sentrum,** ~**eenheid** music centre. ~**skool** school of music, conservatoire, conservatory. ~**sleutel** clef. ~**staander** music stand; canterbury. ~**stuk** piece of music; *'n ~ uitvoer/voordra* perform a composition. ~**tas** music case/carrier. ~**teater** music theatre. ~**uitgewer** music publisher. ~**uitvoering** (musical) performance/recital. ~**vereniging** music(al) society/club. ~**winkel** music shop.

mu·sien *=siene, (biochem.)* mucin.

mu·si·kaal *=kale* musical; tuneful; *musikale **aanleg*** musicality, musicalness; *musikale **bekwaamheid/vaardigheid/tegniek*** musicianship; *~ **doof*** tone-deaf; *g'n* *musikale* ***gehoor*** *hê nie* have no ear for music. **mu·si·ka·li·teit** musicality, musicalness; musicianship. **mu·si·kant** -*kante* musician, music maker/player.

musiko-: ~**graaf** musicographer. ~**logie** musicology. ~**logies** -*e* musicological. ~**loog** -*loë* musicologist.

mu·si·kus, mu·si·kus *musikusse, musici* musician (virtuoso), musical expert, harmonist.

mu·si·seer *ge-, (fml.)* play *(music)*.

mus·kaat nutmeg. ~**boom** nutmeg tree. ~**druif** *(also M~)* muscat. ~**neut** nutmeg. ~**olie** nutmeg oil, mace oil, oil of mace. ~**roos** damask rose.

mus·ka·del *(also M~)* muscatel, muscadel; *wit* ~ white muscadel, muscat blanc. ~**appel** musk apple. ~**druif** *(also M~)* muscadel, muscatel. ~**pruim** musk plum. ~**wyn** *(also M~)* muscadel, muscatel.

mus·ke(l)·jaat musk; →MUSKUS. ~**(kat)** genet(te).

mus·ket -*kette, (hist.)* musket, fusil. **mus·ke·tier** -*tiers, (hist.)* musketeer. **mus·ke·ton** -*tons* musketoon.

mus·kiet -*kiete* mosquito. ~**byt** mosquito bite/sting. ~**dig** mosquito-proof. ~**digting** mosquito proofing. ~**gewig** mosquito weight. ~**net** mosquito net/curtain/canopy. ~**plaag** mosquito pest. ~**rook** smudge *(chiefly Am.)*. ~**vanger** mosquito plant, mosquito trap. ~**vry** →MUSKIETDIG.

mus·ko·wiet *(min.)* muscovite.

mus·ku·la·tuur *(rare)* musculature, muscular system.

mus·kus musk. ~**bees** musk ox. ~**bont** →MUSKUSPELS. ~**boom** musk tree. ~**dier** musk. ~**eend** musk duck. ~**geur** musky smell, smell of musk. ~**gras** →MUSKUSKRUID. ~**hert** musk deer. ~**kruid** *(bot.: Erodium moschatum)* storksbill, heronsbill. ~**os** musk ox; →MUSKUSBEES. ~**pels** musquash *(Br.)*. ~**plant** *(bot.)* musk, moschatel. ~**reuk** musky smell. ~**roos** musk rose. ~**rot** muskrat, musquash *(arch.)*.

mus·kus·ag·tig -*tige* musklike, musky, moschate *(rare)*.

mus·sie -*sies, (dim.)* small cap; bonnet, skullcap; →MUS.

mus·tang -*tangs* mustang.

mu·ta·geen -*gene, n.* mutagen. **mu·ta·geen** -*gene, adj.* mutagenic.

mu·tant *n. & adj., (biol.)* mutant.

Mu·ta·re *(geog., previously* Umtali*)* Mutare.

mu·ta·sie -*sies, (biol.)* mutation, saltation, sport. ~**leer,** ~**teorie** mutation theory, mutationism.

mu·ta·tis mu·tan·dis *(Lat.)* mutatis mutandis, with the necessary changes.

mu·teer *(ge)-* mutate.

mu·ti·la·sie *(fml., rare)* mutilation. **mu·ti·leer** *ge-* mutilate.

mu·to-: ~**graaf** -*grawe* mutograph. ~**graveer** *ge-* mutograph. ~**skoop** -*skope* mutoscope.

muur *mure* wall; →WAND; *'n* ***blinde/soliede*** ~ a blank wall; *die prent* ***hang*** *aan/teen die* ~ the picture hangs on the wall; *'n* ***kaal*** ~ a blank wall; *met jou* ***kop*** *teen 'n ~ loop, teen 'n ~* ***vasloop*** bang/knock/run one's head against a (brick/stone) wall; *iem. is* ***oor*** *die ~, (infml.)* s.o. is over the hill (*or* past his/her sell-by date); s.o. has gone west (*or* is down the drain); *teen die mure* ***opklim,*** *(infml.)* be in a fix; *(die) mure het* ***ore*** (even the) walls have ears; *so* ***vas*** *soos 'n* ~ as firm as a rock; *iem. sit tussen* ***vier*** *mure* s.o. is cooped up (between four walls); s.o. is in jail/prison; *oor 'n* ***wit*** *~ kyk, (rare)* wear a high collar. ~**anker** wall stay/anchor/clamp, cramp iron, tie iron, brace. ~**arm** wall bracket. ~**bal** squash. ~**balk** wall beam/piece. ~**band** wall strap. ~**bedekking** wallcovering. ~**behangsel** wall hanging, tapestry, arras. ~**belasting** *(Br., hist.)* murage. ~**beteëling** vertical tiling. ~**bint** wall tie. ~**blaker** sconce. ~**blom** *(Cheiranthus cheiri; Cheiranthus* spp.*)* wallflower, bleeding heart. ~**blommetjie** *(fig., infml.)* wallflower *(at dances)*. ~**breker** battering ram. ~**draer** *(archit.)* stylobate, stereobate. ~**haak** thumbat, wall hook. ~**kaart** wall map. ~**kalk** limewash, distemper. ~**kap** cope. ~**kas** built-in cupboard, wall cupboard, cuddy. ~**klem** wall clip. ~**klip** walling. ~**klok** wall-mounted clock. ~**kram** wall cramp. ~**kroon** *(her.)* mural crown. ~**kruid** *(bot.)* chickweed, pellitory, pimpernel. ~**kuns** mural art. ~**lamp** wall lamp; sconce. ~**lym** size. ~**lys** cordon. ~**meublement,** ~**meubelment** fitments. ~**plaat** raising/inner plate, platt, roof/rafter plate, wall piece/plate, trabs; plaque. ~**prop** wall plug. ~**skilder** mural/fresco painter, muralist. ~**skildering,** ~**skildery** fresco, wall painting, mural (painting). ~**skrif** graffito. ~**sok** wall socket. ~**sporte** *(gym.)* wall bars. ~**steun** wall iron. ~**stut** shore. ~**swa(w)el(tjie)** martlet. ~**tapyt** arras, (wall) hanging, tapestry. ~**vak** panel/bay of a wall. ~**versiering** mural decoration. ~**verwarmer** wall-mounted heater. ~**vlak** wall surface/face; wall space. ~**voet** wall base. ~**werk** walling, masonry.

muur·tjie -*tjies, (dim.)* small wall; parapet. →MUUR.

muw·we·rig -*rige* rather musty; →MUF *adj.*. **muw·we·rig·heid** mustiness; →MUFHEID.

my[1] *pers. pron.* me; ~ ***aangaande*** (fml.), *wat ~* ***(aan)betref*** I for one, I for my part; *die boek* ***behoort aan*** ~ the book belongs to me; *iem. het ~* ***gesien*** s.o. saw me; *ek het ~* ***gesny*** I cut myself; *dit* ***kom*** *~ voor asof ...* it seems to me as if ...; ***laat*** *dit aan ~ oor* leave it to me; *aan ~ is* ***opgedra*** I have been instructed; *ek* ***skeer*** ~ I am shaving; *nie deur ~* ***skuld*** *nie* through no fault of mine; *dit* ***spyt*** ~ I am sorry; *ek het ~* ***vererg*** I was annoyed; *ek* ***vir*** *~, (obs.)* I for one, I for my part/share; I personally; *'n* ***vriend*** *van* ~ a friend of mine. **my** *poss. pron.* my, mine; →MYNE; *dit is ~ boek, die boek is myne* it is my book, the book is mine. ~**self,** ~ **self** *(acc. & dat.)* myself; *ek beloof ~ 'n vakansie* I promise myself a holiday; *ek skeer* ~ I shave myself; *ek kon ~ verwens* I could kick myself.

my[2] *ge-, vb., (fml., dated)* →VERMY.

myl *myle* mile; ***baie*** *~e* many miles; ***baie*** *~e lê tussen doen en sê* actions speak louder than words; ***honderde/duisende*** *~e* hundreds/thousands of miles; ***twee/ens.*** ~ two/etc. miles; *~e* ***ver/vêr*** miles away; for miles (and miles). ~**afstand** mil(e)age. ~**geld** mil(e)age. ~**loper** *(athlete, racehorse)* miler *(infml.)*. ~**meter** mil(e)ometer; speedometer; odometer. ~**paal** milestone; landmark.

my·mer *ge-* brood, muse, dream, ponder, ruminate, meditate, be lost in reverie/thought. **my·me·raar** -*raars* dreamer, brooder, muser, contemplator. **my·me·rend** -*rende* ruminative, preoccupied, musing. **my·me·ring** -*ringe* daydreaming, meditation, rumination, musing, reverie, *(infml.)* navel contemplating/gazing. **my·me·ry** -*rye* →MYMERING.

myn[1] *myne, n.* mine, pit, working; *(mil.)* mine; *'n ~* ***aftrap,*** *op 'n ~* ***trap*** strike a mine *(on land)*; *'n ~* ***bedryf*** work a mine; *~e* ***lê,*** *(mil.)* mine; *op 'n ~* ***loop*** strike a mine *(at sea)*; *~e* ***opruim*** *→****vee/opruim;*** *op 'n ~* ***trap*** *→****aftrap;*** *~e* ***vee/opruim*** sweep mines. **myn** *ge-, vb.* mine. ~**aandeel** mining share. ~**aar** mineral vein, lode. ~**arbeider** mine labourer; →MYNWERKER. ~**baas** mine owner; mining magnate. ~**bedryf** mining industry. ~**bek** pithead, mine head. ~**bestuurder** mine manager. ~**bou** mining. ~**boukunde** mining engineering, science of mining. ~**boukundige** -*s* mining engineer. ~**bouskool** school of mining/mines. ~**brief** mining title. ~**byter** *(mil., naut.)* paravane. ~**diepte** mining depth. ~**distrik** mining district. ~**dorp** mining town. ~**eienaar** mine owner. ~**gang** driftway, drive; *horisontale* ~ heading. ~**gas** firedamp, methane. ~**gebied** mining area; *(mil.)* mined area. ~**gees** kobold. ~**geologie** mining geology. ~**grawer** *(mil.)* miner, sapper. ~**groep** mining group. ~**hoop** mine dump. ~**hout** mine/pit timber. ~**huis** mining house; *(dwelling)* mine house. ~**huur** mining lease. ~**hyser** skip. ~**ingang** →MYNBEK. ~**ingenieur** mining engineer. ~**ingenieurswese** mining engineering. ~**inspekteur** inspector of mines. ~**installasie** mine plant. ~**kamer** *(mil.)* mine chamber. ~**kamp** mining camp, compound. ~**kaptein** mine captain. ~**kruit** blasting powder. ~**lading** mined charge. ~**lamp** mine lamp, miner's lamp, safety lamp, Davy lamp *(hist.)*. ~**lêer** minelayer. ~**lont** monk. ~**maatskappy** mining company/house. ~**magnaat** mining magnate. ~**(op)meter** mining/mine surveyor. ~**(op)meting** mine surveying. ~**opruiming** mine clearance/clearing. ~**opsigter** mine overseer, mine captain. ~**paal** →MYNSTUT. ~**pag** *(SA, hist., jur.)* mijnpacht, mynpacht. ~**put** sump, shaft. ~**ramp** mining disaster. ~**reg** mining right; mining title, undermining right. ~**skag** mineshaft, sinking. ~**skool** school of mining/mines. ~**slaantenk** *(mil.)* flail tank. ~**staking** miners' strike. ~**streek** mining area. ~**stut** pit prop, sprag, mine prop, stull. ~**tering** *(med.)* miner's phthisis. ~**timmerman** timberman. ~**tregter** mine crater. ~**trog** hutch. ~**veër** minesweeper, minehunter. ~**veëry** minesweeping. ~**veld** minefield. ~**(ver)klikker** mine detector. ~**vulling** silting. ~**waentjie** miner's truck. ~**water** mine water. ~**werk** pit work, mining. ~**werker** miner; mine worker; pitman. ~**werkersbond,** ~**werkersunie** miners' (trade) union, mining (trade) union. ~**werkerspik** mandrel, mandril. ~**werkerstaking** →MYNSTAKING. ~**werper** mine thrower; trench mortar. ~**wese** mining (industry); mining administration; *kamer van* ~ chamber of mines. ~**wurm** hookworm, miner's worm. ~**wurmsiekte** miners' anaemia, ankylostomiasis, ancylostomiasis.

myn[2] *pron.: die ~ en (die) dyn, (obs.)* mine and thine.

my·ne mine; *dit is* ~ it is mine. *ek wil ~ hê* I want mine.

my·ne·nes pocket of mines.

my·ner -*ners* miner; →MYNWERKER.

myns: ~ *insiens* to my mind, in my opinion/view.

myn·tjie -*tjies, (dim.)* small mine. →MYN[1] *n.*.

my·self →MY[1]. **my·sel·we(rs)** *(dated or infml.)* →MYSELF.

myt *myte, (arachnid)* mite, acarid(an). ~**besmetting** acariasis. ~**doder** acaricide, miticide.

my·ter -*ters, (RC)* mitre. ~**bak** mitre box. ~**klep,** *(rare)* **mitralisklep** *(anat.)* mitral valve. ~**vormig** -*e* mitre-shaped, mitral, mitriform.

Mzi·li·ka·zi, *(Afr.)* **Sil·kaats,** *(Zu.)* **u·Mzi·li·ka·zi** *(SA, hist.: chief of Matabeles)* Mzilikazi.

Nn

n, N ='e, ='s, *(14th letter of the alphabet)* n, N. **n'de** nth; ~ *mag* nth power. **n'e·tjie** =*tjies* little n. **n-fakulteit** *(math.)* factorial n.

'n¹ *art.* a, an; *so (~) vyf/ens. minute* five/etc. minutes or so.

'n², 'm *interj., (infml.)*uh-huh, yup, yes.

na¹ *na nader naaste, adj. & adv.* near, nearby, close; next; ~ ***aan*** ... near ..., close/near to ...; *te ~* ***aan*** *iem. kom* come too near s.o.; ~ ***aan*** *vyftig/ens.* nearly (*or* close to) fifty/ etc.; ***al*** *~ die hoeveelheid* depending (up)on the quantity; ***dadelik/onmiddellik*** *~* ... right after ...; *~* ***familie*** near relatives/relations; ***lank*** *~* ... long after ...; ***op*** *een/ens. ~* with the exception of one/etc.; *almal* ***op*** *een/ ens. ~, (also)* all but/except one/etc.; ***op*** *een ~ die beste* next best, second-best; ***op*** *een ~ die laaste* the last but one; ***op*** *een ~ die oudste* the second oldest; *iem.* ***te*** *~* ***kom*** tread on s.o.'s corns/toes, offend/pique s.o.; *iem. se eer* ***te*** *~* ***kom*** wound s.o.'s pride; *geruime* ***tyd*** *~* ... well after ...; *op* ***verre*** *~ nie* not nearly, not by a long way; *~* ***verwant*** closely related (to).

na² *prep., (sometimes ná)* to; in, according to; after; at; of; in the direction of; onto; on *(receipt of)*; ~ ***aanleiding*** *van* ... →AANLEIDING; *ná* ***aftrek*** *van* ... →AFTREK *n.*; *~* ***agter(toe)*** backward(s), to the back; ~ *iem. die* ***belangrikste*** *wees* be the most important after (*or* next to) s.o.; ***dag*** *~ dag* →DAG VIR/NA DAG; *ná die* ***dood*** posthumously; *~ die* ***eise*** *van die tyd* →EIS *n.*; *ná (die)* ***ete*** →ETE *n.*; *~ iem. (toe)* ***gaan*** go to s.o.; *ná die* ***geboorte*** postnatal; *(al) ~* ***gelang*** *van* ... →GELANG; *~ iem.* ***heet*** →HEET²; *ná* ***kerk*** →KERK; *ná iem.* ***kom*** follow s.o. *(in time)*; ***kort*** *ná* ... shortly/soon after ...; hard upon ...; *ná die* ***maaltyd*** postprandial; *ná* ***mekaar*** one after the other; *(sequence in time)* successively, consecutively, in a row; *twee/ens. maal ~/agter* ***mekaar*** (of *namekaar*) twice in succession; *~ iem. se* ***mening*** →MENING; *~ die* ***natuur*** *teken* →NATUUR; *ná* ***ontbyt*** →ONTBYT *n.*; *~ die uiterlike* ***oordeel*** judge by appearances; *ná 'n* ***operasie*** postoperative; *~* ***Rembrandt/ens.*** after (a painting by) Rembrandt/etc.; *~ die* ***rivier*** *(toe)* to the river; *~ brandewyn* ***ruik*** smell of brandy; *ná* ***skool*** after school; *~* ***smaak*** to taste; ***smaak*** *~* taste like *(chocolate)*; taste of *(garlic)*, have a *(garlic)* taste/flavour; *~ ...* ***soek*** →SOEK¹ *vb.*; *~ ...* ***spring*** →SPRING *vb.*; *~ 'n stok* ***spring*** jump at a stick; *~ die nuutste* ***styl*** in the latest style; *ná* ***tien/ens.*** past/after ten/etc. (o'clock); *~ die* ***tradisie*** *van* ... in the tradition of ...; *~ Kaapstad/ens. (toe)* ***vertrek*** leave for Cape Town/etc.; *~* ***voor*** forward, to the front; *~* ***vore*** *kom* →VORE; *~ iem.* ***vra*** ask for s.o.; ask/ inquire after/about s.o.; *~ alle* ***waarskynlikheid*** →WAARSKYNLIKHEID; *~* ***wens*** →WENS *n.*; *~ my (beste)* ***wete*** →WETE; *~* ***willekeur*** →WILLEKEUR.

na³ *conj.* as; →NADAT; *~* ***berig*** *word, het* ... it is reported that ...; *~ (gelang)* ***dit*** *meer word* as it increases; *~ ek* ***verneem*** ... according to my information ...

na-aap *nageaap* ape, mimic, imitate; copy; take off, mock. **na-aap·sel** =*sels* imitation. **na-a·per** =*pers* imitator, mimic, ape, copycat. **na-a·pe·ry** imitation, imitating, mimicry, aping, mimicking.

naaf *nawe* hub, nave *(of a wheel)*; boss *(of a shaft, propeller, etc.)*. ~**band** *(obs.)* end hoop, nave hoop/band, hub band. ~**bout** boss/joint bolt, hub/nave bolt ~**bus** housing/pipe/nave box. ~**dop** *(rare)* →WIELDOP. ~**kraag** hub collar. ~**rem** hub brake. ~**voering** hub liner/lining.

naai *ge=, vb., (obs.)* sew (together/up), stitch *(by hand)*, needle, seam; *(taboo sl.)* fuck, screw, poke, have a poke, bonk, bang. ~**bos** *(Azima tetracantha)* bee sting bush, stink bush. ~**doos** *(obs.)* →NAALDWERKKISSIE. ~**gare,** ~**garing** *(obs.)* sewing cotton, sewing thread. ~**gereedskap** *(obs.)* sewing things/requirements. ~**goed** *(obs.)* sewing, needlework. ~**kissie** *(obs.)* →NAALDWERKKISSIE. ~**mandjie** *(obs.)* sewing/work basket. ~**masjien** sewing machine. ~**naald** *(obs.)* sewing needle. ~**riempie** *(obs.)* sewing string/riempie. ~**sakkie** →NAALDWERKSAKKIE. ~**werk** →NAALDWERK. ~**werksakkie** →NAALDWERKSAKKIE.

naai·sel =*sels* stitching. **naai·ster** =*sters, (obs.)* →NAALDWERKSTER.

naak *naakte, n., (rare or poet., liter.)* nude (painting/ model); *~te skilder* paint nudes. **naak** *naakte naakter naakste,* **na·kend** =*kende* =*kender* =*kendste, adj. & adv.* naked, nude, bare; in the nude, (in the) raw; undraped; bald; bare *(wall)*; smooth *(surface)*; plain; →KAAL; *naakte* ***feite*** stark facts; *naakte* ***figuur*** nude (figure); ~ ***loop*** go naked; *naakte* ***spoor,*** *(bot.)* gymnospore; ~ ***swem/baai*** skinny-dip; *die naakte* ***waarheid*** the plain/ bare truth. ~**baaier** skinny-dipper. ~**baaiery** skinny-dipping. ~**danseres** stripteaser, stripper, *(infml.)* nudie. ~**figuur** nude. ~**loper** nudist, naturist; →ADAMIET. ~**lopery** nudism, naturism. ~**sadig** =*e, (bot.)* gymnospermous. ~**sadige** =*s* gymnosperm. **N~sadiges** *(bot.)* Gymnospermae. ~**slak** slug. ~**studie,** ~**skildery** nude (study). ~**wysgeer** gymnosophist.

naakt·heid bareness, nakedness, nudity.

naald *naalde,* needle; needle *(of a measuring instr.)*; *(bot.)* beard; *(biol.)* seta; pointer; arista; stylus *(of a phonograph)*; *(bot., zool.)* spicule; tongue *(of a balance)*; striker *(of a gun)*; *'n* ***draad*** *vir elke ~ hê, (rare)* never be at a loss for an answer, have a ready tongue; *'n* ***(gare-/ garing)draad*** *deur 'n ~* ***steek*** thread a needle; *'n ~ in die* ***Here se oog*** *steek, (infml.)* do sewing on Sunday, stick a needle into the Lord's eye; *'n ~ in 'n* ***hooimied*** *soek* →HOOIMIED; *van 'n ~ tot 'n* ***koevoet*** from a needle to an anchor; *op ~e en* ***spelde*** *sit* be on pins and needles (*or* on tenterhooks); *('n) mens kan iem. deur 'n ~* ***trek*** →('N) MENS KAN IEM. DEUR 'N **RING** TREK. ~**afwyking** *(compass)* deviation of the needle. ~**beitel** needle chisel. ~**boom** conifer(ous tree), needle-leaved tree, softwood (tree); pine (tree). ~**bos** coniferous forest; pine forest; hakea. ~**bossie** *(Monsonia* spp.*)* dysentery herb. ~**eik** pin oak. ~**-en-garing(-)resies** threading the needle (race). ~**galvanometer** moving magnet galvanometer. ~**geweer** needle gun. ~**gras** *(Stipa comata)* silk grass. ~**hout** softwood. ~**kant** needlepoint (lace), point lace. ~**klep** needle valve. ~**skerp** needle sharp. ~**steek** prick of a needle. ~**steek** *naaldge=, (fig.)* throw out a feeler/hint, give a hint; prime *(s.o.)*. ~**steen** needlestone. ~**struktuur** *(chem.)* dendrite. ~**telegraaf** indicator telegraph, needle instrument. ~**vis** *(icht.)* needlefish; pipefish; halfbeak. ~**vormig** =*e* needle-shaped, acicular *(leaf)*, spicular, dendritic(al). ~**werk** needlework, sewing, needlecraft. ~**werker** sewer. ~**werkkissie** sewing/needlework box, workbox. ~**werksakkie** housewife, huswife; ditty bag. ~**werkstel** sewing kit. ~**werkster** needlewoman, seamstress, sewing woman. ~**woud** coniferous forest; pine forest. ~**woudgordel** coniferous (forest) belt/zone. ~**wurm** pinworm. ~**ys** needle ice.

naal·de-: ~**boek(ie)** needle book. **N~kaap** *(rare)* Cape Agulhas. ~**koker** dragonfly; needle case; *N~s, (zool.)* Odonata. ~**kussing** needle cushion.

naal·de·rig =*rige* acicular.

naald·jie =*jies* little needle; *(zool.)* spicule; →NAALD.

naam *name* name; appellation, designation; cognomen; style; title; fame; credit; reputation, character, name; ***aandele*** *op ~* inscribed shares; *iem. se ~* ***aanteken*** take s.o.'s name; →***neerskryf, opskryf;*** *iem. (anders) se ~* ***aanvaar/oorneem*** take s.o.'s name; *die name* ***afroep*** call the roll; ***agter*** *iem. se ~* against s.o.'s name; *iem. is onder 'n* ***ander*** *~ bekend* s.o. is known by another name; *iem.* ***antwoord*** *op die ~ (van)* ... s.o. answers to the name of ...; *jou ~* ***bederf*** blot one's copybook *(infml.)*; *iem. se ~* ***beklad*** cast a slur on s.o.; *wat* ***beteken*** (of ***steek in***) *'n ~?* what's in a name?; ***by*** *name* by name; *op* ***dié/daardie*** *~* in that name; *iem. se ~* ***dra*** bear s.o.'s name; *die ~ ...* ***dra*** go by the name of ...; *jou ~* ***eer*** *aandoen* live up to one's name/reputation; *onder die ~ (van) ...* ***gaan*** go by the name of ...; *iem./iets ~* ***gee*** name s.o./ s.t.; *jou ~* ***gee/opgee*** give/leave one's name; *op ~ van die maatskappy* ***geregistreer*** registered in the name of the company; *iem. (se ~) is* ***geskrap*** s.o.'s name was taken off the roll/books; *die* ***goeie*** *~ van ... skaad* be a discredit to ...; *'n* ***goeie*** *~ hê* have a good name/reputation; be well spoken of; be of good report; *van* ***goeie*** *~ (en faam)* in good standing; *'n* ***goeie/slegte*** *~* a good/ bad name/reputation; *'n* ***groot*** *~ hê in ..., 'n* ***groot*** *~ hê op die gebied van* ... be a big name in ...; *met die* ***groot*** *name kan/begin saamgesels/saampraat, (fig., infml.)* hit/ join/make the big league; *dan wil ek my ~ nie* ***hê*** *nie* then I'll eat my hat *(infml.)*; *die kind moet 'n ~* ***hê*** it must have a name; *die ~* ***hê*** *dat jy* ... have a reputation for (*or* have the reputation of being) ...; *die ~* ***hê*** *van* ... have the name/reputation of ...; ***hoe/wat*** *is jou ~?* what is your name?; ***hoe/wat*** *is sy/haar ~ nou weer?* what did you say his/her name was?; *jou ~* ***hoog hou*** keep up one's good name, keep up one's reputation, live up to one's name/reputation; *iem. se ~ nie mooi* ***hoor*** *nie* not catch s.o.'s name; ***in*** *~ van die koning* in the name of the king, in the king's name; *net* ***in*** *~ 'n Christen/ens.* a Christian/etc. in name only; ***in*** *~, (also)* titular; *vennoot* ***in*** *~* nominal partner; *iem. (net) van ~* ***ken*** know s.o. by name (only); *iem. met die ~ ...* ***ken*** know s.o. by the name of ...; *iem. onder die ~ ...* ***ken*** know s.o. by the name of ...; *die* ***kind*** *by sy ~ noem* →KIND; *'n* ***klad*** *op iem. se (goeie) ~* a blot on s.o.'s record; *nie op iem. se ~ kan* ***kom*** *nie* not be able to put a name to s.o.; *met name te* ***koop*** *loop* namedrop, drop names; *op iem. anders se ~* ***koop*** buy in another person's name; *iem. se ~* ***leef/ lewe*** *voort as* ... s.o. is remembered as ...; *jou ~ aan ...* ***leen*** sponsor ...; *'n* ***loesing/ens.*** *is iem. se ~, (rare)* →'N LOESING/ENS. IS IEM. SE VOORLAND; *iem. (se ~) op 'n* ***lys*** *hou, iem. (se ~) op 'n* ***lys*** *laat bly* keep s.o.'s name on a list; *~* ***maak*** make a name (for o.s.), distinguish o.s., make one's mark; *~* ***maak,*** *(also)* make good; ***met*** *die ~ (van) ...* by the name of ...; ***met*** *name ...* →NAME; *iem. se ~* ***neerskryf/neerskrywe*** take s.o.'s name, write down s.o.'s name; *name* ***noem*** mention/name names; *'n ding by sy ~* ***noem*** call a spade a spade *(infml.)*; *om die ding by sy ~ te* ***noem*** to put it baldly; *by die ~* ***noem*** call by name; *iem. by name* ***noem*** →NAME; ***noem*** *geen name nie, moenie name* ***noem*** *nie* no names, no pack drill *(infml.)*; *iem. op sy/haar ~* ***noem*** call s.o. by his/her name; *iem. wie se ~ ons nie sal* ***noem*** *nie* s.o. who shall be nameless; *iem. op sy/haar (voor)~* ***noem*** call s.o. by his/her first name; be on first-name terms with s.o.; *'n* ***onaantasbare*** *~ hê* have an unblemished reputation; ***onder*** *iem. se ~* in/under s.o.'s name; *iets* ***onder*** *die ~ van liefdadigheid/ens. doen* do s.t. under the pretence of charity/etc.; do s.t. in the name of charity; ***onder*** *'n ander ~* (of *'n skuil~*) *skryf/skrywe* write under a pseudonym; *die eiendom is nog nie* ***op*** *iem. se ~ nie* the property has not yet been transferred to s.o.; ***op*** *~ van die firma* in the name (*or* on behalf) of the firm; *iem. met 'n ~* ***opsaal*** fasten a name on s.o.; *iem. (se ~)* ***opskryf/***

opskrywe take s.o.'s name, write s.o.'s name down; *jou ~ **sê/verstrek*** give one's name; *geen* (of *nie 'n*) ***sent*** *op jou ~ hê nie* not have a cent/penny to one's name; *iets op iem. se ~ **sit*** put s.t. in s.o.'s name *(property); iem. **skryf/skrywe** onder die ~* ... s.o. writes under the name ...; *iem./iets 'n **slegte** ~ gee* bring s.o./s.t. into disrepute; *'n **slegte** ~ hê* have a bad name/reputation; be of ill repute; *'n **slegte** ~ kleef/klewe iem. steeds aan* give a dog a bad name (and hang him); *'n **slegte** ~ kry* fall into disrepute *(s.t.); met iem. se ~ **smous*** bandy s.o.'s name about; trade on s.o.'s name; ***sonder*** ~ without a name; nameless, anonymous, innominate; *die eiendom/ens. **staan** op iem. se ~* the property/etc. is in s.o.'s name; *wat **steek in** 'n ~? →**beteken;** jou ~ (onder iets) **teken*** sign one's name (to s.t.); ***uit*** *~ van, (rare)* = NAMENS; *nie jou ~ laat **val** nie* keep up one's good name; *onder 'n **vals** ~ reis* travel under an alias; *'n man/vrou **van** ~* a man/woman of note, a man/woman of (high) standing; *'n man/vrou/handelaar/ens. **van** ~* a man/woman/dealer/etc. of repute; *'n digter/ens. **van** ~* a distinguished poet/etc.; *iem. **van** ~ ken* know s.o. by name; *'n ... wat die ~ **verdien*** a ... worthy of the name; *iem. se **volledige/volle** ~* s.o.'s full name; *weet **wat** iem. se ~ **is*** know s.o.'s name; ***wat** is jou ~? →**hoe/wat;** iem. het sy/haar ~ **weggegooi,** (infml.)* s.o.'s name is mud; *'n ~ **ydellik** gebruik* take a name in vain. **~blok** masthead *(of a newspaper).* **~bord(jie), ~plaat(jie)** nameplate; doorplate; name board; signpost; *(also, in the pl.)* signage. **~christen** nominal Christian, Christian in name (only). **~christendom** nominal Christianity. **~dag** *(RC)* name day; *(relig.)* fête day. **~draer** namesake, name-child *(Br., arch.).* **~gedig** acrostic. **~genoot** namesake. **~gewend** *=e* denominative, eponymous, eponymic. **~gewer** *=s* namer, nomenclator, name-giver, eponym. **~gewing** naming, name-giving; designation. **~kaartjie** business card; visiting card, name tag; place card. **~kunde** onomastics, onomatology. **~kundig** *=e* onomastic. **~kundige** *=s* onomatologist. **~lys** list of names, register, roll; roster; handlist; nomenclature. **~plaatjie** →NAAMBORD(JIE). **~rol** →NAAMLYS, TITELROL. **~siek** having a predilection for a name. **~siekte** excessive devotion to a name. **~skilder** sign painter, signwriter. **~smous** name-dropper. **~stempel** name stamp, signature stamp. **~strokie** nametape. **~syfer** *(obs.)* →MONOGRAM. **~tekening** *(fml.)* = HANDTEKENING. **~val** *(gram.)* case; ***derde*** ~ dative case; ***eerste*** ~ nominative case; ***in*** *'n ~ staan* be in a case; ***tweede*** ~ genitive case; ***verboë*** *~le* oblique cases; ***vierde*** ~ accusative case, objective case. **~valsuitgang** case ending. **~vers** acrostic. **~wisseling** metonymy. **~woord** *(gram.)* noun; *selfstandige ~* noun, substantive; *byvoeglike ~* adjective. **~woordelik** *=e, (gram.)* nominal. **~wyser** index of names.

naam·lik namely, to wit, viz. *(abbr. for videlicet).*

naam·loos¹ *=lose* nameless; *(letter)* anonymous; *(sc.)* innominate; *naamlose vennootskap* anonymous partnership; *naamlose vennoot* sleeping partner.

naam·loos², na·me·loos *=lose* nameless, inexpressible, unutterable, unspeakable.

naam·pie *=pies, (dim.)* name; *mooi ~s* pet names.

naams=: ~verandering *=e, =s* change of name. **~verwarring** confusion of names. **~verwisseling** interchange of names.

naand *interj.* good evening!; *vir iem. ~ sê* say good evening to s.o.. **~sê** good evening!.

naar *nare naarder naarste adj. & adv.* unpleasant; awful, horrible, terrible, horrid, sickening, *(infml.)* sick-making, gory; disagreeable *(fellow);* nasty *(smell, habit, weather);* foul, stormy, rotten *(weather);* dismal, miserable *(day),* gloomy, dreary; giddy, faint, queer; sick, bilious; disgusting *(sight);* beastly; ghastly; wan; nauseating, loathsome; ugly *(incident); iets is soos 'n nare **droom*** →DROOM *n.; 'n nare **gevoel*** →GEVOEL *n.; dit **lyk** te ~* it looks horrid; *iets **maak** iem. ~* s.t. nauseates s.o., s.o. is nauseated by s.t., s.t. makes s.o. sick, s.t. turns s.o.'s stomach; *dit **maak** ('n) mens ~, (also)* it is a revolting sight; *dit **maak** 'n mens ~ om te sien* it makes one sad to see, it is saddening to see; *iem. **maak** jou ~* s.o. is a pain in the neck to one; *'n nare entjie **mens,** (infml.)* a nasty, a nasty piece/bit of work; *'n nare **ongeluk*** a bad accident; *'n nare **persoon*** a disagreeable/nasty person, a stinker; *'n nare **spesmaas** hê dat ... →**vermoede/spesmaas;** ~ **teenoor** iem. wees* be nasty to s.o.; *dit was ~ **van** iem. om iets te doen* it was nasty of s.o. to do s.t.; *'n nare **verkoue*** a bad/nasty cold; *'n nare **vermoede/spesmaas** hê dat ...* have a funny feeling that ...; *~ **voel*** feel queasy/queer/sick; *oor iets ~ **voel*** feel bad (*or* be sorry) about s.t.; *~ met iem. **wees*** be nasty to s.o.; *~ (op die maag) **word*** be/feel sick/queasy; feel faint; sicken; *dit is om van ~ te **word*** it is nauseating. **~geestig** *=e* dreary, gloomy, dismal, sombre. **~geestigheid** dreariness, gloom(iness), sombreness.

naar·heid unpleasantness; giddiness, dizziness; sickness, nausea, queasiness; faintness; qualm; misery; →NAAR *adj. & adv.; die ~ het **begin*** the rot set in; *die ~ **daarvan** is ...* the worst part of it is ...; *iem. ... **dat** dit 'n ~ is, (infml.)* s.o. ... for all he/she is worth *(curries favour with s.o. etc.);* it's awful the way s.o. ... *(gossips etc.); **dis** 'n (gekroonde) ~* it's a bad/terrible business; ***(gevoel** van) ~* sinking feeling; ***jou** ~!* you wretch (*or* miserable specimen)!, you nasty thing!; *... gee jou 'n **pyn** op jou ~* (of *laat jou 'n **pyn** op jou ~ kry)* →PYN¹ *n.; dit **werk** op my ~* it gets on my nerves.

naar·stig *=stige* diligent, assiduous, industrious, studious, sedulous. **naar·stig·heid** diligence, assiduity, industry, sedulity. **naar·stig(·lik)** diligently, assiduously, industriously.

naas¹ *prep.* next (to), beside; alongside of; next door to; →LANGS; *~ **God*** next to God; *~ Johannesburg **is** Kaapstad ons grootste stad* after Johannesburg, Cape Town is our largest city; *~ die opperbevelhebber **is daar** 'n hoof van die generale staf* side by side with the commander in chief there is a chief of the general staff; *~ **mekaar*** side by side, abreast, next to one another; *~ **mekaar** lopend* concurrent; *~ **mekaar** stel* juxtapose; ***vreedsaam*** (of ***in vrede***) *~ mekaar bestaan/leef/lewe* be peacefully coexistent. **~aan** next to. **~agter:** *die een ~* the second from the rear. **~bestaan** coexistence; *in vreedsame ~ leef/lewe* be peacefully coexistent. **~bestaande** *=s* next of kin, nearest relative/relation, near kinsman. **~beste** *n.* (the) runner-up, (the) next best. **~beste** *adj.* second-best. **~eergister** three days ago. **~geleë** nearest, adjacent, contiguous. **~laaste** second last. **~mekaarstelling, ~mekaarligging** juxtaposition. **~oormôre, ~oormore** three days hence, the third day from today, in two days' time. **~volgende** next, following. **~voor:** *die een ~* the second from the front. **~wenner** runner-up. **~wit** off-white.

naas² *ge=, (obs.)* seize, take over, expropriate; communise, nationalise.

naas·te *=(tes), n.* fellow man, fellow human (being); *(Bib.)* neighbour; *jy moet jou ~ liefhê, (Bib.)* thou shalt love thy neighbour. **naas·te** *adj.* nearest; next; immediate; proximal; →NA¹ *adj. & adv.; ~ **bloedverwant*** nearest relation, next of kin; *~ **buurman*** nearest/next-door neighbour; *~ **oorsaak*** →OORSAAK; *die ~ **pad*** the shortest road; *die ~ **toekoms,** (rare)* the immediate/near future; ***tot*** *die ~ 100* to the nearest 100. **naas·te** *adv.* nearest; →NA¹ *adj. & adv.; wat die ~ lê, moet die swaarste weeg* charity begins at home; *op die/sy ~* at the nearest. **~liefde** love of one's neighbour; *Christelike ~* Christian charity. **~(n)by** roughly, approximately, more or less, substantially, broadly; *so **is** dit ~* that's just about it; *dit **is nie** ~ ... nie* that is far from being ..., that is a far cry from ...; ***(so)** ~ sewentig/ens.* s.t. like (in the vicinity of) seventy/etc.; *~ **twaalfuur*** (just) about twelve o'clock.

naas·ting *=tinge, (obs.)* seizure, confiscation, expropriation; nationalisation, communisation.

naat *nate* seam *(of a dress, ship, etc.);* suture *(of a skull, wound, etc.); (bot.; zool.)* suture; weld *(of metal);* fissure; commissure; juncture; riveting *(of a boiler); (sc.)* joint; *op die ~ van jou **rug*** flat on one's back. **~bal** *(cr.)* seam ball. **~beentjie** sutural bone. **~bouler** *(cr.)* seam bowler, seamer. **~los** torn/burst in the seam(s), with undone seam; *(fig., infml.)* crackbrained, daft. **~tang** seamer. **~vorming** jointing.

naat·jie *=jies, (dim.)* little seam.

naat·loos *=lose* seamless; without sutures; weldless.

na·bab·bel *nage=* echo *(words, opinions),* imitate, repeat *(s.o.'s)* words.

na·bank rock bottom, rock layer; ridge.

Na·ba·te·ër *=teërs, n., (hist.)* Nabat(a)ean. **Na·ba·tees, Na·ba·te·ïes** *n., (dialect)* Nabat(a)ean. **Na·ba·tees** *=tese,* **Na·ba·te·ïes** *=teïese, adj.* Nabat(a)ean.

na·beeld afterimage, incidental image.

na·be·han·del *het ~* follow up; *(med.)* give aftercare; cure *(cement).* **na·be·han·de·ling** *(med.)* after-treatment, aftercare; follow-up; curing *(of cement).*

na·be·hoed·pil *=pille* morning-after pill.

na·be·rig *(rare)* postscript; epilogue.

na·be·rou repentance, remorse, regret; *~ is gal(g)berou* repentance always comes too late.

na·be·staan·de *=des, n., (obs.)* →NAASBESTAANDE.

na·be·stel *het ~, (rare)* reorder, repeat an order. **na·be·stel·ling** *(rare)* repeat order, reorder.

na·be·taal *het ~, (rare)* pay afterwards, post-pay. **na·be·ta·ling** *(rare)* deferred/late payment, post-payment; subsequent payment; supplementary payment.

na·be·trag·ting reflection, meditation; *oor iets ~ hou* have/hold a post-mortem on s.t. *(infml.),* talk about what has happened *(at a meeting, in a match, etc.).* **na·be·trag·tings·diens** service after Holy Communion.

na·be·wing aftershock.

na·blaf *nage=, (rare)* bark after; *(fig.)* imitate.

na·bloe·ding secondary haemorrhage.

na·bloei¹ *n.* →NABLOEDING. **na·bloei** *nage=, vb., (rare)* keep on bleeding; bleed again.

na·bloei² *n., (bot.)* second blossom/bloom, continued blooming/blossoming/flowering; *(fig.)* decline, declining years. **na·bloei** *nage=, vb.* bloom later. **na·bloei·er** late flowerer, remontant plant/flower.

na·bly *nage=* stay behind; stay in *(school).*

na·bob *=bobs, (hist.)* nabob, nawab.

na·boom *(Euphorbia* spp.) candelabra tree.

na·boor *nage=, (rare)* →HERBOOR.

na·boots *nage=* copy, imitate; counterfeit; mimic; mime; simulate; mock, take off *(infml.); (comp.)* emulate; impersonate; feign; ditto; **na·boot·ser** *=sers* copier, imitator; copycat; mimic(ker); mime; simulant; simulator; *(comp.)* emulator; impersonator; mocker; parrot; echo. **na·boot·sing** *=sings, =singe* copy, imitation; mimicry; mimicking; *(sc.)* mimesis; simulation; facsimile, reproduction; echo; emulation; replica; (mus.) pasticcio; shadow; takeoff; impersonation; parrotry; *'n ~ van ... wees* be a carbon carbon of ... *(an attack etc.); 'n flou ~ van ...* a pale imitation of ...

Na·bot *(OT): ~ se wingerd, Nabotswingerd* Naboth's vineyard.

na·brul *nage=* roar after.

na·bu·rig *=rige* neighbouring, nearby, vicinal; adjacent, contiguous. **na·bu·rig·heid** nearness, vicinity, propinquity, proximity; contiguity. **na·buur·skap** *(rare)* neighbourship, neighbourliness; vicinity.

na·by *=by(e) nader naaste, adj. & adv.* near(by); at close quarters; near, close by/to, near by; near at hand. *van ~ **bekyk*** look closely, have a good look; ***hier*** ~ near here; *van ~ **ken*** know intimately; *~ **kom*** approach; verge; come near; *oë wat ~ **mekaar** sit* close-set eyes; *glad **nie** ~ ... nie* nowhere near ...; *glad **nie** ~ ... kom nie* come nowhere near ... *(infml.),* not come anywhere near ... *(infml.); dis **sommer** ~* it is no distance at all; *glad **te** ~* too close for comfort; *die ~e **toekoms*** the near future; *dit is ~ **twee-uur/ens.*** it is getting/going on for two/etc. o'clock; ***van*** ~ from close up; at close quarters; *~ **woon*** live/stay near by (*or* nearby). **na·by** *prep.* near (to), close to/by; *iem. het ~ die **dood** omgedraai* s.o. was at death's door (*or* was on the verge of death); *~ die **honderd*** close upon a hundred; *~ die **kerk*** near the church; *nie ~ ... **kom** nie* not be a patch on ...; *niemand **kom** ~ ... nie* no one can touch (*or* hold a candle to) ... **~foto, ~opname** *(also* naby foto/opname*)* close-up. **~geleë** nearby, neighbouring. **~synde** *(rare)* nearby.

Na·by·e-Oos·te: *die* ~ the Near East. **Na·by·e-Oos·ters** =*terse* Near Eastern.

na·by·heid neighbourhood, vicinity, proximity, closeness, vicinage; propinquity, contiguity; imminence; *in die* ~ *van* ... near ..., in the vicinity of ...; *nie in iem. se* ~ *kom nie* not go near s.o.. **na·by·heids·leer** proxemics.

na·da·e declining years.

na·dat *conj.* after, since; *kort* ~ *die hek toegemaak is* shortly/soon after the gate was closed.

na·da·teer *nage*= postdate.

na·deel =*dele* disadvantage; drawback; loss; detriment, prejudice, derogation; snag; hurt, damage; harm; ***in** iem. se* ~, *(rare)* →***tot** iem. se nadeel; iem. se **jonkheid** is 'n* ~ s.o.'s youth is a drawback/handicap, s.o.'s youth counts against him/her; *die nadele **oorweeg*** count the cost; ***tot*** ~ (of ***ten** nadeel) van* ... to the detriment (*or* at the expense) of ...; to the prejudice of (*or* prejudicial to) ...; ***tot** iem. se* ~, ***ten** nadele van iem.* to s.o.'s disadvantage/cost; ***tot** jou eie* ~ to one's own cost; *iets strek **tot** iem. se* ~ s.t. tells against s.o.; ***voordele*** (of ***voor-)*** *en nadele* pros and cons. **na·de·lig** =*lige* disadvantageous, detrimental, prejudicial; injurious; malign; pernicious; inimical; *die* ~*e **aspekte/sy/kant*** the downside; *iets* ~ ***raak*** pull s.t. down *(credit rating, company, etc.)*; ~*e **saldo*** debit balance, balance to the debit, deficit; ~ ***vir*** ... prejudicial to ...; *vir* ... ~ ***wees*** be bad for ...; be detrimental to ...; have an adverse effect (up)on ..., have a bad effect (up)on ...; be injurious to ... *(one's health etc.)*. **na·de·lig·heid** injuriousness; harmfulness.

na·de·maal *(fml., rare, often jur.)* whereas, since, inasmuch as, forasmuch as.

na·den·ke thought, reflection, meditation, ratiocination; →NADINK; *iets **bring** iem. tot* ~ s.t. gives s.o. pause; *iets **stem** (iem.) tot* ~ s.t. gives (s.o.) food for thought; *wat jou* (of *['n] mens) tot* ~ ***stem**, wat heelwat **stof** tot* ~ ***bied**, met heelwat **stof** tot* ~ thought-provoking; *iets gee iem. **stof** tot* ~ s.t. gives s.o. food for thought; *iem. het **stof** tot* ~ s.o. has food for thought (*or* has s.t. to think about). **na·den·kend** =*kende* meditative, pensive, thoughtful, contemplative, ruminative; →NADINK. **na·den·kend·heid** meditativeness, pensiveness, thoughtfulness. **na·den·king** *(rare)* →NADENKE. **na·denk·lik** →NADENKEND. **na·denk·lik·heid** →NADENKENDHEID.

na·der =*dere, adj.* nearer; further *(notice, reports, information)*; →NA[1] *adj. & adv.*; ~*(e) **besonderhede*** further details; *by* ~*(e) **insien/oorweging/beskouing*** on second thoughts; *tot* ~*(e) **kennisgewing*** until further notice; *by* ~*(e) **kennismaking*** (up)on closer acquaintance; *by* ~*(e)**ondersoek*** on closer investigation. **na·der** *adv.* nearer; ***al** hoe* ~ closer and closer, nearer and nearer; ~ ***beskou*** examine more closely; *iem.* ~ ***inlig*** inform s.o. more fully; ~ ***kennis maak*** (of ***leer ken)*** get better acquainted; ~ ***kom**, (also* naderkom) approach, draw near/closer; *(evening etc.)* draw on; *(December etc.)* close in; *(s.o.)* move up; *toe iem.* ~ ***kom*** (of ***naderkom)*** as s.o. was approaching; *toe die* ... ~ ***kom*** (of ***naderkom**), (past tense)* at the approach of the ...; *wanneer die* ... ~ ***kom*** (of ***naderkom**), (present tense)* at the approach of the ...; ~ *aan iem. **kom*** draw up to s.o.; ~ *na* ... *toe **kom*** move in on ...; move towards ...; *iets **kom** ongemerk vir iem.* ~ s.t. creeps up on s.o.; ~ ***staan**, (also* naderstaan) stand nearer; come nearer; join in; *'n vriend **staan*** ~ *aan jou as 'n kennis* a friend is nearer to you than an acquaintance; ***steeds*** ~ ever nearer; *iets* ~ ***toelig*** explain s.t. more fully. **na·der** *ge-, vb.* approach, (draw) near; contact; *tot **God*** ~ draw near unto God; *iem. **om** iets* ~ approach s.o. for s.t., make an approach to s.o. for s.t. *(help etc.)*; *iem. **oor** iets* ~ approach s.o. about s.t.; *die **oorlog*** ~ war is impending/imminent; ~ ***tot*** ... converge to ...; *die **tyd*** ~ the time is drawing near. ~**by** nearer; ... *van* ~ *beskou* look more closely (*or* nearer) at ... ~**hand** later (on), after(wards), in (course of) time, subsequently, at length, in due course, after a while. ~**hou** *(golf)* approach shot.

na·de·rend =*rende* approaching, coming, impending, forthcoming, oncoming; ~*e gevaar* imminent danger; ~*e kleur* advancing colour.

na·de·ring approach, oncoming, imminence.

na·de·rings-: ~**baan** *(av.)* approach (path). ~**hoek** *(av.)* angle of approach. ~**werke** *(mil.)* approaches.

na·dink *nage*= think *(about)*, consider, reflect *(upon)*, meditate, ruminate, cerebrate; ***as** jy daaroor* ~ if you come to think of it; ***diep*** ~ think hard; ***ernstig*** ~ take thought; ***goed*** ~ think hard; tax one's memory; *'n **oomblik*** ~ stop to think; ***oor** iets* ~ think s.t. over, think about (*or* deliberate about/on/over *or* consider) s.t.; ponder (on/over) (*or* mull over *or* chew on) s.t. *(s.o.'s words etc.)*; *diep **oor** iets* ~, *(also)* beat/cudgel/rack one's brains; muse on/over/about s.t.; *goed **oor** iets* ~, *(also)* give s.t. a lot of (*or* much) thought; think s.t. through; *iets doen **sonder** om na te dink* do s.t. on the spur of the moment, do s.t. without thinking/thought; ***sonder** om 'n oomblik na te dink* without a moment's thought.

na·dir *(astron.)* nadir.

na·doen *nage*= imitate, mimic, copy; ***kan** jy dit* ~? can you match that?; *jy* (of *['n] mens) sal iem. dit **moeilik** kan* ~ s.o. will be a hard act to follow; *dit kan ek **nie*** ~ ***nie*** that's more than I can do, that's beyond me; ***niemand** kan hom/haar dit* ~ *nie* he/she has no (*or* is without) equal.

na·dok·to·raal =*rale* postdoctoral.

na·doods =*doodse:* ~*e ondersoek* postmortem.

na·dors a dried-out feeling, a dry throat.

na·dra *nage*= carry after.

na·draai sequel, aftereffect, upshot, aftermath, *(infml.)* fallout; ***as*** ~ *van* ... in the train of ...; *'n* ~ ***hê*** cause/have repercussions; ***oppas** vir die* ~ mind the consequences; *en **wat** was toe die* ~? and what was the sequel?, and what happened afterwards?.

na·draf *nage*= trot after.

na·drag aftercrop.

na·dren·tel *nage*= saunter/jog after.

na·droe·jak·kals =*kalse*, **na·droe** =*droes, (rare)* →MAANHAARJAKKALS.

na·dru·iwe second crop.

na·druk[1] *n.* emphasis, stress, accent; *op iets* ~ *lê* lay/place/put the emphasis on s.t.; attach/give/lend weight to s.t.; insist (up)on s.t.; *die grootste* ~ *op iets lê* lay/put the utmost stress on s.t.; *met* ~ emphatically.

na·druk[2] =*drukke, n.* reprint; pirated edition; ~ *verbode* copyright, all rights reserved. **na·druk** *nage*=, *vb.* reprint; pirate *(a book)*.

na·druk·ker pirate *(of a book)*.

na·druk·lik =*like, adj.* emphatic, expressive, decided, incisive. **na·druk·lik** *adv.* emphatically. **na·druk·lik·heid** emphasis, stress, expressiveness.

na·druks·vorm emphatic form.

na·el[1] *naels, n.* nail; claw; *(zool.)* unguis; *(also, bot.,* naeltjie) hilum; stud; ~*s knip/afsny* pare nails; *jou* ~*s kou* bite one's nails; *jou* ~*s tot op die lewe/vleis kou* bite one's nails to the quick. **na·el** *ge*=, *vb., (fml.)* nail; *aan* ... *ge*~ *wees, (rare)* be nailed to ... *(the ground, a chair)*; be riveted to ...; *aan die grond ge*~ *wees, (also)* be/stand rooted to the spot; be transfixed. ~**borsel** nail brush. ~**byter** nail-biter. ~**knipper** nail clippers/trimmer. ~**lak**, ~**politoer**, ~**verf** nail polish/lacquer/varnish. ~**maantjie** lunula. ~**poetser** manicurist. ~**politoer** →NAELLAK. ~**riem** →NAELVLIES(IE). ~**skêrtjie** nail scissors. ~**stokkie** orange stick. ~**velletjie** →NAELVLIES(IE). ~**verf** →NAELLAK. ~**versorging** manicure. ~**vlies(ie)**, ~**riem**, ~**velletjie** cuticle; *naelvlies op die oog, (med.)* web eye. ~**vormig** =*e* unguiform. ~**vyl(tjie)** nail file. ~**wortel** root of the nail.

na·el[2] *ge*=, *vb.* sprint, race, tear, fly; *(laat)* ~ go it *(infml.)*. ~**loop** sprint, flat race; spurt. ~**loper** sprinter, racer. ~**rit** *(cycling)* sprint, *(infml.)* scorch. ~**ry** sprint. ~**ryer** *(cycling)* sprinter.

na·el[3] =*els, n.* →NAELTJIE[2]. ~**band** navel bandage, umbilical bandage, binder. ~**breuk** umbilical hernia/rupture. ~**gord** umbilical belt. ~**kruid** →NAELKRUID[1]. ~**string** umbilical cord, navel string/cord; funis; seed stalk. ~**stringbesmetting** *(vet.)* navel ill, joint ill. ~**vormig** =*e* umbilicate, umbiliform.

na·el[4] *n.:* ~**blom** gillyflower, dianthus. ~**bol** allspice, Jamaica pepper, pimento. ~**boom** →NAELTJIE(S)BOOM.

na·el·ag·tig =*tige, (bot., zool.)* umbilicate; →NAEL[3] *n.*.

na·el·byt=, **na·el·kou**= *comb.:* ~**einde** grandstand finish. ~**oorwinning**, =**sege** nail-biting victory/win. ~**riller** nail-biting thriller. ~**rit** *(infml.)* white-knuckle ride. ~**spanning** nail-biting suspense. ~**stryd**, ~**wedstryd** nail-biting match, cliffhanger, cliffhanging match; *'n* ~ *kan verwag word* the match promises to be a real humdinger, it should be a humdinger of a match.

na·el·by·te·ry, **kou·e·ry** nail-biting.

na·el·kruid[1] *(bot.: Hydrocotyle vulgaris)* pennywort, navelwort.

na·el·kruid[2] *(bot.: Geum* spp.*)* avens, bennet.

na·el·kruid[3] *(bot.: Paronychia* spp.*)* whitlow wort.

na·el·loos =*lose* nailless.

na·el·skraap(s): *dit het* ~ *gegaan, (infml.)* it was a close/narrow shave (*or* a near thing/go), it was touch and go; *dit het maar* ~ *met iem. **gegaan*** s.o. had a tough time (*or* was hard pressed), it was a near go; *die werk* ~ ***klaarkry*** finish the work in the nick of time (*or* only just); ~ ***ontkom**, (infml.)* escape by the skin of one's teeth; *naelskraapse **oorwinning*** close/narrow victory; *dit was **so*** ~ *of die skuit het omgekantel* the boat very nearly capsized, the boat was within an ace/inch of capsizing; ~ ***wen*** win by a narrow margin; scrape home.

na·el·tjie[1] =*tjies* little nail; →NAEL[1] *n.*.

na·el·tjie[2] =*tjies*, **na·el** =*s, (anat.)* bellybutton *(infml.)*, tummy button *(infml.)*, navel; *(anat.)* omphalos *(liter.)*; *(bot.)* hilum; →NAEL[3] *n.*.

na·el·tjie[3] =*tjies* clove; *(bot.)* hyacinth. ~**bol** →NAELBOL. ~**(s)boom, naelboom** clove tree. ~**(s)brandewyn** clove brandy. ~**(s)kaas** clove cheese. ~**(s)olie** clove oil, oil of cloves.

na·fluit *nage*= whistle after.

naf·ta *(chem.)* naphtha. **naf·ta·leen** *(chem.)* naphthalene, naphthalin(e). **naf·teen** =*tene, (chem.)* naphthene. **naf·te·naat** *(chem.)* naphthenate.

Naf·ta·li *(OT)* Naphtali.

nag *nagte* night; ***by*** ~ at night; by night; in the night; ***dag** en* ~ →DAG[1]; *van die* ~ *'n **dag** maak* turn night into day; *die* ~ ***deurbring*** pass/spend the night; ***diep** in die* ~ deep in the night; at (*or* in the) dead of night; *tot **diep** in die* ~ (until) far/well into the night; *so **donker/swart** soos die* ~ dark/black as night; pitch-dark/black; *iets het **een*** ~ *gebeur* s.t. happened one night; ***elke*** ~ nightly; *die **hele*** ~ *(deur)* all night (long), all through the night, throughout the night; ***hierdie*** ~ this night; ***in** die* ~ at night; by night; in the night; ***laat** in die* ~ late at (*or* in the) night, at a late hour; *tot **laat** in die* ~, *(also)* till all hours; *so **lelik** soos die* ~ →LELIK *adj.*; *in die **middel/** (rare) **holste** van die* ~ in the black/dead/depth of night, at dead of night; ~ ***ná/vir*** ~, ***elke*** ~ night after night; ***nag!*** good night!; *die* ~ ***oorbly*** stay the night; *die/'n* ~ ***oorbly*** stay overnight; *die* ~ *by vriende/ens. **oorbly*** spend the night with friends/etc.; *iets het **op** 'n (sekere)* ~ *gebeur* s.t. happened one night; *die* ~ *van 12 **op** 13 Augustus* the night of 12 to 13 August; *(vir iem.)* ~ ***sê*** say good night (to s.o.); →NAGSÊ *interj.*; *dié/hierdie **tyd** van die* ~ at this time of night; *in die slaaplose/slapelose **ure** van die* ~ in the watches of the night, in the nightwatches; ***verlede*** ~ last night; *iem. het **verlede*** ~ *by* ... *geslaap/oorgebly* s.o. stayed with ... last night; *dit **word*** ~ night is coming (on). ~**aap** →NAGAPIE. ~**adder** night adder. ~**akkedis** gecko. ~**apie** owl monkey, douroucouli; night ape, bushbaby, galago; →BOSNAGAAP. ~**arbeid** night work. ~**blind** =*e* nightblind, nyctalopic. ~**blinde** =*s* nyctalope. ~**blindheid** night blindness, nyctalopia; moon blindness *(infml.)*. ~**bloeiend** =*e, (bot.)* noctiflorous. ~**bloeier** night-blooming plant. ~**blom** evening primrose; nocturnal flower. ~**blomolie** evening primrose oil. ~**boot** nightboat. ~**diens** night duty; night service *(of a train)*; ~ *doen* be on night duty. ~**dier** nocturnal animal, nightwalker. ~**ewening** *(astron.)* equinox. ~**eweningspunt** equinoctial point. ~**gesang** *(RC)* nocturne. ~**gewaad** *(rare, usu. joc.)* →NAGKLERE. ~**hemel** night sky. ~**hemp** nightshirt *(for men)*; nightdress, nightgown *(for women)*. ~**huisie** *(naut.)* binnacle. ~**jagter** *(av.)* night fighter. ~**japon** *(obs.)* →KAMERJAPON. ~**jurk** *(obs.)* →NAGROK. ~**kabaai** *(obs.)* →NAGHEMP, NAGROK. ~**kafee** night café. ~**kantoor** newsroom *(of a morning paper)*. ~**kar,** ~**wa** *(hist.)* night (soil) cart. ~**kassie** night stand, pedestal cupboard. ~**kers** candle for the night, night light; *(bot.)* sundrop. ~**klere** pyjamas, *(infml.)* jammies, nightclothes, slumberwear. ~**klok** night bell; curfew. ~**klub** nightclub, ~spot. ~**kluis** night safe. ~**koelte** cool of night. ~**kwartier** night quarters. ~**lamp(ie)** night lamp. ~**lewe** nightlife. ~**lied** nocturne. ~**lig(gie)** night light/lamp. ~**loper** *(lit. & fig.)* night bird; streetwalker, fly-by-night *(infml.)*. ~**lug** night air. **N~maal** →NAGMAAL. ~**merrie** nightmare; *'n ~ hê/kry* have a nightmare; *~s hê/kry* have nightmares. ~**merrie-scenario** worst-case scenario. ~**mis, middernagmis** *(RC)* Midnight Mass. ~**muis** (Cape) gerbil(le), night/spring mouse. ~**mus** = SLAAPMUS. ~**opname** night-time photograph. ~**pak** pyjamas. ~**patrys** *(orn.)* yellow-throated sandgrouse. ~**portier** night porter. ~**pos** night post. ~**pot** chamber pot. ~**raaf** = NAGUIL. ~**redakteur** night editor. ~**reier** *(orn.)* night heron. ~**reis** night journey. ~**rok** nightgown, nightdress, *(infml.)* nightie, nighty. ~**rond(t)e** night round. ~**rus** night's rest; *'n goeie ~ geniet* have a good night, sleep well. ~**ryp** night frost. ~**sak(kie)** night bag. ~**sê** *interj.* good night. ~**siende** day blind. ~**siendheid** *(med.)* day blindness, hemeralopia. ~**sig** night visibility. ~**skaal,** ~**skade** *(rare)* →NASTERGAL. ~**skildery** night piece, nocturne. ~**skof** ~*te* night shift; *~ werk* be on night shift. ~**skuit** nightboat; *met die ~ kom, (rare)* not know what the conversation/discussion is about. ~**slang** *(zool.: Lamprophis aurora)* night snake; *(bot.: Ornithogalum maculatum)* snake flower. ~**slot** double lock, night latch, deadlock. ~**soen** *n.* good night kiss; *iem. 'n ~ gee* kiss s.o. good night. ~**soen** *nagge~, vb.* kiss good night. ~**sople** nightcap, night glass. ~**stilte** silence of night. ~**stoel** commode. ~**stuk** *(painting, mus.)* night piece, night scene, nocturne. ~**suster** night sister/nurse. ~**swa(w)el(tjie)** *(rare)* →NAGUIL. ~**sweet** night sweats. ~**tarief** night fare/charges. ~**tas** overnight bag/case, overnighter. ~**trein** night train. ~**uil** *(orn.: Caprimulgus europaeus, also* naguiltjie*)* nightjar; night worker; *(fig.)* night bird; *(cr., also* naguiltjie*)* →NAGWAG. ~**valk** *(rare)* →NAGUIL. ~**verblyf** accommodation for the night. ~**verpleegster** night nurse. ~**verpleging** night nursing. ~**viooltjie** *(bot.: Hesperis matronalis)* dame's violet. ~**vlieënd** ~*e* night-flying. ~**vlinder** moth, nocturnal butterfly; *(fig.)* night owl/bird. ~**vlug** night flight. ~**voël** night bird, nocturnal bird. ~**vrees** nyctophobia. ~**vrese** *(pl.)* night terrors. ~**vuil** night soil. ~**wa** →NAGKAR. ~**waak** night watch, vigil, pernoctation *(fml., chiefly relig.)*. ~**wag** night watch; night guard; *(cr., also* naguiltjie*)* night watch(man); *die N~, (Rembrandt's)* the Night Watch. ~**wagter** →NAGWAKER. ~**waker** night watchman; night watcher. ~**wandelaar** = SLAAPWANDELAAR. ~**werk** night work. ~**werker** night worker; night bird. ~**wind** night wind. ~**wolf** *(fig.)* nighthawk.

na·gaan *nage~* follow; trace; investigate; examine, check, go through *(the books)*; go/look into *(the matter)*; verify; scrutinise; inspect; trace; search, probe; go over *(one's lessons)*; ***as** jy nou ~* when you consider; *vir sover/sovêr iem.* ***kan*** *~* as far as s.o. can gather/ascertain; *jou hele **lewensgeskiedenis** ~* trace one's whole life story; ***nou** kan jy ~ hoe ...* now you can imagine how ...; *iets **tot** ... ~* trace s.t. back to ...; *so **ver/vêr** ek kan ~* as far as I can gather; *iets **weer** ~* double-check s.t..

na·gaan·de *(rare)* spiteful, vengeful, vindictive. **na·gaand·heid** *(rare)* spite(fulness), vengefulness, vindictiveness.

na·galm *n.* echo, reverberation; *(mus.)* reverb(eration). **na·galm** *nage~, vb.* echo, reverberate. ~**versterker** *(mus.)* reverb.

na·ga·na *(vet.)* nagana, trypanosomiasis.

na·gas ~*gasse* aftergas.

na·ge·boor·te afterbirth, placenta. ~**depressie** →NAGEBOORTELIK. ~**sorg** →NAGEBOORTELIK.

na·ge·boor·te·lik ~*like* postnatal; *~e depressie, nageboortedepressie* postnatal depression, maternity/baby blues; *~e sorg, nageboortesorg* postnatal care.

na·ge·dagte afterthought. **na·ge·dag·te·nis** memory, commemoration; *gewy aan die ~ van ...* sacred to the memory of ...; *saliger (~), van salige ~* of blessed memory; *ter ~ aan/van ...* in commemoration of ...; in memory of ..., *(Lat.)* in memoriam ...; sacred to the memory of ...

na·gee *nage~: iem. iets ter ere ~* →ERE.

na·ge·laat ~*late* left (behind); posthumous; →NALAAT; *nagelate eggenoot/eggenote* surviving spouse; *nagelate werk* posthumous work.

na·ge·maak ~*maakte* imitation *(leather, diamonds, etc.)*; imitative; fictitious; pinchbeck; sham; bastard; counterfeit *(banknotes, handwriting)*; artificial *(goods, flowers, etc.)*; mock *(venison, crayfish, etc)*; spurious *(coins)*; *(fig.)* pasteboard; →NAMAAK *vb.*.

na·ge·noeg nearly, almost, all but, more or less.

na·ge·noem·de *(rare)* undermentioned, following.

na·ge·reg dessert, sweet (course), sweets.

na·ge·sang closing hymn.

na·ge·sien ~*siene* (→NASIEN): *~e opstel* corrected essay.

na·ge·slag descendants, offspring, progeny, seed *(arch., chiefly Bib.)*; posterity. ~**toets** *(vet.)* progeny test.

na·ge·streef ~*streefde* (→NASTREEF): *~de ideaal* ideal aimed at.

na·ge·voel aftersensation.

na·ge·was aftergrowth.

na·gis *nage~* ferment again, keep on fermenting. **na·gis·ting** postfermentation.

na·glans afterglow.

na·gloed afterglow. **na·gloei** *nage~* keep on glowing. **na·gloei·ing** afterglow.

Nag·maal *(Chr.)* the Lord's Supper, (Holy) Communion; *die ~ bedien* give (Holy) Communion; *aan die ~ deelneem, die ~ gebruik, ~ vier* partake of (Holy) Communion, communicate. ~**(s)beker** communion cup, chalice. ~**(s)brood** communion bread. ~**(s)diens** communion service. ~**(s)ganger** communicant; person going to communion service. ~**(s)tafel** the Lord's table, communion table. ~**(s)viering** celebration of the Lord's Supper, communion. ~**(s)wyn** altar wine, sacramental/communion wine.

na·graads ~*graadse* (post)graduate; *~e skool* graduate school.

na·gras aftermath, aftergrass, fog.

na·groei aftergrowth.

nag·te·gaal ~*gale, (orn.)* nightingale; philomel, philomela *(poet., liter.)*; *Oosterse ~* bulbul. ~**slied** song of the nightingale. ~**stem** voice of a nightingale.

nag·te·lik ~*like* nightly, nocturnal; *~e **aanval*** night attack; *~e **duister*** darkness of night; *~e **fees*** midnight feast; *~e **hemel*** sky at night, night sky; *in die ~e **ure*** in the watches of the night *(poet., liter.)*.

nag·ya·giet *(chem.)* nagyagite.

na·hit·te, ·warm·te afterheat.

na·hou *nage~: iem. hou die mening/sienswyse daarop na dat ...* s.o. holds the opinion/view that ...; *iem. ~, (obs.)* →IEM. LAAT **SKOOLSIT**.

na·hu·we·liks ~*likse* postnuptial.

na·ïef *naïewe naïewer naïefste* naive, naïve, artless, ingenuous, unsophisticated; corny. **na·ï·we·ling** ~*linge, (rare)* (very) naive person. **na·ï·wi·teit** ~*teite* naivety, naïvety, naiveté *(Fr.)*, artlessness, ingenuousness.

nai·ra ~*ras, (monetary unit of Nigeria)* naira.

na·ja(ag) *nage~* run after, pursue, (give) chase; search for, seek after *(happiness etc.)*; pursue *(knowledge, pleasure, a goal, etc.)*; hunt after *(riches)*; aim at *(profits etc.)*; *'n baantjie ~* be after a job; *die liefde ~* follow the way of love.

na·jaar autumn, fall *(Am.)*. ~**storm** autumnal storm.

na·jaars-: ~**hout** summerwood. ~**weer** = HERFSWEER.

na·ja·de ~*des, (myth.)* naiad, water nymph; *(entom.)* naiad.

na·ja·er pursuer; →NAJA(AG); **na·ja·ging** pursuit; seeking after; striving for.

na·kend ~*kende* ~*kender* ~*kendste* →NAAK *adj. & adv.*.

na·ken·nis: *met (die voordeel van) ~* with (the benefit/wisdom of) hindsight; →NAWETE.

na·keu·ring postselection.

na·kind posthumous child; child from a second/later marriage.

na·klank *(lit., fig.)* echo. **na·klink** *nage~* echo, resound, continue to sound, sound after.

na·klip gravelstone, puddingstone.

na·kom *nage~* fulfil, keep *(a promise)*; obey *(a command)*; do, perform, discharge *(a duty)*; comply with *(regulations)*; observe *(commands)*; *'n **belofte** ~* →'N **BELOFTE** GESTAND DOEN; ***vereistes*** *~* conform to requirements; *jou **verpligtinge** ~* →VERPLIGTING; ***voorwaardes** ~* abide by terms. **na·ko·me·ling** ~*linge* descendant; issue *(fml., jur.)*; seed *(arch., chiefly Bib.)*. **na·ko·me·ling·skap** progeny, offspring; posterity, issue, progeniture. **na·ko·ming** fulfilment, performance; pursuance, compliance (with), discharge; →NAKOM; *die ~ van ...* compliance with ... **na·ko(m)·mer** ~*mers, (rare)* →LAATKOMMER, LAATLAMMETJIE.

na·kroos offspring, descendants, progeny, issue *(fml., jur.)*.

na·kuur aftercure.

na·kyk *nage~, (obs.)* look at, watch; check, look over, correct, go over, mark *(exercises, examination papers, etc.)*; look up; overhaul *(car)*.

na·laat *nage~* leave behind; neglect *(a duty)*; forbear, stop, leave off *(doing a thing)*; leave *(s.t. to an heir)*; bequeath, settle on, will; omit *(to tell)*; *iets **aan** iem. ~* bequeath/leave/will s.t. to s.o., bequeath s.o. s.t.; *die geld word **aan** ... nagelaat, (also)* the money goes to ...; *ek kan nie ~ om **melding** te maak van ... nie* I cannot refrain from mentioning ...; *~ **om** iets te doen* fail to do s.t., not do s.t.; omit to do s.t.; *nooit ~ **om** te ... nie* never fail to ... *(visit s.o. etc.)*; *'n **weduwee** en twee kinders ~* leave a widow and two children. *nagelate **werk*** →NAGELAAT. **na·la·ten·skap** ~*skappe* estate; heritage, inheritance; (literary) remains, relics. **na·la·ter** ~*ters* defaulter. **na·la·tig** ~*tige* negligent, careless, neglectful, culpable, remiss; *~ wees wat iets betref* be negligent about/of s.t.; *erg ~ wees* be grossly negligent. **na·la·tig·heid** negligence, carelessness, oversight, dereliction *(of duty)*, omission, remissness; *growwe/verregaande ~* gross negligence. **na·la·ting** ~*tings,* ~*tinge* omission; neglect; forbearance; failure.

na·leef, na·le·we *nage~* live up to *(a principle)*; follow *(a way of life)*; honour *(an agreement, a treaty, etc.)*; comply with *(regulations)*; observe *(an accord etc.)*.

na·lees *nage~* read over; read up; read again; peruse; glean; go over. **na·le·ser** collator. **na·le·sing** reading over, perusal; gleaning(s); →NALEES.

na·le·we →NALEEF. **na·le·wing** observance *(of rules etc.)*.

na·loop ~*lope, n.* faints, feints, last/second runnings *(of brandy/whisk[e]y)*; drips *(of sugar)*; lag(ging). **na·loop** *nage~, vb.* run after, follow; see to; *(elec.)* lag. ~**hoek** angle of lag.

na·lo·per follower; imitator; shadow; tuft hunter; dangler *(arch.)*.

Na·ma, Na·ma·kwa *(member of a people, pl.:* Namas, Namakwas*)* Nama, Namaqua; *(lang.)* Nama, Namaqua; →NAMAKWA. ~**land** *(geog., hist.)* Namaland.

na·maak *n.* imitation, forgery, counterfeit, copy, sham, fake. **na·maak** *nage~, vb.* copy, imitate; forge *(a signature)*; counterfeit *(coins, banknotes, handwriting)*; mimic, mock, simulate; fake. ~**kuns** counterfeit art, kitsch *(<Germ., pasticcio, pastiche)*. ~**poësie** spurious poetry. ~**silwer** argentine.

na·maak·baar forgeable.

na·maak·sel ~*sels* imitation, counterfeit, fake, copy.

na·ma·ker ~*kers* imitator; forger, counterfeiter; →NAMAAK *n. & vb.*.

Na·ma·kwa ~*kwas* (→NAMA): **n~duif(ie)** *(also N~; Oena capensis)* Namaqua dove. **n~fisant** *(also N~, obs.)* Namaqua pheasant; →NATALSE **FISANT. n~gousblom** *(also N~)* →**NAMAKWALANDSE** MADELIEFIE. **n~kanarie** *(also N~)* Namaqua canary. **~land** *(geog.)* Namaqualand. **~lander** Namaqualander. **~lands** *-e* Namaqua(land); *~e madeliefie, (Dimorphotheca sinuata)* Namaqua(land) daisy. **n~patrys** *(also N~, Pterocles namaqua)* Namaqua sandgrouse/partridge. **n~suikerbekkie** *(also N~, Nectarinia fusca)* dusky sunbird.

na·ma·te (in proportion) as, (so *or* in so) far as, (according) as.

na·me: *iem. by ~ noem* call s.o. by name; mention s.o. by name (*or* explicitly); *met ~ ...* especially/notably/particularly ...

na·meet *nage-* measure again, check the measurement(s).

na·me·loos →NAAMLOOS[2].

Na·men *(geog.)* Namur.

na·mens in the name of, on behalf of, for, for and on behalf of.

Na·mib: *die ~(woestyn)* the Namib (Desert). **~duinadder, ~woestynadder** *(also n~)* side-winding adder, Peringuey's adder.

Na·mi·bi·ë *(geog.)* Namibia. **Na·mi·bi·ër** *-biërs* Namibian. **Na·mi·bies** *-biese* Namibian; *~e Engels* Namlish *(SA, joc.)*.

na·mid·dag afternoon; *in die ~* in/during the afternoon; *op 'n ~* of an afternoon. **~diens** afternoon service. **~wag** *(12:00-16:00)* afternoon watch.

na·mie *(bot.: Pelargonium antidysentericum)* namie.

nam·mies, nam-nam, nams *(infants' speech)* sweeties.

namp·tis·se·ment *-mente, (jur.)* provisional sentence.

na·nag small hours, latter part of the night; *in die ~* in the small/wee hours (of the morning), after midnight.

nan·doe *-does, (S.Am. bird)* rhea.

nang·ka *-kas, (rare)* jackfruit.

na·nis·me *(biol., physiol.)* nanism, dwarfism.

Nan·jing, Nan·king *(geog.)* Nanjing, Nanking. **nan·kin(g)** *(text.)* nankeen. **nan·king·se** *adj.* nankeen; *~ broek, nankin(g)broek, (hist.)* nankeen trousers, nankeens.

na·no- *comb., (10^{-9})* nano-. **~meter** nanometre. **~sekonde** nanosecond. **~tegnologie** nanotechnology.

nan·soek *(text.)* nainsook.

na·oes *n.* aftercrop, aftermath. **na·oes** *nage-, vb.* reap the aftercrop.

na·oog *nage-, (dated)* watch, follow with one's eyes.

na·oor·logs *-logse* post-war; *~e baba/kind, (also)* baby boomer.

Na·pels *(geog.)* Naples; →NAPOLITAAN, NAPOLITAANS. **n~geel** Naples yellow.

Na·pier·gras *(also n~)* Napier grass.

Na·po·le·on *(Fr. emperor)* Napoleon. **na·po·le·on** *-ons, (hist., coin)* napoleon. **Na·po·le·on·ties** *-tiese, (also n~)* Napoleonic.

Na·po·li·taan *-tane, n.* Neapolitan; →NAPELS. **Na·po·li·taans** *-taanse, adj.* Neapolitan.

na·praat *nage-* mimic *(s.o.'s voice)*; repeat *(s.o.'s)* words, echo, imitate the words/opinions of; chime; *(rare)* hold a postmortem; *ander ~* sing the same tune; *dis alles net ~* it is nothing but parrot talk. **na·pra·ter** *(derog.)* parrot, imitator, echo, lackey. **na·pra·te·ry** parrotry, echoing, gossip; *(rare)* postmortem.

na·pret fun/jollification after the event.

na·pro·duk·sie(·werk) postproduction.

na·pyne *(med.)* afterpains.

nar *narre* buffoon, jester, fool, clown, harlequin. **nar·ag·tig** *-tige* clownish.

nar·cis *-ciste,* **nar·sis** *-siste* narcissist. **nar·cis·(sis·)me, nar·sis·(sis·)me** *(also N~)* narcissism, narcism. **Nar·cis·sus** Narcissus. **nar·cis·(sis·)ties, nar·sis·(sis·)ties** *-tiese* narcissistic.

nar·dus *(bot.)* spikenard. **~gras** matgrass, matweed.

na·re·de epilogue *(at the end of a book)*.

na·re·ken *nage-* calculate; verify, check. **na·re·ken·baar** controllable.

nar·gi·le(h) *-le(h)s, (<Pers.)* narghile, nargile(h), hooka(h), water pipe.

nar·ko·lep·sie *(med.)* narcolepsy. **nar·ko·lep·ties** *-tiese* narcoleptic. **nar·ko·lep·ti·kus** *-tikusse, -tici* narcoleptic.

nar·ko·ma·nie narcomania, drug habit.

nar·ko·se an(a)esthesia, narcosis; *onder ~* under an an(a)esthetic; *iem. onder ~ bring/sit* an(a)esthetise/narcotise s.o., put out s.o.; *onder ~ wees* be an(a)esthetised. **nar·ko·se·leer** an(a)esthetics. **nar·ko·ties** *-tiese* narcotic; *~e middel* narcotic. **nar·ko·ti·kum** *-tikums, -tika* narcotic, drug. **nar·ko·ti·seer** *ge-* an(a)esthetise, narcotise. **nar·ko·ti·seur** *-seurs* an(a)esthetist.

nar·ra *-ras, (Acanthosicyos horrida)* butterpips, -pits.

nar·re-: **~bel** fool's bell. **~kap** fool's cap, foolscap, cap and bells. **~pak** motley. **~septer** bauble. **~slee** sleigh. **~spel** *(theatr.)* harlequinade. **~streke** clownery, clowning.

nar·se·ïen *(chem.)* narceine, narceen.

nar·sing *-sings, (bot.)* narcissus; *geel ~* jonquil. **~lelie** amaryllis.

nar·sis →NARCIS. **nar·sis·(sis·)me** →NARCISME.

nar·tjie *-tjies, (SA)* naartjie; *(geel) ~* mandarin(e); *(rooi) ~* tangerine. **~kleur** tangerine. **~kleurig** *-e* tangerine.

nar·wal *-walle, -wals* narwhal, unicorn fish.

na·ry *nage-* ride/drive after; *al die troppe/skape ~* ride/drive to all the flocks.

na·saal *-sale, n. & adj., (phon.)* nasal; *~sale klank/(stem)toon/tongval/uitspraak* twang. **na·sa·leer** *ge-* nasalise. **na·sa·le·ring** nasalisation. **na·sa·li·teit** nasality.

na·saat *-sate* descendant.

na·sang closing hymn.

Na·sa·ret *(geog.)* Nazareth; *kan daar uit ~ iets goed(s) kom?* can any good thing come out of Nazareth?. **Na·sa·reens** *-reense, adj.* Nazarene. **Na·sa·re·ner** *-ners, n.* Nazarene.

na·sê *nage-* say after, repeat; *iem. iets ~* repeat/say s.t. after s.o.; *ons sê hom/haar dit almal na* so say all of us, we wish to voice the same sentiments.

na·send *nage-* forward, send on; redirect. **na·sen·ding** redirection.

na·sie *-sies* nation, people; **~bestaan** existence as a nation. **~bou** nation-building, building up of the nation. **~bouer** nation builder. **~diens** service to the nation/state. **~-eenheid** national unity. **~-eer** national honour. **~gees** national spirit. **~heil** welfare of the nation. **~skap** nationhood, statehood. **~trots** national pride. **~vlag** *(rare)* →**NASIONALE** VLAG.

na·sien *nage-* look over, read through, correct, mark *(essays, proofs)*, go through; audit; do *(books)*; overhaul *(a machine)*, inspect *(an engine)*; check *(data, papers)*; (sub)edit; *iets laat ~* have s.t. looked/seen to *(a car etc.)*. **na·sie·ner** corrector, reviser; checker; subeditor; redactor.

na·si go·reng *(Indon. cook.)* nasi goreng.

na·sing *nage-* sing after.

na·si·o·naal *-nale* national; *N~nale **Botaniese** Tuine* National Botanic Gardens; *N~nale **Gesondheidsdiens**, (Br.)* National Health Service; *~nale **konvensie**, (pol.)* national convention; *N~nale **Krugerwildtuin*** Kruger National Park; *~nale **kurrikulum/leerplan*** national curriculum; *~nale **pad*** national road; *Nuwe N~nale **Party**, (SA, pol.)* New National Party; *N~nale **Raad** van Provinsies, (SA, parl.)* National Council of Provinces; *~nale **regering*** central government; *N~nale **Spaarsertifikaat**, (SA, hist.)* National Savings Certificate; *~nale **vakansiedag*** national holiday; *N~nale **Vergadering**, (SA)* National Assembly; *~nale **vlag**, (naut.)* ensign, national flag; *N~nale **Vrouedag**, (SA: 9 Aug.)* National Women's Day. **~gesind** *-e* national-minded; *(pol., N~)* Nationalist-leaning. **N~-sosialis** *n., (hist., also n~)* National Socialist, Nazi. **N~-sosialisme** *(hist., also n~)* National Socialism, Nazi(i)sm. **N~-sosialisties** *adj., (hist., also n~)* National Socialist, Nazi.

na·si·o·na·lis *-liste, (in pol. N~)* nationalist. **na·si·o·na·li·sa·sie** nationalisation. **na·si·o·na·li·seer** *ge-* nationalise. **na·si·o·na·li·se·ring** *-rings, -ringe* →NASIONALISASIE. **na·si·o·na·lis·me** nationalism. **na·si·o·na·lis·ties** *-tiese* nationalist(ic). **na·si·o·na·li·teit** *-teite* nationality. **na·si·o·na·li·teits·ge·voel** national feeling.

na·si·re·ër *-reërs, (hist.)* Nazarite, Nazirite.

na·skeer·mid·del *-dels* aftershave (lotion).

na·ske·me·ring afterglow.

na·skets *nage-* sketch after; copy.

na·skiet *nage-* fire *(shot)* after, send a bullet after.

na·skil·der *nage-* copy, reproduce *(a painting)*. **na·skil·de·ring** copy, reproduction *(of a painting)*.

na·skok aftershock.

na·skools *-skoolse* after the school day; after the school years.

na·skree(u) *nage-* shout/cry after.

na·skrif *-skrifte* postscript; *'n ~ by/onder 'n brief* a postscript to a letter; *'n ~ byvoeg* add a postscript. **na·skryf, na·skry·we** *nage-* copy; crib; plagiarise *(from an author)*. **na·skry·wer** copier; plagiarist.

na·skyn·sel afterglow.

na·slaan *nage-* consult, refer to *(a register etc.)*; look up *(a word etc.)*; read up (on) *(a subject)*; *iets in 'n woordeboek/ens. ~* look s.t. up in (*or* refer to) a dictionary/etc.. **~boek, ~werk** book/work of reference, reference book. **~geld** search fee.

na·sleep *n.* train; aftermath, sequel, aftereffect, fallout; *'n ~ hê* cause/have repercussions; *die ~ van ...* the sequel to ...; the aftermath/consequences of ... *(the war etc.)*; the aftereffect/sequela of ... *(an illness)*. **na·sleep** *nage-, vb.* drag after/behind.

na·sluip *nage-* steal after.

na·smaak aftertaste; *'n bitter ~ agterlaat/hê* leave a bitter taste in the mouth; *'n onaangename ~ agterlaat/hê* leave one with an unpleasant taste in the mouth; *'n slegte ~ agterlaat/hê* leave a bad/nasty taste in the mouth.

na·snel *nage-* run/hasten/hurry after.

na·snuf·fel *nage-* investigate *(a matter)*, pry into/about, ferret into; rummage, search.

na·so·mer late summer; Indian summer.

na·sorg *(med.)* aftercare, follow-up care. **~kliniek** aftercare clinic; follow-up clinic.

na·span·ning *(phys.)* residual stress.

na·spel *-spele, n., (mus.)* postlude; *(mus.)* epilogue; *(theatr.)* afterpiece; last voluntary *(on an organ)*; aftermath, sequel. **na·spel** *nage-, vb.* spell after.

na·speur *nage-* trace, investigate, search, study, sift, explore, smell out. **na·speur·baar** traceable, detectable, ascertainable. **na·speu·ring** tracing, investigation, tracking.

na·spoor *nage-* trace, track, investigate, find out. **na·spo·ring** *-rings, -ringe* investigation, inquiry, research, study, search; caster *(of a vehicle)*.

Nas·sau *(geog.)* Nassau.

nas·sen·sie *(chem.)* nascency. **nas·sent** *-sente, (chem.)* nascent.

nas·ter·gal *(bot.: Solanum nigrum)* common/black nightshade, banewort; belladonna; bittersweet.

na·streef, na·stre·we *nage-* strive after, aim at, seek, pursue *(an object)*; follow up; stand out for; emulate. **na·stre·wer** emulator. **na·stre·wing** emulation; pursuit, pursuance.

Nat *Natte,* **Nat·te** *-tes, n., (infml., pol., abbr. for* Nasionalis*)* Nat. **Nat** *adj.* Nat.

nat *n.* wet, damp; *iem. het nog nie ~ of droog oor sy/haar lippe gehad nie* s.o. has not yet had anything to eat or drink; s.o. has had neither bite nor sup; *in die ~* in the wet. **nat** *nat natter natste, adj. & adv.* wet; moist, damp; dank; *(infml.)* tipsy; ***deur en deur** ~ wees* be wet through, be drenched/wet to the skin; *~ **droom*** wet dream; *~ **ekseem*** →EKSEEM; *~ **kalwersiekte**, (vet.)* sweating disease/sickness; *so ~ soos 'n **kat*** as wet as a drowned rat, drenched to the skin; *nog ~ agter die **ore*** →OOR[1] *n.*; *~ **sel**, (elec.)* wet cell; *~ van die **sweet*** →SWEET *n.*; *~ van die **trane** wees* be wet/dewed with tears; *~ **vel*** green hide; *~ **voorkoms*** wet look *(of clothing fabric etc.)*; *~ **ware*** wet goods; *~ **word*** get wet; moisten; *jou voete/ens.*

sal ~ word one will get one's feet/etc. wet. **~-droog-skuurpapier** wet-and-dry (abrasive) paper. **~gesout** =*e* wet-salted, stack-salted. **~gooi** *natge*= wet; water. **~hals** *(infml.)* soaker, toper. **~lei** *natge*= water, irrigate. **~leistelsel** watering/irrigation system. **~maak** *natge*= wet; water *(a garden)*; moisten; *jou (broek) ~, jou ~ van die lag, (sl.)* wet o.s. (laughing). **~neus** *(joc.)* ox. **~pis** *natge*=: *jou ~, (vulg.)* piss o.s.. **~reën** *natge*= be/get caught in the rain, get a soaking, be drenched. **~sout** *natge*= wet-salt. **~spat** sprinkle *(washing)*; splash *(a pers.)*; be=spatter *(with water)*, spatter, dash (on/over). **~spuit** water *(a garden)*, turn a hose on. **~vrot** wet rot, soft rot.

nat·heid wetness, moistness, dampness, dankness.

nat·te·rig =*rige* rather wet/damp/moist, wettish; *(infml.)* slightly tipsy. **nat·te·rig·heid** slight wet(ness), damp=(ness). **nat·tig·heid** moisture, wet, moistness; *in die ~* in the wet.

Na·tal *(geog., hist.)* Natal; →NATALLER, NATALS. **n~gras** Natal/silky grass. **n~kweek** crowfoot grass.

Na·ta·li·a *(SA, hist.: a Boer republic)* Natalia.

na·ta·li·teit *(rare)* →GEBOORTESYFER.

Na·tal·ler =*lers, n.* Natalian. **Na·tals** =*talse, adj.* Natalian, (of) Natal.

na·te·ken *nage*= copy, reproduce, trace; represent, draw, portray. **na·te·ke·ning** tracing, copy, reproduc=tion; representation, drawing.

na·tel *nage*=, *(obs.)* →OORTEL[2].

na·tou *(Ficus natalensis)* tree killer.

na·trek *n.* tracing, trace, copy; double action *(of a rifle)*; second pressure; finishing stretch; *'n geweer sonder ~* a single-action rifle. **na·trek** *nage*=, *vb.* travel after/behind, follow; copy, (re)trace, calk, calque; transfer. **~linne** tracing cloth/linen. **~papier** tracing paper.

na·trek·ker tracer. **na·trek·sel** =*sels* trace, tracing.

na·tril *nage*= continue to vibrate, keep on vibrating.

na·tri·um *(chem., symb.:* Na*)* sodium. **~arseniet** ar=senite of soda, sodium arsenite. **~bikarbonaat** sodium bicarb(onate), (bicarbonate of) soda, baking soda; →KOEKSODA. **~bisulfiet** sodium bisulphite. **~chloried** sodium chloride, table salt. **~(damp)lamp** sodium(-vapour) lamp. **~houdend** =*e, (geol.)* sodic. **~karbonaat** sodium carbonate, natron, washing soda. **~nitraat** sodium nitrate, Chile saltpetre/nitre, soda nitre. **~ni=triet** sodium nitrite. **~sulfaat** sodium sulphate, Glau=ber('s) salt. **~tiosulfaat** *(phot.)* hypo.

na·tro·liet *(min.)* natrolite, needlestone.

na·tron *(chem.)* natron, soda. **~kalk** soda lime. **~loog** caustic soda solution, sodium hydroxide solution. **~salpeter** →NATRIUMNITRAAT. **~waterglas** sodium silicate.

na·tros(·sie) late bunch of grapes; *natrossies* glean=ings *(in a vineyard)*.

Nat·te =*tes* →NAT *n.*.

na·tu·ra *(Lat.)*: *in ~* in kind. **na·tu·ra·lis** =*liste* natu=ralist. **na·tu·ra·li·sa·sie** naturalisation. **na·tu·ra·li·sa=sie·be·wys, =ser·ti·fi·kaat** naturalisation papers. **na=tu·ra·li·seer** *ge*= naturalise; *jou laat ~* take out letters of naturalisation. **na·tu·ra·lis·me** *(also N~)* naturalism. **na·tu·ra·lis·ties** =*tiese* naturalistic.

na·tu·rel =*relle, n., (SA, obs., derog.: black peson)* native.

na·tu·rel·le= *(SA, hist.)*: **~bevolking** Native population. **~gebied** Native area/district. **~kommissaris** Native commissioner, commissioner for Native affairs. **N~reg** Native law. **~reservaat** Native reserve. **N~sake** Na=tive Affairs. **~taal** Native language. **~vraagstuk** Native question/problem. **~wetgewing** Native legislation.

na·tu·ro·paat =*pate, (rare)* naturopath. **na·tu·ro·pa=tie** naturopathy. **na·tu·ro·pa·ties** =*e* naturopathic.

na·tuur nature; disposition; (natural) scenery; *(pl.* na=ture*)* character; *iem. se **beter** ~* s.o.'s better self; ***in** die ~* in nature; *die ~ is sterker as die **leer*** nature passes nurture, nature has its own laws; *die **menslike** ~* hu=man nature; ***na** die ~ skilder/teken* paint/draw from na=ture; *die **ongerepte** ~* unspoilt nature; ***teen** die ~* against nature; ***terug** na die ~* back to nature; *iets is 'n **tweede** ~* s.t. is second nature; ***van** nature* by nature, natu=rally; temperamentally; *versigtig/ens. **van** ~/nature wees* be cautious/etc. by nature; *die **(vrye)** ~* the great out=doors; *in die **vrye** ~* in the wide open spaces; *die **wette** van die ~* the laws of nature. **~aanbidder** nature wor=shipper. **~aanbidding** nature worship, naturism. **~arts** →NATUURGENEESHEER. **~beskerming** preservation of nature. **~beskouing** nature philosophy, contem=plation/study of nature, attitude towards nature. **~be=skrywing** description of nature; physical geography, physiography. **~bewaarder** nature conservator. **~be=waring** nature conservation, conservation of nature. **~bos** indigenous forest, natural forest, wildwood. **~diens** nature worship. **~drif** instinct, natural urge; sexual desire. **~filosofie** natural philosophy. **~fonds** wildlife fund. **~frats** freak of nature. **~gas** natural gas. **~gees** nature spirit. **~geneesheer** naturopath, nat=ural healer. **~geneeskragtig** =*e* physiotherapeutic. **~ge=neeskunde** naturopathy, natural medicine. **~gene=ser** naturopath, nature healer, physiatrist. **~genesing** nature healing, naturopathy, nature cure. **~genoot** fellow man, fellow creature. **~genot** enjoyment of na=ture. **~geskiedenis** natural history. **~getrou** =*e* true to nature/life. **~getrouheid** faithfulness to nature. **~god=(heid)** nature deity/god. **~godsdiens** nature worship, worship of nature, pantheism. **~gril** freak of nature. **~historie** *(rare)* →NATUURGESKIEDENIS. **~histories** =*e* natural history; *~e **museum*** museum of natural histo=ry; *~e studies* natural history. **~historikus** natural his=torian. **~kenner** naturalist; natural philosopher. **~ken=nis** natural history/science; knowledge of nature; na=ture study, study of nature. **~keuse** natural selection. **~kind** child of nature. **~kleur** natural colour. **~klip** natural stone. **~krag** natural force, (elementary) force of nature, physical force; act of God. **~kunde** physics; physical science, natural philosophy *(arch.)*. **~kundig** =*e* physical. **~kundige** =*s* physicist; natural philoso=pher; *~e aardrykskunde* physical geography. **~leer** natural philosophy. **~lewe** life of nature; wildlife. **~lief=de** love of nature. **~liefhebber** nature lover, lover of nature. **~mag** power of nature; act of God; *(also, in the pl.)* powers of nature. **~mens** nature lover, child of nature. **~monument** natural monument. **~navolger** naturist. **~ondersoeker** (natural) scientist; naturalist. **~pad, ~roete** nature trail. **~park** wildlife reserve/park; nature reserve. **~produk** natural product. **~produkte=industrie** extractive industry. **~ramp** natural disaster, act of God. **~reg** natural right; *(jur.)* natural law. **~re=servaat** nature reserve. **~ryk** realm of nature. **~skoon** natural beauty, (beautiful) scenery, scenic beauty. **~staat** natural state; state of nature. **~steen** *(rare)* →NATUUR=LIKE STEEN. **~studie** nature study, study of nature; natural history. **~tafereel** natural scene; scenic beauty. **~tuin** park. **~verskynsel** natural phenomenon. **~volk** primitive people. **~voortbrengsel** natural product. **~voorwerp** specimen, natural object. **~vorser** scien=tist, naturalist. **~vriend** nature lover. **~vriendelik** na=ture-friendly. **~wet** law of nature, natural law *(sc.)*, physical law; *aan die ~te onderworpe wees* be subject to the laws of nature. **~wetenskap(pe)** (natural) science(s); physics. **~wetenskaplik** =*e* scientific; *~e vakke* science, natural sciences. **~wetenskaplike** =*s* (natural) scien=tist; physicist. **~wonder** natural marvel, prodigy of nature. **~woud** primeval forest. **~wyn** *(rare)* →NATUUR=LIKE WYN.

na·tuur·lik =*like, adj.* natural; unstudied, unconven=tional; spontaneous; unaffected, unselfconscious, nat=ural *(a pers.)*; *(min.)* native; true to nature/life; *~e **aan=leg*** natural ability, bent; *iem. is **baie** ~* s.o. is quite un=selfconscious; *~e **dood*** natural death; *~e **geboorte*** natural childbirth; *~e **getal**, (math.)* natural number; *~e **gevatheid*** native wit; *~e **godsdiens*** natural reli=gion; *~e **helling(shoek)*** angle of repose; *~e **hout=skool*** vegetable charcoal; *~e **hulpbronne*** natural re=sources; *~e **instink*** natural/gut instinct; *~e **kenmer=ke**, (geog.)* physical features; *alles van ~e **kleur**, (her.)* all proper; *~e **kos*** natural food; *~e **logaritme*** natural logarithm; *~e **magneet*** natural magnet, magnetite, lodestone; *doen dit op die ~e **manier*** do it (in) nature's way; *~e **persoon**, (jur.)* natural person; *~e **steen*** nat=ural stone; *~e **taal*** natural language; *~e **uraan*** natural uranium; *~e **wyn*** natural wine. **na·tuur·lik** *adv.* naturally, in a natural way; naturally, of course; *~ be=gaafde* natural. **na·tuur·li·ker·wys, na·tuur·li·ker·wy=se** naturally, in a natural way. **na·tuur·lik·heid** natu=ralness, unaffectedness, unselfconsciousness, simplici=ty; ease.

nau·ti·lus =*lusse* nautilus.

Na·va·jo *(lang.)* Navaho, Navajo. **~(-Indiaan)** Navaho, Navajo.

Na·var·ra *(geog.)* Navarre. **Na·var·rees** =*rese, n. & adj.* Navarrese.

na(·ver)·bran·der *(tech.)* afterburner. **na·ver·bran=ding** afterburning.

na·ver·koop·diens after-sales service.

na·ver·tel *het ~* repeat, adapt from *(stories)*.

na·ver·want =*wante, n.* close relative/relation. **na·ver=want** =*wante, adj.* closely related. **na·ver·want·skap** close relationship.

na·vi·ga·sie navigation. **~fout** navigational error. **~hulp** navigational aid. **~lig** running/navigation light *(of an aircraft/ship)*. **~offisier** navigating/navigator of=ficer. **~satelliet** navigation satellite.

na·vi·ga·tor =*tors* navigator, navigating officer. **na=vi·geer** *ge*= navigate.

na·volg *nage*= follow; pursue; copy, imitate, emulate; pattern after; follow up; *'n voorbeeld ~/volg* follow an example; **na·volg·baar** =*bare* imitable. **na·volg·end** =*gende* following, successive. **na·vol·gens·waar·dig** =*dige* worth following, worthy of emulation; *~e voorbeeld* example worth following. **na·vol·ger** =*gers* follower, ad=herent, disciple; imitator. **na·vol·ging** imitation; emu=lation; *in ~ van ...* in imitation of ...

na·vors *nage*= investigate, inquire into, explore; do re=search (work); scrutinise. **na·vor·ser** =*sers* researcher.

na·vor·sing (scientific) research; *~ doen* do research; *~ na ...* research into ...; *~ en ontwikkeling* research and development. **~stasie** research station. **~student** research student.

na·vor·sings=: **~assistent** research assistant. **~beurs** research grant/scholarship, (research) fellowship. **~park** science park. **~projek** research project. **~werk** re=search work.

na·vraag inquiry, enquiry; query; ***by** ~* on/upon in=quiry/enquiry; *~ **doen*** inquire, enquire, make in=quiries/enquiries; *by iem. oor iets ~ **doen*** inquire/en=quire about s.t. from s.o.; query s.t. with s.o.; ***na/om=trent/oor** ... ~ doen* inquire/enquire about ..., make inquiries/enquiries about ... **~kantoor, navraekan=toor** inquiry/enquiry office.

na·vra·er =*ers* inquirer, enquirer.

na·vrant =*vrante* =*vranter* =*vrantste, (rare)* heartbreak=ing, heart-rending, poignant, agonising, harrowing.

na·vul *nage*=, *(rare)* →HERVUL.

na·vy (very) late fig.

na·was backwashing.

na·wa·ter →KASATERWATER.

na·we·ë *n.* afterpains; aftereffects, aftermath; hang=over.

na·week weekend; *'n ~ êrens deurbring, êrens ~ hou* spend a weekend somewhere; *in die ~* at the weekend; during the weekend. **~ekskursie** →NAWEEKUITSTAP=PIE. **~gas** weekender. **~ryer** Sunday driver. **~skilder** Sunday painter. **~uitstappie** weekend excursion.

na·wel =*wels* navel orange; *(anat.)* →NAEL[3], NAELTJIE[2]. **~lemoen** navel orange.

na·wel·ag·tig →NAELAGTIG.

na·werk *nage*=, *vb.*: *iem. se invloed het tot lank na sy/haar dood nagewerk* s.o.'s influence made itself felt long af=ter his/her death; *~ende gas* persistent gas; *~ende spuit=middel* residual spray. **na·wer·king** aftereffect(s), af=termath; residual effect; persistency; *magnetiese ~* mag=netic fatigue; *daar is nog die ~ van iem. se invloed (te bespeur)* s.o.'s influence is still making itself felt.

na·we·te, =kennis hindsight, afterlight; *met die wys=heid wat ~ bring* with (the benefit/wisdom of) hindsight.

na·win·ter latter part of winter.

na·woord epilogue, afterword.

na·wys *nage=, (rare)* point at; *met die vinger ~* point (one's finger) at.

na·yk *nageyk* →HERYK.

na·yl *nageyl, (elec., dated)* lag; *~ende generator* lagging generator. **na·y·ling** *(elec., dated)* lag.

na·y·wer jealousy, envy. **na·y·we·rig** *=rige* jealous, envious, emulous *(arch.)*.

Na·zi *=zi's* Nazi, National Socialist. **na·zi·fi·(s)eer** *ge=* Nazify. **na·zi·fi·ka·sie** Nazification. **Na·zis·me, Na·zi·ïs·me** *(also n~)* Nazi(i)sm, National Socialism. **Na·zis·ties, Na·zi·ïs·ties** *=tiese, (also n~)* Nazi, National Socialist.

Nde·be·le *=les, (member of a people)* Ndebele; *(lang.)* Ndebele, Sindebele.

Ndja·me·na *(geog., previously* Fort Lamy*)* Ndjamena, N'Djamena.

nè? isn't it/he/she?, not so?; yes?; ***reken/raai,*** *~!* just fancy/imagine!; *hulle is* ***ryk,*** *~?* they are rich, aren't they?; *hy/sy is* ***siek,*** *~?* he/she is ill, is he/she not (*or* isn't he/she)?; *jy dink jy* ***weet*** *baie, ~?* you think you know a lot, don't you?.

Ne·an·der·dal·mens, Ne·an·der·t(h)al·mens *(palaeontol.)* Neanderthal (man).

Ne·bras·ka *(geog.)* Nebraska.

Ne·bu·kad·ne·sar, Ne·bu·kad·re·sar *(OT)* Nebuchadnezzar, Nebuchadrezzar.

ned·dik·kie *=kies, (orn.: Cisticola fulvicapilla)* neddicky.

Ne·der-: **~-Beiere** Lower Bavaria. **~duits** *n.*Low German. **~duits** *adj.* Low German; *~e Gereformeerde Kerk* Dutch Reformed Church; *~ch Hervormde Kerk van Afrika* Dutch Reformed Church. **~duitser** North German. **~-Franke** Lower Franconia. **~frankies** *n. & adj.* Low Franconian/Frankish. **~-Hesse** Lower Hesse. **~-Kalifornië** Lower California. **~-Kanada** = BENEDE-KANADA. **~land** *(geog.)* the Netherlands; *Koninkryk van die ~e* Kingdom of the Netherlands. **~lander** *=s* Dutchman, Netherlander, Hollander *(dated)*. **~landikus** →NEERLANDIKUS. **~landisme, Neerlandisme** *=s, (also n~)* Dutchism *(in Afrikaans etc.)*. **~landistiek** →NEERLANDISTIEK. **~lands** *n., (lang.)* Dutch. **~lands** *=e, adj.* Dutch, Netherlandish; *~e Antille, (geog.)* Netherlands Antilles. *~e Oos-Indiese Kompanjie, (hist., abbr.:* NOIK*)* Dutch East India Company *(abbr.:*DEIC*)*. **~lands-Nieu-Guinee** *(geog., hist.)* Netherlands New Guinea. **~lands-(Oos-)Indië** *(geog., hist.)* the Netherlands East Indies; →INDONESIË. **~lands-(Oos-)Indies** *=e, (hist.)* Netherlands East Indian. **~lands-Wes-Indië** *(geog., hist.)* the Netherlands West Indies; →NEDERLANDSE ANTILLE. **~-Oostenryk** Lower Austria. **~-Ryn:** *die ~* the Lower Rhine. **~-Sakse** Lower Saxony. **~saksies** *=e* Low Saxon. **~-Silesië** Lower Silesia.

ne·der-: **~laag, neerlaag** *=lae* defeat, reverse, overthrow; discomfiture *(arch.)*; *'n ~* ***aanvaar*** take a defeat; *die ~* ***besorg*** overthrow; *'n ~* ***dra*** stand defeat; *'n* ***gevoelige*** *~* a heavy defeat; *'n/die ~* ***ly*** be defeated, suffer defeat, be beaten, take a beating; *'n ~* ***ly,*** *(also)* sustain a defeat; *iem. 'n ~* ***toedien*** inflict a defeat on s.o.; *'n* ***verpletterende*** *~* a crushing defeat; *'n* ***volkome*** *~* an outright defeat. **~setter** *=s* settler. **~setting** *=s, =e* settlement, settling, colony. **~settingskundige** ekistician. **~settingsleer** ekistics. **~waarts** *(fml., rare)* →NEERWAARTS.

ne·de·rig *=rige* humble, modest, lowly, poor, simple; submissive; *sagmoedig en ~ van hart, (Bib.)* meek and lowly in heart; *~e huisie* humble dwelling. **ne·de·rig·heid** humbleness, modesty, humility, submission, pudency.

Nedjd *(geog.)* Nejd.

nee *nees, n.* no; nay; *(also, in the pl., parl.)* noes; *die ~s is in die meerderheid, (parl.)* the nays have it. **nee** *adv.* no; ***a*** *~ a!* oh no!; ***ag*** *~!* now really!; not really?; you don't say (so)!, well I never! *(infml.)*; *~* ***antwoord*** say no, answer in the negative; *~* ***dankie*** no, thank you (*or* thanks); *~ dit gaan* ***goed*** oh, I'm all right; ***maar*** *~!* but no!; *ag ~,* ***moenie!*** no (please) don't!; ***o*** *~!* not half *(ironically, infml.)*; *~* ***sê*** say no; *vir iem. ~* ***sê*** refuse s.o.; *~* ***tog!*** you don't say (so)! *(infml.)*; *~* ***wat*** rather not; I don't think so; *(ag) ~* ***wat!*** (but) no, *(infml.)* darn/hang it!. **~broer** naysayer, negativist. **~woord** refusal; *die ~ kry* be refused *(as a suitor)*.

neef *neefs, (son of a brother/sister)* nephew; *(son of an uncle/aunt)* cousin; *(somewhat dated)* young man; *eie/volle ~* first cousin, cousin german. **neef·skap** cousinship; nephewship.

neem *ge=* take *(a bag, fortress, holiday, taxi, train, piece in chess, trick in bridge, etc.)*; take, book *(seats)*; take, engage *(a room)*; take *(a photograph)*; take, engage *(a servant)*; take *(a wife)*; take up *(shares)*; have *(a glass)*; *(gram.)* construe; take, negotiate *(a hurdle, bend in a road, etc.)*; *iem. by die* ***arm*** *~* take s.o. by the arm; *iets ~ om te* ***eet*** help o.s. to s.t.; *~ die* ***geval*** *van ...* take the case of ...; *iets ter* ***hand*** *~* →HAND; ***kwalik*** *~* →KWALIK; *'n foto* ***laat*** *~* have a photo taken; ***maatreëls*** *~/tref* →MAATREËL; ***medisyne*** *(in)~* take medicine; *iets* ***op*** *jou ~* take s.t. on, undertake s.t.; take s.t. upon one(self); *dit* ***op*** *jou ~ om te ..., (also)* commit o.s. to ...; *iem.* ***opsy*** *~* take s.o. on/to one side, take s.o. aside; *~* ***soos*** *dit kom* take things as they come/are; *~ dit (aan) of laat dit* ***staan!*** take it or leave it!; ***te veel*** *op jou ~* overcommit o.s.; *iem.* ***uit*** *die skool ~* remove s.o. from school; *dit ~ soos dit* ***val*** take the rough with the smooth; *'n* ***vesting*** *(in besit) ~* seize a fortress. **neem·baar** *=bare* pregnable, seizable, liable to capture.

ne·ën·de →NEGENDE. **ne·ën-en-ne·ën·tig** →NEGE-EN-NEGENTIG. **ne·ën·ti·ger** →NEGENTIGER. **ne·ën·uur** →NEGE(-)UUR.

neer down; *op en ~* up and down. **~bak, ~brand, ~skroei:** *op ... ~, (the sun)* blaze down on ... **~biggel** *neerge=* trickle down. **~blik** *neerge=, (rare)* look down. **~bons** *neerge=* flop down, thud. **~brand** →NEERBAK. **~buig** *neerge=* bend/bow down, prostrate o.s.; condescend; deflect; *voor iem. ~* bow down to s.o.; kowtow to s.o. **~buigend** *=e* condescending, patronising, superior, supercilious. **~buigendheid** condescension. **~buk** *neerge=* stoop down. **~daal** *neerge=* come/go down, drop, descend; land; *op ... ~* light (up)on ... **~druk** *neerge=* press/push/weigh down; depress, weigh down, get down; chill. **~drukkend** *=e* depressing, dismal. **~drukspier** depressor (muscle). **~drup** *neerge=* drip/trickle down. **~dwing** *neerge=* force down. **~gang** decline. **~geslaan** *=de* sad, heavy, doughy *(bread, cake, etc.)*; →NEERSLAAN; *neergeslane oë* downcast eyes. **~giet** *neerge=, (rain)* pour down. **~golf** *neerge=* cascade (down). **~gooi** *neerge=* throw/fling/toss down; throw, bring down *(an antagonist)*; dump, dash to the ground; *jou ~* throw o.s. down. **~haal** *n.* down stroke *(of a pen)*. **~haal** *neerge=, vb.* haul down, lower *(a flag)*; fetch down; pull down *(a building)*; lower, strike *(a sail)*; lower *(a blind)*; run down, disparage, belittle, decry; cheapen, degrade, lower; drag down, corrupt; take/bring down. **~halend** *=e* disparaging, derogatory, dismissive, snooty. **~haling** disparagement. **~hang** *neerge=* hang down, droop; *(a wire)* sag. **~hangend** *=e* hanging, pendent, pendant; pendulous; *(bot.)* nutant. **~hou** *neerge=* keep down. **~hurk** *neerge=* squat (down), sit on one's haunches. **~kap** *neerge=* chop/cut down. **~kniel** *neerge=* kneel down, prostrate o.s.. **~kom** *neerge=* come down, descend; crash down; *(a plane)* land; *dit sal* ***alles*** *op iem. ~* everything will rest on s.o.'s shoulders, everything will devolve on s.o.; s.o. will have to bear the brunt of it (*or* be held responsible for everything); s.o. will have to pay the piper; *dit kom* ***daarop*** *neer* that's what it amounts to, that's (about) the size of it *(infml.)*; ***daarop*** *kom dit nou neer, (also)* so that's that; *dit kom* ***daarop*** *neer dat* ... it amounts to this that ..., what it amounts to is that ..., the long and the short of it is that ...; *dit kom op* ***dieselfde*** *neer* it amounts to the same (*or* comes to the same thing), it works out the same in the end; it is six of one and half a dozen of the other; *dit kom* ***hierop*** *neer* it comes to this, the long and the short of it is this, it narrows/boils *(infml.)* down to this; ***op*** *... ~* come down to ...; fall (up)on ...; amount to ..., narrow down to ..., boil down to ... *(infml.)*, add up to ... *(blackmail etc.) (infml.)*; be tantamount to ...; *altyd* ***op*** *dieselfde ding ~* keep on harping on the same string; ***waarop*** *dit ~, is dat* ... what it amounts to is that ...; ***waarop*** *ek ~, is dat* ... my point is that ...; *ek kom maar* ***weer*** *daarop neer dat ~* I still maintain that ... **~kyk** *neerge=* look down; *op ... ~* look down (up)on ... **~laag** →NEDERLAAG. **~laat** *neerge=* lower, let down, drop, sink. **~lê** *neerge=* lie down; put/lay/set down; couch; deposit; demit; put aside, lay down; lay/put down/aside *(a command, practice, etc.)*; set down, incorporate, embody, include, contain *(conditions)*; *'n* ***betrekking*** *~* resign/relinquish an office (*or* a post); *jou* ***by*** *... ~* acquiesce in ...; fall in with ... *(a decision)*; put up with ...; resign o.s. to ...; be satisfied with ...; come to terms with ...; *jou* ***daarby*** *~, (also)* make the best of it, make the best of a bad job *(infml.)*; *ek het my* ***daarby*** *neergelê, (also)* I have learnt to live with it; *jou* ***kop*** *~* lay down one's head; *die* ***kroon*** *~* →KROON *n.*; *die* ***pen*** *~* put down the pen, stop writing; *(die)* ***rieme*** *~* →RIEM[1]; *die* ***wapens*** *~* →WAPEN *n.*. **~pen** *neerge=* jot/scribble down. **~plak** *neerge=* plank down; slap down; *jou ~, (infml.)* squat (down); *jou langs iem. ~, (infml.)* sit o.s. next to s.o.. **~plof** *neerge=* fling/dump down; flop/plump/plop down, come down with a thud; *(chem.)* precipitate. **~plons** *neerge=* splash down; flop down, come down with a thud. **~reën:** *die houe het op iem. neergereën* the blows hailed down on s.o.. **~ruk** *neerge=* pull down. **~rukker** →PLOEGBREKER. **~sabel** *neerge= (dated, rare)* sabre, cut down, put to the sword. **~sak** *neerge=* sink down, subside; *~ op ...* descend (up)on ... **~sien** *neerge=* (→NEERKYK): *op iem. ~* look down (up)on s.o., look down one's nose at s.o., *(fml.)* be dismissive of s.o.. **~sif** drizzle. **~sink** *neerge=* sink down. **~sit** *neerge=* put/set down; seat; stand; deposit; *iets teen ... ~* prop s.t. against ...; *jou ~* settle; *'n boek wat jy* (of *['n] mens) nie (maklik) kan ~ nie, (also, infml.)* a page-turner, an unputdownable book. **~skiet** *neerge=*, **afskiet** *afge=* shoot down; bring down; tumble; pot; drop *(a bird)*; *op ... ~* pounce (up)on ..., make a pounce at/on ...; swoop (down) on ..., swoop upon ... **~skroei** →NEERBAK. **~skryf, ~skrywe** *neerge=* write/take down, set down, commit to paper; minute; *'n naam ~* take (down) a name. **~skyn** *neerge=* shine down. **~slaan** *neerge=* strike/knock down, fell, down, lay out, drop; take a fall/spill, fall/drop down; cast down *(one's eyes)*; let down, lower *(the hood of a car)*; beat down, flatten; turn down *(a collar)*; *(chem.)* settle, deposit, precipitate; tumble (down); fall flat; *(a cake etc.)* collapse; *die* ***brood/koek*** *het neergeslaan* the cake/bread is sad/doughy/heavy; *met 'n* ***byl*** *~* poleaxe; *op die* ***grond*** *~* measure one's length with the ground; *iem. sy/haar* ***oë*** *laat ~* outstare s.o.; *soos 'n* ***os*** *~* fall like a log; ***plat*** *~* come a purler, take a flier/flyer; *deur die* ***weer*** *neergeslaan* struck down by lightning; *die* ***weer*** *moet iewers neergeslaan het* the lightning must have struck s.t.. **~slaanmiddel** *(chem.)* precipitant. **~slag** downstroke; *(chem.)* sediment, precipitate, deposit; (rain)fall, downpour; precipitation *(of vapour)*; fallout; result; *(mus.)* downbeat, downstroke; reflection, reflex, result; *radioaktiewe ~* radioactive fallout. *'n ~ vorm* form a deposit. **~slaggebied** catchment area/basin; area of precipitation. **~slagmiddel** *(chem.)* precipitator. **~slagsleer** hyetology. **~slagtig** *=e* depressed, despondent, dejected; downcast, disconsolate, cast down, downhearted, gloomy, low(-spirited), sick at heart, in low spirits, cheerless; *~ maak* depress, get down, damp; *~ wees* mope, feel blue. **~slagtigheid** despondency, dejection, depression, gloom, low spirits, *(infml.)* the blues. **~sloeg** *neerge=, (infml.)* fall flat. **~smyt** *neerge=* fling/slap/slam/dash/crash down, dash to the ground; *die (tele)foon ~* put the telephone down on s.o.. **~stamp** *neerge=* push down; ram down. **~stoot** *neerge=* push/knock/strike down. **~stort** *neerge=* fall down, crash/dash/thunder down, tumble/topple down, collapse; *(an aeroplane)* crash; *(rain)* come down in torrents, cascade; hurl/fling down; dump, tip; *... laat ~* bring down ... **~storting** crash; downfall; falling down. **~stroming** down draught; down wash; downstream, slipstream. ~**strooi** *neerge*= strew down, scatter. ~**stroom** *neerge*= stream down; *(rain)* pour/gutter/bucket down, come down in torrents; shower. ~**stryk** *neerge*= smooth down; *(birds)* come down, descend, alight; *(an aeroplane)* touch down, land; *op ...* ~ land (up)on ..., touch down (up)on ... *(of an aeroplane, [up]on a road)*; (a)light (up)on ... *(a plant)*. ~**stryking** touchdown *(of an aeroplane)*. ~**sweef,** ~**swewe** *neerge*= float down; glide down. ~**syg** *neerge*= sink down, collapse. ~**trek** *neerge*= pull/drag down; bring down, bring to the ground; drop *(a bird in flight)*; *(rugby)* collar, tackle; *jou* ~ lie down. ~**tuimel** *neerge*= tumble down. ~**val** *neerge*= fall/drop down, come down, come to the ground; fall; drop/plop/plump/sink/flop down, tumble down; *dood* ~ drop dead. ~**vel** *neerge*= down, fell, strike down; cut down, fell *(a tree)*. ~**vlieg** *neerge*= fly down. ~**vloei** *neerge*= flow down. ~**vly** *neerge*= lay down; *jou* ~ nestle down. ~**waai** *neerge*= be blown down. ~**waarts** =*e, adj.* downward. ~**waarts** *adv.* down, downward(s). ~**werp** *neerge*=, *(somewhat fml.)* throw/fling down; strike/knock down, knock over; *jou* ~ throw o.s. down, prostrate o.s..

Neer·lan·di·kus, Ne·der·lan·di·kus =*dikusse*, =*dici, (also n~)* Dutch scholar. **Neer·lan·dis·me** →NEDERLANDISME. **Neer·lan·dis·tiek, Ne·der·lan·dis·tiek** *(also n~)* Dutch studies.

neet *nete* nit *(infml.)*.

ne·fe·lien *(min.)* nepheline.

nef·fens →NAAS[1] *prep.*.

ne·fie =*fies* little cousin; little nephew; *(obs.)* boy.

ne·fral·gie *(med.)* nephralgia.

ne·friet *(min.)* nephrite, jade.

ne·fri·ties =*tiese* nephritic. **ne·fri·tis** nephritis, inflammation of the kidneys. **ne·fro·se** →NIERDEGENERASIE.

ne·ga·sie =*sies* negation; →NEGEER.

ne·ga·tief =*tiewe, n., (also phot.)* negative. **ne·ga·tief** =*tiewe, adj.* negative, unconstructive; *negatiewe* ***beeld/plaat*** negative image/plate; *negatiewe* ***bewysmateriaal*** negative evidence; *negatiewe* ***ekwiteit,*** *(econ.)* negative equity; *negatiewe* ***geotropie,*** *(biol.)* negative geotropism; *negatiewe* ***hoeveelheid*** minus quantity; *negatiewe* ***inkomstebelasting*** negative income tax; *negatiewe* ***pool*** negative pole *(of a magnet)*. **ne·ga·ti·vis·me** negativism. **ne·ga·ti·wi·teit** negativeness, negativity.

ne·ga·tron =*trone, (obs.)* negatron; →ELEKTRON.

ne·ge =*ges* nine; →AGT; *van ~ tot vyf werk* work from nine to five, do a nine-to-five (job); ~ *uur* nine hours; →NEGE-UUR. ~**daags** =*e* nine-day, of/lasting nine days, nine days'. ~**duisend,** ~ **duisend** nine thousand. ~-**en-negentig/neëntig,** ~ **en negentig/neëntig, neën-en-neëntig, neën en neëntig** ninety-nine; ~ *uit die honderd* ninety-nine out of a hundred. ~**hoek** nonagon, enneagon. ~**hoekig** =*e* nonagonal. ~**honderd,** ~ **honderd** nine hundred. ~**jarig** =*e* nine years old, of nine (years), nine years' *(war)*; novennial. ~**oog** *(med.)* carbuncle; *(icht.)* lamprey, lamper eel. ~**ponder** nine pounder. ~**proef** casting out the nines, proving by nines. ~**tal** group of nine, ennead *(rare)*. ~**tallig** =*e* nonary, novenary, novene. ~-**tot-vyf-werk** nine-to-five (job). ~-**uur,** ~**uur, neënuur** nine o'clock. ~**voud** =*e* multiple of nine, nonuple, ninefold. ~**voudig** =*e* ninefold.

ne·geer *(ge)*= ignore *(s.o., a question, etc.)*; negate; rule out; cut, take no notice of, disregard, give *(s.o.)* the go-by. **ne·geer·baar·heid** deniability. **ne·geer·der** *(electron.)* negator.

ne·gen·de, ne·ën·de =*des, n.* ninth (part). **ne·gen·de, ne·ën·de** *adj.* ninth; *ten* ~ ninthly, in the ninth place.

ne·gen·tien, ne·ën·tien nineteen. ~**duisend,** ~ **duisend, neëntienduisend, neëntien duisend** nineteen thousand. ~**jarig, neëntienjarig** =*rige* nineteen years old, of nineteen (years).

ne·gen·tien·de, ne·ën·tien·de nineteenth; *die ~ eeu* the nineteenth century. ~-**eeus, neëntiende-eeus** =*eeuse* nineteenth-century.

ne·gen·tig, ne·ën·tig ninety; *iem. is in die* ~ s.o. is in his/her nineties; *dit het in die jare ~ gebeur* it happened in the nineties/Nineties. ~**duisend,** ~ **duisend, neëntigduisend, neëntig duisend** ninety thousand. ~**jarig, neëntigjarig** ninety years old, of ninety years. ~**jarige, neëntigjarig** nonagenarian.

ne·gen·ti·ger, ne·ën·ti·ger =*gers* person in the nineties; person of the nineties. **ne·gen·ti·ger·ja·re, ne·ën·ti·ger·ja·re** nineties; *iem. is in sy/haar* ~ s.o. is in his/her nineties; *dit het in die ~ gebeur* it happened in the nineties/Nineties.

ne·gen·tig·ste, ne·ën·tig·ste ninetieth.

Ne·ger =*gers, n., (obs., derog.)* Negro; *(derog.)* nigger. ~**engels** *(derog.)* Negro English. ~**haat** Negrophobia. ~**hollands** *(derog.)* Papiamento, Papiamentu. ~**lied** Negro song; *geestelike* ~ Negro spiritual; →(NEGRO) SPIRITUAL. ~**ras** Negroid race. ~**sanger** Negro singer, Negro minstrel. ~**slaaf** Negro slave. ~**slavin** Negro slave woman/girl. ~**toordery,** ~**toorkuns** voodoo(ism). ~**vrees** Negrophobia. ~**vriend** →NEGROFILIS.

Ne·ger·ag·tig =*tige, (anthr., obs.)* Negroid, Negro-like.

Ne·ge·rin =*rinne, (obs., derog.)* Negress.

nég·li·gé =*gés, (Fr.)* negligee, negligée, dressing gown.

ne·go·sie *(dated)* wares, goods, merchandise; *(hist.)* trade. ~**goed** →NEGOSIEWARE. ~**kas,** ~**kis** packing case. ~**ware** trading/trade goods, merchandise, vendibles, wares. ~**winkel** general (dealer's) store.

Ne·gril =*grille, (anthr., obs.)* Negrillo; small/dwarf Negro. **Ne·gri·to** =*to's, (anthr., obs.)* Negrito.

ne·gro-: ~**filis** =*te, (rare)* ~**fiel** =*e, n.* Negrophil(e), Negrophilist. ~**filisties** =*e, adj.* negrophilist(ic). ~**fobie** Negrophobia. **(N~) spiritual** *(mus.)* (Negro) spiritual.

Ne·gro·ïed =*groïede, n., (also n~)* Negroid. **Ne·gro·ïed** =*groïede, adj., (also n~)* Negroid.

ne·gus[1] =*gusse, (hist.)* Negus, king *(of Ethiopia)*.

ne·gus[2] *(hist.: hot wine)* negus.

Ne·he·mi·a *(OT)* Nehemiah.

neh·ru·baad·jie *(also N~)* Nehru jacket.

neig *ge*= bend, bow, incline, dip, gravitate; tend, trend; ~ *julle* ***hart*** *tot die Here, (Bib.)* incline your heart unto the Lord; *jou* ***hart*** ~ *tot verstand, (Bib.)* apply thine heart to understanding; ~ *u* ***oor*** *tot my, (Bib.)* incline thine ear unto me; *iem. ~ tot 'n ander* ***sienswyse*** s.o. tends to take a different view; ***tot*** ... ~ incline to ...; lean toward(s) ...; *ge~ wees* ***tot*** *iets* be inclined to s.t., tend to s.t.. ~**hoek** angle of inclination.

nei·ging =*gings*, =*ginge* inclination, (pre)disposition, propensity; trend, tendency, drift; proclivity, bent; set *(of the mind)*; penchant; *'n* ***dalende*** ~ a downward trend; *die* ~ ***hê*** *om te ...* tend to ..., be inclined/apt to; *'n* ~ ***om*** *te ...* a tendency to ...; *'n* ~ ***om*** *iets te doen* a tendency to do s.t.; a propensity for doing s.t., a propensity to s.t.; *'n ~ in die* ***rigting*** *van ...* a trend towards ...; *'n* ***stygende*** ~ an upward trend, tendency to rise; *'n* ~ ***teen*** ... a trend away from ...; *'n* ~ ***toon*** *om te ...* develop/display a tendency to ...; *'n ~ tot ...* ***toon*** incline to ...; *'n* ~ ***tot*** ... a leaning towards ...; an inclination to ...; a proclivity to ...; a penchant for ...; *'n* ~ ***tot*** *iets, (also)* a propensity for doing s.t., a propensity to s.t..

nek *nekke, n.* neck *(of a person, an animal, a bottle etc.)*; *(geol.)* nek, col; mountain pass; saddle; *(anat.)* cervix; *(golf)* socket; *deur iem. met die* ~ ***aangekyk*** *word, (infml.)* get the cold shoulder from s.o.; *iem. met die* ~ ***aankyk,*** *(infml.)* give s.o. the cold shoulder; turn one's back on s.o.; *iem. agter die* ~ ***beetkry*** take s.o. by the scruff of the neck; *deur die* ~ ***betaal,*** *(infml.)* pay through the nose; *iets* ***breek*** *iem. se* ~, *(lit.)* s.t. breaks s.o.'s neck; *(fig.)* s.t. ruins s.o.; s.t. leads to s.o.'s downfall; *moenie jou ~ (vir my)* ***dik*** *maak nie!, (infml.)* (I want) none of your cheek!; *iem. is in die* ~ ***gekyk,*** *(infml.)* s.o. got stung *(fig.)*, s.o. has been had for a sucker; *aan die* ~ ***gryp*** scrag *(infml., chiefly Br.)*; *iets die* ~ ***inslaan*** quash/scotch s.t. *(a rumour etc.)*; *iem. in die* ~ ***kyk,*** *(infml.)* do s.o. down (*or* in the eye), pull a fast one on s.o., sell s.o. a pup, put it across (*or* over on) s.o., make a sucker of s.o.; *op iem. se* ~ ***lê,*** *(infml.)* be a burden (*or* sponge/freeload) on s.o.; outstay (*or* wear out) one's welcome; ***om*** *die/jou* ~ around/about one's neck; *'n voël se* ~ ***omdraai*** wring a bird's neck; *ek kan sy/haar* ~ ***omdraai,*** *(infml.)* I'd like to wring his/her neck; *deur jou* ~ ***praat,*** *(infml.)* talk through one's hat (*or* the back of one's head); *jou* ~ ***rek*** crane one's neck; *jou ~ in die* ***strop*** *sit* →STROP; *'n* ***stywe*** ~ *hê* have a rick in the neck, have a stiff neck; *by die* ~ ***vat*** collar; *jou* ~ ***verrek*** crick one's neck; *met 'n* ~ ***wen*** win by a neck. **nek** *ge*=, *vb., (dated)* break the neck of. ~**aar** jugular vein. ~**af** with severed neck. ~**brekerrewolwer** break action revolver. ~**doek** neckerchief, neckcloth; →HALSDOEK. ~**hare** hair at the nape of the neck; *iem. se ~ rys, (infml.)* s.o.'s hackles rise; *iem. se ~ laat rys, (infml.)* get s.o.'s hackles up, raise s.o.'s hackles, make s.o.'s hackles rise; *iem. laat jou ~ rys, (infml.)* s.o. really bugs you. ~**holte** nape (of the neck). ~**hou,** ~**kap** rabbit punch. ~**hout** *(hist.)* cang(ue); crossbar *(of a cart)*; forked yoke. ~**kap** →NEKHOU. ~**klier** jugular gland. ~**kramp** spotted fever, (cerebrospinal) meningitis/fever. ~**kuil(tjie)** nape (of the neck), *(anat., zool.)* nucha. ~**kussing** neck cushion. ~**lêer** *(infml.)* sponger, freeloader. ~**lengte** neck length; *met 'n ~ wen* win by a neck. ~**plank** *(hist.)* cang(ue). ~**rib** cervical rib. ~**rug** nape (of the neck), *(anat., zool.)* nucha. ~**skild** *(entom.)* pronotum. ~**slag** blow in the neck; deathblow, finishing/knockout blow; *iets die ~ gee* knock s.t. on the head *(a plan etc.)*; *iets gee iem. 'n* ~ s.t. is (*or* leads to) s.o.'s undoing, s.t. ruins s.o.. ~**slagaar** carotid (artery). ~**slagaarklier** carotid gland. ~**spier** neck muscle, cervical/jugular muscle. ~**streek** cervical region. ~**stuk** *(cook.)* neck; clod *(of beef)*; scrag(-end) *(of mutton)*; *maer* ~ scrag(-end). ~**stut** neck brace. ~**vel** skin of the neck; scruff of the neck; *iem. aan die ~ vat* take s.o. by the scruff of the neck. ~**vere** hackle. ~**vleis** neck beef. ~**werwel** cervical vertebra; *eerste* ~ atlas; *tweede* ~ axis.

ne·kro·fi·lie necrophilia, necrophilism.

ne·kro·fo·bie *(psych: abnormal fear of death or corpses)* necrophobia.

ne·kro·la·trie *(psych.: worship of the dead)* necrolatry.

ne·kro·lo·gie =*gieë, (fml.)* necrology, obituary (notice). **ne·kro·lo·gies** =*giese* necrologic(al). **ne·kro·loog** =*loë* necrologist; necrology, obituary (notice).

ne·kro·man·sie necromancy. **ne·kro·mant** =*mante* necromancer. **ne·kro·man·ties** =*tiese* necromantic.

ne·kro·po·lis =*lisse*, **ne·kro·pool** =*pole* necropolis.

ne·kro·se *(biol.)* necrosis. **ne·kro·ties** =*tiese* necrotic.

nek·sus =*susse* nexus.

nek·tar nectar. ~**klier** *(bot.)* nectary, nectar gland.

nek·ta·rien =*riens*, =*riene* nectarine.

nel manille, second-best trump *(in card games)*.

nel·son *(wrestling, also* nelsongreep *or* nelsonkopklem*)* nelson (hold); *(cr.: a score of 111 runs)* nelson; *dubbele* ~, *(cr.: a score of 222 runs)* double nelson; *halwe* ~, *(wrestling)* half nelson (hold).

ne·ma·ties =*tiese, (chem.)* nematic.

ne·ma·to·de =*des* nematode, roundworm. **ne·ma·to·sist** =*siste, (zool.)* nematocyst, nettle cell.

Ne·me·ïes =*meïese* Nemean.

ne·mer =*mers* taker; *(banking, bills of exchange)* drawee, payee; buyer; →NEEM. **ne·ming** taking.

Ne·me·sis *(Gr. myth.)* Nemesis.

nê·ne =*nes*, **nen·na** =*nas, (obs.)* servant woman, nurse.

nen·ta *(SA, vet.: cattle poisoning)* nenta. ~**(bos[sie]), krimpsiektebos(sie), karkei** *(Tylecodon cacalioides)* nenta (bush).

ne·o= *comb.* neo=.

ne·o·a·part·heid neo-apartheid.

Ne·o·Cal·vi·nis·me, n~-Cal·vi·nis·me, N~cal·vi·nis·me, n~cal·vi·nis·me Neo-Calvinism.

ne·o·di·mi·um *(chem., symb.: Nd)* neodymium.

ne·o·fas·cis·me neofascism. **ne·o·fas·cis** neofascist. **ne·o·fas·cis·ties** =*tiese* neofascist.

ne·o·fiet =*e* neophyte.

ne·o·fi·lis·me neophilia.

ne·o·fo·bie neophobia.

ne·o·geen *(geol.)* neogene.

ne·o·klas·siek neoclassic(al).

ne·o·ko·lo·ni·a·lis·me neocolonialism. **ne·o·ko·lo·ni·a·lis·ties** *-tiese* neocolonial.

ne·o·kon·ser·wa·tis·me neoconservatism. **ne·o·kon·ser·wa·tief** *-tiewe, n. & adj.* neoconservative.

Ne·o-La·tyn Modern Latin.

Ne·o·li·ties *-e, adj., (archaeol.)* Neolithic. **Ne·o·li·ti·kum** *n., (archaeol.)* Neolithic.

ne·o·lo·gie neology. **ne·o·lo·gis·me** *-s* neologism. **ne·o·loog** *-loë* neologist.

Ne·o-Mal·thu·si·a·nis·me, n~-Mal·thu·si·a·nis·me, N~mal·thu·si·a·nis·me, n~mal·thu·si·a·nis·me Neo-Malthusianism. **Ne·o-Mal·thu·si·aan, n~-Mal·thu·si·aan, N~mal·thu·si·aan, n~mal·thu·si·aan** *-ane, n.* Neo-Malthusian. **Ne·o-Mal·thu·siaans, n~-Mal·thu·si·aans, N~mal·thu·si·aans, n~mal·thu·si·aans** *-aanse, adj.* Neo-Malthusian.

ne·on *(chem., symb.: Ne)* neon. **~buis** neon tube. **~groen** dayglo green. **~lamp** neon lamp. **~lig** neon light. **~(merk)pen** highlighter, marker. **~pienk** shocking pink. **~reklame** neon sign. **~verligting** neon lighting.

ne·o·na·zi *-zi's* neo-Nazi. **ne·o·na·zis·me, ne·o·na·zi·ïs·me** neo-Nazism. **ne·o·na·zis·ties, ne·o·na·zi·ïs·ties** *-tiese* neo-Nazi.

ne·o·plas·ma *(med.)* neoplasm.

ne·o·plas·tiek *(med.)* neoplasty.

Ne·o·pla·to·nis·me *(also n~, philos.)* Neoplatonism. **Ne·o·pla·to·nies** *-niese, (also n~)* Neoplatonic, Neoplatonist. **Ne·o·pla·to·nis** *-niste, (also n~)* Neoplatonist.

ne·o·preen *(a synthetic rubber)* neoprene.

Ne·pal *(geog.)* Nepal. **~gars** *(also n~)* barley wheat.

Ne·pa·lees *n., (inhabitant)* Nepali, Nepalese; *(lang.)* Nepali. **Ne·pa·lees** *-lese, adj.* Nepalese.

ne·po·tis·me nepotism, favouritism.

nep·tu·ni·um *(chem., symb.: Np)* neptunium.

Nep·tu·nus *(Rom. myth., astron.)* Neptune.

Ne·re·ïed *-reïede, (Gr. myth., astron.)* Nereid; *(n~, zool.: a bristle worm)* nereid.

nê·rens nowhere; ~ *anders (nie)* nowhere else; ~ *heen gaan nie* go nowhere; ~ *kom nie* go nowhere, stay at home; get nowhere. **~land** never-never land.

nerf *nerwe, n., (med., bot.)* cicatrice, cicatrix; skin, scurf, outer skin; *(bot.)* cuticle; *(bot.)* vein, nervure; grain *(of leather)*; skiver; *iem. slaan dat hy/sy geen ~ op sy/haar **bas** het nie* beat s.o. black and blue; *iem. is **dun/fyn** van ~* s.o. is touchy; *dit was so op 'n ~ na of iem. is **gevang**, (infml.)* s.o. escaped by the skin of his/her teeth; *op 'n ~ **na*** within an ace of *(being killed etc.)*; narrowly; *dit was so op 'n ~ **na*** it was touch and go, it was a near thing; *dit was so op 'n ~ na of ... het **raak geskiet*** ... just missed. **nerf, ner·we** *ge-, vb.* grain *(leather)*; (strip/peel off) skin, remove the grain. **~af** scuffed, abraded *(knees, shoes, etc.)*. **~goud** paint gold. **~kant** grain side, hair-side. **~skeel:** *iem. was so ~ dood, (rare)* s.o. escaped death by the skin of his/her teeth.

ner·gens *(obs.)* →NÊRENS.

ne·ri·na *-nas, (bot.)* Guernsey lily, red nerine.

ne·ring *-rings, -ringe* trade; occupation; custom; small business; *('n) bakker/ens. van ~ wees* be a baker/etc. by trade; *wat is sy/haar ~?* what does he/she do for a living?; *die tering na die ~ sit* →TERING; *elkeen is 'n dief in sy ~* →DIEF. **~loos** *-lose* without a trade (*or* an occupation).

ners *(coarse)* arse. **~derm** *(rare)* rectum. **~dermklier** rectal gland.

nerts *nertse* mink; *Amerikaanse ~, (zool.: Mustela vison)* (American) mink. **~jas** mink coat.

ner·vaal *-vale* nerval, neural. **ner·veus** *-veuse* nervous. **ner·vo·si·teit,** *(rare)* **ner·veus·heid** nervousness.

ner·va·tuur →NERWATUUR.

Ner·vi·ërs *(hist.: old Belgian tribe)* Nervii.

ner·wa·tuur, ner·va·tuur *(bot., entom.)* nervation, venation, veining.

nes[1] *neste, n.* nest *(of a bird, an insect; robbers)*; nidus *(of an insect)*; aerie, eyrie *(of a bird of prey)*; haunt *(of robbers)*; hole *(of a place)*; hotbed, nest *(of vice)*; nest *(of a mineral)*; pocket *(of a mineral)*; den, hole, burrow; litter *(of pups)*; lair *(of a small animal)*; lodge; nest, hideaway, retreat, hideout; *jou **eie** ~ bevuil/vuilmaak* foul one's own nest; ~ ***maak*** nest, nidify, nidificate; go courting; ~ *van **ongeregtigheid*** den of iniquity; *gaan ~te **uithaal*** go nesting. **nes** *ge-, vb.* (make a) nest. **~bouery** nidification. **~eier** nest egg. **~kas(sie)** nest(ing) box. **~kuiken** nestling. **~skop** *nesge-* make a nest; *(fig.)* get the nest ready; settle down, make o.s. at home; *saam met iem. in/op ... ~* settle with s.o. in ... **~varing** birds'-nest fern. **~vere** first feathers, nest down.

nes[2] *adv. (contr. of* net soos*)* just like; just as; as soon as *(s.o. arrives etc.)*; every time, whenever *(one sees s.o. etc.)*; *dis nes hy/sy is* that's just like him/her.

nes·sie *-sies, (dim.)* (little) nest; →NES[1] *n.*.

nes·tel *ge-* settle; nestle; *in iets ge~ wees* be nested in s.t.; *jou teen iem. ~* cuddle/snuggle up to s.o.; *hulle ~ hulle teen mekaar* they cuddle/snuggle up together.

Nes·tor *(Gr. myth.)* Nestor; *(also n~)* Nestor, doyen, dean, grand old man; *(also n~)* Nestor, patriarch. **Nes·to·ri·aan** *-ane, n., (also n~)* Nestorian. **Nes·to·ri·aans** *-aanse, adj., (also n~)* Nestorian. **Nes·to·ri·a·nis·me** *(Chr. theol., also n~)* Nestorianism. **Nes·to·ri·us** *(hist.: patriarch of Constantinople)* Nestorius.

net[1] *nette, n.* net *(for fishing, tennis, hair)*; netting; *(rly.)* system, network; *(anat.)* plexus; *(anat.)* omentum; *(bot.)* skein; *(TV)* channel, network; *(math.)* net; (the) Net; ***by** die ~, (tennis)* at the net; ***die** N~, (comp., infml.)* the Net; →INTERNET; ***in** die ~te, (cr.)* at the net(s); *op die N~ **rondsnuffel/rondrits** →**verken**; die ~ **span**, (tennis)* put up the net; *'n ~ **uitgooi*** cast a net; *iem. in jou ~te **vang*** ensnare/entrap/net s.o.; *die N~ **verken**, op die N~ **rondsnuffel/rondrits*** surf the Net; *in iem. se ~ **verstrik** raak, (fig.)* be caught in s.o.'s meshes; *agter die ~ **vis**, (fig.)* miss the boat/bus. **~bal** *(game)* netball; net ball *(in tennis)*. **~breuk** omental hernia. **~gordyn** net curtain. **~hemp** cellular shirt. **~maag** = NETPENS. **~maker** net maker, netter. **~nerwig** *-e, (bot.)* net-veined; *(chiefly biol.)* reticulate(d). **~oefening** *(cr.)* net practice. **~papier** mesh paper. **~pens** *(zool.)* reticulum. **~rimpel(r)ig** *-e* reticulate-rugose. **~sak** string bag. **~spanning** mains voltage. **~stof** *(text.)* net. **~sy** tulle. **~vet** *(anat.)* caul, long/omental fat. **~visser** netter. **~vlerkbesie** lace bug. **~vlerkig, ~vleuelig** *-e* neuropteran, neuropterous; *N~es, (entom.)* Neuroptera. **~vlies** retina. **~vliesontsteking** retinitis. **~vormig** *-e* reticular, reticulate(d), cancellate(d), cancellous, goffered, gauffered. **~vorming** reticulation. **~wapening** mesh reinforcement. **~werk** network; reticulation; meshwork; *(anat.)* plexus; netting; tracery; circuit; ~ *van spioene* network of spies; *deel van 'n ~ uitmaak/wees, aan 'n ~ gekoppel wees* be networked; *'n stad met 'n ~ van kanale* a city networked by canals. **~werker** networker. **~werkgebruik** networking. **~werkkoppeling:** *kantore/ens. met ~* networked offices/etc.. **~werklewering** networking. **~werkstelsel:** *'n gerekenariseerde ~* a networked computer system. **~werkvorming** networking.

net[2] *net(te) netter netste, adj.* (→NETJIES): ~ *op jou klere/ens. wees* be neat about one's clothes/etc.. **net** *adv.* neatly; accurately, precisely; just, merely, only, alone; exactly; ***al** is dit ~ 'n sent/ens. →**selfs**; iets is ~ **by** ... te koop/kry/vind* s.t. can be bought/found only at ...; s.t. is exclusive to ...; ~ ***daar*** there and then, then and there; ~ *'n **gawe** mens* quite a nice (*or* not at all a bad) person; *dis ~ **hy**!* that's the ticket!, this is the very thing!; ~ ***iets** vir jou* just the thing for you; ***maar** ~ vyf/ens.* as few as five/etc.; *iets **nie** ~ hoor nie, maar ook sien* not only hear s.t., but see it; ***nou** ~* only just; *iem. is **nou** ~ weg* s.o. has just left, s.o. left this very minute; ~ *die **persoon** wees wat iem. soek* be the very person s.o. is looking for; ~ ***reg*** just right; *in ~ tien **sekondes*** in ten seconds flat; ***selfs*** (of ***al** is dit*) ~ *'n sent/ens.* as little as a cent/etc.; ~ *in jou **skik** wees* be quite pleased; ~ ***so*** likewise, just the same, similarly; ~ ***so**!* exactly!, that's it!; just so!; quite (so)!; ~ ***so*** (of netso) *maak* follow suit; ~ ***so** ... wees* be every bit as ...; ~ ***soos*** even as; →NES[2] *adv.*; ~ ***soos** myne* just like mine; ~ ***soos** jy iem. sien, (also)* whenever (*or* every time) one sees s.o.; ~ ***soveel** soos ... (also* netsoveel, netso veel*)* just as many/much as ...; ~ ***so ver*** just as far; ~ ***sowel**, (also* netsowel, netso wel*)* just as well; ~ ***te** ...* just (*or* a tad) too ... *(predictable etc.)*; ~ ***toe** ek daar kom* just as I arrived there; ~ ***vir** ...* for ... only *(members etc.)*. **~-betyds-** *(comm.)* just-in-time *(stock control, system, principle, etc.)*. **~geweer** →PRESISIEGEWEER. **~-net** only just, barely; ~ *wen* scrape home. **~so** →**NET** SO. **~soveel** →**NET** SOVEEL SOOS ... **~sowel** →**NET** SOWEL.

net·ag·tig *-tige* retiform *(rare)*.

ne·tel *-tels* nettle. **~boom:** *groot ~* giant nettle. **~doek** book muslin, mull; *dun ~* tarlatan. **~haar** stinging hair. **~roos** *(med.)* nettle rash, urticaria, hives, uredo. **~sel** *(zool.)* nettle cell, nematocyst.

ne·te·lig *-lige -liger -ligste* thorny, knotty, ticklish, vexing *(problem)*; tricky, dodgy *(situation)*; contentious, delicate *(matter)*; invidious, critical *(position)*; *'n ~e situasie/posisie, (also)* a bed of nails. **ne·te·lig·heid** thorniness, knottiness, *etc.* (→NETELIG).

net·heid neatness, tidiness; cleanliness.

net·jies *-jiese -jieser -jiesste, adj.* neat, tidy; neat, smart, spruce, trim; respectable, decent *(neighbourhood etc.)*; clean. **net·jies** *adv.* neatly; nicely, *etc.*; →NETJIES *adj.*; *ek moes maar mooi ~ betaal* there was nothing for it but to pay.

net·nou just now, a moment ago; presently, before long; *hy/sy sal ~ hier wees* he/she will be here presently (*or* in a moment); *iem. het ~ (maar) gekom* s.o. has just got here. **~maar(tjies)** in a moment; presently; just; *iem. het ~ gekom* s.o. has just arrived.

nets·ke *-kes, (<Jap.)* netsuke.

net·te·ma·ker →NETMAKER.

net·ter *-ters* netter.

net·to net(t); ~ ***gewig*** net(t) weight; ~ ***grootte*** neat size; ~ ***loon/salaris**, (also)* take-home pay; ~ ***opbrengs/opbrings/wins*** net(t) profit.

neuk *ge-, (coarse)* hit, strike, bash, whack, thwack, slug, flog, thrash, trounce; bother, annoy, trouble; ***jy** ~ nou!* you're a damned nuisance!, confound you!; ***met** iem. ~, (infml.)* harass/pester s.o.; ***moenie** so ~ nie!* stop that!; ***moenie** met my ~ nie!* leave me alone, darn you!; *ek **sal** jou ~!* I'll give you a damned good hiding!. **neu·ke·ry** *-rye* nuisance, botheration; mess-up, confounded business, pretty kettle of fish; facer *(Br., infml.)*; *hoe meer **dae** hoe meer ~* life is one damned thing after another; *dis 'n **mooi** ~!* this is a fine how-d'ye-do!; ***sat** van iem. se ~* sick of s.o.'s damn(ed) nonsense; *hierdie ~ werk op jou **senuwees*** this blasted business is getting on one's nerves.

neul *ge-* nag, be troublesome (*or* a nuisance), *(infml.)* whinge; *by iem. oor iets ~* badger/pester s.o. for s.t.. **~kous, ~pot** bore, plague, nuisance, *(infml.)* whinger, whinge (bag); nagger, fusser, fusspot, fussbudget.

neu·lend *-lende, (infml.)* whing(e)ing. **neu·le·rig** *-rige* nagging, pestilent, *(infml.)* whing(e)y, whing(e)ing. **neu·le·ry** grumbling, bother; nagging, *(infml.)* whinge, whing(e)ing.

neu·raal *-rale* neural. **neu·ral·gie** neuralgia. **neu·ral·gies** *-giese* neuralgic. **neu·ra·ste·nie** *(med., obs.)* neurasthenia. **neu·ra·ste·nies** *-niese* neurasthenic. **neu·ra·ste·ni·kus** *-nikusse, -nici* neurasthenic.

Neu·ren·berg *(geog.)* Nuremberg. **Neu·ren·bergs** *-bergse* (of) Nuremberg.

neu·rie *ge-* hum; croon. **~sanger** crooner.

neu·rien *(biochem.)* neurin(e). **neu·ri·ties** *-tiese* neuritic. **neu·ri·tis** neuritis.

neu·ro- *comb.* neuro-.

neu·ro·chi·rurg, neu·ro·sji·rurg neurosurgeon. **neu·ro·chi·rur·gie, neu·ro·sji·rur·gie** neurosurgery. **neu·ro·chi·rur·gies, neu·ro·sji·rur·gies** *-e* neurosurgical.

neu·ro·fi·si·o·lo·gie neurophysiology.

neu·ro·lo·gie neurology. **neu·ro·lo·gies** *-e* neurological. **neu·ro·loog** *-loë* neurologist. **neu·ro·sji·rurg** →NEUROCHIRURG.

neu·ron *-rone, -rons* neuron(e), nerve.

neu·ro-oor·dra·er *(physiol.)* neurotransmitter.

neu·root *-rote, (rare)* **neu·ro·ti·kus** *-tikusse, -tici, n.* neurotic. **neu·ro·se** *-ses* neurosis. **neu·ro·ties** *-tiese, adj.* neurotic.

neu·ro·paat *-pate, (med.)* neuropath, neurotic. **neu·ro·pa·ties** *-tiese* neuropathic.

neu·ro·pa·to·lo·gie *(med.)* neuropathology.

neu·ro·psi·go·lo·gie neuropsychology.

Neu·rop·te·ra *(entom.)* Neuroptera.

neu·ro·to·mie *(med.: surgical cutting of a nerve)* neurotomy.

neu·ro·we·ten·skap(·pe) neuroscience. **neu·ro·we·ten·skap·li·ke** *-kes* neuroscientist.

neus *neuse* nose *(of a person, ship, aeroplane, pipe, tube, etc.)*; muzzle, proboscis, snout *(of an animal)*; prow *(of a ship)*; nozzle *(of a pipe, tube, etc.)*; (toe)cap *(of a shoe)*, toe; knob *(of a tile)*; cutwater *(of a pillar, ship, etc.)*; cape, headland, promontory, point, shoulder *(of a mountain)*; nose *(of wine)*; nose, scent; handle; heel *(of a rifle)*; nib *(of a pantile)*; *wie sy ~ skend, skend sy* ***aangesig*** it's an ill bird that fouls its own nest; *agter jou ~* ***aanloop****, (infml.)* follow one's nose; *iem. se ~* ***bloei*** →BLOEI[2]; *iem. sit met sy/haar ~ in 'n* ***boek****, (infml.)* s.o. buries/has his/her nose in a book; *met jou ~ in die* ***boeke*** *sit* pore over one's books; *met jou ~ in die* ***botter*** *val, (infml.)* have a lot of luck, strike oil, be/live in clover; *iem. steek nie sy/haar ~ by die* ***deur*** *uit nie, (infml.)* s.o does not stir out of the house; *'n* ***fyn/goeie*** *~ vir ... hê* have a (good) nose for ...; *'n* ***(goeie)*** *~* ***vir*** *iets hê, (also)* have a flair for s.t.; *jou ~* ***insteek****, (infml.)* butt in, put/stick one's oar in; *in jou ~* ***krap*** pick one's nose; *op jou ~* ***kyk****, (infml.)* look small/silly; *lelik op jou ~* ***kyk****, (infml.)* fall flat on one's face; *iem. laat jou op jou ~* ***kyk****, (infml.)* s.o. makes one look silly, s.o. punctures one's pride; *iem.* ***kyk/sien*** *nie verder/vêrder as (wat) sy/haar ~* ***lank*** *is nie* s.o. does not look/see further than (*or* beyond [the end of]) his/her nose; *iem.* ***kyk*** *teen sy/haar ~ vas, (infml.)* s.o. doesn't see s.t. that is under his/her nose; s.o. does not look/see further than (*or* beyond [the end of]) his/her nose; *vir ... 'n* ***lang*** *~* ***trek*** make a long nose at ...; *iem. aan die ~* ***lei*** lead s.o. by the nose, lead s.o. up the garden path; *iem. se ~* ***loop*** s.o. has a runny nose; *met jou ~ in die* ***lug*** *loop* walk with one's nose in the air, think one is the Queen of Sheba; *('n) mens kan nie jou ~ daarvoor* ***optrek*** *nie* it is not to be sniffed at; *deur jou ~* ***praat*** speak through one's nose (*or* in a nasal voice), nasalise, snuffle; *jou eie ~* ***skend****, (fig.)* cry stinking fish; *die/'n* ***snuf*** *in die ~ kry van iets* →SNUF *n.*; *jou ~ in ...* ***steek****, (infml.)* poke/stick one's nose into ...; *jou ~ in iem. se sake* ***steek****, (infml.)* meddle in s.o.'s affairs, poke/stick one's nose into s.o.'s affairs, pry into s.o.'s affairs; *moenie jou ~ in my sake* ***steek*** *nie, (infml.)* don't poke/stick your nose into my affairs; *~e* ***tel*** count noses; *iem. se ~ is* ***toe****, iem. het 'n* ***toe*** s.o.'s nose is blocked, s.o. has a blocked nose; *jou ~* ***toedruk*** hold one's nose; *die deur voor iem. se ~* ***toemaak*** shut the door in s.o.'s face; *iem.* ***trek*** *sy/haar ~ vir iets op, iem.* ***trek*** *~ op vir iets* s.o. turns up his/her nose at s.t.; *jou ~* ***(uit)snuit*** blow one's nose; *iem. se ~ (vir hom/haar)* ***uitsnuit****, (infml.)* shut s.o. up, reduce s.o. to silence; ***vlak voor*** *iem. se ~, (infml.)* under s.o.'s (very) nose; *as 'n* ***vlieg*** *oor iem. se ~ loop, word hy/sy kwaad* (of *'n* ***vlieg*** *het oor iem. se ~ geloop)* s.o. is a real touch-me-not/spitfire; *dit onder iem. se ~* ***vryf/vrywe****, dit vir iem. onder die ~* ***vryf/vrywe*** rub s.o.'s nose in it; rub it in; *met 'n ~* ***wen*** win by a nose *(a horse)*; *jou ~ in die* ***wind*** *steek* hold one's head high, go about with one's nose in the air, give o.s. airs. **~aap** *(zool.)* proboscis monkey, nose ape, nose monkey, nasalis. **~arts** nose and throat specialist. **~bad** nasal douche. **~band** noseband, cavesson *(on a bridle)*; barnacles; **~beeld** *(rare)* mascot *(on a car)*. **~been** nasal bone. **~beer** coati(mundi). **~blaar** nose leaf *(of bats)*. **~bloeding** nosebleed(ing), rhinorrhagia, epistaxis. **~bokkie** Damara dik-dik. **~boor** *(tech.)* nose bit. **~brug** bridge of the nose. **~dop** nose cone. **~druppels** nose drops. **~duikvlug** *(av.)* nose dive. **~gang** nasal passage. **~gat** nostril; *(anat., zool.)* naris *(pl.:* nares*)*. **~geluid** nasal sound. **~geswel** nose/nasal tumour. **~haar** *-hare, (usu. pl.)* hair in the nostrils, vibrissa, *(pl.)* vibrissae; nostril hair. **~holte** nasal cavity. **~horingvoël** hornbill. **~instekerig** *-e* nos(e)y, meddling, meddlesome, snoopy, busy; *~e mens* busybody. **~kapsel** olfactory capsule. **~katar** *(med., dated)* nasal catarrh. **~-keel-en-oor(-)arts** otorhinolaryngologist, nose, ear and throat surgeon. **~keelholte** *(anat.)* nasopharynx. **~klank** nasal sound; (nasal) twang; *(phon.)* nasal. **~klem** nose clip. **~knyper** pince-nez *(<Fr.)*, nose glasses, nose-nippers; barnacles *(of a farrier)*. **~lengte** length of a nose; *(fig.)* hair('s breadth). *met 'n ~ wen, (a horse)* win by a nose. **~loop** rhinorrhoea. **~mangel** *(rare)* →ADENOÏED. **~masker** muzzle. **~operasie** nose operation; *(plastic surg.)* rhinoplasty. **~optrekkerig** *-e* standoffish, snooty, snotty(-nosed), sniffy, fastidious, stuck-up. **~optrekkerigheid** sniffiness. **~plank** *(dated)* = SPEENPLANK. **~ploeg** frog plough. **~poliep** nasal/nasopharyngeal polyp(us). **~rand** nosing *(of a step)*. **~riem** noseband, nosepiece. **~ring** nosering, bullring, cattle leader. **~rug** bridge (of the nose), ridge of the nose. **~skot** internasal plate/septum. **~skulp** scroll bone, turbinate bone, concha. **~slym** nasal mucus. **~slymvlies** mucous membrane. **~spieël** rhinoscope, muzzle. **~spier** nasalis. **~spuit(jie)** nasal syringe/spray, atomiser. **~spuitmiddel** *-s* nasal/nose spray. **~spy** gib head, gib-head(ed) key. **~stem** nasal voice. **~stuk** nozzle; nosepiece. **~toon** nasal tone. **~verkoue** snivels, coryza, nasal catarrh. **~verstopping** snuffles. **~vlerk** *(av.)* slat. **~vleuel** nostril, wing of the nose. **~warmer(tjie)** *(rare: short tobacco pipe)* nosewarmer, cutty. **~wortel** base of the nose. **~wurm** nasal bot. **~wys** *(rare)* cheeky, pert, cocky, saucy, conceited, forward; priggish. **~wysheid** *(rare)* cheekiness, pertness, *etc.*; →NEUSWYS.

neu·sie *-sies, (dim.)* little nose; →NEUS; *dis ~ verby, (infml.)* it is too late now, the opportunity has been lost; *dis ~ verby (met iem.), (infml.)* s.o. can/may whistle for it, s.o. will have to whistle for it.

Neus·tri·ë *(geog., hist.)* Neustria.

neut *neute* nut; *(cook.)* nutmeg; *~e dop/afdop/uitdop* shell nuts; *nie om dowe ~e nie, (infml.)* not for nothing; *iets/iem. is 'n harde ~ om te kraak, (infml.)* s.t./s.o. is a hard nut to crack. **~bruin** hazel. **~draend** *-e, (bot.)* nuciferous. **~(e)boom** nut tree; walnut tree; nutmeg tree. **~dop** *(lit.)*, **~edop** *(fig.)* nutshell; *in 'n neutedop* in a nutshell; *geskiedenis in 'n neutedop* potted history. **~edorp** global village. **~(e)hout** nutwood; walnut (wood). **~(e)kraker** nutcracker, pair of nutcrackers. **~kole** = NEUTSTEENKOOL. **~(muskaat)** *(cook.)* nutmeg. **~steenkool** nut coal, nuts. **~vars** perfectly fresh, hot *(news)*. **~vormig** *-e* nuciform.

neut·ag·tig *-tige* nutty.

neu·traal *-trale* neutral; undenominational *(school)*; *(med.)* bland; unsectarian *(school, college)*; neutral, impartial; colourless, indifferent; non(-)committal; *(astron., phys.)* neutral; *~ bly in ...* remain/stay neutral in ... *(a war etc.)*; *~trale klinker* indeterminate vowel. **neu·tra·lis** *-liste* neutralist. **neu·tra·li·sa·sie** neutralisation; offset. **neu·tra·li·seer** *ge-* neutralise; offset, negative. **neu·tra·li·se·ring** *-rings, -ringe* neutralisation; wipeout *(of a missile centre etc.)*. **neu·tra·lis·me** neutralism. **neu·tra·lis·ties** *-tiese* neutralist. **neu·tra·li·teit** neutrality, indifference. **neu·tra·li·teits·reg** right of neutrality. **neu·tra·li·teits·ver·kla·ring** declaration of neutrality.

neu·tri·no *-no's, (phys.)* neutrino. **neu·tron** *-trone, (phys.)* neutron. **neu·tron·bom** neutron bomb.

neu·trum *neutrums, neutra, (gram.)* neuter.

Ne·va·da *(geog.)* Nevada.

né·vé *(geol.)* névé, firn.

New Age *(philos.)* New Age. **~(-musiek)** New Age (music). **~-aanhanger** New Ager. **~-beweging** *(abbr.: NAB)* New Age Movement *(abbr.: NAM)*.

New·cas·tle·siek·te *(also n~)* Newcastle disease.

ne·we: **~as** conjugate axis. **~bedoeling** *(obs.)* →BYBEDOELING. **~beeld** *(phot.)* ghost image. **~besmetting** subinfection. **~-effek** secondary/side effect, by-effect, *(infml.)* fallout; *~te hê* have side effects; *'n ~ van ...* a side effect of ... **~gaande** *(dated)* enclosed, annexed, accompanying; →BYGAANDE; *~ vind u ...* herewith please find ... **~geskik** *-te* co(-)ordinate. **~hoek** *(math.)* adjacent supplementary angle. **~persoon** *(lit.)* minor character. **~produk** by-product; *'n ~ van ...* a by-product of; a spin-off from ... **~sel** *-le* subsidiary cell. **~skakeling** shunt(ing), connection in parallel. **~skik** *newege-* co(-)ordinate. **~skikkend** *-e* co(-)ordinating *(conjunction)*, co(-)ordinative; *~e volsin, (gram.)* compound sentence. **~skikking** co(-)ordination. **~sluiting** *(elec.)* shunt(ing), bypass. **~vertrek** *(rare)* side room. **~vraagstuk** *(rare)* →BYSAAK. **~werking** side effect.

ne·wel *-wels* mist, haze, fog, film; *(astron.)* nebula; *(fig.)* smog, veil, shroud. **~bank** fog bank, bank/pocket of mist. **~beeld** spectral image; mirage. **~boog** mistbow. **~bos** mist forest. **~dou** mist dew. **~kamer** cloud chamber. **~kleur** *(art)* scumble. **~kring** *(astron.)* coma *(of a comet)*. **~laag** mist layer. **~spuit** spray, atomiser, vaporiser, nebuliser. **~steen** *(rare)* →CHALCEDOON. **~ster** nebulous star. **~streek** mist belt. **~teorie** nebular theory. **~versameling** *(math.)* fuzzy set. **~vlek** *-ke* nebula; *(also, in the pl.)* nebulae. **~wolk** *(astron.)* fog cloud, nebula.

ne·wel·ag·tig *-tige, (lit.)* misty, foggy; *(lit. & fig.)* hazy, nebulous. **ne·wel·ag·tig·heid** mistiness, haziness, nebulosity. **ne·we·lig** *-lige, (rare)* →NEWELAGTIG.

New·found·land *(geog.)* Newfoundland. **New·found·lan·der** *-ders, (inhabitant)* Newfoundlander; *(also n~: dog)* Newfoundlander; Newfoundland ship.

New Hamp·shire *(geog.)* New Hampshire.

New Or·le·ans *(geog.)* New Orleans.

new·ton *-ton(s), (phys.)* newton. **~meganika** Newtonian mechanics. **~teleskoop** Newtonian telescope.

New·tons *-tonse,* **New·to·ni·aans** *-aanse, (phys.)* Newtonian.

new wave(-mu·siek) new wave (music).

New York *(geog.)*: *(die staat) ~ ~* New York; *(die stad) ~ ~* New York (City).

Nga·mi·land *(geog.)* Ngamiland.

Ngu·ni *(SA lang. group)* Nguni.

Ni·a·ga·ra: **~ Falls** *(city)* Niagara Falls. **~(rivier)** Niagara (River). **~(-)waterval** Niagara Falls.

ni·a·sien *(biochem.)* nicotinic acid, niacin.

Ni·ca·ra·gu·a *(geog.)* Nicaragua. **Ni·ca·ra·gu·aan** *-ane, n.* Nicaraguan. **Ni·ca·ra·gu·aans** *-aanse, adj.* Nicaraguan.

Nice *(geog.)* Nice.

Ni·ce·a *(geog., hist.)* Nicaea. **Ni·ceens** *-ceense* Nicene, Nicaean.

Ni·co·si·a →NIKOSIA.

nie not; *~* ***alle*** *slange is giftig ~,* ***alle*** *slange is ~ giftig ~* not all snakes are poisonous, all snakes are not poisonous; *~* ***alte/danig*** *... ~* none too ...; ***amper/byna*** *~* hardly, barely, scarcely; *iem./iets het* ***amper/byna*** *~ ge... ~* s.o./s.t. nearly didn't ...; *dis nooit* ***anders*** *~* that's exactly how it is; ***beslis*** *~* certainly not; *~* ***beter*** *as ...* no better than ...; *~* ***heeltemal billik*** *wees ~* →BILLIK *adj.*; *~* ***dat*** *... ~, maar* not that ..., but; *~* ***eens/eers*** *...* *~* not even ...; ***glad*** *~* not in the least; not at all; not so; not a bit; not at any price; not by a long shot; ***glad*** *(en geheel) ~* not at all, in/under no circumstances; on no condition; not the least bit; ***glad*** *(en geheel) ~!* not a bit of it!; *... staan* ***glad*** *~ bekend as iemand wat ... doen ~* s.o. has never been known for (*or* to do) ...; ***glad*** *~ goed/ens. ~* not good/etc. at all, not a bit of good/etc.; ***glad*** *~ so goed/ens. soos ... ~* not anything like as good/etc. as ...; ***glad*** *~ honger/ens. wees ~* not be hungry/etc. at all; *ek het jou* ***glad*** *~ hoor inkom/binnekom ~* I never heard you come in; ***heeltemal*** *~* not a bit; not at all; *~* ***heeltemal/juis*** *billik/ens. wees ~* be less than fair/etc.; ***helaas*** *~* no such luck *(infml.)*; *jy rook/ens. ~, of hoe?* you don't smoke/etc., do you?; ***hoegenaamd*** *~* not at all; not a bit; not in the least; not for a/one moment; (in) no way, not in any way, in no wise; in/under no circumstances; by no (manner of) means, not by any (manner of) means; absolutely not;

hopelik ~ I hope not; I trust not; ***indien*** ~ if not; *ek rook/ens. ~, en **jy?*** I don't smoke/etc., do you?; ***lank*** ~ not by a long stretch; *sou dit ~ **lekker** wees ~!* wouldn't it be nice!, how nice it would be!; ***liefs/liewer(s)*** ~ rather not; ~ ***minder*** *as tien* ~ not less than ten; ~ *in die* ***minste*** ~ not a bit; ***nog*** ~ not (just) yet; ***nog*** ~ *vyftig/ens.* ~ not yet fifty/etc.; ***ook*** ~ nor; ***selfs*** ~ ... ~ not even ...; ***so*** ~ if not; in the alternative; ~ ***van*** *die slimste/ens. wees* ~ be none of the cleverest/etc.; ~ *dat hy dit ~ **verdien*** ~ not that he doesn't deserve it; *iem. kan dit ~ langer **verdra*** ~ s.o. cannot stand it any longer; *op **verre** na ~, **verreweg*** ~ not in the least; not nearly, not by a long stretch/way; ***vervlaks/vervloeks*** ~, *(infml.)* damn well not; ***volstrek*** ~ certainly not; on no account, not on any account; not in any way, (in) no way; by no (manner of) means, not by any (manner of) means; absolutely not; not at all; ***volstrek*** *~!, (also)* over my dead body! *(infml.)*; not on your life! *(infml.)*; *dis ~ **waar*** ~ it is not true; ~ ***waar*** *~?* isn't that so?, not so?; you do, don't you?; *jy kry koud, ~ **waar** ~?* you are cold, aren't you?; *en **waarom*** *~?* and what is wrong with that?. **nie=** *pref.* non=. **~aanneming** non(-)acceptance. **~aansteeklik** non(-)contagious. **~aanvalsverdrag** non(-)aggression pact, pact of non(-)aggression. **~aardsgesind** otherwordly. **~absorberend** nonabsorbent. **~-Afrikaans** non-Afrikaans. **~aggressief** non(-)aggressive, unaggressive. **~akademies** unacademic, unbookish. **~alkoholies** non(-)alcoholic, alcohol-free, non(-)intoxicating; *~e bier, (also)* no-alcohol beer. **~allergies** non(-)allergic. **~amptelik** unofficial, non(-)official; *(attr.)* off-the-record *(remark, discussion, interview, etc.)*. **~-Anglikaanse Protestant** *(relig.)* Nonconformist. **~bedwelmend** non(-)intoxicant, non(-)intoxicating. **~beeldend** non(-)representational. **~belanghebbend** uninterested. **~belasbaar** non(-)taxable. **~beskikbaar** unavailable. **~beskikbaarheid** non(-)availability. **~beskryfbaar** nondescript. **~besmetlik** non(-)infectious. **~bestaan** non(-)existence, nonentity. **~bestaande** non(-)existent, insubstantial. **~bestuurder** non(-)driver. **~betaling** non(-)payment. **~blank** *=e, adj., (offensive)* non(-)white. **~blanke** *=s, n., (offensive)* non(-)white. **~bloeiend, ~blommend, ~blomdraend** non(-)flowering. **~bydraend** non(-)contributory. **~bywoning** non(-)attendance. **~-Christelik** non-Christian. **~-Christen** non-Christian. **~deelnemend** non(-)participating, non(-)playing. **~destruktief** non(-)destructive; *~destruktiewe toetse, (tech.)* non(-)destructive testing. **~deurlopend** discrete. **~diplomakursus** non(-)diploma course. **~diskriminasie** non(-)discrimination. **~diskriminerend** non(-)discriminatory. **~dreigend** non(-)threatening, unthreatening. **~drinker** non(-)drinker. **~duursaam, onduursaam** *=same* not durable, non(-)durable; *~same goedere/produkte/artikels* non(-)durable goods, non(-)durables. **~-eenparig, ~-eenstemmig:** *~e (punte)beslissing, (boxing)* split decision. **~-Engels** non-English. **~-Europees** non-European. **~figuratief** *(art)* non(-)representational, non(-)figurative. **~fiksie** non(-)fiction. **~gebruik** non(-)use, non(-)usage; *(jur.)* non(-)user. **~gebruiker** non(-)user. **~geestelik** unspiritual. **~geheime** *(attr.)* non(-)classified *(document, information)*. **~gekoppel(d)** *=gekoppelde, (comp.)* off-line *(system, terminal, etc.)*. **~geleiding** non(-)conductivity. **~geleier** non(-)conductor; insulator. **~gelowige** non(-)believer, agnostic. **~gemotoriseer(d)** *=seerde* unpowered. **~genoteer(d)** unquoted, unlisted *(share)*. **~geslaag(d)** unsuccessful. **~gestrem(d)** *=gestremde* abled. **~giftig, ~toksies** non(-)poisonous, non(-)toxic. **~herhalend** *=e* non(-)recurrent. **~-inmenging** non(-)intervention. **~-inwonend** *=e* non(-)resident; *~e aandeelhouer* non(-)resident shareholder. **~-Jood** *n.* non-Jew, gentile *(sometimes G~)*, goy *(Hebr., infml., derog.)*. **~-Joods** *adj.* non-Jewish, gentile *(sometimes G~)*. **~-Katoliek** *n. & adj.* non-Catholic. **~kerklik** non(-)denominational. **~kernwapens** non(-)nuclear weapons. **~kiesgeregtig** →NIESTEMGEREGTIG. **~kommunis** non(-)communist. **~-Kommunis** non-Communist. **~kommunisties** non(-)communist. **~-Kommunisties** non-Communist. **~kondenserend** *=e* non(-)condensing. **~konfessioneel** *(relig.)* non(-)denominational. **~leser** non(-)reader. **~lewering** non(-)delivery. **~lid** non(-)member. **~lineêr, ~linièr** *(math.)* non(-)linear. **~literêr** non(-)literary. **~lonend** unprofitable, unremunerative. **~magneties** non(-)magnetic. **~menslik** non(-)human, unhuman. **~metaal** non(-)metal. **~metalliek** non(-)metallic. **~militant** non(-)militant. **~nakoming** non(-)performance, non(-)compliance, non(-)fulfilment, inobservance. **~(-)omsetbaar** *(fin.)* non(-)convertible *(currency)*. **~(-)omskepbaar** *(fin.)* non(-)convertible (shares). **~(-)onderhorig** unsubjugated. **~ontvanklik** *(jur.)* inadmissible; *so 'n vordering is* ~ such an action does not lie. **~ontvanklikheid** inadmissibility. **~oordraagbaar** not transferable, not negotiable. **~oorlogvoerend(e)** non(-)belligerent. **~openbaar** non(-)public. **~pensioengewend** non(-)pensionable. **~polities** non(-)political, unpolitical. **~professioneel** non(-)professional. **~regeringsorganisasie** non(-)governmental organisation. **~roker** non(-)smoker. **~ryer** non(-)driver. **~samewerkend** non(-)cooperative. **~samewerking** non(-)cooperation. **~sektaries** *(relig.)* non(-)sectarian. **~sertifikaatkursus** non(-)certificate course. **~singend:** *~e voël* songless bird. **~sluitend** unbalanced *(budget)*. **~spelend** non(-)playing. **~spesifiek** non(-)specific. **N~standaardengels** non(-)standard English. **~standhoudend** intermittent *(stream)*. **~stemgeregtig, ~kiesgeregtig** un(en)franchised, voteless; non(-)voting. **~stemgeregtigde,** non(-)voter. **~stemmer** non(-)voter. **~strydend** *adj.* non(-)combatant. **~strydende, ~stryder** *n.* non(-)combatant. **~strydig** *(math.)* consistent. **~swemmer** non(-)swimmer. **~telbaar** *(ling.)* uncountable *(noun)*. **~terugsending** non(-)return. **~toksies** →NIEGIFTIG. **~tussenkoms** non(-)interference, non(-)intervention. **~-uitvoerend** non(-)executive;: *~e direkteur* non(-)executive director. **~-uitwissend:** *~e leesproses, (comp.)* non(-)destructive read. **~vakkundige** non(-)specialist. **~veeleisend** unexacting. **~vegtend** non(-)combatant. **~verbaal** non(-)verbal *(communication)*. **~verbindend** non(-)committal; noncompulsory; not binding *(contract)*; inoperative, ineffectual *(law)*. **~verdigtend** non(-)condensing. **~verhandelbaar** non(-)transfer(r)able, non(-)negotiable, unnegotiable. **~vernietigend, ~vernielend, ~destruktief** non(-)destructive; *~e toetse (tech.)* non(-)destructive testing. **~vernietigingstoetse** *(pl., tech.)* non(-)destructive testing. **~veroordelend** non(-)judg(e)mental. **~verplig** facultative. **~verplig(tend)** non(-)obligatory. **~verset** non(-)resistance. **~verskyning** non(-)appearance, failure to attend; *by* ~ in default of appearance. **~verslawend** non(-)addictive. **~verspreidend** *(med.)* non(-)invasive *(a disease)*. **~(ver)stelbaar** non(-)adjustable. **~verwant** unrelated; unallied; unassociated. **~vetmakend** non(-)fattening. **~vlambaar:** *~bare film, (phot.)* safety film, non(-)flammable film. **~vlugtig** non(-)volatile, fixed *(oil)*. **~voeging** *(jur.)* non(-)joinder. **~voorgeskrewe** *(attr.): ~ medisyne* unprescribed medicine. **~vrugbaar:** *~bare tyd, (infml.)* safe period *(when a woman is unlikely to become pregnant)*; →ONVRUGBAAR. **~wetenskaplik** non(-)scientific. **~wetgewend** non(-)legislative. **~winsdelend** *(ins.)* non(-)participating. **~winsgewend** non(-)paying, unprofitable. **~wolskaap** non(-)woolled sheep. **~ysterhoudend** non(-)ferrous; non(-)ferriferous.

nie·ker·bol *=bols, (infml.: old-fashioned sweet)* bull's-eye.

ni·ël·lo *(art of engraving)* niello.

nie·mand no one, nobody, none; ~ ***anders*** *as ... nie* none other than ...; none other but ...; no one besides ...; *iem. wil met ~ **anders** praat nie* s.o. doesn't want to speak to anyone else; ***byna*** ~ scarcely anyone; *so **goed** as ~ (nie)* next to noboby; ~ ***minder*** *as die voorsitter/ens. nie* no less a person than the chairman/etc.. **nie·mands·land** no man's land, marchland.

nier *niere, (anat.)* kidney; *(min.)* nodule; *bo die ~e liggend* suprarenal; *in hart en ~e* →HART; *swerwende/beweeglike/wandelende* ~ movable/mobile/floating kidney. **~aandoening** kidney complaint/ailment/trouble, nephrosis. **~aar** renal vein. **~aartappel** fluke. **~bekken** *(med.)* pyelum, renal pelvis. **~bekkenontsteking** pyelitis. **~boon(tjie)** kidney bean. **~buis(ie)** nephric duct, renal tubule. **~degenerasie** nephrosis. **~erts** *(geol.)* kidney ore, nodular ore. **~hou** kidney punch. **~insnyding** nephrotomy. **~kelk** renal calyx. **~knyper** *(joc., hist.)* home-made Boer saddle. **~koliek** renal colic, nephralgia. **~kwaal** kidney disease/complaint/ailment, nephropathy. **~liggaam(pie)** *(anat.)* glomerule, glomerulus. **~lyer** nephritic sufferer. **~masjien** kidney machine. **~middel** *=s, =e* nephritic *(obs.)*. **~ontsteking** nephritis, Bright's disease. **~pyn** nephralgia, nephritic pain. **~siekte** kidney disease, renal disease. **~slagaar** renal artery. **~steen** *(med.)* renal/vesical calculus, kidney stone; *(geol.)* nephrite. **~steentjies** gravel, urinary calculi. **~tregter** *(zool.)* nephrostome. **~(vaat)liggaampie** *(anat.)* Malpighian body/corpuscle. **~vet** suet. **~vormig** *=e* kidney-shaped; *(bot., min.)* reniform, nephroid *(rare)*.

nier·tjie *=tjies, (dim.)* (small) kidney; *(also, in the pl.)* reins *(arch.)*. **~-erts** →NIERERTS. **~saal** kidney saddle.

nies *niese, n.* sneeze, sternutation *(fml.)*. **nies** *ge=, vb.* sneeze. **~bui** sneezing; *(med.)* sternutation convulsiva. **~gas** sneeze gas, sneezing gas. **~hout** *(Ptaeroxylon obliquum)* sneezewood. **~kruid** *(bot.: Helenium spp.)* sneezeweed; hellebore, yarrow. **~middel** *=s, =e* sternutative powder, sternutatory. **~poeier** sneezing powder. **~wortel** *(bot.:Achillea ptarmica)* sneezewort; hellebore, yarrow.

nie·se·rig *=rige* sneezy. **nie·se·rig·heid** sneeziness. **nie·se·ry** sneezing, sternutation *(fml.)*.

niet[1] nothing, nothingness; *(rare)* blank *(in a lottery)*; *te ~ **doen*** annul, declare invalid *(or* null and void), cancel; do away with; undo; stultify *(s.o.'s efforts)*; *tot ~ **gaan*** decay, perish; go to rack and ruin; ***iets*** *uit ~s* s.t. out of nothing; *iets tot ~ **maak*** destroy s.t.; undo s.t.; kill s.t.; *uit die ~ **te voorskyn** bring* create; ***tot*** *~ wees* be destroyed/lost/defunct; *'n ~ **trek,*** *(rare)* draw a blank *(in a lottery)*; *in die ~ **verdwyn*** disappear/melt/vanish into thin air *(infml.)*; vanish into space; fade into nothingness, fade away to nothing; *in die ~ **versink*** sink into nothingness; pale *(before, beside)*; *uit die ~ **verskyn*** appear (as if) from nowhere, appear out of nowhere.

niet[2] *(arch.)* = NIE; *nog is het einde ~* →EINDE.

nie·teen·staan·de, nie·teen·staan·de *conj.* notwithstanding (that); ~ *(dat) iem. siek/ens. was* although *(or* in spite of the fact that) s.o. was ill/etc.. **nie·teen·staan·de, nie·teen·staan·de** *prep.* despite, in spite of, in the teeth of.

nie·te·min, nie·te·min nevertheless, none the less, notwithstanding, however, for all that.

nie·tig *=tige* insignificant, futile, trivial, footling, *(infml.)* piffling; paltry, negligible *(amount)*; trifling *(matter)*; small; miserable; puny *(fellow)*; *(jur.)* invalid, null and void, nugatory; *iets ~ maak* render s.t. void *(a contract etc.)*; *iets ~ verklaar* declare s.t. (null and) void, nullify/annul s.t.; set aside s.t. *(a verdict, sentence, etc.)*; *'n vonnis ~ verklaar, (also)* quash a judg(e)ment. **~verklaring** annulment, nullification, invalidation, defeasance; vacation; setting aside *(a judg[e]ment)*; declaration of nullity; rescission *(fml.)*; repeal; irritancy.

nie·tig·heid *=hede* insignificance; nihility; *(jur.)* invalidity, nullity *(of a marriage)*; trifle, trifling matter, nothingness; puniness; vanity; *sommer 'n ~* a mere nothing.

niets·be·dui·dend *=dende, (rare)* →NIKSBEDUIDEND.

nieu=: **~bekeerde** →NUUTBEKEERDE. **N~-Brittanje** *(island)* New Britain. **N~-Brunswyk** *(Can. province)* New Brunswick. **N~-Delhi** New Delhi. **N~-Engeland** *(Am.)* New England. **N~-Engels, Nuwe Engels** Modern English. **N~-Grieks, Nuwe Grieks** Modern Greek. **N~-Guinee** New Guinea. **N~-Guinees** *=nese* New Guinean. **N~-Holland** *(Austr.)* New Holland. **N~hoogduits, Nuwe Hoogduits** Modern High German. **N~-Ierland** New Ireland. **N~-Kaledonië** New Caledonia. **N~-Kastilië** New Castile. **N~-Mexiko/Meksiko** New Mexico. **~modies** *=e* fashionable, new-fashioned, stylish, modern. **N~-Nederland** *(N.Am.)* New Netherland. **N~-Nederlands, Nuwe Nederlands** Modern Dutch. **N~-Seeland** New Zealand. **N~-Seelands** (of) New Zealand. **N~-Siberiese Eilande** New Siberian Islands.

~**silwer** nickel/German silver, electroplated nickel silver *(abbr.:* EPNS*)*. ~**skepping** *(dated)* →NUUTSKEPPING. **N~-Skot** Nova Scotian. **N~-Skotland** Nova Scotia. **N~-Skots** Nova Scotian. **N~-Suid-Wallis** New South Wales. **N~-Testamenties, Nuwe Testamenties** *-e* (of the) New Testament. **N~-Testamentikus, Nuwe Testamentikus** *-tikusse, -tici* New Testament scholar. ~**vorming** *(dated)* →NUUTSKEPPING.

nie·wers →NÊRENS.

nig *(dated), (form of address, also before Christian names)* cousin; *(infml., form of address)* old girl. **nig·gie** *-gies* cousin; niece; *eie/volle* ~ cousin german, first cousin; *ou* ~, *(infml., form of address)* old girl. **nig·gie·tjie** *-tjies, (dim.)* little niece/cousin.

Ni·ge·ri·ë *(geog.)* Nigeria. **Ni·ge·ri·ër** *-riërs, n.* Nigerian. **Ni·ge·ries** *-riese, adj.* Nigerian.

ni·gro·man·sie black magic.

ni·hi·lis *-liste, (also N~)* nihilist. **ni·hi·lis·me** *(also N~)* nihilism. **ni·hi·lis·ties** *-tiese, (also N~)* nihilistic.

Nij·me·gen *(geog.)* Nijmegen, Nimwegen *(Germ.)*.

Ni·ke, Ni·kê *(Gr. myth.)* Nike.

Nik·kei: ~**(-indeks)**, ~**(-beurs)gemiddeld(e)** Nikkei (index), Nikkei (stock) average.

nik·kel *(chem., symb.:* Ni*)* nickel. ~**houdend** *-e* nickeliferous. ~**-kadmium-battery** nicad (battery). ~**kies** nickel pyrites. ~**munt** nickel coin. ~**silwer** nickel/German silver. ~**staal** nickel steel.

nik·ke·liet *(min.)* niccolite, copper nickel.

nik·ker *-kers, (myth.)* nix, water elf; fiend.

Ni·ko·bar·ei·lan·de, Ni·ko·ba·re Nicobar Islands, Nicobars.

Ni·ko·si·a *(geog.)* Nicosia.

ni·ko·tien nicotine. ~**geel** nicotined, nicotine-stained *(finger etc.)*. ~**plakker** nicotine patch. ~**suur** *(biochem.)* nicotinic acid, niacin. ~**vergiftiging** *(pathol.)* nicotine poisoning, nicotinism.

niks[1] nothing; none, nil, nought; *daar is* ~ ***aan*** *nie* there is nothing to it, there is no difficulty about it; it isn't up to much *(infml.)*; *('n) mens kan* ~ *met hom/haar* ***aanvang*** *nie* one can make nothing of him/her; *iem. kan* ~ *daarmee* ***aanvang*** *nie* s.o. can't do a thing with it; ~ *van die* ***aard*** *nie* nothing of the sort; ***(absoluut/heeltemal/hoegenaamd*** of ***net mooi)*** ~ *(nie)* absolutely nothing, nothing whatever, *(infml.)* zilch; ***amper/byna*** ~ hardly/scarcely anything; next to nothing *(infml.)*; ~ ***anders*** *as ... nie* nothing else but ...; *daar is* ~ ***anders*** *aan te doen nie as om te ...* there is nothing for it but to ...; *dit* ***baat*** ~ it goes for nothing; *dit sal jou* ~ ***baat/help*** *nie* it will avail one nothing; *met* ~ ***begin*** start from scratch; *iem. sal* ~ *daarmee* ***bereik*** *nie* it will not get s.o. anywhere, it will get s.o. nowhere; *dit is* ~ ***besonders*** *nie* it is nothing much; *dit is* ~ ***besonders/noemenswaardigs*** *nie* it is nothing to speak of; *dit* ***beteken*** ~ it means nothing; it is worthless (*or* no good); there is nothing in it; *hoegenaamd* ~ ***beteken*** *nie* not mean a thing; *dit* ***beteken*** *vir iem.* ~ it is/means nothing to s.o.; *iem.* ***beteken*** *vir jou* ~ s.o. is/means nothing to one; *iets* ***beteken*** *vir iem.* ~, *(also)* s.t. is wasted on s.o.; *dit* ***beteken/sê*** *vir iem.* ~ it conveys nothing to s.o.; ~ ***beter/ens.*** *wees nie* be none the better/etc.; ~ *teen iets in te* ***bring*** *hê nie* have no quarrel with/against s.t.; *daar is* ~ *teen in te* ***bring*** *nie* nobody can quarrel with that, you can't quarrel with that; ***byna*** ~ →***amper/byna;*** *iem. het* ~ ***daaraan*** *nie* there is nothing in it for s.o.; it is nothing to s.o.; it is wasted on s.o.; it is lost (up)on s.o.; ~ ***daarvan*** *nie!* forget it!; nothing of the kind/sort; ~ *daarvan* ***dink*** *nie* make nothing of it; not think anything of it; ***dis*** ~ *(nie)* it does not matter; no harm done; ***dis*** ~ *(nie)!* no matter!; never mind!; forget it!; *iem.* ***doen*** ~ s.o. is not doing anything; *iem. het* ~ *te* ***doen*** *nie* s.o. has nothing to do, s.o. is at a loose end; *('n) mens kan* ~ *daaraan* ***doen*** *nie, daar is* ~ *aan te* ***doen*** *nie* there is nothing one can do about it; it can't be helped; there is no help for it; that's/it's too bad *(infml.)*; *iem. kan* ~ *daaraan* ***doen*** *nie* there is nothing s.o. can do about it; s.o. cannot help him-/herself; *dit het* ~ *daarmee te* ***doen/make*** *nie* that has nothing to do with it; that does not enter into it; it is beside the question; it's/that's neither here nor there; *iem. wil* ~ *met iets te* ***doen/make*** *hê nie* s.o. wants no part in s.t. *(infml.)*; s.o. will not be a party to s.t.; ~ *met iem. te* ***doen/make*** *hê nie* have no traffic/truck with s.o.; ~ *met iem./iets te* ***doen/make*** *wil hê nie, (also)* want none of s.o./s.t.; ~ *meer met iem. te* ***doen/make*** *wil hê nie* be/have done with s.o.; *dit* ***doen*** ~ *aan ... af nie* it takes nothing from ...; *iem. het* ~ ***gedoen*** *nie* s.o. did not do anything; *iem. het* ~ ***geslaap*** *nie* s.o. did not sleep a wink (*or* slept none); ~ ***gewaar*** *nie* not notice a thing; ***glad/heeltemal/hoegenaamd*** ~ nothing at all, absolutely nothing, nothing what(so)ever; none at all, none what(so)ever; *so* ***goed*** *as* ~ next to nothing *(infml.)*; ~ *as* ***goeds*** *nie* nothing but good; ~ ***hê*** *om aan te trek nie* not have a thing to wear; *iem. wil* ~ *verder/vêrder* ***hê*** *nie* s.o. wants nothing else; ~ *teen iem.* ***hê*** *nie* have nothing against s.o., have no quarrel with/against s.o.; *dit sal jou* ~ ***help*** *nie* →***baat/help;*** *dit* ***help*** ~, *(also)* nothing doing *(infml.)*; *iem.* ***het*** ~ *teen ... nie* s.o. has nothing against ..., s.o. doesn't mind ...; ***hoegenaamd*** ~ →***glad/heeltemal/hoegenaamd;*** ***hoegenaamd*** ~ *hoor/sê/sien nie* not hear/say/see a thing; ~ ***honger/ens.*** *wees nie* not be hungry/etc. at all; ~ *van ...* ***hou*** *nie* care nothing for ...; not like ... at all (*or* one little bit); *om dertig kilometer op 'n dag te loop* ***is vir*** *iem.* ~ s.o. makes/thinks nothing of walking thirty kilometres a day; *dit* ***is vir*** *iem. (sommer)* ~ it is nothing to s.o.; ~ ***kom*** *daarby nie* there is nothing like it *(infml.)*; *daar* ***kom*** ~ *van nie!* that'll be the day!, you've got a hope! *(infml.)*, nothing doing! *(infml.)*, that is out! *(infml.)*; ~ ***kortkom*** *nie* lack for nothing; *dit sal* ~ ***kos*** *nie* it will not cost a cent; *iem.* ***kry*** ~ *daaruit nie* there is nothing in it for s.o.; ~ *van iets* ***maak*** make light of s.t.; *dit* ***maak*** ~ *nie* it does not matter; *dit* ***maak*** ~ *nie!* never mind!; *iem. het* ~ *daarmee te* ***maak/make*** *nie* it is none of s.o.'s business, s.o. has nothing to do with it; *dit het* ~ *daarmee te* ***make*** *nie* →***doen/make;*** ~ *hier te* ***make/soek*** *hê nie* have no business here *(infml.)*; ~ ***meer*** *nie* nothing/no more; ~ ***meer*** *met iem. te doen wil hê nie* be through with s.o. *(infml.)*; *dit is* ~ ***meer*** *as billik nie* that is no more than fair; *iem. hou* ~ ***meer*** *daarvan nie* s.o. doesn't like it any more (*or* at all now); ~ ***minder*** *as ... nie* nothing less than ...; *dit is* ~ ***minder*** *as ... nie, (also)* it is nothing short of ...; ~ ***mooier*** *as ...* no (*or* in no way) prettier than ...; ~ ***mooiers*** nothing prettier; ~ ***nie*** not a thing; *dit is* ~ ***nuuts*** *nie* this is not something new; ~ ***omgee*** *nie, (infml.)* not care a pin (*or* two pins); ***omtrent*** ~ next to nothing *(infml.)*; a fat lot *(infml.)*; ~ ***oorkom*** *nie* come to no harm; *dit bring iem.* ~ *in die* ***sak*** *nie* s.o. gains nothing by it; *het jy* ~ *te* ***sê*** *nie?* have you nothing to say for yourself?; *daar is* ~ *voor te* ***sê*** *nie* there is nothing to be said for it; *daar* ***sit*** ~ *in nie* →***steek/sit;*** *dit kan jou* ~ ***skeel*** *nie* one doesn't care a pin (*or* two pins) *(infml.)*; *die grap is* ~ ***snaaks*** *nie* the joke is not at all funny; ***sommer*** ~ a mere nothing; ***so te sê*** ~ next to nothing *(infml.)*; *daar* ***steek/sit*** ~ *in nie* there is nothing in it; *vir* ~ ***stuit/terugdeins*** *nie* stick/stop at nothing; *daar is* ~ ***suiker*** *nie* there's no sugar; ~ ***tel*** *nie* count for nothing; *daar sal* ~ *van* ***teregkom*** *nie* nothing will come of it; *op* ~ ***uitloop*** come to nothing; peter out; ~ ***vaak*** *nie* not in the least sleepy, not sleepy at all; ~ ***van*** *die geld/ens. is ... nie* none of the money/etc. is ...; *iem.* ***verdien*** ~ *daarby nie* s.o. gains nothing by it; ~ ***verniet*** *nie* nothing for nothing; ~ ***vir*** ~ *(en bitter min vir 'n sikspens/sent)* nothing for nothing (and precious little for sixpence); *dit is nie* ***vir*** ~ *dat ...* it is not for nothing that ...; *daar is* ~*/geen* ***water*** *nie* there's not a drop of water; *dit is* ~ ***watwonders*** *nie* it is not much; ~ ***weet*** *nie* not know anything; ~ *teen iem.* ***weet*** *nie* have nothing on s.o. *(infml.)*; ***weinig*** *of* ~ little or nothing, little if any(thing); *iets is* ~ ***werd*** *nie* s.t. is not worth anything, s.t. is worthless; *iem. is* ~ ***werd*** *nie* s.o. is no good; ~ *ter* ***wêreld*** nothing on earth. ~**beduidend** *-e* insignificant, trifling, worthless, no-account; nugatory; puny; puerile, frivolous, trivial; ~*e persoon* good-for-nothing. ~**beduidendheid** insignificance, worthlessness; puniness. ~**betekenend** *-e* →NIKSBEDUIDEND. ~**doen** idleness, loafing, doing nothing, inoccupation, inaction, inactivity. ~**doener** idler, loafer, do-nothing. ~**doenery** idling, idleness, loafing, doing nothing, inoccupation, . ~**nut** *-te,* ~**nuts** *-e* good-for-nothing; deadbeat, no-good, stiff; *iem. is 'n* ~ s.o. is no good. ~**seggend** *-e* meaningless; empty, idle *(phrases)*; platitudinous *(words)*; lame *(excuses)*; inexpressive; non(-)committal. ~**vermoedend** *-e* unsuspecting, inexpectant. ~**werd** *-s, -e, n.* worthless fellow, no-good, good-for-nothing, deadbeat. ~**werd** *adj.* good-for-nothing, no-account, worthless, useless, valueless.

niks[2] *nikse, n., (rare)* (male) nix, water sprite. **nik·se** *-ses* (female) water sprite, nixie, nixy.

nil des·pe·ran·dum *interj., (Lat.: never despair)* nil desperandum.

nil·g(h)ai *-g(h)ais, (zool.)* nilgai, nilghau, nylghau.

Ni·loot *-lote, n.* Nilot(e). **Ni·lo·ties** *n., (lang. group)* Nilotic. **Ni·lo·ties** *-tiese, adj.* Nilotic.

nim·bus *-busse* nimbus, halo. ~**(wolk)** nimbus (cloud), rain cloud.

nimf *nimfe, (myth. or poet., liter.)* nymph; *(entom.)* nympha, pupa. ~**kruid** *(bot.: Najas* spp.*)* naiad.

nimf·ag·tig *-tige* nymphlike, nymphean, nymphal.

nim·fo·lep·sie *(poet., liter.)* nympholepsy.

nim·fo·maan *-mane* nymphomaniac. **nim·fo·ma·nie** nymphomania.

nim·lik *-like: die* ~*e hy/sy, (infml.)* the very same man/woman.

nim·mer never; *so nooit aste* ~, *so* ~ *aste nooit* →NOOIT. ~**eindigend** never-ending, everlasting *(complaints, fights, etc.)*. ~**meer** never again, nevermore. ~**sat** *-te, (orn.: Mycteria ibis)* yellowbilled stork, wood ibis.

nim·rod *-rods, (fig., also N~)* Nimrod, great hunter; *N~, (OT)* Nimrod.

Ni·ne·ve *(geog., hist.)* Nineveh. **Ni·ne·viet** *-viete* Ninevite.

nin·jit·soe, nin·joet·soe *(a Jap. martial art)* ninjitsu, ninjutsu. **nin·ja** *-jas* ninja.

ni·non *(text.)* ninon.

ni·o·baat *-bate, (chem.)* niobate.

ni·o·biet *(min.)* niobite.

ni·o·bi·um *(chem., symb.:* Nb*)* niobium.

nip(·bot·tel) *nippe, n.* nip, nipperkin.

nip·pel *-pels, (mech.)* nipple, pipe coupling, union-nut joint; (air) valve; *(bomb)* adapter. ~**draad** nipple thread. ~**sleutel** spoke key/wrench *(of a cycle)*.

nip·per·tjie: ***op*** *die* ~ at the last minute/moment, in the nick of time; ***op*** *die* ~ *geklop word* be beaten at the post; *dit was so* ***op*** *die* ~ it was a close/near thing, it was a close shave, it was touch and go; *so* ***op*** *'n* ~ *na iets bereik/behaal/ens.* came within a whisker of achieving s.t..

nir·wa·na *(Hind., Buddh., also N~)* nirvana.

nis *nisse* niche, recess, cove *(in a building)*; niche *(in the market etc.)*; *vir jou 'n* ~ *(sie) vind* carve out a niche for o.s.. ~**bank** niche bank. ~**bemarking** niche marketing. ~**mark** niche market. ~**onderneming** niche business.

ni·si nisi; *bevel* ~, *(jur.)* decree/rule nisi.

ni·traat *-trate, (chem.)* nitrate. **ni·tra·sie** nitration. **ni·treer** *(ge)-* nitrate. **ni·tre·ring** nitration. **ni·tri·deer** *ge-* nitride. **ni·tried** *(chem.)* nitride. **ni·triet** *-triete, (chem.)* nitrite. **ni·tri·fi·ka·sie** nitrification. **ni·tri·fi·seer** *ge-* nitrify. **ni·tri·fi·se·ring** *-s, -e* nitrification.

ni·tro- *comb.* nitro-.

ni·tro·ben·seen *(chem.)* nitrobenzene, mirbane oil, essence of mirbane.

ni·tro·geen *(rare)* →STIKSTOF.

ni·tro·gli·se·rien *(chem.)* nitroglycerin(e).

ni·tro·se·gas·se *(chem.)* nitrous fumes.

ni·tro·sel·lu·lo·se *(chem.)* nitrocellulose, cellulose nitrate.

ni·veau *-veaus, (Fr.)* level, plane.

ni·vel·leer *ge-* level (out), level up/down; take a level. ~**band** levelling tape. ~**skroef** levelling screw. ~**stok** surveying/surveyor's rod.

ni·vel·le·ring *-e, -s* levelling, contouring; equalisation.

ni·zam *(hist., prince of Hyderabad)* Nizam.

Nizj·ni Now·go·rod *(geog.)* Nizhni Novgorod.

Niz·za →NICE.

nja·la *-las* nyala. ~**boom** nyala tree.

njam-njam *interj.* yummy, yum-yum.

Njas·sa·land *(geog., hist.)* Nyasaland; →MALAWI. **Njas·sa·meer** *(hist.)* Lake Nyasa; →MALAWIMEER.

Nje·men *(a river)* Neman; →MEMEL(RIVIER).

Nko·si Si·ke·lel' i·A·fri·ka *(SA national anthem, Xh.: God, bless Africa)* Nkosi Sikelel' iAfrika.

'n-'n →'M-'M.

No·ag *(OT)* Noah; *uit ~ se ark kom* →ARK; *iets was saam met ~ in die ark* s.t. is as old as time/Methuselah/ Adam (*or* the hills); *iem. het van ~ se sop gedrink, (rare)* s.o. has had a drop too much (*or* is three sheets in the wind). **n~kar** veteran/vintage car.

no·bel *n., (hist.: Eng. coin)* noble; angel. **no·bel** *-bel(e) -beler -belste, adj., (fml.)* noble.

no·be·li·um *(chem., symb.: No)* nobelium.

No·bel·prys Nobel prize. **No·bel·prys·wen·ner** Nobel prize winner; *(voormalige)* ~ Nobel laureate. **No·bel·vre·des·prys** Nobel peace prize.

Nod: *die land ~, (OT)* the land of Nod.

no·daal *-dale* nodal.

no·de: *iem. het iets van ~* s.o. needs/requires s.t.; *iets is van ~* s.t. is needed/wanted, s.t. is necessary. **no·de·loos** *-lose, adj.* needless, unnecessary, gratuitous *(lie)*. **no·de·loos** *adv.* needlessly, unnecessarily. **no·de·loos·heid** needlessness.

no·dig *-dige -diger -digste* necessary, needful, proper, wanted, required, requisite; *iets ~* **ag** consider s.t. necessary; *dit ~* **ag/dink/vind** *om iets te doen* find it necessary to do s.t.; think fit to do s.t.; **alles** *wat iem. ~ het* everything (that) s.o. needs; **alles** *hê wat vir ... ~ is* have all the doings for ...; *jy het dit ~er* **as** *ek* your need is greater than mine; **as** *dit ~ is* if need be; **as** *dit regtig ~ is* at a push *(infml.)*; **as** *dit ~ word* if required; *iets/iem.* **baie/dringend/hoogs** *~ hê* need s.t./s.o. badly; *iets* **baie/dringend/hoogs** *~ hê, (also)* be crying out for s.t.; be sorely in need of s.t.; *iets* **bitter** *~ hê, iets uiters* **dringend** *~ hê* need s.t. very badly, need s.t. desperately; *iets is* **dringend/hoogs** *~* s.t. is badly/much needed; *met die ~e* **eerbewyse** with all due honour; *wat ook al ~* **geag** *word* whatever is considered necessary; *iets ~* **hê** need/require s.t., have need of s.t., be in need of s.t.; *iets nie langer/meer ~* **hê nie** have no further need of s.t.; *iem.* **het** *iets ~, (also)* s.o. could do with s.t. *(money, help, etc.)*; *jou verbeel jy is net wat ... ~* **het** think one is God's gift to ...; **hoog** *~* →HOOG *adj. & adv.*; *geld* **hoog** *~ hê* need money badly, be sorely in need of money; **indien** *~* if necessary, if need be; *soos/as/wanneer dit ~* **is/word** as/if/when the need arises; *dit sou dit ~* **maak** *om ... te doen* it would necessitate doing ...; *daar is* **maar net** *... ~* it needs only ...; *iem. het maar* **min** *~ om kwaad te word* s.o. is easily angered, it takes little to annoy s.o.; *dit is* **net** *wat iem. ~ het* that's the very thing s.o. needs; *dit is* **nie** *~ nie* it is unnecessary; *nie weet* **waarom** *iets ~ is nie* not know why s.t. should be necessary; *langer as* **wat** *~ is* longer than one can help; *~* **wees** be necessary. **no·di·ge** *n.* what is necessary/essential; necessaries of life, the needful; **al die** *~ hê* be provided for; **al die** *~ vir ... hê* have all the doings for ...; **al die** *~!* good luck!; **die** *~* what is necessary; the needful. **no·dig·heid** necessity, need; *iem. kan (nie) die ~ van iets insien (nie)* s.o. can(not) see the necessity/need for s.t..

no·dus *-dusse, (astron., bot., math., phys.)* node; *(phys., med.)* nodal point.

noe·del *-dels* noodle.

noem *ge-* name, call; mention, cite, name; dub; term, designate (as), denominate; describe; *tensy* **anders** *ge~* unless otherwise specified; *iem. word* **as** *... ge~* s.o. is tipped as ... *(the new captain etc.)*; *in* **besonderhede** *~* specify; **dit** *~ ek ...!* there is ... for you!; that's what I call ...!; *soos* **hierbo** (*of* **hier bo**) *ge~* as mentioned/specified above; **hoe/wat** *~ ('n) mens dit?* what is it called?; **iem.** *~ sy/haar pa "die ou kêrel"* s.o. refers to his/her father as "the old man"; *iem. is goed in alle sporte: rugby, krieket, sokker, ~* **maar op** s.o. is good at any sport: rugby, cricket, soccer, you name it; *jouself* **'n** *... ~* describe o.s. as a ...; *'n kind* **na** *iem. ~* name a child after/for s.o.; **na** *iem. ge~ wees* be named after/for s.o.; *by die* **naam** *~* →NAAM; *~* **maar op!**, *(infml.)* you name it!; *die* **prys** *~* name/mention the price; *iets* **teenoor** *iem. ~* mention s.t. to s.o.; **verkeerd** *~* misname; *iem. op sy/haar* **voornaam** *~* →VOORNAAM; *dit is nie* **wat** *iem. 'n ... ~ nie* it is not s.o.'s idea of a ... *(infml.)*; *~ dit wat jy* **wil** call it what you like; *iem.* **word** *... ge~* s.o. answers to the name of ... ~**naam** first name.

noem·baar *-bare* mentionable, nameable.

noem·bos *(Aster filifolius)* draaibos(sie) *(SA)*. **noem-noem(-bos), (groot·)noem-noem** *(Carissa macrocarpa)* large num-num, Natal plum.

noe·mens·waar·dig *-dige* significant, of note, worth mentioning (*or* speaking of); *niks ~s nie* nothing to speak of.

noe·mer *-mers, (math.)* denominator; *algemene ~, (ling.)* superordinate.

noe·me·tjie *-tjies* blue duiker.

noen-: ~**maal** lunch(eon), midday meal. ~**ontbyt**, *(rare)* ~**byt** brunch. ~**vleis** luncheon meat.

noe·nie(·boom) *Boscia albitrunca.*

noen·tja·koe *(a Jap. martial arts weapon)* nunchaku.

noes·te *adj. (attr.), (fml.)* diligent, unflagging, unwearying; *~ vlyt* unwearying diligence. **noest·heid** *(fml.)* diligence, laboriousness, indefatigability.

no·ë·tiek *(psych., theol., philos.)* noetic(s). **no·ë·ties** *-tiese* noetic.

nog *adj. & adv.* still, yet, as yet, up to now, so far; even, still; from now (on), more; further; again; *iem. doen iets ~* **altyd/steeds** s.o. is still doing s.t.; *iem. het iets ~* **altyd** *gedoen* s.o. has always done s.t.; *~* **byna** *'n kind* little more than a child; *môre is ~ 'n* **dag** →MÔRE; *en* **dan** *~ ...* and another thing ...; *~* **dieselfde** *dag* that very day, that same day; *~* **een/ens.** one/etc. more; *~ (net)* **een** *...* one more ...; *~ so* **een** another one like this; such another; *~* **eens, nogeens** once more (*or* over) again; *~* **eens/nogeens** *soveel* as much/many again, twice as much/many; **gister** *~* as late as yesterday; *~ (pas)* **gister** only yesterday; *iem. wil ~ tien/ens. ...* **hê** s.o. wants another ten/etc. ...; *iem.* **het** *~ tien/ens. ...* s.o. has still got ten/etc. ..., s.o. has got ten/etc. ... left; *~* **iets** something more; *~* **iets?** anything further/else?; *en ~* **iets** *...* and another thing ...; *soos ~* **iets**, *(infml.)* like anything; *dit reën soos ~* **iets**, *(infml.)* it's raining like crazy/mad; **is** *daar ~ (meer)?* are there any more?; *~ tien* **jaar** for another ten years; *~ 'n* **keer** →KEER *n.*; *~* **kos** (some) more food; *~* **lank** *nie* not by a long way; *al praat iem. (ook) ~ so* **lank** no matter how long s.o. talks; *ewe lelik of dalk ~* **leliker** just as ugly or perhaps more so; *~ 'n* **lemoen** another orange; *~ 'n* **maal** →MAAL[2] *n.*; *~* **maar** *jonk* quite young, only a youngster; *iem. het ~* **maar pas** *begin* s.o.has only just started; *~* **meer/minder** still more/less; even more/less; more/less so; *daar sal ~* **mense** *kom* more people will be coming; people will still be coming; *daar* **moet** *~ ag(t) wees* there are eight to come; *~* **'n** *... one more ...*; *~* **net** *een dag* only one more day; *~* **nie** not (just/as) yet; *~* **nie** *vyftig/ens. nie* not yet fifty/etc.; *iem. het ~* **nie** *ge... nie* s.o. has not yet ..., s.o. has yet to ...; *iem. het ~ tien ...* **nodig** s.o. needs ten more ..., s.o. needs another ten ...; *~* **nooit** →NOOIT; **nou** *~* at this time of day; **nou** *~ nie* not at this stage; not even now; *hoeveel het jy ~* **oor?** how many/much have you left?; *~* **pas** *in 1980,* **selfs** *~ in 1980* as late as 1980; as recently as 1980; *~* **reg!** that's right!; *jy* **sal** *~ jou eie ouderdom vergeet* you will forget your own age next; *~ 'n* **slag** once again/more; *al is iem. ~* **so** *...* however ... s.o. may be; **soos** *~ iets* →**iets;** *iem. doen iets ~* **steeds** →**altyd/steeds;** *~* **tot** *..., tot ... ~* until as late as ...; **tot** *~ toe* till/until now, up to now, up to the present; so far; as yet; *daar is ~* **tyd** there is still/yet time; *iem. wil dit* **vandag** *~ hê* s.o. wants it this very day; *~ (pas)* **verlede** *week* only last week; **verlede** *week/ens. ~* as recently as last week/etc.; *tot* **verlede** *week/ens. ~* until as recently as last week/etc.; *~* **vra** ask for more; *~* **wat** something more; *alles en ~* **wat** →ALLES; **wat** *kan iem. ~ doen?* what more can s.o. do?; **wat** *wil iem. ~ hê?* what more does s.o. want? **wie** *~?* →WIE *interr. pron.*. ~**al** *adv.* rather, quite, fairly, somewhat, reasonably, kind of; *(en* **dit)** *~ ... ...* of all things; ... of all people; *en* **dit** *~ die ...* and the ... at that; *en* **dit** *~ in ...* in ... of all places; *iem./iets is ~* **mooierig** s.o./s.t. is rather pretty; **nogal!** rather!; *~* **sportief** *wees* be something of a sportsman/sportswoman *(infml.)*; *~* **teleurgestel(d)/ens.** *wees* be kind of disappointed/etc. *(infml.)*; *iem. is ~ 'n* **tuinier** s.o. is something of a gardener *(infml.)*; *dis ~* **warm** *vandag* it is quite warm today. ~**eens** →NOG EENS. ~**maals** once again/more, (all) over again. ~**tans** yet, nevertheless, none the less, just the same, for all that, even so, all the same; *~ kan iem. ...* however, s.o. can ...

nóg *conj.* neither ... nor; *~ X ~ Y* neither X nor Y; *~ die een ~ die ander* betwixt and between *(infml.)*.

no·ga, *(Fr.)* **nou·gat** nougat.

noi·sette *(Fr. cook.)* noisette.

nok *nokke* (roof) ridge; housetop; cam *(of a wheel)*; knob *(of a tile)*; *(naut.)* nock *(of a sail)*; stud *(of a projectile)*; *(geol.)* ridge, arris. ~**as** camshaft. ~**asbus** camshaft bush. ~**balk** ridge beam/piece/tree, comb board, rooftree. ~**hoogte** ridge height. ~**kas** cam box. ~**lat** ridge purlin. ~**paal** ridge pole. ~**pan** ridge tile. ~**plaat** *(mot.)* swash plate. ~**skyf** cam disc. ~**spar** hip purlin. ~**trommel** cam drum.

no·ki *-ki's* rock rat.

nok·tur·ne *-nes, (mus.)* nocturne.

no·lens vo·lens *(Lat.)* nolens volens, perforce, willy-nilly.

no·ma·de *nomade(s)* nomad. ~**stam** nomad(ic) tribe. ~**volk** nomad(ic) people, nomads.

no·ma·dies *-diese* nomad(ic), migratory.

no·men *nomina, (gram.)* noun. **no·men·kla·to·ries** *-riese* nomenclatural, nomenclatorial. **no·men·kla·tuur** *-ture* nomenclature, terminology.

no·mi·naal *-nale* nominal; nominally; *~nale kapitaal* nominal capital; *~nale waarde* face amount, face/nominal/par value. **no·mi·na·lis** *-liste* nominalist. **no·mi·na·li·seer** *ge-, (ling.: form a noun from a verb/adjective)* nominalise. **no·mi·na·lis·me** *(philos.)* nominalism, terminism. **no·mi·na·lis·ties** *-tiese* nominalist(ic).

no·mi·na·sie *-sies* nomination. ~**dag** nomination day. ~**hof** nomination court.

no·mi·na·tief *-tiewe, n. & adj., (gram.)* nominative, subjective case; nominatival.

no·mi·neer *ge-* nominate; →GENOMINEERDE.

nom·mer *-mers, n.* number, figure; size *(of a shoe, glove, etc.)*; gauge; *(sport)* event; item *(on a programme)*; act, routine, number; number, track *(on a CD)*; issue, copy, number *(of a magazine)*; *(derog., sex object)* bird, chick, bint, (bit of) skirt, (piece of) crumpet; *'n ~* **aanbied** do a number *(as part of a programme)*; *iem. se ~* **aanteken/neerskryf/neerskrywe**, *(teleph.)* take s.o.'s number; *'n motor se ~* **afskryf/afskrywe/neerskryf/neerskrywe** take a car's number; *'n ~* **dra** take a size *(of shoes)*; *op iem. se ~* **druk**, *(infml.)* call (up)on s.o.; remind s.o., give s.o. a reminder; *iem. is ~* **een** s.o. is number one; s.o. is top *(of the class)*; *iets is ~* **een** s.t. must be considered first; s.t. comes first; **lokomotief** *~ 2* number 2 engine, engine number 2; *op ~* **nege-en-negentig**, *(infml.)* at the last minute/moment, in the nick of time; *iem. is ~* **onpas**, *(rare)* s.o. is a square peg in a round hole; **ou/vorige/vroeëre** *~* back number/copy, *(also, in the pl.)* backfile *(of a periodical etc.)*; *~* **pas** →NOMMERPAS; *iem. op sy/haar ~* **sit**, *(rare)* →IEM. OP SY/HAAR **PLEK** SIT; *die* **verkeerde** *~* the wrong number; *by die* **verkeerde** *~ uitkom, (teleph.)* get the wrong number; *iem. die* **verkeerde** *~ gee, iem. met die* **verkeerde** *~ verbind, (teleph.)* put s.o. through to the wrong number; **vorige** *~* →**ou/vorige/vroeëre.** **nom·mer** *ge-, vb.* number (off). ~**bord** indicator. ~**masjien** numerator. ~**negeskoen** number nine shoe. ~**pas,** ~ **pas:** *iets is (net) ~* s.t. is a perfect fit; s.t. fits like a glove. ~**plaat** number/registration plate *(of a vehicle)*; *verpersoonlikte ~* →VERPERSOONLIK. ~**skyf** dial.

nom·me·ring =e, =s numbering.

no·mo·gra·fie nomography. **no·mo·gram** =*gramme* nomogram, nomograph.

non *nonne* nun; sister; *(rare)* vestal. **non·ag·tig** =*tige* nunnish, nunlike; →NONNERIG.

non= *pref.* non=.

non·ak·sep·ta·sie non(-)acceptance.

non·ak·tief =*tiewe, (dated)* idle, laid off; suspended; deactivated. **non·ak·ti·wi·teit** *(dated)* lay off; suspension; deactivation.

non·cha·lant =*lante* =*lanter* =*lantste (of meer ~ die mees* =*lante), adj.* nonchalant, casual, indifferent, careless, offhand(ed), *(infml.)* laid-back. **non·cha·lant** *adv.* nonchalantly, offhandedly, casually, airily. **non·cha·lant·heid** nonchalance, offhandedness, casualness.

no·ne =*nes,* **noon** =*none, (mus.)* ninth; *(RC)* none. **no·net** =*nette, (mus.)* nonet.

non·in·ter·ven·sie *(fml., rare)* →NIE-INMENGING.

no·ni·us =*usse* →VERNIER.

non·kon·for·mis =*miste, n.* nonconformist. **non·kon·for·mis·me** nonconformism. **non·kon·for·mis·ties** =*tiese, adj.* nonconformist; *die N~e Kerk* the Free Church. **non·kon·for·mi·teit** nonconformity.

non·na =*nas, (dated)* miss, young mistress; →NONNIE.

non·ne=: **~kap** wimple, nun's coif. **~kleed** nun's dress. **~klooster** convent, nunnery. **~koor** nuns' choir, choir of nuns; nuns' chorus. **~orde** order of nuns. **~sluier** nun's veil.

non·ne·rig =*rige* nunnish.

non·ne·tjie =*tjies, (dim.)* (little) nun; *(orn.: Mergus albellus)* smew (duck); *(entom.)* nun. **~(-eend), nonnetjieseend** white-faced duck, smew. **~(s)uil, nooiensuil, nooientjiesuil** African/Cape barn owl.

non·nie =*nies, (dated)* missie, missy, young mistress/missus/missis.

non·sens, non·sies nonsense, rubbish; *(infml.)* piffle, garbage, blah (blah), hogwash, kibosh, kybosh, codswallop.

non se·qui·tur *(Lat.: remark/action that has no relation to what has gone before)* non sequitur.

non·sies →NONSENS.

nood *node* need, distress, want, exigence, exigency; destitution; straits; necessity; emergency; *in die ~ **beland/kom*** get (o.s.) into a fix *(infml.)*; *~ leer **bid*** necessity is the mother of invention; needs must when the devil drives; *van die ~ 'n **deug** maak* make a virtue of necessity; *as die ~ **druk*** in time(s) of need; at/in a pinch, if/when it comes to the pinch, when it comes to the push, when push comes to shove; *deur die ~ **gedrewe*** from/through (sheer) necessity, out of (sheer) necessity, forced by necessity; *daar is **geen/g'n** ~ nie* there is no distress; there is no hurry; *in **geval** van ~* in an (*or* in case of) emergency; in case of need; at a push *(infml.)*; *in **groot** ~ verkeer/wees* be in dire/sore distress; *iem. het ('n) **groot** ~, iem. se ~ is **hoog**, (infml.)* s.o. has an urgent call of nature; ***hoog** in die ~ wees* be in dire straits; be in deep water(s); *die ~ is **hoog*** things are black (indeed); the distress is great; *as die ~ op die/sy **hoogste** is, is die redding naby* the darkest hour is just before the dawn; ***in** ~* in distress *(a ship, pers., etc.)*; ***in** die ~ wees/verkeer/sit* be in difficulties; be in distress; be in a fix *(infml.)*; be in a fright, be afraid; be hard pressed; be down on one's luck; feel the pinch; ***in** iem. se ~* in s.o.'s (hour of) need; *jou ~ **kla** by iem.* pour out one's troubles to s.o., complain to s.o.; ***lelik** in die ~ wees* get/have the wind up *(infml.)*, be in a (blue) funk *(infml.)*; be in dire/sore distress; *~ **lenig*** relieve distress; *~ **ly*** be in need, suffer need; *as die ~ aan die **man** kom* if need be, at/in a pinch, if/when it comes to the pinch, when it comes to the point/push, when push comes to shove, as a last resort, in the last resort, if the worst comes to the worst; *in die ~ **raak*** find o.s. in difficulties, land in difficulties, get into trouble, land in trouble; *in die ~ **sit** →**in**; in **tyd/tye** van ~* in time(s) of need; *iets vir **tye** van ~ opsysit* provide/save s.t. for a rainy day, put away s.t. for a rainy day; ***uit** ~* from/through (sheer) necessity, out of (sheer) necessity, forced by necessity; *iem. **uit** die ~ help* help s.o. out; *in die **uiterste** ~* in an extremity; *in die ~ **verkeer** →**in**; in (die) ~ leer ('n) mens jou **vriende** ken* a friend in need is a friend indeed; ***watter** ~ het jy?* what's the hurry?; *~ breek **wet*** necessity knows no law. **~anker** sheet/waist anchor. **~band, spaarband** spare tyre. **~bede** prayer in need. **~berig** emergency message, distress communication/message/signal. **~brug** temporary/trestle/flying bridge. **~deur** emergency door/exit; fire escape. **~diens** emergency service. **~disselboom** temporary (draught) pole. **~doop** lay baptism, emergency baptism; *die ~ toedien* half-baptise. **~drang** urgent need, compulsion. **~druf** *(fml.)* indigence, destitution, poverty; necessaries of life, provisions. **~druftig** =*e, (fml.)* destitute, needy, distressed, indigent, necessitous, penurious. **~druftigheid** *(fml.)* indigence, destitution, neediness. **~dwang** extreme necessity, compulsion, force of circumstances, duress. **~fakkel** distress flare/rocket. **~fakkelpistool** distress gun. **~gebied** distress area. **~gedwonge** from (*or* out of) (sheer) necessity, compelled/driven by necessity, perforce *(fml.)*. **~geld** emergency/necessity money, money of necessity, fall-back. **~geroep, ~geskree(u)** cries of distress, cry/call for help. **~geut, ~glybaan** *(aeron.)* evacuation slide, escape chute. **~geval** (case of) emergency; *in 'n ~* in case of need; in an emergency, in case of emergency. **~hulp** first aid; emergency relief/aid, help in (time of) need; temporary help/worker/hand/assistant; makeshift; stopgap; succedaneum; *iets as ~ gebruik* make do with s.t.; *~ toepas/verleen* administer/give first aid. **~hulpkissie, ~kassie** first-aid box/kit. **~hulppos** first-aid post/station, emergency station. **~hulpstel** first-aid kit. **~hulptoerusting** first-aid kit. **~klok** alarm (bell). **~knop(pie)** panic button. **~kraan** breakdown crane. **~krediet** extended credit. **~kreet** cry of distress, cry for help, SOS. **~landing** forced/emergency landing, crash landing; *'n ~ doen* make a forced landing. **~lap** tingle *(on a boat)*. **~leer** emergency/escape ladder. **~leniging** distress/emergency relief. **~lenigingsfonds** relief fund. **~lening** emergency loan. **~leuen** necessary/white lie. **~lot** fate; destiny, doom, fatality, kismet *(Islam.)*, chance; *dis 'n **gril** van die ~ (of die ~ het **bepaal**) dat ...* by a quirk of fate ...; *die ~ wil iets nie **hê** nie* the stars are against s.t.; *die **skêr** van die ~* the fatal shears; *die ~ **trotseer*** tempt fate/Providence; *teen die ~ **veg*** struggle against fate; *'n **wending** van die ~* a turn of fortune's wheel. **~lotsdag** fateful day, day of fate. **~lotswanger** *(rare)* →LOTSWANGER. **~lottig** =*e, adj.* fatal *(accident)*; ill-fated *(day)*; devastating *(consequences)*; disastrous, baleful, fateful, vital; *vir ... ~ wees* be fatal to ... **~lottig** *adv.* fatally *(wounded)*. **~lottigheid** fatality, fatalness, fatefulness. **~lughawe** emergency airport. **~luik** escape hatch; emergency exit/door. **~lydend** =*e* destitute, indigent, needy, poor; in distress; *~e gebied/streek* depressed area. **~lydende** =*s* destitute/needy/distressed person. **~lydendheid** destitution, indigence; distress. **~maatreël** emergency measure, stopgap. **~mag** emergency power. **~mars** forced march. **~mas** *(naut.)* jury mast. **~nommer** emergency number. **~operasie** emergency operation. **~oproep** distress call. **~pad** escape road. **~plan** disaster/emergency/escape plan. **~rantsoen** emergency/iron rations. **~regulasie** emergency regulation. **~rem** emergency/safety brake; *(rly.)* communication cord. **~ring** ferrule. **~roep** distress call, SOS; cry of anguish. **~roer** jury rudder. **~saak** *n.* necessity, need, inevitability, exigency; *'n **droewe** ~* a dire necessity; *daar is **geen** ~ om ... te wees/doen nie* there is no call to be/do ...; ***sonder** ~* unnecessarily; ***uit** ~* from/through (sheer) necessity, out of (sheer) necessity, forced by necessity. **~saak** *ge=, vb.* force, compel, oblige; necessitate; entail, occasion *(fml.)*; *iem. is ge~ om te ...* s.o. is compelled/forced/obliged to ...; *iem. voel ge~ om te ...* s.o. feels compelled/obliged to ... **~saaklik** =*e* =*er* =*ste (of meer ~ die mees* =*e), adj.* necessary, essential, needful, imperative, indispensable, vital; necessary, inevitable, unavoidable. *~e euwel/kwaad* necessary evil; *~ vir ...* vital/essential to ...; *volstrek ~* strictly necessary. **~saaklik** *adv.* necessarily, of necessity; *absoluut/dwingend/uiters ~* crucially necessary; *iets ~ ag* consider s.t. necessary; *vir ... ~ wees* be essential for/to ... **~saaklikerwys(e)** necessarily, inevitably, of necessity, perforce *(fml.)*. **~saaklikheid** necessity, exigency, need; necessity, need, urgency; essentiality; inevitability; *die ~ van ...* the necessity for/of ...; *'n volstrekte/gebiedende ~* an absolute necessity. **~sein, ~roep, ~kreet** distress signal/call, SOS, Mayday. **~sitting** emergency session. **~skag** escape/emergency shaft. **~sloot** overflow furrow. **~stop** emergency stop; abrupt/sudden stop; *'n ~ maak* make an emergency stop. **~tenk** emergency/reserve tank. **~toestand** (state of) emergency; *'n ~ afkondig/uitroep* declare/proclaim a state of emergency. **~trap** fire escape, emergency stairs. **~tuig** jury rig(ging). **~uitgang** emergency/fire exit, fire escape, escape hatch. **~verband** first-aid/emergency/temporary dressing. **~vlag** flag of distress. **~vlug** mercy flight. **~voor** storm-water ditch/drain/furrow/gulley. **~voorraad** emergency supply/stock, stockpile, reserve, fall-back. **~wa** breakdown truck/van/lorry. **~wal** temporary dam. **~weer**[1] *(obs.)* stormy/tempestuous weather, stress of weather; *by ~* in heavy weather. **~weer**[2] self-defence; civil defence/protection. *uit ~* in self-defence; *uit ~ handel* act in self-defence. **~weg** *(jur.)* way of necessity. **~wendig** =*e, adj.* necessary; inevitable, inescapable. **~wendig** *adv.* necessarily, of/through necessity; needs; *(fml.)* perforce; inevitably; *dit volg ~* it follows as a matter of course; *iem. moet ~ sterf* s.o. must die ultimately (*or* in the end), s.o. must necessarily die. **~wendigheid** necessity; inevitability. **~wet** emergency law/act. **~wetgewing** emergency/special legislation. **~wiel** spare wheel.

nooi[1] *ge=* invite; ask (over); *iem. **binne** ~* ask/invite s.o. in; *iem. vir 'n **kuier** ~, iem. ~ om te kom **kuier*** invite s.o. for a visit, invite s.o. over/round; *moenie jou **laat** ~ nie, (infml.)* help yourself; *iem. **laat** hom/haar nie ~ nie, (infml.)* s.o. doesn't need much encouragement; *iem. **na** 'n ete/ens. ~* invite s.o. to a dinner/etc.; *iem. ~ om saam met jou **uit** te gaan* invite s.o. out; *iem. ~ om saam met jou te gaan **uiteet*** invite s.o. out for a meal; *iem. **vir** middagete/tee ~* invite s.o. to lunch/tea.

nooi[2] *nooiens, (somewhat dated)* sweetheart, girlfriend, (best) girl, bird *(infml.)*, lass(ie) *(Sc.)*, ladylove *(obs.)*, young lady; girl, maiden; mistress, missus, missis, lady of the house; wench *(arch., joc.)*; *hulle is ~ en **kêrel*** they are sweethearts; *'n **ou** ~ van iem.* an old flame of s.o. *(infml.)*; *iem. se **vaste** ~* s.o.'s steady date *(infml.)*; *iem. se **vaste** ~ wees* go steady with s.o. *(infml.)*; *hulle is **vaste** ~ en kêrel* they are going steady *(infml.)*; *'n ~ **vir** 'n aand* a date; *sy **was** 'n ~ ...* her maiden name is ...

nooi·ens=: **~boom** cabbage tree, parasol tree, umbrella tree. **~borsie** *(kind of pear)* maiden's breast. **~lok** *(bot.: Amaranthus caudatus)* love-lies(-a)-bleeding. **~toespraak** →NUWELINGSTOESPRAAK. **~uil** →NONNETJIE(S)UIL. **~van** maiden name; *haar ~ was ...* her maiden name is ...

nooi·en·tjie =*tjies, (dim.)* girl, young lady, girlie. **~in-die-gras** *(bot.)* cosmos.

nooi·en·tjies·uil →NONNETJIE(S)UIL.

nooit never, at no time; never, certainly not, no way. ***amper/byna** (of **so goed as**) ~* hardly/scarcely ever; *dis ~ **anders** nie* →ANDERS *adj. & adv.*; *iem. het nog ~ **gehoor** ... nie, (also)* s.o. has yet to learn ...; *ek het hom/haar ~ **gesien** nie* I never saw him/her; *ek het hom/haar nog ~ **gesien** nie* I have never seen him/her; *so **goed** as ~ →**amper/byna**; so ~ aste* (of *as te*) ***nimmer**, so nimmer aste* (of *as te* of *ofte*) *~* never, not ever; not in a month of Sundays; never in all my born days; *so ~ aste* (of *as te*) ***nimmer!**, **nog** so ~!* that'll be the day!; certainly not!; *(infml.)* over my dead body!; ***nog** ~* never before/ever; not/never yet; *iem. het **nog** ~ iets gedoen nie* s.o. has never been known for (*or* to do) s.t.; *ek het in my (hele) lewe **nog** ~* (of ***nog** ~ in my [hele] lewe het ek* of *ek het **nog** ~ in my [hele] lewe* of *ek het **[nog]** ~ in my dag des lewens) ...* never in (all) my life have I ...; *~ **weer** nie* never again; *~ is 'n groot **woord*** never is a long time/word.

noon →NONE.

noop *ge=* compel, induce; *iets ~ iem. om te ...* s.t. compels/obliges s.o. to ...

Noor *Nore,* **Noor·we·ër** *-weërs* Norwegian; →NOORS.

noord north; ~ ***gerigte*** north-facing; ***reg*** ~ due north; *van ~ na **suid** reis* travel from north to south; ~ ***ten** ooste/weste* north by east/west; ~ ***van** ...* (to the) north of ...; *die **wind** is* ~ the wind is northerly, the wind is (from/in the) north. **N~-Afrika** North Africa. **N~-Afrikaans** *-e* North African. **N~-Amerika** North America. **N~-Amerikaans** *-e* North American. **N~-Amerikaner** North American. **N~-Atlantiese Oseaan** North-Atlantic (Ocean). **N~-Atlantiese Verdragsorganisasie** *(acr.:* NAVO, Navo*)* North-Atlantic Treaty Organisation *(acr.:* NATO, Nato*)*. **N~-Carolina** North Carolina. **N~-Dakota** North Dakota. **N~-Devonras** North Devon breed. **N~-Duitsland** North(ern) Germany. **~einde** north(ern) end. **N~-Europa** Northern Europe. **N~-Europeër** *-s* Northern European. **N~-Europees** *-pese* Northern European. **N~-Frankryk** Northern France. **~gang** *(astron.)* northing. **N~-Germaans** *-e, (lang. group)* North Germanic. **~grens, noordergrens** northern boundary/border/frontier. **N~-Holland** North Holland. **N~-Ierland** Northern Ireland. **N~-Italië** Northern Italy. **N~-Kaap** *(SA province)* Northern Cape; *die ~* the North Cape. **~kap(p)er, noorkap(p)er:** *suidelike ~, (Balaena glacialis)* southern right whale. **N~-Korea** *(geog., official name:* Demokratiese Volksrepubliek van Korea*)* North Korea *(official name:* Democratic People's Republic of Korea*)*. **N~-Koreaan** *-Koreane* North Korean. **N~-Koreaans** *-Koreaanse* North Korean. **~kus** north(ern) coast, northern seaboard. **~noordoos** *(abbr.:* NNO*)* north-northeast *(abbr.:* NNE*)*. **~noordwes** *(abbr.:* NNW*)* north-northwest *(abbr.:* NNW*)*. **~oospassaat** northeast trade wind. **~ooste** northeast; *na die* ~ northeastward(s). **~oostelik** *-e* northeastern *(parts);* northeasterly *(wind); N~e Deurvaart* Northeast Passage; *in 'n ~e rigting* northeastward(s). **~oos(ter), noordoostewind** northeast wind, northeaster. **~ooswaarts** *adj.* northeastward. **~oos(waarts)** *adv.* northeastward(s). **~pol** *Euphorbia caput-medusae.* **N~pool** →NOORDPOOL. **~punt** northern point; *(cosmogr.)* north point. **~pyl** north point. **N~-Rhodesië** *(hist.)* Northern Rhodesia. **N~see** North Sea, German Ocean *(hist.)*. **N~-Sotho** Northern Sotho. **N~-Spanje** Northern Spain. **N~ster** →POOLSTER. **N~-Suid-** North-South. **~sy** →NOORDEKANT. **N~-Transvaal** *(SA, hist.)* Northern Transvaal; →LIMPOPO. **N~-Viëtnam** *(geog., hist.)* North Vietnam. **N~-Viëtnamees** *n. & adj., (hist.)* North Vietnamese. **~waarts** *-e, adj.* northward, northerly; northbound. **~waarts,** *adv.* northward(s), to the north(ward); *~ gaan* go north; *verder/vêrder ~* further north. **N~wes** *(SA province)* North West. **~wes** northwest; →NOORDWES(TER). *~ ten noorde* northwest by north. **N~wes-Kaapland** *(chiefly hist.)* Northwestern Cape. **N~wesprovinsie:** *die ~* North West. **~weste** northwest; *na die ~* northwestward(s); *die N~* the Northwest. **~westelik** *-e, adj.* northwest(ern); northwesterly; *N~e Deurvaart* Northwest Passage; *N~e Gebiede, (Canada)* Northwest Territories; *N~e Grensprovinsie, (Pakistan)* North-West Frontier Province. **~westelik** northwest; *in 'n ~e rigting* northwestward(s). **~wes(ter), noordwestewind** northwester, northwest wind, nor'-wester. **N~wester** inhabitant of the North-West, North-Westerner. **~weswaarts** *adj.* northwestward. **~wes(waarts)** *adv.* northwestward(s).

noor·de north; norland *(arch.); **die** N~* the North; *na die ~ **gaan*** go north; ***in** die ~* in the north; up north; ***in** die verre N~* in the extreme North; ***na** die ~* to the north; up north; ***na** die N~ **vertrek*** leave for the North; ***ten** ~ van ...* (to the) north of ...; ***uit** die ~* from the north; ***van** die ~* from the north; *die **wind** kom uit die ~* the wind is northerly, the wind is (from/in the) north. **~kant** north(ern) side; *uit/van die ~* from the north. **~wind** north wind.

Noor·de·lik *-like* Northern; *die ~e Halfrond* the Northern Hemisphere; *die ~e Suidsee-eilande* the North Pacific Islands; *die ~e Yssee* the Arctic Ocean. **noor·de·lik** *-like -liker -likste, adj.* northern *(region);* northerly *(direction); (meteorol.)* boreal; *N~e Provinsie, (SA, hist.)* Northern Province; →LIMPOPO; *N~e State (van Amerika), (pl.)* Northern States. **noor·de·lik** *adv.* northward(s); ~ *van* ... (to the) north of ... **noor·de·lik·ste** northern most.

noor·der-: **~breedte** north latitude. **~grens** →NOORDGRENS. **N~keerkring** *(dated)* →KREEFSKEERKRING. **N~kroon:** *die ~, (astron.)* the Northern Crown, Corona Borealis. **N~kruis:** *die ~, (astron.)* the Northern Cross. **~land** northland(s). **~lig** northern lights, aurora borealis, pole light. **N~ling** *-e* Northerner. **~son:** *met die ~ vertrek, (infml., rare)* do a (moonlight) flit, take French leave, take a powder, skip it.

Noord·pool North Pole. **~ekspedisie** Arctic expedition. **~gebied, ~streek** Arctic Zone. **~reis** Arctic voyage/journey. **~reisiger** Arctic explorer. **~see** Arctic Ocean. **~sirkel** Arctic Circle. **~ster** →POOLSTER. **~streke** →NOORDPOOLGEBIED. **~tog** Arctic expedition. **~vaarder** Arctic navigator.

Noords *Noordse, (rare)* Northern; Nordic; →NORDIES *adj.; ~e Oorlog (1700-21)* (Great) Northern War; *~e stormvoël, (orn.)* fulmar (petrel).

noor·ka(p)·per →NOORDKAPER.

Noor·man *-manne, (hist.)* Northman, Norseman, Dane; →WIKING.

Noors *n., (lang.)* Norse, Norwegian. **Noors** *Noorse,* **Noor·weegs** *-weegse, adj.* Norse, of Norway, Norwegian; *~e spar(den)* spruce fir.

noors →NORS.

noors(·do·ring) *(bot.: Euphorbia* spp.*)* hedgehog.

Noor·we·ë *(geog.)* Norway. **Noor·weegs** *-weegse* →NOORS *adj..* **Noor·we·ër** →NOOR.

noot *note, (mus.; money)* note; *'n ~ **laer** sing, (fig.)* eat humble pie, sing another tune. **~teken** obelisk. **~vas** (singing) in tune; *~ **sing*** sing true.

nop *noppe, n., (text.)* burl; nap *(on clothes);* pile, knotting. **nop** *ge-, vb.* burl. **~tang** burling iron. **~vas** non(-)creasing *(carpet)*. **~werk** burling.

no·pens *(obs.)* anent, concerning, regarding, as to.

nop·pies: *in jou ~ wees, (infml.)* be as pleased as Punch (*or* highly delighted *or* mighty pleased); *in jou ~ wees met/oor ..., (infml.)* be excited about (*or* pleased with *or* chuffed about/at/by *or* elated at) ...; *hoog in jou ~ wees* be in the best of humour.

nop·pig *-pige* burly *(wool);* →NOP *n. & vb..*

Nor·ber·tyn, Nor·ber·tyns →PREMONSTRATENSER *n.,* PREMONSTRATENSIES *adj..*

Nor·di·ër, *-diërs, n.* Nordic. **Nor·dies** *-diese, adj.* Nordic; →NOORDS.

Nor·folk *(geog.)* Norfolk. **~appel** *(also n~)* biffin. **~baadjie** *(also n~, man's belted jacket with box pleats)* Norfolk jacket. **~den(neboom)** *(also n~)* Norfolk (Island) pine. **~eiland** Norfolk Island. **~terriër** *(also n~)* Norfolk terrier.

no·riet *(geol.)* norite.

norm *norme* norm, standard, value; *'n ~ **aanlê*** apply a standard; ***sedelike** ~e* moral standards; *'n ~ **vasstel*** establish a norm; *aan die ~ **voldoen*** conform to the norm; come up to standard.

nor·maal *-male, n., (math.)* normal; *bo die normale* above normal, supernormal; *tot die normale terugkeer* return to normal. **nor·maal** *-male, adj.* normal; standard *(temperature);* conventional; abled; *normale **druk*** normal pressure; *normale **grootte*** stock size; *normale **oplossing*** normal solution; *normale **snelheid*** normal/proper speed; *normale **vermoë*** useful capacity; *nie ~ **wees** nie* not be o.s.; not be normal, not be in one's senses (*or* right mind); *weer ~ **wees*** be back to normal; *weer ~ **word*** return to normal. **nor·maal** *adv.* normally; **~afwyking** aberration. **~draad** standard wire. **~gewig** standard weight. **~kollege** *(obs.)* normal college, teachers' college. **~profiel** geological column. **~spoor** standard gauge railway. **~weg** normally.

nor·ma·li·sa·sie, nor·ma·li·se·ring normalisation. **nor·ma·li·seer** *ge-* normalise. **nor·ma·li·se·ring** normalisation; contouring; regulation.

nor·ma·li·teit normality.

nor·ma·li·ter *(Lat., fml., obs.)* normally; →NORMAALWEG.

Nor·man·di·ë *(geog.)* Normandy. **Nor·man·di·ër** *-diërs, n., (also hist.)* Norman. **Nor·man·dies** *-diese, adj.* Norman; *~e Eilande* = KANAALEILANDE. **Nor·man·dies-Frans** *(language)* Norman French.

nor·ma·tief *-tiewe* normative.

nor·meer *(ge)-* establish/set as the norm/standard of; regulate, standardise. **nor·me·ring** standardisation; standard.

nor·mo·ten·sief *-siewe, (med.)* normotensive, with normal blood pressure.

Nor·ne *-nes, (Scand. myth.)* Norn.

nor·ra[1] *-ras* nape (of the neck), *(zool., anat.)* nucha.

nor·ra[2], **nor·ra·pa·tat, nor·re·tjie** *Pelargonium rapaceum;* →BERGAARTAPPEL.

nor·ring big/mighty lot, mob, crowd, swarm, flock, an enormous mass; *daar was 'n ~ (van) mense* there was an enormous crowd.

nor·ro *-ro's, (anat., rare)* →NORRA[1].

nors *nors(e) norser norsste, adj.* grumpy, morose, surly, crabbed, cross-grained, ill-humoured; sullen, crusty, grim, glowering, beetle-browed, frowning; gruff; *~ wees* sulk; *~ lyk* frown; *~ vent* bear. **nors** *adv.* grumpily, morosely, surlily, sullenly, gruffly, grimly, gloweringly. **nor·se·rig** *-rige* gruffish; →NORS *adj..* **nors·heid** sullenness, surliness, grumpiness, moroseness, gruffness, grimness, churlishness.

Nor·thum·ber·land *(geog.)* Northumberland. **Nor·thum·bri·ë** *(geog., also hist.)* Northumbria. **Nor·thum·bri·ër** *-briërs, n.* Northumbrian. **Nor·thum·bries** *-briese, adj.* Northumbrian.

Norwich *(geog.)* Norwich. **~terriër** *(also n~)* Norwich terrier.

no·sie *-sies, (fml.)* notion, idea; *geen ~ van iets hê nie* have no notion of s.t., not have the foggiest/slightest/vaguest notion of s.t..

no·so·gra·fie nosography, description of diseases.

no·so·lo·gie nosology, classification of diseases.

nos·tal·gie nostalgia. **~toer:** *op 'n ~ gaan* take a trip down memory lane.

nos·tal·gies *-giese* nostalgic.

Nos·tra·da·mus *(Fr. astrologer of the 16th century)* Nostradamus.

no·ta *-tas, n.* note; (diplomatic) note; memorandum; memorial; jotting; *~ neem van iets, (obs.)* note/notice (or take note of) s.t., take cognisance of s.t.. **~blok** notepad. **~boekie** notebook, jotter *(Br.)*. **~boekrekenaar** notebook (computer).

no·ta·be·le *-les, (rare)* person of note, leading light, VIP, socialite, notability.

no·ta be·ne *(Lat.)* nota bene, please note.

no·ta·ri·aat *-ate* notaryship; notariate. **no·ta·ri·eel** *-riële* notarial; *~ bekragtig* notarise.

no·ta·ris *-risse* notary (public); *(hist.)* scrivener. **~amp** office of notary, notaryship, notariate. **~kantoor** notary's office. **~klerk** notary's clerk. **~skap** →NOTARISAMP.

no·ta·sie *-sies, (mus. etc.)* notation. **~wisseling** exchange of notes.

no·te *n. (pl.)* (→NOOT): *werk dat jy die kromme ~ haal, (rare)* work one's fingers to the bone, work o.s. to a standstill, extend o.s. to the full; *iem. slaan dat hy/sy die kromme ~ haal, (rare)* beat s.o. black and blue. **~balk** staff, stave. **~beurs** wallet. **~papier** music paper. **~skrif** →BALKSKRIF. **~-uitgifte** note issue.

no·teer *(ge)-* note (down), make a note of; jot down; mark, keep tally; quote *(prices);* list *(shares); die **aandele** word teen ... sent ge~* the shares are quoted at ... cents; ***aandele** op die beurs ~, (econ.)* go public; ***laer** ~ as* underquote; ***vonnis** ~* note judg(e)ment; *'n **wissel** ~* note a bill. **no·te·ring** *-rings, -ringe* listing, noting (down), notation; quotation *(of prices);* entry *(an order); (Stock Exchange)* quotation, price.

no·ti·fi·ka·sie notification. **no·ti·fi·seer** *ge-, (rare)* notify.

no·ti·sie notice; *(also, in the pl., rare)* notes, jottings; *iem. **neem** ~ van ...* s.o. takes notice of ..., s.o. notices ...; *iem.*

neem van iets ~, (also) s.o. takes heed of s.t., s.o. gives/pays heed to s.t.; *iem.* ***neem*** *nie van ... ~ nie* s.o. takes no notice of ..., s.o. ignores ...; *geen ~ van iets* ***neem*** *nie, (also)* disregard s.t.; brush aside s.t.. **~boek** *(rare)* note-book.

not·sung, not·sing, ou·hout(·boom) *(Halleria lucida)* tree fuchsia.

no·tu·le minutes; *die ~ aanneem/goedkeur/bevestig* accept/adopt/approve/confirm the minutes; *die ~ as gelese beskou* take the minutes as read; *~ hou/opstel* keep/take minutes. **~boek** minute book. **~houer** minuting secretary, recording secretary, recorder.

no·tu·leer *ge-* enter/record in the minutes, minute; *dit staan ge~* it is on record; *notulerende amp* office of record; *notulerende hof* court of record. **no·tu·le·ring** minuting.

nou[1] *n.: in die ~, (rare)* in a fix *(or* tight corner); *in die ~ bring, (rare)* drive into a corner. **nou** *nou(e) nouer nouste, adj.* narrow *(opening)*; tight *(clothes)*; cramped, confined *(space)*; intimate, close; poky; *in ~e* ***aanraking*** *met ...* in close touch with ...; *dit was 'n ~e* ***ontkoming*** →ONTKOMING; *die ~* ***poort***, *(NT)* the strait gate *(AV)*, the narrow gate *(NIV)*; ***ten*** *~ste* very closely; *in ~e* ***verband*** *staan met ...* be closely related/allied to ..., be closely connected with ... **nou** *adv.* narrowly; tightly; *dit nie so ~* ***neem*** *nie* stretch it a bit *(infml.)*, stretch a point; *~* ***pas*** fit tightly; *die pak klere* ***sit*** *~* the suit is tight, it is a tight fit; *~* ***verwant*** closely related. **~geset** *-te* conscientious, scrupulous, punctilious, meticulous, painstaking, precise, careful; punctual; narrow-minded; strait-laced, straight-laced; *~ op iets wees/let* be strict on s.t.; *te ~ wees* be overscrupulous. **~gesetheid** conscientiousness; punctuality; narrow-mindedness. **~keurig** *-e, adj.* exact, accurate, precise; careful; scrupulous; punctual; close *(attention, examination)*; *~* ***tot*** *(op) 2 desimale* accurate to 2 decimal places *(or* 2 places of decimals); *~e* ***vertaling*** close translation. **~keurig** *adv.* exactly, accurately, precisely; closely; carefully; ***baie*** *~* to a nicety; *~* ***bekyk/beskou*** look closely at; in the strict sense; *~* ***dophou*** watch closely; ***tot*** *'n sent ~* to the nearest cent. **~keurigheid** exactness, accuracy, precision; →NOUKEURIG *adj.*. **~lettend** *-e* precise, particular, strict, close; conscientious, careful, scrupulous, painstaking; *~e aandag* close attention. **~lettendheid** preciseness, particularity; strictness; scrupulousness. **~passend** *-e* close-fitting, tight(-fitting), clinging; neatly-fitting. **~pypbroek** stovepipes, stovepipe trousers, drainpipes, drainpipe trousers. **~siende** particular, fastidious. **~siendheid** fastidiousness. **~sluitend** *-e* tight-fitting, close-fitting; clinging, skintight; *~e rok, (also)* clinging/slinky dress; *~e romp, (also)* pencil skirt. **~strop:** *~ trek* struggle, be hard pressed; be under pressure.

nou[2] *adv.* now, at the moment; at present; *iem. moet ~* ***al*** *daar wees* s.o. should be there by now; *nie ~* ***al*** *nie* not just yet; *~* ***al*** *moeg* tired already; *~ die* ***dag*** (just) the other day, a day or two ago; *~ en* ***dan*** (every) now and then/again; *(so) ~ en* ***dan*** from time to time, off and on, on and off, at (odd) times, once in a while, up(on) occasion; ***dis*** *~ ...!* that's ... for you!; *~* ***eers*** only now, not until now; *iem. het ~* ***eers*** *gekom* s.o. has only just arrived; *hoor jy dit ~* ***eers?*** is this the first time you have heard (of) it?; *ek hoor dit ~* ***eers*** it is the first word I hear of it; ***en*** *~?* and now?; ***(en)*** *~ 'n drankie* (and) now for a drink; *so* ***gou*** *soos ~* in a moment/trice; *~* ***kort*** recently; *~* ***net*** this minute, a moment ago, just now; *dit het ~* ***net*** *gebeur* it happened this very minute, it happened this moment; ***nie*** *~ nie* not now; *(selfs) ~* ***nog*** even now; *iem. kom/ens. ~* ***nog****, iem. sal ~* ***nog*** *kom/ens., (infml.)* s.o. has still not come/etc.; *~* ***nog nie*** not yet; not at this stage; *~ of* ***nooit*** now or never; *~* ***regtig*** now for it; *~* ***sal*** *X die nuus lees* over to X for the news; *~* ***sê*** *jy iets* you have s.t. there; ***selfs*** *~ nog* even at this late hour; *of dit ~ goed is of* ***sleg*** whether it's good or bad; *~* ***Sondag/ens.*** next Sunday/etc.; last Sunday/etc.; ***tot*** *~ toe* (up) to date, up to the present, so far, till/until now, up to now; as yet; ***van*** *~ af* in future; as of now, from now on, henceforth, henceforward(s); ***wat*** *~?* what's next?; ***wat*** *~ (gedaan)?* how now?. **nou** *interj.* well; *~ (maar)* ***goed!*** all right (then)!, well then!; *~* ***ja*** *(of* ***nouja****)* oh well; now/well then; *(infml.)* ho-hum; *~* ***ja*** *(of* ***nouja****) dan* very well (then); *~* ***ja*** *(of* ***nouja****), dis nie so erg nie* oh, well, it isn't so bad; *~* ***ja*** *(of* ***nouja*** *of ~* ***wel****), wat stel jy voor?* well then, what do you suggest?; *~* ***toe*** *~!* well I never!; well I'm *(or* I'll be) blowed/dashed!; well, well!; imagine/fancy that!; I like that!; there you have it!; go on!.

nou·dat *conj.* now (that).

nou·e·rig *-rige* narrowish; →NOU[1] *adj.*.

nou·gat →NOGA.

nou·ge·set →NOU[1].

nou·heid narrowness, tightness, closeness; →NOU[1] *adj.*.

nou·ja →NOU JA.

nou·liks hardly, scarcely, barely; *ons het ~ aangekom of ...* we had no sooner arrived than ...

nou-nou in a moment/minute, at any moment; a moment ago; *~ weer* ***hier*** back soon *(a notice on a door)*; *hy/sy sal ~* ***hier*** *wees* he/she will be here presently *(or* in a moment); *hy/sy was ~* ***hier*** he/she was here a moment/minute ago; *ek is ~* ***klaar*** I shan't/won't be a minute/moment; *ek* ***kom*** *~* I shan't/won't be a minute/moment; *dit* ***sal*** *~ ag(t)uur/ens. wees* it is coming up for/to eight/etc. o'clock *(infml.)*.

nou·te *-tes* narrowness, tightness; strait(s); (narrow) pass/passage; defile; *iem. in die ~ laat beland* put s.o. in a tight spot/corner; *in die ~ sit/wees* be in a tight spot/corner; have one's back to the wall; be hard pressed; be (caught) in a cleft stick. **~vrees** = ENGTEVREES.

nou·veau riche *(Fr.): die ~* the nouveau riche, new money.

nou·velle *adj., (Fr.): ~* **cuisine** nouvelle cuisine, new cookery. *~* **vague** *(films)* nouvelle vague.

no·va *-vas, -vae, (astron.)* nova, new star.

No·va Zem·bla *(geog.)* Novaya Zemlya.

no·veen *-vene, (RC)* novena.

no·vel·le *-les* short novel, prose story, long short story, novella, *(sometimes derog.)* novelette. **~bundel** collection of short novels *(or* prose stories *or* novellas/novelettes). **~skrywer** *-s*, **novellis** *-te* writer of short novels *(or* novellas/novelettes).

no·vel·lis·ties *-tiese, adj.* short-story, relating to short stories.

No·vem·ber November. **~dag** day in November, a November day. **~maand** the month of November.

no·viet *-viete, (rare)* novice; freshman. **no·vi·se** *-ses, (RC)* novice. **no·vi·si·aat** novitiate, noviciate. **no·vum** s.t. new.

nu·an·se *-ses* nuance, shade, gradation; *fyn ~s* delicate shades of meaning. **nu·an·seer** *ge-* shade, nuance. **nu·an·se·ring** *-rings, -ringe* nuance, shade, shading, gradation.

Nu·bi·ë *(geog., hist.)* Nubia. **Nu·bi·ër** *-biërs, n.* Nubian. **Nu·bies** *-biese, adj.* Nubian.

nu·dis *-diste, n.* nudist. **nu·dis·me** nudism; naturism. **nu·dis·ties** *-tiese, adj.* nudist. **nu·di·teit** *(rare)* →NAAKTHEID.

nug·ter *nugter nugterder nugterste, adj.* sober *(not drunk)*; sober(-minded), well-balanced, level-headed; canny, down-to-earth, unsentimental, no-nonsense, non(-)emotive, hard-headed, unimaginative, prosaic, matter-of-fact; staid; *die ~e* ***feite*** the hard facts; *op 'n ~* ***maag*** →MAAG[1]; ***volkome*** *~* (stone-)cold sober; *die ~e* ***waarheid*** the sober truth; *~* ***weet****, (infml.)* goodness/dear knows; *~* ***word*** sober up. **nug·ter** *adv.* soberly; in a matter-of-fact way; →NUGTER *adj.*; *~* ***beskou*** in the cold light of day; *sake ~* ***beskou*** get/keep things in perspective; *iem. ~* ***maak*** sober up s.o.; *~* ***wakker*** wide awake. **~derm** *(anat.)* jejunum.

nug·ter·heid soberness, sobriety; level-headedness, sober-mindedness; matter-of-factness; →NUGTER.

nuk *nukke* whim, caprice, freak; vagary; whims(e)y; fit; *die ~ hê om iets te doen* have the bad habit of doing s.t.; *as iem. die ~ kry om te ...* when s.o. feels in the mood to ...; *vol ~ke wees* be capricious/whimsical. **nuk·ke·bol** curmudgeon, crosspatch, crotcheteer. **nuk·ke·rig** *-rige* sulky, moody, morose, sullen, huffy, ill-humoured, cross-grained, crusty, grouchy. **nuk·ke·rig·heid** sulkiness, moodiness, moroseness, sullenness, huffiness, crustiness, grouchiness.

nu·kle·aat *-ate* nucleate. **nu·kle·êr** *-kleêre* nuclear; *~e elektronika* nucleonics, nuclear electronics; *~e ewewig/balans* balance of terror; *~e gesin, (sociol.)* nuclear family. **nu·kle·ïen** *(biochem.)* nuclein. **nu·kle·ïen·suur** *(biochem.)* nucleic acid. **nu·kle·o·lus** *-lusse, (biol.)* nucleolus, nucleole. **nu·kle·on** *-one, (phys.)* nucleon. **nu·kle·ool** *-ole, (biol.)* nucleolus. **nu·kle·us** *-kleusse, -kleï, (biol. & phys.)* nucleus.

nu·klied *(phys.)* nuclide.

nul *nulle* nought; *(temperature)* zero; *(tennis)* love; *(rugby, soccer)* nil; *(cr.)* duck, blob; blank; *by ~* ***begin*** start from scratch; *ses/ens. grade* ***bo/onder*** *~* six/etc. degrees above/below zero; *op ~* ***bring*** zero; *'n* ***dubbele*** *~, (cr.)* a pair (of spectacles) *(infml.)*; *'n* ***(groot)*** *~ wees* be a mere cipher/cypher, be a nobody/nonentity/nothing; *in die* ***jaar*** *~ (as die hingste vul)* on the Greek Calends, in the year one; *sedert die* ***jaar*** *~* from time immemorial; *uit die* ***jaar*** *~* hopelessly obsolete; *'n ~ op 'n* ***kontrak*** *wees, (infml., derog), (s.o., s.t.)* be worth nothing; *(s.o.)* be a deadhead/duffer/no-goodnik/no-hoper/nonentity; ***onbenullighede*** *vermaak ~le, (rare)* small things amuse small minds; ***op*** *~* at/on zero; *'n* ***ronde*** *~* exactly nothing; *dit het 'n* ***ronde*** *~ opgelewer* the result was precisely nil; ***vyftien-~****, (tennis)* fifteen, love; *(rugby)* fifteen, nil; *van ~ en gener* ***waarde*** *maak* nullify; *van ~ en gener* ***waarde*** *wees* be null and void; be worthless; *~* ***word*** be reduced to zero, vanish. **~(aan)wyser** *(elec.)* null instrument/indicator. **~bal** *(cr.)* dot ball. **~hipotese** *(stat.)* null hypothesis. **~karakter, ~teken** *(comp.)* null character. **~las** no-load. **~lewering** zero point. **~lyn** datum line, zero line; *(econ.)* neutral line. **~meridiaan** prime meridian, zero meridian. **~metode** null method. **~-nul-spel** pointless/scoreless draw. **~passer** bow compasses. **~punt** zero (point); *(temp.)* zero; null point, neutral point; *(math.)* origin; *(fig.)* rock bottom, zero, nil. **~punter** *(bridge, whist)* yarborough. **~skakel** *n., (comp.)* null link. **~somspel** zero-sum game. **~spel** *(tennis)* love game. **~stel** *(tennis)* love set. **~stelsel** *(math.)* null system. **~streep** zero mark. **~tarief** zero rate. **~teken** →NULKARAKTER. **~temperatuur** zero temperature. **~-uur** *(mil.)* zero hour. **~verdeelpasser** bow dividers.

nul·le·tjie *-tjies* the symbol o; *(cr.)* duck. **nul·li·teit** *-teite, (rare)* nullity; nonentity, nobody.

nul·li·paar *-pare, n., (med.: a woman who has never borne a child)* nullipara. **nul·li·paar** *-pare, adj.* nulliparous.

nul·lo·speler *(chiefly golf)* scratch player.

nu·me·reer *(ge)-* number. **nu·me·rêr** *-rêre* numerary.

Nu·me·ri *(OT)* Numbers.

nu·me·ries *-riese*, **nu·me·riek** *-rieke, adj.* numeric(al); *~e analise* numerical analysis; *~e toetsbord* numeric keypad. **nu·me·ries, nu·me·riek** *adv.* numerically.

nu·me·ro *(rare)* number.

Nu·mi·di·ë *(geog., hist.)* Numidia. **Nu·mi·di·ër** *-diërs, n.* Numidian. **Nu·mi·dies** *-diese, adj.* Numidian.

nu·mi·neus *-neuse* numinous.

nu·mis·maat *-mate* →NUMISMATIKUS. **nu·mis·ma·tiek** numismatics. **nu·mis·ma·ties** *-tiese* numismatic. **nu·mis·ma·ti·kus** *-tikusse, -tici* numismatist.

nun·ti·us *-usse, (RC)* nuncio, papal legate. **nun·si·a·tuur** *-ture* nunciature; nuncio's palace.

nurks *nurkse, n., (rare)* grumpy fellow, curmudgeon. **nurks** *nurkse, adj.* grumpish, grumpy, peevish, curmudgeonly. **nurks·heid** grumpiness, peevishness.

nu·sie *-sies, (dim.), (rare)* small piece of news; →NUUS.

nut *n.* use(fulness), utility, serviceability, serviceableness; benefit, profit; avail; advantage; point, value; purpose; ***geen*** *~ hê nie, van* ***geen*** *~ wees nie* be useless, be of no use; *iets het* ***geen*** *~ nie, iets is van* ***geen*** *~ nie, (also)* s.t. serves no (good/useful) purpose; *hoegenaamd van* ***geen*** *~ wees nie, van* ***geen*** *~ ter wêreld wees nie* be of no earthly use; *tot die* ***grootste/meeste*** *~* to the best advantage; ~ *uit iets* ***haal/trek*** derive profit from s.t.; ~ ***hê*** have a use, be useful (*or* of use); *watter* ~ *sal dit* ***hê?*** what good will it do?; *iets* ***het*** ~, *(also)* s.t. serves a good/useful purpose; *dit* ***het*** *sy* ~ it has its uses; *jou iets tot* ~ ***maak*** turn s.t. to one's advantage (*or* to good account); *iets is* ***sonder*** ~ s.t. serves no (good/useful) purpose; *tot* ~ ***(strek)*** *van* ... of use (*or* useful) to ...; ***tot*** *jou eie* ~ for one's own benefit; ***tot*** ~ *van* for the benefit of; ~ *uit iets* ***trek*** benefit/profit by s.t., derive profit/benefit from s.t.; *iets is* ***van*** ~ s.t. is useful, s.t. serves a good/useful purpose; *vir iem.* ***van*** ~ *wees* be of use to s.o.; ***wat*** *is die* ~ *hiervan?* what is this in aid of?; ***watter*** ~ *het dit?* what is the use of it?; what is the good of it?.

nu·ta·sie =*sies, (astron. & bot.)* nutation; *(bot.)* circum=nutation.

nu·te·rig =*rige* →NUWERIG.

nu·tri·a nutria, coypu, swamp beaver; *(fur)* nutria.

nuts=: ~**bedryf**, ~**diens** (public) utility, utility (service). ~**boek** craft book. ~**maatskappy** utility company. ~**man** handyman. ~**program** *(comp.)* utility program. ~**vertrek** utility room. ~**vragmotor**, ~**voertuig** utility truck/vehicle.

nut·te·loos =*lose* useless, pointless; fruitless, profitless; otiose; idle, futile; unavailing; ~ ***maak*** render nuga=tory; *dis* ~ ***om*** *te* ... it's useless to ...; *dit* ***was*** *alles* ~ it was all in vain; ~ ***wees*** serve no (good/useful) purpose, be no good. **nut·te·loos·heid** uselessness, futility.

nut·tig[1] *nuttige, adj.* useful; advantageous, profitable; handy; helpful; serviceable; efficient; ~*e* ***arbeid*** use=ful/effective work; ~*e* ***belasting/vrag*** payload, useful load; ~*e* ***effek*** efficiency; effective/actual/useful output; useful effect; *dit is baie* ~ ***om*** *te* ... it is a great conven=ience to ...; ~*e* ***vrag*** →***belasting/vrag;*** *vir iem.* ~ ***wees*** be of use to s.o.. **nut·tig** *adv.* usefully; profitably; *etc.* (→NUTTIG[1] *adj.*); *jou tyd* ~ *bestee* spend one's time profitably.

nut·tig[2] *ge=, vb.* partake of, take/consume (a meal); *iets* ~ have s.t. to eat/drink, take nourishment.

nut·tig·heid usefulness, utility, serviceability, service=ableness; profitableness; efficiency; →NUTTIGHEIDS=.

nut·tig·heids=: ~**beginsel** utilitarian principle, utili=tarianism. ~**faktor**, ~**koëffisiënt/ko-effisiënt** mechani=cal advantage. ~**graad** (mechanical) efficiency. ~**koëf=fisiënt** →NUTTIGHEIDSFAKTOR. ~**kromme** efficiency curve. ~**leer** utilitarian doctrine, utilitarianism. ~**oog=punt** utilitarian point of view.

nut·ti·ging partaking *(of a meal)*.

nuus news, word, tidings, piece of news; information; ~ ***aandra*** tell tales; *die* ~ ***aangaande/omtrent/oor/van*** ... the news about/concerning/of ...; *die* ~ *het* ***be=kend*** *geraak* the news broke; *die* ~ *van die* ***dag*** the news of the day, current news; ***dit*** *is vir my* ~, *(infml.)* that is news to me; ***geen*** ~ *is goeie* ~ no news is good news; *die* ~ *sal nou* ***gelees*** *word, die* ~ ***volg*** *net hierna* stand by for the news; ***goeie/slegte*** ~ good/bad news; ***in*** *die* ~ *wees* be in the news; *die* ***jongste/laaste*** ~ the latest news; *in die* ~ ***kom*** make news, make (the) (*or* hit the) headlines; *(iem.) die* ~ *(versigtig)* ***meedeel*** break the news (gently) (to s.o.); ***ou*** ~ stale news; *dit is* ***ou*** ~ that is no news; it is ancient history *(infml.)*; ***slegte*** ~ →***goeie/slegte;*** *die* ~ ***van*** ... →***aangaande/omtrent/oor/van;*** ***vol*** ~, *(infml.)* newsy; *die* ~ ***volg*** *net hierna* →***gelees;*** *die* ~ ***(voor)lees***, *(rad. & TV)* read the news; ***wat*** *is die* ~*?*, ***watter*** ~ *is daar?* what (is the) news?; what is the latest?. ~**aandraer** →NUUSDRAER. ~**agent=skap** news/press agency. ~**berig** news report; news=paper report; *(rad., TV)* newscast, news bulletin; *(short)* newsflash; news item. ~**blaadjie** news-sheet. ~**blad** newspaper. ~**bladpers** newspaper press. ~**bode** mes=senger. ~**brief** newsletter. ~**brokkie** news item, piece of news. ~**bulletin** news bulletin; *kort* ~ newsbrief. ~**draer** telltale, taleteller, tattletale, gossip, blab, blab=ber(mouth), sneak *(infml.)*, rumour-monger, quid=nunc *(arch.)*, talebearer *(dated)*. ~**draerig** =*e* gossipy, tattling; taletelling, talebearing. ~**draery** gossip, tattle; taletelling, talebearing. ~**film** newsreel. ~**flits** news=flash, newsbrief. ~**honger** hunger for news. ~**hon=gerig** =*e* news-hungry. ~**hooftrekke** *(pl.)* news head=lines. ~**kantoor** newsroom, news desk. ~**konferensie** news/press conference. ~**leser** newsreader. ~**man** newsman; →NUUSVROU. ~**mededeling** (news) release, communiqué *(Fr.)*. ~**opsomming** news summary. ~**prent** newsreel. ~**redakteur** news editor. ~**storie** news story. ~**uitsending** newscast, news broadcast. ~**vrou** news=woman; →NUUSMAN. ~**waarde** news value. ~**waar=dig** =*e* newsworthy. ~**waardigheid** newsworthiness.

nuus·kie·rig =*rige* inquisitive; curious; prying; inquisi=torial; nosy, nosey *(infml.)*; ~*e* ***agie*** →AGIE; *iem. baie* ~ ***maak*** whet s.o.'s curiosity; ~ ***maak*** intrigue; ~ *wees* ***na/oor*** *iets* be curious about s.t.; *as ek* ***so*** ~ *mag wees* if you don't mind my asking; ~ *wees om* ***te weet*** be cu=rious to know. **nuus·kie·rig·heid** inquisitiveness, cu=riosity; *iem. se* ~ ***bevredig*** satisfy s.o.'s curiosity; *uit* ***blote*** ~ purely out of curiosity; ***brand*** *van* ~ burn with curiosity; ***gebrek*** *aan* ~ incuriosity, incuriousness; *van* ~ *is die* ***tronk*** *vol (en die kerk leeg)* curiosity killed the cat; ***uit*** ~ from (*or* out of) curiosity; ~ ***wek*** excite cu=riosity.

nuut *nuwe nuwer nuutste* new; novel; renewed *(hope)*; clean *(piece of paper)*; further, additional *(supplies)*; un=worn, unused *(clothes)*; modern, recent *(development)*; up-to-date; fresh *(lot)*; innovative, innovatory; original; young; virgin *(soil)*; *nuwe* ***aankomeling*** fresh arrival; *'n nuwe* ***begin*** *maak* →BEGIN *n.*; *nuwe* ***bekeerling*** neo=phyte; ***feitlik*** ~ as new; *iem. is* ~ *op die* ***gebied*** *van* ... s.o. is a newcomer to ...; *nuwe* ***geld*** new money; *die nuutste* ***gier/gril/mode*** *wees, (also)* be the flavour of the month/week/year; *nuwe* ***grond*** *braak, (fig.)* open a new frontier ; *die* ***hoed*** *is* ~ the hat is new; *dis 'n nuwe* ***hoed*** it is a new hat; *(aan/vir) iem. nuwe* ***hoop*** *bied/bring/gee, nuwe* ***verwagtings/-tinge*** *by iem. wek* give s.o. renewed hope; ***iets*** ~*s* something new; *dit is* ***iets*** ~*s, (also)* that is a new one; *iem. is* ~ ***in*** ... s.o. is a newcomer to ...; *die nuwe* ***jaar*** *begroet/inlui* (of *welkom heet), (die aanbreek/koms van) die nuwe* ***jaar*** *vier* see/bring in the new year; *gelukkige nuwe* ***jaar!*** →GELUKKIG *adj.*; *nuwe* ***kaas*** green/new cheese; *die* ~*ste/jongste* ***mode*** the latest fashion; *nuwe* ***myn*** developer; *dit is* ***niks*** ~*s nie* it is no new thing; *daar is niks* ~*s onder die* ***son*** *nie* →SON; *nuwe* ***ster***, *(astron.)* new star, nova; *die nuwe* ***Suid-Afrika*** the New South Africa; *nuwe* ***tegnologie*** new technology; ***van*** ~*s af* from the beginning; *weer* ***van*** ~*s af begin, (also)* start afresh/anew, start (all) over again; *nuwe* ***verwag=tings/-tinge*** *by iem. wek* →***hoop;*** ***vir*** *iem.* ~ *wees* be new to s.o.; *nuwe* ***water***, *(geol.)* juvenile water; *nog* ~ *in jou* ***werk*** *wees* be new to the job; *nuwe* ***wiskunde*** new maths/mathematics; *nuwe* ***wol*** virgin/new wool. **nuut=** →NIEU=. ~**bekeerde** new/recent convert, neophyte. ~**gevonde** new-found. ~**gevorm** =*de* newly formed; newly coined *(word)*. ~**skepping**, ~**vorming** neologism, coined word. ~**wol** new/virgin wool.

nuut·heid newness.

nuut·jie =*tjies* novelty, s.t. new; (little) piece/item/bit of news; →NUSIE. **nuut·ste** up-to-date, latest.

nu·we *n.: die* ~ the new one. **nu·we** *adj.* →NUUT. **N~ Engels** →NIEU-ENGELS. ~ **geskiedenis** modern his=tory. **N~ Grieks** →NIEU-GRIEKS. **N~ Hebride:** *die* ~ ~, *(hist.)* the New Hebrides; →VANUATU. **N~ Hoogduits** →NIEUHOOGDUITS. ~**hout** *(Prunus africana)* red stink=wood. **N~jaar, Nu·we·jaars·dag** New Year's Day; ~ *hou* celebrate the new year. **N~land** *(SA)* Newlands. ~**maan** new moon; *dis* ~ there is a new moon. **N~ Nederlands** →NIEU-NEDERLANDS. **N~ Republiek:** *die* ~ ~ the New Republic. ~**siekte** *(vet.)* (nauseatic) stran=gles. **N~ Styl** *(calendar date reckoning)* New Style *(abbr.: NS)*. **N~ Testament:** *die* ~ ~, *(Bib.)* the New Testament. **N~ Testamenties** →NIEU-TESTAMENTIES. **N~ Testa=mentikus** →NIEU-TESTAMENTIKUS. **N~ Tyd:** *die* ~ ~ the Modern Age. **N~ Verbond:** *die* ~ ~, *(Bib.)* the New Testament. **N~ Wêreld:** *die* ~ ~ the New World.

Nuwejaars=: ~**aand** evening of New Year's Day. **n~be=sie** *(entom.)* cicada. **n~blom** *(Gladiolus cardinalis)* pride of Table Mountain, waterfall gladiolus (lily); *(Turbina oenotheroides)* New Year flower. ~**dag** →NUWEJAAR. ~**dagaand** →NUWEJAARSAAND. ~**fees** New Year cele=bration. ~**geskenk** New Year gift/present. ~**groet** New Year greeting. **n~koekoek** →NUWEJAARSVOËL. ~**nag** New Year's night. ~**present** →NUWEJAARSGESKENK. **n~valk** *(Falco naumanni)* lesser kestrel. **n~voël** *(Clamator jacobinus)* Jacobin cuckoo. ~**voorneme** New Year('s) resolution; *iem. se* ~ *is om te* ... s.o.'s New Year('s) reso=lution is (*or* s.o. has made the New Year['s] resolution) to ... ~**wens** New Year wish/greeting; *Kers- en* ~*e* com=pliments of the season.

nu·we·ling =*linge* newcomer, beginner, novice; neo=phyte; tenderfoot, greenhorn; fresher, freshman, fresh=woman *(at university)*; novitiate, noviciate; intrant *(arch.)*; colt; *(sport)* new cap; ~ *in* ... newcomer to ...; *'n* ~ *in die bankwese/sakewêreld/ens. wees* be new to banking/busi=ness/etc.; *'n volslae* ~ a rank novice. **nu·we·lings·toe=spraak** maiden speech.

nu·we·rig =*rige* newish, rather new. **nu·we·rig·heid** newishness.

nu·wer·wets =*e* modern, up-to-date, new-style; new-fashioned, fashionable; *(of ideas)* newfangled *(derog.)*; neoteric *(rare)*; stylish. **nu·wer·wets·heid** modernity, modernness.

nu·wig·heid =*hede* novelty, innovation, s.t. new, new departure; *die* ~ *is daarvan af* the gilt is off the ginger=bread *(infml.)*; *dit is 'n* ~ it is something new; *nuwighede invoer* innovate.

nyd envy, (bitter) jealousy, spite, malice, animosity; ***tot*** ~ *van* ... to the envy of ...; ***uit*** ~ from (*or* out of) spite; *deur* ~ ***verteer*** *word* be consumed with envy; ~ ***wek*** excite envy.

ny·dig =*dige* spiteful, ill-natured, nasty, mean; angry, cross, in a temper, annoyed; ~ *word* get angry, fly into a rage/passion; *op iem.* ~ *wees* be jealous of s.o.. **ny·dig=heid** spitefulness; anger; →NYD.

nyg *ge=* bow, make a bow, curts(e)y, bend, incline, lean (over). **ny·ging** =*gings* bow, curts(e)y.

Nyl: *die* ~ the Nile; *die Blou* ~ the Blue Nile; *die Wit* ~ the White Nile. **n~blou** Nile blue. ~**dal** Nile valley. ~**gans** →KOLGANS. **n~groen** eau de Nil, Nile green. ~**meter** *(arch.)* Nilometer *(for measuring the rise and fall of the Nile)*.

ny·lon nylon. ~**kouse** nylon hose, nylons. ~**kousmas=ker** stocking mask.

Ny·me·gen →NIJMEGEN.

ny·pend =*pende* acute; ~*e* ***armoede*** →ARMOEDE; ~*e* ***ge=brek*** dire need; ~*e* ***tekort*** desperate/acute shortage; ~*e* ***wind*** nipping/cruel wind.

ny·we·raar =*raars* industrialist.

ny·wer·heid =*hede* industry; *kamer van* ~ chamber of industries. ~**skeikunde** industrial chemistry. ~**skool** trade/industrial school. ~**spioenasie** →BEDRYFSPIOE=NASIE. ~**stad** industrial/manufacturing town.

ny·wer·heids=: ~**aandele** industrials, industrial shares/equities. ~**alkohol** industrial alcohol. ~**bank** indus=trial bank. ~**demokrasie** industrial democracy. ~**ge=bied** industrial area; *op* ~ in the industrial field. **N~ont=wikkelingskorporasie** Industrial Development Cor=poration. ~**park** industrial park. ~**perseel** industrial site. ~**produk** industrial product, product of industry. ~**raad** industrial council; →BEDRYFSRAAD. ~**tentoon=stelling** industrial exhibition. ~**voortbrengsel** →NYWER=HEIDSPRODUK. ~**wese** industrialism, industry, manu=facturing.

Oo

o, *o's,* **O** *O's, (15th letter of the alphabet)* o, O. **O·be·ne** bow legs, bandy legs. **o'tjie** *-tjies* little o.

o *interj.* O, oh, ah; ~ *hene!/hete!/hetetjie!* dear/goodness me!, oh dear!/goodness!; ~ *Here!* O Lord!, oh Lord!; ~ *so!* aha!; is that so?. **(~)gottabeentjie** = GOTTABEEN-TJIE. **~ho** *interj.* oho, aha.

o·a·se *-ses* oasis.

O·bad·ja *(OT prophet)* Obadiah.

o·be·lisk *-liske* obelisk.

o·bi *-bi's, (Jap. sash)* obi.

o·bi·ter dic·tum *obiter dicta, (Lat., jur.: incidental remark)* obiter dictum.

ob·jek *-jekte* object, thing. **~glas** slide. **~tafel** microscope stage.

ob·jek·teer *ge-, (rare)* object, raise objections. **ob·jek·sie** *-sies, (rare)* objection.

ob·jek·tief[1] *-tiewe, n.* object lens, object glass, objective, focussing lens. **~glas** object glass.

ob·jek·tief[2] *-tiewe, adj.* objective, detached; *iets ~ beskou* take a detached view of s.t., consider s.t. objectively; *iets ~ voorstel* objectify s.t.. **ob·jek·ti·veer** *ge-* objectify, objectivate. **ob·jek·ti·ve·ring** objectivation, objectification. **ob·jek·ti·vis·me** *(philos., also O~)* objectivism. **ob·jek·ti·wi·teit** objectiveness, objectivity, detachment.

ob·jet d'art *objets d'art, (Fr., small decorative/artistic object)* objet d'art.

o·blaat *-blate, (RC, hist.: person)* oblate; *(obs.)* eucharist, oblation, host.

o·bla·sie *-sies, (relig.)* oblation.

o·blie·tjie *-tjies, (cook.)* wafer biscuit, rolled wafer. **~pan, ~yster** wafer iron.

o·bli·gaat *-gate, n. & adj., (mus.)* obbligato, obligato.

o·bli·ga·sie *-sies* debenture, obligation *(of a company);* bond *(of a public body);* security. **~houer** debenture holder, obligee. **~kapitaal** debenture stock. **~lening** debenture loan. **~skuld** bonded debt.

o·bli·ga·to·ries *-riese, (rare)* obligatory.

o·bli·te·ra·sie *-sies, (med.)* obliteration.

o·bool *-bole, (ancient Gr. coin)* obol.

ob·se·deer *ge-* obsess; *deur iets ge~ word* be obsessed by/with s.t.. **ob·se·de·rend** *-rende* haunting, obsessive.

ob·seen *-sene -sener -seenste* obscene. **ob·se·ni·teit** *-teite* obscenity.

ob·ser·va·sie *-sies* observation. **~lig** flare. **~lugskip** blimp. **~pos** observation post.

ob·ser·va·tor *-tore, -tors* observer. **ob·ser·va·to·ri·um** *-riums, -ria* observatory; ~ *vir magnetisme* magnetic observatory.

ob·ser·veer *ge-, (rare)* observe.

ob·ses·sie *-sies* obsession; *(infml.)* hang-up, bug; *iets is 'n ~ by iem.* s.t. is an obsession with s.o.; *'n ~ oor iets hê* have an obsession about s.t.; *(infml.)* have a hang-up/bug about s.t., be hung up about s.t.. **ob·ses·si·o·neel** *-nele* obsessional.

ob·si·di·aan *(min.)* obsidian.

ob·sku·rant *-rante,* **ob·sku·ran·tis** *-tiste, (rare)* obscurantist. **ob·sku·ran·tis·me** *(rare)* obscurantism.

ob·skuur *-skure -skuurder -skuurste* obscure; indistinct. **ob·sku·ri·teit** obscurity, indistinctness.

ob·so·leet *-lete, (rare)* obsolete.

ob·ster·naat, ob·sti·naat *-naat, -nate -nater -naatste (of meer ~ die mees -nate)* obstinate.

ob·ste·trie obstetrics, midwifery. **ob·ste·tries** *-triese* obstetric(al). **ob·ste·tris** *-triste* obstetrician.

ob·sti·naat →OBSTERNAAT.

ob·sti·pa·sie *(pathol., rare)* obstipation.

ob·struk·sie *-sies* obstruction; filibuster *(Am.);* constipation; ~ *voer, (parl. etc.)* practise obstruction, stonewall, *(Am.)* filibuster. **~voerder** filibuster, obstructionist, stonewaller.

ob·struk·si·o·nis *-niste* obstructionist, stonewaller. **ob·struk·si·o·nis·me** obstructionism; *(parl.)* filibustering.

Oc·ci·ta·ni·ë *(hist., S Fr. region)* Occitania.

oc·ta- →OKTO- *comb..*

o·da·lisk *-liske, (Turk., female slave, concubine)* odalisque.

o·de *odes* ode; *'n ~ aan ...* an ode to ... **o·de·on, o·de·on** *-ons, (chiefly hist.)* odeum.

o·deur *-deurs, (rare)* scent, perfume. **~flessie** scent-bottle.

O·din, Wo·dan *(Norse/Germ. myth.)* Odin, Wodan, Woden.

o·di·um *(Lat.: hatred)* odium.

O·do·a·ker *(1st Germ. ruler of It., 5th century)* Odoacer, Odovacar.

o·do·me·ter *-ters* odometer.

o·don·to·blas(t) *-blaste, (physiol.)* odontoblast.

o·don·to·liet tartar, odontolith; →TANDSTEEN.

o·don·to·lo·gie odontology. **o·don·to·loog** *-loë* odontologist.

O·dus·seus, O·dys·seus *(Gr. myth.)* Odysseus, Ulysses. **O·dus·see, O·dys·see** *(Gr. epic poem)* Odyssey. **O·dus·se·ïes** *-seïese, (also o~)* Odyssean *(also o~); 'n ~e swerftog* an odyssean journey/ramble.

oe *n. & vb.: daar was heelwat ~'s en aa's, daar is wyd en syd ge~ en (ge)-aa* there was a lot of oohing and ahing; *iem. laat ~ en aa* draw oohs and ahs from s.o.; *oor iets ~ en aa* ooh and ah over s.t.. **oe** *interj.* ooh, boy, (boy) oh boy. **~-la-la** *(joc.)* ooh-la-la.

o·ë *n. (pl.)* →OOG.

o·ë-: **~bank** eyebank; →OOGBANK. **~dienaar** *(rare)* yes-man, timeserver. **~dienery, ~diens** timeserving, flattery. **~sorg** eye care, care of the eyes. **~toets** = OOG-TOETS. **~troos** *(bot.: Euphrasia spp.)* eyebright, euphrasy. **~verblindery** make-believe, pretence, eyewash; deception, hallucination, blind, window-dressing. **~versorging** = OËSORG.

Oe·di·paal Oi·di·paal *-pale,* **Oe·di·pi·aans, Oi·di·pi·aans** *-aanse, (psych., also o~)* oedipal, oedipean.

Oe·di·pus, Oi·di·pus *(Gr. myth)* Oedipus. **~kompleks** *(psych., also o~)* Oedipus complex.

oef *interj.* ugh.

oe·fen *ge-* practise, exercise, train; discipline; coach; drill; school; *begin ~* go into training; *goed in iets ge~ wees* be well schooled in s.t.; *iem. het lank laas ge~* s.o. is out of practice; *oormatig* (of *te veel*) *~* overexercise; *soldate ~* drill soldiers; *toonlere ~* →TOONLEER[1]; *iem. ~ vir ...* s.o. trains for ... **~bof** *(golf)* driving range. **~fiets** exercise bike/bicycle/cycle, stationary bicycle. **~kamp** training camp. **~kryt** training ring. **~lopie** practice, training session; run-through; *'n ~ doen* make a practice run; do/make a dry run; do a run-through. **~meester** coach. **~metode** drill. **~park** trimpark. **~saal** gymnasium. **~skip** training ship. **~skoene** *(pl.)* training shoes. **~skool** training school, practising school. **~stuk** study. **~terrein** *(sport)* practice/training ground; exercise yard *(for horses, inmates, etc.).* **~toestel** exerciser. **~tog** tryout. **~tyd** time for practising. **~veld** practice ground. **~vlug** practice flight.

oe·fe·naar *-naars* exerciser; *(hist.)* catechist, lay preacher.

oe·fen·baar *-bare* trainable, educable.

oe·fe·ning *-ninge* practice, work-out; exercise, training; prayer meeting; preliminary canter; *(also, in the pl.)* drill; *~ baar kuns* →BAAR[7]; *deur/met ~* with practice; *~e doen* do exercises; *in ~ wees* be in practice; *in ~ bly* keep in practice; keep one's hand in; *genoeg ~ kry* get enough exercise; *oormatige* (of *te veel*) *~* overexercise *(n.); vir ~ opdaag* turn out for practice; *strawwe ~* hard/stiff/strenuous/vigorous exercise; *uit ~ wees* be out of practice; *vrye ~e, (also)* callisthenics. **~boek** →SKRYFBOEK. **oe·fe·nin·kie** *-kies, (dim.)* little exercise.

Oe·gan·da = UGANDA. **Oe·gan·dees** = UGANDEES.

Oe·ga·rit *(ancient Syrian city)* Ugarit. **Oe·ga·ri·ties** *-tiese, n. & adj.* Ugaritic.

Oe·gri·ër *-griërs, n., (member of Finno-Ugric people)* Ugrian. **Oe·gries** *n., (language)* Ugric, Ugrian. **Oe·gries** *-griese, adj.* Ugric, Ugrian.

oe·hoe·roe, u·hu·ru *n., (esp. in E Africa, Swah.: freedom)* uhuru.

Oei·goer *-goere, n., (member of Turkic people, NW Chin.)* Uig(h)ur. **Oei·goers** *n., (lang.)* Uig(h)ur. **Oei·goers** *-goerse, adj.* Uig(h)ur, Uig(h)urian, Uig(h)uric.

oe·ka·se *-ses, (Russ., edict of the Tsar)* ukase.

Oe·kra·ï·ne: *die ~* the Ukraine. **Oe·kra·ï·ner** *-ners, n.* Ukrainain. **Oe·kra·ïns** *n. (lang.)* Ukrainian. **Oe·kra·ïns** *-kraïnse, adj.* Ukrainian.

oe·le·ma *-ma's, (body of Muslim scholars; member thereof)* ulema.

oemf *(infml.)* oomph, go, life, sparkle, spirit, zest, zip, piz(z)azz, pzazz.

oem·faan *-faans, (Z: male youth; obs., also derog.)* umfaan.

oe·mi·ak *-aks, -akke, (Eskimo boat)* umiak.

oem·pa *(onom.)* oompah. **~orkes** oompah/brass band.

o·ën·skou: *opnuut in ~ geneem word* be/come under (*or* up for) review; *iets in ~ neem* take stock of s.t.; *iem. krities in ~ neem* take stock of s.o..

o·ën·skyn·lik *-like, adj.* apparent, ostensible, seeming. **o·ën·skyn·lik** *adv.* apparently, seemingly, ostensibly, to all appearance, outwardly, on the face of it.

Oe·pa·nis·jad *-jade, -jads, (Skt. sacred book)* Upanishad.

oe·pas *(Javan tree: Antiaria toxicaria)* upas. **~boom** upas tree.

oeps, oep·sie *interj., (infml.)* oops, whoops, whoops-a-daisy.

oer *n., (min.)* bog (iron) ore, limonite.

oer- *comb.* primitive, primeval, primordial; archetypal; *(infml.)* extremely, exceedingly. **~beeld** model, archetype. **~bos** →OERWOUD. **~bron** primal source. **~deeglik** *(infml.)* extremely solid/sound/thorough *(methods, research, etc.);* unbreakable *(construction).* **~derm** *(obs., rare)* archenteron. **~dier** prehistoric animal; *(usu. dim.: oerdiertjie)* protozoon. **~dom** *(infml.)* idiotic, incredibly daft. **~drang, ~drif** primitive urge. **~eier** primordial egg. **O~germaans** Proto-Germanic. **~geskiedenis** prehistory. **~gesond** *(infml.)* bursting/glowing with health. **~gesteente** basement/primitive rock. **~instinkte** primal/caveman instincts. **~inwoners** aborigines. **~knal:** *die ~, (astron.)* the big bang. **~knalteorie** big-bang theory. **~krag** primeval force. **~kreet** *(psych.)* primal scream. **~kreetterapie** *(psych.)* primal (scream) therapy. **~lelik** *(infml.)* repulsive, grotesque. **~mens** primitive man, early man; *die ~* primitive man. **~os**

aurochs, European bison. ~**oud** ~oud, ~ou(e) primeval, primitive, prehistoric, ancient; *(joc.)* ancient, as old as time/Methuselah/Adam (*or* the hills). ~**segment** somite. ~**sel** ~*selle* primordial cell. ~**skepsel** protoplast. **O~slawies** *n.* Proto-Slavic. ~**sterk** *(infml.)* exceedingly strong; highly durable. ~**stof** protoplasm, original matter. ~**taal** primordial language, proto-language. ~**teks** original text. ~**tipe** archetype, prototype. ~**tyd** prehistoric times; *uit die* ~ prehistoric, primordial, primitive, ancient. ~**vervelend** *(infml.)* deadly dull/boring. ~**volk** prehistoric/aboriginal people. ~**vorm** archetype; *(biol.)* primordium. ~**woud** jungle, primeval/virgin forest.

Oe·ral: *die* ~ the Urals. ~**-Altaïes** *n., (group of languages)* Ural-Altaic, Turanian. ~**-Altaïes** ~*e, adj.* Ural-Altaic, Turanian *(languages etc.)*. ~**gebergte** Ural Mountains. ~**(rivier):** *die* ~ the Ural (River).

oe·ra·liet *(min.)* uralite.

Oe·rar·toe *(ancient kingdom, S Caucasus)* Urartu, *(Bib.)* Ararat.

Oer·doe *(Pakistani, Ind. language)* Urdu.

oer·sted ~*steds, (phys.: unit of magnetic field strength)* oersted.

oer·tiet *(min., rare)* urtite.

oes[1] *oeste, n., (harvested)* crop, harvest; *(literary)* output; yield; *'n **goeie** ~* a fine/good crop; *'n ~ **insamel*** harvest/reap a crop; *die ~ **insamel**, (also)* gather the harvest; *'n ~ **maak/wen*** harvest/reap a crop, reap a harvest; *'n buitengewoon **ryk** ~* a bumper crop; *'n **skrale** ~* meagre results. **oes** *ge~, vb.* reap, harvest, crop, gather; earn; *(infml.)* beat, lick; take a heavy toll; →OESTER[1], OESTERY; *iem. ~, (infml., sport etc.)* give s.o. a good licking, make mincemeat (*or* short work) of s.o., walk over s.o.. ~**dorser** combine. ~**fees** harvest festival, harvest home. ~**gewas** field crop. ~**hoop** stack. ~**insameling** cropping. ~**jaarwyn** vintage wine. ~**land** field ready for harvesting. ~**lied** harvest song. ~**myt** *(Neotrombicula autumnalis)* harvest mite/bug/louse, autumn chigger. ~**ry** windrow, swath. ~**skatting** crop estimates. ~**tyd** harvesting season, reaping time. ~**volk** *(obs.)* reapers, harvesters. ~**werk** = OESTERY.

oes[2] *oes oeser oesste, adj., (infml.)* bad, feeble, miserable, weak, wretched, shabby, insignificant; indisposed, off colour, out of condition, out of sorts, *(infml.)* grotty; *'n ~ klomp/spul* a sorry crowd; *'n ~ vent* a miserable specimen, a sorry fellow; *'n ~ vertoning* a feeble show. **oes** *adv.* badly *etc.* (→OES[2] *adj.*); *~ speel* play badly; *~ voel* feel indisposed (*or* off colour *or* out of sorts). **oes·e·rig** ~*rige* off colour, out of sorts; *~e kafee/eetplek, (also, infml.)* greasy spoon.

Oes·beek ~*beke, n., (member of Turkic people in Uzbekistan)* Uzbek. **Oes·be·kies** *n., (language)* Uzbek. **Oes·be·kies** ~*kiese, adj.* Uzbek. **Oes·be·ki·stan** Uzbekistan.

oes·be·kiet *(min., rare)* uzbekite.

oes·ter[1] ~*ters* reaper, harvester.

oes·ter[2] ~*ters* oyster; *~ in spek, (cook.)* angels-on-horseback. ~**bank** oyster bank. ~**bed** oyster bed. ~**biefstuk**, ~**biefskyf**, ~**steak** *(cook.)* carpetbag steak, carpetbagger. ~**-en-spekvleis(-)rolletjies:** *~ (op roosterbrood)* angels-on-horseback. ~**kweker** oyster-culturist. ~**kwekery** oyster culture; oyster farm. ~**mes** oyster knife. ~**pastei** oyster pie. ~**perk** oyster farm. ~**plaat** oyster bank. ~**sampioen** oyster mushroom. ~**skulp** oyster shell. ~**swa(w)el** sand martin. ~**teelt** oyster-farming, ostreiculture, oyster culture. ~**vanger** oyster gatherer; *(orn., infml.)* oystercatcher; →SWARTTOBIE. ~**vergiftiging** oyster-poisoning. ~**visser** oyster fisher. ~**vissery** oyster fishery. ~**wit** oyster white *(pred.)*, oyster-white *(attr.)*.

oes·te·ry harvesting, reaping, cropping.

oeu·vre *(Fr.)* works, body of work, oeuvre.

oe·wer ~*wers* bank *(of a river)*, shore *(of the sea)*, waterside; *op die ~ van ...* on the bank(s) of ... *(a river, lake, etc.)*; on the shore(s) of ... *(a lake etc.)*; *langs die ~ van die meer* along the lakeside. ~**bewoner** riparian. ~**eienaar** riparian proprietor/owner. ~**einde** shore end *(of a bridge)*. ~**grond** riparian land. ~**konyn** *(zool.: Bunolagus monticularis)* riverine rabbit. ~**ondersteuning** abutment. ~**regte** riparian rights. ~**swa(w)el:** *Afrikaanse ~, (Riparia paludicola)* brown-throated martin; *Europese ~, (R. riparia)* sand martin. ~**wind** shore wind.

of or; whether; (as) if; as though; but; →OFSKOON, OFTE, OFTEWEL; *A ~ B* A or B; *~ ... **al** dan nie, ~ ... ~ nie* whether ... or not, whether or not ...; ***al** ~ nie* whether or no/not; ***dag** ~ nag* day or night; *'n **dag** ~ twee* a day or two; *'n **dag** ~ drie* three days or so; *'n **dag** ~ wat gelede* some (*or* a few) days ago; *~ **dit** ... en ~ dit ... was* whether it was ... or ...; *die **een** ~ die ander* the one or the other; *die **een** ~ ander* the one or other, some or other; *~ **hoe?*** →HOE *n., adj. & adv.; **ja** ~ nee* →JA *interj.*; ***kom** in ~ loop* either come in or go; *dit is **kompleet/net/publiek** ~ ...* it is just as if ...; *dit was nie te **lank** nie ~ ...* it was not long before ...; *dit **lyk** ~ dit gaan reën* →DIT LYK ASOF DIT GAAN REËN; *~ iem. dit **mag** doen* whether s.o. may do it; ***min** ~ meer* →MIN[1] *adj. & adv.*; *~ iem. nou ... is ~ **nie*** whether s.o. is ... or not; *dit is ~ ek ... **nog** sien* I seem to see ... still; ***ongeag** ~ iem. ... is ~ nie* whether s.o. is ... or not ... *'n belangrike ~ **selfs** die belangrikste deel* →SELFS; *om te **sien** ~ ...* to see if ...; *'n **stuk** ~ ses* →STUK; ***vra** ~ ...* →VRA; *nie **weet** ~ ... nie* →WEET; *~ ek dit nie **weet** nie!* don't I know it!; ***weinig** ~ geen* →WEINIG.

óf: *~ ... ~ ...* either ... or ...

of·fen·sief ~*siewe, n., (chiefly mil.)* offensive, push; *tot die ~ oorgaan* take the offensive. **of·fen·sief** ~*siewe, adj., (mil.)* offensive; *~siewe en defensiewe verbond* offensive and defensive alliance; *~siewe en defensiewe verdrag* treaty of offence and defence. **of·fen·sief** *adv.* on the offensive; *~ ingestel wees* be on the offensive; *~ optree* take the offensive.

of·fer ~*fers, n.* sacrifice, offering; immolation; oblation; *~s bring* make sacrifices; *die hoogste ~ bring* make the supreme sacrifice; *die ~ word van ...* fall victim to ... *(avarice etc.)*. **of·fer** *ge~, vb.* sacrifice, offer, immolate, devote. ~**altaar** sacrificial altar. ~**bus** poor/alms box. ~**dier** sacrificial animal. ~**dood** sacrificial death. ~**fees** sacrificial feast. ~**gawe** offering, oblation. ~**gebed** offertory. ~**kelk** sacrificial cup. ~**kleed** sacrificial vestment. ~**lam** sacrificial lamb. ~**maal** sacrificial banquet. ~**mes** sacrificial knife. ~**pannetjie** *(archaeol.)* patella. ~**penning** offering. ~**plegtigheid** sacrificial rites. ~**plek** place of sacrifice. ~**skaal** collection plate, votive bowl, offertory plate. ~**stokkie** = WIEROOKSTOKKIE. ~**vat** sacrificial vessel.

of·fe·raar ~*raars* immolator, sacrificer.

of·fe·ran·de ~*des* offering, sacrifice; offertory; oblation.

of·fe·ring ~*rings*, ~*ringe* offering, sacrifice, immolation.

of·fer·te ~*tes, (econ., rare)* offer, tender, quotation.

of·fer·to·ri·um ~*riums*, ~*ria, (RC)* offertory.

of·fer·vaar·dig ~*dige* selfless, liberal, generous. **of·fer·vaar·dig·heid** spirit of sacrifice, liberality, generosity.

of·fi·sie ~*sies, (RC)* office, function. **of·fi·si·eer** *ge~, (RC)* officiate.

of·fi·si·eel ~*siële* ~*siëler* ~*sieelste, adj.* official; *~siële konsert/voorstelling* command performance. **of·fi·si·eel** *adv.* officially; *~ erkende middel, (med.)* officinal.

of·fi·sier ~*siere*, ~*siers* officer; ***bevelvoerende** ~* →BEVELVOEREND; *~ van **diens*** →DIENS *n.*; ***eerste** ~* →EERSTE *n., adj. & adv.*; *~ van **gesondheid*** medical officer, military surgeon; ***plaasvervangende** ~* →PLAASVERVANGEND; ***verantwoordelike** ~* →VERANTWOORDELIK; *... van ~e **voorsien*** officer ... ~**-kadet** ~*dette* officer cadet. ~**-seiner** ~*ners* signalling officer.

of·fi·siers-: ~**aanstelling** commission *(in army/navy/etc.)*. ~**bak**, ~**kajuit** wardroom *(in warship)*. ~**klub** officers' club. ~**korps** corps of officers. ~**kwartier** officers' quarters. ~**menasie** officers' mess. ~**rang**, **offisierskap** commission, officer's rank, commissioned rank, officership; *~ hê/beklee* hold a commission. ~**reserwe** reserve of officers. ~**uniform** officer's uniform.

of·fi·sier·skap →OFFISIERSRANG.

of·fi·si·eus ~*euse* officious, overbearing, meddlesome; *(diplomacy)* semiofficial.

o·fiet *(min.)* ophite. **o·fi·kal·siet** *(min., rare)* ophicalcite, verd-antique.

o·fi·o·lo·gie, slang·kun·de ophiology.

O·fir *(Bib.)* Ophir.

of·skoon *(fml.)* (al)though, in spite of the fact; *~ iem. dit gedoen het* in spite of the fact that s.o. did it.

of·tal·mie *(pathol.)* ophthalmia.

of·tal·mies ~*miese* ophthalmic; *~e senu(wee)* ophthalmic nerve.

of·tal·mo·lo·gie ophthalmology. **of·tal·mo·lo·gies** ophthalmological. **of·tal·mo·loog** ~*loë* ophthalmologist, ophthalmic surgeon.

of·tal·mo·skoop ~*skope* ophthalmoscope.

of·te: *so nimmer ~ nooit* →NOOIT; *of dit reën ~ nie* →REËN *vb.*; *~ wel* →OFTEWEL.

of·te·wel of·te wel (or) otherwise; that is (to say); *la petite robe noire, ~ (of ~ ~) die klein swart nommertjie* la petite robe noire, that is the little black number.

og *interj.* oh, oi; *~ kom!* you must be joking!, surely not!, tell me another one!.

o·gam: ~**(alfabet)** *(ancient Br. and Ir. alphabet)* og(h)am. ~**inskripsie** og(h)am. ~**karakter** og(h)am.

og·gend ~*gende* morning; →SOGGENS; *van die ~ tot die **aand*** from morning to night, from dawn till dark; *die **hele** ~* all morning; ***in** die ~* in the morning; *die ~ van die **lewe**, (poet., rhet.)* the flush of youth; ***teen** die ~ (se kant)* toward(s) morning. ~**appèl** morning roll call. ~**besoek** morning call. ~**blad** morning (news)-paper. ~**diens** morning service/prayer; *vroeë ~, (RC)* matins. ~**ete** breakfast, morning meal. ~**gebed** morning prayer. ~**koerant** = OGGENDBLAD. ~**pak** *(rare)* morning dress *(for men)*; ~**parade** *(also)* stand-to. ~**resepsie** *(hist.)* levee. ~**rok** *(obs.)* morning frock/dress. ~**rooi** *(poet.)* aurora, red morning sky. ~**siekte** morning sickness. ~**sinjaal** *(mil.)* reveille. ~**sitting** morning session. ~**skemering** morning twilight, dawn. ~**skof** morning shift. ~**skoot** reveille gun, morning gun. ~**stond** *(poet.)* early morning, morning tide. ~**tee** morning tea. ~**uur** morning hour; *in die vroeë ~ure* in the small/wee hours (of the morning).

o·gie ~*gies* little eye; eyelet; *(bot.)* sleeping bud; *(bot.)* hilum; *(sailing)* cringle; →OGIES-, OOG; ***hakies** en ~s* →HAKIE; *vir iem. ~s **maak*** make eyes at s.o.; ogle (at) s.o.; *'n ~ **oor** ... hou* care for (*or* look after *or* keep an eye on) ...; keep/maintain a watching brief on ...; *'n ~ **op** iem. hê, (infml.)* be sweet on s.o.; *'n ~ vir iets **toemaak*** turn a blind eye to s.t.. ~**steek** eyelet stitch.

o·gief ~*giewe, (archit.)* ogive. **o·gi·vaal** ~*vale* ogival.

o·gies-: ~**borduursel** eyelet trimming. ~**borduurwerk** eyelet embroidery. ~**draad** wire netting. ~**goed** grained cloth.

o·glo·kraat ~*krate* ochlocrat. **o·glo·kra·sie** ~*sieë* ochlocracy, mob rule.

Og·poe *(Russ. hist.: Soviet secret police)* Ogpu *(acr.)*.

O·he·ni·mu·ri-ap·pel Ohenimuri apple.

O·hi·o *(geog.)* Ohio.

ohm *ohms, (phys.: unit of elec. resistance)* ohm; *1.0049 ~* 1.0049 ohms; *baie ~s* many ohms; *O~ se Wet, Wet van O~, (phys.)* Ohm's law. ~**getal** ohmage. ~**meter** ohmmeter. ~**-sentimeter** ohm-centimeter.

oh·mies ~*miese* ohmic.

o·ho *interj.* →O *interj.*.

Oi·di·paal, Oi·di·pi·aans →OEDIPAAL.

Oi·di·pus →OEDIPUS.

o·ï·di·um *(bot.)* oidium.

oink *interj., (grunt of a pig)* oink.

o·jief ~*jiewe, (archit.)* ogee, cyma. ~**boog** ogee arch. ~**lys** ogee moulding. ~**skaaf** ogee plane.

OK, O.K., o.k., ou·kei, ou·kei *adj. & interj. (infml.)* OK, O.K., o.k., okay.

o·ka·pi ~*pi's, (zool.)* okapi. **o·ka·pi'tjie** ~*tjies, (dim.)* little okapi.

o·ka·ri·na ~*nas, (It., mus.)* ocarina.

o·ker ochre; *geel~* yellow ochre; *rooi~* red ochre, raddle, ruddle. **~geel** ochre yellow, ochry.

o·ker·ag·tig *-tige* ochreous, ochreish, ochrous.

o·ker·kleu·rig *-rige* ochre-coloured.

O·khra·na *(Russ. hist.: Tsarist secret police)* Okhrana.

ok·ka·sie *-sies* (memorable) occasion. **ok·ka·si·o·neel** *-nele, (rare)* occasional, incidental, accidental.

ok·ker·neut *-neute* walnut. **~boom** *(Juglans regia)* walnut tree; *Amerikaanse ~, (Carya* spp.*)* hickory. **~hout** walnut. **~voet** *(joc., rare)* donkey, ass.

ok·klu·deer *ge-, (med. etc.)* occlude.

ok·klu·sie *-sies* occlusion. **~front** *(meteorol.)* occluded front, occlusion.

ok·klu·sief *-siewe, n. & adj., (phon., rare)* occlusive, stop, (ex)plosive, mute; →EKSPLOSIEF *n. & adj.*.

ok·kult *-kulte, adj. (chiefly attr.)* occult. **ok·kul·te** *n.* occult; *die ~* the occult. **ok·kul·ties** *-tiese adj.* occult. **ok·kul·ties** *adv.* occultly. **ok·kul·tis** *-tiste, (also O~)* occultist. **ok·kul·tis·me** *(also O~)* occultism, (science of) the occult, psychical research.

ok·kul·teer *ge-, (astron.)* occult(ate). **ok·kul·ta·sie** *-sies, (astron.)* occultation.

ok·ku·peer *ge-, (fml., rare)* occupy. **ok·ku·pant** *-pante* occupier, occupant. **ok·ku·pa·sie** *-sies* occupation.

O·kla·ho·ma *(geog.)* Oklahoma.

o·kra *(vegetable)* okra, gumbo.

ok·saal *-sale, (RC)* organ loft.

ok·saal-: **~suur** oxalic acid. **~suursout** *-soute,* **oksa·laat** *-late* oxalate.

ok·saam·suur oxamic acid.

ok·sa·laat →OKSAALSUURSOUT.

ok·sel *-sels* armpit; *(bot.)* axil; axilla *(anat.)*, oxter. **~blaar** axillary leaf. **~hak** gusset heel. **~holte** armpit. **~knop** axillary bud. **~slagaar** axillary artery. **~stuk** *(dressm. etc.)* gusset; *(building)* gusset piece.

ok·sel·stan·dig *-dige* axillary.

oks·hoof *-hoofde, (unit of capacity, esp. for alcoholic beverages)* hogshead.

ok·si·a·se·ti·leen *(chem.)* oxyacetylene.

ok·si·da·sie, ok·si·de·ring *(chem.)* oxidation.

ok·si·deer *ge-, (chem.)* oxidise, oxygenate. **~middel** *-s, -e* oxidising agent. **~vlam** oxidising flame.

ok·si·de·ring →OKSIDASIE.

ok·sied *-siede, (chem.)* oxide.

ok·si·ge·neer *ge-, (chem., physiol.)* oxygenate. **ok·si·ge·na·se** *(biochem.)* oxygenase. **ok·si·ge·ne·ring, ok·si·ge·na·sie** oxygenation.

ok·si·goon *-gone, (geom., obs., rare)* oxygon.

ok·si·mo·ron *-rons, (figure of speech)* oxymoron.

ok·si·to·sie *(med.)* oxytocia, quick childbirth. **ok·si·to·sien** oxytocin. **ok·si·to·si·kum** *-kums, n.* oxytocic.

ok·ta *(meteorol.: unit used to measure cloud cover)* okta, octa.

ok·ta- *comb.* →OKTO-.

ok·taaf *-tawe, (mus.)* octave; octet(te). **~fluitjie** octave flute, piccolo, flageolet.

ok·taal *oktale notasie, (comp. etc.)* octal (notation).

ok·taan *-tane, (chem.)* octane. **~getal** octane number, octane value, octane rating.

ok·ta·ë·der, ok·ta-e·der *-ders, (geom.)* octahedron. **ok·ta·ë·dries, ok·ta-e·dries** *-driese* octahedral. **ok·ta·ë·driet, ok·ta-e·driet** *(min.)* octahedrite.

ok·tan·dries *-driese, (bot.)* octandrous.

ok·tant *-tante, (math., astron.)* octant.

ok·ta·va·lent *-lente, (chem.)* octavalent.

ok·ta·vo *-vo's, (book format)* octavo.

ok·tet *-tette, (mus.)* octet(te).

ok·to-, ok·ta- *comb.* octo-, octa-.

Ok·to·ber October. **~dag** day in October. **~maand** the month of October.

ok·to·goon *-gone, (geom.)* octagon. **ok·to·go·naal** *-nale* octagonal.

ok·to·pus *-pusse, (rare)* octopus; →SEEKAT.

ok·trooi *-trooie* charter, patent, grant, privilege; *(local excise)* octroi. **~brief** letters patent; charter. **~houer** patentee; holder of a charter. **~raad** patents board. **~wet** patents act.

ok·trooi·eer *ge-* (grant a) patent, charter; *ge~de maatskappy* chartered company; *ge~de rekenmeester* chartered accountant.

o·ku·la·sie →OKULERING.

o·ku·leer *ge-, (hort.)* bud *(with a knife)*. **~hout** budwood. **~las** bud union. **~mes** budding knife. **o·ku·le·ring** *-rings, -ringe,* **o·ku·la·sie** *-sies* budding *(with a knife)*.

o·ku·lêr *-lêre, n.* ocular, eyepiece *(of an optical instrument)*. **o·ku·lêr** *-lêre, adj.* ocular; *~e proptose, (med.: abnormal protrusion of the eyeball)* exophthalmos, exophthalmus, exophthalmia, ocular proptosis.

o·ku·lis *-liste* oculist.

o·ku·lo·mo·to·ries *-riese* oculomotor *(nerve etc.)*.

o·lan·na *-nas, (infml., obs.: important person)* big shot, big noise, big knob.

old·ha·miet *(min., rare)* oldhamite.

o·lé *interj., (Sp.)* olé.

o·le·aat *-ate, (chem.)* oleate.

o·le·an·der *-ders, (bot.: Nerium oleander)* oleander, rosebay.

o·le·fien olefin(e).

o·le·ïen olein; →ALKEEN. **~suur** oleic acid.

o·lel: *die ~ kry, (infml., obs.)* have a fit *(fig.)*.

o·le·o- *comb.* oleo-.

o·le·o·gra·fie *-fieë* oleograph; *(no pl.)* oleography.

o·le·o·me·ter oleometer.

o·lie *olies, n.* oil; unguent; grease; *~ raak* ***boor*** strike oil *(lit.)*; *'n met ~* ***gestookte*** ***aanleg*** an oil-burning plant; ***gewyde*** *~* chrism; *~ op die* ***golwe/water*** *giet/gooi* pour oil on/upon troubled waters; *~* ***inneem,*** *(a ship)* load bunkers, take in bunkers; *in ~* ***skilder*** paint in oils; *~ op die* ***vuur*** *gooi* add fuel to the fire/flames, add oil to the fire, pour oil on the flames, fan the embers/flames. **o·lie** *ge-, vb.* oil, lubricate; →GEOLIE. **~baai** oil baize. **~bad** oil bath, bath of oil. **~bak** (oil) sump, oil pan, oil tank; fountain *(in lamp/etc.)*. **~bedryf** oil industry. **~beits** oil stain. **~besoedeling** oil pollution. **~bol** doughnut. **~boom** = STINKBLAAR. **~boor** oil drill. **~boortoring, ~boorplatform, ~booreiland** oil-drilling platform/rig. **~boot** oiler, oil tanker. **~brander** oil burner. **~brandstof** fuel oil, oil fuel, furnace oil. **~bron** oil well; *'n ~ ontdek* strike oil. **~bus** oil box/chamber. **~damp** oil vapour/damp. **~dig** *-digte* oil-tight; oilproof. **~doek** oilcloth, oilskin. **~dollar** petrodollar. **~dop** oil-cup. **~druk** oil pressure. **~drukstuk** *(mot.)* oil gland. **~-eindpunt, ~terminaal** oil terminal. **~-en-asyn(-)stel(letjie)** cruet (stand). **~fabriek** oil factory, oil mill. **~fakkel** oil flame. **~fles** oil flask, *(archaeol.)* lecythus. **~gang** oil duct, oilway. **~gehalte** oil content, percentage of oil. **~handelaar** oiler, oilman, oil dealer. **~hawe** oil terminal. **~hoed** glazed hat. **~houdend** *-e* oleaginous, oleiferous; oil-bearing, oil-producing. **~jas** oilskin(s), oil(skin) coat, oilers. **~kan** oilcan, oil container, oiler. **~kannetjie** small oilcan; *(infml., orn.)* oil/preen gland. **~kleedjie** oilcloth, wax cloth. **~klere** oilskins. **~klier** oil gland. **~klip** oilstone. **~koek** oilcake; doughnut; *(infml.)* simpleton, nincompoop, ninny. **~kol** oil stain; oil slick. **~kolonie** *(sl.)* eau de Cologne. **~konka** oil drum. **~kruik** oil jar. **~laag** oil slick. **~lamp** paraffin lamp, oil lamp. **~leiding** oil feed. **~leiklip** oil shale. **~maatskappy** oil company. **~man** oilman; oiler, greaser *(on a ship)*. **~meter** oil gauge, oleometer. **~meul** oil mill. **~neut** oil nut. **~pak** oilskin suit, oilskin(s), oils. **~palm** oil palm. **~papier** oil paper, oiled paper. **~pen(netjie)** dipstick. **~pers** oil-press. **~pit** floating wick; oilseed, oil-yielding kernel. **~pit(boom)** *(rare)* = DOPPRUIM. **~platform** oil platform. **~pot** oil box, oilcup. **~produserend:** *~e land* oil-producing country. **~pypleiding** oil pipeline. **~ring** oil ring, scraper ring; doughnut *(with a hole)*. **~saad** oilseed. **~sandsteen** oil sand. **~seël** *(tech.)* oil seal. **~seildoek** oilcloth. **~sel** *(also O~): die laaste ~, (RC)* extreme unction. **~sif** oil screen/strainer. **~slaer** oil presser. **~smaak** oily taste. **~smeerder** oiler. **~smering** oil lubrication. **~spuit** oil gun. **~steen** oilstone; hone; whet(stone) slate, slipstone, Indian stone. **~stoof** oil stove. **~stookskip** oil burner, oil-burning ship. **~storting** oil spill. **~suur** oleic acid. **~tenk** oil tank. **~tenkskip, ~tenker** oil tanker. **~tenkwa** oil tanker. **~terminaal** →OLIE-EINDPUNT. **~toevoer** oil feed. **~toring** oil derrick, oil rig. **~uitvoer** oil export. **~uitvoerland** oil-exporting country. **~vanger** oil trap. **~veld** oilfield. **~verbruik** oil consumption. **~verf** oil colour(s), oil paint; *in ~ skilder* paint in oils. **~verfskildery** oil painting, oil. **~verhard** *-e* oil-tempered. **~vernis** oil varnish. **~vervanging** *(mot.)* oil change. **~verwarmer** oil heater. **~vet** olein(e). **~vlek** oil stain. **~vlies** oil film. **~vonds** oil strike. **~vormend** *-e* olefiant. **~vry** oilless. **~winning** extraction of oil. **~wyser** oil diviner; oil-level indicator.

o·lie·ag·tig *-tige* oily, oleaginous; slick. **o·lie·ag·tig·heid** oiliness.

o·lie·loos *-lose* oilless.

o·lien·hout *(Olea europaea)* wild olive. **o·lien·hout·boom** wild olive (tree).

o·lie·rig *-rige* oily, oleaginous; greasy, sebaceous; unctuous. **o·lie·rig·heid** oiliness; greasiness.

o·li·fant *-fante* elephant; ***Indiese*** *~* Indian elephant; *van 'n muggie/vlieg 'n ~* ***maak*** make a mountain out of a molehill; ***pienk*** *~e sien, (infml., fig.: have drunken hallucinations)* see pink elephants; *~ op* ***solder*** white elephant. **~bul** bull elephant, elephant bull. **~drywer** elephant driver, mahout. **~gras** →OLIFANTSGRAS. **~jag** elephant hunt. **~jagter** elephant hunter. **~kalf** elephant calf, baby elephant. **~koei** cow elephant, elephant cow. **~leier** mahout. **~poot** elephant's foot. **~saal** howdah. **~siekte** elephantiasis; →OLIFANTVELSIEKTE. **~skraper, ~skrop** *(obs., rare)* = STOOTSKRAPER. **~slurp** elephant's trunk. **~tand** →OLIFANTSTAND. **~vel** →OLIFANTSVEL. **~velsiekte** elephant(-skin) disease, besnoitiosis, globidiosis.

o·li·fant·ag·tig *-tige* elephantine.

o·li·fant·jie *-jies, (dim.)* little elephant.

o·li·fants-: **~geweer** elephant gun, muzzle-loader. **~gras, olifantgras** *(Pennisetum purpureum)* elephant grass, Napier grass. **~hout** *(rare)* = VANWYKSHOUT. **~klip** *(infml.)* dolomite. **~koord** *(obs.)* whipcord, corduroy. **~oor** *(bot.: Lonchocarpus capassa, also appelblaar)* apple leaf; *(Alocasia macrorhiza, Colocasia esculenta)* elephant's ear. **~riet** *(Ceratocaryum argenteum)* olifantsriet, *(Chondropetalum mucronatum)* giant millet reed, *(Rhodocoma gigantea)* mikado stems/tufts. **~tand, olifanttand** elephant's tooth/tusk; ivory. **~vel, olifantvel** elephant's hide. **~voet** *(bot.: Dioscorea elephantipes)* elephant's foot.

o·li·garg *-garge* oligarch. **o·li·gar·gie** *-gieë, -gies* oligarchy. **o·li·gar·gies** *-giese* oligarchic(al).

o·li·go·klaas *(min.)* oligoclase.

o·li·go·po·lie *(econ.)* oligopoly.

O·li·go·seen *n., (geol.)* Oligocene. **O·li·go·seen** *-sene, adj.* Oligocene.

o·lik *-like* out of sorts, indisposed, off colour, unwell, nauseous. **o·lik·heid** queasiness, nausea, sickness; *~ na vrolikheid* the morning after the night before, the morning-after feeling; *ná vrolikheid kom ~* →VROLIKHEID.

o·lim: *in die dae van ~, (obs.)* in (the) days of yore.

o·lim·pi·a·de *-des* Olympiad.

O·lim·pi·ë *(site of the original Olympic Games)* Olympia. **O·lim·pi·ër** *-piërs, n., (competitor in the Olympic Games)* Olympian. **O·lim·pies** *-piese, adj.* Olympic; Olympian; *~e Spele/spele* Olympic Games, Olympiad. **O·lim·pie·se·stan·daard·swem·bad** Olympic-sized (swimming) pool.

O·lim·pus: *die berg ~* Mount Olympus.

o·li·ve·niet *(min.)* olivenite.

o·li·vien *(min.)* olivine, peridot, chrysolite.

olm *olme, olms, (N hemisphere tree: Ulmus* spp.*)* elm. **~boom** elm (tree).

o·lo·ro·so *(Sp., a sherry)* oloroso.

o·lyf *olywe* olive. **O~berg:** *die ~* (Mount) Olivet, the

Mount of Olives. ~**boom** olive (tree). ~**boord** olive grove/orchard. ~**erts** olivenite. ~**groen** olive (green), olivaceous. ~**hout,** olive (wood). ~**kleur** olive (green). ~**kleurig** =*e* olive-coloured, olive-green; *'n ~e vel* an olive-toned skin. ~**krans** olive crown. ~**olie** olive oil; *suiwer ~* virgin olive oil. ~**tak** olive branch; *(fig.)* olive branch, peace offering/feeler; *'n ~ aanbied* hold out an/the olive branch.

o·lyf·ag·tig =*tige* olivaceous.

o·lyf·vor·mig =*mige* olive-shaped, olivary.

om[1] *adv.* round; out; up, over; expired; *~ **en** ~* round and round; *iem. **het** 'n handdoek/ens. ~, (infml.)* s.o. is wearing a towl/etc., s.o. has a towl/etc. tied/wrapped round his/her body/etc.; →OMHÊ; *die **tyd** is ~* →TYD; *die **vakansie** is ~* the holidays are over (*or* at an end); *voor(dat) die **week/ens.** ~ is* before the end of the week/ etc., before the week is out/etc.. **om** *prep.* round, about, at; for; on; in consideration of, on account of, by reason of; ***al** ~ die ander dag/week/maand/jaar/ ens.* every other/second/alternate day/week/month/ year/etc.; ***al** ~ die derde/ens. dag/week/maand/jaar/ens.* every three/etc. days/weeks/months/years/etc.; ***beroemd** ~ ...* famous for ...; →BEKEND/BEROEMD **VIR** ...; *(al) ~ die **beurt*** →BEURT; *~ reën/ens. **bid*** →BID; *~ den **brode*** →BRODE; *~ en **by** ...* about ..., in the neighbourhood of ... *(a number, an amount);* of/in the order of ...; *(so) ~ en **by** ag(t)uur/ens.* about/around eight/etc. o'clock, about/around eightish/etc.; *~ en **by** die honderd/ens.* about/approximately/around (*or* round [about]) a hundred/etc., a hundred/etc. or so; *~ en **by** 'n week* about a week, a week or so; *~ en **by** (die) twintig/ens. mense* about/some twenty/etc. people; *~ die **dood** nie* →DOOD *n.*; *~ iets **gaan*** skirt around/round s.t.; *~ **Gods wil*** →OM **GODSWIL**; *'n tjalie/ens. ~ jou skouers/ens. **hê/dra*** have/wear a shawl/etc. round one's shoulders/etc.; ***heeltemal** ~ iets* right round s.t.; *~ die **hoek*** →HOEK; *~ **iem.** iets doen* do s.t. for (*or* on account of) s.o.; do s.t. for s.o.'s sake; *iem. ~ die **lewe** bring* →LEWE *n.*; *graag **mense** ~ jou hê* like having people about one; *~ **nie** te ... nie* so as not to ...; *~ daardie/dié **rede*** →REDE[1]; *~ **te** ...* in order to ...; *dit is ~ **van te** huil/ens.* it's enough to make one cry/etc.; *dit gaan ~ iem. se **toekoms*** s.o.'s future is at stake; *~ hulp/ens. **vra*** ask for help/etc.; *(~) **vyfuur/ ens.*** at five/etc. o'clock.

om[2] *conj.* to; in order to, so as to; *(infml.)* = OMDAT; *iets is nie ~ te **eet** nie* s.t. is not to be eaten, s.t. is inedible; *~ kort te **gaan*** →KORT *adj. & adv.*; *aangenaam ~ te **hoor*** pleasant to hear; *'n boek ~ te **lees*** a book to read; *~ te **lewe*** to live; *~ iem. nie **seer** te **maak** nie* so as not to hurt s.o..

O·ma·ja·de *n. (pl.), (1st dynasty of Arab caliphs)* Omayyads, Ommiads, Umayyads.

O·man *(geog.)* Oman. **O·maan** =*mane, n.* Omani. **O·maans** =*maanse, adj.* Omani.

om·arm *het ~* embrace, clasp, fold in the arms. **om·ar·ming** =*mings,* =*minge* embrace, clasp, squeeze.

om·bab·bel *omge=* talk away *(the time).*

om·ber *(natural pigment)* umber. ~**(spel)** (game of) ombre. ~**vis** *(Eur.: Sciaena aquila)* maigre, maiger.

om·bind *omge=* bind/tie round, fillet.

om·blaai *omge=* turn (over) *(a page); blaai om, (abbr.:* b.o.*)* please turn over *(abbr.:* PTO*).*

om·blaas *omge=* blow down/over; *jy kon my omgeblaas het, (infml.)* you could have knocked me down/over with a feather.

om·boor *omge=* bind, face, edge, border, purl, braid; *weer ~* reface *(a garment).* **om·boor·sel** =*sels* binding, facing, gimp.

om·bou *omge=* rebuild, reconstruct, alter, convert, remodel, customise. **om·bou·ing** =*ings,* =*inge* rebuilding, building alteration, conversion.

om·braak *omge=* plough up.

om·bree *(fabric)* ombré.

om·bring *omge=* bring round *(horse, car);* kill, put to death, slay.

om·buds·man =*manne* ombudsman.

om·buig *omge=* bend/turn (down/back/up), recurve, clench, fold, angle. **om·bui·ging** bend(ing), recurvature, clinch.

om·dans *omge=* upset *(in dancing); die nag ~* dance the night away, dance round the clock.

om·dat because, since, as, seeing that, for, due to the fact that; *dit was nie ~ iem. nie geprobeer het nie* it was not for want of trying; *minder gebraaide kos eet ~ jy moet* eat less fried food because one has to; *net ~ ...* only because ...

om·die-bos(-)draai·e·ry *(infml., rare)* circumlocution, evasiveness, prevarication, *(infml.)* beating about the bush.

om·dol·(we), om·dolf *omge=* trench, turn.

om·dop *omge=* turn inside out, evert; curl (up); double up; *(infml.)* fall down/over, faint; shoot/knock down, turn out. **om·dop·ping** turning inside out, eversion.

om·draai *n.* turn; *(Nama dance)* omdraai; *die ding het die ewige ~* the thing keeps on turning round. **om·draai** *omge=, vb.* turn round/back/about/over, go back; twine round; put about; reverse; wrap in; twist; wheel round; invert; ***doekies** ~* →DOEKIE *n.*; *by die **dood** ~* →DOOD *n.*; ***heeltemal** ~* turn right around; completely change one's opinion; ***jou** ~* turn/face round; turn over (on one's face); *iem. **laat** ~* turn back s.o.; *'n voël se **nek** ~* →NEK *n.*; *op die **plek** ~* turn on one's heel; *'n **sleutel** ~* turn a key. **om·draai·ing** =*ings,* =*inge* turn(ing), rotation; revolution *(of wheel);* change (of front), volte-face; twist(ing), turnabout. ~**plek** turnaround.

om·draf *omge=* trot round.

om·dren·tel *omge=* lounge about; *die tyd ~* idle away the time.

om·dwaal *omge=* wander about. **om·dwa·ling** =*lings,* =*linge* wandering, roaming.

o·me·ga, o·me·ga =*gas* omega; →ALFA.

o·me·let =*lette* omelet(te).

o·men *omens, (Lat., rare)* omen.

om·flad·der *het ~, (poet., liter.)* flutter about *(s.t.).*

om·flens =*flensde,* =*flenste* flanged.

om·floers =*floerste,* =*floersde, adj.* veiled, draped; enveloped; muffled; *~te trom* muffled drum. **om·floers** *het ~, vb., (poet., liter.)* cover, veil, wrap up; muffle *(a drum),* drape *(in mourning);* envelope; crape.

om·gaan *omge=* go round; take place, happen; pass, wear *(of time);* associate *(with),* rub shoulders, consort, keep company, mix, take up, deal *(with); met **bedrog** ~* be dishonest, practise deceit; *'n hele **ent** ~* make a detour; *nie weet wat in iem. se **gemoed** ~ nie* not know what s.o.'s feelings are; *by die **huis/ens.** ~* call at the house/etc.; ***met** ... ~* associate with ...; keep company with ...; consort with ...; rub elbows/shoulders with ... *(infml.)*; mingle/mix with ...; socialise with ...; *weet hoe om **met** ... om te gaan* know how to handle/treat (*or* deal with) ...; ***nie maklik** met mense ~ nie* be a bad mixer *(infml.); die **tyd** gaan langsaam om* time passes slowly; ***vertroulik** met iem. ~* →VERTROULIK *adv.*; ***vriendskaplik/familiaar/familiêr** met iem. ~* be on familiar terms with s.o., hobnob with s.o. *(infml.).* **om·gaan·de** *adj.* itinerary; encyclical; *per ~ (pos), (obs.)* by return of post.

om·gang association, (social) intercourse, dealings, fellowship; commerce; communication; communion; human relations; procession; circuit, rotation; round, lap; ***(ge)maklik** in die ~ wees* mix well, be a good mixer; have the common touch; *iem. word in die ~ ... **genoem*** s.o. is generally known as ...; ***(geslagtelike)** ~ met iem. hê, (fml., obs.)* have (sexual) relations/intercourse with s.o.; →GESLAGSGEMEENSKAP; ***in** die ~ wees, (custom, expression, etc.)* be current, *(drugs etc.)* be in circulation; *'n gawe kêrel/meisie **in** die ~ wees* be a fine fellow/girl to know, be good company; *jou ~ **met** iem.* one's association/relationship/contact/dealings with s.o..

om·gangs-: **O~afrikaans** colloquial Afrikaans. ~**inspekteur** circuit inspector. ~**taal** colloquial language, vernacular, conversational speech; *in die ~* colloquially, in everyday language, in common parlance. ~**vorme** rules of social intercourse. ~**woord** colloquial term.

om·ge·boor =*boorde, (dressm.)* edged, bound.

om·ge·buig =*buigde* recurved; →OMBUIG.

om·ge·dop =*dopte* turned inside out; *(biol., physiol.)* everted; *(bot., zool.)* extrorse; →OMDOP.

om·gee *omge=* care, mind; hand round, pass round; ***as** jy nie ~ nie* if you don't mind; if it is all the same to you; *iem. gee geen* (of *nie 'n*) ***flenter** om nie* s.o. doesn't care a damn/fig/hoot (*or* two hoots *or* a brass farthing) *(infml.),* s.o. couldn't care less *(infml.);* ***(glad)** nie ~ nie om ...* be quite happy to ...; ***hoe** ('n) mens ook al ~* for all one cares; *gee **jy** om?* do you mind?; ***maak** asof jy nie ~ nie* put a bold/good face on it; act with an assumption of indifference; *nie **meer** ~ nie* be beyond/ past caring; *iem. gee **nie** om nie* s.o. doesn't mind; *iem. gee **niks** om nie* s.o. couldn't care less *(infml.)*; *~ **vir** ...* care about/for ...; *nie ~ **wat** ander mense (van jou) dink nie* not care what other people think (of one); *iem. gee nie om **wat** hy/sy doen nie, (also)* s.o. will do anything.

om·geef →OMGEWE.

om·ge·ël·lie =*liede, (infml.)* upset, irritated, annoyed, angry, vexed, put out, miffed *(infml.),* peeved *(infml.).*

om·ge·kan·tel(d) =*telde* overturned, tilted over, overtilted, inverted.

om·ge·keer(d) =*keerde, adj.* turned down/over, turned upside down (*or* inside out), overturned, upturned, tilted over, overtilted, inverted; reversed; inverse; obverse; *~keerde **beeld*** reversed image; *~keerde **boog*** inverted arch; *~keerde **diskriminasie*** reverse discrimination; *in ~keerde **eweredigheid*** →EWEREDIGHEID; *in die ~keerde **geval*** in the opposite case; *~keerde **ontwikkelingswerk*** reverse engineering; *~keerde **oorname**, (fin.)* reverse takeover; *in ~keerde **orde*** in inverted order; *in ~keerde **rigting*** contrariwise; *in ~keerde **verhouding** tot ...* →VERHOUDING; *dis die ~keerde **wêreld**, (infml.)* it is all topsy-turvy, it is against reason. **om·ge·keer(d)** *adv.* inversely; conversely; vice versa; *~ **eierrond** wees* be obovate; ***en** ~* and vice versa; *~ **eweredig*** inversely proportional; *dit is **net** ~* it is just the other way round. **om·ge·keer·de** =*des, n.* reverse; *(geom.)* converse.

om·ge·koop →OMKOOP.

om·ge·krap =*krapte* untidy, disorderly; confused, disorganised; riotous, unruly, refractory, unmanageable; irritable, in a bad mood, upset, peeved; *'n ~te **kêrel*** a dangerous/difficult customer; *~te **maag*** stomach upset, upset stomach, *(infml.)* gippy tummy; *iem. is ~ **oor** iets* s.o. is exasperated at/by s.t.; *~ **wees/raak*** = OMGESUKKEL(D) WEES/RAAK.

om·ge·krom =*kromde* recurved.

om·ge·krul(d) =*krulde, (bot.)* crispate, revolute *(a leaf etc.).*

om·ge·ploeg =*ploegde* upturned *(soil).*

om·ge·ruil(d): *~de kind* changeling.

om·ge·ry →OMRY.

om·ge·slaan =*slaande,* =*slane* overturned *(vehicle);* turned over *(page),* turndown *(collar);* →OMSLAAN.

om·ges·pe *omge=, (rare)* buckle, clasp; →GESPE *vb.*.

om·ge·suk·kel(d), =*kelde, (infml.)* difficult, irritable, irritated, provoked; *(rare)* in (great) form; →OMSUKKEL.

om·ge·val·de, om·ge·val·le *adj. (attr.)* fallen, toppled, overturned, collapsed; →OMVAL; *~ boom* fallen tree.

om·ge·waai →OMWAAI.

om·ge·we, om·geef *het ~, (poet., liter.)* surround, encircle, enclose, encompass, cincture, environ. **om·ge·wend** =*wende, adj.* surrounding. **om·ge·wend** =*wende, adj.* turned (round).

om·ge·werk =*werkte* remade, recast; rewritten; *~te botter* remade butter.

om·ge·wing surroundings, environment; vicinity, neighbourhood, environs; sphere, setting; precincts; living conditions; *in **hierdie/daardie** ~* in/round these/those parts, in this/that vicinity; ***in** die ~ van ...* in the neighbourhood/vicinity of ... *(a place); iets **ontsier** die ~* s.t. is a blot on the landscape; *'n **verandering** van ~* a change of scene. ~**sensitief** environmentally sensitive. ~**skadelik** environmentally harmful; ecocidal. ~**skending** environmental pollution.

om·ge·wings-: ~**betottelde** *(infml., derog.)* ecofreak, econut. ~**bewus** environment-conscious, ecologically/environmentally aware. ~**bewustheid** environment-consciousness. ~**determinis** environmentalist. ~**determinisme** environmentalism. ~**dienste** *(pl.)* environmental services. ~**etikettering** environmental labelling. ~**impakstudie** *(abbr.:* OIS*)* environmental impact assessment *(abbr.:* EIA*)*, environmental impact study *(abbr.:*EIS*)*. ~**leer** ecology; environment(al) education/studies. ~**man,** ~**mens,** ~**vrou** environmentalist. ~**ramp,** ~**katastrofe** ecocatastrophe, -disaster. ~**vernietigend** environmentally destructive, ecocidal. ~**vernietiging,** ~**verwoesting** destruction of the (natural) environment, ecocide. ~**vriendelik** environment-friendly, nature-friendly, ecofriendly; environmentally beneficial/friendly/sound; *~e skoonmaakmiddel* soft detergent.

om·giet *het ~, (poet., liter.)* circumfuse.

om·gooi *omge-* upset, overturn, overbalance, tip (over); capsize; topple; throw down; throw round; *gat ~* →GAT² *n.; pannekoeke ~* toss pancakes.

om·gord *het ~, (poet., liter.)* gird, belt, begird; gird round, cincture, engirdle; *die lendene ~* gird the loins; *met die lendene ~* with loins girt up; *~ met mag* gird with power.

om·grens *-grensde, adj.* bounded; confined, restricted. **om·grens** *het ~, vb.* bound; confine, restrict, circumscribe.

om·haal¹ *n.* ado, bustle, commotion, fuss, to-do; *iets met **groot** ~ doen* make a great performance of doing s.t.; ***sonder** ~* unceremoniously; *~ van **woorde*** verbosity, verbiage, padding, circumlocution; *met 'n groot ~ van **woorde*** verbosely, in a roundabout way, circuitously; *sonder veel ~ van **woorde*** without wasting words (*or* beating about the bush *or* going into details).

om·haal² *omge-, vb.* persuade, talk over, bring round, win over, cajole; *iem. ~ om iets te doen* persuade s.o. (*or* prevail on/upon s.o.) to do s.t..

om·hang *omge-* put on, drape, throw over one's shoulders *(an overcoat etc.)*.

om·hê *omgehad, (infml.)* have (round), wear (round).

om·heen *(poet., liter.)* about, round about.

om·hein *het ~* fence in/round, enclose, picket, hedge, wire in; *nie ~ nie* unfenced, unhedged. **om·hei·ning** *-nings* (ring) fence, enclosure; paling; zareba, zareeba.

om·hei·nings-: ~**draad** fencing wire. ~**paal** →HEININGPAAL. ~**wet** fencing act.

om·hels *-helsde, adj.* embraced. **om·hels** *het ~, vb.* embrace, enlace; cuddle, hug; espouse *(an idea, a principle, etc.)*. **om·hel·sing** *-sings, -singe* embrace, hug, clasp; *in 'n stewige ~ wees* be locked in an embrace (*or* in each other's arms).

om·hoog aloft, on high; up(wards); *met ~ **gerigte** oë* with upcast eyes; *met jou **hande** ~* with one's hands up; *iets ~ **hou*** hold aloft/up s.t.; stick up s.t.; *... **rys/styg** ~, (a column of smoke, a bridge, etc.)* ... rises aloft/up; *pryse **skiet** ~* prices are rocketing; ***van** ~* from on high.

om·hul *het ~, (poet., liter.)* envelop, enwrap, enshroud, encase, cover. **om·hul·ling** *-lings, -linge* wrapping, covering, encasing, sheathing; →OMHULSEL. **om·hul·sel** *-sels* wrapper, cover(ing), envelope, wrapping, coat(ing), jacket, casing, housing, shroud, sheath(ing); tunic, sheath, indusium *(biol.)*; *die stoflike ~* the mortal remains.

o·mie *-mies, (infml., obs., also form of address)* uncle, nunky; *(infml., joc.)* fuddy-duddy, (old) fogey; →OOM.

o·mi·kron *(15th letter in the Gr. alphabet)* omicron.

o·mis·sie *-sies, (rare)* omission.

om·kan·tel *omge-* fall/keel/topple over, tip (over), overbalance; tilt; upset, overturn, capsize, keel; *iets laat ~* turn over s.t.. **om·kan·te·ling** capsizal, capsize.

om·kap *omge-* cut/chop/hew down, fell; *(dressm.)* overcast, overlock; *(infml.)* bump off; pick off *(with a shot)*; *(infml.)* faint, fall over/down, keel over; *(infml.)* drop dead, peg (out); *(infml.: go to sleep)* crash out; *... een vir een ~, (infml.)* pick off ... *(people, animals)*. ~**masjien** overlocker. ~**steek** overcast stitch, overcasting.

om·keer, om·me·keer *n.* (sudden/complete) change, turn (of events); reversal; about-turn, about-face, volte-face; upsetting, subversion; inversion; *'n politieke ~* a landslide victory; *'n ~ in iets teweegbring* bring about a complete change in s.t., revolutionise s.t. **om·keer** *omge-, vb.* turn (up/out/down/over *or* upside down), overturn *(tr., intr.)*; invert; reverse; *(mil.)* about-turn, do an about-turn; *so gou soos ('n) mens jou **hand** ~* in a flash/jiffy; ***hooi** ~* make hay, turn over hay; *'n **kaart** ~* turn up/down a card; *'n **koppie** ~* turn a cup upside down; *'n **pannekoek** ~* toss a pancake; *jou **sakke** ~* turn out one's pockets. **om·keer** *interj., (mil.)* about turn. ~**boog** reflex arc. ~**sinus** *(math.)* versed sine. ~**straat(jie)** *(rare)* blind alley.

om·keer·baar, om·keer·baar *-bare* reversible, convertible. **om·keer·baar·heid** reversibility.

om·ke·ring *-rings, -ringe* inversion; reversal, reversion; turnabout; *groot ~* cataclysm.

om·klee *het ~, (poet.)* = OMHUL. **om·kle·ding** *-dings, -dinge* covering, casing. **om·kleed** *-klede, (poet.)* covered.

om·klem *het ~, (poet., liter.)* clasp, cling to, hold tightly, hug.

om·klink *omge-* rivet, clinch.

om·klits *omge-, (infml.)* knock over, pick off *(with a shot)*.

om·knel *het ~, (poet., liter.)* hold/seize/grasp tightly, grip, hug.

om·kom *omge-* come round; perish, die; starve; ***by** iem. ~* call (round) at s.o.'s; *kom **ek** om, so kom ek om* if I perish, I perish; *die **hoek** ~* come round the corner; *~ **van** ...* die of ... *(hunger, thirst, etc.)*.

om·kon·kel *omge-* talk over/round, soft-soap, cajole.

om·koop *omge-* bribe; corrupt; buy over; suborn; *iem. is **daartoe** omgekoop* s.o. was bribed into doing it; *iem. **kan** omgekoop word* s.o. can be bribed, s.o. has a price. *jou **laat** ~* accept/take bribes; *iem. **met** iets ~* bribe s.o. with s.t.; *iem. ~ **om** iets te doen* bribe s.o. to do s.t.. ~**geld,** ~**prys,** ~**som** bribe, hush money; slush fund.

om·koop·baar, om·koop·baar *-bare* corruptible, venal, bribable, open to bribery, mercenary. **om·koop·baar·heid** venality, corruptibility.

om·ko·per briber, corrupter.

om·ko·pe·ry, om·ko·pe·ry bribery, corruption, subornation.

om·kors *-korste, adj.* encrusted, incrusted; encysted. **om·kors** *het ~, vb.* encrust, incrust; encyst. **om·kors·ting** encrustation, incrustation; encystation, encystment.

om·krans *-kranste, adj., (poet., liter.)* wreathed, garlanded. **om·krans** *het ~ vb.* wreathe, garland; *deur ... ~ wees* be wreathed in ...

om·krap *omge-* throw into disorder/confusion, disarrange, disturb; make a mess of, bedevil, bungle; irritate, annoy, vex, upset *(s.o.)*; →OMGEKRAP.

om·kring *het ~* (en)circle, ring; orbit. **om·kring·ing** encirclement.

om·kruip *omge-* creep round; drag; *die ure het omgekruip* the hours dragged on.

om·krul *omge-* curl round/over, bend back; buckle. ~**ken** upturned chin.

om·kry *omge-* get on *(a collar)*; get round *(a rope)*; while away *(the time)*, fill up, kill *(time)*; get/bring down *(a tree, wall, etc.)*.

om·kui·er *omge-* stroll around; *die tyd ~* spend the time visiting.

om·kyk *omge-* look round, look back, look over one's shoulder.

om·laag *(poet., liter.)* (down) below; *na ~* down; *van ~* from below.

om·lei *omge-* lead round, divert; detour. **om·lei·ding** diversion, bypass, detour; *(med.)* bypass. **om·lei·ding·chi·rur·gie,** **-sji·rur·gie** bypass surgery. **om·lei·dings·o·pe·ra·sie** *(surgery)* bypass operation; →HARTOMLEIDING.

om·lig·gend *-gende* neighbouring, surrounding, circumjacent; *~e terrein* precincts.

om·loop *n.* circulation; rotation; platform, balcony, gallery; *(pathol.)* whitlow; tinea, ringworm; mange; herpes; serpigo; *~ van die bloed* →BLOEDSOMLOOP; *iets **in** ~ bring* put s.t. into circulation; introduce/float s.t. *(bond issues on the stock market etc.)*; give currency to s.t. *(a story etc.)*; put about s.t. *(a rumour etc.)*; *iets weer **in** ~ bring* recirculate/recycle s.t. *(money)*; ***in** ~ kom* come into circulation; *(a story)* gain currency; ***in** ~ wees, (a rumour)* float about/around/round; *iets aan die ~ **onttrek*** call in s.t. *(money etc.)*. **om·loop** *omge-, vb.* go/walk round; perambulate; circumambulate; make a detour; stretch round, encircle; circulate; rotate, revolve; return; knock down, run down; bypass; cheat, deceive; *'n ver ent ~* go a long way round; *iem. ~, (also)* deceive s.o.. ~**snelheid** velocity (of circulation). ~**(s)tyd** time of revolution *(of a planet)*; period (of rotation).

om·lyn *het ~* outline, define; *skerp ~ wees* be sharply defined; *'n skerp ~de ...* a sharply defined ... **om·ly·ning** *-nings, -ninge* outline; outlining.

om·lys *-lyste, adj.* framed; set. **om·lys** *het ~, vb.* frame; set; fillet. **om·lys·ting** *-tings, -tinge* frame; framing; setting; beading, moulding.

om·man·tel *het ~* jacket, sheathe, cover. **om·man·tel(d)** *-telde* jacketed.

Om(·me)·gang: *die Swarte ~, (SA, jur. hist.)* the Black Circuit.

om·me·keer turnabout; *(theatr.)* peripet(e)ia; →OMKEER *n.*.

om·me·sien·tjie: *in 'n ~* in a jiffy *(infml.)*, in less than no time, in (next to) no time, in no time at all.

om·me·swaai →OMSWAAI *n.*.

om·me·sy·(de) other side; *sien ~, (abbr.:* SOS*)* please turn over *(abbr.:* PTO*)*; *aan die ~* overleaf.

om·mo·chroom *-chrome, (arthropod eye pigment)* ommochrome.

om·muur *het ~, vb.* wall in; *'n ~de stad/tuin/ens.* a walled city/town/garden/etc.. **om·mu·ring** walling (in).

om·ne·wel *het ~, (poet., liter.)* veil (in mist).

om·ni- *comb.:* ~**bus** *-busse,* ~**busuitgawe** *-wes* (omni)bus. ~**voor** *-vore, n.* omnivore. ~**voor** *-vore, adj.* omnivorous.

om·paal *het ~* picket, fence, stake.

om·pad *-paaie,* **om·weg** *-weë* roundabout way, detour, deviation; bypass; indirection; circuitous road; *iets met 'n ~ **benader*** approach s.t. in a roundabout way *(a subject, a problem, etc.)*; *iets met 'n ~ **bereik*** work around/round to s.t. *(a request etc.)*; *dit is 'n **groot** ~* it is a long way about/round; ***langs** 'n ~* indirectly *(hear s.t. etc.)*; ***langs/met** 'n ~, (also)* circuitously, by a devious route; ***met** 'n ~ huis toe gaan* take a roundabout way home; ***(met)** 'n ~ gaan/loop/ry* go about/round, make a detour; *iets **sonder** omweë sê* not beat about the bush, say s.t. straight out; ***sonder** omweë* summary.

om·pik *omge-* pick up (*or* turn over) with picks.

om·ploeg *omge-* plough, grout, fallow, till, turn.

om·plooi *omge-* fold back/down/in/over.

om·praat *omge-* persuade, win over, talk round/over, dissuade, prevail upon; *iem. ~ om iets te doen* talk s.o. into doing s.t., persuade s.o. (or prevail on/upon s.o.) to do s.t.; *iem. ~ om iets nie te doen nie* argue s.o. out of doing s.t., dissuade s.o. from doing s.t..

om·rand *-rande, adj.* framed, edged, bordered; vallate. **om·rand** *het ~ vb.* frame, edge, border, skirt, fringe; circumvallate. **om·ran·ding** *-dings, -dinge* border(ing), edging, surrounds, verge(s); periphery, fringing.

om·rank *het ~, (poet., liter.)* entwine.

om·ras·ter *het ~, (rare)* fence in, rail in. **om·ras·te·ring** railing.

om·re·de *(fml., obs.)* because; *~ (dat) iem. dit gedoen het* because s.o. did it; *omrede (van) ...* owing to ...; on account of ...; because of ...; by reason of ...

om·re·ken *omge-* convert, reduce; *iets van ... in ... ~* convert s.t. from ... into/to ... *(money, measurements, etc.)*. ~**masjien** converter.

om·re·ke·naar converter.

om·re·ken·baar =bare convertible. **om·re·ken·baar·heid** convertibility.

om·re·ke·ning conversion; *die ~ van ... in/tot ...* the conversion from ... into/to ... **om·re·ke·nings·ta·bel, =ta·fel** conversion table.

om·ring *het ~* surround, encircle, ring, encompass, enclose, environ, gird, beset, hem about/in/round; *deur ... omring wees* be surrounded by/with ... *(people etc.);* be hemmed in by ... *(mountains etc.);* be encircled by/with ..., be ringed about/around by/with ... *(trees etc.);* be beset with ... *(dangers etc.);* be enclosed by ... *(walls etc.).* **om·rin·gend** =gende surrounding, encircling; ambient. **om·rin·ging** encirclement.

om·roep *n., (obs.)* broadcast(ing); radio station; radio service. **om·roep** *omge=, vb., (obs.)* announce, broadcast. **om·roe·per** *(rad.)* broadcaster, announcer.

om·roer *omge=* stir; agitate, churn. **om·roe·ring** stirring, agitation.

om·rok·kel *(rare)* inveigle, cajole, mislead, entice, bamboozle *(infml.); iem. ~ om iets te doen* cajole s.o. into doing s.t..

om·rol *omge=* roll over.

om·ruil *omge=* exchange; trade in; change round, interchange; switch, swop, swap; convert; transpose, change over; *(jou bewyse/speelmunte) vir geld/kontant ~* cash in (one's checks/chips); *plekke ~* change places. **om·ruil·baar** =bare interchangeable, convertible. **om·ruil·baar·heid** interchangeability, convertibility. **om·rui·ling** exchange; interchange, switch; *(rugby)* changeover.

om·ruk *omge=* pull down; jerk/pull/whip round.

om·ry *omge=* run/knock over/down; ride down; ride/drive round; *omgery word* be knocked/run over/down; *'n ver/vêr ent ~* drive a long way round, make a long detour.

om·seil[1] *omge=* sail round, circumnavigate; round, double *(a cape);* sail about; run down *(a boat);* crawl round. **om·sei·ler** =lers circumnavigator. **om·sei·ling** =*lings,* =*linge* circumnavigation.

om·seil[2] *het ~* avoid, evade, obviate, steer clear of, get round; circumvent; hedge *(arguments).* **om·sei·ling** =*lings,* =*linge* avoidance.

om·send *omge=* send round. **~brief** circular (letter); *'n ~ rig aan ...* circularise a notice/etc. to ...

om·set =*sette, n.* turnover; sale; returns. **om·set** *omge=, vb.* turn over, convert into money; invert; transpose; →OMSIT. **~belasting** turnover/purchase tax. **~koers** →OMSETTINGSKOERS. **~rekening** trading account.

om·set·baar, om·sit·baar =bare convertible *(currencies etc.).* **om·set·baar·heid** convertibility.

om·set·ter, om·sit·ter =ters converter.

om·set·ting *(ling.)* inversion *(of word order),* transposition *(of sounds/letters in a word); (mus., math.)* transposition; *(fin., elec., etc.)* conversion; *(phys.)* transformation; transmutation, permutation; transposal; metathesis; reversal; *die ~ van ... in ...* the conversion from ... in(to) ...

om·set·tings=: **~koers, omsetkoers** conversion rate. **~lening** conversion loan.

om·sien *omge=: na ... ~* care for ...; look after ...; cater for ...; pay attention to ...; *na alles ~, (also)* hold the fort. **om·sien·de** *(her.)* regardant.

om·sien·tjie = OMMESIENTJIE.

om·sig·tig =*tige, adj.* circumspect, cautious, prudent, diplomatic, wary, canny. **om·sig·tig** *adv.* warily, circumspectly, cautiously, guardedly, cagily; *~ optree (of te werk gaan)* be cautious, practise caution. **om·sig·tig·heid** wariness, circumspection, caution, cautiousness, prudence, caginess.

om·sin·gel *het ~* surround, encircle, besiege, beleaguer, invest, hem in (on all sides), mob; *deur die vyand ~ wees* be encircled by the enemy. **om·sin·ge·ling** surrounding, encircling, investment. **om·sin·ge·lings·ma·neu·ver** *(mil.)* encircling movement.

om·sir·kel *het ~* orbit, circle; encircle.

om·sit *omge=* put round, place round; put on *(collar, tie);* transpose; transmute; invert; reverse; convert *(into); (infml.)* turn/wheel round suddenly; make an about-face; →OMSET *vb.; iets in geld ~* convert s.t. into money; *'n pensioen in kontant ~* commute a pension; *woorde in dade ~* translate words into action. **~pomp** converter pump.

om·sit·baar →OMSETBAAR.

om·sit·ter →OMSETTER.

om·ska·kel *omge=* switch over, change over; *iets van ... in/tot ... ~* convert s.t. from ... in(to) ... **om·ska·ke·laar** changeover, throw-over switch; reverse switch. **om·ska·ke·ling** changeover, switch over; conversion.

om·skans *het ~* fortify, erect fortifications, entrench, circumvallate. **om·skan·sing** =*sings,* =*singe* fortification, circumvallation, entrenchment.

om·skep *het ~,* **om·skep** *omge=* transform, change, convert, re-create; *iets van ... in/tot ... ~* convert s.t. from ... in(to) ...; *iem./iets van ... in/tot ... ~* transform s.o./s.t. from ... into ... **om·skep·ping, om·skep·ping** =*pings,* =*pinge* transformation, conversion, complete change; *~ tot ...* transformation into ...

om·skiet *omge=* shoot down.

om·skof·fel *omge=* hoe.

om·sko·ling →OMSKOOL.

om·skom·mel *omge=* shake/shuffle about/up, reshuffle *(cards).* **om·skom·me·ling** shaking/shuffling about/up, reshuffle *(of cards).*

om·skool *omge=, (rare)* re-educate. **om·sko·ling** re-education.

om·skop *omge=* kick over, kick down; *die (hele) boel ~, (infml.)* upset the applecart *(infml.).*

om·skre·we defined; →OMSKRYF; *duidelik ~* definite; circumscribed.

om·skrif =*skrifte* legend, inscription *(on medal/coin),* circumscription.

om·skryf, om·skry·we *het ~* paraphrase *(a sentence, passage, etc.);* define *(rights, the meaning of a word, etc.);* describe; *(geom.)* circumscribe; *soos hierbo* (of *hier bo) ~* as specified above. **om·skryf·baar** =bare definable. **om·skry·wend** =*wende* periphrastic, paraphrastic, circumlocutory, circumscriptive. **om·skry·wing** =*wings,* =*winge* paraphrase; definition; description; circumscription, circumscribing, periphrasis.

om·skud *omge=, (rare)* shake up.

om·skuif, om·skui·we *omge=* shift up/round, move up/round.

om·slaan *omge=* strike/knock down, upset; fall down; *(a ship, boat, etc.)* turn over, overbalance, capsize, overturn, *(infml.)* turn turtle; turn (over) *(a page);* fold down, turn down *(a collar);* turn up *(sleeves, trousers);* fold/turn back *(cloth etc.);* turn, tuck; put on *(a coat, cloak, etc.);* change opinion, veer round; *omgeslaande* ***boordjie*** turndown collar; ***loop*** *tot jy ~, (infml.)* walk one's legs off; *die* ***skaal*** *laat ~, (arch.)* →DIE **DEURSLAG** GEE; *omgeslaande* ***verband*** reverse bandage; *die* ***weer/wind*** *het omgeslaan* the weather/wind has changed/shifted. **~boordjie** turndown collar. **~kraag** revers collar, turnover/turndown collar. **~ploeg** = OMSLAGPLOEG. **~punt** wing *(of a collar).* **~steek** whipstitch, whipping.

om·slag[1] *(obs.)* fuss, bustle, commotion, ado, bother; *~ maak* take trouble, put o.s. out; *sonder verder(e)/vêrder(e) ~* without further/more/much ado.

om·slag[2] =*slae* cover, jacket *(of a book);* folder, binder, file; envelope; wrapper *(of a newspaper);* tuck; cuff; turn-up *(of trousers);* revers *(of jacket),* turn-back; wrap *(round shoulders); (med.)* compress, pack; brace, belly brace, hand brace; *onder afsonderlike/aparte ~* under separate cover; *'n ~ in die weer* a change in the weather. **~blad** flap. **~boor** brace (and bit), hand brace. **~doek** neckerchief, wrap, scarf. **~las** grooved joint. **~naat** grooved seam. **~ontwerp** jacket design *(of a book).* **~ploeg** hillside/reversible/turnwrest/turnwrist plough. **~prys** cover price *(of a magazine, newspaper, etc.).* **~swikboor** gimlet bit. **~tekening** cover drawing. **~versiering** tooling. **~yster** brace bit.

om·slag·tig =*tige* roundabout, long-winded, tedious, cumbrous, cumbersome, elaborate, diffuse, digressive, devious; wordy, verbose; *iets ~ vertel* tell s.t. in a roundabout way, be long-winded; *'n ~e skrywer* a prolix/wordy writer. **om·slag·tig·heid** long-windedness, tediousness, wordiness, prolixity, verbosity; circumlocution; *amptelike/burokratiese ~* red tape.

om·sleep *omge=* drag round/about.

om·slen·ter *omge=* loiter/loaf/idle/dally/dawdle about; *die dag ~* idle away the time.

om·slin·ger[1] *omge=* reel/sway/stagger round; knock over, overturn.

om·slin·ger[2] twine about/round, entwine, engirdle, circumvolute.

om·slo·te encapsulated, encysted; →OMSLUIT.

om·slui·er *het ~* veil; conceal, cover, disguise. **om·slui·e·ring** veil(ing), cover, disguise.

om·sluit *het ~* encircle, surround, girdle; grip, clasp; fit (tightly). **om·slui·tend** =*tende* encircling. **om·slui·ting** =*tings,* =*tinge* enclosing, encircling, surrounding; encirclement; grip, clasp; ring fence/wall.

om·smee *omge=, (rare)* reweld, reforge.

om·smelt *omge=, (rare)* remelt, melt again, melt down. **om·smel·ting** refusing, melting down, remelting.

om·smyt *omge=, (infml.)* knock down/over, upset, overturn.

om·snel *omge=* run/hurry round; *(time)* fly.

om·snoer *het ~, (poet., liter.)* entwine.

om·snuf·fel *omge=, (rare)* pry/nose about, search about.

om·sons *adv., (obs.)* vain, fruitless, useless, to no purpose. **om·son·sig·heid** bother, flap, useless fuss.

om·soom[1] *omge=* hem; purfle.

om·soom[2] *het ~* border, edge, fringe; *met ... ~ wees* be fringed with ...

om·span[1] *omge=* change *(horses, oxen, etc.); in die middel van die rivier ~* change/swap/swop horses in midstream; *moenie in die middel van die rivier ~ nie* never change/swap/swop horses while crossing the stream.

om·span[2] *het ~* span.

om·spin *het ~* spin round, cover. **om·spin·ning** roving. **om·spin·sel** =*sels* rove. **om·spon·ne** roved; covered *(cable).*

om·spit *omge=* dig (over/up), turn (over), spade, trench, grub; *iets (met 'n vurk) ~* fork s.t. over *(a bed etc.).*

om·spoel[1] *omge=, vb.* wash away; *die water sal die bome ~* the water will uproot the trees; *'n huis ~* cause a house to collapse, wash away a house.

om·spoel[2] *het ~, vb., (poet., liter.)* lave, wash round; *die see ~ die rotse* the sea laves the rocks.

om·spon·ne →OMSPIN.

om·spring *omge=* jump round; turn tail; double back; veer; upset; change one's mind/opinion, about-turn, rat, make a volte-face, switch; ***kort*** *~* turn around/round/back suddenly; *(fig.)* do an about-turn; ***roekeloos*** *met iets ~* play the deuce/devil/dickens with s.t. *(infml.);* ***weet*** *hoe om met ... om te spring, (fig.)* know how to handle/manage (*or* deal with) ...

om·staan *omge=* stand about, stand around. **om·stan·der** =*ders* bystander, onlooker.

om·stamp *omge=* knock/push over, down; upset.

om·stand ado, to-do, fuss.

om·stan·dig =*dige, adj.* detailed, circumstantial; *(bot.)* perigynous. *'n ~e verhaal* a story embellished with detail. **om·stan·dig** *adv.* in detail, minutely, particularly, circumstantially. **om·stan·dig·heid** =*hede, (chiefly in the pl.)* circumstance, situation, factor, condition; circumstantiality, particularity; *(bot.)* perigyny; *in* ***armoedige/behoeftige*** *~hede verkeer* be in reduced/straitened circumstances; ***beswarende*** *~hede* incriminating circumstances; *in* ***dié*** *~hede* under these conditions; *deur die* ***dwang*** *van ~hede* by force of circumstances; *in/onder* ***geen*** *~hede nie* in/under no circumstances, on no (*or* not on any) account, not at any price, on no condition/consideration; *na* ***gelang*** *van ~hede* according to circumstances; as the case may be; *iem. se* ***geldelike*** *~hede* s.o.'s financial position; *in* ***gelyke*** *~hede* all things being equal; *in* ***geseënde*** *~hede* *verkeer* →GESEËN(D); *in* ***gewone*** *~hede* in the ordinary course (of events); ***in*** *die ~hede* in/under the circumstances; *met* ***moeilike*** *~hede te kampe hê* labour under a disadvantage; ***na*** *~hede* according to circumstances; ***onder*** *~hede gaan dit taamlik goed met iem.* s.o. is doing (*or* getting on) fairly well, considering; in the circumstances s.o. is doing fairly well; ***onvoorsiene*** *~hede* unforeseeen circumstances; *deur 'n* ***samekoop*** *van ~hede* by a coincidence, coincidentally; *as die ~hede dit* ***vereis*** when the occasion demands it; ***versagtende/verswarende*** *~hede* extenuating/aggravating circumstances. **om·stan·dig·heids·fak·to·re** situational factors. **om·stan·dig·heids·ge·tui·e·nis** circumstantial evidence.

om·stap *omge-* walk round.

om·ste·de·lik *-like* peri-urban.

om·steek·naald circular needle.

om·stel *omge-* change over, reverse. **~arm** reverse/reversing lever. **~skroef** reversible-pitch propeller. **~sleutel** reverse key.

om·stel·baar *-bare* reversible. **om·stel·baar·heid** reversibility.

om·stel·ling reversing, reversal.

om·stik *omge-* hem. **om·stik·sel** *-sels* hem, stitching.

om·stoom *omge-* steam/sail round.

om·stoot *omge-* push/knock over/down; upset; tip (over); topple, bring down.

om·stort *omge-* overturn, fall down, topple over.

om·straal *het ~, (poet., liter.)* halo, surround with a halo.

om·stre·de *meer ~ die mees ~* contested, disputed, in dispute, at issue; contentious, controversial, debatable; *'n ~* ***gebied*** an area in/of dispute; *'n ~* ***saak*** an explosive issue; *'n ~* ***vraag*** a moot point (*or* point at issue); *'n veel ~* ***vraagstuk*** a vexed question. **om·stre·den·heid** controversiality.

om·streeks, om·streeks about, roundabout, round about, more or less; *~ agtuur* at about eight o'clock.

om·stre·ke *n. (pl.)* vicinity, neighbourhood, environs, surroundings; precincts; *Kaapstad en ~* Cape Town and its environs (*or* the surrounding area).

om·stren·gel *het ~* twine round, entwine, wreathe, enlace; embrace.

om·strooi *omge-* scatter, sprinkle.

om·stroom *het ~, (poet., liter.)* flow round. **om·stro·mend** *-mende* circumfluent. **om·stro·ming** circumfluence.

om·stulp *omge-* evert; invert. **om·stul·ping** eversion; inversion.

om·stuur *omge-* send (round), circulate; re-route; *'n boodskapper ~* send a messenger.

om·suil(d) *-suilde, (archit.)* peripteral; *~de gebou* peripter, peripteros.

om·suk·kel *omge-* jog about, trudge about; →OMGESUKKEL(D); *die hele pad ~* toil and moil all the way.

om·swaai, om·me·swaai *-swaaie, n.* swing (over), swinging round, about-face, about-turn, volte-face, reversal, (right-)about turn, somersault *(fig.)*; turn *(of events)*; *'n ~ na 'n party* a swing to a party. **om·swaai** *omge-, vb.* swing round; turn round suddenly, wheel round; change one's mind, change front, do an about-turn, veer round, swing over, switch; →OMSPRING.

om·swag·tel *het ~, (poet., liter.)* swathe, bandage, swaddle.

om·swalk *omge-, (poet., liter.)* drift about; wander/roam about.

om·swem *omge-* swim round.

om·swenk *omge-* swing/wheel round.

om·swerf, om·swer·we *omge-, (rare)* wander/roam about, nomadise. **om·swer·wing, om·swer·wing** *-wings, -winge* wandering, roaming, peregrination.

om·swoeg *omge-* toil, drudge, labour; *die tyd ~* toil through the days.

om't: *dis ~ ewe* →EWE *adj.*.

om·tak *n., (mech.)* shunt. **om·tak** *omge-, vb.,* shunt. **~spoel** shunt coil.

om·tak·king = OMTAK *n.*.

om·tas *omge-, (rare)* grope about.

om te →OM[2] *conj.*.

om·to·wer *omge-* transform ([as if] by magic); transfigure. **om·to·we·ring** transformation, *(usu. hum.)* transmogrification.

om·trek *-trekke, n.* outline; circumference *(of a circle)*; perimeter; periphery; vicinity, neighbourhood; contour; purlieu; compass; girth; ambit; girdle; ***binne*** *'n ~ van ...* within a radius of ... *(five kilometres etc.)*; *~ke van 'n* ***gelaat*** outline of a face; *vyf kilometer* ***in*** *~* five kilometres in circumference; *iets* ***in*** *~(ke) skets/teken* outline s.t.; *hier* ***in*** *die ~* in the neighbourhood; *daar is baie ...* ***in*** *die ~* there are many ... in the neighbourhood; ***myle*** *in die ~, (infml.)* for miles around; *'n vae ~* a sketchy outline. **om·trek** *omge-, vb.* pull down; outflank *(the enemy)*; bring round; trek round; march round; circle. **~limf** *(rare)* = PERILIMF. **~lyn** outline, contour line. **~skets** outline. **~snelheid** peripher(ic)al speed. **~steek** outline stitch. **~veer** contour feather.

om·treks·hoek angle of circumference.

om·trent *adv.* about, more or less, *(SA)* plus-minus, plus/minus; some; *~* ***eenders*** →EENDERS *adj. & adv.*; *dit was ~ 'n* ***grap,*** *(infml.)* it was some joke; *~* ***honderd*** perhaps a hundred; *dis ~* ***koud,*** *(infml.)* it is extremely cold; *die* ***ongeluk*** *ry iem. ~* s.o. has bad luck in spades; *dit* ***reën*** *~, (infml.)* it's bucketing/pouring down; *~ daardie* ***tyd*** thereabout(s). **om·trent** *prep.* about, concerning, with regard to.

om·trip·pel *omge-* trip round.

om·tui·mel *omge-* tumble, fall down, topple over, turn over, overturn, overbalance.

om·vaar *omge-* sail round, circumnavigate; run down.

om·val *omge-* fall down, topple over, overturn *(intr.)*, capsize, keel/tip over; *iets laat ~* cause s.t. to collapse/topple (*or* fall over), topple s.t..

om·vang *n.* girth, circumference, fatness; range; extent; size, bulk; magnitude; reach, scope, compass, purview; amplitude; dimension; quantum; distension; sweep; incidence *(of a disease)*; *van* ***groot*** *~* of wide scope; *in ~* ***toeneem*** gather volume; ***tot*** *die ~ van ...* to the extent of ...; *die ~* ***van*** *...* the purview of ... *(s.o.'s experience)*; the measure/extent of ... *(the damage)*; the range/compass of ... *(the voice)*; the scope of ... *(the work)*; *die* ***volle*** *~ van ...* the full extent of ... **om·vang** *het ~, vb., (obs.)* embrace, encompass, span. **~besparing** economy of scope.

om·vang·ryk, om·vang·ryk *-ryke* comprehensive; extensive, voluminous; *(infml.)* bulky, outsize(d); *'n ~e stem* a voice of wide compass. **om·vang·ryk·heid, om·vang·ryk·heid** comprehensiveness; extensiveness, great extent/range; *(infml.)* bigness.

om·vat[1] *omge-* clasp/take round.

om·vat[2] *het ~* include, comprise, embrace; span, encompass, involve; *(rare)* take in *(with the eye/mind)*, fathom, comprehend; grip, clasp; *veel ~* cover much (*or* a lot of) ground. **om·vat·tend** *-tende* encircling, enveloping, wide-ranging; →ALLESOMVATTEND; *~e doelwit* superordinate goal; *~e soektog, (comp.)* global search.

om·ver, om·vêr *adv., (liter.)* over, down. **~gooi** *omverge-, omvêrge-* upset, knock over, overturn, topple, bring down; frustrate, shatter *(hopes)*; knock the bottom out of; demolish; topple, overthrow; *iem. se planne ~* upset somebody's plans; *'n teorie ~* explode a theory. **~loop, ~ry** *omverge-, omvêrge-, (rare)* knock/run down/over; →OMLOOP *vb.*, OMRY. **~smyt** *omverge-, omvêrge-, (infml.)* = OMVERGOOI. **~stoot** *omverge-, omvêrge-, (rare)* push/knock down; →OMSTOOT. **~trek** *omverge-, omvêrge-, (rare)* pull down; →OMTREK *vb.*. **~tuimel** *omverge-, omvêrge-, (rare)* tumble down/over, topple over; →OMTUIMEL. **~waai** *omverge-, omvêrge-* = OMWAAI. **~werp** *omverge-, omvêrge-, (chiefly fig.)* topple, overthrow, remove from power *(a government etc.)*; →OMVERGOOI. **~werping** upsetting; overthrow, defeat, subversion.

om·vleg *-vlegte, adj., (poet., liter.)* entwined; braided. **om·vleg** *het ~, vb.* twine round, entwine. **om·vleg·sel** braided cover.

om·vleu·el *het ~* encircle, surround; outflank.

om·vlieg *omge-* fly/whip round, turn round suddenly; *die tyd vlieg om* time flies/slips away.

om·vloei *het ~, (poet., liter.)* flow round, lave.

om·voer *omge-* lead round.

om·vorm *omge-* transform, remodel; convert; reshuffle *(cabinet etc.)*; *~ tot ...* convert into ... **om·vorm·baar** *-bare* convertible. **om·vor·mer** *-mers* converter, transformer. **om·vor·ming** *-mings, -minge* transformation, remodelling, shake-up, reshuffle; reforming *(of gas)*; converting, conversion, permutation.

om·vou[1] *omge-* fold down (back), turn down, double down. **~sonbril** wraparound sunglasses.

om·vou[2] *het ~, (poet., liter.)* enfold, envelop.

om·vroe·tel *omge-* root up, dig (up) *(soil)*, grout.

om·waai *omge-* blow down/over; *omgewaai wees* be blown over, be blown off one's feet.

om·wal *-walde, adj.* vallate. **om·wal** *het ~, vb.* circumvallate, surround with ramparts, wall in, mound. **om·wal·ling** *-lings, -linge* ramparts, circumvallation.

om·wan·del *omge-* walk about; walk round, walk the earth, travel, sojourn. **om·wan·de·ling, om·wan·de·ling** sojourn(ing), wandering.

om·weg →OMPAD.

om·welf *het ~, (poet., liter.)* enclose, dome.

om·wend *omge-, (poet., liter.)* turn (round); *jou ~* turn (round); *die roer ~* shift the helm.

om·wen·tel *omge-* turn (round); rotate, revolve, move round axis; circumvolute.

om·wen·te·ling *(lit.)*, **om·wen·te·ling** *(lit., fig.)* *-lings, -linge* revolution, change; rotation; overturn; gyration; wheel; *'n* ***groot*** *~* a major/radical change, a big bang; *'n ~ in iem. se* ***lot*** a turn of Fortune's wheel; *~s* ***per*** *minuut/ens.* revolutions/turns per minute/etc.; *'n ~ in iets* ***teweegbring*** bring about a revolution in s.t., revolutionise s.t.; *'n* ***volle*** *~* ***maak*** come full circle. **~snelheid** velocity of rotation; rate of revolution.

om·wen·te·lings-: **~as** →WENTELAS. **~tyd** time of rotation; period of revolution. **~vlak** plane/surface of revolution.

om·werk *omge-* recast, refashion, remould, remodel, reconstruct; edge, border; rewrite, redraft; dig, plough, till, cultivate, prepare *(soil)*, turn over. **om·wer·king** refashioning, recast, reconstruction; border; rewriting, recasting, redrafting; cultivation, preparation *(of the soil)*.

om·werp *omge-* = OMGOOI.

om·wik·kel[1] *omge-* wrap round.

om·wik·kel[2] *het ~, (poet., liter.)* enwrap, wrap up. **om·wik·ke·ling** envelopment.

om·wind *het ~, (poet., liter.)* wrap round. **om·wind·sel** *-sels* wrapper, wrapping(s); *(bot.)* involucre. **om·wind·sel·blaar** involucral leaf.

om·wip *omge-* overturn, topple over; hop/pop round.

om·wis·sel *omge-* change; exchange (for); interchange; alternate, transpose. **om·wis·se·ling** change, changing; exchange.

om·woel[1] *omge-* dig up, plough, turn up *(earth)*; stir; scatter, throw about, throw into disorder; rummage in.

om·woel[2] *het ~, (poet., liter.)* wind round.

on- *pref.* un-, non-.

on·aan·dag·tig *-tige, adj.* inattentive. **on·aan·dag·tig** *adv.* inattentively. **on·aan·dag·tig·heid** inattention, heedlessness.

on·aan·doen·lik *-like* unemotional, impassive, stolid, apathetic, indifferent. **on·aan·doen·lik·heid** apathy, indifference; impassiveness, stolidity.

on·aan·ge·daan *-dane* untouched, unmoved, unstirred, unruffled; impassible.

on·aan·ge·kon·dig *-digde* unannounced.

on·aan·ge·meld *-melde* unannounced.

on·aan·ge·naam *-name* unpleasant, unpleasing, disagreeable; odious, uncongenial; bad-tempered, unamiable, objectionable *(pers.)*; offensive *(smell)*; unpalatable, home *(truth)*; gory *(details)*; *iets is vir iem.* ~ s.t. is distasteful to s.o., s.o. finds s.t. unpleasant; ~ *word* turn nasty; *jou in die ~name skik* make the best of a bad job *(infml.)*. **on·aan·ge·naam·heid** *-hede* unpleasantness, unpleasantry, disagreeableness; *~/onaangenaamhede met iem. hê* quarrel (*or* fall out) with s.o..

on·aan·ge·pas *-paste* unadapted; unadjusted *(figure etc.)*; unreconstructed *(fascist etc.)*.

on·aan·ge·raak *-raakte* untouched, untasted.

on·aan·ge·roer(d) *-roerde* untouched, intact; *iets ~ laat, (lit.)* leave s.t. untouched; *(fig.)* not touch (up)on s.t. *(a subject etc.)*.

on·aan·ge·steek *-steekte* unlit *(cigarette etc.)*.

on·aan·ge·tas *-taste* intact, untouched; not affected *(by disease)*; unimpaired; inviolate, undoubted, untainted, untinged, unquestioned; unassailed.

on·aan·ge·wend *-wende* unused; unapplied; *~e oorskot* retained surplus; *~e wins* unappropriated profit.

on·aan·lok·lik *-like* unattractive, uninviting, unappealing; unglamorous.

on·aan·neem·baar *-bare* implausible.

on·aan·neem·lik *-like* unacceptable; inadmissible. **on·aan·neem·lik·heid** unacceptability.

on·aan·pas·baar *-bare* inadaptable, unadaptable; unassimilable. **on·aan·pas·baar·heid** inadaptability, unadaptableness; unassimilability; *egskeiding op grond van* ~ divorce on the grounds of incompatibility.

on·aan·raak·baar *-bare, adj.* untouchable. **on·aan·raak·baar·heid** untouchability. **on·aan·raak·ba·re** *-res, n., (member of an Ind. class)* untouchable.

on·aan·sien·lik *-like* plain, unattractive, ugly; humble, insignificant, of low standing; undistinguished; unimpressive; inconsiderable. **on·aan·sien·lik·heid** plainness, unattractiveness, dowdiness; insignificance.

on·aan·spreek·lik *-like* not answerable/responsible.

on·aan·stoot·lik *-like, (rare)* inoffensive, unobjectionable, unoffending. **on·aan·stoot·lik·heid** *(rare)* inoffensiveness.

on·aan·tas·baar *-bare* unassailable; unchallengeable, unimpeachable, beyond reproach, irreproachable, impeccable; impregnable, inviolable, sacrosanct, untouchable; incontrovertible; cast-iron *(alibi)*. **on·aan·tas·baar·heid** unassailableness, inviolability, untouchability, immunity; integrity.

on·aan·trek·lik *-like* unattractive, uncomely, uninviting, unprepossessing, unglamorous; unappetising; unlik(e)able, unlovely, unloveable. **on·aan·trek·lik·heid** unattractiveness, unlik(e)ableness.

on·aan·vaar(d) *-vaarde* unacknowledged, unbelieved. **on·aan·vaar·baar** *-bare* unacceptable. **on·aan·vaar·baar·heid** unacceptableness.

on·aan·veg·baar *-bare* indisputable; unassailable, unexceptionable; unquestionable, indubitable; incontrovertible; inviolable; sound *(title)*; unimpeachable *(source)*. **on·aan·veg·baar·heid** unassailableness.

on·aan·wend·baar *-bare* inapplicable.

on·aar·dig *-dige* unpleasant, not nice; unattractive; ungracious; *(glad) nie ~ nie* not bad at all, not at all bad, not (half/so) bad; rather attractive; *glad nie ~ lyk nie* not be bad-looking at all; *nie 'n ~e mens/kêrel/meisie nie* not a bad sort. **on·aar·dig·heid** unpleasantness, rudeness.

on·aards *-aardse* ethereal, supernatural, translunary; strange, mysterious, weird, eerie, ominous; *'n ~e lawaai, (infml.)* a helluva (*or* hell of a) noise.

on·af unfinished, uncompleted. **on·af·heid** lack of finish, incompleteness.

on·af·be·taal(d) *-taalde* unpaid, unsettled, outstanding.

on·af·dwing·baar *-bare* unenforceable.

on·af·ge·bro·ke, on·af·ge·bro·ke *adj.* incessant, unceasing, ceaseless, uninterrupted, unbroken, continuous, never-ceasing; unremitting *(attention)*; sustained *(effort)*; unpunctuated *(chatter etc.)*. **on·af·ge·bro·ke, on·af·ge·bro·ke** *adv.* incessantly, unceasingly, uninterruptedly, continuously, without a break. **on·af·ge·bro·ken·heid, on·af·ge·bro·ken·heid** incessancy, incessantness, ceaselessness, unceasingness, uninterruptedness, continuousness, continuity.

on·af·ge·daan *-dane* unfinished, incomplete.

on·af·ge·dank *-dankte* not dismissed.

on·af·ge·dop *-dopte* unshelled *(eggs, nuts, prawns, etc.)*.

on·af·ge·haal *-haalde* unclaimed, not called for; *onafgehale brief* returned letter.

on·af·ge·han·del(d) *-delde* unfinished, unsettled, unconcluded; *onafgehandelde sake* unfinished business; *onafgehandelde werk* incomplete work, work in progress.

on·af·ge·laai *-laaide* not unloaded.

on·af·ge·le·wer *-werde* undelivered.

on·af·ge·los *-loste* unrelieved *(guard)*; unredeemed *(pledge, bond, etc.)*; unpaid, unsettled, outstanding *(debts)*.

on·af·ge·maak *-maakte* unfinished.

on·af·ge·rig *-rigte* untrained.

on·af·ge·rond *-ronde* unfinished, with loose ends. **on·af·ge·rond·heid** lack of finish; loose ends.

on·af·ge·room *-roomde* unskimmed *(milk)*.

on·af·ge·skerm(d) *-skermde* unguarded.

on·af·ge·skiet *-skiete: ~e koeël* unspent bullet.

on·af·ge·skrik *-skrikte,* **on·af·ge·skrok·ke** ~ undaunted, undeterred, undiscouraged, unflinching.

on·af·ge·sny *-snyde* uncut *(paper)*; deckle-edged.

on·af·ge·vuur(d) *-vuurde* undischarged, unfired.

on·af·ge·werk *-werkte* unfinished, rough, unpolished, crude, sketchy.

on·af·hank·lik *-like, adj.* independent; *(comp.)* standalone *(hardware, software)*; *~e* ***joernalis/skrywer/ens.*** freelance, freelancer; *O~e* ***Kerk*** *(van Skotland)* Free Church (of Scotland); *~e* ***staat*** independency; *~e* ***stemme*** floating vote; ***van*** *... ~ wees* be independent of ...; *die land het hom ~* ***verklaar*** the country declared its independence; *'n land ~* ***verklaar*** grant a country independence; *~* ***word*** achieve/attain/gain independence. **on·af·hank·lik** *adv.* independently, in his/her/its own right. **~making** granting of independence. **~wording** (attainment of) independence.

on·af·hank·lik·heid independence; *iem. se ~ van ...* s.o.'s independence of ... **on·af·hank·lik·heids·oor·log** = VRYHEIDSOORLOG. **on·af·hank·lik·heids·ver·kla·ring** declaration of independence.

on·af·koop·baar *-bare* irredeemable, unredeemable.

on·af·los·baar *-bare* irredeemable, unredeemable, not repayable; *~bare skulde* perpetual debts. **on·af·los·baar·heid** irredeemability.

on·af·neem·baar *-bare* undetachable; unphotographable.

on·a·fri·kaans *-kaanse* un-Afrikaans, not Afrikaans.

on·af·sien·baar *-bare* stretching beyond the reach of the eye; interminable, immense, endless, vast; illimitable, measureless, immeasurable; incalculable *(consequences)*.

on·af·sit·baar *-bare* irremovable. **on·af·sit·baar·heid** irremovability, irremovableness.

on·af·skei(d)·baar = ONAFSKEIDELIK.

on·af·skei·de·lik *-like* inseparable, indissoluble; *'n ~e* ***deel*** *van ...* part and parcel of ..., inherent in ...; *~* ***van*** *iem.* inseparable from s.o.; *die twee dinge is ~* ***verbonde*** the two things are indissolubly connected; *hulle is ~e* ***vriende*** they are inseparable friends.

on·af·wend·baar *-bare* inevitable, unavoidable, inescapable, ineluctable. **on·af·wend·baar·heid** inevitability, ineluctability, unavoidableness.

on·af·wis·se·lend *-lende* unvarying.

on·af·wys·baar *-bare* that cannot be refused, peremptory, imperative, irrecusable; *~bare gevolgtrekking* inescapable conclusion.

o·na·ger *-gers, (Equus hemionus)* onager.

on·ag·gres·sief *-siewe* unaggressive, unthreatening.

on·ag·saam *-same, (rare)* careless, thoughtless, negligent, inattentive, lackadaisical.

on·ak·ku·raat *-rate* inaccurate. **on·ak·ku·raat·heid** inaccuracy.

on·ak·tief *-tiewe* inactive, inert. **on·ak·ti·wi·teit** inaction, inactivity.

on·a·me·ri·kaans *-kaanse* un-American.

o·na·neer *ge-, (obs., rare)* masturbate. **o·na·nie, o·na·nis·me** *(fml.)* onanism; coitus interruptus. **o·na·nis** *-niste, (rare)* onanist. **o·na·nis·ties** *-tiese* masturbatory.

on·ap·tyt·lik *-like* unappetising.

on·ar·tis·tiek *-tieke* inartistic.

on·at·tent *-tente* inattentive, inconsiderate. **on·at·tent·heid** inattention, inattentiveness.

on·a·von·tuur·lik *-like* unadventurous.

on·baat·sug·tig *-tige* unselfish, disinterested, selfless. **on·baat·sug·tig·heid** unselfishness, disinterest(edness), selflessness.

on·barm·har·tig *-tige* merciless, pitiless, unmerciful, uncharitable. **on·barm·har·tig·heid** pitilessness, mercilessness, unmercifulness.

on·be·ant·woord *-woorde* unanswered *(question, letter, etc.)*; unacknowledged *(letter, greeting, etc.)*; unrequited, unreturned *(love)*; unreciprocated *(feelings)*; *~ bly* go unanswered.

on·be·bos *-boste* unwooded.

on·be·bou(d) *-boude* untilled, uncultivated; vacant, waste *(land)*; *onbeboude grond* virgin soil; *onbeboude stuk grond* waste ground; *dit lê ~* it lies waste.

on·be·daard *-daarde, (rare)* = ONBEDAARLIK *adj.*.

on·be·daar·lik *-like, adj.* violent, intense, uncontrollable, unceasing; inextinguishable *(laughter)*. **on·be·daar·lik** *adv.* violently, intensely, uncontrollably, ungovernably, unceasingly; *~ lag* laugh helplessly.

on·be·dag *-dagte* thoughtless, unthinking, incautious, unguarded; misguided, ill-judged, ill-advised; imprudent; unguardedly; *~te erkenning* unguarded admission; *~te oordeel* snap judg(e)ment; *~ wees op iets* be unprepared for s.t.. **on·be·dag·saam** *-same* thoughtless, incautious, indiscreet; unguarded, rash; inconsiderate, unthinking. **on·be·dag·saam·heid** thoughtlessness, rashness; inconsiderateness; indiscretion. **on·be·dagt·heid** thoughtlessness; misguidedness; unguardedness.

on·be·deel(d) *-deelde* not possessing, devoid of, unendowed, dowerless; *~ met rykdom* not blessed with riches.

on·be·dek *-dekte* uncovered, bare; *met ~te gesig* barefaced. **on·be·dekt·heid** bareness.

on·be·derf *-derfde, -derfte* uninfected; →ONBEDORWE. **on·be·derf·baar** *-bare* imperishable. **on·be·derf·baar·heid** imperishability, imperishableness.

on·be·derf·lik *-like* incorruptible, imperishable; not perishable, not subject to decay.

on·be·doel(d) *-doelde, adj.* unintentional, inadvertent, unintended, unplanned, unmeant, undesigned. **on·be·doel(d)** *adv.* unintentionally, inadvertently, undesignedly, unconsciously.

on·be·dor·we not decayed; unspoiled, unspoilt; unsophisticated; innocent *(child)*; uncorrupted, untainted. **on·be·dor·wen·heid** innocence, purity.

on·be·dre·we unskilled, inexperienced, inexpert; unversed *(in)*; *~ wees met iets* not know how to handle/operate s.t.. **on·be·dre·wen·heid** inexperience, lack of skill, unskilfulness.

on·be·drieg·lik *-like* infallible, reliable, honest, trustworthy, without deceit.

on·be·druk *-drukte* unprinted, blank.

on·be·dug *-dugte* fearless, undaunted.

on·be·dui·dend *-dende* insignificant, trifling, unimportant, trivial, negligible, unimpressive, inconsiderable, undistinguished, nondescript, minuscule, of no consequence, puny; *'n ~e persoon* a nobody; *~e rol, (theatr.)* walk-on part. **on·be·dui·dend·heid** insignificance, unimportance, nothingness, triviality, puniness; trifle; exiguity.

on·be·dwing·baar *-bare* unrestrainable, indomitable; uncontrollable, uncontainable; ungovernable, unruly; irrepressible; untam(e)able. **on·be·dwing·baar·heid** indomitableness; irrepressibility, uncontrollableness.

on·be·dwon·ge unsubdued, unconquered, unrestrained.

on·be·ë·dig *-digde* unsworn.

on·be·gaaf(d) *-gaafde* untalented, ungifted; *nie ~ nie* not without talent, rather talented.

on·be·gaan -*gane* untraversed, untrodden; unexplored. **on·be·gaan·baar** -*bare* impassable, impracticable, untraversable *(road)*. **on·be·gaan·baar·heid** impassability, impracticability.

on·be·geer(d) -*geerde* undesired, unwanted, unwished-for. **on·be·geer·lik** -*like* undesirable.

on·be·ge·lei(d) -*leide* unaccompanied *(lit., fig.)*; unguided, unescorted *(tour etc.)*; *~de sang* a cappella singing.

on·be·ge·rig -*rige* undesirous.

on·be·gon·ne, on·be·gon·ne not yet started/begun; unavailing, hopeless; *dit is 'n ~ taak* that is attempting the impossible, it's an impossible task.

on·be·gra·we ~ -*graafde* unburied.

on·be·grens -*grensde* unbounded, unlimited, boundless, limitless, unrestricted, endless, illimitable, termless; *~de moontlikhede* unlimited possibilities. **on·be·grensd·heid** boundlessness, limitlessness.

on·be·gre·pe ununderstood, uncomprehended.

on·be·grip incomprehension, lack of comprehension, lack of understanding.

on·be·gry·pend -*pende* uncomprehending, ununderstanding; *~e blik* blank look.

on·be·gryp·lik -*like* incomprehensible, inconceivable, unintelligible, perplexing, puzzling, ungraspable. **on·be·gryp·lik·heid** incomprehensibility, inconceivability.

on·be·haag·lik -*like* disagreeable, unpleasant; uneasy; *~ voel* feel uncomfortable (*or* ill at ease). **on·be·haag·lik·heid** unpleasantness; uneasiness, discomfort, malaise. **on·be·haag·lik·heid·sy·fer** discomfort index.

on·be·haar(d) -*haarde* hairless; *(bot.)* glabrous.

on·be·han·del·baar -*bare* untreatable *(disease etc.)*.

on·be·han·del(d) -*delde* untreated; *onbehandelde erts* run of mine; *onbehandelde water* raw water.

on·be·heer(d) -*heerde* unattended, unguarded; unmanned; unowned, ownerless, stray *(animals)*; *(orphans)* without guardian; derelict.

on·be·heers(d) -*heersde*, **on·be·heers(t)** -*heerste meer ~ die mees* -*heersde/-heerste* uncontrolled, unrestrained; incontinent; obstreperous; temperamental; *~heersde/ ~heerste aanval* unbridled attack. **on·be·heers·baar** -*bare* uncontrollable, ungovernable. **on·be·heers·baar·heid** uncontrollability, ungovernableness. **on·be·heerst·heid** lack of self-control/(self-)restraint, uncontrolledness, unrestrainedness, unrestraint; incontinence.

on·be·hen·dig -*dige* clumsy, unskilful. **on·be·hen·dig·heid** clumsiness, lack of skill.

on·be·hoed·saam -*same* rash, reckless, unwary. **on·be·hoed·saam·heid** rashness, recklessness.

on·be·hol·pe ~ -*pener* -*penste* (of *meer ~ die mees ~*) clumsy, awkward, blundering, bumbling, bungling, inept; unpolished, crude, maladroit, shiftless; dodgy *(translation)*. **on·be·hol·pen·heid** clumsiness, awkwardness, gawkiness, gawkishness, ineptness; crudity.

on·be·hoor·lik -*like, adj.* improper, unseemly, indecent; unbecoming; *~e mededinging* unfair competition; *~e voorkeur* undue preference. **on·be·hoor·lik** *adv.* improperly, indecently, unbecomingly; *iem. ~ beïnvloed, (jur.)* exert undue influence on s.o.; *~e beïnvloeding, (jur.)* undue influence. **on·be·hoor·lik·heid** impropriety, unseemliness, indecency, unbecomingness.

on·be·hou·e *(rare)* rough, unhewn *(stone etc.)*; uncouth, ungainly, rude, ill-bred, unmannerly, unrefined; rough-hewn. **on·be·hou·en·heid** *(rare)* roughness; rudeness, unmannerliness, ungainliness.

on·be·huis -*huisde* unhoused, houseless, homeless.

on·be·hulp·saam -*same* unhelpful, disobliging. **on·be·hulp·saam·heid** unhelpfulness.

on·be·ïn·vloed -*vloede* uninfluenced, unswayed.

on·be·jam·mer(d) -*merde, (rare)* unlamented, unmourned, unwept; unpitied.

on·be·keer(d) -*keerde* unconverted. **on·be·keer·baar** -*bare*, **on·be·keer·lik** -*like* that cannot be converted, impervious.

on·be·kend -*kende, adj.* unknown; unexplored, uncharted *(region)*; unfamiliar; obscure; unbeknown(st); anonymous *(donor)*; **by/vir** *iem. ~ wees* be unknown to s.o.; *dit is my ~* I have never heard of it, I am unacquainted with it; *die ~e* ***faktor,*** *(also, fig.)* the joker in the pack; *'n ~e* ***faktor,*** *(also, infml.)* a wild card; *'n ~e* ***grootheid,*** *(math.)* an unknown quantity; *~* ***hier/daar*** *wees* be a stranger here/there; *'n ~e* ***hoeveelheid*** an unknown quantity; *iem. is ~* ***met*** *iets* s.o. is ignorant of s.t.; s.o. is unacquainted with s.t.; s.o. is unfamiliar with s.t.; s.t. is new to s.o.; *~ maak* ***onbemind*** unknown, unloved; *~e* ***persoon*** unknown person, person unknown to s.o.; *~e* ***prinsipaal*** undisclosed principal. **on·be·ken·de** -*des, n.* unknown; stranger; outsider; *die ~* the unknown/unseen; *(math.)* unknown (quantity). **on·be·kend·heid** strangeness; unfamiliarity; obscurity *(of a person)*; *iem. se ~ met ...* s.o.'s ignorance of ...

on·be·klaag -*klaagde* unlamented, unwept, unmourned, unpitied.

on·be·klad -*kladde, (chiefly fig.)* unsullied, unstained, unsoiled.

on·be·klee(d) -*klede* unupholstered; vacant *(post)*; naked *(surface)*; uncovered *(wire)*.

on·be·klem(d) -*klemde* not oppressed; light-hearted, cheerful; unaccented; *~klemde vokaal* unaccented vowel.

on·be·klem·toon(d) -*toonde* unstressed, unaccented.

on·be·klim·baar -*bare* unscalable, unclimbable, inaccessible. **on·be·klim·baar·heid** unscalability, inaccessibility.

on·be·kom·baar -*bare* unavailable; unreachable, unget-at-able *(infml.)*, uncome-at-able *(infml.)*.

on·be·kom·merd -*merde* unconcerned, free from anxiety, carefree, untroubled, unworried, unbothered, light-hearted; uninhibited; uncaring; complaisant; *'n ~e lewe* a carefree (*or* an easy) existence. **on·be·kom·merd·heid** unconcern, freedom from anxiety/care, light-heartedness.

on·be·kook -*kookte* rash, thoughtless, crude, ill-considered, precipitate, overhasty; *~te planne* wildcat schemes. **on·be·kookt·heid** rashness, thoughtlessness, crudeness, crudity.

on·be·koor·lik -*like* unglamorous.

on·be·kos·tig·baar -*bare* unaffordable.

on·be·krag·tig -*tigde* unratified, unconfirmed, unsanctioned, unauthenticated.

on·be·krom·pe broadminded, liberal, unprejudiced; generous, open-handed, unstinting; unstinted; *~ lewe* live comfortably. **on·be·krom·pen·heid** broadmindedness, liberality; open-handedness; wide vision.

on·be·kwaam -*kwame* incompetent, inefficient, unfit, inept; unable, incapable; *(infml.: very drunk)* legless, paralytic, pie-eyed, plastered, sloshed, bombed out of one's mind/skull; *iem. ~ maak* incapacitate s.o.; *~ in jou werk wees* be incompetent in one's work; *~ vir/(tot) werk* unable to work, incapable of working. **on·be·kwaam·heid** incompetence, unfitness, ineptness, inefficiency; inability, incapacity, incapability; *~ vir/(tot) ...* inability to ...

on·be·lang·rik -*rike* unimportant, trifling, insignificant, inconsiderable, immaterial, unessential, inconsequential; undistinguished; *iets as ~ afmaak* trivialise s.t.. **on·be·lang·rik·heid** unimportance, insignificance; expendability.

on·be·lang·stel·lend -*lende* uninterested, indifferent; apathetic; →ONVERSKILLIG. **on·be·lang·stel·lend·heid** lack of interest, indifference; apathy; →ONVERSKILLIGHEID.

on·be·lang·wek·kend -*kende* uninteresting.

on·be·las -*laste* unencumbered; unburdened; unladen, unloaded, untaxed; *~te eiendom* unmortgaged property. **on·be·las·baar** -*bare* exempt from taxes/taxation, tax-exempt, tax-free. **on·be·las·baar·heid** exemption from taxes/taxation.

on·be·lê -*lêde*, -*belegde* uninvested.

on·be·leë unmatured *(cheese)*.

on·be·leefd -*leefde* impolite, rude, ill-mannered, bad-mannered, uncivil, ungracious, surly, discourteous, uncomplimentary. **on·be·leefd·heid** impoliteness, rudeness, incivility.

on·be·lem·mer(d) -*merde* free, unimpeded, unobscured, unhampered, unrestricted, untrammelled, unrestrained, unchecked, uncluttered; *'n ~e uitsig op iets* an unobstructed (*or* a grandstand) view of s.t.. **on·be·lem·merd·heid** freedom, unimpededness, unrestrainedness.

on·be·le·se unread *(person)*, not well-read, illiterate, unlettered, ignorant, shallow, uncultivated, *(infml.)* low-brow. **on·be·le·sen·heid** illiteracy, lack of reading/education, illiterateness, ignorance.

on·be·let unrestrained.

on·be·lig -*ligte* unexposed.

on·be·loon(d) -*loonde* unrewarded, unrequited.

on·be·man(d) -*mande* unmanned, without a crew; *~de vliegtuig* pilotless aircraft.

on·be·mark·baar -*bare* unmarketable.

on·be·merk -*merkte, (rare)* unnoticed, unobserved. **on·be·merk·baar** -*bare, adj.* imperceptible, unnoticeable. **on·be·merk·baar** *adv.* imperceptibly, without being noticed/perceived.

on·be·mes -*meste* unfertilised, unmanured.

on·be·mid·deld -*delde* impecunious, poor, moneyless; unmediated; *iem. is nie ~ nie* s.o. is not without means. **on·be·mid·deld·heid** impecuniosity.

on·be·min(d) -*minde* unliked, unpopular, unloved, loveless; *nie ~ nie* not unpopular. **on·be·mind·heid** unpopularity, lovelessness. **on·be·min·lik** -*like* unamiable, unlov(e)able, unlik(e)able, unlovely. **on·be·min·lik·heid** unamiability, unamiableness.

on·be·ne·pe *(rare)* large, spacious; frank, candid; uncramped; generous; bold, frank; roomy; comfortable.

on·be·ne·wel(d) -*welde* unclouded, clear.

on·be·noem(d) -*noemde* unnamed; unappointed; innominate; nameless; *~de getal* abstract number. **on·be·noem·baar** -*bare* unnam(e)able.

on·be·nul·lig -*lige* trivial, trifling, paltry, insignificant, *(infml.)* piffling, null, nugatory; vacuous; fatuous; *(rare)* stupid, slow-witted, dull. **on·be·nul·lig·heid** -*hede* inanity; paltriness; triviality, trifle, fatuity; *~hede vermaak nulle* small things amuse small minds.

on·be·nut -*nutte* unused.

on·be·ny·baar -*bare, (rare)* = ONBENYDENSWAARDIG.

on·be·ny·dens·waar·dig -*dige,* unenviable, invidious; *~e taak* unenviable task.

on·be·oor·deel(d) -*deelde* unjudged.

on·be·paal·baar -*bare* indeterminable, unascertainable, undefinable.

on·be·paald -*paalde, adj.* indefinite; uncertain, not fixed; undetermined, indeterminate, unspecified, non-specific, unspecific; *in ~e* ***bewoordinge*** in vague terms, vaguely; *~e* ***gevoel*** vague feeling; *~e* ***lidwoord,*** *(gram.)* indefinite article; *~e* ***mag*** unlimited power; *vir 'n ~e* ***tyd*** indefinitely, sine die; *iem. vir 'n ~e* ***tyd uitstel verleen*** grant s.o. an indefinite postponement; →UITSTEL *vb.*; *~e* ***verlede tyd,*** *(gram.)* aorist (tense); *~e* ***vertroue*** complete/implicit faith; *~e* ***vonnis*** indeterminate sentence; *~e* ***voornaamwoord,*** *(gram.)* indefinite pronoun; *~e* ***wyse,*** *(gram.)* infinitive (mood). **on·be·paald** *adv.* indefinitely. **on·be·paald·heid** indefiniteness; vagueness, uncertainty; boundlessness.

on·be·perk -*perkte* unlimited, unrestricted, unconfined, boundless; unstinted; limitless; plenary *(session)*; *(metaphys.)* unconditioned; *~te mag* unlimited power; *~te heerser* dictator. **on·be·perkt·heid** boundlessness; unlimitedness; unrestrainedness.

on·be·plan -*plande* unplanned, *(attr.)* spur-of-the-moment; unscheduled *(visit etc.)*.

on·be·plant -*plante* unplanted.

on·be·proef -*proefde* untested, untried, unproved; *niks ~ laat nie* leave no stone unturned, try every possible means.

on·be·ra·de *adj.* misguided, ill-advised, rash, reckless, ill-judged, ill-considered, ill-conceived, imprudent. **on·be·ra·de** *adv.* rashly, recklessly, ill-advisedly. **on·be·ra·den·heid** rashness, recklessness, imprudence.

on·be·re·de unmounted; unfrequented *(road)*; *~ polisie* unmounted police.

on·be·re·de·neer(d) *=neerde* unreasoned; thoughtless, unthinking, unreasoning. **on·be·re·de·neerd·heid** unthinkingness; thoughtlessness, rashness.

on·be·reid *=reide* unprepared, unready; unwilling.

on·be·reik *=reikte, adj.* unreached. **on·be·reik·baar** *=bare* inaccessible, unattainable; inapproachable, unapproachable; inaccessible *(height);* unattainable, unreachable *(ideal).* **on·be·reik·baar·heid** inaccessibility; unapproachability; unattainableness.

on·be·reis *=reisde* untravelled *(person);* unfrequented *(region, country).*

on·be·re·ken(d) *=kende* unestimated; unintentional, not calculated, uncalculated. **on·be·re·ken·baar** *=bare* incalculable; unpredictable, unaccountable, capricious, wayward, tricky; *~bare faktore* imponderables; *~bare humeur* uncertain temper; *~bare skade* untold damage. **on·be·re·ken·baar·heid** incalculability; unpredictability, unaccountability, capriciousness. **on·be·re·ke·nend** *=nende* uncalculating.

on·be·ris·pe·lik *=like* irreproachable, faultless, free from blame; *(infml.)* squeaky-clean *(image etc.);* immaculate, impeccable; unimpeachable, unexceptionable; *~e smaak* consummate/impeccable taste; *iem. se klere is ~* s.o. is immaculately dressed. **on·be·ris·pe·lik·heid** irreproachability, faultlessness; immaculateness.

on·be·roemd *=roemde* unfamed.

on·be·roep·baar *=bare, (minister of religion)* not to be called.

on·be·roer(d) *=roerde* untouched, unstirred, unperturbed, serene.

on·be·rou·lik *=like, (relig.)* not to be repented.

on·be·rou·vol *=volle* impenitent, unrepentant, unrepenting, unapologetic, unremorseful.

on·be·ry·baar →ONRYBAAR.

on·be·rym(d) *=rymde* rhymeless, unrhymed.

on·be·sa·dig *=digde* rash, impetuous, immoderate, inordinate, intemperate. **on·be·sa·digd·heid** rashness, hot-headedness, impetuousness, impetuosity.

on·be·seer(d) *=seerde* unhurt, uninjured.

on·be·set *=sette* free, unoccupied *(a fortress, chair, etc.);* vacant *(a post, chair, etc.);* disengaged; without a garrison.

on·be·sield *=sielde* inanimate, lifeless, insentient; uninspired; *die ~e natuur* inanimate nature.

on·be·sien *=siene* uninspected, unseen. **on·be·siens** = ONGESIENS *adv.*.

on·be·skaaf(d) *=skaafde* uncivilised, savage, barbarian *(people);* uncultured, unrefined, unbred, uncultivated; unpolished; benighted; uncouth; *~de maniere* unmannerliness, rudeness. **on·be·skaafd·heid** lack of refinement/culture; unmannerliness; uncivilised state.

on·be·skaam(d) *=skaamde* impudent, impertinent, insolent, unabashed, unashamed, barefaced, immodest; brazen, blatant, bald, flagrant, patent; *so ~ wees om iets te doen* have the face/nerve to do s.t. *(infml.).* **on·be·skaamd·heid** impudence, impertinence, insolence, effrontery, gall, brass, immodesty, presumption, brazenness, nerve; *dit is niks anders as ~ nie* it is sheer impudence; *die ~ hê om iets te doen* have the face/nerve to do s.t. *(infml.).*

on·be·ska·dig *=digde* intact, undamaged, sound, unimpaired; unscratched; unscathed, uninjured. **on·be·ska·digd·heid** intactness, soundness.

on·be·ska·du *=dude* unshaded; undimmed *(light).*

on·be·skei·e immodest; forward, impudent, indiscreet. **on·be·skei·den·heid** immodesty; indiscretion.

on·be·skerm(d) *=skermde* unprotected, undefended, defenceless, unguarded; *~skermde lig* naked light.

on·be·skof *=skofte* rude, uncouth, bad-mannered, ill-mannered, gross, uncivil, unmannerly, impertinent, insolent, vulgar; *~ teenoor iem. wees* be rude to s.o.; be nasty to s.o.. **on·be·skoft·heid** rudeness, churlishness, impertinence, insolence, unmannerliness, vulgarity.

on·be·skre·we blank, clean, white; undefiled; unchronicled, unrecorded; unwritten *(law);* not described; *~ blad* blank page. **on·be·skre·wen·heid** blankness.

on·be·skroomd *=skroomde* undaunted, outspoken, bold, fearless, unashamed, unabashed, unbashful. **on·be·skroomd·heid** boldness, outspokenness.

on·be·skryf·baar *=bare* indescribable; *iets ~s* something indefinable.

on·be·skryf·lik *=like* indescribable, beyond description, unspeakable, unutterable; stupefying *(heat etc.).*

on·be·skut *=skutte* unprotected, unsheltered, shelterless.

on·be·slaan *=slaande, =slane* unshod *(horse).*

on·be·sleg *=slegte* not settled *(dispute),* undecided.

on·be·slis *=sliste* not settled, unsettled, unconcluded; undecided *(matter);* pending, inconclusive; indecisive, hesitating, irresolute, vacillating, wavering *(pers.);* non(-)committal; *iets ~ laat* leave s.t. open/undecided; *iets is nog ~, (also, a result etc.)* s.t. hangs/is in the balance; *~ wees oor iets* be in two minds about s.t.; *~te* ***uitspraak*** open verdict; *~te* ***wedstryd*** drawn match. **on·be·slis·baar** *=bare* indeterminable. **on·be·slist·heid** indecision, irresolution, irresoluteness, hesitation.

on·be·slo·te *(rare)* not settled, not decided upon; undecided.

on·be·smet *=smette* clean, pure, undefiled, unpolluted, uncontaminated; impeccable, spotless, unblemished, unsullied, untainted *(reputation);* not infected, uninfected. **on·be·smet·lik** *=like* non(-)infectious.

on·be·sne·de *adj.* uncircumcised; *(fig., chiefly Bib.)* gentile; *(fig.)* unrepentant, obstinate. **on·be·sne·de·ne** *=nes, n., (fig., chiefly Bib.)* gentile; *die ~s* the uncircumcised.

on·be·snoei(d) *=snoeide* unpruned, untrimmed; neglected; uncivilised.

on·be·soe·del(d) *=delde* spotless, undefiled, unpolluted, unsoiled, untainted, unsullied, virginal.

on·be·sol·dig *=digde* unpaid; unsalaried; unwaged; *~de personeel* unsalaried staff; *~de verlof* unpaid leave, leave without pay.

on·be·son·ge unsung, unheralded.

on·be·son·ne, on·be·son·ne thoughtless, unthinking, rash, wild, indiscreet, misguided, precipitate, ill-considered, ill-advised; inconsiderate; →ONBERADE *adj.*. **on·be·son·nen·heid** rashness, thoughtlessness, inconsiderateness, indiscretion, imprudence.

on·be·sorg *=sorgde* cheerful, light-hearted, free from care/anxiety, carefree, easy in mind, unconcerned, unworried, unbothered, untroubled, easy-going; undelivered *(letter); heeltemal ~* without a care in the world. **on·be·sorgd·heid** cheerfulness, light-heartedness.

on·be·speur·baar *=bare* undetectable, imperceptible.

on·be·spied *=spiede* unnoticed, unespied.

on·be·spreek *=spreekte* unreserved, unbooked *(seats);* unengaged; not discussed, passed over; *~ bly (of gelaat word)* remain (*or* be left) undiscussed. **on·be·spro·ke** irreproachable, impeccable, blameless; *(infml.)* squeaky-clean *(image etc.).* **on·be·spro·ken·heid** irreproachability, irreproachableness, blamelessness.

on·be·spuit *=spuite* unsprayed *(crops etc.).*

on·be·staan·baar *=bare* not existing; impossible; incompatible, irreconcilable; *met ... ~ wees* be inconsistent with ...; be incompatible with ...; *iets is ~ met iets anders, (also)* s.t. is repugnant to s.t. else; *~bare pryse* impossible prices. **on·be·staan·baar·heid** impossibility; incompatibility; nihility.

on·be·stand *(rare)* not resistant *(to),* not proof *(against).*

on·be·stee *=stede* unspent, unused.

on·be·stel(d) *=stelde* not ordered, unordered; undelivered. **on·be·stel·baar** *=bare* undeliverable; *~bare brief* unclaimed/undeliverable letter, dead/blind letter.

on·be·stem(d) *=stemde,* vague, indefinite; undetermined, indeterminate. **on·be·stemd·heid** vagueness, indefiniteness.

on·be·sten·dig *=dige* unsettled, changeable, unstable, inconstant, unsteady, fickle; variable; mercurial; patchy; unsteadfast; fitful; fluid; *~e* ***persoon*** fickle/changeable/inconstant person; *~e* ***pryse*** unsettled prices; *'n ~e* ***reëling*** an impermanent settlement; *~e* ***weer*** changeable/unsettled weather. **on·be·sten·dig·heid** changeability, changeableness, instability; unsettledness, inconstancy; impermanence, =nency; patchiness; fitfulness; *die ~ van die weer* the changeability of the weather.

on·be·stor·we *(rare)* (too) fresh *(meat); ~ weduwee* grass widow; deserted wife.

on·be·straf *=strafte* unpunished, unrebuked, uncorrected. **on·be·straf·baar** *=bare* unpunishable. **on·be·straf·lik** *=like* blameless, irreproachable, immaculate.

on·be·stre·de unopposed, undisputed; unrefuted; uncontested; *~ kandidaat* unopposed candidate; *~ verkies wees/word* return unopposed; *~ voorstel* unopposed motion.

on·be·stry·baar *=bare, (rare)* unopposable.

on·be·stuur·baar *=bare* unmanageable; undirigible, unsteerable.

on·be·styg·baar *=bare* unclimbable, unscalable.

on·be·suis *=suisde* reckless, rash, impetuous; precipitate, overhasty; unrestrained, ungovernable. **on·be·suisd·heid** recklessness, rashness, impetuosity; precipitancy; unrestrainedness.

on·be·swaar(d) *=swaarde* unencumbered, unmortgaged; free from care; clear *(conscience); ~e eiendom* open title.

on·be·taal(d) *=taalde* unpaid, outstanding *(sum),* unsettled *(account).* **on·be·taal·baar** *=bare* that cannot be paid, unpayable; priceless, without price; *~bare grap* priceless joke. **on·be·ta·lend** *=lende* unprofitable; unremunerative.

on·be·taam·lik *=like* improper, unseemly, immodest, indecorous, unbecoming, indecent; *~e ontbloting* indecent exposure. **on·be·taam·lik·heid** unseemliness, impropriety, immodesty, unbecomingness, indecency, obscenity.

on·be·te·ke·nend *=nende* insignificant, trivial, unimportant, inconsiderable, trifling.

on·be·teu·el(d) *=elde* unbridled, unchecked, unrestrained, uncontrolled, uninhibited, uncurbed. **on·be·teu·el·baar** *=bare* ungovernable, wild, uncontainable, uncontrollable, untam(e)able, violent, unsubdued. **on·be·teu·el·baar·heid** ungovernableness, wildness, uncontrollability. **on·be·teu·eld·heid** unrestraint, unrestrainedness.

on·be·toom·baar = ONBETEUELBAAR.

on·be·tree *=trede* untrod(den); *~trede terrein* undisturbed ground; uncharted *(region).*

on·be·treur(d) *=treurde* unmourned, unlamented; undeplored.

on·be·trok·ke uninvolved.

on·be·trou·baar *=bare* unreliable *(report, person, etc.);* untrustworthy, shifty *(person);* dodgy *(car etc.);* treacherous *(memory).* **on·be·trou·baar·heid** untrustworthiness, unreliability.

on·be·tuig: *jou nie ~ laat nie* prove what one can do, give a good account of o.s., acquit o.s. well; *al het Hy Homself nie ~ gelaat nie,* (OAB), *maar tog bekend gemaak dat dit Hy is,* (NAB), *(Acts 14:17)* nevertheless he left not himself without witness *(AV),* yet he has not left himself without testimony *(NIV).*

on·be·twis *=twiste* undisputed, unquestioned; undoubted; unassailable; *~te setel, (pol.)* uncontested seat. **on·be·twis·baar** *=bare* indisputable, unquestionable, incontestable, inarguable, unarguable, indubitable, undeniable, incontrovertible, unassailable; *onbetwisbare bewys(e)* hard evidence, absolute proof. **on·be·twis·baar·heid** indisputability, unquestionableness.

on·be·twy·fel·baar *=bare* unquestionable, undoubted, indubitable.

on·be·vaar·baar *=bare* innavigable, unnavigable. **on·be·vaar·baar·heid** innavigability, unnavigableness.

on·be·val·lig *=lige* uncomely, ungraceful, inelegant; *nie ~ nie* rather charming. **on·be·val·lig·heid** uncomeliness, ungracefulness, inelegance.

on·be·van·ge unbias(s)ed, impartial, unprejudiced, fair, non(-)judg(e)mental; open-minded, with an open mind; detached; *~ wees* have an open mind; *'n ~ houding* an unembarrassed attitude; *'n ~ oordeel* an impartial judg(e)ment. **on·be·van·gen·heid** impartiality, fairness, open-mindedness, detachment.

on·be·vat·lik, on·be·vat·lik =*like* obtuse, dull(-witted), slow to understand, *(infml.)* slow on the uptake, uncomprehending, stolid; *(rare)* incomprehensible. **on·be·vat·lik·heid** obtuseness, dul(l)ness, stolidness; *(rare)* incomprehensibility.

on·be·vei·lig =*ligde* unsecured.

on·be·ves·tig =*tigde* unordained, not inducted; unconfirmed; uncorroborated, unsubstantiated.

on·be·vlek =*vlekte* unstained, undefiled, unsullied, clean, pure, spotless, immaculate, stainless, unspotted *(fig.)*, untarnished, unblemished; *~te gewete* clear conscience; *die O~te Ontvangenis, (Chr. theol.)* the Immaculate Conception. **on·be·vlekt·heid** pureness, purity, immaculateness, stainlessness.

on·be·voeg =*voegde, adj.* incompetent, unfit, unqualified, incapable; *iets maak iem. ~ om iets te doen* s.t. disqualifies s.o. from doing s.t.; *iem. ~ verklaar om iets te doen* disqualify s.o. from doing s.t.; *~ wees vir 'n betrekking* be unqualified for a post. **on·be·voeg·de** =*des, n.* incompetent/unqualified person; unauthorised/disqualified person. **on·be·voegd·heid** incompetence, ineptitude; disqualification; *iem. se hopelose ~* s.o.'s gross incompetence.

on·be·volk =*volkte* unpopulated.

on·be·voor·oor·deel(d) =*deelde* unprejudiced, unbias(s)ed, fair, impartial, open-minded, with an open mind, candid, non(-)judg(e)mental; *~ bly* keep an open mind. **on·be·voor·oor·deeld·heid** impartiality, fairness, open-mindedness.

on·be·voor·reg =*regte* unprivileged.

on·be·vre·dig =*digde* unsatisfied; unappeased; ungratified, unpleased; unfulfilled, unmet *(needs etc.)*. **on·be·vre·dig·baar** =*bare* unquenchable, inappeasable; insatiable; unassuageable. **on·be·vre·digd·heid** unsatisfiedness, unfulfil(l)ment. **on·be·vre·di·gend** =*gende* unsatisfactory; unpleasing.

on·be·vrees =*vreesde* undaunted, dauntless, fearless, unafraid, unflinching. **on·be·vreesd·heid** fearlessness, undauntedness.

on·be·vrug =*vrugte* unfertilised; unimpregnated *(animal)*; *~te eier* unfertilised egg; *(bot.)* oosphere; *~te koninginby/byekoningin* virgin queen.

on·be·vry(d) =*vryde* unliberated, unfree *(country etc.)*.

on·be·waak =*waakte* unguarded, unattended.

on·be·weeg·baar =*bare* immovable. **on·be·weeg·baar·heid** immovability, immovableness.

on·be·weeg·lik =*like* motionless; steadfast, unmoved, firm, unyielding, immobile, unmoving, immovable, rigid; adamant; *~ bly* stay put; *iets ~ maak* immobilise s.t.; rigidify s.t.. **on·be·weeg·lik·heid** immobility, stillness, firmness, unyieldingness.

on·be·ween(d) =*weende* unwept, unlamented, unmourned, undeplored.

on·be·werk =*werkte* untilled, uncultivated *(soil)*; uncured, undressed *(meat, tobacco)*; unprepared; untanned, raw *(hide)*; self-faced *(paving etc.)*; unimproved; *dit lê ~* it lies waste.

on·be·we·se unproved, unproven, proofless, unsustained, unsubstantiated, unverified.

on·be·wim·peld =*pelde, adj.* candid, outspoken, openhearted, frank, undisguised, unconcealed. **on·be·wim·peld** *adv.* candidly, frankly, without beating about the bush, outspokenly.

on·be·wo·ë unmoved, untouched, calm, impassive, dispassionate, unruffled, undisturbed, unemotional, impassible, stolid, expressionless, stony-faced; *iets laat iem. ~* s.t. leaves s.o. cold. **on·be·wo·ën·heid** calmness; impassiveness.

on·be·wolk =*wolkte* cloudless, unclouded, clear. **on·be·wolkt·heid** cloudlessness.

on·be·woon(d) =*woonde* uninhabited, empty, unsettled, unpeopled *(region)*; unoccupied, unlived-in, untenanted *(house etc.)*; *~de eiland* desert island. **on·be·woon·baar** =*bare* uninhabitable, untenantable, unlivable, not fit for habitation (*or* to be occupied). **on·be·woon·baar·heid** uninhabitableness.

on·be·wus, on·be·wus =*wuste, adj.* unconscious; unaware *(of)*, unknowing, insensible, oblivious; *~te breinwerking* unconscious cerebration; *van iets ~ wees* be unaware of s.t.; be oblivious of/to s.t.; *iem. was heeltemal/salig ~ van* (of *daarvan dat*) ... s.o. was blissfully unaware of (*or* never knew [that]) ... **on·be·wus, on·be·wus** *adv.* unconsciously; unwittingly, unknowingly, inadvertently. **on·be·wus·te, on·be·wus·te** *n.: die ~, (psych.)* the unconscious. **on·be·wust·heid, on·be·wust·heid** unconsciousness, unawareness; *iem. se salige ~ van iets* s.o.'s blissful ignorance of s.t..

on·be·wys·baar =*bare* unprovable, unverifiable. **on·be·wys·baar·heid** unprovableness, indemonstrability.

on·bil·lik =*like* unfair, unreasonable; unjust, iniquitous, inequitable, unconscionable; *~e afdanking/ontslag* unfair dismissal. **on·bil·lik·heid** unfairness, unreasonableness; injustice, inequity.

on·bloe·dig =*dige* unbloody.

on·blus·baar =*bare* unquenchable, quenchless, inextinguishable, unextinguishable; *onblusbare geesdrif* consuming/flaming passion. **on·blus·baar·heid** unquenchableness, unextinguishableness.

on·boet·vaar·dig =*dige* unrepentant, unrepenting, unapologetic, unremorseful, impenitent. **on·boet·vaar·dig·heid** impenitence.

on·brand·baar =*bare* incombustible, non(-)combustible, non(-)flammable; *onbrandbare film* non(-)flammable film. **on·brand·baar·heid** incombustibility.

on·breek·baar =*bare* unbreakable, nonbreakable, irrefrangible. **on·breek·baar·heid** unbreakableness.

on·brits *onbritse* un-British.

on·broe·der·lik =*like* unbrotherly, unfraternal.

on·bruik disuse; *in ~ raak* fall into disuse; fall into abeyance; *in ~ wees* be out of use; be in abeyance; *'n ... wat in ~ is* (of *geraak/verval het*) a disused ... *(mine, railway line, airfield, school, etc.)*. **on·bruik·baar** =*bare* useless, unfit for use; unserviceable; inefficient; unusable, unemployable; *(infml., rare)* naughty, mischievous. **on·bruik·baar·heid** uselessness, unserviceableness.

on·buig·baar =*bare* unbendable, inflexible; inexorable; cast-iron, rigid; fixed *(laws)*. **on·buig·baar·heid** unbendableness, inflexibility; rigidity.

on·buig·saam =*same* inflexible, unpliable, unbendable; unbending, rigid, firm, unyielding, obstinate, uncompromising, inelastic; hardline *(stance)*; stubborn, fossilised *(pers.)*; *iets ~ maak* (of *laat word*) rigidify s.t.; *'n onbuigsame grondwet* a rigid constitution; *onbuigsame reëls* hard and fast rules. **on·buig·saam·heid** inflexibility; unyieldingness, firmness, obstinacy, stubbornness.

on·bur·ger·lik =*like* uncivic.

on·by·bels =*belse* unbiblical, unscriptural, antiscriptural.

on·cha·ris·ma·ties =*ties* uncharismatic.

on·chris·te·lik =*like, adj.* unchristian(like). **on·chris·te·lik** *adv.* unchristianly. **on·chris·te·lik·heid** unchristianliness.

on·dank ingratitude, thanklessness; *goedheid met ~ beloon* bite the hand that feeds one; *snode ~* base/black/rank ingratitude; *~ is wêreldsloon* never expect thanks for anything, the world pays with ingratitude. **on·dank·baar** =*bare* ungrateful, unthankful, ingrate, thankless; unprofitable; thankless, unrewarding *(task)*. **on·dank·baar·heid** ingratitude, unthankfulness, thanklessness; *growwe/snode ~* base/black/rank ingratitude.

on·danks *prep.* notwithstanding, in spite of, despite, in (the) face of; *~ dit alles* for all that; →DESONDANKS.

on·deeg·lik =*like* not thorough; superficial; unsound. **on·deeg·lik·heid** superficiality, shallowness.

on·deel·baar =*bare* indivisible; impartible; *~bare getal* prime number; *onderling ~bare getalle* incommensurable numbers; *in 'n ~bare oomblik* in a fraction of a second. **on·deel·baar·heid** indivisibility.

on·de·fi·ni·eer·baar =*bare* indefinable, undefinable. **on·de·fi·ni·eer·baar·heid** indefinableness, undefinableness.

on·de·mo·kra·ties =*tiese* undemocratic.

on·demp·baar =*bare* unquellable, unquenchable.

on·denk·baar =*bare* inconceivable, unimaginable, unthinkable; *dit is vir iem. ~* it is inconceivable to s.o.. **on·denk·baar·heid** inconceivability, unthinkableness.

on·der *adv.* below, down, underneath; downstairs; *~ **aan*** →ONDERAAN; *heel ~ **begin*** start at the bottom of the ladder; *~ **bly*** →BLY[2] *vb.; iem./iets ten ~ **bring**, (liter.)* vanquish/conquer/overcome/subjugate s.o./s.t.; *ten ~ **gaan**, (liter.)* go under, go to the wall; ***heel** ~* right at the bottom, at the very bottom; *tot **heel** ~* all the way down; *~ **in** ...* down in ..., at the bottom of ...; *~ **kom*** get down; *iets ~ **kry*** get s.t. down; →ONDERKRY; ***kyk** ~* see below; *~ **langs*** →LANGS, ONDERLANGS; *~ ... **lê*** →LÊ[1] *vb.; **na** ~* down; *~ **op** die bladsy* at the foot of the page; *~ **sit*** sit (down) below; →ONDERKRY; *die **son** gaan ~* →SON; *~ **uitval*** drop/fall out; ***van** ~ (af)* from below; from the bottom; *vuil/ens. **van** ~ wees* be dirty/etc. underneath; *~ **woon*** live on the ground floor. **on·der** *prep.* below, under(neath), beneath; among; amid *(s.t.)*; *iets ~ die aandag bring* →AANDAG; *~ die **aanwesiges** was X,Y en Z* some of (*or* among) those present were X, Y and Z; *~ **al** die spelers/ens. is hy/sy ...* of all the players/etc. he/she is ...; *~ **andere*** →ANDER *n.; ~ **beskerming** van ...* →BESKERMING; *~ **bewaking** wees* →BEWAKING; *~ **dak*** →DAK, ONDERDAK; *~ die **diens*** during the service; *iets ~ **dwang** doen* →DWANG; *~ die **ete*** →ETE; *~ die **gehoor*** →GEHOOR; *~ die **grond*** →GROND *n.; iem. ~ **hande** neem* →HAND; ***heelwat** ~ ...* →***ver/vêr/heelwat**; ~ **katoen/ens.*** under/in cotton/etc., planted with cotton/etc.; *'n land ~ **koring/ens.** sit* put a field to wheat/etc.; *~ die **lat** deurloop* →LAT[1] *n.; iets ~ **lede** hê* →LID[2]; *~ die **lees/loop/ens.** het iem ....* while reading/walking/etc. s.o ..., as s.o. read/walked/etc ...; *~ **leiding** van ...* →LEIDING; *~ **meer*** among other things, inter alia; *~ **mekaar*** →MEKAAR; *hulle deel dit ~ **mekaar*** →DEEL[1] *vb.; hulle maak rusie ~ **mekaar*** →RUSIE; *~ **mekaar** ooreenkom* →OOREENKOM; *~ die **mense*** →MENS[1] *n.; ~ die **naam** (van) ... gaan* →NAAM; *feite ~ die **oë** sien* →FEIT; *(net) ~ **ons**, ~ **ons** (gesê)* between ourselves, between you and me (and the gatepost); ***reg** ~ ...* right under ...; *~ die **regering** van ...* →REGERING; *~ **skoot*** →SKOOT[1]; *~ ... se **sorg** wees* →SORG *n.; by/~ prof. X **studeer*** →STUDEER; *~ die **tafel** deur kruip* pass under the table; →ONDERDEUR *adv.; ~ **toesig** van ... wees* →TOESIG; *in/~ **trane** wees* →TRAAN *n.; met/~ **trane*** →TRAAN *n.; **ver/vêr/heelwat** ~ ...* well below ...; *iets doen met/~ die **verstandhouding** dat ...* →VERSTANDHOUDING; *~ **voorsitterskap** van ...* →VOORSITTERSKAP; *~ die **wapen(s)*** in/under arms, armed; *~ (die) **water*** →WATER *n.; iets ~ **water** sit* →WATER *n.; ~ ... **wees*** be included in ...; *~ iem. se **werke** is ...* s.o.'s works include ...; *~ **wie** ...* under whom ...; among(st) whom ... *~ die **wind*** →WIND *n.; iets ~ **woorde** bring* →WOORD; *~ die **wyl**, (obs., rare)* meanwhile, in the mean time (*or* meantime). **~aan, onder aan** below, at the foot/bottom; *~ (of ~ ~) die bladsy* at the foot/bottom of the page. **~aandeel** subshare. **~aandeelgekoppel(d)** *(ins.)* unit-linked *(endowment policy etc.)*. **~aandeelhouer** unitholder *(of a unit trust)*. **~aandeelprys** unit price *(of a unit trust)*. **~aannemer** subcontractor. **~aansig** bottom view. **~afdeling** subsection; subdivision; *(biol.)* subphylum. **~agent** subagent. **~agentskap** subagency. **~arm** forearm. **~armmaat** underarm measurement. **~artikel** subsection. **~baadjie** waistcoat; *gebreide ~* cardigan. **~bak** underbody *(of a vehicle)*. **~balju** deputy sheriff. **~balk** *(archit.)* architrave, epistyle, purlin. **~been** lower (part of the) leg. **~befonds** underfund. **~befonds(te)** underfunded. **~befondsing** underfunding. **~beklemtoning** understatement; underemphasis. **~beklemtoon** understate; underemphasise. **~belê** underinvest. **~belig** =*ligte, adj.* underexposed. **~belig** *het ~, vb.* underexpose. **~beligting** underexposure. **~beman** =*mande* undermanned, short-handed; short-staffed. **~benut** underuse, underutilise. **~benutting** underuse, underutilisation. **~beset** =*sette* understaffed; not fully occupied *(accommodation)*; underoccupied *(schools etc.)*; underemployed *(productive resources)*; with spare capacity. **~besteding** *n.* underspending. **~bestee** *vb.* underspend. **~betaal** *het ~* un=

derpay. ~**betaal(d)** -*taalde* underpaid. ~**betaling** -*linge, -lings* underpayment. ~**bevelhebber** second in command; subordinate commander. ~**bevolk** underpeopled, -populated. ~**bewus** -*wuste, adj.* subconscious; subliminal; ~*te waarneming* subliminal perception. ~**bewuste,** ~**bewussyn** *n.* subconscious mind, subconscious(ness), inner space, subliminal self; *die ~, (psych.)* the subconscious; *in jou ~* subconsciously. ~**bewustelik** subconsciously. ~**bibliotekaris** deputy librarian. ~**bie** underbid; undercut. ~**bieding** underbidding; undercutting. ~**bind** *het ~, (med., rare)* tie up, ligate *(a vein).* ~**binding** ligature. ~**boog** subarch. ~**bootsman** boatswain's mate. ~**bos** *(ecol.)* understorey; *(also* towerhaselaar, *Trichocladus* spp.*)* underbush, witch hazel. ~**bou** substructure, substruction; *(min.)* overridden mass; infrastructure. ~**bring** *onderge-* (provide) shelter (for), accommodate; store *(things),* house; *by ... ondergebring word* be subsumed under ... ~**broek** (pair of) underpants/drawers. ~**broekie** *(dim.)* (pair of) briefs/panties; *kort ~* (pair of) scanties. ~**buik** abdomen. ~**buikstreek** abdominal region. ~**burgemeester** *(masc.),* ~**burgemeesteres** *(fem.)* deputy mayor *(masc.),* deputy mayoress *(fem.).* ~**deurpad** underpass. **O~-Devoon** *(geol.)* Lower Devonian. ~**direkteur** assistant/deputy director. ~**dominant** subdominant. ~**dompel** *onderge-* immerse, plunge in, submerge, souse, baptise. ~**dompeling** immersion, plunge, submersion, submergence. ~**dop** plastron *(of tortoise).* ~**dorp** *(somewhat obs.)* shanty/tin town; *(infml.)* the wrong side of the tracks. ~**duik** *onderge-* dive, plunge, duck; go underground, go into hiding. ~**dypees** *(rare)* = SKENKELSENING. ~**ent** -*ente* lower end, bottom end, foot, toe, base; *aan die ~ van* ... at the bottom of ... *(the table etc.); by die ~ van ...* at the foot of ... *(the bed etc.).* ~**familie** *(chiefly biol.)* subfamily. ~**gebied** subregion. ~**gefinansie(e)r(d)** underfinanced. ~**gekapitaliseer(d)** undercapitalised. ~**gekwalifiseer(d)** underqualified. ~**gemelde,** ~**genoemde** undermentioned, mentioned hereafter, undernamed; →ONDERSTAANDE. ~**gerapporteer(d)** underreported. ~**getekende,** ~**getekende** -*des* undersigned; ~ *verklaar* ... the undersigned states ...; *ek die ~, ons die ~s* I/we, the undersigned. ~**gewig** short weight. ~**gis** brewer's yeast. ~**gisting** bottom fermentation. ~**glasuur** *n.* underglaze. ~**glasuurkleur** underglaze colour. ~**god** *(philos.)* demiurge. ~**goed** underclothes, underwear. ~**goewerneur** vice-governor. ~**gooi** *onderge-* throw down; put beneath (*or* at the bottom). ~**graaf,** ~**grawe** *het ~* sap, undermine, subvert, be subversive of. ~**grawer** underminer *(lit. & fig.);* subverter *(fig.);* ~**grawing** sapping, undermining, subversion. ~**groep** subgroup, subset. ~**hangend** -*gende* underslung. ~**hemp** vest, undershirt; *(woman's)* chemisette, spencer. ~**hoof** vice-principal; subchief, second in command *(fig.); (typ.)* subhead(ing). ~**hoofman** subchief, assistant leader. ~**hout** brushwood, underwood, undergrowth. ~**huis** lower part of a house; ground floor, lower storey. ~**huur** *n.* subtenancy, sublease. ~**huur** *onderge-, vb.* subrent. ~**huurder** subtenant, sublessee. ~**inspekteur** subinspector. ~**jurk** petticoat. ~**kaak** mandible, lower/nether jaw; maxilla *(of insect).* **O~-Kaap:** *die ~, (infml.: more or less the CBD)* lower Cape Town; →BO-KAAP. ~**kakebeen** mandible, lower jaw. ~**kanselier** vice-chancellor; prochancellor. ~**kapitaliseer** undercapitalise. ~**kaptein** vice-captain; subchief; second master *(of a ship),* undercaptain. ~**kapteinskap** vice-captaincy, vice-captainship. ~**kas** *(typ.)* lower case, small letters. ~**kategorie** subcategory. ~**kerk** lower church *(situated lower down);* crypt. ~**kerkvoog** sidesman. ~**klas** underclass *(of society); (biol.)* subclass. ~**kleding** = ONDERKLERE. ~**kleed** undergarment. ~**kleedjie** undercloth. ~**klere** underclothes, underclothing, underwear; *(fyn) ~* lingerie; *skoon ~ aantrek, ~ verwissel* change one's underclothes. ~**kok** undercook, assistant cook. ~**kombers** underblanket. ~**komitee** subcommittee. ~**koning** *(masc.),* ~**koningin** *(fem.)* viceroy *(masc.),* vicereine *(fem.).* ~**koningskap** viceroyship, viceroyalty. ~**koninklik** viceregal. ~**konsumpsie** underconsumption. ~**kontrak** subcontract. ~**kontrakteur** subcontractor. ~**koopman** junior merchant. ~**korporaal** lance corporal. ~**krans** undercliff. ~**kry,** ~**sit** *onderge-* master, subdue, overpower, put down, get the better of. ~**kultuur** subculture. ~**kussing** underpillow, bolster. ~**laag** lower layer, substratum, substrate, bottom layer, underlayer; undercoat(ing); *(cosmetics)* foundation, (make-up) base; *(chem.)* hypophase; parent stock; subsoil; *'n/die ~ ly, (obs.)* →'N/DIE NEDERLAAG LY. ~**laagroom** foundation cream. ~**laken** undersheet. ~**langs** covertly, surreptitiously, slily, underhand, furtively; *hy/sy is altyd so ~* he/she can never look one straight in the eyes. ~**leier** deputy leader. ~**lendestuk** undercut, fillet. ~**linne** body linen, underlinen. ~**lip** lower lip; labium; *iem. se ~ hang, (infml.)* s.o. is sulking; s.o. is down in the dumps. ~**loop** -*lope, n.* lower reaches *(of a river); (comp.)* underflow. ~**loop** *onderge-, vb.* be inundated/swamped/flooded; *laat ~* inundate, flood. ~**loopwater** tail water. ~**losser** hopper (barge). ~**luitenant** sublieutenant. ~**lyf** lower part of the body; abdomen. ~**lyfie** camisole, underbodice, spencer. ~**matras** undermattress, underlay. ~**melk** skim/skimmed milk, separated milk. ~**minister** deputy minister; *(Br.)* parliamentary secretary, undersecretary. ~**-na-bo-** bottom-up *(approach, view, analysis, etc.).* ~**nek** sticking-piece *(of beef).* ~**normaal** -*male* subnormal, substandard. ~**offisier** -*siere, -siers* non(-)commissioned officer *(in the army);* petty officer, yeoman *(in the navy).* ~**ontwikkel(d)** -*kelde* underdeveloped. ~**ontwikkeling** underdevelopment. ~**ooglid** lower eyelid. ~**orde** suborder. ~**pad** underpass, subway. ~**pag** *(chiefly hist.)* sublease. ~**pagter** *(chiefly hist.)* sublessee. ~**part** lower part; skirt *(of dress).* ~**pastoor** priest's deputy/assistant. ~**ploeg** *onderge-* plough back/down/in/under; *(fig.)* subvert, undermine. ~**prestasie** underachievement. ~**presteer** underachieve, underperform. ~**presteerder** underachiever. ~**produksie** underproduction. ~**rapporteer** underreport. ~**ras** subbreed. ~**regent** vice-regent. ~**rok** petticoat, slip; underskirt; *iem. se ~ hang uit, (fig., infml.: unwittingly reveal one's true feelings)* s.o.'s slip is showing *(infml.).* ~**rokheide** *(Erica corydalis)* petticoat heath. ~**seil** *(naut.)* course; *groot ~* main course. ~**sekretaris** undersecretary. ~**sersant** lance sergeant. ~**sestien** -*tiens: die ~s* the under sixteens (*or* under-sixteens). ~**sestienspan,** ~**-16-span, o.16-span** under sixteen team, under-sixteen team, U-16 team. ~**sit** →ONDERKRY. ~**skat** *het ~* underestimate, underrate, discount, misprize, misesteem. ~**skatting** underestimation, -valuation, -statement, misesteem, misappreciation; *dit is 'n hopelose ~* that is the understatement of the year. ~**skikkend** -*kende* subordinate; subordinative; ~*e voegwoord* subordinating conjunction. ~**skikking** subordination. ~**skildering** underpaint(ing). ~**skrif** caption; inscription, motto, legend; signature; subscription; *(math., comp.)* subscript. ~**skryf,** ~**skrywe** *het ~* endorse, (under)sign; confirm, endorse *(a statement);* underwrite *(a loan, shares, views);* subscribe to *(a view),* approve, go along with; adhere to; *'n gevoel ~* share a feeling; *'n uitspraak ~* concur in a judgement. ~**skrywer** signer, endorser; sponsor, underwriter, subscriber. ~**slymvlies** submucous coat, submucosa. ~**snyding** undercut(ting). ~**soort** subspecies; subtype. ~**span** *het ~, (geom.)* subtend. ~**speel** *vb.* downplay. ~**spit:** *die ~ delf* be defeated, come off worst, get/have the worst of it, come off second-best, be worsted. ~**staande** undermentioned, subjoined, following; *vul ~ vorm in* complete the form below. ~**stag** *(naut.)* martingale. ~**stam** rootstock *(for grafting),* parent stock; subphylum. ~**standig** -*dige, (bot.)* hypogenous, inferior. ~**steel(letter)** *(typ.)* descender. ~**stertskub** *(zool.)* subcaudal *(of a snake).* ~**stok** rootstock *(for grafting);* →ONDERSTAM. ~**stop** *het ~, (rly.)* pack. ~**stopping** *(rly.)* packing. ~**streep** *het ~* highlight *(problems etc.);* underline *(lit., fig.),* emphasise, stress; underscore *(lit.); iets dik ~, (lit.)* underline s.t. heavily; *(fig.)* underline s.t. heavily, emphasise s.t. strongly; *deur ... ~ word, (also)* be punctuated by/with ... ~**streping** -*pings, -pinge* underlining, stress(ing), emphasising. ~**stroming** undercurrent. ~**stroom** *(lit. & fig.)* undercurrent, underflow; *(naut.)* underset. ~**stuk** lower part, bottom part/piece; skirt *(of a dress);* base, support. ~**stut** *het ~* buttress (up), support, prop (up), underpin, shore up. ~**stutting** underpinning. ~**stuurman** second mate. ~**suur** *n. & adj.* hypoacid. ~**suurheid** hypoacidity. ~**sy** underside *(of an animal).* ~**tand** lower tooth. ~**titel** subheading; subtitle. ~**tongsenu(wee)** hypoglossal (nerve). ~**tongsist** ranula. ~**toon** *(mus., fig.)* undertone. ~**tou** underlay rope. ~**trou** *het ~* intermarry. ~**trouery,** ~**trouing** intermarriage. ~**tussen** meanwhile, in the mean time (*or* meantime). ~**tyd:** *~ werk* be/work (on) short time. ~**vag** underfleece. ~**vang** *het ~* intercept; obviate; *besware ~* meet objections. ~**velt** →ONDERVILT. ~**verbruik** underconsumption. ~**verdeel** *het ~* subdivide, divide up; *iets in ... ~* subdivide s.t. into ...; break down s.t. into ... ~**verdeelbaar** -*bare* subdivisible. ~**verdeling** subdivision. ~**verdieping** ground floor. ~**verf** undercoat *(of paint).* ~**verhuring** subletting, sublease. ~**verhuur** *het ~* sublet, underlet. ~**verhuurder** sublessor. ~**versadig** -*de* undersaturated. ~**versadiging** undersaturation. ~**verteenwoordig** -*de* underrepresented *(group etc.).* ~**vilt,** ~**velt** underfelt. ~**vlak** bottom, base; undersurface. ~**vloers** under the floor; ~*e verhitting* underfloor heating. ~**voed** -*voede, adj.* underfed, undernourished, malnourished. ~**voed** *het ~, vb.* underfeed, undernourish. ~**voeding** underfeeding, insufficient nutrition, undernourishment, malnutrition. ~**voer** *(mot.)* starve. ~**voering** *(mot.)* starvation. ~**volgend** -*gende* subjoined. ~**voorman** chargehand, chargeman. ~**voorsien** underprovide. ~**voorsiening** underprovision. ~**voorsitter** *(masc.),* ~**voorsitster** *(fem.)* vice-president, vice-chair(man) *(masc.),* vice-chair(lady/woman) *(fem.); eerste/tweede ~* senior/junior vice-president/-chair. ~**vra** →ONDERVRA. ~**waardeer** *onderge-* undervalue. ~**waardering** undervaluation. ~**wêreld** *(myth.)* infernal regions, Hades, Tartarus; underworld, low life *(of crime etc.); die ~* the lower/nether world, the shades.

on·der·aards -*aardse,* **on·der·gronds** *adj. & adv.* subterranean, underground; ~*e deurgang* subway; ~*e water* underground water. **on·der·aard·se** *n.: die ~* the underworld.

on·der·breek *het ~* interrupt, intermit; break *(a journey, silence, monotony);* suspend; punctuate; disturb; break off; →ONDERBROKE; *jou reis ~* break one's journey, stop off/over, *(infml.)* make a pit stop; *(telkens) deur ... ~ word* be punctuated by/with ... *(laughter etc.);* ~*broke skof* split shift. **on·der·breek·punt** *(comp.)* breakpoint. **on·der·bre·ker** interrupter; *(mech.)* breaker. **on·der·bre·king** -*kings, -kinge* interruption, break; disturbance, pause; *(mech.)* failure; discontinuity; *sonder ~* without a break; without respite; at a spell. **on·der·bro·ke** interrupted; intermittent; disturbed; discontinuous; discrete; ~ *streep* broken line; ~ *sterilisasie* fractional sterilisation.

on·der·daan -*dane* subject, national. **on·der·daan·skap** citizenship, nationality. **on·der·da·nig** -*nige* submissive, humble, obedient, subservient; obsequious; meek and mild; *teenoor ... ~ wees* be subservient to ...; *U ~e dienaar, (obs.)* yours obediently. **on·der·da·nig·heid** submissiveness, humility, obedience.

on·der·dak shelter, home, accommodation; *(aan) iem. ~ gee/bied* put up s.o., house s.o.; ~ *hê* have a roof over one's head. *geen ~ hê nie, (also)* be homeless.

on·der·deel -*dele* lower part; subdivision; subheading; fraction; component; accessory; (spare) part; ~ *van die* ***geheel*** part of the whole; *die onderdele van die* ***masjien*** the parts of the machine; *iets van onderdele* ***voorsien*** accessorise s.t. *(a car etc.); 'n ~ van die* ***wetenskap*** a branch of science.

on·der·dek -*dekke, n.* lower deck, underdeck. **on·der·deks** -*dekse, adj.* under deck *(pred.),* underdeck *(attr.).*

on·der·deur *n.* lower half of a door, lower door; hatch; half-door; *sy loer al oor die ~* she is taking an interest in boys. **on·der·deur** *adv.* underneath; *iets ~* ***gooi*** throw s.t. underarm; ~ *na ...* ***loer*** look at ... from under the eyebrows; ~ ***loop*** walk underneath, pass under, underrun; ~ ***spring*** jump underneath (and out at the other side); ~ ***wees,*** *(infml.)* fail *(in an examination).* ~**loop** *onderdeurge-, (infml., rare)* be reprimanded/rebuked/rated; be caned/beaten. ~**spring** *onderdeurge-, (infml.)* deceive, cheat, trick.

on·der·doen *onderge-: vir ...* ~ be inferior to ...; *vir iem.* ~ yield the palm to s.o., be no match for s.o.; *vir niemand ~ nie* be second to none.

on·der·druk¹ *onderge-* press down/under, hold down.

on·der·druk² *het ~, vb.* oppress *(the people);* suppress *(a rebellion, feelings, a groan, etc.);* crush, quell, overcome; smother *(a yawn, facts, etc.);* stifle *(a yawn);* pocket *(feelings);* scotch *(an idea);* choke (down), clamp down on, put down, repress, keep/hold under, subdue; stamp out; inhibit; *'n opstand/oproer/rebellie* ~ crush (*or* put down) a rebellion; *mense/ens. op grond van ras* ~ oppress people/etc. racially; *~te gevoelens* pent-up emotions. **on·der·druk** *adj.* repressed. **on·der·druk·kend** *-kende, (also pol.)* oppressive. **on·der·druk·ker** suppressor; oppressor. **on·der·druk·king** suppression; repression, inhibition; oppression. **on·der·druk·middel** *-dele, -dels* depressant.

on·der·duims *-duimse, adj.* underhand, sly, scheming, stealthy, furtive, surreptitious; ~ *optree* behave deviously. **on·der·duims** *adv.* underhand, stealthily, by stealth, slyly, not aboveboard. **on·der·duims·heid** underhand dealings, hypocrisy, cunning, stealth, slyness, furtiveness.

on·der·gaan¹ *n.* setting; *met die ~ van die son* at the setting of the sun. **on·der·gaan** *onderge-, vb., (the sun)* set; *(vessel)* sink, go down; die, perish, succumb, go to rack and ruin, go under. **on·der·gang** setting *(of the sun);* ruin, destruction; demise, collapse, downfall, fall, *(infml.)* meltdown; undoing; extinction; doom, overthrow; *iets met ~ **bedreig*** strike at the root of s.t.; *iets **beteken** die ~ van ...* s.t. spells ruin to ...; *iem. se ~ **bewerk*** ruin s.o., bring about s.o.'s ruin; *iets **bewerk** iem. se ~, (also)* s.t. is (*or* leads to) s.o.'s undoing; *jou eie ~ **bewerk**, self jou ~ **bewerk*** ruin o.s., *(infml.)* dig one's own grave, cut one's own throat, sign one's (own) death warrant; *iem. kans gee om sy/haar eie* (of *self sy/haar*) *~ te **bewerk*** give s.o. enough rope to hang him-/herself; *iem. sy/haar ~ **instuur*** send s.o. to his/her doom; *die ~ van 'n **ryk*** the fall of an empire; *iem. **se** ~ wees* be the ruin of s.o.; *iem. se ~ **soek*** be after (*or* be out for *or* seek) s.o.'s blood; *jou ~ **tegemoetgaan*** (of ***tegemoet gaan***) go to one's doom; head/ride for a fall; *iets **veroorsaak** iem. se ~* s.t. is s.o.'s downfall; ***volslae** ~* utter ruin.

on·der·gaan² *het ~, vb.* undergo *(an operation, punishment, a change, etc.),* endure, suffer *(humilation etc.); iem./iets ... laat ~* subject s.o./s.t. to ...; *iem. lyding laat ~* inflict suffering on s.o.; *iem. het 'n verandering ~* a change has come over s.o..

on·der·geskik, on·der·ge·skik *-skikte, adj.* subordinate; subsidiary; minor; inferior; subservient; inessential; *iem. is **aan** ... ~* s.o. is inferior to ...; s.o. is subordinate to ...; s.o. is subservient to ...; *iets is **aan** ... ~* s.t. is subsidiary to ...; s.t. is subservient to ...; *van ~te **belang** wees* →BELANG *n.; ~te **klas*** underclass; *iets aan ... ~ **maak*** subordinate s.t. to ...; *~te **regter*** puisne judge; *'n ~te **rol** speel* play an unimportant (*or* a minor) part, *(infml.)* play second fiddle; *~te **sin**, (gram.)* subordinate clause. **on·der·ge·skik·te** *-tes, n.* subordinate, inferior; underling, understrapper, underdog. **on·der·ge·skikt·heid** subordination, inferiority.

on·der·glet·sers *adj., (geol.)* subglacial.

on·der·grond subsoil; underground; basis; foundation; subterranean realm; *boonste ~* subsurface. **on·der·gronds, on·der·gronds** *-grondse, adj.* underground, subterranean, phreatic; *~e **besproeiing*** upward irrigation; *~e **kamer/gang**, (archaeol.)* underground chamber/passage, *(<Fr.)* souterrain; *~e **spoorweg/trein*** underground (railway), metro, tube; *~e **verdieping*** basement; *~e **water*** groundwater, subterranean/phreatic water. **on·der·gronds, on·der·gronds** *adv.* underground.

on·der·handel *het ~* negotiate, bargain *(with),* discuss terms, confer; transact; ***met** iem. ~* negotiate (*or* discuss terms) with s.o.; ***met** die vyand ~, (also)* parley with the enemy; ***oor** iets ~* negotiate about/on/over s.t.; ***oor** vredesvoorwaardes ~, (also)* discuss peace terms; ***vir** iets ~* negotiate for s.t.; ***weer/opnuut** ~ (oor)* renegotiate. **on·der·han·de·laar** negotiator, go-between, emissary, mediator, transactor; bargainer. **on·der·han·de·ling** *-lings, -linge* negotiation; discussion; bargaining; parley; *~s/~e **aanknoop*** enter into (*or* open) negotiations; *die ~s/~e het **afgespring*** (of *is **gestaak***) (the) negotiations were broken off; ***begin** van ~s/~e* overtures; *terwyl die ~s/~e **hangende*** (of *aan die **gang***) *is* pending the negotiations; ***in** ~ wees* be negotiating, be engaged in negotiations; *~s/~e **met** ...* negotiations with ...; *die ~s/~e **staak*** break off negotiations; *in ~ **tree*** enter into (*or* open) negotiations; *~s/~e **tussen** ...* negotiations between ...; *~s/~e **voer*** carry on (*or* conduct) negotiations; ***voorlopige** ~s/~e* preliminary negotiations. **on·der·han·de·lings·ta·fel** negotiating table.

on·der·hands *-handse, adj.* underhand, clandestine, crafty, deceptive; collusive; secret; private; *~e **bal*** underarm ball; *~e **kontrak**, (jur.)* underhand contract; *by ~e **ooreenkoms*** by private treaty; *~e **samewerking/verstandhouding*** collusion; *~e **slag*** underhand stroke; *~e **testament*** underhand will; *~e **verkoop*** private-treaty sale. **on·der·hands** *adv.* underhand, clandestinely; secretly; *iets ~ gooi* throw s.t. underarm; *iets ~ verkoop* sell s.t. privately (*or* by private treaty).

on·der·ha·wi·ge: *die ~ geval* the present case, the case in question (*or* under discussion); *die ~ jaar* the year under review.

on·der·he·wig liable *(to);* subject *(to); aan ... ~ wees* be liable to ... *(taxes etc.);* be prone to ... *(diseases etc.);* be subject to ... *(interruptions etc.);* be open to ... *(doubt etc.).*

on·der·ho·rig *-rige, adj.* dependent, subordinate; suffragan *(bishop);* inferior *(officer);* belonging to; *aan ... ~ wees* be subject to ... *(a country etc.).* **on·der·ho·ri·ge** *-ges, n.* dependent, subordinate. **on·der·ho·rig·heid** dependence, subordination; *(geog.)* dependency;

on·der·hou¹ *onderge-, vb.* keep under, hold down, repress, suppress.

on·der·hou² *-houe, adj.* kept (up), maintained, serviced; *goed ~* in good repair, well-kept; *sleg ~* unkept, untended, in bad repair. **on·der·hou** *het ~, vb.* support, keep, provide for; keep up, maintain, service, keep in repair; *'n **briefwisseling** ~* keep up a correspondence; *'n **diens** ~* operate a service; ***gebooie** ~* keep commandments; *'n **huis** ~* keep a house in repair; *'n **huisgesin** ~* provide for (*or* keep) a family; ***iemand** ~, (also)* entertain s.o.; *'n **masjien** ~* service a machine; ***paaie** ~* keep roads in repair; *'n **troepemag** ~* maintain troops; *die tuin word goed ~* the garden is well kept; *'n **vaardigheid** ~* keep one's hand in.

on·der·houd¹ *(no pl.)* support, maintenance *(of a family);* upkeep *(of a road/house/etc.);* ***in eie** ~ voorsien* earn one's keep; ***in** ~* in commission; *die ~ **van** ...* the upkeep of ... *(a machine etc.);* the provisioning/maintaining/maintenance of ... *(troops etc.); in die ~ van iem. **voorsien*** provide for s.o.. **~pligtig** *-e* bound to keep (in good repair); liable for maintenance/support. **~span** maintenance crew/gang.

on·der·houd² *-houde* interview, conversation; parley; discourse; colloquy; *'n ~ aan iem. toestaan* give/grant s.o. an interview; *'n ~ met iem. voer* interview s.o.; *om 'n ~ vra* request an interview.

on·der·hou·dend *-dende* amusing, entertaining, interesting. **on·der·hou·dend·heid** entertainingness. **on·der·hou·ding** keeping, observance, maintenance; entertainment. **on·der·hou·er** supporter, provider, keeper, maintainer.

on·der·houds-: **~koste** maintenance costs/charges/expenses, (cost of) upkeep. *onderhouds- en bedryfskoste* maintenance and operating costs/expenses. **~plig** duty of support. **~toelae** *-toelaes,* **~toelaag** *-toelae* subsistence allowance; maintenance money. **~werkplaas** maintenance workshop.

on·der·huid *(anat.)* true skin, hypoderm(is), hypoderma, cutis, derm. **~spuitjie** hypodermic syringe. **~weefsel** subcutaneous tissue.

on·der·huids, on·der·huids *-huidse* subcutaneous *(feeding),* hypodermic *(injection); ~e bloeding* suffusion; *~e inspuiting* hypodermic injection.

on·der·kant *n.* lower/ventral side; underside, bottom; underpart, lower part; *(her.)* bottom (edge); *meer na die ~ (toe)* lower down. **on·der·kant** *adv. & prep.* below, beneath. **on·der·kant·s(t)e** *adj.* lower.

on·der·ken¹ *-kenne, n.* double chin.

on·der·ken² *het ~, vb., (fml., rare)* recognise, identify, observe; distinguish, tell apart, know from. **on·der·ken·baar** *(fml., rare)* recognisable, distinguishable. **on·der·ken·ning** *(fml., rare)* distinguishing, recognition, identification, telling, knowing.

on·der·koel *het ~* supercool, superfuse. **on·der·koel(d)** supercooled. **on·der·koe·ling** supercooling; superfusion; →OORAFKOELING.

on·der·ko·me *-mens, (rare)* shelter, accommodation; *'n ~ soek/vind* seek/find shelter/accommodation.

on·der·kruip *het ~* undersell, sell cheaper than, undercut; blackleg *(during a strike);* swindle, defraud; interlope, supplant. **on·der·krui·per** underseller; scab, blackleg *(during a strike);* swindler; supplanter. **on·der·krui·pe·ry** underselling, undercutting; blacklegging; swindling. **on·der·krui·ping** underselling; blacklegging. **on·der·kruip·sel** *(infml., rare, rather derog.)* titch, shorty, shrimp, squirt, runt.

on·der·lê·end *-ende* = ONDERLIGGEND.

on·der·lê·er *(rly.)* underlay, pad, ground plate.

on·der·leg *-legde,* **on·der·lê** *-lêde, -legde* grounded; ***goed** ~ wees* be well qualified; *goed **in** 'n vak ~ wees* be well-grounded/-versed (*or* have a good grounding) in a subject; *goed ~ **in** geskiedenis/ens. wees, (also)* be well up in history/etc. *'n goed ~de **onderwyser*** a well-equipped teacher. **~hout** *(rly.)* bed timber. **~plaat** *(rly.)* bedplate; *(mech.)* shim; *(min.)* soleplate.

on·der·legd·heid grounding.

on·der·lig·gend *-gende* underlying, subjacent; *~e **beginsel*** = GRONDBEGINSEL. *~e **betekenis*** underlying meaning; subtext *(in a piece of writing); ~e **teks*** subtext; *~e **tema*** underlying theme, subtext.

on·der·ling *-linge, adj.* mutual; *~e afhanklikheid* interdependence; *~e hulpvereniging* (mutual) benefit society, friendly society; *~e verband* interrelation(ship). **on·der·ling** *adv.* mutually; among/between them; *~ afhanklik* interdependent; *~ verdeeld wees* be divided amongst themselves. **on·der·ling·heid** mutuality, mutualness; intercommunity.

on·der·maans *-maanse, adj., (poet., liter., also joc.)* sublunary, earthly, mundane, terrestrial; *~e sake* sublunary affairs, mundane matters. **on·der·maan·se** *n.: (hier)die ~* this world.

on·der·maat undersize. **on·der·maats, on·der·maats** *-maatse* undersized, undersize.

on·der·me·kaar·trou·e·ry *(infml.)* intermarriage.

on·der·myn *het ~* undermine, sap, subvert; *~de gestel* vitiated constitution *(of a person).* **on·der·my·nend** *-nende* subversive. **on·der·my·ner** underminer *(lit., fig.);* subverter *(fig.).* **on·der·my·ning** sapping, undermining, subversion.

on·der·neem *het ~* undertake, attempt; initiate *(steps);* embark on; take in hand; stage, mount *(an attack); ~ om iets te doen* undertake to do s.t.. **on·der·ne·mend** *-mende* enterprising, go-ahead. **on·der·ne·mer** *-mers* one who undertakes; originator; entrepreneur, contractor, operator; proprietor. **on·der·ne·mer·skap** entrepreneurship; *vrye ~* free enterprise.

on·der·ne·mers-: **~kapitaal** *(rare)* = WAAGKAPITAAL. **~kultuur** enterprise culture. **~loon** entrepreneur's remuneration, wages of management. **~risiko** entrepreneurial risk.

on·der·ne·ming *-mings, -minge* undertaking, enterprise; venture, risky undertaking; proposition, operation; launch(ing) *(of a campaign); 'n ~ **begin*** set up in business, start a business; *'n ~ **bestuur/(be)dryf/(be)drywe*** run a business; *jou **eie** ~ begin* branch out on one's own; *'n ~ op tou sit* set up in business, start a business. **on·der·ne·mings·ad·vi·seur** management consultant. **on·der·ne·mings·gees** (spirit of) enterprise, initiative, gumption; *~ aan die dag lê* show enterprise; *iem. het vol ~ sy/haar eie besigheid/saak begin* s.o. very enterprisingly started his/her own business. **on·der·ne·ming·so·ne** enterprise zone.

on·der·ok·sel·stan·dig =*dige, (bot.)* subaxillary.

on·der·on·sie =*sies, (infml.)* quarrel, row, tiff, scrap, spat, squabble, words; *(rare)* (small) family gathering, private discussion, meeting of intimate friends; private business; *'n ~ met iem. hê, (infml.)* have a tête-à-tête with s.o.; have a run-in with s.o..

on·der·pand pledge, guarantee, security; *op ~* against security; *saaklike ~* collateral security; *iets tot/as ~ gee* pledge s.t.

on·der·rig *n.* instruction, tuition, schooling, grounding, (formal) education; *~ gee* give instruction, instruct, teach; *~ in ...* instruction in ...; *~ kry/ontvang* get/receive instruction, be instructed/taught. **on·der·rig** *het ~, vb.* teach *(pupil),* instruct, inform; educate, school, tutor; prime; *goed ~, (also)* well-informed; *iem. in iets ~* instruct s.o. in s.t.; *'n vak word ~* a subject is taught. **~masjien, ~rekenaar** teaching machine. **~metode** method of instruction.

on·der·rig·ter =*ters* instructor, teacher.

on·der·rig·ting instruction; information.

on·der·sees =*sese, adj.* submarine, undersea, subsurface, underwater. **on·der·sees** *adv.* undersea(s).

on·der·skei *het ~* distinguish; discriminate; differentiate; mark off, mark out, signalise; make out, discern; →ONDERSKEIE *adj.; jou ~* distinguish o.s.; excel, stand out; make one's mark; *iem. kan hulle van* ***mekaar*** *~* s.o. knows which is which; *iem. kan die twee* ***nie*** *~* ***nie*** s.o. can't tell one from the other; ***tussen*** *... ~* distinguish between ...; differentiate between ...; discriminate between ...; ***tussen*** *goed en kwaad ~* discern between good and evil; *A* ***van*** *B ~* tell A from B, tell (*or* point out) the difference between A and B, distinguish between A and B; *iets* ***van*** *... ~* distinguish/tell s.t. from ...; *iets ~ iem.* ***van*** *...* s.t. marks s.o. off (*or* sets s.o. apart) from ...; *wat* ***van*** *... ~ moet word* as distinguished from ...; *nie* ***van*** *... te ~ wees nie* be indistinguishable from ... **on·der·skeid** difference, distinction; discrimination; *'n* ***duidelike*** *~* a marked difference; *'n* ***fyn*** *~* a nice/subtle distinction; *dit maak* ***geen*** *~* ***nie*** it makes no difference; *'n* ***hemelsbreë*** *~* a world of difference; *die* ***jare*** *van ~* the age/years of discretion; *die ~ tussen ...* ***ken*** distinguish between ...; *~* ***maak*** *ten gunste van iem.* discriminate in favour of s.o.; *~* ***maak*** *ten koste van iem.* discriminate against s.o.; *tussen ... ~* ***maak*** distinguish between ...; *'n ~ tussen ...* ***maak,*** *(also)* draw/make a distinction between ...; *daar is* ***min*** *~ tussen hulle, (also)* there is little (*or* not much) to choose between them; *'n* ***skerp*** *~* a sharp distinction; *almal* ***sonder*** *~ neem* take all without exception, take all indiscriminately. **on·der·skei(d)·baar** =*bare* distinguishable, distinctive. **on·der·skei(d)·baar·heid** distinctiveness, distinguishability, distinguishableness. **on·der·skei·de·lik** respectively; severally; *Graeme en Mark is ~ kaptein en onderkaptein* Graeme and Mark are captain and vice-captain respectively. **on·der·skei·dend** =*dende* distinguishing; differential; divisive; discriminating; distinctive; diacritical. **on·der·skei·ding** =*dings,* =*dinge* distinction; award, mark of honour; *(mil.)* citation; esteem, honour, respect; discrimination; differentiation; *(in the pl.), (also)* honours; *'n ~ in 'n vak* ***behaal/verwerf*** get a distinction in a subject; *met* ***hoë*** *~* with great distinction, magna cum laude; *met die* ***hoogste*** *~* with the greatest/highest distinction, summa cum laude; ***lys*** *van ~s* honours list; ***met*** *~* with distinction, cum laude; ***ter*** *~ van ...* in order to distinguish between ...; *'n ~ aan iem.* ***toeken*** confer a distinction (up)on s.o.; *'n ~ aan ...* ***verleen*** make an award to ...; *'n ~* ***verwerf,*** *(also)* gain an award. **on·der·skei·ding·streep** chevron.

on·der·skei·dings-: **~gawe** discrimination, discriminative power, insight, discernment. **~lys** honours list. **~teken** mark of distinction, badge, medal, decoration, insigne; diacritic. **~vermoë** (power of) discrimination; discretion; discernment; →ONDERSKEIDINGSGAWE. **~vlag** standard, national flag.

on·der·skei·e *adj.* different; various; several; distinguished; discrete; *van ~ grootes en vorme* of different sizes and shapes.

on·der·skep *het ~* intercept, cut off, waylay; interrupt; tap. **on·der·skep·pend** =*pende* interceptive. **on·der·skep·per** =*pers* interceptor. **on·der·skep·ping** interception. **on·der·skep·vlieg·tuig** interceptor (fighter).

on·der·skraag *het ~* prop (up); support, assist. **on·der·skra·gend** =*gende* supportive. **on·der·skra·ging** support, assistance; supportive treatment.

on·der·soek *n.* investigation, examination, inquiry; checkup; research; survey; quest; visitation; scrutiny; ***by*** *~* on examination; *'n* ***deeglike/deurtastende*** *~* a thorough investigation; *~* ***doen/instel*** carry out (*or* make) an inspection; investigate, carry out an investigation; *~ na iets* ***doen/instel*** investigate s.t., inquire/enquire into s.t.; *'n ~ na iets* ***instel,*** *(also)* conduct/hold/institute an inquiry/enquiry into s.t.; ***kommissie*** *van ~* →KOMMISSIE; *'n ~* ***na*** *..., (also)* an examination into ...; an investigation into ...; *by* ***nader*** *~* on closer examination/inspection/investigation; *'n* ***nadoodse*** *~ van iem. uitvoer* conduct/do (*or* carry out) a post-mortem on s.o.; *aan ~* ***onderworpe*** *wees* be subject to inspection/scrutiny; *'n ~ ter* ***plaatse*** *doen/instel* conduct an inspection in loco; *'n ~* ***van*** *...* an examination/inspection of ...; ***wetenskaplike*** *~* scientific research. **on·der·soek** *het ~, vb.* investigate, look into, inquire into; explore; examine *(patient, baggage, etc.);* test; make researches; search, probe; sift; go into; peruse; inspect; *iem.* ***deeglik*** *(medies) ~* give s.o. a check-up; ***deeglik*** *(medies) ~ word* have a check-up; *~* ***alle dinge*** *en behou die goeie* prove all things and hold fast that which is good; *jou* ***gewete*** *~* explore/search one's conscience; *iets* ***grondig*** *~* get to the bottom/root of s.t., go to the root of s.t.; *iets* ***laat*** *~* have s.t. examined; have s.t. looked/seen to *(one's eyes etc.); alle* ***moontlikhede*** *~* →MOONTLIKHEID; *iets* ***noulettend*** *~* probe into s.t.; *'n* ***wond*** *~* probe a wound; *iets* ***word*** *~* s.t. is under examination; s.t. is under study. **~beampte** investigating officer. **~regter** investigative judge. **~span, ~kommissie** fact-finding team/commission, review body/panel.

on·der·soe·kend =*kende, adj.* searching, inquisitive; inquiring *(mind);* exploratory, explorative; *'n ~e blik* a searching look. **on·der·soe·kend** *adv.* searchingly; *iem./iets ~ aankyk* look at s.o./s.t. searchingly.

on·der·soe·ker investigator; examiner, tester; searcher, explorer; researcher, research worker, student of; scrutineer; inquisitor.

on·der·soe·king =*kings,* =*kinge* investigation, research. **on·der·soe·kings·reis, on·der·soe·kings·tog** (research) expedition. **on·der·soe·kings·werk** research, investigation.

on·der·stand *(rare)* relief, aid, help, assistance, subvention; *~ verleen* grant relief.

on·der·stands-: **~geld** *(rare)* subsidy, grant, dole. **~raad** *(chiefly hist.)* board of aid. **~werk(e)** *(rare)* relief works.

on·der·ste =*stes, n.* underpart; the bottom one, that which lies at the bottom; dregs, sediment, tailings. **on·der·ste** *adj.* lowest, bottom(most), undermost; basal; *~* ***deel*** underpart; *~* ***rak*** bottom shelf; *al draai die ~* ***steen*** *bo* no matter what happens; *~* ***verdieping*** ground floor.

on·der·ste·bo upside down, topsy-turvy, inverted; in confusion/disorder, upset; *iets ~* ***gooi*** upset/overturn/overthrow/topple (*or* knock down) s.t.; *die* ***kamer*** *is ~* the room is untidy; *alles ~* ***keer*** turn everything topsy-turvy; *(met die/jou)* ***kop*** *~* →KOP *n.,* KOPONDERSTEBO *adj. & adv.; iem. ~* ***loop*** knock down s.o., bowl over s.o.; *iem. se* ***maag*** *is ~, (infml.)* s.o.'s stomach is upset; *iets ~* ***(neer)sit*** stand s.t. on its head; *die* ***wêreld*** *is ~* everything is in a state of confusion; *'n ~* ***wêreld,*** *(also)* a looking-glass world. **~koek** upside-down cake.

on·der·stel[1] =*stelle, n.* underframe; undercarriage, *(rly.)* bogie, chassis *(of a motor car, gun carriage, etc.);* landing gear *(of an aeroplane);* gantry. **~raam** *(mot., rare)* chassis, undercarriage.

on·der·stel[2] *het ~, vb., (rare)* = VERONDERSTEL *vb.*. **on·der·stel·ling** =*lings,* =*linge, (rare)* = VERONDERSTELLING.

on·der·steun *het ~* support, assist, aid, uphold, back (up); bolster, patronise; sponsor; further; *iem./iets kragtig ~* give strong support to s.o./s.t.. **on·der·steu·nend** =*nende* supportive; *nie ~ nie* unsupportive. **on·der·steu·ner** =*ners* supporter, sponsor, backer; follower; paranymph; *'n geesdriftige/vurige ~* a keen/staunch/strong supporter; *'n nuwe ~ van ...* a recruit to ... **on·der·steu·ning** support, backing, patronage, subvention, relief; *ter ~ van ...* in support of ... *(s.o., s.t.).* **on·der·steu·nings·fonds** relief fund, provident fund. **on·der·steu·nings·groep** support group.

on·der·te·ken =*kende, adj.* signed *(letter etc.).* **on·der·te·ken** *het ~, vb.* sign, subscribe, put one's name to; *met voorletters ~* initial. **on·der·te·ke·naar** *(state that has signed a treaty)* signatory; signer; subscriber; petitioner; *X is die ~* signed by X. **on·der·te·ke·ning**[1] signature, subscription; signing, subscribing. **on·der·te·ke·ning**[2] *(art)* underdrawing.

on·der·toe downward(s), to the bottom; lower down; *iem./iets ~ dwing* force down s.o./s.t.; *~ gaan* go down; go downstairs; *meer ~* lower down.

On·der·veld *(obs.)* upcountry, the interior *(of SA);* inland; *~ toe gaan* go upcountry. **On·der·vel·der** =*ders, (obs.)* upcountry man/woman, inlander. **On·der·velds** =*veldse, (obs.)* from upcountry, from the interior.

on·der·vind *het ~* experience, meet with; undergo, feel; *teen=/teëstand ~* encounter opposition. **on·der·vin·ding** =*dings,* =*dinge* experience; ***deur/uit*** *~* by/from experience; *'n* ***eenmalige*** *~* the experience of a lifetime; *~* ***kry/opdoen*** acquire/gain experience; *deur/uit ~* ***leer*** learn by/from experience; *~ is die beste* ***leermeester*** experience is the mother of wisdom (*or* is the best teacher *or* makes a fool wise); *'n* ***lonende*** *~* a rewarding experience; *'n* ***persoon van*** *~* an experienced person, a person with experience; *iem. kan uit ~* ***praat*** s.o. can speak from experience; ***ruime*** *~ van iets hê* have wide experience of s.t.; *deur ~* ***wys*** *word* learn by/from experience; learn the hard way.

on·der·vra *het ~* interrogate, (cross-)question, subject to examination, cross-examine, screen, quiz, catechise; *(mil.)* debrief; *iem. oor iets ~* query/question s.o. about s.t.; interrogate s.o. about s.t.; *iem. skerp ~* question s.o. closely. **on·der·vraag·de** =*des* interrogated person, person heard/questioned; interviewee. **on·der·vra·er** questioner, interrogator, examiner, interviewer, inquisitor. **on·der·vra·ging** =*gings,* =*ginge* interrogation, examination, questioning, screening, quiz; *skerp ~* close questioning. **on·der·vra·ging(·ses·sie)** debriefing (session).

on·der·wa·ter-: **~jag** underwater fishing. **~kamera** underwater camera. **~klub** subaqua/underwater club. **~plant** natant plant, submerged/submersed plant. **~setting** flooding, inundation, submersion.

on·der·weg on the way; in transit; en route; *lank ~ wees* be long in coming; *~ na ...* en route to ...; *na ... ~ wees, (also)* be on the way to ..., be bound for ...

on·der·werp[1] =*werpe, n.* subject, topic, theme; argument; matter; →ONDERWERPS=; *'n ~* ***aanpak*** tackle a subject; *'n ~* ***aanroer*** touch on a subject; *'n ~* ***aanroer/opper*** broach a subject; *van die ~* ***afstap*** change the subject; drop/leave the subject; *'n* ***aktuele*** *~* a topical subject; *'n ~* ***behandel*** enter into a subject; *'n ~ te* ***berde*** *bring* broach a subject; introduce a topic; *allerlei ~e* ***bespreek*** discuss all kinds of topics; *'n ~* ***bespreek,*** *(also)* debate (on) a subject; *dit* ***bring*** *my op/by die ~* that brings me to the subject; *oor 'n ~* ***debatteer*** debate (on) a subject; *'n* ***delikate*** *~* a tender subject; *altyd op* ***dieselfde*** *~ terugkom* harp on the same string; *~ van* ***gesprek*** topic, talking point, subject of conversation; *jou ~* ***ken*** know what one is talking about; *'n ~* ***los*** drop/leave a subject; *~ van 'n* ***sin,*** *(gram.)* subject of a sentence; *'n ~ ter* ***sprake*** *bring* broach a subject; introduce a topic; *net aan 'n ~* ***vat-vat*** merely touch (on) a subject. **~sin** *(gram.)* subject/noun clause.

on·der·werp[2] *het ~, vb.* subject, subdue, subjugate, bring under; submit, prostrate *(o.s.); jou* ***aan*** *... ~* submit to ...; abide by ... *(a decision etc.);* comply with ...; resign o.s. to ... *(one's fate etc.); jou* ***aan*** *iem. se wense ~* defer to s.o. (*or* s.o.'s wishes); *iem./iets* ***aan*** *... ~* subject s.o./s.t. to ... *(domination etc.); 'n geskil aan die* ***hof*** *~* submit a case to court; ***jou*** *~, (also)* come to heel, knuckle under; *iets aan **sensuur*** ~ →SENSUUR. **on·der·wer·ping** subjection; submission; subjugation; conformity; deference; quietism. **on·der·wor·pe** submissive, resigned *(to one's fate)*; subdued; servile; subject *(to)*; *aan ... ~ wees* be subject to ... *(approval, conditions, etc.)*. **on·der·wor·pen·heid** submissiveness, humility; resignation; submission; subjection, servility.

on·der·werps- ~**hoof** *(libr.)* subject heading. ~**katalogus** *(libr.)* subject catalogue. ~**naamval** *(gram.)* subjective case.

on·der·wyl *adv.* meanwhile, in the mean time. **on·der·wyl** *conj.* while, whilst, meanwhile.

on·der·wys *n.* (formal) education; teaching, instruction, tuition; ***departement** van* ~ department of education; ~ ***gee*** teach, be a teacher; ***klassieke*** ~ →KLASONDERWYS; ***klassikale*** ~ classroom teaching; →KLASSIKAAL; ***laer/middelbare/hoër*** ~ primary, secondary, higher education. **on·der·wys** *het ~, vb., (rare)* teach, educate, instruct; school; *~ende personeel* teaching staff. ~**aangeleentheid** teaching matter, educational matter. ~**beurs** teacher's bursary. ~**blad** educational journal. ~**inrigting** teaching/educational institution. ~**kollege** college of education. ~**kunde** *(obs., rare)* didactics, pedagogy, (theory of) education. ~**leer** *(obs., rare)* pedagogy. ~**man** *(masc.)*, ~**vrou** *(fem.)* educationist, educator. ~**personeel** teaching staff. ~**salaris** teacher's salary. ~**sertifikaat** teacher's certificate. ~**staking** teachers' strike, chalkdown. ~**stelsel** educational system, system of education. ~**vraagstuk** problem of education; educational problem. ~**wet** education act.

on·der·wy·ser *-sers, (masc.)*, **on·der·wy·se·res** *-resse, (fem.)* (school)teacher, *(chiefly Br.)* (school)master *(masc.)*, schoolmistress *(fem.)*; *Duitse ~, Duits-~* German teacher, teacher of German. ~**-leerling-verhouding** teacher-pupil relationship. ~**/leerling-verhouding**, ~**:leerling-verhouding** teacher/pupil ratio, teacher:pupil ratio.

on·der·wy·sers-: ~**amp**, ~**beroep** teaching profession. ~**diploma** teacher's certificate (diploma). ~**eksamen** teachers' examination. ~**kollege** teachers' (training) college, teacher-training college. ~**korps**, ~**personeel** teaching staff. ~**opleiding** teacher training. ~**vereniging** teachers' association. ~**woning** teacher's residence, school house.

on·der·wy·sing *-singe, (somewhat obs.)* instruction, teaching.

on·des·kun·dig *-dige* inexpert, lay.

ondes mar·te·not *(Fr., mus. instr.)* ondes martenot.

on·deug vice; immorality, depravity, wrong; *(infml.)* rascal, rogue; *deug en ~* virtue and vice; *'n klein ~, (infml.)* a little rascal, imp. **on·deug·de·lik** *-like* unsuited, unsound, unreliable. **on·deug·saam** *-same* not virtuous.

on·deund *-deunde* mischievous, naughty, impish, roguish, puckish, teasing. **on·deund·heid** mischievousness, mischief, naughtiness, roguishness, devilment; *vol ~ wees* be a bundle of mischief *(infml.)*, be full of mischief.

on·deur·dag *-dagte* thoughtless, rash; shallow, unadvised, ill-considered, ill-judged, harebrained; ~ *handel* act rashly. **on·deur·dagt·heid** thoughtlessness, rashness; shallowness.

on·deur·dring·baar *-bare* impenetrable; impervious; impermeable; *~bare stof, (also)* waterproof material. **on·deur·dring·baar·heid** impenetrability; imperviousness; impermeability.

on·deur·gaan·baar *-bare, (rare)* unfordable.

on·deur·gank·lik *-like* impassable; imperforate. **on·deur·gank·lik·heid** impassability.

on·deur·grond·baar *-bare*, **on·deur·gron·de·lik** *-like* unfathomable, inscrutable, impenetrable; ungraspable. **on·deur·grond·baar·heid, on·deur·gron·de·lik·heid** inscrutability, impenetrability.

on·deur·la·tend *-tende* impermeable, impervious. **on·deur·la·tend·heid** impermeability, imperviousness.

on·deur·sig·tig *-tige* opaque, untransparent, intransparent, non(-)transparent; unclear, obscure. **on·deur·sig·tig·heid** opacity, intransparency; obscurity *(fig.)*.

on·deur·sky·nend *-nende* opaque, not translucent. **on·deur·sky·nend·heid** opacity.

on·deur·trek·baar *-bare, (rare)* impermeable. **on·deur·trek·baar·heid** *(rare)* impermeability.

on·deur·voel(d) *-voelde, (rare)* insincere, unfelt, superficial, not deeply felt.

on·deur·waad·baar *-bare* unfordable, impassable. **on·deur·waad·baar·heid** unfordableness.

on·dien·lik *-like* unserviceable, useless. **on·dien·lik·heid** unserviceableness, uselessness.

on·diens disservice, bad/ill turn; *'n ~ aan ...* a disservice to ...; *iem. 'n ~ bewys* do s.o. a disservice; do s.o. a bad/ill turn. **on·diens·tig** *-tige* inexpedient, unserviceable, hurtful. **on·diens·tig·heid** inexpedience, inexpediency. **on·diens·vaardig** *-dige* disobliging, discourteous, unhelpful. **on·diens·vaar·dig·heid** disobligingness, unhelpfulness.

on·diep *(rare)* shallow. **on·diep·te** *(rare)* shoal, shallow; shallowness.

on·dier monster, beast, brute, animal, creature.

on·dig, on·dig *-digte* leaky, not watertight. **on·digt·heid** leakiness.

on·dig·ter·lik *-like* unpoetical, prosaic.

on·ding: *iets is 'n ~* s.t. is bad/wrong/undesirable/unthinkable/unacceptable, s.t. should not be allowed.

on·di·plo·ma·tiek *-tieke*, **on·di·plo·ma·ties** *-tiese* undiplomatic.

on·doel·ma·tig *-tige* unsuitable, not serviceable; *dit is ~* it is unsuitable, it does not answer the purpose. **on·doel·ma·tig·heid** unsuitability.

on·doel·tref·fend *-fende* inefficient, inefficacious, ineffective. **on·doel·tref·fend·heid** ineffectiveness, inefficacy.

on·doen·lik *-like* impossible; impracticable; unfeasible; *iets is vir iem. ~, (also)* s.o. cannot possibly do s.t.. **on·doen·lik·heid** impracticability, unfeasibleness.

on·dood *adj.* undead. **on·dooi·es** *(pl.)*: *die ~* the undead.

on·draag·baar *-bare* unbearable, intolerable. **on·dra·baar, on·draag·baar** *-bare* unwearable *(a garment)*; *(rare)* too heavy to carry (*or* to be carried).

on·draag·lik *-like* unbearable, unendurable, intolerable, insupportable; unbearable, raging, stupefying *(heat)*; punishing *(workload)*; *'n ~e vent* an insufferable fellow; *iets ~ vind* find s.t. unbearable. **on·draag·lik·heid** unbearableness, intolerableness, insufferableness.

on·dra·ma·ties *-tiese* undramatic.

on·drink·baar *-bare* undrinkable, non(-)potable.

on·dub·bel·sin·nig *-nige adj.* unequivocal, plain, clear, unambiguous, unmistakable. **on·dub·bel·sin·nig** *adv.* unequivocally, unambiguously; *iets ~ maak* disambiguate s.t.. **on·dub·bel·sin·nig·heid** unequivocalness, unambiguousness.

on·dui·de·lik *-like* indistinct; faint, dim, vague; unclear; blurred, blurry; obscure *(meaning)*; inexplicit; *~e **beeld*** blurred/diffuse/indefinite image; *~e **handskrif*** illegible (*or* not easily legible) handwriting; ***oor** iets ~ wees* be equivocal about s.t.; *~e **spraak*** indistinct/mumbling/inarticulate speech; *jou ~ **uitdruk*** not express o.s. clearly. **on·dui·de·lik·heid** indistinctness; faintness, dimness; obscurity; illegibility.

on·duld·baar *-bare* intolerable, unbearable, insupportable, unsupportable.

on·du·leer *ge-, (rare)* wave. **on·du·la·sie** *-sies* wave; undulation.

on·duur·saam *-same* →NIEDUURSAAM.

on·e·del *-dele* ignoble, dishonourable, base, mean; *~e argument* unfair argument; *~e metaal* base metal. **on·e·del·moe·dig** *-dige* ungenerous.

on·eens at variance; *dit met iem. ~ wees* disagree (*or* be at issue/loggerheads/variance) with s.o., differ from s.o.; *oor daardie saak is hulle dit ~* they disagree (*or* are at variance) on that issue; *dit met jouself ~ wees* be undecided, be unable to make up one's mind. ~**gesind** *-sinde* divided, disunited.

on·eer disgrace, dishonour; opprobrium, shame; ***iem./iets** ~ aandoen* disgrace s.o./s.t.; *jou **naam** ~ aandoen* blot one's name, prostitute o.s.; *iets **strek** iem. tot ~* s.t. is a disgrace/discredit/reproach to s.o.; *jou familie tot ~ **strek*** bring discredit/shame (up)on one's family, be a disgrace to one's family.

on·eer·baar *-bare* dishonourable, discreditable; improper, immodest, indecent. **on·eer·baar·heid** dishonourableness, discreditability; impropriety, immodesty, indecency.

on·eer·bie·dig *-dige* disrespectful, irreverent; profane, impious; *nie bedoel om ~ te wees nie* mean no disrespect; *teenoor ... ~ wees* be disrespectful to ... **on·eer·bie·dig·heid** disrespectfulness, irreverence; impiety; *~ teenoor ...* disrespect for/to ...

on·eer·lik *-like* dishonest, insincere, unfair, fraudulent, crooked, uncandid. **on·eer·lik·heid** dishonesty, insincerity, unfairness, fraudulence, improbity, disingenuousness.

on·eer·vol *-volle* dishonourable, discreditable, ignominious; *~ ontslaan word, (mil.)* be dishonourably discharged.

on·eet·baar *-bare* uneatable, inedible. **on·eet·baar·heid** inedibility.

on·ef·fe *-fener -feste* uneven, not level/smooth; rough; skintled *(brickwork)*; irregular. **on·ef·fen·heid** *-hede* unevenness, roughness; irregularity.

on·ef·fek·tief *-tiewe* ineffective.

on·eg *-egte* false, not genuine, sham, fake, fictitious, spurious *(document, coin, etc.)*, artificial, counterfeit *(coin, note, etc.)*, meretricious, phoney, pseudo; *~te **breuk*** →BREUK; *~te **dokumente/ens.*** unauthentic documents/etc.; *~te **kind**, (obs.)* illegitimate child, child born out of wedlock; *iets **klink** ~* s.t. rings false; *~te **rib**, (rare)* = VALS RIB. **on·eg·te·lik** *-like* illegitimate, born out of wedlock. **on·egt·heid** artificiality, spuriousness, falseness; unauthenticity; meretriciousness.

on·e·ga·lig *-lige, (rare)* **on·e·gaal** *-gale* uneven; not uniform, varying, inconstant, changeable. **on·e·ga·lig·heid** unevenness.

on·ei·e·vor·mig *-mige, (cryst., rare)* anhedral, allotriomorphic.

on·ein·dig *-dige, adj.* endless, boundless, infinite; interminable; *~e reeks, (math.)* infinite series; *~e verskeidenheid* infinite variety. **on·ein·dig** *adv.* infinitely, endlessly; immeasurably, vastly; *~ beter* infinitely better; *~ klein* infinitesimal; *dit is ~ makliker/ens.* it is ever so much easier/etc. *(infml.)*. **on·ein·di·ge** *n.* infinite, infinity; *tot in die ~* till doomsday, infinitely, ad infinitum; *die O~* the Infinite, God. **on·ein·dig·heid** boundlessness, endlessness, infinitude; infinity.

on·eint·lik *-like, (rare)* metaphorical, not literal, figurative; improper *(fraction)*; *~e betekenis* figurative meaning.

on·e·ko·no·mies *-miese* uneconomic; uneconomical.

on·ek·sak *-sakte* inexact. **on·ek·sakt·heid** inexactitude, inexactness.

on·e·las·ties *-tiese* inelastic; rigid, unyielding.

on·e·le·gant *-gante* inelegant; dowdy, frumpish. **on·e·le·gant·heid** inelegance, inelegancy; dowdiness.

on·en·gels *-gelse* un-English.

on·e·nig *-nige* at variance, divided, disunited, discordant, at loggerheads; *oor daardie saak is hulle ~* they are at variance on that issue. **on·e·nig·heid** *-hede* discord, strife, lack of harmony, dispute, variance, dissension, disagreement, difference of opinion, dissidence, quarrel; *daar is **aanleiding** tot ~* there is room for dispute; *~ **bylê*** heal a rift; *~ **in** 'n familie/party* discord in a family/party; *met iem. ~ **kry*** fall out with s.o.; *hulle **leef/lewe** in ~* they are continually quarrelling, they live in enmity; *~ **stig*** create/sow (*or* stir up) discord; *~ **tussen** mense* discord among/between people; *~ **tussen** ..., (also)* a rift between ...

on·en·toe·si·as·ties *-tiese* unenthusiastic, uncharged.

on·er·ken(d) *-kende* uncredited.

on·er·kent·lik *-like* ungrateful, thankless. **on·er·kent·lik·heid** ungratefulness, ingratitude, unthankfulness, thanklessness.

on·er·va·re ~ *-rener -renste* (of *meer ~ die mees ~*) inexperienced, unseasoned, unskilled, verdant. **on·er·va·re·ne** =*nes* tyro, inexperienced person. **on·er·va·ren·heid** inexperience.

on·es·sen·si·eel, in·es·sen·si·eel =*siële* inessential.

on·es·te·ties =*tiese* unaesthetic.

on·e·ties =*tiese* unethical.

on·e·we *(math.)* odd *(number); (rare)* uneven; **on·e·we·re·dig** =*dige* disproportionate; out of all proportion; ~ *aan* ... incommensurate with ...; ~*e wol* untrue wool. **on·e·we·re·dig·heid** disproportion, want of proportion. **on·e·we·wig·tig** =*tige* unbalanced. **on·e·we·wig·tig·heid** imbalance, lack of balance, unbalance, disequilibrium, bias.

on·fat·soen·lik =*like* unmannerly, ungentlemanly, rude; improper, indecent, unbecoming, *(infml.)* near the knuckle. **on·fat·soen·lik·heid** unmannerliness, rudeness; indecency, impropriety.

on·feil·baar =*bare* infallible; unfailing, unerring. **on·feil·baar·heid** infallibility; unfailingness.

on·fiks =*fikse, (sport)* unfit.

on·fi·lo·so·fies =*fiese* unphilosophic(al).

on·fi·si·o·lo·gies =*giese* unphysiologic(al).

on·for·tuin·lik =*like, (rare)* unlucky, unfortunate. **on·for·tuin·lik·heid** ill luck, unluckiness.

on·fris =*frisse, (rare)* stale; frowzy; seedy, unwell, indisposed. **on·fris·heid** lack of freshness; frowziness; seediness, indisposition.

on·funk·si·o·neel =*nele* non(-)functional.

on·fyn *onfyn(e), (rather fml.)* unrefined, vulgar; *dit is* ~ it is bad form (*or* non-U). **on·fyn·heid** vulgarity, unrefinedness.

on·gaaf =*gawe, (rare)* unsound; shopsoiled.

on·gaar ~, *(rare)* raw, uncooked, underdone, rare, insufficiently cooked/baked; slack-baked; stupid, childish.

on·gang·baar =*bare* not current.

on·gas·vry, on·gas·vry =*vrye* inhospitable, unwelcoming *(pers.)*. **on·gas·vry·heid** inhospitality, inhospitableness.

on·ge·aard[1] =*aarde, (obs.)* ill-mannered, boorish, ill-bred, unmannerly, half-bred, low-class. **on·ge·aard·heid** boorishness, bad manners.

on·ge·aard[2] =*aarde, (elec.)* unearthed, ungrounded.

on·ge·a·dres·seer(d) =*seerde* unaddressed, undirected, without an address.

on·ge·ad·ver·teer(d) =*teerde* unadvertised.

on·ge·af·fi·li·eer(d) =*eerde* unaffiliated.

on·ge·ag =*agte, adj., (rare)* unesteemed, unrespected; unnoticed, unobserved. **on·ge·ag, on·ge·ag** *prep.* in spite of, despite, notwithstanding; irrespective of, regardless of; ~ ***hoe/wie*** ... no matter how/who ...; ~ ***of*** ... irrespective as to whether ..., regardless of whether ...; ~ ***of*** ... *of nie* whether ... or not; ~ ***wat*** ... no matter what ..., regardless what ..., *(infml.)* never mind what ...

on·ge·ak·sen·tu·eer(d) =*eerde* unaccented, unstressed.

on·ge·ar·seer(d) =*seerde, (tech.)* unshaded.

on·ge·ar·ti·ku·leer(d) =*leerde* unarticulated; inarticulate.

on·ge·baan(d) =*baande, (poet., liter.)* untrod(den), unbeaten, trackless.

on·ge·bleik =*bleikte, adj.* unbleached; ~*te katoen* unbleached cotton.

on·ge·blus =*bluste* unquenched, unextinguished *(fire)*; ~*te kalk* →KALK *n.*.

on·ge·bo·ë erect, straight, unbowed.

on·ge·boei(d) =*boeide* unchained, unfettered, not handcuffed, unshackled, unironed.

on·ge·boek·staaf =*staafde* unrecorded, unchronicled.

on·ge·bon·de *meer* ~ *die mees* ~ unbound; untethered; free, unrestrained; untrammeled, unfettered, uninhibited; uncommitted; permissive; loose, licentious, libertarian, on the loose, dissolute; *(infml.)* footloose, Bohemian; *dis 'n* ~ ***boek*** the book is not bound (*or* is in sheets); ~ ***elektron*** *(phys.)* free electron; *'n* ~ ***lewe*** a free life; a loose/licentious life; ~ ***styl*** prose. **on·ge·bon·den·heid** freedom; unrestrainedness, unrestraint, uninhibitedness; permissiveness; looseness, licentiousness, dissoluteness.

on·ge·bor·duur(d) =*duurde* unembroidered.

on·ge·bo·re unborn, unbegotten. **on·ge·bo·re·ne** =*nes* unborn child/etc..

on·ge·borg =*borgde* unsponsored.

on·ge·bor·sel(d) =*selde* unbrushed.

on·ge·bou(d) =*boude* unbuilt.

on·ge·brand =*brande* unburnt; unroasted *(coffee)*; unbranded *(cattle)*.

on·ge·brei =*breide* untrained, undrilled, undisciplined; ~*de vel* raw hide.

on·ge·brei·del(d) =*delde* unbridled, unchecked, uncurbed, uncontrolled, uninhibited, unrestrained.

on·ge·bro·ke unbroken; unbowed.

on·ge·bruik =*bruikte* unused, unemployed; ~ *bly* go begging; ~ *lê* lie dormant; *dié water loop* ~ *weg* this water runs to waste. **on·ge·bruik·lik** =*like* uncommon, unusual, not in (common) use. **on·ge·bruik·lik·heid** uncommonness, unusualness.

on·ge·buk =*bukte* unbowed.

on·ge·daan =*dane* undone; *iets* ~ *laat* leave s.t. undone; *iets* ~ *maak* undo s.t. *(the last comp. command executed etc.)*.

on·ge·da·teer(d) =*teerde, (rare)* **on·ge·dag·te·ken** =*kende* undated.

on·ge·deerd =*deerde* unscathed, unharmed, unhurt, uninjured, unwounded, scatheless, unscratched; ~ *daarvan afkom* escape unhurt; be none the worse for the accident.

on·ge·dek =*dekte* unserved, uncovered *(cow, mare)*; unthatched *(roof)*; not laid *(table)*; uninsured, unsecured *(against loss)*; *(fin.)* uncovered, naked *(option etc.)*; exposed *(flank)*; ~*te tjek* cheque without funds, *(infml.)* rubber cheque.

on·ge·di·ag·no·seer(d) =*seerde* undiagnosed.

on·ge·diens·tig =*stige, (rare)* discourteous, disobliging. **on·ge·diens·tig·heid** disobligingness.

on·ge·dier·te *(collective noun)* vermin; *(pl.* ongediertes*)* (wild) beast; monster; *van die* ~ *vervuil wees* be infested with vermin.

on·ge·dif·fe·ren·si·eer(d) =*eerde* undifferentiated, unspecialised.

on·ge·di·plo·meer(d) =*meerde* uncertificated, uncertified, unqualified.

on·ge·dis·si·pli·neer(d) =*neerde* undisciplined, badly disciplined; *(infml.)* shambolic.

on·ge·doop =*doopte* unchristened, unbaptised.

on·ge·dop =*dopte* unshelled *(peas, beans)*.

on·ge·dors =*dorste* unthreshed *(wheat)*.

on·ge·dres·seer(d) =*seerde, (rare)* untrained, unbroken.

on·ge·dril(d) =*drilde* undrilled, untrained, undisciplined.

on·ge·droom·de *adj. (only attr.)* undreamt of.

on·ge·druk =*drukte* unprinted, unpublished.

on·ge·duik =*duikte* undented *(car etc.)*.

on·ge·duld impatience; *iem. brand van* ~ s.o. is fuming with impatience; *iem. se* ~ *met* ... s.o.'s impatience with ... **on·ge·dul·dig** =*dige* impatient, petulant; *oor iets* ~ *raak* become impatient at s.t.; chafe at/under s.t.; *oor iets* ~ *wees* be impatient at s.t.; ~ *word* become impatient. **on·ge·dul·dig·heid** = ONGEDULD.

on·ge·du·rig =*rige* restless, fidgety; fickle, changeable, fitful, inconstant, unstable, unsettled. **on·ge·du·rig·heid** restlessness, fidgetiness; fickleness, inconstancy, instability, unstableness.

on·ge·dwon·ge unrestrained, natural, unforced, spontaneous, easy, unselfconscious, uninhibited, unaffected; voluntary. **on·ge·dwon·gen·heid** spontaneousness, naturalness, abandon, freedom, ease, unaffectedness, unselfconsciousness.

on·ge·ëer(d) =*geëerde* unhonoured.

on·ge·ëet =*geëte* uneaten, unconsumed.

on·ge·ë·man·si·peer(d) =*peerde* unliberated *(pers.)*.

on·ge·ënt =*geënte* ungrafted; unvaccinated.

on·ge·ërg =*geërgde* =*geërgder* =*geërgste* (of *meer* ~ *die mees* ~*de), adj.* nonchalant, casual, cool, *(infml.)* laid-back, airy, careless, indifferent, unmoved, calm, unruffled, *(infml.)* unfazed, unbothered, offhanded; unaffected, unselfconscious, *(infml.)* throwaway, uninhibited; *'n* ~*de houding* a carefree attitude; *'n* ~*de houding aanneem, (also, infml.)* play it cool; *ewe* ~ *oor iets* ***wees*** be quite cool/unconcerned about s.t.. **on·ge·ërg** *adv.* coolly, casually, calmly, nonchalantly, unconcernedly; *ewe* ~ quite coolly, unselfconsciously. **on·ge·ërgd·heid** nonchalance, indifference, coolness, unconcern, unconcernedness, casualness, unaffectedness, unselfconsciousness.

on·ge·ë·we·naar(d) =*naarde* unequalled, unrivalled, unparalleled, unprecedented, unmatched, matchless, peerless; *dit is* ~ it is without precedent.

on·ge·fil·treer(d) =*treerde* unfiltered.

on·ge·fo·kus =*kusde,* =*kuste,* **on·ge·fo·kus·seer(d)** =*seerde* unfocus(s)ed.

on·ge·for·ma·teer(d) =*teerde, (comp.)* unformatted.

on·ge·for·mu·leer(d) =*leerde* unformulated.

on·ge·for·seer(d) =*seerde* uncontrived.

on·ge·fran·keer(d) =*keerde* unstamped.

on·ge·ge·neerd =*neerde, (rare)* unceremonious, offhand(ed), informal; rude, in bad form. **on·ge·ge·neerd·heid** unceremoniousness, offhandedness.

on·ge·geur =*geurde* unflavoured.

on·ge·gis =*giste* unfermented; *(chem.)* azymous.

on·ge·gla·suur(d) =*suurde* unglazed; ~*de porselein/erdewerk* bisque.

on·ge·gra·du·eer(d) =*eerde, adj.* undergraduate. **on·ge·gra·du·eer·de** =*des, n.* undergraduate.

on·ge·gren·del =*delde* unbolted.

on·ge·grond =*gronde* baseless, groundless, ill-founded, unfounded, without foundation, ungrounded *(statement etc.)*; unjustified, unsubstantiated, unwarranted, invalid; unmotivated, reasonless *(attack etc.)*; *(jur.)* not well taken; *iets is heeltemal* ~ s.t. is utterly unfounded; *regtens* ~ *wees* be bad in law. **on·ge·grond·heid** groundlessness, baselessness.

on·ge·gun(d) =*gunde, (rare)* begrudged.

on·ge·hard =*harde* unhardened; untempered *(steel)*, unseasoned *(soldier)*.

on·ge·hei·lig =*ligde, (rare)* unhallowed, unsanctified.

on·ge·hin·derd =*derde, adj. & adv.* undisturbed, unhindered, unhampered, untrammelled, unmolested; unimpeded, unchecked, unchallenged; *iem.* ~ *laat* leave s.o. alone; *iets* ~ *laat* leave s.t. undisturbed.

on·ge·hoor =*hoorde* unheard, not heard. **on·ge·hoord** =*hoorde* outrageous, shocking, unheard-of; unprecedented, unparalleled; *dit is ongehoord* it is without precedent; *dis* ~ *dat iem. iets doen* s.o. has never been known for (*or* to do) s.t..

on·ge·hoor·saam =*same* disobedient; undutiful; insubordinate; *aan* ... ~ *wees* be disobedient to ... **on·ge·hoor·saam·heid** disobedience; undutifulness.

on·ge·huil =*huilde* unshed *(tears)*.

on·ge·huud =*hude* unmarried, single, celibate, unwed(ded); ~*hude staat* unmarried state, singleness, celibacy, bachelorhood, spinsterhood.

on·ge·ïn·te·res·seerd =*seerde* uninterested.

on·ge·ï·so·leer(d) =*leerde, (chiefly tech.)* uninsulated; *(elec.)* naked.

on·ge·kaart =*kaarte* unmapped, uncharted; →ONGEKARTEER(D).

on·ge·kam =*kamde* uncombed, unkempt.

on·ge·kap =*kapte* unchopped, unhewn; self-faced *(stone etc.)*; *met* ~*te hare* with hair undressed (*or* not done up).

on·ge·kar·teer(d) =*teerde* unmapped, uncharted.

on·ge·kar·tel(d) =*telde* unwaved, straight *(hair)*.

on·ge·ka·ta·lo·gi·seer(d) =*seerde* uncatalogued.

on·ge·kend =*kende* unknown; unparalleled, unprecedented, unheard-of, undreamt of, untold, record.

on·ge·ker·sten -*stende, (obs., rare)* unchristened, not converted to Christianity.
on·ge·keur(d) -*keurde* unseeded; unselected.
on·ge·klas·si·fi·seer(d) -*seerde* unclassified.
on·ge·klee(d) -*klede* unclothed, undressed, in the raw *(infml.);* in undress, in dishabille.
on·ge·kleur(d) -*kleurde* uncoloured, undyed, untinted.
on·ge·klim -*klimde* unclimbed *(peak etc.).*
on·ge·knak -*knakte* unbroken; unimpaired.
on·ge·kneus -*kneusde* unbruised.
on·ge·knip -*knipte* uncut, untrimmed.
on·ge·kom·pen·seer(d) -*seerde* uncompensated.
on·ge·kon·di·si·o·neer(d) -*neerde, (psych.)* unconditioned; *~de reaksie/respons* unconditioned response; *~de refleks* unconditioned reflex; *~de stimulus* unconditioned stimulus;
on·ge·kon·tro·leer(d) -*leerde* unverified, unchecked, uncontrolled; unsupervised; unaudited *(results etc.).*
on·ge·kook -*kookte* uncooked, unboiled, raw.
on·ge·ko·ör·di·neer(d) -*neerde* uncoordinated.
on·ge·kop·pel(d) -*pelde, (comp.)* off line; *~de rekenaar* stand-alone computer.
on·ge·kor·ri·geer(d) -*geerde* uncorrected.
on·ge·kou -*koude* unchewed.
on·ge·kreu·kel(d) -*kelde* smooth, uncreased, uncrumpled.
on·ge·kroon(d) -*kroonde* uncrowned.
on·ge·kruis -*kruiste* not crossbred; uncrossed.
on·ge·krul -*krulde* uncurled.
on·ge·kuis -*kuiste* unexpurgated *(book);* unchastened; *~te taal* impure language.
on·ge·kuns·teld -*stelde* simple, plain, natural, unaffected, uncontrived, unsophisticated, artless, ingenuous, homely. **on·ge·kuns·teld·heid** simplicity, naturalness, unaffectedness, unpretentiousness, artlessness, naivety.
on·ge·kurk -*kurkte* plain, untipped *(cigarettes).*
on·ge·kwes -*kweste* unwounded, unhurt *(animal).*
on·ge·laag -*laagde* unstratified; uncoursed, random *(masonry).*
on·ge·laai -*laaide* unloaded *(truck, gun),* uncharged *(battery).*
on·gel·dig -*dige* invalid, ineffectual, of no effect, (null and) void, inoperative; *iets ~ maak* render s.t. null and void; vitiate s.t.; invalidate s.t.; *~e stem* spoilt/invalid vote; *iets ~ verklaar* declare s.t. invalid (*or* null and void), annul/disallow/nullify s.t.. **~verklaring** annulment, invalidation, nullification, setting aside, disallowance.
on·gel·dig·heid *(jur.)* invalidity, nullity.
on·ge·le·ë ~ -*leëner* -*leënste* (of *meer* ~ *die mees* ~) inconvenient, inopportune, ill-timed; *dit is ~ om nou ...* now is not an opportune time to ...; *iets is vir iem.* ~ s.o. finds s.t. inconvenient.
on·ge·leed -*lede* inarticulate(d), jointless; *ongelede, (tech.)* unjointed.
on·ge·leent·heid *(obs.)* inconvenience; *iem. in ~ bring* embarrass s.o.; *in ~ wees* be in difficulties.
on·ge·leerd -*leerde* unlearned, uneducated, illiterate, untaught, untutored, unschooled, ignorant, unlettered; *(infml., obs.)* uncouth, rude; *(also, rare:* ongeleer*)* untamed, untrained, unbroken *(a horse, an ox, etc.),* not broken in; unlearnt *(lesson).* **on·ge·leerd·heid** lack of education/schooling; illiteracy, ignorance; uncouthness, rudeness.
on·ge·lees -*lese* unread *(book).*
on·ge·lei(d) -*leide* unled; *ongeleide missiel* unguided missile.
on·ge·les -*leste* unslaked *(thirst),* unquenched.
on·ge·let·ter -*terde* unmarked, unlettered. **on·ge·let·terd** -*terde, adj.* illiterate. **on·ge·let·ter·de** -*des, n.* illiterate (person), non(-)reader. **on·ge·let·terd·heid** illiteracy.
on·ge·lief -*liefde* unloved, unpopular, loveless; *jou ~ maak* make o.s. unpopular. **on·ge·liefd·heid** lovelessness; unpopularity.
on·ge·lik -*likte: iem. is 'n ~te/ongelekte beer/vark, (infml., obs.)* s.o. is a boor/lout/yahoo, s.o. is a roughneck *(sl.),* s.o. is a yob(bo) *(Br., sl.).* **on·ge·likt·heid** unmannerliness.
on·ge·li·ni·eer(d) -*eerde* →ONGELYN(D).
on·ge·li·sen·si·eer(d) -*eerde* unlicensed.
on·ge·lob -*lobde, (bot.)* acotyledonous.
on·ge·lood -*lode, (chem., print.)* unleaded; *ongelode petrol* lead-free/unleaded petrol; *ongelode petrol/brandstof* →LOODVRY.
on·ge·loof unbelief; disbelief; irreligion; →ONGELOWIG; *iem. se ~ aan iets* s.o.'s disbelief in s.t.. **on·ge·loof·lik** -*like, (rare)* **on·ge·loof·baar** -*bare* incredible, unbelievable, beyond belief; incredible, fabulous, amazing, astonishing, flabbergasting *(pred.); (infml.)* stupefying, mega; *hoe ~ dit ook al is, ...* strange to relate, ... *~ mooi* devastatingly beautiful. **on·ge·loof·lik·heid,** *(rare)* **on·ge·loof·baar·heid** incredibility, unbelievableness. **on·ge·loof·waar·dig** -*dige* unreliable, untrustworthy, implausible. **on·ge·loof·waar·dig·heid** unreliability, untrustworthiness, inveracity, credibility gap.
on·ge·looi -*looide* untanned.
on·ge·lou·ter(d) -*terde, (metall., fig.)* unpurified.
on·ge·lo·wig -*wige, adj.* unbelieving, sceptical; incredulous; irreligious; godless; faithless; *'n ~e Thomas* a doubting Thomas. **on·ge·lo·wi·ge** -*ges, n.* unbeliever; disbeliever, infidel; heathen. **on·ge·lo·wig·heid** incredulity; scepticism; lack of faith, faithlessness.
on·ge·lug -*lugte* unventilated.
on·ge·luk -*lukke* accident, mishap, casualty; misfortune, ill/bad luck; disaster; fatality; unhappiness; *'n ~ kom nooit* ***alleen*** *nie* it never rains but it pours; *'n man van twaalf* ***ambagte*** *en dertien ~ke* →AMBAG; *'n* ***blote*** *~* a mere accident; *die ~ is* ***dat*** *...* the pity of it is that ..., unfortunately ...; *'n* ***ernstige*** *~* a serious accident; *~ke* ***gebeur*** *altyd* accidents will happen; *iem. is vir die ~* ***gebore*** s.o. was born under an unlucky star; *by elke ~ 'n* ***geluk,*** *geen ~ nie of daar is 'n* ***geluk*** *by* every cloud has a silver lining; it's an ill wind that blows nobody any good; *deur die ~* ***gery*** *word, (infml.)* be jinxed; *die ~ sal iem.* ***haal*** there will be the devil to pay; *mag die ~ jou* ***haal!****, (infml.)* (may) the devil take you!; *soos die ~ dit wou* ***hê*** as ill luck would have it; *'n ~* ***hê/kry/maak/ oorkom*** have (*or* meet with) an accident; *die ~* ***in*** *wees* be furious; *jou 'n ~* ***lag*** split one's sides, be convulsed with laughter; *'n* ***lelike/nare*** *~* a bad/nasty accident; *moenie ~* ***maak*** *nie* go carefully; *die ~ het iem.* ***oorgekom*** *dat hy/sy ...* s.o. had the misfortune to ...; ***per*** *~* by accident, accidentally; *die ~* ***ry*** *iem., (infml.)* s.o. is pursued by bad luck; s.o. is very accident-prone; *iem. in die ~* ***stort*** bring s.o. to ruin, bring about s.o.'s downfall; ***tot*** *iem. se ~* to s.o.'s misfortune; unfortunately for s.o.; ***wat*** *d(i)e ~?, (infml.)* what the blazes/devil?, what in thunder?. **~vry, ongeluksvry** -*vrye* accident-free.
on·ge·luk·kig -*kige, adj.* unhappy; hapless, miserable; unfortunate; unlucky, ill-starred, ill-fated, luckless, infelicitous; untoward; ***diep*** *~ wees* be extremely unhappy; *~* ***genoeg*** worse luck; *~ in die* ***liefde*** *wees* →LIEFDE; *iem. ~* ***maak/stem*** make s.o. unhappy; *~* ***nie,*** *(also, infml.)* no such luck; *~ in die* ***spel,*** *gelukkig in die liefde* →LIEFDE; *iem.* ***tref*** *dit ~* s.o. is unlucky (*or* out of luck), it is unlucky for s.o., s.o.'s luck is out, s.o. has a bad break; *dis ~* ***vir*** *iem, (also, infml.)* it is hard lines on s.o.; *verskriklik ~* ***voel/wees*** be wretchedly unhappy, feel miserable. **on·ge·luk·kig** *adv.* unfortunately, unluckily. **on·ge·luk·ki·ger·wys, on·ge·luk·ki·ger·wy·se** *(obs.)* unfortunately, unluckily. **on·ge·luk·kig·heid** unluckiness, unfortunateness; unhappiness; inauspiciousness, infelicity.
on·ge·luks-: **~bode** bringer/messenger of bad news; bird of ill omen *(fig.).* **~dag** unlucky/ill-fated day, day of ill luck, black-letter day. **~getal** unlucky number, hoodoo. **~kind** unlucky person, person born under an unlucky star, unfortunate. **~profeet** prophet of evil/doom, croaker. **~toneel** scene of an accident. **~vatbaar** -*bare* accident-prone. **~vatbaarheid** accident proneness. **~voël, ~kind** bird of ill omen; unlucky person, *(infml.)* (walking) disaster area; *iem. is 'n gebore ~, (infml.)* bad luck is s.o.'s middle name. **~vry** →ONGELUKVRY.
on·ge·lyk *n.* wrong; *iem. ~* ***aandoen*** wrong s.o.; ***gelyk*** *en ~* →GELYK *n.; in die ~* ***gestel*** *word, (also)* be ruled out of court; *iem.* ***het*** *~* s.o. is (in the) wrong; s.o. is at fault; *iem. in die ~* ***stel*** put s.o. in the wrong; prove s.o. wrong; *die hof* ***stel*** *iem. in die ~* the court finds against s.o.. **on·ge·lyk** -*lyke, adj.* not level/smooth; uneven; rough; unequal; not uniform; inconsistent; irregular; scabrous; disproportionate; different, unlike, dissimilar; *~* ***grond*** broken ground; *~* ***van humeur wees*** have an uneven temper; *iem. se* ***werk is*** *~* s.o.'s work is unequal (*or* varies in quality). **on·ge·lyk** *adv.* unevenly; unequally; not uniformly; inconsistently.
on·ge·lyk-: **~benig** -*nige, (geom.)* scalene *(triangle).* **~fasig** -*sige* out of phase. **~matig** -*tige* not uniform; uneven *(temper etc.);* unequal; variable; asymmetrical. **~matigheid** unevenness; inequality; variableness; asymmetry. **~namig** -*mige* having different names; *~e breuke, (math.)* fractions with different denominators, unlike fractions; *~e magte, (math.)* unlike powers; *~e pole* unlike/opposite poles. **~soortig** -*tige* dissimilar, heterogeneous, ill-assorted, disparate, incongruous, uncongenial; *~e terme, (math.)* unlike terms. **~soortigheid** dissimilarity, heterogeneity, heterogeneousness, disparateness, incongruity. **~stylig** -*lige* heterostyled, -stylous. **~styligheid** heterostyly, -stylism. **~sydig** -*dige, (geom.)* inequilateral, scalene *(triangle).* **~vormig** -*mige* dissimilar; *(bot.)* heteromorphic, heteromorphous, heterogonous; unconformable. **~vormigheid** dissimilarity; *(bot.)* heteromorphism, heterogony.
on·ge·lyk·heid unevenness *(of a surface);* bumpiness *(of a road);* inequality, difference, dissimilarity; inequity; disparity, incongruity.
on·ge·lym -*lymde* unglued; *~de papier* unsized paper.
on·ge·lyn(d) -*lynde,* **on·ge·li·ni·eer(d)** -*eerde* unruled; unlined; *~lynde/~eerde papier* unruled/plain paper.
on·ge·lys -*lyste* unlisted *(telephone number etc.);* unregistered.
on·ge·maai -*maaide, (obs., poet.)* unreaped *(wheat),* uncut *(grass).*
on·ge·maak -*maakte* unmade, unrepaired; natural, simple.
on·ge·maal -*maalde* unground.
on·ge·mag·tig -*tigde* unauthorised, unwarranted.
on·ge·mak -*makke* discomfort, inconvenience, hardship; *~ deurmaak/verduur* bear/suffer discomfort; *~ veroorsaak* cause discomfort. **on·ge·mak·lik** -*like, adj.* uncomfortable, difficult; uneasy, self-conscious; *'n ~e persoon* a troublesome person, a hard nut to crack *(infml.); 'n ~e stoel* an uncomfortable chair; *~ voel* be ill at ease. **on·ge·mak·lik** *adv.* uncomfortably; *dit ~ hê* be hard put to it, be in difficulties; *~ praat* speak with difficulty; *~ sit* sit uncomfortably. **on·ge·mak·lik·heid** uncomfortableness; unease, uneasiness.
on·ge·ma·nierd -*nierde* rude, ill-mannered, bad-mannered, unmannerly, impolite, uncivil; *dit is ~* it is bad form/manners. **on·ge·ma·nierd·heid** rudeness, unmannerliness, churlishness.
on·ge·mas·ker(d) -*kerde* unmasked, undisguised.
on·ge·ma·tig -*tigde* intemperate, immoderate, excessive, ultra. **on·ge·ma·tigd·heid** intemperance; immoderate behaviour, extremeness, ultraism.
on·ge·meen -*mene, (rare)* uncommon, unusual, extraordinary.
on·ge·meld -*melde* not mentioned; unannounced.
on·ge·meng(d) -*mengde* unmixed; straight, neat *(drink);* pure; *~de vreugde* undiluted joy.
on·ge·merk -*merkte, adj.* unmarked; unnoticed, unperceived; insidious; *~ deur iem.* unperceived by/of anyone. **on·ge·merk** *adv.* imperceptibly, surreptitiously, without being noticed/seen/perceived; gradually, insensibly, impalpably; *~ verbygaan* go unremarked.
on·ge·meu·bi·leer(d) -*leerde* unfurnished.
on·ge·mo·der·ni·seer(d) -*seerde* unmodernised.
on·ge·mo·du·leer(d) -*leerde* unmodulated.
on·ge·moeid *(obs.)* undisturbed, untroubled; *iem. ~ laat* leave s.o. alone.

on·ge·mo·les·teer(d) =*steerde, (rare)* unmolested, undisturbed.

on·ge·mon·teer(d) =*teerde* unmounted, unset; unassembled, knocked-down.

on·ge·mo·ti·veer(d) =*veerde* not motivated/motived, motiveless, unwarranted, uncalled-for, groundless; with no reason(s) stated, unsupported by reasons; causeless, gratuitous; unmotivated, uninspired, spiritless.

on·ge·muil·band =*bande, (rare)* unmuzzled.

on·ge·munt =*munte* uncoined, unminted; *~e goud/silwer* bullion.

on·ge·naai(d) =*naaide* unsewn, unstitched.

on·ge·naak·baar =*bare* unapproachable *(person)*. **on·ge·naak·baar·heid** unapproachableness, unapproachability.

on·ge·na·de *(rare)* disfavour, displeasure, disapproval; disgrace; *by iem. in ~ wees* be in disfavour/disgrace with s.o., not be in s.o.'s good graces; *in ~ val* be disgraced, fall from grace; *by iem. in ~ val* fall into disfavour/disgrace with s.o., incur s.o.'s displeasure, *(infml.)* get into s.o.'s bad books. **on·ge·na·dig** =*dige, adj.* unmerciful, cruel, merciless; severe, violent. **on·ge·na·dig** *adv.* unmercifully, mercilessly, cruelly; severely, violently, extremely, terribly; *iem. ~ slegsê* give s.o. a severe telling-off. **on·ge·na·dig·heid** mercilessness, severity.

on·ge·ne·ë *~ meer ~ die mees ~* disinclined, reluctant, unwilling, lo(a)th, indisposed; ***iem.** ~ wees* be unfavourably disposed towards s.o.; *~ wees **om** iets te doen* be disinclined to do s.t.; *~ wees **tot** ...* be averse to ...; *~ wees **tot** iets, (also)* be chary of doing s.t.. **on·ge·neent·heid** disinclination, indisposition.

on·ge·nees =*nese* uncured, unhealed. **on·ge·nees·lik** =*like*, **on·ge·nees·baar** =*bare* incurable, beyond/past recovery; irremediable, incorrigible; *'n **pasiënt** wat ~ siek is* a terminally ill patient; *(in the pl.)* the terminally ill; *~ **siek** wees* be terminally ill; *~ **siek** aan leukemie/bloedkanker wees* be terminally ill with leukaemia; *'n ~like/~bare **siekte*** an incurable disease. **on·ge·nees·lik·heid, on·ge·nees·baar·heid** incurability, incurableness.

on·ge·neig =*neigde, (rare)* disinclined, unwilling. **on·ge·neigd·heid** disinclination, unaptness, unwillingness.

on·ge·niet·baar =*bare, (rare)* unenjoyable, unpalatable, indigestible.

on·ge·noe·ë displeasure; *jou iem. se ~ op die hals haal* incur s.o.'s displeasure.

on·ge·noeg·lik =*like* unpleasant.

on·ge·noeg·saam =*same* inadequate, insufficient. **on·ge·noeg·saam·heid** inadequacy, insufficiency.

on·ge·noem(d) =*noemde* unmentioned, unnamed, unspecified, anonymous, nameless; *iem. wat ~ sal bly* s.o. who shall be nameless.

on·ge·nom·mer(d) =*merde* unnumbered; unpaged.

on·ge·nooi(d) =*nooide* uninvited, unasked; unwelcome; *ongenooide gas* uninvited/self-invited guest, intruder, gatecrasher; *~de gaste hoort agter deure en kaste* →GAS[1] *n.*.

on·ge·no·teer(d) =*teerde* unlisted *(shares)*.

on·ge·oe·fen(d) =*fende* unpractised, inexperienced; unskilled, untrained; out of practice/training; *~fende rekrute* undisciplined/raw recruits. **on·ge·oe·fend·heid** inexperience, want/lack of practice/training.

on·ge·o·lie =*liede* unoiled.

on·ge·oor·loof =*loofde* forbidden, unlawful, illicit, illegitimate, impermissible, unpermitted, unauthorised; unwarranted, clandestine, irregular, under-the-counter; unsanctioned. **on·ge·oor·loofd·heid** unlawfulness, illegitimacy.

on·ge·o·pen·baar(d) =*baarde* unrevealed; undisclosed.

on·ge·o·pen(d) =*pende* unopened.

on·ge·or·den(d) =*dende* disorderly, confused, untidy, unordered, disorganised, *(infml.)* shambolic; unarranged; unstructured; unordained *(minister of religion)*; unplanned; *ongeordende ekonomie* unplanned economy.

on·ge·or·ga·ni·seer(d) =*seerde* unorganised, disorganised; *~de arbeid* free labour.

on·ge·ou·di·teer(d) =*teerde* unaudited *(accounts etc.)*.

on·ge·paar(d) =*paarde* unpaired; unmated; *~paarde elektron, (phys.)* unpaired electron.

on·ge·pa·gi·neer(d) =*neerde, (print.)* unpaged.

on·ge·par·fu·meer(d) =*meerde* unperfumed, unscented *(soap etc.)*.

on·ge·pas =*paste meer ~ die mees =paste* improper, unbecoming, unseemly, indecorous; unsuitable; inappropriate; inapposite, inapt, unapt; out of place, unfitting. **on·ge·past·heid** impropriety, unseemliness, unbecomingness; unsuitability; inappropriateness, inaptness, unaptness.

on·ge·pas·teu·ri·seer(d) =*seerde* unpasteurised.

on·ge·pel(d) =*pelde, (rare)* unhusked, unhulled *(rice)*; unshelled, uncorticated; unblanched *(nuts)*; *~pelde rys* paddy (rice).

on·ge·per·fo·reer(d) =*reerde* unperforated.

on·ge·plaas =*plaaste* unplaced; unpublished; uncalled, unallocated, unissued *(shares)*.

on·ge·plak =*plakte* unpapered *(walls)*; unpasted, unmounted *(stamps etc.)*.

on·ge·pla·neer(d) =*neerde, (metall.)* unplanished.

on·ge·plant =*plante* unplanted; unset.

on·ge·pla·vei =*veide* unpaved.

on·ge·pleis·ter(d) =*terde* unplastered.

on·ge·ploeg =*ploegde* unploughed.

on·ge·pluis =*pluisde* unbrushed *(goods)*.

on·ge·poets =*poetste/de =poetster/der =poetsste* (of *meer ~ die mees =poetste/de*) rude, ill-mannered, bad-mannered, unmannerly; *(rare)* uncleaned *(boots)*; unpolished. **on·ge·poetst·heid** unmannerliness, rudeness, uncouthness, churlishness.

on·ge·po·li·toer(d) =*toerde*, **on·ge·po·leer(d)** =*leerde* unpolished; *ongepoleerde rys* unpolished/brown rice.

on·ge·po·lys =*lyste, (rare, chiefly fig.)* unpolished.

on·ge·pos =*poste* unposted.

on·ge·po·seer(d) =*seerde, (phot.)* unposed.

on·ge·prys =*prysde* unpriced; unpraised. **on·ge·pre·se** unpraised.

on·ge·pu·bli·seer(d) =*seerde* unpublished.

on·ge·raam =*raamde* unframed.

on·ge·ra·de inadvisable, unadvisable.

on·ge·raf·fi·neer(d) =*neerde* unrefined *(ore, metal)*.

on·ge·re·a·li·seer(d) =*seerde, (fin.)* unrealised *(assets, loss, profits, etc.)*.

on·ge·red =*redde, (chiefly relig.)* unsaved, unredeemed; *(rare)* helpless, stranded.

on·ge·re·di·geer(d) =*geerde* unedited.

on·ge·reed =*rede* unprepared, unready, unfinished. **on·ge·reed·heid** unpreparedness, unreadiness.

on·ge·re·ël =*reëlde* unorganised *(meeting)*; unsettled *(question)*; *~de toevoer, (elec.)* unregulated supply.

on·ge·reeld =*reelde, adj.* irregular; confused, unregulated; desultory; erratic; fitful; intercurrent; unpunctual; casual; *'n ~e **briefwisseling*** a desultory correspondence; *~e **klante*** chance/casual customers; *'n ~e **lewe*** a disorderly life, irregular habits; *'n ~e **publikasie*** an occasional publication; *~e **troepe*** irregular troops, irregulars; *op ~e **tye*** at odd times; *~e **verdienste*** intermittent/casual earnings; *~e **werk** hê* do odd jobs. **on·ge·reeld** *adv.* irregularly; *~ werk* work unsystematically; *iem./iets ~ besoek* visit s.o./s.t. irregularly. **on·ge·reeld·heid** =*hede* irregularity; *(also, in the pl.)* disturbances.

on·ge·re·for·meerd =*meerde, (eccl.)* unreformed.

on·ge·re·gis·treer(d) =*treerde* unregistered.

on·ge·reg·tig[1] =*tige* unjust, unrighteous, wicked, iniquitous. **on·ge·reg·tig·heid** unrighteousness, wickedness, iniquity; injustice; *'n nes van ~* a den of iniquity.

on·ge·reg·tig[2] =*tigde* unwarranted; *~ op ... wees* not be entitled (*or* have no claim) to ...

on·ge·re·gu·leer(d) =*leerde* unregulated *(market, industry, competition, etc.)*.

on·ge·reg·ver·dig =*digde* unjustified, unjustifiable, uncalled-for, unwarranted. **on·ge·reg·ver·digd·heid** lack of justification.

on·ge·re·ha·bi·li·teer(d) =*teerde* unrehabilitated *(addict, offender, mine dump, etc.)*, undischarged *(bankrupt, mortgage, etc.)*.

on·ge·re·ken(d) =*kende, adj. & adv.* of no account/consequence, uninfluential, unesteemed; casual(ly); careless(ly), reckless(ly), devil-may-care. **on·ge·re·ken(d)** *prep.* exclusive of, not taking into account; *~ die uitgawe daaraan verbonde* apart from (*or* exclusive of *or* not taking into account) the expense involved.

on·ge·rem(d) =*remde* uninhibited.

on·ge·rep =*repte* untouched, intact; unspoilt *(nature)*; pure, undefiled, inviolate, spotless; *~te grond* undisturbed ground; *van ~te naam* with unsullied reputation; *~te sneeu/woud* virgin snow/forest. **on·ge·rept·heid** purity, spotlessness.

on·ge·re·pe·teer(d) =*teerde* unrehearsed.

on·ge·res·tou·reer(d) =*reerde* unrestored.

on·ge·rief inconvenience, discomfort; hardship; trouble; *iem. ~ **aandoen*** put out s.o.; *~ **deurmaak/verduur*** bear/suffer discomfort; rough it *(infml.)*; *met **groot** ~* at great inconvenience; *~ **ondervind*** suffer inconvenience; *~ **veroorsaak*** cause discomfort; *iem. ~ **veroorsaak,** (also)* put s.o. to inconvenience. **on·ge·rief·lik** =*like* inconvenient; uncomfortable; unhandy; comfortless. **on·ge·rief·lik·heid** inconvenience; uncomfortableness.

on·ge·rig =*rigte* undirected, aimless, directionless; omnidirectional *(antenna, microphone, etc.)*. **on·ge·rigt·heid** aimlessness, purposelessness.

on·ge·rim·pel(d) =*pelde* unwrinkled, unlined, unrumpled; unruffled *(surface)*.

on·ge·roe·pe *(rare)* uncalled, unbidden.

on·ge·roer(d) =*roerde* unstirred; unmoved, untouched.

on·ge·rond =*ronde, (phon.)* unrounded *(vowel)*.

on·ge·rook =*rookte* unsmoked, uncured *(meat, fish, etc.)*; *~te spek* green bacon.

on·ge·rus =*ruste, =rusde* anxious, disquieted, disturbed, uneasy; troubled; *~te **gemoed*** troubled mind; *iem. ~ **maak*** cause uneasiness to s.o.; *jou oor ... ~ **maak*** worry (*or* be/feel uneasy) about ...; *~ wees/voel **oor** ...* worry (*or* be/feel uneasy) about ...; *~ wees oor iem., (also)* be anxious about/for s.o.. **on·ge·rust·heid** anxiety, uneasiness, worry, disquiet.

on·ge·ry =*ryde* unridden.

on·ge·rymd =*rymde* incongruous; anomalous; irrational; absurd, ridiculous, silly, preposterous; illegal, unlawful, impermissible, unacceptable; **on·ge·rymd·heid** =*hede* anomaly; incongruity; absurdity, preposterousness; *(often in the pl.)* wrongdoing, irregularity, misconduct.

on·ge·ryp =*rypte* unmature(d).

on·ge·rys =*rysde* unleavened.

on·ge·saag =*saagde* unsawn.

on·ge·sa·la·ri·eer(d) =*eerde* unsalaried, unpaid.

on·ge·salf =*salfde* unanointed.

on·ge·sê =*segde* unsaid, unspoken; *iets ~ laat (bly)* leave s.t. unsaid.

on·ge·se·ël(d) =*seëlde* unsealed; unstamped.

on·ge·seg·lik =*like* refractory, unmanageable, unruly, disobedient, naughty, intractable, unbiddable, indocile. **on·ge·seg·lik·heid** intractability, disobedience, unmanageableness.

on·ge·se·ku·reer(d) =*reerde, (fin.)* unsecured *(creditor, loan, debenture, etc)*.

on·ge·sel·lig =*lige* unsociable, ungenial, standoffish *(pers.)*; dull, gloomy, cheerless, dreary *(place)*; *~ wees* be poor company. **on·ge·sel·lig·heid** unsociableness, dul(l)ness, cheerlessness.

on·ge·sen·su·reer(d) =*reerde* uncensored.

on·ge·ser·ti·fi·seer(d) =*seerde* uncertified; unqualified.

on·ge·sien =*siene, adj.* unseen, unspied, unobserved, unwitnessed; unesteemed, unrespected; *die O~e, (God)* the Unseen. **on·ge·siens, on·ge·siens** *adv.* unseen; *iets ~ goedkeur* rubber-stamp s.t.; *iets ~ koop* buy s.t. sight unseen; *~ verbygaan* go unremarked.

on·ge·sif ⁼*sifte* unsifted; *~te meel* whole meal.
on·ge·skaaf ⁼*skaafde* unplaned.
on·ge·skeer ⁼*skeerde* unshaved, unshaven *(chin);* unshorn *(sheep).*
on·ge·skei ⁼*skeide, (rare)* **on·ge·skei·e** ~ unseparated, unsegregated; unparted.
on·ge·skik ⁼*skikte* unsuited, unfit, unsuitable; inapt; ill-mannered, unmannerly, rude; disabled; unmanageable; improper, immodest; unfit(ted), inept; untamed *(horse); ~te* ***gesegde*** malapropos; *iets* ***maak*** *iem. ~ vir 'n pos* s.t. disqualifies s.o. for a post; *iem. ~* ***verklaar*** *om iets te doen* disqualify s.o. from doing s.t.; *~ wees* ***vir*** *iets* be unfit for s.t.; be ill-suited to s.t.; *~ wees* ***vir*** *warm weer* be unsuitable for hot weather; *~ wees* ***vir*** *die werk* not be fit/qualified/competent to do the work. **on·ge·skikt·heid** unfitness, unsuitability; inaptitude, disability, disablement, incapacity; unmannerliness, rudeness; unmanageableness; impropriety; *blywende ~* permanent incapacity. **on·ge·skikt·heids·pen·si·oen** disability pension. **on·ge·skikt·heids·toe·laag** ⁼*lae,* ⁼**toe·la·e** ⁼*laes* disability grant.
on·ge·skil ⁼*skilde* unpeeled, unpared.
on·ge·skoei(d) ⁼*skoeide, (rare)* unshod *(feet);* barefoot, discalced *(monks, nuns).*
on·ge·skok ⁼*skokte* unshaken *(faith);* unshocked.
on·ge·skon·de ~, *adj.* undamaged, untouched, intact; unscratched; unimpaired; inviolate, unprofaned; uninjured, sound; unmaimed; *boek in ~ staat* book in mint condition. **on·ge·skon·de·ne** ⁼*nes, n.* (the) uninjured. **on·ge·skon·den·heid** intactness, inviolateness, wholeness, integrity, entirety.
on·ge·skool(d) ⁼*skoolde* unskilled *(labourer),* untrained, unschooled, untutored, unpractised. **on·ge·skoold·heid** unskilledness, untrainedness.
on·ge·skre·we unwritten; *~ reg* customary law, law of custom; *~ wet* unwritten law; *~ waardering* mental appreciation.
on·ge·slag·te·lik ⁼*like* asexual.
on·ge·slui·er(d) ⁼*erde* unveiled.
on·ge·slyp ⁼*slypte* unpolished *(diamond);* unground.
on·ge·smeer ⁼*smeerde* unbuttered *(bread);* ungreased; unlubricated.
on·ge·smelt ⁼*smelte* unmelted, unmolten; unfused.
on·ge·sne·de →ONGESNY.
on·ge·snoei ⁼*snoeide* unpruned, untrimmed.
on·ge·sny ⁼*snyde* uncut; untrimmed; unsliced *(bread etc.);* unmown *(grass);* uncastrated. **on·ge·sne·de** uncut *(diamond).*
on·ge·sog ⁼*sogte, (obs.)* unsought; natural, easy, spontaneous, unaffected. **on·ge·sogt·heid** *(obs.)* naturalness, spontaneity, unaffectedness.
on·ge·sond ⁼*sonde* unhealthy *(person, climate, place, etc.),* unfit; sickly; insalubrious *(climate, place, etc.);* injurious to health, insanitary; unwholesome *(food);* unhygienic; morbid; *te veel rook is ~* excessive smoking is injurious to health; *~e lektuur* harmful/unwholesome literature/reading. **on·ge·sond·heid** ill health, sickliness, unhealthiness; insalubrity; insanitariness; unwholesomeness.
on·ge·soom ⁼*soomde* unhemmed.
on·ge·sout ⁼*soute* unsalted *(also fig.),* saltless; uncured *(meat, fish, etc.);* not hardened; not immunised, not proof against disease; *(fig.)* ignorant, uninformed, uninitiated.
on·ge·span·ne *(phon.)* lax *(vowel).*
on·ge·speen ⁼*speende* unweaned.
on·ge·spe·si·a·li·seer(d) ⁼*seerde* unspecialised.
on·ge·spe·si·fi·seer ⁼*seerde* unspecified.
on·ge·staaf ⁼*staafde* unsubstantiated, uncorroborated, unconfirmed, unproved, unsustained, unsupported, unauthenticated, unwitnessed.
on·ge·sta·dig ⁼*dige* inconstant, fickle, unsteady, fitful, changeable *(pers.);* unsettled, uncertain *(weather);* variable, unsteady *(winds); (stock exchange)* volatile. **on·ge·sta·dig·heid** inconstancy, fickleness, changeableness, unsteadiness; unsettled state, uncertainty *(of the weather); (stock exchange)* volatility; *~ van marges* volatility of margins.
on·ge·steeld ⁼*steelde, (bot.)* sessile.
on·ge·steld ⁼*stelde* indisposed, unwell, off colour, out of sorts. **on·ge·steld·heid** indisposition, illness, disorder, complaint, malaise.
on·ge·stem(d) ⁼*stemde* untuned.
on·ge·stem·pel(d) ⁼*pelde* unstamped.
on·ge·steun(d) ⁼*steunde* unsupported.
on·ge·steurd →ONGESTOORD.
on·ge·stil(d) ⁼*stilde, (rare)* unappeased, unquenched, unstilled.
on·ge·stoord ⁼*stoorde,* **on·ge·steurd** ⁼*steurde* uninterrupted, unhindered, unimpeded, unchecked, undisturbed, unbroken; *in die ~e besit van jou geesvermoëns* being in one's sound and sober senses; *~e gebruik* undisturbed use; *iets ~ laat* leave s.t. undisturbed. **on·ge·stoord·heid, on·ge·steurd·heid** uninterruptedness.
on·ge·stort ⁼*storte* uncalled *(shares);* unpaid; unspilt, unspilled; unshed *(tears).*
on·ge·straf ⁼*strafte, adj.* unpunished, scot-free; *~ daarvan afkom* go/escape *(or* get off) scot-free; *~ bly, (s.t.)* go unpunished; *(s.o.)* get away with it. **on·ge·straf** *adv.* with impunity. **on·ge·straft·heid** impunity.
on·ge·streep ⁼*streepte* unstriped, unstriated.
on·ge·struk·tu·reer(d) ⁼*reerde* unstructured.
on·ge·stryk ⁼*strykte* unironed, unpressed.
on·ge·stuur(d) ⁼*stuurde* unsteered; undirected; unsent.
on·ge·styf ⁼*styfde* unstarched.
on·ge·sub·si·di·eer(d) ⁼*eerde* unsubsidised.
on·ge·sui·wer(d) ⁼*werde* unpurified, unrefined, crude; unfiltered *(water);* raw; unexpurgated.
on·ge·suur(d) ⁼*suurde* unleavened.
on·ge·sy·ferd ⁼*ferde* innumerate. **on·ge·sy·ferd·heid** innumeracy.
on·ge·teer ⁼*teerde* unsurfaced *(road).*
on·ge·te·ken(d) ⁼*kende* unsigned, anonymous.
on·ge·tel(d) ⁼*telde* uncounted; unnumbered, numberless, countless, untold.
on·ge·tem(d) ⁼*temde* untamed, unbroken, wild, undomesticated.
on·ge·tem·per(d) ⁼*perde* untempered.
on·ge·ti·tel(d) ⁼*telde* untitled.
on·ge·tooi →ONOPGETOOI.
on·ge·troos ⁼*trooste* uncomforted, unconsoled.
on·ge·trou = ONTROU *adj..*
on·ge·troud ⁼*troude* unmarried, unwed(ded), single; *~e staat* →**ONGEHUDE** STAAT.
on·ge·twy·feld ⁼*felde, adj.* undoubted. **on·ge·twy·feld** *adv.* undoubtedly, without doubt, indubitably, doubtless; clearly; without question, surely; *... sal ~ ..., (also)* it's *(or* it is) a racing certainty (that) ...; *iem. sal iets ~ doen* s.o. is guaranteed/sure to do s.t..
on·ge·vaar·lik ⁼*like* harmless; non(-)hazardous, undangerous.
on·ge·val ⁼*valle* casualty; accident, mishap.
on·ge·val·le·: **~afdeling** casualty ward. **~versekering** insurance against accidents, accident insurance. **O~wet** *(SA, hist.)* Workmen's Compensation Act; →WET OP VERGOEDING VIR BEROEPSBESERINGS EN -SIEKTES.
on·ge·vee ⁼*vee(g)de* unswept.
on·ge·veer about, nearly, roughly, approximately, more or less, some, roundabout, round about, *(infml.)* in the neighbourhood of, *(SA)* plus-minus, plus/minus; *~ dieselfde* much the same; *so is dit ~* that's just about it.
on·ge·veer(d) ⁼*veerde* unsprung *(weight, wheels, mattress, etc.).*
on·ge·veins ⁼*veinsde,* ⁼*veinste* unfeigned, sincere, genuine. **on·ge·veinsd·heid** sincerity, genuineness.
on·ge·verf ⁼*verfde* unpainted, unstained.
on·ge·vlek ⁼*vlekte* unspotted, spotless, unstained.
on·ge·vlerk ⁼*vlerkte,* **on·ge·vleu·el(d)** ⁼*elde, (zool.)* wingless.
on·ge·voeg ⁼*voegde* unpointed *(bricks).*
on·ge·voeg·lik ⁼*like* unbecoming, indecent, improper.
on·ge·voe·lig ⁼*lige* insensitive *(to touch);* insensible; apathetic, emotionless; torpid; stolid; unsusceptible; tough; impassive; unfeeling, callous; cruel, harsh; *... ~ maak* desensitise ...; *vir iets ~ wees* be indifferent to s.t.; be insensible to s.t.; be insensitive to s.t.. **on·ge·voe·lig·heid** insensibility; insensitiveness, insensitivity, toughness, stolidity; callousness; torpidity; unconcern; *~ vir pyn* inability to feel pain, *(med.)* analgesia.
on·ge·voer(d)[1] ⁼*voerde* unfed.
on·ge·voer(d)[2] ⁼*voerde* unlined, without a lining.
on·ge·von·nis ⁼*niste* unsentenced.
on·ge·vorm(d) ⁼*vormde* unformed.
on·ge·vraag, *(rare)* **on·ge·vra** ⁼*vraagde* uncalled-for *(remark),* unasked-for; unsolicited; unasked, uninvited *(guest);* unbidden; undesired; unprovoked.
on·ge·vul(d) ⁼*vulde* unfilled.
on·ge·waar·deer(d) ⁼*deerde* unappreciated, unvalued; unestimated.
on·ge·wa·pen(d) ⁼*pende* unarmed; plain *(concrete); (rare)* naked *(eye).*
on·ge·was ⁼*waste* unwashed; unshuffled *(cards);* unscoured *(wool).*
on·ge·wend →ONGEWOOND.
on·ge·wens ⁼*wenste,* ⁼*wensde, adj.* unwished(-for), undesired, unwanted, ineligible; *'n ~te/de persoon* an undesirable (person). **on·ge·wens·te** ⁼*tes, n.* undesirable. **on·ge·wenst·heid** undesirability.
on·ge·wer·wel(d) ⁼*welde* invertebrate; *~de diere* invertebrates, Invertebrata.
on·ge·wet·tig ⁼*tigde* unauthorised, unwarranted; ultra vires; illegitimate, illicit.
on·ge·wild ⁼*wilde* unpopular; *(rare)* unintentional; *~ by iem. wees* be unpopular with s.o.; *jou ~ maak* make o.s. unpopular. **on·ge·wild·heid** unpopularity.
on·ge·wil·lig = ONWILLIG.
on·ge·wis ⁼*wisse, (rare)* uncertain. **on·ge·wis·heid** uncertainty.
on·ge·wis·sel ⁼*selde* uncashed *(a cheque).*
on·ge·wit ⁼*witte, (lit.)* not whitewashed.
on·ge·wond ⁼*wonde* unwounded, unhurt, unscathed, unharmed.
on·ge·woon ⁼*wone* uncommon, unusual, odd, out of the common; unfamiliar; unconventional; quaint; bizarre; novel *(feeling); daar is iets ~s aan* there is s.t. unusual about it; *dit is niks ~s nie* it is not unusual, it is nothing out of the way/ordinary; *die ... is ~ vir dié/hierdie tyd van die jaar* the ... is unseasonal *(rain etc.).* **on·ge·woond,** *(infml., obs.)* **on·ge·wend** unaccustomed, unfamiliar; *aan iets ~ wees* be unaccustomed to s.t.; be unfamiliar with s.t.; be unused to s.t.. **on·ge·woond·heid** inexperience, want of practice, unaccustomedness, unfamiliarity. **on·ge·woon·heid** unusualness, uncommonness, unfamiliarity. **on·ge·woon·te, on·ge·woon·te** *(rare)* = ONGEWOONDHEID.
on·ge·wraak ⁼*wraakte, (rare)* unchallenged, undisputed.
on·ge·wreek ⁼*wreekte* unavenged, unrevenged.
on·ge·wy(d) ⁼*wyde* unhallowed, unconsecrated, unsanctified; profane *(history, writer);* secular *(music).*
on·ge·wy·sig ⁼*sigde* unmodified, unaltered.
on·glans·ryk ⁼*ryke* unglamorous.
on·god·de·lik ⁼*like* ungodly, impious; *(infml.)* ungodly, outrageous, unreasonable.
on·gods·diens·tig ⁼*tige* irreligious, impious, ungodly. **on·gods·diens·tig·heid** irreligion, irreligiousness, impiety, impiousness.
on·graag *(rare)* reluctantly, unwillingly.
on·gram·ma·ti·kaal ⁼*kale* ungrammatical.
on·groen ungreen.
on·grond·wet·lik ⁼*like, (obs.)* **on·grond·wet·tig** ⁼*tige* unconstitutional. **on·grond·wet·lik·heid,** *(obs.)* **on·grond·wet·tig·heid** unconstitutionality, unconstitutional character/nature.
on·guns disfavour; *by iem. in ~ wees* be in s.o.'s bad/black books, be in disfavour *(or* out of favour *or* in trouble) with s.o., *(infml.)* be in the dog box; *in ~ raak*

fall from favour, lose favour; *by iem. in ~ raak* fall into disfavour (*or* out of favour) with s.o.. **on·guns·tig** -*tige* unfavourable; adverse *(criticism)*; unpropitious; inauspicious; *iem./iets ~ **beskou*** disfavour s.o./s.t.; *~e **gety*** foul tide; *iets **stem** iem. ~* s.t. indisposes s.o.; *~e **weer*** unfriendly weather; *'n ~e **wending*** a change for the worse. **on·guns·tig·heid** unfavourableness.

on·guur ~/*ongure* -*guurder* -*guurste* repulsive, sinister; sordid; coarse, rude; unlovely; *'n ongure vent* a disreputable character, an unsavoury fellow; *ongure buurt* insalubrious neighbourhood; *ongure weer* beastly/filthy/foul/nasty weather.

on·han·del·baar -*bare, (obs.)* unmanageable, intractable, uncontrollable; refractory, inductile; *~ raak* become unmanageable. **on·han·del·baar·heid** unmanageableness, intractability, uncontrollability; refractoriness.

on·hand·haaf·baar -*bare* unsustainable.

on·han·dig -*dige* clumsy, awkward, blundering, bumbling, ham-fisted, inept; gauche; *~ wees* be all thumbs, fumble. **on·han·dig·heid** clumsiness, awkwardness, gawkiness, gawkishness.

on·han·teer·baar -*bare* difficult to handle, unmanageable, unwieldy, clumsy. **on·han·teer·baar·heid** unmanageableness, unwieldiness, clumsiness.

on·har·mo·nies -*niese* unharmonious, dissonant, discordant.

on·hart·lik -*like* cold, apathetic, indifferent, unfriendly, unkind, not cordial, unwelcoming.

on·heb·be·lik -*like* exasperating, ill-mannered, rude, unmannerly, unruly *(child)*; *(rare)* unwieldy, unmanageable. **on·heb·be·lik·heid** unmannerliness, rudeness, unruliness.

on·heel·baar -*bare* incurable, unhealable.

on·heil -*heile* calamity, disaster, misfortune, danger, mischief, ill, fatality, catastrophe; →ONHEILS-; *~ stig* brew evil. **on·heil·spel·lend** -*lende* -*lender lendste* (of *meer ~ die mees* -*lende)* ominous, inauspicious, menacing, sinister, portentous, baleful, eerie. **on·heil·spel·lend·heid** ominousness, portentousness.

on·hei·lig -*lige* unholy, wicked; profane. **on·hei·lig·heid** unholiness, wickedness, profanity.

on·heils-: **~bode** bringer of bad news. **~bringer** jinx. **~dag** unlucky day, fatal day, ill-fated day, inauspicious day. **~profeet** prophet of doom, doomsayer, Jeremiah. **~teken** ill/bad omen.

on·heil·saam -*same* unwholesome, evil, unsalubrious, insalubrious.

on·hel·der -*der(e)* -*derder* -*derste* indistinct, unclear.

on·her·berg·saam -*same* inhospitable, bleak, barren *(land)*; *'n onherbergsame landstreek* a wasteland. **on·her·berg·saam·heid** inhospitality, bleakness, barrenness.

on·her·bou -*boude* unreconstructed.

on·her·haal·baar -*bare* unrepeatable, unprintable *(oath)*;

on·her·ken·baar -*bare* unrecognisable, irrecognisable, unidentifiable, un-, indistinguishable; *~ verander* change beyond (*or* out of all) recognition. **on·her·ken·baar·heid** unrecognisableness.

on·her·lei·baar -*bare, (math. etc.)* irreducible. **on·her·lei·baar·heid** irreducibility.

on·he·ro·ïes -*roïese, (rare)* **on·he·ro·ïek** -*roïeke* unheroic.

on·her·roep·baar -*bare* unrepealable.

on·her·roep·lik -*like, adj.* irrevocable, unalterable, unrecallable; irretrievable, irreversible, irremediable. **on·her·roep·lik** *adv.* irrevocably; *~ verby* beyond recall. **on·her·roep·lik·heid** irrevocability.

on·her·stel·baar -*bare, adj.* irreparable *(damage)*; irreparable, irreplaceable, irretrievable, devastating *(loss)*; irremediable, irreclaimable, irrecoverable, irreversible; beyond repair. **on·her·stel·baar** *adv.* irreparably, beyond recovery; *~ verlore* irreparably lost. **on·her·stel·baar·heid** irreparableness, irretrievability, irremediableness.

on·her·vorm(d) -*vormde* unreformed.

on·her·win·baar -*bare* irreclaimable.

on·heug·lik -*like, (poet., liter.)* immemorial; *sedert ~e tye* immemorially, from time immemorial, time out of mind.

on·hi·gi·ë·nies -*niese* unhygienic, in-, unsanitary.

on·his·to·ries -*riese* unhistorical.

on·hof·lik -*like* discourteous, uncivil, ungallant, inattentive, ungracious, inconsiderate; *~ teenoor iem. wees* be discourteous to s.o.. **on·hof·lik·heid** discourtesy, incivility.

on·hol·lands -*landse* not Dutch, un-Dutch.

on·hoor·baar -*bare* inaudible. **on·hoor·baar·heid** inaudibility.

on·hou(d)·baar -*bare* untenable *(position, theory)*; unbearable, intolerable, unendurable. **on·hou(d)·baar·heid** untenability, untenableness; unbearableness, intolerability.

on·huis·lik -*like, (rare)* unhomely; not fond of home.

on·i·di·o·ma·ties -*tiese* unidiomatic.

o·niks -*nikse, (geol.)* onyx.

on·im·po·ne·rend -*rende* unimposing.

on·in·baar -*bare* bad *(debt)*, irrecoverable. **on·in·baar·heid** irrecoverableness.

on·in·druk·wek·kend -*kende* unimposing.

on·in·ge·bon·de *(rare)* unbound *(book)*.

on·in·ge·ënt -*geënte* = ONGEËNT.

on·in·ge·lig -*ligte* uninformed, ignorant, unenlightened, uninstructed.

on·in·ge·naai(d) -*naaide, (rare: book)* in sheets.

on·in·ge·vul(d) -*vulde* not filled in, blank.

on·in·ge·wy(d) -*wyde* not inaugurated, unconsecrated *(church)*; uninitiated; uninformed; *die ~des* the uninitiated, the outsiders.

on·in·skik·lik -*like* unaccommodating, disobliging, not easy to deal with, uncompliant.

on·in·spi·re·rend -*rende* uninspiring, dreary, pedestrian.

on·in·tel·li·gent -*gente* unintelligent; *~e terminaal, (comp.)* dumb terminal.

on·in·te·res·sant -*sante* uninteresting, boring, dull, pedestrian. **on·in·te·res·sant·heid** boringness, dullness.

on·in·ter·pre·teer·baar -*bare* uninterpretable.

on·in·wis·sel·baar -*bare* inconvertible *(currency)*. **on·in·wis·sel·baar·heid** inconvertibility.

on·juis -*juiste* incorrect, erroneous, inaccurate, false, wrong; *dit is ~ dat ...* it is wrong to say that ...; *iem. ~ voorlig* misdirect s.o.. **on·juist·heid** incorrectness, erroneousness, inaccuracy; error, mistake, fallacy.

on·kant *adj. & adv., (sport)* offside; *iem. ~ betrap/vang, (fig.)* catch s.o. on the wrong foot; *~ wees* be offside. **~reël** *(sport)* offside rule. **~spel** *(sport)* offside; *weens ~ afgewys wees* (of *van die hand gewys wees* of *nie toegestaan wees nie), (a goal)* be disallowed for offside.

on·ka·pa·bel *~* -*beler* -*belste* (of *meer ~ die mees* -*bele), (infml.)* unable *(to)*, incapable *(of)*; incapacitated; *iem. is ~ (om iets te doen), (infml.)* s.o. is incapable of doing s.t..

on·keer·baar -*bare* irresistible; unstoppable; uncontrollable, unmanageable, out of control, ungovernable, raging; irrepressible; irreversible; *iem. is ~* there is no stopping s.o.. **on·keer·baar·heid** irresistibility; uncontrollability, unmanageableness, ungovernableness; irrepressibility; irreversibility.

on·ken·baar -*bare, (chiefly philos.)* unknowable; unrecognisable. **on·ken·baar·heid** unknowableness.

on·kerk·lik -*like* secular, wordly. **on·kerk·lik·heid** secularity, worldliness.

on·kerks -*kerkse* indifferent to the church, not churchgoing. **on·kerks·heid** indifference to the church.

on·kies -*kiese* immodest, indecent, improper, indelicate, obscene. **on·kies·heid** immodesty, impropriety, indelicacy.

on·kin·der·lik -*like, (rare)* unchildlike; unfilial.

on·klaar, on·klaar defective, out of order; disabled; uncompleted; *iem. ~ betrap* catch s.o. off balance; catch s.o. on the wrong foot; *iem. se motor het langs die pad ~ geraak* s.o. had a breakdown on the road; *~ raak* break down; go wrong; give trouble; pack up *(infml.)*; *(rope)* foul, be/get fouled. **~trap** *onklaargetrap, ~ **trap*** *onklaar getrap, (lit.: draught animal)* kick over the traces; *(fig.)* get into a tangle/muddle, become confused *(in what one says)*; *nooit ~* (of *~ ~) nie* never put a foot wrong.

on·klaar·heid defectiveness; malfunction; unpreparedness.

on·klas·si·fi·seer·baar -*bare* unclassifiable.

on·kleur-: **~oë**, *(rare)* **~ oë** differently coloured eyes. **~span**, *(rare)* **~ span** motley team *(of draught animals)*, team of differently coloured oxen.

on·knap: *nie ~ nie* not without brains; not bad-looking.

on·ko- *comb. (med.)* onco-.

on·ko·geen -*gene*, **kan·ker·ver·wek·ker** -*kers, (med.)* oncogene.

on·ko·lo·gie, ge·was·kun·de, ge·was(·se)·leer *(med.)* oncology. **on·ko·lo·gies** -*giese* oncological. **on·ko·loog** -*loë*, **ge·was·kun·di·ge** -*ges (med.)* oncologist.

on·ko·nink·lik -*like* unroyal.

on·kon·sti·tu·si·o·neel -*nele* unconstitutional.

on·kon·struk·tief -*tiewe* unconstructive.

on·kon·tro·leer·baar -*bare* unverifiable, uncheckable.

on·kon·ven·si·o·neel -*nele* unconventional, eccentric, unorthodox, *(infml.)* funky; *onkonvensionele oorlogvoering* unconventional warfare.

on·ko·ser·ki·a·se, ri·vier·blind·heid *(med.)* onchocerciasis, river blindness.

on·kos·te *(sing. & pl.)* expenses, charges; costs; →KOSTE; *~ **aangaan/maak*** incur expenses; *groot ~ **aangaan/maak/oploop*** go to great expense; *~ **bestry*** defray/meet expenses; *jou ~ **dek*** pay one's way; *geen ~ **ontsien** nie* spare no expense, be regardless of expense; ***op** iem. se ~* at s.o.'s expense. **~rekening** note of charges; expense account.

on·kre·a·tief -*tiewe* uncreative.

on·kreuk·baar -*bare* unimpeachable, incorruptible; *'n onkreukbare mens* a person of integrity. **on·kreuk·baar·heid** unimpeachableness, unimpeachability, integrity, uprightness, incorruptibility, probity.

on·kreu·kel·baar *(rare)* = KREUKELVRY.

on·kri·ties -*tiese* uncritical, undiscriminating; non(-)judg(e)mental; *~ teenoor ... wees/staan* be uncritical of ...

on·kruid -*kruide* weed(s); *(infml.)* good-for-nothing, worthless person, rascal; *~ tussen/onder die **koring**, (NAB/OAB)* weeds/tares among the wheat *(NIV/AV)*; *~ **uittrek*** weed; *~ **vergaan** nie, (infml.)* s.o.'ll be around for a long time yet; ***vervuil** wees van die ~* be infested with weeds. **~-eg** cultivator. **~middel, ~doder** weedkiller, herbicide, weedicide.

on·kuis -*kuise* unchaste, impure; lewd, lascivious, bawdy, lecherous. **on·kuis·heid** unchastity, unchasteness, impurity.

on·kun·de ignorance; *~ **aangaande/omtrent** ...* ignorance of ...; ***droewige** ~* woeful ignorance; *dit is **gewoonweg** ~* it is plain/sheer ignorance; *iem. se **grondelose** ~* s.o.'s abysmal ignorance; ***growwe** ~* dense ignorance; *~ vererger deur **hoogmoed*** ignorance compounded by arrogance; ***uit** ~* from ignorance; ***volslae** ~* profound ignorance. **on·kun·dig** -*dige, adj.* ignorant; untaught, uninstructed; *iem. ~ hou* keep s.o. in the dark; *iem. ~ omtrent/oor iets laat* keep s.o. in ignorance of s.t.; *~ omtrent/oor iets wees* be ignorant of s.t.; be unacquainted with s.t.. **on·kun·di·ge** -*ges, n.* ignorant person, ignoramus. **on·kun·dig·heid** ignorance; *~ omtrent ...* ignorance of ...

on·kwan·ti·fi·seer·baar -*bare* unquantifiable.

on·kwe(t)s·baar -*bare* invulnerable. **on·kwe(t)s·baar·heid** invulnerability.

on·kyk·baar -*bare* unwatchable.

on·langs -*langse, adj.* recent. **on·langs** *adv.* recently, lately, the other day, shortly; *heel ~* quite recently.

on·le·dig: *jou met iets ~ hou* keep o.s. busy with s.t..

on·leef·baar -*bare* unbearable.

on·leer·baar -*bare* uneducable, unteachable.

on·leer·saam -*same* uneducative, uninformative, uninstructive.

on·lees·baar =*bare* illegible *(handwriting);* unreadable *(book);* undecipherable; *iets ~ maak* deface s.t.. **on·lees·baar·heid** illegibility; unreadableness.

on·les·baar =*bare, (poet., liter.)* unquenchable, quenchless *(thirst).* **on·les·baar·heid** quenchlessness.

on·le·wens·vat·baar =*bare* non(-)viable, unviable.

on·lig·gaam·lik =*like* not material, incorporeal, disembodied, bodiless.

on·li·te·rêr =*rêre* unliterary.

on·lo·ën·baar =*bare, (liter.)* undeniable, indisputable.

on·lo·gies =*giese* illogical, paralogical, inconsecutive, inconsequent; *~e gevolgtrekking* non sequitur; *die ~e daarvan* the illogic(ality)/illogicalness of it.

on·lo·nend =*nende* unprofitable, unremunerative.

on·los·baar =*bare* unredeemable *(bonds, shares, etc.).*

on·los·maak·lik =*like, adj.* inextricable, inseparable, indissoluble. **on·los·maak·lik** *adv.* inextricably, indissolubly.

on·lus =*luste, (no pl.)* dislike, aversion; unpleasant feeling, discomfort; listlessness, apathy; *(mostly pl.)* riot(s), disturbance(s), disorder(s), civil commotion(s), troubles, rioting(s); *~ in die lewe* listlessness; *~te het uitgebreek* disorder(s) broke out. **~skild** riot shield. **~stoker** agitator, troublemaker. **~(te)afdeling** riot squad. **~toerusting** riot gear.

on·lus·te· **~drag** riot gear.

on·lus·tig =*tige, (poet., liter.)* listless, spiritless, apathetic, dull, languid.

on·maat·skap·lik =*like, (rare)* unsocial; asocial.

on·mag inability, impotence; impuissance; *geslagtelike ~* anaphrodisia. **on·mag·tig** =*tige* powerless, impotent; *~ tot iets, ~ om iets te doen* unable to do s.t./anything.

on·ma·nier·lik =*like* ill-mannered, bad-mannered, unmannerly, rude, ill-bred, discourteous. **on·ma·nier·lik·heid** unmannerliness, rudeness, bad manners, ill breeding.

on·man·lik =*like* unmanly, unmasculine. **on·man·lik·heid** unmanliness.

on·ma·tig =*tige, adj.* immoderate, intemperate, incontinent; excessive; huge, unusually large; *~ wees* overindulge. **on·ma·tig** *adv.* immoderately, excessively; *~ drink* drink to excess; *dit is ~ warm* it is exceptionally hot. **on·ma·tig·heid** immoderateness, intemperance, incontinence; excess, extravagance, immoderation, overindulgence.

on·me·de·deel·saam, *(rare)* **on·mee·deel·saam,** =*same* stingy, miserly, not open-handed; uncommunicative, taciturn, reticent. **on·me·de·deel·saam·heid,** *(rare)* **on·mee·deel·saam·heid** stinginess, miserliness; taciturnity, reticence.

on·me·de·din·gend =*gende* uncompetitive.

on·mee·do·ënd =*doënde, (rare, poet., liter.)* merciless, pitiless, stony-hearted, unrelenting, relentless, inexorable, unforgiving, ruthless. **on·mee·do·ënd·heid** ruthlessness, mercilessness, pitilessness.

on·meet·baar =*bare* immeasurable, unmeasurable; *~bare getal, (math.)* irrational number; *~bare grootheid, (math.)* surd. **on·meet·baar·heid** immeasurability.

on·meet·lik =*like* immense, immeasurable, measureless, unfathomed; *~e rykdom* untold wealth. **on·meet·lik·heid** immenseness, immensity, immeasurableness.

on·me·lo·di·eus =*euse* unmelodious, untuneful.

on·meng·baar =*bare* immiscible. **on·meng·baar·heid** immiscibility.

on·mens =*mense* monster, brute. **on·men·sig** *adj. & adv., (obs., rare)* enormous(ly), humungous; terrible, terribly, extreme(ly). **on·mens·lik** =*like* inhuman, unhuman; inhuman(e), brutal, barbarous, cruel, monstrous. **on·mens·lik·heid** inhumanity, brutality.

on·merk·baar =*bare, adj.* imperceptible, unnoticeable, insensible, impalpable, undiscernible. **on·merk·baar** *adv.* imperceptibly, unnoticeably, insensibly.

on·me·to·dies =*diese* unmethodical, unsystematic(al), systemless.

on·mid·del·lik =*like, adj.* immediate, direct; *~e nabyheid* close proximity; *~e oorsaak* proximate cause; *~e verkoop* spot sale. **on·mid·del·lik** *adv.* immediately, at once, directly, forthwith, promptly, right/straight away, without delay. **on·mid·del·lik·heid** immediacy.

on·min disagreement, variance, discord, strife, bad feeling; *in ~ leef/lewe* live like cat and dog; *in ~ raak* quarrel, fall out; *~ stig/uitlok* cause/make trouble.

on·mis·baar =*bare* indispensable, essential, vital, necessary; *vir ... ~ wees* be essential/indispensable for/to ...; *~bare persoon* key person. **on·mis·baar·heid** indispensability, indispensableness; essentiality.

on·mis·ken·baar =*bare* unmistakable, unmistakably, undeniable, undeniably; *~bare onhoudbaarheid* manifest absurdity; *~bare tekens* telltale signs. **on·mis·ken·baar·heid** unmistakableness.

on·mon·dig =*dige, adj.* under age, minor; *~ wees* be under age, be a minor. **on·mon·di·ge** =*ges, n.* minor. **on·mon·dig·heid** minority, nonage.

on·moont·lik =*like, adj.* impossible; *(infml.)* insufferable *(person); (infml.)* ludicrous, outrageous *(outfit etc.); (infml.)* prohibitive *(price); dit is* ***absoluut*** *~* it is absolutely impossible; *dit is vir iem. ~ om iets te* ***doen*** it is impossible for s.o. to do s.t.; *dit is* ***eenvoudig*** *~* it is just impossible; *dit is* ***haas*** *~* it is practically impossible; *dit is ~ om* ***langer*** *uit te hou* it is past endurance; *iets ~* ***maak*** shut the door on s.t.; *iets is* ***nie*** *~ nie* s.t. is within the range of possibility; *dis* ***nie*** *~ nie* it is just possible; *op 'n ~e* ***uur,*** *(infml.)* at an ungodly hour; *dit is* ***volstrek*** *~* it is a sheer impossibility. **on·moont·lik** *adv.* not possibly; *iem. kan iets ~ doen* it is impossible for s.o. to do s.t., s.o. cannot possibly do s.t.; *iem. kan dit ~ gedoen het* for s.o. to have done it is impossible. **on·moont·li·ke** *n.: iem. begeer/verlang die ~, iem. wil die ~ hê* s.o. asks for the impossible; s.o. asks/cries for the moon; *die ~ doen/verrig* do/perform the impossible; *die ~ probeer (doen)* attempt the impossible; try to square the circle; put a quart into a pint pot. **on·moont·lik·heid** impossibility.

on·mu·si·kaal =*kale* unmusical, tuneless. **on·mu·si·ka·li·teit** unmusicalness, unmusicality.

on·na·den·kend =*kende, adj.* unthinking, inconsiderate, unreflecting, thoughtless, frivolous, unreasoning. **on·na·den·kend** *adv.* unthinkingly, without thinking, without reflection. **on·na·den·kend·heid** thoughtlessness, inconsiderateness.

on·na·speur·baar =*bare,* **on·na·speur·lik** =*like* untraceable, unsearchable; inscrutable, unfathomable. **on·na·speur·baar·heid, on·na·speur·lik·heid** inscrutability.

on·na·tuur·lik =*like* unnatural; artificial, forced, affected, sophisticated; preternatural; strained, constrained. **on·na·tuur·lik·heid** unnaturalness; affectation; strain.

on·na·volg·baar =*bare* inimitable. **on·na·volg·baar·heid** inimitability, inimitableness.

on·ne·der·lands not Dutch, un-Dutch.

on·neem·baar =*bare* impregnable *(fortress etc.).* **on·neem·baar·heid** impregnability.

on·net =*net(te)* =*netter* =*netste* untidy, careless, slovenly, casual, slipshod, sloppy. **on·net·heid** untidiness, slovenliness, sloppiness.

on·no·dig =*dige, adj.* unneeded; unnecessary, needless, uncalled-for; *dit is ~* there is no necessity for it; there is no need of that; *dit maak ... ~* it dispenses with ...; *dit is ~ om ...* there is no need to ...; don't trouble to ... **on·no·dig** *adv.* unnecessarily, needlessly. **on·no·dig·heid** needlessness.

on·noem·baar =*bare, (lit.)* unmentionable *(topic);* unnamable *(disease etc.);* inexpressible, severe, extreme *(pain etc.).*

on·noem·lik =*like* inexpressible, unspeakable, terrible, extreme, severe *(suffering etc.).*

on·no·sel =*sels, n., (infml.)* idiot, dumb-ass; *(jou) ~!* (you) silly!. **on·no·sel** =*sel(e)* =*seler* =*selste, adj.* stupid, simple/weak/feeble-minded, dim/dull/half/slow-witted, *(infml.)* pea-brained, woodenheaded; obtuse; foolish, inane, silly, mindless *(game, pastime, etc.); (rare)* simple, insignificant; *(obs.)* innocent; *jou ~ hou* play dumb; *~e swaap* stupid fool, *(infml.)* pea-brained idiot. **on·no·sel·heid** stupidity, idiocy, woodenheadedness; silliness, inanity; gullibility; *(obs.)* innocence.

on·nou·keu·rig =*rige, adj.* inaccurate, wrong, inexact, unspecific. **on·nou·keu·rig** *adv.* loosely, imprecisely. **on·nou·keu·rig·heid** inaccuracy, inexactitude, inexactness, imprecision, impreciseness, looseness.

on·nut =*nutte* rascal, devil, good-for-nothing, no-good, imp, rogue, scamp, scoundrel, wretch, naughty child. **on·nut·sig** =*sige* naughty, mischievous, puckish. **on·nut·sig·heid** naughtiness, mischievousness. **on·nut·tig** =*tige* useless.

on·of·fi·si·eel =*siële, adj.* unofficial, off the record *(pred.),* off-the-record *(attr.).* **on·of·fi·si·eel** *adv.* unofficially.

o·no·ma·si·o·lo·gie *(ling.)* onomasiology.

o·no·mas·ties =*tiese* onomastic(al). **o·no·mas·tiek** onomastics.

o·no·ma·to·pee =*peë* onomatopoeia, sound symbolism; onomatopoeic word, onomatopoeia. **o·no·ma·to·pe·ïes** =*peïese* onomatopoeic(al), onomatopoetic.

on·om·hein(d) =*heinde* unfenced, unhedged.

on·om·keer·baar =*bare* irreversible. **on·om·keer·baar·heid** irreversibility.

on·om·koop·baar =*bare* incorruptible, unbribable. **on·om·koop·baar·heid** incorruptibility, integrity.

on·om·skryf·baar =*bare, (rare)* indefinable.

on·om·stoot·lik =*like, adj.* irrefutable, unshakable; cast-iron *(proof); ~e bewys(e)* hard evidence; *~e waarheid* truism. **on·om·stoot·lik** *adv.* irrefutably, unshakably; *dit staan ~ vas* there can be no shadow of doubt about it. **on·om·stoot·lik·heid** irrefutability.

on·om·stre·de undisputed, uncontroversial, non(-)contentious, uncontentious; uncontested.

on·om·won·de, on·om·won·de *adj.* plain *(truth),* frank, honest, outspoken, straightforward, unequivocal. **on·om·won·de, on·om·won·de** *adv.* plainly, frankly, straightforwardly, without beating about the bush, without mincing matters, unequivocally, baldly; *iets ~ vir iem. sê* give it to s.o. (straight) from the shoulder; *dit ~ stel dat ...* make it abundantly clear that ...

on·on·der·breek·baar =*bare* uninterruptible *(power supply etc.).*

on·on·der·bro·ke uninterrupted, continuous, without a break, running, incessant, ceaseless, unceasing, continual; nonstop *(flight);* unbroken. **on·on·der·bro·ken·heid** uninterruptedness, continuousness, ceaselessness.

on·on·der·druk·baar =*bare* irrepressible.

on·on·der·skei(d)·baar =*bare* indistinguishable, indiscernible.

on·on·der·soek =*soekte* unexamined; uninvestigated.

on·on·der·te·ken(d) =*kende* unsigned.

on·ont·beer·lik =*like* indispensable, essential; imperative; *vir ... ~ wees* be essential/indispensable for/to ...; *vir iem. se doel ~ wees, (also)* be vital to s.o.'s purpose. **on·ont·beer·lik·heid** indispensability, indispensableness.

on·ont·bind·baar =*bare* indissoluble. **on·ont·bind·baar·heid** indissolubility.

on·ont·gon·ne *(p.p.)* uncultivated; unexploited, undeveloped; →ONTGIN.

on·ont·kom·baar, *(rare)* **on·ont·koom·baar** =*bare* unescapable, inescapable. **on·ont·kom·baar·heid,** *(rare)* **on·ont·koom·baar·heid** unescapableness, inescapability.

on·ont·leed·baar =*bare* unanalysable.

on·ont·plof =*plofte* unexploded; live *(bomb).*

on·ont·sy·fer·baar =*bare* undecipherable.

on·ont·vank·lik =*like* impervious, irresponsive, unreceptive; insusceptible *(of); (jur.)* inadmissible; *~ vir ...* impervious to ... **on·ont·vank·lik·heid** unsusceptibility; imperviousness, irresponsiveness; *(jur.)* inadmissibility.

on·ont·vlam·baar =*bare* non(-)(in)flammable.

on·ont·war·baar =*bare* inextricable.

on·ont·wik·keld =*kelde* undeveloped; uneducated, backward, uncultured, uncultivated, illiterate; rudimentary; *(biol.)* vestigial; *~e veer* pinfeather.

on·ont·wyk·baar *=bare* inescapable, unescapable; unavoidable, inevitable.

on·oog·lik *=like* unsightly, ugly, unattractive, unlovely. **on·oog·lik·heid** unsightliness, unattractiveness, unloveliness; eyesore.

on·oop·ge·maak *=maakte* unopened *(book)*, uncut *(letter)*.

on·oop·ge·sny *=snyde, =snede* uncut *(book)*.

on·oor·brug·baar *=bare* unbridgeable.

on·oor·deel·kun·dig *=dige* injudicious, indiscreet, ill-considered, undiscriminating. **on·oor·deel·kun·dig·heid** injudiciousness.

on·oor·draag·baar *=bare* untransferable, nontransferable, not transferable.

on·oor·gank·lik *=like, (gram.)* intransitive. **on·oor·gank·lik·heid** intransitiveness.

on·oor·ko·me·lik, *(rare)* **on·oor·koom·lik** *=like* insurmountable; invincible. **on·oor·ko·me·lik·heid,** *(rare)* **on·oor·koom·lik·heid** insurmountability; invincibility.

on·oor·reed·baar *=bare* stubborn, unpersuadable, inconvincible, unimpressible. **on·oor·reed·baar·heid** stubbornness, unpersuadableness.

on·oor·sien·baar *=bare* incalculable, immense, interminable.

on·oor·spronk·lik *=like* unoriginal, *(infml.)* scissors and paste.

on·oor·tref·lik *=like, (rare)* **on·oor·tref·baar** *=bare* unsurpassable, unbeatable; ~ *wees in iets* be unbeatable at/in s.t..

on·oor·trof·fe *(p.p.)* unsurpassed, unbeaten, unrivalled, unexcelled, record; →OORTREF.

on·oor·tuig·baar *=bare* inconvincible, unpersuadable, pigheaded. **on·oor·tuig·baar·heid** inconvincibility.

on·oor·tui·gend *=gende* unconvincing, inconclusive; unpersuasive; *iem. se getuienis is ~, (jur.)* s.o.'s evidence is unsatisfactory.

on·oor·win·lik *=like, (rare)* **on·oor·win·baar** *=bare* invincible, unconquerable, unbeatable; ~ *wees in iets* be unbeatable at/in s.t. **on·oor·win·lik·heid** invincibility.

on·oor·won·ne unconquered, unbeaten, unvanquished, unsubdued; unclimbed *(peak)*; →OORWIN; *die kolwer was met 135 ~* the batsman carried his bat for 135.

on·op·drin·ge·rig *=rige* unobtrusive.

on·o·pe·reer·baar *=bare, (surgery)* inoperable.

on·op·ge·ëis *=geëiste* unclaimed; abandoned.

on·op·ge·hang *=hangde* unhung *(painting etc.)*.

on·op·ge·lei *=leide* untrained, uninstructed, unschooled.

on·op·ge·los *=loste* undissolved *(solids)*; unsolved *(problem)*, unresolved.

on·op·ge·maak *=maakte* not done, not dressed *(hair)*; unmade *(bed)*; not made up, not compiled; untrimmed, plain *(hat)*.

on·op·ge·meet *=mete* unsurveyed *(land)*.

on·op·ge·merk *=merkte* unnoticed, unobserved, unperceived, unheeded; ~ *bly* escape notice/observation; ~ *verbygaan* go/pass/slip by unnoticed.

on·op·ge·skort *=skorte* unsuspended *(sentence)*.

on·op·ge·smuk *=smukte* unadorned, unornamented; plain, unvarnished *(truth)*; bald, unembellished *(narrative)*; ungarnished; ~ *feite* stark facts.

on·op·ge·spoor *=spoorde* untraced.

on·op·ge·te·ken(d) *=kende* unrecorded, unwritten, unchronicled.

on·op·ge·tooi, on·ge·tooi *=tooide* unembellished.

on·op·ge·voed *=voede* uneducated, badly brought up; ill-bred. **on·op·ge·voed·heid** ill breeding.

on·op·ge·vra *=vraagde* unclaimed; unpaid, uncalled *(capital)*.

on·op·hou·de·lik *=like, adj.* incessant, unceasing, continual, perpetual, ceaseless, unbroken, uninterrupted, unremitting, everlasting. **on·op·hou·de·lik** *adv.* incessantly, unceasingly, perpetually, continually. **on·op·hou·de·lik·heid** ceaselessness.

on·op·let·tend *=tende* inattentive; unobservant; inadvertent; careless, heedless, unwatchful. **on·op·let·tend·heid** inattention; unobservantness; oversight; carelessness.

on·op·los·baar *=bare* insoluble, non(-)soluble *(salt etc.)*; insoluble, unsolvable, unresolvable *(problem)*; inextricable; indissoluble. **on·op·los·baar·heid** insolubility.

on·op·merk·lik *=like* unremarkable.

on·op·merk·saam *=same* unobservant, inattentive. **on·op·merk·saam·heid** unobservantness.

on·op·reg *=regte* insincere, false, double-faced, disingenuous, uncandid; *iets klink ~* s.t. rings false. **on·op·regt·heid** insincerity, disingenuousness.

on·op·set·lik *=like, adj.* unintentional, inadvertent, undesigned, unintended. **on·op·set·lik** *adv.* unintentionally, inadvertently.

on·op·sig·te·lik *=like* quiet, unobtrusive. **on·op·sig·te·lik·heid** unobtrusiveness.

on·op·spoor·baar *=bare* undetectable, untraceable.

on·op·val·lend *=lende* unobtrusive, unremarkable, inconspicuous, unspectacular, unimposing.

on·op·voed·baar *=bare* ineducable, uneducable. **on·op·voed·baar·heid** ineducability, uneducability.

on·op·voer·baar *=bare* unsuitable for the stage, unplayable, unactable. **on·op·voer·baar·heid** unactability.

on·or·de·lik *=like* disorderly, unruly, rowdy; untidy, *(infml.)* shambolic. **on·or·de·lik·heid** disorderliness, unruliness, rowdiness; untidiness.

on·or·dent·lik *=like* indecent, unbecoming, improper; unmannerly. **on·or·dent·lik·heid** indecency *etc.*.

on·or·to·doks *=dokse* unorthodox.

on·paar not a pair, odd; unmatched, ill-mated, mismatched, mismated; *twee is 'n paar, **drie** is ~* two is company, three is none; ***hulle** is ~* they do not match, they are not a pair; *~ **skoene*** odd shoes; *'n ~ **tweeling*** unlike/dichorial twins.

on·pad·waar·dig *=dige* unroadworthy.

on·par·le·men·têr *=têre* unparliamentary; *~e taal(gebruik)* unparliamentary language.

on·par·ty·dig *=dige* impartial, fair, unprejudiced, equitable, non(-)partisan, unbias(s)ed, disinterested, neutral, indifferent, even-handed; *ek bly ~* I am not taking sides. **on·par·ty·dig·heid** impartiality, fairness, indifference, neutrality.

on·pas: *te pas en te ~* in season and out of season; *nommer ~ wees* be a square peg in a round hole. **on·pas·lik** *=like* unsuitable, inappropriate, out of place; indisposed, ill, sick. **on·pas·lik·heid** unsuitability, inappropriateness; indisposition. **on·pas·send** *=sende* out of place, unsuitable, inappropriate; unbefitting, unbecoming; inapt, inapposite; indecorous.

on·pas·sa·bel *=bele* impassable, impracticable *(road)*; unfordable.

on·pe·da·go·gies *=giese* unpedagogical.

on·peil·baar *=bare* unfathomable, fathomless, impenetrable. **on·peil·baar·heid** unfathomableness.

on·per·soon·lik *=like* impersonal; *~e werkwoord* impersonal verb. **on·per·soon·lik·heid** impersonality.

on·plan·ma·tig *=tige* unplanned.

on·ple·sie·rig *=rige* unpleasant, disagreeable. **on·ple·sie·rig·heid** unpleasantness, disagreeableness.

on·po·ë·ties *=tiese* unpoetical.

on·po·pu·la·ri·teit unpopularity. **on·po·pu·lêr** *=lêre* unpopular.

on·prak·ties *=tiese* unpractical, unworkmanlike, impracticable. **on·prak·ties·heid** impracticality.

on·pre·sies *=siese* inexact, imprecise, unspecific; careless. **on·pre·sies·heid** impreciseness, imprecision.

on·pro·ble·ma·ties *=tiese* unproblematic.

on·pro·duk·tief *=tiewe* unproductive, non(-)productive. **on·pro·duk·ti·wi·teit** unproductiveness.

on·pro·fes·si·o·neel *=nele* unprofessional.

on·pu·bli·seer·baar *=bare* unpublishable, unprintable.

on·raad trouble, danger; *~ bespeur/merk* become suspicious, become aware of danger, smell a rat *(fig.)*; *daar is ~* there is s.t. wrong, there is trouble brewing.

on·raad·saam *=same* inadvisable, inexpedient. **on·raad·saam·heid** inadvisability, inexpediency.

on·re·a·lis·ties *=tiese* unrealistic.

on·red·baar *=bare* irretrievable, beyond hope/recovery; inextricable.

on·re·de·lik *=like* unreasonable, unfair; irrational; immoderate, undue. **on·re·de·lik·heid** unreasonableness, unfairness; irrationality; immoderation, immoderateness.

on·re·ël·ma·tig *=tige* irregular; anomalous; abnormal; scattered; jerky; atypic(al); *~e gang* straggling gait; *~e polsslag* unequal pulse; *~ verboë* heteroclite. **on·re·ël·ma·tig·heid** *=hede* irregularity, unevenness *(of s.o.'s breathing etc.)*; anomaly; abnormality, ataxy.

on·reg injustice, wrong, injury; miscarriage of justice; tort; *ten ~te* wrongly, improperly, unduly, unjustly; incorrectly, erroneously; *~ pleeg* do wrong; *iem. ~ aandoen* do s.o. an injustice, wrong s.o..

on·re·geer·baar *=bare* ungovernable; uncontrollable, intractable, unruly, unmanageable, untam(e)able, out of control; *~ word* get out of hand. **on·re·geer·baar·heid** ungovernability; uncontrollability, intractability, intractableness.

on·reg·ma·tig *=tige* unlawful, wrongful, tortuous, illegal; *~e **afdanking/ontslag*** unfair dismissal; *~e **besit*** improper possession; *~e **betreding*** trespass; *~e **daad,*** *(jur.)* wrongful act, tort, delict; *jou ~ (iets) **toe-eien*** misappropriate s.t.. **on·reg·ma·tig·heid** unlawfulness, illegality.

on·reg·sin·nig *=nige* heterodox. **on·reg·sin·nig·heid** heterodoxy.

on·reg·streeks *=streekse, adj.* indirect; mediate. **on·reg·streeks** *adv.* indirectly, by implication.

on·reg·ter·lik *=like* unjudicial.

on·reg·ver·dig *=dige* unfair, unjust; unrighteous; wrongful *(action)*; inequitable, iniquitous; *~e afdanking/ontslag* unfair dismissal. **on·reg·ver·dig·baar** *=bare* unsupportable. **on·reg·ver·dig·heid** *=hede* injustice, unfairness; unrighteousness; wrongfulness, inequity, iniquity.

on·rein *=reine* unclean, impure, untouchable *(Hindu)*; *~e gemoed* vitiated mind. **on·rein·heid** uncleanness, impurity.

on·rid·der·lik *=like* unchivalrous, unknightly. **on·rid·der·lik·heid** unchivalrousness.

on·roe·rend, on·roe·rend *=rende* immovable; *~e goed* immovable property, immovables, fixed property, real estate.

on·ro·man·ties *=tiese* unromantic, prosaic.

on·rus unrest, commotion, disturbance; unease, uneasiness *(of mind)*, anxiety; restlessness; disquiet; discomfort; alarm; turbulence; *(pl. onruste)* balance (wheel), flywheel *(of a clock, watch, etc.)*; *~ stook* make trouble; *~ wek* cause uneasiness. **~barend** *=e* alarming, disquieting, distressing, disconcerting, worrying, perturbing. **~gebied** trouble spot. **~saaier** scaremonger, alarmist. **~stoker** mischief-maker, agitator, troublemaker, *(infml.)* stirrer, stormy petrel, inciter, disturber of the peace. **~toneel** trouble spot. **~veer** balance spring, hairspring.

on·rus·tig *=tige* restless; fidgety; uneasy, agitated, anxious, concerned; *~e oë* shifty eyes; *~e slaap* troubled sleep; *~ wees* fidget. **on·rus·tig·heid** restlessness; fidgetiness; anxiety, unease, uneasiness.

on·ry·baar *=bare* unridable *(horse)*; impassable, untraversable, impracticable *(road)*.

on·ryp unripe *(lit., fig.)*; immature *(fig.)*, crude; *gewig in ~ staat* green weight. **on·ryp·heid** unripeness; immaturity, nonage.

ons[1] *onse, n.* ounce; →FYNONS; *hoeveel ~e gaan/is op jou pond?* who are "we"?, how do you mean "we"?; *te veel ~e op jou pond hê* too much to say for o.s; *'n ~ praktyk is beter as 'n pond teorie* practice is better than precept.

ons[2] *pers. pron.* we, us; *~ self* we ourselves; *~ almal* all of us; *~ drie vertrek nou* the three of us are leaving now. **~self** ourselves *(acc., dat.)*.

ons[3] *poss. pron.* our; *~e **God/Here*** our Lord; *~ **huisgesin** is groot* ours is a large family; *~(es) **insiens*** to our mind, to our way of thinking; *~e!, liewe ~!* heavens!; *O~e LieweVrou* Our (Blessed) Lady; *~ s'n/syne* ours; *die O~(e) Vader* the Lord's Prayer, dominical prayer. ~**(e)liewenheersbesie** →LIEWENHEERSBESIE.

on·saad·lob·big *-bige* acotyledonous. **on·saad·lob·bi·ge** *-ges* acotyledon.

on·saak·kun·dig *-dige* inexpert, unskilled; unbusinesslike.

on·saak·lik *-like* unbusinesslike; irrelevant; pointless. **on·saak·lik·heid** irrelevance.

on·saam·druk·baar *-bare* incompressible.

on·sag *-sagte* not soft, hard; harsh, rough, ungentle, rude.

on·sa·lig *-lige* wretched, unholy, wicked, unhappy; *in 'n ~e oomblik* in an evil moment.

on·sa·me·ge·stel(d) *-stelde* uncompounded, uncomplicated.

on·sa·me·han·gend *-gende* disconnected *(speech, writing, etc.)*; disjointed, incoherent, bumbling *(talk)*; garbled *(story etc.)*; scrappy *(an article)*; rambling *(an argument)*; incondite, incohesive, desultory. **on·sa·me·han·gend·heid** disconnectedness, disjointedness, incoherence, discontinuity.

on·sê·baar *-bare* unsayable; *die onsêbare sê* say the unsayable.

on·se·de·lik *-like* immoral, indecent, dissolute. **on·se·de·lik·heid** immorality, vice, depravity.

on·see·waar·dig *-dige* unseaworthy. **on·see·waar·dig·heid** unseaworthiness.

on·seg·baar *-bare* ineffable, unutterable, inexpressible, untold. **on·seg·baar·heid** ineffability, unutterableness.

on·se·ker, on·se·ke·re *n.* uncertainty, doubt; *iem. in die ~e laat* leave s.o. in doubt; *in die ~e wees/verkeer* be in doubt; *tussen lip en beker lê groot ~* there is many a slip 'twixt the cup and the lip. **on·se·ker** *-ker(e) -kerder -kerste, adj.* uncertain, doubtful, undecided, in the air; shaky, unsafe *(throne)*; unsure, unconfident; unsteady *(gait)*; shaky, trembling *(hand)*; problematical; precarious *(living)*; not definitely known; unsettled, changeable *(weather)*; dubious; equivocal; erratic; *dit is nog **hoogs** ~* it is very much up in the air; *~e **setel*** marginal seat; *die **uitslag** is ~* the result is (wide) open; *~ daaroor **voel*** in doubt about it. **on·se·ke·re** *-res, n.* waverer, don't know. **on·se·ker·heid** uncertainty; unsteadiness; shakiness; unsettlement; *etc.* (→ONSEKER *adj.*); *iem. in ~ laat* leave s.o. in doubt. **on·se·ker·heids·be·gin·sel** *(phys.)* uncertainty principle.

on·sek·ta·ries *-riese* undenominational.

on·se·lek·tief *-tiewe* unselective.

on·self·stan·dig *-dige* dependent (on others). **on·self·stan·dig·heid** dependence (on others).

on·self·sug·tig *-tige* unselfish, selfless, generous, altruistic. **on·self·sug·tig·heid** unselfishness, disinterest, selflessness, altruism.

on·sen·ti·men·teel *-tele* unsentimental.

ons·es →ONS *poss. pron.*.

on·sex·y unsexy.

on·sien·lik *-like* invisible, unseeable; *die O~e* the Unseen/Invisible. **on·sien·lik·heid** invisibility.

on·sier·lik *-like* inelegant, ungraceful.

on·sig·baar *-bare, adj.* invisible, concealed; unseen; *onsigbare ink* invisible/secret ink; *onsigbare inrit/ingang* concealed driveway, entrance; *die onsigbare kerk* the church invisible, the invisible church. **on·sig·baar** *adv.* invisibly; *~ stop/las* fine-draw. **on·sig·baar·heid** invisibility.

on·sim·me·tries *-triese* unsymmetrical, unbalanced.

on·sim·pa·tiek *-tieke* unsympathetic *(attitude)*; unresponsive; *~ jeens/teenoor* unsympathetic/uncongenial to. **on·sim·pa·tiek·heid** lack of sympathy; uncongeniality.

on·sin nonsense, rubbish, twaddle, bosh, trash, truck; persiflage. ~**rympie** nonsense verse.

on·sin·de·lik *-like* dirty, uncleanly. **on·sin·de·lik·heid** dirtiness, uncleanliness.

on·sing·baar *-bare* unsingable.

on·sink·baar *-bare* unsinkable.

on·sin·nig *-nige* foolish, absurd, nonsensical, insensate, idiotic, fatuous, preposterous, senseless. **on·sin·nig·heid** *-hede* absurdity, nonsense, foolishness, ineptitude, inanity.

on·sis·te·ma·ties *-tiese* unsystematic(al), systemless, unmethodical, disorganised; unstructured.

on·ska·de·lik *-like* harmless, not injurious, innocuous, unoffending, inoffensive, innoxious; *~ maak* render harmless, make away with, get rid of, put out of the way, deactivate; *'n bom ~ maak* dispose of (*or* defuse/disarm) a bomb. **on·ska·de·lik·heid** harmlessness, innocuousness.

on·skat·baar *-bare* inestimable, invaluable, priceless, inappreciable. **on·skat·baar·heid** pricelessness, invaluableness, inestimability, inestimableness.

on·skei(d)·baar *-bare* inseparable; *~bare werkwoord* inseparable verb. **on·skei(d)·baar·heid** inseparability.

on·skend·baar *-bare* inviolable, irrefrangible; indefeasible, sacrosanct; unbreachable *(right etc.)*; *die koning is ~* the King can do no wrong. **on·skend·baar·heid** inviolability, inviolacy, immunity; *~ van gebied* territorial integrity.

on·skerp indistinct, blurred, fuzzy, ill-defined, undefined, vague; out of focus, unfocus(s)ed, unsharp *(a picture, image, etc.)*; imprecise.

on·skok·baar *-bare, (rare, fig.)* unshockable; unshak(e)able.

on·skrif·tuur·lik *-like* unscriptural, unbiblical.

on·skuld innocence; guiltlessness; simplicity; ingenuousness; *in **alle** ~* in all innocence; *jou ~ **betuig*** protest one's innocence; *Ek was my **hande** in ~* →HAND; ***in** jou ~ iets doen* do s.t. in one's innocence. **on·skul·dig** *-dige* innocent, guiltless, blameless; guileless; inoffensive, unoffending; harmless; ingenuous; unsophisticated; ***aan** iets ~ wees* be innocent of s.t.; *so ~ soos 'n pasgebore* (of *pas gebore*) ***babatjie/kind*** as innocent as a lamb/babe; *iem. ~ **bevind*** find s.o. not guilty; *~ **pleit*** plead not guilty *(in court)*; ***volhou** dat jy ~ is* protest one's innocence. **on·skul·dig·be·vin·ding** acquittal. **On·skul·di·ge·kin·der·dag** *(RC: 28 Dec.)* (Holy) Innocents' Day.

on·slyt·baar *-bare* durable, indestructible, hard-wearing, everlasting, that cannot wear away/down/out. **on·slyt·baar·heid** durability, indestructibility.

on·smaak·lik *-like, (lit.)* unpalatable, tasteless, unsavoury, unpleasant-tasting; *(fig.)* unpleasant, distasteful, unsavoury; *'n ~e geskiedenis* an unsavoury/disgusting story; *~ daar uitsien* look unappetising/uninviting. **on·smaak·lik·heid** unsavouriness, tastelessness, unpalatableness.

on·smee(d)·baar *-bare* unmalleable, inductile.

on·smelt·baar *-bare* infusible, that cannot be melted.

on·so·si·aal *-ale* unsocial.

on·speel·baar *-bare* unactable; unplayable. **on·speel·baar·heid** unactability; unplayableness.

on·spe·si·fiek *-fieke* unspecific.

on·splin·ter·baar *-bare* = SPLINTERBESTAND.

on·spor·tief *-tiewe* unsporting, unsportsmanlike; *~tiewe gedrag* bad sportsmanship. **on·spor·ti·wi·teit** bad sportsmanship, unsporting/unsportsmanlike behaviour, gamesmanship.

on·sta·biel *-biele* unstable. **on·sta·bi·li·teit, on·sta·biel·heid** unstableness, instability.

on·stand·hou·dend *-dende* intermittent, seasonal *(river)*; →NIESTANDHOUDEND.

on·stand·vas·tig *-tige* inconstant, fickle, changeable *(a person)*, unstable; labile, unsteadfast. **on·stand·vas·tig·heid** inconstancy, fickleness, instability.

on·stel·sel·ma·tig *-tige* unsystematic; →ONSISTEMATIES.

on·sterf·lik *-like* immortal; deathless, undying *(fame)*; everlasting *(glory)*; *iets het iem. ~ gemaak* s.t. immortalised s.o.; *~e melodie* golden oldie *(infml.)*. **on·sterf·lik·heid** immortality.

on·ste·riel *-riele* unsterile *(injection equipment etc.)*.

on·stig·te·lik *-like* unedifying, offensive. **on·stig·te·lik·heid** offensiveness.

on·stil·baar *-bare* insatiable; unassuageable *(pain etc.)*; *~bare honger* insatiable appetite.

on·stof·lik *-like* incorporeal, immaterial, unsubstantial, spiritual, discarnate, unbodied. **on·stof·lik·heid** immateriality, spirituality, incorporeity, incorporeality.

on·straf·baar *-bare, (rare)* unpunishable.

on·straf·waar·dig *-dige, (rare)* inculpable; *~e manslag* = STRAF(FE)LOSE MANSLAG.

on·stui·mig *-mige* stormy, rough *(sea)*, tempestuous *(weather)*, violent, boisterous *(wind, sea, a person, etc.)*; impetuous *(a person)*; vehement, passionate; gusty; intemperate, turbulent; *~e onderhoud* stormy interview. **on·stui·mig·heid** storminess, boisterousness; impetuosity; vehemence; turbulence.

on·stuit·baar *-bare* unstoppable, irrepressible, uncontainable.

on·styl·vol *-volle* unstylish.

on·sui·wer *n., (infml., obs.)* maggots *(in sheep/fruit/etc.)*. **on·sui·wer** *-wer(e), adj.* impure; unpurified; feculent, turbid *(a liquid, colour, etc.)*; untrue, not level, not upright; flat, false *(note)*; out of (the) true; incorrect, faulty *(pronunciation)*; inexact; *~(e) **leer**, (theol.)* heterodoxy, unsound/fallacious doctrine; *~ in die **leer**, (theol.)* heterodox, unorthodox; *~ **lug*** vitiated air; *~(e) **oordeel*** vitiated judgement. **on·sui·wer·heid** *-hede* impurity; feculence; incorrectness, faultiness; *~ in die leer, (theol.)* heterodoxy.

on·sy·dig *-dige* neutral *(state)*, uncommitted; impartial; neuter *(gender)*; *(bot., chem.)* neutral; *~ bly, jou ~ hou* remain neutral. **on·sy·dig·heid** neutrality, neutralism, impartiality, indifference. **on·sy·dig·heids·ver·kla·ring** declaration of neutrality.

ont- *pref.* un-.

ont·aard *-aarde, adj.* degenerate, depraved. **ont·aard** *het ~, vb.* degenerate, deteriorate, become degraded; *in/tot 'n ... ~* degenerate into a ... **ont·aar·ding** degeneration, degeneracy, deterioration, depravity; *die ~ het begin* the rot has set in.

on·takt·vol *-volle* tactless, untactful, undiplomatic.

on·tas·baar *-bare* intangible, impalpable. **on·tas·baar·heid** impalpability, intangibility.

ont·bas *-te, adj.* decorticated; (de)barked. **ont·bas** *het ~, vb.* decorticate; (de)bark. **ont·bas·ting** decortication; debarking.

ont·been *-beende, adj.* boned, deboned. **ont·been** *het ~, vb.* bone, debone; fillet. **ont·be·ning** boning.

ont·beer *het ~* lack, miss, be in want of, do without; forgo; *die hulp van ... ~* do without the help of ... **ont·beer·lik** *-like* dispensable, expendable; unnecessary; non(-)essential, inessential. **ont·beer·lik·heid** expendability. **ont·be·ring** *-rings, -ringe* want, privation, hardship, destitution, exposure; *~s/~e deurmaak/verduur* suffer hardships/privations; rough it *(infml.)*.

ont·bied *het ~* summon, send for *(s.o.)*; *'n dokter/ens. kan (dadelik) ~ word* a doctor/etc. is on call; *iem. na ... ontbied* summon s.o. to ...

ont·bind *het ~* untie, undo; break up; disband *(troops)*; dissolve *(a marriage, partnership, meeting, parliament, etc.)*; *(substance, light, etc.)* decompose; *(organic matter)* decay, putrefy; disintegrate; analyse; decompound; resolve *(forces)*; dissociate, disconnect; *die bestuur is ~* the committee has been dissolved; *in faktore ~, (math.)* factorise; *'n knoop ~* untie/loose a knot. **ont·bind·baar** *-bare* dissolvable; resolvable; decomposable; dissoluble. **ont·bind·baar·heid** dissolvability; resolvability; decomposability; dissolubility. **ont·bin·dend** *-dende, (also)* putrefactive; →ONTBONDE; *~e voorwaarde, (jur.)* resolutive condition. **ont·bin·ding** untying, undoing, break-up; disbandment *(of troops)*; disintegration; disestablishment; dissolution; *(chem.)* decomposition, breakdown; decay, putrefaction *(of matter)*; analysis; resolution *(of forces)*; *~ in **faktore**, (math.)* factorisation; →FAKTOR[1]; *~ van 'n **huwelik*** annulment of a marriage; →HUWELIK *n.*; *tot ~ **oorgaan*** decay, decompose; *in 'n gevorderde **staat** van ~* in an advanced state of decomposition.

ont·blaar *het* ~ strip of leaves, defoliate. **~middel, ont·blaringsmiddel** defoliant.

ont·bla·ring stripping of leaves; defoliation; leaf-fall. **ont·bla·rings·mid·del** →ONTBLAARMIDDEL.

ont·bloei *het* ~, *(poet., liter.)* burgeon.

ont·bloot -*blote, adj.* naked, bare; *van alle* ***grond*** *~ wees* →GROND *n.; met ~blote* ***hoof*** bareheaded, with (the) head uncovered; *~blote* ***swaard*** drawn sword; *~* ***van*** ... destitute/devoid of ..., without ...; *van alle* ***waarheid*** *~ wees* be completely devoid of truth. **ont·bloot** *het ~, vb.* uncover *(the head),* bare, unsheathe *(a sword);* reveal; expose; denude *(of); jou ~* expose o.s., *(infml.)* flash; *iets van ... ~* denude s.t. of ... **ont·blo·ter** *n.* flasher *(infml.).* **ont·blo·ting** uncovering, baring; revealing; stripping; exposure; denudation; divestment.

ont·boei *het ~, (poet., liter., chiefly fig.)* unchain, unfetter, unshackle.

ont·boe·sem *het ~* unbosom, unburden *(o.s.); jou ~* unbosom/unburden o.s.. **ont·boe·se·ming** -*mings,* -*minge* effusion, outpouring, confession.

ont·bon·de *(p.p.)* dissolved; decomposed; disintegrated; resolved; undone; →ONTBIND.

ont·bon·del *het ~* unbundle *(a company, conglomerate, etc.).*

ont·bos -*boste, adj.* deforested. **ont·bos** *het ~, vb.* deforest, dis(af)forest. **ont·bos·sing** deforestation, dis(af)forestation.

ont·brand *het ~* take fire, burst into flame, ignite; discharge; break out *(of war); iets laat ~* ignite s.t.; stir up s.t.; kindle s.t. *(s.o.'s love for ...); in toorn ~, (poet., liter.)* fly into a rage. **ont·brand·baar** -*bare* combustible, ignitible, ignitable, (in)flammable. **ont·brand·baar·heid** combustibility, (in)flammability, ignitibility, ignitability. **ont·bran·ding** ignition; inflammation; stirring up, kindling, rousing. **ont·bran·dings·punt** = VLAMPUNT.

ont·breek *het ~* be wanting, lack; be missing; be in want of; *dit ~ iem.* ***aan*** ... s.o. is deficient in ...; s.o. is lacking/wanting in ... *(courage etc.); dit ~ iem. aan* ***niks*** s.o. wants for nothing; *die Here is my herder,* ***niks*** *sal my ~ nie (*OAB*) (of ek kom niks kort nie [*NAB*]), (Ps. 23:1)* the Lord is my shepherd, I shall not want *(AV) (or* I shall not be in want *[NIV]*); *al wat nou* ***nog*** *~, is* ... all that is lacking/wanting now, is ... *die ontbrekende* ***skakel*** →SKAKEL *n.; die* ***tyd*** *~ iem.* →TYD; ***wie*** *~ nog?* who is missing?; ***woorde*** *~ my* words fail me.

ont·bur·ger *het ~* deprive of civil rights; disfranchise; attaint. **ont·bur·ge·ring** deprivation of civil rights; disfranchisement; attainder.

ont·byt -*byte, n.* breakfast; →SJAMPANJEONTBYT; ***by/ná/voor*** *~* at/after/before breakfast; *~* ***eet/nuttig/gebruik*** have/take breakfast; ***Engelse*** *~* →ENGELS *adj.;* ***kontinentale*** *~* →KONTINENTAAL.; ***laat*** *~* late breakfast; brunch. **ont·byt** *het ~, vb.* breakfast, have/eat breakfast. **~graan** breakfast cereal. **~kamer** breakfast room. **~rit** breakfast run *(of motorcyclists).* **~televisie** breakfast television. **~voedsel** breakfast food.

ont·daan: *oor iets ~ wees* be very upset (*or* in a terrible state) about s.t.; *van iets ~ wees* be shorn/stripped of s.t..

ont·dek *het ~* discover *(unknown country etc.);* find out, detect; reveal. **ont·dek·kend** -*kende* heuristic, detecting. **ont·dek·ker** -*kers* discoverer; explorer. **ont·dek·king** -*kings,* -*kinge* discovery; detection; revelation; *'n ~ doen* make a discovery. **ont·dek·kings·reis, -tog** travel(s), voyage (of discovery/exploration), exploring trip/expedition/journey. **ont·dek·kings·rei·si·ger** explorer.

ont·doen *het ~* remove, strip (off); divest; *jou van ... ~* divest o.s. of ...; get rid of ...; *van iets ~ wees* be stripped of s.t.. **ont·doe·ning** divestment.

ont·dooi *het ~* thaw, melt; unbend, become congenial; defrost *(meat); iem. laat ~* draw out s.o.. **ont·dooi·ing** thawing, melting; defrosting.

ont·duik *het ~* dodge, duck *(a blow);* escape from, evade *(attack, blow, question, tax, law, etc.);* elude *(blow, difficulty, person, danger, law, etc.);* obviate, circumvent; shirk; sidestep; *betaling ~* bilk; *die waarheid ~* equivocate; *die wet ~* evade/defeat the law. **ont·dui·king** -*kings,* -*kinge* eluding, elusion, evasion, dodging; →BELASTINGONTDUIKING.

on·teen·seg·lik -*like, adj.* undeniable, unquestionable, indubitable, indisputable, incontestable; *dit is ~ dat ...* it cannot be denied (*or* there is no denying) that ... **on·teen·seg·lik** *adv.* undeniably, unquestionably, indubitably, indisputably, incontestably, undoubtably, confessedly.

ont·eer *het ~* dishonour, disgrace; *(obs.)* rape, violate *(a person);* foul, defile; →ONTEREND, ONTERING. **ont·eer·der** -*ders* violator, defiler.

on·te·ge·moet·ko·mend -*mende* unaccommodating, disobliging, uncooperative, non(-)cooperative.

on·teg·nies -*niese* untechnical.

ont·ei·en *het ~* expropriate; dispossess *(s.o. from an estate etc.), (jur.)* disseize; nationalise; *die boer se grond is ~* the farmer's land has been expropriated; *iets van iem. ~* dispossess s.o. of s.t.. **ont·ei·e·ning** -*nings,* -*ninge* expropriation; dispossession.

on·tel·baar -*bare* countless, innumerable, numberless; infinite; uncountable; myriad; incalculable; *~bare getal* countless number. **on·tel·baar·heid** innumerability, innumerableness, countlessness; uncountableness.

on·tem·baar -*bare* untam(e)able, wild; violent, ungovernable *(passion),* uncontrollable; indomitable. **on·tem·baar·heid** untam(e)ableness; violence; indomitability.

ont·en·gels *het ~, (rare)* deanglicise.

ont·e·rend -*rende* dishonourable, ignominious.

ont·erf -*erfde, adj.* disinherited; *die ~des, (also)* the deprived. **ont·erf** *het ~, vb.* disinherit. **ont·er·wing** disinheritance.

ont·e·ring violation, defilement.

on·te·vre·de *~* -*dener* -*denste* (of *meer ~ die mees ~*), *adj.* discontented, dissatisfied, disgruntled, displeased, malcontent, disaffected, unamused; *iem. ~ maak* dissatisfy/discontent s.o.; *~ wees met ...* be dissatisfied with ... *(s.o., s.t.); oor iets ~ wees* be disgruntled/displeased at s.t.; be dissatisfied/unhappy with s.t.. **on·te·vre·de·ne** -*nes, n.* discontented/disgruntled/etc. person; *die ~s* the malcontents. **on·te·vre·den·heid** discontent, discontentedness, discontentment, dissatisfaction; *~* ***aanblaas/aanwakker*** fan (*or* stir up) discontent; ***diepe*** *~* deep/keen dissatisfaction; ***gis van*** *~* be seething with discontent; *iem. se ~* ***met/oor*** *iets* s.o.'s dissatisfaction about/at/with s.t.; *jou ~* ***met/oor*** *iets te kenne gee* express/show dissatisfaction about/at/with s.t.; *iem. se ~* ***oor iets*** s.o.'s dissatisfaction/discontent about/at/with s.t..

ont·ferm: *jou oor ... ~* have compassion for/on ...; have mercy on ...; have/take pity on ... **ont·fer·ming** compassion, pity, mercy.

ont·fou·ter *(comp.)* debugger.

ont·fut·sel *(rare, now often joc.): iem. iets ~* filch/purloin/pilfer/pinch s.t. from s.o.; *iets aan iem. ~* do s.o. out of s.t.. **ont·fut·se·ling** *(rare)* pilferage.

ont·gaan *het ~* escape, elude, evade; *iets het iem. ~* s.t. slipped s.o.'s memory; s.t. passed/went out of s.o.'s mind; s.t. escapes s.o.; *jou ~, (obs.)* misbehave; *dit het iem. se opmerksaamheid ~* it escaped s.o.'s notice.

ont·gas -*gaste, adj.* degassed, outgassed. **ont·gas** *het ~, vb.* degas, outgas. **ont·gas·sing** degassing, outgassing.

ont·geld *het ~: iem. dit laat ~* take it out on s.o., give s.o. a lot of fla(c)k; *jy sal dit ~!* you'll pay for this!. **ont·gel·ding** penance, retribution, amends, *(infml.)* just desserts.

ont·gif, ont·gif·tig detoxify, detoxicate. **ont·gif·tend** -*tende,* **ont·gif·ti·gend** -*gende* detoxicant. **ont·gif·ting, ont·gif·ti·ging** detoxi(fi)cation. **ont·gif·tings·mid·del, ont·gif·ti·gings·mid·del** -*dele,* -*dels* detoxicant.

ont·gin *het ~* mine, develop *(ore);* win *(minerals);* develop, exploit, work *(farm, mine);* extract *(chemicals, juices); (obs., rare)* bring under cultivation, clear, reclaim *(land),* break up, fallow *(land, ground); goud in 'n gebied ~* mine an area for gold; *moontlikhede ~* develop potential; *nuwe terrein ~* break new ground. **ont·gin·baar** -*bare* min(e)able; workable, exploitable. **ont·gin·baar·heid** mining potential; workableness. **ont·gin·ner** -*ners, (min.)* developer, exploiter. **ont·gin·ning** mining; development, exploitation; *(obs., rare)* reclaiming, reclamation, clearing. **ont·gin·nings·kos·te** development costs.

ont·glas -*glasde, adj.* devitrified. **ont·glas** *het ~, vb.* devitrify. **ont·gla·sing** devitrification.

ont·glip *het ~* slip from; escape; dodge; *iets het iem. se* ***aandag*** *~* →AANDAG; ***iem.*** *~* give s.o. the slip; ***iets*** *het iem. ~* s.t. slipped out (*or* from s.o.'s tongue); *(jou) die* ***kans*** *nie weer laat ~ nie* not miss the chance again.

ont·gloei *het ~, (poet., liter.)* start to glow; burn, glow *(with fervour);* inflame, inspire *(passion).*

ont·go·gel, *het ~* disillusion, disenchant, undeceive. **ont·go·ge·ling** disillusion(ment), disenchantment.

ont·gom *het ~* ungum, degum. **ont·gom·ming** ungumming, degumming.

ont·gon·ne *(p.p.), (poet., liter.)* exploited, developed, mined; →ONTGIN.

ont·gord *het ~, (rare, chiefly fig.)* undo the girth; unharness *(fig.).* **ont·gor·ding** unharnessing *(fig.).*

ont·graat *het ~, vb.* bone, fillet *(fish).*

ont·gren·del *het ~* unbolt.

ont·groei *het ~* outgrow *(clothes, a habit, etc.);* supersede, outstrip; lose interest in *(a hobby etc.).*

ont·groen *het ~* initiate *(a new student).* **ont·groe·ning** initiation. **ont·groe·nings·ver·bod** initiation ban.

ont·haal -*hale, n.* entertainment; treat; reception; *'n ~ gee* give/hold a reception; *'n ~ vir (of ter ere van) iem.* a reception for (*or* in honour of) s.o.. **ont·haal** *het ~, vb.* entertain, treat; regale, fête, feast; *iem. feestelik/gul ~* wine and dine s.o.; *iem. op 'n aandete ~* entertain s.o. at/to dinner; *iem. vorstelik ~* treat s.o. like a lord. **~geleentheid** -*hede* entertainment opportunity. **~suite** hospitality room/suite. **~toelaag** -*lae,* **~toelae** -*laes* entertainment allowance.

ont·haar *het ~* unhair, depilate, epilate. **ont·ha·rend** -*rende* depilatory, depilating. **ont·ha·ring** depilation, epilation. **ont·ha·rings·mid·del** -*dels,* -*dele* depilatory.

ont·ha·ler -*lers* entertainer.

ont·hal·we for the sake of; *om my/jou/sy/haar ~* for my/your/his/her sake; *om ons albei se ~* for both our sakes; *om ons almal se ~* for all our sakes.

ont·hard *het ~* soften. **ont·har·der** -*ders* (water) softener. **ont·har·ding** softening. **ont·har·dings·mid·del** -*dels,* -*dele* (water) softening agent.

ont·heem -*heemde, adj.* displaced. **ont·heem·de** -*des, n.* displaced person. **ont·heemd·heid** displacement, homelessness.

ont·hef -*hefde,* -*hefte, adj.* discharged, dismissed. **ont·hef** *het ~, vb.* discharge; release, dispense from; deprive; *iem. van iets ~* absolve s.o. from s.t. *(an obligation etc.);* relieve s.o. of s.t. *(an official position etc.); van iets ~ wees* be exempt/free from s.t. *(tax etc.); van kwelling ~ wees, (poet., liter.)* be free from care/anxiety. **ont·hef·fing** -*fings,* -*finge* exemption, exoneration; discharge, dismissal. **ont·hef·fings·be·vel** -*vele* dismissal order; discharge order.

ont·heg *het ~, (bot.)* abscise.

ont·hei·lig *het ~* desecrate, profane, unhallow, violate; *die Sabbat ~* break the Sabbath. **ont·hei·li·gend** -*gende* profane, sacrilegious. **ont·hei·li·ger** -*gers* desecrator. **ont·hei·li·ging** -*ginge,* -*gings* desecration, profanation, violation, sacrilege.

ont·hoof *het ~* behead, decapitate. **ont·hoof·ding** -*dings,* -*dinge* beheading, decapitation.

ont·ho·ring -*ringde, adj.* dehorned, dishorned. **ont·ho·ring** *het ~, vb.* dishorn, dehorn. **ont·hoor·ning** dishorning, dehorning.

ont·hou *n.* remembering; *goed van ~ wees* have a retentive memory; *lank van ~ wees* have a long memory. **ont·hou** *het ~, vb.* remember, bear in mind; withhold from, keep from, refuse to give/grant; *iets (tot) in die fynste* ***besonderhede*** (of ***haarfyn***) *kan ~* have total recall of s.t.; *jou* ***daarvan*** *~ om iets te doen* hold back from doing s.t.; *iets ~ soos die* ***dag van gister*** remember s.t. as if it happened yesterday; *~* ***dat*** ... remember that ...; *iem. kan nie ~* ***dat*** *hy/sy dit gedoen het nie* s.o. does not remember doing it; *iem. kan dit nog baie* ***duidelik*** *~* s.o. has a vivid recollection of it; *iem. ~ iets* ***goed*** s.o. remembers s.t. well; *en ~ dit* ***goed!*** and don't you forget it!; *iem. iets* ***help*** ~ remind s.o. of s.t.; ***help*** *my tog ~ om ...!* please remind me to ...!; *iem.* ***kan*** *iets nie ~ nie* s.o. does not recall s.t.; *iem. kan nie ~* ***of*** *hy/sy dit gedoen het (of) nie* s.o. cannot recall whether he/she did s.t. (or not); ~ ***om*** *iets te doen* remember to do s.t.; ~ ***om*** *te skryf/skrywe/ens.!* mind and write/etc.!; *iem. het nie ~* ***om*** *dit te doen nie* s.o. did not remember to do it; ***probeer*** ~ tax one's memory; *as ek* ***reg*** *~, ...* if I remember correctly/right(ly), ...; *jou* ***van*** *... ~* abstain from ...; keep from ...; *so* ***ver/vêr*** *iem. ~* to the best of s.o.'s recollection; *nie so* ***ver/vêr*** *ek kan ~ nie* not to my recollection; *iets moet ~* ***word*** s.t. must be borne in mind. **~vermoë** *-moëns* memory capacity/ability, retentive capacity/ability.

ont·hou·dend *-dende* abstemious, continent; abstinent.

ont·hou·ding *-dings, -dinge* abstinence, abstemiousness, continence, temperance; refraining, withholding, keeping from; abstention *(from voting);* non(-)participating vote.

ont·hou·dings-: ~belofte: *die ~ aflê* sign/take the pledge (to abstain). **~vermoë** *(rare)* ability to abstain, power of abstinence. **~verskynsels** withdrawal symptoms.

ont·hou·er *-ers* abstainer.

ont·hul *het ~* unveil *(statue, monument);* reveal, disclose, divulge, bring to light; inaugurate; *iets aan iem. ~* divulge s.t. to s.o.; reveal s.t. to s.o.. **ont·hul·lend** *-lende* revealing, revelatory. **ont·hul·ling** *-lings, -linge* unveiling; revelation, disclosure, divulgence, divulgement; *~s oor/omtrent iets doen* make disclosures about s.t.. **ont·hul·lings·pleg·tig·heid** unveiling ceremony. **ont·hul·lings·tak·tiek** *(rare)* disclosure tactic.

ont·huts *-hutste, -hutsde, adj.* upset, bewildered, disconcerted, disturbed, shocked, unsettled, perplexed; *~ raak* become/get confused; *(also, infml.)* get hot under the collar; *~ voel* feel dismay; *oor iets ~ wees* be dismayed at s.t.. **ont·huts** *het ~, vb.* upset, unsettle, jolt, disconcert, dismay, bewilder, discomfit, disturb, put off. **ont·hut·send** *-sende* perplexing, shattering, unsettling, upsetting. **ont·hut·sing, ont·hutst·heid** dismay, disconcertment, bewilderment, discomfiture, alarm; *iem. se ~ oor iets* s.o.'s dismay at s.t.; *tot iem. se ~* to s.o.'s dismay; *iets vervul iem. met ~* s.t. fills s.o. with dismay.

on·ties *-tiese, (philos.)* ontic, ontal.

on·ti·pies *-piese* untypical.

ont·ka·fe·ï·neer *het ~* decaffeinate.

ont·kalk *het ~* decalcify; descale *(a coffee machine etc.).* **ont·kal·king** decalcification.

ont·ken *het ~* deny, contradict, disavow; *iets heftig ~* deny s.t. strenuously/vehemently; *ten stelligste ~ dat ...* deny absolutely/flatly that ... **ont·ken·baar·heid** deniability. **ont·ken·nend** *-nende, adj.* negative; contradictory; *'n ~e antwoord* a negative answer; *die antwoord is ~* the answer is in the negative. **ont·ken·nend** *adv.* negatively, in the negative; *~ antwoord* reply in the negative. **ont·ken·ner** denier. **ont·ken·ning** *-nings, -ninge* negation, negative; denial, disclaimer; disavowal; denegation; *die dubbele ~ in Afrikaans, (ling.)* the double negative in Afrikaans; *'n ~ sonder meer* a plain no; *'n volstrekte ~* a flat denial. **ont·ken·nings·woord** negative word.

ont·kern *het ~* degerminate; enucleate; core. **ont·ker·ning** degermination; enucleation; coring.

ont·ke·ten *het ~, (esp. fig.)* unleash, let loose; precipitate; *(obs.)* unchain, unfetter, unshackle; *'n aanval ~* launch an attack; *'n oorlog ~* start a war. **ont·ke·te·ning** unleashing; precipitation.

ont·kiem[1] *het ~* germinate, shoot, sprout; *(fig.)* grow, develop, burgeon; →ONTKIEMBAAR, ONTKIEMING. **~proses, ~tyd, ~vermoë** →ONTKIEMINGS-.

ont·kiem[2] *het ~, (rare)* degerminate.

ont·kiem[3] *het ~, (rare)* degerm, disinfect, sanitise, sterilise.

ont·kiem·baar *-bare* germinable.

ont·kie·ming germination.

ont·kie·mings-, ont·kiem-, *(rare)* **kie·mings-,** *(rare)* **kiem-: ~proses** germination process, process of germination. **~tyd** incubation period *(of a disease).* **~vermoë** germinating capacity/ability.

ont·kie·ser *het ~* disfranchise. **ont·kie·se·ring** disfranchisement.

ont·kle·ding *-dings, -dinge* undressing, divestment, divestiture, stripping.

ont·klee *het ~* undress; *jou ~* get undressed, undress, *(infml.)* strip. **ont·klee(d)** *-klede* undressed. **~dans** striptease; →LOKDANS. **~danseres** striptease/exotic dancer, stripper. **~dansery** striptease dancing. **~(dans)klub** strip club, *(infml.)* strip joint. **~(dans)vertoning** strip show; *'n ~ gee* do a strip. **~poker** strip poker.

ont·kleur *het ~* decolour, decolorise; fade, lose colour. **ont·kleu·ring** decoloration, decolorisation.

ont·knoop *het ~* unbutton; undo the knots; unravel, disentangle, untangle; *die drama ~ hom* the drama proceeds to the dénouement. **ont·kno·ping** *-pings, -pinge* unbuttoning; dénouement, unravelling of the plot; catastrophe *(in drama).* **ont·kno·pings·teg·niek** *(rare, chiefly tech.)* resolving technique, unravelling technique.

ont·ko·ling →ONTKOOL.

ont·kom *het ~* escape; *(aan) ... ~* escape from ...; elude/evade ...; *daaraan/dit kan 'n mens nie ~ nie* one cannot escape (*or* get away) from that; *naelskraap(s)/ternouernood ~* escape by a hair's breadth, have a narrow escape, escape by the skin of one's teeth *(infml.).* **~kans** chance of escape.

ont·kom·baar *-bare* escapable.

ont·ko·ming *-mings, -minge* escape; *dit was 'n noue ~* it was a narrow escape (*or [infml.]* a close/narrow shave *or* a close call *or [infml.]* a near thing/go); *'n noue ~ hê* have a narrow escape (*or* a close/narrow shave *[infml.]*).

ont·kool *het ~* decarbonise, decoke. **ont·ko·ling** decarbonisation. **ont·ko·lings·mid·del** *-dele, -dels* decarbonising agent.

ont·kop·pel *het ~* uncouple, decouple; free; disconnect, disengage, declutch *(gears);* untie, unleash *(hounds); iets van ... ~* disconnect s.t. from ... *dubbel ~, (mot.)* double-declutch. **ont·kop·pel(d)** *-pelde* uncoupled; disconnected, disengaged; untied. **ont·kop·pe·ling** uncoupling, decoupling; declutching, disengagement; unleashing. **ont·kop·pe·lings·toe·stel** disengaging gear. **ont·kop·pe·lings·veer** release spring.

ont·kors *het ~* remove the crust of, decrust. **ont·kors·ting** decrustation.

ont·krag, ont·krag·tig *het ~, (poet., liter.)* weaken, enervate, enfeeble; castrate; invalidate. **ont·krag·ting, ont·krag·ti·ging** weakening, enfeeblement; invalidation.

ont·kroon *het ~* discrown, depose *(king);* head *(a tree).*

ont·kurk *het ~* uncork; unstop(per).

ont·laai *het ~* unload; discharge, run down *(battery);* empty; *'n geweer ~* unload a gun. **~tang** discharger, discharging rod.

ont·la·ding *-dings, -dinge, (rare)* **ont·laai·ing** *-ings, -inge* discharge, discharging; unloading *(fig.).* **~spanning** discharge voltage.

ont·las *het ~* relieve *(of a burden);* unburden *(o.s., one's heart, etc.);* decompress; *jou ~, (fml.)* relieve o.s., defecate; *iem. van sy/haar beursie ~, (joc.)* ease s.o. of his/her purse. **~boog** *(archit.)* relieving arch. **~klep** release valve, relief valve.

ont·las·ting *-tings, -tinge* relief; discharge; evacuation of the bowels, motion, stool, defecation; faeces, excrement, excreta, stool(s); disembarrassment, disencumberment; *~ hê* empty the bowels, defecate. **~siekte** excremental disease. **~stowwe** excrement(s), excreta, faeces.

ont·le·der *-ders* dissector, anatomist; analyst, analyser.

ont·le·ding *-dings, -dinge* analysis *(of sentences/chemical/ etc.);* parsing *(of words); (anat. etc.)* dissection; breakdown *(of figures);* decomposition; *'n indringende ~* a penetrating analysis. **~staat:** *(elektroniese) ~* spreadsheet.

ont·leed *het ~ (anat., bot., zool.)* dissect; analyse *(sentence, book, etc.);* parse *(words);* construe; decompound; *~lede syfers, (bookk.)* extended figures. **~kamer** dissecting room. **~kunde** anatomy. **~kundig** *-dige, adj.* anatomical. **~kundige** *-ges, n.* anatomist. **~masker** *(psych.)* analytical mask. **~mes** dissecting knife, scalpel. **~tafel** dissecting table.

ont·leed·baar *-bare* analysable.

ont·leen *-leende, adj.* borrowed; unoriginal; *iets is aan ... ~* s.t. derives from ...; *aan Engels/ens. ~* adopted/borrowed from English/etc.; *~de woorde* loan words, borrowings. **ont·leen** *het ~, vb.: iets aan ... ~* derive s.t. *(ideas etc.)* from ...; adopt s.t. *(words etc.)* from ...; borrow s.t. from ... **ont·le·ning** *-nings, -ninge* borrowing; derivation, deriving; adoption; *'n Engelse/ens. ~* an English/etc. borrowing, a loanword from English/etc..

ont·lig·gaam *het ~* disembody. **ont·lig·ga·ming** disembodiment.

ont·lok *het ~* draw out *(secret),* evoke, elicit *(an answer, admission, etc.);* worm out *(a secret); iets aan iem. ~* elicit s.t. from s.o. *(an admission etc.).*

ont·lont *het ~, (also fig.)* defuse. **ont·lon·ting** *-tinge, -tings* defusing.

ont·loop *het ~, (poet., liter.)* run away from, evade, escape, elude; avoid; outrun.

ont·lug *het ~* deaerate; vent. **~gat** vent hole. **~prop** vent plug. **~pyp** vent pipe. **~skag** vent shaft.

ont·lug·ter deaerator; air vent.

ont·lug·ting deaeration; venting.

ont·luik *-luikte, adj.* blown, full-blown *(lit., fig.),* in full bloom; *half ~, (poet.)* half-blown. **ont·luik** *het ~, vb.* open; expand; bud, develop, burgeon, unfold. **ont·lui·kend** *-kende* opening; budding *(author etc.);* dawning, nascent *(love);* efflorescent; infant *(industry).* **ont·lui·king** opening; budding, developing, dawning; efflorescence.

ont·luis *-luisde, -luiste, adj.* deloused. **ont·luis** *het ~, vb.* delouse, louse. **ont·lui·sing** delousing, disinfestation. **ont·lui·sings·ka·mer** delousing room/chamber.

ont·luis·ter *het ~, (poet., liter.)* tarnish, destroy the lustre of; dim, debunk; deglamorise. **ont·luis·te·ring** debunking; deglamorisation.

ont·lym *het ~, (rare)* deglutinate.

ont·maagd *het ~, (poet., liter.)* ravish, deflower, defile. **ont·maag·ding** defloration, ravishment.

ont·mag·ne·ti·seer *het ~* demagnetise. **ont·mag·ne·ti·se·ring** demagnetisation.

ont·man *het ~* castrate, emasculate; *(fig.)* bowdlerise *(play, novel, etc.);* weaken. **ont·man(d)** *-mande* emasculate(d). **ont·man·de** *-des* castrate, eunuch; →KASTRAAT. **ont·man·ning** castration, emasculation; weakening.

ont·man·tel *het ~* dismantle *(a ship, fortress, etc.),* disarm. **ont·man·te·ling** dismantling; *~ van programkodes), (comp.)* reverse engineering.

ont·mas *het ~* dismast *(a yacht etc.).*

ont·mas·ker *het ~* unmask, expose *(a villain),* reveal *(the character),* show up; uncloak; *iem. ~, (also)* call s.o.'s bluff. **ont·mas·ke·ring** unmasking, exposure, showing-up. **ont·mas·ke·rings·teg·niek** *(biochem.)* unmasking technique.

ont·meng *het ~, (chem.)* unmix; unscramble. **ont·men·ging** unmixing, exsolution.

ont·mens *-menste* dehumanised. **ont·mens·(lik)** *het ~* dehumanise. **ont·men·sing, ont·mens·li·king** dehumanisation.

ont·mi·to·lo·gi·seer *het ~* demythologise. **ont·mi·to·lo·gi·se·ring** demythologisation.

ont·moe·dig *het ~* discourage, dishearten; depress, deject, dispirit, demoralise, dismay; *iem. ~ om te ...* act as (*or* be) a disincentive to s.o. to ...; *~ wees* be discouraged/downhearted/depressed/dispirited. **ont·moe·di·gend** *-gende* discouraging, demoralising, depressing, disheartening, dispiriting. **ont·moe·di·ging** discouragement, disheartenment.

ont·moet *het ~* meet (with); encounter *(the enemy);* come across *(a person);* ***bly*** *om te ~!, ek is* ***bly*** *om jou te ~!* (I'm [*or* I am]) delighted to meet you!; *iem.* ***dikwels*** *~* see s.o. often; *wie goed* ***doet,*** *goed ~* →GOED[2] *n.;* ***lyne*** *~ mekaar, (geom.)* lines meet; *ons het* ***mekaar*** *nog nie ~ nie* we have not met yet; ***nie weet*** *wat jou daar sal ~ nie* not know what awaits (*or* will happen to) one there; *sonder om* ***teen-/teëstand*** *te ~* without encountering resistance. **ont·moe·ting** *-tings, -tinge* meeting; encounter;

adventure, experience; accident; *'n ~ met ... hê* have an encounter with ... *plek van ~* →ONTMOETINGSPLEK. **ont·moe·tings·groep** encounter group. **ont·moe·tings·plek, ont·moe·tings·punt** meeting point.

ont·munt *het ~, (rare)* demonetise *(coins)*. **ont·mun·ting** demonetisation.

ont·neem *het ~* deprive (of), take away (from); bereave; detract; *iem. iets ~* take s.t. away from s.o.; *iem. sy/haar/die besit (van iets) ~, (jur.)* disseize/dispossess s.o. (of s.t.). **ont·ne·ming** depriving, deprivation.

ont·nug·ter *het ~* (make) sober; disillusion, disenchant. **ont·nug·te·ring** disillusionment, disenchantment, sobering (down), rude awakening, eye-opener; *'n ~ hê* have a rude awakening; *die oomblik van ~* the moment of truth.

on·toe·gank·lik *=like* inaccessible *(place, person)*, inapproachable, unapproachable; impervious; standoffish; *~ vir ... wees* close one's mind to ... **on·toe·gank·lik·heid** inaccessibility, inapproachability, unapproachableness.

on·toe·geef·lik *=like*, **on·toe·ge·wend** *=wende* unaccommodating, disobliging, uncomplaisant, unyielding, unpliable, unbending; *'n ~e houding* a hard line (*or* hardline stance); *~ wees, 'n ~e houding aanneem* take a hard line. **on·toe·geef·lik·heid, on·toe·ge·wend·heid** unyieldingness, disobligingness, unpliability.

on·toe·ge·ken *=kende* unassigned.

on·toe·laat·baar *=bare* inadmissible; impermissible; *~ wees, (also)* be a no-no. **on·toe·laat·baar·heid** inadmissibility; impermissibility; *(infml.)* no-no.

on·toe·pas·lik *=like* inapplicable; irrelevant; inapposite, inapt, unapt, inconsequent. **on·toe·pas·lik·heid** inapplicability; irrelevance, irrelevancy; inappositeness.

on·toe·rei·kend *=kende* insufficient, inadequate, scanty, sketchy, deficient, not enough. **on·toe·rei·kend·heid** insufficiency, inadequacy, deficiency.

on·toe·re·ken·baar *=bare, (chiefly jur.)* not answerable, of unsound mind, non compos mentis; irresponsible *(for s.t.)*; *~ wees* be not answerable for one's actions, be of unsound mind. **on·toe·re·ken·baar·heid** irresponsibility; not being answerable.

on·toe·re·ke·nings·vat·baar *=bare, (jur.)* incapable of guilt, doli incapax.

on·toe·skiet·lik *=like* unyielding, unaccommodating, unobliging, uncooperative; →ONTOEGEEFLIK. **on·toe·skiet·lik·heid** unyieldingness, obstinacy, firmness.

on·toe·skryf·baar *adj.* unattributable. **on·toe·skryf·baar** *adv.* unattributably.

on·to·ge·nie, on·to·ge·ne·se *(biol.)* ontogeny, ontogenesis; →WORDINGSGESKIEDENIS.

on·to·lo·gie *(philos.)* ontology; →SYNSLEER. **on·to·lo·gies** *=giese* ontologic(al). **on·to·loog** *=loë* ontologist.

on·to·neel·ma·tig *=tige* unsuited to the stage, unactable, unplayable.

on·tong *(rare, <Mal.)* (mysteriously) lucky.

on·toom·baar *=bare* uncontrollable.

on·toon·baar *=bare, (rare)* not fit to be shown/seen, unpresentable.

ont·pers *het ~, (poet., liter.)* wring *(a promise from)*; extort *(money)*; draw *(tears from the eyes)*.

ont·per·soon·lik *het ~* depersonalise.

ont·pit *=pitte, adj.* stoned; seeded. **ont·pit** *het ~, vb.* seed *(raisins)*; stone, remove stones from. **ont·pit·ting** stoning.

ont·plof *=plofte, adj.* exploded. **ont·plof** *het ~, vb.* explode, go off, detonate, blow up; *(population)* explode, irrupt; *(fig.)* explode, blow one's top, fly into a fury/rage, *(infml.)* fly off the handle; *iets laat ~* set s.t. off *(a bomb, a mine, etc.)*; detonate s.t., touch s.t. off *(an explosive)*. **ont·plof·baar** *=bare* explosive; fiery. **ont·plof·baar·heid** explosiveness.

ont·plof·fing *=fings, =finge* explosion, detonation, blast; *'n bom tot ~ bring* explode a bomb. **~slag** explosion.

ont·plof·fings-: **~krag** →PLOFKRAG. **~middel** →PLOFMIDDEL.

ont·plooi *het ~* deploy *(troops etc.)*; spread out, unfurl *(flag)*, unfold; reveal *(strength)*; evolve, develop, expand; spread; *jou ~, (rare)* unfold; develop; *iem./iets laat ~* deploy s.o./s.t.; *die troepe ~ hulle* the troops deploy. **ont·plooi(d)** *=plooide* deployed; unfurled, spread (out); *(biol.)* evolute; *met ~plooide vlerke* with wings spread out. **ont·plooi·ing** deployment *(of an army/etc.)*; unfolding, unfurling; revealing; evolution, development. **ont·plooi·ings·for·ma·sie** *(mil.)* deployment formation.

ont·pop *het ~* burst forth, pop onto the scene; *(jou) as ... ~* reveal o.s. as ...; blossom out into ...

ont·raai·sel *het ~* demystify. **ont·raai·se·ling** demystification.

on·tra·di·si·o·neel *=nele* untraditional.

ont·ra·fel *het ~* unravel *(lit., fig.)*, disentangle. **ont·ra·fe·ling** *=lings, =linge* unravelling, disentanglement.

ont·red·der *het ~* disable, impair, damage, dislocate, disorganise, derange. **ont·red·der(d)** *=derde* dismantled, rudderless, drifting *(ship)*; damaged, disabled; helpless(ly); *in ~derde toestand* in a crippled state, disabled; in a mess. **ont·red·de·ring** confusion, disorganisation, breakdown, collapse.

ont·rei·nig *het ~* defile, pollute, sully. **ont·rei·ni·ging,** *=gings, =ginge* defilement, pollution, sullying.

ont·reuk *het ~* deodorise. **~middel** *(rare)* = REUKWEERDER.

ont·rief *het ~* inconvenience, put out; deprive; →VERONTRIEF; *ek wil jou nie ~ nie* I do not wish to inconvenience you (*or* put you to inconvenience); I do not wish to deprive you.

ont·roer *het ~* move, touch, affect. **ont·roer(d)** *=roerde* moved, touched, thrilled. **ont·roe·rend** *=rende* stirring *(music, a scene, etc.)*. **ont·roe·ring** *=rings, =ringe* emotion; *met ~ vervul wees* be deeply moved/touched.

ont·rol →OOPROL.

ont·rond *=ronde, adj., (phon.)* unrounded, delabialised. **ont·rond** *het ~, vb.* unround, delabialise. **ont·ron·ding** unrounding, delabialisation.

ont·roof *het ~, (poet., liter.)* rob of, deprive of; *iem. iets ~* deprive s.o. of s.t.; *iem. (van) sy/haar eer ~* dishonour s.o.. **ont·ro·wing** *=wings, =winge* robbing, stealing.

ont·room *het ~* cream, skim. **ont·ro·mer** *=mers* centrifuge, (cream) separator.

on·troos·baar *=bare* inconsolable, disconsolate. **on·troos·baar·heid** inconsolability, inconsolableness, disconsolateness.

on·trou *n.* = ONTROUHEID. **on·trou** *=troue, adj.* unfaithful, disloyal, faithless; *aan ... ~ wees* be disloyal to ...; be unfaithful to ...; be false to ...; *~ word aan jou woord* break faith. **on·trou·heid** infidelity, unfaithfulness, faithlessness, disloyalty; *iem. se ~ aan ...* s.o.'s unfaithfulness to ...

ont·ro·wing →ONTROOF.

ont·ruim *=ruimde, adj.* vacated; evacuated; cleared. **ont·ruim** *het ~, vb.* vacate *(a house, military position, etc.)*; evacuate *(a place, town, etc.)*; clear, void; deplenish; *mense ~ 'n plek* people evacuate a place; *die verhoog laat ~* clear the platform. **ont·rui·ming** vacating, vacation; evacuation; clearing, voidance.

ont·ruk *het ~, (poet., liter.)* snatch away from, wrench/tear from; *iem./iets aan die vergetelheid ~* →VERGETELHEID; *... aan die dood ~* snatch ... from the jaws of death.

ont·rus *het ~, (rare)* = VERONTRUS.

ont·sa·dig *het ~, (chem.)* desaturate. **ont·sa·di·ging** *(chem.)* desaturation.

ont·sag awe, respect, deference, veneration; *iets met ~ **behandel*** handle s.t. very carefully; *~ vir iem. **hê/toon/voel*** respect s.o., have respect for s.o.; hold s.o. in awe, be/stand in awe of s.o.; *~ by iem. **inboesem*** command respect from s.o.; fill s.o. with awe; *iets **vervul** iem. met ~* s.t. fills s.o. with awe. **~inboeseming** *(rare)* awe inspiration. **ont·sag·wek·kend** *=kende* awe-inspiring, imposing, daunting.

ont·sag·lik *=like, adj.* vast, huge, immense, enormous; prodigious, stupendous, tremendous, formidable; *(obs.)* awful. **ont·sag·lik** *adv.* tremendously, terribly *(cold etc.)*; hugely, enormously, immensely; extremely, awfully, dreadfully, downright, stupefyingly, crashingly *(dull etc.)*; *~ baie van ... hou, (infml.)* be exceedingly fond of ... **ont·sag·lik·heid** vastness, hugeness; tremendousness, formidableness.

ont·sê *het ~* deny; refuse; forgo; *iem. die huis ~* forbid s.o. the house; *jou ... ~* deny o.s. ..., deprive o.s. of ...; *jou niks ~ nie* deny o.s. nothing, not deny o.s. anything. **ont·seg·ging** denial; refusal; dismissal.

ont·seil *het ~* avoid, steer clear of; obviate; shirk.

ont·se·nu *=nude, adj.* unnerved, frightened, intimidated, *(infml.)* fazed, *(infml.)* flustered, *(infml.)* psyched out, *(infml.)* rattled. **ont·se·nu** *het ~, vb.* unnerve, frighten, intimidate; *(rare)* invalidate, refute *(argument)*. **ont·se·nu·end** *=ende* nerve-shattering. **ont·se·nu·wend** *=wende* unnerving. **ont·se·nu·wing** unnerving, intimidation; weakening.

ont·set[1] *n.* relief *(of a town, garrison, etc.)*. **ont·set** *het ~, vb.* relieve *(town)*; dismiss, deprive of *(an office)*; *iem. uit 'n amp ~* dismiss s.o. from (*or* deprive s.o. of) an office. **ont·set** *=sette, adj.* relieved *(of siege)*. **ont·set·ting** *=tings, =tinge* relief *(of a town)*; dismissal, deprivation, deposition *(from office)*; eviction, expulsion *(from a property)*.

ont·set[2] *=sette, adj., (rare)* horrified, terrified, aghast, horror-struck, -stricken. **ont·set** *het ~, vb., (rare)* appal, horrify. **ont·set·tend** *=tende, adj.* terrible, awful, frightful, appalling; shattering *(blow, disappointment, etc.)*; searing *(pain)*; stupefying *(headache etc.)*; cataclysmic; dire; *'n ~e geheue* a marvellous memory. **ont·set·tend** *adv.* terribly, awfully, dreadfully, exceedingly, extremely, enormously; *~ snaaks* screamingly funny; *dit het ~ gereën* it poured, it rained cats and dogs. **ont·set·ting** consternation, horror, terror, dismay.

ont·se·tel *=telde, adj.* ousted, removed, unseated. **ont·se·tel** *het ~, vb.* oust, remove, unseat.

ont·siel(d) *=sielde, (poet., liter.)* dispirited, disheartened, demoralised; *(fig.)* emasculated, debilitated, crippled, impoverished.

ont·sien *het ~, (usu. with negation)* stand in awe (*or* be careful) of; respect; spare *(the feelings of)*; *geen **geld/tyd** ~ nie* be regardless of (*or* spare no) money/time; *iem. se **gevoelens** ~* →GEVOEL *n.*; ***jou** ~* not overtax o.s.; *geen **moeite** ~ nie* →MOEITE; ***niks** ~ nie* go to any length; have no respect for anything; have no scruples; *(dit) nie ~ **om** iets te doen nie* have no compunction about doing s.t., do s.t. without (the slightest) compunction, not scruple to do s.t., *(infml.)* make no bones about doing s.t.; *as ek my sonde nie ~ nie ...* →SONDE[1].

ont·sier *het ~* disfigure, deface, deform, mar *(beauty, features, etc.)*, blemish, disfeature. **ont·sie·ring** *=rings, =ringe* disfiguration, disfigurement, defacement, blemish, marring.

ont·skeep *het ~* disembark, debark, go ashore; unship, put ashore, discharge *(cargo)*. **ont·ske·ping** *=pings, =pinge* disembarkation, debarkation; discharge. **ont·ske·pings·be·vel** disembarkation order. **ont·ske·pings·ha·we** port of disembarkation, port of discharge.

ont·skiet *het ~, (obs., rare, infml.)* slip from *(esp. the memory)*.

ont·skool *het ~* deschool.

ont·slaan *=slane, =slaande, adj.* dismissed; discharged; released. **ont·slaan** *het ~, vb.* dismiss, discharge; supersede; cashier *(s.o. from the armed forces)*; disengage; *iem. **eervol** ~* discharge s.o. honourably; *iem. van **regsvervolging** ~* →REGSVERVOLGING; *iem. **tydelik** ~* lay off s.o.; *iem. **uit** ... ~* dismiss s.o. from ... *(the service etc.)*; discharge s.o. from ... *(the service, hospital, etc.)*; release s.o. from ... *(custody etc.)*; *iem. **van** ... ~, (fml.)* release s.o. from ... *(a promise etc.)*; relieve s.o. from ... *(responsibility etc.)*.

ont·slaap *het ~, (fml., obs.)* pass (away), depart this life; *toe het Dawid ~ met sy vaders, (OAB), Dawid is oorlede, (NAB), (1 Kings 2:10)* David slept/rested with his fathers *(AV/NIV)*. **ont·sla·pe** *~, adj.* passed away, deceased, departed. **ont·sla·pe·ne** *=nes, n.* deceased, departed.

ont·sla·e: *van ... ~ **raak*** get rid of (*or* shake off) ... *(s.o., s.t.)*; weed out ... *(the weak/bad/etc. ones)*; off-load ... *(stocks* *etc.); van iem.* ~ ***raak,*** *(also)* send s.o. about his/her business; kick out s.o.; put away s.o. *(infml.);* put s.o. out of the way; *van iets* ~ ***raak,*** *(also)* do away with s.t.; throw off s.t. *(a cold etc.);* work off s.t. *(energy, pent-up feelings, etc.);* ***van*** *...* ~ *wees* be rid of ...; be delivered of ... *(a nuisance etc.);* ***van*** *iets* ~ *wees, (also)* be free from s.t.; *bly wees om* ***van*** *iem.* ~ *te wees, (also)* be glad/pleased to see the back of s.o. *(infml.); iem. is* ***van*** *...* ~, *(also)* ... is off s.o.'s hands; *gelukkig* ***van*** *...* ~ *wees* be well rid of ...

ont·slag discharge, dismissal; release *(from prison);* demission, supersession, voidance; ***eervolle*** ~ *kry* get an honourable discharge; *iem. sy/haar* ~ ***gee*** discharge s.o.; *jou* ~ ***indien,*** *(rare)* = JOU **BEDANKING** INDIEN; ~ ***van instansie,*** *(jur.)* absolution from the instance; ~ ***neem,*** *(rare)* = BEDANK; ***tydelike*** ~ lay-off. ~**bevel** order of dismissal/discharge, dismissal/discharge order. ~**brief** notice of dismissal/discharge. **ont·slag·ne·ming** *-mings, -minge, (rare)* = BEDANKING.

ont·sla·pe, ont·sla·pe·ne, ont·sla·ping →ONTSLAAP.

ont·slui·er *het* ~, *(poet., liter.)* unveil, uncover; disclose, reveal; demystify. **ont·slui·e·ring** unveiling; revelation; demystification.

ont·sluit *het* ~ unlock, unlatch, unfasten; unseal; open (up); develop; solve, unravel *(a mystery).* **ont·slui·ter** *(min.)* developer. **ont·slui·ting** *(min.)* opening (up), unlocking, developing, development. **ont·slui·tings·werk** development (work).

ont·smet *het* ~ disinfect, decontaminate; sterilise; deodorise; fumigate. ~**middel,** ~**stof** →ONTSMETTINGSMIDDEL.

ont·smet·tend *-tende* disinfectant, disinfecting, antiseptic, sterilising, germicidal, bactericidal.

ont·smet·ter *-ters* disinfector.

ont·smet·ting disinfection, decontamination, sterilisation.

ont·smet·tings-: ~**inrigting** disinfecting establishment. ~**middel, ontsmetmiddel** *-dele, -dels* disinfectant, germicide, steriliser.

ont·snap *het* ~ escape; get away, make a getaway; break away; evade, elude; ***aan*** *iets* ~ get out of s.t.; escape s.t. *(death, s.o.'s attention, etc.); iets het iem. se* ***aandag*** ~ →AANDAG; *iets* ***laat*** ~ blow s.t. off *(gas, steam, etc.); 'n* ***poging*** *om te* ~ an escape attempt/bid; *(dit* ***regkry*** *om te)* ~ make (good) one's escape; ***ternouernood*** ~ have a narrow escape; ***uit*** *...* ~, *(also: air from a tyre etc.)* escape from ... ~**bestand** escape-proof. ~**geut** escape chute *(on a plane).* ~**(pings)motor** getaway car. ~**(pings)plan** escape plan. ~**(pings)poging** escape attempt/bid. ~**(pings)roete** escape route. ~**snelheid** *(aeron.)* escape velocity. ~**toets** *(comp.)* escape key.

ont·snap·per *-pers* escaper, escapist.

ont·snap·ping *-pings, -pinge* escape; getaway; *iem. se* ~ ***aan*** *...* s.o.'s escape from ... *(death etc.); iem. se* ~ ***uit*** *...* s.o.'s escape from ... *(jail etc.).*

ont·snap·te *-tes* escaped person, escapee.

ont·son·dig *het* ~, *(relig.)* blot out iniquity, purge, cleanse, shrive, give absolution *(from sin);* ~ *my, (OAB), neem tog my sonde weg, (NAB), (Ps. 51:9/7)* purge/cleanse me *(AV/NIV).* **ont·son·di·ging** shriving, shrift, absolution; purging, cleansing.

ont·sout *het* ~ desalt, unsalt, desalinate. **ont·sou·ting** desalting, unsalting, desalination. **ont·sou·tings·aan·leg** desalin(is)ation plant.

ont·span *het* ~ unfasten; unbend; relax *(one's mind, muscles, etc.);* relax, unwind, unbend, put one's feet up, *(infml.)* chill (out); *'n boog* ~ unbend a bow; *iets laat iem.* ~ s.t. relaxes s.o.; s.t. loosens s.o. up. **ont·span·ne** relaxed, *(infml.)* laid-back, mellow; unstrained; flaccid. **ont·span·nend** *-nende* relaxing. **ont·span·ner** *-ners, (phot.)* shutter release; *outomatiese* ~, *(phot.)* self-timer. **ont·span·ning** *-nings, -ninge* relaxation, recreation; easing, relaxation *(of tension);* détente. **ont·span·ning·saal** recreation hall; →ONTSPANNINGSLOKAAL. **ont·span·ning·sen·trum** leisure/recreation centre.

ont·span·nings-: ~**dek** saloon deck. ~**kamer,** ~**vertrek** recreation room. ~**leesstof,** ~**lektuur** light fiction, light/easy reading. ~**lokaal** recreation hall. ~**middel** *-dels, -dele* relaxant. ~**oord** pleasure resort. ~**tyd** recreation period *(in a prison etc.).*

ont·spoor *het* ~ leave/jump the rails, be derailed; *iets het die trein laat* ~ s.t. derailed the train. **ont·spoor·der** *-ders* derail(er). **ont·spo·ring** *-rings, -ringe* derailment.

ont·spring *het* ~ rise *(of a river),* issue, spring, well; be caused *(by),* originate *(from); (obs.)* jump away from; escape; *die dans* ~, *(rare)* escape, go scot-free.

ont·spruit *het* ~, *(poet., liter.)* sprout, shoot forth; *uit ...* ~ spring/result from ...; be descended from ... *(a noble family etc.).*

ont·staan *n.* origin; inception; genesis; formation; development, rise; *van sy* ~ *af* from its inception. **ont·staan** *het* ~, *vb.* originate, begin; come into existence/being; develop; stem *(from);* derive *(from);* spring; eventuate; ***daaruit*** *sal rusie/ens.* ~ that will cause (*or* result in) a quarrel/etc.; ... ***laat*** ~ cause ...; *iets* ~ ***uit*** ... s.t. arises from ...; s.t. develops from ...; s.t. grows out of ...; s.t. originates from/in ...; s.t. proceeds from ...; s.t. springs from ...; s.t. stems from ...; *die* ***vraag*** ~ *of* ... →VRAAG. **ont·staan·de** nascent.

ont·staans-: ~**geskiedenis** genesis, evolution; *(biol.)* ontogeny. ~**tyd** time of origin. ~**wyse** mode of origin.

ont·stam *het* ~ detribalise. **ont·stam·ming** detribalisation.

ont·steek *-steekte, adj.* ignited; inflamed *(wound).* **ont·steek** *het* ~, *vb.* light, ignite, fire; inflame *(of wound);* →ONTSTOKE; *iets het iem. se toorn laat* ~, *(poet.)* s.t. kindled s.o.'s wrath/anger. **ont·ste·ker** *-kers* primer, exploder. **ont·ste·king** *-kings, -kinge* lighting, kindling; ignition; *(med.)* inflammation. **ont·ste·king·slot** ignition lock. **ont·ste·king·stel·sel** *(mot.)* ignition system.

ont·ste·kings-: ~**draad** ignition wire; *'n kar/motor met die* ~ *aan die gang kry* start a car by short-circuiting the ignition system, *(infml.)* hot-wire a car. ~**kamer** ignition chamber. ~**klep** ignition valve. ~**klop, pieng** *(mot.)* pink. ~**klos,** ~**spoel** *(mot.)* ignition coil. ~**koors** *(pathol.)* inflammatory fever. ~**pen** *(mil.)* striker stud *(of a mortar shell).* ~**prop** = VONKPROP. ~**punt** ignition point.

ont·stel *het* ~ upset, alarm, startle, disturb, *(infml.)* bug; dismay, disconcert, unnerve; *jou* ***hewig*** ~ become/get very upset, *(infml.)* freak (out); ***moenie*** *dat dit jou* ~ *nie* don't let it upset (*or [infml.]* bug) you; ~ *jou* ***nie!*** don't worry (yourself)!; *deur iets* ~ ***word*** be upset by s.t.. **ont·stel(d)** *-stelde* upset, alarmed, startled, disturbed, dismayed, appalled, distressed, agitated; ***hewig*** ~ *wees* be shaken to the core; ***hewig*** ~ *wees oor iets, (also)* be in a terrible state about s.t.; *iem.* ***hewig*** ~, *(also, infml.)* freak s.o. out; ***oor*** *iets* ~ *wees* be upset about s.t.; be appalled at s.t.; be/stand aghast at s.t.; be agitated about s.t.; be dismayed at s.t.; be distressed about s.t.; ~ ***raak*** become/get upset; *hewig* ~ ***raak*** become/get very upset, *(infml.)* freak (out). **ont·stel·lend** *-lende* disturbing, upsetting, unsettling, disconcerting, appalling, perplexing; ~*e tyding* alarming/shattering news. **ont·stel·te·nis** alarm, dismay, consternation; *met* ~ ***gewaar*** *dat* ... notice in/with alarm that ...; ~ *oor iets* ***lug*** express dismay/shock at s.t.; ***met*** ~ in/with alarm; *iem. se* ~ ***oor*** *iets* s.o.'s dismay at s.t.; s.o.'s consternation about s.t.; ***tot*** *iem. se* ~ to s.o.'s dismay; to s.o.'s consternation; ***tot*** *iem. se (groot)* ~ to s.o.'s horror; ~ ***veroorsaak*** cause consternation; *iets* ***vervul*** *iem. met* ~ s.t. fills s.o. with dismay.

ont·stem *het* ~ disturb, ruffle, discompose; untune, put out of tune *(lit., fig.).* **ont·stem(d)** *-stemde* disturbed, ruffled, displeased, put out of tune. **ont·stem·ming** bad mood/humour, vexation, discomposure.

ont·sten·te·nis: *by* ~ *van ...* failing ..., in default (*or* the absence) of ...

ont·stig *het* ~ offend, annoy, *(infml.)* bug; scandalise, shock. **ont·stig·ting** offence, annoyance; scandal.

ont·stin·gel *het* ~ stem *(raisins etc.).* **ont·stin·ge·laar** *-laars, (wine making)* égrappoir. **ont·stin·ge·ling** stemming.

ont·sto·ke *(p.p.)* angry, irate, incensed; →ONTSTEEK *adj.; iem. se toorn was* ~, *(poet.)* s.o.'s wrath was kindled.

ont·stop *het* ~ unblock *(a drain etc.).*

ont·strik *het* ~, *(rare)* untie, undo *(a knot).*

ont·stroom *het* ~, *(poet., liter.)* stream/flow from.

ont·stui·mig *(rare)* = ONSTUIMIG.

ont·stu·mid·del *-dele, -dels, (med., rare)* decongestant.

ont·suur *het* ~ deacidify, edulcorate. **ont·su·ring** deacidification, edulcoration.

ont·swa·(w)el *het* ~ desulphurise.

ont·sy·fer *het* ~ decipher, make out; decode, unravel, unriddle, brake *(code).* **ont·sy·fe·ring** decipherment, decoding.

ont·ta·kel *het* ~ dismantle, strip *(ship),* unrig; ~*de skip* hulk. **ont·ta·ke·ling** stripping.

ont·trek *het* ~ withdraw; divest (yourself); contract out; pull out; abstract; →ONTTROKKE; *iets* ***aan*** *...* ~ extract s.t. from ...; *'n perd* ***aan*** *'n wedren* ~ withdraw/scratch a horse from a race; *jou* ***aan*** *...* ~ contract out of ...; opt out of ...; retire from ... *(public life);* drop out of ... *(society, a race, etc.);* withdraw from ... *(a match, an election, a government, etc.);* scratch from ... *(a contest); jou* ***aan*** *iem.* ~ wash one's hands of s.o.; *jou* ***aan*** *die verantwoordelikheid* ~ shrink from (*or* refuse to take) the responsibility; *die regter* ~ *hom/haar* ***(aan*** *die saak)* the judge recuses him-/herself; *troepe* ***uit*** *'n gebied* ~ withdraw troops from an area; *water* ***uit*** *iets* ~ dehydrate s.t.. **ont·trek·king** *-kings, -kinge* withdrawal, retirement; disengagement; recusal, recusation *(of a judge);* drain, abstraction; scratching *(from race);* ~ *van beleggings* disinvestment. **ont·trek·king·simp·to·me** *(pl.)* withdrawal symptoms; *hewige* ~ severe withdrawal symptoms, *(infml.)* cold turkey; *hewige* ~ *ervaar* experience severe withdrawal symptoms, *(infml.)* go through cold turkey. **ont·trek·kings·klou·su·le** escape clause.

ont·trok·ke *(p.p.)* withdrawn; →ONTTREK.

ont·tro·ning *-nings, -ninge* dethronement, deposition. **ont·troon** *het* ~ dethrone, unthrone, unking.

on·tug immorality, immodesty, indecency; fornication, debauchery, promiscuity; ~ *pleeg* have illicit sexual relations; *'n huis van* ~ →HUIS *n..* **on·tug·tig** *-tige* immoral, immodest, indecent, dissolute; debauched, promiscuous. **on·tug·tig·heid** immorality, immodesty, indecency; promiscuity, debauchery. **On·tug·wet** Immorality Act.

on·tuis uncomfortable, ill at ease, uneasy; ~ *voel* not feel at home, feel out of place, feel ill at ease, feel strange. **on·tuis·heid** uncomfortableness, unease, uneasiness.

ont·val *het* ~, *(fml.)* lose *(s.o., through death); (a word)* slip from, escape *(one's mouth); sy/haar ... het hom/haar* ~ he/she lost his/her ... *(parents etc.). geen geluid het iem. se mond* ~ *nie, (poet.)* s.o. did not utter a sound. **ont·val·ling** bereavement.

ont·vang *het* ~ receive; see *(client, visitor, patient, deputation, etc.); (arch.)* conceive, become pregnant; ***behandeling*** ~ undergo treatment; *ek het u* ***brief*** ~ I have received (*or* am in receipt of) your letter; *iets met* ***dank*** ~ →DANK *n.;* ***gaste*** ~ →GAS[1] *n.;* ***geesdriftig/ens.*** ~ *word* receive an enthusiastic/etc. welcome; *... met* ***gejuig*** ~ hail ..., greet ... with cheers; *iets word* ***goed*** ~ s.t. goes over well (with the public); *iem.* ***hartlik*** ~ make s.o. welcome, receive/welcome s.o. with open arms; ***opleiding*** ~ undergo training; *in sonde* ~ *(en gebore)* →SONDE[1]; *iets* ***van*** *iem.* ~ receive s.t. from s.o.; *iem.* ~ *nie* ***vandag*** *nie, (fml., obs.)* s.o. is not at home today. ~**buis,** ~**lamp** *(rad.)* receiving valve. ~**dag** at-home, open day. ~**(s)kamer** reception room, parlour. ~**lamp** →ONTVANGBUIS. ~**saal** reception hall. ~**stasie** receiving station. ~**(s)toestel** receiving set, receiver, detector.

ont·van·ge·nis *(poet., liter.)* conception; *Onbevlekte O~ (van die Heilige Maagd), (RC)* Immaculate Conception (of the Virgin Mary).

ont·van·ger *-gers* receiver, recipient; receiving apparatus, receiver; *(chem., electron.)* acceptor; consignee *(of goods);* grantee; donatory, donee; receptacle, vessel; ~ *van belastings/inkomste* receiver of revenue; *die* ~, *(infml., often O~)* the taxman; ~ *van 'n geskenk* presentee. **ont·van·gers·kan·toor** revenue office, tax collector's office.

ont·vangs *-vangste* receipt *(of a thing); (rad.)* reception; at-home; *(also, in the pl.)* returns, takings; revenue; drawings; ***by*** ~ *van iets* on receipt of s.t.; *(die)* ~ *van*

... ***erken*** acknowledge (the) receipt of ...; *iem. 'n ... ~ **gee*** give s.o. a ... reception; *'n **geesdriftige*** ~ a rousing reception; *'n **hartlike/warm(e)*** ~ a cordial/warm reception; *'n ... ~ **kry*** meet with a ... reception; *iets in ~ **neem*** take delivery of s.t.; *~te en **uitgawes**, (fin.)* receipts and expenditure; *'n **vyandige*** ~ a warm reception; *'n **yskoue*** ~ a frosty/wintry reception. ~**bewys** receipt *(for goods);* voucher; *'n ~ vir ... uitskryf* make out a receipt for ... *(goods)*. ~**dame** receptionist. ~**erkenning** acknowledgement of receipt. ~**klerk** receptionist.

ont·vank·lik *-like* receptive, susceptible, impressionable, open-minded; educable, trainable, teachable; *(jur.)* admissible, receivable; *iets maak iem. vir ...* ~ s.t. predisposes s.o. to ...; *vir ... ~ wees* be receptive to ...; be susceptible to ... *(flattery etc.);* be amenable to ... *(advice, reason, discipline, friendliness, etc.);* be predisposed to ...; be prone to ... **ont·vank·lik·heid** receptiveness, receptivity, susceptibility.

ont·vel *het* ~ skin, excoriate. **ont·vel·ling** excoriation.

ont·ve·sel *het* ~ decorticate. **ont·ve·se·ling** decortication.

ont·vet *het* ~ remove the grease from, degrease, cleanse *(wool, hides, skins, etc.);* defat; *~te sojameel* defatted soya meal.

ont·vlam *het* ~ catch fire, burst into flame, flame up, ignite; inflame, stir up, excite; ... *laat* ~ ignite/inflame ... **ont·vlam·baar** = VLAMBAAR. **ont·vlam·baar·heid** (in)flammability, combustibility; excitability. **ont·vlam·ming** *-mings, -minge* bursting into flame, flaming up, ignition. **ont·vlam·(mings·)punt** = VLAMPUNT.

ont·vlees *-vleesde, adj.* fleshless. **ont·vlees** *het ~, vb.* flesh, strip off flesh.

ont·vlok *het* ~ deflocculate. **ont·vlok·king** deflocculation.

ont·vlug *het* ~ escape, flee *(from),* get away/free, elude, break out; *gevaar* ~ fly danger. **ont·vlug·ter** *-ters* escaper. **ont·vlug·ting** *-tings, -tinge* escape, flight; escapism; *iem. se ~ uit ...* s.o.'s escape from ... *(captivity etc.)*. **ont·vlug·tings·mo·tor** getaway car.

ont·voer *het* ~ kidnap, abduct. **ont·voer·der** *-ders* kidnapper, abductor. **ont·voe·ring** *-rings, -ringe* kidnapping, abduction.

ont·vog·(tig) *het* ~ dehumidify. **ont·vog·ter** *-ters,* **ont·vog·ti·ger** *-gers* dehumidifier. **ont·vog·ting, ont·vog·ti·ging** dehumidification.

ont·volk *het* ~ depopulate. **ont·vol·king** depopulation. **ont·vol·king·sy·fer** depopulation figure/number.

ont·vonk *(tech., rare)* ignite; *(fig.)* ignite, flare up, inflame, enkindle. **ont·von·king** *(mot., rare)* = ONTSTEKING. **ont·von·king·stel·sel** *(mot., rare)* = ONTSTEKINGSTELSEL.

ont·voog *het* ~ remove from guardianship, emancipate. **ont·voog·ding** emancipation. **ont·voog·dings·be·leid** *(pol.)* emancipation policy.

ont·vou *het* ~ unfold, unfurl, unwrap; explicate; evolute, evolve; *die drama/krisis/tragedie/ens. het (hom) ~, die gebeure/ens. het (hulle)* ~ the drama/crisis/tragedy/events/etc. unfolded. **ont·vou(d)** *-voude* unfolded; evolved, evolute. **ont·vou·ing** unfolding; development.

ont·vreem *het* ~ pilfer, embezzle, dispossess, alienate, steal *(from); iets aan iem.* ~ steal s.t. from s.o.. **ont·vreem·ding** *-dinge, -dings* embezzlement, theft, dispossession, alienation.

ont·vries *-vriesde, adj.* unfrozen, defrosted. **ont·vries** *het ~, vb.* unfreeze; defrost; thaw (out). ~**middel, ontvriesingsmiddel** *-dels, -dele* defrosting agent. ~**toestel, ontvriesingstoestel** *-stelle* defroster.

ont·vrie·sing defrosting. **ont·vrie·sings·mid·del** →ONTVRIESMIDDEL. **ont·vrie·sings·toe·stel** →ONTVRIESTOESTEL.

ont·waak *het* ~ awake, wake up; *uit ...* ~ awake(n) from ...; *weer ~, (intr.)* reawaken; *weer laat* ~ reawaken *(nationalism etc.)*. **ont·wa·king** awakening.

ont·waar *het ~, (fml.)* perceive, discern, descry.

ont·wa·pen *het* ~ disarm, unarm; pacify; *die pers* ~ hogtie the press. **ont·wa·pe·ning** disarmament. **ont·wa·pe·nings·kon·fe·ren·sie** disarmament conference. **ont·wa·pe·nings·ver·drag** *-drae* disarmament treaty/agreement/accord.

ont·war *het* ~ unravel, disentangle, untangle, disembroil; *iets uit ...* ~ extricate s.t. from ... **ont·war·ring** unravelling, disentanglement.

ont·wa·sem *het* ~ demist. ~**middel** *-dele, -dels,* **ontwasemer** demister.

ont·wa·ter *het* ~ drain *(land etc.);* dehydrate; *(min.)* dewater. **ont·wa·ter(d)** *-terde* dehydrated, desiccated. **ont·wa·te·ring** dehydration; *(min.)* dewatering. **ont·wa·te·rings·pro·ses** dehydration process.

ont·wei *het ~, (fml., rare)* disembowel, eviscerate, exenterate.

ont·wen *het ~, (fml., rare)* lose the habit of, learn to do without, unlearn to; *die drank* ~ give up drink. **ont·wen·ning** breaking the habit *(of nailbiting/etc.),* giving up *(smoking etc.),* withdrawing *(from a drug/etc.)*. **ont·wen·nings·kuur** cure for habit/addiction.

ont·werp *-werpe, n.* plan, design; scheme, project, draft; blueprint *(fig.);* layout; styling; rough copy, sketch; *(parl., rare)* bill; *'n ruwe* ~ a rough draft; *'n ruwe ~ van iets maak, (also)* rough out s.t.. **ont·werp** *het ~, vb.* plan *(a building),* design *(a picture, pattern, dress, machine, etc.);* project; draft *(a parl. bill, document, etc.),* draw up *(a document, plan, etc.),* devise, map out, trace, delineate *(a plan, scheme, etc.);* plot; style *(clothing)* ~**grondwet** *(rare)* = KONSEPGRONDWET. ~**kuns** (art of) design. ~**model** dummy; maquette. ~**ordonnansie** *(rare)* = KONSEPORDONNANSIE. ~**reglement** *(rare)* = KONSEPREGLEMENT. ~**tekenaar** designer. ~**(s)tekening** architectural sketch; cartoon. ~**wetsontwerp** *(rare)* = KONSEPWETSONTWERP.

ont·wer·per *-pers* designer, draftsman, drafter; layout artist; projector; visualiser; originator; planner. ~**speelgoed** *(pl.)* executive toys. ~**stoppels** designer stubble.

ont·wer·pers-: ~**donsies** designer stubble. ~**dwelm(middel)** designer drug. ~**jeans** designer jeans.

ont·wik·kel *het* ~ develop; generate *(heat, gas, steam, etc.);* raise *(steam);* unfold *(plans);* evolve; cultivate; ***op-hou** om te ~, (a plant)* abort; *'n **plaat/film*** ~ develop a plate/film; *kyk hoe die **saak** (hom)* ~ see how things develop/shape; ***tot*** ... ~ develop into ...; ***tot** 'n volskaalse oorlog* ~ escalate into full-scale war; ***uit*** ... ~ develop from ...; evolve out of ... ~**bad** *(phot.)* developing bath. ~**bak** *(phot.)* developing tray. ~**installasie** *(rare)* = KRAGINSTALLASIE. ~**middel** *(phot.)* developing agent. ~**tenk** *(phot.)* developing tank.

ont·wik·ke·laar *-laars (econ., phot., etc.)* developer; generator *(of heat/gas/steam/etc.)*.

ont·wik·kel·baar *-bare* developable, capable of development.

ont·wik·keld *-kelde* developed; cultivated; cultured, educated, mature *(person); goed* ~ well-educated; well-developed, well-grown; *half* ~ crepuscular; *'n ~e land, (econ., pol.)* a developed *(or* First World) country/nation.

ont·wik·ke·lend *-lende* developing *(economy, market, world, foetus, etc.); ~e land, (econ., pol.)* developing country/nation.

ont·wik·ke·ling *-lings, -linge* development; growth, progress; education; culture; unfolding; *(biol.)* differentiation; generation; *nie tot volledige ~ kom nie, (a plant)* abort. ~**stadium** stage of development.

ont·wik·ke·lings-: ~**gang** (process of) development; progress. ~**gebied** development area. ~**geskiedenis** history of the development, ontogeny; *(biol.)* ontogenesis. ~**hulp** development aid. ~**koste** development costs. ~**land** developing country. ~**leer** *(rare)* theory of evolution, transformism, phylogeny. ~**tempo** rate of development. ~**toestand** state of development/evolution. ~**tydperk** period of development. ~**vermoë** power to develop; generating power.

ont·wil sake, behalf; *om ons **albei** se* ~ for both our sakes; *om ons **almal** se* ~ for all our sakes; *om **my/jou/sy/haar*** ~ for my/your/his/her sake; *om **U naams** ~, (chiefly relig.)* for Thy name's sake; *om **wie se** ~?* for whose sake?.

ont·wol *het ~, (agric.)* dewool.

ont·wor·stel *het ~, (poet., liter.)* wrench/tear from; *jou aan die invloed van ...* ~ rid o.s. of the influence of ... **ont·wor·ste·ling** wresting/wrenching/tearing from, shaking off, breaking away.

ont·wor·tel *het* ~ uproot *(lit. & fig.),* unroot, eradicate, pull up by the roots, disroot, deracinate; displace *(a person); jou* ~ pull up one's roots. **ont·wor·tel·de** *-des* displaced person. **ont·wor·te·ling** uprooting, eradication; displacement.

ont·wrig *-wrigte, adj.* disrupted, disorganised, upset; *(rare)* dislocated. **ont·wrig** *het ~, vb.* disrupt, disorganise, upset, unsettle; *(med., rare)* dislocate, put out of joint, disjoint *(shoulder, knee, etc.);* **ont·wrig·tend** *-tende* disruptive, unsettling. **ont·wrig·ter** disruptive element. **ont·wrig·ting** *-tings, -tinge* disruption, disjunction, disorganisation; crippling *(of a trade);* putting out of joint *(fig.),* unsettlement; *(med.)* dislocation, luxation; *(med.)* disjointedness.

ont·wurm *het* ~ deworm. **ont·wur·ming** deworming.

ont·wy *het* ~ desecrate, profane; defile, pollute; deflower; deprive of ecclesiastical rank, defrock, unfrock. **ont·wy·ding** desecration, profanation; defilement, pollution; defrocking, unfrocking. **ont·wy·er** *-ers* desecrator.

on·twy·fel·baar *-bare, adj.* indisputable, indubitable, unquestionable, incontestable. **on·twy·fel·baar** *adv.* unquestionably, indisputably, indubitably. **on·twy·fel·baar·heid** unquestionableness, indisputability, indisputablenes, indubitableness, indubitability.

ont·wyk *het* ~ avoid, keep clear of, skirt, bypass, shun *(person),* dodge *(blow, person),* evade *(question),* fight shy of, keep aloof from *(a person);* elude; flee; skulk; *verantwoordelikheid* ~ shirk responsibility. **ont·wy·kend** *-kende* evasive, elusive, elusory, circumlocutory; *~e antwoord* evasive/non(-)committal/cag(e)y answer. **ont·wy·kend·heid** evasiveness, elusiveness, caginess. **ont·wy·king** *-kings, -kinge* evasion, shunning, avoidance, dodging. **ont·wy·kings·ma·neu·ver** evasive action.

on·ty·dig *-dige, adj.* untimely, ill-timed, inopportune; unseasonable *(weather);* premature, preterm *(birth);* abortive, mistimed; *'n ~e dood sterf* die prematurely. **on·ty·dig** *adv.* unseasonably; *~ sterf* die prematurely; *tydig en* ~ →TYDIG *adv.*. **on·ty·dig·heid** untimeliness, unseasonableness; inopportuneness, inopportunity.

ont·ys *-ysde, -yste, adj.* de-iced, defrosted. **ont·ys** *het ~, vb.* de-ice, defrost. ~**middel** *-dele, -dels* de-icing agent.

ont·y·ser *-sers* de-icer, defroster.

on·uit·blus·baar *-bare,* **on·uit·blus·lik** *-like* inextinguishable; →ONBLUSBAAR.

on·uit·da·gend *-gende* unchallenging.

on·uit·ge·broei(d) *-broeide* unhatched.

on·uit·ge·doof *-doofde* unextinguished.

on·uit·ge·droog *-droogde* unseasoned *(timber);*

on·uit·ge·druk *-drukte* unexpressed, unspoken, tacit, implicit.

on·uit·ge·gee *-gewe* unpublished; unspent; unissued.

on·uit·ge·keer(d) *-keerde* undistributed, unappropriated *(profit)*.

on·uit·ge·lok *-lokte* unprovoked.

on·uit·ge·maak *-maakte* undecided, unsettled, open *(question),* debatable; unascertained; doubtful; *dis 'n ~te saak* it hangs in the balance.

on·uit·ge·reik *-reikte* unissued.

on·uit·ge·rus *-ruste* unrested.

on·uit·ge·soek *-soekte* unsorted, unclassified; unselected; taken at random.

on·uit·ge·spro·ke unspoken, unuttered; tacit, implicit, inexplicit; undeclared, unexpressed, unvoiced, mute, unsaid; unstated; voiceless, wordless; unpronounced, silent, mute *(letter)*.

on·uit·ge·voer[1] *-voerde* unexecuted, undone, unaccomplished; unexported; unenforced.

on·uit·ge·voer[2] *-voerde* unlined, without a lining.

on·uit·ge·werk *-werkte* not worked out; unsolved.

on·uit·ge·wis *-wiste* not wiped out, uneffaced.

on·uit·hou(d)·baar -*bare*, **on·uit·hou·de·lik** -*like* unbearable, insufferable, unendurable, impossible, maddening; →ONHOU(D)BAAR.

on·uit·put·lik -*like* inexhaustible, never-failing. **on·uit·put·lik·heid** inexhaustibility.

on·uit·roei·baar -*bare* ineradicable, indestructible.

on·uit·spreek·baar -*bare* unpronounceable.

on·uit·spreek·lik -*like, adj.* unspeakable, inexpressible, unutterable, beyond words, nameless, ineffable. **on·uit·spreek·lik** *adv.* unspeakably, unutterably, beyond words.

on·uit·staan·baar -*bare* intolerable, unbearable; obnoxious; insufferable *(pers.)*. **on·uit·staan·baar·heid** unbearableness, obnoxiousness.

on·uit·voer·baar -*bare* impracticable; unworkable, unfeasible; unachievable; unenforceable; not fit for export. **on·uit·voer·baar·heid** impracticability, impracticableness; impracticality, impracticalness; unenforceability.

on·uit·wis·baar, on·uit·wis·baar -*bare* indelible *(ink)*; enduring, lasting *(impression)*; ineradicable. **on·uit·wis·baar·heid** indelibility, enduringness, ineradicability.

o·nus onus, burden, duty, responsibility; ~ *probandi*, *(jur.)* burden of proof, onus probandi.

on·vak·kun·dig -*dige* inexpert.

on·van·pas, on·van·pas -*paste meer ~ die mees -te* inconvenient, inopportune; unsuited, unsuitable; out of place, inappropriate, unapt, inapt; uncalled-for; unseemly, unfitting, unbecoming; infra dig; improper; impertinent; *'n ~te antwoord* an inappropriate answer; ~ *wees vir die geleentheid* be unsuitable to the occasion.

on·vas -*vaste* soft *(ground)*, faltering *(steps, voice, etc.)*, shaking, unsteady *(hand, steps, ladder, person, etc.)*, light *(sleep)*; fickle, inconstant, changeable, unstable *(person)*; variable, uncertain, fluid; labile; unset; unsound; shaky; unsettled; *~te grond* unstable ground; *~te kleur* non(-)fast/fading/fugitive colour; *met 'n ~te stem praat* speak in a halting voice. **on·vast·heid** unsteadiness, instability, shakiness, variability, fluidity, unsettledness; unevenness *(of s.o.'s voice)*; *'n toestand van ~* a state of flux.

on·vat·baar -*bare*: *iem. vir iets ~ maak* immunise s.o. against s.t. *(a disease)*; *vir ... ~ wees* be immune to ... *(a disease)*; be impervious to ... *(flattery etc.)*, be deaf to ... *(reason etc.)*. **on·vat·baar·heid** insusceptibility, imperviousness; immunity; *~ vir ...* immunity to ... *(a disease)*.

on·vei·lig -*lige* unsafe, insecure; *iets ~ maak* make/render s.t. unsafe; *~e setel, (pol.)* doubtful/marginal seat. **on·vei·lig·heid** unsafeness, insecurity.

on·ver·a·fri·kaans -*kaanste* not made Afrikaans in character *(a classical/foreign word/expression)*.

on·ver·an·der(d) -*derde* unchanged, unaltered, stationary *(temperature)*; unvaried; *... is ~, (also)* there is no change in ... **on·ver·an·der·baar** -*bare* unchangeable, unalterable, immutable. **on·ver·an·der·baar·heid** unchangeableness, unalterableness, inalterability. **on·ver·an·der·lik** -*like* unchangeable, immutable, unalterable; uniform, constant, invariable, unchanging, unvarying; changeless; stereotyped; *(elec., comp.)* hard-wired *(system)*; *~e antwoord* stock answer. **on·ver·an·der·lik·heid** unchangeableness, immutability, invariability.

on·ver·ant·woord -*woorde* unaccounted (for); unexplained; unwarranted, unjustified.

on·ver·ant·woor·de·lik -*like, adj.* not responsible, irresponsible *(person)*; inexcusable; careless, reckless; *~e nalatigheid* unjustifiable negligence. **on·ver·ant·woor·de·lik** *adv.* irresponsibly, carelessly, recklessly; *~ handel* play fast and loose. **on·ver·ant·woor·de·lik·heid** irresponsiblity; unwarrantableness.

on·ver·bas·ter(d) -*terde, (chiefly agric.)* pure-blooded; not interbred, not cross-fertilised; uncorrupted, undegenerate.

on·ver·be·ter(d) -*terde* unimproved; uncorrected.

on·ver·be·ter·baar -*bare* unimprovable; unamendable; irremediable; unreformed. **on·ver·be·ter·lik** -*like* excellent, first-rate, priceless *(joke)*; unsurpassable; incorrigible *(rogue etc.)*; inveterate *(drunkard, thief, etc.)*; unreformable; unregenerate; unimprovable. **on·ver·be·ter·lik·heid** excellence; unsurpassableness; incorrigibility.

on·ver·bid·de·lik -*like, adj.* inexorable, relentless, grim; implacable; unwavering; unrelenting; ruthless. **on·ver·bid·de·lik** *adv.* inexorably, relentlessly, unwaveringly, ruthlessly. **on·ver·bid·de·lik·heid** inexorability, relentlessness, implacability, ruthlessness, savageness.

on·ver·bind -*binde* unbandaged, undressed; →ONVERBONDE.

on·ver·bloem(d) -*bloemde, adj.* undisguised, unconcealed, unvarnished *(truth)*. **on·ver·bloem(d)** *adv.* plainly, baldly, straight out; *iem. ~ die waarheid sê* tell s.o. the plain truth.

on·ver·bo·ë, on·ver·buig(d) -*buigde, (gram.)* undeclined, uninflected.

on·ver·bon·de *(p.p.)* unattached, unallied, uncombined; uncommitted; *(pol.)* non(-)aligned, neutralist *(country etc.)*; uncovenanted; →ONVERBIND. **on·ver·bon·den·heid** non(-)alignment *(of a country etc.)*; *in brawe ~* in splendid isolation.

on·ver·bor·ge *(p.p.)* unconcealed.

on·ver·brand·baar *(rare)* = ONBRANDBAAR.

on·ver·breek·baar -*bare*, **on·ver·breek·lik** -*like* unbreakable *(chains etc.)*; irrefrangible, inviolable *(law)*, indissoluble.

on·ver·bruik -*bruikte* unspent, unconsumed. **on·ver·bruik·baar** -*bare* inconsumable.

on·ver·buig →ONVERBOË.

on·ver·buig·baar -*bare, (gram.)* indeclinable, flectionless. **on·ver·buig·baar·heid** indeclinability.

on·ver·dag -*dagte* unsuspected; undoubted; *uit ~te bron* on unimpeachable authority.

on·ver·de·dig -*digde* undefended; *(jur.)* not represented; *~de stad* open city. **on·ver·de·dig·baar** -*bare* indefensible, unsupportable, unjustifiable, untenable, unwarrantable; undefendable. **on·ver·de·dig·baar·heid** indefensibility, untenability, untenableness.

on·ver·deel(d) -*deelde, adj.* undivided *(things, attention, etc.)*, whole-hearted, united *(party)*; unanimous; all, entire *(affection)*; undistributed. **on·ver·deel(d)** *adv.* entirely, wholly; wholeheartedly; *jou ~ aan ... wy* devote o.s. entirely to ... **on·ver·deel·baar** -*bare* indivisible, indistributable. **on·ver·deel·baar·heid** indivisibility. **on·ver·deeld·heid** wholeness.

on·ver·derf·lik -*like* imperishable. **on·ver·derf·lik·heid** imperishability.

on·ver·dien(d) -*diende* unearned *(wages)*; undeserved; *~de lof* unmerited praise.

on·ver·dien·ste·lik -*like* undeserving, unmeritorious, not meritorious; *nie ~ nie* not without merit. **on·ver·dien·ste·lik·heid** demerit.

on·ver·dig[1] -*digte* uncondensed *(gas)*.

on·ver·dig[2] -*digte* not fictitious, true, real.

on·ver·doel -*doelde, (rugby)* unconverted *(try)*.

on·ver·doof -*doofde* not anaesthetised, not rendered insensible.

on·ver·dor·we uncorrupted, undepraved, incorrupt. **on·ver·dor·wen·heid** purity, undepraved character.

on·ver·draag·lik -*like* insufferable *(fellow)*, unbearable, intolerable.

on·ver·draag·saam -*same* intolerant; impatient; *iem. is ~ teenoor ...* s.o. is intolerant of ... **on·ver·draag·saam·heid** intolerance; *iem. se ~ teenoor ...* s.o.'s intolerance of ...

on·ver·draai(d) -*draaide* undistorted.

on·ver·dro·te *(poet., liter.)* indefatigable, untiring, unflagging, unremitting *(exertions)*; *~ volharding/ywer* untiring efforts, unflagging zeal.

on·ver·dun -*dunde* undiluted, neat, straight.

on·ver·ef·fen -*fende* unsettled, unpaid, outstanding *(debts)*.

on·ver·e·nig·baar -*bare* that cannot be united; mutually exclusive; *met ... ~ wees* be inconsistent with ...; be irreconcilable/incompatible with ...; *iets is ~ met iets anders, (also)* s.t. is repugnant to s.t. else. **on·ver·e·nig·baar·heid** incompatibility, irreconcilability, inconsistency *(with)*, discrepancy.

on·ver·flou(d) -*floude* undiminished, unflagging, unabated.

on·ver·fyn(d) -*fynde* unrefined; uncultured; *~de produkte* wholefood products. **on·ver·fynd·heid** unrefinedness.

on·ver·gank·lik -*like* imperishable, everlasting, undying, immortal; incorruptible *(body)*. **on·ver·gank·lik·heid** imperishability.

on·ver·geef·lik -*like* unforgivable, unpardonable, inexcusable, irremissible. **on·ver·geef·lik·heid** unforgivableness, unpardonableness.

on·ver·geet·lik -*like* unforgettable, never to be forgotten, memorable; *~ mooi* hauntingly beautiful. **on·ver·geet·lik·heid** unforgettableness, memorability, memorableness.

on·ver·ge·lyk·baar -*bare* non(-)comparable, not comparable, that cannot be compared *(categories etc.)*. **on·ver·ge·lyk·baar·heid** non(-)comparability.

on·ver·ge·lyk·lik -*like* incomparable, matchless, unparalleled, peerless, unequalled, nonpareil, beyond compare, unrivalled, unmatchable. **on·ver·ge·lyk·lik·heid** incomparableness, peerlessness.

on·ver·ge·noeg(d) -*noegde* discontented, dissatisfied, disgruntled, disaffected. **on·ver·ge·noegd·heid** discontentment, discontent(edness), disaffection.

on·ver·ge·sel -*selde* unaccompanied, unescorted, companionless, unattended.

on·ver·ge·te *(rare)* unforgotten.

on·ver·ge·we unforgiven. **on·ver·ge·wens·ge·sind** -*sinde* unforgiving.

on·ver·glaas -*glaasde* unglazed; unvitrified; *~de porselein* biscuit, bisque.

on·ver·groot unamplified.

on·ver·haal·baar -*bare* irrecoverable *(damages, debts, etc.)*. **on·ver·haal·baar·heid** irrecoverableness.

on·ver·han·del·baar -*bare* not negotiable, unnegotiable, non(-)negotiable; not transferable; unmarketable. **on·ver·han·del·baar·heid** unnegotiableness; unmarketability.

on·ver·help·baar -*bare* that cannot be helped, irredeemable; unavoidable, inevitable, inescapable, unpreventable.

on·ver·hin·derd -*derde, adj.* undisturbed, unhindered. **on·ver·hin·derd** *adv.* without let or hindrance.

on·ver·hoeds -*hoedse, adj.* unexpected, sudden, surprise *(attack)*; *~e besluit* snap decision; *~e stemming* snap vote. **on·ver·hoeds** *adv.* unexpectedly, suddenly, unguardedly, unawares; *iem. ~ betrap/vang* catch s.o. off (his/her) guard, catch/take s.o. unawares; catch s.o. on the wrong foot (*or* off balance), wrong-foot s.o.. **on·ver·hoeds·heid** unexpectedness, suddenness.

on·ver·ho·le *adj., (p.p.), (poet., liter.)* undisguised, unconcealed, outspoken. **on·ver·ho·le** *adv.* frankly, openly, undisguisedly.

on·ver·hoop -*hoopte, adj., (obs., rare)* unexpected, unhoped(-for), sudden. **on·ver·hoop** *adv.* unexpectedly; contrary to expectation.

on·ver·hoor(d) -*hoorde* unheard, unanswered *(a prayer)*; untried *(a case)*; *iets ~ verwerp* reject s.t. out of hand.

on·ver·huur(d) -*huurde* untenanted, unlet.

on·ver·kies·baar -*bare* ineligible, unelectable. **on·ver·kies·baar·heid** ineligibility.

on·ver·klaar(d) -*klaarde* unexplained; undeclared, unaccounted. **on·ver·klaar·baar** -*bare* unaccountable, inexplicable, unexplainable, puzzling; *iets is vir iem. ~* s.t. is inexplicable to s.o., s.o. cannot account for s.t.; *op ~bare wyse* inexplicably, unaccountably. **on·ver·klaar·baar·heid** inexplicability, unaccountability.

on·ver·klein·baar -*bare, (rare)* irreducible.

on·ver·knoei·baar -*bare, (rare)* foolproof; →PEUTERVRY, BEDRYFSEKER.

on·ver·koop, on·ver·koop =*koopte* unsold, undisposed of. **on·ver·koop·baar** =*bare* unsal(e)able, unmarketable, unmerchantable. **on·ver·koop·baar·heid** unsal(e)ability.

on·ver·kort =*korte* unabridged, unabbreviated, uncurtailed, uncut.

on·ver·ko·se unelected.

on·ver·kryg·baar, *(rare)* **on·ver·kry·baar** =*bare* unobtainable, unavailable, unprocurable; out of print. **on·ver·kryg·baar·heid** unavailability, non(-)availability, unprocurableness.

on·ver·kwik·lik =*like* unpleasant, unsavoury, unedifying. **on·ver·kwik·lik·heid** unpleasantness, unsavouriness.

on·ver·lei·de·lik =*like* unglamorous.

on·ver·lig =*ligte* unlit, unlighted, lightless, unilluminated *(a hall etc.)*; unenlightened *(s.o.)*; *die sogenaamde ~te Middeleeue* the so-called Dark Ages.

on·ver·loof =*loofde* unengaged, unattached.

on·ver·loor·baar =*bare, (rare)* unlosable.

on·ver·los =*loste* unrescued, undelivered; unsaved, unredeemed.

on·ver·meld =*melde* unmentioned; untold, undisclosed; unrecorded; unchronicled.

on·ver·meng(d) =*mengde* unmixed, unblended; sheer, pure *(joy)*; neat, straight *(drink)*; unalloyed, unadulterated, undiluted.

on·ver·min·der(d) =*derde* unreduced, unabated, undiminished; unmitigated; *iem. se regte bly ~ (van krag)* s.o.'s rights are not prejudiced; *~de ywer* undamped ardour. **on·ver·min·der·baar** =*bare* irreducible. **on·ver·min·der·baar·heid** irreducibility.

on·ver·mink =*minkte* unmaimed, unmutilated.

on·ver·mo·ë inability, incapacity; impotence; powerlessness; *iem. se ~ om ...* s.o.'s inability to ...; s.o.'s failure to ... **on·ver·mo·ënd** =*moënde* unable, powerless, impotent, incapacitated; without means/money, poor, impecunious. **on·ver·mo·ënd·heid** impecuniousness.

on·ver·moed =*moede, (chiefly attr.)* unsuspected; unexpected.

on·ver·moei·baar =*bare* indefatigable, untiring, tireless, weariless. **on·ver·moei·baar·heid** indefatigability, tirelessness.

on·ver·moeid =*moeide* untiring, tireless, unflagging, weariless, unremitting. **on·ver·moeid·heid** tirelessness.

on·ver·mom =*momde* unmasked, undisguised.

on·ver·murf·baar =*bare* relentless, inexorable, adamant.

on·ver·my·de·lik =*like,* **on·ver·my·baar** =*bare, adj.* inevitable, unavoidable, inescapable. **on·ver·my·de·li·ke** *n.: jou in die ~ berus/skik* accept the inevitable. **on·ver·my·de·lik·heid** inevitability, unavoidableness, necessity.

on·ver·niel·baar =*bare* indestructible; hard-wearing; resilient, durable, tough.

on·ver·nie·tig·baar =*bare* indestructible; indissoluble. **on·ver·nie·tig·baar·heid** indestructibility.

on·ver·nis =*niste* unvarnished *(wood)*; unlacquered *(brass)*.

on·ver·nuf·tig =*tige, (rare)* not ingenious, uninventive, unresourceful, unskilful.

on·ver·oor·deel(d) =*deelde* unsentenced, unconvicted, uncondemned.

on·ver·ou·der(d) =*derde* youthful; unmatured *(wine)*.

on·ver·pak =*pakte* unpacked, not packed.

on·ver·plaas·baar =*bare* irremovable; non(-)transfer(r)able *(employee)*.

on·ver·plig =*pligte* not obligatory, optional; *~te betaling* ex gratia payment.

on·ver·poos(d) =*poosde, adj. & adv.* uninterrupted, unceasing(ly), incessant(ly), ceaseless(ly); unabating, unremitting.

on·ver·re·ken =*rekende* uncleared *(a cheque)*.

on·ver·rig =*rigte* undone, unexecuted; *~ter sake, (also onverrigtersake)* without having achieved one's object, without having accomplished anything, unsuccessfully.

on·ver·saag =*saagde* undaunted, fearless, intrepid, unafraid, unflinching, dauntless. **on·ver·saagd·heid** undauntedness, dauntlessness, intrepidity, fearlessness.

on·ver·sa·dig =*digde* unsatiated, unsated, unsatisfied; unsaturated *(solution, market, etc.)*; unquenched *(appetite)*; *~de radikaal, (phys.)* free radical; *meervoudig ~de vetsure, (chem.)* polyunsaturated fatty acids. **on·ver·sa·dig·baar** =*bare* insatiable, insatiate. **on·ver·sa·dig·baar·heid** insatiability. **on·ver·sa·digd·heid** unsatisfiedness; unsaturatedness, unsaturation.

on·ver·sag =*sagte* unmitigated.

on·ver·se·ël(d) =*seëlde* unsealed.

on·ver·se·ker(d) =*kerde* uninsured; unsecured. **on·ver·se·ker·baar** =*bare* uninsurable. **on·ver·se·ker·baar·heid** uninsurability.

on·ver·set·lik =*like* unyielding, adamant, firm, hard-line, uncompromising, unwavering, intransigent, unshakeable; stubborn, obstinate; *'n ~e standpunt inneem* take a hard line. **on·ver·set·lik·heid** firmness, unyieldingness; stubbornness, obstinacy.

on·ver·sier(d) =*sierde* plain, undecorated, unadorned, unornamented, unembellished; untrimmed, ungarnished.

on·ver·sig·tig =*tige* imprudent, rash, indiscreet, incautious, unwary. **on·ver·sig·tig·heid** imprudence, incautiousness, rashness.

on·ver·skans =*skanste* unhedged *(investment etc.)*.

on·ver·skil·lig =*lige* indifferent, uninterested; careless; reckless; nonchalant, insouciant; *~e **behandeling*** cavalier treatment; *~e **bestuurder*** kamikaze driver; *~e **ewewig,** (phys.)* neutral/indifferent equilibrium; *~ vir die **gevolge,** (obs.)* regardless of the consequences; *~ **hoe/wat/wie,** (obs.)* no matter how/what/who; *~ **of** ..., (obs.)* irrespective as to whether ...; ***oor** iets ~ wees* be careless of s.t.; *~ **staan** teenoor iets* be indifferent to s.t.; *jou ~ **voordoen*** affect indifference. **on·ver·skil·lig·heid** indifference, uninterestedness, disinterest; carelessness; recklessness; unconcern, nonchalance; *iem. se ~ omtrent/teenoor ...* s.o.'s apathy towards ...; s.o.'s indifference to(wards) ... *geslagtelike ~* →GESLAGTELIK, ANAFRODISIE.

on·ver·skoon·baar =*bare* inexcusable, unpardonable, unjustifiable. **on·ver·skoon·baar·heid** unpardonableness.

on·ver·skrok·ke undaunted(ly), intrepid(ly), fearless(ly), dauntless(ly), unflinching(ly), valorous(ly). **on·ver·skrok·ken·heid** undauntedness, fearlessness, intrepidity, dauntlessness; *~ aan die dag lê* show/display valour.

on·ver·slaan =*slane* unbeaten, undefeated.

on·ver·sla·e *(rare)* undismayed, unabashed.

on·ver·slap =*slapte* unflagging, unremitting, unabated, unrelaxed.

on·ver·sle·te not threadbare *(clothes)*, not the worse for wear; not worn out.

on·ver·slyt·baar =*bare, (rare)* →ONSLYTBAAR.

on·ver·soen(d) =*soende* unreconciled; unappeased. **on·ver·soen·lik** =*like,* **on·ver·soen·baar** =*bare* irreconcilable, implacable, intransigent; unforgiving; →ONVERSETLIK; *'n onversoenlike* an irreconcilable, a diehard/bitter-ender/hardliner. **on·ver·soen·lik·heid** irreconcilability, implacability; unforgivingness.

on·ver·soet =*soete* unsweetened; unsugared.

on·ver·sorg =*sorgde* uncared-for, unprovided for; not attended to, unkept, unattended; slovenly, untidy, unkempt, untended, neglected, *(infml.)* shambolic, raddled *(appearance etc.)*; *iem. ~ agterlaat* leave s.o. unprovided for; *~de styl* slipshod style. **on·ver·sorgd·heid** slovenliness, untidiness, slipshodness, dowdiness.

on·ver·staan·baar =*bare* unintelligible, incomprehensible; inarticulate; *iets ~ maak, (also)* obscure s.t.; *vir iem. ~ wees* be unintelligible to s.o.. **on·ver·staan·baar·heid** unintelligibility; incomprehensibility.

on·ver·stan·dig =*dige* unwise, imprudent, foolish, misguided, indiscreet, injudicious; unreasonable. **on·ver·stan·dig·heid** foolishness, folly, imprudence, unwisdom, indiscretion; unreasonableness.

on·ver·sterk =*sterkte* unfortified; unsupported *(material)*; unstrengthened; unamplified.

on·ver·steur(d) =*steurde,* **on·ver·stoor(d)** =*stoorde* undisturbed; unperturbed; unruffled. **on·ver·steur·baar, on·ver·stoor·baar** =*bare* imperturbable, self-collected, impassive, impassible, unflappable. **on·ver·steur·baar·heid, on·ver·stoor·baar·heid** imperturbability, equanimity, impassiveness, unflappability; ataraxia, ataraxy.

on·ver·stre·ke unexpired *(period)*.

on·ver·suur(d) =*suurde* unsoured.

on·ver·swak =*swakte* unweakened; undiminished; unimpaired; unabated; unrelaxed.

on·ver·taal(d) =*taalde* untranslated. **on·ver·taal·baar** =*bare* untranslatable, uninterpretable. **on·ver·taal·baar·heid** untranslatability, untranslatableness.

on·ver·tak =*takte, (bot.)* unramified, simple; unbranched.

on·ver·teen·woor·dig =*digde* unrepresented. **on·ver·teen·woor·di·gend** =*gende* unrepresentative.

on·ver·teer(d) =*teerde* undigested *(food)*; unconsumed. **on·ver·teer·baar** =*bare* indigestible *(lit., fig.)*. **on·ver·teer·baar·heid** indigestibility.

on·ver·traag =*traagde* undelayed; unimpeded; unretarded; unremitting.

on·ver·troud =*troude* unfamiliar; *met iets ~ wees* be unfamiliar with s.t. **on·ver·troud·heid** unfamiliarity.

on·ver·vaard =*vaarde* undismayed, undaunted, dauntless, nothing daunted, unafraid, unterrified; unflinching. **on·ver·vaard·heid** fearlessness, dauntlessness, undauntedness.

on·ver·vals =*valste,* =*valsde* unadulterated, pure, genuine *(work of art etc.)*, sterling, unvarnished. **on·ver·valst·heid** genuineness, purity.

on·ver·vang·baar =*bare* irreplaceable.

on·ver·voer·baar =*bare* untransportable.

on·ver·vreem·baar =*bare* inalienable *(possessions)*; indefeasible, vested *(rights)*; *'n boedel ~ maak, (jur.)* entail an estate. **on·ver·vreem·baar·heid** inalienability; indefeasibility.

on·ver·vul(d) =*vulde* unfulfilled, unmet *(promise)*; unexecuted, unperformed *(task)*, unredeemed. **on·ver·vul·baar** =*bare* that cannot be fulfilled, unrealisable.

on·ver·vyf =*vyfde, (rugby)* unconverted *(a try)*; →ONVERDOEL.

on·ver·wag =*wagte, adj.* unexpected, sudden, surprise, surprising, unanticipated, unpredicted, unheralded; unhoped(-for); *~te aanval* surprise attack; *~te geluk* godsend; *~te verandering/wending, (also)* supervention. **on·ver·wags** unexpectedly, unawares, suddenly; *totaal ~* surprisingly, out of the blue. **on·ver·wags·heid, on·ver·wagt·heid** suddenness, unexpectedness, surprisingness. **on·ver·wag·te** *n.: die ~ is altyd moontlik* never a dull moment.

on·ver·warm(d) =*warmde* unwarmed, unheated.

on·ver·wa·ter(d) =*terde* undiluted; unwatered *(capital assets)*; not watered down *(fig.)*.

on·ver·weer(d) =*weerde* unweathered; *~de gesteentes* fresh rocks.

on·ver·welk =*welkte* unfaded. **on·ver·welk·baar** =*bare,* **on·ver·welk·lik** =*like, (poet., liter.)* imperishable, everlasting; unfadable, fadeless, unfading *(fig.)*.

on·ver·werk =*werkte* not worked out/up; unassimilated, undigested; unprocessed; *~te kos* unprocessed food, wholefood; *~te produkte* wholefood products.

on·ver·we·sen(t)·lik =*likte* unmet *(promises etc.)*; unrealised *(dreams, potential, etc.)*.

on·ver·wik·keld =*kelde, (rare)* uncomplicated.

on·ver·wis·sel·baar =*bare* inexchangeable, not exchangeable; incommutable; inconvertible. **on·ver·wis·sel·baar·heid** inexchangeability; incommutability; inconvertibility.

on·ver·woes·baar =*bare* indestructible. **on·ver·woes·baar·heid** indestructibility.

on·ver·wron·ge undistorted.

on·ver·wy·der·baar =*bare* irremovable, unremovable.

on·ver·wyld =wylde, *adj.* immediate. **on·ver·wyld** *adv.* immediately, at once, without delay, forthwith.

on·vind·baar =bare unfindable, not to be found.

on·vin·ding·ryk =ryke uninventive.

on·vlam·baar =bare un(in)flammable.

on·vlei·end =ende unflattering, uncomplimentary. **on·vlei·end·heid** dowdiness.

on·voed·saam =same innutritious, unsubstantial *(meal).*

on·voeg·saam =same, *(fml., obs., rare)* improper, indecent, unseemly, unbecoming. **on·voeg·saam·heid** unseemliness, indecency, impropriety.

on·voel·baar =bare that cannot be felt/touched, impalpable.

on·vol·daan =dane unsettled, unpaid; unsatisfied, unpleased; ungratified. **on·vol·daan·heid** dissatisfaction.

on·vol·doen·de *adj. & adv.* insufficient(ly), not enough, scanty, scantily, sketchy, sketchily, inadequate(ly).

on·vol·dra·e *(rare)* premature; unripe *(lit., fig.),* undeveloped; abortive; ~ *vrug* embryo.

on·vol·groei(d) =groeide immature. **on·vol·groeid·heid** immaturity.

on·vol·hou·baar =bare unsustainable.

on·vol·ko·me imperfect, defective; incomplete; ~ *ontwikkeld, (biol.)* rudimentary, vestigial. **on·vol·ko·men·heid** imperfection, incompleteness.

on·vol·le·dig =dige incomplete, sketchy; *(biol.)* vestigial; *(biol.)* rudimentary; fragmentary; catalectic; *(fin.)* naked, nude *(a contract);* ~*e sin, (gram.)* elliptical/incomplete sentence; ~*e reeks* broken range. **on·vol·le·dig·heid** incompleteness.

on·vol·maak =maakte imperfect, faulty, defective. **on·vol·maakt·heid** imperfection, deficiency.

on·vol·pre·se *(poet., liter.)* beyond praise, that cannot be praised enough, surpassing, excelling.

on·vol·tooi(d) =tooide unfinished, incomplete, unconcluded; ~*de breuk, (math.)* deferred/incomplete fracture; ~*de verlede tyd, (gram.)* imperfect (tense); ~*de werk, (also)* work on hand; *(bookkeeping)* work-in-progress.

on·vol·trok·ke, *(rare)* **on·vol·trek·te** unsolemnised *(marriage);* unexecuted.

on·vol·voer =voerde, *(rare)* unfulfilled, unaccomplished; unconsummated.

on·vol·waar·dig =dige inadequate, deficient; ~*e proteïen* incomplete/second-class protein. **on·vol·waar·dig·heid** inadequacy, deficiency.

on·vol·was·se immature, half-developed, half-grown, not fully grown; unripe; immature, infantile, juvenile, childish. **on·vol·was·sen·heid** immaturity, half-developed/immature state; unripeness.

on·voor·be·dag =dagte, *(rare)* unpremeditated, not deliberate, unintentional; ~*te oordeel* snap opinion.

on·voor·be·reid =reide unprepared, unrehearsed, impromptu; unscheduled; surprise; unseen *(translation); iem. ~ betrap/vang* catch s.o. on the wrong foot; ~ *wees op/vir iets* be unprepared for s.t.; *'n ~e toespraak* an impromptu/extempore/off-the-cuff/unscripted/unprepared/unrehearsed speech. **on·voor·be·reid·heid** unpreparedness.

on·voor·de·lig =lige unprofitable, unremunerative, profitless; uneconomic. **on·voor·de·lig·heid** unprofitableness.

on·voor·sien =siene unexpected, unforeseen, unanticipated, unpredicted; uncontemplated; ~ *van ...* not provided with ...; ~*e omstandighede* unforeseen circumstances; ~*e uitgawe(s)* contingencies, incidental expenses; emergency expenses. **on·voor·siens** unexpectedly.

on·voor·spel·baar =bare unpredictable, unforeseeable. **on·voor·spel·baar·heid** unpredictability *(of events).*

on·voor·spoe·dig =dige, *(rare)* unlucky, unfortunate, not prosperous, unsuccessful. **on·voor·spoe·dig·heid** unluckiness, unfortunateness, lack of success.

on·voor·stel·baar =bare unimaginable, inconceivable. **on·voor·stel·baar·heid** unimaginableness, inconceivability.

on·voor·waar·de·lik =like, *adj.* unconditional, implicit *(faith),* unquestioning, absolute, categorical, unreserved; *(metaphys.)* unconditioned; ~*e lof* unreserved praise; ~*e gehoorsaamheid* passive obedience. **on·voor·waar·de·lik** *adv.* unconditionally, implicitly; *jou ~ oorgee* surrender unconditionally; *iem. ~ vertrou* trust s.o. implicitly/absolutely.

on·vre·de strife, discord, feud, dispute; *in ~ met iem. leef/lewe* live in conflict with s.o..

on·vrien·de·lik =like unkind, unfriendly, standoffish, unamiable, uncivil, disagreeable, disobliging; ~*e aanmerking* uncomplimentary remark; ~ *teenoor iem. wees* be unfriendly to(wards) s.o.; be nasty to s.o.. **on·vrien·de·lik·heid** unkindness, unfriendliness.

on·vriend·skap·lik =like, *adj. & adv., (rare)* unfriendly.

on·vrou·lik =like unwomanly, unfeminine, unladylike.

on·vrug·baar =bare infertile, barren *(lit., fig.);* sterile *(land, person, plant, discussion, animal, etc.),* unfruitful, unproductive; unrewarding *(work);* poor *(soil);* unprolific *(author); onvrugbare bespreking/poging* futile discussion/attempt; ... ~ *maak* sterilise ...; spay ... *(bitches, sows).* **on·vrug·baar·heid** infertility; sterility, unproductiveness, barrenness; futility. **on·vrug·baar·ma·king** sterilisation.

on·vry, on·vry *onvry(e) onvryer onvryste, adj.* unfree, not free. **on·vry·e** =vryes, *n., (hist.)* serf. **on·vry·heid** serfdom, bondage, lack of freedom; lack of privacy.

on·vry·sin·nig =nige, *(rare)* illiberal.

on·vry·wil·lig =lige, *adj.* involuntary, compulsory. **on·vry·wil·lig** *adv.* involuntarily, compulsorily.

on·waar ~, *onware* false, untrue, untruthful; insincere. **on·waar·ag·tig** =tige, *(rare)* untruthful, unveracious. **on·waar·ag·tig·heid** untruthfulness, inveracity. **on·waar·heid** =hede falsehood, untruth, mendacity; *'n ~ vertel/verkondig* tell an untruth.

on·waar·de *(rare)* worthlessness, voidness, invalidity; *van ~* void, invalid.

on·waar·deer·baar =bare invaluable, inestimable, priceless. **on·waar·deer·baar·heid** invaluableness.

on·waar·dig =dige unworthy; undeserving; dishonourable; undignified; ~ ***behandel** word* be treated dishonourably; ***gedrag** wat 'n advokaat/ens. ~ is* behaviour unbecoming (to) an advocate/etc.; ~*e **houding*** undignified attitude; *die **naam** ~ wees* be unworthy of the name. **on·waar·dig·heid** unworthiness; indignity; undignifiedness.

on·waar·neem·baar =bare imperceptible, indiscernible, indistinguishable *(differences),* insensible, undetectable, unnoticeable.

on·waar·skyn·lik =like improbable, unlikely, implausible; *hoogs ~ wees* be highly unlikely. **on·waar·skyn·lik·heid** improbability, unlikelihood, unlikeliness; implausibility.

on·wan·kel·baar =bare unshak(e)able, steadfast, firm, unwavering, immovable, rocklike, unfaltering, unflinching, unswerving. **on·wan·kel·baar·heid** firmness, steadfastness, immovability.

on·was·baar =bare, *(rare)* unwashable.

on·we·der·ge·bo·re *adj., (chiefly Chr. theol.)* not born again, not reborn, unreborn. **on·we·der·ge·bo·re·ne** =nes, *n.* s.o. not born again.

on·weeg·baar =bare, *(phys., hist.)* unweighable; *(rare)* imponderable.

on·weer =were, *n.* unsettled/bad weather; storm, thunderstorm; →ONWEERS=; *hewige ~* electric(al) storm; *daar is ~ in die lug* a storm is blowing up, a (thunder)storm is brewing. **on·weer** ge=, *vb., (obs., rare)* storm, thunder. ~**meter** brontometer..

on·weer·hou·baar =bare, *(rare)* irrepressible.

on·weer·lê =lêde, **on·weer·leg** =legde unrefuted; unanswered. **on·weer·leg·baar** =bare, *adj.* irrefutable, indisputable, unanswerable, irrebuttable, irrefragable, unassailable, incontrovertible, incontestable; *onweerlegbare bewys* →BEWYS *n..* **on·weer·leg·baar** *adv.* irrefutably, indisputably, incontrovertibly. **on·weer·leg·baar·heid** irrefutability, indisputability, incontrovertibility.

on·weers=: ~**bui** thunderstorm, rainstorm, electric(al) storm. ~**lug** overcast sky, threatening sky; unsettled weather. ~**voël** *(infml., rare)* storm bird (infml.), storm(y) petrel; →STORMSWA(W)EL; *(fig.)* bird of ill omen. ~**wolk** storm cloud, thundercloud.

on·weer·spreek·baar =bare, **on·weer·spreek·lik** =like, *(rare)* = ONWEERLEGBAAR.

on·weer·spro·ke *(p.p.), (rare)* uncontradicted.

on·weer·staan·baar =bare irresistible; ~ *(aantreklik)* devastating, devastatingly attractive/handsome. **on·weer·staan·baar·heid** irresistibility; seductiveness.

on·weers·vo·ël *(myth.)* thunderbird.

on·weet·baar =bare, *(rare)* unknowable.

on·wel, on·wel indisposed, unwell.

on·wel·ge·val·lig =lige disagreeable, unpleasant.

on·wel·kom =kome unwelcome, unacceptable, unpopular, undesired.

on·wel·le·wend =wende, *(rare, liter.)* ill-mannered, impolite, ungracious, discourteous. **on·wel·le·wend·heid** impoliteness, ungraciousness.

on·wel·lui·dend =dende, *(liter.)* discordant, harsh *(voice),* inharmonious; cacophonous. **on·wel·lui·dend·heid** harshness, disharmony, inharmoniousness, discord, dissonance.

on·wel·rie·kend =kende evil-smelling, foul-smelling, smelly, malodorous. **on·wel·rie·kend·heid** malodorousness.

on·wel·spre·kend =kende ineloquent.

on·wel·voeg·lik =like indecent, improper, immodest, obscene. **on·wel·voeg·lik·heid** indecency, impropriety, immodesty, obscenity.

on·wel·wil·lend =lende discourteous, unkind, unsympathetic, disobliging, unfriendly, ungracious. **on·wel·wil·lend·heid** discourtesy, unfriendliness, unkindness, disobligingness, ungraciousness.

on·wen·baar =bare unwinnable *(a war etc.).*

on·wen·nig =nige strange, unaccustomed, out of one's element, unfamiliar, awkward. **on·wen·nig·heid** unaccustomedness, unfamiliarity, (feeling of) strangeness, awkwardness.

on·wens·lik =like undesirable. **on·wens·lik·heid** undesirability.

on·wê·relds =reldse unworldly, translunary. **on·wê·relds·heid** unworldliness.

on·werk·lik =like unreal, surreal, fanciful. **on·werk·lik·heid** unreality.

on·werk·saam =same, *(often biochem./physiol.)* inactive, indolent.

on·we·sen·lik =like unreal, insubstantial. **on·we·sen·lik·heid** unreality, insubstantiality.

on·we·tend =tende, *adj.* ignorant; unknowing; unaware; unlearned, uninstructed; *iem. ~ hou omtrent iets* keep s.o. in ignorance of s.t.; ~ *sondig nie* →SONDIG *vb..* **on·we·tend** *adv.* unknowingly, unwittingly; unawares; ignorantly; ~ *sondig* →SONDIG *vb..* **on·we·tend·heid** ignorance, unconsciousness; *iem. se ~ aangaande/omtrent ...* s.o.'s ignorance of ...; *in jou ~ iets doen* do s.t. in ignorance (*or* unwittingly); *in ~ verkeer omtrent iets* be ignorant of (*or* in the dark about) s.t..

on·we·ten·skap·lik =like unscientific, non(-)scientific, unscholarly. **on·we·ten·skap·lik·heid** unscientific way/attitude.

on·wet·lik =like, *(rare)* = ONWETTIG.

on·wet·tig =tige illegal, unlawful, illicit *(diamond buying etc.),* against the law; unauthorised; *(infml., obs.)* disobedient, naughty, badly behaved *(child); (obs.)* illegitimate *(child);* ~*e **immigrant*** illegal immigrant; ~*e **nadruk*** pirated edition; ... ~ ***verklaar*** outlaw ...; ~ ***vervaardig/stook/verkoop/ens.*** bootleg. **on·wet·tig·heid** illegality, unlawfulness; illegitimacy.

on·wil unwillingness, obstinacy; →ONWILLIGHEID; *met ~* with (a) bad grace. **on·wil·lig** =lige, *adj.* unwilling, reluctant, recalcitrant, uncooperative; *glad nie ~ wees nie* be nothing loath/loth; ~*e leser* aliterate; ~*e manslag* homicide by misadventure. **on·wil·lig** *adv.* unwillingly, reluctantly, begrudgingly, with (a) bad grace; *baie ~* with great reluctance. **on·wil·lig·heid** unwillingness, reluc=

tance, recalcitrance; *'n groot ~ toon om iets te doen* show a marked reluctance to do s.t..

on·wil·le·keu·rig *-rige, adj.* involuntary, instinctive, Pavlovian *(reaction, response, etc.); (physiol.)* autonomic; *~e senustelsel* autonomic nervous system; *~e spier* involuntary/non(-)striated/smooth muscle. **on·wil·le·keu·rig** *adv.* involuntarily; *('n) mens doen dit ~* one does it involuntarily, one cannot help doing it.

on·wis uncertain; *vir die wis en die ~* for safety's sake; just in case; →WIS[1] *n.*.

on·wis·sel·baar *-bare* inconvertible.

on·wraak·baar *-bare, (rare)* unimpeachable, unchallengeable, unexceptionable.

on·wraak·sug·tig *-tige* not vindictive/revengeful.

on·wrik·baar *-bare* unshak(e)able, steadfast, unshaken, undeviating, adamant, unbendable, unbending, unyielding, firm, immovable, rocklike; irrefutable *(proof); ~ soos 'n rots* as firm as a rock. **on·wrik·baar·heid** steadfastness, unyieldingness, firmness, immovability.

on·wys *onwyse* unwise, foolish, impolitic, ill-judged. **on·wys·heid** folly, foolishness, unwisdom.

o·ö·fo·rek·to·mie →OVARIOTOMIE.

o·ö·fo·ri·tis *(pathol.)* oophoritis, ovaritis.

oog *oë* eye *(of a human or an animal, of a needle, on a peacock's tail, of a potato, of a sirloin steak, of a storm, etc.);* fountain(head), source *(of a stream); (infml., obs.)* bar, pub, public house; mesh *(of wire or a net, etc.);* loop, bight *(in a rope);* cringle *(of a sail);* gudgeon *(of a rudder);* →OGIE; *iem. kon sy/haar oë nie van ... **afhou** nie* s.o. couldn't take his/her eyes off ...; *jou oë (met jou hande) **bedek*** close/shut one's eyes; ***betraande** oë* eyes swimming with tears; *met die **blote** ~* with the naked/unaided eye; *'n **blou** ~ hê* have a black eye, *(infml.)* have a shiner; →BLOUOOG; *wat die ~ nie sien nie, kan die hart nie **deer** nie* →DEER; *met **dié** doel voor oë* with this end/object in view; *iem. die **dood** voor oë hou as hy/sy iets doen* →DOOD *n.; 'n **doring** in die ~ wees* →DORING; *alles **draai** voor iem. se oë* s.o.'s head swims; ***dromerige/peinsende** oë hê* have a remote look in one's eyes; *'n **dwalende** ~ hê* have a roving eye; ***een** en al oë wees* be all eyes *(infml.); ek het dit met my **eie** oë gesien* I saw it with my own eyes; *oë **front!**, (mil.)* eyes front!; *iem. se oë **gee in*** s.o.'s eyesight is failing; *iets moet voor oë **gehou** word* s.t. must be borne in mind; ***genade** vind in iem. se oë* find favour in s.o.'s sight; *iets het iem. se oë **geopen** →**oopgemaak/geopen;** almal se oë is op iem. **gerig*** s.o. is the cynosure of all eyes; *iem. se oë is strak op ... **gerig*** s.o.'s eyes are glued to ...; *ek het iem. nog nooit met 'n ~ **gesien** nie, (infml.)* I have never set eyes on s.o.; *ek het iem. (nog) met geen (of nie met 'n) ~ **gesien** nie, (infml.)* I haven't set eyes on s.o. (*or* seen s.o. at all), I have seen no sign of s.o.; *iem. kon sy/haar oë nie **glo** nie* s.o. couldn't believe his/her eyes; *jou oë oor iets laat **gly*** run one's eyes along/down/over s.t.; *doen wat **goed** is in jou oë, (chiefly Bib.)* = NA (EIE) **GOEDDUNKE** HANDEL; *'n **goeie** ~ vir iets hê* have a sharp eye for s.t.; ***goeie** oë* good eyesight; *iem. het **goeie/skerp** oë* s.o. has good sight; *met **groot/oop** oë, met die/jou oë **wyd** oop* open-eyed; ***groot** oë maak vir iem.* stare at s.o.; *met **groot** oë na iem. kyk, iem. met **groot** oë aankyk* look wide-eyed at s.o., look at s.o. with wide-open eyes; *met 'n **halwe** ~, (rare)* →MET EEN **OOGOPSLAG;** *iem. kan nie sy/haar **hand** voor sy/haar oë sien nie* →HAND; *uit die ~, uit die **hart*** out of sight, out of mind; *iets in die ~ **hê*** have an eye on s.t.; *iets in/op die ~ **hê*** have s.t. in one's sights, have/set one's sights on s.t.; have s.t. in view; envisage s.t.; *die ~ moet ook wat **hê**, (infml.)* there should be something for the eyes too; *die/jou ~ op iets **hê*** have an eye on s.t.; have designs on s.t.; *~ vir iets **hê*** have an eye for s.t.; *geen ~/oë vir iets **hê** nie* have no eye(s) for s.t., be blind to s.t.; *net vir ... oë **hê*** only have eyes for ...; *iem. 'n **hou** op die ~ gee* give/land s.o. one in the eye *(infml.); iem./iets in die ~ **hou*** keep s.o./s.t. in sight; *iem. in die ~ **hou**, (also)* keep an eye (*or* tabs *[infml.]*) on s.o.; *iets in die ~ **hou**, (also)* keep s.t. in view; *iem. in die ~ laat **hou*** have s.o. watched; *'n ~ oor iem./iets **hou*** care for (*or* look after *or* keep an eye on *[infml.]*) s.o./s.t.; *die ~ op iets **hou*** keep an eye on s.t.; *iets voor oë **hou*** bear/keep s.t. in mind; *God voor oë **hou*** fear God; ***iets** vir die ~ wees, (infml.)* be easy on the eye *(infml.);* be quite an eyeful *(infml.);* ***in** die oë van ...* in the eyes of ... *(the law, the world, etc.);* ***in** iem. se oë* in s.o.'s view/opinion, to s.o.'s mind; *jou oë **knip*** blink; *oë **knip** vir iem.* wink at s.o.; make eyes at s.o.; ***knipper** met jou oë* flutter one's eyelids; *het jy geen/nie oë in jou **kop** nie?* use your eyes!; *jou oë goed **kos** gee, goed uit jou oë **kyk**, (infml., rare)* watch/observe closely, keep one's eyes skinned *(sl.); iem./iets in die ~ **kry*** catch sight of s.o./s.t., clap/lay eyes on s.o./s.t.; *... onder die oë **kry*** clap/lay eyes on ...; set eyes on ...; *iem. in die oë **kyk*** meet s.o.'s eye; face s.o.; *iem. reg/vas/waterpas in die oë **kyk*** look s.o. full/squarely/straight in the eye(s); *die wêreld in die oë **kyk*** hold one's head high, hold up one's head; *iem. na die oë **kyk*** be dependent (up)on s.o.; dance attendance (up)on s.o.; *iets met **lede** oë aanskou, (poet., liter.)* look (up)on s.t. with envious/jaundiced eyes, take a jaundiced view of s.t.; *die gierigheid/ens. staan in iem. se oë te **lees*** (*of **kyk** iem. [by] die oë uit, [rare]*) greed/etc. looks through s.o.'s eyes, greed/etc. is written on (*or* all over) s.o.'s face; *oë **links!**, (mil.)* eyes left!; *iets **loop/spring** in die ~* s.t. catches/strikes the eye *(infml.),* s.t. leaps to the eye, s.t. hits one in the eye *(infml.); iets is in die ~ **lopend*** (*of **springend**, [rare]*) s.t. is conspicuous/striking (*or* stands out); →OOGLOPEND; *'n **lus** vir die oë* a sight for sore eyes *(infml.); iem. se oë is groter as sy/haar **maag*** s.o.'s eyes are (*or* s.o. has eyes) bigger than his/her belly/stomach; *iets **maak** 'n (mooi) ~* s.t. makes a fine sight; *die ~ van die **meester** maak die perd vet* →MEESTER; ***met** die ~ op ...* with an eye to ...; in view of ...; with a view to ...; in consideration of ...; ***met** die ~ op ...* in the light of ...; ***met** die ~ daarop* with that in view; ***met** die ~ hierop* with this in view; ***met** die ~ op inkomstebelasting/ens.* for income-tax/etc. purposes; ***met** die ~ op iem.* for s.o.'s benefit; ***met** die ~ op die vermeerdering/ens. van iets* with a view to increasing/etc. s.t.; *iem. het sy/haar oë **neergeslaan**, (also)* s.o.'s eyes sank; *jou oë **neerslaan**, (poet., liter.)* cast down (*or* drop/lower) one's eyes; *iem. sy/haar oë laat **neerslaan*** stare s.o. down/out; *~ **om** ~* an eye for an eye; *iem. iets **onder** die ~/oë bring* bring s.t. to s.o.'s attention/notice; ***onder** iem. se ~ uit* beyond s.o.'s vision; ***onder** die oë uit* out of sight; *hoop iem. kom jou nooit weer **onder** die oë nie* hope one never sees (*or* claps/sets eyes on) s.o. again; ***onrustige/skelm** oë* shifty eyes; *iets met **oop** oë doen* do s.t. with one's eyes open; →***groot/oop;** iets het iem. se oë **oopgemaak/geopen**, (also)* s.t. was an eye-opener to s.o.; *jou oë (goed/wyd) **oophou*** keep one's eyes open/peeled/skinned *(infml.);* keep a sharp lookout; *jou oë **oopmaak*** open one's eyes; *iem. se oë **oopmaak*** open s.o.'s eyes; *jou oë **ooreis*** strain one's eyes; ***op** die ~ (af)* to/by/from all appearances, to all outward appearances, to the eye; on the face of it; outwardly, on the surface; *nie lelik **op** die ~ nie, (infml.)* not bad to look at; *jou oë **ophef/opslaan**, (poet., rhet.)* lift up one's eyes; raise one's eyes; *gee **pad** onder my oë!* (get) out of my sight!; ***pap** oë* bleary eyes; *iem. se oë lyk **pap*** s.o. is bleary-eyed; *oë **regs!**, (mil.)* eyes right!; *so ver/vêr as die ~ kan **reik*** as far as the eye can reach; *iem. se oë **rek** van verbasing* s.o. stares wide-eyed (*or* in amazement), *(infml.)* s.o.'s eyes pop with amazement; *die oë laat **rek*** cause raised eyebrows; *iem. **sand** in die oë strooi* →SAND; *'n ~/ogie in die **seil** hou* keep a/one's weather eye open, be on the alert; *iets onder (die) oë **sien*** face up to s.t.; square up to s.t.; *jou oë uit jou kop (uit) **skaam*** →SKAAM *vb.; 'n **skerp** ~ hê* have a quick eye; ***skerp** oë hê* have sharp eyes; have keen/sharp sight; *iem. se oë **skitter*** s.o.'s eyes are shining; *jou oë op 'n **skrefie** trek* narrow (*or* screw up) one's eyes; ***slegte** oë* bad eyesight; *jou oë vir iets **sluit/toedruk/toemaak*** close/shut one's eyes (*or* turn a blind eye) to s.t., blink at s.t.; connive at s.t.; *jou oë nonchalant vir iets **sluit/toemaak*** blithely ignore s.t.; *iets **spring** in die ~* →***loop/spring;** dit **staan** iem. nog duidelik/helder voor oë* s.o. has a vivid recollection of it, it stands out in s.o.'s memory; *iets **steek** iem. in die oë* s.t. is an eyesore to s.o.; *iem. se oë **straal** van ...* s.o.'s eyes are alight with ... *(joy etc.); jou oë **toeknyp/toemaak*** close/shut one's eyes; *nie 'n ~ **toemaak** nie* not sleep a wink, not get/have a wink of sleep; *iem. se oë **traan*** s.o.'s eyes are running/watering; *oë wat swem in **trane*** eyes swimming with tears; *iets **tref** die ~* s.t. catches the eye *(infml.);* ***uit** die ~ wees* be out of sight; be lost to view; *iem. kan nie **uit** sy/haar oë sien nie* s.o.'s eyes are swollen shut/closed; *iem. se oë **uitsteek**, (lit.)* gouge/poke/put out s.o.'s eyes; *(fig.)* envy s.o., be jealous of s.o.; *jou oë **uitvee*** wipe one's eyes; *voor iem. sy/haar oë kon **uitvee/uitvryf*** before s.o. was aware of anything happening; *jou oë **uitvryf*** rub one's eyes; *iem. se oë **val** amper uit van verbasing, (infml.)* s.o.'s eyes pop with amazement; *iem. nie onder jou oë kan **verdra** nie* not bear/stand (*or* hate) the sight of s.o.; *iem./iets uit die ~ **verloor**, (lit., fig.)* lose sight of s.o./s.t.; *(lit.)* lose track of s.o./s.t.; *iets **vertoon** hom aan die ~, (fml., obs.)* s.t. greets the eye; *iets aan die ~ **vertoon**, (fml., obs.)* expose s.t. to view; *jou oë op ... **vestig*** fasten/fix one's eyes (up)on ...; *iem. **vet** om die oë smeer* →VET *n.; onder **vier** oë* in private; *onder **vier** oë met iem. gesels* have a one-to-one/private chat with s.o., talk to s.o. one-to-one (*or* in private); *('n) ~ **vir** ('n) ~* an eye for an eye; *iets **vir** die ~ wees* →***iets;** iets is net **vir** die ~* s.t. is just for show; *iem. se oë skiet **vlamme*** s.o.'s eyes blaze *(with anger);* ***voor** iem. se oë* before/under s.o.'s eyes; *'n **wakende** ~* a vigilant eye; ***weg** onder my oë (uit)!* (get) out of my sight!, away with you!; *die oë laat **wei*** feed the eyes; *met die/jou oë **wyd** oop* →***groot/oop.*** **~aandoening** *-nings, -ninge* eye trouble. **~appel** eyeball; pupil; apple of the eye *(lit. & fig.),* orb. **~arts** oculist, ophthalmic surgeon, ophthalmologist. **~bad(jie)** = OOGKELKIE. **~bal** eyeball, globe. **~bank** eyebrow ridge; →OËBANK. **~bedrog** optical illusion; trompe l'oeil *(in art).* **~beweegsenu** *-senu's,* **-senuwee** *-wees* oculomotor nerve. **~bewegend** *-gende* oculomotor; →OKULOMOTORIES. **~bindvlies** conjunctiva. **~bol** = OOGBAL. **~bout** *(tech.)* eye bolt. **~chirurg, ~sjirurg** ophthalmic surgeon. **~dokter** = OOGARTS. **~druppels** eyewash, eye lotion, eye drops. **~geheue** eye memory, visual memory. **~getuie** eyewitness; *~ van iets wees* be an eyewitness of/to s.t.. **~glas** eyeglass; monocle; eyepiece *(of telescope),* ocular. **~haar** *-hare* eyelash, cilium; *geen/nie ~hare vir iem. hê nie, (infml.)* have no time for s.o. *(infml.).* **~heelkunde** →OOGHEELKUNDE. **~hoek** corner/tail of the eye, canthus. **~holte** = OOGKAS. **~hoogte** eye level. **~hoogteoond** eye-level oven. **~irrigator** *(med.)* undine. **~kamer** chamber of the eye. **~kas** *-kasse,* **~holte** *-tes* eye socket, eyepit, orbit. **~katrolsenu** *-senu's,* **-senuwee** *-wees* trochlear nerve. **~kelkie** eyebath, eyecup. **~klap** *-klappe* blinker, blinder, eye flap; winker brace *(of a horse); (also* oogklappie*)* eyepatch *(to protect an injured eye); (also, in the pl.)* goggles; *~pe aanhê/dra, (a horse)* be blinkered; *(fig.)* wear blinkers; *vir iem. ~pe aansit* hoodwink s.o.; *met ~pe rondloop (of deur die lewe gaan), (fig.)* be blinkered. **~klappie** *-pies* eye shield/protector. **~kleursel** eye shadow. **~kleurvlies** uvea. **~klier** lachrymal gland; →TRAANKLIER. **~kliniek** ophthalmological/eye clinic. **~knip** *n. & vb.* wink; →OOGWINK. **~knippery:** *oormatige ~* palpebration. **~kontak** eye contact. **~kundige** oculist, optician; optometrist. **~kwaal** eye disease. **~lappie** patch. **~lens** eye lens, lens of the eye. **~lid** →OOGLID. **~lopend** →OOGLOPEND. **~luikend** →OOGLUIKEND. **~lyer** eye patient. **~lyn** line of vision. **~maat** accuracy of eye; *(rare)* rule of thumb; *'n goeie ~ hê* have a sure/straight/correct eye. **~magneet** *(metall., rare)* sideroscope. **~merk** →OOGMERK. **~middel** *-dele, -dels* ophthalmic remedy. **~neusvou** eye fold, epicanthic fold. **~omlyner** eyeliner. **~ontsteking** ophthalmia, inflammation of the eye. **~ooreising** eyestrain. **~operasie** eye operation. **~opslag** →OOGOPSLAG. **~pêrel** cataract, pearl eye. **~pister** *(zool.: Anthia and Polyhirma spp.)* predacious ground beetle. **~potlood** eye pencil. **~punt** →OOGPUNT. **~rand** edge of the eye, orbit. **~rimpel** crow's foot, eye wrinkle. **~ring** thimble. **~rok** *(anat.)* sclera; sclerotic. **~rokontsteking** scleritis. **~salf** eye ointment, ophthalmic ointment. **~senu** *-senu's,* **~senuwee** *-wees* optic nerve, eyestring. **~siekte** eye disease, eye trouble. **~skerm, ~skut** eye guard, eye protector, eyeshade, eye shield. **~skerping** visual training. **~skroef(ie)** *(tech.)* eye screw **~spanning** eyestrain, strain on the eyes. **~spesialis** eye specialist, ophthalmologist. **~spieël** ophthalmoscope. **~spier** →OOGSPIER. **~spoeler** *(med.)* undine. **~spriet** *(zool.)* eyestalk. **~straal** *(opt.)*

visual ray. ~**stuk** eyepiece *(of a microscope etc.)*. ~**taal** eye language. ~**tand** -*tande* eyetooth, canine (tooth), dogtooth, laniary (tooth), cuspid; *~e kry* cut one's eyeteeth *(lit.)*. ~**toets,** ~**ondersoek** eye test/examination, eye sight test. ~**tou** *(naut.)* snotter. ~**treffer** eye-catcher. ~**trilling** nystagmus. ~**uitpeuling** exophthalmos, -thalmus, -thalmia, *(infml.)* pop-eye. ~**vaatvlies** choroid. ~**vel** -*velle* eyelid; *teen jou ~le vaskyk, (infml.)* not use one's eyes; →OOGLID. ~**verblindend,** ~**verblindend** -*dende* blinding *(light)*, dazzling *(light, splendour, speed, etc.)*. ~**vermoeidheid,** ~**vermoeienis** eyestrain. ~**vlek** eyespot, ocellus, stigma. ~**vlies** tunic of eye, tunicle. ~**vog** eyewater, aqueous humour. ~**vormig** →OOGVORMIG. ~**vreksiekte** *(bot.)* bud blight. ~**water** eye lotion, eyewater, eyewash, eye drops, collyrium. ~**wenk** →OOGWINK. ~**wimper** eyelash. ~**wink,** ~**wenk** moment; *in 'n* ~ in/like a flash, in a fraction of a second, in a split second, in a twinkling, in the twinkling of an eye, in less than no time, in (next to) no time, in no time at all. ~**wit** *(rare)* white of the eye. ~**wol** *(rare)* wiggings *(of a sheep)*.

o·ö·ga·mie *(physiol.)* oogamy.

o·ö·ge·ne·se *(physiol.)* oogenesis.

oog·heel·kun·de ophthalmology; →OFTALMOLOGIE. **oog·heel·kun·dig** -*dige, adj.* ophthalmological; →OFTALMOLOGIES. **oog·heel·kun·di·ge** -*ges, n.* ophthalmologist, oculist; →OFTALMOLOOG.

oog·lid -*lede* eyelid; *derde* ~ →DERDE; *teen jou ~lede vaskyk, (infml.)* not use one's eyes; →OOGVEL; *geen ~ verroer nie* not bat an eye(lid). ~**klier** tarsal gland. ~**kramp** nystagmus. ~**plaat** tarsus. ~**(rand)ontsteking** blepharitis.

oog·lo·pend -*pende* conspicuous; obvious. **oog·lo·pend·heid** conspicuousness; obviousness.

oog·lui·kend: *iets ~ toelaat* close/shut one's eyes to s.t..

oog·merk aim, intention, purpose, objective, purview, design, intent, object; *jou ~ **bereik*** achieve one's aim; *die ~ **daarmee** is* ... the aim/object of the exercise is ...; ***met** die ~ om* ... in order (*or* with a view) to ...; ***persoonlike** ~e* private ends; *die **vernaamste*** ~ the prime object.

oog·op·slag glance; coup d'oeil; *met een* ~ at a glance; *met/by die eerste* ~ at sight; at first sight; *iets met 'n ~ sien* see s.t. with half an eye.

oog·punt visual point, point of sight; *(fig.)* point of view, viewpoint; standpoint; centre of perspective; *iets uit 'n **ander** ~ beskou* view s.t. from a different angle (*or* point of view); *uit **dié/daardie*** ~ from that angle; ***uit** die ~ van* ... in terms of ...; ***uit** die ~ van die politiek/ens. beskou, (also)* politically/etc. speaking, viewed (*or* looked at) politically/etc., from the political/etc. angle; ***uit** hul(le)* ~ from their point of view.

oog·spier muscle of the eye, eye muscle. ~**afrigter** orthoptist. ~**afrigting** orthoptics. ~**senu** -*senu's,* ~**senuwee** -*wees* oculomotor nerve. ~**snyding** strabotomy.

oog·vor·mig, oog·vor·mig -*mige* ocellate(d).

ooi *ooie* ewe; hind; *jong* ~ gimmer; *niedragtige* ~ maiden ewe *(which has not yet lambed)*, open ewe *(which has had a lamb)*. ~**bok** *(obs.)* she-goat. ~**lam** she-lamb, ewe lamb; *jou enigste ~, (fig.: most valued possession)* one's only ewe lamb.

ooi·e·vaar -*vaars,* -*vare* stork; *Indiese ~, (obs.)* = MARABOE.

ooi·e·vaars-: ~**been** stork's leg; *(also, in the pl., infml.)* long shanks. ~**bek** stork's bill; *(bot.: Geranium sanguineum)* cranesbill, hardy geranium. ~**nes** stork's nest. ~**tee,** ~**party(tjie)** stork party.

ooit ever; *so belangrik/ens. **as*** ~ as important/etc. as ever; *iem. is 'n ... so erg **as** (wat) daar ~ was* s.o. is a ... if ever there was one; *as iets ~ **gebeur*** if ever s.t. happens; *waarom het hy/sy dit ~ **gedoen?*** why did he/she do it in the first place?; ***indien*** ~ if at all; ***selde indien*** ~ →SELDE; *het jy al ~ **so** iets/wat gehoor/gesien?* →SO *adj., adv. & interj.*.

ook also, as well, too, likewise, even, besides, otherwise; *hoe oud/ens. iem. ~ **al is,** hy/sy is nie* ... old/etc. as s.o. is, he/she is not ...; *van watter aard ~ **al,** (also, liter.)* of what kind/nature soever; *jy is ~ **altyd** laat, (infml.)* you're always late, you know; ***daardie*** *een* ~ that one as well; *iem. het **dan** ~ gesê* ... (regarding this/that) s.o. said ...; *~ **dit** nie* not that either; *en **dit** ~ nog!* that's all I needed! *(infml.)*; ***ek*** ~ so do I; same here! *(infml.)*; *waar iem. ~ al **gaan*** →GAAN; *iem. het my ~ ... **gegee*** s.o. gave me ... as well; *me. Kyle, ~ **genoem** die Kat* Ms Kyle, otherwise (called) the Cat; ***hoe** dan* ~ →HOE *n., adj. & adv.*; *vir **jou** ~!* the same to you!; ***jy** ~!* join the club! *(infml.)*; *(en) **jy** ~!* so are you!; *jy kon ~ **maar** gegaan/ens. het* →MAAR[2] *adv. & conj.*; *hoe/wat is sy/haar **naam** ~ weer?, (infml., somewhat obs.)* →HOE/WAT IS SY/HAAR **NAAM** NOU WEER?; *nie **net** ... nie, maar ~* ... not only ... but (also) ...; *iem. (het) ~ **nie*** neither (*or* no more) did/has s.o.; *iem. weet/ens. ~ **nie*** s.o. doesn't know/etc. either; *iem. weet/ens. **nie** en ek ~ **nie*** s.o. doesn't know/etc. and neither do I; *iem. weet ~ **niks** (nie), (infml.)* s.o. never knows a thing; *hoe iem. ~ al **probeer*** →PROBEER; *om watter **rede** ~ (al)* →REDE[2]; *dit kan hom/haar ~ nie **skeel** nie* →SKEEL[1] *vb.*; *~ **so!*** same to you!; same here!; *dis ~ weer **waar*** →WAAR[1] *adj.*; ***wat*** *~ al (mag) gebeur* →WAT[3] *rel. pron.*; ***wat** hy/sy ~ al doen* →WAT[3] *rel. pron.*; *dit is ~ **weer** 'n mooi grap!, (iron.)* that's a fine joke!; *jy is ~ **weer** 'n mooie!, (infml.)* you are a fine one!; ***wie*** *~ al* →WIE *indef. pron.*.

o·ö·liet, kuit·steen *(geol.)* oolite, roe stone. ~**korrel** oolith.

o·ö·lo·gie, ei·er·kun·de *(orn.)* oology. **o·ö·lo·gies** -*giese* oologic(al). **o·ö·loog** -*loë,* **ei·er·kun·di·ge** -*ges* oologist.

oom *ooms* uncle; *(infml., children's lang.: male adult)* man, guy; *(children's lang.: form of address)* mister, sir; →OOMPIE, OOM SAREL(GEEL)PERSKE; *aangetroude* ~ uncle-in-law; *~ Kool, (infml., rare, joc.: indirect reference to a person/animal)* our friend, customer, fellow, chap; bugger, bastard, scoundrel. **ooms·kind** (first/full/own) cousin.

oom·blik -*blikke* moment, twinkling of an eye; minute; *'n **benoude*** ~ an anxious moment; ***binne** 'n* ~ in a moment; *op **daardie*** ~ in that instant; at that moment; ***elke*** ~ at any moment; *binne **enkele** ~ke* in/within seconds; *in minder **ernstige** ~ke* in lighter moments; ***geen*** (of *nie [vir] 'n/een **enkele**) ~ nie* not/never for a/one moment; *op 'n **gegewe*** ~ →GEGEWE *adj.*; ***het** jy 'n ~ vir my?, **kan** ek 'n ~ met jou praat?* can you spare me a moment?; *op **hierdie*** ~ even now; ***in** 'n* ~ in an instant, in a moment; in a trice, in a jiffy *(infml.)*; *op die **laaste*** ~ at the last minute/moment; in the nick of time; *iem. se **laaste** ~ke* s.o.'s last moments; *die **man/vrou** van die* ~ the man/woman of the hour; *(net) **'n** ~!* just a minute/moment!, one (*or* half a) moment!; *(infml.)* half a second/mo!, just a sec!; hold it!; *(vir) **'n*** ~ for a moment; *in/op 'n **onbewaakte*** ~ in a rash (*or* an unguarded) moment; *in 'n **ondeelbare*** ~ →ONDEELBAAR; *in 'n **onsalige*** ~ in an evil hour; *in ~ke van **ontspanning*** in lighter moments; ***op** die* ~ at the (present) moment, just/right now, at present, at this stage; at once; ***op** die (ingewing van die)* ~ on the spur of the moment; ***op/vir** die* ~ for the moment, for now, for the present, for the time being; *net op die **regte*** ~ on cue; *in 'n **swak*** ~ in a weak moment; *op die ~ **toe** iets gebeur* the moment/minute (that) s.t. happened; *sonder om 'n ~ te **verloor*** without losing a moment. ~**sukses** *(rare)* flash in the pan.

oom·blik·kie *(dim.), (infml.)* instant, (split) second, flash, jiffy *(infml.)*, tick *(Br. infml.)*; *'n ~!* half a tick! *(infml.)*; *(net) 'n ~!, wag (net) 'n ~!* wait a second!; *wanneer iem. 'n ~ vry het* at odd moments.

oom·blik·lik -*like, adj.* instantaneous; immediate *(danger)*; momentary; *(rare)* short-lived, fleeting, transitory; *'n ~e indruk, (rare)* a fleeting/momentary impression. **oom·blik·lik** *adv.* instantaneously, immediately, at once, instantly, momently.

oom·bliks-: ~**kope** impulse buying; →BEGEERKOPE. ~**teiken** vanishing target.

oom·pie -*pies* (little) uncle, nunky; mister, fellow. **O~ Doompie, O~ Kedoompie** →HOMPIE KEDOMPIE.

Oom Sa·rel·(geel·)pers·ke, oom sa·rel·(geel·)pers·ke *(agric.)* Oom Sarel (yellow/cling) peach.

oond *oonde* oven; furnace *(for smelting)*; kiln; *(infml., rugby)* scrum; *iets in 'n ~ **droog*** kiln-dry s.t.; *'n **koel/stadige*** ~ a cool/slow oven; *'n **matige*** ~ a medium/moderate oven; *iets in die ~ **sit/steek*** put s.t. in the oven; *'n **stadige** ~* →***koel/stadige***; *'n **warm*** ~ a hot oven; ***warm** uit die* ~ freshly baked. ~**bos, bakbos(sie)** *(Conyza ivaefolia)* oven bush. ~**braad,** ~**braaistuk** oven roast. ~**braai** *oondge-* oven roast. ~**braaipan** roasting tin/pan. ~**deksel** oven cover. ~**deur** oven door. ~**droging** kiln-drying, seasoning, firing. ~**droog** *oondge-, geoond-* oven-dry, kiln-dry *(timber etc.)*; flue-cure *(tobacco)*; *~gedroogde/ge~de tamaties/ens.* oven-dried tomatoes/etc.. ~**eiers** shirred eggs. ~**emalje** stove enamel. ~**emaljeafwerking** stove-enamelled finish. ~**gas** furnace gas. ~**gereg** casserole. ~**handskoen** oven glove. ~**hark** rabble. ~**huis** bakehouse. ~**kastrol** casserole. ~**koek** oven cake. ~**skop** oven shovel, (baker's) peel. ~**skottel** casserole; *(also, in the pl.)* ovenware. ~**stok** oven rake; peel. ~**stoker** furnaceman. ~**stoof,** ~**stowe** *oondge-* casserole. ~**stoofgereg** casserole. ~**stoofvis** casserole of fish. ~**vas** ovenproof; *~te opdienbakke* oven-to-table ware. ~**wand** oven wall.

oond·jie -*jies* small oven/kiln; calefactor.

oop *oop, ope oper oopste* open *(doors, drawer, grave, wound, etc.)*; uncovered; unconcealed; clear; exposed; empty *(seat)*; vacant *(post)*; unbuttoned, unfastened *(coat etc.)*; open, sincere, frank, *(infml.)* upfront; *iem. met ~ **arms** ontvang* →ARM[1] *n.*; *ope/~ **arres**, (non-confinement sentence, often mil.)* open arrest; *~/ope **bespreking*** open-ended discussion; *~ en **bloot*** in the open; for all to see; *~ **bly*** stay open; *iem./iets is 'n ~/ope **boek*** s.o./s.t. is an open book, s.o./s.t. has/hides no secrets, s.o./s.t. can be easily understood; *~ **borduurwerk*** openwork embroidery; *~ **breuk*** →BREUK; *'n ope **brief*** →BRIEF; *~ **bus/ens.*** open-top(ped) bus/etc.; *iets is elke **dag** ~* s.t. is open every day; *~/ope **dag*** open day *(at a school/etc.)*; *~/ope **debat*** open-ended debate; *~ **dek**, (naut.)* weather deck; *~ **fonds/kontrak/ens.*** open-ended fund/contract/etc.; *dit is 'n ope **geheim*** →GEHEIM *n.*; *~ **gesig*** open face; *iem. met 'n ~ **gesig*** a clean-looking person; *'n ~ **gesprek*** →GESPREK; *~ **gevangenis*** open prison; *jou **gulp** is* ~ your fly is open; *~ **hals*** open neck; *'n ~/ope **hand** hê* →HAND; *~ **huwelik*** open marriage; *(met) ~ **kaarte** speel* →KAART *n.*; *~ **kant**, (football etc.)* open/field side; *~/ope **karakter*** open disposition; *~ **kol*** clearing *(in a forest)*; *die **kraan** is ~* the tap is turned on (*or* running); *~ **krediet**, (bookk.)* open credit; *~ **lettergreep**, (phon.)* open syllable; *in die ope **lug*** →LUG *n.*; *in/op die ope **mark*** →MARK[2] *n.*; *~ **medeklinker**, (phon.)* unstopped consonant, continuant; *~ **motor*** convertible; *~ **myn*** opencast/opencut mine; ***na*** *... ~ wees* be exposed to ... *(the east/west/etc.)*; *iets met ~ **oë** doen* →OOG; *~ **plek*** vacancy; *boeke/ens. op die ~ **rakke*** books/etc. on the open shelves; *~ **rekening*** open/charge/current account; *ope **rekord*** all-comers/open record; *~ **roos*** blown rose; *~ **ruimte*** blank; *~ **samelewing*** open society; *die ~ **see*** →SEE; *~ **seisoen** (hunting, fishing)* open season; *~ **skoen*** slipper; open shoe; *~ **skuur*** Dutch barn; *ope **tafel**, (fixed menu)* table d'hôte; *ope **tafel** hou* →TAFEL; *~ en **toe*** (of *~-en-toe) aangehardloop kom, (infml.)* run up at full tilt, come running flat out *(infml.)*; *~/ope **trust**, (fin.)* open trust, open-end(ed) trust; *24 **uur** ~ wees* be open (for) 24 hours; *'n ~ **vlam*** →VLAM *n.*; *'n ope **vraag*** an open question, a moot point; *'n ~ **vuur*** an open fire; *~ **water*** open water; ***(wa)wyd*** *~ wees* be wide open; *~ **wond*** cut/open wound. ~**bars** *oopge-* burst open, crack, split; *(bot.)* dehisce. ~**barstend** *(also)* dehiscent. ~**barsting** cracking (open), splitting; *(bot.)* dehiscence. ~**bekooievaar** *(Anastomus lamelligerus)* African openbill. ~**beksleutel** open-ended spanner/wrench, set spanner. ~**borsbaadjie** open-fronted jacket. ~**breek** *oopge-* break open, force/wrench open, prise open *(a box)*; *'n slot ~* force a lock. ~**broodjie** open sandwich. ~**deurbeleid** open-door policy. ~**draai** *oopge-* turn on *(water etc.)*, open *(a tap)*. ~**druk** *oopge-* (push/force) open. ~-**en-toe:** *~ aangehardloop kom* →OOP. ~**entpyp** open-ended pipe. ~**frontwinkel** open-fronted shop. ~**gaan** *oopge-* open (out); *die deur gaan oop* the door opens. ~**gesigblom** open-faced flower. ~**gewerk** -*te* openwork *(stocking)*; ~**gooi** *oopge-* throw open, fling open *(a door)*; spread out; *iets op ... ~* spread s.t. on ... *(a blanket on the* *ground etc.).* ~**groefmyn** opencast mine, *(esp. coal)* open-pit mine. ~**hakskoen** slingback (shoe). ~**hang** *oopge=hang* open; *iem. se mond het oopgehang (van verbasing)* s.o. stared open-mouthed, s.o. simply gaped, s.o.'s jaw dropped. ~**herdoond** →OPEHERDOOND. ~**herdproses** open-hearth process. ~**hou** *oopge=* open *(hand)*; keep unlocked; hold/keep open; reserve *(a place)*; *die deur ~* hold the door (open); *'n betrekking ~* keep a post vacant; *jou oë (goed/wyd) ~* →OOG. ~**kant** *(rugby)* open side. ~**kap** *oopge=* hew open, chop down/open, cut down *(trees)*; *'n pad ~* hew one's way; *vir jou 'n loopbaan ~* hew out a career for o.s.. ~**kloof** *oopge=* cut open, cleave, wedge open; crack open. ~**knip** *oopge=* cut open; open, unhook. ~**knoop** *oopge=* unbutton, unfasten. ~**knooptrui** →KNOOPTRUI. ~**krap** *oopge=* scratch open. ~**kry** *oopge=* get open; *iem. kan die deur nie ~ nie* s.o. cannot open the door. ~**laat** *oopge=* leave open; leave blank; leave vacant *(seat)*; leave running *(tap)*. ~**lê** *oopge=* lie open; lie uncovered/exposed; lay open; expose, reveal; →OOPLEGGING; *hardloop dat jy (so) ~* run for all one is worth, run flat out; *~ hek toe* sprint for the gate; *na ... ~, (infml.)* make tracks for ... *(infml.)*. ~**maak** *oopge=* open, undo, unlock, prise open; uncork, uncap *(a bottle etc.)*; unclench *(one's fist)*; expose; uncover; unwrap; *die weg ~* blaze the trail, pioneer. ~**maker** opener; *(rugby)* distributor of the ball. ~**mond** open-mouthed; flabbergasted, nonplussed, taken aback; *~ staan, (infml.)* be taken aback; *iets laat iem. ~ staan, (infml.)* s.t. takes s.o. aback. ~**nekhemp** open-necked shirt. ~-**oë** *adv.* open-eyed, with open eyes. ~**pers** *oopge=* force open. ~**plankombuis** open-plan kitchen. ~**prik** *oopge=* prick (open). ~**rakbiblioteek** open-shelf/open-access library. ~**rol** *oopge=, (rare, poet.)* **ontrol** *het ~* unroll *(roll of cloth etc.)*, open, unfurl *(flag)*, spread out, unfold; uncoil, roll open. ~**ruk** *oopge=* tear/rip/wrench open. ~**saag** *oopge=* saw open. ~**skeur** *oopge=* tear/rip open; lacerate. ~**skop** *oopge=* kick open. ~**skuif,** ~**skuiwe** *oopge=* slide up/open, shove/move up/back. ~**slaan** *oopge=* open *(book)*; force/knock open; broach *(cask)*; *die deure het oopgeslaan* the doors flew open (*or* were flung open); *vir jou 'n pad ~* fight one's way through, make a way for o.s.. ~**sluit** *oopge=* unlock. ~**smyt** *oopge=, (infml.)* fling open. ~**sny** *oopge=* cut open; *lewend ~* vivisect; *'n boek ~* cut the pages of a book. ~**snyer** ripper. ~**spalk** *oopge=* spread out, stretch out; open wide; distend; spread-eagle; *die oë ~* open the eyes wide; *met oopgespalkte oë* with dilated eyes; *deure ~* open doors wide. ~**sper** *oopge=* open wide; flare; *oopgesperde neusgate* distended nostrils. ~**splits** *oopge=* split asunder. ~**splyt** *oopge=* split open. ~**sprei** *oopge=* spread (out), splay. ~**spring** *oopge=* burst/fly/pop open; crack; *(bot.)* dehisce; *~end, (also)* dehiscent; *die deur het oopgespring* the door flew open. ~**spring(ing)** *(bot.)* dehiscence. ~**staan** *oopge=* be open; *~de* ***betrekking*** vacant post; *die* ***deur*** *staan oop* the door is open; *daar staan vir iem. net een* ***pad/weg*** *oop* there is only one way open to s.o.; *~de* ***rekening*** outstanding account; *die* ***rekenings*** *staan nog oop* the accounts are still unpaid; *die* ***toekoms*** *staan vir jou oop* the future is yours. ~**stamp** *oopge=* knock/force open; *vir jou 'n pad ~* elbow one's way through. ~**steek** *oopge=* prick, pierce, lance; pick *(a lock)*; dig through *(an obstruction)*; broach *(a cask)*. ~**stel** *oopge=* open, open up; throw open *(fig.)*, make accessible; →OOPSTELLING; *iets vir ... ~* open (*or* throw open) s.t. to ... ~**stoot** *oopge=* push open. ~**tand** gap-toothed. ~**toonsandaal** open-toed sandal. ~**toonskoen** open-toe(d)/peep-toe(d) shoe, peep-toe. ~**torring** *oopge=* unstitch, rip open. ~**trap** *oopge=* kick open; *'n pad ~* clear the way; prepare/pave the way; *'n voetpad ~* tramp a path. ~**trek** *oopge=* open *(a drawer etc.)*; uncork *(a bottle)*; pull open/back; breech; *dit (of die weer) trek oop* it is clearing up; *iem. ~* pull the bedclothes off s.o.; *(infml., rare)* thrash s.o.. ~**trekdeksel** ring-pull. ~**val** *oopge=* open automatically, fall open; become vacant *(a position)*; cut *(one's leg/etc. by falling)*. ~**veg** *oopge=: 'n pad ~* fight one's way out/through; *'n oorgang ~* force a crossing. ~**vlek** *vb. oopge=* cut/slash open; splay out; gut *(fish)*; *'n sameswering ~* expose a conspiracy. *oopgevlekte beeld, (tech.)* exploded view. ~**vlieg** *oopge=* fly open. ~**vou** *oopge=* open, unfold, fold out; unwrap. ~**voublad** pull-out *(in a book)*. ~**waai** *oopge=* be blown open. ~**werk** openwork.

oop·heid openness.

oop·leg·ging exposure *(of facts)*; exposition; discovery *(of documents)*. **oop·leg·gings·be·vel** *(jur.)* discovery order.

oop·stel·ling opening (up); inauguration.

oop·te *=tes* open space; clearing *(in a forest)*; openness.

oor[1] *ore, n.* ear *(of a person/pitcher/etc.)*; hearing; handle; *iem. ore* ***aansit,*** *(infml.)* make an ass of s.o.; ***bloos*** *tot agter jou ore* blush to the roots of one's hair; ***deur*** *die ~* aurally; *'n* ***dik*** *~* a cauliflower ear; *iem. se een ~ is* ***doof*** s.o. is deaf in one ear; *nog nie* ***droog*** *agter die ore nie, nog* ***nat*** *agter die ore* still wet behind the ears, inexperienced, green, still a greenhorn; *by die* ***een*** *~ in en by die ander ~ uit* in (at) one ear, out (at) the other; ***een*** *en al ore wees, (die)* ***ene*** *ore wees* be all ears; *iets in iem. se ~* ***fluister*** whisper s.t. in s.o.'s ear; *'n* ***fyn/skerp*** *~ hê* have a quick ear; ***geen*** *ore vir iets hê nie* not want to hear of s.t. (*or* have anything to do with s.t.); *iets het iem. ter ore* ***gekom*** s.t. has come to s.o.'s ears/knowledge; *iem. kon sy/haar ore nie* ***glo*** *nie* s.o. couldn't believe his/her ears; *met 'n* ***halwe*** *~ luister* listen with half an ear; *iem. se ore* ***hang*** s.o. is down in the mouth; *jou ore laat* ***hang*** hang one's head; be down in the mouth, be dejected; *'n ~ vir ...* ***hê*** have an ear for ... *(music etc.)*; *met die* ***hoed*** *op die een ~* with the hat cocked; *wie ore het om te* ***hoor,*** *laat hom hoor, (OAB), wie ore het, moet* ***luister,*** *(NAB), (Mt 11:15 etc.)* he that hath ears to hear (*or* he who has ears), let him hear *(AV/NIV)*; *iets* ***klink*** *verkeerd vir iem. se ore* s.t. sounds wrong to s.o.; *iets in jou ~* ***knoop,*** *(infml.)* make a mental note of s.t.; *geen/nie ore aan jou* ***kop*** *hê nie, (infml.)* not do what one is told, refuse to obey, be disobedient; *het jy geen/nie ore (aan jou* ***kop****) nie?, (infml.)* why don't you do as you are told?; *iem. se ore van sy/haar* ***kop*** *af* (of *iem.* ***rot en kaal****) eet* →EET; *iem. se ore van sy/haar* (of *die ore van iem. se)* ***kop*** *(af) praat* →PRAAT *vb.*; *iem. se* ***kop*** *tussen sy/haar ore sit* →KOP *n.*; *iem. se ore van sy/haar* ***kop*** *af vra, (infml.)* make s.o. pay through the nose; *jou ore van jou* ***kop*** *af praat, (infml.)* talk a blue streak; *'n* ***koppie*** *sonder ~* a handleless cup; *dit* ***kras*** *in ('n) mens se ore* it grates upon the ear; *jou ore aan ...* ***leen*** lend one's ears to ...; ***lopende*** *~* →LOPEND; *klein* ***muisies*** *het groot ore* →MUISIE; *(die)* ***mure*** *het ore* →MUUR; *nog* ***nat*** *agter die ore* →***droog;*** *iem. is nie meer* ***nat*** *agter die ore nie* s.o. is no (spring) chicken *(infml.)*; *ore in die* ***nek*** *agter ... aan wees, (infml.)* be in full cry after ...; *'n* ***oop*** *~ hê vir ...* give a ready ear to (*or* show interest in) ...; *maak jou ore* ***oop!*** read my lips!; *jou ore* ***oophou*** keep one's ear(s) (close) to the ground; *tot* ***oor*** *die/jou ore (toe) in die skuld wees* →SKULD *n.*; *tot* ***oor*** *die/jou ore in die werk sit/wees* →WERK *n.*; *tot* ***oor*** *jou ore verlief wees, (infml.)* be over head and ears (*or* head over heels) in love; ***pluisies*** *in jou ore hê* have plugged ears, be deaf, refuse to listen; *dit* ***pynig*** *('n) mens se ore* it grates upon the ear; *die hond* ***skud*** *sy ore* the dog flaps its ears; *iem. se ore* ***slaan toe*** s.o.'s ears (go) pop (*or* block up *or* get blocked); *jou ore* ***sluit*** *vir ...* turn a deaf ear to ...; *jou ore* ***spits*** prick (up) (*or* cock/strain) one's ears; *iem. se ore* ***suis/tuit*** s.o.'s ears are ringing/singing; *jou ore* ***toestop*** stop one's ears; *iem. se ore* ***trek*** pull s.o.'s ears; *iem. se ore* ***tuit*** s.o.'s ears are burning *(infml.)*; *jou ore (vir skinderpraatjies)* ***uitleen,*** *(infml.)* listen to gossip; *iem. die* ***vel*** *oor die ore trek* →VEL *n.*. ~**aandoening** ear trouble. ~**aap** *(rare)* = NAGAPIE. ~**aar** auricular vein. ~**arts** ear specialist, aurist. ~**been(tjie)** ear-bone, ossicle. ~**bel** *=belle* eardrop, earring; ear lobe, earlap. ~**belletjie** *=tjies, (dim.)* →OORBEL. ~**bieg** *(RC)* auricular confession. ~**drom** →OORTROM. ~**druppels** *(med.)* eardrops. ~-**en-oog(-)onderwys** audiovisual education. ~**foon** earphone. ~**gat** earhole. ~**geswel** swelling/growth/tumour in the ear. ~**getuie** earwitness. ~**hanger(tjie)** eardrop, earring, girandole. ~**heelkunde** →OORHEELKUNDE. ~**holte** cavity of the ear. ~**keelbuis** *(anat.)* Eustachian tube. ~**klap** earflap, ear protector. ~**knippie** earclip. ~**konkel** →OORKONKEL[1] *n.*. ~**krabbe(r)tjie** *=tjies* eardrop, earring; →OORBEL. ~**kruiper** *(entom.)* earwig. ~**krulletjie** *=tjies* kiss curl. ~**kunde** →OORKUNDE. ~**kussing** pillow; *ledigheid is die duiwel se ~* →LEDIGHEID. ~**kwaal** vives *(in horses)*. ~**kyker** otoscope; →OORSPIEËL. ~**lap** *(obs.)* ear lobe; kettle holder; *(also, in the pl.)* leathers *(of a dog)*. ~**lappie** *(dim.)* →OORLAP, OORLEL(LETJIE). ~**lel(letjie)** ear lobe, lobe of the ear. ~**merk,** *n.* earmark. ~**merk** *ge=, vb.* earmark. ~-**neus-en-keel(-)heelkunde** otorhinolaryngology. ~-**neus-en-keel(-)spesialis** ear nose and throat specialist, otorhinolaryngologist. ~**ontsteking** inflammation of the ear, otitis. ~**operasie** operation on the ear. ~**plaatjie** ear tag. ~**pluisie, prop(pie)** earplug. ~**pyn** earache. ~**ring** earring. ~**ringetjie** *(dim.)* small earring; sleeper. ~**rob** *(zool.)* eared seal. ~**siekte** ear disease, aural disease, otopathy. ~**skulp** *(anat.)* auricle, pinna. ~**skulprand** helix. ~**skut** ear-guard, earmuff; *(also, in the pl.)* ear defenders. ~**smeer** *n.* earwax, cerumen. ~**spasie** *(print.)* ear space. ~**speekselklier** parotid (gland). ~**speekselklierontsteking** parotitis. ~**spesialis** aurist, otologist. ~**spieël** otoscope; →OORKYKER. ~**spuitjie** ear syringe. ~**steentjie** otolith. ~**stokkie** earbud. ~**stuk** earpiece *(of a telephone/etc.)*; temple *(of spectacles)*; ~**sug** otorrhoea. ~**suising** *=sings, =singe* ringing in the ears, tinnitus. ~**swering** ear canker. ~**trom** *=tromme,* ~**trommel** *=mels,* ~**drom** *=dromme, (anat.)* eardrum, tympanum, tympanic membrane. ~**tuiting** tingling of the ears, tinnitus. ~**uil** *(Bubo* spp.*)* eagle owl; *gevlekte ~, (B. africanus)* spotted eagle owl; *Kaapse ~, (B. capensis)* Cape eagle owl; *reuse ~, (B. lacteus)* Verreaux's eagle owl. ~**veeg** →OORVEEG. ~**verdowend,** ~**verdowend** *=wende* deafening, earsplitting. ~**verharding** otosclerosis. ~**verswering** ear canker. ~**vlies** tympanum, tympanic membrane. ~**vloed** →OORVLOED[1]. ~**vormig** →OORVORMIG. ~**was** earwax, cerumen.

oor[2] *adj. & adv.* over; to spare; *~ en* ***af,*** *(rad.)* over and out; *iem. se kwaai* ***bui*** *is ~* s.o. is in a better mood/temper now, s.o.'s anger has spent itself; *daar is* ***een*** *~* there is one to spare; *~* ***en*** *~* over and over (again); *iets ~* ***en*** *~ lees* read s.t. through and through; *die* ***geveg*** *is ~* the battle/fighting is over; ***gou*** *~ wees, (pain etc.)* be gone quickly; *iets* ***is*** *iem. ~* s.t. is above/beyond (*or* passes) s.o.'s comprehension; *(problems etc.)* s.t. gets on top of s.o.; *iem.* ***is*** *iem. anders ~* s.o. gets/has the better of s.o. else, s.o. is more than a match (*or* too much *or* one too many) for s.o. else; *daar is (nog) ...* ***minute*** *~* there are ... minutes to go; *dis* ***my*** *~* it is beyond me, it beats me *(infml.)*; *daar is* ***niks*** *~ nie* there is nothing left; *daar is 'n* ***uur*** *~* there is an hour to spare; *~ en* ***weer*** to and fro; mutually; *die* ***wêreld*** *~* →WÊRELD. **oor** *prep.* over *(head, shoulder, eyes, place, etc.)*; across *(a road, channel, etc.)*; more than, over *(R100)*; beyond, above; via, by way of *(a place)*; *dit is ~* ***ag(t)/ens.*** it's gone/past eight/etc.; *in/~ die* ***algemeen*** →ALGEMEEN; *iem. ~ iem. anders heen* ***bevorder*** promote s.o. over another's head; *~ 'n* ***dag*** *of wat* →DAG[1]; *~ iets* ***gaan,*** *(infml.)* check (through) s.t., examine s.t., look s.t. over; revise s.t. *(notes etc.)*; discuss s.t., explain s.t. *(in a lecture/etc.)*; *~ ...* ***gaan/kom*** go/come by way of (*or* via) ...; *~ die* ***geheel*** *(geneem)* →GEHEEL *n.*; *~ 'n glas bier/ens. sit en* ***gesels*** sit and chat over a beer/etc.; *die reën(s) het ~ drie weke* ***geval*** the rain(s) were spread over three weeks; *dit nie ~ jou* ***hart*** *kry om te ... nie* →HART; *~ die* ***honderd/duisend/ens.*** more than (*or* over) a hundred/thousand/etc.; *~/vir iets* ***lag*** →LAG *vb.*; *~* ***land*** →LAND[1] *n.*; *~ die hele* ***land*** →LAND[1] *n.*; *~ die hele* ***land*** *gaan* go right round the country; *~* ***land*** *en see* over land and sea; *'n storm het ~ iem.* ***losgebars*** →LOSBARS; *~* ***mekaar*** *val* →VAL *vb.*; *~ vyf/ens.* ***minute/uur/dae/weke/maande/jaar*** in five/etc. minutes/hours/days/weeks/months/years, in five/etc. minutes'/hours'/days'/weeks'/months'/years' time; *iem. is ~ die* ***muur*** →MUUR; *~ iets* ***nadink*** →NADINK; *'n* ***oog*** *~ iem./iets hou* →OOG; *die* ***opwinding*** *~ iets* →OPWINDING; *~ iets* ***praat*** →PRAAT *vb.*; *~ iets* ***skryf*** →SKRYF; *~ die* ***tafel*** across the table; *aan/~* ***tafel*** *bid* →BID; *~ die hele* ***tyd*** over the whole period; *iets is ~ die* ***tyd*** →TYD; *jou ~ iets* ***verheug*** →VERHEUG *vb.*; ***vyf/ens.*** *(minute) ~ tien/ens.* five/etc. (minutes) past ten/etc.; *iets ~ die* ***vyftig/ens.*** fifty/etc. odd; *vandag ~ 'n* ***week*** →VANDAG; *met iem. ~ die* ***weg*** *kom* →WEG[1] *n.*.

oor[3] *conj., (infml.)* because; *~ ... arm is, verag hulle hom/haar* they despise ... because he/she is poor; *dit kom ~ jy nie wil luister nie* it's because you refuse to listen.

oor·aan·bod oversupply.

oor·af·hank·lik *=like* overdependent. **oor·af·hank·lik·heid** overdependence.

oor·af·koel *oorafge=* supercool, superfuse. **oor·af·koe·ling** supercooling, superfusion.

oor·ak·tief *=tiewe* hyperactive; *ooraktiewe verbeelding* overvivid imagination.

oor·am·bi·sie overambition. **oor·am·bi·si·eus** *=euse* overambitious.

oor·bak *oorge=* bake again.

oor·be·dry·wig·heid hyperactivity.

oor·be·kend *=kende* overfamiliar, too well known; notorious.

oor·be·klem·toon *het ~* overemphasise, overstress, overaccentuate, overstate. **oor·be·klem·to·ning** overemphasis, overstatement.

oor·be·las *het ~* overtax; overload; overburden; overcharge. **oor·be·las·ting** overtaxing, overtaxation; overloading; overburden(ing); overcharge.

oor·be·leef(d) *=leefde =leefder =leefste* overpolite, ultrapolite, officious. **oor·be·leefd·heid** overpoliteness; officiousness.

oor·be·lig *=ligte, adj.* overexposed. **oor·be·lig** *het ~, vb.* overexpose. **oor·be·lig·ting** overexposure.

oor·be·set *het ~* (over)crowd; overman, overstaff; *die mark ~ met winkels* overtrade the market. **oor·be·set·ting** (over)crowding; overmanning, overstaffing; *~ met winkels* overtrading.

oor·be·skaaf(d) *=skaafde =skaafder =skaaf(d)ste* overcivilised, over-refined. **oor·be·ska·wing** overcivilisation, over-refinement.

oor·be·skei·den·heid excessive modesty, diffidence, self-effacement.

oor·be·skei·e overmodest, diffident.

oor·be·skerm *het ~* overprotect. **oor·be·sker·mend** *=mende* overprotective.

oor·be·sorg *=sorgde* oversolicitous.

oor·be·spreek *het ~* overbook.

oor·be·stee *het ~* overspend. **oor·be·ste·ding** overspending; excess expenditure.

oor·be·taal *het ~* overpay. **oor·be·ta·ling** *=lings, =linge* overpayment; excess payment.

oor·be·vis *het ~* overfish. **oor·be·vis·sing** overfishing.

oor·be·volk *=volkte, adj.* overpopulated; overcrowded. **oor·be·volk** *het ~, vb.* overpopulate. **oor·be·vol·king** overpopulation, overcrowding.

oor·be·wei *=weide, adj.* overgrazed, overstocked. **oor·be·wei** *het ~, vb.* overgraze, overstock. **oor·be·wei·ding** overgrazing, overstocking.

oor·be·wo·ning overcrowding.

oor·bie, oor·bie·ë *het ~* outbid, overbid; overcall *(at cards).*

oor·bie·tjie *=tjies,* **o·ri·bie** *=bies, (Ourebia ourebi)* oribi.

oor·bind *oorge=* tie/bind over; tie/bind again; rebind *(books etc.).*

oor·blaas[1] *oorge=* plate; *met goud ~* gold-plate, gild; →OORGEBLAAS.

oor·blaas[2] *het ~, vb., (mus.)* overblow *(to obtain an overtone).*

oor·bloes *=bloese,* **oor·bloe·se** *=ses* jumper; overblouse.

oor·bluf *=blufte, adj.* dumbfounded, flabbergasted, nonplussed, thunderstruck. **oor·bluf** *het ~, vb.* bluff, frighten *(into, out of),* bully; overawe, cow, browbeat; fluster, ruffle, disconcert; dumbfound, nonplus; *totaal ~ wees* be absolutely dumbfounded/nonplussed/flabbergasted. **oor·bluft·heid** astonishment, awe, bewilderment, confusion, consternation, stupefaction.

oor·bly *oorge=* remain, be left (over); stay, stop over; →OORGEBLEWE; *daar bly vir iem. niks **anders** oor nie* s.o. has no alternative; *daar bly vir iem. niks **anders** oor nie as om ...* the only thing s.o. can do is to ..., s.o. has no choice but to ...; ***by** ... ~* stay (*or* put up) at ... *(a hotel etc.);* ***by** iem. ~* stay/stop with s.o.; *drie dae in Boedapest/ens. ~* stay/remain three days in Budapest/ens.; ***êrens** ~, (also)* stop over somewhere; *iets **laat** ~* leave s.t.; let s.t. stand over; *iets vir iem. **laat** ~* leave s.t. for s.o.; *die **nag** ~* →NAG; *daar het **niks** oorgebly nie* there is nothing left; ***wat** bly nou oor van ...?* what price ... now?. **oor·blyf·sel** *=sels* remainder, remnant; remains; trace; residue; rudiment; relic; shadow; hangover; vestige, holdover; *(also, in the pl.)* debris; pickings; exuviae; *die laaste ~s van ...* the last vestiges of ...; *'n ~ uit die Middeleeue/ens.* a relic of the Middle Ages etc.; *iets is 'n ~ van ...* s.t. is a hangover from ... *(an earlier period etc.).* **oor·bly·wend** *=wende, adj.* remaining; residual; vestigial; *~e lug* residual air; *~e plant* perennial (plant); *~e waarde* unexpired value. **oor·bly·wen·de** *=des, n.: die ~es* the remainder, those left over/behind; the survivors. **oor·bly·wing** *(bot.)* perennation.

oor·bo·dig *=dige* superfluous, redundant; needless, unneeded, unnecessary, supererogatory, surplus. **oor·bo·dig·heid** superfluousness, superfluity, redundancy, surplusage.

oor·boek *oorge=* transfer. **~bewys** transfer voucher. **oor·boe·king** transfer.

oor·boord overboard; overside; ***alles** is ~* everything is in confusion; *iets word ~ **gegooi*** s.t. goes by the board; *~ **gespoel** word* be washed overboard; *iets ~ **gooi**, (lit., fig.)* throw s.t. overboard, jettison s.t.; *(chiefly fig.)* abandon/discard s.t., *(infml.)* ditch s.t.; cast/fling/throw s.t. to the (four) winds *(caution etc.);* *~ **val*** fall/go overboard.

oor·bor·rel *oorge=* bubble over, gush. **oor·bor·re·lend** *=lende* bubbling over, gushing; ebullient.

oor·brei *oorge=* knit again, reknit.

oor·bren·ger *=gers, (obs., rare)* = OORBRINGER.

oor·bren·ging transport(ation); transfer; transmission; translation; transposition.

oor·brief *oorge=, (obs., rare)* write to say, inform by letter; *(infml.)* blab, tattle, blurt out *(news, secrets).*

oor·bring *oorge=* take over/across; bring, convey, transport *(goods);* apply to; transfer *(to another post);* bring/carry forward *(entries to new page/account);* transmit *(electricity, light, sound, etc.);* translate *(into a language),* render *(in a language); (math.)* transpose *(term to other side of equation);* carry, take, deliver *(a message, news, etc.);* repeat, tell *(news, a story);* communicate; *'n gevangene/ens. van X na Y ~* take a prisoner/etc. from X to Y; *die geweer ~, (mil.)* slope arms; *iem./iets na ... ~* take s.o./s.t. across/over to ... **~golf** *(rad.)* carrier wave. **~vlug** ferry flight. **~werk** gearing, transmission (gear).

oor·brin·ger *=gers* carrier, bearer, messenger, conveyer; *(telegr., teleph.)* translator; *(infml.)* tittle-tattler; *~ van kieme* carrier of germs.

oor·broek *(rare)* overall(s), dungarees.

oor·brug *=brûe, n.* overbridge, flyover (bridge), overpass (bridge), overhead bridge. **oor·brug** *het ~, vb.* bridge, overbridge, span. **~draad** jumper (wire). **~kabel** jumper (cable).

oor·brug·ging bridging, spanning.

oor·brug·gings : **~geld** fall-back pay. **~maatreël** stop-gap measure.

oor·buig *oorge=* bend/lean over.

oor·byt *n., (dentistry)* overbite.

oord *oorde* place; tract, region; resort; *uit **alle** ~e van ...* from all quarters of ...; *na **beter** ~e gaan, (euph.: die)* go to a better land; *~ van **bewaring*** = BEWARINGSOORD; *uit **daardie** ~* from that quarter.

oor·daad excess, superabundance; profusion; *iem. leef/lewe in ~* s.o. lives in (the lap of) luxury; s.o. lives extravagantly, s.o. leads a prodigal life; *'n oordaad van ...* a profusion of ...; a superfluity of ...; *wag u vir ~, (arch.)* do not overindulge. **oor·da·dig** *=dige, adj.* excessive, superabundant; intemperate; profuse; overgenerous, extravagant; lush. **oor·da·dig** *adv.* excessively; *geld ~ bestee/uitgee* spend money extravagantly (*or* to excess), squander (*or* be prodigal with) money; *~ lewe* live extravagantly (*or* in luxury). **oor·da·dig·heid** extravagance, lavishness, flamboyance, prodigality.

oor·dag by (*or* during the) day, in the daytime; *helder ~* →HELDER *adv.*.

oor·dak shelter.

oor·dans[1] *oorge=* dance again.

oor·dans[2] *het ~: jou ~* dance too much, dance one's strength away.

oor·dat because; →OOR[3] *conj.*.

oor·deel *=dele, n.* judg(e)ment, sentence *(passed by judge);* verdict *(of jury/public/etc.);* opinion, judg(e)ment, view(s), discernment, adjudg(e)ment, estimate; intelligence; *eiebelang het iem. se ~ **benewel*** s.o.'s judg(e)ment was warped by self-interest; *(goeie) ~ aan die **dag** lê* show discernment; *met **dieselfde** ~ waarmee julle oor ander oordeel, sal oor julle geoordeel word, (NAB), (Mt. 7:2)* with what judgment ye judge, ye shall be judged *(AV),* in the same way you judge others, you will be judged *(NIV);* *jou **eie** ~ vorm* think for o.s.; *'n **gebrek** aan ~* a lack of judg(e)ment; *'n ~ **gee/uitspreek*** express/give an opinion; *jou ~ **gee**, (also)* state one's views; ***gesonde** ~* sound judg(e)ment; *~ van **God**, (theol.)* divine judg(e)ment; ***goeie** ~* discretion, discernment, judiciousness; *'n **goeie** ~ **hê**, (also)* be a man/woman of sense; *die **Laaste** ~, (theol.)* the Last Judg(e)ment; ***na/volgens** iem. se ~* in s.o.'s assessment/estimation/judg(e)ment/opinion/view; as s.o. sees it, to s.o.'s way of thinking; ***na/volgens** my ~, (also)* to my mind; *'n **onbevange** ~* an impartial judg(e)ment/opinion; *'n ~ **oor** ...* an opinion on ...; *iets aan die ~ van ... **oorlaat*** leave s.t. to the discretion of ...; *'n ~ **opskort*** reserve/suspend judg(e)ment; ***van** ~ wees dat ...* be of (*or* hold) the opinion that ...; *'n ~ **oor** ... **vel*** pass judg(e)ment (up)on ...; sit in judg(e)ment on ...; *so **ver/vêr** ek kan ~* as far as I can see; *'n ~ oor/omtrent ... **vorm*** make an assessment of ...; sum (*or* size *[infml.]*) up ... *(s.o., s.t.); iem. se ~ **vra*** ask s.o.'s opinion. **oor·deel** *ge=, vb.* judge; be of opinion, consider, deem; adjudicate, decide; *iem. ~ **dat** ...* s.o. is of the opinion that ...; ***moenie** ~ nie, sodat oor julle nie ge~ word nie, (NAB), (Mt 7:1)* judge not, that ye be not judged *(AV),* do not judge, or you too will be judged *(NIV);* *te ~ **na** ...* judging by/from ...; ***na/volgens** die uiterlik(e) ~* judge by appearances; *iets nie **raadsaam** ~ nie* deem/consider s.t. inadvisable.

oor·deel·kun·dig *=dige, adj.* discerning, perspicacious, discreet, judicious; discriminating; sensible; *(attr.)* well-judged *(a race etc.); 'n ~e benadering, (also)* a softly-softly approach. **oor·deel·kun·di·ge** *=ges, n.* competent judge, judicious person. **oor·deel·kun·dig·heid** discernment, discretion, judiciousness, discrimination, perspicacity.

oor·deels : **~dag:** *die ~* Judg(e)ment Day, day of judg(e)ment, doomsday. **~dagprediker** Bible basher/pounder/thumper. **~fout** error of judg(e)ment, judg(e)mental error; *'n ~ begaan* commit an error of judg(e)ment. **~vermoë**, *(rare)* **~krag** discretion, (power of) judg(e)ment.

oor·deel·vel·ling *=lings, =linge* judg(e)ment.

oor·dek[1] *=dekte, adj.* covered *(stand).* **oor·dek** *het ~, vb.* cover (up); overlap, overlie; *(geol., also:* dek*)* cap; overspread; suffuse; *iem. met skaamte ~, (poet., liter.)* cover s.o. with shame; *'n speelplek ~* roof over a playground. **oor·dek·kend** *=kende, (tech.)* supernatant; superjacent.

oor·dek[2] *oorge=, vb.* re-cover; thatch again, rethatch; thatch over *(bottom layer);* re-lay *(the table).*

oor·den·king *=kings, =kinge* meditation, contemplation.

oor·dink *het ~* consider, ponder over, reflect on, think *(the matter)* over; meditate, muse on, cogitate; *iets goed ~* turn s.t. over in one's mind.

oor·dis·til·leer *oorge=* rectify *(spirits).* **oor·dis·til·la·sie, oor·dis·til·le·ring** rectification.

oor·doen *oorge=* redo, do over (again).

oor·don·der *het ~* bluff, put out of countenance, disconcert, overawe, browbeat; →OORBLUF *vb.; totaal ~(d)* absolutely dumbfounded/confounded.

oor·doop *oorge=* rebaptise, rechristen.

oor·do·seer *ge=, (med.)* overdose; overprescribe. **oor·do·se·ring** *(med.)* overprescription. **oor·do·sis** overdose; *'n ~ heroïen/pille/ens. (in)neem* overdose on heroin/pills/etc..

oor·dra *oorge=* carry over/across; hand over; assign, make over *(personal property to);* transfer *(rights/property to s.o.);* cede, sign away; commit *(authority to),* delegate, depute; let out, reveal; consign; communicate, convey; *(mech.)* relay; *(bookk.)* carry forward; *(comp.)* transfer, port, upload *(data etc.);* →OORDRAG; *iets **aan** iem. ~* trans=

fer s.t. to s.o.; turn s.t. over to s.o.; convey s.t. to s.o.; *iets **op** 'n rekening ~* transfer s.t. to an account; *'n **rekening** ~* transfer an account; ***siekte** ~* transmit disease; *boodskappe wat **tussen** selle oorgedra word* messages that pass between cells; *die **virus** kan deur geslagsomgang tussen huweliks-/slaapmaats oorgedra word* the virus can be passed between partners during sexual intercourse. ~**hou** *(golf)* bisque.

oor·draad *adv.: 'n skroef/bout ~ draai* overwind a screw/bolt; *jouself ~ werk* work o.s. to a standstill.

oor·draag·baar *-bare* transferable; communicable, contagious *(disease)*, transmissible, transmittable; negotiable; *seksueel oordraagbare siekte* →SEKSUEEL *adv.; oordraagbare stem* transferable vote.

oor·dra·er transferor; *(elec.)* transducer; *(med.)* vector.

oor·drag *-dragte* carry-over; transfer, conveyance *(of property, a right, etc.)*; cession; *(legal transference)* assignment; consignation; endorsement; consignment; *akte van ~, (jur.)* deed of conveyance; *~ van bevoegdhede* delegation of powers; *by ~, (also)* metaphorically. ~**geld,** ~**koste** *(rugby, soccer)* transfer fee. ~**kantoor** transfer office. ~**lys** *(rugby, soccer)* transfer list. ~**sekretaris** transfer secretary. ~**tempo** *(comp.)* transfer rate. ~**tyd** *(comp.)* transfer time.

oor·dra·ging transference; transmission; vection *(of disease)*.

oor·drag(s)-: ~**akte** *(jur.)* deed of transfer, transfer deed. ~**brief** deed of assignment. ~**erkenning** attornment. ~**koste** cost of transfer.

oor·drag·te·lik *-like, adj.* metaphorical; tropological; figurative; *in 'n ~e betekenis* in a metaphorical sense, metaphorically. **oor·drag·te·lik** *adv.* metaphorically.

oor·dra·ma·ties *-tiese* overdramatic. **oor·dra·ma·ti·seer** *ge-* overdramatise.

oor·dre·we *adj.* exaggerated; excessive, extravagant *(demands)*; exorbitant *(price)*; immoderate, inordinate; undue, overdone, carried to excess; overdrawn; *~ bewering* overstatement; *~ reklame/propaganda/publisiteit, ~ opvyseling (van produkte/ens.), (also, infml.)* puffery; *~ speel, (theatr.)* camp it up. **oor·dre·we** *adv.* exaggeratedly; excessively; unduly; overly; extravagantly; *~ **beleef(d)** wees* be painfully polite (*or* overpolite); *~ **edelmoedig** wees* be generous to a fault; ***erg** ~ wees* be greatly/grossly exaggerated; *~ **speel,** (theatr.)* overact, *(infml.)* camp it up; *iets ~ **vertel*** exaggerate s.t.. **oor·dre·wen·heid** exaggeration, extravagance, excessiveness, exorbitance; effusiveness.

oor·druk[1] *-drukke, n.* reprint; offprint, *(Am.)* separate *(article reprinted from magazine etc.)*; overprint *(on a postage stamp)*; excess pressure, overload. **oor·druk** *oorge-, vb.* press over; reprint *(a book, an article, etc.)*; print more *(copies)* than required; transfer *(a pattern)*; overprint. ~**papier** transfer paper. ~**patroon** transfer. ~**plaatjie** transfer.

oor·druk[2] *adj.* too busy, too much occupied, overbusy.

oor·dryf[1], **oor·dry·we**[1] *oorge-* drift across *(the river)*; *(weather)* blow over.

oor·dryf[2], **oor·dry·we**[2] *het ~* exaggerate, overdo, carry to excess; overdraw, overstate; overact; maximise; stretch; blow up; →OORDREWE; *iets erg ~* exaggerate s.t. greatly/grossly; *heeltemal ~ word* be blown (up) out of (all) proportion. **oor·dry·wer** *-wers* exaggerator. **oor·dry·wing** *-wings, -winge* exaggeration, overdoing, overstatement; hyperbole; aggravation; *sonder ~* without exaggerating; in (all) truth.

oor·dwars *adv.* athwart, across, crosswise.

oor·een·bring *ooreenge-* reconcile, bring into line *(with)*, make compatible, conciliate *(conflicting statements)*; *iem. se loomheid kan nie met sy/haar gewone onstuimigheid ooreengebring word nie* s.o.'s lethargy cannot be reconciled with his/her usual impetuosity; *dis nie ooreen te bring met die vorige verklaring nie* it is not consistent with the previous declaration.

oor·een·ge·ko·me agreed; understood; *op 'n ~ dag* on a day agreed upon; *~ rekening* stated account; *~ skikking* negotiated settlement.

oor·een·kom *ooreenge-* agree (with); correspond *(to, with)*; coincide; harmonise, tally, be equal to; resemble; collude; concur; bargain, arrange; conform; conspire; →OOREENGEKOME; *iets kom nie met iem. se **beginsels** ooreen nie* s.t. is against s.o.'s principles; ***gedaan** en ooreengekom* →GEDAAN; ***hiermee** word ooreengekom dat ...* it is hereby agreed that ...; *~ **in inhoud*** agree as to content; ***met** ... ~* accord with ..., be in accordance with ... *(the facts etc.)*; correspond with ...; be in line with ...; answer to ... *(a description etc.)*; *'n salaris wat **met** die gevare van die werk ~* a salary compatible with the dangers of the job; ***met mekaar** ~* agree; ***nie** ~ nie, (partners etc.)* not agree, *(infml.)* not hit it off together; ***nie** goed ~ nie, (colours etc.)* not match, not go well together, clash; ***nie** omtrent iets ~ nie* not agree on s.t. *(the price etc.)*; ***onder mekaar** ~* mutually agree; ***oor** iets met iem. ~* agree with s.o. (up)on s.t..

oor·een·koms *-komste* similarity, resemblance, likeness; agreement, mutual understanding; treaty; contract; covenant; congruity; concurrence; correspondence; concordance; conformity; parallelism; *'n ~ (met iem.) **aangaan/bereik/tref/sluit** oor iets* make/reach/strike (*or* enter into) an agreement (with s.o. on s.t.), settle with s.o. on s.t.; *'n ~ met die duiwel **aangaan/sluit*** make a pact with the devil; ***akte** van ~* deed of settlement; *hulle **het** 'n ~* they have an agreement; *tot 'n ~ **kom/geraak*** arrive at (*or* come to) an agreement; *die ~ van ... **met** ...* the similarity of ... to ...; *'n **sterk** ~* a close resemblance; *'n **stilswyende** ~* →STILSWYEND; *die ~ **tussen** ...* the resemblance between ...; the similarity between ...; the agreement between ...; ***uit** ~ iets doen* do s.t. consensually; *'n ~ **verbreek*** break an agreement; *~ **vertoon** met ...* bear a resemblance to ...; *die ~ **was dat** ...* the understanding was (*or* it had been agreed) that ... **oor·een·koms·tig** *-tige, adj.* similar, corresponding, correspondent; consonant; homologous; conformable; *~e hoeke, (geom.)* corresponding angles. **oor·een·koms·tig** *prep.* according to, in accordance with, in conformity with, conforming to, in compliance with; in pursuance of, pursuant to; in terms of; *iem. is ~ sy/haar **rang** behandel* the treatment s.o. received was in keeping with his/her rank; *~ **regsvorme*** in due form of law; *~ iem. se **wense*** in compliance with s.o.'s wishes; *~ die **wet*** according to (*or* in accordance with) the law; *~ 'n **wet*** in terms of an act (of parliament). **oor·een·koms·tig·heid** similarity, conformability.

oor·een·lig·gend *-gende* superimposed.

oor·een·slaan *ooreenge-, (rare)* agree, tally, correspond; lap; *met iets ~* correspond with s.t..

oor·een·stem *ooreenge-* agree, concur, be in unison; harmonise, chime; correspond, coincide; accord; *(zool.: jawbone of fish/amphibians/reptiles/birds)* quadrate; *iets stem met ... ooreen* s.t. accords with ..., s.t. is in accord(ance) with ... *(the facts etc.)*; s.t. coincides with ...; s.t. corresponds/tallies with ... **oor·een·stem·mend, oor·een·stem·mend** *-mende* corresponding; congruous; congruent; concordant; coincident; consonant; parallel; harmonic. **oor·een·stem·ming** *-mings, -minge* agreement, unison, harmony, congruence, concord *(between persons/things, words in gender, etc.)*; correspondence; analogy; compliancy; consonance; resemblance; sequence *(of tenses)*; homology; *~ oor iets **bereik*** reach consensus on s.t.; *iets met ... in ~ **bring*** fit s.t. in with ...; bring s.t. into line with ...; reconcile s.t. with ...; ***in** ~ met ...* in accordance with ...; in concordance with ...; conformable to ...; in conformity with ...; consistent with ...; in consonance with ...; in keeping with ...; in line with ...; *dit is nie **in** ~ met ... nie, (also)* it is out of keeping with ...; ***tot** ~ kom* come to an agreement/understanding; *in **volkome** ~* in perfect unison.

oor·een·val *ooreenge-* overlap *(in time)*.

oor·eet *het ~: jou ~* overeat, gorge o.s..

oor·eis *het ~* overexert, overtax, (over)strain, overburden; overuse; *jou ~* work o.s. to a standstill, push o.s. too hard, burn the candle at both ends, burn o.s. out; *jou oë ~* strain one's eyes; *~ wees* be burnt/burned out. **oor·ei·sing** overtaxing, overstrain, burnout; overuse.

oor·e·mo·si·o·neel *-nele* overemotional.

oor·ent reinoculate; revaccinate; *(bot.)* implant; graft. **oor·en·ting** reinoculation; revaccination; *(bot.)* implantation. **oor·ent·sel** *-sels* graft.

oor-en-weer(-)pra·te·ry *(infml.)* (to-and-fro) conversation, chat(ting), *(Br., infml)* chinwag, *(infml.)* confab, tête-à-tête.

oor·erf *-geërf* inherit. **oor·erf·baar** = OORERFLIK. **oor·erf·lik** *-like* hereditary *(disease, instinct, etc.)*; hereditable, (in)heritable, transmissible, descendible; →ERFLIK. **oor·erf·lik·heid** heredity, hereditariness; →ERFLIKHEID. **oor·er·wing** heredity; inheritance. **oor·er·wings·krag** prepotency.

oor·fat·soen·lik *-like* smug.

oor·gaan *oorge-* go across, cross *(a bridge/river/road/etc.)*; wear off, work off; go over *(to another party/religion)*; pass (away); *(sensations)* pass (off); *(pain)* stop; *(the weather)* clear up, become fine, blow over; be promoted *(to higher grade at school)*, pass; *(min.)* grade; wade (through); ford; transmigrate; *in **ander hande** ~* →HAND; *in iets **anders** ~* change into s.t. else; *tot iets **anders** ~* proceed (*or* pass on) to s.t. else; ***in** ... ~* merge into ...; pass into ...; *uit die vaktaal **in** die algemene taal ~* pass from technical language into common speech; ***na** ... ~* go over to ... *(another party etc.)*; pass on to ... *(a place)*; switch to ... *(another brand etc.)*; *daartoe ~ **om** iets te doen* proceed to do s.t.; *(also)* decide to do s.t.; *iets gaan **op** iem. oor* s.t. passes to s.o. *(property)*; s.t. devolves (up)on s.o. *(duties etc.)*; *dit **sal** ~* it will pass; it will work off; ***tot** ... ~* change to ...; pass on to ... *(something else, the next step)*; proceed to ... *(the attack, the next item, the vote, etc.)*; launch ... *(an attack etc.)*; swing into ... *(action)*; *tot **verrotting/bederf** ~, (tech.)* begin to decay. **oor·gaan·baar** *-bare* fordable, negotiable.

oor·gaar ~ overdone.

oor·gang *-gange* crossing, crossover; going over *(to the enemy)*; embracement, adoption *(of a doctrine)*; transition, change; *(mus.)* modulation, transition; passage, transit *(of a heavenly body)*; gradation; devolution; transmigration; *die ~ tot ...* the change to ...; the transition to ...; *~ na 'n nuwe bladsy, (comp.)* page break. ~**sel** *-selle* transition(al) cell. ~**stadium** transition(al) stage.

oor·gangs-: ~**akkoord** *(mus.)* transient chord. ~**bepaling** interim/transitional regulation, transitory clause. ~**blaar** cataphyll, primordial leaf. ~**eksamen** promotion test. ~**element** *(chem.)* transition element/metal. ~**gebied** twilight zone. ~**hoogte** clearance. ~**jare** years of transition; change of life, climacteric, menopause; *manlike ~* male menopause. ~**kamp** transit camp. ~**klank** glide. ~**klousule** *(pol.)* sunset clause. ~**leeftyd** menopause, change of life, climacteric. ~**maatreël** temporary/transitional measure. ~**net** crossover network. ~**noot** passing note, transient note. ~**punt** transition point. ~**reg** right of transfer. ~**regering** transitional government. ~**toestand** state of transition. ~**tyd(perk)** transition(al) period, period of transition, intermediate period. ~**vorm** transition form, intermediate form.

oor·gank·lik *-like* transitive *(verb)*. **oor·gank·lik·heid** transitivity.

oor·ga·we *-wes, n.* handing over; surrender *(of fortress/army/office/claim/etc.)*, sell-out *(infml.)*; transfer, ceding, cession *(of rights/property/etc.)*, delivery; commitment *(to a cause)*; *iets met ~ dien* be committed to s.t. *(a cause etc.)*; *iets met ~ doen* do s.t. with abandon; *onvoorwaardelike ~* unconditional surrender.

oor·ge·bind *-binde, (mus.)* tied *(a note)*.

oor·ge·blaas *-blaasde* plated; *~ met goud* gold-plated, gilded; *~de goud* rolled gold.

oor·ge·ble·we *~, adj.* remaining; residual; →OORBLY. **oor·ge·ble·we·ne** *-nes, n.* survivor.

oor·ge·brag *-bragte, (bookk.)* brought forward; →OORBRING; *~te bedrag, (bookk.)* carry-over.

oor·ge·diens·tig *-tige* officious, obsequious. **oor·ge·diens·tig·heid** officiousness, obsequiousness.

oor·ge·dra *-drae, -draagde, (bookk.)* carried forward; →OORDRA; *oorgedrae bedrag, (bookk.)* carry-over.

oor·gee *oorge-* pass over, hand, reach; deliver *(letter)*; give up, part with; concede; hand *(s.o.)* over *(to the police)*, give *(s.o. into custody)*; resign; *(jou) ~* give o.s. up; surrender, lay down one's arms; *jou aan ... ~* deliver/give o.s. up to ... *(the police etc.);* surrender to ... *(the enemy etc.);* capitulate to ...; abandon o.s. to ...; indulge in ...; resign o.s. to ... *boedel ~* →BOEDEL.

oor·ge·ërf *-geërfde* inherited; congenital, hereditary.

oor·ge·ge·we surrendered, handed over. **oor·ge·ge·wen·heid** →OORGAWE.

oor·ge·haal *-haalde* →OORHAAL.

oor·ge·kwa·li·fi·seer(d) *-seerde* overqualified.

oor·ge·le·wer *-werde* = OORLEWER.

oor·ge·luk·kig *-kige* extremely happy, overjoyed.

oor·ge·noeg more than enough, quite enough; *genoeg en ~* enough and to spare.

oor·ge·plaas *-plaaste, adj.* transferred; transplanted. **oor·ge·plaas·te** *-tes, n.* transferee.

oor·ge·rus *-ruste* overconfident. **oor·ge·rust·heid** overconfidence.

oor·ge·voe·lig, oor·ge·voe·lig *-lige* oversensitive, hypersensitive, overdelicate; hyper(a)esthetic *(nerves),* morbidly sensitive; squeamish; sentimental; *~e mens* highly strung person. **oor·ge·voe·lig·heid, oor·ge·voe·lig·heid** oversensitiveness, hypersensitivity, hypersensitiveness, overdelicacy; hyper(a)esthesia; sentimentality; squeamishness. **oor·ge·voe·lig·heid·siek·te** allergy.

oor·ge·wig overweight; excess weight. *~***bagasie**, *~* **bagasie** excess/overweight baggage/luggage.

oor·giet[1] *oorge-, vb.* pour *(liquid)* over *(s.t.);* pour (off/into), decant; transfuse. **oor·gie·ting**[1] *-tings, -tinge* pouring over, pouring (off/into), decanting; transfusion.

oor·giet[2] *het ~, vb., (poet., liter.)* suffuse; perfuse; *~ met ...* suffused/coloured with ... **oor·gie·ting**[2] suffusion; perfusion.

oor·goed *(obs., rare)* upper garments.

oor·gooi *oorge-* throw over/across; pour into/off, decant *(wine);* slip on *(garment).* *~***doek** throw *(over a chair etc.).*

oor·gord *n., (equestrian)* surcingle, girdle. **oor·gord** *oorge-, vb.* regird.

oor·grens-: *~***handel** cross-border trade. *~***operasie** *-sies, (mil. etc.)* cross-border operation. *~***park** cross-border park.

oor·gre·tig *-tige, adj.* overeager, overanxious, oversolicitous. **oor·gre·tig** *adv.* overeagerly, overanxiously. **oor·gre·tig·heid** overeagerness, overanxiety.

oor·groei *het ~* overgrow; *met onkruid ~ wees* be overgrown/choked with weeds. **oor·groei·sel** overgrowth.

oor·groot *-grote* vast, huge, immense; oversize(d); *oorgrote meerderheid* vast majority; *die oorgrote merendeel* by far the greater part. *~***moeder** great-grandmother. *~***ouers** great-grandparents. *~***vader** great-grandfather.

oor·groot·jie *(infml.)* great-greatparent.

oor·haal *oorge-* fetch (over); cock *(a gun);* careen, turn *(a ship)* on one side; persuade, talk/win over, prevail upon, induce; ***dubbel*** *oorgehaalde* (of *gerektifiseerde) spiritus* rectified spirit(s); ***half*** *oorgehaal* →HALF; *iem. ~* ***om*** *iets te doen* get/persuade (*or* prevail on/upon) s.o. to do s.t.; *iem. (met mooipraatjies) ~* ***om*** *iets te doen* wheedle s.o. into doing s.t.; *oorgehaal wees* ***om*** *...* be set to ...; *iem.* ***tot*** *iets ~* persuade s.o. to do s.t.; *iem.* ***tot*** *'n sienswyse ~* bring s.o. (a)round to a view; ***tot*** *'n sienswyse oorgehaal word* come (a)round to a view; *iem.* ***tot*** *jou standpunt ~* bring s.o. (a)round to one's way of thinking; *oorgehaal wees* ***vir*** *iem.* be ready to face/confront s.o.; be waiting to tell s.o. a few home truths.

oor·haas *het ~* hurry, drive, rush, bustle; *jou ~* hurry unduly. **oor·haas·tig** *-tige adj.* hurried, (over)hasty, rash, reckless, impetuous, precipitous; *~e vlug* precipitate flight. **oor·haas·tig** *adv.* precipitately, hurriedly; *~ handel* act precipitately/hastily (*or* in too great a hurry). **oor·haas·tig·heid** undue haste, overhaste, precipitation, precipitancy; hastiness, rashness.

oor·hand upper hand, mastery, supremacy, predominance, whip hand; *die ~ hê* have the mastery (*or* upper hand), predominate; *die ~ oor iem. hê/kry* have/get the better of (*or* have/get the upper hand of/over *or* have/get the edge on/over *or* outrival) s.o.; *die ~ oor 'n gewoonte kry* master/break a habit. **oor·hands** *-handse, adj.* overhand; *~e naat* top-sewn seam; *~e steek* top-sewing (stitch), oversewing; *~e voorsteek* cordonnet stitch, whipped running stitch. **oor·hands** *adv.* overhand; *~ naai/werk* top-sew, oversew, sew overhand; *~e boulwerk, (cr.)* overarm bowling.

oor·han·dig *het ~* hand (over), deliver; turn in; fork out/over/up *(sl.); iets aan iem. ~* hand s.o. s.t., hand s.t. to s.o.; present s.t. to s.o., present s.o. with s.t.; turn s.t. over to s.o.. **oor·han·di·ging** handing over, handover, delivery. **oor·han·di·ging·se·re·mo·nie, oor·han·di·gings·ge·leent·heid** handover/handing-over ceremony/event.

oor·hang *-hange, n.* eaves, coping, overlap, penthouse; *(print.)* kern(e). **oor·hang** *oorge-, vb.* hang over; *(cliffs etc.)* incline, lean over, overhang, beetle; jut, overlap; *(ship)* list; *(skirt)* flare; *kos ~, (obs.)* put food on the fire; *na ... ~* incline to ... *~***stuk** overhang.

oor·han·gend *-gende* hanging, pendent; declivous; *(biol.)* declinate; *~e kranse* beetling cliffs.

oor·hê *oorgehad* have left/over (*or* to spare); ***alles*** *vir iem. ~* have a great regard for s.o., hold s.o. in high regard; be willing to help s.o. in every possible way; *'n* ***glimlag*** *vir iem. ~* spare a smile for s.o.; ***iets*** *vir iem. ~* be sympathetic to(wards) s.o.; be willing to help s.o.; *darem nog* ***iets*** *vir iem. ~* have a lingering regard for s.o.; not be completely unwilling to help s.o.; *iem. het nog* ***net*** *... oor* s.o. is down to ...; *iem. het* ***nie meer*** *... oor nie* s.o. has run out of ...; *iem. het* ***niks*** *oor nie* s.o. has nothing left; ***niks*** *vir iem. ~ nie* have no time for s.o. *(infml.);* not be willing to help s.o. at all; *het jy* ***nog*** *oor?* have you any left?; ***R100/ens.*** *~* have R100/etc. left; be R100/etc. to the good.

oor·heel·kun·de otology. **oor·heel·kun·dig** *-dige, adj.* otological. **oor·heel·kun·di·ge** *-ges, n.* otologist.

oor·heen *(rather obs., fml.)* over, across; *iem. is al lank gelede* ***daar*** *~* s.o. has got over (*or* recovered from) that long ago; *oor iets heen* ***lees*** miss (out) (*or* not notice) s.t. while reading; *oor iets heen* ***praat*** pass by s.t., disregard s.t., take no notice of s.t.; *~* ***ry/vaar*** overshoot; *~* ***skiet*** overshoot (the mark); *oor iets heen* ***stap*** step over s.t.; pass over/by s.t., take no notice (*or* make light) of s.t.. *~***skoot** shot beyond the mark.

oor·heen·lig·gend *-gende* superimposed.

oor·heer·lik *-like* exquisite, too lovely for words.

oor·heers *-heerste, adj.* dominated. **oor·heers** *het ~, vb.* dominate *(a person),* domineer (over); predominate (over), preponderate. *~***string** *(comp.)* wild card.

oor·heer·send *-sende* dominating, (pre)dominant; masterful, domineering, overbearing, imperious; prevailing, outstanding; paramount; *~e faktor* overriding factor.

oor·heer·ser *-sers* despot, oppressor.

oor·heer·sing *-sings, -singe* domination, oppression; ascendancy, dominance; *onder Amerikaanse ~* under American domination.

oor·hel *oorge-* lean/hang over, stand obliquely, incline, slope, tilt; *(aeron.)* bank; gravitate; list; *(a ship)* heel; *na ... ~* incline to ...; have a tendency to (*or* leaning towards) ...; be partial to ... *(a cause/person, an opinion, etc.); iets laat ~* incline s.t.. **oor·hel·ling** hanging over, leaning; inclination, bias, disposition, propensity; tilt, overhang, tip, cant, banking; heel *(of a ship).*

oor·help *oorge-* help over/across.

oor·he·wel *oorge-* siphon over/off; *iets uit ... in ... ~* siphon off s.t. from ... into ... *(a liquid).*

oor·hit·te *(phys.)* superheat.

oor·hoeks *-hoekse, adj.* diagonal; on the cross; cornerwise; *(infml.)* out of sorts; *(infml.)* at loggerheads; *(infml.)* contrary, cantankerous; *~e lyn* diagonal; *~e strook* crossway strip. **oor·hoeks** *adv.* diagonally, on the cross; *jou ~ werk* work o.s. to a standstill; *~ bespyker(d), (carp.)* toenailed.

oor·hoofs *-hoofse, adj. (chiefly attr.): ~e koste, (econ.)* overhead costs, overheads; →BOKOSTE. *~e projektor* overhead projector; *~e snelweg* elevated motorway.

oor·hoop(s) in a heap; disarranged, in confusion, in disorder, at sixes and sevens; *iets ~* ***gooi****, (rare)* upset s.t.; *hulle* ***is/lê*** *(met mekaar) ~* they are at daggers drawn; they are at odds/loggerheads; *oor daardie saak* ***is/lê*** *hulle ~, (also)* they differ on that issue, they are at variance on that issue; *met iem. ~* ***lê/wees*** be at loggerheads with s.o.; *met iets ~* ***lê/wees*** fall/run afoul of s.t. *(the authorities etc.).*

oor·hou *oorge-* have left (over); save, keep; defer; hold over; *niks van die ongeluk ~ nie* be none the worse for the accident; *niks ~ nie* have nothing left; have nothing to show for it.

oor·hys[1] *oorge-, vb.* hoist over. **oor·hy·sing** *n.* hoisting over.

oor·hys[2] *het ~, vb.* overwind; *~te hysbak* overwound skip *(in a mine shaft).* **oor·hy·sing** *n.* overwind.

oor·in·koop *ooringe-, (rare)* overbuy, overstock.

oor·in·span·ning overexertion.

oor·jaag[1], **oor·ja** *het ~, vb.* overdrive *(a horse, person, etc.),* work to exhaustion *(a person).*

oor·jaag[2], **oor·ja** *oorge-, vb.* drive/chase over/across; rerun *(a race).*

oor·ja·rig *-rige* perennial *(plant);* overgrown *(wool).*

oor·jas topcoat, overcoat; greatcoat; paletot.

oor·jurk overall.

oor·kalk *oorge-* whitewash (again); *(obs.)* copy *(from s.o. else).*

oor·kant *n.* the other/opposite side, the beyond, the far side; *aan die ~ van die rivier/ens.* on the opposite/other/far side of the river/etc.; *na iets aan die ~ gaan* go across to s.t.; *die huis aan die ~* the house across the street/road (*or* over the way). **oor·kant** *adv.* over/across the way, opposite, over there, on the opposite/other/far side; *iem. is ~ in Amerika* s.o. is over in America. **oor·kant** *prep.* across, beyond, opposite, on the opposite/other/far side of, across the way, over. **oor·kant·s(t)e** *adj.* opposite, over the way.

oor·kan·tel *oorge-* topple over, tilt over.

oor·ka·pa·si·teit overcapacity.

oor·ka·pi·ta·li·seer *oorge-* overcapitalise. **oor·ka·pi·ta·li·sa·sie** overcapitalisation.

oor·klank *oorge-* dub; re-record; *'n Duitse film/prent in Afrikaans ~* dub a German film into Afrikaans; *'n oorgeklankte opname* a dubbed version. **oor·klan·king** *-kings, -kinge* dubbing.

oor·klap *oorge-* turn back *(a flap).*

oor·klee *het ~, (poet., liter.)* cover (up), envelop; overdress, dress too smartly/formally. **oor·kleed** upper garment; surcoat; overdress; overcarpet; overcloth. **oor·kle·re** overalls, overwear.

oor·klik *oorge-, (rare)* let out *(a secret).*

oor·klim *oorge-* climb over; change (trains). *~***trap** stile.

oor·klits *oorge-, (sl.)* put/kick/etc. over (easily), flick over *(a rugby ball etc.).*

oor·knie *oorge-* knead again.

oor·knoop *oorge-* knot/tie again, knot/tie over. *~***baadjie** double-breasted coat.

oor·koe·pel *het ~* cover, vault, overarch. **oor·koe·pe·lend** *-lende* superordinate; overarching *(framework, function, objective, etc.); ~e* ***doel*** superordinate goal; *~e* ***koste*** overhead costs/expenses; *~e* ***organisasie*** umbrella organisation; *~e* ***term*** superordinate term; *~e* ***voorskrif*** superordinate command/instruction. **oor·koe·pe·ling** *-linge, -lings, (archit.)* arch, ceiling, roof, span; *(gen.)* overarching structure, *(infml.)* umbrella.

oor·kom[1] *het ~* overcome, get over, surmount, master; get over, recover from *(illness);* →OORKOMELIK; *moeilikhede ~* overcome one's difficulties; *~ word deur ...* be overwhelmed by ... *(emotion, tiredness, etc.).* **oor·kom·baar** *-bare* superable, negotiable, surmountable.

oor·kom[2] *oorge-* come over/across, cross; negotiate *(a fence);* happen to, befall; *(infml.)* come over/by/around, visit, pay *(s.o.)* a visit, *(infml.)* drop in; *so* ***bang*** *wees dat jy iets kan ~* →BANG; ***goed/sleg*** *~* make a favourable/bad impression; ***iets*** *kom iem. oor, iem. kom* ***iets*** *oor* something happens to s.o.; s.o. comes to harm; *iem.* ***kon*** *iets ~, (infml.)* s.o. was fit to burst/explode; *so* ***lui*** *wees dat jy* *iets kan ~* →LUI[2] *adj.*; ***niks*** *~ nie* come to no harm; ***niks*** *(van iets) ~ nie* suffer no ill effects; *iem. kan* ***niks*** *daarvan ~ nie* it can do s.o. no harm; *iem. het* ***niks*** *daarvan oorgekom nie, (also)* s.o. is none the worse for it; *dit het iem. nog* ***nooit*** *oorgekom nie* that has never happened to s.o.; *'n* ***ongeluk*** ~ →ONGELUK; ***wat*** *het iem. oorgekom?* what has happened to s.o.?, what is the matter with s.o.?.

oor·ko·me·lik =*like, (rare)* surmountable, superable.

oor·kom·pen·seer *oorge=* overcompensate. **oor·kom·pen·sa·sie** overcompensation.

oor·koms coming over; coming, visit, call.

oor·kon·de =*des* charter, document, deed, record, protocol; address; *verlugte ~* illuminated address. ~**leer** *(rare)* diplomatic(s).

oor·kon·kel[1] =*kels, n.* box/slap on the ear; →OORVEEG; *iem. 'n ~ gee* box s.o.'s ears, fetch s.o. a box on the ears, give s.o. a thick ear *(infml.)*.

oor·kon·kel[2] *oorge=, vb., (rare)* persuade by intrigue.

oor·kook *oorge=* boil over; boil again.

oor·kor·rek·sie overcorrection.

oor·kors·ting =*tings,* =*tinge* incrustation.

oor·kous gaiter.

oor·kri·tiek =*tieke, adj., (phys.)* supercritical.

oor·kri·ties =*tiese* overcritical.

oor·kruip *oorge=* creep/crawl over/across.

oor·kruis *adv.* crosswise, diagonally; decussate; *~ arseer* crosshatch; *(met die/jou) bene ~* cross-legged; *~ kyk* be cross-eyed. ~**arsering** crosshatching. ~**rygsteek** catch stitch.

oor·krui·sing *(genet., mus.)* crossover; *'n jazz-na-disko-~* a jazz-to-disco crossover.

oor·kry *oorge=* get over/across.

oor·kun·de otology.

oor·kyk *oorge=* look beyond *(an object)*; look over *(a wall)*; go/look/read over, go/look through; scrutinise, correct, mark *(examination papers)*.

oor·laai[1] =*laaide, adj.* overladen; ornate, (over)elaborate, over-ornamented; overwrought; *~ (van styl)* overwritten. **oor·laai** *het ~ vb.* overload *(a vehicle, an animal, a stomach with food, a table, etc.)*; overburden, overload *(a person with gifts/abuse/praise/work/etc.)*; overstock, glut *(the market)*; deluge *(with)*; smother *(with gifts)*, shower *(with blessings)*, prime *(with drink)*, overwhelm *(with praise)*; overcharge *(a description, a picture, etc.)*, overcolour, overcrowd *(a canvas)*; →OORLADENHEID; OORLADING; *iem.* ***met*** *iets ~* heap/pile s.t. (up)on s.o. *(work etc.)*; load/shower s.o. with s.t., shower s.t. (up)on s.o. *(gifts etc.)*; ***met*** *... ~ wees* be loaded with ... *(gifts etc.)*; *(met* ***werk****) ~ wees* be snowed under.

oor·laai[2] *oorge=, vb.* transfer *(a load)*, tran(s)ship; load over again, reload. ~**hawe** port of tran(s)shipment. ~**koste** tran(s)shipment, =shipping charge(s) *(goods)*.

oor·laai·e·ry transfer, tran(s)shipment; reloading.

oor·laat *oorge=* leave; entrust (to); *iets* ***aan*** *iem. ~* leave s.t. in s.o.'s hands; leave s.t. (up) to s.o.; delegate s.t. to s.o.; entrust s.t. to s.o., entrust s.o. with s.t.; *iets word* ***aan*** *iem. oorgelaat, (also)* s.t. is up to s.o.; *laat ...* ***aan*** *my oor, (also)* I'll take care of ...; let me deal with ...; *ek laat dit* ***aan*** *jou oor* I'll leave you to it; *dinge* ***aan*** *hulself ~* let things drift/slide; *iem.* ***aan*** *hom=/haarself ~* leave s.o. to his/her own devices.

oor·la·den·heid overelaboration.

oor·la·ding overloading, overburdening; overcrowding; over-ornamentation; *(elec.)* excessive charge; surcharge.

oor·lams *oorlams(e), (infml., somewhat obs.)* clever, knowing, smart, handy; cunning, crafty, sly, diplomatic, fly, wily, tricky; shrewd, sharp. **oor·lams·heid** cunning, wiliness; cleverness, shrewdness.

oor·land·vlug =*vlugte* overland flight.

oor·langs =*langse, adj.* lengthwise, longitudinal. **oor·langs** *adv.* lengthwise, longitudinally.

oor·lap *oorge=* repatch.

oor·las nuisance, annoyance; molestation; *iem. ~* ***aandoen****, iem.* ***tot*** *~ wees* be a nuisance to s.o.; *iem. is* ***bepaald*** *'n ~* s.o. is a positive nuisance; ***jammer*** *van die ~* sorry you've been troubled; ***'n*** *~ wees* be a nuisance; *'n* ***openbare*** *~* a public nuisance; ***tot*** *~ wees, (also)* make a nuisance of o.s.; *'n ~* ***vir*** *... wees* be a nuisance to ...

oor·le *(infml., obs.)* the late *(person)*; →OORLEDE.

oor·lê[1] *oorge=* lie back, lean over; *(obs.)* stop, wait, stay over; →OORLÊERY; *werk laat ~* let work stand over, leave work unfinished. ~**dag** day of demurrage. ~**geld** demurrage. ~**koste** demurrage (charges). ~**lys** sprung moulding.

oor·lê[2] *oorge=, (obs.)* produce, lodge, submit *(documents)*; →OORLEGGING[2].

oor·lê[3] *oorge=* re-lay, lay again *(tiles etc.)*. **oor·leg·sel** =*sels* overlay.

oor·lê[4] *het ~, (obs.)* consider, contemplate, think about, weigh; discuss, deliberate about/on/over; →OORLEG; OORLEGGING[1]; *iets met iem. ~* confer with s.o. on/about s.t..

oor·le·de *adj.* deceased, the late; defunct; *~ mnr. K* the late Mr K.; *iem. se ~ man/ens.* s.o.'s late husband/etc.. **oor·le·de·ne** =*nes, n.: die ~* the deceased.

oor·leef[1], **oor·le·we**[1] *oorge=* relive, live (over) again.

oor·leef[2], **oor·le·we**[2] *het ~* survive, outlive, outlast; *iem. 'n jaar ~* survive s.o. by a year; *die nag ~* live out the night.

oor·leer[1] *n.* upper (leather), vamp *(of a shoe)*.

oor·leer[2] *oorge=, vb.* learn over again, relearn.

oor·lê·e·ry stopping over; delay; demurrage.

oor·lees *oorge=* read over/through; read back.

oor·leg deliberation, consideration; consultation *(with)*; collaboration; planning; judg(e)ment; forethought; foresight; discretion; method; care; ***gemeenskaplike*** *~* →GEMEENSKAPLIK; ***in*** *~ met ...* in association with ...; in concert with ...; in conjunction/tandem with ...; in consultation with ...; in collaboration with ...; *met iem. oor iets ~* ***pleeg*** deliberate about/on/over s.t. with s.o., confer with s.o. on/about s.t.; *hulle* ***pleeg*** *(met mekaar) ~, (also)* they are taking counsel (together); ***sonder*** *~* without consultation; without using one's discretion, without judg(e)ment/thought, rashly, recklessly; *na* ***sorgvuldige*** *~* after careful deliberation; *met ~ te* ***werk*** *gaan* go about s.t. with discretion; act wisely.

oor·leg·ging[1] =*ginge* deliberation, consideration; *die ~e van die hart, (rhet.)* the thoughts of the heart.

oor·leg·ging[2] =*ginge, (rare)* submission, production *(of documents)*.

oor·lei *oorge=* lead over/across. ~**draad** jumper (wire). ~**kabel** = BRUGKABEL.

oor·lei·ding =*dings* jumper.

oor·leun *oorge=* lean over; *na iem. ~* incline towards s.o..

oor·le·we[1] →OORLEEF [1].

oor·le·we[2] →OORLEEF [2]. **oor·le·wen·de** =*des* survivor. **oor·le·wing** survival; *~ van die sterkste* survival of the fittest; →OORLEWINGS=.

oor·le·wer *oorge=* give/deliver up/over; hand down/on, transmit *(to succeeding generations)*; *iem. aan ... ~* hand/turn over s.o. to ... *(the police etc.)*; *aan (die genade van) ... oorgelewer wees* be at the mercy of ...; *iem. aan sy/haar vyande ~/uitlewer, (also)* sell s.o. down the river. **oor·le·we·ring** =*rings,* =*ringe* handing over; tradition; *volgens (die) ~* according to tradition; *volgens (die) ~ het/is ...* tradition has it that ...

oor·le·wings=: ~**krag** survivalist strength. ~**kunstenaar,** ~**deskundige** survivalist. ~**toerusting,** ~**pak(kie),** ~**pakket,** ~**stel(letjie)** survival kit.

oor·log =*loë* war; warfare; *'n land die ~* ***aansê****, (obs.)* declare war on a country; *'n ~ teen ...* ***begin*** go to war against ...; ***dit*** *is ~* there is a war on; ***dit*** *is weer ~* war has broken out again; *'n land in ~* ***dompel/stort*** plunge a country into war; *met ~* ***dreig****, (also, fig.)* rattle the sabre; ***duskant/deuskant*** *~* short of war; *in 'n ~* ***gewikkel*** *wees* be involved in a war; be locked in (a) battle; ***in*** *'n ~* in war; ***in*** *die ~* in the war; *die* ***lewensbloed*** *van ~, (poet., liter.)* the sinews of war; *'n ~* ***ontketen*** start a war; *daar* ***sal*** *~ wees, (infml.)* there will be the devil/deuce to pay *(infml.)*; *in ('n)* ***staat*** *van ~ verkeer* be in a state of war; *tot 'n ~* ***toetree*** enter a war; *die ~ het in 1939* ***uitgebreek*** the war broke out in 1939; *daar het 'n ~ tussen Engeland en Frankryk* ***uitgebreek*** (a) war broke out between England and France; *met ... in ~* ***verkeer/wees*** be at war with ...; *teen 'n land ~* ***verklaar*** declare war on a country; *die* ***verskrikkings*** *van die ~* the dogs of war *(rhet.)*; *~* ***voer/maak*** make war; *'n ~* ***voer*** fight a war; *teen iem. ~* ***voer/maak*** make war (up)on/against/with s.o., wage war against/(up)on s.o.. ~**skade** war damage. ~**skatting** war contribution. ~**skip** warship, naval ship, *(hist.)* man-of-war. ~**skuld** war debt; war guilt. ~**smart** grief, suffering caused by war. ~**sone,** ~**streek,** ~**strook** war zone. ~**sterkte** fighting strength. ~**stoker** warmonger. ~**stokery** warmongering. ~**sugtig** →OORLOGSUGTIG. ~**voerend** →OORLOGVOEREND. ~**voering** →OORLOGVOERING.

oor·log·gie =*gies* small war.

oor·logs=: ~**basuin** trumpet of war. ~**begroting** war budget. ~**behoeftes,** ~**benodig(d)hede** military stores/supplies, war needs, requirements/requisites of war. ~**belasting** war tax. ~**beriggewer** war correspondent. ~**bodem** *(obs., rare)* naval vessel, man-of-war, warcraft. ~**brand** *(fig.)* conflagration. ~**bruid** war bride. ~**buit** spoils of war. ~**daad** act of war, warlike action, martial exploit. ~**dans** war dance. ~**digter** war poet. ~**ellende** desolation caused by war. ~**fakkel** *(fig.)* torch of war. ~**gebruik** usage of war. ~**gerug** rumour of war. ~**gesind** =*sinde* warlike, bellicose. ~**gevaar** danger of war. ~**geweld** force of arms. ~**god** god of war, war god. ~**godin** goddess of war. ~**graf** war grave. ~**gruwels** horrors/scourges/dogs of war. ~**handeling** military action. ~**hawe** naval port. ~**held** war hero. ~**kans(e)** chances/fortune(s) of war. ~**kind(jie)** war baby. ~**kontrabande** contraband of war. ~**koors** war fever. ~**korrespondent** war correspondent. ~**krediet** war credit. ~**kreet** war cry, war whoop. ~**laste** war burden. ~**lening** war loan. ~**mag** military force. ~**materiaal** war material. ~**medalje** war medal. ~**misdaad** war crime. ~**misdadiger** war criminal. ~**moeg,** ~**tam** war-weary, battle-weary. ~**moegheid,** ~**tamheid** war weariness, battle/combat fatigue. ~**obligasie** war bond. ~**onderskeiding** military decoration. ~**pad** warpath; *op die ~ wees/gaan (fig.)*, be/go on the warpath. ~**party** war party. ~**pensioen** war pension. ~**perd** charger, warhorse. ~**poging** war effort. ~**psigose** war psychosis, psychosis of war. ~**reg** law(s) of war. ~**regering** war government. ~**risiko** war risk. ~**terrein** theatre of war. ~**toebereidsels** preparations for war. ~**toeslag** war bonus, war levy. ~**toestand** state of war. ~**toneel** theatre/seat of war, scene of war. ~**tuig** war material, implements of war. ~**tyd** time of war, wartime; *dade in ~* wartime acts. ~**veld** field of battle, theatre of war; →SLAGVELD. ~**verklaring** =*rings,* =*ringe* declaration of war. ~**vlieënier** fighter pilot, war pilot. ~**vliegtuig** warplane. ~**vloot** navy, war fleet. ~**voet** war footing; *'n land op ~ bring* bring/put a country on a war footing; *op ~ wees* be on a war footing. ~**weduwee** war widow. ~**wins** war profit; *~ maak* profiteer. ~**winsmaker** war profiteer. ~**woede** fury of war, martial rage. ~**wolk:** *die ~e pak saam* the war clouds are gathering.

oor·log·sug·tig =*tige* warlike, bellicose, war-minded. **oor·log·sug·tig·heid** bellicosity, war-mindedness.

oor·log·voe·rend =*rende, adj.* belligerent; *~e moondhede* powers at war, belligerents. **oor·log·voe·ren·de** =*des, n.* belligerent.

oor·log·voe·ring warfare, conduct of war, war effort.

oor·loop =*lope, n.* overflow(ing); overspill; *(econ.)* spillover; spillway; crossing, landing *(of stairs)*. **oor·loop** *oorge=, vb.* cross *(a street, a bridge, etc.)*; *(liquid)* run/flow over, overflow; spill over; go over, defect, rat *(infml.)*; come over; *(rare)* retouch, add finishing touches to, go over; *~ na die* ***ander kant****, (parl.)* cross the floor; ***in*** *... ~* spill over into ...; ***na*** *... ~* defect to ...; desert to ... *(the enemy etc.)*; run over to ... *(another page)*; spill over into ...; *~* ***van*** *...* brim/bubble/run over with ... *(enthusiasm etc.)*; be bursting with ... *(joy etc.)*; ooze ... *(charm etc.)*. ~**dek** *(naut.)* orlop (deck). ~**pyp** overflow pipe, waste pipe. **~vlak** full supply level. **~voor** spillway. **~water** effluent. **oor·lo·pend** *-pende* effusive. **oor·lo·pens:** *tot ~ toe vol iets wees* be brimful (*or* full to the brim *or* full to overflowing) with s.t.; *iets tot ~ toe volmaak* fill s.t. to the brim. **oor·lo·per** deserter, defector, renegade, turncoat. **oor·lo·pe·ry** defection, ratting *(infml.)*.

oor·loos *-lose* earless; →OOR[1] *n.*.

oor·lo·sie →HORLOSIE.

oor·lug·op·name off-air recording.

oor·ly·(d)e *(fml.)* death, decease, departure, demise.

oor·maak *oorge-* do over again; remake; transfer *(possession of thing)*, make over, cede; devolve; remit; transmit *(money by post etc.)*; *(rare)* stop *(pain)*; *iets aan iem. ~* remit s.t. to s.o.; settle s.t. (up)on s.o.; sign over s.t. to s.o.; turn s.t. over to s.o.. **oor·ma·king** *-kings, -kinge* remittance; transfer; cession; settlement; assignment.

oor·maat overmeasure, superabundance, excess, surplus; →OORMATIG; *'n ~ van ...* a wealth of ... *(talent etc.)*; a plethora of ... *(regulations etc.)*; an embarrassment of ... *(riches etc.)*; *tot ~ van ellende* →ELLENDE; *tot ~ van ramp* →RAMP. **~produk** *(rare)* surplus/excess product.

oor·mag superior power/numbers, superiority, odds; *(jur.)* vis major, force majeure, irresistible compulsion, act of God; *(genet.)* prepotency; ***deur*** *~* by force of numbers; *teen 'n ~ te **staan** kom* be outnumbered; *teen 'n oorweldigende ~ **stry*** fight against overwhelming odds; *voor die ~ **swig*** succumb to superior numbers. **oor·mag·tig** *-tige* overpowerful, too powerful, overmighty; superior *(force)*; *(genet.)* prepotent.

oor·man *het ~, (jur.)* overpower, overcome.

oor·ma·tig[1] *-tige, adj.* excessive; immoderate, intemperate; *~e werking* overactivity; *~e gebruik* overindulgence; *~e verbruik* overconsumption. **oor·ma·tig** *adv.* excessively, exceedingly, inordinately, intemperately, unduly; *jou ~ inspan* overexert o.s.; *~ drink* drink to excess. **oor·ma·tig·heid** excess, immoderateness, intemperance.

oor·ma·tig[2] *-tige, adj.* too moderate/temperate, overmodest.

oor·mees·ter *het ~* overpower, (over)master, overcome, get the better of, subjugate, subdue. **oor·mees·te·ring** overpowering, subjugation.

oor·meet *oorge-* measure again.

oor·me·kaar *adv.* crosswise; *met die/jou bene ~ sit* sit cross-legged *(on a chair etc.)*; cross one's legs. **~kyk** *oormekaarge-*, *~* **kyk** *oormekaar gekyk* be cross-eyed, squint. **~slaan** *oormekaarge-* overlap; *twee goed laat ~* make two things (over)lap, allow two things to (over)lap.

oor·merk *oorge-* mark again.

oor·moed rashness, recklessness, overboldness, overconfidence, pushiness; arrogance, presumption, presumptuousness. **oor·moe·dig** *-dige* rash, reckless, overbold, overconfident, pushy; arrogant, presumptuous. **oor·moe·dig·heid** = OORMOED.

oor·moeg *-moeë* overtired, exhausted, *(infml.)* bushed, *(infml.)* dead beat, *(infml.)* fagged (out), *(sl.)* knackered, *(Br. infml.)* whacked.

oor·mô·re, oor·mo·re the day after tomorrow. **~aand** the night after tomorrow night, two nights hence. **~oggend** the morning after tomorrow morning, two mornings hence.

oor·mou oversleeve.

oor·naat overseam. **oor·naats** *-naatse* clinker-built *(boat)*.

oor·nag *adv.* overnight; *~ bly* stay overnight. **oor·nag** *het ~, vb.* pass the night, stay overnight, stop over; *~ by ...* put up at ...; *in 'n hotel/ens. (of op straat) ~* spend the night at a hotel/etc. (*or* on the street). **~plek, ~punt** stopoff point. **~verblyf** overnight accommodation.

oor·nag·ting *-tings, -tinge* night/overnight stay, stopover.

oor·na·me *-mes,* **oor·ne·ming** *-minge, -mings* taking over, takeover, assumption; borrowing, adoption. **oor·na·me·aan·bod** *(comm.)* takeover bid, bear hug.

oor·neem *oorge-* take over *(to a place)*; take over *(management, business, command, property, etc.)*; buy, purchase; adopt, take *(an idea, a word, a custom from)*, borrow, derive; copy *(from original)*; *iets van iem. ~* take over s.t. from s.o.. **oor·ne·ming** →OORNAME.

oor·noe·ming = METONIMIA.

oor·nom·mer *oorge-* number again, renumber.

oor·nooi, oor·vra *oorge-* ask over/round.

oor·ont·blo·ting overexposure.

oor·ont·wik·kel *het ~* overdevelop. **oor·ont·wik·kel(d)** *-kelde* overdeveloped. **oor·ont·wik·ke·ling** overdevelopment.

oor·oor-: **~grootjie** *(infml.)* great-great-grandparent. **~grootmoeder** great-great-grandmother. **~grootvader** great-great-grandfather.

oor·pad overpass; *reg van ~* right of way.

oor·pak[1] *n.* overall(s).

oor·pak[2] *oorge-, vb.* repack, rebag, transfer.

oor·pas·stuk *(mot.)* female part.

oor·peins *het ~* meditate on, reflect on, contemplate, ponder over. **oor·pein·sing** *-sings, -singe* meditation, reflection, contemplation, musing.

oor·plaas *oorge-* remove, shift; transfer *(s.o.)*; translate *(a bishop)*; translocate *(an animal)*; transplant; *(comp.)* transfer, port, upload *(data etc.)*. **oor·pla·sing** *-sings, -singe* removal, transfer; translation *(of a bishop)*; translocation *(of an animal)*.

oor·plak *oorge-* repaper *(wall)*; paste over, repaste.

oor·plant *oorge-* transplant, graft; replant; transmit *(a disease)*. **oor·plan·ting** *-tings, -tinge* transplanting, transplantation; replanting. **oor·plan·ting(s·)chi·rur·gie, oor·plan·ting·sji·rur·gie** transplant surgery, *(infml.)* spare-part surgery. **oor·plan·tings·o·pe·ra·sie** transplant surgery/operation/procedure. **oor·plant·sel** *-sels* transplant.

oor·pla·sing →OORPLAAS.

oor·pleis·ter[1] *oorge-* replaster, plaster again.

oor·pleis·ter[2] *het ~* plaster (over).

oor·ploeg *oorge-* replough, plough over again; plough too far.

oor·pomp *oorge-* pump over.

oor·pons *oorge-* repunch.

oor·pre·sies *-siese* meticulous, overscrupulous.

oor·pres·teer *ge-* overachieve. **oor·pres·ta·sie** overachievement. **oor·pres·teer·der** overachiever.

oor·prik·kel *het ~* overstimulate, overexcite. **oor·prik·kel·baar** *-bare* hyper(a)esthetic. **oor·prik·ke·ling** *-lings, -linge* overstimulation, overexcitement; hyper(a)esthesia.

oor·pro·du·seer *oorge-* overproduce. **oor·pro·duk·sie** overproduction.

oor·re·a·geer *ge-* overreact, get things (all) out of proportion. **oor·re·ak·sie** overreaction.

oor·re·dend, oor·re·der, oor·re·ding →OORREED.

oor·re·dings-: **~krag** powers of persuasion, persuasiveness, persuasive power. **~kuns** art of persuasion. **~middel** *-dele, -dels* inducement, incentive, persuader.

oor·reed *het ~* persuade, induce, talk over, win over; *niks kan iem. ~ nie* s.o. is not to be moved; *iem. ~ om iets te doen* persuade (*or* prevail on/upon) s.o. to do s.t.; *iem. ~ om iets nie te doen nie* dissuade s.o. from doing s.t., argue s.o. out of doing s.t.. **oor·re·dend** *-dende* persuasive. **oor·re·der** *-ders* persuader. **oor·re·ding** persuasion; →OORREDINGS-. **oor·reed·baar** *-bare* persuadable, persuasible, impressible.

oor·reik *oorge-, (rare)* pass, hand *(s.t. to s.o.)*.

oor·rek, *vb.* overstrain; *jou ~* overstretch/overreach o.s..

oor·re·ken *oorge-* calculate again.

oor·roei *oorge-* row across.

oor·rok *(obs.)* overskirt, (woman's) overall; dungaree skirt, smock.

oor·rom·pel *het ~* take by surprise, overwhelm, overrun, fall/swarm upon, rush, sweep away; *totaal ~, (sport)* defeat heavily/utterly, overwhelm, trounce, whitewash. **oor·rom·pe·ling** *-lings, -linge* surprise, rushing, falling upon, seizure, taking by surprise.

oor·rond *oorge-, (phon.)* round, labialise. **oor·ron·ding** *(phon.)* rounding, labialisation.

oor·ry[1] *oorge-* ride over/across, drive over; *~ ... toe, na ... ~* drive over to ... **~pad** road across *(mountain etc.)*; crossing.

oor·ry[2] *het ~* overdrive, override *(a horse)*; knock down.

oor·ryp overripe.

oor·saak *-sake* cause, origin; inducement; *dit was die ~ **dat** iem. iets gedoen het* this caused s.o. to do s.t., this made s.o. do s.t.; *die ~ van iem. se **dood** was 'n hartaanval* s.o.'s death was due to a heart attack; ***eerste** ~* first/prime mover; *~ en **gevolg*** cause and effect; *gelyke ~sake, gelyke **gevolge*** similar causes similar effects; ***naaste** ~* proximate cause; ***self** die ~ van iets wees* bring s.t. (up)on o.s.; ***uit** dié ~* from this/that cause, by reason of this/that, on that account; *die ~ **van** ... wees* be the cause of ...; be responsible for ... **~leer** *(philos., med.)* (a)etiology.

oor·saak·lik *-like* causal, causative; *daar is 'n ~e verband tussen hulle* there is a causal connection between them, they are causally connected. **oor·saak·lik·heid** causality.

oor·sê *oorge-* say again, repeat.

oor·see *n.* overseas; *van ~* from overseas. **oor·see** *adv.* oversea(s). **oor·se·se** *adj. (attr.)* oversea(s), transmarine, transoceanic.

oor·seil *oorge-* sail across/over; glide/slide/slither across/over.

oor·sein *oorge-* wire, telegraph, cable, communicate, transmit; signal again. **oor·sei·ning** transmission.

oor·sek·su·eel oversexed.

oor·send *oorge-* send, dispatch; transmit. **oor·sen·ding** *-dings, -dinge* sending, dispatch; remittal, remittance *(of money)*; transmission.

oor·set *oorge-* reset, set up (or type) again; putt again. **oor·set·ting** *-tings, -tinge* translation; resetting; transcription.

oor·sien[1] *oorge-* see over (*or* on the other side); excuse, overlook, condone; miss seeing, overlook.

oor·sien[2] *het ~* view, survey, overlook; *die koste is nie te ~ nie* the costs cannot be estimated/calculated. **oor·sien·baar** *-bare* surveyable; calculable.

oor·sig *-sigte* general view; synopsis, summary, outline, survey, review, overview, conspectus, digest; *'n **algemene** ~* a bird's-eye view; *'n **kort** ~* a summary/run-through; *'n ~ **oor** ...* review/survey of ...; *'n ~ **van** iets gee* give a review of s.t.. **~tentoonstelling** retrospective exhibition.

oor·sigs-: **~jaar** year under review. **~kaart** outline map. **~tabel** synoptic table.

oor·sig·te·lik *-like* conveniently arranged, surveyable; giving an outline/synopsis/summary/account, synoptic. **oor·sig·te·lik·heid** convenience of arrangement, surveyability; visibility.

oor·sil·wer *het ~* silver (over), silver-plate.

oor·sing *oorge-* sing (over) again.

oor·sit *oorge-* put over/across; take across, ferry over; promote *(at school)*; translate, put into *(another language)*; *iets in ... oorsit* put s.t. into ...; translate s.t. into ... *(a language)*.

oor·skaaf, oor·ska·we *oorge-* plane down, smooth; plane again.

oor·ska·du *het ~* shade, overshadow; cloud, darken *(with gloom etc.)*; *(fig.)* overshadow, put in the shade, outshine, eclipse, outclass, outrival. **oor·ska·du·wing** overshadowing; outshining; darkening.

oor·ska·kel *oorge-* shift (gears), switch over; *na ... ~* go over to ... *(another radio station etc.)*; change into ... *(a different gear)*; *nou skakel ons oor na ...* over to ...; *van ... na ... ~* change over from ... to ... **oor·ska·ke·ling** changeover, shift(ing), switch over; conversion.

oor·skat[1] *het ~* overestimate, overrate, overvalue. **oor·skat·ting**[1] overrating, overestimation, overvaluation.

oor·skat[2] *oorge-* estimate/value again, re-estimate. **oor·skat·ting**[2] re-estimation, revaluation.

oor·skeep *oorge-* transship, tranship. **oor·ske·ping** *-pings, -pinge* transshipment, transhipment. **oor·ske·pings·kos·te** tran(s)shipping/tran(s)shipment charge(s).

oor·skeer *oorge-* shave again; shear *(sheep)* again.

oor·skep *oorge-* ladle over, spoon over, transfer to; *iets in ... ~* ladle s.t. over into ...

oor·ske·ping →OORSKEEP.

oor·skiet *n.* remains; remainder, rest; surplus; residue, remnant; leavings, leftovers. **oor·skiet** *oorge=, vb.* remain, be left over; leave over; shoot over again; overshoot the mark; *daar het niks oorgeskiet nie* there is nothing left. **~boeke** (publisher's) remainders. **~kos** leftover food, leftovers, leavings, scraps.

oor·skiet·sel *=sels* scrap, leftover, leaving.

oor·skil·der *oorge=* repaint, paint over; overpaint. **oor·skil·de·ring** overpainting.

oor·skink *oorge=* pour over, decant.

oor·skoen galosh, golosh, overshoe.

oor·skop *oorge=* kick over; *(rugby)* convert *(a try)*.

oor·skot *=skotte* surplus; overage; residue, leavings; spillover; *'n ~ (aan) ... hê* have a surplus/oversupply of ... *(wheat etc.)*; *iem. se stoflike ~* s.o.'s body, s.o.'s (mortal) remains. **~boek** remainder book.

oor·skreeu *het ~* shout/howl down; *jou ~* overstrain one's voice.

oor·skry *het ~* cross; overstep, pass beyond; exceed *(the limit, one's rights)*, violate, infringe, transgress *(a commandment)*; *die skulde ~ ...* the debts exceed ... **oor·skry·dend** *=dende* exceeding; overstepping; violating; *~e uitgawe* excess expenditure. **oor·skry·ding** *=dings, =dinge* exceeding; excess; overstepping, transgression, violation; *~ van (begrotings)pos* excess on (budgetary) vote.

oor·skryf, oor·skry·we *oorge=* rewrite; copy (out), transcribe; crib; transfer, make over *(possession of property)*; transfer *(entry etc.)*. **oor·skry·wer** copier, copyist, transcriber. **oor·skry·wing** *=wings, =winge* rewriting; copying; transcript, transcription, copy; transfer *(of property)*. **oor·skry·wings·kos·te** cost of transfer.

oor·skuif, oor·skui·we *oorge=* shift/move across/over. **oor·skui·wing** *=wings, =winge* shifting/moving across/over; *(geol.)* overthrust (fault). **oor·skui·wings·vlak** *(geol.)* thrust plane.

oor·skuur *oorge=* scour/scrub again; barely get over *(an obstacle)*.

oor·slaan *oorge=* hit over; fold/turn over; skip *(second row etc.)*, omit, leave out, miss out *(words, a name, etc.)*; pass *(dividend)*; miss *(a meeting)*; pass by/over, disregard, not consider *(the claims of)*; *(motor, firearm, etc.)* misfire; *'n **graad** ~* jump a grade *(at school)*; *iets slaan **in** ... oor* s.t. turns into ... *(love into hate etc.)*; ***na** ... ~* change/switch to ... *(a different language, brand, etc.)*; proceed to ... *(a different course of study etc.)*; *weer **na** ... ~* switch back to ... *(English etc.)*; *die ooi slaan oor* the ewe skips; *die **skaal** laat ~, (fig.)* tip the balance; *iem. se **stem** slaan oor* s.o.'s voice breaks/cracks; ***van** ... **na** ... ~, (also)* change over from ... to ... **~ooi** skip (ewe). **~romp** wrap(a)round/wrapover skirt.

oor·slaap *oorge=* sleep over; *die nag by vriende/ens. ~* spend the night with friends/etc..

oor·slag *=slae* overlapping part, overlap; hasp *(and staple)*; clasp; *(mil.)* overslaugh; flap *(of an envelope etc.)*; *~ van 'n kraag* fall of a collar. **~greep** *(golf)* overlap, overlapping grip. **~las** *(plumbing)* flashing; *(carp.)* lap joint. **~meul(e)** overdrive mill.

oor·sleep *oorge=* drag across/over.

oor·smeer *oorge=* smear again, apply *(ointment)* again; butter *(bread)* again; put/smear on/over; *(cook.)* brush over.

oor·smyt *oorge=, (infml.)* fling over/across.

oor·snel·heid supervelocity.

oor·soet cloying, honeyed.

oor·so·mer *het ~* spend the summer.

oor·sor·teer *oorge=* re-sort.

oor·span[1] *oorge=* change *(draught, animals, etc.)*; stretch/span over; erect a fence over. **oor·span·ning**[1] *=nings, =ninge* span *(of a bridge)*.

oor·span[2] *het ~* span, extend across, overspan; (over)strain; overstretch; overexcite; *jou ~* overexert o.s.; *'n ruimte ~* fill a gap. **oor·span·ne** overstrung *(nerves)*, overstrained, overexcited, overwrought. **oor·span·nen·heid** overstrain, overexcitement. **oor·span·ning**[2] overstrain(ing), overexcitement, overexertion, overwork; *(med.)* hypertension; *~ van die oog* eyestrain.

oor·speel[1] *oorge=* replay; play back *(recording)*; re-enact.

oor·speel[2] *het ~, (theatr.)* overact, *(infml.)* camp it up; *'n rol ~* overact/overplay *(or [infml.]* camp up) a part. **oor·spe·lend** *=lende* camp *(infml.)*.

oor·spe·si·a·li·seer *ge=* overspecialise. **oor·spe·si·a·li·sa·sie, oor·spe·si·a·li·se·ring** overspecialisation.

oor·spoel *het ~, (poet., liter.)* submerge.

oor·sprei[1] *n.* bedspread, coverlet. **oor·sprei** *het ~, vb.* overspread.

oor·sprei[2] *oorge=, vb.* spread over/again.

oor·spring *oorge=* jump/leap over, hurdle, clear, vault; spark over; skip, omit, miss out.

oor·sprong *=spronge* origin; source; genesis; spring; provenance; fountainhead *(of wisdom)*; root *(of a word)*; *dit **het** sy ~ in die ... eeu* it goes back to the ... century; *iets **neem** sy ~, (fml.)* s.t. begins/inchoates; *~ (van 'n **rivier**)* source (of a river), riverhead; ***van** Maleise ~ wees* be Malay in origin, be of Malay origin; ***wyn** van ~* wine of origin. **~wyn** *=wyne* wine of origin.

oor·spronk·lik *=like =liker =likste, adj.* original; archetypal; primordial; primal; pristine; native; *(biol.)* primitive; primary; *~e afdruk* original print; *in die ~e* in the original; *~e instrument, (mus.)* original instrument. **oor·spronk·li·ke** *n.* master/top copy. **oor·spronk·lik·heid** originality.

oor·spuit *oorge=, vb.* respray *(a car etc.)*. **~-verfwerk** respray.

oor·staan *oorge=* stand over; be postponed; stop/stay over; *~de hoeke* opposite angles; *iets laat ~* hold over s.t.; keep over s.t.; *die saak staan oor* the matter is being (*or* has been) held over. **~geld** *=gelde* demurrage (charge). **~telling** *(cr.)* overnight score.

oor·stap *oorge=, vb.* cross *(the street)*, walk across/over; change *(into another train)*; pass over, disregard; *na ... ~* go over to ... *(another party)*. **~kaartjie** transfer ticket.

oor·steek[1] *=steke,* **oor·steek·sel** *=sels,* **oor·stek** *=stekke, n.* (overhanging) eaves; overhang; skirts *(of a roof)*. **oor·steek** *oorge=, vb.* cross *(the street, railway line)*; strike/cut across; overhang, project (over); *net met die brug ~* cross by the bridge only.

oor·steek[2] *=steke, n., (sewing)* overstitch; *oorsteke werk* overstitch.

oor·stelp *=stelpte, adj.* overcome, overwhelmed. **oor·stelp** *het ~, vb., (chiefly pass.)* overwhelm; *oorstelp wees van ...* be overcome/overpowered with ... *(grief, joy, etc.)*; *~ van vreugde wees* →VREUGDE. **oor·stelpt·heid, (rare) oor·stel·ping** bewilderment, amazement, astonishment, awe, dismay, shock.

oor·stem[1] *oorge=* tune again, retune *(piano etc.)*; vote again, revote.

oor·stem[2] *het ~* outvote; overrule; deafen, make *(sound)* inaudible; *iem. se verontwaardiging is ~ deur 'n gevoel van medelye* s.o.'s indignation gave way to a feeling of pity; *'n geraas ~* drown a noise.

oor·sterk *~, adj.* broad, bold *(wool)*.

oor·ste·wel overboot, snow boot.

oor·sti·mu·leer *ge=* overstimulate. **oor·sti·mu·la·sie, oor·sti·mu·le·ring** overstimulation; *(psych.)* flooding.

oor·stook *oorge=* redistil; rectify. **oor·sto·king** redistillation.

oor·stoot *oorge=* push over; *die dam stoot oor* the dam is overflowing.

oor·stop *oorge=* darn again.

oor·stort *oorge=* pour over; spill; tumble/fall over.

oor·stro·ming →OORSTROOM[2].

oor·stroom[1] *oorge=* overflow; brim over.

oor·stroom[2] *het ~* flood, inundate *(lit., fig.)*; overrun, deluge, swamp; overstock, glut *(the market)*; ***deur/met** ... ~ wees/word* be swarming/choked with (*or* overrun by) ...; ***laat** ~* submerge, flush; *~de **pad*** washed-out road; *die rivier het sy **walle** ~* the river burst its banks; *~ **wees*** be flooded out. **oor·stro·ming** *=mings, =minge* overflowing; flood, inundation. **oor·stro·ming·ska·de** flood damage. **oor·stro·mings·vlak·te** floodplain.

oor·stryk *oorge=* iron again.

oor·stuur[1] *oorge=, vb.* send across/over, transmit, consign.

oor·stuur[2] *=stuurde,* **oor·stuurs** *=stuurse adj. & adv.* upset; ***alles** is ~* everything is in confusion; *jou ~ **eet*** overeat (o.s.); *iem. **was** ~* s.o. had lost control of him-/herself, s.o. was upset; *iem. ~ **maak*** upset s.o.; *~ **raak*** get upset; *iem. se **sukses** het hom/haar ~ gemaak* s.o.'s success went to his/her head.

oor·styg[1] *oorge=* cross, climb over.

oor·styg[2] *het ~, (rare)* exceed, be beyond.

oor·sub·tiel *=tiele* supersubtle. **oor·sub·ti·li·teit** supersubtlety.

oor·sui·ker[1] *oorge=* sugar again; *(infml.)* dawdle/saunter across.

oor·sui·ker[2] *het ~, (rare)* sugar, cover with sugar.

oor·suur *~, adj.* hyperacid, superacid. **oor·suur·heid** hyperacidity, superacidity.

oor·swaai swing across/over; *na ... oorswaai, (popular sentiment etc.)* swing to ...

oor·swem[1] *oorge=, vb.* swim *(across)*; swim again.

oor·swem[2] *het ~, (rare): jou ~* overswim o.s..

oor·sy opposite/other side.

oor·tak·seer *oorge=* overvalue.

oor·tap *oorge=* transfuse; pour/transfer into another vessel, siphon. **oor·tap·ping** *=pings, =pinge* transfusion; pouring over.

oor·te·ken[1] *oorge=* redraw, draw over again; re-sign, sign again; copy *(a drawing)*.

oor·te·ken[2] *het ~* oversubscribe *(a loan)*. **oor·te·ke·ning** oversubscription.

oor·tel[1] *oorge=* lift over/across.

oor·tel[2] *oorge=* re-count, count again, check. **oor·tel·ling** *=lings, =linge* re-count(ing), check(ing).

oor·tik *oorge=* retype.

oor·tjie[1] little ear; *(bot.)* auricle; *(print.)* ear space; →OOR[1] *n.*.

oor·tjie[2] *=tjies, (hist. coin)* farthing.

oor·tog *=togte* passage *(across an ocean)*, crossing *(of a river)*; *jou ~ verdien, werk vir jou ~* work one's passage. **~geld** passage money.

oor·tol·lig *=lige, adj.* superfluous, redundant, waste(d), surplus, unnecessary, unneeded, more than required, supernumerary, excess; *~e bagasie, (lit., fig.)* excess baggage. **oor·tol·lig** *adv.* superfluously; *~ eet/drink* eat/drink to excess. **oor·tol·lig·heid** *=hede* superfluity, superfluousness, redundancy, non(-)essential, frills, plethora.

oor·tree[1] *het ~* transgress *(a commandment, the law, etc.)*, contravene, infringe, violate, break *(the rules, law, etc.)*, trespass against *(the law)*; offend; exceed *(speed limit)*; misbehave; *op iets ~* encroach (up)on s.t. *(land etc.)*. **oor·tre·der** *=ders* trespasser, transgressor *(of the law, a commandment, etc.)*, infringer *(of the law)*, offender, defaulter; *jeugdige ~* →JEUGMISDADIGER; *~s sal vervolg word* trespassers will be prosecuted. **oor·tre·ding** *=dings, =dinge* transgression, infringement, offence, contravention, breach, trespass(ing), misdemeanour, malpractice; *'n ~ **begaan*** commit an offence; *as julle die mense hulle ~e **vergewe**, (OAB), as julle ander mense hulle ~s **vergewe**, (NAB), (Mt 6:14)* if ye forgive men their trespasses *(AV)*, if you forgive men when they sin against you *(NIV)*; *iem. het **vorige** ~s* s.o. has a (criminal/police) record; *iem. het geen **vorige** ~ nie* s.o. has no (criminal/police) record. **oor·tre·din·kie** *=kies, (dim.)* peccadillo.

oor·tree[2] *oorge=* step over/across.

oor·tref *het ~* surpass, excel, outclass, outdo, outperform, outshine, outmatch, outstrip, outrank, outrival; head; cap; best; improve (up)on; go one better; *dit ~ **alles*** that tops all; ***almal** ~, (also)* rise to the top; *... in **getal** ~* →GETAL; ***jouself** ~* excel/surpass o.s.; *die **wins** ~ dié van verlede jaar* profits exceed last year's. **oor·tref·fend** *=fende* superlative *(degree)*; transcendent; →ALLES-OORTREFFEND.

oor·trek[1] *=trekke, n.* cover, slip, casing, covering, coverlet; →OORTREKSEL. **oor·trek** *oorge=, vb.* pull over; move *(into another house);* cross, trek over/across *(a mountain, a border, etc.); (clouds, weather, etc.)* blow over; trace (over) *(drawing);* upholster *(furniture),* cover *(with tapestry/etc.); 'n bed (skoon)* ~ change the bedclothes/bed linen; *'n kussing* ~ put on a pillowslip; put on a cushion cover. ~**papier** tracing paper; paper for covering. ~**trui** pullover, sweater.

oor·trek² *het ~, vb.* overdraw *(banking account);* →OORTROKKE; *(chiefly pass.)* cover *(with); met/van ... ~ wees* be (all) covered with ..., be spread with ... *(flowers etc.); ~ wees met goud* be gilded/gilt. **oor·trek·king** overdrawing; overdraft. **oor·trek·kings·ge·rief, ·fa·si·li·teit** overdraft facility.

oor·trek·sel *-sels* cover *(of suitcase, chair),* slip, case, casing, envelope, tidy.

oor·troef *het ~, (card games)* overruff, overtrump; outbid, outdo, go one better; best; *iem. ~, (also)* score off s.o..

oor·trok·ke (→OORTREK² *vb.*): ~ *rekening* overdraft.

oor·trou *oorge-* go through the marriage ceremony again.

oor·trui sweater; jumper.

oor·tuig *het ~* convince; satisfy, persuade; carry conviction; ***daarvan*** *~ wees* be convinced of it; *jou (daarvan) ~* ***dat*** ... satisfy o.s. that ...; *(daarvan) ~ wees* ***dat*** ... be convinced that ...; be confident that ...; have no doubt (but) that ...; be satisfied that ...; *iem. (daarvan) ~* ***dat*** ... convince s.o. that ...; satisfy s.o. *(esp. the court)* that ...; *jou daarvan ~* ***hou*** *dat ..., (obs., fml.)* be convinced/confident that ...; *'n ~de ... wees* be a ... by conviction *(vegetarian etc.); iem.* ***van*** *iets ~* convince s.o. of s.t.; persuade s.o. of s.t.; prove s.t. to s.o.'s satisfaction; bring s.t. home to s.o. *(infml.); iem.* ***van*** *jou sienswyse ~* bring s.o. (a)round to one's way of thinking; ***van*** *iets ~ wees* be convinced of s.t.; be certain of s.t.; *jou* ***van*** *iets ~* make sure of s.t.; ***vas*** *(daarvan) ~ wees dat* ... be firmly convinced that ...; *~* ***voel*** *dat* ... feel sure that ...; *iem.* ***wil*** *hom/haar daaromtrent/daarvan ~* s.o. wants to make sure of it. **oor·tuig·baar** *-bare* persuadable, convincible. **oor·tuigd·heid** persuadedness, convincement, conviction. **oor·tui·gend** *-gende -gender -gendste* convincing, cogent, conclusive, persuasive; *jou saak ~ stel* present one's case compellingly. **oor·tui·ging** *-gings, -ginge* conviction, persuasion, belief, certitude; ***besliste*** *~s oor iets hê* have strong feelings (*or* feel strongly) about s.t.; *dit is iem. se* ***heilige*** *~* it is s.o.'s profound/sincere conviction; *die* ***moed*** *van jou ~ hê* have the courage of one's convictions; *'n* ***sterk*** *~* strong convictions; *iets* ***sterk*** *iem. in sy/haar ~ dat* ... s.t. strengthens his/her conviction that ...; ***uit*** *~ 'n pasifis/ens. wees* be a pacifist/etc. by conviction; *die ~* ***uitspreek*** *dat* ... express the belief that ...; *'n* ***vaste*** *~* a firm/strong belief; *vir ~* ***vatbaar*** *wees* be open to conviction; be open to reason; *van politieke/ens. ~* ***verander*** change one's political/etc. convictions.

oor·tui·gings·: ~**krag** power of conviction; persuasiveness, cogency, force. ~**werk** persuasion, exhortation, urging.

Oort·wolk *(astron.)* Oort cloud.

oor·tyd *n.* overtime; overtime rate. **oor·tyd** *adv.* overtime; *~ werk* work overtime. ~**betaling** overtime pay. ~**werk** overtime (work).

oor·ty·dig *-dige, (rare)* late, overdue, delayed, behind, postmature.

oor·tyds *-tydse, adj.* overtime; *~e werk* overtime work.

oor·uit·ga·we excess expenditure.

oor·u·re overtime.

oor·vaar *oorge-* cross *(channel etc.),* cross over *(to the other side);* put *(a person)* across *(a river),* take across. **oor·vaart** passage, crossing, transit.

oor·val¹ *-valle, n.* hold-up, surprise attack; irruption; fit, sudden seizure *(of fainting/etc.);* →TOEVAL¹ *n.; 'n ~ kry* blow one's top, throw a fit, *(SA, infml.)* have a cadenza; *'n ~ uitvoer* stage a hold-up. **oor·val** *het ~, vb.* surprise, take by surprise, come upon unexpectedly; *(storm, darkness, misfortune, etc.)* overtake; descend (up)on; ***met*** *... ~ word* be assailed with ... *(questions etc.);* be swamped with ... *(inquiries etc.); iem. is deur* ***moegheid*** *~, die* ***moegheid*** *het iem. ~* tiredness crept over s.o.; *deur 'n* ***skaker*** *~ word* be held up by a hijacker; *deur die* ***slaap*** *~ word* be overcome by sleep; *deur die* ***storm*** *~ word* be caught in the storm. *deur* ***vrees*** *~ word* be assailed by fear.

oor·val² *oorge-, vb.* fall/tumble over; go over.

oor·veeg *-veë* box on the ear; *iem. 'n ~ gee* box s.o.'s ears, fetch s.o. a box on the ears, give s.o. a thick ear *(infml.).*

oor·veg *oorge-* fight over/again, refight.

oor·ver·al·ge·meen *het ~* overgeneralise.

oor·ver·een·vou·dig *het ~* oversimplify. **oor·ver·een·vou·di·ging** oversimplification.

oor·verf *oorge-* repaint, paint over; redye.

oor·ver·fyn(d) *-fynde* over-refined. **oor·ver·fy·ning** overrefinement.

oor·ver·gro·ting *(physiol.)* hypertrophy.

oor·ver·hit *-hitte, adj.* overheated *(room, engine, economy, etc.);* superheated *(steam).* **oor·ver·hit** *het ~, vb.* overheat, superheat. **oor·ver·hit·ter** superheater. **oor·ver·hit·ting** overheating, superheating.

oor·ver·moei *het ~* overtire, overfatigue. **oor·ver·moeid** *-moeide* overfatigued, overtired, overtoiled, overweary. **oor·ver·moeid·heid** overfatigue, overtiredness.

oor·ver·sa·dig *-digde, adj.* oversaturated; satiated; *~de oplossing, (chem.)* supersaturated solution; *~ wees van ...* be gorged with ... **oor·ver·sa·dig** *het ~, vb.* oversaturate; supersaturate *(a solution);* surcharge *(steam);* satiate, surfeit, cloy; *jou ~ aan ...* surfeit o.s. with ... **oor·ver·sa·digd·heid** = OORVERSADIGING. **oor·ver·sa·di·ging** oversaturation; supersaturation; surcharge; surfeit, satiation, satiety.

oor·ver·se·ker *-kerde, adj.* overinsured. **oor·ver·se·ker** *het ~, vb.* overinsure. **oor·ver·se·ke·ring** overinsurance.

oor·ver·sig·tig *-tige* overcautious. **oor·ver·sig·tig·heid** overcaution, -cautiousness.

oor·ver·tel *het ~* repeat, retell, relate/tell again; repeat, retail *(gossip etc.);* not make a secret of.

oor·vet too fat; superfatted *(soap).*

oor·vleg *oorge-* plait again.

oor·vleu·el *het ~* overlap; *(obs.)* outdo, surpass, outstrip, outrun, overhaul, pass; *(obs.)* outflank *(the enemy).* **oor·vleu·e·ling** *-lings, -linge* overlapping; *(obs.)* outdoing, surpassing; *(obs.)* outflanking.

oor·vlieg¹ *oorge-, vb. (tr. & intr.)* fly over/across; *(infml.)* nip/whip across/over (quickly).

oor·vlieg² *het ~, (rare)* overfly.

oor·vloed¹ *(pathol.)* otorrhoea; →OOR¹ *n.*.

oor·vloed² (super)abundance, profusion, plenitude, exuberance, wealth, superfluity, store, prodigality, plenty; ***groot*** *~* superabundance; ***horing*** *van ~* horn of plenty, cornucopia; ***in*** *~* in plenty; in profusion; *...* ***in*** *~* an abundance of ..., *(infml.)* ... galore; *'n/die* ***land*** *van ~* a/the land of (*or* flowing with) milk and honey; *in ~* ***leef/lewe*** live in luxury; ***ten*** *~e, (liter.)* clearly, unequivocally, emphatically; extensively, fully, abundantly, repeatedly; *'n ~* ***van*** *...* a profusion of ..., plenty of ... *(money etc.), (infml.)* lashings of ... *(food etc.); daar is 'n ~* ***(van)*** *..., (also)* ... there is a glut of ...; there is no want of ...; *'n ~* ***van*** *iets hê* have a superabundance of s.t., have s.t. in superabundance. **oor·vloe·dig** *-dige -diger -digste* abundant, plentiful, copious, plenteous, bounteous, ample, profuse, unsparing, superfluous; *~ wees* overabound. **oor·vloe·dig·heid** abundance, plentifulness, amplitude, profusion, plenitude, overabundance, superabundance.

oor·vloei *oorge-* overflow, flow/run over, brim over; flood, inundate; *~ van ...* abound in/with ..., be rich in ... *(game etc.);* bubble/brim over with ... *(enthusiasm etc.).*

oor·vlug overflight.

oor·voed *-voede, adj.* overfed. **oor·voed** *het ~, vb.* overfeed. **oor·voe·ding** overfeeding.

oor·voer¹ *oorge-* lead/direct across/over; convey, transport, take across, carry over. **oor·voe·ring¹** transport, taking across.

oor·voer² *het ~* overfeed *(person, animal),* surfeit; glut, oversupply, overstock *(market); die mark met ... ~* glut the market with ... *(potatoes etc.); ~de dier* overfed animal. **oor·voe·ring²** overfeeding; oversupply, glut *(market).*

oor·vol *-volle, adj.* overfull, brimful, full to overflowing; overcrowded, congested *(place);* overstuffed *(a suitcase etc.).* **oor·vol** *adv.: ~ set, (print.)* overset. ~**teken,** ~**teken** *-kende* oversubscribed.

oor·vol·heid overcrowding.

oor·vor·de·ring surcharge.

oor·vor·mer transducer.

oor·vor·mig *-mige* auriculate(d); →OOR¹ *n.*.

oor·vra¹ *oorge-* ask again; ask over, invite.

oor·vra² *het ~* overcharge; *~ vir iets* overprice s.t.. **oor·vra·ging** overcharge.

oor·vrag excess load/freight; excess luggage; charges for excess luggage.

oor·vul *het ~* overfill, overfeed.

oor·vurk *het ~* straddle.

oor·waai *oorge-* blow over; pass off; *oorgewaai kom* drop in, come in unexpectedly, blow in.

oor·weeg¹ *oorge-* weigh again, reweigh.

oor·weeg² *het ~* consider, deliberate, reflect, ponder, think *(matters)* over; envisage, contemplate; weigh *(the consequences etc.);* tip/turn the scales/balance, decide the issue; preponderate, predominate; →OORWOË; *hulle ~ dit om na Australië/ens. te* ***emigreer*** they're talking about emigrating to Australia/etc.; *iets baie* ***goed/deeglik*** *~* give s.t. a lot of (*or* much) thought; *iets* ***gunstig/simpatiek*** *~* consider s.t. favourably; *iets* ***nog*** *'n slag ~* think twice about s.t.; *~* ***om*** *iets te doen* contemplate doing s.t.; *iets* ***sorgvuldig*** *~* consider s.t. carefully; *'n* ***versoek*** *~* consider/entertain a request; *dit* ***word*** *~* it is under consideration. **oor·we·gend** *-gende, adj.* preponderant, predominant, prevalent; prepotent. **oor·we·gend** *adv.* preponderantly, predominantly, principally. **oor·we·ging** *-gings, -ginge* consideration; deliberation, contemplation; *na* ***behoorlike*** *~* after due consideration; *ná* ***ernstige*** *~* after serious thought; *iem. iets in/ter ~* ***gee*** submit s.t. for s.o.'s consideration; *ek* ***gee*** *in/ter ~ dat* ... my submission is that ...; *ek* ***gee*** *jou in/ter ~ dat* ... I put it to you that ...; *dit is* ***in*** *~* it is under consideration; *uit ~s/~e van* ***menslikheid*** on humanitarian grounds; *by* ***nader(e)*** *~, ná* ***verder(e)/vêrder(e)*** *~* on further consideration; on second thoughts; on reflection; *iets in ~* ***neem*** consider/entertain s.t., give consideration to s.t. *(a request etc.); na* ***sorgvuldige*** *~* after careful deliberation/consideration.

oor·weg *-weë, n.* overhead crossing; crossroad. ~**brug** overbridge, flyover, overpass (bridge). ~**padteken** flyover sign.

oor·wel·dig *het ~* overpower, overwhelm, swamp; conquer *(enemy);* seize *(throne); (emotion)* overcome. **oor·wel·di·gend** *-gende* overpowering *(passion),* intense, irresistible, tremendous, overwhelming *(majority),* sweeping. **oor·wel·di·ger** *-gers* conqueror, usurper. **oor·wel·di·ging** overpowering, overwhelming, usurpation.

oor·welf *-welfde, adj.* vaulted. **oor·welf** *het ~, vb.* overarch, span, vault, cope. **oor·welf·sel** *-sels* vault. **oor·wel·wing** *-wings, -winge* vault(ing).

oor·werk *-werkte, adj.* overworked *(staff).* **oor·werk** *het ~, vb.: jou ~* overwork (o.s.), burn o.s. out; *~ wees* be overworked (*or* burnt/burned out); *~ en onderbetaal(d) wees* be overworked and underpaid.

oor·wig preponderance, dominance, superiority; prevalence; prepotence; *die ~ van die* ***bewyse*** the weight of evidence; *die ~* ***hê*** preponderate; *die ~* ***kry*** get the upper hand; *die ~* ***verloor*** lose influence/power/authority; *op ('n/die) ~ van* ***waarskynlikheid,*** *(jur.)* on a balance of probabilities/probability.

oor·win *het ~* conquer *(a habit, the enemy, etc.),* defeat, vanquish, subdue, overcome *(difficulties, the enemy, etc.),* master, get the better of, be victorious, get over, triumph over, surmount; break down *(prejudice);* negotiate *(a difficulty); Everest ~* conquer Mount Everest; *~ of sterf* do or die. **oor·win·lik** *-like* conquerable, surmountable, superable *(things)*. **oor·win·naar** *=naars* conqueror, victor, winner. **oor·win·naar·land** conquering country. **oor·win·ning** *=nings, =ninge* victory, conquest, triumph; *'n **algehele/volkome** ~* an outright victory/win; *'n ~ **behaal*** gain/score/win a victory; *die ~ oor ... **behaal*** gain a victory over ...; *'n **klinkende** ~* a resounding/signal victory; *'n **morele** ~* a moral victory; *'n **naelskraap(se)** ~, (infml.)* a narrow victory; *die ~ **is ons** s'n* the day is ours; *iem. se ~ **oor** sy/haar teenstander* s.o.'s defeat of his/her opponent; *in die **roes** van die ~ wees* be flushed with victory; *dis 'n **seker** ~* victory is assured; it's in the bag *(infml.)*; *'n ~ sonder **speel**, (rare)* a walkover; *'n **yslike** ~* a landslide victory.

oor·win·nings-: O~dag *(8 May 1945)* V-E Day. **~fees** victory celebration. **~lied** paean. **~roes** flush of victory.

oor·wins excess profit, surplus profit; *~ maak* profiteer. **~belasting** excess profits tax/duty. **~maker** profiteer.

oor·win·ter *het ~* (spend the) winter, overwinter; hibernate; *laat ~* overwinter. **oor·win·te·ring** *=rings, =ringe* wintering; hibernation; *(bot.)* perennation.

oor·wip *oorge=* hop/jump over; drop in, hop over; *na ... ~* slip across to ...

oor·wit *oorge=* whitewash again.

oor·wo·ë considered; contemplated, planned; deliberate; →OORWEEG[2]; *~ mening* considered opinion/judg(e)ment; *~ risiko* calculated risk; *~ verklaring* prepared statement.

oor·won·ne *~, adj.* conquered, defeated, vanquished. **oor·won·ne·ne** *=nes, n.* conquered/vanquished person, loser.

oor·ys·ter *(armour for the head)* casque.

oor·y·we·rig *=rige* overkeen, =eager, =enthusiastic, =zealous. **oor·y·we·rig·heid** overkeenness, =eagerness, =enthusiasm.

oos *adv.* east; *~ ten **noorde/suide*** east by north/south; ***reg** ~* due east; *~ **van** ...* (to the) east of ...; ***van** ~ na wes* from east to west; *~, **wes**, tuis bes* home sweet home, there's no place like home; *die **wind** is ~* the wind is easterly, the wind is (from/in the) east. **O~-Afrika** East Africa. **O~-Afrikaan** *=kane* East African. **O~-Afrikaans** *=kaanse* East African. **O~-Anglië** *(Eng. region)* East Anglia. **O~-Asiaties** *=tiese* East Asiatic. **O~-Asië** Eastern Asia. **O~-Asies** *=siese* East Asian. **O~-Berlyn** *(geog., hist.)* East Berlin. **O~-Berlyner** *(hist.)* East Berliner. **O~-blok** *(hist.)* Eastern bloc. **O~-Duits** *(hist.)* East German. **O~-Duitser** *(hist.)* East German. **O~-Duitsland** *(hist.)* East Germany; →DUITSE DEMOKRATIESE REPUBLIEK. **~einde** east(ern) end. **O~-Europa** Eastern Europe. **O~-Europeër** East European. **O~-Europees** *=pese* East European. **O~-Fries** *=Friese, n. & adj.* East Frisian. **O~-Germaans** *=maanse, n. & adj.* East Germanic. **O~-Goot** Ostrogoth. **O~-Goties** *=tiese* Ostrogothic. **~grens, ooste(r)grens** eastern border/boundary/frontier. **O~grensafrikaans** *(ling.)* Eastern Frontier Afrikaans. **~hoek** eastern corner. **O~-Indië** *(hist.)* the East Indies. **O~-Indies** *=diese* East Indian; *jou oos-indies **doof** hou, (idm., somewhat obs.)* pretend not to hear, sham/feign/simulate deafness; *~e **gras**, eendjiesgras, rooi-uintjie, (Cyperus rotundus)* purple nutsedge, coco grass, Bermuda quickgrass; *~e **ink*** Indian ink; *~e **kers*** →KANARIEKLIMOP, KAPPERTJIE. **O~-Indiese Kompanjie** *(hist.)* East India Company. **O~-Indiëvaarder** *(naut., hist.)* East Indiaman. **O~-Kaap** *(SA)* Eastern Cape. **O~-Kaapprovinsie** Eastern Cape Province. **O~-Kapenaar** *=naars* inhabitant of the Eastern Cape. **~kus** east(ern) coast, eastern seaboard. **~kuskoors** East Coast fever. **O~-Londen** East London. **~moeson** dry monsoon, northeast monsoon. **~noordoos** east-northeast. **~noordooste** *(abbr.: ONO)* east-northeast *(abbr.: ENE)*. **~noordoostelik** east-northeast. **~passaat** east trade wind. **~pier** east pier. **O~-Pruis** *=Pruise, n., (hist.)* East Prussian. **O~-Pruise** *(hist.)* East Prussia. **O~-Pruisies** *=siese, adj., (hist.)* East Prussian. **O~-Rand** East Rand. **O~-Romeins** *=meinse: die ~e Ryk, (hist.)* the Eastern Roman Empire, the Byzantine Empire. **O~see:** *die ~* the Baltic (Sea). **O~seehandel** Baltic trade. **O~seehawe** Baltic port. **O~seestaat** Baltic state. **O~sese** *adj. (attr.)* Baltic. **~suidoos** east-southeast. **~suidooste** *(abbr.: OSO)* east-southeast *(abbr.: ESE)*. **~suidoostelik** east-southeast. **~sy** east side. **O~-Transvaal** *(hist.)* the Eastern Transvaal; →MPUMALANGA. **O~-Turkies** *n., (lang.)* Turki. **O~-Turkies** *adj.* Turki. **O~vaarder** *(naut., hist.)* East Indiaman.

o·ö·sfeer *=sfere, (bot.)* oosphere.

o·ö·siet *=siete, (biol.)* oocyte.

o·ö·sist *=siste, (biol.)* oocyst.

o·ö·sperm *=sperme, =sperms, (biol.)* oosperm.

o·ö·spoor *=spore, (bot.)* oospore.

Oos·te: *die ~* the East, the Orient. **Oos·te·lik** *=like* East(ern); *die ~e Halfrond* the Eastern Hemisphere; *die ~e Provinsie, (SA, infml., hist.)* the Eastern Province. **Oosters** *=terse* Oriental, Eastern; *iets ~ **maak*** orientalise s.t.; *~e **mark*** souk; *~e **tale*** Oriental languages; *~ **word*** orientalise.

oos·te (the) east; *na die ~ **gaan*** go east; ***in** die ~* in the east; ***na** die ~* to the east; ***ten** ~ van ...* (to the) east of ...; ***uit** die ~* from the east; ***van** die ~* from the east; ***van** ~ en weste kom* come from all over (*or* everywhere); *die **wind** kom uit die ~* the wind is easterly, the wind is (from/in the) east. **~grens, oostergrens** →OOSGRENS. **~kant** east (side), east(ern) side; *uit/van die ~* from the east. **~wind** east wind.

oos·te·lik *=like* easterly, eastern; *in ('n) ~e rigting* in an easterly direction, eastwards; *~ste* easternmost; *~e standaardtyd, (abbr.: OST)* Eastern Standard Time *(abbr.: EST)*.

Oost·en·de *(geog.)* Ostend.

Oos·ten·ryk Austria. **~-Hongarye** *(hist.)* Austria-Hungary.

Oos·ten·ry·ker *=kers, n.* Austrian.

Oostenryks *=rykse, adj.* Austrian. **~-Hongaars** *=gaarse, (hist.)* Austro-Hungarian.

oos·ter-: ~front eastern front. **~grens** →OOSGRENS. **~kim** eastern horizon. **~lengte** eastern longitude. **~meting** easting.

Oos·ter·ling *=linge* Oriental; Easterner.

Oos·ter·lyn *(rly., chiefly hist.)* Eastern Line, Delagoa Bay railway.

oos·waarts *=waartse, adj.* eastward; eastbound. **ooswaarts** *adv.* eastward(s), to the east(ward); *~ gaan* go east.

oot·moed humility, meekness, humbleness. **oot·moe·dig** *=dige* humble, meek. **oot·moe·dig·heid** = OOTMOED.

op *adj. & adv.* up; spent, finished, *(infml.)* knackered; *~ en **af/neer*** up and down; ***al** ~ wees* be about; *is jou kos **al** ~?* have you eaten your food?; *dit is **alles** ~* it is all gone; *iets is **amper/byna** ~* s.t. runs low; ***anker** ~, (naut.)* anchor aweigh; ***berg** ~ en berg af* →BERGOP EN BERGAF; *met die **deksel** ~* with the lid on; *dit **is** ~* there is nothing left; *die **gety** kom ~* →GETY; ***Hamlet** ~, (theatr.)* enter Hamlet; ***hoër** ~* further/higher up; further on; *iem. **is** ~* s.o. is up (*or* out of bed); *iem. se ... **is** ~, (also)* s.o. has run out of ...; *~ **is jy!*** up with you!; *~ en **neer** →af/neer; iem. is **nog nie** ~ nie, (also)* s.o. is not stirring yet; *iem. se ... is **pas/net** ~* s.o. is fresh out of ... *(sugar etc.)*; ***rivier** ~* →RIVIEROP; *die **son** is ~* →SON; ***stroom** ~* →STROOMOP *adj. & adv.*; *iem. se **suiker/ens. is** (heeltemal/skoon) ~* s.o. is (clean/clear) out of sugar/etc.; *~ en **top*** →OP-EN-TOP *adv.*; ***van** R100 af ~* from R100, R100 and higher; ***van** onder af ~* from below, from the bottom; ***verder/vêrder** ~* further on; ***vroeg** ~ wees* be up early; turn out early; *~ en **wakker** wees* →OP EN WAKKER *adj.*; *~ **wees** na 'n siekte* get about.

op *prep.* on, upon, on to, onto; in; at; *~ **aanvraag*** →AANVRAAG; *~ 'n **afstand*** →AFSTAND; *~ die **agtergrond*** →AGTERGROND; *die een ~ die **ander*** one after the other; *een **ry** ~ 'n **ander*** row upon row; *~ **besoek** gaan* go on a visit, go visiting; *iem. ~ **diefstal/ens. betrap*** →BETRAP; *~ **bevel*** →BEVEL; *~ iem. se **bevel*** →BEVEL; *~ 'n (sekere) **dag*** →DAG[1]; *~ (die) **dek*** →DEK *n.*; *~ die **dorp*** →DORP; *~ iem. **drink*** drink to (the health of) s.o.; *~ **een** na* →EEN *n., pron. & adj.*; *~ jou **eie*** →EIE *n.*; *~ die ou **end*** →EINDE; *~ **Engels*** →ENGELS *n.*; *iets ~ **Engels** uitspreek* pronounce s.t. as in English; *dis te ~ die **ete*** →ETE *n.*; *~ 'n **galop*** →GALOP *n.*; *jou ~ **genade** of ongenade oorgee* →GENADE; *(plat) ~ jou **gesig** val* →GESIG; *~ **gevaar** (af) van ...* →GEVAAR; *~ die **grens*** →GRENS[1] *n.*; *~ **grond** daarvan dat ...* →GROND *n.*; *~ **grond** van ...* →GROND *n.*; *~ **hande*** →OP HANDE *adv.*; *die **helling** is 1 ~ 7* →HELLING; *iem. ~ **heter daad** (of heterdaad) betrap* →HETER DAAD; *~ die/sy **hoogste*** →HOOGSTE; *~ (die) **hoogte** (van/met sake) bly* →HOOGTE; *dinge ~ 'n **hoop** gooi* →HOOP[1] *n.*; *~ iets **hoop*** →HOOP[2] *vb.*; *~ 85 **(jaar)*** at 85; *~ **kantoor*** →KANTOOR; ***kommentaar** ~ iets lewer* →KOMMENTAAR; *~ **kontrak*** →KONTRAK; *~ die **koop** toe* →KOOP *n.*; *~ eie **krag*** →KRAG; *~ die **kussing(s)** sit* →KUSSING *n.*; *~ die **laaste*** →LAASTE *n.*; *~ **land*** →LAND[1] *n.*; *~ **las** van ...* →LAS[2] *n.*; *'n **loflied** ~ ... aanhef* →LOFLIED; *'n **lofrede** ~ ... lewer* →LOFREDE; *~ 'n **lys** staan* →LYS *n.*; *een/twee **maal** ~ 'n dag* →MAAL[2] *n.*; *~ die **maat** van die musiek* to the music; *~ hierdie **manier*** in this way/manner; *~ **mekaar*** →MEKAAR; *~ sy **minste*** →MINSTE; *~ die **minuut*** →MINUUT; *geen (of nie 'n) sent ~ jou **naam** hê nie* →NAAM; *die eiendom/ens. staan ~ iem. se **naam*** →NAAM; *~ die/sy **naaste*** →NAASTE *adv.*; *die nag van 12 ~ 13 Augustus* →NAG; *altyd ~ dieselfde **onderwerp** terugkom* →ONDERWERP[1] *n.*; *~ die **oog** (af)* →OOG; *iets ~ die **oog** hê* →OOG; *~ iem. se **oudag*** →OUDAG; *~ **Oudtshoorn*** at Oudtshoorn; *~ **pad*** →PAD; *~ die **platteland*** →PLATTELAND; *~ 'n **plek*** in a place; *16 ons(e) ~ 'n **pond*** 16 ounces to the pound; *iets ~ **proef** neem* →PROEF *n.*; *~ 'n **proefskrif** promoveer* →PROEFSKRIF; *~ **reis** wees* →REIS *n.*; *~ **rekening** koop* →REKENING; *iets ~ 'n **rekening** stort* →REKENING; *~ 'n **rivier** roei* →RIVIER; *~ 'n **ry*** →RY[1] *n.*; *~ (die) **see*** →SEE; *~ **sigself** (beskou/genome)* →SIGSELF; *iets ~ **skaal** teken* →SKAAL[2]; *~ **skool** bly* →SKOOL[2] *n.*; *~ **skrif*** →SKRIF; *~ **soek** na iets* →SOEK[1] *n.*; *~ **stal** staan* →STAL *n.*; *die **stand** van sake ~ 1 Mei* the position as on May 1; *~ **sterwe** lê/wees* →STERWE; *~ **straat*** →STRAAT *n.*; *'n **stryd** ~ lewe en dood* →STRYD; *iets ~ **tafel** sit* →TAFEL; *uitstallings ~ 'n **tentoonstelling*** →TENTOONSTELLING; *~ 'n ... **toon*** →TOON[2] *n.*; ***trots** ~ ... wees* →TROTS[1] *adj.*; *~ **twee** na die beste* third best; *~ **tyd** wees* →TYD; *~ iets **uit** wees* →UIT[1] *adv.*; ***uiterlik** ~ ...* on or before ..., not later than ... *(a date)*; *~ jou **uiterste** wees* →UITERSTE *n.*; *~ die **uitkyk** wees* →UITKYK *n.*; *~ **vakansie** wees* →VAKANSIE; *~ 'n **vergadering*** →VERGADERING; *~ **verlof** gaan* →VERLOF; *~ **verre** na nie* →VERRE; *iem. ~ die **vingers** tik* →VINGER; *~ die **voorgrond*** →VOORGROND; *~ **Vrydag** (of [~] Vrydae) eet hulle vis* (on) Friday(s) they eat fish; *~ **wag** staan* →WAG *n.*; *alleen ~ die **wêreld*** →WÊRELD; ***Wet** ~ ..., (parl. etc.)* ... Act *(Labour Relations etc.)*; *~ die **wysie** van ...* →WYSIE.

o·paak *=pake* opaque.

o·paal *=pale* opal. **~blou** opal blue. **~glans** opaline lustre. **~glas** opaline, opal glass. **~steen** opal.

o·paal·ag·tig *=tige* opal-like, opalescent, opaline. **o·paal·ag·tig·heid** opalescence.

o·pa·li·seer, o·pa·les·seer *ge=* opalesce, opalise. **o·pa·les·sen·sie** opalescence. **o·pa·li·se·rend, o·pa·les·se·rend** *=rende* opalescent.

o·pa·si·teit opacity.

op·bag·ger *opge=* dredge up.

op·bank *opge=* bank (up) *(a fire)*.

op·bel *opge=* ring up, call (up), (tele)phone, *(infml.)* give a tinkle. **op·bel·le·ry** phoning, calling.

op·berg *opge=* put/pack away; store; *(comp.)* store, bin *(data)*. **op·ber·ging** *=gings, =ginge* storage.

op·be·taal *het ~* pay up fully; *'n ~de lid* a (fully) paid-up member *(of a political party etc.)*. **op·be·ta·ling** *=lings, =linge* full payment, payment in full.

op·beur *opge=* cheer up, gladden, comfort, buoy up, solace, console. **op·beu·rend** *=rende* cheering, comforting, heartening, uplifting. **op·beu·ring** lifting up, dragging up; comfort, consolation.

op·bie·(ë) *opge=* bid up; *~ teen iem.* bid against s.o., try to outbid s.o.; *(die prys van) iets tot ... ~* bid (the price of) s.t. up to ...

op·bieg *opge=, (obs.)* confess, come clean, own up, make a clean breast.

op·bind *opge-* tie/bind up; bind into sheaves, sheave, sheaf; truss (up). *iets aan paaltjies/stokkies* ~ stake out s.t. *(plants).*

op·blaas *opge-* blow up, puff up; inflate *(with air/gas);* bloat; balloon; blow up, explode; blast *(rocks); (mil.)* mine; exaggerate, magnify; →OPGEBLAAS, OPGEBLASE; *'n brug* ~ blow up a bridge; *jou wange* ~ puff out your cheeks. ~**matras** inflatable/blow-up mattress, air mattress/bed. ~**(siekte)** *(vet.)* hoove, heaves, tympanites, tympany, meteorism, bloat.

op·blaas·baar *-bare* inflatable.

op·bla·se·ry *(infml.)* hype.

op·bliep *opge-, (infml.): iem.* ~ bleep s.o..

op·bloei *n.* flowering, flourishing; revival, reawakening. **op·bloei** *opge-, vb.* revive, begin to thrive/flourish, blossom out, burgeon.

op·bly *opge-* stay/wait/remain/stop/sit up; remain on; *laat* ~ be up late, stay up late; keep late hours; *iets laat* ~ leave on s.t.; leave up s.t.; *vir iem.* ~ wait up for s.o..

op·bol *opge-* bulge (out); balloon; →OPGEBOL. **op·bol·ling** *-lings, -linge* bulge.

op·bon·del *opge-* bundle up, tie in a bundle.

op·bor·rel *opge-* bubble/fizz up *(lit. & fig.),* effervesce. **op·bor·re·ling** bubbling up, welling up/out/forth; ebullition; effervescence.

op·bor·sel *opge-* brush up.

op·bos *opge-, (rare)* tie in bundles/lots.

op·bou *n.* building up; establishment, advancement *(of science etc.);* edification. **op·bou** *opge-, vb.* build up *(a house, system, etc.);* synthesise; edify, benefit *(spiritually);* →OPGEBOU; *weer* ~ build up again, rebuild; *'n indrukwekkende telling* ~ rack up an impressive score. ~**proses** building up; *(biol.)* anabolism. ~**swerms** incipient swarms *(of locusts).*

op·bou·end *-ende* edifying *(sermon);* constructive *(work, criticism, etc.); (biol.)* anabolic.

op·bou·ing building up, construction; reconstruction; edification; cultivation, development, improvement.

op·brand *opge-* burn (away/out/up), consume; flame up; *(obs.)* press *(for payment).* **op·bran·der** *-ders, (obs.)* demand for payment, dun.

op·breek *opge-* break up; take up; disjoint; fractionise; strike *(tents),* break up *(camp, a household, etc.);* break/pull/dig up *(a street);* disperse *(a meeting); (intr.)* disintegrate; crack; raise *(a siege);* emit *(a wind),* belch; fractionate. **op·bre·king** breaking up, break-up; fractionation; dispersion; disintegration.

op·brengs *-brengste, (obs.)* **op·brings** *-bringste* yield, crop, fruitage, outturn, return, output; production, produce; proceeds; *afnemende* ~ diminishing returns; *'n goeie* ~ *lewer* give a high yield. ~**eenheid** unit of output. ~**koers** rate of return. ~**patroon** yield pattern.

op·bring *opge-* bring up; bring on; serve *(dinner);* vomit, bring/throw up, be sick; regurgitate; *(infml.)* rear, bring up *(a child),* educate; *(obs.)* yield *(crop, profit, etc.),* bring in *(money),* realise, fetch, sell for, command *(a price); (infml., rare)* arrest, run in; *die oes het min opgebring, (obs.)* the crop yielded little; *iets* ~ bring/sick/vomit s.t. up *(blood etc.).* ~**middel** *-dels, -dele* emetic.

op·brings →OPBRENGS.

op·bruis *opge-* bubble/fizz/foam up, fizz, effervesce; flare up, fly into a passion; boom, flourish, spurt. **op·brui·send** *-sende* effervescent; ebullient; hot-tempered. **op·brui·sing** effervescence, fizzing, bubbling/foaming up; ebullience; flaring up; flurry *(of excitement);* boom, spurt, upsurge.

op·buig *opge-* bend up; warp up; hunch; →OPGEBUIG. **op·bui·ging** bending up; upwarp(ing).

op·daag *opge-* arrive, turn up, appear, put in an appearance, turn out, show up, *(infml.)* roll in; ***by*** ... ~ turn up at ..., *(infml.)* show/pitch up at ...; ***hulp*** *het opgedaag* help was forthcoming; *(also)* s.o. came to the rescue; ***onverwags*** ~ turn up unexpectedly; ***skielik*** ~ pop up *(infml.).*

op·dam *opge-* dam (up); block up, obstruct, stem, impound; bank. ~**water** back water.

op·damp *opge-* vaporise; evaporate.

op·dat *(rare)* (in order) that, so that; ~ ... *nie* ... *nie* lest ...

op·delf, ·delwe *opge-* dig up.

op·dien *opge-* dish up, serve (up). ~**skottel** serving dish/platter.

op·diep *opge-* dig up/out, unearth, fish out *(fig.),* grub; exhume *(fig.).*

op·dik *opge-, (rare)* pad, stuff, fill out, inflate. **op·dik·king** padding, filling, stuffing.

op·dis *opge-* serve (up), dish up *(food, a story, etc.),* present, spin *(a yarn).*

op·doek *opge-* furl *(sails);* clear out, shut up, put up the shutters; cease to exist; bedeck; *'n onderneming* ~ abandon an undertaking.

op·doem *opge-* loom (up), emerge. **op·doe·ming** looming (up).

op·doen *opge-* come by, get; acquire *(knowledge),* gain *(knowledge, experience),* pick up *(news, a language);* catch *(a cold),* get, contract *(a disease); (infml.)* do (up) *(one's hair); (infml., rare)* recondition *(an engine); 'n besering* ~ sustain an injury; *'n indruk* ~ form/gain/get an impression; *masels* ~ develop measles.

op·dok *opge-, (infml.)* pay up, stump up, pay the piper; shoulder the burden; disburse, disgorge, cough up, shell out *(money);* foot the bill; *iem. moet vir iets* ~, *(infml.)* s.o. has to pay up for s.t. *(infml.).*

op·dol·lie *opge-: iets* ~, *(infml.)* jazz/spiff s.t. up; *jou* ~, *(infml.)* titivate o.s., posh (*or* glam/tart o.s.) up; *opgedolliede kos* souped-up food.

op·dom·krag *opge-* jack up.

op·don·der *opge-, (coarse)* beat up; give *(s.o.)* hell, knock sparks out of.

op·dons *opge-, (infml.)* let *(s.o.)* have it, knock *(s.o.)* into the middle of next week, *(infml.)* bash *(s.o.)* up, dust *(s.o.'s)* jacket, wipe the floor with *(s.o.),* go for *(s.o.),* make it hot for *(s.o.);* do *(s.t.)* anyhow, not care two straws (*or* a damn), bungle along; *iem.* ~ *tot by oom Daantjie in die kalwerhok* (infml.), *iem. goed* ~, *(infml.)* beat s.o. to a frazzle *(infml.),* beat/knock the living daylights out of s.o. *(infml.); iem. dons maar altyd op, (infml.)* s.o. is a devil-may-care sort of person; *iets* ~ make a pig's ear (out) of s.t. *(infml.).*

op·dop *opge-* turn up *(one's eyes).*

op·dra *opge-* carry up; wear out *(clothes, shoes);* put on the table; instruct, direct, charge, brief, commission *(s.o. to do s.t.),* entrust *(s.o.)* with *(a duty);* dedicate *(church/book/etc. to);* inscribe; delegate; →OPDRAG; *iets **aan** iem.* ~ charge s.o. with s.t.; delegate s.t. to s.o.; *'n boek/ens. **aan** iem.* ~ dedicate a book/etc. to s.o.; *'n taak **aan** iem.* ~ assign a task to s.o., assign s.o. (to) a task; ***kos*** ~ set food on the table; *die **mis*** ~ →MIS[3] *n.; die komitee/ens. word opgedra **om*** ... the committee/etc. is instructed to ...

op·draai *opge-* turn higher (up); twist up; wind up; crank up; coil (up); *niemand kan teen* ... ~ *nie, (infml., obs.)* nobody can stand up to ..., ... has no equal.

op·draand *-draande, (obs.) -draands,* **op·draan·de** *-draandes n.* uphill path/road; rising ground, incline, upslope, acclivity; *iem.* ~ ***gee,*** *(infml.)* give s.o. a rough time; *iets **gee** iem.* ~, *(infml.)* s.o. finds s.t. hard going; *die **laaste*** ~ *maak die perd flou* it's the last straw that breaks the camel's back; *'n **skotige*** ~ a gentle/slight slope; *'n **steil*** ~ a sharp incline, a steep rise/slope. **op·draand** *-draande, adj.* uphill, sloping upwards; upgrade; ascendent, acclivitous; difficult, arduous; ~*e pad* uphill road; *die pad is* ~*e* the road is uphill; ~*e werk/stryd* uphill work, struggle. **op·draand, op·draan·de** *adv.* uphill; *dit* ~ *kry/hê, (infml.)* have a rough time. **op·draan·de·tjie** *-tjies, (dim.)* small hill/incline.

op·drag *-dragte* instruction, order, commission, charge, direction, directive, command, engagement, assignment, mandate, injunction; brief *(barrister);* dedication *(in book);* terms of reference *(of a commission); (comp.)* command; *'n* ~ ***aanneem*** undertake a commission; ~ ***gee*** give instructions; brief *(a barrister);* ~ ***gee*** *dat* ... direct that ...; *iets in* ~ ***gee*** commission s.t.; *iem.* ~ ***gee*** *om iets te doen* instruct s.o. to do s.t.; commission s.o. *(esp. an artist)* to do s.t.; *die* ~ *vir iets aan iem.* ***gee*** give the commission for s.t. to s.o.; *'n* ~ ***hê*** *om* ... be directed/charged/instructed to ...; ***in*** ~ *van* ... by order of ...; instructed by ...; on the instruction of ...; ~ ***kry/ontvang*** *om* ... be instructed to ..., receive instructions to ...; *van iem.* ~ ***kry/ontvang*** *om* ..., *(also)* be commissioned by s.o. to ...; *'n* ~ ***laat vaar*** throw up a brief; ***onder*** ~ *van iem. handel* act under instructions from s.o.; hold a brief for s.o.; *'n* ~ ***opstel*** draw (up) a brief; *volgens* ~ ***praat*** speak to a brief; ***sonder*** ~ uninstructed; *dit is 'n **strawwe/onuitvoerbare*** ~ that's a tall order; ~*te **uitvoer*** carry out (*or* follow) instructions; ***volgens*** ~ according/pursuant to instructions. ~**gewer** employer; *(jur.)* principal. ~**reël** *(comp.)* command line. ~**stuk,** ~**werk** commision, commisioned piece/work. ~**taal** *(comp.)* command language. ~**veld** *(comp.)* command field.

op·dreun *opge-, (infml.)* give no breathing space, make it hot for, drive *(s.o.)* on.

op·drif·sel *-sels* drift, driftwood, debris; *(in the pl.)* floatage, flotsam, driftage, jetsam.

op·dring *opge-* push on (forward); *jou aan iem.* ~ force/foist/thrust o.s. (up)on s.o., impose o.s. on s.o., fasten onto (*or* on to) s.o.; *iets **aan** iem.* ~ press s.t. (up)on s.o., thrust s.t. upon s.o.; inflict s.t. (up)on s.o.; *baie gedagtes dring hulle **aan** iem. op* many thoughts crowd in (up)on s.o.; ***jou*** ~ push o.s. forward; *vriendskap **laat** hom nie* ~ *nie* friendship cannot be forced *(upon s.o.).* **op·drin·ger** *-gers, (rare)* intruder, obtruder, (social) climber, pusher. **op·drin·ge·rig** *-rige* intrusive, obtrusive, pushful, pushy, fresh, insistent, importunate. **op·drin·ge·rig·heid** intrusiveness, obtrusiveness, pushiness, importunity, pushfulness. **op·drin·ging** pressing (upon), obtrusion, intrusion.

op·drink *opge-* drink up, finish (off), *(infml.)* down; *iets in een teug* ~, *(also, infml.)* down s.t. at a gulp.

op·droog *opge-* dry up; run dry; peter out; give out; desiccate; *(infml.)* black out, forget one's lines. **op·dro·ging** drying up, desiccation.

op·druk[1] *-drukke, n.* imprint, surcharge *(on a postage stamp);* overprint; press-up, push-up; →OPSTOOT *n.; 'n posseël van 'n* ~ *voorsien* surcharge a postage stamp, overprint a surcharge on a postage stamp. **op·druk** *opge-, vb.* press up; *(usu. as p.p.)* print on, imprint/stamp on; overprint *(on postage stamp);* →OPGEDRUK[1].

op·druk[2] *opge-, vb., (infml., obs.)* force up, urge on, hurry, drive; →OPGEDRUK[2]; *ons moet* ~, *(infml., obs.)* we must make haste (*or* be quick); *iem.* ~ *(vir skuld), (infml., obs.)* dun/press s.o. (for payment).

op·dryf, op·dry·we *opge-* float/drift up; force up, inflate *(prices).* **op·dry·wing** forcing up.

op·duik *opge-* emerge, come to the surface, surface; pop up; *(difficulties etc.)* turn up, crop up. **op·dui·king** emergence.

op·dui·wel *opge-* make a muck of, muck up; beat up; give *(s.o.)* hell.

op·dwar·rel *opge-* whirl up.

op·dweil *opge-* mop/swab/wipe up.

op·dwing *opge-* force (up)on; *iets aan iem.* ~ force s.t. (up)on s.o..

o·pe *opes, n.* open, open championship(s). **o·pe** *adj.* open *(championship, tournament, etc.);* →OOP; *die Amerikaanse* ~ *kampioenskap* the American open (championship/title); ~ *kampioenskapsbyeenkoms/kampioenskapstoernooi* open championships.

op·een·: ~**dring** *opeenge-* crowd together, huddle up. ~**dryf,** ~**drywe** *opeenge-* drive together. ~**hoop** *opeenge-* heap up, pile up, accumulate, bunch, conglomerate, congest. ~**hoping** *-pings, -pinge* accumulation; mass *(of snow/papers/people/etc.),* crowd; conglomeration; congestion *(of population/traffic/etc.); (av.)* stackup. ~**ja(ag)** *opeenge-* drive together. ~**stapel** *opeenge-* pile/heap up, accumulate. ~**stapeling** *-lings, -linge* piling/heaping up, accumulation. ~**volg** *opeenge-* follow each other. ~**volgend** *-gende* successive, consecutive, *(infml.)* back-to-back. ~**volging** *-gings, -ginge* succession; sequence, train, run *(of)*; *'n/die ~ van gebeurtenisse* a/the sequence of events. ~**volgingsbepaler** *(biochem.)* sequencer.

op·eens *adv.* suddenly, all of a sudden, all at once.

op·eet *opgeëet* eat (up), finish (up), devour, consume; *die* ***hoogmoed*** *eet/vreet iem. op* s.o. is eaten up with pride; ***iem.*** *~, (infml.)* eat s.o. out of house and home; *moet my net* ***nie*** *~ nie!, (infml., joc.: said to s.o. overjoyed to see one etc.)* just don't eat me!; *alles vir* ***soetkoek*** *~* →SOETKOEK; *jou (eie)* ***woorde*** *~* swallow one's own words, recant.

op·eg *-geëg* harrow.

o·pe·hart-: ~**operasie** open-heart operation. ~**sny-kunde** open-heart surgery.

o·pe·herd·oond, oop·herd·oond open-hearth furnace.

op·eis *-geëis* claim, demand *(a surrender)*; summon; exact; →OPGEËIS. **op·eis·baar, op·eis·baar** *-bare* claimable, exigible; *dadelik ~ wees, (fin.)* be at/on call; *~ word, (fin.)* mature.

o·pe·lug-: ~**museum** *-seums, -sea* open-air museum. ~**spel** open-air game, outdoor game; open-air play. ~**swembad** outdoor swimming pool. ~**teater** open-air theatre.

o·pe·lyf evacuation *(of the bowels)*; *iets gee iem. ~* s.t. opens s.o.'s bowels; *iem. het ~ gehad* s.o.'s bowels have moved, s.o. has had a bowel movement (*or* a motion).

o·pen *ge-* open *(a debate, campaign, meeting, parliament, factory, an account, etc.)*; introduce *(a sentence)*; set up *(a school)*; inaugurate; *die* ***mark*** *het stil ge~* the market opened quietly; *iets het iem. se* ***oë*** *ge~* →OOG; *die* ***tentoonstelling*** *~ môre* the exhibition opens tomorrow; *die* ***vuur*** *~* →VUUR *n.*. **o·pe·naar** *-naars, (rare)* opener. **o·pe·nend** *-nende* opening; aperient. **o·pen·heid** openness; frankness; →OPENHARTIGHEID.

op·en·af(-)wed·stryd ding-dong game.

o·pen·baar *n.* public; *in die ~* in public; *in die ~ optree* appear in public. **o·pen·baar** *-bare, adj. & adv.* public; manifest; common; overt; patent; exoteric; *openbare* ***besit*** *word, (land etc.)* become public domain; *openbare* ***beskermer,*** *(SA)* public protector; *oefening in openbare* ***betrekkinge*** public relations exercise; *openbare* ***biblioteek*** public library; *openbare* ***figuur*** public figure; *dit is 'n openbare* ***geheim*** →GEHEIM *n.*; *openbare* ***korporasie*** public corporation; *openbare* ***leenreg*** public lending right; *iets ~* ***maak*** make s.t. known; disclose/divulge/reveal s.t.; *alles/dinge/dit/ens. ~* ***maak*** go public; *die openbare* ***mening*** public opinion; *openbare* ***meningspeiling/-opname*** public opinion poll; *in die openbare* ***oog*** in the public eye; *'n openbare* ***oorlas*** →OORLAS; *openbare* ***sektor,*** *(econ.)* public sector; *in openbare* ***sitting*** in open court; *openbare* ***skool*** public school; *openbare* ***spreker, spreker*** *by openbare geleenthede* public speaker; *openbare* ***stemming*** open vote/ballot; *openbare* ***televisie*** public television; *openbare* ***toegang*** public access; *by openbare* ***veiling*** *verkoop* →VEILING; *openbare* ***vervoer*** public transport; *openbare* ***vyandskap*** open enmity; *openbare* ***water*** public water; *openbare* ***werke*** →WERK *n.*. **o·pen·baar** *ge-, vb.* reveal, divulge, disclose, make public, make known; release; display, manifest; signify; *iets aan iem. ~* divulge/reveal s.t. to s.o.; *God ~ hom* God manifests himself; *ge~de godsdiens* revealed religion. **o·pen·baar·heid** *(rare)* publicity; *~ gee aan ...* publicise ... **o·pen·baar·ma·king** *-kings, -kinge* publication, disclosure; release. **o·pen·ba·rend** *-rende* revelatory.

o·pen·ba·ring *-rings, -ringe* revelation, manifestation, disclosure; *die O~ van Johannes, (NT)* the Revelation of Saint John the Divine, *(infml.)* Revelation(s), the Apocalypse; *iets is vir iem. 'n ~* s.t. is an eye-opener to s.o. *(infml.)*. **o·pen·ba·rings·leer** *(theol.)* doctrine of revelation.

o·pen·har·tig *-tige, adj.* frank, open(-hearted), candid, sincere, explicit, outspoken, unreserved, undisguised, unconcealed, honest; *'n ~e gesprek* a heart-to-heart (chat/conversation/discussion/talk); *'n ~e gesprek met iem. voer* have a heart-to-heart (chat/conversation/discussion/talk) with s.o.. **o·pen·har·tig** *adv.* frankly, openly, candidly; sincerely; freely, heart to heart; *~ met iem. gesels/praat* have a heart-to-heart (chat/conversation/discussion/talk) with s.o.; *~ met mekaar gesels/praat, dinge ~ met mekaar uitpraat* have a heart-to-heart (chat/conversation/discussion/talk); *~ teenoor iem. wees oor iets* be candid with s.o. about s.t.. **o·pen·har·tig·heid** frankness, candour, candidness, open-heartedness, outspokenness; sincerity.

o·pen·heid →OPEN.

o·pe·ning *-nings, -ninge* opening *(of parliament, a campaign or a school, in the clouds, etc.)*, commencement; inauguration; aperture, gap, passage, chink, slit, interstice, vent, orifice; mouth; *(anat.)* foramen; inroad; inlet; vacancy; (chess) opening; *die burgemeester het die ~ verrig* the mayor performed the opening (ceremony).

o·pe·nings-: ~**aand** *(theatr.)* first/opening night. ~**plegtigheid** opening ceremony. ~**rede** opening address, inaugural address. ~**woord** opening speech/address.

o·pe·nin·kie *-kies, (dim.)* little opening/gap, aperture, slit.

o·pen·lik *-like, adj.* open, public; overt; outright; undisguised; *~e vyandskap* open enmity; *'n ~e Kommunis* a declared/outspoken Communist. **o·pen·lik** *adv.* openly, blatantly, flagrantly, publicly; frankly, candidly, freely.

op-en-neer(-)spoor switchback railway.

op-en-top, op en top *adv.* all over, out-and-out, to the fingertips; *~ 'n skurk* a downright/thorough scoundrel; *~ 'n gawe kêrel/meisie* a fine fellow/girl in every respect; *~ 'n sportman/-vrou* every inch a sportsman/-woman.

op en wak·ker *~ ~ -kerder ~ ~ -kerste* (of *meer ~ ~ ~ die mees ~ ~ ~*), *adj. (attr. & pred.)* wide awake *(fig.)*; bustling; *'n ~ ~ ~ kêrel/meisie* a live wire; *~ ~ ~ wees* be up and doing; be wide awake; be/keep on one's toes; be a live wire.

o·pe·ra *-ras* opera; operatics; opera house; ***groot*** *~* grand opera; ***komiese*** *~, opéra* ***bouffe*** comic opera, *(Fr.)* opéra bouffe, *(It.)* opera buffa; *in 'n ~* ***sing*** sing in an opera; *uit die ~s* ***sing*** sing opera. ~**gebou** opera house. ~**geselskap** opera company. ~**huis** = OPERAGEBOU. ~**konsert** operatic concert. ~**koor** opera(tic) chorus. ~**musiek** operatic music. ~**orkes** opera(tic) orchestra. ~**sang** opera singing. ~**sanger(es)** opera(tic) singer. ~**seisoen** opera season. ~**ster** opera(tic) star. ~**teks** libretto. ~**uitvoering** *-rings, -ringe* opera(tic) performance.

o·pe·rand *(math.)* operand.

o·pe·ra·sie *-sies, (surgical, mil., etc.)* operation; surgical intervention; *'n ~* ***aan*** *iem. se knie/ens.* an operation on s.o.'s knee/etc.; *'n ~* ***doen/uitvoer/verrig*** perform an operation; *'n ~* ***ondergaan*** have/undergo an operation, undergo surgery; *'n ~* ***op*** *'n pasiënt* an operation on a patient; *'n ~* ***weens*** *...* an operation for ... ~**basis** base of operations. ~**bereik** radius of action. ~**gebied** sphere of operations. ~**kamer** operating room, surgery. ~**mes, opereermes** operating knife, surgeon's knife; bistoury; catling. ~**plan** plan of campaign. ~**saal** operating theatre. ~**skêr** surgical scissors. ~**skok** surgical shock. ~**stewel** bootee. ~**suster** theatre sister. ~**tafel** operating table. ~**veld** field of operations.

o·pe·ra·sie·tjie *-tjies, (dim.)* minor operation.

o·pe·ra·si·o·neel *-nele* operational; *~nele gebied, (mil. etc.)* operational area, theatre of operations.

o·pe·ra·teur *-teurs, (masc.),* **o·pe·ra·tri·se** *-trises, (fem.)* operator.

o·pe·ra·tief *-tiewe* operative, surgical; operational; *~ ingryp* operate.

o·pe·ra·tor *-tors, -tore, (math., phys., etc.)* operator.

op·erd *-geërd* earth up, bank up, ridge; tump; hill; →AANERD. ~**ploeg** tumping plough; ridger, ridging plough; lister.

o·pe·reer *ge-* operate, perform an operation; *(aan) 'n been/ens. ~* operate on a leg/etc.; *'n pasiënt ~ vir/weens ...* operate on a patient for ...; *ge~ word, (s.o., a leg, etc.)* be operated on; *(s.o.)* have/undergo an operation, undergo surgery. ~**mes** →OPERASIEMES.

o·pe·reer·baar *-bare* operable.

o·pe·ret·te *-tes, (mus.)* operetta, light opera, musical comedy/theatre. ~**komponis** operetta composer, composer of operettas.

o·per·ku·lum *-lums, (biol.)* operculum.

o·per·ment *(min.)* orpiment.

o·pe·see-son·vis *(Mola mola)* ocean sunfish.

op·flik·ker *opge-* flicker/flare up, blaze up; cheer/brighten up *(intr.)*, perk up. **op·flik·ke·ring** *-rings, -ringe* flicker(ing), flare-up; cheering/brightening up; flicker *(of hope)*; *'n (blote) ~* a flash in the pan.

op·foe·ter *opge-* = OPDONS.

op·fok *opge-, (taboo sl.)*: *iets ~* fuck s.t. up.

op·fris *opge-* refresh, revive, enliven, freshen; brush up, renew; touch up; refresh *(the memory)*, brush up *(knowledge)*; *dit sal jou ~ !* that will make you sit up!; *jou Duits/ens. ('n) bietjie ~* give one's German/etc. a brush-up. **op·fris·ser·tjie** *-tjies* appetiser, refresher; pick-me-up, bracer. **op·fris·sing** *-sings, -singe* refreshing, reviving; brush-up, brushing/polishing up *(of knowledge)*; refresher *(drink)*. **op·fris·(sings·)kur·sus** *-susse* refresher course.

op·from·mel *opge-* crumple (up), rumple; *(infml.)* make mincemeat of *(fig.)*; bash up *(a car etc.)*.

op·gaaf *(infml., obs.)* (poll) tax; →KOPBELASTING, OPGAWE; *dis is 'n (hele) ~, (infml.)* that's quite a job, that'll take some doing; *met/sonder ~ van redes* →OPGAWE.

op·gaan *opge-, (a balloon, smoke, the sun, prices, etc.)* go up, ascend, rise; go up *(a street, a hill, etc.)*, climb *(a tree, a mountain, etc.)*; ***in*** *iets ~* be merged in s.t. *(a crowd etc.)*; be absorbed/immersed in s.t. *(one's work etc.)*; *die moeder gaan heeltemal op* ***in*** *haar kind* the mother is wrapped up in her child; *(heeltemal)* ***in*** *'n/jou vak ~* be wrapped up in (*or* devote o.s. [heart and soul] to) a/one's subject; ***in jouself*** *~* be self-absorbed; *daar gaan vir iem. 'n* ***lig*** *op* →LIG[2] *n.*; *dit gaan* ***nie*** *op nie, (an excuse etc.)* that won't wash *(infml.)*; *(an argument etc.)* it does not hold water/good/true, it is not sound/valid; *in* ***rook*** *~* →ROOK *n.*; ***stemme*** *gaan op ten gunste van ...* →STEM *n.*; *in* ***vlamme*** *~* →VLAM *n.*; *'n* ***vlieër*** *laat ~* →VLIEËR; *dieselfde* ***weg*** *~* →WEG[1] *n.*; *die verkeerde* ***weg*** *~* →WEG[1] *n.*. **op·gaan·de** going up, rising, ascending; *~ lyn* ascending line; *~ son* rising sun; *~ slag* upstroke.

op·gaar *opge-* collect, accumulate, amass *(riches)*, store up, hoard, treasure (up), salt away/down, squirrel away, conserve. ~**bak** reservoir, storage cistern. ~**battery** accumulator, storage battery. ~**dam** storage dam, catch dam, reservoir, conservation dam. ~**kis** storage bin/box. ~**tenk** reservoir, storage tank. ~**toring** silo.

op·gaar·der *-ders* hoarder, gatherer, magpie *(fig.)*.

op·gang *-gange* rise *(of the sun)*; ascent; growth, development; success, fame; *in die ~ wees* be in the ascendancy; *~ maak* win a name for o.s., become famous/popular; achieve success.

op·ga·ring storing (up), hoarding, storage; →OPGAAR.

op·ga·we *-wes,* **op·gaaf** statement *(of facts)*, account; (official) return/report; exercise, work, task, problem, question, (examination) paper; log, statement; schedule; *~ doen* render a return; draw up a statement; *met/sonder ~ van redes* (without) stating reasons.

op·ge·beur *-beurde* cheerful, buoyed up, in high spirits, uplifted.

op·ge·blaas *-blaasde* inflated *(football, tyre)*; flatulent; puffy, pursy; windy; puffed up; bloated; *(vet.)* hoven; →OPBLAAS. **op·ge·blaas(d)·heid** bloatedness, inflated state; flatulence; *(cattle disease)* heaves, hoove. **op·ge·bla·se** *~ -sener -blaasste* (of *meer ~ die mees ~*) puffed up, inflated *(with pride)*, pompous, high-flown, vainglorious, *(infml.)* swollen-headed; *die liefde ... is nie ~/ verwaand nie, (OAB/NAB), (1 Cor. 13:4)* charity ... is not puffed up *(AV)*, love ... is not proud *(NIV)*. **op·ge·bla·sen·heid** arrogance, presumptuousness, pomposity, swelled/swollen head.

op·ge·bol *-bolde* conglomerate; bouffant; →OPBOL.

op·ge·bou *-boude* built-up *(shoes etc.)*; →OPBOU *vb.*.

op·ge·bruik *het ~* use up, consume, exhaust *(leave)*.

op·ge·buig ~*buigde* bent upward; *(bot.)* ascendent; →OPBUIG.

op·ge·dol·lie →OPDOLLIE.

op·ge·draai ~*draaide* upturned *(face etc.)*.

op·ge·druk[1] ~*drukte* pushed up; →OPDRUK[1] *vb.; 'n nuwe ~te waarde op 'n ou posseël* a new surcharge overprinted on an old postage stamp.

op·ge·druk[2] ~*drukte, (infml., obs.)* hard pressed; →OPDRUK[2] *vb.*.

op·gee *opge*~ pass/hand up; give up, part with, hand over, relinquish, surrender; forgo; yield; give, set *(a problem, task, etc.)*; enumerate *(items)*; advance, state *(reasons)*; specify *(details)*; give *(particulars, a name, etc.)*; give up *(hope, a habit, game, post, plan, etc.)*; lose *(courage)*; abandon, quit, stop, discontinue *(smoking, playing football, etc.)*; leave off *(a habit, doing work)*; throw in one's hand; quit, vacate *(a post)*; *(rare)* expectorate, spit *(blood)*; ***blink*** ~, *(a mirage, obs.)* show a blink of water; ***jou burgerskap*** ~ expatriate o.s.; ***dit*** *gee op, (obs.)* it deceives the eye, it produces/forms a mirage; *ek gee* ***dit*** *op, (also)* I give it up, it beats me; *die* ***gebooie*** ~ ask the minister to put up the banns; →GEBOD; ***hoog*** *oor/van ...* ~, *(infml.)* enthuse about/over ..., be loud in one's praises (*or* speak highly) of ..., *(infml.)* hype ... (up); *te* ***laag*** ~ understate; underquote; ***nie*** ~ *nie* stick it out, stick to it; ***soos*** *opgegee* as stated.

op·geef·sel ~*sels* mirage.

op·ge·ëis ~*geëiste* claimed; →OPEIS.

op·ge·graaf ~*graafde, adj. (chiefly attr.)* dug out/up, exhumed, unearthed; →OPGRAWE.

op·ge·groei ~*groeide* grown-up; →OPGROEI.

op·ge·hang ~*hangde* hung, suspended; →OPHANG.

op·ge·hef ~*hefte* elevated; raised *(hand etc.)*, uplifted *(face etc.)*; →OPHEF *vb.*.

op·ge·he·we abolished, revoked, annulled *(regulation etc.)*; swollen, inflamed, puffed *(face)*, tumid; →OPHEF *vb.*.

op·ge·hoop ~*hoopte* heaped up, accumulated *(deficit)*; congested; →OPHOOP.

op·ge·hou ~*houde* held up, delayed; bated *(breath)*; →OPHOU *vb.*.

op·ge·hys ~*hyste* hoisted, hauled up; →OPHYS.

op·ge·jaag ~*jaagde* chased up; flushed *(birds)*; forced up *(prices)*; →OPJA(AG).

op·ge·kam ~*kamde* combed up, swept-up *(hair)*; →OPKAM.

op·ge·kik·ker ~*kerde* cheered up, in high spirits, uplifted; souped-up *(a computer etc.)*.

op·ge·kin·kel ~*kelde, (rare)* snarled up *(line)*.

op·ge·knap ~*knapte* renovated; reconditioned; →OPKNAP.

op·ge·kom·man·deer ~*deerde* called up; conscripted; →OPKOMMANDEER.

op·ge·krop ~*kropte* repressed, pent-up *(rage etc.)*; →OPKROP.

op·geld *(rare)* = AGIO.

op·ge·lê ~*lêde*, **op·ge·leg** ~*legde* put/laid on; laid up *(ship)*; laminated; superimposed; appointed *(task)*; →OPLÊ; ~*de las* superimposed load.

op·ge·lei ~*leide* trained, qualified; trellised *(vine)*; →OPLEI; ***as*** *...* ~ *word* be trained as ...; *vrugte van ~de* ***bome*** wall fruit; ***goed*** *in iets ~ wees* be well schooled in s.t.; ***goed*** *~de personeel* well-trained staff; ~ *wees* ***om*** *iets te doen* be trained to do s.t..

op·ge·loop ~*loopte, opgelope* accumulated *(debt)*; accrued *(interest)*; →OPLOOP *vb.*.

op·ge·los ~*loste* solved; dissolved; →OPLOS; *daarmee is die saak* ~ that settles it; ~*te stof* solute; *in ~te vorm* in solution.

op·ge·maak ~*maakte* made up; used up, consumed, squandered, wasted; trimmed *(hat)*; done up *(hair, face)*, made *(bed)*; →OPMAAK *vb.*.

op·ge·meet ~*mete* surveyed *(land)*; →OPMEET.

op·ge·piep ~*piepte, (infml.)* (molly)coddled, pampered, overprotected, babied, indulged, spoiled; →OPPIEP.

op·ge·plak ~*plakte* mounted; →OPPLAK.

op·ge·pof ~*pofte* puffed (up) *(sleeve)*; bouffant *(hair)*; →OPPOF.

op·ge·prop ~*propte* crammed; →OPPROP.

op·ge·rol ~*rolde* rolled (up); contorted, volute, convolute(d); collared; →OPROL.

op·ge·ruimd ~*ruimde* ~*ruimder* ~*ruimdste* good-humoured, upbeat *(infml.)*, brightly, happily, cheerful, in good spirits, jaunty, light-hearted, merry, jovial, genial, playful; ~ *voel, (also)* feel exhilarated. **op·ge·ruimd·heid** cheerfulness, good spirits.

op·ge·sit ~*sitte* swollen, bloated; →OPSIT[2]; *opgesitte vinger* swollen finger.

op·ge·skeep: ~ *met jouself wees* not know what to do with o.s., be at a loose end; *met ...* ~ *sit/wees* be landed with ..., have ... on one's hands; have to put up with ...; be/get stuck/saddled with ... *(infml.)*.

op·ge·skik ~*skikte* dolled up, dandified, tawdry; →OPSKIK *vb.*.

op·ge·skort ~*skorte* suspended *(sentence)*; postponed, delayed; →OPSKORT; ~*e soldy* deferred pay.

op·ge·sko·te half-grown, adolescent; ~ *seun* stripling.

op·ge·skroef ~*skroefde,* ~*skroefte* screwed up; *(fig.)* antsy, edgy, on edge, tense; stilted, bombastic *(lang.)*; →OPSKROEF; ~ *raak, (also, infml.)* get one's knickers in a twist; *oor iets ~ raak* work o.s. up about s.t.. **op·ge·skroefd·heid** *(rare)* bombast.

op·ge·slaan ~*slaande,* ~*slane* turned up, upturned *(collar etc.)*; cocked *(hat)*; →OPSLAAN.

op·ge·sluit ~*sluite* locked; locked up, detained; →OPSLUIT[1] *vb.; iem. is in ...* ~ s.o. is shut up in ...; *iets is in ...* ~ s.t. is implied by ...; ~ *wees* be shut away. **op·ge·slo·te:** *dit is in ...* ~ it is inherent in ..., it inheres in ...; it is implied by ...

op·ge·smuk ~*smukte* showy, gaudy, ornate *(decoration, style)*, embellished *(narrative)*, bombastic *(style)*; →OPSMUK *vb.*.

op·ge·sta·ne: *die ~ Heiland* the risen Christ.

op·ge·stel ~*stelde* drawn up, put up; →OPSTEL *vb.; teen ...* ~ *wees* be ranged against ...

op·ge·stik ~*stikte* stitched on; ~*te sak* patch pocket.

op·ge·stop ~*stopte* stuffed; padded; upholstered *(furniture)*; dummy; →OPSTOP; ~*te* ***diere*** stuffed animals *(in a museum)*; *'n ~te* ***hoender/ens.****, (cook.)* a stuffed chicken/etc.; *'n ~te* ***kussing*** a squab; ***met*** *...* ~ *wees* be stuffed with ...

op·ge·swel ~*swelde* swollen; bloated; turgid; tumescent, tumid; protuberant; blown; varicose; *(biol.)* incrassate(d); →OPSWEL.

op·ge·to·ë ~ *meer* ~ *die mees* ~ elated, exultant, excited, ecstatic, gleeful, thrilled, delighted; in high spirits; ~ *(van blydskap)* overjoyed, in raptures; ~ *wees oor iets* be delighted with s.t.. **op·ge·to·ën·heid** elation, delight, exultation, rapture, enchantment, glee.

op·ge·tof ~*tofde,* ~*tofte, (infml.)* dolled/togged up, swanky, posh, *(SA)* larney, la(a)nie, lahnee.

op·ge·tooi(d) ~*tooide* decorated; ornate; dandified; →OPTOOI.

op·ge·vang ~*vange* preserved, collected; →OPVANG.

op·ge·voed ~*voede* educated, refined, cultured; →OPVOED; *'n goed opgevoede kind/ens.* a well-brought-up child/etc.. **op·ge·voed·heid** culture, gentlemanliness.

op·ge·was·se: *jou nie* ***daarvoor*** ~ *voel nie* not feel up to it; ***teen*** *iem.* ~ *wees* be a match for (*or* match up to) s.o., be the equal of s.o., be able to hold one's own against s.o.; *(goed)* ***teen*** *mekaar* ~ *wees* be evenly/well matched; ***teen*** *die omstandighede* ~ *wees* be equal (*or* rise) to the occasion, match up to the situation; *nie ~ wees* ***teen*** *die moeilikhede nie* be unable to cope with the difficulties; ***vir*** *'n taak* ~ *wees* be adequate/equal/up to (*or* fit for) a task; *nie* ***vir*** *iets* ~ *wees nie* be ill-equipped for s.t..

op·ge·wek ~*wekte* cheerful, cheery, in high spirits, merry, breezy, debonair, light-hearted, good-humoured, *(infml.)* upbeat; awakened; →OPWEK. **op·ge·wekt·heid** cheerfulness, high spirits, breeziness, jauntiness, mirth, sanguineness, sanguinity; *natuurlike* ~ animal spirits.

op·ge·wen ~*wende* wound up *(watch)*; →OPWEN.

op·ge·woe·ma souped-up *(a song, vehicle [engine], etc.)*.

op·ge·won·de ~ ~*dener* ~*denste* (of *meer* ~ *die mees* ~) excited, thrilled, enthusiastic; high *(infml.)*; worked up, aflutter; stimulated, aroused; animated, flurried, tumultuous, wild; *iets maak iem.* ~ s.t. excites s.o.; *oor iets* ~ *wees* be excited about s.t.; be wrought up over s.t.; *oor iets* ~ *raak/word* become/get excited about s.t.; get (all) worked up about s.t.. **op·ge·won·den·heid** excitement, excitedness, exhilaration, exuberance, enthusiasm; →OPWINDING; *(die) ene* ~ *wees* be all agog (with excitement); *die* ~ *oor iets* the excitement about/over s.t..

op·gooi *n.* toss, upthrow, upcast. **op·gooi** *opge*~, *vb.* throw up, toss (up); vomit, *(infml.)* puke, fetch up; *iets* ~ sick/vomit s.t. up; *'n munt* ~ →MUNT *n.; tou* ~ →TOU *n.*.

op·gra·deer *opge*~ upgrade, uprate *(a computer etc.)*. **op·gra·deer·baar** ~*bare* upgrad(e)able *(a computer etc.)*.

op·gra·we *opge*~ unearth, dig up/out; exhume, disinter *(body)*; excavate; →OPGEGRAAF *adj.*. **op·gra·wer** ~*wers* excavator. **op·gra·wing** ~*wings,* ~*winge* digging out/up; exhumation, disinterment; *(archaeol.)* excavation.

op·groei *opge*~ grow up/bigger; →OPGEGROEI; *tot ...* ~ grow into ...

op·gryp *opge*~, *(rare)* sweep up, swoop up, snatch up, catch up.

op·haak *opge*~ pick up, hook on.

op·haal ~*hale, n.* hairline, upstroke *(in writing)*; upstroke *(of a machine)*. **op·haal** *opge*~, *vb.* draw up, pull/haul up; hitch up; hoist *(a flag, a sail, etc.)*; weigh *(anchor)*; shrug *(shoulders)*; fish/draw out *(of water)*; turn up *(the nose)*; collect *(tickets, ballot papers, money, parcels, etc.)*; rake up, open up *(quarrel, the past)*; *herinneringe* ~ recall memories, reminisce; *moenie weer die ou kwessie* ~ *nie* let bygones be bygones. ~**brug** drawbridge. ~**gordyn** blind. ~**net** square net.

op·ha·ker pickup (device).

op han·de *adv.* near, at/on hand, imminent; ~ ~ *synde* approaching, forthcoming, imminent, impending; *Kersfees is* ~ ~ Christmas is drawing near.

op·hang *opge*~ hang *(a picture, a person, meat to dry)*; scrag; string up; hang up, suspend; →OPGEHANG; *iets* ***aan*** *...* ~ hang/suspend s.t. from ...; *iem. het* ***hom~/haarself*** *opgehang, (also, fig., infml.)* s.o. has cooked his/her goose; ***jou*** ~ hang o.s.; *opgehang* ***word****, (s.o.)* be hanged. ~**band** suspensory ligament. ~**draad** suspension wire. ~**punt** point of suspension, suspension point.

op·han·ger hanger, suspender.

op·han·ging suspension.

op·hap *opge*~ snap up.

op·hark *opge*~ rake up, rake together.

op·hê ~*gehad* have on, wear; *'n mooi hoed* ~ be wearing a nice hat; *stoom* ~ →ONDER **STOOM** WEES; *iem. het al vier toebroodjies op, (infml.)* s.o. has already gobbled down (*or* polished off) four sandwhiches.

op·hef *n.* fuss, to-do; *(infml.)* razzle-dazzle, razzmatazz, hype; ***geen*** ~ *van iets maak nie* make light of s.t.; *dis* ***geen*** ~ *werd nie* it is nothing to shout (*or* not worth shouting) about; ***(groot)*** ~ puffery *(infml.)*; *'n* ***(groot)*** ~ *van iem./iets maak* beat/bang/thump the (big) drum(s) for s.o./s.t.; *'n* ~ *van iem.* ***maak*** make a fuss of/over s.o., fuss over s.o., make much of s.o.; *'n* ~ *van iets* ***maak*** make great play of s.t.; make a song and dance about s.t. *(infml.)*; make a to-do about s.t.; *'n* ~ ***maak,*** *(also)* raise a hue and cry. **op·hef** *opge*~, *vb.* lift (up), raise *(eyes, hand)*; neutralise *(forces)*; abolish, do away with, discontinue, abrogate, repeal *(a law)*, revoke, cancel, annul; raise, relinquish *(siege, blockade)*; remove *(duties)*; set aside *(judg[e]ment)*; discharge *(a court order)*; elevate, lift, raise *(morally, socially, etc.)*, uplift, upraise; counteract, counterpoise; disestablish; →OPGEHEF, OPGEHEWE; *die verbod op iets* ~ →VERBOD. **op·hef·fend** ~*fende* uplifting. **op·hef·fing** ~*fings,* ~*finge* lifting; abolition, abrogation, annulment; raising *(of siege)*; elevation, upliftment, uplift(ing); counteraction.

op·hel·der *opge*~ elucidate, explain, illustrate *(by exam-*

ples), solve *(mystery),* clear up *(difficulty);* illuminate; clarify; demystify; *iem. se gesig het opgehelder* s.o.'s face brightened. **op·hel·de·rend** =*rende* clarifying, elucidative, explanatory, illustrative. **op·hel·de·ring** =*rings,* =*ringe* clearing up; elucidation, explanation, illustration, clarification; demystification.

op·help *opge=* help up, raise, assist in rising; *iem.* ~ help s.o. to his/her feet.

op·he·mel *opge=* extol, praise/laud to the skies, sing the praises of, be loud in one's praises of, eulogise, boost, magnify, puff up; *iets* ~, *(also, infml.)* hype s.t. (up). **op·he·me·laar** =*laars* extoller, eulogist. **op·he·me·ling** =*lings,* =*linge* praising, laudation, eulogy, *(infml.)* hype.

op·hits *opge=* set on, instigate, incite, stir up; *iem.* ~ *om iets te doen* put s.o. up to s.t.; *iem. tot iets* ~ incite s.o. to s.t.. **op·hit·ser** =*sers* inciter, instigator, agitator. **op·hit·sing** incitement, instigation, stirring up.

op·hoes *opge=* cough/hawk up *(phlegm etc.).*

op·hok *opge=* cage up; *opgehok voel* feel caged in/up.

op·hoog *opge=, (obs.)* raise *(the level of),* heighten, build up, hill, embank. **op·ho·ging** =*gings,* =*ginge, (obs.)* raising, heightening; embankment, raised ground.

op·hoop *opge=* heap up, pile up, pile on, heap together; accumulate; amass, hoard, stock; crowd, congest; →OPGEHOOP; *die verkeer hoop op* traffic is building up. **op·ho·pend** =*pende* cumulative. **op·ho·ping** =*pings,* =*pinge* heaping/piling up; heap, mass, accumulation *(of papers/snow/etc.);* stockpiling; amassing; concentration; jam(ming); congestion.

op·hou *n.: sonder* ~ without a break/stop; without cease/interruption (*or* letting up); *tien/ens. uur sonder* ~ ten/etc. hours at a stretch. **op·hou** *opge=, vb.* hold up *(a thing, the head, etc.);* support; keep on *(a hat);* hold, catch *(breath);* retain *(urine);* detain *(a person);* keep (waiting); obstruct, arrest progress of, hold up; stop, let up, leave off, cease, desist; pause; terminate; finish; keep up *(one's position),* maintain, uphold *(honour);* →OPGEHOU; *hou op* ***(daarmee)!*** stop it!; ***heeltemal*** ~ come to a full stop; ***jou*** *êrens* ~, *(obs.)* stay/live/frequent/haunt someplace; *dit hou ('n)* ***mens*** *lank op* it takes up much time; *jou* ~ ***met*** ... associate with ... *(s.o.);* spend one's time on ... *(trifles etc.);* ***met*** *iets* ~, ~ ***om*** *iets te doen* stop doing s.t., cease (from) doing s.t.; ***met*** *iets* ~, *(also, infml.)* cut s.t. out; have done with s.t.; *dit hou op* ***met*** *reën/ens.* it stops raining/etc.; ~ ***met*** *praat/ens.* stop talking/etc.; *jou* ***naam*** ~ live up to one's reputation; *daarmee hou iem. hom/haar* ***nie*** *op nie* s.o. refuses to have anything to do with that; *ek sal jou* ***nie*** ~ ***nie*** I won't keep you; *ek sal jou* ***nie*** *langer* ~ *nie, (also)* I'll leave you to it; *hou* ***(nou)*** *op!, (also, infml.)* knock it off!; ~ ***om*** *iets te doen* →***met;*** ***skielik*** ~ stop dead/short; ~ ***speel,*** *(cr.)* draw stumps; *hier hou die* ***straat*** *op* this is the end of the street; ***waar*** *het ek (laas) opgehou?* where did I leave off?; ***waar*** *hou hy/sy hom/haar op?* where is he/she to be found?; *opgehou* ***word*** be delayed. **~tyd** finishing time, knock(ing)-off time.

op·hys *opge=* haul up, hoist, winch up; →OPGEHYS.

o·pi·aat =*ate* opiate, drug.

o·pi·nie =*nies* opinion, view, judg(e)ment; →MENING; *'n goeie* ~ *van ... hê* think highly of ...; ~*s lug* air views; *na my* ~ in my opinion, to my mind. **~peiling** *(rare)* →MENINGSPEILING.

o·pi·o·ïed =*oïede, n. & adj., (biochem.)* opioid.

o·pi·um opium. **~bevattend** opiate. **~droom** opium dream. **~ekstrak** extract of opium. **~handel** opium traffic. **~hool** opium den. **~preparaat** opiate. **~roker, ~skuiwer** opium smoker. **~tinktuur** *(med., rare)* laudanum.

op·ja(ag) *opge=* drive/chase up; fly up, speed up *(the road);* put up, spring, beat up, unearth, flush (out) *(game, birds),* rouse, start *(game);* frighten/chase away *(birds);* force up *(price);* force *(bidding at an auction);* raise *(dust);* boost; inflate, escalate *(prices);* →OPGEJAAG; *iem. van sy/haar sitplek* ~ make s.o. give up (*or* turn s.o. out of) his/her seat. **op·ja·er** =*ers* beater *(at hunt);* booster; puffer *(at auction).*

op·kal·fa·ter *opge=, (infml., rare)* do/spruce up, refurbish, revamp; do/spruce up, titivate, dress up.

op·kam *opge=* comb up; put up *(hair);* tease *(fabric);* →OPGEKAM.

op·kamp *opge=: dit* ~, *(gay sl.)* camp it up.

op·kap *opge=* chop/hack/hew up.

op·ka·trol *opge=* winch up; reel up.

op·keil *opge=* wedge up; key (on); drive on, hustle, urge on, hasten; reprimand, chastise, give it *(s.o.)* hot, tell *(s.o.)* home truths; put the screw(s) on; *deur 'n liddoring opgekeil word* be troubled by a corn.

op·kerf *opge=* cut/slice/chop up.

op·kik·ker *opge=* cheer up, key up, enliven, ginger up, pep up, rouse, give a shot in the arm; dope *(racehorse).* **~pil** pep pill, *(infml.)* upper; dope, drug *(in sport).* **~toets** doping test, dope test.

op·kik·ke·rend =*rende* uplifting.

op·kik·ker·tjie =*tjies* refresher, drink, appetiser, bracer, pick-me-up.

op·klaar *opge=, (weather)* clear (up); *(a face)* brighten; elucidate, clear up, solve *(a mystery);* clarify *(wine).* **op·kla·ring** clarification, clearing-up.

op·klap *opge=* tip up, turn up, fold (back). **~bank** tip-up seat. **~bed** turn-up bed, folding bed, box bed, convertible bed. **~deksel** flip top. **~leuning** reversible armrest. **~sitplek** flap/hinged/tip-up seat *(in a theatre etc.).*

op·klap·baar =*bare* folding, tip-up *(chair).*

op·klim *opge=* climb, ascend, mount *(a horse);* scale; rise, be promoted; *teen iets* ~ climb up s.t.. **~plek** boarding point.

op·klim·mend =*mende* ascending; ~*e lyn* ascending line; ~*e reeks, (math.)* ascending progression. **op·klimming** =*mings,* =*minge* ascent; gradation, progression; climax; *by* ~ by degrees.

op·klink[1] *opge=* resound.

op·klink[2] *opge=* rivet.

op·klop *opge=* fluff *(a pillow);* wake *(s.o.)* up *(by knocking);* whip *(cream),* beat up *(egg whites).*

op·klou·ter *opge=, (infml.)* clamber up, scramble up, scale, shin up; *teen 'n paal* ~ shin up a pole.

op·knab·bel *opge=* munch up.

op·knap *opge=* tidy up *(o.s., a room, table, etc.);* spruce up *(s.o.);* touch up, put in (good) order, make neat/tidy, clean up *(a room, o.s., etc.),* smarten up; renovate, repair, do up, do over, redecorate *(a house);* (re)furbish/polish up, patch up, retrim *(a hat, a dress, etc.);* put *(a matter)* right, arrange *(things),* get to rights *(a matter, trouble, etc.);* brush up *(one's knowledge);* tone up; overhaul *(a machine),* patch up, fix up; revive, put right, recuperate; →OPGEKNAP; *jou* ~ make o.s. presentable; tidy o.s. (up); have a wash and brush-up; ... *sal jou* ~ ... will make you feel better (*or* do you good); *jou wiskunde/ens. ('n) bietjie* ~ brush up (on) one's mathematics/etc., give one's mathematics/etc. a brush-up. **~middel** =*dels,* =*dele* tonic; conditioner *(for hair).* **~werk** renovation.

op·knap·per =*pers* repairer, restorer, renovator; tonic, shot in the arm; conditioner *(for hair);*toner *(for the skin).* **op·knap·per·tjie** =*tjies* = OPKIKKERTJIE.

op·knap·ping repair, overhaul, renovation, refurbishing, redecoration; brush-up; wash and brush-up. **op·knap·pings·kur·sus** refresher course.

op·knars *opge=* crunch up *(a carrot etc.).*

op·knoop *opge=* tie up, button up; hang, truss up *(s.o.).*

op·kom *opge=* come up *(the steps, the street);* get up, stand up *(after a fall),* recover one's legs; *(sun, water, dough, etc.)* rise; *(grass etc.)* shoot forth, sprout, come up; *(a breeze)* spring up, *(storm, wind, etc.)* come on; come on *(the stage);* attend *(a meeting),* turn up, put in an appearance, present o.s. *(for an examination); (a question)* crop up, arise; become the fashion; come into being, spring up; surge (up); improve, pick up; surface; *iem. is* ***aan die*** ~ s.o.'s star is rising (*or* in the ascendant); *iets kom* ***by*** *iem. op* s.t. occurs to s.o.; s.t. suggests itself to s.o.; *dit het nooit* ***by*** *iem. opgekom om ... nie* it never occurred to s.o. to ...; *('n) mens se gesonde verstand kom* ***daarteen*** *op* one's common sense revolts against that; *die* ***gety*** *kom op* →GETY; *die publiek het* ***goed/swak*** *opgekom na die vergadering/ens.* the meeting/etc. was well/poorly attended by the public; *die* ***mas*** ~ →MAS[1]; *van* ***onder*** *af* ~ rise from the ranks; ***teen*** ... ~ speak up/out against ...; ***twyfel*** *kom by iem. op* s.o. begins to doubt; ***vir*** *iem.* ~ take s.o.'s part, take the part of s.o., side with s.o., take up the cudgels for s.o., stick up for s.o., speak (up/out) for s.o.; ***vir*** *iets* ~ stand for s.t. *(a policy etc.);* stand (up)on s.t., stand up for s.t. *(one's rights etc.).* **op·ko·me·ling** =*linge* parvenu, up-and-comer. **op·ko·mend** =*mende* rising *(sun, generation, etc.);* emergent, nascent; incoming *(tide); 'n* ~*e bedryf* an emerging (*or* a sunrise) industry; ~*e kranksinnigheid* incipient insanity.

op·kom·man·deer *opge=* call up; conscript; →OPGEKOMMANDEER.

op·koms rising *(of the sun);* rise *(of a statesman/state/etc.);* beginning; attendance *(at a meeting),* turn-out; entrance *(on the stage); daar was 'n goeie/swak* ~ *by die vergadering/ens.* the meeting/etc. was well/poorly attended; *in* ~ *wees, (s.o., a star)* be in the ascendant; *die* ~ *en ondergang van ...* the rise and fall of ... *(s.o., an empire).*

op·kook *opge=* boil up; boil, cook; prime *(a boiler).*

op·koop *n.* buying up; forestalling. **op·koop** *opge=, vb.* buy up; forestall; corner *(market).* **op·ko·per** buyer.

op·kou *opge=* chew up.

op·kreu·kel *opge=* crease, ruck up.

op·krimp *opge=* shrink, shrivel up.

op·kron·kel *opge=* spiral.

op·krop *opge=* conceal, restrain, bottle up, repress *(resentment);* →OPGEKROP.

op·kruip *opge=* creep/crawl up; *(a garment)* ride/ruck up.

op·kruis *opge=, (sailing)* beat up *(against the wind).*

op·krul *opge=* curl/twist up; scroll; involute; *jou* ~ curl up; *die slang krul hom op* the snake coils (itself) up.

op·kry *opge=* get up; get on *(a hat);* consume, use up, eat/drink up, finish.

op·kweek *opge=, (rare)* rear, educate, bring up *(children);* nurse, raise *(plants).*

op·kyk *opge=* look up(ward); *iem.* ***laat*** ~ make s.o. open his/her eyes; make s.o. sit up *(infml.);* ***na*** *iem.* ~ look up to s.o.; →NA/TOT IEM. **OPSIEN;** *mense* ***skeef*** *laat* ~ cause raised eyebrows; ***skeef/verbaas*** ~ raise one's eyebrows; ***verskrik*** ~ look up with a start.

op·laag =*lae,* **op·lae** =*laes* impression, printing, print (run) *(of a book/magazine/etc.);* circulation; *hoe groot is die* ~? how many copies have been (*or* are being) printed?.

op·laai[1] *opge=, (esp. emotions)* grow, increase, escalate, intensify, flare up. **op·laai·end** developing *(crisis, storm, etc.).* **op·laai·ing** increase, escalation, flare-up *(of hatred/anger/fear/etc.).*

op·laai[2] *opge=* load (up); give *(s.o.)* a lift, pick up; *wrewel laat* ~ fan the flames of resentment. **op·laai·e·ry** loading.

op·laas, op laas *adv.* finally, eventually, at last, ultimately.

op·laat *opge=, (rare)* home *(pigeons),* fly *(a kite).*

op·lae →OPLAAG.

op·lan·ger =*gers, (naut.)* futtock.

op·lap *opge=* patch up, repair, tinker up; vamp up, revamp; bolster up.

op·lê *opge=* put on; lay on *(paint),* apply; impose *(tax, obligation, duty, charge, etc.)* (upon), lay *(tax, penalty)* on; inflict *(punishment)* on; set *(s.o. a task etc.),* command *(s.o. to do s.t.),* charge *(s.o.)* with; laminate *(wood);* mount; superimpose; →OPGELÊ; *iets aan iem.* ~ impose s.t. on s.o. *(taxes etc.);* place s.t. (up)on s.o. *(restrictions, a burden, etc.); iem. die hande* ~ lay the/one's hands on s.o. *(as a blessing); iem. die swye* ~ →SWYE *n..* **~lys** stuck moulding. **~skarnier** surface hinge.

op·leef, op·le·we *opge=* revive, become lively, liven up; recrudesce; improve, pick up; boom; take on a shine; use up; *iets laat* ~ revive s.t.; *alles* ~ spend everything.

op·lê·er =*ers,* **op·leg·ger** =*gers* imponent; *(rare)* semitrailer; →LEUNWA.

op·leg-: ~**bou** veneered construction; brick veneer. ~**hout** veneering. ~**slot** rim lock, straight lock.

op·leg·baar -*bare* imposable.

op·leg·ging -*gings*, -*ginge* laying on, imposition *(of hands/tax/obligation/etc.)*; infliction *(of punishment)*.

op·leg·sel -*sels* trimming *(of dress)*; mount; veneer(ing); facing.

op·lei *opge-* lead up; train *(a teacher)*, educate, tutor; train up, trellis *(a vine etc.)*; →OPGELEI; *iem. vir iets* ~ train s.o. for s.t. *(a profession etc.)*; coach/prepare s.o. for s.t. *(an examination etc.)*; *iem. vir die handel/ens.* ~, *(also)* give s.o. a commercial/etc. training. ~**wingerd** trellised vines/vineyard.

op·lei·baar -*bare* trainable.

op·lei·ding training, education; ~ *ontvang* →ONTVANG. ~**-in-diens** = INDIENSOPLEIDING. ~**sentrum** training centre. ~**skema** training scheme. ~**skip** training ship, school ship. ~**skool** training school, normal college.

op·lei·dings-: ~**film** training film. ~**handleiding,** ~**handboek** training manual. ~**hospitaal** teaching/academic hospital. ~**inrigting** training establishment. ~**kollege** training college; →ONDERWYSERSKOLLEGE. ~**kursus** training course. ~**plan** training scheme. ~**terrein** *(mil.)* training ground. ~**tyd(perk),** ~**periode,** ~**termyn** training period.

op·lei·er -*ers* trainer, coach, instructor, tutor.

op·lek *opge-* lick up, lap up.

op·le·pel *opge-*, *(rare)* spoon up; dish up, ladle out.

op·let *opge-* attend, pay attention; watch; mark; ***fyn*** ~ be all eyes; keep a sharp lookout; ***goed/mooi*** ~ pay special attention; mind one's P's and Q's *(infml.)*; ***iets*** ~ notice s.t.; ***na*** ... ~ look after ...; look (out) for ... ~**loop** *opletge-*, *(infml., rare)* watch/mind one's step; walk warily; *iem. moet* ~ s.o. has to mind/watch his/her step *(fig.)*, s.o. has to step warily.

op·let·tend -*tende* attentive; observant; mindful, heedful. **op·let·tend·heid** attentiveness, attention; heed.

op·le·we *opge-* →OPLEEF. **op·le·wing** -*wings*, -*winge* revival, improvement, upsurge, upswing, upturn, boom, flurry, renascence, renaissance; recrudescence; *ekonomiese* ~ boom, upswing, upsurge; *tydelike* ~, *(stock exchange)* temporary recovery, *(infml.)* dead-cat bounce. **op·le·win·kie** -*kies*, *(dim.)* boomlet.

op·le·wer *opge-* yield, bring in, produce; give; deliver; throw up; net, fetch; afford; *die* ***kollekte*** *het R1000 opgelewer* the collection netted R1000; *'n* ***leier*** ~ throw up a leader; ***moeilikheid*** ~ present/pose difficulty; *nie weet wat die* ***toekoms*** ~ *nie* not know what the future holds *(or* has in store). **op·le·we·ring** -*rings*, -*ringe* yielding; delivery.

op·le·wing →OPLEWE.

op·lig¹ *opge-* lift (up), raise; catch up; heft, hoist; cat *(anchor)*, heave; buckle; *jou hand teen iem.* ~ →HAND; *jou* ~ raise o.s., sit up. **op·lig·ter** -*ters*, *(rather obs.)* swindler, cheat, confidence trickster.

op·lig² *opge-* light up *(intr.)*; lighten, grow/become lighter.

op·loop -*lope*, *n.* tumult, disturbance, riot; row, mob, crowd; ramp. **op·loop** *opge-*, *vb.* walk up, go up; slope upwards, rise; *(costs, bills, etc.)* accumulate, mount (up), escalate; catch *(a cold)*, contract *(a disease)*; get *(a beating)*; sustain *(an injury)*; incur *(fine)*; swell; tot up; →OPGELOOP; *iets loop geleidelik op* s.t. shelves up; *iets laat* ~ run up s.t. *(accounts)*. **op·lo·pend¹** -*pende*, *adj.* sloping upwards; ~*e verlof* accumulative leave. **op·lo·ping** accrual.

op·lo·pend² -*pende*, *adj.*, *(rare)* short-tempered, hot-tempered, quick-tempered, irascible. **op·lo·pend·heid** *(rare)* irascibility, quickness of temper.

op·los *opge-* dissolve *(in liquid)*; solve, figure out *(problem, difficulty)*; resolve *(crisis)*; settle *(dispute)*; work out, solve *(sum)*; analyse *(into components)*, sew up *(a case)*; →OPGELOS. ~**middel** -*dels*, -*dele* (dis)solvent. ~**vermoë** dissolving power; *(opt.)* resolving power.

op·los·baar -*bare* soluble *(salt, problem)*; solvable *(problem)*; *in water* ~ water soluble; *in* ... ~ *wees* be soluble in ... **op·los·baar·heid** solubility; solvability.

op·los·send -*sende* dissolvent.

op·los·ser -*sers* solver.

op·los·sing -*sings*, -*singe* solution *(in liquid, of a problem/difficulty/etc.)*; resolution; dissolution; *na* ~*s vir 'n probleem* ***soek*** explore solutions to a problem; *die* ~ ***van/vir*** ... the answer to ..., the solution for/of/to ... *(a problem)*; ***versadigde*** ~ saturated solution; *'n/die* ~ *vir iets* ***vind*** find an/the answer/solution to s.t..

op·los·sings-: ~**koëffisiënt,** ~**ko-effisiënt** *(chem.)* coefficient of solubility. ~**middel** →OPLOSMIDDEL. ~**versameling** *(log., math.)* truth/solution set.

op·lug *opge-*, *(rare)* relieve; *opgelug wees* be relieved. **op·lug·ting** *(rare)* relief.

op·luis·ter *opge-* adorn, add lustre to, shed lustre upon, illuminate; illustrate. **op·luis·te·ring** adornment, illumination.

op·maak *n.* make-up, get-up; *(typ.)* layout, make-up, mark-up. **op·maak** *opge-*, *vb.* make *(a bed)*; make up *(one's face)*; dress, do (up) *(one's hair)*; *(cook.)* dress, truss *(poultry)*; trim *(hat)*; compile, make up *(a list, an account, etc.)*, draw up *(a report)*, cast up, calculate, make out *(a list, bill, etc.)*; cast *(accounts)*; strike, draw up *(a balance)*; enter up *(books)*; infer; *(infml.)* make up, imagine, fabricate *(a story)*; *(infml.)* compensate, make amends *(for a slight/etc.)*; *(infml.)* be reconciled, make up *(with a boy-/girlfriend/etc.)*; *(obs., rare)* instigate, stir up, incite; →OPGEMAAK; *teks/illustrasies/ens. in* ***bladsye*** ~, *(typ.)* make up text/illustrations/etc. in pages; *jou* ***gesig/hare*** ~ do one's face/hair; *(die)* ***kas*** ~, *(bookk.)* cash up, make up the cash; *iem.* ***teen*** *iem./iets* ~ poison s.o.'s mind against s.o./s.t.; *mense* ***teen*** *mekaar* ~ set people at odds; *iets* ***uit*** ... ~ conclude/infer s.t. from ...; ***uit*** ... ~ *dat* ... gather from ... that ... ~**skets** *(typ.)* layout.

op·ma·ker *(rare)* layout person; →TIPOGRAAF; make-up person; →GRIMEERDER.

op·mars *n.* advance, push, march, drive; *die* ~ *na Rome* the march on Rome. **op·mar·sjeer** *opge-* march forward, advance.

op·meet *opge-* measure, survey *(land)*; gauge; *(print.)* cast up; →OPGEMEET, OPMETER; OPMETING. ~**koste, opmetingskoste** surveying costs. **op·meet·kun·de** surveying.

op·me·kaar *adv.* together; clustered, cramped, at close quarters; →OP MEKAAR; *dig* ~ closely packed; close together; ~ *geprop* packed like sardines; ~ *staan* huddle up. ~**gedruk:** *in 'n bus/ens.* ~ *wees* be packed into a bus/etc. ~**pak,** ~**stapel** *opmekaarge-*, **opmekaar pak/stapel** *opmekaar ge-* pack/pile/stack *(boxes etc.)* on top of each other *(or* one on top of the other).

op·merk *opge-* notice, observe, spot; remark, observe, make a remark/observation, comment; *iem. het opgemerk dat* ... it has come to s.o.'s attention that ...; s.o. remarked that ... *nie opgemerk word nie* escape observation/notice. **op·merk·baar** -*bare* noticeable; →OPMERKLIK. **op·mer·kens·waar·dig** = OPMERKLIK.

op·mer·king -*kings*, -*kinge* remark, observation; commentary; *'n* ~ *maak* make a remark, make an observation; *'n* ~ *oor iets maak* comment/remark (up)on s.t.; *jou 'n* ~ *laat ontval* drop a remark. **op·mer·kin·kie** -*kies*, *(dim.)* little remark.

op·mer·kings-: ~**gawe** gift of observation. ~**vermoë** power of observation.

op·merk·lik -*like*, *adj. & adv.* remarkable, remarkably, worthy of note, noteworthy, outstanding(ly), marked(ly), notable, notably, signally, significant(ly); noticeable, noticeably; *dit is* ~ *dat* ... it is noteworthy that ... **op·merk·lik·heid** remarkableness, noteworthiness.

op·merk·saam -*same* observant, attentive; mindful; intent; *iem. op iets* ~ *maak* draw s.o.'s attention to s.t.; warn s.o. of s.t.. **op·merk·saam·heid** attention, attentiveness.

op·mes·sel *opge-* brick up, build up.

op·me·ter -*ters* surveyor.

op·me·ting -*tings*, -*tinge* survey; measurement; *topografiese* ~ ordnance survey. **op·me·ting·skip** survey(ing) ship/vessel. **op·me·tings·kos·te** →OPMEETKOSTE. **op·me·tings·vlug** survey flight.

op·mors *opge-*: *iets* ~, *(infml.)* make a botch(-up) of s.t., botch/foul/muck s.t. up, *(sl.)* cock s.t. up, make a cock-up of s.t..

op·naai *opge-* sew on. ~**werk** *(sewing)* tucking.

op·naai·sel -*sels* tuck; *(also, in the pl.)* tucking. ~**naat** tucked seam.

op·na·me -*mes* taking; inclusion; insertion, inserting *(of article in newspaper)*; *(geog., sociol., econ.)* survey; reception; *(mus.)* recording, take; *(phot.)* shot, photo; *(cin.)* filming, shooting, take; *'n* ~ *maak* make a recording; *(phot.)* take a shot; *(cin.)* do a shoot/take; *'n* ~ *van* ... *maak, (also)* do/make a survey of ... ~**(sessie)** recording session. ~**ateljee** recording studio. ~**kunstenaar** recording artist. ~**tegnikus, opneemtegnikus** (sound) recordist.

op·neem *n.* →OPNEMING. **op·neem** *opge-*, *vb.* take up; pick up; take *(temperature)*; count *(votes)*; record; film, photograph, shoot *(a scene)*; borrow *(on mortgage)*; print, insert *(in a newspaper)*; put in; include; receive *(a patient)*; take (down) *(a dictation, letters, etc.)*; take in, absorb *(heat)*, assimilate; imbibe; ingest, digest *(food)*; admit *(to an institution, one's house, etc.)*, take in, adopt, receive; survey, look *(s.o.)* up and down, measure with one's eyes, take stock of; drink in; estimate *(damage)*; *iets* ***as*** ... ~ see s.t. as ...; take s.t. to be ...; ***bestellings*** ~ →BESTELLING; *weer die* ***draad*** *van 'n gesprek* ~ resume *(or* take up) the thread of a conversation; *iets* ***ernstig*** ~ take s.t. seriously; ***geld*** ~ →GELD¹ *n.*; *dit* ***gemaklik*** ~ take things easy/calmly, remain unperturbed, not be fazed/flustered/ruffled easily; *iets* ***goed*** ~ take s.t. in good part; take s.t. well; put a good construction on s.t.; *iem.* ***in*** ... ~ admit s.o. to ... *(a hospital etc.)*; include s.o. in ... *(the team etc.)*; take s.o. into ... *(a partnership etc.)*; *iets* ***in*** ... ~ put s.t. into ... *(the newspaper etc.)*; include s.t. in ... *(the agenda etc.)*; write s.t. into ... *(the constitution etc.)*; ***in*** ... *opgeneem word, (also)* be merged in ...; *'n* ***kollekte*** ~ →KOLLEKTE; *iets* ***lig*** ~ take s.t. lightly; *dit in daardie* ***lig*** ~ view it in that light; *iets* ***reg*** ~ take s.t. in the right spirit; *'n* ***rolprent*** ~ →ROLPRENT; *iets* ***sleg*** ~ take s.t. in bad part; take s.t. badly; put a bad construction on s.t.; *dit* ***teen*** *iem.* ~ stand up to s.o.; *vir* ***televisie*** ~ telerecord; *iets* ***verkeerd*** ~ take s.t. amiss; take s.t. in the wrong spirit; misinterpret s.t.; put a wrong construction on s.t.; *dit* ***vir*** *iem.* ~ take s.o.'s part, side with s.o.. ~**band** magnetic tape, recording tape. ~**kop** recording head. ~**tegnikus** →OPNAMETEGNIKUS. ~**toerusting** recording equipment. ~**toestel** recording device, recorder. ~**vermoë, opnemingsvermoë** receptivity; absorptive capacity.

op·neem·baar -*bare* assimilable.

op·ne·mer registration officer; counter; operator; recorder.

op·ne·ming, op·neem *n.* intake; borrowing *(of money)*; counting *(of votes)*; adoption, admission *(to an institution)*; insertion *(of an article in a newspaper)*; inclusion *(in a list)*; assimilation, absorption; incorporation; ingestion; induction; survey(ing); →OPNAME.

op·ne·mings-: ~**vaartuig** survey(ing) vessel. ~**vermoë** →OPNEEMVERMOË.

op·neuk *opge-*, *(coarse)* thrash, wallop; →OPDONDER, OPDONS; *iem.* ~, *(also, infml.)* give s.o. hell, knock s.o. into the middle of next week; *iets* ~ botch/mess/screw s.t. up; *sommer* ~ scamp/skimp work, do bad/skimped work. **op·neu·ker** -*kers*, *(coarse)* punch, wallop; *iem. 'n* ~ *gee* smash s.o. with one blow, fetch s.o. a wallop.

op·noem *opge-* name, mention, enumerate; *om iets op te noem* ... for one thing ...; *noem maar op!*, *(infml.)* you name it! *(infml.)*; *te veel om op te noem* too numerous to mention. **op·noe·ming** naming, mention, enumeration.

op·nuut, op nuut *adv.* once more, (once) again, afresh, anew, freshly; *iets* ~ *beklemtoon* place renewed emphasis on s.t..

o·po·del·dok *(pharm., hist.: aromatic ointment)* opodeldoc.

op·of·fer *opge-* sacrifice, offer up, martyr, immolate; *jouself* ~ make a martyr of o.s.. **op·of·fer·baar·heid**

expendability. **op·of·fe·ring** *-rings, -ringe* sacrifice; immolation; *~s doen* make sacrifices; *met ~ van ...* at the sacrifice of ...

op·ont·houd delay, stoppage, hold-up; blip, interruption; breakdown; wait; detention.

o·po·pa·naks *(med., hist.: odorous gum resin)* opopanax.

O·por·to *(geog.)* Oporto.

o·pos·sum *-sums, (zool.: esp. Didelphis marsupialis)* opossum.

op·pak *opge-* pack up; load *(a vehicle)*; snatch up; take/pick up; stack; bank; *dan kan ons maar ~, (infml.)* then we might as well go out of business.

op·pas *opge-* try on *(a hat)*; look after *(children)*, take care of, tend *(flock, invalid)*, herd *(sheep, cattle, etc.)*, nurse *(a patient)*, invigilate; shepherd; be careful, take care, look out, mind, have a care, beware; →PASOP *interj.*; ***babas/kinders*** ~ baby-sit; *pas op **dat** jy nie ... nie* be careful not to ...; see you don't ...; *iem. **moet** ~* s.o. has to mind/watch his/her step *(fig.)*, s.o. has to step warily; *iem. **moet** ~ dat hy/sy nie bedrieg/ens. word nie* s.o. should beware of being cheated/etc.; *iem. **moet** ~ hoe hy/sy ...* s.o. should beware (of) how he/she ...; *~ **vir** ...* be wary of ...; watch out for ...; be careful of ...; be on one's guard against ...; look/see to ...; *iem. moet **vir** ... ~, (also)* s.o. should beware of ... **op·pas·send** *-sende* well-behaved, steady, well-conducted; heedful, careful. **op·pas·send·heid** steadiness, good behaviour; heedfulness, carefulness. **op·pas·ser** *-sers, (masc.)*, **op·pas·ter** *-ters, (fem.)* nurse *(of a child)*; caretaker; minder; keeper, attendant, warden; servant; orderly. **op·pas·sing** *(rare)* looking after, nursing; care; attention, attendance.

op·per *-pers, n.* (hay)cock, shock; *~s maak* cock, shock *(sheaves)*. **op·per** *ge-, vb.* suggest, propose, raise *(objection, question)*, put forward *(plan)*, broach, moot, bring up *(subject)*; *iets by iem. ~* raise s.t. with s.o.; *iets by/teenoor iem. ~* broach s.t. to/with s.o.; *'n mening ~* →MENING.

op·per-: **O~-Beiere** *(Germ. region)* Upper Bavaria. **~bestuur** supreme rule/direction/management. **~bevel** supreme/high command. **~bevelhebber** commander in chief, supreme commander, generalissimo. **~bevelhebberskap** supreme command. **O~bouheer** *(theol.)* Great Architect *(of the Universe)*. **~burgemeester** lord mayor. **O~-Egipte** = BO-EGIPTE. **O~-Franke** *(hist.)* Upper Franconia. **~gesag** supreme authority, supremacy. **~heer** *(rare)* sovereign, overlord, lord paramount; *die O~, (God)* the Lord. **~heerser** sovereign, paramount ruler. **~heerskappy** sovereignty, suzerainty, paramountcy. **O~-Hesse** *(Germ. region)* Upper Hesse. **~hoof** chief, chieftain; paramount chief, supreme chief. **~hoofskap** chieftainship, chiefdom; paramount chieftaincy. **~huid** epidermis, epiderm(a), cuticle, scarfskin. **O~-Italië** *(chiefly hist.)* Upper Italy. **~kamerheer** Lord Chamberlain. **O~-Kanada** *(hist.)* Upper Canada. **~kleed** *(rare)* upper garment, surcoat. **~kolonel** *(ceremonial rank)* colonel-in-chief. **~koopman** *(hist.)* senior merchant. **~krygsheer** chief warlord. **~leenheer** *(hist.)* overlord, suzerain. **~mag** supremacy, supreme power, imperium. **~magtig** *-tige* all-powerful, supreme, sovereign. **~magtigheid** supremacy. **~majesteit** supreme majesty. **~man** *(rare: bricklayer's assistant)* hodman. **~mens** *(philos. etc.)* superman, overman. **~offisier** general officer. **O~-Oostenryk** Upper Austria. **O~-Palts** →BO-PALTS. **~priester** high priest, pontiff, pontifex. **~rabbyn, ~rabbi** chief rabbi. **~saal** *(obs.)* upper hall, upstairs hall; cenacle, upper chamber; *die O~, (Chr.: venue of the Last Supper)* the Cenacle. **O~-Silesië** *(Polish region)* Upper Silesia. **~stalmeester** Master of the Horse, Lord High Constable. **~stuurman** *(naut.)* first mate. **~toesig** general supervision. **O~-Volta** = BO-VOLTA. **O~wese:** *die ~, (theol.)* the Supreme Being.

op·pers *opge-* force up.

op·per·ste uppermost, highest, supreme, paramount; chief, super-; *~ leërleiding* supreme/high command; *'n ~ skelm* an archvillain (*or* out-and-out scoundrel *or* arrant rogue/knave).

op·per·vlak *-vlakke* surface; (upper) surface; top; face; skin; →OPPERVLAKTE; ***aan** die ~* on the surface; *aan die ~ **kom**, (geol.)* crop out; ***onder** die ~* below/beneath/under the surface; *op die ~ **verskyn**, (a diver etc.)* bob up. **~afsetting** *(geol.)* surficial deposit. **~aktief** *(chem.)* surface-active. **~behandeling, ~afwerking** surfacing, surface dressing. **~effek** *(phys.)* skin effect. **~energie** surface energy. **~erosie** sheet erosion. **~spanning** surface tension. **~stroom** skin current. **~struktuur** *(generative gram.)* surface structure. **~temperatuur** surface temperature. **~water** surface water. **~wrywing** *(tech.)* skin friction.

op·per·vlak·kig *-kige, adj.* superficial *(wound, knowledge, person)*, shallow *(argument, person)*, surface *(impression)*, skin-deep; perfunctory, cursory; facile, flimsy, trivial; *~e kennis van ...* nodding acquaintance with ...; *~e waarneming* slight observation. **op·per·vlak·kig** *adv.* superficially; *~ beskou* on the face of it, viewed superficially, on the surface. **op·per·vlak·kig·heid** superficiality, shallowness.

op·per·vlak·te *-tes* (surface) area; surface; expanse; →OPPERVLAK. **~maat** surface measure. **~struktuur** →OPPERVLAKSTRUKTUUR.

op·peu·sel *opge-* nibble up, munch; polish off.

op·piep *opge-* coddle, cosset, pamper; →OPGEPIEP.

op·pies *(infml.: children's lang.)* upsy-daisy, ups-a-daisy.

op·pik *opge-* peck up; pick up *(a survivor)*.

op·plak *opge-* paste on, glue on; mount, stick on; paste up, post up *(a poster)*; →OPGEPLAK.

op·poets *opge-* polish (up); spruce up, brush up, clean (up); *jou ~* smarten o.s..

op·pof *opge-* puff/fluff up; →OPGEPOF.

op·pomp *opge-* pump up *(liquid)*; inflate, pump/blow up *(a tyre etc.)*; *jou (emosioneel) vir iets ~, (infml.)* psych(e)/pump o.s. up (*or* get psyched [up]) for s.t..

op·po·neer *ge-* oppose. **op·po·neer·baar** *-bare, (anat., zool.)* opposable; *die duim is 'n opponeerbare vinger* the thumb is an opposable digit.

op·po·nens·spier *(anat.)* opponent (muscle).

op·po·nent *-nente* opponent, opposer.

op·pook *opge-, (obs.)* stir *(a fire)*, poke (up).

op·por *opge-* stir up, urge on.

op·por·tu·nis *-niste* opportunist, chancer. **op·por·tu·nis·me** opportunism. **op·por·tu·nis·ties** *-tiese* opportunist(ic).

op·por·tuun *-tune, (rare)* opportune, well timed, expedient.

op·po·sant *-sante, (rare)* opposer; oppositionist.

op·po·si·sie *-sies* opposition; antagonism; *die ~ wees, (parl.)* be in opposition; *in ~ wees, (astron.)* be in opposition. **~aanval** opposition attack. **~blad** opposition paper. **~leier** opposition leader. **~party** opposition party.

op·po·si·si·o·neel *-nele* opposition(al).

op·pot *opge-* hoard, save up, store (up), hive, stockpile, squirrel away. **op·pot·ter** *-ters* hoarder. **op·pot·ting** stockpiling, hoarding.

op·pres·sief *-siewe -siewer -siefste* oppressive *(regime etc.)*.

op·prik *opge-* pin up *(notices)*; stick *(insects)*.

op·prop *opge-* cram, fill; →OPGEPROP.

op·prys·stel·ling *(rare)* appreciation; →IETS OP PRYS STEL.

op·raak *opge-* run short, give out, be spent; tail off, waste away, peter out; *iem. se ... is aan die ~* s.o. is running out of ...; *iets is aan die ~* s.t. is running out; s.t. is wearing thin *(s.o.'s patience etc.)*.

op·raap *opge-* pick up, snatch up, take up, gather; *iem. van die straat ~* take s.o. out of the gutter. **op·raap·sel** *-sels* scrap, picking; guttersnipe, ragamuffin, urchin; mongrel.

op·ra·kel *opge-* poke up *(a fire)*; rake up *(grievances etc.)*.

op·rank *opge-, (a plant)* climb.

op·rat *opge-* change/gear up.

op·reg sincere, honest, upright, straightforward, frank, open, candid, honourable, straight, well-meaning, upfront; heartfelt; genuine, pure, true; purebred; pedigree; *~te **geelhout**, (Podocarpus latifolius)* real yellowwood; *~ **geteel*** purebred, thoroughbred; *iets **klink** ~* s.t. has the ring of truth (about/to it); *~ **wees*** be for real *(infml.)*. **op·regt·heid** uprightness; sincerity, frankness, candidness, candour, straightforwardness; honesty (of purpose), genuineness, probity, rectitude; *in alle ~* in all sincerity.

op·reik *opge-, (trees etc.)* reach up.

op·rek *opge-* stretch up.

op·rig *opge-* raise, set up(right), stand; help up; erect *(a statue, a building, etc.)*; start, set up *(an institution, a business, etc.)*, found *(an institution)*, establish *(a business, a school, etc.)*, float, promote *(a company)*, form *(a society)*; rig (up); mount *(an instrument)*; set on foot *(a movement)*; constitute; institute; *jou ~* draw o.s. up; straighten up; *'n **maatskappy** ~* incorporate a company; ***versperrings** ~* put up barricades; ***weer** ~* re-erect. **~spier** erector (muscle). **~weefsel** erectile tissue.

op·rig·baar *-bare* erectile.

op·rig·tend *-tende* erective; →OPRIG.

op·rig·ter *-ters* founder *(of an institution)*; promoter *(of a company)*; builder, erector, constructor; erector (muscle). **op·rig·ters·aan·deel** founder's/promoter's share.

op·rig·ting founding, foundation, promotion, flotation, establishment, setting up; erection; construction, installation. **op·rig·tings·kos·te** cost of erection/building; initial expenses, initial cost, cost of flotation.

op·risp, op·ris·pe *opge-, (rare)* belch, burp. **op·ris·ping** *-pings, -pinge, (rare)* belch(ing), burp, eructation.

op·rit drive, driveway; approach/access ramp. **~sprong** ramp jump.

op·roei *opge-: in 'n rivier/ens. ~* row up a river/etc..

op·roep *-roepe, n.* summons; appeal; (telephone) call; *'n ~ **beantwoord/ontvang*** answer the (tele)phone; *'n ~ **doen*** make a call; make a (tele)phone call; *aan 'n ~ **gehoor** gee* respond to an appeal; *'n ~ **neem*** take a call; *'n ~ **om** bydraes/hulp* an appeal for contributions/help; ***onder** ~ wees, (s.o.)* be at/on call; *'n ~ **tot** die volk* a call to the nation; *'n ~ tot 'n **vergadering*** a notice convening a meeting; *daar is 'n ~ **vir** jou* there is a call for you, s.o. is on the (tele)phone for you, you are wanted on the (tele)phone. **op·roep** *opge-, vb.* summon, call up(on); summons; call for; invoke; conjure (up), evoke; call out, call up *(soldiers)*; call (together), convoke, convene *(a meeting)*; page *(s.o.)*; ***aandele/kapitaal*** *~* call (up) shares/capital; *'n **gees** ~* →GEES; *iem. as **getuie** ~* →GETUIE *n.*; *'n **getuie** ~* →GETUIE *n.*; *'n **verband** ~* call in (*or* foreclose) a bond/mortgage; *'n **vergadering** ~* call/convene/convoke a meeting. **~hokkie** *(rare)* →TELEFOONHOKKIE. **~instruksie** *-sies, (usu. mil.)* call-up instruction; *(also, in the pl.)* call-up papers. **~kantoor** call office. **~sein** call sign. **~teken** call sign.

op·roep·baar *-bare* at/on call; convenable.

op·roe·pend *-pende* convening; evocative.

op·roe·ping *-pings, -pinge* summons, call-up; convocation; foreclosure.

op·roer *-roere* mutiny, rising, rioting, riot, disorder, civil commotion; *~ maak* riot; mutiny; *~ verwek* cause a riot. **~afdeling** riot squad. **~drag** riot gear. **~kraaier** = OPROERSTOKER. **~maker** agitator, rioter, inciter, insurrectionist, insurrectionary, seditionary, seditionist, insurgent, troublemaker, *(infml.)* stirrer, disruptive element. **~polisie** riot police. **~stoker** agitator, seditionary, seditionist. **~stokery** sedition. **~wet** riot act.

op·roe·rig *-rige* rebellious, mutinous, seditious; riotous. **op·roe·rig·heid** rebelliousness, seditiousness, riotousness, unrest, disorder.

op·roer·ling *-linge, (rare)* = OPROERMAKER.

op·roes *opge-* rust away.

op·rol *opge-* roll up; coil (up), wind up; furl *(sails)*; convolute; collar *(meat)*; *(comp.)* scroll up; →OPGEROL; *jou ~* curl up. **~meganisme** take-up mechanism *(of a loom etc.)*. **~spoel** take-up spool *(of a tape recorder)*.

op·rook *opge-* finish *(smoking)*; *al die sigarette ~* smoke all the cigarettes.

op·rui *opge=* stir up, incite, instigate. **op·rui·end** *=ende* inflammatory, seditionary, inciting; *~e praatjies/woorde* inflammatory/fighting talk/words; *~e toespraak* rabble-rousing, inflammatory speech. **op·rui·er** *=ers* agitator, inciter, instigator, rabble-rouser, *(infml.)* stirrer, demagogue, mob orator. **op·rui·e·rig** *=rige* unruly, rowdy, disorderly, rebellious, refractory, tumultuous, uproarious *(crowd etc.)*; →OPROERIG. **op·rui·e·ry, op·rui·ing** agitation, rabble-rousing, incitement, sedition, demagoguery, mob oratory.

op·ruim *opge=* clear away *(things)*; clear *(a table, stock, etc.)*; tidy up/out *(a room etc.)*; clean (up); do away with; *(mil.)* mop up; *'n bom ~* dispose of a bomb. **~uitverkoping** →OPRUIMINGSUITVERKOPING. **~werk** →OPRUIMINGSWERK.

op·rui·mer *=mers (also)* scavenger.

op·rui·ming *=mings* clearing away, clearance; cleanup; clearance sale; disposal *(of bombs)*; *(mil.)* mopping up; *(comp.)* garbage collection/removal; *~ hou* clear away things; hold a clearance sale; *'n totale ~* a clean sweep.

op·rui·mings=: ~prys sale price. **~uitverkoping, opruimuitverkoping** clearance sale. **~werk, opruimwerk** mopping up.

op·ruk *opge=* jerk/pull up; bring to heel; catch up; pull up, reprimand; *(mil.)* advance, push on; take offence; ***jou** ~* show annoyance; go into a huff; get up on one's hind legs *(infml.)*; ***na** ... ~* advance (up)on/towards ... *(enemy positions, a city, etc.)*; ***na/teen** 'n plek ~, (also)* march on a place; ***teen** ... ~* march against ...; *jou **teen** iem. ~* defy s.o.; stand up to s.o.; challenge s.o..

op·ry *opge=* drive up. **~laan** drive, driveway.

op·ryg *opge=* lace (up), tack. **~stewel** lace-up/laced boot.

op·ryg·sel *=sels* tuck.

op·rys *opge=* rise, emerge; ascend. **op·ry·send** *=sende* emergent.

op·saal *opge=, vb.* saddle/tack (up) *(a horse)*; *iem. met iets ~, (infml.)* burden/saddle s.o. with s.t.; land s.o. with s.t.; *met iets opgesaal sit/wees, (infml.)* be burdened/saddled with s.t.; have s.t. on one's hands. **op·saal** *interj.* to horse!.

op·sê *opge=* say *(prayer)*; recite *(poem)*; call in *(money)*; cancel, denounce, terminate *(agreement)*; repudiate *(treaty)*; *iem. se **diens** ~* →IEM. UIT DIE **DIENS** ONTSLAAN; *iets **glad** ~* say s.t. pat off; *iem. se **huur** ~* →HUUR *n.*; *iets begin **huur** ~, (joc., rare)* s.t. is the worse for wear (*or* on its last legs); *'n **intekening** ~* →INTEKENING; *jou **les** ~* →LES[1] *n.*; *iem. oor iets laat **les** ~* →LES[1] *n.*; *'n **verband** ~* foreclose a mortgage. **op·seg·baar** *=bare* terminable, on call, withdrawable; determinable; *dadelik ~ wees, (money)* be at/on call; *~bare huur* tenancy at will. **op·seg·baar·heid** terminableness. **op·seg·ging** notice; cancellation, termination; foreclosure *(of mortgage)*. **op·seg·gings·da·tum** notice date; cancellation/termination date. **op·seg·gings·ter·myn** term of notice.

op·seil *opge=* sail up.

op·sent, ab·sent *(infml., obs.)* absent; lost.

op·set (ground) plan, outline, framework, scheme; arrangement, setup; purpose, intention, design; tangent sight *(of a cannon)*; *met **bose** ~* with evil/malicious intent; ***met** ~* intentionally, on purpose; by design; with malice aforethought, of malice prepense; →OPSETLIK *adv.*; ***met** die ~ om ...* with intent to ...; *iem. se **misdadige** ~* s.o.'s criminal intent; ***sonder** ~* unintentionally. **op·set·lik** *=like, adj.* intentional, deliberate, wilful; *~e belediging* studied/calculated insult; *~e oortreding, (sport)* professional foul; *~e saakbeskadiging* malicious injury to property. **op·set·lik** *adv.* on purpose, purposely, intentionally, deliberately, wilfully, wittingly, expressly, by design, with intent, of set purpose.

op·set·ting swelling; →OPSIT[2].

op·sie *=sies* option; ***dubbele** ~* →KOOP-EN-VERKOOP(-)OPSIE; *'n ~ **hê om** ...* have an option to ...; *'n ~ **op** iets **hê*** have an option on s.t. *(a piece of land etc.)*; *'n ~ **uitoefen*** exercise (*or* take up) an option. **~lys** *(comp.)* menu. **~uitoefening** *=ninge, =nings* option exercise, exercise of options.

op·sien *n.: ~ baar* cause/create/produce a sensation. **op·sien** *opge=, vb.* look up; *na iem. ~* look to s.o.; *na/tot iem. ~* look up to s.o.; *teen iets ~* not feel like doing s.t., not look forward to s.t., not relish the prospect of s.t. *(a difficult task, a long journey, etc.)*. **op·sien·ba·rend** *=rende meer ~ die mees =rende* sensational, startling, spectacular, conspicuous.

op·sie·ner *=ners* overseer, inspector; warden; keeper, conservator; invigilator *(at an examination)*, commissioner; supervisor; chargehand; steward *(at races)*; proctor *(at a university)*; guardian.

op·sie·ners=: ~amp commissionership; inspectorship; invigilatorship. **~verslag** stipendiary report *(at races)*. **~werk** invigilation; supervision; inspection.

op·sie·ner·skap intendancy.

op·sig[1] *(fml., obs.)* supervision, oversight, control; invigilation; →TOESIG; *~ hou* supervise, oversee, invigilate; *die ~ oor ... hê* have the care of ...

op·sig[2] *=sigte* respect; *in **alle** ~te* in all respects; in every sense; all over; all round; through and through; *in **allerlei** ~te* in one way and another; *in **daardie/dié** ~* on that score; *in **dié/hierdie** ~* in this way; in this regard; *in **een** ~* in one way; *in **elke** ~* in every sense; in all things; in every way; in every respect; *in **enige** ~* in any way; *in **party/sommige** ~te* in some ways; in some respects; ***ten** ~te van ...* in the case of ...; in/with regard to ...; in respect of ...; with respect to ...

op·sig·self·staan·de self-contained, isolated, separate, single, unique; *~ geval* individual case.

op·sig·te·lik *=like =liker =likste* conspicuous, obtrusive, showy, flashy, gaudy, meretricious, *(infml.)* loud, bold *(colour, dress, pattern)*, garish, florid; ostentatious. **op·sig·te·lik·heid** conspiciousness, showiness, flashiness, gaudiness, loudness, garishness, meretriciousness; ostentation.

op·sig·ter *=ters* overseer, caretaker *(of a building)*; janitor; supervisor; clerk of works; commissioner; invigilator; custodian; curator; intendant; steward; (farm) foreman.

op·si·maat *=mate, (rare, a pers. who learns late in life)* opsimath. **op·si·ma·tie** *(rare, learning obtained late in life)* opsimathy.

op·si·o·neel *=nele* optional; →OPSIE; *opsionele ekstra* optional extra; *opsionele wette* permissive legislation.

op·sit[1] *opge=* sit up; *(rather obs.)* neck *(infml.)*, smooch *(infml.)*, cuddle, kiss, canoodle *(sl.)*, snog *(Br. sl.)*; *by iem. ~* sit up with s.o. *(a sick child etc.)*; *met iem. ~* kiss and cuddle s.o. *(during an evening courtship visit)*; *vir iem. ~* wait up for s.o.. **~bank** *(chiefly hist.)* lovers' seat, love seat. **~kers** *(chiefly hist.)* courting candle. **~oefening** *=ninge* sit-up, crunch; *~e doen* do sit-ups.

op·sit[2] *opge=* put on *(a crown, hat, glasses, etc.)*; cast on *(knitting)*; swell (up); put up, erect, rig up; post up *(posters)*; put up, raise *(the price)*, set up, start *(a business)*, establish, open *(a school)*; stake *(money)*; →OPGESIT, OPSETTING; ***bajonette** ~* fix bayonets; *'n **dak** ~* →DAK; ***groot oë** ~, (infml.)* open one's eyes wide; ***huis** ~* →HUIS *n.*; *'n **keel** ~* →KEEL[2] *n.*; *die **ketel** ~, (obs.)* put the kettle on *(the stove etc.)*; ***kos** ~* →KOS[1] *n.*. **~leisel** bearing rein, checkrein.

op·ska·kel *opge=, (mech.)* shift up; change up *(gears)*.

op·skar·rel *opge=* scramble/clamber up.

op·skep *opge=* scoop up; ladle out; serve/dish (up); *(rare)* brag, boast. **~kamer** servery. **~lepel** serving spoon. **~loer** *opskepge=, (infml.)* sponge, cadge *(meals)*. **~loerder** *(infml.)* sponger, cadger *(of meals)*. **~skottel** (meat) dish, serving dish/platter.

op·skep·per *=pers* ladle; *(rare)* braggart, boaster; server. **op·skep·pe·ry** serving (up), dishing (up); *(rare)* swank, show.

op·skerp *opge=* sharpen; *die geheue ~* refresh the memory. **op·sker·ping** sharpening, whetting.

op·skeur *opge=* tear up.

op·skiet *opge= vb.* shoot up; catapult; spring up *(like mushrooms)*, mushroom, shoot forth/out/up, sprout; *(prices)* escalate, shoot up, skyrocket, soar; use up, spend *(ammunition)*; make progress, get ahead; *julle **moet** ~, dit word laat!* hurry up, it's getting late!; ***mooi** ~* grow up fast; *(infml.)* get on nicely, progress well; ***nie** met iem. anders kan ~ nie, (infml.)* not be able to get on with s.o. else; *soos **paddastoele** ~* spring up, mushroom. **op·skiet** *interj.* hurry up, move it.

op·skik *n.* finery, trimmings, trappings, frippery; rigout. **op·skik** *opge=, vb.* dress up, preen, do up, prink (up), dandify, tit(t)ivate, *(sl.)* doll/tart up; rig out; →OPGESKIK; *jou ~* spruce o.s. up, get spruced up.

op·skil·der *opge=* repaint; touch up.

op·skil·fer *opge=* peel, flake, crack up, disintegrate.

op·skom·mel *opge=* shake up.

op·skop *=skoppe, n.* (dancing) party, rave, *(Br., infml.)* knees-up, bun fight. **op·skop** *opge=, vb.* kick up; *(infml.)* chuck/give up *(work etc.)*; drop out *(of university etc.)*; *herrie (*of *'n lawaai) ~* kick up a row; *stof ~* raise a dust *(lit., fig.)*. **op·skop·per** *(infml.)* party animal.

op·skort *opge=* suspend, defer, put off, postpone, delay, stay *(judg[e]ment, sentence, proceedings)*, adjourn *(a meeting)*; reserve *(judg[e]ment)*, prorogue; freeze *(payment)*; →OPGESKORT; *iets vir 'n jaar ~* suspend s.t. for a year; *'n jaar van 'n vonnis ~* suspend one year of a sentence. **op·skor·tend** *=tende* suspensive; *~e pleit, (jur.)* plead in mitigation; *~e voorwaarde* precedent/suspensive condition. **op·skor·ting** *=tings, =tinge* postponement, suspension, adjournment; temporisation; delay; *(jur.)* stay. **op·skor·tings·ak·koord** standstill agreement.

op·skraap *opge=* scrape up; *(infml., rare)* dun, force *(a debtor)* to pay. **op·skraap·sel** scraping; *(in the pl.), (also)* dregs *(fig.)*.

op·skrif *=skrifte* inscription *(on a monument, coin, etc.)*; heading *(of a chapter, an article, etc.)*; caption; direction, address; title *(of a book, document, statue, etc.)*; superscription; epigraph; headline *(in a newspaper)*; *(comp.)* header; *iets van 'n ~ voorsien* superscribe/headline s.t..

op·skrik *opge=* start, be startled; startle; flush *(birds)*; *iem. laat ~* startle s.o..

op·skroef *opge=* screw on; screw up; *(infml.)* dun, force *(a debtor)* to pay; →OPGESKROEF; *iem. ~ (om te betaal)* press s.o. for payment.

op·skryf, op·skry·we *opge=* write down, take down; enrol; enter, score *(debt against/to a customer)*, put down, charge *(against/to s.o.)*; make an inventory; docket; inscribe; commit to paper; chalk up; *iem. se naam en adres ~* take s.o.'s name and address; *iem. is opgeskryf, (also)* s.o.'s name was taken; *iets vir iem. ~* charge s.t. against/to s.o.('s account). **~boekie** jotter, jotting book, notebook, memo book. **op·skry·wer** *=wers* marker, writer, jotter; enroller.

op·skud *opge=, vb.* shake up; hustle; *jy sal moet ~* you'll have to hurry (up) (*or* get cracking/moving). **op·skud, skud op** *interj., (infml.)* hurry up, shake a leg *(infml.)*, get a move on *(infml.)*, get going/cracking, look sharp. **op·skud·ding** *=dings, =dinge* commotion, stir, bustle, confusion, fuss, upheaval, uproar, sensation, tumult, to-do; *daar is 'n groot ~ oor iets* there is a big/great/terrific flap (on) about/over s.t. *(infml.)*; *'n ~ veroorsaak* cause/create/produce a sensation; cause/create a furore; create/make a stir; cause an uproar.

op·skuif, op·skui·we *opge=* push up; move/shift up *(on seat)*, move over; advance; throw up *(a window)*; grade up; close in. **~raam** vertical sash. **~venster** sash window.

op·skui·wing shifting up; *(med.)* advancement; thrust, (reversed) fault *(in mines)*; *(min.)* upthrow. **op·skui·wings·krag** *(geol.)* thrust.

op·slaan *opge=* hit/strike up; bounce; rebound; *(a bullet)* ricochet; turn up *(collar)*; put up *(hood)*; cock *(hat)*, turn up *(brim of hat)*; *(poet., liter.)* raise, lift up *(eyes)*; pitch *(a camp, a tent, etc.)*; put up, erect *(a tent etc.)*; prefabricate *(a building)*; knock up *(runs, temporary structure, etc.)*; guy *(tent ropes)*; *(weeds)* come up, shoot forth/out; *(sugar cane)* ratoon; *(rare)* look up *(a word in a dictionary etc.)*; *(rare)* store *(goods)*, stockpile *(materials)*; →OP=

GESLAAN; *weer ~* re-erect *(shack).* ~**bou** prefabrication. ~**gebou** prefabricated building. ~**kraag** turn-up collar; storm collar. ~**tafel** gateleg(ged) table.

op·slag =*slae* upstroke; *(mus.)* upbeat; ricochet, bounce; self-sown oats/barley/etc., regrowth; ratoon(s) *(of cane)*; herbage, wild shoots, flush, young grass; upgrowth; *(agric.)* aftermath, second growth, volunteer growth; turn-up; *(rare)* storage; *opslae* ***maak*** cause/have repercussions; *die onderwyser laat die leerlinge werk dat hulle opslae* ***maak***, *(infml., joc.)* the teacher works the pupils so hard they don't know whether they're coming or going *(infml.)*; *~ van die* ***oog***, *(liter.)* look, glance; *by ~* ***verkoop*** sell at auction. ~**aartappel** volunteer potato. ~**bak** storage bin. ~**bal** *(cr.)* bouncer. ~**bron**, ~**fontein** ephemeral spring. ~**hou** bump ball, bumper. ~**koeël** ricochet bullet. ~**koste** storage charge. ~**oes** volunteer crop. ~**plantjie** self-sown seedling. ~**plek**, *(obs.)* ~**plaas** store, shed; storage place; dump, depository, (munition) depot. ~**ruimte** storage space. ~**skoot** bouncer, ricochet shot. ~**skuur** storage shed. ~**somertjie** *(rare)* Indian summer. ~**werf** storage yard.

op·sleep *opge*= drag up.

op·sluit[1] *opge*=, *vb.* shut/lock up/in; imprison, confine, incarcerate, jail; cloister; pen; impound; cage; closet; →OPGESLUIT, OPGESLOTE; *iem. laat ~* commit s.o. to (*or* place s.o. in) confinement; *jou ~* shut o.s. in. ~**bevel** *(jur.)* mittimus. **op·slui·ting** =*tings*, =*tinge* locking up/in; imprisonment, confinement, detention; occlusion; constraint; *in eensame ~* in solitary confinement; *iem. in ~ neem* take s.o. into confinement; *iem. in ~ stel* place/put s.o. in confinement, commit s.o. to confinement.

op·sluit[2] *adv., (arch.)* absolutely; →ABSOLUUT *adv.*; *iem. wou ~ saamgaan* s.o. insisted on going along, nothing could prevent s.o. from going..

op·sluk *opge*= swallow (up), engorge, engulf.

op·slurp *opge*= lap up; absorb, suck in. **op·slur·ping** =*pings*, =*pinge* lapping up; absorption; sucking in.

op·smeer spread on/with, cover with; *dit dik ~*, *(infml.)* lay it on with a trowel *(infml.)*.

op·smuk *n.* finery, trimmings, trappings; *sonder ~*, *(tell a story etc.)* without embellishment. **op·smuk** *opge*=, *vb.* doll up, deck out, dandify, prink (up); decorate; embellish *(narrative)*; →OPGESMUK; *jou ~* doll o.s. up *(infml.)*. **op·smuk·king** dandifying; decoration; embellishment, garnishing.

op·smyt *opge*=, *(infml.)* chuck/fling up.

op·snoei *opge*= prune thoroughly.

op·snork *opge*=, *(infml.)* muddle along; *snork jy nou maar daarmee op*, *(infml.)* it's all yours *(infml.)*.

op·snuf·fel *opge*= rummage/ferret out.

op·snuif, **op·snui·we** *opge*= sniff up, inhale.

op·sny *opge*= cut up, cut in(to) pieces; flense, flench *(whales)*; *(rare)* brag, boast. **op·sny·er** cutter(-up).

op·soek *opge*= look up *(a word)*; call on (*or* go to see), look up *(s.o.)*; look for, seek out. **op·soek·baar** =*bare*, *(rare)* findable.

op·som *opge*= sum up, enumerate; summarise, epitomise, encapsulate; recapitulate; digest; *iem. ~*, *(also, infml.)* psych(e) s.o. (out). **op·som·mend**, **op·som·mend** =*mende* enumerative. **op·som·men·der·wys**, =**wy·se**, **op·som·men·der·wys**, =**wy·se** to sum up. **op·som·mer** =*mers* summer-up; abstracter, abstractor, précis-writer. **op·som·ming** =*mings*, =*minge* summing up, enumeration; summation, epitome; recapitulation, summary, précis, résumé, abstract, digest; précis-writing; blazon; *'n ~ van iets gee/maak* give/make a summary of s.t.; *'n ~ aan die jurie* a charge to the jury.

op·spaar *opge*= save up, put by, store up, hoard. **op·spa·ring** storing up, hoarding.

op·speld *opge*= pin up; pin on.

op·splits *opge*= = SPLIT(S).

op·spoel·sel =*sels*, *(rare)* flotsam.

op·spoor *opge*= trace, track (down), hunt down, trail, spot, smell out, quarry, locate; find out; *'n fout in die berekening ~* find an error in the calculation. ~**stasie**, **opsporingstasie** tracking station.

op·spoor·der =*ders* tracer, tracker, spotter.

op·spo·ring =*rings*, =*ringe* tracing, tracking down, detection; locating; exploration. ~**stasie** →OPSPOORSTASIE.

op·spo·rings=: ~**diens** investigation department. ~**vliegtuig** spotter aircraft. ~**werk** tracing, tracking down; *(min.)* exploratory work.

op·spraak scandal; sensation; notoriety; *iem./jou in ~ bring* compromise s.o./o.s.; *in ~ kom* attain notoriety; *~ (ver)wek* cause/create/produce a sensation, cause/create/make a stir; attain notoriety. **op·spraak·wek·kend**, **op·spraak·wek·kend** =*kende* =*kender* =*kendste* (*of meer ~ die mees* =*kende*) notorious; sensational, much publicised.

op·spring *opge*= jump/leap (up), spring to one's feet; *(a ball)* bounce; spring; hop; start; *~ van ...* jump for ... *(joy etc.)*; *uit die water ~*, *(a whale etc.)* breach.

op·spuit *opge*= spout up; spray on.

op·spy·ker *opge*= tack up.

op·staan *opge*= stand up, rise, get up, wake, get out of bed, get/come to one's feet; mutiny, revolt, rebel; ***douvoordag*** *~* be/get up with the lark; *iem.* ***het*** *(van sy/haar siekbed) opgestaan* s.o. is up and about; *iem.* ***laat*** *~* raise s.o. to his/her feet; get s.o. up; *~ om te* ***praat*** get on one's feet; *daar sal ... valse* ***profete*** *~*, *(OAB)*, *daar sal ... vals profete na vore kom*, *(NAB)*, *(Mt 24:24)* there shall arise ... false prophets *(AV)*, false prophets will appear *(NIV)*; ***teen*** *... ~* rebel/revolt against ...; ***uit*** *die dood ~* rise from the dead; →OPGESTANE; ***van*** *die tafel (af) ~* rise from the table; ***vroeg*** *~* get up early; *(also)* be an early riser; *iem. sal* ***vroeg*** *moet ~ as hy/sy ... (infml.)* s.o. will have to be wide awake if he/she ... *(wants to outwit s.o. else etc.)*; ***weer*** *~* pick o.s. up. ~**boordjie** stick-up/stand-up collar.

op·stal =*stalle* (farm) homestead, farm buildings, farm premises, farmstead, *(Br.)* grange. ~**reg** building leasehold.

op·stand =*stande* rebellion, revolt, (up)rising, insurrection, insurgence; elevation *(of a building)*; set-up; standing crop; stand of timber; *~* ***aanblaas*** stir up rebellion/revolt; *'n* ***broeiende/dreigende/smeulende*** *~* a smouldering rebellion; ***in*** *~* ***wees*** be in rebellion/revolt; *die* ***Indiese*** *O~*, *(Ind. hist.: 1857-59)* the Indian Mutiny; *in ~* ***kom*** revolt, break out in revolt; *teen ... in ~* ***kom*** rebel/revolt against ...; rise against ...; *'n ~* ***onderdruk*** quell a revolt; ***oor*** *iets in ~* ***wees*** be up in arms about/over s.t. *(infml.)*; ***teen*** *... in ~* ***wees*** be in revolt against ... **op·stan·de·ling**, **op·stan·de·ling** =*linge* rebel, insurgent, insurrectionist.

op·stan·dig =*dige* insurgent, rebel, rebellious, mutinous, obstreperous, fractious, *(infml.)* bolshie, bolshy; in revolt. **op·stan·dig·heid** rebelliousness, ferment, insurgency, turbulence.

Op·stan·ding *(Chr. theol.)* Resurrection. **Op·stan·dings·dag** Resurrection day.

op·sta·ner =*ners* one standing/getting up. **op·sta·ne·ry** continual standing/getting up.

op·stap *opge*= walk up, walk on.

op·sta·pel *opge*= build up *(a wall)*; pile/heap/rack up, stack, accumulate, hoard; *'n enorme/yslike 2 003 punte ~* rack up a massive 2 003 points. **op·sta·pe·ling** accumulation, heaping/piling up.

op·steek *opge*= pin up; put up *(one's hair)*; hold up, raise *(a hand)*; prick up *(ears)*; light *(a lamp, a pipe, a cigar, etc.)*; incite, instigate, urge on, egg on, put *(s.o.)* up to; *(the sea, the wind, etc.)* get up; *(a breeze)* spring up; *(a storm)* brew up; *stem deur die ~ van* ***hande*** →STEM *vb.*; *die* ***kop*** *~* →KOP *n.*; *iem. ~* ***om*** *iets te doen* put s.o. up to s.t.; *die* ***weer*** *steek op* →WEER[1] *n.*; *die* ***wind*** *steek op* →WIND[1] *n.*; *'n* ***windjie*** *het opgesteek* a breeze sprang up. ~**pen** skewer.

op·stei·er *opge*= rear, stagger up; →STEIER *vb.*. **op·stei·e·ring** rearing, staggering up.

op·ste·ker =*kers* lighter, fidibus.

op·stel =*stelle*, *n.* composition, essay, theme, paper; *'n ~ oor ...* an essay about/on ... **op·stel** *opge*=, *vb.* place/put in position; mount *(a gun, machinery, a guard, etc.)*; erect *(machinery)*; station, post *(soldiers)*; compile *(a list)*; set up *(a theory)*; frame *(a rule, a theory, an article, a charge, a document, etc.)*, draw up *(a report)*, prepare *(a paper)*, draft *(a document, a parl. bill, etc.)*, make out *(a list)*, compose *(a letter)*; set *(questions)*; cast on *(stitches)*; form (up); →OPGESTEL; *'n dokument ~* →DOKUMENT; *'n plan ~* →PLAN; *jou ~* take up a position; *weer ~* re-erect *(a barrier etc.)*. ~**skrywer** essayist, essay writer. ~**terrein**, ~**werf** *(rly.)* marshalling yard. ~**wedstryd** essay competition.

op·stel·ler =*lers* framer, writer *(of a letter)*, drafter; draftsman *(of parl. bills etc.)*; originator. **op·stel·ling** drawing up, framing, drafting; placing/putting in position; erection, mounting; stationing *(of troops)*, disposition, formation; marshalling; line-up.

op·stel·lings=: ~**punt** point of formation. ~**terrein**, ~**werf** *(rly.)* marshalling yard.

op·stoel *opge*=, *(grain)* stool.

op·stook *opge*= stir *(fire)*; instigate, incite, stir up, fire, set against; brew; *iem. teen ... ~* set s.o. against ...; poison s.o.'s mind against ...; *iem. tot iets ~* incite s.o. to s.t.. **op·sto·ker** =*kers* instigator, inciter; agitator, troublemaker, mischief-maker, *(infml.)* stirrer. **op·sto·ke·ry**, **op·sto·king** instigation, incitation, incitement, agitation, stirring up strife, sedition.

op·stoot *n.* press-up, push-up; *twintig/ens. opstote doen ~* do twenty/etc. press-ups/push-ups. **op·stoot** *opge*=, *vb.* raise, push up; raise standard of; boost; step up; force up, put up; *die water stoot op* the water is backing up (*or* rising). ~**oefening** press-up, push-up.

op·stoot·jie =*tjies* disturbance, riot, affray, fracas, brawl, disorder.

op·stop *opge*= fill, stop up, stuff (up); pad; choke, congest; hold up *(traffic)*; →OPGESTOP; *iets met ... ~* stuff s.t. with ...; *iets met spek ~*, *(also, cook.)* (inter)lard s.t.. ~**kuns** *(rare)* = TAKSIDERMIE. **op·stop·per** =*pers* taxidermist; *(infml.)* blow, punch, wallop; *iem. 'n ~ gee* punch s.o., give s.o. a punch; *'n ~ kry* get/receive a punch; *'n onverwagte ~* a backhander. **op·stop·ping** stuffing; congestion *(of nasal cavities, of traffic, etc.)*, jam; blockage; *(med.)* infarct. **op·stop·sel** =*sels* stuffing; padding.

op·storm *opge*= rush up, charge.

op·sto·ting =*tings*, =*tinge* upheaval, upthrust, upthrow.

op·stry *opge*= contradict, dispute *(a point)*, argue away, deny. **op·stry·e·rig** =*rige* = STRYERIG.

op·stryk *n.*, *(mus.)* up-bow. **op·stryk** *opge*=, *vb.* brush up; iron *(linen)*; stroke up; *(rare)* pocket *(money)*; *alles ~* sweep the board.

op·stu *opge*=, *(rare)* surge forward.

op·stuif, **op·stui·we** *opge*=, *(dust etc.)* fly up, rise/drift up; *(fig.)* flare up, flame up *(into anger)*, fly off the handle.

op·stuur *opge*= send up; send on.

op·styg *opge*= ascend, rise, take off; soar; get on, mount *(a horse)*. ~**snelheid** *(aeron.)* takeoff speed.

op·sty·gend =*gende* ascending, assurgent.

op·sty·ging =*gings*, =*ginge* rising, ascent; takeoff, liftoff; mounting.

op·sui·er aspirator.

op·suig *opge*= suck up/in; take up *(liquid)*, soak up, absorb; imbibe; siphon; drink in. ~**buisie** =*sies* pipette; →PIPET. ~**middel** =*dels*, =*dele* absorbent.

op·suig·baar =*bare* absorbable.

op·sui·gend =*gende* absorbent; resorbent.

op·sui·ging sucking up; absorption; aspiration; resorption; imbibition; occlusion.

op·suip *opge*=, *(infml.)* drink/booze up; *jou geld ~* booze away your money.

op·swaai *n.* upward swing; *(fin.)* upswing; →OPLEWING. **op·swaai** *opge*=, *vb.* swing up(ward).

op·sweep *opge*= whip up; work up, incite, rouse (up), inflame, harangue.

op·swel *opge*= swell (up); bloat; puff, tumefy; bulge; →OPGESWEL; *~ van boosheid/trots* swell with indignation/pride. **op·swel·ling** swelling, inflation; (in)tumescence, distension; erection.

op·swelg *opge-, (poet., liter.)* swallow up.

op·swe·per *-pers* inciter, agitator, demagogue, rabble-rouser, mob orator, *(infml.)* stirrer. **op·swe·pe·ry** incitement, agitation, demagoguery, rabble-rousing, mob oratory.

op·sy *adj., (also)* haughty. **op·sy** *adv.* aside; apart, on/to one side; ~ *kom, (naut.)* come alongside; *iets* ~ *laat* give s.t. a miss (infml.); pass by s.t.; *iem.* ~ *neem* take s.o. aside (*or* on/to one side). **~gaan** *opsyge-*, **opsy gaan** *opsy ge-* go/stand aside. **~sit** *opsyge-*, **opsy sit** *opsy ge-* set/put aside; lay away; sink *(differences)*; override *(the law)*; waive *(claims, a ceremony, etc.)*. **~skuif, ~stoot** *opsyge-*, **opsy skuif/stoot** *opsy ge-* push aside; move aside; sidetrack. **~spring** *opsyge-*, **opsy spring** *opsy ge-* swerve, dodge. **~staan** *opsyge-*, **opsy staan** *opsy ge-* stand aside; stand clear; stand off; move aside; clear the way; *opsy gaan staan* stand aside. **~stap, ~tree** *opsyge-*, ~ **stap/tree** *opsy ge-* step aside.

op·ta·kel *opge-* rig up *(lit.)*; bedeck, doll up, bespangle; *jou* ~ tart o.s. up *(infml.)*.

op·tant *-tante, (rare: s.o. who may change nationality when the region he/she inhabits changes sovereignty)* optant.

op·ta·tief *-tiewe, n. & adj.* optative.

op·teel *opge-* upgrade, grade up *(livestock etc.)*.

op·teer[1] *(ge)-, (rare)* opt, choose; ~ *vir* ... opt for ...

op·teer[2] *opge-, (obs.)* use up, spend, consume.

op·te·ken *opge-* note (down), set/write down, record, enter, chronicle, diarise, score, chalk up, put on record. **op·te·ke·ning** writing down, entering; note, recording, record-keeping.

op·tel[1] *opge-* add (up), total up, cast up, tot up; →OPTELLER[1], OPTELLING. **~fout** adding mistake, error in addition; casting error, miscast(ing). **~masjien** adding machine, totaliser. **~som** addition sum. **~teken** *(math.)* plus sign.

op·tel[2] *opge-* pick up; raise, lift, heave; heft; hoist; trouble, worry; *(knitting)* cast on; →OPTELLER[2]; *jou hand teen iem.* ~/*oplig* raise one's hands against s.o.; *iem. se rug tel hom/haar op, (infml.)* s.o.'s back is giving him/her trouble. **~goed** findings; rubbish; ~ *is hougoed* finders keepers (losers weepers). **~haak** spring hook. **~kind** foundling. **~stokkies** pickup sticks, fiddlesticks.

op·tel·ler[1] *-lers* adder, enumerator; summer.

op·tel·ler[2] *-lers* picker.

op·tel·ling *-lings, -linge* addition, adding; counting up; summation, total; cast; *'n ~ maak* make an addition.

op·tiek optics; optical instruments. **op·ties** *-tiese* optic(al); visual; *~e* ***bedrog*** optical illusion; *~e* ***karakterherkenning,*** *~e* ***herkenning*** *van karakters, (comp.)* optical character recognition; *~e* ***karakterleser,*** *(comp.)* optical character reader; *~e* ***mikroskoop/teleskoop*** optical microscope/telescope; ~*e* ***senu(wee)*** optic nerve; *~e* ***vesel*** optical fibre. **op·ti·ka** optics. **op·ti·kus** *-tikusse, -tici, (rare)* optician; →BRILMAKER.

op·ti·ma: *in ~ forma* →FORMA.

op·ti·maal *-male -maler -maalste* (of *meer ~ die mees -male*) optimal, optimum. **op·ti·ma·li·seer, op·ti·meer** *ge-* optimise. **op·ti·ma·li·se·ring, op·ti·me·ring** optimisation.

op·ti·maat *-mate, n., (Rom. hist.)* optimate; *(gen., rare)* noble, aristocrat.

op·ti·meer, op·ti·me·ring →OPTIMALISEER, OPTIMALISERING.

op·ti·mis *-te* optimist. **op·ti·mis·me** optimism, sanguinity, sanguineness. **op·ti·mis·ties** *-tiese* optimistic, *(infml.)* upbeat.

op·tim·mer *opge-* erect, put/run up.

op·ti·mum *-timums, -tima, n.* optimum.

op·ti·si·ën *-siëns, (rare)* optician; →BRILMAKER.

op·to·e·lek·tro·ni·ka, op·to·ë·lek·tro·ni·ka optoelectronics.

op·to·foon *-fone* optophone.

op·tog *-togte* procession; approach *(of an army)*; *historiese* ~ historical pageant; *in* ~ in (a) procession.

op·to·me·ter *-ters* optometer. **op·to·me·trie** optometry. **op·to·me·tries** *-triese* optometric(al). **op·to·me·tris** *-triste* optometrist.

op·tooi *opge-* adorn, decorate, doll up, prink (up), dress up, embellish; →OPGETOOI(D). **op·tooi·ing** *-ings, -inge* adorning, adornment, decoration, embellishment. **op·tooi·sel** *-sels* trimming, decoration.

op·toom *opge-* bridle *(horse)*; cock *(hat)*.

op·tor·ring *opge-* rip up.

op·trans·for·meer *opge-, (elec.)* step up. **op·trans·for·ma·tor** *-tore, -tors* step-up transformer.

op·tre·de *-des* appearance; behaviour, bearing, conduct, action, attitude; course; ***besliste/ferm/kragtige*** ~ firm action; ***(fyn)*** ~ deportment, comportment; ***gesamentlike*** ~ concerted action; *'n* ***persoonlike*** ~ a personal appearance; *jou ~* ***terughou*** hold one's hand.

op·tree *opge-* appear *(in public)*; play/act a part *(in a drama)*; take action, act, operate; ***as*** ... ~ act as ... *(chairperson etc.)*; function as ...; officiate as ...; ***beslis/ferm/kragtig*** ~ take firm action; ***dienooreenkomstig*** ~ act accordingly; *as* ***gasheer*** *vir iem.* ~ →GASHEER; ***handelend*** ~ take action; take steps; go into action; ***in*** *Macbeth/etc.* ~ play in Macbeth/etc.; *iem.* ***laat*** ~ bring on s.o.; *as* ***skeidsregter*** ~ →SKEIDSREGTER; ***streng*** ~ take a firm line; clamp down; take drastic action; ***teen*** *iem./iets* ~ take action against s.o./s.t.; ***vir*** *iem.* ~ act for s.o.; fill in for s.o.; *dit is* ***waarom*** *iem. so opgetree het* that is why s.o. acted as he/she did. **~geld** appearance money.

op·trek *opge-, (naut.)* draw/pull up, drag/haul up, purchase; raise *(the curtain)*; shrug *(one's shoulders)*; construct, build, erect *(a building)*; add up; *(fog)* lift, rise, disperse; *(weather)* clear; *(a motor)* accelerate; ruck up, pucker; hitch up *(trousers)*; hike up *(a skirt etc.)*; *(obs.)* pant, whoop *(during whooping cough)*; ***iem.*** ~, *(infml., rare)* give s.o. a dressing-down; ***na/teen*** *'n plek* ~ march on a place; *jou* ***neus*** *vir iem./iets* ~ turn up one's nose at s.o./s.t.; ***teen*** ... ~, *(also)* march against ... **~oefening** pull-up. **~spier** retractor muscle.

op·trom·mel *opge-* drum up; summon.

op·trys *opge-, (naut.)* trice up.

op·tuig *opge-* harness *(a horse)*, caparison; rig *(a ship)*; gear up.

o·pun·ti·a *-as, (Lat., bot.)* opuntia.

o·pus *-pusse, (Lat.)* work, opus; *magnum* ~ magnum opus, chief work. **~register** register of works.

op·vaar *opge-* sail up, steam up; ascend *(into space)*. **op·vaart** ascension *(into space)*. **op·va·ren·de** *-des* voyager; *(in the pl.), (also)* ship's company, those on board, crew and passengers. **op·va·ring** sailing up; ascension *(into space)*.

op·val *opge-* strike, be conspicuous, shine through; *iets val iem. op* s.o. is struck by s.t.; *dit val iem. op dat* ... it strikes s.o. that ... **op·val·lend** *-lende -lender -lendste, adj.* striking, conspicuous, prominent, marked, eye-catching, remarkable, spectacular, to be remarked, significant, salient, outstanding, flagrant, ; glaring *(mistake)*; dramatic *(change)*. **op·val·lend** *adv.* strikingly, conspicuously, markedly, prominently.

op·vang *opge-* catch/snatch up; catch *(water, word, sound, etc.)*; intercept *(a letter, light, etc.)*; cut off *(light)*; receive, check *(a blow)*; monitor *(a transmission)*; catch *(the eye, a look, etc.)*; impound, retain *(water)*; pick up *(a signal)*; →OPGEVANG. **~bak** sump; save-all. **~dam** catch dam, reservoir, storage dam. **~draad** aerial; collecting wire. **~(s)gebied** catchment area; intake. **~put** sump. **~reservoir** impounding reservoir. **~riool** catch drain. **~(toe)stel** *(rad. etc.)* receiving set, receiver; pickup, recorder.

op·van·ger *-gers* catcher, interceptor; pickup.

op·va·ren·de, op·va·ring →OPVAAR.

op·vat *opge-* take up *(a pen, dropped stitches, etc.)*; take up *(a profession, a subject, the thread of a story)*; resume, continue; understand; construe; *dit* ***anders*** ~ understand it differently; take a different view; *iets* ***as*** ... ~ see s.t. as ...; take s.t. to be ...; *iets* ***ernstig*** ~ take s.t. seriously; *iets* ***goed*** ~ take s.t. in good part; take s.t. well; put a good construction on s.t.; *iets* ***lig*** ~ take s.t. lightly; *iets* ***reg*** ~ take s.t. in the right spirit; *iets* ***sleg*** ~ take s.t. in bad part; take s.t. badly; put a bad construction on s.t.; *iets* ***verkeerd*** ~ take s.t. amiss; take s.t. in the wrong spirit; misinterpret s.t.; put a wrong construction on s.t.; *'n* ***voorneme*** ~ →VOORNEME. **op·vat·ting** *-tinge, -tings* view, opinion, conception, idea; approach; construction; appreciation; vision; feeling; *(in the pl.), (also)* way of thinking; *'n* ***algemene*** ~ a widely held belief; *daar is 'n* ***algemene*** ~ *dat* ... the belief is widely held that ...; *die* ***algemene*** ~ *is dat* ... it is believed that ...; *'n ~* ***huldig*** take a view; *iem. se ~ van die* ***lewe*** s.o.'s outlook (on life); →LEWENSOPVATTING; ***moderne*** ~*e*/~*s* a modern outlook; *'n* ***nuwe*** ~ *van die saak* a new slant on the subject; ~*e*/~*s* ***omtrent*** ... ideas on ...; *iem. se ~* ***van*** ... s.o.'s approach to ... *(a subject, a matter, etc.)*; s.o.'s view of ...; ***verouderde*** ~*e*/~*s hê* be behind the times.

op·vee *opge-* sweep up, swab, wipe up.

op·veil *opge-* sell by auction, put up for sale; *iets (laat)* ~ put s.t. up for auction, sell s.t. by auction; put s.t. up for sale; *opgeveil word* be auctioned; be up for auction. **op·vei·ling** *-lings, -linge* selling by auction, auctioneering; →VEILING.

op·verf *opge-* use up in painting; repaint; paint from the bottom upward(s).

op·vis *opge-* fish up/out; pick up, recover *(a body)*.

op·vlam *opge-* flare/flame up, deflagrate, blaze (up). **op·vlam·mend** *-mende* flaring (up) *(fire, temper)*. **op·vlam·ming** *-mings, -minge* flaming up, flare(-up), blaze; exacerbation *(of a disease)*.

op·vlieg *opge-* fly up, take wing; jump up; tear/hurry up; *(temper)* flare up/out. **op·vlie·ënd** *-vlieënde* quick-tempered, short-tempered, fiery, hot-tempered, hasty, irascible, violent, explosive, quick to take offence, choleric; *'n ~e humeur* an explosive temper. **op·vlie·ënd·heid** irascibility.

op·voed *opge-* educate, rear, bring up, train; nurture; →OPGEVOED. **~vermaak** edutainment.

op·voed·baar, op·voed·baar *-bare* educable. **op·voed·baar·heid, op·voed·baar·heid** educability.

op·voe·de·ling *-linge, (rare)* trainee, pupil, schoolchild; disciple.

op·voe·der *-ders* educator. **~-leerder-verhouding** educator-learner relationship. **~/leerder-verhouding, ~:leerder-verhouding** educator/learner ratio, educator:learner ratio.

op·voe·ding (informal) education, upbringing, nurture, breeding.

op·voed·kunde (theory of) education, pedagogy, pedagogics; *fakulteit van ~* faculty of education.

op·voed·kun·dig *-dige* pedagogic(al), educational, educative; *~e* ***drama*** educational drama; *uit 'n ~e* ***oogpunt*** *is dit verkeerd* pedagogically it is unsound; *~e* ***sielkunde/psigologie*** psychology of education, educational psychology; ~ ***vermaak*** infotainment, edutainment. **op·voed·kun·di·ge** *-ges* educationist, pedagogue.

op·voer[1] *opge-* bring up; stage *(play)*, put on (the stage), produce *(play)*, perform; →OPVOERBAAR, OPVOERDER, OPVOERING. **~regte** *(pl.)* performing/stage rights.

op·voer[2] *opge-* fatten *(pigs etc.)*; consume *(fodder)*; *al die mielies is opgevoer* all the maize has been used up (*or* consumed).

op·voer·baar *-bare* playable, performable, actable.

op·voer·der *-ders* producer.

op·voe·ring *-rings, -ringe* performance; (theatrical) production, staging *(of a play)*; presentation; *na 'n ~ gaan, 'n ~ gaan kyk* go to a play; go to a show. *reg van ~, (theatr.)* performing right, right of performance.

op·volg *opge-* succeed, take the place of; obey *(instructions)*, follow *(advice)*; *(cr.)* follow on. **~beurt** *(cr.)* follow-on; *'n ~ kry* follow on; *die ~ vermy/afdwing* avoid/enforce the follow-on. **~brief** follow-up letter. **~reklame** follow-up advertising.

op·vol·gend *-gende* incoming; sequential.

op·vol·ger *-gers* successor, incomer, replacement; *vermoedelike ~* heir presumptive; *die ~ van* ... the successor to ...; *as ~ van* ... in succession to ... **op·vol·ger·skap** succession. **op·vol·ger·staat** succession state.

op·vol·ging *=gings, =ginge* succession; sequence *(of tenses)*; gradation. **op·vol·gings·reg** law of succession.

op·vor·der *opge=* claim, lay claim to; call (up), demand, exact, urge, call upon *(s.o. to ...)*. **op·vor·der·baar** *=bare* claimable; *dadelik ~* at/on call; *dadelik ~bare geld* call money. **op·vor·de·ring** *=rings, =ringe* claim(ing), demand, call(-up).

op·vou *opge=* fold away/up; curl up. **~stoel** folding chair.

op·vou·baar *=bare* collapsible, collapsable, foldable; *(attr.)* foldaway *(walking stick etc.)*, foldup *(cot etc.)*.

op·vra *opge=* withdraw *(money)*, call in *(money)*; claim. **~strook, ~strokie** withdrawal slip.

op·vraag·baar *=bare* withdrawable *(money)*; claimable; *dadelik ~ wees, (money)* be at/on call; *dadelik ~bare geld* call money.

op·vra·ging *=gings, =ginge* withdrawal; demand; *by ~* on demand.

op·vreet *opge=* devour, gobble up, chew up; swallow *(fig.)*; *opgevreet wees van eiewaan* be bursting with conceit; *baie van iem. ~* take/stand/swallow a lot from s.o..

op·vro·lik *opge=* cheer (up), gladden, enliven, brighten. **op·vro·li·king** enlivenment.

op·vryf, op·vry·we *opge=* polish, rub up, furbish up; mop up. **~doek** polishing cloth. **~dweil** polishing mop.

op·vul *opge=* fill up; stuff; pad, wad, bolster, fill in; *weer ~, (archaeol.)* backfill. **~(lings)materiaal** *(waste management)* landfill. **~(lings)terrein** *(waste management)* landfill (site). **~werk** filling.

op·vul·ling fill-up.

op·vul·sel *=sels* stuffing, filling; padding, wadding.

op·vy·sel *opge=* extol, praise, acclaim, applaud, eulogize, exalt, glorify, laud, cry up, sing the praises of; *iets ~, (also, infml.)* hype s.t. (up). **op·vy·se·laar** *=laars* laudator, eulogist, praise singer. **op·vy·se·ling** *=lings, =linge* extolling, praising, applauding, glorifying, lauding, *(infml.)* hype.

op·waai *opge=* blow up; be blown up.

op·waar·deer *opge=* uprate *(stocks etc.)*.

op·waarts *=waartse, adj.* upward; *~e* ***beweging*** upward motion, upstroke; *~e* ***druk*** upward pressure; *~e* ***helling*** upgrade; *~e* ***mobiliteit,*** *(sociol.)* upward mobility; *~e* ***neiging,*** *(econ.)* uptrend, upward tendency (*or* price movement); *~e* ***stukrag*** upthrust. **op·waarts** *adv.* upward(s); *iets ~ gooi* throw/cast s.t. up; *~ mobiel wees* be upwardly mobile.

op·wag *opge=* wait for. **op·wag·ting:** *jou ~ by ... maak* pay one's respects to ...; *(infml.)* arrive/appear at ...

op·wal *opge=* bank. **op·wal·ling** *=lings, =linge* banking.

op·warm *opge=* warm up; reopen *(subject)*; rehash *(tale)*; *opgewarmde kos* rehash *(lit., fig.)*; reheated food; leftovers. **~oefening, opwarmingsoefening** warm-up exercise. **~oond** = LOUOOND. **~sessie, opwarmingsessie** warm-up session. **~wedstryd, opwarmingswedstryd** warm-up match.

op·war·ming warm(ing)-up.

op·was *opge=* wash up, do the washing-up; use up *(in washing)*. **~bak, afwasbak** sink. **~borsel** washing-up brush. **~middel** *=dels, =dele* dish(-)washing liquid, washing-up liquid. **~plek** scullery. **~werk** washing-up.

op·weeg *opge=* weigh up; set off, compensate; *iets teen ...* ***laat*** *~* set off s.t. against ...; *iets (teen* ***mekaar****) ~* weigh up s.t. *(arguments etc.)*; *wanneer die twee teen* ***mekaar*** *opgeweeg word* on a balance of probabilities; *teen* ***mekaar*** *~* balance out each other; ***teen*** *iets ~* make up for s.t., offset s.t.; *die een argument* ***teen*** *die ander ~* weigh one argument against another. **~fout** compensating error.

op·we·gend *=gende* equiponderant.

op·wek *opge=* rouse, awake, wake up; restore to life, resuscitate, raise; stir up, animate, rouse, inspirit, put life into, quicken; enkindle; exhilarate; excite *(feeling, faculties, etc.)*, provoke *(indignation)*, stimulate *(appetite)*; induce *(feeling)*; excite *(magnetism)*, raise, generate *(electricity, steam, heat, etc.)*; →OPGEWEK; *iem. se jaloesie ~* fan the flames of s.o.'s jealousy; *iem. ~ tot ...* rouse/excite s.o. to ... *(enthusiasm, desire, etc.)*; *weer ~* reawaken *(nationalism etc.)*. **~middel** *=dels, =dele* stimulant. **~toestel** generator.

op·wek·kend *=kende* rousing, stirring, animating, exciting, stimulating, encouraging, exhilarating, exhilarant, invigorative; cordial; *~e* ***drank*** stimulant; *~e* ***klimaat*** bracing climate; *~e* ***middel*** cordial, excitant, stimulant; *~e* ***musiek*** stirring music.

op·wek·ker *=kers* exciter, stimulant; activator; resuscitator; generator.

op·wek·king *=kings, =kinge* rousing, stimulation, awakening, resuscitation; *(relig.)* revival; resurrection, raising *(from the dead)*; generation *(of elec.)*; *(sc.)* excitation.

op·wek·kings-: **~diens** revival meeting. **~middel** *=dels, =dele* resuscitator. **~prediker** *(often derog.)* revivalist, *(infml.)* Bible basher/pounder/thumper.

op·wel *opge=* well up/out/forth, bubble up, surge (up); ***gevoelens*** *laat ~* fan the flames of passion; *'n gevoel van* ***teleurstelling*** *het in iem. opgewel* a feeling of disappointment crept over s.o; ***trane*** *wel in iem. se oë op* tears well up in s.o.'s eyes; ***water*** *wel uit die grond op* water wells up from the earth. **op·wel·lend** *=lende: ~e drifte* surging/rising passions. **op·wel·ling** *=lings, =linge* bubbling up, welling up/out/forth, ebullition; heave, (up)surge; outburst *(of passion)*, flush *(of joy)*, wave *(of enthusiasm)*, uprush, access *(of emotion/anger/etc.)*; *iets in 'n ~ van ... doen* do s.t. in an access of ... *(rage etc.)*.

op·wel·wing *(geol. etc.)* upwarping.

op·wen *opge=* wind (up); excite; →OPGEWEN; *jou oor iets ~* become/get excited (*or* work o.s. up) about s.t.. **~toestel** winding gear. **~trein(tjie)** clockwork train.

op·werk *opge=* work up *(lit., fig.)*; finish off, touch up *(a drawing)*; *jou ~ van bode tot voorsitter* work one's way up from messenger to chairperson.

op·werp *opge=* throw up; build, make, erect; raise *(question)*; *jou ~ as ...* proclaim/constitute o.s ...., set o.s. up as ...; *'n verdediging ~* set up a defence.

op·win·dend *=dende* exciting, thrilling, stirring; *iets is vir iem. ~* s.t. gives s.o. a thrill.

op·win·ding excitement, turmoil; excitation; ***in*** *die ~ van ...* in the heat of ... *(the moment)*; *die ~* ***oor*** *iets* the excitement about/over s.t.; ***tintel*** *van ~* quiver with excitement; *iets* ***vir*** *~ doen* do s.t. for kicks *(infml.)*.

op·wip *opge=* tip up; *(s.o.'s nose)* tilt up; rebound; jump up; *op en neer wip* seesaw, jump up and down; *die trap ~* dart up the stairs; *jou teen iem. ~* be rebellious/defiant. **~kaartjie** pop-up card. **~kieslys** *(comp.)* pop-up menu.

op·woe·ma *opge=, (infml.)* soup/hot up *(a vehicle [engine])*.

o·raal *=rale* oral; *orale gemeenskap/samelewing* oral society; *orale seks* oral sex. **~-genitaal:** *~-genitale intiemheid* cunnilingus, cunnilinctus.

o·ra·kel *=kels, n.* oracle. **o·ra·kel** *ge=, vb.* oracle, pontify, pontificate. **~spreuk** oracle. **~taal** oracular language.

o·ra·kel·ag·tig *=tige* oracular; sententious; vatic.

o·ra·lis·me oralism.

o·ral·oor all over/around, everywhere, far and wide/near; *hulle kom van ~* they come from everywhere.

o·ral(s) everywhere; on all sides, up and down, all over; *~ waar iem.* ***gaan*** everywhere s.o. goes; *~* ***rond*** all around; *~* ***rond*** *wees/lê* be/lie all over the place *(infml.)*; *~ (rond) na ...* ***soek*** look up and down for ..., search high and low for ...; *~* ***te vinde*** *wees* be ubiquitous; *~ in die* ***wêreld*** throughout the world.

O·range *(Fr. town)* Orange.

O·ran·gis *=giste, n., (member of society upholding Prot. in Ir.)* Orang(e)ist, Orangeman. **O·ran·gis·me** Orang(e)ism. **O·ran·gis·ties** *=tiese, adj.* Orang(e)ist.

o·rang·oe·tang *=tangs* orang-utan(g). **o·rang·oe·tan·kie** *=kies* small/little orang-utan(g).

O·ran·je *(Du. royal dynasty)* Orange; →ORANJE-NASSAU; *die Prins van ~* the Prince of Orange; *die prinsdom ~* the principality of Orange. **~huis** House of Orange. **~man** *=manne* Orang(e)ist. **~-Nassau** *(Du. royal dynasty)* Orange-Nassau. **~rivier** Orange River. **~rivierkolonie** *(SA hist.)* Orange River Colony. **~riviersoewereiniteit** *(SA hist.)* Orange River Sovereignty. **~-Vrystaat** *(SA hist.)* Orange Free State; →VRYSTAAT. **~-Vrystaats** *=staatse, (SA, hist.)* Orange Free State; →VRYSTAATS.

o·ran·je *n. & adj. (colour)* orange; *die ~* the orange one; *~, blanje, blou, (colours of pre-1994 SA flag)* orange, white and blue. **~boom** *(her.)* orange (tree). **~geel** orange, gamboge. **~kleur** orange (colour), mandarin(e). **~klim-op, vuur-op-die-dak** *(bot.: Pyrostegia venusta)* golden shower, orange creeper. **~lint** orange ribbon. **~rooi** orange-red, miniaceous. **~strik** *(hist.: ribbon)* orange favour. **~vrug** *(bot.: citrus fruit)* hesperidium.

o·ran·je·ag·tig *=tige* orange-like.

O·ran·je·ge·sind *=sinde, adj.* Orang(e)ist. **O·ran·je·ge·sin·de** *=des, n.* = ORANJEMAN.

o·ran·je·kleu·rig *=rige* orange-coloured.

o·ran·je·rie *=rieë, (rare: in which orange trees are grown)* orangery.

o·ran·te *=tes, (early Chr. art: praying female figure)* orant(e).

o·ra·sie *=sies* oration.

o·ra·tor *=tore, =tors* orator. **o·ra·to·ries** *=riese* oratorical. **o·ra·to·ri·um** *=riums, =ria, (chapel)* oratory; *(mus.)* oratorio.

or·bi·ku·lêr *=lêre* orbicular; *~e blaar* orbiculate leaf.

or·chi·tis →ORGITIS.

or·de[1] *n.* order; method; discipline; sequence; →ORDELIEWEND, ORDELIK, ORDELOOS, ORDEN; ***aan*** *die ~ wees* be under discussion; ***alles*** *(is) in ~* all is well; *dis nie* ***alles*** *in ~ met iem. nie* s.t. is wrong with s.o.; *in* ***behoorlike*** *~* in due form; *in die* ***beste*** *~* in apple-pie order *(infml.)*; *iets in ~* ***bevind*** find s.t. in order; ***binne*** *die ~* in order *(at a meeting)*; *iets in ~* ***bring*** put s.t. in order; put/set s.t. right; set/put s.t. to rights; straighten (out) s.t.; *sake in ~* ***bring,*** *(also)* put things straight; get things square; *jou sake in ~* ***bring,*** *(also)* settle one's affairs; ***buite*** *die ~ wees, (a matter/speaker at a meeting)* be out of order; *iem./iets* ***buite*** *die ~ verklaar* rule s.o./s.t. out of order; *iets is aan die ~ van die* ***dag*** s.t. is the order of the day; *in* ***geslote*** *~, (mil.)* in close order; *iets is in* ***goeie*** *~* s.t. is in good order; s.t. is in running/working order; *vir die* ***goeie*** *~* for the sake of order; *die ~* ***handhaaf*** keep/maintain order; *die ~* ***herstel*** restore order; *van 'n* ***hoër*** *~* superordinate; *~* ***hou*** keep order; ***in*** *~ wees* be in order; be all right; be shipshape (and Bristol fashion); *dis* ***in*** *~* it is all right; that's right; *iets is* ***in*** *~ wat iem betref* s.t. is fine with s.o.; *aan die ~* ***kom*** come on; come up for discussion; *in ~* ***kom*** come (out) right; *op 'n* ***punt*** *van ~* on a point of order; *'n* ***punt*** *van ~ opper* raise a point of order; ***reg/wet*** *en ~* law and order; *die* ***reglement*** *van ~, (parl.)* standing orders; *iem. tot ~* ***roep*** call s.o. to order; bring s.o. into line; *iets aan die ~* ***stel*** raise s.t. *(a subject, a question, etc.)*; *~ van* ***verrigtinge*** order of proceedings *(of a meeting/etc.)*; *in* ***verspreide*** *~, (mil.)* in extended/loose order. **or·de** *interj.* order; *~!, ~!, (esp. parl.)* order!, order!; *in ~!* very good/well!, all right!. **~houer** disciplinarian. **~komitee** steering committee. **~lys** *(parl.)* order paper; agenda. **~mosie** motion of procedure. **~verstoring** *=rings, =ringe* disturbance of the peace. **~voorstel** motion on a point of order.

or·de[2] *=des, n., (biol.)* order; rank; magnitude; *'n* ***bedrag*** *van die ~ van R10 miljoen* an amount of/in the order of R10 million; *van* ***dieselfde*** *~* coordinate; ***geestelike*** *~* religious order; *O~ van* ***Prokureurs*** →PROKUREURSORDE. **~band** cordon. **~broeder** friar. **~ketting** chain of (an) order. **~kleed** habit. **~teken** order decoration badge *(of an order)*; *(also, in the pl.)* insignia.

or·de·lie·wend *=wende* orderly, fond of order, tidy; law-abiding. **or·de·lie·wend·heid** orderliness, love of order, tidiness; law-abidingness.

or·de·lik *=like, adj.* orderly, (well) ordered; well-behaved; *~e vordering* ordered advance. **or·de·lik** *adv.* in an orderly way/manner/fashion; *jou ~ gedra* be well-behaved, conduct o.s. with propriety. **or·de·lik·heid** orderliness, neatness.

or·de·loos *=lose* disorderly, disorganised, *(infml.)* shambolic. **or·de·loos·heid** disorderliness.

or·den *ge-* put in order, arrange *(one's affairs/life/etc.)*; marshal *(facts, one's thoughts, etc.)*; *iem. tot predikant ~* ordain s.o. as a minister. **or·de·nend** *-nende* arranging, ordering. **or·de·ning** *-ninge, -nings* arrangement, classification; setup; ordination; *ruimtelike ~* physical planning.

or·dent·lik *-like, adj.* decent, respectable, clean-living; fair, pretty good; *~ genoeg wees om ...* have the grace to ...; *~e kêrel/meisie* nice guy/girl *(infml.)*. **or·dent·lik** *adv.* decently, respectably; *(infml.)* exceptionally, particularly; *jou ~ gedra* behave decently, conduct o.s. properly; *ek kon nie eers ~ met hom/haar praat nie* I could not even speak to him/her properly; *~ vinnig/ywerig, (infml.)* exceptionally fast/diligent. **or·dent·lik·heid** decency, good behaviour, respectability; *die ~ in ag neem* observe the proprieties; *die ~ hê om ...* have the grace to ...

or·dent·lik·heids-: **~gevoel** feeling(s) of decency. **~halwe** for decency's sake, in common decency.

or·der *-ders, n.* order, command, direction; order *(on order paper, for goods)*; ***algemene/staande** ~s, (mil.)* standing orders; ***betaal** aan die ~ van ...* pay the order of ...; *~ **gee** →*(IEM.) 'N BEVEL GEE, OPDRAG GEE; *tot **nader** ~ →*TOT NADER(E) BESKIKKING; ***of** ~* or order *(on a cheque)*. **or·der** *ge-, vb.* order, command. **~boek** *(mil.)* order book. **~brief** *-briewe*, **~briefie** *-fies, (comm.)* promissory note, *(Am.)* note (of hand). **~tjek** order cheque.

or·di·naal *-nale, adj., (math.: relating to a sequence/etc.)* ordinal.

or·di·naat *-nate, n., (math.)* ordinate; *(surv.)* offset.

or·di·nan·sie *-sieë, -sies* ordinance *(of God)*.

or·di·na·ris *-risse, (jur.)* ordinary.

or·di·neer *ge-* ordain. **or·di·nan·dus** *-nandusse, -nandi, (Chr.: candidate for ordination)* ordinand. **or·di·ne·ring** *-rings, -ringe*, **or·di·na·sie** *-sies* ordaining, ordination.

or·di·nêr *-nêre -nêrder -nêrste, (infml.)* ordinary, commonplace, everyday; vulgar, common, mean. **or·di·nêr·heid** ordinariness; commonness, vulgarity.

or·don·nans *-nanse* orderly, messenger. **~offisier** *(mil.)* officer of the day, orderly officer.

or·don·neer *ge-, (rare)* ordain, decree. **or·don·nan·sie** *-sies* ordinance *(of a province)*.

Or·do·vi·si·um *n., (geol. era): die ~* the Ordovician. **Or·do·vi·sies** *adj.* Ordovician.

o·re *n. (pl.) →*OOR[1] *n.*.

o·re·a·de *-des, (Gr. myth.)* oread, mountain nymph.

o·reer *(ge)-* orate, hold forth, play the orator, declaim, speechify, perorate; *oor iets ~* hold forth on s.t..

o·re·go *(herb)* oregano.

O·re·gon *(geog.)* Oregon.

o·rent on end, upright, erect; *iets **hou** iem. ~* s.t. helps s.o. to hold his/her own (*or* to stand his/her ground), s.t. carries s.o. through, s.t. keeps s.o. on his/her feet (*or* going); *~ **kom*** come/get to one's feet; right o.s.; *(weer) ~ **kom*** pick o.s. up; *op 'n elmboog ~ **kom**, jou op 'n elmboog ~ **druk*** raise o.s. up on one elbow; *iem. **sit** ~* s.o. sits up; *iets ~ **sit*** place s.t. upright (*or* on end); *iem. **staan** ~* s.o. stands up; *~ **sukkel*** scramble to one's feet. **o·rent·heid** erectness, verticality.

O·re·stei·a: *die ~, (trilogy of class. Gr. dramas by Aeschylus)* the Oresteia.

Or·feus, Or·pheus *(Gr. myth.)* Orpheus. **Or·fies** *-fiese*, **Or·phies** *-phiese* Orphic. **Or·fis·me, Or·phis·me** *(a relig. of ancient Gr.)* Orphism.

or·gaan *-gane* organ; mouthpiece. **~bank** organ bank. **~oorplanting** organ transplant. **~terapie** organotherapy.

or·gaan·tjie *-tjies* little organ; *(zool.)* organelle.

or·gan·die *(text.)* organdie.

or·ga·nel *-nelle, (zool.)* organelle, organella.

or·ga·nies *-niese* organic.

or·ga·ni·gram →ORGANOGRAM.

or·ga·ni·sa·sie *-sies* organisation; *O~ vir **Afrika-eenheid**, (hist., abbr.:* OAE*)* Organisation of African Unity *(abbr.:* OAU*)*; *O~ van **Amerikaanse** State, (abbr.:* OAS*)* Organization of American States *(abbr.:* OAS*)*; *O~ van **Arabiese** Petroleumuitvoerlande, (abbr.:* OAPUL*)* Organisation of Arab Petroleum Exporting Countries *(abbr.:* OAPEC*)*; *O~ vir **Ekonomiese** Samewerking en Ontwikkeling, (abbr.:* OESO*)* Organisation for Economic Cooperation and Development *(abbr.:* OECD*)*; *O~ van **Petroleumuitvoerlande**, (abbr.:* OPUL*)* Organisation of Petroleum Exporting Countries *(abbr.:* OPEC*)*. **~mens** organisation man. **~sekretaris** organising secretary. **~skema** organisation chart. **~talent**, **~vermoë** organising ability. **~vorm** form of organisation. **~werk** organisation, organising work.

or·ga·ni·sa·to·ries *-riese* organising, organisational.

or·ga·ni·seer *ge-* organise, mount *(a campaign etc.)*.

or·ga·ni·seer·der *-ders* organiser. **~sekretaris**, **~sekretaresse** social secretary.

or·ga·ni·se·rend *-rende* organising.

or·ga·nis·me *-mes* organism; *primitiewe ~, (zool.)* monad.

or·ga·no- *comb., (biol., med., chem.)* organo-. **~grafie** *(biol.)* organography. **~gram, organigram** organisation(al) chart, organigram, organogram. **~lepties** *(physiol.)* organoleptic. **~logie** organology. **~metaalverbinding** organometallic compound. **~plastiek** organoplasty. **~skopie** *(rare)* organoscopy.

or·gan·sien *(text.)* organzine.

or·gan·za *(text.)* organza.

or·gas·me *-mes* orgasm. **or·gas·mies** *-miese*, **or·gas·ties** *-tiese* orgasmic, orgastic.

or·gi·as·ties *-tiese* orgiastic; →ORGIE[2].

or·gi·dee *-deë* orchid. **~boom** *(Bauhinia variegata)* camel's foot, orchid tree, mountain ebony.

or·gi·de·ë-: **~kweker** orchid grower, orchidist. **~tentoonstelling**, **~skou** orchid show.

or·gi·dee·ag·tig *-tige* orchidaceous.

or·gie[1] *-gies, (icht.: Pomadasys olivaceum)* = VARKIE.

or·gie[2] *-gieë* orgy, debauchment.

or·gi·tis, or·chi·tis *(pathol.)* orchitis.

o·ri·bie *-bies* →OORBIETJIE.

O·ri·ënt: *die ~, (rare)* the Orient. **o·ri·ën·taal** *-tale, (also O~)* Oriental, oriental; *~tale tabak, (Nicotiana tabacum)* common/cultivated tobacco. **o·ri·ën·ta·lis** *-liste, (also O~)* Orientalist. **o·ri·ën·ta·lis·tiek** *(also O~)* Orientalism.

o·ri·ën·ta·sie orientation. **~knobbel** bump of locality. **~kursus** orientation course. **~vermoë** sense/bump of locality/direction.

o·ri·ën·teer *ge-: jou ~* orientate o.s., find one's bearings. **o·ri·ën·te·ring**, *-rings, -ringe* orientation; *(sport)* orienteering; *aan ~ deelneem, (sport)* orienteer, take part in orienteering.

o·ri·ën·te·rings-: **~atleet** orienteer. **~kaart** key map. **~kursus**, **~les** orientation course, introductory course/lesson.

o·ri·flam·me *-mes, (hist. Fr. flag)* oriflamme.

o·rig[1] *orige, adj. (only attr.)* remaining; redundant, superfluous, supernumerary; surplus; spare; overflow; *die ~e jukskei wees →*JUKSKEI; *'n paar ~e ... hê* have a few ... to spare. **o·ri·ge** *-ges, n.: (al) die ~* everything else; *vir die ~* for the rest. **o·ri·gens** *adv.* for the rest, otherwise; *waar dit ~ gelyk is* other things being equal.

o·rig[2] *orige origer origste, adj., (infml.)* meddlesome, intrusive; flirtatious; *moenie (vir) jou ~ hou nie!, moenie ~ wees nie!, (infml.)* mind your own business!, don't be such a busybody (*or* nosy parker)!; stop flirting!, don't be so forward!, don't get fresh with me!. **o·rig·heid** meddlesomeness, *(infml.)* nosiness; forwardness.

o·ri·ga·mi *(Jap. art of paper folding)* origami.

o·ri·gi·neel *-nele, n. & adj., (rare)* original.

O·ri·gi·nes *(3rd century Chr. theologian)* Origen.

o·ri·na·saal *-sale, n. & adj., (phon.)* orinasal.

O·ri·on *(Gr. myth)* Orion; *die Gordel van ~, (astron.)* Orion's Belt.

or·kaan *-kane* hurricane, tempest. **~sterkte** *(meteorol.: Beaufort scale of 12+)* hurricane force.

Or·ka·de, Or·ka·die·se Ei·lan·de Orkneys, Orkney Islands. **Or·ka·dies** *-diese, adj.* Orcadian.

or·ka·net *(bot.)* = OSTONG.

or·kes *-keste* orchestra, band; *'n ~ dirigeer* conduct an orchestra. **~bak** orchestra pit/well. **~begeleiding** orchestral accompaniment. **~bewerking** orchestration. **~dirigent**, **~meester** conductor *(of an orchestra)*. **~konsert** orchestral concert. **~leier** bandmaster, bandleader, conductor. **~meester** →ORKESDIRIGENT. **~musiek** orchestral music. **~nommer** orchestral work/item. **~opname** orchestral recording. **~partituur** orchestral score. **~party** orchestral part. **~ruim** orchestra pit. **~stuk** orchestral piece. **~toon(hoogte)** concert pitch. **~verhoog** bandstand.

or·kes·sie *-sies, (dim.)* small orchestra/band.

or·kes·traal *-trale* orchestral.

or·kes·treer *ge-* orchestrate, score; *musiek vir bepaalde instrumente ~* score music for certain instruments. **or·kes·tra·sie** *-sies* orchestration, scoring.

or·kes·tri·on *-ons, (mech. instr. imitating sound of entire orchestra)* orchestrion.

or·le·aan *(dye)* cheese colour(ing), an(n)atto.

Or·lé·ans *(geog.)* Orléans.

or·lon *(trademark, text.)* Orlon.

Or·moes *(island off SE coast of Iran)* Hormuz, Ormuz.

Or·moezd *(Zoroastrianism)* Ormazd, Ormuzd, Ahura Mazda.

or·naat official robes, pontificals *(of a bishop)*, canonicals *(of clergy)*, academicals *(of academics)*; *die koning/koningin in volle ~* the king/queen in state (*or* in his/her regalia).

or·na·ment *-mente* ornament. **or·na·men·ta·sie** ornamentation. **or·na·men·teel** *-tele* ornamental. **or·na·men·teer** *ge-* ornament, adorn. **or·na·men·te·ring** ornamentation; tracery. **or·na·men·tiek** ornamentation, ornamental art.

or·ni·to·lo·gie ornithology. **or·ni·to·lo·gies** *-giese* ornithological. **or·ni·to·loog** *-loë* ornithologist.

or·ni·to·se *(disease transmitted by birds)* ornithosis.

or·ni·tuur·suur ornithuric acid.

o·ro·geen *-gene*, **o·ro·ge·ne·ties** *-tiese, (geomorphol.)* orogenic, orogenetic. **o·ro·ge·ne·se, o·ro·ge·nie** *(geomorphol.)* orogeny, orogenesis.

o·ro·gra·fie, o·ro·lo·gie *(study of mountains)* orography, orology. **o·ro·gra·fies** *-fiese*, **o·ro·lo·gies** *-giese* orographic(al), orological.

Or·pheus, Or·phies, Or·phis·me →ORFEUS, ORFIES, ORFISME.

or·pi·ment = OPERMENT.

or·ra(a)it *(infml., <Eng.)* all right, okay, OK, O.K.. **or·ra(a)i·te·rig** *-rige, (infml.)* allrightish, somewhat okay, not too bad.

or·ra·bok *(regional)* milch goat without a lamb.

or·rel *-rels* organ; *~ trap* blow the organ. **~blaasbalk** organ bellows. **~bou** organ building. **~bouer** organ builder. **~draaier** organ-grinder. **~fries** linenfold moulding. **~galery** organ loft. **~kanon** multiple-barrel gun. **~klavier** keyboard of an organ. **~konsert** organ recital; organ concerto. **~koor** organ loft. **~musiek** organ music. **~pyp** organ pipe; flue. **~register** organ stop; gamba; register. **~spel** organ playing. **~speler** organ player, organist. **~stemmer** organ tuner. **~stuk** voluntary. **~trapper** organ-blower, bellows blower. **~uitvoering** organ recital.

or·re·lis *-liste, (masc.)*, **or·re·lis·te** *-tes, (fem.)* organist.

or·rel·stryk: *dit gaan ~, (infml.)* it's going/running on greased wheels, it's going smoothly/swimmingly (*or* without a hitch).

or·si·nol *(chem.)* orcinol, orcin.

or·to·chro·ma·ties *-tiese, (phot.)* orthochromatic.

or·to·di·dak·tiek *(educ., rare)* orthodidactics, remedial teaching.

or·to·doks *-dokse -dokser -doksste* orthodox. **or·to·dok·sie** orthodoxy.

or·to·don·sie, *(rare)* **or·to·don·tie(k)** orthodontics, orthodontia. **or·to·don·ties** *-tiese* orthodontic. **or·to·don·tis** *-tiste* orthodontist.

or·to·ë·pie, or·to·e·pie *(phon.)* orthoepy.

or·to·ge·ne·se *(biol.)* orthogenesis. **or·to·ge·ne·ties** *=tiese* orthogenetic.
or·to·gnaat *=gnate, (anat.)* orthognathous, orthognathic. **or·to·gna·tie** orthognathism.
or·to·go·naal *=nale,* **or·to·go·nies** *=niese (math.)* orthogonal, right-angled, rectangular.
or·to·gra·fie *=fieë* orthography. **or·to·gra·fies** *=fiese* orthographic(al).
or·to·klaas *(min.)* orthoclase.
or·to·laan *=lane, (Eur. orn.: Emberiza hortulana)* ortolan (bunting).
or·to·pe·da·go·giek *(educ.)* orthopedagogics, remedial teaching.
or·to·pe·die *(med.)* orthopaedy, orthopaedics, orthopaedia. **or·to·pe·dies** *=diese* orthopaedic; *~e skoene* orthopaedic/built-up shoes. **or·to·pe·dis** *=diste,* **or·to·peed** *=pede* orthop(a)edic surgeon, orthop(a)edist.
or·top·ter *=ters* = KLAPVLIEGTUIG.
or·top·tiek, or·top·ti·ka orthoptics. **or·top·ties** *=tiese* orthoptic. **or·top·tis** *=tiste* orthoptist.
or·to·sen·tries *=triese, (geom.)* orthocentric.
or·to·sko·pies *=piese* orthoscopic.
or·to·tiek, or·to·ti·ka *(med.)* orthotics. **or·to·se** *=ses* orthosis. **or·to·ties** *=tiese* orthotic. **or·to·tis** *=tiste* orthotist.
or·to·toon *=tone, n. & adj.* orthotone.
or·to·troop *=trope, adj., (bot.)* orthotropic. **or·to·tro·pis·me** orthotropism.
Or·wel·li·aans *=aanse* Orwellian.
os *osse* ox; *van die ~ op die **esel/jas**, (infml.)* by the way; *van die ~ op die **esel**, ..., (infml.)* to change the subject, ...; *van die ~ op die **esel** spring, (infml.)* fly/go off at a tangent; ***jong** ~* →JONG[3] *adj.; **jong** ~se inspan* →JONGOSSE INSPAN/LEER; *nie al jou ~ sies in die **kraal** hê nie, (infml.)* not be all there; *soos 'n ~ **neerslaan*** fall like a log. **~bloed** oxblood. **~by** = MOPANIEBY. **~gal** oxgall, ox bile. **~gras** →JONGOSGRAS. **~kar** bullock cart, ox cart; *Indiese ~* hackery. **~karkasse** beeves. **~kop** ox head; *(icht.: Lactoria spp.)* cowfish. **~koper** cattle dealer. **~kraal** kraal for oxen. **~naam** name of an ox. **~oogvenster** oxeye (window). **~polgras** →TAAIPOL(GRAS). **~riem** ox-hide thong. **~stert** = BEESSTERT. **~stertsop** = BEESSTERTSOP. **~sweep** stock whip, bullwhip. **~tong** *(cook.)* ox tongue; *(bot.: Anchusa capensis)* (Cape) forget-me-not, bugloss.
o·se·aan *=ane* ocean, sea; *iets die ~ **instuur*** turn s.t. adrift *(a ship etc.); **oorkant** die ~* transoceanic; *die **sewe*** (of ***al die***) *oseane* the seven seas; *die **wêreld** se oseane bevaar* sail the seven seas. **~eiland** oceanic island. **~hawe** ocean port. **~skip** (ocean) liner, ocean-going ship, deep-sea vessel. **~sonvis** →OPESEE-SONVIS. **~vloot** ocean-going fleet. **~vlug** transoceanic flight.
o·se·a·na·ri·um *=riums, =ria* oceanarium.
o·se·a·ni·de *=des, (Gr. myth.)* Oceanid, ocean nymph.
O·se·a·ni·ë *(geog.)* Oceania. **O·se·a·ni·ër** Oceanian.
o·se·a·nies *=niese, (also O~)* oceanic, thalassic.
o·se·a·no·gra·fie oceanography. **o·se·a·no·graaf** *=grawe* oceanographer. **o·se·a·no·gra·fies** *=fiese* oceanographic(al).
o·se·a·no·lo·gie oceanology.
o·se·lot *=lotte, (zool.: Felis pardalis)* ocelot, tiger cat.
Os·ker *=kers, n., (Oscan speaker)* Oscan. **Os·kies** *n., (extinct lang. of S It.)* Oscan. **Os·kies** *=kiese, adj.* Oscan.
os·ku·leer *ge=, (math.)* osculate. **os·ku·la·sie** osculation. **os·ku·le·rend** *=rende* osculating.
Os·maan →OTTOMAAN. **Os·maans** →OTTOMAANS.
os·mi·ri·di·um *(metall.)* osmiridium.
os·mi·um *(chem., symb.: Os)* osmium. **~lig** osmium light.
os·mo·se osmosis. **os·mo·lo·gie** osmology. **os·mo·skoop** *=skope* osmoscope. **os·mo·ties** *=tiese* osmotic; *~e druk* osmotic pressure.
o·so·ke·riet *(chem.)* ozokerite, ozocerite, mineral wax.
o·so·nied *(chem.)* ozonide.
o·so·ni·seer, o·so·neer *ge=* ozonise. **o·so·ni·sa·sie** ozonisation.
o·so·no·me·ter ozonometer.
o·soon ozone. **~gat** ozone hole. **~laag** ozone layer; *gat in die ~* ozone hole. **~vriendelik, ~gunstig, ~beskermend** *=e* ozone friendly.
o·soon·hou·dend *=dende* ozoniferous.
os·se·wa ox wag(g)on, prairie wag(g)on.
os·sie *=sies, (dim.)* →OS.
os·si·fi·seer *ge=* ossify. **os·si·fi·ka·sie** ossification. **os·si·kel** *=kels, (anat.)* ossicle.
os·sil·leer *ge=* oscillate. **os·sil·la·sie** *=sies* oscillation. **os·sil·la·tor** *=tore, =tors* oscillator. **os·sil·leer·kring** oscillating circuit. **os·sil·le·rend** *=rende* oscillating, oscillatory; *~e masjien* oscillating engine; *~e ontlading* oscillating discharge. **os·sil·lo·graaf** *=grawe* oscillograph. **os·sil·lo·skoop** *=skope* oscilloscope.
os·so buc·co *(It. cook.)* osso bucco.
os·su·a·ri·um *=riums, =ria* ossuary, *(hist.)* charnel house.
os·ten·sief *=siewe* ostensive.
os·ten·so·ri·um *=riums, =ria, (RC)* = MONSTRANS.
os·ten·ta·sie ostentation. **os·ten·ta·tief** *=tiewe* ostentatious.
os·te·o·ar·tri·tis osteoarthritis.
os·te·o·blast *(physiol.)* osteoblast.
os·te·o·faag →OSTEOKLAS(T). **os·te·o·fa·gie** osteophagia.
os·te·o·klas(t) *=klaste, (physiol.)* osteoclast.
os·te·o·lo·gie osteology. **os·te·o·lo·gies** *=giese* osteologic(al). **os·te·o·loog** *=loë* osteologist.
os·te·o·mi·ë·li·tis *(pathol.)* osteomyelitis.
os·te·oom *=ome, (pathol.: benign tumour)* osteoma.
os·te·o·paat *=pate* osteopath(ist). **os·te·o·pa·tie** osteopathy. **os·te·o·pa·ties** *=tiese* osteopathic.
os·te·o·sar·koom *(pathol.)* osteosarcoma, bone cancer.
os·ti·naat·bas, os·ti·na·to bas·so *(mus.)* ground bass, basso ostinato.
os·ti·na·to *=nato's, =nati (It., mus.: a phrase that is constantly repeated)* ostinato; →OSTINAATBAS.
Ost·jaak *=jake, (member of an Ugrian people)* Ostyak.
os·tra·kon *ostraka, (ancient Gr.: potsherd inscribed with name of person voted to be ostracised)* ostracon, ostrakon.
os·tra·seer *ge=* ostracise. **os·tra·sis·me** ostracism.
Os·tro-Goot *=Gote, (hist.)* Ostrogoth. **Os·tro-Go·ties** *n., (lang.)* Ostrogothic. **Os·tro-Go·ties** *=tiese, adj.* Ostrogothic.
ot *otte* hog, pig. **ot·jie** *=jies* pig(let); *(icht.: Pomadasys olivaceum)* = VARKIE.
o·to·foon *=fone, (obs., rare)* otophone.
o·to·liet *=liete, (anat., zool.)* otolith, otolite.
o·to·lo·gie *(med.)* otology. **o·to·loog** *=loë* otologist.
o·to·ri·no·la·rin·go·lo·gie, ri·no·la·rin·go·to·lo·gie *(med.)* otorhinolaryngology, rhinolaryngotology.
o·to·skle·ro·se *(pathol.)* otosclerosis.
o·to·skoop *=skope, (med.)* otoscope, auriscope.
ot·ter *=ters* otter. **~hond** otter dog/hound.
ot·ter·ma·klot·ter·tjie *(infml.)* drink, cocktail, sundowner.
Ot·to·maan, *(rare)* **Os·maan** *=mane, n., (hist.: member of a Turkish people)* Ottoman. **Ot·to·maans,** *(rare)* **Os·maans** *=maanse, adj.* Ottoman, Osmanli. *die ~e Ryk* the Ottoman Empire.
ot·to·man *=mans, (sofa)* ottoman; *(no pl.), (text.)* ottoman.
ou[1] *ouens, n., (infml.)* guy, bloke, chap, fellow, *(SA sl.)* oke; boyfriend; →OUTJIE; *'n gawe ~, (infml.)* a nice/regular guy; *die goeie ~ens en die slegte ~ens., (infml.)* the good guys and the bad guys; *'n ~ moet gou wees* one (*or* a man/chap) has to be quick.
ou[2] *adj. (attr.)* old, aged *(person)*; ancient *(history)*; long-standing *(tradition etc.)*; long-time *(friend etc.)*; →OUD *adj. (pred.),* OUE *n.; die ~ **Adam*** →ADAM; *'n liewe ~ **babatjie*** a dear little baby; *~ **brood*** stale bread; *in die ~ **dae*** →DAG[1]; *O~ **Duits*** →OUDDUITS; *die ~ **Egiptenare*** the ancient Egyptians; *op die ~ **end*** →EINDE; *O~ **Engels*** →OUDENGELS; *O~ **Engelse** skaaphond* Old English sheepdog; *O~ **Geskiedenis*** →GESKIEDENIS; *~ **goud*** →OUGOUD; *'n ~ **hou** eet/praat/ens, (infml.)* eat/talk/etc. a lot; *~ **inwoner*** old-timer; *die ~ **jaar*** the old year; *'n **jaar** ~e ...* →JAAR; *(na die) ~ **kant** toe staan* →KANT[1] *n.; ~ **kêrel*** →KÊREL; *die ~ **kêrel*** →DIE OU·KÊREL; *die (Ou) Kolonie* →KOLONIE; *O~ **Krismis*** Christmas Eve; →OUKERSAAND; *~ **liedjie/plaat/grap/storie/prent/ens.*** oldie *(infml.)*; *~ **liefde** roes nie* →ROES[2] *vb.; ~ **lug*** vitiated air; *~ **man/vrou*** old/aged man/woman; →OUMAN, OUVROU; *~ **mens*** →OUMENS; *~ **nommer*** back number; *~ **nuus*** →NUUS; *in die ~ **pad** wees, (fig., rare)* be on the wrong track; *O~ **Pruisies, Oudpruisies*** Old Prussian; *~ **skool,** (lit., fig.)* old school; *'n rolprentvervaardiger/ens. van die ~ **skool,** (fig.)* a film maker/etc. of the old school; *die O~ **Steentyd(perk),** (archaeol.)* the Old Stone Age; *O~ **Styl*** Old Style *(of reckoning dates)*; *'n arme ~ **sukkelaar*** →SUKKELAAR; *die ~ **tale*** the classical languages; *~ **tannie/dame/mens,** (infml.)* old girl; *die O~ **Testament*** →TESTAMENT; *in die ~ **tyd*** →TYD; *in die goeie ~(e) **tyd*** →TYD; *die O~ **Wêreld*** →WÊRELD; *~ **wyn*** matured wine; *O~ **Yslands, Oudyslands*** Old Icelandic; *~ **yster*** →YSTER. **~baas** *(obs.)* (old) boss/master; *(infml.)* old gentleman/fellow/chap; *(infml.)* gaffer; *(tall chest of drawers on legs)* tallboy, *(Am.)* highboy; *die ~, (infml.)* the old man *(infml.)*. **~boet(a), ~boetie** *(infml.)* eldest brother, big brother; (old) chum, mate. **~bos** →OUHOUT(BOOM). **~dag** old age; *op iem. se ~* in s.o.'s old age (*or* declining years); *iets vir die ~ spaar* set aside a nest egg; *vir die ~, (also)* for the future, for one's retirement. **~dak, skimmeljan** *(entom.: Eurychora spp.)* mouldy beetle. **~geluk** *(infml., rare)* kingfisher. **~goud** *(colour)* old gold. **~hout** *(SA bot.: Cordia caffra; Halleria lucida)* septee. **~hout(boom), oubos** *(Leucosidea sericea)* ouhout; →NOTSUNG, SEPTEE(BOOM). **~huis** original homestead. **O~jaar, O~jaarsdag** *(31 Dec.)* Old Year's Day. **O~jaarsaand, O~jaarsdagaand** *=aande* New Year's Eve; *~ vier* see/bring in the new year. **O~jaarsnag** *=nagte* New Year's Eve, watch night, Old Year's Night. **~jongkêrel** (old) bachelor; *'n verstokte ~* a confirmed bachelor. **~jongnooi** spinster, old maid. **~jongnooiagtig** *(infml.)* spinsterish, schoolmarmish. **~kêrel:** *die ~, (infml.)* the old man *(infml.)*. **O~kersaand** *=aande* Christmas Eve. **O~kersdag** *=dae, (24 Dec.)* Christmas Eve. **~klerekoper** old clothes man. **~klerewinkel** old clothes shop. **~klip** *(geol.)* gravelstone, puddingstone; laterite. **~koei** *(bot.: Tylecodon reticulatus)* (type of) nenta bush. **~kolonie** *(infml., rare)* eau de Cologne. **~laas** →OULAAS. **~lady** *(sl.: mother)* old lady. **~land** unsown field/land, fallow field/land, uncultivated land. **~land(s)gras** *(Eragrostis curvula)* weeping love grass. **~lap** *=pe* penny; copper; *iets vir 'n ~ en 'n bokstert koop/verkoop, (infml., obs.)* buy/sell s.t. for a (mere) song (*or* dirt cheap); *'n ~/pennie/sent twee keer/maal omdraai/omkeer voor(dat) jy hom uitgee, (idm.: be frugal/stingy)* turn every sixpence over twice; *'n ~ se rooi maak mooi, (idm., often joc., about make-up or fashion accessories)* a dash of red works wonders. **~lyf** *(icht., infml., rare: immature Argyrozona argyrozona)* juvenile carpenter; →DOPPIE, KAPENAAR. **~ma** →OUMA. **~man** *=manne, (infml.)* hubby. **~manneregering** gerontocracy. **~mansbaard** *(bot.: Usnea barbata)* long moss, Spanish moss. **~mansoutbos** *(Atriplex nummularia)* old man saltbush. **~mens, ou mens** old/aged person, senior citizen, geriatric, *(infml.)* oldie; *(infml.)* old dear/girl; *ou mense* old folks; *die ou mense* our ancestors; the ancients. **~menspeer** Bon Chrétien (pear). **~modies** *=diese* = OUDMODIES. **~nooi** *=nooiens, (obs.)* (old) mistress, missus; *(infml., term of endearment)* dear, darling, sweetheart. **~ooi** *=ooie* ewe that has stopped lambing. **~pa** →OUPA. **~pitjie(boom)** = TRANSVAALSAFFRAAN. **~roos** vieux rose, old rose. **~sanna** →SANNA. **~spoor:** *iem. ~ maak, (infml., rare/regional)* steal a march on s.o.. **~sus** *(infml.)* big/eldest sister. **~ta** *=tas, (infml., obs., chiefly derog.)* elderly black man. **O~-Testamenties** *=tiese* of (*or* according to) the Old Testament. **O~-Testamentikus** *=tikusse, =tici* Old Testament scholar. **~tyds** →OUTYDS. **~volk** *=volke* →REUSEGORDELAKKEDIS. **~vrou** *=vrouens, (infml.)* wife, missus; *(infml.: mother)* old lady; *(somewhat obs.)* midwife. **~vrouagtig** *=tige*

old-womanish, anile, effeminate. ~**vrouensknoop** granny knot. ~**vrouepraatjie** old wives' tale. ~**vrou-onder-die-kombers** *(cook.)* toad in a/the hole. ~**wêrelds** →OUWÊRELDS. ~**werf** *(infml., euph., rare/regional)* behind, bottom, backside. ~**wyf** *(infml., rare/regional: flower)* iris, flag. ~**wywepraatjie** old wives' tale, tittle-tattle. ~-**ysterwerf** scrapyard.

ou[3] *ge-, vb., (infml., regional)* give; *~ vir 'n ou iets om te eet* give a bloke s.t. to eat.

ou·ba·de →AUBADE.

oud *ou ouer oudste, adj. (pred.)* old, aged; ancient; pristine; inveterate; →OU[2] *adj. (attr.)*, OUDSTE *n. & adj.*, OUER *n. & adj.*, OUERIG; *so ~ soos die* ***berge/ark*** (of *die* ***Kaapse wapad*** of *die* ***mensdom*** *[self])* ***wees*** be as old as Adam (*or* the hills); *hulle is* ***ewe*** *~* they are (of) the same age; *iem. het ~* ***geword*** s.o. has aged; *(ek is) so ~ soos my* ***hande,*** *maar nie soos my tande nie, (infml.)* I'm not going to tell you my age; ***hoe*** *~ is iem.?* what is s.o.'s age?; *drie/ens.* ***jaar*** *(~) wees* →JAAR; *~ en* ***jonk*** young and old; *iem. is ~ maar nog nie* ***koud*** *nie, (infml.)* there's life in the old dog yet; *('n) mens word nooit te ~ om te* ***leer*** *nie* we live and learn; *iem.* ***lyk*** *so ~ soos hy/sy is* s.o. looks his/her age; *iem. is so ~ soos* ***Metusalem*** s.o. is as old as Methuselah; *('n) mens sal nooit sê iem. is* ***so*** *~ nie* s.o. is well preserved; *al* ***taamlik*** *~* quite old; ***te*** *~* too old, over-age *(usu. attr.)*; ***te*** *~ wees vir iets (of om iets te doen)* be too old for s.t., be past s.t.; *iem./iets* ***te*** *~ vir werk/gebruik verklaar* superannuate s.o./s.t.; ***van*** *~s* (in days) of yore; *~* ***voor*** *jou tyd wees* be precocious; be prematurely aged; *~* ***word*** grow old; age; *iem.* ***word*** *~, (also)* s.o. is getting on in years. ~**amptenaar** ex-official. ~**burgemeester** ex-mayor. **O~duits, Ou Duits** *n. & adj.* Old German. **O~engels, Ou Engels** *n. & adj.* Old English. ~**gediende** →OUDGEDIENDE. **O~germaans, Ou Germaans** *n. & adj.* Old Germanic. ~**gevangene** ex-convict. **O~grieks** Ancient Greek. **O~hollands, Ou Hollands** *n. & adj.* Old Dutch. **O~hoogduits, Ou Hoogduits** *n. & adj.* Old High German. **O~-Kastilië** *(Sp. region)* Old Castile. ~-**Katoliek** *n. & adj.* Old Catholic. ~**kommandant** ex-commandant. ~**leerling** old pupil; old boy/girl *(of a school)*. ~**leerlingbaadjie** old school blazer. ~**leerlingdas** old school tie. ~**leerlingebond** old boys'/girls'/pupils' union. ~**meester** *(Freemasonry)* past master *(of a lodge)*. ~**modies** →OUDMODIES. **O~nederfrankies, Ou Nederfrankies** *n. & adj., (lang., hist.)* Old Low Franconian/Frankish. **O~nederlands, Ou Nederlands** Old Dutch. **O~noors, Ou Noors** *n. & adj.* Old Norse. ~**offisier** ex-officer. ~**oom** *(masc.)*, ~**tante** *(fem.), (obs., rare)* great-uncle, granduncle *(masc.)*, great-aunt, grandaunt *(fem.)*. ~**ouderling** ex-elder. ~**president** ex-president. **O~pruisies** →OU PRUISIES. ~**soldaat** ex-soldier, old soldier, ex-serviceman. ~**stryder**, ~**stryder** (war) veteran, ex-soldier. ~**strydersbond** *(rare)* veterans' association. ~**student** old student/boy/girl, alumnus, past student, ex-student. ~**studente-unie** old students' union. ~**tante** →OUDOOM. ~-**Tukkie** *-kies, (SA infml.)* former Tukkie, former Tuks student. ~**tyds** →OUDTYDS. ~**voorsitter** *(masc.)*, ~**voorsitster** *(fem.)* ex-chair, past president, ex-president. **O~-Wes-Nederfrankies, Ou Wes-Nederfrankies** *n. & adj., (lang., hist.)* Old West Low Franconian/Frankish. **O~yslands** →OU YSLANDS.

ou·der: *~ gewoonte* →OUDERGEWOONTE.

ou·der·dom *-domme* age; old age; ***bo/oor*** *die ~ wees* be over age; *van* ***dieselfde*** *~ wees* be (of) the same age; be coeval; *mense van* ***elke*** *~* people of all ages; *die ~ kom met* ***gebreke*** old age has its infirmities; *die* ***gebreke/kwale*** *van die ~* the infirmities of age; ***groot/ens.*** *vir jou ~ wees* be big/etc. for one's age; *'n* ***hoë*** *~ bereik* live to a great (*or* ripe old) age; *iem. is* ***in*** *die ~ van ... oorlede* s.o. has died at the age of ...; *die* ***kwale/kwellings*** *van die ~* the afflictions of old age; *die* ***kwellings*** *van die ~* the trials of old age; ***onder*** *die ~ wees* be under the age; ***op*** *die ~ van ...* at the age of ...; ***op*** *vyftigjarige/ens. ~* at the age of fifty/etc.; ***op*** *sy/haar ~* at his/her age (*or* time of life); *iem.* ***weens*** *~ afdank* superannuate s.o.; *jou ~* ***wys*** look one's age.

ou·der·doms: ~**behandeling** gerontotherapy. ~**bysiendheid** *(form of myopia)* second sight. ~**demensie** senile dementia. ~**diskriminasie** age discrimination, ag(e)ism. ~**diskrimineerder** ag(e)ist. ~**diskriminerend** ag(e)ist. ~**geneeskunde** geriatrics. ~**geneeskundig** *-dige* geriatric. ~**grens** age limit. ~**groep**, ~**kategorie** age group/set/band/bracket. ~**kwaal** *-kwale* infirmity of old age; *spesialis vir ~kwale* geriatrician; *studie van ~kwale* geriatrics. ~**pensioen** old-age/retirement pension. ~**pensioentrekker** old-age pensioner. ~**versekering** old-age insurance. ~**versiendheid**, ~**vêrsiendheid** presbyopia. ~**verskil** age difference/gap; *die ~ tussen ... en ...* the disparity in age between ... and ... ~**verskynsel** *-sels* manifestation of old age; *kenner van ~s* gerontologist; *studie van ~s* gerontology. ~**verval** consenescence.

ou·der·ge·woon·te, ou·der ge·woon·te as usual, according to custom.

ou·der·ling *-linge, (eccl.)* elder, presbyter. **ou·der·lings·bank** elders' pew. **ou·der·ling·skap** eldership.

ou·der·wets *-wetse* old-fashioned, out-of-date, outmoded, unprogressive, obsolete, out of fashion, behind the times; old-world, old-time; *(infml., rare)* precocious *(child)*, smart, knowing, cute, sophisticated. **ou·der·wets·heid** old-fashionedness; *(infml., rare)* precociousness; precocity.

oud·ge·dien·de *-des* ex-serviceman, veteran, old campaigner, old-timer.

oud·heid *-hede, (no. pl.)* oldness; old age; *(with pl.)* antiquity; *die O~* antiquity, the Ancient World; *die klassieke ~* classical antiquity; *in die ~* in antiquity. ~**kenner** antiquary.

oud·heid·kun·de arch(a)eology; study/knowledge of antiquities, pal(a)eology. **oud·heid·kun·dig** *-dige* arch(a)eological; antiquarian; *~e museum* museum of antiquities. **oud·heid·kun·di·ge** *-ges* arch(a)eologist; antiquarian, antiquary.

ou·di·ën·sie *-sies* audience; *'n ~ by die pous/ens.* ***aanvra*** request an audience with the pope/etc.; *op ~* ***gaan*** *by ...* have an audience with ...; *~* ***hou*** hold/keep court; *iem. in ~* ***ontvang*** receive s.o. in audience; *aan iem. ~* ***verleen*** grant s.o. an audience. ~**saal** presence chamber, audience hall.

ou·di·o *n.* audio. **ou·di·o-** *comb.* audio-. ~**band** audiotape. ~**fiel** audiophile. ~**frekwensie** audio frequency. ~**graaf** *-grawe* audiograph. ~**gram** *-gramme* audiogram. ~**kasset** *-te* audio cassette. ~**logie** audiology. ~**loog** *-loë* audiologist. ~**meter** audiometer. ~**metrie** audiometry. ~**metries** *-triese* audiometric. ~**metris** *-triste* audiometrist, audiometrician. ~**taktiel** *-tiele* audiotactual. ~**tik** audiotyping. ~**tikster** audiotypist. ~**visueel** *-suele* audiovisual; *oudiovisuele hulpmiddels/-middele* audiovisual aids.

ou·di·sie *-sies* audition; *'n ~ aflê/doen* have an audition; *iem. 'n ~ laat aflê/doen* give s.o. an audition; *'n ~ vir iets aflê/doen* audition for s.t. *(a part etc.)*.

ou·dit *-dits*, **ou·di·te·ring** *-rings, n.* audit, auditing. **ou·dit, ou·di·teer** *ge-, vb.* audit. ~**spoor** *(comp.)* audit trail.

ou·di·teur *-teure, -teurs* auditor. ~-**generaal** *ouditeurs-generaal* auditor general. **ou·di·teurs·ver·slag** auditors' report.

ou·di·tief *-tiewe* auditive; auditory; *~tiewe tipe, (s.o. with a heightened sense of hearing)* audile (type).

ou·dit·kun·de (science of) auditing.

ou·di·to·ri·um *-riums, -ria* auditorium.

oud·mo·dies *-diese* old-fashioned, out-of-date, unstylish, *(infml.)* untrendy.

ou·doos *adj., (sl.)* behind the times, fuddy-duddy, square, unhip.

ouds: *van ~* →OUD *adj.*.

ouds·her: *van ~ (af)* from long ago; *dit is van ~ (af) die gebruik* it has been the custom for a very long time.

oud·ste *-stes, n.* old chap/fellow; (my) dear; elder (of tribe); Nestor; doyen. **oud·ste** *adj.* oldest; eldest *(of three or more in a family)*; elder *(of two in a family)*; →OUD *adj. (pred.)*; *op een na die ~* the second-oldest; *die ~ van die twee* the elder of the two.

oud·tyds *adv.* of old, in olden times, anciently.

ou·e *oues, n.* old one; →OUETJIE; *die O~ van die* ***Berg,*** *(geol. formation, New Hampshire, US; collapsed in 2003)* the Old Man of the Mountain; *~ van dae, (also, infml.)* oldie; *die ~s van dae* the aged; ***die/'n*** *~* the/an old one; ***die*** *~s* the old ones; *die ~s en die* ***jonges*** old and young; *soos die ~s sing, so piep die* ***jonges,*** *(rare idm.)* as the old cock crows the young cock learns. ~**tehuis** home for the aged, retirement (*or* old age) home, old people's/folks' home.

ou·el *-els, (RC)* wafer; wafer seal; *(med.)* cachet.

ou·ens *(pl.)* →OU[1] *n.*.

ou·er *-ers, n.* parent. *van jou ~s beroof word, (poet., liter.)* be orphaned; *~s vra, (rather obs.)* ask parents' consent to get married. **ou·er** *adj.* older; elder; senior; *~* ***as*** *iem. wees* be older than s.o., be s.o.'s senior; *mense/persone ~* ***as*** *sestig* over-sixties; *'n ~* ***broer/suster*** an elder brother/sister; *tien/ens.* ***jaar*** *en ~* ten/etc. years and upwards; ***Plinius*** *die O~e* Pliny the Elder; *iem. is ~ as* ***tien/twaalf,*** *(infml.)* s.o. was not born yesterday, s.o. knows a thing or two (*or* how many beans make five), s.o. is no/nobody's fool, s.o. is no greenhorn; *~* ***word*** get on (in years). ~**huis** parental home. ~**keuse** parental choice. ~-**kind-verhouding** *-dinge, -dings* parent-child relation(ship). ~**leiding(s)kliniek** parent guidance clinic, parenting clinic. ~**liefde** parental love; filial love. ~-**onderwysersvereniging**, ~-**onderwyser-vereniging** parent-teacher association. ~**vereniging** parents' association, parent-teacher association. ~**verering** filial piety. ~**vreugde** parental joy.

ou·e·rig *-rige* elderly, ag(e)ing, oldish, not so young.

ou·er·lik *-like* parental.

ou·er·loos *-lose* parentless, orphan. **ou·er·loos·heid** orphanhood, orphanage.

ou·er·skap parenthood, parentship, parenting.

Ou·es·sant *(island off NW Fr.)* Ushant.

ou·e·tjie *-tjies, (infml.)* oldie.

ou·gat *(infml.)* cute, sweet, fun.

oug·ment *-mente, n., (Gr. & Skt. gram.)* augment.

ou·gur *-gure, -gurs* →AUGUR.

ou·kei →OK.

ouk·sien *(plant hormone)* auxin.

ouk·si·li·êr *-liêre, n. & adj., (chiefly gram.)* auxiliary.

ouk·to·ri·eel *-riële, (liter.)* authorial, auctorial *(novel etc.)*.

ou·la →AULA.

ou·laas: *vir ~ iets doen* do s.t. for the last time.

ou·lik *-like* precocious *(child)*; dinky, neat, nice, cute; clever, shrewd, adroit, tricky; wily, canny, fly, parlous; *~* ***genoeg*** *wees om nie ... nie* know better than to ...; *is* ***jy*** *nie ~ nie?, (infml., iron.)* bully for you!; ***te*** *~ wees vir iem.* outwit s.o., be too sharp for s.o.; *~* ***te werk*** *gaan* play one's cards right/well *(infml.)*. **ou·lik·heid** precocity; neatness, niceness, cuteness; shrewdness, trickiness, smartness.

ou·ma *-mas* grandmother, grandmamma, grandma; *'n ou ~tjie, (also, infml.)* an old dear. ~**brilletjie** granny glasses. ~**grootjie** *-tjies* great-grandmother. ~**kappie** *(bot.)* = MOEDERKAPPIE. ~-**obligasie** *(infml.)* granny bond. ~-**trewwa** = EWWA-TREWWA. ~**woonstel** granny flat.

ou·ma·tjie *-tjies* granny, grannie; *(infml.: menstruation)* the curse; *~ hê, (infml.)* have the curse.

ou·pa *-pas* grandfather, grandpapa, grandpa; *my ~ se hond en sy ~ s'n het saam aas weggesleep, (idm.)* we are hardly related, we are distantly related if at all. ~**grootjie** *-tjies* great-grandfather. ~-**pyp-in-die-bek**, *(rare)* ~**pyp** *(orchid: Herschelia spathulata)* begging hand.

ou·pa·tjie *-tjies* granddad.

ou·re·ool *-ole* halo, aureole.

ou·ri·chal·siet *(min.)* aurichalcite.

ou·rien *(chem.)* aurine, rosolic acid, coralline.

ou·ri·kel *-kels, (anat., biol.)* auricle.

Ou·ro·ra, ou·ro·ra →AURORA.

ou·sie *-sies, (infml.)* eldest sister, sis; *(infml., obs., chiefly derog.)* (elderly) black woman; maid, domestic worker.

ous·kul·teer *ge=, (med.)* auscultate. **ous·kul·ta·sie** *=sies* auscultation.

ou·spi·sie·ë *n. (pl.), (rare)* auspices.

ou·straal *=strale, (rare)* austral, southern.

ou·tar·gie *(pol.)* autarchy. **ou·tar·gies** *=giese* autarchic(al).

ou·tar·kie *(econ.)* autarky.

Ou·te·nie·kwa Outeniqua. **o~geelhout** *(Podocarpus falcatus)* Outeniqua yellowwood.

ou·ten·tiek *=tieke* authentic. **ou·ten·ti·si·teit** authenticity.

ou·teur *=teurs* author, writer. **ou·teur·skap** authorship.

ou·teurs-: **~(aan)deel** royalty. **~geld** royalty. **~korreksie** author's correction. **~naam** author's name. **~proef** author's proof. **~reël** byline. **~reg** copyright.

ou·tis·me *(psychiatry)* autism. **ou·tis** autist. **ou·tis·ties** *=tiese* autistic.

ou·tjie *=tjies, (infml.)* (little) fellow, chap, boy; *(infml.)* oldie; →OU[1] *n.; 'n gawe ~* a nice fellow/chap; *'n klein ~* a small one; a tiny tot.

ou·to·bank autobank.

ou·to·bi·o·gra·fie *=fieë* autobiography. **ou·to·bi·o·graaf** *=grawe* autobiographer. **ou·to·bi·o·gra·fies** *=fiese* autobiographical.

ou·toch·toon, ou·tog·toon *=tone, n., (anthr., biol.)* autochthon. **ou·toch·toon, ou·tog·toon** *=tone, adj., (anthr., biol., physiol.)* autochthonous.

ou·to·di·dak *=dakte* self-taught man, autodidact. **ou·to·di·dak·ties** *=tiese* self-taught.

ou·to-e·ro·tiek, ou·to·ë·ro·tiek autoerot(ic)ism. **ou·to-e·ro·ties, ou·to·ë·ro·ties** *=tiese* autoerotic. **ou·to-e·ro·tis·me, ou·to·ë·ro·tis·me** autoerot(ic)ism.

ou·to·fiet *=fiete, (bot.)* autophyte.

ou·to·fo·kus *n., (phot.)* autofocus.

ou·to·geen *=gene* autogenous, autogenetic; *outogene entstof/vaksien* autogenous vaccine; *outogene oefeninge* autogenic training, autogenics; *outogene sweising/sweiswerk* autogenous welding. **ou·to·ge·ne·se** *(biol.)* autogenesis, autogeny.

ou·to·gi·ro *=ro's, (aeron.)* autogiro, =gyro, windmill plane.

ou·to·graaf *=grawe* autograph, original manuscript, holograph; autograph, signature. **ou·to·gra·feer** *ge=* autograph. **ou·to·gra·fies** *=fiese* autographic(al).

ou·to·gram *=gramme* autograph, signature. **~boek** autograph book.

ou·to·harp *(mus., orig. trademark)* autoharp.

ou·to-im·mu·ni·teit, *n., (med.)* autoimmunity. **ou·to-im·muun** *adj., (med.)* autoimmune. **ou·to-im·muun·siek·te** autoimmune disease.

ou·to·klaaf *=klawe, (chem., med., etc.)* autoclave, steam steriliser, Papin's digester.

ou·to·kla·vier player piano, pianola.

ou·to·ko·de *(comp.)* autocode.

ou·to·kraat *=krate* autocrat, mogul, autarch. **ou·to·kra·sie** *=krasieë* autocracy. **ou·to·kra·ties** *=tiese* autocratic.

ou·to·liet *=liete, (geol.)* autolith, cognate inclusion.

ou·to·maat *=mate* automaton; slot machine, automat, vending-machine. **ou·to·ma·sie** = OUTOMATISASIE. **ou·to·ma·ties** *=tiese* automatic; automated; self-winding *(watch)*; unmanned *(station)*; self-acting; Pavlovian *(reaction, response, etc.)*; *~e **hyser*** self-service lift; *~e **ontspanner**, (phot.)* self-timer; *~e **ratkas*** →RATKAS; *~e **tellermasjien*** →TELLERMASJIEN; ***ten volle** ~* fully automatic; *~e **transmissie/oorsending**, (comp.)* automatic transmission; *~e **werking*** self-activity. **ou·to·ma·ti·sa·sie** automation, automatisation. **ou·to·ma·ti·seer** *ge=* automatise. **ou·to·ma·ti·se·ring** automation. **ou·to·ma·tis·me** automatism.

ou·to·mo·biel *=biele, adj.* self-propelled. **ou·to·mo·bi·lis** *=liste, (rare)* motorist. **ou·to·mo·bi·lis·me** automobilism.

ou·to·morf *=morfe* automorphic.

ou·to·noom *=nome* autonomous, autonomic(al); *~nome senustelsel* autonomic nervous system; *~nome senuwee* autonomic nerve. **ou·to·no·mie** autonomy, home rule.

ou·top·sie *=sieë* autopsy.

ou·to·ri·seer *ge=* authorise. **ou·to·ri·sa·sie** authorisation.

ou·to·ri·teit *=teite* authority.

ou·to·ri·têr *=têre* authoritarian; high-handed, overbearing. **ou·to·ri·ta·ris·me** authoritarianism.

ou·to·soom *=some, (physiol.)* autosome. **ou·to·so·maal** *=male* autosomal *(chromosome)*.

ou·to·ste·riel *=riele, (biol.)* self-sterile. **ou·to·ste·ri·li·teit** self-sterility.

ou·to·sug·ges·tie *(psych.)* autosuggestion, self-suggestion.

ou·to·tel·ler *=lers,* **ou·to·kas·sier** *=siers* automatic teller (machine), autoteller.

ou·to·te·ra·pie autotherapy.

ou·to·ti·pe *=pes, (print.)* autotype; halftone block. **ou·to·ti·pie** autotype, autotypy; halftone process.

ou·to·troof *=trowe, adj., (biol.)* autotrophic. **ou·to·tro·fie** autotrophism.

ou·tu·niet →AUTUNIET.

ou·tyds *=tydse* old-world, old-time, old-fashioned; old-style *(approach, method, etc.)*; ancient; primitive.

ou·ver·tu·re *=res, (mus. etc.)* overture; *'n ~ tot ...* an overture to ...

ou·wê·relds *=reldse, adj.* old-world, old-fashioned, archaic, traditional, quaint, courtly, chivalrous; *(with cap.)* Old World, of the Old World.

ou·zo *(Gr. aniseed-flavoured spirit)* ouzo.

o·vaal *ovale, n.* oval. **o·vaal** *=vaal, =vale, adj.* oval, ovate, elliptic(al); *~ venster* oval window; *(anat.)* fenestra ovalis. **~vormig** *=e* oval-shaped.

o·val·bu·mien *(biochem.)* ovalbumin.

O·vam·bo *=bo's, (member of a Namibian people)* Ovambo. **~(land)** Ovambo(land).

o·va·ri·um *=riums, =ria, (biol.)* ovary. **o·va·ri·aal** *=riale* ovarian, *(rare)* ovarial. **o·va·ri·o·to·mie, o·va·ri·ëk·to·mie, o·ö·fo·rek·to·mie** *(med.: surgical removal of an ovary or ovarian tumour)* ovariotomy, ovariectomy, oophorectomy. **o·va·ri·tis** *(pathol.)* ovaritis, ovary inflammation.

o·va·sie *=sies* ovation; *iem. 'n ~ bring* give s.o. an ovation.

O·ver·berg: *die ~, (S Cape region)* the Overberg.

o·ver·ge·set·syn·de, o·ver·ge·set syn·de *conj., (<Du., often joc.)* in other words, that means to say.

o·vert *overte adj.* overt.

o·vi- *comb.* ovi=.

O·vi·di·us *(Rom. poet)* Ovid. **O·vi·dies** *=diese, (also o~)* Ovidian.

o·vi·duk *=dukte, (anat.)* oviduct; →EIERLEIER.

o·vi·paar *=pare, (zool.: producing eggs that hatch outside the mother's body)* oviparous. **o·vo·vi·vi·paar** *=pare, (zool.: producing eggs that hatch inside the mother's body)* ovoviviparous.

o·vum *ova, ovums, (biol.)* ovum. **o·vu·la·sie** *=sies* ovulation. **o·vu·leer** *ge=* ovulate. **o·vu·lêr** *=lêre* ovular. **o·vu·lis·me** *(obs.)* ovism.

o·wer·heid *=hede* authority; *die ~* the authorities, (the) government, the powers that be.

o·wer·heids-: **~bemoeiing** government/state interference. **~besit:** *in ~* under public ownership. **~besteding, ~uitgawe(s)** government/public expenditure. **~daad** act of state. **~finansiering, ~finansiëring** public funding. **~fondse, ~geld** public funds/money. **~instelling** *=linge, =lings* government institution. **~persoon** person in authority, public official. **~weë:** *van ~* by the authorities.

o·wer·pries·ter high priest, archpriest.

o·wer·spel *(jur.)* adultery. **o·wer·spe·ler** *=lers, (masc.),* **=speel·ster** *=sters, (fem.)* adulterer *(masc.)*, adulteress *(fem.)*. **o·wer·spe·lig** *=lige* adulterous; *~e kind* adulterine child. **o·wer·spe·lig·heid** adultery; adulterous nature.

o·wer·ste *=stes* chief; superior, prior *(of a relig. house, order, etc.)*; captain *(fig.)*.

Ox·ford·en·gels Oxford *(or* Received Standard) English.

Pp

p, P *=’s, (16th letter of the alphabet)* p, P. **p’tjie** little p.

pa *pa’s,* **pap·pa** *=pas, (infml.)* **paps,** *(rare)* **pa·pa** *=pa’s, (dim.: pa(pa)’tjie, pappatjie, pappie)* dad(dy), fa= ther, pa(pa) *(infml.); na jou ~* ***aard*** take after one’s father, be one’s father’s daughter/son; *na jou ~* ***lyk*** look like one’s father, be one’s father’s daughter/son; *~* ***staan*** *vir iets* accept responsibility for s.t.; vouch for s.t. *(a story);* be answerable for s.t. *(an incident); ek* ***staan*** *daarvoor ~, (fig.)* the buck stops here. **P~-hulle** Father and them (*or* the rest *or* those with him), Dad and company.

paad·jie *=jies* (foot)path, walk, track; trail; aisle *(between seats);* parting *(in the hair); die ~ ken, (infml.)* know the ropes; *’n ~ (terug)vind* pick up a track.

paai[1] *paaie, n., (dated)* gaffer, geezer; *ou ~* old fog(e)y. **~boelie** *=s* bugbear, bugaboo, bog(e)y, chim(a)era, hobgoblin.

paai[2] *ge=, vb.* coax, soothe, smooth down; pat, stroke; (try to) appease, placate, conciliate, propitiate, hu= mour, pacify, disarm. **~beleid** policy of appeasement. **~middel** *=s* sop.

paai·e (→PAD): **~afdeling** roads section/department. **~-ingenieur** →PADINGENIEUR. **~net(werk)** →PADNET= (WERK).

paai·e·ment *=mente* instalment; *’n ~ betaal* pay an instalment; make a payment; *in ~e betaal* pay in in= stalments. **paai·e·ments·ge·wys, paai·e·ments·ge·wy·se** in instalments.

paai·end *=ende* placatory; →PAAI[2] *vb.,* PAAIERIG.

paai·er *=ers* appeaser; coaxer. **paai·e·rig** *=rige* placato= ry. **paai·e·ry** placation, appeasement; →PAAI[2] *vb..*

paai·ge·bied breeding ground(s) *(of fish).*

paal *pale* pole, post, stake; pile; pillar *(of a gate);* stan= dard; stanchion; spar, picket; prop; *(her.)* pale; *(sport)* (goal) post; *die ~* ***haal*** make the grade *(infml.);* pull it off; pull off a victory; *net die ~* ***haal*** scrape home; scrape through; *~ en* ***perk*** *aan iets stel* set bounds/limits to s.t.; put an end to s.t.; *dit staan soos ’n ~ bo* ***water,*** *(infml.)* it stands/sticks out a mile; it is (as) plain as a pikestaff (*or* as plain as the nose on one’s face), it is glaringly obvious; *op die ~* ***wees,*** *(infml.: be pregnant)* be in the club *(Br.).* **~bewoner** lake dweller. **~brug** pile bridge, bridge on piles. **~dorp** pile village, lake village/settlement. **~-en-klei(-)huis** wattle and daub hut. **~heining** paling, palisade, picket fence; stockade, boma. **~huis** pile house, lake dwelling, pile dwelling. **~kant** *(her.)* hoist edge; →WAPPERKANT. **~sitter** pole-sitter. **~skerm** palisade, paling, wooden railings. **~skuit** punt. **~skutting** →PAALHEINING. **~spring** *n.* the pole vault. **~spring** *paalge=, vb.* pole-vault, do/per= form a pole vault. **~springer** *n.* pole-vaulter. **~sprong** pole vault. **~straf** *(hist.)* impalement; *die ~ oplê, (hist.)* impale, empale. **~werk** paling, palisade, piling. **~wo·ning** pile dwelling, lake dwelling, fascine dwelling. **~wurm** shipworm, teredo, pile/sea worm.

paal·tjie *=tjies, (dim.)* stake; (fencing) standard; pale, peg, picket; *(cr.)* wicket, stump; →PAAL; *die* ***bal*** *op die ~s speel, (cr.)* play on; *’n ~* ***kry,*** *(cr.)* take a wicket; *~s* ***val/kantel/spat,*** *(cr.)* wickets fall/tumble; *’n* ***vennoot=skap*** *om die eerste/ens. ~, (cr.)* a first-wicket/etc. part= nership; ***voor*** *die ~s, (cr.)* at the wicket. **paal·tjies·hek** wicket gate. **paal·tjie·wag·ter** *(cr.)* wicketkeeper, stumper.

paap[1] *pape, (derog. for)* priest; *(RC)* papist.

paap[2] *ge=, (infml.)* nip, have kittens.

paaps *paapse, (pej.)* papal, papistic(al), popish. **~ge·sind** *=e, adj., (pej.)* papistic(al), popish. **~gesinde** *=s, n., (pej.)* papist. **~gesindheid** *(pej.)* papistry, popery.

paaps·heid *(pej.)* papistry.

paar *pare, n.* pair *(of socks, eyes, etc.);* couple *(of people);* couple, twosome; doublet; duet; brace *(of pistols etc.);* a few, a couple of; several; *’n ~* ***ander*** several others; *iets as drie/ens.* ***aparte*** *pare verkoop* sell s.t. as three/ etc. separate pairs; ***binne*** *’n ~ dae/minute/sekon=des/uur* in a matter of days/minutes/seconds/hours; *iets* ***by*** *die ~ verkoop* sell s.t. in pairs; *vyf pare* ***dansers*** five dancing couples; *in pare* ***gaan*** pair off; *’n ~ dae/ jaar/maande* ***gelede*** some days/years/months ago; *’n* ***getroude*** *~* a married couple; *hulle maak ’n* ***goeie*** *~ uit* they make a good match; *’n hele ~* quite a few, a good few *(infml.); ’n ~* ***huise*** *is beskadig* some (*or* a few) houses were damaged; ***in*** *pare* two by two, by twos; *’n ~* ***karperde*** a pair of carriage horses; *’n ~* ***keer*** a few times, once or twice, several times; *twee ~* ***kouse*** two pairs of stockings; *’n ~* ***kry/neem*** have some *(nuts etc.); ’n ~* ***liter*** a few litres, a litre or two; *’n ~* ***mense/ens.*** a few people/etc., one or two people/ etc.; *’n ~* ***mense*** *se werk doen* do the work of two or three people; ***’n*** *~* a few; a couple; ***’n*** *~ dae/ens.* a few days/etc., a couple of days/etc. *(infml.);* ***net*** *’n ~* just/ only a few; *die sokkies is* ***nie ’n*** *~ nie* the socks don’t match; ***nog*** *’n ~* some more; *en* ***nog*** *’n ~* and a few others; *die skoot was ’n ~* ***sentimeter*** *van iem. se kop (af)* the shot passed centimetres from s.o.’s head; *’n ~* ***skoene*** a pair of shoes; ***twee*** *~ skoene* two pairs of shoes; ***twee*** *is ’n ~, drie onpaar* two’s company, three’s none; two’s company, three’s a crowd; *’n ~* ***vorm*** *saam met iem.* pair off with s.o.; pair up with s.o.; *pare* ***vorm*** form couples; twin; *’n ~* ***vriende*** *kom* one or two friends are coming; *die ~ ...* ***wat*** *iem. het* what few ... s.o. has; *in ’n ~* ***woorde*** in a nutshell; *met ’n ~* ***woorde*** in a few words. **paar** *adj.* even; *~ en* ***onpaar*** odd and even. **paar** *ge=, vb.* combine, couple, unite; *(biol.)* mate, copulate, conjugate; *iets aan ... ~* couple s.t. with ...; *die voëls begin (te) ~* the birds begin to mate/pair. **~metaal** bimetal. **~-paar** in pairs, twin; *(bot.)* jugate. **~stel** *=le* twin set; *(also, in the pl.)* sepa= rates. **~tyd** pairing/mating season, pairing/mating time.

Paarl *(geog.)* Paarl; *in die ~* at/in Paarl. **~berg** Paarl Mountain.

Paar·liet *=liete* inhabitant/native of Paarl. **Paarls** *Paarlse* (of) Paarl.

paars·ge·wys, paars·ge·wy·se in pairs/couples, paired, two by two; *(bot.)* jugate, binate.

paar·tjie *=tjies* couple, pair.

Paas=: **~aand** Easter Eve, Holy/Easter Saturday. **p~blom** primrose; daisy. **~bolletjie** *(also p~)* hot cross bun. **~boodskap** Easter message. **~brood** *(also p~), (Chr.)* Easter loaf; *(Jud.)* Passover bread, matzo(h). **~dag** Easter Day; *die Paasdae* Eastertime. **~eier** *(also p~)* Easter egg. **P~eiland:** *(die) ~, Rapa Nui* Easter Island, Rapa Nui. **P~eilander** Easter Islander. **~fees:** *(die) ~, (Chr.)* Easter (festival); *(Jud.)* Passover. **~haas, ~hasie** *(also p~)* Easter bunny. **~kers** *(also p~)* Easter/ paschal candle. **~lam** *(also p~)* paschal lamb. **p~lelie** Easter lily. **~maal** *(also p~)* paschal repast. **~maan·dag** Easter Monday. **~nag** Easter Night. **~naweek** Easter weekend. **~seël** *(also p~)* Easter stamp. **~son·dag** Easter Sunday. **~tentoonstelling, ~skou** *(hist.)* (Rand) Easter Show. **~tyd:** *die ~* Eastertide, Easter= time; *in die ~* at Easter. **~vakansie** Easter holidays. **~week** Easter week, Holy Week.

pad *paaie* road, way, roadway; path, pathway, walk *(in a park);* wayside; drive; trail; route; *van die ~* ***af*** off the road; *op die* ***afdraande*** *~ wees, (infml.)* be on the decline; be on the road to perdition; *van die ~* ***afraak*** lose one’s/the way; *’n ~* ***baan*** beat a path; *iem. die ~ na ’n plek* ***beduie*** direct s.o. to a place; *die* ***begane*** *~* the beaten track/path; *maak of die ~ aan jou* ***behoort,*** *maak of die* ***hele*** *~ joune is* hog the road *(infml.); op/in die ~* ***bly*** keep to the road; *uit die ~* ***bly*** keep clear, keep out of the way; *uit iem. se ~* ***bly*** keep out of s.o.’s way; give s.o. a wide berth, keep/steer clear of s.o.; *’n* ***breë*** *~* a wide road; *die* ***breë*** *~* the primrose path; *die ~ van die* ***deug*** the path of virtue; *jou ~* ***deurslaan*** hew one’s way; *loop voor die ~ vol* ***dorings/duwwel=tjies*** *is/word!, (infml.)* go quickly if you want to tell tales!; *iem. uit jou ~* ***druk*** *om verby te kom* push by/past s.o.; *jou* ***eie*** *~ loop* go one’s own (sweet) way; *aan die* ***end/einde*** *van die ~* at the end of the road; *die ~* ***gaan/ lei*** *na ...* the road goes/leads to ...; ***gee*** *~* →PADGEE; ***geplaveide*** *~* paved road; *~* ***gesluit*** road closed; *in die ~* ***gesteek*** *word, (infml.)* be sacked, get the axe/ boot/push/sack; *maak of die* ***hele*** *~ joune is* →***behoort;*** *die* ***hele*** *~* all the way; *die* ***hele*** *~ na ... (toe) hardloop/ ens., die* ***hele*** *~ ... toe hardloop/ens.* run/etc. all the way to ...; *in die ~* ***hou*** keep to the road; *iem. uit die ~* ***hou*** keep s.o. out of the way; ***in*** *die ~* in the road; ***in*** *die ~ wees* be/get in the way; *jou ~* ***ken*** know one’s way about; *die* ***kortste/langste*** *~ kies* take the shortest/ longest route; *met die* ***kortste/naaste*** *~* by the short= est/nearest road; *die ~* ***kry*** find the way; *die ~ na ...* ***kry*** find one’s way to ...; ***langs*** *die ~* next (to) the road, along the road, beside the road; on the road; on the way; by/on the way(side); ***langs*** *die ~ ... toe* on the way to ...; *~* ***langs*** by road; →PADLANGS; *die* ***langste*** *~ kies* →***kortste/langste;*** *die ~* ***lei*** *na ...* →***gaan/lei;*** *die ~* ***loop*** *deur die plaas* the road crosses the farm; *van die ~ (af)* ***loop*** leave the road, go off the road; *(vir) iem. vra hoe die ~* ***loop*** ask s.o. the way; *iets* ***maak*** *die ~ na ... oop* s.t. is a passport to ... *(success, happiness, etc.);* ***met*** *die ~* by road; *die* ***motor*** *het van die ~ geloop/ge=raak* the car left the road; *jou ~* ***oopkap*** hew one’s way; *die ~ vir ...* ***oopmaak*** pave the way for ...; *die ~* ***oopmaak,*** *(also)* throw open the door *(for s.t. to hap=pen); ’n ~* ***oopveg*** fight one’s way out; ***op*** *~* on the way; on the road; ***op*** *die ~, (lit.)* on the road; ***op*** *~ wees* be on the way; *altyd* ***op*** *~ wees* be always on the move; ***op*** *~ na ...,* ***op*** *~ ... toe* on the way to ...; en route to ...; *na ...* ***op*** *~ wees, (also)* be bound for ...; be heading for ...; ***op*** *~ buite(n)toe* on the way out; ***op*** *~ skool toe* on the way to school; *goed* ***op*** *~ wees om te wen/ens.* be in a fair way to win/etc.; *dit is* ***op*** *my ~* it is on my way; *die ~ is* ***opgebreek*** the road is up; *van die* ***regte*** *~ afwyk* go astray; *die* ***regte*** *~ bewandel, (fig.)* go straight; *op die* ***regte*** *~ bly/hou, (fig.)* keep/stay on the rails; keep onto the straight and narrow; *iem. op die* ***regte*** *~ bring, (fig.)* straighten out s.o.; *alle paaie gaan/ lei na* ***Rome*** all roads lead to Rome; *die ~* ***skoon=maak,*** *(lit.)* clear the way; *(fig.)* smooth the way; *’n* ***slegte*** *ent ~* a bad stretch of road; *’n* ***smal*** *~* a nar= row road; *die* ***smal*** *~ bewandel* keep onto the straight and narrow; *uit die ~* ***spring*** jump aside; *in die ~* ***staan*** be in the way; *in die ~ na ...* ***staan*** be a barrier to ... *(progress etc.); iem./iets* ***staan*** *in die ~ van ...* s.o./s.t. is an obstacle to ...; *iets* ***staan*** *in die ~ van ...* s.t. is an ob= struction to ...; *in iem. se ~* ***staan*** stand in s.o.’s way; *uit die ~* ***staan*** get out of the way; *niks in jou ~ laat* ***staan*** *nie* let nothing stand in one’s way; *iem. in die ~* ***steek,*** *(infml.)* sack/ditch s.o., give s.o. the axe/boot/ push/sack (*or* his/her marching orders), send s.o. packing; *uit die ~* ***trek*** pull over *(a car);* ***uit*** *die ~* out of the way; ***uit*** *die ~ (uit)!* stand clear!; move your car=

cass/carcase! *(infml.); waar die paaie* ***uitmekaar*** *loop* at the parting of the ways; *hier loop ons paaie* ***uitmekaar*** we have come to the parting of the ways; *staan waar die paaie* ***uitmekaar*** *loop* be at the parting of the ways; *in die ~* ***val,*** *(infml.)* be on one's way, push along, leave; start on a journey; take to the road, hit the road *(infml.)*; hit the trail *(infml.); vroeg in die ~* ***val,*** *(also, infml.)* make an early getaway; *die ~* ***vat,*** *(infml.)* take to the road, hit the road; *die ~ na ...* ***vat*** take the way to(wards) ...; *op ~ na die* ***verderf(enis)*** on the road to perdition; ***verhoogde/verhoogte*** *~* causeway; built-up road; *die* ***verkeerde*** *~* →VERKEERD *adj.; iem. se ~* ***versper*** bar s.o.'s way; *by/vir iem. ~* ***vra,*** *iem. (na) die ~* ***vra*** ask s.o. the way; *die ~* ***wys*** lead the way, guide; *(lit.)* show the way. **~aanleg, ~bou** road construction/building/making. **~aansluiting** road junction. **~aanwysing** road direction; *die ~s is goed (of nie alte goed nie)* the roads are well/badly signposted. **~atlas** road atlas. **~bouer** road builder/maker. **~bou-ingenieur** →PADINGENIEUR. **~boukunde** road engineering. **~breker** road breaker; *(mech.)* ripper. **~brug** road bridge. **~buffel** *(infml., derog.)* road hog. **~-eg** scarifier. **~gebruiker** road user. **~gee** *padge*= take o.s. off; make off; move off; sheer off; give ground; stand clear; *gee pad* ***(hier)!*** get away!, get lost!; ***vir*** *iem. ~* make way for s.o.; *vir iets ~* dodge s.t.; *gee pad* ***(voor)!*** out of the way!; *gee pad* ***(voor), asseblief!*** gangway please!, make way!. **~gids** road book. **~gruis** road metal. **~hoogte** level of roadway. **~houvermoë** road-holding (ability). **~ingenieur, paaie-ingenieur** road(s) engineer. **~-inham** lay-by, pull-off. **~inspekteur** road inspector. **~kaart** road map. **~kafee** roadhouse. **~kode** highway code, traffic code. **~kos** provisions for a journey. **~kruising** road junction. **~langs** straightforward(ly); unswervingly; outspokenly; →PAD LANGS; *~* ***loop*** →LOOP *vb.; ~ met iem.* ***praat*** →PRAAT *vb.; iets ~* ***sê*** →SÊ *vb.*. **~loper** tramp, vagabond; footslogger; steamroller. **~loper(skilpad)** areolate(d) tortoise. **~maker** road maker/worker; road constructor/builder; pioneer. **~makery** road construction. **~net(werk), paaienet(werk)** road network. **~onderhoud** road maintenance. **~ongeluk** road accident. **~reg** right of way. **~reserwe** road reserve. **~roller** road roller. **~rower** *(hist.)* highwayman. **~skouer** shoulder of a/the road. **~skraper** (road) grader. **~stal(letjie)** farm stall. **~teer** asphalt. **~teken** road/traffic sign. **~toets** road test; *'n voertuig aan 'n ~ onderwerp* road-test a vehicle. **~vaardig** *~e* roadable, ready for the road. **~vaardigheid** roadability. **~vark** →PADBUFFEL. **~vastheid** road-holding qualities. **~veiligheid** road safety. **~verkeer** road traffic. **~verlegging** road deviation. **~vernuf** road sense. **~versperring** roadblock, road barrier. **~vertakking** fork in the road. **~vervoer** road transport(ation). **~vervoerdiens** road transport service. **~vinder** pathfinder; *die P~s* the (Boy) Scouts. **P~vinder(s)beweging** Scout movement. **P~vinder(s)groep** Scout troop. **P~vinder(s)leier** Scouter. **~vindery, ~vindery** scouting *(for boys)*; guiding *(for girls)*. **P~vindster** (Girl) Guide. **~waardig** *~e* roadworthy. **~waardigheid** roadworthiness. **~wals** *(rare)* = PADROLLER. **~werk** roadworks. **~werker** road worker/mender/repairer, roadman. **~wyser** guidepost, handpost, fingerpost, signpost, direction sign, road indicator.

pad·da *~das* frog, toad, batrachian; fishing frog; ***groen (gestreepte)*** *~* green (striped) frog; *'n ~ in die* ***keel*** *hê, (infml.)* have a frog in one's/the throat, be hoarse; *die ~* ***kwaak*** the frog croaks; *so waar as ~* ***manel*** *dra* →WAAR[1] *adj.; iem. is 'n* ***opgeblaasde*** *~, (infml.)* s.o. is conceited; *dit reën ~s en platannas, (infml.)* it is raining cats and dogs. **~bos** *Cliffortia polygonifolia.* **~brood** *(rare)* toadstool. **~-eier** frog('s) egg; *(in the pl.)* frogspawn; *(in the pl., cook., infml.)* frogspawn, sago/tapioca pudding. **~klou** *Teucrium africanum.* **~konsert** frogs' concert. **~koor** croaking chorus. **~man** frogman. **~moes** *(rare)* →PADDASLYK. **~skop** *(swimming)* frog kick *(in breaststroke)*. **~skuim** toad spit. **~slagter** blunt (pocket)knife. **~slyk, ~slym** duckweed, duck's meat. **~steen** toadstone. **~stoel** *(edible)* mushroom (→SAMPIOEN); *(poisonous)* toadstool; fungus; paddock stool; *soos ~e verrys/opskiet* grow (*or* spring up) like mushrooms. **~stoelrots** mushroom rock, pedestal rock. **~stoelstad** boom town. **~stoelwolk** mushroom cloud *(of a nuclear explosion)*. **~vis(sie)** tadpole. **~voet** flipper. **~vreter** *(orn.)* harrier.

pad·da·tjie *(vulg. sl.: vulva)* pussy; *(klein) ~* toadlet.

pa·die *~dies, (< Mal., rare)* paddy.

pa·dis·ja(h) *~ja(h)s, (title of the shah of Iran)* padishah.

pa·doek(·hout) padauk, padouk.

pa·el·la *(Sp. cook.)* paella.

paf weak explosion. **~gat** pop-hole. **~granaat** weak exploder. **~lading** weak charge.

Paf·la·go·ni·ë *(geog., hist.)* Paphlagonia. **Paf·la·go·ni·ër** *~niërs, n.* Paphlagonian. **Paf·la·go·nies** *~niese, adj.* Paphlagonian.

pag *pagte, n.* lease(hold); tenancy; *(hist.)* (quit)rent; *in ~* on lease; *~ betaal* pay (quit)rent; *die wysheid in ~ hê* have a monopoly of wisdom, lay claim to all knowledge, be a know-all. **pag** *ge~, vb.* rent, lease *(land)*. **~brief** contract of lease; deed of lease. **~eiendom** quitrent property. **~geld** rent(al); *(hist.)* quitrent. **~grond** leased property; quitrent property; leaseholding. **~land** leaseholding. **~plaas** freehold farm/title. **~reg** right of lease; right of quitrent. **~som** rent(al). **~stelsel** leasing system; farming system *(of tolls etc.)*. **~tyd** period of lease. **~vry** rent-free; exempt from quitrent. **~wag(stelsel)** rent-a-cop.

pa·gaai *~gaaie, n., (<Mal., rare)* paddle. **pa·gaai** *ge~, vb.* paddle; *maai en ~* →MAAI *vb.*. **pa·gaai·er** *~ers* paddler.

pa·ga·nis *~niste, n.* pagan, paganist. **pa·ga·nis·me** paganism. **pa·ga·nis·ties** *~tiese, adj.* pagan, paganist(ic).

pa·ge *~ges, (hist.)* page, footboy; squire; varlet.

pa·gi·derm *~derme, (zool.)* pachyderm. **pa·gi·der·mie** *(med.)* pachydermia. **pa·gi·der·mies** *~miese* pachydermatous, pachydermal, pachydermic.

pa·gi·na *~nas, (fml.)* page. **pa·gi·neer** *ge~* page, paginate. **pa·gi·ne·ring** paging, pagination.

pa·go·da *~das,* **pa·go·de** *~des* pagoda.

pag·ter *~ters, (obs.)* lessee; *(hist.)* leaseholder, tenant, tenant farmer; crofter.

pair *pairs, (hist.)* peer; *vroulike ~* peeress. **pair·skap** *~skappe* peerage.

pais: *~ en vree* peace and quiet.

pais·ley paisley. **~ontwerp** paisley design. **~patroon, ~motief** paisley pattern.

pa·ja·mas pyjamas, *(infml.)* jammies.

pak *pakke, n.* pack *(of a pedlar etc.)*; package, packet *(of biscuits, candles, etc.)*; parcel *(of shopping articles etc.)*; bundle *(of papers etc.)*; load, burden; suit *(of clothes)*; pack, deck *(of cards)*; hiding, thrashing, licking, spanking, caning, flogging, whacking, beating; *'n* ***afgedankste/deftige/gedugte*** *~ (slae)* a sound beating; a good/sound hiding; *iem. ('n) ~* ***gee*** give s.o. a hiding; give s.o. a beating/licking; *die* ***geel*** *~ aanhê, (infml.)* be consumed/green (*or* eaten up) with envy/jealousy; *iem. 'n* ***groot*** *~ gee, (also, infml.)* beat s.o. hollow; *dit is 'n ~ van iem. se* ***hart*** *af* →HART; *iem. 'n* ***helse*** *~ (slae) gee, (infml.)* beat the hell out of s.o.; *('n) ~* ***kry*** get a hiding *(infml.)*; get beaten, get/take a beating/licking *(infml.)*; *lelik ~* ***kry*** be badly beaten; *met 'n ~ op die* ***rug*** with a pack/bundle on the back; *(met)* ***sak*** *en ~* (with) bag and baggage; *'n ~* ***(slae)*** a spanking/whacking; →SLAE; *'n groot ~* ***(slae)*** *kry* (of *op die lyf loop), (sport)* take a pounding; *iem. kan 'n ~* ***verdra*** s.o. can stand defeat (*or* a beating), s.o. can take it; *'n ~* ***voorspelers,*** *(rugby)* pack of forwards. **pak** *ge~, vb.* pack (up); wrap (up); seize, catch (hold of), grip, clutch; bag; attack, tackle, rush at; hold the attention, grip, catch on; *iem. moet* ***begin*** *~* s.o. has to start packing; *die* ***bul*** *by die horings ~* →BUL[2]; *die stuk het die* ***gehoor*** *ge~* the piece gripped the audience (*or* held the audience spellbound); *jou* ***koffers*** *~, (lit., fig.)* pack one's bags; *iem./mekaar met* ***mening*** *~* take off the gloves; *hulle ~ mekaar met* ***mening*** the gloves are off; *iem.* ***oor*** *iets ~* tackle s.o. about/on/over s.t.; *die* ***skuld*** *op iem. ~* lay/put the blame on s.o.; *die* ***verbeelding*** *~* capture the imagination; *die* ***wolke*** *~ saam* the clouds gather. **~bus, pakkingbus** *(tech.)* stuffing/packing box. **~dier** beast of burden, pack animal; *(also, in the pl.)* pack train. **~donkie** pack donkey. **~draer** pedlar. **~dril** *(mil.)* pack drill. **~esel** pack mule, pack donkey. **~garing** packthread, packtwine. **~goed** packing (material). **~hout** *(naut.)* dunnage. **~huis** packing shed; warehouse, magazine; store(house), pack house, packinghouse, packing plant; godown. **~huisbedryf** warehousing business. **~huiseienaar, ~huishouer** warehouseman. **~huisgeld, ~huishuur** stowage, storage (charge/fee), warehouse/warehousing charges/fees. **~huiskoste** warehousing costs. **~kamer** store(room), storage room; boxroom; packing room. **~kis, ~kas** packing case, box, crate. **~lengte** suit length. **~linne** packing cloth/sheet, sacking. **~mandjie** pannier; hamper. **~materiaal** packing/packaging material(s). **~muil** pack mule. **~naald** pack(ing) needle. **~os** pack ox. **~papier** packing/wrapping/brown paper. **~perd** packhorse, pack pony, sumpter (horse). **~plaat** gasket. **~plek** storage space; luggage space; storeroom. **~riem** luggage/baggage strap. **~ring** packing ring; gasket ring; →PAKKINGRING. **~ruimte** storage space, warehouse accommodation; luggage room. **~saal** packsaddle; *~ dra, (mil.)* pack-drill. **~skuur** pack house/store, packing shed. **~solder** storage loft. **~stof, ~materiaal** suiting. **~stuk** packing gland; packer (piece); gasket. **~tou** binding twine. **~tuig** packsaddlery. **~wa** pack wagon. **~ys** pack ice.

pa·ka·ters *(infml.)* capers; →BOKKESPRONG; *~ maak* cut a caper (*or* capers).

Pa·ki *~ki's, (infml., derog., abbr. of* Pakistani*)* Paki.

Pa·ki·stan *(geog.)* Pakistan. **Pa·ki·sta·ni** *~ni's, n.* Pakistani. **Pa·ki·stans** *~stanse, adj.* Pakistani.

pak·kaas *~kase,* **pak·ka·sie** *~sies, (infml.)* baggage, luggage; package; bundle; riffraff; *die hele ~, (infml.)* the whole (kit and) caboodle.

pak·kend *~kende* catchy, catching *(song)*; fascinating, appealing, fetching *(style)*; arresting *(proof)*; gripping, riveting, enthralling, spellbinding *(book, story, etc.)*; catching, attractive *(advertisement)*; →PAK *vb.; 'n ~e boek, (also)* a page-turner.

pak·ker *~kers* packer. **pak·ke·ra·sie** (a lot of) packages/bundles, paraphernalia.

pak·ke·ry[1] *~rye* packing.

pak·ke·ry[2]**, pak·ke·ry** *~rye* pack house, packinghouse, packing room.

pak·ket *~kette* parcel; package; *'n ~ kry* be retrenched, get a golden handshake; →UITTREEPAKKET. **~bom** parcel bomb. **~boot** →POSBOOT. **~pos** parcel post. **~roetering** *(comp.)* packet switching. **~vaartmaatskappy** (steam) packet company.

pak·ket·te-: **~kantoor** parcels office. **~wa** parcel(s) van.

pak·kie *~kies* packet *(of matches, biscuits, cigarettes, etc.)*; (small) parcel *(of shopping articles etc.)*; bundle; two-piece (suit), jacket and skirt, *(dated)* costume; *'n ~ (op)maak* make/do up a parcel; *'n ~ van iets maak* parcel up s.t.; *elkeen moet sy/haar eie ~ dra, (fig.)* every person must bear his/her own burden. **~sop** packet soup.

pak·kies-: **~draer** *(rare)* porter; messenger boy; pedlar. **~rak** parcel rack, luggage rack.

pak·king *~kings, (mech.)* packing, boxing; pad, padding; gasket, gaskin. **~bus** →PAKBUS. **~ring** packing ring, gasket ring; washer. **~stuk** →PAKSTUK.

pa·ko·ra *(<Hindi, Ind. cook.: deep-fried vegetable balls)* pakora.

pak·sel *~sels, (mech.)* packing.

pakt *pakte* pact, agreement.

pal[1] *palle, n.* ratchet (wheel), catch, pawl, arrest; *(mech.)* dog. **~rand** capstan rim. **~rat** ratchet wheel. **~stang** pawl rod.

pal[2] *adv.* firm, fixed, immovable; always, constantly, continually, continuously; *iem.* ***kom*** *~ te laat* s.o. is continually late, s.o. is a chronic latecomer; *iem. moet ~* ***lê*** s.o. must keep to his/her bed; *~* ***reën/waai*** rain/blow continuously; *~* ***staan*** remain/stand firm, stand fast/firm/pat; make a stand; hold/keep/stand one's ground; ~ ***staan teen*** ... stand out against ...

pa·la·dyn *-dyne, (hist.)* paladin.

pa·lank *-lanke, (rare)* trellis.

pa·lan·kyn *-kyns* palanquin, palankeen.

pa·la·taal *-tale, n. & adj., (phon.)* palatal. **pa·la·ta·li·sa·sie** palatalisation. **pa·la·ta·li·seer** *ge-* palatalise. **pa·la·ta·li·se·ring** palatalisation.

pa·la·ti·naat palatinate.

pa·la·to·gra·fie palatography. **pa·la·to·gram** *-me* palatogram.

Pa·la·tyn: *die ~, die Palatynse heuwel* the Palatine (Hill). **Pa·la·tyns:** *die ~e heuwel* →PALATYN.

Pa·lau-ei·lan·de *(geog.)* Palau Islands.

pa·la·wer *-wers, n.* palaver. **pa·la·wer** *ge-, vb.* palaver.

pa·leis *-leise* palace; *P~ van Justisie* Palace of Justice. **~revolusie, ~rewolusie** palace revolution.

pa·leis·ag·tig *-tige* palatial.

pa·le·o- *comb.* palaeo-.

pa·le·o·an·tro·po·lo·gie palaeoanthropology. **pa·le·o·an·tro·po·lo·gies** *-giese* palaeoanthropological. **pa·le·o·an·tro·po·loog** *-loë* palaeoanthropologist.

Pa·le(-o)·ark·ties *-tiese, (zool.)* Palaearctic.

pa·le·o·bo·ta·nie palaeobotany. **pa·le·o·bo·ta·nies** *-niese* palaeobotanical. **pa·le·o·bo·ta·nis** *-niste,* **pa·le·o·bo·ta·ni·kus** *-nikusse, -nici* palaeobotanist.

Pa·le·o·geen *n., (geol.)* Palaeogene. **Pa·le·o·geen** *adj., -gene* Palaeogene.

pa·le·o·ge·o·gra·fie palaeogeography.

pa·le·o·gra·fie palaeography. **pa·le·o·graaf** *-grawe* palaeographer. **pa·le·o·gra·fies** *-fiese* palaeographic(al).

pa·le·o·kli·ma·to·lo·gie palaeoclimatology. **pa·le·o·kli·ma·to·lo·gies** *-giese* palaeoclimatological. **pa·le·o·kli·ma·to·loog** *-loë* palaeoclimatologist.

pa·le·o·liet *-liete* palaeolith.

pa·le·o·li·ties *-tiese* Palaeolithic *(also p~)*. **Pa·le·o·li·ti·kum:** *die ~, (archaeol.)* the Palaeolithic Age.

pa·le·o·lo·gie palaeology.

pa·le·o·mag·ne·tis·me palaeomagnetism. **pa·le·o·mag·ne·ties** *-tiese* palaeomagnetic.

pa·le·on·to·gra·fie palaeontography. **pa·le·on·to·graaf** *-grawe* palaeontographer. **pa·le·on·to·gra·fies** *-fiese* palaeontographic(al).

pa·le·on·to·lo·gie palaeontology. **pa·le·on·to·lo·gies** *-giese* palaeontological. **pa·le·on·to·loog** *-loë* palaeontologist.

Pa·le·o·seen *n., (geol.)* Palaeocene. **Pa·le·o·seens** *adj., -seense* Palaeocene.

Pa·le·o·so·ïes *-soïese, adj.* Palaeozoic. **Pa·le·o·so·ï·kum** *n.: die ~, (geol.)* the Palaeozoic.

pa·le·o·so·ö·lo·gie palaeozoology.

Pa·le·sti·na *(geog.)* Palestine. **Pa·le·styn** *-styne, n.* Palestinian. **Pa·le·styns** *-stynse, adj.* Palestinian.

pa·les·tra *-tras (<Gr., hist.)* pal(a)estra.

pa·let *-lette* palette, pallet; *'n ~ eiers* a tray of eggs. **~mes** palette knife, spatula.

pal·fre·nier *-niers, (hist.)* groom.

pa·limp·ses *-seste* palimpsest.

pa·lin·dro·mies *-miese* palindromic. **pa·lin·droom** *-drome* palindrome.

pa·ling *-lings, (icht.)* eel; *jong ~* elver; *gebraaide ~* spitchcock; *so glad soos 'n ~* →GLAD *adj.*. **~fuik** eel trap/basket/pot. **~glad** as slippery as an eel. **~vormig** *-e* eel-shaped.

pa·ling·ag·tig *-e* eel-like, eely.

pa·lin·ge·ne·se *(biol.)* palingenesis.

pa·lin·kie *-kies, (dim.), (icht.)* little eel, grig *(dial.)*; →PALING.

pa·li·no·die *-dieë, (poet.)* palinode.

pa·li·no·lo·gie palynology. **pa·li·no·lo·gies** *-giese* palynological. **pa·li·no·loog** *-loë* palynologist.

pa·lis·sa·de *-des* palisade, stockade; *(hist., mil.)* fraise.

pa·lis·san·der(·hout) palis(s)ander, jacaranda wood, *(Dalbergia* spp.*)* Brazilian rosewood, black rosewood.

pal·jas[1] *-jasse, n.* charm, spell, magic potion, philtre; *~ dra (rare)* practise magic., **pal·jas** *ge-, vb.* cast a spell on, bewitch; *ge~ wees* be jinxed.

pal·jas[2] *-jasse, (rare)* buffoon, clown. **pal·jas·ag·tig** *-tige* clownish.

Pal·la·di·aans *-aanse, (archit.)* Palladian.

pal·la·di·um[1] *(chem., symb.: Pd)* palladium.

pal·la·di·um[2] *-diums, -dia* palladium.

pal·li·a·tief *-tiewe, n.* palliative.

pal·li·um *(relig.: vestment worn over the shoulders)* superhumeral.

palm *palms* palm *(of the hand); (measure of length)* palm; palm (tree); palm branch; *die ~ wegdra/toeken* bear/award the palm; *iets soos die ~ van jou hand ken* →KEN[2] *vb.*. **~afdruk** palm print. **~blaar, ~blad** palm leaf/frond. **~boom** palm tree. **~boompie** box shrub; small palm tree. **~bos** palm grove. **~draend** *-e* palmiferous. **~hout** palm wood; box(wood); palmyra wood. **~houtboom** box(wood) tree. **~olie** palm oil. **~pit** palm kernel/nut. **~pitolie** palm nut/kernel oil. **~ryk** *-e* palmy. **P~sondag** Palm Sunday. **~staander** palm stand. **~struik** box shrub. **~tak** palm branch. **~wilg(er)** goat willow. **~woud** palm grove. **~wyn** palm wine, toddy.

palm·ag·tig *-tige* palmaceous, palmy.

pal·met *-mette, (bot.)* palmetto.

pal·miet *-miete, (Prionium* spp.*)* bulrush. **~bos** patch of rushes. **~sop** *(rare)* very young wine.

pal·mi·tien *(chem.)* palmitin. **~suur** palmitic acid.

pa·loe·ka *-kas, (infml.)* palooka.

Pa·lo·mi·no *-no's, (horse, also p~)* palomino.

palp *palpe* palp(us).

pal·pa·sie *-sies* palpation. **pal·peer** *(ge)-* palpate.

pal·pi·ta·sie *-sies, (of the heart)* palpitation, throbbing. **pal·pi·teer** *ge-* palpitate, throb.

palts *paltse* imperial palace/castle; *die P~, (hist.)* the Palatinate; →RYNLAND-PALTS. **~graaf** *(hist.)* palsgrave, count palatine. **~graafskap** *(hist.)* palatinate. **~gravin** *(hist.)* countess palatine.

Pam·fi·li·ë *(geog., hist.)* Pamphylia. **Pam·fi·li·ër** *-liërs, n.* Pamphylian. **Pam·fi·lies** *-liese, adj.* Pamphylian.

pam·flet *-flette* pamphlet, flyer. **~skrywer** pamphleteer.

pam·flet·tis *-tiste* = PAMFLETSKRYWER.

pam·pas: *die P~, (vast treeless plain in S.Am.)* the Pampas. **~gras** pampas grass.

pam·pel·moes, pom·pel·moes *-moese, (SA, Citrus decumana)* pampelmoes, pampelmoose, pampelmouse, pompelmoes, pompelmouse, shaddock; *(icht.: Stromateus* sp.*)* bluefish, butterfish. **pam·pel·moe·sie, pom·pel·moe·sie** *-sies, (rare)* (Cape) gooseberry; →APPELLIEFIE.

pam·per·lang *ge-* fawn on, cajole, wheedle, butter up, coax, play up to; baby, coddle; *by iem. ~, (infml.)* butter up s.o..

pam·pe·ro *-ro's,* **pam·pe·ro·wind** *-winde* pampero.

pam·poen *-poene* pumpkin; gourd; squash; *(fig.: also* pampoenkop*)* bumpkin, awkward fellow; dunce; ***Jan P~*** →JAN; *iem. skrik vir **koue** ~, (infml.)* s.o. is afraid of his/her own shadow; *iem. skrik nie vir **koue** ~ nie, (infml.)* s.o. is not easily frightened, s.o. does not take fright easily; ***vrot** ~* rotten pumpkin; *(fig.)* good-for-nothing. **~bos** *Radyera urens.* **~gewas** cucurbit. **~koekie** pumpkin fritter. **~(kop)** fathead, blockhead, clot, nitwit, twit, bumpkin, dumbo, dum-dum, dolt, dunce; *nie 'n ~ wees nie, (infml.)* know a thing or two. **~land** pumpkin field. **~lantern** jack-o'-lantern. **~oes** pumpkin crop. **~pit** pumpkin pip. **~rank** pumpkin shoot/vine. **~saad** pumpkinseed. **~skil** pumpkin skin/rind. **~spook** (childish) bogy; Halloween/Hallowe'en mask. **~stoel** pumpkin plant. **~vlieg** pumpkin fly.

pam·poen·tjie *-tjies, (dim.)* small pumpkin; *(bot.: Ornithogalum sp.)* snake flower; *(in the pl., med.)* mumps, infective paroti(di)tis.

pan *panne, n. (cook.)* pan; tile; *(also* pankop*)* bald pate/head; *... in die ~ hak, (Du.)* cut ... to pieces; *kruit op die ~ gooi* prime (a gun); *'n veeg uit die ~ kry, (infml., obs.)* be rebuked/reprimanded. **pan** *ge-, vb.* pan. **~boor** trepan. **~boring** trepanation. **~braai** *pange-* sauté, pan-fry. **~dak** tile(d) roof. **~dakhuis** house with tiled roof. **~dekker** (roof) tiler. **~galjoen** *(Neoscorpis lithophilus)* stonefish, stone bream. **~geweer** *(mil., hist.)* flint gun, flintlock, matchlock (musket). **~kop** *(infml., derog.)* baldhead, baldpate, baldy, baldie, slaphead. **~kruit** priming. **~lat** tile lath/batten. **~lekker** sponger. **~rooster** *pange-* pan-broil. **~spaan** turner. **~was** *-se (min.)* panning.

Pan- *comb., (also p~)* Pan-.

pa·nache panache, piz(z)azz, pzazz.

pa·na·da *(cook.)* panada.

Pan-A·fri·kaans *(also p~)* Pan-African. **Pan-A·fri·ka·nis** *(also p~)* Pan-Africanist. **Pan-A·fri·ka·nis·me** *(also p~)* Pan-Africanism. **Pan-A·fri·ka·nis·ties** *-tiese, (also p~)* Pan-Africanist.

Pa·na·ma *(geog.)* Panama. **~kanaal** Panama Canal.

pa·na·ma *-mas* panama (hat). **~bas** panama chips. **~hoed** panama (hat).

Pa·na·mees *-mese, n. & adj.* Panamanian.

Pan-A·me·ri·kaans *(also p~)* Pan-American. **Pan-A·me·ri·ka·nis·me** *(also p~)* Pan-Americanism.

Pan-A·ra·bies *(also p~)* Pan-Arab(ic). **Pan-A·ra·bis·me** *(also p~)* Pan-Arabism.

pa·na·see *-seë* panacea, cure-all.

pa·na·tel·la *(long thin cigar)* panatella.

Pa·na·the·ne·ë *(festival in ancient Athens)* Panathenaea.

pan·chro·ma·ties *-tiese, (phot.)* panchromatic.

pand *pande, n.* pawn, pledge, security, surety; hostage *(rare)*; gage *(arch.)*; *'n ~ **aflos*** redeem a pledge; ***as** ~ vir ...* in security for ...; *in ~ **gee*** give as security, pledge, pawn; *iets in ~ **hou*** hold s.t. in pledge; *'n ~ van die **liefde*** a pledge of love; *in ~ **neem*** accept in pledge/pawn, accept as security; *'n **onopgeëiste/onafgehaalde** ~* an unredeemed pledge; *'n ~ **verbeur*** forfeit a pledge. **pand** *ge-, vb.* pawn; pledge. **~akte** deed of pledge. **~brief** bond; pawn ticket; contract of pledge. **~gewer** pawner, pledger, pledg(e)or. **~houer** pawnee, pledgee. **~houery** pawnbroking. **~(jies)baas, -houer** pawnbroker, uncle *(sl.)*. **~jieshuis, -winkel** pawnshop. **~nemer** pawnee, pledgee. **~reg** lien, (law/right of) pledge; *~ oor iets besit* hold a lien over s.t.. **~speel** *pandge-* play (at) forfeits. **~spel** (game of) forfeits.

pan·da *-das* panda.

pan·daan *-dane, (bot.)* pandanus, screw pine/palm.

pan·dek·te *(hist.)* pandects; *die P~, (hist., jur.)* the Pandects.

pan·de·ling *-linge, (hist.)* peon, credit bondsman. **pan·de·ling·skap** *(hist.)* peonage, slavery for debts.

pan·de·mie *-mies, n.* pandemic. **pan·de·mies** *-miese, adj.* pandemic.

pan·de·mo·ni·um pandemonium, confusion worse confounded; uproar, chaos.

pan·dit *-dits, (Hind. scholar)* pandit, pundit.

Pan·djab: *die ~, (geog.)* the Punjab. **Pan·dja·bi** *n., (inhabitant: pl. -bi's)* Punjabi (tribesman); *(lang.)* Punjabi. **Pan·djabs** *adj.* Punjabi.

pan·doer *-doere, -doers, (mil., hist., also card game)* pandour.

pan·door *-dore, (mus.: 16th-century string instr.)* bandore, pandora, pandore.

Pan·do·ra *(Gr. myth.)* Pandora, Pandore. **~kis:** *'n ~ van probleme/ens. oopmaak/open, (fig.)* open a Pandora's box of problems/etc..

pa·neel *-nele* panel; bay; pane. **~bespreking** panel discussion. **~bord** dashboard, instrument board. **~deur** panelled door. **~inspeksie** *(school)* corporate inspection. **~kissie, ~kassie** cubby(hole), glove box. **~lamp** dash/panel lamp. **~lid** panellist, panel member, member of a/the panel. **~pen, ~spyker** panel pin. **~saag** panel saw. **~skaaf** panel plane. **~wa** panel van/truck. **~werk** panel work, panelling.

pa·neer *(ge)-* coat with breadcrumbs, crumb.

pan·fluit *(mus.)* Pan's pipe, pan flute, panpipe(s), syrinx.

pan·ga[1] *-gas, (icht.: Pterogymnus laniarius)* panga.

pan·ga[2] *-gas, (large knife)* panga, machete, matchet.

Pan-Germaans -e, *(also p~)* Pan-German(ic). **Pan-Germanis** *(also p~)* Pan-Germanist. **Pan-Germanisme** *(also p~)* Pan-Germanism.
Pan-Hellenisme *(also p~)* Pan-Hellenism.
pa·niek -nieke panic, alarm, scare; *iem. is in 'n ligte ~* s.o. is in a flat spin *(infml.); ('n) ~ ontstaan* panic arises; *('n) ~ veroorsaak* cause/create panic, cause/create a scare. **~bevange** panic-stricken, panic-struck, panicky, petrified; *~ wees oor iets* be in a panic about s.t.; *oor iets ~ raak* get into a panic about s.t., *(infml.)* freak (out) about s.t.. **~stokery** scaremongering.
pa·nie·ke·rig -rige panicky, panic-stricken, panic-struck, scared, frantic; *~ wees oor iets* be in a panic about s.t.; *~ raak, (also, infml.)* hit/press/push the panic panic; *oor iets ~ raak* get into a panic about s.t..
pa·nies -niese panic; *'n ~e skrik kry* get the scare of one's life, be frightened out of one's wits.
pa·nik·gras panic (grass).
pan·kre·as *(anat.)* pancreas. **~sap** pancreatic juice.
pan·kre·a·ties -tiese pancreatic. **pan·kre·a·ti·tis** *(med.)* pancreatitis.
pan·ne-: **~dak** →PANDAK. **~koek** pancake; *'n ~ omgooi/omkeer* toss a pancake; *so plat soos 'n ~* →PLAT *adj.*. **~werk** roof-tiling.
pan·ne·tjie -tjies, *(dim.)* small pan; *(archaeol.)* patella; shallow lakelet; →PAN *n.*.
Pan·no·ni·ë *(geog., hist.)* Pannonia. **Pan·no·nies** -niese, *adj.* Pannonia.
pa·nop·ti·kum -tikums, -tika, *(rare)* →WASMUSEUM.
pa·no·ra·ma -mas panorama. **~spoor** scenic railway.
pa·no·ra·mies -miese -mieser -miesste (of meer ~ die mees -miese) panoramic; *~e voorruit* wraparound windscreen.
Pan-Slavisme *(also p~)* Pan-Slavism.
pant pante (coat-)tail, flap; piece, panel *(of a dress)*. **~baadjie** *(rare)* tailcoat, morning coat.
Pan·ta·lo·ne *(character in It. commedia dell'arte)* Pantaloon.
pan·te·ïs -teïste, *(also P~)* pantheist. **pan·te·ïs·me** *(also P~)* pantheism. **pan·te·ïs·ties** -tiese, *(also P~)* pantheistic(al).
pan·te·on -ons pantheon; *die P~* →PANT(H)EON.
pan·ter -ters, *(zool.)* panther, leopard. **~kat** ocelot.
Pan·t(h)e·on: *die ~, (in Rome)* the Pantheon.
pan·tjie -tjies, *(dim.)* gore.
pan·toen -toens, *(Mal., pros.)* pantoum, pantun.
pan·tof·fel -fels slipper; *onder die ~ staan/sit* →ONDER DIE PANTOFFELREGERING STAAN/SIT. **~blom** calceolaria; lady's slipper, slipper plant/orchid. **~diertjie** paramecium. **~plant** lady's slipper, slipper plant. **~regering** *(often derog.)* petticoat government; *onder die ~ staan/sit, (infml., said of a husband)* be henpecked. **~sokkie** slipper sock. **~vormig** -e, *(bot.)* calceolate, calceiform.
pan·tof·fel·tjie -tjies small slipper; *(bot.)* lady's slipper, slipper plant/orchid.
pan·to·graaf -grawe, *(mech.)* pantograph.
pan·to·mi·me -mes pantomime. **pan·to·mi·miek** pantomimics. **pan·to·mi·mies** -miese pantomimic. **pan·to·mi·mis** -miste pantomimist.
pan·to·teen·suur *(biochem.)* pantothenic acid.
pant·ser -sers, *n.* armour, mail; cuirass *(for the breast)*; coat of mail; armour (plating) *(for ships, artillery, etc.)*; (suit of) armour; *(zool.)* carapace; *(biol.)* armature, armour. **pant·ser** ge-, *vb.* armour, plate *(of ships)*; →GEPANTSER(D); *jou teen ... ~* steel/arm o.s. against ... **~afweer** antitank protection. **~dek** armoured deck. **~deur** armoured door. **~dier** armadillo. **~divisie** *(mil., WW II)* panzer division. **~fort** armoured fort. **~hemp** coat of mail. **~kar** →PANTSERWA. **~koeël** armour-piercing bullet. **~korps** armoured corps. **~kruiser** armoured/armour-plated cruiser. **~motor** armoured car. **~plaat** armour plate. **~skip** *(hist.)* ironclad, armoured ship/vessel. **~toring** armoured turret. **~trein** armoured train. **~troepe** *(pl.)* armoured troops/forces; *(also, <Germ., WW II)* panzers. **~vuis** *(mil.)* anti-tank cell; bazooka. **~wa** armoured car/vehicle; *(also, <Germ., WW II)* panzer.
pant·se·ring armouring, armour plating.
pap *n.* porridge; mess, soft food, gruel; *(med.)* poultice, fomentation; *(food for infants)* pap; pulp, mash *(of linen, wood, ore, etc.)*; paste; size; *as die ~ te **dik** is, brand dit aan, (infml.)* exaggerated friendliness can spoil a friendship; *die ~ **dik aanmaak**, (infml.)* mix it; camp it up; *met ~ op die/jou **gesig** sit ~, (infml., fig.)* have (*or* be left with) egg on (*or* all over) one's face, fall flat on one's face; *iets tot ~ **maak*** squash/pulp s.t.; ***praat** (as)of jy (warm) ~ in jou mond het, (infml.)* speak with a hot potato in one's mouth; *met jou/'n mond vol ~ **praat**, (infml.)* mumble; *as dit ~ **reën**, moet jy skep, (infml.)* make hay while the sun shines. **pap** pap papper papste *adj. & adv.* soft, weak; flabby, flaccid; feeble; spineless; nerveless; mushy; punctured, deflated; flat *(a battery, tyre)*; run down *(battery)*; *'n ~ **baba*** →BABA; *'n ~ **band*** →BAND; *~ **hang*** sag; *~ **kêrel*** softy, weakling, effeminate chap; *~ **kos*** slop; *iem. se oë lyk ~* →OOG; *~ **optree** teen/in verband met iets* be soft on s.t.; *~ **perske*** soft peach; *iem. ~ **slaan*** knock s.o. into a cocked hat *(infml.)*; beat s.o. to a jelly/frazzle; *iem. se gesig ~ **slaan**, (infml.)* smash s.o.'s face in; *~ **voel*** feel done (*or* knocked up); *~ **word*** become/go soft; *(a tyre, battery)* go flat. **pap** ge-, *vb.* poultice *(a sore)*; paste *(paper)*; size. **~bord** porridge plate. **~broek** softy, milksop, spineless fellow, weakling; poltroon. **~broek(er)ig** -e soft, spineless, spiritless, funky, weak-kneed, chinless, sissy, cissy, mean/poor-spirited. **~broek(er)igheid** spinelessness, lack of spirit, spiritlessness; poltroonery. **~dronk** dead/blind drunk, legless, blotto, paralytic, zonked (out), bombed out of one's mind/skull. **~lepel** porridge spoon; *iem. met die ~ voer, (fig.)* spoon-feed s.o.. **~nat** soaking/sopping/dripping wet, wet through, wringing wet, soaked/drenched to the skin; sodden, soggy; *~ maak* drench, sop. **~pot** porridge pot; *iem. bly by die ~, (dated, infml.)* s.o. is a stay-at-home (*or* a home bird); *so lank as die lepel in die ~ staan* →LEPEL *n.*. **~ryp** overripe. **~sag, ~saf** -te mushy, slushy, squishy. **~sak(wyn)** (bag-in-the-)box wine, wine box. **P~smeer, P~toets** *(med.)* Pap smear/test, smear (test) *(to detect cancer of the cervix or womb)*.
pa·pa -pa's papa; →PA.
pa·paal -pale, *(rare)* papal; →POUSLIK.
pa·pa·ïen papain.
pa·pa·ja -jas pawpaw, papaya.
pa·pa·raz·zo -razzi, *(It., usu. in the pl.)* paparazzo.
pa·pa·wer -wers, *(bot.)* poppy. **~bol** poppyhead. **P~dag** *(infml.)* Poppy Day, Remembrance Sunday/Day *(on which the fallen of the two World Wars are commemorated)*. **~kleur** poppy colour. **~olie** poppy (seed) oil. **~rooi** poppy red. **~saad** poppy seed, maw (seed). **~suur** papaveric acid.
pa·pa·wer·ag·tig -tige papaveraceous.
pa·pe·gaai -gaaie parrot, polly; *(hist.)* popinjay; *iets soos 'n ~ leer* learn s.t. by rote. **~bek** parrot's beak; pipe wrench; parrot jaw, overshot jaw *(in sheep)*. **~duif** green pigeon. **~duiker** *(orn.)* puffin, sea parrot. **~lys** beak moulding. **~neus** parrot/crooked nose. **~siekte** parrot fever/disease, psittacosis. **~stok** jigger (mast); outrigger *(of a boat)*. **~vis** parrotfish, golden roman.
pa·pe·gaai·ag·tig -tige parrot-like, psittacine.
pa·pel -pelle, *(med.)* papula, papule.
pa·pe·lel·le·koors *(infml.)* trembles; malingering; *iets gee iem. die ~, iem. kry die ~ oor iets, (infml.)* s.t. puts s.o. in a (blue) funk; s.t. drives/sends s.o. up the wall; *iem. het die ~, (infml.)* s.o. is in a (blue) funk; *iem. kry die ~, (also, infml.)* s.o. goes into a (blue) funk; s.o. flies into a passion.
pa·pe·mus *(bot.: Euonymus* spp.*)* spindle tree.
pa·pe·ras·se *(pl.)* (bundle of) papers; bumf, bumph *(infml., derog.)*.
pa·pe·ry *(derog.)* popery.
pap·heid sloppiness, pulpiness, milkiness; flabbiness; spinelessness, lack of spirit; flatness.
Pa·pi·a·men·toe, Pa·pi·a·ments *(Creole lang.)* Papiamento.
pa·pie -pies, *(entom.)* pupa, nymph; chrysalis; cocoon; *(also, in the pl.), (horse disease)* bot(t)s; *jou (amper/byna) 'n boggeltjie/~ lag* →LAG *vb.*; *in 'n ~ verander* pupate. **~dop** puparium. **~huisie** cocoon. **~stadium** pupal stage. **~vlieg** botfly.
pa·pier -piere paper; *(also, in the pl.)* papers; certificates, testimonials; documents; *~ is **geduldig*** don't believe everything you read; you can write what you like; paper won't blush; ***geldwaardige** ~* →GELDWAARDIG; *iem. het **goeie** ~e, (rare)* s.o. has good testimonials/certificates; *iets op ~ **kry*** get down s.t.; ***op** ~* on paper; *'n huwelik wat slegs **op** ~ bestaan* a marriage in name only; ***op** ~ stel/sit* put in writing, get/put down (on paper); *'n **vel(letjie)** ~* a sheet of paper. **~band** paper tape; →SLAP/SAGTE **BAND**, SLAPBAND(BOEK). **~(bas)doring** *(Acacia sieberiana)* paperbark thorn (tree). **~basmirt** paperbark tree. **~blom** artificial/paper flower; bougainvillea; *(Limonium perigrinum)* (pink) statice. **~boom** paper tree. **~bord** paper plate. **~deeg** papier-mâché. **~drukker** *(rare)* paperweight *(for loose papers)*; →PAPIERGEWIG. **~dun** paper/wafer-thin. **~fabriek** paper factory/mill. **~fabrikant** →PAPIERVERVAARDIGER. **~geld** paper money, soft money. **~gewig** *(for loose papers; boxing)* paperweight. **~handdoek** paper towel. **~handel** paper trade; stationery. **~handelaar** paper merchant; stationer. **~houer** paper tray *(of a printer etc.)*. **~hout** pulpwood. **~klem, ~knip(pie), ~knyper** paper fastener, paperclip. **~klok** tachometer. **~knyper** →PAPIERKLEM. **~kole** paper coal. **~krulwerk** quilling. **~lantern** Japanese lantern. **~lint** paper streamer. **~-maché** papier-mâché. **~maker** *(person or machine)* papermaker. **~makery** papermaking. **~mandjie** wastepaper basket, wastebasket. **~merk** watermark. **~mes** paperknife; letter opener. **~meul(e)** paper mill. **~moerbei** *(bot.: Broussonetia papyrifera)* paper mulberry. **~pap** paper pulp. **~pop** paper doll. **~produksie** →PAPIERVERVAARDIGING. **~produsent** →PAPIERVERVAARDIGER. **~riet** papyrus. **~sak** paper bag. **~servet** paper napkin/serviette. **~snipper** snipping/snippet of paper. **~steenkool** paper coal. **~strook** tape, thread paper. **~tier** *(fig.)* paper tiger. **~versnipperaar** shredding machine. **~vervaardiger, ~produsent, ~fabrikant** paper manufacturer, papermaker. **~vervaardiging, ~produksie** papermaking. **~voer** *(comp.)* paper/form feed. **~vormpie** *(cook.)* paper case/cup. **~wins** paper profit.
pa·pier·ag·tig -tige papery, papyraceous, like paper.
pa·pier·loos -lose paperless.
pa·pil -pille papilla; caruncle. **~vormig** -e papillate, papillose.
pa·pil·lêr -lêre papillary.
pa·pil·lon *(breed of toy dog)* papillon.
pa·pil·loom -lome, *(med.)* papilloma.
pa·pi·no -no's, *(fruit)* papino.
pa·pi·ro·graaf -grawe papyrograph. **pa·pi·ro·gra·fie** papyrography.
pa·pi·ro·lo·gie papyrology. **pa·pi·ro·loog** -loë papyrologist.
pa·pi·rus -pirusse, -piri papyrus, paper reed.
pa·pis -piste, *(chiefly derog.: RC)* papist. **pa·pis·me** papism, papalism. **pa·pis·te·ry** papistry, popery. **pa·pis·ties** -tiese papist(ical).
pap·kuil *(bot.: Typha* sp.*)* bulrush.
Pa·poe·a -poeas, *n., (inhabitant)* Papuan. **Pa·poe·aas** -ase, *adj.* Papuan. **Pa·poe·as** *n., (lang. group)* Papuan.
Pa·poe·a-Nieu-Gui·nee *(geog.)* Papua New Guinea. **Pa·poe·a-Nieu-Gui·nees** *n., (inhabitant)* Papua New Guinean. **Pa·poe·a-Nieu-Gui·nees** -nese, *adj.* Papua New Guinean.
pap·pa -pas, *(dim.: pappatjie)* →PA.
pap·pe·ra·sie →PAPPERY.
pap·perd -perds softie, softy.
pap·pe·rig -rige softish, rather soft; pappy; soggy; squashy, mushy, mashy, sloppy, squelchy; flabby *(vegetables)*.
pap·pe·ry mash, mush, slush, slop; soggy mass; slurry; sludge.
pap·pie -pies →PA.
pa·pri·ka paprika, Hungarian red pepper.
paps *(infml.)* dad(dy); →PA.

pa·raaf *-rawe, (signature)* initials; *(flourish)* paraph.
pa·raat *-rate* ready, prepared; *parate* ***eksekusie***, *(jur.)* summary execution; *parate* ***kennis*** ready knowledge; *iem.* ~ ***stel*** put s.o. on the alert; ~ ***wees***, *(also)* stand by. **pa·raat·heid** readiness, preparedness; *militêre* ~ military readiness; *in 'n volle staat van ~ bring/wees* put/be on red alert.
pa·ra·ba·sis *(in class. Gr. comedy)* parabasis.
pa·ra·bel *-bels, (rare)* parable.
pa·ra·bo·lies *-liese* parabolic(al) *(teaching etc.)*; parabolic *(mirror, shape, velocity, etc.)*. **pa·ra·bo·lo·ï·daal** *-dale* paraboloidal. **pa·ra·bo·lo·ïed** *-des* paraboloid.
pa·ra·bool *-bole, (math.)* parabola.
pa·ra·de *-des* parade; ***ag(t)ste*** *~, (fencing)* octave; ***buite*** ~ off parade; ***derde*** *~, (fencing)* tierce; ***eerste*** *~, (fencing)* prime; ~ ***hou*** hold a parade; ***op*** ~ on parade; ***op*** *die* ~ on the parade (ground); ***sesde*** *~, (fencing)* sixte; ***sewende*** *~, (fencing)* septime; ***tweede*** *~, (fencing)* seconde; ***vierde*** *~, (fencing)* quart(e), carte; ***vyfde*** *~, (fencing)* quinte. **~kamp** paddock *(at a racecourse)*. **~mars** *(mil.)* march past. **~pas** parade step; goose step. **~terrein** parade ground. **~vry** *(mil.)* off parade.
pa·ra·deer *ge-* parade; flaunt; *laat* ~ parade; ~ *met* parade, show off.
pa·ra·did·del *(mus.: a pattern of drumming)* paradiddle.
pa·ra·dig·ma *-mas, -mata* paradigm. **~skuif, ~verskuiwing, ~verandering** paradigm shift.
pa·ra·dig·ma·ties *-tiese* paradigmatic.
pa·ra·doks *-dokse* paradox. **pa·ra·dok·saal** *-sale* paradoxical.
pa·ra·dor *-dors, (a Sp. state-run hotel)* parador.
pa·ra·dys *-dyse* paradise; *(fig.)* paradise, Eden, Elysium. **~appel** paradise apple. **~blom** →KRAANVOËLBLOM. **~geskiedenis** story of the Fall (of Man). **~kleed** nature's garb; buff. **~tuin** Edenic garden. **~vink** paradise whydah. **~vlieëvanger** *(orn.)* paradise flycatcher. **~voël** bird of paradise. **~voëlblom** *(Caesalpinia pulcherrima)* bird of paradise (flower).
pa·ra·dys·ag·tig *-tige*, **pa·ra·dys·lik** *-like* paradisal, paradisiac(al), paradisic(al), paradisian, paradisial, Edenic.
pa·ra·feer *ge-* initial; paraph; →PARAAF.
pa·raf·fien (illuminating) paraffin, kerosene, kerosine. **~blik** paraffin tin. **~gaas** paraffin gauze. **~kers** paraffin candle. **~kis** paraffin case. **~koelkas** oil refrigerator. **~lamp** paraffin lamp. **~(olie)** paraffin (oil), kerosene, kerosine. **~stoof, ~stofie** paraffin/oil stove, primus (stove). **~was** paraffin wax, solid paraffin, mineral wax, ozocerite, ozokerite.
pa·ra·fi·se *-ses, (bot.)* paraphysis.
pa·ra·fra·se *-ses* paraphrase. **pa·ra·fra·seer** *ge-* paraphrase.
pa·ra·ge·ne·se *(geol.)* paragenesis.
pa·ra·ge·steen·te *(geol.)* pararocks.
pa·ra·go·ge *(ling.)* paragoge, paragogue. **pa·ra·go·gies** *-giese* paragogic.
pa·ra·gon *-gons, (diamond)* paragon.
pa·ra·graaf *-grawe* paragraph, section; section mark. **pa·ra·gra·feer** *ge-* paragraph, divide into paragraphs/sections. **pa·ra·gra·fe·ring** paragraphing. **pa·ra·gra·fies** *-fiese* paragraphic(al).
Pa·ra·guay *(geog.)* Paraguay. **Pa·ra·gu·aan, Pa·ra·guay·aan** *-ane, n.* Paraguayan. **Pa·ra·gu·aans, Pa·ra·guay·aans** *-aanse, adj.* Paraguayan.
pa·ra·kleet: *die P~, (Chr.)* the Paraclete, the Holy Spirit.
pa·ral·de·hied *(chem.)* paraldehyde.
Pa·ra·lim·pies *-piese* Paralympic; *~e Spele, (pl.)* Paralympic Games, Paralympics.
pa·ra·li·po·me·na *(pl., fml.)* paral(e)ipomena.
pa·ra·lip·sis *(rhet.)* paral(e)ipsis.
pa·ra·li·se *-ses* paralysis. **pa·ra·li·seer** *ge-, (rare)* paralyse. **pa·ra·li·ties** *-tiese* paralytic. **pa·ra·li·ti·kus** *-kusse, (rare)* paralytic.
pa·ral·laks *-lakse, (also astron.)* parallax. **pa·ral·lak·ties** *-tiese* parallactic.
pa·ral·lel *-lelle, n., (math.)* parallel; analogue; exemplar; *(geog.)* line/parallel of latitude; analogy; *~le parkering* parallel parking; *'n ~ tussen ... trek* draw a parallel between ...; *~le verwerking, (comp.)* parallel processing. **pa·ral·lel** *-lelle, adj.* parallel; parallel *(to)*, analogous *(to/with)*; *~ aan/met* ... parallel to/with ...; **pa·ral·lel** *adv.* parallel; *~ met ... loop* run parallel to ...; *~ geskakel(d)/verbind* connected in parallel. **~klas** parallel class. **~krasser** surface block/gauge. **~mediumskool** parallel-medium school. **~sirkel** *(geog.)* line/parallel of latitude. **~skakelaar** multiple switch. **~skakeling** *-s, -e* connection in parallel. **~tree(tjie), ~trap** flyer, flier *(of stairs)*. **~verskuiwing** *(mech.)* translation.
pa·ral·lel·e·pi·pe·dum *-dums, (geom.)* parallelepiped.
pa·ral·le·lis·me *-mes* parallelism.
pa·ral·lel·lie parallelism.
pa·ral·le·lo·gram *-gramme* parallelogram.
pa·ra·lo·gis·me *-mes* paralogism.
pa·ra·me·dies *-diese* paramedical. **pa·ra·me·di·kus** *-dikusse, -dici, (also paramediese beampte)* paramedic.
pa·ra·me·ter *-ters* parameter.
pa·ra·mi·li·têr *n. & adj.* paramilitary.
pa·ram·ne·sie *(psych.)* paramnesia.
pa·ra·neut Para nut; Brazil nut.
pa·rang *-rangs* parang; *(icht.: Chirocentrus* spp.*)* wolf herring.
pa·ra·nimf *-nimfe* paranymph, assistant.
pa·ra·noi·a paranoia. **pa·ra·no·ïes** *-noïese, adj.* paranoi(a)c, paranoid. **pa·ra·no·ï·kus** *-noïkusse, -noici, n.* paranoiac.
pa·ra·no·ïed *-noïede, (rare)* paranoid(al).
pa·ra·nor·maal *-male* paranormal; *paranormale verskynsels, die paranormale* the paranormal.
pa·ra·pleeg *-pleë* paraplegic. **pa·ra·ple·gie** paraplegia; *lyer aan ~* paraplegic. **pa·ra·ple·gies** *-giese* paraplegic.
pa·ra·psi·go·lo·gie parapsychology. **pa·ra·psi·go·lo·gies** *-giese* parapsychological.
pa·ra·se·ta·mol *(pharm.)* paracetamol.
pa·ra·siet *-siete, (biol.)* parasite, guest (organism); *(fig.)* parasite, sponge(r), leech, freeloader; *uitwendige ~e* vermin. **~besmetting, parasietebesmetting** infestation. **~doder, ~middel** parasiticide.
pa·ra·siet·ag·tig *-tige* parasitic(al).
pa·ra·sie·te·be·smet·ting →PARASIETBESMETTING.
pa·ra·sim·pa·ties *-tiese, (physiol.)* parasympathetic.
pa·ra·si·teer *ge-* parasitise, sponge upon. **pa·ra·si·têr** *-têre* parasitic; *~e siekte* parasitic disease. **pa·ra·si·ties** *-tiese* parasitic(al). **pa·ra·si·tis·me** parasitism. **pa·ra·si·to·lo·gie** parasitology. **pa·ra·si·to·lo·gies** *-giese* parasitological. **pa·ra·si·to·loog** *-loë* parasitologist.
pa·ra·sol *-sols* parasol, sunshade.
pa·ra·sta·taal *-tale* parastatal.
pa·ra·taal *(ling.)* paralanguage.
pa·ra·tak·se, pa·ra·tak·sis *(gram.)* parataxis.
pa·ra·ti·fus *(med.)* paratyphoid (fever), paratyphus.
pa·ra·ti·on *(insecticide)* parathion.
pa·ra·vaan *-vane, (mil., naut.)* paravane.
Par·cae: *die ~, (pl.), (Rom. myth.)* the Parcae.
par·del·kat *(zool.)* ocelot.
par·doems *interj.* flop, splash, smack, slap-bang.
par·doen *-doens, (naut.)* backstay *(of a ship)*.
par·don pardon; *geen ~ vra of gee nie* ask nor give quarter; *pardon!* I beg your pardon!, pardon (me)!, excuse me!.
pa·reer *(ge)-, (rare)* parry, ward off; fence (with); counter; show off. **~posisie** *(fencing)*: ***ag(t)ste*** ~ octave; ***derde*** ~ tierce; ***eerste*** ~ prime; ***sesde*** ~ sixte; ***sewende*** ~ septime; ***tweede*** ~ seconde; ***vierde*** ~ quart(e), carte; ***vyfde*** ~ quinte.
pa·re·goor, pa·re·go·rie *(med., hist.)* paregoric.
pa·ren·chiem *(anat., bot.)* parenchyma. **pa·ren·chi·ma·ties** *-tiese* parenchymatic; *(chiefly bot.)* parenchymatous; *(chiefly anat.)* parenchymal; *~e weefsel* ground tissue.
pa·rend *-rende* copulatory; →PAAR *vb.*.
pa·ren·te·se *-ses* parenthesis. **pa·ren·te·ties** *-tiese* parenthetic(al).
pa·re·ring *(rare)* parry; →PAREER.
pa·re·se *(med.)* paresis.
pa·re·skaats pair skating.
pa·re·ste·sie *(med.)* paraesthesia.
par·fu·meer *ge-* perfume, scent. **par·fu·me·rie** *-rieë* perfumery; perfumes, scents, perfumery. **par·fu·meur** *-meurs* perfumer.
par·fuum *-fuums, n.* perfume, scent. **~spuitjie** perfume spray.
par·fuum·ag·tig *-tige* perfumy.
par·he·li·um *(astron.)* parhelion, mock sun.
pa·ri par; ***a*** *~* at par; ***benede/onder*** *~* below par; at a discount; ***bo*** *~* above par; at a premium; ***teen/op*** *~* at par. **~waarde** par value, nominal (par) value, nominal par, face value.
pa·ri·a *-rias* pariah, untouchable, outcast, outcast *(in Hindu society); (also, in the pl.)* depressed classes. **~hond** pariah dog, pye-dog, pi(e)-dog.
Pa·ries *-riese, (marble)* Parian.
pa·ri·ë·taal *-tale, (anat., biol.)* parietal.
pa·rig *-rige* conjugate(d). **pa·ring** *-rings, -ringe* pairing, mating; coupling; conjugation; copulation, coition, coitus; →PAAR *vb.*.
pa·rings-: **~daad** copulation, coitus, coition, (act of) mating, sexual act, siring act *(in animals)*. **~dans** mating dance, courtship display. **~roep** mating call. **~tyd** pairing/mating season. **~vlug** *(entom.)* honeymoon/nuptial/wedding flight.
Pa·ris *(Gr. myth.: a Trojan prince)* Paris.
Pa·ri·si·enne *-ennes* Parisienne.
pa·ri·teit *-teite* parity.
park *parke* park. **~argitek** landscape architect, landscaper. **~gebied** parkland. **~grond** parkland. **~opsigter** park keeper/caretaker. **~wagter** park keeper/attendant. **~weg** parkway.
par·ka(·baad·jie), par·ka(·jas) parka, anorak.
par·ka·de *-des* parkade, parking garage, car park.
park·ag·tig, park·ag·tig *-tige* parkish.
par·keer *(ge)-* park *(a vehicle)*; *~ verbode* no parking. **~baan** *(aeron.)* parking orbit. **~beampte** parking attendant. **~bewys** parking sticker. **~boete** parking fine. **~-en-ry(-)stelsel** park-and-ride scheme/system. **~garage** *-'e, -s* parking garage, car park. **~gebied** parking area. **~geld** parking fee. **~inham** parking bay. **~kaartjie** parking ticket. **~lamp** parking lamp. **~lig** parking light. **~meter** parking meter. **~oortreding** parking offence. **~plek** parking place/bay; parking (space); *(also* parkeergeriewe*)* car parking facilities. **~ruimte** parking (space/area). **~skyf(ie)** parking disc. **~streep** parking line. **~terrein** parking area/lot, car park. **~vak** parking bay/space. **~wagter** parking attendant.
par·keer·der *-ders* parker.
par·ke·raad parks board.
par·ke·ring parking; *~ vir inwoners* residents' parking.
par·ket parquet (floor); *(theatr.)* front stalls; *in 'n lastige ~, (rare)* in a difficult/ticklish/tricky position/situation. **~vloer** parquet floor; parquetry. **~werk** parquetry.
par·ket·teer *ge-, (rare)* parquet.
par·kiet *-kiete* parakeet, parrakeet; →GRASPARKIET.
Par·kin·son: *~ se siekte* Parkinson's (disease), shaking palsy *(obs.)*, paralysis agitans *(rare)*; *~ se wet, (joc.: work takes as long as the time available for it)* Parkinson's law. **par·kin·so·nis·me** Parkinsonism, Parkinson's (disease).
par·le·ment *-mente* parliament; ***in*** *die ~* in parliament; ***kandidaat*** *vir die ~ wees* stand for parliament; *die ~* ***ontbind*** dissolve parliament, go to the country; *die ~* ***sit*** parliament is in session. **~sitting** parliamentary session.
par·le·men·ta·ri·ër *-riërs* parliamentarian. **par·le·men·ta·ris·me** parliamentar(ian)ism.
par·le·men·têr *-têre, n.* bearer of the flag of truce *(or the white flag)*, parliamentary. **par·le·men·têr** *-têre, adj.* parliamentary; *~e prokureur* parliamentary agent; *~e verkiesing* = PARLEMENTSVERKIESING.
par·le·ments-: **~gebou** house(s) of parliament, par-

liament building. ~**lid** parliamentarian, member of parliament; *Amerikaanse* ~ Congressman; Congresswoman. ~**verkiesing** parliamentary/general election. ~**verslag** Hansard. ~**wet** act of parliament.

Par·ma *(geog.)* Parma. ~**ham** *(also p~)* Parma ham.

par·mant *-mante* cocky/cheeky person, saucebox *(infml.)*; *'n klein* ~ a forward child. **par·man·tig** *-tige* cocky, cheeky, jaunty, pert, impertinent, impudent, obstreperous, brash, saucy, insolent, brazen, *(infml.)* lippy; ***ewe*** ~ *wees* →EWE *adv.*; *jou baie* ~ ***hou*** give s.o. a lot of cheek/jaw/lip *(infml.)*; *moenie jou* ~ ***hou*** *nie!* none of your cheek/jaw/lip! *(infml.)*; *so* ~ ***soos*** *'n kalkoenmannetjie wees* be a cocky devil, be (as) cheeky as a monkey, be (as) cheeky as they come; ~ *wees* ***teenoor*** *iem.* cheek s.o., be cheeky to/with s.o., be impertinent to s.o.. **par·man·tig·heid** cockiness, cheekiness, impertinence, impudence, back talk, *(infml.)* backchat, cheek, sauciness, *etc.* (→PARMANTIG); *dit is niks anders as* ~ *nie* it is sheer impudence. **par·man·tjie** *-tjies* cheeky child.

Par·me·saan(·kaas) *(also p~)*, **Par·me·saan·se kaas** Parmesan (cheese).

Par·nas·sus Mount Parnassus.

pa·ro·die *-dieë*, **pa·ro·die·stuk** *-stukke* parody, travesty, burlesque, skit; *'n* ~ *op* ... a parody on ...; a skit on ...; a spoof on ... *(infml.)*. ~**skrywer** parodist.

pa·ro·di·eer *ge-* parody, travesty, spoof. **pa·ro·di·ë·ring** parodying.

pa·ro·dies *-diese* parodic(al). **pa·ro·dis** *-diste* parodist.

pa·ro·gi·aal *-ale* parochial. **pa·ro·gi·aan** *-ane, (rare)* parishioner. **pa·ro·gi·a·lis·me** parochialism. **pa·ro·gie** *-gieë* parish. **pa·ro·gie·kerk** parish church.

pa·rok·sis·me *-mes, (med.)* paroxysm.

pa·ro·niem *-nieme, n., (ling.)* paronym. **pa·ro·niem** *-nieme, adj.* paronymous, paronymic.

pa·ro·no·ma·si·a *(rhet.)* paronomasia.

pa·rool *-role* parole, password; word of honour; *op* ~ *(vrygelaat/losgelaat word)* (be released) on parole. ~**voorwaarde:** *jou ~s verbreek/oortree/skend, nie jou ~s nakom* (of *nie aan jou ~s voldoen) nie* break/violate one's parole.

pa·ro·ti·tis *(med.)* paroti(di)tis.

Pars *Parse, (supporter of Zoroastrianism)* Parsee, Parsi. **Par·sis·me,** *(also p~)* Parseeism, Parsiism.

pars *ge-* press *(wine, clothes)*; harvest grapes. ~**balie,** ~**kuip** winepress. ~**lap** pressing cloth. ~**tyd** pressing season, vintage, grape harvesting. ~**yster** (tailor's) smoothing iron, gooses, pressing iron, flatiron.

par·sek *(astron.: 3,26 light years, contr. of* parallaks-sekonde*)* parsec *(contr. of* parallax second*)*.

par·ser *-sers* presser.

par·sie *(pathol.)* →PERSIE.

par·si·eel *-siële, (rare)* partial; *parsiële afgeleide, (math.)* partial derivative; *parsiële differensiaalvergelyking, (math.)* partial differential equation; *parsiële differensiasie, (math.)* partial differentiation.

part *parte* part, portion, share; member; ~ *en* ***deel*** part and parcel; ~ *en* ***deel*** *hê aan iets* have art and part in s.t.; ~ *nóg* ***deel*** *hê aan/in* ... have neither part nor lot in ..., have no part or lot in ...; *met jou ~e* ***speel,*** *(masturbate), (euph.)* play with o.s.; *(taboo sl.)* wank (off), have a wank, whack off; *met iem. se ~e* ***speel,*** *(taboo sl.)* wank s.o. (off); *bly wees* (of *skaam kry)* ***vir*** *iem. se* ~ be glad/ashamed for s.o.'s sake; ***vir*** *my* ~ for my part; for all I care.

par·te: *iem.* ~ *speel* play tricks on s.o.; *as my geheue my nie* ~ *speel nie* if my memory does not deceive me (*or* play me false).

par·te·no·ge·ne·se *(biol.)* parthenogenesis, virgin birth.

par·te·no·kar·pie *(bot.)* parthenocarpy.

Par·te·non →PART(H)ENON.

par·ter·re *-res, (theatr.)* parterre, pit.

Par·t(h)e·non: *die* ~ the Parthenon.

Par·thi·ë *(geog., hist.)* Parthia. **Par·ther** *-thers, n.* Parthian. **Par·thies** *-thiese, adj.* Parthian; *~e pyl* Parthian shot/arrow.

par·ti·kel *-kels, (gram., RC)* particle. **par·ti·kels·ge·wys, par·ti·kels·ge·wy·se** particulate.

par·ti·ku·la·ris *-riste* particularist, sectionalist. **par·ti·ku·la·ris·me** particularism, sectionalism. **par·ti·ku·la·ris·ties** *-tiese* particularist(ic), sectionalist(ic), sectional. **par·ti·ku·lier** *-liere, adj.* private, special; *~e awery* →AWERY; *~e maatskappy* private company, proprietary company *(Eng. law)*; *~e ondernemingsgees/inisiatief* private enterprise.

par·ti·saan[1] *-sane* partisan (fighter).

par·ti·saan[2] *-sane* pike, halberd, partisan, partizan.

par·ti·sie *-sies* partition. **par·ti·si·pa·sie** participation. **par·ti·si·pa·sie·le·ning** participation loan. **par·ti·si·pi·aal** *-piale, (gram.)* participial. **par·ti·si·pi·um** *-piums, -pia, (gram.)* participle.

par·ti·ta *-tas, (mus.)* partita, suite.

par·ti·tief *-tiewe, n. & adj., (gram.)* partitive; *~tiewe genitief* partitive genitive.

par·ti·tuur *-ture, (mus.)* score.

par·ty *-tye, n.* party, side; *(pol.)* party; *(mus.)* part; party; batch, lot, parcel *(of goods)*; consignment, shipment; number; faction; ***belanghebbende*** *~e* →BELANGHEBBEND; *'n* ~ ***by*** ... *wees* be a party to ... *(an agreement)*; *'n ~(tjie)* ***gee/hou*** give/throw *(infml.)* a party; *'n* ~ ***in*** ... *wees* be a party to ... *(a legal action)*; *by 'n ~(tjie)* ***indring*** crash a party *(infml.)*; ~ ***kies*** take sides; *iem. se* ~ ***kies*** take s.o's part, take the part of s.o.; *teen iem.* ~ ***kies*** side against s.o.; *vir iem.* ~ ***kies*** side with s.o.; ***kontrakterende*** ~ contracting party; *die* ***lydende*** ~ *wees* be on the losing side; *vir iem.* ~ ***trek*** (of *partytrek)* take s.o's part, take the part of s.o.; *die* ***volk*** *bo die* ~ people before party. **par·ty** *adj.* some; ~ ***dae*** →DAG[1]; ~ ***keer/maal*** →PARTYKEER, PARTYMAAL; ~ *(mense)* ***sê*** some (people) say; ~ ***van*** ... some of ... *(the people etc.)*; ~ ***van*** *hulle/julle/ons* some of them/you/us. ~**belang** party interest(s). ~**beleid** party policy/line; *die ~ gehoorsaam* follow the party line. ~**benoeming** partisan appointment. ~**bestuur** party committee/executive/leaders. ~**blad** party (news)paper. ~**botsing** party conflict. ~**ganger** *-s* partygoer. ~**gees** party/partisan spirit, partisanship. ~**genoot** fellow party member, colleague, (political) associate. ~**kantoor** party office(s). ~**kas** party funds. ~**keer,** ~ **keer** sometimes, occasionally, at times. ~**kiesing** siding; ~ *vir iem.* siding with s.o.. ~**kongres** party congress. ~**leiding** party leadership. ~**leier** party leader. ~**leierskap** party leadership, leadership of the party. ~**leuse** party slogan/cry/watchword/motto. ~**maal,** ~ **maal** sometimes, at times, occasionally. ~**man** partisan, party man/supporter/follower. ~**masjien** party machine. ~**ondersteuner** partisan, party man/supporter/follower. ~**orgaan** party organ. ~**organisasie** party organisation. ~**organiseerder** party organiser. ~**pers** party press. ~**politiek** *n.* party politics; party policy/line. ~**politiek** *adj.* party political; *~e uitsending* party political (broadcast). ~**program** party manifesto/platform/programme. ~**saak** party matter. ~**stemming** party election; party vote; *dit was geen ~ nie, (also)* the vote was not on party lines. ~**stryd** party/political strife/conflict; party struggle, faction fight. ~**sug** party spirit, spirit of faction, partisanship, factiousness. ~**sugtig** *-e* factious, partisan. ~**tak** branch of a party, party branch. ~**trek** →VIR IEM. PARTY TREK. ~**tug** party discipline; *iem. onderwerp hom/haar aan die ~, (parl.)* s.o. accepts/takes the whip. ~**verband** party affiliation/allegiance/attachment; *geen ~ hê nie* have no allegiance to a party. ~**vergadering** caucus. ~**verkiesing** party election. ~**woordvoerder** party spokesperson/spokes(wo)man.

par·ty·dig *-dige* partial, prejudiced, bias(s)ed, one-sided, partisan; ex parte. **par·ty·dig·heid** partiality, prejudice, bias, partisanship, one-sidedness; predilection; ~ *vir* ... partiality for/towards ...

par·ty·loos *-lose* non(-)party, non(-)partisan, independent.

par·ty·skap *-skappe* partisanship, bias, prejudice, faction, factiousness, dissension.

par·ty·tjie *-tjies* (little) party; small party; *'n ~ gee/hou* →PARTY *n.*; *by 'n ~ indring* →PARTY *n.*; *'n bok vir 'n ~, (infml.)* a party animal. ~**dier,** ~**mens** *(infml.)* party animal. ~**ganger** partygoer. ~**gees** party spirit. ~**mal:** *'n ~ vrouejagter* a womanising party animal.

par·ve·nu *-nu's, (often derog.)* parvenu, upstart, arriviste *(Fr.)*, vulgarian. **par·ve·nu·ag·tig** *-tige* parvenu, upstart; *~e gedrag* upstart manners.

Pa·rys *(geog.: Fr.)* Paris; *(geog.: SA)* Parys. **p~blou** Paris blue, Prussian blue. **p~groen** Paris green; mountain green.

Pa·ry·se *adj.* Parisian; *'n ~ vrou* a Parisienne. **Pa·ry·se·naar** *-naars, -nare, n.* Parisian.

pas[1] *passe, n.* pace, step; gait, amble *(of a horse)*; tempo, time; *(mountain)* pass, gap, neck, defile, passage; pass, passport, (ticket of) leave, permit, firman, free ticket; *die* ~ ***aangee,*** *(mil., gen.)* mark time; set the pace *(in a race etc.)*; *iem. die* ~ ***afsny,*** *(rare)* forestall s.o., bar s.o.'s way; *iem. die* ***blou*** ~ *gee, (infml.)* give s.o. his/her marching orders, send s.o. packing; jilt s.o.; *in (die)* ~ ***bly*** keep step; keep time; ~ ***dra*** carry a pass; *'n* ***egalige*** ~ ***handhaaf*** maintain (*or* keep [up]) a steady pace; *die* ~ ***forseer*** force the pace; *(die)* ~ ***hou*** keep step; *iem. in die* ~ ***hou*** keep s.o. in line; ***in*** *die* ~ in step; *in (die)* ~ ***kom*** fall into step; *in (die)* ~ ***loop*** walk in step; *in (die)* ~ *met* ... ***loop*** fall into step with ...; *die perd* ***loop*** *'n* ~ the horse ambles; *die* ~ ***markeer,*** *(mil., gen.)* mark time; ***met*** *'n* ... ~ at a ... pace; *uit (die)* ~ ***raak*** break step; fall/get out of (*or* lose) step; *met 'n* ***snelle/vinnige*** ~ at a quick pace; at a rapid tempo; *met 'n* ***stadige*** ~ at a slow pace; at a slow tempo; *teen 'n* ***stadiger*** ~ *draf, (also, fig.)* downshift; *'n* ***stewige/stywe*** ~ a stiff pace; ***uit*** *(die)* ~ out of step; out of time; *iem. is* ***uit*** *(die)* ~, *(also)* s.o. is out of line; *die* ~ ***verander*** change step; *die* ~ ***versnel*** quicken the pace; *die* ~ *van iets* ***versnel,*** *(also, fig.)* put s.t. on the fast track; *met 'n* ***vinnige*** ~ →***snelle/vinnige***; *die* ~ ***volhou*** keep up the pace; stay the pace. ~**aangeër** *(sport)* pacemaker, pacer, pacesetter; *(med.)* pacemaker. ~**boek(ie)** *(SA, hist.)* passbook. ~**foto** →PASPOORTFOTO. ~**ganger** ambler, pacer *(horse)*. ~**gang(etjie)** amble; *'n ~ loop* amble (along). ~**hoogte** altitude/crest of a pass. ~**kantoor** pass office. ~**loper** →PASGANGER. ~**meter** pedometer. ~**munt** *(rare)* (small) change; subsidiary/fractional coin. ~**poort** *-e* passport, pass, congé *(Fr.)*; *met 'n Suid-Afrikaanse/ens. ~ reis* travel on a South African/etc. passport. ~**poortbeheer** passport control. ~**poortfoto** passport photo. ~**poortomslag** passport cover. ~**stelsel** pass system; passport system. ~**wet** *(SA, hist.)* pass law.

pas[2] *n.* fit; fitting; *iets is (net)* ***nommer*** ~ →NOMMERPAS; *te ~ en te* ***onpas*** in season and out; *dit is waar ...* ***te*** ~ ***kom*** this is where .... comes in; *(goed)* ***te/van*** ~ (of ***vanpas****) kom* come in useful; come in handy; serve a good/useful purpose; *iets kom iem. goed* ***te/van*** ~ (of ***vanpas****), (also)* s.t. stands s.o. in good stead; ***van*** ~ *wees* →VAN[2] *prep.*; *net* ***van*** ~ *wees* →VAN[2] *prep.*. **pas** *ge-, vb.* fit; fit on, try on *(a coat etc.)*; become, beho(o)ve, beseem, befit; be becoming, be fitting; suit, be convenient; comport; consort; pass *(at cards)*; *dit ~ of dit* ***aangegiet*** *is* it fits like a glove; *dit kon iem. nie* ***beter*** ~ *nie* it suits s.o. down to the ground *(infml.)*; *iets* ~ ***by*** ... s.t. goes with ...; s.t. fits in with ...; s.t. is in keeping with ...; s.t. tones in with ...; s.t. (ap)pertains to ...; s.t. is worthy of ... *(the occasion etc.)*; *(uitstekend)* ***by*** ... ~ be (admirably) suited to ...; *nie* ***by*** *iem.* ~ *nie* be unbecoming to s.o.; *dit ~ nie* ***by*** ... *nie, (also)* it is out of keeping with ...; it does not befit ...; ***dit*** ~ *(by mekaar)* it matches (up); ***dit*** ~ *iem. om te* ... it suits s.o. to ...; it beho(o)ves s.o. to ...; ~ ***dit jou?*** does it suit you?, is that OK/O.K./okay with you?; *dit* ~ ***goed*** it is a good fit *(clothes)*; *iets* ~ ***goed*** *by iets anders* s.t. is a good match for s.t. else; ***goed*** *by mekaar* ~ be well matched; ***goed*** *by* ... ~, *(also)* blend in well with ...; *iets* ~ *iem.* ***goed*** s.t. sits well on s.o.; *iets* ~ ***iem.,*** *(also)* s.t. suits s.o., s.t. suits s.o.'s book; s.t. is convenient to s.o.; ***iets*** *(aan)*~ try s.t. on; ***in*** ... ~ fit in with ...; *iets* ~ ***in*** ... s.t. fits into ...; *dit* ~ ***inmekaar*** it fits together; *twee dinge* ~ ***inmekaar,*** *(also)* two things slot together; *dinge* ***inmekaar*** ~ fit things together; *dit* ~ ***knap*** it is a tight fit/squeeze *(clothes etc.)*; *iets* ~ *in iem. se* ***kraam*** →KRAAM[2]; ***kyk*** *of iets* ~ try s.t. for size; *iets (by mekaar)* ***laat*** ~ match up s.t.; ***laat*** ~ fit; ***meet*** *en* ~ →MEET *vb.*; *by* ***mekaar*** ~ go together, match; be compatible; *nie by* ***mekaar*** ~ *nie* be ill-suited; *hulle* ~ ***uitstekend*** ***by*** ***mekaar*** they are made for each other, they are well matched; *iets ~* ***net*** s.t. just fits; ***nie*** *~ nie* be unsuitable; *iem.* ***nie*** *~ nie* be unbecoming to s.o.; *iets ~* ***nou*** *aan die lyf, (rare)* s.t. sits tightly; *~* ***op*** →PASOP *interj.*; *iets ~* ***presies*** s.t. fits exactly; *daardie* ***rok/ens.*** *~ iem. goed* that dress/etc. does s.t. for s.o.; *daardie* ***rok/ens.*** *~ iem. glad nie* that dress/etc. does nothing for s.o.; ***sal*** *dit jou ~ as ...?* will it be convenient to (*or* suit) you if ...?; *as die* ***skoen*** *jou ~, trek hom/dit aan* →SKOEN; *dit ~ iem.* ***sleg*** it becomes s.o. ill; *iets ~ iem.* ***uitstekend/volkome*** s.t. suits s.o. down to the ground, s.t. suits s.o. to a T; ***wanneer*** *dit iem. ~* at s.o.'s convenience; in s.o.'s own good time *(infml.)*. **~blok** toggle block. **~boog** gauged arch. **~bout** fitted bolt. **~kamer** fitting room, trying-on room. **~klaar** ready-made, cut and dried/dry; ready to try on; off-the-shelf *(products, equipment, etc.)*; fitted, made to measure; *~ maak, (also)* prefabricate. **~laken** fitted sheet. **~lood** plumb, plummet. **~lyn** fitting line. **~maak** *pasge-* fit; bed in; true, correct; customise. **~maat** gauge; co(-)ordinate. **~maker, passer** *-s* fitter. **~op, ~ op, op~** *interj.* beware, be careful, take care, caution, mind; mind your step; watch it/out; →OPPAS; *~* ***(daar)!*** look out (there)!; *pas* ***jou*** *op!* look after yourself!; mind yourself!; *pas* ***tog*** *op!* do/pray be careful!; *~* ***vir*** *jou* ***kop/ens.!*** mind your head/etc.!; *~* ***(vir jou)!*** take care!. **~oppens:** *in/op jou ~ bly* mind one's p's/P's/Ps and q's/Q's/Qs *(infml.)*; *iem. moet in/op sy/haar ~ bly* s.o. has to mind/watch his/her step *(fig.)*, s.o. has to step warily; *in/op jou pasoppens vir/teen ... wees* be on one's guard against ... **~plank** matchboard, matched board. **~pop** tailor's/dressmaker's dummy, dress form. **~ring** adapting ring, adapter, adaptor. **~steen** bat. **~stuk** adapter, adaptor, fitting. **~toestel** truing tool.

pas^{3} *adv.* (only) just; newly, just, only; scarcely, hardly; *iem. het ~* ***aangekom*** s.o. has just arrived; *~* ***aangestel*** newly appointed; *~* ***bereikte*** *eenheid, (also* pasbereikte eenheid*)* new-found unity; *~* ***gebore*** →PASGEBORE; *~* ***gebou,*** *(also* pasgebou*)* newly built; *iem. het dit ~* ***gehoor*** *of hy/sy het opgetree* s.o. had scarcely heard it when he/she acted; *~* ***gelê,*** *(also* pasgelê*)* new-laid; *'n ~* ***gelêde/gelegde*** *eier, (also* pasgelêde/pasgelegde eier*)* a new-laid egg; *~* ***gesnyde*** *gras/ens., (also* pasgesnyde*)* new-mown grass/etc.; *~* ***gestig,*** *(also* pasgestig*)* newly formed/founded; *~* ***gestigte*** *maatskappy, (also* pasgestigte maatskappy*)* newly floated company; *~* ***getroud*** →PASGETROUD; *~* ***geverf,*** *(also* pasgeverf*)* newly painted; *(notice)* wet paint; *~* ***gevind,*** *(also* pasgevind*)* new-found; *iem. is ~* ***gister*** *weg* s.o. left only (*or* as recently as) yesterday; *~* ***klaar*** just ready; *~* ***nadat*** *iem. gekom het* just after s.o came, as soon as s.o arrived; ***(nou)*** *~* only just; *~* ***ontdekte,*** *(also* pasontdekte*)* newly discovered; new-found; *~* ***ryk*** →PASRYK; ***so*** *~, (also* sopas*)* this minute, a moment ago, just now; only just; just recently; ***so*** *~ nog, (also* sopas nog*)* but now; *~* ***verkose,*** *(also* pasverkose*)* newly elected; *~* ***verlede*** *week/maand* as recently as last week/month, only last week/month; *dit* ***was*** *~ ag(t)uur* it's just gone eight. **~bekeerde** *-s* neophyte, recent convert. **~gebore, ~ gebore** new-born, neonatal. **~geborene** *-s* newborn infant. **~gebou** →PAS^{3} *adv.*. **~getroud, ~ getroud** just/newly married; *pasgetroude* (of *pas getroude*) *paar(tjie)* honeymoon couple, honeymooners, young marrieds. **~getroude** newly married person; *(in the pl.)* honeymoon couple, honeymooners, young marrieds. **~gevind** →PAS^{3} *adv.*. **~ryk, ~ ryk** newly rich. **~ryke** nouveau riche, new rich; *(also, in the pl.)* new money.

pas^{4} *n., (Fr., ballet): ~ de chat, (a catlike leap)* pas de chat; *~ de deux, (a sequence for two dancers)* pas de deux; *~ seul, (a sequence for one dancer)* pas seul.

Pas·cal, PAS·CAL *(comp., high-level programming lang.)* Pascal, PASCAL.

pas·cal *(phys.: unit of pressure, abbr.:* Pa*)* pascal; *baie/etlike ~s* many, several pascals; *vyf ~* five pascals.

Pa·se Easter; *met/gedurende ~* at Easter; *eerste Sondag ná ~, (Chr.)* Quasimodo.

pa·sel·la *-las, (<Zu., infml.)* bonsella, pasel(l)a, freebie, giveaway, present, handout; *(also, in the pl.)* perks; *~ gee/kry* give/get as a present.

Pas·ga *(<Hebr.)* Passover, Pesach, Pesah.

pa·si·ënt *-siënte* patient; subject, case; *'n ~ behandel* treat/attend a patient; *'n ~ besoek/ontvang/ondersoek* see a patient; *'n ~ deurhaal* pull through a patient. **pa·si·ën·te·boek** casebook.

Pa·si·fies *-fiese, adj.* Pacific; *~e Standaardtyd, (8 hours behind Greenwich Mean Time)* Pacific Standard Time.

pa·si·fi·ka·sie pacification; *P~ van Gent, (1576)* Pacification of Ghent. **pa·si·fis** *-fiste, (also P~)* pacifist. **pa·si·fi·seer** *ge-* pacify. **pa·si·fis·me,** *(also P~)* pacifism. **pa·si·fis·ties** *-tiese, (also P~)* pacifist(ic).

pa·sja *-sjas, (hist.: title of a Turk. officer)* pasha, pacha. **pa·sja·lik** *-liks* pashalic, pashalik.

pa·sjim·haar *(underfleece of Kashmir goats)* pashm.

pasj·ka *(Russ. cook.: a dessert)* pashka.

Pasj·toe *(lang.)* Pashto, Pushto, Pushtu.

pas·kwil *-kwille* lampoon, squib, skit, pasquinade, pasquil; farce, mockery. **pas·kwil·le·rig** *-rige, (rare)* farcical.

pas·lik *-like* fitting, becoming, suitable, meet, seemly; tolerable, passable; in good condition, fit; →GEPASTHEID. *dit is ~ dat ...* it is fitting that ...; *vir ... ~ wees* be appropriate for/to ...; be suitable for/to ... **pas·lik·heid** suitability.

pa·so do·ble *(Sp., a modern ballroom dance)* paso doble.

pas·op, pas·op·pens →PAS^{2}.

pas·pa·lum·gras sour grass.

pas·saat *-sate* trade (wind). **~gordel** trade wind belt. **~wind** trade wind, trades *(pl.)*.

pas·sa·bel *-bele, (rare)* passable, negotiable.

pas·sa·cag·li·a *(It., mus.)* passacaglia.

pas·sa·sie *-sies* passage *(in writings)*; berth, passage *(on a ship)*; *iem. verdien sy/haar ~, iem. werk vir sy/haar ~* s.o. works his/her passage. **~geld** passage money, fare.

pas·sa·sier *-siers* passenger; fare *(of a taxi etc.)*; *'n ~* ***aflaai/afsit*** drop a passenger; ***blinde*** *~* →BLIND *adj.*; *~s aan* ***boord*** *neem, (a ship)* pick/take up passengers; *~s* ***oplaai/opneem*** pick/take up passengers. **~sitplek** passenger seat. **~skip** passenger ship/boat/liner.

pas·sa·siers-: **~diens** passenger service. **~lys** passenger list. **~motor** passenger/sedan car. **~trein** passenger train. **~verkeer** passenger traffic. **~vliegtuig** passenger plane, airliner. **~wa** *-ens, (rly.)* passenger coach; *(also, in the pl.)* coaching stock.

pas·seer *(ge)-* pass *(also in card games)*, go past, overtake; *(fml.)* pass by/over *(in rank)*, overslaugh *(mil.)*; *'n wissel ~* negotiate a bill.

pas·se·ment *-mente, (dated)* braid, trimming, gimp. **pas·se·men·te·rie, pas·se·ment·werk** *(dated)* passementerie.

pas·send *-sende* fit(ting), befitting, proper, appropriate, becoming, suited, suitable, seemly; apt, apposite; matching; due; meet; congenial; →PAS^{2} *vb.*; *~* ***by*** in keeping with; *by* ***mekaar*** *~* well matched; ***nie*** *~ nie* dissonant; ***sleg*** *~* baggy, ill-fitting; *vir ... ~* ***wees*** be appropriate for/to ...

pas·se-par·tout *-touts, (Fr.)* passe-partout, skeleton key; general pass.

pas·ser *-sers* fitter; matcher; (pair of) compasses, compass; *~ en draaier, (also* passer-en-draaier*)* fitter and turner. **~been** leg of a compass. **~doos** compass case. **~-en-draaier** →PASSER EN DRAAIER. **~pen** bow pen. **~rem** calliper brake. **~skyfie** centrepiece.

pas·se·ring passing; *(mil.)* overslaugh; →PASSEER.

pas·sie^{1} *-sies, (dim.)* little step/pass *etc.* (→PAS^{1} *n.*); *(also, in the pl.)* antics; *~s maak* cut capers; tread a measure; *iem. sy/haar ~s laat maak* put s.o. through his/her paces; *jou ~s maak* show one's paces.

pas·sie^{2} *-sies* passion; craze; *die P~ (van Christus)* the Passion (of Christ); *~ en opwinding* thrills and spills *(infml.)*. **~blom** passionflower. **~boek** *(Chr.)* passional. **P~sondag** Passion Sunday. **~spel** passion play *(sometimes also P~)*. **~vol** passionate. **P~week** Passion Week.

pas·sief *n., (ling.)* passive (voice); *aktief en ~* active and passive (voice). **pas·sief** *-sieve, adj.* passive, inactive; *~ maak/word, (gram.)* passivise; *passiewe roker* passive smoker; *passiewe rook/rokery* passive smoking.

pas·sim *(Lat.)* passim.

Pas·si·o·nis *-niste, (RC, also p~)* Passionist.

pas·si·va *(pl.)* liabilities; *activa en ~* →ACTIVA.

pas·si·veer *ge-* passivate. **pas·si·wi·teit** passivity, passiveness.

pas·ta *-tas, (It.)* pasta; paste.

pas·tei *-teie* pie, pastry; *by gebrek aan brood eet 'n mens korsies van ~* →KORSIE. **~bakker** pastry cook. **~deeg** pastry. **~kors** piecrust, pastry shell. **~skottel** pie dish. **~skulp** scallop. **~vulsel** mincemeat.

pas·tei·tjie *-tjies, (dim.)* small pie, patty, pasty *(chiefly Br.)*, turnover.

pas·tel *-telle* pastel. **~kleur** pastel colour/shade. **~kryt, ~stif** pastel. **~tekenaar** pastel(l)ist. **~tekening** pastel (drawing).

pas·ter: **~steek, passersteek** *(rare) adv.* accurately, to a T.

pas·teu·rel·lo·se *(vet.)* pasteurellosis; *(of sheep)* infectious pneumonia; *(in man)* bubonic plague. **pas·teu·ri·sa·sie** pasteurisation. **pas·teu·ri·seer** *ge-* pasteurise. **pas·teu·ri·se·ring** →PASTEURISASIE.

pas·tiche *-tiches, -tiche'e, (Fr.)* pastiche, *(It.)* pasticcio.

pas·til *-tille* pastil(le), lozenge.

pas·tis *(Fr.: an aniseed-flavoured apéritif)* pastis.

pas·toor *-toors, -tore* pastor; priest. **pas·toor·skap** *-skappe* pastorate.

pas·tor *-tors, (relig.)* pastor; *~ loci* local minister. **pas·to·raal** *-rale, adj.* pastoral; *pastorale sielkunde* pastoral psychology; *pastorale teologie* pastoral theology. **pas·to·raat** *-rate* pastorate. **pas·to·ra·le** *-les* pastoral (poem); *(mus.)* pastorale.

pas·to·rie *-rieë* parsonage, rectory *(RC)*, vicarage, manse, presbytery. **~grond** *(hist.)* glebe (land). **~moeder** minister's wife, lady of the manse. **~paar** minister/clergyman and wife.

pas·tra·mi *(cook.: highly seasoned smoked beef)* pastrami.

pat *(chess)* stalemate; *~ sit* stalemate.

Pa·taan *-tane, n.* Pathan. **Pa·taans** *-taanse, adj.* Pathan.

Pa·ta·go·ni·ë *(geog.)* Patagonia. **Pa·ta·go·ni·ër** *-niërs, n.* Patagonian. **Pa·ta·go·nies** *-niese, adj.* Patagonian.

pa·tat *-tats, (also* patatta*)* sweet potato; blockhead, fathead; *met die (hele)* ***mandjie*** *~s uitkom, (infml.)* give the game/show away, spill the beans, blab the whole secret out, blow the gaff; show one's hand; *iets is 'n* ***warm*** *~, (infml.)* s.t. is too hot to handle; *iets soos 'n* ***warm*** *~ los* (of *laat val*)*, (infml.)* drop s.t. like a hot potato; *praat asof jy 'n* ***warm*** *~ in die/jou mond het, (infml.)* speak with a plum in one's mouth. **~-bo-die-grond** *(dial.)* squash. **~koekie** sweet potato fritter. **~rank** sweet potato runner/vine/slip/top.

pa·tat·ta →PATAT.

pa·tee *-tees, (cook.)* pâté.

pa·teen *-tene, (RC)* paten, patin, patina.

pa·tent *-tente, n.* patent; letters patent; *~* ***aangevra*** patent applied for; *'n ~* ***aanvra*** apply for a patent; *~* ***toegestaan/toegesê*** patent pending; *'n ~ op ...* ***(uit)neem*** take out a patent for ...; *'n ~ aan iem.* ***verleen*** grant s.o. a patent. **pa·tent** *-tente, adj.* patent; proprietary; ingenious; capital, excellent; *~e medisyne* patent medicine; *~e middel* patent remedy. **~agent, ~besorger** patent agent, patentor. **~artikel** proprietary article. **~brief** letters patent. **~houer, ~nemer** patentee. **~kantoor** patent office. **~reg** law of patents, patent law; patent right. **~register** patent roll. **~regtelik** *-e* proprietary. **~wet** patents act.

pa·ten·teer *ge-* patent. **pa·ten·teer·baar** *-bare* patentable.

pa·ter *-ters* priest, padre, father. **~familias** father of the house/family.

pa·ter·na·lis *-liste* paternalist. **pa·ter·na·lis·me** paternalism. **pa·ter·na·lis·ties** *-tiese* paternalist(ic). **pa·ter·ni·teit** paternity.

pa·ter·nos·ter *-ters, (RC)* paternoster; *(RC)* rosary. **~boom** →SERING(BOOM).

pa·ter·nos·ter·tjie *-tjies* crab's eye, love/lucky bean, jequirity/jequerity bean.

pa·te·ties pathetic.

pa·tience *(card game)* patience.

pa·ti·na patina; verd antique *(on bronze)*. **pa·ti·neer** *ge-* patinate. **pa·ti·ne·ring** patination.

pa·ti·o *-tio's* patio.
pa·tis·se·rie *(<Fr.)* patisserie.
pa'tjie *-tjies, (dim.)* →PA.
pat·jin·ko *(a Jap. form of pinball)* pachinko.
pa·tji·si *(an Ind. board game)* pachisi.
pat·na·rys *(also P~, a long-grained rice)* Patna rice.
pa·to·geen *n., (med.)* pathogen(e). **pa·to·geen** *adj.* pathogenic, pathogenetic, pathogenous. **pa·to·ge·ne·se, pa·to·ge·nie** *(med.)* pathogenesis, pathogeny. **pa·to·ge·nies** *-niese* →PATOGEEN *adj.*.
pa·tois *-tois's, (Fr.)* patois, dialect.
pa·to·lo·gie pathology. **pa·to·lo·gies** *-giese* pathological; *~e anatomie* morbid anatomy. **pa·to·loog** *-loë* pathologist.
pa·tos pathos.
pa·tri- *comb.* patri-.
pa·tri·arg *-arge* patriarch. **pa·tri·ar·gaal** *-gale* patriarchal. **pa·tri·ar·gaat** *-gate* patriarchy; patriarchate.
pa·tri·li·ne·êr *-neêre,* **pa·tri·li·ni·êr** *-niêre,* **pa·tri·li·ne·aal** *-neale* patrilineal, -linear, in the male line.
pa·tri·mo·ni·aal *-ale* patrimonial. **pa·tri·mo·ni·um** *-niums, -nia* patrimony.
pa·tri·ot *-otte* patriot, nationalist; *(hist.: P~)* Patriot. **pa·tri·o·ties** *-tiese, adj. & adv.* patriotic(ally). **pa·tri·o·tis·me** patriotism. **Pa·tri·ots** *n., (hist.)* language/style/spelling of *Di Patriot.* **Pa·tri·ots** *-otse, adj., (hist.)* of/like *Di Patriot.*
pa·tri·si·aat patriciate. **pa·tri·si·ër** *-siërs, n.* patrician. **pa·tri·sies** *-siese, adj.* patrician. **pa·tris·tiek** patristics, patrology. **pa·tris·ties** *-tiese* patristic(al).
pa·trol·leer *ge-* patrol; *'n straat ~* patrol a street. **pa·trol·leer·der** *-ders* patroller, patrolman.
pa·trol·lie *-lies* patrol; *op ~* on patrol; *~ ry* patrol. **~boot** patrol boat. **~diens** patrol service, patrolling; *(police)* beat service. **~motor** patrol/squad car. **~werk** patrol action.
pa·tro·lo·gie = PATRISTIEK.
pa·tro·naat *-nate* patronage. **pa·tro·neer** *ge-* patronise, protect. **pa·tro·nes** *-nesse* patroness, lady patron, patron (saint). **pa·tro·ni·mies** *-miese, adj.* patronymic. **pa·tro·ni·mi·kum** *-mikums, -mika, n.* patronymic. **pa·tro·ni·seer** *ge-, (rare)* patronise, condescend to.
pa·troon[1] *-trone* pattern, design, model; *(also, in the pl.)* patterning; fashion; figure; bed mould; *(archit.)* templet, template; *na 'n ~ werk* work to/on a pattern; *ou ~, oulike ~(tjie)* engaging little person; funny one, funnyface; *met patrone versier* pattern. **~draaibank** rose engine. **~druk** cloth printing. **~maker** pattern maker. **~matig** *-e* according to a set (*or* an established) pattern. **~ontwerp:** *gordyne/ens. met 'n ~* patterned curtains/etc.. **~papier** squared paper. **~plaat** stencil (plate), templet, template. **~saag** coping saw. **~snyer** stencil cutter. **~stof** figured cloth/fabric. **~vas** according to pattern, consistent(ly).
pa·troon[2] *-trone* cartridge, round of ammunition; fuse; **~band** bandolier, cartridge belt/clip, ammunition belt; feed band *(for a machine gun).* **~dop** cartridge case/cap/shell; *'n leë ~pie* a spent cartridge. **~houer** clip *(for a rifle);* magazine, feed band *(of a machine gun).* **~sak(kie)** ammunition pouch.
pa·troon[3] *-trone, (rare)* patron; patron (saint); champion; employer, chief, boss.
pa·troon·tjie[1] *-tjies, (dim.)* small pattern; →PATROON[2].
pa·troon·tjie[2] *-tjies, (dim.)* small cartridge; →PATROON[3].
pa·trys[1] *-tryse, (orn.)* partridge; **~blom** pyjama/pajama flower. **~bos** *(Leucospermum truncatulum)* small white pincushion. **~hond** cocker spaniel. **~hout** partridgewood. **~jag** partridge hunt(ing). **~kos** *Watsonia* spp.. **~poort** porthole; scuttle port, cabin window/hole. **~valk** *(orn.)* goshawk. **~venster** *(naut.)* sidelight.
pa·trys[2] *-tryse, (typ.)* patrix.
pa·tsjoe·lie *(<Tamil, bot.)* pa(t)chouli, patchouly. **~(parfuum)** pa(t)chouli, patchouly.
Pau·li·nies *-niese, adj., (Chr. theol., also p~)* Pauline. **Pau·li·nis·me** Paul(in)ism.
Pau·lus *(apostle)* Paul.
pa·va·ne *-nes, (dance, mus.)* pavan(e).
pa·vil·joen, pa·wil·joen *-joene* pavilion, stand; *groot ~* grandstand.
pa·wee·pers·ke, pa·wie·pers·ke pavy/pavie peach, white clingstone peach.
pa·wil·joen →PAVILJOEN.
paw·lo·wa *(cook.)* pavlova. **Paw·lo·wi·aans** *-aanse, (also p~)* Pavlovian *(reaction, response, etc.).*
Paw·nee *-nees, (member of a people)* Pawnee.
pê *n.* kick *(fig.); iem. kan nie ~ sê nie, (infml.)* s.o. can't say boo to a goose; *iem. se ~ is uit, (infml.)* s.o. is played out; s.o. has no kick left (in him/her); *iem. se ~ is nog (lank) nie uit nie, (infml.)* s.o. still has a lot of kick in him/her. **pê** *adj.* dead beat/tired, ready to drop, clapped/fagged/fagged/played/pooped/strung/worn/zonked out *(pred.),* wasted, zapped, pelile *(<Zu., SA, infml.),* shot. **pê** *adv.: ~ voel, (infml.)* feel fagged out. *(heeltemal) ~ wees* be (absolutely/completely) buggered *(vulg. sl.).*
peau-de-soie *(Fr., text.)* peau de soie.
pe·co·ri·no(·kaas) *(It.)* pecorino (cheese).
pe·daal *-dale* pedal; treadle, foot lever. **~harp** pedal harp.
pe·da·go·gie(k) pedagogics, pedagogy, didactics, theory of education, educational theory/science. **pe·da·go·gies** *-giese* pedagogic(al), educational. **pe·da·goog** *-goë* education(al)ist, educator.
pe·dant *-dante, n.* pedant, prig. **pe·dant** *-dante, adj. & adv., (rare)* →PEDANTIES. **pe·dan·te·rie** *-rieë* pedantry, pragmatism. **pe·dan·ties** *-tiese, adj. & adv.* pedantic(ally), donnish(ly), scholastic(ally), bookish(ly), highbrow, priggish(ly); didactic(ally); smart-alecky; *~e woord* inkhorn term.
pe·del *-delle, (rare)* beadle; proctor; usher, macebearer.
pe·der·as *-aste* p(a)ederast. **pe·der·as·tie** p(a)ederasty.
pe·de·stal *-stalle* pedestal.
pe·di- *comb.* pedi-.
Pe·di *-di's, (SA, [member of] a people; lang.)* Pedi.
pe·di·a·ter *-ters* paediatrician. **pe·di·a·trie** paediatrics. **pe·di·a·tries** *-triese* paediatric.
pe·di·kuur *-kure* pedicure, chiropody, care of feet; pedicure, chiropodist.
pe·do·fiel *n.* paedophile, paedophiliac. **pe·do·fiel** *adj.* paedophiliac, paedophilic. **pe·do·fi·lie** paedophilia.
pe·do·lo·gie[1] pedology, soil science. **pe·do·lo·gies** *-giese* pedological. **pe·do·loog** *-loë* pedologist.
pe·do·lo·gie[2] paedology, child study. **pe·do·lo·gies** *-giese* paedological. **pe·do·loog**[2] *-loë* paedologist.
pe·do·me·ter pedometer.
peer *pere* pear; *(infml.)* testicle; *met die gebakte pere (bly) sit, (infml.)* be left holding the baby/bag, carry the can. **~bal** punchball. **~bloeisel** pear blossom. **~boom** pear tree. **~drank, ~sider, ~wyn** perry. **~hout** pearwood. **~oes** pear crop. **~sider** →PEERDRANK. **~slak** pear slug. **~suurtjie** pear drop. **~tamatie** jam tomato. **~vormig** *-e, (anat., biol.)* pear-shaped, piriform, pyriform. **~wyn** →PEERDRANK.
peer·tjie *-tjies, (dim.)* small pear; →PEER.
pees *pese* tendon, sinew; string. **~blad** *(anat.)* fa(s)cia. **~knobbel** tendinous knot. **~knoop** ganglion. **~skede** tendon sheath.
pees·ag·tig *-tige* tendinous, sinewy, stringy.
pees·ter *-ters, (coarse), (of human)* prick, cock, penis, phallus; *(of animal)* pizzle.
peet: *~ staan, (rare)* stand godfather/-mother. **~dogter** goddaughter. **~kind** godchild. **~ma** *-ma's,* **~moeder** godmother; sponsor. **~oom** godfather; sponsor. **~ouer** godparent; *~ van 'n kind wees* stand sponsor for a child. **~ouers** godparents. **~pa** *-pa's,* **~vader** godfather; sponsor. **~seun** godson. **~tante** godmother; sponsor. **~vader** →PEETPA.
peet·jie *-tjies, (dim.)* godfather, godmother; ***gaan/loop*** *na jou ~!, (sl.)* go to blazes (*or* the devil)!; *iem. kan na sy/haar ~* ***gaan,*** *(infml.)* s.o. can go to the devil; *iem. is* ***in*** *sy/haar ~, (infml.)* s.o. is a goner (*or* is done for); s.o. has gone to glory; *iets is* ***in*** *sy ~, (infml.)* s.t. is ruined/lost (*or [infml.]* down the drain); *jou ~ af* ***wag,*** *(infml.)* wait till kingdom come.
peet·skap *-skappe* sponsorship.
Pe·ga·sus *(Gr. myth., astron.)* Pegasus.
peg·ma·tiet *-tiete, (geol.)* pegmatite. **peg·ma·ti·ties** *-tiese* pegmatitic, pegmatoid.
peil *peile, n.* level, mark; gauge; level, standard; ***benede*** *~* below (*or* not up to) standard, below the mark, below par *(infml.);* ***bo*** *~* above standard (*or* the mark); *iem. (weer) op ~* ***bring,*** *(also, infml.)* get/knock/whip s.o. into shape; *iets op ~* ***bring*** raise s.t. to the required level; *op ~* ***bring/hou*** bring/keep up to the mark (*or* standard); *tot iem. se ~* ***daal*** come down to s.o.'s level; *op* ***die-selfde*** *~ as ...* on a level with ...; *die* ***gewenste/ver-eiste*** *~ bereik* come up to standard; *'n ~* ***handhaaf*** maintain a standard; *'n* ***hoë*** *~* a high standard; a high level; *iets op ~* ***hou*** maintain the level of s.t.; maintain the standard of s.t.; *die* ***laagste*** *~ bereik, by die* ***laagste*** *~ wees* bottom out *(prices etc.); op 'n* ***lae*** *~* at a low ebb; at a low level; *sorg dat iem. se werk* ***op*** *~ bly* keep s.o. up to the mark; ***op*** *~ wees* be up to standard (*or* the mark); ***op*** *hoër ~ bring* raise to a higher level; ***op*** *die gewone ~ staan* be up to the usual standard/level; *jy kan op iem./iets ~* ***trek*** (of ***peiltrek***) one can depend/rely (up)on s.o./s.t.. **peil** *ge-, vb.* gauge *(a liquid, character, etc.);* sight; fathom *(seawater, misery, a mystery, etc.),* plumb *(the sea);* sound *(a harbour, person, etc.),* take soundings; take a bearing; collimate; probe *(a wound, motive, etc.); die* ***diepte*** *van iem. se ellende ~* fathom/plumb the depths of s.o.'s misery; ***na*** *... ~* make/head for ..., make towards ...; *in westelike* ***rigting*** *~* take a westerly course/direction; *die* ***son*** *~* take the sun's altitude. **~ballon** sounding balloon, pilot balloon. **~blok** sighting block. **~bom** pilot bomb. **~glas** water gauge, gauge glass. **~ketting** gauging chain. **~kompas** bearing compass. **~kraan** gauge cock. **~lat** →PEILSTOK. **~lood** plumb/lead line, sounding lead, plummet; fathom line, plumb. **~merk** watermark. **~paal(tjie)** *(surv.)* ranging pole/rod. **~plank** sighting board. **~skaal** water gauge, tide gauge. **~skoot** sighting shot. **~skyf** *(naut.)* pelorus, azimuth instrument. **~stif** probe, sound. **~stok** sounding rod *(of a ship);* gauging rod *(for brandy etc.); (also* peillat*)* dipstick. **~toestel** gauge, water level indicator, sea gauge. **~trek:** *jy kan op iem./iets ~* →JY KAN OP IEM./IETS **PEIL** TREK. **~vlag** gauging flag. **~yster** probing bar.
peil·baar *-bare* fathomable, gaugeable.
pei·ler *-lers* (echo) sounder; gauger; *(rad.)* direction finder; collimator; leadsman; *(elec.)* probe; *(med.)* explorer.
pei·ling *-lings, -linge* sounding, gauging; bearing; collimation; *'n ~ maak* take a bearing *(with a compass).* **peil·loos** *-lose* unfathomable, fathomless.
peins *ge-* meditate, ponder (on/over), ruminate (upon), think (on), brood, cogitate, contemplate, consider, reflect on; *oor iets ~* muse about/on/over s.t.; *waaroor sit jy (so) en ~?* a penny for your thoughts. **pein·send** *-sende* pensive, thoughtful, meditative, cogitative, ruminative, lost in meditation, wistful, contemplative. **pein·ser** *-sers* ponderer, meditator, muser, thinker, cogitator. **pein·sing** *-sings, -singe* meditation, musing, pondering, speculation.
peits *peitse* driving whip, quirt; *die perde onder die ~ kry* whip the horses on.
pe·jo·ra·tief *-tiewe, n. & adj.* pejorative.
pe·kan-: **~boom** pecan tree. **~neut** pecan/hickory nut. **~neuttert** *(Am. cook.)* pecan pie.
pe·ka·ri *-ri's, (zool.)* peccary.
pe·kel *n.* pickle, brine; *(fig.)* trouble, difficulty; *in die ~ sit/wees/beland, (infml.)* be/land in the soup, be in (*or* get into) hot water, be in (*or* get [o.s.] into) a pickle. **pe·kel** *ge-, vb.* pickle, salt, souse, corn, brine, cure. **~afsetting** brine deposit. **~balie** pickle vat. **~haring** salt/pickle herring. **~kos** souse. **~sonde** *(rare)* trifling/old sin, peccadillo. **~sout** *adj.* briny. **~vaatjie** harness cask. **~vleis** salt meat. **~water** brine, pickle.
pe·kel·ag·tig *-tige* salt(ish), briny.
Pe·ki·nees *-nese, n., (inhabitant, lang.)* Pekin(g)ese, *(dog: p~)* Pekin(g)ese. **Pe·ki·nees** *adj.* Pekin(g)ese. **Pe·king** *(geog., hist.)* Peking; →BEIJING. **pe·king·sy** pekin.
pek·ko(·tee) pekoe.
pek·tien pectin. **~suur** pectic acid.
pek·to·raal *-rale, adj.* pectoral.
pek·to·se *(biochem.)* pectose.
pel *ge-, (rare)* peel, shell, hull, (de)husk, decorticate; blanch *(nuts); ge~de rys* hulled rice.

pe·la·gies *-giese* pelagic, pelagian.

Pe·la·gi·us *(Br./Ir. monk)* Pelagius. **Pe·la·gi·aan** *-ane, n., (also p~)* Pelagian. **Pe·la·gi·aans** *-aanse, adj., (also p~)* Pelagian. **Pe·la·gi·a·nis·me** *(Chr. theol., also p~)* Pelagianism.

pe·lar·go·ni·um *-ums, (bot.)* pelargonium.

Pe·las·ger *-gers, n., (member of an ancient people)* Pelasgian. **Pe·las·gies** *-giese, adj.* Pelasgian, Pelasgic.

pel·grim *-grims* pilgrim; *(hist.)* palmer. **~staf, ~stok** pilgrim's staff. **P~vaders** *(hist.)* Pilgrim Fathers.

pel·grims-: **~gewaad, ~kleed** pilgrim's garb. **~oord** shrine, place/site of pilgrimage. **~reis, ~tog** pilgrimage; *'n ~ onderneem* go on (*or* make) a pilgrimage.

pe·li·kaan *-kane, (orn.)* pelican. **~blom** swan flower.

pe·li·le *adj., (<Zu., SA, infml.)* pelile, exhausted, clapped/fagged/played/strung out *(pred.)*, wasted, shot; pelile, finished, used up.

pel·la·gra *(med.)* pellagra.

pel·le·doek, pel·le·goed *(text.)* huckaback; diaper.

Pe·lo·pon·ne·sos, Pe·lo·pon·ne·sus: *die ~, (geog.)* the Peloponnese, *(Gr.)* the Peloponnesos/Peloponnesus. **Pe·lo·pon·ne·si·ër** *n.* Peloponnesian. **Pe·lo·pon·ne·sies** *-siese, adj.* Peloponnesian.

pe·lo·ta *(Sp. game)* pelota.

pe·lo·ton *-tons, -tonne* platoon, squad. **~vuur** platoon fire.

pels *pelse* fur; fleece. **~dier** furred/fur-bearing animal. **~handel** fur trade. **~handelaar** furrier, skinner, fur dealer. **~jag** trapping. **~jagter** trapper. **~jas** fur coat. **~kraag** fur collar; *(hist.: woman's cape)* pelerine. **~maker** →PELSENIER. **~mantel** fur (cloak), pelisse *(hist.)*. **~mus** fur cap. **~werk** furriery, peltry. **~werker** furrier.

pel·se·nier *-niers,* **pels·ma·ker** *-kers* furrier.

pel·ser *-sers, (icht.)* pilchard; →SARDYN.

pel·te·ry, pel·te·ry *-rye* peltry, furriery, furs.

pel·vi·me·ter pelvimeter.

pem·mi·kaan *(small pressed cake of dried meat, fat and fruit)* pem(m)ican.

pen[1] *penne, n.* pen; nib; quill; spine *(of a porcupine etc.)*; needle *(for knitting etc.)*; *met die ~* ***deurhaal*** put/run one's pen through, delete, strike out with the pen; *jou ~ in* ***gal*** *doop* →GAL[1]; *met 'n* ***haal*** *van die ~* with a stroke of the pen; *die ~ ter* ***hand*** *neem, die ~* ***opneem*** take up one's pen; *van jou ~* ***leef*** live by one's pen; *die ~* ***neerlê*** lay down one's pen; *die ~ op* ***papier*** *sit* put pen to paper; ***uit*** *iem. se ~* from s.o.'s pen; ***vaardig*** *wees met die ~* have a ready/facile pen. **pen** *ge-, vb., (fml., somewhat dated)* pen, write. **~bakkie** pen tray. **~flits** penlight (torch). **~houer** pen holder. **~kop** youth, youngster, cub. **~krabbel** *(rare)* thumbnail sketch. **~lekker** →PENNELEKKER. **~maat** pen friend/pal. **~naam** →SKUILNAAM. **~punt** pen point, nib. **~skets** *(lit.)* pen-and-ink drawing/sketch; *(fig.)* pen picture/portrait. **~tekenaar** black-and-white artist. **~tekening** (pen-and-)ink drawing; *gekleurde ~* pen-and-wash drawing. **~veer** quill. **~vis** porcupine fish. **~voerder** *(dated)* writer, author; secretary. **~vriend, ~vriendin** pen friend/pal. **~wisser** penwiper.

pen[2] *penne, n.* pin, spike; peg, picket; toggle; stake; stud; spigot; *(golf)* tee; *(cr.)* stump; *(elec.)* prong; peen, pane *(of a hammer)*; ***aan*** *die ~ ry, (infml.)* be in for it, be punished; *iem. het* ***aan*** *die ~ gery, (infml.)* s.o. has been brought to book; *iem. is* ***aan*** *die ~* s.o. is booked; ***op*** *~ slaan* spike; *met 'n ~* ***vassteek*** skewer; ***voor*** *die ~ne, (cr.)* at the wicket. **pen** *ge-, vb.* spike; *(golf)* tee (up). **~boor** pin bit. **~doring** spike thorn, long spine. **~doring(boom)** pendoring *(Maytenus* spp.*)*. **~els** peg awl. **~gat** mortise. **~haai** piked dogfish, sand shark. **~hamer** peen/pane hammer. **~hoog** *(golf)* pin-high. **~knoop** toggle. **~orent** straight up, erect, bolt upright, perpendicular. **~regop** straight-backed, erect, bolt upright, ramrod straight, perpendicular, vertical. **~steek** tent-pegging. **~vormig** *-e* fusiform. **~wortel** taproot, main root.

pe·naal *-nale, (rare)* penal. **pe·na·li·seer** *ge-* penalise.

pe·nant *-nante* pier *(between windows)*. **~spieël** pier glass. **~tafel** pier table.

pe·na·rie difficulty, predicament, quandary; *in 'n ~ sit/wees* be in a predicament, be in a fix/scrape *(infml.)*, be up a (gum-)tree *(infml.)*; *iem. uit 'n ~ help* bail s.o. out *(infml.)*.

pe·na·te *(pl.), (Rom. myth.)* penates, household gods; →LARE (EN PENATE).

pen·dant *-dante* pendant, pendent, companion *(picture, piece, etc.)*, opposite number, complement; counterpiece, counterpart.

pen·del *ge-* commute; *dit haat om te ~* hate commuting. **~afstand:** *binne ~* commutable. **~diens** commuting service. **~diplomasie** shuttle diplomacy. **~tuig** space shuttle. **~verkeer** commuting; *verhoogde ~* increased commuting levels.

pen·de·laar *-laars* commuter.

pen·den·tief *-tiewe, n. & adj., (archit.)* pendentive.

pen·du·le *-les* pendulum/mantelpiece clock; →PENDULUM.

pen·du·lum *-lums,* **pen·du·le** *-les* pendulum *(of a clock etc.)*.

pe·ne·tra·sie *-sies* penetration. **pe·ne·treer** *ge-* penetrate, pierce.

pe·nis *-nisse, (anat.)* penis. **~afguns, ~nyd** *(psych.)* penis envy.

pe·ni·sil·lien penicillin.

pe·ni·ten·si·a·rie *(RC)* penitentiary; (reformatory) prison. **pe·ni·ten·sie** *-sies* penance, punishment; penitence; *dis 'n hele ~* it's a fearful to-do. **pe·ni·ten·si·êr** *-siêre* penitentiary.

pen·ne *(It., pasta in the form of short tubes)* penne.

pen·ne-: **~lekker** *(infml.)* penpusher *(sometimes derog.)*, paper stainer, quill-driver *(derog.)*. **~lekkery** *(infml.)* penpushing *(sometimes derog.)*, quill-driving *(derog.)*. **~mes(sie)** →SAKMES. **~streep,** *(rare)* **~streek:** *met 'n ~* with a stroke of the pen. **~stryd** paper war, controversy, polemic. **~vrug** product of one's pen, article, book.

pen·ne·tjie[1] *-tjies, (dim.)* small pen; quill; *etc.* →PEN[1] *n.*. **pen·ne·tjies·ha·re** spiked hair.

pen·ne·tjie[2] *-tjies, (dim.)* small peg, *etc.*; tee; →PEN[2] *n.*.

pen·nie *-nies, (Br. or hist. [SA])* penny; *suinig met die ~s, rojaal met die ponde* →SUINIG MET DIE SENTE, ROJAAL MET DIE RANDE; *tien ~s, (Br.)* tenpence.

pen·ning *-nings* medal(lion), badge; farthing; penny; *die weduwee se ~* the widow's mite; *die keersy van die ~* the other side of the picture; *'n ~ slaan* strike a medal. **~kruid** *(bot.)* moneywort. **~kunde** = PENNINGLEER. **~kundige** *-s* medallist; *munt- en ~* numismatist. **~leer** numismatology, numismatics. **~meester** treasurer, bursar, purse bearer. **~meesteres** (lady) treasurer. **~meesterskap** treasurership.

Pen·ni·nies: *die ~e Gebergte, (geog.)* the Pennines *(in Eng.)*.

Penn·sil·va·ni·ë *(geog.)* Pennsylvania. **Penn·sil·vaans** *(dial. of German spoken in Pennsylvania)* Pennsylvania Dutch/German. **Penn·sil·va·ni·ë-Duit·sers** *(pl.): die ~* the Pennsylvania Dutch/Germans. **Penn·sil·va·ni·ër** *-niërs, n.* Pennsylvanian. **Penn·sil·va·nies** *-niese, adj.* Pennsylvanian.

pen·ny·weight *-weights, (unit of weight)* pennyweight.

pe·no·lo·gie penology. **pe·no·lo·gies** *-giese* penological. **pe·no·loog** *-loë* penologist.

pens *pense* stomach; paunch, belly; maw, gizzard *(of an animal)*; rumen, first stomach *(of a ruminant)*; crop *(of birds)*; tripe; *~ en* ***pootjies*** →PENS-EN-POOTJIES; *(met) ~ en* ***pootjies,*** *(infml.)* boots and all; neck and crop; holus-bolus *(arch. or Can.)*; *(met) ~ en* ***pootjies*** *by/in iets betrokke wees, (infml.)* be in s.t. up to one's/the ears, be in s.t. up to one's neck; *'n teenstander ~ en* ***pootjies*** *klop, (infml.)* beat an opponent all ends up. **~diep** waist-deep, waist-high *(of animals)*. **~-en-pootjies** *(cook.)* tripe and trotters. **~hou, ~skoot** belly flop *(of a diver)*; *'n ~ duik* do a belly flop. **~kant** underbelly. **~klavier** *(joc.)* squeeze box →TREKKLAVIER. **~mis** stomach/paunch contents. **~nerf** scurf of tripe. **~pot** round-bellied pot. **~skoot** →PENSHOU. **~winkelier** *(rare, joc.)* pedlar, cheapjack, hawker. **~winkel(tjie)** *(rare, joc.)* pedlar's/hawker's tray. **~wol** belly wool, bellies *(infml.)*.

pen·seel *-sele, n.* (artist's/paint) brush; (painter's) pencil. **pen·seel** *ge-, vb., (rare)* paint; pencil *(also a wound)*. **~apie** *(zool.: Callithrix jacchus)* wistiti, *(Fr.)* ouistiti. **~skimmel, ~swam** *(bot.)* penicillium. **~streek** stroke/sweep/touch of the brush. **~swam** →PENSEELSKIMMEL. **~tegniek** brushwork. **~trek** stroke/sweep of the brush. **~voering** *(art)* brush technique. **~vormig** *-e* brush-like; *(bot.)* penicillate(d). **~werk** *(art)* brushwork.

pen·si·oen *-oene* pension, retirement pay/income/allowance; *met ~* ***aftree/gaan*** go/retire on (a) pension; *op ~* ***geregtig*** *wees* be entitled to a pension, be pensionable; *~* ***kry*** draw/receive a pension; ***betrekking met/sonder*** *~* pensionable/non(-)pensionable post; *'n ~ (in kontant)* ***omsit*** commute a pension; *iem. op ~* ***stel*** discharge s.o. on pension, pension s.o. off; *~* ***verleen*** grant a pension. **~bewys** pension certificate. **~boek(ie)** pension book. **~bydrae** pension fund contribution. **~draend** *-e* pensionable *(salary)*. **~fonds** pension/superannuation fund. **~geregtig** *-de* pensionable, eligible for pension, entitled to a pension (*or* superannuation). **~gewend** *-e* →PENSIOENDRAEND. **~leeftyd** pension(able) age, retirement/retiring age, age of retirement. **~plan** pension plan. **~raad** pensions/superannuation board; board of directors of a pension/retirement fund. **~reëling** pension/superannuation scheme. **~stelsel** pension/retirement plan. **~trekkend** *-e* pensionary. **~trekker, pensioenaris** pensioner, pensionary, drawer of a pension, pension beneficiary, retiree. **~uitkering** pension/superannuation payment, pension/retirement benefit. **~versekering** pension insurance. **~voordeel** retirement benefit. **~wet** pensions law/act.

pen·si·oe·na·ris →PENSIOENTREKKER.

pen·si·oe·neer *ge-* pension, grant a pension to, place on retired pay; pension off, superannuate; retire. **pen·si·oe·ne·ring** retiring on pension, retirement; pensioning, superannuation.

pen·si·on *-ons, (Fr.)* boarding house, pension. **pen·si·o·na·ris** *-risse, (hist., official)* pensionary.

pen·ta *comb.* penta-.

pen·taan *(chem.)* pentane.

pen·ta·ë·der, pen·ta·e·der *-ders* pentahedron. **pen·ta·ë·dries, pen·ta·e·dries** *-driese* pentahedral.

pen·ta·go·naal *-nale* pentagonal. **pen·ta·goon** *-gone* pentagon.

pen·ta·gram *-gramme* pentagram, five-pointed star; pentacle.

pen·ta·me·ter *-ters, (pros.)* pentameter.

Pen·ta·po·lis: *die ~* the Pentapolis.

pen·tar·gie *-gieë* pentarchy, group of five rulers.

Pen·ta·teug: *die ~, (first five books of the OT)* the Pentateuch.

pen·tat·lon *(athl.)* →VYFKAMP.

pen·ta·to·niek *(mus.)* pentatonicism. **pen·ta·to·nies** *-niese* pentatonic, five-toned.

Pen·te·kos·ta·lis·me *(relig., also p~)* Pentecostalism. **Pen·te·kos·ta·lis** *-liste, (also p~)* Pentecostalist. **Pen·te·kos·ta·lis·ties** *-tiese, (also p~)* Pentecostalist.

pen·to·de *-des, (elec.)* pentode.

pen·tok·sied *(chem.)* pentoxide.

pe·num·bra *(astron.)* penumbra.

pe·per, *n.* pepper; *wilde~, (Piper capense)* wild pepper. **pe·per** *ge-, vb.* pepper; pelt; criticise; devil; *gepeperde niertjies, (cook.)* devilled kidneys; *iem. goed ~* give it to s.o. hot; *iem. met vrae ~* bombard s.o. with questions. **~biefstuk, ~steak** *(cook.)* pepper steak. **~boom** pepper (tree). **~bos(sie), ~gras** Cape pepper cress. **~bus(sie)** *(hist.: tower)* pepperbox; *(arch.)* →PEPERPOT(TJIE). **~duur** very expensive, pricey. **~-en-sout(-)kleur** pepper-and-salt (colour). **~-en-sout(-)kleurig** *-e* pepper-and-salt, grizzled; *~e stof* thunder-and-lightning. **~-en-sout(-)stel** salt and pepper pots, cruet (stand), condiment set. **~gras** →PEPERBOS(SIE). **~kers, ~kruid** garden/pepper cress. **~koek** *(Du.)* →GEMMERBROOD. **~kop** *(derog.)* woollyhead. **~korrel** peppercorn; *(also, in the pl., derog.)* woolly hair, peppercorn hair. **~kruid** →PEPERKERS. **P~kus:** *die ~, (hist.: coastline near Liberia)* the Pepper Coast. **~ment** →PEPERMENT. **~meul(e)** pepper mill. **~pot(jie)** pepper pot. **~sous** pepper sauce, poivrade. **~steak** →PEPERBIEFSTUK. **~wortel** horseradish.

pe·per·agtig *-tige* peppery.

pe·pe·ril·le·koors →PAPELELLEKOORS.

pe·per·ment, pip·per·ment *(bot.: Mentha piperita)* peppermint; →PEPERMENT(LEKKER). **~kanfer, ~kamfer** menthol, (pepper)mint camphor. **~(lekker)** (pepper)mint; peppermint (drop). **~likeur** peppermint liqueur, crème de menthe. **~olie** peppermint oil. **~room** peppermint cream. **~water** peppermint water.

pe·plos *-plosse, (hist.: woman's tunic in ancient Gr.)* peplos, peplus, peplum. **pep·lum** *-lums* peplum; →HEUPVAL.

pep·pe·ro·ni *-ni's, (It., a spicy sausage)* pe(p)peroni.

pep·sien *(biochem.)* pepsin(e). **pep·ties** *-tiese* peptic. **pep·ti·seer** *ge-* peptise. **pep·to·ni·seer** *ge-* peptonise. **pep·toon** *(biochem.)* peptone.

Pe·pyn: *~ die Korte, (king of the Francs)* Pepin the Short.

per per, by; via; *~ **abuis*** →ABUIS; *~ **capita*** per capita; *~ **dag** betaal* pay by the day; *~ **geluk*** →GELUK *n.*; *~ **ongeluk*** →ONGELUK; *~ **pos*** by post; *~ **se*** intrinsically, per se, by/in itself; *~ **skip*** →SKIP; *~ **tjek*** by cheque; *R2 ~ **uur*** R2 an hour; *~ **week*** a/per week.

pe·ra·kuut *(chiefly vet.)* peracute.

per·che·ron·perd Percheron *(sometimes p~)*.

per·chlo·raat *(chem.)* perchlorate.

perd *perde* horse; *(chess)* knight; (vaulting) horse; *moenie 'n gegewe ~ in die **bek** kyk nie* don't look a gift horse in the mouth; *'n ~ met vier **bene** struikel(, wat nog te sê 'n mens met twee)* anybody can make a mistake, to err is human; ***daar** is ~e, (infml.)* the fat is in the fire, the fur will fly; ***daar** sal ~e wees, (infml.)* there will be the deuce/devil to pay, there will be trouble; *'n ~ laat **deelneem*** run a horse; *die **gevleuelde** ~* the winged horse; *die ~ gaan op **hol*** the horse bolts; *as die ~e **horings** kry, (infml.: never)* when hell freezes (over), on a cold day in hell; *tot(dat) die ~e **horings** kry, (infml.)* till the cows come home, till you are blue in the face, *(infml.)* till/until hell freezes (over); *'n ~ **inhou*** pull a horse; *dis 'n ~ van 'n ander **kleur*** it's a different (*or* whole new) ball game; *'n ~ **leer*** break in a horse; *'n ~ **lei*** walk a horse; *'n ~ aan 'n wedren **onttrek*** scratch a horse from a race; *weet aan watter kant van die ~ jy moet **opklim**, (infml.)* know where one's interest lies; ***pure** ~ wees* be hale and hearty; *iem. voel **pure** ~, (infml.)* s.o. feels as fit as a fiddle; *weer **pure** ~ wees, (also, infml.)* be o.s. again; *'n ~ op 'n **stap** ry* walk a horse; ***te** ~* on horseback; *iem. oor sy/haar ~ **tel**, (infml., rare)* praise s.o. so much that he/she becomes conceited; *'n **trop** ~e* a troop of horses; *'n **verkeerde** ~ opklim/opsaal, (infml., fig.)* back the wrong horse; ***vrou** te ~* horsewoman; *die ~e agter die **wa** span* put the cart before the horse; *jy kan 'n ~ by die **water** bring, maar nie laat suip nie* you can lead/take a horse to the water but you can't make it drink; *op 'n ~ **wed*** back a horse, put money on a horse; *op ~e **wed*** play the horses *(infml.)*; ***wilde** ~* mustang. **~fris** vigorous, healthy, hale and hearty; fit (as a fiddle), as sound as a bell, fighting fit, in fine shape, full of beans; *~ voel* feel fine/fit. **~gerus** calm, unconcerned, unsuspecting, at ease, at leisure; →HOUTGERUS; *~ sit en wag* sit and wait unconcernedly. **~mens** centaur. **~ry** *n.* horseback riding, horse-riding. **~ry** *perdge-, vb.* ride (on horseback); *gaan ~* go for a ride, go out riding; *iem. ry perd* s.o. is (riding) on horseback.

perd·ag·tig *-tige* equine. **perd·ag·ti·ge** *-ges* equine, equid; *(also, in the pl., P~)* Equidae.

per·de-: **~baas** horse master. **~beslaner** farrier, blacksmith. **~bessie** *(Rhamnus prinoides)* buckthorn. **~bloed** horse's blood; liquorice. **~blom** dandelion. **~blomsaad** blowball. **~boer** horse farmer/breeder. **~boerdery** horse breeding, stud farm. **~boon(tjie)** horse bean. **~borsel** horsebrush, dandy-brush. **~bos(sie)** *(species of Chironia, Clausena, Leucadendron, Leucas, Nestlera, Paranomus, etc.)* horsebush. **~breedtes** *(naut.)* horse latitudes. **~by** wasp, hornet. **~byagtig** *-e* vespine. **~bylyfie** wasp waist. **~bynes** wasp's nest, vespiary, hornet's nest. **~dam** horse pond. **~dief** horse thief. **~diefstal** horse-thieving, horse theft. **~dokter** *(infml.: veterinarian or incompetent doctor)* horse doctor. **~doring** *(bot.)* horse brier. **~drank** horse drench. **~dresseerder** horse trainer. **~drol** *(coarse)* ball of horse dung; *iem. ~le vir vye verkoop* →IEM. WYSMAAK/VERTEL DAT PERDEDROLLE **VYE** IS. **~familie** equines. **~froetang** *(bot.: Romulea longifolia)* horse frutang. **~gras** Pará grass. **~griep** equine influenza. **~haar** horsehair. **~haarmatras** horsehair mattress. **~handel** horse trade/trading. **~handelaar** horse dealer. **~harnas** *(hist.)* bard(e). **~hings** stallion. **~hoef** horse's hoof, coffin. **~hok** horsebox *(on a ship)*. **~influensa** equine influenza; pinkeye. **~kaapstander** *(arch., chiefly min.)* whim (gin). **~kamp** horse paddock. **~kapok** *(bot.: Lanaria lanata)* horse cotton. **~kar** horse(-drawn) cart. **~kastaiing, wildekastaiing** *(Aesculus hippocastanum)* horse chestnut. **~kenner** (good) judge of horseflesh. **~kleed** saddle covering; *sierlike ~* caparison; *(hist.)* bard(e). **~klou** *(bot.) Lithops turbiniformis; Eriospermum* spp.. **~kneg** groom. **~kombers** horse blanket/cloth/rug. **~kommando** mounted commando. **~kop** horse's head; *(bot.: Leucospermum reflexum)* rocket pincushion. **~koper** horse dealer/trader. **~krag** horsepower; *twee/ens. ~* two/etc. horsepower. **~liefhebber** horse lover, lover of horses. **~lyn** horse line. **~mark** horse market/fair. **~melk** mare's milk. **~melkdrank** kumiss, koumis(s), koumyss. **~merrie** mare. **~meul(e)** horse mill. **~middel** *-s, -e* horse remedy; kill-or-cure remedy. **~mis** horse dung/manure/droppings. **~optog** cavalcade. **~pis** *(coarse)* horse urine; *(bot.: Clausena anisata)* horsewood. **~pisboom, ~bossie** *Clausena anisata.* **~pokke** equine variola, horsepox. **~poot** horse's hoof; →PERDEKLOU. **~pram** *(rare, coarse)* horse's dug, mare's teat; *(bot.: Fagara* spp.*)* wild cardamom, knobwood. **~ras** breed of horses. **~reling** hitching post. **~ren** →PERDE(WED)REN. **~ruiter** horseman, rider, equestrian, mounted man. **~siekte** disease of horses; horsesickness, horse distemper. **~skoen** →HOEFYSTER. **~slagter** knacker, horse butcher. **~slagtery** knacker's yard. **~sleepwa** horsebox. **~smous** *(dated)* horse trader. **~spioen** racing tout. **~spoor** horse's hoofmark. **~sport** equestrian sport(s), horse(back) riding, horse racing. **~sportbyeenkoms, ~sportfees** gymkhana. **~springer** showjumper. **~springsport** showjumping. **~sprong** jump; *(chess)* knight's move. **~spyker** horseshoe nail. **~staanplek** horse lines. **~stal** (horse) stable. **~stapel** stock of horses, stable. **~stert** horse's tail; *(bot.: Equisetum ramosissimum)* horsetail; *(bot.: Greyia* spp.*)* bottlebrush; *(hairstyle)* ponytail. **P~stertagtiges** *(bot.)* Equisetaceae. **~stert(gras)** horsetail (grass). **~stoetery** horse stud. **~tand:** *~e hê, (infml.)* be bucktoothed. **~tande** *(bot.) Haworthia truncata.* **~teelt** horse breeding. **~temmer** horsebreaker, roughrider, broncobuster *(infml.)*. **~tentoonstelling** horse show. **~trok** horsebox *(on train)*, horse trailer. **~tuig** horse harness. **~veiling** horse fair. **~vis** horsefish. **~vleis** horseflesh, -meat. **~vlieg** horsefly, cleg, sting fly, gadfly. **~voertuig** horse-drawn vehicle. **~vy** *(Carpobrotus edulis)* sour fig; ball of horse dung. **~wa** horse wag(g)on, berlin(e); *ligte ~* surrey. **~wagter** horseboy. **~(wed)ren** *-ne* horse race; *(also, in the pl.)* horse racing; the turf. **~werk** horse labour, heavy drudgery. **~yster** →HOEFYSTER.

perd·jie *-jies, (dim.)* little horse, horsey; *gou op jou ~ wees, (infml.)* be apt/quick to take offence, be touchy, have a short fuse; *moenie op jou ~ klim nie!, (infml.)* keep your hair/shirt on!; *op jou ~ wees, (infml.)* be on one's high horse (*or* with one's hackles up).

pê·rel *-rels, n.* pearl; bead *(of perspiration etc.)*; *(fig.)* pearl, jewel, treasure; *~s **inryg/string*** string pearls; *'n ~ in die/jou **kroon*** a jewel in the/one's crown; *~ op die **oog*** cataract; *'n **string** ~s* a string of pearls; *~s voor/vir die **swyne** werp/gooi* cast pearls before swine; *met ~s (**versier**), **vol** ~s* pearled; *'n ~ van groot **waarde**, (fig.)* a pearl of great price. **pê·rel** *ge-, vb.* pearl, bead, form pearl-like drops; *sweet ~ op iem. se voorkop* perspiration beads (*or* forms beads) on s.o.'s forehead; *die sweet het op iem. se gesig/voorkop ge~, (also)* perspiration dewed s.o.'s brow/face/forehead. **~bank** pearl bank, pearl bed. **~duiker** pearl diver/fisher. **~duikery** pearl diving, pearling. **~glans** pearly lustre; *(poet., liter.)* orient. **~gort** pearl barley. **~gras** *(Melica nutans)* melick (grass). **~gruis** seed pearls. **~grys** pearl grey, griseous. **~hoender** *(rare)* →TARENTAAL. **~kleurig** *-e* pearl-coloured. **~mossel** pearl mussel. **~oester** pearl oyster. **P~rivier** Pearl River. **~saad** = PÊRELGRUIS. **~skulp** pearl shell. **~snoer** string/strand of pearls, pearl necklace. **~snoervormig** *-e, (biol.)* moniliform; *(bot.)* torose, torous. **~sug** *(vet.)* pearl disease, grapes. **~toets** bead test. **~uitjie** *(very small pickling onion)* pearl onion. **~visser** pearl fisher. **~vissery** pearl fishing/fishery, pearling. **~vormig** *-e* pearl-shaped. **~wit** pearl white.

pê·rel·ag·tig *-tige* pearly, pearl-like, pearled, pearlised.

pê·rel·vor·mig *-mige* pearled.

pe·remp·to·ries *-riese, (jur.)* peremptory; *~e pleit* plea in abatement.

pe·re·stroi·ka *(Russ.: economic and political restructuring)* perestroika.

per·fek *-fekte, -fekter -fekste* perfect. **per·fek·sie** perfection. **per·fek·si·o·neer, per·fek·teer** *ge-* (make) perfect. **per·fek·si·o·nis** *-niste* perfectionist. **per·fek·si·o·nis·me** perfectionism. **per·fek·si·o·nis·ties** *-tiese* perfectionist(ic). **per·fek·teer** →PERFEKSIONEER. **per·fek·tief** *-tiewe, (gram.)* perfective. **per·fek·tum** *-fektums, -fekta, (gram.)* perfect (tense).

per·fi·de *(Fr.)* perfidious.

per·fo·ra·sie *-sies* perforation.

per·fo·reer *ge-* perforate, punch holes, pink, puncture, pierce. **~masjien** perforator.

per·for·ma·tief *-tiewe, n., (ling., also* performatiewe werkwoord*)* performative. **per·for·ma·tief** *-tiewe, adj., & adv., (ling., philos.)* performative(ly).

Per·ga·mum *(ancient city in Asia Minor)* Pergamum.

per·go·la *-las* pergola.

pe·ri *-ri's, (Pers. myth.)* peri, fairy.

pe·ri- *pref.* peri-.

Pe·ri·an·dros *(hist.: tyrant of Corinth)* Periander.

pe·ri·ant *-ante, (bot.)* perianth.

pe·ri·bleem *-bleme, (bot.)* periblem.

pe·ri·doot *-dote* peridot, olivine, chrysolite. **pe·ri·do·tiet** *(geol.)* peridotite.

pe·ri·feer *-fere,* **pe·ri·fe·ries** peripheral, peripheric; *die perifere senu(wee)stelsel, (anat.)* the peripheral nervous system. **pe·ri·fe·rie** *-rieë* periphery. **pe·ri·fe·ries** *-riese* →PERIFEER.

pe·ri·fra·se *-ses* periphrasis, circumlocution. **pe·ri·fras·ties** *-tiese* periphrastic.

pe·ri·ge·um *(astron.)* perigee.

pe·ri·gi·nies *-niese, (bot.)* perigynous. **pe·ri·goon** perigone.

pe·ri·gla·si·aal *-ale, adj., (geol.)* periglacial.

pe·ri·he·li·um, pe·ri·he·li·on *(astron.)* perihelion.

pe·ri·kar·di·um *-diums, -dia, (anat.)* pericardium.

pe·ri·karp *-karpe, (bot.)* pericarp. **pe·ri·kar·pies** *-piese* pericarpic, pericarpial.

pe·ri·klaas *(min.)* periclase.

pe·ri·klien pericline. **pe·ri·kli·naal** *-nale* periclinal.

pe·ri·koop *-kope* pericope.

pe·ri·limf *(anat.)* perilymph.

pe·ri·me·ter *-ters* perimeter.

pe·ri·na·taal *-tale, (med.)* perinatal; *perinatale mortaliteit/sterftes* perinatal mortality.

pe·ri·ne·um *-neums, -nea, (anat.)* perineum.

pe·ri·o·de *-des* period, time, phase; cycle; menses. **pe·ri·o·diek** *-dieke, n., (rare)* periodical, serial. **pe·ri·o·diek** *-dieke, adj.* periodic(al), recurrent, cyclic, intermittent, terminal, serial; *~e **bobemesting*** fractional top dressing; *~e **stelsel**, (chem.)* periodic system *(of elements)*; *~e **verhogings*** set increases; *~e **wind*** trade wind, periodic wind. **pe·ri·o·diek** *adv.* periodically. **pe·ri·o·dies** *-diese* periodic; *~e funksie, (math.)* periodic function. **pe·ri·o·di·se·ring** periodisation *(of hist.)*. **pe·ri·o·di·si·teit** *(chiefly tech.)* periodicity.

pe·ri·o·don·tie periodontics. **pe·ri·o·don·tis** *-tiste* periodontist. **pe·ri·o·don·to·lo·gie** →PERIODONTIE.

pe·ri·pa·te·ti·kus *-tikusse, -tici, n.* peripatetic. **pe·ri·pa·te·ties** *-tiese, adj.* peripatetic. **pe·ri·pa·te·ties** *adv.* peripatetically.

pe·ri·pe·ri, pi·ri·pi·ri piri-piri, peri-peri *(SA)*.

pe·ri·pe·tie *-tieë* peripet(e)ia, peripety.

pe·ri·si·kel *-kels, (bot.)* pericycle.

pe·ri·skoop *-skope* periscope. **pe·ri·sko·pies** *-piese* periscopic.

pe·ri·sperm *(bot.)* perisperm.

pe·ri·stal·tiek *(physiol.)* peristaltic action, peristalsis. **pe·ri·stal·ties** *-tiese* peristaltic; *~e beweging* peristaltic action, peristalsis.
pe·ri·stiel *-stiele, (archit.)* peristylar, peripteral; →PERISTYL.
pe·ri·stoom *-stome, (bot., zool.)* peristome.
pe·ri·styl *-style, (archit.)* peristyle.
pe·ri·to·ne·aal *-ale, (anat.)* peritoneal. **pe·ri·to·ne·um** peritoneum. **pe·ri·to·ni·tis** *(med.)* peritonitis.
per·jo·daat *(chem.)* periodate.
per·jo·di·um·suur periodic acid.
perk *perke* limit, bound; range; purlieu; *(golf)* green; *iets* ***binne*** *die ~e hou* keep s.t. within bounds; *alles* ***binne*** *~e* everything within limits; ***binne*** *die ~e van ...* within the four corners of ... *(the Act etc.)*; within the pale of ...; ***buite*** *die ~e wees* be out of bounds; *dit gaan alle ~e te* ***buite*** that/this is the limit, that/this exceeds all bounds; ***buite*** *die ~e, (also)* beyond the pale; ***geen*** *~e ken nie* know no bounds; *die ~e* ***oorskry*** exceed the bounds; *iem.* ***oorskry*** *die ~e, (also)* s.o. oversteps the mark; ***paal*** *en ~ aan iets stel* →PAAL; *binne* ***sekere*** *~e* within certain limits; *~e aan iets* ***stel*** set limits to s.t.; *in die ~* ***tree*** *teen, (rare)* enter the lists against; *die ~e van die* ***wet*** the pale of the law. **~opsigter** *(bowls)* green keeper.
per·kal *(text.)* percale.
per·ka·lien *(text.)* percaline.
per·ka·ment *-mente* parchment, vellum, membrane. **~agtig** *-tige* parchment-like, parchmenty, pergameneous, pergamentaceous. **~papier** parchment (paper), vellum paper, vegetable parchment. **~rol** parchment scroll.
per·kus·sie *(med., mus.)* percussion. **~afdeling** *(mus.)* percussion section. **~hamer(tjie)** *(med.)* plexor, plessor; →PLESSOR. **~slot** percussion lock, firelock.
per·ku·taan *-tane, (med.)* percutaneous.
per·ku·teer *ge-, (med.)* percuss, tap.
per·le·moen, per·le·moer *(zool.)* abalone, ear shell; *(inner shell layer)* mother-of-pearl, nacre *(tech.)*, pearl shell; *(cook., only* perlemoen*)* abalone, perlemoen *(Afr.)*; *met ~ (versier)* pearled. **~agtig** *-e* nacreous, pearlescent. **~knoop, ~knopie** pearl button. **~vlinder** *(entom.)* fritillary. **~wolk** mother-of-pearl cloud, iridescent cloud.
per·lé(·wyn) *(SA)* perlé (wine).
per·liet *(geol.)* pe(a)rlite.
Perm *n., (geog.)* Perm *(in Russia)*; *(geol.)* Permian. **Permies** *-miese, adj., (geol.)* Permian.
perm·al·looi permalloy.
per·ma·nen·sie permanence, permanency. **per·ma·nent** *-nente* permanent, lasting; *(electron.)* hard-wired. *~* ***aangestelde*** *akademikus/professor/ens.* tenured academic/professor/etc.; *~e* ***geheue,*** *(comp.)* read-only memory *(abbr.:* ROM*)*; *~e* ***hardheid*** permanent hardness *(of water)*; *~e* ***magneet*** permanent magnet; *~e* ***pos*** permanent/tenured post *(as a lecturer etc.)*.
per·man·ga·naat *(chem.)* permanganate. **per·man·gaan·suur** *(chem.)* permanganic acid.
per·me·a·bel *-bele, (phys., rare)* permeable. **per·me·a·bi·li·teit** permeability. **per·me·an·sie** permeance.
per·mis·sie permission, leave; *met u ~* by your leave. *met ~ gesê* if you'll excuse/pardon my French *(infml.)*; *~ vra/kry* ask/obtain leave/permission.
per·mit *-mitte,* permit; pass. **per·mit·teer** *ge-, (fml.)* permit, allow, give leave.
per·mu·ta·sie *-sies, (math.)* permutation. **per·mu·teer** *ge-* permute.
per·nam·buk(·hout) →FERNAMBUK(HOUT).
per·ni·si·eus *-euse, (med.)* pernicious.
pe·rok·sied *(chem.)* peroxide.
pe·ro·ne·aal *-ale, (anat.)* peroneal.
pe·ro·ra·sie *-sies, (fml., rare)* peroration; *'n ~ hou* perorate.
per·pe·tu·eer *ge-, (fml.)* perpetuate.
per·pleks *(rare)* perplexed, confused, bewildered. **per·plek·si·teit** *(rare)* perplexity, confusion, bewilderment.
per·ron *-rons, -ronne* (railway) platform. **~kaartjie** platform ticket.
Pers *Perse, n., (inhabitant)* Persian.
pers¹ *perse, n., (machine)* press; (printing) press; squeezer; calender; *'n* ***berig*** *in die ~* a report in the press/papers; *iem. is* ***by*** *die ~* s.o. is on the press; ***die*** *~, (also, usu. joc.)* the fourth estate *(sometimes F~ E~)*; *die* ***guns*** *van die ~ geniet,* ***gunstig*** *deur die ~ beoordeel word* have/get a good press; *na die ~* ***hardloop*** rush into print; ***in*** *die ~ wees* be in the press *(a book)*; *'n* ***koerant*** *op die ~ sit* put a paper to bed; ***ter*** *~e wees* be in the press *(a book)*; ***ter*** *~e gaan* go to press; *by die* ***ter*** *~e gaan* at the time of going to press; ***van*** *die ~ wees* be off the press; *iem. is aan die ~* ***verbonde*** s.o. is on the press; ***vryheid*** *van die ~* freedom of the press. **pers** *ge-, vb.* press, squeeze; wring; forge; calender; *die lippe op mekaar ~* press the lips together; *iets uit ... ~* crush s.t. out of ...; *iets uit iem. ~* drag/pump/squeeze s.t. out of s.o.. **~attaché** *-s* press attaché. **~bank** press seat/gallery/box. **~beampte** press officer. **~berig** press/newspaper report; press release, communiqué. **~bord** millboard, pasteboard, pressboard. **~buro** news/press agency, press bureau. **~fotograaf** cameraman, press/newspaper photographer. **~galery** press gallery. **~gas** compressed/pressurised (*or* high-pressure) gas. **~hout** compression wood. **~kaart** press card, pass. **~kabelgram** press cable. **~kamer** press room. **~kampanje** →PERSVELDTOG. **~kantoor** press office. **~klaar** ready for (the) press, subedited; *iets ~ maak* sub(edit)/copy-edit s.t., edit/prepare s.t. for publication *(a book etc.)*. **~klaarmaker** subeditor, copy editor. **~konferensie** press/news conference. **~korps** press corps. **~lug** compressed air. **~magnaat** *(infml.)* press/newspaper baron/lord/magnate. **~man** journalist, pressman, newspaperman. **~mededeling** →PERSVERKLARING. **~oorsig** press review. **~orgaan** newspaper; periodical. **~plaat** hardboard; →HARDEBORD. **~plank** pressing board; caul. **~pomp** force/forcing pump, compressor. **~pyp** delivery pipe/tube. **~raad** press council. **~raam** tympan. **~revisie** press proof. **~sakkie** jelly bag. **~sekretaris** press secretary. **~slang** delivery hose. **~staal** (com)pressed steel. **~tafel** press table. **~veldtog** newspaper/press campaign. **~verklaring, ~mededeling** press/news release, communiqué; *'n amptelike ~ uitreik* issue an official press/news release. **~verslag** press/newspaper report. **~vryheid** freedom/liberty of the press. **~werk** press work. **~wese** newspaper industry. **~yster** →PARSYSTER.
pers² *pers perser persste, adj.* violet; purple; *rooi~* prune; *~ in die gesig* purple-faced. **~bruin** puce. **~kakelaar** *(orn.)* violet wood-hoopoe.
per·seel *-sele* premises; plot, stand, lot, allotment; tenement; parcel; *op die ~* on the premises. **~geriewe** onsite facilities.
per·seels·ge·wys, per·seels·ge·wy·se in lots.
per·sent per cent; *honderd ~* a/one hundred per cent. **~teken** *(the sign %)* percentage sign.
per·sen·ta·sie *-sies* percentage, proportion; *~ van uitgebragte stemme* percentage of votes cast. **~punt** percentage point.
per·sen·tiel *-tiele, (stat.)* (per)centile.
per·sents·ge·wys, per·sents·ge·wy·se pro rata, proportional(ly), on a percentage basis, per centum, percentual, percentile, percentage.
per·sen·tu·eel *-ele* percentual, percentage.
Per·se·pho·ne →PROSERPINA.
per·sep·sie *-sies* perception. **per·sep·tu·eel** *-ele* perceptual.
per·ser *-sers, (rare)* presser, pressman; compressor.
Per·sie *(also p~), -sies,* **Per·sie·se skaap** Persian sheep.
Per·si·ë *(geog., hist.)* Persia; →IRAN. **Per·sies** *-siese, adj.: die ~e* ***Golf,*** *(geog.)* the Persian/Arabian Gulf, *(infml.)* the Gulf; *~e* ***kat*** Persian (cat); *die ~e* ***Ryk,*** *(hist.)* Persia; *~e* ***sering*** Persian lilac, bead tree; *~e* ***tapyt/mat*** Persian carpet/rug.
per·sie, par·sie *(pathol.)* red diarrhoea.
Per·sies *n.* Persian. **Per·sies** *-e, adj.* Persian; *~e skaap* →PERSIE.
per·si·fla·ge *(<Fr., fml., rare)* raillery, banter, persiflage. **per·si·fleer** *ge-* banter.
per·sing pressure, pressing.
per·si·pi·eer *ge-, (rare)* perceive.
per·sis·teer *ge-, (rare)* persist.
pers·ke *-kes* peach; peach (tree). **~agtig** peachy. **~bloeisel, ~blom** peach blossom. **~bloeiselgelaat** peaches-and-cream compexion. **~boom** peach tree. **~brandewyn** peach brandy. **~geel** peach yellow. **~geelsiekte** *(bot.)* peach yellows. **~kleur** peach (colour). **~kleurig** peach-coloured. **~konfyt** peach jam. **~likeur** persicot. **~luis** peach aphis. **~-Melba, perskemelba** peach Melba. **~moes** peach pulp. **~-oes** peach crop/harvest. **~pit** peach stone. **~rol** peach roll. **~skuim** peach whip. **~smeer** dried peach pulp; peach leather/spread. **~sproet** peach freckle/scab. **~tak** peach branch.
per·ske·tjie *-tjies, (dim.)* small peach; →PERSKE.
per·so·na *(psych.)* persona; *~ non grata, (Lat., pl.: personae non gratae)* persona non grata. **per·so·na·li·a** personalia, personal details. **per·so·na·lis·me** personalism. **per·so·na·sie** *-sies* person, personage; character, *(also, in the pl.)* dramatis personae *(in a play/novel)*; personation; *(jur.)* impersonation; *belangrike ~, (rare)* personage, person of rank/importance.
per·so·neel *n.* staff, personnel; employees, work force; crew; (factory) hands; *by die ~ wees* be on the staff; be on the strength; *die vaste ~* the permanent staff; *van ~ voorsien* staff. **per·so·neel** *-nele, adj., (rare)* personal. **~afdeling** personnel department. **~agentskap** personnel agency. **~bestuurder** personnel manager. **~blad** (in-)house magazine. **~bom** antipersonnel bomb; →KWESBOM. **~kafee** staff canteen. **~kamer** staff room. **~klerk** staff clerk. **~komitee** staff(ing) committee. **~koste** staffing costs. **~myn** *(mil.)* antipersonnel mine. **~navorsing** personnel research. **~opleiding** staff training. **~probleem** staff problem. **~sterkte** establishment. **~tekort** staff/personnel shortage, shortage of staff/personnel. **~vereniging** staff association. **~verhoudinge** human/staff relations. **~voorsiening** staffing, staff resourcing; *probleem met ~* staffing problem. **~wisseling** staff turnover.
per·so·neer *ge-, (rare, jur.)* impersonate.
per·so·ni·fi·eer *ge-* personify. **per·so·ni·fi·ka·sie** *-sies* personification.
per·soon *-sone* person; head; player, actor; figure, appearance; individual; body; *sonder* ***aansien*** *van (die) ~, sonder* ***aansien*** *des persoons* →AANSIEN *n.*; *'n totaal* ***ander*** *~* quite another person; *'n baie belangrike ~, (abbr.:* BBP*)* a very important person *(abbr.* VIP*)*; *die* ***betrokke*** *~* the person in question; ***in een*** *~ (verenig/tegelyk)* rolled into one; *in* ***eie*** *~* in person; in one's own person; *in eie ~ optree* make a personal appearance; *die onskuld* ***in eie*** *~* innocence personified; *'n gesin van ses persone* a family of six; ***handelende*** *~* actor *(not on stage)*, protagonist; ***in*** *die ~ van ...* in the person of ...; *iem. van ~* ***ken*** know s.o. by appearance/sight; ***klein*** *van ~ wees* be slight of build; be short in stature; *ek vir* ***my*** *(~)* I personally; ***per*** *~* a/per head; ***verantwoordelike*** *~* person in charge/command; ***vorstelike*** *~/persone* →VORSTELIK *adj.*.
per·soon·lik *-like, adj.* personal; individual; peculiar; *~e* ***assistent*** personal assistant; *~e* ***belediging*** personal insult; *~e* ***diens*** personal service; *~e* ***eiendom,*** *(jur.)* personal property; *~e* ***faktor*** personal factor/equation; *~e* ***identifikasienommer,*** *(abbr.:* PIN*)* personal identification number; *~e* ***onderhoud*** personal/person-to-person interview; *~e* ***reg,*** *(jur.)* law of persons; *~e* ***rekenaar*** personal computer; *~e* ***ruimte*** personal space; *~e* ***sekretaresse/sekretaris*** social secretary; *~e* ***smaak*** individual taste; *'n ~e* ***stempel*** *op iets afdruk* give s.t. a personal touch; *~e* ***uitgawe(s)*** out-of-pocket expenses; *~e* ***voornaamwoord,*** *(gram.)* personal pronoun; *~* ***word*** become/get personal. **per·soon·lik** *adv.* personally; individually; in person; *jou iets ~ aantrek* take s.t. personally. **per·soon·lik·heid** *-hede* personality; individuality; selfhood; character; *gesplete ~* →GESPLETE; *jou skuldig maak aan persoonlikhede* indulge in personalities.
per·soon·lik·heids-: **~botsing** personality clash. **~kultus** *(often derog.)* personality cult.
per·soons-: **~belasting** personal tax. **~bewys** identification/identity papers. **~kaart** identity card; *het jy/u 'n ~?* do you have (*or* have you got) any ID?. **~naam** personal/Christian/first name. **~verbeelding** *(rhet.)* per-

sonification, prosopop(o)eia. ~**vergissing** →PERSOONSVERWARRING. ~**versorging** grooming. ~**verwarring** confusion of identities; *(also:* persoonsvergissing*)* (case of) mistaken identity. ~**vorm:** ~ *van werkwoord, (gram.)* finite verb.

per·speks, per·spex *(a thermoplastic resin)* perspex.

per·spek·tief *-tiewe* perspective; prospect, vista; view; *in* ~ in perspective. ~**tekening** perspective, scenography.

per·spek·ti·wies *-wiese* perspectively, in perspective; ~*e verkorting* foreshortening.

per·spex →PERSPEKS.

per·spi·ra·sie perspiration. **per·spi·ra·to·ries** *-riese* perspiratory, perspirative. **per·spi·reer** *ge-* perspire.

per·suur *(chem.)* peracid.

per·ti·nen·sie relevance, relevancy, pertinence, pertinency. **per·ti·nent** *-nente -nenter -nentste* (of *meer* ~ *die mees -nente*) pertinent, relevant, salient, to the point; *'n ~e leuen* a downright lie.

per·tur·ba·sie *(astron.)* perturbation.

Pe·ru *(geog.)* Peru. **p~balsem** balsam of Peru.

Pe·ru·aan *-ane, n.* Peruvian. **Pe·ru·aans** *-aanse, adj.* Peruvian.

per·vers *-verse* perverse; perverted, wicked; unnatural; *(infml.)* kinky, pervy, bent; **per·ver·sie** *-sies* perversion. **per·ver·si·teit** *-teite* perversity, perverseness, depravity. **per·vert** *-verte: (seksuele)* ~ (sexual) pervert, *(infml.)* perv(e). **per·ver·te·ring** perversion.

pes *peste, n.* pestilence, plague; *(fig.)* pest, curse; blight; *(infml., derog.)* louse, rat, scumbag, swine; *iem. soos die ~ **haat*** →HAAT *vb.; die ~ aan iem./iets **hê**, (infml.)* detest s.o./s.t.; *die ~ aan iem. **hê**, (also, infml.)* hate s.o.'s guts; *iem. is 'n **klein** ~* s.o. is a little pest; *dié deur is 'n ~ om **oop** te kry, (also, sl.)* this door is a bugger to open; *~te en **plae*** plagues and pests; ***soos** die ~* like the plague. **pes** *ge-, vb.* pester, plague; haze, tease, bully; hate, detest, loathe. ~**basil** plague bacterium. ~**bestryding** plague fighting. ~**buil** plague spot, plague sore, plague boil. ~**damp** pestilential vapour. ~**epidemie** plague epidemic. ~**geval** plague case, case of plague; *(fig.)* rotten affair. ~**haard** plague spot, source of (the) plague. ~**kiem** plague germ. ~**lug** pestilential air/vapour; stench. ~**lyer** plague victim/sufferer. ~**plek**, ~**nes** plague spot. ~**pokke** pestilential pox. ~**serum** plague serum. ~**veroorsakend** *-e* pestilential. ~**vlek** plague mark/spot. ~**voël** *(orn.: Bombycilla spp.)* waxwing.

pe·se·ta *-tas, (obs. Sp. monetary unit)* peseta. **pe·so** *-so's, (monetary unit)* peso.

pes·sa·rie *-ries,* **pes·sa·ri·um** *-riums, -ria, (med.)* pessary.

pes·si·mis *-miste* pessimist, defeatist. **pes·si·mis·me** pessimism, doom and gloom, gloom and doom, defeatism. **pes·si·mis·ties** *-tiese* pessimistic, defeatist.

pes·te·ry *-rye* chicanery.

pes·ti·len·sie *-sies* pestilence, plague.

pes·to *(It. cook.)* pesto.

pes·to·lo·gie *(study of agricultural pests and methods of combating them)* pestology. **pes·to·lo·gies** *-giese* pestological. **pes·to·loog** *-loë* pestologist.

pet *pette* (peaked) cap; →KEP. ~**tuit** peak of cap.

pe·tal·je *-jes* to-do, affair, commotion, upturn.

pe·te·gie *-gieë, (med.)* petechia.

Pe·ter: ~ *die Grote* Peter the Great.

Pe·ters·burg: *Sint* ~ →SINT.

pe·ti·dien *(med.)* pethidine.

pe·tie·te·rig *-rige* small, weak, stunted, diminutive, tiny.

pe·ti·sie *-sies* petition, memorial; *'n ~ by iem. indien* present a petition to s.o., present s.o. with a petition; *'n ~ opstel* draw up a petition; *iem. in 'n ~ om iets vra* petition s.o. for s.t.. **pe·ti·si·o·na·ris** *-risse* petitioner, memorialist. **pe·ti·si·o·neer** *ge-* petition, request.

pe·tit *(Fr.): ~ point, (embroidery)* petit point, tent stitch; *~ pois (pl., small fresh green peas)* petit pois. ~-**four** *petits fours, (Fr. cook.: small cake/biscuit/sweet)* petit four.

Pe·trar·ca *(It. poet)* Petrarch. **Pe·trar·caans, Pe·trar·kaans** *-kaanse, (also p~)* Petrarchan; *~e sonnet* Petrarchan/Italian sonnet.

pe·tre·a *(bot.)* petrea, purple wreath.

pe·tri·bak·kie Petri dish *(used in laboratories).*

pe·tri·fi·ka·sie petrification. **pe·tri·fi·seer** *ge-* petrify.

pe·tro- *comb.* petro-.

pe·tro·che·mie petrochemistry. **pe·tro·che·mies** *-miese* petrochemical. **pe·tro·che·mi·ka·lie** *-lieë* petrochemical.

pe·tro·ge·ne·se *(geol.)* petrogenesis.

pe·tro·glief *-gliewe* petroglyph.

pe·tro·graaf *-grawe* petrographer. **pe·tro·gra·fie** petrography. **pe·tro·gra·fies** *-fiese* petrographical.

Pe·tro·grad *(geog., hist.)* Petrograd; →SINT PETERSBURG.

pe·trol petrol; *(Am.)* gasoline, gasolene, gas; *(infml.)* juice; *'n motor gebruik **baie/min** ~* a car is heavy/light on petrol; *gaan ~ **ingooi*** go and put petrol in the car; *~ **ingooi*** fill/tank/top up; *~ **vreet*** be heavy on petrol. ~**aangedrewe** petrol driven. ~**alkohol** gasohol. ~**blik** petrol tin. ~**bom** petrol bomb, Molotov cocktail. ~**dop** petrol cap. ~**joggie** petrol attendant. ~**kan** petrol can; *groot ~* jerrycan. ~**lamp** petrol lamp. ~**leiding** petrol system. ~**lewering** *(rare)* →PETROLTOEVOER. ~**meter** petrol gauge. ~**pedaal** accelerator (pedal), throttle; *die ~ laat skiet* ease back on the throttle. ~**pomp** petrol pump, bowser. ~**tenk** petrol tank; *jou ~ laat volmaak* fill/tank/top up. ~**tenkwa** petrol tanker. ~**toevoer** petrol supply. ~**verbruik** petrol consumption. ~**voorraad** petrol supply.

pe·tro·la·tum = PETROLEUMJELLIE.

pe·tro·le·um petroleum, rock oil, (natural) oil. ~**agtig** petrolic. ~**bron** oil well. ~**eter** petroleum ether. ~**gas** petroleum gas. ~**jellie** petroleum jelly, petrolatum, mineral jelly.

pe·tro·lo·gie petrology. **pe·tro·lo·gies** *-giese* petrological. **pe·tro·loog** *-loë* petrologist.

Pe·trus *(NT)* Peter.

pe·tu·ni·a *-nias, (bot.)* petunia.

peul[1] *peule, n.* pod, husk, cod, shell, hull; legume; *~e dra* pod. ~**draend** *-e* leguminous, podded. ~**gewas**, ~**plant** leguminous plant, legume, pulse; *(also, in the pl.)* pulse. ~**siekte** pod blight. ~**vormig** *-e* podlike. ~**vrug** leguminous plant, pulse; legume.

peul[2] *peule, n., (obs.)* bolster, underpillow.

peul[3] *ge-, vb.* bulge, protrude. ~**oog** goggle-eye, protruding/protuberant/bulging eye, pop-eye; →UITPEULOOG; *met peuloë* goggle-eyed, pop-eyed.

peu·sel *ge-* nibble, peck, snack, pick, gaze; *aan iets ~* nibble/pick at (*or [infml.]* snack on) s.t. *(food); lus hê vir iets om aan te ~* feel like a nibble. ~**happie** *(pl.* peuselgoed*)* snack. ~**kroeg** snack bar. ~**stokkie, snoepstokkie** cocktail stick. ~**werk(ie)** small job; odd job; *~werkies doen* potter about. ~**worsie** cocktail sausage.

peu·se·laar *-laars* nibbler.

peu·ter[1] *-ters, n.* toddler, tot; pre-schooler.

peu·ter[2] *ge-, vb.* fiddle, potter, putter, niggle, tinker, palter, footle, piddle, tamper; fuss, worry; *aan/met iets ~* fiddle with s.t.; tamper with s.t.; tinker/trifle with s.t.; *met iem. ~* bother s.o.. ~**vry**, ~**bestand** *-e* tamper-proof; foolproof; pilferproof; *(comp.)* hacker-proof. ~**werk** small/odd job; pernickety job, fiddling work.

peu·te·raar *-raars* fiddler, niggler, potterer, fusser, fusspot, piddler, fossicker, nit-picker *(infml.).*

peu·te·rig *-rige* petty, finical, trivial, piffling, fiddling, footling, pernickety, niggling, trifling; fussy, pottering; pettifogging; *~e besware* petty/finical objections; *'n ~e vent* a fussy/finicky chap; *'n ~e werkie* a fiddling/pernickety job. **peu·te·rig·heid** triviality; finickiness, pernicketiness.

peu·te·ry tinkering, fiddling; →GEPEUTER; *~ met die bal, (cr.)* ball-tampering.

pê·vo·ël →KWÊVOËL.

pfen·nig *(obs. Germ. monetary unit)* pfennig.

Pha·ë·thon →FAËTON.

Phi·lip·po·pel *(Gr., geog.)* Philippopolis; →PLOWDIW.

Phi·lip·pus *(king of Macedonia)* Philip. **Phi·lips** →FILIPS.

Phil·lips·skroef *(also p~, trademark)* Phillips screw.

pi *pi's, (16th letter of the Gr. alphabet)* pi; *(math.)* pi.

pi·a·ni·no *-no's, (small upright piano)* pianino, cottage piano.

pi·a·nis *-niste* pianist. **pi·a·nis·tiek** *(mus.: skill/artistry in playing the piano)* pianism. **pi·a·nis·ties** *-tiese* pianistic.

pi·a·nis·si·mo *adj. & adv., (mus.: very soft/quietly)* pianissimo. ~**(-passasie)** pianissimo.

pi·a·no *adj. & adv., (mus.)* piano.

pi·a·no·la *-las, (kind of player piano)* pianola, automatic piano.

pi·as·sa·wa *(bot.)* piassava, piassaba.

pi·as·ter *-ters, (monetary unit)* piastre.

pi·az·za *-zas, (It.)* piazza, public square.

pic·co·lo *-lo's, (It., small transverse flute)* piccolo, octave flute.

pi·cot *-cots, (Fr., embroidery, crochet work)* picot. ~**rand** picot edging/edge.

pi·co·tiet *(min.)* picotite, chrome spinel.

pi·dgin *(ling.)* pidgin. **P~engels** pidgin English.

pi·dgi·ni·seer *ge-* pidginise.

pièce de ré·sis·tance, *pièces de résistance, (Fr., most important/remarkable feature)* pièce de résistance.

pied-à-terre *pieds-à-terre, (Fr., dwelling for secondary/occasional use)* pied-à-terre.

piek[1] *pieke, n.* peak, summit, pike *(N.Eng.);* pinnacle; peak, spike *(in a graph); die P~ van Teneriffe* the Peak of Teneriffe.

piek[2] *pieke, n., (hist.)* pike; *(naut.)* (fore)peak; *met 'n ~ gewapen* armed with a pike; *'n ~ sleep* trail a pike.

pie·ka·nien *-niens, (SA, derog.)* piccanin(ny).

pie·kel *ge-* lug, drag, carry, *(infml.)* schlep(p) *(<Yidd.).*

pie·kels →ATJAR.

pie·ke·nier *-niers, (hist.)* pikeman.

pie·ker *ge-* worry, fret; puzzle; *oor iets ~* brood over/about s.t., chew over/(up)on s.t..

piek·fyn grand, smart, *(infml.)* snazzy; *(infml.)* great, tiptop, hunky-dory, A1, A-1, A-one, A-OK, A-okay; *~ aangetrek* elaborately dressed, dressed up to the nines, dressed/fit to kill.

pie·kie *-kies* midget; →PIKKIE.

piek·niek *-nieks, n.* picnic; *gaan ~ hou* go for a picnic; *~ hou* picnic, have a picnic. **piek·niek** *ge-, vb.* picnic. ~**ete** picnic lunch. ~**ganger**, ~**houer**, ~**maker** picknicker. ~**gebied**, ~**area** picknick(ing) area. ~**mandjie** picnic basket/hamper. ~**plek** picnic spot.

pi·ë·li·tis *(med.)* pyelitis.

pi·ë·mie *(med.)* py(a)emia, putrid fever.

Pi·ë·mont *(geog.)* Piedmont. **Pi·ë·mon·ter** *-ters, n.* Piedmontese. **Pi·ë·monts** *-se, adj.* Piedmontese.

pie·nang-: ~**(boom)** areca (tree). ~**bos(sie)** *(Leucadendron concinnum)* quinine bush. ~**frikkadel** curried meatball. ~**neut** areca/betel nut, penang/pinang (nut). ~**vleis** curried meat.

pien·ger *(device that makes a pinging sound)* pinger.

pienk pink; *~ jenewer, (gin with angostura bitters)* pink gin; *~ en plesierig, (usu. pred., infml.)* hunky-dory. ~**siekte** *(a tropical crop disease)* pink disease; *(paediatrics)* pink disease, acrodynia.

pien·ke·rig *-rige* pinkish, pinky.

piep[1] *n., (poultry disease)* pip, roup; *iem. die ~ **gee**, (infml.)* give s.o. a fit (*or* the pip), make s.o. sick, freak s.o. out; *die ~ **hê**, (infml.)* have the pip; *die ~ **kry**, (infml.)* get the pip, freak (out); ***vol** ~ wees, (infml.)* be full of aches and pains. **piep** *ge-, vb.* coddle, cosset, pamper.

piep[2] *piepe, n.* peep, cheep, squeak, chirp, chirrup, blip. **piep** *ge-, vb.* peep, cheep, squeak, chirp, chirrup, beep, blip; pule *(poet., liter.).* ~**geluid** squeak, squeaky noise. ~**jong** *(attr.),* ~**jonk** *(pred.)* very young, soft, tender; *~ advokaat* sucking barrister. ~**klein** tiny, teeny(-weeny), subminiature. ~**kuiken** chick; young chicken; *iem. is geen ~ nie* s.o. is no spring chicken. ~**stem(metjie)** squeaky voice, squeak; *met 'n ~ praat* pipe, squeak, speak in a squeaky voice. ~**(toon)** bleep, beep.

pie·pe·rig *-rige, (s.o.)* weak(ly), sickly, peaky, delicate, feeble, frail; soft, unmanly, sissified, cissified; *(s.o.'s voice)* queaky, piping. **pie·pe·rig·heid** softness, delicacy, feebleness, frailty, frailness, puniness; squeakiness.

pie·pie *-pies, n., (infml.)* pee; *(infml.: penis)* willy, willie. **pie·pie** *ge-, vb., (infml.)* pee, piddle, wee(-wee).

pier[1] *piere, piers, n.* pier, jetty, mole, groyne, groin. ~**geld** pierage. ~**kop** pier head. ~**sprong** pier-head jump.

pier[2] *ge-, vb., (rare)* diddle, cheat, swindle; *nou's jy ge~* now you've been had.

pie·re·waai *ge=* have a fling/spree, gallivant, lark about/around, live it up. **pie·re·waai·er** *=ers* reveller, loose liver, rake, rip, man about town, bon vivant, roué, libertine, Lothario, playboy.

Pie·re·wiet →JAN PIEREWIET.

pie·ring *=rings* saucer; clay pigeon; *'n ~ (vol)* a saucerful. **~skiet** skeet(shooting), clay pigeon shooting.

pie·rin·kie *=kies, (dim.)* (little) saucer.

pier·ret·te *=tes* pierrette. **pier·rot** *=rots* pierrot.

pie·sang *=sangs* banana; *egte ~, (Musa* spp.*)* plantain; *geel~* wild banana; *wilde~* wild banana; *(Ensete* spp.*)* banana palm; *wit~, (Strelitzia alba)* wild white banana. **~blom** →KRAANVOËLBLOM. **~boer** banana grower; *P~, Piesanglander, (SA, infml.: Natalian)* Banana Boy *(often B~ B~).* **~boom** *(Ensete* spp.*)* banana palm/tree/plant. **P~land** *(SA, infml.: KwaZulu-Natal)* Banana Land. **P~lander** →PIESANGBOER. **~republiek** *(infml., derog.)* banana republic. **~roomys** banana split. **~skil** banana peel/skin. **~tros** bunch of bananas. **~vlermuis** banana bat.

pie·san·kie *=kies, (dim.)* small banana.

pi·ë·so= *comb.* piezo=.

pië·so·che·mie piezochemistry.

pi·ë·so·ë·lek·tries, pi·ë·so-e·lek·tries *=e* piezoelectric(al). **pi·ë·so·ë·lek·tri·si·teit, pi·ë·so-e·lek·tri·si·teit** piezoelectricity.

pië·so·me·ter piezometer. **pi·ë·so·me·trie** piezometry. **pi·ë·so·me·tries** *=e* piezometric(al).

pië·so·tro·pie piezotropy.

Piet: *'n hele/hoë/grote p~, (infml.)* a big shot/bug *(or* bigwig); *so help my ~, (infml.)* so help me bob; *~, Paul en Klaas* (every) Tom, Dick and Harry; *(derog.)* ragtag (and bobtail); ***Swart*** *~* →SWART *adj. & adv.*.

pi·ë·ta *=ta's* pietà. **pi·ë·teit** reverence; piety; *uit ~* out of respect; *kinderlike ~* filial piety. **pi·ë·teit·loos** lacking in reverence, irreverent(ial). **pi·ë·teits·ge·voel** (feeling of) reverence, piety. **pi·ë·tis** *=tiste* pietist. **pi·ë·tis·me** pietism. **pi·ë·tis·ties** *=tiese* pietistic(al).

pie·ter·man *=manne, (icht.: Trachinus draco)* weever (fish).

pie·ter·sie·lie parsley; *wilde~, (Peucedanum* spp.*)* wild parsley.

Pie·ters·kerk: *die Sint ~* the Saint Peter's (Church).

Pie·ters·pen·ning: *Sint ~, (RC)* Peter('s) pence.

piet·jie(-ka·na·rie) *(orn.)* Cape siskin, chee-chee, brown canary.

piet-my-vrou, piet-my-vrou *=vrous, =vroue, (Cuculus solitarius)* red-chested cuckoo.

piets *ge=* flick *(with a whip)*, whip lightly; punish; criticise; *... reg ~* whip ... in; *'n perd ~* touch up a horse.

piet·snot *=snotte, (coarse)* nincompoop, duffer.

piet-tjou-tjou *=tjoue, =tjous, (orn.: Parus afer)* grey tit.

pig·mee *=meë* pygmy, pigmy.

pig·ment *=mente* pigment, dye. **pig·men·ta·sie** pigmentation. **pig·mo·ied** *=moïede, adj.* pygmaean, pigmaean.

pik[1] *pikke, n.* peck; pick(axe); mandrel, mandril; *'n/die ~ op iem. hê, (infml., rare)* have it in for s.o., get/have one's knife in(to) s.o.. **pik** *ge=, vb.* peck, bite; eat; carp (at), nag (at), pick; *die eiers **begin** ~* the chicks are hatching; *in die **bol** ge~* →BOL *n.*; ***na** iets ~* peck at s.t.; ***op** iem. ~, (infml.)* pick/fix on s.o., get/have one's knife in(to) s.o., be/go gunning for s.o.; *die **slang** ~* the snake strikes; *'n **slang** het iem. ge~* a snake has bitten s.o.; ***waarom** op my ~?, (infml.)* why pick on me?. **~hamer** scutch. **~ploeg** subsoiler. **~soen(tjie):** *iem. 'n ~ op die wang gee* peck s.o. on the cheek. **~steel** pick(axe) handle; riot stave.

pik[2] *n.* pitch; *met ~ omgaan* touch pitch; *wie met ~ omgaan, word met ~ besmeer* he that touches pitch shall be defiled. **pik** *ge=, vb.* pitch, apply pitch. **~blende** *(min.)* pitchblende, uraninite. **~broek** *(infml., dated: sailor)* (Jack) tar, sea dog, (old) salt, bluejacket. **~den** *(bot.)* pitch pine. **~donker** *adj.* pitch-dark. **~donker(te)** *n.* pitch-darkness. **~draad** waxed end (thread). **~gitswart** absolutely pitch-black. **~glans** pitchy lustre. **~krans** pitch ring. **~steen** pitchstone. **~swart** pitch-black, jet-black, coal-black, raven.

pi·ka[1] *=kas, (print.)* pica, (pica) em; *twee ~, baie ~s* two picas, many picas.

pi·ka[2] *(med.)* pica.

pi·ka[3] *=kas, (zool.)* mouse hare.

pi·ka·dor *=dors, (Sp.)* picador.

pi·kant *=kante =kanter =kantste* piquant, pungent *(taste)*; savoury, seasoned; spicy *(story)*, racy, salty *(talk)*; nutty, tangy; *~e persoonlikheid* interesting/intriguing personality. **pi·kan·te·rie** *=rieë, (fml.)* piquancy, pungency, spiciness. **pi·kant·heid** bite, piquancy, pungency.

Pi·kar·di·ë *(geog.)* Picardy. **Pi·kar·di·ër** *=diërs, n.* Picard. **Pi·kar·dies** *=diese, adj.* Picard.

pi·ka·resk *=reske* picaresque.

pi·kee *(text.)* piqué.

pi·keer *(ge)=, (rare)* pique, nettle, wound, irritate.

pi·ket *=kette, (card game)* piquet; *(mil.)* picket. **pi·ket·teer** *ge=* picket.

pi·keur *=keurs* riding master; ringmaster; horsebreaker, piqueur, roughrider; handler; whipper-in.

pik·ke·dil *=dille* peccadillo; trifle.

pik·ker *=kers* picker. **pik·ker·tjie** *=tjies* →PIKKIE.

pik·ke·wyn *=wyne* penguin. **~eier** penguin egg.

pik·kie *=kies* bantam, little chap, midget, *(infml.)* nipper; →PIEKIE.

pik·nies *=niese, (anthr.)* pyknic; *~e tipe* pyknic type, pyknic.

pik·no·me·ter pycnometer.

pi·kol *=kols, (commercial weight)* picul, pecul.

pi·kraat *(chem.)* picrate. **pi·krien·suur** *(chem.)* picric acid. **pi·kriet** *(min.)* picrite.

Pikt *Pikte, (a member of an ancient people)* Pict. **Pik·ties** *n. & adj.* Pictish.

pik·to·gra·fie pictography. **pik·to·gra·fies** *=fiese* pictographic. **pik·to·gram** *=gramme* pictograph, pictogram.

pik·tu·raal *=rale, (rare)* pictorial.

pil *pille, n.* pill; pellet; tablet; *'n **bitter** ~, (lit., fig.)* a bitter pill; *iets is vir iem. 'n **bitter** ~* s.t. is a bitter pill for s.o. to swallow; ***die** ~* the (contraceptive) pill; ***die** ~ gebruik* be on the pill; ***die** ~ begin gebruik* go on the pill; *'n ~ **drink/(in)neem/sluk*** take a pill; ***groot** ~* bolus; *iem. moet die ~ **sluk**, (fig.)* s.o. must take his/her medicine; *die ~ **verguld*** gild/sugar/sweeten the pill. **~doos, ~dosie** pillbox. **~dooshoedjie** pillbox (hat). **~slukkend** *(infml.)* pill-popping. **~slukker** *(infml.)* pill-popper. **~slukkery** *(infml.)* pill-popping. **~vormig** *=e* pilular.

pi·laar *=lare* pillar, column, post; upright; stanchion; pier, post; prop; *(fig.)* stalwart, staunch supporter; *'n ~ van die kerk* a pillar of the church. **~afbouing** *(min.)* pillar stoping. **~heilige** pillar saint, stylite. **~kop** capital. **~skag** pillar shaft. **~voet** pedestal, base/foot (of a column/pillar). **~vormig** *=e* columnar.

pi·laar·tjie *=tjies, (dim.)* small pillar/column; pilaster; ban(n)ister; *(biol.)* columella.

pi·laf *(cook.)* pilaf(f), pilau, pilaw.

pil·ag·tig *=tige* pilular, pilulous.

pi·las·ter *=ters* pilaster.

Pi·la·tus *(NT)* Pilate; *(geog: also* Pilatusberg*)* Pilatus.

pi·le·us *(bot.)* pileus.

pil·le-: **~dokter** *(rare)* →PILLEDRAAIER. **~doos, ~dosie** →PILDOOS. **~draaier** *(rare, joc. for pharmacist)* pill pedlar/pusher/roller.

pil·le·tjie *=tjies, (dim.)* small pill, pilule, pellet, tabloid, globule, pastille; *(infml.: cannabis cigarette)* joint, spliff, bomber.

pi·loon *=lone* pylon.

pi·loot *=lote, (rare, dated)* pilot.

pils, pil·se·ner *(also P~, a light beer)* Pilsen beer, Pilsner, Pilsener.

pi·ment allspice, Jamaica pepper, pimento.

pim·pel: *iem. ~ en pers slaan* beat s.o. black and blue. **~mees** *(orn.)* tomtit.

pim·per·nel *=nelle, (bot.)* pimpernel; *(bot.)* burnet.

pim·per·neut, pis·ta·sie·neut, pis·ta·chi·o·neut pistachio nut. **~groen** *n.* pistachio (green). **~groen** *adj.* pistachio(-green).

pi·ña co·la·da *n., (Sp., a rum-based cocktail)* piña colada.

pi·na·kel *=kels, (archit.)* pinnacle.

pi·na·ko·teek *=teke, (rare)* picture gallery.

pi·nas *=nasse, (naut., chiefly hist.)* pinnace.

Pin·da·ries *=riese* Pindaric; *~e ode* Pindaric (ode). **Pin·da·ros** *(Gr. lyric poet)* Pindar.

pi·ne·aal *=ale* pineal; *pineale liggaam/klier, (anat.)* pineal body/gland; *pineale oog, (zool.)* pineal eye, *(infml.)* third eye; *pineale orgaan, (anat.)* pineal body.

pi·ne·tum *=netums, =neta, (<Lat.)* pinetum, pine plantation.

ping *n.* ping. **pin·gel** *ge=, (mot.)* ping, pink.

pin·go *=go's, (geomorphol.)* pingo.

ping·pong *n., (infml.: table tennis)* ping-pong. **ping·pong** *ge=, vb., (infml.: play table tennis)* play ping-pong.

Pin·jin *(alphabetic system for the transcription of Chinese)* Pinyin.

pink *ge=* blink; wipe *(a tear from the eye)*; *hink en ~* →HINK.

pin·kie *=kies* little finger, pinkie, pinky; *iem. om jou ~ draai* twist/wind s.o. round your (little) finger; *as jy iem. 'n/die ~ gee, vat hy/sy die hele hand* give s.o. an inch and he'll/she'll take an ell *(or* a yard/mile); *meer verstand in jou ~ hê as iem. in sy/haar hele lyf* have more wisdom/wit in one's little finger than s.o. in his/her whole body.

Pink·ster Pentecost, Whitsun(tide); *met ~* at Pentecost/Whitsun(tide). **~biduur** Pentecostal/Whitsun(tide) prayer meeting. **p~blom** cuckooflower. **~dag, ~sondag** Pentecost, Whit Sunday. **~fees, ~tyd** Whitsuntide; *(Joodse) ~* Shavuot, Shabuoth. **~gelowige** Pentecostalist. **~kerk** Pentecostal church. **~leraar** Pentecostalist preacher. **~maandag** Whit Monday. **p~roos** p(a)eony. **~sekte** Pentecostal sect. **~sondag** →PINKSTERDAG. **~tyd** →PINKSTERFEES. **~vakansie** Whitsun holiday(s). **~week** Pentecost/Whit(sun) week.

PIN(-nom·mer) *(abbr.:* persoonlike identifikasienommer*)* PIN (number) *(abbr.:* personal identification number*)*.

pi·no·tage *(a SA red wine)* pinotage. **~druif** pinotage (grape).

pi·no·tie·bos·sie *(Xanthium spinosum)* bur(r)weed.

pins·bek *(an alloy of copper and zinc)* pinchbeck, Bath metal.

pin·scher *=schers* →DOBERMANN-PINSCHER.

pin·set *=sette, (rare)* pincette, tweezers.

pint *pinte* pint; *'n ~ melk/ens.* a pint of milk/etc.. **~bottel** pint bottle. **~glas** pint glass.

pin·to·boon·tjie pinto bean.

pi·oen *=oene,* **pi·oen·roos** *=rose* p(a)eony.

pi·on *=onne, (chess or fig.)* pawn.

pi·o·nier *=niers, =niere, (also mil.)* pioneer. **~span** *(mil.)* pioneer party.

pi·o·niers-: **~gees** pioneer(ing) spirit. **~korps** pioneer corps. **~lewe** pioneering way of life. **~park** *(mil.)* pioneer park. **~werk** pioneer(ing) work; *(fig.)* pioneering work.

pi·or·ree *(med.)* pyorrh(o)ea.

pi·ou·ter pewter. **~ware, ~stukke** pewter. **~werk** pewter work. **~werker** pewterer.

pi·pet *=pette* pipette. **pi·pet·teer** *ge=* pipette.

pip·pe·ling *=linge, (type of apple)* pippin.

pip·per·ment →PEPERMENT.

pi·raan *(chem.)* pyran.

Pi·rae·us *(geog.)* Piraeus.

pi·ra·mi·daal *=dale* pyramidal; colossal, enormous.

pi·ra·mi·de *=des,* **pi·ra·mied** *=miede(s)* pyramid. **~(verkoop)skema** pyramid selling. **~vormig** *=e* pyramidal.

pi·ra·nha *=nhas (Port.),* **pi·ra·na** *=nas, (icht.: carnivorous S.Am. freshwater fish)* piranha, piraña.

Pi·ra·te·kus: *die ~* the Trucial Coast.

Pi·re·ne·ë: *die ~, (geog.)* the Pyrenees. **Pi·re·nees** *=nese, n.* Pyrenean. **Pi·re·nees** *=nese, adj.* Pyrenean; *Pirenese gemsbok* izard; *Pirenese berghond* Pyrenean mountain dog.

pi·re·trum *(insecticide)* pyrethrum; *(bot.)* feverfew.

pir·he·li·o·me·ter pyrheliometer.

pi·ri·dok·sien, vi·ta·mien B_6 *(biochem.)* pyridoxine, vitamin B_6.

pi·riet *(min.)* pyrite(s).

pi·ri-pi·ri →PERI-PERI.

pi·ro= *comb.* pyr(o)=.

pi·ro·chloor *(min.)* pyrochlore.
pi·ro·ë·lek·tri·si·teit, pi·ro·e·lek·tri·si·teit pyro= electricity. **pi·ro·ë·lek·tries, pi·ro·e·lek·tries** =*triese* pyro= electric.
pi·ro·foor =*fore* pyrophoric.
pi·ro·gal·lus·suur, pi·ro·gal·lol *(chem.)* pyrogallic acid, pyrogallol.
pi·ro·geen =*gene, n., (med.)* pyrogen. **pi·ro·geen** =*gene, adj.* pyrogenic, pyrogenous. **pi·ro·ge·ne·se** pyrogene= sis.
pi·ro·klas·ties =*tiese, (geol.)* pyroclastic.
pi·ro·li·se *(chem.)* pyrolysis. **pi·ro·li·seer** *ge*= pyrolyse.
pi·ro·lu·siet *(min.)* pyrolusite.
pi·ro·maan =*mane* pyromaniac. **pi·ro·ma·nie** *(psych.)* pyromania.
pi·ro·me·tal·lur·gie pyrometallurgy.
pi·ro·me·ter pyrometer.
pi·roon pyrone.
pi·roop *(geol.)* pyrope, Cape ruby.
pi·ro·plas·ma·be·smet·ting piroplasmosis. **pi·ro= plas·mo·se** *(vet.)* piroplasmosis; →BABESIEBESMETTING.
pi·ro·sfeer pyrosphere.
pi·ro·swa(·w)el·suur pyrosulphuric acid.
pi·ro·teg·niek pyrotechnics, fireworks. **pi·ro·teg·nies** =*niese* pyrotechnic(al). **pi·ro·teg·ni·kus** =*nikusse*, =*nici* pyrotechnist.
pi·rou·et·te =*tes, (chiefly ballet)* pirouette. **pi·rou·et·teer** *ge*= pirouette.
pi·rox·een *(min.)* pyroxene. **pi·rox·e·niet** *(geol.)* pyrox= enite. **pi·rox·i·lien** *(chem.)* pyroxylin.
pir·rool *(chem.)* pyrrole.
Pir·ros, Pir·ri·us, Pyr·rhus *(318-272 BC, king of Epirus)* Pyrrhus. ~**oorwinning** Pyrrhic victory.
pir·ro·tiet *(min.)* pyrrhotine, pyrrhotite.
pis *n., (coarse: urine)* piss; *iem. is deur die* ~, *(sl.)* s.o. is bewildered/confused/dazed, s.o. is in a muddle. **pis** *ge*=, *vb., (coarse: urinate)* piss, piddle; stale *(of horses, cattle etc.)*; *in die bed* ~, *(coarse)* wet the bed. ~**bossie** *Chenopodium* sp.. ~**goed** *(bot.: Euphorbia erythrina, Euphorbia genistoides)* piss grass. ~**lou** *(coarse, rare)* luke= warmish. ~**pot** *(coarse)* pisspot; →KAMERPOT.
Pis·ces *(astron., astrol.)* Pisces, Fishes.
Pi·si·di·ë *(geog., hist.)* Pisidia. **Pi·si·di·ër** =*diërs, n.* Pisidian. **Pi·si·dies** =*diese, adj.* Pisidian.
pi·so·liet *(geol.)* pisolite.
pis·se·ry *(coarse: urination)* pissing.
pis·ta·sie·groen *n.* pistachio (green). **pis·ta·sie= groen** *adj.*. pistachio(-green).
pis·ta·sie·neut, pis·ta·chi·o·neut →PIMPERNEUT.
piste *(Fr., fencing)* piste.
pis·tool =*tole* pistol; *(hist.)* petronel; *(hist., coin)* pistole; *'n* ~ *teen iem. se kop hou, (fig.: force s.o. to act according to one's wishes)* hold a pistol to s.o.'s head; *'n* ~ *uitpluk* draw a pistol. ~**draend** =*e* pistol packing. ~**sak** holster. ~**skoot** pistol shot.
pit *pitte* pip; stone *(of a peach)*; seed *(of an orange)*; kernel; *(fig.)* core, pith, marrow, moral fibre; nucleus; *(phys.)* core *(of a nuclear particle)*; gumption, vim; stamina; *(bot.)* medulla; wick *(of a candle)*; marble *(in a game)*; *(also, in the pl., infml.: money)* bread, dough, brass, gravy, grease, moolah, spondulic(k)s *(Br.)*, shekels *(<Hebr.)*, oof *(<Yidd.)*; *dit is die* ~ *van die hele saak* that is the pith and marrow of the matter; *geen* ~ *hê nie* have no grit; *iem. met* ~*te, (infml.)* a person of substance. ~**boom** seedling tree, tree raised from a stone. ~**boor** corer. ~**hout** heartwood. ~**kos** grain food; concentrate(s); *(fig.)* s.t. having sub= stance; *vol* ~ matterful. ~**loos** =*lose* stoneless, pipless; seedless; *(fig.)* pithless. ~**seer** *(pathol.)* boil, furuncle. ~**voer** grain food, concentrates. ~**vrug** stone fruit, drupe.
pi·ta(·brood) pitta (bread).
Pi·t(h)a·go·ras *(Gr. philospher)* Pythagoras; *die stelling van* ~, *(math.)* the Pythagorean proposition/theorem, the Pythagoras' theorem. **Pi·t(ha)·go·re·ër** =*reërs, n., (also p~)* Pythagorean. **Pi·t(h)a·go·ries** =*riese, adj., (also p~)* Pythagorean. **Pi·t(h)a·go·re·is·me** *(also p~)* Pythagore= anism.
pi·ti·ri·a·se *(med.)* pityriasis.
pit·jie =*jies, (dim.)* small stone/kernel; little pip; seed *(of fruit)*; *(also, in the pl.)* pig measles.
Pi·ton =*tons, (Gr. myth.)* Python.
pi·tot·buis pitot (tube) *(for measuring the velocity of fluid flow)*.
pit·so =*so's, (So., traditional gathering)* pitso.
pit·tig =*tige* pithy, punchy *(style)*; terse *(expression)*; pi= quant; racy *(language)*; snappy *(story)*; full-flavoured *(tobacco)*; full-bodied *(wine)*; succinct; matterful; spicy, hot; strong, pungent; meaty; sententious; *dit is 'n* ~*e wyn* the wine has body. **pit·tig·heid** pithiness, terseness; spici= ness, bite; body *(of wine)*; →PITTIG.
pit·to·resk =*reske, (art)* picturesque.
pi·tu·ï·têr =*têre, (med.)* pituitary.
piz·za =*zas, (cook.)* pizza. ~-**eetplek**, ~**restaurant**, ~**res= tourant** = PIZZERIA.
piz·ze·ri·a =*as* pizzeria, pizza parlour.
piz·zi·ca·to =*to's, (It., mus.)* pizzicato (section/passage). ~-**spel** pizzicato.
pla *ge*= plague, vex, annoy, worry, tease, molest, trouble, twit, harass, bait, badger, bother, bug, chaff, banter, rally; *moenie die **kind** so* ~ *nie* don't tease the child like that; ***met** iets ge*~ *wees* suffer from s.t.; be troubled with s.t.; be plagued with s.t.; *iem. is **met** die maan ge*~ →MAAN[1] *n.*; *iem. **oor** iets* ~ bother s.o. about s.t.; chaff s.o. about s.t.; *kom jy my al **weer** ~?* are you coming to bother me again?; *ek **wil** nie* ~ *nie* I don't want to be a nuisance.
plaag *plae, n.* plague, pest, scourge, nuisance; plague, infestation; pestilence; blight; bother; *plae **bestry*** con= trol pests; *'n* ~ ***by** skape/ens.* a pest of sheep/etc.; *iem. **is** 'n* ~ s.o. is a pest/nuisance (*or* pain in the neck); *iem. is 'n **publieke*** ~ s.o. is a public nuisance; *die **tien** plae* the ten plagues; *'n* ~ ***wees*** be a pest *(in agriculture)*. ~**be= stryding** pest control. ~**bestrydingsmiddel** =*s*, =*e* pes= ticide. ~**doder** pesticide. ~**gees** tease, teaser, pest, ban= terer, tormentor. ~**plant** pest plant. ~**siek** =*e* fond of teasing; teasing; *in 'n* ~*e stemming* in a teasing mood. ~**sug** love of teasing; *uit* ~ to tease, from a love of teas= ing.
plaak plaque.
plaas *plase, n.* farm; place; stead; ~ ***dat** iem. dit doen, het hy/sy* (of *[in]* ~ ***van** dit te doen, het iem.)* ... instead of do= ing it, s.o. ...; far from doing it, s.o. ...; *in die **eerste** ~/ plek* in the first place; to start with; above all; first of all; first and foremost; in the first instance; primarily; *dit **kos** 'n* ~ *se geld/prys, (infml.)* it costs a (small) for= tune; ~ ***neem*** →PLAASNEEM; *in die **tweede/ens.** ~/plek* in the second/etc. place; *(in)* ~ ***van*** ... instead of ...; in place of ...; rather than ...; *(in)* ~ ***van** te help, het iem. gehinder* s.o. was more hindrance than help; *iem. **woon** op 'n* ~ s.o. lives on a farm. **plaas** *ge*=, *vb.* place, put *(down, in)*, perch, stand; seat; set/put up, erect; locate, assign a place to, site; install; rank; insert, put in, pub= lish, use, print *(in a paper)*; accommodate *(a boarder)*; place *(an order)*; place *(racing, shares)*; rank *(a writer)*; establish, locate, station *(troops)*; position *(a ball)*; col= locate; *iets **by** ...* ~ put s.t. against ... *(s.o.'s name etc.)*; *'n **hou*** ~ get a blow in; *iets **in** ...* ~ put s.t. into ...; *iets **op** ...* ~ put s.t. (up)on ...; set s.t. on ...; *op **rekening*** ~ debit (*or* charge to) an account; *iets **teen** ...* ~ put s.t. against ...; stand s.t. against ...; *iets **teenoor** ...* ~ set s.t. against ... ~**arbeider** →PLAASWERKER. ~**boer** (working) farmer. ~**botter** farm butter. ~**dam** farm dam. ~**eiers** free-range eggs, farm eggs. ~**gereedskap** agricultural im= plements. ~**hoenders** free-range chickens/hens, farm chickens/hens. ~**huis** farmhouse, homestead. ~**hulp** =*e* farmhand. ~**japie** *(derog.)* yokel, (country) bumpkin, country cousin, clodhopper. ~**lewe** farm life. ~**lyn** *(teleph.)* party line. ~**mens** countryman, farm dweller, farmer. ~**naam** farm name, name of a farm. ~**neem,** ~ **neem** seat o.s., take a seat. ~**pad** farm/country road, dirt road, track. ~**produk** =*te* farm product; *(in the pl.)* farm produce. ~**ruimte** space *(in a paper, magazine, book)*; room; seating accommodation; capacity. ~**tronk** farm prison. ~**vervangend** =*e* substitute, acting, alter= nate, deputy; substitutionary; vicarious, vicarial; suc= cedaneous; vicegerent; surrogate; temporary; ~*e genade* vicarious grace; ~*e lid* alternate member; ~*e offisier* officer in waiting. ~**vervangend** *adv.* vicariously; as a substitute/deputy, in an acting capacity. ~**vervanger** deputy, substitute, stand-in; locum tenens; understudy; alternate (member); subsidiary; second; surrogate; *(base= ball)* pinch hitter; *as iem. se* ~ *optree, as* ~ *van iem. optree* stand in for s.o., substitute for s.o.; *die* ~ *van iem. wees* be the alternate to s.o.; be the substitute for s.o; deputise for s.o.. ~**vervanging** acting as deputy/substitute, depu= tising. ~**vervulling** *(jur.)* substitution. ~**vind** *plaasge*= take place, happen, occur, transpire. ~**volk** *(arch., derog.)* farmhands, farm labour. ~**voorman** farm foreman. ~**waarde** farm value. ~**werf** farmyard, barnyard. ~**werk** farm work. ~**werker** farm/agricultural worker, farm/ agricultural labourer, farmhand, peasant. ~**winkel** coun= try/farm store.
plaas·lik =*like* local; native; ~*e **bestuur*** local govern= ment; local authority, local board; ~*e **keuse*** local op= tion; ~*e **kleur*** local colour; ~*e **netwerk**, (comp.)* local area network *(acr.:* LAN*)*; ~*e **oproep*** local call; ~*e **tyd*** local time; ~*e **verdowing*** local anaesthetic. **plaas·lik= heid** locality, ubiety.
plaat *plate* (door=, glass, photographic, dental) plate; plaque; (marble) slab; photogravure, engraving, print, picture; (mural) tablet; record; sheet *(of iron)*; patch, stretch *(of bush, grass, stones)*; sandbank; plateau, table= land; base; patch *(of vegetation)*; *(min.)* sheet, sill; shoal; (baseball) pad; *'n* ~ ***druk*** press a disc/disk; ***goue*** ~ gold disc; *'n* ~ ***maak/sny*** cut a disc/disk; *'n* ~ ***motors*** a large number of cars parked together; *'n* ~ ***speel/draai*** play a record; ~ ***vis*** shoal of fish; ~ ***water*** stretch/ex= panse of water. ~**anker** gusset (plate) *(of a locomotive)*. ~**bedekking** sheeting. ~**dikte** sheet gauge. ~**druk** cop= perplate printing. ~**drukkery** (copper)plate printing; (copper)plate printing works. ~**gaas** expanded metal. ~**gang** *(naut.)* strake. ~**geruis**, ~**gekras** surface noise *(of a record)*. ~**glas** plate glass. ~**houer** *(phot.)* plate hold= er. ~**klip** slab stone. ~**koek** griddlecake, girdlecake. ~**koekie** flapjack, drop scone, girdlecake. ~**konden= sator** plate condenser. ~**koper** sheet copper, copper sheet(ing); sheet brass, brass sheet(ing). ~**lood** sheet lead, lead sheet(ing). ~**metaal** sheet metal. ~**meul(e)** sheet works. ~**omslag** record sleeve. ~**opname** record= ing. ~**pantser** plate armour. ~**skêr** shears. ~**skon** drop scone, griddlescone. ~**snykuns** engraving. ~**staal** sheet steel, steel sheet(ing). ~**steun** gusset. ~**struktuur** platy structure; *(geol.)* sheet structure. ~**tektoniek** *(geol.)* plate tectonics. ~**vis** = SONVIS. ~**vormig** =*e* platy. ~**werker** sheet metal worker; sheeter; panel beater. ~**yster** sheet iron, iron sheet(ing).
plaat·ag·tig =*tige* platy.
plaat·jie =*jies, (dim.)* platelet, small plate; slide; disc, tag; *(rare)* cut, small picture/illustration; *(osteol.)* lamella; *(tech.)* lamina; plaquette; tally.
plaat·se: *ter **aangehaalde*** ~, *(abbr.:* t.a.p.*)* loco citato *(abbr.:*loc. cit.*)*; ***hier** ter* ~ locally; ***ter*** ~ on the premises; on the spot, in loco; *'n ondersoek **ter*** ~ *doen/instel* →ON= DERSOEK *n.*.
pla·end =*ende* vexatious.
pla·er =*ers* tease(r), chaffer; prankster. **pla·e·rig** =*rige* (fond of) teasing, bantering, impish, elfish; vexatious. **pla·e= ry** =*rye* teasing, chaffing, banter, raillery; chicanery; vexation.
pla·fon =*fonne* ceiling. ~**balk** ceiling joist/beam. ~**kroon= lys** ceiling cornice. ~**luik** ceiling trap (door). ~**plank** ceiling board. ~**raamwerk** ceiling floor. ~**roos** centre= piece; ceiling rose.
pla·fon·neer *ge*=, *(fml., rare)* fix ceilings, provide with a ceiling. **pla·fon·neer·der** =*ders, (rare)* ceiling fixer. **pla= fon·ne·ring** *(rare)* ceiling-fixing, installation of a ceiling.
pla·gi·aat =*ate* plagiarism; ~ *pleeg* plagiarise, commit plagiarism. **pla·gi·a·ris** =*risse* plagiarist. **pla·gi·eer** *ge*=, *(rare)* →PLAGIAAT PLEEG.
pla·gi·o·klaas *(min.)* plagioclase.
pla·ja *(Sp.Am., a desert basin)* playa.
plak *plakke, n.* strap, (short) whip; ferule; cane, stick; swatter; slab; *onder die* ~ ***deurloop**, met die* ~ ***kry*** get licked/caned; *onder die* ~ ***sit/wees*** be henpecked; be tied to s.o.'s apron strings *(infml.)*; *onder iem. se* ~ ***sit/wees*** be under s.o.'s thumb; *'n* ~ ***sjokolade*** →SJOKOLADE.

plak *ge-, vb.* paste, glue, gum, stick, affix *(a stamp)*; paper *(a wall, room, etc.)*; hang *(paper on a wall)*; squat *(on a farm etc.)*; *êrens* ***bly*** ~ remain sitting; sit on; *iets* ***op*** ... ~ affix/paste/stick s.t. to ...; *iets met kleefband/-lint* ***op*** ... ~ tape s.t. on ...; *jou hoed* ***op*** *jou kop* ~, *(infml.)* jam one's hat on. **~album** scrap album. **~boek** scrap-book, book of cuttings; guard book. **~bord** paste-board. **~foto** pin-up. **~lint** sticky/gummed tape, sticking tape, adhesive tape. **~model** paste-up. **~okulering** patch budding. **~pap** wallpaper paste, paper-hanger's paste. **~papier** wallpaper. **~seël** adhesive stamp; revenue/receipt stamp; sticker. **~sool** adhesive sole. **~staking** *(rare)* →SITSTAKING. **~strook, ~strokie** sticker, stick-on label; (stamp) hinge; stamp mount. **~stysel** adhesive paste.

pla·ket, plak·ket *-kette* plaquette, small plaque.

plak·kaat *-kate* poster, placard, bill; edict. **~boek** collection of edicts/proclamations. **~draer** sandwich man. **~kuns** poster art. **~plakker** billsticker. **~verf** poster paint/colour.

plak·ker *-kers* squatter, informal settler *(on land)*; sticker, poster; billposter, billsticker, billman; sticker, hanger-on, lingerer; paperhanger; *(entom.)* gipsy moth.

plak·kers-: **~buurt(e), ~dorp, ~gebied** squatters' settlement, shanty town, shackland. **~kamp** squatter camp. **~mes** casing knife, paperhanger's knife. **~wet** squatting law.

plak·ke·ry squatting *(on land)*.

plak·ket →PLAKET.

plak·kie *-kies* small slab (→PLAK *n.*); flip-flop, slipslop, slip-on (shoe), strapless sandal, thong; *(bot.)* *Crassula* and *Cotyledon* spp.. **plak·kies·gras** *Eragrostis superba*.

plak·sel *-sels* adhesive, (adhesive) paste, glue; masking; sticker; things glued/pasted together; *(typ.)* paste-up; *'n ~ maak* do a paste-up.

pla·muur *ge-* prime ground, filling. **~mes** filling/stopping/putty knife.

pla·muur(·sel) priming; filler.

plan *planne* plan, project, scheme, design; aim, purpose, intent(ion); contrivance; forecast; diagram, draft; *(fig.)* blueprint; level, plane; plan, map, ground/floor plan; *dis* ***al*** ~ it's the only way *(to achieve a purpose)*; ***ambisieuse*** *~ne vir iem. hê* be ambitious for s.o.; *'n* ~ ***beraam/maak*** make/devise a plan; *~ne* ***beraam*** lay plans; *~ne* ***beraam*** *vir ..., (also)* scheme for ...; *jou eie ~ne* ***bevorder*** serve one's own ends; *iem. se ~ne* ***bevorder*** play into s.o.'s hands; *'n* ***blink*** ~ *hê/kry* have a bright idea; be onto a winner *(infml.)*; *'n ~ is 'n* ***boerdery*** one just needs the right idea; nothing like ideas!; ***bose*** *~ne hê* be up to no good *(infml.)*; *iets* ***bring*** *jou van jou ~ af* s.t. alters one's purpose; *met 'n ~ voor die* ***dag*** *kom* produce a plan; ***die*** *~ is om te ...* it is intended to ...; the idea is to ...; *jou ~ne* ***dig*** *hou* keep/play one's cards close to one's chest *(infml.)*; ***dis*** *die ~* that's the idea; ***dis*** *nogal 'n ~!* that's an idea!; *dit* ***gaan*** *so op 'n ~* things are not going too badly; ***groot*** *~ne hê* think big; ***grootse*** *~ne hê* have big ideas; *so* ***half*** *'n ~ hê om iets te doen*, ***half en half*** *van ~ wees om iets te doen* have a vague idea of doing s.t., have some thoughts of doing s.t.; *'n* ***halwe*** *~ hê om te ...* have half a mind to ...; *'n ~ agter die* ***hand*** *hê* have a card up one's sleeve; *(geheime) ~ne* ***hê*** have/keep s.t. up one's sleeve; *ek* ***het*** *'n ~* I have an idea, I know what; *iem.* ***het*** *'n ~ om te ...* s.o. has a plan to ...; *op 'n* ***hoër*** *~* on a higher plane; *iem. het* ***honderd*** *~ne* s.o. is full of ideas; *wat* ***is*** *jou ~?* what is your intention/idea?; *wat iem. se ~* ***is***, *wat iem. van ~* ***is*** *(om te doen)* what s.o. intends (*or* plans to do), what s.o.'s intention is; *dan* ***is*** *dit jou ~* so that is your game; *met 'n ~ (te voorskyn)* ***kom*** produce a plan; *'n ~* ***maak***, *(also)* think of s.t.; →***beraam/maak***; *'n ~* ***maak*** *om iets te doen, (also)* contrive to do s.t.; *~ne vir die toekoms* ***maak*** plan ahead; *(al) iem. se ~ne* ***omvergooi/omvêrgooi/verydel*** upset s.o.'s apple-cart *(infml.)*; ***onbekookte*** *~ne* wildcat schemes; *'n ~* ***opgee*** abandon a scheme; *die ~ne vir iets word* ***opgestel*** the plans for s.t. are being drawn up, s.t. is on the drawing-board *(infml.)*; *'n ~* ***opstel/ontwerp*** draw up a plan *(for a house etc.)*; *iem.* ***praat*** *nie oor sy/haar ~ne nie* s.o. keeps his/her (own) counsel; *dis nie 'n* ***slegte*** *~ nie* that's not a bad idea; *~ne* ***smee*** hatch plans/plots/schemes; *'n ~* ***uitvoer*** carry out a plan; *'n ~ laat* ***vaar*** abandon a scheme; ***van*** *~ wees om iets te doen* aim/intend/mean/propose to do s.t.; plan to do s.t., plan on doing s.t.; *vas* ***van*** *~ wees om iets te doen* have every intention of doing s.t., have every intention to do s.t.; *iem. is* ***van*** *~ om dit te doen, (also)* s.o. is going to do it; *nie* ***van*** *~ wees om iets te doen nie, (also)* have no thought of doing s.t.; *iem. is nie* ***van*** *~ om te ... nie, (also)* s.o. is not about to ...; *van ~* ***verander*** change one's mind; think better of it; *iets* ***verloop/vorder*** *volgens ~* s.t. goes according to plan; s.t. goes according to schedule; ***vol*** *~ne wees* be full of resource; ***volgens*** *~* according to plan, as planned; ***wat*** *iem. se ~* ***is***, ***wat*** *iem. van ~ is om te doen* what s.o. intends (to do), what s.o.'s intention is; *volgens ~* ***werk*** work with system, work on a system. **~ekonomie, ~huishouding** government/state planned economy. **~maker, plannemaker** person of ideas; schemer, designer; organiser; improviser; back-room boy, planner, deviser, projector; *listige ~* intriguer. **~matig** *-e* methodical, systematic, according to plan. **~matigheid** methodicalness, systematic arrangement.

plan·doe·ka *-kas, (rare)* = PLATANNA.

pla·neer *(ge)-* planish, smooth; size *(paper)*; surface *(paper)*; *(aeron.)* glide, plane. **~hamer** planishing hammer/mallet, planing hammer, sleeking hammer. **~werk** planishing.

pla·neer·sel size, sizing.

pla·neet *-nete, (astron.)* planet; *(astrol.)* planet, star; *klein ~, (astron.)* planetoid; *die ~ (aarde)* (the) planet (earth). **~baan** planetary orbit, orbit of a planet. **~loop** planetary motion. **~rat** planet(ary) gear, planet wheel, sun gear/wheel, sun-and-planet gear.

pla·ne·ring planishing; sizing.

pla·ne·ta·ri·um *-riums, -ria* planetarium; *klein ~* orrery.

pla·ne·têr *-têre* planetary; *~e newel, (astron.)* planetary nebula.

pla·ne·te·si·maal *n. & adj., (astron.)* planetesimal; *planetesimale hipotese* planetesimal hypothesis.

pla·ne·te·stel·sel planetary system.

pla·ne·to·ï·daal *-dale, (astron.)* planetoidal, asteroidal. **pla·ne·to·ïed** *-toïede* planetoid, asteroid.

pla·ne·to·lo·gie *(astron.: science of the planets)* planetology.

pla·ni·me·ter planimeter. **pla·ni·me·trie** planimetry, plane geometry. **pla·ni·me·tries** *-triese* planimetric. **pla·ni·sfeer** planisphere.

plank *planke* plank; board; shelf; deal; *(in the pl., theatr.)* (the) stage/boards; *op die* ***boonste*** *~* on the top shelf; ***dun*** *~* scantling; *'n* ***hok*** *van ~e* a wooden/deal shed; ***oor*** *die ~ loop, (naut.)* walk the plank; *iets* ***op*** *die ~e bring* put on s.t. *(a play etc.)*, bring/put s.t. on the stage, stage s.t.; ***op*** *die ~e, (theatr.)* on the boards; *~e* ***saag***, *(rare)* →BALKESAAG. **~bed** plank bed. **~brug** plank bridge. **~dun** as thin as a lath/rake, skinny, scrawny. **~hark** strike board. **~heining** hoarding, board(ed) fence. **~mat** duckboard, trench board. **~paadjie, ~pad** boardwalk. **~perske** *(rare)* →PERSKESMEER. **~skutting** (wooden) hoarding. **~skyf** planked steak. **~vloer** wooden floor. **~werk** planking, boarding, hoarding.

plan·ke·vrees stage fright.

plan·kie *-kies* small plank (→PLANK); slat, lath, stave, tally; planchette.

plan·kon·kaaf →PLATHOL. **plan·kon·veks** →PLATBOL.

plank·ton plankton; *plantaardige ~* →PLANTAARDIG. **~krefies** krill.

plan·loos *-lose* planless, haphazard.

plan·ne·ma·ker →PLANMAKER.

plan·ne·tjie *-tjies* little scheme (→PLAN); trick; *dan is dit jou ~!* so that is your little game!; *watse ~s is dit met jou?* what is your game?.

pla·no-, plan- *comb.* plano-.

pla·no·blad *-blaaie*, **pla·no·vel** *-velle* broadsheet.

pla·no·li·to·gra·fie offset lithography. **pla·no·me·ter** *-ters* planometer.

plan·sjet *-sjette* planchette.

plant *plante, n.* plant. **plant** *ge-, vb.* plant; grow, cultivate; plant out; land *(a blow)*; *(cr.)* pitch *(a ball)*; *(rugby)* tackle, bring down, floor; *te vol ~, (cr.)* overpitch *(a ball)*; *'n voltreffer ~, (lit. & fig.)* pack a (heavy/hard) (*or* quite a) punch. **~aarde** (vegetable) mould. **~aardrykskunde** →PLANTEGEOGRAFIE. **~anatomie** plant anatomy, phytotomy. **~beskerming** plant control. **~beskrywing** phytography. **~dier** *(zool.)* zoophyte *(dated)*, phytozoon. **~ekologie** plant ecology. **~etend** *-e* herbivorous, plant eating, phytophagous. **~eter** herbivore, plant-eater. **~familie** plant family. **~fisiologie** plant physiology. **~gemeenskap** plant community, bioc(o)enosis. **~gif** plant poison/toxin, phytotoxin. **~goed** planting material. **~groep** clump. **~jellie** vegetable jelly, pectin. **~kenner** botanist; herbalist; plants(wo)man. **~kleursel, ~kleurstof** vegetable dye. **~kunde** botany, phytology. **~kundig** *-e* botanical. **~kundige** *-s* botanist. **~kweker** nurseryman. **~kwekery** nursery (garden). **~lewe** plant life, vegetable life; *'n ~ lei, (fig.)* vegetate, lead a plantlike existence. **~liefhebber** lover of plants. **~loot** cutting. **~luis** plant louse, aphis, aphid; *groen ~* greenfly. **~lym** vegetable glue. **~lyn** strain. **~masjien** planting machine, planter. **~melk** latex. **~naam** plant name. **~olie** vegetable oil. **~plaag** plant pest. **~pot** plant pot. **~ry** plant line. **~seisoen** →PLANTTYD. **~sel** *-le* plant cell. **~siekte** plant disease. **~siektekunde, ~siekteleer** phytopathology, plant pathology. **~siektekundige** phytopathologist. **~soort** species of plant. **~staander** palm stand. **~stelsel** vegetable system. **~stok** dibble, plant stake. **~tyd, ~seisoen** planting time/season. **~vesel** vegetable fibre. **~vet** vegetable fat. **~was** vegetable wax. **~weefsel** plant tissue. **~wêreld** →PLANTEWÊRELD.

plant·aar·dig *-dige* vegetable, vegetal, vegetative; *~e* ***gif*** plant poison/toxin, phytotoxin; *~e* ***ivoor*** vegetable ivory; *~e* ***olies*** vegetable oils, seed oils; *~e* ***plankton*** phytoplankton; *~e* ***voedsel*** vegetarian food.

plan·ta·sie *-sies* plantation.

plan·te-: **~beskerming** →PLANTBESKERMING. **~dek** = PLANTEKLEED. **~familie** →PLANTFAMILIE. **~geografie, plantaardrykskunde** phytogeography, plant geography. **~groei** vegetation, plant life, flora. **~groep** = PLANTGROEP. **~kenner** = PLANTKENNER. **~kleed** plant cover, vegetal cover. **~kweker** = PLANTKWEKER. **~lewe** = PLANTLEWE. **~materiaal** plant material. **~ryk** plant/vegetable kingdom. **~slym** mucilage. **~stelsel** →PLANTSTELSEL. **~teelt** plant breeding, cultivation of plants. **~teler** plant breeder. **~tuin** botanic(al) garden(s). **~verspreiding** plant distribution, distribution of plants; →PLANTEGEOGRAFIE. **~vesel** →PLANTVESEL. **~wêreld** vegetable world, vegetation, flora.

plan·ter *-ters* planter; planting machine, planter, seed-ing-plough. **plan·te·ry** planting.

plant·jie *-jies* (small) plant (→PLANT *n.*); transplant, seedling; bacteria culture; *asyn~* →ASYNMOER; *suurdeeg~* →SUURDEEGPLANTJIE. **~suurdeeg** vegetable yeast.

plant·soen *-soene, (rare)* park, public garden(s); shrubbery.

plas *plasse, n.* pool, puddle, plash, pond; *water~* puddle of water, sheet of water. **plas** *ge-, vb.* splash, plash, slosh; splatter; dabble; squelch; pour (down); form pools; *in die water ~* splash/paddle in the water; *die water het in die pad begin ~* the water was forming pools in the road. **~dam(metjie)** paddling pool.

pla·se·bo *(med.)* placebo. **~effek** *(med.)* placebo effect. **~-inspuiting** *(med.)* placebo (injection).

pla·sen·ta *-tas* placenta; *(bot.)* receptacle, seedbed. **plasen·taal** *-tale* placental. **pla·sen·ta·sie** placentation.

pla·sie *-sies, (dim.)* small farm, smallholding; plot; croft; →PLAAS *n.*.

pla·sing *-sings, -singe* placing, stationing, posting, positioning; placement, placing, location; grading; collocation; siting; establishment; installation, setting up; publication, insertion *(in a periodical)*; →PLAAS *vb.*.

plas·ma *-mas (cell matter)* plasm(a); *(phys.)* plasma. **plasma·ties** *-tiese* plasm(at)ic. **plas·mo·li·se** plasmolysis.

plas·ser *-sers* paddler. **plas·se·ry** paddling.

plas·sie *(dim.)* small puddle; *~ maak, (infml.)* piddle, widdle, wee(-wee).

plas·tied *-des, (bot.)* plastid.

plas·tiek *(also* plastiekstof*)* plastic; plastic (money). **~bedryf** plastics industry. **~bom** plastic bomb. **~bord** plastic plate. ~**(geld)** *(infml.: credit cards etc.)* plastic (money). ~**hout** plastic wood. ~**koeël** plastic bullet, *(fml.)* baton round. ~**reënjas** plastic raincoat/mac. ~**sak** plastic bag. ~**skuim** →SKUIMPLASTIEK. ~**stof** plastic (material); plastic fabric. ~**(winkel)sak**, ~**(dra)sak** plastic shopping bag, *(township sl.)* checkers.

plas·tiek·ag·tig *-tige,* **plas·tie·ke·rig** *-rige, (infml., derog.)* plasticky.

plas·ties *-tiese, adj.* plastic; *'n ~e* ***beskrywing*** a graphic/vivid description; *~e* ***chirurg/sjirurg/chirurgie/sjirurgie*** plastic/cosmetic surgeon/surgery; *~e* ***hout*** plastic wood; *~e* ***kuns*** figurative/plastic art; *~e* ***plof-/springstof*** plastic explosive. **plas·ties** *adv.* plastically; graphically. **plas·ti·si·teit** plasticity.

plas·tron *-trons, (zool.)* plastron, fencing pad.

plat *platte, n.* flat roof; terrace; stor(e)y; floor; shelf; plateau; ***kontinentale*** ~ continental shelf. **plat** *platter platste, adj.* flat, horizontal; level, even, smooth; prostrate; procumbent; vulgar, coarse, broad *(lang.); (fig.)* homespun; *om dit in ~* ***Afrikaans*** *te sê* to say it straight out (*or* in plain English); ~ ***bek,*** *(animal)* square mouth; ~ ***beursie*** light/empty purse; ~ ***boer*** simple/plain farmer; ~ *van* ***bors*** flat-chested; ~ ***dak*** flat roof; terraced roof *(of an Eastern house);* ~ ***grap*** coarse joke; ~ ***hand*** flat of the hand; *met die ~* ***hand*** with the flat/open hand; ~ ***klip/steen/rots*** slab; *iets ~* ***maak*** flatten s.t.; ~ ***neus*** flat nose; ~ ***skoen*** flat-heeled shoe; *so ~* ***soos 'n pannekoek*** as flat as a pancake; ~ ***styl*** low/common style; ~ ***taal*** vulgar speech, coarse language; ~ ***tongval*** broad accent; ~ ***tou,*** *(naut.)* sennit, sinnet; ~ ***visier*** lowered sights; ~ ***vlak*** surface plane; ~ ***voet*** flat foot; splayfoot; ~ ***voete*** flat feet; *op die ~te van jou voete staan* →PLATTE; ***volkome*** ~ dead flat; ~ ***word*** flatten out. **plat** *adv.* flat; ~ ***druk*** →PLATDRUK; ~ ***lê,*** *~lê* lie (down) flat, lie in bed, be prostrate; lie (up)on, roll down, crush; run at full speed; ~ *op jou* ***maag*** flat on one's stomach; face down; ~ ***praat*** speak vulgarly/broadly; ~ ***ry*** →PLATRY; ~ ***slaan*** →PLATSLAAN; ~ ***stelbare*** *rugleuning* fully reclinable seat; ~ ***trap*** →PLATTRAP; ~ ***val*** →PLATVAL. **P~afrikaans** colloquial Afrikaans; →OMGANGSAFRIKAANS. ~**baklorrie**, ~**vragmotor** flat-bed lorry. ~**bektang** flat-nose pliers. ~**bol** planoconvex. ~**bomer**, ~**boomskuit** flat-bottomed boat, flatboat, pram; surfboat; punt; scow. ~**boor** flat-bit drill, flat drill. ~**bord** meat plate. ~**dakhuis** flat-roofed house. ~**doring** *Arctopus echinatus.* ~**druk** *platge-,* ~ **druk** *plat ge-* flatten, squeeze flat, crush, squash; quash; overbear. **P~duits** *-e* Low German. ~**geslyp**, ~ **geslyp** tablecut. ~**getrap**, ~ **getrap** beaten. ~**gooi** *platge-,* ~ **gooi** *plat ge-* throw down; *jou ~* fling o.s. down; run as fast as one can. ~**hakskoen** low-heeled shoe. ~**hol** planoconcave. ~**kaartnavigasie** *(naut.)* plane sailing. ~**kissie** tray *(of fruit).* ~**klop** →PLATTIK. ~**knoop** reef knot, reefer, flat knot, square knot. ~**kop** flathead; flat-headed nail/screw; *(icht.: Tachysurus feliceps)* catfish. ~**kopbeentjie** capitate bone. ~**kopduif** turbit. ~**kopspyker(tjie)** tack; hobnail. ~**kroon(boom)** *(bot.: Albizia adianthifolia)* flatcrown. ~**kroonsoetdoring** →PAPIER(BAS)DORING. ~**kryt** tailor's chalk. ~**lê** →PLAT LÊ. ~**liggend** prostrate, tabular. ~**lood** sheet lead, milled lead. ~**loop** *platge-* overrun, knock down, sweep away, finish off; *iem. se drumpel ~* haunt s.o.'s door(s); *die hele dorp ~* go/look all over the town; *die land ~* stump the country. ~**luis** crab louse. ~**madoeka** = PLATANNA. ~**naat** run-and-fell seam. ~**neus** man with a flat nose, squat-nosed man. ~**pens** *(sl., rare)* hungry; *~ val* fall spread-eagled. ~**pensduik** belly flop. ~**pers** *(print.)* flatbed press. ~**plooi** box pleat. ~**plooiromp** pleated skirt. ~**poot** *(infml.: policeman)* flatfoot. ~**rib** flat rib *(of beef).* ~**riem** strap; *met die ~ gee* give the strap. ~**ring** quoit. ~**ry**, ~ **ry** travel across (*or* in all directions), tramp about, stump *(the country);* run over/down, knock down, crush; override. ~**sak** penniless, out of money, hard up, broke, strapped (for cash); ***heeltemal/totaal*** *~ wees, (infml.)* be flat/stony broke; *iem. ~* ***maak,*** *(infml.)* clear out s.o.; *~* ***tuis*** *kom* return with an empty bag (*or* with empty pockets); *~* ***wees*** be penniless/broke (*or* hard up *or* in low water). ~**sit** *platge-, (rare)* outargue. ~**skiet** *platge-,* ~ **skiet** *plat ge-* shoot down *(people, game);* level *(a fort, town),* raze to the ground. ~**slaan** *platge-,* ~ **slaan** *plat ge-* knock/pull down, demolish *(a house etc.);* fell, lay out, knock down; flatten, floor; *(a bullet)* mushroom; *(fig.)* devastate, floor, hit/knock for (a) six; *platgeslaan wees* be down for the count; *(fig.)* be devastated/dumbfounded/flabbergasted/shattered/stunned. ~**snyer** windrower, swather. ~**stoot** *platge-,* ~ **stoot** *plat ge-* flatten, raze. ~**stryk** *platge-,* ~ **stryk** *plat ge-* smooth(e) (down/flat), pat down *(hair).* ~**stuk** slab. ~**sydig** *-e* slab-sided. ~**sydigheid** slab-sidedness. ~**tang** flat pliers, flat (forge) tongs. ~**tik,** ~**klop** *platge-,* ~ **tik/klop** *plat ge-* pat down. ~**trap** *platge-,* ~ **trap** *plat ge-* tread/trample down (flat), trample underfoot, tread down, override. ~**trek** *platge-,* ~ **trek** *plat ge-* lay low, pull down, fell; bring/shoot down; lay back *(ears); die koors het iem. platgetrek* fever laid s.o. low. ~**val** *platge-,* ~ **val** *plat ge-* fall flat, go to grass, throw o.s. down; flop; *(baking)* collapse; fall down; *heeltemal ~* go down like a lead balloon *(fig.).* ~**vis** *(icht.)* flatfish, flounder, butt, fluke. ~**visier** fixed sight; lowered (block) sight. ~**vloers** *-e* common, banal; vulgar; prosaic; pedestrian, flat-footed. ~**vloersheid** commonness, banality, pedestrianism, cheapness. ~**voet** *n., (pathol.)* flat foot, splayfoot, fallen arch, *(tech.)* pes planus; flat-foot(ed person); *(bot.: Plantago major)* plantain, wild sago. ~**voet** *adj. & adv.* flat-footed(ly). ~**voetwag** *(naut.)* dogwatch; *eerste/laaste ~, (16:00-18:00, 18:00-20:00)* first/last dogwatch. ~**vyl** flat (band) file, square flat file. ~**weg** downright, bluntly, straight out, pointblank, flatly; plainly, bluntly, in plain words, straightforwardly; *~ weier* turn down flat; *iem. ~ aanspreek* address s.o. in plain terms. ~**wurm** *(zool.)* flatworm, platyhelminth; *(P~s)* Platyhelminthes. ~**yster** flatiron.

pla·taan *-tane* plane (tree), London plane (tree), platan.

plat·an·na *-nas, (Xenopus laevis)* (Cape) clawed toad/frog (*or* spur-toed frog). ~**vis** *(icht., fam. Batrachoididae)* toadfish.

pla·te-: ~**-album** record album. ~**handelaar** record dealer. ~**joggie** disc/disk jockey, *(infml.)* deejay. ~**kabinet** *(dated)* record cabinet. ~**kunstenaar** recording artist. ~**lys** *(rad.)* playlist. ~**musiek** *(dated)* recorded music. ~**speler** record player. ~**versamelaar**, ~**liefhebber** discophil(e). ~**versameling** collection of records. ~**winkel** record shop. ~**wisselaar** *(dated technol.)* record-changer.

pla·teel(·werk) art pottery, faience, faïence.

pla·teer *(ge)-* plate. ~**werk** plated ware, plate; →PLEET.

pla·teer·der *-ders* plater.

pla·te·resk *-reske, (archit.)* plateresque.

plat·form platform; stage; *(min.)* landing, stull. ~**kaartjie** platform ticket. ~**skoen** platform shoe. ~**speletjie** *(type of computer game)* platform game.

plat·heid flatness; *(fig., of lang.)* coarseness, vulgarity.

pla·tig *-tige* platy; *(geol.)* sheeted; →PLAAT.

pla·ti·na *(dated)* →PLATINUM(ERTS).

pla·ti·neer *ge-* platinise, platinum-plate.

pla·ti·num *(metall., symb.: Pt)* platinum. ~**afdruk** *(dated)* platinotype. ~**draad** platinum wire. ~**(erts)** platinum (ore). ~**houdend** *-e* platiniferous. ~**metaal** platinum metal. ~**papier** platinum paper. ~**plaat** *(mus.)* platinum disc. ~**swart** *n., (chem.)* platinum black.

plat·jie *-jies, (infml.)* wag, rogue, scamp; slyboots, card, mischievous person.

Pla·to *(Gr. philosopher)* Plato.

pla·to *-to's* plateau, table. ~**rand** *(no pl.)* escarpment.

Pla·to·nies *-niese* Platonic, of Plato; *~e wysbegeerte* Platonic philosophy; *p~e liefde* platonic love.

plat·te: *op die ~ van jou voete staan, (rare)* have one's feet on the ground. ~**grond** (ground) plan *(of a building);* street plan/map *(of a town);* (seating) plan *(of a theatre).* ~**grondtekening** ichnography. ~**land** country (districts); rural parts; *op die ~* in the country(side); *op die ~ gebore* country-born; *op die getoë ~* country-bred. ~**lander** country(wo)man, country dweller. ~**lands** *-e* rural, rustic, agrarian.

Plat·ten·meer: *die ~* Lake Balaton.

plat·te·rig *-rige* flattish; *(fig., of lang.)* rather vulgar; →PLAT *adj.*.

plat·ting *-tings, (naut.)* sennit, sinnet.

pla·vei *ge-* pave, flag; *iets met ... ~* pave s.t. with ... ~**klip** paving/pave stone, flag(stone), paver, paviour. ~**steen** flag(stone), paving stone. ~**teël** paving tile.

pla·vei·er *-ers* paver.

pla·vei·sel *-sels* paving, pavement, flagging. ~**-sel** squamous cell, pavement cell.

pleb *plebs,* **plebejer** *-jers, n., (derog.)* pleb; *(in ancient Rome)* plebeian, commoner; *(in the pl.)* plebs, rabble, hoi polloi, masses, populace. **pleb** ~, **plebejies** *-jiese, adj.* plebby, plebeian, common, vulgar. **ple·bis·siet** *-siete, (Rom. hist.)* plebiscite.

pleeg *ge-* commit, perpetrate *(crime);* practise *(deceit);* be accustomed to, be in the habit of; *verraad ~* turn traitor. ~**broer** foster brother. ~**dogter** foster daughter. ~**gesin** foster family. ~**heer** *(obs.)* fosterer. ~**huis** foster home. ~**kind** foster child, ward, pupil, nurs(e)ling. ~**ma** *-'s,* ~**moeder** *-s* foster/nursing mother. ~**ouer** foster parent. ~**seun** foster son. ~**sorg** foster care; *iem. in/onder ~ plaas* foster s.o. out. ~**suster** foster sister; nurse, sister. ~**vader** adoptive father, foster father.

pleet plated ware, plate. ~**silwer** silver plate. ~**werk** plated ware, plate; electroplating.

pleg·an·ker sheet anchor.

ple·ger *-gers* perpetrator. **ple·ging** commitment, commission, perpetration; →PLEEG.

pleg·ge·waad *(rare)* ceremonial dress.

pleg·sta·tig *-e* ceremonious, pompous. **pleg·sta·tig·heid** ceremoniousness, pompousness, pomposity, grandness.

pleg·tig *-tige, adj.* solemn, dignified, ceremonious, stately, impressive; grave; portentous; devout; *~e* ***eed/belofte/waarskuwing*** solemn oath/promise/warning; *~e* ***opening*** *van die parlement* ceremonial opening of parliament; *~e* ***optog*** dignified procession; *~e* ***stilte*** impressive/solemn silence. **pleg·tig** *adv.* solemnly, ceremoniously; *(mus.)* majestically, *(It.)* maestoso; *~ belowe* pledge one's word; *iem. verklaar ~ dat ...* →VERKLAAR. **pleg·tig·heid** *-hede* ceremony, rite, function; solemnity; stateliness, pomp, grandness; *'n ~ verrig/voltrek* perform a ceremony.

Plei·a·de *(Gr. myth.)* Pleiades; *(astron.)* Pleiades, Seven Sisters.

plei·dooi *-dooie* plea, argument, address, pleading, appeal; *'n ~ lewer* enter a plea; *'n ~ vir ... lewer* make a plea for ..., put in a plea for ...

plein *pleine* square; piazza; esplanade; *aan die ~* on/in the square *(a building); op die ~* on/in the square *(a meeting etc.).* ~**vrees** agoraphobia.

pleis·ter *-ters, n.* plaster *(on a wall, wound, etc.);* stucco *(on a wall); dit was 'n ~ op iem. se wond, (fig.)* that soothed s.o.'s wound(ed feelings); *~ aangooi* daub. **pleis·ter** *ge-, vb.* plaster, stucco, trowel, mortar; *dig ~* grout. ~**beeld** plaster cast. ~**bord** plasterboard. ~**doek** scrim. ~**kalk** plaster lime. ~**laag** plaster coat, coat of plaster(ing). ~**lat** plaster/board lath. ~**plank** hawk, trowel board. ~**steen** stock/common brick. ~**troffel** plastering/cementing trowel. ~**vlak** plaster face. ~**werk** plasterwork; plastering.

pleis·te·raar *-raars* plasterer.

pleis·te·ring plastering.

Pleis·to·seen *n. die ~(tydperk), (geol.)* the Pleistocene. **Pleis·to·seens** *adj.* Pleistocene.

pleit *pleite, n.* plea, (law)suit, action; oral pleading; dispute, argument; *~ van* ***aanbod*** *van betaling, (jur.)* plea of tender; *'n ~* ***aanteken,*** (in court) enter a plea; *die ~* ***is beslis/besleg*** the matter is settled, the fight is at an end, the die is cast. ***peremptoriese*** *~* →PEREMPTORIES; *die ~* ***wen*** gain one's suit/point; **pleit** *ge-, vb.* plead; intercede, pray; ***by*** *iem. vir iem. anders ~* plead with s.o. for s.o. else; ***om*** *iets ~* plead for s.t. *(e.g. mercy); by iem. ~* ***om*** *iets (nie) te doen (nie)* plead with s.o. (not) to do s.t.; ***onskuldig*** *~* →ONSKULDIG; ***op*** *'n aanklag ~* plead to a charge; ***skuldig*** *~* →SKULDIG; *~* ***teen*** militate against; ***vir*** *iem. ~* plead for s.o. *(in court etc.); dit ~* ***vir*** *... it says much for ..., it speaks well for ...; dit ~* ***vir*** *iem., (also)* that is s.t. in s.o.'s favour; that does s.o. credit. ~**besorger** counsel, advocate, lawyer; spokesman, pleader, intercessor, protagonist, champion; *~ vir iem.*

wees hold a brief for s.o.; ~ *vir 'n teorie* exponent of a theory. ~**besorging** protagonism. ~**onderhandeling** *(jur.)* plea bargaining. ~**rede** plea, argument, (address for the) defence. ~**siek** litigious. ~**skrifte**, ~**stukke** (written) plea(ding)s. ~**sug** litigiousness. ~**sugtig** →PLEITSIEK.

plei·tend *-tende* pleading(ly).

plei·ter *-ters* pleader; counsel.

plek *plekke* place, spot; room, space; seat; post; position; point; venue; scene; location; reference, passage *(from a book)*; stead; *iets op sy ~ **aanbring*** place s.t. in position; *~ke **aanwys*** show people to their seats; seat people; *'n ~ vir 'n vergadering **aanwys*** appoint a place for a meeting; ***baie/volop*** *~* plenty of room; *die tweede/ens. ~ **behaal*** come in second/etc., gain second/etc. place; *'n **belangrike** ~ inneem* loom large; *~ **bepaal/vasstel*** locate; *'n ~ **bereik*** make/reach a place; *~ in **beslag** neem* take up room/space; *('n) ~ **bespreek*** book a seat, make a booking; *op die/een ~ **bly*** stay put; *'n ~ **dek*** lay/set a place, set a cover; *in die **eerste** ~* firstly, in the first instance/place; to begin/start with; first of all, first and foremost; above all; *die **eerste** ~ aan ... toeken* give first rank to ...; *in die derde/ens. ~ **eindig*** come in third/etc.; *die **einste/presiese** ~* the very spot; *~ **gee** aan iem.* accommodate s.o.; *iem. het sy/haar ~ **gevind*** s.o. has found his/her level; s.o. has found his/her niche; *'n **gevoelige/teer** ~ by iem. aanraak* touch s.o. on the raw; *nie ~ vir iem. **hê** nie* turn away s.o.; *die saal/ens. **het** ~ vir ...* the hall/etc. can accommodate ...; ... can be accommodated in the hall/etc.; ***in die tweede/ens.** ~* in the second/etc. place; *in iem. se ~* in s.o.'s stead; *~ **inneem*** take up room/space; *baie ~ **inneem*** take up a lot of room/space; *'n ~ **inneem**, (also)* fill a slot; *die derde/ens. ~ **inneem*** come third, be placed third, take third place; *iem. se ~ **inneem*** take s.o.'s place; stand in for s.o.; fill s.o.'s shoes; step into s.o.'s shoes; *die eerste/ens. ~ **inneem*** take first/etc. place; be placed first/etc.; *'n ~ onder ... **inneem*** rank among ...; *~ vir iem./iets **inruim*** find a place for s.o./s.t.; make room for s.o./s.t.; *~ **inruim** vir ...* find a place (*or* make room *or* stand down) for ..., house ...; ***in jou** ~, as ek **in jou** ~ was* if I were you, (if I were) in your place; *iem. **kom** van ~ tot ~* s.o. gets about; *~ **kry*** find room, find a place; *'n ~ (onder die eerste drie of vier) **kry*** be placed; *~ **maak*** make room; move over; move/shift up; move aside; *vir ... ~ **maak*** give place/room to ...; make room for ...; give way to ...; *iets **maak** vir ... ~* s.t. makes way for ...; *daar is **min** ~* it is a tight squeeze; *iem. se ~ **neem*** fill/stand in for s.o.; ***neem** julle ~ in!* take your places!; *iem. **neem** sy/haar ~ in* s.o. takes his/her seat; s.o. takes up his/her station; *daar is **nog** ~* there is some room left, there are some seats left; ***of** so 'n ~* or somewhere; *~ke **(om)ruil*** change/swap/swop/switch places; change sides; swap over/round, switch around/round; *'n **ondergeskikte** ~ inneem* take a back seat *(infml.)*; ***op** 'n ~* at a place; in a place; ***op** die ~* here and now, at once, on the instant/spot; there and then, then and there; on the premises; like a shot *(infml.)*; *kom **op** die ~ hier!* come here this very minute!; *iets **op** die ~ doen, (also)* do s.t. this moment; ***op** sy ~* in place; in position; *nie **op** sy ~ nie* out of position; ***op** (die) een of ander ~* somewhere or other; ***op** die ~ doodmaak* kill outright (*or* out of hand); *op **party/sommige** ~ke* in places; *die **presiese** ~* →***einste/presiese**; iem. neem sy/haar **regmatige** ~ in* s.o. comes into his/her own; *hulle **ruil** ~ke (om)* they change over/places; *op die ~ **rus**!* stand at ease!; ***rustige** ~* quiet place/spot; *iem. op sy/haar ~ **sit*** keep/put s.o. in his/her place; tell s.o. where he/she gets off *(infml.)*; bring/take s.o. down a peg or two *(infml.)*, cut s.o. down to size *(infml.)*; *'n ~kie in die **son**, (fig.)* a place in the sun; *jou ~ vol **staan*** pull one's weight; *weer jou ~ vol **staan*** make/stage a comeback; *jou in iem. anders se ~ **stel*** put o.s. in s.o. else's place; *iem./iets in die ~ van iem./iets anders **stel*** substitute s.o./s.t. for s.o./s.t. else; *'n **swak** ~* a flaw; *'n **teer** ~ by iem. aanraak* →***gevoelige/teer**; in die ~ **van** ...* instead (*or* in place) of ...; *'n **vaste** ~ verwerf, (s.t.)* come to stay; *'n **veilige** ~* a safe place; a sure place; *van ~ **verwissel*** change places; *vir jou 'n ~kie (in die son) **vind*** carve out a niche for o.s.; *~ **vir** ...* room for ...; a vacancy for ...; *nie op jou ~ **voel** nie* feel ill at ease, not feel at home; *die hele ~ **vol** wees/lê* be/lie all over the place *(infml.)*; ***volop** ~* →***baie/volop**; iem. na die **warm** ~ stuur* tell s.o. to go to blazes/hell *(sl.)*. ~**aanwyser** usher; *(fem.)* usherette. ~**aanwysing** ushering; location. ~**bekledend** *-e* vicarious. ~**bekleding** vicariate. ~**bepaling** determination/fixing of position, fix; location, orientation. ~**beskrywer** topographer. ~**beskrywing** topography. ~**bespreking** reservation/booking of seats; *die ~ begin vandag* booking opens today. ~**dekking** place setting. ~**(dek)stel** place setting. ~**geheue** (sense of) locality. ~**geld** cover charge, couvert (charge). ~**naam** place name, toponym. ~**naamkunde** toponymics, toponymy. ~**naamkundig** *-e* toponymic(al). ~**naamkundige** *-s* toponymist. ~**passer** *(naut.)* station pointer. ~**-plek** in places, here and there, sporadically, in patches; at times. ~**pot** *(horse racing)* place accumulator. ~**sin** local sense, sense of locality. ~**weddenskap** *(horse racing)* place bet.

plek·kie *-kies* niche, nook, spot; *iem. het sy/haar ~ gevind* s.o. has found his/her niche.

pleks: *~ dat iem. dit doen, het hy/sy ..., ~ van dit te doen, het iem. ...* instead of doing it, s.o. ...; far from doing it, s.o. ...; *~ van ...* instead of ...; in place of ...

plek·trum *plektrums, plektra, (mus.)* plectrum.

pleng *ge-, (fml.)* shed *(blood, tears, etc.)*; pour out *(wine)*; offer *(a libation)*. ~**offer** libation.

ple·ni·po·ten·si·a·ris *-risse* plenipotentiary.

ple·o·chro·ïs·me pleochroism. **ple·o·chro·ïes** *-iese*, **ple·o·chro·ï·ties** *-tiese* pleochroic *(crystal etc.)*.

ple·o·mor·fis·me *(biol., med., chem., min.)* pleomorphism, pleomorphy.

ple·o·nas·me *-mes* pleonasm. **ple·o·nas·ties** *-tiese* pleonastic.

ple·sier *-siere, n.* pleasure, fun, joy, delight, amusement; pleasure, satisfaction, enjoyment, gratification; mirth, merriment, frolic; favour; ***dit** was 'n ~* the pleasure is mine; *iem. 'n ~ **doen*** do s.o. a favour; *dit is **geen** ~ nie* it is no honeymoon *(infml.)*; it is no picnic *(infml.)*; *met die **grootste** ~!* I shall be delighted!; *ek sal met die **grootste** ~ ...* I shall be delighted to ...; *~ **hê*** enjoy o.s., have fun; have a good time; *iem. **het** baie ~ van iets* s.o. gets a lot of pleasure out of s.t. *(a hobby etc.)*; *~ **kry** uit ...* get a kick out of ...; *~ **maak*** make merry, have fun, go to town *(fig.)*; ***met** ~!* with (the greatest) pleasure!, (most) certainly!; *~ **naja(ag)*** pursue pleasure; *iem. doen dit nie vir sy/haar ~ **nie*** s.o.'s not doing it for the fun of it; *jy is **nie** vir jou ~ **hier** nie!, (infml.)* you are not here for your health!; ***skree(u)** van ~* shout with joy. **ple·sier** *ge-, vb.* please, oblige; →BEHAAG; *iem. ~, (also)* do s.o. a favour. ~**boot** pleasure boat/yacht, launch, cruiser. ~**ganger** tripper. ~**jag** pleasure-seeking; launch, pleasure/cruising yacht. ~**maker** merrymaker, reveller, pleasure-seeker, partygoer; playboy. ~**oord** pleasure resort. ~**reis** pleasure/holiday trip, outing, excursion, jaunt; cruise *(on sea)*. ~**rit(jie)** jaunt, pleasure ride, joyride. ~**ryer** joyrider. ~**soeker** pleasure-seeker. ~**soekster** pleasure-seeker, good-time girl. ~**tog(gie)** pleasure trip, junket, jaunt, outing, excursion; cruise *(on sea)*. ~**trein** excursion train. ~**vaart** (pleasure) cruise. ~**vlug** flip, joyflight.

ple·sie·rig *-rige* pleasant, agreeable, delightful, nice, pleasing, *(attr.)* fun; happy, cheerful, gay, merry, jolly; *dit was 'n ~e **dag*** it was a pleasant day; *'n ~e **persoon*** a cheerful/jolly person; ***plesierig**!* cheerio!; *~e **reis**!* happy voyage!; *die drankie het iem. ~ laat **voel*** the drink made s.o. feel happy. **ple·sie·rig·heid** pleasantness, pleasure, delightfulness; joy; cheerfulness; jollification, junketing, merriment.

ples·si·me·ter, plek·si·me·ter *(med.)* pleximeter.

ples·sor, plek·sor *(med.)* plexor, plessor.

plet *ge-* flatten, roll (out), crush, planish, mill, foliate, spread, laminate. ~**bord** pressing/glazed board. ~**hamer** flatt(en)ing hammer, flatter. ~**leer** crushed hide/leather. ~**masjien** flatting/rolling machine, beater, hollander. ~**metaal** sheet metal. ~**meul(e)** flatting/rolling mill. ~**rol** flatting roller, flattening cylinder, laminating roller. ~**werk** foliation.

plet·baar *-bare* malleable. **plet·baar·heid** malleability.

ple·tie: *(die) kretie en (die) ~* →KRETIE.

plet·ter *-ters, n., (machine)* roller, flatter, crusher; *(person)* flatter, roller. **plet·ter** *ge-, vb.* crash; *iets het hom te ~ **geval*** s.t. fell and was dashed to pieces; *jou te ~ **loop*** smash one's head *(against)*; *te ~ **ry*** prang *(infml.)*; *iets te ~ **slaan*** smash s.t. up; *te ~ **val*** crash, smash. ~**boot** crash boat. ~**landing** hard landing. ~**plons** belly flop *(of a diver)*; *'n ~ uitvoer* do a belly flop. ~**stop** crash stop. ~**toets** *n.* crash test.

plet·te·ry *-rye* flatting mill, rolling mill.

pleu·ra *(anat.)* pleura. **pleu·raal** *-rale, adj.* pleural. **pleu·ri·tis, pleu·ris** *(med.)* pleurisy, pleuritis.

pli·é *(Fr., ballet: posture with back erect and knees bent)* plié.

plig *pligte* duty; obligation; charge; devoir; office; onus; ***bo** en behalwe die ~* beyond the call of duty; *jou ~ **doen/nakom*** do one's duty; *jou ~ **doen**, (also)* do one's job; do one's part; *sorg dat iem. sy/haar ~ **doen**, (also)* keep s.o. on his/her toes; *nooit 'n **duimbreed(te)** van die weg van ~ wyk nie* never swerve an inch from one's duty; *iem. het sy/haar ~ **gedoen*** s.o. has done his/her part; *'n **heilige** ~* a sacred duty; *iem. **kom** sy/haar ~te na* s.o. discharges his/her duties; ***laaste** droewige ~te* last mournful offices; *in die **loop** van iem. se ~te* in the line of duty; *'n ~ **nakom/vervul*** perform a duty; *die **nakoming/vervulling** van iem. se ~te* the discharge of s.o.'s duties; *dit is iem. se ~ **om** iets te doen* s.o. has a duty to do s.t.; it is incumbent (up)on s.o. to do s.t.; *iem. **op** sy/haar ~ wys* remind s.o. of his/her duty; *~ gaan voor **plesier*** business before pleasure; *my ~ **roep** my* duty calls; *iets is iem. **se** ~, (also)* s.t. is up to s.o.; *iem. se ~ **teenoor** ...* s.o.'s duty to(wards) ...; *iem. **versuim** sy/haar ~* s.o. fails in his/her duty; s.o. neglects his/her duty; *jou ~ **vervul*** do one's duty; *jou ~te **vervul*** discharge one's duties; *jou ~te **verwaarloos*** be remiss in one's duty; *iem. se ~te **as voog*** s.o.'s custodial duties; *iem. se ~te **waarneem*** substitute for s.o.. ~**eksemplaar** *(libr.)* legal deposit/copy. ~**getrou** →PLIGSGETROU. ~**lewering** *(libr.)* legal deposit. ~**matig** *-e* dutiful; *~e gedrag* duteous conduct. ~**pleging** *-e* ceremony, courtesy, form, ceremonial; *ydele ~* idle ceremony; *sonder ~e* unconventional; summarily, unceremoniously; *sonder verder(e)/vêrder(e) ~, (also)* without further/more/much ado. ~**staat** *-state* duty sheet. ~**vergete** forgetful of duty, undutiful. ~**versaker** slacker, shirker. ~**versaking**, ~**versuim** →PLIGSVERSAKING.

pligs·: ~**besef** sense of duty. ~**betragting** *(fml.)* devotion to duty, attention to duty; performance/discharge of one's duty; *oordrewe ~* supererogation. ~**getrou** *adj. & adv.* dutiful(ly), conscientious(ly); *hoogs ~* with a high sense of duty. ~**gevoel** sense of duty. ~**halwe** (as) in duty bound, dutifully, in the line of duty; *iem. moet iets ~ doen* s.o. is in duty bound to do s.t.. ~**leer** deontology. ~**versaking, pligversaking, plig(s)versuim** neglect of duty, dereliction/evasion of duty, delinquency. ~**vervulling** performance/fulfilment/discharge of duty.

Plim·soll·merk *(naut., also p~)* Plimsoll('s) mark/line.

Pli·ni·us *(Rom. statesman, writer)* Pliny.

plint *plinte* skirting board; plinth *(of stone)*.

Pli·o·seen *n.: die ~, (geol.)* the Pliocene. **Pli·o·seen** *-sene, adj.* Pliocene.

plis·seer *(ge)-, (rare)* pleat, make fine pleats.

ploe·ër *ploeërs* plougher, ploughman. **ploe·ë·ry** ploughing.

ploeg[1] *ploeë, n.* plough; *die hand aan die ~ slaan* put/set one's hand to the plough. **ploeg** *ge-, vb.* plough; furrow; *(golf)* duff; *deur iets ~* plough through s.t. *(mud etc.)*. ~**balk** plough-tree, beam. ~**bank** plough sole. ~**breker** *(bot.: Erythrina zeyheri)* ploughbreaker, underground coral tree. ~**land** ploughland, arable land, tilled land, ploughed field, infield, tilth. ~**lyf** bottom (of a plough). ~**mes** coulter. ~**muil** plough mule. ~**os** plough ox. ~**perd** plough horse. ~**reën** ploughing rain, early rain. ~**skaaf** tongue-and-groove plane, rabbet/match plane, jointer. ~**skaar** ploughshare. ~**skaarbeen** *(anat.)* vomer *(of the nose)*. ~**skaarskilpad** *(Chersina angulata)* angulate tortoise. ~**sool** hardpan, plough sole. ~**stert** plough-tail, plough handle(s); *agter die ~ loop* go at the plough-tail; *(die) ~ hou* hold the plough handles, plough.

~**tyd** ploughing season. ~**voor** furrow (of a plough). ~**walletjie** furrow slice. ~**werk** ploughing. ~**wiel** plough wheel. ~**wielsteel** wheel support. ~**yster** coulter.
ploeg[2] *ploeë, n., (dated)* batch, team, gang, shift; work party. ~**baas** *(dated)* shift boss, (shift) foreman, overman, chargeman; ganger, gang boss, chargehand. ~**baashuisie** *(dated)* ganger's cottage. ~**stelsel** *(dated)* system of relays, shift system.
ploeg·baar =*bare* ploughable, arable, cultivable; *ploegbare grond, (also)* ploughland.
ploems plop.
ploert *ploerte* cad, blackguard, scoundrel; snob; *(infml.)* slob. **ploert·ag·tig, ploer·te·rig** =*rige* caddish; snoblike, snobbish. **ploer·te·ry** =*rye* caddishness; snobbery, snobbishness. **ploer·te·streek** *(rare)* dirty/mean/scabby trick, blackguardism.
ploe·ter *ge=* plod, bumble, slosh, muddle; slog, toil, yomp. **ploe·te·raar** =*raars* plodder, drudge, grub(ber); slogger, toiler. **ploe·te·rend** =*rende, adj.* plodding, bumbling.
plof *plowwe, n.* thud, flop, bang, flump, flounce, splosh; *(phon.)* plosion. **plof** *ge=, vb.* thud, flop, splosh, thump, pop. **plof** *interj.* flop, plop, pop, bang. ~**beeld** *(tech.)* exploded view. ~**gas** explosive gas. ~**kewer** bombardier beetle. ~**klank** →PLOFFER. ~**kop** warhead *(of a missile)*. ~**krag, ontploffingskrag** explosive force. ~**mengsel** explosive mixture. ~**middel, ontploffingsmiddel** explosive. ~**neus** *(rare)* →PLOFKOP. ~**puin** blast. ~**stof** explosive, blasting agent. ~**toestel** explosive device, *(euph.)* device. ~**vry** non(-)explosive; explosion-proof; flameproof *(a car)*.
plof·baar =*bare* explosive; *'n plofbare situasie/toestand* an explosive situation.
plof·fer =*fers, (phon.)* stop, (ex)plosive, occlusive, mute (consonant), stopped consonant.
plom·beer *(ge)=* seal with lead, attach a lead seal to; *(arch.)* fill *(a tooth)*. ~**tang** sealing pliers.
plom·beer·sel =*sels* lead seal; *(arch.)* filling *(for a tooth)*.
plomp *n., (bot.)* water lily. **plomp** *plompe plomper plompste, adj.* stout, clumsy, bluff, plump, pudgy, roly-poly, rotund, squat, dumpy. ~**blaar** lily pad. ~**weg** = BOTWEG.
plom·pe·rig =*rige* plumpish.
plomp·heid clumsiness, lumpishness.
plons *plonse, n.* splash, plop. **plons** *ge=, vb.* splash, plop.
plooi *plooie, n.* fold, crease, tuck, pleat *(in trousers)*; crimp; wrinkle, pucker; *(biol.)* ruga; *(anat.)* pouch, plica; *(geol.)* fold; →PLATPLOOI; *iets in die* ***beste*** *~e lê, aan iets 'n* ***goeie*** *~ gee* place/put s.t. in a good light; *jou* ***gesig*** *op 'n ~ trek* screw one's face up; *jou* ***mond*** *op 'n ~ trek* purse one's mouth (up); *'n gesig* ***vol*** *~e* a lined face; *jou* ***voorkop*** *op 'n ~ trek* wrinkle one's forehead. **plooi** *ge=, vb.* fold; crease; pleat; crimp; pucker; tuck; purse; manipulate *(fig.)*; *iem. ~ dit/sake so dat ...* s.o. arranges matters so (that) ...; s.o. presents matters in such a way that ... *'n saak ~* wangle a case. ~**as** axis of fold. ~**breedte** width of fold. ~**dal** *(geol.)* syncline. ~**kraag** ruff. ~**romp** pleated skirt. ~**rug** *(geol.)* anticline, saddleback. ~**skaap** developed sheep. ~**tang** crimped iron. ~**voetjie** ruffler *(of a sewing machine)*. ~**vorming** wrinkling. ~**-yster** →PYPPLOOI-YSTER.
plooi·baar =*bare (lit.)* pliable, flexible, manipulable, manipulatable; *(fig.)* pliant, compliant. **plooi·baar·heid** pliability; pliancy, manipulability; adaptability.
plooi·e·rig =*rige* wrinkled, creased; wizen-faced; *(sheepskin)* ribby.
plooi·ing =*ings,* =*inge, (geol.)* folding, anticline; folds, pleats; adapting, compromising; raising *(of paint)*. **plooi·ings·berg** *(geol.)* fold(ed) mountain. **plooi·ings·ge·berg·te** (range of) fold(ed) mountains.
plooi·sel =*sels* pleat(ing), tuck, jabot, frill.
plo·sief =*siewe, n., (phon.)* (ex)plosive, occlusive, mute, stop. **plo·sief** =*siewe, adj.* (ex)plosive, occlusive, mute, stopped *(consonant)*.
plot·se·ling =*linge, adj.* sudden, abrupt. **plot·se·ling** *adv.* suddenly, all of a sudden, all at once, unexpectedly, slap.
plou·si·bel =*bele* =*beler* =*belste, (rare)* plausible, fine-spoken; specious. **plou·si·bi·li·teit** =*teite* plausibility.
Plow·diw *(geog.)* Plovdiv.
pluche *(text.)* plush.
pluim *pluime* plume, feather, crest; aigrette; *(bot.)* panicle; *(maize)* tassel. ~**bal** shuttlecock; *(game)* badminton; *(game)* battledore and shuttlecock. ~**bereider** plumassier. ~**bos** plume, crest, panache. ~**brand** tassel smut *(of maize)*. ~**hoed** plumed hat. ~**stert** bushy tail. ~**stryk** *ge=, (rare)* flatter, fawn upon, toady to. ~**stryker** =*s, (rare)* fawner, toady, adulator. ~**strykery** *(rare)* toadying, toadyism, fawning, adulation. ~**vrag** feathered freight.
pluim·ag·tig =*tige* plumose *(mainly biol.)*, feathery.
pluim·pie =*pies* small plume; *(badminton)* bird; *(bot.)* plumule; *(fig.)* feather in the cap, compliment; *iem. 'n ~* ***gee*** compliment s.o., give s.o. a pat on the back, pat s.o. on the back *(fig.)*; *'n ~* ***kry*** get a pat on the back; *iem.* ***verdien*** *'n ~* s.o. deserves a pat on the back; *iets is 'n ~* ***vir*** *iem.* s.t. is a feather in s.o.'s cap.
pluim·vee poultry, fowls. ~**afval** giblets. ~**boer** poultry farmer/keeper. ~**boerdery** poultry farming. ~**handelaar** poulterer. ~**tentoonstelling** poultry show.
pluis[1] *pluise, n.* tow; (piece/bit of) fluff, fuzz; oakum; nap, flick, tuft, shag; pile; swab; *van ~ voorsien* nap. **pluis** *ge=, vb.* fluff, pick, make fluffy; get fluffy, give off fluff; preen; tease, nap *(wool)*; *(min.)* fiberise; flake *(fish)*; *tou (uit)~* pick oakum. ~**afwerking** nap finish. ~**angelier** garden pink; →GRASANGELIER. ~**distel,** ~**dissel** teasel, teazle, teazel. ~**goed** oakum. ~**hoed** = PLUISKEIL. ~**(kam)** *ge=* tease *(hair)*. ~**kamstof** unfinished worsted. ~**keil** top/silk hat, topper. ~**leer** willow calf. ~**masjien** fiberiser; willow; ginning machine, gin; teaser; napper. ~**mat** tufted rug. ~**meul(e)** ginning machine, gin. ~**nylon** *(text.)* brushed nylon. ~**pool** cut pile. ~**stof** napped/brushed/fleeced/teased fabric. ~**tapyt** tufted carpet, cut-pile carpet. ~**wol** fluffy wool.
pluis[2] *adj. & adv.* in order, as it should be; *alles/iets is nie ~ nie* something funny is (*or* there's s.t. fishy) going on, it smells a bit fishy to me; *dis nie alles ~ met iem. nie* s.t. is wrong with s.o..
pluis·ag·tig *(mainly bot.)* floccose; →PLUISERIG. **plui·ser** =*sers* picker; napper; ginner. **plui·se·rig** =*rige* fluffy, fuzzy, nappy. **plui·se·ry** =*rye* ginnery; ginning. **plui·sie** =*sies* (bit of) fluff, plug (of wadding), piece of cotton wool; small swab; flock. **plui·sig** =*sige* →PLUISERIG. **plui·sing** fleecing, napping, teasing.
pluk *n.* picking *(fruit)*; plucking *(feathers)*; draw, tweak, yank; hitch; *'n ~ aan iets gee* give s.t. a yank. **pluk** *ge=, vb.* pick; pluck, yank; cull, gather; fleece; pluck, deplume; harvest, crop; pick, pluck, seize; ***aan*** *iets ~* pick at s.t.; tear at s.t.; tug at s.t.; yank at s.t.; ***iem.*** *~* fleece s.o.; ***iets*** *~* give s.t. a yank; *'n kitaar/ghitaar se snare* ***met*** *die/jou vingers ~* fingerpick a guitar; *iets* ***stukkend/uitmekaar*** *~* pick/pull/tear s.t. to pieces. ~**blom** cut flower; →SNYBLOM. ~**kis** lug box, stripping container. ~**ryp** ready for picking *(fruit)*. ~**tyd** picking season/time; plucking season/time. ~**wol** plucked wool.
pluk·ker =*kers* picker, harvester, gatherer. **pluk·sel** =*sels* pick, harvest, crop; lint *(for bandages)*.
plun·der *ge=* plunder, loot, pillage, ransack, sack *(a town)*; pirate, (de)spoil; rifle, loot *(a house)*. ~**tog** marauding raid, foray, rapine *(poet., liter.)*, (predatory) raid.
plun·de·raar =*raars* plunderer, robber, pillager, predator, spoiler, looter, forager, marauder. **plun·de·ring** plunder, looting, pillage, ransacking, spoliation, (de)predation, marauding. **plun·de·ry** marauding, plunderage, looting; →PLUNDERING.
plun·jer =*jers, (rare)* plunger.
plu·raal =*rale* plural; *plurale samelewing* plural society. **plu·ra·lis** =*lisse, n., (gram.)* plural. **plu·ra·lis** =*liste, n.* pluralist. **plu·ra·lis·me** *(also P~)* pluralism. **plu·ra·lis·ties** =*tiese* pluralistic. **plu·ra·li·teit** plurality. **plu·ri·for·mi·teit** pluriformity.
plus plus. ~**-minus** approximately, *(SA)* plus-minus, plus/minus. ~**punt** plus (point). ~**teken** *(math.)* plus/addition sign; *(elec.)* plus/positive sign.
plus·quam·per·fec·tum =*fecta,* **plus·quam·per·fek·tum** =*tums, (gram.)* pluperfect.
Plu·tar·gos *(Gr. philosopher)* Plutarch.
Plu·to *(Rom. myth., astron.)* Pluto.
plu·to·kraat =*krate* plutocrat. **plu·to·kra·sie** plutocracy. **plu·to·kra·ties** =*e* plutocratic.
plu·to·ni·um *(chem., symb.:* Pu*)* plutonium.
plu·toon *(geol.)* pluton. **plu·to·nies** =*niese, (geol.)* plutonic; *(Rom. myth., also P~)* Plutonic.
Plu·tus *(Gr. god)* Plutus.
plu·vi·aal =*ale, (rare)* pluvial. **plu·vi·o·graaf** =*grawe* pluviograph. **plu·vi·o·me·ter** =*ters* pluviometer.
pneu·ma·tiek pneumatics. **pneu·ma·ties** =*tiese* pneumatic. **pneu·ma·ti·ka** = PNEUMATIEK. **pneu·ma·to·lo·gie** pneumatology. **pneu·mo·kok** =*kokke,* **pneu·mo·kok·kus** =*kusse, (med.)* pneumococcus. **pneu·mo·ko·ni·o·se** *(med.)* pneumoconiosis. **pneu·mo·nek·to·mie** *(removal of lung)* pneumonectomy. **pneu·mo·nie** *(med.)* pneumonia.
po·co *adv., (It., mus.)* poco, a little; poco, rather; *~ à ~* poco a poco, little by little.
po·da·gra *(med.)* podagra, gout. **po·da·greus** =*greuse* podagral, podagric, podagrous, gouty. **po·da·gris** =*griste* gouty person.
po·di·a·ter =*ters* chiropodist, podiatrist *(Am.)*, pedicure. **po·di·a·trie** chiropody, podiatry *(Am.)*, pedicure.
po·di·um =*ums* podium, platform, rostrum, dais.
pod·zol, pod·sol *(<Russ.)* podzol, podsol (soil).
poe *interj.* ugh, phew.
poed *poeds, (Russ. unit of weight)* pood, pud.
poe·del =*dels,* **poe·del·hond** poodle. ~**nakend** =*e,* ~**naak** =*te* stark naked, mother-naked, stripped. ~**prys** booby prize, wooden spoon *(fig.)*; *die ~ kry, met die ~ wegstap* get/take/win the booby prize (*or* wooden spoon).
poe·ding =*dings* pudding, dessert. ~**bak** pudding bowl/basin. ~**bakkie** pudding bowl. ~**klip** puddingstone, plum-pudding stone. ~**sak** pudding cloth. ~**vorm** =*s* pudding mould.
poe·din·kie =*kies, (dim.)* small pudding; →POEDING.
po·ëem *poëme, (rare)* poem. **po·ëet** *poëte (rare)* poet.
poef[1] *interj.* pop, bang.
poef[2] *poefs, poewe* pouf(fe).
poef[3], poe·fie *n., (infml., children's lang.: excrement)* poo(h). **poef, poe·fie** *ge=, vb.* poo(h), do a poo(h).
poef·ter *(derog. sl.)* poofter, fairy, homo, nancy boy, woofter.
poe·ga *interj.* ugh, phew, faugh.
poe·gaai finished, dog-tired, dead beat/tired, ready to drop, clapped out, pooped (out); *(very drunk)* legless, lit up, paralytic, plastered, smashed, sozzled, stoned.
poei·er =*ers, n.* powder; *(tot) ~ maak* pulverise; *jou neus ~, (infml.: put make-up on)* put one's face on; *jou neus (gaan) ~, (euph.: go to the toilet)*(go and) powder one's nose. **poei·er** *ge=, vb.* powder. ~**blou** *n. & adj. (pred.)* powder blue. ~**blou** *adj. (attr.)* powder-blue. ~**doos** powder box. ~**dosie** flapjack, compact. ~**ink** toner (powder) *(for a laser printer or photocopying machine)*. ~**inkkasset** toner cartridge. ~**koffie** instant/powdered coffee. ~**kwas** powder puff; *(bot.: Haemanthus coccineus)* April fool. ~**kwastassie** *(rare)* vanity bag/case. ~**melk** powdered milk. ~**metallurgie** powder metallurgy. ~**meul(e)** pulveriser. ~**mis** poudrette. ~**sneeu** powder snow. ~**vormig** =*e* in powder form, pulverised.
poei·er·ag·tig =*tige* powdery, pulverulent.
poe·koe =*koes, (zool.: Kobus vardonii)* puku.
poel *poele* pool; pond; puddle; wallow; *(fig.)* sink, cesspool; *~ van ongeregtigheid/onreinheid* sink of iniquity/impurity; *~ van sonde* welter of sin. **poe·le·tjie** =*tjies, (dim.)* small pool; pondlet; puddle.
poel·pe·taan =*tane,* **poel·pe·taat** =*tate,* **poel·pe·ta·ter** =*ters, (dial.)* = TARENTAAL.
poel·snip, poen·snip =*snippe, (orn.)* snipe.
poe·ma =*mas* puma, cougar, mountain panther/lion.
poe·na =*nas* pollard, poll, hornless animal. ~**(geweer)** short musket; Martini, Martini-Henry (rifle).
poens·kop =*koppe, n.* hornless/dehorned/polled animal, poll, pollard; *(icht.: Cymatoceps nasutus)* bishop, black musselcracker; *(infml., derog.)* baldhead, baldpate, baldy, baldie, slaphead; *(infml., member of a subculture)* skinhead. **poens·kop** *adj.* polled, hornless. ~**bees** poll, pollard, poll beast. ~**koei** polled/hornless cow, poll cow. ~**olifant** tuskless elephant. ~**os** poll ox, polled/hornless ox.

poen·snip →POELSNIP.
poep *poepe, n., (coarse)* fart. **poep** *ge-, vb., (coarse)* fart. ~**dronk** *(vulg.)* pissed (out of one's head/mind), (as) pissed as a newt; →PAPDRONK. ~**hol** *(coarse)* arse(hole); *(taboo sl.: despicable pers.)* fart, prick, twat, cunt, wanker.
poe·pe·rig *-rige, (coarse)* feeble.
poes *poese, (taboo sl.: the female genitals)* twat, cunt.
poe·sa·ka *-kas, (Mal.)* heirloom.
po·ë·sie poetry, verse.
Poesj·kin *(Russ. poet & author)* Pushkin.
poes·pas jumble, hotchpotch.
po·ë·tiek, po·ë·ti·ka poetics. **po·ë·ties** *-tiese* poetic(al). **po·ë·ti·seer** *ge-* poeticise.
poe·toe·pap *(SA)* putu, crumbly/dry mealie-meal porridge.
poets[1] *poetse, n.* trick; prank; practical joke; *iem. 'n ~ bak* play a (practical) joke (up)on s.o., play a prank/trick on s.o., play s.o. a trick, hoax s.o.; *'n gemene/lelike/smerige ~* a dirty/scurvy/shabby trick. ~**bakker** hoaxer, leg-puller, prankster, practical joker, gagster.
poets[2] *n., (rare)* →POLITOER *n.*. **poets** *ge-, vb.* polish, shine; gloss, burnish; fettle. ~**besem** mop. ~**borsel** polishing brush. ~**doek** polishing/cleaning cloth/rag, floorcloth. ~**dweil** polishing/floor mop. ~**katoen** cotton waste. ~**lap** brass rag; →POETSDOEK. ~**middel** *-s, -e* cleaner, cleanser, polish, cleaning agent. ~**trommel** tumbling barrel/box, tumbler *(for cleaning gemstones etc.).* ~**werk** polishing, *(infml.)* spit and polish, elbow grease. ~**yster** glossing iron.
poets·baar *-bare* polishable.
poet·ser *-sers* polisher, cleaner.
pof *ge-* puff; blub *(of plaster); ge~te rys* puffed rice; *~ staan, (a tail)* bush out. ~**adder** puff adder. ~**adderhaai** *(Haploblepharus edwardsii)* puff-adder shark, dogfish. ~**broek** knickerbockers, plus fours *(dated).* ~**koring** puffed wheat. ~**mou** puff/puffed sleeve, leg-of-mutton (sleeve). ~**opnaaisel** air tuck.
pof·fer: ~**gesig** pudding face. ~**hand(jie)** pudgy hand.
pof·fer·tjie *-tjies* chou, puff, (Dutch) fritter.
po·ging *-gings, -ginge* attempt, try, effort, endeavour, shot *(infml.),* go *(infml.);* essay *(fml.);* exertion; *'n ~ aanwend om te ...* make an attempt to ...; make an effort to ...; *'n* ***bewuste*** *~ aanwend* make an all-out (*or* a concerted) attempt; *'n ~* ***doen*** *om te ..., (fml., rare)* →***aanwend;*** *met die* ***eerste*** *~* at the first attempt; *'n* ***flou*** *~* a feeble/half-hearted attempt; *'n* ***geslaagde*** *~* a successful attempt; *'n ~* ***misluk*** an attempt fails; ***misluk*** *in 'n ~ om te ...* fail in an attempt to ...; *'n* ***mislukte*** *~* an unsuccessful attempt; *iem. se ~* ***om*** *aan iets mee te doen* s.o.'s foray into s.t.; ***onvermoeide*** *~s* unsparing efforts; *'n ~* ***slaag*** an attempt succeeds; ***slaag*** *in 'n ~ om te ...* succeed in an attempt to ...; *'n* ***swak*** *~* a feeble attempt; *'n ~* ***tot*** *...* an attempt at ...; *'n* ***vergeefse*** *~* a vain attempt; *'n ~* ***verydel*** foil/thwart an attempt; *'n ~* ***waag*** have a go; *'n* ***wanhopige*** *~ aanwend* make a frantic effort, try desperately. **po·gin·kie** *-kies, (dim.)* little effort; poor effort/performance.
po·grom *-groms, (<Russ.)* pogrom.
poi·ki·li·ties *-tiese, (geol.)* poikilitic. **poi·ki·lo·blast** *-blaste, (geol.)* poikiloblast. **poi·ki·lo·blas·ties** *-tiese* poikiloblastic.
poin·set·ti·a *-tias, (bot.)* poinsettia; →KARLIENBLOM.
poin·ter *(also P~), (dog)* pointer.
poin·til·lis·me *(neo-Impressionist painting)* pointillism. **poin·til·leer** *ge-* employ/use the pointillist style. **poin·til·lis** *-liste* pointillist. **poin·til·lis·ties** *-tiese* pointillist(ic).
pok *pokke* pock; peck *(in wood);* pit; →POKKE; *die ~ke* smallpox. ~**dalig** *-e, (rare)* pock-pitted, pock-marked; pitted. ~**gaatjie** pit hole. ~**hout** *(bot.)* lignum vitae, guaiacum, guaiocum. ~**merk** →POKKIESMERK. ~**steen** *(geol.)* variolite.
pok·ag·tig *-tige* pocky, pitted.
po·ker(·spel) poker; *poker met pokerstene/-steentjies* poker dice. **po·ker·ste·ne, -steen·tjies** poker dice.
pok·ke smallpox, variola *(in humans);* pox *(in animals);* →POKKIES. ~-**entstof, pokkiesentstof** smallpox vaccine. ~-**epidemie** smallpox epidemic.
pok·kel *-kels, (small fat pers.)* dumpling, dumpy, fatty, lump.
pok·ke·rig *-rige,* **pok·kig** *-kige* pocky; pecky *(wood).*
pok·kies smallpox, variola *(in humans);* pox *(in animals);* →POKKE. ~**blom** *Hermannia hyssopifolia.* ~**doring** *Arctopus echinatus.* ~**entstof** →POKKE-ENTSTOF. ~**epidemie** = POKKE-EPIDEMIE. ~**lyer** smallpox patient/sufferer. ~**merk, pokmerk** pockmark.
pok·kies·ag·tig *-tige* varioloid.
pok·meul, pok·meu·le →KLEIMEUL(E).
pol *polle* tuft, tussock, clump (of grass). *~gras* tuft/tussock grass; *nassella-~* nassella tussock. ~**vormig** *-e* tufted.
po·la·ri·me·ter polarimeter.
Po·la·ris *(astron.)* Polaris, North Star.
po·la·ri·sa·sie polarisation. ~**hoek** angle of polarisation. ~**vlak** plane of polarisation.
po·la·ri·sa·tor *-tors* polariser.
po·la·ri·seer *ge-, (phys. or fig.)* polarise.
po·la·ri·skoop *-skope* polariscope.
po·la·ri·teit polarity.
po·la·ro·graaf *-grawe, (chem.)* polarograph. **po·la·ro·gra·fie** polarography. **po·la·ro·gra·fies** *-fiese* polarographic.
Po·la·roid *(trademark)* Polaroid. ~**bril** Polaroids, Polaroid glasses. ~**foto** Polaroid (photograph/shot). ~**kamera** Polaroid (camera).
pol·der *-ders* polder, drained land *(mainly in the Neth.).*
Po·le *(geog.)* Poland; →POOL.
po·leer *(ge)-* polish (up), buff, bone, burnish; scrub *(stone);* rub up; smoothbore *(a gun).* ~**borsel** →POETSBORSEL. ~**masjien** polisher, polishing machine; buffing machine. ~**steen** polishing stone.
po·leer·baar *-bare* polishable.
po·leer·der *-ders* polisher; buffer; waxer.
po·lei *(bot.: Mentha pulegium)* pennyroyal.
po·le·miek *-mieke* controversy, polemic, paper warfare; *(theol.)* polemics; *'n ~ oor iets word in die pers gevoer tussen ... en ...* a controversy about/over s.t. is carried on in the press between ... and ...; *'n ~ voer, (also)* take part in a controversy. **po·le·mies** *-miese* controversial, polemic(al), disputatious. **po·le·mi·kus** *-mikusse, -mici,* **po·le·mis** *-miste* controversialist, polemicist, polemist, polemic, polemic writer. **po·le·mi·seer** *ge-* polemise, engage in controversy.
po·lêr *-lêre* polar; diametric(al); *~e getal* polar number, valency number; *~e front, (meteorol.)* polar front.
po·le·ring polishing, buffing, rub-up, finish; →POLEER.
pol·fyn·tjie *-tjies, (dated)* forfeit *(in games); (poet., liter.)* keepsake, souvenir, trinket, little present.
po·li·an·drie polyandry. **po·li·an·dries** *-driese* polyandrous.
po·li·ar·gie polyarchy. **po·li·ar·gies** *-giese* polyarchic(al).
po·li·chro·ma·ties *-tiese* polychrom(at)ic, polychromous; →POLICHROOM. **po·li·chro·meer** *ge-* polychrome. **po·li·chro·mie** polychromy, polychrom(at)ism. **po·li·chroom** *-chrome* polychrome.
po·li·dak·tiel *-tiele, adj., (having more than the normal number of fingers/toes)* polydactyl, polydactylous. **po·li·dak·ti·lie, po·li·dak·ti·lis·me** polydactylism, polydactyly.
po·li·ë·der, po·li·eder *-ders, (geom.)* polyhedron. **po·li·ë·dries, po·li·e·dries** *-driese* polyhedral.
po·liep *-liepe, (zool., med.)* polyp. **po·liep·ag·tig** *-tige* polypoid, polypous.
po·li·ës·ter, po·li·es·ter polyester. **po·li·ë·ti·leen, po·li·e·ti·leen** polyethylene, polythene; →POLITEEN.
po·liets *-liets(e) -lietser -lietsste, (rare)* smart, knowing; diplomatic, politic, canny, *(chiefly SA, dial.)* slim; forward, precocious *(a child).* **po·liets·heid** *(rare)* smartness, knowingness; canniness, *(chiefly SA, dial.)* slimness; forwardness, precociousness, precocity *(of a child).*
po·li·faag *-fae, adj.* polyphagous.
po·li·fo·nie *(mus.)* polyphony. **po·li·fo·nies** *-niese* polyphonic.
po·li·foon *-fone, (ling.)* polyphone.
po·li·gaam *-game* polygamous. **po·li·ga·mie** polygamy. **po·li·ga·mis** *-miste* polygamist.
po·li·geen *-gene* polygenetic; polygenous. **po·li·ge·nis·me** polygeny, polygenism.
po·li·gien *-giene* polygynous. **po·li·gi·nie** polygyny.
po·li·glot *-glotte* polyglot. **po·li·glot·ties** *-tiese* polyglot.
po·li·go·naal *-nale, (geom.)* polygonal. **po·li·goon** *-gone* polygon.
Po·li·kar·pos *(Gr. Chr. martyr)* Polycarp.
po·li·ka·toen *(text.)* polycotton.
po·li·kli·niek *-nieke* policlinic.
po·li·meer *-mere, n. (chem.)* polymer. **po·li·meer** *-mere, adj.* polymeric; *(bot.)* polymerous. **po·li·me·rie** polymerism. **po·li·me·ri·sa·sie** polymerisation, polymerism. **po·li·me·ri·seer** *ge-* polymerise.
po·li·morf *-morfe, n.* polymorph. **po·li·mor·fie** polymorphism. **po·li·mor·fies** *-fiese, adj.* polymorphic, polymorphous.
Po·li·ne·si·ë *(geog.)* Polynesia. **Po·li·ne·si·ër** *-siërs, n.* Polynesian. **Po·li·ne·sies** *-siese, adj.* Polynesian.
po·li·neu·ri·tis *(med.)* polyneuritis.
po·lin·ja *(Russ., open water surrounded by ice in Arctic seas)* polynya.
po·li·o *(short for* poliomiëlitis*)* polio. ~-**entstof** polio vaccine. ~**lyers** polio victim. ~**pasiënt** polio patient.
po·li·o·mi·ë·li·tis *(med.)* poliomyelitis, *(dated)* infantile paralysis.
po·li·on·ver·sa·dig, po·li·ön·ver·sa·dig polyunsaturated; *~de vetsure* polyunsaturated fatty acids.
po·li·pe·taal *-tale* polypetalous.
po·li·pro·pi·leen *(chem.)* polypropylene.
po·lip·tiek *-tieke, (fine arts)* polyptych; →VEELLUIK.
po·lis *-lisse* (insurance) policy; *kragtens 'n ~* under a policy; *'n ~ op ...* a policy on ... *(s.o.'s life, a house); 'n ~ sluit/aangaan* take out a policy. ~**houer** policyholder. ~**lening** policy loan.
po·li·sak·ka·ried *(biochem.)* polysaccharide, polysaccharose.
po·li·seem *-seme, (ling.)* polyseme. **po·li·se·mie** polysemy. **po·li·se·mies** *-miese* polysemic, polysemous.
po·li·sie police; *iets by die ~* ***aangee*** report s.t. to the police; *~ en* ***diewe*** *speel* play cops and robbers *(infml.);* ***geheime*** *~* secret police; *iem. aan die ~* ***oorgee*** give s.o. in charge; *die ~ het hul* ***plig*** *gedoen* the police have done their duty; *by die ~* ***wees*** be in the police force. ~**beampte** police (*or* law enforcement) officer. ~**bewaking,** ~**beskerming** police protection. ~**dienaar** = POLISIEMAN. ~**diens** police service. ~**fluitjie** police whistle. ~**geleide** police escort. ~**hond** police dog. ~-**informant** police informer, *(Ngu.)* impimpi. ~-**inspekteur** inspector of police. ~**kantoor** police station; police office; charge office. ~**klopjag** police raid. ~**kommissaris** commissioner of police. ~**mag** police force, constabulary. ~**man** *-ne* policeman, police officer, member of the police force, (police) constable, cop *(infml.).* ~**offisier** officer of police, police officer. ~**ondersoek** police investigation. ~**pos** police post. ~**spioen** police spy, trap, nark, stool (pigeon), *(Ngu.)* impimpi. ~**staat** police state. ~**stasie** →POLISIEKANTOOR. ~**strik** police trap. ~**teenwoordigheid** police presence. ~**toesig** police supervision. ~**verordening** police regulation. ~**wa** police/patrol/prison van; *(hist.)* Black Maria. ~**werk** police work. ~**wese** the police.
po·li·si·eer *vb.* police. **po·li·si·ë·ring** policing.
po·li·sil·la·be polysyllable. **po·li·sil·la·bies** *-biese* polysyllabic, sesquipedalian.
po·li·sin·de·ton *-tons, (gram.)* polysyndeton.
po·li·sti·reen polystyrene. ~**skuim** styrofoam.
Po·lit·bu·ro *(<Russ., pol., hist.)* Politburo.
po·li·teen *-tene* polythene, polyethylene.
po·li·teg·nies *-niese* polytechnic; *~e skool* polytechnic.
po·li·te·ïs *-teïste, (also P~)* polytheist. **po·li·te·ïs·me** *(also P~)* polytheism. **po·li·te·ïs·ties** *-tiese* polytheistic.
po·li·tiek *n.* politics; policy; *in die ~* in politics; *koloniale ~* colonial policy; *oor die ~* ***praat*** talk politics. **po·li·tiek** *-tieke,* **po·li·ties** *-tiese, adj. & adv.* political(ly); politic; wily, wilily, knowing(ly); *~e* ***aksiekomitee*** political action committee; *~* ***korrek/verkeerd*** politically correct/incorrect; *~e* ***korrektheid*** political correctness; *~e* ***masjien*** political machine; *~e* ***misdadiger*** political offender, state criminal; *P~e* ***Raad,*** *(SA, hist.)* Council of Policy; *~e* ***speelbal*** political football;

(die speel van) ~*e* ***speletjies*** politicking; *daarvoor is iem.* ***te*** ~ s.o. is too wily/knowing for that; ~*e* ***verhoor*** state trial; ~*e* ***wese*** political animal. **po·li·tiek-e·ko·no·mies, po·li·ties-e·ko·no·mies** *-miese* politicoeconomic. **po·li·tie·ke·ry** politicising, politicking, politics. **po·li·ties** *-tiese* →POLITIEK *adj. & adv.*. **po·li·ti·kas·ter** *-ters, (rare)* political hack. **po·li·ti·kas·te·ry** *(often derog.)* politicking. **po·li·ti·kus** *-tikusse, -tici* politician. **po·li·ti·seer** *ge-* politicise, talk (*or* engage in) politics. **po·li·ti·seer·de·ry** →POLITIEKERY.

po·li·ti·ko·loog *-loë* political scientist. **po·li·ti·ko·lo·gie** political science. **po·li·ti·ko·lo·gies** *-giese* pertaining to political science.

po·li·toer *-toere, n.* polish. **po·li·toer** *ge-, vb.* polish.

po·li·to·na·li·teit *(mus.)* polytonality, polytonalism.

po·li·ü·re·taan, po·li·u·re·taan *(chem.)* polyurethan(e).

po·li·va·lent *-lente, (chem., med.)* polyvalent.

po·li·vi·niel polyvinyl. ~**asetaat** polyvinyl acetate.

pol·ka *-kas, n., (dance, mus.)* polka; *die ~ dans* polka. **pol·ka** *ge-, vb.* polka. ~**(haar)styl** bob (hair)style. ~**hare** bobbed hair. ~**kol** polka dot; *'n rok met ~le, (also* 'n polkakolrok*)* a polka-dot dress. ~**kolstof** polka dot. ~**-mazurka** *(mus.)* polka mazurka. ~**snit** bob.

pol·lak *-lakke, (icht.)* pollack, pollock.

pol·le·vink *ge-, (rare)* flirt, spoon.

pol·li·ni·um *(bot.)* pollinium, pollen mass.

po·lo *(sport)* polo. ~**halstrui,** ~**nektrui** poloneck (sweater), polo jersey. ~**hemp** polo shirt. ~**kolf** polo stick.

po·lo·nai·se *-ses, (dance, piece of music)* polonaise.

po·lo·nie *-nies* polony.

po·lo·ni·um *(chem.; symb.: Po)* polonium.

po·lo·nys *-nyse, (dance; hist.: a woman's dress)* polonaise.

pols *polse, n.* wrist; pulse; ***afwisselende*** ~ pulsus alternans; *die ~* ***klop*** *vinniger* the pulse is quickening; *met* ***slap*** ~*e rondtrippel, die ~e* ***flap*** *(en die heupe swaai), (infml.)* camp it up; *'n* ***swak/vinnige*** ~ a weak/rapid pulse; *iem. se ~* ***voel*** feel/take s.o.'s pulse. **pols** *ge-, vb.* sound (out), feel/take s.o.'s pulse *(fig.)*; approach *(s.o.)*; *iem. oor iets ~* put/throw out feelers (*or* a feeler); sound s.o. (out) about s.t.. ~**aar** radial vein; *jou polsare afsny* slash one's wrists. ~**band** wristlet; bracelet. ~**been(tjie)** carpal bone; *(also, in the pl.)* carpus. ~**beweging** wristy action. ~**druk** pulse pressure. ~**flappend** limp-wristed. ~**gewrig** wrist. ~**(golf)beeld** *(med.)* sphygmogram. ~**horlosie,** ~**oorlosie** wristwatch. ~**hou** *(golf)* chip (shot); wrist shot. ~**maat** wrist measurement. ~**meter,** ~**optekenaar** *(med.)* sphygmograph, sphygmometer, pulsimeter. ~**mof** muffetee. ~**skerm** wristlet. ~**slag** pulse (beat/rate), pulsation, heartbeat, palpitation; *'n* ***swak/vinnige*** ~ a weak/rapid pulse. ~**slagaar** radial artery. ~**stok** *(rare)* →SPRINGSTOK. ~**(stok)spring** *(rare)* →PAALSPRING. ~**verlamming** *(med.)* wrist-drop.

pol·send *-sende* pulsating *(music, rhythm, pain, etc.)*; *jazz/ens. met 'n ~e ritme* beaty jazz/etc..

pol·sing pounding *(of pop music etc.)*.

pol·ter·gees *-geeste,* **pol·ter·geist** *-geists* poltergeist.

pol·vy *-vye* heel *(of a boot/shoe)*.

Po·ly·car·pus = POLIKARPOS.

po·lys *ge-, (rare, liter., fig.)* polish, buff; polish up, rub up; burnish; sand(paper); *ge~te* polished, burnished. ~**papier** emery/finishing/polishing paper. ~**poeier** polishing powder. ~**steen** polishing stone.

po·lys·ter *-ters, (obs.)* polisher; burnisher, glazer *(of leather)*; sander *(of wood, metal, etc.)*; →POLEERDER. **po·lys·ting** *(obs.)* polishing, burnishing, buffing; →POLERING.

po·me·lo *-lo's* grapefruit, pomelo. ~**lepel** grapefruit spoon. ~**nartjie** tangelo.

po·me·rans *-ranse, (rare)* cue tip.

pom·ma·de *-des* pomade; skin cream. **pom·ma·deer** *ge-* pomade.

Pom·mer *-mere, n., (inhabitant)* Pomeranian. **pom·mer** *-mers, (breed of dogs)* (toy) pom, Pomeranian. **Pom·me·re** *(geog.)* Pomerania. **Pom·mers** *-merse, adj.* Pomeranian.

po·mo·lo·gie pomology. **po·mo·lo·gies** *-giese* pomological. **po·mo·loog** *-loë* pomologist.

pomp *pompe, n.* pump, inflator; poke, nudge; pump, stroke; filling station; *'n ~ in die ribbes* a poke in the ribs. **pomp** *ge-, vb., (lit. & fig.)* pump; poke, nudge; hit, strike; *(vulg. sl.)* bonk, poke, have a poke; ***geld*** *in iets ~* pour money into s.t.; ***geld*** *in die/'n saak/ens. ~* prime the pump *(fig.)*; *iets* ***in*** *... ~* pump s.t. into ...; *iets* ***leeg*** *~* pump s.t. dry; *iem. vol* ***lood*** *~, (infml.)* pump bullets into s.o.; *iem. in die* ***ribbes*** *~* poke s.o. in the ribs; *iets* ***uit*** *... ~* pump s.t. out of ...; *iem.* ***vol*** *... ~, (infml.)* pump s.o. full of ... *(bullets etc.)*. ~**aksie-haelgeweer** pump-action shotgun. ~**bak** pump cistern. ~**dompelaar** pump plunger. ~**huis** pump house, pumping station. ~**joggie** pump/petrol attendant. ~**kamer** pump room; pumping chamber; *(anat.)* ventricle. ~**klep** pump valve. ~**maker,** ~**werker** pump wright. ~**masjien** draining machine, pumper. ~**masjinis** pumper. ~**pakstuk** pump gasket. ~**slag** pump lift/stroke. ~**slang** pump connection. ~**slinger** pump handle. ~**spuit** pump-action sprayer. ~**stang** pump rod/staff, piston rod. ~**stasie** pumping station. ~**stofie** pressure stove, primus (stove). ~**stok** sucker. ~**suier** pump piston, bucket, suction ram. ~**swingel** pump handle/lever/balance/brake. ~**wagter** pumpman, pump attendant. ~**water** pump water.

pom·pa·doer *-doers* pompadour (bag); *(hairstyle; dress material)* pompadour.

Pom·pe·ji *(geog.)* Pompeii. **Pom·pe·jaan** *-jane, n.* Pompeian. **Pom·pe·jaans** *-jaanse, adj.* Pompeian.

Pom·pe·jus *(Rom. gen.)* Pompey.

pom·pel·moer *-moere, (rare)* = APPELLIEFIE; *immergroen ~* strawberry bush.

pom·pel·moes, pom·pel·moe·sie →PAMPELMOES, PAMPELMOESIE.

pom·per *-pers* pumper.

pom·peus *-peuse, (fml.)* pompous. **pom·peus·heid** pomposity, pompousness.

pom·pie *-pies, (dim.)* little pump.

pom-pom *-poms, (mil., hist.)* pom-pom *(SA)*; →MAXIM.

pom·pon *-pons* pompom, pompon. ~**(dahlia)** pompom/pompon (dahlia).

pon·cho *-cho's* poncho.

pond *ponde, (unit of weight/money)* pound; sovereign, quid *(money)*; ***baie/etlike*** ~*e* many/several pounds; ***duisende*** ~*e* thousands of pounds; *twee* ***goue*** ~*e* two golden sovereigns; ***per*** ~ per/a pound; ***twee*** ~ two pounds; ~ ***vir*** ~ *bydra* contribute pound for pound (*or* on a pound-for-pound basis); *'n ~* ***vleis*** a pound of meat; *jou ~* ***vleis*** *kry, (fig.)* get one's pound of flesh; *jou ~* ***vleis*** *(op)eis/soek* (of *wil hê*), *aandring op jou ~ vleis, (fig.)* claim/demand/want one's pound of flesh. ~**haas** *(zool.: Bunolagus monticularis)* riverine rabbit. ~**koek** pound cake. ~**krag** pound force. ~**(noot)** pound note. ~**teken** (£) pound sign. ~**-vir-pond-stelsel** pound-for-pound system.

pon·daal *-dale, n., (phys., unit of force)* poundal.

pon·de·ro·sa: ~**(den)** *(bot.: Pinus ponderosa)* ponderosa (pine). ~**(hout)** ponderosa (pine).

Pon·do, Mpon·do *-do's, (SA, inhabitant and lang.)* Pondo. **Pon·do·land** Pondoland.

pon·dok *-dokke,* **pon·dok·kie** *-kies* shanty, shack, hut, hovel, kaia.

po·neer *(ge)-, (fml.)* postulate, advance, posit, propound, put forward *(a statement)*.

po·nie *-nies* pony; cob. ~**joernalistiek** tabloid journalism. ~**koerant,** ~**blad** tabloid ([news]paper). ~**koerantjoernalis** tabloid journalist. ~**pers** tabloid press. ~**slagskip** pocket battleship. ~**stert** ponytail.

pon·jaard *-jaarde, -jaards, (hist., small dagger)* poniard.

pons[1] *(drink)* punch, jorum, toddy. ~**glas** punch glass. ~**kom** punchbowl.

pons[2] *ponse, n., (tool)* punch. **pons** *ge-, vb.* punch, perforate; keypunch. ~**band** paper/punch(ed) tape. ~**gat** punch hole. ~**kaart** punch(ed) card. ~**(masjien)** punching machine, perforator; keypunch(er); card punch. ~**operateur** keypuncher, keypunch operator. ~**steek** punching stitch.

pon·ser *-sers* puncher.

pont *ponte* pontoon; pont, ferry; ferryboat; floating bridge; *met 'n ~ vaar* punt. ~**baas** ferryman. ~**diens** ferry service. ~**geld** ferryage, ferriage, fare. ~**man** ferryman. ~**wagter** ferryman.

pon·tak(·wyn) Pontac(q) (wine).

Pon·ties *-tiese* Pontic.

pon·ti·fi·kaal *-kale* pontifical; *pontifikale mis, (RC: a high mass celebrated by a bishop)* Pontifical Mass. **pon·ti·fi·kaat** *-kate, (RC)* pontificate.

Pon·ti·us *(NT)* Pontius; *van ~ na Pilatus* from pillar to post.

pon·ton *-tons* pontoon. ~**brug** pontoon/floating bridge. ~**dek** pontoon deck. ~**kraan** floating crane. ~**trein** bridge train.

pon·ton·nier *-niers, (mil., obs.)* pontonier.

Pon·tus *(geog., hist.)* Pontus.

Pon·tyns: *die ~e moerasse, (geog.)* the Pontine Marshes.

poog *ge-, (somewhat fml.)* attempt, endeavour, strive, try, seek; *~ om iets te doen* attempt to do s.t..

pook *poke,* **pook·ys·ter** *-ters, n., (rare)* poker. **pook** *ge-, vb., (rare)* poke (up).

Pool Pole. **Pools** *Poolse* Polish.

pool[1] pile *(of a carpet)*, nap. ~**binding** pile weave. ~**stof** pile fabric. ~**tapyt** pile carpet. ~**vas** pile proof.

pool[2] *pole* pole; *gelyke/ongelyke pole* like/unlike poles. ~**boog** *(geom.)* polar curve. ~**ekspedisie,** ~**tog** polar expedition. ~**front** *(meteorol.)* polar front. ~**gebied** polar region, frigid zone. ~**hoek** *(math.)* vectorial angle. ~**hond** husky, Eskimo dog. ~**kap** *(astron.)* polar cap. ~**klem** battery terminal. ~**koördinate,** ~**ko-ordinate** *(pl., geom.)* polar coordinates. ~**kromme** *(geom.)* polar curve. ~**lande** polar regions. ~**lig** polar light, aurora polaris. ~**reisiger** polar explorer. ~**see** polar/Arctic/Antarctic sea. ~**sirkel** polar circle. ~**stand** pole position. ~**ster** *(astron.)* polar/pole star; lodestar, loadstar; cynosure; *(P~, also* Noord(pool)ster*)* North/Pole Star, Polaris. ~**sterkte** pole strength. ~**streek** = POOLGEBIED. ~**stroom** polar current. ~**stuk** pole piece. ~**tog** →POOLEKSPEDISIE. ~**vlug** transpolar flight. ~**vos** Arctic fox. ~**ys** polar ice.

pools-: ~**afstand** polar distance. ~**hoogte** latitude, altitude of the pole; *~ neem, (fig.)* find/get/take one's bearings, finds out how the land lies, see how the land lies, size up the situation *(infml.)*.

poon *pone* pony; cob; →PONIE.

poort *poorte* gate, gateway, entrance; archway; alley(way); defile, poort *(Afr.)*; pass; portal; *(min.)* water gap; *(mech.)* port; *(anat.)* hilus, hilum; *(comp.)* port; *~ tot ..., (fig.)* gateway to ...; *droë ~* air/wind gap. ~**(-)aar** portal vein. ~**(-)aarstelsel** portal circulation. ~**deurtjie** wicket door. ~**kamer** gatehouse. ~**omloop** portal circulation. ~**spier** *(anat.)* sphincter. ~**wagter** gatekeeper.

poor·ter *-ters, (hist.)* citizen, burgher.

poort·jie *-jies, (dim.)* small gate(way); small poort; wicket; *(bot., entom., icht.)* micropyle.

poos *pose, (dated)* →POSE.

poot *pote* paw, hoof, foot, hand, claw, pad *(of an animal)*; leg *(of an animal, a table, etc.)*; *(handwriting)* paw, fist, scrawl; paw print; *(sl.: policeman)* cop(per), flatfoot, bear, pig; *op jou* ***agterpote*** *staan* stand on one's hind legs; ***hou*** *jou pote van ... af!, (infml.)* keep your paws off ...!; ***met*** *pote, (zool.)* pedate; *op (sy) pote* ***sit*** put straight, set going; *op jou eie pote* ***staan,*** *(infml.)* stand on one's own (two) legs/feet; *'n argument wat op pote* ***staan*** a sound argument; *iem. se redenering* ***staan op*** *pote* there are no holes to pick in s.o.'s argument; *geen ~* ***versit/verroer*** *nie, (infml.)* refuse to budge; *op* ***vier*** *pote* on the hoof *(stock)*. ~**baai** *pootge-, (rare)* paddle in water. ~**bandjie** jess. ~**merk** claw mark. ~**rolletjie** caster, castor. ~**seer** *n.* footsoreness *(of a horse etc.)*; →SEERPOOT; *~ hê* be footsore. ~**seer** *adj.* footsore *(of animals)*. ~**uit** exhausted, clapped/fagged out, pooped (out), dog-tired, dead tired, all in, dead beat, finished.

poot·jie *-jies, n.* (little) paw; trotter *(of a pig)*; podagra, foot gout; *met hangende ~s* →STERT TUSSEN DIE BENE. **poot·jie** *ge-, vb.* trip (up), double-cross. ~**skakelaar** →UITSKOPSKAKELAAR. ~**slang** *(Chamaesaura* spp.*)* snake/grass lizard.

poot·jies-: ~**klep** wing valve. ~**wol** shankings, shanks, shins.

poot·loos *-lose, (zool.)* apodal, apodous; *~lose dier* apod.

pop[1] *poppe* doll; puppet, doll, marionette; dummy; (pretty) girl, sweetheart; *(entom.)* pupa; chrysalis; *die ~pe (is aan die)* ***dans,*** *(infml.)* the fat is in the fire; the fur is flying; *as die ~pe begin* ***dans,*** *(infml.)* when the balloon goes up; *nou gaan die ~pe* ***dans,*** *(infml.)* this is it; now we'll see some fun; *die ~pe laat* ***dans,*** *(infml.)* make the fur fly; *die ~pe sal* ***dans,*** *(infml.)* there will be the deuce/devil to pay; *toe het die ~pe* ***gedans,*** *(infml.)* there was hell to pay. **~bedjie** doll's bed/cot. **~gesig(gie)** doll's face, puppet face; pretty-pretty face. **~goed** doll's clothes; dolls' toys. **~huis** doll's house, toy house. **~klere** doll's clothes. **~lap** *(infml.)* baby doll, sweetie, moppet. **~mooi** pretty-pretty; *iem. is ~* s.o. has a doll-like beauty. **~oë** doll's eyes. **~rok(kie)** doll's dress. **~roos** sweetbriar, sweetbrier, eglantine. **~soldaatjie** toy soldier. **~speel** *popge-* play with dolls; fool about, fiddle. **~waentjie** doll's pram. **~winkel** →POPPEWINKEL.

pop² *n.* pop (music). **pop** *adj.* pop. **~fees** pop festival. **~groep** pop group. **~konsert** pop concert. **~kultuur** pop culture. **~liedjie** pop song. **~musiek** pop music. **~orkes** pop orchestra. **~sanger** pop singer. **~skilderkuns** pop art. **~ster** pop star.

pop·ag·tig *-tige,* **pop·pe·rig** *-rige* doll-like, dollish; dainty. **pop·pe·rig·heid** dollishness; daintiness.

po·pe *-pes, (rare: Russ. priest)* pope.

po·pel *ge-, (rare)* flutter, beat fast, quiver, throb.

po·pe·lien *(text.)* poplin.

pop·pa·dom *-doms,* **pop·pa·dum** *-dums, (<Hindi, Ind. cook.)* pop(p)adam, pop(p)adom, pop(p)adum.

pop·pe-: **~bewind, ~regering, ~regime** puppet government/regime. **~huis** →POPHUIS. **~kas** puppet show, Punch and Judy show. **~spel** puppet show; puppet play; puppetry. **~speler** puppeteer, puppet master. **~winkel, popwinkel** doll shop.

pop·pie *-pies, (dim.)* dolly, little doll; popsy, baby doll, girl(ie), cutie.

po·pu·la·ri·sa·sie popularisation. **po·pu·la·ri·seer** *ge-* popularise. **po·pu·la·ri·seer·der** populariser. **po·pu·la·ri·teit** popularity, vogue; *~ soek* play to the gallery, seek favour.

po·pu·lêr *-lêre -lêrder -lêrste* popular, well-liked, *(infml.)* in; adapted to the general public; *~e musiek* popular music. **~-wetenskaplik** *-e* nonspecialist; of the nature of popular science; *~e lesing* scientific lecture for the general public.

po·pu·lier *-liere, (bot.)* poplar. **~boom** poplar. **~bos** poplar grove. **~hout** poplar wood.

po·pu·lis *-liste* populist. **po·pu·lis·me** populism.

por *ge-* dig in the ribs, nudge, prod, poke; spur on, egg on, urge, incite; →AANPOR. **~(boodskap)** *(comp.)* prompt. **~stok, ~toestel** prod.

po·reus *-reuse -reuser -reusste* (of *meer ~ die mees ~e*) porous. **po·reus·heid, po·ro·si·teit** porosity.

por·fier *(geol.)* porphyry; *groen~* Oriental verd antique. **por·fier·ag·tig** *-tige* porphyritic.

por·fi·rie *(med.)* porphyria.

po·rie *porieë, (anat., zool.)* pore.

por·no *(infml.: pornografie)* porn(o); *harde/mak ~* hard/soft porn(o). **~film, ~fliek, ~rolprent** porn(o) film, *(sl.)* skin flick. **~-moordfliek** *(infml.)* snuff movie/film. **~winkel** porn(o) shop.

por·no·gra·fie pornography; *harde/mak ~, (infml.)* hard/soft porn(o). **por·no·graaf** *-grawe* pornographer. **por·no·gra·fies** *-fiese* pornographic.

po·ro·si·teit →POREUSHEID.

Por·phy·ri·us *(Gr. philosopher)* Porphyry.

por·rel *n., (min.)* puddle.

por·se·lein¹ *n.* porcelain, china(ware). **por·se·lein** *ge-, vb.* porcelainise. **~aarde, ~klei** china/porcelain clay, kaolin(e). **~bak(kie)** porcelain/china bowl/dish. **~blom** *(bot.)* London pride, pride of London. **~bos** →PORSLEINBOS. **~eier** china egg. **~fabriek** china factory. **~glasuur** porcelain glazing. **~goed** china(ware). **~hoendertjie** *(orn.)* spotted crake. **~kas** china cabinet/closet/cupboard; *soos 'n aap in 'n ~* →AAP. **~klei** →PORSELEINAARDE. **~lak** porcelain lacquer. **~skulp** porcelain shell. **~slak** cowry, cowrie. **~ware** china(ware), porcelain goods; crockery. **~winkel** china shop.

por·se·lein² →POSTELEIN.

por·se·lein·ag·tig *-tige* porcel(l)an(e)ous, porcelainous.

por·sel·la·niet *(min.)* porcelain jasper, porcellanite.

por·sie *-sies* part, portion, share; helping, serving; pittance.

pors·lein →POSTELEIN. **~bos** *Drosanthemum striatum.*

port¹ port (wine). **~glas** port glass. **~wyn** port (wine).

port² *porte,* **por·to** *-to's, (rare)* →POSGELD. **~vry** *(rare)* →POSVRY.

por·taal *-tale* vestibule, entrance hall/lobby, hallway; portal; porch, landing; *(anat.)* vestibule.

Por·te: *die (Verhewe) ~, (hist. Turk. court)* the (Sublime/Ottoman) Porte.

por·te·feul·je *-jes* portfolio; wallet; briefcase; letter case; *die ~ van finansies* the portfolio of finance; *met 'n ~ belas wees* be entrusted with a portfolio.

por·tiek *-tieke* porch, portal; portico, stoa; prostyle.

por·tier¹ *-tiers* doorkeeper, doorman, *(chiefly Am.)* janitor; porter *(at the entrance of a hotel etc.).*

por·tier² *-tiere, (rare)* (carriage) door; *(anat.)* pylorus. **~klep** pyloric valve. **~klier** pyloric gland.

port·land-: **~sement** Portland cement. **~steen** Portland stone.

port·na·tal-: **~boon(tjie)** Port Natal bean. **~patat(ta)** Port Natal sweet potato.

Por·to *(Port.)* →OPORTO.

por·to *-to's* →PORT².

por·to·foon *-fone* mobile (tele)phone.

por·to·laan, por·tu·laan *(a medieval navigation manual)* portolan(o), portulan.

Por·to Ri·co *(geog., hist.)* Porto Rico; →PUERTO RICO. **Por·to Ri·caan** *-cane, n., (hist.)* Porto Rican; →PUERTO RICAAN *n.*. **Por·to Ri·caans** *-caanse, adj., (hist.)* Porto Rican; →PUERTO RICAANS *adj.*.

por·tret *-trette* portrait; picture; *iem. se ~ skilder* do/paint s.o.'s portrait; *'n sprekende ~* a speaking likeness. **~album** *(rare)* →FOTOALBUM. **~kuns** portraiture, portrait painting. **~kunstenaar** portraitist. **~lys** picture rail. **~raam** photo frame, portrait/picture frame. **~skilder** portrait painter, portraitist.

por·tret·teer *ge-, (rare)* portray, paint (s.o.'s portrait); portray, depict. **por·tret·tis** *-tiste* portraitist.

Por·tu·gal *(geog.)* Portugal. **Por·tu·gees** *-gese, n.* Portuguese. **Por·tu·gees** *-gese, adj.* Portuguese. **Por·tu·gees-Oos-A·fri·ka** *(geog., hist.)* Portuguese East Africa; →MOSAMBIEK. **Por·tu·gees-Wes-A·fri·ka** *(geog., hist.)* Portuguese West Africa; →ANGOLA.

por·tu·lak *-lakke, (bot.)* portulaca, purslane.

por·tuur *-tuurs* equal, match, peer; party, partner; *baklei met jou ~!* fight s.o. your own size!; *nie iem. se ~ wees nie* be no match for s.o.; *jou ~ kry* find/meet one's match. **~beoordeling, ~evaluering** peer evaluation. **~groep** peer group. **~(groep)druk** peer pressure.

pos¹ *poste, n.* post, station; post, position, billet, office, function (→BETREKKING); sentry, picket; *'n ~* ***aanvaar*** assume a post; take up a job; *'n ~* ***beklee*** fill/hold a post; *'n ~ van vertroue* ***beklee*** fill a position of confidence; ***besnoeiing/vermindering*** *van ~te* job cuts; *'n ~* ***kry*** obtain a job; ***op*** *jou ~* ***bly*** stand to one's post; ***op*** *jou ~ wees* be at one's post; *'n* ***vakante*** *~* a vacant post; *jou ~* ***verlaat*** leave one's post; ***vermindering*** *van ~te* →***besnoeiing/vermindering.*** **~beskrywing** job description. **~besnoeiings** *(pl.)* job cuts. **~hou** *n., (naut.)* station-keeping. **~vat** *posge-* take/strike root; become established; *'n gedagte vat by iem. pos* s.o. gets hold of an idea.

pos² *poste, n.* post, jamb; *die ~te van die tempel* the posts of the temple;

pos³ *poste, n.* vote *(of a budget); (bookk., dated)* item, entry; →INSKRYWING. **pos** *ge-, vb., (bookk., dated)* post (up).

pos⁴ *n.* post, mail; *met die* ***eerste*** *~* by first post; ***het*** *die ~ al gekom?* has the post/mail come?; *per* ***kerende*** *~* by return (of post/mail); *met die ~* ***kom*** come by post; *met die* ***laaste*** *~ kom* come by the last delivery; ***oor*** *die ~* by mail/post; ***per*** *~* by mail/post; *per ~* ***versend*** send by post/mail. **pos** *ge-, vb.* post, mail. **~administrasie** postal administration. **~adres** postal/mailing address. **~aflewering** mail/postal delivery. **~agent** postal agent. **~agentskap** postal agency. **~beampte, ~amptenaar** postal worker/official, post office official/employee. **~besending** mail. **~bestelling** mail order; postal/mail delivery. **~bestel(lings)diens** mail-order service. **~beuel** *(hist.)* post horn. **~bewys** postal note. **~bode** postman, mailman, mail carrier *(hist.).* **~boot** mailboat, mail ship, mail steamer, packet boat/ship. **~bus** postbox, posting box, mailbox, letter box; (post office) box. **~busnommer** box number. **~dag** mail day. **~departement** postal department. **~diens** postal/mail service. **~draer** mail carrier, postman, mail runner *(hist.).* **~duif** homing/homer/carrier pigeon. **~duifhouer** pigeon flyer. **~duifversorger, (~)duiwemeester** pigeoneer. **~geld** postage; *ekstra ~* surcharge; *verskuldigde ~* postage due; *vry(gestel) van ~, ~ betaal(d)* post-free, post-paid, postage (pre)paid. **~gids** postal guide. **~kaart** postcard. **~kaartmooi** picture-postcard; *'n ~ dorpie/ens.* a picture-postcard village/etc.. **~kamer** post room. **~kantoor** post office. **~kantoorwerker** post office worker. **~kar** post cart, mailcart. **~klerk** postal clerk. **~klip** *(hist.)* post office stone, postal stone. **~kode** postal code, postcode. **~koets** *(hist.)* mailcoach, stagecoach, post chaise. **~lys** mail(ing) list. **~man** *-ne* postman. **~meester** postmaster. **~merk** *n.* postmark. **~merk** *ge-, vb.* postmark. **~order** postal/mail order. **~pakket** postal parcel; *as ~ stuur* send by parcel post. **~pakketdiens** parcel post. **~papier** →BRIEFPAPIER, SKRYFPAPIER. **~personeel** postal staff, post office staff. **~ryer** *(hist.)* postboy; mailcart driver, postrider. **~sak** postbag, mailbag; *private/privaat ~* private bag. **~seël** (postage) stamp; *'n ~ op 'n brief sit/plak* stamp a letter. **~seëlalbum** stamp album. **~seëlkunde** philately. **~seëlversamelaar** stamp collector, philatelist. **~seëlversameling** stamp collecting, philately; stamp collection. **~spaarbank** post office savings bank. **~stasie** posting station. **~stem** postal vote. **~stempel** date stamp; postmark. **~stuk** postal article/item. **~tarief** postal rates, (rates of) postage. **~trein** mail train, postal train, mail carrier. **~unie** postal union. **~verbinding** postal communication. **~verdrag** postal convention/agreement/treaty. **~verkeer** postal/mail traffic. **~vliegtuig** mail plane. **~vry** post-free, post-paid, postage (pre)paid. **~wa** *(hist.)* post chaise, stagecoach; mail van. **~werker** postal employee/worker. **~werwing** mail canvassing. **~wese** postal service, postal affairs, the post, general post office; *pos- en telegraafwese, (hist.)* posts and telegraphs; *pos- en telekommunikasiewese* posts and telecommunications. **~wet** post office act. **~wissel** money/postal order. **~woordeboek** post office (*or* postal) dictionary.

pos⁵ *vb., (infml.)* drop, demote *(a player).*

po·se *-ses* while, time, interval, spell; pose, attitude; →TUSSENPOSE. **po·seer** *(ge)-* pose, attitudinise, strike an attitude, give a sitting; *vir iets ~* sit for s.t. *(a portrait).* **po·seer·der** *-ders* sitter. **po·se·ring** sitting. **po·seur** *-seurs* poseur, *(fem.)* poseuse, attitudiniser.

Po·sei·don *(Gr. myth.)* Poseidon.

po·sie *(dim.)* →POSE.

po·si·sie *-sies* position, posture; position, attitude; position, situation; bearings; (social) position/rank/status/standing; stance; plight; *(mus.)* position; *(comp.)* address; *jou ~* ***bepaal,*** *(lit.)* find/get/take one's bearings; *'n* ***goeie/gunstige*** *~ probeer verkry* jockey/manoeuvre for position; *in 'n* ***gunstige*** *~ wees/verkeer* be in a favourable position, be sitting pretty *(infml.);* ***in*** *'n* ***moeilike*** *~* in an awkward position, in a quandary/predicament; *iem.* ***in*** *sy/haar ~* s.o. in his/her position/situation; *~* ***inneem*** *(teen)* ... take position (*or* make a stand) (against); *in 'n* ***netelige*** *~ wees* be in a difficult/ticklish/tricky position; *iem. in 'n* ***onbenydenswaardige*** *~ plaas* put s.o. in an invidious position; *'n* ***onhoudbare*** *~* an untenable position; *die ~* ***red*** save the day; *iemand* ***van*** *~* a person of status; ***verhewe*** *~, (fig.)* perch; *jou ~* ***verstewig*** consolidate one's position, dig o.s. in *(infml.);* ***weet wat*** *jou ~ is* know where one stands. **~bepaling** fix, fixing of position, location. **~oorlog** stationary/positional war(fare).

po·si·si·o·neel *-nele* positional.

po·si·tief *-tiewe, n., (gram., phot., math.)* positive; →POSI-

TIEWE *n.*. **po·si·tief** -*tiewe, adj.* positive, sure, certain; ***altyd*** *~ wees* always be positive; *iem. se positiewe **antwoord/verslag*** the favourableness of s.o.'s reply/report; *positiewe **bewys*** positive proof; *positiewe **diskriminasie*** positive discrimination; *positiewe **elektrisiteit**, (elec.)* vitreous electricity; *positiewe **kringloop*** →KRINGLOOP; *positiewe **pool**, (phys.)* positive pole; *positiewe **straal**, (phys.)* positive ray; *positiewe **trap**, (gram.)* positive degree. **po·si·tief** *adv.* positively, definitely, certainly **po·si·tie·we** *n. (pl.)* senses, wits; consciousness; ***al** jou ~ bymekaar hê* have/keep one's wits about one; *by jou ~ **bly*** remain conscious; *heeltemal **by** jou ~ wees* be quite o.s.; *nie **by** jou ~ wees nie* not be in one's right mind; *jou ~ **bymekaarhou*** keep one's head; *tot jou ~ **kom*** collect o.s.; *toe iem. weer by sy/haar ~ **kom*** when s.o. regained consciousness; *van jou ~ **raak*** lose one's head *(fig.)*; *by jou **volle** ~ wees* be quite sane.

po·si·ti·vis -*viste, (also P~)* positivist. **po·si·ti·vis·me** *(also P~)* positivism. **po·si·ti·vis·ties** -*tiese* positivist(ic).

po·si·tron -*trone, (phys.)* positron.

po·sjeer *(ge)-, (cook.)* poach; *ge~de eier/vis* poached egg/fish. **~pan** *(cook.)* poacher.

po·so·lo·gie *(med., rare)* posology.

post- *comb.* post-.

post·da·teer *ge-* postdate.

post·dok·to·raal -*rale* postdoctoral *(student etc.)*.

pos·teer *(ge)-, (rare)* post, station *(guards)*; plant *(a spy)*. **pos·te·ring** *(rare)* posting; picketing; →POSTEER.

pos·te·lein, por·se·lein *(bot.)* purslane, portulaca. **~blom** rose moss.

pos·te re·stan·te poste restante.

pos·te·ri·o·ri·teit posteriority.

pos·te·ry·e: *die ~* the (general) post office, posts, postal department, department of posts; *~ en telegrafie, (hist.)* posts and telegraphs.

post·fe·mi·nis·me postfeminism. **post·fe·mi·nis** -*niste* postfeminist. **post·fe·mi·nis·ties** -*tiese* postfeminist.

pos·til·jon -*jons, (dated)* postil(l)ion, postboy, outrider.

Post-Im·pres·si·o·nis·me, Post·im·pres·si·o·nis·me *(also p~)* Postimpressionism.

post·in·dus·tri·eel -*ële* postindustrial.

post·klas·siek -*sieke* post-classical.

post·ko·ï·taal -*tale* postcoital.

post·kom·mu·nie *(relig.)* post-communion.

post·mil·len·ni·a·lis·me postmillennialism. **post·mil·len·ni·a·lis·ties** -*tiese* postmillennial.

post·mo·dern postmodern. **post·mo·der·nis** *(also P~)* postmodernist. **post·mo·der·nis·me** *(also P~)* postmodernism. **post·mo·der·nis·ties** *(also P~)* postmodernist. **post·mo·der·ni·teit** *(also P~)* postmodernity.

post·na·taal -*tale* postnatal; *postnatale depressie* postnatal depression.

post·par·tum *(Lat., med., vet.)* postpartum. **~-depressie** postpartum depression.

post·po·si·sie *(gram.)* postposition.

post scrip·tum *scriptums* postscript.

post·struk·tu·ra·lis·me *(also P~)* poststructuralism. **post·struk·tu·ra·lis** -*liste, (also P~)* poststructuralist. **post·struk·tu·ra·lis·ties** -*tiese, (also P~)* poststructuralist.

post·trau·ma·ties, post·trou·ma·ties -*tiese* post-traumatic; *~e stresversteuring/-sindroom, (med.)* post-traumatic stress disorder/syndrome.

pos·tu·laat -*late, (log., math.)* postulate. **pos·tu·lant** -*lante, (relig.)* postulant. **pos·tu·leer** *ge-* postulate, posit.

pos·tuum -*tume* posthumous(ly).

pos·tuur -*ture* figure, shape, build; stature; posture; *klein van ~ wees* be short in stature; *jou in ~ stel, (rare)* draw o.s. up, take up one's position/attitude; *iem. het 'n oulike ~(tjie)* s.o. has a trim little figure. **~drag** = VORMDRAG.

post·vi·ra·le sin·droom *(med.)* postviral syndrome.

pot *potte, n.* pot, jar; pot, saucepan; ca(u)ldron; (chamber) pot; (flower)pot; *(min.)* pocket; *(billiards, cards, tennis, etc.)* game; pool, stake(s), kitty; *elke ~ kry sy **deksel**, (infml.)* every Jack has his Jill; *die **dood** is (daar/hier) in die ~* →DOOD *n.*; *hulle gooi hulle ... in **een** ~* they pool their ... *(money etc.)*; ***geld** in die ~* money in the pool/bank; *die **hond** is in die ~* →HOND; *die ~ verwyt die **ketel** (dat hy swart is)* the pot calls the kettle black; *die ~ aan die **kook** hou* keep the pot boiling, keep the home fires burning; *die ~ **mis** sit, (sl.)* fail, miss the mark; *die ~ **opsit*** put the pot on; *~te en **panne*** pots and pans, hollowware; *iets vir die ~ **skiet*** shoot s.t. for the pot; *die ~ **verteer**, (rare)* lose the game, pay the stakes/piper, foot the bill; *'n ~ (**vol**)* a potful. **pot** *ge-, vb.* hoard (up), save (up); pot *(plants)*; →OPPOT. **~bewaarder** stakeholder. **~blou** bright blue; livid. **~borsel** pot/saucepan brush. **~braai** *potgebraai, ge-* pot-roast. **~braaistuk** pot roast. **~brood** pot bread. **~buis** chimneypot. **~deksel** pot lid. **~dig** tightly closed. **~doof** -*dowe* = STOKDOOF. **~geld** pool, stakes. **~haak** pothook. **~hingsel** pot handle. **~ketel** →POT(STOOK)KETEL. **~klaar** *(cook.)* dressed. **~klei** pot(ter's) clay, pot clay; sticky mud; argil; plastic clay. **~lap** potholder. **~lepel** ladle. **~pastei** *(cook.)* potpie. **~plant** pot(ted) plant. **~skerf** potsherd, (pot)shard. **~skoot** potshot. **~skraper** pot scraper; *(rare)* curmudgeon. **~spel** pool. **~spelkamer, -lokaal** poolroom. **~speltafel** pool table. **~staander** pot rest, saucepan stand. **~(stook)ketel** pot still. **~toe** tightly closed; →POTDIG. **~vas** *(plant)* pot-bound. **~vis** *(icht.)* sperm whale, cachalot. **~yster** cast iron.

po·ta·ge -*ges, (Fr.: thick soup)* potage.

pot·as potash; →KALIUMKARBONAAT.

Pot·chef·stro·mer -*mers* Potchefstroom man/woman. **Pot·chef·strooms** -*stroomse* (of) Potchefstroom.

po·ten·si·aal -*ale, n.* potential. **~funksie** *(phys.)* potential function. **~val** potential drop, fall/drop of potential. **~verskil** *(phys.)* potential difference, difference of potential. **~versperring** *(phys.)* potential barrier.

po·ten·si·a·li·teit -*teite, (rare)* potentiality.

po·ten·sie -*sies* power, potency, potence, strength, force, might; (sexual) potency, virility. **po·ten·si·eel** -*siële, adj.* potential. **po·ten·si·o·me·ter** *(elec.)* potentiometer. **po·ten·si·o·me·tries** -*triese* potentiometric.

po·ten·taat -*tate* potentate.

po·ten·ti·a·lis *(Lat., gram.)* potential.

Po·ti·far *(OT)* Potiphar.

po·tig -*tige* strong-limbed.

pot·jie -*jies, (dim.)* little pot/jar; *(child's)* potty *(infml.)*; *(anat.)* socket; game; bout; small pool; *(SA)* potjie; *'n baba leer om 'n ~ te **gebruik*** potty-train a baby; *jou eie ~ **krap*** paddle one's own canoe *(infml.)*, shift/provide for o.s.; *'n ~ met iem. **loop**, (infml.)* cross swords *(or* have a barney) with s.o.; *'n ~ **speel*** have a game; *iem. se skouer/ens. is **uit** die ~* s.o.'s shoulder/etc. is out of joint, s.o. has dislocated his/her shoulder/etc.. **~dissipline** potty-training. **~kos** *(SA cook.)* potjiekos *(Afr.)*, pot stew. **~rol** -*rolle, (infml.)* roly-poly, fatty, dumpling, butterball, *(sl.)* fatso.

Pot·jies·la·tyn dog Latin.

pot·lood -*lode, n.* lead pencil; black lead, plumbago, graphite; *met ~ aanbring* pencil in; *met ('n) ~ skryf/skrywe* write in pencil. **pot·lood** *ge-, vb.* blacklead. **~houer** pencil box/case. **~passer** pencil compass. **~seder** →ROOISEDER. **~skerpmaker** pencil sharpener. **~skrif** writing in pencil. **~streep** pencil line/mark, line in pencil; pencil(led) line; pencil stripe. **~strepie** pencil stripe; pinstripe. **~tekening** pencil drawing. **~vormig** -*e* pencil-shaped.

po·to·me·ter -*ters* potometer.

pot·pour·ri -*ri's* potpourri, medley, mixed bag.

pot·sier·lik -*like* clownish, ludicrous, ridiculous, grotesque, farcical, droll. **pot·sier·lik·heid** clownishness, ludicrousness, ridiculousness, grotesqueness, grotesquerie, farcicality, farcicalness, drollery.

pot·te·bak·ker potter, pottery maker, ceramist.

pot·te·bak·kers-: **~klei, ~aarde** potter's clay, argil. **~kuns** pottery, ceramics, fictile art. **~werk** →POTTEBAKKERY. **~wiel** potter's wheel, pallet.

pot·te·bak·ke·ry pottery, ceramics, potter's art; pottery industry, potter's trade; pottery (works).

pot·te·krap·per *(fig., rare)* miser, skinflint.

pou *poue* peacock, peafowl; peahen; →DUINDUIN, GOMGOM; *so trots soos 'n ~* as proud as a peacock. **~blom** peacock flower. **~blou** peacock blue. **~dans** pavan(e). **~-eier** peahen's egg. **~hen** →POUWYFIE. **~kuiken** peachick. **~mannetjie** peacock, peafowl. **~oogmot** peacock moth, emperor moth. **~oog(skoenlapper)** peacock butterfly. **~stert** peacock's tail. **~stertduif** fantail (pigeon). **~veer** peacock's feather. **~wyfie** peahen, peafowl.

pou·ag·tig -*tige*, pavonine *(poet., liter.)*, peacockish.

pouk *pouke, (mus. instr.)* kettledrum, timpano. **pou·ke·nis** -*niste*, **pouk·spe·ler, pouk·sla·ner, ke·tel·trom·sla·ner, ke·tel·trom·spe·ler** -*ners* kettledrummer, kettledrum player, timpanist.

poult *(Fr., text.)* poult(-de-soie).

pou·per -*pers, (rare)* pauper. **pou·pe·ri·seer** *ge-, (rare)* pauperise. **pou·pe·ris·me** *(rare)* pauperism.

pous *pouse, (RC)* pope, pontiff; *die P~, (RC)* the Pope, the Holy Father, the Supreme Pontiff; *as ~ optree* pontify, pontificate. **~gesind** -*e, adj.* papistic(al), ultramontane. **~gesinde** -*s, n.* papist, papalist. **~gesindheid** papalism, popery, papistry; *oordrewe ~* ultramontanism. **~mobiel** *(infml.: bulletproof vehicle used by the Pope)* Popemobile.

pous·dom papacy, popedom.

pou·se -*ses* pause; interval, break, intermission; *(sport)* half-time; recess; *(mus.)* rest; *'n ~ in die gesprek* a lull in the conversation; *'n ~ maak/hou* make a pause; *met ~* at the interval; during the interval. **pou·seer** *(ge)-, (fml.)* pause, stop for a while, break off.

pous·lik -*like* papal, pontifical; *~e **amp*** pontificate; *~e **dekreet*** decretal; *~e **gesant*** nuncio; *~e **mag*** papal power, power of the keys; *~e **waardigheid*** papacy.

pous·skap pontificate.

po·wer *power(e) powerder powerste* poor, meagre, miserable; *~(e) resultaat* meagre result; *~e ekskuus* miserable excuse. **po·wer·heid** meagreness; →POWER.

Praag *(geog.)* Prague. **Praags** *Praagse* (of) Prague.

praai *ge-, (naut.)* hail, speak *(a ship)*.

praal *n.* splendour, pomp, magnificence, glory, display; show, flamboyance, gaud; trappings; →PRAG. **praal** *ge-, vb.* boast, flaunt, peacock; scintillate, glitter, shine, twinkle, shimmer; *~ met* flaunt, parade, show off. **~bed** bed of state; *op 'n ~ lê* lie in state. **~graf** -*te(s)* mausoleum. **~kamer** stateroom. **~koets** state coach. **~siek** -*e* ostentatious, fond of display. **~sug** ostentation, showing-off. **~sugtig** →PRAALSIEK. **~vertoon** pageantry, pomp, ostentation, pageantry. **~wa** float *(in a procession)*.

praam *prame, (naut.)* scow, pram.

praat *n.* talk(ing); gossip; *dit **bly** by ~* it is only talk; *~ en **doen** is twee* fair/fine words butter no parsnips; *iem. aan die ~ **hou*** keep s.o. talking; *iem. aan die ~ **kry*** get s.o. to talk, draw s.o. into conversation. **praat** *ge-, vb.* talk, chat, speak, converse; ***afkeurend** van ... ~* speak with disapproval of ...; ***alleen** ~* soliloquise; ***almal** ~ van iem.* s.o. is in everybody's mouth; ***almal** ~ van ...* ... is the talk of the town; ***begin** ~* get talking; *so moet 'n **bek** ~!* →BEK; *iem. plegtig laat **beloof/belowe** om nie oor/van iets te ~ nie* swear s.o. to silence; *'n **bietjie** ~* have a talk; *oor iets **bly** ~, **gedurig** oor iets ~* keep on about s.t.; ***daar** word van ge~* it is setting tongues wagging; ***daarvan** ge~* speaking of that; ***deurmekaar** ~* be delirious; ***diktong** ~* speak with a slur; *hulle ~ nie oor dieselfde **ding** nie* they are talking at cross-purposes; *~ van die **duiwel**(, dan trap jy op sy stert)* →DUIWEL; ***eenstryk** ~* run on; *jou **flou** ~, (infml.)* talk one's head off; ***galg** en rad aanmekaar ~, (rare)* talk the hind leg off a donkey, talk nineteen to the dozen; *hulle ~ almal **gelyktydig*** they speak in chorus; ***genoeg** ge~!* cut the cackle!; *met **gesag** ~* speak authoritatively; ***goed** van iem. ~* speak well of s.o.; *iem. ~ **groot*** s.o. talks big, s.o. has a big mouth; ***hard** ~* speak loudly; speak out; ***harder** ~* speak up, raise one's voice; *~ (asseblief) **harder!*** (please) speak up!; *jou **hees** ~* talk o.s. hoarse; *uit die **hoogte** met iem. ~* talk down to s.o.; *iem. **klaar** laat ~* let s.o. have his/her say; *oor **koeie/koeitjies** en kalwers/kalfies ~* →KOEI; *iem. **laat** ~* let s.o. talk; draw s.o. out; ***land** en sand aanmekaar ~, (infml.)* talk the hind leg off a donkey, talk nineteen to the dozen; ***lelik** ~* use bad language; ***los** en vas ~* wag one's tongue *(infml.)*; ***mag** ek 'n oomblik(kie) met jou ~?* may I have a word with you?; *dis **maklik** om te ~* it's easier said than done; *dis* ***maklik*** *om nou/agterna te* ~ it is easy to be wise after the event; *jy kan* ***maklik*** ~ it is all very well for you to talk; *op die* ***man*** *af met iem.* ~ give it to s.o. (straight) from the shoulder; *hulle* ~ *nie met* ***mekaar*** *nie* they are not on speaking terms; ***met*** *iem.* ~ speak/talk to s.o.; talk with s.o.; have a word with s.o.; have/hold a discussion with s.o.; *nie* ***met*** *iem.* ~ *nie* not be on speaking terms with s.o.; ***met*** *iem. oor iets* ~ talk to s.o. about s.t.; raise s.t. with s.o.; *iem.* ~ ***min*** s.o. is a man/woman of few words; ***moenie*** ~ *nie!, (infml.)* and how!; you're telling me!; ***moenie*** *so* ~ *nie!* do not talk like that!; ***moenie*** ~ *van die ... nie!, (infml.)* you've never heard/seen such ...! *(a mess etc.)*; *só moet 'n* ***mond*** *mos* ~*!, (infml.)* now you're talking!; *iem. na die* ***mond*** ~ →MOND; *jy's 'n* ***mooi*** *een om te* ~ →***wie; namens*** *iem.* ~ speak for s.o.; ***nie*** *om van te* ~ *nie* not worth mentioning; *kan jy* ***nie*** ~ *nie?* have you got nothing to say, have you lost (*or* has the cat got) your tongue? *(infml.)*; *dis* ***niks*** *om van te* ~ *nie* it is nothing to shout about, it is not worth shouting about; ***nou*** ~ *jy!, (infml.)* now you're talking (sense)!, that's the way to talk!; you're telling me!; ***noudat*** *ons van ...* ~ talking of ...; ***om*** *nie (eens/eers) van ... te* ~ *nie* to say nothing of ..., let alone ..., not to mention ...; ***om*** *iets heen* ~ beat about the bush *(infml.)*; *al* ***om*** *iets* ~ talk round s.t.; ~ ***net omdat*** ~ ~ ***is*** talk for the sake of talking; *'n* ***onderwerp*** *waaroor nie ge~ word nie* an undiscussed topic; ***oor*** *iets* ~ speak about s.t.; speak on s.t. *(a subject)*; speak to s.t. *(a motion etc.)*; ***oor/van*** *iem./iets* ~ talk about s.o./s.t.; mention s.o./s.t.; *nie* ***oor/van*** *iets* ~ *nie* be silent about s.t.; ***openhartig*** ~ speak/talk frankly; open up; ***openhartig*** *met iem.* ~, *(also)* be open with s.o.; *iem. se* ***ore*** *van sy/haar (*of *die* ***ore*** *van iem. se) kop (af)* ~, *(infml.)* talk the hind leg off a donkey (*or* nineteen to the dozen); *met die* ***osse*** ~ urge on the oxen by voice; *om* ***padlangs*** *te* ~ to put it baldly; ***padlangs/reguit*** ~ be outspoken; speak (straight) out; speak one's mind; call a spade a spade *(infml.)*; ***padlangs/reguit*** *met iem.* ~ give it to s.o. (straight) from the shoulder; lay/put it on the line to s.o. *(infml.)*; *daar is* ***padlangs/reguit*** *ge~* it was straight talking; ***sag(gies)*** ~ speak under one's breath; speak/talk low; ***sagter*** ~ drop one's voice, lower one's voice; *geen* ***sin*** *hê om te* ~ *nie* not feel inclined to talk, not feel like talking, not be in a talking mood; *gaan* ***sit*** *en* ~ sit down and talk, get round the table; ***skaars*** *met mekaar* ~ hardly speak (to each other); *uit die* ***skool*** ~ →SKOOL[2] *n.*; *iem.* ~ ***sleeptong*** s.o.'s speech is slurred; *van iem.* ***sleg*** ~ speak evil of s.o.; ***so*** *moet 'n man/bek* ~*!* that's the way to talk!, now you are talking!; ~ ***soos 'n boek*** speak like a book; *iem. laat* ***sweer*** *om nie oor/van iets te* ~ *nie* swear s.o. to silence; ***teen*** *...* ~ speak against ...; ***tevergeefs/verniet*** ~ waste one's breath; *aan die/'n* ***tou*** ~*, (infml., rare)* talk the hind leg off a donkey, talk nineteen to the dozen; ***tussenin*** ~ chime/chip in *(infml.)*; ***van*** *iem./iets* ~ speak/talk of s.o./s.t.; *iem. wil nie hê dat die mense (*of *iem. wil nie hê die mense moet)* ***van*** *hom/haar* ~ *nie* s.o. does not want to be talked about; *nie om* ***van*** *te* ~ *nie* not worth mentioning; ~ ***van*** *...!,* ***van*** *... ge~!* talk about ...!; ***van/oor*** *sport/ens.* ~ talk sport/etc.; *hulle* ~ *by mekaar* ***verby*** they are talking at cross-purposes; ***verniet*** ~ →***tevergeefs/verniet; jy*** ~ ***verniet!*** save your breath!; *iem.* ~ ***vloeiend/vlot*** *Afrikaans/ens.* s.o. is fluent in Afrikaans/etc.; *oor 'n* ***voorstel*** ~ speak to a motion; ***wat*** ~ *jy?* what are you talking about?; *of* ***wat*** ~ *ek (alles)?* or am I talking nonsense?; ***weet*** *wat/waarvan jy* ~ know what one is talking about; *(infml.)* know one's stuff; *hoor* ***wie*** ~*!* you can('t) talk!; *kyk* ***wie*** ~*!, jy's 'n* ***mooi*** *een om te* ~*!, (infml.)* look who's talking!, you're a fine one to talk!; *met iem.* ***wil*** ~ want to speak to (*or* have a word) with s.o.; *in die* ***wind*** ~ talk idly. **~afstand:** *binne* ~ within speaking distance. **~film, ~(rol)prent** talking film/picture, talkie. **~graag** *n., (rare)* chatterbox, tattler. **~graag** *adj., (rare)* talkative, garrulous, chatty. **~graagheid** *(rare)* talkativeness. **~huis** *(infml.)* talk(ing) shop. **~klok** speaking clock. **~kous** chatterbox, talker, tattler. **~lus** →PRAATSUG. **~lustig** *-e* talkative, garrulous, loquacious, chatty. **~masjien** talking machine. **~pop** ventriloquist's dummy. **~(rol)prent** →PRAATFILM. **~siek** garrulous, loquacious, talkative; ~ *wees* have (got) verbal diarrhoea. **~stoel:** *op jou* ~ *sit* be in a talkative mood. **~sug** talkativeness, garrulousness, garrulity, loquacity, loquaciousness, verbal diarrhoea. **~sugtig** *-e* garrulous, talkative, loquacious. **~werk:** *die* ~ *doen* do the talking.

praat·jie *-jies* talk; rumour, story, fairy tale; *(also, in the pl.)* gossip, tattle; *'n* ~ *met iem.* ***aanknoop*** start chatting to/with s.o.; ***al*** *daardie/dié* ~*s oor ...* all that/this stuff about ...; *(mooi)* ~*s vul geen* ***gaatjies*** *(nie)* talk is cheap (but money buys the whisky); fair/fine words butter no parsnips (*or* bread no bones *or* are but wind); *'n* ~ ***hou/lewer*** give a talk; ~*s oor* ***koeitjies*** *en kalfies* small talk; ~*s* ***maak*** make conversation; *met iem. 'n* ~ ***maak*** chat to/with s.o.; *'n* ~ ***oor*** *...* a talk about/on ...; ~*s* ***rondvertel*** peddle/spread gossip; *dis* ***sommer*** ~*s* it is idle talk, it is a mere rumour; *moet jou nie (*of *moenie jou) aan* ~*s* ***steur*** *nie* do not take notice of idle gossip; *'n* ~ ***uitsaai*** broadcast a talk; ~*s vir die* ***vaak*** idle talk; ***verliefde*** ~*s* sweet nothings *(infml.)*. **praat·jies·ma·ker** babbler, prattler, gossip; boaster, braggart, bluffer, windbag; phrase maker/monger. **praat·jies·ma·ke·ry** phrase mongering, phrase-making.

prag beauty, splendour, magnificence, pomp, grandeur, flamboyance; ***koninklike*** ~ royal splendour; *die* ~ *van die* ***natuur*** the beauty of nature; ~ *en* ***praal*** pomp and ceremony/circumstance/pageantry, ostentation, grandness; *'n* ~ ***van*** *'n ...* a splendid/ripping/stunning ... **~band** *(rare)* luxury volume/binding, de luxe volume/binding; →LUUKS. **~drie** *(rugby)* magnificent try. **~eksemplaar** beauty, fine specimen, de luxe copy *(of a book)*, splendid example, clinker, stunner, crusher, showpiece. **~-en-praal(-)wet** sumptuary law. **~kêrel** great guy, fine man. **~kewer** buprestid. **~liewend** *-e* ostentatious, splendour-loving. **~meisie** fantastic/gorgeous girl. **~stuk** beautiful piece of work, beauty, masterpiece, gem; scorcher, stunner; *(girl)* smasher. **~uitgawe** edition de luxe, de luxe edition; →LUUKS. **~vertoning** fine/splendid show; great performance/achievement. **~werk** fine piece of work, first rate piece of work, superb piece of work; de luxe edition. **~woning** stately home.

prag·ma·tiek *-tieke, adj.* pragmatic; ~*e sanksie, (hist.)* pragmatic sanction. **prag·ma·ties** *-tiese* pragmatic; ~*e geskiedenis* pragmatic history. **prag·ma·tis** *-tiste,* **prag·ma·ti·kus** *-tikusse, -tici* pragmatist. **prag·ma·tis·me** pragmatism.

prag·tig *-tige -tiger -tigste* splendid, magnificent, superb, grand, gorgeous; exquisite, fine, beautiful, wonderful, lovely; fine, superior, excellent; stunning, luxurious, sumptuous, spectacular; *'n* ~*e* ***geleentheid*** a splendid opportunity; *'n* ~*e* ***plan*** a fine/great idea; *'n* ~*e* ***uitsig*** a beautiful/lovely/splendid view; ~*e* ***weer*** beautiful/lovely weather; *dit sou* ~ ***wees*** it would be wonderful; it would be lovely.

prak·sa·sie *-sies, (infml., rare)* devising, contriving, cogitation.

prak·seer *(ge)-* devise, contrive; cogitate, puzzle, plan. **prak·seer·sel** *-sels* contraption.

prak·ties *-tiese -tieser -tiesste (*of *meer* ~ *die mees* ~*e), adj.* practical; handy, useful; practical, realistic; workable, working; feasible; operative; *dit* ***is*** ~ *...* for all practical purposes it is ...; ~*e* ***kennis*** practical/working knowledge; *as dit* ~ ***moontlik*** *is* if it's (*or* it is) feasible, if it can feasibly be done; ~*e* ***navorsing*** field study; ~*e* ***oefening*** practical exercise; *dis* ~ ***onmoontlik*** it's/that's practically/quite impossible, it can't feasibly be done; ~*e* ***reël*** rule of thumb; ~*e* ***sin*** sense of reality, practicality; ~*e* ***toets*** field test/trial; *iets aan* ~*e* ***toetse/toetsing*** *onderwerp* field-test s.t.; ~*e* ***voorstel*** practical/workable proposal. **prak·ties** *adv.:* ~ *(gesproke), in* ~ *alle opsigte* practically, for all practical purposes, virtually, in all but name, in effect, to all intents and purposes.

prak·ti·kum *-tikums, -tika* practical class; practical examination. **prak·ti·kus** *-tikusse, -tici* practical person, practician.

prak·ti·seer *ge-* practise; *as dokter/ens.* ~ practise as a doctor/etc.. **prak·ti·syn** *-syns, (legal, med.)* practitioner.

prak·tyk *-tyke* practice; praxis; ***bedrieglike*** ~*e* fraudulent practices; *'n* ***groot*** ~ *hê* have a large practice *(a doctor etc.)*; *'n* ~ ***hê,*** *(also)* be in practice; ***in*** *die* ~ in practice; for all practical purposes; practically speaking; ***in*** *die* ~ *staan* be in practice; *iets* ***in*** *die* ~ *toets* field-test s.t.; ***sonder*** ~ without a practice; *(barrister)* briefless; ***twyfelagtige*** ~*e* shady practices; *'n* ~ ***uitoefen*** practise; ***volgens*** ~ by rule of thumb.

pra·ler *-lers, (rare)* braggart; swaggerer; →PRAAL. **pra·le·rig** *-rige* bragging, swanking, swaggering. **pra·le·ry** *-rye* boasting, bragging, swaggering.

pra·lien *-liene* praline.

pram *pramme, (coarse)* tit, boob. **~bos, ~doring** *(Fagara* spp.*)* wild cardamom, knobwood. **~kop(pie)** *(geol.)* butte.

pra·se·o·di·mi·um *(chem., symb.:* Pr*)* praseodymium.

pra·tend *-tende:* ~*e kop, (TV, infml.)* talking head; ~*e pop* talking doll; ~*e voël* talking bird.

pra·ter *-ters* talker, conversationalist; →PRAAT; *'n goeie* ~ *wees* be a good talker; *onderhoudende* ~ conversationalist; *gemaakte* ~ mouther. **pra·te·rig** *-rige* talkative, garrulous, chatty. **pra·te·rig·heid** talkativeness, garrulity, garrulousness, loquaciousness, loquacity. **pra·te·ry** talk(ing), tattle, gossip, jaw *(infml.)*.

pre- *pref.* pre-.

pre·ad·junk preadjunct.

pre·a·do·les·sen·sie preadolescence. **pre·a·do·les·sent** *-sente, n. & adj.* preadolescent.

pre·ad·vies *-viese* preliminary report/advice.

pre·ben·de *-des, (hist., RC)* prebend, benefice.

pre-Co·lum·bi·aans *-aanse* pre-Columbian.

pre·da·sie *(zool.)* predation.

pre·del·la *(platform; painting, sculpture)* predella.

pre·des·ti·na·si·aan *-siane* predestinarian. **pre·des·ti·na·sie·leer** doctrine of predestination. **pre·des·ti·neer** *ge-* predestine.

pre·dik *ge-* preach. **~amp** *(rare)* ministry.

pre·di·kaat *-kate, (gram., log.)* predicate; class mark, symbol, grade; attribute, title; **~term** *(log.)* major term.

pre·di·kant *-kante* minister (of religion), man of the cloth, clergyman, parson, pastor, vicar; chaplain; →PREDIKER; *'n* ~ *beroep* call a clergyman; ~ *word* enter/join the church, enter the ministry, take (holy) orders. **~seun** minister's/clergyman's son.

pre·di·kant·ag·tig *-tige* parsonic(al).

pre·di·kan·te·broe·der·kring ministers' fraternal.

pre·di·kants: **~dogter** minister's/clergyman's daughter. **~kind** minister's/clergyman's child. **~vrou** *-e(ns)* minister's/clergyman's wife. **~weduwee** minister's/clergyman's widow. **~woning** parsonage, manse.

pre·di·kant·skap ministership, .

pre·di·ka·sie *-sies* sermon, homily; lecture. **~boek** book of sermons.

pre·di·ka·te·dag day when class marks are announced.

pre·di·ka·tief *-tiewe, (gram.)* predicative.

pre·di·kend *-kende* preaching, predicant.

pre·di·ker *-kers* preacher, predicant; clergyman, pastor, vicar, rector, parson; minister (of religion); *(die Boek) P~, (OT)* (the Book of) Ecclesiastes; *emosionele/vurige* ~ fiery preacher, *(infml.)* hot-gôspeller.

pre·di·king preaching, ministry.

pre·di·lek·sie *-sies* predilection, preference, partiality *(for)*.

pre·di·nas·ties *-tiese* predynastic.

pre·dis·po·neer *ge-* predispose (to). **pre·dis·po·si·sie** *-sies* predisposition *(to)*.

pred·ni·soon *(med.)* prednisone.

preek *preke, n.* sermon, homily; discourse, lecture; *'n* ~ *oor ... hou/lewer* deliver/hold/preach a sermon on ...; *vir iem.* ~ preach to s.o.; preach at s.o.. **preek** *ge-, vb.* preach, deliver/preach a sermon; sermonise, reprove, read a lecture; preach, proclaim. **~beurt** turn to preach; preaching engagement; *'n* ~ *waarneem/vervul* officiate. **~kuns** homiletics. **~stoel** pulpit. **~toon** sermonising tone. **~trant, ~wyse** manner/style of preaching, pulpit style.

preek- homiletic.

pre·ë·klamp·sie, pre-e·klamp·sie *(med.)* pre-eclampsia. **pre·ë·klamp·ties, pre-e·klamp·ties** *-tiese* pre-eclamptic.

pre·ëk·si·sten·sie, pre-ek·si·sten·sie pre-existence.

pre·ëm·bri·o, pre-em·bri·o *(med.)* pre-embryo. **pre·ëm·bri·o·naal, pre-em·bri·o·naal** *-nale* pre-embryonic.

pre·ë·mi·nen·sie, pre-emi·nen·sie pre-eminence. **pre·ë·mi·nent, pre-emi·nent** *-nente* pre-eminent.

pre·fa·bri·seer *ge-* prefabricate.

pre·fek *-feks, -fekte* prefect. **pre·fek·tuur** *-ture, (Rom. hist.)* prefecture; prefecture, prefectship.

pre·fe·reer *ge-, (rare)* prefer, favour; *~ bo* prefer to. **pre·fe·ren·sie** *-sies* preference; →VOORKEUR. **pre·fe·rent** *-rente* preferential; *~e aandeel* preference/preferred share; *~e skuld* preferred/preferential/prior/privileged debt.

pre·fi·gu·ra·sie *-sies* prefiguration. **pre·fi·gu·reer** *ge-* prefigure.

pre·fiks *-fikse, (gram.)* prefix. **~notasie** *(log., comp.)* Polish notation.

pre·fo·li·a·sie *(bot.)* vernation, prefoliation.

pre·fron·taal *-tale, (med.)* prefrontal.

pre·gla·si·aal *-ale, (geol.)* preglacial.

preg·nan·sie *(fig.)* pregnancy. **preg·nant** *-nante, (fig.)* pregnant.

pre·his·to·rie *(rare)* prehistory; →VOORGESKIEDENIS. **pre·his·to·ries** *-riese* prehistoric.

prei *preie* leek. **~sop, preiesop** leek soup, cock-a-leekie/cockyleeky (soup).

pre·ïn·dus·tri·eel, pre-in·dus·tri·eel *-triële* preindustrial.

pre·ju·di·seer *(also jur.)* prejudge; prejudice. **pre·ju·di·sie** *-sies* prejudice. **pre·ju·di·si·eer** *ge-* →PREJUDISEER.

Pre·kam·bri·um *(earliest geol. era)* Precambrian. **Pre·kam·bries** *-briese* Precambrian; *die ~e tydperk/era* the Precambrian.

pre·ker *-kers* preacher. **pre·ke·rig** *-rige* preachy, parsonic(al), predicatory, sermonical, moralising. **pre·ke·rig·heid** preachiness. **pre·ke·ry** preaching, preachment, sermonising; →PREEK.

pre·kêr *-kêre -kêrder -kêrste (of meer ~ die mees -kêre)* precarious, uncertain.

pre·klas·siek *-sieke* preclassical.

pre·kli·nies *-niese, (med.)* preclinical.

pre·ko·ni·sa·sie *(RC)* preconisation. **pre·ko·ni·seer** *ge-* preconise.

pre·kor·di·aal *-ale, (med.: in front of the heart)* precordial.

pre·laat *-late* prelate. **pre·laat·skap** *-skappe* prelacy, prelature.

pre·li·mi·nêr *-nêre, adj.* preliminary, introductory. **pre·li·mi·nê·re** *n. (pl.)* preliminaries.

pre·lu·de *-des,* **pre·lu·di·um** *-diums, -dia, (mus.)* prelude. **pre·lu·deer** *ge-, (mus.)* prelude, play a prelude; *(fig.)* foreshadow, introduce.

pre·mak·sil·lêr *-lêre, (med.:)* premaxillary.

pre·ma·lig·ne *(med.)* precancerous.

pre·ma·tuur *-ture* premature, preterm *(baby, birth).*

pre·me·di·ka·sie *(med.)* premedication.

pre·me·di·ta·sie premeditation. **pre·me·di·teer** *ge-* premeditate.

pre·men·stru·eel *-ele* premenstrual; *premenstruele sindroom, (abbr.:*PMS*)* premenstrual syndrome *(abbr.:*PMS*); premenstruele spanning, (abbr.:*PMS*)* premenstrual tension *(abbr.:*PMT*).*

pre·mie *-mies* premium; bounty, bonus; *'n ~ op iets stel* put a premium on s.t.. **~afslag** premium rebate. **~jaer** *(stock exch.)* stag, premium hunter. **~lening** premium (bond) loan, lottery loan. **~-obligasie** premium bond. **~stelsel** bounty/bonus system; premium system. **~tarief** premium rate. **~vry** non(-)contributory; free of premium(s); *~e polis (fully)* paid-up policy.

pre·mier *-miers* premier, prime minister. **pre·mier·skap** *-skappe* premiership, prime ministership, prime ministry.

pre·mi·è·re *-res* premiere, first performance, first/opening night.

pre·mil·len·ni·a·lis·me premillennialism. **pre·mil·len·ni·a·lis** *-liste* premillennialist. **pre·mil·len·ni·a·lis·ties** *-tiese* premillennial.

pre·mis *-misse,* **pre·mis·se** *-ses* premise.

Pre·mon·stra·ten·ser *-sers,* **Nor·ber·tyn** *n., (relig.)* Premonstratensian, White Canon, Norbertine. **Pre·mon·stra·ten·sies** *-siese,* **Nor·ber·tyns** *adj.* Premonstratensian, Norbertine.

pre·na·taal *-tale* prenatal.

prent *prente, n.* picture, illustration; engraving; print reproduction; film, *(infml.)* pic; *in/op 'n ~* in/on a picture. **prent** *ge-, vb.* impress, imprint (on); *in die geheue ~, (also)* fix in/on the memory, memorise. **~briefkaart** →PRENTPOSKAART. **~kaart** *(game of cards)* face card, court card, picture card. **~poskaart** picture postcard. **~raaisel** picture puzzle, rebus. **~raam, prenteraam, skilderyraam** picture frame. **~verhaal, prenteverhaal** comic (strip); photonovel. **~verhoog** picture stage.

pren·te-: **~blad** pictorial; comic. **~boek** picture book. **P~bybel** pictorial Bible. **~handelaar** picture dealer, art dealer, printseller. **~kabinet** *(rare)* print collection/gallery; print room. **~lys** picture rail/rod, moulding. **~raam** →PRENTRAAM. **~verhaal** →PRENTVERHAAL. **~winkel** print shop.

prent·jie *-jies, (dim.)* (small) picture; →PRENT *n.; ~s kyk* look at pictures; *iem. se gesig is 'n ~* s.o.'s face is a study; *'n rooskleurige ~ skets/skilder, (fig.)* paint a rosy picture, paint in bright colours; *dit verander die ~, (fig.)* that takes on added colour. **~boek** children's picture book. **~mooi** (as) pretty as a picture, picture-postcard.

pre·ok·ku·pa·sie preoccupation; preoccupancy. **pre·ok·ku·peer** *ge-* preoccupy.

pre·or·di·na·sie preordination. **pre·or·di·neer** *ge-* preordain.

pre·pa·raat *-rate, (pharm., phys.)* preparation; *(med.)* specimen; (microscopic) slide/section. **pre·pa·ra·sie** *-sies* preparation. **pre·pa·ra·tief** *-tiewe, (rare)* preparative. **pre·pa·reer** *ge-, (rare)* prepare; medicate.

pre·po·si·sie *-sies, (gram.)* →VOORSETSEL. **pre·po·si·si·o·neel** *-nele* prepositional.

pre·po·ten·sie prepotency.

pre·pri·mêr *-mêre* preprimary; *~e skool* preprimary school.

pre·pu·ber *-bers* prepubescent.

Pre·ra·fa·e·liet, pre-Ra·fa·e·liet *-liete, n.* Pre-Raphaelite. **Pre·ra·fa·e·li·ties, pre-Ra·fa·e·li·ties** *-tiese, adj.* Pre-Raphaelite.

prê·rie *-ries* prairie. **~haas** jack rabbit. **~hoender** prairie chicken/hen. **~hond** prairie dog. **~wolf** coyote, prairie wolf.

pre·ro·ga·tief *-tiewe* prerogative; *'n ~ uitoefen* exercise a prerogative.

pres *ge-, (hist.)* press, impress, force, crimp *(recruits);* shanghai. **~bende** *(hist.)* press gang.

pres·bi·oop *-ope, n.* presbyope. **pres·bi·oop** *-ope, adj.* presbyopic. **pres·bi·o·pie** *(med.)* presbyopia.

pres·bi·ter *-ters, (hist.)* presbyter. **pres·bi·te·ri·aal** *-ale* presbyteral, presbyterial. **pres·bi·te·ri·aan** *-ane, n., (also P~, adherent of the presbyterian system)* presbyterian; *(P~, member of the Presbyterian Church)* Presbyterian. **pres·bi·te·ri·aans** *-aanse, adj., (also P~)* presbyterian; *(P~, relig.)* Presbyterian; *P~e Alliansie, (hist.)* Presbyterian Alliance. **pres·bi·te·ri·a·nis·me** *(also P~, presbyterian system)* presbyterianism; congregationalism; *(P~, relig.)* Presbyterianism.

pre·se·deer *ge-, (rare)* precede. **pre·se·den·sie** *(rare)* precedence, precedency. **pre·se·dent** *-dente* precedent; *'n ~ skep* create/establish/set a precedent.

pre·sens *-sense, (gram.)* present (tense).

pre·sen·sie presence, attendance. **~geld** attendance fee. **~lys** attendance register, roll; *die ~ (af)lees/afroep* call the roll.

pre·sent *-sente, n.* present, gift, *(infml.)* pressie, prezzie; handout; →GESKENK *n.;* ***dis*** *~* it's on the house *(infml.);* it's a present/gift; *iem. 'n ~* ***gee*** give s.o. a present; *iem. iets ~* ***gee*** give s.o. s.t. as a present; make s.o. a present of s.t.; present s.t. to s.o., present s.o. with s.t.; *iets ~* ***gee,*** *(also)* hand out s.t.; *ek wil dit nie ~* ***hê*** *nie* I wouldn't have it as a gift; *iem.* ***kry*** *'n ~* s.o. gets a present; *iem.* ***kry*** *iets ~* s.o. gets s.t. as a present; *'n ~* ***vir*** *...* ***van*** *...* a present for ... from ... **pre·sent** *adj., (rare)* present; *al die lede was ~* all the members were present *(or* in attendance). **~eksemplaar** complimentary/presentation copy.

pre·sen·ta·bel *-bele, (fml. or joc.)* presentable, respectable, decent, fit to be seen, socially acceptable.

pre·sen·ta·sie *-sies* presentation, introduction; *(jur., chiefly hist.)* presentment. **pre·sen·teer** *ge-* present, introduce; offer, hand (a)round *(refreshments);* submit; present *(arms, a cheque, etc.); ~ geweer!, (mil.)* present arms!. **pre·sen·te·ring** presentation.

pre·ser·va·sie preservation, conservation.

pre·ser·veer *ge-* preserve. **~middel** *-s, -e* preservative.

pre·ser·ve·ring preservation.

pre·ser·wa·tief *-tiewe, n. & adj., (rare)* preservative.

pre·ses·seer *ge-* precess. **pre·ses·sie** *-sies, (phys., astron.)* precession.

pre·si·deer *ge-* preside *(at/over),* take *(or* be in) the chair. **pre·si·den·sie** presidency; →PRESIDENTSWONING. **pre·si·den·si·eel** *-siële* presidential; *presidensiële aspirasies* presidential ambitions; *presidensiële veldtog* presidential campaign. **pre·si·dent** *-dente* president; governor *(of a bank);* chairman; chairwoman. **pre·si·dent·skap** *-skappe* presidency, presidentship, chairmanship.

pre·si·dents-: **~paar** presidential couple. **~paleis** presidential palace. **~veldtog** presidential campaign. **~verkiesing** presidential election. **~vrou** president's wife/lady, first lady *(US, often F~ L~).* **~woning** presidency, presidential residence.

pre·si·di·aal *-ale* presidial, presidential. **pre·si·di·um** *-diums, -dia* presidium; presidency, presidentship, chairmanship.

pre·sies *-sies(e) -sieser -siesste, adj.* precise, exact, just; accurate, specific; precise, meticulous, painstaking, careful; neat, tidy, particular; *~e* ***middelpunt*** dead centre. **pre·sies** *adv.* precisely, exactly; *~* ***afpas*** cut it fine; *~ om* ***agtuur*** at exactly eight, at eight exactly, at eight o'clock precisely/sharp; *~* ***asof*** *...* for all the world as if ...; *wat* ***bedoel*** *jy ~?* what exactly do you mean?; *dis ~ wat ...* ***doen*** *...* is doing precisely that; *dis ~ wat iem.* ***gesê*** *het* those were s.o.'s exact words; ***in*** *~ tien sekondes* in exactly ten seconds, in ten seconds flat; *~ 'n* ***jaar*** a year to the (very) day; *hoe* ***laat*** *is dit ~?* what is the exact time?; *~* ***om*** *tienuur/ens.* at ten/etc. o'clock sharp; *~ op daardie* ***oomblik*** at that exact moment; *~* ***reg*** just so; *~* ***so!*** just so!, quite so!; *~ die* ***teenoorgestelde*** the direct opposite *(of s.o./s.t.); ~ op* ***tyd*** just on time, on the minute, on the dot; *die ~e* ***tyd*** *en plek* the exact time and place; *~e* ***verband*** one-to-one correlation; ***waarom*** *~?* just why?; *..., om ~ te* ***wees*** *...,* to be specific; ***weet*** *jy ~ ...?* do you know exactly ...?. **pre·sies·heid** accuracy, preciseness, exactness, minuteness; tidiness, neatness, fastidiousness.

pre·si·eus *-euse -euser -eusste of meer ~ die mees ~e* precious, affected(ly refined). **pre·si·eus·heid** preciosity, affectation, preciousness.

pre·si·pi·taat *-tate, (chem.)* precipitate, precipitation. **pre·si·pi·ta·sie** *(chem.)* precipitation. **pre·si·pi·ta·tor** *-tors, (chem.)* precipitator.

pre·si·pi·teer *ge-, (chem.)* precipitate. **~middel** *-s, -e, (chem.)* precipitant.

pre·si·pi·teer·der *-ders* →PRESIPITATOR.

pre·si·pi·te·ring *(chem.)* precipitation.

pre·si·seer *ge-* state in detail, specify, be explicit, define more exactly. **pre·si·se·ring** explication, exact definition/statement, specification, detailed statement.

pre·si·sie precision; accuracy; high fidelity; split-second timing. **~apparaat** precision instrument. **~bombardement(e)** precision bombing. **~gereedskap** precision tools. **~geweer** precision rifle. **~kamera** precision camera. **~werk** precision work.

pre·skrip·sie *-sies, (med., jur.)* prescription. **pre·skrip·tief** *-tiewe* prescriptive. **pre·skrip·ti·vis·me** *(ethics)* prescriptivism.

pre-So·kra·ties, pre·so·kra·ties *-tiese, (philos.)* pre-Socratic, Presocratic.

pres·sie *(rare)* pressure; *~ uitoefen op ..., (rare)* bring pressure to bear upon ..., exert/put pressure upon ... **~groep** pressure group.

pres·ta·sie -sies achievement, feat, performance, accomplishment; exploit; form; *(econ.)* performance; *(also, in the pl.)* record (of achievement); attainment; effort; *iem. het 'n besondere ~ behaal* s.o. accomplished an outstanding feat; *na ~ oordeel* judge on form; *geen geringe ~ nie, 'n groot ~* no mean achievement. **~gebonde:** *~ loon/salaris* performance-related pay. **~kwosiënt** achievement quotient. **~loon** incentive pay/wage, performance-linked/based pay, merit pay, payment by result. **~toets** achievement/performance test. **~vermoë** capacity; *(mech.)* performance.

pres·teer *(ge)-* achieve, accomplish, perform, succeed; do well, make good, excel, make one's mark, make a figure, prove o.s., deliver the goods; *beter ~* do better; *(goed) ~* do well, acquit o.s. well (of a task), put up a good performance, turn in a good performance, make a good showing, do a good job; *swak ~* make a poor showing. **pre·steer·der** -ders achiever, succeeder.

pres·tige prestige, influence, reputation. **~waarde** prestige value.

pres·tis·si·mo *adj. & adv., (It., mus.: to be played as fast as possible)* prestissimo.

pres·to *adj. & adv., (It., mus.: to be played very fast)* presto.

pre·su·ma·sie -sies, *(fml., rare)* presumption, suspicion. **pre·su·meer** *ge-* presume. **pre·sump·sie** -sies, *(jur.)* presumption.

pret fun, pleasure, merrymaking, merriment, amusement, enjoyment, entertainment, gaiety, cheer, jollification; ***baie*** *~* great fun, lots of fun; *die ~* ***bederf*** spoil the fun; *die* ***grootste*** *~ hê* have great fun (*or* a great time); *(infml.)* have a ball (*or* a fun/smashing time), have a whale of a (*or* a fine/high/rare old) time; *~* ***hê*** enjoy o.s., have fun, have a good time; *~ en* ***jolyt*** fun and games; *~* ***maak*** make merry; lark about/around, skylark *(infml.)*; *saam ~* ***maak*** join in the fun; *vir* ***oulaas*** *nog ~ hê* have a final fling; *~ en* ***plesier*** fun and games, cakes and ale; ***uitbundige*** *~* rollicking/wild fun; saturnalia; *iets* ***vir*** *die ~ doen* do s.t. for fun/kicks (*or* a giggle *[infml.]*); ***vol*** *~* fun-filled. **~bederwer** spoilsport, killjoy, wet blanket, skeleton at the feast, *(infml.)* party pooper. **~draf** fun run. **~jagter** *(infml.)* gallivanter, pleasure-seeker, fun-seeker. **~liewend** -e pleasure-loving. **~lustig** -e fun-loving. **~maker** joker, jester; merrymaker, carouser; playboy. **~makery** merrymaking, high jinks, hijinks. **~park** funfair, amusement park, pleasure ground. **~wiel** joy wheel.

pre·ten·deer *ge-, (fml. or pretentious)* claim, pretend. **pre·ten·dent** -dente pretender, claimant. **pre·ten·sie** -sies pretension, presumption, pretence; pretentiousness; *iem. se ~* ***op*** *...* s.o.'s pretension to ...; ***sonder*** *~* without pretension; ***sonder*** *~ wees, (also)* be unassuming; ***vol*** *~(s)* pretentious, full of pretensions. **pre·ten·sie·loos** -lose unpretentious, unpretending, unpresuming, unassuming, modest. **pre·ten·sie·loos·heid** unpretentiousness, unassumingness; →PRETENSIELOOS. **pre·ten·si·eus** -euse pretentious, affected, arty-crafty, *(infml.)* toplofty.

pre·te·ri·tum -ritums, -rita, *(gram.)* preterite, past tense.

pre·tor -tore, -tors, *(Rom. hist.)* praetor; →PRETORIAAN.

Pre·to·ri·a *(geog.)* Pretoria; →PRETORIANER.

pre·to·ri·aan *n., (hist.)* praetorian. **pre·to·ri·aans** -aanse, *adj.* praetorian.

Pre·to·ri·a·ner -ners Pretorian. **Pre·to·ri·a·se** *adj.* Pretorian, (of) Pretoria. **Pre·to·ri·a·se·rie** *(geol.)* Pretoria Series.

pret·tig -tige pleasant, enjoyable, nice, pleasurable, pleasing, jolly, fun; nice, agreeable; congenial; gratifying; *~e* ***dae*** funfilled days; *dit* ***is*** *~ om te ...* it is fun to ...; *'n ~e* ***uitstappie*** a jolly outing; *iets ~* ***vind*** find s.t. pleasant, enjoy/like s.t..

preuts *preutse* prim and proper, prudish, strait-laced, stuffy, narrow-minded, *(infml.)* schoolmarmish; squeamish; coy, demure. **preuts·heid** primness, prudishness, prudery, squeamishness.

pre·ven·tief -tiewe, *(rare)* preventive; *~tiewe geneeskunde/maatreël* preventive medicine/measure; *~tiewe arres/aanhouding* imprisonment pending trial; preventive arrest/detention.

pre·wel *ge-* mutter, mumble.

Pri·aap →PRIAPOS. **Pri·a·pies** -piese Priapic, Priapean.

Pri·a·mos *(Gr. myth.)* Priam.

pri·a·pis·me *(med.)* priapism.

Pri·a·pos *(Gr. myth.)* Priapus.

pri·eel *priële* arbour, bower; trellis; pergola.

priem *prieme, n.* awl, pricker, piercer; dagger, stiletto; stylus; spike; prod; *(med.)* stylet; *(mus.)* prime; **priem** *ge-, vb.* pierce, prick. **~kruid** awlwort; dyer's greenweed. **~vormig** -e awl-shaped; *(bot.)* subulate, attenuate; *(tech.)* styloid.

priem·fak·tor *(math.)* prime factor.

priem·ge·tal prime number.

prie·mie -mies, *(obs.)* = PRIEWIE.

pries·ter -ters priest; presbyter; shaveling *(arch., derog.)*; *diensdoende ~* celebrant. **~amp, priestersamp** priestly office, sacerdocy. **~dom** priesthood, priestly order; clergy. **~gees** sacerdotage. **~gewaad** canonicals, priestly/sacerdotal dress/garb, vestment. **~heerskappy** hierocracy, hierarchy, priestly rule, sacerdotalism *(derog.)*. **~kaste** priestly caste. **~kleed** cassock, priestly robe, vestment. **~-koning** priest-king; *die ~ Jan, (legendary Chr. priest and king)* Prester John. **~kruin** tonsure. **~orde** order of priesthood. **~regering** hagiarchy. **~rok** →PRIESTERKLEED. **~stand** order of priests, priesthood. **~wyding** ordination (to the priesthood); *die ~ ontvang* be ordained (as a priest), receive holy orders.

pries·ter- hieratic(al), sacerdotal.

pries·te·res -resse priestess.

pries·ter·lik -like priestly, sacerdotal, hieratic; priestly, priestlike. **pries·ter·skap** priesthood, priestly office, sacerdocy. **pries·ters·wo·ning** presbytery.

prie·wie -wies, *(infml., obs.)* privy, latrine.

prik *prikke, n.* prick, prod; *(icht.)* lamprey (eel); →PRIK-(VIS). **prik** *ge-, vb.* prick, puncture; tingle; dab, point *(stonework)*; *(archaeol.)* peck; *jou vinger met iets ~* prick one's finger with/on s.t.. **~beitel** pointing chisel. **~bord** notice/bulletin board. **~hamer** pointing hammer. **~tol** *(toy)* pegtop. **~(vis)** lamprey (eel). **~werk** *(stonework)* pointing, pointed work.

prik·kel -kels, *n., (biol.)* stimulus; incentive, stimulus, spur; urge, impulse; prick, goad, barb, sting; stimulant, irritant; prick(ling) *(of a nettle)*; *die ~ van ...* the stimulus of ... *(hunger etc.)*; the spur/incentive of ... *(ambition etc.)*; *teen die ~s skop (Bib.), die versene teen die ~s slaan* kick against the pricks. **prik·kel** *ge-, vb.* excite, irritate, provoke *(s.o.)*; stimulate, incite *(to further endeavour)*; goad *(to fury, madness)*; tickle *(the palate, a fancy)*; appeal to; prickle, sting, tingle, fret, nettle; whet *(the appetite)*; *iem. tot iets ~* stimulate s.o. to s.t.. **~draad** *(rare)* barbed wire; →DORINGDRAAD. **~foto** pin-up, girlie/girly photo; *(also, infml., in the pl.)* cheesecake. **~gas** irritant gas. **~gif** irritant poison. **~lektuur** salacious/titillating literature/books; sensational reading matter; saucy books. **~middel** -s, -e excitant, stimulant; irritant. **~pop, meisie** pin-up (girl), page-three girl. **~prins** *(infml.)* looker, dish, Adonis. **~tydskrif** girlie/girly magazine.

prik·kel·baar -bare irritable, touchy, twitchy, excitable, testy, te(t)chy, fretful, peevish, sensitive, petulant, cantankerous, combustible, dyspeptic *(fig.)*, edgy, feisty, quick to take offence. **prik·kel·baar·heid** irritability, touchiness, petulance, prickliness, testiness, te(t)chiness; →PRIKKELBAAR.

prik·ke·lend -lende prickly, tingly; stimulating, exciting, scintillating; irritating, provoking, provocative; pungent; piquant; inflammatory; titillating; sexy; →PRIKKEL *vb.*.

prik·ke·ling -lings, -linge stimulus, stimulation; provocation, irritation, stirring; excitation; prickling, tickling; incentive; incitement; thrill, titillation, excitation.

prik·kel·rig·heid prickliness.

prik·kie -kies, *(dim.)* slight prick.

pril: *~le jeug* early youth; *in die ~le jeug* at a tender age.

pri·ma -mas, *n.* prime/top quality; *(fin.)* first of exchange (→PRIMAWISSEL). **pri·ma** *adj.* prime, first-rate, superb, super(fine), A1, tiptop, excellent, great, terrific, fine; *~* ***aandele*** blue-chip shares; *~* ***ballerina*** prima ballerina; *~* ***beesvleis*** prime beef; *~* ***effekte*** gilt-edged securities; *~* ***koers,*** *(banking)* prime rate; *~* ***rib*** prime rib; *~* ***tyd,*** *(TV)* prime time. **~donna** -s prima donna; diva. **~wissel** *(fin.)* first of exchange.

pri·maat -mate, *(Chr.)* primate; primacy; *(zool.)* primate. **pri·maat·skap** -skappe primateship, primacy.

pri·ma fa·cie *(Lat., jur.)* prima facie, at first sight, on the face of it.

pri·ma·ri·a -rias chief (lady) delegate; head (girl) student. **pri·ma·ri·us** -riusse, -rii chief delegate; head student.

pri·ma·to·lo·gie *(zool.)* primatology. **pri·ma·to·lo·gies** -giese primatological. **pri·ma·to·loog** -loë primatologist.

pri·mêr -mêre primary, prime; ultimate; *(astron.)* primary; elemental; *~e* ***gesondheidsorg*** primary health care; *~e* ***gesteentes,*** *(geol.)* primary rocks; *~e* ***koste*** prime cost; *~e* ***nywerheid*** primary industry; *~e* ***produk*** primary product; *~e* ***sel,*** *(elec.)* primary cell; *~e* ***spoel,*** *(elec.)* primary coil; *~e* ***wikkeling,*** *(elec.)* primary winding.

pri·mi·gra·vi·da -das, *(med.: a woman who is pregnant for the first time)* primigravida.

pri·mi·tief -tiewe, *n.* primitive *(in art)*. **pri·mi·tief** -tiewe -tiewer -tiefste, *adj.* primitive, crude, rudimentary, makeshift; primitive, primary; primal, primeval; primitive, elemental. **pri·mi·ti·vis** -viste primitivist. **pri·mi·ti·vis·me** *(also P~)* primitivism. **pri·mi·ti·wi·teit** primitiveness.

pri·mo *(It., mus.)* primo. **~genituur** primogeniture.

pri·mor·di·aal -ale primordial.

pri·mu·la -las, *(bot.)* primula, primrose, polyanthus.

pri·mum mo·bi·le *(Lat., astron.)* primum mobile.

pri·mus[1] -musse first; head boy, dux.

pri·mus[2] -musse, **pri·mus·sto·fie** -fies, *(trademark)* primus (stove).

pri·mus in·ter pa·res *(Lat.: first among equals)* primus inter pares.

prins *prinse* prince; *(fig.)* prince, grandee; *~ van den* ***bloede,*** *(obs.)* prince of the blood, a royal prince; *die ~ van ons* ***digters*** our prince of poets; *die ~ van jou* ***drome,*** *(fig.)* Prince Charming; *van die ~ geen* ***kwaad*** *weet nie* be guileless; ***leef/lewe*** *soos 'n ~* live like a lord/prince, lead a princely life; *die P~ van* ***Wallis*** →WALLIS[1]; *~ op die/'n* ***wit*** *perd, ~ van jou/haar drome, (fig.)* knight in shining armour. **~-biskop** prince bishop. **P~ Eduard-eiland** Prince Edward Island. **~-gemaal** -male prince consort. **~gesinde** -s, *(hist.)* Orangeist. **~-regent** -e prince regent.

prins·dom -domme principality, princedom, princely state; *die ~ Oranje* the principality of Orange.

Prin·se·ei·land: *die ~* the Isle of Princes.

prin·ses -sesse princess. **~-regentes** princess regent. **~rok** princess dress/frock. **~snit** princess shape. **~styl** princess style.

prin·ses·se·boon(·tjie) = SUIKERBOON(TJIE).

prin·ses·sie -sies, *(dim.)* little princess. **prin·sie** -sies, *(dim.)* little prince, princeling *(mainly derog.)*.

prin·siep →PRINSIPE.

prin·si·paal -pale, *n.* principal *(in contracts)*; headmaster, principal; →SKOOLHOOF. **prin·si·paal** -pale, *adj., (jur.)* principal. **prin·si·pa·le** -les, *(fem.)* lady principal.

prin·si·pe -pes, **prin·siep** -siepe principle; maxim; *in ~* in principle; *uit ~* on principle. **prin·si·pi·eel** -piële fundamental, basic, radical, essential, in principle; *prinsipiële kwessie* question of principle; *prinsipiële onderskeid* fundamental/essential difference.

prins·lik -like princely.

pri·or -ors prior. **pri·o·raat** -rate priorate, priorship. **pri·o·res** -resse prioress. **pri·or·skap** priorate, priorship. **pri·o·ry** -rye priory.

pri·o·ri·teit -teite priority; *~ aan ... gee* give priority to (*or* prioritise) ... **~saak** matter of priority; *iem. wil hê dat iets as 'n ~ gehanteer word* s.o. wants to see s.t. prioritised. **~skuld** preferential debt.

pri·o·ri·teits-: **~aandag:** *iem. wil hê dat iets ~ kry* s.o. wants to see s.t. prioritised. **~aandeel** priority share. **~obligasie** preference bond.

Pris·ki·a·nus, Pris·ci·a·nus *(Lat. grammarian)* Priscian.

pris·ma *-mas, (geom.)* prism. **~kyker** prism binoculars.

pris·ma·ties *-tiese* prismatic.

pris·mo·ï·daal *-dale* prismoidal. **pris·mo·ïed** *-moïede, (geom.)* prismoid.

pri·so·nier *-niers* prisoner; convict. **pri·so·niers·vriend** prisoners' friend.

pri·vaat *-vate, n., (dated)* privy, latrine, (water) closet, toilet; *na die ~ gaan* go to the rear/back. **pri·vaat** ~, *-vate -vater -vaatste, adj. & adv.* private(ly); *~/private* ***besit*** private property; *~/private* ***gebruik*** personal/private use; *~/private* ***geneeskunde*** private medicine; *~/private* ***gesprek,*** *(also)* tête-à-tête; *~/private* ***grap(pie)*** private joke, in-joke; *~/private* ***hotel*** private hotel; *~/private* ***inkomste*** private income, independent means/income; *~/private* ***les*** private lesson; *~/private* ***les*** *kry* get private lessons; *~/private* ***maatskappy*** private/closed/proprietary company, private corporation, *(Am.)* closed corporation; *~/private* ***onderwyser(es)*** private teacher; tutor; governess; *~/private* ***oorlog*** private war; *~/private* ***pad*** private road; *~/private* ***pasiënt*** private patient; *~/private* ***(pos)sak*** private (post)bag; *~* ***praktiseer*** be in private practice; *'n ~/private* ***praktyk*** *begin* go into private practice; *'n ~/private* ***praktyk*** *hê* be in private practice; *~/private* ***sekretaris*** private secretary; *die ~/private* ***sektor,*** *(econ.)* the private sector; *~/private* ***skool*** private school *(SA)*; public school *(Eng.)*; *~/private* ***sleutel*** pass key; *~/private* ***speurder*** private detective/investigator, *(infml.)* private eye; *~/private* ***straler/straalvliegtuig*** executive jet; *~/private* ***vertrek*** private room/ward *(in a hospital)*; *~/private* ***wetsontwerp*** private bill. **~dosent** *(Eur.)* private/external/unsalaried university lecturer. **~dosentskap** *(Eur.)* private lectureship; *'n ~ verwerf* habilitate. **~reg** private law; *internasionale ~* conflict of laws, private international law. **~regtelik** in (*or* according to) private law. **~sekretaris** →PRIVAAT SEKRETARIS.

pri·vaat·heid privacy.

pri·va·tief *-tiewe, n. & adj., (gram.)* privative.

pri·va·ti·se·ring, pri·va·ti·sa·sie privatisation. **pri·va·ti·seer** *ge-* privatise. **pri·va·ti·seer·der** privatiser.

pri·vi·le·gie *-gies* privilege; prerogative; charter. **pri·vi·le·gi·eer, pri·vi·le·geer** *ge-* privilege, give priority to.

pro *prep. (Lat.)* pro; *~ en* ***contra*** pro and con; *~* ***Deo*** pro Deo; *~* ***forma*** pro forma, for form's sake; *~* ***forma-faktuur*** pro forma invoice; *~* ***forma-wissel*** accommodation bill; *~* ***rata*** pro rata, proportionately.

pro-[1] *pref.* pro-; *~nomen* pronoun.

pro-[2] *pref.* pro-; *~loog* prologue.

pro·ak·tief *-tiewe* proactive(ly); *proaktiewe inhibisie, (psych.)* proactive inhibition.

pro-A·me·ri·kaans *-kaanse* pro-American.

pro-am(-[gholf-]toer·nooi) pro-am ([golf] tournament) *(involving both professionals and amateurs)*.

pro·baat *-bate, (rare)* efficacious, effective, (ap)proved, proven, tried; *probate middel* sovereign remedy. **pro·baat·heid** *(rare)* efficacy, efficaciousness.

pro·ba·bi·lis·me *(also P~, philos., RC)* probabilism. **pro·ba·bi·lis·ties** *-ties, (also P~)* probabilistic.

pro·band *-bande, (med., genet.)* propositus, *(fem.)* proposita.

pro·beer *(ge)-* try, attempt; test *(a gun)*; try out *(a machine)*; taste, sample *(a cigar, wine, etc.)*; seek; try one's hand; have a try; essay *(fml.)*; endeavour; *~* ***daarvan!*** try some!; ***dit*** *~ (doen)* give it a try; *iets ~* ***doen,*** *~ om iets te* ***doen*** try to do s.t.; try one's hand at s.t.; *iets ('n slag) ~* ***(doen)*** have a crack/bash/go/shot/stab at s.t. *(infml.)*, give s.t. a fling/go *(infml.)*, have a fling at s.t.; *~ is die beste* ***geweer*** there is nothing like trying; ***hard*** *~* try hard; make every effort; ***hoe*** *iem. ook al ~* no matter how s.o. tries; *~* ***kom/ens.*** try and come/etc., try to come/etc.; *~* ***(kry)*** try for; ***moedig*** *~* try valiantly; *dit was nie omdat iem.* ***nie*** *(ge)~ het nie* it was not for want of trying; *dit moet jy* ***nie*** *met my ~ nie!* don't you try that on me!; *iem. ~ (om te)* ***skaats/ens.*** s.o. attempts/tries to skate/etc.; ***tevergeefs/verniet*** *~* try in vain; ***weer*** *~* try again, have another try. **pro·beer·sel** *-sels (rare)* = PROBEERSLAG. **pro·beer·slag** *-slae* experiment, attempt, try; trial, tryout; bash, crack, stab, shot.

pro·bleem *-bleme* problem, question; *'n ~* ***aanpak*** address a problem; *iem. se probleme* ***begryp*** understand s.o.'s problems; ***dit*** *is sy/haar ~* that is his/her problem; ***geen*** *~* ***nie*** no problem; *probleme* ***ondervind/teëkom/teenkom*** experience problems, pick up problems; *'n ~* ***oplewer/skep*** pose a problem; *geen probleme* ***oplewer/skep*** *nie* pose no problems, be unproblematic; *die ~* ***vermy*** dodge/evade the issue. **~kind** problem child. **~stuk** *(theatr.)* problem play.

pro·bleem·pie *-pies, (dim.)*: *'n ~ hê* have a bit of a problem; *(klein) ~* small problem, blip, *(infml.)* hiccup, hiccough; *daar het 'n (klein) ~ opgeduik, daar is 'n (klein) ~* there's been a slight hiccup/hiccough *(infml.)*.

pro·ble·ma·tiek problem(s), issue, problematic nature. **pro·ble·ma·ties** *-tiese* problematic(al), doubtful, questionable.

pro bo·no pu·bli·co *(Lat.: for the public good)* pro bono publico.

pro·cé·dé *-dés, (Fr.)* process, method, technique.

pro·chro·nis·me, pro·kro·nis·me prochronism.

pro·duk *-dukte* product *(of the industry, the soil, etc.; of multiplication)*; commodity; *(a literary)* production; result, outcome; *(also, in the pl.)* products, produce; *~ van Suid-Afrika/ens.* produce/product of South Africa/etc. *(on an exported article)*.

pro·duk·sie *-sies* production, output, yield; (theatrical) production; *iets is in ~* s.t. is in production; *iets is nie meer in ~ nie* s.t. is/went out of production; *die ~ van iets verhoog/versnel* step up the production of s.t.. **~apparaat** *(econ.)* production machine. **~baan, ~lyn** production line. **~beheer** production control. **~-eiland, ~toring** production platform *(in the oil industry)*. **~gebied** producing area. **~goedere** capital goods/assets/instruments, industrial goods, production goods. **~-ingenieur** production engineer. **~kapasiteit** →PRODUKSIEVERMOË. **~koste** production cost(s), cost of production, outlay; *algemene ~* production overhead. **~leier** (film) producer. **~lyn** →PRODUKSIEBAAN. **~metode** production method. **~middel** *-e, -s* means of production; producers' goods, instrumental goods; *duursame ~e/~s* producers' durable goods. **~model** production model. **~reeks** production run. **~stroom** production flow. **~toring** →PRODUKSIE-EILAND. **~vermoë, ~kapasiteit** productivity, productive capacity/power, potential output. **~werkers** *(pl.)* direct/production labour.

pro·duk·te-: **~beurs** produce exchange. **~handel** produce trade. **~handelaar** produce merchant. **~makelaar** produce broker. **~mark** *-e, -te* produce market.

pro·duk·tief *-tiewe* productive, remunerative; productive, fruitful; yielding; *'n uitvinding ~ maak* make an invention pay. **pro·duk·ti·wi·teit** productivity, productiveness, productive capacity; profitableness.

pro·duk·ti·wi·teits-: **~aansporing** productivity incentive. **~bonus** productivity bonus. **~onderhandelings/-linge** *(pl.)* productivity bargaining. **~ooreenkoms** productivity agreement.

pro·du·seer *ge-* produce, turn out, make, manufacture; yield. **pro·du·seer·baar** *-bare* producible, manufacturable. **pro·du·seer·baar·heid** producibility. **pro·du·sent** *-sente* producer. **pro·du·sen·te·prys** producer's price. **pro·du·se·rend** *-rende* producing; *~e land* producing country; *~e sektor* producing sector. **pro·du·se·ring** producing, production.

proe *proeë, n.* tasting; *'n blinde ~* a blind tasting *(of wines)*. **proe** *ge-, vb.* taste, sample *(wine etc.)*; *net aan jou kos ~* peck/pick at one's food, toy with one's food; *~ daarvan!* try some!; *iem. iets laat ~* give s.o. a taste of s.t. *(food etc.)*. **~geleentheid, ~sessie** tasting. **~slag** (first) taste/try, sample, test.

proe·ë·ry tasting; *'n blinde ~* a blind tasting *(of wines)*.

proef *proewe, n.* proof, test, trial, experiment; sample, specimen; dissertation; *(arith.)* proof; *(phys.)* experiment; *(phot. & print.)* proof, copy; examination; sample, try, taste; →PROEFWEDSTRYD; *iem. op ~* ***aanstel*** give s.o. a trial; *'n ~ van* ***bekwaamheid*** a proof of ability; *die ~* ***deurstaan*** stand the proof/test; *proewe op ...* ***doen*** experiment (up)on ...; ***eerste*** *~* galley (proof); *op die ~* ***gestel*** *word* be on trial; *'n ~ van iem. se* ***handel(s)wyse*** a sample of s.o.'s behaviour; *proewe* ***lees*** read proofs; *die ~* ***maak*** do the proof, prove (the sum); *'n ~* ***neem*** make an experiment; *iets op ~* ***neem*** take s.t. on trial; *aan 'n ~* ***onderwerp*** subject to (a) trial; ***op*** *~ wees* be on trial; be on probation; *dit is die ~ op die* ***som,*** *(<Du., rare)* that proves/settles it; *iets op die ~* ***stel*** try out s.t., test (out) s.t.; put s.t. to the test; give s.t. a trial; give s.t. a trial run; experiment with s.t.; *iem. op die ~* ***stel*** put s.o. to the test; *iem. se geduld op die ~* ***stel*** tax s.o.'s patience; *hom/haar op die ~* ***stel,*** *(also)* put him/her on his/her mettle; *iets* ***stel*** *iem. swaar op die ~* s.t. is a heavy tax (up)on s.o.; *proewe* ***trek*** pull proofs; *by* ***wyse*** *van ~* as an experiment; by way of trial. **proef** *ge-, vb.* try, test, assay; taste; give a trial lesson. **~aanleg** experimental/pilot plant, trial plant. **~afdruk** sample print. **~akker** experimental plot. **~balans** trial balance. **~ballon** trial/pilot balloon/kite; ballon d'essai; *'n ~ oplaat/opstuur, (fig.)* fly a kite (*or* a ballon d'essai), float a trial balloon, gauge public opinion, throw/put out a feeler, make a tentative suggestion. **~beampte** probation officer. **~bed** *(eng.)* test bed. **~besending** trial consignment. **~bestelling** trial order. **~blad** proof sheet; specimen page; tear sheet; galley (proof). **~boerderyskema** pilot research farm scheme. **~buisbaba, buisbaba** test-tube baby. **~buis(ie)** test tube. **~buiskind** →PROEFBUISBABA. **~diens(te)** probation service(s). **~dier** laboratory animal. **~druk** proof, pull. **~eksamen** mock exam. **~eksemplaar** specimen/sample copy. **~fabriek** pilot plant. **~getal** *(math.)* proof number. **~geweer** key rifle. **~gewig** standard weight. **~glas** test glass, gauge glass. **~glasie** test tube. **~goud** assay gold. **~handtekening** specimen signature. **~houdend** *-e* genuine, proof, standard; *~ blyk* prove genuine, come up to standard, stand the test. **~huurder** probationary lessee. **~huwelik** trial/companionate marriage. **~jaar** trial year, probationary year, year of/on probation/trial/approval. **~klas** test class. **~konyn** *(fig.)* guinea pig, experimental subject, laboratory animal; *(lit.)* laboratory/experimental rabbit; *as ~ dien* be experimented upon, serve (*or* be used) as a test subject (*or* guinea pig). **~kraan** try cock. **~leerling** probationer, apprentice. **~lees** *ge-* proofread. **~les** trial/sample lesson; test/specimen lesson; criticism lesson. **~leser** (proof)reader. **~lesery, ~lesing** proofreading. **~lopie** trial/dry/dummy run; rehearsal, run-through. **~maal** *(med.)* test meal. **~maand** trial/probationary month. **~maat** standard measure. **~metode:** *deur/volgens die ~* by trial and error. **~monster** testing sample, specimen. **~munt** sample/proof coin. **~naald** touchneedle. **~nedersetter** probationary settler. **~nemer** experimenter; experimental officer; experimentalist. **~neming** *-s, -e* experiment; trial, test(ing); *(also, in the pl.)* experimentation; *'n ~ doen* make an experiment; *'n ~ uitvoer* conduct an experiment; *by wyse van ~* as an experiment; on an experimental basis, on a trial basis. **~nommer** specimen copy. **~onderrig, ~(onderwys)** practice/student teaching, teaching practice. **~ondervindelik** *-e* experimental(ly), by experience, empirical(ly), by experiment. **~onderwys** →PROEFONDERRIG. **~onderwyser(es)** trainee teacher. **~pers** proof press. **~perseel** experimental plot. **~persoon** experimental/test subject, respondent. **~plaas** experimental farm. **~preek** probation/trial sermon. **~rit** test drive; trial run/trip, shake down (run), tryout, preliminary canter; *'n ~ met iets maak* give s.t. a trial run *(a car etc.)*. **~sensus** pilot census. **~skietbaan** testing range. **~skoot** trial/sighting shot. **~skrif** (doctoral) dissertation, thesis; *aan 'n ~ werk* work on a thesis; *op 'n ~ promoveer* obtain a doctorate on/with a dissertation/thesis. **~sonde** sounder, searcher. **~spiritus** proof spirit. **~stadium** experimental stage. **~stasie** testing/research station, experimental station. **~steen** touchstone; model brick. **~stemming** test poll/ballot, trial vote; straw poll; *'n ~ hou* take a straw poll. **~sterkte** proof strength. **~stuk** specimen, test piece, sample. **~terrein** proving ground, testing ground/range. **~tog** trial trip, tryout. **~tyd** (time of) probation, probationary/trial period, apprentice-

ship; novitiate; *'n ~ uitdien/deurloop* serve one's probation. **~tyd(perk)** trial period. **~vaart** shake down cruise, trial run/trip/cruise; *'n skip is op sy ~(e)* a ship is undergoing its trials. **~vel** proof sheet. **~vlug** = TOETSVLUG. **~wedstryd** *-e,* **proef** *proewe* trial (match).

proe·fie *-fies, (dim.)* small sample; little experiment; taste; →PROEF *n.*.

proes *proes(te), n.* sneeze; guffaw; snort *(of a horse);* **proes** *ge-, vb.* sneeze; burst out laughing; guffaw; *(a horse)* snort; *hoes en ~* cough and sneeze; *die vergasser ~* the carburettor is spitting. **~-lag** *n.* snorting laugh. **~-lag** *ge-, vb.* snort with laughter.

proe·sel(·tjie) *-(tjie)s* (small) morsel; →PROE.

proe·se·rig *-rige* sneezy, inclined to sneezing; inclined to laugh.

proe·we *-wes, (dated)* →PROEF *n.*. **proe·we·ling** *-linge, (rare)* probationer. **proe·wer** *-wers* taster, trier.

prof *(infml., short for* professor*)* prof.

pro·faan *-fane* profane, impious, secular; profane, sacrilegious, ungodly. **pro·fa·na·sie** *-sies* profanation. **pro·fa·neer** *ge-* profane. **pro·fa·ni·teit** *-teite* profanity.

pro·fa·se *(biol.)* prophase.

pro·feet *-fete* prophet; seer; prognosticator; *'n ~ wat* ***brood*** *eet, (rare)* a false prophet; ***die P~***, *(Mohammed; Joseph Smith, founder of the Mormon Church)* the Prophet; *die ou profete is* ***dood*** *en die jonges eet brood* there are no prophets any more; *'n ~ is nie* ***geëerd*** *in sy eie land nie, (prov.)* a prophet is not without honour, save in his own country; *Is* ***Saul*** *ook onder die profete?, (OT, prov.)* Is Saul also among the prophets?.

pro·fe·sie *-sieë* prophecy; *die gawe van die ~* the gift of prophecy.

pro·fes·sie *-sies* profession, trade; vocation; *van ~* by profession, professional.

pro·fes·si·o·neel *-nele, n.* professional, *(infml.)* pro. **pro·fes·si·o·neel** *-nele, adj. & adv.* professional(ly); *'n professionele gholfspeler/tennisspeler* a golf/tennis professional, *(infml.)* a golf/tennis pro; *professionele raad/advies vra/inwin* seek/take professional advice; *professionele wangedrag* professional misconduct.

pro·fes·sor *-sore, -sors* professor; *iem. is ('n) ~ in Engels/ens.* s.o. is a professor of English/etc.; *iem. is ('n) ~ in (die) plantkunde/ens.* s.o. is a professor of botany/etc.. **pro·fes·so·raal** *-rale* professorial; donnish, learned, professorial. **pro·fes·so·raat** *-rate,* **pro·fes·sor·skap** *-skappe* professorship, professorate, chair; *~ in* chair/professorship of.

pro·fe·te-: **~mantel** *(Bib.)* prophet's mantle. **~skool** school of the prophets; school of theology.

pro·fe·teer *ge-* prophesy, foretell. **pro·fe·tes** *-tesse* prophetess, sibyl *(poet., liter.); Mirjam die ~, (OT)* Miriam the prophetess. **pro·fe·ties** *-tiese* prophetic, fateful, sibylline; *~e gawe* gift of prophecy, second sight. **pro·fe·tis·me** prophetism.

pro·fiel *-fiele* profile, side view; *(archit.)* section; side face, profile *(of a pers.);* silhouette, skyline; outline; moulding *(of wood, plasterwork, etc.); in ~* in profile; half-faced; *'n ~ van iem. skets* draw a profile of s.o.. **~beitel** forming cutter/tool, moulding cutter, form tool, profile tool. **~frees** formed milling cutter, profile cutter, form(ing) cutter; profiling machine. **~maat** profile/form gauge. **~maker** face moulder. **~patroon** face mould. **~ruimer** broach. **~saag** scribe saw. **~samestelling** profiling. **~skaaf** moulding plane. **~snywerk** profile cutting. **~staal** steel sections, sectional steel. **~tekening** *-e, -s* profile drawing, side view. **~vorm** horse mould. **~walsery** section(s) (rolling) mill, shaping rolling mill. **~yster** shaped/profile iron.

pro·fi·lak·se *(med.)* prophylaxis. **pro·fi·lak·ties** *-tiese* prophylactic.

pro·fi·leer *ge-* profile; mould, form. **~plank** moulding board.

pro·fi·teer *ge-* profit *(by/from),* take advantage *(of),* avail o.s. *(of),* capitalise *(on),* turn s.t. to advantage, cash in on s.t.; *(derog.)* exploit; *van iets ~* benefit/profit from/by s.t., derive profit from s.t.; take advantage of s.t.; make use of s.t.; *soveel moontlik ~ van iets* make the most of s.t., get the most out of s.t.. **pro·fi·teur** *-teurs, (derog.)* profiteer.

pro·fi·te·rool *(Fr. cook.)* profiterole.

pro·fyt *-fyte* profit, gain; *van iets ~ trek* benefit/profit from/by s.t., derive profit from s.t.. **~makery** profiteering.

pro·fyt·lik *-like -liker -likste, (rare)* profitable.

pro·ge·rie *(med.)* progeria.

pro·ges·te·roon *(biochem.)* progesterone.

pro·ges·to·geen, pro·ges·tien *(biochem.)* progestogen, progestin.

prog·naat *-nate, (anat.)* prognathous, prognathic. **prog·na·tis·me** prognathism, prognathy.

prog·no·se *-ses, (med.)* prognosis; forecast; *'n ~ maak* make a prognosis. **prog·nos·ties** *-tiese* prognostic.

pro·gram *-gramme* programme; *(comp., Am.)* program; bill; schedule; list of fixtures; *~ van* ***aksie*** program(me) of action; ***boaan*** *die ~ staan, die eerste/vernaamste* ***nommer*** *op die ~ wees* head/top the bill; ***op*** *die ~ staan* be on the program(me); be billed; *'n ~* ***opstel*** draw up a program(me); ***politieke*** *~* (political) platform; *iem. het 'n* ***vol*** *~* s.o. has a full/tight schedule; *'n ~ van nege* ***wedrenne*** a card of nine races. **~aantekening, ~nota** *(often in the pl.)* programme note. **~beplanner** *(rad., TV)* programme planner. **~leier** *(rad., TV)* anchor(person), anchor(wo)man. **~musiek** program(me) music. **~nommer** item on a program(me). **~nota** →PROGRAMAANTEKENING. **~opsteller** *(mech.)* program(m)er; program(me) manager/director. **~rede** keynote speech/address. **~taal, programmeertaal, programmeringstaal** *(comp.)* programming language.

pro·gram·ma·ties *-tiese* programmatic.

pro·gram·ma·tuur *(comp.)* software; *harde ~* firmware. **~maatskappy** software company/house. **~pakket** software package.

pro·gram·meer *ge-* programme; *(comp., Am.)* program. **~taal** →PROGRAMTAAL.

pro·gram·meer·baar *-bare, (comp.)* programmable.

pro·gram·meer·der *-ders,* **pro·gram·meur** *-meurs* programmer.

pro·gram·me·ring programming. **pro·gram·me·ringstaal** →PROGRAMTAAL.

pro·gram·me·tjie *-tjies, (dim.)* little program(me).

pro·gres·sie *-sies* progression; graduation, progressive rise. **pro·gres·sief** *-siewe, n.* progressive; *(pol.)* progressionist; *(also P~), (SA pol., hist.)* Progressive. **pro·gres·sief** *-siewe -siewer -siefste* (of *meer ~ die mees -siewe), adj.* progressive; graduated; *progressiewe aspek, (gram.)* progressive aspect; *progressiewe belasting* progressive tax. **pro·gres·sis** *-siste* progressionist, progressist. **pro·gres·si·vis·me** progressivism. **pro·gres·si·wi·teit** progressiveness.

pro·hi·bi·sie *-sies* prohibition. **pro·hi·bi·si·o·nis** *-niste* prohibitionist. **pro·hi·bi·tief** *-tiewe* prohibitive, excessive.

pro·jek *-jekte* project, design, scheme; plan, project.

pro·jek·sie *-sies* projection; *'n ~ maak* make a projection. **~doek** = PROJEKSIESKERM. **~kamer** projection room. **~lamp** projection lamp. **~skerm** screen. **~tekening** *-e, -s* projection drawing. **~toestel** projection apparatus, projector. **~vlak** plane of projection.

pro·jek·teer *ge-* project; *jou probleme/ens. op iem. ~, (psych.)* project one's problems/etc. onto s.o.. **pro·jek·tiel** *-tiele* projectile, missile. **pro·jek·tor** *-tors* projector.

pro·ka·ïen *(med.)* procaine.

pro·keu·se·be·we·ging pro-choice movement *(supporting the right of a woman to have an abortion).*

pro·kla·ma·sie *-sies* proclamation, declaration, promulgation; *'n ~ uitvaardig dat ...* issue a proclamation that ...; *ope ~* blanket proclamation. **pro·kla·meer** *ge-* proclaim; gazette, promulgate; *iem./iets tot ... ~* proclaim s.o./s.t. ...; *ge~de siekte* notifiable disease; *ge~de veesiekte* scheduled/stock disease. **pro·kla·me·ring** proclamation, proclaiming.

pro·kli·se *-ses,* **pro·kli·sis** *-sisse, (ling.)* proclisis. **pro·kli·ties** *-tiese* proclitic; *~e woord* proclitic.

pro·kon·sul *-suls* proconsul. **pro·kon·su·lêr** *-lêre* proconsul.

pro·ko·pee *(ling.)* apocope.

pro·kre·a·sie procreation. **pro·kre·ëer** *ge-* procreate.

pro·kro·nis·me →PROCHRONISME.

Pro·krus·tes *(Gr. myth.)* Procrustes. **~bed** bed of Procrustes, Procrustean bed.

prok·se·mi·ka *(study of spatial distances between individuals)* proxemics.

prok·to·lo·gie *(med.: study and treatment of the rectum)* proctology. **prok·to·lo·gies** *-giese* proctological. **prok·to·loog** *-loë* proctologist.

prok·to·skoop *-skope, (a med. instr. for examining the rectum)* proctoscope.

pro·ku·ra·sie *-sies* power of attorney, mandate, proxy, procuration; *aan iem. ~ gee/verleen* give s.o. power of attorney; *iem. het ~* s.o. has power of attorney. **~houer** assignee *(jur.),* proctor, procurator.

pro·ku·ra·tor *-tore, -tors, (hist.)* procurator.

pro·ku·reur *-reurs* attorney, lawyer, solicitor; *Orde van P~s* →PROKUREURSORDE. **~-generaal** *prokureurs-generaal* attorney general.

pro·ku·reurs-: **~eksamen** law examination. **~firma** firm of attorneys, legal firm. **~gelde** *(pl.)* attorney's fee(s). **~kantoor** attorney's/solicitor's office. **~klerk** attorney's clerk. **P~orde** Law Society. **~praktyk** attorney's/solicitor's practice.

pro·ku·reur·skap attorneyship, solicitorship.

pro·lak·tien *(biochem.)* prolactin.

pro·laps *-lapse, (pathol.)* prolapse, prolapsus.

pro·leet *-lete, (rare, pej.)* vulgarian, plebeian; proletarian. **pro·le·ta·ri·aat** proletariat, the masses. **pro·le·ta·ri·ër** *-riërs, n.* proletarian. **pro·le·ta·ries** *-riese, adj.* proletarian.

pro·le·go·me·na *(pl.)* prolegomena, introductory discourse *(to a book/etc. of considerable length/complexity).*

pro·lep·sis *(gram.)* prolepsis. **pro·lep·ties** *-tiese* proleptic.

pro·le·we-: **~aktivis** *-te* anti-abortionist. **~beweging** right-to-life movement. **~drukgroep** pro-life lobby *(opposing abortion).*

pro·li·fe·reer *ge-* proliferate. **pro·li·fe·ra·sie** proliferation. **pro·li·fiek** *-fieke* prolific.

pro·lon·ga·sie *(fml.)* prolongation, continuation; *(fin.)* contango, carry-over; renewal *(of a bill).* **pro·lon·geer** *ge-* prolong; renew *(a bill).*

pro·loog *-loë* prologue, proem *(fml.).*

pro·me·na·de *-des* promenade, walk. **~dek** promenade deck. **~konsert** promenade concert, *(infml.)* prom.

pro·mes·se *-ses* promissory note. **~gewer, promittent** *(comm.: maker of a promissory note)* promisor.

pro·me·ta·sien *(med.)* promethazine.

Pro·me·t(h)e·us *(Gr. myth.)* Prometheus. **Pro·me·t(h)e·ïes** *-t(h)eïese* Promethean.

pro·me·ti·um *(chem., symb: Pm)* promethium.

pro·mi·nen·sie prominence; *aan iets ~ gee/verleen* give prominence to s.t. *(in a newspaper etc.).* **pro·mi·nent** *-nente -nenter -nentste* (of *meer ~ die mees -nente)* prominent, outstanding.

pro·mis·ku *-kue* promiscuous. **pro·mis·ku·ï·teit** promiscuity.

pro·mit·tent *-tente* →PROMESSEGEWER.

pro·mo *-mo's, (infml.: a promotional video etc.)* promo.

pro·mo·sie *-sies* promotion, advancement, rise; graduation *(at university).* **~artikel** advertorial. **~dag** graduation/degree day. **~plegtigheid** graduation ceremony.

pro·mo·tor *-tors* (company) promoter; supervisor, promoter, tutor *(of a thesis); (sport)* promoter; sponsor, matchmaker. **pro·mo·tors·keu·se** *(sport)* wild card.

pro·mo·veer *ge-* graduate, take a (doctor's) degree; confer a (doctor's) degree on; promote; *op 'n proefskrif ~* obtain a doctorate on/with a dissertation/thesis. **pro·mo·ven·dus** *-vendusse, -vendi, (Lat.)* candidate for a (doctor's) degree.

pro·mul·ga·sie promulgation. **pro·mul·geer** *ge-* promulgate, proclaim.

pro·na·sie *(anat.)* pronation.

pronk *n.* splendour, display; show, ostentation; finery, glitter; pride; ridge *(on an antelope's back); die ~ van die stad* the pride of the town; **pronk** *ge-, vb.* show off, parade; display, strut, flaunt, plume, prance; flaunt o.s.; spread, buck, pronk *(of a springbok); voor iem. met iets*

~ flaunt s.t. in front of s.o.; *met iets* ~ plume o.s. (up)on s.t.; *met geleerdheid* ~ show off (*or* parade *or* trot out) one's learning. **~bed** = PRAALBED. **~boon(tjie)** kidney bean; scarlet runner. **~ertjie** →PRONK(-)ERTJIE. **~ge=waad** state dress, gala dress; rich attire **~gras** fountain grass. **~juweel** (sparkling) gem, jewel. **~perd** show horse, spanking horse. **~pleistertjie** *(hist.)* beauty spot. **~ridderspoor** *(bot.)* delphinium. **~rug(hond)** ridgeback (dog). **~stap** prance. **~stuk** showpiece, ornament, beauty, pride; ~ *van die skepping* pride of creation. **~sug** ostentation, love of ostentation, showiness. **~swaard** dress sword.

pron·ker =*kers (often derog.)* fop, dandy, glamour boy, show-off. **pron·ke·rig** =*rige* foppish, gaudy, showy, swanky, flashy, pretentious, ostentatious, *(infml.)* glitzy. **pron·ke·rig·heid** foppishness, showiness, flashiness, ostentation.

pron·ker·tjie =*tjies, (dim.)* little dandy; →PRONKER.

pronk(-)er·tjie =*tjies, (bot.)* sweet pea.

pron·ke·ry ostentation, display, show, showing-off, parade, flare.

pro·no·men =*mina, (gram.)* pronoun. **pro·no·mi·naal** =*nale* pronominal.

pron·saal·boon(·tjie) Provence bean.

pront prompt(ly), expeditious(ly), punctual(ly), regular(ly), glib(ly); ~ ***antwoord*** prompt answer; answer glibly; ~ ***betaal*** pay promptly/regularly; ~ ***ken*** know off pat (*or* by heart). **~uit** straight (out), directly, flatly, to one's face; ~ ***sê*** tell straight out; ~ ***weier*** refuse flatly. **~weg** offhand, impromptu, extempore.

pront·heid promptness, promptitude, readiness; glibness.

pro·nu·kle·us =*kleusse,* =*kleï, (biol.)* pronucleus.

pro·nun·si·us =*usse, (RC)* pro-nuncio.

prooi *prooie* prey; game, quarry; *(fig.)* prey, victim; ... *ten ~ val* fall (a) prey to ...; *'n ~ van ... wees* be prey to ...

proos *prooste* dean; provost. **proos·dy** =*dye* deanery.

prop *proppe, n.* plug; cork, stopper *(of a bottle)*; bung, spigot *(of a cask)*; gag *(for the mouth)*; wad *(of a gun)*; plug *(in a hole)*; pellet, slug *(for throwing, shooting, etc.)*; lump *(in the throat)*; dottle *(in a pipe)*; *(med.)* tampon, wad; bougie *(in tubular passages)*; embolus *(in the blood)*; *(geol.)* plug; pudge, tubby person, dump; *op die ~pe kom, (rare)* crop up; *'n ~ op 'n bottel sit* cork a bottle, put a cork in a bottle; *die ~ uittrek* uncork a bottle; pull the plug *(of a bath etc.)*. **prop** *ge-, vb.* cram, shove, stuff, plug, close up; shovel; *iets in ... ~* cram s.t. into ...; stuff s.t. into ...; jam s.t. into ...; *vol feite ge~ wees* be stuffed with facts; *iets te vol ~* overstuff s.t. *(a briefcase etc.)*. **~bord** *(elec.)* plugboard, patch board/panel. **~gat** plughole, plug socket. **~geld** corkage. **~geweer(tjie)** popgun. **~sekering** fuse plug, plug fuse. **~skieter** popgun. **~stoof** plug-in stove. **~vol** chock-full, chock-a-block, crammed (with), stuffed (with), overfull, (over)crowded, full to the brim (*or* bursting); ~ *energie/idees/ens. wees* be brimful of energy/ideas/etc.; *die saal was ~* the hall was crammed (with people), the hall was packed. **~vorming** *(med.)* infarction, embolism.

pro·paan *(chem.)* propane.

pro·pa·gan·da propaganda; *blote/louter(e)/pure ~* sheer propaganda; *vir ... ~ maak* make/conduct (*or* carry on) propaganda for ..., *(infml.)* beat the drum for ...; *~ teen/vir ...* propaganda against/for ... **~stuk** propaganda/propagandist piece/play. **~werk** propaganda (work).

pro·pa·gan·dis =*diste* propagandist, booster; pamphleteer. **pro·pa·gan·dis·ties** =*tiese* propagandist(ic). **pro·pa·ga·sie** propagation, spread, diffusion. **pro·pa·geer** *ge-* propagate, disseminate, diffuse; propagandise, make propaganda for.

pro·pa·noon *(chem.)* propanone, acetone; →ASETOON.

pro·pe·deu·se *(rare)* propaedeutics. **pro·pe·deu·ties** =*tiese* propaedeutic; preliminary.

pro·pi·leen *(chem.)* propylene.

pro·po·lis propolis, beabread, bee glue.

pro·po·nent =*nente, (relig.)* ordinand, candidate for the ministry, probationer (minister). **pro·po·nents·ek·sa·men** final examination for the ministry.

Pro·pon·tis: *die ~, (geog., hist.)* the Propontis; →MARMARA.

pro·por·sie =*sies* proportion; proportion, relation; proportion, dimension; →VERHOUDING. **pro·por·si·o·neel** =*nele* proportional(ly), proportionate(ly), in due proportion.

pro·po·si·sie =*sies* proposition, proposal.

pro·po·si·tus =*tusse, (med., genet.)* propositus, *(fem.)* proposita.

prop·pers *(sl.)* properly, really.

prop·pie =*pies, (dim.)* little cork *etc.*, pellet; pledget; →PROP *n.*.

prop·to·se =*ses, (med.)* proptosis.

Pro·pu·lai·a: *die ~* the Propylaea *(of the Acropolis)*.

pro·ro·ga·sie =*sies, (parl.)* prorogation. **pro·ro·geer** *ge-* prorogue.

pro·sa prose. **~digkuns** prose poetry. **~digter** prose poet. **~gedig** prose poem. **~-idille** *(liter.)* prose idyll. **~skrywer** prose writer/author, fiction writer, prosaist. **~styl** prose style. **~werk** prose work, work of fiction.

pro·sa·ïes =*saïese* prosaic(ally); prosy; unromantic, unimaginative. **pro·sa·ïs** =*saïste* prose writer/author, prosaist.

pro·sce·ni·um =*niums,* =*nia, (theatr.)* proscenium. **~boog** proscenium arch.

pros·ciut·to *(It. cook.: raw cured ham served in thin slices)* prosciutto.

pro·se·deer *ge-* go to law, litigate, proceed (against), take legal action (against); be at law; prosecute; *teen iem. ~, (also)* institute an action against s.o.; *prosederende partye* litigants. **~siek** litigious.

pro·se·deer·der =*ders* litigant; *lastige ~* barrator. **pro·se·deer·de·ry** litigation, barratry, barretry.

pro·se·du·re =*res* procedure, method, *(infml.)* drill; *(jur.)* (legal) procedure, legal proceedings, (law)suit, action; *reëls van ~, (meetings)* rules of procedure; *'n ~ volg* follow a procedure.

pro·sek·teer *ge-* prosect, dissect for demonstration. **pro·sek·tor** =*tors* prosector.

pro·se·ku·sie =*sies, (jur.)* prosecution.

pro·se·liet =*liete* proselyte; *~e maak* proselytise, make proselytes. **~maker, proselietemaker** proselytiser. **~makery, proselietemakery, proselitisme** proselytism.

pro·sen·chiem *(biol.)* prosenchyma.

Pro·ser·pi·na *(Rom. myth.)*, **Per·se·fone** *(Gr. myth.)*, **Per·se·fonê, Per·seph·o·ne, Per·seph·o·nê** Proserpina, Proserpine, Persephone.

pro·ses =*sesse* process, course (of action), method; *(jur.)* lawsuit, legal proceedings, trial; *met 'n ~ dreig* threaten legal proceedings; *kort ~ maak met iem./iets* make short work of s.o./s.t., give short shrift to s.t.. **~kaas** processed cheese. **~koste** legal costs/expenses, costs (of suit); *iem. moes die ~ betaal* s.o. had to pay costs. **~reëls** rules of (court) procedure. **~reg** law of procedure. **~regtelik** =*e,* **prosessueel** =*ele* procedural. **~stuk** process *(of a court)*, document *(in a lawsuit)*; *~ke aan iem. beteken/bestel* serve process (up)on s.o.. **~stukke** papers. **~-verbaal** *prosesse-verbaal* (official) report, record, minutes, procès-verbal.

pro·ses·seer *ge-: geprosesseerde kaas* processed cheese. **pro·ses·seer·der** *(comp.)* processing unit.

pro·ses·sie =*sies* procession; parade; *deelnemer aan 'n ~* processionist. **~lied** processional.

pro·ses·su·eel →PROSESREGTELIK.

pro·so·die *(patterns of rhythm and sound in poetry)* prosody. **pro·so·dies** =*diese* prosodic. **pro·so·dis** =*diste* prosodist.

pro·so·po·gra·fie prosopography. **pro·so·po·graaf** =*grawe* prosopographer. **pro·so·po·gra·fies** =*fiese* prosopographical(ly).

pro·so·po·pei·a *(rhet.)* prosopop(o)eia.

pros·pek·teer *ge-* prospect; fossick; *na/vir ... ~* prospect for ... *(gold etc.)*. **~gat** prospecting pit. **~hamer** prospecting hammer. **~lisensie** prospector's licence. **~tonnel** prospecting adit. **~werk, prospektering** prospecting (work).

pros·pek·teer·der =*ders* prospector; fossicker. **pros·pek·teer·de·ry** prospecting (work).

pro·spek·tus =*tusse* prospectus.

pro·staat =*state, (anat.)* prostate (gland). **~ontsteking** →PROSTATITIS. **~vergroting** prostate enlargement, prostatism, hypertrophy of the prostate.

pro·sta·glan·dien *(biochem.)* prostaglandin.

pro·sta·ties =*tiese* prostatic, prostate. **pro·sta·ti·tis, pro·staat·ont·ste·king** prostatitis.

pro(s)·te·se, pros·te·sis *(med.)* prosthesis, artificial limb. **pro(s)·te·tiek, pro(s)·te·ti·ka** prosthetics. **pro(s)·te·ties** =*tiese* prosthetic. **pro(s)·te·ti·kus** =*tikusse,* =*tici* prosthetist.

pro·stiel =*stiele, adj., (archit.)* prostyle.

pros·ti·tu·sie prostitution. **~netwerk, ~sindikaat** prostitution network/syndicate, vice ring.

pros·ti·tuut =*tute* prostitute, whore, harlot. **pros·ti·tu·eer** *ge-* prostitute (o.s.).

pros·to·don·tis =*tiste* prosthodontist.

pro·ta·go·nis =*niste* protagonist.

pro·tak·ti·ni·um *(chem., symb.:* Pa*)* protactinium.

pro·tal·lus *(bot.)* prothallium, prothallus *(of a fern)*.

pro·ta·sis =*sisse, (gram.)* protasis.

pro·te·a =*teas, (bot.)* protea; *groot ~, (Protea cynaroides)* giant/king protea; →REUSEPROTEA. **Pro·te·a·ce·ae, Pro·te·a·se·ë** Proteaceae.

pro·té·gé =*gés* protégé, favourite, fosterling. **pro·té·gée** =*gées, (fem.)* protégée. **pro·te·geer** *ge-, (rare)* patronise, act as protector/patron to.

pro·te·ïen =*teïene* protein. **~inhoud** protein content. **~ryk** rich in proteins; *'n ~e dieet* a high-protein diet. **~waarde** protein value.

pro·te·ïes =*teïese* protean.

pro·tek·sie *(rare)* protection; patronage, favour, protection. **pro·tek·si·o·nis** =*niste, n.* protectionist. **pro·tek·si·o·nis·me** protectionism. **pro·tek·si·o·nis·ties** =*tiese, adj.* protectionist. **pro·tek·to·raat** =*rate* protectorate; protectorship.

pro·te·o·li·ties =*tiese, (biochem.)* proteolytic.

Pro·te·ro·so·ï·kum *n., (geol.)* Proterozoic. **Pro·te·ro·so·ïes** =*soïese, adj.* Proterozoic; *~e tydperk/era* Proterozoic (era).

pro·tes =*teste* protest, objection; protest, opposition; (deed of) protest; protestation; *(jur.)* challenge; clamour; deprecation; expostulation *(fml.)*; furore; fuss; remonstrance; *hierteen behoort ~ **aangeteken** te word* this should not pass unchallenged; *~ **aanteken*** make/register a protest; *~ teen ... **aanteken*** protest against ..., enter/lodge/register a protest against ...; ***gewapende** ~* armed protest; *('n) ~ teen ... **indien*** enter/lodge a protest against ...; ***luide** ~ teen ...* an outcry against ...; ***onder** ~* under protest; *'n ~ het **opgegaan*** there were protests; *iets **sonder** ~ doen* do s.t. without protest, do s.t. unprotestingly; ***uit** (of by **wyse** van) ~* in (*or* as a) protest; *sonder ~ **verbygaan*** go/pass unchallenged; *by **wyse** van ~ →**uit.*** **~akte** (deed of) protest. **~beweging** protest movement. **~groep** protest group; *~ teen kernwapens/kernkrag* antinuclear group. **~nota** protest note. **~staking** protest strike. **~vergadering** protest meeting.

pro·te·se[1] →PRO(S)TESE.

pro·te·se[2], **pro·te·sis** *(gram.)* pro(s)thesis.

Pro·tes·tant =*tante, n., (relig., also p~)* Protestant. **Pro·tes·tan·tis·me** *(also p~)* Protestantism. **Pro·tes·tants** =*tantse, adj., (also p~)* Protestant.

pro·tes·ta·sie =*sies* protestation; protest.

pro·tes·teer *ge-* protest; object, expostulate; ***by** ... ~* protest to ...; ***heftig** teen iets ~* cry out against s.t.; ***luid(keels)** teen ... ~* protest vociferously against ..., raise an outcry against ...; ***teen** ... ~, (also)* protest/clamour against ..., enter/lodge a protest against ... **pro·tes·teer·der** =*ders* protester, protestor.

pro·tes·te·rend =*rende* protesting, remonstrating, remonstrative.

Pro·te·us *(Gr. myth., astron.)* Proteus. **pro·te·us·ag·tig** =*tige* protean.

pro·to *comb.* proto-.

pro·to·gien =*giene, (bot.)* protogynous.

pro·to·kol =*kolle* protocol. **pro·to·kol·lêr** =*lêre* protocolar(y).

pro·tok·sied *(chem.)* protoxide.

pro·ton =*tone, (phys.)* proton.

pro·to·no·ta·ri·us =*usse, (chiefly hist.)* prot(h)onotary.

pro·to·plas -*plaste,* **pro·to·plast** -*plaste, (biol.)* protoplast. **pro·to·plas·ma** protoplasm. **pro·to·plas·ma·ties** -*tiese* protoplasmic. **pro·to·plast** →PROTOPLAS.
pro·to·skoop -*skope, (med.)* protoscope.
pro·to·so·ïes -*soïese* protozoal, protozoan, protozoic. **pro·to·so·ön** *protosoa, protosoë* protozoan, protozoon.
pro·to·ti·pe, pro·to·ti·pe prototype.
prou *proue, (canoe-like boats)* proa, prao, prahu.
Pro·vence: *(die)* ~, *(geog.)* Provence. **Pro·ven·saal** -*sale, n., (inhabitant)* Provençal. **Pro·ven·saals** *n., (lang.)* Provençal. **Pro·ven·saals** -*saalse, adj.* Provençal.
pro·ve·nier -*niers, (dated)* beadsman, bedesman.
pro·ven·tri·kel -*kels, (zool.)* proventriculus.
pro·vi·and provisions, victuals, stores, (food) supplies, rations. ~**afdeling** catering department. ~**bedryf** *(meals on contract etc.)* catering industry/business/trade; →SPYSENIERSBEDRYF. ~**meester** provisioner, purveyor, victualler, chief caterer. ~**offisier** victualling officer. ~**skip** store ship. ~**werf** victualling yard.
pro·vi·an·deer *ge-* provision, victual; cater. **pro·vi·an·de·ring** victualling, purveyance. **pro·vi·an·dier** -*diers* = SPYSENIER *n.*.
pro·vin·si·aal -*ale, n.* provincial. **pro·vin·si·aal** -*ale, adj. & adv.* provincial(ly); ~*ale* ***administrasie*** provincial administration; ~*ale* ***begroting*** provincial budget; ~*ale* ***departement*** provincial department; ~*ale* ***grondwet*** provincial constitution; ~*ale* ***kabinet*** provincial cabinet; ~*ale* ***minister*** provincial minister; ~*ale* ***parlement*** provincial parliament; ~*ale* ***premier*** provincial premier; *P~ale* ***Raad,*** *(hist.)* Provincial Council; *P~ale* ***Raadslid,*** *(hist.)* Member of the Provincial Council; ~*ale* ***regering*** provincial government; *P~ale* ***Sekretaris,*** *(hist.)* Provincial Secretary; *P~ale* ***State,*** *(Neth.)* Provincial States; ~*ale* ***wet*** provincial act; ~*ale* ***wetgewer*** provincial legislature; ~*ale* ***wetgewing*** provincial legislation; ~*ale* ***wetsontwerp*** provincial bill. **pro·vin·si·a·lis** -*liste* provincialist. **pro·vin·si·a·lis·me** provincialism. **pro·vin·si·a·lis·ties** -*tiese* provincialist. **pro·vin·si·a·li·teit** provinciality; provincialism.
pro·vin·sie -*sies* province.
pro·vi·sie -*sies* provisions, stock, (food) supply, victuals, viand(s), commissariat; *Nasionale Raad van P~s* →NASIONAAL. ~**kamer** pantry, larder, storeroom. ~**kas** *(obs.)* cupboard, pantry, larder. ~**koper** *(chiefly hist.)* manciple. ~**skip** store ship.
pro·vi·si·o·neel -*nele* provisional.
pro·vo·ka·sie -*sies* provocation. **pro·vo·keer** *ge-* provoke.
pro·voos -*vooste, (mil.)* provost. ~**geweldiger** *(hist.)* provost marshal.
pruik *pruike* wig, periwig, toupee, toupet. ~**maker** wigmaker. ~**wortel** hairy root *(esp. in apples)*.
prui·ke·tyd *(hist.)* age of the periwig.
prui·kie -*kies, (dim.)* wiglet.
pruil *ge-* pout, sulk, be sulky, mope. ~**mond(jie)** pout.
prui·ler -*lers* pouter. **prui·le·rig** -*rige* sulky, petulant, in the pouts, mumpish.
pruim[1] *pruime, n.* plum; *iem. kan nie ~ sê nie, (infml.)* s.o. can't say boo to a goose; *iem. lyk of hy/sy nie ~ kan sê nie, (infml.)* s.o. looks as if he/she cannot say boo to a goose.
pruim[2] *n.* quid, plug, chew *(tobacco)*. **pruim** *ge-, vb.* chew *(tobacco); hoe ~ daardie twak vir jou?, (fig.)* how do you like that?, what do you say to that?.
prui·me·dant -*dante* prune. ~**boom** prune tree.
pruim·pie *(dim.)* →PRUIM[2] *n.; kou maar aan daardie ~!, (infml.)* put that in your pipe and smoke it!.
Pruis *Pruise, n.* Prussian. **Prui·se** *(geog., hist.)* Prussia. **Prui·sies** -*siese, adj.* Prussian.
prui·sies: ~**blou** Prussian blue. ~**suur** prussic acid, hydrocyanic acid.
prul *prulle* (piece of) waste paper; (piece of) trash/rubbish/junk, gimcrack; nonentity, zero, nobody, cipher, dud; gewgaw, gaud; cull. ~**akteur** ham actor. ~**beeste** scrub cattle, culls. ~**dier** cull, weed. ~**digter,** ~**poëet** poetaster, versifier. ~**skrywer** paltry writer, hedge writer *(dated)*, literary hack, Grub Street hack. ~**stof** shoddies. ~**tydskrif** pulp magazine. ~**werk** shoddy (work), (piece of) rubbish.
prul·le·rig -*rige* trashy, rubbishy, shoddy, trumpery, tawdry.
pru·nel[1] -*nelle, (also* prunelpruim, *a kind of dried plum)* prunello. ~**sout** prunella (salt), salt prunella.
pru·nel[2] *(Fr. text.)* prunelle.
pru·nel·la *(Eng. text.)* prunella, prunelle, prunello.
prut *n., (rare)* lees, sediment, dregs; mud, mire, sludge; *(cook.)* mess. **prut, prut·tel** *ge-, vb.* simmer, bubble; *(coffee)* perk, percolate. ~**pot** slow cooker.
prut·sel *ge-, (rare)* niggle, potter, tinker, fiddle. **prut·se·laar** -*laars, (rare)* potterer, tinkerer. **prut·sel·werk** *(rare)* tinkering/niggling job; bungled work, botch. **prut·se·ry** -*rye, (rare)* tinkering, niggling; bungling.
prut·tel *ge-* grouse, grumble, demur, mutter; →PRUT *vb.*. **prut·te·laar** -*laars,* **prut·tel·kous** -*kouse,* **prut·tel·pot** -*potte* grumbler, grouser. **prut·tel·rig** -*rige* grumbling, grumpy, cantankerous.
pryk *ge-* look splendid, shine, be resplendent, stand forth; appear, figure, grace; parade, show off; *met iets ~* be resplendent/gay/bright with s.t. *(flowers etc.)*; parade s.t. *(one's learning etc.)*; *jou naam ~ boaan die lys* one's name heads the list; *boaan die program ~* get top billing.
prys[1] *pryse, n.* price, cost, charge, figure, value; fare; price (tag), price ticket; prize, award, reward, trophy; premium; *met die ~* ***afkom*** lower/reduce the price; *iets van die ~* ***afslaan*** knock s.t. off the price; *'n ~* ***behaal*** fetch a price; *'n ~* ***behaal/kry/wen/trek/verwerf/wegdra*** win/get/gain/draw (*or* carry off) a prize; *die ~e* ***besnoei*** cut prices; ***billik*** *in ~* moderately priced; ***billike/hoë/lae*** ~ reasonable/high/low price; *teen/vir 'n* ***billike/ens.*** ~ at a fair/etc. price; *die ~e* ***daal/sak*** prices drop (*or* go down); *in ~* ***daal/styg*** fall/rise in price; *tot 'n sekere ~* ***daal/styg*** fall/rise to a certain price; ***die*** ~ *is ...* the price is (*or* it sells for) ...; *iets vir* ***dieselfde*** ~ *verkoop* →***verkoop;*** *die* ***eerste*** ~ *kry* take first prize; *tot* ***elke*** ~ at all costs, at any cost; at any price; *aartappels/ens. is* ***goed*** *op ~* potatoes/etc. are fetching good prices; *'n* ***hoë*** ~ a stiff price; *'n ~ op iem. se* ***hoof*** *stel* →***kop/hoof;*** ***hoog*** *in ~* high-priced; *die ~* ***onmoontlik hoog maak*** price s.t./o.s. out of the market; *iets is* ***hoog*** *op ~* s.t. is at a premium; *die ~e skiet die* ***hoogte*** *in* prices skyrocket (*or* are soaring); *'n ~ op iem. se* ***kop/hoof*** *sit/plaas/stel* place/put/set a price on s.o.'s head; *'n ~* ***kry*** get a prize; *die eerste ~* ***kry*** get (the) first prize; *'n ~* ***kwoteer/noteer/opgee*** quote/state a price; ***laag*** *in ~* low-priced; *'n ~* ***maak*** name/set a price; *'n ~* ***opgee*** *vir ...* submit an estimate for ...; *die ~* ***opstoot*** put up the price; *die ~e* ***snoei*** cut prices; *iets op ~* ***stel*** appreciate/value (*or* set/put store by/on *or* be thankful for) s.t.; *iets hoog op ~* ***stel*** appreciate s.t. deeply/greatly, value s.t. highly (*or* very much); *(die) ~e* ***styg*** prices go up (*or* rise); *(die) ~e* ***styg*** *vinnig* prices are soaring; *'n* ***styging*** *in die ~* a rise in price(s); ***teen/vir*** *'n billike/ens. ~* →***billike/ens.;*** *'n ~ aan ...* ***toeken*** award a prize to ...; make an award to ...; ***tot*** *elke ~* at all costs, at any cost, at all hazards, by hook or by crook; *vrede* ***tot*** *elke ~* peace at any price; *'n ~* ***trek*** draw a prize; *~e* ***uitdeel*** present prizes; *'n ~* ***uitloof*** offer a prize; give (*or* put up) a purse; *die ~e* ***vaspen*** freeze prices; *'n ~* ***vasstel*** fix a price; *'n* ***vaste*** ~ a fixed price; *die ~* ***verhoog*** put up the price; *iets vir dieselfde ~* ***verkoop,*** *(infml.)* tell s.t. for what it's worth; *onder die ~* ***verkoop*** sell below market value; *(die) ~e* ***verlaag*** cut prices; *die ~ van iets* ***verminder*** reduce the price of s.t., mark s.t. down; *'n ~* ***verstrek*** quote a price; *'n ~* ***verwerf/wen*** win a prize; gain an award; *'n ~* ***vir*** *...* an award for ...; *tot* ***watter*** *~?, (fig.)* at what cost?; *iets is die ~* ***werd*** s.t. is good value. **prys** *vb.* price, ticket, label, assign a price to, mark; *iets hoër/laer ~* mark s.t. up/down. ~**aanpassingsklousule** price escalation clause. ~**bederwer** spoiltrader, underseller, price spoiler. ~**beheer** price control. ~**bepaling** fixing of prices, price-fixing; draw. ~**beramer,** ~**berekenaar** estimator. ~**berekening** -*s,* -*e* calculation of price(s), estimate of cost(s). ~**besnoeiing** →PRYSSNOEIING. ~**bestendiging** price stabilisation. ~**beweging** price movement, movement of prices, price fluctuation. ~**bewus** cost-conscious *(a consumer etc.)*. ~**binding** price maintenance, maintenance of prices. ~**boek** prize book. ~**dag** →PRYS(UITDELINGS)DAG. ~**daling** fall/drop/decrease/dip in price(s), price decline, decline of prices, price slump. ~**gaping** price gap. ~**geld** prize money, winnings, jackpot. ~**gevoelig** price-sensitive. ~**grens** price limit. ~**houdend** -*e, (rare)* firm/steady (in price). ~**jagter** pothunter. ~**kaartjie** price tag/ticket/tab. ~**kartel** -*le* price cartel/ring, association of regulating prices. ~**katalogus** price catalogue/list/schedule/sheet, list/catalogue of prices. ~**klas** price bracket/range. ~**knoeiery** price-fixing. ~**kontroleur** price controller. ~**lotery** tombola. ~**loting** →PRYSTREKKING. ~**lys** price list, list of prices; prize list. ~**manipulasie** price rigging. ~**notering** quotation (of prices), (price) quotation, quote. ~**ondersteuning,** ~**steun** price support. ~**oorlog** price war. ~**opdrywing** forcing/pushing up (*or* inflation) of prices. ~**opgawe** -*s* (price) quotation, quote, price filing. ~**opjaer** puffer *(at an auction)*. ~**opslag** mark-up, mark-on, advance on the price. ~**peil** price level, level of prices. ~**pot** jackpot. ~**reëling** regulation of prices, price regulation. ~**rekenaar** estimator. ~**roman** *(rare)* prize-winning novel; →BEKROON. ~**setting** *(rare)* = PRYSVASSTELLING. ~**skiet** prize shoot. ~**skommeling** fluctuation of prices, price fluctuation. ~**snoeier** price-cutter. ~**snoeiing** price-cutting. ~**steun** →PRYSONDERSTEUNING. ~**styging** *(stock exch.)* rise/increase/advance in price(s), price rise. ~**tarief** bill of charges. ~**toekenning** award of a prize. ~**top** price top/ceiling. ~**trekking,** ~**loting** prize drawing, drawing of prizes. ~**uitdeling** prize-giving, prize distribution, distribution of prizes. ~**(uitdelings)dag** prize-giving day. ~**uitreiking** →PRYSUITDELING. ~**vaspenning** price freeze/stop, freezing of prices. ~**vasstelling** price determination/fixing/setting, determination/fixing/fixation/setting of prices. ~**verbetering** improvement in prices. ~**verhaal** *(rare)* prize-winning story; →BEKROON. ~**verhoging** price increase/hike, increase in prices, mark-up, rise in (the) price. ~**verlaging,** ~**vermindering** price reduction/cut/decrease, decrease/cut in prices, markdown; *algemene/kolossale/reusagtige ~s* sweeping reductions. ~**verloop** trend in prices, price trend/movement, course/behaviour of prices, price behaviour. ~**vlak** price level, level of prices. ~**vorming** price formation, price-making (process/forces). ~**vraag** prize competition/contest; prize question; subject of a prize essay; *'n ~ uitskryf* offer a prize *(for an essay etc.)*. ~**waardig** -*e* good value (for the money), worth its price. ~**wenner** prizewinner; prizeman.
prys[2] *ge-, vb.* praise, commend, extol, (be)laud, eulogise, glorify; *iem.* ***hemelhoog*** ~ exalt/laud/praise s.o. to the skies; ***jakkals*** *~ sy eie stert* →JAKKALS; *iem.* ***oor*** *iets ~* praise s.o. for s.t.; *iem.* ***uitbundig*** ~ praise s.o. profusely. ~**lied** praise poem, *(Ngu.)* isibongo. ~**sanger** praise singer, praiser, *(Ngu.)* imbongi.
prys[3] *pryse, n.,* booty, loot, spoils; *(naut., obs.)* prize; *'n skip ~ maak, (obs.)* make (a) prize of a ship, seize/capture a ship. ~**gee** *prysge-* abandon, deliver up/over, give up, hand over; sacrifice *(principles)*, relinquish; *iem. gee iets aan ... prys* s.o. abandons s.t. to ...; s.o. hands over s.t. to ...; s.o. consigns s.t. to ...; s.o. leaves s.t. to the mercy of ...; *prysgegewe* ***goed*** abandoned goods. ***planne*** ~ throw up (*or* abandon) plans; *aan die* ***vergetelheid*** ~ consign to oblivion; *aan die* ***vyand/golwe/verwoesting*** ~ abandon to the enemy/waves/destruction. ~**gewing** -*s,* -*e* abandonment; walkover. ~**hof** *(obs.)* prize court. ~**skip** *(chiefly hist.)* prize (ship).
pry·send -*sende* praising, commendatory, laudative, laudatory, eulogistic; →PRYS[2] *vb.*.
pry·sens·waar·dig -*dige* praiseworthy, commendable. **pry·sens·waar·dig·heid** praiseworthiness.
psalm *psalms* psalm; *'n noot in die ~ hê, (fig.)* put in a word, put/stick one's oar in; *die (Boek van die) P~s, (OT)* the (Book of) Psalms. ~**beryming** versification (*or* rhymed version) of the Psalms. ~**boek** *(relig.)* psalm book, psalter. ~**digter** psalmist; psalmodist, psalmographer. ~**gesang** psalm-singing, psalmody. ~**sing** *ge-, psalmge-* psalmodise. ~**singery** psalm-singing.
psal·mis -*miste* psalmist; *die P~* the Psalmist.
psal·mo·die psalmody. **psal·mo·di·eer** *ge-* →PSALMSING.

psal·ter *=ters, (book)* psalter; *(harp)* psaltery.
pse·fo·lo·gie *(elections)* psephology. **pse·fo·loog** *=loë* psephologist.
pseu·de·pi·gra·we, pseu·de·pi·gra·fa *(pl.), (writings falsely attributed to OT patriarchs and prophets)* pseudepigrapha. **pseu·de·pi·gra·fies** *=fiese* pseudepigraphal, pseudepigraphic(al), pseudepigraphous.
pseu·do= *comb.* pseudo=, bogus, professed, pretended.
pseu·do·ar·tro·se *(med.: false joint)* pseud(o)arthrosis.
pseu·do·karp *(bot.)* pseudocarp, false/accessory fruit.
pseu·do·morf *=e, n., (cryst.)* pseudomorph. **pseu·do·morfie** pseudomorphism. **pseu·do·morfies** *=e, adj.* pseudomorphous, pseudomorphic.
pseu·do·niem *=e, n.* pseudonym, nom de plume. **pseu·do·niem** *=e, adj.* pseudonymous. **pseu·do·ni·mi·teit** pseudonymity.
pseu·do·self·moord(·po·ging) *(psych.)* parasuicide.
pseu·do·we·ten·skap pseudoscience.
psi·ge *=ges* psyche, soul, spirit, mind. **psi·ge·de·li·a** *(pl.)* psychedelia. **psi·ge·de·lies** *=liese* psychedelic; *(infml.)* mind-blowing, mind-bending *(drug)*; *(infml.)* trippy *(music etc.)*; *~e reis, (infml.)* trip; *op 'n ~e reis gaan, (infml.)* go on a trip. **psi·gi·a·ter** *=ters* psychiatrist. **psi·gi·a·trie** psychiatry. **psi·gi·a·tries** *=triese* psychiatric(al); *~e hospitaal/verpleegster/verpleër/pasiënt/terapie/behandeling/ens.* psychiatric hospital/nurse/patient/therapy/treatment/etc.. **psi·gies** *=giese* psychic(al), psychological; *~e siekte* psychiatric illness.
psi·go= *comb.* psycho=.
psi·go·ak·tief *=tiewe,* **psi·go·troop** *=trope,* **psi·go·tro·pies** *=piese* psychoactive, psychotropic.
psi·go·a·na·lis *=liste,* **psi·go·a·na·li·ti·kus** *=tikusse, =tici* psychoanalyst. **psi·go·a·na·li·se** psychoanalysis. **psi·go·a·na·li·seer** *ge=* psychoanalyse. **psi·go·a·na·li·ties** *=tiese* psychoanalytic(al). **psi·go·a·na·li·ti·kus** →PSIGOANALIS.
psi·go·bi·o·lo·gie psychobiology. **psi·go·bi·o·lo·gies** *=giese* psychobiological. **psi·go·bi·o·loog** *=loë* psychobiologist.
psi·go·chi·rur·gie, =sji·rur·gie psychosurgery. **psi·go·chi·rur·gies, =sji·rur·gies** *=giese* psychosurgical.
psi·go·di·na·mi·ka *(pl.)* psychodynamics. **psi·go·di·na·mies** *=miese* psychodynamic(ally).
psi·go·dra·ma psychodrama.
psi·go·far·ma·ko·lo·gie psychopharmacology.
psi·go·fi·sies *=e* psychophysical. **psi·go·fi·si·ka** psychophysics.
psi·go·fi·si·o·lo·gie psychophysiology. **psi·go·fi·si·o·lo·gies** *=giese* psychophysiological. **psi·go·fi·si·o·loog** *=loë* psychophysiologist.
psi·go·ge·ne·se *(psych.)* psychogenesis.
psi·go·graaf *=grawe* psychograph. **psi·go·gra·fies** *=fiese* psychographic. **psi·go·gra·fi·ka** *(pl.)* psychographics.
psi·go·gram *=me* psychogram, psychograph.
psi·go·ki·ne·se psychokinesis. **psi·go·ki·ne·ties** *=tiese* psychokinetic.
psi·go·lin·guis·tiek psycholinguistics. **psi·go·lin·guis** *=guiste* psycholinguist. **psi·go·lin·guis·ties** *=tiese* psycholinguistic.
psi·go·lo·gie psychology. **psi·go·lo·gies** *=e* psychological. **psi·go·loog** *=loë* psychologist.
psi·go·ma·ties *=e* psychomatic.
psi·go·me·ter psychometer. **psi·go·me·trie** psychometry, psychometrics. **psi·go·me·tries** *=e* psychometric.
psi·go·mo·to·ries *=e* psychomotor.
psi·go·neu·ro·se psychoneurosis.
psi·goot *=gote, n.* psychotic.
psi·go·pa·tie psychopathy. **psi·go·paat** *=pate* psychopath, *(infml.)* psycho. **psi·go·pa·ties** *=tiese* psychopathic, *(infml.)* psycho.
psi·go·pa·to·lo·gie psychopathology.
psi·go·se psychosis.
psi·go·sek·su·eel *=ele* psychosexual(ly).
psi·go·so·ma·ties *=e, (med.)* psychosomatic.
psi·go·so·si·aal *=ale* psychosocial(ly).
psi·go·teg·niek psychotechnics.
psi·go·te·ra·peut psychotherapist. **psi·go·te·ra·peu·ties** *=e* psychotherapeutic(al). **psi·go·te·ra·pie** psychotherapy, psychotherapeutics.
psi·go·ties *=tiese, adj.* psychotic.
psi·gro·me·ter psychrometer.
psit·ta·ko·se *(orn.)* psittacosis, parrot disease/fever.
pso·ri·a·se *(med.: skin disease)* psoriasis.
ps(s)t *interj.* ps(s)t.
Psu·gê, Psu·khê *(Gr. myth.)* Psyche.
pte·ro= *comb.* ptero=.
pte·ro·dak·tiel *=tiele* pterodactyl.
pte·ro·sou·rus *=russe,* **pte·ro·sou·ri·ër** *=riërs (a prehist. flying reptile)* pterosaur.
pti·a·la·se, pti·a·lien *(biochem.)* ptyalase, ptyalin.
Pto·le·meus, Pto·le·mai·os Ptolemy. **Pto·le·me·ër** *=meërs, n.* Ptolemaean; *die ~s* the Ptolemies. **Pto·le·me·ïes** *=meïese, (also p~)* Ptolemaic.
pto·ma·ïen *(chem., dated)* ptomaine. **~vergiftiging** *(med., dated)* ptomaine poisoning.
pu·ber *=bers* adolescent, pubertal child. **pu·ber·teit** puberty; *aanvang van ~* pubescence; *by die ~* at puberty. **pu·ber·teits·ja·re** pubertal period, age of puberty, adolescence; *in die ~* pubescent.
pu·bliek *n.* (general) public; *(theatr.)* audience; *(sport)* crowd, spectators; readership *(of a newspaper, book)*; clientele; *op **aandrang** van die ~* →AANDRANG; *'n **gemengde** ~* a mixed audience/gathering/public; *dis 'n **gevaar vir die** ~* →GEVAAR; *die **groot** ~* the man in the street, the general public; ***in die** ~* publicly; ***in die** ~ optree* appear publicly (*or* before the public); ***Jan P~*** →JAN; ***steun** van die ~* public support. **pu·bliek** *=blieke, adj. & adv.* public(ly); common; in public; *~e **aanklaer*** →STAATSAANKLAER; *~e **geheim*** open secret; *~e **geweld*** public violence; *~e **instelling*** public institution; *'n ~e **leuen*** →LEUEN; *~ **maak*** make public, publish; *~e **mening*** public opinion; *~e **reg*** public law; *~e **skandaal*** public disgrace; *~ **verkoop*** →OPVEIL; *~e **verkoping*** →OPENBARE **VEILING**; *~e **werke*** →WERK *n.*; *~e **wetsontwerp**, (jur.)* public bill; *~ **word*** become known. **~regtelik** *=e* public, statutory; according/pertaining to (*or* in) public law.
pu·bli·ka·sie *=sies* publication. **~komitee** publications committee.
pu·bli·seer *ge=* publish, bring out, make public, give publicity to; *ge~ word* be published, appear in print. **pu·bli·seer·baar** *=bare* publishable. **pu·bli·seer·der** *=ders* publisher. **pu·bli·sis** *=siste* publicist.
pu·bli·si·teit publicity; *~ **aan** iem./iets gee, iem./iets ~ **gee*** give publicity to s.o./s.t.; *~ **gee** aan, (also)* publicise; *iem./iets **kry** baie/groot ~* s.o./s.t. gets/receives extensive/wide publicity; *~ **uitlok*** attract publicity; *die ~ **vir** ...* the publicity for ... **~sku** publicity-shy.
pu·bli·si·teits-: ~beampte public relations officer. **~buro** publicity bureau.
pud·del *ge=* puddle. **~oond** puddle/puddling furnace. **~staal** puddle(d) steel.
pu·e·riel *=riele, (fml.)* puerile, childish. **pu·e·ri·lis·me** *(psych.)* puerilism. **pu·e·ri·li·teit** *=teite, (fml.)* puerility.
Puer·to Ri·co *(geog.)* Puerto Rico. **Puer·to Ri·caan** *n.* Puerto Rican. **Puer·to Ri·caans** *adj.* Puerto Rican.
puf *ge=* puff, pant, blow; chuff, chug. **puf·fe·rig** *=rige, (rare)* puffy. **puf-puf** *=pufs, n.* put-put. **puf-puf** *ge=, vb., (imit.)* put-put.
puik *puik puiker puikste, adj.* prime, top, first-rate, choice, excellent, superior, superlative, superb, super, outstanding, top-notch *(infml.)*; great; *dit is 'n ~ motortjie* it is a great little car; *'n ~ oorwinning behaal* win handsomely. **puik** *adv.* excellently, finely.
puim *ge=, vb.* pumice. **~steen** *n.* pumice (stone). **~steen** *ge=, vb.* →PUIM *vb.*. **~steenagtig** *=e* pumiceous. **~steenpoeier** pumice powder.
puin rubble, rubbish; debris, detritus; ruins; *(geol.)* talus, scree; ***glasiofluviale/fluvioglasiale** ~* outwash; *'n gebou **in** ~ lê* reduce a building to ruins; ***in** ~ lê/wees* be/lie in ruins; ***in** ~ val* fall into ruin(s), go to ruin. **~helling** talus slope. **~hoop** (heap of) ruins; midden. **~keël** talus cone. **~vuur** gob fire.
puis *puiste* →PUISIE.
pui·sie *=sies* pimple, spot, whelk, pustule, carbuncle, blotch, papula, papule; *vol ~s* pimply. **~-uitslag** impetigo.
pui·sie·ag·tig *=tige,* **pui·sie·rig** *=rige* pimply, full of pimples, pimpled, pustular, papular.
pui·sie·tjie *=tjies, (dim.)* small pimple, pustule, papule, papula.
Puk *Pukke, (infml.: student of the Univ. of North-West)* Puk.
pul *pulle, (rare)* (potbellied) jug, amphora.
pu·la *(monetary unit of Botswana)* pula.
pul·mo·naal *=nale, (relating to the lungs)* pulmonary.
pulp *n.* pulp; squash; →VERPULP. **~lektuur, ~literatuur, ~fiksie** pulp literature/fiction. **~roman** pulp novel.
puls *pulse, (sc.)* pulse. **~kode** *(electron.)* pulse code. **~kodemodulasie** *(telecomm.)* pulse code modulation. **~modulasie** *(telecomm.)* pulse modulation.
pul·sar *=sars, (astron.)* pulsar, pulsating star.
pul·sa·sie *=sies, (med.)* pulsation, pulse, beat, throb; *(sc.)* pulse.
pul·sa·tor *=tors, (mach.)* pulsator.
pul·seer *(ge)=, (med.)* pulsate, beat, throb, palpitate; *(fig.)* pulsate, pulse; *(elec. & astron.)* pulsate. **~stroom** *(elec.)* undulatory current.
pul·se·ring pulsation, beat(ing). **pul·si·me·ter** *=ters, (med.)* pulsimeter, sphygmometer. **pul·so·me·ter** *=ters, (mech.)* pulsometer.
Pu·ni·ër *=niërs* Carthaginian. **Pu·nies** *n., (lang.)* Punic. **Pu·nies** *=niese, adj.* Punic; *~e Oorloë* Punic Wars.
punk *(youth movement of the late 1970s)* punk. **~(musiek)** punk. **~(rock)** *(mus.)* punk (rock). **~rocker** *(mus.)* punk (rocker).
pun·ker *=kers* punk. **pun·ke·rig** *=rige* punkish, punky.
punk·sie *=sies, (med.)* puncture.
punk·tu·a·li·teit punctuality. **punk·tu·a·sie** punctuation, interpunction. **punk·tu·eel** *=ele* punctual. **punk·tu·eer** *ge=* punctuate. **punk·tuur** *=ture, (med.)* puncture.
punt *punte, n.* point *(of a needle, sword, pencil, etc.)*; *(math., sport, fig.)* point; *(her.)* pile; peak; cusp; tip, end *(of a tongue, finger, horn, cigarette, etc.)*; spot; dot, (full) stop, period; *(mus.)* dot *(in notation)*; *(mus.)* point *(of a bow)*; item *(of an agenda)*; matter, question, issue, count; score, mark; head; horn *(of an anvil)*; apex; end *(of a sail)*; nose, fluke *(of a harpoon)*; *(bot.)* mucro; projection; *(anat.)* promontory; headland; →VOLPUNTE; *'n ~ **aanteken*** gain a point; *~e **aanteken/behaal/insamel/maak*** score, score (*or* notch up) points; *'n ~ **aanvoer*** make a point; *van die ~ **afraak*** lose the thread; *op **alle** ~e* all along the line; *die **(aller)laagste** ~ bereik* reach/touch rock bottom; *geen ~e **behaal** nie* get/score no marks; *(sport)* not score (a point); *goeie ~e **behaal*** get good/high marks *(in an examination)*; *die meeste ~e **behaal*** get top marks; *'n ~ **beredeneer*** make a point; *'n ~ **bereik** waar ...* reach a stage where ...; *'n gevaarlike ~ om te **bespreek*** a dangerous question to discuss; *die ~ **onder bespreking*** the point at issue (*or* in question); *die ~ **van bespreking*** the talking point; *wat **daardie/dié** ~ betref* on that head; on that point; *op **daardie/dié** ~* at that stage; *op 'n ~ **deurgaan*** pursue a point; *op **dié/hierdie** ~* at this stage; *onderhandelings het 'n **dooie** ~ bereik* →DOOD *adj. & adv.*; *oor 'n **dooie** ~* (of ***dooiepunt***) break a deadlock; *op 'n **dooie** ~* (of ***dooiepunt***) *wees* be at an impasse; *iets na 'n ~ (toe) **dryf*** bring s.t. to a head; ***in een** ~ uitloop* come to a point; ***geen** ~e aanteken nie* fail to score; *iets is by iem. 'n **gevoelige/teer** ~* s.t. is a sore point with s.o.; ***goeie** ~e behaal* →***behaal;*** *op die **hoogste** ~* at the summit; *iem. met ~e **klop/verslaan**, (sport)* beat/defeat s.o. on points, outpoint s.o.; *die **kritieke** ~ bereik* go critical; *'n **kritieke** ~ bereik* come to a head; *~e **maak*** →***aanteken/behaal/insamel/maak;*** *iem. **minder** ~e gee* mark down s.o.; *'n **netelige/teer** ~* a delicate matter, a tender subject; *'n **ondergeskikte** ~* a mere detail; *die ~ **ontwyk*** beg the question; *dit **ontwyk** die ~* that is begging the question; ***op** 'n ~* at a point; ***op** die ~ staan/wees om iets te doen* be on the point of doing s.t., be about to do s.t.; be on the edge/verge of doing s.t.; ***op** die ~ staan/wees om te vertrek/ens.* be on the point of going/etc.; *iem. staan/is **op***

die ~ om dit te doen, (also) s.o. is going to do it; *'n ~* ***op=per/opwerp*** raise a point; make a point; *op 'n ~ van* ***orde*** →ORDE[1] *n.; 'n ~ is ter* ***sake*** a point arises; *'n ~ ter* ***sprake*** *bring* raise a point; *op die ~* ***staan/wees*** *om iets te doen* →***op;*** *'n ~* ***stel*** make a point; ***sterk*** *~, (also, fig., infml.)* long suit; *iets is iem. se* ***sterk*** *~* s.t. is s.o.'s strong point, s.t. is s.o.'s forte; *... is nie jou* ***sterk*** *~ nie ...* is not one's strong point; *iem. op die ~ van sy/haar* ***stoel*** *hou, (fig.)* keep s.o. on the edge of his/her chair/seat; *op die ~ van jou* ***stoel*** *sit, (fig.)* be on the edge of one's chair/seat; *~e en* ***strepe*** dots and dashes; *iets is iem. se* ***swak*** *~* s.t. is s.o.'s weak point/spot (*or* weakness); *iem. se* ***swak*** *~, (also)* a chink in s.o.'s armour; *iets is by iem. 'n* ***teer*** *~* →***gevoelige/teer;*** *(op 'n ~)* ***toegee*** yield a point; *van ~* ***tot*** *~* from tip to tip; *iem. met ~e* ***verslaan*** →***klop/verslaan;*** *~* ***vir*** *~* point by point; *met ~e* ***wen*** win on points; *iem. is ~ in die* ***wind,*** *(infml.)* s.o. is cock-a-hoop; *iem. 'n ~* ***wys,*** *(infml.)* show s.o. a thing or two. **punt** *ge=, vb.* point, sharpen; point, make into a point; top; *'n baard ~* trim a beard. **~baard** pointed beard, Van=dyke/vandyke beard. **~belasting** concentrated load. **~bevel, ~opdrag** *(comp.)* dot command. **~diertjie** mon=ad. **~dig** *=te* epigram. **~digter** epigrammatist. **~gewel** pointed gable, gable end. **~hakie** *(print.)* arrow brack=et. **~helm** spiked helmet. **~hoed** peaked hat, cocked hat, steeple-crowned hat, pointed hat, sugarloaf hat. **~hoedjie** →~MUS. **~hoogte** spot level/height. **~kap** pixie hood. **~klopping** *(mot.)* dinging. **~landing** spot landing. **~lyf(ie)** pointed bodice. **~lyn** dotted line. **~mus, ~hoedjie** pointed cap/hat, pixie cap/hat. **~ontlading** point discharge. **~oog** *(zool.)* ocellus. **~opdrag** →PUNT=BEVEL. **~sif** pointed strainer. **~skoen** pointed shoe. **~stoot** *(med.)* apical/apex beat. **~stuk** wedge; *(rly.)* frog. **~sweis** *ge=* spot-weld. **~sweising** spot welding. **~ver=giettes** pointed strainer. **~versiering** *(archit.)* finial. **~wissels** *(loco.)* facing points. **~yster** gab.

pun·te=: **~boek** scorebook. **~kaart** scorecard. **~lys** score=sheet, scorecard, mark sheet; *(sport)* log. **~stand** score; log. **~stelsel** point(s) system. **~telling** score(line). **~toekenning** scoring. **~totaal** score, total points.

pun·teer *(ge)=* stipple. **~penseel, ~stif** stippler. **~werk** stippling, stipple.

pun·te·ne(u)·rig *=rige* particular, fastidious, meticu=lous, fussy, finical, *(infml.)* schoolmarmish; squeamish; *~e* ***mens*** stickler; ***nie*** *~* ***wees*** *nie, (also)* be unfussy; *~* ***wees*** ***oor*** ***iets*** be particular/pernickety/finicky about/over s.t.; ***te*** *~* overparticular. **pun·te·ne(u)·rig·heid** fastidiousness, meticulousness, fussiness, finickiness.

pun·ter *=ters, (boat)* punt.

pun·te·rig *=rige* jagged.

pun·tig *=tige* (sharp-)pointed, sharp; peaked, piked; spiky; spicular, cuspidal, cuspidate(d). **pun·tig·heid** pointedness; wisecrack.

punt·jie *=jies* point; spicule; *die* ***fyn*** *~s daarvan* the ins and outs of it; *die* ***fyner*** *~s* the finer points; ***in*** *die ~s, (rare)* in apple-pie order, up to the nines, spick and span; *iets tot* ***in*** *die ~s ken, (rare)* have s.t. at one's fin=gertips; *tot* ***in*** *die ~s versorg wees, (rare)* be highly fin=ished; *die ~s op die* ***i's*** *sit, (infml.)* dot the/one's i's and cross the/one's t's; *as ~ by* ***paaltjie*** *kom* at/in a pinch, if/when it comes to the pinch, when it comes to the point/push, when push comes to shove, if/when it comes to the crunch *(infml.)*, when the chips are down *(infml.)*.

punts·ge·wys, punts·ge·wy·se point by point, se=riatim *(fml.)*.

pu·pil[1] *=pille* pupil *(of the eye)*.

pu·pil[2] *(rare)* pupil, foster child, charge, ward.

pu·ree *=rees* purée.

pur·ga·sie *=sies* laxative, purgative, cathartic, evacuant; purgation, cleanser. **pur·ga·tief** *n.* = PURGEERMIDDEL. **pur·ga·tief** *=tiewe, adj.* purgative, cathartic, evacuant.

pur·geer *(ge)=* purge; scour *(animals)*. **~middel** *=s, =e* laxative, purgative, cathartic, evacuant. **~poeier** pur=gative powder. **~wortel** turpeth.

pur·ge·rend *=rende* cathartic(al), evacuant. **pur·ge·ring** *=rings, =ringe, (med.)* purgation, catharsis.

pu·rien *(chem.)* purine.

Pu·rim(·fees) *(Jewish festival)* Purim (festival).

pu·ris *riste* purist. **pu·ris·me** purism. **pu·ris·te·ry** *=rye, (derog.)* purism, purist to-do. **pu·ris·ties** *=tiese* purist(ic).

Pu·ri·ta·nis·me *(also p~)* Puritanism.

pu·ri·tein *=teine, n.,* puritan; *(P~, hist., relig.)* Puritan. **pu·ri·teins** *=teinse, adj.* puritan, puritanical; *(P~, hist., relig.)* Puritan.

pur·per *n.* purple; *(her.)* purpure; *met ~ beklee(d)* clad in purple; raise to the purple. **pur·per** *adj.* purple; *(her.)* purpure; *~ kleed* purple robe; →PURPERKLEED; *~ verf/kleur* empurple. **~blou** violet, purplish blue. **~hart=hout** purple wood, purpleheart. **~kleed** purple; →PUR=PER KLEED. **~kleurig** *=e* purple. **~koors** purple fever. **~rooi** purplish red, magenta, crimson. **~slak** murex, purpura. **~suur** purpuric acid. **~vlinder** purple em=peror. **~winde** *(bot.)* morning glory, convolvulus.

pur·per·ag·tig *=tige* purplish, purply.

pur·pu·rien *(chem.)* purpurin.

put *putte, n.* (draw) well; drain; pit, hole; pit, excavation; cesspit, cesspool; ***bek*** *van 'n ~* →BEK; *'n* ***bodemlose*** *~* a bottomless pit; *'n ~* ***grawe*** sink a well; dig a pit; *vir iem. 'n ~* ***grawe*** dig a pit for s.o.; *'n ~ vir 'n ander* ***grawe*** *en self daarin val, in die ~ val wat jy vir 'n ander* ***gegrawe*** *het* be hoist with one's own petard; ***in*** *die ~ sit* have (an attack *or* a fit of) the blues; *die ~* ***demp*** *as die* ***kalf*** *verdrink het* lock the stable door after the horse has bolted, lock the stable door after the horse has been stolen; *die ~* ***het opgedroog*** the well ran dry. **put** *ge=, vb.* draw *(water, inspiration, etc.)*; *iets uit ... ~* derive s.t. from ...; *uit iets ~* draw on s.t. *(sources)*; *iem. ~ sy/haar wysheid uit die Bybel* s.o. obtains his/her wisdom from the Bible. **~boor** sinking auger, miser. **~domkrag** drop pit jack. **~emmer** (water/well) bucket, well pail. **~gra=wer** well sinker/digger. **~haak** well hook. **~huisie** well house. **~riool** French drain. **~sand** pit sand. **~stelsel** *(sanitation)* dry-earth system. **~trok** *(rly.)* well wag(g)on. **~wand** wall of well. **~water** well water; *~ kry* spring a well.

pu·ta·tief *=tiewe, (jur.)* putative; *(rare)* reputed *(wife)*.

Pu·ti·a *(Gr. myth.)* Pythia, Pythian. **Pu·ties** *=tiese* Pythian; *~e Spele* Pythian Games.

put·jie *=jies, (dim.)* small well/pit/shaft (→PUT *n.*); *(golf)* hole; *(rare)* pockmark, variole; *met ~s* pitted. **~spel** *(golf)* match play.

puts[1] *putse, (rare)* well.

puts[2] (tar) pot, bucket.

put·to *putti, (fine arts)* putto.

puur *pure puurder puurste* pure; neat, straight; solid; sheer, mere; nothing but; *pure* ***bog/kaf/twak/onsin*** sheer/pure nonsense; →KAF[1] *n.; pure* ***goud*** pure/all gold; *'n pure* ***kind*** *wees* →KIND; *pure* ***kranksinnigheid*** stark madness; *('n) pure* ***man,*** *(infml.)* a real man, every inch a man, a he-man; *die tuin was pure* ***onkruid*** the gar=den was one mass of weeds; *pure* ***perd*** *wees* →PERD; *pure* ***propaganda*** simply propaganda; *uit pure* ***skaamte*** for very shame; *pure* ***tydmors*** just a waste of time, a complete/total waste of time; *pure* ***verlies*** dead loss; *pure* ***verniet!*** nothing doing!; *die tee was pure* ***water*** the tea was nothing but water.

py *pye* (monk's) gown, cowl, soutane *(RC)*.

pyl *pyle, n.* arrow, barb, bolt, dart, shaft; *'n ~* ***afskiet*** shoot an arrow; *~* ***en boog*** bow and arrow(s); *soos 'n ~ uit 'n* ***boog*** like a scalded cat, like a dose of salts *(infml.)*, as swift as an arrow; *meer as een ~ op jou* ***boog*** (of *in jou* ***koker***) *hê* have more than one string to one's bow; *twee pyle op jou* ***boog*** (of *in jou* ***koker***) *hê* have two strings to one's bow, have a second string to one's bow; *'n* ***Partiese*** *~* a Parthian shot. **pyl** *ge=, vb.* dart, shoot, go straight, go swift; →AFPYL; *na iets toe ~* make straight (or a beeline *[infml.]*) for s.t.; make a dart for s.t., dart to s.t., make a dash at/for s.t., dash for s.t.. **~bord** dartboard. **~bundel** bundle of arrows. **~gif** arrow poison. **~gooi** *n.* darts. **~gooi** *vb.* throw/play darts. **~hoek** sweepback angle. **~inkvis** squid. **~koker** quiver. **~maker** fletcher. **~naat** dart. **~pistool** dart gun. **~punt** arrowhead, barb; *(her.)* pile. **~puntvormig** *=e, (bot., zool.)* sagittate; arrow-shaped. **~reguit** dead straight, straight as an arrow. **~skoot** *(distance)* bow=shot. **~skrif** arrowheaded/cuneiform characters, cu=neiform writing; →SPYKERSKRIF. **~snel** swift as an ar=row. **~spits** shaft head. **~steen** *(min.)* belemnite. **~storm=voël** *(orn.: Puffinus* spp.*)* shearwater. **~tand** herringbone tooth. **~toets, pyltjietoets** *(comp.)* arrow key. **~vak** *(athl., racing)* straight, home stretch; *agterste ~, (sport)* back straight; *in die ~ wees, (lit., fig.)* be in the home straight/stretch. **~vlerk** swept(-back) wing. **~vliegtuig** swept=wing (aircraft). **~vormig** *=e* arrow-shaped, arrowy; *(bot., zool.)* sagittate, sagittal; swept-back. **~wortel(meel)** ar=rowroot. **~wurm** arrowworm.

py·ler *=lers* pillar, column, stilt, pile; pier, pile. **~skerm** starling *(of a bridge)*.

pyl·stert pintail; *(icht.)* stingray; arrow-tipped tail, arrow-like tail. **~eend** *(Anas acuta)* northern pintail. **~mot** hawk moth. **~rooibekkie** *(orn.)* shaft-tailed whydah. **~seevoël** tropic bird. **~(vis)** stingray.

pyl·tjie *(dim.)* small arrow, dart; →PYL *n..* **~toets** →PYL=TOETS.

pyl·tjies·gooi *n. & vb.* →PYLGOOI *n. & vb..*

pyn[1] *pyne, n.* pain, ache, hurt, distress, smart; *~* ***aan=doen*** hurt, grieve; ***baie*** *~ hê* be in great pain; ***brul*** *van (die) ~* roar with pain; *~* ***hê/voel*** be in pain; ***huil*** *van (die) ~* cry with pain; *~* ***in*** *die sy* pain in the side; ***in=eenkrimp*** *van (die) ~* double up with pain; ***kerm*** *van (die) ~* →KERM; ***krimp*** *van (die) ~* squirm with pain; *~* ***ly*** suffer pain; *... gee jou 'n ~ op jou* ***naarheid*** (of *laat jou 'n ~ op jou* ***naarheid*** *kry), (infml.)* ... gives one a pain in the neck; ***ondraaglike*** *~* excruciating pain; *'n* ***skerp*** *~* a sharp pain, a pang; *~* ***stil/verlig*** alleviate/relieve pain; *~* ***uithou/verdra*** stand pain; *~* ***verduur*** suffer pain; be in agony; *groot/baie ~* ***verduur*** be in tor=ment, suffer torments; *iem. uit sy/haar ~* ***verlos*** put s.o. out of his/her pain. **pyn** *ge=, vb.* ache, hurt, smart, (give) pain, be painful; *jou* ***oë*** *~* one's eyes smart; *die* ***wond*** *~ baie* the wound aches badly. **~bank** *(hist.)* rack; *iem. op die ~ plaas* put s.o. on the rack; *iem. tot die ~ ver=oordeel* condemn s.o. to the rack. **~drempel, ~drumpel, ~grens** *(med.)* pain threshold/barrier; *deur die ~ veg, (sport)* go/play/run/break through the pain barrier. **~ka=mer** torture room. **~stillend** *=e, (med.)* analgesic, ano=dyne, painkilling; soothing, mitigating, palliative; leni=tive; *~e middel* = PYNSTILLER. **~stiller** *=s, (med.)* pain=killer, analgesic, anodyne; lenitive; opiate. **~verligter** →PYNSTILLER. **~vlak** pain level. **~vrees** algophobia. **~wellus** *(psych.)* algolagnia.

pyn[2] = PYNBOOM.

pyn·ap·pel pineapple. **~klier** *(anat.)* pineal gland/body; →PINEAAL. **~koejawel** pineapple guava. **~kwekery, ~land** pinery. **~vormig** *=e* pineal.

pyn·boom pine (tree).

pyn·hars pine resin.

py·nig *ge=* torture, rack, torment, harrow, excruciate. **py·ni·ger** *=gers* tormentor, torturer. **py·ni·ging** *=gings, =ginge* torture, torment.

pyn·lik *=like, adj. & adv.* painful, aching, sore; distress=ing, grievous, dolorous; poignant; painstaking, meticu=lous; painful, awkward, uncomfortable; *~* ***bewus*** *van iets wees* be acutely aware of s.t.; *~e* ***oomblik*** distress=ing/embarrassing moment; *~e* ***operasie*** painful opera=tion; *~e* ***plek*** sore place; *~e* ***selfondersoek*** agonising self-examination; *~* ***stadig*** *wees* be exasperatingly slow. **pyn·lik·heid** painfulness; poignancy.

pyn·loos *=lose* painless, free from pain; *(med.)* indolent *(a tumour)*; numb; *'n pynlose bevalling* a painless delivery; *'n pynlose dood* a painless death; →EUTANASIE, GENADE=DOOD; *'n pynlose seer* an indolent ulcer.

pyn·tjie *=tjies, (dim.)* twinge; →PYN[1] *n..*

pyp *pype, n.* pipe *(for water, gas, etc.)*; pipe *(for smoking)*; tube; *(lamp)* chimney; *(chimney)* flue; leg *(of trousers)*; funnel *(of a boat)*; *(anat.)* tube; pipe *(of an organ)*; noz=zle; pipe *(of wine)*; *(marrow)* bone; *(also, in the pl.)* pip=ing, tubing; ***damp/trek*** *aan 'n ~* puff at a pipe; *na iem. se ~e* ***dans*** dance to s.o.'s tune; toe the line; *iem. na jou ~e laat* ***dans*** twist/wind s.o. round one's (little) finger; *die graan/gesaaides* ***kom*** *in die ~* the grain is shooting; ***murg*** *in jou ~e hê* →MURG; *('n) ~* ***opsteek*** light a pipe; *('n) ~* ***rook*** smoke a pipe; *die ~* ***rook,*** *(infml.)* make the grade; *iem. 'n lelike ~ laat* ***rook,*** *(rare)* do s.o. a bad turn, serve s.o. a shabby trick; *'n ~ stop* fill a pipe. **pyp** *ge=, vb.* pipe; fife. **~aansteker** pipe lighter. **~aarde** pipe=clay. **~anker** tube stay. **~been** long/tubular bone. **~blom** birthwort. **~boor** pipe drill. **~brug** tubular bridge. **~bui=ger** pipe bender, hickey. **~buigstuk** pipe bend. **~bun=del, pypebundel** nest of pipes. **~dop(pie)** pipe cover/cap. **~draad** pipe thread. **~gat** tube hole. **~hek** tubular gate. **~kalbas** pipe gourd. **~kan** *ge=, vb.* fool, cheat, take in, diddle; *(rugby)* dummy, give/sell the dummy. **~kaneel** (whole) cinnamon, stick cinnamon; *stuk ~* cinnamon stick. **~klamp** pipe clamp. **~klem** pipe clip; *(elec.)* saddle. **~klip** pipe stone. **~kop** pipe head; pipe bowl. **~koppeling** pipe coupling. **~korps** pipe band. **~kraag** ruff. **~krul** *(karakul pelt)* pipe curl. **~kwal** *(zool.)* siphonophore. **~las** *=se* pipe joint. **~lêer** pipe layer/fitter. **~leiding** pipeline, pipe duct, pipage, (run of) piping, system of pipes. **~lyn** →PYPLEIDING. **~moer** dottle, dottel. **~olie** nicotine. **~orrel** pipe organ. **~pas=ser** pipe fitter. **~plooi** goffer, gauffer; flute; quilling; *~e maak* goffer, gauffer; flute. **~plooi-yster** goffering/gauffering iron/tongs. **~raam** tubular frame. **~rak** pipe rack. **~roker** pipe smoker. **~rokery** pipe smoking. **~rook** pipe smoke; pipe smoking. **~sein** pipe. **~skêr** →PYPPLOOI-YSTER. **~skoonmaker** pipe cleaner. **~skra=per** tube cleaner/scraper, go-devil, pipe clearer. **~skroef** pipe/tube vice. **~sleutel** pipe key/wrench/spanner, tube spanner, barrel spanner/key. **~snyer** pipe/tube cutter. **~sok** pipe socket, faucet. **~staander** pipe stand/rack. **~stadium** *(wheat)* elongation/shooting/pipe stage. **~steel** pipe stem; *(bot.) Cliffortia* spp.. **~steier** tubular scaf=folding. **~stoomketel** tubular boiler. **~stut** tubular strut. **~swa(w)el** roll sulphur. **~tabak** pipe tobacco. **~tang** pipe tongs. **~vormig** *=e* tubular, tubulated, tubi=form, tubulous; *(bot.)* fistular. **~wand** wall/shell of a pipe/tube. **~werk** pipes, piping, tubing; pipework *(of an or=gan)*. **~werker** pipe fitter, pipeman, pipe worker. **~wig** fish back. **~wydte** pipe width. **~yster** →PYPPLOOI-YSTER.

py·pe·bun·del →PYPBUNDEL.

py·pe·net piping.

py·per *=pers* piper, fifer.

py·pie *=pies, (dim.)* small pipe, tube, *etc.* (→PYP *n.*); tu=bule; *(bot.)* bluebell; *(bot.)* gladiolus; *(bot.)* watsonia; →AAND=PYPIE, BAKPYPIE, BERGPYPIE.

Py·rex *(trademark)* Pyrex. **~bak** Pyrex dish.

Pyr·rho·nis·me Pyrrhonism.

Pyr·rhus →PIRROS.

Py·t(h)a·go·ras →PIT(H)AGORAS.

Py·thi·a →PUTIA.

Q q

q *q's,* **Q** *Q's, (17th letter of the alphabet)* q, Q. **Q-boot** *-bote,* **Q-skip** *-skepe* Q-boat, Q-ship. **Q-koors** *(pathol.)* Q fever. **Q-taal** *(comp.)* Q language. **q'tjie** *=tjies* little q. **Q-wig** *(math.)* Q wedge.
Qoer'aan, Qur'aan →KORAN.
qua·dri·vi·um *(medieval educ.)* quadrivium.
quaes·tor, kwes·tor *=tors, (Rom. fin. administrator)* quaestor; *Q~ Synodi* Treasurer of the Synod. **quaes=tuur, kwes·tuur** *=ture* quaestorship.
quart *quarts, (liquid measure: 2 pints)* quart. **~-bottel** quart bottle.
quar·ter *=ters, (grain measure: 8 bushels)* quarter.
Qua·si·mo·do *(eccl., hist.: Sunday after Easter)* Low Sunday, Quasimodo.
quat·tro·cen·to *(15th cent. It. Renaissance)* quattro=cento; *kunstenaar/skrywer uit die ~* quattrocentist.
Que·chua *(Sp.):* **~(-indiaan)** Quechua, Kechua, Qui=chua. **~taal:** *die ~* Quechua, Kechua, Quichua. **Que=chua=** *comb.* Quechuan, Kechuan, Quichuan.
que·nelle *(Fr. cook.)* quenelle.
quen·se·liet *(min.)* quenselite.
Que Que *(geog.)* →KWEKWE.
quiche *quiche'e, quiches, (Fr. cook.)* quiche. *~ Lorraine* quiche Lorraine.
quid pro quo *=quo's* quid pro quo.
qui·ë·tis·me, qui·ë·tis, qui·ë·tis·ties = KWIËTIS=ME, KWIËTIS, KWIËTISTIES.
Quin·ti·li·a·nus *(Rom. rhetorician and teacher)* Quin=tilian.
Qui·ri·naal, Kwi·ri·naal: *die ~, (one of the seven Rom. hills)* the Quirinal.
Qui·ri·nus, Qui·ryn *(Rom. myth.)* Quirinus.
quis·ling *=lings* quisling, collaborator.
qui·vi·ve *(Fr.)* who goes there?; *op jou ~ wees* be on the qui vive, be on the alert.
quod·li·bet *(Lat.)* hodgepodge, jumble, mishmash, mix=ture; *(mus.)* quodlibet, medley; play upon words, pun.
quod vide *(Lat., abbr.:* q.v.*)* quod vide, see.
Qur'aan →KORAN.
Qwa·be *n. (pl.), (Zu. clan)* Qwabe.

Rr

r *r'e, r's,* **R** *R'e, R's, (18th letter of the alphabet)* r, R; *die r* dog's letter. **R4-aan·vals·ge·weer** *=weers, =were* R4 assault rifle. **r'e·tjie** *=tjies* little r.

ra *ra's, (naut.)* yard *(to support a sail); groot ~* →GROOT=RA. **~band** headline *(of a ship).* **~seil** square sail; *met ~e* square-rigged. **ra'tjie** *=tjies* small yard.

Ra *(Eg. myth.: sun god)* Ra.

raad[1] *=gewinge, =gewings* advice, counsel; help, sugges=tion; admonishment; *iem. se ~* ***aan*** *... is om ...* s.o. advises ... to ...; *~* ***aanbied*** offer advice; *~* ***aanneem*** take advice; *'n* ***bietjie/stukkie*** *~* a word of advice; ***buite*** *~ wees* be at a loss; *iem. met ~ en* ***daad*** *bystaan* give s.o. advice and assistance; *iem. van ~* ***dien*** →DIEN; *iets op iem. se ~* ***doen*** act upon s.o.'s suggestion/ad=vice; *ten* ***einde*** *~ wees* be at a loss, be at one's wit's/wits' end, be stumped; be at the end of one's re=sources/tether; *iem. (oor iets) ~* ***gee*** advise s.o. (on s.t.), give s.o. advice (on s.t.); *daar is* ***geen*** *~ voor nie* there is no help for it; ***goeie*** *~ is duur* sound advice is a rare commodity; *~* ***hou*** consult together, deliberate; *~* ***in=win/verkry*** get advice; *~* ***inwin/verkry/vra*** seek/take advice; *~* ***kry*** get advice; *na ~* ***luister*** take advice; ***op*** *~ van ...* on the advice of ...; *as ek jou ~* ***skuldig*** *is* if I may offer a word of advice; *~* ***soek*** seek advice; *geen ~ met jou* ***tyd*** *weet nie* be at a loose end; *ná* ***tyd*** *kom ~* →TYD; *iem. se ~* ***volg*** follow/take s.o.'s advice; ***volg*** *my ~!* take my advice!; *met* ***voorbedagte*** *rade* on pur=pose; with malice aforethought, of malice prepense; *iets met* ***voorbedagte*** *rade doen, (also)* do s.t. of delib=erate/set purpose; *iem. se ~,* ***vra,*** *by iem. ~* ***vra*** ask s.o. for advice, consult s.o.; *altyd ~* ***weet*** always find a way out (*or* know what to do *or* be able to cope); *met iets ~* ***weet*** cope with s.t.; *geen ~* ***weet*** *nie* be at a loss; *iem.* ***weet*** *geen ~ met ... nie* s.o. doesn't know what to do with ...; *met* ***welbedagte*** *raad/rade* →WELBEDAG. **~(gee)rubriek** agony column, problem page. **~ru=briekskryfster** agony aunt. **~rubriekskrywer** agony uncle.

raad[2] *rade* council, board; counsellor *(of an embassy);* →RAADS=; *R~ van* ***Afgevaardigdes*** →AFGEVAARDIG=DE; *in 'n ~* ***dien/sit*** be on a board/council; ***Geheime*** *R~* →GEHEIM *adj. & adv.; R~ vir* ***Grondbesit,*** *(SA, hist.)* Land Tenure Board; *R~ van* ***Handel*** *en Nywer=heid, (SA)* Board of Trade and Industries; *R~ vir die* ***Ontwikkeling*** *van (Natuurlike) Hulpbronne, (SA, hist.)* Natural Resources Development Council; *R~ van* ***Staat,*** *(Du. government's advisory council)* Council of State; *R~ van* ***Toesig,*** *(obs.)* →GEVANGENISINSPEK=TORAAT; *R~ van* ***Verteenwoordigers*** →VERTEEN=WOORDIGER. **~huis** council house, town hall. **R~pen=sionaris** *(Du., hist.)* Grand Pensionary. **~saal** council chamber; debating chamber. **~sitting** council meet=ing, sitting of the council. **~slag** *=slae, (rare)* counsel, advice.

raad·ge·wend *=wende* advisory *(committee);* consult=ing; *~e ingenieur, konsultingenieur* consulting engineer.

raad·ge·wer *=wers* adviser, advisor, counsellor, con=sultant, mentor; *~ van iem.* adviser/advisor to s.o..

raad·ge·wing *=wings, =winge* advice, counsel.

raad·op at one's wit's/wits' end, stumped, perplexed.

raad·pleeg *ge=* consult; see *(a doctor, a lawyer, etc.); iem. oor iets ~* consult (*or* take counsel *or* confer) with s.o. about s.t.. **raad·ple·gend** *=gende* consultative. **raad=ple·ger** *=gers* consulter, consultant. **raad·ple·ging** *=gings, =ginge* consultation.

raads=: **~besluit** decision/resolution of the council; *(theol.)* decree *(of God).* **~heer** councillor; *(chess)* bishop; *(breed of pigeon)* capuchin; *(SA city councils)* alderman. **~huis** legislature. **~kamer** council chamber; board=room. **~lid** council member, councillor. **~man** *=manne, (fml.)* adviser, advisor, counsellor, consultant, mentor. **~vergadering** council/board meeting. **~verkiesing** council election.

raad·saam *=same* advisable, expedient; *dit ~* ***ag/dink/vind*** *om ...* see/think fit to ...; *dit is ~* ***om*** *...* it is advis=able to ...; it is just as well to ...; *dit is dalk ~* ***om*** *..., (also)* it may be (just) as well to ...; *dit* ***sou*** *~ wees om tog maar ..., (also)* it would be (just) as well to ...; *dit* ***sou*** *nie ~ wees nie* it would not be wise. **raad·saam·heid** advisability, expediency.

raaf *rawe, (orn., N hemisphere: Corvus corax)* raven, crow, corbie; ***die*** *R~, (astron.)* the Crow, Corvus; *so* ***swart*** *soos 'n ~/kraai* as black as a raven, pitch-black; *die rawe sal dit* ***uitbring*** it will come to light; *'n* ***wit*** *~, (a rarity)* a white crow. **~swart** *adj.* raven *(hair).*

raaf·ag·tig *=tige* corvine.

raag·bol *(rare)* ceiling mop, *(obs.)* pope's head; *(fig.)* (untidy) mop of hair.

raai *n.* = RAAISKOOT. **raai** *ge=, vb.* guess, surmise, con=jecture, divine, spot *(a question); ~ 'n* ***bietjie*** *...* just guess ...; *sommer* ***blindweg*** *~* make a wild guess; *~,* ***ek*** *...* you know, I ...; *ek* ***gee*** *jou drie ~e, (infml.)* there are no prizes for guessing; *iem. iets te ~* ***gee*** leave s.o. to guess s.t.; ***mis/verkeerd*** *~* guess wrong; ***niemand*** *kan ~ wat ... nie* there is no telling what ...; *iem. ~* ***om*** *...* advise s.o. to ...; ***oor*** *iets ~* guess at s.t.; ***raak/reg*** *~* guess right; *dis amper* ***raak/reg*** *ge~* it was a near guess; *~, ~,* ***(riepa)*** have a guess, riddle me, riddle-me-ree; ***veilig*** *~* make a shrewd guess; ***vrae*** *~* guess/spot ques=tions *(for an exam); ~* ***wat?*** guess what?. **~skatting** gues(s)timate. **~skoot, ~slag** guess, shot *(infml.); 'n blinde ~* a wild guess; a shot in the dark; *'n ingeligte ~* an educated guess; *'n ~ waag* hazard a guess.

raai·er *=ers* guesser. **raai·e·ry** guessing, guesswork, spotting *(of questions).*

raai·gras *(Lolium* spp.*)* rye grass.

raai·sel *=sels* riddle, puzzle, enigma, poser, conun=drum, teaser, mystery; *'n ~* ***opgee/vra*** ask/set a riddle; *'n ~* ***oplos*** solve a puzzle; *in ~s* ***praat*** speak in rid=dles; *~s* ***van*** *die lewe* problems of life; *iets* ***is vir*** *iem. 'n ~* s.t. puzzles s.o.. **~tert** mystery tart. **~verhaal=skrywer, =skryfster** mystery writer.

raai·sel·ag·tig *=tige, adj.* enigmatic(al), puzzling, mysterious, cryptic, baffling. **raai·sel·ag·tig** *adv.* enigmatically, mysteriously, cryptically; *~ praat* speak in riddles; *iets kom ~ voor* s.t. intrigues.

raak *~ raker raakste, adj. & adv.* apt, to the point, ef=fective, telling, incisive; felicitous; *dit is* ***amper/byna*** *~* it is a near miss; *'n ~* ***antwoord*** a hit, a reply that goes home; ***dis*** *~!, (infml.)* got him!; touché!; ***dit is*** *~* it is a hit; *'n ~* ***gesegde*** an apt phrase; *~* ***gooi*** hit, strike *(with a missile); elke* ***hou*** *was ~* every shot told (*or* was on target); *~* ***loop*** →RAAKLOOP; ***mis*** *of ~* →MIS[4] *adj. & adv.; die* ***opmerking*** *was ~* the remark was to the point (*or* went home); *iem. ~* ***ry*** hit (*or* smash/crash into) s.o. *(with a vehicle); iem. skrams ~* ***ry*** graze s.o.; *~* ***sien*** →RAAKSIEN; *~* ***skiet*** hit *(the mark, target);* shoot straight; *iem./iets skrams ~* ***skiet*** graze s.o./s.t.; →RAAKSKOOT; *~* ***slaan*** hit; *iets ~* ***uitdruk*** turn a phrase; *~* ***vat*** take/get hold of; grasp/hold firmly/properly; *alles ~* ***vat*** attend/see to everything. **raak** *ge=, vb.* hit *(mark);* touch; affect, concern *(s.o.);* become; →RAKEND *adj. & adv.,* RAKENDE *prep.,* RA=KING; ***aan*** *iets/iem. ~* touch s.t./s.o.; *nie* ***aan*** *iem. ~ nie* not lay a finger on s.o.; *aan die* ***brand*** *~* →BRAND *n.; iets gaan oop as ('n) mens net* ***daaraan*** *~* s.t. opens at a touch; *iets ~ iem.* ***diep*** s.t. touches s.o. deeply; *nie aan* ***drank*** *~ nie* not touch liquor; *op* ***dreef*** *~* get going; *aan die* ***drink*** *~* →DRINK *n.; dit het iem.* ***erg*** *ge~* it touched s.o. to the quick; ***getroud*** *~* →GE=TROUD; ***in*** *die moeilikheid/skuld/ens. ~* run into diffi=culties/debt/etc.; ***kant*** *nóg wal ~* →KANT[1] *n.; uit die* ***mode*** *~* →MODE; *dit ~ iem.* ***nie*** it does not concern s.o.; it is no business of s.o. *(infml.),* it is none of s.o.'s business *(infml.);* it is nothing to s.o.; →TRAAK; *in* ***onguns*** *~* →ONGUNS; *van ...* ***ontslae*** *~* →ONTSLAE; *aan die* ***praat*** *~* start/begin/get talking; *die lyn ~ 'n* ***sirkel,*** *(geom.)* the line touches a circle; *'n* ***skyf*** *~* hit a target; ***slaags*** *~* →SLAAGS; *aan die* ***slaap*** *~* →SLAAP[2] *n.; van die* ***spoor*** *(af) ~* go astray; go off the track/scent; be derailed; *in* ***verleentheid*** *~* be embarrassed; get into difficulties/trouble; *op iem.* ***verlief*** *~* →VERLIEF *adj.;* ***verloof*** *~* →VERLOOF *adj.; van jou* ***verstand*** *af ~* →VERSTAND; ***wat*** *~ dit jou?* what is that to you?; →TRAAK; *iem. ~ van sy/haar* ***wysie*** *(af)* →WYSIE. **~bal** *(bowls)* toucher. **~dag:** *dis aldag skietdag, maar nie aldag ~ nie* →SKIETDAG. **~hou** hit; quip, stroke of sarcasm. **~loop** *raakge=, (fig.)* bump into, come across/upon, run across/into, run up against, meet *(s.o.);* come across *(s.t.); iem./iets ~, (also)* stumble across/(up)on s.o./s.t.; *... toevallig ~* chance (up)on ... **~lyn** *(geom.)* tangent. **~lynhoek** *(geom.)* angle of contact/contin=gency. **~oppervlak** contact surface. **~punt** tangen=t(ial) point, point of contact/tangency, incidence. **~puntbeheer** touch control. **~rugby** touch rugby. **~sekuur** *adj.* unerring *(aim).* **~sensitief** *=sensitiewe* touch-sensitive *(screen etc.).* **~sien** *raakge=* spy, spot, notice; *iem. het iets nie raakgesien nie* s.t. has escaped s.o.'s attention/notice; *nie raakgesien word nie* escape notice/observation. **~skerm** touch(-sensitive) screen. **~skoot** hit; *dit was 'n ~ (of ~ ~)* that was a hit, that shot went home, that was a home shot. **~stoot** *(bil=liards)* cannon. **~toets** touch control *(of a microwave oven, laser printer, etc.).* **~vlak** *(geom.)* tangent plane.

raak·heid bite *(fig.),* incisiveness, felicity *(of an expres=sion).*

raam[1] *rame, n.* frame *(of a picture etc.);* window frame; (spectacle) frame; rim; framework; casing; setting. **~bou** skeleton construction, frame construction. **~brug** frame bridge. **~dra(ag)tap** frame trunnion. **~getou** frame loom. **~koord** sash cord/line. **~ligter** window pull/lift, sash handle. **~maker** framer, framemaker. **~ploeg** frame plough. **~saag** frame saw; *meervoudi=ge ~* gang saw. **~vertelling** skeleton/framework story, story within a story. **~visier** frame sight. **~werk** frame=(work), framing, skeleton; casing, fabric; cradle; chas=sis; bones *(fig.).* **~werkgewel** framed gable. **~(werk)=huis** frame house. **~(werk)monteur** rigger.

raam[2] *ge=, vb.* forecast, budget, estimate *(beforehand);* frame *(a picture); te* ***hoog*** *~* overestimate; *te* ***laag*** *~* underestimate; *iets* ***op*** *... ~* estimate s.t. at ...; *'n ba=tige* ***saldo*** *~* →SALDO. **raam·baar** *=bare* estimable. **ra=ming** *=mings, =minge* estimate, calculation, forecast, projection, framing, computation; *'n ~ maak* make/form an estimate; *'n te hoë ~* an overestimate; *'n te lae ~* an underestimate.

raap[1] *rape, n.* turnip; rape, cole. **~blare** turnip tops. **~kool** turnip cabbage, kohlrabi. **~lowwe** turnip leaves/tops. **~olie** rape oil, colza oil. **~saad** turnip seed; rapeseed. **~tol, ~uintjie** *(Cyanella hyacinthoides)* lady's hand. **raap·vor·mig** *=mige* rapaceous.

raap[2] *ge=, vb.* gather, pick up; *~ en skraap* pinch and scrape; scrape together s.t.; ~ *en skraap waar jy kan* be a skinflint, scrape up everything. **~laag** *(building)* rough/rendering coat, render.

raar ~, *rare raarder raarste, adj.* queer, strange, peculiar, quaint, funny, odd, unusual; →RARIGHEID, RARITEIT; *'n ~* **ding** a queer/funny thing; *'n rare* **skepsel** (of **entjie mens**), *(infml.)* an oddball/oddity (*or* odd bod), an odd (*or* a queer) fish; ~ *maar* **waar** strange but/yet true; *dis ~ maar* **waar,** *(also)* believe it or not. **raar** *adv.* strangely, queerly.

raas *n.* scolding; ~ *kry* get a scolding. **raas** *ge-, vb.* make a noise, make (*or* kick up) a row; scold; rave, storm, rage; bluster; →RASEND; **baie** ~ make a great noise; **dit** ~ *te veel daar* there is too much noise there; **hou op** *met ~!* stop that noise!; **met** *iem.* ~ scold s.o., bawl s.o. out *(infml.)*; dress s.o. down *(infml.)*, give s.o. a dressing-down/talking-to/telling-off/ticking-off *(infml.)*; **ophou** *(met)* ~ stop making a noise; ~ *en* **skel/tier** rant and rave. **~bek** scold, *(fem.)* shrew; loudmouth, windbag, bawler, shouter. **~bessie** →GEWONE GHWARRIE. **~blaar(boom)** *(Combretum zeyheri)* large-fruited/Zeyher's bushwillow. **~water** *(infml.)* loudmouth; *(obs.: strong drink)* booze.

raat *rate* remedy; means; →RAAD[1].

ra·bar·ber rhubarb. **~poeier** *(a laxative)* Gregory's powder.

ra·bas *(bot.: esp. Pelargonium luridum & P. antidysentericum)* stalk-flowered pelargonium; →ROOIRABAS.

ra·bat *-batte* rebate, discount, reduction; →AFSLAG[1] *n.*. **~brandewyn** rebate brandy. **~wyn** rebate wine.

rab·be·doe *-does* tomboy, boisterous/devil-may-care person.

rab·bi *-bi's,* **rab·byn** *-byne* rabbi. **rab·bi·naat** *-nate* rabbinate. **rab·boe·ni** *(Hebr., NT)* rabboni. **rab·byn** →RABBI. **rab·byns** *-bynse* rabbinical.

Ra·be·lai·si·aans *-aanse, (also r~)* Rabelaisian.

ra·bies, ra·bi·ës →HONDSDOLHEID.

rad = RAT. **~braak** *ge-, (hist.)* break on the wheel *(a pers.)*; *(fig.)* murder, mangle *(a language etc.)*. **~draaier** *(rare)* ringleader.

Ra·da·man·tos, Rha·da·man·thos *(Gr. myth.)* Rhadamanthus, Rhadamanthys.

ra·dar radar, *(obs.)* radiolocation. **~baken** radar beacon. **~bediener** radar operator. **~beeld** blip. **~installasie** radar installation. **~koepel** *(av.)* radome. **~sein** radar signal; *onverklaarde ~, (also, infml.)* angel. **~stasie** radar station. **~strik** →JAAGSTRIK, SPOEDLOKVAL. **~toestel** radar apparatus.

ra·de →RAAD[2].

ra·deer *(ge)-* etch; erase; trace; rase. **~kuns** etching. **~mes(sie)** erasing knife. **~naald** graver, burin. **~wiel(etjie)** tracing wheel. **ra·de·ring** erasure.

ra·de·loos *-lose* desperate, at one's wit's/wits' end, distraught, distracted; *iem. ~ maak* drive s.o. to distraction; ~ *wees van ...* be distraught with ... *(fear etc.)*. **ra·de·loos·heid** desperation.

ra·der-: **~boot** paddle boat. **~diertjie** rotifer; →WIELDIERTJIE. **~stoomboot** paddle steamer.

ra·di·aal *radiale, n.* radian. **ra·di·aal** *radiale, adj.* radial; *radiale arterie, (med.)* radial artery; *radiale snelheid* radial velocity.

ra·di·ant *-ante, n., (phys. etc.)* radiant.

ra·di·a·sie *-sies* radiation.

ra·di·kaal *-kale, n., (pol., chem.)* radical; *vry/onversadigde ~, (phys.)* free radical. **ra·di·kaal** *-kale, adj.* radical, thoroughgoing. **ra·di·kaal** *adv.* radically; *daar is iets ~ verkeerd* there is s.t. radically wrong. **ra·di·ka·li·seer** *ge-* radicalise. **ra·di·ka·lis·me** *(also R~)* radicalism.

ra·diks *-dikse, (math.)* radix.

ra·di·o *-dio's* radio, wireless; **na die** ~ **luister** listen to the radio; *blootstelling* **oor** *die ~* airplay; *iets* **oor** *die ~ hoor/aankondig/uitsaai/* hear/announce/broadcast/ s.t. on the air/radio; *iem. het oor die ~* **opgetree** s.o. was on the radio; **per** ~ by radio; **per** (of **oor** *die/jou*) ~ *hulp ontbied* radio for help; **per** ~ *met iem. in verbinding tree* radio s.o.; *iem.* **per** ~ *laat weet* (of *in kennis stel)* radio s.o.; *dit is oor die ~* **uitgesaai** it was on the radio. **~aktief** radioactive; *radioaktiewe afval* radioactive waste; *radioaktiewe element* radioelement; *radioaktiewe koolstof* radiocarbon. **~aktiwiteit** *(phys.)* radioactivity. **~amateur** (radio) ham. **~astronomie** radio astronomy. **~bediener** wireless/radio operator. **~beheer** radio control. **~berig** radio message/signal/communication; newscast. **~bestek** *(av., naut.)* radio fix. **~biologie** radiobiology. **~biologies** radiobiological(ly). **~bioloog** radiobiologist. **~bron** *(astron.)* radio source. **~buis** radio valve. **~chemie** radiochemistry. **~chemies** radiochemical. **~chemikus** radiochemist. **~diens** broadcasting service. **~drama** radio play. **~-element, ~ëlement** *(phys.)* radioelement, radioactive element. **~frekwensie** radio frequency. **~geen** radiogenic; *radiogene hitte* radiogenic heat. **~golf** *-golwe* radio wave. **~goniometer** *(a direction-finding instr.)* radiogoniometer. **~grammofoon** *(hist.)* radiogram(ophone); →GRAMRADIO. **~-immunologie** radioimmunology. **~-ingenieur** *-nieurs* radio engineer. **~-isotoop, ~ïsotoop** *(phys.)* radioisotope. **~kassetspeler** radio-cassette player. **~kompas** radio compass. **~koolstof** *(chem.)* radiocarbon. **~koolstofdatering** *(archaeol.)* carbon(-14)/radiocarbon dating. **~lamp** radio valve, thermionic valve. **~mas** radio mast. **~melkwegstelsel** *(astron.)* radio galaxy. **~meter** *(phys.)* radiometer. **~metries** radiometric; *~e datering* radiometric dating. **~motor** *(car equipped with a two-way radio)* radio car. **~netwerk** broadcasting system. **~nuklied** *(chem.)* radionuclide. **~-omroep** radio service, broadcasting system; transmitting station. **~-omroeper** radio announcer. **~-opname** *-mes* radio/broadcast recording, recording for radio/broadcasting. **~-opsporing, ~plekbepaling** *(obs.)* radiolocation; →RADAR. **~peiler** radio direction finder. **~peiling** radio sounding, direction finding, radio bearing. **~program** broadcasting/radio programme. **~rede** broadcast speech. **~roep** radiopaging. **~roeper** radiopager. **~sender** radio transmitter. **~skrywer** radio scriptwriter. **~sonde** *-des, (tech.)* radiosonde. **~stasie** radio station. **~(stel)** radio (set). **~ster** *(astron.)* radio star. **~steuring, ~storing** *-rings, -ringe* atmospherics, static. **~straal** radio beam. **~tegnikus** radio electrician, radiotrician. **~teks** radio script. **~telefonie** radiotelephony. **~telefoon** radiotelephone. **~telegram** = RADIOGRAM. **~teleks** radiotelex. **~teleskoop** radio telescope. **~terapeut** radiotherapist. **~terapeuties** radiotherapeutic(ally). **~terapie** *(med.)* radiotherapy, actinotherapy. **~-uitsending** (radio) broadcast. **~-universiteit** *-teite, (rare)* distance-learning university, open university *(that broadcasts lectures)*. **~verbinding** radio communication/contact/link. **~wekker** clock radio, radio alarm (clock). **~wese** radio, broadcasting.

ra·di·o·foon radio(tele)phone. **ra·di·o·fo·nies** *-niese* radio(tele)phonic.

ra·di·o·graaf *-grawe* radiograph, radiogram; radiographer. **ra·di·o·gra·feer** *ge-* radiograph, make a radiograph of. **ra·di·o·gra·fie** radiography. **ra·di·o·gra·fies** *-fiese* radiographic. **ra·di·o·gra·fis** *-fiste* radiographer.

ra·di·o·gram, ra·di·o·gram *-me* radio/wireless message, radiotelegram, radiogram; radiograph, radiogram.

Ra·di·o·la·rie·ë *(biol.)* Radiolaria.

ra·di·o·lo·gie *(med.)* radiology. **ra·di·o·lo·gies** *-giese* radiologic(al). **ra·di·o·loog** *-loë* radiologist.

ra·di·o·ni·ka radionics.

ra·di·o·skoop *-skope* radioscope. **ra·di·o·sko·pie** radioscopy, fluoroscopy. **ra·di·o·sko·pies** *-piese* radioscopic.

ra·di·o·te·le·graaf *-grawe* radio telegraph. **ra·di·o·te·le·gra·feer** *ge-* radio telegraph. **ra·di·o·te·le·gra·fie** radiotelegraphy, wireless telegraphy. **ra·di·o·te·le·gra·fies** *-fiese* radio telegraphic. **ra·di·o·te·le·gra·fis** *-fiste* radio/wireless operator.

ra·di·um *(chem., symb.: Ra)* radium. **~emanasie** *(chem., obs.)* radium emanation; →RADON.

ra·di·us *-usse* radius.

ra·dja *-djas, (hist.: an Ind. king/prince)* raja(h).

Ra·dja·stan *(geog.)* Rajasthan. **Radj·poe·ta·na** *(geog., hist.: now part of Rajasthan)* Rajputana.

Radj·poet *-poete, (<Hind.: warrior caste)* Rajpoot, Rajput.

ra·don *(chem., symb.: Rn)* radon.

ra·dys *-dyse* radish. **~boompie** snowberry.

Ra·fa·el *(angel, painter)* Raphael.

ra·fel *-fels, n.* ravel, thread, tag. **ra·fel** *ge-, vb.* fray (out), ravel (out). **~draad** loose thread, ravelling. **~dun** paper-thin, wafer-thin. **~kant, ~rand, ~rant** raw/frayed edge *(of fabric)*. **~knoop** wall knot. **~masjien** tearing machine. **~punt** fag end, loose end. **~sy** ravelled silk. **~werk** fringing; drawn work.

ra·fel·rig *-rige* frayed, fuzzy.

raf·fi·a raffia.

raf·fi·naat *-nate, (chem.)* raffinate.

raf·fi·neer *ge-* refine. **raf·fi·na·de·ry** *-rye, (factory)* refinery. **raf·fi·na·deur** *-deurs, (rare)* refiner. **raf·fi·neer·de·ry** *(process)* refinery. **raf·fi·ne·ment** *(rare, liter.)* refinement; subtlety, cunning.

Ra·gel *(OT)* Rachel.

rag·fyn ~ gossamery, thin, filmy; ~ *stof* double sheer/ gossamer fabric.

ra·gi·tis *(pathol.)* rickets, rachitis. **ra·gi·ties** *-tiese* rachitic.

rag·lan·mou raglan sleeve.

ra·gout *-gouts, (Fr., cook.)* ragout.

Rai·sin·blanc *(grape variety, also r~)* Raisin blanc.

rai·son d'ê·tre *raisons d'être, (Fr.)* raison d'être, reason/justification for existence.

ra·ï·ta *(Ind. cook.)* raita.

rak *rakke* rack, shelf, bracket; carrier *(on a bicycle)*; *(also, in the pl.)* shelving; →RAKKIE; *die* **boonste** ~ the top shelf; *van die* **boonste** *~, (fig., infml.)* out of the top drawer *(infml.)*; **op** *die ~ sit, (infml.: be a spinster)* be on the shelf; *iets* **op** *'n ~ plaas/sit* shelve s.t., put s.t. on a shelf; *klere* **van die** ~ *koop* buy clothes off the peg. **~arm** shelf bracket. **~kas** cupboard. **~klamp** sling cleat. **~lewe, ~leeftyd** shelf life; *iets het 'n ~ van ... weke/maande/jaar* s.t. has a shelf life of ... weeks/ months/years. **~maatskappy** off-the-shelf company. **~melk** UHT milk, long-life milk. **~papier** shelf paper. **~plank** shelf board; *(also, in the pl.)* shelving. **~ruimte, ~spasie** shelving, shelf room. **~werk** shelving.

ra·kel *ge-, (poet., liter.)* rake; stir, poke. **~yster** raker.

ra·ke·lings: ~ *by ... verbygaan* brush by/past ...

ra·kend *-kende, adj. & adv.* touching, contiguous, contingent; →RAAK *vb.*. **ra·ken·de** *prep.* touching, regarding, concerning.

ra·ket *-kette* racket, racquet; *(table tennis)* bat; battledore; →TENNISRAKET. **~bal** racket ball; shuttlecock. **~pers** racket press. **~sloop** racket cover. **~spel** battledore and shuttlecock; rackets. **~stertpapegaai** racket-tailed parrot.

ra·king contact; tangency; →RAAK *vb.*. **ra·kings·hoek** angle of contact.

rak·ker *-kers, (infml.)* rascal, rogue, imp, scamp, rapscallion, scallywag; *jou klein ~!* you little rogue/devil!.

rak·kie *-kies* bracket, little rack/shelf, stand; →RAK.

ra·ku *(Jap. earthenware)* raku.

ral *ralle, (Du., orn.: Rallus spp.)* rail; →GROOTRIETHAAN. **~reier** *(Ardeola spp.)* squacco heron.

ral·len·tan·do *adj. & adv., (It., mus.: becoming slower)* rallentando.

ram *ramme, n.* ram; buck *(of certain antelope)*; *(tech.)* rammer, monkey; →RAMMETJIE, RAMS-; *ou ~!, (rather obs.)* hot stuff!; *die R~, (astron., astrol.)* the Ram, Aries. **ram** *ge-, vb., (rare)* ram. **~blok** ram (block), monkey. **~hamel** *(sheep)* stag. **~hok** ram pen/shed. **~kamp** rams' paddock; *(sl.)* men's quarters. **~kat** *(sl.)* stunner, topper, first-rater, ripper, old buck. **~lam** he-lamb. **~party(tjie)** stag night/party. **~skip** *(ship)* ram. **~vag** buck fleece. **~wol** ram's/sire's wool, bucks.

Ra·ma *(Hindu myth.)* Rama.

Ra·ma·daan *(Muslim month of fasting)* Ramadan.

Ram·bouil·let·skaap *=skape, (also r~)* Rambouillet sheep.

ra·me·kin: ~(bakkie) ramekin/ramequin (dish).

ra·me·nas, ram·nas *=nasse, (bot.: Raphanus raphanistrum)* wild radish, jointed charlock; *wilde~* →RIVIERPAMPOEN.

ra·mie *(bot.: Boehmeria nivea; also fibre)* ramie.

ra·mi·fi·ka·sie *=sies, (chiefly pl.)* ramification, complication, consequence.

ra·ming →RAAM² *vb.*.

ram·kie *=kies* Khoi guitar, ramkie. **ram·kie·tjie** *=tjies* little ramkie.

ram·mei *=meie, n., (rare, hist.)* (battering) ram; →STORMRAM. **ram·mei** *ge=, vb.* batter.

ram·mel *=mels, n., (noise, toy)* rattle. **ram·mel** *ge=, vb.* rattle, clatter, clank; chatter; *aanmekaar/aanhoudend/aaneen/onafgebroke* (of *een stryk deur*) ~ babble away/on; *op 'n klavier* ~ drum on a piano; *iem. (se maag) ~ van die honger* s.o.'s stomach is growling/rumbling with hunger, s.o. is ravenously hungry (*or* has a roaring appetite). **~kas** rattletrap, rumble-tumble, rickety/ramshackle car, jalopy, crock, tin lizzie, boneshaker, *(SA, infml.)* jammy; *(piano)* rattlebox; *'n ou ~, (infml., usu. a car)* an old crock.

ram·me·laar *=laars, (toy)* rattle; →RAMMEL *n.*.

ram·me·ling *=lings, =linge* rattling, clattering.

ram·me·tjie *=tjies* little ram; →RAM *n.*. **~-uitnek** *n.* swaggerer. **~-uitnek** *adj. & adv.* swaggering(ly), defiant(ly).

ram·nas →RAMENAS.

ramp *rampe* disaster, catastrophe, calamity, blow, fatality; *dit was **amper/byna** 'n ~* it was a near disaster; *'n ~ oor jouself **bring*** court disaster; *deur 'n ~ **getref word*** meet with disaster; *'n ~ het iem. **getref/oorgekom*** disaster overtook s.o.; *dit sou 'n ~ **meebring*** that would mean disaster; *'n **ontsaglike** ~* a cataclysm; *tot **oormaat** van ~* to crown/top it all, on top of it all, on top of that, to make things worse; *iets is 'n **resep** vir 'n ~* s.t. is a blueprint for disaster; *voor 'n ~ **staan*** face a catastrophe; *op 'n ~ **uitloop*** end in disaster; *iets is **vir** iem. 'n ~* s.t. is a disaster to s.o.. **~droogtegebied** disaster drought area. **~fliek, ~(rol)prent** disaster film/movie. **~fonds** disaster fund. **~gebied** disaster area.

ram·pat·jaan *=jaans,* **ram·pat·ja·nie** *=nies, (<So.)* tyre sandal.

ram·pok·ker *=kers* gangster, mobster; *(also, in the pl.)* gangsterdom. **~bende** (criminal) gang. **~buurt** gangland.

ram·pok·ker·ag·tig *=tige* gangsterish.

ram·pok·ke·ry gangsterism.

ramp·sa·lig *=lige* wretched, miserable; doomed; fatal; *'n ~e bestaan voer* lead a life of misery. **ramp·sa·lig·heid** misery, wretchedness; *ewige ~* damnation, eternal death, perdition.

ramp·spoed calamity, adversity, disaster, distress; *iets is tot ~ gedoem* s.t. is doomed to disaster. **ramp·spoe·dig** *=dige* disastrous, devastating, calamitous, luckless, cataclysmic, distressful, ill-fated; *iets is vir iem. ~* s.t. is disastrous to s.o..

rams=: ~horing ram's horn; *(Jud.)* shofar; *(bot.: Aponogeton natalensis)* ramshorn. **~kop** ram's head. **~kop(neus)** Roman nose *(in horses/dogs)*.

Ram·ses *(hist.: Eg. king)* Ram(e)ses.

Rand: *die ~* the Rand/Reef; *aan/op die ~* on the Rand; →WITWATERSRAND. **Rand·se** (of the) Rand/Witwatersrand; *die ~ Skou* the Rand Show; *~ Waterraad* Rand Water Board.

rand¹ *rande, n., (SA monetary unit)* rand; ***baie** ~e* many rands; ***honderde/duisende** ~e* hundreds/thousands of rands; ***in** ~e* in rands; *iets **oor** die vyftig ~* fifty rands odd; *... omreken in ~e en **sente*** convert ... to rands and cents; ***teen/vir** R100 per vierkante meter* at R100 per square meter; *~ **vir** ~* rand for rand; *~ **vir** ~ bydra* contribute rand for rand (*or* on a rand-for-rand basis). **~-dollar-wisselkoers** rand-dollar exchange rate. **~noot:** *'n tien~, 'n R10-noot* a ten rand note, a R10 note. **~-vir-rand(-)stelsel** rand-for-rand system.

rand² *rande,* **rant** *rante, n.* brim *(of a hat, cup, etc.)*; edge *(of a table/gorge/etc.)*; ledge; brink, lip *(of a precipice)*; margin *(of a page)*; rim *(of s.t. circular)*; chimb, chime; border, boundary; fringe, edging; kerb(ing); periphery; brow; *(also, in the pl.)* outskirts; →RANDJIE; ***aan** die ~ van ...* on the edge of ...; on the fringe(s) of ...; on the periphery of ...; on the verge of ... *(the grave)*; ***aan** die ~ van die dorp/stad* on the outskirts of the town; *tot aan die ~ **gevul*** full to the brim, brimful(l); *iets **met** 'n ~ van ...* s.t. edged with ...; ***op** die ~(jie) van ...* on the brink of ...; on the edge of ...; on the verge of ... *(death, famine, etc.)*; within a measurable distance of ...; ***op** die ~(jie) van bankrotskap/ineenstorting/oorlog/ens. staan* teeter on the brink/edge/verge of bankruptcy/collapse/war/etc.. **rand** *ge=, vb., (rare)* edge, border, marginate, furnish with a margin. **~afwerking** edging, trimming, facing. **~akker** border (plot), (herbaceous) border. **~blok** guide stone; brim block *(for a hat)*. **~blom** ray floret/flower *(of a composite flower)*. **~dorp** peri-urban area. **~eenheid** computer peripheral. **~eier** outer egg; (rank) outsider; *die mal ~s* the lunatic fringe; *'n ~ broei nooit 'n gesonde kuiken uit nie* a wild goose never laid a tame egg. **~fase** marginal phase. **~fees** fringe festival. **~figuur** fringe figure; marginal figure; outsider. **~gebied** border area, borders; peripheral area, peri-urban area. **~geneeskunde** fringe medicine. **~groep** fringe group. **~haar** cilium. **~hoekyster** flange angle. **~kant(jie)** lace edging. **~kap** *randge=, rantge=* pitch *(masonry, paving)*. **~kapbeitel** pitching tool. **~klip** marker stone, guide stone. **~koek** flan. **~lyn** kerb line. **~meer** border lake, marginal lake. **~muurtjie** kerb(ing). **~pan** flan pan. **~sel** *=selle* marginal cell. **~skaaf** edge plane, chamfer plane. **~skêr** edging shears. **~skrif** circumscription, legend *(on a coin etc.)*. **~snyer** edging tool, edge cutter. **~sone** marginal zone. **~staat** border state/country, peripheral state. **~steek** border stitch, band stitch. **~steen** kerb(stone), kerbing. **~stiksel** edge stitching. **~stof** bordered cloth. **~strook** edging, border *(ornamental)*. **~stuk** edging. **~teater** fringe theatre. **~toestel** *(comp.)* add-on. **~versiering** ornamental border edging. **~verskynsel** fringe phenomenon.

rand·jie, rant·jie *(dim.)* little border/edge/etc.; edging.

rand·stan·dig, rant·stan·dig *=dige* marginal; peripheral.

rang *range* rank, position, grade, degree, class, order, estate, rating, condition, station, status, standing; *'n hoë ~ **beklee*** hold a high rank; *'n ... van die **eerste** ~* a ... in the top flight; a ... of the first magnitude; *van die **eerste** ~ wees, (also)* be in the front rank; *mense van **elke** ~ en stand* all sorts and conditions of people, people of every sort and kind; *van **hoë** ~* of high station/rank; *die **hoër** ~e* the higher/upper echelons; *die **hoogste** in ~* the most senior; *die **laer** ~e* the rank and file; *~e in die **maatskappy/samelewing*** stations in life; *jou ~ **ophou*** keep up one's position; *in ~ bo ... **staan*** rank above ...; *iem. ~ **verleen*** brevet s.o.; *in ~ op ... **volg*** rank after/below ... **~getal** ordinal number. **~lys** gradation list; ranking list, list of rankings, grading list, seniority list. **~nommer** number (on a list); *(chem.)* atomic number. **~orde** order (of rank/precedence/priority/preference); hierarchy, ranking, pecking order *(infml.)*. **~skik** →RANGSKIK. **~streep** chevron. **~teken** *(mil.)* pip *(on a uniform)*; *(also, in the pl.)* trappings. **~telwoord** *(math.)* ordinal number.

ran·geer *(ge)=* shunt *(a train)*. **~lokomotief** shunting engine, pilot engine. **~meester** yardmaster. **~skyf** turntable. **~terrein** shunting yard. **~werk** shunting. **~werksaamhede** shunting operations. **~wissel** shunting switch.

ran·geer·der *=ders* shunter, (train) marshaller. **ran·ge·ring** shunting.

Ran·goen *(hist.)* Rangoon; →JANGON.

rang·skik *ge=* arrange, put in order, range; classify; marshal *(soldiers, facts)*; compose; collocate; size; dispose; grade; *iets in aflewerings ~* serialise s.t.; *iem./iets onder ... ~* class s.o. or s.t. with ... **rang·skik·kend** *=kende* ordinal. **rang·skik·ker** *=kers* classifier; marshaller; arranger; *(comp.)* sequencer. **rang·skik·king** *=kings, =kinge* arrangement, layout; classification; orientation; marshalling; disposition; *~ in sones* zoning.

ra·ni *=ni's, (hist.: Ind. queen/princess)* ranee, rani.

rank *ranke, n.* runner, tendril, shoot, bine, vine; clasper; →RANKIE. **rank** *rank(e) ranker rankste, adj.* slender, thin, slim, skinny; lanky. **rank** *adv.* slenderly, thinly, slimly; rakishly (built). **rank** *ge=, vb.* trail, shoot tendrils, twine (round), creep. **~boontjie** runner bean, twining bean, pole bean. **~doring** grapple plant/thorn. **~gewas** runner crop. **~plant** creeper, twiner, trailer, vine, trailing/creeping/climbing/twining plant. **~roos** rambler (rose), climbing rose. **~-wag-'n-bietjie** *(Scutia myrtina)* = KATDORING.

ran·kend *=kende* rambling, cirrate(d), cirriform.

rank·heid slenderness, slimness; instability, crankiness *(of a sailing vessel)*.

ran·kie *(dim.)* tendril, cirrus.

ran·ku·ne *=nes* rancour, grudge, spite(fulness).

rank·vor·mig *=mige* cirrose, cirrous, cirrus-shaped.

Rann: *die ~s van Kutch/Koetsj, (geog.: Ind. salt marsh)* the Ranns/Runns of Kutch/Cutch.

ra·non·kel *=kels, (bot.: Ranunculus spp.)* ranunculus, crowfoot. **ra·non·kel·ag·tig** *=tige* ranunculaceous.

ran·sel¹ *=sels, n., (rare)* rucksack.

ran·sel² *ge=, vb.* = AFRANSEL. **ran·se·ling** = AFRANSELING.

ran·sig *=sige* rancid.

rant¹ →RAND² *n.*.

rant² *rante, (geomorphol.)* ridge; range *(of hills)*. **ran·te·veld, rant·jies·veld** broken country. **rant·jie** *=jies* little ridge; *~ se kant toe staan, (rare)* seek cover; relieve nature. **rant·jies·veld** →RANTEVELD.

rant·soen *=soene* ration, allowance; dietary; *op halwe ~* on short rations/commons. **~pak** ration(s) pack.

rant·soe·neer *ge=* ration. **rant·soe·ne·ring** *=rings, =ringe* rationing.

rap *(mus.)* rap. **~musiek** rap music.

Ra·pa Nu·i *(geog.)* →PAASEILAND.

ra·pat *~ =patter =patste, adj., (rare)* quick, deft; agile, nimble, nippy, alert. **ra·pat** *adv.* quickly, deftly; nimbly, alertly, nippily. **ra·pat·heid** quickness, deftness; agility, nimbleness, alertness.

ra·pé *(snuff)* rappee.

ra·pier *=piere* rapier, small sword.

ra·pon·sie *=sies, (bot.: Campanula rapunculus)* rampion.

rap·port *=porte* report; dispatch; rapport, sense of communication; *'n ~ oor iets opstel/skryf/uitbring* report (on) s.t.. **~ryer** *=ers* dispatch rider, messenger; *(R~, member of a SA cultural organisation)* Rapportryer.

rap·por·teer *ge=* report, give an account of, notify. **rap·por·teer·baar** *=bare* notifiable, reportable. **rap·por·teur** *=teurs, (fml.)* reporter; rapporteur *(of a committee)*.

raps *rapse, n.* flick, cut, lash, hit; *iem. (goed/hard) oor/op die vingers ~* →VINGER. *'n (goeie) ~ weghê, (infml.: insane)* be barmy; *(infml.: inebriated)* be tight. **raps** *ge=, vb.* flick, hit, lash, strike, cut, whip, flip; tick off; *'n perd ~* touch up a horse. **rap·sie** *=sies* tap, touch, slight flick; a little, a wee bit; *'n ~ meer* slightly more, just a bit more; *'n ~ oor vyf* just after five (o'clock). **~skoot** *(rare)* near shot; →SKRAMS SKOOT; *dit was 'n ~* the bullet brushed/grazed past ..., it was a near thing.

rap·so·die *=dieë* rhapsody. **rap·so·dies** *=diese* rhapsodical. **rap·so·dis** *=diste* rhapsodist.

ra·re·fak·sie *(phys.)* rarefaction.

ra·rig·heid =*hede* rarity, oddity; queerness; →RAAR *adj.*.

ra·ri·teit =*teite* curiosity, rarity, curio.

ra·ri·tei·te-: **~kamer, ~kas** cabinet of curiosities. **~versameling** collection of curiosities. **~winkel** curio(sity) shop.

ras¹ *rasse, n.* race *(of people)*; strain, stock, breed; *die menslike ~* the human kind; *'n dier van suiwer ~* a thoroughbred animal; *van gekruiste ~* crossbred. **~bevooroordeel(d)** racially biased/prejudiced. **~bewus** race conscious. **~bewussyn, ~bewustheid** race consciousness. **~dier** pedigree animal. **~diskriminerend** →RASSEDISKRIMINEREND. **~eg** =*egte* purebred, of pure breed, pure(-blooded); true to type; true-born; *'n ~te Japannees/Japanner* a true-born Japanese. **~egtheid** pure-bloodedness; trueness to type. **~eie** characteristic. **~eienskap** racial characteristic/quality; breed characteristic *(of an animal)*. **~gedrewe** racially inspired/motivated *(conflict etc.)*. **~gemeng(d)** racially mixed *(school etc.)*. **~genoot** member of the same race; congener; *(in the pl.)* kindred. **~genootskap** breed(ers') society. **~gevoel** →RASSEGEVOEL. **~groep** race/racial group. **~hond** purebred dog, pedigree dog. **~indeling** →RASSE-INDELING. **~kunde** →RASSEKUNDE. **~perd** pedigree horse, blood horse. **~suiwer** =*e* pure-blooded, purebred, thoroughbred; true-born; racially pure. **~suiwerheid** racial purity, purity of race. **~tipe** racial type. **~trots** →RASSETROTS. **~vee** pedigree stock, purebred stock. **~verbetering** improvement of the race/stock, upgrading. **~verbeteringsleer** eugenics. **~verskil** →RASSEVERSKIL. **~vooroordeel** →RASSEVOOROORDEEL.

ras² *rasse, adj., (poet., liter.): met ~se skrede* swiftly, quickly, with rapid strides.

ra·sa·ma·la·boom *(SE Asian tree: Altingia excelsa)* rasamala (tree).

ra·seem =*seme, (bot.: inflorescence)* raceme. **ra·se·ma·sie** racemation. **ra·se·meus** =*meuse* racemose, racemous.

ra·seer *(ge)*= raze, rase.

ra·se·mies =*miese, (chem.)* racemic. **ra·se·maat** =*mate, (racemic compound/mixture)* racemate. **ra·se·mi·sa·sie, ra·se·mi·se·ring** racemisation.

ra·send =*sende, adj.* raving, raging, fuming, storming, wild, mad, furious, frantic, frenzied, berserk, raging mad, beside o.s.; *'n ~e **honger*** a roaring appetite; *iem. ~ **maak*** drive s.o. crazy (*or [infml.]* potty), drive/send s.o. mad (*or [infml.]* up the wall); *(infml.)* drive s.o. wild; *dis om ('n) mens ~ te **maak*** it is enough to drive one mad; *'n gehoor ~ **maak*** work an audience up to a frenzy; *iem. ~ (van ontsteltenis) **maak**, (also)* freak s.o. out *(infml.)*; *~ (van ontsteltenis) **raak**, (also)* freak out *(infml.)*; *~ wees **van** ...* be mad with ... *(pain etc.)*; *~ **van** angs oor ... wees* be frantically worried about ...; *~ **van** woede* in a tearing rage, fighting mad; *~ **word*** go berserk; fly into a fury. **ra·sen·de** =*des, n.: veg soos 'n ~* fight like one possessed/mad.

ra·se·rig =*rige* noisy, rowdy, clamorous; scolding, railing, shrewish, termagant. **ra·se·rig·heid** noisiness, rowdiness; shrewishness, scolding disposition.

ra·ser·ny, ra·ser·ny rage, fury, madness, frenzy, desperation, delirium.

ra·sie *n. (chiefly sing.)* students' singsong. **~leier** cheerleader.

ra·si·o·naal =*nale, n.* rationale, motivation, reason. **ra·si·o·naal** =*nale, adj., (math.)* rational (number); *'n vergelyking/ens. ~ maak* rationalise an equation/etc..

ra·si·o·na·li·seer *ge*= rationalise; streamline. **ra·si·o·na·li·sa·sie** =*sies* rationalisation. **ra·si·o·na·li·sa·tor** =*tors* efficiency expert. **ra·si·o·na·li·seer·der** =*ders* rationaliser. **ra·si·o·na·li·se·ring** rationalisation.

ra·si·o·na·lis·me rationalism. **ra·si·o·na·lis** =*liste* rationalist. **ra·si·o·na·lis·ties** =*tiese* rationalist(ic).

ra·si·o·neel =*nele, adj.* rational, reasonable.

Ras·kol·nik =*nike, (<Russ., a relig. dissenter)* Raskolnik, Old Believer.

rasp *(horse malady)* mallender(s), sallender(s).

ras·pa·to·ri·um =*riums,* =*ria* raspatory; →BEENSKRAPER.

ras·per =*pers, n.* grater, rasp, scraper; rasp file. **ras·per** *ge*=, *vb.* grate, rasp. **~blaarvirus** enation, mosaic virus. **~stem** raucous voice, gravelly voice. **~tong** radula *(of molluscs)*. **~vyl** rasp file.

ras·se-: **~aangeleenthede** racial affairs. **~aanval** racial attack/assault. **~beleid** racial policy. **~betrekkinge** racial/race relations. **~diskriminasie** racial discrimination. **~diskriminerend, rasdiskriminerend** racially discriminatory. **~gelykheid** racial equality. **~geskil** racial/race dispute. **~gevoel, rasgevoel** racial feeling, race consciousness. **~groep** racial group. **~haat** racial/race hatred, racialism. **~harmonie** racial harmony. **~hater** racialist, race hater. **~-indeling, rasindeling** race classification. **~kruising** cross. **~kunde, raskunde** ethnology. **~leer** racial theory. **~moord** racial murder; genocide. **~onluste** race riots. **~oproer, ~opstand ~onlus** race riot. **~skeiding, ~segregasie** racial segregation/separation/separatism, apartheid. **~stryd** racial struggle. **~teorie** racial theory. **~trots, rastrots** pride of race. **~verhoudinge** racial relationships. **~vermenging** miscegenation, mixing of races. **~verskil, rasverskil** racial difference. **~vooroordeel, rasvooroordeel** racial prejudice. **~vraagstuk** race problem/question. **~waan** racism, racialism, race superiority.

ras·sis =*siste* racist. **ras·sis·me** racism. **ras·sis·ties** =*tiese, adj.* racist. **ras·sis·ties** *adv.* racially; *'n ~ gelaaide onderwerp/ens.* a racially charged subject/etc..

Ras·ta =*tas, (abbr. of* Rastafariër, *also r~)* Rasta, *(infml.)* locksman, *(sl.)* dread. **~lokke** *(pl.)* dreadlocks. **~man** Rasta man.

Ras·ta·fa·ri·a·nis·me *(also r~)* Rastafarianism. **Ras·ta·fa·ri·ër** =*riërs, (also r~)* Rastafarian. **Ras·ta·fa·ries** =*riese, (also r~)* Rastafarian; *~e geloof* Rastafarianism.

ras·ter =*ters, (print.)* screen; *(radar)* raster. **~blok** *(print.)* halftone (block). **~diepdruk** photogravure. **~werk** lattice(work), screening.

ra·suur *rasure, (rare)* rasure.

rat *ratte* cogwheel; wheel; gear; →RATJIE; ***eerste/laagste** ~, (mot.)* first/bottom gear; ***in** ~* in gear; *'n voertuig **in** (eerste/ens.) ~ sit* put a vehicle into (first/etc.) gear; *na 'n laer ~ oorskakel* downshift; *iem. 'n ~ voor die **oë** draai, (infml.)* throw dust in s.o.'s eyes, pull a fast one on s.o.; *'n ~ **slaan**, (rare)* turn/do a cartwheel; →WAWIEL; ***uit** ~* out of gear; *'n voertuig **uit** ~ haal* take a vehicle out of gear; *~te **wissel/verstel*** change gear(s), shift gear. **~hefboom** =*bome,* **~stang** =*e* gear lever. **~kas** =*kaste* gearbox, transmission; *outomatiese ~, (mot.)* automatic transmission. **~lyn** cycloid. **~omhulsel** gear(box) case, casing. **~stang** →RATHEFBOOM. **~tand** cog, sprocket. **~verhouding** gear ratio. **~werk** gearing, (the) wheels, gear, clockwork, wheelwork. **~wisselaar** gear lever, gearshift. **~wisseling** gear change, gearshift.

ra·ta·fi·a *(fruit liqueur, also R~)* ratafia.

ra·ta·tou·ille, ra·tjie·toe *(Fr., cook.)* ratatouille.

ra·tel¹ =*tels, n., (zool.: Mellivora capensis)* honey badger, ratel. **~taai** tough as leather; hard as nails.

ra·tel² =*tels, n.* rattle. **ra·tel** *ge*=, *vb.* rattle, jar, hurtle, chatter. **~bek** *(rare)* →KEKKELBEK. **~boor** ratchet drill. **~kous** *(rare)* →KEKKELBEK. **~populier** trembling poplar. **~slang** *(Am. snake: Crotalus and Sistrurus spp.)* rattlesnake, rattler. **~sleutel** ratchet spanner/wrench. **~wag** *(rare)* night watch(man).

ra·te·laar =*laars* clapper; flapper.

ra·ti·fi·seer *ge*= ratify. **ra·ti·fi·ka·sie** =*sies* ratification.

ra·ti·o *(Lat.)* reason, rationale, sense.

ra·tjie little (cog)wheel; *(maar net) 'n ~ in die masjien* (only) a cog in the machine.

ra·tjie·toe *(cook.)* ratatouille (→RATATOUILLE, TJOUTJOU); *(fig., infml.)* hotchpotch, mishmash, jumble.

rats *rats(e) ratser ratsste, adj.* quick, swift, nimble, agile, nippy, spry, swift-footed, fleet(-footed); *~ (op jou bene/voete) wees* be quick of foot. **rats** *adv.* quickly, swiftly, nimbly. **rats·heid** quickness, swiftness, nimbleness, agility, pryness, dexterity, fleetness.

ra·tyn *(text.)* ratteen, ratine.

rau·wol·fi·a *(bot.: Rauvolfia spp.)* rauwolfia; →KINA(BOOM).

rave *(<Eng., infml., mus.)* rave(-up). **ra·ver** raver.

ra·veel·balk *(carp.)* trimmer, header.

ra·ve·lyn =*lyne, (hist.: fortification)* ravelin.

ra·vi·o·li *(It., cook.)* ravioli.

ra·vot *ge*=, *(obs.)* romp. **ra·vot·ter** =*ters* romping/rompish child.

ra·vyn =*vyne* ravine, gorge.

ra·we-: **~bek** raven's beak/bill. **~gekras** raven's croaking, caw.

ray·on *(text.)* rayon. **~hemp** rayon shirt. **~serp** rayon scarf.

raz·zi·a =*zias, (<Arab.)* razzia.

re *re's, (mus.)* ray, re.

re- *pref.* re-.

re·aal =*ale, (monetary unit of Braz., hist. Port. coin)* real.

re·a·geer *ge*= react; respond; *op **behandeling** ~* show response to treatment; *op **mekaar** ~* interact; ***op** iets ~* react to s.t.; respond to s.t.; react (up)on s.t.; *iem. ~ **stadig/vinnig*** s.o. is slow/quick to react. **~buis** test tube. **~middel** =*dels,* =*dele* reagent, reacting substance. **~papier** test paper.

re·a·gens, re·a·gens =*gense,* =*gentia, (chem.)* reagent, test agent.

re·a·ge·rend =*rende* reacting; responsive.

re·ak·sie =*sies* reaction, response; *~ **by/van** die publiek* public response, response on the part of the public; *daar **kom** 'n ~, daar tree 'n ~ **in*** reaction sets in; ***negatiewe/positiewe** ~* negative/positive feedback; ***(ongunstige)** ~* backlash; *die ~ **op** ...* the reaction to ...; ***sonder** ~* unresponsive; *kyk watse ~ iets sal **uitlok**, (also)* run s.t. up the flagpole (to see who salutes); *by **wyse** van ~* in reaction. **~tyd** =*tye* reaction time; *(physiol.)* latent time.

re·ak·si·o·nêr =*nêre, n.* reactionary. **re·ak·si·o·nêr** =*nêre* =*nêrder* =*nêrste* (of *meer ~ die mees* =*nêre), adj.* reactionary.

re·ak·tan·sie *(phys.)* reactance.

re·ak·tant =*tante, (chem.)* reactant.

re·ak·tief =*tiewe* reactive. **re·ak·ti·wi·teit** reactivity.

re·ak·ti·veer *ge*= reactivate.

re·ak·tor =*tore,* =*tors* reactor.

re·al·gar *(<Arab., min.)* realgar.

re·a·li·a *n. (pl.), (Lat.)* realia, realities.

re·a·li·seer *ge*= realise, materialise, concretise; *(fin.)* realise, convert into money. **re·a·li·sa·sie** =*sies, (fin.)* realisation; *(rare)* materialisation. **re·a·li·se·ring** =*rings,* =*ringe, (gen.)* realisation.

re·a·lis·me realism; *(art, philos., etc., also R~)* realism *(also R~)*. **re·a·lis** =*liste* realist; *(art, philos., etc., also R~)* realist *(also R~)*.

re·a·lis·ties =*tiese meer* =*tiese die mees* =*tiese* realistic, down-to-earth.

re·a·li·teit =*teite* reality.

re·al·tor =*tors* estate agent, realtor.

Ré·au·mur·skaal *(phys., obs., also r~)* Réaumur scale.

re·bek *(a mediaeval stringed instr.)* rebec(k).

Re·bek·ka *(OT)* Rebecca, Rebekah.

re·bel =*belle* rebel, insurgent; rebel, maverick, nonconformist, angry young man; *'n verstokte ~* a sworn rebel. **re·bel·leer** *ge*= rebel, revolt; *teen ... ~* rebel against ... **re·bel·lie** =*lies* rebellion, revolt, insurrection.

re·bel·le-: **~leier** =*ers* rebel leader. **~mag** =*magte* rebel force. **~troepe** rebel troops.

re·bels =*belse* rebellious; obstreperous, *(infml.)* stroppy, bolshie, bolshy; disgruntled, discontented; sulky. **re·bels·ge·sind** =*sinde* rebellious. **re·bels·heid** rebelliousness; stroppiness.

re·bus =*busse* puzzle, rebus.

rec·to, rek·to =*to's, (Lat.)* recto, right-hand page *(of an open book)*; recto, front *(of a printed leaf)*.

red *ge=* save, rescue, deliver; preserve, salve; *jou **aansien** ~* →AANSIEN *n.; iem. se sin vir **humor** ~ hom/haar* s.o. has the saving grace of humour; ***jouself** ~, (also)* fend for o.s.; *~ **jouself** as jy kan* devil take the hindmost *(infml.); iem. sal hom/haar wel ~ **met** sy/haar* ... s.o.'s ... will help him/her out (*or* pull him/her through) *(experience, smooth talking, etc.); die **skyn** ~* →SKYN *n.; iem. **uit** ... ~* rescue s.o. from ... *(the sea etc.);* extricate s.o. from ..., help s.o. out of ... *(a difficulty etc.); iem. **uit** die water ~, (also)* save s.o. from drowning; *iets **uit** ... ~* retrieve s.t. from ...; salvage s.t. from ...; *iem. **uit/van** iets ~* save s.o. from s.t.; *iem. **van** ... ~* preserve/rescue s.o. from ... *(death etc.); ~ **wat** (daar nog) te ~ is* save the pieces *(infml.).* **~middel** *=dele, =dels* remedy; *die ~ moet in ... gesoek word* the remedy lies in ...

re·dak·sie *=sies* editorial staff; editorship; editing, drawing up, drafting, wording; version; *iem. is by/in die ~* s.o. is on the editorial staff; *onder ~ van ...* edited by ....; under the editorship of ...; *van die ~, (journ.: column)* editorial. **~kantoor** editorial office. **~kommissie** editorial committee. **~personeel** editorial staff. **~werk** editing, editorial work, journalistic work.

re·dak·si·o·neel *=nele, adj. & adv.* editorial(ly).

re·dak·teur *=teure, =teurs* editor; *~ buiteland* foreign editor. **re·dak·teur·skap** *=skappe* editorship. **re·dak·tri·se** *=ses* editress.

re·dan *=dans, (mil.: a fortification)* redan.

red·baar *=bare* sav(e)able; salvable.

red·de·loos *=lose, adj.* beyond help, irretrievable, irrecoverable. **red·de·loos** *adv.* irretrievably; *~ verlore* irretrievably lost; past redemption. **red·de·loos·heid, red·de·loos·heid** irretrievability.

red·der *=ders* rescuer, saver, deliverer, saviour *(of the state/people/etc.); ~ in die nood* life-saver *(fig.).*

red·ding *=dings, =dinge* rescue, saving; salvation; *~ **bring*** come to the rescue; *vir iem. is daar **geen** ~ meer nie* s.o. is beyond hope/redemption; *iem. se sin vir humor **is** sy/haar ~* s.o. has the saving grace of humour; *iem. se ~ **uit*** ... s.o.'s deliverance from ...; *~ **vind*** find salvation.

red·dings-: **~aksie** rescue operation; *(finansiële) ~* bailout. **~baadjie** life jacket/vest, *(rare)* cork jacket. **~boei** lifebuoy. **~boot** *=bote* lifeboat; *in die ~bote gaan* take to the boats. **~diens** rescue services. **~fonds** *(fin.)* lifeboat fund. **~geselskap** rescue party. **~gordel** lifebelt, safety belt. **~huis** rescue home. **~middel** *=dele, =dels* life-saving device, means of rescue. **~operasie** rescue operation; *(lit. & fig.)* salvage operation. **~toestel** life-saving apparatus. **~tou** lifeline. **~vlot** life raft. **~vlug** mercy flight. **~werk** rescue work; lifesaving; salvage.

re·de¹ *=des* reason(ing), understanding; speech, address, discourse, oration; *iem. tot ~ **bring*** knock some sense into s.o.; *mense tot ~ **bring**, (also)* knock people's heads together *(infml.); die **direkte/indirekte** ~, (gram.)* direct/indirect speech; *'n ~ **hou*** deliver/give an address; *na ~ **luister*** come/listen to reason, hear reason; *iem. **luister** nie na ~ nie* there's no reasoning with s.o.; ***sonder** ~* without reason, reasonless; ***sonder** ('n geldige) ~* without (good) cause; ***strydig** met die ~* against reason; *iem. in die ~ **val*** interrupt s.o.; cut short s.o.; *iem. ~ laat **verstaan*** bring s.o. to reason; *~ **verstaan*** come/listen to reason, hear/see reason. **~deel** *(gram.)* part of speech. **~figuur** *(poetics)* trope. **~kundig** *=dige* logical, dialectic(al), rhetorical. **~kuns** rhetoric. **~kunstenaar** orator, rhetorician. **~kunstig** *=tige* rhetorical. **~siftery** *(rare)* hairsplitting. **~twis** *n.* dispute, disputation, debate. **~twis** *ge=, vb.* argue, bandy words, chop logic, argufy, pettifog. **~twister** *=ters* disputant; logic chopper. **~voerder** *=ders* speaker, speech maker, orator; spokesman/=woman/=person. **~voering** *=rings, =ringe* speech, address, oration; discourse, harangue; *'n ~ hou* deliver an oration/address (*or* a speech). **~wisseling** conversation.

re·de² *=des* reason, cause; *'n ~ **aangee/aanvoer/verstrek*** advance a reason; *~s **aangee/aanvoer/verstrek**, (also)* show cause; *geen ~ op **aarde** nie* no earthly reason, no reason under the sun; *iem. het **alle** ~ om ...* s.o. has every reason to ...; *om geen **bepaalde/besondere** ~ nie* for no particular reason; *~ van **bestaan*** reason for existence, raison d'être; *die ~ **blyk** nie* the reason does not appear; *om **daardie/dié** ~* for that reason, because of that, on that account; *juis om **daardie/dié** ~* for that very reason; *om **dié/hierdie** ~* for this reason, hence, because of this, on this account; *om **dieselfde** ~, (also)* by the same token; *om (die) **een** of ander ~* for some reason or (an)other; *~ **tot** ... **gee*** give cause for ... *(annoyance etc.); daar is **geen** ~ om ... nie* there is no reason to ...; there is no occasion to ...; ***geen** ~ hoegenaamd nie* no earthly reason; ***gegronde** ~s vir ... aanvoer* make out a case for ...; *~ **hê** om te **glo** dat* ... have reason to believe that ...; *~s ten **gunste** van iets aanvoer* argue for s.t.; *die ~ **lê** voor die **hand*** the reason is not far to seek; *~ **hê** om* ... have reason to ...; have occasion to ...; *~ **hê** vir* ... have a reason for ... *(one's attitude etc.); daar **is** ~ voor* there is a reason for that; ***om** 'n ~* for a reason; ***skuldig** op ~, (infml., rare)* guilty under provocation; ***sonder** ~* for no reason; for nothing; ***sonder** die minste ~* without rhyme or reason; *om **verklaarbare** ~s* for obvious reasons; *die **vernaamste** ~* the main reason; *daar is geen ~ **vir** ... nie* there is no cause for ...; *om **watter** ~ ook (al)* for whatever reason. **re·de·ge·wend** *=wende, (gram.)* causal, causative.

re·de³ *=des, (naut.)* roadstead, road(s), anchorage (ground).

re·de·ka·wel *ge=* argue, chop logic, argufy, pettifog; *met iem. ~* bandy words with s.o.. **re·de·ka·we·ling** *=linge,* **re·de·ka·wel·ry** argument; palaver, logic chopping.

re·de·lik *=like =liker =likste, adj.* rational, thinking; reasonable, tolerable, moderate, fair; *iets ~ ag/vind* find s.t. reasonable; *~e wese* intelligent/sentient/rational being. **re·de·lik** *adv.* reasonably, tolerably, fairly; moderately, with measure; *~ goed* fairly well, pretty well, passably. **re·de·li·ker·wys, re·de·li·ker·wy·se** in reason, reasonably; within reason/measure; in all fairness; *alles doen wat ~ verwag kan word* do anything in reason (*or* that can fairly be expected). **re·de·lik·heid** reasonableness, fairness; moderation; intelligence; *die ene ~ wees* be all sweetness and light.

re·de·loos *=lose* irrational, not gifted with (*or* deprived of) reason, brute *(animal); die ~lose diere* brute creatures/creation. **re·de·loos·heid** irrationality; lack of reason.

Re·demp·to·ris *=riste, (RC)* Redemptorist.

re·de·naar *=naars* orator, speech maker.

re·de·naars-: **~beker** debating cup. **~gawe, ~talent** oratorical gift/talent. **~kuns** oratory, speech-making, public speaking.

re·de·na·sie *=sies* argument, reasoning, dispute.

re·de·neer *ge=* argue, reason, dispute; *~ **dat** ...* argue that ...; *('n) mens **kan** ~ dat ..., (also)* it is arguable that ...; *in 'n **kring(etjie)** ~* argue in a circle; ***met** iem. ~* reason with s.o.; ***volgens** iets ~* go by/(up)on s.t.. **~kuns** art of reasoning; logic. **~siek** disputatious, disputative. **~sug** argumentativeness. **~trant, ~wyse** argumentation, manner/way of reasoning. **~vermoë** reasoning faculty, power of reasoning.

re·de·neer·der *=ders* reasoner; arguer.

re·de·neer·kun·de logic, dialectic(s). **re·de·neer·kun·dig** *=dige* logical.

re·de·ne·ring *=rings, =ringe* reasoning, argument; *'n ~ beantwoord/weerlê* meet an argument; *'n ~ ontplooi* develop an argument; *'n ~ volg* adopt a line (of reasoning).

re·der *=ders, (rare)* shipowner.

re·de·ry *=rye* shipping/aircraft company/line. **~vlag** house flag *(of a merchant vessel).*

re·de·ryk *=ryke, (rare)* eloquent, voluble, glib. **re·de·ry·ker** *=kers, (hist.)* rhetorician. **re·de·ry·kers·ka·mer** *(hist.)* guild of rhetoric; dramatic society. **re·de·ry·kers·kuns,** *(hist.)* rhetoric.

re·di·geer *ge=* edit *(a newspaper);* sub(edit), copyedit, blue-pencil *(copy);* dub *(a soundtrack);* redact; compose, draw up, word; *iets saam ~* coedit s.t.. **~styl** house style *(of a publication, publisher, etc.).* **~werk** editing.

re·di·geer·baar *=bare, (comp.)* editable.

re·di·geer·der *=ders, (comp.)* editor.

re·di·ge·ring editing; subediting, *(infml.)* subbing; dubbing.

re·din·go·te *=tes, (a type of coat, chiefly hist.)* redingote.

re·doe·bleer *ge=, (bridge)* redouble.

re·doks·po·ten·si·aal *(chem.)* redox potential.

re·dou·te *=tes, (mil.: a fortification)* redoubt.

re·dres *(<Fr., jur.)* redress. **re·dres·seer** *ge=* rectify, remedy, redress.

re·duc·ti·o ad ab·sur·dum *(Lat., philos.)* reductio ad absurdum.

re·duit *=duite, (<Fr., mil.: a fortified retreat)* reduit.

re·duk·sie *=sies* reduction. **~deling** *(biol.)* meiosis, reduction division. **~middel** = REDUSEERMIDDEL. **~prys** *(rare)* reduced price. **~roller** reduction roller. **~tafel** plotting scale. **~trap** reduced grade. **~vokaal** reduced vowel.

re·duk·si·o·nis·me *(often derog.)* reductionism. **re·duk·si·o·nis** *=niste* reductionist. **re·duk·si·o·nis·ties** *=tiese* reductionist(ic).

re·du·pli·seer *ge=* reduplicate. **re·du·pli·ka·sie** *=sies,* **re·du·pli·se·ring** *=ringe, =rings* reduplication. **re·du·pli·ka·sie·vorm** *=vorme, =vorms, (ling.)* reduplication form. **re·du·pli·ka·tief** *=tiewe* reduplicative. **re·du·pli·se·rend** *=rende* reduplicating.

re·du·seer *ge=* reduce. **~middel** *=dele, =dels, (chem.)* reducing agent. **~vlam** reducing flame.

re·du·seer·baar *=bare* reducible.

re·du·seer·der *=ders* reducer.

ree *reë, (zool.: Capreolus capreolus)* roe (deer); hind, doe; *jong ~* fawn. **~bok** deer, roe(buck). **~bruin** *(rare)* fawn (colour).

reeds already, by this/that time; →AL, ALREEDS; *~ **beproefde** formule/resep/ens.* well-tried/-proven formula/recipe/etc.; *~ by die **gedagte** daaraan* →GEDAGTE; *~ **in** 1950* as far back as 1950; *~ **in** die vorige eeu* as far back (*or* as long ago) as the last century; *iem. is ~ **laat*** s.o. is late already; *~ **verlede jaar*** as early as last year; as long ago as last year.

re·ëel *reële reëler reëelste* real; genuine; *reële **eksekusie**, (jur.)* specific performance; *reële **getal**, (math.)* real number; *reële **inkomste*** real income; *reële **loon*** real wage; *'n reële **objek*** a transcendental object; *reële **tyd**, (comp.)* real time.

reef *rewe, n., (naut.)* reef; *'n ~ inbind/inneem* take in a reef. **reef** *ge=, vb.* reef *(a sail).* **~bindsel** reefpoint.

reeks *reekse* series, succession; sequence; row *(of trees),* line; set; range; rubber *(of games);* gamut; ***afdalende** ~* →AFDAAL; *~ **berge*** chain of mountains; *~ (van) **bevelhebbers*** line of commanders; *die ~ **deel**, (sport)* square the rubber/series; *'n ~ (van) **gebeurtenisse*** →GEBEURTENIS; ***gebroke** ~* broken range; ***harmoniese** ~* →HARMONIES; *'n **hele** ~ toetse ondergaan, (also)* undergo a battery of tests; *'n **lang** ~ van **jare*** a long succession of years; *gedurende 'n ~ van **jare*** during a number of years; ***meetkundige** ~* →MEETKUNDIG; *'n ~ nederlae/ens.* a succession of defeats/etc.; *~ (van) **ongelukke*** run of accidents; ***opklimmende** ~* →OPKLIMMEND; ***rekenkundige** ~* →REKENKUNDIG; *die **volledige** ~ ...* the full range of ... **~letter** serial letter. **~moord** serial killing. **~moordenaar** serial killer. **~nommer** serial number. **~skakeling** series connection.

reeks·ge·wys, reeks·ge·wy·se serial(ly), seriate(d).

re·ël *reëls, n.* line; rule; regulation; norm; custom; order; *die ~s in ag neem* observe (*or* keep/stick to) the rules; *'n **bindende/vaste** ~* a hard and fast rule; *geen **bindende/vaste** ~ nie* no hard and fast rule; *die ~ van* *drie, (math.)* the rule of three (*or* of proportion), the golden rule; *die **gulde*** ~ the golden rule; *(math.)* the rule of three (*or* of proportion); →***drie; by die ~s hou →nakom; in*** *die* ~ as a (general) rule, in general, generally, customarily, in the main; more often than not; *tussen die ~s **lees**, (fig.)* read between the lines; *die **lees** tussen die ~s* subaudition; *'n ~ daarvan **maak** om ...* make a rule of it to ...; *die ~s **nakom,** by die ~s **hou*** observe (*or* adhere/keep/stick) to the rules; *die ~s streng **nakom,** streng by die ~s **hou*** observe (*or* adhere/keep to) the rules strictly, *(infml.)* go by the rule-book; ***onbuigsame*** *~s* hard and fast rules; *die ~s **oortree*** break the rules; *'n **praktiese*** ~ a rule of thumb; *~s van die **spel*** laws of the game; *jou nie aan ~s **steur** nie* not follow (*or* bother about) the rules; ***teen*** *die ~s* against (*or* in conflict with) the rules; *die ~s **toepas*** apply/enforce the rules; *die ~s **uitlê** soos dit jou pas* bend the rules; *die **uitsondering** bevestig die* ~ the exception proves the rule; *volgens 'n **vaste*** ~ by rule; *'n **vaste/vasstaande*** ~ a standing rule; *'n ~ om te **volg*** a rule to go by; ***volgens*** ~ by rule; ***volgens*** *(die) ~, (also)* according to the book, by the book; ***volgens*** *(die) ~ handel/optree, (also)* go by the book; *'n ~ **voorskryf/voorskrywe*** lay down a rule; *presies/streng volgens ~ **werk*** work to rule. **re·ël** *ge-, vb.* arrange, settle, put in order; manage; get up, organise; adjust, regulate; control; set; operate; direct; modulate; *~ **dat** iets gedoen word* arrange for s.t. to be done; ***goed*** *ge~ wees* be well organised; *iets ge~ **hê*** have s.t. laid on (*or* lined up); *iets **met** iem.* ~ arrange s.t. with s.o.; ***sake*** ~ get things square; *die **verkeer*** ~ →VERKEER *n.; iets is **vir** ... ge~* s.t. is timed to take place at ...; *iem. se vertrek is **vir** ... ge~* s.o. is scheduled to leave at ... **~aanskuiwing** *(comp.)* linefeed. **~boek** rulebook. **~drukker** *(comp.)* line printer. **~klep** control valve. **~maat** →REËLMAAT. **~redigeerder** *(comp.)* line editor. **~reg** *-regte, adj.* direct, straight. **~reg** *adv.* directly, straight(away); headlong; sheer; *~ op jou **doel** afstuur* make straight for one's goal; *iem. iets ~ **sê*** tell s.o. s.t. point-blank; *~ in **stryd** met ...* in direct conflict with ...; *~ **teen** ...* directly against ... **~setmasjien** linotype (machine). **~spasie** *(print.)* leading. **~spasiëring** *(print.)* line spacing; *sonder* ~ unleaded. **~telling** stichometry. **~verdeling** stichometry.

re·ë·laar *-laars* regulator; governor, adjuster.

re·ël·baar *-bare* adjustable, regulable, variable. **re·ël·baar·heid** adjustability.

re·ë·ling *-lings* arrangement; regulation(s), rule(s); adjustment; organisation; control; modulation; disposal; settlement; *(also, in the pl.)* dispositions; *'n ~ met iem. tref* come to an arrangement with s.o.; *vir iets ~s tref* arrange (*or* make arrangements) for s.t.. **re·ë·lings·ko·mi·tee, -kom·mis·sie** organising committee, steering committee.

re·ël·loos *-lose* irregular, without rule; *~ lewe* have irregular habits. **re·ël·loos·heid** irregularity.

reël·maat regularity, order, orderliness. **reël·ma·tig** *-tige, adj.* regular; orderly; routine; *(biol.)* actinomorphic; *~e ag(t)vlak/oktaëder/okta-eder, (math.)* regular octahedron. **reël·ma·tig** *adv.* regularly; *~ lewe* lead a regular life. **reël·ma·tig·heid** regularity.

re·ël·tjie *-tjies* little line; little regulation; *vir iem. 'n ~ skryf/skrywe* drop s.o. a letter/line.

re·ën *reëns, n.* rain; ***deurdringende*** ~ soaking rain; ***die*** *~(s)* the rains; *die ~ **giet/stort*** the rain comes down; *'n ~ van **houe/ens.*** a flurry of blows/etc.; ***ligte*** ~ light rain; *dit **lyk** na ~* it looks like rain; *~ of **mooi weer,** (also* mooiweer*)* rain or shine; *~ of **sonskyn*** rain or shine; *ná ~ kom **sonskyn,** (idm.)* after rain comes sunshine, sadness and gladness succeed each other; ***swaar*** ~ heavy rain; ***swiepende*** ~ driving rain; *die ~ het **uitgesak*** it began to rain; *net **voor** die ~ tuis kom, (fig., rare)* arrive home (*or* complete a task) in the nick of time (*or* just in time); *die spel is **weens** ~ gestaak* rain stopped play. **re·ën** *ge-, vb.* rain; ***dit*** ~ it is raining; *dit ~ of jy die water met **emmers** gooi, (infml.)* it is raining in torrents (*or* pouring with rain *or* raining cats and dogs *[infml.]*); *dit **gaan** ~* it is going to rain; *dit **gaan** seker ~!, (also, infml.)* wonders (will) never cease!; *dit ~ dat dit **giet** →**stort/giet**; dit ~ **hard*** it's raining heavily; ***houe** op iem. **laat*** ~ rain blows on s.o.; *die **houe** het ge~, dit het **houe** ge~* the blows came thick and fast; *dit **kom** ~, (infml.)* rain is coming, it is going to rain; *iets op iem. **laat*** ~ rain s.t. on s.o. *(blows etc.)*; shower s.t. (up)on s.o., shower s.o. with s.t. *(stones etc.)*; *dit **lyk** of dit gaan ~* it looks like rain; *iets ~ op iem. **neer,** (blows etc.)* s.t. rains down on s.o.; *of dit ~ **ofte** nie* rain or shine; *dit ~ dat dit **stort/giet,** dit ~ **paddas** en platannas, (infml.)* it's pouring ([down] with rain), it's bucketing, the rain is bucketing (down), it's raining cats and dogs. **~bak** rainwater tank/trough/cistern. **~berig** rainfall report. **~beskrywing** *(meteorol.)* hyetography. **~blom(metjie)** = WITBOTTERBLOM. **~boog** →REËNBOOG. **~bui** rain shower, shower of rain, downfall. **~dag** rainy day. **~dig** *-digte, adj.* rainproof, showerproof. **~drag** →REËNKLERE. **~druppel** raindrop. **~gordel** rain belt. **~jas** raincoat, mackintosh, weather/trench coat. **~jassie** *(infml.: condom)* French letter **~kaart** rain chart, hyetograph. **~klere, ~drag** rainwear. **~koningin** *(SA myth.)* rain queen *(also R~ Q~)*. **~lug** rainy sky, watery sky. **~maand** rainy month. **~maker** rainmaker. **~makery** rainmaking. **~mantel** rain cloak. **~merk** rain (im)print. **~meter** rain gauge, pluviometer, hyetometer, udometer; *selfregistrerende* ~ hyetograph. **~meting** rainfall measurement/recording. **~mis** rain fog. **~padda** *(Breviceps* spp.*)* rain frog. **~ryk** *-ryke, adj.* rainy. **~seisoen** rainy season; monsoon. **~skadu(wee)** rain shadow. **~skrywer** *(meteorol.)* pluviograph. **~spoelsel** rain-wash. **R~sterre:** *die ~, (astron.)* the Hyades. **~stewel** wellington (boot), *(infml.)* welly (boot). **~storm** rainstorm, thunderstorm. **~streek** hyetal region. **~stroom** torrent of rain. **~tyd** rainy season; rainy/wet spell; monsoon; *die ~ het gekom* the rains came. **~val** rainfall. **~val-isogram** *(meteorol.)* isohyet. **~vas** *-vaste, adj.* all-weather *(garment, tennis court, etc.)*. **~veër** →RUITVEËR. **~vlaag** *-vlae* gust/shower of rain; *(also, in the pl.)* intermittent rain, scattered showers. **~vloed** deluge, downpour. **~voël** rainbird; →VLEILOERIE. **~water** rainwater, storm water. **~waterafvoer** storm-water drainage. **~weer** rainy/wet weather. **~wind** rainwind, wind that brings rain. **~windbui** rain squall. **~wolk** rain cloud, rainy cloud, nimbus. **~woud** rain forest. **~wurm** rain worm, earthworm.

re·ën·ag·tig, re·ën·ag·tig *-tige* rainy, pluvial, showery. **re·ën·ag·tig·heid, re·ën·ag·tig·heid** raininess, wet.

reën·boog rainbow; sunbow *(through a spray of water)*; *flou* ~ weather gall, windgall, water gall. **~koalisie** *(pol.)* rainbow coalition. **~lekkers** liquorice allsorts. **~vlies** *(anat.)* iris. **~vliesontsteking** *(pathol.)* iritis. **~voël** →TOEKAN.

reën·boog·kleu·rig *-rige* iridescent.

re·ë·ne·rig *-rige* rainy, moist, showery, drippy. **re·ë·ne·rig·heid** raininess.

re·ën·loos *-lose* rainless. **re·ën·loos·heid** rainlessness, anhyetism.

reent *(regional)* = REËN *n. & vb.*.

re·ën·tjie *-tjies* small shower, light rain.

reep *repe* strip; shred; band; slab *(of chocolate)*; *iets aan repe skeur* tear s.t. to strips; *'n ~ spek* a rasher of bacon; *'n ~ wol* a sliver of wool. **re·pie** *-pies, (dim.)* shred, small strip; *iets aan ~s skeur/sny* shred s.t..

reet *rete, (poet., liter.)* crevice, crack, cleft, slit, split, fissure.

reeu *(poet., liter.)* (cold) sweat of death.

re·fak·sie *-sies, (comm.)* allowance for breakage/waste, tret.

re·fe·reer *ge-* refer; *iem. na ... ~* refer s.o. to ... *(a previous employer etc.)*. **re·fe·raat** *-rate* lecture, paper; report; *'n ~ hou/lewer* deliver/present/read a paper; *'n ~ oor ...* a paper about/on ... **re·fe·ren·sie** *-sies* reference *(in an application etc.)*. **re·fe·rent** *-rente* speaker *(at a conference etc.)*; reference *(for an applicant)*. **re·fer·te** *-tes, (fml., rare)* reference; *met ~ tot ...* with reference to ...

re·fe·ren·dum *-rendums, -renda* referendum.

re·fla·sie *(econ.)* reflation. **re·fla·si·o·nêr** *-nêre,* **re·fla·si·o·nis·ties** *-tiese* reflationary.

re·fleks *-flekse* reflex (act); *aangeleerde* ~ conditioned reflex. **~baan, ~boog** *(physiol.)* reflex arc. **~beweging** reflex action. **~boog** →REFLEKSBAAN. **~reaksie** reflex/kneejerk reaction. **~verligting** indirect lighting.

re·flek·sie *-sies* reflection. **~koëffisiënt, ~ko-effisiënt** *(phys.)* reflectance. **~vermoë** *(phys.)* reflectivity.

re·flek·sief *-siewe, n. & adj.* reflexive.

re·flek·so·lo·gie reflexology. **re·flek·so·loog** *-loë* reflexologist.

re·flek·teer *ge-* reflect. **re·flek·tief** *-tiewe* reflective. **re·flek·ti·wi·teit** reflectivity.

re·flek·tor *-tors* reflector.

re·flek·to·skoop *-skope* reflectoscope.

re·for·meer *ge-* reform. **re·for·ma·sie** reformation; *die R~, (Chr. theol.)* the Reformation. **re·for·ma·tor** *-tore, -tors* reformer; *(R~)* (church) reformer. **re·for·ma·to·ries** *-riese* reforming, reformatory, reformative; *(R~)* pertaining to the Reformation. **re·for·mis** *-miste* reformist. **re·for·mis·me** *(also R~)* reformism. **re·for·mis·ties** *-tiese, (also R~)* reformist(ic).

re·frak·sie *(phys.)* refraction. **~vermoë** refringence. **re·frak·têr** *-têre* refractory. **re·frak·tief** *-tiewe* refractive. **re·frak·ti·wi·teit** refractivity. **re·frak·to·me·ter** refractometer. **re·frak·tor** *-tore, -tors* refractor.

re·frein *-freine* refrain, chorus, tag.

ref·ter *-ters* refectory. **~tafel** refectory table.

re·fu·ta·sie *-sies, (rare)* refutation.

reg¹ *regte, n.* right; justice; claim, title; law; *(payment to revenue)* duty; power; interest; prerogative; *(also, in the pl.)* dues; *iem. se ~te **aantas*** encroach (up)on (*or* cut across) s.o.'s rights; →***inbreuk***; *'n ~ **afstaan,** van 'n ~ **afstand** doen* surrender a right; ***alle*** *~ hê om ...* have every right to ...; *die ~ van **appèl*** →APPÈL; *iets **het geen** ~ van **bestaan** nie* s.t. does not justify its existence; *~ om aan **boord** te gaan* right of visit/visitation; *~ van **deurgang/oorpad/weg*** right of way; *~ **doen** teenoor iem.* do the right thing by s.o.; ***eie** ~ **gebruik*** take the law into one's own hands; do s.t. without (so much as) a by your leave; *uit **eie*** ~ in his/her own right; *die ~ sy **gang** laat gaan* let justice take its course; *iedereen sy/haar ~ **gee*** do justice to everybody; *iem. ~ op iets **gee*** entitle s.o. to s.t.; ***geen** ~ hê om ... nie* have no right (*or* business *[infml.]*) to ...; *iem. het **geen** ~ gehad om te doen wat hy/sy gedoen het nie, (also)* s.o. had no warrant for what he/she did; *iem. het **geen** ~ op iets nie* s.o. has no right to s.t.; ***gemene** ~, (also **gemenereg**)* common law; *~ met **genade** versag* temper justice with mercy; *nie **genoeg** ~ aan ... laat geskied nie, ... nie **genoeg** ~ laat wedervaar nie* do scant justice to ...; *~ aan iem. laat **geskied*** do s.o. justice, do justice to s.o.; *~ het nie **geskied** nie* there has been a failure of justice; *~ moet **geskied*** justice must prevail; *~ moet sigbaar **geskied*** justice must be seen to be done; ***geskrewe*** ~ →GESKREWE; *'n **gevestigde/onvervreem(d)bare/verkreë*** ~ a vested right; *dit is iem. se **goeie** ~ om ...* s.o. is fully entitled to ...; *'n ~ **handhaaf*** uphold a right; *~ **hê,** (s.o.)* be right; be in the right; *groot/volkome ~ **hê,** (s.o.)* be perfectly/quite right; *die ~ **hê** om iets te doen* have a/the right to do s.t.; *~ op iets **hê*** have a right to s.t.; be entitled to s.t.; have a claim on/to s.t.; *'n **heilige*** ~ a sacred right; *op iem. se ~te **inbreuk** maak* encroach (up)on (*or* cut across) s.o.'s rights; poach on s.o.'s preserve(s)/territory; *~te **inkort*** diminish rights; *~ aan jou **kant** hê* have right on one's side; *iem. tot sy/haar ~ laat **kom*** do s.o. justice, do justice to s.o.; *tot jou ~ **kom*** come into one's own; *iets tot sy ~ laat **kom*** do justice to s.t., do s.t. justice; ***met*** ~ with justice; with (good) reason/cause; *'n **miskenning** van die ~* a denial of justice; ***na*** *~te* by right(s); properly, strictly speaking; *die ~ **om** iets te doen* the right to do s.t.; ***ongeskrewe*** ~ →ONGESKREWE; *~ en **onreg*** right and wrong; *'n **onvervreem(d)bare*** ~ →***gevestigde/onvervreem(d)bare/verkreë***; *iem. se ~ **op** iets* s.o.'s right to s.t.; *~ van **opvoering*** →OP-

VOERING; ~ *en* ***orde*** →ORDE[1] *n.; in die ~te* ***prakti=seer*** practise law; *die* ***Romeins-Hollandse*** ~ →ROMEINS *adj.;* ***saaklike*** ~ →SAAKLIK; *dit is iem.* ***se*** ~ s.o. is within his/her rights; *dit is iem.* ***se*** ~ *om* ... s.o. has the right to ...; *~te* ***skend*** cut across rights, violate rights; *op 'n ~* ***staan*** assert a right; *op jou ~te* ***staan*** stand (up)on one's rights; *~ van* ***staking*** →STAKING; *die ~ van die* ***sterkste*** →STERKSTE *n.; (in die) ~te* ***studeer*** read/study law (*or* for the bar); *'n ~* ***uit=oefen*** exercise a right; *'n ~* ***verbeur*** forfeit a right; *~ van* ***vereniging*** →VERENIGING; *~ van* ***vergadering*** →VERGADERING; *'n* ***verkreë*** *~* →***gevestigde/onver=vreem(d)bare/verkreë;*** *jou ~* ***verkry*** come into one's own; *iem. ~* ***verskaf,*** *(obs.)* do s.o. justice; *jouself ~* ***ver=skaf,*** *(obs.)* take the law into one's own hands; *~ van* ***veto*** →VETO *n.; 'n ~* ***voorbehou*** reserve a right; *alle ~te* ***voorbehou*** all rights reserved; *~ van* ***vrugge=bruik*** →VRUGGEBRUIK; ***vry*** *van ~te* duty-free. **~bank** (judicial) bench, judiciary tribunal, court, judicature; *iem. in die ~ benoem* appoint s.o. to the bench; *op/in die ~* on the bench. **~bankreg** judge-made law. **~heb=bende** →REGHEBBENDE. **~matig** →REGMATIG. **~saak** lawsuit, case; *'n ~ verdedig* fight an action. **~saal** = GEREGSAAL. **~sekerheid** security of justice, legal security. **~skeppend** *=pende* lawmaking, law-creating. **~soewereiniteit** rule of law. **~spraak** administration of justice, judicature. **~spreek** *regge=* administer justice, judge; *oor iem. ~* sit in judg(e)ment on s.o.. **~spreker** justiciary. **~spreuk** (legal) adage, maxim. **~staat** constitutional state. **~stappe** *n. (pl.)* legal proceedings. **~stelsel** legal system, system of law. **~stu=die** legal studies. **~verkrygende, ~verkryger** →REGVERKRYGENDE.

reg² *regte, adj.* right, correct; ready; in order; *'n ~te* ***aap/skaap*** a real idiot; *die ~te* ***antwoord*** the right answer; *dit is ~* ***dat*** *iem.* ... it is right of s.o. to ..., s.o. is right to ...; ***dis*** *~!* that's right!; that's the stuff to give ...! *(infml.); is* ***dit*** *~?* is that right?; *'n ~te* ***domoor*** a real dunce; *'n ~* ***egte*** *tier/ens.* a real live tiger/etc.; *iets by die ~te* ***ent*** *hê* →ENT[1] *n.; die ~te* ***erfgenaam*** the true heir; *~* ***genoeg!*** granted!; *dit ~* ***hê*** *oor iets* be right about s.t.; *as ek dit ~* ***het*** if I am right; *'n ~te* ***hoek*** →HOEK; *~te* ***klimming*** →KLIMMING; *die ~te* ***man,*** *(joc.)* Mr Right; *die ~te* ***man/mens/persoon*** *op die ~te plek* the right man/person in the right place; *die ~te* ***manier*** →MANIER; *dis nie* ***meer*** *as ~ nie dat* ... it is only right that ...; it is only just that ...; *dis* ***net*** *~!* that does it!; that's the ticket! *(infml.); dit is* ***nie*** *~ om ... nie* it is not right to ...; ***nie*** *(heeltemal) ~ (in jou kop) wees nie* not be right in one's head, not be all there *(infml.);* ***nog*** *~!* that's right!; *op die ~te* ***pad*** *bly/hou* →PAD; ***presies*** *~ wees* be exactly right; be bang/spot on *(infml.); so ~ soos 'n* ***roer,*** *(infml.)* as fit as a fiddle; as right as rain (*or* a trivet) *(infml.); (al) die ~te dinge* ***sê*** make (all) the right noises; *'n ~te* ***skaap*** →***aap/skaap;*** *die* ***som*** *is ~* the sum is right/correct; *net op die ~te* ***tyd*** →TYD; *dit is ~* ***van*** *iem. om* ... it is right of s.o. to ..., s.o. is right to ...; *~* ***of verkeerd*** right or wrong; *~ wees* ***vir*** *iem./iets* be ready for s.o./s.t.; ***wat*** *~ is, is ~* fair is fair, fair's fair; ***weer*** *~ wees* be o.s. again; *dis ~ of* ***weg*** it's make or break. **reg** *adv.* right(ly); straight; due; *~* ***aan*** straight on; *~* ***agter*** right at the back; →REGAGTER; *~* ***bo*** *wees* be right at the top; *iets ~* ***buig*** straighten s.t. (out), bend s.t. straight; *~* ***deur*** →REGDEUR; *iem. ~ in die* ***gesig*** *kyk* →GESIG; *~* ***hou*** keep straight (*or* in order/position); *iem. ~* ***in/op*** *die oog slaan* hit s.o. slap (*or* smack *[infml.]*) in the eye; *iets ~* ***knip*** trim s.t.; *nie ~* ***maak*** *nie* not play the game; *~* ***na*** *... toe* straight at ...; *~* ***noord/suid/ens.*** due north/south/etc.; *~* ***onder*** *wees* be right at the bottom; *iem. ~* ***op*** *die kakebeen slaan/tref* hit s.o. square (*or* sock *[infml.]*) on the jaw; *iets ~* ***skaaf*** →SKAAF *vb.; iets ~* ***slaan*** hit/knock s.t. into shape/position; *iets ~* ***sny*** trim s.t.; dress s.t. *(a carcass); ~* ***staan*** be prepared; take guard; square off/up *(to fight); ~* ***staan*** *vir* ... be ready for ...; *vir iem. ~* ***staan*** square up to s.o.; *iets ~* ***stel*** set s.t. correctly; adjust s.t. correctly; →REGSTEL; *~* ***teen*** *iem. vasloop* run slap into s.o.; *~* ***teenaan*** *... wees* be smack up against ... *(infml.); iem./iets ~* ***verstaan*** →VERSTAAN; *~* ***voor*** *wees* →VOOR[2] *adv.; ~ van* ***voor*** *bots* →VOOR[2] *adv.; ~* ***vorentoe*** →VORENTOE *adv.; nie ~* ***weet*** *nie* not quite know; *nie ~* ***wys*** *wees nie* →WYS[2] *adj. & adv..* **~af** straight down, sheer, vertical(ly); *~ rok* straight dress. **~agter** *(cr.)* longstop. **~arig** →REGARIG. **~by** *(cr.)* square leg; *kort ~* short square leg. **~denkend** *=kende* right-minded, right-thinking, upright, principled, ethical, decent, honourable, moral, scrupulous, virtuous. **~deur, ~deur** right/straight through; straight forward/on; *~ (of ~ ~) voortgaan* follow one's nose. **~dokter:** *iem. op 'n manier ~, (infml.)* patch s.o. up. **~draads** →REGDRAADS. **~geaard** *=aarde* right-minded. **~gelowig, ~gelowig** *=wige* orthodox. **~gesind** *=sinde* right-minded, right-thinking. **~help** *regge=* direct; correct, set/put right; disabuse, put wise. **~hoek** →REGHOEK. **~kant** →REGKANT. **~kaphou** *(cr.)* square cut. **~kap=ping** →REGKAPPING. **~kom** →REGKOM. **~kry** *regge=* manage to do, get right, fix, contrive, bring off, get away with, succeed in doing, get done; *niks by iem. ~ nie* have no success with s.o.; get no change out of s.o. *(infml.); iem. het dit (sowaar) reggekry* s.o.'s (really) done it; *dit ~ om iets te doen* manage/contrive (*or* find a way) to do s.t., succeed in doing s.t.. **~lynig** →REGLYNIG. **~maak** →REGMAAK. **~merkie** tick. **~oor** right/straight across; just opposite; *~ ... lê (of geleë wees), (also, geog.)* be antipodal to ... **~op** →REGOP. **~ruk** *regge=* pull straight (into position), put straight (into order), straighten out; *jou ~* pull o.s. together, gather o.s. (together), *(infml.)* clean up one's act; pull up one's socks *(fig.); iem. ~, (also, infml.)* get/knock/whip s.o. into shape; *ruk jou reg!* pull yourself together! *(infml.);* snap out of it! *(infml.).* **~rukker** *=kers* pick-me-up; →REGMAKERTJIE. **~sien** *regge=, (infml.): iem. ~* put s.o. in his/her place. **~sinnig** →REGSINNIG. **~sit** *regge=* regulate; mount; correct, place in correct position; adjust; synchronise. **~skape** →REGSKAPE. **~sny** trim *(a fillet of beef etc.).* **~stammig** →REGSTAMMIG. **~stan=dig** →REGSTANDIG. **~stel** →REGSTEL. **~streeks** *adj.* →REGSTREEKS *adj..* **~sydig** →REGSYDIG. **~trek** *regge=* straighten, pull straight. **~uit** *adj.* →REGUIT *adj..* **~ver=dig** *adj.* →REGVERDIG *adj..* **~vlerkige** →REGVLERKIGE.

re·gaal *=gale, n. (mus.)* regal.

Re·gab, Re·ga·biet *(OT, OAB)* = REKAB, REKABIET.

re·ga·li·a, re·ga·lie·ë *n. (pl.)* regalia.

reg·a·rig *=rige, (bot.)* straight-veined.

re·gat·ta *=tas* regatta.

reg·draads *=draadse* with the grain. **reg·dra·dig** *=dige* straight *(timber).*

re·geer *(ge)=* rule, govern, reign; control, manage; *(a disease)* rage; *(gram.)* govern, take; *oor ... ~* rule (over) ... **~kragtig** *=tige: ~e meerderheid, (pol., rare)* = EFFEKTIEWE MEERDERHEID. **~kuns** kingcraft, statecraft. **~mag** power of government.

re·geer·baar *=bare* manageable, governable. **re·geer=baar·heid** governability.

re·geer·der *=ders* ruler, governor, administrator.

re·ge·ne·reer *ge=* regenerate. **re·ge·ne·ra·sie** *=sies* regeneration.

re·gent *=gente (masc.),* **re·gen·tes** *=tesse (fem.)* regent. **re·gent·skap** *=skappe* regency. **re·gent·skaps·raad** council of regency.

re·ge·rend *=rende (usu. attr.)* governing; *~e party* governing party.

re·ge·ring *=rings* rule, reign; government; *iem. is (al=tyd)* ***links*** *van die ~, (infml.)* s.o. is wrong-headed; ***onder*** *die ~ van* ... during/in/under the reign of ... *(a monarch); die ~ van* ***Suid-Afrika*** the South African government; *'n ~* ***laat val,*** *'n ~ tot 'n* ***val*** ***bring*** bring down (*or* topple) a government. **~saak** affair of state, government matter. **~setel** capital, seat of government; government seat *(in parl.).* **~stelsel** system of government.

re·ge·ring·loos *=lose* anarchic; without a government.

re·ge·rings=: **~amp** government post. **~amptenaar** government official, civil servant. **~banke** *n. (pl.), (parl.)* government benches. **~beleid** government policy. **~blad** government newspaper. **~gebou** government building. **~hoof** head of government. **~jaar** regnal year. **~kennisgewing** government notice. **~kringe** government circles. **~ondersteuner** government supporter. **~party** government/governing party, party in office. **~pos** government post. **~tyd** rule, reign, term of office. **~vorm** *=vorme, =vorms* form of government, polity. **~weë:** *van ~* officially; *iets moet van ~ gedoen word* s.t. must be done by the government.

reg·gae *(mus.)* reggae.

reg·heb·ben·de, reg·heb·ben·de *=des, (jur.)* rightful owner/heir/claimant/etc..

reg·hoek rectangle; *langwerpige ~* oblong. **~golf** *(elec., phys.)* square wave. **~sy** *(geom.)* side adjacent to the right angle.

reg·hoe·kig *=kige* rectangular, right-angled; *~e* ***hi=perbool*** rectangular hyperbola; *~e* ***koördinate/ko=ordinate,*** *(pl.)* rectangular coordinates; *iets ~* ***maak*** square s.t. off/up; *~e* ***venster*** square-headed window.

re·gie direction, production, producing *(of a play),* direction *(of a film); onder ~ van* ... directed by ..., under the direction of ...; *(also, theatr.)* produced by ...

re·gime *(Fr.)* regime, régime; regimen.

re·gi·ment *=mente* regiment. **~-sersant-majoor** *(mil., abbr.: RSM)* regimental sergeant major.

re·gi·ments=: **~dokter** regimental doctor. **~kas** *(rare)* regimental chest. **~orkes** regimental band. **~vaan=del** regimental colours.

re·gi·o *=gione, n. (usu. pl.) (Lat., rare)* region. **re·gi·o=naal** *=nale* regional. **re·gi·o·na·lis** *=liste* regionalist. **re·gi·o·na·lis·me** regionalism. **re·gi·o·na·lis·ties** *=tiese* regionalistic.

re·gis·seer *ge=* direct, produce *(a play, a film, etc.).* **re·gis·seur** *=seurs (masc.),* **re·gis·seu·se** *=ses (fem.), (theatr., cin.)* director, producer. **re·gis·seurs·werk** direction, production.

re·gis·ter *=ters* roll, register *(book of entries),* record; register *(of a voice);* (organ) stop; table, index; gamut; *van ... ~* ***hou*** keep a register of ...; *die ~* ***lees*** call the roll; *'n ~* ***op*** ... an index to ...; *in die ~ van ...* ***staan*** be registered in the books of ... **~knop** *(mus.)* stop knob *(of an organ or a harpsichord).* **~ton** *(a naut. unit of measure)* register ton, ton register; *1000 bruto ~* 1000 tons gross register. **~tonnemaat** register tonnage.

re·gis·tra·sie *=sies* registration; registry. **~bewys, ~dokument** registration document *(of a vehicle).* **~kantoor** registry (office); *~ van aktes* deeds office. **~koste** registration fee. **~nommer** registration number *(of a vehicle).* **~sertifikaat** certificate of registration. **re·gis·tra·teur** *=teurs* registrar; →GRIFFIER, SEKRETARIS. **re·gis·tra·teurs·kan·toor** registrar's office.

re·gis·treer *ge=* register, record, check in; *as gas by ... ~* check into ... *(a hotel etc.); op iem. se naam ~* register in s.o.'s name. **~ballon** *(meteorol.)* registering balloon. **~instrument** recording/registering instrument. **~pa=pier** recording paper. **~toestel** recorder, recording device.

re·gis·treer·baar *=bare* registrable. **re·gis·treer·baar=heid** registrability.

reg·kant *ge=* list *(wood).* **reg·kan·ting** listing *(of wood).*

reg·kap·ping tooling.

reg·kom *regge=* come right; recover *(from),* come round; find o.s., find one's feet, manage; turn out well; ***alles*** *sal ~* all will be well; ***goed*** *~* manage well; ***hoop*** *alles sal ~* trust to luck; *kom* ***jy*** *reg?* can you manage?; *iem.* ***laat*** *~* pull s.o. round/through; ***met*** *iets ~* manage s.t., be able to handle s.t.; ***met*** *iem. ~* get along/on with s.o.; ***nie*** *kan ~ nie* be unable to find one's way, be altogether at sea; *iem.* ***sal*** *~* s.o. can manage; *self* ***sien*** *om reg te kom* shift for o.s.; ***sonder*** *iets ~* do/go without s.t.; ***van*** *'n siekte ~* recover from illness; *iets kom* ***vanself*** *reg* s.t. rights itself; *sake kom* ***vanself*** *reg* things work/sort/straighten themselves out.

reg·le·ment *=mente* (set of) rules, regulations; *die ~* the rules and regulations; *die ~ van orde* the standing rules and orders. **reg·le·men·teer** *ge=* regulate, draw up rules/regulations; regiment, discipline. **reg·le·men·têr** -*têre* regular, prescribed, regulation. **reg·le·men·te·ring** regimentation.

reg·let -*lette, (<Fr., carp., print.)* reglet.

reg·ly·nig -*nige, (geom.)* rectilinear, rectilineal *(figure)*; linear; straight(-lined); straightforward. **reg·ly·nig·heid** rectilinearity; consistency *(of a person)*.

reg·maak *regge-* mend, repair, overhaul; correct; put right/straight, rectify; arrange, settle, fix up; doctor; do up; dress; *(infml.)* spay; *met iem.* ~, *(infml.)* square up with s.o., pay s.o. what is owing; *(jou)* ~ *vir* ... get ready for ..., prepare for ... **reg·ma·ker(·tjie)** -*tjies, (infml.)* pick-me-up, stiffener, snifter, snort, nip, tot; *(dose of a narcotic drug)* fix; *'n* ~ *drink, (infml.)* take a hair of the dog that bit one.

reg·ma·tig -*tige, (jur.)* rightful, legitimate, lawful, fair, just, proper; *jou* ~*e plek inneem* come into one's own. **reg·ma·tig·heid** rightfulness, legitimacy, lawfulness, fairness, justice, propriety.

re·go·liet *(geol.)* regolith.

reg·op erect, upright, perpendicular, vertical; straight up; plumb; virgate; upstanding; unbowed; *iem./iets* ~ ***hou*** hold s.o./s.t. up; *so* ~ *soos 'n* ***kers*** bolt upright; →KIERTSREGOP; ~ ***klavier*** upright/cabinet piano; *iem.* ***kom*** ~ s.o. straightens up; *iets* ~ ***kry*** get s.t. up; *'n* ~ ***paal*** an erect pole, an upright; ~ ***sit*** →SIT *vb.*; *iets* ~ ***sit*** place/stand s.t. on end; stick s.t. up; stand s.t. up; ~ ***staan*** stand up; stick up; *iets* ~ ***laat staan*** place/stand s.t. on end; stand s.t. up; set s.t. upright. **reg·op·staan·de** upright, erect; *(bot.)* orthotropous, orthotropic. **reg·op·stan·dig·heid** erectness; *(bot.)* orthotropism, orthotropy.

re·gres *(jur.)* recourse. ~**reg** right of recourse.

re·gres·sie -*sies* regression. ~**kromme** *(stat.)* regression curve.

re·gres·sief -*siewe* regressive; *regressiewe belasting* regressive tax.

regs *n.* right; →REGTER-; *na* ~ to the right; *na* ~ *draai* turn (to the) right, take a right turn; *op* ~ to the right; on the right side. **regs** *regse, adj.* right-handed; *(her.)* dexter; *(pol.)* right(ist), of the right; ~*e partye* parties of the right. **regs** *adv.* to the right; ~ ***afloop*** walk/exit down the right-hand side; →REGSAF; ~ ***brei*** knit plain; ~ ***gerig***, *(parade ground)* by the right; ***heel*** ~ on the extreme right; ~ ***hou*** keep (to the) right; ~ ***omry*** drive around on the right-hand side; →REGSOM *adv.*; ~ ***van*** ... to the right of ... ~ ***van iem.***, *(also)* on s.o.'s right; ~ ***weg*** to the right. ~**af** (down) to the right; ~ *gaan/loop/ry* turn (to the) right, take a right turn. ~**deur** *adv.*: ~ *gaan* go through on the right(-hand side). ~**draai** *n.* right turn. ~**draaiend** -*ende* dextrorota(to)ry. ~**gesind** →REGSGESIND. ~**handig** →REGSHANDIG. ~**kolwer** *(cr.)* right-handed batsman, right-hander. ~**om** *adv.* round to the right; clockwise; ~ *draai* turn (to the) right, take a right turn. ~**om** *interj.*, *(parade ground)* right turn!. ~**omkeer** *n.*, *(mil. or fig.)* about-turn, right about; *'n* ~ *maak (mil.)* do an about-turn; *(fig.)* make an about-turn/volte-face. ~**oor** *adv.*: ~ *gaan* go over on the right(-hand side). ~**sentristies** *(pol.)* right-of-centre *(coalition, party, etc.)*. ~**speler** right-handed player. ~**voetig** right-footed *(a soccer player etc.)*.

regs-: ~**advies** legal advice, counsel's opinion; ~ *inwin/verkry* take legal advice, take counsel's opinion. ~**adviseur** legal adviser, counsel. ~**assistent** -*tente* paralegal. ~**band** legal tie. ~**bedeling** (administration/dispensation/distribution of) justice, administration of law, judicial administration; *die* ~ *verydel* defeat the ends/course of justice. ~**bediening** judicature, administration of justice. ~**begrip** legal notion/concept. ~**beroep** legal profession. ~**bevinding** legal finding/ruling, conclusion of law. ~**bevoeg** -*voegde, adj.* competent. ~**bevoegdheid** competence, competency, jurisdiction, juristic capacity; *binne/onder die* ~ *van* ... *wees* be/come/fall under/within the jurisdiction of ...; *buite die* ~ *van* ... outside the jurisdiction of ...; *onder* ~, *(also)* justiciable. ~**bewussyn** sense of justice. ~**boek** law book. ~**bron** source of law. ~**bystand** →REGSHULP. ~**dwaling** miscarriage of justice, legal error. ~**dwang** legal compulsion. ~**fakulteit** faculty of law, law school. ~**figuur** legal institution. ~**fiksie** legal fiction. ~**gebied** (area of) jurisdiction. ~**gebruik** legal custom/practice. ~**geding** lawsuit, case, action at law. ~**geldig** -*dige* legal, valid, sufficient in law. ~**geldigheid** legality, (legal) validity, force of law. ~**geleerd** -*leerde, adj.* legal, versed in the law; jurisprudent; ~*e persone* lawyers; ~*e advies* legal advice, counsel's opinion; ~*e raadsman* legal adviser. ~**geleerde** -*des, n.* jurist, lawyer, legist, jurisconsult, -prudent. ~**geleerdheid** jurisprudence, law; *fakulteit van* ~ faculty of law, law school. ~**gelykheid** equality before the law. ~**geneeskunde** forensic medicine, medical jurisprudence. ~**geneeskundig** -*dige, adj.* medico-legal. ~**geskiedenis** history of law, legal history. ~**gevoel** sense of justice. ~**gevolge** legal consequences. ~**grond** legal ground. ~**handeling** legal/juridical/juristic act. ~**hulp**, ~**bystand** legal aid; *sonder* ~ unrepresented. ~**jargon** *(infml.)* legalese. ~**kommissie** legal committee/commission. ~**konsultant** legal consultant. ~**koste** legal expenses/costs. ~**krag** force of law, legal force, validity; *iets het* ~ s.t. has the force of law. ~**kragtig** -*tige, adj. (attr.)* enforceable at law *(pred.)*. ~**kundig** -*dige, adj.* legal, juridical; ~*e advies* legal advice; ~*e adviseur* legal adviser. ~**kundige** -*ges, n.* jurist, lawyer, legal man, jurisconsult, -prudent. ~**kwessie** legal question. ~**latyn** law Latin. ~**leer** jurisprudence. ~**mag** jurisdiction, competence; legal force; →REGSBEVOEGDHEID. ~**mening**: *'n* ~ *inwin/verkry* take legal advice, take counsel's opinion; →REGSADVIES. ~**middel** -*dele*, -*dels* legal remedy, remedy at law; *(also, in the pl.)* legal resources. ~**misbruik** abuse of justice. ~**norm** legal rule. ~**ongeldig** -*dige, adj. (attr.)* void in law *(pred.)*. ~**onsekerheid** legal insecurity. ~**opvolger** successor in title. ~**orde** rule of law; legal order. ~**persoon** body corporate, corporate body, legal person, corporation, juristic person; persona; legal entity; *as* ~ in a corporate capacity; ~ *word* be incorporated. ~**persoonlikheid** legal personality, corporate existence, incorporation; ~ *verkry* be incorporated; *met* ~ incorporated, corporate; *liggaam met* ~ corporate body. ~**pleging**: *die* ~ the administration of justice. ~**praktisyn** legal practitioner, lawyer. ~**praktyk** legal practice, practice of the law, law practice. ~**professie** = REGSBEROEP. ~**punt** point of law. ~**reël** legal rule/norm. ~**taal** legal language/terminology; *(infml.)* legalese. ~**taal** legal terminology, legal parlance; *in die* ~ in legal parlance. ~**term** legal term. ~**toestand** legal position/status. ~**vaktaal** legal terminology. ~**verband** legal connection. ~**verdraaier** pettifogger. ~**verdraaiing** legal trickery, pettifogging, chicanery, perversion of justice. ~**verhouding** privity. ~**verkragter** violator of the law. ~**verkragting** violation of right/justice. ~**vermoede** presumption of law/fact. ~**versuim** failure to appear before judge; legal oversight. ~**verteenwoordiger** legal representative. ~**vervolging** prosecution; *iem. van* ~ *ontslaan* discharge s.o., dismiss the case against s.o.. ~**verydeling** defeating the ends of justice. ~**voorganger** predecessor in title. ~**voorskrif** -*skrifte*: *volgens* ~*te* by due process (of law). ~**vordering** legal claim, action. ~**vorm** form of judicature, (due) form of law. ~**vraag** question of law, legal question. ~**weë** *n. (pl.)*: *van* ~ by right(s), legally. ~**wese** administration/system of justice, judicature. ~**wetenskap** jurisprudence, science of (human) law.

regs·ge·sind -*sinde, adj.* right(ist), right-wing, of the right, conservative. **regs·ge·sin·de** -*des, n.* rightist, right-winger, conservative. **regs·ge·sind·heid** conservatism, rightism.

regs·han·dig -*dige, adj.* right-handed, dext(e)rous; *regs- en linkshandig* ambidextrous. **regs·han·di·ge** -*ges, n.* right-handed person, right-hander. **regs·han·dig·heid** right-handedness, dexterity.

reg·sin·nig -*nige* orthodox. **reg·sin·nig·heid** orthodoxy.

reg·ska·pe ~ -*pener* -*penste* (*of meer* ~ *die mees* ~) upright, just, honest. **reg·ska·pen·heid** uprightness, honesty, probity.

reg·stam·mig -*mige* straight-stemmed.

reg·stan·dig -*dige* vertical, upright, straight up, perpendicular, erect. **reg·stan·dig·heid** verticality.

reg·stel *regge-* correct, rectify, put right; *iets* ~ put/set s.t. right; put/set s.t. to rights; *'n dwaling* ~, *(jur.)* cure an error; *om dit reg te stel* ..., *(also)* for the record ... **reg·stel·lend** -*lende*: ~*e aksie/optrede/stappe* affirmative action. **reg·stel·ling** rectification, correction; levelling-up; adjustment.

reg·streeks -*streekse meer* ~ *die mees* -*streekse, adj.* direct, straight, outright; ~*e* ***aandrywing*** direct drive; ~*e* ***aanspreking*** direct address; ~*e* ***afstammeling*** direct descendant; ~*e* ***belasting*** direct tax; ~*e* ***invoer/toevoer***, *(comp.)* direct input; ~*e* ***kontak*** direct contact; ~*e* ***regering*** direct rule; ~*e* ***uitsending*** live broadcast. **reg·streeks** *adv.* direct(ly), straight.

reg·sy·dig -*dige* quadrantal.

reg·te[1] *n. (pl.)* →REG[1] *n.*. ~-**uitgifte** rights issue *(to shareholders)*.

reg·te[2] *adv., (obs., regional)* = REGTIG *adv.*.

reg·te·lik -*like* = GEREGTELIK.

reg·te·loos -*lose* rightless, without rights; lawless *(state)*. **reg·te·loosheid** rightlessness; lawlessness *(of a/the state)*, lack of justice.

reg·tens by right(s), lawfully, legally, by law, in law; as of right; ~ *gegrond* valid; ~ *ongegrond* bad in law.

reg·ter[1] -*ters* judge, justice; inquisitor; →REGTERLIK; *iem. as* ~ ***aanstel*** appoint s.o. to the bench; *iem. tot* ~ ***benoem*** appoint/raise s.o. to the bench; ***gewone*** ~ = ONDERGESKIKTE REGTER; ~ *in eie saak* ***wees*** take the law into one's own hands; judge one's own cause; ~ ***X*** Mr Justice X. ~-**advokaat** *regters-advokate, (mil.)* judge advocate. ~-**advokaat-generaal** *regters-advokate-generaal, (mil.)* judge advocate general. ~-**president** *regters-president(e)* judge president. ~**stoel** judgement seat, judge's seat, tribunal, bench.

reg·ter[2] →REGTERHOU.

reg·ter- right, off. ~**agterbeen**, -**poot** right/off hind leg. ~**agterspeler** *(soccer, hockey, etc.)* right back. ~**arm** right arm. ~**binnespeler** *(soccer)* inside right. ~**bors** right breast. ~**buiteveld** *(baseball)* right field. ~**flank** right flank; *op die* ~ at/on the right; *met rigting op die* ~, *(parade ground)* by the right. ~**haakhou** *(boxing)* right hook. ~**hak** right heel. ~**hand** right hand; *(fig.)* right hand/arm; *laat jou linkerhand nie weet wat jou* ~ ***doen*** *nie* (OAB), *jou linkerhand moet nie weet wat jou* ~ *doen nie* (NAB) let not thy left hand know what thy right hand doeth *(AV)*, do not let your left hand know what your right hand is doing *(NIV)*; *iem. sou sy/haar* ~ *daarvoor wou* ***gee*** s.o. would give his/her eyeteeth for it *(infml.)*; ***op*** ~ on the right; *iem. **se*** ~, *(fig.: s.o.'s most valuable assistant/supporter)* s.o.'s right-hand man/woman. ~**hou** -*houe*, **regter** -*ters, (boxing)* right, right-hander. ~**kant** *n.* right (side), right-hand side; off side *(of a vehicle)*; *aan die* ~ on the right; to the right; *aan iem. se* ~ on s.o.'s right(-hand side); ~ *toe, na die* ~ to the right. ~**kants(t)e** *adj. (attr.)* right-hand. ~**oewer** right bank. ~**pedaal** *(mus.)* sustaining pedal *(of a piano)*. ~**skakel** *(soccer, hockey, etc.)* right half(back). ~**stuur** right-hand drive. ~**stuurmotor** right-hand drive, right-hand-drive car. ~**sy** right side *(of the body etc.)*; *die* ~, *(pol.)* the right. ~**vleuel** *(mil., pol., football)* right wing; *(hockey)* outside right. ~**voet** right foot; *'n doel met die* ~ *aanteken* score a right-footed goal; *'n skoot met die* ~ a right-footed shot. ~**voorbeen**, -**poot** right/off front leg. ~**voorwiel** right/off front wheel. ~**wal** right bank.

reg·ter·lik -*like* judicial, of (*or* proper to) a judge; ~*e* ***dwaling*** miscarriage of justice; ~*e* ***kommissie*** judicial commission; *wetgewende, uitvoerende en* ~*e* ***mag*** legislative, executive and judicial power; ~*e* ***mag/gesag*** judicial power; the judiciary, judicial body, members of the judicature, the Bench; *by* ~*e* ***vonnis*** by a judicial decision (*or* a sentence of the court).

reg·ters-: ~**amp** judgeship, judicature. ~**kamers** judges' chambers. ~**klerk** judge's registrar. ~**reëls** judges' rules.

reg·ter·skap -*skappe* judgeship, office of judge, judicature, justiceship.

regt·heid *(rare)* rightness, correctness, integrity, justice.

reg·tig -*tige, adj.* real, actual. **reg·tig** *adv.* really, truly, indeed, actually, downright, properly; ~ *bly wees* be very glad indeed; *ek hoop* ~ *(dat)* ... I do hope (that) ...; *die storie was* ~ *waar* the story was really true (*or* the actual truth *or [infml.]* the dinkum truth). **reg·tig?** *interj.* really?, indeed?. **reg·tig·waar** *adv.: dit het* ~ *gebeur, (infml.)* it really/honestly did happen. **reg·tig·waar** *interj.* honestly.

reg·uit *adj.* straight *(line, road, joint)*; honest, frank, open, candid, straight, straightforward, upfront; blunt, outspoken, forthright; *'n* ~ ***antwoord*** a direct answer; *'n* ~ ***ketting,*** *(chem.)* a straight chain; ~ ***pad*** straight road; direct road; *'n* ~ ***vraag*** a direct question. **reg·uit** *adv.* straight; frankly, openly, baldly; outspokenly, forthrightly; in no uncertain terms; ~ ***gaan*** go straight; *iets* ~ ***maak*** straighten s.t. (out); ~ ***praat*** be outspoken, speak out, *(infml.)* call a spade a spade; *om* ~ ***te praat,*** *om dit (maar)* ~ *te sê* to put it bluntly/baldly; ~ *met iem.* ***praat,*** *iets* ~ *vir iem.* ***sê*** give it to s.o. (straight) from the shoulder; *so* ~ *soos 'n* ***roer*** as straight as a die; ~ ***stuur*** keep a ship steady; *iets* ***word*** ~, *(a road etc.)* s.t. straightens out.

re·gu·la·ri·seer *ge-* regularise. **re·gu·la·ri·sa·sie** regularisation.

re·gu·la·sie -*sies* regulation, bye-law, bylaw. **re·gu·la·tief** -*tiewe* regulative.

re·gu·la·teur -*teurs, (tech.)* regulator, controller, moderator, throttle (valve).

re·gu·la·tor -*tore,* -*tors, (gen., tech., rare)* regulator; →REËLAAR.

re·gu·leer *ge-* regulate, modulate, adjust, time. ~**klep** regulating valve. ~**weerstand** rheostat. ~**wiel** balance wheel.

re·gu·leer·baar -*bare* adjustable, regulable.

re·gu·leer·der -*ders* adjuster, modulator, regulator.

re·gu·le·rend -*rende* regulating, regulative; ~*e/reëlende wetgewing* regulatory legislation.

re·gu·le·ring regulation, adjustment.

re·gu·lier -*liere, (math.)* regular.

re·gu·lus *(ore smelting)* regulus.

reg·ver·dig -*dige, adj.* just, righteous, fair, fair-minded, equitable. **reg·ver·dig** *ge-, vb.* justify; sanctify; vindicate; warrant; *niks kan sulke gedrag* ~ *nie* nothing can warrant such behaviour; *die wat Hy geroep het, dié het Hy ook ge*~ (OAB), *dié wat Hy geroep het, het Hy ook vrygespreek* (NAB), *(NT)* whom he called, them he also justified *(AV),* those he called, he also justified *(NIV); jou* ~ *(teenoor iem.)* justify o.s. (to s.o.). **reg·ver·di·gend** -*gende* justificative, justificatory. **reg·ver·dig·heid** justice, equity; justness, righteousness. **reg·ver·di·ging** justification, vindication; apology; *ter* ~ *van* ... in justification of ... **reg·ver·dig·ma·kend** -*kende* justifying. **reg·ver·dig·ma·ker** justifier. **reg·ver·dig·ma·king** justification; ~ *deur die geloof* justification by faith.

reg·ver·kry·gen·de -*des,* **reg·ver·kry·ger** -*gers, (jur.)* assign(ee), cessionary.

reg·vler·ki·ge, reg·vleu·e·li·ge -*ges, (entom.)* orthopteran, orthopteron; *die R~s* the Orthoptera.

Re·ha·be·am *(OT)* Rehoboam; *(r~, an oversize[d] wine bottle)* rehoboam.

re·ha·bi·li·teer *ge-* rehabilitate. **re·ha·bi·li·ta·sie** -*sies* rehabilitation.

re·hi·dreer *ge-* rehydrate.

rei[1] *reie, (carp.)* straight edge. ~**hout** straight edge. ~**skaaf** jointer (plane), try(ing) plane, shooting plane.

rei[2] *reie, (class. theatr.)* chorus, choir song, choric song. ~**dans** choric dance. ~**sang** chorus, choric song.

rei·er -*ers, (orn.)* heron, egret. ~**bek** heron's bill. ~**nes** heron's nest, heronry.

re·ï·fi·seer, re·i·fi·seer *ge-, (fml., rare)* reify, concretise. **re·ï·fi·ka·sie, re·i·fi·ka·sie** reification, concretisation.

reik *ge-, (poet., liter. or fml.)* reach, stretch; pass, hand to; extend; *iem. die/jou* ***hand*** ~ shake hands with s.o.; extend one's hand to s.o.; lend a helping hand to s.o.; *hulle* ~ *mekaar die* ***hand,*** *(also)* they join forces (with one another); ***na iets*** ~ reach for s.t.; *so ver/vêr as die* ***oog*** *kan* ~ →OOG; ***tot*** *(aan)* ... ~ come up to ... *(a certain height);* extend to ...; reach to ... ~**hoogte** ceiling *(of an aeroplane).* ~**lengte** reach, range. ~**wydte** range, scope, reach, outreach; *(rad.)* service area.

reik·hals *ge-: ~ na ..., (poet., liter., obs.)* yearn/long for ..., hanker after ... **reik·hal·send** -*sende* yearningly, longingly.

rein *rein(e) reiner reinste, adj. & adv.* pure, clean, undefiled; stainless; chaste, virtuous, clean-living, virginal, vestal; *'n* ~ ***gewete*** →GEWETE; *salig is die wat* ~ *van* ***hart*** *is* (OAB), *geseënd is dié wat* ~ *van hart is* (NAB) blessed are the pure in heart *(AV, NIV);* ~ ***lewend*** clean-living; *dit is die* ~*e* ***waarheid*** →WAARHEID. **rei·ne** -*nes, n.* pure one; that which is pure; *vir die* ~ *is* ***alles*** *rein* to the pure all things are pure; *iets in die* ~ ***bring*** settle s.t., straighten s.t. (out); *dit het die saak in die* ~ ***gebring*** that settled the matter; *met jouself in die* ~ ***kom*** sort o.s. out. **rein·heid** purity, cleanness; chastity, virtue. **rein·kul·tuur** *(biol.)* pure culture.

Rei·naard, Rei·naart *(Medieval liter.: the fox)* Reynard.

re·ïn·fek·sie, re·in·fek·sie reinfection.

rei·nig *ge-* purify, cleanse, clean; *iem.* ~ *van sonde, (also, RC)* shrive s.o.. **rei·ni·gend** -*gende* purifying; cleansing, cleaning; detergent; purgative; purificatory. **rei·ni·ger** -*gers* purifier, cleanser, cleaner. **rei·ni·ging** purification, cleansing, cleaning; catharsis.

rei·ni·gings-: ~**diens** sanitary service/department, cleansing department. ~**middel** -*dels,* -*dele* cleaner, cleanser, cleansing/cleaning agent; purifier; detergent; purgative; *(min.)* scavenger. ~**room** cleansing cream. ~**toestel** purifier, scourer. ~**vloeiroom** cleansing lotion. ~**vloeistof** cleansing fluid/liquid.

re·ïn·kar·neer, re·in·kar·neer *ge-* reincarnate. **re·ïn·kar·na·sie, re·in·kar·na·sie** -*sies* reincarnation.

re·ïn·ter·pre·teer, re·in·ter·pre·teer *ge-* reinterpret. **re·ïn·ter·pre·ta·sie, re·in·ter·pre·ta·sie** -*sies* reinterpretation.

reis *reise, n.* journey *(usually by land);* voyage *(by sea);* flight *(in an aeroplane);* tour; peregrination; *(also, in the pl.)* travelling, travels; ***aangename/goeie/voorspoedige*** ~*!* have a pleasant/good journey/trip!, bon voyage!; *'n* ~ ***begin*** start on a journey; set forth/off; *op* ~ ***gaan*** start on a journey; set forth/off/out; go on (*or* be off on *or* take) a trip; *op* ~ ***gaan*** *na* ... leave for ...; ***goeie*** ~*!* →***aangename/goeie/voorspoedige;*** *iem. 'n* ***goeie*** ~ ***toewens*** bid/wish s.o. Godspeed/godspeed; *'n* ~ ***heen en terug*** a round trip; *'n* ~ ***maak,*** *(rare)* →***onderneem;*** *'n* ~ ***onderbreek*** break a journey; *'n* ~ *êrens* ***onderbreek,*** *(also)* stop off/over somewhere; *'n* ~ ***onderneem*** make/take a journey; go on (*or* be off on *or* take) a trip; ***op*** *iem. se* ~*e* on s.o.'s travels; ***op*** ~ *wees* be on a journey; be on tour; *na ...* ***op*** ~ *wees* be on the way to ...; ***voorspoedige*** ~*!* →***aangename/goeie/voorspoedige; waar*** *gaan die* ~ ***heen?*** *(of na toe?)* how far are you going?. **reis** *ge-, vb.* travel, journey, tour; voyage; *met die/'n* ... ~ travel by ...; *per* ... ~ travel by ...; *verder/vêrder* ~ journey on. ~**agent,** ~**konsultant** travel/tourist agent/consultant. ~**agentskap,** ~**buro** tourist/travel agency, tourist office. ~**artikel** travel article *(in a magazine etc.).* ~**avontuur** travel adventure. ~**benodig(d)hede** travelling requisites. ~**beskrywing** description of a journey, book of travel(s), travel book; travelogue; itinerary; *(also, in the pl.,* reisboeke, reisliteratuur*)* travel literature. ~**betaalorder** circular warrant. ~**beurs** travel award, travelling scholarship/studentship. ~**boek** travel book, book of travel(s). ~**brosjure** travel brochure. ~**buro** →REISAGENTSKAP. ~**dagboek** travel diary. ~**deken** travelling rug, wrap. ~**duur** length/duration of a journey/voyage. ~**geld** fare; travelling expenses. ~**geleentheid** travel opportunity. ~**genoot** -*genote, (fem.)* ~**genote** -*genotes* fellow traveller, travelling companion, fellow passenger. ~**geriewe** *(pl.)* travelling facilities. ~**gesel** -*le, (fem.)* ~**gesellin** -*ne, (somewhat dated)* = REISGENOOT. ~**geselskap** party of travellers, touring party; company on a journey/voyage; *(theatr.)* touring company. ~**gids** guidebook, travel/tourist guide, itinerary; *'n* ~ *van/vir ...* a guide to ... *(Paris etc.).* ~**groep** touring party. ~**hangkas** wardrobe trunk. ~**herinneringe** travel reminiscences. ~**indruk** impression of travel. ~**joernaal** travel diary, journal of travel, logbook. ~**kaartjie** ticket. ~**koffer** travelling case. ~**kombers** = REISDEKEN. ~**konsultant** →REISAGENT. ~**koste** travelling expenses; *reis- en verblyfkoste, (abbr.:* R&V *or* RV*)* subsistence and travelling/transport *(abbr.:* S&T*).* ~**lektuur** travel literature/reading. ~**maat** = REISGENOOT. ~**mantel** travelling cloak. ~**moeder** chaperon(e), lady in charge of a travelling party. ~**naarheid** travel-sickness. ~**ouers** pair of (travelling) chaperons. ~**pas** *(obs.)* →PASPOORT. ~**plan** itinerary; intention of travelling (*or* going on a journey). ~**program** itinerary, plan of travel. ~**roes** →VLUGFLOUHEID. ~**roete** travel route, route of a journey. ~**rol,** ~**sak** holdall. ~**(rol)prent** travelogue. ~**sak** kitbag, holdall, overnight bag. ~**siek** travel-sick. ~**siekte** travel-sickness; *pil teen* ~ travel-sickness pill. ~**tas,** ~**sak** suitcase, travelling bag/case; *'n* ~ *pak* pack a bag; pack a case. ~**tjek** →REISIGERSTJEK. ~**toelaag** -*lae,* ~**toelae** -*laes* travelling allowance; *reis- en verblyftoelaag/-lae* subsistence and travelling/transport allowance. ~**tyd** travel time. ~**vader** tour manager. ~**verhaal** account/story/record of travel(s). ~**versekering** travel insurance. ~**wa** caravan, travelling wag(g)on. ~**weg** travel route. ~**wissel** circular note, (traveller's) letter of credit. ~**wyser** guidebook; route book, road book.

rei·send -*sende* travelling, mobile; itinerant; ~*e* ***berig·gewer*** roving correspondent; ~*e* ***biblioteek*** book van, mobile library; ~*e* ***geselskap*** touring company; ~*e* ***sirkus*** travelling circus; ~*e* ***teater*** travelling theatre; ~*e* ***tentoonstelling*** touring/travelling exhibition; ~*e* ***toneelgeselskap,*** *(theatr.)* touring company; *(hist.)* strolling players.

rei·sie -*sies, (dim.)* trip, short tour, short journey/voyage.

rei·sies →RESIES.

rei·si·ger -*gers* traveller, voyager, wayfarer; explorer; *'n ervare* ~ a seasoned traveller. **rei·si·gers·tjek, reis·tjek** traveller's cheque.

reis·lus love of travel. **reis·lus·tig** -*tige* keen on travelling.

reis·vaar·dig -*dige* ready to start, ready for the road, about to start/leave. **reis·vaar·dig·heid** readiness to set out (*or* start).

re·ï·te·reer, re·i·te·reer *ge-, (fml.)* reiterate. **re·ï·te·ra·sie, re·i·te·ra·sie** -*sies* reiteration.

rek *rekke, n.* elastic; catapult, *(SA, infml.)* catty, cattie, slingshot (→REKKER, KETTIE); *(no pl.)* elasticity; *(no pl.)* tension. **rek** *ge-, vb.* stretch; draw out; elongate, extend; drag out; strain; prolong *(a discussion);* protract *(one's stay);* spin out *(a tale);* dilate *(eyes etc.);* tenter *(fabric); jou* ***bene*** ~ stretch one's legs; *die* ***dae*** ~ →DAG[1]; *iem. se* ***oë*** ~ *van verbasing* →OOG; ~ ***of vrek,*** *(infml., rare)* if you see what you want, stretch (for it). ~**as** axis of elasticity. ~**bank** draw bench, draw frame. ~**bok** straining trestle. ~**broek** stretch pants. ~**getal** coefficient of elasticity. ~**grens** elastic limit. ~**kaas** *(rare)* = BRAAIKAAS. ~**kous** elastic/stretch stocking. ~**merke** *(pl.)* stretch marks. ~**pen** turnpin. ~**pleister** elastic sticking plaster. ~**prop** →TENT[2]. ~**siekte** *(vet.)* gut-tie. ~**spier** tensor; dilator, dilatator. ~**spring** *n.* bungee/bungie/bungy jumping. ~**springer** bungee/bungie/bungy jumper. ~**sprong** bungee/bungie/bungy jump. ~**steek** garter stitch, plain knitting. ~**stok** *(gym.)* horizontal bar; catapult handle. ~**verband** elastic/extension bandage. ~**weefsel** elastic tissue.

Re·kab *(OT, NAB)* Rechab. **Re·ka·biet** -*biete, (OT, NAB; also, rare: teetotaller)* Rechabite.

re·ka·les·sen·sie *(metall.)* recalescence.

re·ka·pi·tu·leer *ge-* recapitulate. **re·ka·pi·tu·la·sie** -*sies* recapitulation.

rek·baar *-bare* elastic, ductile, extensible, tensile, tensible; stretchy *(material); 'n ~bare gewete, (fig.)* an elastic conscience. **rek·baar·heid** elasticity, ductility, extensibility.

re·ken *ge-* reckon, calculate, estimate, compute, cipher; count, consider, regard; *iem.* ***as*** *vriend (of* ***onder*** *jou vriende)* ~ count/number s.o. among one's friends, count s.o. as one of one's friends, regard s.o. as a friend; ***as*** *... ge~ word* be classed as ...; ***as/vir*** *... ge~ word* go for ...; be reputed (to be) ... *(the best etc.); jou* ***bevoeg*** *~ om ...* consider o.s. competent to ...; ***daarop*** *~ dat iem. ... sal wees* expect s.o. to be ...; ***daarop*** *het iem. nie ge~ nie* s.o. did not bargain for/on that (*or* expect that); *~* ***dat*** *jy iets sal doen* figure on doing s.t.; *iem. kan* ***goed*** *~* s.o. is good at figures; *uit die* ***hoof*** *~* do mental arithmetic; *daarop* ***kan*** *jy ~* you can/may take my word for it; ***met*** *... ~* reckon by ...; *~* ***(nou net)!*** did/have you ever? *(infml.)*; just fancy/imagine (that)!; well I never! *(infml.); iem.* ***onder*** *jou vriende ~ →****as****; iem.* ***onder*** *die grootstes/ens. ~* regard s.o. as one of the greatest/etc., rate s.o. among/with the greatest/etc.; ***op*** *iem./iets ... ~* bank on s.o./s.t., count/depend/reckon/rely (up)on s.o./s.t.; ***op*** *iets ~, (also)* calculate (up)on s.t.; budget for s.t.; gamble on s.t.; ***op*** *iets kan ~* be certain of s.t.; ***op*** *iem. ~ om iets te verskaf* depend (up)on s.o. for s.t.; ***op*** *iem. se hulp/steun ~* look to s.o. for help/support; *ek ~* ***so*** I suppose so; I suppose it is; *ek* ***sou*** *~ ...* I guess ... *(infml.); iets* ***tot*** *... ~* regard s.t. as ... *(an evil etc.);* ***verkeerd*** *~* be out in one's reckoning; *~,* ***X*** X of all people. **~boek** arithmetic/sum book. **~bord** *(rare)* = TELRAAM. **~eenheid** unit of account, money of account. **~fout** miscalculation, arithmetical/computational error. **~kamer** *(hist.)* audit office. **~klerk** →REKENINGKLERK. **~kunde** *(rather obs.)* arithmetic; →WISKUNDE; *~ doen* do arithmetic. **~kundig** *-dige, adj.* arithmetical; *~e reeks* arithmetical progression. **~kundige** *-ges, n.* arithmetician. **~liniaal** sliding rule, slide rule. **~logika-eenheid** *(comp.)* arithmetic and logic unit. **~masjien** *(obs.)* calculating machine, accounting machine, comptometer. **~meester** accountant; *geoktrooieerde ~* chartered accountant. **~meestersberoep, ~meestersvak** accountancy. **~metode** calculus. **~munt** money of account. **~outomaat** *(rather obs.)* computer. **~pligtig** →REKENPLIGTIG. **~raam** *(rare)* = TELRAAM. **~sentrum** →REKENAARSENTRUM. **~som** sum, arithmetical problem. **~taal** algorithmic language. **~tafel** multiplication table; conversion table, ready reckoner. **~tyd, berekeningstyd** computing time. **~wese** →REKENINGKUNDE.

re·ke·naar *-naars, (comp.)* computer; *(rare)* reckoner, calculator; *(rare)* arithmetician; *iets op 'n ~ doen* do s.t. on a computer; *met ~s werk* be in computing. **~bediener** →REKENAAROPERATEUR. **~bedryf** computer industry; *in die ~ wees* be in computing. **~beheerde** *adj. (attr.)* computer-controlled *(system etc.)*. **~drukstuk** computer printout. **~eeu** computer age. **~foendi(e), ~fundi** *(infml.)* computer fundi/whiz(z)/wiz, techie, tekkie. **~gebaseerde, ~gegronde** *adj. (attr.)* computer-based *(design, system, etc.)*. **~gebruikersforum** *-rums* computer users' forum. **~geletterd, ~vaardig** computer literate, *(infml.)* computerate. **~geletterdheid, ~vaardigheid, ~vertroudheid, ~bevoegdheid** computer literacy, *(infml.)* computeracy; →REKENAARVAARDIGHEDE. **~gesteunde** *adj. (attr.)* computer-aided, computer-assisted; *~de ontwerp* computer-aided design *(abbr.:* CAD*)*. **~grafika** *(pl.)* computer graphics. **~inbreker ~indringer** hacker, *(also, in the pl.)* hackerdom. **~indringing, ~terrorisme, ~vandalisme** *(comp.)* hacking. **~jargon** *(derog.)* computerspeak, computerese. **~kunde, ~wetenskap** computer science/studies, computing. **~kundige, ~wetenskaplike** computer scientist. **~leesbaar** computer-readable, machine-readable. **~linguistiek, ~taalkunde** computational linguistics. **~misdaad** computer crime. **~monitering** computer monitoring. **~muis** computer mouse. **~netwerk** computer network. **~operateur, ~bediener** computer operator. **~personeel** computer personnel, *(infml.)* liveware. **~program** computer program. **~programmeerder, ~programmeur** computer programmer. **~sentrum, rekensentrum** computing centre. **~setwerk** computer typesetting. **~soektog** computer search. **~speletjie** computer game; *programmatuur/sagteware vir ~s* games software. **~stelsel** computer system. **~taal** computer language. **~taalkunde** →REKENAARLINGUISTIEK. **~tegnologie** computer technology. **~terminaal** computer terminal. **~terroris, ~vandaal** *(comp. sl.)* hacker, *(also, in the pl.)* hackerdom. **~tomograaf** *(med.)* CT scanner. **~tomografie** *(med.)* CT scanning. **~tomogram** *(med.)* CT scan. **~vaardig** →REKENAARGELETTERD. **~vaardighede** *(pl.)* computer skills; →REKENAARGELETTERDHEID. **~virus** computer virus. **~vrees** cyberphobia. **~vriendelik** computer-friendly. **~wetenskap** →REKENAARKUNDE. **~wetenskaplike** →REKENAARKUNDIGE.

re·ke·na·ri·seer *ge-* computerise.

re·ke·ne *(obs.)* ciphering, arithmetic; →WISKUNDE; *iem. is knap in ~* s.o. is good at figures.

re·ke·ning *-nings, -ninge* account, bill, statement; calculation, computation, ciphering, reckoning, count; tally; *(math.)* calculus; *'n ~* ***afsluit*** balance an account; *'n ~* ***betaal/vereffen*** pay/settle/clear an account; *iets teen ... in ~* ***bring*** set off s.t. against ...; *iets* ***buite*** *~ laat* leave s.t. out of account/reckoning; rule s.t. out; *iem./iets kan* ***buite*** *~ gelaat word, (also)* s.o./s.t. is a negligible factor/quantity; *totaal* ***buite*** *~ wees, (a competitor, an applicant, etc.)* be nowhere *(infml.); vir* ***eie*** *~* on one's own account; on one's own; ***gefingeerde*** *~* simulated account; *iem. het nie daarmee ~* ***gehou*** *nie* s.o. did not bargain for/on that; *iem. met wie ~* ***gehou*** *moet word* s.o. to be reckoned with; *aan/vir* ***gelewerde*** *~* to account rendered; ***gesamentlike*** *~* joint account; *'n* ***gespesifiseerde*** *~ verskaf* give a detailed account *(of what has to be paid for); met iem./iets ~* ***hou*** reckon with s.o./s.t.; take s.o./s.t. into account, take account of s.o./s.t.; *met iets ~* ***hou****, (also)* make allowance for s.t., allow for s.t.; pay regard to s.t.; *nie daarmee ~* ***hou*** *nie dat ...* reckon without the fact that ...; *nie met iem. ~* ***hou*** *nie, (also)* take s.o. for granted; *met niks en niemand ~ hoef te* ***hou*** *nie, (also)* be footloose and fancy-free; *'n ~* ***klop*** an account balances; *op ~* ***koop*** buy on account/credit; run up accounts; *'n ~* ***krediteer*** credit an account; *'n ~* ***lewer*** present a bill; render an account; ***lopende*** *~* →LOPEND; *iets vir jou ~* ***neem*** accept/take responsibility for s.t.; *ek* ***neem*** *dit vir my ~, (also, infml.)* the buck stops here; ***op*** *~* on account/credit; *'n ~* ***open*** open an account; *~e laat* ***oploop*** run up bills; *'n ~* ***opmaak*** make out a bill; make up an account; *iets op iem. se ~* ***plaas/sit*** charge s.t. against/to s.o.('s account), make s.t. chargeable to s.o.'s account; hold s.o. responsible for s.t., blame s.o. for s.t.; *iets op 'n ~* ***skryf/skrywe*** charge s.t. to an account; *per* ***slot*** *van ~* after all, after/when all is said and done, in the final/last analysis, in the final reckoning, in the end, at the end of the day *(fig.)*; all things considered; on balance; *'n ~* ***sluit*** close an account; *iets op 'n ~* ***stort*** pay s.t. into an account; *iem. 'n ~ vir iets* ***stuur*** bill s.o. for s.t.; *'n ou ~* ***vereffen****, (fig.)* pay off an old grudge; →***betaal/vereffen****; ~s* ***vervals*** cook accounts; *dit is* ***vir*** *iem. se ~* that must be put down to s.o.'s account, s.o. will settle that; s.o. will see to that; s.o. will take the responsibility for that; ***volgens*** *~* as per account; *op 'n ~* ***werk*** operate (on) an account. **~boek, rekeningeboek** account book. **~klerk, rekenklerk** accounting clerk, accounts clerk. **~kunde, ~wese, rekenwese** accounting, accountancy; →REKENKUNDE. **~kundig** *-dige, adj.* accounting; *~e tydperk* accounting period. **~kundige** *-s, n.* accountant. **~wetenskap** accountancy.

re·ke·nin·ge-: **~afdeling** accounting department. **~boek** →REKENINGBOEK.

re·ke·nin·kie *-kies, (dim.)* small account, little bill.

re·ken·plig·tig *-tige* accountable; *~e amptenaar* (chief) accounting officer; signing officer; *~e datum* accounting date. **re·ken·plig·tig·heid** accountability.

re·ken·skap account; *van iem. ~* ***eis/vra*** *van iets* call s.o. to account for s.t., ask s.o. to account for s.t.; *van ... ~* ***gee*** account for ...; *aan iem. ~* ***gee*** *van iets* account/answer to s.o. for s.t.; *~* ***verskuldig*** *wees aan ...* be accountable/answerable to ... **~skuldig** *-dige* accountable.

rek·ker *-kers* catapult, *(SA, infml.)* catty, cattie, slingshot; →KETTIE, REK *n.*.

rek·ke·rig *-rige -riger -rigste, adj.* elastic, stretchable, stretchy, flexible, rubbery.

rek·kie rubber/elastic band.

rek·king *-kings, -kinge* stretching; dil(at)ation; extension; tension, distension, drawing; protraction.

re·kla·me advertising, *(infml.)* puff(ing), boosting; publicity; (sales) promotion; *vir iets ~ maak* advertise/publicise/promote s.t., *(infml.)* push s.t.. **~afdeling** advertising/advertisement department. **~beampte** publicity officer; (sales) promotion officer; public relations officer. **~bedryf, ~wese** advertising (industry), publicity. **~bestuurder** promotion manager. **~bord** billboard, advertising board, display sign, sandwich board, hoarding; *(also, in the pl.)* signage. **~film** filmlet. **~foefie, ~set** publicity stunt. **~hoof** promotion executive. **~kaart** show card. **~kuns** commercial art; showmanship. **~maker** publicity agent. **~man** *(infml.)* adman. **~materiaal** publicity material. **~mens** *(infml.)* adperson. **~middel** *-dele, -dels* means of advertising, publicity medium. **~plakkaat** poster; show card. **~plakker(tjie)** advertising sticker. **~roeper** barker *(at a fair)*. **~set** →REKLAMEFOEFIE. **~standaardevereniging** advertising standards association *(abbr.:* ASA*)*. **~tekenaar** commercial artist. **~tekenwerk** commercial art. **~teks** blurb *(on dust cover of a book)*. **~veldtog** advertising/publicity campaign. **~vereniging** publicity association. **~wa** bandwagon. **~wese** →REKLAMEBEDRYF.

re·kla·meer *ge-, (rare)* (put in a) claim; protest; advertise; publicise, promote.

re·kog·ni·sie(·geld) →REKONIE(GELD).

re·kom·bi·nan·te DNA *(genet.)* recombinant DNA.

re·kom·man·deer *ge-, (rare)* recommend. **re·kom·man·da·sie** *-sies, (rare)* recommendation.

re·ko·nie(·geld), re·kog·ni·sie(·geld) *(hist.)* quitrent.

re·kon·si·li·eer *ge-* reconcile. **re·kon·si·li·a·sie** *-sies* reconciliation *(of accounts)*. **re·kon·si·li·a·sie·staat** reconciliation statement.

re·kon·sti·tu·eer *ge-* reconstitute.

re·kon·stru·eer *ge-* reconstruct. **re·kon·struk·sie** *-sies* reconstruction.

re·kon·ven·sie *(jur.): 'n eis in ~ instel* make a counterclaim.

re·kord *-kords* record; *'n ~* ***bereik*** reach record figures; *3 meter* ***duskant/deuskant*** *die ~* 3 metres short of the record; *die ~ het* ***gespat*** the record was shattered; *iets op ~* ***hê****, 'n ~ van iets* ***hê*** have s.t. on record, have a record of s.t.; *die ~* ***hou*** hold the record; *iets op ~* ***hou****, 'n ~ van iets* ***hou*** keep s.t. on record, keep a record of s.t.; *'n* ***misdadiger*** *se ~* a criminal's record; ***onder*** *die ~* outside the record; *'n ~* ***opstel/behaal*** set up a record; *iem. met 'n* ***skoon*** *~* s.o. with a clean record; *'n ~* ***slaan/breek/verbeter*** break/improve a record; *iets* ***staan*** *op ~* s.t. is on record. **~getal** record number; *'n ~ van vyf doele in een wedstryd* a record-breaking five goals in one game. **~oes** record crop.

re·kre·ëer *ge-, (rare)* recreate. **re·kre·a·sie** *-sies* recreation.

re·kruut *-krute, n.* recruit; *rekrute werf* raise recruits; *'n baar/ongeoefende ~* a raw recruit. **re·kru·teer** *ge-, vb.* recruit. **re·kru·te·ring** recruiting.

rek·taal →REKTUM.

rek·ti·fi·seer *ge-, (rare)* rectify, correct, put right; *(chem.)* rectify. **rek·ti·fi·ka·sie** *-sies,* **rek·ti·fi·se·ring** *-ringe, -rings, (chem.)* rectification. **rek·ti·fi·ka·tor** *-tors, (chem.)* rectifier.

rek·to *n. & adv.* →RECTO.

rek·tor *-tore, -tors* rector, principal *(of a college/univ.)*. **rek·to·raal** *-rale* rectorial, rector's. **rek·to·raat** *-rate,* **rek·tor·skap** *-skappe* rectorate, rectorship.

rek·tum *rektums, rekta, (anat.)* rectum, back passage. **rek·taal** *=tale* rectal.

re·kur·sief *=siewe, (ling., comp., math.)* recursive(ly). **re·kur·sie·for·mu·le** *(math.)* recursion formula.

re·ku·seer *ge=, (jur.)* recuse; *die regter het hom=/haar=self ge~* the judge recused him=/herself.

re·kwes *=kweste, (<Fr., rare)* petition, memorial. **re·kwi·reer** *ge=, (rare)* demand, requisition, petition.

re·kwi·siet *=siete, (usu. in the pl.), (theatr.)* stage prop, (theatrical) property. **re·kwi·sie·te·mees·ter** *=ters,* **re·kwi·si·teur** *=teurs* prop(erty) master. **re·kwi·siet·ka·mer, re·kwi·sie·te·ka·mer** prop(erty) room.

re·kwi·si·sie *=sies* requisition, indent.

rel *relle* riot. **rel·le·tjie** *=tjies, (dim.)* row, squabble, disturbance, uproar, small riot, brawl, fracas.

re·laas *=lase* account, narrative, story, report, relation, record, description, history, tale; *(jur.)* return of service.

re·lak·sa·sie *(rare)* relaxation.

re·lak·sien *(biochem., obst.)* relaxin.

re·la·sie *=sies* relation. **re·la·si·o·neel** *=nele* relational; *relasionele databasis, (comp.)* relational database.

re·la·tief *=tiewe, n., (gram.)* relative pronoun. **re·la·tief** *=tiewe, adj.* relative; *relatiewe* ***atoommassa*** relative atomic mass; *relatiewe* ***bysin*** relative clause; *relatiewe* ***digtheid*** relative density; *relatiewe* ***humiditeit/vogtigheid*** relative humidity; *relatiewe* ***molekuulmassa*** (of ***molekulêre*** *massa)* relative molecular mass. **re·la·tief** *adv.* relatively; *'n ~ beperkte verskynsel* a relatively limited phenomenon. **re·la·ti·veer** *ge=* relativise, downplay. **re·la·ti·ve·ring** relativisation. **re·la·ti·vis** *=viste, (philos., phys., also R~)* relativist. **re·la·ti·vis·me** *(philos., also R~)* relativism. **re·la·ti·vis·ties** *=tiese, (philos., phys.)* relativistic(ally). **re·la·ti·wi·teit** relativity. **re·la·ti·wi·teits·te·o·rie** *(phys., also R~)* theory of relativity.

re·lê *relês, (elec.)* relay.

re·le·geer *ge=* relegate. **re·le·ga·sie** *=sies, (sport)* relegation.

re·le·vant *=vante* relevant. **re·le·van·sie** relevance, relevancy. **re·le·veer** *ge=* bring to the fore, highlight, emphasise; note, notice, refer to.

re·li·ëf *reliëfs* relief; →HALFRELIËF, HOOGRELIËF, VLAKRELIËF; *~ gee aan iets* set s.t. off, bring s.t. out (in full relief). **~druk** embossing, embossed printing. **~kaart** relief map. **~letter** raised/embossed letter/type. **~werk** relief/raised work, relievo.

re·liek *=lieke,* **re·li·kwie** *=kwieë, (relig.)* relic. **re·liek·skryn** *(rare)* →RELIKWIEËKISSIE. **re·li·kwie·ë·ka·pel** feretory. **re·li·kwie·ë·kis·sie** reliquary, shrine; phylactery.

re·li·gie *=gies, =gieë* religion, (form of) worship. **re·li·gi·eus** *=euse =euser =eusste* religious. **re·li·gi·o·si·teit** religiosity.

re·lik *=likte, (archaeol. etc.)* relic; *(ling.)* relict.

re·li·kwie →RELIEK.

re·ling *=lings* railing, (hand)rail, balustrade, guard. **~styl** baluster.

rel·le·tjie →REL.

rel·muis *(Eur.: Glis glis)* fat/edible dormouse.

re·luk·tan·sie *(phys.)* reluctance.

rem *remme, n.* brake; check, curb, block *(fig.)*; retard; *(die) ~* ***aandraai*** = (DIE) BRIEK AANDRAAI; *die ~* ***aanslaan*** put on the brakes; *die ~* ***gebruik*** apply the brake(s); *die ~* ***losdraai,*** *(infml.)* let o.s. go; *~me* ***stel*** adjust brakes; *~me en* ***teenwigte*** checks and balances; *~* ***trap*** put on the brakes; *hard ~* ***trap*** jam/slam on the brakes; *die ~me* ***weier*** the brakes fail. **rem** *ge=, vb.* brake, apply (*or* put on) the brakes; drag, pull, strain *(at)*; restrain, curb, check; retard; inhibit; balk *(at)*, drag one's feet, go slow; be a stick-in-the-mud; *bekommernisse ~ aan iem.* worries drag at s.o.; *teen iets ~, (infml.)* balk/baulk at s.t.. **~afstand** braking distance. **~arm** →REMHEFBOOM. **~as** brake (operating) shaft. **~band** brake band. **~beheerklep** brake control valve. **~blok** brake block; sprag. **~drywing** brake power. **~geskreeu** brake squeal. **~hefboom, ~arm** brake lever. **~hoogte** steep hill, incline. **~ketting** brake/drag/skid chain. **~krag** drag, braking/brake force, braking effort. **~kussing** brake pad. **~lamp** tail light. **~las** brake load. **~lig** brake light. **~naloop** brake lag. **~nok** brake cam. **~pedaal** brake pedal; *die ~ wegtrap* jam/slam on the brakes. **~perdekrag** brake horsepower. **~riem** drag thong. **~silinder** brake cylinder. **~skoen** →REMSKOEN. **~skroef** braking propeller. **~skyf** brake disc. **~sool** brake lining. **~stang** brake rod. **~toestel** brake(s). **~trommel** brake drum. **~valskerm** *(av.)* brake parachute, drogue (parachute). **~vermoë** braking/brake power. **~vlak** braking surface. **~vloeistof** brake fluid. **~voering** brake lining. **~weiering** brake failure. **~werk** brake mechanism, brake gear.

re·ma·nent *=nente, (rare)* residual.

re·me·die *=dies, n.* remedy. **re·me·di·eer** *ge=, vb.* remedy. **re·me·di·ë·rend** *=rende* remedial; *~e onderwys* remedial education. **re·me·di·ë·ring** remedy, correction, rectification, fixing.

re·mi·nis·sen·sie *=sies* reminiscence.

re·mi·se *=ses, (rare)* remittance; drawn game, stalemate *(in chess)*. **re·mit·teer** *ge=, (rare)* remit. **re·mit·tent** *=tente, (rare)* remitter.

rem·mend *=mende* restraining; inhibitory.

rem·mer *=mers* brake(s)man.

rem·ming *=mings, =minge* braking; restraint; inhibition; block, check, drag.

re·mon·streer *ge=* remonstrate. **re·mon·stran·sie** *=sies* remonstrance, remonstration. **Re·mon·strant** *=strante, n., (eccl., hist.)* Remonstrant. **Re·mon·strants** *=strantse, adj., (eccl., hist.)* Remonstrant.

re·mon·tant(·roos) remontant. **re·mon·te·rend** *=rende, (bot.)* remontant.

re·mon·te(·perd) *(esp. mil., hist.: extra horse)* remount.

re·mon·toir(·hor·lo·sie/oor·lo·sie) *(dated)* stem-winder.

re·mo·ra *=ras, (icht.: family Echeneidae)* remora, sucking fish.

rem·skoen brake/lock shoe, slipper, drag shoe, (wheel) drag/skid, skidpan; drag *(lit. & fig.)*, curb, check; pull-back; *(infml.)* stick-in-the-mud, wet blanket, unprogressive person; obscurant(ist). **rem·skoen·ag·tig** *=tige* unprogressive. **rem·skoen·po·li·tiek** obscurantism, ultraconservatism.

re·mu·ne·reer *ge=* remunerate. **re·mu·ne·ra·sie** remuneration.

ren *renne, n., (rare)* race; →WEDREN. **~baan** racecourse, (racing) track, circuit; hippodrome; speedway. **~bande** *(pl.)* racing tyres. **~bode** *(rare)* courier, express messenger; →KOERIER. **~boot** racer, speedboat. **~bootjaer** ([speed]boat) racer. **~duif** →WEDVLUGDUIF. **~fiets** racing bike/bicycle, racer. **~fietsjaer** racing cyclist, racer. **~hond** running/racing dog, racer. **~jaer** racing driver, racer. **~jag** racing yacht, racer. **~kleure** *(pl.)* racing colours. **~klub** turf club, racing club. **~motor** racing car, racer. **~motorfiets** racing bike, racer. **~motorjaer** →RENJAER. **~perd** racehorse, courser, racer; *Engelse ~, (breed)* Thoroughbred. **~sport** (motor) racing. **~stal** racing stable. **~stel** kart, go-kart, go-cart. **~weg** speedway.

Re·nais·san·ce *(Eur. hist.)* Renaissance. **~mens** *(fig.)* Renaissance man/woman.

Re·nais·san·cis *=ciste, (also r~)* Renaissance artist/writer; Renaissance scholar, Renaissancist. **Re·nais·san·cis·ties** *=tiese, (also r~)* (of the) Renaissance.

ren·da·bel *=bele* remunerative, profitable, lucrative; economic, payable, paying; *'n ~e saak* a paying concern. **ren·da·bi·li·teit** remunerativeness, lucrativeness, profitableness, profitability. **ren·da·bi·li·teits·pa·troon** yield pattern.

ren·deer *(ge)=, (rare)* pay, be remunerative. **~grens** *(rare)* pay limit.

ren·de·ment *=mente, (Fr.)* return, yield, profit; efficiency, output, performance.

ren·de·rend *=rende* payable, profitable.

ren·dez·vous *=vous's, (Fr.)* rendezvous, tryst.

ren·dier *(Rangifer tarandus)* reindeer, *(Am.)* caribou. **~mos** *(Cladonia* spp.) reindeer moss.

ren·dzi·na *(<Polish, soil sc.)* rendzina.

re·ne·gaat *=gate* renegade.

re·net·(ap·pel) rennet, queening.

re·nien *(biochem., physiol.)* renin.

re·ni·um *(chem., symb.:* Re) rhenium.

ren·nien, ren·na·se *(biochem., physiol.)* rennin, chymosin, rennase.

re·nons aversion, dislike, antipathy; revoke *(at cards)*; *'n ~ in iem. hê* dislike s.o.; *iem. het 'n ~ daarin, (also)* it is s.o.'s pet aversion; *'n ~ in ... kry* take a dislike to ... **re·non·seer** *ge=, (rare)* renounce; *(bridge)* revoke.

re·nos·ter *=ters* rhinoceros; →SWARTRENOSTER, WITRENOSTER. **~bos(sie)** *(Elytropappus rhinocerotis)* r(h)enosterbos, rhinoceros bush. **~bul, ~koei** rhinoceros bull/cow. **~kweek** →KWEEK(GRAS). **~pad** game track. **~voël** *(Buphagus* spp.) oxpecker.

re·no·veer *ge=* renovate, repair, do up, renew. **re·no·va·sie** *=sies* renovation.

rens sour, sourish *(milk)*; *die melk is ~* the milk is on the turn. **ren·se·rig** *=rige* sourish. **rens·heid** sourness.

ren·te *=tes* interest; *~* ***betaal*** pay interest; *~* ***dra/gee*** bear/carry interest; *op jou ~* ***leef/lewe*** live on the income of one's investments; *'n sakeman/=vrou/ens. wat van/op sy/haar ~* ***leef/lewe,*** *(also)* a retired business=man/=woman/etc.; ***met*** *5% ~* (of *met ~ teen 5%)* with interest at 5% (*or* at the rate of 5% interest); ***met/sonder*** *~* with/without interest; ***op*** *~* at interest; *~* ***op*** *... interest on ...; ~* ***op*** *~* = SAAMGESTELDE RENTE; *geld op ~ (uit)sit* put out money at interest. **~brief** exchequer bill, obligation. **~-inkomste** income from interest. **~koers, ~voet** interest rate, rate of interest. **~las** interest charges/liability, burden of interest. **~rekene** mathematics of finance. **~rekening** interest account. **~skuld** unpaid interest. **~stand** interest rate level, level of interest rates. **~tafel** table of interest. **~verskil** difference in the rate of interest. **~voet** →RENTEKOERS. **~vry** *=vrye, adj.* interest-free.

ren·te·dra·end *=draende,* **ren·te·ge·wend** *=wende* yielding interest, interest-bearing.

ren·te·loos *=lose* yielding no interest; without paying interest, interest-free; dead *(capital)*.

ren·te·nier *=niere, =niers, n.* retired person, rentier. **ren·te·nier** *ge=, vb., (rare)* live in retirement; *iem. ~* s.o. has retired, s.o. is a retired business(wo)man/etc..

rent·mees·ter steward, factor, bailiff, treasurer, manager. **rent·mees·ter·skap** *=skappe* stewardship.

re·nun·si·eer *ge=, (rare)* renunciate. **re·nun·si·a·sie** *(rare)* renunciation.

ren·vooi *(<Fr., rare)* renvoi.

re·o·lo·gie *(phys.)* rheology. **re·o·lo·gies** *=giese* rheological. **re·o·loog** *=loë* rheologist.

re·o·me·ter, re·o·me·ter *=ters, (med.)* rheometer; *(elec.)* rheometer, galvanometer.

re·or·ga·ni·seer *ge=* reorganise; reorder. **re·or·ga·ni·sa·sie** *=sies* reorganisation.

re·o·ri·ën·teer *ge=* reorient. **re·o·ri·ën·ta·sie** reorientation.

re·o·staat *=state, (elec.)* rheostat.

rep[1] *n.: in ~ en roer wees, (a house etc.)* be bustling with activity, be in a state of commotion; *in ~ en roer wees oor ...* be abuzz with ... *(news, rumours, etc.)*.

rep[2] *ge=, vb.: niks van iets ~ nie* not say a word about s.t..

re·pa·reer *ge=, (fml.)* repair, mend. **re·pa·ra·sie** *=sies, (fml.)* reparation, repair(s), repairing, mending; *in ~* under repair. **re·pa·ra·sie·stel** repair kit. **re·pa·ra·teur** *=teurs, (rare)* repairer, repair=, serviceman.

re·pa·tri·eer *ge=* repatriate; *iem. ~, (also)* restore/return s.o. to his/her native land. **re·pa·tri·ant** *=ante* repatriate. **re·pa·tri·a·sie** *=sies,* **re·pa·tri·ë·ring** *=ringe, =rings* repatriation.

re·pe *n. (pl.)* →REEP.

re·pel *=pels, n., (text., also* repelkam) ripple, rippling comb. **re·pel** *ge=, vb.* ripple *(flax etc.)*.

Re·pel·steel·tjie *(dwarf in a Germ. folktale)* Rumpelstiltskin.

re·per·kus·sie *-sies, (usu. in the pl.)* repercussion, *(infml.)* fallout.

re·per·toire *-toires* repertoire, repertory. **~geselskap, repertoriumgeselskap** repertory/stock company. **~stuk, repertoriumstuk** repertory/stock play/piece. **re·per·to·ri·um** *-riums, -ria* register, catalogue; index; repertory, repertoire.

re·pe·teer *ge-* repeat; rehearse *(a play etc.)*; do/go over; *repeterende breuk, (math.)* recurring/circulating decimal. **~geweer** repeating rifle, repeater. **~pistool** automatic (pistol).

re·pe·te·rend *-rende: ~e desimaal, (math.)* periodic/recurring/repeating decimal.

re·pe·ti·sie *-sies* repetition; rehearsal, run-through *(of a play etc.)*; *finale ~* final rehearsal; →KLEEDREPETISIE. **~horlosie, ~oorlosie** repeater (watch). **~werk** revision.

re·pe·ti·teur *-teure, -teurs, (rare)* repetitor, assistant conductor.

re·pie *n. (dim.)* →REEP.

re·pliek *-plieke* rejoinder, reply; *(jur.)* counterplea, replication; *~ lewer* reply to a debate; *tweede ~, (jur.)* surrejoinder; *derde ~, (jur.)* surrebuttal, surrebutter. **re·pli·seer** *ge-* reply; *die tweede maal ~, (jur.)* surrejoin.

re·pli·ka *-kas* replica.

re·po·la·ri·sa·sie *(chiefly phys.)* repolarisation.

re·po·neer *ge-, (med.)* reduce *(a fracture)*. **re·po·neer·baar** *-bare* reducible *(hernia)*. **re·po·ne·ring** *(med.)* taxis.

re·po·si·to·ri·um *-toriums, -toria, (Lat., rare)* repository.

re·pre·sen·teer *ge-* represent. **re·pre·sen·tant** *-tante, (fml., rare)* representative. **re·pre·sen·ta·sie** *-sies* representation. **re·pre·sen·ta·tief** *-tiewe* representative; representational *(art)*.

re·pres·sie *-sies* repression. **re·pres·sief** *-siewe* repressive.

re·pris·ti·neer *ge-, (rare)* repristinate. **re·pris·ti·na·sie** *(rare)* repristination.

re·pro·duk·sie *-sies* reproduction *(also of a painting)*, repro *(infml.)*, copy, facsimile. **~proef** repro (proof). **~vermoë** reproductive power.

re·pro·duk·tief *-tiewe* reproductive. **re·pro·duk·ti·wi·teit** reproductiveness.

re·pro·du·seer *ge-* reproduce; process. **re·pro·du·seer·baar** *-bare* reproducible. **re·pro·du·seer·baar·heid** reproducibility.

re·pro·du·sent *-sente* reproducer.

re·pro·gra·fie reprography. **re·pro·gra·fies** *-fiese* reprographic.

rep·tiel *-tiele* reptile.

re·pu·bliek *-blieke* republic; *die R~ van Ierland* the Republic of Ireland (*or* Irish Republic), Southern Ireland; *'n ~ uitroep* proclaim a republic; *die land tot ~ uitroep/verklaar* proclaim the country a republic. **R~dag** *(SA, hist.: 31 May)* Republic Day. **R~vlag,** *(SA, hist.: pre-1994)* Republic flag. **~wording** birth/coming of (*or* change to) a republic.

re·pu·bli·ka·nis·me *(also R~)* republicanism.

re·pu·bli·kein *-keine, n.* republican. **re·pu·bli·keins** *-keinse, adj.* republican; *R~e Party, (Am. pol.)* Republican Party.

re·pu·bli·keins-: ~gesind *-sinde, adj.* republic-minded. **~gesinde** *-des, n.* republican. **~gesindheid** republicanism.

re·pu·di·eer *ge-* repudiate. **re·pu·di·a·sie** repudiation.

re·pu·ta·sie *-sies* reputation; character, repute; credit; standing; *iem. se ~ **dat** hy/sy ...* s.o.'s reputation for ...; *jou ~ **eer** aandoen* live up to one's reputation; *die ~ **hê** dat jy ...* have a reputation for ...; have the reputation of being ...; *jou ~ **hooghou/ophou*** (*of **getrou bly***) keep up (*or* live up to) one's reputation; *'n **slegte** ~ hê* have a bad reputation; *'n ... met 'n **slegte** ~* a ... of ill/evil repute; *jou ~ **verhoog*** raise one's reputation.

re·qui·em *-ems, (eccl. mus., also fig.)* requiem.

rê·rig *-rige, adj., (infml.)* real, actual; →REGTIG *adj.*. **rê·rig** *adv., (infml.)* = REGTIG *adv.*.

res *reste, n.* rest, residue, remainder, remnant; balance; *(also, in the pl.)* remains, leavings; *(al) die ~* everything else; *wat die ~ aangaan/(aan)betref, vir die ~* for the rest. **res** *ge-, vb., (obs. or poet., liter.)* remain, be left (over). **~getal** remainder. **~lap** remnant *(of fabric)*, fent. **~magma** *(geol.)* residual liquor. **~stelling** *(math.)* remainder theorem. **~waarde** residual value.

re·se·da *-das, (bot., colour)* reseda, mignonette.

re·sek·sie *(surgery, surv.)* resection. **~gradeboog** *(surv.)* station pointer.

re·sen·seer *ge-* review, write a review/critique. **re·sen·sent** *-sente* reviewer, critic, *(infml.)* crit.

re·sen·sie *-sies* review, critique, *(infml.)* crit; *'n ~ van iets skryf/skrywe* write a review of s.t., write up s.t.. **~eksemplaar** review copy.

re·sent *-sente -senter -sentste* recent.

re·sep *-septe, -seppe* recipe; formula; *'n ~ vir ..., (cook.)* a recipe for ...; *'n (sekere) ~ vir ..., (infml.)* a recipe/blueprint for ... *(disaster etc.)*; *'n ~ volg* follow a recipe. **~versameling** recipe collection.

re·sep·pie *-pies, (dim.)* little recipe.

re·sep·sie *-sies* reception; *'n ~ gee* give/hold a reception; *'n ~ vir* (*of ter ere van*) *iem.* a reception for (*or* in honour of) s.o.. **~estetika** *(liter. theory, also R~)* reception aesthetics *(also R~A~)*.

re·sep·te-: ~boek book of recipes; cookery book, cookbook, recipe book.

re·sep·teer *ge-* dispense *(medicine)*. **~afdeling** dispensary *(in a chemist)*. **~kuns** = RESEPTUUR. **re·sep·te·rend** *-rende* dispensing; *~e dokter/geneesheer/arts* dispensing doctor. **re·sep·teur** *-teurs, (rare)* dispenser. **re·sep·tuur** *(rare)* dispensing.

re·ser·pien *(pharm.)* reserpine.

re·ser·veer *ge-* reserve, set apart. **re·ser·vaat** *-vate* reserve, sanctuary. **re·ser·ve·ring** *-rings, -ringe, (rare)* **re·ser·va·sie** *-sies* reservation. **re·ser·vis** *-viste* reservist.

re·ser·voir *-voirs* reservoir.

re·ser·we *-wes* reserve; *(soldiers)* reserves; *(sport)* reserve (player); *(cr.)* twelfth man; supernumerary; standby; second string; *die land se ~ **aan** steenkool/ens.* the country's coal/etc. reserves (*or* reserves of coal/etc.); ***geheime** ~* secret reserve; *iets in ~ **hou*** have/hold/keep s.t. in reserve; *iets vir ... in ~ **hou*** reserve s.t. for ...; *met ... soldate **in** ~* with ... troops in support; ***innerlike** ~* inner reserve; *iets sonder ~ **verkoop*** sell s.t. without reserve. **~bank** reserve bank; *Suid-Afrikaanse R~, (abbr.: SARB)* South African Reserve Bank *(abbr.: SARB)*. **~deel** spare part, spare. **~fonds** reserve fund. **~kapitaal** reserve capital. **~kopie** *(comp.)* backup (copy); *'n ~ maak* make a backup. **~krag** reserve power. **~krediet** standby credit. **~lug** supplemental air. **~lys** *(mil.)* reserve list. **~mag** reserves, reserve troops. **~munt** reserve currency. **~prys** upset price, reserve price, knockdown price; *iets sonder ~ verkoop* sell s.t. without reserve. **~rekening** reserve account. **~span** reserve team. **~speler** *-lers* reserve (player), substitution. **~tenk** reserve tank. **~troepe** reserve troops. **~voorraad** reserve stock. **~wiel** = NOODWIEL.

re·ses *-sesse* recess; interval; *op ~ gaan* go into recess, adjourn, break up for the recess; *op ~ wees* be in recess; *die Parlement is op ~* Parliament stands prorogued.

re·ses·sie *-sies* recession. **re·ses·sief** *-siewe* recessive.

re·si·deer *ge-, (rare)* reside. **re·si·den·sie** *-sies* residence; *(house of a governor etc.)* residency; royal residence, court capital. **re·si·den·si·eel** *-siële* residential. **re·si·den·si·ë·le·sorg·sen·trum** *(SA)* residential care centre. **re·si·den·sie·stad** court capital.

re·si·dent *-dente, n.* resident. **~-ingenieur** resident engineer. **~-magistraat** *(SA, hist.)* resident magistrate.

re·si·di·vis·me *(rare)* recidivism. **re·si·di·vis** *-viste* recidivist, incurable offender.

re·si·du *-du's* residue, residuum. **re·si·du·eel** *-duele* residual.

re·sies, rei·sies race; →WEDREN; *teen ... ~ ja(ag)* race against (*or [infml.]* dice with) ... **~baan** = RENBAAN. **~boot** = RENBOOT. **~duif** →WEDVLUGDUIF. **~fiets** racing bike/bicycle, racer. **~hond** = RENHOND. **~motor** = RENMOTOR. **~perd** = RENPERD.

re·si·neer *ge-* resinate, impregnate with resin.

re·si·pi·eer *ge-, (jur.)* receive.

re·si·prook *-proke* reciprocal; *~proke getalle, (math.)* reciprocals. **re·si·pro·keer, re·si·pro·seer** *ge-* reciprocate. **re·si·pro·si·teit** reciprocity.

re·sis·tent *-tente, (rare)* resistant. **re·sis·ten·sie** *(rare)* resistance. **re·sis·ti·wi·teit** *(tech.)* resistivity.

re·si·teer *ge-* recite. **re·si·ta·sie** *-sies* recitation. **re·si·ta·tief** *-tiewe, n., (mus.)* recitative.

re·skrip *-skripte, (rare)* rescript.

re·soen *-soene, (infml., rare)* measure, ration, allowance; →RANTSOEN.

re·so·lu·sie *-sies* resolution.

re·so·luut *-lute, (liter.)* resolute, determined, decided, unshrinking, strong-minded.

re·so·nan·sie resonance. **~bodem** sounding board, soundboard; →KLANKKAS. **~ruimte** resonance space.

re·so·nant *-nante, adj.* resounding, (re-)echoing.

re·so·neer *ge-* resound, reverberate. **re·so·na·tor** *-tors* resonator.

re·sor·beer *ge-* resorb. **re·sor·be·rend** *-rende* resorbent. **re·sorp·sie** resorption.

re·spek respect, regard; *met (**alle** verskuldigde) ~* with (all due) respect; *jou ~ (teenoor iem.) **betoon*** do/make/pay obeisance (to s.o.); *~ vir ... **hê/koester*** have respect for ...; ***uit** ~ vir ...* out of respect for (*or* in deference to) ... **re·spek·ta·bel** *-bele* respectable. **re·spek·ta·bi·li·teit** *(rare)* respectability. **re·spek·te** *(infml.)* = RESPEK. **re·spek·teer** *ge-* respect, regard with deference, honour. *iem. om iets ~* respect s.o. for s.t.. **re·spek·vol** *-volle* deferential.

re·spek·tief *-tiewe* respective, several. **re·spek·tief·lik, re·spek·tie·we·lik** respectively; *hulle kom ~ uit Limpopo en Gauteng* they come from Limpopo and Gauteng respectively.

res·pi·reer *ge-, (biol.)* respire. **res·pi·ra·sie** *-sies* respiration. **res·pi·ra·tor** *-tors, (med.)* respirator. **res·pi·ra·to·ries** *-riese* respiratory. **res·pi·ro·me·ter** *(biol., physiol.)* respirometer.

res·pon·deer *ge-* answer, respond. **res·pon·dent** *-dente* respondent.

re·spons *-sponse,* **re·spon·sie** *-sies, (eccl., jur., etc.)* response, answer. **re·spon·sief** *-siewe* responsive. **re·spon·so·ri·um** *-riums, -ria, (eccl.)* responsory, respond.

re·spyt respite, (period of) grace, (interval of) rest, delay; borrowed time; *geen uurtjie ~ nie* not an hour free. **~dag** *(rare)* day of grace.

res·sort *-sorte, (<Fr.)* area, district, province; jurisdiction; *in laaste ~* in the last resort. **res·sor·teer** *ge-: iets ~ onder ...* s.t. comes/falls under ...; s.t. belongs under/in ...; s.t. is classed among/with ...; s.t. is/comes/falls under/within the jurisdiction of ...

re·stant *-stante, (<Fr.)* remnant, remainder, balance; remaining portion/extent *(of a farm)*; oddment.

re·stau·rant, re·stou·rant *-rante, -rants* restaurant. **~houer** *-houers,* **restaurateur,** *(rare)* **restourateur** *-teurs* restaurateur. **~wa** *(rly.)* dining car, diner.

res·teer *(ge)-, (fml.)* remain; *resterende gedeelte, (jur.)* remaining extent; *resterende pensioen/ens.* remaining pension/etc..

re·sti·tu·sie *-sies* restitution. **~koëffisiënt** coefficient of restitution.

re·stou·rant →RESTAURANT.

re·stou·ra·sie *-sies* restoration, renewal, renovation; *die R~, (Br. hist.)* the Restoration. **R~blyspel** Restoration comedy. **R~drama** Restoration drama.

re·stou·reer *ge-* restore, renovate. **re·stou·ra·teur** *-teurs* restorer, renovator; *(rare)* restaurateur.

re·strik·sie *-sies* restriction.

re·sul·taat -tate result, outcome, consequence, sequel, issue; offspring, progeny; *iem. kan geen ~ wys/toon nie* s.o. has nothing to show for it; *power(e) ~tate* meagre results; *sonder ~* in vain, to no purpose, without (any) result.
re·sul·tan·te -tes, (phys.) resultant.
re·sul·teer ge-, (rare) result in/from. **re·sul·te·rend** -rende resulting; resultant; *~rende krag, (phys.)* resultant force.
re·su·mé -més, **re·su·mee** -mees, (<Fr.) summary, résumé. **re·su·meer** ge-, (rare) summarise, recapitulate, make a résumé of, sum up.
re·sus -susse, (zool.: Macaca mulatta) rhesus (monkey). **~aap** -ape rhesus monkey. **~baba** (med.) rhesus baby. **~faktor** (physiol.) Rhesus/Rh factor. **~negatief** rhesus negative. **~positief** rhesus positive.
re·sus·si·teer ge- resuscitate. **re·sus·si·ta·sie** resuscitation. **re·sus·si·ta·tor** -tors resuscitator.
re·ta·bel -bels, (eccl.) retable, predella.
re·tar·deer ge-, (rare) retard. **re·tar·da·sie** -sies, (rare) retardation.
re·teen (chem.) retene.
re·ten·sie -sies retention; *reg van ~* lien, right of retention. **~geld** retaining fee. **~reg** lien, right of retention.
Re·ti·ë (Alpine province of ancient Rome) Rhaetia; →RETOROMAANS. **Re·ti·ër** -tiërs, n. Rhaetian. **Re·ties** -tiese, adj. Rhaetian; (geol.) Rh(a)etic.
re·ti·ku·le -les, (hist.: a woman's handbag/purse) reticule.
re·ti·na -nas, (anat.) retina.
re·ti·niet (a resin) retinite.
re·ti·nol →VITAMIEN A.
re·ti·ra·de -des, (<Fr., obs.) toilet, lavatory, water closet.
re·ti·reer ge- retreat, retire, step back.
re·toer return. **~(kaartjie)** return ticket; *prys van 'n ~* return fare. **~tarief** return fare. **~vloot** homebound fleet. **~vlug** return flight. **~vrag** return freight, home freight. **~wissel** redraft.
re·toe·sjeer ge-, (<Fr.) retouch, touch up (a painting, a photo, etc.). **re·toe·sjeur** -sjeurs retoucher.
re·tor -tore, -tors, (rare) rhetorician, orator. **re·to·riek** rhetoric, oratory. **re·to·ries** -riese rhetorical, declamatory; *'n ~e vraag* a rhetorical question. **re·to·ri·ka** rhetoric. **re·to·ri·kus** -rikusse, -rici rhetorician.
Re·to·ro·maans -maanse, (group of dialects) Rhaeto-Romance/Romanic, Rhaetian.
re·tort -torte, (chem.) retort, still. **~staander** retort stand.
re·trai·te -tes, **re·trêt** -trêts, (RC) retreat; *in ~* in retreat; *in ~ gaan* go into retreat.
re·tro·ak·tief -tiewe retroactive.
re·tro·fleks -flekse, (phon.) retroflex(ed). **re·tro·flek·sie** retroflexion, retroflection.
re·tro·gra·de retrograde.
re·tro·gres·sief -siewe retrogressive.
re·tro-jazz retro jazz.
re·tro·pe·ri·to·ne·aal -ale, (anat., med.) retroperitoneal.
re·tro·spek·tief -tiewe retrospective.
re·tro·vi·rus (biol.) retrovirus.
ret·si·na (a Gr. wine) retsina.
ret·zi·aan (min.) retzian.
reuk reuke smell; scent; odour; →RUIK vb.; *iem. het 'n* ***fyn*** *~, iem. is* ***fyn*** *van ~* s.o. has a keen smell; *'n ~ van* ***godsaligheid****, (derog.)* an odour of sanctity; *die honde* ***kry*** *die ~ van die prooi* the hounds wind the quarry; *~ uit 'n vertrek* ***verwyder*** deodorise a room. **~altaar** incense altar, altar of incense. **~bal** pomander. **~bestryder** deodorant. **~dosie** pouncet box. **~flessie** scent-bottle, smelling bottle. **~klier** scent gland, scent-bag, scent organ. **~kussinkie** sachet. **~lob** olfactory lobe (of the brain). **~offer** incense offering. **~orgaan** nasal organ, olfactory organ, organ of smell. **~sak** scent-bag, scent gland/organ. **~sakkie** (lady's) scent-bag, sachet. **~senu(wee)** olfactory nerve. **~sin** sense of smell, olfactory sense, scent. **~sintuig** organ of smell. **~sout** smelling salts. **~stof** odoriferant. **~vat** (eccl.) incensory, censer, thurible. **~verdrywend** -wende deodorant. **~verdrywer** deodorant, deodoriser. **~verlies** anosmia. **~water** perfume, scent, toilet water, eau de toilette. **~weerder** deodoriser. **~weermiddel** -dels, -dele deodorant. **~werk** perfumery, perfumes, incense.
reu·kie n. (dim.): *daar kleef 'n ~ aan, (infml.)* there is something fishy about it (infml.).
reuk·loos -lose odourless, scentless; inodorous; *iets ~ maak* deodorise s.t..
reun reuns male dog. **~(perd)** gelding; *'n perd reun maak* castrate a horse; *jong ~* colt.
re·ü·nie -nies reunion.
reus reuse, n. giant; colossus, titan; *'n intellektuele ~* an intellectual powerhouse. **reus·ag·tig** -tige gigantic, colossal, huge, giantlike, giant, giant-size(d), jumbo(-sized), (infml.) ginormous, mammoth, vast, titanic, monstrous; *'n ~e taak* a gigantic task. **reus·ag·tig·heid** hugeness, tremendous/gigantic/vast/immense/huge size, vastness, immensity, immenseness.
reu·se- giant-size(d) (hole etc.); →REUSAGTIG; *reuse(-)politieke vergadering* huge/massive/giant political meeting. **~akkedis** = MEGALOSOURUS. **~arbeid** gigantic task. **R~gebergte** (Czech Republic) Giant Mountains, Krkonoše. **~geslag** giant race, race of giants. **~gestalte** gigantic stature. **~gordelakkedis, ouvolk, skurwejantjie, sonkyker** (Cordylus giganteus) giant girdled lizard, giant zonure, sungazer. **~groei** gi(g)antism. **~haai** →KOESTERHAAI. **~klip** megalith. **~koring** = ENGELSE KORING. **~krag** Herculean/gigantic strength. **~letter** huge letter. **~nellie** (orn.: Macronectes giganteus) Southern giant petrel. **~panda** giant panda. **~pret** great fun, roaring/spanking (or whale of a) time, high jinks. **~protea** (Protea cynaroides) giant/king protea. **~skip** giant ship, leviathan, mammoth ship. **~skrede** giant's stride; *met ~s vooruitgaan* prosper (or go ahead) by leaps and bounds. **~sprong** giant leap; *'n ~ maak, (also)* take a flyer/flier. **~stad** huge/giant city, megalopolis. **~sterk** as strong as a giant, of Herculean strength. **~stryd** tremendous/gigantic struggle, battle of giants. **~suikerbos** = REUSEPROTEA. **~sukses** huge/smashing success, (Fr.) succès fou, (infml.) wow. **~taak** gigantic/Herculean task. **~tenkskip** supertanker. **~treffer** runaway success, (infml.) big/enormous hit, blockbuster. **~werk** tremendous task; gigantic work.
reu·sel -sels (leaf-)lard, suet.
reu·tel n., (med., usu. in the pl.) rale, râle. **reu·tel** ge-, vb., (rare) gurgle; →ROGGEL vb..
re·va·lo·ri·seer ge-, (rare) revalorise. **re·va·lo·ri·sa·sie** (rare) revalorisation.
re·va·lu·eer ge- revalue. **re·va·lu·a·sie** revaluation.
re·van·chis·me (pol.) revanchism. **re·van·chis** -chiste revanchist. **re·van·chis·ties** -tiese revanchist.
Ré·veil (Du. eccl. hist.) Réveil.
ré·veil·le (mil.) reveille; morning call; *die ~ blaas* sound the reveille.
re·ver·beer·oond reverberatory/reverberating furnace/kiln, reverberatory.
re·vers -verse, (Fr., rare) reverse side (of a coin etc.).
re·ver·sie -sies reversion. **~slinger** reversible pendulum.
re·vi·deer ge-, (rare) revise. **re·vi·seur** -seurs, (rare) reviser. **re·vi·sie** -sies revision; final proof.
re·vi·si·o·nis·me (sometimes R~) revisionism. **re·vi·si·o·nis** -niste, n., (sometimes R~) revisionist. **re·vi·si·o·nis·ties** -tiese, adj., (sometimes R~) revisionist.
re·vo·keer ge- revoke. **re·vo·ka·sie** -sies revocation.
re·vo·lu·sie, re·wo·lu·sie -sies revolution. **~gees** revolutionary spirit.
re·vo·lu·si·o·neer, re·wo·lu·si·o·neer ge- revolutionise.
re·vo·lu·si·o·nêr, re·wo·lu·si·o·nêr -nêre, n. & adj. revolutionary.
re·vo·lu·si·o·nis, re·wo·lu·si·o·nis -niste revolutionist. **re·vo·lu·si·o·nis·me, re·wo·lu·si·o·nis·me** revolutionism.
re·vue -vues, (mil.) review; revue (on stage). **~-orde** (mil.) review order. **~-tenue** (mil.) review dress.
re·wer -wers, (naut.) reefer. **re·wers·baad·jie** reefer (jacket), reefing jacket.
re·wo·lu·sie, re·wo·lu·si·o·neer, re·wo·lu·si·o·nêr, re·wo·lu·si·o·nis →REVOLUSIE, REVOLUSIONEER, REVOLUSIONÊR, REVOLUSIONIS.
re·wol·wer -wers revolver, (infml.) gun; *'n ~ afvuur* discharge a gun; *'n ~ op iem. rig* point a gun at s.o.; pull a gun on s.o.; *'n ~ uitpluk* draw/produce/pull a gun/revolver. **~draaibank** turret lathe.
Rey·nolds·ge·tal (phys., also r~) Reynolds number.
Rhe·ma·kerk (SA) Rhema Church.
Rhode Is·land (geog.) Rhode Island. **~ ~ Red** (breed of domestic fowl) Rhode Island Red.
Rhodes-: **~beurs** -beurse Rhodes scholarship. **~beurshouer** -houers Rhodes scholar. **~-universiteit** Rhodes University.
Rho·de·si·ë (hist.) Rhodesia; →ZIMBABWE. **Rho·de·si·ër** -siërs, n., (hist.) Rhodesian. **Rho·de·sies** -siese, adj., (hist.) Rhodesian; *~e rifrug, (breed of dog)* Rhodesian ridgeback.
Rho·dos, Rho·dus (Gr. island) Rhodes. **Rho·di·ër** -diërs, n. Rhodian. **Rho·dies** -diese, adj. Rhodian.
Rhône (Fr. river) Rhône.
ri·a (geog.) ria, Spanish fiord. **ri·as·kus** ria coast.
Ri·ad (capital of Saudi Arabia) Riyadh.
ri·al -als, (monetary unit) rial, riyal.
rib ribbe(s) rib; (mech.) rib, spline; cord; (entom.) nervure; (constr.) web; (also, in the pl.) fluting; *iem. in die ~bes* ***pomp/por/stamp*** dig/poke s.o. in the ribs; *iem. 'n* ***stamp*** *in die ~bes gee* poke s.o. in the ribs; *iem. is so maer, ('n) mens kan sy/haar ~bes* ***tel*** s.o. is scrawny (or only skin and bone or as thin as a rake); ***vals*** *~* →VALS adj.. **~as** (mech.) splined shaft. **~filet** rib/sirloin steak, entrecôte. **~koord** whip cord. **~plaat** web plate. **~rat** splined gear. **~senuwee** intercostal nerve. **~skaaf** reeding plane. **~stoot** dig in the ribs, nudge. **~stuk** rack. **~tjop** rib chop. **~verspanning** web bracing. **~werk** ribbing; (carp.) reeding.
rib·a·rig -arige, **rib·ner·wig** -wige, (bot.) costal-nerved (leaf).
rib·be-: **~been** -bene rib; *twee ~bene breek* break two ribs; *jou ~ kry, (idm., joc., rather obs.: said of a man)* get one's girl, be accepted by a girl, be about to get married. **~kas** -kaste rib cage, thorax, thoracic skeleton; barrel (of a horse); *iem. op sy/haar ~ gee, (infml.: give s.o. a hiding)* dust s.o.'s coat, strike/kick s.o. in the ribs.
rib·bel -bels, n. ripple (in cloth etc.). **rib·bel** ge-, vb. ripple. **~stof** ripple cloth.
rib·be·ling -lings, -linge, **rib·bel·merk** -merke ripple (mark).
rib·be·tjie -tjies, (dim.) small rib; (cook.) rib; →VARKRIB(BETJIE).
rib·bok rhebuck, rhebok; →RIETBOK; *rooi~, (Redunca fulvorafula)* mountain reedbuck; *vaal~, (Pelea capreolus)* grey rhebuck/rhebok. **~blom, (groot)bruinafrikaner, kaneel(aand)blom** (Gladiolus grandis) large brown afrikander. **~haas** = KOLHAAS.
rib·loos -lose, (bot.) nerveless.
ri·bo·fla·vien, vi·ta·mien B$_2$, lak·to·fla·vien riboflavin(e), vitamin B$_2$, lactoflavin.
ri·bo·nu·kle·ïen·suur (biochem., abbr.: RNS) ribonucleic acid (abbr.: RNA).
ri·bo·se (biochem.) ribose.
ri·bo·soom (biochem.) ribosome.
ri·cer·car(e) (It., mus., hist.) ricercar(e).
Ri·chard: *~ Leeu(e)hart, (King Richard I of Eng.)* Coeur de Lion, the Lionheart.
rich·ter·skaal (also R~) Richter scale.
ric·kett·si·o·se (pathol.) rickettsiosis.
ri·cot·ta(·kaas) (It.) ricotta (cheese).

rid·der =*ders* , *(hist.)* knight; *(rank of Br. nobility)* sir; *(chivalrous man)* chevalier; *'n ~ van die* ***droewige*** *figuur* →DROEWIG; ***dwalende*** *~* →DOLENDE RIDDER; ***goeie*** *~, (stock exchange, infml.)* white knight; *R~ van die* ***Kous=band*** →KOUSBAND; *~ in die orde van* ***Oranje-Nassau*** knight of Orange-Nassau; *iem. tot ~* ***slaan/verhef*** knight s.o., confer a knighthood on s.o.; *~ van die* ***Tafel=ronde*** knight of the Round Table; *~ op die/'n* ***wit*** *perd, (fig.)* knight in shining armour. **~diens** service as a knight; chivalry. **~-grootkruis** *(Br. honour)* knight grand cross. **~hofstede** manor; château. **~-komman=deur** *(Br. honour)* knight commander. **~kruis** cross of a knightly order; knighthood. **~lint** ribbon of a knight=ly order. **~orde** knightly order, order of chivalry, (or=der of) knighthood. **~poësie** romance of chivalry, poetry of the age of chivalry. **~roman** romance of chivalry. **~saal** (knights') hall, castle hall. **~slag** ac=colade, dubbing; *iem. die ~ gee* knight s.o.. **~spel** *(hist.)* tournament. **~spoor** *(bot.: Delphinium* spp.*)* larkspur, delphinium; →PRONKRIDDERSPOOR. **~stand** knighthood, knightage. **~tyd** age of chivalry. **~ver=haal** tale/story of chivalry. **~wese** chivalry.

rid·der·lik =*e* knightly; chivalrous, chivalric, gallant. **rid·der·lik·heid** chivalry, chivalrousness, knightliness.

rid·der·skap knighthood; knightage, chivalry.

riel *riele, (dance)* reel.

riem[1] *rieme* thong, strap, riem; belt; leash *(for a dog)*; lanyard *(for a pistol)*; *iem. se ~* ***afsny****, (rare)* deceive s.o.; *jou ~e* ***breed*** *sny* live extravagantly; *iem. moet sy/haar ~e* ***dunner*** *sny* s.o. has to live less extrava=gantly; *iets is vir iem. 'n ~ onder die* ***hart*** s.o. is heart=ened by s.t.; *iem. 'n ~ onder die* ***hart*** *steek*, (fml., obs.) *iem. 'n* ***hart*** *onder die ~ steek* cheer s.o. up, encourage (*or* put heart into) s.o.; *iem. se ~e is* ***los****, (infml.)* s.o. is in love; *(die) ~e* ***neerlê****, (infml.)* take to one's heels, leg it, make tracks, cut and run; make a dash (for it); ***rou*** *~* →ROU[2] *adj.*; *iem. met 'n* ***slap*** *~ vang, (infml.)* deceive/mislead s.o. easily; *van 'n ander man se vel breë ~e* ***sny*** be lavish/generous at s.o. else's expense; →LEER[3] *n.*; *jou ~e* ***styfloop****, (infml.)* find/meet (more than) one's match, meet one's Waterloo *(infml.)*; ***uit*** *jou ~e uit wees, (rare)* be in a huff (*or* bad temper); *iem. moet sy/haar ~e na sy/haar* ***vel*** *sny* s.o. has to cut his/her coat ac=cording to his/her cloth. **~bikini** tanga. **R~land** →RIEM=LAND. **~leer** belt leather. **~punt** tag. **~spanning** belt tension. **~spring** *riemge=* skip; →TOUSPRING; *iem. laat ~, (infml.)* give s.o. a hiding. **~telegram** mere rumour, false alarm *(fig.)*, canard; *iets per ~ hoor, (infml.)* hear s.t. on/through the grapevine. **~verbinder** belt fas=tener. **~verbinding** belt joint. **~vurk** belt fork.

riem[2] *rieme* oar; *die ~e binnehaal* ship the oars.

riem[3] *rieme* ream *(of paper)*.

Riem·land *(NE Free State)* Riemland. **Riem·lan·der** =*ders* Riemlander.

riem·loos =*lose* strapless.

riem·pie =*pies, (dim.)* thong, strap, string, riempie. **~bank** = RIEMPIESBANK. **~stoel** riempiestoel, riem=pie(s) chair.

riem·pies-: **~bank** riempie(s)bank, riempie bench. **~mat** riempie seat. **~matstoel** = RIEMPIESTOEL.

rie·pa: *raai, raai (~)* →RAAI *vb.*.

Ries·ling *(white grape/wine, also r~)* Riesling *(also r~)*.

riet *riete* reed, rush; cane, wicker, thatch *(of a roof)*; *'n* ***geknakte*** *~, (fig.)* a broken reed; *jou ~e* ***roer****, (infml.)* shake a leg, make haste; *iem. sal sy/haar ~e moet* ***roer****, (infml.)* s.o.'ll have to shake a leg (*or* stir his/her stumps); ***roer*** *jou ~e!, (infml.)* shake a leg!, snap to it!, make it snappy!. **~beentjie** matchstick *(fig.)*. **~blits** = RIETSNAPS. **~bok** *(Redunca arundinum)* reedbuck; →RIBBOK. **~bos** reed bush, clump/cluster of reeds. **~bul** *(icht., infml.)* kob. **~dak** thatched roof. **~dakhuis** thatch-roofed/thatched house. **~dekker** thatcher. **~duiker** *(orn.: Phalacrocorax africanus)* reed cormorant. **~fluit** reed flute. **~fluitjie** reed pipe. **~foelie** *(bot.: Typha* spp.*)* reed mace; →PAPKUIL. **~gras** sedge; →MATJIESGOED. **~haan(tjie)** *(orn.: family Rallidae)* crake. **~kooi** bed of rushes/reeds. **~kwartel** = BONTKWARTEL. **~mandjie** cane/wicker basket, frail. **~mat** rush mat, reed mat; cane bottom. **~matwerk** rush matting, reed mat=ting. **~mes** cane knife. **~pen** reed pen, calamus. **~perd** cane horse, hobbyhorse. **~pypie** *(bot.: Gladiolus* spp.*)* bluebell. **~raam** batten. **~rot** *(Thryonomys* spp.*)* cane rat. **~sanger** *(orn.: Acrocephalus* spp. *)* reed war=bler; ***Europese*** *~, (A. palustris)* marsh warbler; ***groot~****, (A. arundinaceus)* great reed warbler; ***Kaapse*** *~, (A. gracilirostris)* lesser swamp warbler; ***klein~****, (A. baet=icatus)* African reed warbler. **~sap** cane juice. **~skraal** reedy, very thin, as thin as a rake, scrawny, skinny, as thin as a lath. **~snaps, ~spiritus, ~blits** cane spirit. **~stoel** cane/wicker chair, basket chair. **~suiker** cane sugar, sucrose, saccharose. **~vink** = SWARTKEELGEEL=VINK. **~vlei** reed marsh.

riet·jie =*tjies, (dim.)* little reed; straw *(for sucking)*.

rie·was-rie·was *(rare)* trifles; incidentals.

rif[1] *riwwe, (geomorphol.)* reef; outcrop; ledge; ridge, edge. **~dikte** *(min.)* channel width. **~gang** drive. **~rigting** strike. **~steen** *(min.)* veinstone, gangue, matrix.

rif[2] *riwwe* reef *(of a sail)*.

Rif: *die ~, (a Moroccan people)* the Rif/Riff/Rifi. **Rif·fyns** *n., (Berber dialect of the Rif)* Rif, Riffian. **Rif·fyns** =*fynse, adj.* Riffian.

rif·fel =*fels, n.* wrinkle, fold, ridge, crinkle, furrow, ser=ration, corrugation, ruffle, ripple; rib; edge; *(min.)* rif=fle; rib, ribbing *(in knitting)*. **rif·fel** *ge=, vb.* wrinkle, crinkle, ripple; corrugate; furrow; serrate; *(min.)* riffle; *ge~de pad* corrugated road. **~as** serrated shaft. **~as=bes** corrugated asbestos. **~ferweel** corduroy. **~karton** corrugated cardboard. **~pad** *(rare)* = SINKPLAAT=PAD. **~papier** corrugated paper. **~sink** corrugated iron; →SINKPLAAT *n.*. **~skaaf** reeding plane. **~steek** rib stitch. **~stof** rib(bed) fabric. **~strook** ribbing. **~stuk** ribbing, welt. **~tang** crimping pliers. **~veer** corrugat=ed spring. **~yster** corrugated iron.

rif·fe·ling =*lings,* =*linge* corrugation; serration.

rif·fel·rig =*rige* crinkled, ridged, corrugated; uneven, bumpy *(road)*.

Rif·fyns *n. & adj.* →RIF.

rig[1] *ge=* aim, direct; align; true (up); guide; *(parade ground)* dress; *iets* ***aan*** *iem. ~* direct s.t. to s.o. *(suggestions etc.)*; address s.t. to s.o. *(a letter etc.)*; put s.t. to s.o. *(a question etc.)*; *jou* ***gedagte(s)*** *op ... ~* turn one's thoughts to ...; *jou* ***na*** *iem. ~* follow s.o.'s example; *jou* ***na*** *iets ~* be guided by s.t.; comply with s.t.; *almal se* ***oë*** *was op ... ge~* everybody looked at ..., all eyes were turned to=wards ...; *jou/die* ***oog*** *op ... ~* look at ..., fix the eye upon ... *(s.o.)*; pursue ..., have ... in view *(an objective etc.)*; *iets* ***op*** *... ~* aim *(a campaign, education, etc.)* at ...; point *(a pistol etc.)* at ...; launch *(an attack)* on ...; train *(a gun, one's sights, etc.)* (up)on ...; focus *(a light etc.)* on ...; bring *(a searchlight etc.)* to bear (up)on ...; ***op*** *... ge~ wees, (also)* be targeted on ...; *jou* ***skrede*** *na ... ~, (poet., liter.)* turn one's steps towards ...; *hul* ***strewe*** *was ge~ op ..., (fml.)* they aimed at ...; *iets* ***teen*** *iem. ~* level s.t. at s.o. *(an accusation etc.)*; ***teen*** *... ge~ wees, (also)* be directed against ...; *jou* ***tot*** *iem. ~* address o.s. to s.o.; appeal to s.o.; *'n* ***versoek*** *tot iem. ~* →VERSOEK; *die* ***woord*** *tot iem. ~* →WOORD. **~balk** sight(ing) bar. **~ha=mer** peen hammer, peening tool. **~hoek** angle of sight. **~kanonnier** gun layer. **~krag** directing force. **~lat** joint=ing rule. **~lyn** =*lyne* directive, guideline; *(geom.)* direc=trix; *(archit.)* alignment; line of sight; *~e vir iets aan=dui/aangee/bepaal* draw up (*or* lay down) guidelines for s.t.. **~mal** =*malle, (rare)* straightening jig. **~middel** =*dele,* =*dels* gunsight, sighting gear. **~muur** lead (wall). **~punt** fixed point. **~skuifie** *(rifle)* focusing slide. **~snoer** guide, (governing) principle, standard, rule, example, lead, norm. **~spaak** handspike. **~straal** beam track. **~streep** direction mark *(on a compass)*.

rig[2] *ge=, (chiefly OT)* (act as) judge; →RIGTER[2]; *~ tussen ...* decide/judge between ...

ri·ga·bal·sem *(Latvian liqueur)* Riga Balsam.

ri·ga·to·ni *(It. cook.)* rigatoni.

ri·gau·don *(Fr., hist.: a Provençal dance for one couple, or its music)* rigadoon, rigaudon.

Ri·gel *(astron.)* Rigel.

rig·gel =*gels, (obs.)* ledge, ridge, border, rail, chamfer.

ri·gied *rigiede rigieder rigiedste* (of meer *~ die mees* =*e*) rigid, stiff, inelastic; inflexible, unyielding, unbending, uncompromising, severe, stern, strict. **ri·gi·di·teit** rigidi=ty, inflexibility.

ri·gor =*gors, (Lat., med.)* rigor; *~ mortis, (pathol.)* rigor mortis.

ri·go·ris·me *(relig. etc.)* rigorism. **ri·go·ris** =*riste* rig=orist. **ri·go·ris·ties** =*tiese* rigoristic.

rig·ter[1] =*ters* gun layer; launcher *(of a rocket)*.

rig·ter[2] =*ters, (chiefly OT)* judge; *(die Boek) R~s* (the Book of) Judges.

rig·ting =*tings,* =*tinge* direction; tendency, trend, lean=ing, inclination, tenor; range; course, heading, tack; aim, bearing, alignment; creed; school *(of philosophy etc.)*; →EENRIGTINGVERKEER; *~* ***aangee*** direct; *die* ***al=gemene*** *~* the general line; *in* ***daardie*** *~* in that direc=tion, that way; *in* ***dié/hierdie*** *~* this way; *'n* ***gevaar=like*** *~* a dangerous course; ***in*** *die ~ van 'n plek* in the direction of a place; *'n ~* ***inslaan/kies*** take a direction; take a course; take a line; *'n bepaalde ~* ***inslaan*** adopt a definite policy, take a course; *'n nuwe ~* ***inslaan*** al=ter/change (one's) course; make a new departure; *~* ***kies*** *na ...* head for ...; *jou ~* ***kwytraak*** lose one's bear=ings; *die* ***moderne*** *~* the modern tendency; *'n* ***nuwe*** *~* a new line; *van ~* ***verander*** change direction; *(a ship, the wind, etc.)* come about. **~gevoel** sense of direction. **~grootheid** *(math.)* vector. **~snelheid** velocity *(of wind)*. **~soeker** direction finder. **~wyser** direction indica=tor/signal; traffic indicator.

rig·ting·ge·wend =*wende* directive, directional.

rig·ting·loos =*lose* undirected.

rig·tings-: **~bepaling** direction finding. **~gang** *(min.)* drift(way). **~getal** directed quantity. **~lyn** direction line. **~punt** point of direction. **~verandering** change of course. **~verskuiwing** *(min.)* strike fault.

Rig-Ve·da *(Skt.: oldest collection of Hindu sacred verses)* Rig-Veda.

rik·ke·tik =*tiks, (onom.)* tick-tick; pit-a-pat.

riks·daal·der *(hist. Du. coin)* rix-dollar; →DAALDER.

rik·sja =*sjas, (<Jap.)* rickshaw, ricksha. **~fiets, ~drie=wiel** pedicab.

ril *ge=* shudder, shiver, tremble, throb, shake, quiver; thrill; *iets* ***laat*** *iem. ~* s.t. gives s.o. the horrors/shud=ders, s.t. sends (cold) shivers up and down s.o.'s spine; *~* ***van*** *... shiver with ... (cold, fear, etc.)*; *~* ***van*** *die koors, (also)* have cold shivers; *dit is om* ***van*** *te ~, dit laat ('n) mens ~* it gives one the horrors/shudders. **~boek** thriller. **~prent** *(film)* thriller. **~stuk** *(play)* thriller. **~verhaal** thriller, spine-chiller, hair-raiser.

ril·ler =*lers, (book, film, play, etc.)* thriller, spine-chiller. **ril·le·rig** =*rige* shivery, creepy.

ril·ling =*lings,* =*linge* shudder, shiver, shivering; thrill; goose flesh, horripilation; *(also, in the pl., pathol.)* the shakes; *koue ~s* rigor(s); *iem. (die) koue ~s gee, (koue) ~s langs iem. se ruggraat afstuur* (of *laat afloop*), *(fig.)* send a chill down s.o.'s spine, send a cold shiver down/up (*or* cold shivers [up and] down) s.o.'s back/spine; *die ~s kry/hê, (fig.)* get/have the shivers.

rim·pel =*pels, n.* wrinkle, line, pucker; fold; ripple *(of water)*; crimp; corrugation; *(anat.)* ruga; *'n gesig vol ~s* a wrinkled/lined face. **rim·pel** *ge=, vb.* wrinkle, line; ripple; furrow, pucker, knit, contract *(one's brow)*; puck=er *(a seam, material)*; *(dressm.)* shirr; cockle *(wool, glass)*; crimp; →GERIMPEL(D); *jou neus ~* screw up one's nose. **~effek, ~uitwerking** ripple effect. **~fees** fringe fes=tival. **~nylon** puckered nylon. **~oppervlak** puckered surface. **~papier** crinkled paper. **~plaatjie** shirring plate. **~plooitjies** shirring. **~spanning** *(elec.)* ripple. **~stof** puckered/cockled cloth, crammed fabric. **~uit=werking** →RIMPELEFFEK. **~werk** shirring.

rim·pe·lig →RIMPELRIG.

rim·pe·ling =*lings,* =*linge* wrinkling, wrinkle, pucker=ing; corrugation; *(geol.)* plication; ripple *(of water)*.

rim·pel·rig =*rige,* **rim·pe·lig** =*lige* wrinkled, wrinkly, puckered, corrugate(d); rippled, ripply, shrivelled; ropy *(paint); (biol.)* rugose.

Rim·ski-Kor·sa·kof *(Russ. composer)* Rimsky-Korsakov.

rin *interj., (rare, used for livestock)* in you go.

ring *ringe, n.* ring; circle; cycle; cincture; band; *(astron.)* halo; *(eccl.)* presbytery, convocation; *(mech.)* race *(of a ball bearing)*; ring, cartel; *(biol.)* annulus; cringle; collar; pool; hoop; collet; *(anat.)* areola; →RINGS=; *'n ~ aan iem. se vinger steek* put/slip a ring on s.o.'s finger; *('n) mens kan iem. deur 'n ~ trek, (infml.)* s.o. is dressed up to the nines *(infml.)*, s.o. is immaculately dressed. **ring** *ge=, vb.* cincture; ring *(an animal)*; ring, belt, girdle *(a tree)*; *ge~de voël* ringed bird. **~baan** circular railway; *(elec., also ringkring)* ring circuit. **~baard** fringe beard. **~band** endless band. **~bandstelsel** loose-leaf system. **~bars** *(crack in timber)* ring/cup/wind/through shake. **~been** ringbone. **~beslag** ferrule. **~duif** *(Eurasia: Columba palumbus)* ringdove; →HOUTDUIF; *groot~, (Streptopelia semitorquata)* red-eyed dove. **~eiland** atoll, ring-shaped island. **~gooi** *n.* quoits. **~gooi** *ringge=, vb.* play quoits. **~haak** gudgeon. **~hoofleiding** *(elec.)* ring main. **~kanaal** circular canal. **~kop** *(infml.)* ring head, old-timer, old campaigner, elder *(of the tribe)*, veteran, stalwart. **~kraakbeen** cricoid cartilage. **~kring** →RINGBAAN. **~lêer** ring binder. **~lyn** loop line. **~mes** *(med.)* guillotine. **~muur** ring wall, circular wall, enclosing wall; ring fence *(fig.)*. **~rif** atoll. **~sitting** *(eccl.)* meeting/session of the presbytery (ring). **~skeur** ring/cup shake. **~skroef** double screw. **~skroefsleutel** ring spanner. **~slang** *(Eur.: Natrix spp.)* grass snake. **~snyer** stock and dies. **~spier** *(anat.)* sphincter. **~steek** *n., (a traditional equestrian sport)* tilting at the ring. **~steek** *ringge=, vb.* tilt at the ring. **~tennis** deck tennis. **~vat** annular vessel. **~veer** ring spring. **~verduistering** annular eclipse. **~vers** posy. **~vinger** ring finger. **~visier** ring sight. **~vormig** *=mige* ring-shaped, ringlike, annular, annulate; *~e kraakbeen* ring-shaped/cricoid cartilage. **~vorming** annul(is)ation; pieing *(of wool)*. **~vrot** ring rot. **~wurm** *(a skin disease)* ringworm. **R~wurms** *(zool.)* Annelida.

rin·gel *ge=* ring *(a bull)*.

rin·ge·lêer *ge=* ringbark, cincture.

rin·gel·oor *ge=, (rare, fig.)* bully, sit upon, order about.

rin·gel·rob *(Arctic seal: Phoca hispida)* ringed seal.

rin·ger *=gers* ringer.

rin·ge·tjie *=tjies* small ring.

rings=: **~kommissie** presbyterial executive. **~ressort** (area of a) presbytery. **~vergadering** presbyterial meeting.

rin·kel *ge=* jingle, chink, clatter. **rin·ke·lend** *=lende* jingly, tinkling, tinkly.

rink·hals *n.* ring neck, ring-neck(ed) animal. **rink·hals** *ge=, vb., (dance)* twist. **~(dans)** twist. **~duif** ring-neck(ed) pigeon. **~kraai** = WITHALSKRAAI. **~(slang)** *(Hemachatus haemachatus)* rinkhals.

rin·kink *ge=* jingle; rollick, romp, caper, frisk, gambol; revel; gallivant, gad about, spree. **rin·kin·ker** gallivanter, *(SA sl.)* joller. **rin·kin·ke·ry** romping, capers, gambols; gallivanting; revelry.

rin·ne·weer *ge=* →VERRINNEWEER. **rin·ne·wa·sie** →VERRINNEWASIE. **rin·ne·weer·der** *=ders* →VERRINNEWEERDER.

ri·no= *comb.* rhino=.

ri·no·fa·rin·ge·aal *=ale* rhinopharyngeal.

ri·no·la·rin·go·lo·gie →OTORINOLARINGOLOGIE.

ri·no·plas·tiek *(med.)* rhinoplasty. **ri·no·plas·ties** *=tiese* rhinoplastic.

ri·no·skoop *=skope, (med.)* rhinoscope.

Ri·o (de Ja·nei·ro) *(geog.)* Rio (de Janeiro).

ri·o·leer *ge=* drain, sewer. **ri·o·le·ring** *=rings, =ringe* drainage, sewerage. **ri·o·le·ring·stel·sel** sewerage system.

ri·o·liet *(min.)* rhyolite.

ri·ool *riole* drain, sewer, sink. **~gas** sewer gas. **~gat** gull(e)y hole. **~geld** sewerage fee(s). **~kelder, ~tenk** sewage tank. **~lêer** drain layer. **~mond, ~put** gull(e)y. **~plaas** sewage farm. **~pomp** sewage ejector. **~put** →RIOOLMOND. **~pyp** drainpipe, sewer pipe, gull(e)y drain, soil pipe. **~rot** sewer rat. **~skrywer** muckraker. **~sluis** gull(e)y trap. **~slyk** (sewage) sludge. **~slykwerke** sewage disposal works. **~sperder** drain/sewer trap. **~stampyp** soil stack. **~stelsel** sewerage system. **~stories** *(pl.)* muckraking. **~stortplek** sewage disposal works. **~suier** plunger. **~vuil, ~vullis** sewage, sullage. **~water** diluted sewage; waste water, bilge water. **~watersuiwering** sewage purification/treatment. **~watersuiweringswerke** sewage treatment plant.

rips *(text.)* rep, repp, reps. **rips·ag·tig** *=tige, (text.)* repped.

Ri·pu·a·ries: *~e Franke, (lived along Rhine, 4th cent.)* Ripuarian Franks.

ri·sa·liet *=liete, (archit.)* projection.

ri·si·ko *=ko's* risk, hazard, venture; *'n berekende/(wel)oorwoë ~* a calculated risk; *op eie ~* at one's own risk; *vir eie ~* at owner's risk; *met groot ~* at one's peril; *'n ~ loop* take a chance; run/incur a risk; *'n ~ loop/aanvaar, 'n ~ op jou neem* take a risk. **~bestuur, ~beheer** risk management. **~kapitaal** risk/venture capital.

ri·si·nus·o·lie = KASTEROLIE; *gesulfoneerde ~, (dye)* Turkey red oil.

ris·keer *(ge)=* risk, venture, hazard; *iets ~* take a chance; *niks ~ nie* take no chances. **ris·kant** *=kante* risky, hazardous, speculative, *(infml.)* dodgy; *(baie) ~ wees* be (very) risky, be a (very) risky business.

ri·so= *comb., (biol.)* rhizo=.

ri·so·foor *=fore, (bot.: outgrowth from club moss)* rhizophore.

ri·so·ïed *=ïede, (bot.)* rhizoid. **ri·so·ï·daal** *=dale* rhizoid(al).

ri·soom *=some, (bot.)* rhizome, rootstock, root stalk.

ri·so·po·de *(zool.: protozoan)* rhizopod.

ri·so·sfeer *(ecol.)* rhizosphere.

ri·sot·to *(It. rice dish)* risotto.

ris·sie *=sies* chil(l)i, capsicum, red pepper; *(infml., fig.: usu. a woman)* shrew, vixen, spitfire; *~s bo peper, (rare)* champions don't stay. **~peper** →ROOIPEPER. **~pit** chil(l)i seed; *(infml.)* hothead, short-tempered/fiery person. **~poeier** chilli powder.

ris·sie·ag·tig *=tige* shrewish, vixenish, peppery.

rit *ritte* journey, ride, drive, spin, trip; →RITJIE. **~boek** *(mot.)* logbook. **~meester** *(chiefly hist.)* captain of horse, cavalry captain. **~meter** *(mot.)* trip meter/recorder.

ri·te *=tes* rite.

ri·te·nu·to *adj. & adv., (It., mus.: restrained)* ritenuto. **~passasie** ritenuto.

rit·jie *=jies* spin, drive; *'n ~ maak* go for a spin/drive.

rit·me *=mes* rhythm; cadence. **~metode** *(birth control)* rhythm method. **~seksie, ~afdeling** *(mus.)* rhythm section.

rit·miek rhythmics. **rit·mies** *=miese* rhythmic(al); *~e gimnastiek* rhythmic gymnastics. **rit·mi·si·teit** rhythmicity.

ri·tor·nel *=nelle, (liter.)* ritornel(le); *(mus.)* ritornello.

rits[1] *ritse, n.* series, row, string, queue, train; *(infml.)* bunch.

rits[2] *ritse, n.* zip (fastener); →TOERITS. **~baadjie** →TOERITSBAADJIE. **~sluiter** zip fastener. **~sluiting** zip fastening.

rits[3] *ge=, vb., (infml.)* romp, cavort, frolic, gambol.

rits[4] *ge=, vb.* gouge; *'n boom ~* blaze a tree. **~beitel** cross-cut(ting) chisel, bolt chisel. **~yster** gouge.

rit·sel *ge=* rustle, whisper; quiver; →GERITSEL. **rit·se·ling** *=lings, =linge* rustling, rustle, quivering.

rit·sig *=sige, (rare)* ruttish. **rit·sig·heid** *(rare)* rut, ruttishness.

rit·tel *ge=* shiver, shake, tremble, quake, quiver; →GERITTEL; *~ van die koue* shake with cold. **~dans** *n.* jitterbugging. **~dans** *ge=, vb.* jitterbug, jive. **~danser** *=sers* jitterbug.

rit·tel·tit(s) *(infml.)* jitters, shivers, heebie-jeebies; *iem. die ~ gee (of laat kry), (infml.)* give s.o. the heebie-jeebies; *die ~ hê/kry, (infml.)* have/get the jitters. **~danser** = RITTELDANSER.

ri·tu·aal →RITUEEL *n.*. **ri·tu·a·lis** *=liste* ritualist. **ri·tu·a·lis·me** *(also R~)* ritualism. **ri·tu·a·lis·ties** *=tiese* ritualist(ic).

ri·tu·eel *=tuele, (rare)* **ri·tu·aal** *=tuale, n.* ritual. **ri·tu·eel** *=tuele, adj.* ritual; *rituele moord* ritual murder.

ri·tus *=tusse* rite(s); ritual.

ri·va·li·teit *(rare)* rivalry.

Ri·ve·ri·na *(geog.): die ~* the Riverina.

Ri·vers·dal *(W Cape)* Riversdale.

ri·vier *=viere* river, stream; *aan/langs 'n ~ woon* live on/beside a river; *hoër op aan die ~* up (the) river; *die ~ lê kant en wal* the river is in spate/flood; *die ~ kom af* the river is in flood/spate; *laer af aan die ~* down (the) river; *langs 'n ~ woon →aan/langs; die dorp lê aan die ~* the town is on the river; *die ~ loop* the river is running; *onder(kant) ... langs die ~ lê* be downriver from ...; *die ~ het sy walle oorstroom* the river burst its banks; *op 'n ~ roei* row on a river; *die ~ gaan staan* the river stops flowing/running; *die ~ stroom/vloei noordwaarts/ens.* the river flows north/etc.; *die ~ is vol* the river is in spate; *'n vol ~* a swollen river. **~af** *adv.* downriver, downstream. **~bedding** river bed. **~beskrywing** potamography. **~bewoner** riverain. **~blindheid** →ONKOSERKIASE. **~boot** riverboat. **~draai** oxbow. **~eiland** river island. **~engte** narrow. **~gesig** river scene. **~god** river god. **~grond** river soil; riverside. **~kant** riverside, bank of a river. **~kloof** canyon. **~kom** river basin. **~konyn** *(zool.: Bunolagus monticularis)* riverine rabbit. **~krans** canyon wall. **~krap** river crab. **~kreef** →VARSWATERKREEF. **~kunde** potamology. **~loop** course of a river. **~mond(ing)** river mouth, estuary. **~nimf** naiad, river nymph. **~oewer** riverbank, =side. **~op** *adv.* upriver, upstream. **~pampoen, wilderamenas** *(Gunnera perpensa)* river pumpkin. **~perd** *(arch.)* = SEEKOEI. **~plaas** river farm. **~sand** river sand. **~sisteem** →RIVIERSTELSEL. **~skilpad** = WATERSKILPAD. **~stelsel, ~sisteem** river system. **~vaderlandswilg, rooiblaar** *(Combretum erythrophyllum)* river bushwillow. **~vallei** river valley. **~vis** river fish, freshwater fish. **~vlakte** river plain, floodplain. **~wal** riverbank. **~water** riverwater.

ri·vi·e·ra *(It.)* riviera; *die R~* the Riviera *(in Fr. and It.)*.

Ri·vier·son·der·end *(W Cape town)* Riviersonderend.

ri·vier·tjie *=tjies* stream, small river.

rob *robbe* seal; *~be (dood)slaan* club/kill seals; *oorlose ~, (zool.:* family *Phocidae)* true/earless seal; *pels~, (zool.:* family *Otariidae)* fur seal, eared seal. **~bul** seal bull; →BUL[2]. **~koei** seal cow; →KOEI. **~vel** →ROBBEVEL.

rob·be=: **~jag** seal fishery, seal hunt(ing), sealing. **~jagter, ~slaner** sealer. **~kolonie** seal rookery/colony. **~skip** sealing vessel, sealer. **~spek** seal blubber/fat. **~traan** seal oil. **~vanger** sealer. **~vangs** sealing, seal hunting/fishery. **~vel, robvel** sealskin. **~veljas, robveljas** sealskin (coat).

rob·be·doe = RABBEDOE.

Rob·ben·ei·land *(geog.)* Robben Island.

rob·be·tjie *=tjies* seal pup.

ro·bot *=botte, =bots* robot; traffic light. **~vliegtuig** *(mil.)* drone.

ro·bot·ag·tig *=tige* robotic.

ro·bo·ti·ka robotics.

ro·bo·ti·seer *ge=* robotise. **ro·bo·ti·se·ring** robotisation.

ro·bu·riet *(min. explosive)* roburite.

ro·bus·ta: **~(bone)** robusta (beans). **~(koffie)** robusta (coffee). **~(plant)** *(bot.)* robusta.

ro·buus *~ =buuster =buusste* robust, rugged, sturdy. **ro·buust·heid** robustness.

ro·byn *=byne* ruby. **~bruilof** *(40th wedding anniversary)* ruby wedding. **~glas** ruby (glass). **~rooi** ruby red.

ro·caille *(Fr., 18th-century style of decoration)* rocaille.

rock *(mus.)* rock. **~groep** rock band/group. **~musiek** rock music. **~(musiek)aanhanger** rocker. **~musikant** rocker. **~ster** rock star.

ro·co·co, ro·co·co, ro·ko·ko, ro·ko·ko *(18th-cent. style of art/archit./decoration, often R~)* rococo *(often R~)*.
ro·da·mien *(chem.: red dyestuff)* rhodamine.
ro·da·naat *(chem.)* rhodanate.
ro·del *ge-* toboggan. ~**slee** toboggan.
ro·de·o *-deo's* rodeo.
ro·di·um *(chem., symb.:* Rh*)* rhodium.
ro·do- *comb.* rhodo-.
ro·do·chro·siet *(min.)* rhodochrosite; →MANGAANSPAAT.
ro·do·den·dron *-drons, (bot.)* rhododendron.
ro·do·liet *(a gemstone)* rhodolite.
ro·do·mon·ta·de *-des, (<Fr., rare: bragging)* rodomontade.
ro·do·niet *(min.)* rhodonite.
ro·dop·sien *(biol.)* rhodopsin, visual purple.
roe·bel *-bels, (Russ. monetary unit)* rouble; *twee ~* two roubles.
roe·de *-des, (fml.)* rod, cane, birch *(for flogging)*; verge; *(parl.)* mace; *(Imperial square measure: 0,1012 ha)* rood; *(taboo sl.: penis)* cock, prick, tool, dick, John Thomas; *die ~ **kus*** kiss the rod; ***(manlike)** ~, (arch.)* penis; *wie die ~ **spaar**, bederf die kind* spare the rod and spoil the child; *(Draer van) die **Swart** R~, (Br., parl.)* (Usher of) the Black Rod; ***vierkante** ~, (Imperial square measure: 25,29 m²)* square rod/pole/perch. ~**draer** *(dated)* →STAFDRAER.
roei¹ *roeie, n.* lattice; mullion; tail *(of a comet)*. ~**ster** comet.
roei² *n.* rowing. **roei** *ge-, vb.* row, pull; *stroomop ~* row upstream. ~**bank(ie)** thwart, rowing bench/seat, bank. ~**boot** rowing boat, boat under oars; *ligte ~* shell. ~**boot(jie)** dinghy; whiff. ~**dol** →ROEIPEN. ~**klamp** rowlock. ~**klub** rowing/boating club. ~**kuns** oarsmanship, watermanship. ~**masjien** rowing machine. ~**mik** rowlock. ~**pen** thole (pin). ~**plank** paddle ski, surf ski, sit-on-top. ~**plankry** *n. & vb.* = SKI(-)ROEI *n. & vb.*. ~**riem** = ROEISPAAN. ~**ski** *n. & vb.* →SKI(-)ROEI *n. & vb.*. ~**skuit** rowboat, rowing boat, wherry. ~**spaan** *-spane* oar, scull, paddle; *die ~spane **inhaal*** ship oars; *'n ~ **plat** draai/hou* feather an oar; *'n **ry** ~spane* a bank of oars; *die ~spane **uit** die dolle neem* unship the oars. ~**sport:** *die ~* rowing. ~**stok** gauging rod. ~**tog** row, boat excursion. ~**wedstryd** boat race, rowing match; regatta.
roei·er *-ers* oarsman, rower; oar; *agterste ~* stroke. **roei·ster** *-sters, (fem.)* oarswoman.
roek *roeke, (orn., Eurasia: Corvus frugilegus)* rook.
roe·ke·loos *-lose* reckless, rash, foolhardy, devil-may-care, harebrained; *(obs.)* wicked, sinful, profane. **roe·ke·loos·heid** recklessness, rashness, temerity; *(obs.)* wickedness, profanity, devil(t)ry.
roe·koek *ge-* coo *(of a dove)*.
Roe·land *(paladin of Charlemagne)* Roland, Rowland. **Roe·lands·lied** *(liter.)* Song of Roland, Chanson de Roland.
roe·let →ROULETTE.
roem *n.* renown, praise, glory, fame, lustre, kudos, celebrity; ***onsterflike** ~* undying fame; *jou met ~ **oorlaai*** cover o.s. in glory; *eie ~ **stink*** self-praise is no recommendation; *op jou ~ **teer*** live on one's reputation; *die ~ **van** ... wees* be the pride of ... *(one's school/country/etc.)*; *jou eie ~ **verkondig*** blow one's own trumpet; *~ **verwerf*** become famous, achieve/get/win fame; gain/win glory. **roem** *ge-, vb.* boast; praise, laud, extol; *op iets ~* boast about/of s.t.; pride o.s. (up)on s.t.. ~**gierig** *-rige* thirsting for fame/glory. ~**ryk** *-ryke* famous, renowned, glorious, illustrious; splendid, magnificent. ~**vol** *-volle* illustrious, renowned.
Roe·meen *-mene, n.* Romanian, Rumanian. **Roe·meens** *n., (lang.)* Romanian, Rumanian. **Roe·meens** *-meense, adj.* Romanian, Rumanian. **Roe·me·ni·ë** *(geog.)* Romania, Rumania.
Roe·me·li·ë *(geog., hist.)* R(o)umelia.
roe·mer¹ *-mers* boaster, braggart.
roe·mer² *-mers, (drinking glass)* rummer.
roem·loos *-lose* inglorious.
roem·sug desire/thirst for fame/glory, vainglory. **roem·sug·tig** *-tige* ambitious, thirsting for fame/glory, vainglorious.
roep¹ *n., (poultry disease)* roup.
roep² *roepe, n.* call, cry; hail; hoot; *op ~ wees, (a doctor etc.)* be on call; *iem. op ~ hê* have s.o. on call. **roep** *ge-, vb.* call, cry, shout; beckon; clamour; halloo; page *(s.o.)*; ***boontoe*** (of ***na bo***) *~, (infml.)* ask for God's help, call upon the Almighty; curse; *'n **dokter** ~* call (in) (*or* send for) a doctor; *iets voor die **gees** ~* →GEES; ***halt** ~* →HALT; *jou **hees** ~* shout o.s. hoarse; ***kom** of jy ge~ is* →GEROEP *adj.*; *iem. **laat** ~* summon s.o.; send for s.o.; *iets in die **lewe** ~* →LEWE; ***moord** en brand ~* →MOORD EN BRAND SKREE(U); ***na** iem. ~* call to s.o.; shout (*or* call [out]) for s.o.; ***na/vir** iem. ~* shout to s.o.; ***om** iets ~* call/cry for s.t. *(help etc.)*; clamour for s.t.; cry out for s.t.; *iem. **opsy** ~* call s.o. aside; *iem. tot **orde** ~* →ORDE¹ *n.*; *my **plig** ~ my* →PLIG; ***sê** asseblief vir ... ek ~ hom/haar* please tell ... I want him/her *(a subordinate at work etc.)*; *'n **skip** ~* hail a ship; *want baie is ge~, maar min **uitverkies*** (OAB), *baie is immers ge~, maar min is uitverkies* (NAB) for many are called/invited, but few are chosen *(AV, NIV)*; *iem. oor iets tot **verantwoording** ~* →VERANTWOORDING; *jou ge~e **voel** om ...* →GEROEP *adj.*; *iets te **voorskyn** ~* call forth s.t.; call up s.t.; ... *onder die **wapen(s)** ~* →WAPEN *n.*. ~**afstand** shouting/hailing distance; *binne ~* within shouting distance. ~**ja(ag)** *geroep-* chase (and shout) along *(livestock into an enclosure)*. ~**letter(s)** call sign(al). ~**naam** first name, pet name; call sign(al). ~**nommer** paging number. ~**radio** bleep(er), pager. ~**sein** call sign(al). ~**sek** *ge-, vb., (rare)* drive on/along *(draught animals to be inspanned)*; →ROEPJA(AG). ~**sek** *interj., (rare)* yeehaw, yeehah. ~**stem** call, cry, voice, calling, summons.
roe·pee *-pees, (Ind./etc. monetary unit)* rupee.
roe·pend *-pende* calling, crying; *'n stem ~e in die woestyn* →STEM *n.*.
roe·per *-pers* crier, caller; shouter; megaphone; voice pipe; tube; bleep(er).
roe·pi·a *-pias, (Indon. monetary unit)* rupiah.
roe·ping *-pings, -pinge* call(ing), vocation, mission; *aan 'n ~ **beantwoord*** answer a purpose; *'n **hoë** ~* a high mission; *'n man/vrou **met** 'n roeping* a man/woman of destiny; *jou ~ **mis*** miss one's vocation; *jou ~ **vervul*** fulfil one's destiny; *'n roeping **voel** om ...* feel a call to ...; *'n roeping vir ... **voel*** feel a vocation for ... **roe·pings·be·wus** aware of a vocation.
Roer: *die ~, (a tributary of the Meuse)* the Roer; →RUHR.
roer¹ *roere, roers, n.* rudder, helm; *(aeron.)* control; ***aan** die ~ (van sake)* at the helm; ***aan** die ~ wees, (also)* be in power; *die skip **gehoorsaam** die ~* the ship answers (to) the helm; *aan die ~ **kom*** take the helm, assume control/office; *die ~ **omwend*** shift the helm; *die ~ **reg hou*** keep straight. ~**bevele** steering orders. ~**ganger** *-gers* helmsman. ~**haak** pintle. ~**kiel** skeg. ~**koning** rudderhead. ~**oog** gudgeon. ~**pen** tiller, helm. ~**tou** tiller rope.
roer² *roers, n., (dated)* gun, rifle, musket; *so reg soos 'n ~* as fit as a fiddle, as right as rain (*or* a trivet); as straight as a die. ~**boog** *(dated)* crossbow; →KRUISBOOG. ~**skoen** = GEWEERSKOEN.
roer³ *n.: aan die ~ wees* be astir; be busy/active, be on the go; *in rep en ~ wees* →REP¹ *n.*. **roer** *ge-, vb.* stir, agitate, move; touch; flex *(muscles)*; affect *(fig.)*; shift; ***begin** ~* stir o.s.; *iets het iem. **diep** ge~, iem. is **diep** ge~ deur iets* s.t. moved s.o. deeply, s.o. was deeply moved by s.t.; *~ my net aan as jy **durf!**, (infml.)* just touch me if you dare!; ***jou** ~, (infml.)* bestir o.s.; make haste; ***~ jou!**, (infml.)* shake a leg!, snap to it!, make it snappy!, be quick about it!, get a move on!; *dit is sake waaraan ('n) mens **liewer nie moet** ~ nie* it is better/safer not to touch upon those matters; *iem. sal hom/haar **moet** ~, (infml.)* s.o. has his/her work cut out (for him/her); s.o.'ll have to shake a leg (*or* stir his/her stumps); *jy kan jou daar **skaars** ~* there is no (*or* not enough) room to swing a cat *(infml.)*; *iem. tot **trane** ~* →TRAAN¹ *n.*. ~**arm** stirring arm. ~**braai** *ge-, vb.* stir-fry. ~**braai(gereg)** *n.* stir-fry. ~**braaigroente** stir-fried vegetables. ~**eier(s)** scrambled eggs. ~**kruid** *(Pseudognaphalium luteo-album)* Jersey cudweed. ~**lepel** stirrer. ~**middel** *-dels, -dele* agitator. ~**-reklame** mobile advertising. ~**spaan** stirrer, stirring rod; spatula. ~**stafie** stirrer, stirring rod, agitator. ~**stang** rabble(r), puddling iron. ~**stok** stirrer, stirring rod. ~**stokkie** swizzle stick. ~**toestel** agitator, stirrer, stirring apparatus. ~**vurk** stirrer, rake, fork.
roer·baar *-bare* movable.
roer·der *-ders* stirrer, agitator.
roer·domp →GROOTRIETREIER.
roe·rend *-rende, adj.* touching, pathetic, moving, stirring, affecting; *~e goed(ere)* movable/personal property, moveables. **roe·rend** *adv.* touchingly, movingly; *dit ~ met iem. eens wees* agree with s.o. completely; be in perfect agreement with s.o..
roe·rig *-rige* lively, active, busy; restless; riotous, turbulent. **roe·rig·heid** liveliness; restlessness; unrest, turbulence.
roe·ring *-ringe* stirring, motion, commotion; agitation; emotion; *~e van die siel* (of *die [menslike] gees*) soul stirrings.
roer·loos¹ *-lose* rudderless.
roer·loos² *-lose* motionless, immobile, unmoving, undisturbed, stock-still. **roer·loos·heid** immobility, motionlessness, stillness.
roer·sel *-sele, -sels, (poet., liter.)* motive; *die ~e van die hart* the promptings of the heart.
roes¹ *roese, n.* intoxication, inebriation, excitement, ecstasy, frenzy; *'n ~ uitslaap* sleep off a hangover, sleep it off *(infml.)*; *in die ~ van ...* in the (first) flush of ..., flushed with ... *(victory etc.)*; *in 'n ~ wees* be intoxicated.
roes² *n.* rust; *(plant disease)* blight, rust. **roes** *ge-, vb.* rust; corrode; get rusty *(lit., fig.)*; *my Latyn is al ge~* my Latin is rusty; *ou liefde ~ nie* old love never dies; *ge~te spyker* rusty nail. ~**bruin** rust (brown). ~**kleur** rust (colour). ~**kleurig**, ~**kleurig** *-rige* rust-coloured, rubiginous, ferruginous. ~**middel** *-dels, -dele* rust preventer. ~**rooi** ferruginous, rust-red. ~**vlek** rust stain/spot; mould. ~**vry** *-(e)* rustproof, rustless, stainless *(steel)*, non(-)corrosive. ~**vrymaking** rustproofing. ~**weerder** *(also* roeswerende middel*)* rustproofing. ~**werf** *(rare)* scrapyard.
roe·se·moes, ge·roe·se·moes disorder, confusion, commotion, bustle, buzz, din, tumult, stir, to-do, hurly-burly.
roe·se·rig, roes·te·rig *-rige* rusty, like rust. **roe·se·rig·heid, roes·te·rig·heid** rustiness.
roes·we·rend *-rende* antirust, rust-resistant, rust preventing; rustproof(ed), non(-)corrosive.
roet soot; black; grime; smut; *as jy met ~ speel, word jy swart* he that touches pitch shall be defiled. ~**blaser** tube/soot blower. ~**bruin** bistre. ~**gang** soot flue. ~**kleur** sooty colour. ~**kleurig** *-rige* soot-coloured, fuliginous. ~**kol** →ROETVLEK. ~**lug** sooty smell. ~**swart** *n.* smoke black. ~**swart** *adj.* black as soot, smoke black, sooty. ~**vanger** chimney trap, soot pocket. ~**vlek**, ~**kol** smut. ~**vlek(siekte)** black spot *(in roses)*.
roet·ag·tig →ROETERIG. **roet·ag·tig·heid** →ROETERIGHEID.
roe·te *-tes* route, way, course; →ROETEER; *die kortste/langste ~ kies* take the shortest/longest route; *op die ~* on the route; *'n ~ volg* follow a route. ~**bepaling** rout(e)ing. ~**opmeting**, ~**peiling** *(surv.)* traverse.
Roe·teen *-tene, n.* Ruthenian. **Roe·teens** *n., (lang.)* Ruthenian. **Roe·teens** *-teense, adj.* Ruthenian. **Roe·te·ni·ë** *(W. Ukraine)* Ruthenia.
roe·teer *(ge)-* route. **roe·te·ring** rout(e)ing.
roe·te·rig *-rige*, **roet·ag·tig** *-tige* sooty, fuliginous. **roe·te·rig·heid, roet·ag·tig·heid** fuliginosity.
roe·te·ring *(telecomm., elec.)* trunking.
roe·tie →ROTI.
roe·ti·ne routine, *(infml.)* drill; *die daaglikse ~* the daily round/routine; *die ~ ken, (also, infml.)* know the drill. ~**arbeid**, ~**werk** treadmill, drudgery, *(infml.)* donkey-work, *(infml.)* grind, *(infml.)* slog. ~**inspeksie** rou-

tine/regular inspection; *roetine(-) maandelikse inspeksie* routine monthly inspection. ~**ondersoek** check-up. ~**slaaf** =*slawe* routinist. ~**vlug** *(av.)* routine flight, *(infml.)* milk run.

roe·ti·neer *ge=* routinise. **roe·ti·ne·ring** routinisation.

Rô·e·veld = ROGGEVELD.

rof *rowwe rowwer rofste* rough, coarse, uneven *(surface etc.); (infml.)* rough, wild, uncouth, rude; →GROF. ~**kas** *n., (building)* roughcast. ~**kas** *ge=, vb.* roughcast. ~**stoei** all-in wrestling, freestyle wrestling. ~**werkpapier** scrap paper.

rof·fel[1] *n.* ruff(le) *(of a drum),* (drum) roll. **rof·fel** *ge=, vb.* beat a ruffle *(on the drum).* ~**blok:** *Chinese/Sjinese ~, (mus.)* Chinese (wood)block. ~**vuur** drumfire, rolling fire.

rof·fel[2] *ge=, vb.* rough plane, rough-hew. ~**skaaf** jack plane. ~**werk** botch, bungled work.

ro·fie →ROOF[1].

rog[1] rye; *wilde~* wild rye. ~**akker** rye field. ~**brood** rye bread; *growwe ~* pumpernickel. ~**drabok** *(Bromus secalinus)* rye-brome; *(Am.)* cheat, chess. ~**gras** = RAAI-GRAS. ~**meel** rye meal, rye flour. ~**whiskey** rye (whiskey).

rog[2] *rogge, rôe, (icht.)* ray; *(Raja* spp.*)* skate.

rog·gel =*gels, n.* phlegm; ruckle, rattle *(in humans),* gurgle; roaring *(in horses).* **rog·gel** *ge=, vb.* expectorate; ruckle, rattle *(in the throat),* gurgle; *(horses)* roar. **rog·ge·laar** =*laars, (horse)* roarer. **rog·ge·lend** =*lende* stertorous.

Rog·ge·veld: *die ~, (N Cape)* the Roggeveld. ~**gras** *(Pentzia albida)* Roggeveld grass.

ro·jaal =*jale, adj. & adv.* generous, liberal, lavish, unsparing, free-handed, munificent; *rojale aanbod* handsome offer; *iem. ~ behandel* do the handsome thing by s.o.; *~ met iets wees/werk* be free with s.t., be prodigal of s.t.. **ro·ja·li·teit** generosity, lavishness, liberality.

ro·ja·lis =*liste* royalist. **ro·ja·lis·me** royalism. **ro·ja·lis·ties** =*tiese* royalist(ic).

ro·jeer *(ge)=* expel, strike off as member; *(jur.)* disbar *(an advocate);* cancel, annul; delete, deface, erase. ~**masjien** cancelling machine. **ro·je·ring** cancellation, annulment, erasure.

rok[1] *rokke, (myth. bird)* roc.

rok[2] *rokke* dress, frock; *(bot., zool.)* tunic; *(anat.)* tunic(a); →ROKKIE; *'n ~ aanhê* wear a dress; *die ~ dra, (idm.: said of a husband)* be henpecked; *'n ~ dra* wear a dress; *die hemp is nader as die ~* →HEMP; *in 'n blou/ens. ~* in a blue/etc. dress; *bont soos Josef se ~, (rare)* like a coat of many colours. ~**band, roksband** =*bande* waistband, skirt band; *aan iem. se ~e vas wees* be tied to s.o.'s apron strings *(infml.).* ~**beskermer** dress shield/protector/guard. ~**broek** divided skirt, harem skirt. ~**goed** →ROKMATERIAAL. ~**lengte** dress length; length of a/the dress; *~s korter/langer maak* raise/lower hemlines. ~**materiaal, ~stof, ~goed** dress material/fabric. ~**pant** panel, gore; *agter 'n vrou se ~e/rokspante skuil* hide behind a woman's skirts. ~**soom** hemline. ~**stof** →ROKMATERIAAL. ~**tassie** sporran *(of a kilt).*

ro·keer *(ge)=, (chess)* castle. **ro·ka·de** =*des, (chess)* castling.

ro·kend =*kende* smoking; reeking; fuming; →ROOK *vb.; ~e suur* fuming acid.

ro·ker =*kers* smoker; *'n kwaai/strawwe ~* a heavy smoker; *'n matige ~* a light smoker.

ro·ke·rig =*rige* smoky. **ro·ke·rig·heid** smokiness.

ro·kers-: ~**hart** smoker's heart, tobacco heart. ~**hoes(ie)** smoker's cough. ~**long** smoker's lung.

ro·ke·ry =*rye* smoking, smoking habit; smokehouse, smokery *(where meat/etc. is cured).*

ro·kie =*kies* wisp of smoke; *geen ~ sonder vuur(tjie) nie, waar daar 'n ~ is, is daar 'n vuurtjie, daar trek nooit 'n ~ of daar brand 'n vuurtjie* (there's) no smoke without fire, where there's smoke there's fire.

rok·kie =*kies* little dress/frock; *Skotse ~* kilt.

ro·ko·ko, ro·ko·ko *(often R~)* →ROCOCO.

roks-: ~**band** →ROKBAND. ~**pant** →ROKPANT.

rol *rolle, n.* roll; coil; scroll *(of parchment);* register, list, roll; part, role, function; platen; cylinder, roller; wad *(of notes);* hank *(of cord);* bolt *(of cloth); 'n belangrike ~ in ... speel* play an important (*or* a leading) part in ..., figure prominently/strongly in ...; *'n ~ beset/vervul* fill a role/rôle; *'n ~ dans* dance a role/rôle *(in a ballet); 'n (dik) ~ ...* a wodge of ... *(notes etc.); ~ van die Hooggeregshof* High Court roll; *'n ~ instudeer* study a part; *die/jou ~ ken, (theatr.)* know one's lines; *die ~ lees* call the roll; *die ~le is omgekeer* the tables are turned; the wheel has turned full circle; *'n saak op die ~ plaas, (jur.)* set a case down for hearing; *iem. (se naam) van die ~ skrap* strike s.o.('s name) off the roll; disbar s.o. *(an advocate); iets van die ~ skrap* strike off s.t.; *'n ~ speel* act a part; play a part; come into the picture; play a role/rôle; *die ~ van Hamlet/ens. speel/vertolk* act/play Hamlet/etc.; *'n ~ in ... speel/vertolk/vervul* have a part in ... *(a play); iem. speel 'n ~ in iets, (also)* s.o. figures in s.t.; *op die ~ staan* be on the register; *'n ~ tabak* a roll of tobacco; *iem. speel twee ~le* s.o. doubles parts; *iem. se ~ is uitgespeel* s.o. has shot his/her bolt; *uit die ~ val* act out of character; forget to play a part, give the show away; *die ~le verdeel, (theatr. etc.)* assign the parts; *wat is sy/haar ~?* where does he/she come in?. **rol** *ge=, vb.* roll; tumble; wallow; trundle; bowl; trickle; *(an aircraft)* taxi; *geld laat ~* →GELD[1] *n.; geld moet ~* →GELD[1] *n.; in iets ~* roll in s.t.; wallow in s.t. *(mud etc.); jou oë ~* roll one's eyes; goggle; *oor iets ~* roll over s.t; *trane ~ oor iem. se wange* →TRAAN[1] *n.; uit die bed ~* tumble out of bed. ~**aap** *(Cebus* spp.*)* capuchin (monkey). ~**baan**[1] *(mech.)* roller/bearing race. ~**baan**[2] *(rare)* taxi strip, taxiway *(for aircraft).* ~**bal** →ROLBAL. ~**band** assembly line. ~**bankie** gliding seat. ~**bed** trundle bed. ~**besetting** casting; cast *(of a play).* ~**beurt** *(bowls)* head. ~**blinding** roller blind, pull-down blind. ~**blok** boulder; roller bearing. ~**bos(sie)** *(Salsola kali)* Russian tumbleweed. ~**brug** roller bridge; traverser. ~**deksel** roll top. ~**demper** stabiliser. ~**domkrag** trolley jack. ~**druk** rolling pressure; roller/cylinder printing. ~**-eg** disc harrow. ~**film** roll film. ~**gang** travelator, travolator *(at an airport etc.).* ~**gordyn** *(rare)* →ROLBLINDING ~**haak** cant hook. ~**hals, ~nek, ~kraag** polo(neck), rollneck, turtleneck, roll collar. ~**halstrui, ~nektrui, ~kraagtrui** poloneck/rollneck/turtleneck (sweater). ~**ham** rolled ham. ~**handdoek** roller towel, jack towel. ~**kewer** = MISKRUIER. ~**klawer** bird('s)-foot (trefoil). ~**klip** boulder. ~**koek** Swiss/jam roll. ~**kontak** trolley. ~**kous** rolled stocking. ~**kraag** →ROLHALS. ~**kraan** travelling crane, mobile crane. ~**laag** *(masonry)* upright course. ~**laer** *(mech.)* roller bearing, roller race. ~**lemskaats** *n. (usu. in the pl.)* rollerblade. ~**lemskaats** *ge=, vb* rollerblade. ~**lemskaatser** rollerblader. ~**-lende** rolled beef. ~**luik** roller shutter; roll top. ~**luiklessenaar** roll-top desk. ~**maat** *(rare)* →MAAT-BAND. ~**merk** =*merke, n.* roller mark. ~**merk** *ge=, vb.* roller-mark. ~**model** =*le* role model. ~**mops** =*mopse* rollmop(s), Bismarck herring, collared herring. ~**naat** French/trend seam. ~**nek** →ROLHALS. ~**pens** minced meat in tripe. ~**plank** rolling/pastry board. ~**plek** rolling place, stamping ground, haunt, wallow. ~**poeding** roly-poly (pudding). ~**prent** →ROLPRENT. ~**puntpen** ballpoint (pen); rollerball, rolling-ball pen. ~**roer** *(aeron.)* aileron. ~**rond** →SILINDRIES. ~**skaats** →ROLSKAATS *n. & vb.*. ~**slak** volute. ~**soom** roll hem. ~**spel** *(chiefly psych.)* role play(ing). ~**speler** role player. ~**staaf** *(mot.)* rollbar; *(comp.)* scroll bar. ~**stel** carriage *(of a typewriter).* ~**stertbeer** *(type of raccoon: Potos flavus)* kinkajou, potto. ~**stoel, rystoel** *(med.)* wheelchair. ~**stoelatleet** wheelchair athlete. ~**stok** rolling pin. ~**tabak** roll tobacco, twist. ~**tong** proboscis. ~**tou** parbuckle. ~**trap** escalator, moving staircase. ~**vark(ie)** = KRIMPVARK(IE). ~**vas** =*vaste* word-perfect *(in stage part).* ~**verband** roller bandage. ~**verdeler** caster. ~**verdeling** cast *(of a play);* casting. ~**verhoog** rolling stage, wa(g)=gon stage. ~**vervulling** personation. ~**vlak** *(anat.)* trochlea. ~**vleis** collared meat. ~**wa(entjie)** trundle, truck, dolly. ~**wiel(etjie)** caster, castor, roller wheel. ~**wisseling** role reversal. ~**wolk** roll cloud. ~**ystervarkie** = KRIMPVARK(IE).

rol·bal wood, bowl; bowls, bowling; *~ speel* play bowls. ~**baan** (bowling) rink. ~**perk** (bowling) green. ~**span** rink. ~**(spel)** bowls, bowling. ~**speler,** *(fem.)* ~**speelster** bowls player, bowler. ~**veld** (bowling) green.

rol·la·de =*des, (cook.)* rolled/collared meat, roll, roulade; *(mus.)* roulade.

rol·lend =*lende* rolling; *~e materiaal* rolling stock; *'n ~e klip vergaar geen mos nie* rolling stones gather no moss.

rol·ler =*lers, (rare)* roller (wave); *(orn., rare)* roller; →TROUPANT. ~**(duif)** roller (pigeon). ~**meul(e)** *(grain)* roller mill.

rol·le·tjie =*tjies* small roll; roller; caster, castor; small wheel, trundle; reel *(of cotton);* spool *(of thread); (dressm.)* rouleau; minor role, small part *(in a play); iem. se ~ is uitgespeel* s.o. has played his/her little part. ~**stang** roller bit.

rol·ling rolling (motion).

rol·prent film, motion/moving picture, movie, *(infml.)* pic; *'n ~ opneem* shoot a film. ~**akteur,** ~**speler** film/screen actor. ~**aktrise,** ~**speelster** *(fem.)* film/screen actress. ~**argief** film archives. ~**bedryf,** ~**wese** film/cinema industry. ~**bewerking** film version. ~**drama** screenplay. ~**fotograaf** cameraman. ~**kamera** cine/film/movie camera. ~**kompleks** →ROLPRENT(TEATER)=KOMPLEKS. ~**kuns** filmcraft. ~**liefhebber** film fan. ~**maker,** ~**vervaardiger** film maker, movie-maker. ~**operateur** projectionist. ~**projektor** film projector. ~**redigeerder** film editor. ~**regisseur** film director. ~**stel** film set. ~**ster** film star, movie star. ~**(teater)=kompleks** cinema complex, multiplex (cinema). ~**(teks)skrywer** screenwriter. ~**toets** film test. ~**uittreksel** film clip. ~**vervaardiger** →ROLPRENTMAKER. ~**vervaardiging** movie-making. ~**weergawe** film version. ~**werk** screen work, screening.

rol·skaats =*skaatse, n.* roller skate, roller-skating; *~ery* rink. **rol·skaats** *ge=, vb.* roller-skate, rink. ~**baan** skating rink. **rol·skaat·ser** =*sers* roller skater, rinker.

Ro·maan =*mane* Latin; *(also, in the pl.)* Latin nations, Romanic/Romance nations; Latins. **Ro·maans** *n., (lang.)* Romance. **Ro·maans** =*maanse, adj.* Romance *(language);* Latin *(nations);* Romanesque *(art).* **Ro·ma·nis** =*niste, (philol., also r~)* Romanist. **Ro·ma·nis·me** *(dated: Roman Catholicism, also r~)* Romanism. **Ro·ma·nis·tiek** Romance studies.

Ro·mag·na: *(die) ~, (N It.)* (the) Romagna.

ro·man[1] =*mans* novel; *(also, in the pl.)* fiction. ~**held** hero in a novel, romantic hero. ~**literatuur** prose fiction. ~**reeks** series of novels. ~**skrywer,** *(fem.)* ~**skryfster** novelist, fiction writer. ~**werke** fiction.

ro·man[2] =*manne,* =*mans, (icht.: Chrysoblephus laticeps)* (red) roman. ~**(spinnekop)** solifuge, solpugid, sun spider.

ro·ma·nesk =*neske* romantic(al).

Ro·ma·nis, Ro·ma·nis·me, Ro·ma·nis·tiek →ROMAAN.

ro·ma·ni·seer *ge=* romanise.

ro·man·ne·tjie =*tjies* novelette.

ro·ma·no(·kaas) *(also R~)* Romano (cheese).

Ro·mansch *(Rheatian dial: an official lang. of Switzerland)* Romans(c)h; →RETOROMAANS.

ro·man·se =*ses* romance, romantic story; love story; love affair, romance.

ro·man·sier =*siers* novelist, romancer.

ro·man·tiek romance, romantic quality, romanticism; *(also R~)* Romanticism; Romantic Movement. **ro·man·tie·ke·rig** =*rige* rather romantic, overromantic, romantical, sentimentally/cheaply romantic, sentimental, novelettish. **ro·man·tie·ke·rig·heid** undue romanticism, sentimentality. **ro·man·ties** =*tiese* romantic, glamorous. **ro·man·ti·kus** =*tikusse,* =*tici* romanticist. **ro·man·ti·seer** *ge=* romanticise; romance; glamo(u)rise; *ge~de biografie* biographical novel, *(Fr.)* vie romancée. **ro·man·tis·me** romanticism.

rom·bus =*busse, (geom.)* rhomb(us). **rom·bies** =*biese* rhombic. **rom·bo·ë·der, rom·bo·e·der** =*ders* rhombohedron. **rom·bo·ë·dries, rom·bo·e·dries** =*driese* rhombohedral. **rom·bo·ï·daal** =*dale, adj.* rhomboid, rhom=

boidal. **rom·bo·ïed** =boïede, *n.* rhomboid. **rom·bo·ïed** =boïede, *adj.* rhomboid(al).

Ro·me Rome; ~ *is nie in een dag gebou nie* Rome was not built in a day; *hoe nader by ~, hoe slegter Christen, (rare)* the nearer the church, the farther from God; *so oud soos die weg/pad na ~, (rare)* →SO OUD SOOS DIE BERGE/ARK; *alle paaie/weë gaan/lei na ~* all roads lead to Rome. **Ro·mein** =meine Roman, citizen of Rome *(state, city)*. **ro·mein** *(print.)* roman (type). **Ro·meins** =meinse, *adj.* Roman; *~e balans* steelyard, weigh beam, Roman balance/beam; *~e kers* Roman candle; *~e reg* Roman law; *~e Ryk* Roman Empire; *~e syfer* Roman numeral. **Ro·meins-Brits** -Britse Romano-British. **Ro·meins-Hol·lands** =landse Roman-Dutch; *die ~e reg* Roman-Dutch law.

Ro·me·o =o's, *(an ardent male lover, also r~)* Romeo.

ro·me·rig =rige creamy, full of cream; creamlike. **ro·me·rig·heid** creaminess.

ro·me·ry =rye creamery.

rom·mel¹ *n.* rubbish, garbage, trash, litter, junk, waste, rummage, scrap; *met ~ besaai(d)/bestrooi wees* be strewn with litter; *~ strooi* litter; *'n plek vol ~ maak* clutter (up) a place. **~handelaar** scrap dealer. **~hoop** scrap heap, junk dump. **~kamer** junk room, *(infml.)* glory hole. **~kas** junk cupboard, *(infml.)* glory hole. **~kas·wet** *(parl., infml., rare)* omnibus act. **~kos** *(infml.)* junk food. **~mark** flea market. **~pos** junk mail. **~sakkie** tidy. **~solder** junk/lumber loft. **~spul** junk, rubbish, lumber. **~strooier, ~vark** litterbug, =lout. **~terrein** junk=, scrapyard. **~verkoping** =pings, =pinge rummage sale, jumble sale; *~ in jou/'n motorhuis/garage* garage sale. **~verwydering** *(comp.)* garbage collection/removal; →VULLISVERWYDERING. **~werf** scrap=, junkyard. **~win·kel** junk shop.

rom·mel² *ge=, vb.* rumble, mutter *(of thunder)*; rummage, grumble, growl; *dit ~ in iem. se maag* s.o.'s stomach rumbles.

rom·me·la·ry, rom·mel·ry lumber, rubbish, litter.

rom·me·lig =lige, **rom·mel·rig** =rige disorderly, confused, untidy, littery, cluttered.

rom·me·ling =lings, =linge rumbling.

romp *rompe* body, torso, trunk; skirt; hull *(of a ship)*; hulk; shell *(of a building)*; body, barrel *(of a vehicle etc.)*; fuselage *(of an aeroplane)*; carcase, carcass *(of a tyre)*; *(phys.)* core *(of an atomic nucleus)*; *vliegtuig met 'n breë ~* wide-body/wide-bodied aircraft; *~ en stomp* lock, stock and barrel. **~hanger** skirt hanger. **~holte** *(zool.)* coelom. **R~parlement** *(Eng. hist.)* Rump Parliament. **~pasiënt** *(infml., rare: s.o./s.t. useless)* basket case.

romp·slomp *n.* fuss, worry, bother, ado; *amptelike ~* red tape, red-tapism.

rond *ronde ronder rondste, adj.* round, rotund; circular; globular; spherical; *~e bal* spherical ball; *~e deeltjies* globular particles; *~e getal/som* round number/sum; *~e hakies, (pl.)* round brackets; *~e jaar* full year; *~e tent* bell tent; *~ en vet* roly-poly; *die ~e waarheid* the plain truth. **rond** *adv.: ~ en bont, (infml.)* all over the show; *~ en bont spring, (infml.)* play fast and loose; →ROND-EN-BONTSPRINGERY; *by ons ~* (a)round our way; *daar ~* about there; somewhere there; *hier ~* about here; somewhere here; *oral(s) ~* everywhere; every which way; all round. **rond** *ge=, vb.* round; labialise; sphere; splay (back). **~basuin** *rondge=* proclaim, bruit abroad, spread *(news)* about. **~blaai** *rondge=* browse. **~boog** *(archit.)* round/Roman arch. **~borstig** →RONDBORSTIG. **~breimasjien** circular knitting machine. **~breistof** circular knit(ted) fabric. **~bring** *rondge=* take round; serve, hand round. **~dans** *rondge=* dance about, waltz around. **~deel** *rondge=* hand/serve round, serve; distribute, deal out, dish out. **~dien** *rondge=* pass round, hand/serve round, serve, take round. **~dob·ber** *rondge=* drift/float/bob about. **~dool** *rondge=, (poet., liter.)* wander/roam about. **~dra** *rondge=* carry about. **~draai** *rondge=* turn/twist round/about; spin, gyrate; linger, loiter (round), fiddle about. **~draaiend** =ende turning, whirling, gyratory, rotary; *~e beweging* gyratory motion. **~draf** *rondge=, (infml.)* trot about; *iem. laat ~* keep s.o. on the trot *(infml.)*. **~drentel** *rondge=, (infml.)* saunter/lounge about, idle about/around, moon. **~druk** *rondge=* push/pull around/about. **~dryf, ~drywe** *rondge=* drift around/about. **~dwaal** *rondge=* wander about. **~dwarrel** *rondge=* whirl about. **~-en-bontsprin·gery** *(infml.)* prevarication, evasion, equivocation, hedging. **~fladder** *rondge=* flutter about. **~flenter** *rondge=, (infml.)* gallivant. **~foeter** *rondge=, (infml.)* mess about, play around; push around. **~gaan** *rondge=* go about/round, circle, circulate; *iets laat ~* pass s.t. round; *daar gaan 'n praatjie rond* it is rumoured, the story is going (a)round. **~gaande** travelling; *~ hof* circuit court. **~gang** circuit; beat; itinera(n)cy; perambulation; *op ~ wees* be on circuit. **~gee** *rondge=* pass/hand round, serve. **~gooi** *rondge=* throw around/about, toss. **~hang** *rondge=, (infml.)* hang about, loiter, idle about/around; *knieserig/mistroostig ~* mope about/around. **~hol** *rondge=, (infml.)* run/rush about. **R~hoof** *(Eng. hist.)* Roundhead. **~hout** *(naut.)* spars; →RONDEHOUT, SPAR. **~ja(ag)** *rondge=, (infml.)* career about; push around. **~jakker** *rondge=, (infml.)* gad about, gallivant. **~jol** *rondge=, (infml.)* gallivant, jol/jorl about/around, be/go on a jol/jorl. **~kar·wei** *rondge=* cart around/about. **~kom** *rondge=* come around; *(rare)* make ends meet, manage (→UITKOM). **~koppig** =pige bullet-headed. **~krap** *rondge=, (infml.)* scratch about; scrounge around; *~ op soek na iets* scratch about for s.t.; scrounge around for s.t. *(infml.)*. **~kruip** *rondge=* creep/crawl about. **~kuier** *rondge=, (infml.)* go about visiting; stroll about. **~kyk** *rondge=: ('n bietjie) ~* look about/around, have/take a look around; *vlugtig ~* glance round. **~lê** *rondge=, (infml.)* lie about, lounge, laze, float about/around/round; *iets laat ~* leave s.t. about/around; *die storie lê hier rond (dat ...), (infml.)* the story is going (a)round (that ...). **~lei** *rondge=* lead about; conduct, show round, take (a)round, guide; *iem. deur 'n plek ~* show s.o. around/round/over a place. **~leiding** conducted/guided tour. **~loer** *rondge=, (infml.)* peep about, look about furtively, snoop. **~loop** →RONDLOOP. **~luier** *rondge=, (infml.)* laze/lounge about. **~maal** *rondge=* mill about/around. **~neem** *rondge=* take/show round. **~neuk** *(sl.)* bugger about/around. **~neus** *rondge=, (infml.): in 'n winkel ~* browse around a store. **~om** →RONDOM *adv.*. **~omtalie** →RONDOMTALIE. **~peuter** *rondge=, (infml.)* potter about, fossick, fool around; *gaan ~* go for a potter. **~pluk** *rondge=, (infml.)* pull about, around. **~reis** →RONDREIS *n. & adv.*. **~rit** circular drive; *'n ~ deur die stad maak* make a tour of the town. **~rits** *rondge=, (infml.)* gad (about), gallivant, whisk around. **~ritser** gallivanter, *(SA, infml.)* joller. **~rol** *rondge=* roll around/about, toss; toss and turn *(in bed)*. **~ruk** *rondge=, (infml.)* pull around/about. **~ry** *rondge=* drive/ride around/about; travel/go around/about. **~ryding** *(rare)* runabout. **~saag** *n.* jigsaw. **~sang** glee. **~seil** *rondge=* sail about; crawl about *(like a snake)*. **~sit** *rondge=, (infml.)* sit about. **~skaaf** fluting plane. **~skarrel** *rondge=, (infml.)* fumble/potter/mess about. **~skink** *rondge=* serve (drinks). **~skommel** *rondge=* shake/swing/rock about; *(a ship in a storm)* bucket about. **~skrif** round hand. **~skrywe** =wes circular (letter); *amptelike ~* circular minute. **~slaan** *rondge=* flail about. **~slaap** *rondge=, (infml.: be promiscuous)* sleep around, bedhop. **~sleep** *rondge=, (infml.)* drag about. **~slenter** *rondge=, (infml.)* saunter/idle/loaf/walk about/around, beat the streets; *op straat ~* beat/tramp/walk the streets. **~slinger** *rondge=* fling about; *(infml.)* lie around/about. **~slof** *rondge=, (infml.)* traipse. **~sluip** *rondge=* prowl/steal about; *in die bosse ~* prowl the forest. **~smous** *rondge=* hawk about. **~smyt** *rondge=, (infml.)* chuck/fling around/about. **~snuf·fel** *rondge=, (infml.)* sniff about; nose/mouse about, search about; snoop around, pry about; *op die Internet/Net ~* navigate/surf the Internet/Net; *~ op soek na iets* scrounge around for s.t.. **~soek** *rondge=* look/search around, scour; fumble; *~ na ...* hunt about/around for ...; feel about/around in ... *(a drawer etc.)*; *oral(s) ~* hunt/search high and low. **~spook** *rondge=, (infml.)* haunt; wrestle, grapple together; be up and about, be busy; thrash/flail about. **~spring** *rondge=, (infml.)* jump about; beat about the bush, hedge, dodge, prevaricate; chop and change. **~springer** maverick. **~springerig** unstable, inconsistent *(person)*. **~staan** *rondge=* stand about/round; *(infml.)* loiter (about), hang about; bulge. **~stamp, ~stoot** *rondge=* push around/about. **~staner** loiterer; layabout, lounger. **~stapper** itinerant, peripatetic. **~strooi** *rondge=* scatter; spread *(news)*, disseminate, circulate, hawk about. **~stuur** *rondge=* send round, circulate; order *(s.o.)* about. **~swalk** *rondge=, (infml.)* drift/toss about. **~swerf, ~swerwe** *rondge=* roam/wander about, nomadise, vagabond. **~tas** *rondge=* feel/grope about/around; fumble; *(fig.)* cast about/around; *in die duister ~* grope in the dark, grope one's way. **~tol** *rondge=* whirl (round). **~trap** *rondge=* tread/stamp/paw about; *(infml.)* kick one's heels; *die perd staan en ~* the horse is restless. **~trek** *rondge=* pull about; trek/journey/go/wander about, itinerate; move about/around; perambulate; barnstorm; *aan die ~ wees* be on the move, move about/around. **~trekkend** =kende wandering, ambulatory. **~uit** →RONDUIT *adv.*. **~vaar** *rondge=* sail about, cruise. **~vaart** cruise; round trip, circular trip. **~val** *rondge=* flounder; stumble about, rush around; *~ na ...* cast about for ... **~vent** *rondge=, (rare)* →ROND=SMOUS. **~vertel** *het ~* spread *(news)*; circulate *(scandal)*; reveal, let out *(a secret)*; blab, blaze. **~vlieg** *rondge=* fly about; *(infml.)* career about. **~vlug** *n.* aerial circuit, round flight. **~vlug** *rondge=, vb.* flee from place to place. **~voer** *rondge=* lead about. **~vra** *rondge=* inquire, ask around. **~vraag** *(rare)* survey; general *(on an agenda)*. **~wandel** *rondge=* walk about, perambulate.; *in die stad ~* stroll around the town. **~weg** →RONDWEG *adv.*. **~wentel** *rondge=* revolve, rotate. **~woel** *rondge=, (infml.)* mill about/around; wallow; fuss around/about; toss and turn *(in bed)*. **~wurm** *rondge=, (infml.)* fidget.

rond·ag·tig =tige = RONDERIG.

ron·das =dasse, *(hist.)* shield, buckler; *~ en beukelaar* shield and buckler.

ron·da·wel =wels rondavel, round hut/cottage. **~huis** rondavel style cottage/house.

rond·bors·tig =tige, *adj. & adv.* open(-hearted), candid, frank, free-spoken, forthright, plain, downright; outspoken(ly); *(infml.)* busty *(a woman)*; *iets ~ vertel* come clean about/on/over s.t.. **rond·bors·tig·heid** open(-hearted)ness, frankness, candour, outspokenness, forthrightness.

ron·de *rondes* round *(in golf/boxing/etc.)*; lap *(of a racetrack)*; patrol, beat *(of a guard etc.)*; →RONDTE; *die ~ doen, (a rumour etc.)* go about/(a)round; *die verhaal doen die ~ dat ...* the story goes the rounds that ...; *gerugte doen die ~, (also)* there are rumours in the air.

ron·de-: R~bosch *(W Cape)* Rondebosch. **R~bosse** *adj. (attr.)* Rondebosch. **~dans** ring dance, roundel. **~gesig=** *comb.* round-faced *(attr.)*. **~hals=** *comb.* roundneck(ed) *(attr.)*. **~hout** roundwood, timber/wood in the round, wood in the log, round logs/timber; →ROND=HOUT. **~klits** *(bot.: Cyathula uncinulata)* globe cyathula. **~kop** roundhead, bullet head; *(tech.)* cup/button head *(of a bolt etc.)*. **~kophamer** ballpeen hammer. **~lied** round. **~nek=** *comb.* round-neck(ed) *(attr.)*. **~rib-Afri·kaner(skaap)** round-ribbed Afrikander (sheep). **~wang=** *comb.* round-cheeked *(attr.)*. **~wurm** = SPOELWURM. **R~wurms** *(zool.)* Nematoda.

ron·deau =deaus, *(pros.)* rondeau, rondel.

ron·deel =dele, *(pros.)* rondeau, rondel; *(song with a refrain)* roundelay; *(round turret)* roundel.

ron·de·rig =rige roundish.

rond·heid roundness, rotundity; *gesondheid in die ~ (en al die mooi meisies in die blomtyd)!* →GESONDHEID.

ron·ding =dings, =dinge curve, rounding; convexity; camber *(of a road)*; *(archit.)* bull nose; *(phon.)* labialisation, rounding; bulge; flare; splaying *(of corners)*; *mooi ~s hê* have nice curves. **~meter** spherometer.

rond·loop *rondge=* walk about, go about; *(infml.)* loaf about, gad about; tramp; *met 'n gedagte ~* entertain/cherish/foster a thought, turn/mull s.t. over in one's mind; *in die stad ~* stroll around the town; *vir kwaad·geld ~* →KWAADGELD; *praatjies loop rond (dat ...)* it is rumoured (that ...); *vry ~* go free; run wild; *die grootste leuenaar/ens. wat ~* the greatest liar/etc. alive; *wind·maker(ig) ~* strut about/around. **rond·lo·per** tramp, vagrant, loafer, hobo; gallivanter. **rond·lo·per·hond** stray dog. **rond·lo·pe·ry** vagrancy.

ron·do *-do's, (mus.)* rondo.

rond·om *adv.* on all sides (of), roundabout, (all) round; *daar ~* around it; *~ iets gaan, (also)* compass s.t.. **rond-om·heen** on all sides, all around.

rond·om·ta·lie *-lies, n.* merry-go-round; somersault; turnabout. **rond·om·ta·lie** *adv.* round and round; *~ draai* spin like a top. **~meul(e)** pug mill. **~(-)toer-nooi** round robin.

rond·reis *n.* circular tour, round trip, wayfaring. **rond-reis** *rondge-, vb.* travel about, tour, knock about, circuit, itinerate. **rond·rei·send** *-sende* wayfaring, itinerant. **rond·reis·kaar·tjie** circular ticket.

rond·sel *-sels, (mech.)* pinion.

rond·stom·mel *rondge-* barge about/around.

rond·te *-tes* roundness; sheer *(of a ship)*; circle; circuit, circling course; round *(in golf/boxing/etc.)*; lap *(of a race-track)*; patrol, beat *(of a policeman etc.)*; →RONDE; *die ~ doen, (a sentry etc.)* do/go/make the rounds; *in die ~ draai* spin round; *iem. in die ~ laat draai* send s.o. spinning; *in die ~ wees* be around; be about; *al in die ~* in a circle; *in die laaste ~* on the last lap; *die ~ van vader Cloete doen* go about calling on people. **~man** roundsman.

rond·uit *adv.* frankly, openly, candidly, straight (out), straightforwardly, bluntly, honestly, outspokenly, baldly; *iets ~ beken* make a clean breast of s.t.; *~ gesê* frankly, candidly; *~ praat* speak out freely, be outspoken, speak one's mind; *iem. ~ die waarheid sê* tell s.o. (the truth) straight out; *om dit (maar) ~ te sê/stel* to put it bluntly/baldly.

rond·weg *adv., (rare)* frankly.

ro·ne·o *ge-, (obs.)* duplicate, roneo.

rong *ronge* rung, upright, support, standard *(on a wagon)*, stanchion.

ronk *ge-, (an engine)* throb, drone, chug, purr.

ron·ke·door *-doors, (<Port., rare)* rogue elephant.

ron·sel *ge-, (rare)* crimp, (im)press *(soldiers, seamen)*, kidnap, shanghai. **ron·se·laar** *-laars, (rare)* crimp.

rönt·gen *-gens, n., (unit)* roentgen, röntgen. **rönt·gen** *ge-, vb.* roentgenise, röntgenise. **~foto** X-ray photo(graph), roentgenogram, roentgenograph, radiograph. **~fotograaf** *(rare)* = RADIOGRAFIS. **~masjien** X-ray machine. **~ondersoek** X-ray examination, radiography. **~spesialis** *(rare)* = RADIOLOOG. **~straal** X-ray, roentgen ray. **~straling** roentgen radiation. **~toestel** X-ray/roentgen apparatus.

rönt·ge·no·gra·fie radiography, roentgenography. **rönt·ge·no·graaf** *-grawe, (rare)* = RADIOGRAFIS.

rönt·ge·no·gram *-gramme* roentgenogram, roentgenograph, radiograph, radiogram.

rönt·ge·no·lo·gie roentgenology. **rönt·ge·no·loog** *-loë* X-ray specialist, roentgenologist.

roof[1] *rowe, n.* scab, crust *(on a wound)*. **ro·fie** *-fies* scab, scurf; *(SA mil. sl., now rather obs.: raw recruit)* rookie.

roof[2] *rowerye, n.* plunder, robbing, robbery; booty, spoil, prey, swag; *gewapende ~* armed robbery, hold-up, *(infml.)* heist; *op ~ uit wees* be on the prowl. **roof, ro·we** *ge-, vb.* rob, plunder, raid, maraud, steal, capture, hijack; →ROWER; *iem. se eer ~* defile/sully s.o.'s honour; *iets ~* steal s.t.; *'n skip ~* pirate a ship. **~aanslag** hold-up. **~aanval** robbery; *'n ~ uitvoer/pleeg* stage a hold-up. **~arend** *(Aquila rapax)* tawny eagle. **~bou** overcropping, predatory cultivation, soil mining; wasteful exploitation. **~dier** predator, beast of prey, predacious/predaceous animal; carnivore. **~druk** pirated edition. **~duiker** = FREGATVOËL. **~gierig** *-rige* rapacious. **~kopie** pirate(d) copy. **~kyker** pirate viewer *(of a subscriber TV channel)*. **~meeu** *(Catharacta* spp.*)* skua; *(Stercorarius* spp.*)* jaeger; *Arktiese ~, (S. parasiticus)* parasitic jaeger; *bruin~, (C. antarctica)* subantarctic skua; *knopstert~, (S. pomarinus)* pomarine jaeger. **~moord** *(rare)* murder with intent to rob. **~oorval** *(rare)* hold-up, stick-up, robbery (under arms *or* with violence), mugging. **~opname** *(mus.)* bootleg. **~politiek** policy of plunder/spoliation/grab. **~produk(te)** bootleg. **~programmatuur, ~sagteware** bootleg (computer) software. **~radio, ~sender** pirate radio station. **~ridder** *(hist.)* robber knight/baron. **~sagteware** →ROOFPROGRAMMATUUR. **~siek** *-sieke* rapacious. **~skip** pirate ship. **~sug** →ROOFSUG. **~taxi** pirate taxi. **~tog** robbery, foray, (marauding) raid; *(hist.)* razzia. **~vis** predatory/predacious fish. **~voël** bird of prey, predatory bird, raptorial (bird), raptor. **~vyand** predator. **~wants** *-e, (entom.)* assassin bug. **~werf** *vb., (fig.)* headhunt. **~werwer** *(fig.)* headhunter. **~werwing** *(fig.)* headhunting.

roof·ag·tig *-tige* = ROOFSUGTIG.

roof·sug rapacity; *(biol.)* predacity. **roof·sug·tig** *-tige* rapacious; *(biol.)* predacious.

rooi *n.* (shade of) red; *'n oulap se ~ maak mooi* →OULAP. **rooi** *rooi(e) rooier rooiste, adj.* red; ruddy; *(hist.)* pro-English; *(also r~, infml.)* red *(also R~)*, bolshie, bolshy, leftist; *~ baard* red beard, *(obs., rare)* Judas beard; *so ~ soos 'n beet/kalkoen/kreef* as red as a beetroot/turkeycock/lobster; *~ bloedliggaampie, (physiol.)* erythrocyte, red corpuscle; *iem. het amper oor die ~ bult gery, (rare)* s.o. nearly kicked the bucket; *R~ China, (infml.)* Red China; *~ in die gesig* red-faced; *opgeskote seuns met ~ hakskene, (infml.)* horny adolescent boys; *~ kaart, (soccer, rugby)* red card; *so ~ soos 'n kalkoen word* blush to the roots of one's hair; *die R~ Kruis, (a humanitarian organisation)* the Red Cross; *hoe ~er hoe mooier, (joc.: said to s.o. dressed in red)* the redder the prettier; *~ perd* bay (horse); *~ van ... wees* be flushed with ... *(shame, rage)*; *R~ Wiere, (bot.)* Rhodophyceae; *~ word* go/grow red; turn red; *(s.o.)* turn crimson; *~ word van woede* become/go purple with rage, go purple (in the face); *~ wyn* →ROOIWYN. **~aalbessie** redcurrant. **~aarde** ruddle, raddle, reddle, red ochre. **~aas** red-bait, sea squirt. **~afrikaner** *(bot.: Homoglossum priorii)* red afrikander. **~assie** *(orn.: Amandava subflava)* orange-breasted waxbill. **~baadjie** *(hist.: Br. soldier)* redcoat; *(entom.)* voetganger, hopper, wingless locust. **~baard** redbeard. **~bas** = ROOI(HAAK)-DORING. **(~)beet** beet(root). **~bekeend(jie)** *(Anas erythrorhyncha)* red-billed teal. **~bekkakelaar** *(orn.: Phoeniculus purpureus)* green wood-hoopoe, *(obs.)* red-billed wood-hoopoe. **~bekkie** *(orn.)*: *pylstert~, (Vidua regia)* shaft-tailed whydah; *koning~, (V. macroura)* pin-tailed whydah. **~bekkwelea** *(orn.: Quelea quelea)* red-billed quelea. **~beksysie** *(orn.: Estrilda astrild)* common waxbill. **~bessie** →HARDEPEER. **~blaar** →RIVIERVADERLANDSWILG. **~bloedsel, ~bloedliggaampie** red (blood) cell, red corpuscle, erythrocyte. **~blom, ~bossie** *(Striga* spp.*)* witchweed; →MIELIEGIF. **~blond** strawberry blond(e) *(pred.)*, strawberry-blond(e) *(attr.)*; *'n vrou/ens. met ~e hare* a strawberry blond(e). **~boekenhout** *(Protorhus longifolia)* red beech. **~bok** *(Aepyceros melampus)* impala. **~bolus** *(hist., cook.)* red bolus. **~bont** red and white, white with red spots, skewbald. **~borsduifie** *(Streptopelia senegalensis)* laughing dove. **~borsie** *(orn., Eur.: Erithacus rubecula)* robin (redbreast). **~borslaksman** *(orn.: Laniarius attrococcineus)* crimson-breasted shrike. **~bosbessie** *(Eur.: Vaccinium vitis-idaea)* cowberry. **~bos(boom)** *(Combretum apiculatum)* red bushwillow. **~bossie** →ROOIBLOM. **~bostee** rooibos tea, redbush tea. **~bruin** rufous, reddish brown; sorrel *(horse)*. **~dag** dawn, daybreak, *(poet.)* aurora; *die ~ kom uit* the day breaks. **~dagga** = WILDEDAGGA. **~dagpatrollie** dawn patrol. **~dagwag** *(04:00-08:00)* (early) morning watch. **~dakhuis** red-roofed house. **~disa** *(Disa uniflora)* red disa, pride of Table Mountain. **~dopluis** *(entom.: Aonidiella aurantii)* red scale. **~duiker** *(zool.: Cephalophus natalensis)* red/Natal duiker. **~dwerg** *(astron.)* red dwarf. **~-els** *(bot.: Cunonia capensis)* rooi-els, red alder. **~-essehout(boom)** *(Trichilia emetica)* Natal mahogany, red ash, essenwood. **~fosfor** red/metallic/amorphous phosphor. **~gety, ~water** red tide. **~gomboom** *(N Am.: Liquidambar styraciflua)* sweet/red gum (tree). **~gousblom** = GERBERA. **~gras** *(Themeda triandra)* rooigras, red grass. **~(grein)hout** *(N Am.: Sequoia sempervirens)* redwood; *(Pinus sylvestris)* Scots/Scotch pine/fir. **~grond** red loam soil. **~(haak)doring** *(Acacia gerrardii)* red thorn. **~haar-** red-haired, sandy, carroty. **~haarkat** red tabby cat, marmalade cat. **~haartjie** *(bot.: Erica cerinthoides)* rooihaartjie, red erica. **~harig** *-rige* red-haired, -headed, ginger. **~hart(e)bees** *(Alcelaphus buselaphus)* red hartebeest. **R~hemp** *(It. hist.: follower of Garibaldi, 1807-82)* Red Shirt. **~hond** *(pathol., rare)* roseola; German measles, rubella. **~houtjie(s)** *(bot.: Rubia cordifolia)* Indian madder, manjistha. **R~huid** *(obs., derog.)* redskin, Red Indian; →AMERIKAANSE INDIAAN/INBOORLING. **~-ivoor(houtboom)** *(Berchemia zeyheri)* red ivory. **~jakkals** *(Canis mesomelas)* black-backed jackal. **~kalkoentjie, ~kalossie** *(bot.: Tritonia crocata)* blazing star. **~kanol, ~knol** *(bot.: Wachendorfia* spp.*)* blood root. **~kappie** *(bot.: Satyrium carneum)* rooikappie; *(R~, fairy-tale character)* Little Red Riding Hood. **~kat** *(Felis caracal)* caracal. **~katstert** *(bot.: Amaranthus caudatus)* love-lies(-a)-bleeding, amaranth. **~keelflap** *(orn.: Euplectes ardens)* red-collared widowbird. **~klei** red clay. **~kleurig** *-rige* red-coloured, reddish, ruddy. **~klip** red ochre. **~klipkonyn** *(Pronolagus* spp.*)* red rock rabbit. **~klossieheide** *(Erica mammosa)* ninepin heath, nipple heath. **~knol** →ROOIKANOL. **~kool** red cabbage. **~kop** redhead, red-/ginger-haired person; *(infml.)* sandy, carrots, copper(k)nob. **~kop-** red-headed, red-haired. **~koper** copper. **~kopererts** red copper ore, cuprite. **~kopvink** *(Amadina erythrocephala)* red-headed finch. **~krans** *(Acacia cyclops)* rooikrans. **~kwas** *(bot.: Haemanthus coccineus)* march flower, paintbrush, April fool, blood flower. **~kweek** *(Cynodon hirsutus)* hairy couch, hairy quickgrass, red quick, dog grass. **R~ Leër** Red Army. **~lood, ~menie, ~minie** red lead, minium. **~manna** red millet. **~meerkat** →WITKWASMUISHOND. **~melkhout(boom)** *(Mimusops obovata)* red milkwood. **~menie** →ROOILOOD. **~mier** *(Dorylus* spp.*)* red/driver ant; *~e hê, (infml.: be restless)* have ants in one's pants. **~minie** →ROOILOOD. **~muur** *(bot.: Anagallis arvensis)* scarlet pimpernel. **~myt** *(orchard pest: Panonychus* spp.*)* red mite. **~naels, ~naeltjies** *(bot.: Lachenalia bulbifera)* red lachenalia. **R~nek** *(infml., derog. or joc., chiefly hist.)* Rooinek. **~neus-** *comb.* red-nosed. **~-oker** red ochre; raddle, reddle, ruddle. **~-oog** *(phot.)* red eye. **~peer** *(Scolopia mundii)* red pear. **~pensskilpad** = PLOEGSKAARSKILPAD. **~peper, rissiepeper** red/cayenne pepper. **~pitjie** = ROOIKRANS. **~poenskop** *(breed of cattle, also R~)* red poll. **~pootelsie** *(orn.: Himantopus himantopus)* black-winged stilt. **~pootjie** *(infml.)* Cape hare; →VLAKHAAS. **~pootruiter** *(orn.: Tringa totanus)* common redshank. **~pop(pie)** *(bot.: Hyobanche sanguinea)* ink plant, snail flower; →AARDROOS. **~rabas** *(Pelargonium grossularioides)* gooseberry(-leaved) pelargonium, coconut pelargonium; *(Pelargonium reniforme)* kidney-leaved pelargonium; →RABAS. **~reus** *(astron.)* red giant. **~ribbok** →RIBBOK. **~roes** brown rust. **~rugspinnekop** redback (spider). **~saad(gras)** *(Tristachya leucothrix/hispida)* (hairy) trident grass. **~sandelhout** *(Adenanthera pavonia)* red sandalwood. **~seder, potloodseder** *(bot.: Juniperus virginiana)* red cedar. **~selvernietiger** *(venom)* h(a)emotoxin. **~skimmel** *(reddish grey horse/etc.)* strawberry/red roan. **~spinmyt, ~spinnekop** *(garden pest: Tetranychus cinnabarinus)* red spider (mite). **~steenbras** *(icht.: Petrus rupestris)* red steenbras. **~stertjie** *(orn., Eur.: Phoenicurus* spp.*)* redstart. **~stingelhoutbas** = ROOIRABAS. **~stinkhout** *(Prunus africana)* red stinkwood, bitter almond. **~stompie** *(bot.: Mimetes cucullatus)* rooistompie, common pagoda. **~stompneus** *(icht.: Chrysoblephus gibbiceps)* red stumpnose. **~storm** *(infml.)* = ROOIHOUTJIE(S). **~-swenkgras** *(Festuca rubra)* (creeping) red fescue. **R~taal:** *die ~, (infml., joc., obs.)* English. **~-tjortjor** *(icht.: Pagellus bellottii natalensis)* red tjor-tjor. **~tou** *(infml.)* = ROTSVY, VELDVY. **~trewwa** = ROOIKAPPIE. **~tulp** *(Homeria/Moraea collina)* one-leaved cape tulip; *(H./M. miniata)* two-leaved cape tulip. **~valk:** *groot~, (Falco rupicoloides)* greater kestrel; *klein~, (F. naumannii)* lesser kestrel. **~verskuiwing** *(astron.)* red shift. **~vink** *(Euplectes orix)* Southern red bishop. **~viooltjie** *(bot.: Lachenalia rubida)* dotted-flowered lachenalia. **~vitrioel** red vitriol, sulphate of cobalt. **R~vlek** *(astron.)* Red Spot. **~vlerkspreeu** *(Onychognathus morio)* red-winged starling. **~(vlerk)sprinkaan** *(Nomadacris septemfasciata)* red(-winged) locust. **~vonk** →SKARLAKENKOORS. **~vrot** *(disease of potatoes/etc.)* pink rot. **~wangig** *-gige* red-, pink-cheeked. **~water** →ROOIGETY.

~**waterbok** = POEKOE. ~**water(koors)** *(vet.)* redwater (fever), Texas fever; haematuria. ~**wortel** *(Bulbine natalensis)* rooiwortel, broad-leaved bulbine. ~**wyn, rooi wyn** red wine. ~**ysterklip** redstone.

rooi·ag·tig *-tige* = ROOIERIG.

rooi·e *rooies* red one; *(R~, infml., chiefly hist., also derog.)* Englishman, Brit; jingo; Red, Communist; *die/'n ~* the *or* a red one; *die ~s* the red ones.

rooi·e·rig *-rige* reddish, sandy *(hair)*.

rooi·e·tjie *-tjies, (dim.)* little red one.

rooi·heid redness.

rooi·sel rouge.

rooi·tjie *-tjies, (icht., infml.)* = KAPENAAR.

rook *n.* smoke; reek; vapour, fume; *hulle het al ~ **gemaak**, (obs., rare)* they have obtained the parents' consent *(to marry)*; *~ **intrek*** inhale smoke; *in ~ **opgaan/verdwyn**, (lit., fig.)* go up in smoke. **rook** *ge-, vb.* smoke *(a pipe etc.; meat, fish)*; reek; cure, gammon; smoke-dry, fume; ***kwaai/straf** ~* smoke heavily, be a heavy smoker; ***nie** ~ nie* abstain from smoking; *'n **sigaret/ens.** ~* have a cigarette/etc.; *daarvan sal die **skoorsteen** nie ~ nie* →SKOORSTEEN; *iem. ~ soos 'n **skoorsteen*** s.o. smokes like a chimney; *~ **verbode*** no smoking; *iem. **wil** ~* s.o. wants to smoke, s.o. wants a smoke *(infml.)*. ~**alarm** smoke alarm. ~**baadjie** *(comfortable jacket made of velvet/etc., formerly worn while smoking after dinner)* smoking jacket. ~**bestryding** smoke control. ~**bom** smoke bomb, smoke ball. ~**bus** smoke canister. ~**demper** smoke damper. ~**dig** *-digte* smoke-tight. ~**fakkel** smoke flare. ~**gang** flue, fire tube. ~**gas** flue gas. ~**gat** fumarole. ~**geursel** smoke essence. ~**gewend** *-wende* smoke producing. ~**gewoonte** smoking habit. ~**glas** smoked glass. ~**goed** smokables, *(infml.)* smokes. ~**gordyn** *(lit.)* smokescreen, smoke curtain. ~**granaat** smoke grenade. ~**haring** smoked herring. ~**hok** smokehouse, smoke room. ~**kamer, ~salon** smoking/smoke room. ~**kanaal** chimney flue. ~**kas** smoke box. ~**koeël** smoke ball. ~**koepee** →ROOKKOMPARTEMENT. ~**kolom** pillar of smoke. ~**kompartement, ~koepee** smokers' compartment, smoker *(on a train)*. ~**kring** smoke ring. ~**kwarts** *(min.)* smoky quartz, cairngorm. ~**kwartsornament** smoky quartz ornament. ~**las** smoke nuisance. ~**lug** smell of smoke, smoky smell. ~**masker** smoke mask. ~**massas** volumes of smoke. ~**mis** smoke fog, smog. ~**pot** smoke pot. ~**pyp** flue, funnel. ~**salon** →ROOKKAMER. ~**sein** *(lit. & fig.)* smoke signal. ~**skerm** *(lit.)* smokescreen; *(fig.)* smokescreen, cover story; *as ~ vir ... dien* front for ... ~**skrif** sky sign, skywriting. ~**sluier** smoke screen. ~**smaak** smoky flavour. ~**spek** smoked bacon. ~**suil** smoke pillar. ~**tabak** smoking tobacco. ~**topaas** *(min.)* cairngorm. ~**vanger** uptake, smoke-jack. ~-**verbode-gebied** no-smoking area. ~**verklikker** smoke detector. ~**vleis** smoked meat. ~**vry** *-(e)* smoke-free, smokeless. ~**vuur** smudge (fire). ~**wa** smoker, smokers' coach, smoking carriage. ~**wolk** cloud/pall of smoke, pother. ~**wolkie** puff, trail of smoke. ~**wors** smoked sausage.

rook·ag·tig *-tige* smoky.

rook·baar *-bare* smokable.

rook·loos *-lose* smokeless; *rooklose brandstof* smokeless fuel.

room cream; best/choice part; *die ~ van ... **afskep**, (fig.)* skim the cream off (*or* cream off the best from *or* pick the cream of) ... *(the candidates etc.)*; ***beskermende** ~* barrier cream; *(**egte**) ~* dairy cream; *~ **klits/klop*** beat/whip/whisk cream. *die ~ **van** die oes, (fig.)* the cream of the crop; *die ~ **van** die plaaslike talent* the cream of the local talent. ~**aartappels** creamed potatoes. ~**afskeier** cream separator, creamer. ~**beker** cream jug. ~**bekertjie** creamer. ~**bolletjie** cream bun. ~**horing, ~horinkie** cornucopia, cream horn. ~**kaas** cream cheese, junket. ~**kan** cream can. ~**kleur** cream (colour). ~**kleurig** *-rige* cream(-coloured). ~**klopper** whisk. ~**koek** cream cake. ~**laag** layer of cream. ~**lepel** cream spoon/ladle, creamer. ~**poffertjie** cream puff, *(Fr. cook.)* profiterole. ~**soesie** *-sies, (rare)* cream puff. ~**sop** bisk, bisque. ~**tert(jie)** cream tart(let), éclair. ~**ys** →ROOMYS.

room·ag·tig *-tige* creamy.

Rooms *Roomse, adj.* Roman Catholic, *(usu. derog.)* Romish, popish; *die Heilige ~e Ryk* →DIE HEILIGE ROMEINSE **RYK**. ~-**Katoliek** *-lieke, n. & adj.* Roman Catholic. ~-**Katolieke Kerk** Roman Catholic Church. ~-**koning** *(hist.)* Emperor/King of the Romans, Holy Roman Emperor.

Room·se *(sing. & pl.), (obs., rare)* Roman Catholic(s).

Rooms·ge·sind *-sinde, adj.* Romanist, *(usu. derog.)* papist. **Rooms·ge·sin·de** *-des, n.* Romanist, *(usu. derog.)* papist. **Rooms·ge·sind·heid** (inclination towards) Roman Catholicism, *(usu. derog.)* papism, popery.

room·ys ice cream. ~**horing, ~horinkie** ice-cream cone/cornet, ice cornet. ~**karretjie** ice-cream cart. ~**wafel** ice-cream wafer. ~**winkel, ~kroeg, ~plek** ice-cream parlour.

roos[1] *(pathol.: skin infection)* erysipelas, the rose, St. Anthony's fire.

roos[2] *rose* rose; →ROSE-; *geen ~ sonder **dorings** nie* no rose without a thorn; *'n ~ tussen die **dorings**, (idm.)* a rose among thorns; ***goue** ~, (RC)* golden rose; *~ van **Jerigo**, (bot.: Anastatica hierochuntica)* rose of Jericho, resurrection plant; *~ van **Juno**, (bot.: Lilium candidum)* madonna lily; ***onder** die ~, (rare, in secret)* under the rose, sub rosa; *iem. se **pad** is met rose bestrooi* s.o.'s path is strewn with roses; *iem. se **pad** gaan nie oor rose nie* it is not roses all the way for s.o., his/hers is not a bed of roses; *~ van **Saron**, (bot.: Hibiscus syriacus)* rose of Sharon; *rose op die **wange** hê* have rosy cheeks. ~**bak** rosebowl. ~**bedding** bed of roses, rosery. ~**blaartjie** rose leaf/petal. ~**boom(pie)** rose tree. ~**bottel** rosehip. ~**geur** = ROSEGEUR. ~**hout** rosewood. ~**kleur** →ROOSKLEUR. ~**knop** rosebud. ~**kwarts** rose quartz. ~**kweker** rose grower. ~**laning** rose hedge. ~**maryn, ~maryn** rosemary; *wilde~, (Eriocephalus africanus)* wild rosemary; →KAPOKBOS(SIE). ~**naaldkant** *(lacework)* rose point. ~**olie** oil/attar of roses. ~**rooi, roserooi** rose-red, rose-coloured. ~**steek** *(embroidery)* rose stitch. ~**steggie** rose cutting. ~**struik** rose bush. ~**tentoonstelling** rose show. ~**tou** *(bot.: Hibiscus ludwigii)* Ludwig's hibiscus. ~**tuin** rose garden, rosery, rosarium. ~**venster** rose window, wheel window, Catherine wheel. ~**water** rose water.

roos·ag·tig *-tige* roselike; rosaceous *(plant)*; like erysipelas, erysipelatous.

Roosj Ha·sja·na *(Jewish New Year)* Rosh Hashanah.

roos·kleur rose colour, pink. **roos·kleu·rig** *-rige* rose-coloured, rose-tinted, rosy, pink. **roos·kleu·rig** *-rige* bright; *'n ~e toekoms* a bright future.

roos·ter *-ters, n.* gridiron, griddle, broiler, griller; barbecue; toaster; grate; grating, grid; *(ornamental)* grille; lattice; timetable; schedule, roster; panel, listing; rota; timecard; carrier *(of a bicycle)*; *iets op die ~ **braai*** grill s.t.; ***volgens** ~ begin* start on schedule; *iets verloop/vorder **volgens** ~* s.t. goes according to schedule; *~ van **werksaamhede*** timetable. **roos·ter** *ge-, vb.* grill, broil; barbecue; toast. ~**biefstuk** grilled steak. ~**brood** toast. ~**hek** cattle grid. ~**kaas** →BRAAIKAAS. ~**koek** griddle-, girdlecake, flannel cake. ~**oond** grill(er), broiler. ~**pan** grilling/broiling pan. ~**plaat** griddle, girdle. ~**sif** grizzly. ~**skyf, ~biefstuk** grilled steak. ~**staaf** fire bar. ~**stut** grate/grid carrier. ~**vleis** grill. ~**vurk** toasting fork. ~**wapening** two-way reinforcement. ~**werk** grating.

roos·te·raar *-raars* broiler.

roos·ter·vor·mig *-mige* gridiron-shaped.

root *ge-* ret, steep, soak *(fibres of flax/etc.)*. **ro·ting** retting, steeping, soaking.

Roque·fort(·kaas) *(also r~)* Roquefort (cheese).

ro·ra(f) *(naut., acr.: ry-op-ry-af)* ro-ro *(acr.: roll-on/roll-off)*. ~-**skip** ro-ro ship.

Ror·schach·toets *(psych.)* Rorschach test.

ros *rosse, n., (obs.)* steed, horse. **ros** *rosse, adj., (rare)* ruddy, reddish brown; →ROSSIG. ~**bruin** *(rare)* russet; →ROESBRUIN, ROOIBRUIN. ~**kam** *n.* currycomb; sweating iron. ~**kam** *ge-, vb.* curry *(horse with currycomb)*; rebuke, take to task, haul over the coals, upbraid, scold, tell off; *iem. ~, (fig.)* dust s.o. down; *iem. oor iets ~* tell/tick off s.o. for s.t. *(infml.)*; *'n perd ~* rub a horse down, give a horse a rubdown.

ro·sa·ki *(type of grape, also R~)* rosaki.

Ro·sa·se·ë *(bot.)* Rosaceae.

ro·sé *rosés, n., (wine)* rosé. **ro·sé** *adj.* rosé, like rosé. ~**wyn** *-wyne* rosé (wine).

ro·se-: ~**bed** bed of roses. ~**geur** perfume/scent of roses; *dit was alles ~ en maneskyn* everything in the garden was rosy *(fig.)*; *die lewe is nie alles ~ en maneskyn nie* life is not all moonlight and roses. ~**krans** garland of roses; rosary, prayer beads; chaplet; *die ~ bid* say/tell one's beads. ~**kransvormig** *-mige* moniliform. ~**kruis** rosy/rose cross. **R~kruiser** *-sers, (hist.: member of a secretive society)* Rosicrucian. ~**kweker** = ROOSKWEKER. **R~-oorloë** *(15th-cent. Eng. conflict)* Wars of the Roses. ~**rooi** →ROOSROOI. ~**struik** = ROOSSTRUIK. ~**tentoonstelling** = ROOSTENTOONSTELLING. ~**tuin** = ROOSTUIN.

ro·sel·la *-las, (Austr. orn.: Platycercus spp.)* rosella.

ro·se·o·la *(pathol.), (rash)* roseola; *(paediatrics)* rubella, German measles.

ro·set *-sette* rosette, favour, chou. ~**paneel** rosace. ~**venster** marigold window.

Ro·set·ta *(geog., hist.)* Rosetta. ~**steen** Rosetta Stone.

ro·set·vor·mig *-mige* rosaceous; tufted.

ro·sie *-sies* little rose.

ro·sig *-sige* rosy, (rose-)pink, pink(y), pinkish; *'n ~e gelaat, (also)* a peaches-and-cream compexion. **ro·sig·heid** rosiness, pinkness.

ro·sji *-sji's (<Jap., a Zen Buddhist leader)* Roshi.

ro·so·li·o *(an It. liqueur)* rosolio.

ro·sol·suur rosolic acid.

ros·sig *-sige* ruddy, rufous, sand(-coloured); →ROS *adj.*.

ros·trum *-trums, -tra* rostrum, platform, speaker's stand.

ro·syn *-syne*, **ro·syn·tjie** *-tjies* raisin.

ro·syn·tjie-: ~**boer** raisin grower. ~**bos** *(Grewia spp.)* raisin bush. ~**brood** raisin loaf/bread. ~**koek** plum cake. ~**ontpitter** raisin seeder. ~**rys** rice with raisins.

rot[1] *rotte, n.* rat; →ROTTE-; *jou oor 'n dooi(e) ~ verheug, (rare)* rejoice prematurely; *so kaal soos 'n ~* as poor as a church mouse; *'n ou ~* an old hand. ~**dig** *-digte* rat-proof, vermin-proof. ~**digting** vermin-proofing. ~**gaas** vermin-proofing (wire). ~**gif** →ROTTEGIF. ~**kangaroe** *(zool.)* rat kangaroo. ~**koors** rat-bite fever. ~**stert** *(bot.: Antholyza ringens)* rat's tail. ~**sterlepel** rat-tail(ed) spoon. ~**val** →ROTTEVAL. ~**vanger** →ROTTEVANGER. ~**vry** vermin-proof.

rot[2] *adj., (rare)* rotten, putrid; →VROT *adj.*; *vroeg ryp, vroeg ~, vroeg wys, vroeg sot* soon ripe, soon rotten. **rot** *ge-, vb., (rare)* rot; →VERROT *vb.*. **rot·heid** rottenness. **rot·tend** *-tende* rotting, putrid, decaying, putrescent.

rot[3] *adv.: iem. ~ en kaal eet* →EET *vb.*; *iem. ~ en kaal steel* →STEEL[2] *vb.*.

ro·ta·me·ter *(tradename)* rotameter *(often R~)*.

Ro·ta·ri·ër *-riërs* Rotarian. ~**klub** Rotary Club.

ro·ta·sie *-sies* rotation, revolution, turning, gyration. ~**as** axis of rotation. ~**hoek** angle of rotation. ~**pers** rotary press. ~**pomp** rotary pump. ~**stelsel** rotation system, system of rotation.

ro·ta·sis·me *(phon.)* rhotacism. **ro·ta·sis** *-siste* rhotacist.

ro·teer *(ge)-* rotate, revolve; go by turns. **ro·te·rend** *-rende* rotating, revolving; *~e slinger* torsion pendulum.

ro·te·noon *(chem.)* rotenone.

rot·gans *(orn., N hemisphere: Branta bernicla)* brent (goose), *(Am.)* brant.

rot·heid →ROT[2].

ro·ti *-ti's*, **roe·tie** *-ties, (Mal. cook.)* roti.

ro·ties *-tiese, (phon.)* rhotic.

ro·ti·feer *-fere, (zool.)* rotifer, wheel animal(cule).

ro·to·gra·vu·re *(print.)* rotogravure.

ro·ton·de *-des* rotunda.

ro·tor *-tore, -tors* rotor. ~**skip** rotor ship.

rots *rotse* rock, boulder; cliff, crag; ***op** die ~e loop, (a ship)* run (up)on the rocks; *die skip is vas **op** die ~e* the ship is hard on the rocks; ***soos** 'n ~* rocklike; *'n ~ van*

struikeling (OAB), *'n rots waarteen jy jou stamp* (NAB), *(Rom. 9:33)* a rock of offence *(AV)*, a rock that makes them fall *(NIV); so* ***vas*** *soos 'n ~* (as) firm as a rock. **~afskuiwing** rock slide. **~bank** layer of rock, rocky ledge. **~barsting** rockburst. **~been** *(anat.)* petrous bone. **~beitel** moil. **~beskrywing** petrography. **~bewonend** →ROTSBEWONEND. **~blok** boulder. **~bodem** bedrock, rock bed. **~boor** rock drill. **~breker** rock breaker. **~duif** →TUINDUIF. **~eiland** rocky island, skerry. **~fosfaat** phosphate rock, rock phosphate. **~gang** dike, dyke. **R~gebergte** *(N Am.)* Rocky Mountains. **~gevaarte** mass of rocks. **~graf** rock tomb. **~gravure** rock engraving/carving, petroglyph, petrograph. **~grond** rocky soil. **~gruis** detritus. **~hyser, ~hysmasjien** rock hoist. **~inskripsie** petroglyph. **~klim** *n.* rock climbing. **~klimmer** rock climber, cragsman. **R~koepel:** *die ~, (mosque in Jerusalem)* The Dome of the Rock. **~kristal** rock crystal. **~kuns** rock art. **~kus** rocky/rock-bound coast. **~laag** rock stratum, layer of rock; *plat ~* rock shelf. **~liewend** →ROTSLIEWEND. **~lys** (rock) ledge. **~meel** rock flour. **~mol** rock borer, tunnelling machine. **~mossel** limpet. **~muur** rock wall, wall of rock. **~poel** rock pool. **~punt** crag, aiguille. **~rand, ~rant** ledge of rock, rocky ledge. **~skildering** rock painting. **~skuiling** rock shelter. **~skulp** limpet. **~spelonk** rocky cave, grotto. **~spleet** rock crevice. **~steen** rock *(lit., fig.)*. **~storting** fall of rock, rockfall, rock slide, avalanche. **~tekening** rock drawing. **~tempel** rock temple. **~tuin** rock garden, rockery. **~vas** *=vaste* firm as a rock, rock firm, adamant, rocklike, unshaken, foursquare. **~vesting** mountain stronghold. **~vy:** *Afrikaanse ~, (Ficus glumosa)* African rock fig. **~wand** rock face/wall, krans, precipice, cliff. **~wildevy** rock wild fig. **~wol** mineral/rock wool. **~woning** rock dwelling.

rots·ag·tig, rots·ag·tig *=tige* rocky, rock-bound, petrous. **rots·ag·tig·heid** rockiness.

rots·be·wo·nend *=nende* rock-living.

rots·lie·wend *=wende* rock-haunting, -growing.

rot·tang *=tangs* cane, wicker, rattan; *iem. met die ~ slaan* cane s.o.. **~kierie** rattan/malacca (cane). **~mandjie** cane basket, wicker basket. **~mat** cane seat. **~meubels** cane furniture. **~olie:** *iem. ~ gee, (infml., rare)* cane s.o., *(infml.)* give s.o. strap-oil. **~stoel** cane/wicker(work)/basket chair. **~ware** wickerwork.

rot·tan·kie *=kies, (dim.)* little cane.

rot·te-: **~gif, rotgif** rat poison. **~jag** rat-hunting. **~koors** putrid fever. **~kruid** *(rat poison)* ratsbane, arsenic (oxide). **~nes** rat's nest. **~neus** →DROES[1]. **~plaag** rat plague, plague of rats, rat nuisance. **~val, rotval** rat trap. **~vanger, rotvanger** ratcatcher.

rot·tend →ROT[2].

rot·ting rot(ting), decay, putrefaction; →VERROTTING. **~skimmel** saprophyte. **rot·tings·put, rot·tings·ri·ool** septic tank.

rott·wei·ler *=lers, (breed of dog, also R~)* Rottweiler.

rou[1] *n.* mourning; *~* ***bedryf*** *oor iem., (fml.)* mourn (for) s.o.; *iets* ***dompel*** *iem. in ~* s.t. plunges s.o. into mourning; ***in*** *die ~ gaan* go into mourning; ***in*** *die ~ wees, ~ dra* be in mourning, wear mourning; ***ligte/swaar*** *~* half/deep mourning; ***swaar*** *in die ~* in deep mourning. **rou** *ge=, vb.* mourn; *oor (die dood/verlies van) iem. ~* mourn (for) s.o., mourn (over) the death/loss of s.o.; *iem. ~ vir die katte, (joc., rare: have dirty nails)* s.o.'s nails are in mourning. **~band** mourning band, weeper. **~bedryf** mourning. **~beklag** condolence; *brief van ~* letter of condolence; *mosie van ~* motion of condolence; *~ oor ...* condolence on the death of ... **~betoon** mourning. **~bord** (funeral) hatchment. **~brief** death notice; mourning letter. **~dag** day of mourning. **~diens** memorial service. **~dig** dirge, elegy. **~draer** mourner, weeper. **~drag** mourning (dress/wear), *(arch.)* widow's weeds. **~floers** crape. **~gewaad** mourning garb/attire. **~kaart** mourning card. **~kamer** funeral parlour, undertaker's/undertaking parlour. **~klaag** *ge=* lament, bewail. **~klaer** = ROUDRAER. **~klag** lamentation. **~kleding, ~klere** mourning, mourning clothes, black. **~kleed** mourning dress. **~koevert** black-edged envelope, mourning envelope. **~krans** funeral wreath. **~lint** mourning ribbon. **~pak** suit of mourning, mourning suit. **~papier** mourning paper. **~rand, ~rant** black/mourning border. **~sluier** black crape veil, weeper. **~tyd** period/days of mourning. **~vlag** black flag, flag of mourning, flag flying half-mast.

rou[2] *rou(e) rouer rouste* raw, uncooked; crude *(alcohol);* hoarse, raucous *(voice);* raw *(wound);* raw, untreated *(leather);* raw, inexperienced *(person);* harsh; *~* ***grond*** virgin soil; *~* ***lynolie*** →LYNOLIE; *~* ***steen*** →ROUSTEEN; *~* ***stysel*** →STYSEL; *die ~e* ***werklikheid*** harsh/crude reality. **~leer** rawhide. **~riem** rawhide thong; *(infml.)* uncouth person. **~sool** untanned leather, rawhide. **~soolvelskoen** *=skoene* rawhide vel(d)skoen. **~steen, ~ steen** clay brick, adobe, raw/unburnt/green brick, unbaked/air-dried/sun-dried brick. **~vel** rawhide.

Rou·aan *(geog.)* Rouen.

rou·e·rig *=rige* underdone, half-raw, rawish; inexperienced.

rou·geld = ROUKOOP.

rou·heid rawness; crudeness, crudity.

rou·koop smart money, forfeit money.

rou·leau *(dressm.)* rouleau.

rou·lette, roe·let roulette.

rou·te *(rare)* = ROUHEID.

roux *(cook.)* roux.

ro·we *ge=* →ROOF[2] *vb.*.

ro·wer *=wers* robber, bandit, brigand, gangster, marauder, pillager. **~bende** gang/band of robbers, robber band. **~hoofman** robber chief. **~skip** sea rover.

ro·wers·hol, =nes den of robbers.

ro·we·ry *=rye* robbing, robbery.

row·lan·diet *(min.)* rowlandite.

ru *ruwe ruwer ruuste* rough, uneven, rugged; raw *(products, cloth);* self-faced *(stone etc.);* coarse, unrefined, uncouth, rude, rough, crude; jagged; scabrous; *~we* ***baksteen*** slop brick; *~we* ***boraks*** tincal; *~we* ***diamant*** rough diamond *(lit., fig.); ~(we)* ***erts*** = RU(-)ERTS; *~we* ***handdoek/plank/ens.*** rough towel/plank/etc.; *~we* ***kalant*** rough (customer); *~we* ***kant*** rough edge; ragged edge; *~we* ***katoen/sy*** raw cotton/silk; *~we* ***klimaat*** raw climate; *~we* ***klip*** unhewn/undressed stone; *~we* ***see/weer*** rough sea/weather; *~we* ***skatting*** rough/broadbrush estimate; *~we* ***skets/tekening*** rough sketch/drawing; *'n ~we* ***skok*** a rude shock; *~(we)* ***suiker*** = RU(-)SUIKER; *~we* ***taal*** *gebruik/besig* say rude things, use bad language; *'n ~we* ***vent*** a tough; *~(we)* ***wol*** = RUWOL. **~band** heavy-duty tyre. **~beitel** broach. **~beitelwerk** broached work, broaching. **~bekap** *=te* →RUGEKAP. **~blaar(tert)deeg** rough puff pastry. **~borduurwerk** collage. **~(-)erts** crude ore. **~(-)gare, ~garing** cotton thread; grège/greige yarn. **~gekap** *=te* rough-hewn, -axed; *~te klip* blocked/hammer-faced stone. **~gewals** *=walste* roughcast *(steel etc.)*. **~harig** *=rige* rough-haired, -coated, shaggy; wire-haired *(dog); ~e kollie, (breed of dog)* rough collie. **~klawer** hare's-foot. **~klip** rubble. **~koper** blister copper. **~(-)kos, ~voedsel** roughage, wholefood **~kosdieet** wholefood diet. **~linne** slub linen. **~lood** pig lead. **~metaal** crude metal. **~olie** crude oil. **~rand** deckle (edge) *(of machine-made paper)*. **~rotsfosfaat** raw rock phosphate. **~skaaf** foreplane. **~sleutel** blank key. **~(-)staal** blister steel. **~steenkoper** matte copper. **~stuk** blank. **~(-)suiker** raw/unrefined sugar. **~veld** *(golf)* rough; rough country; *in die ~, (golf)* in the rough. **~vesel** dietary fibre. **~voedsel** →RU(-)KOS. **~voer** roughage; coarse fodder. **~waster** service washer. **~weg** →RUWEG *adv.*. **~werker** navvy. **~wol** raw/natural wool. **~wolkleuring** in-grain. **~yster** pig iron, crude iron. **~ysterklont** sow *(of iron)*. **~ysterstaaf** pig *(of iron)*.

ru·ba·to *=bato's, =bati, n., (It., mus.: flexibility of tempo)* rubato. **ru·ba·to** *adv.* rubato.

rub·ber rubber. **~boom** *(Hevea brasiliensis)* rubber tree. **~boot** rubber dinghy, *(infml.)* rubberduck. **~druk** offset printing. **~handskoen** rubber glove. **~koeël** rubber bullet. **~laars** *(rare)* = RUBBERSTEWEL. **~laken** waterproof sheet. **~lugband** rubber pneumatic tyre. **~lym** rubber solution. **~plantasie** rubber plantation. **~rol** squeegee (roller). **~soolstewels** rubber-soled boots. **~stempel** rubber stamp. **~stewel** gumboot, rubber boot, *(infml.)* welly (boot); *(also, in the pl., infml.)* wellies.

rub·ber·ag·tig *=tige,* **rub·be·rig** *=rige* rubbery.

ru·bel·liet *(gemstone)* rubellite.

Ru·ben *(OT)* Reuben.

Ru·bi·con: *die ~ oorsteek, (idm.)* cross the Rubicon.

ru·bi·di·um *(chem., symb.:* Rb*)* rubidium.

ru·breen *(chem.)* rubrene.

ru·briek *=brieke* category; class; column *(in a newspaper);* heading, rubric; *~ vir eensames* lonely hearts column. **~letter** rubric letter. **~skrywer** columnist.

ru·bri·seer *ge=* class, rubricate, classify; compartmentalise. **ru·bri·se·ring** classification, rubrication; compartmentalisation.

ru·che *=ches, (dressm.)* ruche, rouche; *(also, in the pl.)* ruching. **~werk** ruching.

ru·di·men·têr *=têre* rudimentary; vestigial.

Ru·dol·phi: *~ se vin(wal)vis* →SEIWALVIS.

rû·ens·veld hilly/ridgy country, downland; →RUG[2].

rug[1] *rûe* back *(of a human/hand/chair/book, an animal, etc.);* spine *(of a book); ~* ***aan*** *~* back to back; *iem. in die ~* ***aanval*** attack s.o. from behind; *die vyand in die ~* ***aanval*** take the enemy in the rear; *baie* ***agter*** *die/jou ~ hê* have been through a great deal; *iets* ***agter*** *iem. se ~ (om) doen* →AGTER *prep.;* ***agter*** *die ~ wees* be a thing of the past; be out of the way; *wat hom/haar betref, is dit* ***agter*** *die ~* he/she has put it behind him/her; *die ~* ***beskerm*** protect the rear; *iem. se ~ is* ***breed,*** *(fig.)* s.o. has a broad back (*or* broad shoulders); *die ~* ***dek*** cover the rear; *jou ~* ***draai*** turn one's back; *jou ~ vir/na iem.* ***draai,*** *(lit. & fig.)* turn one's back on s.o.; *voor iem. sy/haar ~ kon* ***draai*** the next thing s.o. knew; *die* ***geld*** *groei nie op my ~ nie* →GELD[1] *n.;* ***in*** *die ~* in the back; ***krap*** *jy my ~, dan krap ek jou(n)e* you scratch my back and I'll scratch yours; *dit agter die ~* ***kry*** get it over with; *op jou ~* ***lê*** lie on one's back; be on one's back; be supine; *plat op jou ~* ***lê*** lie flat on one's back; *plat op jou ~ (gaan)* ***lê,*** *(also)* sprawl out; *met die ~ teen die* ***muur*** *staan, (fig.)* have one's back to the wall; *op die* ***naat*** *van jou ~ lê* be/lie flat on one's back; *iets* ***op*** *die ~ dra* backpack s.t., *(rare)* horse s.t.; *agter iem. se ~ van hom/haar* ***praat*** talk behind s.o.'s back; *sestig/ens.* ***somers*** *agter die ~ hê* →SOMER; *iem.* ***staan*** *met sy/haar ~ na ...* s.o.'s back is turned to ...; *die huis* ***staan*** *met sy ~ na ...* the house faces away from ...; *iem. in die ~* ***steek,*** *(lit. & fig.)* stab s.o. (*or* give s.o. a stab) in the back; *iem. die ~* ***toekeer*** turn one's back on s.o.; give s.o. the cold shoulder; *jou ~* ***vet smeer,*** *(infml., joc., sport journ. etc.)* prepare o.s. for a big hiding. **~aandoening** back ailment. **~-aan-rug(-)lening** back-to-back loan. **~aansig** dorsal view. **~afbouplek** *(min.)* overhead stope. **~binding** *(bookbinding)* quarter binding; *met ~* quarter-bound. **~blad** backing sheet. **~dakkie** *(archit.)* saddle. **~dop** *(zool.)* carapace. **~eelt** sitfast *(in horse)*. **~gebonde** *(attr.), (bookbinding)* quarter-bound. **~graat** backbone, spine, spinal/vertebral column, rachis; *(fig.)* backbone, moral fibre; *geen ~ hê nie* have no backbone, be spineless; *iem. sonder ~* a person without backbone, a spineless person; *die ~ van ... wees* be the backbone of ... *(an enterprise etc.)*. **~graatkoors** meningitis. **~graatloos** *(fig.)* spineless, chinless; *~ wees, (also)* have no moral fibre. **~graat(ver)kromming** spinal curvature, curvature of the spine; *agterwaartse ~* kyphosis; *sywaartse ~* scoliosis; *voorwaartse ~* lordosis. **~hou** *(tennis etc.)* backhand stroke. **~kam** *(zool.)* dorsal crest. **~kant** back, tergum. **~klep** dorsal valve. **~klopper** backslapper, toady. **~kloppersklub** mutual admiration society. **~kloppery** toadying; backslapping. **~krapper** scratchback *(lit.);* backscratcher *(lit., fig.);* logroller *(fig.)*, toady. **~krappery** backscratching *(lit., fig.);* logrolling *(fig.)*. **~kussing** squab. **~lat** splat. **~leuning** back *(of a chair, sofa);* backboard. **~ligging** supineness. **~materiaal** backing *(of a book/etc.)*. **~murg** →RUGMURG. **~pak** backpack, man-pack. **~paneel** *(comp.)* backplane. **~plaat** *(zool.)* tergite, dorsal plate, tergum. **~plank** backboard. **~pyn** backache, pain in the back. **~saag** tenon/back saw. ~**sak** backpack, rucksack, haversack. ~**seer** backache; sore on the back. ~**seintuur** *(horse riding)* martingale. ~**senu(wee)** dorsal nerve. ~**skerm** = RUGWERING. ~**skild** *(zool.)* carapace, tergum, elytron. ~**skyf** *(cook.)* chump chop. ~**slag** *(swimming)* backstroke. ~**spier** dorsal muscle. ~**steker** *(fig.)* back-stabber. ~**steun** *n.* backing, support, backup; *(comp.)* backup; *kragtige/sterk ~ van iem. kry* get powerful/strong backing from s.o.; *'n ~ maak, (comp.)* back up. ~**steun** *ge=, vb.* support, back (up). ~**streep** line *(on an animal's body)*. ~**string** spinal/vertebral column, spine; *(meat)* loin; chine *(of an animal)*. ~**stringbiltong** chine biltong. ~**stuk** backpiece; baron *(of beef)*; saddle *(of mutton)*; chine *(of pork)*. ~**stut** support; bed rest. ~**stutwerk** *(masonry)* ashlaring. ~**sweer** warble. ~**teken** *ge=, (rare)* endorse *(a cheque)*; →ENDOSSEER. ~**tekenaar** *(rare)* endorser. ~**tekening** *(rare)* endorsement; →ENDOSSEMENT, ENDOSSERING. ~**tering** spinal caries. ~**veer** *(orn.)* scapular. ~**verkromming** = RUGGRAAT(VER)KROMMING. ~**vin** dorsal fin. ~**vlug** inverted flight. ~**voeg** saddle joint, water joint. ~**vuur** reverse fire. ~**waarts** →RUGWAARTS. ~**wering** →RUGWERING. ~**werwel** dorsal vertebra. ~**wind** rear wind. ~**wol** back wool, backs, rig wool.

rug[2] *ruêns, (geomorphol.)* ridge, hill, down, saddle; →RÛENSVELD.

rug·ag·tig *=tige* backy.

rug·baar known; *iets ~ maak* make s.t. public; bruit about/abroad s.t.; leak s.t. (out); *iets raak/word ~* s.t. becomes known, s.t. gets about/abroad/out; s.t. leaks out. **rug·baar·heid** publicity; notoriety; *iets kry ~* s.t. becomes known; *aan iets ~ gee* give currency to s.t.; give publicity to s.t..

rug·by rugby, *(infml.)* rugger; *~ speel* play rugby. ~**bal** rugby ball. ~**-braaivleis-en-bier(-)man** *(infml., derog.)* rugger-bugger. ~**buffel** *(infml., derog.)* rugger-bugger. ~**entoesias**, ~**liefhebber** rugby enthusiast/fan. ~**oefening** rugby practice. ~**spel** (game of) rugby. ~**speler** rugby player. ~**telling** rugby score. ~**unie** rugby union. ~**veld** rugby field. ~**voetbal** rugby football. ~**wedstryd** rugby match.

rug·ge·lings *adv., (poet., liter.): ~ neerval* fall over backwards (*or* onto one's back).

rug·gensveld →RÛENSVELD.

rug·ge·spraak *(liter.)* consultation; *met iem. ~ hou* consult s.o..

rug·murg spinal cord/marrow, medulla spinalis; *verlengde ~* medulla oblongata, spinal bulb. ~**breuk** myelocele. ~**kanaal** *(anat.)* spinal/medullary canal, central canal. ~**ontsteking** (acute anterior) poliomyelitis. ~**senu(wee)** spinal nerve. ~**tering** tuberculosis of the spine, locomotor ataxia, dorsal tabes. ~**vlies** dura mater, meninx. ~**vliesontsteking** spinal meningitis.

rug·waarts *=waartse, adj.* backward. **rug·waarts** *adv.* backward(s).

rug·we·ring *(fortification)* parados.

ru·heid roughness, unevenness *(of a surface)*; crudity, crudeness; coarseness, rudeness, harshness; →RU.

Ruhm·korff·klos *(elec., also r~)* induction coil, Ruhmkorff coil.

Ruhr: *die ~, (a tributary of the Rhine)* the (River) Ruhr; →ROER. ~**gebied:** *die ~* the Ruhr (district).

rui *ge=, (rare)* moult. ~**tyd** moulting time.

ruif *ruiwe, (obs.)* hayrack, stable rack.

ruig *ruie ruier ruigste* shaggy, hairy, hirsute, hoar; shrubby, bushy, thickly overgrown, rugged; earthy *(fig.)*; *~ **wees**, (also, eyebrows)* bush out; *ruie **wenkbroue*** bushy eyebrows, beetle brows; *ruie **wol*** brushed wool; *ruie **woud*** dense(ly grown) forest. ~**harig**, ~**harig** *=rige* hairy, hirsute, shaggy. ~**ryp** hoarfrost, white frost.

ruig·heid shagginess; bushiness.

ruig·te *=tes* underwood, undergrowth, brushwood, scrub; coppice, thicket, spinney, brake. ~**sanger** *(orn.: Bradypterus barratti)* Barrett's warbler.

ruik *n.* = REUK. **ruik** *ge=, vb.* smell, scent; ***aan** iets ~* smell (*or* take a smell) at s.t.; sniff at s.t.; *iem. sal nooit **daaraan** ~ nie, (infml.)* s.o.'ll get nowhere near it *(infml.: a distinction etc.)*; *iem. kon **iets** ~, (also)* s.o. could wind s.t.; *iets ~ **lekker*** s.t. smells good, s.t. has a nice smell; s.t. smells sweet; ***lont** ~* →LONT; *iem./iets ~ **na** ...* s.o./s.t. smells like/of ...; *iets ~ **na** ..., (also)* s.t. reeks of ...; s.t. savours of ...; s.t. is redolent of ...; *iets ~ **nie*** s.t. has no scent; *ek kon dit tog **nie** ~ nie, (infml.)* how could I have known it?; *iets ~ **sleg*** s.t. has a bad smell; ***sterk** na iets ~* smell strongly of s.t.. ~**goed** scent, perfumery. ~**peul(boom)** →LEKKERRUIKPEUL(BOOM).

rui·ker *=kers* bunch of flowers, bouquet, nosegay, spray. **rui·ker·tjie** *=tjies* posy, nosegay, buttonhole.

ruil *ruile, n.* exchange, barter, interchange; *'n ~ **aangaan/maak*** exchange/swap/swop s.t. for s.t. else, make a trade; *met iem. 'n ~ **aangaan/maak*** do a swap/swop with s.o.; *'n **goeie** ~ maak/doen* make a good bargain; ***in** ~ **vir** ...* in exchange for ...; in return for ... **ruil** *ge=, vb.* exchange, barter, interchange, trade; switch; →UITRUIL, VERRUIL; ***appels** vir pere ~ by iem.* exchange apples for pears with s.o.; *iem. sou **nie graag** met iem. anders wil ~ **nie*** s.o. wouldn't swap/swop with anyone (*or* like to be in s.o. else's shoes); ***plekke** ~* →PLEK; *iets **vir iets anders** ~* exchange/barter/swap/swop/trade s.t. for s.t. else. ~**artikel** article of barter, trade-in. ~**eksemplaar** →RUILNOMMER. ~**geld** token money. ~**handel** barter, truck. ~**middel** *=dele, =dels* medium of exchange, circulatory medium, currency; counter. ~**munt** token coin. ~**nommer**, ~**eksemplaar** exchange (copy). ~**offisier** officer on exchange. ~**ooreenkoms** barter agreement. ~**professor** exchange professor. ~**stelsel** system of exchange. ~**tog** barter(ing) expedition. ~**verkeer** exchange process, process of exchange. ~**voet** *(econ.)* exchange (rate/ratio), rate/ratio of exchange; terms of trade. ~**waarde** exchange value, trade-in value.

ruil·baar *=bare* exchangeable, interchangeable.

rui·le·ry exchange, barter(ing).

ruim *ruime, n.* hold *(of a ship)*; nave *(of a church)*; heavens, space. **ruim** *ruim(e) ruimer ruimste, adj.* spacious, large, roomy, commodious; wide, loose, full *(a garment)*; capacious; ample, abundant; generous, unstinting; accommodating *(conscience)*; *die ~ste **betekenis*** the widest sense; *'n ~(e) **blik** hê* be broadminded; *'n ~ **keuse*** →KEUSE; *in ~e **mate*** →MATE; *~(e) **steun*** broad/wide support. **ruim** *ruims, adv.* amply, abundantly, freely; fully; copiously; *~ **betaal*** pay liberally; *~ **betyds*** →BETYDS; *~ **duisend** toeskouers, (also)* easily a thousand spectators; *~ **honderd*** over (*or* at least) a hundred, a hundred odd; *... is ~ vyftig **kilometer** ver/vêr* it's a full fifty kilometres to ...; *~s **moontlike** toegewing* greatest concession possible; *dit **nie** ~ **hê nie*** not be well off, live in straitened circumstances; *~s **opgevatte** siening* broadest conceived vision; *~ **R10 000*** well over (*or* fully) R10 000; *~ **so nuttig** as* ... fully (*or* every bit) as useful as ...; *~ **'n uur*** well over an hour; *~ **veertig** jaar oud wees* be forty odd; *~ **voorsien** wees* be amply provided for, have enough and to spare. **ruim** *ge=, vb.* empty; ream, widen, ease *(a hole)*; evacuate; *(min.)* slipe; *'n bom op~* →OPRUIM; *'n masjien ~* clear a machine; *iem. uit die weg ~* →WEG[1] *n.*. ~**hartig** →RUIMHARTIG. ~**naald** primer, priming needle, priming wire. ~**pomp** bilge pump. ~**skoots** →RUIMSKOOTS *adv.*. ~**water** bilge water. ~**yster** burr; reamer; tapping bar.

rui·mer *=mers, (mech.)* reamer, rimer, fraise; *(min.)* sliper.

ruim·har·tig *=tige* generous, benevolent, magnanimous, big-hearted, noble, free-handed, unselfish, ungrudging. **ruim·har·tig·heid** generosity, largess(e), benevolence, magnanimity, nobleness, unselfishness.

ruim·heid roominess, spaciousness; width; fullness *(of a garment)*; *~ van blik* breadth of view, wide vision; *~ van opvatting(e)* broad-mindedness, open-mindedness, tolerance, liberalism.

rui·ming evacuation, vacation; clearing (out/away); *(op)~* disposal *(of a bomb)*; →OPRUIMING.

ruim·skoots *adv.* amply, abundantly, freely, generously, liberally.

ruim·te *=tes* space, room; gap; capacity; accommodation; (outer) space, heavens; expanse; clearance *(in mines)*; bulk *(in buildings)*; breadth *(of view)*; scope; compass; void; ***baie/volop** ~* plenty of room; *~ **in beslag** neem* take up room/space; *~ **van beweging*** elbow room, scope; *die **buitenste** ~* outer space; *'n **gebrek** aan ~* a lack of space; *... ~ **gee*** give ... a wide berth; *'n **ingeslote** ~* a precinct; *~ **inneem*** take up room/space; *die ~ **instaar*** gaze into vacancy/space; *vir ... ~ **laat*** leave room/space for ...; *die ~ **laat** dit nie toe nie* space does not permit; ***min** ~ hê* be cramped for room/space; *'n **omheinde** ~* a close; *die **oneindige** ~* infinite space; *die ~ **ontbreek*** space does not permit; ***oorgenoeg** ~* ample scope; *~ **vir** ...* room for ... ~**biologie** astrobiology, exobiology. ~**-eeu**, ~**tydperk** space age. ~**geneeskunde** space medicine. ~**helm** space helmet. ~**hoek** *(geom.)* solid angle. ~**-inhoud** cubic capacity/content. ~**kapsule** space capsule. ~**kombers** space blanket *(used by mountaineers etc.)*. ~**kunde** →RUIMTEWETENSKAP. ~**kundige** →RUIMTEWETENSKAPLIKE. ~**laboratorium** spacelab, space laboratory. ~**maat** cubic measure, measure of volume. ~**man**, ~**vrou** spaceman, spacewoman. ~**meetkunde** solid geometry. ~**navorsing** aerospace research. ~**pak** spacesuit. ~**program** space programme. ~**projektiel** *(rare)* = INTERKONTINENTALE BALLISTIESE MISSIEL. ~**reis** space flight. ~**reisiger** →RUIMTEVAARDER. ~**siekte** space sickness. ~**skip** *(sci-fi)* starship; →RUIMTETUIG; *(die) ~ aarde* spaceship earth. ~**spiraal** helical line. ~**stasie** space station/platform. ~**tegnologie**, ~**vaarttegnologie** aerospace technology, astronautics. ~**tuig** *=tuie*, ~**skip** *=skepe*, ~**vaartuig** *=vaartuie* spacecraft, spaceship, space vehicle. ~**tyd** *(phys.)* space-time. ~**-tydkontinuum** *(phys.)* space-time (continuum). ~**tydperk** →RUIMTE-EEU. ~**vaarder**, ~**reisiger** astronaut, cosmonaut, space traveller. ~**vaart** space travel; →RUIMTEVLUG. ~**vaartbedryf** aerospace industry. ~**vaarttegnologie** →RUIMTETEGNOLOGIE. ~**vaartuig** →RUIMTETUIG. ~**verhoudinge** *(geog., archit., psych., etc.)* spatial relations. ~**verkenningstuig** space probe. ~**verwarmer** space heater. ~**vlug** pace flight; →RUIMTEVAART. ~**vlugsentrum** spaceport. ~**vrees** *(psych.)* agoraphobia. ~**vrou** →RUIMTEMAN. ~**vuurpyl** space rocket. ~**wese** extraterrestrial *(abbr.: ET)*. ~**wetenskap**, ~**kunde** space science. ~**wetenskaplike**, ~**kundige** *=s* space scientist.

ruim·te·lik *=like* spatial; *~e ordening* physical planning.

ru·ï·ne *=nes* ruin. **ru·ï·na·sie** ruination. **ru·ï·neer** *ge=* ruin; beggar. **ru·ï·neer·der** *=ders* ruiner.

ruis *ge=* rustle, murmur, sing, swish, whisper; *(water etc.)* w(h)oosh. **rui·send** *=sende* rustling, murmurous, swishy. **rui·sing** rustling, rustle, murmur.

ruit *ruite, n.* pane *(of a window)*, light; rhomb(us); lozenge; *(bot.)* rue; *(text.)* check; →RUITJIE, RUITJIES=; *~e in 'n (venster)raam sit* glaze a (window)frame. **ruit** *ge=, vb.* chequer; fret. ~**glas** sheet glass, window glass. ~**klem** sprig. ~**kombers** maud *(Sc., obs.)*. ~**kwassie** sash tool. ~**ligter** window lift. ~**patroon** check(ed) pattern. ~**poetser** →RUITWASSER. ~**sponning** fillister. ~**spykertjie** sprig, glazier's point. ~**steek** *(embroidery)* diamond stitch. ~**veër**, **reënveër** *=veërs, (mot.)* (wind)screen/windshield wiper. ~**vormig** →RUITVORMIG. ~**wasser**, ~**poetser** window cleaner. ~**werker** glazier. ~**wisser** = RUITVEËR.

rui·te, **rui·tens** *n. (pl.), (suit of playing cards)* diamonds. ~**aas** ace of diamonds. ~**boer** knave/jack of diamonds. ~**heer** king of diamonds. ~**ses** six of diamonds. ~**tien** ten of diamonds. ~**vrou** queen of diamonds.

rui·te: ~**net** grid. ~**-ogiesdraad** diamond mesh wire.

rui·ter *=ters* rider, horseman, equestrian, *(arch.)* cavalier; trooper; sandpiper. ~**aanval** (cavalry) charge. ~**bal** *(children's game)* horseback rounders. ~**balk** ridge rafter. ~**bende** troop of horsemen. ~**geveg** cavalry fight. ~**jas** redingote. ~**kuns** horsemanship, equitation, equestrianism. ~**paadjie** bridle path. ~**sabel** sabre. ~**salf** mercurial ointment. ~**(spring)sport** horsemanship, showjumping. ~**standbeeld** equestrian statue. ~**stoet** cavalcade. ~**stof** habit cloth. ~**stut** rider. ~**wag** vedette, mounted guard, horse guard. ~**wissel** *(rare)* = SKOORSTEENWISSEL.

rui·te·rin =*rinne* horsewoman, woman rider, equestrienne.

rui·ter·lik =*like* frank(ly), open(ly), chivalrous(ly).

rui·ter·skap equitation.

rui·te·ry, rui·te·ry cavalry; *ligte* ~, *(also)* light horse; *'n troep* ~ a troop of horse.

ruit·jie =*jies, (dim.)* little pane; check.

rui·tjies=: ~goed check, gingham. **~maas** diamond mesh. **~papier** squared paper, graph paper, coordinate paper. **~pens** reticulum, honeycomb stomach *(of ruminants)*.

ruit·vor·mig, ruit·vor·mig =*mige* diamond-/lozenge-shaped, rhombic, rhomboid(al).

ruk *rukke, n.* jerk, pull, tug, twitch; shake; gust *(of wind)*; time, while, spell; *'n* ~ ***gelede*** some time ago; *'n **hele/taamlike*** ~ *(gelede)* quite some time (ago), quite a while (ago), a good while (ago); *'n* ~ ***(lank)*** for a time; for a spell; *'n* ~ ***lank** iets doen* take a spell at doing s.t.; ***met** 'n* ~ with a start; ***met** 'n* ~ *tot stilstand kom* stop with a jerk; *iem. is al **'n** ~ **hier*** s.o. has been here (for) some time; *met ~ke en **stote*** in spurts; in/by snatches; *met ~ke en **stote** werk* work by/in fits and starts. **ruk** *ge=, vb.* jerk, pull, tug, yank; shake; jog; *(fig.)* stagger, shake, shock, stun; devastate; ***aan** iets* ~ tug/yank at s.t.; tear at s.t.; *iets uit iem. se **hande*** ~ →HAND; ***handuit*** ~ →HANDUIT; *jou **hare** uit jou kop* ~ tear one's hair; ***iem.*** ~ give s.o. a shock; *jou **klere** van jou lyf* ~ tear one's clothes from one's body; *iem. **met** R1000* ~, *(infml.)* sting s.o. for R1000; ~ *en **pluk*** pull and tug; *iets **stukkend/uitmekaar*** ~ pick/pull/tear s.t. to pieces; *woorde uit (hulle) **verband*** ~ wrest words from their context. **~kramp** tetanic spasm, tetany. **~rek** bungee/bungie/bungy (cord/rope). **~skêr** jar(s). **~stopgordel** *(mot.)* inertia-reel seat belt. **~wind** gust (of wind), squall, (sudden) blast, williwaw, *(poet., liter.)* flaw.

ruk·ke·rig =*rige, adj.* jerky, spasmodic; shuddering *(breath)*; *~e wind* blustery/blustering wind, gusty wind. **ruk·ke·rig** *adv.* jerkily, spasmodically. **ruk·ke·rig·heid** jerkiness.

ruk·kie =*kies, (dim.)* little pull/jerk; little while, short spell/time, moment; *iem. het 'n* ~ ***gehelp/ens.*** for a while s.o. helped/etc.; ***ná** 'n* ~ after a bit/little/time (*or* short space); ***oor** 'n* ~ in a (little) while, just now; *'n* ~ ***rus/ens.*** rest/etc. for a bit/while.

ruk·king =*kings* convulsion, spasm.

rum rum. **~botter** *(cook.)* rum butter. **~fles** rum bottle. **~grok** rum toddy. **~pons** rum punch, shrub.

ru·ma·tiek rheumatism; *'n ligte aanval van* ~ a touch of rheumatism. **~koors** rheumatic fever. **~lyer** rheumatic patient.

ru·ma·tiek·ag·tig =*tige* rheumatoid.

ru·ma·tie·ke·rig =*rige* rheumaticky.

ru·ma·ties =*tiese* rheumatic; *~e chorea, (med.)* Sydenham's chorea.

ru·ma·to·lo·gie *(med.)* rheumatology. **ru·ma·to·loog** =*loë, (med.)* rheumatologist.

rum·ba =*bas, (dance)* rumba; *die* ~ *dans* rumba.

rum·my *(card game)* rummy.

ru·moer, =*moere, n.* noise, row, hubbub, din, uproar, fuss, tumult, turmoil. **ru·moer** *ge=, vb.* make a noise, kick up a row. **~maker** rowdy, noisy person.

ru·moe·rig =*rige* noisy, rowdy, boisterous, turbulent, tumultuous. **ru·moe·rig·heid** noisiness, boisterousness.

rund *rundere, n., (rare)* bovine (animal). **run·der·ag·tig** =*tige, adj., (rare)* bovine. **run·der·pes** rinderpest, cattle plague.

ru·ne =*nes* rune, runic letter. **~alfabet** runic alphabet. **~-inskripsie** runic inscription. **~skrif** runes, runic writing. **ru·nies** =*niese* runic.

run·nik *ge=* neigh, whinny, hinny, bray. **~lag** horse laugh.

Ru·ri·ta·ni·ë *(a fictitious kingdom)* Ruritania. **Ru·ri·taans** *n., (lang.)* Ruritanian. **Ru·ri·taans** =*taanse, adj.* Ruritanian. **Ru·ri·ta·ni·ër** =*niërs* Ruritanian.

rus *n.* rest, repose; peace; calm, tranquillity, quiet(ness), ease, leisure; serenity; *(firearm)* safety catch; *(mus.)* rest; *(elocution)* pause; caesura *(in verse)*; inaction; *(baseball)* base; *('n) bietjie (gaan)* ~, *(also infml.)* take five, have a lie-down; *... tot* ~ ***bring*** set ... at rest; *geen* ~ ***of duur(te)** hê nie* be very restless; ***eerste/tweede/derde*** ~, *(baseball)* first/second/third base; *op* ~ ***gaan,*** *(rather obs.)* retire; *iem. geen* ~ ***gun** nie* keep s.o. on the move; *geen* ~ ***hê** nie* have no rest; *geen (oomblik)* ~ ***hê** nie, (also)* not have a moment's peace; *die* ~ ***herstel*** restore quiet; ***in*** ~ *wees* be at rest; *tot* ~ ***kom*** come to rest; find peace; settle down; ***kom** tot* ~! settle down!; *iem. met* ~ ***laat*** leave/let s.o. be; leave/let s.o. alone; leave s.o. in peace; lay off s.o. *(infml.)*; *iem. nie met* ~ ***laat** nie, (also)* nag (at) s.o.; *iets met* ~ ***laat*** leave well alone; leave/let s.t. alone; ***laat** dit met* ~! leave well alone!; ~ ***neem/hou,*** *(rather obs.)* take a rest; *die geweer is **op*** ~ the gun's safety-catch is on; ~ ***en orde*** the public order, the public peace; ~ ***roes*** if one doesn't do something regularly one gets rusty, to rest is to rust; ***sonder*** ~ without rest; ***staan in*** ~!, *(parade ground)* stand easy!; ***ter*** *~te gaan, jou **ter** ~te begeef/begewe, (fml., dated)* retire (for the night); *iem. **ter** ~te lê, (rhet.)* lay s.o. to rest; *die* ~ ***versteur/verstoor*** cause/create a disturbance; break the peace; ***volkome*** ~ absolute rest; ~ ***en vrede*** peace and quiet. **rus** *ge=, vb.* rest, repose; slack; *(fig.)* hinge on; *die **blaam*** ~ *op ...* ... is to blame; ***gaan*** ~ take a rest; go to rest; retire; *'n bietjie **gaan*** ~, *(also)* have/take a nap; ***hier*** ~ ..., *(inscription on a gravestone)* here lies ...; *iem.* ***laat*** ~ give s.o. a rest, let s.o. rest, rest s.o.; *iets **laat*** ~ leave well alone; let s.t. rest; draw a curtain over s.t.; *jou oë/voete **laat*** ~ rest one's eyes/feet; *op jou **louere*** ~ →LOUER *n.*; *iem. sal **nie*** ~ *voordat hy/sy ... nie* s.o. will not rest until he/she ...; *iem. se **oë*** ~ *op iets* s.o.'s eyes dwell (up)on s.t.; ***op** ...* ~ rest (up)on ...; *dit* ~ ***op** ..., (also)* it hinges (up)on ...; *op die **plek*** ~!, *(parade ground)* stand at ease!; *die **plig*** ~ *op jou* the duty rests on you, it is your duty; *geen **skuld/blaam*** ~ *op ... nie* no blame attaches to ...; *wel **te** ~te!* sleep well!; *die **verantwoordelikheid*** ~ *op jou (skouers)* the responsibility is yours (*or* rests on your shoulders). **~bank** couch, settee, settle, sofa; *groot* ~ chesterfield. **~banksitter** *(infml.)* couch potato. **~bed** day bed. **~dag** day of rest, rest day, *(Jud., Chr.)* Sabbath, *(Chr.)* the Lord's Day. **~hoek** angle of rest/repose. **~hoogte** rest/standing level. **~hou** *(baseball)* base hit. **~hout** dormant wood. **~huis** rest home/house; guesthouse. **~kamer** rest room. **~kamp** rest camp. **~kans** breathing space; *'n* ~ *kry/hê* have/take a rest; get/have a respite from work. **~kuur** rest cure. **~land** ley, lea. **~long** *(med.)* pneumothorax. **~massa** *(phys.)* rest mass. **~-oes** ley crop; →RUSLAND. **~oord** place of rest. **~periode** rest period, quiescent state. **~plaas, ~plek** resting place; *iem. na sy/haar laaste* ~ *bring* lay s.o. to rest. **~plek** lay-by, pull-off *(at the roadside)*; resting place. **~pouse, ~pose,** *(obs.)* **~poos** pause, rest; half-time; breather. **~punt** resting point; pause; caesura. **~soldy** *(obs.)* →PENSIOEN. **~stadium** quiescent stage/state; →RUSTYD. **~stand** neutral position, position of rest. **~stelling** *(tech.)* rest; *in die* ~ *wees* be at rest. **~stroom** closed circuit current. **~teken** *(mus.)* rest. **~tyd** resting time; breather, break, interval; *(games)* half-time; *(biol.)* dormancy, latent period; *met* ~ at half-time. **~uur** hour of rest. **~versteurder, ~verstoorder** disturber of the peace, rioter, disruptive element. **~versteurend, ~verstorend** =*rende* disturbing (the peace). **~versteuring, ~verstoring** disturbance, breach of the peace, disorder.

Rus *Russe, n.* Russian; →RUSSE=. **Rus·land** Russia. **Russies** *n., (lang.)* Russian. **Rus·sies** =*siese, adj.* Russian; *~e roulette* Russian roulette/roelet; *~e slaai* Russian salad; *~e wors* Russian (sausage). **Rus·sies·ge·sind** =*sinde* pro-Russian. **Rus·sies·ge·sind·heid** pro-Russianism. **Rus·sies-Ja·pans** =*panse,* **Rus·sies-Ja·pan·nees** =*nese* Russo-Japanese. **Rus·sies-Or·to·doks** =*dokse: ~e Kerk* Russian Orthodox Church. **rus·si·fi·ka·sie** Russianisation, Russification. **rus·si·fi·seer** *ge=* Russianise, Russify.

ru·sie =*sies* quarrel, dispute; altercation, *(infml.)* slanging match; squabble, brawl, *(infml.)* dust-up; *'n* ~ ***afsoen,*** *(rare)* kiss and be friends; *'n* ~ ***besleg/bylê*** settle a quarrel; *in 'n* ~ ***betrokke/gewikkel** raak* get into a row *(infml.)*; *'n* ~ *met ... **hê*** have a quarrel with ...; have an altercation with ...; *hulle **het*** ~ *(met mekaar), (also)* there is trouble between them; ~ ***kry*** have a quarrel/tiff; *met iem.* ~ ***kry,*** *(also)* fall out with s.o.; ~ ***maak*** quarrel, have a quarrel/row *(infml.)*, be at each other's throats, be at one another's throats; *hulle **maak*** ~ *onder mekaar* they quarrel among themselves; *met iem.* ~ ***maak*** (have a) fight/quarrel with s.o.; row/scrap with s.o. *(infml.)*; *met iem. oor iets* ~ ***maak*** quarrel with s.o. about/over s.t.; ~ ***soek*** pick/seek a quarrel, pick a fight; trail one's coat; *iem. **soek*** ~, *iem. is daarop uit om* ~ *te **soek,*** *(also)* s.o. is spoiling for a fight; *'n* ~ ***tussen** ...* a quarrel between ...; an altercation between ...; *'n* ~ *uit die **weg** ruim* (*of uit die **wêreld** maak*) settle a quarrel. **ru·sie·ma·ker, ru·sie·soe·ker** quarrelsome person, squabbler, wrangler, brawler, *(infml.)* stirrer. **ru·sie·ma·ke·rig** =*rige* quarrelsome, fractious. **ru·sie·ma·ke·ry** squabbling.

rus·pe(r) =*pe(r)s* caterpillar. **~plaag** plague/infestation of caterpillars.

rus·per=: ~aandrywing half-track, caterpillar drive. **~band** caterpillar tread/track. **~trekker** crawler, tracked tractor. **~voertuig** crawler.

Rus·se=: ~haat Russophobia. **~hater** Russophobe. **~vrees** Russophobia.

Rus·sies *n. & adj.* →RUS.

Rus·so *comb.* Russo=. **Rus·so·fiel** =*fiele* Russophil(e).

rus·te *n., (arch.)* →RUS *n.*.

rus·te·loos =*lose* =*loser* =*loosste* restless, antsy; unresting, tireless; fidgety; unquiet *(sea)*; *'n rustelose nag* a restless/disturbed night. **rus·te·loos·heid** restlessness; tirelessness; fidgetiness, fidgeting, unrest.

rus·tend =*tende* resting; retired *(farmer etc.)*, emeritus *(parson)*; *(biol.)* dormant; quiescent *(volcano)*; latent *(disease)*; dead *(load)*; *~e belasting* dead weight; *dit is ~e op ...* it is incumbent (up)on ...

rus·tiek =*tieke, (liter.)* rural; rustic *(a seat, bridge, etc.)*; *(archit.)* rusticated. **rus·ti·si·teit** rusticity.

rus·tig =*tige* restful, quiet, tranquil, calm, relaxed, *(infml.)* laid-back, unhurried, peaceful, untroubled, serene, mellow; ~ *word* quiet(en) down. **rus·tig·heid** restfulness, tranquillity, peacefulness, stillness, serenity.

Rut *(OT)* Ruth.

ru·te·naat =*nate* ruthenate.

ru·te·ni·um *(chem., symb.: Ru)* ruthenium. **~suur** ruthenic acid.

ru·tiel *(min.)* rutile. **~kwarts** *(gemstone)* rutile quartz.

ru·weg *adv.* roughly, crudely; roughly, approximately.

Rwan·da Rwanda. **Rwan·dees** =*dese, n. & adj.* Rwandan.

ry[1] *rye, n.* row, line, string; series, suite; course *(of bricks)*; ***'n*** ~ ... a row of ...; *een* ~ ***op** 'n ander* →OP *prep.*; ***op/in** 'n* ~ in a row; *op/in 'n* ~ ***staan*** stand in line; form a queue, queue (up); stand in a row; *in ~e gaan **staan*** line up; *mense in ~e laat **staan*** line people up; *in die **voorste*** ~, *(lit.)* in the front row/rank.

ry[2] *n.: in die* ~ *afklim/opklim* get off/on while a/the vehicle is in motion; *kry jou* ~!, *(infml.)* beat it!, scram!, on your bike!; (go and) take a running jump!; *dis maar 'n uur se* ~ *hiervandaan* it's only an hour's drive from here. **ry** *ge=, vb.* ride; drive *(in a vehicle)*; convey; leave, depart; *(aeroplane)* taxi; *(coarse, esp. a male animal)* ride, mount, cover, copulate with; ***agteruit*** ~ back off; *met 'n motor **agteruit** uit ...* ~ back out a car from ...; *('n perd) **bloots*** ~ ride (a horse) bareback; *iem. **bloots*** ~, *(infml.)* be hard on s.o.; give s.o. a dressing-down *(infml.)*; ***deur** ...* ~, *(by car)* drive through ...; *(on horseback, on a cycle)* ride through ...; *die **duiwel** sal jou* ~! →DUIWEL *n.*; ***gaan*** ~ go for a drive, take a drive; *('n entjie) **gaan*** ~, *(by car)* go for (*or* take) a spin *(infml.)*; *(on horseback, on a cycle)* go for a ride; *iets **holrug*** ~, *(infml.)* do/flog s.t. to death; *iem. **huis** toe* ~ →HUIS *n.*; ***iem.*** ~, *(infml.)* make it hot/unpleasant for s.o., ride roughshod over s.o.; ***kom/laat** ons* ~! let's go!; ***langs** ... kom* ~ draw/pull alongside ...; ***mis** op 'n land* ~ convey manure to a field; *die **motor*** ~ ***lekker*** it is a comfortable car; *wat het jou **ge~ om** dit te doen?* what on earth made you do that?; ***om** iets* ~ drive/ride around s.t.; *iem.* ***onderstebo*** ~ ride s.o. down/over; ***oor*** *iets* ~ drive/ride over s.t.; ***op*** *iets* ~ ride on s.t.; *'n* ***pad*** ~ use a road; *'n* ***perd*** *lam/bevange/gedaan/kapot* ~ override a horse; *op 'n* ***perd*** *~, te perd* ~ ride on horseback, ride a horse; *iem./iets* ***raak*** ~ run into s.o./s.t.; ***reguit*** ~ go straight *(lit.); iem. op jou* ***rug*** *laat* ~ ride s.o. on one's back; *op ... se* ***rug*** (of *op die* ***rug*** *van ...*) *~, (fig., infml.)* get a free ride on ...; ***self*** ~ drive o.s.; *iem. met* ***spore*** *~, (infml., rare)* ride s.o. hard; ***stadig*** ~ go slow; ***stadiger*** ~ slack off/up; slow down/up/off; *(per of met 'n/die)* ***trein*** ~ →TREIN; *ons* ~ ***vandag*** we are leaving today; ***verder/vêrder*** ~ drive/ride/go/keep on; ***verkeerd*** ~ miss one's way; ***versigtig*** ~ drive carefully; *~* ***versigtig!*** drive carefully!; ***vinnig*** ~ go/drive fast *(by car);* go/ride fast *(on horseback, on a cycle);* ***vinnig/hard*** ~ drive at speed; ***vinniger*** ~ speed up; *met/in 'n/die* ***vliegtuig*** ~ go by air(craft), fly; *iem. in die* ***wiele*** ~ →WIEL. **~baan** roadway, driveway, carriageway; (driving) track; traffic lane; rink. **~bewys** driver's licence, driving licence; *'n ~ endosseer* endorse a driving licence; *'n ~ intrek* cancel a driving licence. **~bewystoets** driving test; *'n ~ aflê* take a driving test; *(nie) (in) 'n ~ slaag (nie)* fail/pass a driving test. **~broek** riding breeches, jodhpurs. **~brug** gantry. **~dek** trackway *(of a bridge).* **~dier** mount, riding animal. **~ding** *(infml.: means of conveyance)* wheels; *het jy 'n ~?, (also)* are you mobile?. **~geld** fare. **~goed** *(obs.)* mounts, riding animals; horses/mules/donkeys for inspanning; riding gear. **~handskoen** riding glove. **~hoogte** driving level. **~klub** riding club. **~kneg** *(obs., rare)* groom. **~koste** running cost(s). **~kostuum** *(dated)* riding costume/outfit. **~kuns** horsemanship, art of riding, equitation, equestrianism, manège; art of driving. **~laan** drive(way), carriageway. **~les** riding lesson; driving lesson; *~(se) neem* take riding/driving lessons. **~lig** driving beam. **~lisensie** = RYBEWYS. **~loon** cartage; fare. **~loop** *ge-* hitchhike, thumb lifts. **~loper** hitchhiker. **~lopery** hitchhiking, thumbing lifts. **~-op-ry-af** *(naut.)* roll-on/roll-off; →RORA(F). **~paadjie** horse track; bridle path. **~pad** carriageway. **~pak** *(dated)* riding habit. **~perd** riding/saddle horse; hack; gelding; mount; →RYPERD *interj.*. **~plank** (child's) scooter. **~reëls** rules of the road. **~reg** right of way. **~rok** *(dated)* riding dress. **~siekte** motion sickness. **~skool** riding school, manège; driving school. **~sloot** gullet *(in excavations).* **~stewel** riding boot. **~stoel** rocking chair, rocker; wheelchair, invalid('s) chair, Bath chair; →ROLSTOEL. **~stoelatleet** = ROLSTOELATLEET. **~sweep** riding whip, horsewhip, riding crop, quirt, switch. **~tog** *(rare)* ride; drive. **~toom** bridle; →TOOM[1]. **~tuig** →RYTUIG. **~tyd** driving time. **~vernuf** road sense. **~vlak** roadway. **~voorrang** right of way. **~weg** drive(way), carriageway.

ry·baar *-bare* ridable *(horse);* practicable, negotiable *(road).*

ry·dend *-dende, (rare)* mounted *(police); ~e artillerie* horse artillery.

ry·er *-ers* rider; driver *(of a vehicle).* **ry·e·ry** riding; driving; *roekelose ~* reckless driving.

ryg *ge-* thread, string *(beads);* lace *(shoes); (sewing)* tack, run, baste; *pêrels aan 'n snoer ~* string pearls. **~draad** tacking/basting thread. **~gaatjie** eyelet. **~gat** eyelet hole. **~hakie** threading hook. **~naald** bodkin, stringer. **~naat** tacked seam. **~pen** skewer, bodkin. **~plooi(tjie)** gathered pleat. **~plooitjies** gathering, gathers. **~skoen** laced shoe, lace-up (shoe). **~steek** basting/tacking stitch. **~stewel** laced/lace-up (boot). **~veter** lace. **~werk** stringing *(of beads);* basting, tacking; lacing.

ryk[1] *ryke, n.* kingdom, empire, realm, sphere, province, domain; *(biol.)* regnum, kingdom; *die* ***Britse*** *R~* the British Empire; *die* ***Derde*** *R~, (Germ. hist., 1933-1945)* the Third Reich; *die* ***duisendjarige*** *~, (Chr.)* the millennium; *die* ***Duitse*** *R~, (Germ. hist., 1871-1918)* the Second Reich; *die* ***Heilige Romeinse*** *R~, (Germ. hist., 962-1806)* the (Holy Roman) Empire, the First Reich. **~stad** imperial city.

ryk[2] *n.* (→RYKE): *~ en arm* rich and poor. **ryk** *ryk(e) ryker rykste, adj.* rich, well-to-do, opulent, affluent, lavish, wealthy; rich *(harvest, soil, food);* high-grade *(ore, mine);* fertile *(soil);* copious *(meal, language); ~* ***aan*** *... wees* be rich in ...; abound in/with ...; *vir ~* ***deurgaan*** be considered rich; *'n ~(e)* ***gees*** a well-stored mind; *'n ~* ***huwelik*** *doen* →HUWELIK; *~ aan* ***inhoud*** compendious; *die ~* ***man,*** *(also [poet., liter.])* Dives; *~* ***word*** grow rich. **ryk** *adv.* richly, opulently, lavishly, copiously; *~ geïllustreer(d)* lavishly/profusely illustrated; *~ trou* marry money (*or* a fortune). **~manskind** *(usu. pej.)* rich man's child.

ryk·aard *-aards, (usu. pej.)* man/woman of wealth, rich/wealthy man/woman, plutocrat, *(infml.)* nabob, Croesus.

ryk·dom *-domme* wealth, riches; abundance, opulence, profusion, richness; treasure; *'n ~* ***aan*** *...* a wealth of ... *(minerals, information, etc.); die* ***jag*** *na ~* the pursuit of riches; ***onmeetlike*** *~* untold wealth; ***onontgonne*** *~* untapped wealth. *~* ***uit*** *...* wealth from ... *(gold etc.).*

ry·ke *rykes* rich person; →RYK[2] *n.; die ~s* the rich; *die ~s en die armes* the haves and the have-nots; rich and poor; *die ~s laat opdok, (infml.)* soak the rich.

ryk·heid richness; voluptuousness.

ryk·lik *-like, adj.* abundant, ample, copious, lavish, profuse. **ryk·lik** *adv.* richly, abundantly, amply, copiously; generously *(illustrated etc.); ~ vir iets beloon word* be handsomely/generously rewarded for s.t..

ryks-: **~adel** nobility of the empire. **~adelaar** *(symbol)* imperial eagle. **~appel** *(in royal regalia)* orb, pome, mound. **~daalder** = RIKSDAALDER. **~dag** *(hist.)* (imperial) diet; *die R~* the Reichstag *(in Germ.).* **~eenheid** unity of the empire. **~gebied** territory of the state *or* empire; imperial territory. **~grote** *(Sp./Port. nobleman)* grandee. **~kanselier** imperial chancellor. **R~konferensie** *(Br. hist.: held periodically from 1911-37)* Imperial Conference. **~universiteit** *(esp. in the Netherlands & Belgium)* state university. **R~voorkeur** *(Br. hist.)* Imperial preference.

rym *ryme, n.* rhyme; *teks op ~* ***bring/sit*** turn text into rhyme, versify text; ***op*** *~* in rhyme; ***slepende/vroulike*** *~* feminine rhyme; ***staande/manlike*** *~* masculine rhyme. **rym** *ge-, vb.* rhyme; agree, correspond, tally, chime; *iets ~* ***met*** *...* s.t. is consistent with ...; s.t. corresponds with ...; s.t. tallies with ...; *iets* ***met*** *... ~* reconcile s.t. with ... *(the facts etc.); iets is* ***met*** *... te ~* s.t. is reconcilable (*or* squares) with ...; *iets is nie* ***met*** *... te ~ nie* s.t. is irreconcilable/incompatible with ...; *... ~* ***met/op*** *..., (poetry)* ... rhymes with ... **R~bybel** rhymed Bible. **~dwang** rhyming compulsion; *met ~* rhyme-bound. **~klank** rhyme. **~kuns** art of rhyming. **~paar** rhyming couplet. **~skema** rhyme scheme/pattern. **~woord** rhyme (word). **~woordeboek** rhyming dictionary.

ry·mel *ge-* write doggerel. **ry·me·laar** *-laars* rhymer, rhymester, versemonger, poetaster. **ry·me·la·ry** doggerel, versemongering.

ry·mend *-mende* rhyming; *~e koeplet* rhyming couplet; *~e slang/sleng* rhyming slang.

ry·mer *-mers* rhymer. **ry·me·ry** rhyming.

rym·loos *-lose* rhymeless, unrhymed; *~lose verse* blank verse.

rym·pie *-pies, (dim.)* short rhyme; jingle.

Ryn: *die ~* the Rhine. **Ryns** *Rynse* Rhenish, Rhine.

Ryn-: **~-Beiere** = RYN-PALTS. **~land** *(district of Holland)* Rynland; *die ~* the Rhineland *(in Germ.).* **~lander** *-ders* Rhinelander. **~land-Palts** *(Germ. state)* Rhineland-Palatinate. **~lands** *-landse* (of the) Rhineland; *~e voet, (hist. measure)* Rhineland foot. **~-Palts:** *die ~, (geog., hist.)* the Rhine/Rhenish/Lower Palatinate. **~provinsie:** *die ~, (geog., hist.)* the Rhine Province. **~-Pruise** *(geog., hist.)* the Rhine Province. **~wyn** *(also r~)* hock, Rhine wine, Rhenish (wine).

ryn·steen *(imitation gem)* rhinestone.

ryp[1] *n.* (white) frost, rime, (hoar)frost; freeze; *kwaai/strawwe/skerp ~* a heavy/severe/killing frost; *wit van die ~ wees* be covered with frost, be frosted over. **ryp** *ge-, vb.* frost; freeze; *dit het kwaai/straf ge~* there was a heavy/severe frost; *wit ge~ wees* be covered with frost. **~bars** frost shake. **~bestand** frost-hardy. **~grens** frost line. **~mis** frost fog. **~newel** frost smoke. **~skade** damage by frost. **~vry** *-vrye* frost-free, frostless; *~e streek* thermal belt/zone. **~weer** frosty weather.

ryp[2] *ryp(e) ryper rypste, adj.* ripe, mature; *ná ~e* ***beraad/oorweging*** after mature consideration; *~ en* ***groen*** ***vat*** take the ripe and unripe, take a mixed bunch, take indiscriminately; *~er* ***jare*** riper years; *die ~ere* ***jeug*** →JEUG; *iets ~* ***maak*** ripen s.t.; *die* ***tyd*** *is ~ vir iets* →TYD; ***vroeg*** *~, vroeg rot* soon ripe, soon rotten; *~* ***word*** ripen; *iets laat ~* ***word*** ripen s.t.. **ryp** *ge-, vb., (chiefly fig.)* ripen; mature; →RYPING. **~verrotting, ~vrot** ripe rot. **~wording** = RYPING.

ry·perd, ry·perd *interj., (obs.)* excellent, stout fellow, good for you.

ryp·heid ripeness; adultness, maturity; mellowness; *tot ~ kom* reach maturity.

ry·ping ripening; maturing, maturation; curing.

ry·pings-: **~deling** *(biol.)* maturation division, meiosis. **~jare** puberty.

ryp·lik maturely; *'n saak ~ oorweeg* consider a matter carefully.

rys[1] *n.* rice. **~akker** →RYSLAND. **~bak** rice bowl. **~bier** rice beer, sake, saké, saki. **~bou** cultivation of rice. **~brandewyn** arrack, arak. **~brensie** *(cook.)* rice with turmeric. **~gebied** rice-growing area, rice bowl. **~kalander** rice weevil. **~kluitjie** rice dumpling. **~korrel** grain of rice. **~land, ~akker** rice field/paddy. **~meel** rice flour, ground rice. **~mier** *n.* white ant, termite. **~mier** *ge-, vb.* white-ant, undermine. **~oes** rice crop. **~papier** rice paper. **~poeding** rice pudding. **~sop** rice soup. **~tafel** *(cook.)* (Indonesian) rice table, *(Du.)* rijsttafel. **~verbouing** rice growing. **~voël** *(Indon.: Padda oryzivora)* Java sparrow, ricebird; *(Am.: Dolichonyx oryzivorus)* bobolink, reedbird, ricebird. **~water** rice water, congee, conjee; *14 dae ~ kry* get 14 days on spare diet. **~werk** *(constr., min.: scaffolding)* falsework, cribwork. **~wyn** rice wine.

rys[2] *ge-, vb., (water, barometer, bread, hair, etc.)* rise; heave; mount; →GERESE; ***brood*** ***laat*** *~* prove bread; *iem. se* ***hare*** *~* s.o.'s hair stands on end; *nuwe* ***probleme*** *het ge~, (rare)* new problems have cropped up; *die* ***vraag*** *~, (rare)* the question arises. **~middel** *-dels, -dele* raising agent, leavening (agent).

Ry·sel, Rys·sel *(N Fr. city)* Lille.

ry·sig *-sige* tall; well-built; statuesque; *'n ~e gestalte* a tall, imposing figure. **ry·sig·heid** tallness.

rys·ter·bord, -plaat, -plank mouldboard *(of a plough).*

Rys·wyk: *Vrede van ~, (Eur. hist.: 1697)* Treaty of Ryswick.

ry·tuig vehicle; coach, carriage. **~bouer** coachbuilder. **~fabriek** carriage works, coachworks. **~maker** coachbuilder, wag(g)on and cart builder.

Ss

s *s'e,* **S** *S'e, (19th letter of the alphabet)* s, S; →ES[3]; *klein s* small s. **s'ie** little s.

S S; *die pad maak 'n* ~ there is an S-bend in the road; *iem. maak/gooi 'n* ~ s.o. makes a sharp turn; s.o. shows off; →ES[3]. **S-dakpan** pantile. **S-derm** sigmoid (colon). **S(-draai)** S-bend, double bend. **S-vormig** *=mige* S-shaped, sigmate, sigmoid.

sa *interj.* catch him, tally-ho, soho; *(command to a dog)* sic him; *vir 'n hond ~ sê* set a dog on.

saad *sade,* **saat** *sate* seed; inflorescence, flower *(of maize etc.)*; semen, sperm; *(icht.)* spawn; *(fig.)* offspring, progeny; *(fig.)* germ, prime cause; *plante wat in die ~ staan* plants that are in seed; ~ *skiet* →SAADSKIET; *(die ~ van) tweedrag saai* →TWEEDRAG. **~akker** seedbed. **~bal** testicle, testis. **~bank** sperm bank. **~bed(ding)** *=beddinkie* seedbed. **~blasie** seminal vesicle/vessel/receptacle, spermatheca. **(~)bol** boll. **~buis** seminal/ejaculatory duct, vas deferens. **~buisuitsnyding** = VASEKTOMIE. **~diertjie** spermatozoon, (zoo)sperm, seminal animalcule/filament. **~doos** capsule. **~dop** seed pod/vessel. **~draad** antherozoid, spermatozoid. **~draend** *=e* seed-bearing, seminiferous. **~draer** *(bot.)* placenta, seedbed. **~eter** *(orn.)* seedeater. **~gewas** seed crop. **~handelaar** seed dealer. **~hawer** →HAWERSAAD. **~hoof** seed head. **~houer** spermatheca. **~huid** seed coat, episperm, testa. **~huis(ie)** seed capsule/case/vessel, capsule. **~keël, ~kegel** seed cone, female/ovulate cone. **~kern** nucellus. **~kiem** germ. **~kissie** seed tray. **~knop** seed bud, ovule. **~knoppie** *(bot.)* ovule. **~knopvlies** integument. **~koek** *(bot.)* placenta. **~koring** seed corn. **~korrel** grain of seed. **~kwekery** seed-nursery. **~leier** seminal/ejaculatory duct, vas deferens. **~lob** cotyledon, seed leaf. **~lobbig** *=e* cotyledonous. **~loop** = SPERMATOREE. **~losing** *(rare, obs.)* →SAADLOSSING, SAADSTORTING, SPERMATOREE. **~lossing** involuntary emission of semen, spermatorrh(o)ea; seminal discharge; →SAADSTORTING. **~lys** *(bot.)* placenta. **~mantel** *(bot.)* integument. **~mielies** seed maize/mealies/mielies. **~olie** seed oil. **~peul** seed pod. **~plant** seed/flowering plant, sperm(at)ophyte. **~pluim** coma. **~pluis** pappus. **~poortjie** micropyle. **~sakkie** spermatheca, seminal vesicle/vessel/receptacle. **~sel** *=le* sperm/egg/sex(ual) cell, spermatozoon, (zoo)sperm; *(bot.)* antherozoid, spermatozoid. **~skiet** *saadge=* (go/run to) seed; ejaculate seed, spat. **~skieting** running to seed; seminal discharge. **~skudder** seed riddle. **~steel** seed stalk. **~storting** ejaculation, seminal discharge. **~string** *(bot.)* seed stalk; *(zool.)* spermatic cord. **~telling** sperm count. **~uitstorting** →SAADSTORTING. **~verspeiding** seed dispersal. **~vlies** *(bot.)* pericarp. **~vloeistof, ~vog** seminal/spermatic fluid. **~vorming** seed formation. **~vry** free, clear, clean *(wool)*. **~wol** seedy wool.

saad·jie, saat·jie *=jies* (grain of) seed.

saad·loos, saat·loos *=lose* seedless, aspermatic.

saag *sae, n.* saw; ***balke*** ~ →BALK[1]. ***figure*** ~ fret; ***singende*** ~ musical saw; *'n* ~ ***skerpmaak*** set a saw. **saag** *vb.* saw; cut *(wood)*; scrape *(on a violin)*; *iets plat* ~ saw down s.t.; *iets in stukke* ~ saw up s.t. **~bank** sawbench. **~bek** *(orn.)* merganser, sawbill; *groot ~bek* goosander, common merganser *(Am.)*. **~bekeend** *(orn.: Mergus albellus)* smew. **~(bek)haai** *(Pliotrema warreni)* sawshark. **~blad** saw blade. **~blok** saw block/log. **~bok** saw trestle, trestle for sawing, sawhorse, wood(en) horse, (saw)buck *(Am.)*. **~boog** saw bow. **~dak** sawtooth(ed) roof. **~ent** kerf. **~haai** →SAAG(BEK)HAAI. **~hersteller** saw doctor. **~hout** wood in the round. **~kerf** kerf, saw notch/cut. **~kuil** sawpit. **~masjien** sawing machine. **~meel** sawdust. **~meul(e)** sawmill, lumber/timber mill. **~meulbedryf** sawmilling. **~meulenaar** sawmiller. **~raam** sawframe, saw gate. **~setter** saw set/die/wrest; *(person)* saw setter. **~slee** saw carriage. **~slyper** saw sharpener. **~stel** nest of saws. **~tand** sawtooth. **~tandig** *=e* sawtoothed, serrate(d); *~e blaar* serrated leaf. **~vis** *(Pristis spp.)* sawfish. **~vormig, ~vormig** *=e* saw-shaped, sawlike; *~e blaar* →SAAGTANDIGE BLAAR. **~vyl** saw file. **~werk** sawing, cutting *(of wood)*; fret.

saag·ag·tig *=tige* serrate(d), sawlike.

saag·sel(s) sawdust, scobs.

saai[1] *saai(e) saaier saaiste, adj.* dull, humdrum, tedious, slow, monotonous, dreary, drab, flat, uninspired, uninspiring, unexciting, bland, colourless, featureless, unentertaining. **saai** *adv.* dully, tediously, *etc.* (→SAAI[1] *adj.*). **saai·heid** dul(l)ness *etc.* (→SAAI[1] *adj.*).

saai[2] *ge=* sow; scatter; intersperse; seed; ***dik*** *ge~ wees, (lit.)* be thickly sown; *(fig.)* be thick on the ground; ***dun*** *ge~ wees, (lit.)* be thinly sown; *(fig.)* be thin on the ground; *(fig.)* be few and far between; *mense **laat*** ~ scatter people *(a crowd, the enemy, etc.)*; *koring/ens. op 'n **land*** ~ sow a field with wheat/etc.; *goed **lê** ge~* things lie scattered; *oor die grond ge~ **lê/wees**, (money etc.)* be scattered over the ground; *wat jy ~, sal jy **maai*** as you sow, so shall you reap; *(die saad van) **tweedrag*** ~ →TWEEDRAG. **~boer** grain/crop farmer, agricultur(al)ist, **~boerdery** grain/crop farming, farming of crops. **~dam** saaidam, (wheat) field in a river bed. **~distrik** grain(-producing) district. **~goed** = SAAISAAD. **~grond** arable land. **~horing** sowing drill. **~kapitaal** *(fin.)* seed money. **~kas** seed box. **~koring** seed corn. **~land** arable land; cultivated field. **~masjien** sowing/planting machine, (sowing/seed) drill, sower, seeder, planter. **~plaas** agricultural/arable/crop farm. **~plant** seedling. **~ploeg** seeding-plough, sowing/drill plough. **~saad** sowing seed. **~sak** sow(er's) bag. **~toediening** *(fertiliser)* broadcast application. **~tyd** seed time, seeding-time, sowing season/time.

saai·baar *=bare* sowable.

saai·er *=ers* sower, seedsman. **saai·e·ry** sowing.

saai·ling *=linge* seedling.

saai·sel *=sels* sowing; *die tweede* ~ the second sowing.

saak *sake* matter, business, concern, affair, case; cause; matter, question; (law)suit, (court) case, action (at law); thing; topic; establishment, firm; *(pl., also commerce)* business; →SAKE=; ***aangaande/oor** hierdie* ~ about this matter; *'n* ~ ***aangee*** lay a charge; *'n* ~ ***aanhangig** maak* raise a matter; institute legal proceedings; ***advokaat** sonder sake* briefless lawyer; *daarmee is die* ~ ***afgehandel/opgelos*** that settles the question; *jou sake **agtermekaar** kry* →AGTERMEKAAR; ***algemene** sake* general purposes; *'n (glad/totaal) **ander*** ~ a different matter (altogether); a horse of another (*or* a different) colour; a different (*or* whole new) ball game; *die ~ is nou (heeltemal) **anders*** it is (quite) another story now; *iem. se* ~ ***bederf*** queer the pitch for s.o.; *'n saak **bedryf/bedrywe/bestuur*** carry on (*or* conduct/run/manage) a business; *'n* ~ ***begin*** (of ***op tou sit***) set up in (*or* start a) business; set up shop; *'n eie* ~ ***begin*** set up for o.s. (*or* on one's own); *sake van **belang*** important matters (*or* matters of importance); *'n **belangrike/ingewikkelde*** ~ an important/complicated matter; *jou nie **bemoei** met sake waarvan jy niks weet nie* stick to one's last; ***bemoei** jou met jou eie sake!* mind your own business! *(infml.)*; *'n* ~ ***beredeneer/bepleit*** argue/plead a case; *'n **berugte*** ~ a cause célèbre; *die **beskuldigde** se* ~, *die (~ vir die) **verdediging*** the case for the defence; *'n* ~ ***bestuur** →**bedryf/bedrywe/bestuur**; 'n **betalende/lonende*** ~ a paying concern; *wat hierdie* ~ ***betref,** met **betrekking** tot hierdie* ~ about this matter; *na **bevind** van sake, (rare, obs.)* according to circumstances; *'n* ~ ***bevorder*** further a cause; serve a cause; *jou vir 'n* ~ ***beywer,** vir 'n* ~ ***werk/ywer*** work for a cause; ***buitelandse** sake* foreign affairs; *sake van die **dag*** current affairs; *sake (goed) **deurkyk** →**kyk**/agterkom hoe sake **staan**; 'n* ~ ***dien*** serve a cause; *'n* ~ *sal op 'n bepaalde dag **dien*** a case is set down for a certain day; *sake **doen*** be in business; *met iem. sake **doen*** do business with s.o.; have dealings with s.o.; *wat sake **doen** as* ... trading as ...; *'n **dringende*** ~ a matter of urgency; *iets is vir iem. die **dringendste*** ~ s.t. is s.o.'s top priority; ***druk/flink/lewendig/ens.** sake doen* do a brisk/etc. trade, do a roaring business; *'n* ~ ***dryf** →**bedryf/bedrywe/bestuur**; 'n **duister(e)*** ~ wheels within wheels; *'n **eie*** ~ *begin →**begin**; jou met jou **eie** sake bemoei/besighou* (*of besig hou*) go about one's lawful occasions *(fml., rare)*; ***flink** sake doen →**druk/flink/lewendig/ens.**; die* ~ ***gaan** jou nie aan nie* it doesn't concern you, it is none of your business; ***gedane** sake het geen keer nie* what's done (is done, and) cannot be undone, it is no use crying over spilt milk; *dit is **gedane** sake* it is over and done with; ***geen*** ~ *hê nie* have no case, be out of court; *'n goed **gegronde*** ~, *(jur.) →**sterk**; soos sake later **geloop** het* in the sequel *(fml.)*; *met iem. **gemene*** ~ *maak, (obs.)* make common cause with s.o.; play along with s.o.; ***gemene*** ~ *maak, (also, obs.)* join hands; *sake soos **gewoonlik*** business as usual; *dit gaan nie **goed** met sake nie* business is bad; ***goeie** sake doen* do good business; do well; *vir 'n **goeie*** ~ for a good cause; *dit is **haar/sy*** ~ that/it is for her/him to say; it is up to her/him; *(infml.)* that's/it's her/his funeral; (→***iem. se; jou***); *dit is nie **haar/sy*** ~ *nie* it is no concern of hers/his; *dit is nie **haar/sy*** ~ *om te ... nie* it is not her/his place to ...; *dit is die **hele*** ~ that is the whole business/matter, that is all there is to it; *(dit) maak nie* ~ ***hoe*** *nie* it doesn't matter how, just anyhow *(infml.)*, any old how *(infml.)*; *'n **hopelose*** ~ a forlorn hope; *dit is **iem. se** (eie) saak* that is s.o.'s business/concern/affair; that is s.o.'s lookout *(infml.)*; *iets is **iem. se*** ~ s.t. lies with s.o.; s.t. rests with s.o.; s.t. is up to s.o.; (→***haar/sy; jou***); *sake **is** sake* business is business; *dis nie **jou*** ~ *nie, (infml.)* it is none of your business (*or* no business of yours), mind your own business; (→***haar/sy; iem. se***); *dis 'n **kwaai**/ens.* ~ it's a bad business; ***lewendig** sake doen →**druk/flink/lewendig/ens.**; in die gewone **loop** van sake* as a matter of course/routine; *sake maar laat **loop*** let events take their course; *die **lopende*** ~ the business in hand; *'n **lopende*** ~ a going concern; *dit **los** die* ~ ***op*** it meets the case; ~ ***maak*** matter; *dit **maak** nie/geen* ~ *nie* it does not matter, it is of no importance/consequence; *dit **maak** nie* ~ *nie!* never mind!, it's nothing!; *dit **maak** glad nie/geen* ~ *nie, dit **maak** nie die minste* ~ *nie* it is quite immaterial; it doesn't matter two hoots *(infml.)*; *dit **maak** tog/wel* ~ it does matter; *wat **maak** dit ~?, watter* ~ ***maak** dit?* what (does it) matter?; what's the difference?; what's the odds? *(infml.)*; *wat **maak** dit* ~ *dat ons arm is?* what though we are poor; *'n* ~ ***maak*** go to court, institute (legal) proceedings, litigate; *'n* ~ *teen iem. **maak*** institute/start/take (legal) proceedings against s.o., proceed against s.o., bring/institute an action against s.o.; *'n **netelige*** ~ a delicate matter; a thorny matter; *die* ***omstrede*** ~ the point at issue; ***onafgehandelde*** *sake* unfinished business; loose ends; *'n ~ van* ***ondergeskikte*** *belang* a matter of detail; *die* ***onderhawige*** *~, (fml., obs.)* the matter in hand; *dit is 'n* ***onuitgemaakte*** *~, dit is geen (*of *nie 'n)* ***uitgemaakte*** *~ nie* it is a matter of opinion (→***uitgemaak; uitgemaakte***); ***onverrigter*** *sake* (of ***onverrigtersake***) unsuccessfully, without having accomplished anything, without having achieved one's object; *'n* ***onweerlegbare*** *~* an unanswerable case; ***oor*** *hierdie saak* →***aangaande/oor;*** *'n ~* ***oplos,*** *(the police, etc.)* break a case; *'n ~* ***opper*** raise a matter; introduce a topic; *jou sake in* ***orde*** *kry* put/set one's house in order (→AGTERMEKAAR *adv.*); *met iem. oor sake* ***praat*** see s.o. on business; ***seker*** *van jou ~ wees* be sure of o.s.; be sure of one's ground; *soos ek die ~* ***sien*** as I see things; *in/oor 'n ~* ***sit,*** *(a court, judge)* sit in a case; *'n ~* ***skik*** settle a case (out of court); *nie jou ~ kan* ***staaf*** *nie* have no case; *hoe* ***staan*** *sake?* how is it going?, how are things? *(infml.),* how goes it? *(infml.);* how do matters stand?; *so* ***staan*** *die ~ (*of *sake)* that is how the matter stands; such is the case; *die ~* ***staan*** *so ...* the truth of the matter is that ...; *is dit hoe sake* ***staan?*** is that how it is?; ***staan*** *sake so?, (also)* sits the wind there?; *(infml.)* so that's the time of day!; *soos sake nou* ***staan*** as things are (now); on the present showing; *kyk/agterkom hoe sake* ***staan,*** *sake (goed)* ***deurkyk*** size up a situation *(infml.),* find out (*or* see/explore) how the land lies *(fig.); iem. weet hoe sake* ***staan*** s.o. knows what's what *(infml.);* s.o. knows the score *(infml.); die* ***staat*** *se ~* the case for the prosecution/state; *die* ***stand*** *van sake* the state of affairs; the lay/lie of the land *(fig.); 'n ~* ***stel*** present/put a case; *'n ~* ***stel/uiteensit*** state a case; *'n* ***sterk*** *(*of ***goed gegronde****) ~, (jur.)* a good/strong case; *op* ***stuk*** *van sake* after all; after/when all is said and done; in the final/last analysis; on balance, all things considered; as a matter of fact; when it comes to the point; at the end of the day *(fig.);* in the end; in the event, as it turned out; in the final reckoning; *dit is* ***sy*** *~* →***haar/sy;*** *'n* ***teer*** *~* a tender subject; ***ter*** *sake (dienende), (fml.)* relevant, pertinent, to the point/purpose; ***ter*** *sake kom, (fml.)* get down to business; come/get to the point; *die punt is* ***ter*** *sake* the point is germane to the issue; *nie* ***ter*** *sake nie* irrelevant, beside the point/question, not to the point, immaterial; *dit is nie* ***ter*** *sake nie, (also)* it is neither here nor there; *die* ***toedrag*** *van sake* →TOEDRAG; *'n ~ op* ***tou*** *sit* →***begin;*** *die ~ is nog nie* ***uitgemaak*** *nie* the question has not been decided (→***onuitgemaakte***); *dit is 'n* ***uitgemaakte*** *~* it is settled; it is a foregone conclusion; it's in the bag *(infml.); dit is 'n* ***uitgemaakte*** *~ dat ..., (also)* it is certain that ...; *dit* ***verander*** *die ~* it makes all the difference; *dit* ***verander*** *die ~ nie* it makes no difference; *in* ***verband*** *met sake* on business; *die (~ vir die)* ***verdediging*** →***beskuldigde;*** *die* ***verloop*** *van sake* →VERLOOP; *'n* ***verlore*** *~* a lost cause; *die ~ is* ***verlore,*** *dis 'n* ***verlore*** *~, (also)* the game is up; *sake gaan voor* ***vermake,*** *(obs.)* business before pleasure; ***vir*** *sake* on business; for business purposes; *weg* ***vir*** *sake* away on business; *'n ~ verder/vêrder* ***voer*** pursue a matter; bring a matter a step forward; *'n* ***voordelige*** *~* a good thing; *die ~ van* ***vrede*** the cause of peace; *(die ~)* ***waarom/waaroor*** *dit gaan* the point in question; ***wat*** *maak dit ~?,* ***watter*** *~ maak dit?* →***maak;*** *vir 'n ~* ***werk/ywer*** →***beywer.*** ~**beskadiging** injury to property. ~**brief** *(jur.)* brief. ~**gelastigde,** ~**gelastigde** =*s* agent, representative, deputy; chargé d'affaires *(Fr.);* church administrator, commissioner; *(jur.)* procurator; *(comm.)* factor. ~**kennis** expertness; *(praktiese) ~* know-how; →SAKEKENNIS. ~**kundig** =*e* expert, efficient; businesslike. ~**kundige** =*s* expert, authority. ~**kundigheid** expertise. ~**naam** name of a thing. ~**register** subject index, index of subjects. ~**skrif** *(jur.)* brief. ~**waarnemer** agent, representative; *(jur.)* procurator; attorney; proctor; bailiff.

saak·lik =*like* businesslike, to the point, efficient, thorough; objective, impersonal; concise, succinct; essential, real; matter-of-fact; factual; pertinent, relevant; *(~e) onderpand, (jur.)* collateral security; *~e reg, (jur.)* real right; *~e serwituut, (jur.)* predial servitude. **saak·lik·heid** efficiency; objectivity, objectiveness; conciseness; matter-of-factness; *die nuwe ~* modern objectivity; *(archit.)* functionalism.

saal[1] *sale, n.* hall; auditorium; ward *(in a hospital);* saloon; *die ~ laat* ***dawer*** bring the house down; *'n* ***vol*** *~* a full house *(in a theatre); die ~ is* ***vol*** the hall is filled; ***vol*** *sale kry/lok* get full houses, pack them in *(infml.),* be packing them in *(infml.).* ~**diens** floor duty *(in a hospital).* ~**huur** hall rental. ~**kerk** = HALLEKERK. ~**rond(t)e** *(med.)* ward round. ~**suster** ward sister. ~**verpleegster** ward sister/nurse.

saal[2] *saals, n.* saddle, tack (up) *(a horse); (machinery)* swage; ***in*** *die ~* ***help*** give a leg up, assist into the saddle; ***in*** *die saal klim* get into the saddle; ***in*** *die ~* ***spring*** leap/vault into the saddle, jump/leap on horseback; ***in*** *die ~* ***bly*** keep one's seat (*or* the saddle); ***in*** *die ~ wees, (lit. and fig.)* be in the saddle; *vas/stewig* ***in*** *die ~ wees/sit, (lit. and fig.)* sit firmly in the saddle; →SAALVAS; ***sonder*** *~* bareback; ***uit*** *die ~ lig/gooi* unsaddle, unhorse, unseat, dislodge; *iem.* ***uit*** *die ~ lig, (also fig.)* oust s.o. *(from a position).* **saal** *ge=, vb.* saddle. ~**aambeeld,** ~**blok** swage block. ~**bekooievaar** *(orn.)* saddle-billed stork, saddlebill. ~**bok** saddletree. ~**boog** saddlebow, saddle arch. ~**boom** saddle-arch, =bow; pommel; *~ ry* cling to the saddle; *~ steek* post. ~**boomknop** pommel. ~**dak** saddle/gable/ridge/comb roof, saddleback (roof); *geboë ~* tilt roof. ~**geraamte** saddletree. ~**gord** saddle-girth. ~**heg** *ge=, vb., (bookbinding)* saddle-stitch. ~**hegting** *(bookbinding)* saddle stitch. ~**kamer** tack room *(in a stable building).* ~**klap** saddle flap; *tot by die ~pe* up to the girth. ~**kleedjie** saddlecloth, saddle blanket; *(Turkish)* shabrack; *(Ind.)* numnah, numdah (→SAALVILT). ~**knop** pommel; *~ vashou* cling to the pommel/saddle. ~**kram** dee. ~**kussing** saddle-cushion. ~**maker** saddler. ~**makery** saddlery. ~**neus** saddle nose. ~**perd:** *Amerikaanse ~* American saddle horse. ~**punt** hyperbolic point. ~**ring(etjie)** terret, territ. ~**rob** *(zool.)* harp seal. ~**rug** saddleback. ~**sak** saddlebag; tool-bag *(on a bicycle);* holster, wallet. ~**seep** saddle soap. ~**seer** *n.* saddle sore, gall. ~**smee** *ge=* swage. ~**smeemasjien** swaging machine. ~**stang** saddle pillar. ~**steeg** saddle-bar. ~**steek** *(needlework)* saddle stitch; *saalsteke werk* saddle-stitch. ~**stuk** *(mech.)* saddle. ~**tuig** saddlery. ~**vas** =*te* saddle-fast, firm in the saddle. ~**vilt** *(Ind.)* numnah, numdah; →SAALKLEEDJIE. ~**vormig** =*e* saddle-shaped.

saam together; →SAAMWEES, SAMESYN; ***almal*** *~* all together; *ons* ***het*** *~ 'n melkskommel gedrink* we drank a milkshake between us; *hulle* ***het*** *die boek ~ geskryf* they wrote the book jointly, they were joint authors of the book; *hulle (twee)* ***het/kan*** *~ ...* between (the two of) them they have/can ...; *~* ***met*** *...* together with ...; along with ...; in the company of ...; combined (*or* in combination) with ...; in collaboration with ...; concurrent (*or* in concurrence) with ...; in conjunction/tandem with ...; *~* ***met*** *iem. wees* be with s.o.; *~* ***wees*** be together; *~ met ...* ***werk*** work in tandem with ...

saam= *comb.* co=. ~**bestaan** *n.* coexistence. ~**bestaan** *vb.* coexist. ~**bind** *saamge=* bind/tie together; rope together; bundle; *(fig.)* knit/bind together. ~**binding, samebinding** bonding; *(chem.)* colligation. ~**blaf** *saamge= (also fig.)* bark/hunt together, share in the attack/chase; *(fig.)* share in the noise/criticism. ~**bly** *saamge=* stay/live together; →SAAMLEEF *vb.,* SAAMWOON. ~**blyer,** ~**blyery** →SAAMWONER, SAAMWONERY. ~**boer** *saamge=* farm together; live with; hobnob *(infml.);* herd with *(derog.).* ~**bol,** ~**bondel** *saamge=* bunch together/up. ~**bring** *saamge=* bring (with one), bring along *(s.t., s.o.);* bring (a)round *(s.o.);* bring/throw together; →MEEBRING; *bring dit saam* bring it with you. ~**doen** *saamge=* participate, join in, join hands/forces; →MEEDOEN. ~**dra** *saamge=* carry/take along; bring/carry together; pile up; →MEEDRA; *iets met jou ~* carry s.t. (about) with one; carry s.t. about. ~**draf** *saamge=* tag/string/trundle along; *~ met* tag along with. ~**dring** *saamge=* congest, crowd. ~**drom** *saamge=* flock/crowd/herd/bunch/huddle/mass together, congregate, throng; *in 'n saal/ens. ~* crowd/pack into a hall/etc.; *om ... ~* crowd round ... ~**dromming** →SAMEDROMMING. ~**druk** *n., (publishing)* coedition. ~**druk** *saamge=, vb.* press/squeeze together, compress; telescope; impact. ~**drukbaar** =*bare* compressible. ~**drukbaarheid** compressibility. ~**drukkend** =*e* compressive, compressional. ~**drukking** →SAMEDRUKKING. ~**dryf,** ~**drywe** *saamge=* drive together; round up *(cattle);* float along; float together. ~**eet** *saamgeëet* join in a meal, dine together, stay for dinner/supper; mess *(mil.); met iem. ~, (also)* break bread with s.o.. ~**flans** *saamge=* flick/knock together, knock/mock/patch/rig/run/rustle up, concoct; →SAAMGEFLANS. ~**flansing** →SAMEFLANSING. ~**frommel** *saamge=* crumple/rumple up; *(infml.)* make mincemeat of *(s.o.).* ~**gaan** *n.: die ~* concomitance, concomitancy. ~**gaan** *saamge=, vb.* go (along) with *(s.o.);* go together, agree, go hand in hand; *(colours etc.)* go together, be compatible; join in (with); match; inhere; hang together; →MEEGAAN; ***goed*** *~, (colours etc.)* go well together, match well; be well matched; *gaan* ***jy*** *saam?* are you coming (with me/us)?, are you coming along?, will you join us?; ***met*** *iem. ~* go with (*or* accompany) s.o.; go along with s.o.; tag along with s.o. *(infml.);* work in with s.o.; ***met*** *iem. ~* ***na*** *...* go to ... with s.o., accompany s.o. to ... ***met*** *iets ~* agree to (*or* fall in) with s.t., come/fall/get into line with s.t.; *iets gaan saam* ***met*** *...* s.t. goes with ...; s.t. goes hand in hand with ... *(fig.); nie* ***met*** *iets ~ nie* not agree with s.t., not hold with s.t. *(infml.); armoede en ontbering gaan* ***saam*** poverty and privation go together (*or* hand in hand); *met die* ***stroom*** *~* →STROOM *n..* ~**gaande** concomitant. ~**gedring** =*de,* ~*gedronge* congested, crowded, compressed. ~**gee** *saamge=* give/send along (with). ~**geflans** =*te,* =*de* patched together, crudely assembled, *etc.;* →SAAMFLANS. ~**gehok** =*te* herded together *etc.;* →SAAMHOK. ~**gekoek** =*te* matted *(hair etc.);* →SAAMKOEK. ~**gepak** =*te* conglomerate; dense; tight. ~**gesmelt** =*e* amalgamated; coalescent; →SAAMSMELT; *~e boedel* massed estate; *~e woord* portmanteau word. ~**gestel(d),** *(rare)* **samegestel(d)** =*stelde* compound; complex, complicated; aggregate(d); composite; conglomerate; integrate(d); multiplex; →SAAMSTEL; *~e* ***balk*** built-up/composite/compound beam; *~e* ***blom*** composite (flower); *~e* ***breuk,*** *(math.)* complex fraction; complicated fracture; *~e* ***dak*** compound roof; *~e* ***garing/gare*** combination yarn; *~e* ***kledingstof*** multiple/compound fabric; *~e* ***masjien*** built-up machine; *~e* ***olie*** compounded oil; *~e* ***oog*** compound/multiplex eye; *~e* ***rente*** compound interest; *~e* ***(vol)sin*** complex sentence; *~e* ***vrug*** syncarp, collective fruit; *~e* ***woord*** compound (word). ~**gesteldheid** complexity. ~**gevat** →SAAMVAT. ~**gevoeg** =*de* joined, conjunct, *etc.;* →SAAMVOEG. ~**gooi** *saamge=* throw together, mix; pool. ~**groei** *saamge=* grow together/one, coalesce, fuse. ~**groeiend** =*e* concrescent. ~**groeiing** →SAMEGROEIING. ~**hang** *n.* →SAMEHANG *n..* ~**hang,** *saamge=, vb.* hang together, cohere, be connected, be linked together, interdepend; *met ... ~* be connected with ...; link up with ...; be incidental to ...; *(nou* of *ten nouste) met mekaar ~* be (closely) bound up with one another; *iets hang ten nouste met ... saam, (also)* s.t. is wrapped up in ... ~**hangend** →SAMEHANGEND. ~**heg** *saamge=* connect, fasten/stitch together, tie up together, sew up. ~**hegting** →SAMEHEGTING. ~**hok** *saamge=* herd/huddle together, box up, congregate. ~**hoktoestande** warren-like conditions. ~**hoop** *saamge=* heap/pile up, congest. ~**hoort** *saamge=* belong together. ~**hoping** →SAMEHOPING. ~**horig** →SAMEHORIG. ~**horigheid** →SAMEHORIGHEID. ~**horigheidsgevoel** →SAMEHORIGHEIDSGEVOEL. ~**hou** *saamge=* keep/hold together, unite. ~**jaag** *saamge=* herd together; race/chase together. ~**klassering** binning, pooling, bulk classing *(of wool).* ~**kliek** *saamge=* hang together, be cliquish/cliqu(e)y. ~**klink**[1] *saamge=* rivet together. ~**klink**[2] *saamge=* harmonise; sound together; resonate; →MEEKLINK. ~**klinkend** =*e* unisonous. ~**klonter** *saamge=* congeal, coagulate, conglomerate. ~**klontering** congelation, coagulation. ~**knoop** *saamge=* tie/knot together. ~**koek** *saamge=* mat (together); huddle (together). **~koeking** caking, matting. **~kom,** *(fml.)* **meekom** *saamge=*, come together, gather (together), assemble; unite; flock; inosculate; *in een punt saamkom* converge; *in die saal saamkom* gather/meet/etc. in the hall; *om iem./iets saamkom* gather round s.o./s.t.; *met iem.* ~ come with s.o.; *kom jy saam?* (are you) coming (along)?, are you coming (with me/us)?. **~komplek** gathering/meeting place, rendezvous; joint *(infml.)*. **~koms** →SAMEKOMS. **~koppel** *saamge=* couple; link together; twin. **~koppeling** →SAMEKOPPELING. **~lag** *saamge=* join in the laugh(ter); *met iem.* ~ have a laugh with s.o.. **~leef, ~lewe** *saamge=, vb.* live together; →SAAMBLY, SAAMWOON; *(as man en vrou)* ~ cohabit; *met iem.* ~ live with s.o.; cohabit with s.o.. **~leef, ~lewe(ry)** *n.: die ~ (as man en vrou)* cohabitation. **~lewend** *=e* cohabiting; *(biol.)* symbiotic. **~lewing** cohabitation; *(biol.)* symbiosis; →SAMELEWING. **~loop** *saamge=, vb.* walk with, accompany *(s.o.)*, come too; string along with; meet, come together, converge; concur; →SAAMSTAP; *met iem.* ~ walk with s.o. *mag ek ~?* may I come with you?; *die hond het met my saamgeloop* the dog followed/accompanied me. **~loop** *n.* →SAMELOOP *n.*. **~lopend** *=e* concurrent *(lines)*, convergent, concomitant. **~luister** listen together. **~lym** *saamge=* glue together; agglutinate. **~lynig** *=e* collinear. **~maak** *saamge=, (obs.)* undertake jointly; pay jointly, club together, join in, pool resources; *met iem.* ~ combine with s.o. **~neem** *saamge=* take along; take home; take away; take/consider together; *iets (met jou)* ~ take s.t. with one; *iem. (met jou)* ~ take s.o. with you; give s.o. a lift; *hy/sy neem ... (met hom/haar) saam, (also)* he/she takes along ... (with him/her); →MEENEEM. **~neem-ete** takeaway *(food)*, portable lunch. **~pak** *saamge=* pack together/up; gather, collect, crowd together, bundle. **~pers** *saamge=* press/squeeze together, compress, condense, constrict; telescope; impact. **~persbaar** *=bare* compressible. **~persbaarheid** compressibility. **~persend** *=e* compressional, compressive. **~persing, samepersing** compression; constriction; condensation. **~piekel** *saamge=* lug along, *(infml.)* schlep(p) along *(<Yidd.)*. **~plak** *saamge=* glue/stick together. **~praat,** *(fml.)* **meepraat** *saamge=* join *(or* take part) in the conversation; →MEEPRAAT, SAMESPRAAK, SAMESPREKING; *oor 'n saak* ~ have a say in a matter. **~raap** *saamge=* scrape together, collect; *saamgeraapte span* scratch team. **~reis** *saamge=* travel in company; *met iem.* ~ travel with s.o.. **~roep** *saamge=* call together, convene, convoke. **~roeper** →SAMEROEPER. **~roepster** →SAMEROEPSTER. **~rol** *saamge=* roll together/up. **~ry** *saamge=* accompany (on a drive/ride); ride/drive/travel with; *iem.* ***laat*** ~ give s.o. a lift; *vra om te* ***mag*** ~ ask for a lift; ***met*** *iem.* ~ drive (*or* ride along) with s.o.; accompany s.o. on a drive/ride; get a lift from s.o.; ***wil*** ~ lift required. **~rygeleentheid** lift. **~ryklub** car pool. **~sing** *saamge=* join in a song; sing along; →SAMESANG. **~singaand, ~singgeleentheid** singalong. **~singery** singalong. **~singmusiek, ~singliedjie** singalong (tune). **~skool** *saamge=* band/flock together, assemble, mob (together); shoal. **~skraap** *saamge=* scrape together, collect. **~slaan** *saamge=: die hande ~* smite one's hands together. **~slaap** *saamge=* bunk (with s.o.); cohabit; make love, bed (with s.o.) *(infml.)*. **~sleep** *saamge=* drag along, *(infml.)* (schlep(p) (along) *(<Yidd.)*; force to accompany; entrain, bring in its train; *iem. na ... ~* drag s.o. off to ... **~smee** *saamge=* forge/weld together; knit (hearts) together. **~smelt** *saamge=* melt together; amalgamate, fuse, coalesce, conflate, merge, blend, pool, mass, become one, unite; *met ... ~* amalgamate with ...; blend in with ... **~smelting** →SAMESMELTING. **~snoer** *saamge=* string together, link, coordinate, join (forces). **~snoering** →SAMESNOERING. **~span** *saamge=* unite, cooperate, join hands, club together; conspire, plot *(against)*; collude; collogue; ***met*** *iem.* ~ combine with s.o.; be in league with s.o.; collude (*or* be in collusion) with s.o.; *hulle span* ***(met*** *mekaar)* ***saam*** they are joining forces (with one another); ***teen*** *iem.* ~ gang up against/on s.o.; be in league against s.o.. **~spanning** →SAMESPANNING. **~speel** *saamge=* play together, join/participate in a game/play, combine (in play); cooperate, play ball *(fig.)*; act *(in a play)*; *(golf)* tee up with; *met iem. ~ (om iets onwettigs te doen)* connive with s.o.; *die weer het saamgespeel* the weather was favourable. **~staan** *saamge=* stand/hang together, act in concert. **~stap** *saamge=* walk with, accompany *(s.o.)*; →SAAMLOOP. **~stel** *saamge=* compose, make up, put together, compile; constitute; construct; compound *(words)*; confect; →SAAMGESTEL(D); *dit is uit ... saamgestel* it is made up of ... **~stellend** →SAMESTELLEND. **~steller** →SAMESTELLER. **~stelling** →SAMESTELLING. **~stelprogram** *(comp.)* assembler, assembly program. **~steltaal** *(comp.)* assembler, assembly language. **~stem** *saamge=* agree, concur, see eye to eye, be at one; chime; subscribe to; harmonise; ***almal*** *stem saam dat* ... it is common cause that ...; ***almal*** *stem saam dat iem. ... is* by common assent/consent s.o. is ...; *en ons stem* ***almal*** *saam* and so say all of us; ***daar(oor)*** *stem ek (met jou) saam* I am with you there; *hulle stem* ***daaroor*** *saam* it is common cause between them; ***ek*** *stem saam* I agree; ***ek*** *stem volkome/volmondig saam* I couldn't agree more. ***ek*** *stem nie saam nie* I beg to differ; *met* ***iem.*** ~ agree (*or* be in agreement) with s.o.; concur with s.o.; see eye to eye with s.o.; share s.o.'s opinion; *geheel en al (of volkome/volmondig) met* ***iem.*** ~ agree/be with s.o. all the way; *~ met wat* ***iem.*** *sê* be in agreement with what s.o. is saying; *nie met* ***iem.*** *~ nie* differ from/with s.o., be in disagreement with s.o.; *nie met* ***iem.*** *~ oor iets nie* disagree with s.o. about s.t.; *oor* ***iets*** ~ agree about s.t.; agree on/upon s.t.; *met* ***iets*** ~ subscribe to s.t. *(e.g. a view)*; concur in s.t.; come/fall/get into line with s.t.; *met 'n* ***uitspraak*** ~ concur in a jugd(e)ment. **~stroming** →SAMESTROMING. **~stroom** *saamge=* flow together, unite; flock together, assemble, converge; mob. **~stuur** *saamge=: ~ met* send on/along (with). **~sweer** *saamge=* conspire, plot, machinate; *met iem.* ~ conspire with s.o.; *teen iem.* ~ plot/conspire/scheme against s.o.. **~swering** →SAMESWERING. **~tel** *saamge=* count/add up, count for s.t.; →MEETEL. **~tref** *saamge=, (rare)* meet, come together; coincide, happen (together). **~trek** *n.* gathering, rally; jamboree. **~trek** *saamge=, vb.* draw/pull together; contract *(muscles)*; constrict; concentrate *(forces)*; gather, rally; draw/pull along. **~trekbaar** *=bare* contractile, contractible. **~trekbaarheid** contractibility. **~trek-dinee** get-together dinner. **~trekkend, sametrekkend** *=e* contracting; constringent; astringent; *(med.)* systaltic. **~trekker** fellow trekker; contractor; constrictor. **~trekking** →SAMETREKKING. **~trekkingsfase** *(locusts)* gregarious/swarming stage; →SAMETREKKINGSFASE. **~trekmiddel** *=s* astringent. **~trekspier** contractor. **~treur** *saamge=* condole with. **~tros** *saamge=* cluster, herd, bunch. **~val** *saamge=* fall together, coincide; correspond, concur, run concurrently, synchronise; clash; focus; *met iets* ~ coincide with s.t.; correspond with s.t.; clash with s.t.; *gedeeltelik* ~ overlap. **~vallend** *=e* →SAMEVALLEND. **~valling** →SAMEVALLING. **~vat** *saamge=* take together; summarise, give a résumé of, encapsulate; take with one, take along (with one); →MEENEEM; *iets kort ~* make a résumé of s.t.; boil down s.t. *(infml.)*; *iets word deur ... saamgevat* s.t. is encapsulated in ... **~vatting** →SAMEVATTING. **~vlakkig** *=e, (geom.)* coplanar. **~vleg** *saamge=* plait/braid/tie/string/weave together, interlace, knit, plash *(branches)*. **~vloei** *saamge=* flow together, merge, unite, coalesce; converge. **~vloeiend** *=e* →SAMEVLOEIEND. **~vloeiing** →SAMEVLOEIING. **~voeg** *saamge=* join, unite; conjugate; synthesise; pool; connect, bracket. **~voegbaar** *=voegbare* compatible *(materials etc.)*. **~voeging** →SAMEVOEGING. **~voel** *saamge=* be in sympathy (*or* sympathise) with; →MEEVOEL, MEEGEVOEL. *met iem.* ~ be sympathetic to(wards) s.o., feel sympathy for s.o., have sympathy with s.o.. **~vou** *saamge=* fold together/up. **~wees** togetherness; →SAAM WEES; SAMESYN. **~werk** *n.* co(-)operation; co(-)operative society. **~werk** *saamge=, vb.* work/act/pull together, co(-)operate, join hands, collaborate, club together, work in concert; combine; yoke; coact; →MEEWERK; *met iem.* ~ co(-)operate with s.o.; collaborate with s.o.; team up with s.o.; work in harness with s.o.; *hulle werk (met mekaar) saam, (also)* they are joining forces (with one another); *onderhands ~, (rare, jur.)* collude. *skelmpies met iem.* ~ play footsie with s.o. *(infml., fig.)*. **~werkend** →SAMEWERKEND. **~werking** →SAMEWERKING. **~woner, ~blyer** cohabitant, cohabitee, cohabiter **~wonery, ~blyery** cohabitation. **~woon** *saamge=* dwell together; live together, share rooms; cohabit; hive; →SAAMBLY, SAAMLEEF; *met iem.* ~ stay/live with s.o.. **~woonman, ~blyman, ~woonvrou, ~blyvrou** cohabitant, cohabitee, cohabiter, live-in lover/partner/etc..

saam·pies snugly together.

saam-saam (all) together.

saans in the evening; at night, *(infml.)* nights; at (*or* in the) night-time; of an evening; *hulle kom dikwels ~ inloer* they frequently drop in of an evening.

Saar: *die ~, (Germ. river)* the Saar. **~land** Saarland. **~lander** *=s* Saarlander.

saat *sate* (grain of) seed; →SAAD. **~hout** ke(e)lson *(of a boat)*.

saat·jië →SAADJIE.

Sa·ba, Ske·ba *(ancient kingdom in SW Arab.)* Saba, Sheba; →SABEËR, SABEES.

Sab·bat *=batte* Sabbath; →SABBATS=; *die ~ heilig/hou/vier* keep the Sabbath; *die ~ ontheilig/skend* break the Sabbath; *op die ~* on the Sabbath. **~dag** Sabbath day. **~ontheiliging** →SABBATSKENDING. **~skender** Sabbath-breaker. **~skending, ~(s)ontheiliging** Sabbath-breaking.

Sab·ba·ta·ri·ër *=riërs, n., (also s~)* Sabbatarian, Seventh-day Adventist.

Sab·ba·ta·ries *=riese, adj., (also s~)* Sabbatarian.

Sab·bats=: **~heiliging, ~viering** Sabbath-keeping, observance of the Lord's day. **s~jaar** sabbatical year; *'n ~ neem* take a sabbatical year off. **~ontheiliging** →SABBATSKENDING. **s~reis** Sabbath-day's journey; short distance; *dit is 'n hele ~* it is quite a good distance. **~rus** Sabbath/Sunday rest. **~verlof** sabbatical; *met ~ gaan* take a sabbatical; *met ~ wees* be on sabbatical leave. **~viering** →SABBATSHEILIGING.

Sa·be·ër *=beërs, n.* Sabaean. **Sa·bees** *n., (language)* Sabaean. **Sa·bees** *=bese, adj.* Sabaean; →SABA.

sa·bel[1] *=bels, n., (marten)* sable, zibeline; *(colour, her.)* sable. **~bont, ~pels** sable, zibeline. **~dier** sable, zibeline.

sa·bel[2] *=bels, n.* sword, bilbo, blade; *(ruiter)~* sabre; *met getrokke/ontblote ~* with drawn sword. **sa·bel** *ge=, vb., (rare)* cut down *(with a sword)*, sabre. **~arm** sword arm. **~band** sword sling. **~bene** *(of horses etc.)* sickle hocks. **~draer** sabreur. **~gekletter** sabre-rattling. **~hou, ~kap** sword cut, sabre-cut, -thrust. **~kling** →SABELLEM. **~knop** pommel. **~koppel** sword belt. **~kwas** sword knot. **~lem** sword blade. **~skede** scabbard. **~skermer** sabreur. **~tas** sabretache. **~vormig** *=e* sword-shaped, shaped like (*or* in the form of) a sword/sabre.

Sa·bel·li·a·nis·me *(Chr. theol.)* Sabellianism.

Sa·bi·ër *=biërs, (worshipper of heavenly bodies)* Sabian.

sa·bo·teer *ge=* sabotage; ratten *(hist., during strikes)*. **sa·bo·ta·sie** sabotage; rattening *(hist., during strikes)*; *op iets ~ pleeg* commit sabotage on s.t.. **sa·bo·teur** *=teurs* saboteur; rattener *(hist., during strikes)*.

sa·bra *=bras, (native-born Israeli Jew)* sabra.

Sa·byn *=byne, n., (member of an ancient people in central It.)* Sabine. **Sa·byns** *=bynse, adj.* Sabine; *~e maagderoof* rape of the Sabine women.

sa·chet *=chets, =chette, (Fr.)* sachet.

Sad·du·se·ër *=seërs, (hist., Jud.)* Sadducee, Sadducean. **Sad·du·sees** *=sese* Sadducean. **Sad·du·se·ïs·me** Sadduceeism.

sa·dhoe *=dhoes, (Hind. holy man)* sad(d)hu.

sa·dis *=diste* sadist. **sa·dis·me** sadism. **sa·dis·ties** *=tiese* sadistic.

Sa·dok *(OT)* Zadok.

sa·do·ma·so·chis·me sadomasochism. **sa·do·ma·so·chis** *=chiste* sadomasochist. **sa·do·ma·so·chis·ties** *=tiese* sadomasochistic.

Sa·drag *(OT)* Shadrach.

sa·e *vb.* →SAAG *vb.*. **sa·er** *=ers* sawyer. **sa·e·ry** sawing; sawmill.

saf *safte safter (*of *sawwer safste)* soft, mashy, mushy, soggy, squashy; soft *(of a person);* →SAG. **saf·te·rig, saw·we·rig** =*rige* rather soft.

sa·fa·ri =*ri's* safari; *op ~ gaan* (go on) safari. **~gastehuis** safari lodge. **~kamp** safari camp. **~mier** safari ant. **~pak** safari suit.

saf·fi·aan saffian, morocco (leather). **~leer** saffian, morocco (leather). **~papier** morocco paper.

saf·fier =*fiere* sapphire; *(no pl.)* sapphire (blue). **~blou** sapphire (blue) *(pred.)*, sapphire-blue *(attr.)*, sapphirine. **~bruilof** *(45th wedding anniversary)* sapphire wedding. **~kwarts** *(min.)* siderite. **~steen** (uncut) sapphire.

saf·fier·ag·tig =*tige* sapphirine.

saf·floer *(bot.: Carthamus tinctorius)* safflower.

saf·fraan *(crocus, colour)* saffron; *soveel van iets weet as 'n kat van ~* →KAT. **~blom** crocus. **~geel, ~kleur** saffron. **~(hout):** *(gewone) ~, (Cassine papillosa)* (common) saffronwood; *rooi~, (C. crocea)* red saffronwoord. **~kleur** →SAFFRAANGEEL. **~kleurig** =*e* saffron. **~peer** saffron pear.

saf·fraan·ag·tig =*tige* like saffron, saffrony.

sa·fra·nien *(chem.)* safranin(e).

sag *sagte sagter sagste, adj.* soft *(in most senses: admonition, breeze, hint, light, step, water, etc.);* light *(touch);* gentle *(breeze, slope);* mild *(steel);* pliable *(leather);* smooth *(skin; wine, brandy);* low *(voice);* muffled *(tread);* meek; lenient; sweet *(temper);* tender; mild, balmy *(climate);* →SAGTE=; *~te* ***band*** soft cover, paperback; *~te* ***dood*** easy death; *~te* ***dwelm(middel)*** soft drug *(e.g. marijuana); ~te* ***fokus,*** *(phot.)* soft focus; *~te* ***hout*** soft wood; →SAGTEHOUT; *so ~ soos 'n* ***lam*** as meek as a lamb; *~te* ***landing*** soft landing; *'n ~te* ***landing*** *doen* soft-land, make a soft landing; *~te* ***lig,*** *(also)* subdued light; *~te* ***olie*** bland oil; *~te* ***porno(grafie)*** soft porn(ography), soft-core porn(ography); *~te* ***speelding*** soft toy; *'n man/ens. met 'n ~te* ***stem*** a soft-spoken man/etc.; *op ('n) ~te* ***toon*** *praat/gesels* →TOON[2] *n.; ~te* ***vrugte*** soft fruit; →SAGTEVRUGTE; *~te* ***weefsels,*** *(pl.)* soft tissues. **sag** *adv.* softly, lightly, gently, mildly; →SAGGIES, SAGKENS; *iem. ~(gies)/sagkens* ***behandel*** treat s.o. gently; let s.o. off lightly; *~* ***gekook*** (of *sag*-***gekook****)* soft-boiled; *op die/sy ~ste gesê* to say the least (of it); *~(gies)* ***gesels*** *= saggies* ***praat****; dit is ~* ***gestel*** that is an understatement; *~* ***heengegaan/ontslape*** passed away peacefully; *~* ***loop*** tread/walk softly; *~* ***maak*** soften (up); macerate; tenderise; milden, mellow; *~* ***oordeel*** judge leniently; *~(gies)* ***praat*** speak softly/low, speak/talk in hushed tones/voices; *~ter* ***praat*** drop/lower one's voice; *~* ***stel*** understate; *~* ***straf*** punish lightly; *op sy ~ste* ***uitgedruk*** *→gesê; om dit ~* ***uit te druk*** to put it mildly. **~gekook** →SAG GEKOOK. **~harig** =*e* soft-haired; pubescent. **~harigheid** pubescence. **~maakmiddel** =*s* softener. **~moedig** =*e* mild, gentle, meek, benign, sweet-tempered, soft-centred; *~ en gedwee* meek and mild. **~moedigheid** gentleness, mildness, benignity, good temper. **~sinnig** =*e* mild(-mannered), gentle(-minded), meek, sweet-tempered, soft-centred. **~sinnigheid** gentleness, mildness, meekness, gentle-mindedness. **~slagter** *(at abattoir)* humane killer. **~stelling** understatement.

sa·ga =*gas, (Norse)* saga.

sag·aar·dig =*dige* mild, meek, gentle, sweet-tempered, benign; →SAGGEAARD. **sag·aar·dig·heid** mildness, meekness, gentleness, mansuetude; →SAGGEAARDHEID.

Sa·ga·ri·a *(OT)* Zechariah; *(NT)* Zachariah, Zacharias, Zachary. *die Boek ~, (OT)* Zechariah.

sa·ge =*ges* legend, story, cycle; *(Norse)* saga.

sag·ga·rien, sak·ka·rien saccharine. **sag·ga·ri·meter, sak·ka·ri·me·ter** saccharimeter.

sag·ga·ro=, sak·ka·ro= *comb.* saccharo=. **~meter** saccharometer.

sag·ga·ro·se →SUKROSE.

sag·ge·aard =*e* gentle, mild-mannered, -tempered, -spirited, sweet-tempered, soft-centred; →SAGAARDIG. **sag·ge·aard·heid** gentleness, mildness; →SAGAARDIGHEID.

sag·ge·rig =*rige* →SAGTERIG.

Sag·ge·us *(NAB),* **Sag·gé·üs** *(OAB)* Zacchaeus.

sag·gies softly, gently, slowly; *~ met iem./iets handel/werk* deal gently with s.o./s.t.; be soft on s.o./ s.t. *(infml.); ~ praat* →SAG *adv.; om dit (maar) ~ te stel* to say the least (of it).

sa·git·taal =*tale* sagittal.

Sa·git·ta·ri·us *(astron., astrol.)* Sagittarius, the Archer.

sag·kens gently, softly; →SAG, SAGGIES; *iem. ~/sag(gies) behandel* let s.o. off lightly; go easy on s.o.; handle s.o. with kid gloves; *~/sag(gies) met iem./iets handel/werk* deal gently with s.o./s.t.; be soft on s.o./s.t. *(infml.).*

sa·go sago. **~meel** sago flour. **~palm** sago palm. **~poeding** sago pudding.

sa·gryn(·leer) shagreen.

sagte=: **~bal** softball. **~band(boek)** paperback, softcover book. **~banduitgawe** paperback edition. **~bord** softboard. **~dopskilpad** softshelled turtle. **~fokuslens** *(phot.)* soft-focus lens. **~grond-ets** soft-ground etching. **~hout** softwood. **~vrugte** deciduous fruit. **~waremaatskappy** software company/house. **~warepakket** software package.

sag·te·rig, sag·ge·rig =*e* softish, rather soft; →SAG *adj.*.

sagt·heid softness, gentleness, mildness, lightness, *etc.;* →SAG *adj.*.

Sa·ha·ra Sahara.

saint·pau·li·a saintpaulia, African violet.

sa·jet *(text.)* say(ette), sagathy.

sak[1] *sakke, n.* sack, bag *(of corn, coal, etc.);* pocket *(in clothes; of sugar);* pouch *(for tobacco, ammunition; in marsupials);* sac; poke; cyst; ditty bag; haversack; swag; cod end *(of a trail net);* →SAKKE=, SAKKIE; *in ~ en* ***as*** *sit/wees, (fig.)* be in sackcloth and ashes; *dit* ***bring*** *iem. niks in die ~ nie* s.o. gains nothing by it; ***een/'n*** *~ koring/ens.* a bag of wheat/etc.; *→****vol;*** *wat het dit hom/haar in die ~* ***gebring?*** what has he/she got to show for it?; *dit het iem. R2 000 uit die ~* ***geja(ag),*** *(infml.)* it set s.o. back R2 000; ***honderd*** *~(ke) koring/ens.* a hundred bags of wheat/etc.; *iem. (skoon)* ***in*** *die ~ hê, (fig.)* have s.o. in one's pocket; *iem. (baie) geld uit die ~* ***ja(ag),*** *(baie) geld uit iem. se ~* ***ja(ag),*** *(infml.)* cost s.o. (a lot of) money; *([vir] jou) 'n* ***kat*** *in die ~ koop* →KAT; *uit iem. se ~* ***leef/lewe,*** *(infml.)* freeload on s.o.; *jou ~ke* ***omkeer/leegmaak/leegskud*** turn out one's pockets; *~ke* ***onder*** *die oë* bags under the eyes; *(met) ~ en* ***pak*** (with) bag and baggage; *jou hand in jou ~* ***steek*** put one's hand in one's pocket; *die/jou hand in die ~* ***steek,*** *(fig.)* loosen the purse strings; *iets in jou ~* ***steek*** pocket s.t., put/stick s.t. in one's pocket; *dit kan jy in jou ~* ***steek!,*** *(infml., fig.)* put that in your pipe and smoke it!; *iets* ***vat*** *aan iem. se ~, (infml.)* s.t. makes a hole in s.o.'s pocket; *'n ~ (****vol****)* a bagful/sackful/pocketful of ...; *~ke* ***vol*** *geld/ens.* bags/barrels/loads/oodles/pots/stacks/tons of money/etc.; *jou (eie) ~(ke)* ***vul*** line one's pocket(s); feather one's nest.

sak[2] *ge-, vb.* sink *(in water, to the ground);* settle, subside; fall, drop, go down; lose height; sag; slump; *(educ.)* fail, *(SA, infml.)* plug; *(rugby)* scrum; flag; gravitate; *die* ***bal*** *laat ~, (golf)* sink a putt; ***'n boot*** *laat ~* lower a boat; *(in) 'n* ***eksamen*** *~* fail (in) an examination; *soos 'n baksteen (in 'n* ***eksamen****) ~, (infml., fig.)* fail dismally/miserably; ***inmekaar*** *~* collapse; break down; crumple up; curl up; go to pieces; *die* ***koei*** *wil nie (haar melk laat) ~ nie* the cow will not give her milk; *iem.* ***laat*** *~* fail s.o. *(in an examination); iets* ***laat*** *~* lower s.t.; let down s.t. *(a blind etc.);* ring down s.t. *(a curtain);* wind down s.t.; *die gordyn* ***laat*** *~* →GORDYN; *die/jou kop* ***laat*** *~* hang one's head; *die/jou moed* ***laat*** *~* make one lose (*or* give up) courage; *die/jou stem* ***laat*** *~* drop one's voice; ***pryse*** *~* prices fall (*or* go down); *~,* ***Sarel!,*** *(infml.)* come off it!, draw it mild!, that's a tall story!; *die* ***son*** *~* the sun is sinking.

sak=: **~aarbreuk** *(med.)* hydrocele. **~boek(ie)** pocketbook, notebook. **~boekrekenaar** notebook (computer). **~boog** drop arch. **~breuk** scrotal hernia. **~broek** baggy/Oxford trousers, (Oxford) bags. **S~bybel(tjie)** pocket Bible. **~derm** *(anat.)* caecum, blind gut. **~dermontsteking** typhlitis. **~doek** handkerchief. **~dorp** shanty town. **~formaat** pocket size; *'n boek in ~* a pocket-size(d) book. **~geld** pocket/spending/pin money. **~goed** sacking, bagging, hessian, gunny, burlap. **~horlosie, ~oorlosie** (pocket) watch. **~kam(metjie)** pocket comb. **~klap** pocket flap. **~linne** sackcloth, bagging. **~loop** →SAKRE(I)SIES. **~mes** pocketknife, penknife. **~net** *(fishing)* bag net, purse seine. **~oorlosie** →SAKHORLOSIE. **~patriot** pocket patriot. **~pistool** der(r)inger, pocket pistol. **~pyp** *(zool.)* sea squirt, ascidian; downcomer. **~re(i)sies, ~(wed)loop** sack race. **~rekenaar** pocket calculator. **~rok** sack (dress). **~-sarel-storie** Munchausen. **~spieël(tjie)** pocket glass/mirror. **~stof** pocketing. **~toets** slump test. **~trollie** sack barrow. **~tyd** deadline *(at a newspaper); 'n ~ haal* meet a deadline. **~vormig** =*e* sacciform, saccate. **~vorming** bagging. **~wedloop** →SAKRE(I)SIES. **~woordeboek** pocket dictionary. **~wurm** bagworm.

sak·ag·tig =*tige* saccate.

sa·ke *(Jap.)* →SAKI[2].

sa·ke=: **~adres** business address. **~antwoorddiens** business reply service. **~antwoordkaart** business reply card. **~belange** business interests. **~besoek** business call. **~bestuur** business administration. **~bestuurder** (business) executive. **~brief** business letter; official letter. **~buurt, ~gebied** business area/district. **~-ete** business lunch. **~gebied:** *op ~* in the line of business; →SAKEBUURT. **~gemeenskap** business community. **~kaart(jie)** business card. **~kamer** chamber of business/commerce. **~kennis** business experience; practical/expert knowledge; authoritativeness. **~leier** business leader. **~lewe:** *die ~* business; *in die ~* in business. **~lui, ~mense** *(pl.)* business people. **~lys** agenda; roll of court. **~man** =*ne* businessman. *~ wees* be in business; *~ word* go into business. **~mense** *(pl.)* →SAKELUI. **~onderneming** business (concern/undertaking). **~park** business park. **~perseel** business premises. **~plan** business plan. **~reg** *(jur.)* law of things. **~reis** business trip/tour; *op 'n ~ wees* travel on business. **~rol** cause list. **~sin** →SAKEVERNUF. **~skool** business school. **~studie** business studies. **~uitgawes** business expenses. **~-ure** business hours. **~vernuf, ~sin** business sense; business acumen. **~vertroue** business confidence. **~voorstel** business proposition. **~vrou** business/professional woman; *~ wees* be in business; *~ word* go into business. **~wêreld** business circles/community; *in die ~* in business; *tot die ~ toetree* go into business.

Sak·ha: *Republiek van ~* Sakha Republic, Republic of Sakha; →JAKOETIË.

sa·ki[1] =*ki's, (S.Am. monkey)* saki.

sa·ki[2] *(Jap.)* saké, sake, saki, rice beer.

sa·kie =*kies* little matter; little commission *(job);* small business; →SAAK, SAKE=.

sak·ka·rien →SAGGARIEN.

sak·ka·ro= *comb.* →SAGGARO=.

sak·ke=: **~roller** pickpocket. **~rollery** pickpocketing.

sak·ke·ling =*ling, (obs.)* failed candidate, failure, dropout; →DRUIPELING.

sak·ke·rig =*rige* baggy; *~ wees/word* bag.

sak·ker·loot, sak·ker·loot, sap·per·loot *interj., (obs.)* by gad/Jove!.

sak·kie =*kies* small sack; little bag, *etc.;* pocket *(of sugar, cement); (biol.)* sac; *(anat.)* utricle; *(anat.)* follicle. **sak·kie·vor·mig** =*mige, (anat.)* utricular, utriculate.

sak·king =*kings,* =*kinge* sinking; sag(ging); subsidence; loss of height; drop *(of a door);* slump; drawdown *(of groundwater level).*

sa·kraal =*krale, (anat.)* sacral; *sakrale streek, (anat.)* sacral region.

sa·kra·ment =*mente* sacrament; *die laaste ~e toedien* administer the last rites/sacraments. **sa·kra·men·teel** =*tele* sacramental.

sa·kris·tein =*teine, (RC)* sacristan.

sa·kris·tie =*tieë, (RC)* sacristy, vestry.

sa·kro·i·li·a·kaal =*kale, (anat.)* sacroiliac.

sa·krum *(anat.)* sacrum.

Sak·se *(Germ.)* Saxony; →NEDER-SAKSE. **~-Koburg-Gotha** *(ruling house of former Germ. duchy and name of Br. royal family)* Saxe-Coburg-Gotha.

Sak·ser *=sers* Saxon.

sak·se·stof *(text.)* saxony.

saks·ho·ring →SAXHORING.

Sak·sies *n., (Germ. dialect)* Saxon. **Sak·sies** *=siese, adj.* Saxon; *~e boog* Saxon arch; *~e porselein* Meissen (china), Dresden china; *~e venster* gabled window. **sak·sies·blou** Saxon blue.

sak·so·foon, sak·so·fo·nies, sak·so·fo·nis →SAXOFOON, SAXOFONIES, SAXOFONIS.

sal *sou* shall, should, will, would; →SOU; *dit sal net 'n ... **doen*** it takes a ... to do that; *ek sê vir jou jy ~ dit nie **doen** nie* I tell you you shall not do it; ***ek/ons** ~ iets doen* I/we shall/will do s.t.; ***ek/ons** ~ bly/ens. wees* I/we shall/will be glad/etc.; ***hy/sy/julle/hulle** ~ iets doen* he/she/you/they will do s.t.; ***hy/sy/julle/hulle** ~ bly/ens. wees* he/she/you/they will be glad/etc.; *sal jy asseblief **kom/ens.?*** would you mind coming/etc.?.

sa·laam *=laams, n., (Arab.; Muslim salutation)* salaam. **sa·laam** *ge=, vb.* salaam.

sa·la·man·der, sal·man·der *=ders, (amphibian)* salamander.

sa·la·mi *=mi's* salami.

sal·am·mo·ni·ak →SALMIAK.

sa·la·ri·eer *ge=, (rare, fml.)* salary, pay *(a salary);* →GESALARIEER(D). **sa·la·ri·ë·ring** *(rare, fml.)* rate of pay, scale of salaries.

sa·la·ris *=risse* salary, pay; emolument *(fml.);* stipend; *'n (goeie) ~ **kry/verdien*** earn a good salary; ***met** behoud van* (of *met volle*) ~ on/with full salary, on full pay; ***met** halwe salaris* on half pay; ***met/op** 'n ~ van ...* at/on a salary of ...; *'n ~ **trek*** draw a salary. **~aanpassing** salary adjustment. **~bevriesing** pay freeze. **~kerf** salary notch. **~pakket** salary package. **~reëling** salary agreement; salary/pay scale, scale of pay. **~skaal** salary/pay scale, scale of pay. **~strokie** pay slip. **~tjek** pay/salary cheque. **~trekker** *=s* salary drawer, salaried person, stipendiary; *(also, in the pl.)* salariat. **~verhoging** salary/pay increase, pay hike, rise in salary, raise *(Am.).* **~vermindering, ~verlaging** salary/pay reduction, salary/pay cut, cut/decrease in salary.

sal·bu·ta·mol *(med.: a bronchodilator)* salbutamol.

sal·chow *(figure skating)* salchow.

sal·do *=do's* balance; excess; *~ **afgedra*** balance carried down; ***batige** ~* credit balance, balance in hand; surplus; ***beskikbare** ~* credit balance, balance in hand; *~ **betaalbaar*** balance payable; ***gunstige/voordelige** ~* favourable balance; ***nadelige** ~* debit balance; deficit; *~ **oorgebring*** balance brought forward; *~ **oorgedra*** balance carried forward; ***teruggestorte** ~* surrendered balance. **~bedrag** balance amount.

sa·lep *(Turk., cook.: dried ground tubers of var. orchids)* salep.

Sa·le·si·aan *=ane, n., (member of RC order)* Salesian. **Sa·le·si·aans** *=aanse, adj.* Salesian.

salf *salwe, n.* ointment, salve; balm; unction; *daar is geen ~ (meer) **aan** te smeer nie, (fig.)* it is past praying for; *daar was geen ~ (meer) **aan** te smeer nie, (fig.)* s.o. gave it up for a bad job; *daar is geen ~ **aan** iem. te smeer nie (fig.)* s.o. is incorrigible; s.o. is beyond/past redemption; *~ **aansmeer*** put on (*or* apply) ointment; *~ vir die **siel** wees* be good for the soul; ***skerp** ~* vesicant, blister; *'n **vlieg** in die ~* →VLIEG[1] *n.; **vloeibare** ~* liniment. **salf, sal·we** *ge=, vb.* anoint; salve. **~olie** anointing oil, chrism. **~pot** ointment pot.

sal·fie *=fies* ointment; *'n ~ vir die seer(plek) wees, (fig.)* be a balm/salve to s.o./s.t. *dit is 'n ~ op iem. se wond* it is a salve for/to s.o.'s wound(ed feelings).

sa·lie *=lies, (Salvia spp.)* sage; salvia. **~-en-uie(-)vulsel** sage and onion (stuffing). **~groen** sage (green). **~kaas** sage cheese/Derby. **~tee** sage tea.

Sa·li·ër[1] *=liërs, (Rom.)* Salian (priest).

Sa·li·ër[2] *=liërs, (hist., member of group of Franks in the Neth.)* Salian. **Sa·lies** *=liese* Salic, Salian; *die ~e wet* the Salic law.

sa·lig *=lige =liger =ligste, adj.* blessed, blest; heavenly, glorious, blissful; happy; delightful; *~ is die **besitters*** possession is nine points of the law; *~e **dood*** happy death; *dit is ~er om te **gee** as om te ontvang* it is more blessed to give than to receive; *~ **maak,** (Chr.)* save; *~ **spreek*** bless; *(RC)* beatify; *'n ~e **vakansie*** a glorious holiday; *~ **verklaar,** (RC)* beatify; *~e **verligting*** profound relief; *~ **word,** (Chr.)* be saved. **sa·lig** *adv.* blessedly, blissfully; *~ onbewus van iets wees* be blissfully/blithely unaware/ignorant of s.t.. **~makend** *=ende* saving, sanctifying, beatific. **S~maker:** *die ~, (Chr. theol.)* the Saviour. **~making** salvation, saving. **~spreking, ~verklaring** *=e, =s, (RC)* beatification; *die S~e* the Beatitudes.

sa·li·ger of blessed memory; ..., ~ God rest his/her soul; *~ gedagtenis* of blessed memory; *my tante/ens. ~ (gedagtenis)* my late aunt/etc..

sa·lig·heid salvation, blessedness, bliss, joy, beatitude; *die Agt Salighede, (RC)* the Eight Beatitudes; *die hemelse ~* the joys of Heaven.

sa·li·ne *=nes, (rare)* saline.

sa·ling *=lings, (naut.)* crosstrees.

sa·li·no·me·ter salinometer.

Sa·lis·bu·ry *(geog., hist.)* →HARARE.

sa·li·siel *(chem.)* salicyl. **~suur** salicylic acid.

sa·li·si·laat *=late* salicylate.

Sal·joet *(<Russ., an orbiting space station)* Salyut.

Sal·lus·ti·us *(Rom. historian and statesman)* Sallust.

salm *salm(s), (icht.)* salmon; *Europese ~* Atlantic salmon; *gerookte ~* smoked salmon; *jong ~* samlet, pink, grilse, laspring, smolt. **~forel** *(Salmo trutta)* sea/salmon trout, bull trout. **~kleur** salmon-pink. **~kleurig** *=e* salmon, salmon-pink. **~teelt** salmon rearing/breeding. **~trap** salmon ladder/lep/pass/stair.

sal·man·der →SALAMANDER.

sal·mi *(cook.)* salmi.

sal·mi·ak, sal·am·mo·ni·ak ammonium chloride. **~gees** (aqueous/liquid) ammonia, ammonia solution/water, ammonium hydroxide.

sal·mo·nel·la *=las, (bacterium)* salmonella. **~-infeksie, salmonellose** *(med.)* salmonellosis.

Sa·loe·ki(-hond) Saluki (dog).

sa·lo·mi(e) *=mi's, =mies, (Mal. cook.)* salomi.

Sa·lo·mo *(OT, also fig: wise man)* Solomon; *'n ~ se oordeel* a judg(e)ment of Solomon.

Sa·lo·mo·nies *=niese, (also s~)* Solomonic, Solomonian.

Sa·lo·mons·ei·lan·de Solomon Islands.

sa·lon *=lonne, =lons, (rare, obs., fml.)* reception room; drawing room, lounge; salon; *(on a ship/train)* saloon. **~held** *(joc.)* carpet knight, drawing-room hero, lounge lizard, ladies'/lady's man. **~musiek** salon music. **~rytuig, ~wa** *(rly.)* saloon car(riage). **~skoonheid** society beauty; →SKOONHEIDSALON.

Sa·lo·ni·ki *(geog.)* →TESSALONIKA.

sa·lot *=lotte,* **sa·lot·ui** *=uie* shallot; scallion, green/spring onion.

salp *salpe, (marine zool.)* salp(a).

sal·pe·ter *(no pl.)* saltpetre, nitre, potassium nitrate. **~papier** touchpaper, saltpetre paper. **~suur** nitric acid. **~suursout** nitrate. **~vorming** nitrification. **~water** nitrous solution.

sal·pe·ter·ag·tig *=tige,* **sal·pe·te·rig** *=rige* nitrous.

sal·pe·te·rig·suur nitrous acid.

sal·pi·kon *(cook.)* salpicon.

sal·pin·gek·to·mie *(med.: surgical removal of a Fallopian tube)* salpingectomy. **sal·pin·gi·tis** *(med.)* salpingitis.

sal·sa *(Lat.Am. dance [music])* salsa. **~(sous)** *(Mex. cook.)* salsa.

sal·ta·rel·lo *=rello's, =relli (It., lively dance with skips; its music)* saltarello.

sa·lu·eer *ge=* salute; *met die vlag ~* dip the flag. **sa·lu·ta·sie** *=sies* salutation.

sa·luut *=lute, n.* salute; *die ~ **bring/gee*** give the salute; *'n ~ **erken/beantwoord*** acknowledge/return a salute; *'n ~ van sewe/ens. **skote** is gegee* a salute of seven/etc. guns was fired; *die ~ **waarneem/beantwoord*** take the salute. **sa·luut** *interj., (rare)* greetings. **~houding** salute; *in die ~ kom* come to the salute; *in die ~ staan* stand at the salute. **~skoot** salute; *saluutskote los* fire a salute. **~stryking** dip *(of a flag).*

Sal·va·dor: *El ~* →EL SALVADOR. *San ~* →SAN SALVADOR. **Sal·va·do·ri·aan** *=ane, n., (native/inhabitant of El Salvador)* Salvodorean. **Sal·va·do·ri·aans** *=aanse, adj.* Salvadorean.

sal·vo *=vo's* salvo, volley, round. *'n ~ afvuur* discharge/fire a volley.

sal·we *ge=* →SALF *vb..* **sal·wend** *=wende* unctuous; *~e vroomheid* unctuous rectitude. **sal·wing** *=wings, =winge* anointing, unction; unctuousness.

sa·maar *=maars, (hist., woman's jacket)* cymar, simar.

Sa·ma·ri·a *(hist., geog.)* Samaria. **Sa·ma·ri·taan** *=tane, n., (NT; also, fig: s~)* Samaritan; *'n barmhartige ~* a good Samaritan. **Sa·ma·ri·taans** *=taanse, adj., (also s~)* Samaritan.

sa·ma·ri·um *(chem., symb.: Sm)* samarium.

sam·ba *=bas, (Braz. dance)* samba.

sam·bal *(Mal. cook.)* sambal. **~broek** *(rare, obs.)* wide trousers; baggy/Oxford trousers, (Oxford) bags. **~slaai** spiced salad.

sam·blief →ASSEBLIEF.

sam·bok *=bokke, n.* sjambok; horsewhip; riding crop/whip. **sam·bok** *ge=, vb.* (whip with a) sjambok. **~wurm** *(Trichuris spp.)* whipworm.

sam·bok·kie *=kies* small whip; riding crop/whip.

sam·breel *=breels, =brele* umbrella, parasol; *(bot.)* pileus; *'n ~ oopmaak* unfurl an umbrella. **~boom** umbrella/cabbage tree. **~den(neboom)** umbrella/stone pine. **~staander** umbrella stand. **~vormig** *=e* umbrella-shaped, umbelliform.

sam·breel·ag·tig *=tige* umbrella-like.

sa·me= (→SAAM): **~dromming** *=s, =e* flocking together; trooping; concourse; crush; squash; →SAAMDROM. **~drukking** compression. **~flansing, saamflansing** patching together; patchwork, tissue, conglomeration *(of lies etc.).* **~gestel(d)** →SAAMGESTEL(D). **~gesteldheid** →SAAMGESTELDHEID. **~groeiing** *(bot.)* growing together, symphysis; coalescence, concrescence, concretion, accretion. **~hang** *n.* coherence, order; cohesion; connection, nexus; inherence; consecution; contiguity; continuity; logicality, (sense of) logic; context; *dit blyk uit die ~* it appears from the context. **~hangend** *=e* (inter)connected, coherent; cohesive; *(philat.)* se-tenant *(Fr.);* *~e paar, (philat.)* se tenant, se-tenant pair. **~hegting, saamhegting** fastening/stitching together; amalgamation. **~hoping, saamhoping** congestion; conglomerate; accumulation. **~horig, saamhorig** *=e,* belonging together, related, homogeneous, with a common purpose, coherent, solidary. **~horigheid, saamhorigheid** solidarity, unity, cohesion, togetherness; *uit ~ met* in solidarity with. **~horigheidsgevoel, saamhorigheidsgevoel** feeling of solidarity, fellow feeling, communal sense, esprit de corps, coherence. **~klank** concord, consonance, harmony; *(mus.)* diapason; unison. **~koms, saamkoms** *=te* meeting, gathering, assemblage, get-together, concourse, conference, function; concurrence. **~koppeling, saamkoppeling** *=s, =e* coupling, linking, bracketing; improper compound (word). **~lewing** *=s, =e* society; community; →SAAMLEWING; *die ~* society. **~loop** *n.* confluence; concourse *(of people);* confluence, meeting point *(of rivers);* coincidence, concurrence; junction; juncture; convergence; *~ van omstandighede* (con)juncture; *deur 'n ~ van omstandighede* by a coincidence. **~persing** →SAAMPERSING. **~raapsel** *=s, (rare)* mixture, medley, hotchpotch, conglomeration; pack, tissue *(of lies etc.);* motley crowd, rabble; gleanings *(pl.);* →SAMESKRAAPSEL. **~roeper, saamroeper** convener; →SAAMROEP. **~roeping** calling together, convening, convention, convocation. **~roepster, saam=**

roepster (female) convener; →SAAMROEP. **~rotting** -s, -e, *(rare, fml.)* banding together; conspiracy. **~sang** ensemble singing; community singing. **~skoling** -s, -e flocking/banding together, assemblage, assembly; →SAMEKOMS. **~skraapsel** -s, *(rare)* odd collection; scrapings; rabble; →SAMERAAPSEL. **~smelting** -s, -e fusion, amalgamation; conflation, coalescence; combine, merger; merging, blending. **~snoering** -s, -e linking (together). **~spanning** -s, -e banding together, cooperation; conspiracy, plot; collusion; ~ *tussen* ... collusion between ... **~spel** combination, understanding; teamwork; partnership; ensemble (playing). **~spraak** -sprake dialogue, colloquy; interlocution. **~spreking** -s, -e conversation; discussion; talk; meeting; conference; interview; ~*s voer* have (*or* meet for) discussions/talks. **~stand** *(astron.)* syzygy. **~stellend** -e component, constituent, constitutive. **~steller** -s compiler, composer; author; *(comp.)* assembler, assembly program. **~stelling** -s, -e composition, make-up; construction, assembly *(of machinery etc.)*; compilation; texture; compound (word); compounding; constitution; synthesis; *skei(d)bare en onskei(d)bare ~e* separable and inseparable (*or* improper and proper) compounds; ~ *van kleure* combination of colours. **~stroming** convergence. **~sweerder** -s conspirator, plotter. **~swering** -s, -e conspiracy, plot, machination, frame-up; *'n ~ smee* conspire, plot, hatch a plot. **~syn** meeting, gathering, assembly, togetherness, being together; →SAAMWEES, SAAM WEES. **~trekking, saamtrekking** -s, -e pulling/drawing together; concentration *(of forces)*; contraction *(of muscles)*; systole *(of the heart)*; *(pathol.)* stricture; *(med.)* traction; constriction. **~trekkingsfase, saamtrekkingsfase** systole *(of the heart)*. **~trekkingsteken** circumflex. **~vallend, saamvallend** -e coincident; concurrent; congruent; co(n)terminous, conterminal. **~valling, saamvalling** coincidence, concurrence, identity; congruency; synchronising; clash(ing) *(of dates etc.)*; overlapping. **~vatting** summary, résumé, epitome, recapitulation, synopsis, digest, compendium, condensation; synthesis; abstracting; →SAAMVAT; *'n kort ~* a run-through (*or* brief outline/summary); *'n ~ van iets gee/maak* give/make a summary of s.t.. **~vloeiend** -e confluent, coalescent. **~vloeiing** confluence, junction; coalescence; →SAAMVLOEI. **~voeging, saamvoeging** union, junction; merger. **~werkend, saamwerkend** -e co(-)operative; congenerous *(muscles)*. **~werking** co(-)operation; collaboration; combination; *jou ~ gee/verleen* give one's co(-)operation; ***in ~ met*** ... in co(-)operation with ...; in collaboration with ...; in association with ...; in conjunction with ...; ***met** (die) ~ van* ... in collaboration with ...; in co(-)operation with ...; *in ~ **met*** ... in tandem with ... *(fig.)*. *iem. **tot** ~ dwing* bring s.o. into line; *gees **van** ~* co(-)operative/team spirit.

sa·meet *(text.)* samite.

sa·mel: **~bou** *(rare)* →TROSBEHUISING. **~insek** social insect.

sam·foe *(Cant., a woman's trouser suit)* samfoo, samfu.

Sa·mi·ër -miërs, *n., (inhabitant of Samos)* Samian. **Samies** -miese, *adj.* Samian; →SAMOS.

Sam·niet -niete, *n., (member of ancient It. people)* Samnite. **Sam·ni·ties** *n., (language)* Samnite. **Sam·ni·ties** -tiese, *adj.* Samnite.

Sa·mo·a Samoa. **~-eilande** Samoa Islands. **Sa·mo·aan** -ane, *n.* Samoan. **Sa·mo·aans** *n., (language)* Samoan. **Sa·mo·aans** -aanse, *adj.* Samoan.

sa·moem -moems, *(desert wind in Arab., N.Afr.)* simoom, simoon, samiel.

sa·moe·rai, sa·moe·rai *(sing. & pl.) (Jap. warrior caste)* samurai.

sa·moe·sa, sa·mo·sa -sas, *(Ind. cook.)* samosa, samoosa *(SA)*.

Sa·mo·jeed -jede, *(member of Siberian people; breed of dog)* Samoyed. **Sa·mo·jeeds** *n., (language)* Samoyedic. **Sa·mo·jeeds** -jeedse Samoyed(ic).

Sa·mos *(Gr. island)* Samos; →SAMIËR, SAMIES.

sa·mo·sa →SAMOESA.

Sa·mo·thra·ke *(Gr. island)* Samothrace.

sa·mo·war -wars, *(Russ. teakettle)* samovar.

sam·pan -pans, *(Chin., small boat)* sampan.

sam·pi·oen -oene, *(Agaricus spp.)* (edible) mushroom, champignon *(Fr.)*. **~roomsop** cream of mushroom soup. **~roomsous** mushroom cream sauce; *hoender in 'n ~* chicken à la king. **~sop** mushroom soup.

sam·sa·ra *(Skt., Hind. & Buddh.: endless cycle of birth, death, and rebirth)* samsara.

San *(an aboriginal people, commonly called Bushmen)* San; *(lang.)* San. **~skildery, ~tekening** San painting.

sa·na·to·ri·um -riums, -ria sanatorium.

sand sand; grit, dirt; *met ~ **bedek/bestrooi/meng*** sand; *in die ~ **byt**, (fig.)* →IN DIE STOF[1] BYT; *op ~ **gebou** wees, (also fig.)* be built on sand; *soos (droë) ~ aanmekaar **hang*** lack coherence, be disjointed/rambling; *~ in iem. se **oë** strooi, iem. ~ in die **oë** strooi, (infml., fig.)* throw dust in (*or* pull the wool over) s.o.'s eyes. **~-aal** -ale launce, sand eel, lance. **~-aalwyn** *(Aloe hereroensis)* Herero aloe. **~appel** *(Parinari capensis)* sand apple. **~bad** *(a laboratory vessel)* sand bath; dust bath *(of birds)*. **~bak** sandbox. **~bank** sandbank, sand bar, shoal, shelf. **~bankhaai** *(Carcharhinus plumbeus)* sandbar shark. **~bedding** sand bed. **~berg** sand-hill, mountain of sand. **~bestraling** →SANDSPUITING. **~blad** sandleaf. **~blaser** →SANDSPUIT *n.*. **~bloue, ~stompkop** *(zool.: Sparodon durbanensis)* white mussel. **~bodem** sand bed. **~bom** sand bomb. **~bult** sand-hill. **~doring** *(Acacia arenaria)* sand thorn. **~duin** sand dune. **~gat** sand hole; →SANDGROEF. **~geelhout(boom)** *(Terminalia sericea)* silver terminalia/clusterleaf. **~glas** →SANDLOPER. **~groef, ~gat, ~kuil** sandpit; →SANDPUT. **~grond** sandy soil/ground. **~hawer** *(Elymus spp.)* lyme grass; *(E. arenarius)* wild rye; marram (grass). **~heuwel** sand-hill. **~hok** sandbox. **~hoop** sand-pile, heap/mound/pile of sand. **~hoos** sand pillar; dust devil. **~houdend** -e sandy, arenaceous. **~kas, ~kis** sandbox. **~kasteel** sand castle. **~kewer** *(entom.)* tiger beetle. **~klip, ~steen** sandstone, freestone; *growwe ~* gritstone, rag(stone). **~koek(ie)** sand cake. **~korrel** grain of sand. **~kruiper** *(icht.)* guitarfish. **~kuil** *(golf)* bunker; →SANDGROEF. **~laag** layer of sand. **~lelie, ~ui** *(Veltheimia bracteata)* forest lily. **~loper, ~glas** sandglass, hourglass, minute glass; egg glass/timer. **~mannetjie:** *die ~* the sandman/dustman; →KLAAS VAKIE. **~mol** coast rat. **~olien, ~olyf** *(Dodonaea angustifolia)* sand olive. **~paadjie** sandy path. **~pad** sandy road. **~patrys** *(orn.)* sandgrouse. **~plaat** expanse of sand; sandbank, shoal. **~put** sandpit *(for children to play in)*; →SANDGROEF. **~pypie** *(bot.: Gladiolius carinatus)* mauve afrikaner. **~ruiter** unhorsed/fallen rider. **~sak** sandbag. **~sif** screen. **~slang** sand snake. **~spuit** *n.* sand-spray, sandblast, gritblast; sandblaster. **~spuit** *ge-, vb.* sandblast, sand-spray, gritblast. **~spuiting, ~bestraling** sandblasting, gritblasting. **~steen** →SANDKLIP. **~steenbras** *(icht.)* sand steenbras. **~stompkop** →SANDBLOUE. **~storm** sandstorm. **~straal** *n.* sandblast, sand jet. **~straal** *ge-, vb.* sandblast, gritblast. **~strand** sandy beach. **~streek** sandy region/district. **~strooier** sandbox, pounce box. **~stuiwing** sand drift; sandblast, gritblast. **~suier** sand pump, sand-dredger. **~suiker** crystallised honey/syrup. **~tafel** *(mil.)* sand table. **~trapper** *(derog.)* clodhopper, country bumpkin, yokel, *(SA sl.)* moegoe, mugu; *(fac.)* Free Stater; Sandvelder; *(also, in the pl., infml.: large shoes)* clodhoppers, beetlecrushers. **~ui** →SANDLELIE. **~vanger** *(filter)* sand trap. **~veld** sandveld, sandy region; *die S~* the Sandveld. **S~velder** -s Sandveld dweller, Sandvelder. **S~-veldlelie** *(Gladiolus caryophyllaceus)* pink afrikaner. **~vlakte** sandflats, sandy flat/plain. **~vlieg** sandfly; owl midge. **~vlieg(ie)** *(entom.)* sandfly. **~vlooi** sand flea; chigoe, chigger, jigger (flea), sand flea. **~wal** sand bar, sowback. **~wiek** *(bot.)* hairy vetch. **~woestyn** sandy desert/waste. **~wol** sandy/gritty/earthy wool. **~wurm** sandworm.

san·daal -dale sandal.

san·del: **~boom** sandal (tree). **~hout** sandalwood; *rooi~ (Adenanthera pavonia)* red sandalwood/sanders(wood). **~olie** sandalwood oil.

san·de·rig -rige sandy; arenaceous; gritty. **san·de·rig·heid** sandiness; grittiness; grit.

sand·hi *(ling.)* sandhi, assimilation, euphonic junction.

san·dig →SANDERIG.

sand·jak -jaks, *(Turk. admin. division)* sanjak.

sand·jie -jies, *(rare, children's lang.)* grain of sand; piece of grit; →SANDKORREL.

San Do·min·go →DOMINIKAANSE REPUBLIEK.

Sand·wich·ei·lan·de *(geog., hist.)* Sandwich Islands; →HAWAI(I).

sa·neer *(ge)-, (econ.)* rationalise; restore to health, strengthen, put in a sound condition. **sa·ne·ring** *(econ.)* rationalisation; strengthening, restoring, making healthy.

san·fo·ri·seer *ge-, (text.)* Sanforise.

sang *(vocal music)* song, singing; *(rare, short poem)* song, canto, canticle, verse; *~ **studeer*** study voice/singing; *'n gedig in drie ~e, (rare)* a poem in three cantos; *die ~ van voëls* the song of birds, birdsong. **~aand** evening of song; singsong. **S~berg:** *die ~, (Gr. myth.)* the mountain of the Muses; Parnassus; Helicon. **~bundel** songbook. **~fees** song festival, festival of song. **~geselskap** choral society, choir. **~god** *(Class. myth.)* god of song, Apollo. **~godin** Muse, muse. *aan die ~ne offer* sacrifice to the Muses. **~koor** choir. **~kuns** (art of) singing. **~kursus** singing class, course in singing. **~les** singing lesson. **~lus** love of singing/song. **~lustig** -e fond of singing. **~lyster** *(orn.: Turdus philomelos)* song thrush. **~metode** method of singing. **~musiek** vocal music. **~nommer** song, vocal item. **~oefening** singing exercise/practice; singsong. **~onderwys** singing lessons. **~onderwyser(es)** singing teacher, teacher of singing. **~partituur** vocal score. **~party** voice/vocal part. **~ryk** -e melodious, tuneful. **~rykheid** melodiousness, tunefulness. **~siklus** song cycle. **~skool** singing school, school of singing. **~sleutel** clef. **~spel** -e, *(rare)* musical comedy, operetta, Singspiel. **~stem** singing voice. **~ster[1]** -s, *(obs.)* →SANGERES. **~ster[2]** -re singing star, star vocalist. **~stuk** song. **~toon** singing tone. **~troep** glee club. **~uitvoering** -s, -e vocal concert. **~vereniging** choral society; glee club. **~voël** songbird. **~wedstryd** singing contest/competition; eisteddfod. **~wyse** method of singing.

san·ger -gers singer, vocalist; songbird, warbler. **~-liedjieskrywer** singer-songwriter.

san·ge·res -resse (female) singer/vocalist.

san·ge·rig -rige melodious, songful, tuneful; lilting *(voice, accent)*; singsong; *~ praat* lilt. **san·ge·rig·heid** melodiousness, tunefulness, songfulness; lilt.

san·go·ma -mas, *(Zu., a traditional healer)* sangoma.

san·gri·a *(Sp., a spicy alcoholic beverage)* sangria.

san·gui·nies -niese sanguine.

San·he·drin, San·he·drin *(Jud.)* Sanhedrin, -drim.

San·he·rib Sennacherib.

sa·nik *ge-* nag, moan, whine, *(infml.)* whinge; drone, be a bore; *oor iets ~* nag about s.t.; *oor iets bly ~* go on about s.t. *(infml.)*; *hou op (met) ~* stop bothering me (*or* dinning into my ears). **~pot** →SANIKER.

sa·ni·ker -kers nag(ger), moaner, whiner, *(infml.)* whinger, whinge (bag); bore. **sa·ni·kend** -kende nagging, moaning, whining, *(infml.)* whing(e)ing. **sa·ni·ke·rig** -rige, *adj.* moany, whiny, *(infml.)* whing(e)y. **sa·ni·ke·ry** *n.* nagging, moaning, whining, *(infml.)* whinge, whing(e)ing.

sa·ni·ta·sie sanitation. **sa·ni·têr** -têre sanitary; *~e doekie* sanitary pad/towel; *~e tegniek* sanitary engineering; *~e tegnikus* sanitary engineer.

sank·sie -sies sanction; *~s teen ... toepas* apply sanctions against ... *sonder kerklike ~* without benefit of clergy. **sank·si·o·neer** *ge-* sanction; ratify, authorise; countenance.

Sankt Gal·len *(geog., Switzerland)* Saint Gall.

sank·tus *(RC, mus.)* Sanctus. *~* **klokkie** *(RC)* Sanctus bell.

San Ma·ri·no *(geog.)* San Marino. **San Ma·ri·nees** -nese, *n. & adj.* San Marinese, Sammarinese.

san·na -nas, *(hist., infml.): (ou) ~* brown Bess; blunderbuss; firelock, flintlock (musket).

San Sal·va·dor *(capital of El Salvador)* San Salvador. **sans·cu·lotte** *-lottes, (Fr.)* sans-culotte, revolutionary. **san·se·vie·ri·a** *(bot.: Sansevieria trifasciata)* sansevieria, mother-in-law's tongue. **San·skrit** *(ancient lang. of Ind.)* Sanskrit. **San·skri·ties** *-tiese* Sanskritic. **San·skri·tis** *-tiste* Sanskritist. **san·te·kraam, san·te·pe·tiek:** *die hele ~, (obs.)* the whole lot/caboodle. **san·to·nien** *(chem.)* santonin. **Sa·oe·di** *-di's,* **Sa·oe·di·ër** *-diërs* Saudi (Arabian). **~-dinastie** Saudi dynasty; *lid van die ~* Saudi, member of the Saudi dynasty. **Sa·oe·di-A·ra·bi·ë** *(geog.)* Saudi Arabia. **Sa·oe·di-A·ra·bies** *-biese,* **Sa·oe·dies** *-diese* Saudi (Arabian). **Sa·oe·di·ër** →SAOEDI. **São To·mé en Prín·ci·pe** *(geog.)* São Tomé and Príncipe. **Sap** *Sappe, (hist.)* Sap, South African Party (*or* United Party) supporter. **~-blad** South African Party paper. **sap** *sappe* juice; sap; *vol ~* juicy. **sap-: ~groen** sap green. **~loos** *-lose* sapless. **~perser** →VERSAPPER. **~ryk** *-e* sapful, sappy, juicy, succulent. **~rykheid** sappiness, juiciness. **~verf** sap colour. **sa·pe·le** sapele. **~hout** sapele. **~-mahonie** *(Entandrophragma* spp.*)* sapele mahogany. **sa·po·nien** *(chem.)* saponin. **sa·po·niet** *(min.)* saponite. **sap·peer** *(ge)-, (mil.)* sap. **sap·peur** *-peurs* sapper. **Sap·pe·rig** *-rige, (hist.)* like the South African Party (*or* United Party), Sap. **Sap·pe·rig·heid** South African Party (*or* United Party) feeling. **sap·pe·rig** →SAPPIG. **sap·per·loot, sap·per·loot** *(obs.)* →SAKKERLOOT. **sap·pies** *(children's lang.)* juice. **sap·pig** *-pige* juicy, sappy, luscious, succulent, mellow; *~e taal* racy/spicy language. **sap·pig·heid** juiciness; lusciousness; succulence; raciness; lushness. **sa·pro·faag** *-fage, (zool.)* saprophagous. **sa·pro·fiet** *-fiete (bot.)* saprophyte. **sa·pro·fi·ties** *-tiese* saprophytic. **sa·pro·fi·tis·me** saprophytism. **sa·pro·geen** *-gene* saprogenic, -genous. **sa·ra·ban·de** *-des, (mus.)* saraband. **Sa·ra·je·vo** *(geog.)* Sarajevo, Serayevo. **sa·ran·gi** *-gi's, (<Hindi, a stringed instr.)* sarangi. **Sa·ra·seen** *-sene, (hist.)* Saracen. **s~klip** *(geol.)* sarsen, greywether. **Sa·ra·seens** *-seense* Saracen. **Sard** *Sarde* →SARDINIËR. **Sar·dies** *n., (lang.)* Sardinian. **Sar·dies** *-diese, adj.* →SARDINIES. **Sar·des, Sar·dis** *(ancient city of W.Asia)* Sardes, Sardis. **sar·dien(·tjie)** *-dien(tjie)s* sardine; *soos ~s gepak sit* be (packed) like sardines. **sardientjieblik, sardiensblik** sardine tin. **sardientjiekoors** *(SA, fig.)* sardine fever. **sardientjieloop** sardine run *(off the KZN coast)*. **Sar·di·ni·ë** *(geog.)* Sardinia. **Sar·di·ni·ër** *-niërs, n.* Sardinian. **Sar·di·nies** *-niese, adj.* Sardinian; →SARDIES *n.*. **Sar·dis** →SARDES. **sar·di·us** *(min.)* sardius. **sar·do·nies** *-niese, adj.* sardonic. **sar·do·nies** *adv.* sardonically. **sar·do·niks** *-nikse, (min.)* sardonyx. **sar·dyn** *-dyne* pilchard. **Sa·rel:** *sak, ~!, (infml.)* →SAK² *vb.*. **Sa·rep·ta, Sar·fat** *(geog.)* Sarepta, Zarephath. **Sar·gas·so·see** Sargasso Sea. **sa·ri** *-ri's, (Ind. garment)* sari, saree. **sar·kas·me** sarcasm. *bytende/snydende/vlymende ~* scathing sarcasm. **sar·kas·ties** *-tiese -tieser -tiesste* (of *meer ~ die mees ~e*), *adj.* sarcastic, *(infml.)* sarky, caustic, mordant. **sar·kas·ties** *adv.* sarcastically, caustically. **sar·ko·faag** *-fae, (archaeol.)* sarcophagus, cist. **sar·koom** *-kome, (med.)* sarcoma. **Sar·maat** *-mate, n.* Sarmatian. **Sar·ma·si·ë** *(geog., hist.)* Sarmatia. **Sar·ma·ties** *-tiese, adj.* Sarmatian.

Sa·ron *(geog.)* Sharon. **sa·rong** *-rongs (Mal. garment)* sarong. **sar·ru·so·foon** *-fone, (mus.: a brass wind instr.)* sarrusophone. **sar·sa·pa·ril·la** *(bot.: Smilax* spp.; *drink)* sarsaparilla. **sar·sie** *-sies* volley, salvo, discharge; burst; *(tennis)* rally; *'n ~ afvuur* discharge/fire a volley. *'n ~ (skote)* a round (of fire); *'n ~ applous* a round/salvo of applause. **~geweer** sub-machine gun, tommy gun. **sas** explosive composition. **sa·sji·mi** *(Jap. cook.)* sashimi. **sas·sa·fras** *(bot.)* sassafras. **sat** *~ satter satste, adj. & adv.* satiated, sated; tired; sick; *~ **raak** van iets* sicken of s.t.; *~ **raak/word** van/vir iets* weary of s.t.; *('n) mens **raak/word** ~ daarvan* it palls on one; *~ **wees** van ...* be replete with ...; be sated/satiated with ...; *~ **wees** van/vir iets* be weary (*or* heartily sick) of s.t. *(infml.)*, be sick and tired (*or* sick to death) of s.t. *(infml.)*; *~ **wees** vir iem., (infml.)* be fed up with s.o., be fed up to the back teeth (*or* to the gills) with s.o., be sick of s.o.; *(oud en) der dae/dagen ~ **wees*** be worn with age; *~ **word** van/vir iets →**raak/word**.* **~worwdens:** *tot ~ (toe)* to satiety. **Sa·tan** Satan, the Devil; →SATAN; *ou ~* the (old) Serpent. **Sa·ta·nies** *-niese, (also s~)* satanic(al), diabolic(al). **Sa·ta·nis** *-niste, (also s~)* Satanist, devil worshipper. **Sa·ta·nis·me** *(also s~)* Satanism, devil worship. **sa·tan** *-tans* satan, devil, fiend; *'n ~ van 'n* (of *'n satanse) vrou* a she-devil. **sa·ta·nis·ties** *-tiese* satanic; *'n ~e ritueel* a satanic ritual. **sa·tans** *-tanse* satanic, hellish. **sa·tans·diens** black mass. **sa·tans·kind** *(infml.)* child of the devil; nasty (piece/bit of work), devil (of a person); imp. **sa·tans·werk** devil's work; devilish work, hell of a job. **sa·té** *(Mal. cook.)* satay, satai, saté. **sa·tel·liet** *-liete, (astron.)* satellite; *(man-made)* (artificial) satellite. **~dorp** satellite town. **~land** satellite country. **~navigasie** *(naut.)* satellite navigation, satnav. **~navigasiestelsel** satnav system. **~skottel** satellite dish, dish (aerial/antenna). **~staat** satellite state. **~stad** overspill town. **~televisie, ~-TV** satellite television/TV. **~uitsending** satellite broadcast; *regstreekse/direkte ~* live satellite broadcast, direct broadcasting by satellite. **sa·tem·taal** satem language. **sa·ter** *-ters, (Gr. myth.)* satyr; *(Rom. myth.)* faun. **~spel** satyric drama. **Sa·ter·da·e, Saterdags** *adv.* (on) Saturdays; →SATERDAGSE. **Sa·ter·dag** Saturday; *iets ~ doen* do s.t. on Saturday; *op 'n ~* on a Saturday; *(op) ~, Saterdae* (on) Saturdays; *jou ~ is langer as jou Sondag, (rare, joc.)* your slip is showing, your petticoat is hanging out, your Saturday is longer than your Monday. **~aand, ~môre, ~oggend, ~nag, ~(na)middag** →DINSDAG. **Sa·ter·dag·se** *adj.: ~ uitgawe* Saturday issue *(of a newspaper)*. **sat·heid** satiety; surfeit; weariness, tiredness. **sa·ti, sut·ti** *(Hind.)* suttee, sati. **sa·ti·neer** *ge-* satin, hot-press. **~pers** hot press. **sa·ti·net** *(text.)* satinet(te). **sa·ti·re** *-res* satire. **sa·ti·ries** *-riese* satiric(al). **sa·ti·ri·kus** *-rikusse, -rici* satirist. **sa·ti·ri·seer** *ge-* satirise. **sa·ti·ri·a·se** satyriasis. **sa·tis·fak·sie** satisfaction; *~ gee/eis* give/demand satisfaction. **sat·ja·gra·ha** *(Hind., policy/movement of nonviolent resistance)* satyagraha. **sa·to·ri** *(<Jap., Buddh.: sudden enlightenment)* satori. **sa·traap** *-trape, (prov. governor in ancient Persia)* satrap. **sa·tra·pie** *-pieë* satrapy. **Sat·soe·ma** *(geog., hist.)* Satsuma; *(also s~, a type of citrus fruit, or its tree)* satsuma. **~-erdewerk, ~-porselein** Satsuma (ware). **sa·tu·ra·sie** saturation. **sa·tu·reer** *ge-* saturate. **Sa·tur·na·lie·ë** *(pl.) (also s~)* saturnalia, wild revelry; *die S~, (Rom.)* the Saturnalia.

Sa·tur·nies *-niese* Saturnian. **sa·tur·nis·me** *(pathol.)* lead poisoning, saturnism. **Sa·tur·nus** *(astron., astrol., Rom. myth.)* Saturn. **sa·tyn** *(text.)* satin. **~binding** satin weave. **~duif** *(orn.)* satinette. **~glans** satin finish. **~hout** satinwood. **~papier** satin/wove paper. **~pers** hot press. **~steek** satin stitch. **sa·tyn·ag·tig** *-tige* satiny, satin. **Saul** Saul; *is ~ ook onder die profete?* is Saul also among the prophets? **Sau·lus** Saul; *~ van Tarsus, (NT)* Saul of Tarsus. **sau·na** *-nas* sauna. **saus·su·riet** *(min.)* saussurite. **Sau·ter·nes(·wyn)** *(also s~, a sweet Fr. white wine)* Sauternes. **sa·van·na** *-nas,* **sa·van·ne** *-nes* savanna(h). **sa·voir-faire** *(Fr., the ability to do the right thing in social situations)* savoir-faire. **Sa·vo·jaard** *-jaarde(s), n.* Savoyard. **Sa·vo·je** Savoy. **~kool** *(also s~)* savoy (cabbage). **Sa·voois** *-vooise, adj.* Savoyard, (of) Savoy. **sa·wel·boom** →SEWEBOOM(HOUT). **saw·we·rig** →SAFTERIG. **sax·ho·ring, saks·ho·ring** *(a mus. instr.)* saxhorn. **sax·o·fo·nies, sak·so·fo·nies** *-niese* saxophonic. **sax·o·fo·nis, sak·so·fo·nis** *-niste* saxophonist. **sax·o·foon, sak·so·foon** *-fone, (a mus. instr.)* saxophone. **~speler, ~blaser** saxophonist. **sca·la** *-las, (mus.)* scale, gamut. **scam·pi** *(pl.), (It.)* scampi, Norway lobsters, Dublin (Bay) prawns. **sce·na·ri·o** *-rio's* scenario. **scè·ne** *-nes, (Fr., theatr.)* scene. **scene** *scenes, (infml., Eng.)* scene; *'n ~ maak* make a scene. **sce·no·gra·fie** scenography. **schee·liet** *(min.)* scheelite. **Schel·de** →SKELDE. **scher·zan·do** *-zando's, -zandi, n., (It., mus., also* scherzando[-deel/passasie]*)* scherzando. **scher·zan·do** *adj. & adv., (in a playful manner)* scherzando. **scher·zo** *-zo's, (It., mus.)* scherzo. **schil·ling** *-lings, (hist., monetary unit of Austria)* schilling. **schnau·zer** *(a breed of dog)* schnauzer. **schnit·zel** *(cook.)* schnitzel, veal cutlet. **Schott·ky-ef·fek** *(phys.)* Schottky effect. **Schrö·din·ger·ver·ge·ly·king** *(phys.)* Schrödinger equation. **sci·ën·tis·me, ski·ën·tis·me** scientism. **Sci·ën·to·lo·gie, Ski·ën·to·lo·gie** *(trademark, relig.)* Scientology. **Sci·ën·to·loog, Ski·ën·to·loog** *-loë* Scientologist. **scil·i·cet** *(Lat.: namely)* scilicet. **Scil·ly-ei·lan·de** →SORLINGE. **Scor·pi·o** *(astrol.)* Scorpio, the Scorpion. **scri·ba** *-bas* (→SKRIBA): *S~ Synodi* Secretary/Clerk of the Synod. **Scyl·la** →SKILLA. **se** of, belonging to; *Pa/Ma ~ hoed* Father's/Mother's hat. **sê** *n.* say; ***geen** ~ in 'n saak hê nie* have no say in a matter; *ek het hier **geen** ~ nie* I have nothing to say here; I have no standing here; I have no competence in this matter; ***iem.** sy/haar ~ laat sê* let s.o. have his/her say; ***jou** ~ sê* have one's say; say one's piece *(infml.)*; *'n **vrye** ~ hê* be free-spoken; not conceal one's opinions. **sê** *ge-, vb.* say; state; order; utter; *iets **aan/vir** iem. ~* say s.t. to s.o.; tell s.o. s.t., tell s.t. to s.o.; *iets **agter** iem. aan ~* repeat/say s.t. after s.o.; ***alles** te ~ hê* have all the say; ***as** ek moet ~ ...* if you ask me ...; ***baie/veel** te ~ hê* have much (*or* a lot) to say; *daar is **baie/veel** voor te ~* there is much to be said for it, there is a good/strong case for it, a good/strong case may be made out for it; *iets ~ **baie/veel** vir iem.* s.t. says a lot for s.o.

(infml.); dit ~ nie ***baie/veel*** *nie* that means very little, that is not saying much; *iets* ***bedaard/rustig*** ~ say s.t. evenly; ***by*** *jouself ~ ...* say to o.s ....; ***dag*** *~ →*DAGSÊ *vb.; iem. ~* ***dat*** *...* s.o. says that ...; *iem. ~ mooi(tjies)* ***dat*** *...* s.o. actually says that ...; *iem. begin met te ~* ***dat*** *...* s.o. begins by saying that ...; *~* ***dat*** *iets goed/ens. is* describe s.t. as good/etc.; *daarmee wil hy/sy sê* ***dat*** *...* by that he/she means/implies that ...; *die Bybel ~* ***dat*** *...* it says in the Bible that ...; *iem. iets sonder* ***doekies*** *omdraai ~* tell s.o. s.t. flat; ***doen*** *wat iem. ~* do s.o.'s bidding; ***doen*** *wat jy ~* practise what one preaches; *vir iem. ~ om iets te* ***doen*** tell s.o. to do s.t.; ***doen/maak*** *soos jy ge~ word* do as one is bid/told. *~ en* ***doen*** *is twee* actions speak louder than words, promising is one thing, doing another; ***eerlik*** *ge~ →****waarheid; ek*** *~ (vir) jou ...* I tell you ..., (you may) take it from me that ...; ***ek*** *sal jou ~* I'll tell you what; ***ek*** *~, ou maat* I say, old chap; *so ge~, so* ***gedaan/gemaak*** no sooner said than done; ***genoeg*** *ge~!* say no more!; *dit kan jy* ***gerus*** *~! →****wel/gerus; goed*** *ge~!* well spoken!; *iets* ***hardop*** *~* say s.t. out loud; *iem.* ***het*** *ge~ hy/sy is bly/ens.* s.o. said he/she was glad/etc.; ***hoe*** *~?, (infml.)* what did you say?, (I beg your) pardon?; ***hoe*** *sal ek (dit) ~?* how shall I put it?; ***hulle*** *~ ...* they say ...; ***hulle*** *(of die mense) ~ ..., daar* ***word*** *ge~ dat ...* they/people say that ..., it is said (*or* the story goes) that ...; it is reported that ...; ***hulle*** *~ dat ..., (also)* rumour has it that ..., it is rumoured that ...; *ek hoor* ***hulle*** *~ dat ..., (also)* I hear it rumoured that ...; ***iets*** *te ~ hê* have a word to say; *daar ~ jy* ***iets!*** you can say that again! *(infml.); daar is* ***iets*** *voor te ~* a case can be made out for it; *(vir) iem. (van)* ***iets*** *~* tell s.o. of s.t.; *jy* ***kan*** *maar ~* as it were; *ek* ***kan*** *nie ~ nie* I cannot say, I don't know; *ek sou nie* ***kon*** *~ nie* I wouldn't know; *dit gebeur,* ***laat ons*** *~, een keer per maand* it happens, say once a month; ***laat ons*** *maar ~ ...* shall we say ...; ***maak*** *soos jy ge~ word →****doen/maak; ~ (maar)*** *vyftig rand* (let us) say fifty rand; *neem 'n getal, ~ (nou)* ***maar*** *tien* take a number, say ten; ***makliker*** *ge~ as gedaan* more easily said than done; *wat* ***meer*** *~* what is (*or* what's) more; *die* ***meeste*** *te ~ hê* do most of the talking; *die* ***mense*** *~ ... →****hulle;*** *hoe* ***minder*** *daarvan ge~ word hoe beter* least said, soonest mended; ***moeilik*** *om te ~ wanneer/wat/wie ...* there is no saying/telling when/what/who ...; *dit* ***moet*** *ek ~* I must say ...; *ek* ***moet*** *~ dat ...* I must (*or* have to) confess that ...; I am bound to say that ...; *ek* ***moet*** *(ook) ~ dat ...* I may mention that ...; *(vir iem.)* ***môre*** *~ →*MÔRE; *ek het (jou)* ***mos*** *ge~!* I told you so!; ***na*** *hulle ~* according to what they say; *jou* ***naam*** *~* give one's name; *vir iem.* ***naand*** *~ →*NAAND *interj.; (vir iem.)* ***nee*** *~* say no (to s.o.); *~* ***net*** *(ja)!* just say the word!; *om* ***nie*** *te ~ ... nie* not to say ...; *dit is* ***nie*** *te ~ nie* that does not follow; *dit is* ***nie*** *te sê dat ... nie, (also)* that doesn't mean that ...; *('n) mens hoef seker* ***nie*** *te ~ ... nie* one need scarcely say ..., needless to say ...; ***nie*** *as ek iets (daaroor) te ~ het nie* not if I can help it; ***niks*** *~ nie* keep completely silent; *ek ~* ***niks*** I'm not saying anything; *iem. mag* ***niks*** *~ nie* s.o.'s lips are sealed; *iem. wou* ***niks*** *~ nie* s.o. refused to comment; *jy ~* ***niks,*** *hoor (jy)!* mum's the word! *(infml.);* ***niks*** *in 'n saak te ~ hê nie* have no say/voice in a matter; ***niks*** *op/teen iets te ~ hê nie* have no fault to find with s.t.; have no quarrel with/against s.t.; *daar is* ***niks*** *op/teen te ~ nie* there is nothing to be said against it; *iets ~ vir iem.* ***niks*** s.t. conveys nothing to s.o., s.t. does not mean anything to s.o.; *dit ~* ***niks*** that means/proves nothing; *~* ***nou*** *...* let us suppose ...; *~* ***nou*** *...?* what if ...?; *~* ***nou*** *iem. sien hom* what if s.o. sees him?, suppose s.o. saw him; *dis* ***nou*** *(weer) (vir jou) te ~!* well I never! *(infml.),* there's something for you *(infml.); dis (ook)* ***nou*** *te ~!* you don't say (so)! *(infml.); iets* ***omtrent/oor/van*** *... ~* say s.t. about ...; ***onder ons*** *ge~* between ourselves (*or* you and me); *iem. iets* ***onomwonde*** *~* tell s.o. s.t. plainly, tell s.o. s.t. in plain English *(infml.); iets* ***oor en oor*** *~* repeat o.s.; *iets* ***oor en oor*** *vir iem. ~* din s.t. into s.o., din s.t. into s.o.'s ears; *soos* ***reeds*** *ge~* as already stated; *iets* ***reguit/padlangs/prontuit/ronduit*** *~* say s.t. straight out; *iets* ***reguit/ens.*** *vir iem. ~, iem. iets* ***reguit/ens.*** *~* give it to s.o. (straight) from the shoulder, tell s.o. s.t. straight; *ek het hom/haar* ***reguit*** *ge~* I told him/her straight (to his/her face); *~ dit* ***reguit!*** say what you have on your mind!, spit it out! *(infml.); om dit (maar)* ***reguit/ens.*** *te ~, (also)* to put it bluntly; *iets* ***ronduit*** *~ →****reguit/padlangs/prontuit/ronduit;*** *iets* ***rustig*** *~ →****bedaard/rustig;*** *ek* ***sal*** *(vir) jou ~* I'll tell you what, I know what; *iem.* ***het*** *ge~ hy/sy* ***sal*** *...* s.o. said he/she would ...; *jou* ***sê*** *~, ~ wat jy te ~* ***het*** have one's say; say one's piece *(infml.); iem. sy/haar* ***sê*** *laat ~* let s.o. have his/her say; *('n) mens kan met* ***sekerheid*** *~ dat ...* it is safe to say that ...; it is a safe bet that ...; *al ~ ek dit* ***self*** (al)though I say it myself; *hoekom/waarom ~ jy* ***so?*** why do you say that?; ***so*** *te ~* as it were; as you might say; so to say; *(om)* ***so*** *te ~* so to speak, in a manner of speaking; ***sonder*** *om iets te ~* without a/another word; ***soos*** *Plato ~* as Plato has it; *iets* ***stotterend*** *~* stutter out s.t.; *daar is* ***tereg*** *ge~ ...* it has been truly said ...; ***terloops*** *~* say in passing; *~ my/ons* ***tog!*** do tell me/us!; *iets* ***van*** *... ~ →****omtrent/oor/van; veel*** *te ~ hê →****baie/veel;*** *iem. iets* ***vertroulik*** *~* tell s.o. s.t. in confidence, confide s.t. to s.o.; *iets* ***vir*** *iem. ~ →****aan/vir; vir*** *iem. oom/ens. ~* call s.o. uncle/etc.; *om die* ***waarheid*** *te ~,* ***eerlik*** *ge~* to tell the truth; in truth; (quite) frankly; ***wat*** *ek wil ~ ...* what I'm getting at ...; ***wat*** *~ jy?* (I beg your) pardon?, pardon me?; what are you saying?, what do you say?; ***wat*** *~ jy* ***daarvan!*** how do you like that!; ***wat*** *het ek jou ge~?* what did I tell you?; *(reguit) ~* ***wat*** *jy dink* speak one's mind, speak out; *dis* ***wat*** *hy/sy ~* that is his/her story; *volgens* ***wat*** *iem. ~* from what s.o. says; *al ~ jy* ***wat!*** say what you like!; ***wat*** *nog te ~ ...* let alone ...; not to mention ...; *iem.* ***weet*** *wat hy/sy ~* s.o. knows what he/she is talking about; *nie* ***weet*** *wat om te ~ nie* not know what to say; be stuck for an answer; *dit kan jy* ***wel/gerus*** *~!* you can say that again! *(infml.); dit mag jy* ***wel/gerus*** *~* you may well (*or* indeed) say that/so; ***wie*** *~ (so)?, (infml.)* says who?; ***wie*** *kan ~?* who can tell?, who knows?; *maar* ***wie*** *~?, (infml.)* but nothing of the kind/sort!; *dit* ***wil*** *~ ...* that is to say ..., that is/means ...; *dit* ***wil*** *~ amateurs/ens.* amateurs/etc., that is; *dit* ***wil*** *nie ~ nie* that does not follow; that is not necessarily so; *dit* ***wil*** *nie ~ dat ... nie* it does not follow that ...; *ek* ***wil*** *~ ...* I mean to say ...; *wat iem.* ***wil*** *~* what s.o. is getting at; *iem. ~ wat hy/sy* ***wil*** s.o. says what he/she likes; *daar* ***word*** *ge~ dat ... →****hulle.*** **~ding** *sêdinge, sêgoed* wisecrack, quip; saying, expression. **~goed** *(pl.)* wisecracks, witticisms, witty sayings; repartee.

Sea·ly·ham(·ter·ri·ër) *(breed of dog, also s~)* Sealyham (terrier).

sé·an·ce *-ces* seance, séance.

Se·ba·ot *(Bib.)* Sabaoth.

se·ba·sien·suur sebacic acid.

Se·be·de·us *(NAB),* **Se·be·dé·üs** *(OAB)* Zebedee.

se·blief →ASSEBLIEF.

se·boe *-boes, (a breed of ox)* zebu.

se·bor·ree *(med.)* seborrhoea.

se·bra *-bras, (zool.)* zebra. **~hout** zebrawood, zebrano. **~oorgang** zebra crossing. **~vul** zebra foal. **~wolf** zebra wolf.

se·bra·ag·tig, se·bra·äg·tig *-tige* zebrine.

Se·bu·lon Zebulun *(AV, NIV),* Zebulon *(Douay Bible).* **Se·bu·lo·niet** *-niete* Zebulunite, Zebulonite.

se·cun·da(·wis·sel) *(fin.)* second/duplicate of exchange, second of a bill.

se·cun·do *(Lat.)* in the second place.

se·dan *-dans,* **se·dan·mo·tor** *-tors* sedan (car).

se·de *-des* manner, custom, habit; *(also, in the pl.)* customs, habits; morals; *die ~s bederf* corrupt/deprave the morals; *~s en gewoontes* manners and customs; *'n vrou van ligte/losse ~s* a woman of easy virtue. **~bederf** corruption (of morals), depravity, demoralisation. **~bederwend** *-e* corruptive. **~blyspel** comedy of manners. **~kunde** →SEDELEER. **~kundig** *-e* ethical, moral. **~leer, ~kunde** ethics, moral philosophy, moralism, morality. **~les** moral lesson, moral; *iets bevat 'n ~les* s.t. points a moral. **~meester** *(rare, obs.)* moralist, moraliser, censor. **~misdryf** offence against public morals, act of indecency. **~-ondermynend** morally deleterious. **~polisie** *(obs.)* vice squad. **~prediker** →SEDEPREKER. **~preek** lecture in morals, (moralising) sermon, homily, preachment. **~preker, ~prediker** moraliser, sermoniser, teacher of morals. **~spreuk** (moral) maxim, apo(ph)thegm. **~wet** code of morality, moral law/code; public morality act.

se·deer *(ge)-* cede, assign, make over.

Se·de·ki·a *(NAB),* **Se·de·kí·a** *(OAB), (OT)* Zedekiah.

se·de·lik *-like* moral, ethical; *~e gedrag/lewe* moral behaviour/life; *~e krag* thews *(fig.); ~e moed* moral courage. **se·de·lik·heid** morals, morality; *openbare ~* public morals, morality. **se·de·lik·heids·ge·voel** moral sense, sense of morality.

se·de·loos *-lose* immoral, dissolute, profligate, abandoned, licentious, reprobate. **se·de·loos·heid** immorality, dissoluteness, profligacy, depravity.

se·dent *-dente, (jur.)* cedent, assignor.

se·den·têr *-têre* sedentary.

se·der *-ders* cedar. **S~berge:** *die ~* the Cedarberg. **~boom** cedar tree. **~hout** cedarwood.

se·der·ag·tig *-tige* cedrine.

se·dert *prep., conj.* since; for; *~ die oorlog* since the war; *~ lank* for a long time past, for ages. **~dien** since then, (ever) since.

se·dig *-dige* modest, retiring, demure, prim, coy; decorous; *danig ~* prim and proper; *so ~ soos 'n ouderling* as sober as a judge. **se·dig·heid** modesty, demureness, primness, coyness; decorousness.

se·di·ment *-mente* sediment. **se·di·men·ta·sie** sedimentation. **se·di·men·têr** *-têre* sedimentary. **se·di·men·te·ring** sedimentation.

se·di·ment·ge·steen·te sedimentary rocks.

se·di·sie sedition, rebellion. **se·di·si·eus** *-euse* seditious.

se·doos *(infml.)* →SUIDOOSTER.

se·duk·sie *-sies* seduction.

see *seë* sea, ocean; the deep; flood, torrent; multitude; ***aan/by*** *die ~* by/on the sea, at the seaside; *iem. so slegsê dat die ~ hom/haar nie kan* ***afwas*** *nie* give s.o. the dressing-down of his/her life *(infml.); die ~* ***bevaar*** follow the sea; *'n ~ van* ***bloed*** seas/oceans of blood; *die ~* ***deurkruis*** sweep the seas; *na die ~ (of ~ toe)* ***gaan*** go to the seaside; go to sea; *op ~* ***gaan*** go to sea; *oor ~* ***gaan/reis*** go/travel by sea; cross the sea/ocean (→OORSEE *adv.*); *reg deur ~* ***gaan,*** *(obs.)* be straightforward (in one's dealings); *~* ***in*** →SEE-IN; *die ~* ***invaar,*** *(die) ~* ***kies*** put (out) to sea, stand to sea; *die stad lê aan die ~* the town is situated on the sea; *'n ~ van* ***lig*** a flood of light; *die ~ is* ***onstuimig*** there is a heavy/high sea; *die* ***oop*** *~* the open sea; *in die* ***oop*** *(of in* ***volle****) ~* on the high seas; ***oor(kant)*** *die ~* over the water; ***op*** *(die) ~,* ***ter*** *~* at sea; on/upon the sea; ***op/ter*** *~ en op/te land* by sea and land; *'n ~ van* ***rampe*** a sea/multitude of troubles; *oor ~* ***reis*** *→****gaan/reis;*** *die ~* ***skoonvee*** sweep the seas; *in die ~* ***spring*** jump into the sea; *in ~* ***steek,*** *(obs.) →die see* ***invaar;*** ***ter*** *~ →****op/ter;*** *'n ~ van* ***trane*** a flood of tears; *'n ~ van* ***vlamme*** a sea of flames; *in* ***volle*** *~ →****oop;*** *'n ~ van* ***woorde*** a deluge of words. **~afsetting** marine deposit. **~ajuin** *(bot.: Scilla spp.)* squill; sea leek/onion. **~akwarium** oceanarium. **~anemoon** sea anemone, actinia. **~anker** sea/drag/water anchor. **~arend** sea eagle; ern(e) *(lit.).* **~arm** arm of the sea, firth; bay. **~assuransie** →SEEVERSEKERING. **~aster** starwort. **~atlas** nautical atlas. **~baars** sea bass. **~bad** *-baaie (rare),* dip in the sea. **~badplaas, ~badplek** *(dated)* seaside resort. **~baken** seamark, beacon. **~bamboes** *(Ecklonia maxima)* sea bamboo. **~bank** sea bank, bar. **~bedding** seabed, ocean bed/floor. **~bene** sea legs; *iem. het nog nie sy/haar ~ nie* s.o. does not have his/her sea legs yet. **~berg** submarine mountain, seamount. **~beril** *(min.)* aquamarine. **~beskrywer** oceanographer. **~beskrywing** oceanography. **~bewing** seaquake, submarine earthquake. **~bewoner** sea(-living) animal, inhabitant of the sea. **~biologie** marine biology. **~bioloog** marine biologist. **~blou** sea-blue. **~bodem** seabed, sea bottom, ocean bed/floor. **~bodem-ontginning** offshore development. **~boei** marine buoy. **~boon(tjie)** sea bean. **~boot** sea boat. **~boulevard** sea front. **~brasem** *(icht.)* sea bream. **~breker** breakwater, mole. **~brief** certificate of registry, sea paper. **~bries** sea/onshore breeze. **~buitreg** prize law. **~dadel** date shell. **~den** maritime pine, cluster pine/fir. **~diamant** marine diamond. **~diens** maritime/naval service. **~dier** marine animal; *(also, in the pl.)* marine fauna. **~drif(sel)** flotsam and jetsam, floatage. **~duif** *(Daption capensis)* Cape pigeon. **~duiker** *(orn.)* diver; cormorant; *(Phalacrocorax aristotelis)* shag. **~duiwel** *(icht.)* sea devil, devilfish; devil ray; angler (fish); frogfish. **~dyk** sea bank/wall. **~-eend** sea duck; *(Melanitta* spp.*)* scoter; *Amerikaanse ~* canvasback. *groot ~* scoter. **~-egel, ~-eier** →SEEKASTAIING. **~-eik** sea oak. **~-eilandkatoen** *(text.)* sea-island cotton. **~-engel** *(icht.)* angelfish, angel shark, sea-angel. **~-engte** strait, sound, narrow, neck. **~fauna** marine fauna. **~forel** *(icht.)* pug/sea trout. **~gang** seaway. **~gat** sea inlet/outlet, estuary. **~geruis** roaring of the waves. **~gesig** seascape, sea view. **~gevaar** sea-risk. **~geveg** sea fight, naval battle. **~god** sea god. **~godin** sea goddess. **~golf** sea/ocean wave, billow; gulf. **~gras** seagrass; seaweed, kelp. **~gras-as** kelp. **~groen** *n.* sea green, aquamarine. **~groen** *adj.* sea-green, aqua; glaucous *(tech., lit.)*. **~groensteen** *(min.)* →AKWAMARYN. **~grot** sea cave. **~haas** *(marine gastropod: Aplysia* spp.*)* sea hare. **~handel** (over)sea/maritime trade. **~hawe** seaport, harbour. **~hawer** *(Elymus* spp.*)* lyme grass. **~heerskappy** naval supremacy. **~held** naval hero. **~hiasint** squill. **~hond** seal; *gewone ~* common seal; *klein ~jie* seal pup. **~hoof** pier; jetty; mole. **~-in** seawards. **~-invloed** oceanity. **~kaart** nautical chart. **~kaartmaker** hydrographer. **~kabel** marine cable. **~kadet** sea cadet, midshipman. **~kant** sea(board) side; sea front; seaside; *aan die ~* to seaward, on the sea side. **~kaptein** sea/naval/ship's captain, master mariner, shipmaster. **~kastaiing, ~-egel** echinoid, echinus, sea urchin/egg. **~kat** octopus. **~klaar** ready to sail. **~klapper** sea coco(nut), coco de mer *(Fr.)*. **~klep** seacock, sea valve. **~klimaat** marine/ocean(ic) climate. **~koei** →SEEKOEI. **~komkommer** *(zool.)* sea cucumber, trepang, holothurian. **~kompas** mariner's compass. **~kool** sea kale/cabbage. **~kos** seafood. **~kreef** →KREEF. **~krokodil** *(Crocodylus porosus)* estuarine crocodile. **~kunde** oceanography. **~kundig** =*e* oceanographic. **~kundige** =*s* oceanographer. **~kus** seacoast, seashore, seaside, seaboard; *die S~ van die Dood* the Skeleton Coast. **~kwal** jellyfish, medusa, acaleph. **~laars** =*e* →SEESTEWEL. **~lamprei** sea eel. **~leeu** sea lion, eared seal; Cape fur seal; *klein ~tjie* sea-lion calf. **~lelie** sea lily, crinoid. **~lewe** sea life, life at sea; marine life. **~liede** →SEEMAN. **~lug** sea/marine air. **~lui** →SEEMAN. **~luiperd** leopard seal. **~mag** fleet, navy, naval force; →SEEMOONDHEID. **~man** →SEEMAN. **~meermin** mermaid. **~meeu** (sea)gull, seamew. **~merk** →SEEBAKEN. **~mis** sea fog/mist. **~monster** *(myth.)* sea monster, orc. **~moondheid** =*moondhede*, **~mag** =*magte* naval/maritime/marine/sea power. **~muis** *(worm: Aphrodite* spp.*)* sea mouse. **~museum** oceanarium. **~muur** sea wall. **~myl** sea mile, nautical/geographical mile; *2 ~e* 2 sea miles. **~myn** sea/naval/drifting mine; moored mine. **~nimf** sea nymph; *(Gr. myth.)* Oceanid. **~-offisier** naval officer. **~-olifant** sea elephant, elephant seal. **~oorlog** sea/naval/maritime war. **~oorlogvoering** naval warfare. **~otter** *(zool.: Enhydra lutris)* sea otter. **~paling** conger (eel), sea/marine eel. **~perd** walrus, morse; *(myth.)* sea horse. **~perdjie** *(icht.)* sea horse, horsefish; *(myth., anat.)* hippocampus. **~plant** marine plant. **~pok** *(zool.)* cirriped(e). **~poliep** sea polyp. **~polis** marine policy. **~pos** sea/ocean mail. **~posdiens** ocean mail service. **~raaf** *(orn.)* cormorant. **~ramp** shipping/naval disaster. **~redding, ~reddingsoperasie, ~reddingsaksie** sea rescue; *~ (van)uit die lug* air-sea rescue. **~reënboog** marine rainbow. **~reg** maritime/marine/sea law. **~reis** voyage, sea trip; *'n ~ onderneem* make a voyage; *op 'n ~ gaan* go on a voyage; *'n kalm ~ hê* have a smooth passage. **~reisiger** voyager. **~rob** seal, sea dog; *(infml., experienced/old sailor)* old salt, shellback. **~roete** ocean lane, seaway. **~roof** piracy; *~ pleeg* commit/practise piracy; carry away jetsam. **~roos** sea anemone. **~rower** pirate, buccaneer, sea dog. **~rowersnes** pirates' lair. **~rowersvlag** pirate flag, jolly Roger. **~rowery** piracy; →SEEROOF. **~ruimte** sea room. **~sand** sea sand. **~siek** seasick. **~siekte** seasickness, nausea, mal de mer *(Fr.)*. **~skilder** marine painter, painter of seascapes. **~skilpad** sea/marine turtle, marine tortoise, shellback. **~skip** ocean-going/seagoing ship; ocean steamship. **~skuim** sea foam; cuttle(bone). **~skuimer** *(rare, obs.)* pirate. **~skuimery** *(rare, obs.)* piracy. **~skulp** sea/marine shell, conch. **~slaai** sea lettuce. **~slag** naval/sea battle; anchor knot, fisherman's bend. **~slak** sea/marine snail; *naakte ~* sea slug. **~slang** sea snake; *(myth.)* sea serpent. **~sog** wake *(of a ship)*. **~soldaat** marine. **~sout** sea salt. **~spieël, ~vlak** sea level; *bo/onder ~* above/below sea level; *by/op ~* at sea level. **~spinnekop** spider crab. **~ster** starfish, asteroid. **~stewel** sea boot. **~stilte** sea-calm. **~storm** storm at sea. **~straat** strait(s), sound. **~strand** seashore; (marine) beach, sands. **~stroming, ~stroom** ocean current. **~stryd** naval war; naval battle. **~stuk** *(picture/etc. of the sea)* seascape, sea piece. **~swa(w)el(tjie)** tern, scray(e); *Arktiese ~* arctic tern. **~tak** coral branch. **~term** nautical term. **~tong** *(icht.)* →TONGVIS. **~tonnel** submarine tunnel. **~trompet** speaking trumpet. **~vaarder** →SEEVAARDER. **~vaart** →SEEVAART. **~vaartuig** sea(going) vessel. **~varend** →SEEVAREND. **~vark** *(icht.)* porpoise, sea hog; *(Abalistes stellaris)* triggerfish. **~varkie** *(icht.)* cowfish. **~versekeraar** marine underwriter. **~versekering, ~assuransie** marine/maritime insurance. **~vervoer** sea carriage/transport. **~vesting** naval/coastal fortress. **~vinkel** *(bot.)* samphire. **~viooltjie** →STRANDVIOOLTJIE. **~vis** sea/marine fish; deep-sea fish. **~viskundige** =*s* marine ichthyologist. **~visser** sea-fisher(man). **~vissery** sea-fishery, -fisheries; sea-fishing; deep-sea fishing. **~vlak** surface of the sea; →SEESPIEËL. **~vlakte** maritime plain. **~vliegtuig** seaplane. **~vliegveld** seadrome, sea aerodrome/airport. **~vlooi** *(entom.)* sand hopper, beach/sand/sea flea. **~voël** seabird, sea fowl. **~vrag** (sea) freight. **~vrou** *(rare)* mermaid. **~waardig** =*e* seaworthy. **~waardigheid** seaworthiness. **~waarts** =*e, adj.* seaward, offshore. **~waarts** *adv.* seaward(s), to seaward, offshore; *~ hou* stand off (to sea). **~water** seawater, brine. **~waterseep** marine soap. **~watersteen** *(min.)* →AKWAMARYN. **~waterterapie** thalassotherapy. **~weer** seaward defence. **~weerboot** seaward defence vessel. **~weg** ocean/sea route, ocean highway, ocean/sea lane, ocean=, seaway. **~wering** breakwater, sea wall, dike. **~wese** naval/maritime affairs. **~wier** seaweed, kelp, marine algae. **~wind** sea wind. **~wolf** *(icht.)* wolffish, sea wolf. **~wurm** sea/marine worm; *(Arenicola* sp.*)* lug(worm). **~-ys** sea ice.

seë= →SEGE.

seeg *sege, (rare)* sheer *(of a ship)*.

see·koei *(zool.)* hippopotamus, *(infml.)* hippo; *(icht.: Lactoria* spp.*)* cowfish. *dis net die oortjies van die ~, (infml.)* it is just/only the tip of the iceberg. **~bul** bull/male hippopotamus. **~gat, seekoegat** hippopotamus pool, deep/river pool. **~kalf** hippopotamus calf, baby hippo. **~koei** cow/female hippopotamus. **~sambok** hippo-hide sjambok. **~spek** hippopotamus-fat.

se·ë·krans →SEGEKRANS.

seel *seels, (rare)* (birth) certificate; *iem. se ~ lig, (rare, obs.)* ask for (*or* look into) s.o.'s birth certificate; check s.o.'s bona fides; enquire into s.o.'s credentials/past; →DOOPSEEL.

se·ël *seëls, n.* stamp; seal; signet; *'n ~ **afstempel*** cancel a stamp; *die ~ op iets **druk*** set the seal on s.t.; *onder ~ van **geheimhouding*** under seal of secrecy/silence; *jou ~ aan iets **heg**, (fig.: authorise/confirm s.t.)* set one's/the seal on/to s.t.. **se·ël** *ge=, vb.* seal (up) *(a letter with sealing wax)*; place under seal *(a house)*; set one's/the seal to; *(rare)* stamp *(a letter etc.)*. **~afdruk** seal. **~belasting, ~reg** stamp duty. **~gelde** stamp duties. **~handelaar** stamp dealer. **~kantoor** stamp office. **~koste** stamp duty. **~kunde** sigillography. **~kundig** sphragistic. **~lak** sealing wax. **~lood** lead seal. **~merk** seal. **~middel** sealant. **~outomaat** stamp machine. **~plakkertjie, ~plakstrokie** *(philat.)* stamp hinge. **~reg** →SEËLBELASTING. **~ring** signet/seal ring. **~wet** stamp act.

seë·laar =*laars* sealant.

See·land[1] *(Dutch province)* Zeeland; →SEEU.

See·land[2] *(Danish island)* Zealand.

seem=: **~kleur** buff colour. **~lap** →SEEMSLEERLAP.

see·man =*manne*, =*liede*, =*lui* seaman, sailor, sailorman *(chiefly infml.)*, seafarer, mariner, nautical man; *bevare ~* able(-bodied) seaman; *gewone ~* ordinary seaman. **~sak** kitbag, seaman's bag. **~skap** seamanship; skill in navigation.

see·mans=: **~almanak** nautical almanac. **~graad** rating. **~hoed** nor'wester; sou'wester. **~huis** seamen's/sailors'/mariners' home. **~knoop** sailor's knot. **~lewe** seafaring/sailor's life. **~taal** nautical language. **~term, ~woord** nautical term. **~woordeboek** nautical dictionary.

seems·leer chamois leather, shammy (leather) *(infml.)*. **~lap, seemlap** chamois, shammy.

se·ën[1] *seëns, n.* seine (net). **se·ën** *ge=, vb.* seine.

se·ën[2] *seëninge, n.* blessing, benediction; mercy; godsend, boon, piece of luck; →SEËNING; *'n ~ **afbid*** invoke a blessing; *'n **bedekte** ~* a blessing in disguise; *iets jou ~ **gee*** give s.t. your blessing; *iets is 'n **halwe** ~* s.t. is a mixed blessing; *iets op **hoop** van ~ doen* do s.t. hoping for the best; *dit is **'n** ~* it's a mercy; *daar **rus** geen ~ op nie* no good will come of it; *die ~ **uitspreek*** pronounce the benediction; *die/'n ~ **vra*** say grace; ask a blessing. **se·ën** *ge=, vb.* bless; prosper; *met iets **geseën(d)** wees* be blessed with s.t. ***God** ~ jou/u* God bless you; *mag die **Here** jou/u ~* may the Lord bless you. **~bede** blessing, benediction. **~wens** blessing, benediction; *met ~e* with best wishes.

se·ë·nend =*nende* benedictory.

se·ë·ning =*ninge* blessing, benediction, benison; →SEËN; *dankbaar wees vir geringe ~e* be grateful/thankful for small mercies; *iem. met ~e oorlaai* rain/shower blessings on/upon s.o..

seep *sepe, n.* soap; →SEPIE; *so glad soos ~* as slippery as an eel; *'n koekie ~* a cake of soap; *'n steen ~* a bar of soap. **seep** *ge=, vb.* soap (in); lather. **~bakkie** soap dish. **~bel** soap bubble; *die ~ van iets prik* (of *laat bars*), *(fig.)* prick the bubble of s.t.; *dit het soos 'n ~ uiteengespat* the bubble has burst. **~boom** *(Quillaja saponaria)* soapbark (tree); soapberry. **~bos** soap bush. **~-ekseem** washerwoman's itch. **~fabriek** soap factory/works. **~fabrikant** soap manufacturer. **~glad** as slippery as an eel; as smooth as butter. **~houer** soap dispenser. **~kis(sie)** soapbox. **~kisredenaar** soapbox orator. **~kiswedren** soapbox race. **~klip** →SEEPSTEEN. **~kruid** *(Saponaria* spp.*)* soapwort. **~kwas** shaving brush. **~loog** soap lye. **~maker** soap boiler. **~oplossing** soap solution. **~poeier** soap powder, powdered soap. **~pot** soap cauldron. **~skuim** lather, (soap)suds. **~smeersel** *(hist., med.)* opodeldoc, soap liniment. **~soda** caustic soda, sodium hydroxide. **~sop** *(rare)* →SEEPWATER. **~spaan** soap skimmer. **~steen, ~klip** *(min., geol.)* soapstone, steatite. **~vlokkies** *(pl.)* soap flakes. **~water** soapy water, (soap)suds.

seep·ag·tig =*tige* soapy, saponaceous.

seep·loos =*lose* soapless; *~lose wasmiddel* synthetic detergent.

se·ë·praal →SEGEPRAAL.

seer[1] *sere, n.* sore; ulcer; *'n ~ **aan** jou vinger/ens. hê* have a sore on your finger/*etc.*; *'n **etterende/lopende** ~* a festering/running sore; *die ~ **sweer*** the sore gathers; *sere **vorm*** ulcerate, fester. **seer** *seer seerder seerste, adj.* sore, painful; *'n ~ **hou*** a stinger *(infml.)*; *iem. se ... **is** seer* s.o.'s ... hurts *(leg etc.)*, s.o.'s ... aches *(head etc.)*; *~ **oë*** sore eyes; *~ **rug*** sore/painful back; *~ **voel** oor iets, (infml.)* be/feel cut up about s.t.; *~ **wees*** smart, pain, hurt. **seer** *adv.* painfully; *~ maak* →SEERMAAK. **~keel** sore throat, pharyngitis. **~kop** *(vet.)* fowl pox. **~kry** *seerge=* hurt; get hurt. **~maak** *seerge=* hurt; *(med.)* traumatise; cut; damage; crock; *iem. maak hom/haar ~* s.o. hurts him=/herself; *dit maak ~* it hurts. **~oë** *(med.)*

xerophthalmia. ~**oog** *adj.* sore-eyed. ~**oogblom** *(Cyrtanthus* spp.*)* sore-eye flower. ~**poot** *adj., (an animal)* footsore; →SEERVOET. ~**rug** with a sore back; *'n perd ~ ry* scald a horse's back, get a horse's back saddle-sore. ~**skaam** mortified. ~**voet** *adj., (a person, an animal)* footsore; →SEERPOOT. ~**vormend** *-e* ulcerative. ~**vorming** ulceration.

seer² *adv., (fml.)* very (much), extremely; highly; badly; sorely; ~ *seker* (most) certainly; indeed; *iem. sal iets ~ seker doen* s.o. will surely do s.t.. *ten ~ste* greatly *(appreciate);* utterly *(condemn).* **S~eerwaarde** *(dean)* Very Reverend. **S~geleerde** *(obs.)* Very Learned; *(not translated in forms of address): Die ~ Heer Dr. X., (obs.)* Dr X.

seer·ag·tig *-tige* ulcerous.

seer·de·rig, *(infml.)* **se·re·rig** *-rige* rather sore.

seer·heid soreness, painfulness.

seer·tjie *-tjies* small sore.

se·ë·tog →SEGETOG.

Seeu *Seeue* Zeelander. **Seeus** *n.* Zeeland dialect. **Seeus** *Seuse, adj.* of Zeeland, Zeeland; of the dialect of Zeeland; →SEELAND[1].

see·vaar·der *-ders* seafarer, seafaring man, sailor, mariner, navigator; voyager; *prins Hendrik die S~* Prince Henry the Navigator.

see·vaart navigation; seafaring; voyage; *geskiedenis van die ~* naval history. ~**geskiedenis** naval history. ~**kunde** (art/science of) navigation, nautical art, naval science, seamanship. ~**kundig** *-e* naval, nautical, pertaining to navigation, navigational. ~**lig** marine/navigation light. ~**skool** naval academy/college, school of navigation. ~**tafel** nautical table.

see·va·rend *-rende* seafaring *(nation),* maritime *(country);* seagoing, ocean-going *(ship).*

se·ë·vier *ge-* triumph, gain the victory, conquer, be victorious; *oor ... ~* triumph over ...; gain a victory over ...; prevail against/over ... **se·ë·vie·rend** *-rende* triumphant, victorious.

se·fa·lo·po·de, ke·fa·lo·po·de *-des, (zool.)* cephalopod.

Se·fan·ja *(OT)* Zephaniah.

Se·far·di *-dim, (Sp./Port. Jew)* Sephardi. **Se·far·dies** *-diese* Sephardic.

se·fier *-fiere, -fiers, (poet., lit.)* zephyr; *(text.)* zephyr. ~**stof** zephyr cloth.

seg *ge-* say; →SÊ *vb.; ge~de getuie* the said witness. **seg·baar** *-bare, (rare, obs.)* predicable. **seg·gen·skap** say, voice; *iem. het geen ~ in die saak (of geen ~ daaroor) nie* s.o. has no say/voice in the matter; *~ in 'n saak hê* have a say/voice in a matter; ***onder** die ~ van ...* under the authority of ...; under the umbrella of ... *~ **oor** ... hê* have authority over ... **seg·ging** (manner of) expression, phraseology, style; diction. **seg·gings·krag** power of expression, expressiveness, command of words/speech; →SEGS-.

se·ge *-ges* victory. ~**krans, seëkrans** garland, triumphal wreath. ~**kroon, seëkroon** crown of victory. ~**lied, seëlied,** ~**sang, seësang** paean, song/hymn of victory. ~**poort, seëpoort** triumphal arch. ~**praal, seëpraal** *-prale, n., (obs.)* triumph, victory. ~**praal, seëpraal** *ge-, vb., (obs.)* triumph, gain the victory. ~**pralend, seëpralend** *-e, (obs.)* triumphant, victorious. ~**sang** →SEGELIED. ~**teken, seëteken** trophy. ~**tog, seëtog** triumphal progress/procession/march. **se·ge·vuur** bonfire.

seg·ging →SEG.

seg·ment *-mente* segment, piece. **seg·men·taal** *-tale* segmental, segmentary. **seg·men·ta·sie, seg·men·te·ring** segmentation. **seg·men·teer** *ge-* segment, divide into segments. **seg·ment·vor·mig** *-mige* segmentary.

se·gre·geer *ge-* segregate. **se·gre·ga·sie** segregation. **se·gre·ga·sie·be·leid** segregation policy. **se·gre·ga·si·o·nis** *-niste* segregationist.

segs-: ~**man** *-manne* spokesman, informant, source; ~**persoon** *-persone, -lui* spokesperson, informant, source; *volgens een ~* according to one source/authority. ~**vrou** *-vroue* spokeswoman, informant, source; ~**wyse** expression, saying, idiom, phrase, turn of speech, locution; diction.

sei·dis·sel, sui·dis·sel *-sels, (Sonchus oleraceus)* sow/milk thistle.

se·ïen *(biochem.)* zein.

seil *seile, n.* sail; tarpaulin; canvas; awning; groundsheet; tilt *(of a cart); (zool.)* velum; ***alle** ~e bysit* hoist all sails, crowd/pack on all canvas; *die ~e **bol** van die wind* the wind swells the sails; *onder ~ **gaan*** set (*or* get under) sail, sail away; *die ~e **inbind** →(ver)minder; ~e **losgooi/uitskud/ontplooi*** unfurl sails; ***onder** ~* under sail; under canvas; *'n **oog/ogie** in die ~ hou* keep a watchful eye (*or* a good/sharp lookout), be on the alert; *die ~e **span*** loose sail; set sails; spread sails; *met **staande** ~e →volle/staande; ~e **stryk*** strike sails; *~e **uitskud** →losgooi/uitskud/ontplooi. ~ **(ver)minder,** die ~e **inbind*** take in sail; *met **volle/staande** ~e* in/under full sail, with all sail set; *die wind **vul** die ~e* the wind swells the sails, the sails are swelled by the wind; *die/jou ~e na die **wind** hang/span* trim one's sails (according) to the wind. **seil** *ge-, vb.* sail; scud; glide; soar; snake. ~**baan** slide. ~**band** webbing. ~**boot** sailing boat, sailboat *(Am.),* (small) yacht. ~**(buik)gord** web girth. ~**doek** sailcloth, canvas, duck. ~**gare,** ~**garing** (sewing) twine, twist. ~**jag** →SEILJAG. ~**(lyf)band** web belt. ~**maker** sailmaker. ~**makery** sailmaking; sail yard; sail loft. ~**naald** sail/packing needle. ~**(patroon)band** web belt. ~**plank** sailboard. ~**plankry** *n.* windsurfing, boardsailing, sailboarding. ~**plankry** *ge-, seilplankgery, vb.* windsurf. ~**plankryer** windsurfer. ~**reling** *(naut.)* horse. ~**skip** sailing ship/vessel, sailer. ~**skoen** canvas shoe, tackie *(SA, infml.),* tacky *(SA, infml.),* sneaker *(Am.),* sandshoe *(Br.),* plimsoll *(Br.),* plimsole *(Br.).* ~**skool** sailing school. ~**slak** nautilus. ~**sport** yachting. ~**steen** loadstone, lodestone. ~**stoel** canvas/deck chair. ~**stof** canvas cloth, sailcloth. ~**tog** sailing trip/expedition; *op 'n ~(gie) gaan* go for a sail. ~**vaartuig** sailing vessel. ~**vereniging** yacht club. ~**vis** *(icht.: Istiophorus* spp.*)* sailfish. ~**vliegtuig** *(rare)* →SWEEFTUIG. ~**wedstryd** yacht race; regatta; sailing match.

sei·ler *-lers* yachtsman, yachtswoman.

seil·jag, jag (sailing) yacht. ~**hawe** yacht(ing) basin. ~**klub** yacht club. ~**kringe** *(pl.)* yachting circles. ~**sport** yachting. ~**vaarder, jagvaarder** yachtsman, yachtswoman. ~**vaarster** *(rare)* yachtswoman. ~**vaart** yachting cruise.

seil·tjie *-tjies* small sail/tarpaulin; *'n span ~s* a set of canvas harness.

sein *seine, n.* signal; *iem. 'n ~ gee* give s.o. a signal, signal to s.o. *die ~ (van vertrek) gee* give the signal (to start). **sein** *ge-, vb.* signal; wire, telegraph; radio; flag *(a train);* flash *(a message);* beckon. *vir iem. ~* signal to s.o., give s.o. a signal. ~**-antenna,** ~**-antenne** transmitting aerial. ~**bediener** signal operator. ~**boek** signal book, code. ~**bord** signal board. ~**brug** gantry. ~**diens** signal service. ~**fakkel** signal flare. ~**fluit** signal whistle. ~**fout** telegraphic error. ~**-(ge)ruis-verhouding** *(rad.)* signal-to-noise ratio. ~**gewer** signaller; starter *(at races); (telegr.)* transmitter. ~**gewing** signalling. **S~heuwel** →VLAEBERG. ~**horing** signal horn. ~**huis(ie)** signal box/cabin. ~**kode** signalling code. ~**korps** signal corps. ~**lamp** signal(ling) lamp. ~**lantern** signal lamp. ~**lig** signal light. ~**man** *-ne* signalman. ~**meester** signal master. ~**metode** keying. ~**offisier** signal(s) officer. ~**ontvanger** *(telegr.)* receiver. ~**paal** signal post, semaphore. ~**pos** signal station, signalling post. ~**regiment** signal(s) regiment. ~**skool** signal training school, signalling school. ~**skoot** signal gun. ~**skyf** signalling disc. ~**sleutel** signalling/transmitting key. ~**spieël** heliograph; signalling mirror. ~**stasie** signal station; transmitting station. ~**toestel** signalling apparatus; transmitting apparatus/set/instrument; semaphore. ~**toring** signal/switch tower. ~**vlag** signal(ling) flag. ~**vuur** signal fire, fire signal, beacon. ~**vuurpyl** signal rocket. ~**wagter** signalman. ~**werk** signalling. ~**wyser** signal indicator; →NOODSEIN.

se·ï·ne →SEÏEN.

sei·ner *-ners* signaller, signalman, operator; buzzer. **sei·ners·korps** corps of signals.

sein·tuur *-ture* (lady's) belt, ceinture *(Fr.); (archit., poet., lit.)* cincture. ~**band** belting. ~**koordband** petersham belting.

seis *seise* →SENS.

sei·sing *-sings* gasket.

seis·mies *-miese* seismic; *~e opname* seismic survey; *~e (see)golf* tsunami *(caused by an earthquake, volcanic eruption, etc.).* **seis·mi·si·teit** seismicity.

seis·mo-: ~**graaf** *-grawe* seismograph. ~**grafie** seismography. ~**grafies** *-e* seismographic. ~**gram** *-me* seismogram. ~**logie** seismology. ~**logies** *-e* seismologic. ~**loog** *-loë* seismologist. ~**meter** *-s* seismometer. ~**skoop** *-skope* seismoscope.

sei·soen *-soene* season; *in die drukte van die ~* at the height of the season; *vrugte na die ~* fruit in season. ~**arbeider** →SEISOENWERKER. ~**artikel** seasonal article. ~**bedryf** seasonal industry/trade. ~**kaart(jie)** season ticket. ~**werker** seasonal worker. ~**wind** periodical wind.

sei·soe·naal *-nale* seasonal; *seisoenale gemoedsteuring, (psych.)* seasonal affective disorder *(acr.:* SAD*).*

sei·soens-: ~**gebondenheid,** ~**gerigtheid** seasonality. ~**opruiming** end-of-season clearance. ~**verandering** change of season.

sei·wal·vis, Noord·se vin(·wal)·vis, Ru·dol·phi se vin(·wal)·vis *(Balaenoptera borealis)* sei whale.

sek *(hist., Sp. white wine)* sack.

se·kans *-kanse, -kante, (math., geom., abbr.:* sek*)* secant *(abbr.:* sec*).*

se·kel *-kels* sickle, reaping hook. ~**bos** *(Dichrostachys cinerea)* sickle bush, Kalahari Christmas tree. ~**duin** *(geol.)* barchan(e), bark(h)an. ~**maan** crescent (moon), sickle moon. ~**nek** arched neck; *~ loop* prance. ~**sel** *-le, (pathol.)* sickle cell. ~**sel-anemie** sickle-cell anaemia. ~**stert** sickle/arched tail; *(joc.)* baboon, monkey. ~**vormig** *-e* sickle-shaped, crescent(-shaped); *(biol.)* falcate(d), falciform.

se·ker *~(e) ~der ~ste, adj.* certain; sure, positive; confident, cocksure; unfailing. **se·ker** *adv.* surely, certainly, for sure/certain, no doubt, for a fact; probably.

se·ker: *alte ~* by all means; *so ~ **as** wat, so ~ **as** (wat) twee maal twee vier is, (infml.)* as sure as death/fate/nails (*or* a gun), (as) sure as God made little apples, (as) sure as eggs is/are eggs, as sure as sure (can be); *..., so ~ **as** wat!* ..., depend on/upon it!; *iets as ~ **beskou*** hold s.t. for certain; *jy kan **daarvan** ~ wees* you can be sure of it; you can depend (up)on it; *ek is nie ~ **daarvan** nie* I cannot be sure of it; *is jy ~ **daarvan?*** are you sure of it?; *~ wees **dat** ...* be certain that ...; *dit is ~ **dat** ...* it is a certainty that ...; *iem. is ~ **dat** ...* s.o. is clear that ...; *iem. kan ~ wees **dat** ...* s.o. can rest assured/satisfied that ...; *een **ding** is ~* one thing is certain/sure; ***doen** dit ~!* be sure to do it!; *jy glo dit tog ~ nie?* surely you don't believe that?; ***(heeltemal)** ~ van iets wees* be (quite) positive about/of s.t.; ***ja,** ~!* certainly!; sure! *(infml.); van 'n ~e **leeftyd** →**ouderdom/leeftyd;** iem is sy/haar **lewe** nie ~ nie* s.o.'s life is not safe; *~ **(maar)*** no doubt; ***'n** ~e (mate van) ...* a measure of ...; ***('n)** ~e Wessels/ens.* a certain (*or* one) Wessels/etc.; *ek is **nie** so ~ nie* I have my doubts; *van 'n ~e **ouderdom/leeftyd*** of a certain age; *iem. is ~ van sy/haar **saak*** s.o. is sure of him-/herself; s.o. is sure of his/her ground; *iem. **sal** ~ ...* I suppose s.o. will ...; ***seer** ~* most certainly; *iem. sal iets **seer** ~ doen* s.o. will surely do s.t.; *dit is ~ (maar)* **so** I suppose it is, I suppose so; ***so** ~ as wat →**as;** 'n ~ **teken** van ...* a sure/copper-bottomed sign of ...; ***van** iets ~ wees* be certain about/of s.t., be sure of s.t.; ***vir** ~,* (of ***verseker**)* for certain/sure; for a certainty; without fail; assuredly; *doen iets **(vir)** ~* (of ***verseker**)* be sure to do s.t.; *... sal **vir** ~* (of ***verseker**) ...* ... is guaranteed to ..., it's (*or* it is) a racing certainty (that) ...; *iets **(vir)** ~* (of ***verseker**) weet* know s.t. for certain, know s.t. for a fact.

se·ker·heid certainty; assurance; sureness, accuracy;

surety; security, safety, safeness; *vir **alle** ~* to make assurance doubly sure, (in order) to make quite sure; *ek het **geen** ~ daaroor/daaromtrent nie* I cannot be sure of it; *iem. wil ~ daaroor/daaromtrent **hê*** s.o. wants to make sure of it; *('n) mens kan met ~ **sê** dat ...* it is safe to say that ...; it is a safe bet that ...; *~ **stel*** find/furnish security; *~ oor/omtrent iets **verkry*** make sure of s.t.; *iets met ~ **weet*** know s.t. for a fact. **~stelling** security; safeguard. **~strokie** thread mark *(in paper money, to make counterfeiting difficult)*.

se·ker·heids=: **~firma** security firm. **~halwe** for safety's sake, to make quite sure. **~maatreël** security measure. **~net** *(fig.)* security blanket *(around politicians etc.)*. **~polisie** security police. **~troepe** security troops.

se·ke·ring *=rings, =ringe, (elec.)* fuse. *'n ~ laat uitbrand* blow a fuse; *die ~ is uitgebrand* the fuse has/is blown.

se·ke·rings=: **~bord** fuse board. **~doos** fuse box. **~draad** fuse wire. **~kas(sie), ~kis(sie)** fuse/panel box. **~prop** fuse plug.

se·ker·lik certainly, surely, for sure, decidedly; →SEKER *adv.*.

Se·koe·koe·ni *(SA, hist.)* Sekhukhune. **~land** Sekhukhuneland.

se·kon·dant *=dante* seconder *(of a motion)*; second *(in a duel)*.

se·kon·de *=des* second. *in minder as 'n ~, in 'n breukdeel/fraksie van 'n ~* in a fraction of a second, in a split second. **~wyser** second(s)/sweep hand *(of a timepiece)*.

se·kon·deer *ge=* second.

se·kon·dêr *=dêre* secondary; *~e **geheue**, (comp.)* auxiliary/backing storage; *~e **geslagskenmerke**, (pl.)* secondary sexual characteristics; *~e **kleur*** secondary colour; *~e **onderwys*** secondary education; *~e **pad*** minor road; *~e **reënboog*** secondary rainbow; *~e **sel*** storage cell; *~e **skool*** secondary school; *~e **veer**, (orn.)* secondary feather.

se·kreet *=krete, (obs.)* closet, privy, toilet.

se·kre·sie *=sies* secretion.

se·kre·ta·re·sse *=ses* (female) secretary; →SEKRETARIS; *~ van* secretary of/to. **S~dag** Secretaries' Day.

se·kre·ta·ri·aat *=riate* secretariat, office of secretary; secretaryship. **se·kre·ta·ri·eel** *=riële* secretarial.

se·kre·ta·ris *=risse* secretary; *~ van* secretary of/to. **~bene** *(fig.)* long thin legs. **~draf** trot like that of a secretary bird. **~-generaal** *sekretarisse-generaal* secretary general. **~-penningmeester** secretary-treasurer. **~voël** secretary bird.

se·kre·ta·ris·skap *=skappe* secretaryship, secretariat.

se·kre·tien *(biochem.)* secretin.

seks *n.* sex; sexuality; lovemaking; *(infml.)* nookie, nooky; eroticism; *met iem. ~ **hê*** (go to) bed (*or* have sex) with s.o., make love to s.o.; ***los** ~, ~ **sonder liefde*** casual sex; ***orale** ~* oral sex; *(kommersiële) **uitbuiting** van ~* = SEKSUITBUITING; ***uitgehonger** wees vir ~* be sex-starved; ***veilige** ~* safe sex; ***voorhuwelikse** ~* premarital sex; *iem. **vra** om met jou ~ te hê* proposition s.o.. **seks** *ge=, vb.* sex. **~behep** oversexed, sex-ridden, lecherous, lustful, *(infml.)* raunchy. **~bom** *(infml.)* sex bomb. **~daad** sex act. **~drang, ~drif** sex drive, appetite for sex; *'n sterk ~ hê* be highly sexed. **~ghoeroe** *(infml.)* sexpert. **~honger** *(infml.)* sex-starved. **~hulpmiddel** sex aid. **~katjie, ~poppie** *(infml., derog.)* sex kitten, foxy lady, bimbo, bimbette, nymphet. **~klub** sex club, *(euph.)* massage parlour. **~lewe** sex life. **~lokstof** *(biochem.)* pheromone. **~maniak** sex maniac. **~misdadiger** →SEKSOORTREDER. **~moord** sex killing. **~objek, ~voorwerp** sex object. **~oortreder, ~misdadiger** sex offender. **~opvoeding** →SEKSVOORLIGTING. **~pervert** sex(ual) pervert, *(infml.)* perv(e). **~poppie** →SEKSKATJIE. **~pot** *(derog.)* sex pot. **~simbool** sex symbol. **~speelding** *=speelgoed* sex toy. **~stimuleermiddel** *=s* aphrodisiac. **~uitbuiting** sexploitation. **~voorligting, ~opvoeding** sex education. **~voorwerp** →SEKSOBJEK. **~werker** *(euph.: prostitute)* sex worker. **~winkel** sex shop.

sek·se *=ses, (obs.)* sex; *kinders van albei ~s, (obs.)* children of either sex; *die skone ~, (obs.)* the fair(er) sex.

sek·ser *=sers* sexer.

sek·sie[1] *=sies* section *(also mil.)*; division; squad; leg *(of a race etc.)*; dissection; *(med.)* autopsy, postmortem examination. **~-aanvoerder** section commander/leader. **~kamer** dissection/dissecting room. **~kolonne** section column. **~vergadering** group/sectional meeting.

sek·sie[2] →SEXY.

sek·sis *=siste* sexist. **sek·sis·me** sexism. **sek·sis·ties** *=tiese* sexist.

sek·so·lo·gie, sek·su·o·lo·gie sexology. **sek·so·lo·gies, sek·su·o·lo·gies** *=giese* sexological. **sek·so·loog, sek·su·o·loog** *=loë* sexologist.

seks·pert *=perts, (infml.)* sex expert.

sekst *sekste, (RC, mus.)* sext.

seks·tant *=tante, (nav.)* sextant.

seks·tet *=stette, (mus.)* sextet(te); sestet *(lit.)*.

seks·til·joen *=joene* sextillion.

sek·su·a·li·teit sexuality.

sek·su·eel *=ele, adj.* sexual; →SEKSUELE. **sek·su·eel** *adv.* sexually; *~ oordraagbare siekte, (abbr.:* SOS*)* sexually transmitted disease *(abbr.:* STD*)*; *~ uitbuit* exploit sexually, *(infml.)* sexploit; *~ uitbuitend* sexually exploitative, *(infml.)* sexploitative.

sek·su·e·le *(attr.)*: *~ **aantreklikheid*** sex appeal; *~ **diskriminasie*** sexual discrimination; *~ **lewe*** →SEKSLEWE; *~ **misbruik/mishandeling*** sex abuse; *~ **misdryf/misdaad/oortreding*** sex crime; *~ **perversie*** sexual perversion; *~ **pervert*** →SEKSPERVERT; *~ **politiek*** sexual politics; *~ **prikkeling*** sexual stirrings; *~ **revolusie/rewolusie*** sexual revolution; *~ **teistering*** sexual harassment; *~ **uitbuiting*** sexual exploitation, sexploitation; →SEKSUITBUITING; *~ **voorligting/opvoeding*** →SEKSVOORLIGTING.

sek·ta·ri·ër *=riërs, n.* sectarian. **sek·ta·ries** *=riese, adj.* sectarian, denominational. **sek·ta·ris** *=risse* →SEKTARIËR.

sek·te *=tes* sect. **~-aanhanger** sectarian. **~beweging** sectarian movement. **~gees** sectarianism. **~taal** *(usu. derog.)* cant. **~wese** sectarianism.

sek·tor *=tore, =tors* sector. **~diagram** pie chart.

sek·to·raal *=rale, (econ.)* sectoral.

se·ku·la·ri·sa·sie *=sies* secularisation; deconsecration; impropriation. **se·ku·la·ri·seer** *ge=* secularise; deconsecrate; impropriate. **se·ku·la·ris·me** secularism. **se·ku·lêr** *=lêre* secular. **se·ku·lier** *=liere n. & adj.* secular (priest).

se·kun·da·wis·sel →SECUNDA(WISSEL).

se·kun·de *=des, (SA, hist.)* secunde; deputy governor, vice-governor; *(mus.)* second. **se·kun·dus** *=kundusse, =kundi* substitute, second, alternate, secundus; proxy.

se·ku·reer *ge=* secure. **se·ku·ri·teit** *=teite* surety, security; *bykomende/aanvullende ~* collateral security; *op ~* against security. **se·ku·ri·teits·fir·ma** security firm.

se·ku·ri·teer *ge=, (fin.)* securitise *(debt etc.)*. **se·ku·ri·ta·sie, se·ku·ri·te·ring** securitisation.

se·kuur *sekuur, sekure ~der ~ste, adj.* accurate, precise; punctilious. **se·kuur** *adv.* accurately, precisely; punctiliously; *~ weet* know positively; *~ skiet* shoot straight; *iem. skiet ~* s.o. is an accurate shot. **se·kuur·heid** precision, accuracy, preciseness.

se·kwens *=kwense, (mus.)* sequence. **se·kwen·seer·der** *=ders* sequencer. **se·kwen·sie** *=sies* sequence.

se·kwes·ter *=ters, (jur.)* sequestrator.

se·kwes·tra·sie *=sies, (jur.)* sequestration; *gedwonge ~* compulsory sequestration. **~bevel** order of sequestration. **se·kwes·treer** *ge=, (jur.)* sequestrate.

sel *selle* cell; booth; *(biol.)* utricle; *met ~le* cellulate. **~beton** cellular concrete. **~deling** cell division. **~foon, ~telefoon, sellulêre (tele)foon, sellulêr** cellphone, cellular (tele)phone. **~gif, ~vergif** cytotoxin. **~holte** *(biol.)* cell lumen, vacuole. **~kern** *=e* (cell) nucleus, cytoblast. **~leer** cytology. **~liggaam** *(biol.)* protoplast. **~netwerk** *(zool.)* syncytium. **~ontwikkeling, ~vorming** cellulation, cytogenesis. **~oplossing, ~vervloeiing** cytolysis. **~orgaan** *(biol.)* organelle. **~plasma** cytoplasm, cell plasm. **~sap** cell sap. **~stof** cellular fabric; cellulose. **~straf** solitary confinement. **~telefoon** →SELFOON. **~vergif** →SELGIF. **~versmelting** cell fusion. **~vervloeiing** →SELOPLOSSING. **~vesel** cell fibre. **~vormig** *=e* cellular, cellulose, cellulous, cellulate. **~vorming** →SELONTWIKKELING. **~wand** *(biol.)* cell wall. **~wandspanning** turgor (pressure), cell wall tension. **~weefsel** cellular tissue.

se·la *(<Hebr., OT)* selah.

se·la·don *(ceramics)* celadon. **se·la·do·niet** *(min.)* celadonite, green earth.

se·la·kant *=kante,* **se·la·kan·ti·de** *=des, (icht.)* coelacanth; *die selakant, (also, SA, infml.)* Old Fourlegs.

sel·de seldom, rarely, infrequently; ***baie/hoogs/uiters** ~* very rarely; once in a blue moon *(infml.)*; *iem. besoek ... **maar** ~* s.o.'s visits to ... are few and far between; *~ of **(n)ooit**, ~ indien **ooit*** seldom if ever.

sel·de·ry, se·le·ry celery; *'n kop ~* a head of celery. *wilde~, (bot.: Apium graveolens)* smallage. **~kool** Chinese cabbage. **~sout** celery salt.

Sel·djoek *=djoeke,* **Sel·djuk** *=djukke, n., (hist., member of a Turk. dynasty)* Seljuk. **Sel·djoeks** *=djoekse,* **Sel·djuks** *=djukse, adj.* Seljuk(ian).

seld·saam *=same* rare, scarce; infrequent; uncommon; peculiar, singular, curious; *seldsame geluk* a rare bit of luck; *'n seldsame gesig* a rare sight; *seldsame aarde, (chem.)* rare earth, rare-earth element, lanthanide, lanthanon. **seld·saam·heid** rareness, scarceness; rarity, scarcity; infrequency; curiosity.

se·le·brant *=brante, (priest)* celebrant. **se·le·breer** *ge=, (rare)* celebrate. **se·le·bri·teit** *=teite, (fml., person)* celebrity.

se·leen *(chem., symb.:* Se*)* selenium. **~sel** selenium cell.

se·lei →SJELEI.

se·lek·sie *=sies* selection. **se·lek·teer** *ge=* select. **se·lek·tief** *=tiewe* selective. **se·lek·ti·wi·teit** selectivity, selectiveness.

se·le·niet *(chem., min.)* selenite.

se·le·ni·um →SELEEN.

se·le·no= *comb.* seleno=.

se·le·no·gra·fie *(astron.)* selenography. **se·le·no·gra·fies** *=fiese* selenographic.

se·le·no·lo·gie *(astron.)* selenology. **se·le·no·lo·gies** *=giese* selenological. **se·le·no·loog** *=loë* selenologist.

se·le·ry →SELDERY.

Se·leu·kied *=kiede* Seleucid. **Se·leu·ki·ë** *(geog., hist.)* Seleucia. **Se·leu·kos** *(general under Alexander the Great)* Seleucus.

self *n.* self, ego. **self** *pron.* self; →EKSELF, HAARSELF, HOMSELF, VANSELF, *ens.*; *die **beleefdheid/ens.** ~ wees* be politeness/*etc.* itself, be the soul of politeness/*etc.*; ***doen** dit ~!* do it yourself!; *iem. **doen** dit ~* s.o. does it him=/herself; *hy/sy ~* (of *hyself/syself*) ***doen** dit* he/she does it him=/herself; *~ sou ek dit nie **doen** nie* personally I would not do it; *jy het dit ~ **gesê*** you said so yourself; *~ twee/ens. **hê*** have two/etc. of one's own; *hy/sy ~* (of *hyself/syself*) ***het** niks, hy/sy **het** ~ niks* he/she has nothing of his/her own; *iem. moet ~ **kom*** s.o. must come in person; *~ **kook*** do one's own cooking; *kom **kyk** ~!* come and see for yourself!. **~aansitter** *(mot.)* self-starter. **~aanvullend** *=e* self-renewing; *~e krediet* revolving credit. **~aanwysend** *=e* self-indicating, -registering. **~afkeer** self-disgust. **~agtend** self-respectful, self-respecting. **~agting** →SELFRESPEK. **~analise** →SELFONTLEDING. **~bediening** self-service. **~bedien(ings)winkel, ~dienwinkel, ~helpwinkel** self-service shop/store, supermarket. **~bedrog** self-deceit, -deception; self-delusion. **~bedwang** →SELFBEHEERSING. **~beeld** self-image. **~begogeling** *(rare, obs.)* →SELFBEDROG. **~begrip** self-concept; self-understanding. **~behaaglik** *=e* (self-)complacent; smug; self-righteous. **~behae** self-complacency, self-content(ment); *vol ~* self-content(ed). **~behandeling** self-treatment, autotherapy; self-medication. **~beheers** *=te* self-controlled, self-possessed; self-collected. **~beheersing, ~bedwang** self-control, -command, -possession, -restraint, -mastery; collectedness, poise; continence; *jou ~ herwin/terugkry* regain one's self-control, come to (*or* collect) o.s., pull o.s. together, gather o.s. (together);

jou ~ verloor lose control of o.s., lose one's self-control/head, forget o.s., *(infml.)* come unglued; *~ toon* keep a stiff upper lip. **~behep** egotistic(al), self-absorbed, self-involved; *'n ~te mens* an egotist. **~beheptheid** egotism, self-involvement. **~behoud** self-preservation, -defence. **~bejammering, ~beklag** self-pity. **~benoem(d)** *=de* self-appointed. **~beperking** self-restraint. **~besinning** introspection. **~beskikking** self-determination. **~beskikkingsreg** right of self-determination. **~beskimping** *(rare, obs.)* self-abuse, -reproach. **~beskuldigend** *=e* self-accusing, -incriminating. **~beskuldiging** self-accusation. **~besmetting** autoinfection. **~bespieëlend** *=e, (rare, obs.)* introspective. **~bespieëling** *(rare, obs.)* introspection. **~bestaan** self-life, -existence; independent existence. **~bestaande** unbegotten. **~bestemming** *(Germ., rare)* →SELFBESKIKKING. **~bestendigend** *=e* self-perpetuating. **~bestuiwend** *=e* self-pollinating. **~bestuiwing** self-pollination, close fertilisation. **~besturend** *=e* self-governing. **~bestuur** →SELFREGERING. **~bevestiging** self-affirmation. **~bevlekkend** *(obs.)* masturbatory. **~bevlekker** *(obs.)* masturbator. **~bevlekking** *(obs.)* masturbation. **~bevordering** self-advancement. **~bevrugtend** *(bot.)* compatible. **~bevrugting** *(bot.)* self-fertilisation. **~bevryding** self-liberation. **~bewegend** *=e* self-moving; self-propelling, automotive, automobile, locomobile; self-acting, automatic. **~bewondering** self-admiration, -adulation. **~bewus** *=te* self-conscious, -aware; self-confident, -assured, (self-)assertive; poised. **~bewussyn** (self-)consciousness, consciousness of o.s., self-awareness; self-assertiveness; poise; sense of identity. **~bewustheid** self-consciousness; self-confidence, -assurance, aplomb. **~binder, ~bindmasjien** self-binder. **~bouprojek** self-build project. **~dienstelsel** self-service system. **~dienwassery, ~helpwassery, ~wassery** laund(e)rette, laundromat. **~dienwinkel** →SELFBEDIEN(INGS)WINKEL. **~digtend** *=e* self-sealing. **~dissipline** self-discipline; *~ beoefen* discipline o.s.. **~doenentoesias, =geesdriftige, =liefhebber** do-it-yourself fan. **~doener** do-it-yourselfer. **~doengier** do-it-yourself craze. **~doenstel, ~maakstel** do-it-yourself kit/set. **~doenwinkel** do-it-yourself shop. **~draend** *=e* self-supporting. **~ekspressie** self-expression. **~finansierend, ~finansiërend** self-financing. **~fokus** *n., (phot.)* autofocus. **~foltering** self-torture, -torment. **~gedrewe** self-propelled. **~gebou** *=de* self-built. **~gefinansie(e)r(d)** *=gefinansie(e)rde* self-financed. **~geïnduseer(d)** *=geïnduseerde, (elec.)* self-induced. **~gekose** self-elected, -chosen, -appointed. **~gelding, ~handhawing** self-assertion. **~geldingsdrang, geldingsdrang** self-assertiveness. **~geldingsopleiding** assertiveness training. **~gemaak** *=te* self-made, -created; home-made. **~gemotiveer(d)** *=gemotiveerde* self-motivated. **~genererend** self-generating. **~genoegsaam** self-sufficient, -contained, -content(ed); self-satisfied, smug, (self-)complacent, self-congratulatory. **~genoegsaamheid** self-sufficiency, -containment, -content(ment); smugness, self-satisfaction, complacency, self-congratulation. **~geproklameer(d)** *=geproklameerde* self-proclaimed *(security zone etc.)*. **~gerig** *=te* self-centred, -concerned, egocentric. **~gerigtheid** self-concern. **~geskep** *=te* self-created. **~gesout** *(med.)* autoimmune. **~gesoutheid** *(med.)* autoimmunity. **~gesprek** interior monologue. **~getuienis** *(rare)* internal evidence. **~gevoel** *(rare)* self-regard, -esteem; sense of individuality. **~haat** self-hate, -hatred. **~handhawing** →SELFGELDING. **~hegstrokie** →SELFKLEEFSTROKIE. **~helpwassery** →SELFDIENWASSERY. **~helpwinkel** →SELFBEDIEN(INGS)WINKEL. **~hipnose** self-hypnosis. **~immunisering, ~souting** autoimmunisation. **~induksie** *(elec.)* self-induction. **~induktansie** *(elec.)* self-inductance, coefficient of self-induction. **~induktief** *=tiewe* self-inductive. **~ingenome, ~tevrede** (self-)complacent, smug, egotistic(al), self-satisfied, conceited. *~ lyk/voel* look/feel chuffed with o.s. *(infml.)*. **~ingenomenheid** (self-)complacency, smugness, egotism, conceit. **~insig** self-understanding. **~kant** selvedge; border, fringe; *(dis) alkant ~* it is immaterial (*or* all the same); *die ~ van die samelewing, (rare)* the seamy side of society. **~kantgaring, ~kantgare** list yarn. **~kastyding** self-chastisement, -mortification, -flagellation. **~kennis** self-knowledge; *tot ~ kom* find o.s., come to terms with o.s.. **~kleefstrokie, ~hegstrokie** self-adhesive/stick-on label. **~kleurend** *=e* self-toning. **~klewend** *=e* self-adhesive; *~e strokie/ens.* self-adhesive/stick-on label/etc.. **~koelend** *=e* self-cooling. **~korrigerend** *=e* self-correcting. **~kritiek** self-criticism, -censure; *vol ~ wees, (also)* be self-deprecating/-deprecatory. **~krities** *=e* self-critical. **~kwelling** self-torture, -torment. **~laai** *vb., (comp.)* boot (up). **~laaibaar** *=laaibare, (comp.)* bootable. **~laaier** semiautomatic (rifle/gun), self-loading rifle, self-loader; →SELFLAAIPROGRAM. **~laaiing** *(comp.)* boot. **~laaiprogram, ~laaier** *(comp.)* boot. **~laaisektor** *(comp.)* boot sector. **~liefde** self-love, egoism, narcissism. **~losser** hopper. **~maakstel** →SELFDOENSTEL. **~mat** *n., (chess)* selfmate. **~minagting** self-deprecation. **~misleiding** self-betrayal. **~moord** suicide, self-murder, -destruction; *~ **pleeg*** commit suicide, take one's own life; ***poging** tot ~* attempted suicide; ***politieke** ~ pleeg* commit political suicide; *~ **probeer** pleeg* attempt suicide; ***rituele** ~, (Jap.)* seppuku, hara-kiri. **~moordaanval** kamikaze attack. **~moordbende, =eenheid, =groep** suicide squad. **~moordbomaanval** suicide bombing. **~moordbomaanvaller** suicide bomber. **~moordenaar** suicide, self-murderer, -slayer. **~moordend** *=e* suicidal. **~moordpoging** attempted suicide. **~moordverbond** suicide pact. **~moordvlieënier** kamikaze (pilot). **~moordvliegtuig** kamikaze. **~motiverend** *=e* self-motivating. **~motivering** self-motivation. **~onderhoudend** *=e* self-sufficient, -supporting, -sustaining. **~onderrig** *n.* self-tuition, -education, -instruction. **~onderrig** *=te, adj.* self-taught, -educated. **~ondersoek** self-examination, -study, introspection, heart-searching(s), soul-searching(s). **~ontbinding** spontaneous decomposition. **~ontbrandend** *=e* self-igniting. **~ontbranding** spontaneous combustion, self-ignition; thermogenesis. **~ontdekking** self-discovery. **~onthouding** self-denial, continence. **~ontledend** *=e* self-analytical. **~ontleding, ~analise** self-analysis. **~ontplooiing** *(rare)* self-development; self-expression; self-realisation. **~ontsegging** self-denial, -renunciation. **~ontspanner** *(phot.)* self-timer. **~ontstaan** *(biol.)* spontaneous generation, autogenesis, autogeny. **~ontsteking** *(mot.)* self-ignition, automatic/spontaneous ignition. **~ontwikkelend** *=e* self-generating. **~ontwikkeling** self-education; self-development; spontaneous development. **~onvrugbaarheid** *(biol.)* self-sterility. **~oorgawe** self-surrender. **~oorskatting** self-conceit. **~oorwinning** self-conquest. **~openbarend** *=e* self-revealing. **~opgeleg** *=de* self-imposed, -appointed *(task)*. **~opgelei(d)** *=de* self-educated, -taught. **~ophemeling** self-congratulation. **~opofferend** *=e* self-sacrificing, selfless. **~opoffering** self-sacrifice. **~opvoeding** self-education. **~parodie** self-parody. **~plukplaas** pick-your-own farm. **~portret** self-portrait. **~promosie** self-advertisement. **~pyniging** self-torture, -torment, -mortification. **~redding** saving o.s.. **~reëlend** *=e* self-adjusting, -regulating, -regulatory. **~regering, ~bestuur** self-government, self-rule, home rule. **~registrerend** *=e* self-registering, -recording. **~regulerend** *=e* self-regulating, -regulatory, -adjusting. **~regverdigend** *=e* self-justifying. **~regverdiging** self-justification. **~reinigend** *=e* self-cleaning. **~respek, ~agting** self-respect, -regard, -esteem, -reverence; *'n mens met ~* a self-respecting person. **~respekterend** *=e* self-respectful, -respecting. **~rigtend** *=e* self-directing; self-aligning. **~rysend** *=e, (rare)* self-raising, -rising *(flour)*. **~sentrerend** *=e* self-cent(e)ring. **~sensuur** self-censorship. **~sluitend** *=e* self-closing; self-locking; automatically closing; *~e slot* spring lock. **~sluitmoer** self-locking nut. **~smerend** *=e* self-lubricating. **~smering** automatic lubrication, self-lubrication. **~snyskroef** self-tapping screw. **~sorgverblyf** self-catering accommodation. **~souting** →SELFIMMUNISERING. **~spot** self-mockery, -ridicule, -parody. **~spottend** *=e* self-mocking, -parodying. **~standig** *=e, adj.* independent; self-dependent, autonomous; unaided; self-reliant; self-supporting; autonomous *(state)*; substantive, substantival; *~e eenheid* self-contained unit; *~e naamwoord* substantive (noun); *~e program, (comp.)* stand-alone program(me). **~standig** *adv.* independently; in a self-reliant way; in his/her/its own right; on his/her/its own; *~ denkend* independent-minded; *~ dink/oordeel* think/judge for o.s.. **~standigheid** independence; self-dependence, autonomy; self-reliance; adulthood, emancipation; substance. **~standigwording** attainment of independence. **~steller** self-adjuster, automatic adjuster. **~steriel** *=e* self-sterile. **~steriliteit** self-sterility. **~strelend** *=e* self-flattering. **~streling** self-flattery. **~stryd** inward/inner struggle/strife/conflict. **~studie** self-tuition, -education; →SELFONDERRIG *n.*. **~sug, selfsugtigheid** selfishness, egoism, love of self, self-love, -seeking. **~sugtig** *=e* selfish, egoistic, self-seeking; *iem. met ~e bedoelings* s.o. with an axe to grind. **~sugtige** *=s* egoist, selfish person. **~sugtigheid** →SELFSUG. **~tevrede** →SELFVOLDAAN, SELFINGENOME. **~tevredenheid** →SELFVOLDAANHEID. **~toegedien(d)** *=de* self-administered, -inflicted. **~tug** self-discipline; →SELFDISSIPLINE; *~ beoefen* discipline o.s.. **~uiting, ~uitlewing** self-expression. **~veragtend** self-deprecating, -deprecatory. **~veragting** self-contempt, -scorn, -deprecation. **~verbetering** self-improvement. **~verblinding** infatuation, self-deception. **~verbranding** spontaneous combustion. **~verdediging** self-defence; *uit ~* in self-defence. **~verdedigingseenheid** self-defence unit. **~vergenoeg** *=de* →SELFVOLDAAN. **~vergenoegdheid** →SELFVOLDAANHEID. **~vergetelheid** self-forgetfulness, unselfishness. **~vergetend** *=e* self-forgetful, unselfish. **~vergiftigend** *=e* self-poisoning. **~vergiftiging** autointoxication, self-poisoning. **~vergoding** self-idolisation, -adulation. **~verguising** self-revilement. **~verheerliking** self-glorification, personal aggrandisement; ego trip *(infml.)*; *op ~ uit wees* seek personal aggrandisement; *iets ter wille van ~ doen* do s.t. for personal aggrandisement. **~verheerliking** self-glorification, -congratulation. **~verheffing** self-exaltation, -aggrandisement. **~verklaarde** *(attr.)* self-proclaimed *(king etc.)*. **~verklarend** *=e* self-explanatory. **~verloënend** *=e* self-denying. **~verloëning** self-denial, -renunciation, -abnegation, -sacrifice; *~ beoefen* deny o.s.. **~verminking** self-maiming, -mutilation. **~vernedering** self-abasement, -humiliation. **~vernietigend** *=e* self-destroying, -destructive, autodestruct(ive) *(missile etc.)*. **~vernietiging** self-destruction, autodestruction *(of a missile etc.)*. **~vernuwend** *=e* self-renewing, -perpetuating. **~veroordeling** self-condemnation, -conviction. **~veroorsaak** *=te* self-induced. **~verraad** self-betrayal. **~verryking** self-enrichment. **~versaking** self-abandonment, -denial, -abnegation; →SELFVERLOËNING. **~versekerd** *=e* poised, (self-)assured, self-confident, -possessed; cocky. **~versekerdheid** poise, (self-)assurance, aplomb, self-confidence, -possession. **~versorgend** *=e* self-supplying, -supporting, -sufficing, -sufficient; *~e boer* subsistence farmer. **~versorgendheid** self-sufficiency. **~versorger** self-supplier. **~versorging** self-sufficiency, -support; self-catering. **~vertoningsdrang** exhibitionism. **~vertroue** self-confidence, -reliance, -possession, -assurance, morale; *gebrek aan ~* diffidence; *iets vol ~ doen* do s.t. self-confidently (*or* with assurance). **~vervullend** *=e* self-fulfilling. **~verwaarlosing** self-neglect. **~vertwyfeling** self-despair. **~verwek** *=te* self-begotten *(a child)*. **~verwerkliking, ~verwesenliking** self-realisation, -fulfilment. **~verwyt** self-reproach. **~verydelend** *=e* self-defeating. **~voerder** self-feed(er), automatic feeder. **~voldaan** *=dane,* **~vergenoeg(d)** *=de,* **~tevrede** self-satisfied, (self-)complacent, smug, self-righteous, self-congratulatory; self-content(ed). **~voldaanheid, ~vergenoegdheid, ~tevredenheid** self-satisfaction, complacency, smugness, self-righteousness, self-congratulation; self-content(ment); *'n uitdrukking van ~ hê* have an air of satisfaction. **~voldoening** self-satisfaction, -approbation. **~voorsiening** self-sufficiency. **~voortplantend** *=e* self-propagating. **~waardering** self-appreciation, -approval. **~waarneembaar** *=bare* subjective. **~waarnemend** *=e* introspective. **~waarneming** self-observation. **~wassery** →SELFDIENWASSERY. **~weerspreking** contradiction in terms; contradicting o.s.. ~**werkend** =*e* automatic, self-acting, -operating. ~**werksaamheid** self-activity, -action; -employment, personal initiative.

sel(f)·de *(dated)* same, identical; ~ *hoe/waar/wat/wie* regardless (*or* no matter) how/where/what/who.

self·heid selfhood, personality, individuality.

self·loos =*lose* →ONSELFSUGTIG.

sel·foon →SEL.

selfs even; *'n belangrike of ~ die **belangrikste** deel* an important, if not the most important part; *ek sou ~ R1000/ens. **betaal*** I would pay as much as R1000/etc.; *~ 'n **beter** manier om te ...* an even better way to ...; ***miskien** ~ ...* if not ...; *~ **nie** ... nie* not even ...; never so much as ...; *~ **so dat** ...* so much (so) that ...; *~ **sonder** 'n ...* without so much as a ...; *~ **van/uit** ...* from as far as ...

se·li·baat celibacy. **se·li·ba·têr** =*têre* celibate.

sel·le·tjie =*tjies* small cell; *(biol.)* cellule.

sel·lo·faan cellophane.

sel·lu·lêr *n.* →SELFOON. **sel·lu·lêr** =*lêre, adj.* cellular; *~e (tele)foon* cellphone, cellular (tele)phone; *~e radio* cellular radio.

sel·lu·liet cellulite. **sel·lu·li·tis** cellulitis.

sel·lu·lo·ïed celluloid.

sel·lu·lo·se cellulose. ~**nitraat** cellulose nitrate, nitrocellulose.

se·lons=: ~**pampoen** (common) field pumpkin. ~**roos** oleander, South Sea rose, rosebay, Ceylon rose.

se·loom =*lome, (zool.)* coelom.

se·loot =*lote* zealot, fanatic; *Selote, (hist., sect)* Zealots. **se·lo·tis·me** zealotry.

sel·ters·wa·ter *(obs.)* seltzer (water).

Se·lu·kwe *(geog.)* →SHURUGWI.

se·lu·ro·sou·rus =*russe,* **se·lu·ro·sou·ri·ër** =*riërs* coelurosaur.

sel·va =*vas, (equatorial forest)* selva; →OERWOUD.

Sem *(OT)* Shem.

se·ma·foor =*fore* semaphore.

se·man·teem =*teme, (ling.)* semanteme.

se·man·tiek semantics. **se·man·ties** =*tiese* semantic. **se·man·ti·kus** =*kusse* semanticist.

se·ma·si·o·lo·gie *(ling.)* semasiology. **se·ma·si·o·lo·gies** =*giese* semasiological. **se·ma·si·o·loog** =*loë* semasiologist.

se·ma·ties =*tiese, (zool.)* sematic *(colouring)*.

se·meem =*meme, (ling.)* sememe.

se·mel=: ~**broek** *(rare)* shy/awkward fellow, gawk. ~**brood** bran/coarse bread, bran loaf. ~**knoper** *(rare)* hairsplitter; bore. ~**laag** silverskin *(of coffee bean)*. ~**meel** pollard. ~**mengsel** bran mash. ~**uitslag** *(med., infml.)* pityriasis. ~**voer** bran mash. ~**water** bran tea/gruel/water.

se·mel·ag·tig =*tige* branlike, branny; *(joc., rare)* excited.

se·mels bran; *(med., infml.)* pityriasis; *meng jou met die ~, dan vreet die varke jou (op)* if you lie down with dogs, you'll get up with fleas.

se·ment *n.* cement. **se·ment, se·men·teer** *ge=, vb.* cement. ~**blad** cement slab. ~**fabriek** cement factory. ~**klip** cement rock. ~**plaat** cement slab. ~**spuit** cement gun. ~**staal** →SEMENTASIESTAAL. ~**steen** cement brick. ~**stryksel** cement wash. ~**verf** concrete paint. ~**voering** cement lining.

se·men·ta·sie cementation, cementing. **se·men·ta·sie·staal, se·ment·staal** blister steel. **se·men·teer** *ge=* →SEMENT *vb.*.

se·mes·ter =*ters* semester, term, half-year; *in die ~* in/during term-time.

se·mi= *pref.* semi-. ~**dokumentêr** =*têre, n., (also* semidokumentêre film/(rol)prent*)* semi-documentary. ~**formeel** =*mele* semi-formal. ~**gehard** half-hardy *(a plant)*. ~**-onafhanklik** =*e* semi-independent. ~**-outonoom** =*nome* semi-autonomous *(a country etc.)*. ~**permanent** =*e* semi-permanent. ~**professioneel** =*nele* semi-professional; *'n ~nele musikant/ens.* a semi-professional (musician/etc.). ~**sinteties** =*e, (chem.)* semi-synthetic. ~**vegetariër** =*s, (s.o. who eats poultry and fish, but not red meat)* demiveg. ~**vegetaries** =*e* demiveg.

Se·miet =*miete* Semite, Shemite. **Se·mi·ties** *n., (lang.)* Semitic, Shemitic. **Se·mi·ties** =*tiese* Semitic, Shemitic. **Se·mi·tis·me** Semitism.

se·mi·naar =*nare* seminar. **se·mi·na·rie** =*ries* seminary. **se·mi·na·ris** =*riste* seminarist, seminarian. **se·mi·na·ri·um** =*riums,* =*ria* →SEMINARIE.

se·mi·o·lo·gie →SEMIOTIEK.

se·mi·o·tiek semiotics. **se·mi·o·ties** =*tiese* semiotic(al).

Se·mi·ties →SEMIET.

se·mo·li·na semolina.

sen *sens, (coin)* sen.

se·naat =*nate* senate; *(Ierse) S~* Seanad (Éireann). **se·naats·lid** member of senate. **se·na·tor** =*tore,* =*tors* senator. **se·na·to·ri·aal** =*riale* senatorial. **se·na·tri·se** =*ses, (obs.)* senatrix, senatress.

se·na·kel =*kels* c(o)enacle.

send *ge=, (rare, fml.)* send, forward, dispatch; *(radio, TV)* transmit. ~**antenna,** ~**antenne** transmitting aerial; radiator. ~**apparaat** transmitting equipment. ~**brief** epistle, letter, missive; *pouslike ~, (RC)* encyclical (letter). ~**draad** transmitting wire. ~**eenheid** sender unit. ~**golf** transmitting wave. ~**inrigting,** ~**installasie** transmitting installation. ~**ontvanger,** ~**ontvangtoestel** two-way radio (set), transceiver. ~**sleutel** transmission key. ~**stasie** transmitting station. ~**toestel** transmitter, transmitting apparatus/set. ~**tyd** airtime, radio/TV/broadcasting time, hours of transmission. ~**wa** *(rare)* transmitting van.

sen·de·ling =*linge* missionary. ~**dokter** missionary doctor. ~**helper** catechist. ~**konferensie, sendelingekonferensie** missionary conference.

sen·der =*ders* sender, consignor; *(rad., TV)* transmitter, transmitting set; transmitting station.

sen·ding =*dings,* =*dinge* mission; consignment *(of goods)*; despatch; commission; ***buitelandse** ~* foreign mission(s); *die ~ **onder** die melaatses/seelui/ens.* the mission to the lepers/seamen/*etc.*; *'n ~ **onderneem*** go on a mission; *met 'n ~ êrens **wees*** be somewhere on a mission. ~**aksie** missionary effort. ~**beheerstasie** *(astronautics)* mission control. ~**boer** *(hist.)* missionary colonist. ~**bus(sie)** mission box. ~**dokter** mission(ary) doctor. ~**fees** mission festival. ~**genootskap** missionary society. ~**kerk** mission church. ~**konferensie** missionary/mission(s) conference. ~**krans** mission circle. ~**kunde,** ~**wetenskap** missionary science, missiology, science of missionaries. ~**kundig,** ~**wetenskaplik** =*e* missiological. ~**pos** →SENDINGSTASIE. ~**skool** mission school. ~**stasie,** ~**pos** mission station/post. ~**veld** mission field. ~**werk** mission(ary) work.

se·ne=: ~**blare** *(pl.)* senna, cassia. ~**groen** *(Ajuga* spp.*)* bugle(weed).

se·ne·ci·o →SPRINKAANBOS. **se·ne·ki·o·se, se·ne·ci·o·ver·gif·ti·ging** *(vet.)* seneciosis.

Se·ne·gal *(geog.)* Senegal. **Se·ne·ga·lees** =*lese, n. & adj.* Senegalese.

Se·ne·gam·bi·ë *(geog.)* Senegambia.

se·niel =*niele* senile; *~e aftakeling* senile decay; *'n ~e ou mens* (of oumens), *(derog.)* a geriatric. **se·ni·li·teit** senility, second childhood.

se·ning =*nings* sinew, tendon; *~s* thews. ~**ontsteking** tendinitis, tendonitis.

se·ning·ag·tig =*tige* tendinous.

se·ning·rig =*rige* sinewy, stringy, tough, wiry, leathery; tendinous.

se·ni·or =*ors, n.* senior, *(infml.)* higher-up. **se·ni·or** *~ meer ~ die mees ~, adj.* senior; major; *S~ **Advokaat*** *(abbr.:* SA, *S~ **Consultus**, (abbr.:* SC, *jur.)* Senior Counsel *(abbr.:* SC*)*; *~ **bestuur*** senior/top management; *~ **bestuurder*** senior/top manager; *~ **bestuurders*** senior/top management; *~ **burger**, (euph.)* senior citizen; *~ **registrateur*** (of ***kliniese assistent***), *(med.)* senior registrar; *S~ **Sertifikaat-eksamen*** Senior Certificate examination. **se·ni·o·ri·teit** seniority.

se·nit *(fig.)* zenith, summit. ~**afstand** *(astron.)* zenith distance.

se·ni·taal =*tale* zenithal; *senitale projeksie* zenithal projection.

sen·na senna; →SENE=.

Se·noe·si =*si's, (member of Muslim sect)* Senussi, Sanusi, Senoussi, Senussite.

Se·noon *(geol.)* Senonian. **Se·noon=** Senonian.

Se·no·so·ïes →KAINOSOÏES. **Se·no·so·ï·kum** →KAINOSOÏKUM.

se·no·taaf =*tawe* cenotaph.

sens *sense* scythe, hook.

sen·sa·sie =*sies* sensation; thrill, kick; stir; feeling; *~ maak/(ver)wek* cause/create/produce a sensation. ~**bejag** sensationalism. ~**belus** sensation-loving, -seeking; thrill-seeking. ~**berig** sensational report/news. ~**blad** →SENSASIEKOERANT. ~**jag,** ~**lus,** ~**sug** sensation-seeking, -hunting; thrill-seeking; sensationalism. ~**joernalis** =*te* tabloid journalist. ~**joernalistiek** tabloid journalism. ~**koerant,** ~**blad** tabloid ([news]paper), sensational (news)paper. ~**pers** tabloid press/yellow/sensational press. ~**roman** sensational novel, thriller. ~**soekend** sensationalist(ic). ~**soeker** sensationalist, sensation hunter/seeker, muckraker; thrill seeker. ~**storie** hair-raiser; penny dreadful/horrible/blood *(hist., joc.)*. ~**stuk** sensational play, thriller. ~**sug** →SENSASIEJAG. ~**wekkend** =*e* sensational. ~**wekker** sensation monger. **sen·sa·si·o·neel** =*nele* sensational; electrifying, thrilling *(a performance etc.)*.

sen·seer *(ge)=, (rare)* →SENSUREER.

sen·si·bi·li·sa·sie, sen·si·bi·li·se·ring sensitisation; →SENSITISASIE. **sen·si·bi·li·seer** *ge=* sensitise; →SENSITISEER.

sen·si·tief =*tiewe* sensitive, susceptible. **sen·si·ti·sa·sie, sen·si·ti·se·ring** sensitisation. **sen·si·ti·seer** *ge=* sensitise. **sen·si·ti·vis** =*viste, (also S~)* sensitivist. **sen·si·ti·vis·me** *(also S~)* sensitivism. **sen·si·ti·wi·teit** sensitivity, sensitiveness.

sen·si·to·me·ter *(phot.)* sensitometer.

sen·so·mo·to·ries =*riese, (physiol.)* sensorimotor, sensomotor.

sen·sor[1] =*sors, n.* censor; licenser. **sen·sor, sen·so·reer** *ge=, vb.* censor, blue-pencil. **sen·sor·ag·tig** =*tige* censorial. **sen·sor·skap** =*skappe, (office)* censorship.

sen·sor[2] =*sore,* =*sors* sense/sensory organ, sensor. **sen·so·ries** =*riese,* **sen·so·ri·aal** =*riale* sensory, sensorial. **sen·so·ri·um** sensorium.

sen·su·a·lis =*liste* sensualist. **sen·su·a·lis·me** sensualism; *(philos.)* sensism, sensation(al)ism. **sen·su·a·lis·ties** =*tiese* sensualist(ic); *(philos.)* sensationalist(ic). **sen·su·a·li·teit** sensuality, voluptuousness. **sen·su·eel** =*suele* sensual; *(infml.)*sexy, steamy.

sen·su·ra·bel =*bele* censurable; censorable.

sen·su·reer *ge=* censure; discipline *(subject to ecclesiastical discipline)*; censor, blue-pencil.

sen·sus =*susse* census. *'n ~ van iets opneem* take a census of s.t.. ~**kantoor** census office. ~**opgawe** census return. ~**opnemer** census taker, enumerator.

sen·suur censure; censorship; censoring; *'n **mosie** van ~* a motion of censure; *'n lidmaat **onder** ~ plaas* punish a member of a church by withholding the sacraments; *iets aan ~ **onderwerp*** exercise censorship over s.t., subject s.t. to censorship; *aan ~ **onderworpe** wees* be subject to censorship; ***streng(e)** ~* strict/tight censorship; *~ op iets **uitoefen*** exercise censorship over s.t., subject s.t. to censorship. ~**raad** censorship board, board of censors.

sent *sent(e)* cent; *(naut.)* ribband; *iem. besit **geen** ~ nie* s.o. does not have a cent/penny to his/her name; ***in** ~e* in cents; *jy kan jou **laaste** ~ wed, (infml.)* you can bet your bottom dollar; ***suinig** met die ~e, rojaal met die rande* penny wise and pound foolish; ***twee** ~* two cents, 2c; ***twee** ~e, (coins)* two cents. **sen·te·naar** =*naars* hundredweight; *(Germ.)* centner; quintal. **sen·te·naars·las** heavy load/burden. **sen·te·si·maal** =*male* centesimal.

sen·taur →SENTOUR.

sen·ten·sie -*sies, (rare)* adage, maxim, proverb. **sen·ten·si·eus** -*euse, (rare)* sententious.

sen·ter -*ters, (games, mech.)* centre; *(rugby)* centre three-quarter; ~ *speel, (rugby)* play at centre; *vaste ~, (mech.)* dead centre. **~boor** centre bit/drill. **~haak** centre square. **~maat** centre gauge; *(rugby)* partner at centre. **~pons** centre punch. **~slag** *(cartridge)* centre-fire.

sen·ti·gram centigram.

sen·ti·ment -*mente* sentiment. **sen·ti·men·ta·lis** -*liste* sentimentalist. **sen·ti·men·ta·li·seer** *ge-* sentimentalise. **sen·ti·men·ta·lis·me** sentimentalism. **sen·ti·men·ta·li·teit** -*teite* sentimentality; mawkishness, mush(iness), sloppiness; *stroperige* ~ sloppy sentimentality. **sen·ti·men·teel** -*tele* sentimental; mawkish, mushy, sloppy, slushy, spoony, maudlin, misty-eyed; *goedkoop* ~ corny; *sentimentele waarde* sentimental value. **sen·ti·men·teel-dronk** maudlin.

sen·ti·me·ter -*ter(s)* centimetre. **~gram** *(phys.)* dyne.

sen·tour, ken·tour -*toure*, -*tours* centaur.

sen·traal -*trale* central; pivotal; *sentrale **bank*** central bank; ~ *beheerde **ekonomie*** command economy; *sentrale **hout**, (bot.)* metaxylem; *sentrale **regering*** central government; *sentrale **sakegebied**, (abbr.:* SSG*)* central business district *(abbr.:* CBD*)*; *sentrale **senu(wee)stelsel*** central nervous system; *sentrale **silinder**, (bot.)* stele, vascular cylinder; *sentrale **sluiting**, (mot.)* central locking; *sentrale **verwarming*** central heating; *sentrale **verwerk(ings)eenheid**, (comp.)* central processing unit. **S~-Afrikaanse Republiek** Central African Republic. **S~-Amerikaans** -*e* Central American. **S~-Amerikaner** Central American. **S~-Europa** Central Europe. **S~-Europeër** Central European. **S~-Europees** -*pese* Central European.

sen·tra·le -*les* station; supply station; (telephone) exchange; control room; →KERN(KRAG)SENTRALE, KRAGSENTRALE; *elektriese* ~ power station.

sen·tra·li·seer *ge-* centralise. **sen·tra·lis** -*liste* centralist. **sen·tra·li·sa·sie** centralisation. **sen·tra·lis·ties** -*tiese* centralist(ic).

sen·treer *(ge)-* centre; centralise. **~haak** centre/centring square. **~skroef** centring screw.

sen·treer·der -*ders* centraliser. **sen·tre·ring** centring.

sen·tri·fu·gaal -*gale* centrifugal; *~gale pomp* centrifugal pump. **sen·tri·fu·ge** -*ges* centrifuge. **sen·tri·fu·geer** *ge-* centrifuge.

sen·tri·pe·taal -*tale* centripetal.

sen·tris -*triste, (pol.)* centrist.

sen·trum -*trums*, -*tra* centre; *(fig.)* core.

se·nu- →SENU(WEE)-.

se·nu·wee -*wees* nerve; *(die) **ene** ~s wees* be all nerves; *dit **folter/martel** die ~s* it grates/jangles/jars on/upon the/one's nerves; *iem. se ~s was **gedaan/klaar/kapot/op**, (infml.)* s.o.'s nerves were shattered (*or* worn to a frazzle); *met **gespanne** ~s* with nerves on edge; ***oorspanne** ~s* strained nerves; *dit **op** jou ~s hê, **op** jou ~s wees* be nervous/jittery/twitchy (*or* on edge); *iem. het dit* (of *is*) *erg **op** sy/haar ~s, iem. se ~s is **op** hol* s.o. is very nervous/jittery, s.o.'s nerves are on edge (*or* have gone to bits); *dit **op** jou ~s kry* get/have an attack of nerves; lose one's nerve; ***op** iem. se ~s werk, (infml.)* get on s.o.'s nerves; *~s van **staal** hê, **stale** ~s hê* have nerves of steel (*or* icy nerves).

se·nu(·wee)-: **~aandoening, ~kwaal** affection of the nerves, nervous complaint/disorder/disease, neurotic complaint, neuropathy. **~aanval** attack of nerves, nervous attack, hysterics. **~agtig, ~agtig** -*e* nervous, on edge, edgy, flurried, jittery, jumpy, twitchy; ~ *maak* unnerve; *iem. ~ maak* make s.o. nervous; get on s.o.'s nerves *(infml.)*; ~ *raak/word* become nervous. **~agtigheid, ~agtigheid** nervousness, edginess, jitters. **~arts** nerve specialist, neurologist; psychiatrist. **~as** *(anat.)* neuraxis. **~baan** nerve tract. **~bol, ~orrel** nervous/excitable person, neurotic, bundle of nerves. **~boog** neural arch. **~bundel** nerve bundle. **~dokter** →SENU(WEE)ARTS. **~draad, ~vesel** nerve fibre. **~-eenheid** →SENU(WEE)SEL. **~gang, ~kanaal** nerve canal. **~gas** nerve gas. **~gestel** →SENU(WEE)STELSEL. **~geswel** neuroma. **~gif** neurotoxin. **~hoofpyn** nervous headache. **~-insinking, -instorting** nervous breakdown/collapse/exhaustion/prostration. **~kanaal** →SENU(WEE)GANG. **~knoop** (nerve) ganglion, nerve knot. **~koors** nervous fever. **~kwaal** →SENU(WEE)AANDOENING. **~lyer** neuropath, neurotic. **~ontsteking** neuritis. **oordraer** *(physiol.)* neurotransmitter. **~oorlog** war of nerves. **~orrel** →SENU(WEE)BOL. **~pasiënt** nerve patient, neurotic. **~pleksus, ~vleg** nerve plexus. **~prikkeling** irritation/excitation of the nerves. **~pyn** neuralgia, nerve pain. **~ring** nerve ring. **~sel** nerve cell, neurocyte, neuron. **~selbrug** synapse, synapsis. **~seltak** dendrite, (neuro)dendron. **~sentrum** nerve centre, (nerve) ganglion. **~siek** -*(e)* neurotic, suffering from the nerves, neuropathic, neurasthenic. **~siekte** nervous disease/disorder, neuropathy, neurosis, psychoneurosis. **~siekteleer** neurology; psychiatry. **~skok** nervous shock. **~skokkend** -*e* nerve-shaking. **~snykunde** neurosurgery. **~snykundig** neurosurgical. **~spanning** nerve strain, nervous strain/tension. **~spriet** (neuro)dendron. **~stelsel** nervous system. **~sterkend** -*e* nerve-strengthening. **~storing, ~stoornis** neurosis. **~string** nerve cord. **~swakte** neurasthenia, nervous debility. **~tergend** -*e* nerve-(w)racking, nerve-shattering, vexing, *(infml.)* hairy; *'n ~e wedstryd* a nail-biting match. **~toeval** nervous fit, hysterics. **~trekking** nervous/convulsive twitch, tic; *(also, in the pl.)* chorea. **~uitloper** axon. **~versterker** nerve tonic, nervine. **~vesel** →SENU(WEE)DRAAD. **~vleg** →SENU(WEE)PLEKSUS. **~weefsel** nervous tissue. **~werking** nervous/nerve action, innervation. **~wortel** nerve root. **~wrak** nervous wreck.

se·o·liet *(min.)* zeolite.

se·pa·raat -*rate, (print., rare)* separatum, separate, offprint.

se·pa·ra·sie *(rare)* separation.

se·pa·ra·tis -*tiste* separatist. **se·pa·ra·tis·me** separatism. **se·pa·ra·tis·ties** -*tiese* separatist(ic). **se·pa·reer** *ge-, (rare)* separate.

Se·pe·di *(SA lang.)* Sepedi.

se·pe·rig -*rige* soapy, saponaceous; →SEEP. **se·pe·rig·heid** soapiness.

se·pi·a *(colour)* sepia; *(icht.)* cuttlefish. **~been** cuttle(bone).

se·pie *(infml.)* soap (opera); small cake of soap. **~koningin** soap queen.

se·poy -*poys, (hist.: Ind. soldier in Br. service)* sepoy.

sep·poe·koe *(<Jap.)* seppuku, hara-kiri.

sep·sis *(med.)* sepsis.

sep·tee(·boom), ou·hout(·boom) *(SA, bot.: Cordia caffra)* septee.

Sep·tem·ber September. **s~blom** chinkerinchee, chincherinchee. **~maand** the month of September.

sep·ten·naat -*nate* septennate.

sep·ter -*ters* sceptre; *die ~ swaai* wield the sceptre; *die ~ oor ... swaai* hold sway over ...; *die een wat die ~ swaai, (infml.)* king of the castle.

sep·tet -*tette, (mus.)* septet(te).

sep·tiem -*tieme, (interval)* seventh; *(tone)* seventh degree.

sep·ties -*tiese* septic. **sep·ti·se·mie** septic(a)emia. **sep·ti·se·mies** septic(a)emic.

sep·ti·mool -*mole, (mus.)* septuplet.

Sep·tu·a·gint, Sep·tu·a·gin·ta *(Gr. version of the OT)* Septuagint.

se·quoi·a -*quoias*, **se·quoi·a·boom** sequoia; →MAMMOETBOOM.

se·raf -*rafs*, -*rafim*, **se·ra·fyn** -*fyne* seraph. **se·ra·fies** -*fiese* seraphic.

se·rail -*rails, (rare, hist.: Turk. palace, harem)* seraglio.

se·ra·miek, se·ra·mies, se·ra·mis *(obs.)* →KERAMIEK, KERAMIES, KERAMIS.

se·re -*res, (bot.)* sere.

se·re·bel·lum -*bellums*, -*bella* cerebellum.

se·re·braal -*brale* cerebral; *~brale dood* cerebral death (→BREINDOOD *n.*); ~ *gestrem(d)* spastic; *~brale gestremdheid/verlamming* cerebral palsy. **se·re·bro·spi·naal** -*nale* cerebrospinal; *~nale koors* cerebrospinal meningitis/fever; *~nale vog/vloeistof* cerebrospinal fluid. **se·re·brum, se·re·brum** -*rebrums*, -*rebra* cerebrum.

se·reen -*rene* -*rener* -*reenste* serene.

se·re·mo·nie -*nies* ceremony; *(also, in the pl.)* formalities, ceremonial; *sonder ~(s)* informal(ly). **~meester** master of ceremonies, mistress of ceremonies *(fem.)*, toastmaster, toastmistress *(fem.)*, compère *(Fr.)*, commère *(Fr., fem.)*. **~pas** slow march.

se·re·mo·ni·eel -*niële, n. & adj.* ceremonial.

se·re·na·de -*des* serenade; *(mus.)* serenata.

se·re·ni·teit serenity.

se·re·rig -*rige* →SEERDERIG.

se·reus -*reuse, (physiol.)* serous; *~e membraan* serous membrane.

ser·fyn -*fyne* harmonium, small organ, seraphine.

ser·ge, ser·sje *(text.)* serge; *dun* ~ sergette. **ser·gette, ser·sjet** sergette.

se·ri·a·lis·me *(mus.)* serialism. **se·ri·eel** -*riële, (mus.)* serial.

se·rie -*ries* series; *(billiards)* break; gamut. **~baan** *(elec.)* series circuit. **~generator** series-wound generator. **~gewikkel(d)**, -*kelde, (elec.)* series-wound. **~gewyse** serially. **~motor** series-wound motor. **~nommer** serial number. **~skakeling** series connection. **~snee** serial section. **~spoel** *(elec.)* series coil. **~stoot** *(billiards, snooker)* break. **~wikkeling** *(elec.)* series winding.

se·ri·eus -*euse* -*euser* -*eusste, (fml.)* serious, (in) earnest. **se·ri·eus·heid** seriousness, earnestness.

se·ri·gra·fie -*fieë* serigraph; *(no pl.)* serigraphy.

se·ring-: **~(boom), ~(bessieboom)** *(Melia azedarach)* seringa, Persian lilac, bead tree; *rooisering(boom), wildesering(boom), (Burkea africana)* wild/red seringa. **~bloeisel** lilac blossom. **~(struik)** *(Syringa vulgaris)* lilac (bush), syringa. **~suur** syringic acid.

se·ri·um *(chem., symb.:* Ce*)* cerium.

serk *serke* (tomb)stone.

ser·ka·rie -*rieë, (zool.)* cercaria.

ser·mein·peer (Saint) Germain pear; *so suur soos 'n ~, (rare, obs.)* as sour as vinegar.

ser·moen -*moene, (obs.)* sermon, homily; lecture.

se·ro *(obs.)* →ZERO.

se·ro-: **~grafie, kerografie** cerography. **~logie** *(med.)* serology. **~logies** -*e* serologic(al). **~loog** -*loë* serologist. **~negatief** -*tiewe, (med.)* seronegative. **~plastiek, keroplastiek** ceroplastics. **~positief** -*tiewe, (med.)* seropositive. **~tonien** *(biochem.)* serotonin.

se·roet -*roete* cheroot, cigar.

serp *serpe* scarf, muffler; sash. **~ring** scarf ring.

ser·pe·ling -*linge, (icht.)* dace.

ser·pent -*pente, (hist., mus. instr.)* serpent. **ser·pen·ti·ne** -*nes, (rare, obs.)* streamer.

ser·pen·tyn *(min.)* ophite; serpentine; *groen* ~ verd antique. **~asbes** chrysotile. **~marmer** ophite. **~steen** serpentine.

ser·pen·tyns -*tynse* serpentine; *~se vers, (pros.)* serpentine verse.

ser·ra·del·la, ser·ra·dil·la *(Port., bot.: Ornithopus sativa)* serradilla, serradella, bird('s)-foot.

ser·sant -*sante* sergeant. **~-instrukteur** drill sergeant. **~-kwartiermeester** quartermaster sergeant. **~-majoor** -*s* sergeant major; *(icht.: Abudefduf vaigiensis)* sergeant major. **~-provoos** provost sergeant. **~skap, ~srang** sergeancy, sergeantship. **~smenasie** sergeants' mess. **~strepe** sergeant's stripes.

ser·sje →SERGE. **ser·sjet** →SERGETTE.

ser·ti·fi·kaat -*kate* certificate; credential; docket; ticket; voucher; ~ *van **beskadiging*** certificate of damage; ~ *van **herkoms/oorsprong*** certificate of origin; *'n ~ **verleen*** certificate. **ser·ti·fi·seer** *ge-* certify; exemplify; certificate; *hiermee **word** ge- dat ...* this is to certify that ... **ser·ti·fi·seer·baar** -*bare* certifiable.

se·rum -*rums* serum. **~siekte** serum sickness.

se·rum·ag·tig =*tige* serous.
se·rus·siet *(min.)* ceru(s)site.
ser·val =*vals (zool.)* serval.
ser·ve·laat(·wors) cervelat.
ser·vet =*vette* (table) napkin, serviette. **~ring** napkin/serviette ring.
ser·viel =*viele* =*vieler* =*vielste, (rare)* servile.
ser·vies =*viese* (tea) set; (dinner) service.
Ser·viet =*viete, (RC)* Servite.
ser·vi·kaal =*kale* cervical; *~kale kanker* →SERVIKSKANKER.
ser·viks =*vikse, (anat.)* cervix. **~kanker** cervical cancer. **~smeer** *(med.)* cervical/Pap smear.
ser·vi·li·teit *(rare)* servility.
ser·vi·tuut *(obs.)* →SERWITUUT.
ser·vo-: **~meganiek** servo-mechanism. **~motor** =*e* servo-motor. **~rem** servo-brake.
ser·we·laat·wors saveloy.
Ser·wi·ë *(geog.)* Serbia. **Ser·wi·ër** =*wiërs, n.* Serbian. **Ser·wies** =*wiese, adj.* Serb(ian).
ser·wi·tuut =*tute* servitude; easement; claim; charge; *~ van opdamming* servitude of abutment; *~ van opgaring* servitude of storage; *~ van waterleiding* servitude of aqueduct. **~akte** deed of servitude.
Ser·wo-Kro·a·ties, Ser·wo-Kro·aats *n. & adj., (lang.)* Serbo-Croat(ian), Croato-Serb.
ses *sesse* six; sice *(on dice)*; →SESDE, SESTIG; *~ **honderd/duisend/miljoen*** (of ***seshonderd/sesduisend/sesmiljoen***) six hundred/thousand/million; *~ **jaar*** six years; *~ **keer/maal*** six times; *~ **minute/sekondes*** six minutes/seconds; *'n ~ **slaan,** (cr.)* hit a six; *'n ~ van 'n bal **slaan,** (cr.)* hit a ball for (a) six; *'n ~ teen 'n bouler **slaan,** (cr.)* hit a bowler for (a) six; *'n **stuk** of ~* half a dozen; *~ **uur*** six hours (→SESUUR); *'n man **van** ~se klaar, (rare)* a capable man. **~daags** =*e* six-day, six days'; *S~e Oorlog, (Middle East, 1967)* Six Day War; *~e werkweek* six-day week. **~delig, ~delig** =*e* six-volume; sexpartite. **~dubbel(d)** sixfold; six times over. **~duisend** *(also:* ses duisend*)* six thousand. **~hoek** hexagon. **~hoekig, ~hoekig** =*e* hexagonal, sexangular. **~honderd** *(also: ~* honderd*)* six hundred. **~hou** six, sixer; *'n ~ slaan, (cr.)* hit a six; *'n ~ van 'n bal **slaan,** (cr.)* hit a ball for (a) six; *'n ~ teen 'n bouler **slaan,** (cr.)* hit a bowler for (a) six. **~jaarliks** =*e* sexennial. **~jarig, ~jarig** =*e* six years old, six-year-old *(attr.)*; sexennial. **~jarige, ~jarige** =*s, n.* six-year-old. **~kamerrewolwer** six-shooter. **~kantig, ~kantig** =*e* six-sided, hexagonal. **~kantmoer** hexagon(al) nut. **~kantsleutel** hexagonal spanner. **~lettergrepig** =*e* sexisyllabic, sexisyllable. **~ling** =*e* sextuplet. **~maandeliks** =*e* six-monthly, half-yearly, biannual. **~miljoen** *(also: ~* miljoen*)* six million. **~pak** *(infml.)* six-pack. **~pantbal** six-panel ball. **~ponder** =*s* six-pounder. **~poot** hexapod. **~potig, ~potig** =*e* hexapodal, hexapodous. **~reëlig, ~reëlig** =*e* six-lined, of six lines; *~e vers, (pros.)* sestina, sixain, sextain; sestet. **~sydig, ~sydig** =*e* six-sided, hexagonal. **~syfer-** six-figure *(attr.)*. **~syferbedrag** six-figure sum. **~syfersalaris** six-figure salary, salary running into six figures. **~tal** =*le* sextet(te), (group of) six, sixsome, sextuplet, hexad; *'n ~ mense* six people or so, about six people; *die ~* the six. **~tien** →SESTIEN. **~tientallig** hexadecimal; *~e stelsel* hexadecimal (notation). **~urig** =*e* of six hours, six-hour *(attr.)*. **~uur** six o'clock; *(so) teen ~, (so) om en by ~, teen ~ se kant* sixish. **~vlak** hexahedron. **~vlakkig, ~vlakkig** =*e* hexahedral. **~voeter** =*s* six-footer. **~voetig** =*e* six-footed; hexametric; *~e vers, (pros.)* hexameter. **~voud** =*e* sextuple, multiple of six. **~voudig, ~voudig** =*e* sixfold, sextuple.
se·sam¹ *(bot.: Sesamum indicum)* sesame. **~(-)olie** sesame oil. **~plant, ~kruid** sesame. **~saad** sesame seeds. **~saad(-)olie** →SESAM(-)OLIE.
se·sam²: *~, gaan oop!, (magical words used by Ali Baba in* The Arabian Nights*)* open sesame!.
se·sam·been·tjie sesamoid (bone).
se·sa·mo·ïed =*moïede, (anat.)* sesamoid.
ses·de =*des* sixth; *S~ Laan/Straat* (of *Sesdelaan/Sesdestraat* Sixth Avenue/Street; *~ sintuig* sixth sense; *ten ~* sixthly, in the sixth place. **ses·dens** sixthly, in the sixth place; sixth.
se·ses·sie =*sies* secession. **se·ses·si·o·nis** =*niste* secessionist. **se·ses·si·o·nis·me** secessionism.
se·si·um *(chem., symb.: Cs)* caesium.
ses·ling =*linge* sextuplet.
Se·soe·to *(obs.)* →SOTHO.
ses·sie¹ =*sies* session.
ses·sie² =*sie, (jur.)* cession; →SESSIONARIS.
ses·sie³ =*sies* little six.
ses·siel =*siele, (biol.)* sessile.
ses·si·o·na·ris =*risse, (jur.)* cessionary, assign; →SESSIE².
ses·ter·sie =*sies, (ancient Rom. coin)* sesterce, sestertius.
ses·tien sixteen; *'n meisie(kind)/nooientjie van ~ wees* be sweet sixteen. **ses·tien·de** =*des* sixteenth; *~ eeu* sixteenth century; *~ noot* semiquaver. **ses·tien·de-eeu·er** =*s* sixteenth-century person. **ses·tien·de-eeus** =*e* of the sixteenth century, sixteenth-century *(attr.)*.
ses·tig sixty; threescore; *iem. is in die ~* s.o. is in his/her sixties; *ongeveer ~ (jaar oud) wees* be sixtyish; *dit het in die jare ~ gebeur* it happened in the sixties/Sixties; →SESTIGERJARE. **ses·tig·de·lig** =*lige* sexagenary. **ses·tig·ja·ri·ge** =*ges* sixty-year-old, sexagenarian; *'n ~e man/vrou/ens.* a sixty-year-old man/woman/etc.. **ses·tig·tal·lig** =*lige* sexagesimal. **ses·tig·voud** =*voude* multiple of sixty. **ses·tig·vou·dig** =*dige* sixtyfold.
ses·ti·ger =*gers* sexagenarian; person/writer of the sixties; *S~* Afrikaans author of the 1960's. **ses·ti·ger·ja·re, ses·tigs** sixties; *iem. is in sy/haar ~* s.o. is in his/her sixties; *dit het in die ~ gebeur* it happened in the sixties/Sixties; →SESTIG.
ses·tig·ste =*stes* sixtieth.
ses·ti·na *(pros.)* sestina.
se·suur =*sure, (pros.)* caesura.
ses·uur →SES.
Set *(OT)* Seth; *(Eg. myth.)* Set(h).
set *sette, n.* move, trick; stroke; manoeuvre; coup; *(golf)* putt; *'n gemene ~* a dirty trick; *'n geniale/meesterlike ~* a masterstroke (*or* stroke of genius); *'n slim ~* a clever move/stroke. **set** *ge=, vb.* set; *(print.)* typeset; mount; jig; form; *kwaad **bloed** ~, (rare, obs.)* breed/make (*or* stir up) bad blood; *iets in **goud/ens.** ~* mount/set s.t. in gold/etc.; ***hare** ~* set hair; ***letters** ~* set up (*or* compose) type; *teks **sonder paragrawe** set, (print.)* let text run on. **~apparaat** *(hist.)* jig. **~fout** misprint, typographical/printer's error, typo *(infml.)*. **~haak** *(print., hist.)* composing stick. **~hamer** *(print., hist.)* set(ting) hammer. **~hou** *(golf)* putt; *'n ~ (of ~e) slaan/speel* putt. **~kas** =*te, (print., hist.)* typecase, printer's case. **~kop** rivet point; swage head. **~lyn** composing rule; reglet; *(fishing)* ledger line, paternoster (line). **~maat** *(print., hist.)* jig (gauge). **~masjien** composing machine, type setter, type setting machine. **~meel** starch, amylum. **~meelagtig** =*e* starchy, amylaceous, farinaceous. **~middel** =*s* setting lotion. **~perk** *(golf)* (putting) green. **~pil** *(med.)* suppository; *vaginale ~* pessary. **~plank** *(print., hist.)* (printer's) galley. **~raam** *(print., hist.)* composing frame. **~reël** line of type, slug. **~spel** *(golf)* putting. **~speler** *(golf)* putter. **~spieël** type page/area. **~stok** *(golf)* putter, putting iron. **~werk** *(print.)* composing, typesetting; *(golf)* putting. **~yster** saw die; *(golf)* putter, putting iron/club.
se·ta =*tas,* =*tae, (biol.)* seta.
se·taan *(chem.)* cetane.
se·ta·see =*seë, (zool.)* cetacean; *Setaseë* Cetacea.
se·tel =*tels, n.* seat *(in parliament/council, of government)*; throne; see *(of pope/bishop)*; headquarters, offices *(of a company)*; home; *'n ~ aan die opposisie **afstaan*** lose a seat to the opposition; *jou ~ **behou*** keep one's seat *(in an election)*; *'n ~ **betwis*** contest/fight a seat; *'n **betwiste** ~* a contested seat; *'n ~ **in** die raad/direksie hê* have a seat on the board; *'n **onbetwiste** ~* an unopposed seat; *in 'n ~ **verkies** word* carry/take a seat; *jou ~ **verloor*** lose one's seat; *'n ~ **wen*** carry/take a seat; *'n ~ van die opposisie **wen*** gain a seat from the opposition. **se·tel** *ge=, vb.* reside, be resident; have its headquarters/seat; sit; *~ in* indwell; *iets ~ in ..., iets is in ... gesetel* s.t. has its seat in ... *(a disease in the liver etc.)*.
se·ties =*tiese, (dance)* schottische.
set·laar =*laars* settler, immigrant; planter. **Set·laars·dag** *(SA, hist.)* Settlers' Day.
set·sel =*sels, (print.)* type, composition; *ingevalde/ingevalle ~, (hist.)* printer's pie. **set·sel·pan** *(hist.)* printer's galley.
Set·sjoe·a·na *(obs.)*, **Se·tswa·na** →TSWANA.
set·ter =*ters (print.)* typesetter; *(print.)* compositor; *(dog)* setter; *(golf)* putter; setter *(in incubator)*. **set·te·ry, set·te·ry** =*rye, (print.)* type/composing room; *(hist.)* case room.
set·ties *(obs.)* = SETIES.
set·ting =*tings,* =*tinge,* setting; set; mount(ing); *(surgery)* reduction.
seun *seuns* son; boy; lad; →SEUNS-; *die baba is 'n ~* the baby is a boy; *twee ~s en twee **dogters** hê* have two sons and two daughters; *die ~s en die **meisies/dogters** ...* the boys and girls ...; *die S~ van die **Mens,** (Chr. theol.: Christ)* the Son of Man; *'n **opgeskote** ~* an adolescent boy; *ou **seun!*** son!; *~s bly maar **seuns*** boys will be boys; *die **verlore** ~* the prodigal son. **~skoen** boy's shoe. **~skool** boys' school. **~span** boys' team.
seu·nie *(form of address, obs.)* sonny, chappie.
seuns-: **~agtig** =*e* boyish, boylike; tomboyish. **~boek** boys' book. **~dubbelspel, ~dubbels** *(tennis)* boys' doubles. **~enkelspel, ~enkels** *(tennis)* boys' singles. **~jare** boyhood (years). **~kind** boy. **~klas** class of boys. **~koor** boys' choir. **~koshuis** boys' hostel. **~naam** boy's name. **~tyd** boyhood. **~verhaal** boys' story.
seun·skap sonship.
seun·tjie =*tjies* little/small boy; baby boy, boy baby.
seur¹ *seurs, n., (SA, hist.)* sir, master.
seur² *ge=, vb., (rare, obs.)* bother, nag, fuss, *(infml.)* whinge; delay, dawdle; *wat ~ jy al om my?* why do you keep bothering me?. **seur·de·rig** =*rige, (rare)* whing(e)y, whing(e)ing *(infml.)*.
Se·vil·la *(geog., Sp.)* Seville. **Se·vil·li·aan** =*ane, n.* Sevillian. **Se·vil·li·aans** =*aanse, adj.* Sevillian, Seville.
se·we =*wes* seven; *~ **honderd/duisend/miljoen*** (or ***sewehonderd/seweduisend/sewemiljoen***) seven hundred/thousand/million; *die ~ **hoofsondes*** the seven deadly/capital sins; *~ **jaar*** seven years; *~ **keer/maal*** seven times; *~ **minute/sekondes*** seven minutes/seconds; *~ **uur*** seven hours; →SEWE(-)UUR. **~armig** =*e* seven-armed; seven-branched; *~e kandelaar* seven-branched candlestick, menorah. **~blaarpatroon** *(archit.)* septfoil. **~blad** *(bot.)* tormentil, septfoil. **~boom(hout)** *(Juniperus sabina)* savin(e), juniper. **S~burge** *(geog.)* Transylvania. **S~burger** =*s, n.* Transylvanian. **S~burgs** =*e, adj.* Transylvanian. **~daags** =*e* seven-day, seven days'. **~delig** =*e* having (*or* consisting of) seven parts. **~dubbel(d)** sevenfold; seven times over. **~-en-dertig, ~ en dertig** thirty-seven. **S~gesterne** →SEWESTER. **~hoek** heptagon. **~hoekig** =*e* heptagonal, septangular. **~jaarliks** =*e* septennial. **~jaarsboon(tjie)** civet bean; Sieva (bean); kidney bean. **~jaartjie, ~jaartjie** =*s, (bot.)* everlasting (flower), immortelle. **~jarig, ~jarig** =*e* of seven (years) *(pred.)*, seven-year-old *(attr.)*; seven-year *(attr.)*, seven years' *(attr.)*; septennial; *'n ~e kind* a child of seven (years), a seven-year-old (child); *S~e Oorlog, (1756-63)* Seven Years' War. **~jarige, ~jarige** =*s, n.* seven-year-old. **~kamp** *(sport)* heptathlon. **~lettergrepig** =*e* septisyllabic, heptasyllabic. **~maands** =*e* of seven months, seven months' *(child)*. **~myllaarse** seven-league(d) boots. **S~ster, S~gesternte:** *die ~, (astron.)* the Pleiades (*or* Seven Sisters). **~sydig** =*e* septilateral. **~tal** =*le* (group of) seven; septet(te); heptad; septenary. **~tallig** =*e, (bot.)* septenate, septenary. **~(-)uur** seven o'clock. **~vlak** heptahedron, septahedron. **~vlakkig** =*e* heptahedral. **~voud** =*e* septuple, multiple of seven. **~voudig, ~voudig** =*e* sevenfold, septuple. **~weeksvaring** seven-weeks'/thirty-day fern, hare's-foot. **~-yster** *(golf)* no. 7 iron.

se·we·ling *-linge: 'n ~* septuplets.

se·wen·de *-des* seventh; *S~ Laan/Straat (of S~laan/ S~straat)* Seventh Avenue/Street; *in die ~ hemel wees* →HEMEL. *ten ~* seventhly, in the seventh place. **Se·wen·de·dag-Ad·ven·tis** *-tiste* Seventh-day Adventist.

se·wen·tien seventeen; *'n meisie(kind)/nooientjie van ~ wees* be sweet seventeen. **se·wen·tien·de** seventeenth; *~ eeu* seventeenth century. **se·wen·tien·de-eeu·er** *-ers* seventeenth-century person. **se·wen·tien·de-eeus** *-eeuse* of the seventeenth century, seventeenth-century *(attr.)*.

se·wen·tig seventy; *iem. is in die ~* s.o. is in his/her seventies; *dit het in die jare ~ gebeur* it happened in the seventies/Seventies; →SEWENTIGERJARE. **se·wen·ti·ger** *-gers* septuagenarian; person/writer of the seventies; *S~* Afrikaans author of the 1970's. **se·wen·ti·ger·ja·re, se·wen·tigs** seventies; *iem. is in sy/haar ~* s.o. is in his/her seventies; *dit het in die ~ gebeur* it happened in the seventies/Seventies; →SEWENTIG. **se·wen·tig·ja·rig** *-rige, adj.* of seventy years; septuagenarian. **se·wen·tig·ja·ri·ge** *-ges, n.* septuagenarian. **se·wen·tig·ste** seventieth. **se·wen·tig·voud** *-voude* multiple of seventy; seventyfold. **se·wen·tig·vou·dig** *-dige* seventyfold.

se·we·tjie *-tjies* little seven; *~s, (card game)* sevens.

se·we(-)uur →SEWE.

sex·y *~ sexier -ste, (Eng., infml.)* sexy; *nie ~ nie, (also)* unsexy.

Sey·chel·le: *die ~, (geog.)* the Seychelles. **Sey·chel·lees** *n.* inhabitant/native of the Seychelles. **Sey·chel·lees** *-lese, adj.* of the Seychelles.

sfa·le·riet *(min.)* sphalerite, (zinc) blende.

sfeen *(min.)* sphene, titanite.

sfeer *sfere* sphere; orb; *(fig.)* region, province, domain; *(fig.)* orbit; *(fig.)* atmosphere; ambit; compass; *buite my ~* not within my province; *in hoër sfere* in higher regions, in the clouds. **sfe·ries** *-riese* spheric(al); *~e hoek* spherical angle. **sfe·ro·ï·daal** *-dale* spheroidal. **sfe·ro·ïed** *-des* spheroid. **sfe·ro·me·ter** *-ters* spherometer.

sfig·mo- *comb., (med.)* sphygmo-.

sfig·mo·gra·fie *(med.)* sphygmography. **sfig·mo·graaf** *-grawe, (med.)* sphygmograph. **sfig·mo·gram** *-gramme, (med.)* sphygmogram.

sfig·mo·ma·no·me·ter *(an instr. for measuring blood pressure)* sphygmomanometer.

sfinks *sfinkse* sphinx. **sfinks·ag·tig** *-tige* sphinxlike.

sfor·zan·do, sfor·za·to *adj. & adv., (It., mus.: with sudden emphasis)* sforzando, sforzato.

sfra·gis·tiek sphragistics, sigillography.

sfu·ma·to(·teg·niek) *(painting)* sfumato.

sgraf·fi·to *-fito's, -fiti, (It.: mural/ceramic decoration)* sgraffito; →GRAFFITI *n.*.

's-Gra·ven·ha·ge →DEN HAAG.

Sha·ka, Tsja·ka *(SA hist., 1787-1828)* Shaka, Chaka.

Shake·spear·ken·ner Shakespearean, Shakespearian. **Shake·spea·ri·aans** *-aanse* Shakespearean, Shakespearian; *~e sonnet* Shakespearean/Shakespearian sonnet.

shan·dy *-dies, (Eng.: beer drink)* shandy.

Sharpe·vil·le·dag *(SA hist.: 21 March)* Sharpeville Day; →MENSEREGTEDAG.

shas·ta·ma·de·lie·fie *(bot.: Chrysanthemum maximum)* Shasta daisy.

she·rar·di·seer *ge-, (metall.)* sherardise.

's-Her·to·gen·bosch *(city in S. Neth.)* 's Hertogenbosch *(Du.)*, Bois-le-Duc *(Fr.)*.

Shet·land *(geog.)* Shetland. **~eilande** Shetland Islands. **~kant** *(bobbin lace, also s~)* Shetland lace. **~ponie** *(also s~)* Shetland pony, Shetlander, sheltie, shelty. **~skaaphond** *(also s~)* Shetland sheepdog. **~wol** *(also s~)* Shetland wool.

shi·raz *(grape, wine, also S~)* Shiraz.

Shire-perd Shire (horse).

Sho·na *-nas, (member of a people)* Shona (→MASJONA); *(no. pl., lang.)* Shona.

Shu·rug·wi *(geog.)* Shurugwi.

si·aan *(chem.)* cyanogen. **~amied** cyanamid(e). **~(gas)** cyanogen (gas). **~suur** cyanic acid. **~waterstof(suur)** hydrocyanic acid.

si·al *(geol.)* sial.

Si·am *(geog., hist.)* Siam; →THAILAND. **Si·a·mees** *-mese, n., (cat)* Siamese; *(obs., member of people, language)* Siamese. **Si·a·mees** *-mese, adj.* Siamese; *~mese kat* Siamese cat; *~mese tweeling* Siamese twins.

si·a·naat *-nate, (chem.)* cyanate.

si·a·nied *(chem.)* cyanid(e).

si·a·no·geen *(chem.)* cyanogen (gas).

si·a·no·ko·ba·la·mien, vi·ta·mien B$_{12}$ cyanocobalamin, vitamin B$_{12}$.

si·a·no·se *(pathol.)* cyanosis. **si·a·no·ties** *-tiese* cyanotic.

si·ba·riet *-riete* sybarite. **si·ba·ri·ties** *-tiese* sybaritic.

sib·be *-bes, (anthr.)* sept, sib; →CLAN.

si·be·lien *(text.)* zibeline.

si·ber- *comb.* →KUBER-.

Si·be·ri·ë *(geog.)* Siberia. **Si·be·ri·ër** *-riërs, n.* Siberian. **Si·be·ries** *-riese, adj.* Siberian.

si·bil·le *-les* sibyl. **si·bil·lyns** *-lynse* sibylline; Sibylline *(books)*.

si·bo·rie *-ries, (relig.)* ciborium, pyx.

sic *(Lat.)* sic.

si·ci·li·a·no *-no's, (It., dance, mus.)* siciliano.

Si·ci·li·ë, Si·ci·li·aan, Si·ci·li·aans →SISILIË, SISILIAAN, SISILIAANS.

sid·der *ge-* quake; shiver, tremble; shake; vibrate; shudder; *~ en beef/bewe* shake in one's shoes; *sidder by ...* tremble (*or* be petrified) at ... *(the prospect/thought of s.t.)*; *sidder van ...* quiver/shudder/tremble with ... *(fear etc.)*. **~aal** *(icht.)* electric eel. **~dans** waggle dance *(of bees)*. **~rog** *(icht.)* torpedo (fish/ray), electric ray.

sid·de·rend *-rende* shuddering; *~ tot stilstand kom* come to a shuddering halt. **sid·de·ring** *-rings, -ringe* shudder(ing); trembling, tremor; quiver(ing); quake.

si·der cider. **~appel** cider apple.

si·de·raal *-rale, (astron.)* sidereal. **si·de·ries** *-riese* sidereal *(day, month, year)*.

si·de·riet *(min.)* siderite, spathic ore, meteoric iron (stone).

si·de·ro·se *(med.)* siderosis. **si·de·ro·skoop** *-skope, (rare)* sideroscope.

si·de·ro·staat *-state, (astron.)* siderostat.

Si·don *(geog., hist.)* Sidon. **Si·do·ni·ër** *-niërs, n.* Sidonian. **Si·do·nies** *-niese, adj.* Sidonian.

sie[1] *interj.* →SIES.

sie[2] *interj.* go/get away; →SIEJY.

sie[3] *vb., (infml.)* see; →SIEN *vb.*. **~daar** *interj.* (see,) there you are; hey presto, lo and behold.

sie·bie *-bies, (infml., children's lang.)* doggy, puppy; *(infml.)* CB radio.

sied *ge-, (obs.)* seethe. **sie·dend** *-dende* seething; *~ kwaad, ~ van woede* seething/fuming/boiling with rage.

sie·daar →SIE[3].

sieg·lem *(woodwork, rare, obs.)* scraper.

sie·jy *interj., (said to a dog)* go/get away; *~ opstaan!* will you get up!, get up at once!.

siek *~ sieker siekste* ill, sick, diseased, unwell, indisposed; *(infml.: sexually deviant)* bent; *~ wees **aan** masels/ens., (dated)* be sick with measles/etc.; ***aan** masels/ens. ~ word, (dated)* go down with measles/etc.; ***erg/ernstig** ~ wees* be seriously ill; ***genoeg** om jou ~ te maak, **genoeg** om van ~ te word, (also)* sickener; *jou ~ **hou*** feign illness; *~ aan (die) **koors*** sick with fever; *(jou werk/ens.) **laat weet** jy is ~* report sick; *jou ~ **lag*** →LAG; *~ **lyk*** look sick; *iets **maak** iem. ~* s.t. makes s.o. ill; *jou ~ **meld**, (fml., dated)* →***laat weet**; 'n ~ **mens*** a sick person; ***net/taamlik** ~ wees* be pretty ill *(infml.)*; *so ~ **soos 'n hond*** →HOND; *~ **voel*** feel sick; come over ill; *~ **wees*** be ill; *(infml.: menstruate)* have the curse; *~ **word*** become/fall/go ill/sick; *(skielik) ~ **word*** take (*or* be taken) ill/sick. **~bed** sickbed; bed of pain; ***by** iem. se ~* at s.o.'s bedside; *'n **lang(durige)** ~* a long illness; ***op** sy/haar laaste ~* on his/her deathbed; *'n **pynlike/smartlike** ~* a painful illness. **~briefie** sick note. **~geboudsindroom** sick building syndrome. **~makend** *-e* pathogenic, pathogenetic, pathogenous. **~wol** diseased wool.

sie·ke *-kes* sick person; patient; invalid; case (→SIEKTEGEVAL); *die ~s besoek* visit the sick (→SIEKEBESOEK); *die ~s en die gesondes* the sick and the well. **~afdeling** infirmary. **~besoek** sick call; *~ bring* visit the sick. **~boeg** sickbay; sick berth *(in a ship)*. **~dieet** invalid diet. **~fonds** medical aid (fund), sick/medical benefit fund, sick fund. **~geld** *(rare)* sick pay. **~-inrigting** nursing home, hospital, infirmary. **~kamer** sickroom, infirmary, invalid's room. **~kamermaniere** bedside manner. **~kos** slops. **~lokaal** sickbay. **~loon** sick pay. **~lys** sick list. **~saal** hospital/sick ward. **~soldy** *(mil.)* sick pay. **~stoel** invalid's chair; wheelchair, pushchair. **~troos** sick comfort, comfort of the sick. **~trooster** sick comforter/visitor. **~-uitkering** medical benefit. **~verlof** = SIEKTEVERLOF. **~verpleegster** *(fem.)*, **~verpleër** *(masc.)*, (sick) nurse. **~verpleging** nursing. **~versorger** *(hist.)* infirmarer, infirmarian. **~versorging** care of the sick.

sie·ke·rig *-rige* ailing, peakish, peaky, peaked *(pred.)*, poorly; *~ voel, (also)* feel out of sorts.

siek·lik *-like* ailing, suffering, in bad health, sickly, weakly, infirm, diseased, peakish, peaky, peaked *(pred.)*; morbid; *(fig.)* cloying. *~e mens* valetudinarian; *~e vrees* morbid/sick fear. **siek·lik·heid** ill health, sickliness, infirmity, invalidism; morbidity.

siek·te *-tes* illness, sickness, disorder, affection, ailment, disease, malady; ill health; *'n ~ **breek** uit* a disease breaks out (→**uitbreking**); *'n **denkbeeldige** ~* an imaginary ailment; *'n **ernstige/gevaarlike** ~* a serious illness; *van 'n ~ **herstel/regkom**, 'n siekte **oorkom*** get over (*or* recover from) an illness; *'n ~ **kry/opdoen*** catch/contract/get (*or* come down with) a disease; *'n **ligte** ~* a slight indisposition; *'n ~ **oordra*** transmit a disease; *'n ~ **oorkom*** →***herstel/regkom**; 'n **slepende** ~* a lingering disease; *moenie met ~ **spot** nie!, (infml.)* it's bad enough without your joking about it!; *met ~ **tuis/weg** wees* be off sick; *die **uitbreking** van 'n ~* the outbreak of a disease (→***breek***); *'n **uitmergelende** ~* a debilitating/emaciating disease; *'n ~ **versprei*** a disease spreads; ***weens** ~* on account of illness. **~beeld** syndrome, clinical picture. **~bepaling** diagnosis. **~beskrywing** pathography, nosography. **~draer** disease carrier. **~fonds** = SIEKEFONDS. **~geskiedenis** clinical/medical history; *(med.)* anamnesis. **~geval** case (of illness). **~haard** *(med.)* nidus. **~kiem** pathogen(e). **~kunde, ~leer** pathology. **~ontstaan** pathogenesis. **~oorsaak** cause of disease. **~stof** morbid matter. **~syfer** sick rate, morbidity; *'n hoë/lae ~* a high/low incidence of disease. **~teken** symptom of disease. **~toestand** morbidity, state of disease/sickness. **~verlof** sick leave; *met/op ~ wees* be on sick leave, be off sick. **~verloop** course of a disease. **~versekering** health insurance. **~verskynsel** symptom of disease. **~verslag** case record. **~verwekkend** *-e* pathogenic, pathogenous, disease-breeding, -producing. **~verwekker** pathogenic/pathogenous organism, pathogen(e).

siel *siele* soul; heart; spirit; mind; psyche; *(fig.)* core; bore *(of a firearm)*; →SIELE-, SIELS-; *met jou ~ onder die/jou **arm** loop* be at a loose end, not know what to do with o.s.; ***bewaar** jou ~ as jy ...!, (infml.)* watch out if you ...!; ***by** my ~!* upon my soul!; on/upon my word (of honour)!; ***die** ~ van die ...* the (life and) soul of the ... *(movement, party, etc.)*; the animating spirit of the ... *(movement etc.)*; *('n) ~ **gee** aan* (of *blaas in*) ... ensoul/insoul ...; *'n **goeie** ~ wees, (infml.)* be a good soul; *(met) **hart** en ~* →HART; *hulle is **honderd** ~e* they are a hundred souls; *iets **knaag** aan iem. se ~* s.t. rankles in s.o.'s mind; *geen/g'n **lewende** ~ nie* not a (living) soul, no man/person alive; *~ en **liggaam** aanmekaarhou* keep body and soul together; *na ~ en **liggaam*** (in) mind and body; ***ou** ~, (infml.)* old dear; *in jou ~ **ronddelf*** contemplate (*or* gaze at) one's navel *(infml.)*; ***ter** ~e wees, (obs.)* be deceased; *iem is **ter** ~e, (obs.)* s.o. has gone to his/her reward; *tot in jou* ~ to the very fibre of one's being; *iem. se* ~ ***uittrek/versondig*** tease/plague/torment/rib/bug s.o.; *jou* ~ ***verkoop*** sell one's soul; *(soos) 'n* ***verlore*** ~ (like) a lost soul; *iem. se* ~ ***versondig*** →***uittrek/versondig; voor*** *jou* ~ in one's heart of hearts; ***voor*** *jou* ~ *weet dat* ... know very well (*or* in one's heart of hearts) that ...; *hoe meer* ~*e, hoe meer* ***vreugde*** the more the merrier. **~deursoekend, ~deursoekend** -*e* soul-searching. **~dodend, ~dodend** -*e* soul-destroying, -killing, mind-numbing(ly), dreary, dull, monotonous, *(infml.)* ho-hum; deadly; ~*e alledaagsheid/werk/ens., (also, fig.)* squirrel cage. **~kunde** psychology. **~kundig** -*e* psychological; psychogenic; *iets op die regte* ~*e (of op die* ~ *regte)* ***oomblik*** *doen* do s.t. at the right psychological moment; ~*e* ***oorlogvoering*** psychological warfare; ~*e* ***samestelling*** psychological make-up; ... *is vir iem. 'n* ~*e* ***struikelblok*** s.o. has a mental block about ...; ~*e* ***terreur*** psychological terror. **~kundige** -*s* psychologist. **~mis** mass for the soul, requiem (mass). **~pynigend** -*e* agonising. **~roerend** -*e, (rare)* moving, soul-stirring, -shaking. **~siek** ~, -*e* mentally ill/diseased; sick in mind, soul-sick, psychotic. **~sieke** -*s* mental patient; psychotic; psychopath; *hospitaal vir* ~*s* mental hospital; *behandeling van* ~*s* psychotherapy. **~siekehospitaal** mental hospital. **~sieke-inrigting** mental home/institution. **~siekeverpleegster** *(fem.)*, **~siekeverpleër** *(masc.)*, mental nurse. **~siekte** mental disease/disorder/derangement, disease/disorder of the mind; psychosis; psychopathy; lunacy. **~siekteleer** psychiatry. **~smart** →SIELELEED. **~sorg** →SIELESORG. **~strelend** -*e* gratifying to the soul. **~stryd** →SIELESTRYD. **~tergend** -*e* soul-searing; maddening, provoking. **~verheffend** →SIELSVERHEFFEND. **~verkwikkend** →SIELSVERKWIKKEND. **~verrykend** →SIELSVERRYKEND. **~vol** -*le* soulful. **~wand** wall (of bore) *(of a firearm)*.

sie·le-: ~**adel** nobility of soul/mind/heart, noble-mindedness, great-heartedness, magnanimity. **~grootheid** *(rare, obs.)* magnanimity. **~heil** spiritual welfare; salvation (of the soul). **~herder** pastor of souls. **~leed, ~smart** heartache, sorrow, affliction, anguish. **~lewe** →SIELSLEWE. **~pyn** →SIELELEED. **~rus** →SIELSRUS. **~salwer** agony uncle. **~smart** →SIELELEED. **~sorg, sielsorg** cure of souls, pastoral work. **~stryd, sielstryd** inner conflict, inward/spiritual struggle. **~tal** number (of souls). **~troos** spiritual comfort, comfort of/for the soul. **~vrede** spiritual/mental peace, peace of (the) mind. **~vreugde** soul's delight. **~vyand** enemy of souls.

sie·lig -*lige, (rare)* miserable, pitiful. **sie·lig·heid** *(rare)* misery, pitifulness.

siel·loos -*lose* soulless; mindless; lifeless, dead. **siel·loos·heid** soullessness; lifelessness.

siels-: ~**aandoening** emotion. **~angs, ~benoudheid** anguish (of the soul), agony; *iem. het in hewige* ~ *verkeer* s.o.'s soul was wrung with agony. **~bedroef** -*de* afflicted, distressed in mind. **~begeerte** heart's desire. **~beminde** deeply loved, dearly beloved. **~benoudheid** = SIELSANGS. **~bly** heartily glad, overjoyed, over the moon. **~ervaring** mental/spiritual experience. **~gelukkig** blissfully happy. **~genoot, ~verwant** soul mate, kindred spirit. **~genootskap** →SIELSVERWANTSKAP. **~genot** soul's delight/joy. **~gesteldheid** state of mind, mental/spiritual condition. **~krag** strength of mind/soul, fortitude. **~kwelling** mental torment. **~lewe, sielelewe** spiritual/inner life. **~rus, sielerus** peace of mind, spiritual peace. **~toestand** state of mind, mental/spiritual condition. **~verdriet** deep sorrow, affliction. **~verheffend, sielverheffend** -*e* inspiring, exalting, soul-stirring, elevating. **~verhuising** transmigration of the soul, metempsychosis. **~verkwikkend, sielverkwikkend** uplifting. **~verlange** heart's desire. **~verrukking, ~vervoering** ecstasy, rapture, trance. **~verrykend, sielverrykend** -*e* soul-enriching. **~verwant** *n.* →SIELSGENOOT. **~verwant** -*e, adj.* congenial. **~verwantskap, ~genootskap** affinity of soul, congeniality. **~vriend(in)** soul mate, close friend; →SIELSGENOOT.

siel·tjie, sie·le·tjie -*tjies* (little) soul; *'n* ~ *sonder sorg wees* be happy-go-lucky.

siem·bam·ba si(e)mbamba.

sie·mens *(elec.: SI unit of conductance)* siemens.

sien *n.: dis die laaste* ~ that's the last you/we will see of him/her/it; *(infml.)* you can kiss that goodbye!; *dis die laaste* ~ *van die blikkantien* →BLIKKANTIEN; *dit was die laaste* ~ *(van ...)* we never clapped eyes on ... again. **sien** *ge-, vb.* see; watch; view; notice, perceive; distinguish, make out; ***aan*** ... ~ *dat* tell by/from ... that; *maak* ***asof*** *jy iem. (glad) nie* ~ *nie* cut s.o. cold/dead; look through s.o.; look the other way; ~ ***bl.*** *15* see page 15; ~ ***bo*** see above; *vanweë die bome nie die* ***bos*** *(kan)* ~ *nie* →BOS[2]; *iem.* ~ ***dat*** ... s.o. sees that ...; *ek kon nie die pad* ***deur*** *die stof* ~ *nie* I could not see the road for dust; *die boek het vier* ***drukke*** *ge*~ the book ran into four editions; ***dubbel*** ~ see double; ***duidelik*** ~ see/perceive clearly; *iem./iets* ~ ***gaan/ens.*** see s.o./s.t. go/etc.; ~ *is* ***glo*** seeing is believing; *iem.* ~ *dit nie* ***graag*** *nie* s.o. doesn't like that (kind of thing); *geen/g'n (of nie jou)* ***hand*** *voor jou oë kan* ~ *nie, geen/g'n* ***steek*** *kan* ~ *nie* not be able to see a thing; ~ ***hieronder*** see below; ***hoe*** ~ *jy dit?* how do you make that out?; *iets oor die* ***hoof*** ~ →HOOF *n.; ek* ~ ***in*** *u/jou brief* ... I see from your letter ...; ~ ***jy*** ... you see ...; ~ ***jy?*** (do you) see?; ~ ***jy*** *nou?* there you are! *(infml.)*, I told you so!; *jy (of ['n] mens)* ***kan*** *dit deur die* ... ~ it shows through the ...; *sodra jy (of ['n] mens)* ... ***kan*** ~ as soon as one comes in sight of ...; *iets gebeur waar iem. dit* ***kan*** ~ s.t. happens (with)in sight of s.o.; *bly waar iem. jou* ***kan*** ~ keep in sight of s.o.; *iets* ***kastig*** *nie* ~ *nie* turn a blind eye to s.t.; *iem. van* ~ ***ken*** know s.o. by sight; *iem. net van* ~ ***ken*** not know s.o. to speak to; ~ ***kom klaar*** *met* make shift with; be thrown on one's own resources; *jy moet maar* ~ ***kom klaar*** you'll have to get through/manage (*or* make do) somehow; *jou* ***laat*** ~ show one's face; *iem.* ***laat*** *hom/haar byna nooit* ~ *nie* s.o. hardly ever shows him-/herself; ***laat*** *my* ~, *(lit.)* let me see; ***laat*** *ek* ~, *(fig.)* let me see; ***laat*** *ek/my dit* ~ let me see it; *ons* ~ ***mekaar*** *weer!, (infml.)* see you again/later!, I'll be seeing you!; *dit sal ons nog* ***moet*** ~ we'll see about that; *dit* ***moet*** *ons nog* ~ it remains to be seen; *nie* ***mooi*** ~ *nie* not see properly; *ek wil jou* ***nie*** ~ *nie!, (infml.)* get lost!; *('n) mens kon* ***niks*** ~ *nie* one could not see/distinguish (*or* make out) anything; *iem.* ***nooit*** *weer* ~ *nie* have seen the last of s.o.; *('n) mens* ~ *jou byna* ***nooit*** you are quite a stranger; *so wat het ek nog* ***nooit*** *ge*~ *nie* I've never seen such a thing; ~ *jy* ***nou?*** I told you so!, there you are!; ***oral(s)*** *te* ~ on general release *(a film)*; ***raak*** ~ →RAAKSIEN; *ons* ***sal*** ~ we shall see; *iets* ***skrams*** ~ see s.t. out of the corner of the eye; catch/get a glimpse of s.t.; ***soos*** *ek dit* ~ as I see things; *geen/g'n* ***steek*** *kan* ~ *nie* →***hand;*** *iets is* ***te*** ~ s.t. can be seen; s.t. is on view; s.t. is in view; s.t. is in evidence; *iets is (duidelik)* ***te*** ~, *(also)* s.t. shows up; *dit is daar* ***te*** ~ it can be seen there; *soos* ***te*** ~ *is* as can be seen; *iem./iets* ***te*** ~*(e) kry* catch sight of s.o./s.t.; get a sight of s.o./s.t.; clap/lay/set eyes on s.o./s.t.; get a look at s.o./ s.t.; *heelwat van iets* ***te*** ~*(e) kry* get an eyeful of s.t. *(infml.)*; *niks* ***te*** ~*(e) nie* nothing to be seen (*or* to see); ***toe*** *ons weer* ~ ... the next thing we knew ...; *hulle het iem.* ~ ***val****/ens.* s.o. was seen to fall/etc.; *so* ***ver/vêr*** *as ('n) mens kan* ~ as far as the eye can reach; *so* ***ver/vêr*** *ek kan* ~ as far as I can see; *in die* ***verbeelding*** ~ visualise; ***verder/vêrder*** *as wat iem. kan* ~ beyond s.o.'s vision; ... ***vlugtig*** ~ catch/get a glimpse of ...; *dit het gebeur* ***waar*** ... *dit goed kon* ~, ... *kon goed* ~ ***wat*** *gebeur* it happened in full view of ...; *iets is* ***werd*** *om te* ~ s.t. is worth seeing; *die* ***wêreld*** ~ see life, see s.t. of the world. **sien·de** -*des, n.* sighted person. **sien·de** *adj.* seeing, sighted; ~ ***blind*** eyes and no eyes; ~ ***blind*** *wees* see and not perceive; be blinkered, wear blinkers *(fig.)*; none so blind as those who will not see; ~ *blind en horende* ***doof*** blind and deaf to reason; *die blindes* ~ ***maak*** make the blind see. **sien·der·o·ë** visibly, perceptibly; *iem. word* ~ ***vet*** s.o. is visibly putting on weight. **sie·ner** -*ners* seer, prophet; visionary. **sie·ners·blik, sie·ners·oog** prophetic/visionary eye. **sie·ning** -*ninge* vision, view, way of seeing. **sien·lik** -*like, (rare)* visible, perceptible.

Si·ë·na *(geog.)* Siena. **Si·ë·nees** -*nese, n.* Sienese. **Si·ë·nees** -*nese, adj.* Sienese; ~*nese aarde* sienna.

si·ë·niet *(cryst.)* syenite.

si·ën·na sienna.

siens: *tot* ~! →TOT[1] *prep.*. **~krag** *(rare)* visual faculty, (power of) vision, eyesight. **~waardig** -*e* worth seeing. **~wyse** view, opinion, way of thinking; *'n* ~ ***hê/huldig*** (of *toegedaan wees*), *'n* ~ *daarop* ***nahou***, *(fml.)* hold an opinion, hold a view; *iem. se* ***onbekrompe*** ~ s.o.'s broad views; *'n* ~ ***oor*** ... an opinion on ...; *tot 'n* ~ ***oorgehaal*** *word* come round to a view; *iem. tot jou* ~ ***oorhaal*** bring s.o. round to one's way of thinking; *'n* ***persoonlike*** ~ a private view; *'n* ~ ***toegedaan*** *wees* hold an opinion, hold a view.

sieps-en-braai·boud, siep·sop-en-braai·boud, siep·sop-braai·boud *(infml.)* licking, thrashing, the cane, strap-oil.

sier *ge-, vb., (rare)* decorate, adorn, embellish, grace; →VERSIER *vb.*. **~advertensie** display ad(vertisement). **~band** braid; ornamental (*or* de luxe) binding. **~belegsel** *(needlework)* trimming; facing. **~binding** fancy weave. **~blom** decorative flower. **~boom** ornamental tree. **~boon(tjie)** scarlet runner (bean), kidney bean. **~diamant** gem diamond, brilliant. **~duif** fancy pigeon. **~-ertjie** sweet pea. **~fontein** ornamental fountain. **~gimnastiek** callisthenics, calisthenics *(Am.)*. **~groef** flute. **~hond** fancy dog. **~hout** ornamental wood. **~insetsel** insertion. **~kam** ornamental comb. **~koord** ornamental cord. **~krans** garland. **~kuns** decorative art. **~kunstenaar** decorative artist. **~kussing** scatter cushion. **~kweper** flowering quince. **~laaikas** chiffon(n)ier. **~lassteek** *(embroidery)* faggoting (stitch). **~letter** ornamental letter. **~lus(sie)** frog (fastener). **~lyn** decorative/ornamental line. **~lys** ornamental moulding. **~metaal** art metal. **~omranding** ornamental surround(s). **~perske** flowering peach. **~plant** ornamental plant. **~pleister** *n.* parget(ing). **~pleister** *ge-, vb.* parget, parge. **~pruim** flowering plum. **~rand** purfle, purfling *(on clothing, furniture, etc.)*; ornamental border/edging. **~reklame** display advertising. **~ring** dress ring. **~roeiwerk** (bar) tracery. **~rooster** grill(e). **~skaats, ~skaatsry** figure skating. **~skaatser, ~skaatsryer** figure skater. **~skilder** decorative/ornamental painter. **~skrif** ornamental writing/lettering. **~skyf** *(hist., her., archit.)* bezant. **~soomsteek** hemstitch(ing). **~steek** ornamental/decorative stitch. **~steen** face/facing brick; ornamental stone; semiprecious stone; gem stone. **~steenkunde** gem(m)ology. **~struik** ornamental shrub. **~voël** fancy bird. **~vou** fancy fold. **~wa** (decorative) float. **~ware** fancy goods/articles, novelties.

sie·raad -*rade* ornament, trinket, jewel; *(also, in the pl.)* trinketry; decoration; crowning glory; *'n* ~ *vir, tot ('n)* ~ *strek* adorn; grace; ... *was 'n* ~ *vir die skool* ... adorned/graced the school; *'n* ~ *vir die stad wees, die stad tot ('n)* ~ *strek* be a credit (*or* an ornament) to the town; *iem. is 'n* ~, *(fig.)* s.o. is a shining light; *'n* ~ *vir jou beroep wees, (fig.)* be an ornament of (*or* an honour to) one's profession.

sie·rie -*ries, (orn.)* wild canary.

sie·rie·hout *(Tarchonanthus camphoratus)* sagewood.

sier·lik -*like* graceful, elegant; dainty, ornamental. **sier·lik·heid** grace(fulness), elegance.

si·ër·ra -*ras, (Sp.: mountain range)* sierra.

Si·er·ra: ~ **Leone** *(geog.)* Sierra Leone. ~ **Leonees** -*nese* Sierra Leonean. ~ **Leoner** Sierra Leonean. ~ **Nevada:** *die* ~ ~ the Sierra Nevada.

sies, sie *interj., (expressing disgust)* bah, phew, faugh, ugh, *(SA)* sis, *(infml.)* yec(c)h, yu(c)k; →FOEI *interj.*; *sies tog (of siestog)!* shame!; what a pity!; poor thing!.

si·ës·ta -*tas, (<Sp.)* siesta, midday nap, forty winks.

sies·tog →SIES *interj.*.

siet *(dial.)* see; ~ *jy* ... →**SIEN** JY ...

sieur *sieurs, (Fr., hist., obs.)* sieur.

sif *siwwe, n.* sieve; strainer *(for liquids)*; screen, grid; temse; bolter, boulter *(for flour)*; *growwe* ~ riddle; *'n kop/geheue soos 'n* ~ *hê, (infml.)* have a head/memory/

mind like a sieve. **sif** *ge-, vb.* sieve, sift *(solids);* sieve, strain *(liquids);* screen *(gravel, coal, documents, people);* sift *(evidence);* run through a screen *(sand);* gravitate *(diamonds);* jig; bolt; →SIFSEL. **~deur** screen door. **~doek** *(hist.)* tammy (cloth), tamis. **~draad** *(fine)* wire gauze; *(coarse)* wire netting; screen(ing) wire; strainer screen. **~druk** *n.* serigraph; serigraphy, silk-screening, silk-screen printing/process. **~druk** *ge-, vb.* silk-screen. **~drukkuns** serigraphy, silk-screen printing/process. **~plaat** perforated/sieve plate. **~porie** sieve pore. **~reën** drizzle. **~rol** perforated roller. **~-sel** *-le* sieve cell. **~vat** sieve tube, bast vessel. **~vormig** *-e* sievelike; *(anat., bot.)* cribriform.

sif·ag·tig *-tige* sievelike; *(anat., bot.)* cribriform.

sif·fie *-fies* strainer; small sieve; *(zool., infml.)* small abalone.

si·fi·lis syphilis. **~lyer, ~pasiënt** syphilitic. **si·fi·li·ties** *-tiese* syphilitic.

si·fon *-fons* siphon, syphon.

sif·sel *-sels* sifting(s), screening(s).

sif·ter *-ters* jigger, bolter.

sif·ting *-tings, -tinge* sifting, screening.

sig[1] *n.* sight, view; visibility (→SIGBAARHEID); seeing; ***belemmerde*** ~ reduced visibility; *die ~ is **goed/sleg*** visibility is good/bad; ***in*** ~ in/within sight, in view; ***in*** *~ kom* come in view; heave in sight; ***in*** *~ laat kom* bring into view; ***op*** ~, *(fin.)* on approval, *(infml.)* on appro; at/on sight; ***op*** *~ betaal* pay at sight; ***op*** *~ betaalbaar* payable at sight; ***op*** *kort ~* at short date; *iets **op** ~ trek, (fin.)* draw s.t. at sight; ***uit*** ~ out of sight; ***uit*** *~ verdwyn* pass out of sight. **~blad** *(comp.)* spreadsheet. **~bladprogram** *(comp.)* spreadsheet (program). **~glas** sight glass. **~kopie** *(comp.)* soft copy. **~laag** *(masonry)* ground course. **~lengte** margin *(of roof tiles).* **~lyn** line of sight/vision. **~meter** visibility meter. **~skerm** *(cr.)* sightscreen. **~(s)toestand** visibility. **~vlak** exposed face. **~waarde** face/sight value. **~wissel** sight/demand draft, sight bill, bill at sight.

sig[2] *pron., (obs.)* oneself, him-, her-, itself, themselves. **~self** oneself, itself, him-, herself, themselves; ***by*** *~ dink, (arch.)* →BY JOUSELF **DINK**; ***op*** *~ (beskou/genome)* in (*or* [taken] by) itself, per se, as it is; in its own right; as such; as (*or* so far as) it goes; intrinsically; in the abstract; *iets **op** ~ beoordeel* judge s.t. on merit (*or* on its [own] merits); *iets is 'n doel **op*** ~ →DOEL *n.; 'n verhaal/storie **op*** ~ a story in itself (*or* in its own right); *waarde **op*** ~ intrinsic value. **~selwe(rs)** *(obs. or infml., joc.)* = SIGSELF.

si·gaar *-gare* cigar. **~as** cigar ash(es). **~bandjie** cigar band/ring. **~boortjie, sigareboortjie** piercer. **~doos, sigaredoos** cigar box. **~fabriek, sigarefabriek** cigar factory. **~handel, sigarehandel** cigar trade. **~handelaar, sigarehandelaar** tobacconist, cigar merchant. **~kissie, sigarekissie** cigar box. **~knipper** cigar cutter. **~koker, sigarekoker** cigar case. **~pypie** cigar holder. **~roker** cigar smoker. **~rook** cigar smoke. **~stompie** cigar end/butt. **~vormig** *-e* cigar-shaped. **~winkel, sigarewinkel** tobacco(nist's) shop.

si·gaar·tjie *-tjies* cigarillo, small cigar.

si·ga·re- →SIGAAR.

si·ga·ret *-rette* cigarette; fag *(sl.); 'n ~ aansteek/opsteek* light a cigarette; *'n ~ kry/neem* have a cigarette; *'n pakkie ~te* a packet of cigarettes; *'n ~ rook* smoke/have a cigarette. **~aansteker** cigarette lighter. **~-as** cigarette ash(es). **~dosie** cigarette box. **~fabriek** cigarette factory. **~houer, ~pypie** cigarette holder. **~koker** cigarette case. **~papier** cigarette paper. **~roker** cigarette smoker. **~rook** cigarette smoke. **~stompie** cigarette end/butt. **~tabak** cigarette tobacco.

sig·baar *-bare, adj.* visible, in sight; perceptible; discernible; clear, manifest; *~bare **bewys*** visible proof, ocular demonstration; *~bare **gebrek*** patent defect; *~bare **horison/kim*** visible horizon; *~ **laat** word* bring into view; ***net*** ~ emergent; *~ met/vir die blote **oog*** visible to the naked eye; *die **sonsverduistering** sal nie ~ wees nie* the eclipse of the sun will not be visible; *die **verskil** was ~* the difference was obvious; *~bare **wêreld*** natural world. **sig·baar** *adv.* visibly, perceptibly, clearly, manifestly, patently; *~ aangedaan wees* be visibly moved; *reg moet ~ geskied* justice must be seen to be done; *~ uitgeput wees* be manifestly exhausted. **~making, ~stelling** exposure. **~wording** emergence, emersion, looming.

sig·baar·heid visibility; perceptibility; *die ~ is goed/sleg* visibility is good/bad; →SIG[1] *n.*. **sig·baar·heids·veld** field of visibility.

Si·gem *(town, now Nablus)* Shechem.

si·geu·ner *-ners, (sometimes S~)* gipsy/Gipsy, gypsy/Gypsy; *(Hongaarse) ~* tzigane. **~kamp** gipsy/gypsy camp/encampment. **~musiek** gipsy/gypsy/tzigane music. **~taal** gipsy/gypsy language, Romany.

si·geu·ne·rin *-rinne, (sometimes S~)* gipsy/gypsy woman *(also G~).*

sig·ma *(18th letter in the Gr. alphabet)* sigma.

sig·mo·ïed *-moïede, (anat.)* sigmoid. **sig·mo·ï·do·skoop** *-skope, (med.)* sigmoidoscope. **sig·mo·ï·do·sko·pie** *(med.)* sigmoidoscopy.

si·go- *comb.* zygo-.

si·go·dak·tiel *n., (orn.)* zygodactyl. **si·go·dak·tiel** *-tiele, adj.* zygodactyl(ous).

si·go·morf *-morfe, (bot.)* zygomorphic, zygomorphous. **si·go·mor·fie** zygomorphism.

si·goot *-gote, (biol.)* zygote, oosperm. **si·go·spoor** *-spore* zygospore.

si·go·rei chicory.

sig·sag *n.* zigzag. **sig·sag** *adv.* zigzag; *~ oor die pad loop/ry* zigzag along the road. **~blits, ~weerlig** zigzag/forked lightning. **~kabelsteek** zigzag (*or* double cable) stitch. **~keper** *(text.)* waved twill. **~lyn** zigzag line. **~pad** zigzag road/path. **~steek** zigzag stitch. **~weerlig** →SIGSAGBLITS.

sig·sags·ge·wys, sig·sags·ge·wy·se zigzag, in a zigzag fashion/line.

sig·self, sig·sel·we(rs) →SIG[2] *pron.*.

si·ka·de *-des, (entom.)* cicada, cicala.

si·ka·dee *-deë, (bot.)* cycad.

Sikh *Sikhs, (member of Ind. religion)* Sikh. **Sikh·is·me** *(also s~)* Sikhism.

sik·ka·tief *-tiewe, n., (rare)* siccative, drier, dryer. **sik·ka·tief** *-tiewe, adj., (rare)* siccative, drying.

sik·kel *-kels* shekel.

sik·ke·pit: *geen/g'n/nie ~ nie, (rare, obs.)* nothing at all, not the least bit, not a rap/pin.

si·klaam *-klame,* **si·kla·men** *-mens, (bot.)* cyclamen.

si·kla·maat *-mate, (chem.)* cyclamate.

si·klies *-kliese* cyclic(al).

si·klo·ïed *-kloïede* cycloid. **si·klo·ïed** *-kloïede,* **si·klo·ï·daal** *-dale, adj.* cycloid(al).

si·klo·me·ter, si·klus·tel·ler cyclometer.

si·klo·naal *-nale* cyclonic.

si·kloon *-klone* cyclone, revolving storm. **~skuiling** cyclone cellar.

si·kloop *-klope, (Gr. myth.)* Cyclops. **si·klo·pies** *-piese* Cyclopean, Cyclopian.

si·klo·ra·ma *-mas* cyclorama.

si·klo·stiel *-stiele, adj.* cyclostyled, cyclostylar. **si·klo·styl** *n., (archit.)* cyclostyle.

si·klo·tron *-trons, (phys.)* cyclotron.

si·klus *siklusse* cycle. **~teller** →SIKLOMETER.

si·koon *-kone, (bot.)* syconium.

si·ko·se *(med.)* sycosis.

siks: *by my ~!, (infml., obs.)* upon my soul!.

siks·pens *-pense* sixpence; tanner; *soos 'n (splinter)nuwe ~ lyk* be as clean as a new pin; be as neat as a (new) pin. *niks vir niks (en baie min vir 'n ~), (infml.)* everything has to be paid for, there is no free lunch.

sild *(young herring)* sild.

si·leen *-lene, (a woodland deity)* silenus; →SILENUS.

si·leks *(a type of glass)* silex.

Si·le·nus *(Gr. myth.)* Silenus; →SILEEN.

Si·le·si·ë *(geog.)* Silesia. **Si·le·si·ër** *-siërs, n.* Silesian. **Si·le·sies** *-siese, adj.* Silesian.

si·lfe *-fes,* **sil·fi·de** *-des* sylph. **silf·ag·tig** *-tige* sylphlike, sylphish, sylphic, sylphy.

sil·hoe·ët *-hoeëtte* silhouette; skyline. **sil·hoe·ët·teer** *ge-* silhouette.

si·li·êr *-liêre* ciliary.

si·li·ka silica. **~glas** vitreous silica. **~houdend** siliceous, silicious. **~jel** silica gel. **~katoen** silica cotton.

si·li·kaan silicane, silane.

si·li·kaat *-kate* silicate.

si·li·kon *(chem., symb.: Si)* silicon, silicium. **~gelykrigter** silicon rectifier; *beheerde ~, (electron.)* silicon-controlled rectifier, thyristor. **~skyfie, ~vlokkie** *(comp.)* silicon chip, microchip; →MIKROSKYFIE. **~suur** silicic acid. **S~vallei** Silicon Valley.

si·li·koon *-kone* silicone. **~inplanting** silicone implant.

si·li·ko·se *(med.)* silicosis.

si·lin·der *-ders* cylinder; barrel; drum; *op al vier ~s loop, (lit.)* be firing on all four cylinders; *sentrale ~, (bot.)* stele. **~blok** cylinder block. **~boor** cylinder bit. **~boring** cylinder bore. **~buro** *(dated)* roll-top/sliding-top desk. **~horlosie** cylinder watch. **~inhoud** cylinder capacity, piston capacity/displacement. **~kop** cylinder head. **~koppakstuk** cylinder head gasket. **~mantel** cylinder casing/jacket. **~meul(e)** tube mill. **~pers** roller press. **~projeksie** cylindrical projection. **~saag** cylinder/crown/hole saw. **~voering** cylinder lining. **~vormig** *-e* cylindric(al), cylinder-shaped. **~wand** cylinder wall.

si·lin·dries *-driese* cylindric(al).

si·li·sies *-siese* silicic. **si·li·si·fi·seer** *ge-* silicify.

si·li·si·fi·ka·sie, si·li·si·fi·se·ring silicification.

Sil·kaats *(SA, hist.)* Mzilikazi, uMzilikazi *(Zu.),* Moselekatse *(So.).*

sil·kreet *(geol.)* silcrete.

sil·la·ba·ri·um *-riums, -ria* syllabary.

sil·la·be *-bes* syllable. **sil·la·beer** *ge-* syllabicate, syllabify, syllabise. **sil·la·be·ring** syllabi(fi)cation. **sil·la·be·skrif** syllabary. **sil·la·bies** *-biese* syllabic; *~e aksent* tonic accent.

sil·la·bus *-busse* syllabus; →LEERPLAN.

sil·lep·sis *-sisse, (gram.)* syllepsis.

sil·li·ma·niet *(min.)* sillimanite.

sil·lo·gi·seer *ge-* syllogise. **sil·lo·gis·me** *-mes* syllogism.

Si·lo *(geog., OT)* Shiloh.

si·lo *-lo's* silo.

silt *silte, (obs.)* briny, salt(ish).

Si·luur *n.: die ~(tydperk), (geol.)* the Silurian. **Si·lu·ri·ër** *-riërs* Silurian. **Si·lu·ries** *-riese, adj.* Silurian.

sil·wer *n., (chem., symb.: Ag)* silver; silver plate; silver coins; *vergulde ~* silver gilt. **sil·wer** *-wer, adj.* silver *(colour);* silvery; *~ eeu* silver age; *trompette met 'n ~ klank* silver-toned trumpets. **~aar** silver vein. **~bas, ~wattel** *(Acacia dealbata)* silver wattle. **~beker** silver cup/goblet. **~berk** *(bot.: Betula pendula)* silver birch. **~beslag** silver mount(ing); *met ~* silver-mounted; with silver clasps *(Bible).* **~blaar** *(bot.)* silver leaf. **~blad** silver leaf/foil; →BLADSILWER. **~blank** white as silver. **~blond** *n. & adj.* ash blond; *~e hare* ash-blond hair. **~blondine** ash blonde. **~boom** *(Leucadendron argenteum)* silver tree, silver-leaf (tree). **~brokaat** silver brocade. **~bruilof** silver wedding. **~den** silver fir, (European) silver pine. **~doek** silver screen, cinema. **~draad** silver wire; silver thread, spun silver. **~draadwerk** filigree, filagree. **(~)duiker** *(orn.)* grebe. **~eik** silky/silver oak. **~(-eet)servies** silver service. **~erts** silver ore. **~foelie** silver foil. **~fraiing** bullion. **~galon** silver braid, orris. **~gehalte** percentage of silver, silver content. **~geld** silver coins/money. **~gerei, ~goed, ~ware** silverware; silver plate. **~glans** silvery lustre/sheen; silver glance, argentite. **~goed** →SILWERGEREI. **~grys** silver-grey, silvery grey. **~harig** silver-haired. **~houdend** *-e* argentiferous, containing silver, silver-bearing. **~jakkals** silver jackal, Cape fox. **~jodied** silver iodide. **~jubileum** silver jubilee. **~kas** silver cabinet. **~kleurig** *-e* silver(-coloured), silvery. **~koers**

silver price/rate. **~laken** cloth of silver. **~legering** silver alloy. **~lepel** silver spoon; *met 'n ~ in die mond gebore wees* be born with a silver spoon in one's mouth. **~lig** silvery light. **~medalje, ~penning** silver medal. **~meeu** herring gull. **~mot, ~vis(sie)** silver moth, silverfish, fish moth. **~munt** *=e,* **~muntstuk** *=ke* silver coin/money; *dertig silwermuntstukke, (Bib.)* thirty pieces of silver. **~myn** silver mine. **~nitraat** silver nitrate. **~oksied** *(chem.)* silver oxide. **~oplossing** silver solution. **~papier** silver paper; tinfoil. **~penning** →SILWERMEDALJE. **~platering** silver-plating. **~pleet**= silver-plate(d). **~poeier** silver dust; plate powder. **~politoer** silver polish; plate powder; plate polish *(liquid).* **~populier** white poplar, abele. **~prys** silver price. **~reserwe** silver reserve. **~servies** silver/plate set. **~skoon** spotlessly clean, *(infml.)* squeaky clean; as bright as silver. **~smid** *=smede* silversmith. **~soldeersel** silver solder. **~spar** white fir. **~standaard** silver standard. **~stuk** silver piece/coin; *dertig ~ke, (Bib.)* thirty pieces of silver. **~versierseltjie** spangle. **~vis** *(icht.: Argyrozona argyrozona, Petrus rupestris)* silverfish; *(entom.: Lepisma saccharina)* silverfish; →SILWERMOT. **~vloot** silver/treasure fleet. **~vos** *(Am.)* silver fox; →SILWERJAKKALS. **~ware** →SILWERGEREI. **~wattel** →SILWERBAS. **~werk** silverware, silver plate. **~wilg(er)** *(Salix* spp.*)* silky willow. **~wit** *n.* French/silver white. **~wit** *adj.* silver-white, silver(y) white.

sil·wer·ag·tig *=tige* silvery, silver.

sil·wer·ling *=linge* silverling, silver coin/piece.

si·ma *(geol.)* sima.

si·ma·se *(biochem.)* zymase.

sim·baal *=bale* cymbal. **~kruid** *(climbing plant)* wandering Jew. **~speler** *=s,* **simbalis** *=te* cymbalist.

sim·bi·ont *=onte, (biol.)* symbiont. **sim·bi·o·se** symbiosis, interdependence. **sim·bi·o·ties** *=tiese* symbiotic.

sim·bool *=bole* symbol, emblem; sign; *'n/die simbool van ... wees* be a/the symbol of ..., symbolise ... **sim·bo·liek** symbolism, symbolic significance. **sim·bo·lies** *=liese =lieser =liesste* symbolic(al); *~e* ***aanstelling*** token appointment; *~e* ***betaling*** token payment; *~e* ***gebaar*** tokenism; *~e* ***logika*** symbolic logic; *~e* ***verset*** token resistance. **sim·bo·lis** *=liste* symbolist. **sim·bo·li·seer** *ge=* symbolise. **sim·bo·lis·me** symbolism.

Si·me·on *(OT)* Simeon.

si·me·ti·dien *(med.)* cimetidine.

sim·fi·se *=ses, (anat.)* symphysis.

sim·fo·nie *=nieë* symphony. **~konsert** symphony concert. **~orkes** symphony orchestra.

sim·fo·nies *=niese, (mus.)* symphonic; *~e gedig* symphonic poem; *~e komponis* symphonist.

sim·fo·ni·kus *=nikusse, =nici,* **sim·fo·nis** *=te, (mus.)* symphonist.

Sim·men·ta·ler *=lers,* **Sim·men·ta·ler·bees** *=beeste* Simment(h)aler.

sim·me·trie *=trieë* symmetry. **~-as** axis of symmetry. **~vlak** plane of symmetry.

sim·me·tries *=triese* symmetrical; *tweesydig ~, (bot.)* isobilateral.

sim·nel·koek *(Br.)* simnel (cake).

si·mo·che·mie zymochemistry.

si·mo·lo·gie *(biochem.: science of fermentation)* zymology. **si·mo·lo·gies** *=giese* zymologic(al). **si·mo·loog** *=loë* zymologist.

si·mo·nie *(Chr., hist.)* simony. **si·mo·nis** *=niste* simoniac.

Si·mons·baai Simon's Bay.

Si·mon·stad, Si·mon·stad Simon's Town.

si·mo·se *(med.)* zymosis. **si·mo·ties** *=tiese* zymotic.

sim·pa·tek·to·mie *=mieë, (med.)* sympathectomy.

sim·pa·te·ties *=tiese, (med.)* sympathetic *(pain); ~e ink* invisible ink.

sim·pa·tie *=tieë* sympathy; congeniality; *jou ~* ***betuig*** express one's sympathy; *iets uit ~* ***doen*** do s.t. out of sympathy; *~ vir iem.* ***hê*** have sympathy with s.o.; ***innige*** *~* deep sympathy; *uit ~* ***staak*** come out in sympathy. **~pyn** sympathetic pain. **~staking** sympathetic strike.

sim·pa·tiek *=tieke* sympathetic, caring, understanding, pitying; congenial; agreeable; *~ staan jeens/teenoor ...* be sympathetic to(wards) ... **sim·pa·ties** *=tiese* sympathetic *(nerve); ~e senustelsel* sympathetic nervous system. **sim·pa·ti·sant** *=sante* sympathiser. **sim·pa·ti·seer** *ge=* sympathise (with); *met iem. ~* sympathise with s.o.; *met iets ~* be in sympathy with s.t. *(a plan etc.); nie met iets ~ nie* be out of sympathy with s.t. **sim·pa·ti·se·rend** *=rende* sympathising, sympathetic.

sim·pel *~(e) =peler =pelste, adj.* silly, foolish, inane, twittish; barmy, dotty, feeble-minded, feeble-, dim-, dull-, slow-witted, halfwitted, witless, pinheaded, simple-, weak-minded; gullible; simple, plain; mere; *die ~(e) feit* →DIE BLOTE FEIT; *~(e) sot, (infml.)* blinking fool, blithering idiot; *jou ~(e) sot!, (infml.)* you flaming idiot!. **sim·pel·heid** silliness, foolishness, inanity; dottiness, simple/weak/feeble-mindedness, dotage, feeble-wittedness, pinheadedness.

sim·pleks *=plekse* simplex.

sim·plis·me simplism. **sim·plis·ties** *=tiese* simplistic, facile, superficial.

sim·po·di·um *=diums, =dia, (bot.)* sympodium.

sim·po·si·um *=siums, =sia* symposium.

simp·to·ma·ties *=tiese* symptomatic; *~ van/vir ... wees* be symptomatic of ... **simp·to·me·groep** syndrome, symptom complex. **simp·to·me·leer** symptomatology.

simp·toom *=tome* symptom. *'n ~ van ... wees* be a symptom (*or* symptomatic) of ... **~loos** *=lose* asymptomatic. **~vry** silent; *~e deel* silent area.

sim·son *(fig.: an exceptionally strong man)* Samson.

si·mu·leer *ge=* simulate; malinger. **si·mu·lant** *=lante* simulator; malingerer; shammer. **si·mu·la·sie** simulation; malingering. **si·mu·le·rend** *=rende* simulating; *(biol.)* mimetic. **si·mu·le·ring** simulation; *(biol.)* mimesis.

si·mul·taan *=tane, (rare)* simultaneous. **si·mul·ta·ne·ï·teit, si·mul·ta·ni·teit** *(rare)* simultaneousness, simultaneity.

si·mur·gie fermentation chemistry, zymurgy.

sin[1] *sinne, n.* sense; meaning; mind; wish, liking, taste, fancy; →SINS=; *in die* ***beperkte*** *~* in the narrow sense; *van jou ~ne* ***beroof*** *wees* be out of one's mind/skull/wits, be bereft of one's senses; *iem. is van sy/haar ~ne* ***beroof*** s.o. has taken leave of his/her senses; *is jy van jou ~ne* ***beroof?*** are you out of your mind/senses?, have you taken leave of your senses?; *iem. is* ***buite*** *sy/haar ~ne* s.o. is demented; ***by*** *jou ~ne wees* be in possession of all one's faculties; *iem. is nie goed* ***by*** *sy/haar ~ne nie* s.o. is not in his/her right mind; *jou ~ne* ***bymekaarhou,*** *(rare)* keep a level head; have/keep one's wits about one; *jou ~* ***deurdryf*** work one's will; carry one's point; ***een*** *van ~ wees* be of one mind; *jou* ***eie*** *~* ***volg*** follow one's own inclination; *jou* ***eie*** *~ kan volg* have it (all) one's own way; *in die* ***eintlike/volle/werklike*** *~ van die woord* in the strict/full/proper sense of the word; *in die* ***enge(re)*** *~* in the strict sense; *in* ***figuurlike*** *~* →***letterlike/figuurlike;*** *iem. sy/haar ~* ***gee*** let s.o. have his/her way; *dit het* ***geen*** *~ nie* it makes no sense, there is no point/sense in it; *dit het* ***geen*** *~ om iets te doen nie* there is no point in doing s.t.; *iem. het* ***geen*** *~ in iets nie* s.o. has no liking for s.t.; *~ in iets* ***hê*** have a liking for s.t.; have an appetite (*or* a taste) for s.t.; *iem.* ***het*** *~ in iets, (also)* s.t. appeals to s.o.; *dit* ***het*** *~* it makes sense; *'n ~ vir* ***humor*** *hê* have a sense of humour; *weer by jou ~ne* ***kom*** come/return to (*or* recover) one's senses; *jou ~* ***kry*** get/have one's (own) way; get one's wish; get/have one's will; carry one's point; *sorg dat jy jou ~* ***kry*** work one's will; *as iem. sy/haar ~ kon* ***kry*** if s.o. had his/her way; *in* ***letterlike/figuurlike*** *~* in a literal/figurative sense; *iets is* ***na*** *iem. se ~* s.t. is to s.o.'s liking/taste; s.t. suits s.o.; *so reg (*of *net so)* ***na*** *iem. se ~ wees* be after s.o.'s own heart; suit s.o. down to the ground *(infml.); te soet* ***na*** *iem. se ~* too sweet for/to s.o.'s taste; *van jou ~ne* ***raak*** go out of one's mind; *in* ***sekere*** *~* in a (certain) sense, in a/one way, in a manner; *jou ~ne op iets* ***sit,*** *(dated)* set one's heart (*or* have one's heart set) on s.t.; ***sonder*** *~* meaningless; without rhyme or reason; *dit* ***streel*** *die ~ne* it gratifies the senses; ***teen*** *iem. se ~* against s.o.'s will, contrary to s.o.'s wishes; *iets* ***teen*** *jou ~* ***doen*** do s.t. reluctantly; *alle ~* ***verloor*** lose all point; *in die* ***volle/werklike*** *~ van die woord* →***eintlike/volle/werklike;*** *die* ***vyf*** *~ne* the five senses; ***watter*** *~ het dit?* what does it mean?; *na sy/haar eie ~ en* ***wil*** at his/her own sweet will. **sin** *ge=, vb., (rare)* muse, meditate, ponder, brood *(on); op wraak ~* brood on revenge. **~genot** →SINSGENOT. **~ledig, ~ledig** *=e, (dated)* meaningless, nonsensical, devoid of sense, empty (of meaning), inane. **~ledigheid, ~ledigheid** *(dated)* meaninglessness, inanity. **~ryk** *=e* full of (*or* pregnant with) meaning, meaningful, significant; terse. **~rykheid** meaningfulness, significance, pregnancy. **~speel** *ge=* allude; *op iets ~* allude to s.t.; hint at s.t. **~speling** *=s, =e* allusion, reference *(to),* hint *(at).* **~spreuk** motto, device; maxim. **~strelend** *=e* sensuous. **~tuig** *sintuie* sense organ, (organ of) sense; *('n) mens se sesde ~* one's sixth sense. **~tuiglik** *=e* sensory, sense; sensuous; *~e gegewe, (philos.)* sensum, sense datum; *~ ingestel(d)/waarnemend* sensate; *~e waarneming* sense perception. **~tuiglikheid** sensuousness. **~verwant** *=e* related in meaning; synonymous. **~verwantskap** relation in meaning; semasiological agreement, synonymity. **~vol** *=le* meaningful, significant; *~ wees* make sense. **~volheid** meaningfulness.

sin[2] *sinne, n., (gram.)* sentence; →SINS=; *enkelvoudige ~* simple sentence; *saam=/samegestelde ~* complex/compound sentence. **~snede** passage; phrase. **~stuk** →SINSDEEL.

sin= *pref.* syn=.

si·na·go·ge *=ges* synagogue, *(Yidd.)* shul; *uit die ~ werp, (fig.)* cast out of the synagogue, ostracise. **si·na·go·gaal** *=gale* synagogical.

Si·nai *(geog.)* Sinai. **~berg** Mount Sinai. **Si·na·ï·ties** *=tiese* Sinaitic.

si·naps *=napse* synapse, synapsis.

si·nar·tro·se *(anat.)* synarthrosis.

sin·chon·dro·se *(anat.)* synchondrosis.

sin·chro=, sin·kro=: **~-inkammer** *(mot.)* synchromesh. **~-inkamming** *(mot.)* synchromesh. **~siklotron** *(phys.)* synchrocyclotron. **~skoop** *=skope, (elec.)* synchro(no)scope. **~tron** *=s* synchrotron. **~tronstraling** *(phys.)* synchrotron radiation.

sin·chro·nies, sin·kro·nies *=niese,* **sin·chroon** *=chrone,* **sin·kroon** *=krone* synchronous; *sinchron(ies)e/sinkron(ies)e motor, (elec.)* synchronous motor. **sin·chro·ni·seer, sin·kro·ni·seer** *ge=* synchronise. *(nie) met iets ~ (nie), (cin., TV, etc.)* be in (*or* out of) sync(h) with s.t.; *iets met ... ~* synchronise s.t. with ... **sin·chro·ni·seer·der, sin·kro·ni·seer·der** *=ders* synchroniser; *outomatiese ~, (elec.)* synchro. **sin·chro·ni·si·teit, sin·kro·ni·si·teit** *(psych.)* synchronicity. **sin·chro·nis·me, sin·kro·nis·me** synchronism, synchronicity. **sin·chro·nis·ties, sin·kro·nis·ties** *=tiese* synchronistic, synchronous.

sin·chroon →SINCHRONIES. **sin·chroon·ska·ke·ling, sin·kroon·ska·ke·ling** *(mot.)* synchromesh gear(s).

Sind *(geog.)* Sind. **Sin·dhi** *=('s), (hist., member of people)* Sindhi; *(lang., no pl.)* Sindhi.

sin·dak·tiel *=tiele, (zool.)* syndactyl(ous).

Sind·bad: *~ die Seeman* Sin(d)bad the Sailor.

sin·de·lik *=like, adj.* clean, tidy; cleanly; neat; serviceable; house-trained *(pet); die* ***hondjie*** *is nog nie ~ nie, (dated)* the puppy is not house-broken/-trained yet; *die* ***kind*** *is nog nie ~ nie, (dated)* the child does not do its numbers properly yet; *'n ~e* ***kleur*** a serviceable/practical colour; *'n ~e* ***laken,*** *(dated)* a clean sheet; *al ~* ***wees,*** *(dated)* be toilet-trained. **sin·de·lik** *adv.* cleanly, tidily. **sin·de·lik·heid** clean(li)ness, tidiness; neatness; serviceableness.

sin·di·kaat *=kate* syndicate, ring, combine. **sin·di·ka·lis** *=liste* syndicalist. **sin·di·ka·lis·me** *(pol.)* syndicalism. **sin·di·ka·lis·ties** *=tiese* syndicalist(ic). **sin·di·kus** *=dikusse, =dici* syndic.

sin·droom *=drome* syndrome, symptom complex.

sinds since; for; *~ lank* for a long time. **~dien** since then, (ever) since.

si·nek·do·gee =gees, *(a figure of speech)* synecdoche.
si·ne·ko·lo·gie synecology. **si·ne·ko·lo·gies** =giese synecological. **si·ne·ko·loog** =loë synecologist.
si·ne·kuur =kure sinecure.
si·ne qua non *(Lat.: essential condition/requirement)* sine qua non.
si·ne·re·se *(chem., ling.)* syn(a)eresis.
si·ner·gie synergy, synergism. **si·ner·ge·ties** →SINERGISTIES. **si·ner·gis·me** synergism. **si·ner·gis·ties, si·ner·ge·ties** =tiese synergetic, synergistic.
si·ne·sies =siese, *(bot.)* synoecious, synecious, synoicous.
si·ne·ste·sie synaesthesia.
sin·fo·ni·a =as, *(It., mus.)* sinfonia. **sin·fo·ni·et·ta** =tas, *(It., mus.)* sinfonietta.
sing *n.: aan die ~ gaan* start singing, break/burst into song. **sing** *ge=, vb.* sing, chant; pipe; *uit volle* ***bors*** *~* sing out; ***by*** *'n klavier/ens. ~, (rare)* sing to a piano/etc.; ***hard*** *~* sing out; ***harder*** *~* sing up; ***hoog*** *~* sing high; *~* ***iets!****, ~ 'n* ***stukkie!*** give us a song!; ***laag*** *~* sing low; *iem. aan die* ***slaap*** *~* sing s.o. to sleep; *~* ***'n stukkie!*** *→****iets;*** ***vals*** *~* sing out of tune (*or* off key); ***vir*** *iem. ~* sing to s.o.; ***vir/voor*** *'n gehoor ~* sing to an audience. **~besie** *(entom.)* cicada. **~praat** *ge=* chant. **~sing** singing; *~ lees* intone; *~ loop* sing as one walks, go singing.
Sin·ga·lees =lese, *n. & adj.* Sin(g)halese.
sin·ga·mie *(biol.)* syngamy.
Sin·ga·poer, Sin·ga·poer *(geog.)* Singapore.
sing·baar =bare singable. **sing·baar·heid** singableness.
sin·gel =gels, *(street)* crescent; *(rare)* moat, rampart. **~band** webbing.
sin·gend =gende singing; *~e mis* high mass; *~e saag* musical saw.
sin·ge·ne·ties =tiese syngenetic.
sin·ger =gers songbird, warbler; →SANGER. **sin·ge·ry** singing.
sin·gu·lier =liere, *(rare)* singular; *~e breuk, (math.)* singular fraction. **sin·gu·la·ris** =risse, *(ling.)* singular (form).
si·nies =niese cynic(al), sardonic. **si·ni·kus** =nikusse, =nici cynic. **si·nis·me** cynicism.
si·nis·ter =tere meer ~ die mees ~tere sinister.
sin·jaal =jale signal, sign. **~huisie** signal cabin. **~vuur** →SEINVUUR. **sin·ja·leer** *ge=* signal *(a ship)*, signalise; point out, draw attention to. **sin·ja·le·ment** =mente, *(rare, dated)* description. **sin·ja·tuur** =ture, *(print.)* section (mark); signature. **sin·jeer** *(ge)=* sign *(a picture etc.)*.
sink[1] *n., (chem., symb.: Zn)* zinc; galvanised/corrugated iron. **~bad** bath of zinc; galvanised iron (*or* tin) bath. **~bedekking** zinc covering. **~blende** zinc blende, sphalerite, blackjack. **~dak** galvanised/corrugated iron roof, tin roof. **~dakhuis** house under a galvanised/corrugated iron roof, tin-roofed house. **~druk** zincography. **~emmer** galvanised iron (*or* tin) bucket. **~erts** zinc ore. **~foelie** zinc foil. **~fosfied** zinc phosphide. **~gebou** galvanised/corrugated iron building. **~graveerwerk** zincography. **~graveur** zincographer. **~gravure** zincograph. **~houdend** =e zinciferous, zinky, zincy. **~huis** tin cottage, galvanised/corrugated iron house. **~karbonaat, ~spaat** smithsonite. **~kas** zinc box. **~laag** zinc layer; stratum of zinc; zinc coat(ing). **~legering** zinc alloy. **~oksied** zinc oxide. **~plaat** *n.* (sheet of) galvanised/corrugated iron; corrugated sheet; corrugations *(on road); (elec.)* zinc plate. **~plaat** *ge=, vb.* corrugate; *die pad begin al te ~* the road is getting corrugated (*or* is beginning to corrugate) already. **~plaatpad** corrugated road. **~pondok** tin shanty. **~salf** zinc ointment. **~seep** superfatted soap. **~spaat** →SINKKARBONAAT. **~sulfaat, ~vitrioel** zinc sulphate. **~wit** zinc/Chinese white *(formerly used in paints)*.
sink[2] *ge=, vb.* sink; subside, fall, descend; flag, droop; *soos 'n* ***baksteen/klip*** *~* sink like a stone; ***in*** *'n stoel ~* sink/subside into a chair; *ek het gevoel of ek* ***in*** *die aarde kon ~* →AARDE. ***laag*** *~, (also, fig., derog.)* prostitute o.s.; *'n skip* ***laat*** *~* (of ***tot*** *~ bring)* sink a ship, send a ship to the bottom. **S~dal:** *die Groot ~* the Great Rift Valley. **s~dalkoors, slenkdalkoors** *(stock disease)* Rift Valley fever, enzootic hepatitis. **~gat** sink(hole), swallow hole; pump well. **~klip** sinkstone. **~lood** =lode sounding lead, plummet; plumb bob; sinker *(on a fishing line/net)*, sink. **~put** cesspool, cesspit, drainage well; sinkhole; sludge well, settling tank; sump. **~sloot** French/rubble drain.
sink·ag·tig =tige zinky, zincy, zincky.
sin·karp =karpe, *n., (bot.)* syncarp. **sin·karp** =karpe, *adj.* syncarpous.
sink·baar =bare sinkable.
sin·ker =kers sinker *(on a fishing line/net); (bot.)* sinker.
sin·kiet *(min.)* zincite, red oxide of zinc.
sin·king sinkage, sinking; descent; subsidence.
sin·kings neuralgia, rheumatic pains. **~bossie** gouty geranium. **~koors** rheumatic fever.
sin·klien =nes syncline. **sin·kli·naal** =nale, **sin·kli·nies** =niese synclinal; *~nale plooi* syncline.
sin·ko·graaf =grawe process engraver/worker. **sin·ko·gra·fie** zincography, process engraving.
sin·koon·suur cinchonic acid.
sin·ko·pee =pees syncope. **sin·ko·pa·sie** syncopation. **sin·ko·peer** *ge=* syncopate. **sin·ko·pe·ring** syncopation.
sin·ko·siet *(min.)* zinkosite.
sin·kre·ties, sin·kre·tis·ties =tiese, *(philos., theol.)* syncretic, syncretistic. **sin·kre·tis** =tiste syncretist. **sin·kre·ti·seer** *ge=* syncretise. **sin·kre·tis·ties** →SINKRETIES.
sin·kro= →SINCHRO=.
sin·kroon, sin·kro·nies →SINCHRONIES. **sin·kro·ni·seer** →SINCHRONISEER. **sin·kro·ni·seer·der** →SINCHRONISEERDER. **sin·kro·ni·si·teit** →SINCHRONISITEIT. **sin·kro·nis·me** →SINCHRONISME. **sin·kro·nis·ties** →SINCHRONISTIES. **sin·kroon·ska·ke·ling** →SINCHROONSKAKELING. **sin·kro·si·klo·tron** →SINCHROSIKLOTRON. **sin·kro·tron** →SINCHROTRON.
sink·sel =sels dregs.
sin·lik, sin·ne·lik =like sensuous, sensual, voluptuous; carnal, animal; fleshly; lustful; *(infml.)* sexy, randy, raunchy; bestial; concupiscent; gross; of the senses, sensory. **sin·lik·heid, sin·ne·lik·heid** sensuality, sensuousness, sensualism, voluptuousness; carnality; *(infml.)* randiness *in ~ swelg* wallow in sensuality.
sin·loos =lose meaningless; nonsensical; senseless; pointless; futile; purposeless; idle; →SINNELOOS; *dit is ~* it makes no (*or* does not make) sense; *dit is ~ om voor te gee dat ...* it is idle to pretend that ...; *~lose opmerking* inanity. **sin·loos·heid** meaninglessness, senselessness; pointlessness, inanity; →SINNELOOSHEID.
sin·na·ber *(min., chem.)* cinnabar.
sin·ne·beeld emblem, symbol, sign, type. **sin·ne·beel·dig** =dige symbolical, emblematic(al), allegorical, figurative.
sin·ne·lik →SINLIK.
sin·ne·loos =lose mad, insane, senseless; →SINLOOS. **sin·ne·loos·heid** madness, insanity; →SINLOOSHEID.
sin·ne·spel *(hist.)* morality (play).
sin·ne·tjie =tjies, *(gram.)* short sentence.
Sinn Fein *(Ir. pol.)* Sinn Fein. **Sinn Fei·ner, Sinn Fein-lid** Sinn Feiner. Provisional, Provo.
sin·nig·heid liking, inclination, fancy, mind; *~ in iets hê* have a liking for s.t.; *geen ~ in iets hê nie* have no liking for s.t.; *iem. het geen ~ om te ... nie* s.o. has no inclination to ...
Si·no= Sino=. **Si·no·lo·gie** Sinology. **Si·no·loog** =loë Sinologist, Sinologue.
si·no·daal =dale synodal, synodic, synodical *(rare); sinodale kommissie* sinodical commission.
si·no·de =des synod. **~sitting** session of the synod.
si·no·dies =diese, *(astron.)* synodic(al).
Si·noi·a *(geog.)* →CHINHOYI.
si·no·niem =nieme, *n.* synonym; *'n ~ van ...* a synonym of ... **si·no·niem** =nieme, *adj.* synonymous; *met ... ~ wees* be synonymous with ... **si·no·ni·mie** synonymity. **si·no·ni·miek,** *n.* synonymy. **si·no·ni·miek** =mieke, *adj.* synonymical.
si·nop·sis =sisse synopsis. **si·nop·ties** =tiese synoptic; *~e evangelies, (NT: Matthew, Mark, and Luke)* Synoptic Gospels; *~e kaart, (meteorol.)* synoptic chart. **si·nop·ti·kus** =tikusse, =tici, *(the writer of a Synoptic Gospel)* synoptist.
si·nos·to·se *(anat.)* synostosis.
si·no·vi·tis *(med.)* synovitis.
sins-: **~aksent** sentence stress. **~bedrog** hallucination, illusion. **~bedrogherhaling** *(psych.)* hallucinosis. **~begogelend** delusive, delusory; *(infml.)* mind-bending. **~begogeling** delusion, mirage. **~bou** construction (of a sentence); syntax. **~deel, sinstuk** part of a sentence, phrase, clause; *(also, in the pl.)* constituent parts of a sentence. **~genot** sensual enjoyment. **~leer** syntax. **~ontleding** parsing. **~ritme** sentence rhythm. **~verband** context; connection of sentences. **~verbystering** bewilderment, stupefaction, daze; mental derangement, insanity. **~verwarring** mental derangement. **~wending** (turn of) phrase, phraseology.
sint *sinte* saint; *~* ***Jakobus*** Saint James; *~* ***Johannes*** Saint John; *~* ***Nikolaas*** Saint Nicholas; →SINTERKLAAS; *~* ***Valentyn*** Saint Valentine; →VALENTYN. **S~ Andreaskruis, S~ Andrieskruis** Saint Andrew's cross; saltire. **S~ Antoniusvuur** Saint Anthony's fire; →WONDROOS. **S~ Bernardhond** *(ook s~ b~)* Saint Bernard (dog). **S~ Elm(u)svuur** Saint Elmo's fire. **S~ Helena** *(geog.)* Saint Helena *(usu. abbr. to* St Helena*)*. **S~ Jansbrood** *(ook s~ j~)* carob bean. **S~ Jansdag** Midsummer('s) Day. **S~ Janskruid** *(ook s~ j~)* Saint John's wort. **S~ Jorisdag, S~ Georgsdag** Saint George's day. **S~ Joriskruis, S~ Georgskruis** *(nat. emblem of Eng.)* Saint George's Cross *(usu. abbr. to* St George's Cross*)*. **S~ Petersburg** *(geog.)* Saint Petersburg. **S~ Vitusdans** *(med.)* Sydenham's chorea.
sin·tag·ma =mas, =mata, *(ling.)* syntagm, syntagma. **sin·tag·ma·ties** =tiese syntagmatic.
sin·tak·sis syntax. **~ontleder** *(comp.)* parser. **~ontleding** *(comp.)* parsing.
sin·tak·ties =tiese syntactic.
sin·tel =tels cinder; clinker; *(also, in the pl.)* slag, breeze; →SINTER *n.*. **~baan** cinder/dirt track. **~beton** cinder/breeze/ash concrete. **~pad** cinder path. **~sif** cinder sifter. **~steen** cinder stone/brick; breeze brick.
sin·ter =ters, *n.* clinker, sinter; →SINTEL. **sin·ter** *ge=, vb.* sinter. **~beton** clinker concrete. **~glas** sinter glass, frit(t).
sin·te·ring clinkering.
sin·ter·klaas, sint Ni·ko·laas Santa Claus, Father Christmas; Saint Nicholas.
sin·te·se =ses synthesis. **~gas** synthesis gas.
sin·te·ties =tiese synthetic, artificial. **sin·te·ti·seer** *ge=* synthesise, synthetise. **sin·te·ti·seer·der** =ders, *(mus.)* synthesiser.
sin·ti·gra·fie *(med.)* scintigraphy.
si·nus =nusse, *(anat.)* sinus; *(math.)* sine. **~kromme** sine curve, sinusoid. **~ontsteking, si·nu·si·tus** sinusitis. **si·nus·ag·tig** =tige sinusoidal. **si·nu·si·tus** →SINUSONTSTEKING.
Si·on Zion; *die wagters op ~s mure* the guardians of the nation's culture and religion. **Si·o·nis** =niste, *(also s~)* Zionist. **Si·o·nis·me,** *(also s~)* Zionism. **Si·o·nis·ties** =tiese, *(also s~)* Zionist(ic).
Sioux *(lang.)* Sioux. **~(-indiaan)** Sioux. **~(-stam)** Sioux.
si·pier =piere, =piers (head) jailer/jailor/gaoler, (chief) warder, turnkey, keeper.
si·poy =poys = SEPOY.
Sip·po·ra *(OT)* Zipporah.
si·pres =presse cypress. **~groen** cypress/forest green.
Si·pri·a·nus →CIPRIANUS.
Si·pries, Si·pri·oot, Si·prus →CIPRIES, CIPRIOOT, CIPRUS.
sir *sirs, (Eng.)* sir; knight; baronet. **sir·skap** =skappe knighthood; baronetcy.
Si·ra·ku·se *(geog.: a port in Sicily)* Syracuse; →SYRACUSE.
Si·re Sire, Your Majesty.

Si·re·na·ï·ka →CIRENAÏKA.

Si·re·ne, Si·re·ne·ër, Si·re·nees →CIRENE, CIRENEËR, CIRENEES.

si·re·ne =*nes* siren *(all senses)*; hooter; *die ~ loei* the siren screams. ~**sang** siren's song.

Si·ri·ë Syria. **Si·ri·ër** =*riërs, n.* Syrian. **Si·ries** *n., (language)* Syriac. **Si·ries** =*riese, adj.* Syrian.

Si·ri·us *(astron.)* Sirius, Sothis, the Dog Star.

sir·kel =*kels, n.* circle; ring; halo; *in 'n ~ beweeg* wheel. **sir·kel** *ge-, vb.* circle (round). ~**boog** arc of a circle; circular arch. ~**gang,** ~**loop** circular course, circuit, whirligig. ~**omtrek** circumference of a circle, periphery. ~**oppervlakte** area of a circle. ~**redenering** begging the question, petitio principii. ~**romp** circular skirt. ~**rond** =*e* orbicular, circular. ~**saag** circular/disc saw, buzz saw *(Am.)*. ~**segment** segment of a circle. ~**sektor** sector of a circle. ~**soom** circular hem. ~**stok** spile. ~**straal** radius. ~**vlak** circle plane. ~**vorm** shape/form of a circle. ~**vormig** =*e* circular. ~**vormigheid** circularity.

sir·kel·tjie =*tjies* circlet.

sir·ko·ni·a →SIRKONIUMOKSIED.

sir·ko·ni·um *(chem., symb.:* Zr*)* zirconium. ~**oksied, sirkonia** *(chem.)* zirconium oxide, zirconia.

sir·koon zircon. **sir·ko·nies** =*niese* zirconian.

sir·ku·la·sie circulation. ~**bank** bank of circulation/issue. ~**middel** =*e* circulation/circulating medium.

sir·ku·leer *ge-* circulate, circularise. ~**pomp** circulating pump.

sir·ku·lê·re =*res, (rare)* circular (letter), folder.

sir·kum-: ~**fleks** =*e, (^ placed over a vowel)* circumflex. ~**polêr** =*e* circumpolar.

sir·kus =*kusse* circus; *(hist.)* hippodrome. ~**baas** circus proprietor. ~**dier** performing animal. ~**ponie** *(fig.: servile pers.)* poodle. ~**tent** big top. ~**wiel** big wheel.

si·rok·ko =*ko's* sirocco, scirocco.

sir·ro·se cirrhosis. **sir·ro·ties** =*tiese* cirrhotic; →LEWERSKROMPELING.

sir·sa·kar *(text.)* seersucker.

Sir·te *(astron.): die Groot ~* Syrtis Major; *die Klein ~* Syrtis Minor.

sis[1] *n., (text.)* chintz; print; *Duitse ~* German print. ~**rok** print dress.

sis[2] *ge-, (an animal)* hiss; *(meat in a pan)* sizzle; *(steam etc.)* w(h)oosh; fizz, fizzle; whizz. ~**klank** hiss, hissing sound, sibilant. **sis·ser** =*sers* hisser; *(rare)* (damp) squib; *met 'n ~ afloop* go phut, go off like a damp squib.

si·sal sisal (hemp). ~**hennep** sisal hemp, Mexican grass. ~**plant** sisal plant, agave. ~**vesel** istle, ixtle.

si·se·leer *ge-* emboss, chase, engrave. **si·se·le·ring** ciselure.

si·si·gie =*gieë, (math., biol.)* syzygy.

Si·si·li·ë *(geog.)* Sicily; *die Koninkryk van die Twee ~s, (hist.)* the Kingdom of the Two Sicilies. **Si·si·li·aan** =*ane, n.* Sicilian. **Si·si·li·aans** *n., (dial.)* Sicilian. **Si·si·li·aans** =*aanse, adj.* Sicilian.

sis·se·win·kel: *die hele ~, (rare, dated)* lock, stock and barrel, the whole box and dice.

sis·sie =*sies, (SA infml., derog.)* sissy *(SA)*, cissy *(SA)*, nancy (boy), nance. **sis·sie·rig** =*rige* sissy, cissy.

sist *siste* cyst. **sis·ties** =*tiese* cystic. **sis·ti·ser·kus** =*kusse* cysticercus. **sis·ti·tis** cystitis.

sis·tal·ties =*tiese* systaltic.

sis·teem =*teme* system; method. **sis·teem·loos** =*lose* unsystematic(al), unmethodical, systemless. **sis·te·ma·tiek** systematics, method; taxonomy. **sis·te·ma·ties** =*tiese* =*tieser* =*tiesste* (of *meer ~ die mees* =*tiese*) systematic(al), methodic(al). **sis·te·ma·ti·kus** =*tikusse,* =*tici* systematist, systematiser. **sis·te·ma·ti·sa·sie** systematisation. **sis·te·ma·ti·seer** *ge-* systematise. **sis·te·ma·ti·se·ring** systematisation. **sis·te·mies** =*miese (med., bot.)* systemic.

sis·ter *(mus., hist.)* cither(n), cittern.

sis·ter·ne =*nes, (rare)* cistern.

sis·tiel =*tiele, (archit.)* systyle; *(bot.)* systylous.

sis·tien cystine.

sis·to·le =*les,* **sis·tool** =*tole, (physiol.)* systole. **sis·to·lies** =*liese* systolic.

sis·to·skoop =*skope* cystoscope.

sis·trum *sistrums, sistra, (ancient Eg. mus. instr.)* sistrum.

sis·tyl *n., (archit.)* systyle.

Sis·tyns →SIXTYNS.

Si·su·fos *(Gr. myth.)* Sisyphus. ~**-arbeid** Sisyphean labour.

si·Swa·ti →SWAZI *(lang.)*.

sit *n.* sitting position; fit; *nie jou ~ (kan) kry nie, (infml.)* not be able to strike a comfortable sitting position; *kry nou jou ~!, (infml.)* please sit down now (and stay there)!. **sit** *ge-, vb.* sit; set; put, place, stand; →SITTEND, SITTER, SITTING, SITTINGS-; *iem. **aan die lag**/ens. ~* set s.o. laughing/etc.; ***aanhou** ~* sit on; ***agter/aan** iem. ~* egg on s.o.; ***agter** iets ~, (fig.)* be behind s.t.; be at the bottom of s.t.; *wat **agter** iets ~* what is/lies behind s.t.; what is at the bottom of s.t.; *agterkom/vasstel wat **agter** iets ~* get to the bottom of s.t.; get behind s.t.; *daar ~ meer **agter** as wat jy dink* there is more to it than meets the eye; ***agteroor** ~* sit back; ***as** dit gebeur, ~ hy/sy* if that happens, he/she is in trouble; *~ **asseblief!*** (take your) seats please!; ***bly** ~* remain seated; *iem. **bly** ~, (also)* s.o. keeps his/her seat; *in iets **bly** ~* stick in s.t. *(mud etc.)*; *met ... **bly** ~* be/get stuck with ... *(infml.)*; wind up with ... *(infml.)*; *iets (bo-)oor ... ~* put s.t. over ...; *iets (bo-)op ... ~* put s.t. on top of ...; superimpose s.t. on/upon ...; ***buitekant** ~* sit out(side); ***by** iem. ~* sit by s.o.; *wat ~ **daaragter?*** what is/lies behind it?; what is at the bottom of it?; ***doodstil** ~* sit tight *(infml.)*; *~ **en** lees/ens.* sit reading/etc.; ***gaan** ~* sit down, take a seat; take a chair; ***gaan** ~!* take a chair!; take your places!; *iem. **gaan** ~, (also)* s.o. takes his/her seat; s.o. seats him-/herself; *op ... **gaan** ~* light on/upon ...; *(a bird)* perch on/upon ...; *weer **gaan** ~* resume one's seat; *~ **(gerus)!*** have/take a seat!; *dit ~ **goed/mooi**, (clothes)* it is a good fit; *iem. ~ **goed/warmpies** daarin, iem. ~ daar goed/warmpies in* s.o. is comfortably/well off; s.o. is in the money *(infml.)*; ***hoog** op ... ~* be perched on/upon ...; *dit ~ **in** iem.* s.o. has it in him/her; *daar ~ iets **in*** there is something in that; it is an idea; *iets **in** ... ~* put s.t. in ...; put s.t. into ...; *iets **in** die koerant ~* put s.t. into the newspaper; ***in/oor** 'n saak ~* sit on a case; *agterkom/vasstel hoe iets **inmekaar** ~* (of ***inmekaarsit***) get to the bottom of s.t.; *hoe die saak **inmekaar** ~* (of ***inmekaarsit***), *(also)* how it all fits together; *dinge **inmekaar** ~* (of ***inmekaarsit***) fit things together; *dit ~ **knap**, (of clothes)* it is a tight fit; ***kom** ~!* have/take a seat!; have/take a pew! *(infml.)*; *iem. **laat** ~* sit s.o. down; ***langs** iem. ~* sit next to s.o.; ***langs** iem. gaan/kom ~* sit o.s. next to s.o.; ***lank** aan tafel ~* linger over a meal; ***met** iets ~, (infml.)* be saddled with s.t.; *dit ~ **mooi** →**goed/mooi**; iets ~ **nou** aan die lyf* s.t. sits tightly *(a garment)*; *iets **onder** ... ~* put s.t. under ...; *iets **oor** ... ~ →**(bo-)oor**; **op** iets ~* sit on s.t.; *iets **op** ... ~* put s.t. on/upon ...; set s.t. on ...; apply s.t. to ... *(a wound etc.)*; *→**(bo-)op**; geld **op** 'n perd ~* put money on a horse; *iets **opsy** ~* put/set aside s.t., put by s.t.; ***orent/regop** ~* sit up; *iem. **regop** laat ~* prop up s.o. *(a patient in bed etc.)*; *vas in die **saal** ~* sit tight *(infml.)*; ***sit!**, (to a dog)* sit!, down!; *van ~ **en staan**, kom niks gedaan* one never gets anything done by sitting and standing about; things have to be worked for; ***stewig/styf/vas** ~* sit tight; ***styf** teen iem. ~* cuddle up to s.o.; *hulle ~ **styf** teen mekaar* they cuddle up together; *iets **teen** ... ~* put s.t. against ...; stand s.t. against ...; ***teenoor** iem. ~* sit opposite/facing s.o.; *iem. **uit** 'n land ~* deport s.o. from a country; *iem. **uit** 'n plek ~* eject s.o. from a place; *iem. **uit** 'n huis ~* evict s.o. from a house; *iem. **uit** die skool ~* expel s.o. from school; *iem. **uit** ... ~, (also)* oust s.o. from ... *(an official position)*; ***vas** ~ →**stewig/styf/vas**; daar ~ nie **veel** in nie* there is not much in it; ***vir** iets ~* sit for s.t. *(a portrait)*; ***vir** 'n skilder ~* sit for a painter; *iets **vorentoe** ~* put forward/on s.t. *(a watch)*; *iem. ~ **warmpies** daarin →**goed/warmpies***. ~**bad(jie)** hip bath, sitzbath; bidet *(Fr.)*. ~**bank** seat, bench; settee. ~**bankie** stool. ~**beeld** seated statue. ~**been** *(anat.)* ischium. ~**betoging** sit-in; *'n ~ hou* sit in, hold/stage a sit-in. ~**kamer** lounge, sitting/drawing room, parlour. ~**kamerstel** lounge suite, drawing-room suite. ~**kierie** →SITSTOK. ~**kussing** cushion; pouffe; tuffet. ~**plek** seat, bottom *(of a chair, trousers)*; seating accommodation; capacity; room; *(also, in the pl.)* seats, seating; *'n oop ~* an empty seat; *die saal/ens. het ~ vir 500/ens.* the hall/etc. seats (*or* has seating for) 500/etc.. ~**plekgordel, veiligheidsgordel** seat/safety belt. ~**sak** beanbag. ~**-sit** sitting (from time to time); *~ eet* eat sitting; *~ loop* walk with an occasional rest. ~**-slaapkamer** bedsit(ter), bedsitting room. ~**slapie** catnap. ~**staker** sit-down striker. ~**staking** sit-down/stay-in strike. ~**stok,** ~**kierie** seat/shooting/racing stick. ~**vlak** *(infml.)* backside, behind, bottom, seat, buttocks, *(SA, infml.)* gua-va.

si·taat =*tate* citation, quotation. **si·ta·sie** =*sies* citation. **si·teer** *(ge)-* quote; *(jur.)* cite; instance.

si·ta·del =*delle* citadel.

si·tar =*tars, (Ind. mus. instr.)* sitar.

si·ter[1] =*ters* citron; →SITROEN.

si·ter[2] =*ters, (mus. instr.)* zither; cittern, cither(n); psaltery.

si·ti·o·lo·gie dietetics, sitology.

sit·kom =*koms, (infml.)* sitcom; →SITUASIEKOMEDIE.

si·to-: ~**genetika** cytogenetics. ~**lise** cytolysis. ~**logie** cytology. ~**plasma** cytoplasm. ~**plas(t)** cytoplast. ~**toksien** cytotoxin.

si·to(-si·to) quick(ly), in no time, in two twos, chop-chop *(infml.)*, then and there, there and then, in a whisk, hotfoot.

si·traat =*trate* citrate. **si·tra·sie** citration. **si·treen** *(chem.)* citrene. **si·treer** *(ge)-* citrate. **si·tre·ring** citration. **si·trien**[1] =*triene, (semiprecious stone)* citrine. **si·trien**[2] *(chem.)* citrin, vitamin P, bioflavonoid; →VITAMIEN P. **si·tri·nien** *(chem.)* citrinin.

si·troen =*troene* citron. ~**geel** citron/patent yellow, lemon (yellow), citrine. ~**gras** lemon grass. ~**kleur** = SITROENGEEL. ~**kleurig** =*e* lemon(-coloured), citrine. ~**kruid** *(Artemisia abrotanum)* southernwood; *(Melissa officinalis)* (lemon) balm. ~**limonade** limeade. ~**olie** citron/lemon oil. ~**suur** citric acid. ~**suursout** = SITRAAT. ~**verbena** lemon verbena.

si·tro·nel·la *(bot.)* citronella.

si·tro·nien citronin(e).

si·trus citrus. ~**blaaspoot(jie)** citrus thrips. ~**boerdery** citrus farming. ~**kweker** citrus grower. ~**skiller** *(cook.)* zester. ~**vrug** citrus fruit.

sit·tend =*tende* sitting, seated; sedentary; *(bot.)* sessile; *(her.)* sejant; *~e lewe* sedentary life; *~e lid* sitting member *(of Parliament etc.)*.

sit·ter =*ters* sitter.

sit·tim·boom shittah (tree).

sit·ting =*tings,* =*tinge* sitting, session; term; *(obs.)* seat, bottom *(of a chair, trousers)*; *in **geheime** ~* in secret session; in conclave; *~ in die raad/direksie **hê*** have a seat on the board; ***in** ~ wees* be in session *(Parliament etc.)*; *~ **neem*** take one's seat *(in Parliament etc.)*; *in **volle** ~* in plenary session.

sit·tings-: ~**dag** day of session; sitting/court day. ~**tyd** duration of a session/sitting.

si·tu·a·sie =*sies* situation; position; setup; *die ~ **beheers*** be in control of the situation; *in 'n **netelige** ~ wees/verkeer* be in a difficult/tricky/ticklish situation; *iem. moet die ~ onder (die) **oë** sien dat ...* s.o. has to face the situation that ...; *die ~ **red*** save/retrieve the situation; *die ~ is **veranderlik*** the situation is fluid. ~**komedie** situation comedy; →SITKOM. ~**verslag,** ~**rapport** *(mil.)* situation report.

si·tu·a·si·o·neel =*nele* situational; *situasionele probleme* situational problems.

si·tu·a·si·o·nis·me situationism. **si·tu·a·si·o·nis** =*niste* situationist.

si·tu·eer *ge-* situate.

si·vet *(zool.)* civet. ~**kat** civet (cat), musk cat.

si·viel -*viele* civil; *~e* ***aksie/geding/saak*** civil action/case; *~e* ***gyselaar,*** *(jur.)* civil debtor; *~e* ***hof*** civil court; *~e* ***ingenieur*** civil engineer; *~e* ***ingenieurswese*** civil engineering; *~e* ***kommissaris*** civil commissioner; *~e* ***lys*** civil list; *~e* ***proses(akte)*** civil process; *~e* ***prosesreg*** civil procedure; *~e* ***reg*** civil law. **si·vi·li·teit** *(rare)* civility.

Si·wa, Si·wa·ïs·me →SJIWA, SJIWAÏSME.

Six·tus *(pope)* Sixtus. **Six·tyns, Sis·tyns** *(also s~): die ~e kapel* the Sistine Chapel.

sj *interj.* shoo; →SJUUT.

sjaal *sjaals* shawl, wrap. **~dans** shawl dance. **~kraag** cowl neck.

sja·blo·neer *ge-* stencil.

sja·bloon -*blone* stencil, pattern; templet, template; mould; gauge. **~druk, ~werk** stencilling.

Sja·el·land *(a Danish island)* Zealand.

sjag·ger *ge-, (<Hebr., rare)* haggle, bargain, chaffer.

sjah *sjahs, (hist.)* shah.

sja·ko, sja·ko -*ko's, (Hung., mil. headdress, rare)* sha(c)ko; busby.

sja·koe·hat·sji(e) -*sji's,* -*sjies, (Jap. bamboo flute)* shakuhachi.

sjal·lie *(text.)* challie, challis.

sja·lon *(text.)* shalloon.

sja·lo(o)m *interj., (<Hebr.)* shalom.

sja·maan -*mane* shaman. **sja·maans** shamanic. **sja·ma·nis** -*niste* shamanist. **sja·ma·nis·me** *(also S~)* shamanism. **sja·ma·nis·ties** -*tiese* shamanist(ic).

sjam·pan·je -*jes* champagne, fizz *(infml.)*, champers *(sl.)*. **~(kleur)** champagne. **~(kleurig)** champagne(-coloured). **~-ete** champagne supper. **~ontbyt** champagne breakfast.

sjam·poe -*poes, n.* shampoo. **sjam·poe** *ge-, vb.* shampoo.

Sjan *(member of a people; lang.)* Shan.

Sjan·dong →SJANTOENG.

Sjan·gaan, Sjan·gaan -*gaans, (SA, member of a people)* Shangaan; *(lang., no pl.)* Shangaan.

Sjang·hai *(geog.)* Shanghai.

sjan·ker -*kers, (rare, pathol.)* chancre; *sagte ~* chancroid, soft chancre. **sjan·kro·ïed** -*kroïede* chancroid, soft chancre.

Sjan·toeng, Sjan·dong *(geog.)* Shandong, Shantung.

sjan·toeng *(text.)* shantung.

sja·ri·a *(<Arab.: Islam. code of law)* sharia(h).

sjar·me charm; allure; *iem. met jou ~ oorweldig* (of *voor jou ~ laat swig*), *(also, infml.)* charm the pants off s.o.. **sjar·mant** -*mante* charming. **sjar·mant·heid** charm. **sjar·meer** *(ge)-, (rare)* charm; fascinate.

Sja·vu·ot *(<Hebr., Jud.)* Shavuot, Shabuoth.

sje·been →SJEBIEN.

sje·bek -*beks, (hist., naut.)* xebec, zebec(k).

sje·bien, sje·been shebeen. **~baas, ~eienaar** *(SA)* shebeen king; shebeen queen. **~eienares, ~mamma** *(SA)* shebeen queen.

sjees *sjese (hist.)* gig, chaise.

sjef *sjefs* chef; *(rare, obs.)* chief, manager, boss.

sjeg *sjegte, (relig.)* sheik(h); →SJEIK.

Sje·he·ra·za·de *(narrator of the* Arabian Nights*)* Scheherazade.

sjeik *sjeiks, (pol.)* sheik(h); →SJEG. **sjeik·dom** -*domme* sheik(h)dom.

sje·lei, se·lei -*leie* jelly *(seasoned)*. **sje·lei·ag·tig, se·lei·ag·tig** -*tige* gelatinous, jellylike.

Sjen·jang *(geog.)* Shenyang.

Sje·ool *(<Hebr.)* Sheol, the underworld, hell.

sje·rif -*rifs, (Islam)* sherif, shereef, sharif. **sje·ri·fyns** -*fynse* sherifian, shereefian, sharifian.

Sjer·pa -*pas* Sherpa.

sjer·rie -*ries* sherry. **~glas(ie)** sherry glass. **~vat** butt.

sje·vron →CHEVRON.

Sji·a *(branch of Islam)* Shia(h); →SJIIET.

sji·at·soe shiatsu, acupressure.

sjib·bo·let -*lets,* -*lette* shibboleth.

sjiek *sjiek sjieker sjiekste* chic, smart, *(infml.)* ritzy; stylish, fashionable, modish. **sjiek·heid** chic, smartness; stylishness, modishness.

sjie·ling -*lings* shilling; *'n ~ se suiker* a shillingsworth of sugar. **~stuk** shilling piece. **sjie·lin·kie** -*kies* a mere shilling.

sjif·fon →CHIFFON.

Sji·iet *Sjiïete, n., (Islam; adherent of Shiah)* Shiite, Shi'ite, Shia(h), Shi'a; →SJIA. **Sji·ïs·me** Shiism, Shi'ism. **Sji·ï·ties** -*tiese, adj.* Shiite, Shi'ite, Shiitic.

sji·ï·ta·ke(-sam·pi·oen) *(<Jap.)* shiitake (mushroom).

sjik·sa, sjik·se *(<Yidd., often derog.: non-Jewish girl/woman)* shiksa, shikse.

sji·mi·aan *(<Zu., strong alcoholic brew)* shimiyana, shimiyane, shimiyaan.

sjim·pan·see -*sees* chimpanzee, chimp *(infml.)*.

Sji·na, Sji·nees →CHINA, CHINEES.

Sjin·to *(Jap. relig.)* Shinto. **Sjin·to·ïs** *(also s~)* Shintoist. **Sjin·to·ïs·me** *(also s~)* Shintoism.

Sji·ras *(geog.)* Shiraz.

sji·rurg, sji·rur·gie, sji·rur·gies, sji·rur·gyn →CHIRURG, CHIRURGIE, CHIRURGIES, CHIRURGYN.

sjit·soe -*soes, (<Chin., breed of dog)* shih-tzu.

Sji·wa, Si·wa *(Hind.)* S(h)iva. **Sji·wa·ïs·me, Si·wa·ïs·me** *(also s~)* S(h)ivaism.

sjle·miel -*miels, (<Yidd., rare)* schlemiel.

sjli·ma·zel -*zels, (<Yidd., rare)* shemozzle.

sjoe, soe *interj.* phew, whew, boy, man *(expressing relief, surprise, disbelief, weariness)*; gosh, (good) gracious, gracious me *(expressing surprise)*; wow *(expressing amazement, admiration)*; ouch, ow *(expressing pain)*; brr *(expressing cold)*. **~broek(ie)** hot pants, (girl's) short shorts.

sjoei·er -*ers, (rare, infml.)* bleeper.

sjoel·bak -*bakke, (game)* shuffleboard, shovelboard.

sjoep *ge-* squish. **~geluid** squish.

sjo·far →RAMSHORING.

sjo·goen -*goens, (<Jap., hist.)* shogun. **sjo·goe·naat** -*nate* shogunate.

sjo·ko(·ho)·lis -*liste, (infml.)* chocaholic, chocoholic.

sjo·ko·la·de chocolate; *(drink)* chocolate, cocoa; *'n* ***beker*** *warm ~* a mug of hot chocolate; *'n* ***blok/plak*** *~* a bar/slab of chocolate, a chocolate bar/slab; *'n* ***doos*** *~* a box of chocolates; *'n* ***staaf/stafie*** *~* a bar of chocolate. **~blok, ~plak** chocolate slab. **~brokkie, ~skilfer** chocolate chip; *koekie met ~s* chocolate chip cookie. **~bruin, ~kleurig** chocolate (brown), chocolate-coloured. **~doos** chocolate box. **~fudgekoek** chocolate fudge cake. **~gâteau, ~roomkoek** chocolate gâteau/gateau. **~geur:** *met 'n ~* chocolate-flavoured. **~kleurig** →SJOKOLADEBRUIN. **~koek** chocolate cake. **~koekie** chocolate biscuit. **~mousse** chocolate mousse. **~plak** →SJOKOLADEBLOK. **~poeding** chocolate pudding. **~roomkoek** →SJOKOLADEGÂTEAU. **~skilfer** →SJOKOLADEBROKKIE. **~soldaatjie** chocolate soldier. **~sous** chocolate sauce. **~stafie** chocolate bar.

sjo·ko·la·de·ag·tig, sjo·ko·la·de·rig chocolat(e)y.

Sjo·na →SHONA.

Sjos·ta·ko·witsj *(Russ. composer)* Shostakovich.

sjot *sjots, (geog.)* shott.

sjou *ge- (rare, dated)* drag, lug; carry. **sjou·er** -*ers, (rare, dated)* porter; dock hand.

sjuut, sjt, st sh, hush, shush; mum's the word.

sjwa -*sjwa's, (phon.)* schwa, shwa.

ska *(mus.: a forerunner of reggae)* ska.

skaad *ge-* harm, damage, hurt, injure *(fig.)*.

skaaf *skawe, n.* plane. **skaaf, ska·we** *ge-, vb.* plane, smooth; surface; score; rub, scrape, abrade; chafe, bark *(one's skin)*, graze, gall; →SKAWERY, SKAWING; *aan ... ~, (fig.)* fine-tune ... *(a policy etc.)*; *dwars ~* block in; *iets reg ~, (woodw.)* shoot s.t.. **~bank** carpenter's/planing bench, shaving horse. **~beitel** plane iron, bit. **~blok** plane stock, stock (of a plane). **~handvatsel** tote. **~krul** shaving. **~masjien** planing machine, planer. **~mes** drawing knife, drawknife, drawshave, spokeshave, plane cutter, bit. **~middel** -*s* abrasive. **~plank** shooting board. **~plek** abrasion; gall, saddle sore, graze *(on a horse)*; cause of friction/unrest. **~rusblok** cradle. **~werk** planing. **~wond** gall, abrasion. **~yster** raspatory.

skaaf·sel -*sels* shaving; *(also, in the pl.)* wood wool.

skaai *ge-, (infml.)* pinch, pilfer; *(fml. or joc.)* purloin; swipe, snitch, nick, snaffle; scrounge; *iets by iem. ~, (infml.)* pinch s.t. from s.o.. **skaai·er** -*ers* poacher, pilferer.

skaak[1] *n.* chess; *iem. ~* ***sit*** check s.o., put s.o. in check; *~* ***speel*** play chess; *'n* ***spel*** *~* a game of chess; *~* ***staan,*** *(chess)* be in check. **skaak** *ge-, vb.* (place in) check; *(rare)* play chess; **~bord** chessboard. **~figuur** →SKAAKSTUK. **~klub** chess club. **~mat, ~mat** checkmate; *iem. ~ sit* check(mate) s.o.. **~meester** chess master. **~rubriek** chess column. **~set** chess move. **~setting** check. **~spel** -*le* game of chess; chess playing; set of chessmen. **~speler** chess player. **~stuk** chess piece, chessman. **~toernooi** chess tournament. **~wedstryd** chess competition.

skaak[2] *ge-, vb.* abduct, run off with, kidnap; hijack *(a car, aeroplane, etc.)*; →KAAP[2]; *jou deur iem. laat ~* elope/abscond with s.o.; →SKAKING. **~huwelik** *(rare)* elopement.

skaal[1] *skale* scale; pair of scales, balance; shell *(of a crustacean)*; bowl; *die ~ op ... kg trek* weigh (*or* tip/turn the scales at) ... kg. **~dier** crustacean, shellfish; *(also, in the pl.)* Crustacea. **~insek** scale insect. **~plank** slab, flitch.

skaal[2] *skale, (math., mus., etc.)* scale; scale *(on a map/instrument)*; *as dit op* ***aanmerklike/noemenswaardige*** *~ gebeur* if it is done on any scale; *op* ***groot*** *~* on a large scale; in a big way; *(infml.)* in spades; *op* ***klein*** *~* on a small scale.; in a small way; ***op 'n*** *~ van 1 op 50* to a scale of 1 in 50; *iets op ~* ***teken*** draw s.t. to scale. **~besparing** economy of scale. **~breuk** representative fraction. **~model** scale model. **~passer** scale cal(l)ipers. **~tekening** scale drawing . **~verdeling** scale division, graduation; *met ~* graduated.

skaal·ag·tig -*agtige* scaly. **skaal·ag·tig·heid** scaliness.

skaam *skaam skamer skaamste, adj.* bashful; ashamed; *~* ***kry*** be ashamed; *iem. laat ~* ***kry,*** *iem. ~* ***maak*** shame s.o.; *nie ~* ***oor*** *jou optrede wees nie* feel no shame for one's actions; *~ wees* ***vir*** *...* be shy of ...; be/feel ashamed of ...; *~* ***voel*** feel small; *iem. nie laat ~* ***word*** *nie* spare s.o.'s blushes. **skaam** *ge-, vb.* be/feel ashamed, feel shame; *iem.* ***behoort*** *hom/haar te ~* s.o. ought to be ashamed of him-/herself; *~* ***jou!,*** *jy* ***moet jou*** ***skaam!*** shame on you!, (for) shame!; *jou* ***(mors)dood*** *~* die of shame; *jou* ***oë*** *uit jou kop (uit) ~* be/feel terribly ashamed; *jou* ***oor/vir*** *... ~* be/feel ashamed of ... **~been** pubis, pubic bone. **~beenboog** pubic arch. **~blom** *(Serruria florida)* blushing bride. **~deel** pudend, pudendum; *skaamdele* pudenda, genitals, private parts. **~haai** = SKAAMOOG. **~hare** pubic hair, pubes *(infml.)*. **~heuwel** *(anat.)* mountain of Venus, mons Veneris *(Lat., of a woman)*; mons pubis *(Lat., of a man)*. **~kruid** *(Mimosa pudica)* mimosa, sensitive plant. **~kwaad** full of angry shame, shamefacedly angry. **~lip** labium *(pl.: labia)*. **~oog** *(icht.: Haploblepharus spp.)* shyshark. **~rooi** *n.* blush of shame. **~rooi** *adj.* red-faced, flushed with shame/embarrassment. **~roos, ~rosie** *(Protea nana)* mountain rose. **~spleet** vulva. **~spleetontsteking** vulvitis. **~spleetvormig** -*e* vulviform. **~streek** pubic region.

skaam·ag·tig -*tige* →SKAMERIG. **skaam·ag·tig·heid** →SKAMERIGHEID.

skaam·heid bashfulness.

skaam·te (sense of) shame; bashfulness, shyness; modesty; *het jy* ***geen*** *~ nie?* have you no (sense of) shame?; *iem. het* ***geen*** *~ meer nie* s.o. is lost to a sense of shame; ***laat*** *staan jou/die ~* don't be so bashful; ***sonder*** *~ wees* have no shame, be lost to shame, be without shame; ***uit*** *(pure) ~* for/from (very) shame. **~gevoel** -*ens* (sense of) shame; *sonder ~ wees* have no shame, be lost to (*or* without) shame.

skaam·te·loos =*lose* =*loser* =*loosste* (*of meer ~ die mees* =*lose)* shameless, impudent, immodest, barefaced, brazen(-faced), unashamed(ly), flagrant(ly). **skaam·te·loos·heid** shamelessness, impudicity, immodesty, effrontery, brazenness; *dis vir jou ~!* of all the cheek!, the cheek of it!, what (a) cheek!.

skaap *skape* sheep; mutton; →SKAAP(KOP), SKAPIE; *die skape van die* ***bokke*** *skei* divide/separate the sheep from the goats; *een* ***brandsiek*** *~ steek die hele trop aan* one scabby sheep infects the whole flock, one rotten apple spoils the whole basket; *daar gaan baie* ***mak*** *skapë in 'n kraal* good sardines pack well; there is always room for a good one; *die* ***swart*** *~* the black sheep; *elke trop het sy* ***swart*** *~* there is a black sheep to every flock; *'n* ***trop*** *skape* a flock of sheep; *soos 'n* ***trop*** *skape* like sheep; ***twee*** *skape* two sheep; *soos* ***verdwaalde*** *skape* like lost/stray sheep; *die* ***verlore*** *~* the lost sheep; *as een ~ deur die hek is,* ***volg*** *die ander (almal)* where one leads, the rest follow. **~afval** (sheep's) tripe (and trotters). **~been** sheepshank. **~blad** shoulder of mutton. **~boer** sheep farmer. **~boerdery** sheep farming/raising. **~boud** leg of mutton. **~braad** *(dated)* roast mutton. **~diefstal** sheep stealing. **~dip** sheep dip/wash. **~dippery** sheep dipping. **~distrik** sheep district/area. **~drol(letjie)** sheep's turd/dung/pellet; *(bot.)* Cape date, turkey berry. **S~eilande** Fa(e)roe Islands, Fa(e)roes. **~herder** shepherd. **~hond** sheepdog, shepherd('s) dog; *Duitse ~* German shepherd (*or* shepherd['s] dog), Alsatian. **~hondkampioenskap(sbyeenkoms)** sheepdog trial(s). **~kaas** →SKAAPMELKKAAS. **~kamp** sheep run, sheepwalk. **~karmenaadjie** = SKAAPTJOP. **~kloutjie** sheep's trotter. **~(kop)** sheep's head; *(fig., infml.)* mutton=, meat=, block=, airhead, mutt, twit, lamebrain, simpleton, dumbo, nincompoop. **~kotelet** →SKAAPTJOP. **~kraal** sheepfold, sheep pen/kraal. **~lam** lamb. **~leer** sheepskin, roan (leather), sheep leather; *Kaapse ~* capeskin. **~lek** sheep lick. **~lewer** lamb's fry. **~luis** sheep tick/ked. **~luisvlieg** sheep ked. **~melk** sheep's milk. **~melkkaas** ewe('s-milk) cheese; pecorino (cheese). **~mis** sheep dung, kraal manure. **~ooi** ewe. **~pels** mouton. **~pens** sheep's stomach; sheep's tripe. **~plaas** sheep farm. **~pokke** sheep pox, scab-rot. **~pootjie** sheep's trotter. **~ram** ram, tup. **~ras** breed of sheep. **~rib** sheep's rib; thick rib, rib chop. **~ribbetjie** mutton rib. **~rug** saddle of mutton. **~skeerder** sheepshearer. **~skenkel** sheepshank. **~skêr** sheepshears. **~steker** *(SA, type of snake)* skaapsteker, (rhombic) sheep-sticker. **~stelery** sheep-stealing. **~stert** sheep's tail. **~suring** *(bot.)* (sheep) sorrel. **~teelt** sheep breeding/raising. **~teler** sheepbreeder. **~tjop, ~kotelet** mutton chop, lamb cutlet. **~trop** flock (of sheep), woolly flock *(infml., before shearing season)*. **~vag** sheep's fleece. **~vel** sheepskin; *Kaapse ~* capeskin. **~veld** sheep run, sheepwalk, sheep-pasturage. **~vet** mutton fat. **~vleis** mutton. **~vrug** Mexican hawthorn. **~wagter** shepherd; *(orn., also:* skaapwagtertjie) capped wheatear. **~wagtersny** *(infml.: thick slice of bread)* doorstep. **~wêreld** sheep(-farming) country/area/region. **~wol** sheep's wool. **~wolkies** *(meteorol.)* cirrocumulus, fleecy/mackerel clouds.

skaap·ag·tig =*tige* sheeplike, ovine; *(fig.)* sheepish, foolish, twittish. **skaaps·kle·re** sheep's clothing; *'n wolf in ~* →WOLF.

skaar[1] *skare, n.* (plough)share. **~ploeg** turn/mouldboard plough. **~skilpad** angulate tortoise.

skaar[2] *skare, n., (rare)* notch, chip; nick; *met skare* chipped, jagged, hackly; *die lem het 'n ~* the blade is notched. **ska·re·rig** =*rige, (rare)* chipped, nigged, jagged.

skaar[3] *n.* →SKARE. **skaar** *ge=, vb.* range, draw up; *jou* ***agter*** *... ~* line up (*or* swing) behind ... *(a leader etc.)*; *jou* ***by*** *... ~* come out for ...; join the ranks of ...; *jou aan iem. se* ***kant*** *~* range o.s. on s.o.'s side; *jou aan die* ***kant*** *van ... ~, (also)* cast/throw in one's lot with ...; *hulle skaar hulle* ***om*** *...* they rally round ...

skaars *skaars skaarser skaarsste, adj.* scarce, rare; scanty; sparse; tight *(money)*. **skaars** *adv.* scarcely, hardly; ***baie/bitter*** *~* very scarce; *geld is ~* ***by*** *iem.* s.o. is short of money; *iets het ~* ***geword*** s.t. ran short; *iem.* ***hou*** *hom/haar ~* s.o. seldom comes here/there; *jou ~* ***hou*** keep out of sight; *dit* ***kan*** *~ in* it is a tight fit; *iem.* ***kon*** *~ ...* it was as much as s.o. could do to ...; *iem. het ~ aangekom* ***of*** *hy/sy moes weer vertrek* s.o. had no sooner arrived than he/she had to leave again, s.o. had hardly/scarcely arrived when he/she had to leave again; *~* ***sewentien/ens.*** *wees* be scarcely/hardly/barely/only/just seventeen/etc.; *so ~* ***soos*** *hoendertande* (*of wors in 'n hondehok*), *(infml.)* unobtainable, very scarce; very rare, non-existent. **skaars·heid** scarceness, scarcity, scantiness, paucity. **skaars·te** scarcity, want, shortage; *'n ~ aan ...* a scarcity/dearth of ...

skaat *(Germ. card game)* skat.

skaats *skaatse, n.* skate; skating. **skaats** *ge=, vb.* skate. **~baan** skating rink. **~plank** skateboard. **~(plank)park** skatepark. **~plankry** skateboarding. **~plankryer** skateboarder. **~ry** *ge=, skaatsge=* skate. **~ryer** skater.

skaat·ser =*sers* skater.

ska·bel =*belle, (rare)* footstool.

ska·brak =*brakke, (Germ., hist.)* shabrack, saddlecloth.

ska·breus =*breuse* =*breuser* =*breusste, (rare, fml.)* scabrous, ribald, salacious.

ska·de[1] =*des* damage, harm, injury, detriment, hurt, loss; *iem. ~* ***aandoen/berokken*** cause/do s.o. damage; *~* ***aanrig/berokken/doen*** do harm; cause/do damage; ***baie/groot*** *~ aanrig/doen* cause/do great (*or* a lot of) damage; *'n hele ~ in die* ***boedel*** quite a loss; *ver/vêr van jou* ***goed,*** *naby jou ~* →GOED[1]; ***groot*** *~* extensive damage; a big loss; *~* ***inhaal*** recoup losses; ***jouself*** *(die grootste) ~ aandoen* be one's own worst enemy; *~* ***ly*** suffer/sustain losses; suffer/sustain damage; *die* ***omvang*** *van die ~* the extent of the damage; ***onberekenbare*** *~* untold damage; *deur ~ en* ***skande*** *word/raak ('n) mens wys* experience makes fools wise, experience teaches (*or* is the teacher/mistress of) fools; ***tot*** *iem. se ~* to s.o.'s cost; ***tot*** *~ van ...* to the detriment of ...; to the prejudice of ...; prejudicial to ...; *die ~* ***vergoed*** make good the damage. **~beheer** damage control. **~bepaling** assessment of damage. **~beperking** damage limitation. **~pligtig** =*e* liable for damages. **~pligtigheid** liability for damages. **~vergoeding** indemnification, compensation, damages, indemnity; ***bestraffende*** *~* punitive damages; *~* ***betaal*** pay damages; *~* ***eis*** claim damages; *'n* ***eis om*** *~* a claim for damages; *R5000 aan ~* ***ontvang*** be awarded R5000 compensation/damages. **~vergoedingseis, ~vordering** claim for damages. **~vry-bonus** no-claim bonus.

ska·de[2] =*des, (rare, poet.)* shadow, shade; →SKADUWEE.

ska·de·lik =*like* harmful, damaging, injurious, detrimental; noxious *(weeds etc.)*; vicious *(cycle, disease, etc.)*; mephitic(al) *(vapour)*; *(med.)* pathogenic, pathogenetic, pathogenous; *vir ... ~ wees* be bad for ...; be injurious to ... *(one's health etc.)*; be detrimental to ... *(the environment, s.o.'s career, etc.)*; be inimical to ... *(effective government, the freedom of the press, etc.)*; *~ vir ..., (also)* to the prejudice of ... *(consumers, shareholders, etc.)*; prejudicial to ... *(a child's welfare etc.)*; *~ vir die omgewing* environmentally damaging. **ska·de·lik·heid** harmfulness, injuriousness, noxiousness.

ska·de·loos: *iem. ~ stel* compensate/indemnify s.o., make reparation to s.o. **ska·de·loos·stel·ling** compensation, indemnity, indemnification, reparation, reimbursement; *~ betaal* pay damages.

ska·de·tjie =*tjies* bit of damage.

ska·du =*du's, n.* →SKADUWEE. **ska·du** *ge=, vb.* shade. **~beeld** silhouette; shadowgraph. **~kant** →SKADUWEEKANT. **~leer** sciagraphy, skiagraphy. **~plant** shade plant. **~ryk** =*e, adj.* shady, shadowy, umbrageous. **~sy** →SKADUWEESY.

ska·du·ag·tig =*tige* shadowy.

ska·du·loos =*lose* shadeless; shadowless.

ska·du'tjie →SKADUWEETJIE.

ska·du·wee =*wees,* **ska·du** =*du's* shadow; shade; →SKADU; *in die ~* in the shade; in shadow; *die ~ van die* ***dood*** the shadow of death; *'n ~ op/oor iets* ***gooi/werp,*** *(lit., fig.)* cast a shadow on/upon s.t.; *(fig.)* cast a cloud on/upon s.t., cast a pall (of gloom) over s.t.; *na 'n ~* ***gryp*** catch at a shadow; *vir jou (eie) ~* ***skrik*** be afraid of one's own shadow; *iem. kan nie in ... se ~* ***staan*** *nie, (infml.)* s.o. cannot (*or* is not fit to) hold a candle to ...; *iem./iets in die ~* ***stel*** put s.o./s.t. in the shade *(infml.)*, overshadow s.o./s.t.; *iem. is (net) 'n ~* ***van*** *wat hy/sy was* s.o. is a ghost/shadow of his/her former self; *iem. soos 'n/sy/haar ~* ***volg*** be s.o.'s shadow; *'n ~* ***word*** fade away to nothing. **~kant, skadukant** shadowy/shaded/shady side. **~sy, skadusy** *(fig.)* dark side, downside, disadvantage, drawback. **~werk** shadow work.

ska·du·wee·ag·tig →SKADUAGTIG.

ska·du·wee·tjie =*tjies,* **ska·du'tjie** =*tjies* little shade/shadow.

skaf *ge=, (rare, obs.)* furnish, give, provide. **~tyd, ~-uur** *(obs.)* knock-off time; mealtime.

ska·fie =*fies* small plane; →SKAAF *n.*.

skaf·lik =*like* fair, tolerable, reasonable, bearable. **skaf·lik·heid** fairness *etc.* (→SKAFLIK).

skag *skagte* shaft *(of a mine, an arrow)*; quill *(of a pen, feather)*; shank *(of an anchor)*; body *(of a column, screw)*; stem *(of a bolt, rivet)*; leg *(of a boot)*; pit *(of a mine)*; tun *(of a chimney)*; *(bot., zool.)* scape; casing; trunk; *blinde ~* blind shaft; *'n ~ grawe/sink* put down (*or* sink) a shaft. **~bek** pithead, pit's mouth, collar of a shaft. **~bok** poppet. **~graafwerk** shaft-sinking. **~grawer** shaft digger/sinker. **~grawery** shaft-sinking. **~ingang** pithead. **~mond, ~opening** shaft head/mouth, pithead. **~pomp** sinker. **~toring** headgear; poppet. **~wagter:** *bogrondse ~* banksman; *ondergrondse ~* onsetter.

ska·keer *(ge)=* variegate, shade, chequer, grade, mottle. **ska·ke·ring** =*rings,* =*ringe* shade *(of colour, meaning)*, nuance, colouring, hue; tone, toning.

ska·kel =*kels, n.* link; nexus; *(football, rugby, etc.)* half(back); *die ontbrekende ~* the missing link; *die swak(ste) ~, (lit., fig.)* the weak(est) link. **ska·kel** *ge=, vb.* link (together), connect; concatenate; mesh *(gears)*; *(elec.)* switch; dial, (tele)phone; ***hoër*** *~, (rare, mot.)* change up; ***laer*** *~, (rare, mot.)* change down; ***met*** *... ~* liaise with ...; ***verkeerd*** *~, (teleph.)* misdial; ***weer*** *~, (teleph.)* redial. **~arm** switch lever. **~armband** chain bracelet. **~beampte** public relations officer. **~bord** switchboard; panel board. **~bordoperateur,** *(fem.)* **~operatrise** switchboard operator. **~diagram** wiring diagram. **~diens** liaison service; liaison duties; public relations. **~garing, ~gare** chain twist. **~gerei, ~inrigting** switchgear. **~hefboom** switch lever. **~huis, koppelhuis** semidetached house, semi *(infml.)*; terrace/row house. **~kamers** interleading rooms. **~kas** switch box. **~ketting** link chain. **~klank** dial(ling) tone. **~knop** *(elec.)* switch. **~kode** dialling code. **~komitee** liaison committee. **~letter** logo(type). **~modem** *(comp.)* dial-up modem. **~net** trammel net. **~offisier** liaison officer. **~paneel** switchboard panel. **~rat** crown/escape/balance wheel *(of a watch)*. **~skema** wiring diagram. **~skyf** (telephone) dial. **~toon** dialling tone. **~vliegtuig** liaison aircraft. **~werk** liaison (work); public relations (work); *(elec.)* switchgear; escapement. **~werkwoord** link verb. **~wese** public relations. **~woonstel** maison(n)ette. **~woord, sein(woord)** *(theatr.)* cue.

ska·ke·laar =*laars, (elec.)* switch; *'n ~ aanslaan* throw a switch; switch on; *'n ~ afslaan* throw a switch to "off"; switch off; *meervoudige ~* multiple switch; *stil ~* silent switch. **~plaat** switch plate. **~slot** switch lock.

ska·ke·ling =*lings,* =*linge* connection, linkage; gearing; *laer ~, (mot.)* downshift.

ska·ker[1] =*kers* = SKAAKSPELER.

ska·ker[2] =*kers* abductor, kidnap(p)er; hijacker *(of a car, an aeroplane, etc.)*; →KAPER.

ska·king =*kings,* =*kinge* abduction; kidnap(p)ing; hijacking; →KAPING.

skal *ge=* clang, (re)sound.

ska·laar =*lare, n., (math.)* scalar. **ska·lêr** =*lêre, adj., (math.)* scalar.

skald *skalde, (hist., Scand. bard)* skald, scald. **skal·de·po·ë·sie** skaldic/scaldic poetry.

ska·lie *-lies* shale. **~olie** shale oil.

ska·lie·ag·tig *-tige* shaly.

skalks *skalkse skalkser skalksste* arch, puckish, roguish, teasing, waggish *(infml.).* **skalks·heid** archness, puckishness, roguishness, waggishness.

skal·mei *-meie* reed pipe, shawn.

skal·peer *(ge)-* scalp. **skal·peer·der** *-ders* scalper. **skal·peer·mes** scalping knife.

skal·pel *-pels* scalpel.

ska·mel[1] *-mels, n.* bolster; turntable; fifth wheel. **~bout** kingpin, kingbolt. **~kar** springless cart. **~leer** turntable/aerial ladder *(on a fire engine).* **~plaat** bolster plate. **~trok** bolster wag(g)on/truck, bogie.

ska·mel[2] *-mele -meler -melste, adj.* meagre; shabby; humble; poor; *~ geklee(d)/aangetrek* scantily clad/dressed; in deshabille/dishabille. **ska·mel·heid** meagreness; shabbiness; humbleness; poorness, poverty.

ska·me·rig *-rige,* **skaam·ag·tig** *-tige* shy, bashful, shamefaced, diffident, self-conscious, timid, sheepish. **ska·me·rig·heid, skaam·ag·tig·heid** shyness, bashfulness, diffidence, self-consciousness, sheepishness; →SKAAM.

skamp-: **~paal** *(for cattle)* →SKUURPAAL. **~skeut** *-e, (rare, obs.)* cutting remark.

skam·per *skamper(e) -perder -perste, (rare)* cutting, scornful, bitter, sarcastic, biting, caustic. **skam·per·heid** asperity, scorn, sarcasm.

skand-: **~blad** scandal sheet. **~daad** outrage, scandalous deed, nefarious act, infamy. **~geld** dishonestly earned money. **~knaap** *(obs.)* catamite. **~merk** *-e, n.* stigma. **~merk** *ge-, vb.* stigmatise. **~muur** wall of shame. **~paal** pillory; *iem. is aan die ~* s.o. is in the pillory; *iem. aan die ~ bind* put s.o. in the pillory. **~skrif** libel; lampoon. **~teken** stigma, brand, mark of infamy. **~vlek** *n.* stigma, disgrace, slur, blot. **~vlek** *ge-, vb.* stigmatise, brand; disgrace, dishonour; →SKANDE.

skan·daal *-dale* scandal; shame; disgrace; *dit is 'n ~ dat ...* it is a scandal that ... **~blad** scandal sheet.

skan·da·lig *-lige* scandalous, disgraceful, shameful, outrageous, infamous; *dit is ~ dat ...* it is a crime that ... *(infml.); dit is ~ soos ...* it is a crime the way ... *(infml.).* **skan·da·lig·heid** scandalousness, outrageousness, infamousness, infamy. **skan·da·li·seer** *ge-* scandalise, shock.

skan·de *-des* shame; disgrace; discredit; ignominy; reproach; disrepute; crime *(infml.);* infamousness, infamy; opprobrium *(fml.);* scandal; ***dit is 'n ~*** it is a shame; *'n **ewige** ~* a mortal shame; an almighty shame; *'n **geheime** ~* a skeleton in the cupboard/closet; ***in** die ~ kom/raak* be disgraced; *iem. het **in** die ~ gekom/geraak, iem. het ~ gemaak* s.o. disgraced him-/herself; ***in** die ~ wees, (also)* be in the doghouse *(infml.); ~ **maak*** disgrace o.s., be disgraced; *~ **roep** oor ...* cry shame upon ...; *~ by **skade** voeg* add insult to injury; *deur **skade** en ~ word/raak ('n) mens wys* →SKADE; *'n **skreiende** ~* a burning/crying/downright/howling shame; *iem./iets in die ~ **steek**, iem./iets tot ~ **strek*** be a disgrace to s.o./s.t., bring s.o./s.t. to shame, bring shame upon s.o./s.t., bring discredit on/upon/to s.o./s.t., bring s.o./s.t. into discredit, bring disgrace on/upon s.o./s.t., bring dishonour on/to s.o./s.t.; *iem. in die ~ **steek,** (also)* put s.o. to shame; *iem./iets tot ~ **strek** →**steek**; iets **strek** iem. tot ~, (also)* s.t. is a reproach to s.o.; ***tot** iem. se ~* to s.o.'s shame; to s.o.'s mortification; *ek moet **tot** my ~ erken/toegee dat ...* I'm ashamed to (have to) say/admit that ... *iem. is 'n ~ **vir** ...* s.o. is a shame to ...; ***wat** 'n ~!* the shame of it!, what a shame!. **~kwaad** *(rare)* furious, wild, mad with anger.

skan·deer *(ge)-, (comp.)* scan *(a document, photo, etc.); (med.)* scan; sweep; *(pros.)* scan. **~(-)elektronmikroskoop** scanning electron microscope. **~masjien, ~toestel** *(med., comp.)* scanner. **skan·deer·der** *-s, (comp., med.)* scanner. **skan·de·ring** *(med.)* scan; scansion.

skan·de·lik *-like, adj.* disgraceful, shameful, ignominious, scandalous, outrageous, ignoble, disreputable, discreditable, nefarious; *~e **gedrag*** disgraceful/shameful behaviour/conduct; *'n ~e **leuen*** an infamous lie; *~e **pryse*** extortionate/exorbitant prices; *~e **terugtog*** ignominious retreat. **skan·de·lik** *adv.* scandalously, outrageously, disgracefully; *~ duur* scandalously/outrageously expensive; *jou ~ gedra* disgrace o.s., act/behave dishonourably. **skan·de·lik·heid** disgracefulness, shamefulness, infamy.

Skan·di·na·wi·ë Scandinavia. **Skan·di·na·wi·ër** *-wiërs, n.* Scandinavian. **Skan·di·na·wies** *n., (lang. group)* Scandinavian, Norse. **Skan·di·na·wies** *-wiese, adj.* Scandinavian.

skan·di·um *(chem., symb.:* Sc*)* scandium.

skans *skanse* rampart, bulwark, entrenchment, trench; *(fin.)* hedge; *(also, in the pl.)* defensive works; *die laaste ~* the last ditch/rampart. **~grawer** trench digger, trencher. **~korf, ~mandjie** gabion; *(archit.)* corbeil. **~pale** stockade; palisade.

skan·sie[1] *-sies* small entrenchment; →SKANS.

skan·sie[2] *(obs.)* = SKANDERING.

ska·pie *-pies* little sheep; lamb; →SKAAP; *hul ~s **bymekaarja(ag)**, (infml.)* get spliced *(infml.),* get married; *(al) jou ~s op die **droë** hê, (rare, infml.)* have provided well for o.s.; *nie al jou ~s in die **kraal** hê nie, (infml.)* not be all there, have a screw loose (somewhere); →VARKIE. ***my** ~* my lamb/darling.

ska·pu·lier *-liere, (RC)* scapular(y).

ska·ra·bee *-beë, (entom.)* scarab.

ska·re *-res* crowd, host, multitude, flock; mob. *'n ~ lok* draw a crowd; *'n ~ uiteenja(ag)* disperse a crowd; *'n yslike ~* an enormous crowd, a vast crowd. **~beheer** crowd control. **~lokker, ~trekker** *(infml.)* crowd puller. **~versperring** crush barrier.

skar·la·ken scarlet. **~koors, rooivonk** scarlet fever. **~luis** cochineal. **~rooi** scarlet.

skar·min·kel *-kels* rogue, hustler, scallywag, scal(l)awag.

skar·nier *-niere, n.* hinge, (turning) joint. **skar·nier** *ge-, vb.* hinge. **~band** hinge ligament. **~deksel** hinged cover. **~gewrig** *(anat.)* hinge/ginglymus joint. **~haak** gudgeon (pin); hinge hook; pintle. **~hefboom** toggle lever. **~hortjies** hinged shutters. **~ketting** sprocket chain. **~klamp** toggle clamp. **~klem** hinge clip. **~klep** flap valve. **~maat** joint gauge. **~oog** gudgeon. **~pen** hinge pin. **~werking** toggle action.

skar·rel *ge-* run (about); scatter, scram; grub, scrabble, scratch; search, rummage. **skar·re·laar** *-laars, (infml., sometimes derog.)* eager beaver.

skat[1] *skatte, n.* treasure; wealth, profusion; hoard; *(fig., term of endearment)* darling, dearest, sweetheart, angel; →SKATTE-; *'n ~ van ...* a wealth of ... *(information etc.); my ~(jie)* my precious/treasure; *wees (nou) 'n ~ en ...* ..., there's a dear. **~bewaarder** treasurer; guardian of (the) treasure. **~grawer** treasure digger/hunter/seeker. **~huis** treasury. **~kamer** treasure chamber/house, treasury; storehouse *(of knowledge etc.); (fig.: place full of wonderful treasures)* Aladdin's cave. **~kis** →SKATKIS. **~lam** darling, dearest, sweetheart. **~meester** treasurer; quaestor *(Rom.).* **~pligtig** *-e, (obs.)* tributary, paying tribute, tithable. **~ryk** very wealthy; *iem. is ~* s.o. has pots of money. **~-skatryk** mega rich *(infml.).* **~stad** treasure city.

skat[2] *ge-, vb.* estimate *(a number);* gauge; measure; judge; size up; value, assess *(property);* esteem, appreciate; *te **hoog** ~* overestimate, overrate; *te **laag** ~* underestimate, underrate; ***min** of meer ~* make a rough guess; *iets **op** ... ~* assess s.t. at ...; estimate s.t. at ...; put s.t. at ...; put s.t. down for ...; put s.t. on ...; value s.t. at ...; *die afstand **op** 500 m ~* judge the distance to be 500 m; *die mense **op** 300 ~* estimate the number of people at 300; *ek ~ sy **sal** ...* I reckon/guess she will ...; *ek ~ **so*** I suppose it is, I suppose so. **skat·baar** *-bare* possible to be estimated/etc.; *(obs.)* rat(e)able, taxable. **skat·ter** *-ters* appraiser, valuator, valuer, assessor, estimator. **skat·ting** *-tings, -tinge* estimate; assessment; valuation, appraisement; esteem, estimation; evaluation; tribute; *iem. se (eie) ~ van hom-/haarself **aanvaar*** take s.o. at his/her own valuation; *'n ~ van iets **maak*** estimate s.t.; ***na** ~ 100 000 mense* an estimated 100 000 people; ***na** ~ is 100 dood* an estimated 100 are dead, 100 are estimated to have died; ***na** ~, (also)* at a (rough) guess; *'n ~ **oplê** aan, (obs.)* lay under tribute; *'n **ruwe** ~* a rough estimate; *na **ruwe** ~* at a rough estimate; *iem. se ~ **van** iets* s.o.'s estimate of s.t.; ***volgens** iem. se ~* according to (*or* by) s.o.'s estimate/calculation. **skat·tings·hof** valuation court. **skat·tings·lys** valuation roll.

ska·ter *ge-* roar with laughter, burst out laughing, guffaw, shriek; *almal aan die ~ hê* bring the house down; *~ van die lag* roar with laughter, *(infml.)* laugh like a drain. **~lag** *n.* burst/peal of laughter, loud laugh, guffaw. **~lag** *ge-, vb.* roar with laughter, burst out laughing.

ska·te·rend *-rende: ~e gelag* roars/peals of laughter.

skat·jie, -jies, skat·tie *-ties* sweetheart, (little) darling/dear.

skat·kis treasure chest; state coffers, treasury, exchequer. **~betaalorder** treasury warrant. **~bewys, ~biljet** treasury/exchequer bill. **~noot** treasury/currency note. **~obligasie** treasury/exchequer bond. **~order** warrant voucher, treasury warrant. **~wissel** treasury/exchequer bill.

skat·lik *-like,* **skat·tig** *-tige* cute, darling, dear, lovely, sweet. **skat·lik·heid, skat·tig·heid** dearness, sweetness.

ska·to·faag *-fae, adj., (zool.)* scatophagous.

ska·to·lo·gie scatology. **ska·to·lo·gies** *-giese* scatological.

skat·te-: **~bol** darling, sweetheart, cutie(-pie), cutey, moppet, poppet, *(infml.)* love. **~jag** treasure hunt.

skat·tie *-ties* sweetheart; →SKATJIE.

skat·tig *-tige* →SKATLIK. **skat·tig·heid** →SKATLIKHEID.

ska·vot *-votte* scaffold; tailor's table. **~paal** whipping post.

ska·we *ge-* →SKAAF *vb.*.

ska·we·ry *-rye* planing mill; *(no pl.)* planing.

ska·wing chafing.

Ske·ba *(OT)* Sheba; *die koningin van ~* the queen of Sheba.

ske·de *-des* sheath; scabbard; *(entom.)* elytron, elytrum; *(anat.)* vagina; *deur 'n ~ omsluit, (biol.)* vaginant; *in die ~ steek* sheathe; *uit die ~ trek* unsheathe. **~draend** *(esp. bot.)* vaginate. **~gespe** *(hist.)* chape. **~kramp** vaginismus. **~mes** sheath/case knife. **~ontsteking** vaginitis. **~rok** sheath (dress). **~spieël** *(med.)* colposcope.

ske·del *-dels* skull, cranium; *die ~ deurboor* trepan; *iem. het 'n harde ~* s.o. is thick-skulled.

ske·del- cephalic. **~beskrywing** craniography. **~boor** trepan; trephine. **~boorder** trepanner; trephiner. **~boring** trepanation, trepanning; trephination. **~breuk** fracture of the skull, cranial fracture; *('n) ~ opdoen* sustain a fractured skull. **~dak** cranium, brainpan, -case; *gewelfde ~* cranial vault. **~holte** cranial cavity. **~huid** pericranium. **~indeks** cephalic/cranial index. **~kruin** sinciput. **~leer** craniology; phrenology. **~meter** craniometer. **~meting** craniometry. **~naat** cranial suture. **~ondersoek** cranioscopy. **~pan** skullcap. **~pet** *(RC)* calotte, skullcap, *(<It.)* zucchetto. **~puntjie** fontanel(le). **~saag** trephine. **~senu(wee)** cranial nerve. **~vlies** pericranium. **~vorm** shape of the skull.

ske·de·loos *-lose, (nerve)* non(-)medullated.

ske·donk *-donke, (infml.)* jalop(p)y, *(SA)* jammy, rattletrap, rust bucket, banger, *(SA)* skorokoro.

ske·du·le *-les* schedule. **ske·du·leer** *ge-* schedule.

skeef *skewe skewer skeefste, adj.* crooked, skew; oblique *(angle, axis, line, etc.);* sloping *(letters);* distorted *(mouth);* squinting *(eyes);* jaundiced *(outlook);* trodden-down *(heels);* out of alignment; out of the straight; at an angle; *(infml.)* homo(sexual), camp; *(sl.)* kinky; *'n skewe **antwoord*** a rude answer; *'n skewe **gesig/mond** trek* pull a wry face; *'n skewe **glimlag(gie)*** a semismile; *skewe **toring*** leaning tower; *skewe **voorstelling*** misrepresentation. **skeef** *adv.* crooked, askew, awry;

amiss, wrong; *iem.* ~ ***aankyk*** look askance at s.o.; *iem. lelik* ~ ***aankyk*** give s.o. a dirty look; ~ ***getrek*** warped; lopsided; slanted; ~ ***groei*** grow crooked; ~ ***hou*** tip; *iets* ~ ***hou,*** *(also)* give s.t. a tilt; ~ ***loop*** walk lopsidedly, sidle; *(fig.)* →SKEEFLOOP; *jou hoed* ~ ***ophê*** have one's hat on askew; *iem. se das* ***sit*** ~ s.o.'s tie is not straight; ~ ***trek*** become warped *(a plank); (fig.)* →SKEEFTREK; ~ ***voorstel*** misrepresent; *die nuus* ~ ***voorstel,*** *(also)* slant the news. ~**bek** = SKEWEBEK. ~**bek(vis)** *(icht.: Cryptacanthodes maculatus)* wrymouth. ~**blaarvaring** →BEGONIAVARING. ~**blom** *(bot.)* candytuft. ~**hoekig** *=e* oblique-angled. ~**kelk** *(bot.: Arabis* spp.*)* wall cress. ~**loop** *skeefge=, (fig.)* go wrong; *(lit.)* →SKEEF *adv.; dit loop skeef* things are going wrong; *'n dag waarop alles* ~ a bad day. ~**trap** *(fig.)* make a false move, take a false step. ~**trek** *skeefge=, (fig.)* slant, distort; *(lit.)* →SKEEF *adv.*. ~**trekking** warping; slanting, distortion.

skeef·heid crookedness, obliqueness, skewness; distortion, warp; →SKEEF.

skeel¹ *ge=, vb.* matter; lack, want; *(rare, dated)* differ; *daar* ~ *iets* ***aan/mee*** there is s.t. wrong with it; ~ *daar* ***iets?*** is anything the matter?; *wat* ***kan*** *dit hom/haar* ~? what is that to him/her?; *wat* ***kan*** *dit my* ~? what do I care?, a fat lot I care! *(infml.); hulle* ~ *maar* ***min,*** *(rare, dated)* they are nearly of the same age; *dit het* ***min*** *ge~, (infml., rare, dated)* it was a close/narrow shave; it was a close/near thing; *dit het* ***min*** *ge~ of iem. het verdrink, (infml., rare, dated)* s.o. was within an ace of drowning *(infml.),* s.o. almost drowned; *hulle* ~ ***net*** *..., (rare, dated)* they differ only ... in age; *dit kan iem.* ***nie*** ~ *nie* it does not matter to s.o.; s.o. doesn't care; s.o. couldn't care less *(infml.); dit kan hom/haar ook* ***nie*** ~ *nie* neither does he/she care; *dit kan iem.* ***nie*** *(so)veel* ~ *nie, (also)* s.o. is not very keen (on it); *iets kan iem.* ***nie/niks*** ~ *nie* s.o. does not care/give a damn about s.t. *(infml.); dit kan iem. (net mooi)* ***niks*** (of *geen/g'n [bloue/dooie] duit)* ~ *nie* s.o. doesn't care a bean/damn/fig/pin/rap/scrap/snap/straw *(infml.),* s.o. doesn't care a red cent (*or* a brass farthing) *(infml.),* s.o. doesn't care a hoot (*or* two hoots) *(infml.),* s.o. doesn't care a tinker's curse/cuss/damn *(infml.); dit* ~ *nie* ***veel*** *nie, (rare, dated)* there is little difference *(between two measurements etc.);* it is not far out *(a figure etc.);* ***wat*** ~ *hom/haar?* what's the matter with him/her?, what's up with him/her? *(infml.).*

skeel² *skeel skeler skeelste, adj. & adv.* squinting, cross-eyed, squint-eyed, skew-eyed, boss-eyed *(infml.),* cock-eyed *(infml.);* out of the true; ~ *kyk* squint, have a cast in the eye, goggle. ~**hoofpyn** bilious headache, migraine. ~**kant** blind side; *aan die* ~ on the blind side. ~**klip** split fibre. ~**kyk** squint(ing), strabismus. ~**oog** *n.* squint eye(s), cross-eye, cockeye, swivel eye. ~**oog** *adj.* squinting, squint-eyed; ~ *perd* squint-eyed horse. ~**sien** →SKEELKYK, SKEELHEID.

skeel·heid squint, squinting, strabismus. **skeel·heid·her·stel** strabotomy.

skeen *skene* shin; *(golf)* shank; *hy het 'n blou* ~ *gekry, (infml., fig.)* he was jilted, he got the mitten; *sy skene word rooi, (infml.)* he is beginning to take an interest in girls. ~**been** shinbone, shank bone, tibia; cannon bone *(of an animal).* ~**beenslagaar** tibial artery. ~**hou** *(golf)* shank; *'n* ~ *slaan* shank. ~**plaat** greave. ~**skut** shin guard/pad.

skeep=: ~**affuit** naval gun carriage. ~**gaan** *skeepge=, (rare)* embark, go on board, take ship. ~**sloper** shipbreaker. ~**stasie, skeepsterminus** ocean/marine terminal. ~**steenkool** bunker coal. ~**vaart** navigation; shipping; shipping industry/business; *binnelandse* ~ inland navigation; *gevaar vir die* ~ navigational hazard. ~**vaartbedryf** shipping (industry/business). ~**vaartberigte** shipping news. ~**vaartkanaal** ship canal. ~**vaartkunde** (science of) navigation. ~**vaartlyn** shipping line. ~**vaartmaatskappy** shipping company. ~**vaartmuseum** maritime museum. ~**vaartraad** shipping board. ~**vaartsluis** shipping lock. ~**vaartterm** nautical/shipping term.

skeeps=: ~**agent** shipping/ship's agent, shipper. ~**agentskap** shipping agency. ~**arts** *(dated)* ship's doctor. ~**begraafplaas** *(archaeol.)* ship burial. ~**behoeftes** ship's stores/provisions, naval stores. ~**bemanning** *=s* crew, ship's company; sailors. ~**berigte** shipping news. ~**beskuit** ship('s) biscuit, hard tack. ~**boekhouer** *(dated)* ship's husband. ~**boot(tjie)** ship's boat, dinghy, cockboat. ~**bou** shipbuilding; naval architecture. ~**bouer** shipbuilder. ~**boukunde,** ~**boukuns** naval/marine architecture. ~**boukundig** *=e* pertaining to naval/marine architecture; *~e ingenieur* marine engineer. ~**boukundige** *=s* naval architect. ~**boumeester** shipbuilder; naval architect; shipwright. ~**bouwerf,** ~**timmerwerf** shipyard, shipbuilding yard. ~**dek** shipboard. ~**dokter** ship's doctor; *(hist.)* ship's surgeon. ~**eienaar** shipowner. ~**fluit** ship's siren. ~**geleentheid** shipping facility. ~**geskut** naval ordnance; →SKEEPSKANON. ~**geveg** sea fight. ~**helling** shipway, slipway, slip. ~**horlosie** chronometer. ~**huur** freight(age); charter (party). ~**huurder** charterer. ~**ingenieur** marine engineer. ~**joernaal** log(book), ship's journal. ~**jonge** *=ns, (obs.)* ship('s)/cabin boy, boy (seaman). ~**kabel** hawser. ~**kameraad** shipmate. ~**kanaal** shipway. ~**kanon** naval gun. ~**kaper** seajacker. ~**kaptein** ship('s)/sea captain, skipper, master *(of a ship),* shipmaster, master mariner. ~**kelner** steward. ~**kelnerin** stewardess. ~**ketel** marine boiler. ~**klerk** purser. ~**kok** ship's cook. ~**kole** bunker coal. ~**kombuis** (cook's) galley. ~**kompas** mariner's compass. ~**kontrak** ship's articles. ~**koopman** supercargo. ~**lading** shipload, shipment, cargo. ~**leweransie** ship chandlery. ~**leweransier** ship('s) chandler. ~**luik** hatch. ~**lym** marine glue. ~**maat** shipmate. ~**mag** naval force(s), navy. ~**makelaar** shipbroker. ~**masjien** marine engine. ~**masjinis** naval/marine engineer. ~**midde** midship(s). ~**monteur** marine fitter. ~**offisier** ship's officer. ~**orkes** ship's band. ~**papiere** ship's/shipping papers. ~**plaat** ship plate. ~**provoos** master-at-arms. ~**raad** sea council. ~**radio** maritime radio. ~**ramp** shipping/marine disaster. ~**reg** maritime law; *derde/drie maal is* ~ third time lucky, third time does the trick, third time is catching time; all good things come in threes. ~**register** register book; registry of shipping. ~**reis,** ~**tog** voyage, cruise. ~**roeper** megaphone, ship's trumpet. ~**romp** (ship's) hull; hulk. ~**rooster** gridiron. ~**ruim** (ship's) hold. ~**ruimte** (cargo) space, carrying capacity, tonnage, shipping. ~**rys** cargo rice. ~**term** shipping/nautical term. ~**terminus** →SKEEPSTASIE. ~**timmerhout** ship('s) timber. ~**timmerman** ship's carpenter, shipwright. ~**timmerwerf** →SKEEPSBOUWERF. ~**tog** →SKEEPSREIS. ~**ton** register ton *(of a ship);* metric/freight/measurement ton *(of freight).* ~**tou** hawser; brace. ~**versekering** marine insurance. ~**voorraad** marine stores. ~**voorspelling** shipping forecast, ~**vrag** shipment, shipload; freight, cargo. ~**waardin** purserette. ~**wand** ship's side. ~**want** ship's rigging. ~**werf** shipyard, dockyard; shipbuilding yard; *op 'n* ~ in a shipyard. ~**wurm** shipworm.

skeer¹ *skere, n.* shave; shaving; shearing, fleecing. **skeer** *ge=, vb.* shave *(beard, hair);* shear, fleece *(sheep);* clip *(wool);* shear *(cloth);* cut, trim *(hair, a hedge);* crop *(hair, grass);* poodle *(a dog); hy moet (hom)* ~ he needs a shave; *hy* ~ *(hom)* he is shaving; he has a shave; *kaal ge~ wees* be clean-shaven; *oor die water* ~ skim the water; →GESKEER. ~**afval** cropping waste. ~**bakkie** shaving bowl/dish/basin. ~**bek(muis)** *(Crocidura* spp.*)* musk shrew. ~**boot** hydrofoil; hovercraft. ~**draad** →SKERING. ~**geld** shearing wages. ~**gereedskap,** ~**gerei,** ~**goed** shaving set/kit/things/outfit. ~**hok** shearing pen/shed. ~**huis** shearing shed. ~**kant** butt end *(of a fleece).* ~**knip** razor-cut. ~**kom(metjie)** shaving mug. ~**kop** shaving head; *(member of a subculture)* skinhead. ~**kraal** shearing pen/kraal. ~**kuns** tonsorial art. ~**kwas** shaving brush. ~**lem(metjie)** →SKEER(MES)=LEM(METJIE). ~**masjien** shearing machine, clipper. ~**merk** shear mark. ~**mes** razor; (razor) blade; *elektriese* ~ electric razor/shaver; *(ouderwetse)* ~ cut-throat (razor), straight razor. ~**(mes)lem(metjie)** razor blade; *veilige* ~ safety-razor blade. ~**punt** shearing mark. ~**riem** *(hist.)* (razor) strop, shaving strop. ~**room** shaving cream. ~**salon** shaving salon. ~**seep** shaving soap/stick. ~**seisoen** shearing season. ~**skuim** shaving foam. ~**skuur** shearing shed. ~**spieël** shaving mirror/glass. ~**staaf** shaving stick. ~**toestel** shaver. ~**tuig** hovercraft. ~**tuighawe** hoverport. ~**tyd** shearing season; shearing time; time for shaving. ~**vlieg** *ge=* hedgehop. ~**vloer** shearing board. ~**vlug** hedgehopping. ~**water** shaving water. ~**werk** shearing (work). ~**wol** shorn/fleece wool.

skeer² *ge=, vb.: die gek met iem.* ~ make fun of (*or* poke fun at) s.o., play the fool (*or* the giddy goat) with s.o.; →GEKSKEER.

skeer³ *skere, n., (Sc.)* skerry.

skeer·baar *=bare* fleeceable.

skeer·der *=ders* shearer, clipper *(of sheep);* barber, shaver. **skeer·de·ry** shearing, fleecing; shaving.

skeer·sel *=sels* clip *(of wool);* fleece; shearing(s).

skeet *skete* imaginary complaint; *(obs., coarse)* fart; *vol skete wees, (infml.)* be full of (imaginary) aches and pains.

skeg *skegge* cutwater *(of a vessel).* ~**beeld** figurehead.

skei¹ *skeie, n.* yoke pin/skey; *~e breek, (fig.)* rock the boat.

skei² *ge=, vb.* part; divide; separate; sever, *(poet., lit.)* sunder; decollate *(continuous stationery);* cleave; disconnect; divorce; *hulle* ***het/is*** *onlangs/ens. ge~* they were divorced recently/etc.; *van* ***tafel*** *en bed ge~ wees, (husband and wife)* be separated; ~ ***uit*** *(daarmee)!* →UIT=SKEI¹; ***van*** *...* ~ part from ...; ***van*** *iem.* ~ divorce s.o.; *mense/dinge* ***van*** *mekaar* ~ keep people/things apart; *iem./iets* ***van*** *...* ~ part s.o./s.t. from ...; separate s.o./s.t. from ...; *hier* ~ *ons* ***weë*** we have arrived at the parting of the ways; *hul* ***weë*** *het ge~* their roads parted. ~**bis** *(comp.)* stop bit. ~**brief** bill of divorcement. ~**hof, egskeidingshof** divorce court. ~**kunde** chemistry; analytical chemistry. ~**kundeles** chemistry lesson. ~**kundig** *=e* chemical; *~e stof* chemical. ~**kundige** *=s* chemist; analyst. ~**lat** parting lath. ~**lys** *(archit.)* listel, fillet, fascia, reglet; *smal* ~ tringle. ~**masjien** decollator. ~**middel** *=s* chemical reagent. ~**muur** dividing/division wall. ~**plaat** separator. ~**rib** *(archit.)* stria. ~**ring** spacer ring. ~**strook** window stop. ~**tregter** separating funnel. ~**trog** sluice. ~**wand** *(bot., zool.)* dissepiment. ~**wasser,** ~**waster** parting washer.

skei(d)·baar *=bare* separable, severable; *skei(d)bare werkwoord* separable verb. **skei(d)·baar·heid** separableness, separability.

skei·ding *=dings, =dinge* parting; division; separation; divorce; break-up *(of lovers);* decollation *(of continuous stationery);* frontier, boundary; partition; abscission; disjunction; disconnection; divide; cleavage; →SKEI²; *geregtelike* ~, ~ *van tafel en bed* judicial separation, separation from bed and board *(between husband and wife);* ~ *van die weë* parting of the ways.

skei·dings=: ~**bevel** separation order. ~**lyn, skeidslyn** dividing line, line of demarcation, boundary; parting line; terminator; divide. ~**muur** →SKEIDSMUUR. ~**pakket** redundancy payment. ~**teken** *(comp.)* delimiter. ~**toelae,** ~**toelaag** separation allowance. ~**vermoë** *(phot.)* resolving power. ~**vlak** interface; surface of separation. ~**wand** *(biol.)* partition, septum, dividing wall.

skei·din·kie *=kies* small partition; short separation.

skeids=: ~**gereg** *(obs.)* →ARBITRASIEHOF; *iets deur 'n* ~ *besleg* →IETS DEUR **ARBITRASIE** BESLEG; *iets aan 'n* ~ *onderwerp* →IETS AAN **ARBITRASIE** ONDERWERP. ~**lyn** →SKEIDINGSLYN. ~**man** *=ne, (obs.)* sequester; arbitrator, arbiter, mediator. ~**muur** partition wall, *(also, fig.)* barrier; *(econ.)* Chinese wall; *skeidsmure afbreek* break down barriers. ~**regter** *n., (sport)* referee, umpire, *(infml.)* ump; *(rare)* arbitrator, (final) arbiter, umpire (at arbitration); judge; *as* ~ *optree,* ~ *wees* (act as) referee *(in football);* umpire *(in cricket); (rare)* arbitrate; ~ *tussen ... wees* arbitrate between ... ~**regterlik** *=e (obs.)* arbitral; *~e uitspraak* (arbitral) award; *aan 'n ~e uitspraak onderwerp* submit to arbitration.

skei·er *=ers* divider, separator; spacer.

skeil *skeile,* **skeel** *skele* membrane.

skel¹ *skel(le) skeller skelste, adj.* shrill, harsh, scorching *(voice)*; glaring, glaringly bright, garish *(colour, light)*; loud, lurid, staring, shocking *(colour)*; ~ *klink* tang; *'n ~ stem* a voice like a foghorn *(infml.)*; treble; ~ *tweekleurig* thunder-and-lightning. ~**klinkend** =*e* shrill. ~**pienk** shocking pink.

skel[2] *ge=, vb.* scold, abuse, call names, vituperate; inveigh; *([op] iem.) begin ~* become/get abusive (towards/with s.o.); *op iem. ~* swear at s.o.; hurl abuse at s.o.; call s.o. names. ~**(d)naam** (ugly) nickname; abusive name; epithet. ~**(d)taal** abusive language, abusiveness, (vulgar) abuse, invective. ~**(d)woord** term of abuse, abusive word; *(also, in the pl.)* abuse, abusive language, invective. ~**party** *(rare)* slanging match. ~**tong** shrew; scolding tongue.

Skel·de: *die ~, (a Eur. river)* the Scheldt.

ske·let =*lette* skeleton; carcass; frame(work); *uitwendige ~, (zool.)* exoskeleton. ~**bou** frame construction. ~**gebou** framed building. ~**kaart** skeleton map. **ske·let·teer** *ge=* skeletonise.

skel·heid shrillness; glaringness, glare; garishness; harshness; →SKEL[1].

skel·lak, skel·lak shellac. ~**politoer** French polish.

skel·le·boom *(mus. instr., rare)* bells, chimes.

skel·le·rig =*rige* abusive. **skel·le·ry** abuse, abusiveness.

skel·ling =*lings, (hist., Scand. coin)* skilling.

skelm *skelms, n.* cunning/sly person; crook; thief; rascal *(often joc.)*; scoundrel; cheat, rogue, shark, swindler, *(infml.)* con man; villain; dodger; fox *(infml.)*; *jou (klein) ~!* you (young/little) rascal!; *'n deurtrapte/opperste ~* a consummate crook, an arrant rogue/knave. **skelm** *skelm(e) skelmer skelmste, adj.* artful; clandestine; covert; crooked; cunning; devious; dishonest; dodgy *(infml.)*; furtive; knavish; scheming; shifty; stealthy; sly; roguish; wily; ~ *drinker/roker* secret drinker/smoker; ~ *oë* shifty eyes; ~ *trouery* runaway marriage/match. **skelm** *adv.* cunningly, deviously; dishonestly; slyly, on the sly; covertly, furtively; →SKELMPIES; ~ *drink* have a quiet drink, drink in secret; ~ *speel* cheat at a game. ~**kroeg** shebeen, speakeasy *(sl.)*. ~**roman** picaresque novel/romance. ~**streek,** ~**stuk** artifice; dodge; hoax; piece of dishonesty/knavery; scam *(infml.)*; sharp/underhand dealing; roguery; (dirty/knavish) trick; *(also, in the pl.)* gamesmanship; *van skelmstreke leef/lewe* live by one's wits.

skelm·ag·tig =*tige* dishonest; knavish; underhand; sly; →SKELM *adj.*. **skelm·ag·tig·heid, skelm·heid** dishonesty; furtiveness; knavishness; slyness.

skel·me·ry =*rye, (rare)* →SKELMSTREEK.

skelm·heid →SKELMAGTIGHEID.

skelm·pie =*pies* little rascal; *(infml.)* secret lover. **skelm·pies** covertly, furtively; slyly, on the sly; on the quiet, on the q.t. *(infml.)*; ~ *drink* have a quiet drink, drink in secret; ~ *na ... kyk* have/take a peek at ... *(infml.)*.

skelm-skelm furtively, in an underhand way, on the sly, slyly.

skel·vis haddock; *gerookte* ~ smoked haddock, finnan haddock/haddie.

ske·ma =*mas* diagram; outline; sketch; plan; schema, scheme. **ske·ma·ties** =*tiese* schematic; diagrammatic; in outline. **ske·ma·ti·seer** *ge=* schematise. **ske·ma·ti·se·ring** schematisation. **ske·ma·tis·me** schematism.

ske·mer *n.* dusk, twilight; dimness; duskiness; gloom; →SKEMERING; *wanneer dit ~ word* at dusk. **ske·mer** *adj.* dusky; dim; crepuscular. **ske·mer** *ge=, vb.* grow dusk; dawn; glimmer, gleam, shine faintly, blink. ~**aand** dusk, twilight. ~**dag** dawn. ~**donker** *n.* dusk(iness), twilight, nightfall. ~**donker** *adj.* dusky; twilighted, twilit; shadowy. ~**drankie** sundowner. ~**gebied** twilight zone. ~**kelkie** cocktail; cocktail glass. ~**(kelk)party(tjie)** cocktail party. ~**kroeg** cocktail bar. ~**lamp** shaded/floor lamp. ~**lig** twilight; dawn; dim light. ~**oggend** at early dawn. ~**party(tjie)** →SKEMER(KELK)PARTY(TJIE). ~**uur** twilight hour.

ske·mer·ag·tig =*tige,* **ske·me·rig** =*rige* dusky; shadowy; crepuscular; dim; faint.

ske·me·ring =*rings, =ringe, (esp. poet., lit.),* **ske·mer·te** dusk, twilight, owl light; dawn; dimness; duskiness; gloom; →SKEMER *n.*. **ske·me·rings·boog** twilight arc(h)/curve, counterglow.

ske·mer·te = SKEMERING.

skend *ge=* disfigure, mutilate *(the appearance)*; scar; maim; deform; disfeature; violate *(one's word, the law, a treaty, a woman, etc.)*; violate, cut across *(rights)*; profane, desecrate *(a sacred thing)*; infringe (up)on, transgress *(the law)*; defile, sully *(one's honour)*; break *(the law, the Sabbath, one's word)*; damage, deface, spoil, mar *(an object)*; vandalise *(a building)*; dishonour *(a promise)*; betray *(s.o.'s trust)*; tarnish *(a reputation)*; →GESKEND, GESKONDE; *iemand se goeie naam* ~ assassinate (*or* launch/make an attack on) s.o.'s character; *jou woord* ~ forfeit one's word. ~**blad** *(rare)* scandal sheet, defamatory paper. ~**brief** *(rare)* defamatory letter.

sken·der =*ders* violator, mutilator, *etc.* (→SKEND). **sken·ding** =*dings,* =*dinge* breach, violation, mutilation, infringement, disfigurement, *etc.*; rape *(fig.)*; *'n skending van ...* an infraction of ...; an infringement on/upon (*or* an invasion of) ... *(rights etc.)*.

skenk *ge=* give; grant; present/endow with; make a gift of, give as a present; donate; *iets aan iem. ~, iem. iets ~* give s.o. s.t. as a present, make s.o. a gift of s.t.; donate s.t. to s.o.; bestow s.t. (up)on s.o..

sken·kel, *(rare)* **skin·kel** =*kels* thighbone *(of a human leg)*; gaskin *(of a horse)*; *(meat)* shank, shin, hambone, knuckle(bone); ~ *en pootjie, (pork)* shank and trotter. ~**been** →SKENKEL. ~**kant** shank end. ~**sening** *(anat.)* hamstring. ~**(vleis)** *(cut of meat)* shank, shin.

sken·ker =*kers* donor; giver; granter; endower. ~**moegheid,** ~**uitputting, skenkingsmoegheid** aid fatigue.

sken·king =*kings,* =*kinge* grant; gift; endowment; donation; benefaction; oblation; *'n ~ aan ... doen/maak* make a donation to ...

sken·kings=: ~**akte** deed of donation/gift. ~**fonds** endowment fund. ~**polis** endowment policy.

sken·nis =*nisse, (dated)* violation *(of the law, honour, a promise, etc.)*; desecration *(of a sacred thing)*; infringement; →SKEND.

skep[1] *skeppe, n.* ladle; shovel; spoonful, ladleful, spadeful, shovelful, scoopful, *etc.*; serving, helping *(of food)*; dollop *(infml.)*; scoop(er), dipper (→SKEPDING, SKEPPER[1], SKEPPIE); *drie/ens. ~pe roomys* three/etc. scoops of ice cream; *mag ek nog 'n ~(pie) rys (kry)?* may I have another helping of rice?. **skep** *ge=, vb.* scoop, ladle, dish up *(into a plate etc.)*; bail, bale *(out of a boat)*; dip; draw *(water)*; bucket; ***asem*** ~ →ASEMSKEP; *in iets **behae*** ~ →BEHAE; *iem. met die/sy **horings** ~, (a bull etc.)* toss s.o.; *'n boot **leeg*** ~ bail/bale out a boat; *met 'n **lepel*** ~ spoon; *(vars) **lug*** ~ →LUG; *'n **luggie*** ~ →LUGGIE; ***moed*** ~ →MOED; *iets **vol*** ~ fill (up) s.t.; *gaan **water*** ~ go to fetch water. ~**bak** ladle, bucket, scoop, dipping vessel, ba(i)ler. ~**beker(tjie)** dipper. ~**bord** float(board) *(of a water wheel)*. ~**buis** ba(i)ler. ~**ding** *skepgoed* ba(i)ler, dipper, dipping/scooping utensil/vessel, scoop(er), ladle, bucket, cup. ~**doel** *(rugby)* drop goal. ~**emmer** (well) bucket, scoop bucket. ~**hou** *(tennis)* half volley; *(boxing)* upper cut. ~**laaimasjien** bucket loader. ~**lepel** ladle; ba(i)ler. ~**masjien** ba(i)ler. ~**mes** teller knife. ~**net** dip/landing/scoop net. ~**plaat** shovel plate. ~**put** draw well. ~**pyp** ba(i)ler. ~**raam** deckle (frame). ~**rand,** ~**rant** deckle (edge) *(of handmade paper)*. ~**rat** = SKEPWIEL. ~**skop** *n., (rugby)* drop (kick). ~**skop** *ge=, vb., (rugby)* drop(-kick). ~**skopper** *(rugby)* drop-kicker. ~**wiel** paddle (wheel); water wheel.

skep[2] *ge=, geskape, vb.* create; establish, set up; compose; →SKEPPER[2], SKEPPING, SKEPPINGS=; *God het die aarde geskape* God created the earth.

ske·pe *(pl.)* →SKIP.

ske·pe·ken·nis =*se, (hist.)* mortgage bond; *akte van ~, (obs.)* mortgage deed.

ske·pel =*pels* bushel.

ske·pe·ling =*linge, (rare)* sailor, member of a crew.

ske·pen =*pene, (hist.)* sheriff; alderman. ~**kennis** = SKEPEKENNIS.

ske·pie =*pies* →SKIPPIE.

skep·pend =*pende* creative.

skep·per[1] =*pers* ba(i)ler, dipper, dipping/scooping utensil/vessel, scoop(er), ladle, bucket, cup; paddle (board); shoveller.

skep·per[2] =*pers* creator; *die S~* the Creator/Maker.

skep·pie =*pies* (small) spoonful; (small) helping/serving; ~ *suiker* teaspoonful of sugar.

skep·ping =*pings,* =*pinge* creation; →SKEP[2].

skep·pings=: ~**daad** act of creation. ~**dag** day of creation. ~**drang,** ~**drif** creative impulse/urge, creativeness. ~**krag** creative power/force, creativeness, creativity. ~**leer** cosmogony; *(theol.)* creation science, creationism. ~**verhaal** story of creation. ~**vermoë** creative power/ability, creativeness, creativity. ~**werk** (work of) creation; creative work.

skep·sel =*sels, (rare)* =*sele* creature, being; (poor) wretch; *die arme ~(s)* the poor soul(s); *ons is almal ~s/~e van God* we are all God's creatures; *'n snaakse ~ wees* be a funny creature.

skep·sis scepticism. **skep·ties** =*tiese* sceptical, incredulous. **skep·ti·kus** =*tikusse,* =*tici* sceptic. **skep·ti·sis·me** scepticism.

skêr *skêre* (pair of) scissors; clippers *(for fabrics, nails, etc.)*; (pair of) shears *(for pruning, sheepshearing)*; *helfte van 'n ~* shear; ~**bek** *(orn.)* scissorbill. ~**beweging** *(rugby)* scissors movement; *'n ~ uitvoer* scissor. ~**kap** scissors truss. ~**klem** *(wrestling)* scissors lock. ~**skop** *(soccer, swimming)* scissor(s) kick. ~**slyper** scissor(s) grinder. ~**sprong** *(athl.)* scissors jump.

skerf *skerwe* (pot)sherd, shard; fragment, piece, chip; splinter *(of glass etc.)*; *die skerwe het gewaai* the fragments/splinters flew; *spattende skerwe, (also)* flying metal/*etc.*. ~**bom** splinter bomb. ~**breking** fragmentation. ~**vas** =*te,* ~**vry** =*e* splinter-proof; splinterless *(glass)*.

sker·fie =*fies* chip, splinter.

ske·ring =*rings,* =*ringe* warp; ~ *en inslag* warp and woof; *dit is by iem. ~ en inslag* it is the regular thing (*or* a habit *or* a daily occurrence) with s.o.. ~**draad** *(text., geol.)* selvedge thread. ~**garing,** ~**gare** warp thread/yarn. ~**kant** warp lace. ~**masjien** warping machine, warper.

skerm *skerms, n.* (protective) screen *(against light, heat)*; blind; awning, shade; curtain; veil; flat, scene *(in theatre)*; shield, guard, valance *(on a machine)*; shelter; *(bot.)* umbel; *(mining)* brattice; *(comp., TV)* screen, monitor, display; *(no pl.)* fencing *(with swords)*, swordplay; *(boxing, no pl.)* spar(ring); ***agter** die ~s* behind the scenes/curtains; in the wings; backstage; offstage; ***agter** die ~s werk* pull strings/wires; *man/vrou **agter** die ~s, (also, fig.)* kingmaker; *die ~ **gaan** op* the curtain goes up (*or* rises); ***op** die/'n ~* on-screen; *die ~ **optrek*** raise (*or* ring up) the curtain; *die ~ **sak*** the curtain comes down (*or* drops/falls); *die ~ laat **sak*** drop/lower (*or* ring down) the curtain; ***verdeelde** ~, (comp.)* split screen; *iets op die ~ **wys*** throw s.t. on the screen. **skerm** *ge=, vb.* fence, parry; *(boxing)* spar; flourish, parade; hedge; *met ... skerm* fence with ...; *met die arms in die lug ~* gesticulate with (*or* flourish) one's arms; *in die lug ~* bandy words, fight against windmills, talk at random (*or* in the void), beat the air; *met woorde ~* fence with words. ~**arm** sword arm. ~**beskermer** →SKERMSKUT. ~**blom** umbellifer. ~**blommig** =*e* umbelliferous. ~**blommige** =*s* umbellifer; *S~s* Umbelliferae. ~**boom** nurse tree. ~**bril** goggles, blinkers. ~**dak** penthouse. ~**degen** épée *(Fr.)*. ~**den(neboom)** stone/umbrella pine. ~**draend** =*e, (bot.)* umbelliferous. ~**draer** umbellifer. ~**druk** screen print; screen-printing. ~**effek** screening effect. ~**engel** →SKERMSKUT. ~**gordel** shelter belt *(of trees)*. ~**gordyn** purdah. ~**hulsel** protective sheath. ~**knuppel** quarterstaff. ~**kuns** (art of) fencing, swordsmanship, swordplay. ~**les** fencing lesson. ~**maat** fencing partner; *(boxing)* sparring partner. ~**masker** fencing mask; protective mask. ~**meester** fencing master, maître d'armes. ~**muur** enclosure/screen wall. ~**oefening** fencing exercise; spar(ring bout); *(boxing)* sparring match. ~**plaat** baffle board/plate; protection plate; screen plate;

face plate. **~raam** *(phot.)* matte. **~reling** protection rail; skid bar. **~rooster** grating, grill(e), (screen) grid. **~sabel** fencing sabre. **~skut, ~beskermer, ~beveiliger,** *(infml., joc.)* **~engel** *(comp.)* screen saver. **~staaf** crash bar. **~steier** fan scaffold. **~stoot** pass. **~sweef, ~swewery** *n.* hang-gliding; paragliding. **~sweef** *ge-, v.* hang-glide; paraglide. **~sweeftuig** hang-glider. **~swewer** hang-glider (pilot); paraglider. **~swewery** →SKERMSWEEF *n.*. **~val** paradrop. **~veër** windscreen wiper. **~vormig** *-e, (bot.)* umbellate(d), umbelliform, umbrella-shaped. **~vuur** *(mil.)* protective fire. **~werking** screening effect.

sker·mer *-mers* fencer; swordsman.

sker·mut·sel *ge-* skirmish, have a brush; spar *(with words)*. **sker·mut·se·ling** *-lings, -linge* skirmish, brush, sharp encounter; bout; melee, mêlée *(Fr.)*; passage at arms; spar; argument; clash; *'n ~ met ... hê* have a brush with ...; have an encounter with ...

skerp *skerp(e) skerper skerpste, adj.* sharp *(in nearly all senses: angle, corner, dispute, edge, eyes, fall, flavour, frost, impression, insight, outlines, pain, reproach, retort, rise, smell, taste, test, tongue, turn, voice, wind)*; acrid *(taste)*; acrimonious *(dispute)*; acute *(accent, angle, insight, pain)*; biting *(cold, sarcasm)*; caustic *(cleaner, comment)*; clear *(impression)*; cutting *(retort, wind)*; hard *(consonant)*; heated *(exchange)*; incisive *(criticism, retort)*; keen *(air, edge, eyes, insight, intellect, smell, sense of humour)*; live *(ammunition)*; mordant *(humour, wit)*; pungent *(aroma)*; severe *(frost, pain, reproach, test)*; spicular; steep *(increase)*; strident *(sound)*; tart *(taste)*; trenchant *(attack, criticism)*; vivid *(colour)*; *~ **gelaatstrekke*** well-defined features; *~ **hoek*** dogleg; *~ **kant**,* cutting edge, *(infml.)* business end *(of a knife etc.)*; *~ **lepel*** curette; *~ **salf*** blister; *~ **skynsel*** glare; *onder iem. se ~ **tong** deurloop* feel the sharp end of s.o.'s tongue. **skerp** *adv.* sharply, severely, keenly, acutely, closely; acidly, caustically; *~ **aankyk*** look hard at; *~ **aanspreek*** speak to severely, address sharply; *'n ~ **afgetekende beeld*** a well-defined image; *~ **belyn(d)*** hard-edged; *~ **daal/val**,* *(also, infml.: shares etc.)* be on the skids; *~ **geslyp*** keen-edged; *~ **gestel**, (also)* in focus; *'n ~ **gestelde** brief* a strongly worded letter; *~ **instel** →**stel/instel**; ~ **luister*** listen attentively; *iets ~ **maak*** sharpen s.t.; *~ **omlyn(de)*** clear-cut, concise; *~ **ondervra*** examine closely; *~ **seil*** sail close to the wind; *~ **stel/instel*** focus (sharply); *~ **styg*** rise steeply; *~ **val** →**daal/val**; ~ **verdeeld*** deeply divided; *iets ~ **voel*** feel s.t. acutely. **~by** *(cr.)* fine leg; *diep ~, ~ op die grens* long (*or* deep fine) leg; *vlak ~* short fine leg. **~hoekig** *-e* acute-angled. **~kantig** *-e* sharp-edged. **~maker** sharpener. **~puntig** *-e* acute *(leaf)*. **~puntskoen** pointed-toe/pointy-toed shoe; winkle-picker *(Br. infml.)*. **~regter** *(obs.)* executioner, hangman. **~rug** hogback, hog('s) back. **~siende, ~siende** sharp-sighted, keen-, eagle-eyed; penetrating, acute, perspicacious, percipient. **~siendheid** sharp-sightedness; penetration, acuteness, perspicacity, perspicaciousness. **~sinnig** *-e* sharp(-witted), quick-, keen-witted; acute, penetrating, discerning, sagacious, perspicacious, percipient, shrewd. **~sinnigheid** acuteness, acumen, discernment, clear-sightedness, penetration, sagacity, perspicacity, perspicaciousness, percipience, intelligence. **~skertser** stand-up comedian. **~skertsery** stand-up comedy. **~skutter** sharpshooter, marksman; sniper. **~skutterskuns** marksmanship. **~snydend, ~snydend** *-e* sharp-edged, keen-edged.

skerp·e·rig *-rige* sharpish, rather sharp.

skerp·heid sharpness; acuity; keenness; resolving power *(of a lens)*; stridency *(of sound)*; cutting edge *(of s.o.'s wit etc.)*; →SKERP *adj.*, SKERPTE.

sker·pi·oen *-oene* scorpion; *die S~, (astron.)* the Scorpion, Scorpio; *die S~e, (SA special police unit)* the Scorpions; **~kruid** gorse, furze. **~vis** scorpion fish.

sker·pi·oen·ag·tig *-tige* scorpion-like, scorpioid(al).

skerp·te sharpness, edge; *(fig.)* acerbity, severeness; poignancy, edge; definition *(of an image)*; trenchancy; pungency; →SKERP *adj.*, SKERPTE; *met die ~ van die swaard slaan* smite with the edge of the sword.

skêr·tjie *-tjies* small (pair of) scissors.

skerts *n.* joke, joking, jest, fun, banter, pleasantry; *iem. verdra **geen** ~ nie* s.o. can't stand a joke; s.o. is not to be trifled/fooled with; *dit is **geen** ~ nie* s.o. is not joking, it is no joking matter; *as ~ **opvat*** treat (*or* look upon) as a joke; ***uit/in** ~, (rare)* for a joke, jokingly. **skerts** *ge-, vb.* joke, jest, make fun, banter, quip; *met iem. ~* banter with s.o.; *iem. laat nie met hom/haar ~ nie* s.o. is not to be trifled/fooled with; *oor iets ~* joke about s.t..

skert·send *-sende, adj.* jocular, joking, jesting, bantering, facetious; →SKERTS *vb.*. **skert·send, skert·sen·der·wys, skert·sen·der·wy·se** *adv.* jokingly, for (*or* by way of) a joke, jestingly, in jest, in fun/play, facetiously.

skert·se·ry *-rye* joking, jesting, fun, raillery.

sker·we·ge·rig *(hist.)* ostracism.

skets *sketse, n.* sketch; outline, (rough) draft; diagram; delineation; artist's impression; drawing; *'n ~ maak* make a sketch; *'n ruwe ~ van iets maak* rough out s.t.; *deur middel van 'n ~* diagrammatic. **skets** *ge-, vb.* sketch; outline, line out; chalk/block out; block in; picture; delineate; depict; design; draw; plot *(graphs)*. *iets ru ~* block in s.t.; block out s.t.; rough out s.t.. **~blok** sketch pad. **~boek** sketchbook. **~kaart** sketch/skeleton map. **~matig** *-e, adj.* sketchy, rough. **~matig** *adv.* roughly, in outline. **~plan** sketch/rough plan. **~(tekening)** sketch, study, artist's impression.

sket·se·bun·del volume of sketches.

sket·ter *ge-* blare (out), bray, trumpet. **sket·te·rend** *-rende* clangorous.

skeur *skeure, n.* tear, rent *(in a cloth etc.)*; crack, crevice, fissure *(in glass, wood, etc.)*; cleavage, cleft; gape; jag; split. **skeur** *ge-, vb.* tear (up), rend, rip; split, cleave, rupture, crack; rive; disrupt; *die aarde/wêreld ~, (fig.)* run for dear life; *die party het (van) **bo tot onder** ge~* the party split from top to bottom; *iets (aan) **flenters** (of aan **flarde**) ~* pick/pull/tear s.t. to pieces; *iets ~ **gou/maklik*** s.t. tears easily; *iets **middeldeur** ~* tear s.t. in half; *iets aan **stukke** ~* tear s.t. to pieces/shreds; tear apart s.t.; tear up s.t.; *iets **stukkend** ~* tear up s.t. *(paper, a treaty, etc.)*; *iets in **twee** ~* tear s.t. in two; *iets **uitmekaar** ~* tear s.t. to pieces; rip apart s.t.; *iem. **uitmekaar** ~* tear s.o. limb from limb; *die **wêreld** ~, (fig.) →**aarde/wêreld**.* **~bestand, ~vry** tear-proof; *(text.)* ripstop *(nylon etc.)*. **~blad** tear sheet. **~dal** rift valley. **~gaping** *(geol.)* gash. **~kalender** block calender. **~kerk** schismatic church. **~makend** *-e* divisive; *(hist.)* schismatic. **~maker** disrupter; splitter; *(hist., esp. in Chr. church)* schismatic. **~makery** disruption, division. **~nael** hangnail. **~papier** waste paper. **~ploeg** ripper, scarificator, scarifier, subsoiler. **~sterkte** tear(ing) strength. **~tand** *(zool.)* flesh tooth, fang, carnassial/sectorial (tooth). **~tandhaai** *(Eugomphodus taurus)* ragged-tooth shark; sand shark. **S~vallei:** *die Groot S~* the Great Rift Valley; →SKEURDAL. **S~valleikoors** = SINKDALKOORS. **~verskuiwing** *(geol.)* flaw. **~vry** →SKEURBESTAND. **~wolf** teaser, willowing machine, devil. **~wond** laceration, jagged/lacerated wound.

skeur·buik scurvy, scorbutus. **~lyer** scorbutic (patient). **~middel** *-s* antiscorbutic. **~werend** *-e* antiscorbutic; *~e middel* antiscorbutic.

skeur·der *-ders* ripper, tearer; disrupter; *(hist., esp. in Chr. church)* schismatic.

skeu·rend *-rende* tearing; disruptive; schismatic.

skeu·ring *-rings, -ringe* split, rupture, cleavage, schism, rift, disruption, severance, rending; *'n skeuring in ...* a rift/split in ... *(a party etc.)*.

skeur·sel *-sels* scrap, torn bit.

skeur·tjie *-tjies* little tear; rift.

skeut *skeute* dash *(of brandy etc.)*; shoot *(of a tree)*. **skeu·tig** *-tige, (obs.)* liberal, generous, free; *~ met jou geld* free with one's money. **skeu·tig·heid** *(obs.)* liberality, generosity. **skeut·jie** *-tjies* lacing; →SKOOTJIE.

ske·we- (→SKEEF): **~bek** wry face; *~ trek, (infml.)* make/pull a face; *vir iem. ~ trek, (infml.)* pull faces at s.o.. **~hoeksteen** squint brick.

ske·we·rig *-rige* somewhat crooked; *~ en onseker/ongelowig vir iem. glimlag* give s.o. a quizzical smile.

ski *ski's, n.* ski. **ski** *ge-, vb.* ski; →SKIËR, SKIËRY. **~(-)baan** ski run. **~bob** *n.* skibob. **~bobryer** skibobber. **~(-)boot** ski boat. **~(-)bril** ski goggles. **~(-)broek** ski pants. **~(-)loop** ski touring. **~(-)loper** skier; →SKIËR; **~-oord** ski resort. **~(-)pak** ski suit **~(-)pet** ski cap. **~(-)plank** aquaplane. **~(-)plankry** *ge-, -ge-* aquaplane. **~(-)plankryer** aquaplaner. **~(-)roei, roeiski** *n.* paddle/surf ski(ing). **~(-)roei, roeiski** *ge-, vb.* paddle-ski, surf-ski. **~(-)roeisport, roeiski(-)sport** paddle/surf skiing. **~(-)ry** surfriding. **~(-)ryer** surfrider. **~(-)skans** ski jump. **~(-)skool** ski school. **~(-)sport** skiing. **~(-)spring** *n.* ski jumping. **~(-)spring** *ge-, -ge-, vb.* ski-jump. **~(-)springer** ski jumper. **~(-)sprong** ski jump. **~(-)stewel** ski boot. **~(-)stof** ski cloth/suiting. **~(-)stok** ski stick/pole. **~(-)vlieg** ski flying. **~(-)vliegtuig** skiplane.

ski·a·gra·fie sciagraphy, skiagraphy; →SKIAGRAM.

ski·a·gram *-gramme,* **ski·a·gra·fie** *-fieë,* sciagram, -graph, shadowgraph; →SKIAGRAFIE.

skie·lik *-like, adj.* sudden, quick, rapid; precipitate; *~e **aanval*** sudden attack; *(med.)* paroxysm; *'n ~e **draai*** a sharp turn; ***ewe** ~* all of a sudden; out of the blue, out of a clear (blue) sky; *en ~ **gaan** die ligte dood* and, bingo, the lights went out; *~e **koue*** cold snap; *~e **verkiesing*** snap election. **skie·lik** *adv.* suddenly, all at once, all of a sudden, overnight. **skie·lik·heid** suddenness, surprisingness.

skie·li·ke·sui·ge·ling·sterf·te·sin·droom *(tech.)* sudden infant death syndrome; →WIEGIEDOOD.

skie·mans·ga·ring, -ga·re *(rare)* spun yarn.

ski·ën·tis·me →SCIËNTISME.

Ski·ën·to·lo·gie →SCIËNTOLOGIE. **Ski·ën·to·loog** →SCIËNTOLOOG.

ski·ër *skiërs* skier. **ski·ë·ry** skiing.

skier-: **~eiland** peninsula; *die **Iberiese** S~* the Iberian Peninsula; *in die **Kaapse** S~* in the Cape Peninsula; ***op** 'n ~ geleë* situated on a peninsula; *in 'n ~ **verander*** peninsulate. **~vlakte** *(geol.)* peneplain, peneplane.

skiet[1] *n.: iets ~ gee* let/pay/ease out s.t. *(a rope etc.)*; *iem. (baie) ~ gee* give s.o. (plenty of) rope. **skiet** *ge-, vb.* shoot *(a buck, an arrow, etc.)*, fire *(a shot)*; blast *(with dynamite)*; dart, rush; *(infml.)* come, climax, ejaculate, have an orgasm; ***begin** ~, (cannons)* come into action; *iets ~ iem. te **binne*** s.t. comes to (*or* crosses s.o.'s) mind; s.t. comes back to s.o.; s.t. leaps/springs to s.o.'s mind; *dit ~ iem. te **binne** dat ...* s.o. remembers that ...; ***dadelik** ~* shoot at/on sight; ***deur** iets ~* shoot through s.t.; ***flenters** ge~ wees, (infml.)* be shot up; *op goeie **geluk** (af) na ... ~* take a potshot at ...; ***jouself** ~* shoot o.s.; ***jou(self)** deur die kop ~* →KOP *n.*; *(te) **kort** ~* fall short *(in shooting)*; *te **kort** ~, (also* tekortskiet*)* be insufficient, fall short; *iets **laat** ~* ease off s.t.; pay/ease/let out s.t. *(a rope etc.)*; *die petrolpedaal **laat** ~* ease back on the throttle; ***mis** ~* shoot wide; ***moenie** ~ nie!* hold your fire!; don't shoot!; ***na** iem./iets ~* take a shot at s.o./s.t.; pot at s.o./s.t., pop at s.o./s.t. *(infml)*; ***na/op** ... ~* fire/shoot at ...; have a shot at ...; ***na/op** ... **begin** ~* open fire on ...; ***net** ~ →**raak/sekuur**; **op** ... **begin** ~ →**na/op**; iem. **plat** ~* gun down s.o.; ***raak/sekuur/net** ~* shoot accurately; shoot straight; ***raak** ~, (also)* register/score a hit; hit the mark; ***sleg** ~* be a bad shot; ***uit** ... ~* shoot out of ...; *iem. kan **vinnig** ~* s.o. is quick on the draw *(infml.)*; *voor die (of op staande) **voet** ~* shoot at/on sight; ***vorentoe** ~* surge forward. **~baan** rifle/shooting range, butts. **~beitel** channeller. **~boek** scorebook, gamebook. **~dag** shooting/hunting day; *dis aldag ~, maar nie aldag raakdag nie* one can shoot but one may miss. **~draad** woof thread. **~gang** fire lane. **~gat** embrasure, loophole, porthole, crenel(le). **~gebed(jie)** hurried/brief/ejaculatory prayer. **~geveg** gunfight. **~goed** ammunition. **~hokkie** hide, blind. **~katoen** guncotton, explosive cotton. **~klep** shuttle/spool valve. **~klub** shooting/rifle club. **~kommando** rifle commando. **~kraampie, ~tent** shooting gallery. **~kuil** rifle pit. **~kuns** (rifle) shooting, marksmanship; *(mil.)* musketry, gunnery. **~lading** blasting charge. **~lamp** shooting lamp; spotlight *(of a motor car)*. ~**lig** spotlight, projector. ~**lood** plumb, (lead) plummet, bob, plumb/sounding line. ~**lustig** -*e* trigger-happy. ~**middel** -*e* blasting agent/material/medium. ~**mot** caddis fly. ~**oefening** shooting/target practice, artillery practice, firing exercise, shoot. ~**ongeluk** shooting accident. ~**party** shooting/hunting party. ~**perd** shooting/stalking horse, hunter. ~**prop** plug. ~**rek** -*ke* catapult. ~**sertifikaat** blasting certificate. ~**sirkel** *(hockey)* striking circle. ~**skool** school of musketry. ~-**skop-en-donder(-)prent** *(infml.)* blood-and-thunder film. ~**span** firing party; shooting team. ~**spoel** shuttle; fly shuttle, bobbin carrier. ~**ster** shooting star, meteor, *(infml.)* falling star. ~**stilstand** cease-fire. ~**stoel** →UITSKIETSTOEL. ~**stof** blasting material. ~**stroom** rapid. ~**tent** →SKIETKRAAMPIE. ~**tog** shooting/hunting trip/expedition. ~**toring** turret. ~**tyd** hunting season. ~**veld** shooting/hunting country. ~**vereniging** rifle club. ~**vermoë** shooting ability; yielding ability. ~**vinger** trigger finger. ~**voorval** shooting incident. ~**vrug** catapult/sling fruit. ~**wedstryd** shooting competition/match, rifle contest/competition. ~**werk** blasting operations. ~**werker** *(min.)* blaster, shot-firer. ~**wet** game law. ~**wond** gunshot wound.

skiet[2] *skiete, n., (infml., rare, obs.)* invitation to go out. **skiet** *ge-, vb., (infml.)* invite to go out; *iem. vir 'n ...* ~ invite s.o. to ...

skie·ter -*ters* shooter; gunman; *(min.)* blaster, shot-firer; catapult; plunger *(in a lock)*.

skie·te·rig -*rige* = SKIETLUSTIG.

skie·te·ry -*rye* shooting (incident/affair); firing, fire; gunning, gun battle, gunfight, shoot-out; blasting (operations).

skie·wie -*wies, (<Eng., infml., often derog.)* skivvy.

skif[1] *skiffe, n.* skiff. ~**roei** *ge-, vb.* skiff, scull. ~**roeier** sculler.

skif[2] *ge-, vb., (material)* become threadbare, perish; *(milk)* (begin to) run, coagulate, curdle; separate, sift, sort/comb out, screen; *die bestanddele sal* ~ the ingredients will separate. **skif·ting** -*tings*, -*tinge, (rare)* sifting, sorting, screening; elimination; curdling, coagulation.

skig *skigte, (rare, poet.)* arrow, bolt, dart; flash, ray *(of light)*.

skig·tig -*tige, (rare, poet.)* skittish, (inclined to be) shy. **skig·tig·heid** skittishness.

skik[1] *n.: **geweldig/hoog(s)** in jou ~ wees* be highly/tremendously/very pleased, be delighted (*or* as pleased as Punch); *in jou ~ wees **met** ...* be pleased with ... *(s.o., s.t.)*; be excited about (*or [infml.]* chuffed about/at) ... *(s.t.)*; ***nie** baie in jou ~ met ... wees nie* not be overjoyed at ...

skik[2] *ge-, vb.* arrange, manage, order; settle, make up; compose; dispose; frame; be convenient, suit; *jou **daarin** ~* make the best of it, make the best of a bad job *(infml.)*; put a bold/good face on it; ***met** iem. oor iets ~* settle with s.o. on s.t.; *iets in der **minne** ~* settle s.t. amicably (*or* out of court); *jou **na** ... ~* accommodate o.s. to ..., adapt (o.s.) to ... *(the circumstances etc.)*; fall in with ... *(the decision etc.)*; conform to ...; *jou in die **onaangename** ~* make the best of it, make the best of a bad job *(infml.)*; *jou in die **onvermydelike** ~* resign o.s. to the inevitable. ~**godinne** *(myth.)* the Fates (*or* Fatal Sisters), the Destinies (*or* goddesses of destiny), the Weirds (*or* weird sisters). ~**(werk)tyd** flex(i)time.

skik·baar -*bare* capable of settlement, compoundable.

skik·king -*kings*, -*kinge* arrangement, disposition; compound, composition *(with creditors)*; accommodation; settlement, agreement; adjustment; *'n ~ buite die hof, (jur.)* an out-of-court settlement; *'n ~ met iem. tref, tot 'n ~ met iem. kom* settle (*or* reach a settlement) with s.o..

skik·lik -*like, (dated)* obliging, amenable, accommodating, sympathetic, reasonable, decent. **skik·lik·heid** *(dated)* obligingness, complaisance, decency.

skil *skille, n.* peel, rind; skin; jacket; integument; hull, shell, husk; *(also, in the pl.)* peels, paring *(of potatoes)*; *die ~le het van iem. se oë geval* the scales fell from s.o.'s eyes. **skil** *ge-, vb.* peel; skin; pare (away); skim *(metal)*; husk; *'n boom ~* strip bark from a tree. ~**effek** *(phys.)* skin effect. ~**hout** rotary-cut timber. ~**masjien** peeling machine, parer. ~**mes** paring knife. ~-**olie** zest.

skild *skilde* shield; buckler; escutcheon; badge; *iets in die ~ voer* have/keep s.t. up one's sleeve; be up to s.t., be up to no good *(infml.)*, be up to mischief; *iets teen ... in die ~ voer* have designs on ...; *wat voer X in die ~?* what is X's game?, what is X up to? ~**been** shoulder blade *(of a cow)*. ~**blom** pen(t)stemon. ~**dak** hip(ped) roof; *(Roman)* testudo. ~**draer** shield bearer; *(her.)* supporter. ~**hoek** *(her.)* canton. ~**hoof** *(her.)* chief. ~**houer** *(her.)* supporter. ~**kewer** helmet beetle. ~**klep** mushroom valve. ~**klier** thyroid gland. ~**kliergebrekkigheid** cretinism. ~**kliergeswel** goitre, struma. ~**klierontsteking** thyroiditis. ~**klieruitsnyding** thyr(e)oidectomy. ~**kliervergiftiging** thyrotoxicosis. ~**knaap** shield bearer, armour-bearer, squire; *(fig.)* henchman. ~**knop** *(biol.)* umbo. ~**kraakbeen** thyroid cartilage. ~**luis** scale (insect), shieldbug. ~**plaat** *(zool.)* scutum. ~**vel** (hide) shield. ~**vlerk**, ~**vleuel** sheathwing. ~**vlerkig**, ~**vleuelig** -*e* coleopterous, coleopteran, sheath-winged. ~**vlerkige**, ~**vleuelige** -*s* coleopteran; *(also, in the pl.)* Coleoptera. ~**vlerkskub** winglet. ~**voet** *(her.)* champagne. ~**vormig** -*e* shield-shaped, scutiform; *(zool., bot.)* scutate; *(bot.)* peltate; *(anat.)* thyroid; *~e kraakbeen* thyroid cartilage. ~**vulkaan** *(geol.)* shield volcano. ~**wag** sentinel, sentry, guard; *~ staan* stand sentry/sentinel. ~**wagbeurt**, ~**wagdiens** sentry-go. ~**waghuisie** sentry box.

skil·der -*ders, n., (workman, artist)* painter; artist; delineator; →SKILDERS-. **skil·der** *ge-, vb.* paint; depict, delineate, picture, portray; *in olie(verf)/ens. ~* paint in oils/etc.; *oor iets ~* paint out/over s.t.. ~**behoeftes**, ~**benodig(d)hede** = SKILDERGEREI. ~**bord** palette. ~**doek** canvas. ~**gerei** artist's materials. ~**kuns** (art of) painting; pictorial art; *in die ~* in painting. ~**kunstig** -*e* painterly. ~**kwas** paint brush. ~**skool** school of painting; school of painters. ~**stok** maulstick, mahlstick, guiding stick. ~**stuk** picture, painting. ~**werk** painting.

skil·der- speckled, variegated, dappled; roan *(ox)*. ~**bees**, ~**os** speckled ox/cow, roan (ox/cow). ~**bont** speckled. ~**boon(tjie)** speckled bean. ~**kat** tortoiseshell cat. ~**os** →SKILDERBEES. ~**perd** speckled horse.

skil·der·ag·tig -*tige* picturesque, scenic. **skil·der·ag·tig·heid** picturesqueness.

skil·de·ra·sie -*sies* piece of paintwork; daub.

skil·de·rend -*rende* pictorial.

skil·de·res -*resse* paintress, (female) painter.

skil·de·ring -*rings*, -*ringe* depiction, portrayal, picture, painting.

skil·ders-: ~**esel** easel. ~**gerei** →SKILDERGEREI. ~**mes** palette/pallet knife. ~**model** artist's model. ~**werkplaas**, ~**werkplek** painter's workshop.

skil·de·ry -*rye* picture, painting, canvas; *'n ~ deur/van ...* a painting/picture by ...; *'n ~ maak* do a painting; *~e ten toon stel* exhibit/show paintings. ~**lys** →PRENTELYS. ~**raam** →PRENTRAAM.

skil·de·ry·e-: ~**museum** picture gallery. ~**tentoonstelling** exhibition of paintings.

skil·de·ry·tjie -*tjies* small painting.

skild·jie -*jies* small shield; *(biol.)* scutellum.

skil·fer -*fers, n.* scale; flake; scab; *(anat., bot., zool.)* squama; *(also, in the pl.)* dandruff; scurf. **skil·fer** *ge-, vb.* scale; flake; peel; foliate. ~**kors(deeg)** flaky/puff pastry. ~**roof** scab. ~**sjampoe** *(also* skilferwerende sjampoe*)* antidandruff shampoo. ~**uitslag** psoriasis.

skil·fer·ag·tig -*tige*, **skil·fe·rig** -*rige* covered with dandruff; scaly, flaky; foliate(d); laminate(d). **skil·fe·ring** flaking; foliation; lamination.

Skil·la *(Gr. myth.)* Scylla; *tussen ~ en Charybdis* between Scylla and Charybdis, between the devil and the deep (blue) sea.

skil·ler -*lers* parer.

skil·pad -*paaie* tortoise *(on land)*; turtle *(in water)*; *(zool.)* testudo; tortoiseshell, carapace; *(fig.)* slowcoach. ~**besie** →SKILPADJIE. ~**bessie** *(Mundia spinosa)* tortoise berry. ~**blom** *(Hyobanche sanguinea)* ink plant. ~**dop** tortoiseshell, carapace. ~**dopkleurig** testudinal. ~**draffie** lazy trot. ~**kos** *(bot.: Microloma tenuifolium)* wax creeper. ~**nek** turtleneck. ~**sop** turtle soup; *nagemaakte ~* mock turtle soup. ~**verband** testudo. ~**vere:** *loop pluk ~, (dated)* go and buy pigeon's milk. ~**wortel** elephant's-foot.

skil·pad·ag·tig -*tige* testudinal, testudinary, testudineous, tortoise-like.

skil·pad·jie -*jies* small tortoise; *(entom.: Coccinellidae* spp.*)* ladybird; *(cook., usu. in the pl.)* liver wrapped in caul fat.

skim *skimme* shadow, shade; spectre, ghost; phantom; wraith; eidolon; *iem. is (nou) net 'n ~ van wat hy/sy was* s.o. is now merely a ruin of what he/she used to be, s.o. is now only a ghost/shadow of his/her former self. ~**kabinet** shadow cabinet/ministry. ~**minister** shadow minister. ~**skrywer** ghost (writer).

skim·ag·tig -*tige* shadowy, spectrelike.

skim·me-: ~**ryk** lower world, nether regions/world, underworld, the Shades *(liter., poet.)*. ~**spel** *(hist.)* galanty show, shadow show/play; phantasmagoria, phantasmagory.

skim·mel -*mels, n.* mould(iness), mildew; fungus; blight; mucor *(on bread, jam, etc.)*; efflorescence *(on a wall)*; grey (horse); dappled horse; roan (horse). **skimmel** *adj.* mouldy, mildewy, musty, stale; dapple(d)-grey; *(fig., rare)* bashful, shy; *(blou)~* dapple(d)-grey, *(rooi)~* (red/strawberry) roan *(horse)*; *~ word* mould, must; *iem. se hare word ~* s.o. is greying. **skim·mel** *ge-, vb.* grow mouldy/mildewy/musty. ~**brood** musty/mouldy bread; *(fig., rare)* bashful person. ~**dag** dappled dawn. ~**draad** *(bot.)* hypha. ~**kaas** mouldy cheese. ~**perd** grey horse; dappled horse; dapple-grey; roan. ~**plant** mould, fungous growth, (filamentous/filamentary) fungus. ~**plek** mould spot. ~**siekte** mycosis. ~**swam** mould. ~**verf** *ge-* dab. ~**wortel** myco(r)rhiza.

skim·mel·ag·tig -*tige*, **skim·mel·rig** -*rige* (slightly) mouldy, musty, fusty; greyish; dapple(d); roanish; →SKIMMEL *adj.*. **skim·mel·ag·tig·heid**, **skim·mel·rig·heid** (slight) mouldiness.

skimp *skimpe, n.* gibe, jibe, jeer, taunt; allusion, covert reference, innuendo, (veiled) hint, insinuation; *iets met 'n ~ sien, (dated)* see s.t. out of the corner of the eye; catch/get a glimpse of s.t.. **skimp** *ge-, vb.* gibe, jibe, scoff, jeer, taunt; allude, make covert references, give veiled hints, hint, quip; *op iem. ~* reflect (*or* cast reflections) on/upon s.o.; *op iets ~* allude to s.t. (indirectly). ~**dig** -*te, (dated)* satire. ~**naam** facetious nickname. ~**rede** invective, abusive speech, diatribe. ~**skoot** -*e* gibe, jibe, taunt, quip. ~**skrif** lampoon, pasquinade, squib. ~**taal** *(obs.)* →SKEL(D)TAAL. ~**woord** abusive word, gibe, jibe, taunt.

skim·pen·der·wys(e) gibingly, jibingly, scoffingly.

skim·per -*pers* giber, jiber, scoffer. **skim·pe·ry** -*rye* gibing, jibing, scoffing; alluding, hinting.

skin·der *ge-* gossip, talk scandal; tattle; slander; backbite, calumniate; *oor/van iem. ~* gossip/talk about s.o.. ~**bek** →SKINDERTONG. ~**bekkerig** gossipy. ~**blad** →SKINDERKOERANT. ~**joernalis** tabloid journalist. ~**joernalistiek** tabloid journalism. ~**koerant**, ~**blad** tabloid ([news]paper). ~**pers** tabloid press. ~**praatjies**, **skindery** (malicious) gossip, tittle-tattle, scandal, slander, backbiting, calumny *(fml.)*. ~**storie** (piece of) gossip, tittle-tattle. ~**taal** slanderous talk. ~**tong** -*tonge*, ~**bek** -*bekke*, **skinderaar** -*s* slanderer, backbiter, scandalmonger, vilifier, traducer, tell-tale.

skin·de·raar →SKINDERTONG.

skin·de·ry →SKINDERPRAATJIES.

skink[1] *skinke* skink, pleurodont lizard.

skink[2] *ge-, vb.* pour; serve *(a drink)*; →SKINKER; *vir iem. 'n drankie ~* pour a drink for s.o.; *iets in ... ~* pour s.t. into ...; *~ vol!* fill (her) up! *(a glass)*. ~**bord** (tea) tray, salver, platter; *~ (vol)* trayful; *iem. iets op 'n ~ aanbied, (fig.)* hand s.o. s.t. on a plate/platter. ~**hoekie** cocktail bar. **~kan** flagon. **~tafel** coffee/tea stand, side=board. **~toonbank** buffet.

skin·kel →SKENKEL.

skin·ker =*kers* cupbearer, tapster, cocktail mixer.

skip *skepe* ship, boat, vessel; nave *(of a church);* →SKEEP=, SKEEPS=, SKIPPERS=; *'n ~ **aanklamp/enter,** (forcing one's way aboard)* board a ship; *~ **ahooi!*** ship ahoy!; *aan **boord** van 'n ~* on board (a) ship; *aan **boord** van 'n ~ gaan* board a ship; *'n ~ **buit*** make (a) prize of a ship; *'n ~ **doop*** name a ship; *van 'n ~ **dros*** jump ship; *'n ~ **kelder*** sink a ship, send a ship to the bottom; *as my ~ (met geld) **kom*** when my ship comes home/in; *'n ~ **lê aan*** a ship berths/moors; ***met*** *'n ~* by ship/boat; ***per*** *~* by sea/ship/boat; *'n ~ word **vasgemeer*** a ship moors (*or* is moored); *jou skepe agter jou **verbrand*** burn one's boats; *die ~ het **vergaan*** the ship was lost; *die ~ **verlaat*** →VERLAAT; *'n ~ **vlot** maak* raise a ship; *'n ~ te **water** laat* launch a ship/boat. **~breuk** shipwreck; *~ ly* be shipwrecked; fail, come to grief, not work out *(plans, a marriage, etc.);* *'n plan ~ laat ly* scotch/torpedo/wreck a plan. **~breukeling** =*e* ship=wrecked person, castaway. **~brug** bridge of boats, boat/floating/pontoon bridge. **~-kus-oproep** ship-to-shore call. **~vol** shipload.

skip·per¹ =*pers, n.* skipper, (sea) captain, (ship)master; boatman; bargee; *(bowls etc.)* skip.

skip·per² *ge=, vb., (rare)* wangle; compromise, trim, be a timeserver. **skip·pe·raar** =*raars* wangler; com=promiser, trimmer, timeserver.

skip·per·ke =*kes, (breed of dog)* schipperke.

skip·pers=: ~boom bargepole. **S~eilande** →SAMOA-EILANDE. **~haak** boathook. **~kneg** bargehand.

skip·per·tjie =*tjies* little skipper.

skip·pie, ske·pie =*pies* small vessel, little ship.

skir·reus =*reuse* scirrhous.

skis *skiste, (geol.)* schist. **~struktuur** schistose structure. **skis·ag·tig, skis·ag·tig** =*tige* schistose.

skis·ma =*mas* schism. **skis·ma·tiek** =*tieke, adj.* schis=matic. **skis·ma·ti·kus** =*tikusse,* =*tici, n.* schismatic.

ski·so·freen =*frene, n.* schizophrenic, schizophrene, *(infml., offensive)* schizo. **ski·so·freen** =*frene, adj.* schiz=ophrenic, *(infml., offensive)* schizo. **ski·so·fre·nie** schizo=phrenia. **ski·so·ïed** =*soïede, n.* schizoid. **ski·so·ïed** =*soïede, adj.* schizoid.

ski·so·ti·mie *(psych.)* schizothymia.

skist = SKIS.

skis·to·si·teit schistosity.

skis·to·so·mi·a·se *(med.)* schistosomiasis, bilhar=zia(sis), bilharziosis, snail fever.

Ski·t(h)i·ë *(geog., hist.)* Scythia. **Ski·t(h)i·ër** =*t(h)iërs, n., (member of people)* Scythian. **Ski·t(h)ies** *n., (language)* Scythian. **Ski·t(h)ies** =*t(h)iese, adj.* Scythian.

skit·ter *ge=* sparkle; glitter; glisten; scintillate; shine; spangle; flash; flame; blaze; radiate; *(fig.)* excel, be out=standing; →SKITTEREND; *as ... ~* excel as a ...; *ten koste van iem. ~* score points off s.o.; *van ... skitter* glitter with ...; *iem. se oë ~* s.o.'s eyes are shining. **~blink** *ge=* sparkle, scintillate. **~lig** flash, flare; flashlight. **~mooi** glamorous. **~skyn** glamour. **~spel** scintillating play. **~speler** brilliant player. **~ster** *(fig.)* superstar. **~stof** brilliant dust. **~werend** antidazzle; *~e truspieël, (mot.)* antidazzle mirror. **~wit** shining white.

skit·te·rend =*rende* sparkling, glittering, glittery *(eyes, diamonds, etc.);* brilliant, splendid, scintillating *(performance etc.);* shining *(example etc.);* superb *(idea etc.);* superlative *(display, specimen, etc.);* outstanding *(plan, success, etc.);* magnificent *(reception etc.);* glorious *(victory, weather, etc.);* spectacular *(show etc.);* vivid *(colours);* effulgent *(poet.);* →SKITTER; *'n ~e ... wees, (also)* excel as a ... *(cook etc.).*

skit·te·ring =*ringe* sparkle; splendour; lustre; bril=liance; radiance; twinkling; flashing; scintillation; glam=our; glare.

skit·te·ry *n., (vulg.)* diarrhoea; the scours *(in animals).* **skit·te·ry** *ge=, vb.* scour, have diarrhoea. **~siekte** scours, Molteno disease, purging disease; senecio poisoning, seneciosis; →SPRINKAANBOSVERGIFTIGING.

skiw·we·rig =*rige, (milk etc.)* curdly, curdy; →SKIF² *vb..*

skle·ra·ont·ste·king, skle·ri·tis *(med.)* scleritis.

skle·ro·pro·te·ïen *(biochem.)* scleroprotein.

skle·ro·se sclerosis. **skle·ro·ties** =*tiese* sclerotic.

skob·be·jak =*jakke* scoundrel, rogue, rascal, villain, blackguard, skunk, swine, bad egg/hat, rat, *(infml.)* nasty (piece/bit of work).

skoe·a →SKUA.

skoei *ge=, (fml.)* shoe; *op 'n ander lees ~* cast in a differ=ent mould, model on different lines, set up differ=ently; *iets op die lees van ... ~* →LEES¹ *n..* **~satyn** *(dated)* slipper satin.

skoei·sel footwear; shoeing.

skoe·lap·per →SKOENLAPPER.

skoen *skoene* shoe; *(mach.)* lug; bucket *(of a lance);* *~e **aanhê/dra*** be wearing shoes; *~e **aanpas*** try on shoes; *jou ~e **aantrek*** pull/put on one's shoes; *(met) ~e en **al,** (fig., infml.)* boots and all; *~e **dra** →**aanhê/dra;** iem. **dra** selde ~e* s.o. seldom wears shoes; *~ wat **druk*** shoes that pinch, tight shoes; *iem. se skoene **druk** hom/haar* s.o.'s shoes are pinching (him/her); *'n **enkele** ~* an odd shoe; *'n ~ met 'n **gespe*** a buckled shoe; *te **groot** vir jou skoene wees, (infml., fig.)* be too big for one's boots; ***nou*** *~e* tight shoes; ***onpaar*** *~e* odd shoes; *'n **paar** ~e* a pair of shoes; *as die ~ jou **pas,** trek hom/dit aan, (fig.)* if the cap/shoe fits, wear it; *iem. iets in die ~e **skuif/skuiwe*** father s.t. (up)on s.o.; ***sonder*** *~e* in one's stockings; *in iem. se ~e **staan*** be in s.o.'s shoes; *ek sou nie in X se ~e wil **staan** nie* I would not be in X's shoes/skin; *die **stoute** ~e aantrek* venture boldly; take the plunge; *~e **uittrap*** ease shoes by wearing; *jou ~e **uittrek*** take off one's shoes. **~balkie** bar. **~band** shoe strap. **~bek(-ooievaar)** *(orn.: Balaeniceps rex)* shoe=bill. **~boks** →SKOENDOOS. **~borsel** shoebrush. **~doos, ~boks** shoebox. **~gespe** shoe buckle. **~haak** shoe hook. **~horing** = SKOENLEPEL. **~(e)kas** shoe cupboard. **~knoop** shoe button. **~lapper¹** =*s, (rare, obs.)* cobbler. **~lapper²** →SKOENLAPPER. **~leer** shoe leather. **~leer=tjie** *(rare)* tongue (of shoe). **~lees** shoetree. **~lepel** shoehorn, shoeing horn. **~maker** shoemaker; *~, hou jou by jou lees* every/each man to his trade. **~makers=gereedskap** grindery. **~makerswinkel** shoemaker's (work)shop. **~makery, ~makery** =*e* shoemaker's shop; shoemaking, cobbling. **~poetser** shoeshiner, shoe=shine boy, boots; buff. **~politoer, ~waks** shoe polish. **~punt** toe of a shoe. **~(e)rak** shoe rack. **~reparasie** shoe repair. **~riem(pie), ~veter** shoelace, =string. **~snawel** →SKOENBEK(-OOIEVAAR). **~sool** sole. **~spy=ker** tacket, wire brad, sparrow bill, sparable. **~veter** →SKOENRIEM(PIE). **~waks** →SKOENPOLITOER. **~winkel** shoe shop, shoe store.

skoe·ner =*ners, (naut.)* schooner. **~brik** brigantine.

skoen·lap·per, skoe·lap·per =*s* butterfly. **skoen=lapperadder** *(Bites gabonica)* gaboon viper; →GABOEN=ADDER. **skoenlapperblom** butterfly flower.

skoen·tjie =*tjies* little shoe; shuttle *(of a sewing machine).*

skoep *skoepe* paddle (board).

Skoep·sjti·na *(Serbian parliament)* Skupstina.

skoert *ge=, vb., (infml.)* scoot, push along. **skoert** *interj., (infml.)* away with you, beat it, clear off/out, get out (of here), move.

skof¹ *skowwe* hump *(of a camel etc.);* withers *(pl.),* shoulder *(of a horse, sheep, etc.);* *(ox)* shoulders.

skof² *skofte* lap, stage, trek, stretch, march, leg *(of a journey);* shift; *laaste ~, (fig.)* home straight/stretch; anchor leg *(of a relay race); op die laaste ~* on the last lap; *daar lê 'n moeilike ~ voor* a hard slog lies ahead. **~baas** shift boss, (shift) foreman. **~werk** shift work. **~werker** shift worker.

skof·fel =*fels, n.* hoe, grub(bing) hoe; weeder, weeding hook; cultivator. **skof·fel** *ge=, vb.* hoe, cultivate, spud; scuffle; weed; *(infml.)* dance, shake a leg. **~eg** cultiva=tor. **~masjien** weeder, horse hoe. **~party(tjie)** carpet dance, hop. **~pik** (weeding) hoe, scuffle (hoe). **~ploeg** cultivator, scuffler, tiller. **~stok** digging stick. **~werk** weeding. **~yster** weeding hook. **skof·fe·laar** =*s* weeder.

skof·fie¹ =*fies* small hump.

skof·fie² =*fies* short shift.

skok *skokke, n.* shock; impact; concussion; convulsion; jerk, jar; jolt; blow; brunt; start; *vir/teen ~ **behandel** word* be treated for shock; *iem. 'n ~ **gee/toedien,** (elec.)* give s.o. a shock; *'n **groot/hewige** ~ →**kwaai/hewige/groot;** 'n ~ **kry,** (elec.)* get a shock; *'n **kwaai/hewige/groot** ~* a nasty/rude shock; a bombshell; *die ~ **versag,** (fig.)* soften the blow; *iets is **vir** iem. 'n ~* s.t. is (*or* comes as) a shock to s.o., s.o. is shocked at/by s.t.. **skok** *ge=, vb.* electrify; (give a) shock; shake (up); jerk, jar; jolt; concuss *(fig.);* astound; horrify; devastate; shatter; *iem. ~, (fig.)*shake s.o. rigid, make s.o.'s hair curl *(infml.); iets ~ iem.* s.t. shakes s.o. (up). **~aankondiging** shock(ing) announcement, shocker *(infml.).* **~beentjie** *(infml.)* funny bone. **~behandeling** shock therapy/treatment. **~bestand** shockproof; unshockable. **~boek, ~fliek, ~prent, ~roman, ~verhaal** shocker *(infml.).* **~bom** per=cussion bomb. **~breker, ~demper** shock absorber; *(mech.)* damper; *(naut.)* snubber. **~breking, ~demping** shock absorption; *~ lewer, (mot.)* have a cushioning effect. **~golf** shock wave; bow wave. **~granaat** stun grenade. **~lading** percussion charge. **~myn** contact mine. **~oorwinning:** *'n ~* an upset victory. **~pienk** shocking pink. **~stok, ~toestel** stun gun. **~strook** *(mot.)* breaker (ply/strip). **~taktiek** shock tactics. **~troepe** shock troops. **~vas, ~veilig, ~vry** shockproof. **~vast=heid, ~weerstand** shock resistance. **~werking** shock action. **~wiel** *(aeron.)* pilot wheel.

skok·baar shockable.

sko·ki·aan, sko·ki·aan *(SA)* skokiaan; jungle/snake juice, rotgut *(joc., sl.).*

skok·kend =*kende* shock(ing); appalling *(attack, conditions, statistics, etc.);* astounding *(revelations etc.);* fright=ful *(number, reminder, etc.);* terrible *(events etc.);* egre=gious *(abuse, conduct, etc.);* hair-raising *(tale etc.);* lurid *(stories, headlines, etc.);* outrageous *(behaviour etc.);* shat=tering *(news etc.).*

skol *skolle, (icht.)* plaice.

sko·larg =*large, (hist.)* scholarch.

sko·las·tiek *(also S~)* scholasticism. **sko·las·tiek** =*tieke,* **sko·las·ties** =*tiese, (also S~)* scholastic. **sko·las·ti·kus** =*tikusse,* =*tici, (also S~)* scholastic.

sko·le= (→SKOOL² *n.*): **~rugby** schools rugby. **~span** schools team. **~wedstryd** interschool match/com=petition.

sko·leks =*lekse, (zool.)* scolex.

sko·li·as =*aste, (hist.)* scholiast.

sko·lier =*liere* scholar, pupil. **~patrollie** scholars' patrol.

sko·ling training, instruction, schooling, grounding; skill.

sko·li·o·se *(med.)* scoliosis, lateral curvature of the spine.

skol·lie =*lies, n., (infml., derog.)*skollie/skolly (boy), hooli=gan, lowlife. **skol·lie** *ge=, vb., (rare, infml.)* beg; loaf.

skom·mel =*mels, n., (rare, obs.)* swing. **skom·mel** *ge=, vb.* rock; oscillate; roll; wiggle; wobble; swing; *(prices)* fluctuate, vary; reshuffle *(a cabinet);* riffle *(a deck of cards); (vulg. sl.: masturbate)* jack/toss/whack off, jerk (o.s.) off, wank (off), have a wank; *kaarte ~* shuffle/make/mix the cards. **~boot(jie)** swing boat. **~geut** os=cillating trough. **~klip** rocking stone, logan (stone). **~perd** hobbyhorse, rocking horse. **~sif** *(diamond digging)* rocking/swinging screen, baby, dolly. **~stoel** rock=ing chair, rocker.

skom·me·laar =*laars, (mining)* rocker; shuffler *(of cards).*

skom·me·ling =*linge,* =*lings* rocking; oscillation; fluc=tuation, variation; *(pol.)* reshuffle; swing(ing); *~ in marges* volatility of margins; *daaglikse ~* diurnal vari=ation.

skom·mel·rig =*rige* wobbly, rolling, rocking.

skon *skons* scone.

Sko·ne *(geog.)* Scania.

sko·ne =*nes* beauty, beautiful woman/girl; →SKOON=HEID.

skool¹ *skole, n.* shoal, school, run *(of fish); 'n ~ walvisse* a pod/school/herd of whales. **skool** *ge=, vb.* flock together; *(fish)* shoal.

skool² *skole, n.* school; college; *ná ~ **bly*** stay (in) after school; *~ toe **gaan*** go to school; *na die ~ toe **gaan*** go to the school; *iem. ná ~ **hou*** keep s.o. after school, keep in s.o.; ***in** die ~* at school; in school; *uit die ~ **klik/praat*** tell tales out of school; *iem. het **min** ~ gehad* s.o. had little schooling; ***ná** ~* after school; *daar sal vandag **nie** ~ wees nie* there will be no school today; ***op** ~* at school; *van die **ou** ~, (fig.), (pred.)* of the old school, *(attr.)* old-style *(communist etc.)*; *'n kind in die (of op) ~ **sit*** put/send a child to school; *iem. uit die ~ **sit*** expel s.o. from school; *wanneer die skole **sluit*** when the schools break up; ***uit** die ~* from school; out of school; ***van** die ~* from school; *die ~ **verlaat*** leave school; ***voor** ~* before school. **skool** *ge-, vb.* school, teach, train; *ge~de werker* skilled worker. **~arts** →SKOOLDOKTER. **~baadjie** blazer. **~bank** school desk/bench/seat. **~besoek** →SKOOLBYWONING. **~(besoek)beampte** →SKOOL(BYWONINGS)BEAMPTE. **~bestuur** school administration; school committee, governing body. **~biblioteek** school library. **~blad** school magazine. **~boek** schoolbook; class book. **~bus** school bus. **~bywoning, ~besoek** school attendance. **~(bywonings)beampte, ~(besoek)beampte** (school) attendance officer, truant officer. **~dae** schooldays, schooltime. **~dag** schoolday. **~das** school tie. **~distrik** school district. **~dogter** →SKOOLMEISIE. **~dokter, ~arts** school doctor, medical inspector of schools. **~drag, ~klere** school clothes/clothing/wear; →SKOOLUNIFORM. **~eindeksamen** school-leaving examination. **~eindsertifikaat** school-leaving certificate. **~eksamen** school examination. **~gaan** *n.* going to school. **~gaan** *skoolge-, vb.* go to (*or* attend) school; *iem. het **in/op** Grahamstad/ens. skoolgegaan* s.o. was educated at Grahamstown/etc.; *die ~de **jeug*** schoolchildren, pupils, children attending school; *~de **kind*** child of school age; *~de **leeftyd*** school age. **~gebou** school building, schoolhouse. **~gebruik** use in schools; *vir ~* for use in schools, adapted for schools. **~geld** school/tuition fees; *iem. moes ~ betaal, (fig.)* s.o. had to learn the hard way; *jy moet jou ~ terugvra!, (infml.)* school didn't do you much good!. **~geleerdheid** book learning, theoretical knowledge. **~geneesheer** →SKOOLDOKTER. **~gereed, ~ryp** ready for school(ing); of school age. **~grond** →SKOOLTERREIN. **~hoof** (school) principal, headmaster, -mistress. **~hou** *skoolge-* teach, give lessons, keep/teach school; *vir iem. ~* teach s.o., be s.o.'s teacher. **~houery** (school)teaching, keeping school, schoolmastering. **~inspekteur** school inspector. **~jaar** school year; *skooljare* schooltime. **~juffrou** schoolmistress. **~kenteken** →SKOOLWAPEN. **~kind** schoolchild, pupil. **~klere** →SKOOLDRAG. **~koerant** school newspaper. **~komitee, ~kommissie** school committee. **~koshuis** school hostel. **~kwartaal** school quarter, (school) term; *in die ~* in term. **~leuse** school motto. **~lied** school song. **~lokaal** schoolroom, classroom. **~maat, ~vriend** schoolmate, school friend. **~meester** *(obs.)* schoolmaster. **~meesteragtig** *-e* schoolmasterish, pedantic, dogmatic. **~meesteragtigheid** pedantry. **~meisie, ~dogter** schoolgirl. **~meisieagtig** schoolgirlish. **~meubels** *(pl.)* school furniture. **~mure** *(pl.)* walls of the school; *binne die ~* inside (the) school. **~onderwys** schoolteaching, tuition, schooling. **~opsiener** school caretaker. **~plig** compulsory education; *jou ~ voltooi het* be of school-leaving age. **~pligtig, ~pligtig** *-e* of school age. **~raad** school board. **~rapport** school report. **~register** school roll. **~reis** educational tour. **~rugby** school rugby, rugby at school. **~ryp** →SKOOLGEREED. **~sak** schoolbag, school bag/satchel; school case. **~sake** *(pl.)* educational matters. **~sertifikaat** school certificate. **S~sertifikaateksamen** School Certificate examination. **~seun** schoolboy. **~seun(s)agtig** *-e* schoolboyish. **~siek** malingering, shamming; *~ wees* malinger. **~siekte** malingering, sham illness. **~sit** detention. **~sit** *skoolge-* stay in (*or* after school), be kept in; *iem. laat ~* keep s.o. after school, detain s.o., keep s.o. in. **~skip** school/training ship. **~skrif** exercise book. **~span** school team. **~sport** school sports. **~tas** school case; schoolbag, school bag/satchel. **~termyn** school term. **~terrein, ~grond** school grounds; campus. **~tyd** school hours, -time; *in (of gedurende die) ~* during school (hours); during term; *ná ~* after school/hours; *voor ~* before school. **~uitgawe** school edition. **~uitstappie** school outing. **~uniform** school uniform; →SKOOLDRAG. **~vak** school subject. **~vakansie** school holiday(s). **~verband:** *buite ~* out of school. **~verlater** school-leaver. **~verpleegster** school nurse. **~versuim** non(-)attendance (at school). **~voeding** school feeding. **~vos** *(fml.)* pedant. **~vosserig** *-e, (fml.)* pedantic(al), schoolmasterish. **~vossery** *(fml.)* pedantry. **~vriend** →SKOOLMAAT. **~vriendin** school friend. **~vriendskap** school friendship. **~wapen, ~kenteken** school badge. **~wêreld** educational/scholastic world. **~werk** schoolwork; preparation, prep *(infml.)*. **~wese** education; educational matters. **~woordeboek** school dictionary. **~wysheid** book/school learning.

skools *skoolse* scholastic, school ...; *~e geleerdheid, (rare)* book learning, school knowledge. **skools·heid** scholasticism.

skoon *n.: ~ vergaan, maar deug bly staan* →SKOONHEID; **skoon** *skone skoner skoonste, adj.* beautiful *(woman etc.)*; clean *(shirt, wool, etc.)*; clear *(conscience, sky, wool, etc.)*; fair *(a drawing etc.)*; fair *(play)*; fine *(arts)*; handsome *(prince etc.)*; limpid *(day, notes, waters, etc.)*; net(t) *(profit)*; neat *(drink)*; pure *(alcohol, coincidence, etc.)*; unsullied, unblemished *(record, reputation, etc.)*; virgin *(honey)*; *skone jong(e) **dame**, (joc.)* beautiful young lady; *die skone **geslag**, (joc.)* the fair sex; *iem is (nog) 'n skone **kind*** s.o. is (still) a mere child; *'n ~ **lei**, (fig.)* a clean sheet; *die **masjien** is ~* the machine is ready (for use); *iets uit skone **plesier** doen* do s.t. purely for fun; *die Skone **Slaapster*** Sleeping Beauty; *~ **stelle**, (tennis)* straight sets; *~ **vang(hou)/-(slag)** (cricket etc.)* fair catch; **skoon** *adv.* clean; quite, completely, absolutely; cleanly; *~ **bly**, (also, infml.)* stay off drugs; *iets ~ **drink*** drink s.t. neat; *iets ~ **hou*** keep s.t. clean; *iets ~ **kry*** get s.t. clean; ***mooi** ~* quite clean; *~ **op** wees, (money etc.)* be all (*or* completely) gone; *iets ~ **vergeet*** clean/completely forget s.t.; **~brand** *skoonge-, (naut.)* bream. **~broer** *(rare)* →SWAER. **~byt** *skoonge-, (metalwork)* pickle. **~dogter** daughter-in-law. **~familie** in-laws, relatives by marriage. **~gooi** *skoonge-* winnow *(grain)*. **~klinkend** *-e* fine-sounding, melodious, musical; *(rare)* specious, plausible *(tale, argument)*. **S~lief:** *~ en die Ondier* Beauty and the Beast. **~ma** *-'s*, **~moeder** *-s* mother-in-law. **~maak** *n.* cleanup, cleaning; *'n groot ~* a spring-clean(ing). **~maak** *skoonge-, vb.* clean (out/up), give a cleanout/cleanup, cleanse; weed *(a garden bed)*; evacuate; purge; scour; dress, curry *(a horse)*; draw *(a fowl)*; gut *(fish)*; *iets bolangs ~* clean s.t. superficially, give s.t. a lick and a promise *(infml.)*. **~maakdag** housecleaning day. **~maakmiddel** *-s* cleaning/cleansing agent, cleaner. **~maakster** *-s* cleaning lady/woman, char, charlady, charwoman, housecleaner. **~maakstof** cleaning/cleansing material. **~maker** cleaner, wiper. **~mense** = SKOONFAMILIE. **~moeder** →SKOONMA. **~opbrengs** *-te* scoured yield, clean content *(of wool)*. **~ouers** parents-in-law. **~pa** *-'s*, **~vader** *-s* father-in-law **~praat** *skoonge-, (rare)* exculpate *(fml.)*. **~semels** all-bran. **~seun** son-in-law. **~skip:** *~ maak* make a clean sweep. **~skrif** calligraphy; copybook writing; pencraft, penmanship; *in ~* calligraphed. **~skrif(boek)** copybook. **~skryfkuns** calligraphy. **~skrywer** calligrapher; *(hist.)* penman. **~skynend** *-e, (rare, obs.)* specious, colourable. **~skynendheid** *(rare, obs.)* speciousness. **~sus(ter)** sister-in-law. **~teer** Stockholm tar. **~vader** →SKOONPA. **~vang** *-e, n., (cricket etc.)* fair catch; *(rugby)* mark. **~vang** *skoonge-, (rugby)* make a mark. **~vee** *skoonge-* clear *(a street)*. **~veld** *n., (golf)* fairway. **~veld** *adj.* vanished; *iem. is ~, (infml.)* s.o. is clean gone, s.o. has done a (moonlight) flit, s.o. has done a bunk; *die skelm is ~, (infml.)* the bird has flown; *~ raak* disappear. **~vlak** *(brickwork)* fair face. **~werk** *(masonry)* facework. **~werk** *skoonge-* dress down.

skoon·heid *-hede* beauty; fairness; good looks; pulchritude *(poet.)*; cleanness; *'n ~* a beauty; *skoon(heid) vergaan, maar deug bly staan* virtue is more lasting than beauty. **~salon** beauty salon/parlour. **~sin** →SKOONHEIDSGEVOEL. **~slaap, ~slapie** *(infml.)* beauty sleep. **~spesialis** beauty specialist.

skoon·heids-: **~behandeling** beauty treatment. **~(des)kundige** beauty specialist, beautician; cosmetician. **~gevoel, skoonheidsin** sense/appreciation of beauty, aesthetic sense. **~koningin** beauty queen. **~konsultant** beauty consultant. **~leer** aesthetics. **~middel** *-dels* cosmetic; beauty aid; beautifier. **~plakkertjie, ~pleistertjie** *(obs.)* beauty spot. **~waarde** aesthetic(al) value. **~wedstryd** beauty competition/contest.

skoon·tjies *(rare)* nicely, neatly.

skoor¹ *skore, n., (rare)* prop, support. **skoor** *ge-, vb., (rare)* support, prop/truss/shore up. **~muur** *(rare)* buttress. **~paal** strut *(in a mine)*. **~plaat** wall piece. **~wal** *(rare)* bay/sand bar.

skoor² *n.: ~ soek* →SKOORSOEK. **skoor** *ge-, vb., (rare)* joke, tease, rag, banter, squabble. **~soek** pick/seek a quarrel; be spoiling for a fight. **~soeker** troublemaker, stirrer *(infml.)*, quarrelsome person. **~soekerig** *-e* quarrelsome, combative. **~soekerigheid** quarrelsomeness. **~soekery** looking for trouble, picking a quarrel, quarrelsomeness.

skoor·de·ry quarrelling.

skoor·steen *-stene* chimney; funnel *(of a ship, an engine)*; *van jou **mond** 'n ~ maak* smoke like a chimney; *die **rook** trek in die ~ op* the smoke goes up the chimney; *die ~ laat **rook**, die ~ aan die **rook** hou* keep the pot boiling; *daarvan sal die ~ nie **rook** nie* that won't keep the pot boiling; *die ~ **trek** goed* the chimney has a good draught. **~afskuinsing** flaunching. **~anker, ~bint** chimney tie. **~besem** flue brush. **~bint** →SKOORSTEENANKER. **~bors** chimney breast. **~dakkie** chimney cricket. **~gas** stack gas. **~kap** chimney cap(ping)/cowl/hood/jack, turn cap. **~kop** chimney head. **~mantel** chimneypiece, mantel(piece), mantel(shelf), overmantel. **~plaat** hearth plate. **~pot** chimneypot. **~pyp** (chimney) flue, (smoke)stack, chimney shaft/stalk; funnel *(of a ship)*; stovepipe. **~rak** mantelshelf. **~skag** chimney shaft. **~skouer** chimney wing. **~sluk** chimney mouth/throat. **~veër** chimney sweep(er); *(orn.)* sacred ibis. **~verband** chimney bond. **~voering** flue lining. **~voet** chimney base. **~wissel** *(econ.)* kite.

skoor·voe·tend *-tende, adj.* reluctant, half-hearted, foot-dragging. **skoor·voe·tend** *adv.* reluctantly, half-heartedly, with lagging steps, dragging one's feet *(fig.)*, grudgingly.

skoot¹, *(rare, obs.)* **skot,** *skote, (also in certain sports)* shot; charge; crack, report; blast; time; turn; →SKOOTS-; ***binne** ~* within range; ***buite** ~* out of range/shot; *'n ~ op goeie **geluk** (af), (fig.)* a shot in the dark; *die ~ **hoog** deur hê, (infml.)* be three sheets in the wind; be head over heels in love; *'n ~ **klap*** a shot rings out; *'n **laaste** ~* a parting shot; ***mooi** ~!, (lit.)* (good) shot!; *(fig.)* good show!, good for/on you!; ***onder** ~* under fire; within range; within shot; *iem. **onder** ~ hou* keep s.o. covered; ***onder** ~ kom* come under fire; attract/draw fire; *kwaai **onder** ~ kom* get (*or* come in for) a lot of fla(c)k, *(infml.)* take/have a lot of knocking; ***onder** ~ uit* out of range; *skote **Petoors!**, (infml.)* (good) shot!; well done!; *die ~ is **raak**, dit is 'n **raak** ~, (fig.)* the thrust goes home; *'n ~ **skiet*** fire/take a shot; *skote oor en weer **skiet*** exchange shots; *~ **vir** ~, (infml.)* every (single) time. **~afstand, skootsafstand:** *binne ~* within range; *buite ~* out of range. **~bereik, skootsbereik** = SKOOTAFSTAND. **~sku** *(rare)* gun-shy. **~vas** *-te*, **~vry** *-(e), (rare)* bullet-, bombproof; →KOEËLVAS.

skoot² *skote* lap; bosom; fold; sheet *(of a ship)*; *in die ~ van die **aarde*** in the bowels of the earth; *in die ~ van jou **gesin*** in the bosom of one's family; *na die ~ van die/jou **kerk/familie/ens.** terugkeer* return to the fold; *die ~ van die/jou **kerk/familie/ens.** verlaat* leave the fold; *iem. in die ~ van die/sy/haar **kerk/familie/ens.** terugverwelkom* welcome s.o. back into the fold; *op iem. se ~ **sit*** sit in/on s.o.'s lap; *iem. oor die/jou ~ **trek*** put s.o. across/over one's knee; *iets **val** in iem. se ~, iets **val** iem. in die ~* s.t. drops into s.o.'s lap; *alles moet in iem. se ~ **val*** s.o. wants his/her bread buttered on both sides. **~ete** lap supper. **~gordel** lap belt. **~hond(jie)** lapdog, toy/pet dog; *(fig.:*

servile pers.) lapdog, poodle, running dog. **~kindjie** *(rare)* infant in arms. **~rekenaar** laptop (computer). **~steek** *(naut.)* weaver's hitch/knot, sheet bend. **~(s)vel** (leather) apron.

skoot·jie *-jies* dash, tad *(of brandy, vinegar, etc.)*; →SKEUT(JIE).

skoots-: **~afstand, ~bereik** = SKOOTAFSTAND. **~lyn** line of fire. **~veld** field of fire.

skop[1] *skoppe, n.* shovel; scoop. **~graaf** shovel.

skop[2] *skoppe, n.* kick; recoil *(of a gun)*; *iem. 'n ~ onder die sitvlak/agterstel **gee**, (infml.)* give s.o. a kick in the pants; *'n ~ onder die sitvlak/agterstel **kry**, (infml.)* get a kick in the pants; ***lekker** ~ hê, (cocktails etc.)* pack quite a punch; *'n drank(ie) **met** ~, (infml.)* a drink with a lot of kick; *die ~ was **mis*** the kick failed; *'n **vertoning/intrige/ens.** met ~* a performance (*or* story line etc.) that packs a punch. **skop** *ge-, vb.* kick; *(a gun)* kick (back), recoil; *'n **doel** ~* kick a goal; ***mis** ~* fail/miss with a kick; ***na** ... ~* kick (out) at ...; lunge (out) at ...; *iets **stukkend** ~* kick down s.t. *(a door etc.)*; kick in s.t. *(a door, s.o.'s face, etc.)*; ***teen** iets ~, (fig., infml.)* ba(u)lk at s.t.. **~boks** *n.* kick boxing. **~bokser** kick boxer. **~fiets** scooter. **~-skiet-en-donder(-)prent** *(infml.)* blood-and-thunder film. **~skoen:** *jou ~ aanhê, (rugby, infml.)* be very successful with one's kicks. **~vry** *-(e)* recoilless.

skop·pe = SKOPPENS.

skop·pel·maai *-maaie* swing; *~ ry* swing.

skop·pens *(pl.) (suit of cards)* spades. **~boer** jack of spades. **~heer** king of spades. **~tien** ten of spades. **~vrou** queen of spades.

skop·per *-pers* kicker; *'n goeie ~ wees* be a good kick(er). **skop·pe·ry** kicking.

skop·pie[1] *-pies* dustpan; small shovel, scoop.

skop·pie[2] *-pies* small kick; *kort ~* short punt.

skor *skor(re) skorder skorste* hoarse, husky, rough, gravelly *(a voice)*. **skor·heid** hoarseness, huskiness, raucousness.

skor·buut *(med.)* scurvy, scorbutus. **skor·bu·tiek** *-tieke,* **skor·bu·ties** *-tiese* scorbutic.

sko·ring *(rare)* shoring up; →SKOOR[1] *n.*.

skor·rie *-ries, (rare, obs.)* ducktail, Teddy boy. **~morrie** *(infml.)* riffraff, rabble, hoi polloi, ragtag (and bobtail), lowlife, plebs.

skors[1] *skorse, n.* bark, rind *(of a tree)*; cortex. **~bundel** cortical bundle. **~laag** cortical layer. **~porie** *(bot.)* lenticel. **~weefsel** cortical tissue.

skors[2] *ge-, vb.* expel *(s.o. from a school etc.)*; suspend *(s.o. from a job etc.)*; →SKORSING; *iem. in sy/haar amp ~* suspend s.o. from office; *iem. as lid ~* suspend s.o. from membership.

skor·se·nier *-niere,* **skor·se·nier·wor·tel** *-tels, (bot., cook.)* scorzonera, black salsify.

skor·sie *-sies* squash, small marrow.

skor·sing *-sings, -singe* suspension; *(obs.)* adjournment; stay. **skor·sings·reg** suspensive power.

skort[1] *skorte, n., (obs.)* apron, pinafore. **~gordyn** portière *(Fr.)*. **~muur** apron wall. **~plaat** apron plate.

skort[2] *ge-, vb* be wrong; be wanting; ***al wat** ~* all that is wrong; all that is wanting; *daar ~ **iets** (met iem.)* there is something (*or* something is) the matter, there is something (*or* something is) wrong (with s.o.); *daar ~ **iets** aan/mee* there is something wrong with it; *~ daar **iets**?* is anything the matter?; *hier ~ **iets*** there is something wrong here; ***wat** ~?* what is the matter/trouble?, what's up? *(infml.)*, what's bugging you?, what is amiss?; ***wat** ~ hier?* what is wrong here?.

skort·jie *-jies, (obs.)* small apron, pinafore, pinny.

Skot *Skotte* Scot, *(infml.)* Scottie, Scotty, Scotsman, Scotswoman; →SKOTS; *die ~te* the Scots/Scotch. **~land** Scotland, Caledonia *(hist., poet.)*.

skot[1] (→SKOOT[1]): **~vry** scot-free, untouched; out of range; *~ daarvan afkom, ~ bly* escape/go (*or* get off) scot-free, get away with it.

skot[2] *skotte* partition; screen; *(mining)* brattice; *(naut.)* bulkhead; *(mech.)* baffle-plate; *(anat.)* septum; **~balk** *(mining)* divider. **~plaat** baffle-plate. **~spyker** sprig (nail). **~styl** (partition) stud. **~verdelend** *(bot.)* septicidal.

sko·tig *-tige* gradually sloping; *'n ~e afdraand(e)/opdraand(e)* a gradual declivity, a gentle slope.

sko·toom *-tome, (pathol.: blind spot)* scotoma.

Skots *n., (lang.)* Scots, Scotch; →SKOT. **Skots** *Skotse, adj.* Scottish, Scotch, Scots; *~e **geruit*** (Scottish) plaid, tartan; *~e **herdershond/skaaphond*** (Border) collie; *~e **rokkie*** kilt; *~e **slagswaard*** claymore; *~e **terriër*** Scottish terrier, *(infml.)* Scottie/Scotty (dog); *~e **Vereniging*** Caledonian Society; *(~e) **whisky*** (Scotch) whisky, Scotch.

skots[1] *skotse, n.* floe (ice).

skots[2] *adj., (rare)* skew; *~ en skeef* skew and crooked.

skots·kar, *(obs.)* **bak·kar,** *(hist.)* Scotch/springless/tip cart, dumpcart, tumbrel, tumbril.

skot·skrif *(obs.)* lampoon, libel, squib, pasquinade.

skot·tel *-tels* dish; basin; disc (wheel); *vlak ~* platter. **~(antenna), ~(antenne)** dish (aerial/antenna), satellite dish. **~eg** disc harrow. **~goed** crockery, dishes (and plates), washing-up; *(die) ~ was* do/wash the dishes, wash up; *(die) ~ afdroog* wipe (the) dishes. **~goed(droog)rak** dish rack. **~goedwasmasjien** →SKOTTELGOEDWASSER. **~goedwasmiddel** washing-up liquid. **~goedwasser** *(pers., mach.)* dishwasher. **~goedwasserbestand** dishwasher-proof, -safe. **~goedwas(sery)** washing-up. **~goedwater** dishwater, swill; *na ~ smaak, (tea, coffee, etc.)* taste of dishwater. **~ploeg** disc plough. **~skaar** disc (of a plough). **~wiel** disc/dished wheel.

skot·ven·ster hopper/hospital window.

skot·vers *(rare)* heifer in milk.

skot·vry →SKOT[1].

skou[1] *skoue, n.* show, exhibition, fair; viewing, inspection, parade, review; *'n prys op die ~ wen* win a prize at the show. **skou** *ge-, vb.,* put on show *(an animal)*; *(fml., rare)* view, inspect, survey; *'n lyk ~* →LYKSKOUING. **~burg** →SKOUBURG. **~huis** show house. **~kraampie** →SKOUSTALLETJIE. **~spel** *-e* spectacle; pageant; sight; scene. **~spelagtig** *-e* spectacular. **~spelagtigheid** flamboyance, flamboyancy, grandness. **~stalletjie, ~kraampie** fair booth/stall. **~terrein** showgrounds.

skou[2] *skoue, n. (naut.)* scow.

skou·burg *-burge* theatre, playhouse. **~besoeker, ~ganger** theatregoer, playgoer.

skou·end *-ende* seeing *(eye)*.

skou·er *-ers, n.* shoulder; haunch *(of an arch, a beam, etc.)*; *(mach.)* collar; *~ **aan** ~* shoulder to shoulder; *iem. met/oor die ~ **aankyk**, (infml.)* give s.o. the cold shoulder; *iem. se ~s is **breed**, iem. het **breë** ~s, (fig.)* s.o. has broad shoulders; *iem. op die ~s **dra*** carry s.o. shoulder-high; *iem. op die ~s van die veld **dra*** chair s.o. off the field; *iem./jouself op die ~ **klop**, (fig.)* pat s.o./o.s. (*or* give s.o./o.s. a pat) on the back; *oor iem. se ~ **loer**, (infml.)* breathe down s.o.'s neck; *iets op jou ~s **neem*** shoulder s.t. *(responsibilities, a task, etc.)*; *(jou/die) ~s **ophaal*** shrug one's shoulders, give a shrug; *die verantwoordelikheid/ens. **rus** op iem. se ~s* the responsibility/etc. rests on s.o.'s shoulders; *iets oor die ~ **slaan*** sling s.t. over one's shoulder *(a bag etc.)*; *iem. op die ~ **tik*** tap s.o. on the shoulder; *~ aan/teen die **wiel** sit/gooi* put/set one's shoulder to the wheel, put one's back into it. **skouer** *ge-, vb.* shoulder *(a rifle)*. **~balk** *(archit.)* haunched beam. **~band** shoulder strap; brace; lanyard, laniard; *(RC)* pallium. **~bedekking, ~belegsel** epaulette, shoulder knot. **~blad** shoulder blade, scapula. **~breedte** shoulder width. **~breuk** shoulder fracture. **~broek** *(rare)* dungarees. **~doek** *(RC)* amice. **~gewrig** shoulder joint. **~gordel** *(zool.)* shoulder girdle, pectoral arch/girdle. **~hofie** *(print.)* shoulder note. **~holster, ~pistoolsak** shoulder holster. **~hoogte** shoulder height; *op ~* shoulder-high. **~kap(pie)** *(mil.)* wing; shoulder strap *(on a uniform)*. **~kleed** scapular(y). **~kussing, ~kussinkie** shoulder pad. **~lap** scapular(y). **~lengte** shoulder-length. **~lengtehare** shoulder-length hair. **~lus** shoulder strap, tab. **~mantel** cape; *(hist.)* pelerine; pall. **~naat** shoulder seam. **~ontwrigting** dislocation of the shoulder. **~ophalend** with a shrug (of the shoulders). **~ophaling** shrug (of the shoulders); *met 'n ~* with a shrug (of the shoulders); *iets met 'n ~ afmaak* shrug off s.t.; **~pels** fur cape. **~pistoolsak** →SKOUERHOLSTER. **~riem** shoulder belt/strap, lanyard, laniard; baldric *(for a sword)*. **~rok** *(rare)* dungaree skirt; →VOORSKOOTROK. **~ruiker** corsage, shoulder spray. **~sak** shoulder bag; flight bag. **~skaaf** shoulder plane. **~skut** shoulder guard/pad. **~spier** shoulder muscle, deltoid (muscle); →DELTASPIER, DRIEHOEKSPIER. **~steun** buttress. **~stuk** shoulder *(of meat)*; yoke *(of a garment)*; *(mil.)* shoulder piece. **~takkie** = SKOUERRUIKER. **~trog** hod. **~verband** scapular.

skou·er·loos *-lose* strapless, *(attr.)* off-the-shoulder *(a dress)*.

skou·er·tjie *-tjies* little shoulder; coat hanger; →KLEREHANGER.

skout *skoute, (hist.)* sheriff, bailiff. **~admiraal** *-s, (SA, mil.)* rear admiral. **~-by-nag** *-s, skoute-by-nag, (in certain navies)* rear admiral.

skraag *skrae, n., (rare)* support, stay; buttress; bracket, rest; trestle. **skraag** *ge-, vb., (rare)* support; prop (up); buttress up; →ONDERSKRAAG. **~balk** supporting beam. **~beeld** pillar figure, caryatid. **~brug** trestle bridge. **~werk** trestlework.

skraal *skraal, skrale skraler skraalste* thin, lean, gaunt, spare, skinny, slender, slight, slim; skimpy; flimsy; poor *(attendance)*; poor, impoverished *(soil)*; bleak *(weather)*; bleak, cutting *(wind)*; scanty, meagre *(return, hopes)*; thin *(voice)*; bare *(majority)*; spare *(diet)*; poor, low *(salary)*; eager, keen *(air)*; *'n ~ **draer**, (tree)* a shy bearer; *'n ~/skrale **gehoor*** a thin house; *'n ~/skrale **tien*** a mere ten; *('n) ~/skrale **troos** wees* be poor/scant consolation, be cold comfort; *~ **wol*** locky wool. **~hans** niggard, Scrooge; *~ is (vandag) kok, (rare)* there is not much to eat.

skraal·heid, skraal·te thinness, poorness, poverty, bleakness, scantiness, meagreness.

skraal·tjies poor(ly), thin(ly), slender(ly).

skraap *skrape, n.* scratch; *(geol.)* stria(tion); *(anat., biol.)* stria. **skraap** *ge-, vb* scrape, scratch; striate; *(med.)* curet(te); scale *(teeth)*; grade *(a road)*; excavate *(a dam)*; chase; *bymekaar~* scrape together; *die honde het iem. ge~* the dogs chased s.o.; *(die/jou) keel ~* clear one's throat; **~blok** dam scraper/scoop. **~lepel** *(med.)* curet(te). **~mes** scraper, scraping knife; *(med.)* scarifier. **~staal** planing knife. **~sug** stinginess, niggardliness. **~sugtig** *-e* stingy, niggardly, scraping, grasping. **~toets** *(med.)* scratch test *(for allergy)*. **~trekker** tractor-scraper; (road) grader. **~wol** rubbings. **~wond** superficial wound. **~yster** rake, scraper.

skraap·ag·tig *-tige, (rare)* scraping, miserly, niggardly, stingy.

skraap·sel *-sels* scraping.

skra·le·rig *-rige* rather thin/*etc.*; →SKRAAL.

skram *skramme, n., (obs.)* scratch, mark. **skram** *ge-, vb., (rare. obs.)* scratch, graze. **~hou** glance, snick. **~skoot,** *(rare)* **~skot** grazing shot, graze.

skrams grazingly, so as just to graze; glancing; *~ skoot* grazing shot, graze. *iem. ~ raak, (bullet etc.)* just graze s.o.; *... ~ raaksien* catch a glimpse of ..., glance at ...

skran·der *-der -derder -derste* smart, clever, bright, brainy *(infml.)*, sharp-/keen-/quick-witted, sharp, sagacious, intelligent, shrewd, discerning, perspicacious; *'n ~ kind* a brainy/clever/quick child; *'n ~ opmerking* a shrewd remark; *~ wees, 'n ~ kop hê* have quick/sharp wits, be a bright spark. **skran·der·heid** cleverness, smartness, brightness, sagacity, intelligence, shrewdness.

skrap *ge-,* scratch; strike/cross out; cut (out); blue-pencil; delete; erase; expunge; excise; cancel; *(comp.)* abort *(screen text)*; →SKRAPPING; *iets uit ... ~* delete s.t. from ...; expunge s.t. from ...; *iem. (se naam) van ... ~* strike s.o.('s name) from ... *(the register etc.)*. **~toets** *(comp.)* delete key.

skra·per *-pers* scraper; dam scraper, scoop; *(road construction)* grader; *(med.)* curet(te), raspatory; hawk; *(fig.)*

vulture; *outomatiese ~, (hist.)* go-devil. **~wa** grading truck.

skra·pe·rig *-rige,* creaky, scratchy *(sound); (rare)* stingy, niggardly, miserly. **skra·pe·rig·heid** *(rare)* covetousness, greed.

skra·pie *-pies* scratch; *(geol., anat., biol.)* stria; *dis maar net 'n ~* it is only a scratch.

skra·ping *-pings, -pinge* scraping; scarification; *(med.)* curettage; →SKRAAP.

skrap·nel, skrap·nel shrapnel.

skrap·ping *-pings, -pinge* deletion; striking out; cancellation; erasure; scratching; deregistration; expunction; *~ van die rol* disbarment.

skraps *skraps(e) skrapser skrapsste, adv.* scarce(ly); scanty, scantily; skimpy, skimpily; meagre(ly); poor(ly); narrowly; barely; *~ geklee(d)* scantily clad/dressed; *~ uitdeel/toemeet* stint, scrimp, scant, skimp. **skrap·sel** *-sels* scrapings. **skraps·heid** scarceness; scantiness; skimpiness; meagreness.

skre·de *-de(s), (rare, fml.)* step, stride, pace, tread; *met rasse ~, (fig.)* with rapid strides; *met rasse ~ vorder* advance by leaps and bounds; make great strides; *jou ~ na ... wend* direct/turn one's steps to ...

skree →SKREEU.

skreef *skrewe* chink (→SKREFIE); *(typ.)* serif. **skreef·loos** *-lose, (typ.)* sans serif, sanserif, without serifs; *~lose letter(soort)* sans serif, sanserif.

skre·ër *skreërs* →SKREEUER. **skre·ë·rig** *-rige* →SKREEUERIG. **skre·ë·ry** →SKREEUERY.

skreeu *skreeue,* **skree** *skreë, n.* shout, cry, scream; yell; shriek *(of fans etc.)*; screech *(of brakes, tyres, etc.)*; howl, squall *(of a baby etc.)*; shrill *(of insects)*; squeal *(of a pig)*; bray *(of a donkey etc.)*; *'n ~ gee* give a scream; give/utter a cry; give a shout. **skreeu, skree** *ge-, vb.* shout, cry, scream; yell; *(fans etc.)* shriek; *(a baby etc.)* howl, squall; *(in a loud voice)* bawl/blare (out) *(orders etc.)*; ululate; clamour; *(a pig)* squeal; *(a donkey etc.)* bray; *(a frog etc.)* croak; *(a cricket etc.)* stridulate; *~ so **hard** as (wat) jy kan* shout at the top of one's voice; *~ tot jy **hees** is* shout o.s. hoarse; *om **hulp** ~* shout for help; ***na** iem. ~* shout for s.o.; ***na/vir** iem. ~* shout to s.o.; ***om** ... ~* scream for ... *(s.t. that one wants)*; clamour for ...; ***op** iem. ~* yell at s.o.; ***soos 'n maer vark** ~, (infml.)* squeal like a stuck pig, howl like a banshee, scream one's head off; *~ **van** (die) ...* scream/shriek/yell with ... *(laughter, pain, etc.)*. **~balie** crybaby, sniveller. **~bek** *(infml., derog.)* screaming baby; bawler, loudmouthed person. **~lelik** *-e, adj.* frightfully/mega ugly; *~ wees, (infml.)* look like the back end of a bus. **~pienk** shocking pink. **~snaaks** *-e* hilariously/hysterically/screamingly funny, *(infml.)* a gas; *dit was ~* it was too funny for words, it was a (perfect) scream *(infml.)*; *'n ~e komediant/komedie/fliek/ens., (also, infml.)* a screamer. **~wiel** creaking wheel.

skreeu·end *-ende,* **skre·ënd,** *-ënde, adj. & adv.* screaming(ly) *(funny)*; garish, shocking *(colours)*; →SKREEU.

skreeu·er *-ers,* **skre·ër** *-ërs,* bawler, screamer, howler, shouter; loudmouthed person; ranter. **skreeu·e·rig, skre·ë·rig** *-rige* screaming, bawling, shouting; ranting, noisy, vociferous, loud(mouthed); clamorous. **skreeu·e·ry, skre·ë·ry** screaming, bawling, shouting, crying.

skre·fie *-fies* chink, slit; →SKREEF; ***op** 'n ~* on a/the jar; *'n deur **op** 'n ~ laat staan* leave a door ajar; *'n deur **op** 'n ~ stoot* push a door to; *jou oë **op** 'n ~* (of ***op** ~s) trek* screw up one's eyes. **skre·fies·oë, skre·fie-oë** slitty eyes.

skrei *ge-, (rare)* cry, weep; *dit ~ ten hemel, (fig.)* it calls (*or* cries [aloud]) to (high) heaven, it is enough to make the angels weep. **skrei·end** *-ende* crying, blatant, blazing, flagrant, glaring, howling, shameless; *'n ~e **fout*** a capital error; *~e **onbedagsaamheid*** blazing indiscretion; *~e **onreg*** glaring injustice; *'n ~e **skande*** a howling/crying shame.

skri·ba *-bas* church secretary; parish clerk; →SCRIBA SYNODI. **~-kassier** vestry clerk.

skri·baat *-bate* church secretariat.

skri·bent *-bente, (rare, hist.)* scribe, scrivener; *(clerk)* writer; scribbler; hack writer.

skrif *skrifte* (hand)writing; script; print; paper; exercise/examination book; *die (Heilige) S~, (Chr.)* (the) Scripture(s), the Holy Scripture; ***fyn** ~* close/delicate (hand)writing; ***gewone** ~* longhand; *in **gewone** ~ oorbring* transcribe; ***klein** ~* a small hand, small writing; ***kursiewe/lopende** ~* cursive, running hand; *die ~ is aan die **muur**, (fig.)* the writing is on the wall; ***op** ~* on paper; in writing; *iets **op** ~ **stel*** put s.t. in writing (*or* on paper), put s.t. (down) in black and white; commit s.t. to paper, commit/consign s.t. to writing; place/put s.t. on record; ***slordige** ~* scrawl, scribble. **S~gebondenheid** attachment to Scripture. **S~gedeelte** lesson *(in church)*; pericope; *die ~ voorlees* read the lesson. **~geleerd** *-e* educated; knowing. **~geleerde** *-s, (Bib.)* scribe; learned person, textualist. **~graniet** graphic granite. **~kenner** student of the Scriptures, scripturalist; palaeographer. **~kundige** *-s* handwriting expert; graphologist; palaeographer. **S~lesing** reading from the Scriptures, lesson; *die ~ waarneem* read the lesson. **S~matig** *-e* according to Scripture, conforming to Holy Scripture/Writ. **~reël** line of print. **~stuk** *(rare)* writing, document, record. **~teken** = SKRYFTEKEN. **S~uitlêer, S~verklaarder** *-s* exegete, exegetist, hermeneutist. **S~uitlegging, S~verklaring** exegesis, hermeneutics. **~vervalser** forger. **~vervalsing** forgery.

skrif·te·lik *-like* in writing, written; *~ **afstand** doen van* sign away. *~e **belofte*** written promise, promise in writing; *~e **eksamen*** written examination; *~e **laster**, (jur.)* public libel.

skrif·tuur *-ture, (rare)* scripture; document. **~plaas** *(rare)* text, illustration from the Scriptures.

skrif·tuur·lik *-like* scriptural.

skrik *n.* fright, terror, alarm, dread, horror; scare; start; *iem. ~ **aanja(ag)** (rare)* frighten/scare s.o., give s.o. a fright, throw s.o. into a panic, strike terror into s.o.; *met ~ **gewaar** dat ...* notice in/with alarm that ...; *'n **groot** ~* a big fright; *'n ~ **kry*** get/have a fright, get a scare; *iem. die* (of *'n groot*) *~ op die **lyf** ja(ag)* scare s.o. out of his/her senses/wits, give s.o. the fright/scare of his/her life; put the wind up s.o. *(infml.)*; *die ~ op die **lyf** hê* be very frightened, get/have the wind up *(infml.)*; run scared *(infml.)*; ***met** ~* in/with alarm; *'n **paniese** ~ kry, (rare)* get the fright/scare of one's life; ***tot** iem. se ~* to the terror of s.o.; *die ~ **van** die buurt/ens. wees* be the terror of the neigbourhood/etc.; *iem. (se hart) met ~ **vervul**, (fml.)* strike terror/fear into s.o.('s heart); ***wit** word van (die) ~* turn pale with fright, go white about the gills. **skrik** *ge-, vb.* start (up), be frightened/startled, get a fright; *jou **asvaal** ~* turn pale with fright; *jou **(boeg)lam/kapot/kis** ~, **(boeg)lam** ge~ wees* be paralysed/petrified with fright; *iem. het hom/haar **(boeg)lam/kapot/kis*** (of *oor 'n **mik***) *ge~* s.o. was scared silly/stiff, s.o. was frightened/scared out of his/her senses/wits; ***gou** ~* scare easily; ***groot** ~* get a big fright, get the fright/scare of one's life; *jou **kapot/kis** ~* →***(boeg)lam/kapot/kis***; *iem. **laat** ~* give s.o. a fright/scare; startle s.o., give s.o. a start; give s.o. a shock; *iem. groot/lelik **laat** ~* give s.o. a big fright, give s.o. the fright/scare of his/her life; *iets **laat** iem. ~, (also)* s.o. is shocked at/by s.t.; s.t. gives s.o. a turn *(infml.)*; *jou **lam*** (of *oor 'n **mik***) *~* →***(boeg)lam/kapot/kis***; *nie vir koue **pampoen** ~ nie* not be frightened (*or* take fright) easily; ***vir** iets ~* take fright at (*or* be frightened by) s.t.; shy at s.t.; start at s.t.; recoil at s.t.. **~aanjaend** *-e* alarming, terrifying, intimidating, intimidatory, fearsome, frightful, frightening, scary, unnerving. **~barend** *-e, (rare)* alarming, terrifying, frightful, frightening; staggering, appalling; →SKRIKWEKKEND. **~beeld** bugaboo, bugbear, bog(e)y, ogre. **~bewind** reign of terror, terrorism; *daar heers 'n ~ in 'n land* a reign of terror rules in a country; *'n ~ voer* wage a reign of terror. **~bouler** *(cr.)* demon bowler. **~maak** *skrikge-* startle, alarm, frighten, give a fright. **~maker** startler. **~ma·ker(tjie)** *(infml.)* (hard) drink, snifter, snort, quick one. **~wekkend** *-e* alarming, appalling, frightful, startling, fearsome, frightening, terrifying; devastating *(consequences)*; daunting *(a prospect)*; frowning *(a precipice etc.)*; *(infml.)* hairy *(a mountain road etc.)*; →ANGSWEKKEND.

skrik·kel: **~dag** leap day, intercalary day. **~jaar** leap year; *elke ~, (infml.)* once in a blue moon. **~maand** intercalary month; *S~* February.

skrik·ke·rig *-rige* jumpy, nervous, frightened, afraid, scary, twitchy; ba(u)lky, shy, skittish *(horse)*; timorous; *~ wees vir ...* be afraid/frightened of ...; *~ voel, (also)* feel jumpy. **skrik·ke·rig·heid** jumpiness, nervousness, timidity.

skril *skril(le) skriller skrilste, adj. & adv.* shrill, reedy *(voice)*; glaring *(contrast)*; garish, staring *(colour)*; screamy. **skril** *ge-, vb.* shrill. **~fluit** siren. **~skildery** *(rare)* dazzle painting.

skrip·sie *-sies* paper, essay; thesis.

skrob·beer *(ge)-* berate, rebuke, reprove, reprimand, reprehend, scold; dress down *(infml.)*, give a dressing-down, tell/tick off *(infml.)*, give a telling-off *(infml.)*, chew out *(infml.)*. **skrob·be·ring** *-rings, -ringe* rebuke, reprimand, lecture; dressing-down, telling-off; *iem. 'n ~ gee* dress s.o. down *(infml.)*, give s.o. a dressing-down *(infml.)*, tell/tick s.o. off *(infml.)*, give s.o. a telling-off *(infml.)*, chew out s.o. *(infml.)*, tell s.o.'s fortune *(infml.)*; *'n ~ kry, (also)* get it in the neck *(infml.)*; get a rocket *(infml.)*.

skroef *skroewe, n.* screw; (screw) propeller *(of a boat, an aeroplane, etc.)*; jaw vice; chuck; tuning peg *(of a piano)*; fan; *(bot.)* helicoid cyme; *'n ~ **aandraai*** tighten a screw; *die ~ **aandraai**, (fig.)* put the pressure on; *~ van **Archimedes*** helical pump; *daar is 'n ~ **los** by iem., iem. het 'n ~ los, (infml., fig.)* s.o. has a screw/slate loose (somewhere); *'n ~ **los** hê, (also)* be off (*or* out of) one's head, be a nutcase; *daar is 'n (groot) ~ **los**, (infml., fig.)* s.t. is rotten in the state of Denmark *(fig., from Shakespeare's* Hamlet*)*; *op **los(se)** ~ staan, (fig.)* be on a loose footing; be at sixes and sevens; *~ met **onderbroke** draad* interrupted screw. **skroef, skroe·we** *ge-, vb.* screw. **~anker** screw anchor; screwed stay. **~as** screw shaft; propeller shaft. **~bakterie** spirillum. **~bek** vice jaws/grip. **~blad** propeller blade, vane; fan. **~boor** auger. **~bout** screw bolt. **~bus** screwed bush. **~deksel** screw-on/twist-off lid, screw top. **~dekselhouer** screw-top(ped) container. **~domkrag** screw jack. **~dop** screw(-on) cap/top; *(micrometer)* thimble; *met 'n ~* screw-top(ped). **~dop-** screw-top(ped) *(bottle etc.)*. **~draad** screw thread, external/male thread, worm *(of a screw)*; *met ~* screwed. **~draadent** threaded end *(of a bolt)*. **~draadmaat** thread gauge. **~draadsnyer** thread cutter. **~draadsteek** pitch of screw. **~enjin, ~masjien** propeller engine. **~gang** furrow. **~gat** tapped hole. **~gleuf** frog. **~haak** screw/cup hook; dresser hook. **~hamer** monkey wrench, adjustable/shifting spanner. **~klem** vice clamp. **~koppeling** screw coupling. **~las** *-se* screw joint. **~lyn** helical curve/line, helix. **~lynig** *-e* helical. **~masjien** →SKROEFENJIN. **~mikrometer** micrometer screw. →**moer** (screw) nut, female screw. **~ogie** screw eye. **~palm** *(bot.)* screw palm/pine, pandanus. **~pen** *(tech.)* threaded pin. **~pers** screw/fly press; *(med.)* compress. **~pomp** hydraulic screw. **~pyp** screwed/threaded pipe. **~rat** helical gear. **~sleutel** adjustable spanner/wrench, nut key, shifting spanner, screw wrench. **~slinger** vice lever. **~snyer** stock and die. **~spil** screw. **~spyker** screw nail. **~staal** chasing tool, chaser. **~steek** screw pitch. **~(stoom)boot** screw steamer, propeller. **~tand** helical tooth. **~tap** grub screw. **~turbine** propeller turbine, turboprop. **~turbinevliegtuig** turboprop (aircraft). **~veer** helical spring. **~verband** tourniquet. **~vlak** helicoid. **~vorm** spiral (shape). **~vormig** *-e* helical, helicoid(al), screw-shaped, spiral. **~waaier** propeller fan. **~wiel** helical wheel. **~wind** propeller race, slipstream.

skroefs·ge·wys, skroefs·ge·wy·se spirally.

skroei *ge-* sear; singe *(hair)*; scorch *(grass)*; scald *(skin)*; cauterise *(a wound)*; swelter; blight; *die son ~ die aarde* the sun beats down on the earth; *ge~de aarde* scorched earth. **~merk** scorch (mark). **~roes** scorch. **~ryp** black frost. **~siekte** blight. **~warm** torrid. **~wond** scald. **~yster** cauterising iron.

skroei·end *-ende* blistering, broiling, scalding, scorching, searing, sizzling; *'n ~ warm dag* a broiler/scorcher *(infml.)*; *~e hitte/warmte* blistering/parching heat.

skroei·ing singeing; scorching; scalding; flaming *(of surfaces); (med.)* cautery.

skroe·we →SKROEF *vb.*. **~draaier** screwdriver.

skro·fu·la *(med., hist.)* scrofula, struma. **skro·fu·leus** *-leuse* scrofulous, strumous. **skro·fu·lo·se** = SKROFULA.

skro·me·lik *-like* shameful(ly), disgraceful(ly), bad(ly), inordinate(ly); *iem./iets ~ verwaarloos* shamefully neglect s.o./s.t..

skro·me·loos = ONBESKROOMD.

skrom·pel *ge-, (rare)* shrivel, wither, cockle; →VERSKROMPEL. **~kop** shrunken head. **~lewer** cirrhotic liver. **~nier** cirrhotic kidney.

skrooi *ge-, (rare)* parbuckle. **~tou** *(rare)* parbuckle.

skroom *n.* diffidence, timidity, modesty. **skroom** *ge-, vb.* hesitate, dread, be afraid; →SKROOMVALLIG; *~ om iets te doen* be diffident about doing s.t.; *nie ~ om te ... nie* go as far as to ...; *nie ~ om iets te doen nie, (also)* make no bones about doing s.t. *(infml.)*.

skroom·ag·tig, skroom·har·tig *-tige* = SKROOMVALLIG.

skroom·lik = SKROMELIK.

skroom·val·lig *-e* diffident, timorous, bashful, shy, tremulous, unconfident. **skroom·val·lig·heid** diffidence, timidity, bashfulness.

skroot *(no pl.)* scrap (iron/metal); shot; cannon shot, grapeshot; hailshot; slugs. **~hamer** spalling hammer. **~handelaar** scrap dealer. **~vuur** grapeshot fire. **~werf** scrapyard.

skrop *skroppe, n.* scoop, (dam) scraper; bucket *(for a dam)*. **skrop** *ge-, vb.* scrub, scour *(floors etc.); (chickens etc.)* scrabble, scratch; scrape *(a dam)*; exfoliate; *(jou) ~, (doctor etc., before an operation)* scrub up. **~borsel** scrubbing brush. **~hoender** free-range chicken/hen, barnyard fowl. **~kamer** scrubbing room; scrub-up room. **~knieë** *(med., infml.)* housemaid's knee. **~lap** scrubbing cloth. **~saag** keyhole saw, padsaw. **~skaaf** scrub plane, German jack plane. **~vrou** *(dated)* charwoman, scrubwoman.

skrot = SKROOT.

skro·tum *-tums, (anat.)* scrotum.

skrum *skrums, n., (rugby)* scrum, scrummage; scrimmage; *'n los ~* a loose scrum; *'n vaste ~* a set/tight scrum. **skrum** *ge-, vb.* scrum. **~oor** *(joc.)* cauliflower ear. **~pet** scrum cap, skullcap; headguard. **~skakel** scrum half.

skrum·mer *-mers* scrummager.

skru·pu·le *-les, (rare, fml.)* scruple, hesitation, objection. **skru·pu·leus** *-leuse, (rare, fml.)* scrupulous, punctilious, conscientious.

skry *ge-, (rare, fml.)* stride, step, stalk.

skryf, skry·we *ge-, geskrewe* write; correspond; compose; →GESKREWE; ***aan/vir** iem. ~* write to s.o., write s.o. a letter; ***aan/vir** iem. ~ wat die uitslag/ens. is* write s.o. the result/etc.; ***aan/vir** mekaar ~* write to each other; ***gou** vir iem. ('n briefie) ~* write s.o. a quick note; ***groot** ~* write a large hand; ***huis** toe ~* write home; *met **ink** ~* write in ink; *in die **koerante** ~* write for the papers; ***leesbaar** ~* write legibly; ***lelik** ~ →**onleesbaar/lelik**; **na** ... ~* write to ... *(an address)*; ***om** iets ~* write for s.t.; ***onleesbaar/lelik** ~* write illegibly, scrawl, scribble; ***oor** iets ~* write about s.t.; write on s.t. *(a subject)*; ***op** iets ~* write on s.t. *(paper etc.)*; *met 'n **pen** ~* write with a pen; *met ('n) **potlood** ~* write in pencil; *daar **staan** ge~ dat* ... it is written that ...; ***van** ... ~* write about ...; refer to ...; ***verkeerd** ~* miswrite; ***vinnig** ~* scribble; ***vir** iem. ~ →**aan/vir**; iets **voluit** ~* write out s.t.; *jou naam **voluit** ~* write one's name in full.

skryf-: **~behoeftes, ~benodig(d)hede** stationery, writing materials; *handelaar in ~* stationer. **~bestand** *(comp.)* write-protect *(a disc)*; *~ maak* write-protect; *~ wees* be write-protected. **~beveiliging** *(comp.)* write protection. **~beveiligingskeep** *(comp.)* write-protect notch. **~blok** writing pad; notepad. **~boek** exercise book; manuscript book; writing book; copybook; notebook. **~bord** blackboard. **~buro** writing desk; davenport. **~fout** slip of the pen; clerical error; erratum. **~gereedskap, ~goed** = SKRYFBEHOEFTES. **~ink** writing ink. **~kramp** writer's cramp/palsy/spasm, graphospasm. **~kundig** writerly. **~kuns** art of writing; creative writing; calligraphy; pencraft, penmanship. **~lekker** motto kiss, conversation sweet/lozenge. **~les** writing lesson. **~lessenaar** writing desk, escritoire *(Fr.)*. **~letter** cursive (letter), script letter; *(also, in the pl.)* script. **~lus** passion for writing, writer's itch. **~mat** desk pad. **~matig** writerly *(text)*. **~naam** pen name, nom de plume *(Fr.)*. **~papier** writing paper; notepaper. **~pen** writing pen. **~plank** writing board. **~plankie** planchette. **~reël** rule for writing. **~rol** roller, platen *(of a typewriter)*. **~stif** stylus, style; calamus. **~stremming** writer's block. **~taal** written language; book language. **~tafel** desk, writing desk/table, office desk, bureau. **~talent** talent/flair for writing, literary talent. **~teken** character; letter; orthographic mark; grapheme. **~trant** style; manner of writing, diction. **~voorbeeld** writing copy. **~werk** writing; clerical work, paperwork; *goeie/knap/puik ~* fine writing. **~wyse** style; manner of writing; spelling; spelling system; orthography; notation; penmanship.

skryf·sel *-sels* piece of writing; scribble; screed.

skryf·ster *-sters* authoress; →SKRYWER.

skry·lings *(rare, obs.)* astride; astraddle.

skryn[1] *skryne, n., (obs.)* chest, box, cabinet. **~hout** joinery timber. **~werk** joinery, cabinetwork, cabinetmaking. **~werker** joiner, cabinetmaker. **~werkery** *-e* joiner's shop, joinery. **~werkwinkel** joinery.

skryn[2] *ge-, vb., (rare)* smart, ache, cause pain. **skry·nend** *-nende* smarting, painful, poignant, grim.

skry·ne·rig *-rige* aching, smarting, tender. **skry·ne·rig·heid** ache, smart.

skryn·hout, skryn·werk →SKRYN[1].

skry·we *-wes n., (fml.)* letter; *u ~ van gister* your letter of yesterday's date. **skry·we** *ge-, vb.* →SKRYF. **skry·wer** *-wers* writer, author; *(hist.)* scrivener; *(hist.)* scribe; *(hist.)* penman; *~ hiervan* the present writer; *'n swak ~ wees* be a poor writer; *van die ~* with the author's compliments. **skry·wer·tjie** *-tjies, (mostly derog.)* minor author. **skry·we·ry** writing; scribbling; dabbling in literature; paperwork.

skry·wers-: **~aandeel** →OUTEURS(AAN)DEEL. **~blok** writer's block. **~korreksie** author's correction. **~loopbaan** writing career. **~naam** name of a writer *(or* an author); pen name; →SKRYFNAAM. **~persentasie** royalty. **~talent** →SKRYFTALENT.

sku *sku(we) sku(w)er skuuste, adj.* timid *(animal)*; shy, bashful; reserved, unsociable; timorous; skittish *(horse)*. *~ wees vir* ... be shy of ...; avoid/shun ...; keep clear of ...

sku·a, skoe·a *-as, (orn.)* skua; jaeger; →ROOFMEEU.

skub *skubbe, (zool.)* scale, scute. **~dier** armadillo; scaly anteater. **~patroon** imbrication. **~siekte** *(med.)* fish-skin disease, ichthyosis. **~struktuur** imbricated structure. **~uitslag** psoriasis. **~vlerkig** *-e* lepidopteran, lepidopterous; scaly-winged. **~vormig** *-e* scaly, squamiform, squamous. **~wortel** toothwort.

sku·ba *(also* skubaduik) scuba (diving). **~duiker** scuba diver.

skub·ag·tig *-tige* scaly, squamous; scalelike.

skub·be·rig *-rige,* **skub·big** *-bige* scaly. **skub·be·rig·heid, skub·big·heid** scaliness.

skub·be·tjie *-tjies* little scale.

skub·big *-bige, (bot., zool.)* scutate; →SKUBBERIG.

sku·blies·roos *(Lagerstroemia indica)* pride of India, crape myrtle.

skubs·ge·wys, skubs·ge·wy·se in scales; imbricate(d).

skud *ge-* shake, tremble; jolt; convulse; quake; rattle; shuffle *(cards)*; ***deurmekaar** ~* shake up; *~ van die **lag*** rock *(or* be convulsed) with laughter; *iets **leeg** ~* turn out s.t. *(one's pockets)*; *iem. **wakker** ~* shake s.o. awake; shake up s.o.. **~geut** shaker. **~tafel** *(mining)* shaking/reciprocating table.

skud·baar *-bare* shak(e)able.

skud·der *-ders* shaker; vibrator; *(mech.)* walker; jigger.

skud·ding *-dings, -dinge* shaking, trembling; agitation; *(med.)* shock, concussion, succussion; quake, tremor, jar.

skug·ter *skugter(e), -terder -terste* timid, shy, self-conscious, coy, bashful, unconfident; *'n ~(e) poging* a half-hearted attempt. **skug·ter·heid** timidity, shyness, coyness, bashfulness.

sku·heid shyness, bashfulness; timorousness, timidity; reserve; skittishness *(of a horse)*; →SKU *adj.*.

skuif *skuiwe, n.* bolt *(of a door)*; sliding bolt; sliding lid; slide (valve); shear, slide; shutter; sleeve; damper; puff *(of smoke)*; move *(in a game etc.)*; *'n **groot** ~* a long pull *(at a pipe, cigarette)*; *dis **jou** ~, (lit. & fig.)* it's your move, *(fig.)* the ball is in your court; *'n ~ **maak**, (lit.)* (make a) move *(in a board-game)*; *(fig.)* make a move; *dis X **se** ~, (also, fig.)* the ball is in X's court; *'n ~(ie) aan ... **trek*** take a puff/pull at ... *(a cigarette, pipe, etc.)*. **skuif, skui·we** *ge-, vb.* push, shove; *(chess)* move; shift; slide; shoot *(a bolt)*; *nader **na** iem. ~* edge up to s.o.; *iets **op** iem. ~, (fig.)* saddle s.o. with s.t.; *iets **opsy** ~* push/shove s.t. aside; *iets **vorentoe** ~* move s.t. forward. **~as** shift shaft. **~beweging** sliding movement; shearing motion. **~blad** slip board. **~blinding, ~hortjies** Venetian blind. **~blok** stock. **~bok** extension trestle. **~dak** sliding roof/hood. **~deur** sliding door. **~druk** *(print.)* mackle, macule. **~gewig** rider, running/sliding/poised weight. **~gordyn** sliding curtain, traveller. **~grendel** sliding bolt. **~hortjies** →SKUIFBLINDING. **~kas** steam chest *(of a locomotive)*. **~kiel** *(naut.)* sliding keel. **~klep** slide valve. **~knoop** slipknot, running/sliding knot. **~koppeling** slip/sliding joint. **~krag** shear(ing) force. **~laai** drawer. **~las** slip joint. **~leer** extension ladder. **~lens** zoom lens. **~liniaal** extension rule(r). **~luik** *(naut.)* booby hatch; sliding hatch/panel; draw/sliding shutter. **~lus** noose. **~maat** sliding gauge. **~meul(e)** subterfuge, pretext, pretence, stalking horse; *(game)* (nine men's) morris. **~mikroskoop** travelling microscope. **~naald** bodkin. **~passer** sliding cal(l)ipers, sliding gauge, cal(l)iper compasses. **~passing** sliding/slide fit. **~plaat** slide/shear plate. **~plank** slip board. **~raam** window/hanging sash. **~raamvenster** sash window. **~rat** sliding gear. **~ring** traveller, umbrella runner. **~skerm** wing, coulisse. **~skeur** shear. **~sleutel** →SKROEFSLEUTEL. **~spanning** shear(ing) stress. **~speld** paperclip. **~stang** slide rod; shift rail. **~tafel** sliding/extension table. **~teleskoop** extension telescope. **~trompet** slide trumpet, trombone; *(hist.)* sackbut. **~vastheid** shear strength. **~venster** sash window. **~visier** sliding sight. **~vlak** sliding surface; shear plane. **~vurk** striking fork. **~weerstand** shear resistance; rheostat. **~wind** shear wind.

skui·fel *ge-* shuffle, scuffle, sidle, shamble; *nader na iem. ~* edge up to s.o..

skui·fie *-fies* small bolt/etc.; draw *(at a cigarette, cigar, etc.)*; *'n ~ aan ... trek* →SKUIF *n.*.

skuil *ge-* shelter, take cover/shelter; hide (away); skulk; ***agter** ... ~* take refuge behind ...; *daar ~ meer **agter** as wat iem. dink* there is more to it than meets the eye *(infml.)*; *wat **agter** iets ~* what is/lies behind s.t.; what is at the bottom of s.t.; ***agterkom/vasstel** wat agter iets ~* get to the bottom of s.t.; get behind s.t.; ***(gaan)** ~* take cover; *daar ~ 'n ... **in** iem.* s.o. has the makings of a ...; ***teen/vir** ... ~* shelter from ... *(the rain etc.)*; ***vasstel** wat agter iets ~ →**agterkom/vasstel**.* **~gaan** *skuilge-* hide, conceal o.s., go into hiding. **~gat** *(mil.)* foxhole, dugout; funkhole, bolt hole. **~hoek** hiding place, cover, haunt; *die diepste ~e* the innermost recesses. **~hou** *skuilge-: jou ~* hide, keep hidden, lie low *(infml.)*. **~huis** safe house *(for undercover agents, terrorists, etc.)*. **~hut** hide. **~kelder** air-raid shelter. **~naam** pen name, pseudonym, nom de plume *(Fr.)*; *onder 'n ~ skryf/skrywe* write under a nom de plume. **~oord** refuge. **~plaas:** *die ~ van die Allerhoogste, (Bib.)* the secret place of the Most High. **~plek** hiding place, cover, retreat, shelter, refuge, sanctuary, haven, hide-out, harbour, hideaway; hide; hang-out; *'n ~ soek* seek/take sanctuary; *aan iem. ~ verleen* grant refuge to s.o.. **~sloot** slit trench. **~tent** shelter/pup tent. **~verligting** concealed lighting. **~verwarming** concealed heating.

skui·ling *-lings* cover, shelter; *~ **soek*** seek cover, make for shelter; take cover; take shelter; *by ... ~ **soek*** seek refuge with ...; *in 'n land ~ **soek*** take refuge in a country; *uit ~ **spring**, (rare)* break cover.

skuil·te *=tes* shelter, sheltered nook, hide-out; →SKUILPLEK.

skuim *n.* foam *(on liquids, horses, round the mouth, of waves)*; froth, head *(on beer)*; lather *(of soap in water etc.)*; spume *(on the sea)*; dross *(of molten metal)*; *(fig., derog.)* scum, dregs (of society), dross, lowlife; refuse, offscourings; *~ het om sy mond gestaan* he was frothing at the mouth. **skuim** *ge=, vb.* foam (up), froth; lather; *(wine)* sparkle, bead; spume; fume *(with rage)*. **~bad** bubble/foam bath. **~bek** *ge=, (rare)* foam at the mouth; fume *(with rage)*. **~besie** froghopper, spittlebug. **~beton** foam concrete. **~blom** foamflower. **~blusser** foam (fire) extinguisher. **~koek** chiffon cake. **~koekie** →SKUIMPIE. **~kop** *(white-crested wave)* white horse, whitecap. **~kraan** scum cock. **~nagereg** whip. **~plastiek** foam plastic, plastic foam, expanded plastic. **~rubber** foam rubber. **~rubbermatras** foam mattress. **~ruglaag** foambacking. **~rugstof** foamback(ed) fabric. **~slak** *(building)* foamed slag. **~spaan** skimmer, skimming ladle/spoon; scum board. **~steen** *(geol.)* aphrolithic lava, aa (lava). **~tert** meringue tart; chiffon tart. **~wyn** *(rare)* sparkling wine.

skuim·ag·tig *=tige* foamy, frothy; spumous; →SKUIMERIG.

skui·mend *=mende* foamy; spumous; fizzy; yeasty; *~e wyn, (rare)* sparkling wine.

skui·me·rig *=rige* foamy, frothy; fizzy; sudsy. **skui·me·rig·heid** foaminess, frothiness.

skui·ming frothing, foaming; spumescence.

skuim·pie *=pies*, **skuim·koe·kie** *=kies* meringue.

skuins *skuins(e) skuinser skuinsste, adj.* skew; slanting, sloping; inclined; raked, raking; oblique; blue, broad, coarse *(joke)*; *~ **boog/brug*** skew arch/bridge; *~ **dak*** inclined roof; *in ~ **druk*** in italics; *'n ~ **hou**, (tennis, squash)* an angle shot; *~ **kant*** chamfer; bezel; cant; *~ **ken*** receding chin; *~ **keper*** twist twill; *~ **muur*** canted wall; *~ **parkering*** angle parking; *~ **prieel*** slanting trellis; *~ **rand*** bevel edge; *~ **rooster*** inclined grate; *~ **sak*** slash pocket; *~ **skag*** inclined shaft; *~ **stand/ligging*** tilt; *~ **steek*** diagonal stitch; *~ **streep*** diagonal line; →SKUINSSTREEP; *~ **strook*** bias strip; crossway strip; *~ **sy** (also* skuinssy*) van 'n driehoek* hypotenuse; *~ **vlak*** inclined plane; *~ **vloer*** raked floor; *~ **voorkop*** receding forehead; *~ **wasser/waster*** bevel washer. **skuins** *adv.* slantingly, obliquely, at an angle; askew, aslant, awry; sideways; *~ **afloop*** shelve; *iets ~ **hou*** give s.t. a tilt; tip up s.t.; *~ **kerf*** skive; *~ **kyk*** look askance; *~ **lê*** batter; →SKUINSLÊ; *~ **loop*** slope, dip, slant; *~ na bo **loop*** slope up; *~ na onder **loop*** slope away; *~ **maak*** cant; *~ **opkyk** van iets* be unpleasantly surprised by s.t.; *~ **plaas**, (sport)* angle *(a ball etc.)*; *~ **sny*** cut on the cross; *~ **(teen)oor*** diagonally opposite; nearly opposite; *~ **(teen)oor** iem. **woon*** live nearly opposite s.o.; *~ **vlieg*** bank; *~ **voor** agt/ens.* shortly before eight/etc.. **skuins** *ge=, vb.* cant, incline; slant (off), bevel; chamfer; splay *(a corner)*. **~balk** *(her.)* bar, bend. **~band** bias binding. **~beitel** skew chisel/iron. **~ent** *(hort.)* whip graft. **~hamer** tapering tool. **~hoogte** slant height. **~hout** canted timber. **~kant** bevel. **~las** *=te* bias *(of a ball)*. **~lê** *(also:* skuins lê*)*: *('n bietjie gaan) ~* take a nap, have a lie-down. **~loper** turncoat. **~lys** cant. **~oor** splay ear *(of a sheep)*. **~seilend** loxodromic(al). **~snyeg** offset harrow. **~stoter**, **~stootskraper** angledozer. **~streep** slash (mark), solidus, diagonal, virgule, oblique, slant, scratch comma, separatrix; *(her.)* ribbon. **~weg** aslant; on bevel.

skuins·heid slant, inclination, obliqueness, obliquity; skewness.

skuins·te *=tes* slope, gradient; slant, bias, incline, tilt, pitch; scarp; versant; chamfer; bevel; *(rly.)* batter; *iets op die ~ knip/sny* cut s.t. on the bias/cross; *teen die ~* on the slope. **skuins·te·hoek** angle of skew.

skuit *skuite* boat; *(also, in the pl., infml.: large shoes)* clodhoppers, beetlecrushers; →SKUITJIE. **~been**, **skuitjiebeen** scaphoid (bone); navicular bone. **~bou** boatbuilding. **~hoed** shovel hat *(formerly worn by clergymen)*. **~maker** boat builder. **~voerder** *(rare)* boatman, boater, keelman, bargee, lighterman. **~vormig** *=e, (anat.)* boat-shaped, navicular; scaphoid.

skuit·jie *=jies* small boat, dinghy, skiff; shuttle *(of a sewing machine)*; *in dieselfde ~ sit/vaar, (fig.)* be in the same boat. **~been** →SKUITBEEN.

skui·we *ge=* →SKUIF *vb.*. **skui·wer** *=wers* shifter; squeegee. **skui·wer·gat** scaffolding/putlog/putlock hole; wall pocket; scupper; drain hole; escape hatch; *(fig.)* back door, way of escape, loophole, excuse, escape clause; *'n ~ **in** ...* a loophole in ...; *'n ~ **laat*** leave a loophole; leave a back door open; *'n ~ **toestop*** close a loophole; *'n ~ **vind*** find a loophole. **skui·wer·gat·no·tering** *(stock exchange)* backdoor listing. **skui·wing** shear.

skul=: **~boot** scull(er). **~riem** scull. **~roei** *ge=* scull. →SKULLER.

skuld *skulde, n.* debt; fault, guilt, blame, *(jur., Lat.)* mens rea; involvement, culpability; embarrassment; *~(e) **aangaan*** incur (*or* run up) debts; *~ **beken/bely*** admit/confess guilt; *~ **betaal/vereffen*** (re)pay/settle a debt; pay off one's debts; *~ by iem. **betaal/vereffen**, (also)* square up with s.o.; *dis iem. se ~ **dat** ...* s.o. is to blame for ...; *~(e) **dek*** meet debts; *~ **delg*** cancel a debt; *die ~ **dra*** bear the blame; *iem. **dra** die ~ dat ...* s.o. is to blame for ...; *iem. **dra** geen ~ nie* no blame attaches to s.o.; *iets is jou **eie** ~* s.t. is one's own fault; s.t. is of one's own making; *dit is iem. se **eie** ~, (also)* s.o. has (only) him-/herself to blame/thank for that; *dit sal jou **eie** ~ wees* on your own head be it; *~ **erken*** plead guilty; *~ aan ... **gee*** affix/attach blame to ...; *iem./iets die ~ **gee*** cast/lay/put the blame on s.o./s.t.; *iem. die ~ **gee**, die ~ op iem. **pak**, (also)* fasten the blame/charge on/upon s.o.; *... die ~ van iets **gee*** blame ... for s.t.; cast/lay/put the blame for s.t. on ...; lay s.t. at s.o.'s door; *iem. die ~ **gee** omdat iets gebeur het* blame s.o. for s.t.; blame s.t. on s.o.; ***hard/vrot** van die ~ wees, meer ~ hê as **hare** op jou kop, (infml.)* be up to the/one's ears/neck in debt; *iem. **het** ~* s.o. has debts; s.o. is to blame; ***in** die ~ wees* be in debt; be in the red; *by iem. **in** die ~ staan/wees* be indebted to s.o.; *diep (of tot oor die/jou ore [toe]) **in** die ~ wees, (infml.)* be up to the/one's ears/neck in debt; *diep by iem. **in** die ~ staan/wees* be deeply indebted to s.o., be deeply/greatly in s.o.'s debt; *op ~ **koop*** buy on credit, buy on tick *(infml.)*; *die ~ **kry*** get the blame, be blamed; *~ **kwytskeld*** cancel a debt; *die ~ op iem./iets **laai/pak/werp*** cast/lay/put the blame on s.o./s.t.; *die ~ van iets op ... **laai/pak/werp*** cast/lay/put the blame for s.t. on ...; *~ **maak*** contract debt, incur (*or* run up) debts; *dit was **nie** iem. se ~ nie* it was not s.o.'s fault; *dit is **nie** iem. se ~ nie* s.o. cannot help it; it is none of s.o.'s doing; ***nie** deur jou ~ nie* through no fault of one's own; *~ **ontken*** plead not guilty; *tot oor die/jou **ore** (toe) in die ~* →***in**; die ~ op iem./iets **pak** →**laai/pak/werp**; die ~ van iets op iem. **pak**, (also)* lay s.t. at s.o.'s door; pin s.t. on s.o.; ***R1000** ~* a debt of R1000; *in die ~ **raak*** fall/run into debt; *uit die ~ **raak*** pay off one's debts, get square; *die ~ met jou **saamdra*** have an albatross round one's neck; *dit is iem. **se** ~* s.o. is to blame, it is s.o.'s fault, the fault lies with s.o., it lies at s.o.'s door; *dis iem. **se** ~ **dat** ...* it's due to s.o. that ...; *die ~ op iem. anders **skuif/skuiwe*** throw the guilt on s.o. else; ***slegte** ~* bad debt; *die ~ van iets by iem. **soek*** lay s.t. at s.o.'s door; ***sonder** ~ wees* be in the clear; be all square; *jou in die ~ **steek*** contract/incur (*or* run up) debts; ***uit** die ~ wees* be in the black, be out of the red; *~ **uitdeel*** apportion blame; *~ **vereffen** →**betaal/vereffen**; **vergeef** ons ons ~de, (OAB)* forgive us our trespasses; *in ~ **verval*** fall into debt; ***vrot** van die ~ wees →**hard/vrot**; **vry** van ~ bly* pay one's way; *die ~ op iem./iets **werp** →**laai/pak/werp**; ~ op ... **werp**, (also)* affix/attach blame to ... **skuld** *ge=, vb.* owe; *iem. baie ~* owe s.o. much *(money etc.)*; *iem. niks ~ nie* owe s.o. nothing, be (all) square with s.o.. **~akte** instrument of debt. **~bekentenis** acknowledg(e)ment of debt/indebtedness; confession (of guilt); *(jur.)* acknowledg(e)ment/admission of guilt. **~belydenis** confession of guilt. **~berader** debt counsellor. **~berading** debt counselling. **~besef** consciousness/sense of guilt. **~beslag** attachment for debt. **~beslagorder** garnishee order. **~bewus** *=te, adj.* conscious of guilt. **~bewus** *adv.* guiltily. **~bewustheid** guilty conscience, consciousness of guilt. **~bewys** acknowledg(e)ment of debt, IOU; promissory note. **~brief** debenture; acknowledg(e)ment of debt. **~briefie** IOU. **~delging** (debt) redemption, amortisation. **~diens** debt service. **~eiser** creditor, obligee; *vergadering van ~s* creditors' meeting. **~erkenning** admission of guilt; IOU. **~gevoel** sense of guilt, guilt complex; *deur ~ens gepla word* be guilt-ridden. **~invorderaar** debt collector. **~invordering** debt recovery, collection of debt. **~invorderingsagentskap**, **=buro** debt collection agency. **~las**, **skuldelas** load/burden of debt, debt burden, indebtedness; burden of sin(s). **~offer** trespass offering. **~reëling** settlement of debt. **~vergelyking** setoff. **~vergewing**, **~vergif(fe)nis** remission of debts/sins, pardon. **~vermoede** presumption of guilt. **~vernuwing** renewal of debt, novation. **~verrekening** collation of debts. **~vordering** claim/demand/action for debt.

skul·de·las →SKULDLAS.

skul·de·loos →SKULDLOOS.

skul·de·naar *=naars, =nare* debtor, promissor, obligor.

skul·dig *=dige* guilty; culpable; delinquent; indebted; ***aan** iets ~ wees* be guilty of s.t.; *nie **aan** iets ~ wees nie* be guiltless of s.t.; *iem. aan iets ~ **bevind*** find s.o. guilty of s.t., convict s.o. of s.t. *(theft etc.)*; *jou aan iets ~ **maak*** be guilty of s.t.; *~ **pleit**, (in court)* plead guilty. **skul·dig·be·vin·ding** conviction. **skul·di·ge** *=ges* guilty person/party, offender, culprit, delinquent; *die ~, (also)* the villain of the piece. **skul·dig·heid** guiltiness, culpability. **skul·dig·ma·king** crimination.

skuld·loos, **skul·de·loos** *=lose* guiltless, blameless, innocent. **skuld·loos·heid**, **skul·de·loos·heid** guiltlessness, blamelessness, innocence.

skul·ler *=lers* sculler. →SKUL.

skulp *skulpe, n.* shell; conch; scallop; *(bot.)* testa; cockle; concha; *in jou ~ **kruip*** go/retire into one's shell, draw/pull in one's horns; *uit jou ~ **kruip*** come out of one's shell. **skulp** *ge=, vb.* scallop. **~boor** shell bit. **~bou** monocoque construction. **~dak** conch. **~dier** crustacean, shellfish, conch. **~gruis** shell grit. **~kalk** shell lime. **~klier** shell gland. **~krale** shell beads; *(hist.)* wampum. **~kromme** *(math.)* conchoid. **~krul** *(obs.)* pin curl. **~kunde** conchology. **~kundig** *=e* conchological. **~kundige** *=s* conchologist. **~pienk**, **~roos(kleur)** shell pink. **~rand** scalloped edge. **~randtafel** piecrust table. **~romp** *(aeron.)* monocoque. **~roos(kleur)** →SKULPPIENK. **~saag** jack saw, ripsaw, ripping saw. **~slak** snail. **~steek** scallop stitch. **~vis** shellfish. **~visser** shell gatherer. **~vormig** *=e* conchoidal, shell-shaped, conchiform, turbinal, turbinate. **~werk** scalloping.

skulp·ag·tig *=tige* shell-like, shelly.

skul·pie *=pies* (little) shell.

skulp·tuur *(fml.)* (art of) sculpture; *(also, in the pl.)* sculptures, pieces of sculpture.

skun·nig *=nige =niger =nigste, (rare, obs.)* shabby; scabrous, salacious; raffish. **skun·nig·heid** shabbiness; salaciousness; meanness, mean-spiritedness.

sku·rend *=rende* fricative; abrasive; →SKUUR[2].

skurf *n.* = SKURFSIEKTE. **skurf** *skurwe skurwer skurfste, adj.* chapped, rough *(skin etc.)*; mang(e)y, scabby *(animals)*; rugged *(terrain)*; scabrous, scabious; scaly; coarse, crude, *(infml.)* near the knuckle *(a joke)*; smutty, bawdy, raunchy; lewd; *'n skurwe oppervlak* an uneven surface. **~kruid** *(bot.)* scabious, gipsy/gypsy rose. **~siekte** mange, scab *(in animals)*; scabies, itch *(in humans)*.

skurf·ag·tig →SKURWERIG.

skurf·heid roughness; scabbiness, manginess; scaliness; smuttiness. **skurf·te** mange *(in animals)*; scabies *(in humans)*; scabbiness; chaps, chappiness, roughness *(of skin)*; scab *(in plants)*; scurf; *(med.)* impetigo. →SKURWE=.

sku·ring friction, rubbing, chafing, *etc.*; scouring; →SKUUR[2].

sku·rings=: **~geluid** →SKUURGELUID. **~klank** →SKUURKLANK.

skurk *skurke* crook, villain, scoundrel, rogue, rascal, blackguard, thug, miscreant; *'n* ***bende/klomp*** *~e* a pack of rogues; *'n ~* ***deur en deur, 'n deurtrapte*** ~ a consummate/thorough(-paced) scoundrel, an unmitigated scoundrel, a consummate rogue; *'n* ***egte/opperste*** ~ a regular rascal; *'n* ***ellendige*** ~ a beastly scoundrel; *(die rol van) die ~* ***speel*** play the villain; *die ~ in die* ***stuk*** the villain of the piece; *die* (of *so 'n*) ***vervlakste*** *skurk, (infml.)* the ruddy rascal. **skurk·ag·tig** *=tige* vile, scoundrelly, blackguardly, rascally. **skurk·ag·tig·heid, skur·ke·ry** villainy, rascality, blackguardism, crookedness, scoundrelism; thuggery. **skur·ke·streek** piece of villainy/rascality, blackguardly act/behaviour.

skur·we=: **~bas** *(citrus disease)* scaly bark. **~jantjie** →REUSEGORDELAKKEDIS. **~padda** toad. **~poot** *(disease)* scaly leg. **~pootmyt** scaly-leg mite.

skur·we·rig *=rige,* **skurf·ag·tig** *=tige* slightly chapped/rough; slightly mangy/scabby; →SKURF *adj.*. **skur·wig·heid** scab(biness); →SKURFHEID, SKURFSIEKTE.

skut[1] *skuts,* **skut·ter** *=ters, n.* shot, marksman; rifleman; shooter; *die Skutter, (astron.)* →DIE **BOOGSKUTTER.** *berede skuts* mounted rifles. **skut·te·ry** militia.

skut[2] *skutte, n.* protection; guard; pad; protector; shield; screen; *(naut.)* fender; fence. **skut** *ge=, vb., (rare, obs.)* protect. **~balk** *(naut.)* fender beam; fender. **~bekleding** sheathing. **~blaar** bract, scale leaf, hypsophyll(um). **~blaaragtig** *=e* bracteal. **~blaartjie** bracteole. **~blad** flyleaf *(of a book); los ~* flyleaf; *vaste ~* endpaper/endleaf *(of a book).* **~bord** fender board; *(naut.)* fender. **~bus** grommet, grummet. **~dak** lean-to, penthouse, awning. **~helm** *(cr.)* protective helmet. **~huls** protecting sleeve. **~klere** protective clothing. **~kleur** *(rare)* camouflage. **~loods** *(rly.)* excess depot. **~paal** fender pile. **~plaat** guard plate; kick(ing) plate. **~plank** weatherboard; *(archit.)* fender. **~raam** cradle *(on a hospital bed).* **~reling** guardrail, safety rail. **~ring** keeper. **~sluis** lock. →SKUTS=.

skut[3] *skutte, n.* pound *(for stray animals),* impoundage, impoundment, pinfold, greenyard. **skut** *ge=, vb.* pound, impound. **~geld** poundage, pound money/fee. **~hok** shed; pound. **~kraal** pound. **~meester** pound master/keeper. **~vee** impounded cattle. **~veiling, ~verkoping** pound sale.

skuts= *(dated):* **~engel** = BESKERMENGEL. **~heer** = BESKERMHEER. **~heilige** = BESKERMHEILIGE. **~vrou** = BESKERMVROU.

skut·ter →SKUT.

skut·ting[1] *=tings, (rare)* protection; *(rare)* slat/board(ed)/wooden fence, boarding, hoarding; →BESKUTTING.

skut·ting[2] *=tings* impounding *(of animals).*

skuur[1] *skure* barn, store; shed; hangar. **~deur** barn door; shed door. **~spinnekop** house spider.

skuur[2] *ge=* rub; scour *(pots);* sandpaper; graze, chafe *(the skin);* grind; scuff, grate, scrape; *iets glad ~* rub s.t. down, give s.t. a rubdown; sand s.t. down; *langs iets ~* brush by s.t.; *teen iets ~* brush against s.t.; rub against s.t.; scrape against s.t.. **~band** sanding belt. **~borsel** scratch(ing) brush. **~geluid, skuringsgeluid** sound of friction/*etc.;* fricative, spirant. **~klank, skuringsklank** fricative, spirant. **~klip** rubbing stone; pumice stone; rottenstone, hearthstone. **~kussinkie** scouring pad. **~lap** scouring cloth; emery/abrasive cloth. **~linne** emery cloth. **~masjien** sanding/sandpapering machine. **~mengsel** scouring mixture. **~middel** *=s* abrasive. **~paal** rubbing post. **~papier** sandpaper, garnet/abrasive/glass/emery paper. **~plankie** emery board. **~plek** abrasion. **~poeier** abrasive powder; scouring powder. **~sand** scouring sand. **~steen** Bath brick, emery, holystone *(naut., hist.).* **~trommel** sanding drum. **~wol** scouring wool.

skuur·sel *=sels* scourings.

sku·(w)e·rig *=rige* (a bit) shy, bashful, timorous. **sku·(w)e·rig·heid** shyness, bashfulness, timorousness.

Skye *(geog.)* Skye. **~terriër** *(also s~)* Skye terrier.

skyf *skywe* target; slice *(of a watermelon etc.); (thick slice of meat)* steak; quarter, segment *(of an orange);* disc; *(comp.)* disc, disk; flitch; butt *(fig.);* dial *(of a telephone);* sheave *(of a pulley); (ice hockey)* puck; discus; *(infml.: cannabis cigarette)* joint, *(SA)* zol, reefer, spliff, bomber; →SKYFIE; *'n* ***maklike*** *~, (fig.)* a sitting duck/target; ***'n*** *~ ... a slice of ... (watermelon etc.); iets* ***op*** *'n ~ hê, (comp.)* have s.t. on disc/disk; *die ~* ***van*** *... wees/word* be targeted by ... **~aandrywer** disc/disk drive. **~bedryfstelsel** *(comp.)* disc/disk operating system. **~blom** disc flower. **~breker** disc crusher. **~gat** →SKYFKUIL. **~geheue** *(comp.)* disc/disk store. **~gooi** quoits; →SKYFWERP. **~gooier** *(hist.)* discobolus; →SKYFWERPER. **~kamera** disc camera. **~kapasiteit** *(comp.)* disc/disk capacity. **~klep** disc valve. **~koppelaar** disc/plate clutch. **~kuil, ~gat** target pit, marker's gallery. **~lêer** *(comp.)* disc/disk file. **~letsel** *(med.)* slipped disc. **~pak** *(comp.)* disc pack. **~rem** disc brake. **~ruimte** →SKYFSPASIE. **~skiet** *n.* target practice/shooting. **~skiet** *skyfge=, vb.* shoot at the butts; *gaan ~* go target shooting. **~skietery** target shooting. **~spasie, ~ruimte** *(comp.)* disc/disk space. **~vormig** *=e* disc-shaped, discoid(al). **~werp** throwing the discus. **~werper** discus thrower; *(hist.)* discobolus. **~wiel** disc wheel, webwheel.

sky·fie *=fies* (small) slice; quarter, segment *(of an orange);* small disc; (potato) chip; (colour) slide; *(electron.)* chip; *(electron.)* wafer. **~lesing** slide lecture. **~projektor** slide projector.

skyn *n.* appearance, semblance; show, pretence, sham; glimmer, glow, shine; *die ~ van ...* ***aanneem*** pretend to be ... *(a friend etc.); dis* (of *dit is*) ***alles/pure*** ~ it's (*or* it is) all show (*or* all/just a front); *(die) ~* ***bedrieg*** appearances are deceptive, all that glitters is not gold, things are not always what they seem; *die ~* ***bewaar/red*** keep up appearances; put up a front; *iets doen om 'n ~ te* ***gee*** do s.t. as a blind; ***geen*** *~ van ... nie* not a semblance of ... *(truth etc.); die ~ van ...* ***hê*** have the semblance of ...; ***onder*** *die ~ van ...* under the pretence of ...; in/under the guise of ...; on/under/upon the pretext of ...; *die ~* ***red*** →***bewaar/red; uiterlike*** ~ outward show; *alle/elke ~ van ...* ***vermy*** avoid any semblance of ... *(partiality etc.);* ***vir*** *die ~* for the sake of appearances; *net* ***vir*** *die ~* just for show; *die ~ vir* ***werklikheid*** *aansien* catch at a shadow; *iets is meer ~ as* ***werklikheid*** s.t. is more apparent than real *(the advantages etc.); ~ en* ***wese*** appearance and reality; shadow and substance. **skyn** *ge=, vb.* shine; seem, look, appear; *dit ~ dat ...* it seems (*or* would seem) that ...; *na dit ~, is iem./iets ...* s.o./s.t. appears to be ...; *iem./iets ~ (nie) ... te wees (nie)* s.o./s.t. appears (not) to be ... **~aanval** sham/feigned attack, feint. **~-as** false axis. **~bas** false bark. **~beeld** phantom; virtual image. **~beweging** feint, diversion. **~bewind** puppet regime. **~bewys** seeming proof. **~boks** *n.* shadow-boxing. **~boks** *ge=, vb.* shadowbox. **~christen** Christian in name only. **~daeraad** false dawn. **~deug** pretended/feigned virtue, pretence of virtue. **~dood** *n.* apparent/seeming death; suspended animation; trance; *(med.)* syncope. **~dood** *adj.* apparently/seemingly dead. **~fees** Barmecide/Barmecidal feast. **~feit** factoid. **~fossiel** pseudofossil. **~geleerd** *=e* sciolistic. **~geleerde** pseudoscholar, sciolist. **~geleerdheid** pseudo-learning, sciolism. **~geloof** simulated/pretended faith. **~gestalte** phase *(of the moon).* **~geveg** sham/mock fight, mock/exhibition battle. **~heilig** *=e* hypocritical, sanctimonious, pharisaical, Janus-faced, *(infml.)* pseud. **~heilige** *=s* hypocrite, dissembler, pharisee, plaster saint, *(infml.)* pseud. **~heiligheid** hypocrisy, sanctimoniousness. **~hof** mock court, court of injustice; mock trial. **~hoof** figurehead. **~huwelik, ~troue** bogus/fictitious/mock wedding. **~lading** fictitious charge. **~ledemaat** *(med.)* phantom limb. **~lengte** staple length; apparent length. **~loot** *(bot.)* sympodium. **~middel** *(med.)* placebo. **~mis** mock fog. **~oorlog** phoney war. **~parlement** mock parliament. **~prag** tinsel, trumpery. **~regering** puppet government. **~rym** eye rhyme. **~sedig** *=e, (rare)* prudish. **~sedigheid** *(rare)* prudishness. **~skoon(heid)** *n.* = SKYNPRAG. **~stam** apparent stem. **~struktuur** *(cryst.)* pseudomorph. **~swangerskap** pseudopregnancy, phantom pregnancy. **~troue** →SKYNHUWELIK. **~verdienste** seeming merit. **~verhoor** mock trial. **~vermaak** false pleasure. **~vertoon** false show, sham, pretence. **~voeg** dummy joint. **~voet** *(biol.)* pseudopodium, false foot. **~vrede** false peace. **~vriend(in)** fair-weather friend. **~vriendskap** fair-weather friendship. **~vroom** sanctimonious. **~vroomheid** sanctimoniousness. **~vrug** accessory/false/spurious fruit, pseudocarp. **~waarheid** apparent truth, verisimilitude. **~weerstand** token resistance; *(phys.)* impedance. **~welvaart** seeming prosperity. **~werklikheid** *(comp.)* virtual reality. **~werper** *=s* searchlight, spotlight; reflector. **~wetenskap** pseudoscience. **~wins** paper profit.

skyn·baar *=bare, adj.* apparent, seeming; *skynbare teenspraak* apparent/seeming contradiction; *skynbare uitsondering* apparent exception. **skyn·baar** *adv.* apparently, seemingly, ostensibly.

sky·nend *=nende* shining; *'n ~e lig* a shining light.

skyn·sel *=sels* glow, light, glimmer, sheen; *(skerp) ~* glare. **skyn·sel·we·rend** *=rende* glare-proof.

skyn·tjie *=tjies* trifle, least bit; *geen ~ hoop (nie)* not the least (*or* a glimmer) of hope; *geen ~ kans (nie)* not a ghost of a chance.

skyt *ge=, (vulg.)* shit. **~bang** *(vulg. sl.)* scared shitless, shit-scared; →**VREK** BANG WEES.

Slaaf *Slawe, (speaker of a Slavonic lang.)* Slav, Slavonian.

slaaf *slawe, n.* slave; drudge, *(infml.)* dogsbody; *(hist.)* vassal, bond(s)man; *(hist.)* helot, serf; *(hist.)* blackbird; *'n ~* ***van*** *... wees* be a slave of ...; *die ~* ***van*** *... wees* be a slave to ... *(drink, one's desires, etc.);* be in thrall to ...; *die* ***vrylating*** *van die slawe* the emancipation of the slaves; *'n ~ van ...* ***word*** become a slave to ... *(s.o.).* **slaaf, sla·we** *ge=, vb.* slave, toil, drudge. **slaafs** *slaafse slaafser slaafsste* slavish, servile, menial, obsequious; *met ~e gehoorsaamheid* with doglike devotion. **slaafs·heid** slavishness, servility. →SLAWE.

slaag *ge=* succeed, attain (*or* be a) success; qualify; come off, make the grade; pass; ***daarin*** *~ om te ...* succeed in ...; *(in) 'n* ***eksamen*** ~ pass an examination; ***in*** *... ~* succeed in ...; ***in/met*** *iets ~, iets* ***laat*** ~ make a success of s.t.; *iem./iets ~* ***net-net*** s.o./s.t. just succeeds; *iem. ~* ***net-net,*** *(also)* s.o. scrapes through *(an examination etc.); (in) 'n* ***standerd*** ~ pass a standard; ***uitstekend/uitmuntend*** ~ succeed admirably. **~punte** pass mark(s).

slaags: *~ raak* do/give/join (*or* go into) battle; come to blows; come/get to close quarters; *met ... ~ raak* fight ...; come to blows with ...; join battle with ...; come into conflict with ...; *~ wees* be (engaged in) fighting.

slaai *slaaie* lettuce; salad; *~ as bygereg* side salad; *groen ~* green salad; *in iem. se ~ krap, (infml., fig.)* queer the pitch for s.o., queer s.o.'s pitch, poach on s.o.'s preserve(s)/territory *(in affairs of the heart etc.).* **~bak** salad-bowl; salad dish. **~bek** *(rare)* gift of the gab. **~blommetjie** nasturtium; →KAPPERTJIE. **~bone, ~boontjies** *(rare)* bean salad. **~boon(tjie)** salad bean. **~bordjie** salad plate. **~bos(sie)** *(Mesembryanthemum crystallinum)* ice plant. **~groente** salad vegetable(s). **~kop** head of lettuce; →KROPSLAAI. **~lepel-en-vurk** salad servers. **~olie** salad oil. **~saad** lettuceseed. **~skottel** salad dish. **~soort** kind of lettuce; kind of salad. **~sous** (salad) dressing; *Franse ~* French dressing, vinaigrette (sauce); *romerige ~* salad cream. **~tafel** salad bar.

slaai·tjie *=tjies* small lettuce; *(rare)* quid, chew *(of tobacco).*

slaak *ge=* breathe, heave, utter; *'n sug van verligting ~* breathe/heave/fetch a sigh of relief.

slaan *ge=* strike, beat, hit, knock, punch; thrash, flog; cuff; whip; slap; flap; whack; *jou/die* ***arms*** *om iem. ~* wind one's arms (a)round s.o., wind s.o. in one's arms; *'n spyker* ***deur*** *... ~* drive a nail through ...; ***erg*** *ge~ word* be badly beaten; *iets* ***flenters*** ~ pound s.t. to pieces; *iem.* ***flenters*** ~ smash s.o.'s face in; ***hard*** ~ hit hard; ***hard/swaar*** *deur iets ge~ word* take s.t. hard; ***hard/wild/woes*** *(na ...)* ~ hit/lash out (at ...); *...* ***in*** *iets ~* knock ... into s.t.; *iem.* ***katswink*** ~ knock/lay out s.o., knock s.o. cold; *iem.* ***kis*** *~, (infml.)* knock s.o. silly; *te* ***laag*** *~, (boxing)* hit below the belt; *iem. ~ dat hy/sy dáár lê* →***trek/lê;*** *iem.* ***lendelam*** ~ smite s.o. hip and thigh; ***links*** *en* ***regs*** ~ lay about one; ***mekaar*** ~ exchange blows; *iem. het* ***mis*** *ge~* s.o.'s blow missed; ***na*** *... ~*

hit/lash (out) at ...; strike at ...; (take a) swing at ...; (take a) swipe at ... *(infml.)*; lunge (out) at ...; ***na** iem. ~, (also)* take a poke at s.o.; let drive at s.o.; *iem. ~ dat hy/sy die kromme* ***note*** *haal* beat s.o. black and blue; *iem.* ***onderstebo*** ~ knock down s.o.; *iets ~* ***op*** ... s.t. applies to ...; s.t. refers (*or* has reference) to ...; s.t. pertains to ...; *iem.* ***pap/voos*** ~ beat s.o. to a jelly/pulp, beat s.o. to a frazzle *(infml.)*, knock s.o. into a pulp, smash s.o.'s face in; *iem.* ***pimpel*** *en pers* ~ beat s.o. black and blue; *iem.* ***plat*** ~ knock/beat/strike down s.o., drop (*or* lay out) s.o. *(infml.)*; *iets* ***plat*** ~ flatten out s.t.; knock/pull down s.t. *(a building etc.)*; ***raak*** ~ strike home; hit the mark; ***swaar*** *deur iets ge~ word* →***hard/ swaar***; ***teen*** *iets* ~ knock against s.t.; *iem. ~ dat hy/sy dáár* ***trek/lê*** knock/send s.o. flying; *iem.* ***voos*** ~ →***pap/ voos***; ***wild/woes*** *(na ...)* ~ →***hard/wild/woes***. ~**ding** s.t. to hit with; cane; whip; stick. ~**krag** punch, punching/hitting power; *(mil.)* capability; cutting edge *(of an attack etc.)*; *nukleêre* ~ nuclear capability; *politieke ~, (infml.)* political clout. ~**paal** whipping post. ~**sak** punchbag, punching bag. ~**vlak** face (of hammer).

slaan·de *(rare, fml.)* striking; *sy ~ hand, (Bib.)* His chastising hand.

slaap¹ *slape, n., (anat.)* temple.

slaap² *n.* sleep, dormancy, slumber; ***aan*** *die ~ wees, (lit.)* sleep; *(lit., fig.)* be asleep; *nie* ***aan*** *die ~ wees nie* have/keep one's wits about one; *(half)* ***deur*** *die ~ wees* be half asleep; *iem. uit die ~* ***hou*** keep s.o. awake; *iem. kan iets* ***in*** *sy/haar ~ doen, (infml.)* s.o. could do s.t. standing on his/her head; *~* ***inhaal*** catch up on one's sleep; *iem. aan die ~* ***kry*** find s.o. sleeping; get s.o. to sleep; *'n* ***ligte*** ~ a light sleep; *in jou ~* ***loop*** sleepwalk; *iem. aan die ~* ***maak*** put s.o. to sleep; send s.o. to sleep; *(a drug)* knock out s.o.; *te* ***min*** ~ too little sleep; too many late nights; *aan die ~* ***raak*** fall asleep, go to sleep; doze off, drop/nod off *(infml.)*; *vas aan die ~* ***raak*** fall into a deep sleep; *iem. aan die ~ laat* ***raak*** send s.o. to sleep; *die ~ van die* ***regverdige*** *slaap* sleep the sleep of the just; *iem. aan die ~* ***sing*** sing s.o. to sleep; *iem. aan die ~* ***sus*** lull s.o. to sleep; put s.o. to sleep *(a child)*; rock s.o. to sleep; ***vas*** *aan die ~ wees* be fast/sound asleep; be out like a light *(infml.)*; be dead to the world; ***vaste*** ~ sound sleep; *iem. aan die ~* ***wieg*** rock s.o. to sleep. **slaap** *ge-, vb.* sleep, be asleep; nap; slumber; *daar is nie in iem. se* ***bed*** *ge~ nie* s.o.'s bed has not been slept in; ***by*** *iem.* ~ sleep with (*or* make love to) s.o.; *'n gat in die* ***dag*** *~, (infml.)* sleep far into the day; ***deur*** *iets heen* ~ sleep through s.t.; *'n* ***dooie*** *hou* ~ sleep like a log/top; *(infml.)* crash out, be zonked out; ***gaan*** ~ go to bed; go to sleep; go to rest; turn in *(infml.)*; *jy kan (maar)* ***gaan*** *~!, (infml.)* you can give it up!; *laat* ***gaan*** ~ go to bed late; keep late hours; *vroeg* ***gaan*** ~ go to bed early; keep early hours; *~* ***gerus!*** sleep well!; ***goed/ lekker*** ~ sleep well, have a good night; *soos 'n* ***klip/os*** ~ sleep like a log/top; ***laat*** *gaan* ~ go to bed late; have a late night; ***lekker*** *~!* sleep tight/well!, night-night!; ***lig/ los(sies)*** ~ sleep lightly; be a light sleeper; ***loop*** *~!, (infml.)* get away (with you)!; *by* ***mekaar*** ~ sleep together; ***onrustig/sleg*** ~ sleep badly, have a bad night; ***oor*** *iets* ~ sleep on/over s.t.; *soos 'n* ***os*** ~ →***klip/os***; ***probeer*** *([om] 'n bietjie [te])* ~ try to get some sleep; *aan die ~* ***raak*** fall asleep, go to sleep, *(infml.)* crash out; doze/drop/nod off *(infml.)*; ***rond*** *en bont ~, (infml.)* sleep around; ***rustig*** ~ sleep the sleep of the just; ***sleg*** ~ →***onrustig/sleg***; ***vas*** ~ be in a deep sleep; sleep fast/soundly; *iem. se* ***voet/*** *ens.* ~ s.o.'s foot/etc. has gone dead; *jou* ***voet*** *~, (also)* have pins and needles in one's foot, one's foot is all pins and needles; *net* ***voor*** *iem. gaan* ~ last thing at night; *iem.* ***vra*** *om by jou te* ~ proposition s.o.; ***vroeg*** *gaan* ~ go to bed early, have an early night. ~**baadjie** pyjama/pajama jacket/top. ~**bank** (studio) couch; bunk; berth *(on a ship, train, etc.)*, couchette *(on a train)*. ~**been** temporal bone. ~**bol,** ~**kruid,** ~**papawer** *(bot.: Papaver somniferum)* opium poppy. ~**broek** pyjama/pajama trousers. ~**deuntjie,** ~**lied(jie)** lullaby. ~**dorp** dormitory town. ~**drank** sleeping draught, soporific, hypnotic, opiate. ~**dronk** heavy with sleep, drowsy. ~**gas** overnight guest, overnighter. ~**goed** = SLAAPKLERE. ~**haai** sleeper/Greenland shark. ~**hok** (sleeping) pen. ~**hokkie** cubicle. ~**huis** *(rare)* doss-house; lodging house. ~**kamer,** ~**vertrek** bedroom. ~**kameroë** *(infml.)* come-to-bed eyes. ~**kamerstel** bedroom suite. ~**klere** nightclothes, nightwear, night attire, pyjamas, *(infml.)* jammies. ~**kous,** ~**kop** drowsy-head, sleepyhead. ~**kruid** →SLAAPBOL. ~**kussing** →KOPKUSSING. ~**lied(jie)** →SLAAPDEUNTJIE. ~**lus** somnolence, somnolency. ~**maat** *(lit.)* sleeping partner; *(lit., fig.)* bedfellow. ~**middel** *-s* opiate, narcotic, soporific, sleeping draught/pill/tablet, hypnotic. ~**mus** nightcap. ~**pak** pyjamas, pajamas, sleeping suit ~**papawer** →SLAAPBOL. ~**pil** sleeping pill/tablet. ~**plek** sleeping place/accommodation; camping place; *(aan) iem. ~ gee* put s.o. up (for the night). ~**poeier** sleeping powder. ~**pop** sleeping doll. ~**prater** somniloquist. ~**pratery** somniloquism, somniloquy. ~**rol** bedroll. ~**rusbank** bed-settee. ~**saal** dormitory; *(hist.)* dorter. ~**sak** sleeping bag. ~**siekte** sleeping sickness; sleepy sickness. ~**slagaar** temporal artery. ~**sokkie** bedsock. ~**stoep** sleeping porch. ~**stok** perch, roost. ~**sug** sleepiness; *(med.: encephalitis lethargica)* sleepy sickness. ~**terapie** sleep therapy; hypnotherapy. ~**tjek** *(rare)* postdated cheque. ~**tyd, slapenstyd** bedtime, time to go to bed/sleep; dormant period; *dit is ~* it is time to go to bed, it is time to turn in *(infml.)*; *net voor ~* just before bedtime, last thing at night. ~**tydboek** bedside book. ~**vertrek** →SLAAPKAMER. ~**verwekkend** = SLAAPWEKKEND. ~**wa** *(rly.)* sleeping car(riage), sleeper, couchette. ~**wandel** →SLAAPWANDELARY. ~**wandelaar** sleepwalker, somnambulist, noctambulist. ~**wandelary,** ~**wandel** sleepwalking, somnambulism. ~**wekkend** *-e* soporific, somnolent, narcotic, hypnotic, hypnogenetic, opiate. ~**werend** *-e* sleep-dispelling.

slaap·loos →SLAPELOOS. **slaap·loos·heid** →SLAPELOOSHEID.

slaap·ster: *die Skone S~* (the) Sleeping Beauty.

slaat *ge-, (infml.)* →SLAAN.

sla·e *(pl.)* blows; cuts, lashes; →SLAG¹; *'n* ***drag*** ~ →***pak/ drag***; *iem. ('n pak/drag) ~* ***gee*** give s.o. a beating; give s.o. a hiding/tanning *(infml.)*; *meer ~ as* ***kos*** more kicks than halfpence; *('n pak/drag) ~* ***kry*** get a hiding/tanning *(infml.)*; get beaten, get/take a beating/licking *(infml.)*; *'n* ***pak/drag*** ~ a hiding; *~* ***verduur*** take a knock. ~**teller** gyrometer, revolution counter, turn indicator; →TOERETELLER.

slag¹ *slae, n.* blow, buffet *(of a hand etc.)*; stroke *(of a clock, swimmer)*; strike; beat *(of a heart, pulse, etc.)*; lash *(of a whip)*; clap *(of thunder)*; report, crack; thump, thud, crash; slap, smack *(in the face)*; impact, shock; percussion; lift, throw, travel *(of a machine)*; knack, trick, know-how, sleight of hand; turn, time; trick *(in card games)*; kink, turn, twist *(in a rope)*; *(oarsman)* stroke; scoop; battle; coup; →SLAE; *'n ~* ***aanleer*** pick up a trick; *'n ~ om die* ***arm*** *hou, (rare)* have a card up one's sleeve; *sorg altyd dat jy 'n ~ om die* ***arm*** *hou, (rare)* he who sups with the devil should have a long spoon; *~* ***bied,*** *(cr.)* face; *in die ~* ***bly*** →***gebly***; *'n ~* ***breek*** break a blow; *iem. van ~* ***bring*** put off s.o.; *die ~* ***by/van*** *Waterloo/ens.* the battle of Waterloo/etc.; ***dié*** *slag* →***hierdie/dié***; *op ~* ***dood*** *wees, op ~* ***gedood*** *word* be killed outright (*or* on the spot); *iets tref ... met 'n* ***dowwe*** ~ s.t. thuds into/on ...; *in* ***een*** ~ at one scoop; at a/one sitting; *met* ***een*** ~ with one blow; *met* ***een*** *(wrede) ~, (also)* at one (fell) swoop; *op* ***een*** ~ at one go; in a lump; ***elke*** ~ every time; *iets het in die ~* ***gebly*** s.t. was lost; s.t. has been broken/damaged; *iem. het amper/byna in die ~* ***gebly*** s.o. escaped by the skin of his/her teeth *(infml.)*; *750 poste het in die ~* ***gebly*** there were 750 job losses; *op ~* ***gedood*** *word* →***dood***; ***geen*** *~ met iets hê nie* be useless at s.t.; *die ~ is* ***gelewer,*** *(infml.)* the job has been done; →***lewer***; *'n* ***gevoelige/harde/swaar*** *~ vir iem. wees* be a heavy blow (*or* a hard knock) to s.o.; *'n* ***harde*** *~, (also)* a big/loud bang; *'n ~ met ...* ***hê*** have a way with ...; *die ~* ***hê*** *om iets te doen* have the knack of doing s.t., have s.t. down to a fine art; *die ~* ***hê*** *om met kinders/ens. te werk, 'n ~ met kinders/ens.* ***hê*** have a way with children/etc.; ***hierdie/dié*** ~ this time; for the nonce; *op ~* ***kom*** strike form; *die ~ van iets* ***kry,*** *die ~* ***kry*** *om iets te doen* get the knack of (doing) s.t., learn the trick of s.t., get the hang of s.t. *(infml.)*; *die ~* ***kwyt*** *wees* have lost the knack; *'n ~* ***lewer*** fight a battle; →***gelewer***; *'n ~* ***maak,*** *(cards)* make a trick; ***met*** *'n ~* with a bang; *'n ~* ***neem,*** *(cards)* take a trick; ***nog*** *'n ~* once/yet again; once again/more; (all) over again; *~* ***om*** *~* →***vir/om***; ***ook*** *'n ~* for once; *~* ***op*** ~ blow upon blow; *twee/drie/ ens.* ***op*** *'n ~* two/three/etc. at a time; *'n ~* ***slaan*** find/ get a bargain; pull off a coup *(infml.)*; *'n (goeie) ~* ***slaan*** do a good stroke of business; *'n (groot) ~* ***slaan*** make a (big) killing *(infml.)*; *'n groot ~* ***slaan*** make a big scoop; hit the jackpot *(infml.)*; *'n (lekker) ~ met iets* ***slaan*** make a good thing of s.t.; *'n ~* ***smoor*** cushion a blow; *sonder ~ of* ***stoot*** without striking a blow; without offering any resistance; without meeting with any resistance; *'n* ***swaar*** *~ vir iem. wees* →***gevoelige/harde/swaar***; *iem. 'n gevoelige/geweldige/hewige/swaar/verpletterende ~* ***toedien*** deal s.o. a staggering blow; *die ~* ***van*** *Waterloo/ ens.* →***by/van***; *'n ~* ***verloor*** lose a battle; *jou ~* ***verloor*** lose one's touch; *jou ~* ***vind*** find one's touch; *~* ***vir/ om*** ~ time after time, time and (time) again; *'n ~* ***wen*** win a battle; *die ~* ***wen,*** *(also)* win the field; *jou ~* ***wys*** show one's mettle, prove o.s.. ~**boom** boom, barrier, bar. ~**boor** jumper (drill), jump(ing)/percussion drill, churndrill. ~**boorgat** jumped hole. ~**byl** poleaxe; battleaxe; →SLAGTERSBYL. ~**demper** dashpot. ~**doppie** detonator, blasting/percussion cap. ~**drukker** impact printer. ~**gat** *-e* pothole. ~**gereed** ready for action/ battle; at the ready, keyed up, on one's toes, in fighting trim; *jou ~ maak* get ready (*or* clear the decks) for action. ~**hamer** mallet; poleaxe. ~**hoedjie** percussion cap. ~**horlosie,** ~**oorlosie** striking clock; chiming watch, repeater. ~**instrument** percussion instrument. ~**kommandement** strike command. ~**kop** warhead. ~**krater** impact crater. ~**kreet** slogan, battle cry. ~**kruiser** battle cruiser. ~**kruit** detonating powder. ~**kwik** fulminate of mercury. ~**lengte** (length of) stroke; (height of) lift; travel. ~**linie** line of battle. ~**lyn** carpenter's/ snapping/chalk line. ~**orde** battle order/array, order of battle; *in ~* in order of battle, in battle array/order; *in ~ opgestel wees* be arrayed for battle. ~**orkes** percussion band. ~**pen** flight feather, quill (feather), flag(feather), pen feather; striking pin, striker; firing/fuse pin. ~**plaat** catch plate. ~**plaatjie** strike/striking plate, keeper plate *(of a lock)*. ~**rat** toothed wheel. ~**reën** *(rare)* heavy rain, downpour. ~**reling** check rail. ~**riem** stroke oar. ~**roeier** stroke (oarsman). ~**room** whipping cream; whipped cream. ~**sin** = SLAGSPREUK. ~**skaduwee** cast shadow; umbra. ~**skip** battleship, capital ship. ~**spel** →HOUESPEL. ~**spreuk** slogan. ~**sterkte** impact strength. ~**swaard** *(hist.)* broadsword; claymore *(of Scottish Highlanders)*. ~**sy** *(naut.)* heel, list; bank *(of an aeroplane)*; *~ hê* list; *~ gee* list; *~ val/maak* heel, list. ~**toets** impact test. ~**vaardig** *-e* ready for the fray (*or* for battle); quick at repartee, ready-witted, quick-thinking. ~**vaardigheid** readiness for battle (*or* the fight); ready wit, power of repartee, debating skill, quick thinking. ~**veer** mainspring; road spring; flight feather, quill (feather), flag(feather), pen feather. ~**veld** battlefield, battleground, field of battle; *die ~ behou* carry/gain/win the day, hold/keep the field. ~**volume** piston displacement. ~**werk** percussion; percussion instruments; striking mechanism; striker. ~**werkafdeling** *(mus.)* percussion section. ~**werker** percussionist. ~**werkorkes** →SLAGORKES. ~**woord** catchword, catchphrase; slogan; watchword. ~**wydte** spark gap, sparking distance; striking distance. ~**yster** (spring) trap; *in 'n ~ trap* fall into a trap; *(infml.)* step on a turd.

slag² *ge-, vb.* slaughter; kill; butcher; skin; *'n skaap ~* slaughter/kill a sheep; *iem. sal jou lewendig ~* s.o. wil skin you alive; *'n dier ~ voordelig* an animal kills well. ~**aar** →SLAGAAR. ~**bank** *(obs.)* shambles; *na die ~ lei* lead to the shambles. ~**bees** slaughter ox/cow, beefer; *(also, in the pl.)* slaughter cattle/stock, fatstock, beef cattle. ~**blok** slaughtering block. ~**byl** →SLAGTERSBYL. ~**dier** slaughter animal; *(pl.)* fatstock, slaughter stock. ~**ding** *slaggoed, slagdiere* slaughter animal. ~**geld** abattoir fees. ~**goed** slaughter animals/stock, fatstock. ~**hoender** table fowl, roast(ing) chicken, broiler. ~**huis** butcher's shop; butchery; slaughterhouse. **~koei** slaughter cow. **~kraal** stockyard. **~lokaal** slaughter hall. **~masker** humane killer. **~mes** butcher's/skinning knife, whittle. **~offer** →SLAGOFFER. **~os** slaughter/store ox; *jong ~* baby beefer. **~paal** *(hist.)* slaughtering pole. **~pale** *(hist.)* slaughtering place; *(hist., obs.)* shambles; *(incorr.)* abattoir. **~plaas** abattoir. **~plek** slaughtering place; abattoir. **~skaap** slaughter sheep. **~tand** tusk *(of an elephant, a walrus, etc.)*; fang, canine (tooth), cuspid. **~tyd** killing/slaughtering time. **~vark** porker, slaughter/fatted/store pig. **~vee** slaughter stock, fatstock, beef cattle. **~veeboer** grazier.

slag³ *n.* kind, sort, ilk; *mense van allerlei ~, (rare)* people of all sorts; *nie daardie ~ mens wees nie, (rare)* not be that sort; *iem. van daardie ~, (rare)* s.o. of that sort/kidney.

slag·aar *-are* artery. **~bloed** arterial blood. **~bloeding** arterial haemorrhage. **~breuk, ~geswel** aneurysm, aneurism. **~verdikking, -verharding, -verkalking** arteriosclerosis. **~vernouing** arteriostenosis. **~verwyding** arterial dilation. **slag·aar·tjie** arteriole.

slag·of·fer *n., (lit., fig.)* victim; sufferer, casualty; quarry, prey; *'n ~ van ... wees* be prey to ...; *die/'n ~ van ... word* fall (a) prey to ...; fall (a) victim to ... **slag·of·fer** *ge-, vb.* sacrifice; victimise. **slag·of·fe·ring** *(rare)* victimisation. **slag·of·fer·loos** *-lose* victimless *(a crime)*.

slag·ter *-ters* butcher, slaughterer. **~saag** butcher's/kitchen saw.

slag·ters-: **~baas** master butcher. **~blok** chopping block. **~byl** butcher's axe, cleaver, chopper, poleaxe. **~mes** butcher's knife, whittle, gully. **~winkel** butcher's shop, butchery.

slag·te·ry, slag·te·ry *-rye* butchery, butcher's shop; *(work)* butchering, slaughtering; →SLAGTING.

slag·ting *-tings, -tinge, (rare)* **slag·te·ry** *-rye* slaughter, butchery, carnage, massacre, shambles; *(hist.)* hecatomb; killing; *'n groot ~* wholesale slaughter.

slak¹ *slakke* snail; →SLAKKE-¹; *(naakte) ~* (of *naak~/kaal~*) slug. **~blom** = GLYBLOM. **~boor** snail-horn bit. **~gif, slakkegif** slug and snail bait. **~huis** →SLAKKEHUIS. **~pille** *(pl.)* slug pellets. **~wurm** fluke(worm), trematode.

slak² *slakke* slag, clinker *(of metal)*; cinders *(pl.)*, scoria *(of a volcano)*; *(also, in the pl.)* dross. **~gat** slag hole; cinder notch. **~hoop** *(min.)* slag heap. **~meel, slakkemeel** basic slag. **~sement, slakkesement** slag cement. **~steen** slag brick.

slak·ag·tig¹ *-tige* snaillike.

slak·ag·tig² *-tige,* **slak·kig** *-kige, (geol., metall.)* scoriaceous, scoriac.

slak·ke-¹: **~gang** snail's pace; *met 'n ~* at a snail's pace. **~gif** →SLAKGIF. **~huis, slakhuis** snail house, shell; cochlea *(of the ear)*; vortex chamber. **~pos** *(infml.: conventional postal system)* snail mail.

slak·ke-²: **~meel** →SLAKMEEL. **~sement** →SLAKSEMENT.

slak·kie *-kies* small snail.

sla·lom *-loms, (skiing)* slalom.

Sla·ma(a)i·er *-ers, (infml., sometimes derog.)* = MALEIER *n.*.

slam·pam·per *-pers, n., (obs.)* reveller, carouser, merrymaker; idler. **slam·pam·per** *ge-, vb., (rare)* revel, carouse, make merry. **~liedjie** carousal song; ditty, song of idleness.

Slams *Slamse, n., (hist., derog.)* Muslim, Moslem. **Slams** *Slamse, adj., (hist., derog.)* Muslim, Moslem, Islamic; *die ~e Buurt* the Malay Quarter.

sla·ner *-ners* hitter, striker, thrasher; batsman; →SLAAN. **sla·ne·rig** *-rige* free with blows/cuts, free, too ready, quick with the cane/fist, pugnacious.

slang¹ *slange* snake; *(lit., poet.)* serpent; hose(pipe); worm *(of a still)*; *(hist., mil.)* culverin; ***die S~***, *(astron.)* Serpens, the Serpent; *deur 'n ~ **gepik** word* be bitten by a snake; *die ~ het **gepik*** the snake struck; *as dit 'n ~ was het dit/hy jou (lankal) **gepik**, (infml.)* it stares you in the face; *daar's (of daar is) 'n ~ in die **gras**, (infml.)* there's (*or* there is) a snake in the grass (*or* s.t. fishy going on); *iem. kan ~e **vang**, (infml.)* s.o. is hopping mad. **~aalwyn** serpent aloe. **~aanbidder** snake worshipper. **~aanbidding** snake worship. **~akkedis** seps. **~besweerder** snake charmer. **~blom** *(Monsonia speciosa)* snake flower. **~byt** snakebite. **~dans** snake/serpentine dance. **~diens** = SLANGAANBIDDING. **S~draer:** *die ~, (astron.)* Ophiuchus. **~eier** snake's egg. **~gif** snake venom. **~halsvoël** snakebird, darter. **~klem** hose clip. **~kop** snake's head; *(bot.)* poison bulb; *(bot.)* puffball. **~kop(siekte)** Urginea poisoning. **~kos** *(bot.: Amanita sp.)* death cup/cap, poisonous mushroom, toadstool, poison cup. **~kruid** blueweed, viper's bugloss. **~kuil** snake pit. **~kunde** →OFIOLOGIE. **~leer** snakeskin. **~mens** *(infml., fig.)* contortionist. **~muishond** African weasel, snake mongoose. **~park, ~tuin** snake park. **~spanspek** snake melon/cucumber; →KOMKOMMERPAMPOEN. **~spoeg** snake's spit; *(entom.)* cuckoo spit; *(entom.)* froghopper. **~steen** *(min.)* serpentine, snakestone. **~stert** snake's/serpent's tail. **~tol** hose reel. **~tuin** →SLANGPARK. **~vel** snakeskin, slough; *(bot.)* sansevieria, mother-in-law's tongue. **~verklikker** *(orn.)* Karoo robin. **~vormig** *-e* serpentine. **~vreter** secretary bird. **~wortel** snakeroot.

slang² →SLENG.

slang·ag·tig *-tige* snakelike, ophidian, snaky, viperine, viperish, viperous, serpentine.

slan·ge·tjie *-tjies* small snake; *(typ.)* swung dash. **slan·ge·tjies-en-leer·tjies** *(pl.)* snakes and ladders.

slank *slank(e) slanker slankste* slim, willowy, slender, slight, svelte, slightly built; *(man)* lean; *(girl)* sylphlike; *~ bly* stay slim, keep one's figure; *dink aan die ~e lyn, (joc.)* think of your figure. **~aap** *(zool.: Presbytis spp.)* langur.

slank·heid slimness, slenderness; leanness.

slap *slap(pe) slapper slapste adj. & adv.* slack *(rope, discipline, morals)*; soft *(collar, hat, tyre)*; weak *(drink)*; *(fig.)* weak, slack, lax, sloppy; floppy, flabby, flaccid; limp *(figure, bookbinding)*; dull *(trade)*; loose *(adjustment)*; pliant; *~ **band*** soft/limp cover; *~ **beton*** wet concrete; *~ **gespan*** understrung; *~ **geweef*** loosely woven; *~ **hang*** sag, droop; *laat ~ **hang/lê*** not pull one's weight, be slacking; *~ **houding*** droop; *~ **kolf**, (cr.)* dead bat; *jou ~ **lag*** die with laughing; *~ van die **lag** wees* be limp/weak with laughter; *so ~ soos 'n **lap*** as limp as a rag; *laat ~ lê →**hang/lê**; ~ per **maak**, (also)* ease; *met ~ **polse*** limp-wristed; *iem. met 'n ~ **riem** vang* →RIEM¹; *~ **saag*** unset saw; *~ **tyd*** off/dead season, off-time, valley period, slack; *~ **word*** grow slack. **~band(boek)** *-e* paperback. **~banduitgawe** paperback edition. **~gat** *(coarse, sl.)* namby-pamby, quitter, slacker, weed, spineless person. **~hakskeentjies** cooked onion salad. **~lem(-)mes** egg lifter; spatula. **~littig** *-e* double-jointed. **~littigheid** double-jointedness. **~randhoed** slouch/floppy hat. **~rug** *(fig.)* spineless. **~siekte, doerine** *(vet. sc.)* dourine. **~skyf** *(comp.)* floppy disk/disc; (floppy) diskette. **~tjip** *(infml., usu. in the pl.)* (potato) chip.

sla·pe·loos, slaap·loos *-lose* sleepless, wakeful; *~ nag* sleepless night, white night. **sla·pe·loos·heid, slaap·loos·heid** sleeplessness, insomnia; *lyer aan ~* insomniac. **sla·pe·lo·se** *-ses* insomniac.

sla·pend *-pende* sleeping, asleep; *(fig.)* dormant, latent; torpid; →SLAAP² *vb.*; *~e **aandeel*** deferred share; *~e **energie*** suspended energy; *moenie ~e **honde** wakker maak nie* →HOND; *~e **knop*** sleeping bud; *die S~e **Skone*** (the) Sleeping Beauty.

sla·pens·tyd →SLAAPTYD.

sla·per *-pers* sleeper; dreamer; *'n ligte ~* a light sleeper; *'n vaste (*of *[baie] diep) ~* a heavy sleeper. **sla·pe·rig** *-rige* sleepy, drowsy, somnolent, lethargic, noddy; *~ wees* drowse. **sla·pe·rig·heid** sleepiness, drowsiness, somnolence, somnolency, lethargy.

slap·heid slackness, laxness, laxity, softness, flabbiness, flaccidity, weakness; sloppiness; →SLAP.

sla·pie *-s* (→SLAAP² *n.*): *'n ~ maak/vang, (infml.)* have/take a nap, have a lie-down; have/take forty winks.

slap·pe·ling *-linge* weed; slacker; quitter; spineless person.

slap·pies *adv.* slackly, weakly; →SLAP.

slap·te *-tes* slackness, dullness; recession; malaise; slack. **slap·te·loon** *(dated)* slack pay.

sla·vin *-vinne* (female) slave, bond(s)woman, bondmaid; →SLAAF *n.*.

Sla·vis *-viste,* **Sla·wis** *-wiste, (also s~)* Slavonic scholar; →SLAAF. **Sla·vis·tiek, Sla·wis·tiek** *(also s~)* Slavonic studies.

sla·we *ge-* (→SLAAF *vb.*): **~arbeid, ~werk** slave labour; slavery, drudgery, sweated labour. **~band** *(hist.)* slave bangle. **~diens** *(hist.)* bondservice. **~drywer** slave driver. **~-eienaar** slave holder/owner. **~haler** *(hist.)* slaver. **~handel** slave trade; *(hist.)* blackbirding. **~handelaar** slave trader; *(hist.)* slaver, blackbirder. **~houer** *(hist.)* slave holder. **~huis, ~losie, ~kwartier,** *(hist.)* slave lodge/quarters. **~juk** yoke of slavery/bondage. **~ketting** *(hist.)* slave chain. **~kind** *(hist.)* slave child. **S~kus:** *die ~, (hist., W.Afr.)* the Slave Coast. **~lewe** servitude, life of slavery/drudgery. **~mark** slave market. **S~meer:** *die Groot ~* the Great Slave Lake. **S~opstand:** *die ~e, (hist.)* the Servile Wars. **~skip** *(hist.)* slave ship, slaver. **~staat** slave state.

sla·wer·ny slavery, bondage, servitude; vassalage; serfdom; *afskaffing van (die) ~* emancipation of the slaves, abolition of slavery; *tot ~ bring* enslave, reduce to slavery/bondage.

Sla·wies *n., (lang. group)* Slavonic, Slavic. **Sla·wies** *-wiese, adj.* Slavonic, Slavic, Slav; Slavonian.

Sla·wis →SLAVIS. **Sla·wis·tiek** →SLAVISTIEK.

Sla·wo·ni·ë Slavonia. **Sla·wo·ni·ër** *-niërs, n.* Slavonian. **Sla·wo·nies** *-niese, adj.* Slavonian.

slee *sleë* sled(ge), sleigh *(for people)*; toboggan; cradle *(for ships)*; *(mining)* skid; drag; carriage *(of a lathe)*; *per ~ reis/ry* sled(ge), sleigh. **~baan** ice run. **~doring** *(Prunus spinosa)* sloe. **~hond** sledge dog. **~klokkie** sleigh bell. **~pruim** sloe. **~pruimlikeur** sloe gin/liqueur. **~rit, ~tog** sleigh ride/journey/drive. **~ry** sledding. **~ryer** sledder. **~tog,** *(rare)* **~vaart** →SLEERIT.

sleep *slepe, n.* drag, tow; train; *die **bruid** se ~ ophou* carry the bride's train; ***in** die ~ van ..., in ... se ~* in the wake of ...; *'n ~ **kinders*** a trail of children; *iets **op** ~ hê/neem* have/take s.t. in/on tow. **sleep** *ge-, vb.* drag, pull, draw; haul; trail; lug; tow, tug; go, ride; slur; →SLEPEND; ***agter** ... ~* trail behind ...; ***agter** jou aan ~* drag behind one; *op die **grond** ~* trail on the ground; *iem. voor die **hof** ~* haul s.o. into court; *die **rem** ~* the brake drags; *'n **skip** in die hawe ~* tow a ship into harbour; *iem. se **tong** ~* s.o.'s speech is slurred; *(met) die/jou **voete** ~* drag one's feet; *die **wiel** ~* the wheel is skidding. **~anker** drag (anchor), water/sea anchor. **~antenna, ~antenne** trailing aerial. **~arm** *(mot.)* trailing arm. **~armvering** *(mot.)* trailing arm suspension. **~boot** tug(boat), towing vessel. **~diens** breakdown/towing service; towage/tug(boat) service. **~draad** tow(ing) wire. **~draer** trainbearer; page(boy). **~eg** smoothing harrow, drag. **~haak** pintle, towing hook. **~helling** slip(way). **~jag** drag(hunt). **~kar** trailer. **~ketting** drag chain. **~loon** haulage, towage, drayage. **~net** drag(net), trawl (net), scoop net, seine (net). **~paal** →SLEEPSTANG. **~pad** towpath, towing path. **~ring** slip ring *(of an aeroplane)*; collector ring. **~rok,** *(fml.)* **~tabberd** dress with a train. **~romp** trailing skirt. **~skrop** dragline (excavator). **~skyf** *(mil.)* drogue. **~stang, ~paal** towbar. **~stert** crestfallen; →DRUIPSTERT; *~ wegstap* walk away crestfallen. **~tabberd** →SLEEPROK. **~teiken** *(mil.)* towed target, drogue. **~tong:** *~ praat* lisp; have a slur in one's speech. **~tou** towrope, towing rope, towline, towing line; hauling rope; warp; dragrope; *iem. aan die ~ hou* string s.o. along; *iem. op ~ hê/neem* have/take s.o. in/on tow; *iets op ~ hê/neem* have/take s.t. in/on tow. **~trekker** haulage tractor. **~tros** towline, towing line, hawser. **~vaart** towage. **~vliegtuig** towplane. **~voet** shufflingly; *~ loop* shamble, scuff, shuffle, traipse. **~voetend** *-e* shuffling, lagging. **~wa** trailer; tender. **~weerstand** drag. **~werk** haulage, towage. **~wiel** trailing wheel. **~woonwa** trailer caravan.

sleep·sel *-sels* trail, drag.

Slees·wyk Schleswig.

slee·tjie *-tjies* small sled(ge)/sleigh.

sleg[1] *n.* good-for-nothing; →SLEGSTE, SLEGTE *n.; jou ~!, jou ou ~! (joc.)* you old scallywag!. **sleg** *slegte slegter slegste, adj.* bad *(breath, child, choice, food, manners, rider, etc.)*; poor *(food etc.)*; common, base; graceless; perverse; foul, vile; wicked; evil; feeble; ill *(health, effects, omen, etc.)*; →SLEGGERIG; *'n ~te* ***dag*** *hê* have an off day; *~te* ***gevoel*** bad blood; *~te* ***humeur*** frayed temper; ... *in 'n ~te* ***lig*** *stel* put ... in a bad light; *~te* ***moed*** *hê vir iets* have little hope of s.t.; *~te* ***smaak***, *(lit., fig.)* bad taste; *(fig.)* poor taste; *~te* ***spysvertering*** indigestion; *~te* ***vent*** rotten fellow; *~te* ***vooruitsig*** bleak prospect/outlook. **sleg** *slegter slegste, slegs, adv.* badly, ill; poorly; →SLEGS[2]; *~* ***aangetrek*** badly/poorly dressed; *~* ***af*** *wees* be at a disadvantage; *~ daarvan* ***afkom*** come off badly; fare badly; *(die) ~ste van iets* ***afkom*** get off worst *(or* second best); *iem. uitmaak vir* ***al*** *wat ~ is* not have a good word (to say) for s.o.; *~ter* ***as*** *... wees* be inferior to ...; be worse than ...; ***baie/veel*** *~ter* much worse; *~te* ***behandeling*** ill-treatment; *~* ***betaalde*** *werker/ens.* low-wage worker/etc.; ***bitter*** *~* shockingly/terribly bad; *~* ***dink*** *van* ... think meanly of ...; *~* ***eet*** have no appetite, make a poor meal; *dit* ***gaan*** *~ (of is ~* ***gesteld****) met iem.* s.o. is in a bad way; *~* ***ingelig*** *wees* be badly informed, be ill-informed; *glad/lank* ***nie*** *~ nie* not bad at all, not at all bad; *iets ~* ***opneem*** take s.t. ill; *~* ***praat*** *van* malign; *~* ***slaap*** sleep badly; *~* ***smaak*** have a bad taste; *is dit* ***so*** *~?* is it so/that bad?; *nie* ***so*** *~ nie* not so bad, not so dusty *(infml.)*; *glad nie* ***so*** *~ nie, (also)* not to be sneezed at *(infml.)*; *nie heeltemal* ***so*** *~ nie* not all that bad, not as bad as all that; *nie* ***te*** *~ nie* fair to middling; *~ daaraan* ***toe*** *wees* be badly off; *~* ***toegerus*** *wees* →TOEGERUS; *dit ~* ***tref*** be unfortunate, have bad luck; *~* ***vaar*** do badly; have bad luck; *'n bal ~* ***vang*** strike a ball badly *(when batting, hitting, kicking)*; *~ wees* ***vir*** ... be bad for ... *(one's health etc.)*; *~* ***voel*** feel ill; feel cut up; *~* ***voorberei(d)*** ill-prepared; *~te* ***weer*** →WEER[1] *n.*; *~* ***word*** go bad; *(food)* go off; *~ter* ***word*** grow worse. **~geaard** *~e* ill-natured. **~geaardheid** ill nature. **~gehumeurd** *~e* bad-tempered; irascible. **~gemanierd** badly behaved/mannered. **~gesind** *~e* ill-disposed, ill-affected. **~maak** *slegge~* speak ill/slightingly of, run down, depreciate, disparage, denigrate, vilify, blackguard; *agteraf ~* backbite; *jou eie goed ~* cry stinking fish *(infml.)*. **~makery** disparagement, vilification, denigration, invective. **~sê** *slegge~* give a piece of one's mind to; abuse, scold, berate, blister; excoriate *(fml.)*; give a talking-to, dress down, chew out *(infml.)*; *iem. so ~ dat die see hom/haar nie kan afwas nie* give s.o. the dressing-down of his/her life. **~sêery** abuse, vituperation. **~valk** = SWERFVALK.

sleg[2] *ge~, vb., (obs.)* level, raze, demolish. **sleg·ting** levelling, demolition.

sleg·ge·rig, sleg·te·rig *~rige* baddish, poor(ly), indifferent(ly).

slegs[1] only, merely, but.

slegs[2] worst; →SLEG[1] *adv.; die ~ ontwikkelde nedersetting/ens.* the worst developed settlement/etc..

sleg·ste worst; *iem. op sy/haar ~ sien* see s.o. at his/her worst; *op sy ~, (also)* at its worst; *die ~ daarvan afkom* get/have the worst of it; get the worst of the bargain; *verreweg die ~* much the worst.

sleg·te *n.* the bad; *die goeie met die ~ neem* take the good with the bad; *die ~ nes die goeie aanvaar* take the bad with the good; *'n ~* a bad one; *die ~s* the bad ones.

sleg·te·rig →SLEGGERIG.

slegt·heid badness; wickedness, evilness; viciousness, vileness; depravity; perversity. **sleg·tig·heid** badness; wickedness, evil; worthlessness; rottenness; *jou aan die ~ oorgee* go to the dogs; *die ~ laat staan* go straight.

sleng, slang slang, slangy language; *agterstevoor ~* back slang.

slenk *slenke, (geol.)* graben, trough. **~dal** rift valley; →SINKDAL. **S~dalkoors** →SINKDALKOORS.

slen·ter[1] *~ters, n.* trick, dodge, roguery; gimmick. **~slag, ~draai** trick, dodge, roguery, fake, subterfuge.

slen·ter[2] *ge~, vb.* saunter, stroll; amble; slouch, dawdle, traipse; lounge. **~baadjie** casual/leisure jacket. **~broek** slacks. **~drag** casual clothes/wear. **~gang** sauntering gait; lounge; *die ou ~ gaan* move in the old grooves. **~pak** *(dated)* slack(s)/leisure suit. **~sjiek** smart casual. **~skoen** casual shoe; *(also, in the pl.)* casuals; *(moccasin-like shoe)* loafer.

slen·te·raar *~raars* saunterer, stroller, ambler; sloucher, dawdler; lounger; loiterer.

slen·te·ring *~rings, ~ringe* saunter, stroll.

slen·ters *(min.)* middlings.

slen·te·ry sauntering; slouching, dawdling.

sle·pend *~pende* dragging, trailing; chronic; →SLEEP *vb.; ~e* ***bly*** drag on; *iets ~e* ***hou*** let s.t. drag (on); *~e* ***rym*** →RYM *n.; ~e* ***siekte*** lingering/chronic disease; *~e* ***stem*** drawling voice.

sle·per *~pers* haulier; drawing vehicle, hauler; drayman; tug man; tug(boat); towrope, towing-rope. **sle·pers·wa** dray(cart). **sle·pe·ry** haulage, towage, towing; →SLEEP *vb.*.

slet *slette, (derog.)* slut, tart, trollop, painted woman; bitch. **slet·te·rig** *~rige, (infml.)* tarty.

sleuf *sleuwe, (obs.)* slot, slit.

sleur *n.* groove, rut, routine; *(geol.)* drag; *die* ***alledaagse/daaglikse*** *~* the daily round/routine, the daily grind *(infml.)*; *uit die ~* ***kom*** get out of the rut; *in ~* ***vassit*** be in a rut; *in ~* ***verval*** get into a rut. **sleur** *ge~, vb.* drag, lug; trail. **~gang** routine (course), humdrum, groove. **~plooi** *(geol.)* drag fold. **~werk** routine work, grind, drudgery, treadmill.

sleu·tel *~tels* key; wrench, spanner; *(music)* clef; key, crib; *(telegr.)* sender, transmitter; clue; cipher key; *'n* ***bos*** *~s* a bunch of keys; *~s* ***maak*** cut keys; *'n ~ in 'n* ***slot*** *draai* turn a key in a lock; *die ~* ***tot*** *welslae/ens., (fig.)* the key to success/etc.; *die ~* ***van*** *die voordeur/ens.* the key to the front door etc.. **~baard** key bit/web. **~bedryf** key/pivotal industry. **~been** collarbone, clavicle. **~bek** spanner jaw. **~blom** *(Primula elatior)* primrose, cowslip, oxlip; *(Primula veris)* hen and chickens; polyanthus. **~bord** key rack; keyboard. **~bos** bunch of keys. **~figuur, ~persoon** key figure/person. **~gat** keyhole; wrench hole. **~gatsaag** keyhole saw. **~geld** key money. **~haak** key hook. **~houer** key container. **~kaart** key card; key/index map. **~ketting** key chain; *(hist.)* chatelaine. **~laag** *(geol.)* key bed. **~man** key man. **~oog** key bow/loop. **~persoon** →SLEUTELFIGUUR. **~plaatjie** key plate, escutcheon (plate). **~pos(isie)** key position. **~punt** key point. **~pyp** spanner pipe. **~ring** key ring. **~roman** roman à clef. **~skild** = SLEUTELPLAATJIE. **~steel** key stem/shank. **~stelling** *(mil.)* key position. **~(vertaling)** crib. **~vormig** *~e* key-shaped. **~vrug** key fruit, samara. **~woord** key word.

sleu·tel·tjie *~tjies* small key; *(bot.)* lobelia.

slib *n. & vb.* →SLIK, SLYK. **~gietwerk** slip casting. **~glasuur** slip glaze. **~keramiek** slipware. **~kus** alluvial coast. **~laag** slip layer.

slib·ag·tig *~tige* miry, muddy, silty.

slib·be·rig *~rige* slippery, slithery.

slier *sliere, (rare)* smear, streak; *(also, in the pl., geol., phys.)* schlieren. **slie·rig** *~rige, (rare)* streaky; *(geol.)* schlieric.

sliert *slierte* string; trail; train.

slik, slib *n.* silt; ooze; sludge, sullage, mud, mire; →SLYK. **slik** *ge~, vb.* silt. **~grond** silt. **~put** silt/sullage pit. **~steen** siltstone. **~vanger** silt box.

slim *slim(me) slimmer slimste* smart, clever, intelligent, brainy; astute; artful, crafty, cunning, guileful, sly, wily; *so ~* ***as*** *kan kom* as clever as they come; *~ vang sy* ***baas****, (infml.)* s.o. is too clever by half; *nie* ***danig*** *~ nie* not over clever; *al is iem. (ook)* ***hoe*** *~* no matter how clever/smart s.o. is; *'n ~* ***oplossing*** *van/vir 'n gekompliseerde vraagstuk* an elegant solution to a complex problem; *so ~* ***soos*** *die houtjie van die galg, (infml.)* as sharp as needles *(or* a razor), razor-sharp; *iem. is so ~* ***soos*** *die houtjie van die galg, (infml., also)* s.o. knows all the tricks; ***te*** *~ wees vir iem.* outthink/outwit *(or* be too sharp for) s.o.; ***te*** *~ vir iem. wees* outguess s.o.; *glad* ***te*** *~ wees* be too clever by half. **~bom** *(mil., infml.)* smart bomb. **~jan** *(infml., often derog.)* know-(it-)all, wiseacre, smart alec(k), smarty, smartie, Mr Clever. **~kaart** smart card. **~kop** brainbox *(infml.)*, egghead *(infml., derog.)*. **~praatjies, ~stories** claptrap, fast/glib/smooth talk; backchat. **~prater** = SLIMJAN. **~streke** *(usu. pl.)* craftiness, cunning, elusiveness, sharp practice.

slim·heid cleverness; cunning, guile.

slim·merd *~merds* cunning fox, sly dog, dodger. **slim·me·rik** *~rike* = SLIMMERD.

slim·mig·heid smartness; astuteness; cunning, gamesmanship, trickery, guile; *slimmighede* gimmickry; gamesmanship.

slin·ger *~gers, n.* pendulum *(of a clock)*; *(bandage)* sling; sling *(for hurling missiles)*; *(hist.)* starting handle/crank; crank handle *(of a car)*; winder *(of a car window)*; festoon, garland; *'n ~ draai* turn a crank; *die swaai van die ~* the swing of the pendulum. **slin·ger** *ge~, vb.* swing, oscillate; sway, reel, totter, lurch, roll, wobble, shimmy; zigzag; wind, meander; hurl, hurtle, toss, fling; crank; *(naut.)* yaw; *die pad ~* ***deur*** ... the road snakes/winds through ...; ***heen*** *en weer ~* reel to and fro; *iets* ***na*** *iem. ~* fling/hurl s.t. at s.o. *(an object)*; *~ en* ***stamp****, (a ship)* roll and pitch. **~aap** spider monkey. **~anker** sling stay. **~as** axis of oscillation. **~beton** spun concrete. **~beweging** pendulum motion, oscillating movement; reciprocating motion; hurling motion; reel, lurch. **~blom** convolvulus. **~gewig** bob, pendulum weight. **~hart** *(poet.)* wandering heart. **~klip** slingstone. **~lat** *(naut.)* fiddle. **~myn** *(mil.)* fougade, fougasse *(Fr.)*. **~-om-die-smoel** *(infml., dated)* noodle/milk soup. **~pad** winding path, zigzag path/road. **~plant** twining plant, twiner, winder, voluble plant, vine. **~punt** centre of oscillation; point of suspension *(of a pendulum)*. **~saag** wobble saw. **~skag** starting-handle shaft. **~slag** beat, oscillation. **~steen** slingstone. **~steun** crank support. **~trap** spiral staircase. **~tyd** time/period of oscillation. **~uurwerk** pendulum clock. **~vel** catapult. **~verband** sling bandage. **~wette** laws of oscillation. **~wydte** amplitude (of oscillation); angle of displacement.

slin·ge·raar *~raars* slinger.

slin·ge·rend *~rende, (also)* convolute(d); *(bot.)* voluble; devious; zigzag; →SLINGER *vb.*.

slin·ge·rig *~rige* swaying, groggy.

slin·ge·ring *~rings, ~ringe* swing, oscillation; reel, lurch; roll; fling; *(elec.)* staggering; →SLINGER *vb.*.

slink *ge~, (fml., obs.)* shrink, diminish, dwindle, decline, fall off. **slin·king** diminution, shrinkage.

slinks *slinks(e) slinkser slinksste* sly, devious, scheming, underhand, clandestine, surreptitious, sinister; indirect; crooked, tortuous; *~e vraag* trick question. **slinks·heid** cunning, artfulness, underhand methods, deviousness.

slip *slippe, n.* tail, flap, lappet; corner, tip, edge, slip *(of hanging drapery)*; placket, opening; slit *(in a coat)*, vent; *(bot.)* segment; *(anat.)* cusp; (side)slip *(of an aeroplane)*. **slip** *ge~, vb., (aeron.)* (side)slip. **~baadjie** coat/jacket with a slit. **~draer** = SLIPPEDRAER. **~haak** slip (hook). **~strook** gusset.

slip·pe·dra·er pallbearer.

slip·per·sa·tyn slipper satin.

sli·wo·wits slivovitz, plum brandy.

slob slush, sludge. **~eend** →SLOPEEND. **~kous** spat; gaiter; *(infml., fig.)* slob, scruff; →SLODDERKOUS. **~sneeu** slush snow. **~trui** sloppy joe. **~ys** slush ice.

slob·ber *ge~* gobble, lap; slobber. **~broek** baggy trousers. **slob·be·rig** *~rige* slobbery.

slod·de·rig *~rige* slovenly, slatternly; →SLORDIG. **slod·de·rig·heid** slovenliness, slatternliness; →SLORDIGHEID.

slod·der·kous ragbag, dowd(y), frump.

sloeg *ge~, (infml.): iem. ~* smite s.o., give s.o. a mighty blow; →NEERSLOEG. **sloe·ger** *(cr.)* pinch hitter.

sloep[1] *sloepe* sloop; barge; cock(le)boat; shallop; pinnace; gig. **~dek, sloepedek** boat deck.

sloep[2] *sloepe*, **sloe·pie** *~pies* gully; small inlet; narrow passage.

sloer *ge~* drag (on), dawdle, delay, keep postponing, go slow; temporise, procrastinate, hang fire, dilly-dally *(infml.)*; *met iets ~* delay s.t., keep putting s.t. off; *die saak het maande (lank) ge~* the matter dragged on for months; ~**fase** lag phase. ~**staak** *ge-* go slow, work to rule. ~**staking** go-slow (strike), working to rule (*or* to the manual). ~**tyd** lag time.

sloer·de·ry delay, dawdling.

sloe·rie *-ries,* **slof** *slowwe* fleabag, frump, ragbag; slut, tart.

slof *slowwe, n.* →SLOERIE; SLOFFIE. **slof** *ge-, vb.* shuffle, shamble. ~**gang** slouch, shuffle. ~**skoen** sneaker.

slof·fie *-fies,* **slof** *slowwe* (easy) slipper, mule, slip-on, *(SA)* slipslop; worn-out shoe; *op jou sloffies/slowwe* in one's slippers; *iets op jou sloffies/slowwe doen, (infml.)* do s.t. with the greatest of ease.

slöjd *(Sw., rare)* sloyd, sloid, slojd, manual training.

slons *slonse,* **slons·kous** *-kouse* fleabag, frump, ragbag; slut, trollop, tart; *'n ou ~, (infml.)* an old bag. **slon·se·rig** *-rige* slovenly, slatternly, bedraggled, raggle-taggle, sluttish. **slon·se·rig·heid** slovenliness, slatternliness, sluttishness.

sloof *slowe, n., (rare)* drudge. **sloof, slo·we** *ge-, vb.* drudge, toil, slave, fag; →AFSLOOF. ~**werk** drudgery.

sloop[1] *slope, n.* pillowcase, -slip, (slip)cover; *vals ~* pillow sham. ~**rok** unfitted dress, shift (dress), Mother Hubbard.

sloop[2] *ge-, vb.* level, raze, demolish, pull down, disassemble *(a building)*; dismantle *(a fort)*; break up, scrap *(a ship)*; strike *(a stage set)*; *(fig., rare)* undermine *(one's health)*; drain, sap *(one's strength)*. ~**bevel** →SLOPINGSBEVEL. ~**gewig** *(building)* wrecking ball. ~**koeël** demolisher's/demolition ball. ~**waarde** break-up value *(of a machine etc.)*. ~**werf** scrapyard. ~**werk** →SLOPINGSWERK.

sloops·ge·wys, sloops·ge·wy·se like a pillowcase/-slip.

sloot *slote, n.* ditch, furrow, sloot *(Afr.)*, trench; *(archaeol.)* foss(e); gull(e)y; *blinde ~* ha(w)-ha(w); *'n ~ grawe* dig a ditch/trench. **sloot** *ge-, vb., (rare)* trench. ~**grawer** ditcher, trencher; trench excavator. ~**grawery** trench work. ~**voete** *(med.)* trench foot/feet. ~**water** ditchwater.

sloot·jie *-jies* small ditch/trench, gutter, gully, furrow, tunnel.

slop·eend *-e, (orn.)* shovel(l)er; *Kaapse ~* Cape shovel(l)er; *Europese ~* northern shovel(l)er.

slop·em·mer *-mers* slop bucket. ~**drama** kitchen sink drama.

slo·per *-pers* demolisher; (house)breaker; (ship)breaker; wrecker. **slo·pe·ry** *-rye* demolishing, demolition; housebreaking; wrecking; shipbreaking; shipbreaker's yard.

slo·pie *-pies* small pillowcase; small bag; *(infml.)* tight-fitting dress/etc..

slo·ping *-pings, -pinge* demolition; →SLOOP[2].

slo·pings-: ~**bevel, sloopbevel** demolition order. ~**gewig** *(building)* wrecking ball. ~**kontrakteur** demolition contractor. ~**werk, sloopwerk** demolition work.

slor·dig *-dige -diger -digste* untidy, slovenly, dowdy; messy; careless *(in one's work)*; shoddy, slipshod, sloppy, slapdash *(work, style)*. **slor·dig·heid** untidiness, slovenliness, sloppiness; perfunctoriness; carelessness.

slot *slotte* end(ing), conclusion, finish; peroration; final instalment; lock *(of a door, gun)*; breech *(of a gun)*; clasp *(of a book)*; castle, château, citadel; lock (forward) *(in rugby)*; ***aan** die ~ van ...* at the conclusion of ...; *agter ~ wees* be locked up; *'n ~ **forseer*** force a lock; *agter ~ en **grendel** wees* be under lock and key, be locked up securely; *iets agter ~ en **grendel** hou* keep s.t. under lock and key; *'n ~ **oopsteek*** pick a lock; *per ~ van **rekening*** →REKENING; *die ~ van ... **sien*** be in at the death of ...; ***ten** ~te* in conclusion, finally, lastly; in the end; eventually, at length; ***ten** ~te sê/ens. ...* wind up by saying/etc. ...; *~ **volg*** to be concluded. ~**akkoord** final chord. ~**balans** final balance. ~**bedryf** last/final act. ~**bewaarder** keeper of a castle. ~**dividend** final/closing dividend. ~**gesang** closing hymn; recessional. ~**gordyn** *(theatr.)* drop curtain/cloth ~**grendel** lock/dead bolt. ~**haak** picklock; hook spanner. ~**hoofstuk** final/last chapter. ~**kas** = SLUITKAS. ~**klem** accent on the final syllable, end stress; *met ~* oxytone; *woord met ~* oxytone. ~**klink** lock pawl. ~**klinker** final vowel. ~**knip** lock catch/bolt. ~**koers** closing rate/price. ~**komponent** final component. ~**konsonant** final consonant. ~**letter** final letter. ~**lettergreep,** ~**sillabe** final/terminal syllable, ultima. ~**lyn** tailpiece. ~**maker** locksmith. ~**makery** *-e* locksmith's shop; locksmithery, locksmithing. ~**medeklinker** final consonant. ~**nommer** last item. ~**notering** closing price. ~**oopsteker** skeleton key, picklock. ~**opmerking** *-s, -e* closing/final remark. ~**plaat** lock plate. ~**poort** castle gate. ~**prys** closing price. ~**rede** peroration; closing speech, winding-up address/speech, epilogue; *valse ~* paralogism. ~**reël** last/bottom line *(of a financial statement)*, end line *(of a text)* ~**repetisie** final rehearsal. ~**rym** final rhyme. ~**sang** last/final canto; last/closing hymn; recessional. ~**sillabe** →SLOTLETTERGREEP. ~**sin** closing/concluding sentence. ~**sitting** final/closing session. ~**som** conclusion, result; *tot 'n ~ kom/geraak* arrive at (*or* come to) a conclusion, reach a conclusion; *tot die ~ kom/geraak dat ...* conclude that ... ~**toneel** closing/final/drop scene. ~**toring** keep, donjon. ~**veer** catch-spring, lock-spring. ~**vers(ie)** last verse. ~**vinjet** tailpiece. ~**vokaal** final vowel. ~**voog** *(hist.)* governor of a castle, castellan. ~**voorraad** closing stock. ~**voorspeler** *(rugby)* lock forward. ~**woord** conclusion, concluding word(s), peroration. ~**yster** *(naut.)* fid.

slo·ter *-ters, (rare)* trencher; →SLOOT.

slot·jie *-jies* little lock; snap *(of bangle etc.)*.

slot·te: *ten ~* →SLOT.

Slo·waak *-wake* Slovak. **Slo·waaks** *n., (lang.)* Slovak. **Slo·waaks** *-waakse, adj.* Slovak(ian). **Slo·wa·ky·e** Slovakia.

slo·we →SLOOF *vb.*.

Slo·ween *-wene, (inhabitant)* Slovene, Slovenian. **Slo·weens** *n., (lang.)* Slovene, Slovenian. **Slo·weens** *-weense, adj.* Slovene, Slovenian. **Slo·we·ni·ë** Slovenia.

slu *slu(we) slu(w)er sluuste* cunning, crafty, wily, sly, artful, designing, scheming; *'n ~we kalant/vos, (fig.)* a slippery customer. **slu·heid** craftiness, wiliness, cunning.

slui·er *-ers, n.* veil; wimple; *(Hind.)* purda(h); mask; film; pall; *(phot.)* fog, halation; *(biol.)* velum; *die ~ **aanneem**, (RC)* take the veil; *die ~ **lig**, (fig.)* lift the curtain/veil; ***onder** die ~ van ...* under cover of ... *(the night etc.)*; *die ~ oor iets laat **val*** draw a veil over s.t.. **slui·er** *ge-, vb.* veil; conceal, cover; *(phot.)* fog. ~**dans** veil dance. ~**stof** nun's cloth, (nun's) veiling. ~**wolk** cirrostratus.

sluik *~ sluiker sluikste, (hair)* lank, sleek, straight. ~**harig** *-e, (rare)* lank-haired.

sluik-: ~**blad** underground (news)paper. ~**ekonomie** black economy. ~**goed(ere)** contraband (goods), bootleg. ~**handel** smuggling; illicit trade, black market. ~**handelaar** smuggler; illicit trader, black marketeer. ~**kroeg** shebeen, speakeasy *(sl.)*. ~**pers** underground press.

slui·mer *n.* slumber; *in ~ val, (rare)* fall into a slumber. **slui·mer** *ge-, vb.* slumber, doze, snooze, drowse. **slui·me·raar** *-raars* slumberer. **slui·me·rend** *-rende* dormant, quiescent. **slui·me·rig** *-rige* sleepy, drowsy; lethargic. **slui·me·ring** *-rings, -ringe* slumber, doze, snooze.

sluip *ge-* slink, sneak, move stealthily, creep, skulk, sidle, steal; prowl; slip (away) quietly; *nader ~* steal up. ~**bomwerper** Stealth bomber/fighter/plane. ~**dief** cat burglar, sneak thief, snooper, prowler. ~**gat** loophole, bolt hole. ~**jag** game stalking. ~**jagter** stalker. ~**koors** slow fever. ~**moord** assassination. ~**moordenaar** assassin. ~**patrollie** scout patrol. ~**skiet** *ge-* snipe. ~**skietery** sniping. ~**skut(ter)** sniper. ~**slaper** illegal sleeper. ~**wesp** ichneumon fly/wasp.

slui·pend *-pende* insidious *(disease, poison)*; furtive.

slui·per *-pers* sneak(er); prowler, creeper.

sluis *sluise* sluice; lock; water gate; floodgate; *die ~e oopstrek, (fig.)* open the floodgates. ~**dam** lock weir. ~**deur** lock gate, floodgate, sluicegate, tide gate, penstock; *boonste ~* head gate. ~**geld** lock dues. ~**kamer** lock/sluice chamber. ~**kanaal** lock canal, sluiceway. ~**klep** sluice/gate valve; penstock. ~**kolk** →SLUISKAMER. ~**oorloop** sluice weir. ~**skuif** sluice valve. ~**trog** sluice box. ~**wagter** lock-keeper.

sluit *ge-, geslote* close *(one's eyes, a door, book, shop, debate, meeting, account, etc.)*; lock *(with a key)*; *(permanently)* close down *(a shop etc.)*; occlude *(tech., fml.)*; conclude *(a treaty, contract)*; prorogue *(parliament)*; effect *(insurance)*; make, conclude *(peace)*; end, conclude *(a letter, speech, etc.)*; secure; contract *(a marriage)*; *(school etc.)* break up; form *(a friendship)*; →GESLOTE, GESLUIT, SLUITEND; *iem. in jou arms ~* take s.o. in one's arms; *dig ge~ wees* be tightly closed. *die/jou oë ~ vir* close/shut one's eyes to; connive at. ~**arm** locking lever. ~**band** tab. ~**boom** boom, barrier. ~**bout** locking bolt. ~**briefie** *(fin.)* cover(ing) note. ~**kas** locker, lockup cupboard. ~**knip** locking catch. ~**laken** (obstetric) binder. ~**mandjie** hamper. ~**moer** locknut, counternut, check/safety nut. ~**nota** cover(ing) note. ~**paal** boom, barrier. ~**pan** flap tile. ~**pen,** ~**wig** lock(ing)/keeper pin, cotter. ~**plaat** closing plate; locking/keep plate. ~**rede, sluitingsrede** syllogism. ~**ring** washer; sealing ring. ~**(-)sel** *-le* guard/stomatic cell; *(bot.)* hypophysis. ~**skroef** locking screw; check screw. ~**soom** counterhem. ~**spier** *(anat.)* sphincter (muscle), contractor. ~**spy,** ~**wig** forelock. ~**steek** lock stitch. ~**steen** keystone, apex stone; key brick. ~**stuk** key piece; breechblock *(of a gun)*; *(magnet)* keeper. ~**term** *(math.)* consequent. ~**veer** lock(ing) spring. ~**wasser,** ~**waster** tab, locking washer. ~**weerremme** antilock brakes. ~**weerremstelsel** antilock braking system. ~**weertoestel** antilock device. ~**wig** →SLUITPEN; SLUITSPY.

sluit·baar *-bare* lockable.

slui·tend *-tende* balanced *(account etc.)*; →SLUIT; *~ maak* balance.

slui·ter *-ters* fastener, fastening; shutter *(of a camera etc.)*; keep(er); closer.

slui·ting *-tings, -tinge* closing, shutting; lock(ing); close-down, shutdown; *(mech.)* closure, closer; closure *(of a debate)*; break-up, closing *(of school)*; prorogation *(of parliament)*; closing down; conclusion; occlusion; fastening *(of clothes)*; stopper; seal; shutter; termination.

slui·tings-: ~**dag** closing day. ~**datum** closing date. ~**plegtigheid** closing ceremony. ~**rede** →SLOTREDE. ~**reg** closure. ~**tyd,** ~**uur** closing time/hour; *met ~* at the close of business; *ná ~* after hours. ~**uitverkoop** winding-up/liquidation/closing-down sale. ~**uur** →SLUITINGSTYD.

sluit(·ings)·toets *(educ.)* cloze test.

sluk *slukke, n.* swallow, gulp; mouthful; pull, draught; epiglottis; throat *(of a chimney, saw, etc.)*; gullet *(of a saw)*; *'n goeie ~ op die **bottel**, (infml., fig.)* a good/great deal (*or* considerable amount); *dit skeel 'n (hele) ~ op 'n **bottel**, (infml., fig.)* it makes a good deal of difference; *in **een** ~* at a gulp; *'n **groot** ~* a long pull *(at a glass etc.)*; *'n ~ uit ... **neem*** take a pull at ... *(a glass etc.)*; *'n ~ uit 'n bottel **neem*** have/take a pull/swig at/from a bottle. **sluk** *ge-, vb.* swallow; swig; gobble; take; *(infml.)* drop, pop *(pills etc.)*; *(fig.)* stomach, pocket, put up with, endure; buy; *iets nie **kan** ~ nie* not be able to stomach s.t.; ***pille** ~, (infml.)* pop pills; ***swaar** ~* swallow hard; ***swaar** aan iets ~, (fig.)* find s.t. hard to believe; *kos **vinnig** ~* bolt down food. ~**derm** gullet, (o)esophagus. ~**dermkanker** (o)esophageal carcinoma. ~**dermsonde** *(med.)* probang. ~**entstof** oral vaccine. ~**hals** *(rare, obs.)* glutton, guzzler, gobbler. ~**middel** *-s* oral remedy/medicine. ~**op** *-pe, (orn.)* giant petrel. ~**skoot** *(golf)* gobble. ~**toestel** gullet.

sluk·ker *-kers* swallower; *arme ~, (infml., rare)* poor devil; *gulsige ~* glutton.

sluk·kie *-kies* sip, draught, mouthful, taste, tot, nip, spot; *'n ~ ... **drink*** take a sip of ...; *'n ~ van iets **drink*** sip at s.t.; *kan ek 'n ~ **kry**?* may I have a drink?; *iem. 'n ~ **water/ens.** gee* give s.o. a drink/sip of water/etc..

sluk·king *-kings, -kinge* swallowing; *(tech.)* deglutition; →SLUK *n.*.

slun·gel *-gels* gawk; gangling fellow, beanpole; *lang ~* long slab of misery. **slun·gel·ag·tig** *-tige* gawky, awkward, weedy.

slurp *slurpe, n.* trunk, proboscis; spout, funnel, tube. **slurp** *ge=, vb.* gulp, guzzle, slurp, sip. **~dier** proboscidean, proboscidian.

slur·pie *(infml.: penis)* willy, willie.

slyk mire, slime, slush, ooze, dirt, mud; silt; *(mining)* slimes; *(sewerage)* sludge; →SLIK *n.; aardse ~* filthy lucre. **~bad** mudbath. **~dam** slimes dam. **~gat** sludge hole. **~olie** sludge oil. **~poel** cesspool. **~put** sludge sump. **~vanger** sludge trap. **~vis** →BARBOT.

slyk·ag·tig *=tige,* **sly·ke·rig** *=rige* slimy, sloshy, sludgy, slushy, muddy.

slym *slyme* slime, phlegm, mucus, mucilage *(pharm.).* **~afdrywend** *=e* phlegm-expelling. **~afskeiding** mucous secretion, secretion of mucus. **~beurs** (synovial) bursa. **~beursontsteking** bursitis. **~gewas** *(med.)* myxoma. **~gom** *(pharm.)* mucilage. **~hoes** catarrhal cough. **~klier** mucous gland; slime gland *(in molluscs).* **~prik** *(icht.)* hag(fish). **~skede** synovial/mucilaginous sheath. **~stof** mucus, mucin. **~stok, ~uintjie** *(bot.: Albuca canadensis)* soldier-in-the-box. **~swam** *(biol.)* slime mould/fungus, myxomycete. **~vlies** mucous membrane, mucosa. **~vliesontsteking** catarrh. **~(vlies)weefsel** mucous tissue.

slym·ag·tig *=tige* slimy, mucous, mucoid, mucilaginous; phlegmy.

sly·me·rig *=rige* slimy, mucous, phlegmy. **sly·me·rig·heid** sliminess.

slyp *ge=* sharpen; whet; grind *(a valve etc.);* buff; set; cut *(diamonds);* polish *(diamonds);* hone *(on oilstone);* strop; *jou tande vir iets ~, (fig.)* lick one's chops/chaps, enjoy in anticipation; *jou tande vir iem. ~, (fig.)* prepare to give s.o. a dressing-down. **~bank** grinding lathe. **~bord** →SLYPPLANK. **~glas** ground glass. **~masjien** grinding machine. **~meul(e)** grinding mill; polishing mill. **~middel** *=s* abrasive, abradant. **~pasta** grinding paste. **~plaatjie** rock slice, thin section. **~plank, ~bord** knifeboard. **~poeier** polishing/abrasive powder; knife powder. **~riem** (razor) strop. **~skool** *(fig.)* workshop. **~skyf** grinding wheel; emery wheel; lap. **~staal** steel. **~steen** grindstone, whetstone, whetter; burr; millstone; strickle *(for scythes); so bang soos die duiwel vir 'n ~* →DUIWEL. **~vlak** facet; grinding surface. **~werk** grinding. **~werking** corrasion *(by winds).* **~wiel** grinding/emery wheel.

sly·per *=pers* grinder; sharpener; cutter, polisher *(of diamonds);* whetter. **sly·pe·ry** *=rye* grinding; grinding establishment; (diamond) cutting works.

slyp·sel *=sels* grindings.

slyt *ge=, (clothing, machinery, etc.)* wear (out); pass, spend *(one's days, life); (clothes)* fray; →SLYTEND. **~bestand** durable, hard-wearing, wear-resistant. **~bestandheid, ~weerstand** abrasion/wear resistance. **~dele** wearing parts. **~laag** overlay *(of bearings);* wearing course/crust *(of paving).* **~ring** wearing ring. **~stuk** wearing piece, liner. **~vlak** wearing (sur)face. **~weerstand** →SLYTBESTANDHEID.

sly·ta·sie wear; wear and tear; wastage, waste; breakage; *met/by normale/redelike ~* with (*or* under conditions of) fair wear and tear.

sly·tend *=tende* wasting; →SLYT; *~e bate* wasting asset.

sly·ting abrasion; wear(ing); attrition; erosion; waste.

smaad *n.* insult, detraction, ignominy, indignity, obloquy, opprobrium *(fml.),* taunt, vilification; *iem. ~ aandoen* insult s.o., offer an indignity to s.o.; *die ~ uitwis* wipe out the insult. **smaad** *ge=, vb.* malign, revile; deride; defame; taunt, vilify. **~rede** invective, diatribe. **~skrif** (defamatory) libel, lampoon, diatribe.

smaak *smake, n.* taste, flavour, savour, relish, tang; palate; sapor *(rare);* liking; *'n ~ vir iets* ***aanleer*** acquire a taste for s.t.; *elke ~* ***bevredig*** cater for all tastes; *iem. se ~* ***bevredig/volg*** cater to s.o.; ***elkeen*** *na sy/haar ~* everyone to his/her taste; *na* ***elkeen/iedereen*** *se ~ wees* suit all tastes; *(aan) iets ~* ***gee*** pep up s.t.; add spice to s.t.; ***goeie*** *~ aan die dag lê* show good taste; *van* ***goeie*** *~ getuig,* ***goeie*** *~ toon* be in good taste, show good taste; *'n ~ van ...* ***hê*** be flavoured with ...; *'n ~ vir ...* ***hê*** have a taste for ...; *geen ~ vir ...* ***hê*** *nie, (also)* have no relish for ...; *iem. 'n ~ vir iets laat* ***kry*** give s.o. a taste for s.t.; ***met*** *'n ~ van ...* flavoured with ...; ***met*** *~, (eat etc.)* with relish; tastefully, in good taste; *iem.* ***met*** *~* a person of taste; ***na*** *~* (according) to taste; ***na*** *iem. se ~* to s.o.'s taste; ***na*** *iem. se ~ wees* be to s.o.'s taste; be to s.o.'s liking; ***na*** *iem. se ~ te soet/ens. wees* be too sweet/etc. to/for s.o.'s taste; *so reg* ***na*** *iem. se ~ wees* be just s.o.'s cup of tea *(infml.);* ***nie*** *iem. se ~ wees nie* not be s.o.'s cup of tea *(infml.);* ***onberispelike*** *~* impeccable taste; *die ~* ***prikkel*** tickle the palate; *'n* ***skerp*** *~* a sharp taste; ***slegte*** *~, (lit., fig.)* bad taste; *van* ***slegte*** *~ getuig,* ***slegte*** *~ toon* be in (*or* show) bad/poor taste; *'n* ***sterk*** *~* a tangy flavour/taste; *koffie/ens. met 'n* ***sterk*** *~* strong-tasting coffee/etc.; *die ~* ***streel*** be pleasing to the palate; *oor ~ val nie te* ***twis*** *nie* there is no accounting for tastes; *iets* ***val*** *by ... in die ~* s.t. is popular with ...; *iets* ***val*** *in iem. se ~* s.t. is to s.o.'s taste; s.t. appeals to s.o.; s.t. catches/takes/tickles s.o.'s fancy; s.t. finds favour with s.o.; *hoe langer hoe meer in iem. se ~* ***val*** grow on s.o.; *~* ***verskil*** tastes differ/vary; one man's meat is another man's poison; *iem. se ~* ***vir*** *iets* s.o.'s liking for s.t.; *iem. se ~* ***volg*** →***bevredig/volg.*** **smaak** *ge=, vb* taste; enjoy, savour; fancy; appear, seem; *dit ~* ***goed/lekker*** it tastes good; ***hoe*** *~ dit?* how do you like it?; *iets* ***kwaai*** *~, (sl.)* really dig s.t.; *dit ~ na* ***meer,*** *(infml.)* I would like some more *(food, drink); dié/hierdie koekies/ens. ~ na* ***meer,*** *(infml.)* these biscuits/etc. are rather mor(e)ish; *dit ~* ***my*** ... it seems to me ...; *iets ~* ***na*** ... s.t. tastes like ...; s.t. tastes of ...; s.t. smacks of ...; *dit ~ na* ***teer,*** *dit ~* ***vorentoe,*** *(infml.)* it tastes excellent (*or* first rate *or* very good), it is jolly nice, it tickles the palate. **~ (van),** *(sl.: like)* dig. **~beker** →SMAAKKNOP(PIE). **~gewend** *=e* saporific. **~knop(pie), ~beker, ~tepel** taste bud/bulb. **~middel** *=s* seasoning, flavouring (agent), condiment, zest. **~senu(wee)** gustatory nerve. **~sin** sense of taste. **~sintuig** organ of taste. **~tepel** →SMAAKKNOP(PIE).

smaak·lik *=like, adj.* palatable, agreeable, toothsome, delicious, flavoursome, enjoyable, tasty, appetising, savoury, good *(to eat); ~e ete!* enjoy your dinner!; *~ wees* be good to eat, be good eating, be pleasant to the taste. **smaak·lik** *adv.* palatably *etc.* (→SMAAKLIK *adj.*); *~ eet* eat heartily (*or* with gusto); go(u)rmandise; *~ maak* season; sauce; *~ vertel* narrate with gusto. **smaak·lik·heid** palatability, palatableness, tastiness, goodness, savour.

smaak·loos *=lose =loser =loosste* (of *meer ~ die mees =lose)* tasteless, savourless; without taste; insipid, vapid, flat; in bad taste; tawdry; dowdy; *~lose versiering* tasteless decoration. **smaak·loos·heid** tastelessness; insipidity, insipidness; bad taste.

smaak·vol *=volle* tasteful, in good taste; elegant; dressy; *~ versier(d)* tastefully decorated.

smaal *ge=* sneer, rail; →SMALEND; *op ... ~* scoff at ...

sma·de·lik *=like* insulting, derisive, scornful, taunting; ignominious; *~e bejeëning* humiliation, insult. **sma·de·lik·heid** derisiveness, scorn.

sma·der *=ders* maligner, derider, defamer; →SMAAD.

smag *ge=* languish, pine; ***na*** *iets ~* crave (*or* have a craving) for s.t.; be dying for s.t.; starve for s.t.; yearn after/for s.t.. **smag·tend** *=tende* languishing; yearning; languorous. **smag·ting** yearning.

smak[1] *smakke, n.* smack *(of the lips);* thud, crash. **smak** *ge=, vb. (rare)* chuck, throw, fling, dash (down); *(met die lippe) ~* smack (the lips).

smak[2] *smakke, (rare, a boat)* smack.

sma·ke·loos = SMAAKLOOS.

sma·kie *=kies* smack, tincture, flavouring; →SMAAK *n..*

smal *~ smaller smalste* narrow, thin; →NOU[1] *adj.; ~* ***deurvaart*** narrow(s); *~* ***kant*** short side; *~* ***spoor,*** *(rly.)* narrow gauge; *~* ***strook*** *grond* panhandle; *die ~(le)* ***weg/pad*** the (strait and) narrow way. **~borsskaap** narrow-chested sheep. **~deel** *(navy)* squadron. **~spoor(lyn)** narrow-gauge(d) railway/line/track.

sma·lend *=lende* sneering, scornful, railing, contemptuous, dismissive, despising; →SMAAL.

sma·ler *=lers* sneerer, railer; →SMAAL.

smal·heid, smal·lig·heid narrowness. **smal·le·rig** *=rige* rather narrow.

smalt smalt; vitreous sand. **~blou** powder blue. **~poeier** powdered smalt, powder(ed) blue.

smal·tiet *(min.)* smaltite, smaltine.

sma·rag *=ragde, n.* emerald. **sma·rag** *adj.* emerald. **S~eiland:** *die ~, (poet., Ir.)* the Emerald Isle. **~groen** emerald green. **~kleurig** emerald.

smart[1] *smarte, n.* grief, sorrow, affliction, pain, woe; *in 'n opwelling van ~* in a spasm of grief; *die ~ van jou ervaring oordryf/vergroot, die ~ van jou ervaring aandik* pile on the agony in talking about one's experiences; *die Man van S~, (Christ)* the Man of Sorrows. **smart** *ge=, vb., (rare)* grieve; (give) pain. **~geld** smart money. **~kreet** cry of anguish. **~lap** *(rare)* tear jerker; weepy croon song; habitual grumbler, Moaning Minnie. **~ryk, ~vol** →SMARTLIK. **~vraat** glutton for punishment.

smart[2] *ge=, vb., (naut.)* parcel *(a rope).* **smar·ting** parcelling *(of a rope).*

smart·lik *=like* painful, grievous, dolorous; *~e lyding* painful suffering. **smart·lik·heid** painfulness.

sme·der *=ders* forger, forgeman. **sme·de·ry** *=rye* smithy, forge, blacksmith's/forging shop. **sme·dig** *=dige, (rare)* pliant, flexible, pliable, supple, lithe. **sme·ding** forging *(lit.);* coining *(of words).*

smee *ge=* forge, hammer, weld; invent, fabricate *(a lie);* hatch, plan *(a conspiracy);* coin *(a word); bande ~, (fig.)* forge links; network; *planne ~* devise plots, mature/lay/hatch plans; *~ die yster solank/terwyl dit/hy (nog) warm is* strike while the iron is hot, make hay while the sun shines. **~(d)bak** quenching tub. **~-eend(jie)** *(Anas erythrorhyncha)* red-billed teal. **~(d)hamer** = SMIDSHAMER. **~(d)kole, ~(d)steenkool** forge/smithy coal. **~(d)koper** wrought copper. **~(d)kuns** art metalwork. **~(d)las** *n.* forge weld. **~(d)las** *ge=, vb.* forge-weld. **~(d)masjien** forge machine. **~-oond, smeedoond** forge furnace. **~(d)saal** swage(r). **~(d)staal** wrought/forged steel. **~(d)steenkool** →SMEE(D)KOLE. **~(d)stuk** forging, forged part. **~(d)tang** (black)smith's tongs. **~(d)werk** forged work; forging; smithery. **~(d)yster** wrought/forged/malleable iron. **~(d)ysterhek** wrought-iron gate.

smee(d)·baar *=bare* malleable, forgeable, ductile. **smee(d)·baar·heid** malleability, ductility.

smeed·sel *=sels* forging.

smeek *ge=* beg, plead, implore, supplicate, entreat, intreat, beseech; petition, solicit; →SMEKEND; *ek ~* ***jou!*** I beg/implore you!; *iem. ~* ***om*** *iets te doen* beg (of) s.o. to do s.t.; ***om*** *iets ~* plead for s.t.; *iem.* ***om*** *iets ~* beg s.o. for s.t., beg s.t. of s.o.; solicit s.o. for s.t., solicit s.t. of s.o.. **~bede** supplication, entreaty, invocation, conjuration; *'n ~ om hulp* an appeal for help. **~gebed** supplicatory prayer, supplication. **~skrif** petition, supplication. **~taal** supplication, entreaty, prayer.

smeer *smere, n.* spread; paste; shortening; grease; stain, smear *(of blood etc.);* daub. **smeer** *ge=, vb.* butter, spread *(bread);* grease, lubricate, oil *(a motor);* grease *(leather);* rub *(with embrocation);* embrocate, massage *(a limb);* smear, plaster; daub; *iets aan ... ~* apply s.t. to ... *(a wound etc.); iets aan/op ... ~* smear s.t. on ...; *iets op ... ~* spread s.t. on ... *(margarine on bread etc.).* **~afskeiding** *(med.)* seborrh(o)ea. **~blad** gutter paper, rag. **~boel** (dirty) mess, piggery. **~brief** defamatory letter. **~bus** grease box/cup; lubricator. **~geld** palm grease/oil. **~goed** embrocation, liniment, ointment, salve; *(fig., obs.)* licking, thrashing. **~kaas** cheese spread; soft cheese. **~kanis** *=se, (rare)* dirty/dishonest person. **~klier** sebaceous gland. **~kwassie** pastry brush. **~laag** *(paint)* daub. **~lap** grease rag; *(fig.)* ragamuffin *(esp. a child),* dirty person; blackguard, swine, cad, skunk, tyke, tike; *jou klein ~* you little ragamuffin; *iem. is 'n (r)egte ~* s.o. is a regular blackguard. **~lappery, ~lappery** *=e, (rare)* filth, dirt; dirty trick. **~lekker(s)** peach sweet(s). **~middel** *=s* grease, lubricant; liniment, ointment, embrocation. **~olie** lubricating oil. **~perske** peach leather; →PERSKESMEER. **~poets** *=e* dirty person, raggamuffin. **~pot** Grobian. **~pot(jie)** grease cup, lubricator. **~salf** ointment. **~spuit** grease gun. **~veldtog** smear (*or* dirty tricks) campaign. **~vye** fig leather. **~wortel** comfrey.

smeer·der *=ders* oiler, greaser, lubricator. **smeer·de·ry** greasing; spreading; smearing; daubing.

smeer·sel *-sels* rubbing; liniment, ointment, dressing; unction; polish; grease.

sme·ke·ling *-linge* suppliant, supplicant, solicitant.

sme·kend *-kende* pleading *(look, eyes)*; begging; entreating *etc.*; →SMEEK.

sme·ker *-kers* suppliant, supplicant.

sme·king *-kinge* prayer, supplication, entreaty, plea, petition; *(Chr. relig.)* rogation; →SMEEK.

smelt *ge-* melt, liquefy, liquify; fuse *(a wire)*; melt down, render *(fat)*; smelt *(ore)*; thaw *(ice)*; dissolve; merge, coalesce, unite to form one party; *dit ~ in die/jou* (of *['n] mens se) mond, dit ~ op die/jou* (of *['n] mens se) tong* it melts in one's/the mouth; *~ende oë* liquid eyes. **~bom** fusion bomb. **~draad** fuse (wire). **~glas** enamel. **~hitte** heat of fusion. **~koekie** melting moment. **~kroes** crucible; *(fig.)* melting pot; test; cupel; smelting pot; (melting) crucible; *deur die ~ gaan* go through the mill. **~middel** *-s* flux. **~oond** smelting/liquation furnace, forge. **~pot** melting pot. **~punt** fusion point; melting point. **~sekering** fuse. **~skeiding** *(metall.)* liquation. **~toets** fusion test. **~vas** infusible. **~vastheid** infusibility. **~water** ice water, meltwater(s). **~waterrug** *(geol.)* esker, eskar.

smelt·baar *-bare* fusible, liquefiable, liquifiable. **smelt·baar·heid** fusibility.

smel·ter *-ters* smelter; fusionist; *(hist., also S~)* Fusionist. **smel·te·ry** *-rye* foundry, smelt house, smelting works, smeltery, melting house; melting shop; *(pol.)* fusion; *(hist., also S~)* Fusion.

smel·ting *-tings, -tinge* fusion, melting (down), liquefaction, liquifaction, smelting; meltdown *(in a nuclear reactor)*; dissolution; *gedeeltelike ~* fritting; *die S~, (hist.)* Fusion.

smelt·sel melt, melting batch.

sme·rig *-rige* dirty, filthy, grimy; messy; smutty *(fig.)*; foul; nasty; *iem. ~ behandel* treat s.o. meanly/shabbily; *'n ~e saak* a dirty business/case. **sme·rig·heid** dirt(iness), filth(iness), muck; smut(tiness); shabbiness, meanness, foulness, squalor.

sme·ring *-rings, -ringe* lubrication.

smet *smette* stain, blot, blemish, taint, stigma, slur, tarnish, smudge; *'n ~ op iem. se karakter* a blot on s.o.'s character; *'n ~ op iem. se naam werp* cast a slur on s.o.. **~stof** virus; taint; contaminant; miasma. **~vel** *(print.)* slipsheet.

smet(·te)·loos *-lose* stainless, spotless, immaculate, free from blemishes; blameless, untarnished, impeccable, faultless. **smet(·te)·loos·heid** stainlessness *etc.*.

smeul *ge-* smoulder, glow. **~branding** slow combustion. **~kole** anthracite. **~stoof** slow-combustion stove. **~vuur** smudge (fire), smoulder.

smeu·lend *-lende* smouldering; *~e haat* smouldering hatred.

smeu·ling smother.

smid *smede* (black)smith. **smid·jie** *-jies* little smith. →SMIDS-.

smid·da·e, smid·dags in the afternoon; of an afternoon; at noon/midday.

smids-: **~aambeeld** blacksmith's anvil. **~ambag** (black)smith's trade. **~bank** smith's workbench. **~blaasbalk** forge bellows. **~hamer** sledge(hammer), forge/forging/tilt hammer. **~kole** forge/smithy coal. **~oond** forge. **~tang** blacksmith's tongs. **~vuurherd** forge, stithy. **~wa** field forge. **~werk** blacksmithing, blacksmith's work. **~winkel** smithy, forge, blacksmith's shop; farriery.

smid·se *-ses* = SMIDSWINKEL.

Smir·na *(ancient city, now* Izmir*)* Smyrna. **~(-)mat** Smyrna (rug). **~(-)tapyt** Smyrna (carpet). **Smir·ni·oot** *-ote* Smyrn(a)ean, Smyrniot(e). **Smir·ni·o·ties** *-tiese* Smyrn(a)ean, Smyrniot(e).

smith·so·niet *(min.)* smithsonite.

smoel *smoele, (coarse)* mug, kisser, gob, phiz; *hou jou ~!, (sl.)* shut your trap!, shut your gob!

smoel·pleen *(rare, obs.)* smoothing plane.

smoe·sie *-sies, (rare, obs.)* pretext, excuse, eyewash.

smok *ge-* smock. **~steek** smocking (stitch). **~werk** smocking.

smok·kel *ge-* smuggle; run *(liquor, guns, etc.)*; bootleg; cheat; *met iem. se kop ~* →KOP. **~bende** gang of smugglers. **~drank** bootleg (liquor). **~goed(ere)** →SMOKKELWARE. **~handel** smuggling, contraband trade. **~huis, ~hool, ~nes** shebeen; bootleg joint. **~kroeg, sluikkroeg** shebeen. **~ring** smuggling ring. **~ware, ~goed(ere)** contraband (goods), smuggled goods, bootleg.

smok·ke·laar *-laars* smuggler, bootlegger, contrabandist; *(hist.)* interloper. **smok·ke·laars·ben·de** gang of smugglers.

smok·ke·la·ry, smok·ke·la·ry, smok·kel·ry *-rye* smuggling.

smoor *ge-, vb.* smother, choke, throttle, smother, damp, drown, suppress; quench; smoulder; stifle *(sound, a sob, the conscience)*; hush up *(a scandal)*; braise *(fish, meat)*; jam *(a radio, missile, etc.)*; *iets in die kiem ~* →KIEM *n.*; *in wyn ge~, (cook.)* braised in wine, à la mode. **smoor** *adv., (rare)* very, exceedingly, choking(ly), deeply; →SMOORDRONK, SMOORKWAAD, SMOORVERLIEF, SMOORWARM. **~dronk** dead/blind drunk, paralytic, legless, plastered, sloshed, smashed, (completely) stewed, stoned. **~klep** choke (valve). **~kwaad** irate, incensed, enraged, fighting mad, in a flaming temper. **~plaat** baffle-plate. **~pyp** choke tube. **~sender** jamming station. **~skroef** choke screw. **~snoek** braised/smoor snoek. **~spoel** choke/choking coil. **~vat** *(rugby)* smother tackle. **~verlief** *-de* deeply/madly in love, infatuated. **~vis** braised/smoor fish. **~vleis** braised meat. **~warm** chokingly hot, broiling, sweltering.

smoor·der *-ders* stifler, choker, throttler; *(mot.)* choke.

smoor·lik *(rare)* deeply; *~ verlief* = SMOORVERLIEF.

smô·rens, smo·rens in the (*or* of a) morning.

smor·gas·bord *(<Sw., Scand. cook.)* smorgasbord.

smo·ring *(also)* jamming; →SMOOR *vb.*.

smor·zan·do *adv., (It., mus.: dying away)* smorzando.

smous *smouse, n.* hawker, pedlar, itinerant trader; huckster. **smous** *ge-, vb.* hawk, peddle; barter; tout, truck; *met iets ~* tout s.t. about/around; *met dwelms ~* peddle drugs; *met iem. se naam ~* →NAAM. **~goed, ~ware** hawker's/pedlar's wares, pedlary. **~vraggie** pedlar's/hawker's load, mixed merchandise; medley, miscellany. **~wa** hawker's waggon. **~ware** →SMOUSGOED. **~winkel** barterer's/second-hand shop.

smou·se·ry *-rye* hawking, peddling; huckstering; pedlary.

smout grease, fat, lard. **~drukker** job printer, jobber. **~setter** table/jobbing compositor. **~werk** jobbing, job printing.

smri·ti *(<Skt., Hind.: sacred liter. derived from the Vedas)* smriti.

SMS *SMS'e, n., (also: sms; mobile phones; abbr.: short message service)* SMS; *(vir iem.) 'n ~ stuur, 'n ~ (aan iem.) stuur* send (s.o.) an SMS; *'n ~ na ... stuur* send an SMS to ... *(a number)*. **SMS** *ge-SMS, vb. (also:* sms*)* SMS; *(iets aan) iem ~, iem. (iets) ~* SMS (s.t. to) s.o., SMS s.o. (s.t.) *(a message)*.

smuk *n.* finery, decoration; →OPSMUK *n.*. **smuk** *ge-, vb.* →OPSMUK *vb.*. **~spieël(tjie)** vanity mirror.

smul *ge-* feast, tuck in, stuff/regale o.s.; *aan iets ~* tuck into s.t. *(food)*. **~lekker** fingerlicking (good). **~paap** go(u)rmand, gastronome(r), gastronomist, *(infml.)* foodie, foody. **~party** feast, spread.

smy·dig = SMEDIG.

smyt *ge-* fling, hurl, cast, pitch, dash, shy, chuck, hurtle; *iem./iets in/op/oor die ... ~* fling s.o./s.t. in/on/over the ...; *iem. uit 'n plek ~* throw s.o. out of (*or* eject s.o. from) a place. **smy·ter** *-ters* thrower, chucker.

s'n, s'ne (→HARE, MYNE, SYNE): *dit is hulle/julle/ons ~* it is theirs/yours/ours; *dit is die man/vrou/ens. ~* it is the man's/woman's/etc.; *wie ~ is dit?* whose is it?.

snaaks *snaakse snaakser snaaksste* funny, comical, droll; screwy, queer, strange, odd, curious; facetious; quaint; crackbrained, not all there; *'n baie ~e fliek/storie/ens., (also)* a rib-tickler; *~ **genoeg*** astonishingly/funnily enough; *jou ~ **hou** teenoor iem.* be nasty to s.o.; *iem. is 'n ~e entjie **mens*** →MENS[1] *n.*; *(glad) **nie** ~ wees nie* be no laughing matter; *dit glad **nie** ~ vind nie* be unamused; ***ontsettend** ~* excruciatingly/screamingly funny; *"Hy's 'n ~e **ou**." "Bedoel jy ~ soos in ha-ha of ~ soos in eienaardig?"* "He's a funny guy." "Do you mean funny ha-ha or funny peculiar?"; ***probeer** ~ wees, (infml.)* try to be funny; play the fool (*or* silly buggers), clown around; *iets nie ~ **vind** nie* not see the joke; *iets is **vir** iem. ~* s.t. seems funny to s.o.. **snaak·se·rig** *-rige* oddish; a bit (*or* rather) funny. **snaaks·heid, snaak·sig·heid** funniness, amusingness, funny part, drollness; strangeness; freak; *die ~ daarvan was ...* the funny part of it was ... **snaak·sie** *-sies, (esp. children's lang.)* funny one.

snaar *snare, n.* string; c(h)ord; snare *(of a drum)*; gut, catgut; *(infml.)* bloke, fellow, chap; *(rare, dial.)* lover, beloved; *(also, in the pl.)* whims; *'n ~ **aanraak/aanroer*** strike a chord; *'n (gevoelige/teer/tere) ~ **aanraak/aanroer**, (fig.)* touch on a sore place, touch a sensitive/tender spot, touch a (raw/sensitive) nerve, be near (*or* close to) home; *die regte ~ **aanraak/aanroer*** strike the right chord; *'n teer/tere ~ by iem. **aanroer**, (also)* touch s.o. on the raw; *die ~ het **gespring*** the string snapped; *die snare **tokkel*** pluck the strings; *iem. is **vol** snare, (infml.)* s.o. is very capricious. **snaar** *ge-, vb.* string *(a violin, racquet)*. **~instrument** stringed instrument. **~klank** twang.

snags in the night, at night, *(infml.)* nights; nightly; of a night; overnight; →NAG.

snak *ge-* gasp *(for breath)*; pant; *(rare)* hanker, pine, yearn; *na asem ~* gasp/pant for breath; *na ... snak* be panting after/for ...

snap *ge-* snap, catch (on); grasp, twig, get the hang of, figure out; *~ jy?* (do you) see?; *nie ~ waarom/waaroor dit gaan nie* miss the point. **~breuk** snap. **~haan** flintlock (musket), blunderbuss. **~kop** snap head. **~skilpad** snapping turtle, snapper.

snap·per *-pers, (tool)* snap; rivet set.

snaps *snapse* schnap(p)s, gin; drop, drink, appetiser. **snap·sie** *-sies* tot, spot, drop; *'n ~ maak, (infml.)* have a spot/drink.

sna·re·spel string music, music of stringed instruments; →SNAAR.

snars: *geen/g'n* (of *nie 'n) ~ omgee nie* not care/give a damn/fig/rap/scrap/etc.; *geen/g'n* (of *nie 'n) ~ van iets begryp/verstaan nie* not understand a thing about/of (*or* have a clue about) s.t..

sna·ter *-ters, n., (sl.)* mug, jaw; *hou jou ~!, (sl.)* shut your face/mouth/trap!. **sna·ter** *ge-, vb., (birds, people, etc.)* chatter, clack, cackle, honk; *(people)* jabber. **~bek** chatterbox; mug, jaw.

sna·wel *-wels* bill, beak; rostrum *(of a flower)*; *(infml.: [large] nose)* honker. **~suil** rostral column. **~vis** billed fish. **~vormig** *-e* beak-shaped, rostral. **~vrug** unicorn plant.

sne·de *-des* →SNEE.

sne·dig *-dige* cutting, sharp; vicious; pointed *(remark)*; *(dated)* shrewd, apt, neat *(retort)*; *'n ~e antwoord* a sharp/cutting retort. **sne·dig·heid** sharpness.

snee *sneë,* **sne·de** *-des, (geom.)* section; caesura *(in verse)*; book edge; edge *(of a knife)*; cut; bit *(of a drill)*; *gulde/goue ~* golden section. **snee·skerp·te** edge *(of a knife, weapon, etc.)*. **snee·werk** carved work.

Snees *Snese, (infml., joc., often derog.)* Chink, Chinee, Chow; →CHINEES.

snees-: **~doek(ie), snesie** tissue. **~papier** tissue (paper). **~vis** *(Regalecus glesne)* oarfish, king of the herrings, Chinese fish. **~vraggie** *(dated)* medley, assortment.

sneeu *n.* snow; *met ~ **bedek*** snowcapped, snow-clad, -crowned; ***ewigdurende** ~* perpetual snow; ***halfgesmelte** ~* snow broth; ***nat** ~* sleet; *soos ~ voor die son **verdwyn*** disappear like snow in the sun; *so **wit** soos ~* white as snow. **sneeu** *ge-, vb.* snow; *dit ~* it is snowing. **~bal** snowball; *(bot.)* guelder rose, snowball; *(orn.)* puff-back shrike; *met ~le gooi* snowball; *soos 'n ~ aangroei, (fig.)* snowball. **~balboom** snowball tree. **~balbrief** *(obs.)* →KETTINGBRIEF. **~baleffek** snowball effect; *'n ~ hê* have a snowball effect. **~bal(-)laksman** *(orn.)*

puff-back shrike. ~**band** snow tyre. ~**bank** snowdrift, mound/heap/bank of snow. ~**berg** mound/mountain of snow; snowcapped mountain. **S~berge** *(Austr.)* Snowy Mountains. ~**bessie** *(Symphoricarpus albus)* snowberry. ~**blaser** *(machine)* snowblower. ~**blind** *-e* snow-blind. ~**blindheid** snow blindness. ~**bril** snow goggles. ~**bui** snowfall, snow shower. ~**dak** snowshed. ~**dek** snow cover. ~**gans** snow goose, wavey. **S~gebergte** *(New Guinea)* Snow Mountains. ~**glans** snowblink. ~**gors** *(orn.)* snowbird. ~**grens,** ~**lyn** snow line/limit. ~**hael** sleet. ~**hoender** snow grouse, ptarmigan. ~**hoop** snowdrift. ~**hut** igloo. ~**jag** *(rare, obs.)* snowdrift, drifting/driving snow; blizzard. ~**kat** *(a tracked vehicle)* snowcat. ~**ketting** snow chain *(often in the pl.)*. ~**kleed** snow cover/pack, mantle of snow; *met 'n ~ bedek wees* be under a mantle of snow. ~**klokkie** *(bot.: Galanthus* spp.*)* snowdrop; *(bot.: Leucojum* spp.*)* snowflake. ~**klokkieboom** *(Halesia* spp.*)* snowdrop tree. ~**kluit** snow lump. ~**korrel** snow pellet. ~**kransie** →SNEEUROSIE. ~**kristal** snow crystal. ~**kruin** →SNEEUPIEK. ~**laag** snow layer, layer of snow. ~**landskap** snowscape. ~**lug** snowy sky. ~**luiperd,** ~**panter** snow leopard, ounce. ~**lyn** →SNEEUGRENS. ~**man,** ~**pop** snowman. ~**masjien** snowmaker, snowmaking machine. ~**mens** yeti, Abominable Snowman. ~**mobiel** snowmobile. ~**modder** slush. ~**pak** snowsuit. ~**panter** →SNEEULUIPERD. ~**piek,** ~**kruin** snowcap. ~**plank** snowboard. ~**plankry** snowboarding. ~**plankryer** snowboarder. ~**ploeg** snowplough. ~**pop** →SNEEUMAN. ~**rif** sastruga, zastruga. ~**rosie,** ~**kransie** *(bot.)* snow wreath. ~**skaats** *ge-* ski. ~**skoen** snowshoe. ~**slyk,** ~**slik** snow broth. ~**spoor** crampon. ~**stewel** snow boot. ~**stof** snow cloth. ~**storm** snowstorm, blizzard. ~**stormvoël** snow petrel. ~**storting** snow slide/slip. ~-**uil** snow(y) owl. ~**val** snowfall. ~**vink** snow bunting; snowbird. ~**vlaag** snow shower. ~**vlok(kie)** snowflake. ~**wal** snowdrift. ~**weer** snowy weather. ~**werking** *(geog.)* nivation. ~**wit** snow-white. **S~witjie** Snow-white. ~**wolk** snow cloud. ~-**ys** snow ice.

sneeu·ag·tig *-tige* like snow, snowy.

snek·rat snail (wheel), fusee *(in a watch)*.

snel *snel(le) sneller snelste, adj. & adv.* fast, swift(ly), prompt(ly), hasty, hastily, expeditious(ly), quick(ly), rapid(ly), speedy, speedily; *~(le)* ***agtervolging*** hot pursuit; *~s(te)* ***stygende*** most rapidly rising; *~* ***vaar*** sail fast; *~(le)* ***vordering*** good progress. **snel** *ge-, vb.* hurry, hasten, rush, streak, course, career; *deur iets ~* rush through s.t.; *iem. te hulp ~* →HULP; ~**afdeling** = BLITSPATROLLIE. ~**arm** *(rare)* gear lever. ~**bevries** quick-, flash-freeze *(food etc.)*. ~**bevrore** quick-, flash-frozen. ~**bindsement** quick-setting cement. ~**bode** express messenger. ~**boor** sensitive drill. ~**boot** speedboat. ~**bouler** fast/pace bowler, paceman. ~**buffet** snack bar. ~**bus** express bus. ~**diens** express service. ~**draaistaal,** ~**snystaal** high-speed steel. ~**duif** *(rare)* →WEDVLUGDUIF. ~**duik** *n.* crash dive. ~**gang** overdrive. ~**hyser,** ~**hysbak** express lift. ~**jaer** speeder. ~**kafee** quick-lunch/snack café, snack bar. ~**karretjie** sulky. ~**klep** quick-acting valve. ~**koker** pressure cooker; lightning cooker. ~**koppel** *(comp.)* hot link. ~**kursus** crash course. ~**laaier** rapid-loading/quick-firing gun. ~**laaigeskut** rapid-loading/quick-firing guns. ~**lees** speed reading. ~**lont** runner fuse. ~**moer** speed nut. ~**pasdans** *(rare)* quickstep. ~**perk** speed limit. ~**pers** fly press. ~**persdruk** high-speed printing. ~**rat** overdrive (gear). ~**reg** summary jurisdiction. ~**rekenaar,** ~**rekenboek,** ~**rekenlys** *(dated)* ready reckoner. ~**rem** quick-acting/rapid brake. ~**restaurant,** ~**restourant** quick-lunch restaurant; lunchroom, grill-room. ~**roei** *(rowing)* sprint. ~**roeier** *(rowing)* sprinter. ~**sêer** tongue twister. ~**sement** quick-hardening cement. ~**skaats** speed skating. ~**skaatser** speed skater. ~**skrif** shorthand, stenography, tachygraphy; *iets in ~ opneem/aanteken/neerskryf/neerskrywe* take s.t. down in shorthand. ~**skriftikster** shorthand typist, stenographer. ~**skrywer,** *(fem.)* ~**skryfster** shorthand writer, stenographer. ~**snystaal** →SNELDRAAISTAAL. ~**staal** = SNELDRAAISTAAL. ~**stang** *(rare)* gear lever. ~**stomer** *(naut.)* ocean greyhound. ~**strik** →JAAGSTRIK. ~**stromend** *-e* fast-, swift-flowing, rapid *(a river)*. ~**toets** *(comp.)* hot key. ~**trein** express (train), high-speed/fast train. ~**vaarder** speedy boat. ~**varend** *-e* fast(-sailing), swift. ~**verbranding** instantaneous combustion. ~**verkeer** express/fast traffic. ~**vervoer** rapid *(or* high-speed) transport. ~**vervoerstelsel** rapid transit system. ~**voetig** *-e* fleet-footed, nimble-footed. ~**vrag** express freight. ~**vries** quick-freeze. ~**vuur** quick-firing, rapid fire. ~**vuurgeskut** quick-firing ordnance. ~**vuurgeweer** quick-firing/repeating rifle, repeater. ~**vuurkanon** quick-firing gun, quick-firer. ~**wa** express van. ~**weg** expressway, freeway, speedway. ~**werkend** *-e* rapid *(poison)*; quick-acting. ~**werking** quick action; high-speed operation.

snel·heid speed *(of a car, train, etc.)*; velocity *(of light, a bullet, etc.)*; rapidity, swiftness, quickness, speediness *(of action etc.)*; promptitude; celerity; pace; rate; *met 'n* ***groot*** *~* at a great pace; at a high speed; *'n* ***hoë*** *~* a high speed; *'n* ***lae*** *~* a low speed; ***met*** *'n ~ van ... km/h* at a speed of ... km/h; ***met*** *die ~ van lig* at the velocity of light; *(jou) ~* ***verminder*** reduce speed.

snel·heids-: ~**beperking** speed limitation/restriction. ~**grens** →SNELHEIDSPERK. ~**meter** speedometer, tachometer. ~**perk,** ~**grens** speed limit; *die ~ oorskry/oortree* exceed the speed limit, drive over the limit. ~**rekord** speed record. ~**toets** speed trial.

snel·lend *-lende* fleeting.

snel·ler *-lers* trigger; sprinter; *(rugby)* three-quarter. ~**vis** triggerfish. ~**werking** triggering.

snep·per *-pers, (med.)* scarificator, scarifier.

snerp *ge-, (rare)* bite, cut; shrill, skirl; zip *(of a bullet)*. **sner·pend** *-pende* biting, piercing *(wind etc.)*; burning *(pain)*; shrill *(sound)*; *~ koud wees* be icily cold; *~e koue* biting/bitter/extreme cold, iciness; *'n ~e wind het gewaai* the wind blew icily.

sners = SNARS.

snert rot, rubbish, garbage, trash, (stuff and) nonsense; *'n spul ~ praat/verkoop* talk a load of garbage.

sne·sie →SNEESDOEK(IE).

sneu·wel *ge-* die/fall in battle.

snik *snikke, n.* sob, gasp; *die laaste ~* the last gasp; *die laaste ~ gee* expire, breathe one's last. **snik** *ge-, vb.* sob; *~ van die huil* sob with tears. ~**heet** *-hete,* ~**warm** *(also:* snikkend heet/warm*)* sweltering, scorching; swelteringly hot, broiling, suffocating, suffocatingly/sizzling hot, stifling(ly) hot; *'n snikhete dag* a sweltering/scorching day, *(infml.)* a sizzler. ~**sanger** crooner, sob singer. ~**warm** →SNIKHEET.

snik·kend: *~ heet/warm* →SNIKHEET; *iets ~ vertel* blubber s.t. out.

snip *snippe, (orn.)* snipe; *(joc. or derog.)* perky/saucy thing, pert girl/fellow; minx, snip; upstart; *Afrikaanse ~, (orn.)* Ethiopian snipe. ~**hond** cocker (spaniel). ~**struis** *(rare)* kiwi. ~**vis** snipefish, sea snipe.

snip·per *-pers, n.* snippet; snip(ping), scrap, shred, chip. **snip·per** *ge-, vb.* snip, cut up (into small pieces), shred. ~**jag** paper chase; bumf, bumph. ~**konfyt** shredded jam. ~**mandjie** wastepaper/litter basket, wastebasket. ~**marmelade** shredded marmalade. ~**masjien** shredding machine, (paper) shredder. ~**uur(tjie)** *(rare)* leisure hour. ~**vleis** chipped meat.

snip·per·ag·tig *-tige* snippety, snippy.

snip·pe·rig *-rige* snippy, saucy, perky, pert, snappish, sharp-tongued. **snip·pe·rig·heid** pertness, perkiness, sauciness, snippiness.

snip·pers scrapings.

snip·per·tjie *-tjies* snippet, shred, scrap; *geen ~* not a scrap/shred.

snip·pie *-pies* snip, minx, pert/perky thing.

snit *snitte* cut *(of a garment)*; fashion, set *(of clothes)*; cutting *(of a crop)*; cut *(of meat)*; knife edge; *(mus.)* track *(on a CD etc.)*.

snob *snobs* snob, high hat *(infml., fig.)*. ~**waarde** snob appeal/value.

snob·ag·tig *-tige,* **snob·be·rig** *-rige* snobbish.

sno·bis·me snobbery, snobbishness.

snoef *ge-, (rare)* brag, boast.

snoei *ge-* prune *(fruit trees etc.)*; trim, clip *(a hedge)*; lop *(cut off branches)*; cut *(expenses, prices, etc.)*; shorten *(a manuscript)*; cut back; top. ~**haak** pruning hook. ~**kuns** art of pruning; topiary art. ~**mes** pruning/hook knife, billhook. ~**saag** pruning saw. ~**skêr** pruning shears; secateur(s) *(for fruit trees, roses, etc.)*; trimmer, pruner. ~**tyd** pruning season/time. ~**werk** pruning.

snoei·er *-ers* pruner, trimmer, *etc.;* →SNOEI. **snoei·e·ry** pruning.

snoei·ing pruning, lopping, polling.

snoei·sel *-sels* pruning(s), trimming(s), *etc.;* top and lop/crop *(of a tree)*; →SNOEI.

snoek *snoeke, (Thyrsites atun)* snoek, (South African) barracouta; *(Sphyraena)* sea pike, barracuda; *(Eur.)* pike; jack; *jong ~* pickerel. ~**boot** snoeker. ~**galjoen** bastard galjoen. ~**kierie** fish club. ~**kop** snoek's head; dished face. ~**mootjie** slice of salted snoek. ~**vangs** snoeking, snoek-fishing. ~**vloot** snoeking fleet.

snoe·ker *n. (game)* snooker. **snoe·ker** *ge-, vb.* snooker.

snoep *snoep(e) snoeper snoepste, adj.* greedy; grasping, having; *~ wees met iets* be stingy with s.t.. **snoep** *ge-, vb.* sneak, pinch, eat furtively. ~**gereg(gie)** savoury, snack, hors d'oeuvre. ~**goed** sweets, dainties, goodies, candy. ~**happie** cocktail snack. ~**kroeg** snack bar, bar providing snacks. ~**lus, snoeperigheid, snoepagtigheid** love of sweets; sweet tooth. ~**stokkie** →PEUSELSTOKKIE. ~**uitjie** cocktail onion. ~**winkel** tuck shop; sweet shop. ~**worsie** cocktail sausage.

snoep·ag·tig →SNOEPERIG.

snoe·per(d) *-per(d)s* sweet tooth; greedy person.

snoe·pe·rig *-rige,* **snoep·ag·tig** *-tige* (a bit) greedy; fond of dainties. **snoe·pe·rig·heid, snoep·ag·tig·heid** →SNOEPLUS.

snoe·pe·ry *-rye* sweet(s), eatable, dainty, delicacy; pinching of dainties; *~(e)* tuck; *~e* goodies.

snoep·heid greediness.

snoe·pie *-s, (infml.)* tuck shop; sweet shop.

snoer *snoere, n.* line, string; cord; flex; twist; chaplet; *die ~e het vir my in lieflike plekke geval, (Bib.)* the lines are fallen unto me in pleasant places; *'n ~ pêrels* a string/rope of pearls. **snoer** *ge-, vb.* tie/string (up); *iem. die/se mond ~* silence s.o., stop s.o.'s mouth, gag s.o., tie s.o.'s tongue/mouth. ~**wurm** ribbon worm, nemertean, nemertine.

snoes·haan *-hane, (rare)* boaster, swaggerer, windbag; fellow, chap, old stick.

snoe·sig *-sige* cuddlesome, cudly, mumsy *(infml.)*, toasty *(infml.)*; *(rare)* dainty, ducky, sweet, cute, charming, pretty, darling, dinky. **snoe·sig·heid** cuddliness *etc; (rare)* daintiness, cuteness, sweetness.

snoet *snoete* snout *(of a pig)*; muzzle, nose *(of a dog, cat, etc.)*; *(contemptuously of a human being)* mouth, mug, jaw; *(infml.: [large] nose)* honker. ~**dolfyn** beaked whale.

snoet·jie *-jies* small snout/muzzle/nose; *(endearingly of children)* mouth, face.

snoe·wer *-wers, (rare, obs.)* braggart, boaster, blusterer. **snoe·we·ry** *-rye, (rare, obs.)* brag(ging), boasting, bravado.

snol[1] *snolle, n.* slut, tart, working girl; →FOONSNOL.

snol[2] *ge-, vb., (sl., obs.)* run.

snood *snode snoder snoodste, (fml., rare)* evil *(plans)*; base *(ingratitude)*; heinous *(crime)*; felonious; dark, black-hearted; *snode daad* foul deed. **snood·aard** *-aards, (obs.)* villain, wretch, scoundrel. **snood·heid** *(obs.)* baseness, heinousness, *etc.*.

snor[1] *snorre, n.* moustache; whisker *(of a cat etc.)*; *met 'n ~* moustached. ~**baard** moustache; whiskers *(of a cat etc.)*; *met 'n ~* moustached. ~**koppie** *(dated)* moustache cup.

snor[2] *ge-, vb.* drone, whir(r); *(a cat)* purr; *(bullets)* whizz, whirl. ~**tjor** *(infml.)* (go-)kart, (go-)cart.

snork *snorke, n.* snore; snoring; snort *(of a horse)*. **snork** *ge-, vb.* snore; *(a horse)* snort; *(a pig)* grunt; purr. **snor·kend** *-kende: ~e asemhaling* stertorous breathing. **snor·ker** *-kers* snorer; snorter. **snor·ke·ry** snoring.

snor·kel *-kels, n.* snorkel; *met 'n ~ duik* snorkel; *met 'n*

~ *gaan duik* go snorkelling. **snor·kel, snor·kel(·duik)** *ge=, vb.* snorkel; *gaan* ~ go snorkelling.

snor·re·tjie *=tjies* (little) moustache.

snot *(coarse)* snot, mucus *(of the nose)*; ~ *en trane huil, (infml.)* blubber, sob (violently). **~blom** *(infml.)* sundew. **~neus** *(coarse)* snotty nose; ninny, nincompoop; whippersnapper. **~neuskind** *(coarse)* snot(ty)-nosed child. **~siekte** snotsiekte, (bovine) malignant catarrhal fever.

snot·ter *ge=, (coarse)* snivel, blubber. **snot·te·rend** *=rende* snivelling. **snot·te·rig** *=rige, (coarse)* snotty.

snou *snoue, n.* snarl, snub, growl. **snou** *ge=, vb.* snarl (out), snap; snub. **snou·e·rig** *=rige* snappish, snarly, snarling, grumpy. **snou·e·rig·heid** grumpiness, bad temper.

snuf *n.* smell; *die/'n* ~ *in die neus kry van iets* get/have wind (*or* get knowledge) of s.t.. **snuf** *ge=, vb.* sniff; sniffle.

snuf·fel *ge=* sniff, nose; ferret, pry, rummage, snoop; grub, forage, dig; *(min.)* fossick; *in iets* ~ rummage in s.t. *(a drawer etc.)*; dig into s.t. *(a possible scandal)*; *deur* ... ~, *(infml., comp.)* browse ... *(data files etc.)*. **~advertensie** classified ad(vertisement). **~gids** *(infml.)* classifieds. **~hond** *(infml.)* sniffer dog. **~torpedo** homing torpedo.

snuf·fe·laar *=laars* noser, ferret(er), fossicker, forager, snooper; *(comp.)* browser.

snuf·fie *=fies* whiff, smell; *die laaste* ~, *(rare, obs.)* the latest fashion.

snuif *n.* snuff; snuff-taking. **snuif, snui·we** *ge=, vb.* sniff, snuff, inhale; smell; take snuff; snuffle; *(a horse)* snort; ~ *van woede* give a snort of rage. **~bal** fuzzball. **~doos** snuffbox. **~gewoonte:** *die* ~ snuff-taking. **~klep** snifting/snifter valve. **~kleur** snuff colour. **~kleurig** snuff-coloured. **~knippie** pinch of snuff; *in 'n* ~ in two shakes, in a jiffy. **~kraan** petcock. **~middel** inhalant. **~siekte** snuffles *(in animals)*. **~tabak** snuff tobacco.

snui·fie *=fies* little sniff; pinch of snuff; *(infml.)* illicit pleasure.

snuis·te·ry *=rye* whatnot, trinket, knick-knack, gimcrack, bibelot, gewgaw; *(also, in the pl.)* trinketry, novelties, fancy goods, bric-a-brac. **~(e)winkel** bric-a-brac/novelty shop.

snuit *snuite, n., (rare)* snout *(of a pig)*; muzzle, nose *(of a dog, cat, etc.)*; trunk *(of an elephant)*; nozzle; proboscis *(of an insect)*; →SNOET. **snuit** *ge=, vb.* snuff, trim *(a candle)*; *jou neus* ~ blow one's nose. **~kewer, ~tor** snout beetle.

snui·ter *=ters* youngster, whippersnapper, squirt, fledg(e)ling, mere kid, calf, brat; snuffer; (pair of) snuffers.

snuit·sel *=sels* (candle-)snuff, wick end.

snui·we *ge=* →SNUIF *vb.*. **snui·wer** *=wers* snuffer, snuff taker; inhaler; snorkel; sniffer *(of a drug or toxic substance)*, solvent abuser.

sny *snye, n.* cut, gash; notch; incision; scission; section; slice; edge; knife/cutting edge; *'n* ~ *brood* a slice of bread; *'n* ~ *in iets maak* make a cut in s.t., cut/slice into s.t.. **sny** *ge=, vb.* cut; carve *(meat, wood, etc.)*; slice *(bread etc.)*; reap *(a crop)*; cut out *(clothes)*; castrate, geld, emasculate; spay *(female animals)*; whittle; divide; ***deur** iets* ~ cut through s.t.; shear through s.t.; ***fyn*** ~ cut up into small pieces, mince; ***goed** ge= wees, (clothes)* be well tailored; *toe (laat)* ~ *hy langs die **lyn** af* then he sprinted along the sideline; ***lyne*** ~ *mekaar* lines intersect/meet; *iets **middeldeur*** ~ cut s.t. in half; *iets aan/in **stukke*** ~ →STUK; *iets **stukkend*** ~ cut s.t. in(to) pieces, cut up s.t.; slice up s.t. *(s.o.'s face etc.)*; *iets in **twee*** ~ cut s.t. in two; *dit* ~ *na **twee** kante* it cuts both ways; *iets **uit** ...* ~ cut s.t. out of ...; *dele/stukke **uit** 'n toneelstuk/ens.* ~ make cuts in a play/etc.; *jou **vinger** (raak)* ~ cut one's finger. **~afstand** intercept. **~(bak)steen** wire-cut brick. **~bank** cutting-bench; cooper's bench. **~beet** spinach beet. **~beitel** cutting chisel; cutter *(of a lathe)*. **~blare** →SNYLOF. **~blok** (punching) die. **~blom** cut flower. **~boon(tjie)** green/French/kidney/string bean, haricot (bean). **~brand** *ge=* flame-cut. **~brander** fusing burner; flame cutter. **~diamant** glass diamond. **~ding** *=e, snygoed* cutting instrument, cutter. **~dokter** surgeon; →CHIRURG. **~dorsmasjien** combine (harvester). **~gereedskap** edge(d)/cutting tools. **~gras** sedge. **~hoek** *(geom.)* angle of intersection; cutting angle. **~hou** *(cricket)* cut; *(golf)* slice; →KAPHOU. **~kamer** cutting(-out) room *(in a factory)*; dissecting room; *(rare, obs.)* operating theatre. **~kant** edge; knife/cutting edge. **~kunde** surgery; →CHIRURGIE. **~kundig** *=e* surgical, operative; →CHIRURGIES. **~lof** *=lowwe,* **~blare** chive(s). **~lyn** join, intersecting line, secant; *(mining)* trace. **~masjien** reaper, cutter, harvester, cutting machine, mower; *(printing)* guillotine. **~mes** cutter, drawknife, carver. **~model** cutout. **~moer** die nut; *stok en ~e* stock and dies; *snytap en* ~ tap and die. **~plaat** die plate; *stempel en* ~ punch and die. **~plank** chopping board. **~plek** cut. **~punt** point of intersection; *(astron.)* colure. **~ruigte** marsh plants; *Scirpus* spp.. **~(slag)** finesse *(in a card game)*. **~stuk** bit *(of a drill)*. **~tafel** dissecting table; operating table. **~tand** incisor, cutting/fore tooth, nipper; spur *(of a bit)*. **~tandboor** spur bit. **~tap** *(carpentry)* tap. **~vlak** cutting/intersecting plane. **~wapen** edge weapon. **~werk** cutting; carving, carved work, fretwork; *verdiepte* ~ intaglio. **~werking** cutting action. **~werktuig** edger, edge/cutting tool. **~wond** cut, incised wound; *kwaai ~e opdoen in 'n ongeluk/ens.* be badly cut up in an accident/etc.. **~wurm** cutworm. **~wydte** swath(e). **~-yster** cutting iron.

sny·baar *=bare* sectile, scissile; ready to be reaped *(corn)*.

sny·dend *=dende* cutting, biting, sharp, caustic, mordant; stinging *(retort)*, scathing *(criticism)*; *(math.)* sectorial, secant; →SNY *vb.*. *~e kritiek op iem./iets lewer, (also, infml.)* do a hatchet job on s.o./s.t..

sny·ding *=dinge, =dings* cutting, incision; *(math.)* intersection; *(biol.)* section; caesura *(in verse)*; →SNY *vb.*. **sny·dings·hoek** angle of intersection.

sny·er *=ers* tailor, cutter; chopper-out, cutter *(in a garment factory)*; carver, engraver; *(machine)* cutter; reaper; slicer; gelder; →SNY *vb.*. **(~)styfgaas** tailor's canvas. **~voël** tailorbird.

sny·ers=: ~bedryf tailoring. **~bene** *(rare)* bandy legs; *met* ~ bandy-legged. **~hegsel** tailor's tack. **~hemp** custom-made shirt. **~kryt, ~talk** tailor's/French chalk. **~naat** tailored seam. **~pak** tailor-made/tailored suit, suit made to measure, made-to-measure suit. **~talk** →SNYERSKRYT. **~winkel** tailor's shop.

sny·sel *=sels* cutting, cut; trimming(s); *(also, in the pl.)* swarf *(metal)*. **sny·sels, sny·sel·tjies** home-made noodles; dough threads, threads of paste.

sny·tjie *=tjies* (little) cut; notch; snip; small slice.

so[1] *adj., adv. & interj.* so, thus, (in) this/that way, like this/that; more or less, about, approximately; ***aangesien** dit* ~ *is* that being so; ***ag*** ~*!* I see!; ***dit is*** ~ *dat* ... it is a fact that ...; ***dit is*** ~, *nè?* not so?; ~ *is **dit*** such/that is the case; that's right; that's how it is; that's the way it is; ~ *is **dit** ongeveer/naaste(n)by* that's (just) about it; *is **dit*** ~*?* indeed?; *is **dit** nie* ~ *nie?* (it is,) is it not?; *nog* ~ ***een,*** *asseblief* the same again, please; *dit is nou (maar) **eenmaal*** ~ that's how (*or* the way) it is; there is no getting away from it; it is (just) one of those things *(infml.)*; but there it is; that's the way the cookie crumbles *(infml.)*; ... ***en*** ~ ... and such; ~ ***ewe** parmantig/ens.* as cocky/etc. as could be; →SO-EWE; ~ *moet dit **gedoen** word* that is the way to do it; ~ ***gesê,*** ~ *gedaan/gemaak* →SÊ *vb.*; ~ *het X ten minste **gesê*** or so X said; *(is dit) **goed*** ~*?* will that meet the case?; ***hoe*** ~*?* how come?; how do you mean?; how so?; in what way?; why so?; *laat ons dit* ~ ***hou*** let us keep it that way; *daar is nie* ~ ***iemand*** *nie* there is no such person; *daar bestaan nie* ~ ***iets*** *nie* there is no such thing; *het jy al ooit* ~ ***iets/wat*** *gehoor/gesien?* did you ever hear/see the like?; *omdat ... nou* ~ ***is*** ... being what they are; ~ ***ja*** that's it/right; that's that; ~ ***juis*** *(also sojuis)* a moment ago; ~ ***koud/ens.*** *wees* be so/that cold/etc.; *is dit* ~ ***laat/*** *ens.?* is it as late/etc. as that?; ~ ***lank*** *(soos/as)* ... as/so long as ...; →SOLANK; *en* ~ ***meer*** and the like; *heel **moontlik** is dit* ~ it could well be so; ~ ***'n*** ... such a ...; some such ...; *tog* ~ ***'n** hoofpyn/ens. hê* have such a headache/etc.; ***net*** ~ in the same way; in like manner; ***net*** ~*!* just so!; quite (so)!; that's (just) it!; you('ve) said it!, you can say that again!; *dis **nie*** ~ *nie* not so; ~ ***nou!*** that will do!, that'll do!, that's enough!; ***o*** ~*?* really?, is that so?; *honderd **of*** ~, ~ *honderd* a hundred or so; ***ook*** ~*!, (infml.)* same here!; *en dit is **ook*** ~ and so it is; ~ ***oor** 'n uur* in about an hour('s time); ~ ***pas*** →PAS[3] *adv.*; *my vinger/ens. is* ~ ***seer*** my finger/etc. pains very much; →SOSEER; ~ ***ver/vêr*** so far; →SOVER; ~ ***ver/vêr*** *gaan (as/soos) om te ..., (fig.)* go so far as to ...; ~ ***wat*** *het ek nog nie gesien nie* I've never seen such a thing; →***iets/wat;*** SOWAT; *laat dit* ~ ***wees*** so be it; *iem. **wou** dit* ~ *gehad het* it was s.o.'s choice. **~-en-so** so-and-so. **~-so** *adj. (pred. only) & adv.* so so, so-so, middling, indifferent(ly), tolerably, in a way, after a fashion; *iem. se spel was maar* ~ s.o. played indifferently.

so[2] *conj.* if; *as dit* ~ *is* if so, if that is the case; ~ *ja* if so.

So·ar *(geog., OT)* Zoar.

so·ber *=ber(e) =berder =berste* austere *(expression etc.)*; sober *(attitude etc.)*; bald *(statement etc.)*; scanty, spare, frugal; *(not drunk)* sober; *'n* ~ *maal* a frugal meal. **so·ber·heid** austerity, soberness; frugality, scantiness; ~ *beoefen* practise austerity.

So·bran·je *(legislature of Bulgaria)* Sobranje.

So·ci·ni·aan *=ane* Socinian. **So·ci·ni·aans** *=aanse* Socinian. **So·ci·ni·a·nis·me** Socinianism.

so·ci·us *socii* fellow *(of a society)*.

So·cra·tes = SOKRATES.

so·da soda. **~-as** soda ash. **~beskuitjie, ~koekie** soda biscuit. **~brood** soda/Irish bread. **~kraakbeskuitjie** soda cracker. **~loog** soda lye. **~water** soda water.

so·da·liet *(min.)* sodalite.

so·da·nig, so·da·nig *=nige* such, suchlike; in such a way; →DANIG; *as* ~ as such; ~ *is die gevare/ens.* such are the dangers/etc.. **so·da·ni·ge** *=ges* such (a) person; *(die) ~s* such people.

so·dat, so·dat so (*or* in order) that.

so·di·ak *(astrol.)* zodiac. **~lig** zodiacal light. **so·di·a·kaal** *=kale* zodiacal.

so·doen·de in this/that way, thus, thereby, by so doing; so, consequently.

So·dom *(OT, also fig.)* Sodom. **So·do·miet** *=miete* Sodomite, inhabitant of Sodom.

so·do·mie sodomy. **so·do·miet** *=miete,* **so·do·mie·ter** *=ters* sodomite. **so·do·mi·seer** sodomise. **so·do·mi·ties** *=tiese* sodomitic(al).

so·doms·ap·pel apple of Sodom, Sodom apple.

so·dra as soon as, the moment that, directly, immediately; ~ *iets gebeur* the minute/moment (that) s.t. happens.

soe →SJOE.

soe·bat *ge=* beg, implore, plead, entreat; coax, cajole, wheedle; *om iets* ~ beg for s.t.; whimper for s.t.; *iem. om iets* ~ beg s.o. for s.t., beg s.t. of s.o.; *iem.* ~ *om iets te doen* beg s.o. to do s.t. **soe·bat·ter** *=ters* pleader etc.. **soe·bat·te·ry** begging; coaxing; wheedling.

Soe·dan: *die* ~ the Sudan. **s~gras** Sudan grass.

Soe·dan·nees *=nese,* **Soe·dan·se,** *=ses, n.* Sudanese. **Soe·dans** *=danse, adj.* Sudanese.

Soe·dra *=dras, (<Skt., Hind.: member of the lowest caste)* Sudra.

so·ef·fe →SO-EWE.

Soe·fi *='s, (also s~)* Sufi. **Soe·fiet** = SOEFI. **Soe·fis·me** *(also s~)* Sufism.

soek[1] *n.* search, quest *(fml.)*; →SOEKE; *na ... op* ~ *wees* be looking for ..., be on the lookout for ...; *na iem. op* ~ *wees, (also)* be after s.o.; *op* ~ *na iets, (also)* in search of s.t.. **soek** *adj.* lost, mislaid; ~ *raak* get lost; ~ *wees* be lost/mislaid/missing; *iets* ~ *maak, (infml.)* make off with s.t.. **soek** *ge=, vb.* look for *(a pen, trouble, etc.)*, look (out) for *(a job, a wife, etc.)*, seek *(help, refuge, a quarrel)*, search/hunt for; fumble for *(the key in one's pocket etc.)*; *iets **agter** ...* ~ suspect something behind ..., be suspicious of ... *(an occurrence, s.o.'s attitude, etc.)*; ... *nie **by** iem.* ~ *nie* not expect s.o. to have/be ...; ***daarna*** ~, *(infml.)* be asking for it; *(infml.)* bring it on/upon o.s.; *iem. het nie **daarna** ge~ nie* it was not of s.o.'s seeking;

deur** iets* ~ *na* ... search through s.t. for ...; *na* ... ***gaan ~ go in search of ...; ***moeilikheid*** ~ →MOEILIKHEID; *jy* ~ ***my,*** *(infml.)* you're looking for trouble; *as jy **my** ~, sal jy my kry!, jy ~ **my** en jy sal/gaan my kry!, (infml.)* if you're looking for trouble, you'll get it!; ***na*** ... ~ look for ...; search for ...; conduct/make a search for ...; hunt after/for ...; prospect for ... *(minerals);* ***nooit*** ... ~ *nie* never be at a loss for ... *(an answer etc.);* ***oral(s)*** ~ look everywhere, hunt/search high and low; *('n) mens hoef dit nie **ver/vêr** te ~ nie* it is not far to seek; ~ *wat jy nie **verloor** het nie, (infml.)* meddle in things that don't concern one; ~ *en jy sal **vind*** he that seeks finds; *in aller **yl*** ... ~ scurry for ... *(shelter etc.).* **~enjin** *(comp.)* search engine. **~geld** search fee. **~geselskap** search party. **~hoekie** lonely hearts column. **~lig** searchlight, spotlight; *'n ~ op iets rig, (lit.)* bring a searchlight to bear (up)on s.t.; *die ~ val op iets, (fig.)* the spotlight is turned on s.t.; *die ~ op iets werp, (fig.)* turn the spotlight on s.t., subject s.t. to scrutiny. **~prentjie** puzzlepicture. **~ram** teaser (sheep). **~sloot** prospecting trench. **~spoel** search coil. **~tog** search, hunt, quest; prospecting; *die ~ na* ... the search for ... *(s.o. or s.t. that is missing etc.); 'n uitgebreide/omvattende ~* a massive search; *die ~ na ... het begin* the hunt is on for ...; *~te in ... doen* browse ... *(data files etc.).*

soek[2] *soeks, n., (Arab market/stall)* souk, suq.

soe·ke search; →SOEK[1] *n.; die ~ na* ... the search for ... *(the meaning of life etc.).*

soe·ker *-kers* seeker, searcher; spotter; hunter; viewfinder *(on a camera); ~ na die waarheid* quester/searcher after truth, seeker for the truth. **soe·ker·tjie** *-tjies* little seeker; small ad; *(in the pl.)* small ads, smalls. **soe·ke·ry** search(ing), quest; →SOEKTOG; *die ~ na* ... the search for ... *(s.o. or s.t. that is missing etc.).*

soe·ki·ja·ki *(Jap. cook.)* sukiyaki.

soel[1] ~ *soeler soelste* mild, balmy *(weather);* soft *(breeze);* close, sultry *(weather).* **soel·heid, soel·te** mildness, balminess, softness; closeness, sultriness.

soel[2] ~ *soeler soelste* sallow *(complexion);* swarthy; melanic. **soel·heid** sallowness; swarthiness.

Soe·loe Sulu. **~(-)argipel, ~-eilande** Sulu Archipelago/Islands. **~(-)see** Sulu Sea.

Soe·ma·tra, Su·ma·tra *(geog.)* Sumatra. **Soe·ma·traan, Su·ma·traan** *-trane, n.* Sumatran. **Soe·ma·traans, Su·ma·traans** *-traanse, adj.* Sumatran.

Soe·me·ri·ë Sumer. **Soe·me·ri·ër** Sumerian. **Soe·me·ries** *n., (lang.)* Sumerian. **Soe·me·ries** *adj.* Sumerian.

soe·mo *(Jap. style of wrestling)* sumo. **~-stoei** sumo wrestling. **~-stoeier** sumo wrestler.

soen *soene, n.* kiss; *iets met 'n ~ beseël* seal s.t. with a kiss; *iem. 'n ~ gee* give s.o. a kiss. **soen** *ge-, vb.* kiss; *(fml. or joc.)* osculate; *(infml.)* smooch; *elke man ~ sy vrou op sy eie manier* each one has his/her own way of doing things. **~bloed** →VERSOENINGSBLOED. **~dood, versoeningsdood** expiatory/redeeming death, death of atonement/propitiation. **~groet** greeting with a kiss. **~groet** *ge-* greet (*or* say goodbye) with a kiss. **~offer, versoeningsoffer** expiatory/propitiatory sacrifice, sacrifice of atonement; sin offering; peace offering. **~vas** *-te* kissproof.

Soen·da-ei·lan·de Sunda/Soenda Islands. **Soen·da·nees** *-nese, n. & adj.* Sundanese.

soe·ne·rig *-rige* fond of kissing.

soe·ne·ry kissing; *(fml. or joc.)* osculation; *(infml.)* smooching.

Soeng *(Chin. dynasty)* Sung, Song.

soen·na *(<Arab., Islam. law)* Sunna.

Soen·niet *-niete, n., (also s~)* Sunnite, Sunni. **Soen·nis·me** *(also s~)* Sunnism. **Soen·ni·ties** *-tiese, adj., (also s~)* Sunnite.

soen·tjie *-tjies* little kiss; *(small sweet or cake)* kiss; *vir iem. 'n ~ gooi* blow s.o. a kiss.

soep *(obs.)* = SOP *n..*

soe·pee *-pees, (rare, fml.)* supper. **soe·peer** *(ge)-, (rare, fml.)* take/have supper, sup.

soe·pel *-pel(e) -peler -pelste* supple, lissom(e), lithe; sinuous; pliant, pliable, flexible; pragmatic; lean *(an organisation, the economy, etc.); ~ band* limp cover *(of a book).* **soe·pel·heid** suppleness, lissom(e)ness, litheness; sinuosity, sinuousness; pliancy; *(acoustics)* compliance, compliancy.

soe·ra[1] *-ras, (chapter of the Koran)* sura.

soe·ra[2]**, soe·ra-sy** surah (silk).

soe·ra[3] *(<Marathi, vet.)* surra.

Soe·rat *(geog.)* Surat.

soes *soese* →SOESIE.

soe·sie *-sies, (cook., rare)* (cream) puff, chou.

soe·sji *(Jap. cook.)* sushi.

soe-soe *-soes, (bot: Sechium edule)* chayote, chocho.

soet *n.: die ~ en (die) suur van die lewe* the rough and the smooth; the sweet and the bitter (*or* the sweets and bitters) of life. **soet** *soet(e) soeter soetste, adj.* sweet *(to taste, hear, smell);* dulcet; mellow; candied; ***iets*** *~s* something sweet; *'n ~* ***kind*** a well-behaved/good child; *van ~* ***koffie*** *hou* like one's coffee sweet; *iets ~* ***maak*** sweeten s.t. *(coffee etc.);* ~ ***ruik*** smell sweet; ~ ***wees,*** *(a child, dog, etc.)* behave, be good; *lekker ~* ***wees*** be nice and sweet; ~ ***wyn*** →SOETWYN. **~bakker** pastry cook, confectioner. **~bakkery** *(trade, shop)* confectionery. **~beitel** double plane iron. **~doring** *(Acacia karroo)* sweet/Karoo thorn. **~gebak** pastry, confectionery. **~geurig** *-e* sweet-scented, sweet-smelling. **~goed** sweets; confection(ery). **~gras** *(Panicum schinzii)* sweetgrass, sweet buffalo grass; vernal grass, sweet vernal (grass). **~hout** liquorice (plant). **~hout(bossie), ertjiebos(sie)** *(Rafnia amplexicaulis)* sweet-root bush. **~klinkend** *-e* sweet-sounding, melodious, euphonic, euphonious, dulcet. **~koek:** *soos ~ gaan/verkoop* sell like hot cakes; *iets vir ~ opeet, (infml.)* swallow s.t. hook, line and sinker; swallow s.t. whole, be taken in by s.t.; lap s.t. up; *alles vir ~ opeet, (infml.)* swallow anything/everything. **~kop** *(bot.: Hyobanche sanguinea)* = INKBLOM. **~kruid** *(bot.)* sweet wort. **~land:** *~ sit, (obs.)* make love, court. **~lemoen** (sweet) orange. **~lief** darling, sweetheart, truelove; *my ~* my sweet. **~maakmiddel** *-s* sweetener; →VERSOETER. **~melk** *(dated)* sweet/fresh/whole milk. **~melkkaas** sweet-milk cheese. **~noorsdoring** *Euphorbia coerulescens.* **~olie** sweet oil; *(dated)* olive oil. **~papie** *(bot.: Hydnora africana)* dead dog, kannip. **~pop** *(bot.: Hyobanche sanguinea)* = INKBLOM. **~riet** sweet sorghum, sorg(h)o; sweet cane; *(incorr.)* sugar cane. **~rissie** sweet/bell/green pepper; *rooi ~* pim(i)ento. **~sappig,** *(rare)* **soetlik** *-e* candied, cloying, drippy, goody(-goody), icky, mawkish, mealy-mouthed, mushy, namby-pamby, schmaltzy, soft, soppy. **~sappigheid** cloyingness, mawkishness, mush(iness). **~skaaf** smoothing plane. **~skeel** *(rare)* squinting slightly, with a slight squint. **~sopie** liqueur; sweet wine. **~suur** sweet-and-sour; *~ sous* sweet-and-sour sauce. **~suurdeeg** salt-rising yeast. **~suurdeegbrood** salt-rising bread. **~veld** sweet field, sweetveld. **~vleis** sweetbread. **~vloeiend** *-e* mellifluous, mellifluent, fluent. **~vloeiendheid** mellifluousness, mellifluence, fluency. **~vyl** smooth(-cut) file. **~waterbiologie** →VARSWATERBIOLOGIE. **~waterdolfyn** goose-beaked whale. **~waterstroompie** freshet. **~watervis** →VARSWATERVIS. **~wolfsboon(tjie)** yellow lupin. **~wyn** sweet wine.

soet·a·ma·ling, soe·te·ma·ling *-lings, (bot.)* tuberose.

soe·ta·ne →SOUTANE.

soe·te·laar *-laars, (hist.)* sutler, vivandier *(Fr.).*

soe·te·ma·ling →SOETAMALING.

soe·te·rig *-rige* sweetish, rather sweet. **soe·te·rig·heid** sweetishness.

soet·heid sweetness.

soe·tig·heid sweet(s); sweet stuff; confection; honey; *van ~ hou, lief wees vir ~* have a sweet tooth.

soet·jies →SUUTJIES.

soet·lik *-like, (rare)* →SOETSAPPIG. **soet·lik·heid** = SOETSAPPIGHEID.

soe·tra *-tras, (Hind., Buddh.)* sutra.

soe·tsjong(·tee) *(<Chin.)* souchong.

so-e·we, so-ef·fe just now, a moment ago; →SO EWE PARMANTIG/ENS..

soe·we·nier *-niers* souvenir, keepsake.

soe·we·rein *-reine, n.* sovereign, ruler. **soe·we·rein** *-reine, adj.* sovereign; *~e minagting* sovereign contempt. **soe·we·rei·ni·teit** sovereignty.

soe·wla·ki *-ki's, (Gr. cook.: type of kebab)* souvlaki.

so·fa *-fas* sofa, couch, settle. **~pokkel** *(infml.)* couch potato.

sof·fiet *-fiete, (archit.)* soffit.

So·fi·a *(capital of Bulgaria)* Sofia.

so·fis *-fiste, (also S~)* sophist; casuist. **so·fis·me** *(also S~)* sophism; sophistry; casuistry. **so·fis·te·ry** *-rye, (also S~)* sophistry, casuistry, special pleading. **so·fis·ties** *-tiese, (also S~)* sophistic(al); casuistic(al).

So·fo·kles →SOPHOKLES.

sof·ta *(Muslim theol. student)* softa.

sog[1] *sogge, sôe* sow.

sog[2] wake *(of a ship).* **~water** wake *(of a ship).*

so·ge·naamd *adv.* ostensibly, professedly, in name, purportedly, quasi *(Lat.); dit is ~* ... this is supposed to be (*or* this purports to be *or* this is professedly) ... *(original work etc.); iem. is weg, ~ om te gaan* ... s.o. left on the pretext of going to (*or* ostensibly to go and) ... *(work etc.).* **so·ge·naam·de** *adj.* so-called, alleged, mock, bogus, pretended, professed, pseudo, reputed, self-styled, supposed, would-be; *'n ~e* ... a pretence at a ... *(reception etc.); 'n ~e kuier* an apology for a visit, a so-called visit; *~e vrou* pretended wife.

so·gend *-gende* nursing; →SOOG.

sog·gens in the morning; of a morning; *~ heel eerste, ~ vroeg-vroeg* first thing in the morning.

so·heen(·toe) = SOONTOE.

soi·rée *-rées, (Fr.)* evening party, soiree, soirée.

so·ja-: **~boon(tjie)** soya bean, soybean *(Am.).* **~koek** bean cake. **~meel** soya meal. **~-olie** bean oil, soya bean (*or* soybean) oil. **~sous** soy(a) sauce. **~wrongel** *(cook.)* bean curd.

So·joez *(manned Soviet spacecraft)* Soyuz.

so·juis →SO JUIS.

sok *sokke, (mech.)* socket, sleeve; *(mech.)* pocket; coupling *(of pipes); (elec.)* socket (outlet); sock; →SOKKIE. **~beitel** socket chisel. **~-en-tap(-)verbinding** ball and spigot (joint). **~gat** plug outlet. **~grendel** socket bolt. **~ophouer** *(obs.)* →SOKKIEOPHOUER. **~pyp** socket/faucet pipe. **~sleutel** box spanner/wrench, socket spanner/wrench. **~verbinding** socket/cup joint.

so·ka *(calypso mus. with elements of soul)* soca.

sok·kel *-kels, (archit.)* socle, dado.

sok·ker soccer, association football *(Br., fml.).* **~bal** soccer ball. **~boef** football hooligan. **~boewery** football hooliganism. **~lotery** football pools; *geld in die ~ wen/losslaan* have a win on the (football) pools. **~skoen** football boot. **~span** soccer team. **~spel** soccer game. **~speler** soccer player, soccerite *(rare).* **~veld** soccer field, football pitch. **~wedstryd** soccer match.

sok·kie *-kies* sock. **~ophouer, sokophouer** *(obs.)* (sock) suspender.

So·kra·tes Socrates. **So·kra·ties** *-tiese* Socratic; *~e ironie, (philos.)* Socratic irony.

sol[1] *(chem.)* sol.

sol[2] *(mus.)* sol. **sol·mi·(s)eer** *ge-, (mus.)* solmisate. **sol·mi·sa·sie** *(mus.)* solmisation.

so·la *-las,* **so·la·wis·sel** sola/sole bill (of exchange).

so·lank *adv.* meanwhile, for the time being. **so·lank** *conj.* while, as long as, (for) so long as; →SO LANK (SOOS/AS) ...

so·la·ri-: **~graaf** *-grawe* solarigraph. **~meter** solarimeter. **~sasie** solarisation.

so·la·ri·seer *ge-, (phot. etc.)* solarise.

so·la·ri·um *-riums, -ria* solarium.

sol·daat *-date* soldier; warrior; man-at-arms; soldier (ant); *(bot.)* red-hot poker, soldier, torch lily; →SOLDATE-; ***geharde soldate*** seasoned soldiers; ***gewone*** ~ private soldier; *die **gewone soldate*** the rank and file; ***soldate,*** *(also)* troops; the military; ~ ***word*** turn soldier. **sol·daat·jie** *-tjies* little soldier; *~(s) speel* play at soldiers.

sol·da·te-: ~**baadjie** tunic. ~**brood** barracks bread. ~**jas** trench coat. ~**kamp** military camp. ~**kis** soldier's box. ~**kwartiere** cantonment. ~**lewe** army/military life, soldiering, soldier's life. ~**lied** soldiers' song. ~**sak** kitbag. ~**skoen,** ~**stewel** army boot. ~**stand** military profession. ~**taal** army language; military terminology. ~**testament** military/soldier's will. ~-**uniform** military uniform. ~**volk** military nation; soldiery. ~**winkel** canteen.

sol·deer *(ge)-* solder, braze. ~**bout** soldering iron/bit/bolt/copper, copper(ing) bit. ~**lamp** soldering/brazing lamp. ~**las** soldered joint. ~**lood** lead solder. ~**roet** smudge. ~**spuit** soldering gun. ~**suur** killed spirits. ~**tang** brazing/soldering tongs. ~**tin** tin solder, soldering tin. ~**toestel** soldering apparatus/outfit. ~**vlam** soldering flame, blowflame. ~**vuur** pot fire. ~**water** soldering fluid. ~**werk** soldering (work).

sol·deer·sel solder(ing), flux; *harde* ~ spelter (solder).

sol·der *-ders* loft; attic; ceiling; *(mining)* sollar; *op (die)* ~ in the loft/attic. ~**balk** loft beam, joist. ~**deur** loft door. ~**kamer** attic, garret, mansard. ~**lig** skylight, batten light. ~**luik** trapdoor. ~**plank** loft board. ~**styl** ashlar, ashler. ~**trap** loft steps/stairs; garret stairs. ~**venster** loft window/light; garret window, dormer (window). ~**verdieping** half stor(e)y, mansard. ~**vloer** attic floor.

sol·de·ring[1] *-rings, -ringe, (rare)* ceiling.

sol·de·ring[2] soldering.

sol·doe·die *-dies, (sl., obs.)* girl soldier.

sol·dy (military) pay; *met halwe/volle* ~, *(mil.)* on half/full pay. ~**boek(ie)** pay book. ~**staat** payroll.

so·lem·neel *-nele, (obs.)* solemn.

so·le·no·ïed *-noïede, (elec.)* solenoid. **so·le·no·ï·daal** *-dale* solenoidal.

so·le·sis·me *-mes* solecism.

sol·fa-: ~**notering,** ~**metode,** ~**musiek** tonic solfa.

sol·fa·ta·ra *-ras, (geol.)* solfatara.

sol·feg·gi·o *-feggio's, -feggi (It.),* **sol·fège** *-fèges (Fr.), n., (mus.)* solfeggio, solfège.

so·li·da·ri·seer *ge-* solidify, consolidate.

so·li·da·ri·teit solidarity. ~**staking** sympathetic strike.

so·li·dêr *-dêre* solidary.

so·li·di·teit solidity *(of a matter)*; reliability *(of a character)*; respectability *(of a person, a firm, etc.)*; solvency *(of a firm)*; stability.

so·li·dus *-lidusse, -lidi* slash.

so·lied *-liede -lieder -liedste* solid; substantial; stable; reliable; respectable, steady, staid; sound, solvent; →SOLIDITEIT.

so·li·fluk·sie *(geol.)* solifluction, solifluxion.

so·lip·sis *-siste, (also S~; philos.)* solipsist. **so·lip·sis·me** *(also S~)* solipsism. **so·lip·sis·ties** *-tiese, (also S~)* solipsist(ic).

so·lis *-liste* soloist. **so·lis·te** *-tes* (female) soloist. **so·lis·ties** *-tiese* solo.

so·li·têr *(card game)* solitaire, patience.

sol·li·si·teer *ge-, (obs.)* apply; ~ *om 'n betrekking* apply for a post. **sol·li·si·tant** *-tante, (obs.)* candidate, applicant. **sol·li·si·ta·sie** *-sies, (obs.)* application; *~s vra om 'n betrekking* advertise a post. **sol·li·si·teur-ge·ne·raal** *~s-generaal, (hist.)* solicitor-general.

sol·mi·sa·sie *(mus.)* solmisation.

so·lo *-lo's* solo. ~**dans** solo dance, *(Fr., ballet)* pas seul. ~**klim** *n.* solo climbing. ~**klimmer** solo climber. ~-**opvoering** one-man/one-woman show. ~**party** solo part. ~**register** *(mus.)* solo stop *(of an organ)*. ~**sang** vocal solo; solo singing. ~**sanger,** *(fem.)* ~**sangeres** soloist. ~**spel** solo performance. ~**speler** soloist. ~**tentoonstelling** solo/one-man/one-woman exhibition. ~**vlug** solo flight.

sol·sleu·tel *(mus.)* G/treble clef.

So·lu·tries *-triese, (archaeol.)* Solutrean, Solutrian.

sol·vaat *n., (chem.)* solvate. **sol·veer** *(ge)-, vb.* solvate.

sol·vent *-vente* solvent. **sol·ven·sie** solvency.

Sol·zje·nit·sin Solzhenitsyn.

som *somme* sum; total; amount; *'n **aardige/mooi/taamlike** ~* a tidy sum; a pretty penny *(infml.)*; *'n groot ~ **geld*** a large amount/sum of money; *jou ~me **ken,** (infml.)* know one's onions; *~me **maak*** do arithmetic/sums; *(street racing sl.)* have a burn-up; *gaan ~me **maak,** (street racing sl.)* go for a burn-up; *'n **ronde** ~* a lump sum; *die ~ **van** 2 en 3 is 5* the sum of 2 and 3 is 5; ***vir** die ~ van ...* for the sum of ... *(R1000 etc.)*.

so·ma[1] *-mas, -mata* soma. **so·ma·ties** *-tiese* somatic. **so·ma·to·lo·gie** somatology.

so·ma[2] *(<Skt., a plant; its intoxicating juice)* soma.

so·maar·(so) *(obs.)* →SOMMERSO.

So·ma·li *(lang.)* Somali; *(pl. -'s; member of a people, dated)* →SOMALIËR. **So·ma·li·ë** *(geog.)* Somalia. **So·ma·li·ër** *-liërs* Somali. **So·ma·lies** *-liese* Somali(an). **So·ma·li·land** *(hist.)* Somaliland.

so·ma·to- *comb.* somato-. ~**geen** *-gene,* ~**genies** *-geniese* somatogenic. ~**tipe** somatotype. ~**trofien** somatotrop(h)in.

som·ber *-ber(e) -berder -berste* sombre, gloomy, cheerless, joyless, dismal, dreary, glowering; heavy, sullen *(sky)*; dingy; *~(e) stemming* dejection, low spirits, melancholy; *~(e) waarskuwing* grim warning. **som·ber·heid** sombreness, gloom(iness); dejection, melancholy.

som·bre·ro *-ro's* sombrero.

so·mer *-mers* summer; *sestig/ens. ~s **agter** die rug hê* be a man/woman of sixty/etc. summers; *in die **hartjie** van die* ~ at the height of summer; ***in** die* ~ in summer; *in die ~ van die **lewe*** →LEWE. ~**aand, somersaand** summer('s) evening. ~**aster** *(bot.)* (summer) aster, Chinese/China aster. ~**braak(land)** summer fallow/field. ~**dag, somersdag** summer('s) day. ~**diarree** summer diarrhoea/sickness. ~**diens** summer service/timetable. ~**drag,** ~**klere, somersdrag,** ~**klere** summer wear. ~**druif** *(Vitis argentifolia)* summer grape. ~**eend** *(Anas querquedula)* garganey. ~**gewas** summer crop. ~**goed** summer clothes/things. ~**graan** summer cereals. ~**hitte** summer heat. ~**hoed, somershoed** summer hat. ~**hoekie** arbour, bower. ~**hoofstad** summer capital. ~**huis** summer residence. ~**huisie** summerhouse, bower, belvedere. ~**kamp** summer camp. ~**klere, somersklere** summer clothes. ~**koring** summer wheat. ~**kursus** summer school. ~**maand** summer month. ~**materiaal,** ~**stof** summer material. ~**mode** summer fashions. ~**(s)môre,** ~**(s)more** = SOMEROGGEND. ~**nag** summer('s) night. ~**oes** summer crop. ~**oggend, somersoggend** summer('s) morning. ~**opruiming** summer clearance (sale). ~**pak, somerspak** summer suit. ~**paleis** summer palace. ~**reën** summer rain. ~**reses** summer recess. ~**rok, somersrok** summer dress/frock. ~**roos** summer rose, rose of summer. ~**seisoen** summer season, summertime, summertide. ~**slaap** *(zool.)* summer sleep, aestivation. ~**snoei** *n.* summer pruning. ~**snoei** *ge-, vb.* give a summer pruning. ~**son(ne)stilstand,** ~**sonnewende** summer solstice, midsummer. ~**spoor** *(bot.)* summer spore, uredospore, urediniospore. ~**sproete** *(pl.)* sun freckles. ~**stof** →SOMERMATERIAAL. ~**tabberd** *(fml., dated)* = SOMERROK. ~**tyd** summer time, daylight (saving) time. ~**uitverkoping** summer sale. ~**vakansie** summer holiday. ~**verblyf** summer resort; summer residence. ~**viooltjie** *(bot.)* viola. ~**warmte** summer heat. ~**weer** summer weather. ~**woning** summer residence.

so·mer·ag·tig *-tige* summery, summerish, summerlike.

so·mers *-merse* summer, summery, summerly; *(meteorol.)* aestival; *'n ~e dag* a summery/summer's day; →SOMERDAG; *~e weer* summery weather. **somers-** →SOMER.

so·miet *-miete, (zool.)* somite, metamere.

som·ma total (amount), sum (total).

som·ma·sie *-sies, (rare)* writ, summons. **som·meer** *(ge)-, (rare)* summon, notify, call upon.

som·mer for no particular reason; just, merely; without any difficulty *(or* further/more/much ado), with no further ado, straight off; immediately; at the same time, while you're about it; idly; *~ **baie*** in spades *(infml.)*; *iets ~ **doen*** be quick to do s.t.; *iets nie ~ **doen** nie* be slow to do s.t.; *iem. sal iets nie ~ **doen** nie, (also)* s.o. will not do s.t. lightly; *~ het nie **rede** nie (en skilpad het nie vere nie* of *jakkals dra nie klere nie), sommer is nie **rede** nie, (infml.)* one must have a reason for doing s.t.. ~**so** simply, just (as it was); just as you are; without further/more/much ado, with no further ado, summarily; after a fashion, so-so; just like that; *iets ~ doen* do s.t. anyhow *(or* any old how) *(infml.)*; *nie ~ nie* not just anyhow *(infml.)*.

som·me·tjie *-tjies* little sum; small sum/amount; *'n aardige/mooi/taamlike ~, (infml.)* a tidy sum; a pretty penny.

som·mi·ge some; *~ meen dat ...* some think that ..., there are those who think that ...; *~ van ...* some of ... *(the people etc.)*; *~ van hulle/julle/ons* some of them/you/us.

som·nam·bu·le *-les* somnambulist.

soms, somtyds sometimes, at times, now and then, occasionally, (up)on occasion; *~ is iem. vriendelik, ~ heeltemal nukkerig/ens.* sometimes *(or* at times) s.o. is friendly, sometimes *(or* then again *or* at other times) quite huffish/*etc.*. **som·tyds** →SOMS.

son *sonne* sun; →SONNE-, SONS-; *in die ~ **bak/lê*** sun o.s.; *die ~ **brand** iem.* s.o. catches the sun; *die ~ **gaan onder*** the sun sets; *die ~ **is op*** the sun is up *(or* has risen); *die ~ **kom op*** the sun rises; *in die ~ **lê*** →*bak/lê*; *(as (die) ~ (is) in die weste, (is die) **luiaard** op sy beste* →LUIAARD; *daar is **niks nuuts** onder die ~ nie* there is nothing new under the sun; *waaroor die ~ **nooit ondergaan** nie* on which the sun never sets; *die ~ is aan die **ondergaan*** the sun is setting; *die **ondergaande** ~* the setting sun; *iem. se ~ het **ondergegaan*** s.o.'s sun is set; *iem. se ~ het **ondergegaan** terwyl dit nog dag was* s.o. died young; *die **opkomende/opgaande** ~* the rising sun; *die ~ **peil*** take the sun's altitude; *die ~ **sak*** the sun is sinking; *in die ~ **sit*** sun o.s., take the sun; *die ~ **skyn*** the sun is shining; *nie kan sien/verdra dat die ~ in 'n ander se water* (of *oor 'n ander*) ***skyn** nie* be a dog in the manger, begrudge others the air they breathe; *in iem. se ~ **staan*** prejudice s.o.'s chances; *in jou eie ~ **staan*** prejudice one's own chances, be one's own worst enemy; *die ~ trek **water*** the sun is westering/setting. ~**aanbidder** sun worshipper. ~**aanbidding** sun worship. ~**baaier** sunbather. ~**baan** →SONNEBAAN. ~**bad** *-baaie* sun bath; *'n ~ neem* sunbathe. ~**badkamer** solarium. ~**badolie** = SONBRANDOLIE. ~**battery** solar battery. ~**bed** sunbed *(for acquiring an artificial tan)*. ~**behandeling,** ~**ligbehandeling** heliotherapy. ~**beligting** solarisation. ~**besie** cicada, cicala. ~**beskrywing** heliography. ~**bestraal(d)** *-straalde* sunlit. ~**bestraling** insolation. ~**blind** sun blind. ~**blinder,** ~**blinding** sun blind. ~**blok(keerder),** ~**blokkeermiddel,** ~**blokkeerroom** sunblock. ~**brand** sunburn; sunscald *(of crops)*. ~**brandmiddel,** ~**bruinmiddel** suntan lotion. ~**brandolie,** ~**bruinolie** suntan oil. ~**(brand)room,** ~**(bruin)room** suntan cream. ~**bril** sunglasses. ~**bruin** suntanned. ~**bruinmiddel** →SONBRANDMIDDEL. ~**bruinolie** →SONBRANDOLIE. ~**bruinroom** →SONBRANDROOM. ~**dag** →SONNEDAG, SONDAG. ~**dak** sunroof. ~**dans** sun dance. ~**dek** sun deck. ~**diens** →SONNEDIENS. ~**doek** havelock. ~**dou(tjie)** →SONNEDOU. ~**droog** sun-dry. ~**energie** →SONKRAG. ~**gebruin(d)** *-bruinde* = SONBRUIN. ~**gedroog** *-de* sun-dried, sun-cured. ~**glans** splendour of the sun. ~**gloed** glow/blaze of the sun, sunglow. ~**god** sun god. **S~gordel** Sunbelt, Sun Belt *(in the southern US)*. ~**helm** sun helmet. ~**hitte** solar heat. ~**hoed** sunhat. ~**hoogte** solar altitude. ~**hortjies** Venetian blind, jalousie. ~**jaar, sonnejaar** solar/tropical year. ~**kamer** sun room. ~**kant** sun side; sunny side. ~**kap** awning, canopy. ~**keerpunt** solstice. ~**klimaat** solar climate. ~**kol** spot of sunlight. **S~koning, Sonnekoning:** *die ~, (Lodewyk XIV)* the Sun King *(Louis XIV)*. ~**konstante** solar constant. ~**krag,** ~**energie** solar energy/power. ~**krag-sel** solar cell. ~**krans** solar corona. ~**kring** sunglow. ~**kruis** sun cross. ~**kyker** →REUSEGORDELAKKEDIS. ~**lamp** sun(ray) lamp. ~**lig** sunlight. ~**ligbehandeling** →SONBEHANDELING. ~**ligterapie** heliotherapy. **~loop** course of the sun. **~maand** solar month. **~meter** heliometer, solarimeter. **~mite** solar/sun myth. **~onder** *n.* sunset, sundown, nightfall; *(met)* ~ at sunset; at nightfall; *ná* ~ after dark. **~op** sunrise; *(met)* ~ at sunrise. **~pak** sunsuit. **~paneel** solar panel. **~pilaar, ~suil** sun pillar. **~plant** heliophyte. **~portaal** sun porch. **~rok** sundress. **~rosie** rockrose. **~sambreel** sunshade, parasol; beach umbrella. **~sel** solar cell. **~sirkel** →SONNESIRKEL. **~sitter** sun lover; *(rare)* sun ripened fruit. **~skerm** sunshade, parasol; sun shield/visor; awning. **~skerm(middel), ~skermroom** sunscreen. **~skyf** disc of the sun, solar disc. **~skyn** sunshine; *nie altyd ~ nie, (fig.)* not always a bed of roses. *'n ~ in iem. se lewe wees* →SONSTRAAL. **~skyndag** fine/sunny day. **~skynmeter** sunshine recorder. **~skynweer** sunny weather. **~soekertjie** -s, *(bot.)* heliotrope, cherry pie. **~spat** *vb.* →(LAAT) **LIGSTREEP.** **~spatsel** *(in hair)* = LIGSTREEP *n.*. **~spektrum** solar spectrum, spectrum of the sun. **~spieël** helioscope. **~stand** →SONNESTAND. **~steek** sunstroke, heatstroke, siriasis, heliosis. **~steen** sunstone, aventurin(e), avanturine. **~stelsel** →SONNESTELSEL. **~stilstand, sonnestilstand, sonnewende** solstice. **~stilstandpunt** solstice. **~stoel** sun lounger, sunbed. **~stoep** sun porch. **~stoffie** mote (in a sunbeam). **~straal** ray of the sun, sunray, sunbeam; sunstroke; *'n ~/sonskyn in iem. se lewe wees* be a ray of (sun)light in s.o.'s life. **~straalplooi** sunray pleat. **~straling** solar radiation, insolation. **~streep** *n., (in hair)* = LIGSTREEP *n.*. **~streep** *vb.* →(LAAT) **LIGSTREEP.** **~suil** →SONPILAAR. **~termometer** sun thermometer. **~tyd** solar/sun/true time. **~uit** *(rare)* at dawn. **~vas** sun-resistant, sunfast. **~verwarmer** solar heater. **~vis** sunfish. **~vlam** solar flare. **~vlek** sunspot. **~vloed** solar tide. **~voël** bird of paradise. **~wa** →SONNEWA. **~warmte** heat/warmth of the sun, solar heat. **~warmtemeter** pyrheliometer. **~weg** →SONNEBAAN. **~wimpel** solar prominence. **~wind** solar wind. **~wyser, sonnewyser** sundial. **~wys(t)erpen, sonnewys(t)erpen** gnomon.

so·naal -*nale* zonal.

so·nans -*nanse* sonant.

so·nar sonar.

so·na·sie zonation.

so·na·te -*tes, (mus.)* sonata. **so·na·ti·ne** -*nes, (mus.)* sonatina.

son·daar -*daars* sinner; offender, transgressor; *'n verstokte ~* a hardened sinner.

son·daars-: **~bankie** stool of repentance. **~gesig** hangdog look.

Son·da·e, Son·dags *adv.* (on) Sundays; *(op) Sondae* (on) Sundays.

Son·dag -*dae* Sunday; →SONDAE, SONDAGS; *haar ~ is langer as haar Maandag, (infml., joc.)* her slip/petticoat shows; **~aand** Sunday evening. **~blad** →SONDAGKOERANT. **~diens** Sunday service. **~klere, Sondagsklere** Sunday clothes/best. **~koerant, ~blad** Sunday (news)paper. **~môre, ~more, ~oggend** Sunday morning. **~nag** Sunday night. **~(na)middag** Sunday afternoon. **~pak** Sunday suit. **~skilder** Sunday painter. **~skool** Sunday school. **~skoolkind** Sunday-school pupil. **~skoolklas** Sunday-school class. **~skoolonderwyser(es)** Sunday-school teacher. **~werk** Sunday work.

Son·dags -*dagse, adj.* Sunday; →SONDAE, SONDAG; *in jou ~e pak* in one's Sunday clothes/best. **~heiliging, ~viering** Sunday observance. **~kind** Sunday child; *(fig.)* child born with a silver spoon in his/her mouth. **~klere** →SONDAGKLERE. **~letter** dominical letter. **~rivier** Sundays River. **~rus** Sunday rest. **~viering** →SONDAGSHEILIGING. **~weer** *(rare)* queen's weather. **~wet** *(hist.)* Sunday Observance Act.

son·da·res -*resse* (female) sinner; →SONDAAR.

son·de[1] -*des* sin; trouble; trespass, transgression; evil; iniquity; *iem. baie ~ **aandoen/gee*** give s.o. a lot of trouble; *~ **bely/bieg*** confess sins; ***belydenis** van jou ~ doen* confess one's sins; *vir jou ~ **boet*** atone for one's sins; *'n **daaglikse** ~* a venial sin; *~ **doen*** commit a sin; do wrong; *iem. baie ~ **gee** →**aandoen/gee**; ~ met ... **hê*** have trouble with ...; *in ~ **leef/lewe*** live in sin; *dis ~ **om te** ...* it's a sin to ...; *as ek my ~ nie **ontsien** nie ...* I have a good mind to ...; *as ek my ~ nie **ontsien** nie, doen ek dit* for two pins I'd do it; *in ~ **ontvang** (en gebore)* conceived in sin; *dit is ~ en **skande*** it is a sin and a shame; *~ **soek*** look for trouble, spoil for a fight; *kinders die ~s van hulle **vaders** toereken, (Bib.)* visiting the iniquity of the fathers upon the children; *'n **verborge** ~* a secret sin; *iem. se ~ word **vergewe*** s.o.'s sins are forgiven; ***vergewing/vergif(fe)nis** van ~s* forgiveness of sins; *gedurig ~ **veroorsaak*** be a continual nuisance; *'n ~ van **versuim/nalatigheid*** a sin of omission; *in ~ **verval*** fall from grace; *jou ~ sal jou **vind*** one's chickens will come home to roost. **~besef** sense of sin. **~bok** *(lit., fig.)* scapegoat; *(fig.)* whipping boy; *iem. die ~ maak* make a scapegoat of s.o.; *die ~ vir iets wees* be the scapegoat for s.t.. **~boksoeker** scapegoater. **~jammer:** *dit is ~, (rare)* it is a great pity (*or* a sin and a shame). **~las** burden of sin(s). **~register** register of sin(s). **~skuld** burden of sin(s). **~soeker** trouble seeker, vexatious person. **~val** fall of man, the Fall.

son·de[2] -*des, (med.)* probe, explorer; *(meteorol.)* sonde.

son·deer *(ge)-* probe, sound. **~stif** sound, probe. **~ys-ter** probe. **son·deer·der** -*ders* probe; →SONDERING.

son·de·loos -*lose* sinless, impeccable. **son·de·loos·heid** sinlessness.

son·der without; deprived/destitute of; wanting; sans; exclusive of; *~ ...* unpossessed of ...; *~ iets **bly/klaar-kom/regkom*** do/go without s.t.; *~ **iem.*** without s.o.; but/except for s.o., if it had not been (*or* if it weren't) for s.o.; *~ **kinders*** with no children; *~ **om** doekies om te draai, sonder doekies omdraai* in no uncertain terms; *~ **om** te kla/ens.* without complaining/etc..

son·der·baar -*bare* = SONDERLING.

Son·der·end-: **~berge** Sonderend Mountains. **~rivier** Sonderend River.

son·de·ring probing, sounding; →SONDEER.

son·der·ling -*linge, n., (rare)* eccentric (person); *(infml.)* crank; *(infml.)* freak. **son·der·ling** -*linge, adj.* odd, peculiar, singular, strange, eccentric, queer, cranky; *~ genoeg* singularly/strangely enough. **son·der·ling·heid** singularity, peculiarity, oddity, oddness, eccentricity, strangeness, queerness.

son·de·tjie -*tjies* peccadillo, petty sin.

son·dig -*dige, adj.* sinful, iniquitous, wicked. **son·dig** *ge-, vb.* (commit a) sin; err, offend, transgress; *onwetend ~* sin in ignorance; *onwetend ~ nie* doing wrong unwittingly is no sin; *teen iets ~* offend against s.t.; sin against s.t.; trespass against s.t.. **son·dig·heid** sinfulness, evilness.

sond·of·fer expiatory sacrifice, sin offering.

sond·vloed the Deluge/Flood; *van voor die ~* antediluvian.

so·ne -*nes* zone. **~bou, ~-indeling, ~struktuur** zoning. **~tyd** zonal/zone time. **~vorming** zonation.

so·neer *(ge)-* zone.

so·ne·ring zoning.

so·nies -*niese* sonic.

son·kiel·tjie -*tjies, (bot.)* jonquil.

son·kwas·riet *(bot.)* Sonqua reeds/thatch.

son·loos -*lose* sunless. **son·loos·heid** sunlessness.

son·ne- (→SON): **~baan, sonbaan** ecliptic, sun's (apparent) orbit. **~besie** = SONBESIE. **~blom** sunflower, helianthus, turnsole. **~blomolie** sunflower oil. **~dag** solar day. **~diens, sondiens** sun worship. **~dou, sondou(tjie)** *(bot.)* sundew. **~jaar** →SONJAAR. **~klaar** *(rare)* as clear as the day; as plain as a pikestaff, crystal clear. **S~koning** →SONKONING. **~kyker** helioscope. **~sirkel, sonsirkel** solar cycle. **~stand, sonstand** sun's altitude. **~stelsel, sonstelsel** solar/planetary system. **~stilstand** →SONSTILSTAND. **~vleg** solar/coeliac plexus. **~wa, sonwa** chariot of the sun (god). **~weg, sonweg** = SONNEBAAN. **~wende** →SONSTILSTAND. **~wyser** →SONWYSER.

son·net -*nette* sonnet. **~digter, ~skrywer** sonneteer.

son·ne·tjie[1] sun(shine); *in die ~ sit* sun o.s., take the sun.

son·net·jie[2] -*jies* little sonnet, sonnet of sorts.

son·net·te·krans, -siklus sonnet cycle/sequence.

son·nig -*nige* sunny, bright, sunlit, sun-kissed; sunshiny; cheerful; *~e kind* sunny child, child with a happy/sunny disposition. **son·nig·heid** sunniness; cheerfulness.

so·no- *comb.* **~boei** sonobuoy. **~graaf** sonograph. **~gram** *(phys., med.)* sonogram. **~meter** sonometer.

so·noor -*nore* sonorous. **so·no·ri·teit** sonority.

sons-: **~afstand** *(astron.)* perihelion, distance from the sun. **~hoogte** sun's altitude. **~ondergang** sunset; *met ~* at sunset. **~opgang, ~opkoms** sunrise; *met ~* at sunrise. **~verduistering** eclipse of the sun, solar eclipse.

sont *sonte, (geog.)* sound, wide strait(s); *die S~* the Sound.

so·ö- *comb.* zoo-.

so·ö·fiet -*e* zoophyte. **so·ö·fi·ties** -*e* zoophytic. **so·ö·fi·to·lo·gie** zoophytology.

soog *ge-* suckle, nurse, nourish, give suck, lactate. **~broer** = PLEEGBROER. **~dier** mammal. **~dierkunde** mammalogy. **~kind** nurs(e)ling; →PLEEGKIND. **~moeder** nursing mother, wet nurse. **~tyd** period of lactation. **~vrou** wet nurse.

so·ö·ge·o·gra·fie zoogeography.

so·ö·graaf -*grawe* zoographer. **so·ö·gra·fie** zoography. **so·ö·gra·fies** -*e* zoographic(al).

soog·ster -*sters* foster mother.

sooi *sooie* sod; turf; divot; *onder die ~ lê, (infml.: in the grave)* push up the daisies. **~huis** sod house, house built of turf.

sooi·brand heartburn; *(pathol.)* brash, cardialgia, pyrosis.

sooi·tjie -*tjies, (golf)* divot.

sool *sole* sole; *skoene met dik sole* thick-soled shoes. **~beslag** boot protector(s). **~ganger** -*s, (zool.)* plantigrade. **~knop** stud. **~leer** sole/bend leather. **~plank** trench board. **~stuk** toepiece. **~vrat** plantar wart.

so·ö·liet -*e* zoolite.

so·ö·lo·gie zoology. **so·ö·lo·gies** -*e* zoological. **so·ö·loog** -*loë* zoologist.

sool·tjie -*tjies* little sole; crackling; →SWOERD.

soom *some, n.* hem; edge, border, fringe, outskirts; apron *(of green in golf)*; *~ van 'n bos* outskirts/fringe of a forest; *~ van 'n kleed* hem of a garment. **soom** *ge-, vb.* hem; border. **~naat** hem. **~steek** *n.* hemming (stitch). **~steek** *ge-, vb.* hemstitch. **~voetjie** foot hemmer. **~werk** hemming. **~werker** hemmer.

so·ö·morf -*morfe*, **so·ö·mor·fies** -*fiese* zoomorphic. **so·ö·mor·fis·me** zoomorphism.

so·ö·no·se -*ses, (pathol.)* zoonosis.

soon·toe that way; there; *ons het ~ gegaan* we went there; *~ en terug* there and back.

so·ö·plank·ton zooplankton.

so·ö·plas·tiek zooplastics. **so·ö·plas·ties** -*e* zooplastic.

soort *soorte* sort, kind; species; variety; make; description; denomination; ilk; ***alle** ~e ...* all kinds/sorts of ...; ***alle** ~e mense/ens.* all kinds of people/etc., people/etc. of all sorts; *van alle ~e* of all kinds/sorts; *van **alle** ~e wees, (also)* be all sorts; ***allerhande** ~e bote/ens.* boats/etc. of every description; *mense van **allerlei** ~* people of all sorts; *'n **bedreigde/kwynende/uitsterwende** ~* a threatened species; *die **beste** in sy ~ wees* be the best of its kind; ***daardie** ~ mense* people of that kind, that kind of people; ***daardie** ~ motor/ens.* that kind of car/etc.; *nie **daardie** ~ mens wees nie* not be that sort; *(die) **een** of ander ~ ...* some sort of ...; ***enig** in sy ~ wees* be one of a kind; ***haar** ~ →**sy/haar**; 'n **kwynende** ~ →**bedreigde/kwynende/uitsterwende**; die ~ **man/vrou** van wie ek hou* my kind of man/woman; ***'n** ~ ...* a sort of ...; a ... of a kind; *dit is **'n** ~ **proefneming/ens.*** it is in the nature of an experiment/*etc.*; *dit is **nie** die ~ ... waarvan ek hou nie* it is not my kind of ...; *'n **seldsame** ~ ...* a rare type of ...; *~ **soek*** ~ birds of a feather flock together; ***sy/haar** ~* the likes of him/her; *'n **uitgestorwe** ~* an extinct species; *'n **uitsterwende** ~ →**bedreigde/kwynende/uitsterwende**; ~ **(van)**, (infml.)*

kind of; *watter* ~ ...? what kind of ...?; *watter* ~ *mens is X?* what is X like? ~**bepaling** diagnosis. ~**eg** -*te*, *(rare)* true to type. ~**gelyk** -*e* of the same (*or* that) kind, similar, matching; ~ *wees aan* ... be similar to ...; *'n ~e ondervinding* a similar experience. ~**genoot** congener. ~**naam** *(gram.)* appellative (noun), class/common noun; *(biol.)* generic name; specific name; ~**vorming** speciation.

soort·lik -*like* specific; ~*e* ***geleidingsvermoë*** specific conductivity; ~*e* ***gewig*** specific gravity; ~*e* ***warmte*** specific heat; ~*e* ***weerstand*** resistivity, specific resistance.

soos as; like, such as; just as; in/after the manner of; ***doen*** *dit* ~ *ek!* do it my way!; ***doen*** *dit* ~ *ek dit wil hê!* do it my way!; ***iem.*** ~ *hy/sy* s.o. like him/her; ***iets*** ~ ... s.t. in the nature of ...; ~ ***in*** ... as in ...; ***mense*** ~ *hy/sy* people like him/her, the likes of him/her; ***min*** *of meer* ~ ... along/on the lines of ...; ***net*** ~ ... just as ...; ***net*** ~ *(in die geval van)* ... in common with ...; *maar* ***net*** ~ ... *wees* be no different from ...

so·ö·spoor zoospore, swarm spore, swarmer, sporozoid.

so·ö·to·mie zootomy.

sop *soppe, n.* soup; juice; liquid; sap; →SAP; ***dik*** ~ thick soup; ***dun*** ~ thin soup, broth; ***helder*** ~ clear soup, consommé; ***in*** *die* ~ *beland/wees/sit, (infml.)* land/be in the soup; *iem. in sy/haar eie* ~ *laat gaar* ***kook***, *(infml.)* let s.o. stew in his/her own juice; ~ *met 'n* ***vurk*** *(probeer) eet, (fig.)* (try to) carry water in a sieve. **sop** *ge-, vb., (rare)* sop *(bread in milk etc.)*. ~**bakkie**, ~**kommetjie** soup bowl. ~**been** soup bone. ~**bord** soup plate. ~**groente** soup greens. ~**kom** (soup) tureen, soup basin. ~**kombuis** soup kitchen. ~**kommetjie** →SOPBAKKIE. ~**koppie** soup cup. ~**lepel** soup spoon; soup ladle. ~**poeier** soup powder. ~**skeplepel** soup ladle. ~**vinhaai** *(Galeorhinus galeus)* soupfin (shark). ~**vleis** soup meat.

so·pas →SO PAS.

So·pho·kles, So·fo·kles *(Gr. dramatist)* Sophocles. ~**tragedie** *(also s~)* Sophoclean tragedy. **So·pho·kle·ïes** -*kleïese* = SOPHOKLESSIES. **So·pho·kles·sies, So·fo·kles·sies** -*siese, (also s~)* Sophoclean; ~*e tragedie* Sophoclean tragedy.

so·pie -*pies* drink, drop, tot, shot, glass, nip, mouthful *(of a drink)*, spot; *lief wees vir jou/'n* ~ like one's/a drop. ~**glas** tot measure glass. ~**maat** tot measure.

sop·nat dripping/sopping/wringing wet; →PAPNAT.

so·po·ra·tief -*tiewe, n. & adj.* soporific.

sop·pe·rig -*rige* juicy; succulent; sloppy, wishy-washy, watery; →SAPPIG. **sop·pe·rig·heid** juiciness; wateriness, sloppiness; →SAPPIGHEID.

sop·pies *(children's lang. etc.)* soup; juice.

so·praan -*prane* soprano, treble. ~**blokfluit** descant/discant/soprano recorder. ~**party** soprano part. ~**(sangeres)**, ~**(sanger)** soprano (singer). ~**sleutel** *(mus.)* soprano clef. ~**stem** soprano (voice), treble.

so·pra·ni·no -*no's, (It., mus.)*: ~**(blokfluit)** sopranino (recorder). ~**(saksofoon/saxofoon)** sopranino (saxophone).

Sorb *Sorbe, n., (member of a Slavonic people)* Sorb, Wend, Lusatian; →SORBIES.

sor·be·boom *(bot.: Sorbus spp.)* sorb, service (tree).

sor·be·fa·si·ënt *n., (med.)* sorbefacient.

sor·bet -*bets* sorbet; sherbet; sherbet powder. ~**lekkers** Edinburgh rock/fancies.

sor·bien·suur *(chem.)* sorbic acid.

Sor·bies *n., (lang.)* Sorbian, Wendish, Lusatian. **Sor·bies** -*biese, adj.* Sorbian, Wendish, Lusatian; →SORB.

sor·bi·tol *(chem.)* sorbitol.

sor·di·no -*no's, (mus. instr.)* sordino, sourdine.

sorg *sorge, n.* care; trouble, worry; anxiety, concern, solicitude; charge, custody; nurture; cure *(of souls)*; ~ ***baar/wek***, *(fml.)* arouse/cause concern; cause anxiety; *dit* ***baar/wek*** ~ *dat* ..., *(fml.)* it gives cause for concern that ...; *met die* ~ *vir* ... ***belas*** *wees* have the care of ...; ~ ***beoefen***, *(rare, fml.)* exercise/take care; ***besondere*** ~ *aan iets bestee* be particular about/over s.t.; ~ ***dra*** *dat* ... make certain/sure that ...; see to it that ...; *vir iets* ~ ***dra*** take care of s.t.; *iem. se* ***enigste*** ~ *wees, die* ***enigste*** ~ *van iem. wees* be the only support of s.o.; ***geen*** ~*e hê nie* be free from care(s); *maak jou* ***geen*** ~*e daaroor nie* don't let that concern you; ***met*** ~ with care, carefully; *iem.* ***onder*** *jou* ~ *hê* have the care of s.o.; ***onder*** ... *se* ~ *wees* be in/under the care of ...; be in the charge of ...; be in/under s.o.'s custody; be in s.o.'s keeping; *'n* ***sieltjie*** *sonder* ~ *wees* →SIELTJIE; ***sonder*** ~ without a care; ... *aan iem. se* ~ ***toevertrou*** commit/entrust ... to the care of s.o.; leave ... in s.o.'s charge; *iets laat iem. sy/haar* ~*e* ***vergeet*** s.t. takes s.o. out of him-/herself; *die* ~ ***vir*** ... the care of ...; ***vol*** ~*e* full of anxiety; ~ ***wek*** →***baar/wek***. **sorg** *ge-, vb.* care, mind, provide, manage; *(daarvoor)* ~ *dat jy iets doen* make a point of doing s.t.; *ek sal* ***daarvoor*** ~ I will see to it; ***daarvoor*** *het iem. (duiwels) goed ge~, (infml.)* s.o. took (precious) good care of that; ~ ***dat*** ... make certain/sure (*or* see to it) that ...; ~ ***dat*** *jy ...!* mind you ...!; be sure to ...!; ~ ***dat*** *iets gedoen word* see that s.t. is done; ~ ***dat*** *iem. iets doen* make s.o. do s.t.; ~ ***dat*** *iets nie gebeur nie* take care (*or* see to it) that s.t. doesn't happen; *iem. sal* ~ ***om*** *dit nie te doen nie* s.o. knows better than to do that; *kledingstuk wat min* ~ ***verg*** easy-care garment; ***vir*** ... ~ take care of ...; look after ...; care for ...; make provision for ...; take charge of ...; provide/supply ...; ***vir*** *jouself* ~ fend for o.s.; *(goed)* ***vir*** *jouself* ~ look after o.s.; ***vir*** *iem.* ~, *(also)* provide for s.o.; ***vir*** *iets* ~, *(also)* see about s.t.; see to s.t.; *iem. moet* ***vir*** *iets* ~, *(also)* s.t. is s.o.'s responsibility. ~**barend** -*e, (rare)* alarming, critical; →SORGWEKKEND. ~**behoewend** -*e* in need of care, uncared for. ~**behoewendheid** need of care. ~**loos** →SORGELOOS. ~**wekkend** -*e* alarming, worrying, vexing, perturbing; precarious; ~*e gerugte* alarming reports. ~**wekkendheid** alarming nature, precariousness.

sor·ge·loos, sorg·loos -*lose* carefree, easy-going, happy-go-lucky, insouciant; careless; thoughtless, unthinking, unheeding, improvident; **sor·ge·loos·heid, sorg·loos·heid** carelessness, *etc.*.

sor·gend -*gende, (rare)* provident; →SORGSAAM.

sor·ghum -*ghums* sorghum. ~**bier** sorghum beer.

sorg·lik -*like* = SORGWEKKEND.

sorg·saam -*same* careful, attentive, thoughtful, caring, solicitous, painstaking, provident. **sorg·saam·heid** carefulness, attentiveness, thoughtfulness, solicitude, providence, consideration.

sorg·vul·dig -*dige* careful, thorough, scrupulous; *'n* ~*e ondersoek* a thorough/minute investigation. **sorg·vul·dig·heid** carefulness, thoroughness, care.

Sor·lin·ge: *die* ~ the Scillies (*or* Scilly Islands *or* Isles of Scilly).

So·rop·ti·mis -*miste, (also s~)* Soroptimist, soroptimist.

so·ro·raat sororate.

so·ro·se -*ses, (bot.)* sorosis.

sorp·sie *(chem., phys.)* sorption.

sor·teer *(ge)-* sort, assort; grade, staple, size; *verkeerd* ~ missort; *verkeerd ge~de stuk* missort. ~**band** sorting belt. ~**kamer** sorting room. ~**masjien** grader, grading machine, sizer. ~**tafel** sorting table. ~**tegniek** sorting technique. ~**voorman** passer, looker-over. ~**wa** sorting van.

sor·teer·der -*ders*, sorter; grader; sizer; *(comp.)* sequencer.

sor·te·ring -*rings*, -*ringe* sorting, grading; assortment, selection; *verkeerde* ~ missorting.

SOS *SOS'e* SOS.

so·sa·tie -*ties* sosatie; kebab; *(in the pl.; bot: Crassula spp.)* concertina. ~**pen** skewer.

so·seer, so·seer so much (so), to such an extent; ~ *dat* ... to such a degree that ..., to such an extent that ..., so much (so) that ...; *nie* ~ *dat* ... *nie* not so much that ...

so·si·aal -*ale* social; *sosiale* ***antropologie*** social anthropology; *sosiale* ***demokrasie*** social democracy; *sosiale* ***gewete*** social conscience; *sosiale* ***klas/stand*** social class; *sosiale* ***klub*** social club; *sosiale* ***krediet***, *(econ.)* social credit; *(hoë) sosiale* ***kringe*** high society; *sosiale* ***lewe*** social life; *sosiale* ***manipulasie*** social engineering; *sosiale* ***prediking*** the social gospel; *sosiale* ***realisme***, *(art)* social realism; *sosiale* ***rubriek*** social column; *sosiale* ***stand*** →***klas/stand***; *sosiale* ***studie*** social studies; *sosiale* ***uitgeworpene*** social outcast; *sosiale* ***versekering*** social insurance; *sosiale* ***wetenskap*** social science. ~-**demokraat** -*krate, (member of party: S~)* social democrat. ~-**demokraties** social democratic. ~-**ekonomies, sosio-ekonomies, sosioëkonomies** socio-economic. ~-**kultureel** sociocultural(ly). ~-**polities** sociopolitical. ~-**wetenskaplike** social scientist.

so·si·a·lis -*liste, (member of party: S~)* socialist. **so·si·a·li·sa·sie** socialisation. **so·si·a·li·seer** *ge-* socialise. **so·si·a·lis·me** socialism. **so·si·a·lis·ties** -*tiese* socialist(ic).

so·si·a·li·teit sociability.

so·si·o- *comb.* socio-.

so·si·o·bi·o·lo·gie sociobiology. **so·si·o·bi·o·lo·gies** -*giese* sociobiological(ly). **so·si·o·bi·o·loog** -*loë* sociobiologist.

so·si·o·gra·fie sociography.

so·si·o·lin·guis·tiek sociolinguistics. **so·si·o·lin·guis** -*guiste* sociolinguist. **so·si·o·lin·guis·ties** -*tiese* sociolinguistic(ally).

so·si·o·lo·gie sociology, social science. **so·si·o·lo·gies** -*giese* sociological.

so·si·o·loog -*loë* sociologist, social scientist.

so·si·o·me·trie sociometry. **so·si·o·me·tries** -*triese* sociometric(ally).

so·si·o·paat -*pate, (psych.)* sociopath.

sos·te·nu·to *adj. & adv., (It., mus.)* sostenuto, sustained. ~**pedaal** sustaining/sostenuto pedal *(of a piano)*.

so·sys -*syse, (rare)* small sausage.

sot *sotte, n.* fool, idiot. **sot** *sot(te) sotter sotste, adj.* mad, crazy, silly, nonsensical, *(infml.)* clottish. **sot·lik** -*like* →SOT *adj.*. **sot(·lik)·heid** madness, folly, craziness, silliness. **sots·kap** cap and bells, fool's cap; *(rare)* fool. **sot·te·klap** = SOTTEPRAATJIES. **sot·ter·nie** -*nieë* medi(a)eval farce. **sot·ter·ny** -*nye* foolishness; tomfoolery. **sot·tin** -*tinne, (rare)* foolish woman; →SOT *n.*.

so·teer *(ge)-, (cook.)* sauté.

so·te·ri·o·lo·gie *(theol.)* soteriology. **so·te·ri·o·lo·gies** -*giese* soteriologic(al).

So·this *(Gr., astron.)* Sothis, Sirius. ~**jaar** Sothic year *(of the ancient Egyptians, 365 days 6 hours long)*. ~**siklus** *(period of 1 460 Sothic years)* Sothic cycle.

So·tho -*tho's, (member of a people)* Sotho; *(no pl., lang.)* Sotho.

sot·te·praat·jies claptrap, nonsense; →SOT.

sou (→SAL): *ek* ~ ***dink*** ... I should think (*or* I'm inclined to think) ...; *iem.* ~ *dit* ***doen*** s.o. was to have done it; *iem.* ~ *dit kan* ***doen*** s.o. might do it; *iets* ~ ... ***doen*** s.t. is purported to do ...; *iem.* ~ *dit* ***gedoen*** *het* s.o. would have done it; s.o. is reported to have done it; *iets* ~ ... ***wees*** s.t. is purported to be ...

sou·bret·te -*tes* soubrette.

sou·e·rig -*rige, (obs.)* timid, diffident.

souf·flé -*flés, (cook.)* soufflé.

souf·fleer *(ge)-* prompt. **souf·fleur** -*fleurs* prompter. **souf·fleurs·boek** prompt book. **souf·fleurs·hok(·kie)** prompt box. **souf·fleurs·kant** *(theatr.)* prompt side. **souf·fleu·se** -*ses* (female) prompter.

soul *(mus.)* soul. ~**musiek** soul music. ~**sanger** soul singer.

sou·ri·ër -*riërs*, **sou·rus** -*russe* saurian.

sou·ris·ki·um *(a dinosaur)* saurischian. **sou·ris·ki·a·ties** -*tiese* saurischian.

sou·ro·po·de *(a dinosaur)* sauropod.

sous *souse, n.* sauce; gravy *(from meat)*; *(sweet or piquant)* relish; dressing; *die hele* ~ , *(infml.)* the whole box and dice; *(infml.)* the whole (kit and) caboodle; *sonder* ~ sauceless. **sous** *ge-, vb., (rare)* sauce; *dit* ~, *(fig.)* it's (*or* it is) raining (hard/steadily); *dit* ~ *behoorlik, (infml.)* it's bucketing (down), the rain is pelting down, it's raining cats and dogs. ~**bone**, ~**boontjies** bean salad; salad beans; baked beans. **~kluitjie** stew dumpling. **~kom(metjie)** gravy/sauce boat. **~lepel** gravy ladle/spoon, sauce-ladle. **~tannie** *(joc., derog.)* fat woman. **~trein** *(fig.)* gravy train; *op die ~ klim/spring/sit/ry* get/be on (*or* board/ride) the gravy train. **~vet** dripping.

sou·sa·foon *-fone, (a tuba-like mus. instr.)* sousaphone. **~speler, ~blaser** sousaphonist.

sou·se·rig *-rige* juicy, with plenty of sauce/gravy; *(fig.)* rainy.

sous·loos *-lose* sauceless.

sout *soute, n.* salt; *die ~ van die* **aarde** the salt of the earth; ***growwe*** *~* cooking salt; *'n* ***knippie/knypie*** *~* a pinch/touch of salt; *iets met 'n* ***korreltjie/greintjie*** *~ neem/opvat* take s.t. with a pinch/grain of salt; ... *het 'n* ***sak*** *~ saam opgeëet* ... have experienced much together, ... have known one another for a long time; *jou ~* ***verdien*** be worth one's salt, pull one's weight; *iem. het van geen ~ of* ***water*** *geweet nie* s.o. was completely in the dark about it; *~ in iem. se* ***wonde*** *vryf/vrywe/smeer, (fig.)* twist/turn the knife in s.o.'s wounds. **sout** *adj.* salt; briny. **sout** *ge-, vb.* salt; cure; immunise; *teen ... ge~ wees* be immune to ... **~aksyns** *(hist.)* gabelle. **~beesbors** corned brisket of beef. **~beesvleis** corned beef. **~boer** →SOUTMAKER. **~bos** *(Atriplex* sp.*)* saltbush. **~boud** salted leg of mutton. **~bron** saline (spring). **~-en-peper(-)stel(letjie)** cruet (stand). **~gees** = SOUTSUUR *n.*. **~gehalte** salinity, salt content, percentage of salt. **~gehaltemeter** salinometer. **~gereg(gie)** savoury (dish). **~glasuur** salt glaze. **~happie** cocktail snack, savoury. **~houdend** *-e* saliferous, saline. **~korrel** grain of salt. **~kors** crust of salt, salt incrustation. **~kuip** salting tub. **~laag** layer of salt, salt stratum. **~lek** salt lick. **~maker, ~boer, ~raper, ~winner** salt maker/farmer/collector. **~makery, ~winning** salt-making; saltworks, saltern. **~meer** salt lake; *die Groot S~* the Great Salt Lake. **~meter** salinometer. **~myn** salt mine. **~neerslag** saline deposit. **~oplossing** brine, saline solution; *fisiologiese ~* normal saline. **~pan** saltpan, saltern. **~pilaar** pillar of salt; *soos 'n ~ staan* stand like one asleep. **~plant** halophyte. **~potjie** saltcellar, salter, salt shaker. **~raper** →SOUTMAKER. **~ribbetjie** salted/pickled/cured/sun-dried rib *(of mutton, pork, etc.)*. **S~see** Dead Sea. **~siedery** = SOUTWERK. **~slaai** *(Mesembryanthemum crystallinum)* ice plant. **~snoek** salted snoek. **~steenskuim** purified saltpetre. **~strooier** salt dredge; salt shaker/sprinkler/pourer, salter. **~suur** *n.* hydrochloric acid, spirit(s) of salt. **~suur** *adj.* hydrochloric. **~tert** savoury tart. **~vaatjie** saltbox, salter. **~vat** salt tub. **~vlakte** salt flat. **~vleis** salt(ed) meat; corned meat/beef. **~water** saline water; brine. **~waterinspuiting** placebo (injection). **~watermeer** →SOUTMEER. **~waterseep** marine soap. **~watervis** saltwater/marine fish. **~werk** saltery, saltworks. **~winner** →SOUTMAKER. **~winning** →SOUTMAKERY.

sou·tache *(Fr., sewing)* soutache.

sout·ag·tig like salt; →SOUTERIG.

sou·ta·ne, soe·ta·ne *-nes, (RC, priest's cassock)* soutane.

sou·teer *(rare)* = SOTEER.

sou·te·loos *-lose, (rare)* insipid; silly, witless; feeble; →SOUTLOOS. **sou·te·loos·heid** *(rare)* insipidity; silliness; →SOUTLOOSHEID.

sou·ter *-ters* salter, curer.

sou·te·rig *-rige* salty, saltish, brackish, saline. **sou·te·rig·heid** brackishness; salinity.

sou·te·ry *-rye* saltery; saltworks.

south·down·skaap *(also S~)* Southdown sheep.

sout·heid saltness, salinity.

Sou·tie *(infml.: a Br. pers.)* limey *(also L~)*.

sou·tig *-tige* salty; *~e omelet* savoury omelette. **sou·tig·heid** saltness, salinity; s.t. salt, salt food. **sou·tig·heid·jie** *-jies* savoury.

sou·ting salting; immunisation; immunity.

sout·loos *-lose* saltless, without salt; insipid; witless. **sout·loos·heid** saltlessness, lack of salt; insipidity, insipidness.

so·veel, so·veel so much, so many; ***anderhalf*** *maal ~* half as much again; *~* ***as*** ... to the number of ...; *dis ~* ***as*** ... it amounts to ... *(an insult etc.); dit is ~* ***as*** *om te* ... (doing) that is equivalent to ...; *~ te* ***beter/ens.*** so much (*or* all) the better/etc.; ***dubbel*** *~* twice as much, as much again; *~ (as)* ***moontlik*** as much/many as possible; ***nog*** *('n keer) ~,* ***weer*** *~* as much again/more; as many again/more; ***ruim*** *~* every bit as much; *~ kan ek jou wel* ***sê/vertel*** this much I can tell you; *~* ***te*** *beter/erger* so much the better/worse; *~* ***te*** *meer* all the more; ***weer*** *~ →****nog;*** *~* ***weet*** *ek* this much I know. **so·veel·ste** umpteenth; *vir die ~ maal* for the hundredth (*or* thousand and first) time, for the umpteenth time; *op die ~ van die maand* on this/that day of the month; *in iem. se tagtig en ~ jaar* when he/she was eighty odd years old.

so·ver, so·vêr *(also* so ver/vêr*)* as/so far as; *~* (of *so ver/vêr)* ***goed*** so far, so good; *as dit ~* (of *so ver/vêr)* ***kom*** if it comes to that; *~* (of *so ver/vêr)* ***moontlik*** as far/much as possible; ***tot*** *~* (of *so ver/vêr)* so far; *~* (of *so ver/vêr) (as) iem.* ***weet*** as/so far as s.o. knows, to the best of s.o.'s knowledge; *nie ~* (of *so ver/vêr) ek* ***weet*** *nie* not to my knowledge, not as far as I know, not that I know of. **so·ver, so·vêr, so·ver·re:** *in ~* ... as/so (*or* in so) far as ...; to that extent; *in ~ iem. gelyk het* in so far as s.o. is right; *in ~ het iem. gelyk* to that extent s.o. is right.

so·waar truly, indeed, actually, to be sure, as sure as fate, as sure as a gun, in troth; *~?* is that a fact?, (not) really?; *(infml.)* you don't say (so)!, go on!

so·wat about, more or less, roughly, some; *~ honderd tree* about/roughly/perhaps a hundred paces, s.t. like a hundred paces, a hundred paces more or less; *~ twintig mense* some twenty people; *~ 50 rand* a matter of 50 rands.

sow·chos *-chosse, (hist., Russ. state farm)* sovkhoz, sovkhos.

so·wel: *~ vroue as mans, vroue ~ as mans* women as well as men; not only men but (also) women; *~ wat die ... as die ... betref, wat die ... ~ as die ... betref* regarding the ... as well as the ...

So·we·ta·ner Sowetan.

So·we·to *(acr.:* South Western Townships*, geog.)* Soweto; *inwoner van ~* Sowetan. **~dag** *(SA hist.: 16 June)* Soweto Day; →JEUGDAG.

sow·jet, sow·jet *-jets* soviet. **sow·je·ti·seer** *ge-* sovietise. **sow·je·ti·se·ring** sovietisation. **sow·je·tis·me** sovietism. **Sow·je·to·loog** *-loë* Sovietologist. **Sow·jet·re·pu·bliek:** *Unie van Sosialistiese ~e, (hist., abbr.:* USSR*)* Union of Soviet Socialist Republics. **Sow·jet·u·nie:** *die ~, (hist.)* the Soviet Union.

spa *spa's* spa.

spaai·der →SPAIDER.

spaak: *~ loop, (obs.)* go wrong.

spaan *spane* scoop, ladle, skimmer; oar; *(table tennis)* bat; *(roof)* shingle. **~dak** shingle(d) roof. **~tennis** paddle tennis.

spaan·der *-ders, n.* chip; shiver; splinter; sliver; *(also, in the pl.)* chippings. **spaan·der** *ge-, vb.* scoot, skedaddle, cut and run; *(laat) ~, (infml.)* take to one's heels. **~bord** chipboard.

Spaans *n., (lang.)* Spanish. **Spaans** *Spaanse, adj.* Spanish; →SPANJAARD; *~e* ***Armada,*** *(hist.)* Spanish Armada; *~e* ***dakpan*** Spanish tile; *~e* ***griep*** Spanish flu; *~e* ***kitaar/ghitaar*** Spanish guitar; *~e* ***knoop*** Spanish knot; *~e* ***leer*** cordovan, Spanish leather; *~e* ***makriel*** *(icht.: Scomberomorus regalis)* sierra; *~e* ***mat,*** *(hist. coin)* piece of eight; *~e* ***omelet,*** *(cook.)* Spanish omelette; *~e* ***peper*** capsicum, chil(l)i; *~e* ***perdjie*** jennet, gen(n)et; *~e* ***seep*** Castile soap; *~e* ***sous*** espagnole (sauce) *(Fr.)*; *~e* ***trappe*** Spanish steps *(in Rome)*; *~e* ***ui,*** *(a large mild-flavoured onion)* Spanish onion; *~e* ***vlieg*** = SPAANSVLIEG; *~e* ***windas/kwenas*** Spanish windlass; *geen ~e* ***woord,*** *(rare)* not a (single) word. **~-Amerika** Spanish America. **~-Amerikaans** Spanish American. **~-Amerikaner** Spanish American. **s~riet** *(Arundo donax)* Spanish reed; rat(t)an; (Bengal) cane. **s~vlieg** blister beetle/fly, cantharides.

spaar *ge-* save, put by, reserve, husband *(money, strength, one's breath)*; conserve; spare *(s.o.'s life, costs, trouble)*; *iem. het ge~* ***gebly*** (of *is ge~)* s.o. has been spared; *iets het iem. ge~* ***gebly*** s.o. has been spared s.t. *(the indignity etc.)*; ***iem. iets*** *~* spare s.o. s.t. *(the indignity etc.)*; ***jou*** *nie ~ nie* not spare o.s.; work like a Trojan; ***tyd*** *~* →TYD; *as jy* ***vandag*** *~, sal jy môre/more hê* waste not, want not; *~* ***vir*** ... save (up) for ...; **~band** →NOODBAND. **~bank** savings bank. **~beweging** thrift movement. **~boekie** savings/deposit book. **~bus(sie)** money box. **~fonds** provident/savings fund. **~geld** savings; *van jou ~ (begin) gebruik, jou ~ aanspreek, (rare, fml.)* dip into one's savings. **~heffing** savings levy. **~kamer** spare (bed)room, guest room. **~kamp** reserve paddock. **~kas** provident/benefit fund, friendly society. **~klub** thrift club. **~koop** *n.* lay-by. **~pak** economy pack; *'n ~ vrugte/ens.* an economy-size packet of fruit/etc.. **~peil** level of saving(s). **~pot** *(rare)* money box; →SPAARBUS(SIE). **~rekening** *-s, -e* savings account. **~sertifikaat** savings certificate. **~sin** thrift. **~tempo** rate of saving(s). **~varkie** piggy bank. **~vereniging** thrift society/club. **~winkel** budget shop.

spaar·der *-ders* saver, depositor.

spaar·saam *-same* thrifty, economical, saving, frugal, provident, parsimonious; *uiters ~ leef/lewe* scrimp and save; *~ met iets wees/werk* use s.t. sparingly; be sparing with/of s.t.; go slow with (*or* easy on) s.t.. **spaar·saam·heid** thrift, economy, husbandry, frugality, providence. **spaar·saam·heids·be·gin·sel** *(philos.)* Ockham's/Occam's razor. **spaar·saam·heids·hal·we** for reasons of economy. **spaar·sa·mig** *-mige* = SPAARSAAM.

spaat *(geol.)* spar. **~ystersteen** siderite, meteoric iron, spathic/iron ore. **spaat·ag·tig** *-tige* →SPATIG.

spa·de *(obs.)* late; *~ reën, (Bib.)* latter rain.

spag·het·ti spaghetti. *~ bolognese, (It. cook.)* spaghetti bolognese. **~vreter** *(derog. sl.: Italian)* Eyetie.

spa·hi *-hi's, (hist., Turk. cavalryman)* spahi.

spai·der, spaai·der *-ders, (carriage)* spider, barouche, calash, calèche, buckboard.

spalk *spalke, n.* splint; cradle. **spalk** *ge-, vb.* set *(a fractured leg)*, splint, put in splints; splice *(woodwork)*; *(mech.)* fish; *iem. se been is ge~* s.o.'s leg is in splints. **~bout** fish bolt. **~las** *(woodwork)* splice; fish(ed) joint. **~plaat** *(rly.)* fishplate. **~skroef** fish screw. **~stang** splice rod. **~stewel** boot splint.

span *spanne, n.* team *(of horses, oxen, players)*; span *(of oxen; of the hand)*; gang *(of workmen)*; *(infml.)* crew *(of technicians/etc.)*; *(cr.)* side, eleven; *(bowls)* rink; squad; panel; *die ~* ***haal,*** *in die ~* ***kom*** make the team, get one's cap, be capped; ***in*** *'n ~ wees/speel* be in/on a team; *'n ~* ***kies*** select a team; *~ne* ***kies,*** *(also)* choose/pick sides; **span** *ge-, vb.* stretch *(a rope)*; strain *(the eyes, muscles, attention)*; spread *(sails)*; draw, bend *(a bow)*; hobble *(a horse)*, strap *(a cow)*; tenter *(textiles)*; tense; tension; key up; →GESPAN, GESPANNE, SPANNEND, SPANNINGS-; *die* ***baadjie****/ens. ~ om die skouers* the coat is too tight round the shoulders; ***draad*** *~* put up (*or* sling) wire, fence; *'n* ***ketting*** *~* put up a chain; *iets* ***oor*** *... ~* sling s.t. across ... *(a wire across a kloof etc.)*; *'n* ***strik*** *~* set a trap, lay a snare; *iets* ***stywer*** *~* tighten up s.t.; ***tentlyne*** *~* guy a tent; *perde* ***voor*** *'n wa ~* harness/hitch horses to a wagon; *die osse* ***voor*** *die wa ~* yoke the oxen to the wag(g)on. **~agtervolging** team pursuit race. **~baas** ganger, foreman. **~balk** straining beam. **~beton** prestressed concrete; *gewapende ~* prestressed reinforced concrete. **~bout** straining bolt. **~broek** tights, leggings; tight pants/trousers, stretch pants; *vleeskleurige ~* fleshings, flesh tights. **~deel** tension member. **~doek** banner *(across a street etc.)*. **~draad** tightrope. **~draadloper** tightrope walker. **~droër** tenter (frame). **~gees** team spirit, esprit de corps *(Fr.)*. **~haak** tenterhook. **~hout** *(fencing)* dropper. **~katrol** take-up pulley. **~klem** end clip. **~klou** grip, gripping jaw. **~krag** tensile strength, elastic/tensile/stretching force; tension; expansive force, expansibility *(of gas etc.)*. **~laken** draw sheet. **~lengte** warp length. **~lid** team member, member of a team. **~lyfie** waist nipper. **~lyn** *(naut.)* stirrup. **~maat** teammate; running mate; partner *(in games); ideale ~s, (pol.)* dream ticket. **~mas** (electrical) pylon. **~masjien** tenter. **~moer** turnbuckle, screw shackle; take-up nut; thumb nut *(of compasses).* **~nommer** team event. **~onderrig** team teaching. **~paal** straining post. **~pak** tights. **~plaat** stretcher plate, faceplate. **~plooi** *(text.)* scrimp. **~poging** team effort. **~raam** draw frame, tenter, stretcher frame. **~rand** bead *(of a tyre).* **~riem** hobble; →SPANTOU. **~ring** snap ring. **~rol** winder. **~roller** take-up roller *(of a loom etc.).* **~ruspe(r)** measuring worm, inchworm, looper. **~ruspe(r)mot** geometer/geometrid (moth). **~saag** frame/sweep saw. **~skêr** frame shears. **~skroef** draw vice, straining/bottle/tension screw. **~spel** team game. **~speler** *(sport)* team player. **~speletjie** *(rad., TV)* panel game. **~spier** tensor (muscle). **~staaf** tension/tie bar. **~stang** stretcher/tension rod; tie-rod; track rod. **~stuk** bridge piece, bridging; stretcher (bar); brace; straining piece *(in a roof).* **~tang** spring clamp. **~toppie** tight-fitting top; boob tube. **~toring** *(elec.)* pylon. **~tou** (leg) hobble, hopple, knee strap; milking strap; →SPANRIEM. **~veer** tension spring. **~vlak** helical plane. **~wedloop** team race, relay (race). **~werk** teamwork. **~werker** team worker/player. **~wiel** jockey wheel. **~wurm** = SPANRUSPE(R). **~wydte** spread, span.

span·baar *=bare* tensile, tensible.

span·da·bel *=bele =beler =belste* extravagant, wasteful, thriftless, prodigal; *~ wees met iets* be extravagant with s.t. *(money etc.).* **span·da·bel·heid** extravagance, overspending; thriftlessness, wastefulness. **span·da·bel·rig** *=rige* →SPANDABEL.

span·deer *(ge)=* spend; *geld aan iets ~* spend money on s.t.; *te veel ~* overspend. **span·deer·der** *=ders* spender.

span·deks *(text.: a synthetic stretch fabric)* spandex.

spang *spange, (rare)* hook, clasp.

spa·ni·ël *=niëls* = SPANJOEL.

Span·jaard *=jaarde* Spaniard. **Span·je** Spain. →SPAANS.

span·joel *=joele, (also S~; dog)* spaniel.

Span·jool *=jole, (derog.)* = SPANJAARD. **span·jool(·siek·te)** *(obs.)* venereal disease.

span·nend *=nende* tight, tense; exciting, gripping, thrilling, enthralling; *~e **afwagting*** suspense; *~e **oomblik*** tense/exciting moment; *'n **uiters** ~e wedstryd/ens., (also)* a cliffhanging match/etc.; *~e **verhaal*** gripping/exciting tale; *~e **wedstryd*** exciting/thrilling match.

span·ner *=ners* tightener, tensioner; tenterer; *(zool.)* measuring worm, inchworm, looper.

span·ning *=nings, =ninge* tension, strain, stress; voltage; suspense, excitement; tightness *(of the market); (med.)* tone; *(biol.)* turgidity, turgor; span *(of a bridge); boë met **gelyke** ~* arches of equal spread; *in **groot** ~ verkeer oor iets* be on a knife-edge about s.t.; *daar **heers** ~* tension prevails; *iem. in ~ **hou/laat*** keep s.o. in suspense; *die ~ **neem toe** (of **styg**)* tension mounts; *aan ~ **onderwerp** word* be put under stress; *die ~ word (nou) vir iem. **ondraaglik*** the suspense is killing s.o.; *die ~ **opneem*** take the strain; *die ~ **styg** →**neem toe**; die ~ **tas** iem. aan* the strain tells on s.o.; *die ~ **verduur*** take the strain; *iem. kan die ~ nie **verduur** nie* s.o. cannot bear the suspense; *in ~ **verkeer*** be under a strain; be on tenterhooks; *die ~ **verlig*** ease the tension; relieve the strain. **span·ning·loos** *=lose, (elec.)* dead; *~ maak* de-energise, make dead.

span·nings=: ~balans *(elec.)* voltage balance. **~bars** stress crack. **~beheer** *(elec.)* voltage control. **~bestek** *(elec.)* voltage range. **~breuk** strain burst. **~deler** *(elec.)* potentiometer. **~druk** stress; *onder geweldige ~ verkeer, geweldige ~ ervaar/ondervind* be stressed out. **~druktoets** stress test. **~graad** *(insulation)* voltage grade. **~meter** *(elec.)* voltmeter; *(med.)* tonometer; tens(i)ometer. **~reëlaar** *(elec.)* voltage regulator. **~reëling** *(elec.)* voltage regulation. **~verhaal, ~roman** thriller, novel of suspense; mystery (story). **~verskil** difference of potential, potential difference. **~vol** stressful; suspenseful; →SPANNEND. **~waansin** *(psych.)* catatonia. **~wyser, ~verklikker** voltage indicator.

span·spek *=spekke* (sweet) melon, muskmelon, cantaloup(e).

spant *spante* joist, timber.

spar *sparre* rafter *(of a roof);* strut, brace, pole; *(naut.)* spar; dropper *(in a wire fence); (bot.)* spruce (fir); *Kanadese ~* hemlock (spruce), Canadian spruce. **~boei** *(naut.)* spar buoy. **~boom, ~den** spruce (fir). **~bout** dropper bolt. **~dek** spar deck. **~hout** spruce.

Spar·ta Sparta. **Spar·taan** *=tane, n.* Spartan. **Spar·taans** *=taanse, adj., (also s~)* Spartan.

spar·tel *ge=* flounder, flounce; struggle; *~ om iets te doen* struggle to do s.t. *(to make a living etc.); ~ en skop* struggle and kick; *'n ~ende vis* a wriggly fish. **spar·te·ling** *=lings, =linge* struggle.

spa·sie *=sies* space; room; opening; *'n ~ teruggaan, (typ.)* backspace. **~balk** space bar. **spa·si·eer** *ge=* space; *iets ~* space s.t. out. **spa·si·eer·der** *=ders* spacer. **spa·si·ë·ring** *=rings, =ringe* spacing; *(mech.)* pitch.

spas·ma, *=mas,* **spasme,** *=mes* spasm. **spas·mo·dies** *=diese* spasmodic.

spas·ties *=tiese, adj.* spastic; *~e gang* spastic gait. **spas·ti·kus** *=tikusse, =tici, n., (dated)* spastic. **spas·ti·si·teit** spasticity.

spat[1] *spatte, n., (rare)* splash, spatter, splutter; stain, spot; *die ~ neem, (infml., rare)* clear off/out, cut and run, scoot, skedaddle. **spat** *ge=, vb.* splash, splutter, spatter, plash; frizzle; fall, go flying; ***laat** ~, (infml.)* clear off/out, cut and run, scoot, skedaddle; ***op** ... ~* splash on ...; *iets **op** ... (laat) ~* spatter s.t. on ..., spatter ... with s.t.; ***uitmekaar** ~* shatter; disintegrate; *iets **uitmekaar** laat ~* shatter s.t.; send s.t. flying. **~aar** varicose vein, varix. **~aarbreuk** varicose hernia, varicocele. **~aarkous** varicose stocking. **~aarseer** varicose ulcer. **~bord** dashboard, splashboard. **~lys** baseboard, skirting board, washboard. **~plaat** splashback. **~skerm** splash guard/shield. **~smering** splash lubrication. **~steen** splash block.

spat[2] *n., (vet.)* spavin.

spa·tel *=tels, (med.)* spatula, depressor; palette knife, spatula; flat trowel; scoop. **~vormig** *=e* spatulate.

spa·tig *=tige, (geol.)* spathic, spathose, sparry.

spat·sel *=sels* splash, spatter, dab.

spa·za(·win·kel) *(SA)* spaza (shop).

spea·ker *=kers* speaker *(of Parliament); Meneer/Mevrou die S~* Mister/Madam Speaker.

speek *speke* spoke; *speke **insit*** spoke; *die **onderste** ~ kom ook bo* it's a long lane that has no turning; *~ van 'n **sambreel*** rib of an umbrella; *(vir) iem. 'n ~/stok in die **wiel** steek* put a spoke in s.o.'s wheel. **~been** radius; spindly leg; *(med.)* radial; *(also infml., derog., in the pl., a person)* spindleshanks *(dated); met ~bene* spindle-legged, spindle-shanked *(dated).* **~beenslagaar** radial artery. **~hout** spoke wood. **~hout(boom)** *(Kiggelaria africana)* wild peach; →SPEKHOUT. **~los** *(dated)* having spokes (*or* a spoke) loose; not in order; deranged, having a screw/tile loose. **~maat** spoke gauge. **~rem** sprag. **~skaaf** spokeshave, drawshave, drawing knife, drawknife. **~wiel** daisywheel, printwheel. **~wieldrukker** daisywheel printer.

speek·sel spittle, saliva, sputum. **~afskeiding** secretion/flow of saliva. **~dryfmiddel** *=s* salivant. **~drywer** *(med.)* sialagogue, sialogogue. **~klier** salivary gland. **~vloed** ptyalism, salivation.

speel *ge=, vb.* play; toy; act, perform, enact; dally; chime; gamble; *'n **barshou** ~, (infml.)* play a blinder; ***begin** ~* begin to play; *(a band)* strike up; ***eerlik** ~* play the game, play fair; ***gaan** ~* go and play; go out to play; ***gaan/loop** ~!, (also, infml.)* stop bothering me!; *die spanne het **gelykop** ge~* die teams drew; ***gelyk(op)** ~, (also)* break even; ***goed** ~* play/do well; ***goed** ~ as senter* be good at centre; ***goed tennis** ~* be good at tennis; ***gou** ~* hurry (up); finish quickly; ***gou** ~ met iem./iets* make short work of s.o./s.t.; give s.o./s.t. short shrift; *die stuk/verhaal ~ (hom) (af) **in** ...* the scene is laid/set in ... *(a place, a period); **jy** ~!, (infml.)* go on!, you're joking/kidding!; ***jy** ~ met my!* you are pulling my leg!; *die **kanonne** op ... laat ~* play the guns on ...; ***kierang** (~)* play foul; *iem. **kis** ~, (infml.)* gain a runaway victory over s.o.; *iem. **laat** nie met hom/haar ~ nie* s.o. is not to be trifled with; s.o. stands no (*or* does not stand any) nonsense; ***lekker** ~* have a good game; *ek ~ **maar** (net), ek ~ **net*** I'm only joking; ***met** iem. ~* play with s.o.; trifle (*or* play games) with s.o.; ***met** iets ~* play with s.t.; toy with s.t.; flirt with s.t. *(an idea);* fool around with s.t.; ***met** die dood* (of *jou lewe) ~* dice with death; ***met** jouself* (of *jou parte) ~, (euph.: masturbate)* play with o.s., jerk (o.s.) off; ***op** iets ~* play on/upon s.t. *(an instr.); die **rol** van Hamlet/ens. ~* →ROL *n.; **senter/vleuel** ~, (rugby)* play at centre/wing; ***skelm** ~* cheat at a game; *vir 'n **span** ~* turn out for a team; ***vals** ~* play a double game; ***vir** iets ~* play for s.t. *(money etc.); **vuil** ~* play foul. **speel** *n.: aan die ~ wees* be playing; be at play. **~bal** *(fig.)* plaything; puppet; toy; *'n politieke ~* a political football; *'n ~ in die hande van ...* a puppet in the hands of ...; *van iem. 'n ~ maak* play fast and loose with s.o.. **~bank** *(obs.)* gaming house, casino; bank *(in gaming).* **~beurt** innings; fixture. **~broekie** romper(s). **~deeg** play dough. **~ding(etjie)** toy, plaything, bauble. **~doos** *(rare)* music(al) box. **~drama** *(rare)* stage play. **~ent, ~einde** *(mech.)* free end. **~film** →SPEELPRENT. **~gebied** playing area. **~geld** stakes, pool; gaming/gambling money. **~genoot** = SPEELMAAT. **~geweer(tjie)** popgun; toy gun. **~goed** toys, playthings; *hy/sy is niemand se ~ nie* he/she is not to be trifled with. **~goedbeertjie** teddy (bear). **~goeddorpie** toytown. **~goedhondjie** toy dog. **~goedkis** toy box. **~goedmaker** toymaker. **~goedtreinstel** train set. **~goedtreintjie** model train. **~goedvervaardiger** toymaker. **~groep(ie)** play group. **~grond** = SPEELTERREIN. **~hok, ~kamp(ie)** playpen, playing pen. **~huis** *(rare)* gaming/gambling house. **~kaart** playing card. **~kamer** playroom; card room. **~kamp** play(ing) enclosure. **~kamp(ie)** →SPEELHOK. **~kant** *n., (sport)* on side. **~kant** *adj.* onside. **~kas** jukebox. **~kop** pickup. **~kraal(tjie)** *(rare)* = SPEELHOK. **~maat** playmate, playfellow; partner. **~man** *=ne, (dated)* (itinerant) musician, minstrel; fiddler. **~munt** chip, counter. **~pak(kie)** playsuit, romper(s). **~park** children's park, playground. **~pistool** toy pistol, cap gun/pistol. **~plank** playboard. **~plek** playground. **~pop** doll; puppet, marionette; *(fig., derog.)* stooge. **~prent, ~film** dramatic/feature film, screen play. **~reël, spelreël** rule of a game, rule of play; *die ~s verander/wysig, (fig., infml.)* move/shift the goalsposts; *die ~s het (aansienlik/heeltemal) verander, (fig., infml.)* it's a different (*or* whole new) ball game. **~rewolwer** toy revolver. **~ruimte** elbow room, space, scope, latitude, margin; allowance, clearance, tolerance; (free) play; →SPELING; *iem. ~ gee* allow/give s.o. latitude; *~ **hê*** have room to manoeuvre; *~ **laat*** leave a margin; *(aan) iem. ~ **laat*** allow/give s.o. latitude. **~saal** gaming/gambling room; playroom, playing room. **~siek** *=(e)* playful, frolicsome, game. **~skool** playschool. **~skuld** *(rare)* gaming/gambling debt. **~soldaatjie** toy soldier. **~-speel** playing; with ease, easily; jokingly; *~ huis toe kom* return home playing; *jou werk ~ doen* do one's work without exerting o.s.; *iem. het dit (sommer) ~ gedoen* it was child's play to s.o.. **~stang, ~stok** *(comp.)* joystick. **~styl** style of play. **~sug** *(rare)* passion for gambling/gaming. **~tafel** gaming/gambling table; card table; console *(of an organ).* **~terrein** playground, recreation ground, close. **~toneel** *(rare)* stage; *die wêreld is 'n ~* all the world's a stage. **~tuin** recreation ground; children's park. **~tyd** playtime, interval, recess; playing time; *(in [die]) ~* at playtime. **~uur** play hour, recess, interval. **~vak** *(theatre)* season; run; *die toneelstuk se ~ word beëindig* the play is coming off; *die ~ van die toneelstuk is ná 'n week beëindig* the play came off after a week. **~veld, ~terrein** playing field. **~wyse** method of play.

speel·baar *=bare* playable; actable. **speel·baar·heid** playability; actability.

speels *speels(e) speelser speelsste* playful, merry, sportful, sprightly, kittenish. **speels·ge·wys, speels·ge·wy·se** = SPELENDERWYS. **speels·heid** playfulness. **speel·ster** *=sters* (female) player; actress.

speen *spene, n.* nipple, teat, dug, mam(m)illa. **speen** *ge=, vb.* wean; set *(fruit).* **~halter** weaner. **~kalf** weaner (calf). **~kruid** *(bot.)* (lesser) celandine, pilewort, figwort. **~lam** weaner. **~oud** (just) weaned. **~plank** *(a device)* weaner. ~**tollie** weaner tolly. ~**tyd** *(fruit)* setting. ~**vark(ie)** sucking pig; *(as meat also)* baby pork.

speen·ling *-linge* weaner.

speer *spere, (rare)* spear; →SPIES *n.*. ~**draer** spearman. ~**kruid** *(bot.)* Jacob's ladder. ~**maat** cal(l)iper gauge. ~**punt** spearhead. ~**vegter** spearman. ~**vis** *(icht: Tetrapturus spp.)* spearfish. ~**vormig** *-e* →SPIESVORMIG.

speg *spegte, (orn.)* woodpecker.

spek bacon; pork fat, speck; blubber *(of a whale); iem. is vir ~ en **boontjies** daar, (infml., fig.)* there is no point in s.o. being there; s.o. is a passenger; *~ en **eiers*** bacon and eggs; *met ~ **skiet**, (infml., fig.)* tell tall stories; →SPEKSKIET; *iem. **skiet** nie (net) met ~ nie, maar met die hele vark, (infml., fig.)* s.o. is a teller of tall stories. ~**boom** *(bot: Portulacaria afra)* spekboom, purslane tree, elephant's food. ~**hout** *(Kiggelaria africana)* porkwood, wild peach; →SPEEKHOUT. ~**kewer,** ~**tor** bacon beetle. ~**leuen** corker. ~**nek** fat neck. ~**repie** lardo(o)n; →SPEK(VLEIS)REEP. ~**rol(letjie)** bacon roll. ~**skiet** *spekge-* draw the long bow, fib. ~**skieter** storyteller, romancer, fibber. ~**skietery** drawing the long bow, exaggeration, fibbing, storytelling. ~**slaer** pork butcher. ~**sool** crepe/crêpe sole. ~**steen** soapstone, steatite, French chalk; *Chinese/Sjinese ~* agalmatolite, figure stone. ~**tor** →SPEKKEWER. ~**vark** bacon pig, baconer. ~**vet** as plump as a partridge; in good health, looking well. ~**vleis** bacon; *~ en eiers* bacon and eggs. ~**(vleis)reep** *(cook.)* bard(e); →SPEKREPIE . ~**vleisrol** bacon roll. ~**vreter** *(orn.)* chat.

spek·ag·tig *-tige,* **spek·kig** *-kige* lardaceous.

spek·ta·kel *-kels* scene, uproar, rumpus; spectacle; happening; *(infml.)* three-ring circus; *'n ~ **lykfwees*** cut a ridiculous figure, be a sight to see; *'n ~ van jou **maak*** make a spectacle of o.s.; *~s **maak/uithaal**, (rare)* perform antics. ***wat** 'n ~!* what a specimen!; **spek·ta·kel·stuk** spectacular play.

spek·traal *-trale* spectral. **spek·traal·a·na·li·se** spectral/spectrum analysis.

spek·tro- *comb.* spectro-. ~**chemie** spectrochemistry. ~**fotometer** spectrophotometer. ~**fotometrie** spectrophotometry. ~**fotometries** spectrophotometric. ~**graaf** *-grawe* spectrograph. ~**grafies** *-e, adj.* spectrographic. ~**grafies** *adv.* spectrographically. ~**gram** spectrogram. ~**heliograaf** spectroheliograph. ~**helioskoop** spectrohelioscope. ~**meter** spectrometer. ~**metrie** spectrometry. ~**skoop** *-skope* spectroscope. ~**skopie** spectroscopy. ~**skopies** *-e* spectroscopic(al). ~**skopies** *adv.* spectroscopically. ~**skopis** *-te* spectroscopist.

spek·trum *-trums, -tra* spectrum. ~**-analise** spectrum/spectral analysis. ~**(-)analiseerder,** ~**(-)ontleder** spectrum analyser. ~**lyn** spectral line.

spe·ku·laas parliament cake/gingerbread.

spe·ku·lant *-lante* speculator.

spe·ku·la·riet *(min.)* specular iron (ore), specularite.

spe·ku·la·sie *-sies, (philos.)* speculation; venture, adventure, speculation, (gambling) flutter; *op ~* on speculation, on spec *(infml.)*. ~**bouer** speculative builder.

spe·ku·la·tief *-tiewe* speculative.

spe·ku·leer *ge-* speculate; *met iets ~* speculate in s.t. *(gold shares etc.); op iets ~* gamble on s.t..

spe·ku·lum·me·taal, spie·ël·me·taal *(an alloy of copper and tin)* speculum metal.

spel[1] *spele, n.* game; play, performance *(in the theatre and at games);* acting; playing, execution *(on musical instruments);* recreation, pastime. **spel** *spelle, n.* game *(of tennis, chess, etc.);* play; playfulness; pack *(of cards);* set *(of chessmen etc.); (requisites for playing)* game; *die ~ het **begin*** the game is on; *die ~ het laat **begin*** play started late; *die bal is **buite** ~* the ball is out of play; *jou **eie** ~ speel* play a lone hand; *die ~ **gaan** voort!* the show must go on!; ***gelukkig** in die ~, ongelukkig in die liefde* lucky at cards, unlucky in love; *die ~ is **gestaak*** play was stopped; *'n **gevaarlike** ~ speel, (fig.)* play a dangerous game; *daar is ... **in** die ~* ... plays a part in it *(vengeance etc.);* ... is concerned/involved in it; *die ... **in** die ~* the ... in the case; *die bal is **in** ~* the ball is in play; *in die ~ **kom*** come into play; *... buite ~ **laat*** leave ... out of it; ***los** ~, (rugby)* ragged play; *in die **los** ~, (rugby)* in the loose; *iets is/staan **op** die ~* s.t. is at stake; s.t. is involved; s.t. hangs/is in the balance; s.t. is in jeopardy; *iets op die ~ **plaas/sit*** put s.t. in jeopardy; *alles op die ~ **plaas/sit*** go for broke *(infml.); iem. **plaas/sit** baie op die ~* s.o. plays for high stakes; *die ~ is weens **reën** gestaak* rain stopped play; *die ~ **speel*** make a game of it; *hoe **staan** die ~?* what is the score?; *iets **staan** op die ~ →**op**; op die ~ **staan*** be at stake; be in the balance; *~ en **stel**, (tennis)* game and set; *(aan) iem. **vry(e)** ~ gee/laat* give s.o. a free hand (*or* carte blanche), give s.o. a blank cheque *(infml.);* give s.o. ample/free/full scope; ***vry(e)** ~ hê* have a free hand (*or* carte blanche); ***vuil** ~, (sport)* foul play. ~**bederwer,** ~**breker** spoilsport, killjoy, wet blanket. ~**gehalte** standard of play. ~**leiding** direction. ~**leidster** (female) producer/director; games mistress. ~**leier** producer, director; games master. ~**lesing** play reading. ~**maat** partner *(in games)*. ~**poort** *(comp.)* games port. ~**punt** *(tennis)* game point. ~**reël** →SPEELREËL. ~**stopper** show stopper. ~**teorie** game(s) theory, theory of games.

spel[2] *ge-, vb., (orthography)* spell; spell, foretell, portend; →SPELLING; *anders ~* respell; *verkeerd ~* misspell. ~**alfabet** phonetic alphabet. ~**boek** spelling book. ~**fout** spelling mistake, misspelling. ~**kontrole, spellingkontrole** *(comp.)* spellcheck. ~**kontroleprogram** →SPELTOETSER. ~**kuns** orthography, art of spelling. ~**lys** spelling list. ~**metode** = SPELWYSE. ~**reël** spelling/orthographic(al) rule. ~**toets** spelling test; *(comp.)* spellcheck. ~**toetser,** ~**kontroleprogram** *(comp.)* spellchecker, spelling checker. ~**vorm** *-e* orthography, spelling. ~**wedstryd** spelling match/competition, spelling bee. ~**woord** speller. ~**wyse** (method *or* way of) spelling, orthographic(al) method, orthography.

speld *spelde, n.* pin; *jy kon 'n ~ hoor val* you could have heard a pin drop, there was a hushed silence; *soos 'n groot ~ verdwyn/wegraak* vanish into thin air; *iem. het soos 'n groot ~ verdwyn/weggeraak* s.o. has absconded (*or* slipped away). **speld, spel·de** *ge-, vb.* pin, fasten. ~**geruit** pin check. ~**strepie** pinstripe, pencil stripe.

spel·de-: ~**bakkie** pin tray. ~**doos** pin box. ~**gaatjie** pinhole. ~**koker** pin case. ~**kop** pin's head, pinhead. ~**kussing** pincushion; *Massonia candida; (also, in the pl., Leucospermum* spp.) pincushions. ~**kussinkie** *(bot.)* scabious, gipsy rose, mourning bride. ~**prik** pinprick.

speld·jie *-jies* pin.

spe·len·der·wys, spe·len·der·wy·se playing, playfully, in play; jokingly, jocularly; easily, with ease; →SPEEL-SPEEL.

spe·le·o·lo·gie spel(a)eology. **spe·le·o·lo·gies** *-giese* spel(a)eological. **spe·le·o·loog** *-loë* spel(a)eologist.

spe·ler *-lers* player; gambler, punter; musician; actor; performer. ~**-bestuurder** player-manager.

spe·le·rig *-rige* playful, frolicsome, frolicky, gamesome, sportive. **spe·le·rig·heid** playfulness *etc.* (→SPELERIG).

spe·le·tjie *-tjies* game, pastime; *(also, in the pl.)* fun; jollification; *die lewe is nie (net) 'n ~ nie* life is not all beer and skittles; *om te ..., is **nie** ~s nie* it's no joke to ... *(get up so early in winter etc.); agterkom dat dit **nie** ~s is nie* find it a tough job; ***sonder** ~s* jokes/joking apart, seriously; *~s **speel*** play games; *~s met iem. **speel**, (fig., usu. derog.)* play games with s.o.; *daardie ~ kan ek ook **speel*** two can play at that game.

spe·le·tjies-: ~**arkade** amusement arcade. ~**konsole** *(comp.)* games console.

spe·ling *-lings, -linge* play, allowance, clearance, tolerance; margin; slack; scope; (back)lash; →SPEELRUIMTE.

spel·ler *-lers* speller.

spel·le·tjie *-tjies* game; *'n ~ biljart* a game of billiards.

spel·ling *-lings, -linge* spelling, orthography; *die ~ (van ...) kontroleer/nagaan/toets* spellcheck (...); *verkeerde ~* misspelling, cacography. ~**hervorming** spelling reform. ~**kontrole** →SPELKONTROLE. ~**kontroleerder** *(comp.)* spellchecker, spelling checker. ~**kundige** *-s* orthographer. ~**sisteem,** ~**stelsel** orthographical/spelling system, orthography, system of spelling. ~**uitspraak** spelling pronunciation. ~**verandering** change of spelling. ~**wedstryd** = SPELWEDSTRYD.

spe·lonk *-lonke* cave, cavern, grotto. ~**bewoner** cave-dweller, troglodyte. ~**kunde** spel(a)eology. ~**ondersoeker** potholer, spel(a)eologist, spelunker. ~**tee** *(Catha edulis)* Bushman's tea.

spe·lonk·ag·tig *-tige* cavernous.

spe·lon·ker *-kers* potholer, spel(a)eologist, spelunker. **spe·lon·ke·ry** spelunking.

spelt *(species of wheat: Triticum spelta)* spelt.

spel·ter *(min.)* spelter.

spen·cer *-cers* spencer.

spe·ning weaning, ablactation; →SPEEN *vb.*.

spens *spense* larder, pantry. ~**bak** (storage) bin. ~**blik,** ~**trommel** canister. ~**kas** pantry cupboard, safe, (kitchen) dresser. ~**kis** storage bin. ~**rak** pantry shelf, (kitchen) dresser. ~**trommel** →SPENSBLIK.

sper *ge-* bar, block; jam; distend *(the eyes)*. ~**boom** barrier, boom. ~**boomvaartuig** boom defence vessel. ~**draai** *(mot.)* chicane. ~**fort** barrier fort. ~**gebied** *(mil.)* restricted area. ~**plaat** spade. ~**rat** ratchet (wheel). ~**rattand** pawl cog. ~**reling** guardrail, barrier railing. ~**ring** balk/blocking ring. ~**sone** forbidden/prohibited zone; *~ vir vliegtuie* no-fly zone. ~**streep** barrier line. ~**vuur** *(mil.)* barrage, battery/curtain fire; *'n ~ van vrae* a battery of questions.

sper·der *-ders* sprag mechanism.

sperm *sperme, sperms, sperma,* **sper·ma** ~ sperm, semen. ~**bank** sperm bank. ~**dodend** spermicidal. ~**doder** spermicide. ~**olie** sperm oil. ~**sel** →SAADSEL. ~**telling** sperm count.

sper·ma·ce·ti spermaceti. ~**-olie** →SPERMOLIE. ~**walvis** sperm (whale), cachalot.

sper·ma·to·fiet *-e, (bot.)* spermatophyte, seed/flowering plant.

sper·ma·to·ge·ne·se *(biol.)* spermatogenesis.

sper·ma·to·ree spermatorrhoea, involuntary seminal discharge.

sper·ma·to·so·ïed *-s, (bot.)* spermatozoid.

sper·ma·to·so·ïes *-e* spermatozoal, spermatozoan, spermatozoic.

sper·ma·to·so·ön *-soë, -soa, (zool.)* spermatozoon.

sper·sie·boon·(tjie) wax pod (bean).

sper·wel = SPERWER.

sper·wer *-s, (orn.)* sparrowhawk; goshawk; *Afrikaanse ~* African goshawk.

spe·se·ry *-rye* spice. **S~-eilande** *(hist.)* Spice Islands; →MOLUKKE. ~**handel** spice trade.

spe·se·ry·ag·tig *-agtige* spicy.

spe·si·aal *-ale, adj.* special; particular *(friend etc.);* exceptional *(case etc.); spesiale **aanbod/aanbieding**, (comm.)* special offer, *(infml.)* special; *spesiale **aflewering*** special delivery; *spesiale **behoeftes*** special needs *(of disabled people etc.); spesiale **belangegroep*** special interest group; *spesiale **effekte**, (films, TV)* special effects; *spesiale **gereg*** special *(infml.); spesiale **konstabel*** special constable; *spesiale **korrespondent*** special correspondent *(of a newspaper etc.); spesiale **onderwys*** special education; *iets teen 'n spesiale **prys** aanbied* do/have/run a special offer on s.t.; *spesiale **saak**, (jur.)* stated case; *spesiale **sorg** verg* (of *nodig hê*) need/require special care; *spesiale **teken**, (comp.)* special character; *spesiale **trekkingsregte**, (int. fin.)* special drawing rights; *spesiale **troepe*** special forces. **spe·si·aal** *adv.* specially, especially, in particular; *~ gebou* purpose-built; *~ vervaardig* purpose-made.

spe·si·a·le·sorg-: ~**babaeenheid** special-care baby unit. ~**eenheid** special-care unit.

spe·si·a·lis *-liste* specialist. **spe·si·a·li·sa·sie** specialisation. **spe·si·a·li·seer** *ge-* specialise; *in ... ~* specialise in ... **spe·si·a·lis·me** specialism. **spe·si·a·lis·te·per·soneel** specialist staff. **spe·si·a·li·teit** *-teite* speciality.

spe·sie[1] specie, coin, hard money; type metal.

spe·sie[2] *-sies* species, kind, type; *'n bedreigde/kwynende/uitsterwende ~* a threatened species; *'n uitgestorwe ~* an extinct species.

spe·si·fiek *-fieke, adj.* specific; *~e middel* specific; *~e geneesmiddel* specific medicine; *~e oorsaak, (med.)* specific cause *(of a disease)*. **spe·si·fiek** *adv.* specifically. **spe·si·fi·ka·sie** *=sies* specification, *(infml.)* spec. **spe·si·fi·kum** *=kums* specific. **spe·si·fi·seer** *ge=* specify, itemise, particularise; *tensy anders ge~* unless otherwise specified. **spe·si·fi·si·teit** specificity.

spe·si·men *=mens* specimen.

spes·maas *(infml.)* inkling, suspicion, notion, idea, hunch; *'n ~ hê dat ..., (infml.)* have an idea (*or* a hunch) that ...; *'n nare ~ hê dat ...* have a funny feeling (*or* a sneaking suspicion) that ...

spet·ter *ge=, (rare)* spatter, sputter, splutter, splash, spirt, spurt; sizzle.

speuls *speulse, (dated)* ruttish, on heat. **speuls·heid** *(dated)* heat, ruttishness.

speur *ge=* notice, discover, detect; trail, track, sleuth. **~-adjudant-offisier** detective warrant officer. **~agent·skap** detective agency. **~diens** criminal investigation department, detective service/department. **~gas** tracer gas. **~hond** tracker dog, sleuth (hound) *(lit., fig.)*. **~hoof** chief of criminal investigation department. **~konstabel** detective constable. **~middel** *=s* tracer. **~roman** detective novel. **~sersant** detective sergeant. **~sin** detective mind; discernment, acumen. **~verhaal** detective story. **~werk** criminal investigation, detective work.

speur·der *=ders* detective, investigator, sleuth. **~-konstabel** detective constable. **~-sersant** *=e* detective sergeant.

Spey·er →SPIERS.

spic·ca·to *=to's, n., (It., mus.)* spiccato. **spic·ca·to** *adv.* spiccato.

spie·ël *spieëls, n.* mirror, (looking) glass; level *(of the sea)*; stern, escutcheon *(of a ship)*; *~ van die siel* mirror of the soul. **spie·ël** *ge=, vb.* mirror, reflect; *jou aan iem. ~, (rare)* take a lesson from s.o.. **~beeld** (mirror) image, virtual image; phantom, illusion. **~blink** (as) shiny as glass; *'n ~ afwerking* a mirror finish. **~eier** shirred egg. **~galvanometer** mirror galvanometer. **~geveg** mimic battle, sham/mock fight. **~glad** mirror smooth, as smooth as a mirror; dead flat, glassy, waveless, unrippled. **~glas** plate glass. **~harpuis** colophony, colophonium, fiddler's resin. **~karp(er)** *(icht.)* mirror carp. **~kas** dressing table; mirrored wardrobe. **~metaal** →SPEKULUMMETAAL. **~mikroskoop** reflecting microscope. **~raam** mirror/looking-glass frame. **~ruit** plate glass window. **~skrif** mirror/inverted writing. **~tafel** dressing/vanity table. **~teleskoop** reflecting telescope, reflector. **~vlak** mirror/specular surface. **~yster** specular iron (ore), specularite.

spie·ë·ling *=lings, =linge* reflection.

spie·ke·ries *=riese, (infml.)* smart, snazzy, swanky, larney, la(a)nie, lahnee *(SA)*.

spier *spiere* muscle, thew; brawn; boom *(on a ship)*; *jou ~e beweeg/roer* flex one's muscles; *(die) ene ~e sonder verstand wees* be all brawn and no brains; *'n ~ verrek* pull a muscle; *geen (of nie 'n) ~ verroer/vertrek nie* not move a muscle; keep a straight face; not turn a hair; *sonder om 'n ~(tjie) te verroer/vertrek* without moving a muscle; with a straight face, straight-faced; without turning a hair; without flinching. **~afmatting** →SPIERUITPUTTING. **~atrofie** *(pathol.)* amyotrophy. **~beheersing** muscle control. **~beskrywing** myography. **~bewegingsleer** kinesiology. **~bol** *(sl.)* hunk (of a man). **~bouer** body builder. **~bundel** muscle-bundle, muscular fascicle. **~distrofie** *(med.)* muscular dystrophy. **~krag** muscular strength, muscularity, brawn, beef. **~kragbeeld, ~(krag)kromme** muscle curve, myogram. **~kramp** muscle cramp/spasm, convulsion, crick. **~kunde** myology. **~kundig** *=e, adj.* myologic(al). **~kundig** *adv.* myologically. **~kundige** *=s* myologist. **~kwaal, ~siekte** myopathy. **~maag** gizzard, second/posterior/muscular stomach, ventriculus. **~man, ~tier** muscleman, he-man, hunk (of a man); *(also, in the pl., sl.)* beefcake. **~ontsteking** myositis. **~ontwikkeling** muscular development, body building. **~pyn** muscular pain/ache, myalgia. **~rumatiek** muscular rheumatism, myalgia. **~sin** kin(a)esthesia. **~skede** muscle sheath, sarcolemma. **~-skelet-stelsel** *(anat.)* musculoskeletal system. **~spanning, ~tonus** muscular tension, muscle tone, myotonia. **~stelsel** muscular system, musculature. **~steurnis, ~stoornis** ataxia. **~styfheid, ~styfte** muscle-boundness, spasticity. **~suiker** muscle sugar, inositol. **~tier** →SPIERMAN. **~trekking** muscular spasm/twitch, myospasm. **~uitputting, ~afmatting** muscular fatigue. **~verlamming** paralysis of the muscles, myoparalysis. **~verrekking** strain. **~verslapper** relaxant. **~verslapping** atony. **~vesel** muscular/muscle fibre. **~veselnet** myoglia. **~weefsel** muscular tissue. **~werking** muscular activity, tonicity.

spie·ring *=rings, (icht.: Osmerus spp.)* smelt; *'n ~ uitgooi om 'n kabeljou te vang* set/throw/use a sprat to catch a herring/mackerel/whale. **spie·rin·kie** *=kies, (icht.)* silverside, whitebait.

Spiers, Spey·er *(port in Germ.)* Spires, Speyer.

spier·wit snow-white, pure white.

spies *spiese, n.* spear; javelin *(for throwing)*. **spies** *ge=, vb.* spear; spit; transfix; impale, empale. **~bok** *(zool.)* brocket, pricket; gemsbok, (Cape) oryx. **~draer** spearman. **~geweer** spear gun. **~glans** *(chem.)* (native) antimony. **~gooi** throw(ing) the javelin. **~gooier** javelin thrower. **~hengel, ~vissery** spear-fishing. **~hert** *(zool.)* brocket, pricket. **~punt** spearhead. **~vegter** spearman. **~visser** spear fisherman. **~vissery** →SPIESHENGEL. **~vormig** *=e, (bot.)* hastate, spear-shaped.

spie·sing spearing; spitting; transfixion; impalement, empalement.

spiet·kop *=koppe, =kops, (<Eng., infml.)* speed/traffic cop.

spiets *spietse, n., (infml., dated, joc.)* speech; *'n ~ afsteek, (infml.)* make a speech.

spig·tig *=tige, (rare, obs.)* lank, spare(-built), spindling, spindly, stick-like; peaky, spiky; *~e bene* spindly legs; *~e hare* spiky hair. **spig·tig·heid** spindliness *etc.* (→SPIGTIG).

spik·kel *=kels, n.* spot, speck, speckle; fleck; bird's-eye *(in wood)*; *vol ~s* speckled; flecked. **spik·kel** *ge=, vb.* speckle, dapple, speck; →GESPIKKEL(D). **~binding** spot weave. **~gomboom, ~gomhout** spotted gum. **~rooi** mottled red. **~tabak** mottled leaf. **~virus** speckle virus.

spik·kel·rig *=rige, (rare)* **spik·ke·lig** *=lige* speckled. **spik·kel·tjie** *=tjies* small speckle; *(geol.)* bleb.

spik·splin·ter·nuut *=nuwe* →SPLINTERNUUT.

spil *spille* pivot, axle; axis; centre; swivel; gudgeon; spindle; distaff; arbor; mandril, mandrel *(of a saw)*; centre pin; newel; kingpin *(fig.)*; hub; hinge; *die ~ wees waarom alles draai* be the pivot/linchpin/lynchpin of the enterprise/etc.. **~-as** pivotal axis. **~gewrig** pivot joint. **~katrol** whirl, whorl, wharve. **~kop** spindle head; headstock, mandrel stock *(of a lathe)*; capstan head. **~laer** spindle bearing. **~maat** gauge. **S~(moondhede)** *(hist.)* Axis (powers). **~pen** pivot pin; pintle. **~(punt)sproeier** centre pivot sprayer. **~spoel** swivel, shuttle. **~steun** spindle bracket. **~trap** newel stair, dogleg stair(case). **~verskuiwing** *(geol.)* pivotal fault.

spil·le·tjie *=tjies, (biol.)* pinnula, pinnule.

spil·siek *=sieke, (rare, obs.)* prodigal, extravagant, wasteful. **spil·sug** *(rare, obs.)* extravagance, prodigality. →VERSPIL.

spin *ge=* spin; purr *(of a cat)*. **~aap** spider monkey. **~dop** *(text.)* spinneret. **~gehalte** spinning quality. **~glas** spun glass. **~huis** spinning house. **~klier** *(zool.)* spinning gland, spinneret. **~masjien** spinning frame/machine, throstle (frame). **~orgaan** *(zool.)* spinneret, spinning organ. **~plant** fibre-yielding plant. **~rok** →SPINSTOK. **~spil** spindle. **~stok, ~rok** distaff. **~suiker** spun sugar. **~telling** spinning count, quality number. **~tepel** *(zool.)* spinneret. **~vermoë** spinning ability. **~wiel** spinning wheel. **~wol** spinner's wool.

spina bi·fi·da *(Lat., med.: a congenital spine defect)* spina bifida.

spin·ag·tig *=tige* arachnoid. **spin·ag·ti·ge** *=ges, n.* arachnid; *(S~s)* Arachnida.

spi·na·sie spinach. **~beet** sea-kale beet, (Swiss) chard.

spin·del *=dels* spindle. **~vormig** *=e* fusiform.

spi·nel *=nelle, (min.)* spinel.

spi·net *=nette, (mus. instr.)* spinet, virginal, (pair of) virginals.

spin·na·ker *=kers, (Eng.; naut.)* spinnaker.

spin·ne·kop *=koppe* spider; *(naut.)* crowfoot; *wat krioel/wemel van die ~pe* spidery. **~bene, ~beentjies** spidery legs. **~blom** *(Ferraria undulata; Wachendorfia paniculata)* spider flower. **~bos** *(Serruria spp.)* spider bush. **~gewig** spider weight.

spin·ne·kop·ag·tig *=tige* spiderlike, spidery. **Spin·ne·kop·ag·ti·ges** Arachnida.

spin·ner *=ners* spinner.

spin·ne·rak *=rakke* cobweb, spider web; gossamer; *(bowls)* spider; *vol ~ke* cobwebby, spidery. **~draad** spider thread. **~vlies** arachnoid membrane. **~wol** webby wool.

spin·ne·rak·ag·tig *=tige* cobwebby, cobweblike, spidery; arachnoid.

spin·ne·ry *=rye* spinning; spinning mill.

spin·ne·web = SPINNERAK.

spins·bek = PINSBEK.

spin·sel *=sels* web, spinning; yarn.

spint sapwood, softwood, alburnum. **~hout** = SPINT. **~streep** sap streak.

spin·ta·ri·skoop *(phys.)* spinthariscope.

spi·oen *spioene, n.* spy, pimp *(SA sl.)*, impimpi *(Ngu.)*; scout; snooper; secret agent. **spi·oen** *ge=, vb.* →SPIOENEER.

spi·oe·na·sie espionage, spying. **~boot** vedette (boat). **~diens** secret service. **~drama** spy drama, cloak-and-dagger play. **~hoof, ~baas** *(infml.)* spymaster. **~(-)ring** spy/espionage ring. **~satelliet** spy satellite. **~stelsel** system of espionage, spy system. **~verhaal** spy story.

spi·oe·neer, spi·oen *ge=* spy; scout; reconnoitre; *op iem. ~* spy on/upon s.o., *(SA sl.)* pimp on s.o.. **spi·oe·ne·ring** = SPIOENASIE. **spi·oe·ne·ring** →SPIOENASIE(-)RING.

spi·raal *=rale* spiral, coil, helix, volute; *(anat.)* vortex; spire. **~-aalwurm** ring eelworm. **~boor** twist drill; spiral drill/bit. **~daling** *(aeron.)* spiral dive. **~draai** volution. **~galaksie, ~galaktika** *(astron.)* spiral galaxy. **~kiem** trypanosome. **~klep** spiral valve. **~lyn** helical curve/line, spiral. **~newel** *(astron.)* spiral nebula. **~pilaar** torso. **~rat** spiral gear. **~toer** spiral turn. **~trap** spiral/winding staircase, helical stairs. **~veer** coil spring, coiled/helical/spiral spring; hairspring, balance spring. **~verband** spiral bandage. **~vorm** spiral/helical form. **~vormig** *=e* spiral, helical, involuted, tortile, corkscrew. **~windsel** *(dated)* = SPIRAALVERBAND. **~wurmpie** trichina. **~wurmsiekte** trichinosis.

spi·raals·ge·wys, spi·raals·ge·wy·se spiral; spirally.

spi·ra·kel *=kels* spiracle.

spi·rant *=rante, n., (phon.)* spirant, fricative. **spi·ran·ties** *=tiese, adj.* spirant, fricative.

spi·reem *=reme, (biol.)* skein, spirem(e).

spi·ril *=rille* spirillum. **spi·ril·le·koors** tick/relapsing fever.

spi·ri·tis *=tiste* spiritist, spiritualist. **spi·ri·tis·me** spiritism, spiritualism. **spi·ri·tis·ties** *=tiese* spiritistic, spiritualistic.

spi·ri·tu·a·lie·ë *(pl.)* spirits, alcoholic liquors.

spi·ri·tu·a·lis *=liste* spiritualist. **spi·ri·tu·a·lis·me** *(also S~)* spiritualism. **spi·ri·tu·a·lis·ties** *=tiese* spiritualistic. **spi·ri·tu·a·li·teit** spirituality. **spi·ri·tu·eel** *=ele* spiritual.

spi·ri·tus spirit(s). **~beits** spirit stain. **~lamp** spirit lamp. **~stoof, ~stofie** spirit stove.

spi·ro= *comb.* spiro=.

spi·ro·cheet *=chete* spiroch(a)ete. **spi·ro·che·te·koors** relapsing/tick fever. **spi·ro·che·to·se** spiroch(a)etosis.

spi·ro·graaf *=grawe* spirograph. **spi·ro·me·ter** spirometer.

spit *spitte, n.* spit *(for roasting)*, broach; spadeful, graft; crick *(in the back)*, lumbago; *die ~ afbyt* bear the brunt, endure the worst. **spit** *ge=, vb.* dig, spade; spit; *in iets ~* dig in s.t. **~braad** spit-roast(ed meat); →SPITVLEIS. **~braai** *ge=, vb.* spit-roast. **~graaf** spade. **~omdraaier** turnspit. **~vleis** meat roasted on a spit. **~vurk** garden fork. **~werk** digging.

spits[1] *spitse, n.* point, head; peak, summit; spire, pinnacle; van, forefront, spearhead; cutting edge *(of technology)*; salient; cusp; *(bot.)* rostrum; *aan die ~ wees* be in the forefront; ***aan** die ~ van iets wees* be at the cutting edge of s.t.; *met ... **aan** die ~* headed by ...; *iets op die ~ **dryf/drywe*** bring s.t. to a head; carry s.t. to an extreme. **spits** *ge-, vb.* point; *jou ore ~* →OOR[1] *n.*. **spits** *spits spitser spitsste, adj.* pointed, peaked, sharp; cuspate, cuspidal, cuspidate(d); turreted; *~ **dak*** steep/high-pitched roof; *~ **gesig*** peaky/hatchet face; *~ **neus*** pointed/sharp nose; *~ **paal*** paling, picket; *~ **toring*** steeple; *~ **torinkie*** pinnacle; *~ **vyl*** pointed/taper file. **spits** *adv.* sharply; *~ toeloop* taper. **~baadjie** *(obs.)* morning coat. **~baard** pointed beard, imperial. **~bekmuis** shrew, sorex; →SPITSMUIS. **~belasting** *(elec.)* peak load. **~beraad** summit conference; →SPITSKONFERENSIE. **~boef** *(rare)* scoundrel, blackguard. **~boog** pointed/Gothic arch, ogival arch, ogive; peak arch. **~boogstyl** pointed architecture/style. **~boogvormig** *-e* ogival. **~boor** common bit, pointed drill. **~borstig** *-e* chicken breasted. **~bout** pointed bolt. **~broer** *(rare)* comrade in arms. **~hoek** salient angle. **~jaarwyn** vintage wine. **~koeël** pointed bullet. **~konferensie** summit conference/meeting. **~konferensieganger** summiteer. **~kool** pointed cabbage; *Kaapse ~* Cape spitz. **~kop** butte, pointed hill. **~kruis** *(her.)* cross pointed. **~(kyk)tyd** *(TV)* peak (viewing) hours/time; →SPITSTYD. **~las** *-te* peak load. **~(luister)tyd** *(rad.)* peak (listening) hours/time; →SPITSTYD. **~muis** shrew(mouse); →SPITSBEKMUIS. **~neus** person with a pointed nose. **~paal** picket. **~puntskoen** (sharp-)pointed shoe. **~roede, ~roei** *(obs.): die ~ loop* run the gauntlet. **~rugwalvis** →VIN(WAL)VIS. **~snoetdolfyn** bottlenosed dolphin. **~tyd** *(rad., TV)* prime time; →SPITS(KYK)TYD, SPITS(LUISTER)TYD; *buite ~tye, ná spitsure* at/during off-peak times; *'n bus/ens. wat buite ~* (of *ná spitsure) loop* an off-peak bus/etc.; *'n oproep buite ~* (of *ná spitsure)* an off-peak call. **~uur** peak/rush hour; *(also, in the pl.)* peak period. **~verkeer** peak traffic. **~versiering** *(archit.)* finial. **~vondig** *-e* acute, astute, keen-witted, quick-witted; subtle, ingenious; *(rare)* fine-drawn *(distinction); (rare)* far-fetched. **~vondigheid** astuteness; subtleness, ingeniousness. **~vyl** taper file. **~werk** pointing. **~wyn** vintage wine. **~wynjaar** vintage year.

spits[2] *spitse,* **spits·hond** *-e, n.,* spitz (dog).

Spits·ber·ge *(Norwegian archipelago)* Spitsbergen, Svalbard.

spits·heid pointedness, sharpness, taper.

spit·ter *-ters* digger.

spleet *splete* crack, split, chink, cleft, cranny; crevice; slot; slit; fissure; crevasse; *(anat.)* sulcus. **~ent(ing)** cleft grafting. **~hoewig, ~potig, ~voetig** *-e, (zool.)* fissiped, cloven-hoofed, -footed. **~klei** *(geol.)* gouge. **~lamp** slit lamp. **~romp** slit skirt, cheongsam *(Chin.)*. **~sak** slit pocket; *~ met randstuk* welt pocket. **~skroef** slotted propeller. **~visier** peep(hole) sight. **~vlerk** slotted wing. **~voet** cloven foot. **sple·tig** *-tige* full of cracks/fissures/splits; *(bot.)* sectile, parted, partite.

sple·ni·tis *(med.)* splenitis.

sple·no·me·ga·lie *(pathol.)* splenomegaly; *tropiese ~* kala-azar.

splint[1] *splinte, n.* splint *(in horses)*.

splint[2] *splinte,* **splin·ter** *-ters, n.* splinter; chip; shiver, sliver; spall; spillikin; *die ~ in 'n ander se oog* the mote in another's eye.

splin·ter *n.* →SPLINT[2]. **splin·ter** *ge-, vb.* splinter, shiver, sliver. **~bestand** *-e,* **~vas** *-te* shatterproof, splinter(-)proof, non(-)splintering. **~bom** fragmentation bomb. **~breuk** crushed/splintery/comminuted fracture. **~groep** splinter group. **~hamer** spalling hammer. **~party** splinter party. **~skerm** chip guard/shield. **~vas** →SPLINTERBESTAND.

splin·te·rig *-rige* splintery.

splin·ter·nuut, spik·splin·ter·nuut *-nuwe* brand-new, new-fledged.

split *splitte, n.* slit, vent; slash *(in clothing)*. **split** *ge-, vb.* →SPLIT(S). **~-erte, ~-ertjies** split peas. **~katrol** split pulley. **~kraag** collet, split collar. **~moer** split nut. **~mou** slashed sleeve. **~nael** split rivet. **~oog** split link. **~pen** split pin, cotter (pin). **~ring** split ring. **~vrug** *(bot.)* dehiscent/split fruit, schizocarp.

split(s) *ge-* split (up), cleave, divide; slit; splice *(a rope)*; decollate *(continuous stationery)*; diverge, divaricate; furcate; *in twee ~* split into two; bifurcate. **~hou** *(croquet)* split shot/stroke. **~hout** *(naut.)* fid. **~las** *-se, n.* splice. **~masjien** decollator. **~mof** distribution box. **~pen** split pin. **~priem** *(naut.)* fid.

splits·baar *-bare* divisible; cleavable; fissile, fissionable; →SPLYTBAAR. **splits·baar·heid** divisibility, cleavableness.

split·ser *-sers* splitter, splicer. **split·sing** *-sings, -singe* splitting, rupture, division; splicing *(of a rope)*; decollation *(of continuous stationery); (biol.)* fission; *(geol.)* cleavage; *(biol.)* segmentation; *(math.)* resolution; *'n ~ in die party* a split/schism/rupture in the party.

splyt *ge-* split, cleave, fissure; *gesplete hoef* cloven hoof; *gesplete lip* split lip. **~pen** split pin. **~swam** fission fungus, schizomycete; *(fig., rare)* seed of disruption. **~vlak** cleavage plane; cleavage face. **~wig** splitting wedge; gad *(for stonework); (blinde) ~* nose key.

splyt·baar *-bare,* cleavable; *(nuclear phys.)* fissile, fissionable; →SPLITSBAAR. **splyt·baar·heid** fissility.

sply·ting *-tings, -tinge, (phys.)* cleavage, fission.

Spode(-por·se·lein) *(also s~)* Spode.

spo·du·meen *(min.)* spodumene.

spoed *n.* haste, speed, expedition *(fml.)*, celerity, dispatch, despatch, urgency; progress; *(airscrew)* pitch; *'n saak met (bekwame) ~ **behandel*** expedite a matter; *met (**bekwame**) ~* with (great) dispatch/despatch; *hoe meer **haas,** hoe minder ~* →HAAS[2] *n.*; ***haastige** ~ is selde goed* (the) more haste, (the) less speed; *iets met die **grootste/meeste** ~ doen* do s.t. with the utmost dispatch/despatch. **spoed** *ge-, vb.* speed, hasten, hurry; *dit het beter ge~ as wat iem. verwag het* it went off better than s.o. expected. **~artikels** →SPOEDSTUKKE. **~bal** *(boxing)* speedball. **~besteldiens** express delivery service. **~bestelling** rush order; express order; express delivery. **~betrapping** speed trapping. **~boggel** →SPOEDBULT. **~brief** express letter. **~bult, ~boggel, ~wal** speed bump/hump, road hump/bump, *(infml.)* sleeping policeman; →SPOEDHOBBEL. **~debat** emergency debate. **~eis** *(rare)* urgent need. **~eisend** *-e* urgent; *~e saak* matter of urgency/exigency. **~geval** emergency case. **~goedere** express goods. **~hobbel, ~(duim)spyker** speed bump; →SPOEDBULT. **~kursus** crash course. **~lokval** speed trap. **~naslaanwerk** quick-reference work. **~pos** express post/delivery. **~program** crash programme. **~reëlaar** *(mot.)* cruise control. **~reëling** *(mot.)* cruise control. **~sitting** emergency session. **~stukke, ~artikels** express goods. **~val** *(rare)* →SPOEDLOKVAL. **~vergadering** emergency meeting. **~vrag** express freight. **~wal** →SPOEDBULT.

spoe·dig *-dige, adj.* quick, speedy, early, soon, prompt; *'n ~e antwoord* an early reply; *'n ~e herstel* a speedy recovery; *'n ~e vergadering* a meeting at an early date, an early meeting. **spoe·dig** *adv.* soon, at an early date, shortly, before long, in the near future; quickly, speedily; *so ~ moontlik* as soon as possible; as early as possible; at your earliest convenience; *~e bediening* prompt service.

spoeg, *(rare)* **spuug** *n.* spittle, spit, saliva, sputum, gob *(infml.)*. **spoeg,** *(rare)* **spu(ug)** *ge-, vb.* spit, expectorate *(fml.)*; spout; *op ... ~, (lit., fig.)* spit on/upon ... **spoegbak, spu(ug)bak** spittoon, cuspidor. **spoegbesie, spuugbesie** blister/foam beetle. **spoegklier, spuugklier** salivary gland. **spoegmiddel, spu(ug)middel** *(rare)* expectorant. **spoegslang, spuugslang** spitting snake.

spoel[1] *spoele, n.* shuttle; spool, spindle; bobbin; coil *(of a magneto)*. **~kant** tatting. **~tol** coil bobbin. **~vormig** *-e* fusiform, spindle-shaped.

spoel[2] *ge-, vb.* flow; float; wash; rinse; swill; sluice; lap; *die/jou mond (uit)~* rinse one's mouth; *op die strand (uit)~* float on to the beach. **~bak** cistern; (kitchen) sink; *(sanit.)* rinsing bowl/tank. **~boord** *(naut.)* coaming. **~brug** causeway, low-level bridge. **~dek-** *comb., (naut.)* washdeck *(kayak etc.)*. **~delwery** alluvial diggings. **~diamant** alluvial diamond. **~drank(ie)** chaser. **~erts** placer. **~ertsafsetting** placer (deposit). **~fontein** spittoon. **~geut** launder. **~goud** alluvial/placer gold. **~grond** alluvial soil, alluvium, wash. **~gruis, ~klippies** shingle. **~kamer** sluice room. **~klep** flush/scour valve. **~klip(pie)** pebble, shingle, gravelstone. **~kom** slop basin/bowl; rinsing basin/bowl. **~latrine** *(dated)* →SPOELTOILET. **~masjien** rinsing machine. **~middel** *-s* rinse. **~pyp** flush pipe. **~reën** torrential rain. **~riolering, ~sanitasie** flush sanitation, waterborne sewerage. **~sloot** donga. **~toilet** flush toilet/lavatory. **~water** rinse; dishwater, slops; *(golf)* casual water. **~wurm** *(Ascaris lumbricoides)* ascarid; roundworm. **~wurmsiekte** ascariasis.

spoe·ler *-lers* rinser; *(med.)* irrigator.

spoe·ling *-lings, -linge* rinsing; rinse; sluicing; scavenging; scour; backwash; *(waste food fed to pigs)* swill(ings), pig's wash, pigwash, -swill, hogwash; *baie varke maak die ~ dun, (rare)* where the hogs are many the wash is poor.

spoel·sel *-sels, (mining)* wash, tailings, flushings.

spoet·nik *-niks, (Russ. artificial satellite)* sputnik.

spog *ge-* boast, vaunt, brag, swank, show off, swagger, prance; *~ **dat** ...* boast/brag that ...; *~ **met/oor** iets ~* boast about/of s.t., brag about s.t.; show off s.t.; plume/pride o.s. on s.t.; *net **om** te ~* just for show; ***oor** iets ~* crow about/over s.t. *(infml.)*; ***teenoor** iem. met/oor iets ~* boast to s.o. about/of s.t.. **~broodpoeding** queen of puddings, queen's pudding. **~buurt** upscale neighbourhood/suburb. **~ding** show article, swell thing. **~hotel** top-class/high-class/up-market hotel. **~hou** fancy shot. **~perd** show/swanky horse. **~plek** showplace.

spog·ger *-gers* →SPOGTER. **spog·ge·rig** *-rige* boasting, boastful, bragging; dressy; fancy; *(infml.)* posh, swanky, ritzy, *(SA, infml.)* larney, la(a)nie, lahnee; showy; flashy; glitzy; grandiose, ostentatious; *'n paar ~e perde* a smart pair of horses. **spog·ge·rig·heid** boastfulness, brag; swankiness, *(infml.)* glitz(iness). **spog·ge·ry** →SPOGTERY.

spog·ter *-ters,* **spog·ger** *-gers* boaster, bragger, braggart; swank, swaggerer. **spog·ters·pak** *(infml., rare)* zoot suit. **spog·te·ry, spog·ge·ry** boasting, boastfulness, bragging; showing off, swank.

spo·ke·rig *-rige* spooky, spookish; unruly *(horse)*.

spo·ke·ry *-rye* appearance of a ghost, apparition; devilment; haunting; rumpus, row, fighting, scuffle, melee, mêlée *(Fr.)*; *het jy gehoor van die ~ in daardie huis?* did you hear that that house was haunted (*or* had a ghost/poltergeist)?.

spo·kie *-kies* little ghost; →SPOOK *n.*.

spon *sponne* bung; →SPONNING, SPONS[2].

spon·de *-des, (fml., obs.)* couch; sickbed; *staan by die ~ van* stand at the bedside of.

spon·dee *-deë, (pros.)* spondee. **spon·de·ïes** *-deïese* spondaic.

spon·ning *-nings* groove; bung; *(joinery)* coulisse; channelling, rabbet, rebate; slot; *'n ~ maak* rabbet, rebate. **~gat** bunghole. **~las** filleted/fillistered joint. **~skaaf** rabbet (plane), rebate plane, fillister (plane), tonguing plane.

spons[1] *sponse, n.* sponge. **spons** *ge-, vb.* sponge. **~bad** sponge bath. **~beskuitjie** sponge biscuit/finger. **~beton** aeroconcrete. **~dweil** squeegee. **~goud** spongy gold. **~koek** sponge cake. **~lekker** *(rare)* marshmallow. **~lood** spongy lead. **~naald, ~pen** (sponge) spicule. **~papier** absorbent paper. **~poeding** sponge pudding. **~rubber** sponge rubber. **~sakkie** sponge bag. **~selei** *(zool.)* mesogl(o)ea. **~siekte** *(vet.)* black quarter, quarter-evil, blackleg. **~silwer** spongy silver. **~steen** *(geol.)* spongolite. **~teël** field tile. **~visser** sponger, sponge diver. **~weefsel** spongy tissue; *(anat.)* cancellate(d)/cancellous tissue. **~wol** spongy/blobby wool.

spons[2] *sponse, n.* bung *(of a cask)*; →SPON, SPONNING. **~gat** bunghole.

spons·ag·tig *-tige* spongy, spongelike; *(anat.)* cancellate(d), cancellous; *~e weefsel* cancellate(d)/cancellous tissue; →SPONSWEEFSEL; *~e bees(-)enkefalopatie/bees(-)ensefalopatie* bovine spongiform encephalopathy. **spons·ag·tig·heid** sponginess.

spon·se·rig →SPONSAGTIG. **spon·se·rig·heid** →SPONSAGTIGHEID.

spon·taan =*tane* =*taner* =*taanste, adj. & adv.* spontaneous, unforced; spontaneous, impromptu, unscripted, uncontrived; naturally, off the cuff; *'n spontane **besluit/ens.*** a spur-of-the-moment decision/etc.; *spontane **beweging*** self-motion; *spontane **generasie*** abiogenesis, spontaneous generation; *'n spontane **opmerking/antwoord/ens.*** an off-the-cuff remark/answer/etc.; *'n spontane **reaksie*** a kneejerk reaction; *spontane **variasie*** mutation; *spontane **verse*** woodnotes. **spon·ta·ne·ï·teit** spontaneity.

spon·ta·ni·teit = SPONTANEÏTEIT.

spook *spoke, n.* ghost, spectre, apparition, phantom, spook *(infml.)*; fright, freak. **spook** *ge=, vb.* haunt; be haunted; struggle, fight, scuffle, scramble; be very active, work hard; ***by** iem. (kom)* ~ haunt s.o.; *iets ~ **by** iem.* s.t. preys on/upon s.o.'s mind; ***dit** ~ daar* the place is haunted *(a house etc.)*; ***(hard)** ~ om te ...* struggle (hard) (*or* break one's back) to ...; ***kwaai*** ~ fight gamely. ~**(amptenaar)** *(infml.)* ghost. ~**asem** candyfloss; *(rare, joc.)* light white bread. ~**beeld** phantom, spectre, eidolon; *(TV)* echo, ghost, *(also, in the pl.)* ghosting. ~**dier(tjie),** ~**apie** tarsier. ~**dorp** ghost town. ~**gestalte,** ~**gedaante** phantom, spectre, (ghostly) apparition. ~**huis** haunted house. ~**laksman,** ~**voël** grey-headed bush shrike. ~**mot** swift (moth). ~**padda** *(Heleophryne spp.)* ghost frog. ~**pyn** *(med.)* phantom pain. ~**skip** phantom/spectre ship. ~**skryf,** ~**skrywe** ghost(write). ~**skrywer** ghostwriter. ~**sprinkaan** stick insect. ~**stem** disembodied voice. ~**storie,** ~**verhaal** ghost story. ~**trein(tjie)** ghost train. ~**uur** ghostly/witching hour. ~**verhaal** →SPOOKSTORIE. ~**verskyning,** ~**verskynsel** ghostly apparition, spectre, phantom. ~**voël** →SPOOKLAKSMAN. ~**wag** *(0:00-04:00)* mid(dle) watch. ~**woord** ghost word.

spook·ag·tig, spook·ag·tig =*tige* spooky, spookish; spectral, ghostly, eerie, eldri(t)ch, uncanny, phantasmal. **spook·ag·tig·heid** ghostliness, eeriness.

spook·sel =*sels* spook, ghost, spectre.

spoone·ris·me spoonerism.

spoor[1] *spore, n.* trace, track, trail, spoor *(infml.)*, footmark, footprint; railway (line), rails, track; mark, sign, trace, vestige, indication, clue; foil *(of game)*; rut, track *(of a wagon)*; *van die ~ **afwyk*** swerve from one's purpose; *'n ~ **(agter)laat*** leave a trail; *geen/g'n ~ **(agter)laat** nie* leave no trace; *spore **(agter)laat*** leave marks; leave traces; *op die ~ van ... **bly*** keep track of ...; *iem. op iem. anders se ~ **bring*** put s.o. on the track of s.o. else; put s.o. onto s.o. else; *iem. op die ~ van iets **bring*** give s.o. a tip; *iem. op die (regte) ~ **bring*** put s.o. on the (right) track; *iem. van die ~ **bring*** put/throw s.o. off the track/scent; *die ~ **byster** raak, (lit.)* lose the trail; *(fig.)* go off the rails; *die ~ **byster** wees, (lit.)* be off the (*or* on the wrong) track; *(fig.)* be at a loss; be (all) at sea; be off the rails; *spore **dat*** ... evidence that ...; ***diep** spore trap* make one's mark; *armoede **druk** sy spore op iem. af* poverty leaves its mark on s.o.; ***geen/g'n** ~ van iem. nie* neither hide nor hair of s.o. *(infml.)*, hide (n)or hair of s.o. *(infml.)*; ***geen/g'n** ~ daarvan nie* not the slightest trace of it; *op die ~ van iets **kom*** get a line on s.t. *(infml.)*; *die ~ **kwytraak*** lose the trail; *die ~ van iets **kwytraak*** lose track of s.t.; *die **laaste** spore van ...* the last vestiges of ...; *'n ~ **laat** →**(agter)laat**; van die ~ (af) **loop**, (a train)* be derailed, jump/leave the rails, leave the track; *spore **maak**, (infml.)* make tracks, push off; hop it; ***maak** spore!, (infml.)* hop it!; *spore **maak** na ..., (infml.)* make tracks for ..., light out for ...; ***op** iem. se ~ wees, (the police etc.)* be after s.o.; be on s.o.'s track; be onto s.o.; ***op** die ~ van iets wees* be on the track of s.t.; ***per*** ~ by rail; *op die **regte** ~ wees* be on the right track; *twee **rye** spore loop* lurch/reel/stagger drunkenly; *op jou ~ **terugloop**, (comp.)* backtrack; *'n ~ **(terug)vind*** pick up a trail; *in jou ~/spore **trap*** mind one's p's/P's and q's/Q's; keeps one's nose clean; ***uit** die ~ wees* be out of (the) true; *jou spore **uitwis*** cover one's tracks/traces; ***van** die ~ (af) raak* go astray; go off the rails; ***van** die ~ (af) wees* be off the rails; be off the track; *spore **van** iets* evidence of s.t.; traces of s.t.; ***vars** spore* fresh tracks; *die ~ **vat/vind*** pick up the track; *(a dog)* pick up the scent; →***(terug)vind; op die verkeerde** ~ wees* be on the wrong track; bark up the wrong tree; *uit die **vier** spore, (infml.)* (right) from the start; *in jou **vier** spore vassteek* stop (dead) in one's tracks, freeze in one's tracks, come to a dead stop; *iets laat iem. in sy/haar **vier** spore vassteek* s.t. stops s.o. cold; *die ~ **vind** →**vat/vind**; die ~ **volg*** follow up a clue; follow up the scent; *'n ~ **volg*** follow (up) a trail; *iem. op sy/haar ~ **volg*** trail s.o.. **spoor** *ge=, vb., (rare)* trail, follow the track; travel by train; true (up), align; *(mech.)* track; *verkeerd ge~ wees* be out of alignment *(wheels)*. ~**aanleg,** ~**bou** railway construction. ~**aansluiting** (railway) link. ~**baan** railroad, railway, permanent way/track *(Br.)*. ~**baanonderhoud** track maintenance. ~**beampte** railway official; →SPOORWEGAMPTENAAR. ~**boom** level crossing barrier. ~**bou** →SPOORAANLEG. ~**breedte** tread; (rail) gauge. ~**brug, spoorwegbrug** railway bridge. ~**bui(g)er** jim crow. ~**bus** railcar. ~**diens** train service. ~**element** trace. ~**fossiel** *(archaeol.)* trace fossil. ~**hamer** dogging hammer. ~**hek** level crossing gate. ~**hoof** railhead. ~**hoogte** rail level. ~**kaartjie** →SPOORWEGKAARTJIE. ~**koste** →SPOORVRAG. ~**lêer** platelayer, tracklayer. ~**legging** platelaying. ~**lyn** railway line/track. ~**maat** track gauge. ~**man** =*ne* railworker. ~**motor** =*s* rail motor/trolley. ~**oorweg** level/railway crossing. ~**pont** rail ferry. ~**reg** trackage. ~**sny** *spoorge=* track, trace, spoor, follow up a trail. ~**snyer** tracker. ~**spyker** dog spike. ~**staaf** rail, metal. ~**staafflens** rail flange. ~**staafkop** rail head. ~**staafspanning** rail stress. ~**staking** →SPOORWEGSTAKING. ~**stang** track rod, tie-rod. ~**stoel** chair *(on a railway)*. ~**trein** railway train. ~**uitgrawing** cutting. ~**verbinding, spoorwegverbinding** railway connection. ~**verkeer, spoorwegverkeer** railway/train traffic. ~**verligter** flame tracer. ~**vervoer, spoorwegvervoer** goods traffic. ~**volgbal** *(comp.)* trackball, tracker ball. ~**vrag,** ~**koste** railage, carriage. ~**wa** railway carriage, coach, saloon; truck. ~**wagter** flagman, pointsman. ~**wal** (railway) embankment. ~**werf** →SPOORWEGWERF. ~**werker** railworker. ~**wiel** rail wheel. ~**wydte** rail gauge.

spoor[2] *spore, n.* spur *(of a horseman, cock)*; rowel; →SPORE=; *'n perd die spore gee* clap/put spurs to a horse; *iem. met spore ry, (infml.)* rule s.o. with a rod of iron; *jou spore verdien* win one's spurs. **spoor** *ge=, vb.* spur; *ge~(d)* spurred; *gestewel(d) en ge~(d)* →GESTEWEL(D). ~**draend** =*e* spur-bearing; →SPOREDRAEND[2]. ~**maker** spurrier. ~**rat** rowel. ~**slag** incentive, spur, urge, stimulus; *iets is vir iem. 'n ~ om te ...* s.t. spurs s.o. on to ..., s.t. is an incentive to s.o. to ... ~**wieletjie** rowel.

spoor[3] *spore, n., (bot.)* spore, sporule; →SPORE=; *naakte ~* gymnospore. **spoor** *ge=, vb., (bot.)* spore. ~**kiemplant** sporeling. ~**vorm** spore form. ~**vorming** sporulation. ~**wand:** *binne(n)ste ~* intine.

spoor·der =*ders* (wheel) aligner.

spoor·loos =*lose* trackless; *~ verdwyn* vanish into space (*or* thin air), disappear without a trace; *dié (of die mense) wat ~ verdwyn het, (also)* the disappeared (ones).

spoor·tjie[1] =*tjies* →SPOOR[1] *n.*.

spoor·tjie[2] =*tjies* →SPOOR[2] *n.*.

spoor·tjie[3] =*tjies, (bot.)* sporule.

spoor·weg =*weë* railway; *by die spoorweë werk* work on the railway(s). ~**aanleg** railway/railroad construction; →SPOORAANLEG. ~**aansluiting** →SPOORAANSLUITING. ~**administrasie** railway(s) administration. ~**amptenaar,** ~**beampte** railway official. ~**bestuur** railway management. ~**brug** →SPOORBRUG. ~**diens** railway service. ~**eindpunt** railhead. ~**halte** railway halt, wayside station, siding. ~**hoof** railway chief; railhead; →SPOORHOOF. ~**kaart** railway map. ~**kaartjie, spoorkaartjie** railway/train ticket. ~**knooppunt** large railway junction. ~**kommissaris** railway commissioner. ~**man** =*ne* railway worker. ~**net** railway system/network. ~**ongeluk** railway accident. ~**order** rail warrant. ~**personeel** railway staff. ~**raad** railway board. ~**ramp** railway disaster. ~**staking, spoorstaking** rail(way) strike. ~**stasie** railway station. ~**tariewe** railway rates. ~**uitbreiding** railway extension. ~**verbinding** →SPOORVERBINDING. ~**verkeer** →SPOORVERKEER. ~**vervoer** →SPOORVERVOER. ~**werf, spoorwerf** railway yard. ~**werker** railway worker. ~**werkplaas** railway workshop. ~**wissel** shunt.

Spo·ra·de: *die ~, (geog.)* the Sporades.

spo·ra·dies =*diese* sporadic; scattered; occasional; patchy.

spo·ran·gi·um =*giums,* =*gieë, (bot.)* sporangium, spore case.

spo·re=: ~**blaas** *(bot.)* ascus. ~**dosie** *(bot.)* sporogonium. ~**draend**[1] =*e, (bot.)* spore-bearing, sporiferous. ~**draend**[2] =*e* spur-bearing. ~**draer** *(bot.)* sporophore. ~**hopie** *(bot.)* sorus. ~**houer,** ~**kapsel** *(bot.)* sporangium, spore case. ~**lossend** =*e, (bot.)* deciduous. ~**plant** non(-)flowering plant, sporophyte, cryptogam. ~**sak(kie)** *(bot.)* spore sac/case. ~**vorming** *(bot.)* spore formation, spor(ul)ation, sporification, sporogenesis. ~**vrug** *(bot.)* spore fruit, sporocarp.

spo·re·loos =*lose* sporeless.

spo·ring tracking; (wheel) alignment; *uit ~ wees* be out of alignment *(wheels)*. ~**stang** *(mot.)* tie-rod; track rod.

sporo=: ~**blast** =*e, (biol.)* sporoblast. ~**fiet** =*e, (bot.)* sporophyte. ~**fil** *(bot.)* sporophyl(l). ~**fities** =*e, (bot.)* sporophytic. ~**foor** =*fore, (bot.)* sporophore. ~**karp** =*e, (bot.)* sporocarp, spore fruit. ~**sist** =*e, (zool.)* sporocyst. ~**soïed** =*s, (biol.)* zoospore, sporozoid. ~**soïes** =*e, (zool.)* sporozoan. ~**söon** =*soë,* =*soa, (zool.)* sporozoan, sporozoon.

spor·rie *(bot: Heliophila sp.)* blue/wild flax.

sport[1] *sporte* rung, stave, round, step, staff *(of a ladder)*; rail *(of a chair)*; *op die boonste/hoogste ~* at the top; *die boonste/hoogste ~ bereik, (fig.)* get to the top, reach the top (of the ladder), *(infml.)* make/hit the big time.

sport[2] *sporte* sport; sports; →SPORTS; *aan ~ deelneem* take part in sport; *'n ~ aanpak* take up a sport. ~**aanbieder,** ~**uitsaaier,** ~**omroeper** *(rad., TV)* sportscaster. ~**baadjie** sports coat/jacket. ~**bedrewenheid** sportsmanship. ~**benodig(d)hede** sport(ing) requisites. ~**beurs** sports scholarship. ~**blaaie,** ~**seksie** sports/sporting section *(in a newspaper, magazine)*. ~**blad** sports/sporting page; sports/sporting paper. ~**byeenkoms** sports meeting. ~**dag** sports day. ~**drag** sportswear, sporting wear/clothes, togs. ~**entoesias** →SPORTLIEFHEBBER. ~**gebeurtenis** sporting event. ~**gebied:** *op ~* in the world of sport. ~**gees** sporting spirit, sportsmanship. ~**held** sporting hero. ~**hemp** sports shirt. ~**joernalis** →SPORTSKRYWER. ~**klub,** ~**vereniging** sports/sporting club, athletic club. ~**kommentator,** ~**verslaggewer** sports commentator. ~**kompleks** sports complex. ~**lewe:** *in die ~* in sport. ~**liefhebber,** ~**entoesias** sport lover, sporting enthusiast. ~**liewend** =*e* sporting, sporty, fond of sport, sport-loving, sport(s)-minded. ~**lotery** pool. ~**lui** sportsmen and sportswomen, sportspeople. ~**mal** sport(s)-mad, mad on sport. ~**malheid** sport(s)-madness. ~**man** =*ne* sportsman, sporting man; *'n goeie ~ wees* be good at sport(s). ~**mens,** ~**persoon** sportsperson. ~**motor** sports car. ~**nommer** sports event. ~**nuus** sports/sporting news, *(rad., TV)* sportscast. ~**omroeper** →SPORTAANBIEDER. ~**onderwyser** sports teacher. ~**oor** cauliflower ear. ~**pak** sports suit. ~**program** sports programme. ~**redakteur** sports editor. ~**rubriek** sports column. ~**seksie** sports section *(in a newspaper, magazine)*. ~**sentrum** sports centre. ~**skrywer,** ~**joernalis,** ~**verslaggewer** sports writer/reporter. ~**soort** kind/branch of sport. ~**stof** sports cloth. ~**taal** sporting language. ~**term** sports/sporting term. ~**terrein,** ~**veld** sports ground(s), athletic field; sports/playing field. ~**uitrusting** sports outfit. ~**uitsaaier** →SPORTAANBIEDER. ~**uitsending** sportscast. ~**uitslae** sports results. ~**veld** →SPORTTERREIN. ~**vereniging** →SPORTKLUB. ~**verslaggewer** →SPORTKOMMENTATOR, SPORTSKRYWER. ~**vis** game fish; sport fish. ~**visser** game fisherman. ~**vissery** game fishing. ~**vrou** sportswoman; *'n goeie ~ wees* be good at sport(s). ~**wêreld** sporting world/circles, world of sport.

spor·tief =*tiewe, adj.* sporting, sportsmanlike; sport(s)-minded, fond of sport; game; *'n ~tiewe persoon* a sporting person, a sport *(infml.)*. **spor·tief** *adv.* sportingly. **spor·ti·wi·teit** sportsmanship; sporting spirit; sport(s)-mindedness.

sports *(infml.)* fun, horseplay; →SPORT[2]; ~ *maak* indulge in horseplay, make merry, roister.

spot *n.* scorn, ridicule, derision, mockery, banter, persiflage; laughing stock; *die ~ van ... wees* be the laughing-stock of ... *(the town etc.); met iem./iets die ~ dryf/ drywe* make fun of s.o./s.t., poke fun at s.o./s.t.; hold s.o./s.t. up to mockery/ridicule; *'n (voorwerp van) ~ wees* be an object of derision; ~ ***uitlok/(ver)wek*** arouse/ provoke derision, raise ridicule; *iem./iets 'n* ***voorwerp*** *van ~ maak* make a butt of s.o./s.t.. **spot** *ge-, vb.* mock, scoff, jeer, taunt, rail, deride; chaff; jest, joke; *met ... ~* make fun of ..., poke fun at ...; jeer/sneer/scoff at ...; make merry over ...; *iem. oor iets ~* chaff s.o. about s.t.; taunt s.o. with s.t.. **~antwoord** crack. **~dig** -te satire, satirical poem. **~digter** satirist, satirical poet. **~goedkoop** dirt cheap, (as) cheap as dirt, at a giveaway/ knockdown price, *(infml.)* going for a song, cheapie, cheapo. **~lag** laugh/smile of derision, mocking/jeering/sneering laugh. **~lus** love of mockery/teasing; inclination to satire. **~lyster** *(orn.)* catbird. **~naam** nickname; byword. **~prent** caricature, (political) cartoon. **~prenttekenaar** caricaturist, cartoonist. **~prys** (phenomenal) bargain, bargain price; nominal price; ridiculous/derisory price; *vir 'n ~* dirt cheap, for a (*or* an old) song. **~rede** denunciation, diatribe. **~siek** ~, -e (fond of) mocking/teasing; derisive, sarcastic, satirical. **~skrif** lampoon, skit; satire. **~sug** love of mockery/banter/ teasing; love of satire; →SPOTLUS. **~voël** *(orn.)* mockingbird; *(rare, fig.)* mocker, tease(r), wag, quipster.

spot·ag·tig -tige, *(rare)* mocking, quizzical, sardonic; →SPOTTEND.

spot·tend -tende, *adj.* mocking, jeering, derisive, ironic(al). **spot·tend** *adv.* mockingly, jeeringly, scoffingly. **spot·ten·der·wys, spot·ten·der·wy·se** mockingly, jeeringly; with one's tongue in one's cheek, tongue-in-cheek.

spot·ter -ters mocker, scoffer, chaffer; *~ se huis brand ook af* the mocker mocked. **spot·te·rig** -rige mocking, teasing. **spot·ter·ny, spot·ter·ny** -nye mockery; derision; persiflage; *dit is 'n ~* it is a mockery. **spot·te·ry** jesting, ragging, leg-pulling, chaff(ing), banter.

spou·muur cavity wall. **~isolasie** cavity wall insulation.

spraak speech; language, parlance, tongue; →SPRAKE; ***belemmerde*** *~* thick speech; defective speech; *iem. kon nie sy/haar ~* ***terugkry*** *nie* s.o. couldn't find his/ her tongue; *jou ~* ***verloor*** lose the power of speech; ***vryheid*** *van ~* free speech, freedom of speech. **~belemmering** →SPRAAKSTOORNIS. **~gebrek** defect of speech, defective speech, speech defect; *'n ~ hê* have a speech defect, suffer from a defect of speech, one's speech is defective, have an impediment in one's speech. **~gebruik** (speech) usage, language, idiom; *gewone/alledaagse ~* colloquial speech. **~geluid** speech sound. **~gewoonte** habit of speech. **~heelkunde** →SPRAAKTERAPIE. **~herkenning** *(comp.)* speech/voice recognition. **~klank** speech sound, phone, vocable; *~e voortbring* phonate; *die voortbring van ~e* phonation. **~kodeerder** *(mus.)* vocoder. **~kuns** grammar. **~leer** speechcraft, speech training. **~makend:** *die ~e gemeenskap, (fml.)* the speakers/creators of a language; the speech-community. **~onderwyser** elocutionist, teacher of voice production. **~opleiding** speech training. **~orgaan** organ of speech. **~sintetiseerder** *(comp.)* speech synthesizer. **~stoornis, ~belemmering** speech impediment. **~terapeut** speech therapist. **~terapie, ~heelkunde** speech therapy, logop(a)edics, logop(a)edia. **~verlies** loss of (the power of) speech, aphasia. **~vermoë** power/faculty of speech. **~verwarring** confusion of speech/tongues, babel; *'n (Babelse) ~* a Babel/ confusion of tongues. **~wending** idiom, turn of speech/ phrase, locution. **~werktuig** organ of speech.

spraak·loos, spra·ke·loos -lose speechless, dumb; voiceless; tongue-tied, inarticulate; →SPRAKELOOS; *~ wees van ...* be dumb/speechless with ... *(amazement etc.)*. **spraak·loos·heid, spra·ke·loos·heid** aphasia; inarticulateness; →SPRAKELOOSHEID.

spraak·saam -same talkative, loquacious, garrulous; chatty; chattering, babbling; communicative, forthcoming; *die wyn/ens. het iem. ~ gemaak* the wine/*etc.* loosened s.o.'s tongue. **spraak·saam·heid** talkativeness, loquaciousness, loquacity, garrulousness, garrulity; chattiness.

sprak *(obs., p.t. of* spreek*): iem. ~ geen sprook* →SPROOK[1].

spra·ke talk, rumour; mention; *iets ter ~* ***bring*** bring up (*or* raise) s.t.; *daar is ~* ***dat*** *...* it is being said that ...; *daar is* ***geen/g'n*** *~ van nie* it is out of the question; *(daar is)* ***geen/g'n*** *~ van nie!* not a bit of it!; not a chance!; nothing doing! *(infml.)*; nothing of the kind/sort! *(infml.)*; *daar kan* ***geen/g'n*** *~ van wees nie* there can be no question of it; *ter ~* ***kom*** come up (for discussion); crop up; ***ter*** *~ wees* be under discussion; *daar is ~* ***van*** *...* there is talk of ...; *daar is ~* ***van*** *iets, (also)* s.t. is in the air. **spra·ke·loos, spraak·loos** -lose speechless, wordless, mute *(fig.)*; →SPRAAKLOOS; *~ wees van ...* be dumb/ speechless with ... *(amazement etc.)*. **spra·ke·loos·heid, spraak·loos·heid** speechlessness; →SPRAAKLOOSHEID.

sprank *spranke,* **spran·kie** -kies spark; gleam; *'n ~ (van) humor* a gleam of humour; *geen/g'n ~ (van) vernuf nie* not a spark of ingenuity/reason.

spran·kel *ge-* sparkle, scintillate. **~spel** scintillating play.

spran·ke·lend -lende scintillating *(humour etc.)*.

spran·ke·ling -linge sparkle, scintillation.

spran·kie →SPRANK.

sprant *(rare, obs.)* sprig, twig.

spreek *ge-, gesproke* speak, talk, converse, discourse; consult, see *(a doctor, lawyer, etc.)*; →SPREKEND, SPROOK[1]; ***mag*** *ek u ~?* may I see you?; *iem.* ***oor*** *iets ~* see s.o. about s.t.; take s.t. up with s.o.; *~ is* ***silwer,*** *swye is goud* speech is silver, silence is gold(en); *iem. is nie nou* ***te*** *~ nie* s.o. cannot be seen now; *iets ~* ***tot*** *iem.* s.t. appeals to s.o.; *dit ~* ***vanself*** of course; it goes without saying; it stands to reason; that is understood; it speaks for itself; *dit ~* ***vanself*** *dat ..., (also)* it is self-evident that ...; →VANSELFSPREKEND; *by wyse van spreke* so to say/speak, in a manner of speaking. **~beurt** speaking engagement; turn to speak. **~buis** speaking tube; mouthpiece *(lit., fig.)*, spokesperson, -man, -woman; sounding board; *as ~ vir ... dien* front for ... **~fout** slip of the tongue. **~kamer** consulting room, surgery. **~kanaal** articulation passage. **~koor** speech chorus; verse speaking choir; choral speech. **~kuns** art of speech, speech training, speechcraft; public speaking. **~les** elocution (lesson), speech training. **~oefening** speaking exercise, speech training; conversation lesson/practice/exercise. **~onderwys** elocution, speech training. **~stem** speaking voice. **~taal** spoken language, colloquial language/speech. **~trant** manner of speech. **~trompet** *(rare)* megaphone, speaking trumpet, loud hailer; mouthpiece *(fig.)*. **~tyd** speaking time. **~ure** consulting hours. **~woord** proverb, adage, maxim, saw, saying, byword; *soos die ~ sê* as the saying goes. **~woordeboek** dictionary of proverbs. **~woordelik** -e proverbial; *~ word* become a byword. **~wyse** manner of speaking/speech; idiom, expression, phrase, locution, turn of speech.

spreek·ster -sters (female) speaker.

spreeu *spreeus, (orn.)* starling; *Indiese ~* myna(h); *Europese ~* European starling. **~eier** starling's egg.

sprei *spreie, n.* quilt, coverlet, bedspread, throw; rose (head) *(of a watering can etc.)*. **sprei** *ge-, vb.* spread; diffuse; diversify; mushroom; stagger *(of hours)*; shed, debouch; →UITSPREI, VERSPREI; *~ oor* sprawl over; suffuse; *'n glimlag het (stadig) oor iem. se gesig ge~* a smile crept over s.o.'s face. **~been:** *~ sak, (rare)* do the splits. **~ent** splayed end. **~kop** rose (head). **~lamp** flood lamp. **~lig** floodlight. **~pyp** spreader. **~tyd** staggered (working) hours/time. **~verligting** floodlighting. **~weerstand** spreading resistance. **~wydte** spread.

sprei·ding spread(ing); diffusion; diversification; scatter(ing); staggering *(of hours etc.)*; *(radioactivity)* fallout; *(ling.)* distribution. **sprei·dings·di·a·gram** *(stat.)* scatter diagram/plot, scattergram, scattergraph.

sprei·er -ers spreader; diffuser.

spre·kend -kende -kender -kendste speaking, talking; telling, striking; →SPREEK; *~e* ***bewys*** striking/conclusive proof; *~e* ***oë*** soulful/talking eyes; *~e* ***ooreenkoms*** striking resemblance; *~e* ***portret*** speaking likeness; *~e* ***syfers*** telling/striking/significant figures; *~e* ***voorbeeld*** object lesson. **spre·ker** -kers speaker, speech maker, orator; lecturer; *'n gladde ~* a polished speaker; *'n ~ aan die woord stel* call on/upon a speaker.

spreuk *spreuke* motto, maxim, adage, proverb, saw; *S~e (van Salomo)* (Book of) Proverbs; *'n wyse ~* a wise saw.

spriet *spriete* blade *(of grass)*; sprig; feeler, antenna *(of an insect)*; sprit *(of a ship)*; boom. **~seil** spritsail. **~ui** spring onion.

spriet·jie -jies (small) blade; antennule.

spring *springe, n.* jump, leap, bound; gambol, caper, hop; →SPRONG. **spring** *ge-, vb.* jump, leap, spring, bound; hop, skip, caper; snap, crack, burst; *(a fountain)* play; *(obs.; a bank, business, etc.)* bu(r)st, go smash; *~* ***daarvoor!*** go for it!; ***(gou)*** *~, (infml.)* act quickly; ***in*** *iets ~* jump into s.t.; slip into s.t., slip on s.t. *(clothes)*; *(jou)* ***klaarmaak*** *om te ~* gather o.s. for a jump, gather o.s. to jump; *iets* ***laat*** *~, (rare)* blow s.t. up *(with explosive)*; *iem. sal* ***moet*** *~, (infml.)* s.o. will have to hurry; ***na*** *... ~* jump at ...; jump for ... *(the ball etc.)*; *~* ***om*** *... te kry* jump for ... *(the ball etc.)*; ***oor*** *iets ~* jump/leap over s.t.; skip across/over s.t.; ***oor*** *'n heining/ens. ~, (also)* clear a fence/*etc.*; ***op*** *iets ~* jump on(to) s.t.; jump at s.t. *(a prey etc.)*; ***uit*** *iets ~* jump/leap out of s.t.; ***van*** *iets ~* jump off s.t.; *~* ***van*** *...* jump for ... *(joy etc.)*. **~bal** *(basketball)* jump ball. **S~bok** *(SA rugby; hist: SA sport)* Springbok; *(infml., rugby)* Bok; →AMABOKOBOKO. **~bok** springbok, springbuck. **~bokbossie** *Hertia pallens*. **~boon(tjie)** jumping bean. **~bron** (natural) fountain. **~bus** *(hist.)* petard. **~fontein** fountain, girandole. **~(ge)ty, ~vloed** spring tide *(of the sea)*. **~granaat** explosive shell. **~haas** spring/jumping hare, Cape kangaroo. **~haaslamp** bull's-eye (lamp). **~haasmuis** gerbil(le). **~jurk** gymslip, gym tunic. **~kewer** *(entom.)* skipjack, click/snap beetle. **~klep** poppet (valve), puppet valve. **~koeël** explosive bullet. **~krag** bounce. **~lading** explosive/blasting charge. **~lewendig** -e brisk, alive and kicking, very much alive. **~mat** gymnastic mat. **~matras** spring mattress; gymnastic/box mattress. **~mes** flick knife. **~middel** -s = SPRINGSTOF. **~mielies** popcorn. **~muis** jerboa. **~paal** →SPRINGSTOK. **~patroon** blasting cartridge. **~perd** vaulting horse; (show) jumper. **~plank** springboard; diving board. **~plooi** inverted pleat. **~rok** = SPRINGJURK. **~ruiter** showjumper. **~seil** jumping sheet. **~skoot** blast. **~stert** *(entom.)* springtail, earth flea. **~stof** explosive, blasting material. **~stofskieter** *(min.)* shot-firer. **~stok** *(also* springpaal*)* jumping/vaulting/perch pole; pogo (stick). **~teuel** martingale. **~tou** skipping/jumping rope. **~ty** →SPRING(GE)TY. **~veer** spiral spring. **~veermatras** →SPRINGMATRAS. **~vloed** →SPRING(GE)TY.

sprin·gend -gende jumping; *(entom.)* saltatorial, saltatory; *(her.)* saltant.

sprin·ger -gers jumper, leaper; *(icht.)* springer. **~spanjoel, ~spaniël** springer (spaniel); *Engelse ~* English springer (spaniel); *Walliese ~* Welsh springer (spaniel).

sprin·ge·rig -rige jumpy.

sprin·ge·ry jumping, leaping.

sprin·kaan -kane grasshopper; locust. **~beampte** *(hist.)* locust officer. **~boon** *(Gleditsia triacanthos)* honey locust (tree). **~bos** *(Senecio* spp.*)* ragwort, groundsel, Dan's cabbage, Molteno disease plant; *(Senecio ilicifolius)* locust wood. **~bosvergiftiging** Molteno disease; seneciosis; →SKITTERYSIEKTE. **~gif** locust poison. **~kreef** *(zool.: Squilla* spp.*)* squill. **~plaag** locust plague, plague of locusts. **~(riet)sanger** *(orn.: Locustella fluviatilis)* river warbler. **~swerm** swarm of locusts. **~valkie** *(orn.: Falco naumanni)* lesser kestrel. **~voël:** *klein ~* pratincole.

sprin·kel *ge-* sprinkle; damp down *(laundry)*; sparge; dredge. **~besproeiing** spray/overhead/sprinkler irrigation. **~besproeiingstelsel** *(agric., hort.)* sprinkler system. **~blusser** sprinkler. **~poeier** pounce. **~stelsel** *(firefighting)* sprinkler system. **~wa** water sprinkler.

sprin·ke·laar =*laars* sprinkler.

sprits *spritse* spritz (cookies), shortbread.

sproei¹, spru *n., (med.)* sprue; thrush *(in the mouth and throat);* thrush, yeast infection *(in the female genitals).*

sproei² *ge=, vb.* sprinkle, water; spray *(with insecticide etc.);* sparge. **~aanval** spray attack. **~klep** sprayer valve. **~kop** rose (head), spraying nozzle. **~masjien** (traction) sprayer. **~middel** =*s* spray. **~pyp** nozzle, sparge pipe. **~spuit** spray gun. **~stof** spray. **~toestel** spraying apparatus. **~wa** water(ing) cart, street sprinkler. **~water** spray.

sproei·er =*ers* sprinkler, spray(er), irrigator; spray nozzle, rose (head), (rose) sprinkler; jet *(of a carburettor).*

sproei·sel =*sels* spray.

sproet *sproete* freckle; heat spot; *(fruit disease)* brown spot; *vol ~e* freckled. **~gesig** freckled face; *(pers.)* freckle face. **~neus** freckled nose. **sproe·te·rig** =*rige* freckled. **sproe·te·rig·heid** freckledness; lentigo.

spro·kie =*kies* fairy tale/story, nursery tale; fable; fiction; tale.

spro·kies=: ~einde storybook ending. **~huwelik** storybook marriage. **~land** →SPROKIESWÊRELD. **~romanse** storybook romance. **~verteller** teller of fairy tales, storyteller. **~wêreld, ~land** fairyland, dreamworld, fairy world; land of fable; Disneyland *(fig.).*

spro·kies·ag·tig =*tige* fairylike, fairy(-tale), storybook; *'n ~e einde* a storybook ending; *'n ~e huwelik* a storybook marriage.

sprok·kel *ge=, (rare)* gather firewood. **~wurm** caddis (worm), caseworm.

sprok·ke·laar =*laars* wood gatherer; gleaner *(fig.);* compiler.

sprok·ke·ling *(rare)* gleaning, picking.

sprong *spronge* jump, leap, bound, vault; bounce; saltation; start; caper, gambol, hop; buckle *(in a wheel);* skip *(in sawn wood); (joint)* hock, hough *(of an animal);* →SPRING *n.; 'n ~ **doen/maak*** take a leap; *'n ~ in die **duister*** a leap in the dark; *met/in **een** ~* at a bound/jump; *met/in **een** ~ tot ... styg* jump to ...; *met **groot** ~e* by leaps and bounds; *die ~ **waag*** take the plunge. **~been** *(anat.)* astragalus. **~beweging** saltation. **~gereed** poised *(for a leap).* **~gewrig** hock, hough, tarsal joint. **~straler** *(infml.)* jump jet. **~stuk** spring bend.

sprongs·ge·wys, sprongs·ge·wy·se by leaps (and bounds).

sprook¹: *iem. sprak geen ~, (infml.)* s.o. said never a word.

sprook² *sproke* fable; fiction; tale; →SPROKIE.

sprot *sprotte, (icht.: Sprattus sprattus)* sprat.

spru →SPROEI¹.

spruit *spruite, n.* tributary, side stream, creek, influent, brook, watercourse, feeder, small river, stream, spruit; *(bot.)* shoot, sprout, scion, offset, offshoot, tiller; *(naut.)* bridle; *(also, in the pl.)* offspring. **spruit** *ge=, vb.* shoot, sprout, bud; issue, descend *(from); iets ~ uit ...* s.t. arises from ...; s.t. flows from ...; s.t. derives from ...; s.t. has its origin in ...; s.t. has its roots (*or* is rooted) in ...; s.t. issues/springs from ...; s.t. results from ...; s.t. grows out of ...; *iem. ~ uit ...* s.o. is descended from ... *(a noble family etc.).* **~kool** Brussels sprouts. **~pyp** manifold (pipe). **~stuk** manifold.

spruit·jie =*jies* small stream, brooklet; little shoot/sprout; *Brusselse ~s* Brussels sprouts.

spu →SPOEG *vb.*.

spui *spuie, (obs.)* sluice; *(mech.)* purge. **~gat** *(naut.)* scupper; cleaning aperture; *dit loop (by) die ~e uit, (obs.)* that is the limit, that exceeds all limits.

spui·er =*ers* spout; *(mech.)* purger; (water)spout, gutter spout, gargoyle, spouter.

spuit *spuite, n.* syringe; squirt; jet; douche; (water) hose; *(lubricating)* gun. **spuit** *ge=, vb.* spout (forth); squirt (out); spurt; gush; spray *(with insecticide etc.);* syringe; *iets met ... ~* spray s.t. with ..., spray ... on s.t.; *uit ... spuit* spout from ...; spurt from ...; squirt out of .... **~afbouing** hydraulic mining, hydraulicking. **~bron** geyser; gusher. **~droging** spray drying. **~druk** spray printing. **~fles** siphon, syphon. **~flessie, ~botteltjie** scent-spray. **~fontein** leaping/playing fountain. **~gat** blowhole; *(naut.)* scupper. **~gedroog** spray-dried. **~kan(netjie)** aerosol/spray can. **~kop** nozzle, rose/sprinkler (head) *(of a garden hose etc.).* **~lak** spray lacquer. **~middel** =*s* spray. **~naald, inspuitingsnaald** hypodermic/injection needle. **~pistool** spray gun. **~politoer** spray-on polish. **~pomp** spray pump. **~sak** *(cook.)* piping bag. **~sakkie** forcing bag. **~sement** gunite. **~skilder** spray-painter. **~slang** (water) hose, watering hose, hosepipe. **~stof** spray. **~stuk** nozzle. **~toestel** spraying apparatus. **~verf** *n.* spray/aerosol paint. **~verf** *ge=, vb.* spray-paint. **~verfwerk** spray-painting. **~verwer** spray-painter. **~vis** cuttle(fish). **~vlam** jet flame. **~vliegtuig** spraying aircraft, spray plane; *(obs.)* jet plane. **~water** aerated water, soda water. **~waterfles** (soda) siphon/syphon; soda water bottle. **~werk** spraying.

spui·ter =*ters* spouter; (oil) gusher.

spui·ting spraying.

spuit·jie =*jies* small spray/syringe.

spul *(infml.)* lot, caboodle; affair, case; crowd; quarrel; *'n **armsalige** ~* a sorry lot; ***daardie** ~* that lot; *die **hele** ~* the (whole) lot; the whole box and dice; the whole business; the whole (kit and) caboodle; the whole shebang; the whole (bang) shoot; the whole show; *hulle **hele** ~* the whole bunch of them; *julle **hele** ~* the lot of you; *met die **hele** ~ klaar wees* be finished with it all; *'n **mooi** ~* a pretty kettle of fish; ***'n** ~ ...* a load of ... *(rubbish etc.);* a wodge of ... *(papers etc.).* **spul·le·tjie** =*tjies* affair, business, to-do; *(also, in the pl.)* shenanigans, funny business, joking; *dit het 'n ~ afgegee* it caused quite a to-do; *die hele ~, (also, infml)* the whole shebang.

spuls *spulse, (rare)* ruttish, on heat. **spuls·heid** *(rare)* heat, ruttishness.

spu·man·te *(an It. sparkling white wine)* spumante.

spur·rie *(bot.: Spergula spp.)* spurr(e)y.

sput·ter *ge=* sp(l)utter; sizzle, fizzle.

spuug →SPOEG *n.*.

spu·wer =*wers* spitter.

spu·wing =*wings*, =*winge* spitting, expectoration; vomiting; *iem. het 'n ~ gehad* s.o. gave up blood.

spy *spye, n.* key (pin); cotter; feather; splitpin. **spy** *ge=, vb.* key. **~bout** cotter/key bolt. **~gleuf** keyway, key bed/seat, cotter way. **~pen, spie·pen** cotter (pin). **~taphout** cotter stud.

spy·ker =*kers, n.* nail; pin; *'n ~ in iem. se dood(s)kis, (fig.)* a nail in s.o.'s coffin; *die ~ op die/sy kop slaan, (fig.)* hit the nail on the head; *~s met koppe slaan, (fig.)* put forward strong arguments, make out a good/strong case. **spy·ker** *ge=, vb.* nail. **~bal** pinball. **~band** spiked tyre. **~bed** *(also fig.)* bed of nails. **~beentjies** matchsticks, spindly legs. **~blok** nailing block. **~bom** nail bomb. **~bord** pegboard. **~broek** *(obs.)* (a pair of) jeans. **~els** bradawl. **~fabriek** nailery. **~haak** rip(per); nail-head tool. **~hak** stiletto/spike heel. **~hard** nail-proof. **~kas** *(hist., an instr. of torture)* iron maiden. **~klou** nail claw. **~knipper** nail nippers. **~knuppel** spiked club. **~kop** nail head. **~maker** nailer. **~makery** nailery. **~pons** brad punch, nail set/punch. **~rog** *(icht.: Raja batis)* common (grey) skate. **~skag** nail shank. **~skoen** (shoe with) spikes; hobnailed boot, tacket. **~skrif** cuneiform (script). **~smid** nailmaker, =smith. **~tafel** pin table, pinball/fruit machine. **~tang, ~trekker** nail claw/drawer/extractor/puller, claw hammer. **~vas** =*te, (rare)* fixed; *~te voorwerp* fixture. **~wurm** screw worm.

spy·ker·loos =*lose* nailless.

spys *spyse,* **spy·se** =*s, (fml.)* food; *spys en drank* meat and drink; *verandering van ~ gee (nuwe) eetlus* a change is as good as a holiday; variety is the spice of life. **~bry** *(physiol.)* chyme. **~kaart** menu, bill of fare; *op die ~* on the menu. **~kanaal, spysverteringskanaal** digestive tract, alimentary canal, enteron. **~offer** meat/meal offering. **~sap** *(physiol.)* chyle, digestive juice. **~verterend** =*e* peptic. **~vertering** →SPYSVERTERING.

spy·se·nier =*niers, n.* caterer. **spy·se·nier, spy·se·neer** *ge=, vb.* cater. **spy·se·nie·ring, spy·se·ne·ring** catering. **spy·se·niers·be·dryf** catering industry/business/trade *(for social events);* →PROVIANDBEDRYF.

spy·sig *ge=, (rare, fml.)* feed. **spy·si·ging** *(rare, fml.)* feeding.

spys·ver·te·ring digestion; *slegte ~* indigestion, dyspepsia, dyspepsy. **~sap** digestive juice.

spys·ver·te·rings=: ~kanaal →SPYSKANAAL. **~organe** digestive organs, peptics.

spyt *n.* regret, repentance, sorrow, compunction; *meer ~ as **hare** op jou kop hê, (infml.)* be very sorry about it; *oor iets ~ **hê*** be sorry about s.t.; ***innige** ~* deep regret; *(jou) ~ oor iets te **kenne** gee* express regret for s.t.; *~ kom altyd te **laat*** better (to be) safe than sorry; ***ten** ~e daarvan, dit **ten** ~* in spite of this/that; ***ten** ~e van ...* in spite of ..., notwithstanding ...; in the face of ...; ***tot** iem. se ~* to s.o.'s regret; to s.o.'s sorrow; ***tot** iem. se groot ~* much to s.o.'s regret; ***tot** my/ons ~ kan ek/ons nie ... nie, ek/ons kan **tot** my/ons ~ nie ... nie* unfortunately I/we cannot ...; it is regretted that I/we cannot ...; ***tot** my ~ kan ek nie ... nie, (also)* I'm afraid I cannot ...; ***tot** my ~ moet ek sê ...* I'm sorry to say .... **spyt** *adj.* sorry; *oor iets ~ wees/voel* be sorry about s.t., feel bad about s.t.; *jy sal nie ~ wees nie* you won't regret it; *iem. hoef nie ~ te wees nie* s.o. has nothing to regret. **spyt** *ge=, vb.: **dit** ~ my* I am sorry; ***dit** ~ my dat ...* I regret (*or* am sorry) that; ***dit** ~ my om dit te hoor* I'm sorry to hear it; ***dit** ~ my om dit te doen* I regret to do it; ***dit** ~ my om te sê dat ...* I regret to say/state that ...; ***dit** ~ my/ons van die fout* the error is regretted; *iets ~ **iem.**, (also)* s.t. grieves s.o.; *dit ~ iem. **verskriklik*** s.o. is awfully/terribly sorry. **~betuiging** *(rare)* expression of regret.

spy·tig =*tige* regrettable; *dit is (baie) ~, (rare)* it is a (great) pity, it is hard lines *(infml.).* **spy·tig·heid** *(rare)* regrettableness, chagrin.

Sri Lan·ka *(geog., formerly Ceylon)* Sri Lanka. **Sri Lan·kaan** =*kane, n.* Sri Lankan. **Sri Lan·kaans** =*kaanse, adj.* Sri Lankan.

st, sjt →SJUUT.

staaf *stawe, n.* bar, rod, stave; staff; bar, ingot *(of gold, silver);* brick *(of copper);* pig *(of iron);* bar *(of chocolate).* **staaf** *ge=, vb.* confirm, bear out, ground, verify, corroborate, sustain, support (by facts), validate, prove *(an assertion),* substantiate *(a claim, an argument, a charge);* prove *(a claim);* →STAWEND, STAWING; *~ met* vouch; *met 'n eed ~* confirm on oath; *deur getuie ge~* duly attested; *stawende stuk* supporting document. **~bundel** *(hist.)* fasces. **~diertjie** *(zool.)* bacillus. **~gekodeerde identiteitsdokument** bard-coded identity document. **~gewig** barbell. **~goud** bar gold, gold bullion/ingots. **~grafiek** bar graph/chart/diagram. **~kode** bar code. **~kodeleser** bar code reader/scanner. **~kodering** bar coding. **~koper** bar copper. **~koppeling** rod coupling. **~magneet** bar/straight magnet. **~silwer** bar silver, silver bullion/ingots. **~sink** spelter. **~vorm** rod/bar shape; bar/ingot mould. **~vormig** =*e* rodlike, bar-shaped; in bar form; rod-shaped; bacillar(y); *~e diertjie* bacillus. **~yster** bar iron.

staak¹ *stake, n., (obs.)* stake, pole.

staak² *ge= vb.* stop, suspend *(payment etc.);* abandon *(activities, a match, etc.); (an engine)* stall; call off *(a campaign, talks, etc.);* cease *(fire, publication, etc.);* discontinue *(a publication etc.);* terminate, abort *(a programme etc.);* desist from *(fml.);* break off *(an attack);* strike, go (*or* come out) on strike, down tools; →STAKING; *~ **om** ...* strike for ... *(higher wages etc.); uit **protes** teen iets ~* strike against s.t.; *die **spel** ~, (cr.)* draw stumps; *jou **studie** ~* drop out of university; *die **werk** ~* strike, go (*or* come out) on strike, down tools. **~leier** strike leader. **~net** stake net. **~punt** stall. **~snelheid** stalling speed. **~stemming** strike ballot; *'n ~ hou* hold a strike ballot. **~tyd** down time. **~wag** picket; *'n ~ opstel* mount (*or* set up) a picket.

staal¹ *n.* steel. **staal** *ge=, vb.* steel *(the nerves),* brace. **~bad** steel bath; chalybeate spring. **~balk** steel girder/beam. **~bedryf** steel industry. **~beton** steel concrete.

~**blou** steel(y) blue, electric blue. ~**borsel** wire brush. ~**bou** (structural) steel construction. ~**bron** chalybeate spring. ~**draad** steel wire. ~**fabriek** steelworks. ~**fontein** = STAALBRON. ~**gietery** steel foundry. ~**graveerkuns,** ~**gravering** steel engraving, siderography. ~**graveur** steel engraver. ~**gravure** steel engraving. ~**grys** steel(y) grey. ~**helm** steel/shrapnel helmet, tin hat *(infml.).* ~**houdend** =*e* chalybeate. ~**kabel** steel rope. ~**kap** hard top *(of a car).* ~**kleur** steely colour. ~**knuppel** steel billet. ~**lêer** steel girder. ~**middel** =*s* steel medicine. ~**pen** steel pen; steel pin. ~**pil** steel pill; *(infml.)* bullet. ~**plaat** sheet/plate of steel, steel plate; sheet steel; steel engraving. ~**plaatdeur** steel-plated door. ~**pyp** tubular steel. ~**smee(d)vorm** swage tool. ~**(snaar)kitaar,** =**ghitaar** steel guitar. ~**(trom)orkes** steel band. ~**tou** steel wire rope. ~**vorm** swage. ~**wapening** steel reinforcement. ~**water** chalybeate water. ~**waterbron** = STAALBRON. ~**werker** steelworker. ~**wol** steely/silky wool; *(metal)* steel wool. ~**wyn** ferruginous wine.

staal[2] *stale, n., (obs.)* sample, pattern. ~**kaart** *(obs.)* sample card, pattern book. ~**meester** *(hist.)* syndic of the clothiers' guild; *die S~s* The Syndics *(by Rembrandt).*

staal·ag·tig =*tige* steely, steel-like.

staal·tjie =*tjies* anecdote; *(obs.)* instance *(of behaviour); (obs.)* sample, specimen, swatch; *~s oor ... vertel* tell anecdotes about ...

staan *ge=* stand, be/remain upright, be erect; exist; stop; camp; *(cr.)* umpire; →STAANDE; STAAN-STAAN; ***agter** iem.* ~, *(fig.)* be behind s.o., stand by s.o. *(a leader etc.); (fig.)* hold/keep s.o.'s nose to the grindstone; ***agter** iem.* ~, *(also, fig.)* keep s.o. on his/her toes; *iem.* ~ ***agter** iem., (also, fig.)* s.o. has s.o. on his/her back; ***agter** iets gaan* ~ get behind s.t.; ***alleen*** ~ be in a minority of one; ***bly*** ~ remain standing; *(a vehicle)* break down, be/get stuck; stand fast/firm/pat; ***bo(kant)** iem.* ~, *(fig.)* be superior to s.o.; ***botstil** (gaan)* ~ come to a dead/full stop; *iem. voor iets te* ~ ***bring*** bring s.o. up against s.t.; *iets tot* ~ ***bring,** (rare)* bring s.t. to; pull up s.t. *(a horse etc.);* bring s.t. to a stand; ***buite** iets* ~ have nothing to do with s.t.; ***by** iem.* ~, *(lit.)* stand by s.o.; ***daarop*** ~ insist on/upon it; make a point of it; *as jy **daarop*** ~ if you insist/stand on/upon it; *in die Bybel* ~ ***dat*** ... it says in the Bible that ...; *hier* ~ ***dat*** ... it says here that ...; *wat het iem. nou ge~ en **doen?**, (infml.)* what has s.o. (been and) gone and done now?; ***eerste*** ~ *(in die klas)* have come first (in the class), be (at the) top of the class; *iets* ~ *by iem.* ***eerste*** s.t. comes first with s.o.; ~ ***en** praat/ens.* stand talking/*etc.*; *moenie nou (kom)* ~ ***en** huil/ens. nie* don't start crying/etc. now; ***gaan*** ~ (come to a) stop; pull up; *(a river)* stop flowing; *(an engine)* stall; *by/in/op iets **gaan*** ~ go and stand by/in/on s.t.; *skielik **gaan*** ~ stop dead/short; pull up short; *iets* ~ *iem. **(goed)*** s.t. suits s.o. *(clothes etc.); iets* ~ *iem. **goed,** (also)* s.t. becomes s.o.; *na 'n plek se **kant** toe* ~ make for a place; *~, **klaar,** weg!* ready, steady, go!; *dit **kom** op R100 te* ~ it works out at R100; it amounts to R100; *op 500/ens. te* ~ ***kom*** reach the 500/etc. mark; *voor ... te* ~ ***kom*** be confronted/faced with ... *(a problem etc.); direk teenoor mekaar te* ~ ***kom*** meet eyeball to eyeball; *tot* ~ ***kom*** come to a standstill; halt; ***laat*** ~ ... let alone ..., not to mention ...; ***laat** maar ~!,* ***laat*** *~ maar!* never mind!; don't worry!; don't trouble (yourself)!; *iets **laat*** ~ make s.t. stand *(a broom against a wall etc.);* let s.t. be, leave/let s.t. alone; give up s.t.; keep/lay off s.t. *(drink etc.);* ***laat*** *... maar ~!* never mind about ...!; *iem. **laat*** ~ leave/let s.o. be; leave s.o. alone; leave s.o. to him-/herself; *'n man/vrou **laat*** ~ leave a husband/wife; *iem. **laat** ~ en iem. anders neem* leave s.o. for s.o. else *(a man or woman); iets maar **laat*** ~ forget (about) s.t.; *iets **laat** ~ soos dit is* let s.t. remain as it is; *al **langs** ... ~, (houses etc.)* be strung out along ...; ***met** iets ~ of **val*** stand or fall by s.t.; *twee **meter*** ~ top two metres; ***nader*** ~ come closer; join in; ***onder** iem.* ~, *(fig.)* be s.o.'s junior, be junior to s.o.; *iets **oop** laat* ~ leave s.t. open; ***op** iets* ~, *(lit.)* stand on/upon s.t.; *(fig.)* stand on/upon (*or* stick out for) s.t.; *die getal* ~ ***op*** ... the number has reached ...; *die fonds* ~ ***op*** ... the fund stands at ...; ***opsy*** ~ stand/step aside; stand clear; stand off; clear the way; ***opsy** gaan* ~ stand aside; *die **saak** ~ so* ... the truth of the matter is that ...; *dit is hoe **sake*** ~ that is how things are, that is how things stack up *(infml.);* ***skeef*** ~ tilt over; *~ of ek **skiet!*** stand or I shoot!; *sake* ~ ***sleg*** things are in a bad way; ***sterk*** ~ have a good/strong case; ***teenoor/voor*** *...* ~ be confronted with ... *(a problem etc.); by/met iets ~ of **val*** stand or fall by s.t.; ***vas*** ~ →VASSTAAN; ***vir** iets* ~ stand for s.t.; ***voor** iets* ~ be face to face with s.t.; face (*or* be faced with) s.t.; *dit* ~ *iem. **vry** om iets te doen* →VRYSTAAN; *iem. wil weet **waar** hy/sy* ~ s.o. wants to know where he/she stands.

staan=: ~**as** tower shaft. ~**balk** soldier beam. ~**boor** drill press. ~**bord** footplate. ~**dak** pitched/span roof. ~**druipsteen** stalagmite. ~**geld** grazing fee; stallage; *(jur., naut.)* demurrage. ~**golf** *(phys.)* standing/stationary wave. ~**horlosie,** ~**oorlosie,** ~**klok** mantelpiece/case clock; *(groot)* ~ grandfather clock. ~**kamera** stand camera. ~**ketel** vertical boiler. ~**klip** standing stone; *(archaeol.)* menhir, dolmen. ~**klok** →STAANHORLOSIE. ~**kraag** stand(-up)/upright/stick-up collar. ~**kraan** pillar tap/faucet. ~**krag** substance *(of wool).* ~**kroeg** stand-up/standing bar. ~**laag** *(bricks)* upright course. ~**laer** bearing/pillow/plummer block. ~**lamp** standard/pedestal/pillar/table lamp. ~**leer** stepladder, standing ladder. ~**lig** parking light. ~**maak** *staange=* stand up, set up(right), stand on end, upend. ~**oppervlak(te)** *(comp.)* footprint. ~**passasier** standing passenger, straphanger *(infml.).* ~**plank** footboard. ~**plek** stand, parking space; standing room; footing, foothold; station; pitch; sheepyard; *geen* ~ no parking. ~**pyp** standpipe. ~**spoor** starting point, takeoff; *uit die ~ (uit), van uit die ~, van die ~ (af)* from the beginning, from the (very) first, from the outset, (right) from the start, from the word go *(infml.).* ~**-staan** standing/stopping every now and then; while standing, in a standing (*or* an upright) position; ~ *eet* eat standing up; ~ *loop* walk stopping every now and then. ~**steen** soldier (brick), brick on end. ~**stuk** stretcher. ~**stut** vertical shore. ~**tyd** down time. ~**visier** upright sights. ~**vuur** flaming fire. ~**wasbak** pedestal basin. ~**water** standing water.

staan·de *adj.* standing; stationary; upright; vertical; unseated; *die vergadering het die boodskap ~ **aangehoor*** the meeting stood while the message was read out; ~ ***advertensie*** standing advertisement; ~ ***bevel,** (mil.)* standing order; ~ ***bly*** keep (on) one's feet; survive, not go under; ~ ***golf,** (phys.)* standing/stationary wave; *iem./iets ~ **hou*** prop up s.o./s.t.; *jou ~ **hou,** (also)* hold/carry on, keep going; hold one's own, keep one's footing; ~ ***hou** dat ..., (rare)* maintain that ...; ~ ***leër*** standing army; ~ ***mag*** permanent force; ~ ***ovasie/toejuiging*** standing ovation; ~ ***rym*** →RYM *n.; met ~ **seile*** with all sails set; ~ ***skrif*** perpendicular writing; ~ ***toejuiging*** →***ovasie/toejuiging;*** ~ ***tuig/want,** (naut.)* standing rigging; ~ ***uitdrukking*** conventional phrase; *op* ~ ***voet*** forthwith, peremptorily, summarily, out of hand; ~ ***water*** still/stagnant water. **staan·de** *prep.:* ~ *die vergadering, (rare, obs.)* during/pending/at the meeting. **staan·de·mag·een·heid** permanent force unit.

staan·der =*ders* stand; mount; pedestal; post; *(mus.)* desk; standard; cruet (stand).

staar *n., (dated)* pearl eye, cataract; *(med.)* hordeolum, sty(e); *die ~ lig, (obs.)* couch a cataract. **staar** *ge=, vb.* stare, gaze; *jou **blind** ~ op* ... see nothing but ...; *jou op een ding **blind*** ~ have a one-track mind; ***na*** *...* ~ stare at ...; *voor jou **uit*** ~ gaze/look/stare into (vacant) space. ~**ligting** *(dated)* couching (a cataract).

staat[1] *state n.* state, condition; rank, station, position; *(bookk.)* statement; return, record, log, list, register, schedule, sheet; *die* ~ the state, the body politic, polity, nation, government; *(jur.)* the State; *iem. tot iets in ~ **ag*** give s.o. credit for s.t., credit s.o. with s.t.; *iem. is tot **alles** in* ~ I would put nothing past him/her, s.o. would stick/stop at nothing; *is X **daartoe** in ~?* is X up to it?; *in ~ wees om iets te **doen*** be able to do s.t.; *nie **gebore** in* ~ (*of nie in **gebore*** ~) *wees om te ... nie* be totally unable to ...; *'n taak waartoe iem. **goed** in ~ is* a task well within s.o.'s powers; *'n **(klein)** ~jie* a statelet; ***nie** in ~ wees om iets te doen nie* not be able to do s.t.; be incapable of doing s.t.; *iem. is **nie** in ~ om te ... nie, (also)* s.o. is not in a position (*or* in no position) to ...; s.o. is in no condition to ...; *in ~ wees **om** te ...* be able to ...; have the capability to ...; be in a position to ...; *iem. in ~ **stel** om iets te doen* enable s.o. to do s.t.; ***tot** iets in ~ wees* be capable of s.t.; be equal/up to s.t.; *jou nie daartoe in ~ **voel** nie* not feel up to it. ~**huishoudkunde** *(dated)* economics, political economy, economic science. ~**huishoudkundig** =*e, (dated)* economic. ~**huishoudkundige** =*s, (dated)* (political) economist. ~**kunde** politics; statecraft, statesmanship; policy. ~**kundig** =*e* political; *~e aardrykskunde* political geography; *~e ewewig* (political) balance of power. ~**kundige** =*s* statesman, politician. ~**maak** →STAATMAAK. ~**saak, staatsaangeleentheid** public matter, affair of state. ~**sekretaris** *(hist., ZAR)* state secretary; *(hist., colonial)* chief secretary; *(US, incorr.)* = MINISTER VAN BUITELANDSE SAKE; *(Br., incorr.)* = MINISTER. ~**skool** government/state/public school. ~**skuld** public/national debt. ~**skuldkommissaris** *(hist.)* public debt commissioner. ~**sorg** government care; *(also, in the pl.)* cares of state. ~**sosialisme** state socialism. ~**spoorweg** government railway. ~**steun** state aid, government backing. ~**stuk** state document/paper. ~**surplus** government surplus.

staat[2] *ge=, (infml., dated or dial.)* →STAAN.

staat·lik =*like, adj., (obs.)* stately, poised; *(occasionally)* national, (of the) state. **staat·lik** *adv., (obs.)* in a stately manner, grand. **staat·lik·heid** *(obs.)* stateliness, poise.

staat·loos =*lose* stateless. **staat·loos·heid** statelessness.

staat·maak *staatge=:* ***op** iem./iets* ~ count/depend/rely on/upon s.o./s.t., bank on s.o./ s.t.; ***op** iem. ~ om iets te verskaf* depend on/upon s.o. for s.t.; ***op** iem. se hulp/steun* ~ look to s.o. for help/support; *iem. kan **op** iets ~, (also)* s.o. is certain of s.t.. **staat·ma·ker** =*kers* stalwart, dependable/reliable person, staunch supporter, prop, mainstay, s.o. (*or* a man/woman) of mettle, tower of strength, trump, right hand *(fig.),* right arm *(infml.).*

staats=: ~**aandeel** royalty. ~**aangeleentheid** →STAATSAAK. ~**aanklaer** public prosecutor; crown prosecutor *(in England, Wales, Canada).* ~**advokaat** state advocate. ~**amp,** ~**betrekking** government post/office; post in the civil service; *'n ~ beklee* occupy a public office (*or* a government post); be in the civil service. ~**amptenaar** civil/public servant, government official. ~**argief** state/government archives, public records office. ~**bal** state ball. ~**bank** state bank. ~**bedryf** state undertaking. ~**befondsing** →STAATSFINANSIERING. ~**begrafnis** state funeral. ~**begroting** national budget. ~**beheer** government control. ~**belang** national interest, public interest(s), interests of the state; *die* ~ public policy. ~**beleid** state policy; statesmanship. ~**bemoeiing** government intervention, state action/interference, statism. ~**besit** state/government/public property; *in* ~ state-owned, under public ownership. ~**beskouing** →STAATSOPVATTING. ~**besoek** state visit. ~**besteding,** ~**uitgawe(s)** government/public expenditure, government spending. ~**bestel** body politic, political order/system, polity, constitution, political setup. ~**bestuur** governance, (national) government; machinery of government. ~**betrekking** →STAATSAMP. ~**blad** official gazette. ~**bos(reservaat)** state/government forest/reserve. ~**burger** citizen. ~**burgerskap** nationality. ~**departement** government department. ~**dienaar** civil servant, servant of the state. ~**diens** civil service, public service *(SA).* **S**~**dienskommissie** *(hist.)* Public Service Commission. ~**dokument** state paper. ~**drukkery** government printing works. ~**effekte** government securities/stock. ~**eiendom** government/public property; state ownership. ~**entrepot** →STAATSPAKHUIS. ~**filosofie** political philosophy. ~**finansiering,** ~**finansiëring,** ~**befondsing** government/state/public funding. ~**fondse** government securities. ~**geheim** state/official secret. ~**geld(e)** public funds/money. ~**gemeenskap** body politic. ~**gesag** authority of the state, public authority; temporal power *(of the Pope etc.).* ~**getuie** state witness, witness for the state; crown witness *(Br.).* ~**gevaarlik** *(rare)* dangerous to the state; *iem. is* ~ s.o. is a public enemy. ~**gevangene** political prisoner, prisoner of state. ~**godsdiens** state religion. ~**greep** coup (d'état); *'n* ~ *uitvoer* stage a coup. ~**grens** national frontier, political boundary. ~**grond** public lands. ~**heraldikus** state herald. ~**hoof** chief/head of state. ~**huishoudkunde** →STAATHUISHOUDKUNDE. ~**hulp** government assistance, state aid. ~**idee** conception of the state. ~**inkomste** state/public revenue. ~**inmenging** government/state interference/intervention. ~**inrigting** public institution; constitution, form of government, political system. ~**instelling** political institution. ~**kapitalisme** state capitalism. ~**kas** public exchequer, state coffers, public purse, treasury. ~**kerk** state/established church. ~**koerant** government gazette. ~**koste** public expense; *op* ~ at the public expense; *op* ~ *loseer, (infml.)* be in jail. ~**kuns** statesmanship, statecraft. ~**leer** political science, (science of) politics/government. ~**lening** government loan. ~**lotery** state/national lottery. ~**mag** power of the state, state power. ~**man** *=ne, staatslui, (obs) staatsliede* statesman. ~**(mans)beleid** statesmanship. ~**(mans)blik** political insight. ~**(mans)wysheid** statesmanship, political wisdom. ~**masjien** machinery of government. ~**mens** political being. ~**misdaad, ~misdryf** political crime/offence. ~**misdadiger** political offender. ~**monopolie** government/state monopoly. ~**myningenieur** government mining engineer. ~**omwenteling** political revolution. ~**onderneming** government/state enterprise/undertaking. ~**ondersteun** *=de* grant-aided *(a school etc.)*. ~**onderwys, ~onderrig, ~opvoeding** state education. ~**oorskot** government surplus. ~**optrede** government action. ~**opvatting,** ~ **beskouing** political philosophy, view of the state; *(also, in the pl.)* political ideas. ~**pakhuis, ~entrepot** government warehouse, queen's/king's warehouse *(Br.)*. ~**papier** government paper. ~**papiere** government securities; state documents. ~**pensioen** government pension. ~**president** state president; *Meneer die S~* Mister State President; *S~-in-Rade* State President in Council. ~**prokureur** government attorney; *(hist.)* attorney general. ~**raad** council of state; councillor of state. ~**reëling** constitution, polity, form of government. ~**reg** constitutional law. ~**regering** state government. ~**regsadviseur** government law adviser. ~**regsgeleerde** constitutional lawyer. ~**regtelik** constitutional. ~**rekeninge** public accounts. ~**toelaag, ~toelae** state/government subsidy/grant; *met 'n* ~ state-subsidised. ~**toesig** government supervision. ~**uitgawe(s)** →STAATSBESTEDING. ~**universiteit** state university. ~**veiligheid** state security. ~**verband** political allegiance. ~**verraad** = HOOGVERRAAD. ~**vertaler** government translator. ~**volk** nation. ~**voorskot** state advance. ~**vorm** *=e* form of government, polity, constitutional system. ~**vrou** *=e, staatslui* stateswoman. ~**wapen** state coat of arms. ~**weë**: *van* ~ by the government; on the authority of the government. ~**wet** statute/public law. ~**wetenskap** political science, science of politics.

staat·sie state, ceremony, pomp; procession; *in* ~ *lê* lie in state; *met groot* ~, *(rare, dated)* in solemn state; *in* ~ *verskyn, (rare, dated)* appear in state. ~**bed** bed of state; *op 'n* ~ *lê, (rare)* lie in state. ~**gewaad, ~kleed** robes of state, ceremonial dress. ~**kleding** full dress. ~**trap** grand staircase; *(naut.)* accommodation ladder. ~**wa, ~koets** state coach, carriage of state.

Sta·bat Ma·ter *(Lat., RC, a hymn on the suffering of the Virgin Mary)* Stabat Mater.

sta·biel *=biele* stable, steady, firm; *~e ewewig* stable equilibrium; *~e staat, (sc.)* steady state.

sta·bi·li·sa·sie stabilisation. ~**fonds** stabilisation fund. ~**skerm** *(av.)* drogue *(at the end of the hose of a tanker aircraft)*.

sta·bi·li·sa·tor *=tors* stabiliser, balancer.

sta·bi·li·seer *ge=* stabilise. **sta·bi·li·seer·der** *=ders* →STABILISATOR.

sta·bi·li·se·ring stabilisation.

sta·bi·li·teit stability.

stac·ca·to *=to's, (It.)* staccato.

stad *stede* city; town; →STADS-, STEDE[2]; *'n* ~ ***bekyk*** do a town *(infml.)*; *stede en* ***dorpe*** cities and towns, towns and villages; *die* ***Ewige*** *S~, (Rome)* the Eternal City; ~ *toe* ***gaan*** go to town; go downtown *(Am.)*; ***groot*** ~ metropolis; ***in*** *die* ~ in town; ***in*** *die* ~ *(rond)* about town; *die* ~ ***Johannesburg*** the city of Johannesburg; ~ *se* ***kant*** *toe* toward(s) town; *tien kilometer* ***uit*** *die* ~ ten kilometres from town; ***vrye*** ~ free city; *iem.* ***woon*** *in die* ~ s.o. lives in town (*or* in the city). ~**genoot** *=note, (rare)* fellow citizen, fellow townsman/-woman. ~**houer** *=s, (hist.)* stad(t)holder, procurator. ~**huis** *(building)* town/city hall; Guildhall; →STADSHUIS. ~**huisstyl, ~huistaal** *(rare)* officialese, departmentalese, formal style. ~**huiswoord** *(rare)* learned/pompous word. ~**saal** municipal/town/city hall. ~**sentrum** town centre. ~**skouburg** civic/municipal theatre. ~**spreiding** urban sprawl. ~**staat** city-state. ~**waarts** townward(s), cityward(s), towards (*or* in the direction of) the town/city.

sta·de: *(goed) te* ~ *kom, (obs.)* stand in good stead, be of good use, come in handy; →STAAN.

sta·die *stadieë, (ancient Gr. measure of length)* stadium.

sta·dig *=dige, adj. & adv.* slow(ly), lingering(ly), tardy, tardily, leisurely; *(mus.)* adagio; *~e* ***baan-/kolfblad,*** *(cr.)* slow pitch; ~ *van* ***begrip*** dim-, dull-, half-, slow-witted; ~ ***draai,*** *(an engine)* tick over; ~ ***gaan*** go easy; *~er* ***gaan*** slow down, slacken speed, slacken the pace. *dit* ***gaan*** ~ it is slow going; *dit beweeg,* ***hoewel*** ~ it is moving, if slowly; ~ *oor die* ***klippe!*** steady now!, hold your horses!; *~e* ***lek*** slow leak/puncture; *~e* ***neutron,*** *(phys.)* slow neutron; ~ ***ry*** go slow; *~er* ***ry*** reduce speed; ~ *maar* ***seker*** slow but sure; slowly but surely; *~e* ***virus*** slow virus; ~ *te* ***werk*** *gaan* go slow. ~**aan** slowly, gently; gradually.

sta·dig·heid slowness, tardiness.

sta·di·gies *(infml.)* →STADIGAAN.

sta·di·on *=ons* stadium; *sport in die* ~ sports at/in the stadium.

sta·di·um *=diums, =dia* stage, phase, period; *tot* ***daardie*** ~ up to that stage; *in/op* ***dié/daardie*** ~ at that stage; *in/op* ***dié/hierdie*** ~ at this stage; *in/op* ***een*** (*of 'n sekere*) ~ at one (*or* a certain) stage; *in/op* ***geen*** ~ *nie* at no time; *tot 'n* ***kritieke*** ~ *kom* come to a head; *dié/daardie* ~ ***verby*** *wees* be past that stage.

stad·jie *=jies* (small) town.

stads-: ~**aanleg** town planning. ~**beeld** aspect of a town. ~**begroting** municipal budget. ~**belasting** municipal rate. ~**beplanner** town planner. ~**beplanning** town planning. ~**bestuur** municipality; municipal government; town/city council. ~**bestuurder** city manager. ~**(s)bewoner** town/city dweller, townsman, townswoman; citizen. ~**biblioteek** town/municipal library. ~**gas** town gas. ~**gebied** urban area; municipal area; township. ~**geneesheer** *(municipal)* medical officer of health. ~**gesig** cityscape. ~**gesondheidsdiens** municipal health department. ~**grens** municipal/city boundary. ~**huis, ~woning** town house/dwelling, city residence; →DORPSHUIS, STADHUIS. ~**ingenieur** town/city engineer; *elektrotegniese* ~ city electrical engineer. ~**japie** city boy/girl/slicker, townie, townee. ~**kern** city centre/core, town centre, downtown (section) *(Am.)*. ~**kind** city-bred/town-bred child. ~**klerk** town clerk. ~**legende** urban legend/myth. ~**lewe** town/city life, urban life. ~**mens** city dweller, city-bred/town-bred person, *(infml.)* townie, townee. ~**muur** town/city wall. ~**naam** name of a town/city. ~**nuus** local news. ~**omroeper** *(hist.)* town crier. ~**ontwerper** town planner. ~**orkes** city orchestra. ~**park** town/city park, municipal park. ~**plein** public square, piazza, plaza. ~**poort** town/city gate. ~**profiel** skyline. ~**raad** town/city council, borough council. ~**raadslid** town/city councillor. ~**reiniging** city cleansing/scavengery. ~**tesourier** town/city treasurer. ~**uitlêer** town planner. ~**uitleg** town planning; →STADSAANLEG. ~**vader** city father. ~**verkeer** urban/town/city traffic. ~**vernuwing** urban renewal. ~**verordening** bylaw, bye-law. ~**wapen** municipal coat of arms, civic crest. ~**weë**: *van* ~ municipally. ~**wet** municipal law. ~**woning** →STADSHUIS. ~**wyk** city ward, town quarter.

staf *stawwe* staff *(support, sign of office or authority; body of officers, nurses, etc.)*; mace *(in Parliament)*; sceptre; wand; crook; *(marshal's, conductor's)* baton; *(bishop's)* crozier; *by die* ~ *wees, (mil.)* be on the staff; *generale* ~ →GENERAAL *adj.*; *iem. se* ~ *en steun* s.o.'s staff and stay. ~**bal** *(game)* tip and run. ~**draer** macebearer, macer; *(Br.)* Gold Stick; *(Br.)* verger. ~**hoof** chief of staff. ~**kaart** staff/ordnance map. ~**kollege** staff college. ~**korps** staff corps. ~**musiek** regimental music. ~**offisier** staff officer. ~**rym** alliteration, head/initial/stave rhyme; →ALLITERASIE. ~**sersant** staff sergeant. ~**verpleegster** staff nurse. ~**vormig** *=e* stafflike.

staf·fie[1] *=fies* little staff; *(athl.)* baton; →STAF.

staf·fie[2] *=fies, (infml., also S~)* →STAFFORDSHIRETERRIËR.

staf·ford·shire·ter·ri·ër, staf·ford·shire·bul·ter·ri·ër *(also S~)* Staffordshire (bull) terrier.

sta·fie *=fies* little rod/*etc.*; *(sc.)* pencil; →STAAF *n.*. ~**vormig** *=e* bacilliform.

sta·fi·li·tis staphylitis.

sta·fi·lo·kok, sta·fi·lo·kok·kus *=kokke* staphylococcus.

stag *stage, stae, (naut.)* stay. ~**band** *(naut.)* stay band. ~**seil** staysail.

stag·fla·sie stagflation.

stag·nant *=nante* stagnant. **stag·na·sie** stagnation, stagnancy. **stag·neer** *(ge)=* stagnate.

sta·ker *=kers* striker. ~**leier** strike leader.

sta·kers-: ~**fonds** →STAKINGSFONDS. ~**wag** picket.

sta·ket·sel *=sels, (rare)* palisade, paling, picket/trellis fence.

sta·king *=kings, =kinge* cessation, stoppage *(of activities)*; strike (action), walkout *(of workers)*; tie *(of votes)*; suspension *(of payment)*; tie-up; surcease; stall *(a motor)*; *'n* ~ ***afgelas/ophef*** call off a strike; *'n* ~ ***afkondig/uitroep*** call a strike; *'n* ~ ***begin,*** *tot 'n* ~ ***oorgaan*** go on (*or* stage a) strike; ~ *deur* ***onderwysers*** chalkdown; *'n (uitgebreide)* ***reeks*** *~s* a rolling strike; ***reg*** *van* ~ right to strike; ~ *deur/van* ***spoorwegwerkers*** rail strike; *daar was 'n* ~ *van* ***stemme*** there was an equality of votes, the voting resulted in a tie; *'n* ~ ***volhou,*** *met 'n* ~ ***voortgaan*** stay/stop out; *'n* ***wilde*** ~ a wildcat strike. ~**stemming** strike ballot; *'n* ~ *hou* hold a strike ballot.

sta·kings-: ~**aksie, ~optrede** strike action. ~**breker** strikebreaker, *(derog.)* scab. ~**fonds, stakersfonds** strike fund. ~**reg** right to strike. ~**uitkering** strike pay.

stal *stalle, n.* stable *(for horses)*; cowshed *(for cattle)*; *(also, in the pl.)* mews; *'n dier op* ~ *sit* stable an animal; *op* ~ *staan* be stabled. **stal** *ge=, vb.* stable, put up; *(rare, dated)* park, garage. ~**besem** stable broom. ~**boom** = LATIERBOOM. ~**deur** stable door; *jou* ~ *staan oop, (infml.)* your office door (*or* fly) is open. ~**diens** stable duty/duties. ~**emmer** stable bucket. ~**gebied** horse lines. ~**geld** stabling. ~**houer** stable keeper, liveryman. ~**houery** livery stable. ~**jonge** = STALWERKER. ~**kneg** *(obs.)* groom, stableman, stableboy, stable lad/hand, ostler *(hist.)*, strapper *(Austr.)*. ~**kraal** stable yard. ~**maat** stable companion/mate; running mate. ~**meester** master of the horse, equerry *(hist.)*. ~**mis** stable manure/dung, farmyard/barnyard manure. ~**perd** stable horse. ~**plek** stabling. ~**vlieg** stable fly. ~**vurk** pitchfork. ~**wag** stable guard; stable duty/duties. ~**werf** stable yard. ~**werker** stableboy, stable lad *(Br.)*, groom, ostler *(hist.)*.

sta·lag·miet *=miete* stalagmite; →DRUIPSTEEN, STAANDRUIPSTEEN. **sta·lag·mi·ties** *=tiese* stalagmitic.

sta·lak·tiet *=tiete* stalactite; →DRUIPSTEEN. **sta·lak·ti·ties** *=tiese* stalactitic.

sta·le *(fig., dated)* of steel; →STAAL[1] *n.*; ~ *gesig* iron visage; poker face; ~ *vasberadenheid* steely determination; *'n* ~ *wil* an iron will.

Sta·li·nis *=niste* Stalinist. **Sta·li·nis·me** Stalinism. **Sta·li·nis·ties** *=tiese adj.* Stalinist.

stal·les *(pl.) (rare)* stalls *(in a theatre)*.

stal·le·tjie *=tjies* stand, stall, booth, kiosk; small stable.

stal·ling stabling.

stam *stamme, n.,* stem *(of a plant etc.)*; trunk, bole *(of a* *tree);* tribe, clan, stock, race *(of people);* strain *(of stock); (biol.)* subkingdom, phylum; stem, theme *(of a word); wilde ~* savage tribe. **stam** *ge=, vb.* form a stem; *iem. ~ uit ...* s.o. is descended from ... *(a farming family etc.); uit 'n goeie familie ~* belong to a good family; *~ uit die tyd van ...* date from the time of ... **~aangeleenthede** tribal affairs. **~blok** mother die. **~boek** pedigree book, herd-book *(of cattle),* studbook *(of horses).* **~boek=beeste** blood cattle. **~boekdier** registered/pedigree animal. **~boekhond** pedigree dog. **~boekperd** pedi=gree horse. **~boekvee** pedigree/registered stock. **~boom** genealogical tree/table/register, pedigree; ge=nealogy; family tree; *die ~ terugvoer* trace one's descent. **~boon(tjie)** French/string/kidney bean; bush bean. **~boorder** →STRONKBOORDER. **~eiendom** tribal/com=munal tenure. **~fonds** foundation fund. **~gas** *=te, (rare)* habitual visitor, regular customer, habitué. **~ge=bonde** tribal. **~genoot** *=note* (fellow) tribesman/clans=man. **~genootskap** clanship. **~gesag** tribal authority. **~geskiedenis** *(biol.)* phylogenesis, phylogeny. **~ge=steente** parent/mother rock. **~geveg** tribal/faction fight. **~god** tribal god. **~goed** tribal possessions; family estate. **~groep** clan, tribal group. **~hof** tribal court. **~hoof** tribal chief. **~houer** *(rare)* representative *(of family, race),* son and heir, male heir. **~hout** trunk wood, stem timber, stock wood. **~huis** dynasty; an=cestral home. **~huwelik** tribal marriage; endogamy. **~kapitaal** original capital. **~klinker** stem vowel. **~land** mother country, country of origin. **~lid** *=lede* tribes=man, clansman; *(also, in the pl.)* tribespeople. **~lys, ~register** genealogical register/table, pedigree, family tree, stemma; studbook. **~moeder** ancestress, pro=genitress; *(Eve)* first mother; matriarch; *(entom.)* fun=datrix. **~moer** stock seed potato. **~naam** family name; ancestral name; gentile name; tribal name; name of a tribe; *(SA)* praise name. **~oorlog** tribal warfare. **~or=ganisasie** tribalism. **~ouers** ancestors, progenitors, founders *(of a family); (Adam and Eve)* first parents. **~owerheid** tribal authority. **~pampoen** bush(-type) pumpkin. **~pyp** soil stack. **~register** →STAMLYS. **~roes** black rust *(in cereals).* **~roos** standard rose, rose tree. **~ruspe(r)** stalk borer. **~sel** stem cell. **~slot** ancestral seat. **~stelsel** tribal system, tribalism. **~stuk** butt. **~taal** parent language. **~tafel** *(rare)* habitué's table; family tree, genealogical register/table. **~vader** ancestor, progenitor, stirps. **~vas** tribal, tribally loyal. **~vee** foundation/mother stock. **~verband** tribal back=ground. **~verwant** *=e, n.* blood relation, kinsman. **~ver=want** *=e, adj.* akin, cognate, (genealogically) related, kindred, consanguineous; *~e woorde, (ling.)* cognate words, paronyms. **~verwantskap** affinity, kinship, relationship, community of race, consanguinity. **~volk** parent people; aborigines, aboriginal race. **~vrot, ~ver=rotting** foot rot *(in plants),* stalk/stem rot. **~vrou** pro=genitress. **~vrug** wild plum. **~vrug(te)boom** *(Bequaertio=dendron magaliesmontanum)* wild plum tree. **~vrug(te)=brandewyn** wild plum brandy. **~wese** tribalism; →STAMSTELSEL. **~woord** stem, primitive word.

Stam·boel, Stam·bul *(old part of Istanbul)* Stamb(o)ul.

sta·mel *ge=* stammer (out), falter, stutter. **sta·me·laar** *=laars* stammerer, stutterer, falterer. **sta·me·lend** *=lende* stammering, stuttering, faltering. **sta·me·ling** *=linge* stammering, stuttering, faltering; prayer.

sta·mi·na stamina.

stam·me·tjie *=tjies* little stem; small tribe; shank *(of a button).*

stamp *stampe, n.* knock, blow; bruise; stamp *(of the foot);* jolt; stamping; *~e en stote kry, (fig.)* get/take hard knocks; *met ~e en stote* jerkingly, by fits and starts, with difficulty. **stamp** *ge=, vb.* knock, pound, hit, buf=fet, biff; give a blow; barge, nudge, jog, jostle; stamp, pound, crush *(ore etc.);* bruise, bray; stamp *(with one's feet); (a cart)* bump, jolt; *(a machine)* thud; *(a ship)* pitch; ram *(into a gun, throat, etc.);* drum *(into the head); iem. ~ dat hy/sy dáár* ***lê/trek*** knock/send s.o. flying; *iem.* ***onderstebo*** *~* send s.o. flying; *iem. uit die* ***pad*** *~* shoul=der s.o. aside; *iem. in die* ***ribbes*** *~* give s.o. a dig in the ribs; ***teen*** *... ~* bump against ...; knock against ...; barge into ...; ram against/into ...; *jou* ***toon*** *~* stub one's toe. **~aarde** pisé (de terre). **~balk** fender beam. **~battery** stamp battery. **~beton** rammed/tamped concrete. **~blok** pounding/stamp block, mealie pounder. **~boor** jumper (drill), percussion drill. **~hout** fender. **~kar, ~motor** stock car; springless cart. **~koring** crushed wheat. **~masjien** beetling machine. **~meul(e)** stamp/crushing/crazing mill. **~mielies** samp, crushed maize. **~motor** →STAMPKAR. **~plek** bruise; jolty place *(in a road).* **~pot** hotchpot(ch). **~see** pitching sea. **~stok** tamping rod. **~tou** fender. **~veer** bumper. **~voet** *ge=, (rare)* stamp one's feet *(in anger); (a horse)* paw the ground. **~vol** packed, chock-full, crammed, crowded, overfull; *~ saal* capacity house/audience. **~wa** spring=less wag(g)on. **~wedren** stock car race.

stam·per *=pers, (a person/thing)* pounder, stamper; jumper (drill); stamp *(in a stamp mill);* crusher; dolly; pestle; punner; rammer, paving beetle; pistil *(of a flower);* bumper; buffer *(of a vehicle); amper is (nog) nie ~ nie* →AMPER; *met ~ en stoter reis, (rare, joc.)* foot/slog it, travel on foot; *~ en vysel* pestle and mortar. **~draend** *=e, (bot.)* pistilliferous, pistilligerous. **~hout** *(Ehretia rigi=da)* Cape lilac. **~kop** *(mining)* shoe. **~skoen** *(mot.)* overrider.

stam·pe·rig *=rige* bumpy, jolty; uneven; pounding *(engine); (aeron.)* turbulent. **stam·pe·rig·heid** bumpi=ness; *(aeron.)* turbulence.

stam·pie *=pies* slight knock/etc. (→STAMP *n.*).

stand *stande* position, posture, attitude, stance; state, condition, situation; degree, rank, standing, station, birth, estate *(in society);* class, circle, caste, order; po=sition; level, height, reading *(on an instrument);* arrange=ment *(of parts in a machine);* phase *(of the moon);* score *(in a game);* stand *(at a show);* →STANDS=; *die ~ van die termometer/ens.* ***(af)lees*** take a thermometer/etc. read=ing; *van* ***alle*** *~e* of all ranks; ***benede*** *jou ~* below/be=neath one's station; *in ~* ***bly*** remain intact, last, en=dure; ***bo*** *jou ~* above one's station; above one's class; *iets tot ~* ***bring*** accomplish s.t.; bring about s.t.; build up s.t.; give birth to s.t. *(fig.); van* ***deftige*** *~ wees* be of gentle birth; *van* ***hoë*** *~ wees* be of high degree/estate; *die* ***hoër*** *~(e)* the upper class(es); *in ~* ***hou*** keep up, maintain; keep in repair; conserve, preserve; →STAND=HOU; *iets in ~* ***hou*** keep s.t. in repair, maintain s.t.; ***huidige*** *~* present position; existing state; *tot ~* ***kom*** come into being; *die laer ~e* the rank and file; *bo jou* ***leef/lewe*** live beyond one's means; ***maatskaplike*** *~* social position; *die* ***militêre*** *~* the military profession; *die ~ van die* ***partye*** the position/strength/state of the parties; *die ~ van* ***sake*** the state of affairs; *die ~ van* ***sake*** *op ...* the position as on ... *(a date); 'n verslag oor die ~ van* ***sake*** a status report; *die ~ van die* ***spel*** the score; *benede/bo jou ~* ***trou*** marry beneath/above one's station; *'n man/vrou* ***van*** *~ wees* be a man/woman of good family. **~beeld** statue; *(in the pl.)* statues, statuary. **~beeldagtig** *=e* statuesque. **~genoot** man/woman of one's own class, social equal. **~hoek** dihedral angle. **~hou** *standge=* hold/stand firm, stick, make a stand, hold out, hold one's own (*or* the field), stand one's ground; *die muur* (of *iem. se geluk) het standgehou* the wall (*or* s.o.'s luck) held/lasted. **~houdend, ~houdend** *=e =der =ste* lasting, permanent; steady; stable; *~e fon=tein* constant spring; *~e stroom* perennial stream; *~e water* permanent water. **~houding** *(rare): ~ van die ge=skikste/sterkste* survival of the fittest. **~hyskraan** *(rare)* stationary crane. **~kraan** (fire) hydrant, fire cock, fire=plug. **~motor** fixed engine. **~olie** stand oil. **~plaas** stand, plot, erf; station, post *(of an officer);* place *(of a minister); (bot.)* locality; *iem. se ~ is ...* s.o. is stationed at ... **~punt** point of view, standpoint; stand, stance, position; *van dié ~* ***beskou*** from that point of view; *'n ~* ***inneem*** adopt (*or* take up) an attitude, take a line; adopt (*or* take up) a position, take a stand; assume a point of view, take a view; *'n ander ~ oor iets* ***inneem*** take a different view of s.t.; *'n sterk ~* ***inneem*** take a strong line; *jou ~* ***stel*** put one's point of view; *van ~* ***verander*** change front; shift one's ground; *'n* ***veran=dering*** *van ~* a change of front. **~pyp** standpipe, hy=drant, fireplug; water column. **~regtelik** *=e* summary; *~e krygsraad* drumhead court martial. **~vastig** *=e* steadfast, resolute, firm, constant, steady, stable, un=shaken, unwavering, stalwart. **~vastigheid** steadfast=ness, resoluteness, resolution, constancy, steadiness. **~veer** locating spring. **~voël** resident bird, non(-)=migratory bird.

stan·daard *=daarde* standard, module; norm; criterion; gauge; ensign; *die vereiste ~* ***bereik*** reach the required standard; *van* ***dieselfde*** *~ as ...* on a level with ...; ***dub=bele*** *~e toepas* apply double standards; *'n ~* ***handhaaf*** maintain a standard; *'n* ***hoë*** *~* a high standard; ***onder*** *die ~* below the mark; ***volgens*** (of *gemeet aan) heden=daagse* (of *vandag se) ~e* by today's standards. **S~afri=kaans** Standard Afrikaans. **~afwyking** standard de=viation. **~bewoording** standard wording, boilerplate. **~breedte** standard gauge. **~brief** form letter. **~draer** standard-bearer, cornet. **~formaat** standard size. **~ge=wig** standard weight. **~goud** standard gold. **~graad** standard grade. **~grootte** standard/stock size. **~loon** standard wage (*or* rate of wages). **~maat** standard measure/gauge. **~model** standard model. **~patroon** stock pattern. **~prosedure** standard procedure. **~prys** standard price. **~silwer** standard silver. **~steen** stan=dard brick. **~taal** standard speech. **~tyd** standard time. **~uitgawe** standard edition. **~uitspraak** standard pro=nunciation; Received Pronunciation *(of Br. Eng.).* **~werk** standard work.

stan·daar·di·sa·sie →STANDAARDISERING.

stan·daar·di·seer *ge=* standardise. **stan·daar·di·se=ring, stan·daar·di·sa·sie** standardisation.

stan·der = STAANDER.

stan·derd *=derds, (SA, hist.)* standard, class *(in school); ~ ses* standard six; *~ 6-leerling, ~sesleerling* standard 6 pupil. **~ses** *=se, (hist.)* standard six pupil. **~sesser** *=s, (hist.)* standard six pupil; *(hist.)* school-leaver after stan=dard six. **~sessie** *=s, (hist.)* little standard six pupil.

stand·jie *=jies, (rare)* tiff, quarrel, scolding, row, scene; *'n ~ hê, (two people)* have a tiff; *'n ~ met iem. hê* have a tiff with s.o.

stands=: ~bewussyn class feeling/consciousness. **~ver=skil** social inequality; class distinction. **~vooroordeel** class prejudice.

sta·ner *=ners* one who stands, stander; →STAAN.

stang *stange* bit *(of a bridle);* rod, bar, pole, boom; *(weightlifting)* barbell; *op die ~ byt/kou, (lit.)* chafe/champ at the bit; *die ~ (tussen die tande) vasbyt, (lit., fig.)* take the bit between the teeth; *op die ~ ry* ride on the curb, control harshly. **~koppeling** bar/rod coupling. **~pas=ser** →STOKPASSER.

stan·ge·tjie *=tjies* small rod/bar.

sta·ning *=nings* (place for) grazing; outspan, park, encampment; →STAAN.

stank *stanke* stench, stink, malodour; *~ vir dank kry* meet with ingratitude, get more kicks than halfpence; *~ vir dank gee* bite the hand that feeds one. **~afsluiter** drain/air/sink/gully/stench trap. **~klier** stink gland. **~ver=drywer** deodorant.

stan·kie *=kies* whiff.

Stan·ley·stad *(geog., hist.)* Stanleyville *(now Kisangani).*

stan·naat *=nate, (chem.)* stannate. **stan·niet** stannite, tin pyrites. **stan·ni·ool** tin foil.

stan·no·ok·sied *(chem.)* stannous oxide.

stans *ge=, (rare, obs.)* cut (out), punch, blank out, swage, stamp. **~masjien** stamping machine. **~werk** stamp=ing.

stan·sa *=sas* stanza, stave.

stan·ser *=sers, (rare)* stamper.

stap *stappe, n.* step, pace, stride; footstep; tread; tramp=ing; *'n ~* ***agteruit/vooruit,*** *(fig.)* a step backward/for=ward; *~pe* ***doen*** take steps; take action; *~pe* ***doen*** *in 'n saak, (also)* move in a matter; *in* ***een*** *~* at/in a stride; *die* ***eerste*** *~ doen* set the ball rolling; take the initiative; *by* ***elke*** *~* at every step; ***geregtelike*** *~pe doen* institute/start/take (legal) proceedings; go to law; *iem. aan sy/haar ~* ***ken*** know s.o. by his/her footstep/gait; *'n* ***ligte/sagte*** *~* a light step; *tot ~pe* ***oorgaan*** make a move; ***op*** *'n ~* at a walk; *'n ~ in die regte/verkeerde* ***rigting*** a step in the right/wrong direction; *op 'n ~ ry* ride at a walking pace; *'n ~ verder/vêrder* a step further, another step; *(geen) verdere/vêrdere ~pe doen* take (no) further steps/action; *een verkeerde ~* one false move; *geen verkeerde ~ doen nie* not put a foot wrong; *'n verstandige ~* a good move; *~ vir ~* step by step; in stages; *'n ~ vooruit →agteruit/vooruit.* **stap** *ge=, vb.* walk, go on foot; hike, foot it; tread; tramp; step; *('n ent[jie]) gaan ~,* go for (*or* take) a stroll/walk; stretch one's legs; *(infml.)* go walkies; *met die hond(e)/kinders/ens. gaan ~* take the dog(s)/kids/etc. for a walk (*or [infml.]* [for] walkies); *met lang treë ~* stride; *opsy ~* step aside; *op die trein ~* get on (*or* take/board) the train; *verder/vêrder ~* walk on; *versigtig ~* pick one's way. **~dans** step dance. **~klip** steppingstone. **~mara(h)on** walk marathon; walkathon *(for fundraising).* **~plooi** kick pleat. **~roete** hiking trail/route/path. **~skoen** walking shoe. **~stewel** hiking boot. **~toer** hike, walking tour. **~tog** hike. **~vakansie** walking holiday. **~voets** *(rare, obs.)* at a walking pace. **~wedloop, ~wedstryd** walking race.

sta·pel *=pels, n.* pile, stack, heap; hoard; *(shipbuilding)* stocks; stock, population *(of cattle); (wool)* staple; *(min., theatr.)* pack; rouleau *(of corpuscles);* cumulus; *van ~ loop, (fig.)* be launched; *glad/goed/vlot van ~ loop* go off well; *'n skip van ~ laat loop* launch a ship; *op ~ wees, (a ship)* be on the stocks; *'n skip op ~ sit* lay down a keel; *iets van ~ stuur, (fig.)* launch s.t.. **sta·pel** *ge=, vb.* stack, pile/heap (up); accumulate; yard; build *(with loose stones); in lae ~* tier. **~antenna, ~antenne** tiered aerial. **~artikel** staple commodity. **~blok** keelblock; *(also, in the pl.)* stocks; launching ways. **~dieet** staple diet. **~gek** raving/stark/staring mad, *(infml.)* (stark) raving bonkers; *iem. ~ maak* drive s.o. mad; *~ wees, (also)* be a raving lunatic, *(infml.)* be as nutty as a fruitcake. **~goed(ere)** staples, staple commodities/products. **~hak** stacked heel. **~kos** →STAPELVOEDSEL. **~kursus** *(educ.)* sandwich course. **~lengte** staple length. **~masjien** stacker. **~muur** drystone wall. **~plek** depot; *(mil.)* dumping place; *(docks)* stacking area. **~riool** French/rubble drain. **~stel** stack system. **~toebroodjie** Dagwood (sandwich). **~voedsel, ~kos** staple food. **~vuur** balefire. **~wolk** cumulus.

sta·pe·laar *=laars* stacker.

sta·pe·ling *=lings, =linge* pile; stacking, piling.

stap·pend *=pende, (also her.)* passant.

stap·per *=pers* (fast) walker; hiker; footslogger; pedestrian; *met dapper en ~* on foot. **stap·pe·ry** walking, pedestrianism.

stap·pie *=pies,* small step; *(infml.)* walkies; *die eerste ~* the thin end of the wedge; *die hond(e)/kinders/ens. vir 'n ~ neem* take the dog(s)/kids/etc. (for) walkies; *op 'n ~* at an amble; *dit gaan so op 'n ~, (infml.)* we are ambling along; *~ vir ~* bit by bit.

staps·ge·wys, staps·ge·wy·se *adj. & adv.* step by step, in stages, gradual(ly), progressive(ly).

star *star(re) starder starste* stiff, fixed, rigid; glassy; tough; stark; *~ maak (of laat word)* rigidify; *met ~re blik* with fixed gaze, with a glassy stare. **~oog** *ge=, (rare, obs.)* gaze fixedly, stare. **~skyf** *(SA, comp.)* stiffy (disk/disc). **~sug** catalepsy. **~sugtig** *=e* cataleptic.

star·heid fixity, stiffness, rigidity; glassiness *(of a gaze).*

sta·sie *=sies* station; cattle post; *elke ~ van ... tot ...* all stations from ... to ...; *~s van die Kruisweg* stations of the Cross; *lekker op 'n ~, (infml.: very drunk)* legless, blotto, paralytic, pie-eyed, sloshed; *'n ~ opvang, (rad., TV)* get (*or* pick up) a station. **~gebou** station building, railway station. **~meester** stationmaster. **~wa** station wag(g)on.

sta·si·o·neer *ge=* station; *op/in ... gestasioneer(d) wees* be stationed at ... **sta·si·o·nêr** *=nêre* stationary; *~e punt, (math.)* stationary point.

stat *statte, (hist., derog.)* Native village/kraal.

sta·te *(sing.)* state; *Raad van S~* Council of State, (Dutch) Privy Council.

sta·te-: **~bond** league/federation of states, confederation; *die (Britse) S~* the (British) Commonwealth (of Nations). **S~bondsending, S~bondsafvaardiging** *(SA pol., 1986)* Eminent Persons Group *(abbr.:* EPG*).* **S~bybel,** (Dutch) Authorised Version. **~gemeenskap** commonwealth of nations. **S~-Generaal** States General. **~ry** comity of nations; *plek in die ~* statehood, nationhood; position among nations. **S~vergadering** meeting of the States. **S~vertaling** State translation, Authorised Version (of the Dutch Bible).

sta·ter *=ters, (hist. coin)* stater.

sta·tief *=tiewe, (rare)* stand, tripod.

sta·ties *=tiese* static; *~e eenhede* gravitation units; *~e hefvermoë* buoyancy.

sta·tig *=tige* stately, solemn, dignified; statuesque, poised, Junoesque *(woman); matronly; (mus.)* maestoso *(It.),* majestic. **sta·tig·heid** stateliness, dignity.

sta·ti·ka statics.

sta·tis·tiek (science of) statistics; *(also, in the pl.)* statistics, returns, figures. **sta·tis·ties** *=tiese* statistical; *~e fisika* statistical physics. **sta·tis·ti·kus** *=tikusse, =tici* statistician, statist.

sta·to·liet *=e, (zool.)* statolith.

sta·tor *=tors* stator.

sta·to·sist *=e, (zool.)* statocyst.

sta·to·skoop *=skope* statoscope.

sta·tus status, position; *~ as/van mees begunstigde nasie/land* most-favoured-nation (trading/trade) status; *~ quo* status quo, existing position; *~ quo ante, (previously existing state of affairs)* status quo ante. **~bewus** status-conscious. **~boodskap** *(comp.)* status message. **~reël** *(comp.)* status line. **~simbool** status symbol.

sta·tuur stature *(fig.).*

sta·tuut *=tute* statute; regulation; *(also, in the pl.)* constitution *(of a society); statute (van vennootskap)* articles (of association). **sta·tu·têr** *=têre* statutory; *~e kapitaal* statutory capital; *~e oortreding* statutory offence. **sta·tu·te·reg** statute law.

sta·we *ge=* →STAAF *vb.*. **sta·wend** *=wende* corroborative, confirmative, confirmatory.

sta·wer·saad *(bot.)* stavesacre.

sta·wing confirmation, proof, substantiation, validation, verification; support; →STAAF *vb.; tot/ter ~ aanvoer* adduce in support (*or* as proof); *tot/ter ~ van ...* in verification of ...; as/in proof of ...; in support of ... *(a statement etc.); tot/ter ~ waarvan ...* in verification whereof ...

steak steak. **~mes** steak knife.

ste·ap·sien steapsin.

ste·a·raat *=rate* stearate.

ste·a·rien stearin(e). **~suur** stearic acid.

ste·a·tiet steatite, soapstone.

ste·a·toom steatoma.

ste·a·to·pi·gie steatopygia.

ste·de[1] stead, place; *in ~ van ...* instead of ... **~houer** vice-regent, governor; *S~ van Christus, (RC: the Pope)* Vicar of (Jesus) Christ.

ste·de[2] *(pl. of* stad*).* **~bond** league of cities. **~bou** building of towns/cities; town planning. **~bou(kunde)** →STADSBEPLANNING. **~boukundige** →STADSBEPLANNER.

ste·de·lik *=like* municipal *(government),* urban *(areas),* civic.

ste·de·ling *=linge* city/urban/town dweller, city/town-bred person, urbanite.

steeds *adv.* always, ever, constantly, at all times, continually; *~ kom* keep coming; *nog ~* still; *iem. doen iets nog ~* s.o. is still doing s.t.

steeg *stege, steë* lane, alley(way), passage; bar *(of a saddle);* →STEGIE; *blinde ~* blind alley *(lit.).*

steek *steke, n.,* stitch; suture; twinge, pang; sting *(from a bee);* bite *(from a mosquito);* stab, thrust *(with a dagger); (fencing)* point; dig, poke, prod *(with one's finger);* dig, prod, thrust *(a pointed remark);* three-cornered hat; tricorn(e) (hat); cocked hat; *(taboo sl.)* fuck, screw; *geen/g'n ~ (werk) doen nie* not do a stroke of work; *nooit 'n ~ (werk) doen nie* never do a hand's turn (of work), never do a stroke of work; *iem. 'n ~ gee* have a dig at s.o. *(infml.); die griewendste ~, (rare)* the unkindest cut; *dit hou ~, (an argument etc.)* it holds water; *iem. in die ~ laat* let s.o. down, fail s.o., leave s.o. in the lurch; *(infml.)* ditch (*or* walk out on) s.o.; *iem. lelik in die ~ laat* let s.o. down badly; *'n ~ optel, (knitting)* pick up a stitch; *'n ~ in die rug* a stab in the back; *geen/g'n ~ meer sien nie* be quite blind (*or* as blind as a bat); *so donker dat jy geen/g'n ~ kon sien nie* so dark that one could not see a thing; *'n ~ in die sy* a stitch in the side; *steke uithaal* unpick stitches; *(surgery)* remove (*or* take out) stiches; *'n ~ laat val, (knitting)* drop a stitch; *'n ~ vir iem., (infml.)* a dig at s.o.. **steek** *ge=, vb.* prick *(with a thin instrument),* stab, jab *(with a knife, dagger, etc.);* prod; sting; *(wounds)* burn, smart; *(sun)* burn, scorch; *(pain)* shoot, twitch; *(taboo sl.)* fuck; *'n borsspeld aan 'n bloes(e) ~* fasten a broach on a blouse; *daar ~ iets agter* there is something behind it; there's a catch in it (somewhere); *wat agter iets ~* what is/lies behind s.t., what is at the bottom of s.t.; *agterkom/vasstel wat agter iets ~* get behind s.t.; get to the bottom of s.t.; *goed weet wat agter iets ~* be wise to s.t. *(infml.); daar ~ meer agter as wat jy dink* there is more to it than meets the eye *(infml.); bly ~* break down; stick fast; get stuck; *wat ~ daaragter?* where's the catch?; *iets deur ... ~* thrust s.t. through ...; *iets in ... ~* stick s.t. in ...; thrust s.t. into ...; dip s.t. in/into ... *(one's toes in/into the water etc.); (infml.)* pop s.t. into ... *(the oven etc.); geld in 'n onderneming ~* put money in/into an undertaking; *daar ~ iets in* there is s.t. in that; *wat ~ daar vir my in?* what is in it for me?, what is it worth to me?; *daar ~ geen kwaad in nie* there is nothing wrong (*or* no harm) in it; *iem. met iets ~* stab s.o. with s.t. *(a dagger etc.);* run s.o. through with s.t. *(a bayonet etc.); mis ~* miss (with a stab); *na ... ~* stab at ...; jab at ...; lunge (out) at ...; thrust at ...; *iem. onder die klippe ~* pelt s.o. with stones; *oor die veld ~* cut across the veld; *'n ring aan die vinger ~* put/insert/slip a ring on the finger; *iem. in die rug ~, (lit., fig.)* stab s.o. in the back; *wys wat (regtig/werklik) in jou ~* show one's true worth.

steek-: **~appel** *(Datura stramonium)* thorn apple, stramonium. **~baard** prickly beard; whiskers; wire hair, wire-haired dog. **~baken** stake, pile. **~balk** hammer beam, needle (beam). **~beitel** firmer (chisel), slotting tool. **~bos(sie)** *(Argemone mexicana)* burweed, Mexican poppy; *(Cliffortia ruscifolia)* climber's friend. **~brem** gorse, furze. **~draad** barbed wire. **~draadversperring** barbed-wire entanglement. **~graaf** cutting spade. **~gras** *(Aristida* spp.*)* steekgras, bristle/stick grass. **~haar** bristle; *(wool)* kemp. **~haarhond, ~haarbrak** wire-haired dog. **~haarskaap** hairy sheep. **~haarwol** kempy wool. **~hoed** three-cornered hat; tricorn(e); cocked hat. **~hoek** angle of pitch *(of a screw).* **~houdend, ~houdend** *=e* valid, sound; consistent; *die argument is nie ~ nie* the argument does not hold water (*or* is unsound). **~kontak** *(rare),* **kragprop** electric (power) plug. **~lyn** pitch line. **~mes** skean, skene. **~messie** lancet; small skean. **~mindering** *(knitting)* decreasing, narrowing. **~monster** spot sample. **~paal(spel)** *(hist.)* quintain. **~palm** *(Buxus sempervirens)* (common) box (tree), boxwood (tree); *(Ilex aquifolium)* holly. **~pan** *(rare, obs.)* bedpan. **~pas** goose step. **~passer** (pair of) dividers, dividing compasses. **~pen** skewer. **~pil** →SETPIL. **~proef** test sample, random test, test/spot check; *'n ~ neem* take a sample at random. **~proeffout** *(stat.)* sampling error. **~proefraamwerk** *(stat.)* sampling frame. **~proefstem** straw vote. **~proefstemming:** *'n ~ hou* take a straw vote. **~pyn** twinge, shooting pain. **~saad** bur(r), hedgehog. **~saag** compass/piercing saw; sabre saw; keyhole saw. **~sirkel** pitch circle. **~skop** grubber (kick). **~sleutel** picklock; box wrench. **~snuit** proboscis *(of insects).* **~sok** *(elec.)* socket. **~spel** tourney, tilt, tournament. **~vas** *=te, (rare)* non(-)laddering, ladderless, holeproof *(stocking).* **~vlam** soldering/blowpipe flame. **~vlieg** gadfly, horsefly, stable/sting fly, cleg. **~wapen** thrust/pointed weapon. **~wond** thrust/stab wound. **~yster** graving tool, graver.

steeks *steeks(e) steekser steeksste, (horse etc.)* balky, jibbing; *~ raak, (also: an engine, a car)* stall; *~ wees vir iets* jib at s.t.. **steeks·heid** balkiness, jibbing; obstinacy; repugnance, repugnancy; *'n perd sy ~ afleer* cure a horse of his jibbing.

steel[1] *stele, n.* handle; helve; stock; shank; stem, stalk, ha(u)lm *(of a flower, grass, etc.)*; stem *(of a pipe)*; shaft *(of a spear etc.)*; stipe *(of a carpel)*; *(bot., zool.)* rachis; *(anat.)* pedicel, pedicle; *(anat.)* peduncle; *van die ~ af-trek* stalk, strip; *~ van 'n roeispaan* loom of an oar; *weet hoe die vurk in die ~ sit/steek* →WEET HOE DIE VURK IN DIE HEF STEEK. **~blaar(tjie)** bracteole. **~blom** stalked flower. **~deurslag** *(tool)* rod punch. **~gat** eye *(of an axe, a hammer, etc.)*. **~kantverbruining** stem-end browning. **~kantv(er)rot(ting)** stem-end rot. **~steek** *(embroidery)* stem/crewel stitch. **~vrot** stalk rot.

steel[2] *ge-, vb.* steal, sneak, thieve, pilfer, pinch, purloin; *iets by iem. ~* steal s.t. from s.o.; *beeste ~* rustle (cattle); *iem. rot en kaal ~, (infml.)* steal everything s.o. possesses. **~drang** →STEELMANIE. **~fotograaf** paparazzo. **~kamera** candid camera. **~kant** *(rugby)* blind side; *aan/om die ~* on/round the blind side. **~manie, ~drang** kleptomania. **~siek** *adj.* kleptomaniac. **~sug** kleptomania. **~sugtige** *-s n.* kleptomaniac. **~tog(gie)** *(rare)* joyride.

steel·loos *-lose* stemless, stalkless, sessile.

steels *steelse, (rare)* stealthy, furtive, surreptitious. **steels·ge·wys, steels·ge·wy·se** stealthily, furtively, on the sly, by stealth; *~ na ... kyk* steal a look at ...

steel·tjie *-tjies* little handle/etc.; pedicel; pedicle; peduncle; →STEEL *n.*.

steen[1] *stene* brick (→BAKSTEEN); *(mostly fig.)* stone, rock (→KLIP); gem; jewel *(in a watch)*; *(print.)* stone; *(med.)* calculus; bar *(of soap)*; *'n ~ des* ***aanstoots*** *wees* be a cause of annoyance; *~ en* ***been*** *kla* complain bitterly/endlessly; *die* ***eerste*** *~ werp/gooi, (Bib.)* cast the first stone; *die ~ is (heg en) deeglik* ***gelê*** the stone is well and truly laid; *stene* ***maak*** make bricks; *'n ~* ***monteer/set*** set a gem; *geen/g'n ~* ***onaangeroer*** *laat nie* leave no stone unturned; ***rou*** *stene* clay/green/unbaked/unburnt bricks; *~ van die* ***wyse*** philosophers'/philosopher's stone. **~aluin** rock alum. **~arend** mountain/golden eagle. **~bakker** →STEENMAKER. **~bakkery** →STEENMAKERY. **~beitel** wall chisel; bolster. **~bras** *-(se), (icht., SA)* steenbras; →ROOISTEENBRAS, WITSTEENBRAS. **~breek** *(bot.)* stonebreak, saxifrage. **~druk** lithograph; lithography. **~drukkery** lithography; lithographic/printing press. **~drukkuns** lithography. **~drukplaat** lithograph. **~eik** holly oak, holm (oak/tree), ilex. **~(-)es** (common) ash, wild ash. **~gal** *(vet. science)* windgall. **~goed** stoneware. **~groef, ~groewe** (stone) quarry, stone pit. **~gruis** brick dust; road metal; *(geol.)* debris. **~hamer** brick(layer's) hammer. **~hoop** heap of bricks/stones. **~houer** *(obs.)* = KLIPKAPPER. **~houery** *(obs.)* = KLIPKAPPERY. **~huis** brick house. **~klei** brick clay, pug. **~kleur** brick colour. **~kleurig** *-e* brick-coloured. **~klipvis** *(Chirodactylus brachydactylus)* two-tone fingerfin. **~kole** →STEENKOOL. **~kunde** lithology; gem(m)ology; →EDELSTEENKUNDE, SIERSTEENKUNDE; **~laag** layer of bricks. **~legging** stonelaying. **~loper** *(orn.)* turnstone. **~lym** mastic. **~maker, ~bakker** brickmaker. **~makery, ~bakkery** brickmaking; brickfield, brickworks, brickyard. **~marter** *(zool.)* stone marten. **~meteoriet** *(geol.)* aerolite. **~mos** rock lichen. **~muur** brick wall. **~olie** rock/mineral oil, petroleum. **~oond** brickkiln, tryworks. **~puisie** furuncle, boil; →PITSEER. **~rooi** brick red. **~seep** bar/home-made soap. **~(-)sel** *-le* stone cell. **~setwerk** jewelling. **~siekte** *(med.)* lithiasis. **~skrif** lapidary writing. **~slag** *(rare)* broken brick(s). **~slot** flintlock. **~slotgeweer** flint(lock) musket. **~slyper** gem cutter, lapidary. **~snee, ~snyding** *(med.)* lithotomy. **~snyer** lapidary, gem cutter; *(med.)* lithotomist. **~snykuns** glyptics, glyptography, lapidary art. **~tiemie** *(bot.)* savory (mint). **S~tyd(perk)** Stone Age. **~uil** spotted eagle owl; screech owl. **~valk** stone falcon/hawk, merlin. **~varing** stone fern. **~vink** sandpiper. **~violier** *(bot.)* bleeding heart; wallflower. **~vis** stonefish. **~vlas** *(rare)* asbestos, stone/earth flax. **~vloer** brick floor. **~voering** brick nogging/lining. **~vorm** *-s* brick mould. **~vorming** *(geol.)* lithification; *(med.)* lithiasis; *met ~* calculous. **~vrug** stone fruit, drupe; →PITVRUG. **~werk** brickwork.

steen[2] *(also S~, SA, grape, wine)* steen. **~druif** *(also S~, SA)* steen grape; →CHENIN BLANC.

steen·ag·tig *-tige* stony, rocky, petrous; *(med.)* calculous. **steen·ag·tig·heid** stoniness, rockiness.

steen·bok steenbok, steenbuck; *die S~, (astrol., astron.)* the Goat, Capricorn; *Europese ~* ibex. **~boegoe** *(Agathosma ciliata)* steenbok buchu. **~lopers** *(rare)* buckshot. **~suring** *(Rumex angiocarpus)* sheep sorrel, dock.

Steen·boks·keer·kring tropic of Capricorn.

steen·kool coal; →KOLE-, KOOL[1]; *~ as brandstof gebruik* burn coal; *dowwe ~* splint coal; *~ inneem* load (*or* take in) bunkers. **~afval** gob. **~as** coal ashes/dust, cinder. **~bak** coal scuttle. **~bed(ding)** →STEENKOOLLAAG. **~bekken** coal basin. **~bunker** coal bunker. **~damp** coal smoke. **~draer** coaler; coaly, coalie, coal heaver. **~emmer** coal scuttle. **~formasie** coal measures, carbonaceous system. **~gas** coal gas. **~gat** coal hole. **~gruis** coal dust, slack. **~handel** coal trade. **~hok** coal shed/hole; *(naut.)* coal bunker. **~kuip** coal tub. **~laag, ~bed(ding)** coal seam/layer/bed/stratum. **~laaier** coal whipper. **~laaihaak** coaling hook. **~laaiing** coaling. **~laaitoestel** coaling plant. **~myn** coal mine, colliery. **~mynbedryf** coal mining. **~mynwerker** coal miner, collier. **~ontginning** coal mining, mining of coal. **~ruim** coal bunker. **~ruimte** coaling capacity. **~saag** coal cutter. **~sif** cinder sifter. **~skepbak** coal whipper. **~skip** collier. **~skop, ~skep** coal scoop; coal shovel. **~staking** coal strike. **~stasie** coaling station. **~steier** coal(ing) stage. **~stof** coal dust. **~stokend** *-e* coal-burning, coal-fired. **~stoof** coal stove. **~tang** coal tongs. **~veld** coalfield. **~vlak** coal horizon. **~vuur** coal fire. **~wa, kolewa** coal truck; (coal) tender.

steen·tjie *-tjies* small brick; small gem; nugget; pebble; *(icht: Spondyliosoma emarginatum)* steentjie; *(also, in the pl., med.)* gravel; *'n ~ bydra* do one's little bit. **steen·tjies·kweek** *(Cyperus rotundus)* nut grass. **steen·tjies·po·ker** poker dice.

steg[1] *stegge, n.* footbridge, plank bridge, narrow/small bridge; stile.

steg[2] *ge-, vb.* make slips/cuttings.

steg·gie[1] *-gies* →STEG[1] *n.*.

steg·gie[2], **stig·gie** *-gies* cutting, slip, set, scion; *~s maak* take cuttings/slips *(for planting)*; →STEG[2] *vb.*.

ste·gie *-gies* little lane, alley(way), wynd; →STEEG.

ste·go·sou·rus *-russe, (a type of dinosaur)* stegosaurus, stegosaur.

stei·er *-ers, n.* scaffold; (landing) stage; gantry. **stei·er** *ge-, vb., (a horse)* rear; cavort; stagger, walk unsteadily; *iem. laat ~* make s.o. reel, send s.o. reeling; *onder ... ~* reel from/under ... *(blows, shock, etc.)*. **~balk** scaffolding beam, ledger, putlog. **~bok** scaffold trestle. **~bouer** scaffolder. **~gat** scaffold(ing)/putlog hole. **~hout** scaffolding timber. **~paal** scaffolding pole. **~paaltjie** ricker. **~plank** scaffolding/ledger board. **~tou** scaffold cord, putlog rope. **~werk** scaffolding, staging, gantry. **~werker** scaffolder.

stei·e·ring rearing; scaffolding, staging.

steil *~ steiler steilste* steep, sheer, bluff; straight *(hair)*; craggy, cragged; ***baie*** *~* precipitous; *~* ***dak*** steep/high-pitched roof; *~* ***helling/hang*** escarpment; *~* ***wal*** scarp; *~* ***wol*** straight-fibred/plain/broad/lashy wool. **~hoekig** high-angle.

steil·heid steepness, sheerness, bluffness; straightness *(of hair)*.

steil·te *-tes* steepness, sheerness; steep rise/incline/slope/acclivity; bluff, cliff, crag, precipice, steep, scarp.

stein *(also S~, wine)* stein.

ste·kel *-kels* prickle, spine, thorn; barbule; aculeus; spinella; *(also, in the pl., bot.)* armature. **~baars** *-e, (icht.)* stickleback, minnow. **~haar** vibrissa. **~huidig** *-e* echinate(d). **~huidige** *-s* echinoderm; *S~s* Echinodermata. **~klawer** bur(r) clover. **~muis** spiny mouse. **~puntig** apiculate. **~rog** *(icht.)* thornback (ray). **~rol** porcupine roller. **~varing** holly fern.

ste·kel·ag·tig *-tige* prickly; *(rare, fig.)* stinging, sharp. **ste·kel·ag·tig·heid** prickliness; *(rare, fig.)* sharpness, acrimony.

ste·ke·lig *-lige*, **ste·kel·rig**, *-rige*, **ste·kel·ag·tig** *-tige* prickly, spiny, spinous, thorny, spiculate, spinose, spiniferous; bristly *(a moustache etc.)*; sharp, stinging, acrimonious; sarcastic, waspish. **ste·ke·lig·heid, ste·kel·rig·heid** prickliness, spininess, thorniness; sharpness, acrimony; waspishness.

ste·ker *-kers* pricker, sticker, stabber. **ste·ke·rig** *-rige* inclined to sting; *(fig.)* waspish. **ste·ke·rig·heid** inclination to sting; waspishness.

ste·kie *-kies* twinge; small stitch/*etc.*; *'n ~ inkry, (infml.)* have a dig at s.o.; *(sl.)* get it on with s.o., get one's/a leg over.

stel *stelle, n.* set; lot; kit; *(dinner, tea)* service; undercarriage *(of a wagon)*; *'n ~* ***aftrap***, *(lit.)* spring a trap; *(fig.)* fall into a trap; put one's foot in(to) it *(infml.)*; have a nasty experience; *in* ***opeenvolgende/skoon*** *~le wen, (tennis)* win in straight sets; *op ~ en* ***sprong***, *(rare)* there and then, then and there; at a moment's notice; *(want to do s.t.)* without further/more/much ado; *die* ***volledige*** *~ ...* the full range of ... **stel** *ge-, vb.* put, place; adjust, regulate, direct, modulate; control; fix; set (up); draw up, compose, formulate; focus *(a camera)*; field *(candidates)*; prescribe, lay down *(standards, conditions)*; pose *(a question)*; *iets* ***aan*** *iem. ~* put s.t. to s.o.; *ek ~ dit* ***aan*** *jou* I put it to you; *iets* ***agteruit*** *~* put s.t. back *(a clock)*; *iets* ***bo*** *iets anders ~* put s.t. before s.t. else; *kan jy iets* ***daarteenoor*** *~?* can you match that?; *iets* ***duidelik*** *~* put s.t. clearly; *iets* ***goed*** *~* put s.t. well; ***hoe*** *sal ek dit ~?* how shall I put it?; *iets* ***kragtig/skerp/sterk*** *~* put s.t. strongly; ***kragtig/skerp/sterk*** *ge~ wees* be strongly worded; ***ongelyk*** *ge~ wees* be out of alignment; *jou in iem. se* ***plek*** *~* put yourself in s.o.'s place; *iets* ***presieser*** *~* be more specific; *om dit* ***sag*** *te ~* to put it mildly; *iets* ***sag*** (of *op sy sagste*) *~* put s.t. mildly; *om dit nou maar* ***so*** *te ~* to coin a phrase; *iets* ***teenoor*** *... ~* set off s.t. against ...; oppose s.t. to ...; *~lende* ***trap***, *(gram.)* positive degree; *'n* ***uitdruklik*** *ge~de voorwaarde* an expressly stated condition; *iem.* ***voor*** *... ~* confront s.o. with ...; *~ jou* ***voor!*** →VOORSTEL *vb.*. **~arm** shifting lever, adjusting arm; gear lever. **~armgeleiding** lever guide. **~blad** adjusting board; swivel table. **~driehoek** adjustable/shifting square. **~-en-hef(-)tabel** *(log., math.)* truth table. **~geweer, ~roer** gun trap, trap/spring gun. **~hefboom** adjusting lever; trimming lever. **~hoogte** datum level. **~inrigting, ~middel** adjusting gear/device/contrivance, control. **~kunde** algebra. **~kundig** *-e* algebraic. **~lyn** datum line. **~maat** setting gauge. **~merk** datum. **~middel** →STELINRIGTING. **~moer** adjusting nut. **~net** set net. **~oefening** composition exercise. **~peil** datum level. **~pen** adjusting/set pin, dowel; peg *(of a violin)*. **~plaatjie** shim. **~prop** adjusting plug. **~punt** *(tennis)* set point. **~rat** adjusting gear. **~reël** maxim, principle, precept, (fixed) rule. **~ring** adjusting ring. **~roer** →STELGEWEER. **~saag** gauge saw. **~skaaf** adjusting plane. **~skop** *n.* place/goal kick. **~skop** *ge-, vb.* place-kick, take a place kick. **~skopper** place-kicker, goal kicker. **~skroef** set screw, adjusting/adjustable screw. **~sleutel** adjusting wrench/spanner/tool, shifting spanner. **~stang** adjusting rod; control shaft. **~stuk** set piece. **~uurwerk** *(rare)* timer. **~waster, ~wasser** adjusting washer. **~werk** composition. **~wiel** gauge wheel. **~winkelhaak** adjustable square. **~yster** adjusting tool.

stel·baar adjustable, variable; *stelbare sleutel* shifting spanner, adjustable spanner/wrench. **stel·baar·heid** adjustability.

ste·le *-les, (archaeol.)* stela, stele; *(bot.)* stele. **ste·lêr** *-lêre* stelar.

ste·ler *-lers* stealer, thief, pilferer, poacher. **ste·le·rig** *-rige* thievish, thieving, larcenous, pilfering. **ste·le·rig·heid** thievishness. **ste·le·ry** stealing, thieving, thievery, pilfering, larceny; →STEEL[2] *vb.*.

stel·la·sie *-sies* scaffolding, stand, structure, framework; *(mining)* gantry; (fruit) tray; perch; stage; stillage.

Stel·len·bosch Stellenbosch. **Stel·len·bos·se** of Stel=lenbosch. **Stel·len·bos·ser** =*sers* inhabitant of Stellen=bosch.

stel·ler =*lers* adjuster; trainer; setter; writer, *etc.;* →STEL *vb.*.

stel·lêr stellar; →STER.

stel·le·tjie¹ =*tjies* small set; →STEL *n.*.

stel·le·tjie², stil·le·tjie =*tjies, (hist.)* commode, cham=ber stool, close-stool, night chair, nightstool.

stel·lig =*lige, adj.* positive *(assertion);* assertive; definite *(promise);* firm; fixed; certain, sure; most probable; *~e wysbegeerte* positivism. **stel·lig** *adv.* certainly, for cer=tain, positively, confidently, definitely, without fail, decidedly, doubtless; most probably, in all probability; arguably; *iem. sal ~ iets doen* s.o. is bound/certain to do s.t.; *dit is ~ sy/haar beste boek* it is arguably his/her best book. **stel·lig·heid** positiveness, definiteness, ex=plicitness, assertiveness; *daar word met ~ beweer/be=toog/aangevoer dat* ... it is held that ...

stel·ling =*lings,* =*linge* tenet, view, doctrine; *(math.)* propo=sition, theorem; premise, supposition, hypothesis, pos=tulate, contention; thesis; position; assertion; claim; setting, adjusting, adjustment, regulation; *êrens ~ **in=neem*** take (up) one's position somewhere, position o.s. somewhere; *sterk ~ **inneem** oor iets* take a (firm) stand on/over s.t.; *'n ~ **inneem/verower**, (mil.)* take a position; ***uitgaan** van die ~ dat* start/act on the sup=position that; *die ~ **verkondig** dat* ... advance the proposition that ...; make the assertion that ...; *'n **wilde*** ~ a sweeping statement. **~name** stand. **~oorlog** trench war(fare), war of position, static/positional warfare.

stelp *ge=* sta(u)nch, stop. **stel·pend** =*pende* styptic. **stel=ping** *(blood)* astriction. **stelp·mid·del** =*dels* styptic.

stel·sel =*sels* system; scheme; regime; *volgens 'n ~* ac=cording to a system; *volgens die Amerikaanse/ens. ~* un=der the American/etc. system. **~inbreker, ~indringer** *(comp.)* hacker; *(also, in the pl.)* hackerdom. **~ontleder** *(comp.)* systems analyst. **~ontleding** *(comp.)* systems analysis. **~operateur** *(comp.)* system operator. **~pro=grammatuur, ~sagteware** *(comp.)* systems software. **~skyf** *(comp.)* systems disk.

stel·sel·loos =*lose* unsystematic(al), unmethodical, planless, systemless.

stel·sel·ma·tig =*tige* systematic(al), ordered, method=ical.

stelt *stelte* stilt; *op ~e loop* walk on stilts; *'n plek op ~e sit* cause an uproar in a place. **~boog** stilted/surmounted arch. **~gang** stilted gait. **~loper** stilt walker; stilt bird; →STELTVOËL. **~poot** stilt. **~potig** =*e* grallatorial, gral=latory. **~voël** stilt bird, grallatorial/grallatory bird, wad=ing bird, wader. **~wortel** prop root.

stem *stemme, n.* voice; *(at an election)* vote; suffrage; ballot; *iets met **algemene** ~me aanneem, (rare)* pass s.t. without a dissentient vote; *met **algemene** ~me, (also, rare)* unanimously, with one voice; *'n **bankvaste/blokvaste/eenparige*** ~ a solid vote; *~me **beïnvloed*** swing votes; *'n **beslissende** ~ hê* have a casting vote; *iem. se ~ **breek*** s.o.'s voice cracks; *iem. se ~ **breek/wissel*** s.o.'s voice is breaking; *'n **bulderende/don=derende*** ~ a voice like thunder; *iem. se ~ het **deur=geslaan*** s.o.'s voice broke; *jou ~ **dik** maak, (infml.)* raise one's voice; speak sternly, crack the whip; assert o.s.; *jou ~ **forseer*** strain one's voice; *~me **gaan op** ten gunste van* ... voices are raised in favour of ...; *met 'n **ge=dempte*** ~ in an undertone; *'n ~ vir iem./iets **gee*** vote for (*or* in favour of) s.o./s.t.; *'n **gewone*** ~ a delibera=tive vote; ***goed** by ~ wees, (rare, obs., of a singer)* be in good voice; *'n ~ **hê*** have a vote; *hulle het hulle ~me laat **hoor*** they became vocal; *'n ~ soos 'n **klok*** a voice as clear as a bell; *duisend ~me **kry/ontvang/trek*** poll a thousand votes; *met **luide*** ~ in a loud/raised voice; *'n voorstel met 'n **meerderheid** van honderd ~me aan=neem* carry a proposal by a hundred votes; *~me (laat) **omswaai*** swing votes; *die **omvang** van 'n sanger se* ~ the range of a singer's voice; *duisend ~me **ontvang** →**kry/ontvang/trek**; die ~me **opneem/tel*** count the votes; *jou ~ laat **sak*** drop/lower one's voice; *'n **skerp*** ~ a sharp voice; ***sleg** by ~ wees, (rare, obs., of a singer)* be in poor voice; ***sonder** ~ wees* be without a vote; *die ~me **staak*** the voting is a tie; *'n **staking** van ~me* an equality of votes; *met 'n **swak*** ~ in a feeble voice; *die ~me **teen** 'n voorstel* the votes against a proposal; *die ~me **tel** →**opneem/tel**; met 'n **toonlose*** ~ in a flat voice; *duisend ~me **trek** →**kry/ontvang/trek**; 'n ~ **uitbring*** cast/record/return a vote; ***uitgebragte** ~me* votes cast/polled; *die ~ **van** ..., (also)* the dictates of ... *(one's con=science); 'n **vaste*** ~ a steady voice; *die ~me **verdeel*** split the vote; *iem. het baie ~me op hom/haar **verenig*** s.o. drew/polled many votes; *jou ~ **verhef*** raise one's voice, lift (up) one's voice; *graag jou/die ~ **verhef*** be rather vocal; *jou ~ **verhef** teen* ... inveigh against ...; speak out against ...; *niemand het sy/haar ~ **verhef** nie* no one raised his/her voice; *die ~me **vir** 'n voorstel* the votes for (*or* in favour of) a proposal; *die **vlottende*** ~ the floating vote; *na ~me **vry*** try to catch (*or* to win over) voters; *'n **waarskuwende** ~ laat hoor* sound a (note of) warning; *iem. se ~ is **weg*** s.o. has lost his/her voice; *~me **werf*** canvass (for) votes; *'n ~ roepende in die **woes=tyn*** a voice crying in the wilderness. **stem** *ge=, vb.* vote, go to the poll, record/cast one's vote; tune, tone, key *(a musical instrument);* ***bankvas/blokvas*** ~ vote solid=ly; *daar word **druk/goed** ge~* there is a heavy poll; ***gaan*** ~ go to the polls; *iets ~ iem. **gunstig*** s.t. inclines s.o. favourably; *~ deur die opsteek van **hande**, ~ deur (die) **hande** op te steek* vote by show of hands; ***oor** iets* ~ vote on s.t.; ***oor** iets laat* ~ put s.t. to the vote; take a vote on s.t.; hold/take a ballot about s.t.; *vir die **rege=ring/opposisie** ~, aan **regeringskant/opposisiekant*** ~ vote with the Government/Opposition; *iets goedkeur/ens. **sonder** om te* ~ approve/etc. s.t. without a vote; ***teen** (iem./iets)* ~ vote against (s.o./s.t.); *iets ~ iem. **treurig*** s.t. saddens s.o., s.t. makes s.o. sad; ***vir** iem./iets* ~ vote for s.o./s.t.; ***vir** iets ~, (also)* vote in favour of s.t..

stem-: **~afdruk** voiceprint. **~agent** polling agent. **~ap=paraat** *(orn.)* syrinx. **~balletjie** ballot. **~bande** vocal cords. **~bandklapper** glottal stop. **~bandontsteking** chorditis. **~beampte** polling officer. **~beheersing** voice control. **~bereik:** *binne* ~ within hearing/cry. **~biljet** →STEMBRIEF(IE). **~blok** voting block. **~breuk** →STEMWISSELING. **~brief(ie)** ballot/voting paper, vote; *per ~ stem* vote by ballot; *bedorwe/ongeldige stembriewe/stembriefies* spoilt votes. **~buiging** modulation, inflec=tion (of the voice), intonation. **~buro** polling station. **~bus** ballot box; poll; *by die* ~ at the polls. **~dag** poll=ing/election day. **~distrik** voting/electoral district. **~dra=end** vote-carrying; *~e aandele* voting/vote-carrying shares. **~dwang, kiesdwang** compulsory voting. **~fluitjie** tuning/pitch pipe. **~geluid** (sound of the) voice. **~geregtig, ~geregtig** =*de* entitled to vote, hav=ing a vote, enfranchised; *~de aandele* voting/vote-car=rying shares; *~de lid* corporate member; *~ wees* have the vote. **~geregtigde, ~geregtigde** =*s* (registered) voter. **~geregtigdheid, ~geregtigdheid** franchise, right to vote. **~hamer** tuning hammer/key. **~hebbend, ~hebbend** =*e* voiced, vocal, sonant, intonated; *~e klank, (phon.)* sonant; *~e konsonant/medeklinker* vocal con=sonant; *~ maak* vocalise, voice. **~hebbendheid, ~heb=bendheid** voice, voicedness. **~herkenning** *(comp.)* voice recognition. **~hokkie** polling/voting booth. **~horing** tuning cone. **~kas** voice box, larynx. **~kasingang** vestibule (of the larynx). **~klokkie** *(parliament)* divi=sion bell. **~krag** voting power/strength. **~lokaal** polling station. **~masjien** *(esp. in the US)* voting machine. **~oe=fening** voice training/production. **~omvang** compass/range of the voice, (vocal) register. **~opnemer** teller *(in parliament);* scrutineer; polling clerk; pollster. **~op=neming** counting of votes. **~orgaan** vocal organ; sy=rinx *(of a songbird).* **~partituur** *(mus.)* vocal score. **~pen** *(arch.)* wrest pin. **~persentasie** percentage vote. **~plek** polling station/place. **~plig** compulsory voting. **~pos** voice mail. **~reaksie, ~respons** *(comp.)* voice response. **~reg** franchise, suffrage, vote; right to vote, voting right *(at a meeting);* ***algemene*** ~ universal franchise/suffrage; *(die) ~ aan ... **gee/verleen*** give ... the vote, grant the franchise to ...; *(die) ~ **hê*** have the/a vote; ***sonder*** ~ voteless; *(die) ~ **verkry*** get the vote, be en=franchised. **~register** vocal register; vox humana *(on an organ);* voters' list, polling register. **~regvrou** *(hist.)* suffragette. **~sleutel** tuning key. **~spleet** glottis; *van die ~* glottal. **~toon** =*tone* tone of voice; *in/met 'n ... ~* in a ... tone of voice. **~totaal, stemmetotaal** total vote. **~val** cadence. **~vangery, stemmevangery** vote catching. **~vee** voting cattle, mindless voters. **~ver=andering** change of voice, mutation. **~verheffing** rais=ing of the voice; *met ~* in a raised voice; *sonder ~* with=out raising the voice, in an even voice. **~voering** voice-leading. **~vorming** voice production. **~vurk** tuning fork. **~werwer, stemmewerwer** canvasser (for votes), electioneer. **~werwery, stemmewerwery** canvassing (for votes). **~wisseling** breaking/change of voice.

stem·loos =*lose* voiceless, mute, dumb; unvoiced, voice=less; sharp *(consonant);* voteless, un(en)franchised; non(-)voting; silent *(partner).* **stem·loos·heid** voiceless=ness; votelessness.

stem·me-: **~tal** poll, number of votes (cast). **~totaal** →STEMTOTAAL. **~vangery** →STEMVANGERY. **~verhou=ding** proportion of votes. **~werwer** →STEMWERWER. **~werwery** →STEMWERWERY.

stem·mer =*mers* tuner *(of instruments);* voter. **stem·me=ry** tuning; voting, poll(ing).

stem·me·tjie =*tjies* small voice; *'n dun/skraal ~* a thin voice; *met 'n sagte/fyn ~* in a small voice.

stem·mig =*mige, adj.* sedate, quiet, staid, sober, sub=dued, grave, serious; demure; *(dress)* conservative; un=derstated; unspectacular; *so ~ soos 'n ouderling* as so=ber as a judge. **stem·mig** *adv.* sedately, demurely; *~ gekleed* conservatively dressed. **stem·mig·heid** sedate=ness, quietness, staidness, soberness, gravity; demure=ness; *(rare)* conservativeness.

stem·ming =*mings,* =*minge* ballot(ing), voting, vote, poll; mood, state/frame of mind, humour, disposition, tem=per, spirits; atmosphere *(of a story etc.); (infml.)* vibe(s); tuning *(of an instr.); jou by die ~ **aanpas*** enter into the spirit; *by **algemene** ~ verkies word, (fml.)* be chosen by popular vote; *iem. se ~ **bederf*** damp(en) s.o.'s spirits; *iets tot ~ **bring*** put s.t. to the vote; ***buite** ~ bly* abstain from voting; *nie in die ~ **daarvoor** wees nie* not feel like it, not be in the mood for it; *'n **geheime*** ~ a se=cret vote; *'n **gelyke*** ~ a close vote; *in 'n **gevaarlike*** ~ in an ugly mood; *(om) 'n **hoofdelike** ~ vra, (parl.)* call for a division; *'n ~ **hou*** (take a) vote; take a poll; *'n ~ oor iets **hou*** (take a) vote on s.t.; ***in** 'n ... ~ wees* be in a ... mood; be in a ... frame of mind; ***in** die ~ vir ... wees* be in the mood for ...; *teen iem./iets ~ **maak**, (fml.)* arouse feeling against s.o./s.t.; lobby against s.o./s.t.; *vir iem./iets ~ **maak**, (fml.)* arouse feeling in favour of s.o./s.t.; lobby in favour of s.o./s.t.; *die ~ op die **mark*** the tone of the market; *tot ~ **oorgaan*** proceed to the vote, put the question; *tot ~ **oorgaan** oor die saak, (also)* take a vote on the question; *in 'n **opgewekte** ~ wees* be in good spirits; *iem. in die **regte** ~ bring* get s.o. in the right frame of mind; warm up s.o. *(fig.); iets **sonder** ~ goed=keur/ens.* approve/etc. s.t. without a vote; *in 'n **stryd=lustige** ~ wees* be spoiling for a fight; *in 'n **terneerge=drukte** ~ wees* be depressed, be in a state of depres=sion. **~maker** *(fml.)* lobbyist, propagandist. **~makery** *(fml.)* lobbying, propaganda.

stem·mings-: **~beeld** impression. **~gedig, ~vers** at=mospheric poem. **~musiek** ambient/mood music. **~vol** full of atmosphere, atmospheric, evocative.

stem·pel =*pels, n.* stamp *(for making imprints in ink);* seal *(for making impressions on wax etc.);* die *(for coin=ing, embossing, etc.);* impression, imprint, chop, (post)=mark, stamp, seal; hallmark; brand; *(bot.)* stigma; *jou ~ **(af)druk** op* ... leave one's mark/stamp on ...; *jou ~ op iem. **afdruk*** leave one's imprint/stamp on s.o.; *die ~ van ... **dra*** bear the imprint of ...; bear the stamp of ...; *jou ~ van **goedkeuring** op iets plaas* give one's stamp of approval to s.t.; *van **hierdie*** ~ of this stamp/nature; *die **persoonlike** ~ dra* have the personal touch; *'n ~ **sny*** cut a die. **stem·pel** *ge=, vb.* stamp *(paper etc.);* hall=mark *(metal);* swage; strike *(coins);* mark, brand; im=press; *iets ~ iem. tot 'n* ... s.t. stamps s.o. (as) a ...; s.t. brands s.o. as a ... **~afdruk** imprint, stamp, seal, (post)=

mark. **~band** *(print.)* cloth binding. **~beeld** effigy, image. **~blok** die block. **~datum** postmark date. **~drukwerk** die-stamping. **~ink** stamp pad ink, stamping/endorsing ink. **~klok** time clock. **~kussing** stamp(ing)/inking pad, ink-pad. **~maker** die sinker/maker, stamp cutter; engraver, medallist. **~masjien** stamping machine; franking machine; dater. **~merk** hallmark. **~pers** stamping press. **~plaat** faceplate. **~snyding** die/stamp cutting. **~snyer** die cutter/sinker, stamp cutter; engraver, medallist.

stem·pe·laar *-laars* stamper, chopper.

stem·pe·ling *-lings, -linge* stamping; postmarking; hallmarking.

sten·gel *-gels* = STINGEL.

sten·ge·weer Sten gun.

ste·nig *ge-* stone (to death), lapidate. **ste·ni·ger** *-gers* stoner. **ste·ni·ging** stoning, lapidation.

ste·no·graaf *-grawe* stenographer, shorthand writer. **ste·no·gra·feer** *ge-* write/do shorthand; take down in shorthand. **ste·no·gra·feer·ma·sjien** *(hist.)* stenotype. **ste·no·gra·fie** stenography, shorthand. **ste·no·gra·fies** *-fiese* stenographic, shorthand; *~e teken, (hist.)* stenotype. **ste·no·gram** *-me* stenograph, shorthand report. **ste·no·te·le·gra·fie** stenotelegraphy. **ste·no·ti·pie** stenotypy.

sten·sil *-sils, n.* stencil. **sten·sil** *ge-, vb.* stencil.

sten·tor *-tors* stentor. **~stem** stentorian voice.

step·pe *-pes* steppe. **~bewoner** inhabitant of the steppe, steppe dweller.

ster *sterre* star *(in all senses); (also, outstanding person)* shining light, luminary; *(officer's badge)* pip; *(machine part)* spider; →STERRE-, STERRETJIE[1]; *met ~re* ***besaai(d)*** studded with stars; *iem. kan sy/haar ~re* ***dank*** s.o. can thank his/her (lucky) stars; *iem. se ~* ***gaan op*** s.o.'s star is rising (*or* is in the ascendant); *'n* ***ligtende*** *~ wees, (rare, fig.)* be a shining light; *~re in jou* ***oë*** *hê, (fig.)* have stardust in one's eyes; *op die ~re* ***stuur*** navigate/steer by the stars; ***vallende*** *~* meteor, shooting/falling star; *iem. se ~* ***verbleek/verdof*** s.o.'s star is waning. **~anys** star anise/aniseed, badian. **~appel** *(Chrysophyllum spp.)* star-apple. **~baan** orbit/course of a star. **~band** ornamental head strap *(of a bridle)*. **~bars** star shake. **~bedekking** occultation. **~belaai(d)** star-studded; *'n sterbelaaide rolbesetting/rolverdeling* a star-studded cast. **~blom** Michaelmas daisy; starwort; starflower; alsine. **~boom** *Cliffortia arborea*. **~breuk** crown/star burst. **~dissel, ~distel** *(bot.)* calt(h)rop, caltrap. **~gewelf** stellar/lierne vault; →STERREGEWELF. **~granaat** star shell. **~gras** *(Ficinia radiata)* stunted sedge; *(Cynodon plectostachyus)* star grass. **~hiasint** *(bot.)* squill. **~indeling** star billing. **~klits** *(bot.)* star bur(r); *platgroeiende (kruip)~* prostrate star bur(r). **~knoop** *(anat.)* stellar ganglion. **~koraal** star coral, madrepore. **~lamp** astral lamp. **~lig, sterrelig** starlight, starshine. **~ligmeter** astrometer. **~loos** →STERRELOOS. **~motor** radial engine. **~pistool** star pistol. **~robyn** star ruby. **~saag** rift saw. **~saffier** star sapphire. **~speler** star player; top-class player. **~status** star status/billing. **~steen** star stone/sapphire. **~veer** spider spring. **~vormig** *-e* star-shaped, stellated; *~e blits* stellar lightning; *~ wees* be shaped like stars. **~vrug** star fruit, carambola.

ste·ra·di·aal *n. (geom.)* steradian.

stè·re *-res* stere, cubic metre.

stê·re *(pl., infml.)* buttocks.

ste·re·o-: *in/op ~* in/on stereo. **~chemie** stereochemistry. **~fonie** stereophony. **~fonies** *-e* stereophonic. **~foto** stereoscopic photograph. **~fotografie** stereophotography. **~gieter** stereotypist, stereotyper. **~grafie** stereography. **~grafies** *-e* stereographic. **~klank** stereo sound. **~metrie** stereometry, solid geometry. **~metries** *-e* stereometric. **~-opname** stereo recording. **~skoop** *-skope* stereoscope. **~skopies** *-e* stereoscopic *(photograph etc.)*. **~speler** stereo player. **~spesifiek** *(chem.)* stereospecific. **~stel** stereo system. **~takse** *(surg.)* stereotaxis, stereotaxy. **~takties** *(surg.)* stereotactic(ally). **~tiep** *-e, adj.* stereotyped, stock. **~tiepplaat** *-plate,* **~tipe** *-s, n.* stereotype. **~tipe** *-s, n., (fig.)* stereotype; *~e personasie, (theatr.)* stock character. **~tipeer** *ge-* stereotype. **~tipeur** *-s* = STEREOGIETER. **~tipie** *(print.)* stereotypy. **~tropie** stereotropism.

ste·re·op·se stereopsis, stereoscopic vision.

sterf, ster·we *ge-, gestorwe* die, decease, pass away, depart this life; expire; perish; →STERWE, GESTORWENE *n.;* ***aan*** *... ~* die of ... *(a disease, poison, etc.)*; die from ... *(one's wounds etc.)*; ***as*** *armlastige/ens. ~* die a pauper/etc.; *iem. sou* ***eerder/liewer(s)*** *~ as (om te) lieg/ens.* s.o. would die before lying/etc., s.o. would sooner die than lie/etc.; *iem. sou* ***eerder/liewer(s)*** *~, (also)* s.o. would die first; *ek sou* ***eerder/liewer(s)*** *~ as om (saam) met ... gesien te word* I wouldn't be seen dead with ...; *deur* ***geweld*** *~* die by violence; ***van*** *... ~* die of ... *(hunger, old age, etc.)*. **~bed** deathbed; *op jou ~* on one's deathbed. **~bedwoord** dying word. **~bewys** *(rare)* death certificate. **~dag, ~datum** day/date of s.o.'s death; anniversary of s.o.'s death; *tot (aan) my ~* till my dying day. **~eis** death claim. **~geval** death; casualty; *~ in die familie* bereavement in the family. **~huis** *(rare)* house of mourning. **~jaar** year of s.o.'s death. **~kamer** death room/chamber. **~kans** expectation of death. **~kennis** *(obs.)* death notice. **~lys** mortality list, table of mortality; *(mil.)* casualty list; necrology. **~reg** *(jur., obs.)* death duty. **~register** death register, register of deaths. **~uur, sterwensuur** dying hour, hour of s.o.'s death, mortal hour; *in iem. se ~, (also)* in the hour of s.o.'s passing.

sterf·lik *-like* mortal. **sterf·lik·heid** mortality.

sterf·ling, ster·we·ling *-linge* mortal, mortal being; *geen/g'n ~ nie* not a (living) soul.

sterf·te mortality, loss of life, death toll. *~s veroorsaak* cause fatalities. **~las** mortality strain/cost. **~lys** *(hist.)* bill of mortality. **~risikolas** death strain at risk. **~statistiek** mortality returns. **~syfer** death rate, rate of mortality, mortality figure. **~tabel** mortality table. **~verdeling** death distribution. **~verhouding** mortality ratio. **~voordeel** *(ins.)* death benefit.

ste·riel *-riele -rieler -rielste* sterile, barren, unproductive; sterile, germfree, aseptic. **ste·ri·li·sa·sie** sterilisation. **ste·ri·li·sa·tor** *-tors* steriliser. **ste·ri·li·seer** *ge-* sterilise; spay *(a bitch etc.)*; render sterile. **ste·ri·li·se·ring** →STERILISASIE. **ste·ri·li·teit** sterility; barrenness; agenesis.

sterk *sterk sterker sterkste, adj.* strong *(in all senses)*; vigorous, virile, robust; powerful, high-powered *(telescope etc.)*; muscular; concentrated; hardy; vivid *(imagination)*; close *(resemblance)*; potent; retentive, tenacious *(memory)*; great, marked; *nie ~* ***drank*** *gebruik nie* be a non-drinker; *'n ~* ***gestel*** *hê, (also, fig.)* have a strong stomach; ***honderd*** *(man) ~ wees* be a hundred strong; *jou ~* ***hou*** play the man; *~* ***kleur,*** *(bridge, whist)* strong suit; *~* ***man,*** *(lit. & fig.)* strongman; *~* ***punt/kant/sy*** strong point/suit; *'n miljoen* ***rand*** *~ wees* be worth a million rands; *as jy nie ~ is nie, moet jy* ***slim*** *wees* the weak have to be cunning/wily; *so ~* ***soos 'n os*** as strong as a horse; ***te*** *~ wees vir iem.* be too good for s.o. *(in a competition)*; *~* ***wisselwerking,*** *(phys.)* strong interaction. **sterk** *adv.* strongly, forcefully; soundly; greatly; markedly; *ten ~ste* most strongly, in the strongest terms, to the utmost; *ten ~ste beklemtoon* lay the utmost stress on. **sterk** *ge-, vb.* strengthen; invigorate, encourage; *jou ~* brace/nerve/gird o.s.. **~draad** selvedge thread. **~gebou** *(also: sterk gebou)* strong-bodied. **~gras** Cape/pepper cress. **~peper** *(bot.: Piper cubeba)* cubeb. **~pol** →JONGOSGRAS. **~stroom** high-tension current, high voltage. **~stroomkabel** power current cable. **~water** spirit(s) (of wine); aqua fortis; →VERSTERKWATER; *op ~ sit/hou* put/keep in spirits. **~wol** strong wool. **~yster** high-duty iron.

ster·ke *-kes, n.* strong one; *(also, in the pl.)* mighty.

ster·ke·rig *-rige* strongish.

ster·kig·heid(·jie) *(infml.)* drink, tot, dram.

ster·king strengthening; refreshment.

sterk·ste *n.* (→STERK *adj.*): *die reg van die ~* the law of the jungle.

sterk·te *-tes* strength; potency; vigour; volume; intensity *(of light etc.)*; concentration *(of a solution)*; power *(of an engine)*; fortress, stronghold, fastness; establishment; *iets met* ***volle*** *~ doen* do s.t. at full strength; *met/op* ***volle*** *~* at full capacity; at full strength; *op* ***volle*** *~ wees, (also)* be up to strength; *nie op* ***volle*** *~ wees nie* be below/under strength; *ek* ***wens*** *jou ~ toe,* ***sterkte!*** more power to your elbow! *(infml.)*. **~graad** *(spirits)* proof. **~leer** strength of materials, stresses and strains. **~punt** *(mil.)* strong point. **~reëlaar, ~reëling** *(rad.)* volume control.

ster·let *-lette, (icht.)* sterlet.

ster·ling *(Br. money)* sterling. **~gebied, ~blok** sterling area/bloc, scheduled territories. **~silwer** sterling silver.

stern →STERNTJIE.

ster·naal *-nale* sternal.

stern·tjie, ster·re·tjie *-tjies, (orn.)* tern.

ste·rol *-role, (biochem.)* sterol.

ster·re = STÊRE.

ster·re- (→STER): **~beeld** constellation; *die ~ Orion/ens.* the constellation of Orion/etc.; *'n ~ vorm* constellate. **~bol** star/celestial globe. **~dag** sidereal day. **~dienaar** star worshipper, Sabaist. **~diens** star worship, Sabaism. **~gewelf** starry vault (of heaven). **~gewemel** stardust. **~heer** starry host. **~hemel** starry heavens/sky. **~hoek** sidereal angle. **~hoekmeter** astrolabe. **~hoop** star cluster. **~hope** stardust. **~jaar** sidereal year. **~kaart** astronomical/celestial map. **S~kamer** Star Chamber. **~koepel** *(av.)* astrodome, astrohatch. **~kunde** astronomy; *fisiese ~* celestial mechanics. **~kundig** *-e* astronomical. **~kundige** *-s* astronomer. **~kyker** telescope; stargazer. **~kykery** stargazing. **~lesery** horoscopy. **~lig** →STERLIG. **~loop** course/motion of heavenly bodies. **~loos, sterloos** *-lose* starless. **~maand** sidereal/stellar month. **~muur** *(bot.)* chickweed. **~prag** starry splendour. **~reën** meteoric shower. **~ruim** starry heavens. **~stelsel** galaxy. **~stroming** star drift. **~stroom** star stream. **~swerm** *(rare)* star galaxy. **~tyd** sidereal time. **~tydklok** astronomical clock. **~-uur** sidereal hour. **~wag** (astronomical) observatory. **~wiggelaar** astrologer, magus. **~wiggelary** astrology, horoscopy.

ster·re·tjie[1] *-tjies* little star; starlet *(fem.)*; *(print.)* star, asterisk; *(also, in the pl., bot.)* golden autumn shower; *~s sien, (fig.)* see stars; *iem. ~s laat sien* make s.o. see stars; *iem. slaan dat hy/sy ~s sien* punch s.o.'s lights out.

ster·re·tjie[2] *-tjies, (orn.)* →STERNTJIE.

stert *sterte* tail, brush *(of a fox)*; pigtail; train, rear, back portion, tail end, stern; trail *(of a comet)*; (plough) handle; tang *(of a rifle)*; *(infml.)* backside, bum, guava *(SA; (vulg.)* prick, cock; *iem. het dit* (of *die kat/ding*) *aan die ~* ***beet,*** *(infml.)* s.o. has/got (hold of) the wrong end of the stick (*or* has his/her/the lines/wires crossed); *~ tussen die* ***bene*** with one's tail between one's legs; *~ tussen die* ***bene*** *loop* tuck one's tail between one's legs; *die* ***hond*** *swaai* (of *kwispel met*) *sy ~* the dog wags its tail; *die* ***koei*** *swaai haar ~, die* ***koei*** *se ~ piets heen en weer* the cow switches her tail; *die* ***leeu*** *aan/in sy/die ~ knyp* tweak the lion's tail; *jou ~* ***wip,*** *(infml.)* give o.s. airs, put on airs; take offence. **~aap** monkey, tailed ape. **~as** tail(-end) shaft. **~dekveer** *(orn.)* tail covert. **~-ent** fag end. **~hamer** triphammer, tilt/helve hammer. **~kam** *(zool., anat.)* caudal crest. **~knobbel** *(orn.)* uropygium. **~kwas** switch, floccus, brush. **~letter** *(print.)* descender; →ONDERSTEEL(LETTER). **~pen** *(orn.)* tail feather, rectrix. **~pit** dock *(of a tail)*. **~poot** uropod *(of a crustacean)*. **~punt** tag; fluke; dock. **~riem** crupper *(of a harness, saddle, etc.)*; loincloth, loinskin, breechcloth, moocha; *(sl.)* G-string. **~skroef** *(blacksmithing)* leg vice; breech pin/screw *(of a firearm)*; *(mot.)* Phillips screw *(trademark)*. **~skutter** rear gunner. **~ster** *(rare)* comet. **~steun** *(aeron.)* tailskid. **~streek** caudal region. **~stuk** tailpiece; aitchbone. **~swaai** wag of the tail. **~swaaiend** *(a dog)* wagging (its) tail, fawning. **~veer** *(orn.)* tail feather/quill, rectrix; *iem. se stertvere uittrek, (infml.)* cut s.o. down to size. **~vet** tail fat. **~vin** tail/caudal fin. **~vlak** tailplane; *(also, in the pl.)* tail assembly. **~werwel** caudal/coccygeal vertebra.

stert·jie *-jies* tail, scut; ending *(of a word)*.

stert·loos *-lose* tailless, acaudal.

ster·we (→STERF): ***aan*** *die ~ wees* be dying/sinking;

*op ~ na **dood** wees* be on one's last legs *(infml.); iets is op ~ na **dood*** s.t. is as good as dead; *te ~ **kom*** die; *op ~ **lê/wees*** be dying, be in extremis, be at the point of death. **ster·we·ling** →STERFLING. **ster·wend** *=wende, adj.* dying, moribund, breathing one's last, in extremis. **ster·wen·de** *=des, n.* dying person. **ster·wens·nood** death struggle; *in ~ verkeer* wrestle with death. **ster·wens·uur** →STERFUUR. **ster·wens·wens** dying wish.

stet *ge=, vb., (<Lat., typ.: ignore correction/alteration)* stet.

ste·to·skoop *=skope* stethoscope. **ste·to·sko·pies** *=piese* stethoscopic.

steun¹ *n.* support, aid, assistance, help, backing, succour; *(pl.: steune)* stay, prop, shore; bracket, rest; stand-by; *jou ~ **gee** aan ...* support ..., throw in one's weight with ...; ***met** iem. se ~, **met** ~ van iem.* with s.o.'s aid, with the aid of s.o.; ***morele/sedelike** ~* moral support; *iem. se ~ in sy/haar **ouderdom** wees* be the staff of s.o.'s old age; *jou ~ **toesê** aan ...* assure ... of one's support; ***tot** ~ van ...* in support of ... *(a good cause etc.); praat **tot** ~ van ...* speak in support of ...; *~ aan ... **verleen*** support ..., give/accord/lend support to ... **steun** *ge=, vb.* support, aid, assist, help, succour, subsidise, further, favour, sponsor; back (up), prop (up), buttress *(a wall etc.);* countenance *(an action);* speak in support of, support *(a motion);* bolster up *(an unworthy cause); iem. **enduit** ~* be with s.o. all the way; *~ **jy** my?* are you with me?; *iem./iets **kragtig** ~* give strong support to s.o./s.t.; ***op** iem./iets ~* lean on/upon s.o./s.t. *(a stick etc.);* rely on/upon s.o./s.t.. **~arm** support/suspension arm. **~balk** supporting beam, girder; *(mining)* stull. **~beeld** caryatid. **~beer** buttress, counterfort. **~blaar** →STEUNBLAAR(TJIE). **~blaardraend** *=e* stipulate. **~blaarloos** *=lose* exstipulate. **~blaar(tjie)** stipule. **~boog** flying/arch buttress, straining arch. **~fonds** relief fund; provident fund. **~groep** support group. **~hoek** angle of backing. **~komitee** relief committee. **~muur** retaining/supporting wall, revetment (wall). **~orgaan** *(bot.)* fulcrum. **~party** *(stock exchange)* concert party. **~pilaar** abutment pier; prop; *(fig.)* tower of strength, buttress, mainstay; *'n ~ van die samelewing* a pillar of society. **~plaat** support/base/backing plate; bracket plate. **~prys** support/base/floor price. **~punt** point of support; *(mech.)* fulcrum; (military/strategic) base, point d'appui *(Fr.),* key point, foothold, footing; *(mining)* abutment. **~pyp** shank. **~raam** bracketing. **~sool** arch support. **~staaf** support bar. **~stuk** →STEUNSEL. **~troepe** supporting forces, supports. **~vlak** supporting surface/basis. **~vuur** supporting fire. **~weefsel** interstitial tissue, stroma. **~wiel** dolly (wheel). **~wortel** *(bot.)* nurse root.

steun² *steune, n.* groan, moan. **steun** *ge=, vb.* groan, moan.

steun·sel *=sels* support, prop, shore, stay; crutch; strut; bracket, rest; bar *(of a horse's hoof).*

steur¹ *steure, n., (icht.)* sturgeon. **~garnaal** prawn.

steur², stoor *ge=, vb.* disturb, interrupt *(a conversation);* be in the way, intrude; inconvenience, incommode, discompose *(a person);* upset; violate; harass; *jou (nie) **aan** ... ~ (nie)* take (no) notice of ...; *iets doen sonder om jou **aan** ... te steur* do s.t., unmindful of ...; *jou **nie** aan ander ~ nie* go one's own (sweet) way; *~ jou **nie** aan ... nie* don't mind ...; *jou aan **niks** en niemand ~ nie* be a law unto o.s.; *ek **wil** nie ~ nie* I don't want to be a nuisance. **~sender** jamming station. **~spraak** *(telecomm.)* crosstalk.

steu·rend, sto·rend *=rende* disturbing, upsetting.

steu·ring, sto·ring *=rings, =ringe* disturbance, intrusion, trouble, nuisance; *(med.)* disorder; *(radio)* jamming, interference; failure *(of a machine); (sc.)* perturbation; *atmosferiese ~s* atmospherics. **~soeker** *(elec.)* troubleshooter, troubleman. **~vry** trouble-free; *(radio)* without interference/atmospherics.

steur·nis, stoor·nis *=nisse* disturbance, nuisance; disorder, upset; *~ maak/veroorsaak/verwek* cause/create a disturbance.

ste·we *=wens, =wes, n., (naut.)* prow; *die ~ wend* put (the ship) about; *die ~ huiswaarts wend* steer a homeward course; *die ~ wend na* steer a course for, shape for. **ste·we** *ge=, vb.* sail; *~ na* sail/steer for. **~beeld** figurehead, fiddlehead *(of a ship).* **~swaard** *(naut.)* skeg.

ste·wel *=wels* boot; *hoë ~* knee boot; *(vier) ~s in die lug lê, (infml.)* be/lie flat on one's back; have fallen flat on one's back. **~kneg** *(hist., device)* bootjack. **~skag** bootleg.

ste·wig *=wige, adj.* solid, stout, sturdy, firm; stocky, strapping, well-knit, well set up; substantial; compact; sound; *'n ~e **bries*** →BRIES; *'n ~e **handdruk*** →HANDDRUK; *'n ~e **maal*** →MAALTYD; *'n ~e jong **man*** a sturdy/well-knit/strapping young man; *'n ~e **meisie*** a strapping/buxom girl; *~ 'n ~e **oorwinning** behaal* win handsomely; *'n ~e **pas*** →PAS¹ n.. **ste·wig** *adv.* firm(ly), tight(ly), stiff(ly); *~ gebou, (a man etc.)* sturdily built; *(a house etc.)* well constructed; *~ staan* stand firm/fast; *~ vashou* hold tight(ly), grasp firmly. **ste·wig·heid** solidity, stoutness, sturdiness; stiffness, firmness.

stib·niet *(min.)* stibnite.

stie·beu·el *=els* stirrup; footstall; *(anat.; zool.)* stapes; *die voet in die ~ kry, (fig.)* obtain a footing. **~klappe** skirts. **~klep, ~knip** stirrup bar. **~pomp** stirrup pump.

stief niggardly; hardhearted; *iem. ~ behandel* ill-use/neglect (*or [infml.]* be heavy on) s.o.. **~broer** stepbrother. **~dogter** stepdaughter. **~kind** stepchild. **~ma** *='s,* **~moeder** *=s* stepmother. **~moederlik** *=e, (lit. & fig.)* stepmotherly, novercal *(rare); ~ behandel* treat harshly, neglect, pass over. **~moedertjie** *(bot.)* heartsease, heart's-ease, kiss-me-quick, wild pansy. **~ouer** stepparent. **~pa** *='s,* **~vader** stepfather. **~seun** stepson. **~suster** stepsister. **~vader** →STIEFPA.

stieg·riem stirrup leather. **~klappe** skirts.

stier *stiere* bull; *die S~, (astron., astrol.)* the Bull, Taurus. **~geveg** bullfight. **~mens** *(Gr. mit.)* Minotaur. **~vegter** bullfighter; *berede ~* toreador; *~ te voet* torero. **~vegtery** bullfighting, tauromachy. **~vormig** *=e* tauriform.

Stier·mar·ke *(geog.)* Styria. **Stier·mar·ker** *=kers, n.* Styrian. **Stier·marks** *=markse, adj.* Styrian.

stif *stifte* small rod, style, pencil, stick *(lipstick etc.);* pin, peg; burin *(for engraving).* **~monster** core sample. **~vormig** *=e* styliform, styloid.

stif·fie¹ *=fies* small rod; tag; small pin/peg; *(lipstick etc.)* stick.

stif·fie² *=fies, (SA, comp.)* stiffy (disk/disc).

stig *ge=* found *(a business, college, an empire, etc.),* establish *(a business),* form *(an association),* float, incorporate *(a company),* constitute, set up, charter, plant *(a colony),* institute *(a scholarship, society, etc.),* raise, start *(a fund),* erect *(a monument);* edify *(by a sermon);* →STIGTER, STIGTING; *kwaad ~* →KWAAD² n.; *dit is in 1990/ens. ge~* it was founded in 1990/etc. *(a firm etc.); die te ~te organisasie* the organisation (that is) to be formed.

stig·gie →STEGGIE².

Sti·gies *=giese* Stygian; →STYX.

stig·ma *(pl.: =mata, Chr., bot., zool.)* stigma; *(pl: =mas,* also fig.*)* stigma; *daar kleef 'n ~ aan ...* a stigma attaches to ... **stig·ma·ti·seer** *ge=* stigmatise.

sti·go-: **~metrie** stichometry. **~mitie** stichomythia. **~mities** *=e* stichomythic.

stig·te·lik *=like* edifying; devout; *~e lektuur* devotional literature/reading. **stig·te·lik·heid** edification; edifying character.

stig·ter *=ters* founder, institutor, planter; →STIG. **stig·ters·aan·deel** founder's/promoter's share, deferred share. **stig·ters·dag** founders' day. **stig·ters·lid** founder/foundation/charter member.

stig·ting *=tings, =tinge* foundation; establishment, founding, formation, constitution, institution, erection; flotation, floating, incorporation, launch(ing), start-up *(of a company);* inception; edification; →STIG, STIGTINGS-; *tot ~ van* for the edification of.

stig·tings-: **~akte** deed of foundation, charter. **~dag** founding day. **~lid** foundation/charter/founder member; member of a foundation. **~vergadering** meeting to found s.t..

stik¹ *ge=* stitch *(by machine).* **~masjien** stitching machine. **~naald** stitching needle. **~werk** stitching, (sewing) machine work.

stik² *ge=* suffocate, be suffocated, choke, be choked; smother, stifle, be stifled, swelter; *aan iets ~* choke on s.t. *(food etc.); van iets ~* choke with s.t. *(laughter, anger, etc.).* **~damp** chokedamp. **~donker** *adj.* pitch-dark. **~donker(te)** *n.* pitch-darkness, inspissated darkness. **~gas** (fire)damp, afterdamp; lung gas, asphyxiating/suffocating gas. **~gat** wine pit. **~lug** suffocating air; mephitis. **~myn** suffocating mine. **~warm** stiflingly hot.

stik·kend *=kende* stifling; *~ (warm)* stiflingly hot, sweltry, sultry.

stik·ker *=kers* stitcher.

stik·sel *=sels* stitching.

stik·sie·nig, stik·sie·nig *=nige* very near-sighted, short-sighted, myopic. **stik·sie·nig·heid** extreme near-sightedness; myopia.

stik·stof *(chem., symb.:* N*)* nitrogen. **~bakterie** nitrobacter. **~bemesting** nitrogenous fertiliser. **~bindend** nitrogen-fixing; *~e bakterie* azotobacter. **~binding** nitrogen fixation. **~(-)ewewig** nitrogenous equilibrium. **~fiksering** nitrogen fixation. **~gehalte** nitrogen content. **~houdend** *=e* nitrogenous. **~kringloop** nitrogen cycle. **~monoksied** nitric oxide. **~verbinding** *=s, =e* nitrogen compound. **~voeding** nitrogen food (supply).

Stil: *die ~le **Oseaan*** the Pacific Ocean; *~le **Oseaan-eiland*** Pacific island; *~le **Oseaan-tyd,** (8 hours behind Greenwich Mean Time)* Pacific Standard Time; *(~le) **Suidsee*** →SUIDSEE; *die ~le **Week,** (Chr.)* Holy Week.

stil *stil(le) stiller stilste, adj.* quiet, still, silent, hushed; quiet, calm, tranquil; placid, calm, serene, *(infml.)* laid-back; taciturn; eventless; dormant; stagnant; undisturbed *(water); ~le **bewonderaar*** secret admirer; *~ **maar!*** there, there!; there now!; *~ **raak*** become/fall silent; *~ **rolprent*** silent film; *~ **sone,** (rad.)* skip zone; *so ~ **soos die graf** wees* be as still as the grave; *so ~ **soos 'n muis*** as quiet as a mouse; *met ~le **trom** vertrek* →TROM; *~ **tyd*** quiet time; slack/off season, off-time; *~ **water*** slack water *(around the turn of the tide); dit **word** ~* it goes quiet, a silence falls, a hush falls/descends. **stil** *adv.* quietly, calmly; silently; *~ lê* lie still; lie idle; lie dormant; lie low; *~ lees* read silently. **stil** *ge=, vb.* allay *(fears, pain);* quiet, hush *(a child, the conscience);* alleviate *(pain);* stay, satisfy, appease *(hunger),* quench *(thirst);* check, sta(u)nch *(blood);* mitigate *(anger);* soothe, mollify, tranquillise. **stil** *interj.* hush!, keep quiet!, shut up!, hold your tongue!. **~beeld** still. **~bly** *stilge=* keep/remain quiet, remain silent, maintain/keep silence, hush (up), keep one's mouth shut; pause; keep one's own counsel; forbear, hold one's peace; *~ is ook 'n **antwoord*** (speech is silver) silence is gold(en); answer a fool not according to his folly; *iem. **betaal/omkoop** om ~ te bly* pay s.o. hush money; ***bly** ~!* keep quiet!, shut up! *(infml.); **bly** (maar) liewer(s) stil* save your breath, keep your breath to cool your porridge; *iem. meteens **laat** ~* bring s.o. up short; ***skielik** ~* stop dead/short *(while speaking).* **~foto** still (picture). **~geboorte** stillbirth. **~hang** *stilge=, (a helicopter etc.)* hover. **~hou** *stilge=* stop, halt, come to a stop/halt, pull/draw up; heave to, check, pause; ***heeltemal** ~* come to a full stop; ***iets** ~* keep s.t. quiet, keep quiet about s.t.; *(infml.)* keep the lid on (*or* keep mum about) s.t.; ***langs** ... ~* draw alongside ...; pull alongside ...; ***skielik** ~* pull up short; stop dead/short; ***sonder** om stil te hou* without a stop; *~ **verbode*** no stopping. **~houafstand** stopping distance. **~houplek** stopping place, stop, halt, pull-off. **~lê** *stilge=* lie still; lie idle; *(a ship)* lie up; *(rare, obs.)* stop, set a stop to; make idle; lay off; lay up *(a ship).* **~legging** *(rare, obs.)* stoppage, closing/shutting down; laying off, lay-off; laying up, lay-up. **~lewe** *=s* still life, still-life painting. **~lewefotografie** still-life photography. **~leweskilderkuns** still-life painting. **~maak** *stilge=* silence, quiet, still, shush, squelch, hush/shut up, pacify; *iem. ~* silence s.o., stop s.o.'s mouth. **~middel** *=s* sedative; *(med.)* demulcent. **~prent, ~rolprent** still/silent picture. **~sit** *stilge=* sit still/quiet; remain sitting; be inactive; *nie ~ nie* be active; be on the trot *(infml.).* **~staan** *stilge=* stand still/quiet; be at a standstill; check, halt, pause, stop; stagnate; ***by** iets ~* dwell on/upon s.t.; ***lank** by 'n onderwerp ~* linger on a subject; *(te)* ***lank*** *by iets* ~ labour a point; ***skielik*** ~ stop dead/short; ***sonder*** *om stil te staan* without a stop; *iem. se* ***verstand*** *het stilgestaan* s.o.'s mind was a blank; *wat jou (of 'n mens se)* ***verstand*** *laat* ~ →VERSTAND; **~staande** standing, stationary; parked *(car)*; stagnant *(water)*; static; idle. **~stand** standstill, stop, stoppage, halt; idleness; stagnation *(in business)*; solstice; lull; stasis; *iets tot* ~ ***bring*** bring s.t. to, bring s.t. to a halt/stop; bring s.t. to a standstill; *iem. tot* ~ ***bring*** bring s.o. up short; *tot* ~ ***kom*** come to a halt/stop; come to rest; settle down; come to a standstill; *(stadig) tot* ~ ***kom*** grind to a halt. **~-stil** (very) quietly, on the quiet. **~stuipe** *(infml.)* apoplexy; ~ *hê/kry* be apoplectic (with rage), choke with apoplectic rage. **~swye** silence, muteness; *met* ~ ***beantwoord*** *word* be met by silence; *die* ~ ***bewaar*** observe silence; keep one's (own) counsel; *'n* ***kil*** ~ a stony silence; *iem. se* ~ ***oor*** *iets* s.o.'s silence on s.t.; *iem. die* ~ ***oplê*** enjoin s.o. to silence, enjoin silence on s.o.; *jou* ~ ***verbreek*** break one's silence. **~swyend, ~swyend** *-e* silent; taciturn; tacit, by implication, understood; ~ ***aanhoor*** listen to in silence; ~ ***aanneem*** agree tacitly; take for granted; *'n ~e* ***akkoord/ooreenkoms*** unspoken/gentlemen's agreement; *~e* ***instemming/ooreenstemming*** tacit consent/agreement; *~e* ***voorwaarde*** implied condition. **~swyendheid** silence, taciturnity; secrecy. **~weg** quietly; unobtrusively.

stilb *stilbe, (phys.: unit of luminance)* stilb.

stil·been *(chem.)* stilbene.

stil·bes·trol *(biochem.)* stilboestrol.

sti·leer *(ge)-* formalise, stylise, conventionalise; style. **~borsel, stileringsborsel** styling brush.

sti·le·ring stylisation; styling.

sti·let *-lette* stiletto; stylet.

stil·heid quietness; →STIL *adj.*.

sti·lis *-liste* stylist. **sti·lis·tiek** stylistics, style studies, art of composition. **sti·lis·ties** *-tiese* stylistic.

stil·lend *-lende* easeful, sedative.

stil·le·rig *-rige* rather quiet; reticent.

stil·le·tjie *(hist.)* →STELLETJIE[2].

stil·le·tjies quietly, softly; on the quiet/sly, stealthily, by stealth, secretly, surreptitiously; ~ *weggaan* slip away.

stil·lig·heid secrecy; *iets in die* ~ *doen* do s.t. on the quiet, do s.t. on the q.t. *(infml.)*.

stil·ling quenching; allaying; →STILTE.

sti·lo·gra·fie stylography. **sti·lo·graaf·pen** stylographic pen, stylograph. **sti·lo·gra·fies** *-fiese* stylographic(al).

stil·te *-tes* silence, stillness, quietness, quiet, quiescence, still, calm, lull; *'n* ***doodse*** ~ a deadly quiet; ***doodse*** ~ *heers* there is dead silence; *te midde van 'n* ***doodse*** ~ amid a dead silence; *'n* ***dreigende*** ~ an ominous/ugly silence; *'n* ***gespanne*** ~ an uneasy silence; ~ ***heers*** silence reigns; ***in*** ~ in silence, silently; *die* ~ *voor die* ***storm*** the lull before the storm; *die* ~ ***verbreek*** break the silence. **~gordel, ~streek** zone of silence; doldrums, belt of calm water. **~tyd** *(relig.)* quiet time; →STIL TYD.

stil·ton, stil·ton·kaas *(also S~)* Stilton (cheese).

sti·lus *-lusse* stylus, style.

sti·mu·lus *-mulusse, -muli* stimulus; stimulant. **sti·mu·lans, sti·mu·lans** *-lanse,* **sti·mu·lant** *-lante* stimulant; stimulus; kick; **sti·mu·la·sie** stimulation. **sti·mu·leer** *ge-* stimulate. **sti·mu·leer·mid·del** *-dels* stimulant.

stin·gel *-gels, (bot.)* stalk, stem, culm, tige. **~blaar, ~blad** stem/cauline leaf. **~bloeiend** *-e* cauliflorous. **~blom** pedunculate flower. **~bondel** cauline bundle. **~hegrank** stem tendril. **~knol** corm, stem tuber. **~knoop** node. **~knop** stem bud. **~lit** internode, article, joint. **~omhelsend, ~omsluitend** amplexicaul. **~omvattend** stem clasping. **~plant** cormophyte. **~rank** stem tendril. **~rosyn(tjie)** stalk raisin. **~stand** caulotaxis. **~standig** *-e* cauligenous, caulinar, cauline. **~suier** tiller. **~tros** corymb. **~voet** corm. **~vormig** *-e* cauliform, formed like a stalk. **~vrot** corm rot.

stin·gel·loos *-lose* stemless, stalkless, acaulescent, acaulous.

stin·gel·rig *-rige* stalked, stalky.

stin·gel·tjie *-tjies* peduncle, stemlet; →STINGEL.

stink *stink stinker stinkste, adj.* stinking, foul-smelling, smelly, fetid, foetid; rotten, disgusting; *'n* ~ *brief* a nasty letter. **stink** *ge-, vb.* stink, smell bad, hum *(infml.)*; →STINKEND; *iem./iets* ~ *na ...* s.o./s.t. stinks of ...; *van die geld* ~*, (infml.)* be filthy/mega/stinking/disgustingly rich. **~afrikaner** African marigold. **~akkedis** skink. **~besie** stink/garden bug; *groen* ~ cluster bug. **~blaar** *(Datura stramonium)* thorn apple, stramony, Jim(p)son weed *(Am.)*. **~blom** stinking camomile. **~bol** stink ball. **~bom** stink bomb/ball. **~boom** Indian cherry; *(Clerodendrum glabrum)* weeping tree. **~boon(tjie)** *(Acacia melanoxylon)* Australian blackwood. **~bos** *(Boscia foetida)* stink bush. **~brand** *(disease of cereal plants)* bunt, stinking smut. **~damp** stink damp. **~das(sie)** *(zool.)* stinking rock rabbit; stinking badger, teledu. **~dier** polecat, skunk. **~gogga** stink bug. **~gras** stink grass. **~hout** (black) stinkwood, Cape laurel. **~kakiebos** *(Tagetes minuta)* Mexican marigold. **~kewer** stink beetle. **~klawer** *(bot.)* melilot, sweet clover. **~klier** *(zool.)* scent gland/organ. **~koeël** stink ball. **~muishond** (Cape) polecat, striped mongoose, skunk, zorilla, zorille, stink cat. **~neus** *(med.)* oz(a)ena. **~olie(blaar), ~olie(boom)** thorn apple, stramony. **~padda** natterjack (toad). **~peul(boom)** *(Acacia nilotica)* red heart. **~poel** stinking pool, cesspool. **~pot** *(mil.)* stinkpot, stink ball; *(orn.: Procellaria aequinoctialis)* Cape hen; *(orn.: Phoebetria fusca)* black/sooty albatross. **~ryk** *(infml.)* filthy/mega/stinking/disgustingly rich. **~sprinkaan** elegant grasshopper. **~steen** *(min.)* stinkstone, anthraconite. **~stok(kie)** stinking weed, (penny) stinker. **~swam** stinkhorn, devil's egg. **~vis** stinkfish. **~vlieg** stink bug/fly. **~wants** stink bug.

stin·kend *-kende* stinking, fetid, olid, putrid, malodorous, noisome *(poet.)*; mephitic(al); *jou* ~ *maak by, (rare)* stink in the nostrils of.

stin·kerd *-kerds* stinkard, stinker, skunk *(fig.)*.

stin·ke·rig *-rige* stinking, smelly, whiffy, niffy.

stip *stippe, n.* point, spot, dot; blip *(on a radar screen)*. **stip** *stipte stipter stipste, adj. & adv.* punctual, precise, accurate; strict; prompt; intent; ~ *aankyk* stare at; *iem.* ~ *in die oë kyk* look fixedly at s.o., look s.o. straight in the eye; ~ *betaal* pay promptly; *~te betaling* prompt payment. **~instrument** plotter. **~punt** pinpoint.

sti·pen·di·aat *-ate* bursar. **sti·pen·di·um** *-diums, -dia* stipend; scholarship, studentship, bursary, exhibition.

stip·pel *-pels, n.* spot, speck, point, dot; pit; fleck; *(bot.)* pore. **stip·pel** *ge-, vb.* dot, point, mottle, fleck, freckle; *(painting)* stipple; roughcast. **~druk** stipple printing. **~drukker** *(comp.)* dot-matrix printer. **~kwas** stipple brush. **~lig** spotlight. **~lyn** dotted line. **~wiel** dotting wheel.

stip·pel·tjie *-tjies* dot, speck, point, fleck.

stip·per *(comp.)* graph(ics) plotter.

stip·pie *-pies* speck, dot, point; ~ *op die horison* speck on the horizon.

stip·sel·tjie *-tjies* mote.

stip·te·lik promptly, precisely, strictly.

stipt·heid punctuality; strictness; promptness, promptitude; exactitude, exactness, precision. **stipt·heids·ren, stipt·heids·tyd·ren** time-speed rally.

sti·pu·leer *ge-* stipulate, demand. **sti·pu·la·sie** stipulation, proviso, condition.

sti·reen *(chem.)* styrene.

sto·a *(Gr.)* stoa; *die S~* (of *leer[skool] van die Stoïsyne)* the Stoa.

sto·chas·ties, sto·gas·ties *(stat.)* stochastic.

stoei *n.* wrestling. **stoei** *ge-, vb.* wrestle; romp, scuffle, tussle. **~agent** matchmaker. **~geveg, ~wedstryd** wrestling match. **~kryt** wrestling ring. **~kuns, ~sport** wrestling.

stoei·er *-ers* wrestler, matman *(sl.)*. **stoei·e·rig** *-rige* romping. **stoei·e·ry** *-rye* wrestling; scuffle, tussle, melee, mêlée *(Fr.)*, rough-and-tumble, maul; fray.

stoel *stoele, n.* chair, seat; *(also, bot.)* stool; *'n* ~ ***laat agteroor leun*** tilt a chair; *in die* ***(elektriese)*** ~ *tereggestel word* go to the (electric) chair; *'n* ~ ***nader trek*** draw up a chair; *op 'n* ~ ***sit*** sit on a chair; *iem. wil op* ***twee*** *~e tegelyk sit* s.o. falls between two stools; *op* ***twee*** *~e probeer sit, (also)* run with the hare and hunt with the hounds; *tussen* ***twee*** *~e (in die as) val* fall between two stools; *iets nie onder ~e of banke* ***wegsteek*** *nie* make no secret of s.t.. **stoel** *ge-, vb., (bot.)* stool; put on weight, lose one's figure. **~bekleedsel** chair cover. **~boon(tjie)** →STAMBOON(TJIE). **~gang** stool, evacuation, motion, movement, defecation; ~ *hê* empty/move/evacuate one's bowels. **~geld** chair rent. **~gras** tussock grass. **~kierie** seat stick, shooting-stick. **~kleedjie** chair cover; chair back, antimacassar, tidy. **~kussing** cushion. **~leuning** chair back. **~mat** chair bottom/mat/seat. **~matter** chair-bottomer, maker of rush seats. **~patat(ta), ~sitter** *(infml.)* couch potato. **~poot** chair leg. **~rug** chair back. **~sitting** = STOELMAT. **~stadium** *(grains)* early boot stage.

stoe·le·dans musical chairs.

stoel·tjie *-tjies* stool, small chair, *etc.* (→STOEL *n.*).

stoep *stoepe* stoep *(SA Eng.)*; *oordekte* ~ veranda(h); porch; *voor jou eie* ~ *vee* →VOOR JOU EIE **DEUR** VEE. **~bank** stoep bench/seat. **~deur** door leading to stoep. **~kamer** stoep room, room opening on to the stoep. **~plant** pot(ted) plant. **~sitter** porch sitter; dawdler, easy-going fellow. **~stoel** stoep chair.

stoe·pa *-pas, (Buddh.)* stupa.

stoe·pie *-pies* little stoep *(SA Eng.)*.

stoer *stoere stoerder stoerste* sturdy, hardy, rugged, vigorous, stalwart; conservative; *~e ondersteuner* staunch supporter. **stoer·heid** sturdiness, hardiness, ruggedness.

stoet[1] *stoete* procession, train; cortège, cortege; *'n* ~ *perde* a string of horses; *'n* ~ *vorm* form a procession.

stoet[2] *stoete* stud; →STOETERY. **~boerdery** stud farming. **~dier** stud animal. **~hings** stud stallion. **~merrie** brood/stud mare. **~ooi** stud ewe. **~perd** studhorse. **~ram** stud ram. **~skaap** stud sheep. **~vee** stud animals, stud/brood stock. **~wol** stud wool.

stoe·te·ry, stoe·te·ry *-rye* stud; stud farm.

stoets *stoets(e) stoetser stoetsste, (dated)* obtuse; stubby, stumpy, blunt; dumpy; gruff; ~ *hoek* obtuse angle; ~ *neus* stumpy nose, stumpnose. **stoets·heid** *(dated)* stubbiness, stumpiness; gruffness.

stof[1] *stowwe, n.* dust, powder; fug; *(pl.)* dust storm; *jou in die* ~ ***buig*** prostrate o.s.; *in die* ~ ***byt,*** *(infml.)* bite/kiss/lick the dust, kiss the ground; *nie by iem. se* ~ ***kom*** *nie, (infml.)* not be in the same street with s.o.; *in die* ~ ***kruip*** grovel, eat dirt *(infml.)*; *voor iem. in die* ~ ***kruip,*** *(also, fig.)* lick s.o.'s boots/shoes; *iem. onder (die)* ~ ***loop,*** *(infml.)* bowl s.o. over; make/run rings around/round s.o. *(infml.)*; *baie* ~ ***maak*** kick up a lot of dust, raise a lot of dust *(lit.)*; ~ ***opja(ag)/opskop,*** *(infml.)* kick up a lot of dust, raise a lot of dust *(fig.)*; *hardloop dat die* ~ *so* ***staan*** run like blazes; *tot* ~ ***terugkeer*** return to dust; ***toe*** *wees onder die* ~ be covered with dust; *tot* ~ ***vergaan*** turn to dust; *iem. in die* ~ ***vertrap*** trample s.o. in the dust; *die* ~ *van jou* ***voete*** *afskud, (infml.)* shake the dust off one's feet. **stof** *ge-, vb.* dust, remove the dust; whisk. **~bak(kie)** dustpan. **~besem** hair/soft broom. **~blik** dustpan. **~borsel** banister brush. **~bril** goggles. **~deeltjie** particle/speck of dust; mote; particulate. **~deksel** dust cover. **~dig** *-te* dustproof, -tight. **~digtheid** dust-tightness. **~digting** dustproofing. **~gehalte** dust content. **~goud** gold dust. **~hoop** dust heap. **~inaseming** koniosis, coniosis. **~jas** dust coat/cloak, light overcoat; *(fac.)* donkey. **~kleur** dust colour. **~kleurig** *-e* dust-coloured. **~kole** dross coal, duff (coal). **~kom** dust bowl. **~laag** layer of dust. **~laken** dustsheet. **~lap** duster, dustcloth. **~leer** koniology, coniology. **~lesing** dust content. **~long** pneumo(no)coniosis. **~luis** booklouse, dust louse. **~meel** flour dust. **~meter** konimeter, coniometer, koniscope, coniscope. **~nat** sprinkled, wet on top; *dit het net* ~ *gereën* it was just a sprinkle/drizzle. **~natmakertjie** light shower. **~nes** dust trap. **~omslag** dust cover/jacket/wrapper, (book) jacket/wrapper. **~pêrel(tjie)** seed pearl. **~reën**

n. drizzle, sprinkle, mizzle. **~reën** *ge~, vb.* drizzle. **~siek=te** koniosis, coniosis. **~steenkool** dross coal, duff (coal). **~storm** dust storm. **~suier** vacuum cleaner, Hoover *(trademark, also h~)*, suction sweeper/cleaner. **~suig** *ge~, vb.* vacuum, hoover. **~toetser** dust sampler. **~uitsuier** dust exhauster. **~vry** dust-free, free from dust; dustproof, -tight. **~wol** dusty wool. **~wolk** dust cloud, cloud of dust, pother; *in 'n ~* in a cloud of dust.

stof² *stowwe, n.* material, stuff; fabric; matter; subject matter, theme; *baie ~ tot **dankbaarheid** hê* have much to be thankful for; *iets gee iem. ~ tot **nadenke*** s.t. gives s.o. food for thought; *~ tot **nadenke** hê* have food for thought, have s.t. to think about; *'n **rol** ~* a bolt of cloth; *~ **versamel*** collect material *(for a book etc.)*. **~aan=bidding** *(rare)* materialism. **~breedte** body, cloth width. **~deeltjie** molecule; corpuscle. **~inhoud** fabric composition. **~lengte** cloth bolt. **~monster** swatch. **~naam** name of material; material noun. **~wisselend** metabolic. **~wisseling** metabolism; metastasis. **~wisse=lingsproduk** metabolic product, metabolite.

stof·fa·sie material, stuff; *iem. van sy/haar ~* s.o. of his/her calibre; *wys van watter ~ jy (gemaak) is* show what stuff one's made of; *van sterker ~ gemaak wees* be made of sterner stuff.

stof·feer *(ge)~* upholster; furnish, garnish. **~kant** broad lace. **~spyker** tack. **~stof** →MEUBELSTOF. **~werk, stof=feerdery** upholstery.

stof·feer·der *~ders* upholsterer; garnisher. **stof·feer=de·ry** →STOFFEERWERK.

stof·fe·loos *~lose, (rare)* immaterial.

stof·fer, stow·wer *~s* duster; whisk.

stof·fe·ring *~rings, ~ringe* upholstering; upholstery, filling; garnishment, garniture.

stof·fie *~fies* speck of dust, mote; *'n ~ in die oog* grit in one's eye.

sto·fie *~fies* small stove; →STOOF *n.*.

stof·lik *~like* material *(interests etc.)*; tangible *(souvenir etc.)*; corporeal, substantial; physical, unspiritual *(world)*; *~e genietinge* creature comforts; *~e oorskot* mortal remains. **stof·lik·heid** materiality, corporeality, corporality.

stof·loos *~lose* dustless.

Sto·ïes *~ïese, (also s~)* →STOÏSYNS. **Sto·ï·sis·me** *(also s~), (philos.)* Stoicism, Stoic philosophy; stoicism; impassivity. **Sto·ï·syn** *~syne, (also s~)* Stoic (philosopher); stoic; →STOA. **Sto·ï·syns** *~synse, (also s~)* Stoic, of Stoicism; stoic(al), impassive.

sto·ï·gi·o·me·trie *(chem.)* stoich(e)iometry, stoechiometry **sto·ï·gi·o·me·tries** *~triese* stoich(e)iometric, stoechiometric.

stok¹ *stokke, n.* stick, staff, cane; cudgel, truncheon; (flag)pole; handle *(of a broom etc.)*; *(hockey)* stick; *(golf)* club; *(min.)* gad; pointer *(in a classroom)*; stock *(of an anchor, an anvil, a nut)*; →STOKKIE, STOKKIES~; *iem. met 'n ~ **bydam*** take a stick to s.o.; *voor ~ **gekry** word* be (called) on the carpet; *iem. voor ~ **kry**, (fig.)* take s.o. to task, haul s.o. over the coals, dust s.o. down; *iem. goed voor ~ **kry** oor iets, (also)* give s.o. a severe ticking-off (*or* a lot of fla[c]k) for s.t.; *jy sal iem. met geen/g'n ~ daar **kry** nie* wild horses would not drag s.o. there; *('n) mens (of 'n blinde) kan dit met 'n ~ **voel*** it stands/sticks out a mile, it is as plain as a pikestaff (*or* the nose on your face); *'n ~ in die **wiel** steek, (fig.)* throw a spanner in the works; *vir iem. 'n ~ in die **wiel** steek, (fig.)* put a spoke in s.o.'s wheel; spike s.o.'s guns. **~alleen, ~siel(salig)=alleen** all on one's own, quite alone, solitary, without a soul to keep one company, *(infml.)* on one's ownsome. **~beitel** clearing chisel. **~blind** *~(e)* stone-blind. **~brood** breadstick; French stick (bread). **~doof** stone deaf, deaf as a post. **~dril** swagger drill. **~dweil** mop, swabber. **~flou** dead beat/tired, dog-tired, clapped out *(pred.)*, clapped-out *(attr.)*, all in, (bone) weary. **~(-)insek** stick insect, walking stick. **~lengte** *(golf)* club length. **~letter** *(print.)* ascender; →BOSTEELLETTER. **~mes** drawing knife, drawknife, drawshave, spokeshave. **~oud** *stok=ou(e)* very old, as old as time/Methuselah/Adam (*or* the hills), *(joc.)* ancient; gummy *(a sheep)*. **~passer** beam compasses, trammel, pair of trammels. **~perd** *(toy)* hobbyhorse. **~perdjie** *(toy)* hobbyhorse; *(fig.)* hobby, leisure activity; fad; favourite topic; *jou ~ ry, (fig.: talk about one's favourite subject)* be on one's hobbyhorse. **~perd=(jie)ryer** hobbyist; faddist. **~roos** hollyhock; **~siel=alleen, ~sielsaligalleen** →STOKALLEEN. **~skêr** block shears. **~sok** bucket *(for a fishing rod)*. **~spy** forelock *(of an anchor)*. **~stertmeerkat** *(Suricata suricatta)* suricate, (slender-tailed) meerkat/meercat. **~stil** stock-still, motionless. **~styf** as stiff as a poker/ramrod; stark and stiff, wooden. **~werk** stick work. **~yster** tamping rod.

stok² *ge~, vb.* stop *(of breath)*; flag *(of conversation)*; *iem. se stem het ge~* s.o. got a catch in his/her voice.

sto·ker *~kers* stoker, fireman *(of a boiler)*, distiller *(of spirits)*; *(fig.)* firebrand, mischief-maker, intriguer. **sto=kers·luik** fiddley. **sto·ke·ry** *~rye* distillery; firing; *(fig.)* mischief-making. **sto·king** *(spirits)* distillation.

stok·ke·rig *~rige* stalky, woody, stringy, fibrous; stocky; wooden, clumsy, stilted. **stok·ke·rig·heid** woodiness; stockiness; woodenness, clumsiness.

stok·kie *~kies* little stick, cane; *(crocheting)* bar; (vine) shoot/cutting; *'n ~ voor iets steek, (infml.)* put a stop to (*or* a stopper on) s.t., foil/scotch s.t. *(plans etc.)*; *alle grappies op 'n ~* →GRAPPIE. **~lekker** sucker; lollipop.

stok·kies-: **~draai** *stokkiesge~* play truant. **~draaier** truant. **~draaiery** truancy. **~draer** *(entom.)* harvester termite. **~veiling** vine-cutting sale.

stok·ki·net *(text.)* stockinet(te).

stok·vel *(SA econ.; infml. savings/investment society)* stokvel.

stok·verf →STOPVERF.

stok·vis *~vis(se)* stockfish; hake; *(Europese) ~* hake.

stol *ge~* clot, coagulate, congeal, *(med.)* thrombose; set, gel, jell, curdle, solidify; freeze; concrete; →STOLLINGS~; *op 'n **beeld** van ... ~, (films, TV)* freeze-frame; *die **bloed** het ge~* the blood coagulated; *iem. se **bloed** laat ~, (fig.)* make s.o.'s blood curdle; *genoeg om die bloed in jou are te **laat** ~* enough to freeze the blood in one's veins; **~middel** *~s* coagulating agent, coagulant. **~punt** point of solidification, solidifying point. **~room** clotted/Devonshire cream. **~rots** *(geol.)* igneous/eruptive rock.

sto·la *~las, (long scarf/shawl; priest's vestment)* stole, tippet; *(hist.: Rom. matron's long robe)* stola.

stol·lend *~lende, (med.)* styptic.

stol·ling coagulation, congealment, clotting; solidification, concretion, fixation.

stol·lings-: **~gesteente** *(geol.)* igneous/eruptive rock. **~kompleks** *(geol.)* igneous complex. **~punt** = STOLPUNT. **~tyd** setting time; clotting time; bleeding time.

sto·lon *~lone, (bot., zool.)* stolon.

stolp *stolpe,* **stulp** *stulpe, n.* glass cover, bell glass/jar. **stolp** *ge~, vb.* cover. **~plooi** box pleat. **~verpakking** blister pack(aging), bubble pack.

stol·sel *~sels* clot, coagulum.

stom *stom(me) stommer stomste, adj.* dumb, mute, speechless; tongue-tied, inarticulate; mute, silent, unpronounced; quiescent; foolish, stupid, dull, stockish, dense, thickheaded; poor, wretched, pitiable; *die ~me dier* the poor beast; *die ~me mense* the poor/wretched people; *dit was ~me geluk* that was sheer/mere luck; *iem. het geen ~me woord gepraat nie* s.o. never said a word; *met ~me verbasing* →VERBASING. **stom** *adv.* dumbly, mutely, speechlessly; stupidly, foolishly, dully; *iem. ~ verbaas* dumbfound s.o.; →STOMVERBAAS WEES; *~ vervelend* deadly dull. **~dronk** dead/blind drunk, drunk as a fiddler/lord. **~dronksiekte** *(vet.)* blind staggers. **~kneg, stommekneg** *(rare, obs.)* dumb waiter. **~tou** *(rare)* silent march. **~verbaas** gasping, thunderstruck, thunderstricken, wonder-struck, wonder-stricken. *~ wees, (also)* be dumbfounded.

sto·ma *~mas, ~mata, (bot., zool., med.)* stoma. **sto·ma·ti·tis** *(med.: inflammation of the mouth)* stomatitis. **sto=ma·to·lo·gie** *(med.: study of the mouth)* stomatology. **sto=ma·to·lo·gies** *~giese* stomatological. **sto·ma·to·loog** *~loë* stomatologist.

sto·mend *~mende, (infml.)* steamy; →STOOM *vb.*.

stom·heid dumbness, mutism; stupidity, crassitude, crassness.

sto·ming steaming; →STOOM.

sto·mi·um *~miums, ~mia, (bot., biol.)* stomium.

stom·me *~mes* mute; *die ~ speel* act the dummy. **~kneg** *(rare, obs.)* →STOMKNEG.

stom·mel *ge~, (rare, obs.)* clatter, clutter, bump/fumble noisily, stumble, fuss about; *iem. hoor ~* hear s.o. moving about.

stom·me·ling¹ →STOMMERIK.

stom·me·ling² *~linge, (rare, obs.)* cluttering, clatter(ing), stumbling about; →STOMMEL.

stom·me·rik *~rike,* **stom·me·ling** *~linge* fathead, blockhead, dolt, mug, dumbbell, dunderhead, booby, (tom)fool, duffer, simpleton, ass, (silly) idiot; *'n volslae ~* a blithering idiot.

stom·mig·heid *~hede* stupidity, foolishness.

stom·mi·teit *~teite* blunder, howler, gaffe; stupidity; *'n ~ begaan* make/commit a faux pas, make an ass of o.s. *(infml.)*.

stomp *stompe, n.* stump, trunk, block; stub; *'n ~ (hout)* a log (of wood). **stomp** *stomp stomper stompste, adj.* blunt, dull *(knife)*; snub, stumpy *(nose)*; truncated; stubby *(fingers)*; obtuse *(angle)*; *~ maak* take the edge off, dull; *regteroor ~* right ear cropped; *~ sintuie* gross senses. **stomp** *adv.* dully, bluntly; *iets ~ afsny* cut s.t. (off) short; dock s.t. *(an animal's tail)*; crop s.t. *(s.o.'s hair)*. **~-aap** colobus (monkey). **~-as** stub axle/shaft. **~doring** wild gardenia. **~-enting** stub grafting. **~hoe=kig** *~e* obtuse-angled. **~hout** stumps. **~kant** butt. **~kop** croppy, crop-head; *(SA icht.)* musselcracker. **~las** butt joint; →STUIKLAS. **~loot** coppice shoot. **~lootbos** coppice forest. **~lootgewas** coppice growth. **~neus** snub/pug nose; snub-nosed/pug-nosed person; *(icht.)* stumpnose. **~neusdolfyn** bottlenose(d) dolphin. **~neusgraaf** square-nose(d) shovel. **~neusskaaf** bull-nosed plane. **~neusskoen** square-toed shoe. **~oor** *n.* crop-ear; crop-eared sheep/*etc.*. **~oor** *adj. & adv.* crop-eared. **~sig=tig** *~e* amblyopic. **~sigtigheid** amblyopia. **~sinnig** *~e* stupid, dense, obtuse, dull, stolid, dim-witted; idiotic, feeble-minded. **~sinnigheid** stupidity, dul(l)ness, denseness, obtuseness; idiocy, feeble-mindedness, amentia. **~stert** *n.* dock/stumpy tail; dock-tailed animal. **~stert** *adj. & adv.* dock-tailed, stump-tailed, docked; stumpy. **~stert-arend** bateleur (eagle). **~stertbaadjie** *(fac.)* dinner jacket. **~stertjie** *~s* little dock tail; *(orn.)* crombec. **~stertkat** Manx/tailless cat. **~sweis** butt welding. **~wis=ser** *(drawing)* stump.

stomp·heid bluntness; dul(l)ness; obtuseness.

stom·pie *~pies* small stump/stub; end, stub *(of a cigar, cigarette, etc.)*; fag end; stub *(of a pencil)*; *(bot.)* red (and yellow) bottlebrush. **~parade** *(SA mil. sl.)* chicken parade.

ston·de *~des, (rare, fml.)* hour, time; *(also, in the pl.)* (monthly) periods, menses; *van dié ~ af, (rare, fml.)* henceforth.

stonk *ge~* roll, approach *(in marble games)*; stump *(in cr.)*. **~streep** *(marble games)* taw; *(cr.)* (popping) crease.

stoof *stowe, n.* (cooking) stove, cooker; stove; range; footwarmer. **stoof, sto·we** *ge~, vb.* stew, cook, casserole, jug *(food)*; broil, swelter *(in the sun)*; →STOWE. **~ap=pel, stoweappel** cooking/stewing apple, codlin(g). **~borsel** stove brush. **~kap** stove hood/canopy. **~pan** stew(ing) pan. **~patat, ~patatta, stowepatat(ta)** stewed sweet potato. **~peer, stowepeer** cooking/stewing pear. **~plaat** stove plate. **~politoer** stove polish, blacklead. **~ring** stove ring. **~steen** firebrick. **~vleis** →STOWE=VLEIS. **~waks** stove polish.

stook *ge~* fire, stoke *(a furnace, an engine)*; burn *(coal, wood)*; make/light a fire; distil *(spirits)*; pick *(the teeth)*; *kwaai ~, (infml.)* smoke heavily; drink hard/heavily; *iets uit ... ~* distil s.t. from ...; *kwaad ~* →KWAAD² *n.*. **~aanleg** fire installation. **~gas** cooking/heating/fuel gas. **~gat** stokehole. **~kamer** still room. **~ketel** (pot/brandy) still; boiler. **~mos** →STOOKWYN. **~olie** oil fuel, (residual) fuel oil; *swaar ~* furnace oil. **~oond** furnace. **~plaat** footplate. **~plek** fireplace; stokehole, stokehold.

~**ruim** *(naut.)* stokehold. ~**wyn** distilling wine. ~**yster** poker.

stool *stole, (obs.)* →STOLA.

stoom *n.* steam; vapour; ~ ***afblaas,*** *(lit., fig.)* blow/let/work off steam; ~ ***maak,*** *(lit.)* get up steam; ~ ***maak/ontwikkel/opwek*** raise steam; ***onder*** ~ *wees, (locomotive etc.)* be under steam, stand/lie (*or* be ready) with steam up; *met* ***volle*** ~ (at) full steam. **stoom** *ge-, vb.* steam; *ge~de poeding* steamed pudding; *vis* ~ steam fish; *waarnatoe ~ jy?* where are you rushing to? ~**bad** *-baaie* steam/vapour bath. ~**barkas** steam launch. ~**behandelde:** ~ *rys* parboiled rice. ~**boor** steam drill; steam boring machine. ~**boot** steamer, steamboat. ~**dig** steam-tight. ~**druk** steam pressure. ~**drukmeter** steam gauge. ~**entoesias** →STOOM(TREIN)ENTOESIAS. ~**era** steam age. ~**fluit** steam whistle, siren. ~**gedrewe** steam-driven, -operated, -propelled. ~**geesdriftige** →STOOM(TREIN)-ENTOESIAS. ~**generator** steam-driven generator. ~**grawer,** ~**graafmasjien** steam shovel/navvy. ~**hamer** steam hammer. ~**hamerwerker** steam-hammer man/operator. ~**hitte** steam heat. ~**jag** steam yacht. ~**kamer** steam room. ~**kastrol** *(cook.)* steamer, waterless cooker. ~**ketel** (steam) boiler, steam generator; autoclave; →STOOMSTERILISATOR. ~**klaar** under steam. ~**klep** steam valve/slide. ~**kraan** steam crane/winch *(for loading);* steam cock *(for letting out steam).* ~**krag** steam power/traction; *met* ~ steam-driven, -propelled. ~**kragsentrale** thermal power station. ~**kursus** *(rare)* crash course. ~**leiding** steam line. ~**mantel** steam jacket. ~**masjien** steam engine. ~**meul(e)** steam mill. ~**middel** *-s* inhalant. ~**pers** steam press. ~**ploeg** steam plough. ~**poeding** plum duff. ~**pomp** steam pump. ~**pot** →STOOMKASTROL. ~**pyp** steam pipe. ~**reiniging** steam cleaning. ~**rem** steam brake. ~**roller** steamroller; *soos 'n ~ deur die verdediging bars* power through the defence. ~**skip** steamer, steamship. ~**sterilisator** autoclave; →STOOMKETEL. ~**suier** steam piston. ~**trein** steam train. ~**(trein)entoesias,** ~**(trein)geesdriftige** steam train enthusiast. ~**trekker** steam tractor. ~**turbine** steam turbine. ~**vaart** steam navigation. ~**vaartlyn** steamship line. ~**vaartmaatskappy** steamship company, steam navigation company. ~**vermoë** steam power. ~**verwarming** steam heating; central heating. ~**wa** steam wag(g)on. ~**wals** steamroller. ~**wassery** steam laundry. ~**yster** steam iron; →PARSYSTER.

stoor[1] *store n., (infml.)* store(house). **stoor** *vb.* store (away/up); *(comp.)* save, store, bin *(data).*

stoor[2] *ge-, vb.* →STEUR[2]. **stoor·nis** →STEURNIS.

stoot *stote, n.* push, thrust, dig, buffet; *(billiards)* shot, stroke; *(weightlifting)* jerk; *(chess)* move; boost, impetus; jolt; *die* ***eerste*** *~ gee* set the ball rolling; *iem./iets 'n ~* ***gee*** give s.o./s.t. a shove; *iem./iets 'n ~ (vorentoe)* ***gee*** be a boost for s.o./s.t., give s.o./s.t. a boost/fillip; *iets 'n ~ (vorentoe)* ***gee,*** *(also)* give an impetus to s.t.; ***goed*** *op ~ wees, (billiards)* be in a good form. **stoot** *ge-, vb.* push, thrust, knock, bump, shove, buffet, jolt; shove, jostle *(in a crowd);* butt, toss; move *(in chess);* promote, push *(fig.);* wheel *(a baby in a pram, a bicycle);* play *(a billiard ball); (the tide)* come in; *(the wind)* bluster; *(vulg. sl.: have sexual intercourse)* bonk, lay, fuck, bang, hump, screw, poke *(s.o.); iets* ***opsy*** ~ push/thrust s.t. aside; brush s.t. aside; *iem.* ***opsy*** ~ elbow/push/thrust s.o. aside; *iem. uit die* ***pad*** ~ shoulder s.o. aside; *iem./iets* ***uit*** ... ~ force s.o./s.t. out of ...; *iem./iets* ***van*** ... ~ push s.o./s.t. from ...; *ge~* ***word,*** *(vulg. sl., derog.)* get laid. ~**bal** pushball; *(billiards)* cue ball. ~**balk** buffer beam. ~**band** binding, braid, false hem; *(billiards)* cushion. ~**blok** buffer block/stop, stop buffer. ~**bord** riser, stair rise. ~**demper** *(rare)* shock absorber. ~**kant** false hem, border, welt; *(min.)* stoss side. ~**kar(retjie)** handcart, pushcart, barrow; →STOOTWA, STOOTWAENTJIE. ~**klep** poppet (valve), puppet valve. ~**koevoet** pinch/wrecking bar. ~**krag** push, momentum; drive; *(mech.)* thrust. ~**kussing** buffer, bumper, pad. ~**las** butt-scarf, butt joint. ~**lokomotief** banking engine. ~**mes** fleshing knife. ~**mol** *(Cryptomus hottentotus)* common mole rat. ~**naat** butt joint. ~**pen** butting peg, gudgeon (pin). ~**plaat** buffer plate; guard *(of a rifle);* sword guard. ~**pols** water hammer pulse. ~**ring** abutment ring. ~**saag** compass/piercing saw. ~**serie** break *(at billiards).* ~**siekte** →DRONKSIEKTE. ~**skraap** *ge-* bulldoze. ~**skraper** bulldozer. ~**stang** pushrod. ~**stoel** pushchair, wheelchair, Bath chair. ~**stok** *(billiards)* cue; quant, bargepole. ~**veer** buffing spring. ~**voeg** standing/vertical/butt joint. ~**wa** handcart, handbarrow, pushcart; →STOOTKAR(RETJIE). ~**waentjie** pram, kiddie car, baby buggy, perambulator *(rare, fml.);* handcart, handbarrow, pushcart.

stoot·jie *-jies* tip, hoist.

stop[1] *stoppe, n.* darn; plug; fill, pipeful *(of tobacco);* stopper *(of a bottle).* **stop** *ge-, vb.* stop/fill (up); plug (up) *(a hole);* fill *(a pipe, tooth, etc.);* darn *(a sock);* stuff *(birds, one's ears, a cushion, food into one's mouth);* pack; slip *(into one's pocket);* bundle *(into a vehicle);* chock; cork; *iets* ***in*** *... ~* cram s.t. into ...; pop s.t. into ...; ram s.t. into ...; stuff s.t. into ...; shove/thrust s.t. into ...; pump s.t. into ... *(money into a business etc.);* ***in*** *'n inrigting ge~ wees* be shut away in an institution; *~ van* ***myne!*** have some of mine! *(tobacco); iem.* ***vol*** *... ~, (infml.)* pump s.o. full of ... *(lies etc.); iets te* ***vol*** ~ overstuff s.t. *(a briefcase etc.).* ~**bal** *(billiards)* hazard. ~**blok** chock. ~**eier** *(needlework)* darning egg/mushroom. ~**fles** *(rare, obs.)* stoppered bottle/jar. ~**gare,** ~**garing** darning thread/cotton. ~**gat** *(rare)* electric socket; plughole. ~**goed** mending. ~**hars** joiner's putty. ~**hout** packing. ~**klei** puddle (clay), puddled clay. ~**klip** filler (stone), stopgap; *(also, in the pl., building)* shivers; *(min.)* packing. ~**kontak** (electric) plug, connection, wall outlet/plug, power plug. ~**lap** *(fig.)* filling, fill-up, stopgap, filler. ~**-maar-in** *n.* holdall. ~**mes** putty/glazier's knife. ~**middel** *-s* stopgap, filling; *(med.)* astringent. ~**naald** darning needle. ~**pik** tamping pick. ~**plek** darn. ~**skakelaar** *(rare)* plug switch. ~**spek** lardo(o)n. ~**steek** darning stitch. ~**stok** stuffing stick. ~**stuk** *(min.)* chock; *(rare)* filler *(in a newspaper).* ~**sy** darning silk. ~**verf** putty. ~**vry** holeproof. ~**was** bee glue, propolis. ~**werk** darning (work). ~**wol** darning wool, mending (wool). ~**woord** expletive; stopgap; patch word.

stop[2] *n.* stop, pause. **stop** *ge-, vb.* (come to a) stop, pull up, halt; (bring to a) stop; *die verkeer ~* hold up the traffic. ~**afstand** stopping distance. ~**bis** *(comp.)* stop bit. ~**horlosie,** ~**oorlosie** stopwatch. ~**knoppie** stop button. ~**lig** stoplight. ~**oorlosie** →STOPHORLOSIE. ~**plek** stopping/halting place, halt, stop. ~**sein** stop signal. ~**setter,** ~**sitter** terminator. ~**setting** *-tings, -tinge* stoppage, stopping, closing-down, shutdown, closure. ~**sit** *stopge-* stop, close/shut down, discontinue; put an end (*or* a stop) to; make an end of, call a halt to, terminate; arrest *(a movement);* sta(u)nch *(a flow);* stay. ~**straat** stop street. ~**streep** halt/stop line. ~**teken** stop/halt sign. ~**trein** slow/stopping train. ~**vlughou** *(tennis)* stop volley.

stop·pel *-pels* stubble. ~**baard** stubble (beard), stubbly/bristly beard; *sorgvuldig gekweekte ~* designer stubble. ~**droog** as dry as rubble. ~**hare** stubble, stubbly hair. ~**land** stubble field; *op die ~ sit, (obs.)* →OP DIE RAK SIT. ~**ploeg** stubble ploughing.

stop·pel·rig *-rige,* **stop·pelig** *-lige* stubbly, bristly *(chin etc.).*

stop·pend *-pende, (med.)* obstruent.

stop·per *-pers* darner; mender; stopper; →STOP[1].

stop·sel *-sels* filling *(of a tooth);* plug, wad, stuffing, padding, tampon, tamping; darn; filling, fill *(of tobacco).*

sto·raks[1] *(bot.)* storax, styrax.

sto·raks[2] *-rakse,* **sto·raks·boom** American gum tree, sweet gum; liquidambar.

sto·rend →STEUREND.

sto·rie *-ries* story, tale, yarn, history; spiel *(infml.);* fib; *die ~* ***gaan*** *dat ...* it is rumoured that ...; *die ~ raak ál* ***ingewikkelder*** the plot thickens; *jou ~* ***ken,*** *(infml.)* know what one is talking about; *om 'n* ***lang*** *~ kort te maak* to cut/make a long story short; *dis* ***sommer*** *~s* it's all my eye *(infml.); 'n ~* ***uitdink/versin*** make up a story; *die ~* ***van*** ... the story of ...; *'n ~* ***vertel*** tell a story; spin a yarn *(infml.); ~s* ***vertel*** tell stories/yarns/fibs; gossip, slander; ~**boek** storybook. ~**maker** *(rare)* gossip.

sto·ring →STEURING.

storm *storms, n.* storm, gale, tempest; assault; tumult; *die ~* ***bars*** *los* the storm breaks; *'n ~* ***bars*** *oor iem. los* a storm bursts over s.o.'s head; *die ~* ***bedaar*** the storm sinks/subsides; *'n ~ is aan die* ***broei/kom*** a storm is brewing (*or* blowing up); *die ~* ***deurstaan/trotseer*** weather the storm, tough it out; *~ en* ***drang*** storm and stress; *(Germ. liter.)* Sturm und Drang; *die ~ in iem. se* ***gemoed*** the tumult within s.o.; *'n ~ in 'n* ***glas*** *water* a storm in a teacup; *die ~ gaan* ***lê*** the storm sinks/subsides; *'n ~* ***steek*** *op* a storm is brewing (*or* blowing up); *die* ***stilte*** *voor die ~* →STILTE; *die ~ het (hom)* ***uitgewoed*** the storm is spent; *die ~* ***verduur*** face the music *(infml.).* **storm** *ge-, vb.* charge, attack, assault, storm, charge at; bluster, blow great guns; ***dit*** *~* it is storming, there is a storm blowing; ***na*** *... toe ~* rush up to ...; make a rush for ...; make a dash at/for ...; ***nader*** *~* rush up; *~* ***om*** *iets te kry* make a rush for s.t.; *'n* ***vesting*** *~* storm a fortress. ~**aanval** charge, assault, storming. ~**baan** storm path; *(mil.)* assault course. ~**band** hat guard; chin strap/stay. ~**breedtes:** *die ~, (naut.)* the roaring forties *(also: R~ F~).* ~**bui** *(meteorol.)* squall. ~**dek** hurricane deck. ~**deur** storm door. ~**-en-drang,** ~**-en-drang(-)tydperk** *(Germ. liter.)* Sturm und Drang. ~**gebied** storm area/zone/belt. ~**gety** storm tide. ~**glas** storm glass. ~**golf** storm wave; *(<Jap.)* tsunami *(caused by an earthquake or volcanic eruption)* ~**grootseil** *(naut.)* trysail. ~**hart** →STORMKERN. ~**hoed** *(hist.)* helmet, morion. ~**hoek** storm quarter; stormy cape. ~**ja(ag)** *stormge-* storm, charge. ~**jaer** *-s* stormer; (hard) dumpling. **S~kaap** Cape of Storms. ~**keël,** ~**kegel** stormcone. ~**kern,** ~**hart** eye of a storm. ~**klap** *(naut.)* deadlight. ~**klok** alarm bell, tocsin. ~**kursus** assault course. ~**lamp,** ~**lantern** hurricane lamp, storm lantern/lamp. ~**leer** scaling ladder. ~**loop** *-lope, n.* charge, assault, rush; stampede; *'n ~ na die bank* a run on the bank; *'n ~ om iets* a scramble for s.t.. ~**loop** *stormge-, vb.*charge, storm, rush; *iem. ~* rush/charge at s.o.. ~**lyn** guy (rope). ~**pas** *(mil.)* double-quick march/step. ~**ram** battering ram. ~**rand** welt *(of a shoe).* ~**ring** clasp *(of a ring).* ~**see** stormy sea. ~**sein,** ~**sinjaal** storm signal. ~**sentrum** storm centre. ~**skade** storm damage. ~**soldaat** storm trooper; *(in Nazi Germany)* Brown Shirt. ~**sterk** *adj. & adv.* (of) gale force, at gale force; *~ wind* gale-force wind. ~**sterkte** gale force. ~**swa(w)el** *(orn.)* storm(y) petrel. ~**tou** guy (rope), weather line. ~**troep** storming party. ~**troepe** storm/shock/assault troops. ~**vlaaglyn** *(meteorol.)* squall line. ~**voël** *(orn.)* storm(y) petrel, Mother Carey's chicken; albatross; fulmar (petrel); storm bird; *'n ~ wees, (fig.)* be a stormy petrel. ~**voorspelling** gale forecast. ~**waarskuwing** storm/gale warning. ~**weer** stormy weather; gale. ~**wind** high wind, gale, tempest, windstorm, hurricane. ~**windbui** black squall. ~**wolk** storm cloud, thundercloud.

storm·ag·tig, storm·ag·tig *-tige* stormy; gusty, squally; tempestuous; *~e toejuiging* a storm of applause. **storm·ag·tig·heid** storminess.

stor·mend *-mende, (also)* action-packed. **stor·men·der·hand** by storm.

stort *n.* shower (bath). **stort** *ge-, vb.* (have/take a) shower; spill, slop *(milk);* shed *(tears);* pour; plunge *(into water, war, misery);* dump *(radioactive/nuclear waste in the sea/etc.),* tip *(rubbish);* deposit, pay in/over *(money);* →STORTING; *dit ~* the rain comes down, it pours with rain, it's coming down in buckets/sheets; *dit reën dat dit ~* it is raining cats and dogs; *geld op 'n rekening ~* pay money into an account. ~**baan** ore chute/pass. ~**bad** shower (bath); drencher; douche; *'n ~ neem* have/take a shower; *stortbaaie neem* take showers; *~dens bou* build shower baths; ~**badkamer** shower (bath/room). ~**bak** dump body; hopper; skip. ~**(bak)vragmotor** →STORTWA. ~**bui** (pelting) shower, downpour, deluge *(of rain).* ~**deur** shower door; dump door. ~**gat** shooting/chute hole. ~**geut** spout; chute, shute, shoot. ~**goed(ere)** bulk. ~**gordyn** shower curtain. ~**graan** bulk grain, grain in bulk. ~**hokkie** shower cubicle. ~**hoop** rubbish tip/dump, tip mound. ~**kar** dumpcart, dumper, tip/tilt(ing) cart. ~**kas** hopper. ~**kep(pie)** shower cap.

~klep jettison valve. **~klip** riprap. **~lading** cargo in bulk. **~plek** dump, depositing site/ground, tip; *geen* ~ no dumping. **~pyp** waste pipe, overflow (pipe), exhaust pipe. **~reën** *n.* downpour, torrential/pouring rain, sheeted rain, deluge; *'n ~ van ..., (fig.)* →'N STORTVLOED VAN ... **~reën** *ge-, vb.: dit ~* it is pouring with rain, the rain is coming down in buckets/sheets. **~see** heavy/topping/head/high sea, surge; *'n ~ kry* ship a sea. **~terrein** tipping site, dumping ground. **~toestel** tipping plant. **~tregter** hopper. **~trok** tipping truck. **~vas** spillproof. **~vloed** flood, torrent; *(fig.)* deluge, mass, volley, spate; *'n ~ van ...* deluge/rash of ... *(complaints, questions, etc.)*. **~vrag** *(maize etc.)* bulk cargo. **~wa** tip(per)/dump(ing)/charging/tipping truck, dumper (truck).

stor·ter *-ters* dumper; depositor, payer(-in).

stor·ting *-tings, -tinge, (dated)* deposit, part payment; paying-in; shedding, fall, *etc.*; →STORT *vb.*. **stor·tings·be·wys** *(dated)* deposit receipt, pay(ing)-in slip. **stor·tings·vorm** *(dated)* deposit slip.

Stor·ting *(Norw. parl.)* Stort(h)ing.

sto·tend *-tende, (rare)* offensive.

sto·ter *-ters* pusher; *(tech.)* tappet. **sto·te·rig** *-rige* butting *(bull)*; stammering, stuttering, jerking, jerky; jolty; *(rare)* irritable, crusty; →STOOT *vb.*.

stot·ter *ge-* stutter, stammer, titubate; *erg ~* have a bad stutter. **stot·te·raar** *-raars* stutterer, stammerer. **stot·te·rend** *-rende* stuttering, stammering, blundering.

stou *ge-, (naut.; rare)* stow, trim. **~plek** stowage. **~werk** stowage.

stou·er *-ers, (naut.; rare)* stower, trimmer, stevedore. **stou·ing** stowage; trim.

stout *stout(e) stouter stoutste* naughty, bad; spicy; bold, daring; *nie in iem. se ~ste drome nie* not in s.o.'s wildest dreams; *die ~e skoene aantrek* pluck up (*or* screw up one's) courage, take the plunge, venture boldly, feel emboldened; *die ~ste verwagtings oortref* exceed the wildest expectations, go beyond the wildest hopes. **stou·terd** *-terds* naughty child, brat. **stout·heid** naughtiness; boldness, daring. **stou·tig·heid** naughtiness, wickedness. **stout·moe·dig** *-dige* bold, daring, courageous, stalwart. **stout·moe·dig·heid** boldness, daring.

sto·we (→STOOF *vb.*): **~beesvleis, ~biefstuk** stewing steak. **~pan** stew pan. **~patats, ~patattas** stewed sweet potatoes. **~vleis, stoofvleis** stew(ing) meat; stewed meat; *fyn ~* fricassee. **~vrug, stoofvrug** cooker. **~vrugte, stoofvrugte,** *(also)* stewed fruit.

stow·we·rig *-rige* dusty; fuggy. **stow·we·rig·heid** dustiness; fug.

straal *strale, n.* beam, ray *(of light, hope, etc.)*; flash *(of lightning)*; stream, jet, spout *(of water)*; *(geom.)* radius, semidiameter *(of a circle)*; gleam; flicker, ray *(of hope)*; frog, cushion *(of a horse's hoof)*. **straal** *ge-, vb.* shine; beam, glow, glitter, flash, gleam, radiate; *(radio)* beam; →STRALEND; *iets ~ uit iem. se oë* s.t. shines out of s.o.'s eyes; *van ... ~* beam with ... *(pleasure etc.)*; *iem. se oë ~ van ...* s.o.'s eyes are alight with ... *(joy etc.)*. **~aandrywing** jet propulsion; *met ~* jet-propelled. **~bad** needle bath. **~band** →STRAALLAAGBAND. **~bars** radial shake/crack. **~been** *(anat.)* navicular bone. **~behandeling, ~terapie** ray therapy, radiotherapy, actinotherapy. **~blits, ~weerlig** streak lightning. **~blom** ray flower. **~blommetjie** ray floret. **~brekend** refractive, *(phys.)* refringent. **~breker** deflector. **~breking** refraction. **~brekingshoek** angle of refraction. **~brekingsleer** dioptrics, refraction. **~buiging** diffraction. **~buis** jet/beam tube. **~bundel** →STRALEBUNDEL. **~dier** radiate animal. **~draadloos** →STRAALRADIO. **~eeu** jet age. **~gips** fibrous gypsum. **~hoek** *(geom.)* radian. **~jagter** jet fighter. **~kaatser** reflex reflector. **~kaggel** reflector fire, radiator. **~kanker** *(vet.)* cancer of the hoof. **~koud** stone-cold. **~laagband, ~band** radial(-ply) tyre. **~lamp** flood lamp. **~lig** radiated light. **~liggaam** ciliary body. **~liggaamspier** ciliary muscle. **~lyn** radial line, radiant. **~motor** *-e* jet engine. **~pistool** *(sci-fi)* ray gun. **~plooi** sunray pleat. **~plooiromp** sunray pleated skirt. **~pomp** jet pump. **~pyn** referred pain, synalgia. **~pyp** jet pipe, nozzle; *(welding)* cutter. **~radio, ~draadloos** beam radio/wireless. **~radiografie** beam radiography. **~ritser** jet-setter. **~skimmel** →STRAALSWAM. **~skimmelsiekte** →STRAALSWAMSIEKTE. **~son** sunburst. **~steen** *(min.)* actinolite. **~strooiing** scattering of radiation. **~stroom** *(meteorol., tech.)* jet stream. **~stuk** jet. **~swam, ~skimmel** actinomycete, ray fungus; actinomyces. **~swamsiekte, ~skimmelsiekte,** *(esp. vet.)* actinomycosis, lumpy/big jaw. **~terapie** →STRAALBEHANDELING. **~versprei(d)er** radiator. **~visier** radial backsight. **~vliegtuig** →STRALER. **~vormig** *-e* radial; actiniform. **~weerlig** →STRAALBLITS. **~werper** spotlight.

straals·ge·wys, straals·ge·wy·se radial; radially; →STRALE-.

straal·tjie *-tjies* small/feeble/weak ray/beam; gleam, flicker; trickle *(of blood etc.)*; squirt *(of water)*; glimmer *(of hope)*; small jet; *'n dun ~* a mere trickle.

straat *strate, n.* street; strait *(of the sea)*, channel; ***Adderley-** en Waalstraat* Adderley and Wale Streets; *die strate **afloop/platloop*** beat/tramp/walk the streets; ***blinde** ~* cul-de-sac; ***bo** in die ~* up the street; *op die **ent/punt** van die ~* at the end of the street; *op ~ **gaan*** go on the streets; *iem. op ~ **gooi**, (infml.)* turn s.o. out (into the street); throw s.o. out of employment; ***in** die ~* in the street; ***in** die ~ af* down the street; →STRAATAF; ***in** die ~ op* up the street; →STRAATOP; ***laer** af in die ~* down the street; *iets **lê** op ~, (infml.)* everybody knows/talks about s.t.; *die ~ **meet**, (infml.)* be unsteady on one's feet; ***onder** in die ~* down the street; ***onder** in die ~ woon* live down the street; *die ~ **oorsteek*** cross the street; ***op** ~* in the street; *waar die ~ **ophou*** at the end of the street; *van die ~ **opraap*** pick out of the gutter; *iem. op ~ **sit*** turn s.o. out (into the street); *op ~ **sit*** be homeless; *'n ~ **skoonvee**, (fig.)* clear a street; *'n ~ **uit** Rissikstraat* a street off Rissik Street; ***van** die ~ af* off the street; out of the gutter. **straat** *ge-, vb., (rare)* face with stones; flag, pave; *gestrate paadjie* paved walk. **~af** down the street; *~ loop* walk down the street. **~arm** *(rare)* as poor as a church mouse. **~bakleier** street fighter. **~belasting** *(hist.)* pavage. **~betoging:** *'n ~ hou* take to the streets. **~bewind** mob rule. **~boef** hooligan, hoodlum. **~boewery** hooliganism. **~bordjie** nameplate. **~briewebus, ~posbus** pillar box. **~brug** viaduct. **~deur** street door; front door. **~gans** *(rare)* jaywalker. **~gesig** = STRAATTONEEL. **~gespuis** hooligans, roughs. **~geut** *(rare)* (street) gutter. **~geveg** street fight/battle, brawl; *(also, in the pl.)* street fighting. **~grens** street line. **~handelaar** →STRAATSMOUS. **~hoek** street corner. **~jeug** street children/urchins, strollers *(SA)*. **~kaart** street map. **~kafee** sidewalk café. **~kind** street child/urchin, stroller *(SA)*. guttersnipe *(derog.)*. **~klip, ~kei** *(rare, obs.)* cobble. **~kollekte** street collection. **~komitee** *(SA)* street committee. **~kunstenaar** pavement artist; street entertainer. **~lamp** streetlamp. **~lied(jie)** street song/ballad; popular song. **~lig** streetlight. **~loper** streetwalker, stroller *(SA)*. **~maker** road-maker, -mender, paver. **~mark** street market. **~meisie** →STRAATVROU. **~mense** *(pl.)* street people. **~meubels** street furniture. **~musikant** street musician. **~naam** name of a street, street name. **~op** up the street; *~ loop* walk up the street; **~orrel** barrel organ, hurdy-gurdy. **~parkering** on-street parking. **~party(tjie)** street party. **~plan** street plan. **~prediker** soapbox preacher/evangelist. **~rand** kerb(ing). **~redenaar** soapbox orator. **~reiniging, ~reinigingsdiens** street clean(s)ing, scavengery. **~roof** street robbery, mugging; *~ pleeg* mug. **~rower** mugger. **~sanger** street singer. **~slim** →STRAATWYS. **~smous, ~handelaar** street trader. **~stamper** *(tech.)* monkey, paving beetle. **~steen** cobble, paving stone, paver. **~storie** urban legend/myth. **~taal** street jargon, vulgar language, billingsgate *(Br.)*. **~teater** street theatre. **~toneel** street scene. **~veër** street cleaner/sweeper, scavenger, crossing-sweeper. **~verdieping** ground floor. **~verkeer** street traffic. **~verligting** streetlighting. **~vermaak** street entertainment. **~voor** street furrow; gutter. **~vrou** *(derog.)* prostitute, streetwalker, woman of the streets, painted woman. **~waarde** street value *(of a drug etc.)*. **~wals** steamroller. **~woord** vulgarism. **~wys, ~slim** *(infml.)* streetwise, street-smart. **~wysheid** street wisdom.

Straats·burg *(geog.)* Strasbourg, Strassburg.

stra·bo·to·mie *(med.)* strabotomy.

Stra·di·va·ri·us(·vi·ool) Stradivarius (violin).

straf *strawwe n.* punishment, penalty, chastisement; penance; scourge; *op ~ van die **dood**, (fml.)* on/under pain of death; *die **goddelike** ~* divine judg(e)ment; *~ **kry/ondergaan**, (lit.)* be punished; *(fig.)* receive/take (*or* come in for) punishment; *iem. moet sy/haar ~ **kry/ondergaan*** s.o. must take his/her medicine; *'n **ligte/sagte** ~ kry* get a light punishment; ***op** ~ van ..., (fml.)* on/under penalty/pain of ...; *'n **sagte** ~ kry* →***ligte/sagte***; *'n **swaar** ~* a severe punishment; *~ aan iem. **toedien*** administer punishment to s.o., inflict punishment on/upon s.o.; *~ **uitdeel*** hand/mete out punishment, dish out punishment *(infml.)*; *'n ~ **uitdien/uitsit*** do/serve time; *~ **verdien*** deserve punishment; *baie/kwaai ~ **verduur**, (infml., sport)* take a punishing; ***vir** jou ~* for one's sins; ***vir/tot** ~* as a punishment; *by **wyse** van ~* as a punishment. **straf** *strawwe strawwer strafste, adj. & adv.* severe *(winter)*; severe, heavy *(frost)*; severe, stern *(tone, mien)*; rigid *(attitude)*; hard, stiff *(test, work)*; *'n strawwe **dors*** a raging *(thirst)*; *~ **drink/rook**, 'n strawwe **drinker/roker** wees* be a heavy drinker/smoker, be a hard-drinking man/woman; *dit het ~ **gereën*** it rained heavily; *'n strawwe **klim*** a punishing climb; *'n strawwe **maatreël*** a drastic measure. **straf** *ge-, vb.* punish, chastise, smite, castigate, inflict punishment, bring to book; correct; penalise; *met ... ge~ wees* be cursed with ...; *iem. lig/swaar ~* punish s.o. lightly/severely; *iem. vir/weens iets ~* punish s.o. for s.t.. **~baar** *-bare* punishable, liable to punishment; actionable, indictable, criminal, culpable; *strafbare **daad*** punishable/criminal offence; *met die **dood** ~ wees* be punishable by death, carry the death penalty; *iets ~ **maak*** make s.t. punishable; make s.t. an offence, criminalise s.t.; *strafbare **manslag*** culpable homicide. **~baarmaking** criminalisation. **~beding, ~bepaling** penal/penalty clause; penal provision, sanction. **~bevoegdheid** punitive/criminal jurisdiction. **~boek** punishment/defaulter(s') book. **~doel** penalty goal. **~doel(-valbyl)stryd** →STRAFSKOP(-VALBYL)STRYD. **~drie** penalty try. **~dril** fatigue drill. **~ekspedisie** punitive expedition. **~gebied** *(soccer)* penalty box/area. **~geding** criminal trial/proceedings. **~gereg** criminal tribunal. **~gerig** judg(e)ment upon criminals; *die ~ van God* divine judg(e)ment. **~gevangenis** *(dated)* penitentiary, convict prison. **~hervorming** penal reform. **~hoek** *(soccer)* penalty corner. **~hof** criminal court. **~hou** penalty/free hit. **~kol** →STRAFMERK. **~kolonie, ~kamp** penal settlement/colony, convict settlement, labour camp *(for convicts)*. **~kommando** punitive expedition/commando. **~maat** measure/standard of punishment. **~maatreël** punitive measure, sanction. **~merk, ~kol** *(sport)* penalty spot. **~middel** *-e, -s* (means of) punishment. **~oefening** penalty drill; execution (of a sentence). **~oplegging** imposition of punishment (*or* a penalty). **~pleging** →STRAFREGSPLEGING. **~port** surcharge, postage due. **~predikasie, ~preek** admonition, lecture, reproof, dressing-down, talking-to, telling-off. **~prediker** admonisher, moralist, reprover. **~preek** →STRAFPREDIKASIE. **~proses** criminal procedure. **~prosesreg** law of criminal procedure. **S~proseswet** Criminal Procedure Act. **~punt** penalty point; fault; *~e toeken* penalise; fault. **~rede** philippic *(poet., liter.)*. **~reëls** *(gram.)* punishment lines, imposition; *~ kry* get lines; *~ skryf/skrywe* do lines. **~reg** criminal law/justice, penal code. **~register** criminal record, black book, crime sheet. **~regkenner** criminal lawyer. **~regspleging, ~pleging** administration of criminal justice (*or* law). **~regtelik** *-e* criminal, penal; according to criminal law. **~regter** criminal judge. **~saak** criminal case/proceedings. **~sitting** criminal session; *iem. ter ~ verwys* commit/remand s.o. for trial. **~skerm** *(hockey)* penalty bully. **~skop** penalty kick; *'n ~ aan ... toeken/gee, (rugby, soccer)* award a penalty to ... **~skop(-valbyl)stryd, ~doel(-valbyl)stryd** *(soccer)* penalty shoot-out. **~skuldig** *-e* guilty, deserving of punishment. **~skuldigheid** guilt, culpability. **~stelsel** system of punishment; penal system. **~termyn** term of imprisonment; *'n ~ uitdien/uit-*

sit serve a term of imprisonment. ~**toemeting** fixing of punishment/penalty. ~**tyd** term (of imprisonment), prison term; *'n ~ uitsit* serve a term, serve a prison sentence, do time *(infml.)*. ~**vermindering** mitigation of punishment. ~**verordening** police regulation. ~**vonnis** criminal sentence. ~**vordering** criminal procedure. ~**waardig** *-e* deserving of punishment, punishable, guilty, culpable; *~e manslag* →STRAFBARE MANSLAG. ~**waardigheid** culpability. ~**werk** imposition, detention work; *(jur.)* criminal work. ~**wet(boek)** penal code. ~**wetgewing** criminal/penal legislation.

straf·baar·heid culpability.

straf·baar·ma·king, straf·baar·stel·ling penalisation.

straf(·fe)·loos *-lose* with impunity; exempt from punishment; *~lose manslag* justifiable homicide. **straf(·fe)·loos·heid** impunity, exemption from punishment.

straf·fend *-fende, (laws)* punitive, vindicatory.

straf·heid severity *etc.* (→STRAF *adj. & adv.*).

straf·loos →STRAF(FE)LOOS. **straf·loos·heid** →STRAF(FE)LOOSHEID.

strak *strak(ke) strakker strakste, adj. & adv.* tight, taut, tense; grim, severe, hard, fixed, hidebound; intent(ly); dead pan; *'n ~(ke) blik* a stony stare; *met 'n ~ gesig* with a set/poker/stony/impassive face, stony-faced; *~ kyk* gaze fixedly. **strak·heid** tautness; tenseness; fixedness; rigidity.

strak·kies *(infml.)* presently, in a minute; perhaps; *iem. kom ~* s.o. is coming presently; *~ kom iem.* perhaps s.o. will come.

straks perhaps, possibly; presently; *tot ~!* see you later!

stra·le-: ~**bundel** *(geom.)* bundle/pencil of rays; luminous pencil/beam. ~**krans,** ~**kroon** halo, aureole, nimbus, irradiation, gloriole, corona.

stra·lend *-lende* beaming, radiant, dazzling, brilliant, effulgent; *~e **dag*** radiant/glorious day; *~e **gesig*** beaming/radiant face; *~e **gesondheid*** radiant/rude health; *~e **glimlag*** dazzling/beaming smile; *'n ~e **sonskyndag*** a brilliantly sunny day; *~e **witheid*** dazzling whiteness.

stra·ler *-lers,* **straal·vlieg·tuig** *-tuie* jet (aircraft/aeroplane/liner). **stra·ler·jak·ke·r(aar)** jet-setter. **stra·ler·jak·ker(s)-** jet-setting. **stra·ler·kliek** *(infml.)* jet set, glitterati, beautiful people.

stra·ling *-lings, -linge* radiation. ~**siekte** radiation sickness. ~**sterkte** intensity of radiation.

stra·lings-: ~**brandwond** flash burn. ~**chemie** radiation chemistry. ~**energie** radiant energy. ~**gordel** radiation belt. ~**lekkasie** radiation leak(age). ~**meter** radiometer; roentgenometer, X-ray dosimeter. ~**teorie** radiation theory. ~**termometer** solar radiation thermometer, black-bulb thermometer. ~**veld** field of radiation; *(aeron.)* light angle. ~**vermoë** radiating power; emissivity. ~**verwarmer** radiant heater. ~**verwarming** radiant heating. ~**warmte** radiant heat.

stram *stram(me) strammer stramste* stiff, rigid; *(comm.)* tight; *iets ~ maak* (of *laat word*) rigidify s.t.. **stram·heid** stiffness, rigidity. **stram·me·rig** *-rige* slightly stiff. **stram·me·rig·heid, stram·mig·heid** slight stiffness.

stra·mien (open) canvas; netting; *(fig.)* framework.

Strand Strand; *in die ~* at the Strand.

strand *strande, n.* beach; shore; seaside; strand; seaside resort; ***aan** die ~* on the seafront; at the seaside; *~ toe **gaan*** go to the seaside; ***op** die ~* on the beach/sands, at the seaside; ***op** die ~ loop, (a ship)* run ashore; *'n skip **op** die ~ laat loop* run a ship ashore. **strand** *ge-, vb.* strand, be shipwrecked, be cast away, go/run ashore/aground, ground; *'n skip laat ~* run a ship ashore; *op 'n verlate plek ge~ wees* be stranded in a deserted place. ~**attraksie** beach attraction. ~**boot** sand yacht. ~**delwer** beachcomber. ~**dief** beachcomber. ~**diens** (religious) service on the beach. ~**diewery** beachcombing. ~**drag** beach wear/dress. ~**erf** seaside plot. ~**gebied** foreshore. ~**goed** flotsam and jetsam, wrecked goods, salvage. ~**gruis** shingle. ~**hoed** beach hat. ~**hoof** beachhead. ~**hotel** seaside hotel. ~**huis** seaside house/bungalow; seaside/beach cottage. ~**hut** beach cabin. ~**jut** *-te* brown hyena (→STRANDWOLF); *(fig.)* beachcomber. ~**juttery** beachcombing. ~**kiewiet,** *(Charadrius* spp.) sand plover. ~**kommandant** *(dated)* beachmaster. ~**kruid** *(bot.)* sea pink, thrift. ~**loper** beachcomber; *S~* Beachranger, Strandloper. ~**loper(tjie)** *(orn.)* stint; →STRANDKIEWIET. ~**lyn** beach/fringe line; handline. ~**mantel** *(dated)* bathing gown, beach gown/wrap. ~**meer** lagoon; coastal lake. ~**muur** sea wall. ~**oord,** ~**plek** seaside resort. ~**opsiener,** ~**opsigter** beach supervisor/caretaker. ~**pruim** sand plum; beach plum. ~**reddingsklub** surf life-saving club. ~**reg** right of salvage, floatage. ~**rif** fringing reef. ~**rok** beach dress/frock. ~**roof** beachcombing. ~**roos** *(Limonium perigrinum)* pink statice. ~**sandaal** beach sandal. ~**skoen** sandshoe. ~**skoonheid** bathing beauty/belle, beach bunny. ~**spaan** beach bat. ~**stoel** beach chair. ~**terras** raised beach. **S~veld:** *die ~* the Strandveld. ~**viooltjie** *(bot.)* Virginia(n) stock. ~**vis** shore fish. ~**vlooi** *(entom.)* sand hopper/flea, beach flea; earth flea. ~**voog** *(hist.)* wreck master. ~**wag** lifeguard, (surf) life-saver; coastguard. ~**wal** shore bar. ~**weg** esplanade, marine drive, beach road. ~**wolf,** ~**jut** brown hyena.

stran·ding *-dings, -dinge* shipwreck, stranding, running aground/ashore.

strand·jie *-jies* small beach; small seaside resort.

stra·ta *(pl.)* →STRATUM.

stra·teeg *-tege, -teë* strategist. **stra·te·gie** strategy, game plan *(fig.)*; generalship. **stra·te·gies** *-giese* strategic(al); *S~e Verdedigingsinisiatief, (mil.)* Strategic Defense Initiative, Star Wars *(infml.)*.

stra·te·net street system.

stra·ti·fi·ka·sie *(geol.)* stratification, bedding. **stra·ti·gra·fie** stratigraphy. **stra·ti·gra·fies** *-fiese* stratigraphical.

stra·to-: ~**pouse** *(meteorol.)* stratopause. ~**sfeer** stratosphere. ~**sferies** *-e* stratospheric(al). ~**straalvliegtuig,** ~**straler** stratojet, stratocruiser.

stra·tum *strata* stratum, layer; *(geol.)* bed.

stra·wa·sie *-sies, (infml., rare, obs.)* difficulty; *in die ~* in difficulty, in hot water; *~ maak* make a row.

Stra·win·ski Stravinsky.

straw·wer *-wers, n.* punisher. **straw·wer** *adj. & adv.* →STRAF *adj. & adv.*.

streef, stre·we *ge-* strive, endeavour; →STREWE *n.*; *bereik waarna jy ge~ het* achieve/realise one's ambition; *na iets ~* aspire (*or* have aspirations) to s.t., aim at/for s.t., strive for s.t.; *daarna ~ om te ...* have aspirations to ...; strive to ... ~**bedrag** *(rare)* target amount.

streek *streke* region, tract, area, zone, belt; point *(of a compass)*; trick, wile, dodge; prank; quirk; *(also, in the pl.)* waggery; →STREEK(S)- *comb.*; *'n ~ **aanleer,** (rare)* →'N SLAG AANLEER; *streke **aanvang/uithaal*** play (*or* get up to) tricks; *moenie streke (probeer) **aanvang/uithaal** nie!* none of your games!; ***'n gemene/smerige** ~* a dirty trick; *'n ~ **uithaal*** pull a stunt; *→**aanvang/uithaal; vol** streke wees* be full of mischief/pranks, be a bundle of mischief *(infml.)*; be up to all kinds of tricks *(infml.)*. **S~diensteraad** *(dated, abbr.: SDR)* Regional Services Council *(abbr.: RSC)*. ~**hof** regional court. ~**landdros,** ~**magistraat** regional magistrate. ~**nuus** regional news. ~**ontwikkeling** regional development; →STREEKONTWIKKELINGS-. ~**sinode** regional synod. ~**spraak** →STREEK(S)TAAL.

streek·ont·wik·ke·lings-: ~**organisasie** regional development organisation. ~**organiseerder** regional development organiser. ~**vereniging** regional development association.

streek(s)- *comb.* regional. ~**beplanning** regional planning. ~**beskrywing** regional description. ~**bestuur** regional committee/executive. ~**bestuurder** area manager. ~**biblioteek** regional library. ~**diens** regional service. ~**direkteur** regional director. ~**eenheid** regional unit. ~**geskiedenis** regional history. ~**histories:** *~e navorsing* research on regional history. ~**hoof** regional head/chief. ~**hoofkwartier** regional headquarters. ~**indeling** zoning. ~**kantoor** regional office. ~**kongres,** ~**konferensie** regional congress/conference. ~**laboratorium** regional laboratory. ~**naam** regional name; name of a region; local name. ~**ontwikkeling** regional development. ~**opname** regional survey. ~**ordening** regional planning. ~**organisasie** regional organisation. ~**owerheid** regional authority. ~**plan** regional scheme. ~**raad** regional council. ~**roman** regional novel. ~**taal, streekspraak** dialect, regional speech. ~**televisie** regional television. ~**tyd** zonal time. ~**verteenwoordiger** regional representative. ~**voorspelling** area forecast. ~**vorm** dialect(al) form. ~**wind** zonal wind. ~**woord** dialect(al) word. ~**yker** regional assizer.

streeks: *~ van agtuur, (obs.)* →OMSTREEKS AGTUUR.

streeks·ge·wys, streeks·ge·wy·se regionally, on a regional basis.

streel *ge-, vb.* stroke, caress, fondle; gratify *(the senses)*; flatter, salve *(one's vanity)*; soothe; minister to.

streep *strepe, n.* stroke, line; stripe *(on clothing)*; streak *(of light, lightning, etc.)*; streak *(of mineral)*; band *(of a different colour)*; *(punctuation mark)* dash; trace *(of an instrument, a pen)*; trait, streak, quirk *(in s.o.'s character)*; *(cricket)* crease; *(sc.)* stria, striation; weal; wale; ba(u)lk *(on a billiard table)*; ***een** ~ deur, (dated)* →EENSTRYK; *'n ~ **hê,** (infml.)* have a kink (in the brain); *jou strepe **kry*** get one's stripes; ***op** 'n ~* in a row; in single file; one after the other in quick succession; *vier **potte/spelle** op 'n ~ wen* win four straight games; *'n ~ **trek,** (lit.)* draw a line; *iem. 'n (lelike/vuil) ~ **trek,** (fig.)* play s.o. a (dirty) trick, play a (dirty) trick on s.o.; *'n ~ deur iets **trek*** line through s.t., cross off/out s.t.; *'n ~ **van** ...* a dash of ... *(the pen)*; *jou strepe **verloor*** lose one's stripes; *op 'n ~ **weggaan*** troop away/off; leave in droves *(infml.)*; *'n **wrede** ~ hê* have a strain of ferociousness/ferocity. **streep** *ge-, vb.* mark with a stripe; *(infml.)* lick, cane. ~**bal** *(cr.)* yorker. ~**broek** morning/striped trousers. ~**das** striped tie. ~**esel** *(rare, joc.)* zebra. ~**harder** *(icht.)* striped mullet. ~**koppie** *(orn.)* bunting; *Kaapse ~* Cape bunting. ~**kruis** *(her.)* fillet cross. ~**muis** striped field mouse. ~**muishond** *(Mungos mungo)* banded mongoose, striped/Cape polecat. ~**sak** grain bag. ~**siekte** streak (disease) *(in sugar cane)*; *(maize)* stripe disease. ~**spek(vleis), strepiespek** streaky bacon. ~**stof** ray; *(also, in the pl., text.)* stripes. ~-**streep** one after the other; *~ loop* straggle. ~**struktuur** banded structure. ~**suiker** a hiding, strap-oil, paddyw(h)ack. ~**trui** striped jersey; *(also, in the pl.)* Western Province rugby players. ~**varkie** *(icht.)* striped piggy. ~**vlek(siekte)** *(of vines)* dead arm (disease).

strek *ge-* stretch, reach, extend; last; tend; *dit ~ **om** te ...* it serves to ...; *iets ~ **oor** ...* s.t. extends over ...; *iets ~ **tot by** ...* s.t. runs down to ...; *iets ~ iem. **tot eer*** s.t. reflects credit on/upon s.o., s.t. redounds to s.o.'s honour; *iets ~ iem. **tot** oneer/skande* s.t. is a disgrace to s.o.; *dit ~ **van** oos na/tot wes* it stretches from east to west; *dit ~ kilometers **ver/vêr*** it ranges over kilometres. ~**dam** breakwater. ~**grens** yield(ing) point. ~**laag** *(constr.)* course of stretchers. ~**las** *-se* running joint. ~**maat** running measurement. ~**masjien** drawing frame. ~**spier** extensor/protractor (muscle). ~**steen** *(brick)* stretcher; →STRYKSTEEN. ~**verband** →STRYKVERBAND. ~**vermoë** coverage, spreading capacity. ~**verskuiwing** strike fault.

strek·baar *-bare* protrusile.

strek·kend *-kende: ~e meter* running/linear/lineal metre.

strek·ker *-kers* extensor/protractor (muscle).

strek·king *-kings, -kinge* tendency, drift, inclination; purview; trend; purport, tenor, sense, intent(ion), meaning; *(med.)* traction; *met dié ~* to that effect; *iets het die ~ om te ..., (rare)* s.t. is calculated to ... **strek·kings·ro·man** novel with a purpose (*or* an aim), didactic novel. **strek·king·stuk** play with a purpose. **strek·king·waarts:** *~e verskuiwing, (geol.)* strike-slip fault.

stre·lend *-lende* caressing, coaxing; soothing *(voice etc.)*; flattering *(words etc.)*; →STREEL *vb.*; *~e musiek* soft/sweet music; *~e wysie* melting melody. **stre·ling** *-linge* caress; titillation; gratification *(of the senses)*.

stre·lit·zi·a *-as, (bot.)* strelitzia; →KRAANVOËLBLOM.

strem *ge=* hinder, retard, arrest *(progress)*, handicap, cramp *(one's style)*, inhibit, impede, obstruct, hold up *(traffic)*; bind *(moving parts)*; *(milk)* curdle; *(blood, milk, etc.)* coagulate; →GESTREM(D). **~melk** junket. **~middel** *=s* coagulant. **~proef** curd test. **~stang** curb (bit) *(of a horse)*. **~stof** coagulant; rennet.

strem·mer *=mers, (chem.)* inhibitor.

strem·ming *=mings, =minge* hindrance, obstacle, obstruction; constraint, inhibition; stress; *(mech.)* binding; *(rare)* congestion, (traffic) jam; curdling, coagulation. **strem·mings·drum·pel** stress threshold.

strem·sel *=sels* coagulum; rennet. **~tablet** junket tablet.

streng *streng(e) strenger strengste, adj. & adv.* strict, hard *(master, orders)*, severe *(winter, judge, sentence)*, tough *(measures)*, rigid *(discipline)*, rigorous *(climate, examination)*, stern *(look, treatment)*, dour *(manners)*, austere *(life, simplicity)*, close *(observance, supervision)*; unbending, strait-laced; stringent *(measures)*; *~ **genome*** strictly speaking; *~ **kontrapunt**, (mus.)* strict counterpoint; *~ **optree*** take a firm line; *~ **teenoor** iem. wees* be strict with (*or* heavy on) s.o.; *~ **verbode*** strictly prohibited; *~ **vertroulik*** strictly confidential. **streng·heid** strictness, severity; austerity; *~ van die wet* rigour of the law.

stren·gel *ge=* plait, twine, twist, wreathe. **~wol** cross-fibred/veiled wool.

stren·ge·ling intertwining, twisting.

stre·pe·rig *=rige* streaky, streaked, stripy, striate(d); *~e botter* streaky butter. **stre·pe·rig·heid** streakiness, stripiness.

stre·pie *=pies* small stripe, line, *etc.*; *(icht.)* strepie; *(icht.)* (striped) karanteen; →STREEP *n.*; *'n ~ deur hê* →'N STREEP HÊ; *'n ~ voor hê by iem., (rare)* be in s.o.'s good books, be a favourite with s.o.. **~spek** →STREEPSPEK(VLEIS).

stre·pies-: **~goed** striped material. **~kode** bar code. **~kodeleser** bar code reader/scanner. **~kodering** bar coding. **~pak** pinstripe suit.

strep·to·ki·na·se *(biochem.)* streptokinase.

strep·to·kok *=kokke*, **strep·to·kok·kus** *=kokki* streptococcus.

strep·to·mi·sien *(med.)* streptomycin.

stres *n.* stress; *onder geweldige ~ verkeer, aan geweldige ~ ly, geweldige ~ ervaar/ondervind* be stressed out. **stres** *ge=, vb.* get stressed; *behoorlik ~* stress out. **~fraktuur** stress fracture. **~siekte** stress disease. **~verwant** stress-related; *'n ~e siekte* a stress disease (*or* stress-related illness).

stre·we *=wes, =winge, n.* aspiration(s), outreach, aim, striving, endeavour, pursuit, drive; conation; *die ~ na ...* the pursuit of ... *(knowledge etc.)*. **stre·we** *ge=, vb.* →STREEF. **stre·wer** *=wers* trier, one who endeavours; high-flyer, high-flier; vier; *(also S~)* member of an endeavour society. **Stre·wers·ver·e·ni·ging** (Christian) Endeavour Society. **stre·wing** *=winge* conation; →STREWE *n.*.

strib·bel *ge=* struggle, oppose. **strib·be·ling** = STRUWELING.

striem *strieme, n., (obs.)* weal, wale, stripe, welt. **striem** *ge=, vb.* castigate, lash, slate; raise a weal/wale. **strie·mend:** *'n ~e aanval* a blistering/fierce/scathing/stinging attack (*or [infml.]* hatchet job); *'n ~e aanval op iem./iets loods* launch a blistering/fierce/scathing/stinging attack (*or [infml.]* do a hatchet job) on s.o./s.t.; *~e woorde* biting words.

strig·nien strychnine.

strik[1] *strikke, n.* slipknot; bow *(in a tie, ribbon)*; gin, snare, noose, trap *(for catching)*; ambush; snag; catch; net, mesh; *iem. is in sy/haar eie ~ gevang* s.o. has been hoist with his/her own petard; ***in** die ~ke van ...* in the toils of ...; *iem. in 'n ~ laat **loop**, (fig.)* catch s.o. out; *'n ~ **maak*** tie a bow; *'n ~ vir ... **span/stel*** lay/set a snare/trap for ..., *(infml.)* set ... up. **strik** *ge=, vb.* tie *(in a bow)*; snare, ensnare, noose; knot; *'n das ~* knot a tie, tie a bow tie. **~das** bow tie. **~knoop** slipknot, loop knot. **~net** gin. **~vraag** poser, catch, puzzling/catchy question, conundrum.

strik[2] *strikte strikter strikste, adj., (rare, obs.)* strict, rigorous, severe, stringent; precise, accurate; *die ~te waarheid* the strict/precise truth. **strik** *adv., (rare, obs.)* strictly; precisely; *~ eerlik* punctiliously honest; *~ genome* strictly speaking. **strikt·heid** *(rare, obs.)* strictness, rigour, rigorousness; precision.

strik·kie *=kies* knot; ribbon, rosette; pompon; bow (tie).

strik·tuur *=ture, (med.)* stricture.

string *stringe, n.* string, rope *(of pearls)*; thread *(of cotton)*, skein *(of yarn)*; strand *(of rope; of hair)*; skein, hank *(of wool)*; cut *(of tobacco)*; trace *(of a harness)*; *(biol.)* fascicle; *(anat.)* cord, column; train; stick *(of bombs)*. **string** *ge=, vb.* string; *tabak ~* hang tobacco. **~bombardering** stick bombing. **~draad** stranded wire. **~gare, ~garing** skein/reeled yarn, stranded cotton. **~geleier** stranded conductor. **~lyn** *(teleph.)* party line.

strin·gen·do *adj. & adv., (It., mus.: with increasing speed)* stringendo.

strin·ge·tjie *=tjies* skein *(of yarn etc.)* (→STRING *n.*).

stro·bies *=biese: ~e effek, (TV)* strobing.

stro·bo·skoop *=skope* stroboscope. **stro·bo·sko·pies** *=piese* stroboscopic(al); *~e beligting* strobe lighting; *~e lig* strobe light.

stroef *stroewe stroewer stroefste* grim, stern, drawn, stony-faced; gruff, rugged, morose, dour, stiff *(manners)*; stiff *(hinge)*; *(rare)* rough *(to the touch)*; *stroewe styl* stiff style. **stroef·heid** grimness; stiffness; gruffness, ruggedness, dourness; *(rare)* roughness.

stro·fe *=fes* stanza, strophe. **stro·fies** *=fiese* strophic.

stro·ga·noff *(cook.)* stroganoff; *bief/beesvleis ~* beef stroganoff.

stro·kie *=kies* small strip; slip *(of paper)*; tab; *(usu. pl.)* comic strip, (strip) cartoon; →STROOK *n.*.

stro·kies-: **~film** slide film. **~prent, ~verhaal** comic strip, (strip) cartoon. **~verband** many-tailed bandage.

stro·mend: *~e reën* pouring/pelting rain; →STROOM *vb.*.

stro·ming *=mings, =minge* stream, current; tendency, drift, trend; flow, flux; convection *(of heat)*; →STROOM *n.*. **stro·mings·leer** *(phys.)* rheology.

strom·pel *ge=, vb.* stumble, hobble, limp, dodder, totter, falter. **strom·pe·laar** *=laars* stumbler, hobbler. **strom·pe·ling** *=lings, =linge* stumble, stumbling. **strom·pel·rig** *=rige* apt to stumble; limping(ly).

stronk *stronke, n.* stalk, stem *(of a cabbage, mealie, etc.)*; cob *(of a mealie)*; stump *(of a tree)*; ha(u)lm. **stronk** *ge=, vb.* give a stalk/stalks, shoot. **~boorder** stem borer. **~boorwurm** →STRONKRUSPE(R). **~meel** cob meal. **~pyp** (corn)cob pipe. **~ruspe(r)** stalk borer.

stron·si·a·niet *(min.)* strontianite. **stron·si·um** *(chem., symb.: Sr)* strontium.

stront *stronte, (vulg.)* shit, dung, turd; *(fig.: nonsense)* crap, bullshit, balls; rotter, bad sort; ***dis nou** ~!, (taboo sl.)* that's crap/bullshit!, you're shitting me!; *(**klein**) ~, (taboo sl.: fool)* shithead; *die ~ gaan **spat**, (taboo sl.)* the shit will hit the fan; *'n (**stuk**) ~ wees, (vulg. sl.)* be a shit; ***vol** ~ wees, jou vol ~ hou, (vulg. sl.)* be full of shit. **~straat** *(taboo sl.): in ~ beland* land o.s. in the shit; *in ~ sit/wees* be in the shit.

strooi *n.* straw; litter *(for horses)*; *(fig., infml.)* garbage, hogwash, trash, drivel; *mengsel van klei en ~* cob; *dis die laaste ~!* that does it!. **strooi** *ge=, vb.* scatter *(money, seeds, etc.)*; strew *(flowers)*; sow *(fertiliser)*; sprinkle, dredge *(meal, sugar)*; intersperse; spread. **~bed** pallet. **~biljet** flier, flyer, flysheet, flying sheet, handbill, leaflet. **~blom** *(bot.)* everlasting, immortelle. **~bus** dredger; →STROOIER. **~dak** thatched roof. **~dakhuis** thatched house. **~dekker** thatcher. **~geel** straw yellow, straw-, corn-coloured. **~halm** (blade of) straw; *aan ~s* (*of 'n ~*) *vasklou* catch/clutch/grasp at straws (*or* a straw). **~hoed** straw hat, boater, chip hat, cheese cutter. **~huis, ~hut** straw house. **~jonker** best man, groomsman, bridesman. **~karton** strawboard, cardboard. **~klei** cob. **~kleur** straw colour/yellow. **~kleurig** *=e* straw-, corn-coloured, stramineous. **~koerant** *(infml.)* knock and drop. **~kombers** straw mulch. **~lig** diffused light. **~man** *=ne* strawman; *(derog.)* stooge; *(theatr.)* straight man. **~mandjie** flower girl's basket. **~mat** straw mat; *Japanese/Japannese ~* tatami (mat). **~matras** straw/chaff mattress, pallet, palliasse, paillasse. **~meisie** bridesmaid. **~mis** mulch. **~poeier** lycopod(ium) dust/powder. **~pop** straw doll; *(fig., derog.)* man of straw, puppet, pawn, stooge. **~sage** *(infml.)* soap (opera). **~sand** pounce, fine sand. **~skub** *(bot.)* pale(a); ramentum *(of ferns)*. **~snyer** straw cutter; *(rare, fig.)* (old) dry(-)as(-)dust. **~steen** cob brick. **~suiker** castor/caster sugar, powdered sugar. **~versiersel** hundreds and thousands. **~vlegster** *=s, (fem.)* straw plaiter. **~vlegter** *=s* straw plaiter. **~vrug** censer fruit.

strooi·ag·tig *=tige* stramineous.

strooi·er *=ers*, strewer; *(cook.)* caster, castor, dredger, sifter, sprinkler; pounce box; spreader.

strooi·ing *=ings, =inge* scattering.

stroois *strooise, (often derog.)* →STROOIHUIS.

strooi·sel(s) dusting; sawdust, shavings; litter; confetti; flakes.

strooi·tjie *=tjies* straw; (drinking) straw; *aan 'n ~ vasklou, (fig.)* catch/clutch/grasp at a straw; *iem. het iem. anders nog nooit 'n ~ in die weg gelê nie, (fig.)* s.o. never did s.o. else any harm; *deur 'n ~ suig* drink through a straw.

strook *stroke, n.* strip; band; breadth; zone; belt; *(min.)* run; *(min.)* shoot; *(constr.)* fillet; batten; slip *(of paper)*. **strook** *ge=, vb.* agree, tally, jibe, chime; *iets ~ met ...* s.t. is in accordance with ..., s.t. agrees (*or* is in agreement) with ..., s.t. is consistent with ...; s.t. is in keeping with ...; s.t. squares/tallies with ...; *'n salaris wat ~ met die gevare van die werk* a salary compatible with the dangers of the job; *iets ~ nie met ... nie, (also)* s.t. is out of keeping (*or* doesn't match up) with ... **~beligting** strip lighting. **~blits, ~weerlig** ribbon lightning. **~bou** ribbon building/development. **~film** slide film. **~lat** batten. **~ontwikkeling** *(town planning)* strip/ribbon development. **~proef** *(print.)* galley (proof), pull. **~verbouing** strip cropping. **~vloer** strip flooring. **~walsery** strip mill. **~weerlig** →STROOKBLITS.

strooks·ge·wys, strooks·ge·wy·se stripwise.

stroom *strome, n.* stream *(of water, blood, refugees, letters, etc.)*; watercourse; current *(in the ocean/air, of electricity, etc.)*; flood *(of tears, light, etc.)*; flow *(of words)*; spate *(of words, novels, etc.)*; torrent *(of eloquence, invective, etc.)*; *~ **af*** →STROOMAF *adj. & adv.*; *die reën val **in** strome* it is raining in torrents, the rain is coming down in sheets; *teen die ~ **ingaan*** go against the stream; try to stem the tide; *die ~ **keer*** stop the flow; stem the tide; *in die **middel** van die ~* in midstream; *~ **op*** →STROOMOP *adj. & adv.*; *met die ~ **saamgaan**, die ~ **volg*** go with the stream/flow, go/swim with the tide *(infml.)*, climb/get/jump on the bandwagon *(infml.)*, follow (*or* go/move with) the crowd; ***teen** die ~ (in)* against the stream; against the tide; ***teen** die ~ (op)* up (the) stream; *'n ~ (**van**) klagtes/ens.* a flood/rash/stream of complaints/etc.; *die ~ **volg*** →***saamgaan***; *'n **voortdurende** ~ ...* a steady flow of ... **stroom** *ge=, vb.* stream, flow, rush, pour, gush, flood, flush, flux; ***dit** ~* it is pouring with rain; ***na** ... **toe** ~* flock to ...; *uit alle oorde **na** ... ~* converge on ...; ***uit** iets ~* pour out of s.t.; stream out of s.t.; *iets ~ **van** ... af* s.t. pours off ... **~aanwyser** *(elec.)* galvanometer, galvanoscope. **~af** *adj. & adv.* downstream, down (the) river, downriver; with the current. **~afnemer, ~afvoerder** *(elec.)* current collector. **~afwaarts** down stream, down (the) river. **~baan** (electric) circuit. **~baanpaneel** *(tech.)* circuit board. **~bed** channel of a stream, river bed; race; watercourse, tideway. **~bedding** river bed. **~belyning** streamlining; →STROOMLYN. **~breker** *(elec.)* contact-breaker, cutout, interruptor, cutoff; starling *(of a bridge)*; weir *(in a river)*. **~diagram** →STROOMKAART. **~draad** *(elec.)* live/contact wire; line of greatest velocity. **~draend** *=e, (elec.)* current-carrying. **~draer** *(elec.)* current carrier. **~dravermoë** *(elec.)* current-carrying capacity. **~eenheid** *(elec.)* unit of current. **~gebied** river basin; catchment/drainage area, drainage basin, watershed. **~(ge)dig** river poem. **~geleiding** *(elec.)* conduction of current. **~god** river god. **~kaart** *(elec.)* current chart; *(also* stroomdiagram *or* stroomplan*)* flow chart/dia=

gram/sheet. **~kentering** *(rare)* →STROOMWISSELING. **~kontak** →KRAGPROP. **~kring** (electric) circuit. **~kunde** fluviology. **~leer** *(phys.)* rheology. **~lewering** *(elec.)* current supply, supply/output of current. **~lyn** stream-line; *met ~e* streamlined. **~lyn** *ge-* streamline; *ge~de model* streamlined model. **~lynvorm** streamlining, streamlined shape. **~meter** *(elec.)* current gauge/meter, fluviometer *(of a stream)*; rheometer; galvanometer; ammeter, amperemeter, amperometer. **~nimf** water nymph, naiad. **~omsetter** *(elec.)* current converter. **~omsteller** *(elec.)* current reverser. **~onderbreker** *(elec.)* circuit breaker; →STROOMBREKER. **~oorbrenging** *(elec.)* transmission of current. **~op** *adj. & adv.* upstream, up (the) river; against the current; *(fig., of people)* contrary, perverse, wrong-headed, difficult, *(infml.)* stroppy, bloody-minded. **~opwaarts** up stream, up (the) river. **~plan** →STROOMKAART. **~punt** *(elec.)* power point. **~rigter** *(elec.)* permutator. **~sluiter** *(elec.)* circuit closer. **~snelheid** velocity of flow, flow rate. **~snelheidsmeter** hydrometer. **~spanning** *(elec.)* voltage. **~sterkte** *(elec.)* amperage, strength of current. **~tempo** rate of flow. **~toevoer** *(elec.)* current supply. **~val** chute. **~verbreker** *(elec.)* circuit breaker; →STROOMBREKER. **~verbruik** *(elec.)* consumption of current. **~verdeler** *(elec.)* (current) distributor. **~verdeling** *(elec.)* current distribution. **~versnelling** rapid *(in a river)*; *oor die ~s heenskiet* shoot the rapids. **~voerend** *-e, (elec.)* current-carrying. **~voorsiening** *(elec.)* current supply. **~wasser** hydraulic washer. **~wisselaar** *(elec.)* commutator, reversing switch. **~wisseling, ~kentering** turn of the tide.

stroom·loos *-lose, (elec.)* without current; *stroomlose eenheid* dead unit.

stroom·pie *-pies* streamlet, rivulet, runlet, fleet, beck, rill.

stroop¹ *strope, n.* syrup, treacle; →STROPERIG. **~heuning** virgin honey. **~kwas:** *met die ~ werk, (infml., fig.)* butter s.o. up. **~lekker** *(fig., derog.)* toady, lickspittle. **~lepel** syrup spoon. **~mengsel** *(med., obs.)* electuary. **~poeding** golden pudding. **~pot** syrup pot; *met die ~ werk, (infml., fig.)* butter s.o. up. **~soet** as sweet as honey, honey-sweet; sugary; *(fig., child etc.)* good as gold, very sweet/good/easy.

stroop² *ge-, vb.* pillage, plunder; strip (down), denude; maraud, forage; poach *(game)*; husk *(maize)*; harvest *(with combine harvester)*; →STROPER; *die blare van 'n tak ~* strip a branch of its leaves; *moer/ratte ~* strip thread/gears. **~beitel** stripping chisel. **~bou** long wall mining. **~tog** raid, foray, marauding expedition; inroad, incursion; *'n ~ onderneem/uitvoer* go on a foray/raid, make a foray; go on a marauding expedition.

stroop³ *n., (tennis)* love; *~-veertig* love forty. **~pot** love game. **~spel** *-le* love game. **~stel** love set.

stroop·ag·tig *-tige* like syrup, syrupy.

strop *stroppe* strap, brace, halter; sling; noose; strop *(for oxen)*; *(naut.)* strop; bad luck; *jou **kop** in die ~ steek* →JOU KOP IN DIE STROP/STRIK STEEK; *die ~ **kry**, (infml.)* get the rope; *die ~ **kry** weens ..., (infml.)* swing for ... *(murder etc.)*; *iem. het die ~ om die **nek**, (infml., of a man)* s.o. has just been married; ***onder** die ~ deurloop, (infml.)* get/be flogged. **~das** stock (tie), choker. **~(hals)snoer** choker. **~naaiwerk** thonging.

stro·per *-pers* raider, marauder, pillager; poacher; combine (harvester); husker; stripper; →STROOP². **stro·pery** pillaging; poaching. **stro·ping** stripping.

stro·pe·rig *-rige* syrupy; sickly sweet; *(fig.)* cloying, fulsome; *(fig.)* maudlin, sentimental, corny, soppy; →STROOP¹; *~ wees oor iem.* slobber/slop over s.o.. **stro·pe·rig·heid** syrupiness *etc.*; →STROPERIG.

stro·pie *-pies, (often med.)* julep.

strot *strotte, (infml., anat.)* throat, weasand *(obs.)*; →KEEL² *n.*; *iem. aan die ~ gryp, (infml.)* grab/take s.o. by the throat. **~aar** jugular vein. **~klep** epiglottis; *(mech.)* throttle (valve).

strot·te-: **~hoof** *(anat.)* larynx, voice box. **~hoofontsteking** laryngitis. **~hoofspieël** laryngoscope.

stru·del *(Germ. cook.)* strudel; *appel~* apple strudel.

struif *struiwe, (cook., rare)* egg/custard dish; *(obs.)* omelet(te).

struik *struike* bush, shrub, frutex. **~begroei(d)** covered with bushes/shrubs; *~de terrein* scrubland. **~gewas** shrubbery, shrubs, brushwood, scrub, thicket, underwood, undergrowth. **~roos** dwarf/bush rose. **~rower** bandit, brigand, highwayman, footpad *(hist.)*; *Indiese ~* dacoit. **~rowery** banditry, highway robbery. **~veld, ~wêreld** scrubland. **~vormig** *-e* shrublike, fruticose, frutescent.

struik·ag·tig *-tige* bushy, shrubby, shrublike; fruticose, frutescent.

strui·kel *ge-* stumble, trip; falter; *oor iets ~* stumble/trip over s.t.; blunder on/upon s.t.; *oor jou woorde ~* fumble for words. **~blok** stumbling block, obstacle, snag, difficulty, impediment, problem; *vir iem. 'n ~ in die weg lê* place/put an obstacle in s.o.'s way; *alle ~ke uit die weg ruim/vee* sweep all obstacles from one's path. **~draad** tripwire. **~myn** trip mine.

strui·ke·ling *-lings, -linge* stumble, trip.

strui·ke·tuin shrubbery.

struis *struise, (obs.)* = STROOIHUIS. **~voël** *(rare, obs., joc.)* →VOLSTRUIS.

struk·tu·ra·lis·me *(also S~)* structuralism. **struk·tu·ra·lis** *-liste, (also S~)* structuralist. **struk·tu·ra·lis·ties** *-tiese, (also S~)* structuralist.

struk·tu·reel *-rele* structural; *(geol.)* tectonic; *strukturele sielkunde/psigologie* structural psychology; *strukturele taalkunde/linguistiek* structural linguistics.

struk·tu·reer *ge-* structure. **struk·tu·re·ring** structuring.

struk·tuur *-ture* structure; conformation, fabric; *(min.)* texture; *(rad., TV)* format *(of a programme)*; *die maatskaplike ~* the social structure. **~formule** *(chem.)* structural formula. **~psigologie** structural psychology. **~verandering** transformation, structural alteration.

struk·tuur·loos *-lose* structureless; *(biol.)* systemless.

stru·we·ling *-lings, -linge* difficulty, trouble, row, ruction(s); *hulle het ~ gehad* they had a row/ructions.

stry *n.: hulle het ~ gekry* they fell out; they had a tiff; *met iem. ~ kry* fall out with s.o.; have a tiff with s.o.; *mense aan die ~ maak* set people at loggerheads (*or* by the ears). **stry** *ge-, vb.* argue, dispute, bandy words, debate, wrangle, altercate; hassle; contradict, deny; fight, combat, contend, struggle, battle; ***met** iem. oor iets ~* argue (*or* have an argument) with s.o. about/over s.t.; *jy kan **nie** ~ nie!, (infml.)* you can't deny it!; *oor iets val daar **nie** te ~ nie, (fml.)* s.t. is beyond dispute; ***teen** iets ~* fight s.t.; struggle/wrestle with s.t. *(temptation etc.)*; ***teen** iem. ~ om iets* contend against s.o. for s.t.; ***toe,** ~ (nou)!, (infml.)* come on, you know it's true!; ***vir** iets ~* fight for s.t..

stryd *stryde* struggle, strife; fight(ing), tussle, battle, combat, conflict, war(fare); contest; controversy; *die ~ **aanknoop*** be/go on the warpath; go into action/battle, do/give/join battle; *die ~ met iem. **aanknoop*** join battle with s.o.; join/take issue with s.o.; *die ~ om 'n/die **bestaan*** the struggle for existence; *'n **eindelose** ~* a running battle; *'n **gelyke** ~* a close contest; *(met ...) in 'n ~ **gewikkel** wees* be locked in a struggle (with ...); tussle (with ...); *die ~ **gewonne** gee* give up the struggle; accept/acknowledge/admit/concede defeat, concede victory; beat a retreat; *die **goeie** ~ stry* fight the good fight; *in die **hitte** van die ~* in the heat of battle; ***in** ~ met ...* in breach of ...; contrary to ...; in contravention of ...; in violation of ...; in conflict with ...; *met ... **in** ~ wees, (also)* be a breach of ...; clash with ...; conflict with ...; be in opposition to ...; be out of keeping with ...; run counter to ...; be at variance with ...; be repugnant to ...; *met 'n beginsel **in** ~ wees* violate (*or* cut across) a principle; ***in** ~ met die wet wees* be against the law; *hulle **knoop** die ~ aan* they join battle; they join issue; *'n ~ om/op **lewe en dood*** a life-and-death struggle; ***lynreg** in ~ wees met ...* be diametrically opposed to ...; be in direct conflict with ...; *die ~ **om** iets* the struggle for s.t. *(freedom etc.)*; the contest for s.t. *(the championship etc.)*; *dis 'n **ongelyke** ~* it's no contest; *'n ~ **oor** ...* a controversy about/over ...; *'n **opdraande** ~* an uphill struggle; *die ~ **opgee*** give up the fight/struggle; *'n **swaar** ~* a hard struggle; *die ~ **teen** ...* the fight against ... *(illness etc.)*; *'n **titaniese** ~* a battle royal; *tot die ~ **toetree,** jou in die ~ **werp*** enter/join the fray; throw/toss one's hat into the ring; *die ~ laat **vaar*** give up the fight; *die ~ **verloor*** lose the day; *'n ~ **voer*** fight a battle; *'n ~ om iets **voer*** battle for s.t.; *'n ~ teen ... **voer*** wage a struggle against ...; *in die ~ **volhard,** die ~ **volhou/voortsit*** soldier on; *~ **wek*** create strife; *jou in die ~ **werp** →**toetree.*** **~boog** battle bow. **~byl** war axe, battleaxe; tomahawk; *die ~ begrawe, (fig.)* bury the hatchet. **~dag** day of struggle; (party) rally. **~fonds** fighting fund; party fund. **~genoot** companion/brother/comrade in arms, fellow soldier. **~kar** →STRYDWA. **~kas** war chest, fighting fund; party funds. **~knots, ~kolf,** *(hist.)* mace, war club. **~krag** fighting power; *(also, in the pl.)* armed forces; *lewende ~te* manpower, troops; *dooie ~te* war material, military equipment. **~kreet** war/battle cry, war whoop; slogan. **~leuse** slogan, watchword, motto. **~lus** pugnacity, pugnaciousness, warlike/bellicose spirit, bellicoseness, bellicosity, belligerence, belligerency, fighting spirit, militancy, fight. **~lustig** *-e* bellicose, pugnacious, combative, militant, belligerent; *in 'n ~e stemming* in a fighting mood, spoiling for a fight, eager to fight, game (for a fight). **~lustige** *-s* hawk. **~mag** military force. **~makker** fellow soldier, brother/comrade/companion in arms. **~middel** *-e* weapon. **~mier** soldier (ant). **~perk** arena; lists *(hist.)*; circus *(hist.)*; *in die ~ tree* enter the lists. **~punt** issue, point in dispute. **~ros** warhorse, charger, steed; *ou ~, (fig.)* veteran, old campaigner; *ou ~se doodkry is min* old soldiers never die(, they only fade away). **~skrif** polemic/controversial pamphlet. **~toneel** scene of struggle/battle, battleground. **~vaardig** *-e* ready for the fray, prepared for war/battle, in fighting trim, game (for the fight); →SLAGGEREED. **~vaardigheid** readiness/preparedness for war/battle, gameness (for the fight). **~veld** battlefield. **~voerder** champion; controversialist. **~vraag** issue, point/question at issue (*or* in dispute), disputed point/question; *dit werp 'n ~ op* it raises an issue. **~wa, ~kar** *(hist.)* (war) chariot. **~wekkend** *-e* contentious, controversial, divisive.

stryd·baar *-bare, (rare)* fighting, militant, capable of bearing arms; fit; *strydbare houding* warlike/martial attitude; *elke strydbare man* every man capable of bearing arms, every fighting man. **stryd·baar·heid,** *(rare)* efficiency, fitness/preparedness for war; martial spirit; militancy.

stry·dend *-dende* fighting, struggling, striving; conflicting *(interests)*; combatant, warring *(factions)*; incompatible; →STRY *vb.*, STRYDIG; *~e partye* contending parties; warring factions; *~e troepe* fighting forces, combat/fighting troops; *die ~e kerk* the Church militant.

stry·dens·moeg *(rare)* war-weary; tired/weary of the struggle.

stry·der *-ders* fighter, fighting man/woman, combatant, warrior; crusader, campaigner; contender, struggler.

stry·dig *-dige* conflicting *(interests)*; clashing; discordant; contrary; ***iets is ~ met ...,** (also)* s.t. is out of keeping with ...; *~ **met** ...* in breach of ...; in conflict with ...; in contravention of ...; *met ... ~ **wees*** conflict with ...; be contradictory to ...; be incompatible with ...; be inconsistent with ...; be irreconcilable with ...; be at variance with ...; be repugnant to ...; *~ met die **wet** wees* be against the law. **stry·dig·heid** incompatibility, inconsistency, discordance, disparity, contradiction; *~ van regsbeginsels* conflict of laws.

stry·er *-ers* contender, arguer, wrangler, argumentative person. **stry·e·rig** *-rige* argumentative, contentious, disputatious, wrangling, contradictious. **stry·e·rig·heid** argumentativeness, contentiousness. **stry·e·ry** *-rye* dispute, wrangle, altercation, argument, debate, sparring match.

stryk¹ *n.* pace *(of a horse)*; ***een** ~ deur* without stopping, without a stop; *op ~ **kom*** get into (*or* hit) one's stride; strike form; find one's feet/legs; get one's eye/hand in; *met iets op ~ **kom*** get into the swing of s.t.; *mooi op ~ **kom*** shape (up) well; *nie deur iets van ~ (af) gebring word nie* be unfazed by s.t.; *(goed)* ***op*** *~ wees* be in (good/great) form; *nog goed* ***op*** *~ wees* be still going strong; *dit gaan op die* ***ou*** *~* it goes as usual; ***van*** *~ (af) raak* get flustered/rattled, get into a state; ***van*** *~ (af) wees* be off balance; have an off day; be off (*or* out of) form, be off one's game, *(infml.)* be out of sync(h); *iem. is* ***van*** *~ (af), (also)* s.o. is off; *iem.* ***van*** *~ (af) bring* fluster/rattle s.o.; put s.o. off; put s.o. out; throw s.o. off balance; throw s.o. out of his/her stride; put s.o. off his/her stroke; *deur iets* ***van*** *~ (af) gebring word, (also)* be rattled by s.t.. **stryk** *ge-, vb.* go, walk, stride, march; *hulle ~ nie* they don't get along/on; *dit wil nie ~ nie* things are not running smoothly. **~deur** *adv.* continuously. **~loop** pace *(of a horse)*. **~loper** *(a horse)* pacer, ambler, spanker. **~snelheid** cruising speed.

stryk² *n.* stroke. **stryk** *ge-, vb.* iron *(linen)*; *(mus.)* bow, draw the bow over *(the strings)*; strike *(sails, a mast, flag)*; dip, lower/haul (*or* take down), strike *(a flag)*; smooth *(one's hair)*; stroke *(one's beard)*; float *(plaster)*; *iets glad ~* flatten out s.t.; smooth out s.t. *(lit.)*; slick down s.t. *(hair etc.)*; smooth down s.t.; *met gestrykte seile vaar, (naut.)* sail under bare poles. **~bord** smoothing board; mouldboard, breast (of plough). **~bout** iron heater. **~deur** *n.* jib door. **~goed** laundry, things to be ironed, ironing. **~instrument** *(mus.)* string instrument; *(also, in the pl.)* the strings. **~kamer** ironing room. **~klam** damp for ironing. **~konsert** concert for strings (*or* stringed instruments); concerto for strings. **~kwartet** string quartette. **~laag** stretching/stretcher course *(of bricks)*. **~laken** ironing sheet. **~lap** ironing cloth. **~masjien** mangle. **~mes** spatula. **~orkes** string band/orchestra; *vir ~* for strings. **~plaat** landside *(of a plough)*. **~plank** ironing board; *(plasterer's)* float(er), darby (floater); skirt board. **~steen** *(brick)* stretcher; whetstone. **~stok** *(mus.)* bow, fiddlestick. **~tafel** ironing table. **~tang** goffer, gauffer. **~troffel** darby (float), derby. **~verband** *(constr.)* (all-)stretcher bond, stretching/running bond. **~vernis** liquid veneer. **~voeg** horizontal/bed joint. **~voor** dead furrow, last (plough) furrow. **~vry** non(-)ironing *(fabric)*. **~werk** *(laundry)* ironing (work); *(violin play)* bowing. **~yster** iron; *(hist.)* flat-iron, smoothing iron.

stry·ker *-kers* ironer, presser; *(mus.)* string player, *(infml.)* fiddler; *die ~s, (mus.)* the strings; *vir ~s* for strings. **stry·kers·par·ty** *(mus.)* string part. **stry·ker·spel** string playing.

stryk·sel *-sels, (building)* filler.

stu *ge-* push, press, dam up; surge; trim. **~dam** weir, barrage, retaining dam. **~druk** dynamic pressure. **~goed, ~materiaal** *(naut.)* dunnage. **~krag** propelling/dynamic force, force of propulsion; momentum; driving force, impetus, push, go, energy; thrust *(of an aircraft)*; impulse; drive *(fig.)*; *~ aan ... gee/verleen, (fig.)* kick-start/dynamise ..., give ... a kick-start *(the economy etc.)*. **~kuil** surge bunker. **~materiaal** →STUGOED. **~prop** jack plug. **~tenk** *(water technol.)* surge chamber/tank. **~wal** weir; →KEERWAL.

stu·deer *(ge-)* study; prepare, read *(for an examination)*; ***by/onder*** *prof. X ~* study under/with Prof. X; *vir* ***dokter*** *~* study to be a doctor; *vir 'n* ***graad*** *~* study/work for a degree; *(in die)* ***regte*** *~* study (for the) law; ***verder/vêrder*** *~* pursue one's studies. **~kamer, ~vertrek** study; sanctum, sanctorum; *dit ruik na die ~, (fig.)* it smells of the lamp. **~slaapkamer** study-bedroom.

stu·dent *-dente* student; →STUDENTE-; *'n ~ in die regte/geskiedenis/ens.* a student of law/history/etc.; *(jou) as ~ inskryf/inskrywe, jou as ~ laat inskryf/inskrywe* register as a student. **~skap** studentship. **~verpleegster** student nurse.

stu·dent·ag·tig *-tige* student-like.

stu·den·te *-tes, (fem.)* = STUDENT.

stu·den·te-: **~baret** mortarboard. **~blad** university/students' magazine/newspaper. **~bond** student(s') union. **~bondkantoor** student(s') union. **~grap** students' prank. **~jare** →STUDENTETYD. **~klub** students' club. **~lening** student loan. **~leraar** students' minister. **~lewe** student life, college/university life. **~lied** students' song. **~liggaam** student body. **~loopbaan** university career. **~raad** students' (representative) council. **~taal** students' jargon/slang. **~tal** (total) number of students. **~tyd, ~jare** student/college days. **~vereniging** student(s') union. **~verenigingskantoor** student(s') union.

stu·den·ti·koos *-kose, (rare, fml.)* student-like, student ..., undergraduate ... *(ways, behaviour, etc.)*.

stu·die *-dies* study *(of a subject; for a painting)*; *(mus.)* étude; *die ~* ***in*** *die medisyne/regte/ens.* the study of medicine/law/etc.; *'n ~ van iets* ***maak*** study s.t.; *iem.* ***maak*** *'n (besondere) studie van ..., (also)* s.o. specialises in ...; *jou ~* ***voortsit*** pursue one's studies. **~alkoof** →STUDIEHOEK. **~beurs** scholarship, bursary, exhibition, studentship. **~boek** textbook, manual. **~fonds** scholarship fund, endowment. **~gebied** field of study. **~gees** fondness/love of study. **~groep** study group, seminar, panel, working party. **~hoek, ~alkoof** carrel(l); →STUDIESEL. **~jaar** year (of study); *gedurende jou/die eerste ~* during one's first year (at college/university). **~koste** college/university expenses. **~kring** study circle. **~kursus** course of study/studies. **~leier** tutor, supervisor *(of studies)*. **~lening** student loan. **~reis** educational/study tour. **~rigting** field of study. **~sel** *-le, (hist.)* carrel(l) *(in a monastery)*. **~stuk** working paper. **~tyd** (years of) study, time as a student; prep *(infml.)*; time for studying; *gedurende jou ~ in X* during your time as a student at X. **~-uur** study hour. **~vak** subject/branch of study. **~veld** field of study. **~verlof** study leave; sabbatical; *met ~ gaan* take study leave; take a sabbatical; *'n jaar ~ neem* take a sabbatical year off; *met ~ wees* be on study leave; be on sabbatical leave.

stu·di·eus *-euse* studious.

stug *stug(ge) stugger stugste* reserved, stiff, dour, morose, difficult to deal with, unfriendly, curt, grim, rugged, stern, unresponsive, unsmiling. **stug·heid** reserve, curtness, coolness, lack of cordiality, stiffness, dourness, grimness.

stuif, stui·we *ge-* drizzle; *(rare)* be dusty; *(rare)* fly, rush, dash; *dit ~ buite(kant)* it is drizzling outside, the day/rain is drizzling; *~ en blaas, (rare)* fret and fume; *waar ~ jy heen?, (rare)* where are you rushing to? **~bal** fuzz-, puffball. **~gas** pulverised gas. **~kar** *(rare)* duster cart. **~kop** nozzle; dust gun. **~masjien** spraying machine. **~meel** →STUIFMEEL. **~poeier** dusting powder; lycopodium dust. **~pomp** duster, spray pump. **~reën** (fine/light) drizzle. **~sand** drift/shifting sand. **~sproeier** nebuliser. **~swam** fuzz-, puffball, smoke ball.

stuif·meel *(bot.)* pollen; mill dust; farina. **~buis** pollen tube. **~draend** polliniferous, polleniferous. **~draer** pollen carrier. **~hok** →HELMHOK(KIE). **~kamer** pollen chamber. **~klompie** →POLLINIUM. **~korrel** pollen grain. **~mandjie** pollen basket/plate *(of a bee)*, corbicula. **~sakkie** pollen sac. **~(-)sel** *-le* pollen cell. **~telling, ~vlak** pollen count; *'n hoë/lae ~* a high/low pollen count. **~vormend** *-e* polliniferous, polleniferous.

stuif·meel·ag·tig *-tige, (bot.)* pollinic.

stuif·sel mist, spray; spindrift, spoondrift.

stuik *stuike, n.* butt; stave. **stuik** *ge-, vb.* stave, upset *(metal)*. **~ent** butt end. **~kop** swage head. **~las** butt/end joint. **~naat** butt seam. **~sweis** *ge-* butt weld. **~sweising** butt welding.

stuip *stuipe (usu. pl.)*, convulsion, seizure, fit; *iem. die ~e* ***gee****, (infml.)* give s.o. a fit (*or* the pip), freak s.o. out; *~e* ***kry****, (lit.)* have (*or* be taken with) a fit; *(die) ~e* ***kry****, (fig., infml.)* have/throw a fit, fly into a passion, freak (out); *~e kry van die* ***lag*** be convulsed with laughter; *iem.* ***wou*** *(die) ~e kry, (infml.)* s.o. nearly had a fit. **~(e)bossie** *(Nymania capensis)* Chinese lanterns; →KLAPPERBOS. **~gif** convulsant. **~trek** *ge-* be convulsed, twitch. **~trekking** *-s, -e* convulsion; *die laaste ~s/~e* the last agonies, the pangs of death. **~werend** *-e* anticonvulsant; *~e middel* anticonvulsant.

stuip·ag·tig convulsive.

stuip·trek·kend *-kende* convulsed, convulsive, in convulsions.

stuit¹ *ge-, vb.* check, stop, arrest, inhibit; stanch, staunch; stymie; stem, checkmate; stay, dam; recoil; *iets ~ iem.* ***teen die bors*** →BORS; *vir* ***niks*** *~ nie* →NIKS; ***op*** *iets ~* run up against s.t., meet with s.t. *(a problem etc.)*; ***op*** *'n moeilikheid ~* →MOEILIKHEID. **~bout** *(mech.)* detent. **~klou** *(mot.)* striking dog. **~pen** stop pin, detent. **~plaat** limiting plate. **~ring** stop ring. **~skroef** stop/check screw. **~stof** inhibitor. **~vlak** stop face. **~wip** *(min.)* monkey.

stuit² *n., (anat.)* breech. **~been** coccyx. **~geboorte** breech birth/delivery. **~ligging** breech presentation; *'n baba wat in 'n ~ gebore word* a breech baby. **~streek** coccygeal region. **~stuk** aitchbone, rump piece.

stuit·baar *-bare* stoppable.

stui·tend *-tende, (rare)* objectionable, offensive, revolting.

stui·ter *-ters* check; bumper, stop; detent; stymie.

stui·tig *-tige* silly; indelicate, objectionable; *moenie (so) ~ wees nie* don't be (so) silly; don't make yourself objectionable. **stui·tig·heid** silliness; objectionableness.

stui·ting check, staunch, containment; *~ van eksekusie* stay of execution.

stui·tjie *-tjies* tail bone *(in animals)*; coccygeal region, breech *(in man)*; *op jou ~ val* fall on one's rump. **stuit·jie·stuk** aitchbone; *(in poultry)* pope's/parson's nose.

stuit·lik = STUITIG. **stuit·lik·heid** = STUITIGHEID.

stui·we →STUIF.

stui·wer *-wers, (hist.)* halfpenny; *(hist.)* stiver; *'n ~ in die armbeurs/armbus gooi, (fig.)* put/stick in one's oar, also express an opinion; *nie 'n ~ werd nie* not worth a cent/straw/bean, not worth a brass button. **~bak** *(Br. board game)* shove-halfpenny.

stuk *stukke* piece *(of bread, clothing, furniture, ground, literature, luggage, music, out of a book, etc.)*; article *(of clothing, furniture, in a paper, etc.)*; fragment, splinter *(of glass)*; paper, document, communication; *(chess, draughts, etc.)* piece, man; piece, play *(for the stage)*; piece, painting; gun, piece *(of ordnance)*; patch, plot; part; item; cut *(of meat)*; chunk; *(sl., derog.)* chick, bit of skirt; ***aan/in*** *~ke wees* be in pieces; *iets* ***aan*** *~ke kap* hew s.t. to pieces; *iets* ***aan/in*** *~ke pluk/ruk/skeur/trek* pick/pull/tear s.t. to pieces; *iets* ***aan/in*** *~ke sny* ***→sny;*** *~ke* ***beter*** →BETER *adj. & adv.*; ***breed*** *van ~ wees, (rare)* be square-built, be broad in the beam; *iem. van sy/haar ~ke* ***bring*** put s.o. out of countenance; *iets met ~ke en* ***brokke*** *doen* do s.t. piecemeal (*or* bit by bit); *in* ***een*** *~* in one piece; all in one; *in* ***een*** *~ wees, (also)* be (all) of a piece; *uit* ***een*** *~* of one piece; *'n man/vrou uit* ***een*** *~* a man/woman of integrity; *~* ***film*** footage; ***geen/g'n*** *~ nie* not a mite; none what(so)ever; *iem.* ***g'n*** *~ glo nie, (infml.)* not believe s.o. one (little) bit; *'n* ***hele*** *~* a large piece; ***in*** *~ke wees* ***→aan/in;*** *iets* ***in*** *~ke pluk/ruk/skeur/trek* ***→aan/in;*** *iets* ***in*** *~ke breek* break s.t. to pieces; *iets* ***in*** *~ke sny* ***→sny;*** *'n ~* ***indien/inlewer*** lodge a document; ***klein*** *van ~ wees, (rare)* be short in stature; *'n* ***lekker*** *~, (derog., said of a woman)* a bit of all right; ***'n*** *~ ...* a piece of ... *(wood etc.)*; a slice of ... *(cake etc.)*; a length of ... *(material, rope)*; ***'n*** *~ of vyftien rand* a matter of fifteen rands; ***'n*** *~ of vyftig* fifty odd; *(so)* ***'n*** *~ of ses* half a dozen or so; ***'n*** *~ of twaalf* a baker's dozen; ***'n*** *~ of twintig mense* some twenty people; ***op*** *jou ~ke wees* be in (good/great) form; be full of beans; be in fine/good fettle/fig; *iem. is (so reg)* ***op*** *sy/haar ~ke* s.o. is at the top of his/her form; *vandag nie* ***op*** *jou ~ke wees nie* not be oneself today; *glad nie* ***op*** *jou ~ke voel nie* feel useless; *'n ~* ***opstel*** draw up a document; *'n ~* ***opvoer*** (*of op die* ***planke*** *bring*) do/perform/present/stage a play, put on a play; *'n* ***ou*** *~ van iem., (infml.)* an old flame of s.o.; *die prys is* ***R50*** *~* the price is R50 each; ***R50*** *(per) ~, (infml.)* R50 a throw; *'n ~* ***regisseer*** produce a play; *op ~* ***van sake*** after all, after/when all is said and done; in the final/last analysis, in the final reckoning; on balance, all things considered; when it comes to the point; at the end of the day *(fig.)*; in the end; in the event, as it turned out; *iets aan/in ~ke* ***sny*** cut s.t. up, cut s.t. in(to) pieces; *die ~* ***speel*** *in ...* the action of the play takes place in ...; *'n ~ **tou*** a length of rope; *'n ~ **uitvoer/voordra*** perform a composition; *'n ~ **van** 'n tonnel/ens. agter jou hê* be partway through a tunnel/etc.; *duisend ~s **vee*** a thousand sheep/etc. (*or* head of cattle); *~ **vir** ~* piece by piece; ***voet** by ~ hou* →VOET; *'n ~ of **wat*** a few, several. **~bediening, stuks·bediening** *(army)* gun crew. **~beeld** *(ling.)* phrase marker. **~goed(ere)** piece goods, yard(age) goods; general cargo. **~heuning** chunk honey. **~kole** →STUKSTEENKOOL. **~konfyt, stukkekonfyt** preserve(s). **~lengte** (cloth) bolt, cut, piece, cloth length. **~loon** piece wages/rate. **~ryer** artillery driver. **~steenkool, ~kole** round coal, rounds. **~-stuk** →STUKSGEWYS. **~swa(w)el** rock sulphur. **~vat** vat, butt. **~werk** piecework, job(bing)/tut work; patchwork. **~werker** pieceworker, jobber. **~werktuinier** jobbing gardener. **~wol** pieces.

stu·ka·door *-doors, -dore, n.* stucco worker, plasterer; decorator. **stu·ka·door** *ge-, vb.* stucco, plaster; work in plaster/stucco.

stu·ka·doors-: **~kalk, ~pleister** stucco. **~werk** stucco (work).

stuk·ke·kon·fyt →STUKKONFYT.

stuk·kend *-kende* in pieces, broken; *(clothing etc.)* tattered, torn; *(mech.)* out of order; *(infml., fig.)* tipsy, tight, smashed, paralytic, legless, sloshed, stewed, dead drunk; *iets ~ kap* chop/hack s.t. up; hew s.t. up (*or* to pieces); *iets ~ maak* break up s.t.; *~ raak* break down; come apart; fall apart; break in pieces; go to pieces. **stuk·ken·de·rig** *-rige, (infml.)* rather broken; *~ voel* feel rather washed up.

stuk·kie *-kies* little/small piece, (little) bit; particle; snippet; snatch *(of a song)*; morsel; *(also, in the pl.)* wool pieces; *(sl., derog.)* chick, bit of skirt; *'n ~ ...* a bit of ...; a piece of ...; a slice of ... *(cake etc.)*; *~s en **brokkies*** bits and pieces; odds and ends; *'n ~ **eet*** have s.t. to eat, have a bite; *'n ~ brood/ens. **eet*** eat some bread/etc.; ***elke** ~* every bit; every scrap; *iets in ~s **skeur*** tear s.t. to bits; *~ **vir** ~* bit by bit.

stuks →STUK.

stuks·ge·wys, stuks·ge·wy·se singly, per piece, one by one, bit by bit.

stulp[1] *stulpe, n.* →STOLP *n.*. **stulp** *ge-, vb.* balloon, swell out.

stulp[2] *ge-, vb.* →STELP, STOL.

stum·per(d) *-s* bungler, oaf; poor blighter/thing.

stu·pi·di·teit *-teite* folly; piece of folly.

Sturm und Drang *(Germ. liter.)* Sturm und Drang, Storm and Stress.

stut *stutte, n.* prop, support, stay, pillar; staff; buttress, shore, stanchion *(of a wall etc.)*; strut; buttress *(of a roof)*; brace, truss *(of a bridge)*; *(min.)* prop, sprag; *(also, in the pl.)* strutting; *sonder ~* stayless; *iem. se ~ (en steun)* s.o.'s support *(a person)*. **stut** *ge-, vb.* prop (up), support, shore/buttress/truss (up), steady, stay, bolster (up), underpin, underset. **~balk** supporting beam, joist *(in a roof)*, strut beam; bridging joist *(in a floor)*. **~boog** jack arch. **~hok** *(min.)* crib, pigsty. **~muur** retaining wall, buttress. **~(-)organisasie** supporting organisation. **~paal** shore, prop, stay, upright, puncheon. **~raam** *(sculpture)* armature. **~skoen** patten (shoe). **~stapel** *(min.)* pack. **~stok** (supporting) stake. **~werk** *(constr.)* propping; false work, trestlework. **~wortel** prop-root, buttress/tabular root. **~yster** patten.

stut·sel *-sels* prop *etc.*; →STUT *n.*.

stut·ting, ~werk support, shoring, propping; strutting; staying; bridging *(in a floor)*.

stuur *sture, n.* (steering) wheel *(of a motor car)*; handlebar(s); steering; tiller, rudder, helm; steering handle; *aan die ~, (lit.)* at the wheel *(of a car)*; at the helm *(of a ship)*; at the controls *(of an aircraft)*; *aan die ~ van iets staan/wees, (fig.)* be at the helm of s.t. *(a country, a company, etc.)*; be in control of s.t. *(a company etc.)*; *agter die ~* at the wheel *(of a car)*. **stuur** *ge-, vb.* send, dispatch; drive *(horses, a car, etc.)*; steer, navigate *(a ship, bicycle, etc.)*; passage *(a horse)*; pilot; direct, guide; *iem. **agter** iem. (anders) aan ~* send s.o. after s.o. else; *iem./iets **boontoe** ~, (lit.)* send up s.o./s.t.; *~ **na** ...* set (a) course for ...; *iem./iets **na** ... ~* send s.o./s.t. to ...; *iem. **na** ... ~, (also)* dispatch/despatch s.o. to ...; post s.o. to ...; *iem./iets **ondertoe** ~* send s.o./s.t. down; *iets **oor** Kimberley/ens. ~* route s.t. through Kimberley/etc. *(a parcel etc.)*; ***op** die kompas/sterre ~* navigate by the compass/stars; *'n skip **reguit** ~* keep a ship steady; *iem. **saam** met iem. (anders) ~* send s.o. along with s.o. (else); *iem. **uit** die ... ~* order s.o. out of the ... **~arm, ~hefboom** steering/swing/control lever, drop arm. **~as** steering axle/shaft/column. **~boord** *(naut.)* starboard; *aan ~* on the starboard side; *na ~* to starboard. **~boordkant** starboard side (*or* right side of ship). **~gerei** steering gear. **~hefboom** →STUURARM. **~huis** wheelhouse, pilot house *(of a ship, crane, etc.)*. **~hut** *(rare, obs.)* →STUURKAJUIT. **~inrigting** *(rare)* steering gear, controls. **~kabel** control cable. **~kajuit** steering/control cabin, cockpit, driver's/pilot's cabin/cab, driving cab(in). **~kas** steering box/housing. **~ketting** tiller/steering chain. **~knuppel** joystick, control stick. **~kolom** steering column/mast, control column. **~kundig** *-e* cybernetic. **~kuns** steersmanship, helmsmanship. **~las** trim. **~liede** *(pl., obs.)* →STUURMAN. **~lui** *(pl.)* →STUURMAN. **~man** *-ne, stuurlui* steersman, helmsman, man at the helm/wheel; navigating officer, mate; pilot; cox(swain) *(of a rowing boat)*; *eerste ~* chief mate; *die beste ~/stuurlui staan aan wal, (fig.)* it is easy to criticise when you're not doing s.t. yourself; *sonder ~* coxless. **~manskap** seamanship, steersmanship, navigation; *iem. se ~ laat (veel) te wense oor* s.o.'s navigation is at fault. **~manskuns** steersmanship, (art/knowledge of) navigation. **~masjien** *(naut.)* steering engine. **~outomaat** automatic pilot, autopilot. **~pen** steering pin; *(orn.)* (long) tail feather, rectrix. **~riem** steering oar. **~slot** *(mot.)* steering lock. **~sok** steering socket. **~staander** = STUURKOLOM. **~stang** *(mot.)* steering rod, drag link; control lever, *(infml.)* joystick *(of an aircraft)*; *geboë ~* drop handlebar(s). **~stoel** driver's/pilot's seat, control seat. **~stok** tiller, helm; *(aeron.)* control stick, joystick. **~toestel** *(aeron.)* steering gear/apparatus; controls. **~tou** tiller/guide rope. **~traagheid** *(mot.)* understeer. **~vaart** *(naut.)* steerageway. **~vlak** *(aeron.)* control plane. **~werk** steering; steering gear. **~wiel** steering wheel. **~wyser** steering indicator.

stuur·baar *-bare* navigable, manoeuvrable.

stuur·der *-ders* sender; steersman.

stuur·loos *-lose* rudderless; out of control.

stuurs *stuurs(e) stuurser stuursste* (of *meer ~ die mees -e*) curt, cool, stiff, reserved, unfriendly, gruff, surly, moody, crusty, cross-grained, sullen, morose, ill-humoured. **stuur·se·rig** *-rige* stiffish, gruffish. **stuurs·heid** curtness *etc.* (→STUURS).

stu·wa·door *-dore, -doors* stevedore, longshoreman, docker.

stu·wend *-wende* (→STU): *~e krag, (fig.)* driving force.

stu·wing *-wings, -winge* propulsion; impulsion; *(elec.)* surge; *(med.)* congestion, stasis; surging; trim. **stu·wing·swel·ling** turgescence, turgescency.

styf *stywe stywer styfste, adj.* stiff, rigid, unbending, wooden; stiff, starched; tight; firm, stiff *(market)*; erect; starchy *(fig.)*; muscle-bound; tense; torpid; *'n stywe bries* a fresh/stiff/smacking breeze; *stywe pap* sadza *(Shona)*; *~ en strak* stark and stiff, stiff and stark. **styf** *adv.* stiffly *etc.*; *~ **gepak*** close-packed; *~ **gespan*** taut; *~ **pas*** fit tightly/closely; *iem. het sy/haar oor ~ **teen** die sleutelgat gehou* s.o.'s ear was glued to the keyhole; *~ **teenaan*** hard up against; *~ **toe*** shut fast, fast shut; *~ **trek*** stretch, strain; tenter; *iets ~ **trek*** draw/pull s.t. tight; take up the slack *(of a rope etc.)*; *~ wees **van** (die) ...* be numb with ... *(cold etc.)*; *~ **vasdraai*** screw home; *iets ~ **vashou*** →VASHOU; *~ **word**, (s.o.)* become/go numb; freeze up; set. **styf, sty·we** *ge-, vb.* starch; *(fig.)* stiffen; strengthen; *die kas ~* add to (*or* strengthen/swell) the funds. **~band** belting. **~gaas** stiffening; →(SNYER)STYFGAAS. **~harig** *(bot.)* strigose. **~hoofdig, ~koppig** *-e, (rare, obs.)* obstinate, headstrong, pigheaded, intransigent, pertinacious, stiff-necked, self-willed. **~hoofdigheid, ~koppigheid** obstinacy, pigheadedness, self-will(edness), *etc.*. **~kop** *(rare, obs.)* headstrong/obstinate person, mule. **~koud** clay cold. **~kramp** *(rare)* tetanus, lockjaw. **~linne** *(hist.)* buckram. **~loop** *styfge-* stretch to the utmost *(a tether)*; *jou rieme ~* →RIEM[1]. **~middel** *-s* stiffener, stiffening, sizing agent. **~siekte, stywesiekte** crotalism, stiff sickness. **~siektebos(sie)** *(Crotalaria burkeana)* rattle bush.

styf·heid, styf·te stiffness, rigidity.

styf·te *(vulg. sl.: erection)* hard-on; →STYFHEID.

styg *ge-, vb.* rise, climb, ascend, gain height, mount (up); *(prices)* rise, go up, advance, strengthen, appreciate; surge; soar, escalate; →STYGEND; *die pryse ~ **hemelhoog*** prices are going through the roof; *al (hoe) **hoër** ~, (prices etc.)* spiral up; ***(hoog)** ~, (excitement etc.)* run high; *iets **laat** ~* send s.t. up *(prices, the temperature, etc.)*; ***met** ... ~* rise by ...; ***skerp/sterk** ~* rise sharply/steeply; ***skielik** ~* shoot up; ***tot** ... ~* rise to ...; *iets ~ **tot** ..., (also)* s.t. works up to ... *(a climax)*; ***van** ... tot ... ~* rise from ... to ...; ***(vinnig)** ~, (prices)* escalate. **styg** *n.*: ***aan** die ~ wees, (water, prices, etc.)* be rising; *(prices etc.)* be on the rise. **~baan** *(rare)* runway; →AANLOOPBAAN. **~gang** *(min.)* raise, rise. **~hoek** angle of ascent/climb; angle of elevation. **~hoogte** rise. **~koper** →STYGSPEKULANT. **~krag** lift, lifting power, buoyancy. **~mark** *(stock exchange)* bull market. **~meter** variometer, vertical speed indicator. **~slag** upstroke. **~spekulant** *(securities exchange)* bull. **~stroom** up(ward) current, upwash, updraught, updraft *(Am.)*. **~stuk** (stair) riser. **~tempo** rate of climb. **~vermoë** →STYGKRAG. **~wind** updraught, updraft *(Am.)*, upcurrent, anabatic wind, ascending air current.

sty·gend *-gende* rising, ascending; mounting; increasing; assurgent, anabatic; *~e **aksent*** acute accent; *~e **klammigheid*** rising damp; *~e **mark*** bullish market; *steeds ~e **misdaadsyfers/ens.*** soaring crime figures.

sty·ging *-gings, -ginge* rise, advance, increase; upsurge; slope; swell; *(econ.)* upswing; *(min.)* upthrow; *die ~ en daling van ...* the rise and fall of ... *(prices etc.)*; *'n skerp ~* a sharp/steep increase/rise *(of prices etc.)*.

styl *style* post *(of a door, bed, etc.)*; jamb(e) *(of a door, window, etc.)*; stile *(of a door, sash, chair, etc.)*; baluster, banister; upright, stanchion, support; *(art, biol.)* style; stylus; *~ **hê*** have style (*or [infml.]* piz(z)azz/pzazz); have class; *'n huis **in** die Spaanse/ens. ~* a house in the Spanish/etc. style; *'n ... **in** die ou ~, (print.)* an old-style ... *(calendar etc.)*; ***met** ~* in style; *alles **met** ~ doen* do things in style; *na/volgens die **nuutste** ~* in the latest style; ***sonder** ~* without style, unstylish; *'n (goed) **versorgde** ~* a polished style. **~band** *(archit.)* astragal. **~blom(metjie)** *(fig.)* flower of speech, flourish. **~boek** stylebook *(for journalists etc.)*. **~figuur** figure of speech, trope. **~fout** bad style, error in style. **~kolfwerk** *(cr.)* stroke play. **~kolwer** *(cr.)* stroke batsman. **~leer** art of composition, stylistics. **~meubels** period furniture. **~oefening** composition exercise. **~spieël** pier glass. **~vol** *-le* in good style, elegant, stylish; well-written; *~le prosa* elegant prose. **~vormig** *-e, (bot.)* styliform. **~vorming** formation of style.

styl·loos *-lose* without (any) style. **styl·loos·heid** lack/want of style.

sty·sel *-sels* starch, amylum; *gaar ~* cooked/boiling-water starch; *rou ~* unboiled/cold-water starch. **~ensiem** amylase. **~fabriek** starch factory. **~gom** *(biochem.)* dextrin. **~houdend** starchy, farinaceous. **~korrel** starch grain. **~kos** starchy/farinaceous food. **~-sel** *-le* starch cell. **~stroop** glucose. **~water** starch water.

sty·sel·ag·tig *-tige* starchy, farinaceous, amylaceous.

sty·we *ge-* (→STYF *vb.*): **~siekte** →STYFSIEKTE.

sty·we·rig *-rige* stiffish, rather stiff. **sty·we·rig·heid** stiffishness.

sty·wig·heid stiffness, rigidity.

sty·wing stiffening; strengthening *(of funds)*; →STYF; *tot ~ van ...* in support of ... *(a fund)*.

Styx: *die ~, (Gr. myth.)* the Styx.

sub sub, under; *~ rosa* sub rosa, under the rose, in secret, secretly. **sub A/B** *sub A's/B's (SA, hist.)* sub A/B; pupil in sub A/B, sub A/B pupil. **sub A'tjie/B'tjie** *-tjies* little sub A/B pupil.

sub= *pref.* sub=.
sub·ab·do·mi·naal =*nale, (anat.)* subabdominal.
sub·a·gent subagent. **sub·a·gent·skap** subagency.
sub·ak·sil·lêr =*lêre, (anat.)* subaxillary.
sub·a·kuut *(med.)* subacute.
sub·al·pyns =*pynse* subalpine.
sub·al·tern =*terne, n.* junior officer, subaltern. **sub·al·tern** =*terne, adj.* subaltern, junior, lower; *~e offisiere* subalterns.
sub·ant·ark·ties =*tiese* subantarctic.
sub·ark·ties subarctic.
sub·ar·ti·kel subclause, subsection; subleader.
sub·a·se·taat *n.* subacetate.
sub·a·to·mies subatomic.
sub·de·li·ri·um =*riums,* =*ria, (med.)* subdelirium.
sub·do·mi·nant subdominant.
sub·du·raal =*rale, (anat.)* subdural.
sub·e·ko·no·mies subeconomic.
sub·fa·mi·lie subfamily.
sub·gla·si·aal =*ale, (geol.)* subglacial.
su·biet *(rare)* suddenly; at once, straightaway.
sub·jek =*jekte, (gram., philos.)* subject. **sub·jek·tief** =*tiewe, adj. & adv.* subjective(ly). **sub·jek·ti·veer** *ge*= subjectify. **sub·jek·ti·vis** =*viste, (philos., also S~)* subjectivist. **sub·jek·ti·vis·me** *(philos., also S~)* subjectivism. **sub·jek·ti·vis·ties** =*tiese, adj. & adv., (philos., also S~)* subjectivistic(ally). **sub·jek·ti·wi·teit** subjectivity, subjectiveness. **sub·junk·tief** =*tiewe, n. & adj.* subjunctive.
sub·ka·te·go·rie =*rieë* subcategory.
sub·kies·lys *(comp.)* submenu.
sub·klas subclass.
sub·kli·nies subclinical.
sub·klou·su·le subclause.
sub·ko·mi·tee, sub·kom·mis·sie subcommittee.
sub·kon·ti·nent subcontinent.
sub·kor·ti·kaal *(anat., bot.)* subcortical.
sub·kra·ni·aal =*ale, (anat.)* subcranial.
sub·kri·tiek subcritical.
sub·kul·tuur subculture.
sub·ku·taan =*tane, (anat.)* subcutaneous, hypodermic.
su·bliem =*blieme* =*bliemer* =*bliemste* sublime. **su·bli·maat** =*mate* sublimate. **su·bli·ma·sie** sublimation. **su·bli·meer** *ge*= sublimate. **su·bli·me·ring** →SUBLIMASIE. **su·bli·mi·naal** =*nale* subliminal *(advertising etc.).* **su·bli·mi·teit** sublimity.
sub·li·to·raal, sub·lit·to·raal =*rale, (chiefly ecol.)* sublittoral.
sub·luk·sa·sie *(med.)* subluxation.
sub·mar·gi·naal =*nale, (econ., agric.)* submarginal.
sub·me·di·ant *(mus.)* submediant.
sub·mi·ni·a·tuur·ka·me·ra subminiature camera.
sub·nor·maal, sub·nor·maal =*male* subnormal.
sub·ok·sied *(chem.)* suboxide.
sub·o·ku·lêr *(med.)* subocular.
sub·op·ti·maal =*male* suboptimal.
sub·or·bi·taal =*tale* suborbital; *suborbitale baan* suborbital path/track *(of a missile etc.).*
sub·or·de suborder.
sub·or·di·na·sie subordination. **sub·or·di·neer** *ge*= subordinate.
sub·po·lêr =*lêre, (meteorol.)* subpolar.
sub·pro·gram →SUBROETINE.
sub·raam =*rame, (building, mot.)* subframe.
sub·ras subbreed.
sub·re·dak·teur subeditor, sub *(infml.),* copy editor.
sub·roe·ti·ne, sub·pro·gram *(comp.)* subroutine, subprogram.
sub·ro·geer *ge*=, *vb., (jur., ins.)* subrogate. **sub·ro·ga·sie** *n.* subrogation.
sub·si·die =*dies* subsidy, grant(-in-aid), bounty, subvention. **sub·si·di·eer** *ge*= subsidise, aid. **sub·si·di·êr** =*diêre* subsidiary. **sub·si·di·ë·ring** subsidising, subsidisation.
sub·skrip·sie: ~**(geld)** subscription, contribution. ~**konsert** subscription concert. ~**televisie** subscription/pay television.
sub·so·ne subzone.
sub·so·nies subsonic.
sub·stan·daard substandard.
sub·stan·derd *(SA, hist., educ.)* substandard.
sub·stan·sie =*sies* substance; hypostasis. **sub·stan·si·eel** =*siële* substantial. **sub·stan·si·eer** *ge*= substantiate. **sub·stan·si·ë·ring** substantiation. **sub·stan·tief, sub·stan·tief** =*tiewe, n., (gram.)* substantive, noun; *substantiewe kleurstof* direct dye. **sub·stan·tief, sub·stan·tief** substantive, substantival. **sub·stan·ti·veer** *ge*= substantivise. **sub·stan·ti·ve·ring** substantiv(is)ation. **sub·stan·ti·wies** =*wiese* substantive(ly).
sub·sta·sie substation.
sub·stel·sel =*sels,* **sub·sis·teem** =*teme* subsystem.
sub·sti·tu·eer *ge*= substitute. **sub·sti·tu·sie** =*sies* substitution.
sub·sti·tuut =*tute* substitute, deputy; substitute, surrogate; *die ~ vir iem. wees* be the alternate to s.o.. ~**ma** surrogate mother.
sub·straat =*strate* substratum.
sub·su·meer *ge*= subsume. **sub·sump·sie** =*sies* subsumption.
sub·tak =*takke* subbranch *(of a bank etc.).*
sub·tiel =*tiele* =*tieler* =*tielste, adj. & adv.* subtle; subtly; *(al)te ~* oversubtle; *'n ~e benadering* a subtle/softly-softly approach. **sub·ti·li·teit** =*teite* subtlety.
sub·tra·hend *(math.)* subtrahend.
sub·trak·tief =*tiewe* subtractive.
sub·tri·bus *(biol.)* subtribe.
sub·tro·pe subtropics. **sub·tro·pies** =*piese* subtropical, semitropic(al).
sub·u·nie subunion.
sub·werk subediting; *drie jaar lank ~ doen, (also, journ.)* spend three years on the copy desk.
Su·de·te Sudeten (Mountains), Sudetic Mountains, Sudetes. ~**Duitser** Sudeten German. ~**land:** *(die) ~* Sudetenland.
Su·e·bi·ë →SWEBIË.
su·ède *(<Fr.)* suede, suède.
Sue·to·ni·us *(hist.: Rom. biographer and historian)* Suetonius.
Su·ez *(geog.)* Suez. ~**kanaal** Suez Canal.
suf *suwwe suwwer sufste, adj.* dull, drowsy, dazed, fuddled, woozy; muzzy; stupid, thickheaded; doting *(from age);* stale; *~ maak* stupefy; *~ raak* get stale *(s.o.); jou ~ dink* beat one's brains out *(infml.); ~ wees* be in a fuddle. **suf** *adv.* dully, stupidly, muzzily. **suf·fer(d)** =*fer(d)s, (rare)* dunce, dullard, muff, stupid, mooner, dodderer; *ou ~* dodderer; *(theatr.)* pantaloon. **suf·fe·rig** =*rige* dull, sleepy, muzzy, thickheaded, doddery, moony. **suf·fe·rig·heid** →SUFHEID. **suf·fe·ry** *(rare)* daze, doze, dozing, drowse; dotage. **suf·heid** dullness, muzziness, drowsiness, dazedness, thickheadedness, wooziness; hebetude; staleness.
suf·fi·ge·ring *(gram.)* suffixation, suffixion.
suf·fiks =*fikse, (gram.)* suffix.
Suf·folk(·skaap) *(also s~)* Suffolk (sheep).
suf·fra·gaan =*gane, n.* suffragan. **suf·fra·gaan** =*gane, adj.* suffragan; *suffragane bisdom* suffragan diocese. ~**biskop** (bishop) suffragan, suffragan/assistant bishop.
suf·fra·jet =*jette,* =*jets, (hist.)* suffragette.
sug[1] *sugte, n.* sigh; desire, craving *(for drink, glory, etc.),* appetite, thirst, hankering, love, passion; *'n diep/swaar ~* a deep sigh; *'n ~ van verligting slaak* breathe/give/heave a sigh of relief; *'n ~ na ...* a desire for ... *(freedom etc.);* a love of ... *(adventure etc.).* **sug** *ge*=, *vb.* (heave a) sigh; groan, moan; *(wind)* sigh, sough, moan; *iem. ~ van ...* s.o. sighs with ... *(relief etc.); ~ na* sigh for; *~ oor* sigh over. **sug·tend:** *~ onder 'n juk, (fig.)* groaning under a yoke. **sug·ter** =*ters* sigher. **sug·ting** =*tinge* sigh(ing), moan(ing), wail(ing), lamentation.
sug[2] *n.* pus, matter; *(pathol.)* dropsy *(infml.); (vet.)* dropsy; *(dated)* drain. ~**geut(pyp)** drain tile. ~**pyp** agricultural pipe. ~**riolering** subsoil/subsurface/underground drainage. ~**riool** land/subsoil drain, underdrain. ~**sloot** drain, drainage channel, sough. ~**voor** agricultural/land drain.
sug·ge·reer *ge*= suggest; *iets ~ ...* s.t. is suggestive of ... **sug·ge·reer·baar** =*bare* suggestible. **sug·ges·tie** =*ties* suggestion. **sug·ges·tief** =*tiewe* suggestive; insinuating, insinuative; equivocal; lewd; louche; *suggestiewe opmerking* lewd remark; *suggestiewe vraag* leading question. **sug·ges·ti·wi·teit** suggestiveness.
suid south; *~ **gerigte*** south-facing; ***reg** ~* due south; *van ~ na noord **reis*** travel from south to north; *~ **ten** oos/wes* south by east/west; *~ **van** ...* (to the) south of ...; *die **wind** is ~* the wind is southerly, the wind is (from/in the) south. **S~-Afrika** South Africa. **S~-Afrikaans** =*e* South African; *~e Kommunistiese Party, (abbr.: SAKP)* South African Communist Party *(abbr.: SACP); ~e Nasionale Weermag, (abbr.: SANW)* South African National Defence Force *(abbr.: SANDF); ~e Polisiediens, (abbr.: SAPD)* South African Police Service *(abbr.: SAPS).* **S~-Afrikaner** =*s* South African. **S~-Amerika** South America. **S~-Amerikaans** =*e* South American. **S~-Amerikaner** =*s* South American. **S~-Asië** Southern Asia. **S~-Atlantiese Oseaan** South Atlantic (Ocean). **S~-Australië** South Australia. **S~-Carolina** South Carolina. **S~-Chinese See** South China Sea. **S~-Dakota** South Dakota. **S~-Devon-beeste** South Devon cattle. **S~-Duitsland** Southern Germany. **S~eiland, Suidereiland** *(NZ)* South Island. ~**einde** south(ern) end. **S~-Europa** Southern Europe. **S~-Europeër** South(ern) European. **S~-Europees** South(ern) European. **S~-Frankryk** Southern France, the South of France. **S~-Georgië** *(island)* South Georgia. ~**grens, suidergrens** southern boundary. ~**hoek** southern extremity/corner. **S~-Holland** South Holland. **S~-Italië** Southern Italy. **S~-Kaap** the Southern Cape. **S~-Korea** South Korea. **S~-Koreaan** =*-Koreane* South Korean. **S~-Koreaans** =*-Koreaanse* South Korean. ~**kus** south(ern) coast, southern seaboard. ~**land** →SUIDERLAND. **S~-Molukker** South Moluccan. **S~-Moluks** South Moluccan; *S~e eilande* South Moluccas. ~**oos** *n.* →SUIDOOSTER. ~**oos** *adv.* southeast. ~**ooste** *n.* southeast; *na/uit die ~* to/from the southeast. ~**oostelik** =*e, adj.* southeast(ern); southeasterly; *~e wind* southeast wind; *in ~e rigting* in a southeasterly direction. ~**oostelik** *adv.* southeast(erly). ~**ooster,** ~**oostewind** southeaster, southeast wind; *swart ~* black southeaster. ~**ooswaarts** *adj.* southeastward. ~**ooswaarts** *adv.* southeastward(s). **S~pool** South Pole. **S~poolekspedisie** Antarctic *(or* South Polar) expedition. **S~poolgebied,** =**lande** Antarctic region(s), Antarctica. **S~poolreisiger** Antarctic explorer. **S~poolsee** Antarctic Ocean. **S~poolsirkel** Antarctic Circle. **S~poolstreek** Antarctic (region), Antarctica. **S~pooltog** Antarctic expedition. **S~poolvaarder** Antarctic navigator. ~**punt** south(ern) point/extremity. **S~see** South Sea(s); *(Stille) ~* South Pacific (Ocean). **S~see-eilande** South Sea Islands, Oceania; Pacific Islands. **S~see-eilander** South Sea Islander, Oceanian, Kanaka. **S~-Sotho** =*'s, (member of a people)* South(ern) Sotho; *(no pl., lang.)* South(ern) Sotho. **S~-Spanje** Southern Spain. ~**suidoos** south-southeast. ~**suidwes** south-southwest. ~**waarts** =*e* southward, southerly; southbound. ~**waarts** *adv.* southward(s), to the south(ward); *~ gaan* go south. **S~wes** *n., (hist.)* South West (Africa). ~**wes** *adj.* southwest. **S~wes-Afrika, Suidwes-Afrika** *(hist.)* South West Africa. **S~wes-Afrikaans** *adj., (hist.)* South West African. **S~wes-Afrikaner** = SUIDWESTER. ~**weste** *n.* southwest; *na/uit die ~* to/from the southwest. ~**westelik** =*e* southwest(ern); southwesterly; *S~e Distrikte, (Southern Cape; abbr.: SWD)* Southwestern Districts. **S~wester** *(hist.)* South West African, inhabitant of South West Africa, South Wester. ~**wester** =*s, (a hat)* sou'wester, southwester, fantail. ~**wester,** ~**westewind** southwester, southwest wind, *(infml.)* sou'wester. ~**weswaarts** *adj.* southwestward. ~**weswaarts** *adv.* southwestward(s).

sui·de: ***die*** ~ the south; ***die S~,*** *(definite region, such as Southern US)* the South; *na die* ~ ***gaan*** go south; ***in*** *die* ~ in the south; down south; ***na*** *die* ~ to the south; ***ten*** ~ *van* ... (to the) south of ...; ***uit*** *die* ~ from the south; ***van*** *die* ~ from the south; *die* ***wind*** *kom uit die* ~ the wind is southerly, the wind is (from/in the) south. **sui·de·kant** south (side), south(ern) side; *uit/van die* ~ from the south. **sui·de·lik** *-like -liker -likste, adj.* south, southerly; southern; *S~e* ***Afrika*** Southern Africa; *die S~e* ***Halfrond*** the Southern Hemisphere; *S~e* ***State,*** *(pl.)* Southern States *(of the US);* ***suidelikste*** southernmost; *~e* ***wind*** south(erly) wind; *die S~e* ***Yssee*** the Antarctic/Southern Ocean. **sui·de·lik** *adv.* southward(s). **sui·de·li·king** *(naut., astron.)* southing. **sui·de·wind** south wind, souther.

sui·der-: **S~-Afrika** Southern Africa. **S~-Afrikaanse Ontwikkelingsgemeenskap** *(abbr.:* SAOG*)* Southern African Development Community *(abbr.:* SADEC *or* Sadec*)*. **~breedte** south latitude; *10 grade* ~ latitude 10 degrees south. **S~driehoek:** *die S~, (astron.)* the Southern Triangle, Triangulum Australe. **S~eiland** →SUIDEILAND. **~grens** →SUIDGRENS. **S~keerkring** tropic of Capricorn. **S~kroon:** *die ~, (astron.)* the Southern Crown, Corona Australis. **S~kruis:** *die ~, (astron.)* Crux, the Southern Cross. **~land** southland. **~lig** southern lights, aurora australis. **S~see** Zuider/Zuyder Zee. **~son** southern sun. **~storm** storm from the south. **~strand** southern coast/strand.

sui·der·ling *-linge, (also S~, esp. in Eur.)* Southerner, meridional *(Fr.)*.

sui·dis·sel →SEIDISSEL.

sui·er *-ers, n.* sucker; piston *(of a pump, engine, etc.),* ram; plunger *(of a pump);* offset, sucker *(of a plant).* **sui·er** *ge-, vb.* remove suckers *(from tobacco plants).* **~enjin** reciprocating engine. **~klap** piston slap. **~klep** piston valve *(of an engine);* suction valve *(of a pump).* **~klop** piston knock. **~kop** piston head. **~loot** *(bot.)* sucker, succulent shoot. **~masjien, ~motor** piston engine. **~oppervlakte** piston area. **~pen** gudgeon (pin), piston pin. **~pomp** reciprocating pump. **~ring** piston ring. **~slag** piston stroke. **~slagruimte** piston displacement. **~stang** piston/connecting rod. **~stangkop** big end. **~stoot** piston lift. **~veer** piston spring. **~wand** piston wall.

sui·er·tjie *-tjies, (zool.)* cupule.

suig *ge-* suck; suckle, nurse; absorb; *aan iets* ~ have/take a suck at s.t.; pull/drag at/on (*or* take a drag at/on) s.t. *(a pipe, cigarette, etc.); iets droog* ~ suck s.t. dry. **~arm** *(zool.)* tentacle. **~bagger** suction dredge(r). **~besem** *(rare)* suction sweeper/cleaner, vacuum cleaner. **~blasie** suctorial vesicle. **~bottel, ~fles** feeding bottle; suction flask, nursing bottle. **~buis** suction tube, siphuncle; suction hose; pipette; aspirator; sucker *(of an insect).* **~dop** suction cup. **~draad** *(bot.)* haustorium. **~droër** vacuum extractor. **~druk** suction pressure. **~-en-pers(-)pomp** →SUIGPERSPOMP. **~filter** suction filter. **~fles** →SUIGBOTTEL. **~gas** suction gas. **~gat** vent. **~glas** cupping glass; *(med.)* cup. **~hoogte** suction head. **~inrigting** sucking, suction plant. **~insek** suctorial/sucking insect. **~klank** click. **~klep** suction valve. **~krag** suction power/force, absorptive power. **~leiding** suction line/piping. **~lekker** sucker; lollipop, lolly *(infml.)*. **~meter** suction gauge. **~nappie** *(rare), (zool.)* sucker; *(bot.)* haustorium, sinker; *(med.)* cupule, sucking cup/disc/disk/pad. **~orgaan** suctorial organ, sucker, haustellum; *(bot.)* haustorium, sinker. **~perspomp** lift and force pump, double-acting/double-action pump. **~pil** lozenge. **~ploeg** suction plough. **~pomp** suction pump. **~poot(jie)** *(zool.)* tube foot. **~prop** *(obst.)* ventouse cap. **~propverlossing** *(obst.)* ventouse delivery. **~pyp** suction pipe; tailpipe *(of a pump)*. **~skyf** caruncle. **~slag** suction/inlet/intake/induction stroke. **~slang** suction hose. **~slurp** proboscis *(of an insect)*. **~snuit** sucking/suctorial mouth. **~stokkie** sucker, lollipop, lolly *(infml.)*. **~strooitjie** drinking straw. **~stroom** slipstream. **~stuk** *(mot.)* pickup. **~tablet** lozenge, troche. **~tenk** vacuum tank. **~tong** proboscis *(of an insect)*. **~ventilator** exhaust fan; extract ventilator. **~vis** remora, suckerfish, sucking fish, sharksucker, clingfish. **~waaier** suction/extract(or)/exhaust fan; aspirator. **~werking** aspirating action. **~wortel** sucking root; haustorium. **~wurm** fluke(worm), trematode. **~(-)ys(ie)** (ice) lolly/sucker.

sui·ge·ling, suig·ling *-linge* infant (in arms), baby, suckling; *uit die mond van die ~ sal jy die waarheid hoor* children and fools cannot lie.

sui·gend *-gende* sucking; suctorial.

sui·ging suction.

suig·ling →SUIGELING.

sui·ker *-kers, n.* sugar; ~ *in jou koffie/ens. gebruik/neem* take sugar in one's coffee/etc.; *gebruik jy ~?* do you take sugar?; *bruin* ~ →BRUINSUIKER; *geel* ~ →GEELSUIKER; *wit* ~ →WITSUIKER *ongeraffineerde/growwe* ~ muscovado; *gebrande* ~ caramel. **sui·ker** *ge-, vb.* sugar; *(rare, sl.)* scoot, speed. **~amandel** praline. **~appel, kaneelappel** *(Annona squamosa)* sugar apple, sweetsop; →WILDESUIKERAPPEL. **~bakker** confectioner. **~bakkery** confectionery. **~balletjie** sugarplum. **~bedryf** sugar industry. **~beet** sugar beet. **~bekkie** *(orn.)* sunbird; sugarbird, honeyeater, -sucker. **~bloekom** sugar gum. **~bolletjie** sugar bun, Bath bun. **~boon(tjie)** sugar bean; *gespikkelde* ~ mottled sugar bean. **~bos** *(Protea repens)* sugar bush; *(Protea* spp.*)* sugar bush. **~bosblom** protea (flower). **~bosvoël** Cape sugarbird. **~brood** sugar loaf; (true) sponge cake; *silwer* ~ angel cake/food. **S~brood(berg)** Sugar Loaf Mountain. **~broodvinger** finger biscuit. **~den** *(bot.)* sugar pine. **~-ertjie** sugar pea. **~fabriek** sugar factory/mill/works. **~fabrikant** sugar manufacturer/refiner. **S~fee** *(ballet)* Sugarplum Fairy *(in The Nutcracker)*. **~gehalte** sugar content. **~goed** confectionery, sweetmeats. **~houdend** *-e* containing sugar, sacchariferous. **~inhoud** sugar content. **~kan** sugar bush; →SUIKERBOS; *Anapalina revoluta; rooi~, Protea grandiceps.* **~klont(jie)** lump of sugar, sugar lump, piece of lump sugar, crystallised sugar; sugarplum, sugar candy; *(fig.)* mother's darling. **~koekie** sugared biscuit; sugar biscuit. **~kweker** sugar grower/planter. **~lagie** layer of sugar, sugar layer; *iets met 'n ~ bedek, (lit., fig.)* sugar-coat s.t.. **~land** sugar-growing country. **~lepel** sugar spoon. **~magnaat** sugar baron. **~meter** saccharimeter; saccharometer. **~meul(e)** sugar mill. **~mielie(s)** sweet corn. **~oes** sugar crop/yield. **~oom(pie)** *(infml., joc.)* sugar daddy. **~pil** *(fig.)* placebo. **~planter** sugar planter. **~pot** sugar bowl, sugar basin. **~produksie** sugar production/output/yield. **~raffinadery** sugar refinery. **~raffinadeur** sugar refiner. **~riet** sugar cane; *uitgeperste* ~ megass(e). **~rietland** cane field. **~sak** sugar bag/pocket. **~seep** sugar soap. **~siekte** diabetes; *lyer aan* ~ diabetic. **~siektelyer** diabetic. **~skil** candied peel. **~skoppie** sugar scoop. **~smaak** sugary taste, taste of sugar. **~soet** as sweet as sugar; *(fig.)* sugary, sugared *(words),* honeyed; *(derog.)* namby-pamby. **~spanspek** sugar melon. **~strooier** sugar caster/sprinkler/dredger; muffineer. **~stroop** molasses. **~suur** saccharic acid. **~tand** sweet tooth; *jou ~(e) uittrek, (fig.)* stop taking (*or* cut out) sugar/sweets. **~tang(etjie)** sugar tongs. **~voël(tjie)** sugarbird. **~voortbrengend** *-e, (chem.)* sacchariferous. **~vrugte** crystallised fruit. **~vry** sugar-free. **~ware** sweetmeats, confectionery. **~water** sugared water, water and sugar. **~wortel** skirret. **~wurm** sugar mite.

sui·ker·ag·tig *-tige* sugary.

sui·ke·rig *-rige* sugary, sweet.

sui·ker·loos *-lose* sugarless.

sui·ker·tjies: *('n bietjie)* ~ a little (bit of) sugar.

suil *suile* pillar, column; obelisk; *(elec.)* pile; *(bot.)* bole; *drüïdiese ~, (archaeol.)* menhir; ~ *van Volta* voltaic pile. **~bewoner** *(hist.)* stylite. **~bou** columnar structure. **~draer** *(archit.)* stylobate; stereobate. **~(-)epiteel** columnar epithelium. **~groef** chamfer, channel, flute. **~skag** tige. **~struktuur** columnar structure. **~verdieping** supercolumniation. **~voet** column base, socle. **~vormig** *-e* columnar, pillarlike.

sui·le-: **~bundel** clustered column/pillar. **~galery** *(archit.)* peristyle, colonnade, arcade, cloister. **~gang** colonnade, cloister, peristyle *(also bot.); (oordekte)* ~ portico; stoa. **~ry** colonnade, peristyle. **~saal** hall of columns, hypostyle hall.

suil·tjie *-tjies* small column, columella *(also bot.)*.

sui·nig *-nige, adj. & adv.* stingy, miserly, niggardly, mingy, penurious, tight-fisted, mean, parsimonious, pinchpenny, cheeseparing; sparing, frugal, thrifty, economical; ~ *met iets te werk gaan* use s.t. sparingly, go slow with s.t.; ~ *wees met iets* be stingy with s.t.; *vrek ~ wees, (infml.)* be very stingy; ~ *met die sente, rojaal met die rande* (of ~ *in die kleine, verkwisterig in die grote)* penny wise and pound foolish. **sui·nig·aard** *-aards* niggard, miser, penny-pincher *(infml.),* Scrooge, skinflint, tightwad. **sui·nig·heid** stinginess, parsimoniousness, thrift, economy, *etc.;* →SUINIG. **sui·nig·heids·halwe** for reasons of economy, to economise. **sui·nig·heids·re·des:** *om* ~ for reasons of economy. **sui·ni·gies** sparingly, thriftily.

suip *n.* drinking, booze; *aan die ~ gaan/raak, (infml.)* go on a drinking bout (*or* a bender). **suip** *ge-, vb.,* drink; *(infml.)* guzzle, swill, tope, soak, booze, sot, carouse; suck; *die skape laat* ~ water the sheep; ~ *soos 'n vis, (infml.)* drink like a fish. **~dam(metjie)** drinking pool. **~gat** water hole. **~kalf** calf at foot, sucking calf. **~krip** →SUIPTROG. **~lam** sucker/suck(l)ing lamb. **~lap** boozer, toper, soaker, tippler; *'n verstokte* ~ a confirmed drunkard. **~ooi** foster/wet ewe. **~party** booze, swill, drinking bout, fuddle. **~plek** drinking place *(also of animals);* watering place *(of animals)*. **~sessie** *(infml.)* booze-up. **~trog, ~krip** drinking/watering trough. **~water** drinking water *(for stock)*.

sui·per *-pers* boozer, toper, soaker, tippler; →SUIPLAP. **sui·pe·ry** drinking bout; boozing *etc.;* →SUIP *vb.*.

sui·ping *-pings* watering place, water hole *(for animals);* water supply *(for animals)*.

suis *ge-, (s.o.'s ears)* buzz, sing, tingle; *(the wind)* rustle, sigh, moan, sough, w(h)oosh; *(water in a kettle)* sing; *(a bullet)* whiz(z); *my kop* ~ my head is ringing; *iem. se ore* ~ s.o.'s ears ring/sing (*or* are ringing/singing). **sui·sing** *-sings, -singe* buzzing, buzz, tingling; rustling *etc.;* →SUIS.

sui·te *-tes, (Fr.)* suite *(of rooms); (music)* suite; *(cards)* flush; *en* ~ en suite; *('n slaapkamer) met badkamer en* ~ (a bedroom) with bathroom en suite.

sui·wel butter and cheese, dairy products. **~bedryf** dairy(ing) industry. **~bereiding** dairying, butter and cheese making. **~boer** dairy farmer. **~boerdery** dairy farming, dairying. **~fabriek** creamery, butter and cheese factory. **~handelaar** cheesemonger. **~industrie, ~nywerheid** = SUIWELBEDRYF. **~produk** dairy product; *(also, in the pl.)* dairy produce/products. **S~raad:** *die* ~ the Dairy Board. **~vry** non(-)dairy, dairy-free; *~e (koffie)verromer* non(-)dairy creamer.

sui·wer *suiwer(e) -werder -werste, adj.* pure *(air, gold, water, whisky, wool, etc.);* neat *(spirits);* true *(judgement);* unalloyed *(delight);* plain *(truth);* clear *(conscience, profit);* sheer, pure *(nonsense);* correct *(pronunciation);* undefiled *(lang.);* net *(production);* true *(instr.);* clean; ~ ***goud*** fine gold; ***nie*** *~ in die leer nie, (theol.)* →ONSUIWER IN DIE LEER; ~ ***olyfolie*** →OLYFOLIE; ~ ***wiskunde/wetenskappe*** pure mathematics/sciences; ~ ***wolstof*** all-wool material. **sui·wer** *adv.* purely, cleanly; fairly *(hit);* ~ *kweek/teel* breed true; ~ *loop* run true; ~ *stel, (mot.)* true (up). **sui·wer** *ge-, vb.* purify *(blood, air, lang., etc.);* clean, cleanse; purge; chasten; filter, strain; deterge, depurate; refine *(oil, sugar);* clear *(one's name);* disinfect *(from vermin);* expurgate, sanitise *(a book etc.);* distil, rectify *(spirits); (med.)* absterge; render; →SUIWEREND, SUIWERING; *iets van ... ~* clear s.t. of ... *(weeds etc.);* purge s.t. of ... **~-uit** *(rare)* indeed, truly, really; ~ *slim wees* be really smart.

sui·we·raar *-raars* purifier, purger, refiner, *etc.;* →SUIWER *vb.*.

sui·we·rend *-rende* purifying, cleansing, purging, detergent, *etc.; (med.)* cathartic, purgative; →SUIWER *vb.*.

sui·wer·heid purity; cleanness; correctness; fineness *(of metals);* integrity; chasteness, chastity. **sui·wer·heids·graad** degree of purity.

sui·we·ring *-rings, -ringe* purification; cleansing, clearing; clarification *(of liquid); (med.)* purging, purgation, abstersion; *(fig.)* purge; refining; →SUIWER *vb.*. **~sout** aperient salt.

sui·we·rings=: **~kroes** cupel. **~middel** *=s, (med.)* purgative, cathartic; detergent; clarifier *(of liquid);* abstergent; purifying agent. **~proses** process of purification/clarification/etc.. **~tenk** settling tank. **~toestel** purification plant.

su·jet *=jets, (obs.)* scamp, fellow.

su·ka·de candied/lemon peel.

suk·kel *n.: dit sonder ~ doen* take it in one's stride. **suk·kel** *ge=, vb.,* struggle, plod/trudge (on), bumble, worry along, drudge, toil (and moil), have a difficult time; hassle; ***agterna*** *~* trail behind; ***met*** *... ~* have trouble with ...; ***met*** *iem. ~, (also, infml.)* harass/pester s.o.; *moenie* ***met*** *my ~ nie!, (infml.)* leave me alone!; *~* ***om*** *iets te doen* have a struggle to do s.t., have a time doing s.t.; *dit doen* ***sonder*** *om te ~* take it in one's stride. **~bestaan** precarious existence, living from hand to mouth; *'n ~ voer* lead a precarious existence, live from hand to mouth. **~braking, ~braak** retch(ing). **~draffie** jogtrot, market trot; *op 'n ~ gaan* jog along/on; *(dit gaan) so op 'n ~, (infml.)* (it's going) so-so. **~gang** jogtrot, trudge. **~spel** puzzle. **~veld** *(golf)* →RUVELD. **~vry** trouble-free. **~werk(ie)** wearisome/pernickety job.

suk·ke·laar *=laars* bungler, stick-in-the-mud, muff, mug, lame duck, toiler, muddler, plodder, dodderer; noodle, ninny; *'n arme ou ~* a poor old stick *(infml.)*. **suk·ke·la·ry, suk·kel·ry** toiling (and moiling), plodding. **suk·kel·rig** *=rige* ailing, in indifferent health; plodding, slow, bungling, inept. **suk·kel·ry** →SUKKELARY.

Suk·kot *(Hebr., Jud.)* Succoth, Sukkoth, Feast of Tabernacles.

suk·ko·tas *(Am., Can.; cook.)* succotash.

suk·ku·lent *=lente, n. & adj., (bot.)* succulent.

suk·kus·sie *=sies, (med.)* succussion.

su·kra·se *(biochem.)* invertase; saccharase; sucrase.

su·kro·se *(chem., tech.)* sucrose, saccharose, beet/cane sugar.

suk·ses *=sesse* success; ***alle*** *~!* good luck!; *~* ***behaal*** succeed, be successful; achieve/taste success; make good, make it *(infml.),* make the grade; make one's mark; *iets* ***behaal*** *~, (also)* s.t. pays off; *by iem. ~* ***behaal*** make a hit with s.o. *(infml.); ~ met iets* ***behaal*** make a success of s.t.; carry off s.t.; make a go of s.t. *(infml.); iem. het nooit ~* ***behaal*** *nie* s.o. has never tasted success; *iets is met ~* ***bekroon*** success crowned s.t., s.t. was crowned with success *(s.o.'s efforts etc.); 'n* ***dawerende*** *~* an outstanding success, a resounding/roaring/smashing success; ***dawerende*** *~ behaal, (also)* cause/create a furore; *'n* ***glansryke*** *~* a signal success; ***groot*** *~ behaal* score a great hit *(fig., infml.); ~* ***hê*** succeed, be successful; *'n* ***kans*** *op ~* a prospect of success; ***met*** *~* successfully; to good/some purpose; *met* ***min/weinig*** *~* with scant success; to little purpose; *'n* ***ontwyfelbare*** *~* a pronounced success; ***sonder*** *~* unsuccessfully, without success, in vain; *'n* ***volslae*** *~* an unqualified success; *iem. ken die* ***woord*** *~ nie* s.o. has never tasted success. **~boek** best seller. **~stuk** box-office success/hit/draw, *(infml.)* blockbuster. **~verhaal, ~storie** success story.

suk·ses·sie *=sies* succession. **~oorlog** war of succession; *Spaanse S~* War of the Spanish Succession. **~reg** law of succession; succession/probate duty. **~wet** settlement/inheritance act.

suk·ses·sief *=siewe, (rare)* successive. **suk·ses·sief·lik** →SUKSESSIEWELIK. **suk·ses·sie·we·lik** *(rare)* successively.

suk·ses·vol *=volle =voller =volste* (of meer *~ die mees =volle)* successful.

suk·sien·suur *(biochem.)* succinic acid.

sul·fa= sulpha, sulfa. **~middel** *=s* sulpha/sulfa drug. **~preparaat** sulpha/sulfa preparation.

sul·faat *=fate* sulphate.

sul·fa·niel·a·mied *(med.)* sulphanilamide.

sul·fa·ti·seer *ge=* sulphatise.

sul·fer *n.* = SWAEL[2] *n.*. **sul·fer** *ge=, vb.* sulphate. **sul·fe·ring** sulphating.

sul·fied *=fiede, (chem.)* sulphide.

sul·fiet *=fiete, (chem.)* sulphite.

sul·ke *=kes, pron.,* such; *(pl.)* such ones; *is dit* ***al*** *~ tyd?* is it as late as that?; *is dit* ***al*** *weer ~ tyd?* what, again?; *...* ***en*** *~s ...* and such. ***nog*** *~ ...* more such ...; *dis* ***weer*** *~ tyd!* here we go again!; it's the same (old) thing (over) again. **sulks** this, that, such (a thing).

sul·kus *=kusse, (anat.)* sulcus.

sult brawn *(of pork etc.),* head/pork cheese; cowheel *(of beef)*. **~brood** brawn loaf.

sul·tan *=tans* sultan. **sul·ta·naat** *=nate* sultanate. **sul·ta·ne** *=nes, (the wife, concubine, mother or daughter of a sultan)* sultana, sultaness.

sul·ta·na *=nas, (also S~, a variety of grape)* sultana. **~(druif)** sultana (grape). **~(rosyn), ~(rosyntjie)** sultana (raisin). **~brood** sultana loaf. **~poeding** sultana pudding.

su·mak *(bot.)* sumac(h).

Su·ma·tra, Su·ma·traan, Su·ma·traans →SOEMATRA, SOEMATRAAN, SOEMATRAANS.

Su·me·ri·ë, Soe·me·ri·ë Sumer, Sumeria. **Su·me·ri·ër, Soe·me·ri·ër** *=riërs, n.* Sumerian. **Su·me·ries, Soe·me·ries** *=riese, adj.* Sumerian.

sum·ma: *~ cum laude, (Lat.)* summa cum laude, with greatest/highest distinction; *~ summarum, (Lat.)* sum total; upshot; final result.

sum·ma·ries *=riese,* **sum·mêr** *=mêre, (obs.)* summary, summarised.

sum·mier *=miere, adj.* forthwith; *(jur.)* summary; *~e beregting* swift justice; *~e jurisdiksie/verrigtinge/vonnis* summary jurisdiction/proceedings/judg(e)ment.

sun·der *=ders, (obs.)* fuse; primer. **sund·gat** *=gate, (obs.)* touchhole, vent, priming hole *(of early cannon, firearms)*. **sund·la·ding** primer (charge).

sun(n)·hen·nep *(bot.)* sunn (hemp).

su·per= super=.

su·per·be·die·ner *(comp.)* superserver.

su·per·be·las·ting supertax.

su·per·be·wus superconscious(ly). **su·per·be·wus·syn** superconsciousness.

su·per·e·go superego.

su·per·fa·mi·lie superfamily.

su·per·fe·ta·sie *(physiol.)* superfetation.

su·per·flu·ïed *n. & adj., (phys.)* superfluid. **su·per·flu·ï·di·teit** superfluidity.

su·per·fos·faat superphosphate; acid phosphate.

su·per·fyn superfine.

su·per·ge·lei·er *(elec., phys.)* superconductor. **su·per·ge·lei·dend** *=dende* superconducting, superconductive. **su·per·ge·lei(·dings)·ver·mo·ë** superconductivity.

su·per·gom superglue.

su·per·held *=helde* superhero.

su·per·he·te·ro·di·ne *n., (electron.)* superheterodyne. **su·per·he·te·ro·dyn** *=e, adj.* superheterodyne.

su·pe·ri·eur *=eure, n. & adj.* superior, senior; classy. **su·pe·ri·o·ri·teit** superiority, paramountcy, precedence.

su·per·in·ten·dent *=dente* superintendent. **~-generaal** *superintendente-generaal* superintendent-general.

su·per·kar·ga *=gas, (rare)* supercargo.

su·per·klas *(biol.)* superclass.

su·per·kon·ti·nent, su·per·vas·te·land *(geol.)* supercontinent.

su·per·la·tief *=tiewe, n. & adj.* superlative.

su·per·mark supermarket.

su·per·mo·del *=delle* supermodel.

su·per·mo·dern *=derne* ultramodern, state-of-the-art *(attr.)*.

su·per·moond·heid superpower.

su·per·na·tu·ra·lis supernaturalist. **su·per·na·tu·ra·lis·me** supernaturalism. **su·per·na·tu·ra·lis·ties** supernatural.

su·per·nor·maal supernormal.

su·per·no·va *=s, (astron.)* supernova.

su·per·or·de *(biol.)* superorder.

su·per·or·di·naat *=nate, n. & adj., (ling.)* superordinate; *superordinate term* superordinate term.

su·per·po·neer *ge=,* **su·per·po·neer** *het ~* superimpose.

su·per·po·si·sie superposition.

su·per·re·ke·naar supercomputer.

su·per·reus *(astron.)* supergiant.

su·per(·snel)·trein bullet train.

su·per·snel·weg superhighway.

su·per·snui·ter *(infml., derog.)* bratpacker, *(also, in the pl.)* bratpack.

su·per·so·nies *=niese* supersonic; *~e knal* sonic boom/bang.

su·per·staat superstate.

su·per·tenk·skip supertanker.

su·per·to·ni·ka *(mus.)* supertonic.

su·per·tref·fer *(infml.)* smash hit, blockbuster.

su·per·winkel superstore.

su·pi·na·tor(·spier) *(anat.)* supinator.

su·pi·num *n., (gram.)* supine.

sup·ple·ment *=mente* supplement. **sup·ple·men·têr** *=têre* supplementary. **sup·ple·ments·hoek** supplementary/supplemental angle.

sup·ple·sie *(ling.)* suppletion. **sup·ple·tief** *=tiewe, adj.* suppletive.

sup·po·si·sie *=sies* supposition.

su·pra= *pref.* supra=.

su·pra·lap·sa·ri·ër *=riërs, (Chr. theol.)* supralapsarian. **su·pra·lap·sa·ris·me** supralapsarianism.

su·pra·mo·le·ku·lêr *=lêre* supramolecular.

su·pra·na·si·o·naal *=nale* supranational.

su·pra·or·bi·taal *=tale, (anat.)* supraorbital.

su·pra·re·naal *=nale, (anat.)* suprarenal.

su·pre·ma·sie *(rare)* supremacy.

su·re·rig *=rige* →SUURDERIG. **su·rig·heid** something sour; subacidity; unpleasantness.

Su·ri·naams *=naamse* Surinam, of Surinam(e). **Su·ri·na·me** *(geog.)* Surinam(e). **Su·ri·na·mer** *=mers* Surinamese, Surinamer.

su·ring *=rings, (Oxalis spp.)* (wood) sorrel; *Rumex* spp.; *wilde~* dock. **~sout** salt of sorrel/lemon(s), salts of lemon, potassium oxalate. **~suur** oxalic acid.

sur·plus *=plusse* surplus, excess, overage; *'n ~ aan ... hê* have a surplus of ... *(maize etc.)*.

sur·re·a·lis *=liste* surrealist. **sur·re·a·lis·me** *(also S~)* surrealism. **sur·re·a·lis·ties** *=tiese* surrealist(ic). **sur·re·a·li·teit** surreality.

sur·re·ëel *=reële* surreal(ly).

sur·ro·gaat *=gate* substitute, surrogate, makeshift, succedaneum. **~ma, ~moeder** surrogate mother. **~moederskap** surrogate motherhood, surrogacy.

sus[1] *n.* sis, sister. **sus·sie** *=sies* sis, little sister; *(icht.)* shad; *ou ~, (infml., form of address)* old girl.

sus[2] *adv.* thus; *die een sê ~ en die ander (sê) so* one says one thing and the other another; *die een wil ~ en die ander (wil) so* one wants this and the other that.

sus[3] *ge=, vb.* hush, quiet *(a child);* pacify, calm; tranquillise; assuage, lull; quiet *(a person);* soothe, salve *(one's conscience); iem. aan die slaap ~* lull s.o. to sleep; rock s.o. to sleep. **~middel** *=s* sedative, calmative.

su·se·rein *=reine, n. & adj.* suzerain. **su·se·rei·ni·teit** suzerainty.

sus·pen·deer *ge=* suspend. **sus·pen·sie** *=sies* suspension; *in ~ wees* be in suspension. **sus·pen·so·ïed** *=soïede, (chem.)* suspensoid.

sus·pi·sie *=sies* suspicion, hunch; *'n ~ hê* have a suspicion; have a hunch. **sus·pi·si·eus** *=euse* suspicious.

sus·send *=sende =sender =sendste* soporific, opiate; soothing, calming, *etc.;* →SUS[3].

Sus·sex *(geog.)* Sussex. **~beeste** *(also s~)* Sussex cattle.

sus·ten·ta·sie·(fonds) *(fml., rare, obs.)* sustentation (fund).

sus·ter *=ters* sister; nurse; *ou ~, (infml., form of address)* old girl. **~dosent(e)** tutor sister. **~gemeente** sister parish. **~kerk, susterskerk** sister church. **~liefde** sisterly love. **~maatskappy** associated company. **~moord** sororicide. **~moordenaar** sororicide. **~-owerste** sister superior. **~paar** two sisters, pair of sisters. **~skip** sister ship. **~stad** sister city. **~taal** sister language. **~vereniging** sister society/union. **~winkel** *(rare)* chain store, multiple store/shop.

sus·ter·lik *=like* sisterly.

sus·ter·loos *=lose* sisterless.

sus·ters-: ~kerk →SUSTERKERK. **~kind** nephew; niece; sister's child. **~vereniging** women's auxiliary, society of parish ladies.

sus·ter·skap sisterhood, sorority.

sus·ter·tjie *=tjies* little sister; *(infml.)* nursey *(<Afr.)*.

sut·ti →SATI.

suur *sure, n., (chem.)* acid; *~ (op die maag)* acidity (of the stomach), heartburn, water brash. **suur** *suur, sure suurder suurste, adj.* sour, acid, acrid, tart; *(chem.)* acid, acidic; *(fig.)* peevish, crabbed, crabby, ill-humoured; unpleasant; sullen; *~ druiwe, (fig.)* sour grapes. **suur** *adv.* sourly, acidly, *etc.; dit sal iem. ~* ***bekom*** s.o. will regret it; ***iets suurs*** something sour; *~* ***lemoen*** sour orange; →SUURLEMOEN; *~* ***lemoensap*** sour orange juice; →SUURLEMOENSAP; *~* ***smaak*** sour/acid taste; *iem. (se gesig) is so ~* ***soos asyn*** s.o. is a real sourpuss *(infml.); 'n ~* ***vent,*** *(also)* a sour/peevish fellow; *dit is maar ~* ***vir*** *iem.* it is rough/tough luck on s.o.; *~* ***word,*** *(milk)* go off, go/turn sour; *... is aan die ~* ***word,*** *(milk etc.) ...* is on the turn. **~afskeidend** *=e, (phys.)* oxyntic. **~bad** acid bath. **~bergbroodboom** *(Encephalartos longifolius)* Suurberg cycad. **~bessie** Cape cranberry/wineberry; *Rhus* spp.; barberry. **~bestand** acidproof; acid-resistant, acid-resisting **~bier** alegar. **~binder** antacid. **~bos** birch leaf pelargonium; *Brachylaena elliptica.* **~dadelboom** tamarind (tree). **~deeg** leaven, yeast, ferment, sourdough; *'n koekie ~* a cake of yeast; *die ~ begin rys/werk* the yeast begins to work; *die ou ~, (Bib.: 1 Cor. 5:7)* the old leaven. **~deegekstrak** yeast extract. **~deeggebak** yeast bakes, yeast-leavened products. **~deegkoek** yeast cake. **~deegkoekie** cake of yeast, yeast starter. **~deegplantjie** yeast starter. **~doring** Karroo thorn (tree). **~druiwesap** verjuice. **~fles** carboy. **~gebrek** *(med.)* hypoacidity. **~gehalte** acidity, acid content; *vlugtige ~* volatile acidity. **~gesig** sourface, crabby face, pouter. **~gesig-** sour-faced *(attr.)*. **~graad** acidity. **~gras** sour grass. **~kanol** *(bot.)* →SUURKNOL. **~kersie** sour cherry, morello. **~klapper** *Strychnos cocculoides.* **~klontjie** acid drop. **~knol** crab, crabby/crusty fellow, sourface, sourpuss *(sl.)*, curmudgeon; *(bot.)* watsonia. **~kool** sauerkraut. **~lug** acid air. **~melk** sour milk. **~melkkaas** cottage cheese, skim milk cheese, Dutch cheese, rennet curd. **~meter** *(chem.)* acidimeter. **~pap** sour porridge. **~pol** *(Cymbopogon* spp., *Elyonurus* spp.*)* lemon grass. **~pootjie** *(zool.: Psammobates* spp.*)* geometric tortoise; →KNOPDOP(SKILPAD). **~pruim** *(Ximenia caffra)* sour plum (tree); *(fig.)* crab, crabby/crusty fellow, sourface, sourpuss *(sl.)*, curmudgeon. **~reaksie** acid reaction. **~reën** acid rain. **~room** sour cream. **~roomsous** sourcream sauce. **~sak(boom)** *(Annona muricata)* soursop (tree). **~soet** sweet-and-sour; sour-sweet. **~sout** acid salt. **~suiker** sherbet (powder). **~suurdeeg** sourdough yeast. **~tekort, ~gebrek** *(med.)* hypoacidity. **~toets** *(chem.)* acid test. **~uitjie** pickled onion. **~vas** *=te* acidproof; acid-fast. **~veld** sour veld; *die S~* the Suurveld. **~vergiftiging** acidosis. **~vormend** *=e* acidic. **~vorming** acidification. **~vyekonfyt** sour-fig jam. **~vy(tjie)** *(Carpobrotus* spp.*)* sour fig. **~werend** *=e* acid-resisting.

suur·ag·tig →SUURDERIG. **suur·ag·tig·heid** subacidity.

suur·de·rig *=rige* sourish, tart, subacid, acidulated, acidulent, acidulous. **suur·de·rig·heid** subacidity; tartness.

suur·heid sourness, acidity, tartness.

suur·le·moen lemon; *'n gesig soos 'n ~* a wry face; a face as long as a fiddle. **~drank** lemon squash/cordial. **~essens, ~ekstrak** lemon essence. **~geur** lemon flavouring. **~gortwater** lemon barley water. **~sap** lemon juice; *daar het ~ deurgeloop, (infml.)* there has been some underhand dealing. **~skil** lemon rind/peel; *stukkie ~* zest *(in a drink)*. **~skuimtert** lemon meringue (pie). **~smeer** lemon curd/cheese. **~sous** lemon sauce. **~stroop** lemon syrup. **~tee** lemon tea.

suur·le·moen·ag·tig *=tige* lemony.

suur·sel *=sels, (rare)* yeast starter.

suur·stof oxygen; *met ~ verbind* oxygenate. **~bottel, ~silinder** oxygen bottle/cylinder. **~draer** oxygen carrier. **~houdend** *=e* oxygenous, oxygenated. **~masker** oxygen mask. **~opname** oxidation, addition of oxygen. **~silinder** →SUURSTOFBOTTEL. **~tenk** oxygen tank. **~tent** oxygen tent. **~toestel** oxygen apparatus. **~verbinding** oxide. **~vry** oxygen-free.

suur·stof·ag·tig *=tige* oxygenous.

suur·te·graad acidity.

suur·tjie *=tjies* acid drop; *(in the pl.)* pickles; *(in the pl.)* relish.

suut·jies, soet·jies *=jiese =jieser =jiesste, adj.* soft, gentle, quiet. **suut·jies, soet·jies,** *adv.* softly, gently, quietly; *~ aan* slowly, gradually; gently; *~ aan!* easy does it!; *~ praat/gesels* speak/talk in hushed tones/voices.

sva·ra·bhak·ti *(phon.)* svarabhakti.

Swaab *Swabe* Swabian; →SWABE.

swaai *swaaie, n., (movement)* swing; sweep *(of the arm);* wave *(of the hand);* flourish; offset *(in a pipe, rod);* cant; flutter *(of a flag);* lurch; travel; *(bowls)* bias; swing *(on a playground); vol ~e en draaie wees* be full of twists and turns. **swaai** *ge-, vb.* swing, twirl *(a stick);* wield *(a sceptre, sword, etc.);* wave *(a flag);* flourish *(arms);* swing, sway (to and fro) *(on one's feet, a rope, etc.);* lurch, reel *(like a drunken pers.); (rugby)* wheel; *(machine)* swivel; dangle; wag; whisk; brandish *(a weapon);* pendulate, oscillate; vacillate; *aan iets ~* swing from s.t. *(a branch etc.);* swing on s.t. *(a rope); deur die wind (laat) ~, (naut.)* gybe, gibe, jibe; *jou vinger vir iem. ~* waggle one's finger at s.o.. **~arm** swing beam, jib, gib; *(mot.)* swivel arm. **~armbouler** *(cr.)* round-arm bowler. **~armboulwerk** *(cr.)* round-arm bowling. **~armkraan** jib crane. **~as** swing axle; →KRINKAS. **~bal** *(cr.)* swinging ball, swinger. **~beweging** swinging movement, swing. **~blad** swinging table. **~bouler** *(cr.)* swing/seam bowler, seamer. **~bout** swing bolt. **~brug** pivot/swing bridge. **~dekselblik** swingbin. **~deur** swing(ing) door; revolving door. **~-ent** offset end. **~haak** (angle) bevel, sliding square. **~hek** swing gate. **~hoek** angle of traverse. **~hou** *(cr.)* swing; swinging blow, *(infml.)* haymaker, *(infml.)* roundhouse. **~jas** swagger coat. **~kanon** swivel gun. **~knots** (Indian) club. **~koevoet** slewing bar. **~kraan** slewing/turning crane. **~masjien** centrifuge. **~mes** flail *(on a machine)*. **~slag** swing, swinging blow; *met die ~* with (*or* at the moment of) the swing. **~stel** swing set. **~venster** casement (window), side-hung window. **~verhoog** pivot stage. **~wiel** joy wheel.

swaai·er *=ers* wielder *(of a cane)*.

swaai·ing swinging, waving, reel, oscillation.

swaan *swane* swan; →SWANE-; *jong ~* cygnet. **~hals** →SWANEHALS. **~kuiken** cygnet. **~mannetjie** cob. **~nek** swan's neck; *(fig.)* swan neck. **~telery** swannery. **~wyfie** pen.

swaap *swape* blockhead, idiot, clot, dunce, fathead, lamebrain, num(b)skull, mug, dolt, duffer, (tom)fool, sap, sucker, silly, oaf, simpleton; *geen/g'n ~ wees nie* be no/nobody's fool; *die grootste ~ weet dit* the veriest fool knows that; *'n regte ~* a regular fool. **~streek, swapestreek** stupid/foolish prank.

swaap·ag·tig *=tige* oafish.

swaar *n.* suffering(s), trouble, tribulation(s), adversity, hardship(s). **swaar** *swaar, sware swaarder swaarste, adj. & adv.* heavy *(fine, punishment, load, storm, build, meal, breathing, etc.);* thick *(material);* big, massive *(bulk);* gross, weighty, ponderous; difficult, hard, onerous, arduous, stiff *(work, duty, examination, etc.);* severe *(illness, punishment);* strong *(drink, tobacco, etc.);* deep *(voice);* laboured *(breathing);* grave; full-bodied; *'n* ***baie*** *~ werklas* a punishing workload; *~ met vrugte* ***belaai*** *wees* be heavy with fruit; *'n ~* ***bewolkte*** *dag/ens.* a heavily clouded day/etc.; ***dit is*** *~* it is tough; *iets ~* ***doen*** have difficulty in doing s.t. *(talk etc.); ~ aan die ...* ***dra*** be loaded down with ... *(parcels etc.); dit* ***gaan*** *~* it is hard going; *dit sal ~* ***gaan*** it will go hard; *~* ***geskut,*** *(mil.)* heavy artillery/guns/metal/ordnance; *dit is ~ om iem. te* ***keer*** s.o. takes a lot of stopping; *~* ***kry*** *om iets te doen* have difficulty in doing s.t. *(talk etc.); ~* ***kry*** have a difficult time (of it); have a bad/rough time; be badly off; be in trouble; *iem. laat ~* ***kry,*** *iem. ~ laat* ***kry*** be rough on s.o., give s.o. a rough time; give s.o. a difficult time; *iem.* ***kry*** *~, (also)* s.o. is hard put to it; *dit laat ('n) mens ~* ***kry*** it is heavy going; *(dit) ~* ***kry*** *met iets* make heavy weather of s.t.; *~* ***leeflewe*** →LEEF; *~ verliese* ***ly*** →VERLIES; *iets is ~* ***vir*** *iem.* s.t. is difficult for s.o.; s.t. is rough on s.o.; *wat die ~ste is, moet die ~ste* ***weeg*** first things first; *~der* ***word*** gain weight, pick up (*or* put on) weight. **~boomkastrol** heavy-bottomed saucepan. **~chemikalie** heavy chemical. **~diensband** heavy-duty tyre. **~gebou** *=de* heavily built. **~gewig(bokser)** heavyweight; *'n politieke/ens. swaargewig* a political/etc. heavyweight. **~gewigbokskampioen** heavyweight boxing champion. **~hoofdig** *=e, (rare)* pessimistic, despondent, gloomy; thickheaded. **~hoofdigheid** *(rare)* pessimism, despondency, gloom; thickheadedness. **~klinkend** *=e* deeptoned, sonorous. **~kole** slate coal, bone/bony coal, bone. **~kry** *n.* hardship(s). **~kry** *swaarge=, vb.* struggle, have a difficult time. **~lywig** *=e* corpulent, stout, obese, abdominous, portly, heavy-bodied; ponderous. **~lywigheid** corpulence, stoutness, obesity, fatness. **~metaal** *(metall.)* heavy metal. **~moedig** *=e* melancholy, depressed, heavy-hearted, hypochondriac(al), pensive. **~moedigheid** melancholy, depression, hypochondria, heaviness; *die ~ sak oor jou toe, (infml.)*get the blues. **~nywerheid** heavy industry, *(infml.)* smokestack industry. **~spaat** *(min.)* barite, barytes, heavy spar. **~tillend** *=e, (rare)* pessimistic, despondent. **~tillendheid** *(rare)* pessimism, despondency. **~voertuig** heavy goods vehicle. **~water** *(nuclear phys.)* heavy water. **~waterstof** *(chem., symb.: D* or *2H)* deuterium, heavy hydrogen. **~weer** thundery weather, thunderstorm; thunderclap. **~wigtig** *=e* weighty, ponderous, stodgy. **~wigtigheid** weightiness, ponderousness, stodginess.

swaard *swaarde* sword; brand *(obs., liter.);* rapier; *die ~ van* ***Damokles*** the sword of Damocles; *mense met die ~* ***doodmaak*** put people to the sword; *met* ***getrokke/ontblote*** *~* with drawn sword; *na die ~* ***gryp*** draw the sword; *met die ~ in die* ***hand*** sword in hand; *~e met iem.* ***kruis*** cross swords with s.o.; *jou ~ laat* ***sak*** drop/lower one's guard; *die ~ in die* ***skede*** *steek* sheathe the sword; bury the hatchet; *die ~ rus in die* ***skede*** the sword sleeps in the scabbard; *die ~ (uit die skede)* ***trek*** draw/unsheathe the sword; *deur die ~* ***val*** perish by the sword. **~blom** →SWAARDLELIE. **~dans** sword dance. **~draer** swordbearer. **~gekletter** clash of swords; sabre-rattling. **~geveg** swordfight, fight with the sword. **~hou** sword cut, sabre-cut. **~kling** = SWAARDLEM. **~knop** pommel. **~lelie, ~blom** sword lily, gladiolus. **~lem** sword blade. **~maag** *=mage, (jur.)* agnate. **~skede** sword scabbard, sheath; *(zool.)* razor shell/clam. **~slag** blow/stroke with the sword, sword stroke. **~varing** *(bot.)* sword fern. **~vegter** swordsman; gladiator. **~vis** *(icht.)* swordfish; *die S~, (astron.)* the Swordfish, Dorado. **~vormig** *=e* sword-shaped; *(bot.)* ensiform; *(biol.)* xiphoid.

swaar·heid heaviness, weight.

swaar·te weight, gravity, heaviness; hard living/times, worry; ponderosity; onerousness. **~krag** *(phys.)* (force of) gravity, G-force; *wet van die ~* →SWAARTEKRAGWET. **~kragveld** gravitational field. **~kragversnelling** acceleration of free fall, acceleration of (*or* due to) gravity. **~kragwerking** gravitation. **~kragwet** law of gravitation. **~lyn** *(geom.)* median. **~meter** gravimeter, gravity meter; baroscope. **~punt** centre of gravity, centroid; median point *(of a triangle); (jur.)* gravamen; main point *(of an argument)*. **~veld** gravitational/gravity field. **~werking** gravitation.

swab·ber *=bers, n., (rare)* swab(ber), mop. **swab·ber** *ge=, vb., (rare)* swab, mop; *(rare)* be/go on the spree/booze.

Swa·be Swabia. **Swa·bies** *=biese* Swabian. →SWAAB.

swad *swade, (rare)* swath, windrow. **swa·der** *=ders, (rare)* swather, windrower.

swa·el¹ *swaels,* **swa·wel** *=wels, n., (orn.)* swallow. **~duik** swallow/swan dive. **~kruid** *(bot.)* great celandine. **~nes** swallow's nest.

swa·el², swa·wel *n., (chem., symb.:* S*)* sulphur, brimstone; *blom van ~* (of *blom~*) flowers of sulphur; *vuur en ~* fire and brimstone. **swa·el** *ge=, vb.* sulphur(ise); *wingerd ~* sulphur vines; *baie ~, (fig.)* drink heavily. **~aar** sulphur vein; sulphur spring. **~bad** sulphur bath; sulphur spring. **~bleik** sulphurising. **~blom** →BLOMSWA(W)EL. **~bos** *Psoralea fruticans.* **~bron** sulphur spring. **~damp** sulphur/sulphur(e)ous vapour. **~dioksied** sulphur dioxide. **~erts** sulphur ore. **~eter** sulphuric ether. **~geel** sulphur yellow. **~hok** sulphur shed/house. **~houdend** *=e* sulphurous. **~houtjie, ~stokkie** *(obs.)* sulphur match. **~kers** sulphur candle. **~kies** *(min.)* marcasite. **~koolstof** carbon bisulphide. **~lood** galena, galenite **~lug** sulphur(e)ous smell. **~melk** milk of sulphur. **~metaal** matte. **~oond** sulphur kiln. **~silwer** sulphide of silver. **~sink** sulphide of zinc. **~stokkie** →SWA(W)ELHOUTJIE. **~suur** sulphuric acid, (oil of) vitriol; *rokende ~* fuming sulphuric acid, oleum, Nordhausen acid. **~suursout** sulphate. **~swart** sulphur black. **~trioksied** sulphur trioxide. **~verbinding** sulphur compound. **~water** hepatic water. **~waterstof** hydrogen sulphide, sulphuretted hydrogen.

swa·el·ag·tig, swa·wel·ag·tig *=tige* sulphureous, like sulphur; sulphurous, containing sulphur.

swa·e·lig·suur, swa·we·lig·suur sulphurous acid. **~gas** sulphur dioxide.

swa·e·ling, swa·we·ling sulphuring; sulphuration.

swa·el·stert, swa·wel·stert *n., (carpentry)* dovetail; swallowtail *(of birds and butterflies)*; swallowtail, swallow fork, V-shaped earmark *(on sheep etc.)*; fishtail; tailcoat, swallowtail, swallow-tailed coat. **swa·el·stert** *ge=, vb.* dovetail. **~baadjie** tailcoat, swallowtail, swallow-tailed coat, tails, evening/dress coat. **~klamp** dowel. **~pak** tails. **~saag** dovetail saw. **~skaaf** dovetail plane. **~tap** dovetail tenon.

swa·el·tjie, swa·wel·tjie *=tjies, (orn.)* swallow, martin; *een ~ maak (nog) geen somer nie* one swallow doesn't make a summer.

swa·er *swaers* brother-in-law. **swa·ers·hu·we·lik** levirate. **swa·er·skap** relationship of brother-in-law; relationship by marriage, affinity.

Swa·hi·li *='s, (member of a people)* Swahili; *(no pl., lang.)* Swahili.

swak *n.* weakness, soft spot; failing, weak point; foible; frailty, infirmity; *'n ~ vir iets hê* have a penchant/weakness for s.t.; *'n ~ vir iem. hê* have a soft spot for s.o.. **swak** *swak(ke) swakker swakste, swaks, adj. & adv.* weak *(child, stomach, defence, conjugation)*; feeble *(voice, light, attempt)*; delicate *(health, child)*; frail, indifferent, poor *(health)*; poor, bad *(chance, show, memory)*; faint *(voice, hope, likeness)*; cranky *(ship)*; infirm; flimsy; poor *(attendance)*; gentle, soft(er), weaker *(sex)*; weak *(current)*; ineffective; cachectic(al); *(bot.)* caducous; *'n ~ **gebonde** boek* a flimsily bound book; *..., **hoe** ~ ook al* ..., such as it is; *~ wees **in** iets* be weak in s.t. *(mathematics etc.)*; be a bad hand at s.t.; *iem. se ~ **kant** →**punt/sy/kant**; die ~s **moontlike** verdediging* the weakest possible defence; *in 'n ~ **oomblik*** in a weak moment; *iem. **op** sy/haar ~ste sien* see s.o. at his/her worst; *~ **plek*** flaw; *iem. se ~ **punt/sy/kant**, (fig.)* s.o.'s weakness (*or* weak/vulnerable point *or* blind/soft spot); *~ **voorberei(d)*** badly prepared, underprepared; *~ **wisselwerking*** weak interaction; *~ **word*** grow weak; weaken; be sinking. **~hoofdig** *=e, (rare)* feeble-minded, weak-brained, dim-witted, obtuse. **~hoofdigheid** *(rare)* feeble-mindedness. **~siende** weak-sighted, weak-eyed, partially sighted. **~sinnig** *=e, adj.* feeble-, weak-, simple-minded, mentally infirm/defective/deficient, *(infml.)* halfwitted. **~sinnige** *=s, n.* feeble-minded person. **~sinnigheid** feeble-mindedness, weak-mindedness, simple-mindedness. **~stroom** *(elec.)* low voltage, low-tension current. **~stroomtegniek** low-voltage engineering.

swak·heid *=hede* weakness, debility, feebleness, delicacy, frailness, poorness, faintness; failing, foible, shortcoming, weakness; *in 'n oomblik van ~* in a weak moment.

swak·ke *=kes* valetudinarian. **swak·ke·ling** *=linge* weakling, invertebrate. **swak·ke·rig** *=rige, adj. & adv.* poor(ly), indifferent(ly), rather weak(ly), weakish, middling.

swak·kies poorly; weakly, faintly, feebly.

swaks *adv.* →SWAK *adj. & adv.*.

swak·te weakness, debility, feebleness, delicacy, infirmity; failing, shortcoming.

swalk *ge=, (rare, fml.)* rove, roam, wander (about), drift (about), knock about; flounder; cruise (aimlessly).

swalp *ge=, (obs.)* plash, splash, surge, pour; *die water het oor die dek ge~* the deck was awash.

swam *swamme* fungus, mould; spavin *(in horses)*. **~dodend** *=e* fungicidal, antimycotic. **~doder** *=s* fungicide. **~draad** *(bot.)* hypha. **~kenner, ~kundige** mycologist. **~kunde** mycology. **~kundig** *=e* mycological. **~kundige** →SWAMKENNER. **~papil** fungiform papilla. **~siekte** mycosis, fungal/fungous disease. **~skimmel** mucor. **~suur** fungic acid. **~vlok, ~vleg** mycelium. **~werend** *=e* antimycotic.

swam·ag·tig *=tige* fungous; fungoid, fungaceous, fungal; *~e uitwas* fungous excrescence, fungosity.

swa·mi *=mi's, (Ind.)* swami.

swa·ne= (→SWAAN): **~blom** flowering rush. **~brood** *(bot.: Alepidia amatymbica)* sweet sedge, calamus. **~dons** swan's down, swansdown; *(fabric)* swansdown. **~hals** swan(-like) neck; *(pear)* swan-neck; *(tech.)* gooseneck, swan-neck. **~sang** *(fig.)* swan song.

swang: *iets in ~ **bring*** bring s.t. into vogue; ***in** ~ wees* be in operation; be in use; be in vogue; *algemeen **in** ~ wees* be in common use; *in ~ **kom*** come into use; come into vogue.

swan·ger *swanger, (also fig.)* pregnant; with child; *(med.)* gravid; *~ word/raak* become/fall pregnant, conceive; *ses maande ~ wees* be six months pregnant; *hoog ~ wees* be great/heavy with child. **swan·ger·skap** pregnancy; *(med.)* gravidity; *(med.)* parity; *eerste ~* primiparity. **swan·ger·skap·sorg** antenatal/prenatal care. **swan·ger·skap·toets** pregnancy test.

swa·pe·rig →SWAAPAGTIG. **swa·pe·streek** →SWAAPSTREEK.

swa·rig·heid *=hede* difficulty, obstacle; →SWAAR *n.*; *~ **maak*** raise objections; *~ **sien** om iets te doen* have doubts about doing s.t.; *~ vir iets **sien*** have doubts about the possibility of s.t.; *vir iem. ~ **sien*** have doubts about s.o.'s ability to do s.t..

swart *n.* black; *heeltemal in ~ geklee(d) wees* be all in black; *iets ~ op wit gee* put s.t. (down) in black and white, put s.t. in writing; *iets ~ op wit sien* see s.t. in cold print. **swart** *swart(e) swarter swartste, adj. & adv.* black; ebony; sable; swarthy *(pers.)*; *~ **bewustheid*** black consciousness; *die S~(e) **Dood**, (hist.)* the Black Death; *~ **druif*** black grape; *~ **geld*** dirty money; *~ **gordel**, (Am., geog.)* black belt; *(houer van 'n) ~ **gordel**, (judo, karate)* black belt; *~ **goud**, (infml.: oil)* black gold; *~ **grond*** black soil; *~ **humor*** black humour; *~ **komedie*** black comedy; *~ **kraai*** →SWARTKRAAI; *~ **kuns*** →SWARTKUNS; *~ **maak/smeer*** blacken; *~ **mark*** →SWARTMARK; *~ **mense/man/vrou/ens.*** black people/man/woman/etc.; *~ **mis*** black mass *(in worship of the Devil)*; *~ **mus*** black cap *(of a judge)*; *S~e **Ommegang**, (hist.)* Black Circuit; *S~ **Piet**, (cards)* Black Pete, Old Maid; *S~ **Poenskop(bees)*** Black Poll; *Draer van die S~ **Roede**, (parl.)* Black Rod; *die S~ **See*** →SWARTSEE; *~ **sennamengsel*** black draught; *~ **skaap**, (fig. also* swartskaap*)* black sheep; *~ **span*** black ox team; *~ **state*** black states; *~ **swaan*** black swan; *~ **vel*** black/dark skin; *iets ~ op **wit** gee* put s.t. in writing, put s.t. (down) in black and white; *wil iets ~ op **wit** hê* want s.t. in black and white (*or* in writing); *die S~ **Woud*** →SWARTWOUD. **~(aal)bessie** blackcurrant. **~aasvoël** *(Torgos tracheliotus)* lappet-faced vulture. **S~ Afrika** Black Africa. **~apiesdoring** *Acacia burkei; Acacia albida.* **~appelkoos** purple apricot. **~baard(koring)** *Triticum aestivum.* **~baars** *(icht.)* black perch/bass. **~bas** *(Diospyros whyteana)* black-bark (tree), wild coffee; *Rothmannia capensis.* **~beer** *(Ursus americanus)* black bear; *Asiatiese ~, (Selenarctos tibetanus)* Asiatic black bear. **~beits** *ge=* ebonise. **~bekboon(tjie), ~bekkie** black-eyed bean, cowpea. **~bekkakelaar** *(orn.: Rhinopomastus cyanomelas)* common scimitarbill, *(formerly)* scimitar-billed wood-hoopoe. **~bessie** black currant. **~bier** stout. **~biskop** *(SA icht.: Cymatoceps nasutus)* black musselcracker. **~bok** *(Ind.)* black buck. **~bont** (pied) black and white, piebald. **~bord** →SKRYFBORD. **~borduurwerk** blackwork. **~brand** *(plant disease)* anthracnose; charred stubble. **~brood** black/rye bread. **~damp** *(min.)* black damp. **~doring** *(Acacia nilotica)* blackthorn. **~ebbehout** Cape ebony. **~-(en-)wit-televisie(stel)** black and white television. **~gallig** *=e* pessimistic, melancholy; atrabilious, atrabiliar, splenetic. **~galligheid** pessimism, melancholy, gloom and doom, doom and gloom; atrabiliousness. **~gat, ~kolk, ~kuil** *(astron.)* black hole, collapsar. **~gom(boom)** sour gum. **~grys** *adj.* charcoal grey *(pred.)*, charcoal-grey *(attr.)*. **~haak(bos)** *Acacia mellifera, Acacia retinens.* **~handelaar** black marketeer, spiv. **S~hemp** *(hist.)* Blackshirt, fascist. **~hout(boom)** *(Maytenus peduncularis)* blackwood (tree). **~houtjies** logwood. **~kameel(doring)** *Acacia giraffae.* **~keelgeelvink** *(orn.: Ploceus velatus)* Southern masked weaver. **~komyn** →VINKEL. **~koors** black fever; kala-azar. **~kop** black-haired person; black-headed/Persian sheep. **~koper** black/blister copper. **~koppersie** *(also S~) =s* black-head(ed) Persian sheep. **~koppersies** *(also S~) =e* black-headed Persian. **~koppie** *(pathol.)* comedo, blackhead; *(also, in the pl.)* acne; *(orn.)* blackcap. **~kopreier** *(orn.)* black-headed heron. **~kopskaap** black-headed/Persian sheep. **~kraai** black/carrion crow. **~kruit** black (gun)powder. **~kuns** black magic, necromancy; mezzotint; *die ~* the black art. **~kunsprent** mezzotint. **~kyker** *(rare)* pessimist. **~kykery** *(rare)* pessimism. **~laken** broadcloth. **~lakense** (of) broadcloth. **S~land:** *die ~* the Swartland. **~lap** piebald horse. **~lig** back light. **~lys** blacklist; *... op die ~ plaas* blacklist ... **S~ Mag** Black Power. **~mamba** black mamba. **~mark** black market. **~mees** *(orn.)* black tit. **~mense** *(ens.)* = SWART MENSE/MAN/VROU/ENS.. **~mier:** *Europese ~* black ant. **~muf** *(plant disease)* black spot. **~muishond** black mongoose. **(~)olienhout** wild olive (tree). **~oog** black-eyed person. **~oognooi** *=nooiens* black-eyed girl; *(bot.: Thunbergia alata)* black-eyed Susan. **~oogtiptol** *(orn.)* black-eyed bulbul. **~oor** *(zool.)* caracal, (African) lynx. **~oorlewerik** *(orn.)* black-eared sparrowlark, *(formerly)* blackeared finchlark. **S~ Panter/Luiperd** *(Am. pol.)* Black Panther. **~peper** black pepper. **~piek** *(orn.)* ant-eating chat. **~poot(wilde)kat** *(Felis nigripes)* black-footed cat. **~renoster** black rhinoceros, hook-lipped/prehensile-lipped rhinoceros. **~roes** *(plant disease)* anthracnose, black rust, bird's-eye rot *(in grapes)*. **~rugmeeu** *(orn.: Larus dominicanus)* kelp/black-backed gull. **~ryp** black frost. **~sand** *(min.)* black sand. **S~see:** *die ~* the Black Sea, the Euxine (Sea). **~skimmel** *n.* black mould. **~skimmel** *adj.* iron grey. **~slang** blacksnake, black cobra. **~smeer** *swartge=* slander, blacken *(s.o.'s name)*, denigrate, vilify, blackguard. **~smeerdery** slandering, blackening *(of s.o.'s name/reputation)*, vilification, smear campaign, denigration. **~staar** *(pathol.)* amaurosis. **~stinkhout** black stinkwood; →STINKHOUT. **~stroop** molasses. **~sug** →SWARTWORDING. **~tee** bohea, black tea. **~-teen-swart-geweld(pleging)** black-on-black violence. **~tobie** *(orn.: Haematopus moquini)* African black oystercatcher. **~vinnaaldvis** *(icht.)* blackfin needlefish. **~vlek(siekte)** *(plant disease)* black spot *(in citrus, roses, etc.)*. **~voël** *(orn.)* blackbird. **S~voet** Blackfoot (Indian). **~vrot** *(plant disease)* black rot. **~water** Texas/splenetic fever, blackwater *(in animals)*; melanuria. **~waterkoors** blackwater/splenetic fever. **~wildebees** black wildebees(t), white-tailed gnu. **~winde** *(bot.)* black bindweed. **~-wit** black and white. **~wit=**

pens sable (antelope), Harris antelope. **~wording, ~sug** *(med.)* melanosis; →MELANOSE. **S~woud:** *die ~* the Black Forest. **S~woud-(room)koek, S~woud-gâteau** Black Forest cake/gateau.

swart·ag·tig, swart·ag·tig *-tige* →SWARTERIG.

swar·te *-tes* black one; *(infml., derog.)* darky, darkie, darkey; →**SWART** MENSE/MAN/VROU/ENS.. **~kuns** →SWARTKUNS.

swar·te·rig *-rige* blackish.

swar·te·tjie *-tjies* little black one.

swart·heid blackness, nigrescence.

swart·sel blacking.

swas·ti·ka *-kas* swastika; gammadion.

Swa·ti →SWAZI *(lang.)*.

swa·wel[1] *-s, (orn.)* →SWAEL[1]. **swa·wel·tjie** *-tjies* →SWAEL-TJIE.

swa·wel[2] *n. & vb.* →SWAEL[2].

swa·wel·ag·tig *-tige* →SWAELAGTIG.

swa·we·lig·suur →SWAELIGSUUR.

swa·we·ling →SWAELING.

Swa·zi *-zi's, n., (member of an African people)* Swazi; *(lang., no pl., also* Swati*)* siSwati, Siswati, Swati, Swazi. **Swa·zi·land** *(geog.)* Swaziland. **Swa·zi·lan·der** *-ders* Swazilander.

Swe·bi·ë *(geog.)* Suevia. **Swe·bi·ër** *-biërs* Suevian. **Swe·bies** *-biese* Suevian.

Swe·de *(geog.)* Sweden. **Sweed** *Swede* Swede. **Sweeds** *n., (lang.)* Swedish **Sweeds** *Sweedse, adj.* Swedish; *~e raap* swede; Swedish turnip.

sweed·se·leer suède.

sweef, swe·we *ge-, vb.* float, hover, waft, be suspended *(in the air)*; glide, flit *(by, past)*; soar *(aloft)*; →SWEWEND; *bo ... ~* soar above ...; *tussen lewe en dood ~* hover between life and death. **~baan** glide path; aerial railway; telpher (line); →SWEEFSPOOR. **~boot** hovercraft, hovering craft. **~brug** suspension bridge. **~dal** hanging valley. **~klub** gliding club. **~kuns** gliding. **~meule** *(gym.)* giant('s) stride. **~rib** *(anat.)* floating rib. **~seil** *n.* parasailing. **~seil** *vb.* parasail. **~seiler** parasailer. **~skerm** hang-glider; →HANG(SWEEF)TUIG. **~skip** = SWEEFBOOT. **~spoor** (aerial) cableway, hanging/aerial railway, telpher line; funicular (railway); →KABELSPOOR. **~sport** gliding. **~stok** (flying) trapeze. **~stokarties** trapeze artist, trapezist. **~trein** hovertrain. **~tuig** glider, sailplane. **~veld** glider/gliding site. **~vervoer** aerial haulage. **~vlieër** glider/gliding/sailplane pilot, volplanist. **~vlieëry** glider flying, gliding, sailplaining. **~vlieg** glider flying, gliding, sailplaining; *(entom.)* syrphid (fly). **~vlieg** *ge-, vb.* glide, volplane, hover fly. **~vliegtuig** →SWEEFTUIG. **~vlug** glide, glider flight, volplane, sailplaining.

sweem *n.* semblance, trace, suggestion, hint, suspicion, tang, intimation, shred *(of proof)*; ***geen*** *(of* ***nie*** *'n) ~ van ... nie* not a suspicion of ...; not a vestige of ...; ***geen*** *(of* ***nie*** *'n) ~ van getuienis nie* not a shred of evidence; *dit bevat* ***geen*** *(of* ***nie*** *'n) ~ van waarheid nie* there is not a shadow of truth in it; *nie die* ***minste*** *~ daarvan nie, (also)* not the slightest trace of it; ***sonder*** *'n ~ van ..., (also)* without a semblance of ... **sweem** *ge-, vb.: dit ~ na ...* it savours of ...; it smacks of ... *(fraud etc.)*. **sweem·pie** *-pies* slight trace, touch; *geen ~ van ooreenkoms* not the least resemblance. *geen (of* ***nie*** *'n) ~ ... nie* not a scintilla of ...

sweep *swepe* whip, lash; *(parl.)* whip; →SAMBOK *n.; met 'n ~ klap* crack a whip; *die ~ klap, (fig.)* crack the whip; *iem. ken die klap van die ~* s.o. knows the ropes. **~diertjie** flagellate. **~haar** flagellum; *met ~hare* ciliated. **~haar-sel** flagellate cell. **~koker** whip holder, bucket. **~slag** (whip)lash. **~slagbesering** *(med.)* whiplash injury. **~stok** whipstick, whip handle, whipstock. **~tol** whipping top. **~vormig** *-e* flagelliform. **~wurm** trichurid.

sweer[1] *swere, n.* abscess; boil, furuncle. **sweer** *ge-, vb.* fester, suppurate, putrefy; →SWEREND; *die seer ~* the sore gathers. **~klou** *(vet.)* foot rot.

sweer[2] *ge-, vb.* swear, vow, take an oath; ***by*** *iem./iets ~* swear by s.o./s.t., rely completely on s.o./s.t.; *op die* ***Bybel*** *~* swear on the Bible; *ek kan nie* ***daarvoor*** *~ nie* I cannot swear to it; ***dit*** *~ ek jou* I give you my oath on it; ***ek*** *~* I swear; I'll be bound; ***hoog*** *en laag ~, (infml.)* swear blind, swear by all/everything that's holy, swear by all that one holds sacred; ***kan*** *jy ~ dat ...?* will you swear that ...?; *ek* ***kon*** *~ dat dit ... was* I could have sworn that it was ...; *iem.* ***laat*** *~ om iets geheim/ens. te hou* swear s.o. to secrecy/etc.; *jy* ***sou*** *~ dat ...* one would have sworn that ...; ***vals*** *~* swear falsely, commit perjury. **sweer·der** *-ders* swearer, oath taker/maker. **sweer·lik** surely, certainly, without a doubt; *hulle is ~ laat* they must be late.

sweer·tjie *-tjies* pustule.

sweet *n.* sweat, perspiration; sweat *(on a wall)*; *in die ~ van jou* ***aangesig*** in/by the sweat of your brow/face; *die* ***koue*** *~ slaan (op/by) iem.* ***uit*** s.o. breaks into a cold sweat; *die ~* ***loop/tap*** *(van) iem. af* s.o. is dripping/streaming with perspiration/sweat, s.o. is sweating profusely; ***nat*** *van die ~* in a sweat; *iem. is* ***papnat*** *van die ~* s.o. is dripping/streaming with perspiration/sweat. **sweet** *ge-, vb.* sweat, perspire; *(wall)* sweat; cure *(tobacco)*; ferment; weep. **~afskeiding** *(med.)* hidrosis, sweat secretion, perspiration. **~as** suint/yolk ash. **~bad** sweating bath, sudatorium, sudatory. **~band** sweatband. **~doek** sweat cloth; *(Bib.)* sudarium. **~drank** sudorific, hidrotic, sudatory. **~druppel** drop/bead of perspiration; *koue ~s het op iem. se voorkop uitgeslaan/gestaan* cold beads of perspiration stood on s.o.'s forehead. **~drywend** *-e, adj.* sudorific, hidrotic, diaphoretic. **~gaatjie** *-s*, **~porie** *-ë* (sweat) pore. **~hande** perspiring hands. **~kamer** sudatorium. **~kanaal** sweat duct. **~kleedjie** *(Ind.)* numdah, numnah. **~klier** sweat/sudoriferous gland. **~koors** miliary fever. **~kraal** sweating pen. **~kruie** diaphoretic herbs. **~kuur** sudorific cure. **~lappie** dress shield. **~las** sweat(ed) joint. **~lokke** sweat locks. **~lug** smell of perspiration, sweaty smell. **~middel** *-s* sudorific, hidrotic, diaphoretic. **~neus** *(ox etc.)* sweat nose. **~pak** track suit. **~pakbroek** sweatpants. **~paktop** sweatshirt. **~porie** →SWEETGAATJIE. **~reuk** smell of sweat. **~siekte** sweating sickness/disease. **~trui** sweater. **~uitdrywend, ~verwekkend** *-e* = SWEETDRYWEND. **~voete** sweaty/perspiring feet. **~vos** chestnut, bay (horse). **~weerder** antiperspirant. **~wol** greasy wool.

swei *sweie* (angle) bevel, sliding square.

sweis *ge-* weld, forge. **~boog** welding arc. **~brander** welding torch. **~draad** welding wire. **~hitte** welding heat. **~las** *-se* (all-)welded joint, weld. **~naat** welded seam. **~plek** weld. **~pyp** welding torch, blowpipe, oxyacetylene blowpipe/torch. **~soldeer** *ge-* braze. **~soldeersel** brazing solder/metal. **~soldeerwerk** brazing. **~staaf** welding rod. **~toestel** welding set. **~vlam** welding flame. **~werk** welding. **~werkplaas** welding works.

sweis·baar *-bare* weldable.

swei·ser *-sers* welder. **swei·se·ry** welding; welding shop.

swei·sing *(method)* welding.

swel *ge-* swell, expand, dilate, tumefy, distend; *(a sail)* billow (out); *iem. se hart ~ van vreugde* s.o.'s heart swells with joy; *~ van die lag* suppress one's laughter. **~kas** swell box. **~koepel** *(geol.)* tumulus. **~liggaampie** *(bot.)* lodicule. **~register** *(mus.)* swell (organ). **~vrat** *(vet.)* ergot. **~water** water of imbibition.

swelg *ge-* swill *(drink)*, guzzle *(food, drink)*; gorge, gormandise; *in iets ~* luxuriate in s.t. *(wealth etc.)*; wallow in s.t. *(lust etc.)*. **swel·ger** *-gers* carouser. **swel·ge·ry** *-rye,* **swelg·par·ty** *-tye* orgy, gormandising.

swel·lend *-lende* swelling; tumescent; turgescent.

Swel·len·dam·se: *~ heide, (Erica walkeria)* Swellendam heath.

swel·ling *-lings, -linge* swelling, (in)tumescence; turgor; *(min.)* blow. **swel·lings·toe·stand** tumescence.

swel·sel *-sels* swelling, knob, bump, weal, struma, windgall.

swem *n.* swimming. **swem** *ge-, vb.* swim; bathe; *gaan ~* go for a swim, go swimming, go for (*or* have/take) a dip; *in iets ~, (also fig.)* swim in s.t. *(the sea, money, etc.)*; wallow in s.t. *(money etc.)*; *oor/deur 'n rivier ~* swim (across) a river. **~bad** *-baddens* swimming bath; (artificial) swimming pool; *'n kroeg by/langs die ~, (also 'n swembadkroeg)* a poolside bar; *langs die ~* at the poolside. **~blaas** *(icht.)* air/swim(ming)/natatory bladder. **~broek(ie)** (bathing/swimming) trunks, *(infml.)* cossie, cozzie. **~dam** swimming pool; *Romeinse ~* piscina. **~drag** swimwear. **~duik** skin diving. **~duiker** skin diver. **~duikery** →SWEMDUIK. **~gala** swimming gala. **~gat** swimming pool/hole. **~gordel** swimming belt, lifebelt. **~klere, ~kostuum** swimming/bathing costume. **~kuil** swimming pool/hole. **~kuns** art of swimming, natation *(fml.)*, natatorial art. **~oefening** swimming exercise. **~pak** swimsuit, swimming suit, swimming/bathing costume, bathing suit. **~pet** swimming cap. **~plank** swimming board; surfboard. **~plek** swimming pool; bathing place. **~poot** swimming foot, webfoot; flipper; palmate(d) foot. **~pootjie** swimmeret *(in crustaceans)*. **~potig** *-e* web-footed. **~ring** swimming ring. **~spaan** swimming paddle. **~sport** swimming, natation *(fml.)*. **~-ster** *-re* swimming star. **~tor** *(entom.)* diving beetle, dytiscid. **~vlerkies** *(pl.)* water wings *(for s.o. learning to swim)*. **~vlies** web; *met ~e* web-footed. **~voël** swimming bird, web-footed/natatorial bird. **~voet** flipper. **~wedstryd** swimming competition/match/contest.

swem·mer *-mers* swimmer.

swem·pie *-pies,* **swem·pie·pa·trys** *-tryse, (orn.)* coqui (partridge).

swem·ster *-sters, (rare, obs.)* (female) swimmer; →SWEMMER.

swen·del *-dels, n.* swindle, fraud; →SWENDELARY. **swen·del** *ge-, vb.* swindle; humbug. **~beskermingskema** *(infml.)* protection racket; *'n ~ bedryf* run a protection racket. **~maatskappy** bogus/bubble/fly-by-night/mushroom company. **~makelaar(sfirma)** bucket shop.

swen·de·laar *-laars* swindler, con man, confidence trickster/man, double-crosser, fraudster, impostor, sharper, humbug, blackleg.

swen·de·la·ry, swen·del·ry *-rye* swindle, fraud, *(infml.)* scam.

swenk *swenke, n., (rugby)* turn, swerve, sidestep; *(mil.)* wheel. **swenk** *ge-, vb.* swerve; swing round, wheel about; sweep round, screw; *(mil.)* wheel; sidestep; *(fig.)* change about, swing round; *na ... ~* swerve to(wards) ...; *(heen en weer)* ~ weave, zig and zag; *links ~!, (mil.)* left wheel!. **~gras** fescue (grass). **~hoek, swenkingshoek** angle of wheeling. **~stappie** *(sport)* body swerve; *'n ~ gee* do a body swerve.

swen·king *-kings, -kinge* swerve; wheel; change of front; evolution.

swe·rend *-rende, (pathol.)* festering, suppurating, purulent; ulcerative.

swerf, swer·we *ge-* rove, wander, roam, stray, straggle, vagabond, ramble, scour *(the seas)*, tramp, peregrinate *(obs. or joc.)*; →SWERWEND, SWERWER. **~blok** *(geol.)* erratic (block), perched block. **~erts** float ore. **~geld** →**ERFGELD** IS SWERFGELD. **~hart** wandering heart. **~klip, ~steen** *(geol.)* erratic (boulder); erratic (block). **~lus** roving disposition/spirit, wanderlust; **~lustig:** *~ wees* have itchy feet. **~mier** army ant; *Afrikaanse ~* driver (ant), legionary ant, African army ant. **~mineraal** float mineral. **~nier** *(anat.)* floating kidney. **~sand** *(geol.)* drift sand. **~senu(wee)** *(anat.)* vagus (nerve). **~siek** of a roving disposition. **~siekte** *(psych.)* fugue. **~steen** →SWERFKLIP. **~stuk** *(geol.)* float. **~sug** = SWERFLUS. **~tog** wandering(s), travel(s), peregrination, ramble, roving expedition, odyssey. **~valk** *(orn.)* peregrine (falcon). **~voël** nomadic/migratory bird.

swerf·ling, swer·we·ling *-linge* wanderer; tramp, vagabond; *(child)* stray.

swe·ring *-rings, -ringe* canker; →SWEER[1] *n.*, VERSWERING.

swerk *(obs., poet.)* firmament, welkin; driving clouds.

swer·ka·ter *-ters* →SWERNOOT.

swerm *swerms, n.* swarm, flock, covey *(of birds)*; swarm *(of bees, locusts, etc.)*; *(bees in)* hive; flight *(of wasps)*; throng, host, horde; *(astron.)* cluster; myriad *(poet.)*;

saam met die ~ vlieg, (fig.) go with the flow. **swerm** *ge=, vb.* swarm, cluster, overrun, crowd. **~fase** swarming/gregarious stage *(of locusts)*. **~korf** swarmer (hive). **~-sel** *=le,* **~spoor** *=spore, (bot.)* swarm spore, swarmer; *(biol.)* zoospore, sporozoid. **~tyd** swarming season.

swer·mer *=mers* swarmer.

swer·noot *=note,* **swer·no·ter, swer·ka·ter** *=ters,* blighter, rascal, rogue, scamp, scoundrel, scumbag *(infml.); die swernoot in wees, (infml.)* be furious/livid (*or* in a rage), be fit to be tied; *iem. is in sy/haar swernoot, (infml.)* s.o. is a goner (*or* is done for); s.o. has gone to glory; *iets is in sy swernoot (in), (infml.)* s.t. is ruined/lost (*or* down the drain). **swer·noot·been·tjie** *(obs., joc.)* funny bone. **swer·noot·jie,** *=tjies, (rare)* little rogue; *(obs., joc.)* funny bone.

swer·we *ge=* →SWERF. **swer·we·ling** *=linge* →SWERFLING. **swer·wend** *=wende* migrant, vagrant, wayfaring, nomadic; *'n swerwende lewe* a wandering/nomadic life; *swerwende volk* nomadic people. **swer·wer** *=wers* rover, roamer, wanderer, drifter, nomad, stray, migrant, wayfaring man; *'n ~ bly 'n derwer* a rolling stone gathers no moss. **swer·wers·le·we** wandering/roving life.

swer·wing *(med.)* transmigration.

swe·se·rik *=rike, (rare, obs.)* sweetbread, thymus.

swe·te·rig *=rige* sweaty. **swe·te·rig·heid** sweatiness. **swe·ting** *=tings, =tinge* sweating; *(med.)* diaphoresis; →SWEET.

swets *ge=* swear, curse, blaspheme; bluster; *teen iem. ~* call s.o. names. **swet·ser** *=sers* swearer, curser; blusterer, swashbuckler. **swet·se·ry** swearing, cursing, profanity.

swet·ter·joel *=joele* swarm, multitude.

swe·we *ge=* →SWEEF. **swe·wend** *=wende* suspended; poised; *~e toestand* suspension; *~e valuta* floating currency. **swe·wer** *=wers* one who soars; glider/gliding/sailplane pilot, volplanist. **swe·wing** *=winge* hovering, gliding, floating *(in the air);* floating *(of the exchange rate);* weaving, wandering *(of a machine);* beat *(of sound);* levitation. **swe·wings·toe·stel** *(rad.)* superheterodyne.

swie *swieë, (orn.)* swee.

swiep *ge=, (a mast, branches, etc.)* bend *(in the wind);* w(h)oosh *(through the air);* swish *(with a cane).* **swie·pend** *=pende* driving *(rain);* whippy *(a cane).*

swier *n.* flourish, dash, swagger, panache, piz(z)azz, pzazz, jauntiness; gracefulness, elegance; *met ~ afhaal* sweep off *(one's hat etc.); met ~, (also)* jauntily; *aan die ~ wees, (rare)* be on the loose/spree. **swier** *ge=, vb., (rare)* glide, carry o.s. gracefully; be/go on the spree; reel (drunkenly); *~ met, (rare)* flaunt. **~bol** *=le, (infml., often derog.)* reveller, playboy, glamour boy, (wild) spark, rake, libertine, roué *(Fr.),* man of pleasure, loose/fast liver; →LOSBOL. **~satyn** *(text.)* slipper satin.

swie·rig *=rige* dashing, jaunty, showy, stylish, graceful, gallant, ornate, sophisticated; *(infml.)* swanky, flashy, glitzy, ritzy. **swie·rig·heid** jauntiness, dash, stylishness, panache, flamboyance, *(infml.)* glitz(iness).

swiesj *ge=, vb.* swish, w(h)oosh. **swiesj** *interj.* swish, w(h)oosh. **~geluid** swishing/whishing sound.

swig *ge=* give way, yield; cry off, knuckle down; *vir ... ~* yield to ... *(temptation etc.);* knuckle under to ...; *voor ... ~* give way to ... *(the victor etc.);* yield to ... *(superior numbers etc.).* **swig·tend** *=tende* yielding, succumbing.

swik[1] *swikke, n., (tech.)* vent-peg, spigot. **~boor** gimlet, wimble, auger. **~gat** bunghole; vent hole.

swik[2] *ge=, vb.* make a false step, stumble; →VERSWIK; *iem. het ge~* s.o. (nearly) stumbled; *iem. se knieë het ge~* s.o. gave at the knees; *iem. se voet het ge~* s.o.'s ankle gave way.

swin·gel *=gels* pump handle; swingle(tree) *(of a cart); (taboo sl.: penis)* cock, prick, dick, tool, John Thomas. **~boor** crank brace. **~(hout)** swingle(tree), whipple=, whiffletree, swingle bar. **~riem** swingle strap.

swing·or·kes *(mus.)* swing band.

Swit·ser *=sers, n.* Swiss. **Swit·ser·land** Switzerland. **Swit·sers** *=serse, adj.* Swiss.

swoe·ër *swoeërs* →SWOEGER.

swoeg *ge=* toil, labour, plod, slog, drudge, sweat, travail; swot *(for an examination); (hard) aan iets ~* labour over s.t.; slave/beaver away at s.t.; *deur iets ~* plod through s.t.; *onder iets ~* strain under s.t. *(a heavy load etc.).* **swoe·ger** *=gers,* **swoe·ër** *swoeërs* toiler, drudge, struggler, plodder, slogger.

swoel *swoel(e) swoeler swoelste* sultry, close, muggy. **swoel·heid, swoel·te** sultriness, closeness, mugginess.

swoerd crackling, bacon/pork rind, crisp.

swy·e *n.* silence, muteness; *die ~ **bewaar*** be/keep/remain silent, keep silence; *iem. tot ~ **bring*** put/reduce s.o. to silence, shut/stop s.o.'s mouth *(infml.); ~ is **goud*** silence is gold(en); *'n **kil** ~* a stony silence; *iem. die ~ **oplê*** silence s.o., shut/stop s.o.'s mouth *(infml.).*

swyg *ge=, vb.* be/remain/fall silent, keep quiet/silence, hold one's peace; *iem. **laat** ~* put/reduce s.o. to silence; *iem. **(moet/sal)** ~* s.o.'s lips are sealed; *~ **oor** iets* be silent about s.t., keep s.t. to o.s.; *~ **soos die graf*** be as silent/still as the grave; *wie ~, **stem** toe* silence gives consent. **~geld** hush money. **~reg** right not to answer; right to remain silent.

swy·gend *=gende, adj. & adv.* silent, mute, unspeaking; silently, in silence, wordlessly; *hardnekkig ~* obmutescent; *die ~e meerderheid* the silent majority.

swy·ger *=gers* silent/taciturn person; *Willem die S~* William the Silent.

swyg·saam *=same* silent, taciturn, uncommunicative, tight-lipped, discreet, sparing of words. **swyg·saam·heid** taciturnity, silentness, uncommunicativeness.

swym *(rare)* swoon; trance; coma; *in ~ val* swoon, faint. **swy·mel** *n.* dizziness, giddiness; intoxication. **swy·mel** *ge=, vb.* be/become/feel dizzy/giddy; swoon; *oor ... ~* swoon over ...

swyn *swyne, (esp. fig., derog.)* swine, pig; →VARK, WILDEVARK. **~(e)boel** dirty mess, piggery. **~(e)jag** *(obs.)* (wild) boar hunt.

swyn·ag·tig, swyn·ag·tig *=tige, (derog.)* swinish, piggish, boarish.

sy[1] *n. (text.)* silk; *ruisende ~* swishing silk. **~aap, ~apie** (silky) marmoset. **~bas(boom)** *(Maytenus acuminatus)* silkbark (tree). **~blom** *Geissorrhiza* spp.. **~bok** Angora goat. **~bokblond** ash blond. **~bokblondine** ash blonde. **~bokboer** Angora (goat) farmer. **~bokhaar** mohair; →BOKHAAR. **~boom** silk tree. **~damas** *(text.)* damask (silk). **~dissel** *(bot.)* salsify, vegetable oyster, oyster plant. **~draad** silk thread, gimp, guimp, gymp; *aan 'n ~jie hang* hang by a (silken) thread. **~fabriek** silk factory/mill. **~fabrikant** silk manufacturer. **~gaas** *(text.)* silk gauze, tiffany. **~gare, ~garing** spun silk. **~glans** silky lustre. **~gras** silky grass; Natal grass; fairy grass; cotton wool grass. **~handel** silk trade. **~handelaar** silk merchant. **~harig** silky-haired. **~hemp** silk shirt. **~kant** silk lace. **~kous** silk stocking. **~kultuur** silk culture. **~net** *(text.)* silk net. **~papier** silk/India paper. **~rok** silk dress. **~sakdoek** silk handkerchief. **~skerm** silk screen. **~spinner** silk thrower. **~spinnery** filature. **~stof** *(text.)* silk fabric/material. **~tabberd** *(fml., dated)* silk dress/gown/frock. **~teelt** silk culture. **~wewer** silk weaver. **~wewery** silk-weaving; silk mill/factory. **~wolstof** tussore/tussah (silk). **~wurm** silkworm. **~wurmteelt** silkworm breeding, sericulture.

sy[2] *sye, n.* side; edge, margin; flank *(of an army);* aspect *(of a matter);* flitch *(of bacon); ~ **aan** ~* side by side; cheek by jowl; ***aan** iem. se ~, (lit., fig.)* at/by s.o.'s side; *iem. se **sterk** ~* s.o.'s strong point (*or [infml.]* long suit); *iem. se **swak** ~* s.o.'s weak point. **~aansig** side view/elevation, lateral view. **~aanval** flank attack. **~altaar** side altar. **~balie** sidebar. **~band** *(rad.)* sideband. **~beuk** →SYSKIP. **~beweging** flank movement. **~dek** waist *(of a ship).* **~deur** side door/entrance; stage door/entrance; lateral door. **~druk** lateral/side thrust; side/lateral pressure. **~galery** side gallery. **~gang** side passage; corridor; aisle; lateral gallery *(in a mine); op ~e gaan* deviate from the straight path. **~gebou** annexe, wing. **~gewel** end gable. **~hoek** face angle. **~hou** byblow. **~ingang** side entrance. **~kamer** side room. **~kammetjie** side comb. **~kanaal** side channel; branch/lateral canal. **~kant** side; *aan die ~* at/on the side. **~ketting** side chain. **~klap** side flap/curtain. **~klep** side valve. **~klepmasjien** side valve machine. **~knol** *(bot.)* lateral tuber. **~knop** *(bot.)* lateral bud. **~krater** lateral crater. **~laan, ~laning** side avenue. **~lamp** side lamp. **~langs** →SYDELINGS. **~lantern** sidelight, side lantern. **~las** *=te* lateral load. **~leuning** side rail(ing), handrail, railing; armrest *(on a chair).* **~lig** sidelight, side window; proscenium light; sidelight *(fig.).* **~linie** collateral line. **~loge, ~losie** *(theatr.)* side box. **~loop** tributary. **~luik** wing *(of a triptych).* **~lyn** siding *(of a railway);* branch line; (rail) spur *(Am.);* feeder; collateral line; *(biol.)* lateral line; *(geneal.)* collateral line. **~muur** sidewall. **~ogie** *(bot.)* side bud. **~opening** lateral opening. **~paadjie** pavement, sidewalk; side path, bypath. **~paadjiekunstenaar** pavement/sidewalk artist. **~pad** sideroad, branch, byroad. **~plaat** hob *(of a hearth).* **~plank** running board, footboard; side board. **~pyp** branch pipe. **~rivier** affluent, tributary, branch *(of a river).* **~ruimte** margin. **~ruit** side window *(of a vehicle).* **~saal** side ward; minor hall. **~sak** side pocket. **~skerm** *(theatr.)* coulisse, side screen/curtain; side scene; side shield; valance *(in a machine).* **~skip** (side) aisle *(in a church).* **~slag** sidestroke. **~slip**[1] side placket/opening. **~slip**[2] *(av.)* sideslip. **~sliprok** slit skirt, cheongsam. **~span, ~waentjie** sidecar. **~spanning** lateral stress. **~spek** flitch. **~spel** by-play. **~speling** side/lateral play. **~spieël** *(mot.)* side/wing mirror. **~spoor** *(rly.)* sidetrack, siding, shunt; *... op 'n ~ rangeer, (fig.)* marginalise ... **~sprong** side leap/step, shy; *'n ~ maak* jump aside. **~standig** *=e, (bot.)* lateral. **~stap(pie)** side step, swerve, sidepace. **~stoep** side stoep/veranda(h). **~straat** side street, off-street, bystreet. **~stroom** confluent. **~stroomvergasser** side-draught carburettor. **~stuk** sidepiece; lateral piece; check *(of a hammer).* **~tafel(tjie)** side table. **~tak** affluent, branch, tributary *(of a river);* feeder; offshoot; lateral branch; collateral branch *(of a family); (elec.)* shunt. **~uitgang** side exit. **~uitsig** side view. **~venster** side window, sidelight. **~vlak** lateral face/surface, keel surface *(of an aeroplane).* **~waarts** *=e, adj.* sideward, lateral, sidelong, sideways, oblique; *~e beweging, (billiards)* side; *~e buiging* deflexure. **~waarts** *adv.* sidelong, sideward(s), sideways, laterally, obliquely. **~waentjie** →SYSPAN. **~wal** sidewall. **~wand** sidewall *(of a tube, cell, etc.).* **~wapens** side arms. **~weg** sideway, byway, byroad; *(fig.)* bypath. **~wind** side/beam wind, crosswind. **~wortel** *(bot.)* lateral root.

sy[3] *pers. pron.* she; *~ alleen* she by herself; *~ self, ~self* she herself.

sy[4] *poss. pron.* his, its; →SYNE.

sy[5] *vb.* may be; be; →IS, WEES[2]; *hoe dit (ook al) ~* be that as it may; *dit ~ verre (van my)* far be it from me; *God(e) ~ dank* thank the Lord.

sy·ag·tig *=tige,* **sy·e·rig** *=rige* silky, silk-like; silken; *(bot.)* sericeous. **sy·ag·tig·heid, sy·e·rig·heid** silkiness *(of material etc.).*

Sy·ba·ris *(city)* Sybaris.

sy·de: *ter ~* aside, on one side; *ter ~ stel, (jur.)* set aside; *iem. ter ~ staan, (rare)* assist s.o.; support s.o..

sy·de·lings *=lingse, adj. & adv.* sidelong; lateral; indirect; *(fig.)* oblique; *~e **afwyking/spanning*** lateral deviation/strain; *~e **blik*** side glance; *~e **botsing/ens.*** side-on crash/etc.; *die motor het ons ~ **getref*** the car hit us side-on. **sy·de·lings** *adv.* sideways, sidelong, obliquely, laterally; indirectly.

Sy·den·ham·cho·re·a *(med.)* Sydenham's chorea, chorea minor.

sy·e·rig *=rige* silky; silken; *(bot.)* sericeous.

sy·fer[1] *fers, n.* figure; digit; numeral; quotient; rate; mark(s); *(golf)* par (→BAANSYFER.) *een hou aan ~ **afstaan**, een hou oor ~ **speel**, (golf)* bogey; *twee houe aan ~ **afstaan**, twee houe oor ~ **speel**, (golf)* double-bogey; ***beter/minder** as ~, (golf)* over/under par; ***gelyk** aan ~, (golf)* level par; *die ~s is **laer** as verlede jaar* the figures are down on last year; *'n **ronde** ~* a round figure; *'n bedrag/getal van **ses** ~s* six figures; ***sprekende** ~s* sig=

nificant figures. **sy·fer** *ge=, vb. (rare)* figure, reckon, calculate, cipher; *(infml., golf)* par. **~horlosie** digital watch. **~klok** digital clock. **~rekenaar** digital computer. **~skrif** cipher, cypher, secret writing. **~toetsbord** numeric keypad. **~vreter** *(infml., comp.)* number cruncher. **~vretery** *(infml.)* number crunching. **~werk** figure work.

sy·fer² *ge=, vb.* ooze; seep; filter, percolate; trickle; →SYPEL; *uit ...* ~ seep out of ...; ooze out of ... **~dig** impermeable. **~digtheid** impermeability. **~fontein** sluggish spring. **~gat** sluggish spring; weep hole. **~put** French drain. **~water** seepage (water).

sy·fe·ring¹ *=ringe, (rare)* calculation, reckoning.

sy·fe·ring² seep(age); →SYPELING.

syg *ge=* ooze, filter; sink down; *(tr.)* tammy, filter. **~doek** tammy (cloth), tamis, strainer.

sy·ig *syige* = SYERIG.

syn *n.: die ~* being. **syn·de** being; *~ dit so is* that being so.

sy·ne *pron.: dit is ~* it is his.

sy·ner: *te ~ tyd, (obs.)* in due (course of) time; in due course.

sy·ner·syds on his part; from his side.

syns¹ his; *~ insiens* in his opinion.

syns² *synse, n., (obs., hist.)* tribute, rate, cess (taxes). **syns·baar** *=bare, (obs., hist.)* tributary, taxable, tithable; *~ maak* levy tribute (up)on.

syns·leer ontology.

sy·pel *ge=* ooze, seep; filter, percolate; trickle; →SYFER² *vb.; uit ... ~* seep out of ...; ooze out of ... **~dam** seepage dam. **~dig** *=te* impervious, imperviable, impermeable. **~kan** percolator. **~laaier, sypelaar** *(elec.)* trickle charger. **~meter** lysimeter. **~vog, syfervog** transudate. **~water** seepage (water).

sy·pe·laar →SYPELLAAIER.

sy·pe·ling *=linge* seep(age), weeping; →SYFERING².

Sy·ra·cuse *(geog.: a city in the US)* Syracuse; →SIRAKUSE.

sy·sel·bos *(bot.)* plumbago.

sy·sie *=sies, (orn.)* sisken; →BLOUSYSIE.

Tt

t *t's*, **T** *T's, (20th letter of the alphabet)* t, T; →T'TJIE. **T54-tenk** *(Russ., mil.)* T54 tank. **T-aansluiting** T-junction. **T-been-skyf** T-bone steak. **T-bout** T-bolt. **T-haak** T-square. **T-hemp(ie)** T-shirt. **T-las** T-joint. **T-profiel** T-section. **T-pyp** T-pipe. **T-sleutel** T-wrench. **T-spil** cross-spindle. **T-staaf** T-bar. **T-stuk** tee; T-piece; T-iron. **T-vormig** T-shaped. **T-yster** T-iron.

't *(contr. of 'dit' or, Du., 'het')* 't; *iem. sal ~ nooit weer **doen** nie* s.o. will never do't again; *dis om om't (of om 't) **ewe*** →EWE *adj.; aan't (of aan 't/die) **grawe/ens.** wees* be digging/etc.; *in ~ **groot*** = IN DIE GROOT; *in ~ **klein(e)*** = IN DIE KLEIN(E); *in (~) **kort*** →KORT *adj. & adv.; as ~ (of as~) **ware*** →WARE[1] *vb.*.

ta *ta's, (joc.: a man)* guy, fellow, chap.

ta' = TANT.

Taag: *die ~, (Sp./Port. river)* the Tagus.

taai *taai taaier taaiste* tough; hard-fought *(a match, game, etc.)*; sticky, viscous, viscid; *(infml.)* gungy, icky; wiry, hardy, leathery, tough *(a pers.)*; unyielding, stubborn, dogged, tenacious; *~ in die **bek** wees, (a horse)* be hard-mouthed; *'n ~ **geheue*** →GEHEUE; *jou ~ **hou*** keep a stiff upper lip; *'n ~ **kalant**, (also, infml.)* a toughie; →KALANT; *iem. 'n ~ **klap** gee* →KLAP *n.; so ~ soos 'n **ratel**, (s.o.)* (as) hard/tough as nails; *(s.o.)* as tough as leather; *'n ~ **stryd** kan verwag word, (also, infml.)* the match promises to be a real humdinger, it should be a humdinger of a match; *~ **volharding*** →VOLHARDING; ***vreeslik** ~, (s.t.)* as tough as old boots; *'n ~ **wedstryd*** →WEDSTRYD; *~ **weerstand*** →WEERSTAND. **~bekkig** *-kige, (stubborn)* hard-mouthed, hard in the mouth *(a horse, mule)*. **~bos** *(Rhus* spp.*)* taaibos. **~heide** *(Erica viscaria)* sticky heath. **~man** *(Sida rhombifolia)* arrow-leaf sida. **~pit** *-pitte*, **~(pit)perske** *-kes* clingstone (peach), cling peach. **~pitboom, ~(pit)perskeboom** *-bome* cling(stone) peach tree. **~pol(gras)** *(Eragrostis plana)* tough love grass; *(Sporobolus africanus)* ratstail dropseed. **~vloeibaar** *-bare*, **~vloeiend** *-ende* viscous, viscid. **~vloeibaarheid** viscosity, viscidity. **~wol** gummy wool.

taai·e·rig *-rige* rather tough, toughish; sticky. **taai·e·rig·heid** toughness; stickiness.

taai·heid toughness, hardiness, stamina; tenacity, doggedness; stickiness; viscosity, viscidity. **taai·ig·heid** toughness; stickiness.

taak *take* task; job, stint; duty; charge; responsibility; *'n ~ **aanpak*** tackle a task; *iem. se **enigste/uitsluitlike** ~* s.o.'s sole task; *jou goed van jou ~ **kwyt*** give a good account of o.s.; make a good job of it; put up (*or* turn in) a good performance; *'n ~ **lê vir iem.** voor* a task awaits s.o.; *'n **moeilike** ~* an uphill task; *'n **onaangename** ~* an unpleasant (*or* a disagreeable) duty; *'n **onbegonne** ~* an impossible task; *'n **ondankbare** ~* a thankless task; *'n ~ aan iem. **opdra/oplê*** set s.o. a task; *vir 'n ~ **opgewasse** wees* be equal to a task; *'n **reusagtige** ~* a gigantic task; *iets is iem. **se** ~* s.t. is s.o.'s responsibility; *jou tot ~ **stel** om te ...* set o.s. the task of ...; *'n **swaar** ~ voor jou hê* have one's work cut out (for one); *jou op 'n ~ **toelê*** apply o.s. to a task; *'n ~ **uitvoer/verrig/vervul*** carry out a task, perform/fulfil a task; *die ~ **voor** jou* the task on hand. **~beskrywing** job description. **~besoldiging** →TAAKLOON. **~gewer** taskmaster. **~groep** action committee/group. **~loon, ~besoldiging** rate for the job; piecework wage. **~mag** task force. **~stelling** definition of object, target; mission statement. **~waardering** job evaluation/appraisal.

taal *tale* language, *(poet.)* tongue; speech; →TALE-; *'n ~ **(aan)leer*** learn/acquire a language; *'n ~ (oppervlakkig) **(aan)leer*** pick up a language; ***alledaagse/gewone** ~* colloquial speech; *'n ~ **beheers*** have a command/mastery of a language; *'n ~ **goed beheers/ken*** be proficient in a language; *iem. se **beheersing** van 'n ~* s.o.'s command/mastery of a language; *(nie) **dieselfde** ~ praat (nie), (lit. & fig.)* (not) speak the same language; *iem. iets in **duidelike** ~ sê* tell s.o. s.t. in plain English *(infml.)*; *in **eenvoudige** ~* in plain language/terms/words; ***gekruide** ~* salty language; ***gekruide/kras(se)** ~* strong language; ***gewone** ~* →***alledaagse/gewone**; in **gewone** ~*, in the clear, not in cipher/cypher; in common parlance; *iem. **gooi** 'n ~, lekker, (infml.)* s.o. speaks a language fluently; *'n ~ **ken*** know a language; *genoeg van 'n ~ **ken** om oor die weg te kom* (of *jou te behelp), 'n basiese/elementêre/gangbare/praktiese **kennis** van 'n ~ besit* have a working knowledge of a language; ***kragtige** ~* strong language; ***kras(se)** ~* →***gekruide/kras(se)**; **lelike** ~ besig* use bad language; *~ en **lettere*** philology; *'n ~ **praat*** speak a language; *iem. was (glad) **sonder** ~* s.o. was speechless; *~ **nóg teken*** no word or sign; *geen ~ of **tyding** ontvang nie, ~ nóg **tyding** ontvang* receive no news whatever *(of s.o., s.t.)*; *'n ~ **verstaan*** understand a language; *in die **vleiendste** ~* in the most flattering terms; *'n ~ **vloeiend/vlot** praat* be fluent in a language, speak a language fluently; ***wel** ter tale wees* be a good speaker, be articulate/eloquent, *(infml.)* have the gift of the gab, *(infml.)* be silver-tongued. **~aard** = TAALEIE. **~armoede** poverty of language. **~atlas** linguistic/dialect atlas. **~bederf** corruption of language. **~bederwer** corrupter of the language. **~begrip** idea of language/grammar; *gebrekkige ~* bad grammar. **~beheersing** command of language. **~beskouing** view of language. **~beweging** language movement. **~boek** grammar, language handbook. **~daad, ~handeling** *(ling., philos.)* speech act. **~eie** idiom, genius of a language. **~eienaardigheid** idiom, idiomatic peculiarity. **~eiland** speech island, linguistic island. **~familie** group of languages, language family. **~figuur** figure of speech. **~filosofie** philosophy of language. **~fossiel** archaism. **~fout** grammatical error/mistake, faulty usage, mistake in language, solecism, linguistic error. **~gebied** language zone; *op ~* in the field of language, in linguistic matters, in matters of language. **~gebruik** use of language, usage, use of words. **~geleerd** = TAALKUNDIG *adj.*. **~geleerde** = TAALKUNDIGE *n.*. **~gelykheid** language equality, equal language rights. **~gemeenskap** language/speech community; →TAALGROEP. **~geografie** geography of a language. **~geskiedenis** history of (the) language. **~gevoel** sense of language, linguistic sense. **~gids** phrase book *(for tourists)*. **~grens** linguistic frontier/boundary. **~groei** growth of language. **~groep** language group, group of languages; →TAALGEMEENSKAP. **~hervormer** linguistic reformer. **~hervorming** language reform. **~indoena** *(infml.)* language expert, authority on language. **~kaart** linguistic map. **~kenner** linguist, philologist. **~kennis** knowledge of (the) language. **~kunde** linguistics, science of language; *taal- en letterkunde* philology. **~kundig** *-dige, adj.* philological, linguistic; *'n teks ~ nasien* revise a text for grammar and style. **~kundige** *-ges, n.* linguist. **~kwessie** question of language, language question. **~laboratorium** *-riums, -ria* language laboratory. **~les** language lesson, grammar lesson. **~man, ~vrou** linguist, language specialist, philologist, grammarian. **~moeilikheid** language difficulty. **~oefening** grammatical exercise. **~onderrig** language instruction. **~onderwys** language teaching. **~onderwyser** language teacher. **~ontwikkeling** development of language, linguistic development. **~praktikum** *-tikums, -tika* language laboratory lesson/session. **~praktisyn** language practitioner. **~puris** *-riste* language purist. **~purisme** language purism. **~reël** grammatical rule. **~skat** vocabulary. **~skoonheid** beauty of language. **~stryd** language struggle. **~stryder** fighter for (*or* champion of *or* protagonist for) a language, language activist. **~studie** linguistics, philology, study of language(s). **~suiweraar** purist. **~suiwerend** *-rende* puristic(al). **~suiwerheid** linguistic purity. **~suiwering** purism. **~toets** literacy test. **~trots** pride in language. **~vaardigheid** command of language. **~verarming** impoverishment of the language. **~veredeling** language refinement. **~vermenging** mixing of languages. **~vermoë** command of language. **~verryking** enriching/enrichment of the language. **~verskynsel** linguistic phenomenon. **~versperring** language barrier. **~verwantskap** linguistic relationship/affinity. **~verwarring** confusion of tongues. **~verwildering** barbarisation of a language. **~vitter** *-ters* language nitpicker/stickler. **~vorm** *-vorme* grammatical form. **~vrou** →TAALMAN. **~wending** *(rare)* idiom. **~wet** linguistic law. **~wetenskap** linguistics, linguistic science, science of language, philology. **~wetenskaplik** *-like* linguistic, philological. **~ywer** enthusiasm for language; language activism.

taam·lik *-like, adj.* fair, passable, moderate, tolerable; *'n ~e ent* a tidy distance; *'n ~e prys* a quite hefty price; a fair price, a pretty good price. **taam·lik** *adv.* fairly, passably, rather, moderately, quite; *~ **baie*** →BAIE *indef. num.; ~ **baie** mense* a good few people; *~ **breedvoerig*** at some length; *~ **goed*** →GOED *adj. & adv.; ~ **groot** wees* →GROOT *adj.*.

taan[1] *n.* tan, tanning agent. **~kleur** tawny colour, tan. **taan·kleu·rig** *-rige* tawny, tan(-coloured). **ta·nig** *-nige, (rare)* tawny.

taan[2] *tane, n., (Br. hist.: nobleman)* thane.

taan[3] *ge-, vb.* dim, pale, fade; dwindle, wane; *aan die ~ wees* be on the wane, be fading, grow dim/pale, weaken; *vinnig aan die ~ wees, (also, infml.)* be on the skids.

ta·bak tobacco; →TWAK; *~ **draai*** twist tobacco; ***growwe** ~* canaster; *~ **kerf*** cut tobacco; *jou ~ is te **sterk**!, (idm.)* draw it mild!, stop exaggerating!. **~as** tobacco ashes, dottle. **~bedryf** tobacco industry. **~blaar** tobacco leaf. **~blom** flowering tobacco. **~boer** tobacco farmer/grower. **~boerdery** tobacco farming/growing. **~boom** *(Nicotiana glauca)* wild tobacco, tree tobacco. **~bos** *(Senecio halimifolius)* tabakbos. **~bou** tobacco growing/farming. **~chlorose** *(plant disease)* tobacco chlorosis. **~damp** fume of tobacco. **~doos** tobacco box. **~draaier** tobacco twister. **~droging** tobacco curing. **~ekstrak** tobacco extract. **~fabriek** tobacco factory. **~geur** tobacco odour. **~handel** tobacco trade. **~handelaar** tobacconist, tobacco dealer. **~hart** smoker's heart. **~keel** smoker's throat. **~kerwer** tobacco cutter. **~koning** tobacco baron. **~koper** tobacco dealer. **~land** tobacco field. **~mosaïek** tobacco mosaic (disease). **~oes** tobacco crop. **~pers** tobacco press/baler. **~plaas** tobacco farm. **~plant** tobacco plant. **~plantasie** tobacco plantation. **~planter** tobacco planter. **~pot** tobacco jar. **~pruim(pie)** quid; chew of tobacco. **~pyp** tobacco pipe. **~reuk** smell of tobacco. **~rol** roll of tobacco. **~rook** tobacco smoke. **~ruik** = TABAKREUK. **~saad** tobacco seed. **~sak** tobacco pouch. **~skuur** tobacco shed. **~snuif** (tobacco) snuff. **~soort** (kind of) tobacco. **~sop** tobacco juice. **~steel** tobacco stalk. **~stoel** tobacco plant. **~stof** tobacco dust. **~stronk** tobacco stalk. **~verkoper** tobacconist. **~walm** tobacco smoke, reek of tobacco. **~water** tobacco water. **~winkel** tobacconist's (shop).

Ta·bas·co·sous *(also t~)* Tabasco (sauce).

tab·berd *=berds, (obs.)* dress, (smart) frock, gown; *los ~* smock frock.

ta·bel *=belle* table, list, index, schedule, chart. **ta·bel·la·ries** *=riese, (rare)* tabular, tabulated. **ta·bel·leer** *ge=* →TABULEER. **ta·bel·leer·der** →TABULEERDER. **ta·bel·leer·mas·jien** →TABULEERMASJIEN. **ta·bel·le·ring** →TABULERING.

ta·ber·na·kel *=kels, (OT: a portable sanctuary)* tabernacle; *(fig.: the body as temporary dwelling of the soul)* tabernacle; *iem. op sy/haar ~ gee, (infml., joc.)* dust/trim/warm s.o.'s jacket.

ta·be·ties *=tiese, (pathol.)* tabetic; →RUGMURGTERING.

ta·bla *(<Hindi, an Ind. percussion instr.)* tabla.

ta·bla·tuur, ta·bu·la·tuur *=ture, (mus. notation, chiefly hist.)* tablature.

ta·blet *=blette* tablet; lozenge, pastil(le); tabloid. **~vorm** tabular shape/form; tablet form.

ta·blo *=blo's* tableau. **~gordyne** *(pl., theatr.)* tableau curtains.

ta·boe *=boes, n.* taboo, juju. **ta·boe** *adj.* taboo; *~ wees, (also, infml.)* be a no-no. **~woord** *=woorde* taboo word.

ta·boe·li *(<Arab., a Middle Eastern salad)* tabbouleh, tabbouli.

ta·boen *(a nerve gas)* tabun.

ta·boe·ret *=rette* stool, tabo(u)ret; *(text.)* tabo(u)ret.

ta·boes, ta·boes *=boese* quirt.

ta·bu·la ra·sa *tabulae rasae, (Lat.)* tabula rasa, fresh start, clean slate *(fig.)*; *(philos.)* tabula rasa, unformed mind.

ta·bu·la·tuur →TABLATUUR.

ta·bu·leer, ta·bel·leer *ge=* tabulate, schedule, chart; *ge~de gegewens* tabulated data. **~masjien** tabulator, tab. **~stop** *(comp.)* tab stop. **~toets** *(comp.)* tab (key).

ta·bu·leer·der, ta·bel·leer·der *(comp.)* tabulator, tab. **ta·bu·le·ring, ta·bel·le·ring** tabulation.

ta·byn *(text.)* tabby.

ta·co *=co's, (Mex. cook.)* taco.

Ta·djik *=djiks,* **Ta·dji·ki·stan·ner** *=ners, n., (Persian-speaking Muslim from Tajikistan etc.)* Tajik, Tadzhik. **Ta·dji·ki·stan** *(central Asian republic)* Tajikistan, Tadzhikistan, Tadjikistan. **Ta·dji·ki·stans,** *n., (lang.)* Tajik(i), Tadzhik(i). **Ta·djiks** *=djikse,* **Ta·dji·ki·stans** *=stanse, adj.* Tajik(i), Tadzhik(i).

tae·di·um vi·tae *(Lat.)* taedium vitae, weariness of life.

taf[1] *(text.)* taffeta; *gewaste ~* wax(ed) taffeta, oil(ed) silk. **~flanel** taffeta flannel. **~sy** silk taffeta.

taf[2] *tawwe tawwer tafste, (sl.)* tough; →TAAI.

ta·fel *=fels* table; index; cuisine; board; ***aan ~*** at table, at meals; *die ~* ***afdek/afruim*** clear the table; *~ en* ***bed*** bed and board; *van ~ en* ***bed*** *geskei wees, (husband and wife)* be separated (from bed and board); *skeiding van ~ en* ***bed*** judicial separation, separation from bed and board *(between husband and wife)*; *aan ~* ***bedien*** wait at table; *aan ~* ***bid*** say grace, give thanks; *aan die* ***boent/koppenent/hoof*** *van die ~* at the top of the table; *iets ter ~* ***bring*** raise s.t., bring s.t. up *(a question)*; *(die) ~* ***dek*** lay/set the table, lay the cloth; *~* ***dek oor iem.***, *(infml.)* gossip a lot about s.o.; *iem. onder die ~ (in)* ***drink*** →DRINK *vb.*; *die ete staan op ~* dinner/lunch/supper is served; ***gemeenskaplike*** *~* mess; *'n goeie ~ hê/hou* keep a good table; *die ~ van die* ***Here,*** *(chiefly Prot.: Holy Communion)* the Lord's table; *onder die ~* ***klop*** touch wood; *wat* ***kom*** *vanaand op ~?* what's for supper?; ***kos*** *op ~* ***bring*** set out a meal; *die* ***kos*** *is/staan op die ~* the food is on the table, dinner/lunch/supper is served; *iets ter ~* ***lê,*** *(parl.)* lay s.t. on the table; *iets* ***lê*** *ter ~, (also parl.)* s.t. has been laid on the table; *die boek* ***lê*** *op die ~* the book is on the table; ***onder*** *die ~, (also, fig.)* under the counter; ***ope*** *~* →OOP; ***ope*** *~ hou* keep open house; *van die ~ af* ***opstaan*** rise from the table, leave the table; *aan ~* ***sit*** be at table; *aan (die) ~ gaan* ***sit*** settle down to a meal; *iets op ~* ***sit*** serve up s.t.; *iets op 'n/die ~* ***sit*** lay/put s.t. on a/the table; *~ van* ***vermenigvuldiging*** →VERMENIGVULDIGING; *~s van die* ***Wet,*** *(OT: the Ten Commandments)* tables of the Law. **~aartappel** eating potato. **~afval** table scraps. **~almanak** desk calendar. **~appel** eating apple. **T~baai** *(geog.)* Table Bay. **~basalt** *(min.)* tabular basalt. **~bediende** *(rare)* waiter, steward, server. **~bediening** waiting at table. **T~berg** Table Mountain; *toe ~ 'n vulletjie (of nog klein) was* in the year one. **~berg** = TAFELKOP. **~bier** table beer. **~blad** table top; table leaf/board. **~borsel** crumb brush. **~dans** *(spiritualism)* table-lifting, -tipping, -turning, -tilting, -moving, -rapping *(during a séance)*. **~diens** messing. **~doek** tablecloth, dinner/supper cloth; table cover; *die ~ afhaal/afneem* draw the cloth. **~drank** table drink. **~driepoot** *(phot.)* tabletop tripod. **~druif** table grape, eating grape. **~gas** table guest; *iem. as ~ hê, (also)* dine s.o.. **~gebed** grace (at meals), blessing; *die/'n ~ doen* say grace. **~geld** table money/allowance, messing allowance; entertainment allowance. **~gemeenskap** commensalism. **~genoot** fellow guest *(at table)*, commensal, table companion. **~gereedskap, ~gerei** tableware, cutlery, cover, appointments. **~gesprek(ke)** table talk. **~glas** table glass. **~goed** table linen. **~kalender** desk calendar/diary. **~klap** table flap. **~klavier** square piano. **~kleed** table cover; tablecloth, spread. **~kleedjie** *(dim.)* table centre, overlay. **~klok(kie)** table bell. **~klop(pery)** table-rapping *(during a séance)*. **~kop** *(geomorphol.)* mesa, flat-topped hill; head of table. **~kosganger** day boarder. **~koste** messing charge(s). **~laai** table drawer. **~lamp** table lamp. **~land** *(geomorphol.)* tableland, plateau. **~landskap** plateau landscape, table landscape. **~linne** napery, table linen. **~loper** table centre/runner, centrepiece. **~maat** messmate. **~maniere** table manners. **~matjie** table/place mat, coaster, dinner mat. **~mes** table/dinner knife. **~model** tabletop model. **~olie** edible oil. **~poot** table leg. **~rede** after-dinner speech, postprandial speech. **~redenaar** after-dinner speaker. **~rekenaar** desktop (computer). **~ronde** round table (conference); *die T~, (int. charitable society)* the Round Table. **~servies** dinner service. **~silwer** silver plate, table silver. **~silwerkis** canteen (of cutlery). **~skoppie** crumb scoop/tray. **~sout** table salt, sodium chloride. **~spaat** *(min.)* tabular spar, wollastonite. **~spieël** tabletop mirror. **~stofie** table cooker. **~suiker** table sugar. **~telefoon** desk telephone. **~tennis** table tennis, ping-pong. **~tenue** *(mil.)* mess dress/kit. **~toespraak** after-dinner speech. **~uitrusting** table appointments. **~veër** crumb brush. **~verkoping** tabletop sale. **~versiering** table decoration, table appointments. **~vis** food fish. **~vormig** *=mige* tabular. **~vreugde, ~weelde** pleasures of the table, conviviality. **~vriend** trencher companion *(infml., joc.)*. **~vurk** dinner fork. **~werker** table hand. **~wyn** table wine.

ta·fel·tjie *=tjies* small table; tablet; stand.

ta·fe·reel *=rele* picture, description; scene; *'n ~ ophang van ...* describe/picture ...

ta·fo·no·mie *(archaeol.: the branch of study that deals with fossilisation)* taphonomy. **ta·fo·no·mies** *=miese* taphonomic(al).

tag *interj., (obs.)* my goodness; →MAGTIG[2] *interj.*.

Ta·ga·log *=logs, (lang., no pl.)* Tagalog; *(member of a people)* Tagalog.

ta·ge·o·me·ter, ta·ge·o·me·tries →TAGIMETER, TAGIMETRIES.

tag·gen·tig *(obs.)* = TAGTIG.

ta·gi·kar·die *(pathol.: abnormally fast heart rate)* tachycardia.

ta·gi·me·ter, ta·ge·o·me·ter *=ters, (surv.)* tachymeter, tacheometer. **ta·gi·me·tries, ta·ge·o·me·tries** *=triese* tachymetric(al), tacheometric(al).

ta·gis·to·skoop *=skope* tachistoscope.

ta·gli·a·tel·le *(It.)* tagliatelle.

tag·meem *(ling.)* tagmeme. **tag·me·miek** tagmemics. **tag·me·mies** *=miese* tagmemic.

ta·go·graaf *=grawe, (mot.)* tachograph. **ta·go·gra·fies** *=fiese* tachographic(al).

ta·go·me·ter *=ters, (mot.)* tachometer, revolution indicator/counter. **ta·go·me·tries** *=triese* tachometric(al).

tag·tig *=tigs* eighty, fourscore; ***die*** *~s, (decade)* the eighties; →TAGTIGERJARE; ***in*** *die ~ wees* be in one's eighties; *dit het in die* ***jare*** *~ gebeur* it happened in the eighties; *~* ***maal*** eighty times. **tag·ti·ger** *=gers* octogenarian; man/woman of the eighties; *(Du. liter., T~)* poet/etc. of the Eighties Movement; →DERTIGER; *die T~s, (Du. liter.)* the Eighties Movement. **tag·ti·ger·jare:** *in jou ~ wees* be in one's eighties; *dit het in die ~ gebeur* it happened in the eighties. **tag·tig·ja·rig** *=rige, adj.* octogenarian, eighty-year-old; *die T~e Oorlog, (Du. hist., 1568-1648)* the Eighty Years' War. **tag·tig·ja·ri·ge** *=ges, n.* octogenarian. **tag·tig·ste** eightieth. **tag·tig·voud** eightyfold; multiple of eighty. **tag·tig·vou·dig** *=dige* eightyfold.

Ta·hi·ti Tahiti. **Ta·hi·ti·aan** *=tiane, n.* Tahitian. **Ta·hi·ti·aans** *=tiaanse, adj.* Tahitian.

tahr *tahrs* tahr, thar; *Himalaja-~, (Hemitragus jemlahicus)* Himalayan tahr.

tai·ga *(<Russ., a swampy coniferous forest)* taiga.

tail·le *=les, (Fr.)* waist; *(dressm.)* waistline. **tail·leer** *(ge)=* cut in *(at the waist)*, tailor, cut in shape.

tai·pan[1] *=pans, (an Austr. snake: Oxyuranus scutellatus)* taipan.

tai·pan[2] *=pans, (foreign head of Chin. business)* taipan.

tai tji, tai tji tjwaan *(a Chin. martial art)* t'ai chi (ch'uan).

Tai·wan *(geog.)* Taiwan. **Tai·wan·nees** *=nese,* **Tai·wan·ner** *=ners, n.* Taiwanese. **Tai·wan·nees** *=nese,* **Tai·wans** *=wanse, adj.* Taiwanese.

tak *takke, n.* branch *(of a tree, river, business, organisation, family)*; *(central branch of a tree)* bough; fork; filiation; chapter, chapel *(of certain organisations)*; offshoot *(lit. & fig.)*; affluent, tributary *(of a river)*; antlers *(of a stag)*; →TAKKIE, TAKLOOS, TAKVORMIG; *van die hak op die ~ spring* →HAK[1] *n.*; *hoog in die ~ke wees, (infml.: be very drunk)* be (as) high as a kite, be paralytic/legless (*or* lit up *or* completely stewed *or* three sheets in the wind); *iets met wortel en ~ uitroei* →WORTEL *n.*. **tak** *ge=, vb.* branch (off/out). **~baan** branch circuit. **~besem** besom. **~bestuur** branch committee. **~bestuurder** branch manager. **~bok** deer, stag. **~bokjagter** deerstalker. **~bokvaring** *(Platycerium bifurcatum)* staghorn fern. **~bout** barb/jag bolt, rag-bolt. **~haar** *(infml., derog.)* backvelder, backwoodsman; hillbilly. **~haargewoontes, ~haarmaniere** *(infml., derog.)* boorish/loutish habits. **~kantoor** branch office. **~(ke)bos** fascine. **~knipper** lopper, lopping shears. **~kraal** zariba, zareba *(esp. in NE Africa)*. **~laer** *(fortification)* abat(t)is. **~las** branch joint. **~lyn** branch line. **~pyp** branch pipe. **~rivier** tributary, subsidiary stream. **~skerm** shelter of branches. **~slinger** festoon. **~weerlig** forked lightning. **~werk** twiggery, ramage.

ta·kel *=kels, n.* tackle, teagle; system of pulleys. **ta·kel** *ge=, vb.* rig, tackle; knock about, dress *(s.o.)* down, maul, handle roughly. **~blok** tackle block, hoist block, purchase block. **~loper** tackle fall. **~stel** block and tackle (purchase). **~wa** *(rare)* breakdown truck/van; →INSLEEPWA. **~werk** tackle, cordage; rig(ging); tackling.

ta·ke·laar *=laars* rigger.

ta·ke·la·sie = TAKELWERK.

tak·kie *=kies, (dim.)* twig; small branch *(lit. & fig.)*, sprig, spray.

tak·loos *=lose* branchless.

ta·ko·niet *(min.)* taconite.

taks *n.* portion, share, measure, quota, complement; estimate; *dis my ~, (infml.)* I've had enough; *iem. se ~ hê, (infml.)* have s.o.'s number. **taks** *adv.* continually; *iets gebeur ~ om ~, (infml.)* s.t. happens time and again; *iets ~ om ~ doen, (infml.)* do s.t. time and again. **~man** *=manne, (infml.: tax collector)* taxman.

tak·sa·sie *-sies* valuation, appraisal, assessment.

tak·sa·teur *-teurs* appraiser, valuer, valuator, assessor; (assurance) adjuster.

tak·seer *(ge)-* appraise, estimate, value, reckon; gauge, sum up, size up; evaluate, assess; rate *(fig.)*; tax *(by an officer of the court); moenie iem. op sy* ***baadjie*** *~ nie* →BAADJIE; ***hoe*** *~ jy hom/haar?* what do you make of him/her?; ***iem.*** *op die oog (af) ~* look at s.o. appraisingly; ***iets*** *op ... ~* value s.t. at ... **tak·seer·baar** *-bare* appraisable. **tak·seer·mees·ter** taxing master/officer. **tak·se·ring** appraisement, (e)valuation, rating, placing; taxing *(by an officer of the court)*, taxation of costs.

tak·si·der·mie taxidermy. **tak·si·der·mis** *-miste* taxidermist.

tak·sis *(biol.)* taxis. **~(boom)** = TAKSUS.

tak·son *taksons, taksa, (biol., also* taksonomiese groep*)* taxon.

tak·so·no·mie taxonomy, classification. **tak·so·no·mies** *-miese* taxonomic(al); *~e groep* →TAKSON. **tak·so·noom** *-nome* taxonomist.

tak·sus *-susse,* **tak·sus·boom** *-bome, (Taxus* spp.*)* yew (tree).

takt tact, delicacy; *met ~ optree* exercise tact. **takt·loos** *-lose* tactless, undiplomatic, impolitic, indiscreet, blundering. **takt·loos·heid** tactlessness. **takt·vol** *-volle* tactful, discreet, politic.

tak·tiek *-tieke* tactics. **tak·ties** *-tiese* tactical, politic; *'n ~e* ***fout/flater*** *begaan/maak* make a tactical error/mistake, make a false move (*or* take a false step); *'n ~e* ***missiel/wapen/ens.*** a tactical missile/weapon/etc.; *'n ~e* ***skuif*** a tactical move; *~e* ***stemming/stemmery*** tactical voting. **tak·ti·kus** *-tikusse, -tici* tactician.

tak·tiel *-tiele* tactile, tactual.

tak·vor·mig *-mige* branch-shaped, ramiform.

tal *talle* number; *(also, in the pl.)* a great number; →TALLOOS, TALRYK; *~le mense/ens.* many people/etc.; *sonder ~* without number; *~le voorbeelde* numerous examples. **~stelsel** scale of notation/numbering, numerical system.

ta·la *(<Skt., a traditional rhythmic pattern in Ind. mus.)* tala.

ta·laar *-lare* gown *(of an Oriental ruler/priest)*.

ta·la·men·ke·fa·lon, ta·la·men·se·fa·lon *(anat.)* interbrain.

ta·la·mus *-musse, (anat.)* thalamus; *(bot.)* torus, receptacle.

ta·la·ri·a *(pl., (<Lat., Gr./Rom. myth.: winged sandals, as worn by Hermes/Mercury etc.)* talaria.

ta·le *(arch.): wel ter ~ wees* →TAAL.

ta·le-: **~kenner** (multi)linguist, polyglot. **~skool** school of languages. **~spraak** glossolalia, gift of tongues.

ta·lent *-lente, (natural ability)* talent; gift, faculty; *(chiefly hist.: weight and monetary unit)* talent; *die ~* ***hê*** *om te ...* have the talent to ...; have the capacity for ... *(boring people etc.)*; *baie ~e* ***kry/ontvang*** be a person of great talents; ***man/vrou*** *van ~* man/woman of parts *(obs.)*; *daar is 'n* ***oormaat*** *van ~* there is a wealth of talent; *met jou ~e* ***woeker*** make the most of one's talents, not hide one's light under a bushel. **~soeker** talent scout/spotter. **~wedstryd** talent contest.

ta·lent·loos *-lose* talentless, ungifted.

ta·lent·vol *-volle* talented, gifted.

talg *(physiol.)* sebum, tallow; →TALK. **~klier** sebaceous gland.

talg·ag·tig *-tige* sebaceous.

ta·li·do·mied *(a sedative drug, withdrawn from use)* thalidomide.

ta·lie *-lies, (naut.)* tackle. **~reep** lanyard.

ta·ling *-lings, (<Du., orn.)* = SOMEREEND.

ta·lis·man *-mans* talisman, amulet, charm, mascot, phylactery.

talk *(min.)* talc, talcum; *(animal fat)* tallow; →TALG. **~aarde** talc, French chalk. **~gneis** *(min.)* talcose gneiss. **~kers** tallow candle; →VETKERS. **~klier** sebaceous gland. **~poeier** talc(um) powder. **~steen** talc.

talk·ag·tig *-tige* talcose; talcous.

talk·hou·dend *-dende* talcose.

tal·lit *-lite, (<Hebr., Jud.)* tallith, prayer shawl.

tal·li·um *(chem., symb.: Tl)* thallium.

tal·lo·fiet *-fiete, (bot., obs.)* thallophyte.

tal·loos *-lose* numberless, innumerable, countless, uncounted, untold, myriad, multitudinous, without number.

tal·lus *-lusse, (bot.)* thallus.

talm *ge-* delay, linger, loiter, dawdle, dally; defer; procrastinate; *met iets ~* dawdle over s.t.; dally over s.t.; *iem. het nie ge~ om te ... nie* s.o. has not been slow to ... **~springdoppie** delayed-action detonator.

tal·mend *-mende* dilatory. **tal·mer** *-mers, (rare)* dawdler; procrastinator. **tal·me·rig** *-rige, (rare)* inclined to linger/loiter, slow, lingering. **tal·me·ry, talm·ry** *(rare)* lingering, loitering, delay, dawdling, procrastination.

tal·mi·goud *(an alloy)* talmi gold.

Tal·moed: *die ~, (Jud.)* the Talmud. **Tal·moe·dies** *-diese, (also t~)* Talmudic(al). **Tal·moe·dis** *-diste, (also t~)* Talmudist.

tal·ryk *-ryke* numerous, multitudinous; frequent; plentiful, common; multifarious *(duties)*; *'n ~e huisgesin* a numerous family. **tal·ryk·heid** numerousness, multitudinousness.

ta·lus[1] *-lusse, (anat.)* talus, astragalus, anklebone; talus, knuckle(bone); die, dice.

ta·lus[2] *-lusse, (geomorphol.)* scree, talus; *(fortification)* talus.

tam *~ tammer tamste* weary, tired, fatigued, stale. **tam·heid** fatigue, weariness, tiredness.

ta·maai *~, (infml.)* huge, enormous, colossal, whopping, whacking, monstrous, gigantic; *~ groot* very big, huge, ginormous.

ta·ma·le *(Mex. cook.)* tamale.

ta·ma·let·jie = TAMELETJIE.

ta·ma·rak *-rakke,* **ta·ma·rak·boom** *-bome, (Am., esp. Larix laricina)* tamarack.

ta·ma·rin·de *-des, (Tamarindus indica)* tamarind (tree). **ta·ma·ryn** *-ryne, (fruit)* tamarind.

ta·ma·risk *-riske, (bot.: Tamarix* spp.*)* tamarisk.

ta·ma·tie *-ties* tomato. **~bredie** tomato stew. **~kelkie** tomato cocktail. **~konfyt** tomato jam. **~melksop** cream of tomato soup. **~pruim** persimmon. **~rooi** tomato red. **~sap** tomato juice. **~slaai** tomato salad. **~sop** tomato soup. **~sous** tomato sauce, ketchup. **~straat:** *in ~ wees/sit, (infml.)* be in Queer Street; be up a tree (*or* the pole). **~vleis** tomato stew.

Tam·boe·kie →TEMBOE.

tam·boe·kie·do·ring *(Erythrina acanthocarpa)* tambookie thorn.

tam·boer *-boere* drum; drummer; *(archit.: a vestibule)* tambour; frustum, drum *(of a column)*; *klein ~* side drum; *~ slaan* (beat the) drum; *op die groot ~ slaan, (infml., fig.)* beat the big drum. **~majoor** *-joors* drum major. **~meisie, ~nooi(entjie)** drum majorette. **~raam** *(embroidery)* tambour (frame). **~slaner** drummer. **~(slaner)tjie** drummer boy. **~slanery** *(infml.)* hype, propaganda, puffery. **~stok** drumstick. **~werk** *(embroidery)* tambour (work), tambouring.

tam·boe·ra *(<Pers., an Ind. mus. instr.)* tamboura.

tam·boe·reer *ge-, (embroidery)* tambour.

tam·boe·ryn *-ryne, (mus.)* tambourine; tabor, timbrel; *(embroidery)* tambour (frame).

tam·bo·tie *-ties, (bot.: Spirostachys africana)* tamboti. **tam·bo·tie·ag·tig** *-tige* tamboti-like. **tam·bo·tie·stoel** *-stoele* tamboti (wood) chair.

ta·me·let·jie *-jies* taffy, stickjaw candy; brittle; *(fig.)* thorny/knotty problem, hard/tough nut to crack, can of worms, headache, puzzler; *iem. ~ gee, (obs., rare)* give s.o. strap-oil/paddywhack.

Ta·mer·lan *(Mongol conqueror, 14th cent.)* Tamerlane, Tamburlain(e), Timur Leng/Lenk.

Ta·mil *-mils, (member of a people)* Tamil; *(lang., no pl.)* Tamil. **~sprekende** *-des,* **~spreker** *-kers* Tamil speaker.

tamp *ge-, (obs.)* toll *(of a bell)*.

tam·pan *-pans* tampan (tick), fowl tick.

tam·pa(s): *niks/nieks ~!, (children's lang., marbles, rare)* no damages/compensation!.

tam·pon *-pons* tampon, plug, wad. **tam·po·na·de** *(med.)* tamponade; *kardiale ~* cardiac tamponade. **tam·pon·neer** *ge-* tampon.

tamp·teer = TEMPTEER.

tam-tam *-tams, (drum)* tom-tom.

ta·na·to·lo·gie *(med.: scientific study of death)* thanatology.

tand *tande* tooth; fang *(of a snake)*; prong, tine; cog; jag; nib; sprocket; serration; *op jou ~e* ***byt,*** *(lit.)* clench/grit one's teeth, set one's jaw; *(fig.)* bite (on) the bullet; *die kind se ~e begin* ***deurkom*** the child is cutting his/her teeth; *tot die ~e (toe)* ***gewapen(d)*** *wees* be armed to the teeth; ***hare*** *op jou/die ~e hê* →HAAR[1] ***n.***; *iem. se ~e* ***klap*** s.o.'s teeth are chattering; *jou ~e opmekaar* ***klem*** clench one's teeth; *(op/met) jou ~e* ***kners*** gnash/grate/grind one's teeth; *in jou ~e* ***krap*** pick one's teeth; *die kind* ***kry*** *~e* the child is cutting his/her teeth; *met* ***lang*** *~e* with little relish; *met* ***lang*** *~e eet* peck/pick at food, toy with one's food; *met* ***lang*** *~e aan iets vat* approach s.t. with reluctance; ***lank*** *in die ~ wees, (fig.: be old)* be long in the tooth; ***met*** *~e, (an implement etc.)* pronged; *jou ~e laat* ***sien*** ***→wys;*** *jou ~e vir ...* ***slyp,*** *(infml.)* look forward to ... with relish; *jou ~e* ***stook,*** *(rare)* pick one's teeth; *'n ~* ***stop/vul*** fill a tooth; *~e* ***tel,*** *(infml: said of children)* listen to grown-up talk; ***tot*** *die ~e (toe)* to the teeth; *'n ~* ***trek*** pull/extract a tooth; *iem. se ~e* ***trek*** draw s.o.'s teeth *(lit.)*, pull/extract s.o.'s teeth; *die ~ van die* ***tyd*** the ravages of time; *jou ~e in ...* ***vasslaan,*** *(also, fig.)* sink one's teeth into ...; *iem. aan die ~* ***voel,*** *(infml.)* feel/suss s.o. out; find out what s.o. knows; *jou ~e* ***wys*** (of ***laat sien***), *(fig.)* show one's claws/teeth, flex one's muscles; *~e* ***wys,*** *(infml.)* show fight. **~aanpaksel** plaque. **~abses** *-sesse* dental abscess. **~arts** dentist, dental surgeon. **~bederf** dental/tooth decay, dental caries/decay. **~been** dentin(e). **~beitel** jagger, jagging iron, tooth/claw/indented chisel, claw tool. **~boog** *-boë* dentated sector. **~boor** dental drill. **~eg** *-ë* spike harrow. **~formasie** dentition. **~formule** dental formula. **~garing, ~gare** = TANDEVLOS. **~glasuur** (tooth) enamel. **~heelkunde** dentistry, dental surgery. **~heelkundig** *-dige, adj.* dental; *~e vereniging* dental association. **~heelkundige** *-ges, n.* dental surgeon. **~hoek** fleam, pitch of tooth/saw. **~holte** cavity in a tooth. **~ivoor** dentin(e). **~kariës** = TANDBEDERF. **~kas** *-kasse* tooth socket, socket/alveolus of a tooth. **~kasabses** *-sesse* alveolar abscess. **~kiem** dental germ. **~korreksie** = ORTODONSIE. **~kroon** tooth crown, crown of a tooth. **~(kroon)knobbel** cusp (of a tooth). **~las** *-lasse* cogged/indented/interlocked joint. **~leer** odontology. **~letter** dental (letter). **~lys** *-lyste* dental/crenel(l)ated moulding. **~merk** tooth mark. **~mol** *(rare)* = DUINEMOL. **~murg** dental pulp, tooth pulp. **~operasiestoel** dental chair. **~plaat** dental plate; claw plate. **~ploeg** *-ploë* ripper. **~priem** broach. **~pyn** toothache; *~ hê/kry* have/get (a) toothache; *lag soos iem. wat ~ het, (infml.)* laugh on the other/wrong side of one's face/mouth. **~pynmiddel** *-dels, -dele* toothache remedy. **~pynwortel** *(Berula erecta; Sium repandum)* water parsnip. **~rat** cogwheel, toothed wheel, rack wheel. **~ratspoor** rack railway, funicular (railway). **~regstelling** *(rare)* = ORTODONSIE. **~ruitpatroon** dog('s)-tooth/hound's-tooth design. **~ruitstof** hound's-tooth check. **~saag** double saw. **~senu(wee)** tooth nerve, dental nerve. **~setter** *(instr.)* saw set; saw setter. **~skaaf** toothed plane. **~skraper** scaler. **~skyf** ratch, ratchet (wheel), ratchwheel. **~spalklas** squared splice. **~stang** rack, toothed bar, indented bar; *~ en kleinrat* rack and pinion. **~stang-en-kleinrat(-)stuur** *(mot.)* rack-and-pinion steering. **~stangmoer** rack nut. **~steek** tooth pitch. **~steen** tartar, scale on teeth, odontolith. **~steller** swage(r). **~stelsel** dentition. **~stopsel** stopping, filling *(of a tooth)*. **~tang** dental forceps. **~tap** tusk tenon. **~tegniek** mechanical dentistry. **~tegni-**

kus -nikusse, -nici dental mechanic. ~**verbinding** -dings, -dinge joggle. ~**verrotting** tooth decay. ~**versorging** dental care, care of the teeth. ~**vleis** gums. ~**vleisontsteking** gingivitis; lampas *(in horses)*. ~**vleissiekte** pyorrhoea. ~**vleissweer** gumboil. ~**vlos** = TANDEVLOS. ~**vorming** toothing. ~**vulsel** -sels, ~**vulling** -lings, *(dentistry)* (tooth) filling. ~**walvis** toothed whale. ~**werk** tooth work, toothing; cogging; gear; denture. ~**werktuigkundige** dental mechanic. ~**wiel** cogwheel, toothed wheel. ~**wisseling** shedding of teeth. ~**wortel** root of a tooth; fang.

tan·de-: ~**bederf** = TANDBEDERF. ~**beker** toothmug. ~**beskrywing** odontography. ~**borsel** toothbrush; *(infml., rare)* military moustache. ~**dokter** = TANDARTS. ~**fee(tjie)** tooth fairy. ~**glas** toothglass. ~**kariës** = TANDBEDERF. ~**kliniek** dental clinic. ~**knersend** -sende, *adj.* teeth-gnashing. ~**knersing** gnashing of teeth. ~**(e)krale** = JOBSKRAALTJIES. ~**kry** teething, dentition. ~**maker** dental mechanic. ~**pasta** toothpaste, dentifrice. ~**poeier** dental powder, tooth powder, dentifrice. ~**ring** teething ring, pacifier. ~**stel** denture. ~**stokkie** toothpick. ~**tang** dental forceps. ~**trekker** tooth drawer; *lieg soos 'n ~* lie like a trooper. ~**vlos** (dental) floss.

tan·de·loos -*lose* toothless; edentulous; edentate; *~lose soogdiere* Edentata.

tan·dem -*dems, (bicycle for two riders)* tandem; *in ~ met ... boul, (cr.)* bowl in tandem with ...

tan·ding *(mech.)* cogging; *(philat.)* perforation.

tand·jie -*jies, (dim.)* little tooth; denticle. **tand·(jie)·skêr** pinking scissors/shears. **tand·jies·koord** zigzag braid.

tand·vor·mig -*mige* tooth-shaped, dentiform, odontoid, dentoid; serrate(d).

tang *tange* (pair of) pincers/pliers *(for nails etc.)*; tongs *(for sugar, coal, hair, etc.)*; pliers *(for wire etc.)*; (surgical) forceps; clasp; clip; futchel(l) *(of a wagon)*; *(infml.)* boor, lout, oaf, bumpkin, clodhopper, scruff, yokel; *'n ~* (a pair of) pliers; (a pair of) tongs; *nie met 'n ~ aan iem./iets raak/vat nie* not touch s.o./s.t. with a bargepole; *oesters/ens. met 'n ~ uithaal* tong oysters/etc.. ~**arm** handle of pliers. ~**mes** nipper knife. ~**sleutel** vice-/self-grip wrench. ~**vorm** mould *(for bullets, sinkers)*. **tang·vor·mig** -*mige* shaped like a pair of pincers/tongs/etc..

Tang *(a Chin. dynasty, 618-907 AD)* Tang.

tan·ga -*gas, (skimpy bikini)* tanga.

Tan·gan·ji·ka *(geog., hist.)* Tanganyika; →TANZANIË. ~**meer:** *die ~* Lake Tanganyika.

tan·ge·lo -*lo's, (citrus hybrid)* tangelo.

tan·gens *tangente, (math.)* tangent. ~**galvanometer** tangent galvanometer.

tan·gen·si·aal -*siale*, **tan·gen·si·eel** -*siële* tangential. **tan·gen·si·a·li·teit** tangency.

tan·gent -*gente, (mus.)* tangent.

tan·ge·tjie -*tjies, (dim.)* pincers, tweezers, pincette, small pliers.

Tan·gier *n., (geog.)* Tangier; *(inhabitant)* Tangerine. **Tan·giers** *adj.* Tangerine.

tan·go -*go's, n., (Lat. Am. dance)* tango. **tan·go** *ge-, vb.* tango.

tan·gram *(a Chin. puzzle)* tangram.

ta·nig -*nige* →TAAN[1] *n.*.

tan·nie -*nies* aunt(ie); *(infml., children's lang.: female adult)* woman, lady; *(children's lang: form of address)* ma'am; →TANTE; *ou ~* elderly woman, old dear *(infml.)*, gammer.

tan·nien tannin. ~**suur** tannic acid.

tans *adv.* nowadays, now, at this (*or* the present) time, at present, presently, at this stage, currently.

tant *(only before first names)* aunt; →TANTE.

tan·taal *(chem., symb.: Ta)* tantalum. **tan·ta·liet** *(min.)* tantalite.

tan·ta·li·seer *ge-* tantalise. **tan·ta·li·sa·sie** -*sies* tantalising.

Tan·ta·lus *(Gr. myth.)* Tantalus. ~**kwelling** *(also t~)*: *dit was 'n egte ~, (infml.)* it was sheer/utter torment/torture *(fig.)*, it was tantalizing in the extreme.

tan·te -*tes, (somewhat obs.)* aunt; →TANNIE. **tan·te·tjie** -*tjies, (dim.)* auntie; *ou ~* little old lady.

tan·tiè·me, tan·tie·me -*mes* royalty, bonus, percentage *(of a profit)*.

tan·tra *(<Skt., Hind./Buddh. sacred writings)* Tantra *(also t~)*.

Tan·za·ni·ë Tanzania. **Tan·za·ni·ër** -*niërs* Tanzanian. **Tan·za·nies** -*niese* Tanzanian.

Tao *(Chin. philos.)* Tao. **Ta·o·ïs** -*oïste, n., (also t~)* Taoist. **Ta·o·ïs·me** *(also t~)* Taoism. **Ta·o·ïs·ties** -*tiese, adj., (also t~)* Taoist.

tap *tappe, n.* tap *(of a barrel)*; spigot, plug, bung *(for a hole in a cask)*; *(woodw., metall.)* dowel; tenon *(for mortise)*; trunnion *(of a cannon)*; *(fitting)* lug; nib *(of a leaf spring)*; *~ en gat* mortise and tenon. **tap** *ge-, vb.* tap, draw; sap; nog; dowel; mortise, mortice; tenon; *iem. se bloed ~* take blood from s.o.; *water/ens. in iets ~* let water/etc. into s.t.; *water/ens. uit iets ~* draw/tap water/etc. from s.t.. ~**beitel** socket chisel, mortise chisel, framing chisel. ~**bier** draught beer. ~**boor** tap borer. ~**boormasjien** mortise machine. ~**bout** -*boute* stud (bolt). ~**draaier** tap wrench. ~**-en-gat-voeg** -*voë* mortise and tenon (joint). ~**gat** mortise; tap hole, bunghole *(in a cask)*, drain hole. ~**huis** tavern, taphouse, canteen. ~**kamer** taproom, barroom. ~**kantien** -*tiene*, -*tiens* wet canteen. ~**kas** -*kasse* bar, buffet. ~**kraan** bibcock, bib tap, draw-off tap. ~**kruishout** -*houte* mortise gauge. ~**las** -*lasse* mortise joint. ~**masjien** mortise machine. ~**nering** *(rare)* licensed victualling, barkeeping. ~**pên** dowel (pin), tenon pin. ~**pyp** draw-off pipe. ~**saag** -*sae* tenon saw. ~**sak** bag-in-box. ~**skroef** dowel screw; tap bolt. ~**splytwig** -*wîe* fox(tail) wedge. ~**tand** coak. ~**verbinding** -*dings*, -*dinge* dowelling. ~**voeg** -*voë* mortise (and tenon) joint.

ta·pa *(Polynesian), (paper-mulberry bark; cloth made from this)* tapa.

ta·pas *(pl., Sp. cook.)* tapas.

ta·pe·tum -*petums*, -*peta, n., (biol.)* tapetum.

ta·pi·o·ka tapioca. ~**poeding** tapioca pudding.

ta·pir -*pirs, (zool.: Tapirus spp.)* tapir.

ta·pis·se·rie -*rieë* tapestry, (wall) hanging. ~**naald** tapestry needle. ~**steek** tapestry stitch. ~**wewer** tapissier.

tap·per -*pers* tapper. **tap·pe·ry** -*rye* tapping; public house; bar, taproom.

taps *tapse, adj.* tapering, tapered; conical; *~e **bout*** taper bolt; *~e **ent*** featheredge; *iets ~ **maak*** taper s.t.; *~e **steen*** featheredge(d) brick; *~e **waster*** bevel. **taps** *adv.* taperingly; *... loop ~ toe ...* tapers. ~**afwerking** tapering.

tap·sel -*sels* draught.

taps·heid taper(ing).

tap·toe -*toes* tattoo; post *(on a bugle)*; *die laaste ~, (mil.)* the last post; *die ~ slaan* beat the tattoo. ~**-appèl** tattoo roll call.

ta·puit -*puite, (orn., Oenanthe oenanthe)* wheatear.

ta·pyt -*pyte* carpet; tapis; *'n saak op die ~ bring* bring a matter up (*or* on the tapis), broach/raise a matter; *'n ~ klop* beat a carpet; *'n ~ uitskud/uitslaan* shake a carpet. ~**band** carpet braid, carpet binding. ~**behang** wall tapestry. ~**borsel** carpet whisk/broom. ~**fabriek** carpet factory. ~**goed** carpeting. ~**klopper** carpet-beater. ~**lat** carpet strip. ~**loper** carpet runner. ~**skoen** carpet slipper. ~**stang** carpet rod. ~**stof** carpeting. ~**teël** carpet tile. ~**werk** tapestry. ~**wewery** carpet weaving; carpet factory.

ta·ra·ma·sa·la·ta *(Gr. cook.: a creamy roe pâté)* taramasalata, tarama.

ta·ran·tas *(a horse-drawn four-wheeled Russ. carriage)* tarantass.

ta·ran·tu·la -*las*, **ta·ran·tu·la·spin·ne·kop** -*koppe* tarantula. **ta·ran·tel·la** -*las, (a dance)* tarantella. **ta·ran·tis·me** *(psych., hist.)* tarantism.

ta·ra·pa·ca·ïet *(min.)* tarapacaite.

tar·bot -*botte, (icht., Scophthalmus maximus)* turbot.

Tar·de·nois·kul·tuur *(archaeol.)* Tardenoisian culture.

ta·ren·taal -*tale* guineafowl; *gewone ~, (Numida meleagris)* helmeted guineafowl; *kuifkop~, (Guttera edouardi)* crested guineafowl. ~**(mannetjie)** guineafowl. ~**wyfie** guineahen.

Ta·ren·te *(geog.)* Taranto *(It.)*, Tarentum *(Lat.)*.

tar·ga *(a type of convertible sports car)* targa. ~**kap** targa roof/top.

ta·rief -*riewe* tariff; list/scale of charges; rate, terms; *(passage money)* fare; scale of fares; *'n **eenvormige** ~* a flat rate; *teen die ~ **van** ... at the rate of ...*; *teen ('n) **vaste** ~* at a fixed charge; *teen **verminderde/verlaagde** ~* at reduced rates. ~**bepaling,** ~**vasstelling** -*linge*, -*lings* rating, rate fixing. ~**hersiening** tariff reform. ~**muur** tariff wall. ~**oorlog, tarieweoorlog** -*oorloë* tariff war. ~**premie** -*mies, (ins.)* tariff premium. ~**vasstelling** →TARIEFBEPALING. ~**wysiging** -*gings*, -*ginge* change of tariff.

ta·rie·we-: ~**beleid** -*beleide* rating policy. ~**kantoor** rates office. ~**oorlog** →TARIEFOORLOG. ~**stelsel** rating system.

ta·ri·feer, ta·ri·veer *ge-* tariff. **ta·ri·fe·ring, ta·ri·ve·ring** = TARIEFBEPALING.

tar·la·tan *(text.)* tarlatan.

tar·no·wit·ziet *(min.)* tarnowitzite.

ta·ro -*ro's, (bot., Colocasia esculenta)* taro.

ta·rot *(Fr.)*: ~**kaart** tarot card *(used in fortune telling)*.

Tar·pei·a *(Rom. legend)* Tarpeia. **Tar·pe·ïes** -*ïese: die ~e Rots* the Tarpeian Rock *(from which traitors were hurled)*.

tar·pon -*ponne*, -*pons, (icht.)* tarpon; *osoog~, (Megalops cyprinoides)* oxeye tarpon.

Tar·qui·ni·us *(legendary Rom. king)* Tarquin.

tar·ra *(weight of a vehicle without cargo)* tare.

tar·saal -*sale, n. & adj.* →TARSUS.

tar·si·ër -*siërs, (zool.: Tarsius spp.)* tarsier.

Tar·sis *(geog., OT)* Tarshish.

Tar·sus *(geog., also NT)* Tarsus.

tar·sus -*susse, (anat., zool.)* tarsus. **tar·saal** -*sale n. & adj.* tarsal.

tart *ge-* defy, dare, challenge, bid defiance to; flout; cheek *(infml.)*; provoke, torment, tease; *dit ~ alle beskrywing* it beggars (*or* is beyond) description. **tartend** -*tende* defiant, provocative, provoking, truculent. **tar·ting** -*tings*, -*tinge* defiance, provocation.

tar·taan -*tane, (naut., hist.)* tartan(e).

Tar·taar -*tare, n., (hist., member of a Mongoloid people)* Tartar; →TATAAR. **Tar·taars** -*taarse, adj.* Ta(r)tar; *~e sous* tartar(e) sauce, sauce tartare; *~e biefstuk/steak, (cook.)* steak tartare, tartar(e) steak.

tar·tan -*tans* tartan. ~**baan** tartan track.

Tar·ta·ry·e *(geog., hist.)* Tartary.

tar·traat -*trate, (chem.)* tartrate; →WYNSTEENSUURSOUT.

tar·tra·sien *(chem.: a yellow food colouring)* tartrazine.

Tar·zan *(fig., infml.: a man of great strength and agility, also t~)* Tarzan *(sometimes t~)*.

tas[1] *tasse, n.* bag, pouch, satchel, wallet, (suit)case; →TASSIE; *'n ~ pak* pack a bag/case. ~**dief** bagsnatcher.

tas[2] *n.: iets op die ~ (af) doen* grope/feel one's way; →TASTELIK; *op die ~ af gaan* feel one's way *(lit.)*. **tas** *ge-, vb.* grope, feel; touch; →TASTER, TASTING; ***dieper** in 'n saak ~* probe deeper into a matter; *in die **duister** ~* →IN DIE **DUISTER** RONDTAS; ***na** iets ~* grope for s.t.; fumble for s.t.; *in jou **sak** ~* fumble in one's pocket. ~**haar(tjie)** tactile hair. ~**liggaam** palp. ~**liggaampie** tactile corpuscle, touch body/corpuscle. ~**orgaan** tentacle, feeler, tactile organ, organ of touch. ~**sin** sense of touch/feeling, tactile sense. ~**sintuig** organ of touch.

tas·baar -*bare* palpable, tangible; tactile; concrete; corporeal; *~bare getuienis* living evidence; *~bare onderskeid* marked difference. **tas·baar·heid** tangibility, palpability.

tas·bie *-bies, (<Mal., string of prayer beads)* tasbie.
ta·set·nar·sing *(bot.: Narcissus tazetta)* polyanthus narcissus.
ta·sjis·me *(<Fr., a style of painting)* tachism.
Tasj·kent *(geog.)* Tashkent.
Tas·ma·ni·ë Tasmania. **Tas·maans** *-maanse, adj.* Tasmanian; *~e duiwel, (zool.: Sarcophilus harrisi)* Tasmanian devil. **Tas·ma·ni·ër** *-niërs, n.* Tasmanian. **Tasman·see, Tas·maan·se See:** *die ~* the Tasman Sea.
tas·sie *-sies, (dim.)* (hand)bag, lady's bag.
tas·te·lik *-like* tangible.
tas·ter *-ters* feeler, palp.
tas·ting touching, feeling; groping.
ta·ta = TATTA.
Ta·taar *Tatare, n., (descendant of the hist. Tartars)* Tatar. **Ta·taars** *Tataarse, adj.* Tatar; *~e Republiek* = TATARSTAN. **Ta·tar·stan** *(geog.)* Tatarstan, Tartar Republic.
ta·ta·mi-mat *(a Jap. straw mat)* tatami (mat).
ta·ter *-ters, (obs.)* villain, scoundrel; *(derog.)* blackamoor.
tat·ga(a)i *-ga(a)ie* = GATGA(A)I.
ta·toe *-toes* tattoo. **ta·toe·ëer** *ge-* tattoo. **ta·toe·ëer·der** tattooer, tattooist. **ta·toe·ë·ring** *-rings, -ringe* tattooing; tattoo.
tat·ta *interj.* ta-ta, bye(-bye).
tat·ter·sall *(text.)* tattersall (check).
tau·kruis *(a T-shaped cross)* tau cross, Saint Anthony's cross.
Tau·rus *(astron.)* Taurus, the Bull; *die ~* the Taurus (Mountains) *(in Turk.)*.
ta·ver·ne *-nes* tavern. **~-eienaar** *(SA)* taverner.
taw·we *adj. (attr.), (sl.)* tough; *~ lettie, (mannish lesbian)* butch; *~ tienie* toughie, tough customer.
tax·i *taxi's* taxi cab, cab; *'n ~ neem* take a taxi; *'n ~ roep/voorkeer* hail a taxi; *staanplek vir ~'s* taxi rank. **~man, ~ryer** taximan, taxi driver. **~meter** taximeter. **~oorlog** *-oorloë* taxi war. **~staanplek** *-plekke* taxi rank.
Tay-Sachs-siek·te *(med.: an inherited brain disorder)* Tay-Sachs disease.
taz·za *(It., a saucer-shaped cup mounted on a foot)* tazza.
te[1] *n., (mus.)* te.
te[2] *n.: alles waar 'n ~ aan is, is nie goed nie* one can have too much of a good thing. **te** *adj.: dit was alles té ~* it was too much of a good thing. **te** *adv.* too; →TE KORT SKIET; *nie ~ **goed** voel nie* not feel so well, feel none too well; *dit is 'n ~ **groot** onderwerp, die onderwerp is ~ **groot*** it is too big a subject; *~ 'n* (of *'n ~*) ***groot** skuld* a too large debt, too large a debt; *heeltemal/veels ~ **klein/ens.** wees* be altogether too small/etc., be too small/etc. altogether; *iem. ~ **kort** doen* →KORT *adj. & adv.*, TEKORTDOENING; *dit is 'n ~ **lang** storie, die storie is ~ **lank*** it is too long a story; *des/soveel ~ **meer*** →MEER[2] *adj. & adv.*; *~ **meer** omdat/aangesien/daar ...* →MEER[2] *adj. & adv.*; *(al)~ **mooi*** very fine; *iem. ~ **na** kom* →NA[1] *adj. & adv.*; *~ 'n* (of *'n ~*) ***nederige** naam* too lowly a name; *~ **presies*** overcareful; *~ **veel*** →VEEL[2] *adj. & adv.*; *~ **vroeg** wees* be too early; →VROEG *adv.*.
te[3] *prep.* at, in; to; →TEN, TER[2] *prep.*; *dit **begin** koud (~) word* →BEGIN *vb.*; *iets ~ **berde** bring* →BERDE, TEBERDEBRENGING; *iets val iem. ~ **beurt*** →BEURT; *dit het iem. ~ **binne** geskiet dat ...* →BINNE *adv.*; *iets ~ **boek** stel* →BOEK *n.*; *iets ~ **bowe** gaan* →BOWE; *iets ~ **bowe** kom* →BOWE, TEBOWEKOMING; *jou ~ **buite** gaan* →BUITE *adv.*; *iem. behoort dit ~ **doen*** →DOEN *vb.*; *~ dien **effekte*** →EFFEK; *~ dien **einde*** →EINDE; *iets ~ **gelde** (of tot geld) maak* →GELD[1] *n.*, TEGELDEMAKING; *geld ~ **goed** hê* →GOED[2] *n.*; *jou ~ **goed doen*** →GOED[2] *n.*; *~ **Grahamstad*** at/in Grahamstown; *~ **gronde** gaan* →GROND *n.*; *dit is ~ **hope** dat ...* →HOOP[2] *vb.*; *~ **huur*** →HUUR *n.*; *~ **kenne** gee dat ...* →KEN[2] *vb.*; *~ **kere** gaan* →TEKERE GAAN; *~ **koop*** →KOOP *n.*; *daar is ... ~ **kus** en ~ keur* →KUS[3] *n.*; *êrens ~ **lande** kom* →LAND[1] *n.*; *iem. ~ **lyf** gaan* →LYF; *~ **midde** van ...* →MIDDE *n.*; *~ **niet** doen* →NIET[1] *n.*, TENIETDOENING; *~ **perd*** →PERD; *~ **pletter** val* →PLETTER *vb.*; *om ~ **sien** of ...* →OF; *iets is ~ **sien*** →SIEN *vb.*; *die ~ **stigte** organisasie* →STIG; *~ goeder **trou*** →TROU[1] *n.*; *~ eniger **tyd*** →TYD; *~(r) geleëner/gelegener **tyd*** →TYD; *~/ten alle **tye*** →TYD; *teen ... ~ **velde** trek* →VELD; *~ **voet*** →VOET; *~ **voorskyn** kom* →VOORSKYN, TEVOORSKYNKOMING; *iem./iets ~ **wagte** wees* →WAGTE *vb.*; *~ **wapen** snel* →WAPEN *n.*; *'n skip ~ **water** laat* →WATER *n.*, TEWATERLATING; *~ **wete** ...* →WETE.
teak = DJATIHOUT.
te·a·ter *-ters* theatre, playhouse. **~agent** theatrical agent. **~besoeker** playgoer, theatregoer. **~buurt** theatreland. **~geselskap** theatre company. **~held** *(masc.)*, **~heldin** *(fem.), (somewhat obs.)* stage hero *(masc.)*, stage heroine *(fem.)*. **~joggie** callboy. **~kas** box office. **~kritikus, ~resensent** drama/theatre critic. **~kroeg** crush bar. **~ligte** *(pl.)* house lights. **~maatskappy** theatre company. **~publiek** theatre-going public. **~verpleegster** theatre nurse.
te·a·traal *-trale* theatrical, dramatic, histrionic, camp *(infml.)*; *teatrale gedrag/optrede* melodramatics; *teatrale uitbarsting* histrionics.
te·ber·de·bren·ging, te·ber·de·brin·ging *(rare)* broaching, raising *(of a subject, topic)*; introduction *(of a question)*.
te·boek·stel·ling committing to writing, putting on record; entry; registration.
te·bo·we·ko·ming *(rare)* overcoming, surmounting *(of difficulties etc.)*.
Te·bris *(geog.)* Tabriz.
tech·ni·kon →TEGNIKON.
ted·die·beer teddy/Teddy bear.
te·der *tedere tederder tederste, (poet., liter.)* = TEER *adj. & adv.*. **te·der·heid** = TEERHEID.
Te-De·um *-ums, (eccl. mus.)* Te Deum.
tee tea; *nog 'n **bietjie** ~tjies, (infml.)* another drop of tea; *iem. se ~ **bitter** maak, (infml.)* cut s.o. out *(a rival in courting)*; *~ **drink*** have/take tea; *by iem. ~ **drink*** have/take tea with s.o.; ***een** ~, ~ vir **een*** one tea; ***flou/sterk** ~* weak/strong tea; *'n **koppie** ~* a cup of tea; *~ **maak*** make tea; *iem. vir ~ **nooi/vra*** ask s.o. to tea; *~ **(om)roer*** stir tea; *iem. se ~ was **te sterk**, (infml.)* s.o. has had (a drop) too much, s.o. is tipsy; *die ~ laat **trek*** let the tea draw. **~blaar** tea leaf. **~blik** tea tin/container/caddy. **~bos(sie)** *(Myrothamnus flabellifolius)* resurrection plant. **~brood** *(cook.)* teabread. **~dame** tea lady. **~dans** *(afternoon tea with dancing)* tea dance. **~doek** tea cloth; tray cloth; tea towel. **~-eier** tea ball, infuser. **~gerei** teaware, tea things. **~goed** tea things, cups and saucers. **~goeddoek** tea towel. **~huis** teahouse. **~kamer** tearoom. **~kan** tea urn. **~ketel** teakettle. **~kleedjie** tea/tray cloth. **~koek** teacake; crumpet, *(dial.)* pikelet. **~koppie** teacup; *'n ~ (vol)* a teacupful. **~lepel** teaspoon. *~ vol* teaspoonful; *~s vol* teaspoonfuls. **~lood** lead foil. **~maaltyd** high tea. **~mus** tea cosy. **~net** tea shower. **~partytjie** tea party. **~plantasie** tea garden; tea plantation. **~planter** tea planter. **~plukker** tea picker. **~pot** teapot. **~pouse** tea interval/break; *'n ~ maak, (cr.)* take tea. **~proewer** tea taster. **~roos** *(hybrid of Rosa odorata)* tea rose. **~sakkie** tea bag. **~seremonie** tea ceremony. **~servet** tea napkin. **~servies** tea service/set. **~siffie** tea strainer. **~skinkery** serving (of) tea. **~sluier** tea shower. **~sprei** tea shower. **~stel** tea set. **~struik** *(Camellia sinensis)* tea bush; *Australiese ~, (Smilax glycyphylla)* Australian tea, Botany Bay tea. **~suiker** (sugar) candy, candy sugar. **~suikerkaroo, suikerteebossie** *(Pollichia campestris)* barley sugar plant, wild sugar bush, waxberry. **~tafel** tea table, teapoy. **~tippe** tea tips. **~trollie** →TEEWAENTJIE. **~tuin** tea garden. **~tyd** teatime. **~waentjie, ~trollie** tea trolley/wag(g)on. **~waterkonfyt** green fig preserve.
te·ë against, opposed; sated, satiated; *ek is **daarop** ~* I am against it; *ek het niks **daarop** ~ nie* I have no fault to find with it, I have no quarrel with/against it; *wat is **daarop** ~?* what is wrong with it?; *iets het iem. ~ **gemaak** vir ...* s.t. aroused/created an aversion in s.o. for/to ..., *(infml.)* s.t. made s.o. (sick and) tired of ...; *iets op ... ~ **hê*** find fault with ...; *daar is **niks** op ~ nie* there is no objection, there is nothing wrong with that (if you want to do it); *(sterk) **op** iets ~ wees* be (dead) against s.t.; *iem. is ~ **van/vir** ...* s.o. is sated/satiated with ..., s.o. has had a surfeit of ...; *(infml.)* s.o. is sick to death (*or* [sick and] tired) of ... **~drink** *teëge-: jou ~* surfeit o.s. with drink, drink to satiety. **~-eet** *teëge-: jou ~* eat o.s. sick; *jou ~ aan iets* surfeit o.s. with (*or* have a surfeit of) s.t..
te·ë-: **~aanval** →TEENAANVAL. **~beeld** →TEENBEELD. **~belofte** →TEENBELOFTE. **~berig** →TEENBERIG. **~beskuldiger** →TEENBESKULDIGER. **~beskuldiging** →TEENBESKULDIGING. **~besoek** →TEENBESOEK. **~betoog, ~betoging** →TEENBETOOG, TEENBETOGING. **~bevel** →TEENBEVEL. **~beweging** →TEENBEWEGING. **~bewys** →TEENBEWYS. **~blad** →TEENBLAD. **~blink** *teëge-*, **teenblink** *teenge-, (rare)* flash/shine at, glitter on. **~druk** →TEENDRUK. **~gaan** →TEENGAAN. **~geskenk** *(rare)* present made in return. **~gesteld, ~gestelde, ~gesteldheid** →TEENGESTELD, TEENGESTELDE, TEENGESTELDHEID. **~gewig** →TEENGEWIG. **~gif** →TEENGIF. **~groet, teengroet** return greeting. **~hanger** →TEENHANGER. **~hou** *teëge-*, **teenhou** *teenge-* check, obstruct, prevent *(progress)*, retard, impede; press against, support. **~houer, teenhouer** obstructor, retarder. **~kandidaat** →TEENKANDIDAAT. **~kant, ~kanting** →TEENKANT, TEENKANTING. **~kap** *teëge-*, **teenkap** *teenge-* retort. **~kapping, teenkapping** back talk, *(infml.)* backchat. **~klag** →TEENKLAG. **~klink** *teëge-*, **teenklink** *teenge-, (rare)* resound, meet the ear. **~kom** *teëge-*, **teenkom** *teenge-* come across, meet, encounter, cross the path of, happen on. **~lag** *teëge-*, **teenlag** *teenge-* smile (up)on/at. **~lis, teenlis,** *(rare)* counterplot, counterstratagem, countermine. **~loop** *teëge-*, **teenloop** *teenge-* go to meet; go wrong; *alles loop iem. teë* everything goes against s.o., s.o. has no luck. **~maatreël** →TEENMAATREËL. **~mars** →TEENMARS. **~middel** →TEENMIDDEL. **~party, ~partyder** →TEENPARTY, TEENPARTYDER. **~praat** *teëge-*, **teenpraat** *teenge-* contradict, answer/talk back; *moenie staan en ~ nie!* don't stand there arguing!, *(infml.)* stop backchatting!. **~prater, teenprater** contradictor. **~praterig, teenpraterig** contradictive, argumentative. **~pratery, teenpratery** contradiction; answering back, back talk, backchat. **~pruttel** *teëge-*, **teenpruttel** *teenge-* grumble, mutter objections. **~sang** →TEENSANG. **~sin, teensin** dislike, distaste, antipathy, disfavour, unwillingness, disrelish, reluctance, aversion; *'n ~ in ... hê* have an aversion to/for ...; *'n ~ in iem. **hê**, (also)* feel/have an antipathy against/for/to(wards) s.o.; *iem. **het** 'n ~ in iets, (also)* s.t. is distasteful to s.o.; *iem. se ~ **in** ...* s.o.'s aversion to ...; s.o.'s distaste for ...; s.o.'s dislike for/of ...; *iem. se ~ **in** iem.* s.o.'s antipathy against/to(wards) s.o.; *~ in ... **kry*** take a dislike to ...; ***met** groot ~* with great reluctance; ***met** ~ toestem* agree reluctantly. **~sinnig, teensinnig** *-nige, adj.* reluctant; grudging, begrudging, disinclined, ungracious; *baie ~* with great reluctance. **~sinnig, teensinnig** *adv.* reluctantly, with distaste; grudgingly, begrudgingly. **~sinnigheid, teensinnigheid** distaste, aversion; unwillingness, reluctance; grudgingness. **~sit** *teëge-*, **teensit** *teenge-: jou ~* offer resistance, fight back; not take s.t. lying down *(an insult etc.)*; *jou ~ teen ...* resist ...; bear up against ... *(difficulties)*. **~slag** →TEENSLAG. **~spartel** *teëge-*, **teenspartel** *teenge-* struggle, resist; →TEËSTRIBBEL. **~spier** →TEENSPIER. **~spoed, ~spoedig** →TEENSPOED, TEENSPOEDIG. **~spraak, ~spreek** →TEENSPRAAK, TEENSPREEK. **~staan, ~stand, ~stander** →TEENSTAAN, TEENSTAND, TEENSTANDER. **~stellend** →TEENSTELLEND. **~stelling** →TEENSTELLING. **~stem** *n. & vb.*, **~stemmer** →TEENSTEM *n. & vb.*, TEENSTEMMER. **~streef** *teëge-*, **teenstreef** *teenge-, (rare)* resist, oppose. **~strewend, teenstrewend** *-wende, (rare)* recalcitrant. **~stribbel** *teëge-*, **teenstribbel** *teenge-* struggle, resist, jib, demur. **~stroom, ~stroming** →TEENSTROOM, TEENSTROMING. **~valler, teenvaller** *-lers* disappointment, bad/tough/rough/hard luck, *(infml.)* hard lines. **~voeter** →TEENVOETER. **~voorstel** →TEENVOORSTEL. **~weer** →TEENWEER. **~werk, ~werking** →TEENWERK, TEENWERKING. **~werp ~werping** →TEENWERP, TEENWERPING. **~wig** →TEENWIG. **~wind** →TEENWIND.

teef *tewe* bitch; *(derog. sl.: a woman, esp. a malicious/ spiteful one)* bitch, cow, cunt; →TEFIE.

teel *ge=, vb., (tr.)* breed, raise *(animals)*; cultivate, grow *(crops)*; *(intr., infml., coarse)* breed, multiply; →TEELSEL, TELEND, TELER, TELING, TEELT; *suiwer* ~ breed true. **~aarde** humus, mould, vegetable earth; breeding ground. **~bal** testis, testicle. **~buis** generative duct. **~deel** genital organ; *(also, in the pl.)* genitals. **~dier** breeding animal. **~drif** sexual instinct. **~duif** stock pigeon. **~eend** *(Anas capensis)* Cape teal. **~-Fries** *=Friese,* **~fries** *=friese* stud Friesian. **~gewas** *=wasse* cultivated plant. **~grond** mould, humus. **~hings** *=hingste* stud stallion, sire. **~klier** gonad. **~krag** procreative power, virility, procreativeness, potency. **~kragtig** *=tige* procreative, potent, virile. **~kuns** (breeding) selection, fancy. **~laag** cambium layer; topsoil. **~lustig** *=tige* philoprogenitive. **~lyn** breeding line. **~merrie** brood mare. **~sak** scrotum, cod. **~vee** brood stock.

te·ël *teëls, n.* tile; →TEËLTJIE. **te·ël** *ge=, vb.* tile. **~bad** *=dens* tiled bath. **~bakker** tile maker/burner. **~bakkery** tile works. **~dak** tiled roof. **~erts** tile ore. **~lêer, ~setter** tiler. **~pan** tegula, roof tile. **~vloer** tiled floor. **~werk** tiling.

te·ël·ag·tig *=tige* tegular.

teel·sel *=sels, (rare: offspring)* get *(obs., rare).*

teelt cultivation; culture; breeding *(of animals, plants, etc.)*. **~keuse** (natural) selection. **~(t)weefsel** *(bot.)* cambium; meristem.

te·ël·tjie *=tjies, (dim.)* tessera.

teem *ge=* whine, *(infml.)* whinge; drawl, cant. **te·mer** *=mers* drawler. **te·me·rig** *=rige* drawling; *(infml.)* whing(e)y, whing(e)ing; ~ *praat* draw out one's words, talk in a singsong manner, drawl. **te·me·rig·heid** drawling manner. **te·me·ry** drawling; *(infml.)* whinge, whing(e)ing.

Teems: *die ~, (Eng. river)* the Thames.

teen *prep.* against; versus, in opposition to; contra; at; by; ~ *die* ***boom/ens.*** against the tree/etc.; ~ ***dat*** *iem ..., (obs.)* →TEEN DIE **TYD** DAT IEM ...; ~ *die* ***einde*** *van die jaar/ens.* →EINDE; ~ *die* ***einde/end*** →EINDE; ~ ***elfuur*** *(se kant)* at/by about eleven o'clock; *jou* ***hart*** *~(oor) iem. uitpraat/uitstort* unburden o.s. to s.o.; ***iets*** *~ iem. hê* have s.t. (*or* a grudge) against s.o.; ~ ***iets/ iem.*** *wees* be against s.t./s.o.; ***lynreg*** *~ iem. se bevele/ opdragte in* in the teeth of s.o.'s instructions; ~ ***mekaar*** →MEKAAR; *'n* ***middel*** *~ ...* →MIDDEL[2]; *sorg dat jy ~* ***nege-uur*** *hier is* be here by nine o'clock; *ek het* ***niks*** *daarop ~ nie* →EK HET NIKS DAAROP **TEË** NIE; ~ ... ***opkom*** →OPKOM; *geld ~ vyf/ens.* ***persent*** *rente* money at five/etc. per cent interest; ~ *'n billike/ens.* ***prys*** →PRYS[1] *n.*; ~ *die goeie* ***sedes*** contrary to good morals; *iem. se jare/ouderdom* ***tel*** *~ hom/haar* →TEL *vb.*; ***tien*** *~ een* ten to one; ten against one; *(so) ~* ***tienuur,*** ***~ tienuur*** *se kant* about/around/by tennish; ~ ***dié tyd*** →TYD; *'n mes ~ iem.* ***uithaal*** →UITHAAL; ***vierkant*** *~ iets wees* be dead against s.t.; ***voor*** *en ~* →VOOR[3] *adv.*; ~ *iem. se* ***wens*** against s.o.'s wish; ~ *die* ***wind*** *(in)* →WIND[1] *n.*.

teen= counter=. **~aan** next to, right up against. *styf ~ ...* hard up against ... **~aanbod** *=aanbiedinge, =aanbiedings* counteroffer. **~aanduiding** *(med.)* contraindicant, contraindication; *as 'n ~ dien, 'n ~ wees* contraindicate. **~aangestel(d)** *=stelde, adj.* contraposed. **~aanjag** *n., (naut.)* stern-chase. **~aanligging** juxtaposition. **~aanval** counterattack, fightback. **~aanwysing** counterindication. **~appèl** cross appeal. **~argument** counterargument. **~beeld, teëbeeld** counterpart, foil; antitype. **~belofte** counterpromise. **~berig, teëberig** report/message to the contrary, counter-report; *tensy ek ~ kry* unless I am informed to the contrary. **~beskuldiger** recriminator. **~beskuldiging** countercharge, recrimination. **~besoek, teëbesoek** return call/visit, reciprocal visit/call; *'n ~ bring/aflê* return a call/visit. **~betoging** counterdemonstration. **~betoog** *=betoë* counterargument. **~bevel, teëbevel** *=vele* counterorder, countermand; *'n ~ gee* countermand an order. **~beweging** countermovement, =motion; counteraction. **~bewys, teëbewys** disproof, counterproof, proof to the contrary. **~blad, teëblad** *=blaaie* counterfoil, stub, voucher. **~blink** →TEËBLINK. **~bod, ~bot** *=botte* counterbid. **~boeking** *(bookk.)* cross entry. **~boor** *=bore, n.* counterbore bit; flat-bottom drill. **~boor** *teenge=, vb.* counterdrill, =bore. **~boring** counterbore, =boring. **~brand** counterfire. **~deel** contrary, opposite; *die ~ beweer* maintain (just) the opposite; *bewys van die ~* evidence to the contrary. **~driehoek** antipodal triangle. **~druk** counterpressure, back pressure. **~eis** counterclaim, claim in reconvention; setoff; cross action. **~eiser** plaintiff in reconvention. **~fout** compensating error. **~gaan** *teenge=,* **teëgaan** *teëge=* oppose, counteract, check, thwart, cross *(s.o.)*. **~gerig** *=rigte* opposed, opposite *(force)*. **~gesteld, teëgesteld** *=stelde, adj.* contrary, opposite; contrasting; opposed; antonymous; obverse; contrariant; *~e kleure* contrasting colours; *~e pool* antipole; *~e tekens, (math.)* unlike/opposition signs. **~gestelde, teëgestelde** *=des, n.* opposite, reverse, contrary; antonym; *die ~* the opposite. **~gesteldheid, teëgesteldheid** contrariety; antonymy. **~gewig** counterbalance, counterweight *(lit.)*; →TEENWIG. **~gif, teëgif** *=gifwe* counterpoison, antidote *(lit. & fig.)*; antitoxin *(lit.)*; theriac; *'n ~ teen/ vir ...* an antidote against/for/to ... **~gloed** counterglow, twilight arch. **~groet** →TEËGROET. **~handeling** countermove. **~hanger, teëhanger** counterpart, opposite number; contrast; match, pendant; companion picture; *'n ~ vir ...* a foil to ... **~hellend** *=lende* counterinclined. **~helling** counterslope. **T~hervorming** *(eccl. hist.)* Counter-Reformation. **~hoek** = TEENOORSTAANDE HOEK. **~hou**[1] *n.* counterpunch. **~hou**[2] *vb.,* **~houer** →TEËHOU, TEËHOUER. **~inligtingsdiens** counterintelligence. **~insurgensie** *(mil.)* counterinsurgency. **~insurgensie-eenheid** *=hede, (mil.)* counterinsurgency unit. **~insurgensiemaatreëls** counterinsurgency measures. **~insurgent** counterinsurgent. **~intuïtief** *=intuïtiewe* counterintuitive. **~kandidaat, teëkandidaat** *=date* rival/opposing candidate. **~kant** *teenge=,* **teëkant** *teëge=: jou ~ teen iets* resist/ oppose s.t. (strongly). **~kanting, teëkanting** *=tings, =tinge* resistance, opposition; *~ kry/ondervind* encounter opposition, meet with opposition. **~kap** →TEËKAP. **~kapping** →TEËKAPPING. **~klag, teëklag** countercharge. **~klink** →TEËKLINK. **~kom** →TEËKOM. **~komplot** counterplot. **~krag** counterforce. **~kultuur** counterculture, alternative society. **~lag** →TEËLAG. **~liggaam(pie)** *(med.)* antibody. **~liggaam-positief** *adj.* antibody-positive. **~lis** →TEËLIS. **~loop** →TEËLOOP. **~maatreël** counter(measure), *(also, in the pl.)* counteractive measures. **~mag** *(mil.)* counterforce. **~magaanval** counterforce attack/strike. **~magwapen** counterforce weapon. **~mars** countermarch. **~middel, teëmiddel** *=dels, =dele* antidote *(lit. & fig.)*, remedy; *'n ~ teen/vir ...* a remedy against/for ...; an antidote against/for/to ... **~missiel** countermissile. **~moer** counternut. **~muur** counterwall. **~myn** countermine. **~natuurlik** *=like* unnatural, contrary to nature; *~e ontug* unnatural vice. **~offensief** *=siewe* counteroffensive. **~omwenteling** counter-revolution. **~onderneming** counterstroke. **~oor, teen·oor** opposite, across from; (over) against, as distinct from; in opposition to; in contrast with; as against; in (the) face of; ***bedrog*** *~ ...* fraud (up)on ...; ***beleef(d)*** *wees ~ iem.* →BELEEF(D) *adj.*; *jou goed ~ iem.* ***gedra*** behave properly towards s.o.; ***reg*** *~ ...* immediately opposite ..., directly facing ...; *~ iem.* ***sit*** sit opposite/facing s.o.; *~ mekaar* ***sit*** sit face to face; *~ ...* ***staan,*** *(also)* face ...; *~ dié punt* ***staan*** *dat ...* on the other hand ..., as opposed to this ...; *dinge ~ mekaar* ***stel,*** *(also)* contrast things. **~oorgeleë, ~oorliggende** *adj.* opposite. **~oorgestel(d)** *=stelde, adj.* opposite, contrary; opposed; *~stelde hoeke, (geom.)* opposite angles; *~stelde tekens, (math.)* unlike signs. **~oorgestelde** *=des, n.: die ~* the opposite; *heeltemal/net die ~* just the reverse. **~oorliggende** →TEENOORGELEË. **~oormekaarstaande** *adj.* opposing *(buildings etc.)*; *(fig.)* opposing, contrary *(perceptions etc.)*; *twee ~ geboue, (also)* two buildings facing each other. **~oorstaan** *teenoorge=* subtend; *'n sy staan teenoor 'n hoek, (geom.)* a side subtends an angle. **~oorstaande** *adj.* opposite; *~ hoek, (geom.)* opposite angle; *~ binnehoek, (geom.)* interior opposite angle. **~oorstelling** confrontation, contraposition. **~party, teëparty** *=tye* opposing party; opponent, rival, adversary. **~partyder, teëpartyder** *=ders* opponent, rival, adversary, other side. **~petisie** cross petition. **~pleit** plea in reconvention, counterplea. **~polarisasie** contrapolarisation. **~pool** antipole. **~pos** *(bookk.)* cross entry, counterentry. **~pous** antipope. **~praat, ~prater, ~praterig, ~pratery** →TEËPRAAT, TEËPRATER, TEËPRATERIG, TEËPRATERY. **~prestasie** *(jur.)* (valuable) consideration; quid pro quo, return, equivalent; *as ~ vir ...* in consideration of ...; *geld(s)waardige ~, (esp. jur.)* valuable consideration. **~prikkel** counterirritant. **~proses** countersuit. **~pruttel** →TEËPRUTTEL. **~reaksie** counterreaction, backlash; *die maatreël sal 'n ~ uitlok* the measure will be counterproductive. **~rekening** contra-account; offset. **~sang, teësang** antiphony; responsory; refrain; antistrophe; palinode. **~see** head sea. **~set** countermove, counter(stroke). **~sin, ~sinnig** *adj. & adv.,* **~sinnigheid** →TEËSIN, TEËSINNIG *adj. & adv.,* TEËSINNIGHEID. **~sit** →TEËSIT. **~skans** *(fortification)* contravallation. **~slag, teëslag** *=slae* setback, reverse, blow (to), counterstroke; check; *'n ~* ***kry*** have/ suffer a setback, meet with a reverse, suffer a reverse; *~ vir* ***lief*** *neem* take the rough with the smooth; *'n* ***reeks*** *~slae* a chapter of accidents; *'n ~* ***vir*** *...* a setback to ... **~son** anthelion, countersun. **~span** opposition/opposing team. **~spanning** back electromotive force. **~spartel** →TEËSPARTEL. **~speler** opposing player, opponent, opposite number; partner; protagonist. **~spervuur** *(mil.)* counterbarrage. **~spie** = TEENSPY. **~spier** antagonistic muscle. **~spioen** counterspy. **~spioenasie** counterespionage. **~spoed, teëspoed** adversity, ill luck, misfortune, bad luck, setback; breakdown; hardship, misadventure; trouble; *dit was* ***blote*** *~* it was plain bad luck; *~ te* ***bowe*** *kom* overcome adversity/adversities; *~ sonder* ***end*** a sea of troubles; ***in*** *~* in the face of adversity; *~* ***kry/ ondervind*** have a mishap; fare badly/ill, have bad luck; meet with adversity/adversities; fall on bad times; pick up trouble; *iem. sal ~* ***kry,*** *(also)* s.o. will run into trouble; *dit is 'n* ***nare*** *~* it is rotten/rough/tough luck *(infml.)*; *~* ***ondervind*** *→****kry/ondervind;*** *baie ~* ***ondervind*** have ill/bad luck; ***sonder*** *~* without mishap; ***voor-*** *en ~* →VOORSPOED. **~spoedig, teëspoedig** *=dige* unlucky, unfortunate; ill-fated; ill-faring; untoward *(an event)*. **~spraak, teëspraak** contradiction, disclaimer, denial; protest; contrariety; *met iem.* ***in*** *~ wees* contradict s.o.; *iets is* ***in*** *~ met ...* s.t. is at variance with ... *(the facts etc.)*; *met jouself in ~* ***kom*** contradict o.s.; ***sonder*** *~* without question/demur; unquestionably, indisputably. **~spreek** *teenge=,* **teëspreek** *teëge=* contradict, deny; gainsay; disclaim; *jouself ~* contradict o.s.. **~spy** *(mech.)* gib. **~staan** *teenge=,* **teëstaan** *teëge=* oppose; be repugnant/repulsive to, nauseate; *niks staan iem. meer teen/teë as dit nie* it is s.o.'s pet aversion. **~stand, teëstand** resistance, contestation, opposition; defence; oppugnance; *~* ***bied*** offer opposition; resist, offer resistance, put up a fight, fight back; *aan ... ~* ***bied*** offer resistance to ...; *~* ***kry/ ondervind*** encounter opposition, meet with opposition; encounter resistance, meet with resistance; *~ oor die hele* ***linie*** wide opposition; *alle ~* ***oorwin*** carry all/everything before one; ***sterk*** *~* strong opposition; ***taai*** *~* stiff/stout resistance; *~* ***teen*** *...* opposition to ...; resistance to ... **~stander, teëstander** *=ders* opponent, adversary, opposer, gainsayer; *die ~* ***spaar/ ontsien*** pull one's punches; *'n ~* ***van*** *(die gebruik van) kernwapens/kernkrag* an antinuclearist; *'n ~* ***van*** *vivi=seksie (of eksperimente/proefnemings op lewende diere)* an antivivisectionist; *'n* ***waardige*** *~* a worthy adversary/ opponent, an opponent worthy of one's steel. **~stellend, teëstellend** *=lende* adversative; *'n ~e kleur* a contrasting colour. **~stelling, teëstelling** *=lings, =linge* contrast; opposition, antithesis; offset; contradistinction; ***as*** *~ hiermee* as a contrast to this; ***in*** *~ met ...* as against ...; contrary to ...; in contrast to/with ..., as contrasted with ...; as distinguished from ...; over against ...; ***in*** *~ daarmee/hiermee* as opposed to that/

this; *in **lynregte** ~ met* ... in direct contrast to/with ...; *iets is in **lynregte** ~ met ..., (also)* s.t. is diametrically opposed to ...; *'n **skerp** ~* a harsh/sharp contrast; *die ~ **tussen** A en B* the contrast between A and B; *'n ~ met ... **vorm*** be in contrast to/with ..., contrast to ...; be the antithesis of/to ...; *'n skerp ~ met ... **vorm*** contrast glaringly/sharply with ... **~stem, teëstem** *n.* dissentient vote, negative vote, countervote, vote against; *(mus.)* counterpart; *sonder ~* without a dissentient vote. **~stem** *teenge=*, **teëstem** *teëge=, vb.* vote against. **~stemmer, teëstemmer** dissentient; *die ~s* the noes, those against. **~stempel** counterpunch. **~stof, antistof** *(med.)* antibody. **~stoot** counterstroke; counterthrust, counteraction; riposte. **~streef, ~strewend** →TEËSTREEF, TEËSTREWEND. **~stribbel** →TEËSTRIBBEL. **~stroming, teëstroming** countercurrent; reverse current; backwash; reflux. **~stroom, teëstroom** countercurrent; reverse current; backwash; reflux; inverse current; backset. **~stryd:** *in ~ met ...* in conflict with ..., contrary/contradictory to ... **~strydig** *=dige* conflicting *(opinions)*, contradictory, clashing, incompatible, inconsistent, discrepant, discordant; ambivalent; uncongenial, incongruous. **~strydigheid** *=hede* contradiction, inconsistency, discrepancy, discordance; ambivalence; *(jur.)* contrariety; *~ in die bewoordinge* contradiction in terms, contradictio in terminis. **~stuk** counterpart; companion piece; facing. **~suur** antacid. **~valler** →TEËVALLER. **~verklaring** counterblast. **~verligting** *(phot.)* backlighting. **~verspanning** counterbracing. **~vesting** *(fortification)* counterwork. **~voeter, teëvoeter** *=ters* antipode; opposite, counter, counterpart; *by die ~s, (infml.: Australasia)* down under, at the antipodes; *die ~ van ... wees* be the antipode/opposite (*or* be antipodal to) ... **~voorbeeld** counterexample. **~voorstel, teëvoorstel** *=stelle* counterproposal; countermotion, counter-resolution. **~waarde** equivalent; countervalue. **~wal** counterscarp. **~wedstryd** return match, return fight. **~weer** resistance, defence. **~werk** *teenge=*, **teëwerk** *teëge=* work against, oppose, thwart; counteract; militate against; counter; delay; *~ende spier* antagonistic muscle. **~werkend, teëwerkend** counteractive. **~werking, teëwerking** *=kings, =kinge* opposition, thwarting; antagonism; reaction; check. **~werp** *teenge=*, **teëwerp** *teëge=* object, retort. **~werping, teëwerping** *=pings, =pinge* objection; expostulation; *~s/~e maak* raise objections. **~wig, teëwig** *=wigte* counterbalance, counterweight *(lit.)*; makeweight, setoff, offset, counterpoise, counterbalance *(fig.)*; *'n ~ teen/vir iets vorm/wees* counter(balance)/correct/offset s.t., be a counterpoise (*or* an answer) to s.t.; *remme en ~te* →REM *n..* **~wind, teëwind** head wind, unfavourable/contrary wind, crosswind.

teen·heid *=hede, (poet., liter.)* trouble, difficulty, adversity; *~hede sonder end* a sea of troubles.

teens·woor·dig *adv.* nowadays, at present, at this (*or* the present) time, currently, presently. **teens·woor·di·ge** *adj.* present, present-day, current.

teen·woor·dig *=dige* present; *by ... ~ wees* be present at ...; *~/aanwesig wees* be present *(at a roll call etc.)*; *~e deelwoord/tyd, (gram.)* present participle/tense. **teen·woor·dig·heid** presence; *iem. se ~ van gees* →GEES; *in iem. se ~* in s.o.'s presence; *in ~ van ...* in the presence of ...

teer[1] *n.* tar; →TEERAGTIG; *dit smaak na teer(, ek lus nog meer), (infml.)* it tastes very good. **teer** *ge=, vb.* tar; *iem. ~ en veer* tar and feather s.o.. **~baan, ~blad** tarmac (runway). **~gat** →TEERPUT. **~houtboom** →TIERHOUT. **~ketel** tar melter/boiler. **~kwas** tarbrush, block brush. **~macadam** *(paved surface, paving material)* tarmacadam. **~olie** tar oil. **~paal** tarred pole. **~pad** tarred road; asphalt(ed) road. **~pot** tar pot. **~put, ~gat** tar sump/pit. **~puts** *(hist.)* tar bucket *(of an ox wagon)*; *(infml., obs.)* slob, oaf, boor, lout, Grobian; *soos 'n ~ lyk* be as dirty as a chimney sweep(er). **~sand** *(geol.)* tar sand. **~seep** tar soap. **~seil** tarpaulin, bucksail. **~straat** asphalt(ed)/tarred street. **~suur** tar acid. **~tou** tarred/black rope; *(infml.: untidy, dirty person)* scruff, sleazeball, sleazebag. **~vat** tar barrel. **~vernis** black varnish. **~water** tarwater. **~werk** tarring.

teer[2] *ge=: op iem. ~, (infml.)* sponge/freeload on s.o.; *op iets ~* fatten (up)on s.t.; *op jou roem ~* →ROEM *n..* **~kos** *(rare)* provisions.

teer[3] *~ teerder teerste, adj.* tender; caressing; frail, delicate; fragile; →TEERHARTIG, TEERHEID; *'n ~ **hart** hê* →HART; *iets is by iem. 'n ~ **punt*** →PUNT *n.*; *'n ~ **saak*** →SAAK; *'n ~ **snaar** aanroer/aanraak* →SNAAR *n..* **teer** *adv.* tenderly; delicately; *~ bemind(e)* dearly beloved. **~gevoelig** *=lige* sensitive, touchy, delicate, susceptible, tender(hearted). **~gevoeligheid** sensitiveness, touchiness, delicacy, susceptibility, tenderheartedness.

teer·ag·tig *=tige* tarry.

teer·har·tig *=tige* tenderhearted, softhearted. **teer·har·tig·heid** tender=, softheartedness.

teer·heid tenderness, delicacy.

teer·ling die, cube; *die ~ is gewerp* the die is cast; *die ~ werp* cross the Rubicon.

tef, tef·gras *(Eragrostis tef)* tef(f).

te·fie *=fies, (dim.)* little bitch; →TEEF.

te·gel·de·ma·king realisation, sale.

te·ge·lyk (all) at once, at the same time, at one (and the same) time, simultaneously; *(all speak etc.)* together; in one batch; ***alles** ~* all at once; *iem./iets is ... **en** ... ~* s.o./s.t. is ... and ... in one (*or* rolled into one); *~ **met** ...* simultaneous(ly) with ...; at the same time as ...; together with ...; *... en ... is ~ **moontlik*** ... and ... can coexist (*or [rare]* are compossible); ***twee** dinge ~* two things at once; ***twee/drie/ens.** ~* two/three/etc. at a time. **te·ge·ly·ker·tyd** simultaneously; at the same time *(fig.)*, besides, also; *~ met ...* together with ...

te·ge·moet: *~gaan tegemoetge=*, *~ **gaan** tegemoet ge=* go to meet; *jou ondergang ~* (of *~ ~*) →ONDERGANG. **~kom** *tegemoetge=*, *~ **kom** tegemoet ge=* come to meet; meet *(s.o.)* halfway, (make a) compromise *(with)*; satisfy, meet *(a demand)*; *iem. in verband met iets ~* (of *~ ~*) accommodate s.o. with s.t.. **~komend** *=mende* accommodating, obliging, compliant, conciliatory, forthcoming, helpful, cooperative, considerate. **~komendheid** obligingness, cooperativeness, conciliatoriness; suavity, complaisance; →TEGEMOETKOMING. **~koming** *=mings, =minge* obligingness, (kind) assistance, aid; accommodating spirit; partial compensation; concession; *by wyse van ~ aan iem.* as a concession to s.o.. **~loop** *tegemoetge=*, *~ **loop** tegemoet ge=* go to meet. **~ry** *tegemoetge=*, *~ **ry** tegemoet ge=* ride/drive out to meet. **~sien** *tegemoetge=*, *~ **sien** tegemoet ge=* await, look forward to; face. **~snel** *tegemoetge=*, *~ **snel** tegemoet ge=* run/hasten to meet. **~tree** *tegemoetge=*, *~ **tree** tegemoet ge=* go to meet.

te·ghwaan, te·ghwan *(Ngu., orn.)* = HAMERKOP.

teg·ne·si·um *(chem., symb.: Tc)* technetium, *(obs.)* masurium.

teg·niek *=nieke* technique; know-how; technics; technology; **teg·nies** *=niese, adj. & adv.* technical(ly); *'n ~e **oortreding*** a technical offence; *~e **punt/besonderheid*** technical point, technicality; *om ~e **redes*** for technical reasons; *'n ~e **skool*** a technical school; *~e **tekene*** technical drawing; *~e **uitklophou**, (boxing)* technical knockout; *~ **vaardig** wees* be technically proficient; *~e **verteenwoordiger*** (technical) sales engineer. **teg·ni·ka** technics. **teg·ni·kus** *=nikusse, =nici* technician; engineer. **teg·ni·seer** *ge=* technic(al)ise.

teg·ni·kon, tech·ni·kon *=kons* technicon, technikon.

teg·no- *comb.* techno=.

teg·no·fi·lie technophilia. **teg·no·fiel** *=fiele* technophile. **teg·no·fi·lies** *=liese* technophilic.

teg·no·fo·bie technophobia. **teg·no·fo·bies** *=biese* technophobic. **teg·no·foob** *=fobe* technophobe.

teg·no·jar·gon *(infml.)* technobabble.

teg·no·kra·sie technocracy. **teg·no·kraat** *=krate* technocrat. **teg·no·kra·ties** *=tiese* technocratic.

teg·no·lo·gie technology; *universiteit van ~* →UNIVERSITEIT. **teg·no·lo·gies** *=giese, adj. & adv.* technological(ly); *~ gevorderd wees* be technologically advanced. **teg·no·loog** *=loë* technologist.

teg·no·ma·nie technomania.

teg·no·mu·siek techno.

teg·no·vrees technofear.

te·goed *=goede, n., (rare)* credit balance; *geld ~ hê* = GELD TE GOED HÊ.

Te·he·ran *(geog.)* Teh(e)ran.

te·huis *=huise* hostel, home; shelter; hospice; *~ vir bejaardes (of senior burgers)* retirement (*or* old people's) home, *(euph.)* eventide home.

te·ïen theine, caffeine *(esp. in tea)*.

tei·ken *=kens* target, mark, objective; *'n doodmaklike ~, (fig.)* a sitting/soft target, *(infml.)* a sitting duck; *'n ~ vir iedereen wees* be fair game; *die ~ mis/tref* miss/hit the target, be off/on target. **~bedrag** target figure. **~gebied** target area. **~getal** target figure. **~gooi** *n.* target throwing. **~gooi** *teikenge=, vb.* throw at a target. **~groep** target group; *... as ~ hê, op ... as ~ konsentreer* target ... **~koste** target costs. **~mark** target market. **~prys** target price/figure. **~skiet** *n.* target shooting. **~skiet** *teikenge=, vb.* shoot at a mark/target, have rifle-practice, shoot on the range.

te·ïs·me *(philos., also T~)* theism. **te·ïs** *teïste, (also T~)* theist. **te·ïs·ties** *=tiese, adj. & adv., (also T~)* theistic(al); theistically.

teis·ter *ge=* ravage, devastate, afflict, harass, rack, harry; *(vermin, disease)* infest *(a place)*; *deur **droogte** ge~* drought-stricken; *deur **oorlog** ge~* war-torn, -racked; *deur **siektes** ge~* disease-ridden; *deur die **storm** ge~* storm-beaten, battered by the storm. **teis·te·ring** *=ringe* affliction, devastation, ravaging, scourge, infestation, harassment; *seksuele ~* sexual harassment.

tek *(infml.: technical college; technikon)* tech.

te·ken *=kens, n.* sign; signal; mark, trace; symptom *(of a disease etc.)*; token; symbol; vestige; signature; note; ***as** ~ van ...* as a sign of ...; in token of ...; *~s **dat** ...* evidence that ...; *~s van die **diereriem*** signs of the zodiac; *(**eerste**) ~s* (first) stirrings *(of love, panic, etc.)*; *'n ~ **gee*** give a sign; make a sign; *iem. die/'n ~ **gee*** signal to s.o.; *~s **gee** dat ..., (also)* bid fair to ...; *die ~ **gee** om te ...* give the signal to ...; *~s van **geweld*** marks of violence; *die ~ van die **kruis*** the sign of the cross; *geen ~ van **lewe** nie* no sign of life; *iets is 'n **seker** ~ van/dat ...* s.t. is a sure sign of/that ...; *iets is 'n **slegte** ~* s.t. is a bad (*or* an ill) omen; *iets **staan** in die ~ van ...* s.t. reflects ... *(the electronic revolution etc.)*; *ons tyd **staan** in die ~ van ...* ... is the order of the day; ***taal** nóg ~* →TAAL; *~s van ... **toon*** show signs of ...; *dit is 'n ~ van die **tyd*** it is a sign of the times; *~s **van** iets* evidence of s.t.; *'n ~ **van** ... wees* signal/signify ...; be symptomatic of ...; *~s van iets **vertoon*** give evidence of s.t.; *~s en **wonders*** signs and wonders. **te·ken** *ge=, vb.* sign *(one's name)*; draw, sketch; plot *(a curve)*; portray, delineate, describe; mark; figure, feature; →GETEKEN(D); *dit ~ **iem.** (se geaardheid)* that characterises s.o. (*or* is characteristic of s.o. *or* marks s.o.'s character); ***loshand** ~* draw out of hand; *jou **naam** onder iets ~* sign one's name to s.t.; ***namens/vir** iem. ~* sign for (*or* on behalf of) s.o.; *na die **natuur** ~* draw from nature; ***vir** iets ~* sign for s.t. *(a delivery etc.)*; *(also, obs.)* volunteer (*or* sign on) for s.t. *(a campaign etc.)*; →AANSLUIT. **~aap** *(rare)* pantograph; diagraph. **~bank** drawing bench. **~behoeftes** drawing materials. **~boek** drawing book. **~bord** drawing board, trestle board. **~doos** drawing case. **~driehoek** set square; *~ met gradeboog* protractor set square. **~ekonomie** *(psych.)* token economy. **~film** (film) cartoon, (animated) film/cartoon. **~geld** token money, token coinage. **~gereedskap, ~gerei** drawing materials/requisites/instruments. **~haak** T-square. **~ink** drawing ink. **~kamer** drawing room. **~kantoor** drawing office. **~karton** millboard. **~kromme** (French) curve. **~kryt** crayon, drawing chalk. **~kuns** (art of) drawing, draughtsmanship. **~les** drawing lesson. **~linne** tracing cloth. **~meester** drawing master. **~mes** scraper. **~metode** method of drawing. **~munt** token coin. **~onderwys** instruction in drawing, teaching of drawing. **~onderwyser** drawing master. **~papier** drawing paper. **~passer** drawing compasses. **~patroon** sten=

cil. ~**pen** drawing pen; crayon holder. ~**plank** drawing board. ~**potlood** drawing pencil. ~**(rol)prent** →TEKENFILM. ~**saal** drawing room/office. ~**skrif** hieroglyphics; cuneiform characters. ~**spuit** airbrush. ~**storie** comic strip. ~**string** *(comp.)* character string. ~**taal** sign language. ~**tafel** drawing table; plane table. ~**voorbeeld** drawing copy. ~**werk** drawing; drawings; artwork.

te·ke·naar *=naars* draughtsman, designer, illustrator; sketcher; caricaturist, cartoonist; (commercial) artist.

te·ken·ag·tig *=tige* graphic, picturesque.

te·ke·ne drawing *(as a subject)*.

te·ke·nend *=nende* typical, characteristic; descriptive, telling; figurative; ~ *van/vir ... wees* be typical/characteristic/illustrative of ..., *(infml.)* be just like ... *(esp. a person)*.

te·ke·ning *=ninge, =nings* signing *(of a document, letter, etc.)*, signature; drawing, sketch, *(infml.)* pic; diagram; plan; chart; figure; marking; *'n ~ maak* do/make a drawing; ~ *volgens skaal* protraction.

te·ke·nin·kie *=kies, (dim.)* small drawing.

te·ke·re gaan, te ke·re gaan, te·ke·re·gaan carry/go on; rage, (rant and) rave, storm, raise Cain/hell (*or* the devil), have/throw a tantrum; *(infml.)* make (*or* kick up) a row; run riot; run amok; have a good time; ***moenie** so ~ ~ nie!* don't go on like that!; ***oor** iets ~ ~* carry/go on about s.t.; make (*or* kick up) a row over s.t.; ***teen** ... ~ ~* rave/rage/rail against/at ...; ***vreeslik** ~ ~* rant and rave; ***wild** ~ ~* run wild; ***woes** ~ ~* be on the rampage.

tek·kie *=kies, (infml.)* tackie, tacky, canvas shoe; →SEILSKOEN.

te·ko *=ko's, (fin., infml., short for* terugkoopooreenkoms*)* repo.

te·kort *=korte* deficit; shortfall, deficiency; shortage *(in revenue); 'n ~ **aan** ...* a shortage of ... *(money, potatoes, etc.);* a deficiency of ... *(calcium etc.); 'n ~ **aanvul*** make up a deficit; make good a shortfall; make up a deficiency, remedy/supply a deficiency; ~ *aan **arbeiders/werkkragte*** labour shortage; *'n ~ **dek*** →DEK *vb.; 'n ~ **goedmaak*** wipe out a deficit; *'n ~ van R500 **hê*** be R500 short (*or* to the bad); *'n **jammerlike** ~* a sad lack; *'n **nypende** ~* an acute shortage, a desperate shortage. ~**siekte** deficiency disease. ~**skiet** →TE KORT SKIET.

te·kort·doe·ning wronging, cheating *(s.o.)* out of s.t., raw deal *(infml.)*, victimisation.

te·kort·ko·ming *=mings, =minge* shortcoming, fault, demerit, imperfection, defect, failing.

te kort skiet *te kort ge=*, **te·kort skiet** *tekort ge=*, **te·kort·skiet** *tekortge=*, **kort·skiet** *kortge=*, **kort skiet** *kort ge=* fall short, fail, be insufficient, be found lacking; *iem. skiet ver/vêr tekort* (of *te kort) wat ... betref* s.o. is sadly lacking in ...

teks *tekste* text *(from the Scripture; of a book, manuscript, etc.);* words *(of a song)*, wording; script; letterpress, reading matter; →TEKSTUEEL; *van jou ~ **afwyk*** depart from one's text; *by die ~ **bly**, jou by jou ~ **hou*** stick to one's text; *jou ~ **leer**, (an actor)* learn one's role/part; *van die ~ af **raak*** lose the thread of one's story; *~ en **uitleg** gee* give chapter and verse (*or* a full explanation). ~**bederwer** blundering preacher, *(obs., rare)* martext. ~**boek** book of (Bible) texts; libretto *(of an opera);* book of words. ~**hakie** square bracket. ~**kritiek** textual criticism. ~**kritikus** textual critic. ~**redigeerder** →TEKSVERWERKINGSPROGRAM. ~**redigering** *(comp.)* text editing. ~**skrywer** scriptwriter; librettist. ~**suiweraar** castigator. ~**uitgawe** original text edition. ~**uitlêer** exegete. ~**uitlegging** exegesis. ~**verband** context. ~**verbeteraar** emendator. ~**verbetering** (textual) emendation. ~**verdraaiing** false interpretation/commentary of a text. ~**verklaarder** exegete. ~**verklaring** exegesis. ~**vers**, ~**woord** text *(of a sermon)*. ~**vervalsing** falsifying/falsification/adulteration of text. ~**verwerker** word processor. ~**verwerking** word/text processing. ~**verwerkingsprogram**, ~**redigeerder** *(comp.)* text editor.

tek·sie *=sies, (dim.)* short text; would-be text.

teks·tiel *n.* textile(s), (woven) fabric(s). **teks·tiel** *=tiele, adj.* textile. ~**bedryf** textile industry. ~**fabriek** textile factory. ~**goedere** = TEKSTIELWARE. ~**handelaar** mercer. ~**kundige** *=ges* textilist. ~**stof** *=stowwe* textile fabric; *(also, in the pl.)* textiles, soft goods. ~**vesel** textile fibre. ~**ware** textiles, soft goods, dry goods, mercery.

teks·tu·eel *=ele* textual. **teks·tu·a·li·teit** textuality.

teks·tuur *=ture* texture. ~**afwerking** textured finish.

tek·to·niek *(constr., geol.)* tectonics. **tek·to·nies** *=niese* tectonic. **tek·to·niet** *(geol.)* tectonite.

tel *n.* count; tell; ***in** ~ wees* be popular (*or* in demand); *nie **in** ~ wees nie* be of no account; *weer **in** ~ wees, (also)* come in from (*or* out of) the cold; ***met** ~, (parade ground)* by numbers. **tel** *ge=, vb.* count; number; numerate; keep count, reckon; score, keep score; →TELBAAR, TELLER, TELLING; ***as/vir** ... ~* go for ...; *die **boek** ~ 200 bladsye* the book has 200 pages; *iem. se **dae** is ge~* →DAG[1]; *die **gaste/ens.** ~ tien* the guests/etc. number ten, there are ten guests/etc.; *iets ~ **nie*** s.t. doesn't count; *iem. ~ **nie** (mee nie)* s.o. doesn't count; *dit ~ **nie*** it goes for nothing; *wat hulle sê, ~ **nie*** what they say, is of no weight; *iem. ~ vir **niks*** s.o. is of no account; ***onder** ... ~, **onder** ... getel word* rank (*or* be numbered) among ...; *iem. **onder** jou vriende ~* regard s.o. as a friend, count/number s.o. among one's friends, count s.o. as one of one's friends; *ge~de **oproepe*** →GETEL; *dit ~ tien **punte*** it counts for ten points; *die **stad** ~ vyf miljoen inwoners* the city has a population of five million; *iets ~ (erg) **teen** ...* s.t. weighs (heavily) against ...; *iem. se jare/ouderdom ~ **teen** hom/haar* s.o.'s age is against him/her; *op jou **vingers** ~* count on one's fingers; *('n) mens kan dit/hulle op jou **vingers** ~* →VINGER; *(al) **wat** ~* the name of the game. ~**bord** scoreboard, scoring-board, tally board. ~**buis** counter. ~**fout** counting error. ~**gang** amble, ambling gait. ~**ganger** *=gers* pacer, ambler, hackney. ~**getal** *(school math.)* whole number. ~**hok** counting(-out) shed. ~**kaart** scorecard, =sheet, mark sheet; honour(s) (card). ~**klerk** tally clerk. ~**masjien** numbering machine. ~**periode** *(teleph.)* metering period. ~**raam** abacus, counting frame. ~**skaal** scale of notation. ~**stelsel** scale of notation, numerative system. ~**woord** numeral (adjective).

te·las·te·leg·ging = TENLASTELEGGING.

tel·baar *=bare* countable, numerable.

te·le *comb.* tele=.

te·le·ad·ver·ten·sie tele-ad.

te·le·bank·diens·te *(pl.)* telebanking.

te·le·druk·ker teleprinter, *(orig. trademark)* teletype.

te·le·faks →FAKS *n. & vb.*.

te·le·fak·si·mi·lee telefacsimile.

te·le·film telefilm.

te·le·fo·neer *ge=, (fml.)* (tele)phone, (make a) call, ring; →BEL[1] *vb.*.

te·le·fo·nie telephony. **te·le·fo·nies** *=niese* telephonic, by telephone; *~e gesprek* telephone conversation, conversation over the telephone; *~e verbinding* telephonic communication; telephone connection. **te·le·fo·nis** *=niste, (masc.)*, **te·le·fo·nis·te** *=tes, (fem.)* telephonist, telephone operator.

te·le·foon, te·le·foon *=fone, (infml.)* **foon** *fone* telephone; *iem. se ~ **afsluit*** cut off s.o.'s telephone; *die ~ **antwoord*** →ANTWOORD *vb.;* ***by** die ~ wees* be on the (tele)phone; *'n ~ **lui*** a (tele)phone rings; *die ~ **lui!*** the (tele)phone is ringing!; *die ~ **neersit*** put down the (tele)phone; *die ~ summier **neersit**,* (infml.) *die ~ **neersmyt*** put the (tele)phone down on s.o.; ***oor** die ~* by (tele)phone; on/over the (tele)phone; *die ~ **optel*** pick up the (tele)phone; ***per** ~* by (tele)phone; on/over the (tele)phone; *oor die ~ **praat*** be (speaking) on the (tele)phone. ~**aansluiting** telephone connection. ~**advertensie** = TELEADVERTENSIE. ~**antwoorddiens** (telephone) answering service. ~**antwoordmasjien** answering machine, answerphone. ~**beentjie** *(rare)* = GOTTABEENTJIE. ~**bemarker** telemarketer. ~**bemarking**, ~**verkope** telemarketing, telesales, telephone selling. ~**boek** →TELEFOONGIDS. ~**boodskap** telephone message. ~**buro** *=ro's* telephone exchange, call office. ~**bylyn** extension (line). ~**diens** telephone service. ~**gebruiker** telephone user. ~**gesprek** conversation over the telephone; telephone call; telephone conversation; *met 'n ~ besig wees* be on the (tele)phone. ~**gids**, ~**boek** (tele)phone book/directory. ~**hokkie** telephone booth, call box. ~**horing** *(obs.)* = GEHOORSTUK. ~**huisie** = TELEFOONHOKKIE. ~**huur** telephone subscription. ~**huurder** telephone subscriber. ~**kaart** phonecard. ~**kantoor** telephone office/exchange, call office. ~**lyn** telephone line. ~**net** telephone network/system. ~**nommer** telephone number. ~**oproep** telephone call; *'n ~ **beantwoord/ontvang*** answer the (tele)phone; *'n ~ **doen*** make a phone call; *'n ~ **neem*** take a ([tele]phone) call; *daar is 'n ~ **vir jou*** s.o. is on the (tele)phone for you, you are wanted on the (tele)phone. ~**paal** telephone pole/post. ~**personeel** telephone staff. ~**sentrale** telephone exchange. ~**sisteem**, ~**stelsel** = TELEFOONNET. ~**toestel** telephone set/apparatus. ~**uitbreiding** telephone extension. ~**verbinding** telephonic communication; telephone connection. ~**verkope** →TELEFOONBEMARKING.

te·le·foon·tjie *(a game)* Chinese whispers.

te·le·fo·to telephoto; phototelegraph. **te·le·fo·to·grafie** telephotography. **te·le(·fo·to)·ka·me·ra** telecamera. **te·le·fo·to·lens** telephoto lens.

te·le·ge·nies *=niese, (visually suitable for TV)* telegenic.

te·le·go·nie *(genet.)* telegony. **te·le·go·nies** *=niese* telegonic, telegonous.

te·le·graaf, te·le·graaf *=grawe* telegraph; *iets per ~ berig* wire/telegraph s.t.. ~**beampte** telegraph official. ~**diens** telegraph service. ~**draad** telegraph wire. ~**kabel** telegraph cable. ~**kantoor** telegraph office. ~**klerk** telegraph clerk. ~**koste** telegraph charges. ~**lyn** telegraph line. ~**paal** telegraph pole, telegraph post; *(infml.: tall, skinny pers.)* longshanks, daddy-longlegs. ~**strokie** ticker tape. ~**tarief** telegraph rates. ~**toestel** telegraphic apparatus. ~**wese** telegraph service (system), telegraphs.

te·le·gra·feer *ge=* telegraph, wire, cable.

te·le·gra·fie telegraphy; telegraphs; *posterye en ~* posts and telegraphs. **te·le·gra·fies** *=fiese* telegraphic; *~e berig* wire, telegram; *~e foto* picture telegram, wirephoto.

te·le·gra·fis *=fiste, (masc.)*, **te·le·gra·fis·te** *=tes, (fem.)* telegraphist, telegraph operator.

te·le·gram, te·le·gram *=gramme* telegram, wire, cable; *'n ~ stuur* send a telegram/wire. ~**adres** telegraphic address. ~**besteller**, ~**bode** telegraph messenger. ~**brief** postagram. ~**strook** telegraphic tape. ~**styl** telegraphese; *in ~* telegrammatic, telegrammic. ~**vorm** *=vorms* telegram/telegraph form; *in ~* in the form of a telegram.

te·le·gram·ag·tig *=tige* telegrammatic, telegrammic.

te·le·in·ko·pies *(pl.): (die doen van) ~* teleshopping.

te·le·ki·ne·se *(movement of a body by thought/willpower)* telekinesis. **te·le·ki·ne·ties** *=tiese* telekinetic; *~e verplasing, (sci-fi)* teleportation; *iem./iets ~ verplaas, (sci-fi)* teleport s.o./s.t..

te·le·kom·mu·ni·ka·sie telecommunication, *(abbr.)* telecom. ~**wese** telecommunications, *(abbr.)* telecoms; *pos- en ~* posts and telecommunications.

te·le·kon·fe·ren·sie teleconference; *(die hou van) ~s* (tele)conferencing.

te·leks *=lekse, n., (teleprinter exchange, teleprinter message)* telex; ticker. **te·leks** *ge=, vb.* telex, transmit by telex. ~**berig** teleprinter message. ~**toestel** teleprinter.

te·le·lens telephoto lens; →TELEFOTOLENS.

te·le·me·ga·ni·ka *(rare: science/practice of operating mechanisms by remote control)* telemechanics.

te·le·me·ter telemeter. **te·le·me·ting** telemetering. **te·le·me·trie** telemetry. **te·le·me·tries** *=triese* telemetric(al).

te·le·mo·tor *(naut., rare)* telemotor.

te·lend -*lende* generative, genital.

te·le·o·lo·gie *(philos.)* teleology. **te·le·o·lo·gies** -*giese* teleologic(al).

te·le·paat -*pate* telepathist, telepath. **te·le·pa·tie** telepathy, thought transference, mind projection. **te·le·pa·ties** -*tiese* telepathic.

te·le·pen·del *n.* telecommuting, teleworking. **te·le·pen·del** *ge-, vb., (work at home, communicating with the office by telephone, modem, etc.)* telecommute, telework. **te·le·pen·de·laar** telecommuter, teleworker.

te·le·por·teer *ge-, vb., (sci-fi)* teleport. **te·le·por·ta·sie** teleportation.

te·le·pro·gram·ma·tuur, te·le·sag·te·wa·re *(comp.)* telesoftware.

te·le·punt telepoint *(for cordless telephones).*

te·ler -*lers, (hort.)* cultivator, grower; breeder *(of animals),* fancier *(of pigeons).* **te·lers·ver·e·ni·ging** breeders' society.

te·le·skoop, te·le·skoop -*skope* telescope. **~hek** telescopic gate. **~leer** telescopic ladder. **~visier** telescopic sight. **te·le·sko·peer** *ge-* telescope. **te·le·sko·pies** -*piese* telescopic.

te·le·souf·fleur, te·le·souf·fleur -*fleurs* teleprompter, autocue.

te·le·teen·woor·dig·heid telepresence.

te·le·teks *(comp.)* teletext.

te·le·t(h)on *(TV)* telethon *(to raise money for charity etc.).*

te·leur·stel *teleurge-* disappoint; baulk, balk *(s.o.'s plans);* belie *(hope);* disenchant. **te·leur·ge·stel(d)** -*stelde* disappointed, disgruntled; ~ *wees* ***dat*** ... be disappointed that ...; ***deerlik*** ~ *wees* be grievously disappointed; ***in/met*** *iem.* ~ *wees* be disappointed in/with s.o.; ***met/oor*** *iets* ~ *wees* be disappointed at/with s.t.. **te·leur·stel·lend** -*lende* disappointing, discouraging, demoralising; *'n* ~ *klein skare* a disappointingly small crowd. **te·leur·stel·ling** -*lings,* -*linge* disappointment, *(infml.)* blank, *(infml.)* facer, *(infml.)* damper; frustration, disenchantment, chagrin; *iem. se* ***diepe*** ~ s.o.'s acute/deep disappointment; *'n* ***groot*** ~ a big letdown, *(infml.)* a bummer; *'n* ***hele*** ~ quite a disappointment; *iem. se* ~ ***met/oor*** *iets* s.o.'s disappointment at/over s.t.; *'n* ~ ***vir*** *iem. wees* be a disappointment to s.o..

te·leu·to·spoor →TELIOSPOOR.

te·le·vi·sie -*sies* television, *(infml.)* telly; ~ ***kyk*** watch television/TV; *iets op die* ~ ***sien*** see s.t. on television/TV; *iets oor die* ~ ***uitsaai*** show s.t. on television/TV; *op die* ~ ***verskyn*** be on television/TV. **~antenna, TV-antenna** -*nas,* **~antenne, TV-antenne** -*nes* television/TV aerial/antenna. **~ateljee** television studio. **~beeld** television picture. **~beeldprojektor** telecine. **~buite-uitsending, TV-buite-uitsending** -*dings* television/TV outside broadcast. **~dekking** television coverage. **~-evangelis, ~prediker** televangelist. **~kamera** television camera, telecamera. **~kanaal** television channel. **~kyker** television viewer, televiewer. **~lisensie** television licence. **~lisensiegeld** television licence fee. **~lugdraad** television aerial. **~ontvangs, TV-ontvangs** television/TV reception. **~opname** television recording, telerecording. **~persoonlikheid** television personality. **~program, TV-program** -*gramme* television/TV programme. **~reeks** television serial. **~regte** *(pl.)* television rights. **~reklame** television advertising. **~skerm** television screen. **~sportprogram, TV-sportprogram** -*gramme* television/TV sport programme. **~(stel), TV(-stel)** -*stelle* television/TV (set).

te·le·vi·su·eel -*ele* televisual(ly).

te·le·werk *n.* teleworking, telecommuting. **te·le·werker** teleworker, telecommuter.

telg *telge, (poet., liter.)* descendant, scion, offspring, offshoot; olive branch.

te·ling breeding *(of animals, plants, etc.);* cultivation, propagation; procreation; generation. **te·lings·leer** breeding (theory).

te·li·o·spoor, te·leu·to·spoor -*spore* teliospore, teleutospore, winter spore *(of rust fungi).*

tel·ke·maal, tel·ke·ma·le *(liter.)* = TELKENS.

tel·kens *adv.* in each case, each time; repeatedly, at every turn, time and (time) again, again and again, over and over (again); ~ *as/wanneer ..., (liter.)* whenever ..., every time (that) ...; ~ *(weer)* time after time, time and (time) again.

tel·ler -*lers* teller, counter; scorer, marker; tallyman; reckoner; enumerator; numerator *(of a fraction); (instr.)* counter. **tel·ler·ma·sjien:** *outomatiese* ~ automatic teller (machine), autoteller. **tel·le·ry** counting.

tel·ling -*lings,* -*linge* counting, count; numeration; addition; census; scoring; score(line) *(in a match); die* ~ ***hou*** keep score; *die* ~ ***is*** 2-2 (of *twee elk)* the score is 2 all; *'n* ~ ***opstel*** compile a score; *elke* ***tien*** ~*s, (infml.)* frequently, at frequent intervals, time and again; *in* ***tien*** ~*s, (infml.)* in a flash, in an instant, in a (split) second, in a jiffy, in the bat of an eye(lid), in two shakes (of a duck's tail); ***vinnig*** *'n stewige* ~ *opstel, (cr.)* rattle up a good score. **~boek** scoring-book, scorebook. **~houer** scorer. **~vel** scoresheet.

tel·lu·ries -*riese* telluric, terrestrial; *(geol.)* tellurian; *(chem.)* telluric.

tel·lu·ri·um -*riums,* -*ria, (astron. apparatus)* tellurion, tellurium.

tel·lu·ro·me·ter *(surv.)* tellurometer.

tel·luur *(chem., symb.:* Te*)* tellurium. **tel·lu·riet** tellurite. **tel·lu·rig·suur** tellurous acid. **tel·luur·suur** telluric acid.

Te·loe·goe -*goes, (lang.; member of a people)* Telugu, Telegu.

tel·son *(zool.: the last segment in the abdomen)* telson.

tem *ge-* tame, master, curb, subdue, break in, domesticate *(an animal).* **tem·baar** -*bare* tam(e)able, domesticable. **tem·baar·heid** tam(e)ability. **tem·mer** -*mers* tamer, breaker. **tem·ming** taming, curbing; domestication, subdual.

te·ma *temas* subject, theme, topic. **~lied(jie)** -*jies* theme song/tune. **~musiek** theme music. **~park** theme park.

te·ma·tiek thematics. **te·ma·ties** -*tiese* thematic; ~*e katalogus, (mus.)* thematic catalogue.

te·ma·to·lo·gie thematology. **te·ma·to·lo·gies** -*giese* thematological.

Tem·boe -*boes, (obs.)* **Tam·boe·kie** -*kies, (member of a Xh.-speaking people)* Tembu. **Tem·boe·land** *(geog., hist.)* Tembuland.

te·mend -*mende* whining, *(infml.)* whing(e)ing.

te·mer, te·me·rig, te·me·ry →TEEM.

tem·pel -*pels* temple, shrine; teocalli *(of the Aztecs).* **~bou** building of a temple. **~dienaar** servant/assistant in the temple; priest. **~diens** temple service. **T~heer** -*here* = TEMPELIER. **~hof** temple court; sacred precincts. **~ingang** *(archit.)* propylaeum. **~maagd** virgin of the temple. **T~orde** Order of Knights Templars. **~poort** temple gate. **T~ridder** Knight Templar. **~wyding** consecration of a temple.

Tem·pe·lier -*liere,* -*liers, (member of a mil. relig. order, chiefly hist.)* (Knight) Templar; *Goeie/Troue T~, (member of a temperance society)* Good/True Templar.

tem·per *ge-* temper, restrain *(passion);* soft-pedal; moderate; modify; mitigate *(pain, grief, anger, etc.);* tone down, soften, dilute *(colour);* soften *(light);* season *(iron);* deaden *(sound);* temper, anneal *(steel);* damp *(ardour);* →TEMPERING. **~kleur** tempering colour. **~mes** palette knife, spatula, amassette. **~oond** tempering furnace. **~staal** tempered steel.

tem·pe·ra *(painting)* distemper; tempera *(in fine arts).* **~verf** distemper.

tem·pe·ra·ment -*mente* temperament; *(hist.)* temper, blood. **tem·pe·ra·ment·vol** -*volle,* **tem·pe·ra·menteel** -*tele* temperamental.

tem·pe·ra·tuur -*ture* temperature; *(mus.)* temperament; *by 'n* ***bepaalde*** ~ at a certain temperature; *iets op* ~ ***bring*** bring s.t. to the required temperature; ***by*** *'n* ~ *van ... grade* at a temperature of ... degrees; *die* ~ ***daal/sak/styg*** the temperature is falling/rising; *iets op* ~ ***hou*** maintain/keep s.t. at the required temperature; *die* ~ ***meet*** read the temperature; *iem. se* ~ ***meet*** take s.o.'s.temperature; ***op*** ~ *wees* be at the required temperature. **~afwyking** difference in temperature. **~daling** fall/lowering of temperature. **~-humiditeit-indeks** temperature-humidity index. **~isogram** isotherm. **~kromme** temperature curve/graph. **~lys** *(med.)* temperature/fever chart. **~meter** temperature gauge. **~meting** thermometer reading; thermometry. **~skommeling** fluctuation of temperature. **~staat** temperature chart. **~styging** rise in temperature. **~verandering** change of/in temperature. **~verhoging** increase in temperature. **~verlaging** reduction/lowering of temperature. **~verskil** temperature difference. **~wisseling** temperature variation/amplitude.

tem·pe·ring tempering; assuagement; mitigation; conditioning *(of air); (mil.)* fuse setting; →TEMPER.

tem·pie -*pies, (rare)* scone.

tem·po *tempo's, tempis, (mus.)* time, tempo; rate, pace; movement, speed; *in 'n* ~ *van ...* at a speed of ... *(runs an over etc.); in 'n vinnige/stadige* ~ at a rapid/slow tempo; *in/teen 'n geweldige/duiselingwekkende* ~ at a great/terrific rate, *(infml.)* at a rate of knots.

tem·poe·ra *(Jap. cook.)* tempura.

tem·po·raal -*rale,* **tem·po·reel** -*rele* temporal, secular; temporal, of time; *(gram.)* of the tenses; *(anat.)* temporal, of the temples; *temporale lob/kwab, (anat.)* temporal lobe *(of the brain).* **tem·po·ra·lie·ë, tem·po·ra·li·a** *n. (pl.), (secular possessions of an ecclesiastic)* temporalities.

tem·po·rêr -*rêre* temporary.

tem·po·ri·seer *ge-* temporise. **tem·po·ri·sa·sie** temporising; biding time.

temp·teer *(ge)-, (infml.)* vex, irritate, annoy, tease, torment, tantalise; *(rare)* tempt, entice *(s.o. into doing s.t. wrong/forbidden).* **temp·ta·sie** -*sies, (infml.)* irritation, vexation; *(rare)* temptation.

tem·pus *(gram.)* tense.

ten to, at, in; →TE[3] *prep.,* TER[2] *prep.;* ~ ***aanskoue*** *van iem.* →AANSKOU; ~ ***afskeid*** →AFSKEID; ~ ***bedrae*** *van ...* →BEDRAG; ~ ***behoewe*** *van ...* →BEHOEWE; ~ ***dele*** →DEEL[1] *n.;* ~ ***dienste*** *van ...* →DIENS *n.; iets* ~ ***doel*** *hê* →DOEL *n.;* ~ ***eerste*** →EERSTE *n., adj. & adv.;* ~ ***einde*** *te ...* →EINDE; *iets* ~ ***einde*** *bring* →IETS TOT 'N EINDE BRING; ~ ***einde*** *loop* →EINDE; ~ ***ene*** *male* →MAAL[2] *n.;* ~ ***gevolge*** *van ...* →GEVOLG; *dit is alles* ~ ***goede*** →GOED[2] *n.;* ~ ***gronde*** *gaan* →GROND *n.;* ~ ***hemel*** *vaar* →HEMEL; ~ *(lange)* ***laaste*** →LAASTE *n.; iem. iets* ~ ***laste*** *lê* →LAS[2] *n.,* TENLASTELEGGING; ~ ***minste*** →MINSTE, TENMINSTE; *so het X* ~ ***minste*** *gesê* →SO[1] *adj., adv. & interj.;* ***noord*** ~ *ooste/weste* →NOORD; ~ ***nouste*** *betrokke wees by ...* be wrapped up with ...; *iets* ~ ***offer*** *bring, (rhet.)* sacrifice s.t.; *iem./iets* ~ ***onder*** *bring* →ONDER *adv.;* ~ ***onder*** *gaan* →ONDER *adv.;* ~ ***onregte*** →ONREG; ~ ***opsigte*** *van ...* →OPSIG[2]; ~ ***seerste*** →SEER[2] *adv.;* ~ ***slotte*** →SLOT; *dit* ~ ***spyt*** →SPYT *n.;* ~ ***spyte*** *van ...* →SPYT *n.;* ~ ***stryde*** *trek, (poet., liter.)* go to war, march into battle; *'n (toneel)stuk* ~ ***tonele*** *voer* →TONEEL; *iets* ~ ***toon*** *stel* →TOON[3] *n.,* TENTOONSTELLING; ~ ***tweede*** →TWEEDE; ~ ***ty(d)e*** *van ...* →TY(D)E; *iets* ~ ***uitvoer*** *bring/lê* →UITVOER[1] *n.,* TENUITVOERBRENGING; *iem.* ~ ***verderwe*** *lei, (poet., liter.)* = IEM. NA DIE **VERDERF** LEI; ~ ***volle*** →VOL *adj. & adv.*.

te·na·ku·lum -*kulums,* -*kula, (surgical hook/forceps)* tenaculum.

ten·deer *(ge)-, (rare)* show a tendency.

ten·dens -*dense,* **ten·den·sie** -*sies* trend, tendency, purport, purpose, trend. **ten·den·sie·ro·man** novel with a purpose. **ten·den·si·eus** -*euse* tendentious, slanted; ~*e sienings/opvattings* tendentiousness, tendenciousness.

ten·der -*ders, n., (coal truck/vessel; offer)* tender; →INSKRYWING; *'n* ~ *vir iets instuur* tender for s.t.; ~*s vra/inwag* call for tenders, invite tenders. **ten·der** *ge-, vb.,* tender; →INSKRYF; *vir iets laat* ~ give s.t. out on tender, put s.t. out to tender; *vir iets* ~ tender for s.t..

~**boot** tender. ~**lokomotief** tank engine. ~**raad** tender board.

ten·de·raar *-raars* tenderer; →INSKRYWER.

Te·ne·rife *(geog.)* Tenerife.

te·nes·mus *(Lat., med.: painful straining to empty the bladder/bowels)* tenesmus.

ten·ger, tin·ger ~ *-gerder -gerste* fragile, delicate, weak; slight, slender, slim, petite; tender; tenuous; *tenger wol* tender wool. **ten·ger·heid** *(poet., liter.)* fragility; frailty; tenuity; slenderness, slimness. **ten·ge·rig, tin·ge·rig** *-rige -riger -rigste* puny, frail, wispy, slight, slender, slim, petite. **ten·ge·rig·heid, tin·ge·rig·heid** puniness, frailness, fragility, slightness, slenderness, slight build, slimness.

te·niet-: ~**doening** annulment, nullification; destruction. ~**gaan** disappearance, decay, dissolution, decomposition.

tenk *tenks, tenke, (container)* tank, cistern; *(mil., pl. tenks)* tank, *(WWII, Germ.)* panzer; *'n ~ (vol)* a tankful. ~**afweerkanon** anti-tank gun. ~**afweerprojektiel** anti-tank missile. ~**divisie** tank division. ~**hut** *(mil.)* Nissen hut *(Br.)*, Quonset hut *(Am.)*. ~**inhoud** tankage. ~**kuil** tank trap. ~**landingskip** *-skepe* tank-landing ship. ~**maat** tankage. ~**motor** motor tanker. ~**skip** *-skepe* tanker; →OLIETENKSKIP. ~**top(pie)** *(a close-fitting sleeveless top)* tank top. ~**trok** swivelling truck; *(rly.)* tank wa(g)gon. ~**versperring** *-rings, -ringe* anti-tank obstacle, dragon's tooth. ~**vliegtuig** *-tuie* tanker (aircraft/plane). ~**wa** *-waens* (road) tanker, tank truck/wag(g)on/lorry.

ten·las·te·leg·ging *-ginge* charge, accusation, imputation.

ten·min·ste, ten min·ste *adv.* at least; at any rate; →MINSTE.

Ten·nes·see *(geog.)* Tennessee.

ten·nis (lawn) tennis; ~ *speel* play tennis. ~**arm** tennis arm. ~**baan** tennis court. ~**bal** tennis ball. ~**elmboog** *-boë, (med.)* tennis elbow. ~**klere** tennis wear. ~**maat** *-maats* tennis partner. ~**net** tennis net. ~**raket** tennis racket. ~**skoen** tennis shoe. ~**spel** *-spelle* (game of) tennis. ~**speler** *(masc.)*, ~**speelster** *(fem.)* tennis player. ~**toernooi** *-nooie* tennis tournament. ~**wedstryd** tennis match.

ten·ni·set →DWERGTENNIS.

ten·no *-no's, (the emperor of Jap.)* Tenno.

Ten·ny·so·ni·aans *-aanse* Tennysonian.

te·noor *-nore, (mus.)* tenor; *dramatiese* ~ leading tenor. ~**blokfluit** *(mus.)* tenor recorder. ~**party** tenor part. ~**sanger** tenor (singer). ~**sleutel** tenor clef. ~**stem** tenor (voice).

te·no·si·no·vi·tis *(med.: painful swelling of a tendon)* tenosynovitis.

te·no·to·mie *(med.: surgical division of a tendon)* tenotomy.

ten·rek *-reks, (zool.: a Madagascan insectivore)* tenrec.

ten·sie *(tech.)* tension. **ten·si·me·ter** tensimeter. **ten·si·o·me·ter** tensiometer.

ten·sor *-sors, (anat., math.)* tensor.

ten·sy, ten·sy unless, save; ~ *anders bepaal* unless otherwise provided, in the absence of provisions to the contrary.

tent¹ *tente* tent; booth *(at a fair)*; tabernacle; awning; canopy; →TENTMAKER, TENTVORMIG; *'n ~ **afslaan/afbreek*** strike a tent; *is jy in 'n ~/kerk **gebore?**, (rare)* don't leave the door open; ***in** ~e* in tents, under canvas; ***Indiaanse** ~, (dome-shaped)* wigwam; *(cone-shaped)* te(e)pee; *('n) ~ **opslaan*** pitch a tent, put up a tent; ***Siberiese** ~* yurt. ~**dak** tent roof; awning; tilt roof; pyramid roof. ~**deur** (tent) fly. ~**doek** (tent) canvas. ~**dorp** →TENTEDORP. ~**hamer** tent mallet. ~**kamp** →TENTEDORP. ~**kar** tilt/hooded cart. ~**klap** tent flap/fly. ~**linne** duck. ~**lyn** guy. ~**maker(s)priester** *(RC)* worker priest *(who does part-time secular work)*. ~**paal** tent pole. ~**pen** tent peg. ~**rok** tent dress. ~**skuit** tilt boat. ~**steek** tent stitch, petit point. ~**wa** tent wag(g)on, hooded/covered wag(g)on.

tent² *tente,* **rek·prop** *-proppe, (med.)* tent.

ten·ta·kel *-kels* tentacle.

ten·ta·men *-tamens, -tamina, (rare)* preliminary examination.

ten·ta·tief *-tiewe* tentative, experimental.

ten·te·dorp, tent·dorp, ten·te·kamp, tent·kamp tent town/camp, tentage; *in 'n ~ staan* be under canvas.

tent·ma·ker *-kers* tent-maker. ~**bediening** *(eccl.)* part-time ministry/preaching.

ten·toon·sprei·ding display, show(-off), show(ing-off).

ten·toon·stel·ler *-lers* exhibitor.

ten·toon·stel·ling *-lings, -linge* show, exhibition, display; *'n ~ hou* put on (*or* stage) an exhibition (*or* a show); *'n prys op die ~ wen* win a prize at the exhibition/show; *uitstallings op 'n ~* displays at an exhibition.

ten·toon·stel·lings-: ~**gebou** exhibition building(s). ~**terrein** showgrounds.

tent·vor·mig *-mige* tented, tent-shaped.

te·nue *-nues* uniform, dress; *in groot ~* in full dress/uniform; *in klein ~* in undress uniform.

ten·uit·voer·bren·ging, -leg·ging execution *(of an intention)*, carrying out, implementation.

te·nu·to *adj. & adv., (It., mus.: sustained)* tenuto.

te·o- *comb.* theo-. ~**disee** *-seë, (theol.)* theodicy. ~**fanie** *-nieë, (theol.)* theophany. ~**krasie** →TEOKRASIE. ~**logie** →TEOLOGIE. ~**pneustie,** *(rare)* theopneusty, divine inspiration. ~**sentries** *-triese* theocentric. ~**sofie** →TEOSOFIE.

te·o·do·liet *-liete, (surv.)* theodolite, transit.

te·o·kra·sie theocracy. **te·o·kra·ties** *-tiese* theocratic.

te·o·lo·gie theology. ~**student** theological student.

te·o·lo·gies *-giese* theological; *~e kollege/kweekskool* theological college/seminary.

te·o·loog *-loë* theologian, theologist; divine; student of theology.

te·or·be *-bes, (mus., hist.)* theorbo.

te·o·re·ma *-mas, (math., log.)* theorem, proposition.

te·o·rie *-rieë* theory, theoretics; *op **grond** van die ~ dat ...* on the theory that ...; ***in** ~* in theory, theoretically; on paper; ***in** ~ en in die praktyk* in theory and practice; *'n ~ **voordra*** expound a theory. **te·o·re·ties** *-tiese* theoretical, speculative. **te·o·re·ti·kus** *-tikusse, -tici* theorist, theoretician. **te·o·re·ti·seer** *ge-* theorise, philosophise; *oor iets ~* theorise about s.t..

te·o·so·fie *(relig., philos.)* theosophy. **te·o·so·fies** *-fiese* theosophical. **te·o·soof** *-sowe* theosophist.

te·pel *-pels* teat, nipple, dug; dummy. ~**spier** papillary muscle. **te·pel·tjie** *-tjies, (dim.)* mammilla, papilla. **te·pel·vor·mig** *-mige* papillate, mammillary, nipple-shaped, umbonate.

te·qui·la *(a Mex. liquor)* tequila.

ter¹ *adv., (mus.)* ter, thrice.

ter² *prep.* for the; in/at/to the; →TE³ *prep.*, TEN; *iem. ~ **aarde** bestel* →AARDE, TERAARDEBESTELLING; *~ **beskerming** van ...* →BESKERMING; *~ **beskikking** van ...* →BESKIKKING; *~ **betaling** van ...* →BETALING; *~ **bevordering** van iets* →BEVORDERING; *iem. ~ **dood** veroordeel* →DOOD *n.*, TERDOODVEROORDELING; *~ **ere** van ...* →ERE; *iets ~ **hand** neem* →HAND; *iets ~ **harte** neem* →HART; *~ **hoogte** van die Kaap/ens., (naut.)* off the Cape/etc.; *~ **nagedagtenis** van/aan ...* →NAGEDAGTENIS; *iets kom iem. ~ **ore**, (fml.)* s.t. reaches s.o.'s ears; *~ **plaatse*** →PLAATSE; *~ **regverdiging** van ...* →REGVERDIGING; *~ **ruste** gaan* →RUS *n.*; *iem. ~ **ruste** lê* →RUS *n.*; *~ **sake** (dienende)* →SAAK; *~ **see*** →SEE; *iets ~ **sprake** bring* →SPRAKE; *iets ~ **syde** laat/stel* →TERSYDE *adv.*; *iets ~ **tafel** lê* →TAFEL *n.*, TERTAFELLEGGING; *~/te gelegener/geleëner **tyd*** →TYD; *~ elfder **ure*** →UUR; *~ **vergelyking*** for purposes of comparison; *~ **vervanging** van ...* →VERVANGING; *~ **voorkoming** van ...* →VOORKOMING; *niks ~ **wêreld*** →WÊRELD; *~ **wille** (of ~wille) van ...* →WIL *n.*

te·ra- *comb., (10^{12} or 2^{40})* tera-. ~**greep** *(comp.)* terabyte.

ter·aar·de·be·stel·ling *-lings, -linge* interment, burial, entombment, inhumation.

te·rai *(<Hindi, a belt of marshy jungle)* Terai. ~**(hoed)** *(a wide-brimmed double-crowned felt hat)* terai (hat).

te·ra·pie therapy, therapeutics. **te·ra·peut** *-peute* therapist, therapeutist. **te·ra·peu·ties** *-tiese* therapeutic. **te·ra·peu·ti·ka** therapeutics.

te·ra·tis·me *-mes, (med.: a malformed fetus)* teratism.

te·ra·t(o)- *comb.* terat(o)-.

te·ra·to·geen *n., (med., biol.: an agent that causes malformation in a fetus)* teratogen. **te·ra·to·geen** *-gene,* **te·ra·to·ge·nies** *-niese, adj.* teratogenic.

te·ra·to·ïed *-toïede, adj., (med., biol.)* teratoid.

te·ra·to·lo·gie *(med., biol.; myth.)* teratology. **te·ra·to·lo·gies** *-giese* teratologic(al). **te·ra·to·loog** *-loë* teratologist.

te·ra·toom *-tome, (med., biol.)* teratoma.

te·ra·watt terawatt.

ter·bi·um *(chem., symb.: Tb)* terbium.

ter·blans(·hout), ter·blanz *(bot.: Faurea macnaughtonii)* terblans/terblanz (beechwood).

ter·de·ë thoroughly, soundly, properly, fully; to good purpose; *iem. ~ die waarheid sê* tell s.o. the naked/plain truth (*or* some home truths), give s.o. a bit of one's mind.

ter·dood-: ~**veroordeelde** *-des, n.* prisoner/etc. condemned to death. ~**veroordeelde** *adj. (attr.)* condemned *(a prisoner)*. ~**veroordeling** condemnation to death.

tê·re *ge-, (infml., obs.)* = TERG; *vandag sal dit baie ~!* today there will be some fun! *(iron.)*, today there will be the devil to pay!.

te·re·been *(chem.)* terebene.

te·reet *-rete, adj., (biol.: smooth and cylindrical or slightly tapering)* terete.

te·ref·taal·suur *(chem.)* terephthalic acid.

te·reg rightly, justly, properly, correctly, fairly, deservedly, justifiably, with (good) cause; *daar is ~ gesê dat ...* it has been truly said that ...; *heel/seer ~* very justly; very properly; *~ of ten onregte* rightly or wrongly, whether rightly or not. ~**bring** *teregge-* reclaim, win back *(from vice)*; put right *(in order)*. ~**help** *teregge-* help out of a difficulty, set *(s.o.)* right, direct. ~**kom** *teregge-* land, arrive; come right; make good; *wat het **daarvan** tereggekom?* what came of it?; ***êrens** ~* end up somewhere; *iets het **nie** tereggekom nie, (mail etc.)* s.t. did not reach its destination, *(Br.)* s.t. miscarried; *daar sal **niks** van ~ nie* nothing will come of it, it will come to nothing. ~**staan** *teregge-* stand trial, go on trial, be tried, come up for trial; *weens ... ~* be tried (*or* be on trial *or* stand trial) for ... ~**stel** *teregge-* execute. ~**stelling** *-lings, -linge* execution. ~**wys** *teregge-* reprimand, rebuke, admonish, correct, remonstrate with; condemn; *iem. oor iets ~* reprimand s.o. for s.t.; remonstrate with s.o. about s.t. ~**wysend** *-sende* admonitory. ~**wysing** *-sings, -singe* reproof, admonition, reprimand, reproach, correction, *(infml.)* ticking-off; *'n streng/skerp ~ kry* receive a severe/sharp reprimand.

Te·ren·ti·us *(Rom. comic dramatist)* Terence.

terg *ge-* chaff, tease; bait, irritate, taunt, pester, try, molest, mock, harass, devil, provoke, torment, exasperate, aggravate; *iem. ~* pull s.o.'s leg; *iem. oor iets ~* chaff/tease s.o. about s.t.. **ter·gend** *-gende* teasing; provoking, provocative, irritating; *~ stadig* irritatingly/infuriatingly slow. **ter·ger** *-gers* teaser; baiter, provoker, harrier, molester. **ter·ge·rig** *-rige* teasing, fond of teasing. **ter·ge·ry** teasing, leg-pulling, chaff(ing), banter(ing), kidding; provoking, baiting, molestation. **terg·gees** tease, leg-puller, wag, chaffer, banterer. **ter·ging** *-gings, -ginge* provocation. **terg·lus** love of teasing.

ter·gaal *-gale, adj., (biol.)* tergal.

te·ri·an·tro·pies *-piese, (partly animal, partly human)* therianthropic.

te·ring *(pathol.)* (pulmonary) tuberculosis, phthisis, consumption; *(only in idm. lang.)* consumption *(of* *goods); iem. moet die ~ na die nering sit* s.o. has to cut his/her coat according to his/her cloth; *die ~ na die nering sit* keep/live within one's income. *vlieënde ~* galloping consumption. **~bestryding** prevention of tuberculosis. **~blos** hectic flush. **~hoes** hectic cough. **~koors** hectic fever. **~lyer** consumptive.

te·ring·ag·tig *=tige* consumptive; tuberculous, tubercular; phthisic(al); tabetic; hectic. **te·ring·ag·tig·heid** tubercular weakness.

te·ri·o·morf *=morfe, n., (esp. a deity in the form of a beast)* theriomorph. **te·ri·o·morf** *=morfe, adj.* theriomorphic, theriomorphous.

ter·loops *=loopse, adj.* casual, incidental, cursory, perfunctory, passing *(remark); ~e opmerking* obiter dictum; *~e waarnemer* casual observer. **ter·loops** *adv.* casually, cursorily, incidentally, perfunctorily, in passing, by the way, parenthetically.

term[1] *terme* term; expression; *in algemene/vae ~e* in general terms; *betreklike/relatiewe ~e* relative terms.

term[2] *terme, (Br. unit of heat)* therm. **ter·maal** *=male* thermal; *~male bronne* thermal/hot springs. **ter·miek** *=mieke, (meteorol.)* thermic convection current. **ter·mies** *=miese, adj. & adv.* thermal(ly), thermic(ally); *~e* ***beeldvorming*** thermal imaging; *~e* ***drukker*** thermal printer; *~e* ***neutron*** thermal neutron; *~e* ***onderklere*** thermal underwear; *~e* ***reaktor,*** *(phys.)* thermal/slow reactor; *~e* ***rendement*** thermal efficiency; *~e* ***vermoë*** thermal capacity; *~* ***werkend*** thermally actuated.

ter·miet[1] *(welding material)* thermit(e) *(orig. a trademark).*

ter·miet[2] *=miete* termite, *(infml.)* white ant; *T~e, (zool.)* Isoptera. **~nes** termitary, termitarium.

ter·mi·naal *=nale, n. & adj.* terminal; *terminale* ***fase/stadium*** terminal phase/stage; *terminale* ***kanker/siekte/ens.*** terminal cancer/illness/etc.; *'n terminale* ***leukemielyer/bloedkankerlyer*** *wees* be terminally ill with leukaemia; *'n terminale* ***pasiënt*** a terminal (*or* a terminally ill) patient; *terminale* ***pasiënte*** the terminally ill; ***saal/afdeling*** *vir terminale pasiënte* terminal ward.

ter·mi·neer *ge=* terminate, end. **ter·mi·na·sie** termination.

ter·mi·nis·me *(theol.)* terminism.

ter·mi·no·gra·fie *(documentation of tech. terms)* terminography. **ter·mi·no·graaf** *=grawe* terminographist.

ter·mi·no·lo·gie terminology, nomenclature, glossology. **ter·mi·no·lo·gies** *=giese* terminological. **ter·mi·no·loog** *=loë* terminologist.

ter·mi·nus *=minusse* terminus, terminal.

ter·mi·oon *=ione, (phys.)* thermion. **ter·mi·o·ne·buis** thermionic valve, *(Am.)* thermionic tube. **ter·mi·o·nies** *=niese* thermionic; *~e emissie/uitstraling, (phys.)* thermionic emission. **ter·mi·o·ni·ka** *(phys.)* thermionics.

ter·mis·tor *(elec.)* thermistor.

ter·mo-: **~chemie** thermochemistry. **~chemies** *=miese* thermochemic(al). **~chemikus** *=mikusse, =mici* thermochemist. **~dinamies** *=miese* thermodynamic; *~e ekwilibrium, (phys.)* thermodynamic equilibrium. **~dinamika** thermodynamics. **~ëlektrisiteit, ~-elektrisiteit** thermoelectricity. **~ëlement, ~-element** thermoelement. **~genese** *(physiol.)* thermogenesis. **~graaf** *=grawe, (heat-utilising recorder; heat detector)* thermographer. **~ïonisasie, ~-ionisasie** *(chem., geol., etc.)* thermo-ionisation. **~klep** thermostatic valve. **~klien** *(phys., water technol.)* thermocline. **~koppel** thermocouple. **~krag** thermoelectric power. **~labiel** *(chem., biochem.)* thermolabile. **~luminessensie** *(archaeol.)* thermoluminescence. **~meter** →TERMOMETER. **~nukleêr** *=êre* thermonuclear. **~plasties** *=tiese* thermoplastic. **~plastika** thermoplastics. **~skaal** *=skale* thermoscale *(in an oven etc.).* **~skoop** *=skope* thermoscope. **~staat** *=state* thermostat. **~stabiel** thermostable. **~staties** *=tiese* thermostatic; *~e reëlaar* thermostatic regulator. **~stroom** thermoelectric current, thermocurrent. **~suil** *(phys.)* thermopile. **~taksie** *(biol.)* thermotaxis. **~takties** *(biol.)* thermotactic, thermotaxic. **~terapie** thermotherapy. **~troop** *=trope,* **~tropies** *=e, adj., (biol.)* thermotropic. **~tropisme** *(biol.)* thermotropism. **~verhardend** thermosetting *(plastic etc.).*

ter·mo·me·ter, ter·mo·me·ter thermometer; *die ~ wys 30 grade* the thermometer reads 30 degrees. **~bol** thermometer bulb. **~stand** thermometer reading. **ter·mo·me·trie** thermometry. **ter·mo·me·tries** *=triese* thermometric(al).

ter·mos *=mosse,* **ter·mos·fles** *=flesse* Thermos (flask) *(trademark).*

ter·mo·sfeer thermosphere.

ter·myn *=myne* term, period, time; instalment; deadline; currency *(of a bill); in ~e* ***betaal*** pay by/in instalments; *op* ***kort*** *~* in the short term; in the short run; at short notice; *op* ***lang*** *~* in the long term; in the long run; ***lening*** *op kort/lang ~* short-term/short-dated (*or* long-term/long-dated) loan; *op* ***middellang*** *~* in the medium term; ***plan*** *op kort/lang ~* short-, long-term plan; *die* ***vasgestelde*** *~* the time fixed/appointed. **~afdoening** part-payment. **~belegging** term investment. **~betaling** payment by instalments; instalment; terminal subscription; time payment. **~deposito** *(fin.)* time/term deposit. **~goedere** *(fin.: usu. commodities or shares)* futures. **~handel** (dealing in) futures, time bargain, forward trade. **~huur** periodic lease. **~koers** forward price. **~kontrak** *=trakte, (usu. in the pl.), (fin.)* futures (contract). **~mark** futures market, forward market, terminal market. **~obligasie** registered note/debenture. **~polis** endowment policy. **~prys** forward price, futures price. **~verloop** maturity. **~versekering** term insurance. **~ware** = TERMYNGOEDERE.

ter·ne *=nes, (rare)* tern *(in lottery).*

ter·neer·druk depress, cast down, disconsolate, sadden, make dejected/gloomy/glum/crestfallen; →NEERDRUK. **ter·neer·ge·druk** *=drukte* dejected, downhearted, depressed, downcast, gloomy, disconsolate, cast down, dispirited, sad, dreary, glum, in low spirits, crestfallen. **ter·neer·ge·drukt·heid** dejection, depression, *(infml.)* the blues.

ter·neer·ge·sla·e, ter·neer·ge·sla·en·heid →TERNEERGEDRUK, TERNEERGEDRUKTHEID.

ter·nêr *=nêre* ternary; *~e vorm, (mus.)* ternary form.

ter·nou·er·nood hardly, scarcely, barely, only just, narrowly; *~ ontkom* →ONTKOM.

te·ro·po·de *(a breed of dinosaur)* theropod.

terp *terpe, (rare)* barrow, mound, knoll.

ter·peen *(chem.)* terpene.

ter·pen·tyn turpentine. **~boom** *(Mediterranean: Pistacia terebinthus)* terebinth, turpentine tree; *(infml.)* mopani/mopane (tree); →MOPANIE. **~olie** turpentine, turps, oil/spirit(s) of turpentine, wood turpentine, oil of terebinth.

ter·pen·tyn·ag·tig *=tige* turpentiny, turpentinous, turpentinic, terebinthic, terebinthine.

ter·ra·cot·ta *=tas, (It.)* terracotta. **~teël** *=teëls* terracotta tile.

ter·ra in·cog·ni·ta *(Lat.: unexplored land, or fig.)* terra incognita.

ter·ra·ri·um *=riums, =ria* terrarium.

ter·ras *=rasse* terrace; podium *(of a large building); ~se in 'n tuin aanlê* terrace a garden. **~bou** terrace cultivation. **~dak** terraced roof. **~land** terraced country.

ter·ras·seer *ge=* terrace.

ter·ras·vor·mig *=mige* terraced, multilevel *(a building etc.).*

ter·raz·zo *=zos, =razzi* terrazzo, Venetian mosaic.

ter·rein *=reine* grounds; territory; (building) site, plot; terrain; field, province *(of thought),* area, sphere, domain; tether *(fig.); die ~* ***betwis,*** *(chiefly fig.)* contest the field; *iets is/val* ***binne*** *iem. se ~* s.t. is in s.o.'s line; *iets is/val* ***buite*** *iem. se ~* s.t. is outside (*or* does not come within) s.o.'s province; s.t. is out of s.o.'s line; *die ~* ***dek*** cover the ground; *jou op* ***gevaarlike*** *~ begeef/begewe/waag* venture on dangerous ground; skate/tread on thin ice; *op* ***gevaarlike*** *~ wees, (also)* be in deep water(s); *~* ***kies*** *vir iets* site s.t.; *dit is* ***nie*** *(op) iem. se ~ nie* that is not within s.o.'s province; *'n* ***nuwe*** *~ ontgin, (fig.)* break (fresh/new) ground, open a new frontier; ***onbeboude*** *~* vacant piece of ground; ***van*** *die ~ af* out of bounds; *op* ***veilige*** *~* on sure ground; *dit is* ***verbode*** *~* it is out of bounds (*or [Am.]* off limits); *die ~* ***verken*** reconnoitre; *(fig.)* see how the land lies; *~* ***verloor/win,*** *(chiefly fig.)* lose/gain ground; *iem. op sy/haar eie ~* ***verslaan,*** *(fig.)* beat s.o. at his/her own game; *die ~ van die* ***wetenskap/ens.*** the field of science/etc.. **~aanleg** landscape gardening. **~afloop** surface runoff. **~argitek** landscape architect. **~baken** landmark, feature. **~besoek** on-site visit; *~e doen* make on-site visits. **~geriewe** on-site facilities. **~gesteldheid** physical/ground features, nature of the ground. **~hoek** ground angle; angle of sight. **~huur** site rent. **~insinking** depression. **~kaart** topographical/site map. **~kenmerke** ground features. **~kennis** knowledge of the ground. **~leer** topography. **~meting** ground survey. **~onderhoud** yard maintenance. **~opname** ground survey. **~opsigter** groundsman. **~pen** site peg. **~personeel** *(sport)* ground staff. **~plan** site plan. **~plooi** fold. **~punt** physical feature. **~reël** ground rule. **~tekening** topographical drawing/sketch, drawing of the ground. **~tuinier** landscape gardener. **~verkenning** reconnaissance. **~waarde** site value. **~water** surface water. **~wins** territorial gain.

ter·re·plein *(<Fr., mil., chiefly hist.)* terreplein.

ter·reur (reign of) terror; terrorism, terrorisation. **~aanslag** *=slae* terror(ist) assault/attack. **~aanval** *=valle* terror(ist) attack. **~bestrydingseenheid** antiterrorist squad/unit. **~ewewig, ~balans** balance of terror. **~veldtog** *=togte* terror(ist) campaign.

ter·rien *(cook.):* **~(bak), ~(vorm)** terrine. **~(gereg)** terrine.

ter·ri·ër *=riërs* terrier.

ter·ri·geen *=gene, (geol.)* terrigenous.

ter·ri·to·ri·aal *=riale* territorial; *~riale waters/see* territorial waters. **ter·ri·to·ri·a·li·teit** territoriality.

ter·ri·to·ri·um *=riums, =ria, (fig., zool.)* territory.

ter·ro·ris *=riste* terrorist. **ter·ro·ris·ties** *=tiese* terrorist(ic).

ter·ro·ri·seer *ge=* terrorise. **ter·ro·ri·sa·sie** terrorisation.

ter·ro·ris·me terrorism; →TERREUR; *maatreëls teen ~* antiterrorist measures.

ter·ro·ris·te-: **~leier** *=leiers* terrorist leader. **~oorlog** *=loë* terrorist war.

ter·saak·lik *=like =liker =likste* relevant. **ter·saak·likheid** relevance.

ter·self·der·tyd at the same time; meantime, meanwhile; while you are about it. *sommer ~* while s.o. is about it.

ter·set *=sette, (mus.)* terzetto, tercet.

Ter·si·êr *n., (geol.)* Tertiary. **Ter·si·êr** *=siêre, adj., (geol.)* Tertiary. **ter·si·êr** *=siêre* tertiary; *~e onderwys/onderrig/opleiding/opvoeding* tertiary education.

ter·si·ne *=nes, (pros.)* tercet, terzina.

ter·sluiks stealthily, on the sly, furtively, clandestinely.

ter·stond at once, immediately, directly.

ter·sy·de *=des, n., (theatr.)* aside. **ter·sy·de, ter syde,** *adv.* aside; *iets ~* (of *~ ~*) *laat/stel* put/leave s.t. aside; ignore/disregard s.t.; *iets ~* (of *~ ~*) *sê* say s.t. in an aside; *iets van ~* (of *~ ~*) *sien* see s.t. out of the corner of one's eye. **ter·sy·de·la·ting** *=tinge, =tings,* **ter·sy·de·stel·ling** *=linge, =lings* putting aside, ignoring, disregard.

tert *terte* tart; *(infml., derog.)* tart, hussy, floozie, slut. **~bakker** *(masc.),* **~bakster** *(fem.)* pastry cook, tart baker. **~deeg** pastry. **~dop** *(cook.)* pastry case/shell. **~gebak** pastry. **~kors** tart crust, piecrust; pastry (crust). **~pan** tart tin. **~roller** pastry roll. **~vulsel** tart filling.

ter·ta·fel·leg·ging *(parl.)* laying on the table, introduction.

tert·jie *=jies, (dim.)* (jam) tart; patty, tartlet; *(also, in the pl.)* patisserie.

terts *tertse, (mus.)* third; tierce; *klein/groot* ~ minor/major third.

Ter·tul·li·a·nus *(Carthaginian Chr. theologian, 2nd/3rd cent.)* Tertullian.

te·rug back, backward(s); *iets is* ~ *te* ***bring*** *tot* ... s.t. is traceable to ...; *iem. moet dit* ~ ***hê*** s.o. must have it back; *iem. wil dit* ~ ***hê*** s.o. wants it back; ***heen*** *en* ~ →HEEN; *'n paar* ***jaar*** ~ some years back/ago; *iem.* ***kan nie*** ~ *nie* s.o. cannot go back; *nie te* ***lank*** *nie of iem. was* ~ soon s.o. was back; *iem.* ***moet*** ~ s.o. must (or has to) go/get back; ~ ***na*** ... back to ... *(nature etc.); iets* ~ ***ontvang*** →TERUGONTVANG; *uit die* ***oorlog*** ~ *wees* be back from the war; *die* ***reis*** ~ the return journey; ***van*** ... ~ *wees* be back from ...; *iem. is pas* ~ ***van*** ..., *(also)* s.o. is fresh from ... **~aangee** *=geë, (sport)* reverse/return pass. **~aard** *terugge=* throw back, be a throwback. **~aarding** throwback; atavism. **~antwoord** *terugge=* answer back. **~bel** *terugge=* phone/ring back. **~besorg** *het* ~ return, send back; restore; *iets aan* ... ~ return s.t. to ...; restore s.t. to ... **~besorging** return. **~betaal** *het* ~ repay, refund, pay back; *iem. vir iets* ~, *(fig.)* pay s.o. out for s.t.. **~betaalbaar** refundable, repayable; *terugbetaalbare deposito* returnable deposit. **~betaling** repayment, payback, refund; drawback *(of a duty)*. **~blik** *n.* retrospect; retrospection, stocktaking; *'n* ~ *op iets werp* look back (up)on s.t.; pass s.t. in review. **~blik** *terugge=, vb.* look back (on), survey the past. **~boek** *terugge=* write back, reverse. **~bring** →TERUGBRING. **~buig** *terugge=* bend back, recurve. **~buiging** bending back, recurvature, supination, retroflexion, retroflection. **~dateer** *terugge=* antedate. **~deins** →TERUGDEINS. **~dink** *terugge=* recollect, recall (to mind), bring/call to mind, think back; *aan iets* ~ think (*or* cast one's mind) back to s.t.; *dit laat iem.* ~ *aan* ... it brings/calls to mind ...; *iets laat iem. aan* ... ~ s.t. takes s.o. back to ... **~draai** *terugge=* turn back. **~dring** *terugge=* force/push/fight back. **~druk** *terugge=* force/push back. **~dryf, ~drywe** *terugge=* drive back, repel, beat off, repulse, fight off; float back; *iem. van* ... ~ repel/repulse s.o. from ... **~eis** *teruggeëis* demand back, reclaim. **~eisbaar** reclaimable. **~faks** fax back *(a document etc.)*. **~flits** *=flitse* flashback. **~gaan, ~gang** →TERUGGAAN, TERUGGANG. **~gawe** giving back, restoration, restitution. **~gebuig** *=buigde, (rare)* **~geboë** bent back; reclinate; *(anat., med.)* retroflex(ed), retroverse, retroverted. **~gee** →TERUGGEE. **~getrokke** →TERUGGETROKKE. **~gevou** *=voude* folded back; replicate. **~gly** slip back. **~groet** *terugge=* acknowledge/return a greeting. **~gryp** *terugge=* snatch back; cut back; reach back *(to traditional values etc.)*; ~ *na die verlede* reach back into the past. **~gryping** cutback; *(gram.)* back formation. **~haak** *terugge=, vb., (soccer)* backheel *(a ball)*. **~haakskop** *n., (soccer)* backheel. **~haal** *terugge=* fetch back. **~helling** *(constr.)* batter. **~hou** →TERUGHOU. **~huur** *terugge=* lease back. **~huurkontrak, =ooreenkoms** leaseback agreement. **~ja(ag)** *terugge=* drive/chase back; hurry/race back. **~kaats** →TERUGKAATS. **~kam** *terugge=* comb back *(hair)*. **~kap** *terugge=* retort, snap. **~keer** *n. & vb.* →TERUGKEER *n. & vb.*. **~kleur** *n.* dyeing back *(hair)*. **~kleur** *terugge=, vb.* dye back *(hair)*. **~knip** cut/trim back *(a plant etc.)*. **~kom** →TERUGKOM. **~koop** *n., (comm.)* buy-back, repurchase. **~koop** *terugge=, vb.* buy back, repurchase. **~koopooreenkoms** *(fin.)* repurchase agreement, *(infml.)* repo. **~koppel** *terugge=* feed back. **~koppeling** *(rad.)* feedback, retroaction; *negatiewe/positiewe* ~ negative/positive feedback. **~krabbel** *terugge=* back out, try to get out, retire from a position, climb down, backtrack, back down, back-pedal. **~krabbeling** climb-down, backing down; backtracking; backing out. **~krimp** *terugge=* shrink (back); gather *(a metal sheet)*. **~kruip** *terugge=* creep/crawl/slink back. **~kruis** *terugge=, vb., (biol.)* backcross. **~kruising** *(biol.)* backcross. **~kry** *terugge=* get back, recover, reclaim; *iets van/uit* ... ~ recover s.t. from ... **~kyk** *terugge=* look back; *op* ... ~ look back (up)on ... **~lading** return cargo. **~lees** *terugge=* read back; *iets vir iem.* ~ read s.t. back to s.o.. **~lei** *terugge=* lead back; reduce. **~leiding** return; return line. **~lesing** backsight. **~loop** *n. & vb.* →TERUGLOOP *n. & vb.*. **~mars** march back. **~marsjeer** *terugge=* march back; countermarch. **~neem** →TERUGNEEM. **~ontvang** *het* ~ receive back; *iets* ~ receive s.t. back. **~oproep** reversed/reverted call. **~plaas** *terugge=* replace; transfer; reinstate. **~plasing** replacing, putting back; reinstatement; *(med.)* taxis. **~plof** *n.* backfire *(of a vehicle)*. **~plof** *terugge=, vb.* backfire. **~plofing** blowback *(of gas)*. **~reis** *n.* return (home) journey/voyage. **~reis** *terugge=, vb.* travel/journey back, return; *in die tyd* ~ travel back in time, *(hum.)* take a trip down memory lane. **~reistarief** *(also* prys van 'n terugreiskaartjie*)* return fare. **~rit** ride/drive back. **~roei** *terugge=* row back. **~roep** *terugge=* call back, recall; encore; hark back; ... *in die geheue* ~ recall ... to mind; *'n gesant* ~ recall an envoy. **~roeping** recall. **~ruiming** *(min.)* backlashing. **~ry** *terugge=* drive/ride back. **~sak** *terugge=* sink back; *(shares etc.)* slip back. **~sakking** *=kings, =kinge* recession. **~sein** *terugge=* signal back, telegraph back; radio back. **~sending** sending back, return. **~setting** putting back; setback, reverse; slight; *(mil.)* demotion; relegation. **~sien** *terugge=* look back (upon); see again/back; *op* ... ~ look back (up)on ... **~sit** *terugge=* put back; sit back, relax *(in one's seat)*; set/throw back; replace; slight; *(mil.)* demote; relegate; handicap. **~skakeer** *terugge=* tone back *(hair)*. **~skakel** *terugge=* shift/change down *(gears)*; *(elec., rad., TV)* switch back; call back, return a telephone call. **~skakering** toning back *(of hair)*. **~skiet** *terugge=* shoot back; *na die vyand* ~ answer the enemy's fire. **~skop** *terugge=, vb.* kick back. **~skrik** *terugge=* start back, blench, recoil, quail; *vir* ... *(terug)skrik* recoil at ... **~skryf, ~skrywe** *terugge=* write back. **~skuif, ~skuiwe** *terugge=* push/shift/shove/shunt back; *(sport)* relegate; *(mil.)* demote. **~skuins** *terugge=, (constr.)* splay back *(the surface of a wall)*. **~skuiwing** relegation. **~slaan** →TERUGSLAAN. **~slag** →TERUGSLAG. **~snoei** prune back *(stems etc.)*. **~sny** *terugge=* cut/trim back *(a plant etc.)*. **~snyhoek** angle of relief. **~soen** *terugge=* kiss back. **~spatplaat** deflector. **~speel** →TERUGSPEEL. **~spoel** *terugge=* wash back; be washed back; rewind *(a film, tape, etc.)*. **~spoeling** backwash. **~spring** *terugge=* jump/leap back; resile; recoil, rebound *(after impact)*; bounce (back); ricochet; *van iets* ~, *(a ball)* bounce off s.t.. **~sprong** jumping back; recoil, rebound, bounce. **~staan** →TERUGSTAAN. **~stamp** *terugge=* push back. **~steek** *terugge=* riposte. **~stelteken** *(comp.)* backspace character. **~stoot** →TERUGSTOOT. **~stort** *terugge=* surrender; relapse; *teruggestorte saldo* surrendered balance. **~straling** counter-radiation. **~stroming** flowing back, back(ward) flow, backwash; reflux. **~stroom** *n.* feedback *(fig.)*. **~stroom** *terugge=, vb.* flow back. **~stuit** *terugge=* recoil, rebound; *vir niks* ~ *nie* stick at (*or* shrink from) nothing, be undaunted. **~stuur** →TERUGSTUUR. **~stuwing** regurgitation. **~sukkel** *terugge=* limp back, trudge back. **~swaai** *n., (sport)* backswing, backlift *(of a leg, bat, etc.)*. **~swaai** *terugge=, vb.* swing back. **~tog** →TERUGTOG. **~trap** *terugge=* kick back; back-pedal; step/fall back. **~traprem** back-pedal brake, coaster (brake). **~tree** →TERUGTREE. **~trek** *n. & vb.* →TERUGTREK *n. & vb.*. **~vaar** *terugge=* sail back, put back; return by sea. **~vaart** return trip by sea, return voyage. **~val** *n. & vb.* →TERUGVAL *n. & vb.*. **~vat** *terugge=, (infml.)* = TERUGNEEM. **~verhuring** leaseback. **~verhurings=ooreenkoms** leaseback agreement. **~verhuur** *het* ~ lease back; →TERUGHUUR. **~verlang** *het* ~ want/wish back; *na iets* ~ hark back to s.t.; have nostalgia for s.t.; long/yearn to go back to s.t. *(a place)*. **~verplaas** *het* ~ retransfer. **~verplasing** retransfer. **~vertaal** *het* ~ retranslate, translate back. **~vertaling** retranslation. **~vervoer** *het* ~ reconvey; convey back. **~verwys** *het* ~ refer back, send back, remit; *iets na* ... ~ refer s.t. back to ... **~verwysde** remitted *(case)*, referred/sent back. **~verwysing** referring/reference back, sending back, remittal. **~vind** *terugge=* find again, recover; *iets uit* ... ~ recover s.t. from ... **~vloei** *terugge=* flow/flood back; regurgitate. **~vloeiing** back-flow; reflux; regurgitation; →TERUGSTROMING. **~vlug** return flight. **~voer** *n.* feedback; *negatiewe/positiewe* ~ negative/positive feedback. **~voer** *terugge=, vb.* lead back; carry back; feed back; *iets voer iem. terug na* ... s.t. carries s.o. back to ...; *iets tot* ... ~ date s.t. to ...; trace s.t. back to ...; *dit kan tot die* ... *eeu teruggevoer word* it goes back to the ... century. **~voering** = TERUGVOER *n.*. **~vorder** *terugge=* reclaim, recover, demand back; *(jur.)* (re)vindicate; *geld* ~ withdraw money *(from a bank)*. **~vorderbaar** *=bare* recoverable. **~vordering** *=rings, =ringe* demand; withdrawal; recovery; (re)vindication. **~vou** *terugge=* fold back. **~vra** *terugge=* ask/demand back; *iets* ~ ask s.t. back. **~weg** way/road back, return journey. **~wen** *terugge=* win back, regain, recover, reclaim; →TERUGWINNING. **~werk** *terugge=* work back; react; *(comp.)* backtrack; *die wet werk nie terug nie* the law is not retrospective. **~werkend, ~werkend** *=kende* retrospective, retroactive; *met ~e krag* with retrospective/retroactive effect, retrospectively, backdated to. **~werking** retroaction; reaction. **~werp** *terugge=* throw back; reflect. **~winning** recovery, reclamation. **~wyk** *terugge=* retreat, yield, budge, fall back, flinch, give way; recede. **~wykend** *=kende, (also)* recessive; retrograde. **~wyking** retreat. **~wys** *terugge=* point back; refer back.

te·rug·bring *terugge=* bring back, take back; restore; ... ~ *na 'n plek* take ... back to a place; *iets* ~ *tot* ... bring s.t. back (*or* reduce s.t.) to ... **te·rug·bren·ging** bringing back, returning; reduction.

te·rug·deins *terugge=* back away, blench, flinch, wince; quail; *vir/van iets* ~ back/shy away (*or* draw back *or* shrink *or* cower away/back) from s.t., boggle at s.t.; flinch/recoil from s.t.; ~ *vir niks nie* stick/stop at nothing. **te·rug·dein·sing** recoil, flinching; ~ *vir* ... shrinking from ...

te·rug·gaan *terugge=* return, go/turn back; retrogress; *gou* ~, *(also)* pop back; ~ *huis toe* return (*or* go back) home; *na* ... ~ return to ... *(a place)*; date back to ... *(an era)*. **te·rug·gaan·de** retrograde. **te·rug·gang** going back; decline; retrogression; malaise; devolution; recession; reversion (to type). **te·rug·gangs·ver·bod** *=verbiedinge, =verbiedings, (jur.)* estoppel.

te·rug·gee *terugge=* give back, return, restore, disgorge; *iets aan iem.* ~ give s.t. back (*or* return s.t.) to s.o.; make restitution of s.t. to s.o.; restore s.t. to s.o.. **te·rug·gee·baar** *=bare* returnable.

te·rug·ge·trok·ke *=kener =kenste* (of *meer* ~ *die mees* ~) self-contained, uncommunicative, retiring, withdrawn, reserved; modest, self-effacing; →TERUGTREK; ~ *leef* lead a retired life. **te·rug·ge·trok·ken·heid** reserve, uncommunicativeness; self-effacement; retired life, retirement.

te·rug·hou *terugge=* hold/keep back, retain, withhold, deter, check, inhibit; *teruggehoue* ***bestelling*** back order; *teruggehoue* ***goedere*** detained goods; *iets van iem. se* ***loon*** ~ dock s.t. from s.o.'s wages; *jou* ***optrede*** ~ stay one's hand. **te·rug·hou·be·las·ting** withholding tax. **te·rug·hou·dend** *=dende* reserved, uncommunicative; tight-lipped; unforthcoming; reticent, retiring, unassertive, undemonstrative; inhibitory; ~ *wees, (also, infml.)* be backward in coming forward. **te·rug·hou·dend·heid** reserve, reservedness, uncommunicativeness; distance; unassertiveness, reticence. **te·rug·hou·ding** reserve; keeping/holding back; retention, retentivity; reserve, uncommunicativeness; inhibition; *reg van* ~, *(jur.)* lien. **te·rug·hou·dings·ver·mo·ë** retentivity.

te·rug·kaats *terugge=* return (ball); reflect *(light, sound)*; reverberate, re-echo; *deur iets teruggekaats word, (radio waves etc.)* bounce off s.t.. **te·rug·kaat·send** *=sende* reverberating, re-echoing; reflective *(light)*. **te·rug·kaat·sing** *=sings, =singe* reflection; reverberation. **te·rug·kaat·sings·hoek** angle of reflection.

te·rug·keer *n.* return; comeback; homing; recurrence; ***geleidelik/langsamerhand/stadigaan*** ~, *(refugees etc.)* filter back; *by* ***iem. se*** ~ on s.o.'s return; *die* ~ ***na*** ... the return to ... *(a place)*; ***na*** *jou ou weë* ~ slip back into one's old ways (*or* into old ways of behaving); *die* ~ ***tot*** ... the return to ... *(a previous viewpoint etc.)*; the reversion to ... **te·rug·keer** *terugge=, vb.* return, go/

come back; head back; recur; switch back *(to an original plan etc.); **in** ... ~, (rare)* return to ... *(a meeting); **na** ... ~* return to ... *(s.o., a place); **tot** ... ~* return to ... *(a method etc.)*; revert to ...; ***van** ... ~* return from ... **te·rug·ge·keer·de** *n.* returnee. **te·rug·ke·rend** *=rende* returning; recurrent. **te·rug·ke·ring** reversion.

te·rug·kom *terugge=* come back, return; *iem. kom **dadelik** terug* s.o. will be right back; ***na** ... ~* return to ... *(s.o., a place); na iem. toe ~ **oor** iets* get back to s.o. on s.t.; ***op** iets ~* come back to s.t.; hark back to s.t.; return/revert to s.t. *(a subject etc.); steeds weer **op** iets ~* harp on (about) s.t.; *iets kom **op** iem. self terug* s.t. rebounds/recoils (up)on s.o.; ***totdat** iem. ~* pending s.o.'s return; ***van** ... ~* return from ... **te·rug·koms** return; *by iem. se ~* on s.o.'s return.

te·rug·loop *n.* recoil *(of a gun barrel)*; backwash *(of water)*. **te·rug·loop** *terugge=, vb.* walk back; run back; flow back; regurgitate; *iets laat ~* run s.t. back *(a film, tape, etc.)*. **~pyp** returnpipe.

te·rug·neem *terugge=* take back, repossess, recover; withdraw, retract; *'n belofte ~* go back (up)on one's word; *jou woorde ~* eat one's words. **te·rug·ne·ming** taking back, repossession, recovery.

te·rug·slaan *terugge=* hit/strike back; return *(a ball)*; beat off, repel, repulse, throw back; *(fig.)* fight/kick back; recoil, rebound; backfire; revert (to type); *iets slaan op iem. terug* s.t. backfires on s.o. *(infml.)*. **te·rug·slaan·de** *(biol.)* atavistic, retrogressive. **te·rug·sla·ner** *(tennis)* returner.

te·rug·slag *=slae* recoil(ing), repercussion; backswing; return stroke; recoil, rebound; backfire; reverse, setback, blow; reversion to type, retrogression, atavism, throwback; comeback; reaction, backlash; *deur 'n **dubbele** ~ getref word* be hit by a double blow (*or [infml.]* double whammy); *'n **ernstige/geweldige** ~ vir die ekonomie* a shattering blow to the economy; *'n ~ **kry*** suffer a setback; *'n (hewige) ~ **kry**, (also)* meet with (*or* suffer) a reverse; take a knock *(fig.); 'n ~ **vir** ...* a setback to ... **~klep** non(-)return/back-flow/reflux valve. **~plaat** baffle (plate). **~veer** rebound spring, baffle spring. **~wol** comeback (wool).

te·rug·speel *terugge=* play back, return *(a ball, shot)*. **~aksie** playback. **~arm** pickup (arm) *(of a record player)*. **~hou** return of service. **~kop** playback head *(of a tape recorder)*; pickup *(of a record player)*.

te·rug·spe·ler playback *(of a tape recorder); (tennis)* returner.

te·rug·staan *terugge=*, **trustaan** *truge=* stand/move back; hold/hang back; yield; withdraw, retire *(from a contest)*; stand/step down; *vir **niemand** ~ nie* be second to none, *(infml.)* take a back seat to no one; *dit staan vir **niks** terug nie* it is second to none; ***van** ... ~* back away from ...; ***vir** ... ~* yield to ... *(s.o. etc.)*.

te·rug·stoot *n.* rebound; recoil, bounce, kickback. **te·rug·stoot** *terugge=, vb.* push/shove back; rebuff; rebound; recoil; *(a gun)* kick; *terugstotend, (also)* repulsive, forbidding, repellent. **te·rug·sto·ting** repulse; retroversion; rebuff.

te·rug·stuur *terugge=* send back, return; *stuur terug aan afsender!, (an instruction on misdirected mail)* return to sender!. **~houer** returnable container.

te·rug·tog retreat, withdrawal; return journey; *die ~ blaas, (mil.)* sound the retreat; *die ~ dek, (mil.)* cover the retreat. **te·rug·togs·lyn** line of withdrawal/retirement.

te·rug·tree *terugge=* step back, recoil; withdraw, fall back; retire; stand down; bow out; *uit ... ~, (jur.)* resile from ... *(an agreement); van ... ~* back away from ... **te·rug·tre·dend** *=dende* withdrawing; *(biol.)* recessive. **te·rug·tre·ding** retirement.

te·rug·trek *n.* backwash. **te·rug·trek** *terugge=, vb.* pull back, withdraw *(a hand etc.); (an army)* retreat, pull out; *(a candidate in an election)* stand down, withdraw; retract *(a promise)*; withdraw, take back *(a statement)*; cancel *(an appointment)*; back out; unsay *(words)*; scratch *(a competitor)*; move back *(to a former place)*; →TERUGGETROKKE; ***haastig** ~* beat a hasty retreat; ***jou** ~* step down; efface o.s.; *'n **kandidatuur** ~* withdraw from a contest/election; *~kende **onderstroom*** undertow; *jou uit die **wêreld** ~* retire from the world; *(jou) **woorde** ~* retract (one's words); withdraw one's words, *(infml.)* eat/swallow one's words. **~spier** retractor muscle. **~veer** release/return/retractor/pull-back spring.

te·rug·trek·king withdrawal; scratching; retreat, retirement; retraction, cancellation; backwash.

te·rug·val *n.* falling back, relapse *(into wrongdoing)*, backsliding; retreat; fallout; *'n ~ in ...* a reversion to ... **te·rug·val** *terugge=, vb.,* drop/fall back *(into place)*; revert; relapse *(into sin)*, backslide; *(troops)* fall/move back; *iets val aan iem. terug* s.t. reverts to s.o. *(rights etc.); in ... ~* relapse into ...; *werk waarop iem. kan ~* a/s.o.'s fall-back job. **te·rug·val·lend** *=lende* reversionary. **te·rug·val·ler** *=lers* recidivist. **te·rug·val·ling** = TERUGVAL *n.*.

ter·wil·le: *~ van ...* →WIL *n.*.

ter·wyl while, whilst, whereas, whenas, as; *hoe kon jy ~ jy geweet het dat ...?* how could you when you knew that ...?

Te·ry·lene *(trademark, text., also t~)* Terylene.

te·saam, te·sa·me together, combined, put together, between them, in common, conjointly; ***almal** ~* all together; *~ **gebore** wees* be connate; *~ **met** ...* along/together with ...; accompanied with ...; combined (*or* in combination) with ...; *~ **met** iem., (also)* in partnership with s.o.; ***R100/ens.** tesame* R100/etc. between them.

te·se *=ses* thesis, theory, proposition; →TESIS.

te·sis *=sisse* thesis, dissertation; thesis, theory, proposition, (unproved) statement, premise *(in an argument)*.

tes·la *(phys.: SI unit of magnetic flux density)* tesla. **~spoel** tesla coil.

te·sou·rie *=rieë* treasury (department). **~-generaal** *tesouriers-generaal* treasurer-general. **te·sou·rier** *=riere, =riers, (masc.),* **te·sou·rie·re** *=res, (fem.)* treasurer, bursar.

te·sou·rus *=russe* thesaurus.

Tes·sa·lo·ni·ka *(NAB),* **Thes·sa·lo·ní·ka** *(OAB) (geog.)* Salonika, Salonica *(Eng.)*, Thessaloníki *(Gr.)*, Thessalonica *(Lat.)*. **Tes·sa·lo·ni·sen·se** *(NAB),* **Thes·sa·lo·ni·cen·se** *(OAB), (NT books)* Thessalonians.

tes·sie *=sies* firepan; chafing dish.

tes·si·tuur, *(It.)* **tes·si·tu·ra** *(mus.)* tessiture, *(It.)* tessitura.

tes·ta·ment *=mente* testament, (last) will (and testament); *iets by ~ **bemaak*** leave s.t. by will; *in jou ~ aan iem. **dink**, iem. in jou ~ **noem*** remember s.o. in one's will; *'n ~ **maak*** make one's will; *iem. kan maar sy/haar ~ (laat) **maak**, (infml.)* he/she is done for; *iem. in jou ~ **noem** →**dink**; 'n ~ **omverwerp/omvêrwerp*** break a will; *die **Ou/Nuwe** T~* the Old/New Testament; ***sonder** ~ sterf* die intestate; ***volgens/ingevolge/kragtens** 'n ~* under a will. **~maker** = TESTATEUR.

tes·ta·men·têr *=têre* testamentary.

tes·ta·ment·loos·heid intestacy.

tes·ta·teur *=teure, =teurs, (masc.),* **tes·ta·tri·se** *=ses, (fem.)* testator *(masc.)*, testatrix *(fem.)*.

tes·teer *(ge)=* make a will, bequeath.

tes·ti·kel *=kels, (anat.)* testicle, testis; *onafgedaalde/onafgesakte ~* undescended testicle.

tes·ti·mo·ni·um *=niums, =nia, (rare)* testimonial; →GETUIGSKRIF.

tes·tos·te·roon *(physiol.)* testosterone.

tet *tette, (coarse: a woman's breast)* tit, teat, boob; →TIET.

te·ta, tê·ta *(<Xh.)* speak.

te·ta·nus *(pathol.: infectious disease; spasms)* tetanus, lockjaw. **te·ta·nie** *(pathol.: spasms)* tetany. **te·ta·nies** *=niese* tetanic. **te·ta·nis·me** tetanism.

tête-à-tête *=têtes, (Fr.: private conversation between two people)* tête-à-tête.

tête-bêche *(Fr., philat.)* tête-bêche.

te·ties *=ties, (rare)* thetic(al); →TESIS.

te·tra *=tras, (icht.)* tetra.

te·tra= *comb.* tetra=. **~chlooretileen** tetrachloretylene. **~chloorkoolstof** carbon tetrachloride. **~chord** *(mus.)* tetrachord. **~-etiellood, tetraëtiellood** *(mot.)* tetraethyl lead. **~gonaal** *=nale, (cryst.)* tetragonal, tetragonous. **~gram, ~grammaton** *(Bib.)* Tetragram, Tetragrammaton. **~logie** *=gieë, (series of 4 works)* tetralogy. **~meer** *=mere, n., (biol.)* tetramer. **~meer** *=mere, adj.* tetrameric, tetrameral, tetramerous. **~siklien** *(med.)* tetracycline. **~siklies** *(bot., chem.)* tetracyclic. **~stiel** *adj., (archit.)* tetrastyle. **~styl** *(archit.)* tetrastyle.

te·tra·de *=des, (group/series of 4)* tetrad.

te·tra·ë·der, te·tra-e·der *=ders, (geom.)* tetrahedron. **te·tra·ë·draal, te·tra-e·draal** *=drale,* **te·tra·ë·dries, te·tra-e·dries** *=driese* tetrahedral.

te·trarg *=trarge, n. & adj., (chiefly hist.: one of 4 joint rulers)* tetrarch. **te·trar·gie** *=gieë* tetrarchy, tetrarchate.

te·tra·to·mies *=miese, (chem.)* tetratomic.

te·tra·va·lent *=lente, adj., (chem.)* tetravalent.

te·tro·de *=des, (elec.)* tetrode.

te·tro·don *=donte, (icht., obs.)* tetraodon, puffer(fish), blaasop; →BLAASOP.

teu·el *=els, (mostly in the pl.)* rein *(of a bridle); ~s van die **bewind*** reins of government; *'n perd die ~s **gee*** give a horse its head (*or* the reins); give a horse the bridle; *die ~s **kort/styf** hou* hold the reins tight; not give too much scope; *die ~s **laat skiet*** give a horse the reins; *(fig.)* give rein (*or* the reins) to s.o., allow s.o. free scope; *met **los/slap** ~s ry* ride with a loose rein; *die ~s **stywer** trek* pull in the reins; ***vrye** ~s aan ... gee* allow/give free/full play to ...; give the rein(s) (*or* free rein) to ... **~tralie** hitching post/rail.

teu·el·loos *=lose* unbridled, unrestrained, unruly. **teu·el·loos·heid** unrestrainedness, unruliness.

teug *teue, n.* draught, swig, pull, potion, gulp, swallow; *in **een** ~* at a gulp; *'n **groot** ~* a long pull *(at a beer etc.)*; *met **groot/lang** teue drink* take deep draughts; *'n ~ uit ... **neem*** take a pull at ... *(a bottle etc.)*. **teug** *ge=, vb.* drink; take a pull *(at/on); aan iets ~* pull at/on s.t. *(a pipe, cigarette, etc.)*. **teu·gie** *=gies, (dim.)* sip.

Teu·toon *=tone, (member of an ancient Germanic people)* Teuton. **Teu·toons** *=toonse* Teutonic.

te·veel *n., (rare)* surplus, excess, nimiety; *'n ~ aan ...* too much ...; too many ...; a superfluity of ... **~betaling** overpayment.

te·ver·geefs *=geefse, adj.* fruitless, futile, vain; *al iem. se moeite was ~* all s.o.'s trouble was futile (*or* in vain *or* for nothing); *dit is moeite ~* you may save your pains/troubles; *'n ~e poging* a futile/fruitless/unsuccessful attempt. **te·ver·geefs** *adv.* in vain, vainly, of/to no avail, unavailingly, to no purpose, unsuccessfully, futilely, for nothing; *~ iets soek* look for s.t. unsuccessfully/futilely (*or* in vain); *~ probeer om iets te doen* try vainly/unsuccessfully to do s.t..

te·voor·skyn·ko·ming emergence; appearance.

te·vo·re before(hand), previously, formerly, heretofore; *kort ~* shortly before; *lank ~* long before.

te·vre·de *~ =dener =denste* (of *meer ~ die mees ~)* satisfied, contented, content, happy; contentedly, happily; ***ewe** ~ wees* be quite satisfied; ***heeltemal** ~ wees om te ...* be quite happy to ...; ***heeltemal/volkome** ~ wees* be completely/perfectly satisfied; ***met** iem./iets ~ wees* be satisfied with s.o./s.t.; *~ **met** jouself wees* be self-content(ed); ***met** iets ~ wees, (also)* be content with s.t.; be happy with s.t.; *met **min** ~ wees* be easily satisfied; be grateful/thankful for small mercies; ***oor** iets ~ wees* be happy with s.t.; feel satisfaction at s.t.; *iem. ~ **stel*** satisfy s.o.; please s.o.; *jou nie gou ~ laat **stel** nie* not be easily satisfied; *jou met iets ~ **stel*** content o.s. with s.t.; *iem. probeer ~ **stel*** s.o. aims to please. **te·vre·de·ne** *=nes* content: *die ~s* the contented, the satisfied. **te·vre·den·heid** contentment, contentedness, satisfaction; *tot aller ~* to the satisfaction of everybody; *~ is beter as 'n erfenis* enough is as good as a feast; *'n rede vir ~* a cause for satisfaction. **te·vre·den·heids·be·tui·ging** expression of satisfaction. **te·vre·de·stel·ling** satisfaction.

te·wa·ter·la·ting *=tings, =tinge* launch(ing).

te·weeg·bring *teweegge=*, **te·weeg bring** *teweeg gebring* bring about, bring to pass, cause, induce, effectuate, produce; *'n verandering ~ (of ~ ~)* work a change. **te·weeg·ge·bring·de** *adj., (rare)* brought about, induced, effected *(changes etc.)*.

te·wens at the same time, also, besides.

te·werk·stel·ling employment.

Tex·as·koors *(vet.)* Texas (cattle) fever, red-water, splenetic fever.

Thai *Thais*, **Thai·lan·der** *=ders, n., (inhabitant)* Thai. **Thai·land** Thailand. **Thais** *Thaise*, **Thai·lands** *=landse, adj.* Thai.

Tha·ïs *(mistress of Alexander the Great)* Thais, Thaïs.

t(h)a·ler *(hist. silver coin)* thaler.

Tha·li·a, Tha·li·a *(Gr. myth: a muse)* Thalia.

thal·weg *=weë, (<Germ., geomorphol.)* thalweg.

thar →TAHR.

That·che·ris·me *(pol., econ., also t~)* Thatcherism. **That·che·ris** *=riste*, **That·che·riet** *=riete*, **That·cher·aan·han·ger** *=gers, (also t~)* Thatcherite. **That·che·ris·ties** *=tiese*, **That·che·ri·aans** *=aanse, (also t~)* Thatcherite.

The·a·tyn *=tyne, n., (member of a RC order)* Theatine. **The·a·tyns** *=tynse, adj.* Theatine.

The·be *(ancient Gr. city; ancient Eg. city)* Thebes. **The·baan** *=bane, n.* Theban. **The·baans** *=baanse, adj.* Theban.

The·kwi·ni *(Zu., geog.: Durban)* Thekwini.

the·nar·diet *(min.)* thenardite.

Ther·mos·fles →TERMOS.

Thes·sa·li·ë *(geog.)* Thessaly. **Thes·sa·li·ër** *=liërs, n.* Thessalian. **Thes·sa·lies** *=liese, adj.* Thessalian.

Thes·sa·lo·ní·ka →TESSALONIKA. **Thes·sa·lo·ni·cen·se** →TESSALONISENSE.

Thi·a·tí·re →TIATIRA.

Thla·ping *(member of a people)* Thlaping.

Tho·ho·yan·dou *(geog.)* Thohoyandou.

Tho·mas: *~ van Aquino, (13th cent. It. theologian)* (Saint) Thomas Aquinas; →THOMISME; *'n ongelowige ~* a doubting Thomas. **~peer** *(metall.)* Thomas converter, basic Bessemer steel converter. **~slak** *(metall.)* Thomas slag, basic slag. **~staal** *(metall.)* Thomas steel, basic steel.

Tho·mis·me *(theol., philos., also t~)* Thomism. **Tho·mis** *=miste, (also t~)* Thomist. **Tho·mis·ties** *=tiese, (also t~)* Thomist(ic).

Thomp·son·ge·weer Thompson (sub-machine-)-gun, tommy gun.

thom·so·niet *(min.)* thomsonite.

Thor *(Norse myth.)* Thor.

Tho·rough·bred *(Br. breed of horse)* Thoroughbred.

Thra·ci·ë *(geog.)* Thrace. **Thra·ci·ër** *=ciërs, n.* Thracian. **Thra·cies** *=ciese, adj.* Thracian.

Thu·le *(settlement in Greenland, also myth.)* Thule. **thu·liet** *(min.)* thulite; →TULIUM.

thun·ber·gi·a *(bot.: Thunbergia alata)* black-eyed Susan; →SWARTOOGNOOI.

ti·a·mien, vi·ta·mien B$_1$, a·neu·rien *(biochem.)* thiamin(e), vitamin B$_1$, aneurin.

ti·a·ra *=ras* tiara.

Ti·a·ti·ra *(NAB)*, **Thi·a·tí·re** *(OAB), (geog.)* Thyatira.

Ti·ber *(an It. river)* Tiber.

Ti·be·ri·as: *Meer van ~/Gennesaret, See van Galilea* Lake of Tiberias/Gennesaret, Sea of Galilee.

Ti·bet Tibet. **Ti·bet·taan** *=tane, n.* Tibetan. **Ti·bet·taans** *n., (lang.)* Tibetan. **Ti·bet·taans** *=taanse, adj.* Tibetan.

ti·bi·a *tibias, (anat.)* tibia.

tie·kie *=kies, (hist. SA coin)* tickey, threepence, threepenny bit; *lang ~, (infml.: for the fraudulent use of public telephones)* long/sticky tickey. **~aand** social. **~boks** *=bokse, (sl.: public telephone)* tickey-box. **~draai** *ge=, tiekiege=, (traditional dance)* tickey-draai; *('n) mens kan nie alleen ~ nie, (infml.)* it takes two (to tango).

tie·mie thyme. **~gliserien** glycerine of thymol. **~(-)olie** thyme oil.

tie·mie·ag·tig *=tige* thymy.

tien *tiene, tiens* ten; *~ teen* **een** ten to one *(it's true etc.)*; *~* **maal** ten times; *dit lyk of iem. nie ~ kan* **tel** *nie* s.o. looks as if he/she can't say boo to a goose; *elke ~* **tellings** →TELLING; *nege* **uit** *die ~* nine in ten; *~* **uur** ten hours; →TIENUUR. **~dollarnoot** ten-dollar note, *(infml.)* tenner. **~dollarstuk** *(hist. US coin)* eagle. **~dub·bel(d)** tenfold; ten times over. **~duisend, ~ duisend** *=sende* ten thousand; *(also, in the pl.)* tens of thousands; →AG(T)DUISEND; *~ man, (mil.)* 10 000 men. **~dui·sendste, ~ duisendste** ten-thousandth. **~duisend·tal** (round) ten thousand. **~hoek** decagon. **~hoekig, ~hoekig** *=kige* decagonal, decangular. **~jaarliks** *=likse* decennial. **~jarig** *=rige* ten-year-old; decennial; *~e tydperk* decennium, decennary. **~kamp** decathlon. **~kampatleet, ~kamper** decathlete. **~lettergrepig** *=pige* decasyllabic. **~manskap** *=skappe, (Rom.)* decemvirate. **~penniestuk** *(Br.)* tenpence, tenpenny/tenpence piece. **~pondnoot** ten-pound note, *(infml.)* tenner. **~randnoot** ten-rand note, *(infml.)* tenner. **~sentstuk** ten-cent piece/bit; *(Am.)* dime. **~sjielingstuk** *(hist.)* half-sovereign. **T~stammeryk** *(OT)* Kingdom of the Ten Tribes. **~uur** ten o'clock.

tien·daags *=daagse* ten-day, ten days', of ten days; every tenth day; *'n ~e reis* a ten-day journey.

tien·de *=des, n.* tenth; *(Chr.)* tithe; →TIENDEPLIGTIG; *~s betaal* pay tithes; *'n ~ hef op iem.* tithe s.o.; *ten ~* tenthly, in the tenth place. **tien·de** *adj.* tenth; *~ deel* tenth (part), tithe; *T~ Straat, T~straat* Tenth Street. **~heffer** tithe gatherer, tither. **~heffing** tithing. **~maand** month for offering tithes to church. **~-normaalop·lossing** tenth normal/decinormal solution. **~reg** right to levy tithes.

tien·de·lig *=lige* having (*or* consisting of) ten parts/volumes; decimal; *~e breuk* decimal fraction; *~e stelsel* decimal/metric system.

tien·de·plig·tig *=tige* tithable.

tien·de·rangs *=rangse* tenth-rate.

tien·der·ja·re →TIENERJARE.

tien·der·ja·rig *=rige, adj.* teenage(d). **tien·der·ja·ri·ge** *=ges, n.* teenager.

tie·ner *=ners* teenager. **~jare, tienderjare** teens; *in jou ~ wees* be in one's teens.

Tie·nie: *'n tawwe ~, (infml.)* a tough customer.

tien·pon·der *=ders, (infml., obs.)* ten-pound baby/etc.; *(hist. artillery piece)* ten-pounder.

tien·po·tig, tien·po·tig *=tige* ten-legged; *~e skaal·dier(e)* decapod(a).

tien·re·ë·lig *=lige* ten-line, of ten lines.

tien·sna·rig *=rige* ten-stringed.

tien·tal ten; decade; *'n ~* about ten, ten or so; *'n ~ jare* ten years or so; *~le gevalle* dozens of cases. **tien·tal·lig, tien·tal·lig** *=lige* decimal, denary *(scale)*.

tien·vlak decahedron. **tien·vlak·kig, tien·vlak·kig** *=kige* decahedral.

tien·voud *=voude* decuple. **tien·vou·dig, tien·vou·dig** *=dige* tenfold, decuple.

tier[1] *tiers, tiere, n., (Panthera tigris)* tiger; *(obs.)* leopard; →TIERAGTIG, TIERTJIE; *die ~ het iem. gebyt, (infml.)* s.o. is tipsy; *iem. se ~ wees, (infml.)* be one too many (*or* more than a match) for s.o.; *jou ~ teëkom/teenkom, (infml.)* find/meet (more than) one's match. **~bos·kat** *(Felis serval)* serval. **~haai** *(Galeocerdo cuvier)* tiger shark. **~hok** tiger's cage, *(obs.)* leopard's cage; *(obs.)* leopard trap. **~hout, teerhoutboom** *(Loxostylis alata)* tarwood, wild pepper tree, tigerwood, loxostylis. **~jag·ter** tiger hunter. **~kat** *(Felis tigrina)* tiger cat; *(Felis wiedi)* margay. **~leeu** *(hybrid)* tigon. **~lelie** *(Lilium lancifolium)* tiger lily. **~mannetjie** male tiger. **~melk** tiger's milk; *(infml.)* booze, firewater, strong drink; *iem. het ~ gedrink* s.o. is tight (*or* three sheets in the wind *or* half seas over). **~oog** *(min.)* tiger('s) eye. **~vel** tiger skin; *(obs.)* leopard skin. **~wolf** *(obs.)* spotted hyena; →GEVLEKTE HIËNA. **~wyfie** tigress *(lit., fig.)*; vixen, hell-cat, battleaxe *(fig.)*. **~wyfieagtig** *=tige, (fig.)* vixenish.

tier[2] *ge=, vb.* thrive, prosper, flourish.

tier[3] *ge=, vb.* rage, bluster, storm; *~ en raas* storm and rave. **tie·rend** *=rende* raging *(storm, wind)*; ranting *(a pers.)*.

tier·ag·tig *=tige* tigerlike, tigerish, tigrine.

tie·re·lier *ge=* sing, warble.

tier·lan·tyn·tjie *=tjies* flourish; bauble, furbelow, frill, frippery, falderal, folderol; knick-knack, showy trifle, fandangle; *(also, in the pl.)* fancy goods, frills and furbelows; *(infml.)* bells and whistles.

tier·tjie *=tjies, (dim.)* tiger cub/whelp.

tiet *tiete, (coarse: a woman's breast)* tit, boob; nipple, *(artificial)* teat. **tie·tie** *=ties, (dim.), (infml.)* titty, teat, nipple.

ti·feus *=feuse* typhoid, enteric; *~e koors* typhoid/enteric fever; →TIFOÏED.

tif·li·tis *(pathol.)* typhlitis.

ti·fo·ïed *(pathol.)* typhoid (fever), enteric fever; →BUIKTIFUS.

ti·foon *tifone, tifoons* typhoon.

ti·fus: **~basil** typhus bacillus. **~(koors)** *(pathol.)* typhus (fever), gaol/jail/ship fever.

tig·mo·tro·pis·me *n., (biol.)* thigmotropism. **tig·mo·troop** *=trope*, **tig·mo·tro·pies** *=piese, adj.* thigmotropic.

tik *tikke, n.* pat, tap, touch, rap, flick; tick *(of a watch)*; beat; click. **tik** *ge=, vb.* click; pat, tap, touch, rap, flick; percuss; chuck *(s.o. under the chin)*; *(a watch)* tick; type; *die* **bal** *~* tap the ball; *'n* **brief** *laat ~* have a letter typed; *(van* **lotjie***) ge~* →GETIK[2] *adj.*; **op** *iets ~* tap on s.t.; *~ jy my dan* **pik** *ek jou* tit for tat; *iem. op die* **skouer** *~* →SKOUER *n.*; *iem. op die* **vingers** *~* →VINGER. **~bal** patball. **~blok** typewriting pad. **~fout** typing error. **~hou** *(cr.)* snick; *(golf)* chip. **~kamer** typing room. **~kantoor** typing office, typists' room. **~lak** correction fluid, Tipp-Ex *(trademark)*. **~masjien** typewriter. **~masjienmat** typewriter pad. **~poel** *=poele* typing pool, typists' pool. **~rol** platen. **~skoppie** *=pies, (rugby)* tap kick. **~skrif** typing; typescript; *in ~* typed. **~skryf·blok** = TIKBLOK. **~tak** tick-tick *(of a watch)*; tick-tack, tick-tock *(of a clock)*. **~-tak-tol** tick-tack-toe, noughts and crosses. **~(werk)** typing, typewriting; typescript. **~wiel** daisywheel, printwheel. **~wieldrukker** daisywheel printer.

tik·ker *=kers* ticker; typist; *(med., infml.)* pacemaker; →TIKSTER. **tik·ke·ry** typing, typewriting.

tik·kie *=kies, (dim.)* tick; pat, tap; tinge, touch, dab, spark, dash; hint, shade, trace, touch, wee bit, trifle; *'n ~* **beter** a taste better; *'n ~* **humor** a dash/streak of humour; **met** *'n ~ ...* with a hint of ... *(sadness etc.)*; tinged with ...; *'n ~ ...* a dash of ... *(humour etc.)*; a suggestion of ...; *nie* **sonder** *'n ~ ... nie* not untinged with ...; *'n ~* **vinniger** a little/thought faster.

tik·sel·tjie *=tjies* = TITSELTJIE.

tik·so·tro·pie *n., (chem.)* thixotropy. **tik·so·troop** *n.* thixotrope. **tik·so·tro·pies** *=piese, adj.* thixotropic.

tik·ster *=sters, (fem.)* typist(e). **tik·sters·pos** *=poste* typing position, typist position. **tik·ster·stoel** *=stoele* typist chair.

ti·la·pi·a *=pias, (icht.: Tilapia spp.)* tilapia; →KURPER.

til·de *=des* tilde, swung dash.

til·liet *(geol.)* tillite.

Til·sit(·kaas), Til·si·ter *(also t~)* Tilsit (cheese), Tilsiter.

tim·baal *=bale, (cook.)* timbale.

Tim·boek·toe *(geog.)* Timbuktu, *(Fr.)* Tombouctou.

tim·bre *=bres* timbre, tone colour, quality *(of voice)*.

ti·mi·di·teit *(rare)* timidity.

ti·mien *(biochem.)* thymine.

tim·mer *ge=* carpenter, do carpentering; build, construct; pound; *iets aanmekaar ~* knock s.t. together, nail s.t. up *(fig.)*; *voortdurend op iets ~* keep on harping on the same string. **~bok** (finishing) sawhorse. **~hout** lumber, timber. **~man** *=manne, =mans, (obs.) =lui* carpenter. **~messelwerk** (brick) nogging. **~steek** timber hitch. **~werf** carpenter's yard. **~werk** carpentering, carpentry; timbering, timberwork; framing of timber. **~werker** timberman.

tim·me·ra·sie *=sies* framework, framing timber; (wooden) structure; timbering.

tim·mer·mans=: ~**ambag** carpenter's trade. ~**baas** master carpenter. ~**byl** half hatchet. ~**duimstok** folding rule. ~**gereedskap** carpenter's tools. ~**oog:** *'n goeie ~ hê* have a straight eye. ~**waterpas** plumb rule. ~**werkplaas,** =**winkel** carpenter's shop.

ti·mo·kra·sie =*sieë, (pol.)* timocracy.

ti·mol *(chem.)* thymol.

Ti·mor *(geog.)* Timor. **Ti·mo·rees** =*rese, n. & adj.* Timorese.

Ti·mo·te·us *(NAB),* **Ti·mó·the·üs** *(OAB), (NT)* Timothy.

timp *timpe* fag end *(of a rope).*

tim·paan =*pane, (print.)* tympan; *(archit.)* tympanum. **tim·pa·num** =*nums, (anat.)* tympanum.

tim·pa·ni =*ni's, (It., mus.: set of kettledrums)* timpani, tympani. **tim·pa·nis** =*niste* timpanist, tympanist.

ti·mus =*musse,* **ti·mus·klier** =*kliere* thymus (gland).

tin *n., (chem., symb.:* Sn*)* tin; pewter. ~**as** tin ashes/putty. ~**erts** tin ore, cassiterite. ~**fabriek** stannary. ~**foelie** tin foil. ~**gereedskap** pewter. ~**gieter** tinsmith, tinman. ~**gietery** tinsmith's workshop. ~**glasuur** tin glaze. ~**goed** tinware, pewter. ~**kies** *(min.)* tin pyrites, stannite. ~**legering** pewter. ~**myn** tin mine, stannary. ~**oksied** *(chem.)* stannous oxide. ~**oplossing** tin spirit/liquor. ~**soldeersel** tin solder. ~**spykertjie** tin tack. ~**steen** tinstone, cassiterite. ~**suur** stannic acid. ~**suursout** stannate. ~**werk** pewter; pewter work. ~**winning** tin mining.

tin·ag·tig =*tige* tinlike, tinny, stannic.

tin·gel *ge=, (bells)* tinkle, jingle. **tin·ge·lend** =*lende* jingly, tinkling, tinkly.

tin·ge·ling =*linge,* =*lings* jingling, tinkling, ding-a-ling. **tin·ge·lin·ge·ling** =*linge,* =*lings, (onom.)* ting-a-ling(-a-ling), ting-ting.

tin·ger, tin·ge·rig, tin·ge·rig·heid →TENGER, TENGERIG, TENGERIGHEID.

tin·hou·dend =*dende* stanniferous.

tin·kal *(min.)* tincal, borax.

tin·kel *ge=* tinkle, clink, chink. **tin·ke·ling** =*linge* tinkling, clinking, chinking.

tink·tin·kie =*kies, (orn.: Cisticola* spp.*)* cisticola; ***bosveld~,*** *(C. chiniana)* rattling cisticola; ***groot~,*** *(C. natalensis)* croaking cisticola; ***grysrug~,*** *(C. subruficapilla)* grey-backed cisticola; ***huil~,*** *(C. lais)* wailing cisticola; ***lui~,*** *(C. aberrans)* lazy cisticola; ***rooiwang~,*** *(C. erythrops)* red-faced cisticola; ***swartrug~,*** *(C. galactotes)* rufous-winged cisticola; ***vlei~,*** *(C. tinniens)* Levaillant's cisticola.

tink·tuur =*ture, (pharm.)* tincture.

tint *tinte, n.* tinge, tint, hue, tincture, tone. **tint** *ge=, vb.* tint, tinge, stain, shade, tone; →GETINT. ~**meter** tintometer.

tin·tel =*tels, n.* tingling, tingle, twinkle, twinkling, sparkle. **tin·tel** *ge=, vb., (a star, the eyes, etc.)* twinkle, dance, sparkle; tingle; *~ van ...* quiver with ... *(excitement etc.).*

tin·te·lend =*lende* sparkling; vivacious.

tin·te·ling =*linge* twinkle, twinkling, sparkle, sparkling; tingling; thrill *(of joy).*

tin·ting tinting; tint; toning.

ti·o= *comb.* thio=. ~**pentoonnatrium** *(med.: a barbiturate drug)* thiopentone sodium. ~**sulfaat** *(chem.)* thiosulphate. ~**suur** *(chem.)* thioacid. ~**-ureum,** ~**üreum** *(chem., phot.)* thiourea.

ti·ol *(chem.)* thiol.

ti·oon·suur *(chem.)* thionic acid.

tip *tippe, n.* tip, point; →TIPPIE; *~pe van teeblare* tea leaf tips. ~**hou** *(cr.)* snick. ~**top** *adj. & adv.* tip-top, first-rate.

ti·pe =*pes* type; exemplar; mould; character; →TIPIES; *~ **A**-persoonlikheid, (psych.)* type A personality; *iets **dien** as ~ vir ...* s.t. typifies ...; *'n **rare** ~* a queer specimen/character; *'n **seldsame** ~ ...* a rare type of ... ~**deur** stock door. ~**-eksemplaar** type specimen. ~**genus** type genus. ~**monster** type sample. ~**soort** type species.

ti·peer *(ge)=* typify; type; characterise; *dit ~ iem.* that is typical of s.o.. **ti·pe·rend** =*rende* typical; *~e monster* type specimen; *~ van ... wees* be typical of ... **ti·pering** typifying, typification; typing.

ti·pi =*pi's, (cone-shaped Am. Ind. tent)* te(e)pee, tipi.

ti·pies =*piese* typical, characteristic, figurative; true to type; *~ van/vir ... wees* be representative of ...; be typical of ...

ti·po·graaf =*grawe* typographer. **ti·po·gra·fie** typography. **ti·po·gra·fies** =*fiese* typographic(al). **ti·po·grawe·bond** typographical union.

ti·po·lo·gie *(classification; Chr. theol.)* typology. **ti·po·lo·gies** =*giese* typologic(al).

tip·peks *(trademark)* Tipp-Ex.

tip·pe·laar =*laars, (a breed of pigeon)* tippler.

tip·pe·tap *(onom.)* pitter-patter.

tip·pie =*pies* tip, point; *die ~ van iem. se neus* the tip of s.o.'s nose; *op die ~* at the last minute/moment; just in time, in the nick of time; *tot op die ~ wag* wait until the last minute/moment.

tip·tol =*tolle, (orn.: Pycnonotus* spp.*)* bulbul; *Kaapse ~, (P. capensis)* Cape bulbul; *rooioog~, (P. nigricans)* African red-eyed bulbul; *swartoog~, (P. tricolor)* dark-capped bulbul.

ti·ra·de =*des* tirade; screed.

ti·ra·mien *(biochem.)* tyramine.

ti·ran =*ranne* tyrant, oppressor, despot; *(Am. orn.)* tyrant flycatcher. **ti·ran·nie** =*nieë* tyranny, despotism. **ti·ran·niek** =*nieke* tyrannic(al), overbearing, oppressive, tyrannous. **ti·ran·ni·seer** *ge=* tyrannise, play the tyrant; bully.

ti·ran·ne=: ~**moord** tyrannicide. ~**moordenaar** tyrannicide.

ti·ran·no·sou·rus =*russe,* **ti·ran·no·sou·ri·ër** =*riërs, (a breed of dinosaur)* tyrannosaur(us).

ti·re·tein *(text., rare)* tiretaine.

Ti·ri·ër, Ti·ries →TIRUS.

ti·ris·tor *(electron.)* thyristor, silicon-controlled rectifier.

ti·ro= *comb.* thyro=.

ti·ro·ïed =*roïede, (anat., rare)* thyroid (gland); →SKILDKLIER. **ti·ro·ï·dek·to·mie** *(surg.)* thyr(e)oidectomy.

ti·rok·sien *(physiol.)* thyroxin(e).

Ti·rol *(geog.)* (the) Tyrol. **Ti·ro·ler** =*lers, n.* Tyrolean, Tyrolese. **Ti·rools** =*roolse, adj.* Tyrolean, Tyrolese; *~e pleister* Tyrolean plaster. **Ti·rools-Duits** *(dial.)* Tyrolean German.

ti·ro·sien *(biochem.)* tyrosin(e).

ti·ro·tok·si·ko·se *(med.)* thyrotoxicosis.

ti·ro·tro·pies =*piese, (physiol.)* thyrotropic.

Tir·rheens =*rheense* Tyrrhenian; *~e See* Tyrrhenian Sea.

Tir·sa *(geog., OT)* Tirzah.

Ti·rus Tyre. **Ti·ri·ër** =*riërs, n.* Tyrian. **Ti·ries** =*riese, adj.* Tyrian.

ti·taan *(chem., symb.:* Ti*)* titanium; →TITANAAT, TITANIET. ~**(di)oksied** *(chem.)* titanium (di)oxide, titanic oxide, titania. ~**sement** titan cement. ~**suur** titanic acid.

ti·taan·hou·dend =*dende* titaniferous.

ti·tan =*tane, (myth., also poet.)* titan. **ti·ta·nies** =*niese* titanic.

ti·ta·naat *(chem.)* titanate.

ti·ta·niet *(min.)* sphene, titanite.

ti·tel =*tels, n.* title *(of honour; to property);* caption, heading *(of a chapter);* →TITULARIS, TITULEER, TITULÊR; *die **houer** van 'n ~, (sport)* the holder of a title; *iem. **met** 'n ~* a titled person; ***onder** die ~ ..., (a book etc.)* entitled ..., under the title (of) ...; *'n ~ aan iem. **toeken*** confer a title on s.o.; *'n ~ **voer*** bear a title. **ti·tel** *ge=, vb.* title; entitle *(a book etc.).* ~**bewys** title deed *(of a property).* ~**blad** title page. ~**geveg** *(boxing etc.)* title fight/bout. ~**houer** title-holder, reigning champion. ~**plaat,** ~**prent** frontispiece. ~**prentjie** headpiece. ~**rol** *(theatr., cin.)* title role/part/character, name/eponymous part. ~**stempel** lettering tool. ~**sug** title mania, hankering after titles.

Ti·ti·aan *(It. Renaissance painter)* Titian.

Ti·to·ïs·me *(pol., also t~)* Titoism. **Ti·to·ïs** =*toïste, n., (also t~)* Titoist. **Ti·to·ïs·ties** =*tiese, adj., (also t~)* Titoist.

ti·treer *(ge)=, (chem.)* titrate. **ti·tra·sie** titration.

tit·sel·tjie =*tjies* trace, touch, dash, dab, tad, minute quantity; *net 'n ~ ...* just a dash/touch/trace of ...; just a suspicion of ...

tit·tel =*tels* dot *(on i and j);* tittle; *geen jota of ~ nie* →JOTA. **tit·tel·tjie** =*tjies, (dim.)* dot.

ti·tu·la·ris =*risse* holder *(of an office),* official, functionary.

ti·tu·leer *ge=* style, title. **ti·tu·la·tuur** titles, full title, style.

ti·tu·lêr =*lêre* titular.

Ti·tus *(NT)* Titus.

tjai·la *ge=, (<Zu., Xh., Tsw., infml.)* tjaile, stop working *(at the end of the day).* ~**tyd** tjaile time, knocking-off time.

tjak·kar =*kars, (polo)* chukka.

tjak·kie-tjak·kie *(game of marbles)* tjakkie-tjakkie.

tja·lie =*lies* shawl, wrap; →SJAAL.

tjalk *tjalke, (naut., rare)* spritsail barge.

tjank *ge=, (usu. a dog)* whine, yelp, yowl, howl, whimper; *(infml.: cry)* bawl, blub(ber); *iem. se ~ aftrap, (infml.)* switch s.o. off, cut s.o. short (*or* down to size). ~**balie** *(infml.)* crybaby, squealer, sniveller.

tjan·kend =*kende* yelping, howling; wailing; *(infml.)* squealing, snivelling.

tjan·ker =*kers* howler. **tjan·ke·ry** whining, yelping, squealing, howling, whimpering.

tjap *tjappe, n.* stamp; *(mark made by a)* stamp. **tjap** *ge=, vb.* stamp.

tjek *tjeks* cheque; *'n ~ **aanbied*** present a cheque; *'n **bankgewaarborgde** ~* a bank-guaranteed cheque; *met 'n* (of *per*) *~ **betaal*** pay by cheque; *'n **blanko** ~, (lit.)* a blank cheque; *'n **gekruiste** ~* →GEKRUIS; *die ~ is (deur die bank) **geweier*** the cheque bounced *(infml.);* →***weier;*** *'n ~ **keer*** stop a cheque; *'n **kontant**~* →KONTANTTJEK; *'n ~ **kruis*** cross a cheque; ***met** 'n ~, **per** ~* by cheque; *'n ~ **trek*** draw a cheque; *'n ~ **trek/wissel*** cash a cheque; *'n ~ **uitskryf/uitskrywe*** write a cheque; *'n ~ **van/vir** R1000* a cheque for R1000; *'n ~ **weier*** dishonour a cheque. ~**bedrog** cheque fraud. ~**boek** chequebook. ~**boekboer** chequebook farmer. ~**boekjoernalistiek** *(derog.)* chequebook journalism. ~**endossement** cheque endorsement. ~**kaart** cheque card. ~**rekening** cheque/current account. ~**teenblad** cheque counterfoil. ~**waarborg** cheque guarantee.

tjek·kie =*kies, (dim.)* cheque for a small amount.

tjel·lo =*lo's, (mus.)* (violon)cello. **tjel·lis** =*liste* cellist, violoncellist.

tjêr-tjêr =*tjêrs, (orn., infml., rare)* = HEUNINGWYSER.

tjien·ke·rien·tjee =*tjees, (bot.: Ornithogalum* spp.*)* chinkerinchee, chincherinchee, *(infml.)* chink.

tjie·sa *n., (<Fanagalo, Zu., min.: heating, burning, blasting)* cheesa. ~**stok** =*stokke, (fuse igniter)* cheesa stick.

tjilp *ge=, (infml.)* chirp, twitter, carol, tweet.

tjin·gel *ge=* jingle, tinkle, strum.

tjin·tjil·la →CHINCHILLA.

tjip *(cook., usu. in the pl.)* chip; *(comp.)* chip, microchip, silicon chip.

tjir *ge=, (onom.)* chirr.

tjirp *ge=, (onom.), (birds)* chirp, twitter; *(insects)* stridulate.

tjoef-tjaf, tjoef-tjaf *adv., (infml.: quickly)* chop-chop.

tjoe·kie[1] =*kies, (obs., rare)* chucker, pebble *(in children's games).*

tjoe·kie[2] =*kies, (infml.: prison)* can, cooler, slammer, sin bin, chok(e)y; *in die ~, (infml.)* in the can/clink/nick/slammer, in chok(e)y; *uit die ~, (infml.)* out of chok(e)y.

tjoek-tjoek *(children's lang.: a train)* choo-choo, puff-puff.

tjoe·ma *(obs., rare)* for love *(in games).*

tjoep·stil quite still/quiet, as still as a mouse; *dit was*

~ there was a hushed silence *(in the room etc.)*; ~ *raak* shut up like a clam.

tjog·gem *ge=, (infml., rare)* milk directly into one's mouth; →KLÊZA.

tjok·a·rend = ROOFAREND.

tjok·ka *=kas, (infml., esp. as bait: Loligo spp.)* chokka, squid; *(Sepia spp.)* chokka, cuttlefish.

tjok·ken·blok *adj. & adv., (<Eng., infml.)* chock-a-block.

tjok·ker *(infml.), ([large] nose)* honker; *(also* tjokker=tjie*)* kid(die), nipper, youngster.

tjok·ker·bek(-)aas·vo·ël = SWARTAASVOËL.

tjok·vol *(<Eng., infml.)* chock-full, crammed full; *dit was* ~ the place was packed, there was a capacity crowd.

tjom·mel *ge=, (infml.)* nag, grouse, natter, grumble, moan; *oor iets* ~, *(infml.)* grouse about s.t. *(infml.)*, grumble about/at/over s.t.. **tjom·me·laar** *=laars* grouser.

tjom(·mie) *(infml.)* pal, buddy, mate, chum, *(SA)* chom=mie.

tjop *tjops, (<Eng., cook.)* chop. **tjop·pie** *=pies, (dim.)* small chop.

tjop·per *(infml.: a helicopter; a bicycle/motorcycle with high handlebars)* chopper.

tjor *tjorre,* **tjor·rie** *=ries, (infml.: a ramshackle car)* jalopy, crock, rattletrap, boneshaker; *(SA)* jammy, *(<Tsw.)* skorokoro.

tjor-tjor *=tjorre, =tjors, (icht., infml.)* chor-chor; →KNOR=DER.

tjorts *ge=, vb., (infml.)* poo(h), do a poo(h); fart, poop. **tjorts** *interj., (infml.)* bottoms up, here's mud in your eye; *o,* ~! oops!, oh, gosh/heck!, shucks!.

tjou-tjou *(cook. etc.)* hotchpotch; chow-chow. **~-kon=fyt** mixed preserve. **~-spul** mixed/common/feeble lot/crowd; hotchpotch, mixture.

tjou·vo·ël = PIET-TJOU-TJOU.

tjwa·la *(<Zu.: sorghum beer)* tshwala.

tob *ge=: iem. ~ oor iets* s.o. broods over/about s.t., s.o.'s mind dwells on s.t.. **tob·ber** *=bers* worrier; *'n egte ~ wees* always be worrying, fret one's life away. **tob·be·rig** *=rige* worrying. **tob·be·ry** worry(ing), *(infml.)* navel contemplating/gazing.

to·bie *=bies, (orn.: Haematopus spp.)* oystercatcher; *bont~, (H. ostralegus)* Eurasian oystercatcher; *swart~, (H. moquini)* African black oystercatcher.

to·bog·gan *=gans* = RODELSLEE.

toc·ca·ta *=tas, (mus.)* toccata.

toe[1] *toe toër toeste, adj. & adv.* shut; *(infml., derog.)* dull(-witted), dense, dumb, nerdish, nurdish, nerdy, nurdy, clottish; →TOEËRIG; ~ ***baan/kring*** closed circuit; →KRINGTELEVISIE; *iets **bly*** ~ s.t. remains shut/closed/locked; *'n ~ **deur*** a closed door; *die **deur** is ~, (also)* the door is fast; ***dig** ~ wees* be tightly shut; *iets ~ **hou*** keep s.t. shut/closed/locked; *so ~ soos 'n **kleios**, (infml., derog.)* (as) thick as a plank *(or* two [short] planks), dead from the neck up; *iets ~ **kry*** get s.t. (to) shut/close/lock; *iets ~ **laat*** leave shut/closed/locked; *alles **lê** ~ van die sneeu* everything is covered with snow; ~ *wees **onder*** ... be buried under ..., be swamped with ... *(work etc.)*; be smothered in ...; be wrapped in ... *(fog etc.)*; ~ ***sloot/voor**, (mil.)* covered trench; *iets **staan*** ~ s.t. is shut/closed/locked; s.t. is unoccupied; *iets ~ **staan*** encircle s.t., form a ring round s.t., cluster round s.t.; ***styf*** ~ *wees* be shut fast.

toe[2] *adv.* then, at that time; in those days; to(wards); in addition *etc.*; ***af** en ~* →AF *adj. & adv.*; *(selfs) ~ **al*** even then; ~ ***eers, eers*** ~ only then; not till/until then; ***en*** ~ so then; ***(en)** ~ loop/ens. iem.* (and) so s.o. left/etc.; *iem. **het** ~ (nie) gekom/ens. (nie)* s.o. did (not) come/etc. after all; *op die **koop*** ~ →KOOP *n.*; *die omstrede film het pas begin draai ~ **moes** dit weer onttrek word* the con=troversial film had hardly been shown when it had to be withdrawn; ***(na)** ... ~* to ... *(a destination)*; ***net*** ~ just then; ~ *en **nou/tans*** then and now; ***sleg** daaraan ~ wees* →SLEG[1] *adv.*; ***tot** ... ~* →TOT[1] *prep.*; ***van** ~ af* since then, from then (on); ***van*** ~ *af nog altyd* ever since; *en **van** ~ af gaan dit beter* since then things have been better; ***van** ~ (af) tot nou* from that day to this; *iem. wil weet **waar** hy/sy aan ~ is* s.o. wants to know where he/she stands; *dit **was** ~ (nie) ... (nie)* it turned out (not) to be ...; *en ~, **wat** gebeur hier?* now then, what's going on here?. **toe** *conj.* when; as, while; whenas; ~ *iem. daar **(aan)kom**, het die vertoning reeds begin, die vertoning het reeds begin ~ iem. daar (aan)kom* when s.o. arrived/got there the show had already be=gun, the show had already begun when s.o. arrived/got there; *net ~ dit **gebeur*** just when it happened; ~ *ek vanoggend werk toe **stap**, het dit begin reën, dit het begin reën ~ ek vanoggend werk toe stap* as/while I was walking to work this morning it started to rain, it started to rain as/while I was walking to work this morning, I was walking to work this morning when it started to rain; *net ~ iem. **wou*** ... just as s.o. was about to ...

toe[3] *interj.* please, do; come on; →TOENOU *interj.*; ~ ***dan!*** now then!; ~ *(dan) **maar!*** very good/well!; ~ ***maar*** (of *~maar)!* never mind!; all right!; there, there!, there now!; ***nou** ~ **nou!*** →TOENOU; ~ ***nou!*** →TOENOU; ***nou** ~, ek het jou mos gesê!* you see, I told you!; ***nou** ~, jy kan mos!* come on, you can do it!; ~, ~*(, **op=skud**) julle!* come on, guys(, shake a leg)!; ~ *(dan) **tog!*** come on, please!; oh, come on!, for goodness sake!.

toe·an *=ans, (Mal.: sir, lord)* tuan.

Toe·a·reg *=regs, (a Berber nomad of the Sahara)* Tuareg.

toe·be·deel *het ~* allot, mete out, assign, apportion.

toe·be·hoort *het ~, (rare)* belong to. **toe·be·hoor=sel** *=sels* fitting, accessory, attachment; appurtenance, appendage; *(also, in the pl.)* furnishings, trimmings; *los en vaste ~s* fittings and fixtures. **toe·be·ho·re** *n. (pl.)* fittings; furniture; requisites; belongings, para=phernalia; *los en vaste* ~ fittings and fixtures.

toe·bek(·moer)·sleu·tel *(rare)* ring spanner.

toe·be·rei *het ~, (fml.)* prepare *(food)*; dispense, make up, prepare, fill *(a prescription)*. **toe·be·rei·der** *=ders* dispenser. **toe·be·rei·ding** preparation; dressing; dis=pensing. **toe·be·reid·sel** *=sels, n. (usu. in the pl.)* prepa=ration; *~s maak* get ready, make preparations, pre=pare.

toe·be·skik *het ~, (rare)* mete out, allot, assign.

toe·be·trou *het ~, (rare)* = TOEVERTROU.

toe·bid *toege=: iem. voorspoed ~* pray God that s.o. may prosper.

toe·bie *(infml.: a sandwich)* sarmie *(SA)*.

toe·bind *toege=* tie up, fasten, secure; strangulate; ligature *(an artery)*.

toe·blok *toege=* block (up), cut off, seal *(fig.)*.

toe·bou *toege=* build in/round, build/block up; wall in/up.

toe·bring *toege=, (fml., rare)* give/strike *(a blow)*; inflict *(a defeat, a loss, etc.)*; →TOEDIEN; *iem. lof ~* praise s.o., give s.o. praise.

toe·brood·jie sandwich. **~smeer** sandwich spread.

toe·buig *toege=* close by bending, bend closed/shut/together, taper off.

toe·byt *toege=* close by biting, bite closed; *iem. iets ~* snarl/snap s.t. at s.o..

toe·dam *toege=* dam/block up; crowd round, mob, storm *(s.o.)*.

toe·deel *toege=, (fml.)* allot, mete out, apportion, deal. **toe·deel·baar** *=bare: wins ~ aan aandeelhouers* →TOE=SKRYFBAAR. **toe·de·ling** apportionment, allotment. **toe·de·lings·ge·ding** apportionment suit.

toe·dek *toege=* cover (up); blanket; thatch *(a roof)*.

toe·dien *toege=* give *(a blow, beating)*; administer *(pun=ishment, a sacrament, medicine, etc.)*; mete out, inflict *(punishment)*; *iets aan iem. ~* administer s.t. to s.o. *(med=icine, punishment, etc.)*; *iem. 'n ne(d)erlaag ~* →NEDER=LAAG. **toe·die·ning** administration, inflicting, appli=cation, meting out; ~ *van medisyne* medication.

toe·dig *toege=: iets aan iem. ~* impute/ascribe/attribute s.t. to s.o.. **toe·dig·ting** imputation, insinuation.

toe·ding →TOERING.

toe·doen *n.* instrumentality, aid; ***buite** jou (eie) ~* through no fault of one's own; ***deur** iem. se ~* with s.o.'s aid; thanks to s.o.; ***deur** sy/haar ~ het/was ..., (also)* it was his/her doing that ...; ***deur** iem. se ~ ly/sterf* suffer/die at s.o.'s hands; ***deur eie*** ~ through one's own fault; ***sonder** sy/haar ~* but/except for him/her, if it had not been *(or* weren't it) for him/her. **toe·doen** *toege=, vb.: dit doen niks daar(aan) toe nie* that makes no difference.

toe·dra *toege=, (fml.)* bear; *iem. agting ~* respect s.o., hold s.o. in esteem.

toe·draad *toege=* fence in.

toe·draai *toege=* wrap up *(a parcel)*; turn/shut off *(a tap)*; swaddle, enswathe; muffle; *iets in/met papier ~* wrap s.t. in paper; *in ... toegedraai wees* be wrapped in ... *(paper etc.)*; be swathed/swaddled in ... *(blankets etc.)*.

toe·drag circumstances, particulars; *die **juiste** ~ van die saak* the ins and outs *(or* all the particulars) of the case, the rights of the matter; *die ~ van **sake*** the state of affairs; the facts of the case; *dit is die ~ van **sake*** this is what happened; *die **ware/werklike*** ~ the (ac=tual) facts; the rights of the case.

toe·druk *toege=* shut, close; constrict; *iem. se keel ~* throttle/strangle/choke s.o.; *jou neus ~* hold one's nose; *jou oë ~* close/shut one's eyes.

toe·dryf, toe·dry·we *toege=* silt up.

toe·ei·en *toegeëien: jou iets ~* appropriate s.t. to o.s.; arrogate s.t. to o.s.. **toe·ei·en·baar** *=bare* appropri=able. **toe·ei·e·ning** arrogation, appropriation, assump=tion; *wederregtelike ~* misappropriation, fraudulent conversion.

toe·ë·rig *=rige* overcast, cloudy *(sky)*; partly blocked/closed; *(infml.)* not very bright *(s.o.)*; →TOE[1] *adj. & adv.*.

toe·fa *(geol.)* tufa. **toe·fa·ag·tig, toe·fa·äg·tig** *=tige* tufaceous.

toe·fluis·ter *toege=* whisper *(to s.o.)*.

toe·gaan *toege=* shut, close; *(a wound)* heal; *dit gaan daar jolig toe, (obs.)* they're having a jolly time there.

toe·gang *=gange* entrance; admission, access, entrée, ingress; way in, approach; *die deur **gee** ~ na die tuin* the door leads into the garden; ***geen*** ~ no entrance; no entry; no admittance; ~ ***gratis/vry*** admission free; ~ *tot ... **hê*** have access to ...; have entrée into ...; have recourse to ... *(a court)*; *die ~e **na** 'n plek* the approach=es to a place; ~ ***alleen vir sake*** no admittance except on business; ~ ***verbode*** no admittance; ~ *tot ... **ver=kry*** gain/get/obtain access to ...; gain admission to ...; gain admittance to ...; ~ ***verkry**, (also)* effect an en=trance; ~ ***verkry/verskaf**, (comp.)* access; *iem. ~ tot ... **verleen*** give s.o. admission to ...; *iets **verleen** ~ tot ...* s.t. gives admittance to ...; ***vrye** ~ tot 'n huis hê* have the run of a house; ~ *aan iem. **weier*** refuse s.o. ad=mission.

toe·gangs-: **~bewys, ~kaart(jie)** ticket of admission. **~deur** access door. **~geld(e)** gate/door/entry money, entrance fee. **~kaart(jie)** entrance ticket. **~pad** access/approach road. **~permit** entry permit. **~prys** (price of *or* charge for) admission; *die ~ betaal* pay the ad=mission. **~put** *(rare)* manhole; →MANGAT. **~tonnel** adit. **~tyd** *(comp.)* access time. **~visum** entry visa. **~weg** approach.

toe·gank·lik *=like* accessible, approachable, get-at-able; pervious, penetrable; *~e **fosfaat*** available phos=phate *(in a fertiliser)*; *iets ~ **maak*** open up s.t.; ***vir** iem. ~ wees* be open/accessible to s.o.; ~ ***vir** nuwe gedagtes* open-minded. **toe·gank·lik·heid** accessibility, ap=proachability; ~ *vir die publiek* public access; *die ~ van iets vir iem.* the accessibility of s.t. to s.o..

toe·ge·daan: *'n mening ~ wees* →MENING.

toe·gee *toege=* admit, grant, concede; comply; yield, give away/in; *(obs.)* give extra (into the bargain); →TOE=GEWEND[1], TOEGEWING; ***aan** ... ~* pander to ... *(s.o.'s whims etc.)*; *iets **aan** iem. ~, iem. iets ~* concede s.t. to s.o.; yield s.t. to s.o.; ~ ***dat*** ... admit that ...; concede that ...; *toegegee **dat*** ... granted that ...; ***dit** gee ek toe* I grant you that, granted!; ***graag** iets ~* readily grants s.t.; ~ *aan jou* ***luste*** indulge one's desires/passions; *ek* ***moet*** *~ dat* ... I must admit that ...; *soos iem.* ***self*** ~ on s.o.'s own confession; *te* ***veel*** ~ be too indulgent. **~pad** yield road. **~teken** yield sign.

toe·geef·lik *-like, adj.* indulgent, permissive, compliant, forbearing, lenient; ~ *wees teenoor/jeens iem.* make allowances for s.o.; be indulgent towards s.o.. **toe·geef·lik** *adv.* indulgently, leniently. **toe·geef·lik·heid** indulgence, leniency, forbearance.

toe·ge·ne·ë ~ *meer* ~ *die mees* ~ affectionate, devoted, well-wishing, kindly disposed; *iem. ~ wees* have affection for s.o., feel affection towards s.o.. **toe·ge·neent·heid** affection, goodwill, devotion, regard (for); *iem. se ~ verkry* gain/win s.o.'s affection; ~ *vir/teenoor/tot iem. voel* have affection for s.o., feel affection towards s.o..

toe·ge·pas *-paste -pasde* applied; →TOEPAS; *~te wiskunde/wetenskap* applied mathematics/science.

toe·ge·rus *-ruste* equipped; endowed; →TOERUS; ***goed*** *vir iets ~ wees* be well equipped for s.t.; *'n* ***goed*** *~te inrigting/ens.* a well-endowed institution/etc.; *'n* ***goed*** *~te woonstel/restaurant/winkel* a well-appointed apartment/restaurant/shop; ***met*** ... *~ wees* be equipped with ...; ***sleg*** *~ wees* be ill-equipped; ***volledig*** *~te troepe, (also, chiefly hist.)* troops in marching order.

toe·ge·sê *toegesegde* promised; →TOESÊ.

toe·ge·skre·we ascribed, imputed; →TOESKRYF.

toe·ges·pe *toege-* buckle (up), clasp.

toe·ge·spits *-te* acuminate, taper-pointed; →TOESPITS; *iets is op* ... ~ s.t. centres on/round ...; s.t. is tailored for ...; s.t. is geared towards ... *(rehabilitation etc.); die geskil het hom ~* the dispute intensified.

toe·ge·staan *-stane* granted; →TOESTAAN.

toe·ge·voeg *-de* added, additional; conjoint, conjunct, conjugate(d); →TOEVOEG; *belasting op ~de waarde* value-added tax.

toe·ge·voer *-de* supplied; →TOEVOER; *~de vermoë/hoeveelheid, (elec.)* input.

toe·ge·vou *-de* folded up; *(bot.)* complicate; →TOEVOU.

toe·ge·wend[1] *-wende, adj.* indulgent, lenient, compliant, yielding, acquiescent, forbearing; concessionary; concessive *(clause)*; →TOEGEE. **toe·ge·wend** *adv.* indulgently, leniently. **toe·ge·wend·heid** indulgence, leniency, compliance, forbearance.

toe·ge·wend[2] *-wende, adj.* turned toward(s); →TOEWEND.

toe·ge·we·se appointed *(task)*; →TOEWYS; ~ *erfenis* appointed/assigned/allotted heritage.

toe·ge·wing *-wings, -winge* concession; compliance; allowance; tolerance; →TOEGEE; *by wyse van ~ aan iem.* as a concession to s.o.; *'n ~ aan iem. doen* make a concession to s.o.; *die eerste* ~ the thin end of the wedge. **toe·ge·win·kie** *-kies, (dim.)* small concession.

toe·ge·wy(d) *-wyde -wyder -wydste* (of *meer ~ die mees -wyde)* devoted, dedicated, keen; consecrated; →TOEWY; ***aan*** ... *~ wees* be devoted to ...; *~wyde* ***diens*** dedicated/unstinting service; *~wyde* ***geheue****, (comp.)* dedicated memory; *~wyde* ***rekenaar*** dedicated computer. **toe·ge·wyd·heid** devotedness, devotion, dedication.

toe·ge·ys *-ysde, -yste* frozen over; →TOEYS.

toe·gif *-gifte* encore; extra; perquisite; *'n ~ sing/speel* give an encore.

toe·gooi *toege-* cover up; fill up, fill in; slam *(a door)*; ***iem. iets*** *~, (rare)* throw s.t. at s.o.; ***onder*** ... *toegegooi word, (infml.)* be inundated with ... *(inquiries etc.)*; *iets* ***onder*** *die strooi ~* cover s.t. with straw, heap straw (up)on s.t.; ***onder*** *die werk toegegooi wees, (infml.)* be up to the ears/eyes in work; ... ***weer*** *~, (esp. archaeol.)* backfill ... *(an excavated area)*.

toe·gren·del *toege-* bolt.

toe·groei *toege-* overgrow; *(a wound)* heal (over), cicatrise, skin.

toe·gryns *toege-* grin at; make a grimace at.

toe·haak *toege-* hook up, fasten up.

toe·hoor *toege-* listen to. **toe·hoor·der** listener, hearer; *(also, in the pl.)* listeners, audience.

toe·hou *toege-* keep shut.

toe·juig *toege-* applaud, cheer, clap; hail, shout approbation; welcome *(a plan)*; *iem.* ***dawerend*** ~ cheer s.o. to the echo/rafters; *iem.* ***hartlik*** ~ give s.o. a big/good hand *(infml.)*; *iem.* ***staande*** ~ give s.o. a standing ovation; ***staande*** *toegejuig word* get a standing ovation. **toe·jui·gend** *-gende* acclamatory, plauditory. **toe·jui·ging** applause, cheers, cheering, ovation, plaudit; *iets met ~* ***begroet*** greet s.t. with acclamation; ***dawerende*** ~ a burst/salvo of applause; rousing/thunderous applause; *iets kry* ***luide*** *~ van die skare* s.t. brings loud cheers from the crowd; ***onder*** ~ to applause; *onder ~ van die* ***skare*** to the cheers of the crowd; *groot ~* ***uitlok*** be loudly cheered; ***verspreide*** ~ ragged cheers.

toe·ka of old; *in ~ se dae/tyd, (infml.)* in (the) days of old, in the olden days, in days of yore; *van ~ af, van ~ se dae/tyd (af), (infml.)* from/since the year dot, since Adam was a boy, from/since time immemorial; for ages (*or* donkey's years); *iem. (al) van ~ (se dae) af ken, (also, infml.)* know s.o. for yonks.

toe·kamp *toege-* fence in/off, hedge about.

toe·kan *-kans,* **reën·boog·vo·ël** *-voëls, (orn.)* toucan.

toe·keer *toege-* turn to; *iem. die rug ~* →RUG[1].

toe·ken *toege-* award *(marks, a prize)*, give, accord, grant, allocate, allot; credit *(s.o. with s.t.)*; *iets* ***aan*** *iem.* ~ award s.t. to s.o. *(a prize etc.)*; allot s.t. to s.o.; confer s.t. on s.o. *(a degree etc.)*; *die* ***beurs*** *word toegeken vir drie jaar* the scholarship is tenable for three years; *'n* ***drie*** *~, (rugby)* allow a try; *die* ***kinders*** *is aan die moeder toegeken* the mother was granted custody of the children; *die eerste* ***prys*** *is aan* ... *toegeken* ... was awarded (the) first prize, (the) first prize went to ... **toe·ken·ning** *-nings, -ninge* grant(ing), award(ing), conferment; allocation, allotment; *'n ~ aan* ... *doen* make an award to ... **toe·ken·nings·brief** letter of allotment/allocation, allotment note.

toe·klap *toege-* shut with a bang *(tr., intr.)*, slam, bang *(a door)*.

toe·knik *toege-* nod to.

toe·knip *toege-* clasp *(a necklace etc.)*; snap shut *(a pocketknife etc.)*; *'n halssnoer om jou nek ~* clasp/snap a necklace round one's neck.**toe·knip(·pie)** press stud.

toe·knoop *toege-* button up, fasten (up) *(one's coat etc.)*; *iets word agter toegeknoop* s.t. buttons at the back. **~hemp** coat shirt. **~trui** = KNOOPTRUI.

toe·knyp *toege-* shut tightly *(eyes)*; *iem. se keel ~* strangle s.o..

toe·kom *toege-: gee die* ***duiwel*** *wat hom ~* →DUIWEL *n.*; ***elkeen*** *gee wat hom/haar ~* give everyone his/her due; *dit kom* ***iem.*** *toe* it is s.o.'s share/due, s.o. has a right to it, it belongs to s.o.; *geld/ens. wat* ***iem.*** ~ money/etc. which is due to s.o.; ***kry*** *wat jou ~* get what is due to one; come into one's own; *iets aan iem.* (of *iem. iets*) ***laat*** ~ let s.o. have s.t..

toe·ko·mend *-mende* future, next; *~e tyd, (gram.)* future tense; *wins ~e aan aandeelhouers* = WINS TOESKRYFBAAR AAN AANDEELHOUERS.

toe·koms future, futurity; *wat die ~* ***sal bring*** (of ***inhou***) what the future has in store (*or* holds); *'n* ***duister*** ~ a dark/gloomy future; *dit het* ***geen*** *~ nie* there's no future in it; *'n ~* ***hê*** have a future; ***in*** *die ~* in the future; in days/time to come; *(ver/vêr) in die ~* ***kyk*** take a/the long view; *in die* ***naaste*** ~ in the immediate future; *in die* ***nabye*** ~ in the near future; *binne die* ***nabye*** *~, (also)* in the short term; *nie weet wat die ~ sal* ***oplewer*** *nie* not know what the future holds (*or* has in store); *'n* ***rooskleurige*** ~ a bright/rosy future; *in die ~* ***sien*** read (*or* see into) the future; *vir die ~* ***sorg*** take thought for the future; *die ~* ***staan*** *vir iem. oop* the future is s.o.'s; ***ver/vêr*** *in die* ~ in the (sweet) by and by *(infml.)*; *die ~* ***verpand****, (idm.)* give hostages to fortune; *in die* ***verre*** ~ in the distant future; *iem. se ~ is* ***verseker*** s.o. is made for life *(infml.)*; *iem. se ~* ***voorspel*** tell s.o.'s fortune; *die ~* ***voorspel*** read (*or* see into) the future; *jou ~ aan iets* ***waag*** stake one's future on s.t.. **~beeld** picture of the future, shape of things to come. **~beleid** future policy; long-term policy. **~blik** vision. **~droom** dream of the future, castle in the air. **~fantasie** science fiction. **~ideaal** ideal for the future. **~kunde** futurology. **~leser** fortune teller. **~musiek** dream of the future, music of the future. **~navorsing** futures research. **~plan** plan for the future. **~skok** future shock. **~wedren** *(betting)* futurity race/stakes.

toe·kom·stig *-stige* future; intended, prospective, would-be; forthcoming; *~e besit* expectancy; *~e dinge* things to come; *die ~e koning(in)* the future king/queen, the king/queen to be.

toe·kos *(cook.)* side dish.

toe·kring·te·le·vi·sie *-sies, (rare)* = KRINGTELEVISIE.

toe·kruid condiment.

toe·kry *toege-* succeed in closing; get s.t. into the bargain.

toe·kurk *toege-* cork (up), bung.

toe·kyk *toege-* look on, watch; *(magteloos) ~ hoe iets gebeur* look on (*or* watch) (helplessly) as/while s.t. happens. **toe·ky·ker** onlooker, spectator.

toe·laag *-lae* →TOELAE.

toe·laat *toege-* allow, permit, suffer, countenance, tolerate; admit, let in; authorise; →TOELATING; *iem.* ***as*** ... *~* admit s.o. as ... *(an advocate etc.)*; *iem. tot die* ***balie*** *~* →BALIE[2]; *iem.* ***in*** ... *~* admit s.o. to ... *(a place)*; admit s.o. into ... *(a country)*; ***niemand*** *word by* ... *toegelaat nie* no one may see ... *(a patient etc.)*; *iem. ~* ***om*** *iets te doen* allow s.o. to do s.t.; *iem. word toegelaat* ***om*** *iets te doen* s.o. is allowed to do s.t.; s.o. may do s.t.; *iets* ***oogluikend*** *~* turn a blind eye to s.t., close/shut one's eyes to s.t.; connive at s.t.; *iem.* ***tot*** ... *~* admit s.o. to ... *(an examination, a place, membership, etc.)*; admit s.o. into ... *(a society)*; *iem.* ***tot*** *'n eksamen ~, (also)* allow s.o. to sit for an examination; *iem. se* ***verpligtinge/-tings*** *laat dit nie toe nie* s.o.'s commitments preclude (*or* do not allow for) it; *as die* ***weer*** *dit ~* depending (up)on the weather. **toe·laat·baar** *-bare* permissible; admissible; admittable *(lit.)*; allowable, sufferable; *~bare belasting/las* working load; *~bare fout* permissible error; *~bare spanning* working/admissible/permissible/allowable stress. **toe·laat·baar·heid** admissibility, permissibility.

toe·la·e *-laes,* **toe·laag** *-lae* grant, subsidy, allowance, bonus; *'n ~ kry* get/have/receive an allowance; *'n ~ toestaan* give an allowance; award/give/make a grant. **toe·la·gie** *-gies, (dim.)* small grant.

toe·lag *toege-* smile at/on; *die fortuin lag iem. toe* fortune smiles (up)on s.o.; *iem. vriendelik ~* beam (up)on s.o..

toe·lak *toege-* seal (up).

toe·la·ting *-tings, -tinge* permission; admission, admittance; entrance; allowance; *~ tot* ... entrance to ... *(a university etc.)*.

toe·la·tings-: **~eis** entrance requirement/qualification. **~eksamen** entrance examination. **~vereistes** *(pl.)* entrance qualifications. **~vorm** entrance form.

toe·lê *toege-: jou op iets ~* apply/address o.s. (*or* put/set one's mind) to s.t. *(a task etc.)*; concentrate (up)on s.t.; go in for s.t. *(farming etc.)*; specialise in s.t.; go out of one's way for (*or* to do) s.t..

toe·lig *toege-* explain, elucidate, illustrate; *jou mening ~* explain o.s., make one's meaning clear; *iets nader ~* explain s.t. more fully; *iets met voorbeelde ~* →VOORBEELD. **toe·lig·tend** *-tende* elucidatory. **toe·lig·ter** *-ters* elucidator. **toe·lig·ting** *-tings, -tinge* explanation, illustration, elucidation.

toe·loop *n.* throng, crowd, concourse; catchment (area), drainage area. **toe·loop** *toege-, vb.* swarm/throng round; muster; swoop upon; run up (to). **~gebied** drainage area, catchment (area).

toe·luis·ter *toege-* listen (attentively).

toe·maak *toege-* shut, close, cover (up); encase; muffle, blanket; put the lid on; button up; *iets* ***dig*** *~* shut s.t. tightly; *iem.* ***dig*** *~* tuck in s.o.; *jou* ***goed*** *~ wan-*

neer jy uitgaan wrap up well when one goes out; *iets* ***met*** ... ~ cover s.t. with ...; *iem.* ***warm*** ~ tuck s.o. up. ~**goed** wraps, blankets. ~**tyd** closing time.

toe·maar *interj.* →TOE³ *interj.*.

toe·mes·sel *toege=* brick up, wall up, block up.

toe·mond *adv., (infml.)* without speaking (*or* saying anything); mutely, dumbly.

toe·naai *toege=* = TOEWERK.

toe·naam *(rare)* = BYNAAM.

toe·na·der *toege=* approach, make overtures/advances/proposals. **toe·na·de·ring** *=rings, =ringe* approach; ad=vance; rapprochement, closer relationship, getting closer; ~ *tot iem. soek* make advances to s.o.; make approaches/overtures to s.o.; *daar het ~ tussen hulle gekom* they are on better terms now.

toe·na·me *=mes* increase, rise, growth; accrual, ac=cruement, increment; *'n ~ in ...* an increase in ...; a gain in ...; *'n dramatiese ~ in, (also, infml.)* a rash of ... *(attacks, robberies, etc.)*.

toen·dra *=dras, (ecol.)* tundra.

toe·neem *toege=, (costs etc.)* grow, increase, mount (up), (ac)cumulate, expand; *(s.o.'s temperature)* go up; *(the cold etc.)* become/grow worse (*or* more severe/intense); →TOENAME; ***aan*** *die ~* ***wees*** be on the in=crease; *in* ***gewig*** *~* →GEWIG² *n.*; ***in*** *... ~* gain in ...; *in* ***kragte*** *~* →KRAG; *in* ***lengte/breedte*** *~* become longer/shorter. ***sterk*** *~* increase greatly; *iets neem toe* ***van*** *...* ***tot*** *...* s.t. increases from ... to ... **toe·ne·mend, toe=ne·mend** *=mende* increasing; crescent; progressive; accumulative; rampant; *in ~e mate* increasingly, pro=gressively. **toe·ne·ming** increase, rise, growth, aug=mentation, expansion, waxing, gain; *by ~* increas=ingly; *~ van bevolking* increase in/of population; *~ met 1000* increase by 1000.

Toen·goes *=goese, (member of a people)* Tungus.

toen·koe *=koes, (Mal.: male title of rank)* tunku.

toen·maals *(fml.)* at that time, then. **toen·ma·lig** *=lige* then, contemporary; *die ~e regeerder* the then ruler, the ruler at that time.

toe·nou *interj., (infml.)* come along; that's/there's a good ... *(infml.)*; now then; →TOE³ *interj.*; *nou ~!, (infml.)* well I'm blessed!, (well) I'll be blowed!, did/have you ever?, bless my soul!, well I never!; just fancy/imagine (that)!, just think!, what do you know?, what next?, you don't say (so)!; well, well!; upon my word!.

toen·ter·tyd *(infml.)* at that/the time, then.

toe-o·ë, toe-oog *adv.* with closed eyes; *iets ~ doen* do s.t. without any effort; *~ loop* walk with the eyes closed. ~**(-)afspraak** blind date.

toe·pak *toege=* cover with, heap upon, pack with, load with; crowd.

toe·pas *toege=* apply *(rules)*; implement, put into prac=tice; enforce *(the law)*; inflict, administer *(punishment)*; →TOEGEPAS; *iets streng ~* apply/enforce s.t. rigorous=ly/strictly *(a rule etc.)*. **toe·pas·baar** *=bare* enforce=able. **toe·pas·baar·heid** enforceability. **toe·pas·lik** *=like* appropriate, suitable, apposite, relevant, apt, appli=cable, to the purpose; *~ wees op ...* apply (*or* be ap=plicable) to ...; *nie ~ nie* irrelevant, inapplicable, in=apposite. **toe·pas·lik·heid** applicability, suitability, appropriateness, appositeness; *~ op ...* relevance to ... **toe·pas·sing** *=sings, =singe* application, implementa=tion, putting into practice; enforcement *(of the law)*; *iets in/tot ~* ***bring*** put s.t. into practice; *iets is* ***op*** *... van ~* s.t. applies (*or* is applicable) to ...; *die ~* ***van*** *...* the application of ...; *die reël is* ***van*** *~* the rule holds good; ***vir*** *die ~ van dié/hierdie regulasie* for the pur=poses of this regulation.

toe·pas·sings-: ~**pakket** *(comp.)* applications pack=age. ~**program** *(comp.)* application program. ~**pro=grammatuur, toepassingsagteware** *(comp.)* appli=cation software.

toe·plak *toege=* close, seal *(a letter)*; paste/glue over, cover *(a hole)*, paper over; strap *(a wound)*.

toe·pleis·ter *toege=* plaster up.

toe·ploeg *toege=* plough under/down.

toe·prop *toege=* cork up, stop up, plug (up), stopple.

toer *toere, n.* tour, (pleasure) trip, jaunt; spin, ride, drive; trick; feat; stunt; revolution *(of a machine)*; →TOERTJIE, TOERE=; *~e uithaal* do stunts; *op volle ~e leef/lewe, (infml.)* live life in the fast lane, live on the fast track. **toer** *ge=, vb.* tour, make/take a trip. ~**be=stuurder,** ~**organiseerder** road manager *(of a rock group etc.)*. ~**beurt** *(rare)* turn. ~**bus** motor coach, touring bus, charabanc. ~**gids** tour guide, tourist guide ~**groep,** ~**geselskap** touring party. ~**klub** *=klubs* touring club. ~**model** touring model. ~**motor** touring car, tourer. ~**opvoering** roadshow. ~**organi=seerder** tour operator; →TOERBESTUURDER. ~**rekord** *=kords, (sport)* tour record. ~**skip** tourist ship, cruiser. ~**span** touring team. ~**vakansie** touring holiday. ~**vertoning** roadshow.

Toe·ra·nies *n., (lang. group)* Turanian. **Toe·ra·nies** *=niese, adj.* Turanian.

toe·rank *toege=, (a vine, creeper, etc.)* cover, grow/creep over, entwine *(a wall etc.)*.

toe·re-: ~**tal** number of revolutions; *~ per minuut* revolutions per minute; *die ~ opstoot* rev up *(infml.)*. ~**teller** tachometer, revolution indicator (counter), gyrometer.

toe·reik *toege=, (poet., liter.): iem. iets ~* pass/hand s.t. to s.o.. **toe·rei·kend** *=kende, adj.* adequate, enough, sufficient. **toe·rei·kend** *adv.* enough, adequately, suf=ficiently. **toe·rei·kend·heid** adequacy, sufficiency.

toe·re·ken *toege=: iem. iets ~* impute s.t. to s.o., blame s.t. on s.o., charge s.o. with s.t., lay s.t. to s.o.'s charge, make s.o. accountable for s.t.. **toe·re·ken·baar** ac=countable, responsible; culpable *(a deed)*; *die misdaad is iem. nie ~ nie* the crime cannot be imputed to s.o.. **toe·re·ken·baar·heid** accountability, responsibility, imputability; culpability *(of a deed)*. **toe·re·ke·ning** attribution, imputation. **toe·re·ke·nings·vat·baar** *=bare, (jur.)* culpable, accountable *(a pers.)*. **toe·re·ke=nings·vat·baar·heid** *(jur.)* culpability, accountability *(of s.o.)*.

Toer·gen·jef *(Russ. novelist and dramatist)* Turgenev.

toe·ring *=rings,* **toe·ding** *=dings* pagoda hat.

toe·ris *=riste* tourist, tripper, sightseer. **toe·ris·me** tourism, touring. **toe·ris·ties** *=tiese* touristic(al), tourist.

toe·ris·te-: ~**attraksie** tourist attraction. ~**bedryf** tourist industry. ~**bond** tourist union. ~**hotel** tourist hotel. ~**-inligtingsentrum,** ~**kantoor** tourist infor=mation centre, tourist office. ~**klas** tourist/economy class. ~**land** tourist country. ~**oord** tourist resort. ~**paspoort** tourist passport. ~**reis** sightseeing tour. ~**seisoen** tourist season. ~**skip** cruise ship. ~**ver=keer** tourist traffic.

toe·ris·ties *=tiese, (infml., often derog.)* touristic, touristy.

toe·rits *toege=* zip up. ~**baadjie, ritsbaadjie** zip-up jacket.

toer·ma·lyn *=lyne, (min.)* tourmaline.

toer·nee *=nees, (fml.)* tour *(of concerts etc.)*.

toer·ni·ket *=kette, (med.)* tourniquet.

toer·nooi *=nooie, n., (sport)* tournament; *(hist.)* tour=ney, joust, tilt; *oop/ope ~* pro-am (tournament) *(in=volving both professional and amateur golfers)*. ~**reeks** circuit. ~**spelers** *(pl.)* tournament players, circuit.

toe·roep *toege=, (poet., liter.)* call/cry/shout to, hail.

toe·roes *toege=* become covered with rust, become choked/blocked with rust.

toe·rol *toege=* roll up, wrap up, tuck up.

toer·tjie *=tjies, (dim.)* trick, stunt; turn; spin; short tour, trip; →TOER *n.*; *~s uithaal* do stunts.

toe·ruk *toege=* close with a jerk.

toe·rus *toege=* equip *(an army)*, fit out/up; stock *(with)*; furnish; →TOEGERUS; *iem. met iets ~* equip (*or* fit up) s.o. with s.t.; *iem. vir iets ~* equip s.o. for s.t.; *jou ~ vir ...* prepare (*or* get ready) for ...

toe·rus·ting *(usu. no pl.)* equipment; apparatus; kit; fitting out, preparation; plant *(of a factory)*. ~**ver=huring** plant hire.

toe·ryg *toege=* lace (up) *(boots)*; tack (up). ~**skoen** lace-up (shoe).

toe·sak *toege=* close round; fall in; ***almal*** *sak op ... toe* all go for ... *(infml.)*; ***dit*** *(of die weer) sak toe* there's rain coming; ***op*** *... ~* descend (up)on ...; swoop upon ... *(the enemy etc.)*; ***op*** *iem. ~, (also)* beat a path to s.o.'s door; mob s.o..

toe·sê *toege=* promise, undertake; →TOEGESÊ; *iets aan iem. ~, iem. iets ~* promise s.t. to s.o., promise s.o. s.t.. **toe·seg·ging** *=gings, =ginge* promise, undertaking.

toe·se·ël *toege=* seal up.

toe·sen·ding *=dinge, =dings* dispatch, forwarding, sending, consignment.

toe·sien *toege=* look on; take care; *~ dat ...* see (to it) that ..., make sure that ...; *iem. kan nie ~ hoe iets ge=beur nie* s.o. cannot stand (idly) by and let s.t. hap=pen; *iem. moes maar ~* s.o. had to make the best of it. **toe·sien·de** supervisory; *~ raad* supervising board; *~ voog* coguardian.

toe·sig supervision, oversight, surveillance, care; in=vigilation *(at an examination)*; *~ oor ...* ***hê*** be in charge of ...; *by 'n eksamen ~* ***hou*** invigilate (at) an exami=nation; *~* ***hou*** *oor ...* supervise ..., control ...; *die ~ oor 'n kind* ***kry*** get custody of a child; *iets sonder ~* ***laat*** leave s.t. unattended; ***onder*** *~ van ... wees* be in the charge of ...; be in/under the custody of ...; be un=der the supervision of ...; ***onder*** *~ wees, (also)* be un=der surveillance; *iets staan* ***onder*** *iem. se ~* s.t. is in s.o.'s charge, s.o. has charge of s.t.; ***Raad*** *van T~, (obs.)* = GEVANGENISINSPEKTORAAT; ***sonder*** *~* un=supervised; ***strenger*** *~ uitoefen* tighten up control; *die ~ oor 'n kind aan die vader/moeder* ***toeken*** award/grant custody of a child to the father/mother. **toe=sig·hou·dend** *=dende* supervisory. **toe·sig·hou·er** su=pervisor, overseer; superintendent; minder; floor=walker.

toe·sing *toege=, (poet., liter.)* sing to; welcome with song.

toe·sit *toege=: iem. ~* cheat s.o., do s.o. down (*or* one in the eye).

toe·skiet·lik *=like, adj. & adv.* accommodating(ly), obliging(ly), complaisant(ly). **toe·skiet·lik·heid** oblig=ingness, complaisance.

toe·skou·er *=ers* spectator, onlooker, viewer, bystander; *die ~s, (also)* the gallery.

toe·skreeu *toege=* shout at.

toe·skroef, toe·skroe·we *toege=* screw down/on *(a lid)*; screw up *(a door)*.

toe·skroei *toege=* sear (up), cauterise; *iem. se gewete is toegeskroei* →GEWETE. **toe·skroei·ing** cauterisation.

toe·skryf, toe·skry·we *toege=: iets aan ... ~* attrib=ute s.t. to ...; ascribe s.t. to ...; blame s.t. on ...; credit s.t. to ...; put/set s.t. down to ...; *iets is aan ... toe te skryf/skrywe* s.t. is attributable to ...; s.t. is due to ...; →TOEGESKREWE. **toe·skryf·baar** *=bare* attributable; *wins ~/toedeelbaar aan aandeelhouers* profit attribut=able to shareholders.

toe·skuif, toe·skui·we *toege=* close *(a window)*; draw *(curtains)*; slide *(a drawer)* into its place; push *(s.t.)* to *(s.o.)*.

toe·skyn *toege= (rare)* = SKYN *vb.*.

toe·slaan *toege=, vb. (tr.)* slam, bang *(a door)*; shut *(a book)*; strike, make a dead set *(at)*; strike the bargain; *(a door)* swing to; *(a cake)* collapse; *(s.o.'s ears)* (go) pop; *iem. se kop het toegeslaan* s.o.'s mind went blank; *iem. slaan op ... toe* s.o. clamps down on ... *(violence etc.)*; *(infml.)* s.o. cracks down on ... *(criminals etc.)*; s.o. strikes at ... *(the enemy etc.)*; *iets op iem. ~* knock s.t. down to s.o. *(at an auction)*. ~**deur** swing door. ~**prys** knock=down price.

toe·slag *toeslae* (extra) allowance, bonus; surcharge; increase, increased amount; *'n ~ betaal* pay a sur=charge, pay extra.

toe·slik *toege=* silt up, warp; *grond laat ~* warp land. **toe·slik·king** silting up, siltation.

toe·sluit *toege=* lock (up), shut up. **toe·slui·ter** *=ters* locker.

toe·smeer *toege=* smear over, putty up, stop (up) *(a hole, leak, etc.)*; cover up, paper over *(fig.)*, gloss over; grout. **toe·smeer·de·ry, toe·sme·ring** *(fig.)* cover-up.

toe·smyt *toege=* slam/bang *(a door); iem. iets ~* pitch/fling/chuck s.t. at s.o..

toe·snel *toege=* dash/rush/run up.

toe·snoer *toege=* lace up; *iem. die mond ~* silence/gag s.o..

toe·snou *toege=* snarl/snap at, address harshly; *iem. iets ~* snarl/snap s.t. at s.o..

toe·sol·deer *toege=* solder up.

toe·span *toege=* fence in/off, round up; *iets met toue ~* rope off s.t..

toe·speld *toege=* pin up.

toe·spe·ling *=lings, =linge* allusion, reference, hint, insinuation, innuendo; *'n ~ op iets maak* allude (*or* make an allusion) to s.t.; *'n sydelingse ~* an oblique hint/reference.

toe·spits *toege=* point, sharpen; →TOEGESPITS; *jou aandag op ... ~* →AANDAG; *jou op iets ~* concentrate (up)on s.t., pay special attention to s.t., fasten onto (*or* on to) s.t.; specialise in s.t.; *iem. spits hom/haar daarop toe, (also)* s.o. makes a point of it.

toe·spoel *toege=* silt up.

toe·spoor *toege=, (mot.)* toe in. **toe·spo·ring** toe-in.

toe·spraak *=sprake* speech, address; *'n ~ **hou/afsteek/lewer*** deliver/give/make a speech; deliver/give an address; ***in** 'n ~ **op** ...* speaking at ...; *'n ~ **vir/voor** ...* a speech to ...; *'n **voorbereide** ~* a set speech; *'n **vurige** ~* a harangue. **toe·spra·kie** *=kies, (dim.)* short/little speech; *'n ~ hou/afsteek/lewer* deliver/give/make a short speech, say a few words.

toe·spreek *toege=* address *(s.o., a meeting)*; speak to, talk at *(s.o.)*. **toe·spre·king** addressing.

toe·spy·ker *toege=* nail up/down; coffin, encase.

toe·spys(e) = TOEKOS.

toe·staan *toege=* accede to, approve, grant *(a request)*; cede, accord, concede *(a right, privilege, etc.)*; permit; vouchsafe; consent to *(s.t.)*; favour with; →TOEGESTAAN; *'n appèl/eis ~* allow/grant an appeal (*or* a claim); *iets nie ~ nie* disallow s.t.; *'n versoek ~* comply with (*or* grant) a request.

toe·stand *=stande* state *(of affairs)*, position, condition, situation; trim; phase; *iem. se ~ is **bedenklik**, iem. verkeer in 'n **bedenklike** ~* s.o. is in a serious condition, s.o.'s condition is serious; *in 'n **benarde/ellendige/treurige** ~* in a sad/sorry plight; *in 'n ~ **berus**, met 'n ~ **genoeë** neem* accept a situation; *'n **dreigende/gevaarlike** ~* a dangerous situation; an ugly situation; *in 'n **goeie** ~ wees* be in a good condition; be in good preservation; be in good repair; *die ~ is **gunstig** vir ...* conditions are favourable for ...; *in 'n **kritieke** ~ wees* →KRITIEK *adj.*; *die ~ **red*** retrieve/save the situation; *in 'n **slegte** ~ wees* be in a bad condition; be in bad repair, be in a bad state of repair; *jou in iem. se ~ **verplaas*** put o.s. in s.o.'s position; *in 'n **verswakte** ~* in a reduced state.

toe·stands-: **~rapport** *(mil.)* situation report. **~verandering** *=ringe, =rings* change of state/situation/condition. **~werkwoord** *(gram.)* stative verb.

toe·steek *toege=* pin up *(a bandage etc.)*; shovel/dig under; dam up *(a furrow etc.)*; *(poet., liter.)* hold out, proffer *(one's hand)*.

toe·stel *=stelle, n.* apparatus; appliance, device, contraption, contrivance; gear; set; *(euph.: bomb)* device. **~kamer** instrument room.

toe·stel·le·tjie *=tjies* small device, gadget; small apparatus.

toe·stel·ling *(print.)* make-ready.

toe·stem *toege=* consent; assent, grant *(a request)*; *in/tot ... ~* comply with ... *(a request etc.)*; acquiesce in ...; agree to ... **toe·stem·mend** *=mende, adj. & adv.* affirmative(ly); consentient; permissive; *~ antwoord* reply in the affirmative. **toe·stem·ming** consent, assent; *(infml.)* go-ahead, green light, OK, O.K., okay; sanction; sufferance; favour; *~ **gee*** give/grant permission; *~ tot iets **gee*** give/grant permission for s.t.; consent (*or* give one's consent) to s.t.; *~ **kry*** get permission; *iem. se ~ vir iets **kry**, (also, infml.)* get s.o. to OK/O.K./okay s.t., OK/O.K./okay s.t. with s.o.; ***met** ~ van ...* by (*or* with the) permission of ...; ***sonder** ~* without consent; *iem. se **stilswyende** ~* s.o.'s tacit consent; ***vonnis** by ~* judg(e)ment by consent, consent judg(e)ment; *~ **vra*** ask permission. **toe·stem·mings·ak·te** document of consent.

toe·stop *toege=* stop (up), plug *(a hole)*, stop, block *(one's ears)*; occlude; block (up); *die gate (in iets) ~, (fig.)* plug the gaps (in s.t.); ***iem.** iets ~, (obs.)* slip s.t. into s.o.'s hand(s); *iets **met** ... ~* plug s.t. with ...; stuff s.t. with ...; ***met** ... toegestop wees* be plugged with ...; be stuffed with ...

toe·storm *toege=* swarm round, besiege.

toe·stroom *toege=, (water)* flow/stream towards; rush/flock towards, come in flocks, come flocking in(to), pour in, throng, muster; *~ na ...* flock to ... **toe·stroming** inflow, influx; flocking together/in, crowding/pouring in, press *(of people)*; affluxion.

toe·swaai *toege=* swing shut; *iem. lof ~* laud/praise s.o..

toe·swel *toege=* swell up, close with swelling.

toet[1] *n.: 'n digter van ~, (rare)* a poetaster, a poet not worthy of the name; *koffie van ~, (rare)* coffee of a sort; *hy is 'n man(netjie) van ~(, was hy beter, dan was hy goed), (infml.)* he is a lightweight.

toet[2] *n.: in die jaar ~* →JAAR.

toet[3] *ge=, vb.* hoot, honk, sound one's horn/hooter; *(a steam locomotive)* whistle; →TOETER; *~, ~!* beep, beep (*or* honk, honk)!; *iem. weet nie van ~ of blaas nie* s.o. does not know chalk from cheese, s.o. hasn't a clue. **~geluid, ~-toet** hoot, honk, beep.

toe·ta·kel *toege=, (also fig.)* maul, knock about, manhandle, lash into, belabour, flog, make havoc of, play havoc with, mob, savage, harry; *iem. **erg/kwaai/lelik** ~* beat s.o. up badly, give s.o. a battering; ***erg/kwaai/lelik** toegetakel word* be beaten up badly, take a battering; ***erg/kwaai/lelik** toegetakel wees* be in a sorry state, be badly mauled; *deur 'n **swerm bye** toegetakel word* be attacked by a swarm of bees.

Toe·tan·ka·men *(Eg. pharaoh, 14th cent. BC)* Tutankhamen, Tutankhamun.

toe·ten·taal, toe·ten·taal *(sl.)* = TOTAAL *adv.*.

toe·ter *=ters, n.* hooter, horn; *die ~ druk* sound/beep the horn *(of a car)*. **toe·ter** *ge=, vb.* honk, beep, sound one's horn; →TOET *vb.*; *skril ~, (a car)* blare (out). **~knop** hooter/horn button.

toe·tre·de *=des*, **toe·tre·ding** *=dings, =dinge* entry, ingress; accession; enrolment, joining; *iem. se ~ tot ...* s.o.'s entry into ... *(a debate, the labour market, a war, group, etc.)*. **toe·tre·dend** *=dende, (jur.)* intervening; *~e party* intervening party. **toe·tre·dings·geld** membership fee, entrance fee.

toe·tree *toege=* join *(a society)*; enrol; intervene, weigh in; *tot iets ~* join s.t. *(a society, the civil service, etc.)*; accede to s.t. *(a treaty etc.)*; become a party to s.t. *(an agreement, a dispute, etc.)*; enter s.t. *(a debate, the labour market, a war, etc.)*. **~geld** entrance fee, membership fee; →TOETREDINGSGELD.

toe·trek *toege=* shut, close, pull *(a door)* to; constrict, constringe; swindle, cheat; *iem. se **bors** is/het toegetrek* →BORS; ***dit** (of die lug) trek toe* the sky clouds over, it is becoming cloudy, the clouds are gathering; *die **gordyne** ~* →GORDYN; *iem. se **keel** trek toe as hy/sy net daaraan dink* the very thought of it makes s.o. (want to) choke. **~gordyn** draw curtain.

toets *toetse, n.* test; checkup; trial, ordeal; assay *(of metals)*; *(comp.)* key *(of a keyboard)*; *(mus.)* key, note *(of a keyboard)*; *(painting)* touch, stroke; *jou idees **aan** ander mense ~* bounce ideas off other people *(infml.)*; *'n ~ **aanlê*** apply a test; *'n ~ **aflê*** take a test; *(in) 'n ~ **deurkom/slaag*** pass a test; *die ~ **deurstaan*** pass/stand a test; pass muster, get by; *die ~e **druk/aanslaan*** press/strike the keys *(of a keyboard)*; *'n ~ op 'n monster **herhaal*** retest a sample; *die **hoogste/swaarste** ~* the supreme test; *iem. aan 'n ~ **onderwerp*** subject s.o. to a test; *iets aan 'n ~ **onderwerp*** subject s.t. to a test/trial; *(in) 'n ~ **sak/dop**, (infml.)* fail a test; *'n ~ **skryf/skrywe*** write a test; *'n **strawwe** ~* a stiff test; *'n **streng** ~* a severe test; *'n **swaar/sware** ~* a severe test; *'n ~ **toepas*** apply (*or* carry out) a test; *'n ~ op iem./iets **uitvoer*** conduct (*or* carry out) a test on s.o./s.t.; *iets is 'n ~ **van** ...* s.t. is a test of ... *(s.o.'s skill etc.)*; *'n ~ **vir** iets* a test for s.t. *(antibodies etc.)*. **toets** *ge=, vb.* (put to the) test, try, try out, prove; check, verify; assay *(metals)*; gauge; sample; *iets ~ **aan** ...* test/verify s.t. against ..., check s.t. with ... *(the facts etc.)*; ***iem.** ~, (also, infml.)* put s.o. through his/her paces; *iem. se **kennis** van iets ~* test s.o. on his/her knowledge of s.t.; *iem. in 'n **vak** ~, iem. se kennis van 'n vak ~* test s.o. in a subject; *iets **weer** ~* double-check s.t.. **~aanleg** pilot plant. **~alkohol** proof spirit. **~bank** testing bench. **~beampte** examiner. **~beeld** →TOETSKAART. **~bestuur** *ge=* test-drive. **~bord** *(comp., mus.)* keyboard, bank of keys. **~bordjie** keypad *(of an electron. device etc.)*. **~bordoperateur** *(print., comp.)* keyboard operator, keyboarder. **~geval** test case. **~hamer** tapping hammer. **~kaart, ~beeld** *(TV)* test card/pattern. **~kraan** test cock, petcock. **~lap** testing cloth. **~las** *=te* test load. **~loods** test pilot. **~naald** touch needle. **~reeks** (test) rubber; test series. **~rit** *=ritte* test drive. **~saak** test case. **~steen** touchstone; test brick; *die ~ vir ... is ...* the acid test for/of ... is ... **~terrein** testing ground; proving area. **~tyd** testing time. **~verbod** test ban. **~vlieg** *ge=, vb.* flight-test. **~vlug** *n.* test/proving flight, flight test. **~vraestel** test paper. **~(wedstryd)** test match.

toet·se·in·stru·ment keyboard instrument, clavier.

toet·ser *=sers* tester; checker; examiner; sampler.

toet·sings·reg right to test.

toe·val[1] *n.* chance, accident, coincidence, fortuity; contingency; *(apoplectic)* attack, fit, seizure, stroke, paroxism, ictus; →TOEVALLIG; *die ~ op die **baan**, (golf)* the rub of the green; *dit is **blote/skone/volslae** ~* it is mere/pure chance/coincidence, it is purely coincidental; *dis **geen** ~ dat ... nie* it's no accident that ...; *soos die ~ dit wou **hê**, ...* as luck would have it ..., the luck of the draw meant (that) ...; *'n ~ **kry*** have an attack; have a fit, be taken with a fit; ***louter** deur ~* by the merest chance; *iets aan die ~ **oorlaat*** leave s.t. to chance; *iem. wil niks aan die ~ **oorlaat** nie* s.o. wants to make assurance doubly sure; ***per** ~* by chance; by accident; by a fluke *(infml.)*. **~monster** random sample.

toe·val[2] *toege=* fall to, shut; fall on, cover; *(rugby)* kill *(the ball in the loose scrum)*; *iets val **aan** iem. toe* s.t. accrues to s.o.; *'n erflating/ens. het iem. **toegeval*** an inheritance/etc. fell to s.o.'s lot/share; *iem. word **toegeval** (of die mense val iem. toe) om ...* people are crowding round s.o. (*or* s.o. is inundated/swamped with demands/etc.) to ...; *iets is toegeval **van** die sneeu* s.t. is covered with snow; *dit val **vanself** toe* it shuts automatically. **toe·val·ling** *=lings, =linge* accrual.

toe·val·lig *=lige, adj.* accidental, casual, chance, fortuitous, incidental, coincidental; occasional; random *(selection)*; contingent; *~e besoeker* casual visitor; *~e meerderheid* scratch majority; *'n ~e ontmoeting* a chance meeting. **toe·val·lig, toe·val·li·ger·wys, toe·val·li·ger·wy·se** *adv.* by chance, accidentally, fortuitously, coincident(al)ly; *~ is iem ....* as it happens s.o. is ...; *~ iets hoor* overhear s.t.; *iem. ~ ontmoet* chance upon s.o.. **toe·val·lig·heid** coincidence, accident, happenstance; fortuitousness; randomness; contingency.

toe·ver·laat *(poet., liter.)* refuge; support, sheet anchor.

toe·ver·trou: *iets aan iem. ~, iem. iets ~* entrust s.t. to s.o. (*or* s.o. with s.t.); charge s.o. with s.t., commit s.t. to s.o.'s care/charge; confide s.t. to s.o.; leave s.t. to s.o.; *dit kan jy maar gerus aan hom/haar ~* that you can safely leave to him/her. **toe·ver·trou·ing** entrustment, commitment.

toe·vloed influx, flowing in, inflow, flush, inrush; flow, crowd, throng.

toe·vloei *n.* influx, (in)flow, flowing in. **toe·vloei** *toege=, vb.* flock/flow to/in, pour in. **~beheer** influx control. **toe·vloei·ing** = TOEVLOEI *n.*.

toe·vlug refuge, asylum, shelter, harbour, haven; recourse, fall-back; support; *jou* ***enigste*** *~* one's only recourse; *iem. se* ***laaste*** *~ wees* be s.o.'s last resort; *jou ~ tot ...* ***neem*** seek refuge with ...; have recourse to ..., resort to ... *(violence etc.)*; fall back (up)on ...; *jou ~ tot 'n land* ***neem*** take refuge in a country; *jou ~ tot iem.* ***neem,*** *(also)* go to s.o. for help, seek s.o.'s aid; *iem. moet sy/haar ~ tot ...* ***neem,*** *(also)* s.o. is thrown back (up)on ...; *'n ~* ***soek*** seek asylum.

toe·vlugs-: **~hawe** harbour of refuge. **~oord** (house of) refuge, sanctuary, (safe) haven, asylum, retreat; *~ vir vroue* women's refuge.

toe·voeg *toege-* join; add; conjugate; →TOEGEVOEG; *iem. iets ~* address a remark to s.o.; *iets aan ... ~* add s.t. to ... **toe·voe·ging** *-gings, -ginge* addition; complement; *~ aan/by ...* addition to ..; *met mag van ~, (jur.)* with power of assumption. **toe·voeg·sel** *-sels* supplement, appendix, addition; additive; codicil; *(gram.)* affix; *~ by ...* addition/supplement to ...

toe·voer *n.* supply; feed(ing); input; intake. **toe·voer** *toege-, vb.* supply; feed; →TOEGEVOER. **~apparaat** feeder. **~bron** source of supply. **~buis** supply pipe. **~diens** feeder service. **~gebied** intake area. **~kanaal** feeder. **~klep** feed valve. **~linie** *(mil.)* supply line. **~lugdiens** feederliner. **~lyn** supply line, feeder (line). **~pad** feeder road. **~pomp** feed pump. **~pyp** feed pipe, admission pipe, delivery pipe; supply pipe, inlet pipe. **~roete** supply route. **~skip** supply ship. **~stelsel** feed system. **~tenk** feed tank. **~vat** *(anat.)* vas afferens; *(also, in the pl.)* afferentia. **~vliegtuig** feeder plane. **~voor** headrace.

toe·voe·rend *-rende* afferent.

toe·vou *toege-* fold up (together); fold away; enfold; →TOEGEVOU.

toe·vries *toege-* freeze over.

toe·waai *toege-* be covered with windblown material.

toe·wa·sem *toege-, (a mirror, glasses, etc., also* toegewasem raak*)* fog up/over.

toe·wend *toege-, (poet., liter.)* turn to(wards); →TOEGEWEND[2].

toe·wens *toege-* wish; *iem. iets ~* wish s.o. s.t. *(success etc.)*; wish s.t. on s.o. *(s.t. bad)*; *ek sou dit nie my grootste vyand ~ nie* I wouldn't wish it on my worst enemy, it shouldn't happen to a dog.

toe·werk *toege-* sew up; suture.

toe·werp *toege-, (poet., liter.)* fling/throw to/at.

toe·wik·kel *toege-* swaddle; *in ... toegewikkel wees* be swathed/swaddled in ...

toe·wink *toege-* beckon to, motion.

toe·wuif, toe·wui·we *toege-* wave to.

toe·wy *toege-* dedicate *(a book)*; consecrate *(a church)*; vow; →TOEGEWY(D); *jou aan ... ~* devote o.s. to ... **toe·wy·dend** *-dende* dedicatory. **toe·wy·ding** dedication; consecration; devotion *(to one's work)*, devotedness, zeal; *iem. se ~ aan ...* s.o.'s devotion to ... **toe·wy·dings·pleg·tig·heid** *-hede* dedication ceremony.

toe·wys *toege-* award, grant, allot, allocate, assign, appropriate; →TOEGEWESE; *iets aan iem. ~* allocate s.t. to s.o.; allot s.t. to s.o.; assign s.t. to s.o.; *iets vir ... ~* allocate s.t. to ...; appropriate s.t. for ... **toe·wys·baar** *-bare* assignable. **toe·wy·sing** *-sings, -singe* award, allotment, assignment, allocation, appropriation, grant.

toe·wy·sings-: **~brief** letter of allotment/allocation. **~rekening** appropriation account.

toe·ys *toegeys* freeze over; →TOEGEYS.

tof·fie *-fies* toffee. **~appel** toffee apple.

to·foe *(Jap. cook.: unfermented soya-bean curd)* tofu.

tog[1] *togte, n.* expedition, journey, voyage, trip, march, excursion; run *(of a ship)*; mission *(of an aircraft)*; draught *(of air, esp. indoors)*; →TOGGIE, TOGTIG; *'n ~ maak/onderneem* make (*or* go on) a journey; go on (*or* undertake) an expedition; *die ~ na ...* the journey/expedition to ... **~arbeid** *(rare)* = TREKARBEID. **~arbeider** *(rare)* = TREKARBEIDER. **~genoot** fellow traveller. **~ryer** *(chiefly hist.)* = TRANSPORTRYER. **~snelheid** cruising speed. **~wa** *(chiefly hist.)* transport wag(g)on, trek wag(g)on.

tog[2] *adv.* yet, nevertheless, still, all the same; *toe, as****seblief*** *~!* please do!, pretty please!; *jy's ~ nie* ***bang*** *nie?* you're not afraid, are you?; *die* ***broer*** *van ons ~!* there's our brother for you!; *iets ~* ***doen*** do s.t. anyhow; *iem. sal dit ~ moet* ***doen*** s.o. will have to do it anyhow; ***(en)*** *~* for all that; at the same time; ***foei*** *~!* →FOEI *interj.*; *~ te* ***fraai*** o so pretty, too cute for words; *iem. is ~ 'n* ***gawe*** *mens* s.o. is a nice person, though; ***hoe/wat*** *is sy/haar naam ~ weer?* = HOE/WAT IS SY/HAAR **NAAM** NOU WEER?; *ek* ***hoop*** *~ (dat) ...* I do hope (that) ...; *hy/sy* ***is*** *~ jou kind* he/she is your child after all; *dis ~ te* ***jammer*** *(dat) ...* it's really very sad/disappointing (that) ...; *wat* ***makeer*** *hom/haar ~?* what's the matter with him/her?; ***o*** *~gie!* o my goodness!; ***sê/ vertel*** *my ~!* please/do tell me!; ***sies*** *~!* →SIES *interj.*; ***toe*** *(dan) ~!* →TOE *interj.*; ***vertel*** *my ~!* →***sê/vertel;*** *dan is dit ~* ***waar*** then it is true after all; *dit kan ~ nie* ***waar*** *wees nie* surely it cannot be true; *en ~ is dit* ***waar*** and yet it is true, it is true all the same; *vreemd maar ~* ***waar*** strange (and) yet true; *wie kan dit ~* ***wees?*** who ever can it be?; *iem.* ***wil*** *dit ~ nie hê nie* s.o. does not want it in any case.

to·ga *-gas, (jur.)* gown, toga; soutane; cassock; robe. **~maker** robemaker. **~stof** toga fabric, pall.

To·gaar *-gare, (hist., member of a people)* Tocharian. **To·gaars** *n., (an extinct Indo-Eur. lang.)* Tocharian. **To·gaars** *-gaarse, adj.* Tocharian.

tog·gie *-gies, (dim.)* trip, ride, drive, outing.

To·go *(geog.)* Togo. **To·go·lees** *-lese, n. & adj.* Togolese.

tog·tig *-tige, (rare)* draughty *(room etc.)*; →TREKKERIG.

toi·ings *n. (pl.)* rags, tatters; *aan ~* in ribbons; *in ~ (geklee/gekleed) wees* be in tatters; *in ~ wees* be tattered and torn. **toi·ing·rig** *-rige -riger -rigste* ragged, tattered, torn, rent, frayed; tatty; shabby, seedy; *'n ~e spul* a sorry lot; *~ voel* be off colour, feel rotten, feel out of sorts. **toi·in·kies** *(dim.)* tatters, rags, strips.

toile *n., (Fr., text.)* toile.

toi·let *-lette* toilet, lavatory; *na die ~* ***gaan*** go to the toilet; *'n kind leer om die ~ te* ***gebruik*** toilet-train a child; *al* ***self*** *~ toe gaan, al* ***self*** *die ~ gebruik* be toilet-trained; *die ~* ***(uit)spoel*** flush the toilet. **~artikel** *-kels* toiletry. **~bak** toilet bowl. **~benodig(d)hede** *n. (pl.)* toiletries. **~borsel** toilet brush. **~bril, ~sitplek** lavatory seat. **~doos, ~dosie** toilet box/case. **~emmer** slop pail. **~kassie** bathroom cabinet. **~man, ~vrou, ~opsigter** toilet/lavatory attendant. **~papier** toilet paper, *(Br., infml.)* bog paper. **~rol** toilet roll. **~rolhouer** toilet-roll holder. **~sak(kie)** toilet bag, washbag. **~seep** toilet soap. **~sitplek** →TOILETBRIL. **~stel** toilet set. **~tafel** dressing/toilet table. **~ware** toiletries.

toi-toi *-toi's, n., (SA)* toyi-toyi. **toi-toi** *ge-, vb.* toyi-toyi. **toi-toi·end** *-ende* toyi-toying. **toi-toi·er** *-ers* toyi-toying youth/worker/etc. **toi-toi·e·ry** toyi-toying.

To·kai *(geog.)* Tokaj *(in Hungary)*; Tokai *(in W Cape)*. **To·kai·er·(wyn)** Tokay.

To·ke·lau *(geog.)* Tokelau.

to·ken *-kens, (Eng.: perfunctory/symbolic effort)* token. **~aanstelling** *-lings, -linge* token appointment. **to·ke·nis·me** tokenism.

To·ki·o *(geog.)* Tokyo.

tok·kel *ge-* pluck *(strings)*, strum, twang *(a fiddle, lyre)*, tinkle; *op 'n ghitaar/kitaar ~* strum (on) a guitar. **~instrument** plucked instrument.

tok·ke·ling *-lings, -linge* plucking *(of strings)*, strumming, twanging.

tok·ke·lok *-lokke, (infml.: a theol. student, esp. at Stellenbosch Univ.)* tokkelok.

tok·ke·los, tok·ke·los·sie *-sies, (<Ngu.: a mischievous, lascivious goblin)* tokoloshe, tikoloshe.

to·ko·fe·rol *-role,* **vi·ta·mien E** *(biochem.)* tocopherol, vitamin E.

toks-, tok·si-, tok·si·ko-, tok·so- *comb.* tox-, toxi-, toxico-, toxo-.

tok·se·mie *(pathol.)* tox(a)emia.

tok·si·en *-siene* toxin. **~vergiftiging** toxicosis.

tok·sies *-siese adj.* toxic(al); *~e afval* toxic waste.

tok·sies *adv.* toxically. **tok·sie·se·skok·sin·droom** *(med.)* toxic shock syndrome. **tok·si·si·teit** toxicity.

tok·si·ko·lo·gie toxicology. **tok·si·ko·lo·gies** *-giese* toxicologic(al). **tok·si·ko·loog** *-loë* toxicologist.

tok·si·ko·ma·nie *(obs.: drug addiction)* toxicomania.

tok·si·ko·se *(pathol.)* toxicosis.

tok·so·ïed *n., (pharm.)* toxoid.

tok·so·plas·mo·se, tok·so·plas·ma·be·smet·ting *(med.)* toxoplasmosis.

tok·tok·kie *-kies, (entom.: Psammodes spp.)* toktokkie (beetle), tapping beetle; *(children's game)* toktokkie, tick-tock.

tol[1] *tolle, n., (a toy)* top; barrel, drum *(for winding)*; bobbin, spool *(for coils)*; reel; spinning; tit, bub; →TOLLETJIE, TOLLING, TOLVORMIG; *soos 'n ~ (in die rondte)* ***draai*** spin like a top; *iem. se kop* ***draai*** *soos 'n ~* s.o.'s head is reeling; *so* ***dronk*** *soos 'n ~* = SO **DRONK** SOOS 'N HOENDER/MATROOS/TOL; *'n ~* ***gooi*** spin a top. **tol** *ge-, vb.* spin; spiral; *'n bal laat ~* spin a ball, put spin/turn on a ball; *begin ~, (an aircraft etc.)* go into a spin; *in die rondte ~* spin round. **~bal** screw; spin ball, spinner. **~balie, gewone wildekoffie** *(bot.: Tricalysia lanceolata)* common tricalysia, jackal coffee. **~(band)opnemer** reel-to-reel (tape) recorder. **~beweging** turbination. **~bos** *(Diospyros dichrophylla)* poison peach, monkey apple; *(Leucadendron salignum)* tolbos; *(fig.: a restless pers.)* rolling stone. **~bossie** = ROLBOS(SIE). **~draer** bobbin carrier. **~droër** spin-dryer, spin-drier. **~droog** *ge-* spin-dry. **~kompas** gyrocompass. **~vlug** spin. **~wang** *(elec.)* bobbin cheek.

tol[2] *tolle, n.* toll, (customs) duty, dues; tollhouse; (turn)pike; →TOLLENAAR, TOLPLIGTIG; *~ betaal* pay toll; *die ~ aan die natuur betaal, (rare, idm.: die)* pay one's debt to nature. **~baas** pikeman. **~beampte** customs officer. **~boom** toll bar, turnpike. **~brief** clearance note. **~gaarder, ~heffer** toll collector/gatherer, toller. **~gebied** customs area; customs territory. **~geld** toll, tollage. **~heffer** →TOLGAARDER. **~heffing** tollage. **~hek** tollgate, toll bar; turnpike. **~huis** tollhouse; custom house. **~man** *-ne* pikeman. **~muur** tariff wall. **~ooreenkoms** customs agreement. **~pad** *-paaie* toll road. **~tarief** customs tariff; toll rate. **~unie, ~verbond** customs union, tariff union. **~vry** toll-free, duty-free.

To·le·do *(geog.)* Toledo. **To·le·daan** *-dane, n.* Toledan. **To·le·daans** *-daanse, adj.* Toledan.

to·le·ran·sie tolerance; margin of error. **~grens** *(tech.)* limit of tolerance, tolerance limit.

to·le·rant *-rante* tolerant.

to·le·reer *ge* tolerate.

tolk *tolke, n.* interpreter; spokesman, mouthpiece; dragoman; expositor. **tolk** *ge-, vb.* interpret.

tol·le·naar *-naars, -nare, (NT)* publican, tax collector.

tol·le·tjie *-tjies, (dim.)* little top, reel; spool. **~stoel** spindle chair.

tol·lie[1] *-lies* tolly, young ox, steer.

tol·lie[2] *(infml.: penis)* willy, willie.

tol·ling spinning; gyration.

to·los *(<Gr., archaeol.: dome-shaped tomb)* tholos.

tol·plig·tig *-tige, adj.* subject to toll, tollable.

Tol·stoi *(Russ. writer)* Tolstoy. **Tol·stoi·aan** *-ane, n., (also t~)* Tolstoyan. **Tol·stoi·aans** *-aanse, adj., (also t~)* Tolstoyan.

Tol·teek *-teke, n., (hist., member of a people)* Toltec. **Tol·teeks** *-teekse, adj.* Toltec(an).

To·lu·bal·sem balsam of Tolu.

to·lu·een *(chem.)* toluene.

tol·vor·mig *-mige* top-shaped.

to·ma·hawk *-hawks, (a light axe)* tomahawk.

To·mas *(NAB),* **Tho·mas** *(OAB), (a disciple of Jesus)* (Saint) Thomas; →THOMAS.

tom·bak *(metall.)* tombac, tambac.

tom·be *-bes* tomb.

tom·bo·la *-las, (lottery at a fête)* tombola.

tom·bo·lo *-lo's, (geomorphol.)* tombolo.

to·me·loos -*lose* unbridled, unchecked, unrestrained, ungovernable; →TOOM[1]. **to·me·loos·heid** licence, unrestrainedness; ungovernableness.

Tom·mie -*mies, (infml.: a Br. soldier, also t~)* Tommy.

to·mo·gra·fie *(med.: an X-ray technique)* tomography; *gerekenariseerde aksiale ~* computerised axial tomography. **to·mo·graaf** -*grawe, (apparatus)* tomograph.

to·mo·gram -*gramme, (med.)* tomogram.

tom-tom -*toms, (a cylindrical drum)* tom-tom.

ton *tonne* ton; *(rare)* tun, barrel, cask; →TONNE-; ***Britse/Engelse/groot** ~, (1016 kg)* long ton; ***Kaapse/klein** ~, (907 kg)* short ton; ***kubieke*** ~ cubic/freight/measurement ton; ***metrieke** ~, (1000 kg)* metric ton, tonne. **~dak** barrel roof. **~gewelf** barrel vault, wag(g)on vault, tunnel vault; semicircular arch, vault. **~meul(e)** *(hist., a water-lifting device)* Archimedes'/Archimedean screw. **~rond** tubby.

to·naal -*nale* tonal. **to·na·li·teit** tonality.

to·na·liet *(geol.)* tonalite.

to·neel -*nele* stage; drama; scene; theatre; spectacle; *eerste **bedryf**, tweede ~* act one, scene two; *'n storie vir die ~ **bewerk*** dramatise a story; *iets op die ~ **bring*** stage s.t., bring/put s.t. on the stage; ***die*** ~ the stage; the theatre; *op die ~ **gaan*** go on the stage; *die ~ **inrig*** set the stage; *die ~ van die **oorlog*** the theatre/seat of war; ***op** die ~ wees* be on the scene *(of an accident etc.)*; *die ~ **skik/monteer*** set a scene; *~ **speel*** →TONEELSPEEL; *'n ~ **van** ...* a scene of ... *(misery etc.)*; *iem. is aan die ~ **verbonde*** s.o. is connected with the stage/theatre; *van die ~ **verdwyn*** disappear from the scene; fade out; *op die ~ **verskyn*** appear/come on the scene; come on; come into the picture. *'n (~)stuk ten tonele **voer**, (obs.)* bring a play onto the stage. **~aanwysing** stage direction. **~baas** property man/master. **~benodig(d)hede** stage properties. **~besoeker** theatregoer. **~bestuurder** theatre business manager. **~bewerking** dramatisation. **~dekor** stage set(ting), (theatrical) scenery. **~effek** stage effect. **~figuur** stage character. **~ganger** theatregoer. **~geselskap** theatre/theatrical company. **~groep** theatre group. **~handlanger** sceneshifter. **~held** stage hero. **~helper** stagehand. **~ingang** stage door. **~inkleding** stage setting. **~kostuum** stage dress, theatrical/stage costume. **~kritiek** drama/theatre criticism. **~kritikus** →TONEELRESENSENT. **~kuns** drama, dramatic art; stagecraft. **~kunstenaar** actor, dramatic artist. **~kyker** opera glass(es), binocle. **~lesing** play reading. **~linne** scrim. **~mal** stage-struck. **~meester** stage manager. **~mense** stage/show people. **~naam** stage name. **~opvoering** dramatic performance; *(pl.)* theatricals. **~publiek** theatre public, playgoing public. **~reis** theatrical tour. **~rekwisiete** stage properties. **~resensent, ~kritikus** drama/theatre critic. **~resensie** dramatic criticism. **~skerm** side scene, coulisse; stage scene; *vlak ~* flat. **~skikking** set of a play. **~skilder** scene painter, scenographer. **~skilderkuns** scenography, scene painting. **~skoen** *(hist.)* sock, buskin. **~skool** drama school, school of acting (*or* dramatic art). **~skrywer** dramatist, playwright. **~solder** flies. **~speel, ~ speel** act; *(infml.)* play-act, put on an act. **~spel** dramatics, (stage) play; acting, theatrics; play-acting *(fig.)*, mumming. **~speler** *(masc.)*, **~speelster** *(fem.)* actor *(masc.)*, actress *(fem.)*, player. **~spelery** acting, histrionics; play-acting, dramatics, histrionism; operatics *(fig.)*. **~student** drama student. **~stuk** (stage) play, drama; *'n ~ opvoer (of op die planke bring)* do/perform/present/stage (*or* put on) a play; *'n ~ regisseer* produce a play; *met 'n ~ toer* tour with a play, take a play on tour, go on the road. **~stukkie** playlet. **~verandering, ~wisseling** scene change. **~vereniging** dramatic society. **~voorstelling** theatrical/stage performance. **~wêreld, ~wese** (world of the) theatre, theatrical circles; *die ~* the stage; the theatre. **~werk** drama. **~wese** the stage; →TONEELWÊRELD. **~wisseling** →TONEELVERANDERING.

to·neel·ag·tig -*tige* theatrical, histrionic.

to·neel·ma·tig -*tige* theatrical; suitable for the stage, actable, spectacular.

to·neem *n., (phon.)* toneme. **to·ne·mies** -*miese, adj.* tonemic.

to·ner *(phot.)* toner.

tong[1] *tonge* tongue; *(icht.)* sole; tongue *(of a buckle/shoe)*; *(entom.)* hypopharynx; *(scales)* pointer; shoot; →TONGVORMIG; *ek kon my ~ **afbyt**, (infml.)* I could have bitten off my tongue; *iets **brand** op iem. se ~, (infml.)* s.o. is burning/itching to tell s.t.; *iem. met die/jou ~ **bykom/raps**, (infml.)* give s.o. the rough/sharp edge/side of one's tongue; *onder iem. se ~ **deurloop**, (infml.)* get a tongue-lashing from s.o.; *onder iem. se (vlym)skerp ~ **deurloop**, (infml.)* get/receive the rough/sharp edge/side of s.o.'s tongue; *iem. onder jou ~ laat **deurloop**, (infml.)* give s.o. a tongue-lashing; *met 'n **gesplete*** ~ →GESPLETE; ***glad** met die ~ wees, 'n **gladde** ~ hê* have a fluent/glib/ready/smooth tongue, be smooth-tongued; *jou **hart** op jou ~ dra/hê* →HART; *het jy jou ~ **ingesluk/verloor?**, (infml.)* have you lost you tongue?, has the cat got your tongue?; *'n **lang** ~ hê, **lank** van ~ wees, (idm.: be garrulous)* have a long tongue; *die ~e is **los** oor iets* tongues are wagging about s.t. *(infml.)*; *die ~e laat **los** raak* set the tongues wagging *(infml.)*; *iem. se ~ wou nie **los** raak nie* s.o. couldn't find his/her tongue; *'n **los*** ~ an unbridled tongue; *iets is **op** (die **punt** van) iem. se ~* s.t. is on the tip of s.o.'s tongue; *iem. met die/jou ~ **raps** →**bykom/raps**; jou ~ **roer** (of laat gaan), (idm.: gossip)* wag one's tongue; *'n **skerp*** ~ a sharp tongue; *iem. se ~ **sleep**, iem. **sleep** met sy/haar ~* s.o.'s speech is slurred; *dit **smelt** op ('n) mens se ~, (infml.)* it melts in one's mouth; *'n ~ **soos** 'n rasper/skeermes* a sharp tongue; *'n ~ **soos** 'n skeermes, (also)* a tongue as keen as a razor; *iem. se ~ **staan** nooit stil nie* s.o. has a long tongue; *met die ~ **stoot*** speak with a lisp; ***swaar** van ~ wees* be thick of speech, speak with a thick tongue; *jou ~ **uitsteek*** put/stick out one's tongue; *jou ~ vir iem. **uitsteek**, vir iem. ~ **uitsteek*** put/stick out one's tongue at s.o.. **~aar** lingual vein. **~been** tongue/lingual bone, hyoid (bone). **~beitel** tonguing iron. **~blaar** *(Rumex lanceolatus)* common dock. **~draend** -*ende* ligulate. **~-en-groef(-)las, ~-en-groef(-)voeg** tongue-and-groove joint. **~geswel** tumour of the tongue. **~instrument** *(mus.)* reed instrument. **~kanker** cancer of the tongue. **~keelholtesenu(wee)** glossopharyngeal nerve. **~klier** lingual gland. **~knoper** jawbreaker. **~las** -*lasse* tongued joint. **~letter** lingual (letter). **~naai** *(vulg. sl.)* blow job; *iem. ~* give s.o. head (*or* a blow job). **~ontsteking** glossitis. **~punt** tip of the tongue. **~register** *(mus.)* reed stop. **~riem** fr(a)enum of the tongue. **~rol** collared/rolled tongue. **~senu(wee)** lingual nerve. **~siekte** *(vet.)* bluetongue. **~skarnier** strap hinge. **~skoen** brogue. **~slagaar** lingual artery. **~soen** deep/French kiss; *iem. 'n ~ gee* French-kiss s.o.. **~spier** lingual muscle. **~stand** *(phon.)* position of the tongue. **~stem** reed pipe. **~stuk** tongue. **~tepeltjie** papilla; →SMAAKKNOP. **~val** dialect, accent, idiom. **~vergroeiing** tongue tie. **~verhoog** *(theatr.)* thrust stage. **~vis** -*visse* sole. **~wortel** root of the tongue. **~wurm** tongue worm.

tong[2] *(<Cant., a Chin. secret society)* tong.

Ton·ga[1], Vriend·skaps·ei·lan·de *(geog.)* Tonga, Friendship Islands. **Ton·gaan** -*gane, (inhabitant)* Tongan. **Ton·gaans** *n., (Polynesian lang.)* Tongan. **Ton·gaans** -*gaanse, adj.* Tongan.

Ton·ga[2] *(obs., rare)* = TSONGA. **~land** *(SA, hist.)* T(h)ongaland.

ton·ga *(<Hindi, a horse-drawn two-wheeled vehicle)* tonga.

Ton·ge·ren *(geog.)* Tongres.

ton·ge·spraak = TALESPRAAK.

ton·ge·tjie -*tjies, (dim.)* little tongue, tonguelet; lingula, languet; *(biol.)* ligula, ligule; tab, tang; tongue *(of a buckle, balance, etc.)*; *klein ~* →KLEINTONGETJIE. **~draend** -*ende* ligulate.

ton·ging *(mus.)* tonguing.

tong·vor·mig -*mige* tongue-shaped; lingulate(d), linguiform, ligulate; linguoid.

to·nies -*niese, adj., (med.)* invigorating, tonic; *(mus.)* tonic.

to·ni·ka *(mus.)* keynote, tonic.

to·ni·kum -*nikums, -nika, (med.)* tonic; pick-me-up.

ton·ka *(rare)* = KONKA.

ton·ka-: ~boom *(Coumarouna odorata)* coumarou, tonka bean tree. **~boontjie** tonka bean, coumarou.

ton·ne-: ~-inhoud burden, tonnage. **~maat** tonnage. **~tal** tonnage.

ton·neau *(Fr.)*: **~-(bak)bedekking, ~-(dek)seil** *(mot.)* tonneau (cover).

ton·nel -*nels, n.* tunnel; subway; *(min.)* drive; *(mil.)* mouse hole; *(infml., med.)* magnetic resonance imager, MR imager/scanner; *'n ~ boor/grawe* drive a tunnel; *'n ~ grawe* dig a tunnel; *'n ~ deur 'n berg grawe* tunnel through a mountain. **ton·nel** *ge-, vb.* tunnel; hole. **~brug** tubular bridge. **~dak** wag(g)on roof. **~gewelf** barrel vault, tunnel vault. **~oond** tunnel kiln. **~trein** tunnel train; →MOLTREIN. **~visie** *(med. or infml.)* tunnel vision. **~(werk)front** *(min.)* heading.

ton·ne·tjie -*tjies, (dim.)* small cask; puparium.

to·no·lo·gie *(mus.)* tonology. **to·no·lo·gies** -*giese* tonological.

to·no·plas(t) -*plaste, (bot.)* tonoplast.

ton·si(l)-: ~lektomie tonsillectomy. **~litis** *(pathol.)* tonsillitis. **~lotomie** *(a surgical incision into a tonsil)* tonsillotomy.

ton·suur -*sure, (a haircut in certain relig. orders)* tonsure.

ton·tel *(chiefly hist.)* punk, amadou, (German) tinder; lighter. **~blaar** *(Hermas villosa)* tontelblaar. **~bos** *(Asclepias fruticosa)* wild cotton, (white swan) milkweed. **~doek(blom)** *(Arctotheca calendula)* Cape weed, Cape marigold; *(Arctotheca populifolia)* beach pumpkin. **~doos** tinderbox, lighter. **~hout** punk, rotten wood, tinder. **~swam** touchwood.

ton·tel·rig -*rige* tindery.

ton·ti·ne -*nes, (an annuity scheme)* tontine.

to·nus -*nusse, (spasm)* tonus.

to·nyn *(rare, icht.: esp. Thunnus thynnus)* tuna, tunny; →TUNA, TORNYN.

tooi[1] *n.* finery, get-up, rig-out; ornaments, trimmings, decorations, embellishments. **tooi** *ge-, vb.* decorate, adorn, ornament, deck, embellish, trim, array, dress; doll up, dizen up; *'n skip ~* dress a ship (overall). **tooi·sel** -*sels* ornament, trimming, decoration, embellishment. **tooi·sel·tjies** *(dim., pl.)* trinketry.

tooi[2] *tooie, n., (rare: a marble)* ally, taw.

toom[1] *tooms, tome* bridle; *iem./iets in ~ hou* keep s.o./s.t. under control, control s.o./s.t.; rein s.o./s.t. in; keep s.o./s.t. in check; keep the lid on s.t. *(inflation etc.)*; *iem./iets streng in ~ hou* keep s.o./s.t. on a tight rein, keep a tight rein on s.o./s.t.. **toom·loos** = TOMELOOS.

toom[2] *tome* brood *(of hens)*; *'n ~ uitgesoekte hoenders* a pen of selected chickens.

toon[1] *tone, n.* toe; digit; →TOONTJIE[1]; *van **kop** tot tone/~* →KOP *n.*; ***op** jou tone dans, (ballet)* toe-dance; ***op** jou tone loop* tiptoe, walk on tiptoe; ***op** jou tone staan* stand on tiptoe; ***op** iem. se tone trap, (infml.)* step/tread on s.o.'s corns/toes; *nie **op** jou tone laat trap nie* stand on one's dignity; *gou **op** jou tone getrap wees* take offence easily; *jou ~ **stamp**, (lit.)* stub one's toe. **~beentjie** phalanx. **~ganger** *(zool.)* digitigrade. **~jig** podagra. **~knobbel** bunion. **~kootjie** phalanx, toe bone. **~kussing** toe puff. **~loper** = TOONGANGER. **~stuk** toe(piece). **~trapper** pigeon-toed person.

toon[2] *tone, n.* tone *(of voice, speech, debate, picture, author's work, etc.)*; pitch *(of voice)*; tonicity; sound, note, strain; tune; →TONIES, TONOLOGIE, TOONTJIE[2], TOONLOOS; *die ~ **aangee*** give a lead, take a/the lead, lead the way; lead/set the fashion, set the tone/trend; call the tune; *(mus.)* give the note; *'n ~ **aanslaan*** adopt/take a tone; strike a note *(fig.)*; *op **afgemete** ~* in measured tones; *op **dreigende** ~* in a threatening tone; *op **een** ~* in a monotone; ***halwe*** ~ →HALF; *'n hoë ~ aanslaan* adopt a haughty tone; ***kwart**~* →KWARTTOON; *'n **ligsinnige** ~* a flippant tone; ***onder** die tone van ...*

to the strains of ... *(an anthem etc.)*; ***op 'n*** ... ~ on a ... note; in a ... tone; *die* ***regte*** *~ tref/vind* strike the right note; *op ('n)* ***sagte*** *~ praat/gesels* speak in a low tone, speak/talk in hushed tones/voices; *iets* ***val*** *uit die ~* s.t. strikes a discordant/false/jarring note; s.t. is not in keeping with the general tone; *'n ~* ***van*** ... a note of ...; *van ~* ***verander*** change one's tune, sing another (*or* a different) tune; →'N ANDER TOON **AANSLAAN.** **~aangewend** *-wende -wender -wendste* (of *meer ~ die mees -wende*) leading *(lights)*, fashionable, trendsetting, representative, prestigious. **~aangewer, ~aangeër** trendsetter. **~aard** *(mus.)* key; tonality, mode, modus. **~afstand** interval. **~demper** mute, sordine. **~dig** *-digte, n., (mus.)* tone poem. **~digter** (musical) composer. **~doof** tone-deaf. **~duur** duration of tone. **~gehalte** quality of tone. **~gewing** intonation. **~heffing** arsis, ictus. **~hoogte** pitch, diapason. **~kleur** tone colour, timbre. **~kuns** music. **~kunstenaar** musician, composer. **~kwaliteit** tone quality; *'n stem met 'n ligte ~* a light-toned voice. **~ladder** *(obs.)* = TOONLEER[1]. **~leer**[1] *-lere* (tone) scale, gamut; *~lere oefen* practise scales. **~leer**[2] tonology; tone study. **~meter** *(mus.)* tonometer; *(phys.)* sonometer. **~omvang** tone range, diapason, gamut. **~opnemer** pickup. **~opvolging** succession of tones. **~reëling** tone control. **~sarsie** *(comp.)* toneburst. **~set** *ge-* compose, set to music. **~setter** (musical) composer. **~setting** *-tings, -tinge* (musical) composition. **~skaal** *(rare)* = TOONLEER[1]. **~skakering** variation of tone. **~skildering** *(mus.)* tone painting. **~sleutel** clef. **~soort** *(mus.)* key. **~sterkte** intensity of sound. **~suiwerheid** tonal purity. **~taal** tone language. **~teken** accent, stress mark. **~val** cadence. **~vas** *-vaste* keeping tune; *~ wees* keep tune. **~vastheid** keeping tune. **~waarde** tonal value.

toon[3] *n.: iets ten ~ stel* exhibit s.t.; display s.t.; set out s.t.; *iets word ten ~ gestel* s.t. is on exhibition/show; s.t. is on display. **toon** *ge-, vb.* prove, show, demonstrate; produce *(a ticket, one's ID, etc.)*; →TOONDER, TOONBAAR; *iets* ***aan*** *iem. ~* demonstrate s.t. to s.o.; *dit ~* ***dat*** ... it/that proves/shows (*or* goes to prove/show) that ...; ***iets*** *~ iem. se grootmoedigheid/ens.* s.t. speaks of s.o.'s magnanimity/etc.; ***jou*** *'n goeie speler ens. ~* prove o.s. a good player etc.; *iets doen* ***om*** *te ~ dat* ... do s.t. to show that ... **~bank** counter; buffet; *by die ~* at/over the counter. **~bankeffekte** over-the-counter securities. **~bankklerk** counter clerk. **~banklaai** till. **~bankmedisyne** over-the-counter drugs. **~beeld** example, model, exemplar; *'n ~ van ... wees* be a picture of ... *(health etc.)*; be the essence of ... *(courtesy etc.)*; be a paragon of ... *(virtue etc.)*; be ... itself *(patience, courtesy, etc.)*. **~brood** *(Jud.)* shewbread. **~buffet** Welsh dresser. **~huis** show house. **~kabinet** display cabinet. **~kamer** showroom. **~kas** →VERTOONKAS. **~ry** show riding. **~spring** showjumping. **~stuk** →VERTOONSTUK. **~venster** shop/show/display window. **~waarde** present value.

toon·baar *-bare* presentable. **toon·baar·heid** presentability.

toon·der *-ders* bearer *(of a cheque)*; *betaal ... of ~* pay ... or bearer *(on a cheque)*. **~aandeel** bearer share. **~tjek** bearer cheque, open cheque. **~wissel** bearer bill.

toon·loos *-lose* toneless; unstressed, unaccented, atonic *(syllable)*; toneless, flat, expressionless *(voice)*; *(phon.)* neutral; *~lose vokaal* indeterminate vowel. **toon·loos·heid** tonelessness.

toon·tjie[1] *-tjies, n. (dim.)* wee/small toe; *(also, in the pl., bot.: Lithops* spp.*)* stone plant.

toon·tjie[2] *-tjies, n. (dim.)* tone; *'n ~ laer sing* climb down, eat humble pie; pipe down *(infml.)*; change one's tune, sing another (*or* a different) tune; *iem. 'n ~ laer laat sing* bring/take s.o. down a peg or two *(infml.)*.

toor *ge-* bewitch, put a spell on, jinx *(s.o.)*; practise witchcraft; conjure, juggle; charm, enchant; →TOWER; *met iets ~, (infml.)* be a wizard with s.t. *(numbers, a computer, etc.)*. **~balletjie** = NIEKERBOL. **~dokter** witch doctor, medicine man, *(Zu.)* inyanga. **~doktery** wizardy, witchcraft. **~goed** charms, magic objects/articles, muti. **~houtjie** magic stick, talisman. **~kis** *(comp.)* black box. **~krag** →TOWERKRAG. **~kuns** →TOWERKUNS. **~middel** →TOWERMIDDEL. **~spreuk** →TOWERSPREUK. **~woord** →TOWERWOORD.

toor·de·ry, to·we·ry *-rye* magic, witchcraft, sorcery, wizardry.

toorn *(poet., liter.)* wrath, anger, rage, ire, fury; *jou iem. se ~ op die* ***hals*** *haal* incur s.o.'s wrath; *iets laat iem. se ~* ***ontsteek*** s.t. kindles s.o.'s wrath; *iem. se ~* ***opwek*** arouse/rouse s.o.'s ire; ***uitdrukking*** *aan jou ~ gee* vent one's wrath; *iem. tot ~* ***verwek*** stir s.o.'s wrath. **toor·nig** *-nige, adj.* wrathful, angry, irate, enraged. **toor·nig** *adv.* angrily, wrathfully. **toor·nig·heid** = TOORN.

toor·naar, toor·na·res *(obs.)* = TOWENAAR, TOWENARES.

toorts *toortse, (obs.)* torch, flambeau, cresset. **~draer** torchbearer.

top[1] *toppe, n.* top, peak, summit *(of a mountain)*; tip *(of the finger)*; apex *(of a triangle)*; vertex *(of a cone)*; pinnacle; *(back part of an animal's head)* poll; crest, comb *(of a wave)*; crown; head *(of a mast)*; →TOPPIE[1]; *die ~ bereik, (also)* top/make the grade; *van ~ tot toon* = VAN **KOP** TOT TOON/TONE. **top** *ge-, vb.* top, head *(a tree, bush)*; lop off, poll(ard) *(a tree, horns)*; coppice *(a tree, bush)*; clip, trim *(hair, a mane)*. **~amptenare** *(pl.)* top officials, *(infml.)* top brass. **~belasting** peak load. **~bestuur** top/senior management. **~bestuurder** top/senior manager; *(also, in the pl.)* top/senior management. **~-driedrukker** top try scorer. **~fiks** superfit. **~gehalte** top quality. **~gehalteproduk** top-quality product. **~gehalterugby** →TOPKLASRUGBY. **~handelsmerk** brand leader. **~hoek** vertex angle. **~klas** top class. **~klasrugby, ~gehalterugby** top-class rugby. **~lig** top light/lantern, light at the masthead. **~maatskappy** blue-chip company. **~presteerder** high achiever. **~prys** top/ceiling price. **~prysklas:** *'n huis/ens. in die ~* a top-of-the-range house/etc.. **~punt** top, peak, summit, highest point; apex *(of a triangle)*; zenith, acme, culminating point, pinnacle; vertex; consummation; climax; crowning glory; *die ~* ***bereik*** reach the climax/zenith; *dit is* ***die*** *~, (infml.)* that/this is the limit, it takes the biscuit/bun/cake; ***op*** *iem. se ~* in s.o.'s prime; ***op*** *die ~ van* ... at the pinnacle of ...; at the zenith of ... *(s.o.'s career etc.)*; *die ~* ***van*** ..., *(also)* the height of ... *(folly, stupidity, etc.)*; the epitome of ...; the essence of ... *(courtesy etc.)*. **~reeks:** *'n model/ens. in die ~* a top-of-the-range model/etc.. **~seil** topsail. **~sel** *-selle* apical cell. **~snelheid** maximum speed, top speed. **~soekend** *-kende, (bot.)* acropetal. **~spanning** peak voltage. **~steen** apex stone, crown stone, saddle (stone). **~swaar** top-heavy; *~ wees, (infml.: inebriated)* be tight (*or* three sheets in the wind); *dit gaan ~, (infml.)* it's a real struggle, it's a devil of a job. **~tien:** *die ~, (mus.)* the top ten; *die ~ haal, 'n toetrede tot die ~ maak* make (*or* get into) the top ten. **~tientreffer** top ten hit; *'n ~ hê* have a top ten hit, make (*or* get into) the top ten. **~tientrefferlys:** *die ~* the top ten. **~treffer** chart topper; *die ~ wees* top the charts, be top of the pops. **~vermoë** peak power. **~vertoning** top-class performance.

top[2] *interj.* all right, righto, righty-ho; it's a deal; it's a bet; agreed, done, I'm on.

to·paas *-pase, (min.)* topaz. **~kolibrie** *-bries, (orn.: Topaza* spp.*)* topaz. **~kwarts** topazite.

to·paas·kleur topaz, topazine. **to·paas·kleu·rig** *-rige* topazine.

to·pa·so·liet topazolite.

to·pi *-pi's, (<Hindi)* topi, topee, pith helmet.

to·po·che·mies *-miese* topochemical.

to·po·gra·fie *(geog.)* topography. **to·po·graaf** *-grawe* topographer. **to·po·gra·fies** *-fiese* topographic(al); *~e kaart* topographical map; *~e uitgangspunt* ordnance datum.

to·po·ka·da·straal *-strale, (geog., chiefly SA)* topocadastral *(map)*.

to·po·lo·gie *(geog., math., etc.)* topology. **to·po·lo·gies** *-giese* topological.

to·po·niem *-nieme, (rare)* place name. **to·po·ni·mie** *(study of place names)* toponymy; toponymics. **to·po·ni·mies** *-miese* toponymic(al).

to·pos *toposse, topoi, (<Gr., rhet. & liter.: stock theme/topic/expression)* topos.

top·pie[1] *-pies, (dim.)* pinnacle; tip; *(a garment, esp. for a girl)* top.

top·pie[2], **top·top·pie** *-pies, (orn., infml.)* = KAAPSE TIPTOL.

toque *toques, (Fr., a ladies' hat)* toque.

tor *torre* beetle; *(infml.)* lout, bumpkin, boor, oaf, roughneck, clod(hopper), backvelder; →GOMTOR. **tor·re·rig** *-rige* uncouth, boorish, ungainly, oafish, cloddish, awkward(-looking), unkempt. **tor·re·tjie** *-tjies, (dim.)* little beetle.

To·ra: *die ~, (Jud.: the Pentateuch)* the Torah.

to·raks *-rakse, (zool., anat.)* thorax. **~chirurg, ~sjirurg** thoracic surgeon.

tor·ba·niet *(min.)* torbanite. **tor·ber·niet** torbernite, copper uranite.

tor·chère *(Fr., a tall candlestick or lampstand)* torchère.

tor·chon-kant *(text.)* torchon lace.

to·re·a·dor *-dors,* **to·re·ro** *-ro's, (Sp.: a bullfighter)* toreador, torero. **~broek** toreador pants.

to·ri·a, to·riet →TORIUM.

to·ring *-rings, n.* tower; spire; *(chess)* castle, rook; *die Skewe T~ van Pisa* the Leaning Tower of Pisa; *(spits) ~* steeple. **to·ring** *ge-, vb.* tower, spire. **~blok, ~gebou** high-rise building, tower block. **~bou** building of a tower; tower structure. **~bout** centre bolt. **~fort** peel. **~geskut** turret gun. **~hoog** *-hoë* as high as a steeple, towering; *toringhoë wolkekrabber/ens.* soaring skyscraper/etc.. **~horlosie, ~oorlosie** tower clock. **~klimmer** steeplejack. **~klok** tower clock; tower bell. **~naald** spire of steeple. **~rekenaar** tower computer. **~spits** pinnacle; spire, steeple. **~top** steeple top. **~uil** = NONNETJIE(S)UIL. **~valk** *(Falco tinnunculus)* kestrel. **~wagter** tower watchman. **~werker** steeplejack.

to·ring·vor·mig *-mige* turreted.

to·rin·kie *-kies, n. (dim.)* turret; *(spits) ~* pinnacle.

to·ri·um *(chem., symb.:* Th*)* thorium. **to·ri·a** thoria, thorium dioxide. **to·riet** *(min.)* thorite.

tor·na·do *-do's* tornado, *(Am., infml.)* twister.

tor·nyn *-nyne, (Delphinus delphis)* common dolphin; *(Lagenorhynchus obscurus)* dusky dolphin.

to·ro·ïed *(elec., phys., geom.)* toroid. **to·ro·ï·daal** *-dale* toroidal(ly).

tor·pe·deer *ge-* torpedo; *(fig.)* shoot down. **tor·pe·dis** *-diste* torpedo man.

tor·pe·do *-do's* torpedo. **~boot** *(hist.)* torpedo boat. **~jaer** *(hist.)* torpedo-boat destroyer. **~kop** warhead. **~(lanseer)buis** torpedo tube. **~net** *(hist.)* (anti-)torpedo net(ting). **~vis** = DRILVIS. **~vliegtuig** *(hist.)* torpedo bomber/carrier/plane.

torr *(chem., phys.: a unit of pressure)* torr.

tor·ring *ge-* unpick, unstitch, rip open; trouble, worry, pester, bother; ***aan*** *iem. ~, (infml.)* nag (at) s.o., keep (*or [infml.]* be) on at s.o., bug s.o.; ***aan*** *iem. ~ om iets te doen, (infml.)* keep at s.o. to do s.t.; ***aan*** *iem. ~ oor iets, (infml.)* keep (*or [infml.]* be) at s.o. about s.t.; ***aan*** *iets ~* meddle with s.t.; *nie* ***aan*** *iets ~ nie, (also)* leave s.t. well alone. **~mes(sie)** ripper.

tors *ge-, (poet., liter.)* carry, bear.

tor·sie torsion. **~balans** torsion balance. **~moment** twisting moment. **~skaal** torsion scale. **~slinger** torsion pendulum. **~stang** *(esp. mot.)* torsion bar. **~straal** radius of torsion. **~veer** torsion spring.

tor·so *-so's* torso.

tor·tel *-tels, (poet., liter.)* = TORTELDUIF. **~duif** turtledove; *gewone ~, (Streptopelia capicola)* Cape turtledove; *rooioog~, (S. decipiens)* African mourning dove.

tor·tel·li·ni *(It. cook.: filled pasta rounds)* tortellini.

tor·til·la *(Mex. cook.: a maize pancake)* tortilla.

to·rus *-russe, (biol., math.)* torus; *(archit.)* tore, torus, baston; *(bot.)* torus, receptacle.

To·ry *Tories, (Br. pol.: member/supporter of the Conservative Party)* Tory.

to·sa *(a Jap. breed of dog)* tosa.

Tos·ka·ne *(geog.)* Tuscany. **Tos·kaan** *-kane, n., (inhabitant)* Tuscan. **Tos·kaans** *n., (dial.)* Tuscan. **Tos·kaans** *-kaanse, adj.* Tuscan.

tos·sel *-sels* tassel; pompon; aglet; *gordyne/kussings/ens. met ~s* tasselled curtains/cushions/etc.. **~koord** tasselled cord.

tot[1] *prep.* till, until, to, as far as; *~* ***aan*** ... as far as ..., up to ...; *~* ***afskeid*** →AFSKEID; *~* ***antwoord*** = TEN ANTWOORD; *~* ***behoud*** *van* ... →BEHOUD; *~ iem. se eie* ***beswil*** = VIR IEM. SE EIE BESWIL; *~* ***R1000/ens. betaal*** pay as much as R1000/etc.; *~* ***by*** ... on to ... *(a place)*; up to ... *(a place)*; *dit is ~* ***daarnatoe*** →DAARNATOE; *van* ***dag*** *~* ***dag*** →DAG[1] *n.*; *~* ***dan*** till then; *van* ***deur*** *~* ***deur*** from door to door; *~ die* ***dood*** *(toe)* →DOOD *n.*; *~* ***drie/ens. uur*** *laat wees* be as much as three/etc. hours late; *~* ***dusver/dusvêr*** →DUSVER; *~ die* ***einde/end*** *toe* →EINDE; *~ op die* ***end*** right up to the end; *~ by Kaïro/ens.* ***gaan*** go as far as Cairo/etc.; *~ kort* ***gelede*** →GELEDE[1] *adv.*; *'n temperatuur van ~ 30/ens.* ***grade*** temperatures as high as 30/etc. degrees; *van* ***hier*** *~ daar* →HIER *adv.*; *~* ***hiertoe*** →HIERTOE; *~* ***honderd/ens.*** up to a hundred/etc.; anything up to a hundred/etc.; *~* ***honderd/ens.*** *toe* as many as a hundred/etc.; *~ (op) sekere* ***hoogte*** →HOOGTE; *oos ~* ***in*** *China* as far east as China; *~ verlede* ***jaar*** (up) till last year; *iem. ~ voorsitter/ens.* ***kies*** →KIES[4] *vb.*; *~ die* ***kleinste*** *besonderheid (toe)* down to the smallest detail; *~ die* ***klippe*** ... the very stones, even the stones ...; *~ (aan/by) sy/haar* ***knieë/middellyf/ens.*** *in die water* knee-deep/waist-deep/etc. (*or* up to his/her knees/waist/etc.) in the water; *iem. ~* ***koning*** *kroon* →KONING; *~ die* ***laaste*** *sent* (down) to the last cent; *~ en* ***met*** ... up to and including ...; *~* ***môre/more!*** →MÔRE; *~ diep in die* ***nag*** →NAG; *~* ***niet*** *gaan* →NIET[1] *n.*; *~* ***nog*** *toe* →NOG *adj. & adv.*; *~* ***nou*** *toe* →NOU[2] *adv.*; *iem./iets van ... ~ ...* ***omskep*** →OMSKEP; *~ ...* ***ontwikkel*** →ONTWIKKEL; *~ elke* ***prys*** →PRYS[1] *n.*; *~* ***sesuur*** till six o'clock, up to six o'clock; *~* ***siens!*** *(of* ***totsiens!****)* goodbye!; *(infml.)* see you (again/later)!, (I'll) be seeing you!, so long!, cheers!; *(Fr.)* au revoir!; *~* ***sover/sovêr*** →SOVER; *~ iem. se* ***spyt*** →SPYT *n.*; *iets ~* ***stand*** *bring* →STAND, TOTSTANDBRENGING; *~* ***stand*** *kom* →STAND, TOTSTANDKOMING; *~* ***steun*** *van* ... →STEUN[1] *n.*; *'n* ***styging/daling*** *van X ~ Y (kilogram/grade/rand/ens.)* a rise/fall from X to Y (kilograms/degrees/rands/etc.); *jou ~* ***taak*** *stel om te* ... →TAAK; *~ ...* ***toe*** to the point of ...; *~* ***van/uit*** ... from as far as ...; *~ R1000* ***verloor*** lose up to R1000; *...* ***~ vrou*** *neem* →VROU; *~* ***waar?*** how far?; *~* ***waarnatoe?*** to where?; *die datum ~* ***wanneer*** ... the date up to which ...; *~* ***wanneer?*** till when?; *~* ***weersiens*** →WEERSIEN *n.*; *jou ~ ...* ***wend*** →WEND.

tot[2] *conj.* until, till; →TOTDAT.

to·taal *-tale, n.* total, aggregate, total sum/amount, sum total, gross; *'n aansienlike ~* a tidy total *(infml.)*; *in ~* in all/total; in sum; all told, altogether; *die ~ laat oploop* swell the total. **to·taal** *-tale, adj.* total; overall; sheer, utter; *totale* ***aanslag*** total onslaught; *totale* ***gehaltebeheer/kwaliteitsbeheer*** total quality control; *totale* ***gehaltebestuur/kwaliteitsbestuur*** Total Quality Management; *totale* ***oorlog*** total war; *totale* ***opruiming*** clean sweep; clearance sale; *totale* ***sonsverduistering*** total eclipse of the sun; *totale interne* ***weerkaatsing,*** *(phys.)* total internal reflection. **to·taal** *adv.* totally, entirely, utterly, quite, altogether, completely, outright. **~bedrag** sum total, total amount. **~beeld** general picture. **~effek** general effect. **~indruk** general impression. **~plan** master plan. **~prys** jackpot. **~syfer** total (figure), full sum, overall/global figure.

to·ta·li·sa·tor, *-tors* totalisator, tote. **~weddenskap** *-skappe* tote bet.

to·ta·li·ta·ris *-riste, n.* totalitarian; →TOTALITÊR. **to·ta·li·ta·ris·me** totalitarianism.

to·ta·li·teit totality; sum total.

to·ta·li·têr *-têre, adj.* totalitarian; →TOTALITARIS.

tot·dat until, till; *~ iem. terugkom* pending s.o.'s return.

to·tem *-tems* totem. **~paal** totem pole.

to·te·mis *-miste* totemist, totemite. **to·te·mis·me** totemism. **to·te·mis·ties** *-tiese* totemistic.

to·to *-to's* tote; →TOTALISATOR.

tot·siens →TOT[1] *prep.*.

tot·stand·bren·ging accomplishment, bringing about, achievement, establishment.

tot·stand·ko·ming coming into being, realisation, establishment *(of a republic)*; declaration *(of peace)*; passing *(of a law)*; *die ~ van* ... the coming into being of ...

tot·ter·man·ne·tjie, tot·ter·tjie *(infml.: penis)* willy, willie.

tou *toue, n.* twine; cord; hemp; tether; file; queue; hawser; *iem./iets 'n ~ in die* ***bek*** *sit, (idm.)* restrict s.o./s.t.; keep s.o./s.t. in check; *die ~* ***breek*** the rope parts; *'n* ***(dik)*** *~* a rope; *die* ***ent/punt*** *van 'n ~* the end of a rope; *deur die ~e* ***klim,*** *(boxing, wrestling)* get into the ring; *~* ***opgooi*** give in, throw in one's hand (*or* the towel), throw (*or [infml.]* chuck) in/up the sponge; *nie ~* ***opgooi*** *nie, (also infml.)* hang (on) in there, hang tough; *aan die/'n ~* ***praat*** →PRAAT *vb.*; *aan die ~* ***reën*** rain cats and dogs; *iets op ~* ***sit*** set the ball rolling, get s.t. going, set s.t. on foot, launch s.t. *(a campaign etc.)*; *'n ~ laat* ***skiet*** ease/let/pay out a rope; *in 'n/die ~* ***staan*** queue, stand in a/the queue; *'n* ***stuk*** *~* a length of rope; ***teen*** *die ~e wees, (boxing)* be on the ropes; *oor die ~* ***trap*** cross the line; step out of line; misconduct o.s.; kick over the traces; *iem. onder die ~* ***uithelp*** help s.o. out of a difficulty; *~* ***(uit)pluis*** →PLUIS *vb.*; *iem. kan geen ~ aan iets* ***vasknoop/vasmaak*** *nie, (infml.)* s.o. cannot make head or tail of s.t.; *die ~* ***vat*** take the lead; *aan die ~* ***werk*** work non-stop, work without a break. **tou** *ge-, vb.* walk one after another, follow in a line; queue (up); troop; beat, flog; taw *(hide)*, dress *(leather)*; *agter iem. aan~* tail after s.o.. **~afskorting** roped-off area. **~brug** rope bridge. **~doek** net cloth, swab, tow. **~draaier** roper, rope maker. **~draaiery** rope making; ropery. **~gare, ~garing** rope yarn. **~geleiding** fairlead(er). **~kram** *(naut.)* thimble. **~leer** rope ladder, Jacob's ladder, side ladder, ratlines. **~lei** *touge-* lead the oxen (team). **~leier** wag(g)on leader; *die beste ~ sit op die bok* bachelors' wives and old maids' children are well trained; →DIE BESTE **STUURMAN** STAAN AAN WAL. **~-oog** grummet, grommet, snotter. **~(-)opgooier** quitter, faint heart, defeatist. **~paal** bollard. **~pluiser** *-sers* oakum picker. **~pluksel** oakum. **~ring** = TOU-OOG. **~slaer** rope maker. **~slaery** rope making; rope yard, ropery. **~soolskoene** rope-soled shoes. **~spring** *touge-* skip. **~staan** *touge-* form a queue, queue up, stand in file; *~ om die bus te haal* queue for the bus; *~ om kaartjies te koop* queue for tickets. **~staner** *-ners* queuer. **~stanery** queuing. **~steler** queue jumper. **~takel** block and fall. **~-tou** *adv.* in Indian/single file. **~trek** *n.* tug of war. **~trek** *touge-, vb.* take part in a tug of war, tug at the rope; struggle against each other, wrangle, squabble; *hulle trek tou oor iets, (infml.)* they are squabbling/wrangling over s.t.. **~trekkery** tug of war, tugging at (*or* pulling) the rope; wirepulling; wrangling, squabbling. **~trommel** winding drum. **~weefsel** webbing. **~werk** ropes, ropework, roping; rigging, cordage. **~werker** rigger. **~wys** broken in, tamed; at home in (*or* used to) work; *~ wees* ***in iets*** be at home in s.t.; *iets ~* ***maak*** break in s.t. *(an ox etc.)*; *iem. ~* ***maak*** show s.o. the ropes; *~* ***raak*** *met iets* find one's feet/legs.

tou·ag·tig *-tige,* **tou·e·rig** *-rige* ropy. **tou·ag·tig·heid, tou·e·rig·heid** ropiness.

tou·kleu·rig *-rige* ficelle.

tou·loos *-lose, (climbing)* unroped.

tou·rette-sin·droom *(also T~, med.)* Tourette('s) syndrome.

tour·nu·re *(hist.)* bustle *(worn under a skirt to puff it out)*.

tou·tjie *-tjies, n. (dim.)* piece of string, cord; knittle; wisp; meat strip, (thin) biltong; grapple plant; *~s trek, (fig., infml.)* pull strings/wires.

tou·tjies-: ~kruit cordite. **~meel** shredded wheat. **~trekker** *(fig., infml.)* wirepuller, string-puller, kingmaker. **~trekkery** *(fig., infml.)* wirepulling, string-pulling. **~vleis** meat strips. **~wol** stringy/ropy wool.

tou·tjies·rig *-rige, (infml.)* stringy, ropy, towy.

tou·to- *comb.* tauto-.

tou·to·lo·gie tautology. **tou·to·lo·gies** *-giese* tautological.

tou·to·meer *(chem.)* tautomer. **tou·to·me·rie** tautomerism. **tou·to·me·ries** *-riese* tautomeric.

to·we·naar *-naars, (masc.)* magician, sorcerer, wizard; enchanter; conjurer; necromancer. **to·we·na·res** *-resse, (fem.)* sorceress, enchantress, witch.

to·wer *ge-* use magic, practise sorcery; charm; conjure; →TOOR. **~beeld** magic image. **~beker** magic cup. **~blik** magic look; magic glimpse. **~drank** magic potion. **~fee** fairy. **~fluit** magic flute. **~formule** magic words/formula, charm, spell. **~godin** (good) fairy. **~haselaar** →ONDERBOS. **~heks** witch, wicked fairy. **~hoedjie** wishing cap. **~klank** magic sound. **~krag, toorkrag** magic (power), spell, juju; *soos deur ~* as if by magic, like magic. **~kring** magic circle. **~kruid** magic herb. **~kuns, toorkuns** magic, sorcery, wizardry, witchcraft, necromancy. **~lamp** Aladdin's lamp. **~land** fairyland. **~lantern** magic lantern. **~mag** = TOWERKRAG. **~middel, toormiddel** *-dels, -dele* charm, talisman, amulet, magical medium. **~ring** magic ring. **~sampioen** *(infml.)* magic mushroom *(which contains a hallucinogen)*. **~slag** magic touch, wave of the (magic) wand; *soos met 'n ~* as if by magic, like magic; *iets soos met 'n ~ te voorskyn bring* conjure up s.t.. **~spel** magic, sorcery, witchcraft, wizardry. **~spreuk, toorspreuk** charm, incantation, magical formula, spell. **~staf, ~stokkie** magic wand. **~tapyt** magic carpet. **~teken** magic sign. **~wêreld** enchanted world, fairyland, land of magic. **~woord, toorwoord** magic word, spell.

to·wer·ag·tig *-tige* magic(al).

to·we·ry →TOORDERY.

town·ship *-ships, (<Eng., SA)* township.

traag *trae traer traagste, adj.* slow, slow-moving, tardy, indolent, sluggish, sluggardly, apathetic, lethargic, slothful, slack, dilatory, torpid; inert; dull, stagnant; →TRAGERIG; *'n trae* ***glimlag*** a lazy smile; *'n trae* ***leser*** an aliterate; *~ wees* ***om*** *iets te doen* not like (*or* be keen on) doing s.t.; *~ wees* ***om*** *briewe te skryf/skrywe, (also)* be a bad correspondent; *trae* ***sement*** slow-setting cement; *~* ***van begrip*** dim-, dull-, half-, slow-witted. **traag** *adv.* sluggishly, dully, slowly, inertly, lazily. **~lopend** *-pende* slow-moving, sluggish; *(tech.)* tardigrade. **~loper** sluggard, sloth, slow mover.

traag·heid slowness, laziness, sluggishness, sloth, tardiness, lethargy, lifelessness, indolence; drag, inertia *(phys.)*, torpor. **~sirkel** circle of inertia.

traag·heids-: ~geleidingstelsel inertial guidance system. **~moment** moment of inertia. **~vermoë** *(phys.)* inertia. **~werking** permanency of inertia.

traak *ge-* concern, touch; →RAAK *vb.*; *dit ~ iem. nie* s.o. doesn't care, s.o. couldn't care less *(infml.)*; *(infml.)* it is no business of his/hers, it is none of s.o.'s business; it is nothing to him/her; *dit ~ jou nie!* it is none of your business! *(infml.)*; *wat ~ dit my?* what do I care?, a fat lot I care *(infml.)*; what have I go to do with it?. **traak-my-nie-ag·tig** *-tige* happy-go-lucky, devil-may-care, lackadaisical, nonchalant, careless, irresponsible, unconcerned, perfunctory. **traak-my-nie-ag·tig·heid** carelessness, nonchalance, perfunctoriness.

traan[1] *trane, n.* tear, teardrop, eye drop; →TRAANVORMIG, TRANE-, TRANERIG; *jou trane* ***afdroog*** dry one's tears; wipe one's eyes; *trane van iem.* ***afdwing*** force tears from s.o.; *in trane* ***baai*** be bathed in tears; *iets onder trane* ***beken*** confess s.t. tearfully; *iem. tot trane* ***beweeg/roer*** move s.o. to tears; *trane* ***biggel*** *oor iem. se wange* tears trickle down s.o.'s cheeks; ***bran-***

dende/hete** trane* scalding tears; ***droë** trane huil, (rare, idm.)* weep millstones; ***hete** trane* bitter tears; *amper **in** trane wees* be on the verge of tears; ***in/onder** trane wees* be in tears; *jou trane **inhou fight back (one's) tears; *te **laat** vir trane wees* be too late for tears; ***lang** trane huil, (infml.)* cry bitterly; *die trane laat **loop*** raise tears; ***met/onder** trane* with tears; *trane wel in iem. se **oë** op* tears gather in s.o.'s eyes; *trane **rol** oor iem. se wange* tears run down s.o.'s cheeks; *trane **stort*** shed tears; *in trane **swem*** be bathed in tears; *trane **trek/voortbring*** fetch tears; *trane met **tuite** huil, (infml.)* cry bitterly, shed copious tears; *in trane **uitbars*** burst into tears, break down; *iem. in trane laat **uitbars*** draw tears from s.o.; *in trane **versmelt*** dissolve in tears; *trane te **voorskyn** bring* raise tears; *trane van **vreugde*** tears of joy. **traan** *ge-, vb., (eyes)* water; *(plants)* bleed; *die ~ van plante* the bleeding of plants. **~afskeiding** lachrymation. **~bom** tear/lachrymatory bomb. **~buis** tear/lachrymal duct. **~gas** tear/CS gas. **~granaat** tear shell. **~klier** tear gland/bag, lachrymal gland. **~klip** weeping rock. **~oog** watery eye; weeping eye. **~rook** tear gas; tear smoke. **~sak(kie)** *(anat.)* lachrymal sac; *(zool.)* tear bag/pit/sac. **~verwekkend** *-kende* lachrymatory.

traan² *n.* whale oil; fish/train oil; →TRAANAGTIG. **~ketel** oil kettle. **~koker** train oil boiler. **~kokery** tryworks, try house. **~koper** train oil merchant. **~olie** whale oil; train/fish oil. **~vis** oilfish.

traan·ag·tig *-tige* like (*or* smelling of *or* tasting like) whale oil.

traan·vor·mig *-mige* tear-shaped.

tra·di·sie *-sies* tradition; *die/'n ~ handhaaf* keep up the/a tradition; *na/volgens die ~ van ...* in the tradition of ...; *aan die ~ verslaaf wees* be a slave to tradition. **~vas** *-vaste* tradition-bound, traditionalistic. **~vereerder** traditionalist.

tra·di·si·o·na·lis *-liste* traditionalist. **tra·di·si·o·na·lis·me** traditionalism. **tra·di·si·o·na·lis·ties** *-tiese* traditionalistic.

tra·di·si·o·neel *-nele* traditional, time-honoured; *tradisionele leier, (SA)* traditional leader; *tradisionele lewenswyse, (sociol.)* folkways; *tradisionele wapen, (SA)* traditional/cultural weapon.

tra·e·rig *-rige* →TRAGERIG.

trag *ge-, (poet., liter.)* endeavour, try, attempt, strive.

tra·gant(·gom) tragacanth.

tra·ge·a *-geas, (anat.)* trachea. **tra·ge·ï·tis, tra·gi·tis** *(pathol.: inflammation of the trachea)* tracheitis. **tra·ge·o·to·mie** *(surgical incision)* tracheotomy.

tra·ge·die *-dies* tragedy. **tra·ge·ï·daal** *-dale, (rare)* tragedial.

tra·ge·ï·tis, tra·ge·o·to·mie →TRAGEA.

tra·ge·rig, tra·e·rig *-rige* rather slow/sluggish; →TRAAG.

tra·giek tragedy; *die ~ van die lewe* the tragedy of life. **tra·gies** *-giese -gieser -giesste* (of *meer ~ die mees -giese*) tragic; *die ~e daarvan is ...* the tragedy of it is ...; *'n ~e einde hê* end in disaster; *~e ironie* tragic irony.

tra·giet *(geol.)* trachyte.

tra·gi·ko·me·die tragicomedy. **tra·gi·ko·mies** *-miese* tragicomic.

tra·gi·kus *-gikusse, -gici, (theatr.)* tragedian.

tra·goom *(pathol.)* trachoma.

Tra·ja·nus *(Rom. emperor)* Trajan.

tra·jek *-jekte* stage, stretch, section, track; range; trajectory.

trak·sie traction; *in ~* in traction.

trak·taat *-tate* treaty. **trak·taat·jie** *-jies, (dim.)* tract, flysheet, flying sheet.

trak·teer *(ge)-* treat; entertain; regale, stand, treat; *iem. op ... ~* treat s.o. to ... *(a nice meal etc.)*; regale s.o. with ... *(stories etc.)*; *iem. op 'n glasie ~* →GLASIE. **trak·ta·sie** *-sies* treat, feast.

trak·te·ment *-mente* salary, pay *(esp. of an ecclesiastic)*. **trak·te·ments·ver·ho·ging** *-gings, -ginge* salary/pay increase.

tra·la·la *interj.* tra-la(-la).

tra·lie *-lies* bar, spike; *(also, in the pl.)* trellis, railings, lattice; *agter (die) ~s sit/wees, (infml.)* be behind bars, be shut away, do/serve time; *iem. agter die ~s sit, (infml.)* put s.o. away. **~balk** lattice beam. **~brug** lattice(d) bridge. **~deur** grated door. **~heining** trellis/lattice fence. **~hek** grill(e), grating, trellis gate, bars. **~venster** lattice window, barred window, grating. **~werk** latticework, trellis(work), grating, cagework, grille, trellis grate, bars, grid; transenna.

tram·po·lien *-liene, -liens* trampoline.

tra·ne *n. (pl.)* →TRAAN¹ *n.*.

tra·ne-: **~dal** *(infml.)* vale of tears; tearful scene. **~trekker** *(infml.)* tear jerker, weepie, weepy. **~vloed** flood of tears.

tra·ne·rig *-rige* watery *(eyes)*; full of tears, weepy, tearful, lachrymose; *~e oë* runny eyes; *~e toneelstuk/rolprent* tear jerker, weepie, weepy. **tra·ne·rig·heid** tearfulness; sob stuff.

tra·nig *-nige* = TRAANAGTIG.

tran·kiel *-kiele -kieler -kielste, (rare)* tranquil, calm.

trans¹ *transe* pinnacle, summit; *(poet., liter.)* firmament.

trans² *transe, (infml., abbr. of* transvestiet/transseksueel*)* tranny, trannie.

trans- *pref.* trans-. **~alpyns** *-e, (geog.)* transalpine, tramontane. **~atlanties** *-tiese* transatlantic. **T~baikalië** *(geog.)* Transbaikal(ia). **T~gariep** = TRANSORANJE. **T~jordanië** *(geog., hist.)* Transjordan. **T~karoosneltrein** Trans-Karoo Express. **T~kaukasië** Transcaucasia. **T~kei** *(geog., also hist.)* Transkei. **T~keier** *-s, n.* Transkeian. **T~keis** *-e, adj.* Transkeian. **T~oranje** *(geog., hist.)* Transorangia. **T~padaans** *-daanse, (geog., hist.)* Transpadane. **~-Siberies** *-riese* trans-Siberian. **T~silvanië** *(geog.)* Transylvania; →SEWEBURGE. **T~silvaniese Alpe** Transylvanian Alps. **T~vaal** *(geog., hist.)* the Transvaal. **T~vaals** *-e, (hist.)* Transvaal; *~e tabak* Transvaal tobacco; *~e kweekgras* = WATERKWEEK. **T~vaalsaffraan** *(also t~, Cassine transvaalensis)* Transvaal saffronwood. **T~valer** *-s, (hist.)* Transva(a)ler, Transvaal man/woman.

tran·sak·sie *-sies* transaction, deal; *'n eerlike ~* a fair/square deal *(infml.)*; *met iem. 'n ~ aangaan* conclude a transaction (*or* make/do a deal) with s.o.; *'n ~ met iem. beklink* clinch/close a deal with s.o..

trans·duk·tor *-tore, -tors, (elec.)* transductor.

tran·seer *(ge)-, (rare)* carve. **~mes** carving knife, carver. **~stel** carving set.

tran·sen·deer *ge-* transcend. **tran·sen·den·sie** transcendence. **tran·sen·dent** *-dente,* **tran·sen·den·taal** *-tale* transcendental; *transendentale eenheid* transcendental unity; *transendentale meditasie* transcendental meditation.

tran·sep *-septe, (archit.)* transept.

trans·fer·rien *(biochem.)* transferrin.

trans·fi·gu·reer *ge-* transfigure. **trans·fi·gu·ra·sie** *-sies* transfiguration.

trans·for·meer *ge-* transform. **trans·for·ma·sie** *-sies* transformation. **trans·for·ma·sie·to·neel** *(theatr.)* transformation scene. **trans·for·ma·si·o·neel** *-nele* transformational; *transformasionele grammatika, (ling.)* transformational grammar. **trans·for·ma·tor** *-tors, (elec.)* transformer.

trans·fu·sie transfusion.

trans·ge·ne·ties *-tiese,* **trans·ge·nies** *-niese, (bot., zool.)* transgenic.

tran·sis·tor *-tors, (rad.)* transistor. **~radio** transistor radio.

tran·sis·to·ri·sa·sie transistorisation.

tran·sis·to·ri·seer transistorise.

tran·si·tief, tran·si·tief *-tiewe, n. & adj., (gram.)* transitive. **tran·si·ti·wi·teit** transitivity, transitiveness.

tran·si·to, tran·si·to transit; *in ~ wees* be in transit. **~handel** transit trade. **~loods** transit shed. **~reg** transit duty.

tran·si·to·ries *-riese: ~e rekening* suspended account.

trans·ko·deer *ge-* transcode.

trans·kon·ti·nen·taal *-tale* transcontinental.

tran·skri·beer *ge-* transcribe, transliterate. **tran·skrip** *-skripte* transcript. **tran·skrip·sie** *-sies* transcription, transliteration.

trans·li·te·reer *ge-* transliterate. **trans·li·te·ra·sie** transliteration.

trans·lo·keer *ge-, (physiol., genet., biochem.)* translocate. **trans·lo·ka·sie** translocation.

trans·mi·gra·sie transmigration.

trans·mis·sie transmission. **~faktor** *(phys.)* transmission factor, transmittance. **~lyn** *(elec., telecomm., comp.)* transmission line. **~rekening** *-nings, -ninge* transmission account. **~snelheid** *(comp.)* baud rate.

trans·mit·tan·sie *(phys.)* transmittance, transmission factor.

trans·mit·teer *ge-, (rare)* transmit.

trans·mu·ta·sie transmutation.

trans·na·si·o·naal *-nale* transnational; *transnasionale maatskappy* transnational (company).

trans·pa·ran·sie *(rare)* transparency.

trans·pa·rant *-rante, n., (slide, OHP sheet, etc.)* transparency, *(infml.)* tranny, trannie. **trans·pa·rant** *-rante, adj.* transparent, translucent.

trans·per·soon·lik *-like* transpersonal.

trans·pi·reer *ge-, (bot.)* transpire; *(physiol.)* perspire. **trans·pi·ra·sie** *(bot.)* transpiration; *(physiol.)* perspiration. **trans·pi·ro·me·ter** transpirometer.

trans·plan·taat *-plantate (organ/tissue transplanted)* transplant. **trans·plan·ta·sie** *(surgical procedure)* transplant(ation).

trans·po·lêr *-lêre* transpolar.

trans·po·neer *ge-* transpose. **trans·po·ne·rend** *-rende: ~e instrument, (mus.)* transposing instrument.

trans·port *(no pl.), (somewhat obs.)* transport, carriage, conveyance; *(bookk.)* amount carried forward; *(pl.* transporte*, jur.)* transfer, conveyance; *akte van ~* deed of conveyance/transfer; *~ ry* transport goods, ride transport. **~akte** deed of transfer/conveyance, title deed. **~band** conveyer/conveyor belt, belt/band conveyer/conveyor. **~besorger** conveyancer. **~besorging** conveyancing. **~brug** transporter bridge. **~diens** transport service. **~fiets** *(obs.)* carrier (bi)cycle. **~gewer** transferor. **~koste** cost of transport; cost of conveyance/transfer. **~nemer** transferee. **~pad** *(obs.)* transport road, main road, highway. **~ry, ~ryery** *(chiefly hist.)* transport riding. **~ryer** *(chiefly hist.)* transport driver, transporter, cartage contractor. **~skip** *(obs.)* transport, troopship, trooper. **~skroef** screw conveyor. **~trein** *(obs.)* troop train. **~uitmaker** conveyancer. **~uitmaking** conveyancing. **~vliegtuig** *(obs.)* transport (aircraft/plane), flying boxcar, cargo plane. **~wa** *(hist.)* transport wag(g)on.

trans·por·teer *ge-, (rare)* convey, transport; *(bookk.)* carry forward; *(jur.)* transfer, convey. **trans·por·ta·sie** transportation. **trans·por·teur** *-teurs* transporter; protractor *(for measuring angles)*.

trans·po·si·sie *(mus. etc.)* transposition.

trans·pu·ter *(comp.)* transputer.

trans·sek·su·eel *-ele, n. & adj.* transsexual. **trans·sek·su·a·lis·me, trans·sek·su·a·li·teit** transsexualism, transsexuality.

trans·so·nies *-niese* transonic, trans-sonic.

trans·sub·stan·si·eer *ge-, (RC)* transubstantiate. **trans·sub·stan·si·a·sie** transubstantiation.

tran·su·deer *(physiol. etc.)* transude. **tran·su·daat** transudate. **tran·su·da·sie** transudation.

trans·ver·saal *-sale* transverse, transversal; *transversale golf, (phys.)* transverse wave. **~skaal** diagonal scale.

trans·ves·tiet *-tiete* transvestite. **trans·ves·tie, trans·ves·tis·me, trans·ves·ti·tis·me** transvest(it)ism.

trant manner, style, way, fashion, strain; *as iem. op **dié/hierdie** ~ voortgaan* if s.o. carries on in this way; *in **dieselfde** ~* in the same vein; in the same key; in the same strain; *op **gesellige** ~* in a chatty style; ***in die** ~ van ...* in the manner (*or* after the style) of ... *(Rembrandt etc.)*; *op die **ou** ~* as usual.

trap *trappe, n.* step; tread; staircase, (flight of) stairs, stairway, steps; degree, step, stage; *(phys.)* phase; pedal, treadle *(of a machine);* stamp *(with a foot),* kick; →TRAPPIE, TRAPSEL, TRAPSGEWYS, TRAPVORMIG; *(met) die ~* ***afgaan*** go down the stairs; go downstairs; *iem. die ~* ***afgooi*** throw s.o. down the stairs; throw s.o. downstairs; *iem. die ~* ***afsmyt*** kick s.o. down the stairs; kick s.o. downstairs; ***bo-op*** *die ~* at the top of the stairs; ***een*** *~ van ...* one remove from ...; *op 'n* ***hoë*** *~ van ontwikkeling* highly developed, developed to a high degree; ***'n*** *~* a flight of stairs; *die* ***oortreffende*** *~, (gram.)* the superlative degree; ***op*** *die ~* on the stairs; *(met) die ~* ***opgaan*** go up the stairs; go upstairs; *die* ***stellende*** *~, (gram.)* the positive degree; ***van*** *~ tot ~* by degrees, gradually; *~pe van* ***vergelyking,*** *(gram.)* degrees of comparison; *die* ***vergrotende*** *~, (gram.)* the comparative degree. **trap** *ge~, vb.* tread, step; trample, stamp; pedal *(a bicycle, an organ);* blow *(an organ);* tread *(grapes);* thresh *(grain);* scoot, skedaddle; →TRAPPEL, TRAPPER; ***fyn*** *~, (fig.)* step carefully; ***hoog*** *(en laag) ~, (infml.)* be unsteady on one's feet, be unable to walk straight, be tipsy; ***in*** *iets ~* tread in s.t.; ***in*** *'n doring ~* step on a thorn; *nie op jou* ***kop*** *laat ~ nie* not allow o.s. to be trampled upon (*or* lorded over); *die* ***maat*** *~* beat time (with one's foot); ***mis*** *~* miss one's footing; *uit die staanspoor* ***mis*** *~* get/start off on the wrong foot; *iem.* ***moet*** *~* it's time for s.o. to go; ***op*** *iets ~* tread (up)on s.t.; step on s.t.; stamp on s.t.; tramp (up)on s.t.; trample (up)on s.t.; *iets* ***plat*** *~* stamp on s.t.; trample down s.t.; *iem.* ***plat*** *~, (infml., fig.)* walk (all) over s.o.; *iets* ***stukkend*** *~* trample/tread s.t. to pieces; *op iem. se* ***tone*** *~* →TOON[1] *n.;* ***uit*** *... ~, (infml.)* pull out of ...; ***versigtig*** *~* step carefully, mind/watch one's step *(lit.); die vloer/ens.* ***vol*** *modder/ens. ~* tramp mud/etc. all over the floor/etc.. **trap** *interj.* get, be gone/off, off with you, get out (of here), push off, clear out/off; *~ hier uit!, (also, sl.)* get the hell out of here!. **~afbouing** *(min.)* underhand stoping. **~arm** flight of stairs. **~as** pedal shaft. **~balie** winepress. **~blaasbalk** footblower. **~boom** string, stringer *(of stairs).* **~boot(jie)** pedal boat, pedalo. **~draaibank** foot lathe. **~fiets** pushbike, pedal cycle. **~(gans)** *(orn.: Otis* spp.*)* bustard; →VELDPOU. **~(ge)sang** *(relig., mus.)* gradual. **~getou** foot(-power) loom. **~gewel, trappiesgewel** *(archit.)* stepped gable, crow-step gable, corbie(-step) gable. **~helling** pitch of a stair. **~hyser** stairlift *(at the edge of a domestic staircase).* **~kar** pedal car. **~klip** stepping stone. **~kop** stairhead, head of stairs. **~krag** pedal power. **~kuil** stairwell. **~leer** stepladder, steps, standing ladder. **~leuning** ban(n)isters, balusters. **~loper** stair carpet/runner. **~masjien** threshing machine, thresher, thrasher; treadle sewing machine. **~meul(e)** treadmill. **~meulhok, ~meulkou** squirrel cage. **~myn** *(mil.)* percussion mine. **~piramide** *(archaeol.)* step pyramid. **~plank** (foot) treadle. **~portaal** (stair) landing, stair hall. **~rem** pedal brake. **~rif** step reef. **~roei** stair rod. **~rus** footpace, broad step. **~sang** →TRAP(GE)SANG. **~skakelaar** kickdown switch; step(-up) switch. **~skrum** *(rugby)* ruck(ing); *'n ~ vorm* ruck. **~slinger** kick-starter. **~soetjiepos, ~suutjiepos** *(infml.: conventional postal system)* snail mail. **~soetjies, ~suutjies** *~tjiese* chameleon; *(infml.)* slowcoach. **~spil** newel; vice. **~styl** baluster. **~tree** stair, step, stair step. **~tyd** threshing time/season. **~vloer** threshing floor. **~wa(entjie)** = TRAPKAR. **~wiel** (child's) scooter.

tra·pees *trapese* trapeze.

tra·pe·si·um *~siums, (geom.)* trapezium. **tra·pe·so·ï·daal** *~dale* trapezoid(al). **tra·pe·so·ïed** *~soïede n. & adj.* trapezoid.

trap·pe·huis stairwell, staircase well, well hole.

trap·pel *ge~* trample, stamp, clatter, patter.

trap·per *~pers* pedal *(of a bicycle);* treadle *(imparting motion to a machine);* pedaller, *(infml.)* pedal pusher, blower, treader.

trap·pie *~pies, (dim.)* little kick; doorstep; estrade; small staircase; stair, step; *die gladde ~s af* on the downward path; *pasop/oppas vir die ~!* mind the step!.

trap·pies·ge·wel →TRAPGEWEL.

Trap·pis *~piste, (member of a RC order; also t~)* Trappist. **trap·pis·te·bier** Trappist beer.

trap·sel *~sels* threshing *(of wheat);* hotchpotch.

traps·ge·wys *~wyse, adj.* gradual, phased, progressive, staggered, in (easy) stages. **traps·ge·wys, traps·ge·wy·se** *adv.* by degrees, step by step, gradually, in stages/phases, progressively; *iets ~ rangskik/inrig* stagger s.t..

trap·vor·mig *~mige* stepped; scalar, scalariform.

tras *(geol.)* trass.

tra·seer *(ge)~* trace/mark out. **~werk** tracery.

tra·seer·der *~ders* tracer.

tra·se·ring tracery; plotting.

Tra·si·meen·se: *die ~ Meer, (central It.)* Lake Trasimene/Trasimeno.

tras·sie *~sies* hermaphrodite; *(infertile fem. calf)* freemartin. **~doring** *(Acacia hebeclada)* candle acacia.

trat·to·ri·a *(an It. restaurant)* trattoria.

trau·ma, trou·ma *~mas* trauma, wound. **trau·ma·ties, trou·ma·ties** *~tiese ~tieser ~tiesste* (of *meer ~ die mees ~tiese)* traumatic. **trau·ma·ti·seer, trou·ma·ti·seer** *ge~, (med., psych.)* traumatise. **trau·ma·ti·se·ring, trou·ma·ti·se·ring** *(med., psych.)* traumatisation.

tra·ver·so·fluit = DWARSFLUIT.

tra·ver·tyn *(geol.)* travertin(e), calc-sinter.

tra·ves·tie *~tieë* travesty, parody. **tra·ves·teer** travesty, make/be a parody of.

tra·wal *~walle, (rare)* hard time, hard lines, trouble, travail.

tra·want *~wante* henchman, hanger-on, follower, underling, minion.

Tre·bi·son·de *(geog.)* Trabzon, Trebizond.

tred pace, tread; *(gelyke) ~* ***hou*** *met ...* keep up/pace with ...; be/keep in step with ...; *nie met ... ~* ***hou*** *nie, (also)* be out of step with ...; *'n* ***ligte/sagte*** *~* a light step; *met* ***onhoorbare/sagte*** *~* with a velvet tread; *met* ***vaste*** *~* with a firm step. **~meul(e)** *(rare)* treadmill; *(fig.)* rat race.

tree *tree, treë, n.* pace, step, stride; tread; yard; *'n ~* ***gee*** take a pace; take a step; ***honderd*** *treë* a hundred yards; *met* ***lang*** *treë* with long strides; *jou treë* ***rek*** stride out; *'n ~* ***vorentoe,*** *(fig.)* a step up the ladder; *met* ***waggelende*** *treë* with tottering steps. **tree** *ge~, vb.* step, walk, tread; *in* ***besonderhede*** *~* →BESONDERHEID; *in die* ***bres*** *~* →BRES; *in* ***diens*** *~* →DIENS *n.; uit (die)* ***gelid*** *~* →GELID[1] *n.; in die* ***huwelik*** *~* →HUWELIK *n.;* ***nader*** *~* approach; *in* ***onderhandeling*** *~* →ONDERHANDELING; ***oor*** *iets ~* step across/over s.t.; ***opsy*** *~* step aside; ***tussenbei(de)*** *~* step in, intervene; ***uit*** *... ~* retire from ...; ***na vore*** *~* come forward; stand out. **~plank** running board, footboard. **~rat** treadwheel. **~stok** pace stick.

tre·ë·tel·ler pedometer.

tree·tjie *~tjies, (dim.)* small step; stair, step, stair step; *die boonste ~* the top stair.

tref *ge~* strike, hit; find, meet, come across; fall in with; encounter; come upon; *(disease, calamity, etc.)* attack, *(poet.)* visit; *die* ***blaam*** *~ iem.* s.o. is to blame; *dit het iem. ge~* ***dat*** *...* it struck (*or* occurred to) s.o. that ...; *ge~* ***deur*** *...* struck/moved/touched by ... *(s.o.'s friendliness etc.); iets ~ iem.* ***diep*** s.t. affects s.o. deeply; ***diep*** *deur iets ge~ wees* be deeply affected by s.t.; ***dit*** *~ jou ook* it concerns you too; *die* ***doel*** *~* →DOEL *n.; deur/volgens die metode van ~ of* ***fouteer*** by trial and error; *iem. het dit* ***gelukkig/goed*** *ge~* s.o. was fortunate/lucky, s.o. was in luck, s.o.'s luck was in, s.o. was in luck's way; ***maatreëls*** *~* →MAATREËL; ***mog*** *het ~fe!* →MOG; *'n* ***ongeluk*** *het iem. ge~* s.o. met with an accident; *deur die* ***ongeluk*** *ge~* overtaken by misfortune, hard hit, unfortunate; *iem. het dit* ***ongelukkig*** *ge~* s.o. was out of luck, s.o.'s luck was out; *iets ~ die* ***oog*** →OOG; *'n* ***ooreenkoms*** *(met iem.) ~ oor iets* →OOREENKOMS; *'n* ***skikking*** *met iem. ~* →SKIKKING; *dit* ***sleg*** *~* be unfortunate; ***swaar*** *ge~ wees* be deeply affected; be hard hit; *die regte* ***toon*** *~* →TOON[2] *n.; ~ en* ***trap*** hit and run; *iem.* ***tuis*** *~* find s.o. at home. **~afstand** striking distance, effective range; *binne ~* within striking distance. **~-en-trap(-)ongeluk** hit-and-run accident. **~-en-trap(-)voorval** hit-and-run case. **~hoek** angle of impact. **~kans** chance/probability of hitting/striking. **~krag** (force of) impact; hitting power; effect, appeal. **~punt** point of impact; incidence. **~reël** *(print.)* catchline; punchline *(of a joke etc.).* **~seker** (deadly) accurate, well-aimed, pertinent. **~sekerheid** accuracy (of aim), unerring aim. **~snelheid** striking velocity. **~tempo** *(cr.)* strike rate *(of a bowler).* **~vermoë** striking power. **~woord** reference, word heading, headword, catchword, lemma, key word. **~wydte** range, scope; incidence; *binne die ~ van die wet/ens. val* fall within the ambit of the act/etc..

tref·baar *~bare* vulnerable, exposed, assailable. **tref·baar·heid** vulnerability.

tref·fend *~fende, adj.* striking, telling; touching, moving, stirring *(speech, scene, etc.);* salient, signal; impressive; dramatic; *~e les* object lesson. **tref·fend** *adv.* strikingly; touchingly, movingly.

tref·fer *~fers* hit *(lit., fig.),* success, knockout; best seller; *'n ~ behaal* register/score a hit *(lit.).* **~boek** best seller, *(infml.)* blockbuster. **~lys** →TREFFERSPARADE. **~(plaat), ~(-CD)** hit record/disc, *(infml.)* chart buster.

tref·fers·pa·ra·de, tref·fer·lys *(pop mus.)* hit parade, the charts; *nommer een op die ~* number one on the hit parade, chart topper; *'n album/ens. wat boaan (of nommer een op) die ~ is* a chart-topping album/etc..

treg·ter *~ters, n.* funnel; spout; hopper *(in a mill);* filler; cone; crater; *(anat.)* choana. **treg·ter** *ge~, vb.* funnel. **~boog** splayed arch. **~gewelf** spiral vault. **~las** *~lasse* hopper joint. **~mond(ing)** estuary. **~oond** funnel kiln. **~tenk** parachute tank. **~webspinnekop** *(family Agelenidae)* funnel-web spider. **~wolk** funnel cloud, tornado cloud.

treg·ter·vor·mig *~mige* funnel-shaped, conical.

treil *treile, n.* towline; dragnet, trawl (net). **treil** *ge~, vb.* tow, trawl. **~net** trawl (net). **~vis** trawl fish. **~visser** trawler(man). **~vissery** trawling.

trei·ler *~lers* trawler, trailer.

trein *treine* train; retinue, following; ***betyds*** *wees vir 'n ~* catch a train; *per (of met die) ~* ***gaan/reis*** go/travel by train; take a/the train; *voel asof 'n ~ jou* ***getrap*** *het, (infml.)* feel as if you've been hit by a train; *'n ~* ***haal*** catch a train; *'n ~ nie* ***haal*** *nie* miss a train; *'n/die ~* ***haal/neem*** take a/the train; ***in/op*** *die ~* on the train; *in/op 'n ~* ***klim*** board a train; *te* ***laat*** *kom vir 'n ~* miss a train; *'n ~* ***mis*** miss a train; *die ~ het* ***ontspoor*** the train was derailed; *per (of met die) ~* ***reis*** →***gaan/reis;*** *daagliks ~* ***ry*** commute; *(per of met 'n/die) ~* ***ry*** go/travel by train; take a/the train; *die ~* ***vertrek*** *nie, (infml.)* there is ample time, what's the hurry for?. **~aansluiting** train connection. **~botsing** train crash. **~brug** railway bridge. **~diens** train service. **~drywer** train driver. **~geld** train fare. **~gids** railway timetable. **~kaartjie** railway/train ticket. **~kondukteur** guard/conductor on a train. **~lading** trainload. **~lektuur** light reading, railway literature. **~loopkoste** running expenses. **~ongeluk** railway accident. **~personeel** running staff; train staff. **~pont** train ferry, ferry bridge. **~ramp** railway disaster. **~reis** train journey. **~rooster** railway timetable. **~siek** trainsick, travel-sick. **~siekte** trainsickness, travel-sickness, motion sickness. **~smid** wheel tapper. **~spoor** railway (line), metals; *'n ~ begaanbaar maak* clear a line. **~stel(letjie)** train set. **~wa** carriage. **~waarnemer** train spotter.

trei·ter *ge~* plague, tease, pester, vex, taunt, molest, badger, bait, torment, nag, annoy, irritate, exasperate, aggravate, *(infml.)* bug. **trei·te·raar** *~raars* tease(r), nagger.

trek *trekke, n.* pull, tug; haul; draught *(of air);* migration *(of birds, fish, people, etc.),* trek, movement, drift, journey; stage *(on a bus route);* moving *(into a house);* stroke, flourish *(of the pen);* influx, rush *(to a place);* rifle, groove; feature *(of a face or landscape);* trait, characteristic; bent; vein; appetite; inclination, desire; backwash; *in breë ~ke* in general terms; in (broad) outline; *iets in breë ~ke vertel, (also)* give the substance of s.t.; *op ~ gaan* go on trek; *'n ~ aan 'n pyp/sigaret gee* give/take a puff at a pipe/cigarette; *die Groot T~, (SA hist.)* the Great Trek; *~ in iets hê* like s.t.; *'n ~ van iem. se karakter* = KARAKTERTREK; *geen ~ in kos hê nie* →KOS[1] *n.; op ~ staan* be on the point of trekking (*or* setting out); *die ~ voel* feel the draught *(lit.); iem. het 'n wrede/ens. ~, daar is 'n ~ van wreedheid/ens. in iem.* there is a strain of cruelty/etc. in s.o. **trek** *ge-, vb.* pull, drag, draw, haul, tow; tug, yank; trawl; seine; draw *(a crowd);* draw *(a cheque, bill, etc.);* force *(a plant);* journey, travel, go, march, trek; *(birds, people, etc.)* migrate, emigrate; peregrinate; *(change one's abode)* move; *(a chimney, pipe, etc.)* draw; be draughty; warp, become warped; *(muscles, limbs, features, etc.)* twitch; *(cr.: a ball)* carry; *aan iets ~* drag at s.t.; pull at s.t.; heave at s.t.; pluck at s.t.; puff at s.t. *(a pipe);* take a drag on s.t. *(a cigarette etc.); iem. se aandag ~* →AANDAG; *blare ~* raise blisters; *'n boog ~* strike an arc; *wat my by/in iem. ~* what I like about s.o.; *daar ~ hulle!* they're away/off!, away they go!; there they go!; *iem. slaan/stamp dat hy/sy dáár/so ~* knock/send s.o. flying; *iem. gaan ~* s.o. is going to move; *iets ~ krom* s.t. warps (*or* becomes warped) *(wood etc.); 'n kruisie ~* →KRUISIE; *iets laat ~* have s.t. out *(a tooth);* let s.t. brew *(tea, coffee, etc.); die pes ~ deur die land* the plague sweeps through the country; *'n les uit iets ~* draw a lesson/moral from s.t.; *lootjies ~* →LOOTJIE[2]; *deur die lug ~* fly/sail through the air; *~ vir maats, (card-playing)* cut for partners; *na 'n ander huis ~* move to another house; *na jou pa ~* look like one's father; *oor iets ~* cross s.t. *(mountains etc.); iets oor jou kop ~* pull s.t. over one's head; *op iem. (se rekening) ~* draw on s.o. (financially); *iem. opsy ~* draw s.o. aside; *iem. se ore ~* →OOR[1] *n.; 'n prys ~* →PRYS[1] *n.; 'n salaris ~* →SALARIS; *die skaal op ... kg ~* →SKAAL[1]; *die son ~ water* →SON; *duisend stemme ~* →STEM *n.; 'n streep ~* →STREEP *n.; iem. 'n streep ~* →STREEP *n.; iets stukkend ~* pick/pull/tear s.t. to pieces; *iets styf ~* pull/draw s.t. tight; take up the slack *(of a rope etc.); 'n tand ~* →TAND; *iets in twyfel ~* →TWYFEL *n.; iets uit ... ~* abstract s.t. from ...; extricate s.t. from ...; *iets uit iem. ~* drag s.t. out of s.o.; *uit 'n huis ~* move out of a house; *~ vir uitgee, (card-playing)* cut for deal; *iets uitmekaar ~* pick/pull/tear s.t. to pieces; pull apart s.t.; pick holes in s.t.; *teen ... te velde ~* →VELD; *'n vergelyking tussen ... ~* →VERGELYKING; *voordeel uit iets ~* →VOORDEEL; *'n vuurhoutjie ~* →VUURHOUTJIE; *'n wortel ~* →WORTEL *n.*. **~arbeid** migratory/migrant labour. **~arbeider** migrant labourer. **~bal** screw *(in ball games),* twister. **~balk** tie beam. **~bank** draw bench. **~beeste** cattle on trek. **~bel** bell pull. **~boer** trek farmer, trekker. **~bok** *(usu. in the pl.)* migratory buck/antelope, antelope on the move. **~boot** trek boat. **~(borduur)werk** drawn-fabric work. **~bout** draw bolt. **~by** swarming bee, swarmer. **~dag** *(lottery)* day of the draw; trekking day; moving day. **~dier** draught animal. **~diervoertuig** animal-drawn vehicle. **~draad** drawn thread. **~draadwerk** drawn(-thread) work. **~duif** migratory pigeon. **~duiker** *(orn.: Phalacrocrocrax capensis)* Cape cormorant. **~duin** migrating/travelling dune. **~gat** draught/vent hole, blowhole; pigeonhole. **~gees** eagerness for travelling or wandering, wanderlust. **~geld** hot money. **~gerei** haulage gear. **~goed** draught animals; harness; gear *(of draught animals),* trek things. **~haak** draw hook. **~hond** draught dog, working dog. **~hou** *(golf, cr.)* pull; swinging blow. **~kabel** starting cable. **~kas** drag box; forcing house. **~ketting** trek chain *(of a wagon); (mech.)* hauling chain. **~klavier** (piano) accordion. **~klavierspeler** accordionist. **~koord** draw cord; ripcord; pull. **~krag** tractive effort/power; *(aircraft)* thrust; tensile force, tension, pull, traction. **~laken** draw sheet. **~lekkers** pulled sweets. **~lokomotief** traction engine. **~lus** trek fever, desire to trek, wanderlust, nomadism. **~lyn** towline, towing line, towrope, towing rope, static line. **~maat** fellow traveller. **~mes** drawing knife, spokeshave. **~meter** tensimeter, manometer. **~meting** traverse. **~middel** *-dele, -dels* vesicant. **~net** dragnet, trawl (net), seine/trail net. **~orrel** concertina. **~orrel(tjie)** *(infml.: a concertina)* squeeze box. **~os** draught/trek ox. **~paal** wiring post, straining post. **~pad** trail, trek road/path, wag(g)on road, track. **~pas** dismissal pass; order of the boot; *(infml.)* pink slip, marching orders, walking papers; *iem. die ~ gee, (infml.)* give s.o. his/her marching orders, send s.o. packing; fire/sack s.o., give s.o. the sack; ditch s.o. *(a boyfriend, girlfriend, etc.); die ~ kry, (infml.)* be fired/sacked, get the boot/sack. **~pen** drawing/ruling pen; tracing pen. **~perd** draught horse, drayhorse, workhorse, coach horse; *(hist.)* trace-horse, tracer. **~plant** forcing plant. **~pleister** blister plaster, vesicant, vesicatory; attraction; *(infml.)* sweetheart. **~pot** infusing vessel. **~roete** migratory route. **~rol** drawing/drafting roller. **~saag** lumber(man's) saw, crosscut saw, double-handed/two-handed saw. **~skaal** spring balance. **~skakelaar** pull switch. **~skape** trek sheep. **~skerm** draught screen/shield. **~skroefvliegtuig** tractor (aircraft). **~skuit** track boat, barge. **~spanning** tensile stress, tension(al) stress. **~spier** extensor (muscle), motory muscle. **~sprinkaan** migratory locust, flying locust. **~stang** drawbar; pull rod; pitman, connecting rod; clevis; drag link. **~stem** drawling voice. **~sterk** sound *(wool).* **~sterkte** tensile strength; soundness *(of wool).* **~sterktestrek** tensile range. **~strook** draught excluder. **~stroom** rip current, riptide. **~toestel** hauling gear. **~toets** tension/tensile test. **~tou** trek rope; towrope, towing rope, towline, towing line. **~vas** *-vaste: ~te staal* high-tensile steel. **~vastheid** tensile strength. **~vee** livestock on trek. **~venster** draught/vent/ventilator window. **~vermoë** tractive effort. **~vervoer** haulage. **~vervoerweg** haulage (way). **~vervorming** tensile strain. **~vis** migratory fish. **~visser** seine fisherman, trek netter. **~voël** migratory bird, migrant (bird), visitant; bird of passage *(lit., fig.); (fig.)* drifter, rover, bag person, *(also, in the pl.)* bag people. **~voertuig** towing vehicle. **~volk** *(obs.)* migratory labourers. **~vormverandering** tensile strain. **~vry** *-vrye* draughtproof. **~vyl** draw file. **~wa** trek wagon. **~weerstand** tensile resistance/strength. **~werk** draw gear. **~wurm** cankerworm.

trek·kend *-kende* itinerant, ambulant, ambulatory; migratory, nomadic.

trek·ker *-kers* tractor, traction engine; *(banking)* drawer; migrant, nomad, migrator; trekker; puller; extractor; trigger; corkscrew; forceps. **~-grassnyer** rideon.

trek·ke·rig *-rige -riger -rigste* draughty; long-drawn(-out). **trek·ke·rig·heid** draughtiness.

trek·kers·le·we trekker's life, nomadism.

trek·ke·ry trekking; moving (house), removal; pulling; drawing, cashing.

trek·king *-kings, -kinge* draw; drawing, pulling; extraction; traction; convulsion; twitch; working *(of a face);* vellication; *(also, in the pl., med.)* fit; trembles; *die ~s hê* have a fit, convulse.

trek·sel *-sels* brew *(of tea),* infusion; enough coffee/tea for a brew.

trem *trems* tram(car), streetcar. **~beampte** tramwayman. **~bestuurder** tram driver. **~bus** = TROLLIEBUS. **~diens** tram(way) service. **~geld** tram fare. **~halte** tram stop. **~huisie** tram shelter. **~kaartjie** tram ticket. **~kondukteur** tram conductor. **~lyn** tramline, tramway. **~personeel** tramway staff. **~spoor** tramway, tramline. **~verbinding** tram connection. **~verkeer** tramway traffic. **~weë** tramways. **~werker** tramwayworker.

tre·ma *-mas, (rare)* di(a)eresis; →DEELTEKEN.

tre·ma·to·de *-des, (zool.)* trematode, fluke(worm).

tre·mel *-mels, (rare)* mill hopper.

trem·mer *-mers, (naut., chiefly hist.)* trimmer.

tre·mo·liet *(min.)* tremolite.

tre·mo·lo *-lo's, (mus.)* tremolo. **tre·mu·lant** *-lante, (device on an organ that produces a tremolo effect)* tremulant.

trens *trense, n.* snaffle (bit), bridoon; *(needlework)* loop. **trens** *ge-, vb.* worm *(a rope).* **~riem** loop strap/riem *(fixed to a trek chain).* **~toom** snaffle bridle.

tren·sie *-sies, (dim.), (needlework)* rouleau, worked loop, loop-stitched bar.

Tren·te *(geog.)* Trento *(It.),* Trent *(Germ.); Konsilie van ~, (RC, 16th cent.)* Council of Trent; *leerstellings van ~* Tridentine doctrine. **Trents** *Trentse* Trentine.

tre·o·nien *(biochem.)* threonine.

tre·paan *-pane, (surg., hist.)* trepan. **tre·pa·neer** *ge-* trepan. **tre·pa·neer·boor** trepan. **tre·pa·ne·ring** trepanation.

tres *tresse, (lock of hair)* tress; braid *(on a dress).* **~band** Prussian binding.

tre·soor *-sore, (rare)* treasure; treasure chamber, treasury.

treur *ge-* grieve, mourn, be sad, languish, sorrow, pine; *oor iem./iets ~* grieve about/over s.o./s.t., mourn (over) s.o./s.t.; *oor iem. ~, (also)* mourn (for) s.o.; *oor iets ~, (also)* sorrow over/at/for s.t.; *die plant ~* the plant languishes. **~berk** *(bot.: Betula pendula)* weeping birch. **~dig** *-digte, n.* elegy, dirge, monody. **~digter** elegiac poet, elegist. **~kleed** mourning dress. **~lied** dirge, lament, monody. **~mare** *-res, (often joc.)* sad tidings, calamity. **~mars** funeral march, dead march. **~sang** elegy, dirge, lament. **~sipres** *(bot.: Cupressus funebris)* weeping cypress. **~spel** →TREURSPEL. **~toneel** tragic scene. **~toon** mournful note. **~tyd** time of mourning. **~wilg** *-wilge,* **~wilger** *-gers,* **~wilge(r)boom** *-bome, (Salix babylonica)* weeping willow. **~wilgstyl** *(bonsai etc.)* weeping branch style.

treu·rend *-rende* sorrowing, mourning.

treu·rig *adj. -rige* sad, sorrowful, mournful, dismal, woeful, melancholy, joyless, cheerless; *'n ~e gesig* a sad face; a pitiful sight; *iets ~s* a touch of sadness; *'n ~e plek* a miserable place, a hole; *iets stem iem. ~* s.t. saddens s.o., s.t. makes s.o. sad; *~ voel oor iets* feel sad about s.t.. **treu·rig** *adv.* sadly *etc.*. **treu·rig·heid** sadness, sorrow; pitifulness; sorrowfulness; mournfulness; *dis 'n ~ soos iem. ..., (infml.)* it's disgraceful/sad the way s.o. ... *(neglects his/her garden etc.); o ~ op note!, (infml.)* alas!, woe is me/us!; *die ~ van die oorlog* the horrors of war.

treur·nis sorrow, sadness, mourning.

treur·spel *-spele* tragedy; *lyk soos 'n ~ in sewe bedrywe* be very sorry for o.s.; bear a funereal look. **~digter** tragic poet, tragedian. **~speler** *(masc.),* **~speelster** *(fem.)* tragic actor, tragedian *(masc.),* tragic actress, tragedienne *(fem.).*

treu·sel *ge-* dawdle, dally.

Tre·vi·e·re: *die ~, (a Celto-Germanic tribe)* the Treveri.

trew·wa *-was* = EWWA-TREWWA.

tri- *pref.* tri-.

tri·a·de *-des, (group of three)* triad.

tri·a·kel *(arch.: an antidote to poison)* treacle, theriac.

tri·an·dries *-driese, (bot.)* triandrous.

tri·an·gel *-gels, (mus.)* triangle.

tri·an·gu·leer *ge-, (surv.)* triangulate. **tri·an·gu·la·sie** triangulation, ordnance survey.

tri·arg *-arge, adj., (bot.)* triarch.

tri·ar·gie *-gieë* triarchy.

Tri·as *n., (geol. era)* Trias, Triassic. **~periode** Triassic.

tri·ba·de *-des, (rare)* tribade, lesbian. **tri·ba·dis·me, tri·ba·die** *(rare)* tribadism, tribady, lesbianism.

tri·bo- *comb.* tribo-.

tri·bo·e·lek·tri·si·teit, tri·bo·ë·lek·tri·si·teit triboelectricity.

tri·bo·lo·gie tribology. **tri·bo·loog** *-loë* tribologist.

tri·bo·lu·mi·nes·sen·sie triboluminescence. **tri·bo·lu·mi·nes·se·rend** *-rende* triboluminescent.

tri·bo·me·ter tribometer.

tri·brag *-bragge, (pros.)* tribrach.

tri·bu·la·sie *-sies, (rare)* tribulation.

tri·bus *-busse, (taxonomy)* tribe.

tri·buun *-bune, (Rom.)* tribune, magistrate. **tri·bu·naal**

=nale, *(special court)* tribunal. **tri·bu·naat** =*nate, (Rom.)* tribuneship, tribunate. **tri·bu·ne** =*nes, (rare)* platform; gallery; stand.

tri·buut =*bute, (obs., taxation)* tribute.

tri·chloor·e·taan *(chem.)* trichloroethane.

tri·chro·ï·sme trichroism *(of crystals)*.

tri·chro·ma·sie trichromatism. **tri·chro·ma·ties** =*tiese* trichromatic, trichromic.

tri·cot =*cots, (knitted fabric)* tricot; leotard, tights *(for dancers etc.)*.

tri·duum =*duums, (RC)* triduum, triduo.

tri·ë·der, tri·e·der =*ders, (geom.)* trihedron.

tri·ën·na·le, tri·en·na·le =*les, (3rd anniversary)* triennial.

Trier *(geog.)* Trier *(Germ.)*, Trèves *(Fr.)*.

Tri·ëst *(geog.)* Trieste. **Tri·ë·styn** =*styne, n.* Triestine. **Tri·ë·styns** =*stynse, adj.* Triestine.

triest *trieste* melancholy, gloomy; dreary *(weather)*; cheerless; *'n ~e geskiedenis* a melancholy story. **tries·tig** =*tige,* **tries·te·rig** =*rige,* **triet·sig** =*sige,* **triet·se·rig** =*rige, adj.* gloomy, dismal, dejected, miserable, dreary; *~e weer* dull/dismal weather. **tries·tig, triet·sig** *adv.* gloomily, dismally, dejectedly, miserably, drearily. **tries·tig·heid, triet·sig·heid** gloominess, miserableness, dreariness.

tri·fek·ta *(horse racing)* trifecta.

tri·fo·kaal =*kale, (optom.)* trifocal; *trifokale bril* trifocals.

tri·fo·li·um =*ums, (bot.)* trefoil, trefolium.

tri·fo·ri·um =*riums,* =*ria, (Lat., archit.)* triforium.

trif·tong *(phon.)* triphthong.

tri·ge·mi·nus =*minusse,* =*mini, (anat.)* trigeminus. **~neuralgie** *(med.)* trigeminal neuralgia.

tri·gi·a·se *(med.)* trichiasis.

tri·gien =*gienes, (a parasitic nematode worm: Trichinella spiralis)* trichina. **tri·gi·no·se** *(pathol.)* trichinosis.

tri·glief =*gliewe, (archit.)* triglyph.

tri·gli·se·ried *n., (chem.)* triglyceride.

tri·go= *comb.* tricho=.

tri·go·lo·gie *(study of hair)* trichology. **tri·go·loog** =*loë* trichologist.

tri·go·mo·ni·a·se *(med.)* trichomoniasis.

tri·go·naal =*nale* trigonal; →DRIEHOEKIG.

tri·go·no·me·trie trigonometry. **tri·go·no·me·tries** =*triese* trigonometric(al).

tri·goom *(bot.)* trichome.

tri·goon =*gone, (astrol.)* trine.

tri·go·sist =*siste, (protozoan stinging/grasping organ)* trichocyst.

tri·go·to·mie *(theol.: body, spirit and soul)* trichotomy. **tri·go·toom** =*tome,* **tro·go·to·mies** =*miese* trichotomic, trichotomous.

tri·ke·ra·tops *(a breed of dinosaur)* triceratops.

tri·klien =*kliene,* **tri·kli·nies** =*niese, (cryst.)* triclinic.

tri·kro·ties =*tiese, (physiol.)* tricrotic.

trik·trak *(a game like backgammon)* tric(k)trac(k).

tril *ge=, (sound)* vibrate; *(pers., leaf, voice)* tremble, quiver; *(heart)* throb, palpitate; thrill; shake; trill, quaver; *(grass)* quake; →TRILLEND, TRILLER, TRILLING, TRILLINGS=; *van emosie ~, (s.o.'s voice)* be charged with emotion; *iem. ~ van ...* s.o. trembles with ... *(cold, rage)*; *iets laat ~* shake s.t., set s.t. trembling/quivering/quaking. **~beton** vibrated concrete. **~beweging** vibratory motion, wave motion. **~dans** shimmy. **~diertjie** *(bacterium)* vibrio. **~gras, bewertjies** *(Briza* spp.*)* quaking grass. **~hare** →TRILHARE. **~kanarie** roller canary. **~klok** trembling bell. **~moeras** trembling bog. **~populier** *(bot.: Populus tremula)* trembling poplar. **~-r** *(phon.)* rolled r. **~register** *(mus.)* tremolant, tremolo. **~rog** = DRILVIS. **~sif** vibrating screen. **~skuitjie** vibrating shuttle. **~tafel** vibrator table. **~toets** vibration test, vibratory test. **~veer** *(orn.)* vibrissa. **~vis** *(gen.)* electric fish. **~wydte, trillingswydte** amplitude (of vibration).

tril·ha·re *n. (pl.)* cilia. **tril·haar·ag·tig** =*tige* ciliary. **tril·haar·be·we·ging** ciliary movement.

tri·liet =*liete, (archaeol.)* trilith(on).

tri·li·ne·êr, tri·li·ni·êr =*êre* trilinear.

tril·joen =*joene, (10^{18}: a million million million)* quintillion, *(obs., chiefly Br.)* trillion. **tril·joen·ste** quintillionth, trillionth.

tril·lend =*lende* tremulous, vibratory, vibrant, vibratile.

tril·ler =*lers, (mus.)* grace note, trill, shake, tremolo; vibrator, quaver. **tril·le·rig** =*rige* vibratory; quaking. **tril·ler·veer** trembler spring.

tril·ling =*lings,* =*linge* trembling, vibration, vibrancy, quiver(ing), oscillation; tremor *(of a leaf, voice, part of the body, etc.)*, quaking; *(mus.)* trill; thrill; fibrillation; trepidation; *iets laat 'n ~ deur iem. gaan* s.o. thrills to s.t.. **~vry** =*vrye* vibrationless, free from vibration.

tril·lings=: ~boog arc of vibration. **~demper** vibration absorber. **~duur** period/time of vibration. **~getal** frequency, vibration number. **~kring** oscillatory circuit. **~meter** vibroscope. **~wydte** →TRILWYDTE.

tri·lo·biet =*biete, (extinct marine arthropod)* trilobite.

tri·lo·gie =*gieë* trilogy.

trim *n., (naut.)* trim; *in/uit die ~ wees, (aeron., naut.)* be in (*or* out of) trim. **trim** *ge=, vb., (naut.)* trim. **~gim** trim gym. **~park** =*parke* trimpark, fitness/exercise park.

tri·meer =*mere, n., (chem.)* trimer. **tri·meer** =*mere, adj.* trimeric.

tri·mes·ter =*ters* trimester, three months.

tri·me·ter =*ters, (pros.)* trimeter.

tri·me·tiel·a·mien *(chem.)* trimethylamine.

tri·morf =*morfe* trimorphic, trimorphous.

Tri·ni·dad *(geog.)* Trinidad; *~ en Tobago* Trinidad and Tobago. **Tri·ni·da·dees** =*dese,* **Tri·ni·da·di·ër** =*diërs, n.* Trinidadian. **Tri·ni·da·dees** =*dese, adj.* Trinidadian.

Tri·ni·teit *(Chr. theol.)* Trinity. **Tri·ni·ta·ri·ër** =*riërs,* **Tri·ni·ta·ris** =*risse, (also t~)* Trinitarian. **Tri·ni·ta·ries** =*riese, (also t~)* Trinitarian. **Tri·ni·ta·ris·me, Tri·ni·teits·leer** *(also t~)* Trinitarianism. **Tri·ni·teit·son·dag, Tri·ni·ta·tis** Trinity Sunday.

tri·ni·tro·to·lu·een *(an explosive: abbr.* TNT*)* trinitrotoluene, trinitrotoluol.

tri·o *trio's* trio.

tri·o·de =*des, (electron.)* triode (valve).

tri·ok·sied =*sieds, (chem.)* trioxide.

tri·o·let =*lette, (verse form)* triolet.

tri·omf *triomfe* triumph; *in ~* in triumph; *~e vier* achieve triumphs. **~boog** triumphal arch. **~kreet** shout of triumph. **~lied** triumphal song, paean. **~suil** triumphal column. **~tog** triumphal progress/procession. **~wa** triumphal car, chariot.

tri·om·fa·lis·me triumphalism.

tri·om·fan·te·lik, tri·om·fant·lik =*like, adj.* triumphant; triumphal. **tri·om·fan·te·lik, tri·om·fant·lik** *adv.* triumphantly, gloryingly.

tri·om·fa·tor =*tors, (poet., liter.)* triumpher, victor.

tri·om·feer *ge=* triumph; *oor ... ~* triumph over ... **tri·om·fe·rend** =*rende* triumphant, exultant.

tri·ool =*ole (mus.)* triplet; *(pros.)* tercet.

tri·paan·blou *(dye for staining cells in biol. research)* trypan blue.

tri·pang =*pangs, (<Mal., zool.: sea cucumber)* trepang, *(Fr.)* bêche-de-mer.

tri·pa·no·soom =*some, (a parasitic protozoan)* trypanosome. **tri·pa·no·so·mi·a·se** *(pathol.)* tripanosomiasis, sleeping sickness.

tri·pel *adj.* = TRIPPEL[2] *adj.*

tri·pel(·aar·de) *(geol.)* tripoli (powder).

tri·pleer *(ge)=* triple; →TRIPPEL[2] *adj.*.

tri·pleks triplex. **~hout** three-ply (wood).

tri·pliek =*plieke, (jur.)* surrejoinder; *tweede ~* surrebutter. **tri·pli·seer** *ge=* surrejoin.

tri·pli·kaat =*kate* triplicate; *'n ~ van iets maak* make a triplicate of s.t..

tri·plo: *in ~* in triplicate.

tri·plo·ï·die *(biol.)* triploidy. **tri·plo·ïed** =*iede, n. & adj.* triploid.

Tri·po·li *(geog.)* Tripoli. **Tri·po·li·taan** =*litane, n.* Tripolitan. **Tri·po·li·taans** =*taanse, adj.* Tripolitan. **Tri·po·li·ta·ni·ë** *(geog.)* Tripolitania.

trip·pel[1] *n., (gait of a horse)* tripple; →TRIPPELAAR, TRIPPELEND. **trip·pel** *ge=, vb.* trip; *(a child)* pitter-patter; *(a horse)* pace, tripple. **~gang** tripple. **~pas** tripping step; tripple *(of a horse)*, trippling gait.

trip·pel[2] *~, adj.* triple; →TRIPLEER; *vier ~ sewe nege, (47779)* four triple seven nine. **~konsert** =*serte* triple concerto. **~maat** triple rhythm *(in verse)*. **~tongslag** *(mus.)* triple tonguing.

trip·pe·laar =*laars, (a horse)* trippler, spanker.

trip·pe·lend =*lende* mincing.

trip·pens =*pense, (hist. SA/Br. coin)* threepence, threepenny bit, tickey; →TIEKIE; *'n ~ se suiker* threepence-worth of sugar; *'n ~ op 'n sandstrand soek, (obs., rare)* look for a needle in a haystack.

trips *tripse, (entom.)* thrips.

trip·sien *(biochem., physiol.)* trypsin. **trip·si·no·geen** *(biol.)* trypsinogen.

trip·tiek =*tieke, (art: set of 3 panels)* triptych; *(customs permit for a car)* triptyque.

trip·to·faan *(biochem.)* tryptophan.

tri·reem =*reme, (naut., hist.)* trireme.

tri·sak·ka·ried *(chem.)* trisaccharide.

tri·seps =*sepse, (anat.)* triceps; →DRIEKOPSPIER.

tri·si·klies =*kliese, (chem.)* tricyclic.

tris·kai·de·ka·fo·bie *(psych.: fear of 13)* triskaidekaphobia.

tri·so·mie *(med.)* trisomy.

tri·ta·go·nis =*niste, (3rd actor in a Gr. drama)* tritagonist.

Tri·te·ïs·me *(theol., also t~)* tritheism.

tri·ti·eer *ge=, (chem.)* tritiate.

tri·ti·um *(phys.)* tritium; →TRITON.

Tri·ton =*tons, (Gr. myth.: a sea god)* Triton.

tri·ton =*tone, (phys.)* triton; →TRITIUM.

tri·to·nus *(mus.)* tritone.

trits *tritse* trio, triplet, triad, troika.

tri·tu·reer *ge=, vb., (rare)* triturate. **tri·tu·raat** =*rate, n.* triturate.

tri·um·vir =*vire,* =*viri,* =*virs, (esp. Rom.)* triumvir. **tri·um·vi·raat** =*rate* triumvirate.

tri·va·lent =*lente, (chem.)* trivalent, tervalent.

tri·vi·aal =*viale* trivial, banal, commonplace. **~literatuur** light fiction, *(pej.)* pulp fiction. **tri·vi·a·li·teit** triviality; banality; pettiness; *(also, in the pl.)* trivia.

Tro·as *(geog., hist.)* Troas, the Troad; →TROJE.

troe·ba·doer =*doere,* =*doers* troubadour.

troe·bel =*bel(e)* =*beler* =*belste* turbid, muddy, feculent, foul, milky, thick, cloudy; *~ glas* obscured/addled/visionproof glass; *~ tone, (mus.)* blue notes; *in ~ water vis(vang)* →WATER *n.*. **~glas** visionproof glass. **~middel** clouding agent.

troe·bel·ag·tig = TROEBELRIG.

troe·be·le *n. (pl.), (obs., rare)* disturbances, troubles.

troe·bel·heid muddiness, turbidity, cloudiness; opacity. **troe·bel·heids·me·ter** turbidimeter, nephelometer.

troe·bel·rig =*rige* (rather) muddy, turbid, thick, cloudy.

troef *troewe, n., (cards or fig.)* trump (card); ***al** die troewe hê, (fig.)* hold all the cards; **geen** *~* no trumps; *'n ~ agter jou* ***hand*** *hê/hou, (fig.)* have/keep an ace up one's sleeve; *al die troewe in jou* ***hand*** *hê* hold all the trumps; ***klawers/ens.*** *is ~* clubs/etc. are trumps; *ses geen ~* ***roep*** bid six no trumps; *troewe* ***(uit)vra/uitspeel*** draw trumps; *~* ***versaak*** not follow suit. **troef** *ge=, vb.* trump *(lit. & fig.)*; outrival *(fig.)*; cap *(a joke etc.)*; *iem. ~* trump/pip s.o.; *laer ~* undertrump. **~aas** ace of trumps. **~boer** knave/jack of trumps. **~heer** king of trumps. **~kaart** =*kaarte* trump card; *al die ~e in jou hand hê* hold all the trumps; *hand sonder ~e* chicane; *jou ~ speel, (lit. & fig.)* play one's trump card; *(fig.)* play one's ace. **~kleur** trump suit. **~maker** *(cards)* declarer. **~vrou** queen of trumps.

troei *(rare)* = TRU.

troep *troepe* troop, company, body of men; troupe

(of actors); bevy; horde; *(also, in the pl.)* troops, (armed) forces, (military) personnel; *~e* ***inspekteer*** review troops; *honderd* ***man*** *~e* a force of a hundred men; *~e (laat)* ***ontplooi*** deploy troops; *'n ~* ***ruitery*** →RUITERY. **~leier** group leader; scoutmaster.

troe·pe-: **~draer, ~wa:** *(gepantserde) ~, (mil.)* troop/personnel carrier. **~kamp** cantonment. **~mag** (military) force, troops. **~sametrekking** troop concentration. **~skip** troopship, transport, trooper. **~skou** *-skoue,* **~skouing** *-ings, -inge* review of troops, military review. **~trein** troop train. **~verbruik** wastage of troops. **~vervoer** transport of troops. **~vliegtuig** troop transport/carrier, transport plane. **~wa** →TROEPEDRAER.

troeps·ge·wys, troeps·ge·wy·se *adv.* in troops.

troe·tel *ge-* caress, fondle; cuddle; pet, pamper, dandle, cherish, nurture; *eiers ~* coddle eggs. **~dier** pet (animal). **~dierkos** pet food. **~kind** favourite, mother's darling, pet, spoilt child, blue-eyed boy, nurs(e)ling; *iets is iem. se ~, (infml.: a pet project etc.)* s.t. is s.o.'s baby. **~naam** pet name, term of endearment. **~oompie** *(dim.), (infml.)* sugar daddy. **~woord** term of endearment.

troe·te·ling nurture; cosseting; *(human or animal)* pet.

troe·tel·ry pampering, cosseting, mothering.

troe·we *n. (pl.)* →TROEF *n.*

troe·wel *(infml.)* = TROEBEL.

tro·fee *-feë* trophy.

trof·fel *-fels* trowel. **~werk** trowelling.

tro·fies *-fiese, (biol.)* trophic.

tro·fo- *comb.* tropho-. **~blas(t)** *(embryol.)* trophoblast.

trog *trôe* trough; hutch; manger; hod. **~einde** *(geol.)* cirque. **~kompas** trough compass. **~wassery** sluicing. **~werk** troughing.

tro·gan·ter *-ters, (anat., zool.)* trochanter.

tro·gee *-geë, -gees, (pros.)* trochee, choree. **tro·ge·ïes** *-geïese* trochaic.

trog·lo·diet *-diete, (now usu. joc.)* troglodyte, cave dweller.

tro·go·blas(t) *-blaste, (zool.)* trochoblast.

tro·go·ïed *n., (geom.)* trochoid. **tro·go·ïed** *-goïede,* **tro·go·ï·dies** *-goïdiese,* **tro·go·ï·daal** *-goïdale, adj, (anat., geom.)* trochoid(al).

troi·ka *-kas, (orig. a Russ. horse carriage/sled; now usu. a team of three)* troika.

Tro·je *(an ancient city)* Troy. **Tro·jaan** *-jane, n.* Trojan. **Tro·jaans** *-jaanse, adj.* Trojan; *(die) ~e perd, (Gr. myth.)* the Trojan/Wooden Horse; *(comp. virus)* Trojan (horse); *die ~e perd inhaal* drag the Trojan horse within one's walls.

trok *trokke, n.,* truck, wag(g)on. **trok** *ge-, vb.* truck. **~vrag** truck load. **~werkplaas** wag(g)on shop.

tro·kar *-kars, (surg.)* trocar, trochar.

trol *trolle, (Norse myth.)* troll.

trol·lie *-lies* trolley, lorry; *van jou ~ af raak, (infml.)* lose one's marbles, go bananas (*or* round the bend *or* off one's head); *van jou ~ af wees, (infml.)* be out of one's senses, be off (*or* out of) one's head, have gone bats, be a nutcase. **~bus** *-busse* trolleybus, trackless tram.

trom *tromme* drum; ***groot/Turkse*** *~* bass drum; *op die* ***groot*** *~ slaan, die* ***groot*** *~ roer, (fig., infml.)* beat the big drum; ***klein*** *~* snare/side drum; *met* ***stille*** *~ vertrek, (rare)* abscond, depart secretly, take French leave. **~geroffel** roll of drums, drumbeat. **~poppie** drum majorette, *(infml.)* drummie. **~slag, trommelslag** drumbeat, tuck. **~slaner, trommelslaner, trommelaar** *-s* drummer. **~slanertjie, trommelaartjie** drummer boy. **~stel** *(mus.)* drum kit. **~vel, trommelvel** *(mus.)* drumhead.

trom·bien *(med.)* thrombin.

trom·boon *trombone, (mus.)* trombone. **trom·bo·nis** *-niste* trombonist, trombone player.

trom·bo·seer *ge-, (med.)* thrombose.

trom·bo·si·to·pe·nie *(med.)* thrombocytopenia.

trom·bus *-busse, (blood clot)* thrombus. **trom·bo·se** *(pathol.)* thrombosis. **trom·bo·siet** *-siete, (obs.)* thrombocyte; →BLOEDPLAATJIE.

trom·mel *-mels, n.* drum; canister; case, box; (travelling) trunk; *(anat.)* tympanum, (ear)drum; drum, barrel *(of a machine); (min.)* revolving screen, trommel; *(mot.)* drum. **trom·mel** *ge-, vb.* drum, beat the drum; strum; *iets bymekaar ~* drum up s.t. *(support, business, etc.); op iets ~* drum on s.t.. **~as** drum shaft. **~buik** *(pathol.)* tympanites, tympany. **~dik** *adj.* sated, full, filled; with a full stomach; *jou ~ eet, (infml.)* have one's fill; *~ aan iets geëet wees, (infml.)* be full to bursting with s.t.. **~holte** tympanic cavity. **~rem** drum brake. **~saag** drum saw, cylinder/crown/hole saw. **~senu(wee)** tympanic nerve. **~siekte** *(vet.)* bloat, hoven, hoove. **~sif** drum sieve. **~slag** →TROMSLAG. **~slaner** →TROMSLANER. **~stok** drumstick. **~sug** *(vet.)* bloat; *(pathol.)* meteorism, tympanites. **~vel** →TROMVEL. **~vlies** *(anat.)* tympanic membrane, tympanum, drumhead, drumskin *(of an eardrum).* **~vliesontsteking** *(pathol.)* tympanitis. **~vuur** drumfire.

trom·me·laar, trom·me·laar·tjie →TROMSLANER, TROMSLANERTJIE.

tro·mo·me·ter tromometer *(for measuring slight earthquake shocks).*

tromp *trompe* muzzle *(of a firearm); (rare)* trunk *(of an elephant); (rare)* trumpet. **~band** nose cap *(of a rifle).* **~kap** muzzle cap. **~op** →TROMPOP. **~snelheid** muzzle velocity.

trom·pet *-pette, n.* trumpet. **trom·pet** *ge-, vb.* = TROMPETTER *vb.*. **~blaser** trumpeter. **~blom, trompetterblom** *(Bignonia capreolata)* trumpet flower; *(Salpiglossus sinuata)* trumpet flower, painted tongues; *(Ipomoea* spp.*)* morning glory. **~geskal** sound/blast/flourish of trumpets, fanfare, sennet *(hist.); iem. met ~ ontvang, (fig.)* roll out the red carpet for s.o., give s.o. the red-carpet treatment. **~kromme** *(geom.)* lituus. **~-majoor** *(mil.)* trumpet major. **~sinjaal** trumpet call. **~skulp** conch. **~speler** *-lers,* **trompetter** *-ters,* **trompettis** *-tiste* trumpeter. **~steek** *(a knot)* sheepshank. **~stoot** trumpet blast. **~(ter)voël** *(orn.: Psophia* spp.*)* trumpeter (bird), agami. **~vis** *(Aulostomus chinensis)* trumpet fish.

trom·pet·ter *-ters, n.* →TROMPETSPELER. **trom·pet·ter** *ge-, vb., (also an elephant)* trumpet; *(fig.)* trumpet, proclaim, broadcast, shout from the rooftops. **~(blom)** →TROMPETBLOM.

trom·pet·tis *-tiste* →TROMPETSPELER.

trom·pet·vor·mig *-mige* trumpet-shaped.

trom·pie *-pies, (mus.)* Jew's harp; *(sl.: cannabis cigarette)* joint, *(SA)* zol, reefer, spliff, bomber.

tromp·op *adj. & adv.* directly, point-blank, head-on; at close quarters; *~* ***botsing*** head-on collision; *iem. ~* ***loop*** go straight for s.o., let fly at s.o., go for s.o. hammer and tongs; *~* ***skoot*** potshot; *~* ***vuur*** point-blank fire.

tro·nie *-nies, (infml., joc.: face)* dial, phiz, mug.

tronk *tronke* prison, jail, gaol, *(infml.)* lockup, *(sl.)* cooler, *(sl.)* jug; *weens ... ~ toe* ***gaan*** go to jail/gaol/prison for ... *(a crime); iem. in die ~* ***gooi/smyt/stop,*** *(infml.)* clap s.o. in jail/gaol/prison; ***in*** *die ~* in jail/gaol/prison; *van* ***nuuskierigheid*** *is die ~ vol (en die kerk leeg)* →NUUSKIERIGHEID; *iem. in die ~* ***sit*** jail/gaol s.o., put s.o. in prison; *iem. ~ toe* ***stuur*** send s.o. to jail/gaol/prison; *uit die ~* ***(uit)breek*** break (out of) prison. **~bewaarder** *-ders, (masc.),* **~bewaarderes** *-resse, (fem.)* gaoler, jailer, jailor, warder *(masc.),* wardress *(fem.),* turnkey. **~deur** prison door. **~gevangene** convict. **~lewe** prison life. **~ontsnapping** gaolbreak, jailbreak. **~plaas** →GEVANGENISPLAAS. **~sel** *-selle* prison cell. **~straf** imprisonment, custodial sentence; *~ kry* get a prison sentence, *(infml.)* get time; *~ uitdien* serve a prison sentence, *(infml.)* do time; *iem. tot ~ veroordeel/vonnis* condemn/sentence s.o. to imprisonment. **~voël** *(infml.)* gaolbird, jailbird. **~wa** prison van, *(infml., obs.)* black Maria. **~werf** prison yard.

trois *(jeweller's weight)* troy. **~gewig** troy (weight).

troon *trone, n.* throne; *van die ~* ***afstand*** *doen* abdicate; *die ~* ***bestyg*** ascend/mount (*or* come to) the throne; *~ van* ***genade,*** *(Chr. theol.)* mercy seat, throne of grace; *iem. op die ~* ***herstel*** restore s.o. to the throne; *iem. van die ~* ***stoot*** dethrone s.o.; *iem. op/tot die ~* ***verhef*** place s.o. on the throne. **troon** *ge-, vb.* be/sit on the throne, reign; be enthroned; *bokant ... ~* stand out above ...; be superior to ...; →UITTROON. **~hemel** canopy, dais; *(relig.)* baldaquin, baldachin. **~opvolger** heir/successor to the throne. **~opvolging** succession to the throne; *Wet op die T~, (Br. hist.)* Act of Settlement. **~pretendent** pretender to the throne. **~rede** speech from the throne, King's/Queen's speech. **~saal** throne room. **~verlater** abdicator.

troons-: **~afstand** abdication. **~bestyging** accession to the throne.

troon·tjie *-tjies, (dim.)* little throne; *(fig.)* pedestal; *iem. op 'n ~ plaas* place/put/set s.o. on a pedestal; *iem. van sy/haar ~ stoot* knock s.o. off his/her pedestal/perch.

troop *trope, (rare)* trope, figure of speech; metaphor; →TROPE *n.*.

troos *n.* comfort, consolation, balm, solace; ***al*** *(of die* ***enigste****) ~* the only consolation; *~ by/in die* ***bottel*** *soek* drown one's sorrows; *dit is* ***een*** *~* that is one good thing; *~ uit ...* ***put*** take comfort from/in ...; *iem.* ***se*** *~ wees, iem.* ***tot*** *~ wees* be a comfort to s.o.; *dit is ('n)* ***skrale*** *~* it is a poor consolation; it/that is cold comfort; *~ by/in ...* ***soek*** seek comfort/solace in ...; *iem.* ***soek*** *~, (also)* s.o. wants a shoulder to cry on; *iem. se ~ en* ***steun*** s.o.'s comfort and help; *iem. is die ~* ***van*** ... s.o. is the comfort of ...; *by/in iets ~* ***vind*** find solace in s.t.. **troos** *ge-, vb.* comfort, console, solace; *jou aan/met ... ~* console o.s. with ...; *jou daaraan ~ dat ...* take comfort from/in ... **~brief** letter of condolence. **~geld** *(jur.)* solatium. **~kombersie** security blanket, comforter. **~lied** consolatory song. **~medisyne, ~middel** placebo. **~-oom** agony uncle. **~prys** consolation prize. **~rubriek** agony column. **~ryk** *-ryke,* **~vol** *-volle* comforting, consolatory. **~tante, ~tannie** agony aunt. **~woord** comforting/consoling word, word of comfort.

troos·te·loos *-lose, adj.* disconsolate, inconsolable; dreary, dismal, forlorn, comfortless, desolate, cheerless; *~ wees oor iets* be disconsolate about/at s.t.. **troos·te·loos** *adv.* disconsolately, drearily, dismally, dejectedly. **troos·te·loos·heid** disconsolateness; dreariness, dismalness; wintriness, winteriness, winterliness *(fig.).*

troos·tend *-tende* consoling, consolatory, comforting.

troos·ter *-ters* comforter; *die T~, (Chr. theol.: the Holy Spirit)* the Comforter/Paraclete.

trop *troppe: 'n ~ ...* a herd of ... *(cattle, pigs, etc.);* a flock of ... *(sheep, birds, etc.);* a pack of ... *(dogs, wolves, fools, etc.);* a pride of ... *(lions);* a troop of ... *(horses);* a covey of ... *(partridges);* a game (*or* kept flock) of ... *(swans); (infml.)* lots of ... *(money); daar was ~pe mense, (infml.)* there were crowds/masses/hordes (*or* a multitude) of people. **~beweiding** mob grazing. **~dier** herd animal. **~ram** flock ram. **~sluiter** professional/rear mourner; file closer. **~sluitertjie** *(dim.), (infml.)* last comer, youngest child.

tro·pe *n. (pl.)* tropics, *(rare, also T~ Z~)* torrid zone; →TROOP, TROPIES; *in die ~* in the tropics. **~helm** tropical helmet. **~pak** tropical suit. **~vas** *-vaste* tropicalised.

tro·pie *-pieë, (movement)* tropism.

tro·pien *(chem.)* tropin(e); →ATROPIEN. **tro·pe·ïen** tropein(e).

tro·pies *-piese* tropic(al).

tro·pis·me *(biol.)* tropism.

tro·po·pou·se, tro·po·pou·se *(meteorol.)* tropopause.

tro·po·sfeer *(meteorol.)* troposphere. **~golf** tropospheric wave. **tro·po·sfe·ries** *-riese* tropospheric.

trop·po *adv., (It., mus.)* troppo; *ma non ~, (not to be observed too strictly)* ma non troppo.

tros *trosse, n.* bunch *(of grapes),* cluster *(of flowers, fruit, etc.);* hand *(of bananas); (hort.)* truss; *(bot.)* raceme; *(bot., anat., etc.)* fascicle; *(infml.)* batch, quiver *(of children).* **tros** *ge-, vb.* bunch, cluster. **~behuising, meentbehuising** cluster housing. **~bom** cluster bomb. **~gras** true millet. **~huise** cluster houses. **~kiem** staphylococcus. **~rosyne, ~rosyntjies** stalk/cluster raisins. ~**steek** *(naut.)* hawser bend. ~**top(siekte)** *(plant disease)* bunchy top. ~**tou** *(naut.)* hawser. ~**vorming** racemation. ~**vy** cluster fig.

tros·sie *-sies, (dim.)* tuft; small bunch/cluster/etc.

tros·vor·mig *-mige* cluster-shaped; *(anat., bot., etc.)* staphyline, racemose, racemous; *(geol.)* botryose, botryoidal.

trots[1] *n.* pride; boast; glory; haughtiness; ~ *van* ***Franschhoek,*** *(bot.)* = BRUIDSBLOM; *iem. se* ***gekrenkte*** ~ s.o.'s offended pride; *iets is 'n* ***knou*** *vir iem. se* ~ s.t. is a blow to s.o.'s pride; *iem.* ***se*** ~ *(en vreugde) wees* be s.o.'s pride (and joy); *jou* ~ ***(in)sluk*** pocket/swallow one's pride; *iem. moet sy/haar* ~ ***sluk*** s.o. has to pocket/swallow his/her pride (*or [infml.]* put his/her pride in his/her pocket); *jou* ~ *in iets* ***stel*** take pride in s.t.; *met* ~ *op iets* ***vervul*** *wees* be filled with pride in s.t.. **trots** *trots(e) trotser trotsste, adj.* proud; gallant; dashing; dignified; ~ *wees* ***daarop*** *dat ...* be proud that ...; *die* ~*e* ***eienaar*** *van iets wees, (often joc.)* be the proud possessor of s.t.; ~ ***op*** *... wees* be proud of (*or* take pride in) ...; plume/pride o.s. (up)on ...; *so* ~ *soos 'n* ***pou*** (as) proud as a peacock (*or* as Punch). **trots** *adv.* proudly; gallantly. **trots·aard** *-aards* proud/haughty person. **trot·se·rig** *-rige* rather proud. **trots·heid** pride; gallantness.

trots[2] *prep., (obs., rare)* in spite of, despite, notwithstanding; in the teeth of.

trot·seer *(ge)-* defy, dare, outface, brave, bid defiance to, fly in the face of; *die kind* ~ *('n) mens* the child is refractory; *iem. openlik* ~ beard the lion in his den; *die storm* ~ weather the storm. **trot·seer·der** *-ders* defier. **trot·se·rend** *-rende* defiant. **trot·se·ring** defiance; bravado.

Trot·skis·me, Trot·ski·ïs·me *(also t~)* Trotskyism. **Trot·skis** *-skiste,* **Trot·ski·ïs** *-iste, n., (also t~)* Trotskyist, Trotskyite. **Trot·skis·ties, Trot·ski·ïs·ties** *-tiese, adj., (also t~)* Trotskyist, Trotskyite.

trou[1] *n.* faith(fulness), fidelity, loyalty, fealty, constancy; *iem. se* ~ ***aan*** *...* s.o.'s faithfulness/loyalty to ...; *te/in* ***goeder*** ~ in (all) good faith, bona fide; *te* ***kwader*** ~ in/with bad faith, mala fide; ***onwrikbare*** ~ unswerving loyalty; *aan ...* ~ ***sweer*** swear allegiance to ...; ~ ***sweer,*** *(also)* pledge/plight one's faith, give/pledge one's word; *aan ...* ~ ***verskuldig*** *wees* owe allegiance to ... **trou** *troue trouer trouste, adj.* faithful; loyal *(subject)*; firm, constant, staunch, true, trusty, devoted; regular *(visitor)*; accurate, faithful, true *(copy)*; ***aan*** *...* ~ *bly/wees* remain *or* be faithful/loyal to ...; remain *or* be devoted to ...; ***aan*** *...* ~ *wees, (also)* adhere to ... *(principles, a leader)*; ***aan*** *iem.* ~ *bly/wees, (also)* remain/be true to s.o.; ~*e* ***hulp*** stand-by; ~*e* ***vriendskap*** fast friendship. ~**breuk** breach of faith, perfidy; betrayal; infidelity *(also in a marriage)*; ~ *pleeg* break/violate one's faith. ~**hartig** *-tige* trusting, true-hearted; candid. ~**hartigheid** true-heartedness; candour.

trou[2] *ge-, vb.* marry, be/get married, wed, *(infml.)* get spliced; →GETROUD *adj.*; *die* ***dominee/ens.*** *het die paartjie ge-* the couple was/were married by the parson/etc.; *iem.* ***gaan*** ~ s.o. is getting married; *om/vir* ***geld*** ~ marry for money; ***haastig*** ~*, bring gou berou* marry in haste, repent at leisure; *met die* ***handskoen*** ~ marry by proxy; ***jakkals*** ~ *met wolf se vrou, (idm.: a combination of sunshine and light rain)* it's a monkey's wedding *(SA, infml.)*; *onder* ***mekaar*** ~ intermarry; ***met*** *iem.* ~ marry s.o.; ~ *is nie* ***perdekoop*** *nie* marriage is no trivial matter; ***ryk*** ~ marry money; *hulle* ***staan*** *op* ~ they are about to be married; →TROUE; *iem.* ***vra*** *om met jou te* ~ ask s.o. to marry one, propose to s.o.. ~**akte** marriage certificate/lines. ~**album** *-bums* wedding album. ~**belofte** promise of marriage; *verbreking van* ~ breach of promise. ~**bewys** marriage certificate/lines. ~**dag** wedding day; wedding anniversary; *die* ~ *bepaal* name the day *(infml.)*. ~**fees** wedding feast. ~**kaartjie** wedding card. ~**klere** wedding clothes. ~**koek** wedding cake. ~**koets** wedding coach. ~**koors** *(infml.)* eagerness for marriage; *die* ~ *loop hoog* they are eager for marriage; many people are getting married. ~**lus** = TROUKOORS. ~**lustig** *-tige* desirous of (*or* keen on) marrying (*or* getting married). ~**mars** wedding march. ~**pak** wedding suit. ~**pand** *-pande* marriage pledge, wedding ring. ~**planne** *n. (pl.)* thoughts of marriage. ~**plegtigheid** wedding (ceremony), nuptial ceremony. ~**present** wedding present. ~**ring** wedding ring. ~**rok,** *(obs., rare)* ~**tabberd** wedding dress.

trou·baar *-bare* marriageable, nubile *(woman)*. **trou·baar·heid** nubility, marriageableness.

trou·e *troues* marriage; wedding; *hulle staan op* ~ they are about to be married. **trou·e·ha·ter** misogamist. **trou·e·ry** *-rye* marriage, wedding; marrying; nuptials; ~ *onder mekaar* intermarriage.

trou·e·lik faithfully.

trou·e·loos *-lose, adj.* faithless, false, disloyal, perfidious. **trou·e·loos** *adv.* falsely, disloyally, perfidiously. **trou·e·loos·heid** faithlessness, disloyalty, falseness, perfidy.

trou·ens indeed, as a matter of fact, for that matter, in fact, besides, after all.

trou·ma →TRAUMA. **trou·ma·ties** →TRAUMATIES.

trou·pant *-pante, (orn.): Europese* ~*, (Coracias garrulus)* European roller; *gewone* ~*, (C. caudatus)* lilac-breasted roller; *groot*~*, (C. naevius)* purple roller.

trous·seau *-seaus* trousseau; →BRUIDSUITSET. ~**kis** *-kiste* trousseau chest.

tru *adv.* back; *'n voertuig* ~ *laat gaan/ry* back a vehicle. **tru** *ge-, vb.* reverse, backtrack. **tru** *interj.* back; wait. ~**golf** backlash. ~**grawer** *(mech.)* back acter. ~**kaatser** retroreflector. ~**koppelaar** reverse clutch. ~**lamp** backup lamp. ~**lig** reversing light. ~**maskering** *(psych., mus.)* backward masking. ~**projektor** *-tors* overhead projector. ~**rat** reverse gear; *in* ~ in reverse; *'n motor in* ~ *sit* put a car in reverse. ~**solidus** *(the character* backslash. ~**spieël(tjie)** rear-view mirror. ~**staan** →TERUGSTAAN. ~**toets** backspace(r), backspace key *(of a typewriter)*. ~**tol** *(golf)* backspin. ~**vuurpyl** retro, retrorocket.

truf·fel *-fels, (an edible fungus)* truffle.

trui *truie* jersey, pullover, sweater. ~**stof** jersey (cloth).

tru·ïs·me *-mes, (an obvious truth)* truism.

trui·tjie *-tjies, (dim.)* small jersey, top.

trui·tjie-roer-my-nie = KRUIDJIE-ROER-MY-NIE.

trul *trulle, (coarse: penis)* prick, cock, dick. ~**treiteraar** *(vulg. sl., derog.)* cockteaser, prickteaser.

trust *trusts, (jur.)* trust; combine. ~**akte** deed of trust, trust deed. ~**bank** trust bank. ~**fonds** trust fund. **T~gebied** Trust area. ~**geld(e)** trust money. ~**kamer** board of trust. ~**maatskappy** trust company. ~**oprigter** settlor *(of a trust)*. ~**rekening** trust account. ~**vorming** trustification.

trus·tee *-tees* trustee, fiduciary.

trut *trutte, (infml.: stupid, contemptible pers.)* schmuck *(Am., sl.)*, wally *(sl.)*, dumb-ass *(sl.)*, dickhead *(coarse sl.)*, plonker *(sl.)*, dipstick *(Br., sl.)*, drip *(infml.)*, wet *(infml.)*.

truuk *truuks* sleight of hand, trick; gimmick. ~**fotografie** trick photography.

tryp *(text., rare)* mock velvet. ~**ferweel** moquette.

Tsaad = TSJAD.

tsaar *tsaars, tsare, (hist.: Russ. emperor)* tsar, czar; *die T~ van Al die Russe, (epithet)* the Tsar/Czar of All the Russians. **tsa·re·ryk** tsardom, czardom. **tsa·re·witsj** *-witsje, (eldest son of a tsar)* tsarevitch, czarevitch. **tsa·rew·na** *-nas, (daughter of a tsar; wife of a tsarevi[t]ch)* tsarevna, czarevna. **tsa·ri·na** *-nas, (Russ. empress; wife of a tsar)* tsarina, czarina. **tsa·ris** *-riste, (also T~)* Tsarist, Czarist. **tsa·ris·me** *(also T~)* Tsarism, Czarism. **tsa·ris·ties** *-tiese, (also T~)* Tsarist(ic), Czarist(ic).

tsam·ma *-mas, (Khoi, bot.: Citrullus lanatus)* tsamma, watermellon, wild melon.

tses·se·be *-bes,* **tses·se·bie** *-bies, (Tsw., zool.: Damaliscus lunatua)* tsessebe; →BASTERHARTBEES.

tse·tse *-ses,* **tse·tse·vlieg** *-vlieë, (Tsw., Glossina* spp.*)* tsetse/tzetze fly.

Tshi·ven·da →VENDA.

Tsi·tsi·kam·ma *(geog.)* Tsitsikamma.

Tsjad *(geog.)* Chad, *(Fr.)* Tchad. **Tsja·di·ër** *-diërs, n.* Chadian. **Tsja·dies** *-diese,* **Tsjaads** *Tsjaadse, adj.* Chadian.

Tsjai·kof·ski, Tsjai·kow·ski *(Russ. composer)* Tchaikovsky.

Tsja·ka = SHAKA.

Tsje·chof *(Russ. writer)* Che(k)hov.

Tsjeg *Tsjegge, n., (inhabitant)* Czech. **Tsjeg·gi·ë, Tsjeg·gie·se Re·pu·bliek** *(geog.)* Czech Republic. **Tsjeg·gies** *n., (lang.)* Czech. **Tsjeg·gies** *-giese, adj.* Czech; ~*e Republiek* →TSJEGGIË. **Tsjeg·go-Slo·waaks** *n., (infml., lang.)* Czechoslovak. **Tsjeg·go-Slo·waaks** *-waakse, adj., (of the former Czechoslovakia)* Czechoslovak(ian). **Tsjeg·go-Slo·wa·ky·e** *(hist.)* Czechoslovakia; →TSJEGGIË, SLOWAKYE.

Tsje·ka *(Russ. hist.: secret police)* Cheka.

Tsjer·kes *-kesse* = CIRKASSIËR.

Tsjer·no·bil *(geog.)* Chernobyl.

tsjer·wo·nets ~*, (hist. Soviet monetary unit)* chervonets.

Tsjetsj·nja, Tsjetsj·ni·ë *(geog.)* Chechnya, Chechenia, Chechen Republic. **Tsje·tsjeen** *-tsjene,* **Tsjetsj·ni·ër** *-niërs, n.* Chechen. **Tsje·tsjeens** *-tsjeense,* **Tsjetsj·nies** *-niese, adj.* Chechen.

Tsji·ang Kai-sjek *(Chin. general, 1887-1975)* Chiang Kai-shek, Jiang Jie Shi.

tsjoef·tsjaf = TJOEFTJAF.

tsoe·na·mi, tsu·na·mi *-mi's, (<Jap.: seismic sea wave)* tsunami.

Tson·ga *-gas, ([member of] a people)* Tsonga; *(lang.)* Tsonga. ~**woord** *-woorde* Tsonga word.

tsot·si *-si's, (SA, infml.: young black urban criminal)* tsotsi.

tsu·na·mi →TSOENAMI.

Tswa·na *-nas, ([member of] a people)* Tswana; *(lang.)* Tswana. ~**sintaksis** Tswana syntax. ~**sprekende** *-des,* ~**spreker** *-kers* Tswana speaker.

t'tjie *(dim.)* little t; →T.

tu·a·ta·ra *(zool.)* tuatara.

tu·ba *-bas, (mus.)* tuba.

tu·bek·to·mie *-mieë, (med.: surgical removal of the Fallopian tubes)* tubectomy.

tu·ber·kel *-kels* tubercle. ~**basil** *(bacterium that causes TB)* tubercle bacillus.

tu·ber·ku·leus *-leuse* tubercular, tuberculous, tuberculotic, consumptive.

tu·ber·ku·lien *(med.)* tuberculin. ~**getoets:** ~*te melk* tuberculin-tested milk. ~**toets** tuberculin test.

tu·ber·ku·lo·se *(pathol.)* tuberculosis. ~**lyer** sufferer from tuberculosis, tuberculotic, consumptive. ~**vry** *-vrye* free from tuberculosis; ~*e melk* tuberculin-tested milk.

tu·be·roos *-rose, adj., (bot., anat.)* tuberous, tuberose.

tu·cho·liet *(min.)* thucholite.

Tu·dor *(member of an Eng. dynasty)* Tudor. ~**roos** Tudor rose. ~**styl** *(Br. archit., 16th cent.)* Tudor style.

Tu·dor·be·thaans *-thaanse, (also t~)* Tudorbethan.

tuf, *n., (geol.)* tuff, volcanic tufa. **tuf** *ge-, vb.* puff, chug, chuff. ~**keël,** ~**kegel** tuff cone. ~**kryt** calcareous tufa. ~**krytagtig** *-tige* tuffaceous. ~**steen** = TUF *n.*.

tuf·ag·tig *-tige* tuffaceous.

tug *n., (fml.)* discipline; *die* ~ ***bewaar/handhaaf*** keep order; maintain discipline; ***bewaarder*** *van die* ~ *en orde* disciplinarian; ***gebrek*** *aan* ~ indiscipline; ***kerklike*** ~ church discipline; ***onder*** ~ *staan* be under discipline; *iem. aan* ~ ***onderwerp*** discipline s.o.; ***strenge*** ~ strict discipline. **tug** *ge-, vb.* discipline, punish, chastise, school. ~**geval** disciplinary case. ~**kode** disciplinary code. ~**komitee** disciplinary committee. ~**maatreël** *-reëls* disciplinary measure; ~*s neem/tref* take disciplinary action. ~**meester** disciplinarian, martinet; proctor. ~**middel** means of correction. ~**oortreding** infringement of discipline. ~**ordonnansie** disciplinary ordinance. ~**regulasie** disciplinary regulation. ~**roede** rod (of correction), cane; scourge *(fig.)*. ~**saak** disciplinary case/hearing. ~**skool** reformatory, truant school. ~**stap** disciplinary step.

Tu·ge·la *(KZN river)* Tugela.

tug·te·loos *-lose, adj.* unruly, undisciplined, insubordinate; licentious, libertine, dissolute. **tug·te·loos** *adv.* insubordinately, in an undisciplined manner; dissolutely. **tug·te·loos·heid** insubordination, indiscipline; dissoluteness, licentiousness.

tug·tig *ge-* punish, chastise, discipline, chasten, correct; →TUG *vb.*. **tug·ti·ging** punishment, chastisement, correction, discipline.

tui·e-: ~**beslag** horse brasses. ~**kamer** harness room. ~**maker** harness-maker. ~**makers-els** harness awl. ~**naald** harness needle. ~**plaatjie** horse brass. ~**sak** harness cover.

tuig *tuie* harness; gear; rigging; trappings; *(bad characters)* rubbish, scum; →TUIE-; *die ~ neerlê, (fig.)* retire; *in die ~ sterf, (fig.)* die in harness. ~**huis** arsenal, armoury. ~**kamer** tack room *(in a stable building)*. ~**perd** carthorse.

tui·ga·sie rig(ging).

tuil *tuile, (rare, poet.)* spray, corymb; bunch of flowers, bouquet. **tuil·dra·end** *-ende, (bot.)* corymbiferous. **tuil·tjie** *-tjies, (dim.)* posy. **tuil·vor·mig** *-mige* corymbose, corymbous.

Tui·le·rie·ë *(former royal residence in Paris)* Tuileries.

tui·mel *ge-* tumble, topple (over); *(infml., shares etc.)* be on the skids; *(kwaai/skerp) (na benede) ~, (prices etc.)* plummet, plunge; *van die trap ~* tumble downstairs. ~**deur** turnover door. ~**droër** *-ërs* tumble dryer/drier. ~**skakelaar** tumbler switch. ~**trein** big dipper, roller coaster. ~**venster** flap window.

tui·me·laar *-laars* tumbler; *(a pigeon)* roller, tumbler; tuner; *(mot.)* rocker; *(poet.)* porpoise. ~**slot** tumbler lock.

tui·me·ling *-lings, -linge* tumble, fall, toss, somersault, *(infml.)* purler.

tuin *tuine* garden; ***botaniese ~*** botanic(al) garden(s); ***hangende ~e*** hanging gardens; *~ **maak*** →TUINMAAK *vb.*; ***Nasionale** Botaniese T~e* →NASIONAAL; *iem. **om** die ~ lei* lead s.o. up the garden path *(infml.)*. ~**aanleg** laying out of gardens, garden planning. ~**akker** garden plot. ~**almanak** gardener's calendar. ~**argitek** landscape gardener, landscaper. ~**argitektuur** landscape gardening. ~**bank** garden seat. ~**blom** garden flower. ~**(bou)sentrum** garden centre. ~**duif, rotsduif** *-duiwe, (Columba livia)* rock dove/pigeon, feral pigeon. ~**-ertjie** garden pea. ~**fees** garden fête. ~**gereedskap** gardening tools, gardener's tools. ~**gewasse** garden crops/plants. ~**goed** garden produce; greens, vegetables. ~**gousblom** *(Calendula officinalis)* pot/garden marigold. ~**grafie** dibble. ~**gras** lawn grass. ~**grond** garden soil; garden ground. ~**handskoen** gardening glove. ~**huis(ie)**, summerhouse. ~**huisie, ~skuur(tjie)** garden/potting/tool shed. ~**hulp** gardener. ~**kabouter** garden gnome. ~**kenner** garden expert/authority, plantsman, -woman. ~**kers, peperkers, bitterkers, bitterkruid** *(Lipidium savitum)* garden/pepper cress, *(Am.)* peppergrass. ~**kerwel** *(bot.: Anthriscus cerefolium)* chervil. ~**leeubekkie** *(bot.: Antirrhinum majus)* snapdragon. ~**maak, ~makery** *n.* gardening. ~**maak** *tuinge-, vb.* garden, work in the garden, go in for gardening. ~**man** gardener. ~**melde** *(vegetable: Atriplex hortensis)* orache, *(Am.)* orach. ~**ment** *(Mentha spicata)* spearmint. ~**muur** garden wall. ~**ontwerp** garden design/planning. ~**ontwerper** garden designer/planner. ~**paadjie** garden path. ~**party** garden party. ~**plant** garden plant. ~**saad** garden seed. ~**sanger** *(orn.: Sylvia borin)* garden warbler. ~**sentrum** →TUIN(BOU)SENTRUM. ~**skêr** garden shears, secateurs. ~**skuur** →TUINHUISIE. ~**slak** garden slug. ~**slang** garden hose, hosepipe. ~**spinnekop** garden spider. ~**vars** ~ garden-fresh *(produce)*. ~**vurk** garden fork, weeding fork. ~**vygie** *(Portulaca grandiflora)* rose moss. ~**werk** gardening, work in the garden. ~**woonstel** garden/granny flat.

tuin·bou horticulture. ~**kunde** horticulture. ~**kundig** *-dige, adj.* horticultural. ~**kundige** *-ges, n.* horticulturist. ~**skool** horticultural school/college. ~**tentoonstelling** horticultural show. ~**vereniging** horticultural society.

tui·ne·ry *-rye* garden(s), market garden; market gardening, truck farming.

tui·nier *-niers* gardener, market gardener. **tui·niers·vak** gardening. **tui·niers·werk** gardening, garden work.

tuis *meer ~ die meeste ~, adj. & adv.* at home; familiar; *iem. ~ **(aan)tref*** find s.o. at home; *oos, wes, ~ **bes*** there's no place like home, home sweet home; *~ **bly*** →TUISBLY; *iets ~ (of huis toe) **bring**, (liter.)* bring s.t. home; →TUISBRING; ***by** iem. ~ wees* stay with s.o.; ***by** 'n hotel ~ wees* stay at a hotel, be booked into a hotel; ***eerste** ~* first home; *by ... ~ **gaan*** →TUISGAAN; *~ **gemaak*** →TUISGEMAAK; ***goed** in iets ~ wees* be well up in s.t. *(a subject)*; ***groete** ~!* →GROETE; ***hande** ~!* →HAND; *(hou jou) **hande** ~!* →HAND; *~ **hoort*** →TUISHOORT; *iem. ~ **hou*** keep s.o. at home, keep s.o. in; ***in/met** iets ~ wees* be at home in s.t.; *~ **kom*** →TUISKOM; *iem. is **nie** ~ nie* s.o. is not at home (*or* not in); ***oral(s)** ~ wees* mix well, be a good mixer; *~ **raak** (met iets)* find one's feet/legs; *~ **sit/lê*** sit at home; *iem. ~ **tref→(aan)tref**; iem. nie ~ **tref** nie* find s.o. out; *(jou) ~ **voel*** feel at home, be at (one's) ease; *iem. ~ laat **voel*** put/set s.o. at ease, make s.o. welcome; *in 'n taal ~ **voel*** feel at home in a language; ***wanneer** sal iem. ~ wees?* when will s.o. be in (*or* at home)?; *~ **wees*** be at home. ~**bankdienste** home banking. ~**banksake** home banking. ~**basis** home base; *met 'n ~* home-based. ~**berei** *-reide* home-cooked. ~**bewerk** *-werkte* home-cured. ~**blad** *-blaaie, (comp.)* home page. ~**bly** →TUISBLY. ~**bring** *tuisge-* remember, recall, *(infml.)* place *(s.o.'s name etc.)*; place *(data etc.)* under *(a heading etc.)*; *iets by iem. ~* bring s.t. home to s.o.; *iets ~ onder ...* reckon s.t. among ..., place s.t. in the same class as ... ~**doel** own goal. ~**dorp** home town. ~**fliek** *(infml.)* home movie. ~**front** home front. ~**gaan** *tuisge-, ~ **gaan*** *tuis gegaan* stay, be accommodated, lodge; *by ... ~ (of ~ ~)* stay at ... *(a hotel etc.)*; stay with ... *(s.o.)*. ~**gebak** *n.* home-baked cakes/etc.; home-made bread/etc.. ~**gebak**, ~ **gebak** *-te, adj.* home-baked. ~**gebied** *(pol.)* home ground. ~**gemaak**, ~ **gemaak** *-te* home-made; improvised; →EIEGEMAAK. ~**golwing** home perm. ~**hawe** home port. ~**helper** home assistant. ~**hoort** *tuisge-*, ~ **hoort** *tuis gehoort* belong; *dit hoort nie hier tuis nie* this does not belong here; this is out of place here; *iem. hoort nie hier tuis nie* s.o. does not belong here, this is no place for s.o.. ~**huis** (farmer's) town house. ~**kamer** lodging room. ~**karteling** home perm. ~**kom** *tuisge-*, ~ **kom** *tuis gekom* reach/return/come/arrive/get home; *droëbek ~ (of ~ ~), (infml.)* come away with a flea in the ear. ~**koms** arrival, homecoming, return, homing. ~**land** homeland, home country; *(SA, hist.)* homeland. ~**maak** *tuisge-: jou ~* make o.s. at home; make o.s. comfortable; settle in; *maak jou tuis!* make yourself at home!. ~**nywerheid** home industry. ~**onderwys** home/private tuition. ~**onderwyser** *(masc.)*, ~**onderwyseres** *(fem.)* home/private teacher. ~**plaat** *(baseball)* home plate/base. ~**plek** lodging, abode, diggings. ~**reis** home(ward) journey, return journey; *op die ~* homeward bound. ~**rekenaar** *-naars* home computer. ~**sittend** *-tende* homekeeping. ~**sitter** *-ters* stay-at-home, home bird, homekeeping body. ~**sitterig** *-rige* homekeeping, housebound. ~**sorg** home/residential care. ~**span** home team/side. ~**stad** home town. ~**turf** →TUISVELD. ~**vaart** homeward/return voyage; *op die ~* homeward bound. ~**veld, ~werf, ~turf** *(sport)* home field/ground. ~**verbruik** domestic consumption. ~**verlof** home leave. ~**verpleging** home nursing. ~**wag** home guard. ~**waters** *(pl., naut.)* home waters. ~**wedstryd** home match. ~**weefstof** homespun. ~**werf** →TUISVELD. ~**werktuigkundige** backyard mechanic. ~**wol** home-grown (domestic) wool.

Tuis·bly: *met Jan ~ se karretjie ry* →JAN.

tuis·bly *tuisge-*, ~ **bly** *tuis gebly* stay at home (*or* in), keep to the house. **tuis·bly·er** *-ers* absentee; stay-at-home. **tuis·bly·e·ry** stay-away, stay(ing)-at-home, absenteeism. **tuis·bly·sta·king** stay-at-home (strike).

tuis·te *-tes* home; homeland; hearth. ~**skepper** homemaker. ~**skepping** homemaking.

tuit *tuite, n.* spout *(of a teapot etc.)*; nozzle, mouthpiece; point; pout; jet; nose; peak *(of a cap)*; *jou **lippe/mond** (op 'n) ~ trek* pucker one's lips/mouth; *jou **lippe** ~ trek vir 'n soen* pucker up for a kiss; *iem. se **mond** het met 'n ~ gestaan* s.o. pouted, s.o. made a pout; ***trane** met ~e huil* →TRAAN[1] *n.*. **tuit** *ge-, vb.* tingle; buzz; *iem. se ore ~* →OOR[1] *n.*; *my ore ~, iem. praat van my* my ears are tingling/burning, s.o. is talking about me. ~**blom** tubular flower. ~**hoed** poke (bonnet); steeple-crowned hat. ~**kan** pitcher/jug with spout. ~**kappie** poke (bonnet). ~**koppie** feeding cup, invalid cup. ~**miershoop** conical ants' nest. ~**mond** pouting lips; *~ maak* pout. ~**pan** tube pan.

tui·ting tingling, ringing.

tuit·vor·mig *-mige* nozzle-shaped, tubular.

Tuk·kie *-kies, (infml.: student of Pretoria University)* Tukkie.

tu·la·re·mie, tu·la·re·siek·te *(pathol.)* tularaemia, rabbit fever.

tul·band *-bande* turban. ~**hoed** turban.

tu·li·um *(chem., symb.: Tm)* thulium; →THULE.

tul·le *(text.)* tulle.

tulp *tulpe, (Tulipa spp.)* tulip; *(W Cape: Homeria spp., Moraea spp.)* tulip; →GEELTULP, ROOITULP. ~**bol** tulip bulb. ~**boom** *(Liriodendron tulipifera)* tulip tree, tulip poplar, yellow poplar. ~**(e)manie** *(esp. in the Neth.)* tulipomania. ~**hout** tulipwood, white/yellow poplar. ~**siekte** Homeria/Moraea poisoning.

tum·mim: *urim en ~* →URIM.

tu·mor *-more, (pathol.)* tumour.

tu·mult *-multe, (rare)* tumult, uproar, shindy.

tu·na *-nas* tunny(fish), tuna.

Tu·ne·si·ë, Tu·ne·si·ër, Tu·ne·sies = TUNISIË, TUNISIËR, TUNISIES.

tung-: ~**boom** *(Aleurites fordii)* tung tree. ~**olie** tung oil, Chinese wood oil.

tung·sten = WOLFRAM.

tu·niek *-nieke* tunic. **tu·ni·ka** *-kas, (biol.)* tunica, tunic.

Tu·nis *(geog.)* Tunis.

Tu·ni·si·ë Tunisia. **Tu·ni·si·ër** *-siërs, n.* Tunisian. **Tu·ni·sies** *-siese, adj.* Tunisian.

Tu·pi *(lang.)* Tupi. ~**(-indiaan)** Tupi. ~**-Guarani** *(family of languages)* Tupi-Guarani.

tur·bi·di·me·ter *-ters* turbidimeter.

tur·bi·ne *-nes* turbine. ~**huls** stator. ~**skip** turbine steamer. ~**skroefenjin** propjet. ~**skroefvliegtuig** turboprop (aircraft), propjet. ~**straal** turbine jet, turbojet. ~**waaier** *(av.)* turbofan. ~**waaierenjin** *(av.)* turbofan. ~**waaiervliegtuig** turbofan (aircraft).

tur·bo- *comb.* turbo-. ~**aangejaag** *-jaagde* turbocharged *(an engine)*. ~**aanjaer** turbocharger. ~**alternator** turbo-alternator. ~**dinamo** *-mo's* turbine dynamo. ~**-enjin** *-jins* turbo engine, turbine engine. ~**generator** turbo generator. ~**kompressor** turbo-compressor.

tur·bu·lent *-lente -lenter -lentste, (rare)* turbulent. **tur·bu·len·sie** *(phys.)* turbulence.

tu·re·luur *-lure, (orn.)* = ROOIPOOTRUITER.

tu·re·luurs *(rare)* exasperated.

turf peat; turf; clayey soil; *op jou eie ~, (fig.)* in one's own backyard; *iem. se ~ sit, (infml.)* it beats s.o. *(infml.)*, it is too difficult for s.o., s.o. can't do it; s.o. fails (in doing s.t.); *in die ~ vassit* be bogged. ~**grond** peat ground/land, turf; clayey soil. ~**moeras** peat bog. ~**reg** *(chiefly Br.: right to cut peat)* (common of) turbary. ~**steker** peat cutter. ~**trapper** *(boot)* stogy, brogan.

turf·ag·tig *-tige* turfy, peaty.

tur·ges·sent *-sente, (rare)* turgescent. **tur·ges·sen·sie** *(rare)* turgescence.

tur·gor *(biol.)* turgor.

Tu·ring: ~**masjien** *(comp.)* Turing machine. ~**toets** *(comp.)* Turing test.

Tu·rin·ge *(geog.)* Thuringia. **Tu·rin·ger** *-gers, n.* Thuringian. **Tu·rin·ger·woud:** *die* ~ the Thuringian Forest. **Tu·rings** *=ringse, adj.* Thuringian.

tu·rin·giet thuringite.

Turk *Turke* Turk; *Jong T~e, (hist., also fig.: radicalised youth)* Young Turks. **Tur·ke·ha·ter** Turcophobe. **Tur·kies** *n., (lang. group)* Turki(c). **Tur·kies** *=kiese, adj.* Turki(c). **Turks** *n., (lang.)* Turkish. **Turks** *Turkse, adj.* Turkish; *~e **aap**, (Macaca silvana)* Barbary ape; →MAGOT; *~e **bad*** →BAD *n.*; *~e **lekkers*** Turkish delight; *~e **tabak*** Turkish tobacco; *~e **tapyt/mat*** Turkish carpet/rug; *~e **trom*** →GROOT TROM. **Turks·spre·ken·de** Turki. **Tur·ky·e** *(geog.)* Turkey.

Tur·ke·stan *(geog.)* Turkestan, Turkistan.

Turk·me·ni·stan *(geog.)* Turkmenistan. **Turk·meen** *=mene, n., (member of a people)* Turk(o)man, Turkmen. **Turk·meens** *n., (lang.)* Turkmen, Turkoman. **Turk·meens** *=meense, adj.* Turk(o)man.

turk·na·els, turks·na·els *(bot.: Erodium moschatum)* musk heron's bill, musk clover.

Tur·ko *=ko's, (hist.: Algerian serving in the Fr. army)* Turco.

tur·koois *n., (min.)* turquoise. **tur·koois** *~, adj.*, turquoise *(colour)*. **~blou** turquoise blue. **~groen** turquoise green.

tur·koois·kleur turquoise (colour), turquoise blue. **tur·koois·kleu·rig** *=rige* turquoise(-coloured); turquoise blue.

Tur·ko-Tar·taars *(lang. group)* Turko-Ta(r)taric, Turco-Ta(r)taric.

turks=: T~-eilande Turks Islands. **~naels** →TURKNAELS. **~rooi** Turkey red, madder.

turks·vy, turks·vy *(Opuntia spp.)* prickly pear, opuntia; *iets is vir iem. 'n ~, (infml.)* s.t. is a hot potato for s.o.. **~blaar, ~blad** prickly pear leaf. **~mot** cactoblastis.

Tu·ryn *(geog.)* Turin.

tus·sen between; betwixt; amidst, among, surrounded by; *~ **aanhalingstekens*** →AANHALINGSTEKEN; *~ vyftig **en** honderd* anything from fifty to a hundred; *~ **hakies*** →HAKIE; *~ **hemel** en aarde* →HEMEL; *~ **hulle** (in)* (in) among them; *~ goed en kwaad **onderskei*** →ONDERSKEI; *(net) ~ **ons**; ~ ons en die vier mure* between ourselves, between you and me; *~ die **reëls** lees* →REËL *n.*. **~afstand=** *comb.* intermediate-range *(missile etc.)*; *tussenafstand(-) ballistiese missiel* intermediate-range ballistic missile. **~as** countershaft, layshaft, idler (intermediate) shaft. **~balk** intermediate joist. **~bedryf** *(theatr.)* entr'acte; interlude. **~bei(de)** →TUSSENBEI. **~bevel** interlocutory decree. **~blad** →TUSSENBLAD. **~boot** intermediate liner. **~dek** →TUSSENDEK. **~deur** *n.* communicating/interleading door. **~deur** *adv.* between whiles, in between. **~dienste** intermediate services. **~ding** neither one nor the other, s.t. between the two, in-between, compromise, hybrid, mongrel, cross. **~finansiering, ~finansiëring** mezzanine financing. **~ganger** *=gers* mediator, go-between, honest broker. **~gasheer** *(biol.)* intermediate host *(to a parasite)*. **~gebied** intervening territory/area; no man's land; buffer zone. **~geheue** *(comp.)* cache (memory); *iets in 'n ~ bêre/(op)berg/bewaar/stoor* cache s.t.. **~gelaag** *=laagde* interbedded, interstratified, interleaved. **~geleë** interjacent, intermediate. **~gereg** entrée, side dish, intermediate course. **~geskuif** *=skuifde* intercalary *(days etc.)*. **~gesteente** *(geol.)* parting. **~getysone** *(biol.)* intertidal zone. **~gevoeg** *=voegde* interpolated; *(geol.)* intersertal. **~gewas** catch crop. **~gewig** *(boxing)* catchweight. **~goedere** intermediate goods. **~groepverhouding** *=dinge, =dings* inter(-)group relation. **~grond** middle ground; *op die ~* in the middle distance. **~handel** distributive/distributing trade, intermediate trade. **~handelaar** middle man, distributor, intermediate trader; commission agent, broker. **~harsings** interbrain. **~hawe** intermediate port. **~hoof, ~hofie** subheading. **~hoogte** vertical interval. **~in** →TUSSENIN. **~kap** *(mot.)* cowl. **~klas** intermediate class. **~kleur** intermediate colour. **~kom** →TUSSENKOM. **~laag** intermediate layer; intercalation. **~laer** *(mech.)* intermediate bearing. **~landing** intermediate landing. **~las** *tussenge=* interpolate; intercalate. **~letter** medial letter. **~liggend** →TUSSENLIGGEND. **~lit** medial joint. **~musiek** incidental music. **~muur** dividing wall, mid-wall. **~oes** catch crop. **~paal** intermediate post. **~persoon** agent, broker, middle man, intermediary, emissary, intermediate, go-between, in-between, contact (man); mediator. **~plaatjie** shim; washer. **~pleitgeding** *(jur.)* interpleader. **~pose** *=poses* time lag, interim; interval, intermission; *by/met ~s* at intervals; in/by snatches; *met kort ~s* in quick/rapid succession. **~proses** mesne process; interlocutory proceedings. **~rat** idler (gear). **~redery** interline. **~regering** interim government; interregnum; →TUSSENTYDSE REGERING. **~rekening** suspense account. **~ribspier** intercostal (muscle). **~ruimte** intervening space, interstice; interspace; clearance; interval; distance; *dubbele ~* double spacing. **~seisoen** off season, in-between season. **~sel** →TUSSENSEL. **~setsel** insertion. **~sin** parenthetic clause, parenthesis. **~skag** winze. **~skerm** screen; *(theatr.)* act drop. **~skoolse** *adj. (attr.)* interschool. **~skoor** *(rare)* intermediate support. **~skot** partition; (room) divider; *(biol.)* dissepiment, septum; *(geol.)* screen; *met ~te* septate. **~skrif, ~skrywing** interlineation. **~skuif, ~skuiwe** *tussenge=* interpose. **~soort** medium sort; middlings. **~spel** *=spele (mus. etc.)* interlude; voluntary; intermezzo. **~spierse** *adj. (attr.)* intermuscular. **~spraak** mediation, intercession. **~stadium** intermediate/in-between stage; *in 'n ~, (also)* at a halfway stage. **~stasie** intermediate/way station. **~stedelik** *=like* intercity, interurban, intertown. **~steun** pier. **~strook** inset. **~stuk** interposition. **~styl** mullion, monial, window bar. **~tint** halftone. **~trapportaal** half landing. **~tyd** →TUSSENTYD. **~uitwykspoor** interloop. **~vak** interstice. **~verbouing** intercropping. **~verdieping** mezzanine, entresol, intermediate stor(e)y. **~verkiesing** by-election. **~vloer** intermediate/mezzanine floor. **~voeg** →TUSSENVOEG. **~voering** interlining, interfacing; *'n ~ in 'n jas/ens. sit* interline a coat/etc.. **~vonnis** interlocutory judg(e)ment. **~vorm** intermediate form. **~wand** septum. **~weefsellaag** mesoblast. **~weg** middle course/way. **~werp** →TUSSENWERP.

tus·sen·bei, tus·sen·bei·de in between; *(rare)* so-so, passable, fair, middling; *(rare)* occasionally, now and then; *~ kom/tree* step in, intervene.

tus·sen·blad interleaf. **tus·sen·bla·dig** *=dige*, **tus·sen·bla·rig** *=rige* interfoliate.

tus·sen·dek 'tween decks, steerage. **tus·sen·deks** *adv.* in the steerage. **tus·sen·deks·pas·sa·sier** steerage passenger.

tus·sen·in, tus·sen·in between the two, in between; at times, between whiles, at odd moments; *dae ~* intervening days; *iets ~ **gooi*** interject s.t.; *... ~ **hê*** be interspersed with ...; *~ **kom*** cut in, *(infml.)* butt in; ***met** ... ~* interspersed with ...; *iets ~ **sit/skuif*** sandwich s.t. in between; ***so** ~* at odd moments; *iets ~ **voeg*** interpose s.t.; *'n **woord** ~ kry* →WOORD.

tus·sen·kom *tussenge=* supervene. **tus·sen·ko·mend** *=mende* intermediate; intervenient; intercurrent. **tus·sen·koms** intervention, intervening, mediation, agency; *deur die ~ van iem.* by/through the agency/instrumentality of s.o.; by (kind) favour of s.o..

tus·sen·lig·gend *=gende* intermediate, interjacent.

tus·sen·sel *=selle* interstitial cell, buffer cell. **tus·sen·sel·lig** *=lige* intercellular. **tus·sen·sel·ruim·te** interstitial space.

tus·sen·tyd interval, interim; interregnum; *in die ~* meanwhile, in the mean time (*or* interim). **tus·sen·tyds** *=tydse* between times; interim; *~e **dividend*** interim dividend; *~e **finansiering*** bridging finance; *'n ~e **maatreël*** a stopgap measure; *~e **regering*** interim/caretaker government; *~e **vakansie*** occasional leave, out-of-time holiday; *~e **vakature*** occasional vacancy; *~e **verkiesing*** by-election; →TUSSENVERKIESING; *~e **verslag*** interim report.

tus·sen·voeg *tussenge=* insert, interpolate *(in a book)*; sandwich; *(geol.)* intercalate; interject. **tus·sen·voe·ging** *=gings, =ginge*, **tus·sen·voeg·sel** *=sels* insertion, interpolation; intercalation.

tus·sen·werp *tussenge=* interject. **tus·sen·wer·per** interjector, interrupter, interruptor. **tus·sen·werp·sel** *=sels, (gram.)* interjection.

tus·sor *(<Skt., Ind. silk)* tussore, tusser, *(chiefly Am.)* tussah. **~sy** tussor silk. **~sywurm** *(Antheraea paphia)* tussore (silk)worm. **~vlinder** tussore moth.

tu·to·ri·aal *=riale, n.* tutorial (class), *(infml.)* tut (class).

Tut·si *=si's, (member of a people)* Tutsi.

tut·ti *adv., (It., mus.: all [performers])* tutti.

tu·tu *=tu's, (short ballet skirt)* tutu.

tuur *ge=* peer *(at)*; pore *(over a book)*; gaze, stare, pry; *~ na ...* peer/stare/gaze at ...

Tu·va·lu *(geog., formerly: Ellice-eilande)* Tuvalu.

TV *TV's* TV; →TELEVISIE; *~ **kyk*** watch television/TV; *iets op die ~ **sien*** see s.t. on television/TV (*or [infml.]* on the small screen); *iets oor die ~ **uitsaai*** show s.t. on television/TV; *op die ~ **verskyn*** be on television/TV. **~-buite-uitsending** *=dings* →TELEVISIEBUITE-UITSENDING. **~-kamera** TV camera, telecamera. **~-kyker** TV viewer, televiewer. **~-program** *=gramme* →TELEVISIEPROGRAM. **~-slaaf** TV addict, *(sl.)* couch potato. **~-sportprogram** *=gramme* →TELEVISIESPORTPROGRAM.

twa = TWAGRAS.

twaalf *twaalfs, twaalwe* twelve; →AGT; *nie **al** ~ hê nie* not be all there; *~ **maal*** twelve times; *iem. is **ouer** as ~* →OUER *adj.*; *~ **uur*** twelve hours. **~duisend, ~ duisend** twelve thousand. **~duisendste** twelve-thousandth. **~godekruid** shooting star. **~honderd, ~ honderd,** *(infml.)* twelve hundred. **~honderdste** twelve hundredth. **~maaltafel** multiplication table. **~puntsletter** pica, 12-point letter. **~tonig** twelve-tone; *~e toonleer, (mus.)* twelve-tone scale. **~toonkomposisie** twelve-tone composition. **~uur** twelve o'clock; noon; midnight; *~ eet, (obs.)* (have) lunch; *(om) ~* at noon; *iem. se ~, (infml., euph., rare)* s.o.'s bottom/backside. **~vingerderm** *(anat.)* duodenum.

twaalf·daags *=daagse* twelve-day, of twelve days.

twaalf·de *=des, n.* twelfth (part). **twaalf·de** *adj.* twelfth. **twaalf·de·eeus** *=eeuse* twelfth century.

twaalf·de·lig *=lige* having (or consisting of) twelve parts/volumes.

twaalf·hoek dodecagon. **twaalf·hoe·kig, ~twaalf·hoe·kig** *=kige* dodecagonal, twelve-sided.

twaalf·ja·rig *=rige* of twelve years, twelve-year-old, twelve years'.

twaalf·kan·tig, twaalf·kan·tig *=tige* twelve-sided, dodecagonal.

twaalf·pon·der *(infml., obs.)* twelve-pound fish/hammer/etc.; *(hist. artillery piece)* twelve-pounder.

twaalf·sy·dig, twaalf·sy·dig *=dige* dodecahedral.

twaalf·tal (about) twelve, dozen. **twaalf·tal·lig** *=lige* duodecimal.

twaalf·to·nig *=nige* dodecaphonic, 12-tone.

twaalf·toon=: ~musiek dodecaphony, 12-tone music. **~stelsel** dodecaphony.

twaalf·vlak dodecahedron. **twaalf·vlak·kig, twaalf·vlak·kig** *=kige* dodecahedral.

twaalf·voud *=voude* twelvefold, multiple of twelve. **twaalf·vou·dig, twaalf·vou·dig** *=dige* twelvefold.

twa·gras, boes·man(s)·gras *(Stipagrostis spp.)* twa grass, bushman grass.

twak *(infml.)* tobacco; nonsense, rubbish, trash, tripe, garbage, bunk(um), drivel, rot, bosh, hogwash; *(a nonentity)* good-for-nothing, whippersnapper, lame duck, drip; *laat iem. maar sy/haar ~ op sy/haar eie manier **kerwe*** let s.o. have his/her way; *(dis pure) ~ **met** hom/haar!, (infml.)* he/she can go (and) jump in the lake! (*or* go to blazes!); *iem. se ~/kruit is **nat*** s.o. hasn't got the ghost of a chance, s.o. is a goner (*or* in a sorry plight *or* nowhere *or* no good *or* at the end of his/her tether), s.o.'s game is up; *~ **praat/verkoop**, (infml.)* talk piffle/rot/waffle, talk nonsense/rubbish; →TWAKPRAATJIES; *geen **pyp** ~ werd nie* not worth a damn/straw. **~(praatjies)** *(infml.)* piffle, rubbish, nonsense, twaddle, garbage; claptrap, hot air; *'n spul ~ praat/verkoop* talk a load of rubbish/garbage.

twak·ke·rig -*rige, (infml.)* rubbishy; nonsensical.

twa·lap *(infml., regional, obs., rare)* twopence.

twee *twees, tweë* two; ***al*** ~ both; ***al*** ~ *hierdie* ... both of these ...; *ons/julle/hulle* ***al*** ~ both of us/you/them; *'n* ***bemanning*** *van* ~ a two-man crew; *'n* ~ ***dae*** *lang(e) konferensie* a two-day(-long) conference; ~ ***dae*** *ou/oud/oue nuus* two-day-old news; ~ ***derdes*** *(of ~[-]-****derdes****)* two thirds; *sonder om* ~ *keer te* ***dink*** →DINK; ~ *teen* ***een*** two to one; ~ *weet meer as* ***een*** two heads are better than one; *'n* ~ ***eeue*** *ou/oud/oue tradisie* a two-century-old tradition; *iets* ***in*** ~ *skeur/sny* tear/cut s.t. in two; *die geskil het* ~ ***jaar*** *lank geduur* the dispute went on for (*or* lasted) two years; *'n* ~ ***jaar*** *lang(e) geskil* a two-year-long conflict; *'n* ~ ***jaar*** *ou/oud/oue perd* a two-year-old (horse); *jou* ***kos*** *nie* ~ *maal kook nie, (rare idm.)* not wont to repeat o.s.; ~ ***maal*** twice; double; ~ ***maal*** *weekliks* biweekly; ~ ***maal/keer*** *soveel* double the amount; ~ *agter* ***mekaar*** two deep; ***met*** *tweë, (parade ground)* in file; *'n stilte van* ~ ***minute*** *handhaaf* observe a two-minute silence; ~ ***minute/uur/dae/jaar*** two minutes/hours/days/years; →TWEE(-)UUR; ~ *is* ***nodig*** *om te* ... it takes two to ...; ~ *is* ***nodig*** *om te baklei/ens., (infml.)* it takes two to tango; *ek en jy en* ***ons*** ~, *(infml.)* just the two of us; *net* ***ons*** ~ just the two of us; ***ons/julle/hulle*** ~ the two of us/you/them; ~ *van* ***ons/julle/hulle*** two of us/you/them; ***sê*** *en doen is* ~ →SÊ *vb.*; *so* ***seker*** *as (wat)* ~ *maal* ~ *vier is* →SEKER; *tweë* ***vorm*** form two deep. **~beendier** human animal. **~bultkameel** Bactrian camel. **~dekker** double-decker. **~derde-meerderheid** two-thirds majority. **~(-)derdes** *n. (pl.)* →TWEE DERDES. **~deurvoertuig** two-door vehicle. **~disselboomkar** *(hist.: a light two-wheeled one-horse carriage)* whisk(e)y. **~dood** *(orn., onom., infml., rare)* = FISKAALLAKSMAN. **~door** = DUBBELDOOR. **~draad-wol** two-ply wool. **~dubbel(d)** double; *iets* ~ *vou* fold s.t. double. **~duimspyp** two-inch pipe. **~duisend,** ~ **duisend** two thousand; →AGT. **~duisendste,** ~ **duisendste** two-thousandth. **~duisendvyfhonderd, ~duisend vyfhonderd,** ~ **duisend vyf honderd** *(2500)* two thousand five hundred. **~-elemente-verbinding** *(chem.)* binary compound. **~-en-twintig,** ~ **en twintig** twenty-two. **~-en-twintigste,** ~ **en twintigste** twenty-second; →AGT. **~gangmotor** two-speed motor. **~gatjakkals** *(infml.)* double-faced/two-faced person, dissembler, hypocrite, turncoat; trimmer; twister. **~gesig** -*sigte, (infml.)* hypocrite, charlatan, pharisee, fraud, phon(e)y. **~gesprek** dialogue. **~geveg** duel; straight fight; single combat; *'n* ~ *hê* fight a duel; *in 'n* ~ in a duel; in single combat. **~geweldak** M roof. **~honderd,** ~ **honderd** two hundred. **~honderdduisend, ~honderd duisend,** ~ **honderd duisend** two hundred thousand; →AGT. **~honderdjarig** -*rige* two hundred years old; bicentenary *(celebration)*. **~honderdste,** ~ **honderdste** two hundredth. **~jaarliks** -*likse, adj. & adv.* biennial(ly). **~jaaroud** *adj.: 'n* ~ *perd* = 'N TWEE JAAR OU/OUD/OUE PERD. **~jarig** -*rige* two-year-old, of two years, two years' *(war)*; biennial *(celebration, plant)*; biperennial *(plant)*; *~e dier* two-year-old. **~kamerstelsel** two-chamber system. **~kamp** biathlon. **~keelvergasser** dual-barrel carburettor. **~kernig** *(biol.)* binuclear, binucleate(d). **~klank** *(phon.)* diphthong. **~koring** emmer, starch wheat, two-grained spelt; →EMMER[2]. **~kuns** *(baseball)* double play. **~kwartsmaat** *(mus.)* two-four time. **~laaghout** two-ply. **~laagkoek** sandwich cake. **~lensrefleks(kamera)** twin-lens reflex (camera). **~loop(geweer)** double-barrelled gun. **~luik** diptych. **~maandeliks** -*likse* bimonthly, two-monthly. **~maatsreël** *(pros.)* dimeter. **~metaalstrook** bimetallic strip *(in a thermostat etc.)*. **~partybeleid** bipartisan policy. **~partydigheid** bipartisanship. **~partystelsel** two-party system. **~pas(dans)** two-step. **~penprop** two-pin plug. **~persentmelk** two-percent milk. **~randmunt** two-rand coin. **~riemsboot** pair-oar. **~rigting-** →TWEERIGTING-. **~rompskuit** catamaran. **~sang** duet. **~silinderenjin** two-cylinder engine. **~sitplekmotor** two-seater. **~skaarploeg** double-furrow plough. **~slagtig** *(biol.)* bisexual. **~slagtigheid** *(biol.)* bisexuality, ambivalence. **~snydend** →TWEE-SNYDEND. **~spalt** discord, dissension, split, schism. **~span** two-horse team, carriage and pair. **~spel** twosome. **~spraak** -*sprake* dialogue, duet. **~sprong** crossroads; fork in the road; *op die* ~ *(staan)* (be) at the crossroads *(fig.)*, (be) at the parting of the ways. **~standskakelaar** *(elec.)* throw-over switch. **~sterhotel** two-star hotel. **~stertjakkals** = TWEEGATJAKKALS. **T~stroomland:** *die* ~, *(rare)* Mesopotamia; →MESOPOTAMIË. **~stroompolitiek** two-stream policy. **~stryd** duel; inner conflict/struggle/strife; *in ('n)* ~ *staan* be/stand undecided, be torn by conflicting emotions. **~stukpak** two-piece (suit). **~syfer-** double-figure *(gain, rise, etc.)*. **~tand** year-old *(sheep)*. **~tandskaap** year-old sheep, yearling, hogget. **~termynstelsel** -*sels, (pol.)* two-term system. **~tintgrys** two-tone grey. **~toon** *(mus.)* ditone. **~-twee** *adv.* by/in twos; two by two; ~ *of* ***drie-drie*** in twos or threes; ~ ***loop*** walk two and two; ~ ***opgestel*** *wees* be geminated; ~ ***woon/slaap/ens.*** double up. **~(-)uur** two o'clock; →TWEE MINUTE/UUR/DAE/JAAR. **~verdiepinghuis** double-storey(ed) house. **~vlakwoonstel** duplex (flat). **~voorploeg** double-furrow plough. **~weekliks** -*likse* fortnightly, bimonthly, half-monthly. **~wegskakelaar, alkantskakelaar** = TWEE-RIGTINGSKAKELAAR. **~yster** *(golf)* midiron.

twee·ar·mig -*mige* two-armed.

twee·as·sig -*sige* biaxial.

twee·a·to·mig -*mige* diatomic.

twee·ba·sies -*siese, (chem.)* dibasic *(acid)*.

twee·been- two-legged. **twee·be·nig** -*nige* two-legged, biped.

twee·bla·dig -*dige*, **twee·bla·rig** -*rige, (bot.)* two-leaved, bifoliate; bipetalous, dipetalous; disepalous.

twee·blom·mig -*mige* diflorous.

twee·brand·pun·tig -*tige* bifocal.

tweed *(text.)* tweed. **~baadjie** -*jies* tweed jacket. **~klere** tweed clothes, tweeds. **~pak(ke)** tweed suit(s), tweeds.

twee·daags -*daagse* two-day, of two days.

tweed·ag·tig -*tige* tweedy.

twee·de second; ~ ***eksemplaar,*** *(also)* duplicate; *van die* ~ ***graad,*** *(math.)* quadric; →TWEEDEGRAADS *adj.*; *uit die* ~ ***hand*** →HAND, TWEEDEHANDS *adj. & adv.*; *T~* ***Kersdag*** →KERSDAG; ~ ***klas*** second class; →TWEE-DEKLAS-; *(in die)* ~ ***klas*** *reis* →KLAS *n.*; *in die* ~ ***klas*** *slaag* →KLAS *n.*; *T~* ***Laan/Straat*** (of *T~laan/straat*) Second Avenue/Street; *die* ~ ***laaste*** (of *~laaste*) *deelnemer* the second-last participant; ~ ***laaste*** *kom* come second last; ~ ***luitenant*** second lieutenant; ~ ***mag,*** *(math.)* square; →TWEEDEMAGS-; ~ ***natuur*** second nature, *(infml.)* middle name; *T~* ***Nuwejaar,*** *(esp. in the W Cape)* Second New Year's Day; ~ ***ondervoorsitter*** →ONDERVOORSITTER; ~ ***persoon,*** *(gram.)* second person; ~ ***prys*** second prize; ~ ***rat*** second gear; ~ ***rus*** →RUS *n.*; ~ ***sopraan,*** *(mus.)* mezzo(-soprano); ~ ***span*** second team; ~ ***speler,*** *(theatr.)* deuteragonist; ~ ***stem,*** *(mus.)* alto part; ~ ***taal*** second language; →TWEEDETAALONDERRIG; ***ten*** ~ secondly, in the second place; *iem. se* ~ ***vaderland*** →VADERLAND; ~ ***(voor)naam*** middle name; ~ ***voorsitter*** deputy chairman; *T~* ***Vryheidsoorlog,*** *(SA hist., 1899-1902)* Anglo-Boer War; ~ ***wees*** come in second, gain second place; ~ ***Wêreldoorlog,*** *(1939-1945)* World War II, Second World War; ~ ***wittebrood*** second honeymoon. **~jaar** -*jaars* second-year student, sophomore. **~klasburger** second-class citizen. **~laaste** *adj. (attr.)* →DIE TWEEDE LAASTE DEELNEMER. **~lesingsdebat** second-reading debate. **~rangs** →TWEEDERANGS. **~taalonderrig** second-language teaching/instruction, teaching/instruction in the second language.

twee·de·graads -*graadse, adj.* second-grade. **~klerk** second-grade clerk. **~vergelyking** quadratic equation.

twee·de·hands -*handse, adj.* second-hand, used; vicarious. **twee·de·hands** *adv.* second-hand, at second hand.

twee·dek·ker -*kers* biplane; double-decker; bireme.

twee·de·klas-: **~burger** -*gers, (pej.)* second-class citizen. **~passasier** -*siers* second-class passenger; →TWEEDE KLAS.

twee·de·lig -*lige* bipartite, two-part; *(bot., entom.)* dimerous; *(bot., zool.)* dichotomous; binary; having (*or* consisting of) two parts; in two volumes, two-volume.

twee·de·ling bifurcation; dichotomy; binary fission.

twee·de·mags-: **~vergelyking** quadratic equation. **~wortel** square root.

twee·dens secondly; →TEN TWEEDE.

twee·de·rangs -*rangse* second-rate, -class, inferior.

twee·di·men·si·o·neel -*sionele* two-dimensional.

twee·doe·lig -*lige* dual-purpose.

twee·drag discord, dissension; disunion, strife; ~ *saai/stook* create/sow discord, stir up discord; *(die saad van)* ~ *saai, (also)* sow (the seeds of) dissension. **~saaier** mischief-maker, -monger. **twee·drag·tig** -*tige* factious.

twee-ei·ig -*ige* biovulate; *~e tweeling* fraternal twins.

twee·han·dig -*dige* two-handed; bimanous, bimanal; bimanual.

twee·heid duality, twoness.

twee·hel·mig -*mige* diandrous, two-stamened.

twee·hoe·kig -*kige* two-angled, biangular.

twee·hoe·wig -*wige* cloven-hoofed, -footed; bisulc(ate); *~e dier* bisulc.

twee·hok·kig -*kige* bilocular.

twee·hoof·dig -*dige* two-headed, bicephalous; *~e armspier* biceps; *~e bestuur* diarchy.

twee·hoor·nig -*nige* two-horned, bicornous.

twee·hui·sig -*sige, (bot.)* dioecious.

twee·juk·kig -*kige* bijugate.

twee·ka·mer-: **~stelsel** bicameral system. **~woonstel** two-roomed flat.

twee·ka·me·rig -*rige* bilocular.

twee·kan·tig -*tige* dorsiventral.

twee·kelk·bla·rig -*rige* disepalous.

twee·ker·nig -*nige* diploid.

twee·kie·wig -*wige, adj.* debranchiate *(mollusc)*. **twee·kie·wi·ge** -*ges, n.* dibranch(iate); *T~s, (zool.: squids etc.)* Dibranchiata.

twee·klep·pig, twee·klep·pig -*pige, adj.* bivalve(d), bivalvular *(mollusc)*; two-valved. **twee·klep·pi·ge** -*ges, n.* bivalve; *T~s, (zool.: mussels etc.)* Bivalvia.

twee·kleu·rig, twee·kleu·rig -*rige* bicolorous, dichroic, dichromatic, two-colour(ed), -tone(d).

twee·kop·pig -*pige* two-headed, double-headed; bicephalic, bicephalous; *~e spier, tweekopspier* biceps (muscle).

twee·kroon·bla·rig -*rige* dipetalous.

twee·le·dig -*dige* biarticulate; binary, binomial; double *(meaning, purpose)*, dual; duple; duplex. **twee·le·dig·heid** duality; dichotomy.

twee·let·ter·gre·pig -*pige* di(s)syllabic; *~e woord* di(s)syllable.

twee·ling -*linge* (pair of) twins; twin; *die T~, (astrol.)* the (Heavenly) Twins, Gemini; *hulle is 'n* ~ they are twins. **~beddens** twin beds. **~bessie** *(Mitchella repens)* partridge-, box-, twinberry. **~broer** twin brother. **~huis** semi-detached house, *(infml.)* semi. **~kersie** *(rare: children's game)* cherry bob. **~ooi** twin-lamb ewe. **~slot** duplex lock. **~stad** twin city. **~stel** twin set. **~ster** double star, binary (star/system). **~suster** twin sister. **~tap** twin tenon. **~truie** twin set. **~woord** doublet.

twee·lings·vlak twin(-ning) plane.

twee·lip·pig -*pige* two-lipped, bilabiate, bilabial.

twee·lob·big -*bige* bilobate(d), bilobed, bilobular.

twee·man -*manne, (Rom.)* duumvir. **twee·man·skap** -*skappe* duumvirate.

twee·man-: **~saag** two-handed saw. **~skool** two-teacher school.

twee·man·ne·ry bigamy.

twee·mans-: **~duikboot** midget submarine, mini-submarine. **~tent** pup tent, shelter tent.

twee·mas·ter two-master, two-masted ship.

twee·mo·to·rig -*rige* twin-, double-engined.

twee·pa·rig -*rige* bijugate, bijugous.

twee·per·soons=: ~**bed** double bed. ~**fiets** tandem. ~**kamer** double room. ~**kar** two-seater cart. ~**motor** *=tors* two-seater (car).

twee·po·lig *=lige* bipolar.

twee·pon·der *(obs.)* two-pound cake/lobster/etc.; *(hist., an artillery piece)* two-pounder.

twee·pun·tig *=tige* bicuspid.

twee·re·ë·lig *=lige* two-lined, of two lines; ~*e vers* distich.

twee·rig·ting= *(comp.)* bidirectional. ~**pad** two-way road. ~**radio** two-way radio, walkie-talkie. ~**skake·laar** *=s, (elec.)* two-way switch. ~**spieël** two-way mirror. ~**straat** two-way street. ~**verkeer** two-way traffic.

twe·ër·lei of two kinds/sorts; *die voordele is ~* the advantages are twofold.

twee·ry·ig *=ige* distichous, two-ranked.

twee·saad·lob·big, twee·saad·lob·big *=bige, adj.* dicotyledonous. **twee·saad·lob·bi·ge, twee·saad·lob·bi·ge** *=ges, n.* dicotyledon.

twee·sa·dig *=dige* dispermous.

twee·ska·lig *=lige* bivalve, bivalvular.

twee·slag=: ~**maat** binary measure; *(mus.)* duple time/metre. ~**masjien** two-stroke engine. ~**motor** two-stroke motor. ~**pols** bigeminal/dicrotic pulse. ~**pomp** double-action pump.

twee·slag·tig *=tige* bisexual, hermaphroditic; double *(life)*; ambivalent; monoclinous, monoclinian *(bot.)*, gynandrous *(bot.)*; ~*e wetsontwerp* hybrid bill. **twee·slag·tig·heid** bisexuality, hermaphroditism; double-heartedness; ambiguousness, ambivalence.

twee·slip·klep bicuspid valve, mitral valve.

twee·slip·pig *=pige* bicuspid.

twee·sna·rig *=rige* two-stringed.

twee·sny·dend *=dende* double-, two-edged; ~*e strydbyl* twibill.

twee·soor·tig *=tige* of two kinds.

twee·sple·tig *=tige* bifid.

twee·stem·mig *=mige, (mus.)* for two voices, two-part.

twee·sty·lig *=lige, (bot.)* digynous; *(archit.)* distyle.

twee·sy·dig *=dige* two-sided, bilateral; bifaced; bilateral, bipartite *(treaty)*; double-headed *(drum)*; ~ *simmetries* isobilateral.

twee·tak·kig *=kige* bifurcate.

twee·tal two, pair, couple, brace, twosome, dyad. **twee·tal·lig** *=lige* binary.

twee·ta·lig *=lige,* bilingual, diglot; *(infml.: bisexual)* AC/DC, ambivalent; ~*e werk, (also)* diglot; ~*e woordeboek* bilingual dictionary. **twee·ta·li·ge** *=ges, n.* bilinguist, bilingual. **twee·ta·lig·heid** bilinguality, bilingualism.

twee·term *=terme, n.* binomial. **twee·ter·mig** *=mige, adj.* binomial.

twee·tjie *=tjies* little two; *(also, in the pl.)* only/merely two; *die ~s* the two children; the young couple; the pair of them; the two small/little ones.

twee·vin·ge·rig *=rige: ~e luiaard, (zool.: Choloepus didactylus)* two-toed sloth, unau.

twee·vlak·kig *=kige* dihedral.

twee·vlaks·hoek *(geom.)* dihedral angle; *(cryst.)* interfacial angle.

twee·vler·kig *=kige,* **twee·vleu·e·lig** *=lige, adj.* two-winged, dipterous, dipteral, dipteran *(insect)*. **twee·vler·ki·ge, twee·vleu·e·li·ge** *=ges, n.* dipteran; *T~s, (zool.: flies etc.)* Diptera.

twee·voe·ter *=ters* biped.

twee·voe·tig *=tige* two-footed, biped(al); of two (metrical) feet.

twee·vor·mig *=mige* dimorphic, dimorphous. **twee·vor·mig·heid** dimorphism.

twee·voud *=voude* double; *(gram.)* dual (number); number divisible by two, multiple of two; *in ~* in duplicate. **twee·vou·dig** *=dige* double, twofold, duplex, dual. **twee·vou·digheid** duality.

twee·waar·dig *=dige, (chem.)* bivalent, divalent; diatomic; ~*e alkohol* dihydric alcohol, diol. **twee·waar·dig·heid** *(chem.)* bivalence, divalence.

twee·wiel= two-wheeled. **twee·wie·ler** *=lers* two-wheeler. **twee·wie·lig** *=lige* two-wheeled.

twee·wy·we·ry bigamy.

twin·tig *=tige, =tigs* twenty, score; *die ~s, (decade)* the twenties; →TWINTIGERJARE; *in die ~ wees* be in one's twenties; *dit het in die jare ~ gebeur* it happened in the twenties; *~ maal* twenty times. ~**literhouer** *=ers* twenty-litre container. ~**tal** score, (about) twenty. ~**-twintig-visie, 20/20-visie** twenty-twenty vision, 20/20 vision. ~**vlak** *(geom.)* icosahedron.

twin·ti·ger *=gers* person in his/her twenties, *(infml.)* twentysomething person; →DERTIGER. **twin·ti·ger·ja·re** twenties; *in jou ~ wees* be in one's twenties; *dit het in die ~ gebeur* it happened in the twenties.

twin·tig·ja·rig *=rige, adj.* twenty years old *(pred.)*, twenty-year-old *(attr.)*, of twenty years, twenty years'; vicennial. **twin·tig·ja·ri·ge** *=ges, n.* twenty-year-old man/woman, man/woman of twenty years.

twin·tig·pon·der *(infml., obs.)* twenty-pound fish/hammer/etc.; *(hist., an artillery piece)* twenty-pounder.

twin·tig·ste *=stes, n.* twentieth (part). **twin·tig·ste** ~, *adj.* twentieth; *die ~ eeu* the twentieth century. **twin·tig·ste-eeu·er** *=ers* person of the twentieth century. **twin·tig·ste-eeus** *=eeuse* twentieth-century.

twin·tig·voud *=voude, n.* twentyfold, multiple of twenty. **twin·tig·vou·dig** *=dige, adj.* twentyfold.

twis *twiste, n.* quarrel, dispute, strife, row, fight, feud, fray, set-to, altercation, discord; *in 'n ~ **betrokke/gewikkel** raak* get into a row *(infml.)*; *~ **kry*** have a quarrel, fall out; *'n ~ **met** iem. **oor** iets* a quarrel *(or [infml.]* a row) with s.o. over s.t.; *'n **ou** ~* an old quarrel, a dispute of long standing; *~ **soek*** (try to) pick a quarrel, spoil for a fight; *die ~ **tussen** A en B* the quarrel between A and B. **twis** *ge=, vb.* quarrel, dispute, squabble, wrangle, altercate, haggle; *met iem. oor iets ~* quarrel with s.o. about/over s.t.. ~**appel** apple of discord, bone of contention. ~**geding** lawsuit; disputation, contentious issue; →REGSGEDING. ~**geskryf** controversy, polemic. ~**gesprek** dispute, altercation. ~**gierig** *=rige* quarrelsome, termagant. ~**gierigheid** quarrelsomeness. ~**punt** (point at) issue, matter in dispute, contentious/controversial question. ~**rede** disputation, dispute. ~**saak** matter in dispute, controversial question. ~**siek** *=sieke =sieker =siekste* quarrelsome, contentious, captious, fractious. ~**stoker** = TWISSOEKER. ~**sug** fractiousness. ~**vraag** (question at) issue, controversial question. ~**vuur** fire of discord.

twis·soe·ker mischief-maker, troublemaker, barrator, brawler. **twis·soe·ke·rig** *=rige* quarrelsome, mischief-making, troublemaking. **twis·soe·ke·rig·heid** quarrelsomeness. **twis·soe·ke·ry** mischief-making, troublemaking.

twis·tend *=tende: die ~e partye* the contending parties.

twis·ter *=ters* disputant, quarreller; troublemaker, mischief-maker; →REDETWIS. **twis·te·rig·heid** fractiousness.

twy·fel *n.* doubt, disbelief, uncertainty, dubitation, misgiving; *~ **aan** ...* doubt about ...; *om **alle** ~ uit te skakel* so as to preclude all doubt; *iets buite **alle** ~ stel* remove all doubt as to s.t. *(s.o.'s loyalty etc.)*; *dit staan **buite** (alle) ~* it is beyond (all) doubt/question; there's no question about/of it; *iets staan **buite** ~, (also)* s.t. is beyond (*or* not in) dispute; there is no mistaking s.t.; *iets **buite** ~ stel, (also)* place/put s.t. beyond doubt; *daar is **geen** ~ aan nie* there is no doubt about it, there's no question about/of it; *daar is **geen** ~ aan dat ... nie* there's no question that ...; *daaroor bestaan **geen** ~ nie* there is no doubt about it; there can be no two opinions about it; *daar is **geen** ~ meer nie* there is no room for doubt; ***gegronde** ~* a reasonable doubt; *iets word in ~ **getrek*** s.t. is questioned, doubt is cast (up)on s.t.; *nie in ~ **getrek** word nie, (also)* go unquestioned; *in **geval** van ~* when in doubt; ***in** ~ wees/verkeer* be in doubt; ***in** ~ wees/verkeer oor iets, (also)* be in two minds about s.t.; *dit **ly** geen ~ nie* there is no doubt about it; there is no mistake about it; there are no two ways about it; *dit **ly** geen ~ dat ... nie, (also)* there's no question that ...; *sonder die **minste** ~* beyond/without the shadow of a doubt, without a shadow of doubt; *daar is **nog** ~* there is room for doubt; *aan ~ **onderhewig** wees* be open to doubt/question; *~ **oor** ...* doubt about ...; *daar bestaan ~ **oor** iets, (also)* there is a question mark over s.t., a question mark hangs over s.t.; *deur ~ **oorval** word, (also)* be beset by doubts; *daar het ~ by iem. **opgekom*** s.o. began to doubt; *~ oor iets **opper/wek*** cast doubt (up)on s.t.; *iets **opper/wek** ~ oor ...* s.t. raises doubts about ...; ***sonder** ~* undoubtedly, without dispute/doubt/question; for a certainty, for sure; *iem. sal iets **sonder** ~ doen, (also)* s.o. is guaranteed to do s.t.; ***sonder** (enige) ~ is/sal iem./iets ...* s.o./s.t. is/will undoubtedly ..., there is no room for doubt that s.o./s.t. is/will ...; *iets in ~ **trek*** cast doubt (up)on s.t., call s.t. in(to) question; question/query s.t., raise a query about s.t.; *alle ~ het **verdwyn** (of is **weggeneem**)* all doubts were resolved; *iem. die **voordeel** van die ~ gee* give s.o. the benefit of the doubt. **twy·fel** *ge=, vb.* doubt, disbelieve, question; *iem. ~ **aan** iets/iem.* s.o. doubts (*or* has doubts about) s.t./s.o.; ***ek** ~* I doubt it; ***nie** ~ nie* have no doubts; *ek ~ **nie** of ... nie* I don't doubt that ...; *~ **of** ...* doubt whether ...; ***oor** ... ~* have doubts about ..., be doubtful about/of ...; ***sterk** aan iets ~* have serious doubts about s.t.; *daaraan **val** nie te ~ nie* there is no doubt about it; ***wanneer** jy ~ ...* when in doubt ... ~**punt** query.

twy·fe·laar *=laars* doubter, don't know, sceptic. ~**bed** *(infml., rare)* three-quarter bed.

twy·fel·ag·tig *=tige* doubtful, questionable, dubitable, problematical, indeterminate, equivocal, debatable, uncertain, dubious, *(infml.)* iffy, iffish; ~*e setel, (pol.)* doubtful/marginal seat. **twy·fel·ag·tig·heid** doubtfulness, dubiety, uncertainty, questionableness.

twy·fe·la·ry, twy·fel·ry doubting, indecision; scepticism.

twy·fe·lend *=lende* doubting, dubitative. **twy·fe·ling** *=linge* doubt, hesitation.

twy·fel·moe·dig *=dige* wavering, vacillating, half-hearted. **twy·fel·moe·dig·heid** irresoluteness, irresolution, half-heartedness, wavering, vacillation.

twy·fel·sug scepticism, incredulity. **twy·fel·sug·tig** *=tige* sceptical.

twyg *twye, (poet., liter.)* twig; scion, sprig. **twy·gie** *=gies* sprig, small shoot.

twyn, *n., (thread)* twine, twist; *(wool)* fold, ply. **twyn** *ge=, vb.* twine. ~**garing** twined/doubled/folded/plied yarn, ply yarn. ~**stof** plied-yarn fabric, twist.

twyn·der *=ders* doubler, thrower.

twy·ning *(text.)* doubling, twisting, folding, plying.

ty *tye, (poet., liter.)* tide; →GETY. ~**hawe** tidal harbour; tidal basin.

tyd *tye* time; season; spell; age; period, time span; tense; *wanneer die ~ **aanbreek/kom*** when the time arrives; *die ~ om te ... het **aangebreek*** the time to ... has come; *'n ~ **aangee/bepaal*** state a time; *'n ~ vir 'n vergadering **aanwys*** appoint a time for a meeting; *~ **af/vry** kry* get time off; *binne **afsienbare** ~* at no distant date; in the foreseeable future; *~ vir iets kan **afstaan*** have time for s.t.; *~ aan iets **afstaan*** spare the time for s.t.; *kan jy die ~ (daarvoor) **afstaan?*** have you (got) the time (for it)?; can you give me the time (for it)?; *jou ~ **afwag*** bide/wait one's time; *(infml.)* lie low, sit tight; *te **alle** tye* at all times; at any time; in season and out; *van **alle** tye* of all time *(pred.)*, all-time *(attr.)*; *een van die grootste boksers van **alle** tye* one of boxing's all-time greats; ***alles** het sy ~, **alles** op sy ~, daar is 'n ~ vir **alles*** there is a time (and place) for everything; all in good time; *in die **ander** ~ wees, (infml., rather obs.)* be in the family way; *'n meisie in die **ander** ~ sit, (infml., rather obs.)* get a girl into trouble; *dit kos **baie** ~* it takes a long time; *te(r) **bekwamer** ~* in due course; *iem. se ~ is baie **beperk*** s.o. is pressed for time; *~ in **beslag** neem* take up time; *jou ~ aan ... **bestee*** spend one's time on ...; *baie ~ aan iets **bestee*** spend a lot of time on s.t.; take long over s.t.; *die meeste van jou ~ aan ... **bestee*** spend most of one's time on ...; *op die **be=***

stemde/vasgestelde ~ *(en plek)* at the appointed time (and place); *(te)* ***bestemde(r)*** ~ →BESTEM(D); ***bewoë*** *tye* troubled/unquiet times; *dis* ***buitengewoon*** *vir hierdie* ~ *van die jaar* it is out of season; ***by/met*** *tye* at times; *teen* ***daardie/dié*** ~ by that time, by then; *tot* ***daardie/dié*** ~ *(toe)* till/until then; *uit* ***daardie/dié*** ~ of the/that period; *van* ***daardie/dié*** ~ *af* since then, ever after; *voor* ***daardie/dié*** ~ before then; ~ *en* ***dae*** *was daar* ... in those days (*or* in days gone by) there were ...; *dié/hierdie/ons* ~*/tye en* ***dae*** ... nowadays ..., these days ...; *dit is* ~ ***dat*** *iem.* ... it is time for s.o. to ...; *dit raak/word* (*of is haas*) ~ ***dat*** *iem.* ... it is nearly time for s.o. to ...; *die* ~ ***deurbring*** spend the time; pass the time; *jou* ~ *met lees/ens.* ***deurbring*** spend one's time reading/etc.; *teen* ***dié*** ~ by now; *op/om* ***dieselfde*** ~ at the same time/hour; *uit* ***dieselfde*** ~ *wees as* ... be contemporaneous with ...; *die* ~ ***dophou*** keep track of the time; *ons moet dit op (die)* ***een of ander*** ~ *doen* we must do it some time; *'n* ***eindelose*** ~ a month of Sundays *(infml.)*; *te* ***eniger*** ~ at any moment; at any time; *die* ~ ***gaan*** *verby* time is passing; *die* ~ ***gaan*** *(gou) om/verby* time passes (rapidly); *iets is aan* ~ ***gebonde*** the time for s.t. is limited; *iem. is aan* ~ ***gebonde*** s.o.'s time is limited; *jou* ~ ***gebruik/neem*** *vir iets* take one's time about/over s.t.; ***gedurende*** *dié* ~ during that time; *iem.* ~ ***gee*** *om te* ... allow s.o. time to ...; *die* ***gees*** *van die* ~ →GEES; *dit het iem. nie baie* ~ ***gekos*** *om te ... nie* it did not take s.o. long to ...; *die* ~ *het* ***gekruip*** time dragged; ~ *is* ***geld*** time is money; *'n* ~ ***gelede*** some time ago; *op 'n* ***geleë*** ~ at a suitable time; *te(r)* ***geleëner/gelegener*** ~ in due course/time; at a suitable time; all in good time; ***genoeg*** ~ *hê* have plenty of time; ***geruime*** ~ for a considerable time; ***geruime*** ~ *duur* last for some (length of) time; *nog 'n* ***geruime/hele*** ~ for some time (to come); *op die* ***gesette*** ~, (fml., rare) *te* ***gesetter*** ~ at the appointed time; in due time; *op* ***gesette/vaste*** *tye* at set times; at stated intervals; at regular intervals; *'n* ***geskikte/goeie*** ~ *om iets te doen* a good time to do s.t.; *op die* ***geskikte*** ~ *plaasvind* be well timed; →***regte/geskikte;*** *op die* ***gestelde*** ~ on time; in the ful(l)ness of time; *voor die* ***gestelde*** ~ ahead of time; *in die* ***goeie*** *ou(e)* ~ in the good old days/times; *iem. het regtig 'n* ***goeie*** ~ *gekies/uitgesoek om te ...!*, *(iron.)* this is a fine time to ...!; ~ ***hê*** *om iets te doen* have the time to do s.t.; have the leisure to do s.t.; ~ ***hê*** *vir iets* have time for s.t.; *geen* ~ *vir iets* ***hê*** *nie*, *(lit.)* have no time for s.t.; *die* ~ *is die beste* ***heelmeester*** time is the great healer; *'n* ***heerlike*** ~ *beleef/belewe* have the time of one's life; *'n* ***held*** *van ons* ~ a hero of our time(s)/day; *die* ***hele*** ~ all along; all the time, the whole time; all the while; *byna die* ***hele*** ~ most of the time; *nog 'n* ***hele*** ~ for some time to come; *'n* ***hele/taamlike*** ~ a good while, quite a while, quite some time; ***het*** *jy die* ~? have you (got) the time?; ***het*** *jy die* ~ *(daarvoor)?* have you (got) the time (for it)?; *iem.* ***het*** *nie soveel* ~ *nie* s.o. hasn't all that much time; ***hierdie*** ~ our time(s); *op* ***hierdie*** ~ at this time of day; *uit* ***hierdie*** ~ of the/this period; *dis* ***hoog*** ~ *(dat ...)* it's about/high time (that ...); *op (die)* ***hoogte*** *van die* ~ *wees* be up to date, be abreast of the times; ***hope*** ~, *(infml.)* stacks of time; ***in*** *iem. se* ~ in s.o.'s day; ***in*** *iem. se* ~ *kon/was hy/sy* ... in s.o.'s day/time he/she could/was ...; ~ ***inhaal*** make up time; *werkers se* ~ ***inkort*** put workers on short time; *die* ~ ***inruim*** *om iets te doen* find time to do s.t.; *vir ...* ~ ***inruim*** find time for ...; *'n* ***kind*** *van jou* ~ *wees* be a product of the times; *met die* ~ *sal dit* ***kom*** it is only a matter/question of time; *die* ~ *raak* ***kort*** time is running out; time presses; *(poet.)* the sands are running out; *die* ~ ***kort*** →***omkry/kort/verdryf;*** *dit* ***kos/vereis*** ~ it takes time; *dit* ***kos/vereis*** *baie* ~ it takes long; ~ ***kry*** get time; *die* ~ ***kry/vind*** *om iets te doen* find time to do s.t.; *vir ...* ~ ***kry/vind*** find time for ...; *dit is net 'n* ***kwessie*** *van* ~ it is only a matter/question of time; *in die* ***laaste*** ~ lately, of late; *in 'n* ***lang*** ~ for some time; *'n* ~ ***lank*** for a/some time; for a spell; at one time *(in the past)*; *nou al 'n* ~ ***lank*** for some time past; *iem. is al 'n* ~ ***lank*** *hier* s.o. has been here (for) some time; *die* ~ *is vir* (of [obs.] *val*) *iem.* ***lank/swaar*** time hangs heavy on s.o.'s hands; *dit is* ***lankal*** *meer as* ~ it is long overdue; ***later*** *(van* ~*)* later on; at a later date; *die* ~ *sal* ***leer*** time will tell/show; *'n* ***lekker/plesierige*** ~ a good time; ***liewe*** ~*!*, *(infml.)* oh dear!; *in die* ***loop*** *van die* ~ in the course of time; *vir iets* ~ ***maak*** make time for s.t.; *wie nie pas op sy* ~*, is sy* ***maaltyd*** *kwyt* to come too late, even for the leftovers; late-comers dine with Duke Humphrey; *die* ***meeste*** *van iem. se* ~ most of s.o.'s time; *'n atleet se* ~ ***meet*** time an athlete; ***met*** *tye* →***by/met;*** ***min*** ~ *hê* be pressed for time, be rushed; *met* ***min*** ~ *iets moet doen* have to do s.t. at short notice; *die* ~ *raak/word* ***min*** time is running out; time is getting short; ***moeilike*** *tye beleef/belewe* fall (up)on hard times; ~ ***mors*** →***verkwis/verspil/mors;*** *o* ***my*** *(liewe)* ~*!*, *(infml.)* oh dear!; *die/jou* ~ ***neem*** *om iets goed te doen* take one's/the time to do s.t. well; *jou nie die* ***nodige*** ~ *gun om te ... nie* begrudge o.s. the time necessary to ...; *daar is* ***nog*** ~ there is still time; *dis nie* ***nou*** *die* ~ *om te ... nie* this is no time to ...; *die eise/ens. van die* ***nuwe*** ~ the demands/etc. of modern times; *die* ~ *is* ***om*** time has run out; *die* ~ *is byna* ***om*** time is running out; *iem. se* ~ *is* ***om*** s.o. has run out of time; *die spreker se* ~ *is* ***om/verstreke*** the speaker's time is up; ~ ***hê/kry om*** *te* ... have/get time to ...; *daar is* ~ ***om*** *te* ... there is time to ...; *dit is* ~ ***om*** *te* ... it is time for/to ...; *die* ~ ***omkry/kort/verdryf*** pass the time, while away the time; kill time; →***vul/omkry;*** ***omtrent*** *dié* ~ about this/that time; *op 'n* ***ongeleë*** ~ at a bad time; at an inopportune time; *op* ***ongereelde*** *tye* at odd times; *sedert* ***onheuglike*** *tye* from/since time immemorial; *op 'n* ***onmoontlike/onmenslike*** ~ at an unearthly/ungodly time/hour; ***ons*** ~*/tye* our time(s); *... van* ***ons*** ~ ... of our day; *in* ***ons*** ~ these days; *die* ~ ***ontbreek*** *iem.* s.o. has not got the time; *omdat die* ~ *iem.* ***ontbreek*** because of a lack of time; *iets is* ***oor*** *die* ~ s.t. is overdue (*or* past the time); ***oor*** *jou* ~ *wees* be overdue; *nie/geen* ~ ***oorhê*** *nie* have no time to spare; ***op*** *sy* ~ in due course; *(baie)* ***op*** *jou* ~ *wees* (really) take one's time, not hurry, be a slowcoach *(infml.)*; *presies* ***op*** ~ on the dot; *altyd presies* ***op*** ~ always punctual (*or* on time); *presies* ***op*** ~ *kom*, *(also, infml.)* be spot on time; ***op*** ~ *wees* be on time; be on (*or* up to) schedule; *stip* ***op*** ~ punctually; ***op*** *(die bepaalde/gestelde)* ~ on time; *die* ~ *is* ***op*** time has run out; *iem. se* ~ *is* ***op*** *(of het* ***opgeraak****)* s.o. has run out of time; *in die* ***ou*** ~ in (the) days of old, in the olden days/times; in days of yore; *kom* ~*, kom* ***raad;*** *ná* ~ *kom* ***raad*** when the time arrives one will know what to do; *geen* ***raad*** *met jou* ~ *weet nie* be at a loose end; *die* ~ *van iets* ***reël*** time s.t. *(an event etc.)*; *die* ***regte/geskikte*** ~ the proper time; *op die* ***regte*** ~ at the right time; *net op die* ***regte*** ~ in the nick of time; *die* ~ *is* ***ryp*** *vir iets* the time is ripe for s.t.; the stage is set for s.t.; *met die* ~ ***saamgaan*** move (*or* keep up) with the times; *ander tye, ander* ***sedes*** other times, other manners; *'n* ~ ***sit***, *(infml.)* do a stretch; *in die* ***slap*** ~ in the off-season; ***slegte*** *tye beleef/belewe* fall (up)on evil days; *die* ~ ***snel*** *verby* time is fleeting; ~ ***spaar*** save time; *baie* ~ ***spaar*** save much (*or* a lot of) time, be a real timesaver; *die* ~ *staan nie* ***stil*** *nie* time marches on; ***studie*** *van* ~ *en beweging* time (and motion) study, motion study; *is dit al* ***sulke*** ~? →SULKE; *dis weer* ***sulke*** ~*!* →SULKE; *'n* ***swaar*** ~ *deurmaak* have a bad time, go through the mill; ***swaar*** *tye* difficult times; *in* ***swaar*** *tye*, *(also)* in time(s) of need; *die* ***tand*** *van die* ~ the ravages of time; ***teen*** *die* ~ *dat iem.* ... by the time s.o. ...; *'n* ***teken*** *van die* ~, (obs.) *'n* ***teken*** *des* ~*s* a sign of the times; *daar was 'n* ~ ***toe*** ... there was a time (*or* time was) when ...; *in 'n* ~ ***toe*** ... at a time when ...; *van* ***toeka*** *se* ~ *(af)* →TOEKA; *van* ~ ***tot*** ~ from time to time; (every) now and again/then; off and on, on and off; every so often; at intervals; ***uit*** *die* ~ *wees* be out of date, be behind the times; *'n verhaal/ens.* ***uit*** *die* ~ *van* ... a story/etc. of the times of ...; *jou* ~ ***uitdien*** serve one's term; *die* ~ ***uitkoop*** make good use of the time; *op die* ***vasgestelde*** ~ →***bestemde/vasgestelde;*** *op* ***vaste*** *tye* →***gesette/vaste;*** *die tye* ***verander*** times change; *die tye het* ***verander*** times have changed; *die* ~ ***verbeusel*** potter away one's time; *iem. se* ~ *is* ***verby*** s.o. has seen his/her best days; s.o. has had his/her day; s.o. is a spent force; s.o.'s sun is set; *die* ~ *is* ***verby*** *dat* ... the day has passed when ...; *die* ~ ***verdroom*** moon away one's time; *die* ~ ***verdryf*** →***omkry/kort/verdryf;*** *dit* ***vereis*** ~ →***kos/vereis;*** ~ ***verkwis/verspil/mors*** waste time; *die* ***verloop*** *van die* ~ the march of time; *die* ~ ***verloop*** time is running out; *met/na* ***verloop*** *van* ~ in (the course of) time; in due time; with the lapse of time; *geen* ~ ***verloor*** *met* ... lose no time in ...; ***verlore*** ~ *inhaal* recover (*or* make up for) lost time; *die* ~ ***verslaap*** sleep the hours away; *die spreker se* ~ *is* ***verstreke*** →***om/verstreke;*** ***vervloë*** *tye* times gone by; *vir iets* ~ ***vind*** →***kry/vind;*** *die* ~ ***vlieg*** *(verby)* time flies; time passes (rapidly); *in die* ***volheid/voleinding*** *van die tye* in the ful(l)ness of time; ***volop*** ~ *hê* have lots of time *(infml.)*, have all the time in the world; *'n uur* ***voor*** *die* ~ *aankom* arrive an hour early; *iets is* ***voor*** *sy* ~ s.t. is ahead of schedule; *iets het* ***voor*** *iem. se* ~ *gebeur* s.t. happened before s.o.'s time; *jou* ~ ***vooruit*** *wees* be ahead (*or* in advance of) one's time; *(in)* ***vroeër*** *tye* in times gone by, in past ages; ~ ***vry*** *hê* get/have time off; →***af/vry;*** *in jou* ***vry(e)*** ~ in one's own/spare time; *die* ~ ***vul/omkry*** fill (up) time; *met die oog op die* ~ ***wanneer*** ... against the day when ...; *iets doen* ***wanneer*** *jy* ~ *het*, *(also)* do s.t. at one's leisure; *dit is 'n* ***wedloop*** *met/teen die* ~ it is a race against time; ~ ***wen*** gain time; make time; ~ *(probeer)* ***wen*** play for time; *die* ~ *heel alle* ***wonde*** time is the great healer; *'n* ***woordjie*** *op sy* ~ →WOORDJIE; *dit* ***word*** ~ *vir* ... it is coming up for ...; *tot* ~ *en* ***wyl*** ... until (such time as) ...; *vir* ~ *en* ***wyl*** for the time being. **~aangewer** timekeeper. **~aanwysing** indication of time. **~bal** time ball. **~besparend** timesaving. **~besparing, tydsbesparing** saving of time. **~bom** time bomb. **~buis** time fuse. **~deelbedryfstelsel** *(comp.)* time-sharing operating system. **~deelontwikkeling** timeshare development. **~deel(skema), vakansietyddeelskema** timeshare, time-sharing scheme. **~deelstelsel** time-sharing system. **~deling** time sharing, timeshare. **~eenheid** *(telecomm.)* time unit, unit of time. **~-en-beweging(-)studie** time (and motion) study, motion study. **~faktor, tydsfaktor** time factor. **~fout** parachronism. **~gebrek** = TYDSGEBREK. **~gees** spirit of the times/age. **~genoot** →TYDGENOOT. **~gleuf, tydsgleuf** time slot. **~grens** limit of time, time limit; deadline; *'n* ~ *haal/nakom* meet a deadline; *'n* ~ *vir ... stel* set a time limit for ...; *vir iem. 'n* ~ *stel*, *(also)* give s.o. a deadline. **~houer** timer; *(sport)* time-keeper. **~kaart** time chart. **~kapsule** time capsule. **~klok** time (recording) clock. **~klokkie** timer *(in a kitchen etc.)*. **~kontrole** time check. **~korting** pastime, kill-time. **~kring** *(rare)* era, epoch, period. **~limiet** deadline. **~lont** time fuse. **~loon** time rate. **~maat** *(mus.)* time, tempo. **~masjien** time machine. **~meetkunde** horology. **~merk** time mark. **~meter** chronometer, chronograph; horometer. **~mors, ~morsery ~verkwisting, ~vermorsing, ~verspilling,** waste of time. **~nood** lack/shortage of time; *in* ~ *kom* run out of (*or* become pressed for) time; *in* ~ *verkeer/wees* be (hard-)pressed for time. **~opname** timing; *(phot.)* time exposure. **~opnemer** timekeeper, time recorder, timer. **~opneming** timing; timekeeping. **~orde** →TYDSORDE. **~passering** = TYDKORTING. **~perk** →TYDPERK. **~raamwerk** time frame. **~reëlaar** timer, timing device, timer unit; *outomatiese* ~ autotimer. **~reëling, tydsreëling** timing, timekeeping. **~rekening** chronology; *die Christelike* ~ the Christian era. **~rekenkunde** chronology. **~ren** rally. **~rooster** timetable. **~rowend** →TYDROWEND. **~ruimte** *(rare)* space of time, period. **~ruimtelik** *-like* spatio-temporal, tempero-spatial, time-space, of time and space. **~saam** →TYDSAAM. **~sein** timesignal. **~skaal** timescale. **~skakelaar** time switch. **~skrif** →TYDSKRIF. **~slot** time lock. **~sone** time zone. **~span** time span, space/span of time. **~staat** time sheet. **~stip** →TYDSTIP. **~stroming** tendency of the age. **~studie** time (and motion) study, motion study. **~studiekundige** time and motion expert. **~tafel** timetable; list of dates, chronological table. **~toestel** timer. **~toets** *(sport)* time trial. **~vak** period, epoch; *die einde/end van 'n* ~ the end of an era. **~ver-**

dryf pastime, game, amusement, diversion, kill-time, hobby. **~verewening, tydsverewening** *(astron.)* equation of time. **~verkwisting** →TYDMORS. **~verlies** loss of time. **~verloop** →TYDSVERLOOP. **~vermorsing** →TYDMORS. *dit is pure ~* it is a sheer waste of time. **~verskil** →TYDSVERSKIL. **~verskuiwing** time shift. **~verspilling** →TYDMORS. **~vorm** →TYDSVORM. **~vulling** time-filling.

ty·(d)e: *ten ~ van ...* at the time of ...

ty·de·lik *=like, adj.* temporary *(office, relief)*; temporal, secular *(affairs)*; casual; makeshift, impermanent, tentative. **ty·de·lik** *adv.* temporarily, for the time being, pro tem. **ty·de·li·ke** *n.: die ~ met die ewige verwissel* depart (from) this life. **ty·de·lik·heid** temporariness, temporary nature, impermanence; temporalness.

ty·de·loos = TYDLOOS. **ty·de·loos·heid** = TYDLOOSHEID.

ty·dens during, in the course of; at the time of.

tyd·ge·noot contemporary, coeval. **tyd·ge·noot·lik** *=like* contemporary.

ty·dig *=dige, adj.* timely, seasonable, timeous, well timed. **ty·dig** *adv.* betimes, in good time; *~ en ontydig* in season and out; at seasonable and unseasonable times; at all hours (of the day and/or night). **ty·dig·heid** seasonableness, timeliness.

ty·ding *=dings, =dinge* news, tidings, intelligence; *die ~ het* ***bekend*** *geraak* the news broke; ***geen*** *~ is goeie ~* no news is good news; *daar het ~* ***gekom*** *dat ...* word came that ...; *ons het die ~* ***gekry/ontvang*** *dat ...* we had the news that ...; ***goeie*** *~* good news; *van iem. ~* ***kry*** hear from s.o.; *(iem.) die ~ (versigtig)* ***meedeel*** break the news (gently) (to s.o.); *~ van ...* ***ontvang*** have word of ...; ***slegte*** *~* bad news; *~ aan iem.* ***stuur*** send word to s.o.; *~* ***van/omtrent*** *...* news of ...

tyd·jie *=jies, (dim.)* spell, short time, little while; *'n ~* ***af/vry*** *kry, (infml.)* get a break; *iem. bly 'n ~* ***besig/weg*** s.o. takes a while; *iets* ***duur*** *'n ~* s.t. takes a while; *'n ~* ***gelede*** a short while ago, recently; *'n* ***hele/taamlike*** *~* a good while, quite a while; *iem. se ~ word* ***kort*** s.o.'s time is drawing near; ***'n*** *~* a short time; for a little; ***ná*** *'n ~* after a little, after a short space; *'n ~* ***vry*** *kry* ***→af/vry;*** *iem. moet 'n ~ vir iets* ***wag*** s.t. takes a while.

tyd·loos *=lose* tenseless; timeless; *'n tydlose treffer, (infml.)* an all-time favourite, a golden oldie. **tyd·loos·heid** timelessness.

tyd·perk period, age, era, epoch, term; *'n ~* ***afsluit*** close a chapter; *die* ***einde/end*** *van 'n ~* the end of an era; *oor 'n ~* ***strek*** cover a period; *die ~* ***waarin*** *...* the period during which ...

tyd·ro·wend, tyd·ro·wend *=wende* time-wasting/consuming/devouring, lengthy, laborious.

tyds=: **~beeld** picture of the time. **~bepaling** fixing the time; *(gram.)* adjunct of time. **~beperking** time limit. **~berekening** timing. **~besparing** →TYDBESPARING. **~bestek** time span, space/span of time. **~duur** length of time, duration. **~faktor** →TYDFAKTOR. **~gebonde** time-bound; dated. **~gebrek** lack of time; *weens ~* because of a lack of time. **~gewrig** juncture, conjuncture. **~gleuf** →TYDGLEUF. **~omstandighede** circumstances/conditions of the time; *die (huidige) ~* present-day conditions. **~orde, tydorde** chronological order; *in ~* in chronological order; in point of time; *eerste/ens. in ~* first/etc. in point of time. **~reëling** →TYDREËLING. **~verewening** →TYDVEREWENING. **~verlenging** extension of time. **~verloop, tydverloop** course/passage of time; period. **~verloopfotografie** time-lapse photography. **~verskil, tydverskil** difference in time. **~vorm, tydvorm** tense form; form of time.

tyd·saam *=same* slow, leisurely, deliberate(ly). **tyd·saam·heid** leisureliness.

tyd·skrif periodical, magazine, journal, organ. **~artikel** magazine article.

tyd·stip *=stippe* point of time, moment; *op* ***dié/daardie*** *~* at that point/stage; *tot op* ***dié/daardie*** *~* up to that point/stage; *op* ***dié/hierdie*** *~* at this point/stage; at this juncture; *op* ***een*** *~* at one point/stage.

ty·e *n. (pl.)* = TYD.

tyk *(a strong cotton fabric used esp. for mattress covers)* ticking.

tym = TIEMIE.

Tza·neen·siek·te *(rare, vet.)* Tzaneen disease.

tza·tzi·ki *(Gr. cook.: a side dish)* tzatziki.

U u

u[1] *u's*, **U** *U's, Us, n., (21st letter of the alphabet)* u, U. **U-balk** U-beam. **U-bint** U-tie. **U-boot** *(hist.: a Germ. submarine)* U-boat. **U-buiging** U-bend. **U-buigstuk** U-bend *(in a pipe)*. **U-buis** U-tube. **U-draai** U-turn; *'n ~ maak* make a U-turn. **U-klamp** U-clamp. **U-profiel** U-section. **U-staal** channel steel. **u'tjie** *-tjies* little u. **U-vormig** *-vormige* U-shaped; *~e buis* U-bend tube. **U-yster** channel (iron), U-bar, U-iron.

u[2] *pers. pron., (fml. or liter.)* you; →UWE; *~ en ek* you and I; *~ **self*** (you) yourself; you (yourselves); →USELF *refl. pron.; ~ kan dit **self** doen* you can do it yourself/yourselves; *dit is ~ **s'n*** it is yours. **u** *poss. pron., (fml.)* your; *U **Edelagbare*** Your Honour/Worship; *U **Edele*** Your Honour; *U **Eksellensie*** Your Excellency; *U **Majesteit*** Your Majesty.

ü·ber·haupt *adv., (Germ.)* anyway; at all; on the whole.

Ü·ber·mensch *(Germ.)* superman.

u·bun·tu *(SA, <Ngu.: humanity, compassion)* ubuntu.

u·do·me·ter *-ters* udometer, rain gauge.

U·gan·da Uganda. **U·gan·dees** *-dese, n. & adj.* Ugandan.

U·ga·ri·ties *n., (an extinct Semitic lang.)* Ugaritic.

u·gli(-vrug) ugli (fruit).

u·hu·ru →OEHOEROE.

ui *uie* onion; →UIVORMIG; *so vol soos 'n ~* choke-full, chock-full. **~dak** imperial roof. **~koepel** imperial dome, onion dome.

ui·e-: **~akker(tjie)** *-(tjie)s*, **~bedding** *-dings* onion bed. **~atjar** onion pickles. **~bredie** onion stew. **~gras** chive(s). **~lof** onion leaves. **~lug** onion smell. **~(-)oes** onion crop. **~reuk, ~ruik** onion smell, smell of onions. **~saad** onion seed. **~skil** onionskin. **~slaai** onion salad. **~smaak** taste of onions. **~sous** onion sauce, soubise (sauce). **~sout** onion salt. **~vliespapier** onionskin.

ui·(e·)ag·tig *-tige* onion-like, oniony.

ui·er *uiers, n.* udder, dug, *(Lat.)* mamma; *~ maak, (a cow)* be in/with calf; *(a ewe)* be in lamb. **ui·er** *ge-, vb.* be with calf/young. **~ontsteking** mastitis, garget, inflammation of the udder, mammitis. **~sweer** tumour of the udder.

ui·e·tjie = UITJIE.

uil *uile* owl; *(infml., obs.: chamber pot)* jerry; *~e na **At(h)ene** bring/dra, (idm.)* carry coals to Newcastle; *soos 'n ~ op 'n **kluit** sit, (infml.)* be forlorn; be lost in company; *'n ~ onder die **kraaie** wees, (infml.)* be a laughing stock (*or* figure of fun); *iem. is nie onder 'n ~ **uitgebroei** nie, (infml.)* s.o. wasn't born yesterday (*or* knows how many beans make five *or* is no[body's] fool); *jou ~e vir **valke** aansien* all one's geese are swans. **~aap** *(Macaca* spp.*)* macaque; →MAKAAK. **~bal** owl dropping. **~bek** owl beak; forceps. **~bril** horn-rim(med) spectacles. **~hortjies** gambrel vent. **~kos** *(bot., rare, regional)* (smaller types of) stapelia. **~kuiken** owl chick, baby owl. **~nes** owl's nest. **~oog** owl's eye.

uil·ag·tig *-tige* owl-like; owlish.

uils·kui·ken *(infml.)* blockhead, sap, num(b)skull, nincompoop, simpleton, sucker, clot, dolt, birdbrain, chump, dunderhead, booby.

uil·spie·ël buffoon, joker, jester; *soos ~ in die maanskyn lyk* look odd/foolish/wacky/weird, look like a scarecrow; *Tyl U~, (legendary prankster in Germ. folk tales)* Till Eulenspiegel.

uil·tjie *-tjies, (dim.)* owlet; *(bot.: Moraea neopavonia)* peacock flower, pheasant's eye; *'n ~ knip, (infml.)* have/take a nap/snooze (*or* forty winks), have a lie-down. **uil·tjies·dorp** *(infml.)* sleepy hollow.

uin·tjie *-tjies, (edible bulb of spp. of Moraea, Gladiolus, Babiana, etc.)* uintjie. *geel~, (Cyperus esculentus)* yellow nutsedge, yellow nut-grass; *rooi-~, (C. rotundus)* purple nutsedge, red nut-grass. **~kweek** →UINTJIESKWEEK.

uin·tjies-: **~kos** veld bulbs. **~kweek, uintjiekweek** *(Cyperus* spp.*)* nutsedge, nut grass.

uit[1] *adv.* out, off, over, on, forth; *dis **alles** ~ tussen hulle* it's all (*or* everything is) over/finished between them; *die **boek** is ~* →BOEK *n.; dit is ~ **daarmee*** it has come to an end, there is an end of it; *en **daarmee** is dit ~* and that is (*or* that's) that; *(kom) ~ **daarmee!*** out with it!, spit it out! *(infml.)*; ***daarop** ~ wees om iets te doen* be out to do s.t.; be bent (up)on s.t. *(murder, pleasure, etc.)*; *dit is ~ en **gedaan*** it is over and done with; *dit is ~ en **gedaan** met iem.* s.o. is (all) washed up *(infml.)*; *en daarmee (is dit) ~ en **gedaan!*** and that is (*or* that's) that!; *ek gaan nie, en daarmee (is dit) ~ en **gedaan!*** I'm not going, full stop!; *iem. is die **huis** ~* s.o. is out of the house (*or* went out); *~ die **huis** (~) gaan* leave (*or* go out of) the house; *~ my **huis** (~)!* get out of my house!; ***iem.** is ~* s.o. is out; *~ is **jy!*** out you go!; ***dié kant** ~* this way out, out this way; in this direction; *die **kerk** is ~* →KERK *n.; iem. se **kerk** is ~, (infml.)* →KERK *n.; die **lig/lamp/vuur/ens.** is ~* the light/lamp/fire/etc. is out; *dit is ~ **met** iem., (infml.)* s.o. is a goner; *~ **my** ~!, (infml.)* leave me alone!; ***nie** ~ nie* not out; ***op** iets ~ wees* be after s.t.; be bent (up)on s.t. *(murder, pleasure, etc.)*; be intent (up)on s.t. *(vengeance etc.)*; *iem. is **saans** baie ~* s.o. often goes out at night; *die **son** is ~* the sun is up (*or* has risen); *die **spel** is ~* the game is over/finished; *~ en **tuis*** there and back; *die **verlowing** is ~* →VERLOWING. **uit** *prep.* out of; from; on; in; of; through; by; among; *~ **Adderleystraat/ens.*** off Adderley/etc. Street; *~ **agtelosigheid*** →AGTE(R)LOSIGHEID; *~ **beginsel*** →BEGINSEL; *~ iets **bly*** stay out of s.t.; *~ (die) **diens** tree* →DIENS *n.*, UITDIENSTREDING; *die **dodemars** ~ "Saul"* →DODEMARS; *tien kilometer ~ die **dorp*** ten kilometres from (*or* out of) town; ***een** ~/van baie* →EEN *n., pron. & adj.; **een** ~ (die) honderd/duisend/ens.* one in a hundred/thousand/etc.; *~ **een** mond praat* be unanimous, be in agreement, have consensus of opinion; →UITEEN; *~ 'n bord **eet*** →EET *vb.; ~ jou **eie*** →EIE *n.; ~ **ervaring*** →ERVARING; *~ (die) **ewewig*** →EWEWIG; *~ **Finland/ens.*** from Finland/etc.; *~ die kerk **gaan**, (lit. & fig.)* →KERK *n.; ~ 'n **glas** drink* drink from a glass; *~ die **haak*** →HAAK *n.; ~ **haat/besorgdheid/ens.*** out of hatred/concern/etc.; *iets ~ die **hand** verkoop* →HAND; *~/met die (vry[e]) **hand** teken* →HAND; *~ **hulpvaardigheid*** in a spirit of helpfulness; ***inkomste** ~ dié bron* revenue from this source; *iem. is so ~ soos 'n **kers*** s.o. has lost consciousness, s.o. is in a dead faint; *~ die kerk **kom*** →KERK *n.; iets ~ jou/die **kop/hoof** (~) ken* →KEN[2] *vb.; ~ **liefde*** →LIEFDE; *~ **Londen/ens.*** from London/etc.; *iets is ~ die **lood*** →LOOD *n.; ~ die **lyn** (~)* →LYN *n.; ~ **mekaar** se lewens bly* stay out of one another's lives; →UITMEKAAR; *~ die **mode*** →MODE; *~ **naam** van ..., (rare)* = NAMENS; *~ **noodweer*** →NOODWEER[2]; *~ **nuuskierigheid*** →NUUSKIERIGHEID; *~ **onkunde*** →ONKUNDE; *~ die **oog**, ~ die hart* →OOG; *~ dié/daardie **oogpunt*** →OOGPUNT; *terug ~ die **oorlog*** back from the war; *~ (of by wyse van) **protes*** →PROTES; *19 ~ die moontlike 20 **punte*** 19 out of a possible 20; *iem. ~ die kamer **roep*** call s.o. out of the room; →UITROEP *vb.; **rykdom** ~ ...* →RYKDOM; *~ (pure) **skaamte*** →SKAAMTE; *nege ~ die **tien*** nine in (*or* out of) ten; *~ jou **vel** spring (van blydskap)* →VEL[1] *n.; iets ~ een taal in 'n ander **vertaal*** →VERTAAL; *~ Tafelbaai/Pretoria **vertrek*** leave Table Bay (*or* Pretoria); *~ die **vreemde*** from abroad; *~ **vrees** dat ...* →VREES *n.; ~ **vrees** vir ...* →VREES *n.; ~ **vriendskap*** →VRIENDSKAP; *~ die **vuis** (~)* →VUIS; *in/~ **wanhoop*** →WANHOOP *n.*.

uit[2] *ge-, vb.* →UITER.

uit·a·sem[1] *adj. & adv.* blown, breathless, winded, out of breath, broken-winded; *~ raak* become winded, get out of breath.

uit·a·sem[2] *uitge-, vb.* breathe out, expire, exhale; *uitgeasemde lug* expired/respired air. **uit·a·se·ming** *-mings, -minge* breathing out, expiration, exhalation.

uit·bag·ger *uitge-* dredge; *'n hawe ~* dredge a harbour.

uit·bak *uitge-* bake/fry well; *(infml.)* fall into disfavour, lose one's popularity; →UITGEBAK; *by iem. ~, (infml.)* fall into disfavour with s.o.; *brood goed ~* bake bread thoroughly.

uit·ba·ken *uitge-* peg/mark/plot out.

uit·ba·klei *uitge-* fight out; *dit ~ (met iem.)* fight it out (with s.o.).

uit·bal·jaar: *die kinders is uitgebaljaar* the children have romped themselves to a standstill.

uit·ban *uitge-* banish, expel, exile; *(rare)* exorcise *(spirits)*. **uit·ban·ning** *-nings, -ninge* banishment, expulsion; *(rare)* exorcising, exorcism.

uit·bars *uitge-* burst/break out, explode; flare up, erupt; *(a volcano)* erupt, *(fml.)* eruct(ate); *(an oil/gas well)* blow out; *in ... ~* burst into ... *(flames, tears, etc.)*; explode with ... *(rage)*; fly into ... *(a fury/passion/rage)*; *~ van die lag* burst out laughing. **uit·bars·tend** *-tende* eruptive, explosive, fulminating. **uit·bars·ting** *-tings, -tinge* eruption, explosion; blowout *(of a tyre or from an oil/gas well)*; outbreak, outburst; flare-up; *tot ~ kom, (fig.)* boil over; come to a head.

uit·ba·suin *uitge-* trumpet/blazon forth, noise abroad, broadcast; boom out; *dit/iets ~, (also)* shout it/s.t. from the rooftops; *jou eie lof ~* →LOF[1].

uit·beeld *uitge-* portray, picture, depict, delineate, render, feature; act out *(a story)*; *'n rol ~* perform/render a role; *in woorde ~* portray in words. **uit·beel·ding** *-dings, -dinge* portrayal, depiction, delineation, rendering, representation, performance, presentation, figuration. **uit·beel·dings·ver·mo·ë** power/faculty of portrayal/representation.

uit·bei·tel *uitge-* chisel (out), gouge, grave, sculpture, carve (out).

uit·be·sem *uitge-: iem. die deur ~, (infml.)* drive s.o. away, bundle s.o. out.

uit·be·stee *het ~* subcontract, contract out, farm/give/put out *(on contract)*, outsource *(work etc.)*; *jou kind by ... ~ terwyl jy werk, (rare)* put one's child in the care of ... while working. **uit·be·ste·ding** *-dings, -dinge* subcontracting, contracting out, farming out *(on contract)*, outsourcing *(of work etc.)*.

uit·be·taal *het ~* pay out/over/down/off; cash; *weier om 'n tjek uit te betaal* dishonour (*or* refuse payment on) a cheque, *(infml.)* bounce a cheque; *iem. vir iets ~, (fig.)* get one's own back on s.o. for s.t. *(infml.)*. **uit·be·ta·ling** *-lings, -linge* payment, disbursement, payout, payoff, settlement.

uit·blaas *uitge-* blow out, emit; fuse; take a breather; *jou (laaste) **asem** ~* →ASEM *n.; 'n **eier** ~* blow an egg *(to expell the yolk)*; *'n **kers** ~* blow out (*or* extinguish) a candle; *'n **rokie** ~* give off (*or* emit) a puff of smoke.

uit·blaf *uitge-* bark/rap/blare out *(orders etc.)*.
uit·bla·ker *uitge-, (infml.)* blurt/babble out *(a secret etc.)*; *alles* ~ let the cat out of the bag, give the game/show away *(infml.)*; tell the world.
uit·bleik *uitge-* bleach; fade.
uit·blêr *uitge-, (infml.)* bleat/blurt out; *(a rad.)* blare (out).
uit·blink *uitge-* stand out, shine, excel; *in iets* ~ excel at/in s.t., be great at s.t.; ~ *bo iem./iets* eclipse/outshine/outstrip/overshadow s.o./s.t.. **uit·blin·kend** *-kende* outstanding, pre-eminent, conspicuous. **uit·blin·ker** *-kers* outstanding person, achiever, succeeder, *(infml.)* star, *(sl.)* crack; →UITHALER; *'n ~ in ... wees* excel in (*or* be an ace at) ..., *(infml.)* be a whiz(z) at ... *(maths etc.)*.
uit·bloei[1] *uitge-, (rare)* cease bleeding.
uit·bloei[2] *uitge-* cease blossoming/blowing; *die roos is uitgebloei* the rose is overblown.
uit·blok *uitge-* block out; measure out in blocks; separate into blocks; lay out in blocks.
uit·blom *uitge-* bloom, blossom forth; →UITBLOEI[2].
uit·blus *uitge-* = BLUS *vb.*. **uit·blus·ser** = BLUSSER. **uit·blus·sing** = BLUSSING.
uit·bly *uitge-* stay away; delay, tarry, fail to come; stand down; be overdue; be wanting; *'n botsing kan nie ~ nie* there is bound to be a clash; *laat* ~ stay out late; keep late hours; *iets het lank uitgebly* s.t. was long in coming *(an explanation etc.)*.
uit·boen·der *uitge-, (infml.)* bundle/fling/drive/force/chuck out, expel, throw out neck and crop.
uit·boer *uitge-* fail in farming, be forced off the land; become bankrupt, come to the end of one's resources; *(fig.)* lose favour.
uit·boet·seer *uitge-* model, fashion.
uit·bof *n., (baseball)* strikeout.
uit·bol *uitge-* puff out, bulge, flare. **uit·bol·ling** bulge, bulging (out).
uit·boor *uitge-* bore out; drill out; bore *(cylinders)*; ream. ~**saag** fraise.
uit·bor·rel *uitge-* bubble out/up; pile out, rush out.
uit·bor·sel *uitge-* brush out, dust; fluff out; *iem. se baadjie vir hom/haar ~, (fig.)* give s.o. a good scolding/hiding.
uit·bot *uitge-* bud (forth), shoot, sprout, bloom; flush. **uit·bot·ting** budding, sprouting, flush.
uit·bou *uitge-* enlarge, extend, build on/out; develop, round out, elaborate, consolidate. **uit·bou·ing** enlargement, extension, elaboration. **uit·bou·sel** *-sels* bay; projection, jut.
uit·boul *uitge-, (cr.)* bowl (out), dismiss.
uit·braai *uitge-* roast out; fry out; melt down/out, render *(fat)*; →UITGEBRAAI; *(iem. se) kierang sal ~* →KIERANG.
uit·braak[1] *-brake, n.* escape *(from a prison)*, breaking out, prison-breaking.
uit·braak[2] *uitge-, vb.* vomit (out), sick up, belch forth, disgorge; *liederlike taal* ~ belch out foul language. **uit·braak·sel** *-sels* vomit. **uit·bra·king** regurgitation.
uit·brand *uitge-* burn out; cauterise; deflagrate; burn up/away; *(elec.)* blow (out), fuse; →UITGEBRAND; *die huis het uitgebrand* the house was gutted by fire; *jou ~, (a sportsperson etc.)* burn o.s. out; *uitgebrand wees, (a sportsperson etc.)* be burnt/burned out; *die vuur het uitgebrand* the fire burnt/burned itself out. ~**skoot** fouling shot. **uit·bran·der** *-ders, (infml.)* scolding, dressing-down, telling-off, slating; *iem. 'n ~ gee* scold s.o., give s.o. a piece of one's mind. **uit·bran·ding** *-dings* cauterisation *(of a wound)*, cautery; burnout.
uit·breek *n.: by die ~ van die oorlog* at the outbreak of (the) war. **uit·breek** *uitge-, vb. (intr.), (war, disease)* break out; erupt, burst out; sally forth; *(tr.)* quarry *(stone)*; *toe die oorlog ~* at the outbreak of (the) war; *iets breek weer uit* s.t. recrudesces *(disease, trouble, etc.)*. **uit·bre·ker** *-kers* escaper. **uit·bre·king** *-kings, -kinge* outbreak *(of a disease)*; eruption; →UITBRAAK[1] *n.*.
uit·brei *uitge-* spread, open, enlarge, extend, widen; augment, amplify; →UITGEBREI(D); *iets **na** 'n gebied* ~ extend s.t. to (*or* expand s.t. into) an area *(a service etc.)*; *'n teks met twee **paragrawe*** ~ add two paragraphs to a text; *die **stad** brei uit* the city is expanding; *iets **tot** iem.* ~ extend s.t. to s.o. *(the franchise etc.)*. **uit·brei·baar** *-bare, (comm.)* expandable. **uit·brei·ding** *-dings, -dinge* extension, expansion; development; propagation.
uit·brei·dings-: ~**bord,** ~**kaart** *(comp.)* expansion board/card. ~**gleuf** *(comp.)* expansion slot. ~**klas** extension class. ~**koste** development costs. ~**kursus** extension course. ~**oogmerke** expansionist aims.
uit·bring *uitge-* bring out, utter, disclose, reveal; publish, issue, bring out *(a book, periodical)*; deliver; *'n **geheim** ~* disclose/betray a secret; *jou stem ~ **op/vir** ...* vote for ... *(a candidate)*; *'n **stem** ~* →STEM *n.*, UITGEBRAGTE; *iets **stotterend** ~* stutter out s.t.; ***verslag** ~* →VERSLAG; *'n **verslag** ~ **oor** ...* issue/deliver a report on ...; *iem. kon geen **woord** ~ nie* →WOORD.
uit·broei *uitge-* hatch, incubate *(eggs)*; hatch, brew up *(plans etc.)*; concoct *(evil designs)*; breed, spawn. **uit·broei·ing** hatching; incubation.
uit·brul *uitge-* roar out.
uit·buig *uitge-* bend outwards, bulge; *(a tyre)* flex; deflect, deflex; →UITGEBUIG. **uit·bui·ging** bulge; flexion *(of a tyre)*.
uit·buit *uitge-* exploit, *(infml.)* sweat; make the most of, take advantage of, trade on; →UITGEBUIT; *'n geleentheid ~* take advantage of a circumstance. **uit·bui·ter** *-ters* exploiter. **uit·bui·ting** exploitation, *(infml.)* sweating; advantageous use *(of an opportunity)*. **uit·buit·stel·sel** sweating (system).
uit·bul·der *uitge-* bellow, rave, roar out, bawl (out), vociferate.
uit·bult *uitge-* bulge, hunch out. **uit·bul·ting** *-tings, -tinge* bulge; swell(ing).
uit·bun·dig *-dige, adj.* enthusiastic, exuberant; boisterous, uninhibited, outgoing, breezy, roistering, riproaring, uproarious. **uit·bun·dig** *adv.* exuberantly, boisterously. **uit·bun·dig·heid** exuberance, effusiveness, boisterousness, high spirits.
uit·byt *uitge-* bite out; corrode; etch; *(infml.)* expel rancorously.
uit·daag *uitge-* challenge; dare, defy, provoke, call out, throw down the gauntlet; beard; *almal* ~ take on all comers; *iem. tot 'n geveg* ~ challenge s.o. to a fight. ~**beker** challenge cup; *groot* ~ grand challenge cup. ~**ronde** challenge round. **uit·da·gend** *-gende, adj.* challenging, defiant, defying, provocative, provoking. **uit·da·gend** *adv.* defiantly, provocatively, provokingly. **uit·da·ger** *-gers* challenger, defier. **uit·da·ging** *-gings, -ginge* challenge, provocation, dare; *'n ~ **aanneem/aanvaar*** accept a challenge; *'n ~ tot 'n **geveg*** a challenge to a fight; *'n ~ die **hoof** bied* meet a challenge; *'n ~ tot iem. **rig*** issue a challenge to s.o.; fling down a challenge to s.o.; *iets is **vir** iem. 'n* ~ s.t. is a challenge to s.o.
uit·damp *uitge-* evaporate; exhale; air; transpire. **uit·dam·ping** evaporation; exhalation; airing; effluvium.
uit·deel *uitge-* deal/dole/hand/measure/mete/serve/share/dish out, dispense, distribute; *iets **aan** iem. ~* distribute s.t. (*or* farm s.t. out) to s.o.; *iets **karig/spaarsaam** ~* dole out s.t.; *'n **koek** ~* divide up (*or* share out) a cake; *die **lakens** ~* →LAKEN; ***lof/straf/ens.** ~* mete out praise/punishment/etc.; *iets **onder** ... ~* distribute s.t. among ...; share out s.t. among ...; ***pryse** ~, (also)* present prizes. **uit·de·ler** *-lers* dispenser, distributor, sharer; dealer *(at cards)*. **uit·de·le·ry** share-out, handout. **uit·de·ling** distribution; dole; dividend.
uit·delf, uit·del·we *uitge-* dig out, dig up, excavate.
uit·delg *uitge-* destroy, exterminate, massacre, wipe from/off the face of the earth. **uit·del·ger** *-gers* destroyer, exterminator. **uit·del·ging** destruction, extermination, extinction. **uit·del·gings·oor·log** war of extermination.
uit·del·we →UITDELF.
uit·dien *uitge-* last *(its time)*; serve *(its purpose, one's time, a sentence, etc.)*; →UITGEDIEN(D); *jou leertyd* ~ complete an apprenticeship. **uit·die·ning** completion of term of office.
uit·diens·tre·ding, uit·diens·tre·de retirement.
uit·diep *uitge-* deepen; excavate. **uit·die·ping** deepening, excavation.
uit·dink *uitge-* contrive, devise, invent, think out/up, conceive, coin; →UITGEDAG. **uit·din·ker** deviser, planner.
uit·dolf, uit·dol·we *(usu. in a vineyard)* = UITDELF.
uit·don·der *uitge-, (coarse)* swear at; beat, give a thrashing; chuck/hurl out.
uit·doof *uitge-* extinguish, put out, damp, quench; fade (out); →UITGEDOOF. **uit·do·wing** *(rad., TV, films)* fade-out; *(rad.)* wipe-out.
uit·dop *uitge-* shell *(peas, nuts, etc.)*, husk, hull, pod, shuck. **uit·dop·ping** husking.
uit·dor *uitge-* dry up/out, wither, shrivel (up); desiccate. **uit·dor·ring** drying up/out, (de)siccation.
uit·dors *uitge-* thresh (out); →UITGEDORS.
uit·dos *uitge-* array, attire, deck out, dress up, trim out, trick out, garb, prink, tog up, plume, doll up; →UITGEDOS; *jou ~* put on one's finest array, deck o.s. out; *jou ~ in ...* attire o.s. in ..., rig o.s. out in ...
uit·do·wing →UITDOOF.
uit·dra *uitge-* carry out *(a corpse etc.)*; wear out *(clothes)*; propagate *(a belief etc.)*; spread *(the news, message, etc.)*; *(bookk.)* extend *(figures)*. **uit·drag** *(bookk.)* extension.
uit·draai *uitge-* turn aside/off; turn out; shuffle/twist/worm/wriggle out of, evade; *jou uit ... draai* wiggle/wriggle out of ... *(infml.)*; ***na** ... ~* turn out for ... *(a place off a highway etc.)*; *dit het **op** ... uitgedraai* it ended in (*or* came to) ...; ***op** niks ~, (also)* fizzle/peter out; ***wasgoed*** ~ wring (out) washing. ~**pad** sideroad, branch road; road branching off (*or* turning aside); crossroad; parting *(of the roads)*. ~**plek** turning, turn-off. ~**spoor** *(rly.)* turnout.
uit·draf *uitge-* canter out; *vir 'n span ~, (sport)* turn out for a team.
uit·drag →UITDRA.
uit·drink *uitge-* empty, finish, drink up, drain (off), toss off; *jou loon/ens.* ~ squander one's earnings/etc. on drink, drink one's earnings/etc. (away).
uit·droog *vb. (intr.)* dry up, run dry, become parched/shrivelled; *(infml.: a drug addict, an alcoholic)* dry out; *(tr.)* desiccate; wring out *(clothes)*; →UITGEDROOG. **uit·dro·ër** desiccator; *(med.)* exsiccant. **uit·dro·ging** drying up; (de)siccation; calcination; *(med.)* xerosis. **uit·dro·gings·bars** mud crack. **uit·dro·gings·mid·del, uit·droog·mid·del** *-dele, -dels* desiccant, siccative, drying agent, dryer, drier.
uit·druk *-drukke, n., (comp.)* printout, hard copy. **uit·druk** *uitge-, vb.* press/squeeze out; displace, oust, crowd out; couch, express, put *(in words)*, utter, enunciate; signify; supplant; →UITGEDRUK; *die **algemene gevoel*** ~ voice the general sentiment; *iets **anders** stel/~* →ANDERS *adj. & adv.*; *iets **duidelik*** ~ put s.t. clearly; *jou **duidelik*** ~ make o.s. clear; *iets **goed*** ~ put s.t. well; *jou **goed/sleg*** ~ express o.s. well/badly; *iem. kan hom/haar **goed** ~, (also)* s.o. has a good turn of phrase; ***hoe** sal ek dit ~?* how shall I put it?; *jou **kras/skerp*** ~ use strong language; *iets **sag*** ~ put s.t. mildly; *om dit **sag** uit te druk* to put it mildly; *iets **sagter*** ~ tone down s.t.; *om dit **so** uit te druk* so to speak; *jou **sorgvuldig*** ~ pick one's words; *iets **sterk*** ~ put s.t. strongly. **uit·druk·baar, uit·druk·baar** *-bare* expressible; that can be squeezed out. **uit·druk·king** *-kings, -kinge* expression *(also of a face)*; idiom, locution, phrase, term, wording, turn of speech; *'n **afgesaagde** (of **holrug gery**de) ~, (infml.)* an overworked phrase, a platitude, a cliché; *aan iets ~ **gee*** express s.t., give expression/utterance to s.t.; be expressive of s.t.; ***sonder*** ~ expressionless, stony-faced; *'n **vaste*** ~ a set phrase; *van ~ **verander*** change countenance; ~ ***vind*** find expression; *iets **vind** (of **kom tot**) ~ in ...* s.t. finds expression in ...; *'n **wesenlose*** ~ a vacant expression *(on s.o.'s face)*. **uit·druk·king·loos** *-lose* expressionless, unexpressive, emotionless, blank, vacuous, deadpan, stony-faced.

uit·druk·kings-: ~**vermoë** expressiveness, power of expression. ~**wyse** phraseology, mode of expression, form of words, parlance, turn of phrase.

uit·druk·lik =*like, adj.* definite, emphatic, explicit, express, specific, positive, categorical, direct; *~e bevel* positive command; *op die ~e voorwaarde dat* ... on the distinct understanding that ...; *~e wens* expressed wish. **uit·druk·lik** *adv.* definitely, emphatically, explicitly, categorically; expressly, specifically, positively; by name; in so many words. **uit·druk·lik·heid** explicitness, specificness.

uit·dryf, uit·dry·we *uitge=* cast out, drive out, dislodge, oust, ostracise, dispossess, expel; exorcise *(evil spirits).* **uit·dryf·baar** =*bare* expellable. **uit·dry·wer** dispossessor. **uit·dry·wing** casting out, exorcism; expulsion; extrusion; dispossession.

uit·duik *uitge=* dive for *(abalone etc.).*

uit·dun =*dunne, n., (athl.)* heat. **uit·dun** *uitge=, vb.* thin (out), eliminate, single out; deplete; cull, weed out; decimate; effilate *(hair);* →UITGEDUN; *winkbroue ~* pluck eyebrows. ~**wedloop** heat. ~**wedstryd** eliminating contest/match, preliminary/knockout trial, heat.

uit·dun·ning thinning (out), elimination; heat(s).

uit·dy *uitge=* swell; expand; bulge; *uitgedyde polistireen* expanded polystyrene. ~**veer** expander spring.

uit·dy·end =*ende: die ~e heelal* the expanding universe.

uit·dy·ing expansion; bulge.

uit·een *adj. & adv.* apart, asunder; →UITMEKAAR. ~**bars** →UITEENBARS. ~**buig** *uiteenge=* bend apart/asunder. ~**dryf**, ~**drywe** *uiteenge=, vb. (tr.)* break up, disperse, scatter; *(former close friends etc.)* grow apart. ~**gaan** *uiteenge=* break up, disperse, part, separate, disband; *die vergadering het uiteengegaan* the meeting broke up (*or* dissolved); *die Parlement gaan môre uiteen* Parliament rises tomorrow. ~**haal** *uiteenge=* = UITMEKAARHAAL. ~**hou** *uiteenge=* keep apart; distinguish between. ~**ja(ag)** *uiteenge=* break up, disperse, scatter. ~**loop** →UITEENLOOP. ~**ruk** *uiteenge=* pull/tear/jerk apart; dismember. ~**setter**, ~**setting** →UITEENSIT. ~**sit** →UITEENSIT. ~**skeur** *uiteenge=* tear apart, rend asunder, rip apart; disrupt. ~**skeuring** tearing apart; disruption. ~**slaan** *uiteenge=* break up, batter, smash. ~**spat** *uiteenge=* break up, burst (asunder), go to pieces, explode, disintegrate. ~**stuif** *uiteenge=* fly apart, disperse, scatter. ~**val** *uiteenge=* disintegrate, fall apart, fall to pieces, break up, come apart, crack up. ~**vlieg** *uiteenge=* fly apart (*or* to pieces), scatter, tumble to pieces, blow up. ~**vloei** *uiteenge=* flow apart, diverge. ~**vloeiing** divergence. ~**wyking** divergence.

uit·een·bars *uiteenge=* burst (asunder), crack up, explode. **uit·een·bars·ting** crack-up.

uit·een·loop *uiteenge=* diverge, vary; *ons weë loop uiteen* we pursue different paths, our ways part. **uit·een·lo·pend, uit·een·lo·pend** =*pende* dissimilar, divergent, variable, diverse, different, contrasting, disparate; unconformable; discrepant, discordant; multifarious; motley; spreading; heterogeneous; *dit is taamlik ~* it varies considerably. **uit·een·lo·pend·heid, uit·een·lo·pend·heid** dissimilarity, difference, divergence, disparity, variation, diversity; *~ van karakter* incompatibility of character. **uit·een·lo·ping** = UITEENLOPENDHEID.

uit·een·sit *uiteenge=* explain, expound, enunciate, set out, state. **uit·een·set·ter** =*ters* exponent. **uit·een·set·ting** =*tings, =tinge* explanation, exposition, exposé; *'n ~ van iets gee* give an explanation of s.t.; set forth s.t..

uit·eet *uitgeëet* eat out *(of a shell, skin, etc.);* eat out *(at a restaurant).*

uit·ein·de end, extremity, tip; terminal; finality; upshot; end result; *(poet., liter.)* death, death knell; *'n nare ~ hê, (usu. s.t.)* come to a bad (*or [infml.]* sticky) end, *(s.o., s.t.)* meet (with) a sticky end *(infml.); die ~ was dat* ... the upshot of it all was that ...; *wat was die ~?, (also)* what came of it?. **uit·ein·de·lik** =*like, adj.* ultimate, extreme. **uit·ein·de·lik** *adv.* at last, finally, ultimately, eventually, in the end, in the final analysis.

Ui·ten·ha·ge, Ui·ten·ha·ge *(geog.)* Uitenhage. **Ui·ten·haags, Ui·ten·haags** =*haagse* (of) Uitenhage. **Ui·ten·ha·ger** =*gers* inhabitant of Uitenhage.

uit·en·treu·re *(rather obs.)* continually, for ever, to the end, to a boring extent, boringly.

ui·ter, uit *ge=* utter, express, voice; vocalise; →UITING; *'n mening ~* voice an opinion.

ui·ter·aard naturally, by (its) nature, in/by/from the nature of the case, in the nature of things, inevitably; *~ kan iem. nie daar bestaan nie* it stands to reason that s.o. cannot live there.

ui·ter·lik =*like, adj.* apparent, external, outward; *~e vertoon* window-dressing. **ui·ter·lik** *adv.* apparently, externally, outwardly; at the latest, at the utmost; at the outside; at furthest; *~ honderd/ens.* a hundred/etc. at the most/outside; *~ op 1 Mei* not later than May 1, on May 1 at the latest. **ui·ter·li·ke** *n.* aspect, (personal) appearance, outside, exterior, looks, similitude; habit. **ui·ter·lik·heid** exterior; externals, appearance; superficiality, exteriority.

ui·ter·ma·te exceedingly, excessively, extremely, uncommonly, very, unduly, beyond measure. **ui·ter·ma·tig** =*tige* extreme, excessive, undue.

ui·ters *adv.* utterly, extremely, in the extreme, exceedingly, acutely, supremely, very; excruciatingly *(painful, dull, etc.);* highly *(gifted, qualified, successful, surprised, complex, etc.);* exquisitely *(detailed);* abominably *(rude);* to the last degree; at the latest, at the utmost.

ui·ter·ste =*stes, n.* extreme, extremity, limit, utter(most), death; *iem. tot die ~* ***(aan)dryf*** push s.o. to the limit; *tot aan die ~s van die* ***aarde*** to the utmost confines of the earth; *jou ~* ***doen*** do one's utmost, do/try one's very (*or [infml.]* level) best, do/try one's damnedest *(infml.); van die* ***een*** *~ na die ander oorslaan* (of *in die ander verval*) go from one extreme to the other; *tot die ~* ***gaan*** go the limit; *tot die ~ toe* ***gebring*** *word* be driven to extremes; *jou tot die ~* ***inspan*** push o.s. to the limit; *die ~s raak* ***mekaar*** extremes meet; *tot ~s* ***(oor)gaan*** go to extremes; be extreme; ***op*** *jou ~ wees* be dying, be in extremis; ***tot*** *die ~* to the limit; to the utmost; *in ~s* ***verval*** go to extremes. **ui·ter·ste** *adj.* extreme, farthest, last, outermost, outside; utmost, utter; *van die ~* ***belang*** →BELANG *n.; jou ~* ***bes*** *doen* →BES[2] *n.; in die ~* ***geval*** →GEVAL[1] *n.; in die ~* ***nood*** →NOOD; *iem. se ~* ***wil(sbeskikking)*** →WIL *n.,* WILSBESKIKKING.

uit·et·ter *uitgeëtter, (a wound)* cease festering/suppurating/ulcerating; *(pus)* fester out.

uit·fil·treer *uitge=* filter out *(sediment etc.).*

uit·flap *uitge=, (infml.)* blab, blurt out, rap out. **uit·flap·per** =*pers, (infml.)* blab(ber), peach(er), telltale.

uit·fluit *uitge=, (rare)* give the bird.

uit·foe·ter *uitge=, (infml.)* fall out of; chuck out; beat, thrash, lick, give a hiding.

uit·gaan *uitge=* go out; go forth; go/get about; *(church, school)* be over, come out; *(light)* fail; *(light, fire, cigarette, etc.)* go out, expire; →UITGANERY; *by die* ***agterdeur*** *~, (also fig.)* leave by/through the back door; ***by*** *'n kamer/ens. ~* leave (*or* go out of) a room/etc.; *jou* ***hart*** *gaan na iem. uit* →HART; *die deur gaan* ***in*** *die gang uit* the door opens into the passage; *'n* ***klas*** *laat ~* dismiss a class; *daar gaan* ***krag*** *van iem. uit* →KRAG; ***met*** *iem. ~* go out with s.o.; take s.o. out; ***op*** ... *~* end/terminate in ...; *die woord gaan* ***op*** *'n klinker uit* the word ends in a vowel; *die deur gaan* ***op*** *die stoep uit* the door opens onto the stoep; ***stilletjies*** *~, (s.o.)* slip out; *(s.o.)* steal out; *iets gaan* ***van*** ... *uit* s.t. emanates from ...; s.t. originates from/with ...; ***van*** *iets ~* start out from s.t., proceed on s.t. *(an assumption etc.);* take one's stand on s.t. *(a principle etc.).* ~**klere** Sunday best.

uit·gaan·de outgoing; outward *(mail);* outbound, outward bound *(ship);* outgoing *(tide);* pleasure-seeking; *~ vrou* society woman, socialite; *~ van die kerkraad/ens.* by order of the church council/etc.; *~ van die (ver)onderstelling dat* ... proceeding on the assumption that ...

uit·ga·fie =*fies, (dim.)* small item of expenditure; small edition; →UITGAWE.

uit·galm *uitge=* peal out/forth; bellow/boom/belt out.

uit·ga·ne·ry *(infml.)* going out; gallivanting.

uit·gang =*gange* exit, outlet, way out; egress; issue; ending, termination *(of a word);* egression.

uit·gangs-: ~**deur** exit door. ~**hoogte** datum level. ~**kaartjie** pass-out (ticket). ~**lyn** datum line, starting line. ~**peil** datum level. ~**punt** point of departure, starting point, basis, jumping-off place; fixed point; (point of) reference; base, datum (point); (method of) approach; premise, premiss; *met die ~ dat* ... on the basis that ... ~**verlof** exeat. ~**wond** exit wound.

uit·gas *uitge=* fumigate.

uit·ga·we =*wes* costs, expenditure, expense, outlay; edition *(of a book),* publication; release; issue *(of a paper, periodical);* *~* ***aan*** ... expenditure on ...; *die* ***boek*** *beleef/belewe sy derde ~* the book is in its third edition; ***inkomste*** *en ~(s)* →INKOMSTE; ***onvoorsiene*** *~(s)* →ONVOORSIEN; ***ou*** *~* back copy *(of a newspaper etc.); (also, in the pl.)* backfile; ***persoonlike*** *~(s)* →PERSOONLIK *adj.*.

uit·ge·bak =*bakte, adj., (lit.)* thoroughly baked; *(pred., infml.)* out of favour; →UITBAK; *~ wees by ..., (infml.)* fall into disfavour with ...; *~ raak, (also, infml.)* lose popularity.

uit·ge·braai =*braaide: ~de vet, braaivet* dripping; →UITBRAAI.

uit·ge·brag·te *adj. (attr.): ~ stemme* votes cast; →UITBRING.

uit·ge·brand =*brande* burnt/burned out; →UITBRAND; *'n ~e atleet/digter/ens.* a burnt-out/burned-out athlete/poet etc.; *~e* ***steenkool*** slag; *~e* ***vulkaan*** extinct volcano; *~e* ***vuurhoutjie*** spent match.

uit·ge·brei(d) =*breide =breider =breidste, adj.* broad, comprehensive, extensive, vast, wide, large-scale, elaborate; →UITBREI; *~de gesin, (sociol.)* extended family; *~de vriendekring* large circle of friends. **uit·ge·breid** *adv.* extensively, widely, elaborately; *~ lees* read widely. **uit·ge·breid·heid** comprehensiveness, extensiveness, extent, amplitude, spread, dimension, ambit.

uit·ge·buig =*buigde* bent outward(s); →UITBUIG.

uit·ge·buit =*buite* exploited; →UITBUIT.

uit·ge·dag =*dagte* thought out, fabricated, concocted; artificial, contrived; →UITDINK.

uit·ge·dien(d) =*diende* useless, worn out; obsolete, (out)dated, outmoded, fossilised, *(infml.)* untrendy; time-expired; trite; →UITDIEN; *iem. is ~* s.o. has had his/her day, s.o.'s time is past; *iets is ~* s.t. has served its purpose (*or* become obsolete *or* had its day), s.t. is played out (*or [infml.]* is past its sell-by date); *'n ~diende teorie* an exploded theory.

uit·ge·doof =*doofde* extinguished; →UITDOOF; *~de vulkaan* extinct volcano.

uit·ge·dors =*dorste: ~te koring* threshed wheat; →UITDORS.

uit·ge·dos =*doste, (infml.)* dressed up to the nines, togged up, in full fig; →UITDOS; *in ... ~ wees* be arrayed/attired (*or* decked/rigged out) in ...

uit·ge·droog =*droogde* dried out; parched; desiccated; dehydrated; →UITDROOG; *'n ~de burokraat* a fossilised bureaucrat.

uit·ge·druk =*drukte* expressed; exact; →UITDRUK; *iets word* ***as*** *... ~* s.t. is expressed as ...; *~te* ***metaal*** extruded metal; *in eenvoudige* ***taal*** *~* conceived in plain terms; *... ~* ***wees,*** *(infml.)* be the spitting/very image (*or* the spit and image) of ...

uit·ge·dun =*dunde* depleted; →UITDUN; *~de personeel* skeleton staff.

uit·gee *uitge=* distribute *(food);* issue *(tickets);* spend *(money);* bring out, get out, put out; hand out; publish; edit; release *(information, a report, CD, etc.);* pass (out) *(a ball);* deal *(cards); (jur.)* utter, pass; effuse; emit; →UITGEWER, UITGEWERY; ***geld*** *aan iets ~* spend money on s.t.; ***jou*** *vir 'n ... ~* give o.s. out (*or* describe/represent o.s. *or* pose/posture) as a ..., profess to be a ...; ***uitgegee*** *word* appear in print; ***vervals*** *en ~* →VERVALS *vb..* **uit·ge·ër** =*geërs* dealer *(of cards); (rugby)* distributor (of the ball).

uit·ge·ëet =*geëte, (infml.)* overfed *(pers.),* well fed.

uit·ge·giet -*giete,* **uit·ge·go·te** poured out; →UITGIET.

uit·ge·gra·we, *(rare)* **uit·ge·graaf** *uitgegraafde* dug up, dug out, excavated; →UITGRAWE; *'n ~graafde tuin* a sunken garden.

uit·ge·groef -*groefde* fluted, channelled, chamfered; →UITGROEF.

uit·ge·groei(d) -*groeide* fully grown, full-grown, mature, full-fledged, full-blown; →UITGROEI.

uit·ge·hol -*holde* recessed, hollow; →UITHOL[1].

uit·ge·hon·ger(d) -*gerde* famished, ravenous; underfed, famishing, famished, starving; →UITHONGER. **uit·ge·hon·gerd·heid** ravenousness, starvation.

uit·ge·hou -*houe* endured, suffered; held back, excluded; →UITHOU.

uit·ge·knip -*knipte* cut *(pattern);* exact; →UITKNIP; *iem. is ... ~, (infml.)* s.o. is the spitting/very image (*or* the spit and image *or* a second edition) of ... *(his/her father, mother, etc.); ~ wees om ... te wees, (infml.)* be cut out to be ... *(a teacher etc.); ~ wees vir ..., (infml.)* be cut out for ... *(a teacher, one another, etc.);* be the best/very person for ... *(a post).*

uit·ge·kui·er *adj. (pred.), (infml.): ~ wees* have stayed long enough (*or* too long); have had enough *(of s.t.); ~ wees vir iets* be satiated with s.t.; be tired of (*or* bored with) s.t.; be disgusted/annoyed (*or* fed up) with s.t.; be averse to s.t.; →UITKUIER.

uit·ge·la·te ~ -*latener* -*latenste* (of *meer ~ die mees ~)* elated, exuberant, joyful, uninhibited; in high spirits; *~ wees oor ...* be elated at ...; *~ wees van ...* be flushed with ... *(joy etc);* be brimming/bubbling over with ... *(excitement etc.).* **uit·ge·la·ten·heid** elation; exuberance, effusiveness; joy(fulness); high spirits.

uit·ge·lê -*gelêde,* -*gelegde* laid/set out; elucidated, explained, expounded, interpreted; →UITLÊ[1].

uit·ge·leef -*leefde* decrepit, worn out.

uit·ge·leer(d) -*leerde, (rare)* cunning, sly.

uit·ge·lei·de conduct, escort; farewell, send-off; *die vername besoeker ~ doen* escort the important visitor *(out of a building/town).*

uit·ge·le·se *adj. (attr.)* choice, exquisite, select, (hand-)picked. **uit·ge·le·sen·heid** choiceness; exquisiteness; selectness; excellence.

uit·ge·le·wer -*werde* delivered, surrendered; extradited; →UITLEWER; *aan (die genade van) ... ~ wees* be at the mercy of ...

uit·ge·lig -*ligte* lifted out; highlighted, singled out; →UITLIG.

uit·ge·loop -*loopte* sprouting, sprouted; *(cr.)* run out; →UITLOOP.

uit·ge·loot -*lote* drawn *(bonds);* →UITLOOT.

uit·ge·maak -*maakte* established, settled; →UITMAAK; *iets as ~ beskou* take s.t. for granted; *dit is 'n ~te saak* →SAAK; *die saak is nog nie ~ nie* →SAAK.

uit·ge·mer·gel(d) -*gelde* emaciated; burnt/burned out, worn to a frazzle; impoverished *(soil);* →UITMERGEL.

uit·ge·no·me *(fml., rare)* = UITGESONDER(D).

uit·ge·pers -*perste* pressed/squeezed out; →UITPERS.

uit·ge·piets -*pietse, (rare)* dressed up (to the nines); →UITPIETS.

uit·ge·pluis -*pluisde* unravelled, sorted out *(complexities);* teased *(rope);* shredded *(crayfish);* →UITPLUIS.

uit·ge·praat *adj. (pred.)* finished with what one had to say; have no more to say; →UITPRAAT; *iem. is ~, (also)* s.o. has shot his/her bolt; *iets waaroor ('n) mens nie ~ raak nie* s.t. one can't stop talking about, a subject of which one never tires.

uit·ge·put -*putte* exhausted, dead tired, (dead) beat, jaded, effete, tired out, spent, worn to a frazzle; impoverished *(soil);* →UITPUT.

uit·ge·ra·fel(d) -*felde* frayed, worn, ravelled; *(bot.)* fringed, fimbriate(d); →UITRAFEL.

uit·ge·rand -*rande* emarginate(d) *(leaves etc.).*

uit·ge·rek -*rekte* drawn-out, drawn (out); stretched out; →UITREK; *ten volle ~ wees* be fully extended; *'n taamlik ~te toespraak* a speech of some length.

uit·ge·rus[1] -*ruste* rested; →UITRUS[1]; *goed ~ wees* be well rested; *heeltemal ~ wees* be quite rested.

uit·ge·rus[2] -*ruste* equipped, fitted out; →UITRUS[2]; *met ... ~ wees* be kitted out with ...

uit·ge·ry -*ryde* rutted *(road);* →UITRY.

uit·ge·rys -*rysde* fully risen *(bread, cake, etc.);* →UITRYS, GERYS.

uit·ge·sak -*sakte,* saggy; *(infml.)* down and out; →UITSAK.

uit·ge·sels: *~ raak* run out of conversation.

uit·ge·set -*sette* banished, expelled; →UITSIT[2].

uit·ge·sit -*sitte* expanded, enlarged, inflated; →UITSIT[2].

uit·ge·ska·kel -*kelde* eliminated; →UITSKAKEL.

uit·ge·skop -*skopte* kicked out; expelled; kicked off *(shoes);* →UITSKOP; *die deur is ~* the door was kicked down; *~ word, (also, fig.)* walk the plank.

uit·ge·skryf -*skryfde* written/copied out; →UITSKRYF; *~ wees, (a writer, poet, etc.)* be (all) written out, have nothing left/more to write/say. **uit·ge·skre·we** *adj. (attr.)* written out.

uit·ge·skuins -*skuinste* splayed; →UITSKUINS.

uit·ge·skulp -*skulpte* scalloped; →UITSKULP.

uit·ge·slaan -*slaande* beaten out; knocked out; hammered out; →UITSLAAN; *~ wees, (also)* have a rash, come out in spots.

uit·ge·slaap, uit·ge·sla·pe -*slape meer ~ die mees* -*slape* astute, crafty, knowing, sly, shrewd, wide awake. **uit·ge·sla·pen·heid** shrewdness, slyness.

uit·ge·sluit -*sluite* excluded, barred; →UITSLUIT; *van iets ~ wees, (also)* be debarred from s.t. *(a profession etc.).* **uit·ge·slo·te** excluded, barred; out of the question, not to be thought of, out; *dit is ~* that is ruled out.

uit·ge·slyt -*slyte* worn-out, threadbare; →UITSLYT.

uit·ge·sny -*snyde* cut out; slotted; →UITSNY.

uit·ge·soek -*soekte* (hand-)picked, select, elect, exquisite, choice; →UITSOEK.

uit·ge·son·der(d) bar(ring), except(ing), excluding, with the exception of, save; →UITSONDER; *... nie ~ nie* ... not excepted.

uit·ge·spaar -*spaarde* spared, saved, surviving; *(infml., joc.)* feeling fine; →UITSPAAR.

uit·ge·speel -*speelde* played out/through, performed *(piece);* exhausted, spent *(force);* →UITSPEEL; *die kinders is ~* the children have played enough, the children are tired (*or* have had enough) of playing.

uit·ge·spon·ne *adj. (attr.)* elaborate; spun out; →UITSPIN. **uit·ge·spon·nen·heid** elaborateness.

uit·ge·sprei(d) -*spreide* spread out, outspread; diffuse; effuse; *(bot.)* patulous, patent; →UITSPREI; *~spreide vlerke* (wide)spreading wings.

uit·ge·spro·ke[1] ~ express(ed), avowed, uttered, stated, declared, explicit; *(phon.)* pronounced *(letter etc.);* →UITSPREEK.

uit·ge·spro·ke[2] ~ -*kener* -*kenste* (of *meer ~ die mees ~), (<Eng.)*outspoken, bold of speech. **uit·ge·spro·ken·heid** outspokenness, forthrightness.

uit·ge·stel(d) -*stelde* postponed; on hold; deferred *(compensation, stock, taxation, etc.);* →UITSTEL.

uit·ge·stor·we extinct *(animal/plant species);* deserted *(town);* →UITSTERF.

uit·ge·straat -*strate* paved, flagged; →UITSTRAAT.

uit·ge·strek -*strekte* -*strekter* -*strekste* (of *meer ~ die mees* -*strekte)* extensive, large, vast, spacious, spac(e)y; sprawling, prone; straggling; outspread, outstretched; →UITSTREK; ***lank** ~ wees* be fully extended; *~ (gaan) **lê*** sprawl out; *~ **lê/wees*** be sprawled out; ***volledig** ~* at full stretch. **uit·ge·strekt·heid** extensiveness; expanse, extent, reach, stretch, sweep; spaciousness, vastness.

uit·ge·tand -*tande* indented; pinked; →UITTAND *vb..*

uit·ge·teer(d) -*teerde* emaciated, wasted, skeletal, gaunt, rawboned; *(med.)* cachectic; →UITTEER[1].

uit·ge·trap -*trapte* worn, threadbare; →UITTRAP; *erg ~ wees, (a carpet etc.)* be badly worn.

uit·ge·tre·de *adj. (attr.)* retired; →UITTREE, AFGETREE. **uit·ge·tre·de·ne** -*nes, n.* retired person, *(Am.)* retiree; →AFGETREDENE.

uit·ge·trek -*trekte* undressed; stripped; extracted; →UITTREK; *op jou broek/ens. na ~ wees* be stripped to one's pants/etc..

uit·ge·vars -*varste* desalted, desalinated; →UITVARS.

uit·ge·vat -*vatte* dressed/dolled up, *(SA, infml.)* larney, la(a)nie, lahnee; →UITVAT; *fyn ~ wees* be well groomed; *(infml.)* be dressed up to the nines; *in ... ~ wees* be arrayed/attired (*or* decked/rigged out) in ...; *piekfyn ~ wees, (infml.)* be dressed up to the nines, be dressed (fit) to kill.

uit·ge·vreet -*vrete, (infml.)* big and strong, grown-up, full-sized; oversized, overfed.

uit·ge·vryf -*vryfde: ~de koringkorrels* grains rubbed from an ear of wheat; →UITVRYF.

uit·ge·we·ke *adj. (attr.)* exiled, expatriate, refugee; emigrant; →UITWYK. **uit·ge·we·ke·ne** -*nes, n.* expatriate, exile, refugee; displaced person; emigrant, émigré.

uit·ge·wer -*wers* publisher; issuer; editor *(of a text);* →UITGEE, UITGEWERY. **~saak** = UITGEWERSMAATSKAPPY.

uit·ge·werk -*werkte* detailed, elaborate(d); exhausted; effete; flat, dead, tasteless *(beer);* extinct *(volcano);* →UITWERK.

uit·ge·wers-: **~bedryf** publishing trade/business. **~firma** = UITGEWERSMAATSKAPPY. **~maatskappy** publishing business/company/firm/house. **~naam** (publisher's) imprint.

uit·ge·we·ry, uit·ge·we·ry publishing business/company/firm/house; *(rare)* publishing; →UITGEE.

uit·ge·wis -*wiste* erased, deleted; exterminated; →UITWIS.

uit·ge·woon(d) -*woonde, (rare)* dilapidated, in disrepair; →UITWOON, UITGELEEF.

uit·ge·wor·pe ~, *adj.* outcast, cast out; →UITWERP. **uit·ge·wor·pe·ne** -*nes, n.* outcast, pariah; outcaste *(in Hindu society).*

uit·ge·wys -*wysde* decided; →UITWYS; *die poging is as vrugteloos ~* the attempt has proved abortive.

uit·giet *uitge-* empty, pour/tip out; effuse; diffuse; →UITGEGIET; *iets in ... ~* pour s.t. into ...; *iets oor ... ~* pour s.t. over ...

uit·gif·te -*tes* flotation *(of a loan);* issue *(of shares, stamps, etc.);* issuance; release; emission; *(jur.)* uttering; *by ~* on issue; *~ van obligasies* bond issue. **~bank** bank of issue/circulation. **~koers, ~prys** price of issue, issue price. **~koste** cost of issue. **~spekulant, kortspekulant** stag. **~voorwaardes** terms of issue.

uit·gil *uitge-* scream, yell, shriek out; shrill; *~ van die pyn* yell with pain.

uit·glip *uitge-* slip (out); *(pathol.)* prolapse; *iets laat ~* let s.t. slip *(a secret etc.).*

uit·gloei *uitge-* burn off; anneal, temper *(steel);* scale *(a gun);* flame *(an instr.).* **~kas** annealing box. **~kleur** annealing colour. **~-oond** annealing furnace.

uit·gly *uitge-* slide (out), slip (out); *(mot.)* skid.

uit·gooi *uitge-* eject; throw/toss out, *(infml.)* chuck/turf out; empty; spill; pour (out), tip out; weed out, cull; *die **anker** ~* cast/drop (*or* come to) anchor; *iem./iets **by** die deur/ens. ~* throw s.o./s.t. out of the door/etc.; *gooi **hom/haar** uit!* out with him/her!; *'n **net** ~* →NET[1] *n..* **~tafel** bargain counter. **~vag** cast fleece.

uit·gra·we, *(rare)* **uit·graaf** *uitge-* dig out/up, grub out/up, uproot; excavate; exhume *(a corpse);* unearth; undermine, quarry, tunnel; →UITGEGRAWE. **uit·gra·wer** excavator. **uit·gra·wing** -*wings,* -*winge* excavation; dugout; *(rly.)* cutting; exhumation.

uit·groef *uitge-* flute, channel, chamfer, groove, chase; →UITGEGROEF.

uit·groei *uitge-* develop, fill out, grow; outgrow, overwear; mature; *(hair)* grow out; →UITGEGROEI(D); *(uit)groei tot ...* →**GROEI** TOT ...; *uit jou klere (uit)groei* →UIT JOU KLERE **GROEI**; *jou hare laat ~* let one's hair grow out. **uit·groei·sel** =*sels* outgrowth, protuberance, excrescence.

uit·guts *uitge*= gouge (out).

uit·haak *uitge*= hook out; unlimber *(a cannon); (rugby)* heel; unship, unlink, unhitch, unhinge; trip *(an anchor)*.

uit·haal *n., (baseball)* strikeout. **uit·haal** *uitge*=, *vb.* draw/pull/take out; root out; extract; remove; turn out; clean out; spurt; *(biol., surg.)* enucleate; lift *(potatoes, corns)*; remove *(a stain)*; *(cr.)* dismiss, put out; ***(alles)*** ~ go all/full out, exert o.s., do one's utmost, extend o.s. to the utmost; *iets **laat*** ~ have s.t. out *(one's tonsils etc.)*; *'n **mes** teen iem.* ~ draw a knife on s.o.; *iem. **moes** ~ om te wen* s.o. had to go all out to win; *iem. **moet** ~ om betyds/ens. te wees* s.o. has to hurry (up) to be in/on time; *iets **op** ...* ~ work s.t. off on ...; *waarom dit **op** hom/haar ~?* why pick on him/her?; *'n **pistool*** ~ produce a pistol; ***steke*** ~ →STEEK *n.*; ***streke*** ~ →STREEK; ***wat** het iem. nou weer uitgehaal?* what has s.o. been up to now?, what is his/her latest?. ~**seksie** pull-out *(in a magazine)*.

uit·ha·ler showy/smart/crack person/animal, ace, crack (ajack), crackerjack, dab (hand); *iem. is vandag weer* ~ s.o. is showy/smart today. ~**diens** top-class service. ~**perd** fine/lively/smart horse. ~**skut** crack shot. ~**speler** crack player, ace. ~**streek** tour de force. ~**tennisspeler:** *'n ~ wees* be an ace at tennis.

uit·ham =*hamme* spit (of land).

uit·ha·mer *uitge*= beat out; hammer/pound out *(a letter etc.)*; draw out/down *(metal)*.

uit·hang *uitge*= hang out; *(infml.)* play *(a part)*; *(infml.)* cut a dash, make a splash, put one's best foot forward, swell it; *iets hang jou by die keel uit* →KEEL[2] *n.*; *êrens ~, (infml.)* hang out somewhere; *(slap) ~, (a tongue)* loll out. ~**bord** signboard, swing sign; *(also, in the pl.)* signage. ~**teken** (business) sign.

uit·han·gen·de *adj. (attr.)* protruding, hanging/popping/sticking out, pendent; ~ *tong* lolling tongue.

uit·hap *uitge*= bite out; chip.

uit·hard·loop *uitge*= run/rush out; outrun, outpace, outdistance, have the heel of; *onder iem.* ~ run/pull away from s.o.; *skoon onder iem.* ~ show s.o. a clean pair of heels *(infml.)*. ~**kans** *(cr.)* run-out.

uit·hark *uitge*= rake out/up; *(fig.)* comb out.

uit·heems =*heemse meer ~ die mees* =*heemse* foreign, exotic; outlandish, *(infml.)* funky; strange; peregrine; *~e dier/plant* exotic animal/plant; *~e plantegroei* alien vegetation. **uit·heems·heid** novelty; outlandishness, rarity, strangeness; foreignness.

uit·help *uitge*= help out *(of)*, rescue; disembarrass; disembroil; *iem. uit sy/haar jas (uit)help* →IEM. UIT SY/HAAR JAS **HELP**. **uit·hel·per** rescuer.

uit·he·wel *uitge*= siphon out/off.

uit·hoek =*hoeke* out-of-the-way place, remote corner, outlying district; *(also, in the pl.)* outskirts; *die ~e van die aarde* the four corners of the earth; *in 'n ~, (infml.)* in the middle of nowhere, miles from nowhere.

uit·hoes *uitge*= cough up/out, expectorate.

uit·hol[1] *uitge*= cut/dig/hollow/scoop out, excavate; recess, concave; tunnel, gouge, mole; →UITGEHOL. **uit·hol·ler** =*lers* excavator; gouge. **uit·hol·ling** =*lings*, =*linge* hollow(ing), depression; recess; excavation, corrosion.

uit·hol[2] *uitge*=, *(infml.)* run/dash out; outrun, outdistance; →UITHARDLOOP.

uit·hon·ger *uitge*= famish, starve (out); →UITGEHONGER(D).

uit·hoor *uitge*= draw, pump, tap, sound (out) *(s.o.)*; hear out *(s.o.)*.

uit·hou *uitge*= bear, suffer, stand, stick, sustain, endure; hold back/out, exclude, reserve; →UITGEHOU; *~ (en **aanhou**), (also, infml.)* hang (on) in there, hang tough; ***dit*** ~ stand it (*or* the strain), hang on, last, bear up, grin and bear it; ***jou** uit ... (uit)hou* stay out of ... *(other people's quarrels etc.)*; *iets nie **langer** ~ nie* not stick s.t. any longer *(infml.)*; *iem. kan dit nie **lank** ~ nie* s.o. cannot last long; *~ **teen** ...* bear up against ...; *'n **tyd** vir ...* ~ set aside a time for ... ~**grens** endurance limit. ~**toets** endurance test. ~**vermoë** endurance, stamina, staying power; *iem. met ~* a stayer. ~**wedloop** *(athl.)* endurance race. ~**(wed)ren** *(car racing)* endurance race.

uit·hou·dings·ver·mo·ë = UITHOUVERMOË.

uit·hou·er =*ers, (tech.)* outrigger.

uit·huil *uitge*=*: jou (lekker) ~, (infml.)* have a good cry, weep one's fill; *jou oë ~, (infml.)* weep oceans of tears.

uit·hui·sie *(obs., rare)* privy, WC.

uit·hui·sig =*sige* not at home, away; seldom at home. **uit·hui·sig·heid** absence from home.

uit·huur·mo·tor drive-yourself car.

uit·hu·we·lik *uitge*=, *(rare)* give in marriage, marry off.

uit·hys *uitge*= hoist/lift out.

ui·ting =*tings*, =*tinge* expression, utterance; →UITER; *aan iets ~ gee* give expression/utterance to s.t.; *~ gee aan jou gevoel/verontwaardiging* give vent to one's feelings/indignation; *iets vind* (of *kom tot*) *uiting in ...* s.t. finds expression in ...

uit·ja(ag) *uitge*= drive out, expel, chase out/off, flush (out) *(game etc.)*, turn out.

ui·tjie =*tjies, (dim.)* small onion.

uit·jil *uitge*= rag.

uit·jou *uitge*= boo, hoot, barrack, jeer (at). **uit·jou·e·ry** booing, hooting, barracking.

uit·kaf *uitge*=, *(rare)* separate *(chaff from corn)*, winnow, thresh out; eliminate, weed out *(inferior elements)*.

uit·kal·we(r) *uitge*=, *vb. (tr.)* hollow/wash out *(banks of a river)*, erode, undermine, undercut; *(intr.)* cave (in), *(an iceberg)* calve. **uit·kal·wing** =*winge*, =*wings* undercutting, erosion, washing out.

uit·kam *uitge*= comb out; tease *(fibres)*; tease out *(knots, tangles)*; scutch *(flax)*; willow *(cotton, wool)*. **uit·kam·sel** =*sels* combing; *(also, in the pl., wool)* noil(s), combing waste.

uit·kan·sel·leer·oor·een·koms *(esp. vehicle ins.)* knock-for-knock agreement.

uit·kap *uitge*= carve out; cut/hew out, fell; chop/hack out; grub up *(roots)*; thin out *(trees)*; *dit ~, (infml.)* let rip, let one's hair down, get down, hoof it; *kap dit uit!, (infml.)* let rip!, get down!, shake/hoof it!.

uit·kar·ring *uitge*= churn out *(novels etc.)*.

uit·keep *uitge*= indent, notch, check; *(archit.)* recess; chip; chase. **uit·ke·ping** =*pings*, =*pinge* notch, check; recess.

uit·keer *uitge*= pay out, pay back; distribute; turn aside *(water in a furrow)*; divert *(a stream)*; head off *(cattle)*; draft *(sheep)*; unmould *(a pudding)*; →UITKERING; *dividende ~* pay (out) (*or* distribute) dividends. ~**gang** drafting race. ~**geld** change. ~**kraal** drafting pen. ~**polis** endowment policy. ~**skaap** reject sheep, *(Austr.)* draft. ~**versekering** endowment insurance. ~**voor** irrigation furrow, outflow. ~**wal** diversion weir.

uit·keer·baar =*bare* distributable; *op aanvraag ~* payable on demand; *~ word, (a policy)* mature. **uit·keer·baar·heid** maturity.

uit·ken *uitge*= identify *(among a number of others)*, recognise, spot. ~**bewys** document of identification. ~**merk** identification mark.

uit·ken·ning identification, recognition; *foutiewe ~* (a case of) mistaken identity. **uit·ken·nings·pa·ra·de** identity/identification parade.

uit·ke·ping →UITKEEP.

uit·kerf, uit·ker·we *uitge*= cut out, notch, carve out; *vir jou 'n loopbaan ~* carve/hew out a career for o.s..

uit·ke·ring payment; distribution; benefit; dole; →UITKEER; *~ ineens* = ENKELBEDRAGUITKERING.

uit·ke·rings·: ~**fonds** endowment fund; benevolent fund. ~**polis** = UITKEERPOLIS.

uit·ker·we →UITKERF.

uit·kies *uitge*= choose, pick (out), select, single out, fix upon, seek out. ~**telling** *(golf)* eclectic.

uit·kla *uitge*= pour forth *(grief etc.)*; finish complaining.

uit·klaar *uitge*= clear *(a ship etc. to unload/depart/etc.)*; resolve, settle, clear up *(an issue)*; *(SA mil. sl., obs.: be discharged)* clear out, *(sl.)* klaar out; *iets met iem. ~* check s.t. (out) with s.o.. **uit·kla·ring** clearance, clearing; *akte van ~* clearance certificate. **uit·kla·rings·ha·we** port of clearance.

uit·klee *uitge*=, *(poet., liter.)* strip, undress. **uit·kle·ding** stripping, undressing.

uit·klei *uitge*=, *(rare)* smear with clay (on the inside).

uit·klim *uitge*= climb out *(of a window)*; get out; ascend *(a hill)*.

uit·klink·me·ga·nis·me *(elec.)* tripping mechanism.

uit·klok *uitge*=, *(workmen)* clock out; *(a skirt)* flare; *(mech.)* trip; bell. ~**(-)onderrok** bouffant slip.

uit·klop *uitge*= beat (out), dust, knock out, shake out; outplay, outfight, defeat, beat, go one better, trounce; smack, spank; *(metall.)* thrash; snarl, hammer out, planish. ~**beker** knockout cup. ~**hou** knockout blow, floorer; *iem. 'n ~ gee* knock/punch s.o. out; *die ~ plant* deliver the knockout blow; *(nie) die ~ kan plant (nie), (a boxer, team, etc.)* have/lack the killer instinct. ~**kompetisie** knockout competition. ~**pot** *(tennis)* tie-break(er). ~**reeks** knockout series. ~**wedstryd** knockout match.

uit·klop·per duster; shaker, shaking machine; wool picker.

uit·klou·ter *uitge*=, *(infml.)* clamber out.

uit·knik·ker *uitge*= oust, bowl out, skittle out.

uit·knip *uitge*= cut out, scissor out, clip out, excise; →UITGEKNIP. ~**werk** cutting out; cutwork, cut embroidery.

uit·knip·sel =*sels* clipping, cutting, scrap.

uit·knop *uitge*= disbud.

uit·knyp *uitge*= pinch out.

uit·kog·gel *uitge*= deride, (imitate and) mock, rag, guy, cock a snook at, gibe, tease, jeer (at).

uit·kom *uitge*= appear, come out; emerge, show; arrive; *(a stain etc.)* disappear; *(flowers)* bud; *(eggs)* hatch; *(facts)* become known, come to light; *(predictions, dreams, etc.)* come true; materialise, eventuate; turn out; *(calculations)* work out; make ends meet; lead *(in a game of cards)*; ***bo*** ~ reach the top; win out, win through (all difficulties); ***by** ...* ~ get to ..., arrive at ...; find one's way to ...; ***by** iem.* ~ get (a)round to visiting s.o.; ***daarby*** ~ get (a)round to (doing) it; *iem. kon nie **daarby** ~ nie* s.o. could not get (a)round to (doing) it; *iets kom **duidelik** uit* s.t. stands out in relief; ***duur*** ~ →DUUR[2] *adj. & adv.*; ***gelyk(op)*** ~ break even; *iem. vra **hoe** om daar uit te kom* ask s.o. the way (*or* how to get there); *die deur kom **in** die gang uit* the door opens into the passage; *iem. **laat*** ~ let s.o. out; *iets **laat*** ~ bring s.t. out; let s.t. out; set s.t. off; *iets duidelik **laat*** ~ emphasise s.t.; highlight s.t.; bring s.t. out in bold/full relief; *iets goed **laat*** ~ give prominence to s.t.; set off s.t. to advantage; *iem. kom **met** iets uit* s.t. is enough for s.o.'s needs; s.o. makes do with s.t.; s.o. comes out with s.t. *(the truth etc.)*; ***met** R1000* ~ manage (*or* get by) on R1000; *kinders kom uit **met** die verstommendste dinge* children say the darnedest things; *langer **met** kos/ens.* ~ eke out food/etc.; *iem. kom lank **met** iets uit* s.t. lasts s.o. long; *(onverwags) **met** iets* ~ blurt s.t. out; *iem. kom **nie** uit nie, iem. kan **nie** ~ nie* s.o. cannot make ends meet; *dit kom **op** ... uit* it amounts to ...; it adds up to ...; it works out at ... *(R500 etc.)*; it gives onto ...; ***op** 'n plek* ~ reach a place; *die deur kom **op** die portaal/ens. uit* the door opens onto (*or* gives access to) the hallway/etc.; ***teen** iets* ~ get up s.t. *(a mountain etc.)*; ***vir** iem.* ~ defend s.o.; ~ ***vir** iets* admit s.t.; speak one's mind about s.t.; confess (to) s.t.; *iets kom op sy **voordeligste** uit* s.t. shows to advantage; *met die **waarheid*** ~ →WAARHEID. ~**kans** way out, way of escape. ~**plek** loophole, escape hatch.

uit·ko·mend =*mende, (her.)* naissant.

uit·koms =*komste*, **uit·kom·ste** =*stes* issue, outcome, upshot, result; deliverance, godsend, life-saver, help, relief; *die ~te(s) van die ondersoek* the results of the investigation; *daar is g'n ~ nie* there is no way out of the difficulty; *dit was 'n ware ~* it was a real godsend.

uit·koms·ge·ba·seer·de on·der·wys *(abbr.:* UGO*)* outcomes-based education *(abbr.:* OBE*)*.

uit·kom·ste *(sing.)* →UITKOMS.

uit·kon·trak·teer *uitge=* contract out, outsource *(work etc.)*.

uit·kook *uitge=* boil out, extract by boiling; scald, scour. ~**sakkie** boiling bag.

uit·koop *n., (comm.)* buyout. **uit·koop** *uitge=, vb.* buy out/off; *die tyd* ~ →TYD; *jou* ~ buy/purchase one's discharge.

uit·kraai *uitge=* crow *(with delight)*.

uit·kraam *uitge=, (infml., usu. derog.)* display, parade, show off; reel off, trot out; *(fig.)* force out, produce with difficulty *(writing etc., when inspiration/etc. is lacking)*.

uit·krap *uitge=* scrape (out), scratch out; rake out; grub up *(underbrush etc.)*; erase, delete, cross out, cancel; scratch in, inscribe, incise.

uit·kring *uitge=* ripple outwards; *(fig.: a scandal etc.)* spread, broaden, gather head. ~**effek** ripple effect.

uit·kris·tal·li·seer *uitge=* crystallise (out); *(fig.)* crystallise, emerge, take shape, find form/expression.

uit·kruip *uitge=* creep/crawl out; get up *(out of bed)*; *(infml.: struggle, suffer)* have a rough ride/time, get it hot, know all about it.

uit·kry *uitge=* get out; finish; get rid of; *(cr.)* dismiss; *'n som* ~ get/work out a sum (*or* the answer); *'n vlek* ~ remove a stain; *iem. kon geen woord* ~ *nie* →WOORD.

uit·krys *uitge=* rasp out.

uit·kryt *uitge=, (infml.)* cry out; belittle, disparage, run down; decry, revile; *iem. vir 'n skurk* ~ denounce s.o. as a rogue.

uit·kui·er *uitge=: (jou)* ~ stay long enough, get enough of s.t.; →UITGEKUIER.

uit·kyk *=kyke, n.* lookout; lookout (post); *op die* ~ *wees* look out/(a)round; *na ... op die* ~ *wees* look out (*or* be on the lookout) for ...; keep watch (*or* be on the watch *or* be watchful) for ...; *iem. moet op die* ~ *wees na ...* s.o. has to watch out for ... **uit·kyk** *uitge=, vb.* look out, watch, be on the lookout/watch; *(naut.)* con(n); *ten* ***behoewe*** *van iem.* ~ hold a watching brief for s.o.; ***goed*** ~ keep one's weather eye open; ***na*** *...* ~ look out for ... *(the train etc.)*; watch (*or* look [out]) for ... *(an opportunity etc.)*; *jou oë* ~ ***na*** ... stare at ...; ***op*** *iets* ~ look onto s.t.; look out on s.t.; look toward(s) s.t.; *die huis kyk* ***op/oor*** *... uit* the house fronts on(to)/towards/upon (*or* overlooks) ...; *die huis kyk uit* ***op*** *die noorde* the house faces (to[wards] the) north; ***voor*** *jou* ~ look in front of one. ~**pos,** ~**punt** lookout (post), observation post, vantage point, viewpoint. ~**toring** lookout/observation tower, watchtower; *(hist.)* Martello tower; *(naut.)* conning tower. ~**venster** observation/view window. ~**wa** observation car.

uit·ky·ker lookout (man).

uit·laai *uitge=* offload, unload; discharge; detrain; unship.

uit·laat *=late, n.* outlet; exhaust *(of a vehicle etc.)*, exhaust port; release. **uit·laat** *uitge=, vb.* leave out, cut (out), omit, skip; let/see/show out; let off, release; express; let drop *(a hint)*, let out *(a secret)*, divulge; pretermit; overleap; discharge; *(mech.)* exhaust; miss (out); *jou* ***aanmoedigend/ens.*** ~ make encouraging/etc. noises *(infml.)*; *jou* ***gunstig*** *oor ...* ~ speak well of ...; *jou* ***kras/skerp*** ~ use strong language; *jou* ***oor*** *iets* ~ pronounce up(on) s.t.; *jou* ***waarderend*** *oor ...* ~ speak highly of ... ~**druk** exhaust pressure. ~**gas** exhaust/escape gas; *(also, in the pl.)* exhaust fumes. ~**gat** escape hole; exhaust vent. ~**geraas** exhaust noise. ~**kamer** flue chamber. ~**klep** exhaust/outlet valve, escape valve. ~**kraan** discharge cock, delivery cock. ~**montasie** exhaust mounting. ~**nok** exhaust cam, outlet cam. ~**poort** exhaust port. ~**pyp** exhaust pipe; outlet pipe. ~**slag** exhaust stroke. ~**spruitpakstuk** exhaust-manifold gasket. ~**spruitstuk** exhaust manifold. ~**stelsel** exhaust system. ~**teken** *(typ.)* dele. ~**tyd** exhaust period.

uit·lag *uitge=* laugh at, laugh to scorn, deride, ridicule; *iem. (helder)* ~ laugh in s.o.'s face.

uit·lands *=landse* foreign, outlandish, *(chiefly orn.)* peregrine. **uit·lan·der** *=ders* alien, foreigner, outlander, stranger. **uit·lan·dig** *=dige* abroad; alien, foreign. **uit·lan·dig·heid** absence abroad; foreignness.

uit·lap *uitge=, (infml.)* let/babble out, give away *(a secret)*; *alles* ~ let the cat out of the bag, give the game/show away *(infml.)*; *gewoonlik alles* ~ have a big mouth *(infml.)*.

uit·la·ting *=tings, =tinge* letting out, discharge; omission, cut; elision; ellipsis; deflation; utterance, speech, remark, statement; release. **uit·la·tings·te·ken** apostrophe.

uit·lê[1] *uitge=* lay/set out; extend; elucidate, explain, expound, interpret, construe; →UITGELÊ, UITLÊER, UITLEG, UITLEGBAAR, UITLEGGEND; *'n lyk* ~ →LYK[1]; *iets met klippe* ~ flag/pave s.t.; *'n stad* ~ plan (*or* lay out) a town. ~**veld** outer pasturage.

uit·lê[2] *uitge=: die hen is uitgelê, (infml., rare)* the hen has stopped laying.

uit·leef, uit·le·we *uitge=* consume, spend; *jou* ~ live (one's life) to the full; have one's fling; realise o.s.; *jou in jou werk* ~ find fulfilment in one's job/etc..

uit·leen *uitge=* lend (out), loan; →UITLENER; *jou ore* ~ →OOR[1] *n.*. ~**biblioteek** lending library. ~**koers** lending rate.

uit·lê·er *=ers, (rare)* **uit·leg·ger** *=gers* commentator, expounder, interpreter, elucidator, exegetist, expositor; architect, layer-out *(of gardens)*; planner *(of towns)*.

uit·lees *uitge=* read out *(names)*; *(rare)* finish, read through. **uit·le·sing** *(comp.)* read-out.

uit·leg *=legte, (rare) =lêe,* **uit·leg·ging** *=gings, =ginge* explanation, interpretation, construction; commentary, elucidation; exposition *(of a doctrine)*; exegesis *(of Scripture)*; layout, plan; township; *'n* ~ *aan iets gee* put a construction on s.t..

uit·leg·baar, uit·leg·baar *=bare* explainable.

uit·leg·gend *=gende* expository; exegetic(al), hermeneutic(al).

uit·leg·ger →UITLÊER.

uit·leg·ging →UITLEG.

uit·leg·kun·de exegesis, hermeneutics. **uit·leg·kun·dig** *=dige, adj.* exegetic(al), hermeneutic(al). **uit·leg·kun·di·ge** *=ges, n.* exegete; exegetist; hermeneut(ist).

uit·lei *uitge=* lead out, usher out. **uit·lei·ding** leading out.

uit·lek[1] *uitge=* lick out, lick clean.

uit·lek[2] *uitge=* filter through, leak/ooze/filter/trickle out; transpire, become known, get/leak out; *iets laat* ~ leak s.t. (out). **uit·lek·king** leakage.

uit·le·ner lender, loaner. **uit·le·ne·ry** lending. **uit·le·ning** lending (out).

uit·le·sing →UITLEES.

uit·le·we *uitge=* →UITLEEF.

uit·le·wer *uitge=* deliver, hand over, turn over, surrender; extradite *(a criminal)*; sell out, sell down the river; →UITGELEWER; *iem. aan ...* ~ hand over s.o. to ..., deliver s.o. up to ... **uit·le·we·ring** delivery, surrender; extradition *(of a criminal)*; sell-out; *stappe doen tot* ~ take extradition proceedings. **uit·le·we·rings·ver·drag** extradition treaty. **uit·le·we·rings·wet** *(jur.)* extradition act.

uit·lig *uitge=* lift/prise out, remove; omit, leave out, oust; highlight, spotlight, single/tease out; →UITGELIG; *iem. uit die saal (uit)lig* →IEM. UIT DIE **SAAL** LIG.

uit·lo·ging →UITLOOG.

uit·lok *uitge=* lure, tempt *(s.o.)*; elicit *(an answer)*; call forth, evoke, occasion, cause, incite, touch off, invite *(comment)*; ask for *(trouble)*, provoke, spark (off), instigate *(a quarrel)*; court *(arrest, disaster)*; challenge *(comparison)*; *(jur.)* solicit; *kritiek* ~ →KRITIEK *n.*; *iem.* ~ *om iets te doen* tempt s.o. to do s.t.; provoke s.o. into doing s.t.. **uit·lok·kend, uit·lok·kend** *=kende* tempting, alluring; provocative; soliciting. **uit·lok·ker** *=kers* inciter, instigator. **uit·lok·king** *=kings, =kinge* allurement, temptation; call; invitation; provocation, incitement; challenge; soliciting.

uit·loods *uitge=* pilot/steer out; show out.

uit·loof, uit·lo·we *uitge=* offer, promise, put up *(a prize)*; *'n beloning* ~ offer a reward; *'n prys* ~ →PRYS[1] *n.*.

uit·loog *uitge=* leach (out), lye wash; lixiviate; macerate; extract. **uit·lo·ging** lye washing, leaching; lixiviation; maceration; extraction.

uit·looi *uitge=* tan *(leather)*; *(infml.)* beat, thrash, give a hiding, trounce, birch.

uit·loop *=lope, n.* overflow, outlet; spillway; outfall; outpour; drainpipe; effluent, outflow. **uit·loop** *uitge=, vb.* go out, walk out; run/pour out; drain; bud, come out, shoot, sprout; outwalk, outdistance; →UITGELOOP, UITLOPER; ***hierop*** ~ turn out like this; *die rivier loop* ***in*** *die Indiese Oseaan uit* the river runs (*or* empties [itself]) into the Indian Ocean; *'n* ***kolwer*** ~, *(cr.)* run out a batsman; *iets* ***laat*** ~ let s.t. run out *(water etc.)*; *op* ***niks*** ~ come to nothing/naught; fizzle/peter out; ***on-der*** *iem.* ~ outdistance s.o., walk away from s.o., leave s.o. (far) behind; *iets loop* ***op*** *... uit* s.t. results in ...; s.t. culminates in ...; s.t. ends in ...; s.t. terminates in ...; *die gang loop* ***op*** *'n binnehof/ens. uit* the passage gives access to a courtyard/etc.; *die straat loop* ***op*** *Kerkplein uit* the street leads to Church Square; *iem.* ***skoon*** ~, ***skoon*** *onder iem.* ~ clean outdistance s.o.; ***waarop*** *moet dit* ~? what will this come to?, what is this to end in?. ~**sloot,** ~**voor** overflow furrow, spillway furrow.

uit·loop·sel *=sels* shoot, offshoot, offset, sprout; end, upshot; shank end; small stream, tributary.

uit·loot *uitge=* draw (out); release *(bonds)*; raffle *(a prize)*; →UITGELOOT. **uit·lo·ting** *=tings, =tinge* drawing *(of bonds)*; raffle.

uit·lo·per *=pers, (bot.)* sucker, runner; *(biol.)* stolon; offset, offshoot; *(geomorphol.)* spur *(of a mountain)*, foothill, outlier, tongue.

uit·los *uitge=* leave (out), count out; leave alone; *los my uit!* leave me alone!.

uit·lo·we *uitge=* →UITLOOF. **uit·lo·wing** *=wings, =winge* offer(ing), promise, promising, putting up *(of a prize)*.

uit·lug *uitge=* air, ventilate.

uit·lui *uitge=* ring out; ring the knell of, knell.

uit·maak *uitge=* make out, tell; discern; decipher, make out *(writing)*; constitute, compose, form; decide, settle; decry, denounce, accuse (as), call; →UITGEMAAK; *ek kan nie op dié* ***afstand*** ~ *wie dit is nie* I can't make out (*or* tell) from this distance who it is; *iets maak* ***deel*** *uit van ...* s.t. forms part of ...; *iem. sal 'n* ***goeie*** *bestuurder/ens.* ~ s.o. will make a good manager/etc.; *vyf* ***lede*** *maak die bestuur uit* management consists of five members; *iets maak 'n* ***misdryf*** *uit* s.t. constitutes an offence; *die waarheid/ens. is* ***moeilik*** *om uit te maak* it is difficult to determine the truth/etc.; *iem.* ~ *vir al wat* ***sleg*** *is* call s.o. all sorts of names; *hulle maak dit uit* ***tussen*** *hulle* they settle it between them; *'n* ***verlowing*** ~ →VERLOWING; *iem.* ***vir*** *'n ...* ~ call s.o. a ..., brand/denounce s.o. as a ... *(liar etc.)*.

uit·mand·jie outtray.

uit·mar·sjeer *uitge=* march/file out.

uit·ma·sel *uitge=, (poet., liter.)* spend itself, run its course.

uit·meet *uitge=* measure off/out; dispense; *iets breed* ~ exaggerate s.t.. **uit·me·ter** dispenser. **uit·me·ting** mensuration; marking out.

uit·me·kaar *adj. & adv.* apart, asunder; →UITEEN; *iem. het die stoel* ~ ***gesit*** the chair collapsed (*or* broke/fell apart) under s.o.('s weight); ~ ***haal*** →UITMEKAARHAAL; ***hulle is*** ~ they (have) parted; *die bane/ens.* ***loop*** ~ the lanes/etc. diverge; ~ ***maak*** →UITMEKAARMAAK; ***na(dat)*** *hulle* ~ *is, (said of a couple)* after their break-up; ~ ***pluk*** →UITMEKAARPLUK; *die roofvoël* ***skeur*** *sy prooi* ~ the raptor tears its prey limb from limb; ~ ***trek/skeur*** →UITMEKAARTREK; *iets* ***val*** ~ s.t. breaks up, s.t. disintegrates; ***ver/vêr*** ~ far/wide apart, distant from each other; ***vyf meter*** ~ five metres apart (*or* from each other), at intervals of five metres; ~ ***woon*** live apart, live spread out. ~**gaan** *uitmekaarge=,* ~ **gaan** *uitmekaar ge=* part company; split up, separate; *(a crowd)* disperse; *(a meeting)* adjourn. ~**haal** *uitmekaarge=,* ~ **haal** *uitmekaar ge=* take/pull apart, dis=

mantle, disassemble, strip *(an engine etc.).* ~**hou** *uitmekaarge=,* ~ **hou** *uitmekaar ge=* keep separate; distinguish between *(people, things).* ~**ja(ag)** *uitmekaarge=,* ~ **ja(ag)** *uitmekaar ge=* disperse, scatter *(protesters etc.).* ~**ken** *uitmekaarge=,* ~ **ken** *uitmekaar ge=* tell/know apart *(two people/things); mense/dinge* ~ (of ~ ~) know which is which. ~**maak** *uitmekaarge=,* ~ **maak** *uitmekaarge=* separate; break up *(a fight etc.); twee mense* ~ (of ~ ~) come between two people, pull two people apart *(when they are fighting); boksers* ~ (of ~ ~), *(also)* order boxers to break. ~**pluk** *uitmekaarge=,* ~ **pluk** *uitmekaar ge= , (a bird)* pull apart *(its nest etc.).* ~**skeur** →UITMEKAARTREK. ~**slaan** *uitmekaarge=,* ~ **slaan** *uitmekaar ge=* knock to bits. ~**trek,** ~**skeur,** ~ **trek/skeur** *(criticise severely)* pull apart, pick/pull/take/tear to pieces, slate.

uit·melk *uitge=* milk dry/out, strip *(a cow); (infml.)* pluck, skin *(s.o.).*

uit·men·del *uitge=, (genet.)* manifest itself.

uit·mer·gel *uitge=* exhaust, impoverish; grind down, squeeze dry; emaciate; →UITGEMERGEL(D). **uit·mer·ge·lend** *=lende* exhausting, backbreaking, gruelling, debilitating, enervating. **uit·mer·ge·ling** exhaustion, impoverishment, squeezing dry, emaciation, fleecing, burnout.

uit·merk *uitge=* mark out.

uit·me·ter, uit·me·ting →UITMEET.

uit·mid·del·pun·tig *=tige, (math.)* eccentric; out-of-centre; off-centre. **uit·mid·del·pun·tig·heid** *(math.)* eccentricity.

uit·mond *uitge=, (chiefly geog.)* flow/discharge/debouch/disembogue into, empty (itself) into; *die rivier mond in die Indiese Oseaan uit* the river flows into the Indian Ocean. **uit·mon·ding** (river) mouth, outlet, debouchment, disemboguement, issue.

uit·moor *uitge=* butcher, massacre, slaughter. **uit·moor·ding** massacre, slaughter.

uit·munt *uitge=* excel, surpass, stand out; ~ *bo jou klasgenote* top/surpass/outshine one's classmates; *in iets* ~ excel at/in s.t., be good at s.t.; be distinguished for s.t.; *iem. munt in iets uit, (also)* s.t. is s.o.'s strong point. **uit·mun·tend** *=tende* excellent, eminent, outstanding, brilliant, very good, first-rate, distinguished, superior; ~ *in iets presteer* excel at/in s.t.; *'n ~e ... wees* excel as a ... **uit·mun·tend·heid** excellence, eminence.

uit·neem *uitge=* take out *(lit.);* remove; withdraw; *'n boek by 'n biblioteek* ~ borrow a book from a library. **uit·neem·baar** *=bare* removable; detachable.

uit·ne·mend *=mende* excellent, eminent, outstanding, first-class, conspicuous. **uit·ne·mend·heid** excellence, eminence; *by* ~ par excellence.

uit·no·di·ging *=gings, =ginge* invitation; call; *'n* ***hartlike*** ~ a warm invitation; *'n* ~ ***na*** *'n byeenkoms* an invitation to a function; ***op*** ~ by invitation; ***op*** ~ *van ...* at the invitation of ...; *'n* ~ *tot/aan iem.* ***rig*** extend/send an invitation to s.o.; *'n* ***vaste*** ~ a standing invitation; *u* ***vriendelike*** ~ your kind invitation.

uit·nooi *uitge=* invite, request the company of; *iem.* ~ *na ...* invite s.o. to ...; *uitgenooi word om te ...* be invited to ...; be welcome to ... *(do s.t.); iem. nooit weer* ~ *nie* never ask s.o. back again.

uit·oe·fen *uitge=* carry on, practise; exercise *(influence);* follow, pursue, ply *(a profession, trade);* exercise, discharge *(duties);* wield *(power);* prosecute; use; *'n* ***ambag*** ~ →AMBAG; *'n* ***amp*** ~ exercise an office; ***beheer*** *oor iets/iem.* ~ →BEHEER *n.; 'n* ***beroep*** ~ practise a profession; →'N **BEROEP** BEOEFEN; ***bevoegdhede*** ~ →BEVOEGDHEID; *die* ***boerdery*** ~ farm, practise farming; *'n* ***funksie*** ~ →FUNKSIE; ***invloed*** ~ *op ...* work (*or* bring influence to bear) (up)on ...; ***kritiek*** *op ...* ~ →KRITIEK *n.; 'n* ***opsie*** ~ →OPSIE; *'n* ***reg*** ~ →REG[1] *n..* **uit·oe·fen·baar** *=bare* exercisable. **uit·oe·fe·ning** exercise; practice, execution, discharge; pursuit; exertion.

uit·oor·lê *het* ~ outmanoeuvre, outwit, outsmart, outthink, outjockey, best, circumvent, get the better of; *dis maklik om iem. te* ~ s.o. is easily outwitted. **uit·oor·lê·e·ry** guile, deceit, trickery.

uit·pak *uitge=* unpack, uncrate; pour out, unburden *(one's heart),* let out, disclose *(everything); (infml.: fulminate)* go (in) off the deep end; *alles ~, (infml.)* unbosom/unburden o.s.; *oor iem./iets ~, (infml.)* heap criticism on s.o./s.t., go on about s.o./s.t.; *teen iem./iets ~, (infml.)* fulminate/inveigh against s.o./s.t..

uit·palm *uitge=* pay out *(rope),* veer (out).

uit·pas·seer *uitge=, (mil.)* pass out. **uit·pas·se·rings·pa·ra·de, voor·stel·lings·pa·ra·de** passing-out parade.

uit·pen *uitge=* peg out, stretch out by pegging *(hides, skins).*

uit·pers *uitge=* press/force/squeeze out, extrude; →UITGEPERS; *sap* ~ *uit iets* juice s.t..

uit·peul[1] *uitge=* peel, shell, pod *(peas, nuts).*

uit·peul[2] *uitge=* bulge; *(eyes)* goggle, protrude, start from their sockets. ~**oog** goggle-eye, pop-eye, protruding/bulging eye; *(sheep disease)* bulge-eye, epizootic panophthalmia; *met uitpeuloë, (also)* bug-eyed.

uit·peu·ling protuberance, gibbosity.

uit·peu·ter *uitge=* pick (out), winkle out.

uit·pie·ker *uitge=* puzzle out, unravel *(a conundrum).*

uit·piets *uitge=, (rare)* beat, thrash, whip, give a hiding; *(infml.)* dress smartly; →UITGEPIETS.

uit·pik *uitge=* peck out; dig out with a pick; pick, select, single out.

uit·plaas *uitge=* place, post, station. **uit·pla·sing** placing, (out)placement. **uit·pla·sings·te·huis** probation hostel.

uit·plak *uitge=* paper *(a wall etc.).*

uit·plant *uitge=* bed out, plant/prick out, transplant; transfer to new ground/surroundings.

uit·ploeg plough up, turn up.

uit·pluis *uitge=* sift *(evidence);* investigate, scrutinise, canvass; sort out *(matters);* thrash out *(a subject);* puzzle out, unravel; follow out in detail; tease, pick *(coir); (min.)* fiberise; discuss; →UITGEPLUIS. **uit·plui·sing** sifting, investigation, scrutinising, unpuzzling, unraveling.

uit·pluk *uitge=* draw forth; pick/ pluck out *(feathers);* pull up *(weeds);* thin out *(fruit);* draw, pull, produce *(a gun);* whip out *(a dagger etc.);* fling/slip/whip off *(a jacket etc.); 'n mes teen iem.* ~ draw a knife on s.o..

uit·plun·der *uitge=* loot, plunder, pillage, ransack, rob, sack, spoliate, despoil.

uit·pomp *uitge=* pump out, draw out; pump dry; bail/bale out; exhaust; evacuate.

uit·praat *uitge=* finish what one has to say, talk to the end; have one's say; →UITGEPRAAT; ***jou*** ~ get s.t. off one's chest *(infml.); iem.* ***laat*** ~ hear s.o. out, let s.o. have his/her say; *iem. nie* ***laat*** ~ *nie* cut s.o. short; *dit* ***met*** *iem.* ~ have it out with s.o. *(infml.).*

uit·prak·seer *uitge=* figure out, hammer out.

uit·proes *uitge=* burst out laughing.

uit·puil = UITPEUL[2].

uit·put *uitge=* exhaust, wear out, deplete, use up, empty, drain; jade; wear down, overwork; prostrate; debilitate; →UITGEPUT; *grond* ~ overcrop/impoverish soil; *'n onderwerp* ~ exhaust a subject. **uit·put·baar** *=bare,* **uit·put·lik** *=like* exhaustible. **uit·put·tend, uit·put·tend** *=tende* exhausting, trying, fatiguing, wear(y)ing, gruelling; exhaustive. **uit·put·ting** exhaustion, prostration; enervation, debilitation; inanition; impoverishment, depletion; *'n gevoel van ~, (also)* a washed-out feeling; *ernstige* ~ prostration. **uit·put·tings·oor·log** war of attrition.

uit·raak *uitge=* get out; *(an engagement)* be broken off; go bankrupt; go out of fashion; decline, fall off.; *iem. se gô het uitgeraak, (infml.)* s.o. lost steam; *uit suiker/ens. raak* run short of sugar/etc..

uit·raas *uitge=* cease raging, spend o.s./itself raging, rage out; blow/let off steam, bluster, vent *(one's fury).*

uit·ra·fel *uitge=* fray, ravel out; unravel, unweave; fringe; *(infml.)* let one's hair down, let o.s. go, let it all hang out; →UITGERAFEL(D). **uit·ra·fe·ling** fraying, ravelling out; *(text.)* garnetting, rag grinding, pulling.

uit·ran·geer *uitge=, (lit.)* shunt out; *(fig.)* sidetrack, phase out; *(fig.)* marginalise.

uit·red *uitge=* deliver, extricate, help out, save. **uit·red·ding** deliverance, rescue, (means of) escape, godsend; salvation; *klein nywerhede sal die werkloses se* ~ *wees* small industries will be the salvation of the unemployed; *iem. se* ~ *uit iets* s.o.'s deliverance from s.t..

uit·re·de·neer *uitge=* figure out.

uit·re·ën *uitge=* stop raining, rain itself out.

uit·reik *uitge=* bestow, present, confer *(a prize);* distribute, give away, hand out; issue *(tickets; orders, capital);* release *(a document);* hand down; *gewere aan die soldate* ~ issue guns to the soldiers, issue the soldiers with guns. ~**aksie, uitreikingsaksie** *(sociol.)* outreach. ~**program, uitreikingsprogram** outreach programme.

uit·reik·baar *=bare* issuable.

uit·rei·ker *=kers* issuer; distributor; presenter.

uit·rei·king award, bestowal, presentation; distribution, issue, issuance; release; →UITREIK; *by* ~ on issue.

uit·reis *n.* outward journey/voyage; *skip op die* ~ outward-bound vessel. **uit·reis** *uitge=, vb.* start, set out *(on a journey),* sail, go abroad.

uit·rek *uitge=* stretch (out); crane *(one's neck);* draw out, prolong, extend; tenter; rack; slur; sprawl; →UITGEREK; *iets so lank as moontlik* ~ stretch s.t. to the limit. **uit·rek·baar** *=bare* extensible, elastic, expandable. **uit·rek·ker** *=kers, (anat., rare)* extensor. **uit·rek·king** drawing (out), extension, prolongation; pulling *(of flax).*

uit·re·ken *uitge=* calculate, compute, figure/reckon/work out; speculate. **uit·re·ke·ning** calculation, computation.

uit·rig *uitge=* accomplish, perform, achieve.

uit·roei[1] *uitge=* row out.

uit·roei[2] *uitge=* root out, uproot, eradicate, weed out, exterminate, extirpate, annihilate, stamp out, wipe out, wipe off the face of the earth; *iets met wortel en tak* ~ eradicate/destroy (*or* stamp) out s.t. root and branch *(drug trafficking etc.).* ~**middel** *=dele, =dels* exterminator.

uit·roei·baar *=bare* eradicable, exterminable.

uit·roei·er *=ers* eradicator, extirpator, exterminator.

uit·roei·ing eradication, extermination, extirpation, annihilation, wipeout. **uit·roei·(ings·)werk** act/work of eradication, extermination.

uit·roep *=roepe, n.* cry, exclamation, ejaculation, outcry, shout; *'n verbaasde* ~ a shout of surprise. **uit·roep** *uitge=, vb.* call, cry, exclaim, shout, blare (out); ejaculate; interject; proclaim; sing out; call out *(of);* call, declare *(a strike, an election);* ***kan*** *uitgeroep word, (a doctor etc.)* be on call; *iem. tot* ***koning*** ~ →KONING; *(die)* ***krygswet*** ~ = (DIE) **KRYGSWET** AFKONDING; *'n* ***noodtoestand*** ~ →NOODTOESTAND; ~ ***om*** *iets, (also)* crave s.t.. ~**teken** exclamation mark.

uit·roe·pend *=pende* exclamatory.

uit·roe·per *=pers* exclaimer; proclaimer; *(hist.)* nomenclator.

uit·roe·ping declaration, calling, proclamation.

uit·ro·king smoking out, fumigation; →UITROOK.

uit·rol *uitge=* roll out, unfurl, unroll; roll *(dough).*

uit·rond *uitge=* round out, make round, round off. **uit·ron·ding** rounding out.

uit·rook *uitge=* finish *(a cigar, pipe, etc.);* fumigate, smoke out. ~**middel** *=dele, =dels* fumigant.

uit·ruil *uitge=* exchange, barter, trade *(in kind);* interchange. ~**skema** exchange scheme. ~**student** exchange student.

uit·ruil·baar *=bare* exchangeable; interchangeable. **uit·ruil·baar·heid** exchangeability; interchangeability.

uit·rui·ling exchange, barter, trade *(in kind);* interchange, crossing over.

uit·ruim *uitge=* clear.

uit·ruk *uitge=* pluck/jerk/wrench out; tear *(hair); (mil.)* march out; *(an explosion)* blow out *(doors, windows).* **uit·ruk·king** evulsion, plucking, jerking, wrenching out.

uit·rus[1] *uitge=* rest, have/take a rest, repose; →UITGERUS[1]; *iem. laat* ~ let s.o. rest, give s.o. a rest; *van ...* ~ rest from ...

uit·rus² *uitge=* equip, fit out, rig (out), garnish, furnish, stock, accessorise; →UITGERUS². **uit·rus·ter** *=ters* (out)= fitter.

uit·rus·ting *=tings, =tinge* equipment, outfit; fitting out; kit; accoutrement(s); gear; *(clothing)* wardrobe; ha= biliment; turnout; fittings; stock-in-trade. **~sak** kit= bag. **~stuk** piece of equipment; *(also, in the pl.)* equip= ment.

uit·ry *uitge=* drive/ride out, go for a drive/ride; wear out *(a road)*; →UITGERY. **~wissel** *(rly.)* trailing points.

uit·ryg *uitge=* string out *(words etc.)*.

uit·rys *uitge=* rise out; *(dough)* rise fully; →RYS² *vb.*; *iets rys bo(kant)/oor ... uit* s.t. stands out above ...; s.t. towers above/over ...; *iets rys bo ... uit, (also)* s.t. emerges from ...

uit·saag *uitge=* saw out, fret.

uit·saai *uitge=* sow, sow wide apart; scatter; dissemi= nate; *(rad., TV)* broadcast; commentate; ***aan** die ~ wees* be on the air; ***gelyktydig** (oor die radio en TV) ~* simulcast; ***na** ... ~* broadcast to ...; *iets **regstreeks** ~* broadcast s.t. live. **~diens** broadcasting service; re= ligious broadcast, broadcast (of a religious) service. **~praatjie** broadcast talk. **~program** broadcast pro= gramme. **~rede** broadcast speech. **~stasie** broad= casting/radio station. **~tyd** *(rad., TV)* broadcast(ing) time; airtime. **~wese** broadcasting; *die beginjare van die ~* the early days of broadcasting.

uit·saai·er *=ers* broadcaster; commentator. **uit·saai= e·ry** broadcasting.

uit·saai·ing sowing, scattering, dissemination; *(pathol.)* metastasis. **uit·saai·ings·ab·ses** metastatic abscess.

uit·sak *uitge=* bag/bulge out, sag; drop out *(in a com= petition)*; *(fig.)* fall by the wayside; *(fig.)* fade; lag/drag behind, drop out (of the running), slip back; break down; *(paint)* creep; *(pathol.)* prolapse; →UITGESAK; *die reën het uitgesak* it began to rain. **uit·sak·ker** *=kers* dropout. **uit·sak·king** bulging; falling, sagging; drop= ping out *(in a competition)*; downpour *(of rain)*; *(pathol.)* prolapse; fallout. **uit·sak·sel** *=sels, (metall.)* dross.

uit·seil *uitge=* sail (out), set sail; *onder ... ~* outsail ...

uit·send *uitge=* transmit, broadcast, radio; emit; *(fml., rare)* dispatch, send out, forward; send on an errand. **uit·sen·ding** *=dings, =dinge* broadcast(ing), transmis= sion, airing; dispatch; emission; *'n regstreekse ~* a live broadcast.

uit·set *=sette* trousseau, wedding outfit; outfit.

uit·set·baar *=bare* expansible, expansile, expand= able; dilatable; extensible; →UITSIT². **uit·set·baar= heid** expansibility, extensibility.

uit·set·tend *=tende* expansive, expanding; →UITSIT².

uit·set·ting enlargement, dilation, dilatation; infla= tion; expansion, extension; *(physiol.)* diastole *(of the heart)*; deportation, ejectment, eviction, expulsion, banishment; →UITSIT²; *iem. se ~ uit ...* s.o.'s expul= sion from ...

uit·set·tings=: **~bevel** deportation/eviction/expul= sion order. **~fase** *(physiol.)* diastole. **~klep** expansion valve. **~koëffisiënt, ~ko-effisiënt** coefficient of ex= pansion. **~krag** expansive force. **~verhouding** ex= pansion ratio. **~vermoë** power of expansion, ex= pansibility, expansive power; dilatability.

uit·sien *uitge=* look (out); look (like); *iem. sien daar goed uit* s.o. looks well; *(gretig) na iets ~* look forward to s.t. (with great anticipation); *die huis sien op ... uit* the house faces/fronts on(to)/towards/upon ...

uit·sif *uitge=* sift; thresh out, winnow. **uit·sif·sel** *=sels* screening. **uit·sif·ting** sifting; winnowing, threshing out.

uit·sig *=sigte* view, sight, vista; prospect, outlook; *(ar= chit.)* aspect; *iem. se ~ **belemmer*** obstruct s.o.'s view; *die ~ is **belemmer*** visibility is reduced; ***noordelike/ ens.** ~, (archit.)* northern/etc. aspect; *'n **onbelemmer= de** ~ hê* have an unobstructed view; *'n ~ **oor/op** ... hê* overlook (*or* command a view of) ... *(a place)*; *die/ 'n ~ **oor/op** die/'n stad* the/a cityscape; *met 'n ~ **op** die noorde/ens., (archit.)* with a northern/etc. aspect, sided north/etc.. **~erf** plot with a view. **~paadjie** scenic path. **~pad** scenic drive/road. **~punt** view site. **~roete** scenic route. **~venster** picture window. **~wa** obser= vation car.

uit·sig·loos *=lose* viewless; limited; cheerless, dull; *'n ~lose bestaan* a bleak existence.

uit·sing *uitge=* sing out; finish *(a song)*, sing to the end.

uit·sin·nig *=nige, (rare)* crazy, demented, distracted, frantic, insane, lunatic, mad. **uit·sin·nig·heid** *(rare)* craziness, dementia, distraction, insanity, lunacy, madness.

uit·sit¹ *uitge=* sit out; serve one's time/sentence.

uit·sit² *uitge=* expand, extend, distend, bulge, enlarge, intumesce, inflate; dilate; cut out *(a rival)*; put out, post *(a sentry)*; put out, invest *(money)*, lay out; put out, banish, deport, eject, expel, evict, turn out; set out; plot *(on a site)*; mount *(a guard)*; →UITGESIT, UITGESET, UITSETBAAR, UITSETTEND, UITSETTING; *'n kromme ~* plot (out) a curve. **~klep** expansion valve.

uit·ska·kel *uitge=* cut out, disengage, disconnect, switch off; declutch *(gears)*; eliminate, cull; rule out, shut out; phase out; exclude; do away with; unshackle; obviate; →UITGESKAKEL; *iets geleidelik ~* phase out s.t.; *iem./iets uit ... ~* eliminate s.o./s.t. from ... *die moontlikheid van iets ~* preclude the possibility of s.t.. **uit·ska·ke·laar** circuit breaker, cutout, contact-break= er. **uit·ska·ke·ling** switching-off; elimination, wipe= out; cutout; disconnection; exclusion; phasing out; obviation.

uit·ska·ter *uitge=* burst out laughing, roar/scream with laughter; *dit ~* roar/scream/shriek with laughter.

uit·skeer *uitge=* shave out; *(naut.)* unreeve *(a rope)*.

uit·skei¹ *uitge=* leave off, stop, knock off, call it a day, go off duty, have done, chuck/drop it, dry up; *skei uit (daarmee)!* stop it!, cut it out!; *(infml.)* knock it off!, can/cheese/chuck it!; *met iets ~* cease/stop doing s.t., have done with s.t. *(infml.)*; *~ met werk* stop working; down tools. **~tyd** finishing/knocking-off time; closing time; full time *(in football etc.)*, close of play; *met ~, (cr.)* at (the) close of play, when stumps were drawn.

uit·skei² *uitge=* separate; *(physiol. etc.)* discharge, ex= crete, eliminate; *iets uit ... ~* eliminate s.t. from ... **uit= skei·ding** *=dings, =dinge* separation; discharge, excre= tion, exudation. **uit·skei·dings·pro·duk** waste prod= uct, excretion, excrement; *(also, in the pl.)* excreta.

uit·skel *uitge=* scold (severely), abuse (verbally), call names, swear at, slang, bawl out, chide (severely), slate, berate, inveigh against, revile; *iem. ~* give s.o. the rough/sharp edge/side of one's tongue, tongue-lash (*or* lash into) s.o., *(infml.)* give s.o. what for (*or* a tongue-lashing), *(infml.)* bawl s.o. out; call s.o. names; *iem. vir 'n ... ~* call s.o. (*or* brand s.o. as) a ... *(liar etc.)*. **~party** slanging match. **~woord** term of abuse.

uit·skel·le·ry abuse, abusiveness, invective, slanging match.

uit·skep *uitge=* bail/bale out *(water)*; ladle out *(soup)*; dish out/up, serve out *(food)*; dip into; scoop out *(earth)*; *iets met 'n emmer ~* bucket s.t. out.

uit·skets *uitge=* sketch out; map out *(fig.)*.

uit·skeur *uitge=, vb. (tr.)* tear out; *(intr.)* be torn, tear, give way.

uit·skiet *uitge=, vb. (tr.)* shoot out *(a projectile, window, etc.)*; *(tr. & intr.)* eject; *(intr.)* shoot/dash away; *(trees, corn)* bud, sprout; *die skrumskakel skiet die bal na die agterlyn uit* the scrum half shoots/whips the ball out/ away to the backline; *die skuts moet ~ om die wenner te bepaal* the shottists must have a shoot-out to deter= mine the winner; *'n vuurwapen se meganisme ~* wear out a firearm's mechanism by shooting. **~knop(pie)** eject button. **~stoel** *(chiefly aeron.)* ejector/ejection seat.

uit·skif *uitge=* sift (out), single out, eliminate.

uit·skil *uitge=* pare out, enucleate.

uit·skil·der *uitge=* depict, portray; decorate *(a house)*.

uit·skink *uitge=* pour out.

uit·skof·fel *uitge=* hoe/weed out; spud up/out.

uit·skop *uitge=* kick/boot out; *(infml.)* fire *(staff)*, give the sack; expel; kick down *(gears)*; kick off *(shoes)*; ex= trude; →UITGESKOP; *die bal ~, (rugby)* find touch, kick into touch; *jy kan ... agter elke bos ~* →BOS². **~pantof= fel** mule. **~sekering** expulsion fuse. **~skakelaar, veiligheidskakelaar, pootjieskakelaar** trip switch.

uit·skop·pe·ry kicking out; expelling, expulsion.

uit·skot cull(ings); offal, refuse, rubbish; (factory) rejects; waste; tailings; dregs, riffraff, scum; throw- outs. **~dier** cull. **~geut, ~voor** *(min.)* tailrace. **~hoop** tailings dump. **~hout** reject wood. **~klas** cast/odd line. **~sak** poke. **~stof** reject. **~vag** cast/odd fleece. **~voor** →UITSKOTGEUT. **~winkel** (factory) rejects store. **~wol** reject, oddment, cast wool.

uit·skraap *uitge=* scrape (out); rake out; scratch; *(med.)* curette. **uit·skraap·sel** scrapings, scrap(s). **uit·skra= ping** scraping-out; *(med.)* curettage.

uit·skrap *uitge=* erase, delete, scratch out. **uit·skrap= ping** erasing, deletion.

uit·skree(u) *uitge=* cry/scream out, yell (out); bawl/ blare (out) *(orders etc.)*. **uit·skreeu·end** *=ende* yelling, screaming.

uit·skrop *uitge=* scrub out; scoop out.

uit·skryf, uit·skry·we *uitge=* write out, copy out; make out *(an invoice, a cheque, etc.)*; call, convene *(a meeting)*; float, issue *(a loan)*; call, declare *(an election)*; →UITGESKRYF; *'n prysvraag ~* →PRYSVRAAG; *'n wed= stryd ~* →WEDSTRYD. **uit·skry·wing** *=wings, =winge* calling, declaration, flotation, issue, offer.

uit·skud *uitge=* shake (out); strip *(s.o.)* to the skin; clean (clear) *(s.o.)* out; rob; unfurl *(sails)*.

uit·skuif, uit·skui·we *uitge=* slide out; push out; edge out, eliminate, get rid of; sidetrack; extend, draw out; *iets (geleidelik) ~* phase out s.t.; *~ uit ...* ease out of ... *(public life etc.)*. **~aansig** *(tech.)* exploded view. **~tafel** extension table.

uit·skuins *uitge=* splay, flan; →UITGESKUINS. **uit= skuin·sing** splaying, flanning.

uit·skui·we →UITSKUIF. **uit·skui·wing** elimination, edging out; sidetracking; extention; *(mech.)* down= shift.

uit·skulp *uitge=* scallop; →UITGESKULP. **uit·skul·ping, uit·skulp·werk** scalloping.

uit·skuur *uitge=* scour (out); erode, wear away/out. **uit·sku·ring** erosion, wearing away.

uit·slaan *uitge=* beat/strike out; beat/stamp out *(a fire)*; knock out *(teeth etc.)*; knock/punch out *(s.o.)*; drive out *(nails)*; spread/stretch out *(wings)*; beat/hammer out *(metals)*; unfold *(a map)*; *(a rash, flames, etc.)* break out; break out in spots, get a rash; *(a wall)* sweat, efflo= resce, exude; *(bread)* become mouldy; deflect *(springs, pointers, etc.)*; →UITGESLAAN; ***iewers** ~, (infml.)* pitch up somewhere; ***koring** ~* thresh wheat by beating; ***vir** jou iets ~, (infml.)* come by something; *iem. se **voete** onder hom/haar ~* →VOET.

uit·slaap *uitge=* sleep one's fill; sleep out (*or* away from home); *jou ~* sleep enough; *jou roes ~* sleep off a de= bauch, sleep it off, sleep o.s. sober, sober up. **~aand** sleepover.

uit·slag¹ *=slae, n.* rash, eruption, itch, herpes; efflo= rescence, exudation, mouldiness; bloom *(on walls)*; result, issue, upshot, outcome; scoreline; *(tech.)* throw *(of a galvanometer etc.)*; deflection *(of springs, pointers, etc.)*; result(s) *(of an examination)*; *'n **bevredigende** ~* a satisfactory result; *'n **goeie** ~* a success; *'n **kop aan kop** ~* a close finish; *'n ~ **kry*** break/come out in a rash, come out in spots; *'n **onbesliste** ~, (cr.)* a draw; *die ~ is hoogs **onseker*** the result is wide open. **~koors** dengue fever.

uit·slag² *uitge=, vb.* cut out, hack out; kill off, slaugh= ter.

uit·sleep *uitge=* drag out, haul out. **~trekker** break= down tractor.

uit·sloof *uitge=* drudge, toil (and moil), work *(o.s.)* to death (*or* to the bone); lay/put o.s. out.

uit·sluip *uitge=* slip/slink/sneak/steal out.

uit·sluit *uitge=* lock out, bar, debar, ban, exclude, os= tracise *(s.o.)*; preclude *(doubt)*; rule out *(a possibility)*;

foreclose; except; →UITGESLUIT; ***jouself*** ~ lock o.s. out; *beskouinge/-ings wat **mekaar*** ~ mutually exclusive views; *iem. **uit** 'n plek* ~, *(also)* ban/bar s.o. from a place; *iem. **van** iets* ~ except s.o. from s.t.; exclude s.o. from s.t.. **uit·slui·tend** *-tende,* **uit·sluit·lik** *-like, adj.* exclusive; *iem se ~e taak* s.o.'s sole task; *~e voogdyskap* sole guardianship. **uit·slui·tend, uit·sluit·lik** *adv.* solely, exclusively; *iets is ~ by ... te koop/kry/vind* s.t. is exclusive to ... **uit·slui·tend·heid** exclusiveness. **uit·slui·ting** lockout; debarment, exclusion; ouster; foreclosure; excision; *die ~ van* ... the ban on ..., the banning of ...; *met ~ van* ... to the exclusion (*or* with the exception) of ..., excluding/barring ... **uit·sluit·sel** decisive answer, finality; *~ gee oor iets* pronounce (up)on s.t..

uit·slyt *uitge-* wear out; →UITGESLYT. **uit·sly·ting** wear (and tear).

uit·smee *uitge-* hammer out; draw/tag down *(metal).*

uit·smeer *uitge-* spread; smear *(a floor with cow dung).*

uit·smelt *uitge-* smelt, refine *(ore);* melt down, liquate; render *(fat).* **uit·smel·te·ry** smelting; smelthouse. **uit·smel·ting** smelting, liquation *(of ore);* melting down; rendering *(of fat).*

uit·smok·kel *uitge-* smuggle out.

uit·smyt *uitge-, (infml.)* throw/toss/chuck/bundle out, cast out; eject. **uit·smy·ter** *-ters* bouncer, strong-arm (man), muscleman, doorman; *(Du. cook.)* uitsmijter. **uit·smy·ting** ejection.

uit·sne·de *-des,* **uit·snee** *-sneë* cutout; →UITSNY. **uit·snee·kaart** cutout (map).

uit·snik *uitge-* sob (one's heart out); *iets* ~ blubber s.t. out.

uit·snuf·fel *uitge-* snoop, ferret out, pry out, nose out, scent out.

uit·snuit *uitge-* blow *(one's nose);* snuff out *(a candle).*

uit·sny *uitge-* cut (out), excise, exscind; resect; carve (out); edit out *(s.t. from a film, tape, etc.);* →UITGESNY, UITSNEDE. **~saag** jigsaw.

uit·sny·ding cutting, excision; resection; *(med.)* extirpation; *(archit.)* pocket.

uit·sny·er *-ers, (leatherwork)* clicker.

uit·soek *uitge-* choose, cull, pick out, take one's pick, hand-pick, single/sort out, select; →UITGESOEK; *soek maar uit!* take your pick!. **~buurt** select quarter *(of a town).* **~jaar** vintage year. **~manne, ~vroue** hand-picked/outstanding men/women. **~vee** selected stock.

uit·soe·ke·rig *-rige -riger -rigste* (of *meer ~ die mees -rige)* fussy, picksome, choos(e)y, fastidious; cliquish; selective; *te ~, (also)* overparticular.

uit·soe·ke·ry selection; choosing, picking (out).

uit·son·der *uitge-* except, exempt, exclude; →UITGESONDER(D); *iem. vir kritiek/straf ~* pick on s.o. *(infml.).* **uit·son·de·ring** *-rings, -ringe* exception; exemption; *(infml.)* one-off; ***by** (wyse van)* ~ by way of exception, in exceptional cases, exceptionally; *by **hoë*** ~ very rarely; *'n ~ **maak*** make an exception; ***met*** *~ van* ... excluding (*or* except[ing] for *or* with the exception of) ...; save for ...; *'n ~ op die **reël*** an exception to the rule; *die ~ bevestig die **reël*** the exception proves the rule; ***sonder*** ~ without exception; bar none; invariably.

uit·son·de·rings-: **~behandeling** VIP treatment. **~geval** exceptional case.

uit·son·der·lik *-like* exceptional, extraordinary, outstanding. **uit·son·der·lik·heid** extraordinariness, exceptionality.

uit·sor·teer *uitge-* sort out, select.

uit·spaar *uitge-* economise, save; →UITGESPAAR, UITSPARING. **~klip** *(rare)* plum (stone).

uit·span *-spanne, n.* = UITSPANNING. **uit·span** *uitge-, vb.* outspan, unharness, unyoke, unhitch; stretch out *(a rope);* spread *(sails); ('n) bietjie ~, (fig.)* take time off; *jou ~* unbend, recreate, rest o.s., take recreation. **~plek** outspan, place for outspanning, getaway *(infml.),* halting place; halfway house; *iets is anderkant iem. se ~, (rare)* s.t. is beyond s.o..

uit·span·ne·ry unharnessing, outspanning; unyoking *(of oxen).*

uit·span·ning *-nings* outspan, place for outspanning; *(rare)* recreation, relaxation, break.

uit·span·sel *(poet., liter.)* firmament, heavens, sky, welkin; *aan die ~* in the sky/heavens.

uit·spa·ring economy, saving; →UITSPAAR.

uit·spar·tel *uitge-: 'n vis laat ~* play a fish.

uit·spat *uitge-* splash/spurt out; indulge in dissipation. **uit·spat·tig** *-tige -tiger -tigste* debauched, dissipated; extravagant, excessive; loud, flashy, flamboyant, extravagant. **uit·spat·tig·heid** *-hede* extravagance, excess; showiness, flamboyance. **uit·spat·ting** *-tings, -tinge, (rare)* debauchery, dissipation, orgy, extravagance, excess; *jou aan ~ oorgee* indulge in dissipation, live a dissolute life, indulge in excesses.

uit·speel *uitge-* finish *(a game);* play, lead *(a card);* play out; play off; *(psych.)* act out *(fantasies etc.); iem. teen iem. anders ~* play off s.o. against s.o. else; *troewe ~, (cards)* play/draw trumps. **~wedstryd** play-off, sudden death; *'n ~ tussen drie* (of *met twee ander) spelers* a three-way play-off.

uit·spel *uitge-, (lit. & fig.)* spell out.

uit·speld *uitge-* pin out.

uit·spin *uitge-* spin out; elaborate; →UITGESPONNE. **uit·spin·ne·ry** padding.

uit·spit *uitge-* dig out, dig up, unearth, turn up.

uit·spoeg, uit·spu(ug) *uitge-* spit out; *(fig.)* belch out *(smoke, flames, etc.).* **uit·spoeg·sel, uit·spuug·sel** gob, spittle, s.t. spat out.

uit·spoel *uitge-* wash out, rinse; flush (out); *(med.)* irrigate; douche; be washed ashore; be laid bare *(by erosion),* erode; *iets spoel op die strand uit* s.t. washes ashore, s.t. washes up on the beach. **~goed** floatage.

uit·spoe·ling rinsing (out); erosion; *(min. etc.)* washout; *(med.)* flush(ing), lavage, douche, irrigation.

uit·spoel·sel *-sels* flotsam; driftwood.

uit·spook *uitge-, (infml.)* fight out, fight to the finish; settle by fighting; obtain by fighting; *hulle spook dit uit* they battle/fight it out; *dit met iem. ~* battle/fight it out with s.o.; have it out with s.o. *(infml.); 'n vis laat* ~ play a fish.

uit·spraak *-sprake* pronunciation, enunciation, articulation, delivery; pronouncement, utterance; finding, award, judg(e)ment, sentence, verdict; dictum; *'n ~ **bekragtig/bevestig*** uphold a decision; *oor 'n ~ **besluit*** arrive at (*or* reach) a verdict; *~ **doen/lewer*** deliver/give judg(e)ment; deliver/give/return (*or* bring in *or* hand down) a verdict; *oor ... ~ **doen*** pass judg(e)ment (up)on ...; *oor 'n saak ~ **doen*** adjudicate (on) a matter; *die **finale** ~ oor iets* the last word on s.t.; *'n ~ ten **gunste** van die eiser* a verdict for the plaintiff; *die hof doen ~ ten **gunste** van iem.* the court finds for s.o.; *oor 'n ~ **nadink*** consider a verdict; *'n **onbesliste*** ~ an open verdict; *'n ~ **onderskryf/onderskrywe*** concur in a jugd(e)ment; *iets aan 'n skeidsregterlike ~ **onderwerp*** submit s.t. to arbitration; *'n ~ **oorweeg*** consider a verdict; *met 'n ~ **saamstem*** concur in a jugd(e)ment; ***teen** iem. ~ doen* decide/find against s.o.; *die ~ **voorbehou*** reserve judg(e)ment. **~fout** mispronunciation. **~(des)kundige** *-ges* orthoepist. **~leer** phonetics, orthoepy. **~woordeboek** pronouncing/phonetic dictionary.

uit·spreek *uitge-* pronounce, enunciate; express, say, utter; find; finish speaking, have one's say; →UITGESPROKE[1]; ***bedenkings*** ~ →BEDENKING; *jou ten **gunste** van* (of ***teen***) ... ~ pronounce o.s. (*or* come out *or* declare) for/against ...; *die **h** nie ~ nie* drop the h; ***jou*** ~ speak one's mind; *'n **mening*** ~ →MENING; *jou ~ **oor*** ... give an opinion (*or* pronounce) upon ...; *'n **oordeel*** ~ →OORDEEL; *jou **teen** ... ~ →**gunste**; jou **teen** ... ~, (also)* speak (out) against ...; *'n **vonnis** oor iem.* ~ →VONNIS *n.; 'n **woord** op Engels* ~ pronounce a word as in English. **uit·spreek·baar** *-bare* pronounceable; utterable. **uit·spre·ker** utterer.

uit·sprei *uitge-* spread/stretch (out), expand, unfold, unfurl, branch out, sprawl, mushroom; →UITGESPREI(D); *iets op ... ~* spread s.t. on ... *(a blanket on the ground etc.).* **uit·sprei·ding** spreading out, expansion, unfolding, unfurling, branching out.

uit·spre·ker →UITSPREEK.

uit·spring *uitge-* jump/leap/spring out, bail/bale out *(with a parachute from a stricken aircraft);* be up and doing; jut out, project, protrude; *agter 'n bos/ens.* ~ jump/leap/pop out from behind a bush/etc.; *iem. moet* ~ s.o. has to look for work; s.o. has to be up and doing. **~kans** let-out. **~plek** way of escape, way out.

uit·sprin·gend *-gende* jutting out, projecting, protruding; *~e hoek* salient angle; *~e venster* bay window, bow window.

uit·sprin·ging *-gings, -ginge* projection.

uit·sprong *-spronge* salient (angle).

uit·spruit *uitge-* bud, shoot (up), sprout (out); tiller; pullulate; *~ uit ...* result from ..., have its origin in ... **uit·spruit·sel** *-sels* bud, shoot, sprout, sprig, tiller, offshoot, outgrowth; pullulation.

uit·spuit *uitge-* spout/spurt/squirt out; flush out; put out *(a fire);* syringe *(a wound, ears, etc.).*

uit·spu(ug), uit·spuug·sel →UITSPOEG.

uit·staan *uitge-* protrude, bulge (out); be put out *(at interest); (moneys)* be owing, be in arrear; bear, endure, stand, suffer, undergo; brook, tolerate; *iem. **kan** ... nie ~ nie* s.o. cannot bear/stand (the sight of) ...; *dit was **meer** as wat iem. kon ~* that was one too many for s.o.; *hulle kan **mekaar** nie ~ nie, (also)* there is no love lost between them; ***niks** met ... uit te staan hê nie* have nothing to do with ... **~tand** bucktooth; *~e hê* be bucktoothed.

uit·staan·baar *-bare* endurable, tolerable, bearable.

uit·staan·de *adj. (usu. attr.)* bulging, projecting, salient; owing, outstanding *(moneys); ~ **gelde*** arrears, outstandings; *~ **kake*** prognathous/prognathic jaws; *~ **ore*** prominent ears; *~ **tande*** protruding teeth; *~ **vordering*** unsettled/outstanding/unsecured claim.

uit·stal *uitge-* display, put out *(for sale);* exhibit; parade, show off; *geleerdheid ~* parade (*or* show off) learning; *uitgestal word* be on show. **~kamer** showroom. **~kas** showcase, display case. **~kuns** window-dressing, art of display. **~pakket, ~pakkie** display pack. **~venster** display/shop window.

uit·stal·ler *-lers* displayer; window-dresser.

uit·stal·ling *-lings, -linge* display; exhibit; *~s op 'n tentoonstelling* displays at an exhibition.

uit·sta·mel *uitge-* stammer (out).

uit·stamp *uitge-* knock out; push/shove out (violently), force out.

uit·stap *uitge-* alight, get off, get/step/walk out; detrain; stage a walkout; march out *(fig.); kaal ~, (infml.)* lose everything. **uit·stap·pe·ry** walkout. **uit·stap·pie** jaunt, outing, excursion, trip, tour, sally; *'n ~ doen/maak/onderneem* go on an outing; go (*or* be off) on a trip, take a trip.

uit·ste·dig *-dige* absent from (*or* out of) town. **uit·ste·dig·heid** absence from town.

uit·steek *uitge-* jut out, project, protrude; rise above; extrude; extend, hold/reach/stretch out; put out *(a tongue),* put forth, pop out; gouge; *iets steek **bo(kant)** ... uit* s.t. stands out above ...; s.t. towers above/over ...; *jou kop **by** 'n venster ~* put/stick/poke/pop one's head out of a window; *jou **hand*** ~ →HAND; *geen **hand** ~ om te ... nie* →HAND; *iem. se **oë*** ~ →OOG; *~ **oor*** ... overhang ...; *'n **vlag** ~, (a linesman etc.)* put out/up a flag; *die hand van **vriendskap*** ~ extend the hand of friendship, make a friendly gesture/overture. **~ken** underhung jaw.

uit·steek·sel *-sels* projecting part, projection; protuberance; process; jut; jag, snag.

uit·stek: *by ~* eminently; par excellence.

uit·ste·kend[1] *-kende, adj.* projecting; protruding; prominent, outstanding.

uit·ste·kend[2] *-kende, adj. & adv.* excellent, brilliant, exquisite, first-rate, splendid, superb, outstanding; *(infml.)* great, A1, A-one, A-OK, A-okay, top-notch;

'n ~e ... wees, (also) excel as a ...; *'n ~e kans hê om te wen* have an excellent (*or* a good/real) chance of winning. **uit·ste·kend·heid** excellence.

uit·stel *n.* delay, postponement, deferment; procrastination; stay, respite, extension of time; *van ~ kom **afstel*** (there is) no time like the present; procrastination is the thief of time; *~ is nog nie **afstel** nie* postponing s.t. doesn't mean it won't happen (*or* be done); *dit **duld** geen ~ nie* it brooks no delay; *~ van **eksekusie*** respite, stay of execution; *~ van **eksekusie** kry, (fig.)* live on borrowed time; *iets **sonder** ~ doen* do s.t. without delay; *~ van **vonnis*** reprieve; *~ **vra*** ask for time; *'n **week/ens.** ~* postponement for a week/etc., a week's/etc. grace. **uit·stel** *uitge=, vb.* defer, delay, postpone, put off; protract; procrastinate; temporise; hold over, hold in abeyance; suspend; stay; →UITGESTEL(D); *stel nie uit tot **môre** wat jy vandag kan besôre* →LAAT NIE OOR TOT **MÔRE** WAT JY VANDAG KAN BESÔRE; *iets tot **môre/more/ens.*** ~ postpone s.t. till/until/to tomorrow/etc.; *iets **onbepaald*** (*of vir 'n **onbepaalde tyd***) ~ postpone s.t. indefinitely; *iets vir 'n **week/ens.*** ~ postpone s.t. for a week/etc.. **~dag** *=dae* day of grace; *(also, in the pl.)* grace period. **~tarief** deferred rate.

uit·stel·ler *=lers* procrastinator. **uit·stel·le·rig** *=rige* dilatory. **uit·stel·le·ry** procrastination.

uit·stem *uitge=* vote out, oust by voting; outvote.

uit·sterf, uit·ster·we *uitge=* die out; *(animal/plant species)* disappear, become extinct; →UITGESTORWE; *aan die ~* obsolescent; moribund. **uit·ster·wend** *=wende: ~e (dier=/plant)soort* threatened/endangered (animal/plant) species. **uit·ster·wing** dying, dwindling, extinction.

uit·stip·pel *uitge=* outline, line out, map/sketch out, chart, plot, chalk out.

uit·stoel *uitge=, (bot.)* stool, shoot, tiller, stool out/forth; *(infml.)* lose one's figure. **uit·stoe·ling** tillering, shooting, stooling.

uit·stof *uitge=* beat/dust out; beat, outrival, outplay, top; outfight; *(infml.)* put in the shade, run rings around; *'n teenstander behoorlik/deeglik ~, (infml.)* beat an opponent soundly.

uit·stoom *uitge=, (a ship)* steam out *(to sea); (a train)* draw/pull/steam out *(from a station);* dry-clean *(clothes),* give a dry-cleaning.

uit·stoot *uitge=* push/shove/thrust out; push up; belch forth *(smoke);* expel, ostracise, turn out, evict, oust, eject *(from);* ejaculate, utter *(cries, yells); (biol.)* exsert; extrude; *jou bors ~* →BORS; *jou bors ~ oor ...* take pride in ...; *voelhorings ~, (fig., rare)* →**VOELERS** UITSTEEK. **uit·sto·ting** *=tings, =tinge* expulsion, ousting; extrusion.

uit·storm *uitge=* storm/rush/dash out, sally; *iem. het die kamer uitgestorm* s.o. stormed out of the room; *by 'n winkel/ens. ~* storm/rush/dash/bolt out of a shop/etc..

uit·stort *uitge=* pour out; disgorge; waste, spill; shed *(blood); (a river)* empty, discharge *(itself),* debouch, disembogue *(itself) (into the sea etc.); jou hart ~* →JOU HART LUG/UITPRAAT/UITSTORT. **uit·stor·ting** *=tings, =tinge* effusion, outpour, pouring out; emission, ejaculation; *~ van bloed* h(a)emorrhage; *~ van bloed in die harsings* effluxion/extravasation of blood to the brain; *~ van die Heilige Gees, (Chr. theol.)* descent/outpouring of the Holy Spirit/Ghost.

uit·sto·ting →UITSTOOT.

uit·stot·ter *uitge=* stammer/jerk out.

uit·straal *uitge=* beam forth, emanate; emit, give out, radiate, irradiate *(heat, light, love, etc.);* telecast; →UITSTRALINGS=; *~ van ...* emanate/issue/radiate from ... **~punt** *(neurology)* ganglion. **~vermoë** →UITSTRALINGSVERMOË. **uit·stra·lend** *=lende* irradiant; emissive; radioactive. **uit·stra·ler** *=lers* radiator; telecaster. **uit·stra·ling** emanation, emission, radiation, eradiation, irradiation; radiant heat; telecast(ing).

uit·straat *uitge=* pave; face with stones; revet; →UITGESTRAAT.

uit·stra·lings=: **~hitte** radiant heat. **~punt** radiating point; radiant *(of meteors).* **~pyn** referred pain, synalgia. **~teorie** theory of radiation. **~vermoë, uitstraalvermoë** radiating capacity/power, radiation. **~vlak** radiating surface. **~warmte** radiant heat.

uit·strek *uitge=* expand; stretch out *(the hands);* spread; *(zool.)* porrect; extend/reach to; →UITGESTREK; *jou ~* stretch o.s. out; *jou hand na iem. ~* →HAND. **uit·strek·king** expansion, extension.

uit·stro·ming →UITSTROOM.

uit·strooi *uitge=* scatter, sow, strew; circulate, spread *(rumours);* disseminate; broadcast *(seed).* **uit·strooi·er** *=ers* disseminator. **uit·strooi·ing** sowing; spreading *(of rumours);* dissemination; broadcasting *(of seed).* **uit·strooi·sel** *=sels* false report, rumour.

uit·stroom *uitge=* gush/pour/rush/stream out/forth, disembogue, emanate; *uit die saal ~, (audience members)* pour (*or* come pouring) out of the hall. **uit·stro·ming** emanation, issue, effluence, outflow, effusion, efflux, gush, discharge.

uit·stry *uitge=* fight/have it out; argue out.

uit·stryk *uitge=* iron out; smooth out; sort out *(problems).* **uit·stry·king** smoothing out.

uit·stu·deer *uitge=* complete one's studies.

uit·stulp *uitge=* evaginate. **uit·stul·ping** *=pings, =pinge* evagination.

uit·stuur *uitge=* steer out *(of port);* send out, dispatch, order *(s.o.)* out *(of a room),* dismiss; emit, broadcast *(electromagnetic waves etc.);* draft; issue.

uit·styg *uitge=: bo(kant) iets ~* rise above s.t.; tower above/over s.t.; *bo die massa ~* stand out from the crowd.

uit·suig *uitge=* suck (out); *(fig.)* exploit, bleed, suck, sweat *(labourers);* drain, eat up, squeeze dry, impoverish *(a country);* extort *(money);* skin, shark. **uit·sui·er** extortioner, bloodsucker, exploiter, sweater, vampire, bleeder. **uit·sui·e·ry** extortion, sweating, exploitation. **uit·sui·ging** sucking-out; extortion.

uit·suip *uitge=* suck out *(a cow);* squander on booze *(one's earnings); die kalf het (die koei) uitgesuip* the calf has sucked the cow dry; *die koeie het uitgesuip, (infml.)* the calves have got at the cows.

uit·sui·wer *uitge=* purge, eliminate. **uit·sui·we·ring** *=rings, =ringe* purging, purge, elimination.

uit·swaai *uitge=* swing out, centrifug(at)e; open outward(s). **~bal** outswinger. **~deur** outward-opening door. **~masjien, uit·swaai·er** centrifuge; honey extractor.

uit·swa·(w)el *uitge=* sulphur, fumigate (with sulphur).

uit·sweer *uitge=* fester out.

uit·sweet *uitge=* sweat out, transpire; ooze out, exude; bleed. **~stof** exudate.

uit·swel *uitge=* swell (out), bulge (out), expand, dilate; *(geol.)* surge (up), blow.

uit·swem *uitge=* swim out; *die swemmers moet ~ vir 'n plek in die finaal* the swimmers have to compete in a swim-off for the final.

uit·swenk *uitge=* swerve away/out; *(golf)* slice; *(cr.)* swing out. *vir iem./iets ~* swerve to avoid s.o./s.t.. **~bal, uitswenker** outswinger. **~hou, uitswenker** *(golf)* slice. **uit·swen·king** outswing.

uit·swerm *uitge=, (bees)* swarm (off); *(troops)* disperse, fan out. **uit·swer·ming** swarming off; dispersing, fanning out *(of troops).*

uit·swe·ting transpiration; exudation; guttation; →UITSWEET.

uit·sy·fer[1] *uitge=* figure out. **uit·sy·fe·ring** computation, calculation.

uit·sy·pel, uit·sy·fer[2] *uitge=* ooze/trickle/seep out, exude. **uit·sy·pe·ling, uit·sy·fe·ring** oozing/trickling/seeping out; exudation; *(pathol., geol.)* extravasation; (effluent) seepage, effusion.

uit·tand *adj.* with teeth (*or* a tooth) missing; gap-toothed. **uit·tand** *uitge=, vb.* indent; *(needlework)* pink; jag *(an edge);* →UITGETAND. **~skêr** pinking scissors/shears.

uit·tan·ding indentation; pinking; jagging.

uit·tap *uitge=* draw (off) *(liquid),* tap.

uit·tart *uitge=* challenge, defy, provoke, cheek, hurl defiance at, bait; taunt; *erg uitgetart word* be greatly/severely provoked, suffer great/severe provocation. **uit·tar·tend** *=tende* provocative, provoking. **uit·tar·ter** *=ters* provoker, teaser, tantaliser. **uit·tar·ting** *=tings, =tinge* challenge, defiance, provocation, bravado, baiting; taunt; *kwaai ~ verduur* suffer great/severe provocation.

uit·teer[1] *uitge=* pine/waste away, emaciate; atrophy; wither; macerate; →UITGETEER(D). **uit·te·rend** *=rende* wasting *(disease),* tabetic, tabid. **uit·te·ring** emaciation, pining/wasting away, wasting; inanition; *(spinal cord)* tabefaction, tabes; atrophy *(of a limb, organ, etc.); (med.)* cachexy, cachexia.

uit·teer[2] *uitge=* tar.

uit·te·ken *uitge=* delineate, draw, picture, portray; *(math.)* plot; sign out *(upon leaving a hotel etc.); tot op die voete ~* make a full-length portrait; portray in a lifelike manner.

uit·tel[1] *uitge=* count out; *uitgetel word, (boxing)* take the count. **~rympie** counting-out rhyme.

uit·tel[2] *uitge=* lift out.

uit·te·ling *(biol.)* outbreeding.

uit·te·rend, uit·te·ring →UITTEER[1].

uit·tik *uitge=* type out.

uit·tip·peks *uitge=* Tipp-Ex out.

uit·toets *uitge=* = TOETS.

uit·tog departure, exodus; flight; sally; egression; *'n hele ~* quite an exodus; *die ~ uit ...* the exodus from ...

uit·tol *uitge=* pay out, veer *(rope),* veer out.

uit·tor·ring *uitge=* fray; unstitch, rip; become unstitched.

uit·trap *uitge=* tread/stamp out *(a fire);* ease *(shoes)* by wearing; *(infml.)* scold, berate, tell/tick off, give a dressing-down/talking-to/earbashing/earful, bawl out, lash/tear into, haul over the coals; kick out; declutch *(gears);* denude, trample, lay bare *(veld);* →UITGETRAP; *iem. verskriklik* (*of van 'n kant af*) *~, (infml.)* come down on s.o. like a pile/ton of bricks, give s.o. the tongue-lashing of his/her life.

uit·tre·de *=des,* **uit·tre·ding** *=dings, =dinge* retirement, resignation, withdrawal, quitting; *by iem. se ~* on s.o.'s retirement; on s.o.'s withdrawal; *iem. se ~ as ...* s.o.'s retirement as ... *(president etc.); iem. se ~ uit ...* s.o.'s retirement from ...; s.o.'s withdrawal from ...

uit·tre·dend *=dende* outgoing.

uit·tre·dings=: **~annuïteit** →UITTREEANNUÏTEIT. **~hoek** *(opt.)* angle of emergence. **~parade** passing-out parade.

uit·tree *uitge=* retire *(from business);* resign *(one's membership);* withdraw *(from a meeting);* step out, opt out, quit, fall out, bow out, go out; →UITGETREDE, UITTREDEND; *~ as ...* retire as ... *(president etc.).* **~annuïteit, uittredingsannuïteit** retirement annuity. **~loon** severance pay. **~pakket** retrenchment package; *'n groot ~ kry* get a golden handshake; *iem. 'n groot ~ gee* give s.o. a golden handshake.

uit·trek *uitge=* pull out *(nails);* extend *(a table);* draw (out), elicit, educe; undress, strip; extract *(teeth etc.);* abstract; pull off, remove *(boots);* take off, discard, doff *(clothes);* withdraw *(money);* move out *(of one's parents' home etc.); (an army etc.)* march/go out, take the field, sally forth; unstop *(an organ stop);* excerpt; →UITGETREK; *jou vir 'n **ander** ~* make sacrifices for s.o. else; *'n miljoen op die **begroting** ~* →BEGROTING; *'n som **geld** ~* appropriate/earmark (*or* set aside) a sum of money; *jou **hare** ~* tear one's hair; worry one's life out; ***jou** ~* take off one's clothes, undress, get undressed; *jou **kaal** ~* take off all one's clothes, get completely undressed, strip to the buff *(infml.); iem. **kaal** ~, (lit.)* strip s.o. (naked); *(fig., infml.)* strip s.o. (naked), clean s.o. out, take s.o. to the cleaners; *jou **klere** ~* →KLERE; *uit iets **kop** ~* →KOP *n.; ~ **op** ...* march out on ... *(an expedition); iem. se siel ~* →SIEL; *moenie jou ~ voor jy gaan **slaap** nie, (idm.)* don't give everything to your heirs while you're living. **~(borduur)werk**

drawn-thread work/embroidery. ~**tafel** extension/extending table, leaf table.

uit·trek·baar *-bare adj.* extractable; extractive; pull-out.

uit·trek·ker extractor.

uit·trek·king *-kings, -kinge* extraction, evulsion; appropriation, provision; withdrawal.

uit·trek·sel *-sels* extract *(of herbs);* abridg(e)ment, précis, abstract, digest, excerpt, extract, selection; epitome *(of a book);* (certified) copy *(of an account, statement, etc.); (jur.)* headnote; *'n ~ uit ...* an excerpt from ...; *(also, in the pl.)* a selection from ...; *'n ~ uit 'n film/rolprent* a film clip; *'n ~ uit iets maak* excerpt *(or* make an excerpt) from s.t..

uit·trom·mel *uitge-* drum up.

uit·trom·pet(·ter) *uitge-* blaze abroad, blazon (out), trumpet forth.

uit·troon *uitge-* stand out; *bo(kant) ... ~* stand out above ...; tower above/over ...

uit·trou *uitge-* marry off, give in marriage.

uit·vaag·sel *-sels* dregs, riffraff, scourings, scum, sweepings, throw-out(s); *die ~(s) van die samelewing* the dregs of society.

uit·vaar *uitge-* set sail, sail (out), put to sea; blaze/fly out, bluster, rant, storm, declaim, fulminate; *teen ... ~* fulminate/rage/rail/rave against ... **uit·vaart** *-vaarte* departure; funeral, obsequies; quietus; *(fig.)* end, drawing to a close *(of the year etc.).* **uit·va·rend** *-rende* outward bound. **uit·va·ring** fulmination.

uit·vaar·dig *uitge-* issue *(an order);* promulgate *(a decree);* enact *(a law).* **uit·vaar·di·ger** *-gers* promulgator. **uit·vaar·di·ging** *-gings, -ginge* issue, promulgation, decree, enactment, issuance.

uit·val *-valle, n., (mil.)* sally, sortie; thrust; attack; outburst, quarrel, squabble, fight; *(infml.)* falling-out, barney, tiff; *(fencing)* lunge, pass; *'n ~ **doen**, (obs., rare)* make a sally/sortie; ***geestige** ~* witty sally, witticism; *'n ~ met iem. **hê*** have a quarrel/barney *(or* fall out) with s.o.; *'n groot/hengse ~ **hê**, (also, infml.)* have a humdinger of a row; *die **hoek** van ~* →HOEK; *die ~ **tussen** A en B* the quarrel between A and B. **uit·val** *uitge-, vb.* drop/fall out, straggle; *(hair)* fall out, come off; make a sally/sortie; flare up, fly out; be defeated; lose an election; *iets val **goed/sleg** uit* s.t. turns *(or [infml.]* pans) out well/badly; *iem. se **hare** is aan die ~* →HAAR[1] *n.; iem se **oë** val amper uit van verbasing* →OOG; *~ **teen** ...* inveigh against ...; *die **trein** van 07:00 val uit, (rare)* the 07:00 train is cancelled. ~**grond** odd piece of land, odd lot. ~**kompetisie** knockout competition. ~**poort(jie)** *(mil., hist.)* sallyport.

uit·val·lend *-lende* falling *(hair);* deciduous *(leaves).*

uit·vals·hoek *(phys.)* angle of reflection.

uit·vang *uitge-* catch out; *(cr.)* catch, dismiss; cull *(sheep).* ~**dier** cull, throw-out.

uit·va·rend, uit·va·ring →UITVAAR.

uit·vars *uitge-* desalt, desalinate; freshen; leach out, lixiviate; →UITGEVARS. **uit·var·sing** desalting, desalination.

uit·vat *uitge-, (infml.)* take out; dress up, deck out, preen o.s.; →UITGEVAT; *jou ~* put on one's finest array, deck o.s. out; *jou in ... ~* attire o.s. *(or* rig o.s. out) in ...

uit·vee *uitge-* wipe out, erase, expunge, blot out; sweep out *(a room);* wipe *(one's eyes);* sponge; efface; *voor iem. sy/haar oë kon ~* →OOG; *jou oë van verbasing ~* rub one's eyes in astonishment. **uit·ve·ër** *-veërs* eraser, rubber.

uit·veg *uitge-: hulle veg dit uit* they battle/fight it out; *dit met iem. ~* battle/fight it out with s.o.; *'n verkiesing(stryd) ~* fight an election.

uit·veil *uitge-* offer *(or* put up) for sale *(or* at [an] auction).

uit·verf *uitge-* paint out; paint *(a room).*

uit·ver·huur *het ~* lease.

uit·ver·kies *het ~* single out, choose; predestine; →UITVERKORE. **uit·ver·kie·sing** election; predestination.

uit·ver·koop *-kope,* **uit·ver·ko·ping** *-pings, -pinge, n.* (clearance) sale; sell(ing)-out, sell-off; *finale ~* final sale, closing-down sale; *'n ~ van linne-/witgoed* a white sale. **uit·ver·koop** *het ~, vb.* sell off, clear *(stock),* sell out; sell up; *die **boek** is ~* the book is sold out *(or* out of print); *die **handelaar** is ~* the retailer is out of stock; *'n ~te **konsert/ens.*** a sold-out concert/etc.; *die **saal** is ~* it's a full house. ~**prys** sale/clearance price.

uit·ver·ko·re *adj.* chosen, elect, select; predestined; →UITVERKIES; *~ seun* favourite son; *die ~ volk* the chosen people. **uit·ver·ko·re·ne** *-nes, n.* chosen one, favourite, elect; sweetheart; *(also, in the pl.)* the elect. **uit·ver·ko·ren·heid** predestination.

uit·vier *uitge-* veer/pay out *(a cable);* ease out *(a rope);* celebrate; *die ou jaar ~* see out the old year.

uit·vind *uitge-* invent; dream up, contrive, devise; find out, discover *(a culprit); weer/opnuut ~* reinvent; *die wiel van voor af ~, die wiel weer (probeer) ~, (infml., often derog.)* reinvent the wheel. **uit·vin·der** *-ders* inventor; deviser, contriver; coiner, minter; artificer; boffin. **uit·vin·ding** *-dings, -dinge* invention; device, gadget. **uit·vind·sel** *-sels* invention, contrivance, device, gadget; *iets is iem. se eie ~* s.t. is (of) s.o.'s own invention.

uit·vis *uitge-* fish out *(lit. & fig.);* ferret out, hunt out, nose out, scent out, spy. **uit·vis·se·ry** *(infml.)* fishing expedition.

uit·vlak *uitge-, (a recession etc.)* bottom out; *(rare)* erase, wipe out.

uit·vlieg *uitge-* fly out, stretch the wings; dash out.

uit·vloei *-vloeie, n.* effluent. **uit·vloei** *uitge-, vb.* flow out; issue, result; exude; discharge. **uit·vloei·end** *-ende* effluent. **uit·vloei·ing** flowing out, effusion, effluxion; *(geol.)* extrusion; issue. **uit·vloei·sel** *-sels* consequence, outcome, result; issue; *(biol.)* exudate; effluent, effusion, discharge; *(vet.)* gleet; entailment; *'n ~ van ..., (also)* a corollary to/of ...

uit·vloek *uitge-* curse, swear at, revile.

uit·vloer *uitge-* floor *(a room),* cover with a floor.

uit·vlok *uitge-* flake (away/off), flocculate. **uit·vlok·king** flocculation.

uit·vlug *-vlugte, n.* excuse, evasion, loophole, equivocation, dodge, pretext, prevarication, shift, shuffle, subterfuge, cop-out *(sl.); (also* uitvluggie*)* getaway *(infml.); ~te soek* prevaricate, equivocate; *(infml.)* look for loopholes, beat about the bush. **uit·vlug** *uitge-, vb.* escape (from). ~**soeker** prevaricator, twister.

uit·voer[1] *n. (no pl.)* export(s), exportation; effectuation, execution; *'n land se ~* the exports of a country; *iets ten ~ bring* give effect to s.t., execute s.t., carry out s.t., implement s.t. **uit·voer** *vb.* export *(goods);* execute *(an order);* carry out *(a plan),* carry into effect, complete, consummate, put into execution; fulfil *(a promise);* honour *(an agreement);* implement *(a contract, treaty);* perform *(music, a task);* administer, enforce *(the law); (comp.)* run; →UITVOERBAAR, UITVOERDER, UITVOEREND, UITVOERING; *iets na 'n **ander land** ~* export s.t. to another country; *'n **bevel** ~* →BEVEL; *iets **netjies** ~* finish s.t. neatly, make a good job of s.t.; ***niks** ~ nie* do nothing; accomplish nothing; *'n **proefneming** ~* →PROEFNEMING; ***wat** voer jy uit?* what are you doing?, what are you about?. ~**artikel** article for export. ~**belasting** = UITVOERREG. ~**druif** export grape. ~**goedere** = UITVOERWARE. ~**handel** export trade. ~**hawe** port of export(ation), harbour of exportation. ~**mark** export market. ~**oorskot,** ~**surplus** export surplus. ~**premie** export bounty/subsidy. ~**produk** article for export. ~**reg** export duty, tariff duty. ~**surplus** →UITVOEROORSKOT. ~**uitskot** export rejects. ~**verbod** embargo (on export), prohibition of export(ation). ~**vergunning** export licence. ~**ware** exports, articles for export, export goods.

uit·voer[2] *uitge-* line; *iets met ... ~* line s.t. with ... *(a garment with silk, a drawer with paper, etc.).*

uit·voer·baar *-bare* feasible, practicable, workable, executable, achievable; exportable. **uit·voer·baar·heid** feasibility, practicability, practicableness, workableness; exportability.

uit·voer·der *-ders* executor; performer; exporter, shipper.

uit·voe·rend, uit·voe·rend *-rende* executive; *(anat.)* efferent; performing *(arts); ~e **amptenaar/beampte*** executive (officer); *~e **direkteur*** executive director; *~e **funksie*** executive function; *~e **komitee*** executive (committee); *~e **kunste*** performing arts; *~e **kunstenaar*** performer; *~e **offisier**, (navy)* executive officer; *~e **raad*** executive council.

uit·voe·rig *-rige, adj.* ample *(discussion);* circumstantial, detailed *(account);* full *(particulars);* comprehensive, minute *(description);* copious *(notes);* discursive *(article);* lengthy *(consideration);* elaborate *(treatment);* exhaustive *(index); 'n ~e beskrywing van iets gee* give a detailed *(or* blow-by-blow) account/description of s.t.. **uit·voe·rig** *adv.* fully, at length, in detail, copiously, elaborately. **uit·voe·rig·heid** ampleness, copiousness, ful(l)ness, particularity, minuteness.

uit·voe·ring *-rings, -ringe* execution, performance *(of one's duty, of music, etc.); (mus.)* rendering, rendition; administration, enforcement *(of a law);* implementation *(of a contract, treaty, etc.);* finish, workmanship *(of a piece of furniture etc.);* recital; construction; execution *(of a sentence);* pursuance; fulfilment; ***aan** iets ~ gee* give effect to s.t.; act (up)on s.t. *(a proposal etc.);* carry out s.t., execute s.t., put s.t. into execution; *'n ~ **gee*** give a recital; ***reg** van ~* performing right; *in die ~ **van** sy/haar ...* in the performance of his/her ... *(duty etc.).*

uit·vou *uitge-* fold out. ~**blad** foldout, gatefold *(in a book, magazine).*

uit·vra *uitge-* ask out, invite *(for dinner);* catechise, (cross-)examine, interrogate, *(infml.)* pump, draw, question; sift; sound; *iem. oor iets ~* question s.o. about/on s.t.; *van ~ is die tronk vol (en die kerk leeg)* curiosity killed the cat, ask no questions and you will hear no lies; →VAN NUUSKIERIGHEID IS DIE TRONK VOL. **uit·vra·e·rig** *-rige* inquisitive, indiscreet in one's questioning.

uit·vreet *uitge-* eat away/out, erode; corrode *(metals);* fret *(metals); (infml., coarse)* abuse, scold, berate, paste, chew out, tell/tick off, give a dressing-down/talking-to/earbashing/earful, bawl out, lash/tear into, haul over the coals. **uit·vre·ting** corrosion, eating away.

uit·vroe·tel *uitge-* scrape out, burrow out, rummage out; wriggle out.

uit·vryf, uit·vry·we *uitge-* rub out; →UITGEVRYF; *jou oë ~ (van verbasing)* rub one's eyes (in amazement).

uit·waai *uitge-* blow out; be blown out; fan, winnow; rush out; *(a flag)* flutter in the wind; *by iets ~* breeze out of s.t.; *niks met iem./iets uit te waai hê nie, (infml.)* have nothing to do with s.o./s.t.; *iem. het niks daarmee uit te waai nie, (also, infml.)* it is none of s.o.'s business.

uit·waai·er *uitge-* fan out.

uit·waarts *-waartse, adj.* outward; outward-going/looking *(policy); ~e beweging* outward movement; *~e draaiing* supination. **uit·waarts** *adv.* outward(s), away; *~ gedraai* supine.

uit·wan *uitge-* winnow *(chaff from grain).*

uit·was[1] *-wasse, n.* protuberance, excrescence, outgrowth, morbid growth; *(bot.)* tuberosity; *(med.)* vegetation, polypus. **uit·was·send** *-sende* excrescent.

uit·was[2] *uitge-, vb.* wash (out), swab (out); bathe *(wounds);* scour *(wool).* **uit·was·sing** washing out; *(min.)* elutriation.

uit·wa·sem *uitge-* emanate; evaporate; perspire; exude, exhale, give off *(odours); (plants)* transpire. **uit·wa·se·ming** emanation, evaporation, exhalation, effluvium, exudation, perspiration; transpiration *(of plants).*

uit·wa·ter *uitge-* drain into; flow into, discharge into, debouch, disembogue.

uit·wed·stryd *-stryde* away match; *'n ~ speel* play away.

uit·week *uitge-* soak out *(spots etc.).*

uit·ween *uitge-* = UITHUIL.

uit·weg *uitweë* way out, outlet; escape, expedient, loophole, get-out *(infml.)*; bolt hole; *al ~ wat iem. het, iem. se* ***enigste*** *~* s.o.'s only resort; *daar is geen* ***ander*** *~ nie* there is no alternative; *daar is* ***geen*** *~ nie* there is no escape; *as* ***laaste*** *~* as a (*or* in the) last resort; *die* ***maklik(st)e*** *~ kies* take the easy way out of s.t., go for the soft option.

uit·wei *uitge-* digress, descant, divagate; *oor iets ~* hold forth on s.t., dilate/expatiate (up)on s.t.; elaborate/enlarge/expand (up)on s.t.. **uit·wei·dend** *-dende* digressing; elaborating, expanding. **uit·wei·ding** *-dings, -dinge* digression, expatiation, divagation, dilatation.

uit·wen·dig, uit·wen·dig *-dige, adj.* exterior, external, outward; extrinsic; *vir ~e* ***gebruik*** for outward/external application, not to be taken; *~e* ***inspeksie*** visual inspection; *~e* ***oor*** external ear; *~e* ***skelet*** exoskeleton; *~e* ***voorkoms*** outward appearance. **uit·wen·dig, uit·wen·dig** *adv.* outwardly, externally; superficially; *iets ontstaan ~* s.t. is exogenous. **uit·wen·dig·heid** exterior, externals.

uit·werk *uitge-* work out *(a sum)*; elaborate *(a scheme)*; labour *(a point)*; develop *(an idea)*; calculate *(a quantity)*; carve, work *(a design)*; work up *(notes)*; squeeze out, hustle out, oust *(a pers.)*; bring about, effect; cease fermenting; →UITGEWERK; *jou eie heil ~* work out one's own salvation. **uit·wer·king** working-out, elaboration; effect, result; action, reaction; *'n ~* ***hê*** take effect; *iets* ***het*** *'n ~* ***op*** ... s.t. has an effect on ...; s.t. has repercussions on ...; s.t. acts (up)on ...; s.t. has an impact (up)on ...; *die ~* ***op*** ... the effect(s) on ...; *'n* ***remmende*** *~ op ... hê* act as a brake on ...; *iets is* ***sonder*** *~* s.t. is ineffectual, s.t. has (*or* is to) no effect; *'n* ***verwoestende*** *~ op iets hê* play/wreak havoc with s.t.; *'n* ***wonderlike*** *~ hê* work marvels/wonders. **uit·wer·kings·af·stand** effective range.

uit·werp *uitge-* cast out, eject, expel, throw out; excrete; →UITGEWORPE; *die anker ~* drop (the) anchor; *duiwels ~* cast out (*or* exorcise) devils; *nette ~* cast/shoot/throw nets. **uit·wer·pe·ling** *-linge* pariah, outcast. **uit·wer·pend** *-pende* ejective, discharging. **uit·wer·per** *-pers* ejector. **uit·wer·ping** *-pings, -pinge* casting-out; ejection, expulsion, ejectment. **uit·werp·sel** *-sels* excrement; *(also, in the pl., biol.)* faeces, excreta; frass; *(geol.)* ejecta(menta).

uit·wied *uitge-, (rare)* weed out. **uit·wie·ding** *(rare)* weeding out.

uit·wig *uitge-* wedge out.

uit·wik·kel *uitge-* prise out; disengage. *jou uit ... (uit)wikkel* →JOU UIT ... **LOSWIKKEL**. **uit·wik·ke·ling** prising out; disengagement.

uit·wiks *uitge-, (infml.)* beat, thrash.

uit·win *uitge-, (jur.)* evict *(a tenant)*; excuss *(a debtor)*. **uit·win·ning** *-nings, -ninge, (jur.)* eviction; excussion.

uit·win·ter *uitge-* hibernate.

uit·wip *uitge-* nip/skip/whip/whisk/jump out; go out, pop out; oust, chuck out.

uit·wis *uitge-* blot/wash/wipe out, efface, delete, erase, clear, expunge, obliterate; cancel *(a debt)*; exterminate; wipe off/from the face of the earth; →UITGEWIS; *jou spore ~* →SPOOR[1] *n.*. **uit·wis·baar** *-bare* effaceable, erasable. **uit·wis·ser** *-sers* eraser; exterminator. **uit·wis·sing** *-sings, -singe* effacement, erasure, expunction, obliteration, wipeout; extinction *(of a debt)*; extermination. **uit·wis·sings·kamp** death/extermination camp. **uit·wis·toets** *(comp.)* delete key.

uit·wis·sel *uitge-* exchange *(prisoners of war)*; interchange *(ideas)*; cash, clear *(a cheque)*; *iets vir ... ~* exchange s.t. for ... **uit·wis·sel·baar** *-bare* interchangeable; cashable. **uit·wis·se·ling** exchange, interchange; cashing; reciprocation; *(genet.)* crossing-over.

uit·woed *uitge-, (often refl.)* cease raging, subside, abate, spend itself; *... het (hom) uitgewoed, (the fire)* ... has burnt itself out; *(the elephant etc.)* ... has vented its rage; *(the storm)* ... has spent itself (*or* blown itself out); *(jou) ~* blow o.s. out; rage/wear/work o.s. out, spend o.s..

uit·woel *uitge-* burrow/root up *(a tree)*; *(infml.)* chase out; *(infml.)* rouse from sleep, rout out, get up and out.

uit·woon *uitge-, (a student etc.)* be (a) non-resident; *(rare)* bring into disrepair *(a house)*; →UITGEWOON(D). **uit·wo·nend** *-nende* non-resident.

uit·wring *uitge-* squeeze/wring out, mangle; extort.

uit·wyk *uitge-* step/turn aside, give way; bypass; pull out, swerve; dodge; emigrate, go into exile, expatriate; evacuate; deviate; deflect; →UITGEWEKE; *iets laat ~* divert s.t.; *na ... ~* retreat to ...; *uit ... ~* defect from ... *(a country etc.)*. **~kanaal** bypass channel. **~landing** diversionary landing. **~lyn, ~spoor** bypass line, loop (line), avoiding line. **~pad** detour, bypass. **~spoor** →UITWYKLYN.

uit·wy·king turning aside, giving way; bypass; emigration; amplitude; deviation, displacement, side motion; jog *(of a line)*; deflection; diversion. **uit·wy·kings·hoek** *(phys.)* angle of deviation.

uit·wys *uitge-* point out, show; designate; endorse out; *(sport)* sight; *(cr.)* give out; prove; decide, pass judg(e)ment; banish, expel; →UITGEWYS; *die tyd sal dit ~* time will show. **uit·wy·sing** *-sings, -singe* expulsion. **uit·wy·sings·be·vel** declaratory order.

uit·zoem *uitge-, (phot.)* zoom out.

ui·vor·mig *-mige* onion-shaped; *'n ~e koepel, (archit.)* an onion dome.

U·jung Pan·dang *(geog.; formerly* Makassar*)* Ujung Pandang.

u·ke·le·le *-les, (a small four-stringed guitar)* ukulele.

u·laan *ulane, (mil. hist.: a lancer)* u(h)lan.

u·lex·iet *(min.)* ulexite.

ul·kus *-kusse, (pathol.)* ulcer; →ULSEREER.

ull·man·niet *(min.)* ullmannite.

Ul·pi·a·nus *(3rd cent. Rom. jurist)* Ulpian.

ul·se·reer *geül-, (pathol.)* ulcerate; →ULKUS. **ul·se·ra·sie** ulceration.

ul·ster *-sters, (an overcoat)* ulster.

ul·ti·ma·tum *-tums* ultimatum; *aan iem. 'n ~ stel* deliver an ultimatum to s.o., present s.o. with an ultimatum.

ul·tra *-tras, n.* extremist, out-and-outer. **ul·tra** *adv.* excessively, extremely, too, hyper-; →ULTRA VIRES. **~äktief, ~-aktief** *-tiewe* ultra-active. **~basies** *-siese, (geol.)* ultra-basic. **~filtrasie, ~filtrering** ultrafiltration. **~glad** *-gladde* ultraplain *(sheep)*. **~hoog** *-hoë* ultrahigh *(frequency)*. **~klank** →ULTRAKLANK. **~konserwatief** *-tiewe, adj.* ultraconservative. **~kort** *(rad.)* ultrashort *(wave)*. **~links** *-linkse, (pol.)* ultraleft. **~-Marxisties, ~marxisties** *-tiese* ultra-Marxist. **~maryn** *-ryne, n., (pigment, colour)* ultramarine. **~maryn** *~, adj.* ultramarine, sky blue. **~mikroskoop** *-skope* ultramicroscope. **~mikroskopies** *-piese* ultramicroscopic. **~modern** *-derne* ultramodern; *(attr.)* state-of-the-art, leading-edge *(software, system, etc.)*. **~montaans** *-taanse, adj., (on the other side of the mountains, esp. the Alps)* ultramontane. **~regs** *-regse, (pol.)* ultraright. **~sentrifuge, ~swaaimasjien, ~swaaier** ultracentrifuge. **~snel** *-snel(le)* high-speed. **~sonies** *-niese* ultrasonic, supersonic; *~e klankgolwe, (med.)* ultrasound. **~sonika** *(phys.)* ultrasonics. **~sonoor** *-sonore* ultrasonorous. **~struktuur** *(biol.)* ultrastructure.

ul·tra·klank *(med.)* ultrasound. **~golwe** *(pl.), (med.)* ultrasound. **~oordraer, ~transduseerder** ultrasound transducer. **~skandeerder, ~aftaster** ultrasound scanner. **~skandering, ~aftasting** ultrasound scan.

ul·tra·vi·o·let, ul·tra·vi·o·let ultraviolet. **~behandeling** sunray treatment. **~beskerming** ultraviolet protection. **~lamp** *-lampe* ultraviolet lamp, sun lamp. **~straal** *-strale* ultraviolet ray.

ul·tra vi·res *(Lat., jur.)* ultra vires; →BUITEMAGTIG. **~ ~-besluit** *-sluite* ultra vires decision.

u·lu·leer *geü-, (howl, wail)* ululate. **u·lu·le·ring** ululation.

U·lys·ses *(Rom. myth.)* Ulysses; →ODUSSEUS.

um·bel·li·feer *-fere, (bot.: celery, parsley, carrots, etc.)* umbellifer; *U~fere* Umbelliferae.

um·bo·naat *-bonate, adj., (rare, bot. etc.: with a knob)* umbonate.

Um·bri·ë *(geog.)* Umbria. **Um·bri·ër** *-briërs, n.* Umbrian. **Um·bries** *n., (extinct lang.)* Umbrian. **Um·bries** *-briese, adj.* Umbrian.

um·do·ni *-ni's, (Zu., bot.: Syzygium cordatum)* umdoni; →WATERBESSIEBOOM.

Um·kho·nto we Si·zwe *(Xh.: the Spear of the Nation, the former armed wing of the ANC)* Umkhonto we Sizwe.

um·laut *-laute, (orthography)* umlaut, vowel mutation/change.

um·sim·bi·thi *-thi's,* **om·sam·beet** *omsambete, (Ngu., bot.: Millettia grandis)* umzimbeet, umzimbit(h)i.

Um·ta·li *(geog., hist.)* Umtali; →MUTARE.

um·tha·ka·thi *-thi's, (Ngu.: wizard)* tagati.

uM·zi·li·ka·zi *(Zu.),* **Mo·se·le·ka·tse** *(So.), (founder of the Ndebele people)* (u)Mzilikazi, Moselekatse, Mosilikatze.

u·na·niem *-nieme* unanimous, of one accord. **u·na·ni·mi·teit** unanimity.

Un·cle Sam *(infml.: the US)* Uncle Sam.

un·dien *-diene, (myth.: a water spirit)* undine; *(ophthalmology)* undine.

un·du·leer *geün-* undulate. **un·du·la·sie** *-sies* undulation.

u·ni- *comb.* uni-.

u·ni·aal *-ale, adj., (of a union)* union, unitary; *(U~, SA hist.)* Union; Unionwide; →UNIE.

U·ni·aat *-ate n., (Chr.)* Uniat(e). **U·ni·a·ties** *-tiese, adj.* Uniat(e).

u·nie *-nies* union; →UNIAAL, UNIEER; *U~ van Suid-Afrika, (hist.)* Union of South Africa; *U~ van Sosialistiese Sowjet-Republieke, (hist., abbr.:* USSR*)* Union of Soviet Socialist Republics *(abbr.:* USSR*)*; *voor/ná die U~* before/after Union. **U~burger** *(hist.)* Union national. **U~gebou:** *die ~* Union Buildings. **U~grondwet** *(1909)* South Africa Act. **U~-Verdedigingsmag** *(hist.)* Union Defence Force. **U~vlag** *(SA, hist.)* Union flag.

u·ni·eer *geünieer,* **u·ni·fi·seer** *geünifiseer, (rare)* unite, unify. **u·ni·fi·ka·sie** unification, union. **U·ni·fi·ka·sie·kerk** Unification Church.

u·niek *-nieke -nieker -niekste* (of *meer ~ die mees -nieke*) unique, unparalleled, unmatched.

u·ni·ë·kwi·va·lent, u·ni·e·kwi·va·lent *-lente, (chem.)* uni(-)equivalent.

u·ni·fi·ka·sie →UNIEER.

u·ni·form *-forms, n.* uniform; military dress, regimentals; *'n ~ aanhê, in ~ wees* be in uniform. **u·ni·form** *-forme, adj.* uniform; flat *(rate)*. **~jas** uniform greatcoat. **~pet** service cap. **~stof** uniform cloth.

u·ni·for·meer *geüniformeer* (make) uniform.

u·ni·for·mi·ta·ris·me *(geol.)* uniformitarianism; *aanhanger van die ~* uniformitarian. **u·ni·for·mi·ta·ris·ties** *-tiese* uniformitarian.

u·ni·for·mi·teit uniformity.

u·ni·kum *-kums, -ka* unique thing; single copy.

U·ni·on·ei·lan·de *(hist.)* Union Islands; →TOKELAU.

U·ni·o·nis *-niste, n., (SA hist.)* Unionist. **U·ni·o·nis·me** Unionism. **U·ni·o·nis·ties** *-tiese, adj.* Unionist; *~e Party, Unionisteparty, (SA hist.)* Union Party.

U·ni·sa, U·NI·SA *(acr.:* Universiteit van Suid-Afrika*)* Unisa, UNISA. **U·ni·sa(-)kon·gres, U·NI·SA-kon·gres** Unisa congress, UNISA congress.

u·ni·seks unisex. **~drag** unisex clothes.

u·ni·ta·ris·me *(pol.: unitary system of government)* unitarianism; *(U~, Chr. theol.: belief that God is one being)* Unitarianism. **U·ni·ta·ri·ër** *-riërs, n., (member of the Unitarian Church)* Unitarian. **u·ni·ta·ries** *-riese,* **u·ni·ta·ris·ties** *-tiese, adj., (pol.)* unitarian, non(-)federal; *(U~, theol.)* Unitarian.

u·ni·têr *-têre* unitary.

u·ni·va·lent *-lente, (chem. etc.)* univalent.

u·ni·va·ri·ant ~ante, (rare) univariant.
u·ni·ver·sa·lis·me universalism. **u·ni·ver·sa·lis** ~liste universalist. **u·ni·ver·sa·lis·ties** ~tiese universalistic.
u·ni·ver·sa·li·um ~saliums, ~salia, *(philos., log., etc.)* universal.
u·ni·ver·seel ~sele universal, global, general, sole; ecumenical; *enigste en ~sele erfgenaam* →ERFGENAAM; *~sele ontvanger, (med.: a pers. with blood group AB)* universal recipient; *~sele tyd, (Greenwich Mean Time)* universal time. **u·ni·ver·sa·li·teit** universality.
u·ni·ver·si·teit ~teite university; ***aan/op** die* ~ at the university; ***op** ~ wees* be at a university; *aan 'n ~ **stu·deer*** study at a university; *~ van **tegnologie,** tegniese ~* university of technology; *die U~ **van** Stellenbosch* the University of Stellenbosch. **~span** university team.
u·ni·ver·si·tei·te·span universities team.
u·ni·ver·si·teits-: **~biblioteek** university library. **~gebou** university building. **~graad** university degree. **~kollege** university college. **~koshuis** students' hostel/residence. **~professor** university professor. **~terrein** campus. **~wese** university system/affairs/setup.
u·ni·ver·si·têr ~têre university, academic; scholastic; *~e opleiding* university/academic training.
u·ni·ver·sum ~sums universe.
un·si·aal ~ale, *n. & adj., (typ.)* uncial. **~skrif** uncial.
un·ster ~sters weigh beam, steelyard, roman balance/beam.
up·si·lon = YPSILON.
u·raan *(chem., symb.: U)* uranium. **~pikerts** = URANINIET. **~suur** uranic acid. **~suursout** uranate. **~verryking** uranium enrichment.
U·ra·ni·a *(Gr. myth.)* Urania.
u·ra·niet *(min.)* uranite.
u·ra·ni·niet *(min.)* uraninite, pitchblende.
u·ra·ni·um = URAAN.
u·ra·no·gra·fie *(astron., rare)* uranography.
u·ra·no·lo·gie *(astron., rare, obs.)* uranology.
U·ra·nus *(astron.)* Uranus.
ur·baan ~bane urbane, suave, courteous. **ur·ba·ni·teit** urbanity, suavity, courtesy.
ur·ba·niet *(rare: a city dweller)* urbanite.
ur·ba·nis ~niste, *(rare)* town planner, urbanist.
ur·ba·nis·me *(rare: city life)* urbanism.
Ur·ba·nus *(RC: papal name)* Urban.
Ur·du *(an Indic lang.)* Urdu.
u·re *n. (mv.)* →UUR.
u·re·mie *(pathol.)* uraemia.
u·re·taan ~tane, *(chem.)* urethane; →POLIÜRETAAN.
u·re·ter ~ters, *(anat.)* ureter.
u·re·tra ~tras, *(anat.)* urethra.
u·re·um *(biochem.)* urea, carbamide. **~formaldehiedhars** urea-formaldehyde resin.
U·ri·a *(OT)* Uriah. **U·ri·as·brief** letter spelling ruin to the recipient.
U·ri·ël *(Jud.: an angel)* Uriel.
u·rien →URINE.
u·rim: *~ en tummim, (OT, Jud.: objects in the breastplate of the high priest)* Urim and Thummim.
u·ri·naal ~nale, *n.* urinal.
u·ri·ne, u·rien urine. **~afskeidend** ~dende = URINEDRYWEND. **~bak, ~kom, ~vat** urinary. **~blaas** urinary bladder. **~buis** urethra. **~buisie** urinary/uriniferous tubule. **~drywend** ~wende diuretic; *~e middel* diuretic. **~glas** urinal. **~kanaal** urinary tract. **~leer** urology. **~leier** ureter. **~losing** urination, micturition. **~ondersoek** uroscopy. **~silinder** renal cast. **~steen** →UROLIET. **~suur** uric acid. **~voerend** ~rende uriniferous. **~weë** urinary tract. **~wol** urine-stained wool.
u·ri·neer *geürineer* urinate, make/pass water. **~middel** ~dele, ~dels diuretic. **u·ri·ne·ring** urination, micturition.
u·ri·noir ~noirs, *(Fr., rare)* = URINAAL.
u·ri·no·me·ter ~ters, *(med.)* urinometer.
urn *urne* urn; casket *(for cremation)*. **urn·vor·mig, urn·vor·mig** ~mige urniform.
u·ro- *comb.* uro-.
u·ro·ge·ni·taal ~tale, *(anat.)* ur(in)ogenital.
u·ro·liet, u·rien·steen, u·ri·ne·steen *(pathol.)* urolith.
u·ro·lo·gie *(med.)* urology. **u·ro·lo·gies** ~giese urologic(al). **u·ro·loog** ~loë urologist.
u·ro·sko·pie *(med.)* uroscopy.
Ur·sa: *~* **Major** *(astron.)* Ursa Major, the Great Bear; *~* **Minor** *(astron.)* Ursa Minor; the Lesser Bear.
Ur·su·lien *(RC: member of an order of nuns)* Ursuline. **Ur·su·lie·ne·kloos·ter** Ursuline convent.
ur·ti·ka·ri·a *(pathol.)* urticaria, hives, nettle rash; →BORT[1], NETELROOS.
U·ru·guay *(geog.)* Uruguay. **U·ru·gu·aan** ~guane, **U·ru·gua·yaan** ~guayane, *n.* Uruguayan. **U·ru·gu·aans** ~aanse, **U·ru·gua·yaans** ~yaanse, *adj.* Uruguayan.
u·sam·ba·ra·vi·ool·tjie *(also U~, bot.: Saintpaulia ionantha)* African violet.
u·san·sie ~sies, *(rare)* usage, usance, custom, use and wont. **~wissel, usowissel, gebruikswissel, looptydwissel** *(fin., rare)* bill at/of usance, usance bill.
u·self *refl. pron.* yourself, ~selves *(acc. & dat.)*; →U SELF.
u·sur·peer *geüsurpeer* usurp. **u·sur·pa·sie** usurpation. **u·sur·pa·tor** ~tore, ~tors usurper.
u·sus *(jur., fml., rare)* usage, usus.
ut *(mus., obs.)* ut, do(h).
U·tah *(geog.)* Utah.
u·te·rus *uterusse, uteri* uterus. **u·te·rien** ~riene uterine.
u·ti·li·seer *geü~, (rare)* utilise. **u·ti·li·sa·sie** *(rare)* utilisation.
u·ti·li·ta·ris·me, u·ti·lis·me *(ethics, also U~)* utilitarianism. **u·ti·li·ta·ris** ~riste, **u·ti·lis,** ~liste, *n., (also U~)* utilitarian. **u·ti·li·ta·ris·ties** ~tiese, *adj., (also U~)* utilitarian.
u·ti·li·teit *(rare)* utility.
u·ti·li·teits-: **~beginsel** utilitarian principle, utilitarianism. **~maatskappy** utility company.
u·ti·li·têr ~têre, *adj.* utilitarian.
U·to·pi·ë, U·to·pi·a *(from a book written by Sir Thomas More)* Utopia. **u·to·pie** ~pieë utopia. **u·to·pies** ~piese, *adj.* utopian. **u·to·pis** ~piste, *n.* utopian.
u·tra·kwis ~kwiste, *(Chr. theol.)* utraquist.
uur *ure* hour; *ure **(aaneen)** →**(lank/aaneen)**; vyf/ens. ~ **(aaneen)** →**(lank/aaneen)**; **ag(t)/ens.*** ~ eight/etc. hours; ***baie** ure* many hours; ***binne** 'n ~* within an hour; within the hour; ***by** die ~* by the hour, hourly; *die ~ is nou **daar,** (rhet.)* the hour has come; ***die** ~* the time of the day; *ter **elfder** ure* at the eleventh hour (*or* last minute/moment); ***elke** ~* every hour; at intervals of an hour; *nie aan die ~ **gebonde** wees nie* not be tied to time; *ek het hom/haar in **geen** ure gesien nie* I have not seen him/her for hours; *'n **goeie/ronde** ~* well over an hour; *iets **in** 'n ~ voltooi* complete s.t. in an hour; *op die **kop** tienuur/ens.* at ten/etc. o'clock sharp; *dit is op die **kop** tienuur/ens.* it is just ten/etc. o'clock; *te **kwader** ure* →KWAAD *adj.; iem. se **laaste** ~ het geslaan, (rhet.)* s.o.'s last hour has come; *weens die **laat/late** ~* because of the lateness of the hour; *'n ure **lang(e)** onderhoud* an interview that goes on for hours; *'n ~ **lang(e)** program* a one-hour (*or* an hour-long) programme; *ure **(lank/aaneen)*** for hours; *vyf/ens. ~ **(lank/aaneen)*** for five/etc. hours; *die ure ná **middernag*** the small hours (of the morning); *die ~ **nader,** (rhet.)* the sands are running out; *in die **nagtelike** ure* in the watches of the night, in the night watches; ***om** vieruur/ens.* at four/etc. o'clock; *iets gebeur **om** die ~* s.t. happens every hour; ***om en by*** (of ***omstreeks***) *ag(t)~/ens.* about eight/etc. o'clock; *iets sal **oor** 'n ~ gebeur* s.t. will happen in an hour('s time); *die busse vertrek **op** die ~* the buses depart on the hour; *teen 120 kilometer **per** ~ ry* do (*or* travel at) 120 kilometres an hour; ***per** ~* an/per hour; by the hour; ***presies** tienuur/ens.* at ten/etc. o'clock sharp; *dit is **presies** tienuur/ens.* it is just ten/etc. o'clock; *'n **ronde/volle** ~ (lank) wag/ens.* wait/etc. for a solid/full hour; ***ruim** 'n ~* well over an hour; *die klok **slaan** die ure* the clock strikes the hours; ***tot** op die ~* (up) to the hour/moment; ***van** ~ **tot** ~* from hour to hour. **~glas** hourglass, sandglass. **~hoek** hour angle. **~kaart** timecard. **~lange** →'N UUR LANG(E) PROGRAM. **~loner** timeworker. **~loon** hourly wage/pay, wage per hour. **~plaat** dial plate. **~sirkel** declination circle, hour circle. **~staat** time sheet. **~vermoë** hour rating. **~werk** clockwork; clock, timepiece, timekeeper; movement, works of a clock/watch. **~werkmakery** horology. **~wys(t)er** ~(t)ers hour/short hand *(of a clock)*.
u·vu·la ~las, *(anat.)* uvula. **u·vu·lêr** ~lêre, *n., (phon.)* uvular consonant, uvular. **u·vu·lêr** ~lêre, *adj.* uvular. **u·vu·li·tis** *(pathol.)* uvulitis.
u·we *poss. pron., (fml.)* yours; →U[2]; ***die** ~* yours faithfully/truly; ***dienswillig** die ~* yours obediently; ***geheel** die ~* yours sincerely; ***hoogagtend** die ~* yours respectfully, yours very truly; ***steeds** die ~* ever yours.
U·zi(-hand·ma·sjien·ge·weer) Uzi (sub-machine gun).

Vv

v *v's, (22nd letter of the alphabet)* v. **~'tjie** little v.

V *V's, (22nd letter of the alphabet)* V; *(Rom. numeral 5)* V. **~-band** V-belt. **~-beitel** V-tool. **~-dak** V-roof. **~-formasie** V-formation. **~-geut** V-gutter, arris gutter. **~-hals** V-neck. **~-halstrui** V-neck(ed) jersey. **~-keep, ~-kerf** V-notch. **~-las** V-joint. **~-masjien** V-type engine. **~-oorloop** V-notch *(at a dam)*. **~-pomp** V-pump. **~-stuk** trombone. **~-teken** *(gesture of victory/peace)* V-sign. **~-voeg** V-joint. **~-vormig** *=mige* V-shaped.

V1-bom *(hist.)* V-1 (bomb), *(infml.)* doodlebug.

vaag *vae vaer vaagste adj.* vague *(an idea, answer)*; hazy, indistinct, shadowy, blurred, nebulous, fuzzy, faint; indefinite; distant; indecisive; sketchy; *nie die ~ste* ***benul*** *van iets hê nie* not have the faintest notion of s.t.; *in vae* ***bewoordinge/terme*** in general terms; *vae* ***logika,*** *(comp.)* fuzzy logic; *vae* ***vermoede*** lurking suspicion; *~* ***wees oor*** *iets* be vague about s.t.. **~(weg)** *adv.* vaguely; dimly.

vaag·heid vagueness; fuzziness; generality; →VAAG *adj.*.

vaak *n.* sleepiness, drowsiness, somnolence, somnolency; sleep *(in s.o.'s eyes)*; ***dood*** *van die ~ wees* be very/dead sleepy; ***praatjies*** *vir die ~* →PRAATJIE; *~* ***wees*** be sleepy; *~* ***word*** become/get sleepy. **vaak** *vaak vaker vaakste adj.* sleepy, drowsy; **~siekte** *(med.: encephalitis lethargica)* sleepy sickness. **~sug** *(med.)* narcolepsy.

vaak·heid, vaak·te sleepiness, somnolence, somnolency.

vaal *vaal valer vaalste* pale, faded, drab, dull *(a colour)*; pale, dull *(light)*; ashen, ash-coloured; sallow, ashen, pallid *(s.o.'s complexion)*; buff, dun(-coloured) *(a horse)*; grey(ish); wan, mous(e)y, plain; *(infml., derog.)* wimpish, nerdish, nurdish, nerdy, nurdy; *(fig.)* lacklustre; fallow; →VALE; *~* ***geskrik*** wheyfaced; *~ van die* ***honger*** *wees* be famished/famishing; *~* ***lyk*** look seedy; *'n ~* ***meisie/muisie,*** *(infml.)* a plain Jane; *~* ***papier*** brown paper; *'n ~* ***persoonlikheid*** a colourless personality; *jou ~* ***skrik*** be frightened out of one's wits; *die ~* ***streep*** *vat/skep, (rare)* take the road; *~* ***vere*** drabs *(of an ostrich)*. **~bekboon(tjie)** = LAPPIESBOON(TJIE). **~blaarsiekte** *(bot.)* septoria. **~bleek** greyish, sallow, ash-coloured, ashen, pallid. **~blond** *=e* ash blonde. **~blou** blue dun, greyish blue. **~boom** *(Terminalia sericea)* silver terminalia, silver cluster-leaf. **~bos** *(Tarchonanthus camphoratus; Brachylaena discolor)* wild sage. **~boskat** African wild cat. **~bossie** *Stoebe cinerea; Clutia daphnoides.* **~brak** *(bot.: Atriplex vestita)* (Cape) saltbush. **~bruin** buff, dun, fallow, greyish brown, fawn. **~doring** *(Acacia haematoxylon)* grey camel thorn. **V~driehoek:** *die ~, (SA, geog.)* the Vaal Triangle. **~ertjie** *(Priestleya tomentosa)* silver pea. **~geel** fallow, buff, sallow. **~grys** greyish, dull grey, dun-coloured. **~haai** grey shark. **~haarmens** towhead. **~haarnooi** (ash) blonde. **~hartbees** grey hart(e)beest. **~jakkals** side-striped jackal. **~japie** *(SA, infml.: cheap/new/rough wine)* vaaljapie. **~kameel(doring)** →VAALDORING. **~karoo(bos)** *Phymaspermum spp..* **~korhaan** Karoo korhaan. **~mol** common mole rat. **V~pens** *(SA infml., sometimes derog.: inhabitant of the former Transvaal)* Vaalpens. **~pensdwergmuis** grey-bellied pygmy mouse. **~penshaai** *(Eugomphodus taurus)* ragged-tooth shark. **~ribbok** *(Pelea capreolus)* grey rhebuck/rhebok. **V~(rivier):** *(die) ~* the Vaal (River). **~spreeu** wattled starling; →LELSPREEU. **~tee** *(Helichrysum orbiculare)* karoo tea. **~veldmuis** multimammate mouse. **~verrotting, ~vrot** fungal rot, botrytis. **~voëltjie** *(birdwatching)* little brown job *(abbr.* LBJ*)*.

vaal·ag·tig →VALERIG.

vaal·heid tawniness; sallowness, ashenness, fadedness; dowdiness, drabness; →VAAL.

vaal·te *=tes* barrenness, drabness; *(lit. & fig.)* drab patch.

vaal·wa·ter *(infml.)* →VAARWATER.

vaam *vame,* **va·dem** *=dems* fathom; *5 ~ diep* 5 fathoms deep; *5 ~ hout* 5 cords of wood. **~hout** *(forestry)* cordwood. **~loon** *(rare)* fathomage. **~maat** fathomage.

vaan *vane, (dated)* banner, standard, flag, ensign. **~stand** feathered pitch/position *(of a propeller)*; *motor in die ~* feathered engine; *in die ~ bring* feather *(an engine)*.

vaan·del *=dels* flag, standard, banner, colours; *die ~* ***verlaat*** desert the colours; *die ~* ***vertoon*** troop the colour(s); *met* ***vlieënde*** *~s* with flying colours; *met* ***vlieënde*** *~s deurkom* sail through *(infml.)*. **~draer** *(hist., mil.)* standard-bearer, colour-bearer, flag-bearer, ensign-bearer; banner-bearer. **~eed** oath on the colours. **~parade** trooping the colour(s). **~sersant** colour sergeant. **~skoen** standard socket. **~stok** flagstaff. **~wag** colour guard.

vaan·drig *=drigs, (hist., mil.)* ensign.

vaan·tjie *=tjies, (dated)* small vlag (→VAAN); pennon; weathercock, (weather) vane; banderol(e).

vaar[1] *vaars, n., (male parent of a horse etc.)* sire.

vaar[2] *ge=, vb.* sail, cruise, steam, fare, navigate, voyage; ***beter*** *~* do better; *die* ***duiwel*** *het in iem. ge~* →DUIWEL *n.; op die rivier* ***gaan*** *~* go boating on the river; ***goed/sleg/swak*** *~* do well/badly, make a good/poor showing; *iem. ~* ***goed,*** *(also)* s.o. is doing fine/well; *ten* ***hemel*** *~* →HEMEL; *alles* ***laat*** *~* give up everything, chuck it all *(infml.)*; *iets* ***laat*** *~* give s.t. up; cut s.t. out *(infml.)*; throw s.t. up *(a job etc.)*; abandon s.t. *(hope)*; drop/dismiss/quit s.t.; *iem.* ***laat*** *~* leave s.o. to himself/herself, leave s.o. to his/her own devices; *die skip ~* ***na*** *...* the ship plies to ... *(Eng. etc.)*; ***sleg*** *~, (also)* have bad luck; →***goed/sleg/swak;*** ***teen*** *die stroom op ~* sail upstream; ***tussen*** *Kaapstad en Robbeneiland ~* ply between Cape Town and Robben Island; ***vinnig*** *~* travel fast; ***wat*** *het in jou gevaar?* what has come over you?; *nie weet* ***wat*** *in iem. gevaar het nie, (also)* not know what possesses s.o.. **~boom** pole, punt(ing) pole, barge pole. **~diepte** draught, (navigable) depth *(of a ship)*. **~geul** channel, waterway, seaway, fairway, navigation/navigable channel, deep-water channel, sea lane. **~lig** navigation/running light *(of a ship)*. **~sertifikaat** *(naut.)* navicert. **~stok** punt(ing) pole. **~tuig** *=tuie* vessel, craft, ship, boat, keel. **~water** waterway, fairway, navigable water(s), shipping lane; *uit iem. se ~/vaalwater* ***bly*** give s.o. a wide berth; *nou is jy* ***in*** *die ~/vaalwater!* now you're (in) for it!, now you're in the soup!; *in iem. se ~/vaalwater* ***kom*** thwart s.o., cross s.o.'s path; *in die ~/vaalwater* ***kom/raak*** get into trouble (*or* hot water). **~weg** waterway.

vaar·baar *=bare* navigable. **vaar·baar·heid** navigability.

vaar·der *=ders* seafarer, navigator, sailor, voyager; vessel.

vaar·dig *=dige* skilful, efficient, skilled, deft, proficient, competent, fluent; clever; dext(e)rous; ready; *as die* ***gees*** *oor iem. ~* ***word*** when the spirit moves s.o.; *~* ***wees met*** *...* be deft with ...; *~* ***met*** *die pen wees* have a ready pen; *nogal ~* ***wees met*** *iets* be pretty useful at s.t.. **vaar·dig·heid** *=hede* skill, efficiency, deftness, proficiency, competence, fluency, prowess, virtuosity, know-how, expertise, expertness, ease, facility; cleverness; dexterity; readiness; *(also, in the pl.)* skills. **vaar·dig·heid·spel** game of skill. **vaar·dig·heids·toets** proficiency test, test of skill.

vaar·lands=: **~dou** *(rare)* Scotch mist. **~populier** *(Populus nigra)* Lombardy poplar. **~riet** *(SA bot.: Phragmites communis)* common reed. **~rooihout** →VADERLANDSROOIHOUT. **~wilg(er), vaderlandswilg(er)** *(SA, bot.: Combretum* spp.*)* bush willow.

vaart *vaarte* speed; rate; pace; momentum; navigation; (shipping) trade; voyage; course, way; shipping service; velocity; impetus; haste; (ship's) run; *van die ~* ***afwyk*** deviate from its course; *'n skip in die ~* ***bring*** put a ship in(to) commission; *'n* ***dolle*** *~, (also)* a fast track *(to nothingness etc.)*; *met 'n* ***dolle/rasende/vlieënde/woeste*** *~* at a breakneck pace/speed; *'n skip se* ***eerste*** *~* a ship's maiden voyage; *met 'n* ***groot*** *~* at a great pace; *'n skip uit die ~* ***haal/neem*** lay up a ship, pay off a ship, withdraw a ship from service, keep/put a ship in mothballs; *iem.* ***het*** *~* s.o. has (a fine/good turn of) speed; *met 'n* ***hewige*** *~* at a cracking pace *(infml.)*; *~* ***kry*** gather speed, pick up speed; gather way; gain impetus, gain/gather momentum; *~* ***loop,*** *(naut.)* make way; ***met*** *'n ... ~* at a ... pace; *iem. in sy/haar ~* ***stuit*** stop s.o. in his/her tracks *(infml.)*; *met 'n* ***taamlike*** *~, (also, infml.)* at a fast clip; ***uit*** *die ~ wees* be out of commission *(a ship)*; *~* ***verloor*** lose momentum; *(fig.)* run out of steam; *~* ***verloor/verminder,*** *(naut.)* lose way; *~* ***verminder*** slow down/up/off; reduce/slacken speed; slacken the pace, ease down; throttle back/down; *(~)* ***versnel*** make a spurt, put on a spurt; *'n* ***vinnige*** *~* a smart/rattling/spanking pace; *'n* ***vlieënde*** *~* a tearing pace; →***dolle/rasende/vlieënde/woeste;*** *die ~* ***volhou*** keep up (*or* stay) the pace; *in/met* ***volle*** *~* at full speed; at full throttle; in full career; flat out *(infml.)*; *met 'n (groot) ~* ***wegspring*** start at a great pace; *~ om die* ***wêreld*** circumnavigation of the globe/world. **~belyn(d)** *=belynde =belynder =belyn(d)ste* streamline; →GESTROOMLYN. **~lyn** *(rare)* →STROOMLYN. **~meter** speed indicator. **~rooster** sailing list, list of sailings. **~rukking(s)** speed wobble. **~vermindering** deceleration, speed reduction.

vaar·tjie *=tjies, (rare)* little father; →VAAR[1] *n.; 'n aardjie na sy ~* →AARDJIE.

vaar·wel *n.* farewell, goodbye; valediction; ***(aan/vir)*** *iem. ~ sê* bid s.o. adieu/farewell, bid/say farewell to s.o., say/wave goodbye to s.o.; ***(aan/vir)*** *iets ~ sê* bid/say farewell to s.t.; *~* ***sê*** say/kiss goodbye; *iem. ~* ***toeroep*** bid s.o. farewell; *die* ***wêreld*** *~ sê* retire from the world. **vaar·wel** *interj.* farewell, goodbye. **~sêery** saying goodbye, bidding farewell.

vaas *vase* vase; urn.

vaat *ge=* vat. **~afbinding** vasoligation. **~beweging** vasomotion. **~binnesel** endothelium. **~bundel** vascular/conducting bundle. **~kramp** vascular spasm, vasospasm, vasomotor spasm, angiospasm. **~liggaampie** *(anat.)* glomerule. **~merk** *(bot.)* chalaza. **~plant** vascular plant. **~ryk** vascular. **~senu(wee)** vasomotor/vascular nerve. **~siekte** vascular disease. **~stelsel** vascular system. **~straal** vascular ray. **~verharding** angiosclerosis. **~vernouer** *=s* vasoconstrictor. **~vernouing** vasoconstriction, vascular constriction. **~verwydend** vasodilating, vasodilatory. **~verwyder** *=s* vasodilator. **~verwyding** vasodilation, vasodilatation, vascular dilatation. **~vlies** chor(i)oid, choroid coat/membrane. **~wand** vascular wall; vessel wall. **~weefsel** vascular tissue. **~werk** *(dated)* crockery, kitchenware, kitchen utensils, pots and pans.

vaat·jie *=tjies, (dim.)* keg, little tub/barrel, *(hist.)* firkin (→VAT[2] *n.*); *(infml.)* potbelly; *(infml., derog., a pers.)* fat=

ty, fatso; *'n ~ olie/ens.* a barrel of oil/etc; *rol uit die ~!* splice the main brace!. **~steek** *(a game)* bucket-tilting, tilting the bucket.

va·bond *=bonde* rogue, rascal, scamp, miscreant; *(arch.)* vagabond, vagrant, drifter, tramp, hobo. **va·bond·jie** *=jies, (dim., esp. a child)* little rogue, scamp, imp, little mischief.

va·dem *=dems* →VAAM.

va·de·me·kum *=kums,* **va·de·me·cum** *=cums, (<Lat.)* vade mecum, handbook, guide, manual.

va·der *=ders, =dere* father; genitor, parent; master; *(horses etc.)* sire; ***dankie** ~!* thank heavens!; *die **Hemelse** V~* the Heavenly Father; *V~ **Krismis**, (infml.)* Father Christmas; →KERS(FEES)VADER, SINTERKLAAS; *~ van die **leuen**, (Satan)* the Father of lies; ***liewe** ~!, (infml.)* oh dear!, dear me!; *~ **ons!**, (infml.)* (good) heavens!; *die **Ons(e)** V~* →ONS³ *poss. pron.; ~ **staan** vir iets* = PA STAAN VIR IETS; *die ~ **van** ..., (fig.)* the father of ... *(poetry etc.); tot jou ~e **vergader** word, (fml.)* be gathered to one's fathers; *die V~ **weet**, (infml.)* goodness/dear knows. **~dank(ie)bly** profoundly thankful/relieved. **~hand** fatherly/paternal hand. **~hart** father's/paternal heart, heart of a father. **~huis** father's house/home, paternal house/home; *V~* (one's) Father's house. **~kompleks** *(psych.)* father complex. **~lief** father dear, dear father/daddy, *(infml.)* old man. **~liefde** fatherly/paternal love. **~moord** patricide, parricide. **~moordenaar** patricide, parricide. **~moorder** *=s, (Bib.)* = VADERMOORDENAAR. **~naam** →VADERSNAAM. **~plig** paternal/fatherly duty. **~reg** paternal right; patriarchy, patriarchate. **~regtelik** patriarchal. **~seën** paternal/fatherly blessing. **~sorg** paternal/fatherly care; *(also, in the pl.)* paternal cares. **~stad** home town, native city. **~trots** fatherly/paternal pride. **~vreugde** father's joy, paternal bliss.

va·der·land fatherland, home country, native/mother country; native land, homeland; *die ~, (also)* the old country; *iem. se aangenome/tweede ~* the country of s.o.'s adoption; *(o) ~!, (infml.)* good(ness) gracious!, my goodness!, gracious me!. **va·der·lan·der** *=ders* patriot, nationalist.

va·der·lands= *=landse* patriotic; national, native; *~e geskiedenis* national history; *(in SA)* South African history; *~e grond/bodem* native soil. **~liefde** patriotism, love of (one's) country. **~lie·wend** *=e* patriotic. **~populier** →VAARLANDSPOPULIER. **~riet** = VAARLANDSRIET. **~rooihout** *(SA, bot.: Kiggelaria africana)* wild peach, red ebony. **~wilg(er)** →VAARLANDSWILG(ER).

va·der·lik *=like, adj.* fatherly; paternal; *~e erfdeel* patrimony; *~e sorg* paternalism. **va·der·lik** *adv.* like a father, paternally. **va·der·lik·heid** fatherliness.

va·der·loos *=lose* fatherless.

va·ders=: V~dag Father's Day **~deel** paternal portion. **~kant** paternal/spear side; *aan/van ~* on the father's side. **~naam** paternal name, patronymic; *om/in ~!* for heaven's sake!

va·der·skap fatherhood, paternity; authorship *(of a book); ondersoek na die ~* inquiry into the paternity *(of a child).* **~saak, ~(s)geding** *(jur.)* paternity suit. **~(s)toets** paternity test. **~(s)verlof** paternity leave.

va·der·tjie *=tjies, (dim.)* little father; *~ (ons)!, (infml.)* my goodness!; *ag ~!, (infml.)* goodness me!.

va·die *=dies, (pet name for* vader*)* dad(dy).

va·doek *=doeke* dishcloth, (dish)rag, washcloth, washrag, washing rag; *van iem. 'n ~ maak* mop/wipe the floor with s.o.; *iem. se ~ wees* do another's dirty work.

vad·sig *=sige, (rare)* lazy, slothful, indolent, inert, supine. **vad·sig·heid** laziness, sloth, indolence, inertia.

va·e·vuur *(RC)* purgatory.

vag *vagte* fleece *(of a sheep)*; jacket, coat *(of another animal)*; pelt; clipping. **~klas** fleece line. **~stukke** broken fleece. **~wol** fleece wool, wether wool.

va·gi·na *=nas, (anat.)* vagina. **va·gi·naal** *=nale* vaginal. **va·gi·ni·tis** vaginitis.

va·gus·se·nu(·wee) vagus (nerve).

vak *vakke* compartment, pigeonhole; partition; section, division; *(chess)* square; panel; bay, pane *(of a wall)*; pocket; subject *(of study)*, branch; course, field; profession; craft, trade; span *(of a bridge)*; *'n ~ **beheers*** be master of a subject, have a mastery of a subject; *iets is/val **buite** iem. se ~* s.t. is outside s.o.'s province, s.t. does not come within s.o.'s province; *oor jou ~ **gesels*** talk shop; *'n ~ **hê/leer/loop/studeer*** take a subject *(at college etc.)*; *dit is nie **iem.** se ~ nie* that is not in s.o.'s line; *jou ~ **ken*** know one's business; *'n ~ **leer*** learn a trade; *→**hê/leer/loop/studeer**; 'n ~ **studeer*** read/study a subject; *→**hê/leer/loop/studeer**; 'n werktuigkundige/ens. **van** (jou) ~* be a mechanic/etc. by trade. **~arbeid** skilled labour. **~arbeider** craftsman, skilled labourer/worker. **~bedrewenheid** professional skill. **~beweging** →VAK(BOND)BEWEGING. **~blad** specialist/scientific/professional/technical/trade journal. **~bond, ~unie, ~vereniging** trade(s)/labour union. **~(bond)beweging** trade unionism, trade union movement, labour movement; trade/labour unions. **~bondlid** trade/labour unionist, trade/labour union member. **~bondman** unionist. **~bondraad** trade(s) council. **~bondtreitering** *(infml.)* union bashing. **~bondverteenwoordiger** shop steward, (trade) union representative. **~gebied** subject, field of study, speciality, discipline. **~geheim** *=e* trick of the trade, trade secret. **~geleerde** specialist, expert. **~genoot** colleague, fellow worker. **~geselsery** *(rare)* →VAKPRAATJIES. **~inspekteur** *(educ.)* subject adviser. **~kennis** professional/expert knowledge/skill, expertise, know-how, specialised knowledge. **~kundig** *=e* skilled, competent, expert, workmanlike; professional; *~e amptenaar/beampte* professional officer; *~e kennis* = VAKKENNIS; *~e personeel* professional staff. **~kundige** *=s* expert; scholar, specialist. **~kundigheid** (professional) skill/competence/ability, expertise, expertness, proficiency, craftmanship. **~leerling** apprentice, trainee; *iem. by ('n) ... as ~ inskryf/inskrywe* apprentice s.o. to (a) ... **~leerlingkontrak** apprenticeship contract, articles of apprenticeship. **~leerlingraad** apprenticeship board. **~leerlingskap** apprenticeship. **~literatuur** specialist/professional literature, scientific and technical literature. **~man** *=ne* expert, specialist, professional; wright, artificer, artisan, (skilled) tradesman, journeyman, craftsman; *algemene ~* handyman; millwright. **~manskap** workmanship, craftsmanship, expertise, (professional) skill. **~onderwys** vocational education/training. **~onderwyser** teacher of a special subject, subject teacher. **~opleiding** vocational/professional training. **~organisasie** trade organisation. **~praatjies** *(pl.)* shop talk; *~s hou* talk shop. **~rigting** discipline, subject, field of study. **~skool** trade school, vocational school, industrial/technical school. **~taal** technical language/terminology; *(often derog.)* (technical/professional) jargon. **V~taalburo** Bureau for Technical Terminology. **~tekene** technical drawing. **~teorie** trade theory. **~term** technical term, specialist/professional term; term of art. **~terminologie** technical/professional/specialist terminology. **~tydskrif** →VAKBLAD. **~unie** →VAKBOND. **~verbond** confederation of labour/trades, trade(s) union congress/federation. **~vereniging** →VAKBOND. **~vernuf** workmanship. **~werk** workmanship, craftsmanship; skilled work; *(archit.)* trussing; framework; panelwork, bay work; *huis met ~* = VAKWERKHUIS. **~werkbalk** trussed beam. **~werkbou** timber framing, half-timbering. **~werkbrug** framed/truss bridge. **~werkdak** truss(ed) roof. **~werkhuis** half-timber(ed) house, frame house. **~werkstyl** truss post. **~woord** technical/specialist term. **~woordeboek** technical/specialist dictionary.

va·kan·sie *=sies* holiday(s), vacation, time off; *'n **dag** ~* a holiday; →VAKANSIEDAG; *'n ~ êrens **deurbring*** spend a holiday/vacation somewhere; *met/op ~ **gaan*** go on (*or* take a) holiday/vacation; *iem. ~ **gee*** give s.o. a holiday; *~ **hê*** have a holiday; *~ **hou*** be on holiday/vacation; *gaan ~ **hou*** go on (*or* take a) holiday/vacation; *êrens (gaan) ~ **hou*** spend a holiday/vacation somewhere; ***in** die ~* during the holidays; *jou ~ **inkort*** cut short one's holiday; *~ **kry*** get a holiday; ***met/op** ~* on holiday; *~ **neem*** take a holiday; ***op** ~ slaap ons laat* on holiday we sleep late; *met/op ~ **wees*** be on holiday/vacation. **~bonus** holiday/vacation/leave bonus. **~dag** holiday. **~drukte** holiday/vacation rush. **~ganger** holidaymaker. **~huis** holiday home/house/cottage. **~kamp** holiday camp. **~kursus** vacation/holiday course, summer school. **~lektuur** holiday reading. **~oord** holiday resort. **~plaas** guest farm. **~reis** holiday tour. **~reisie** holiday trip. **~seisoen** →VAKANSIETYD. **~stemming** holiday mood/spirit. **~tarief** excursion fare. **~tyd, ~seisoen** holiday season. **~tyddeelskema** →TYDDEEL(SKEMA).

va·kant *=kante* vacant, void; empty; free; open; *'n ~e betrekking* →BETREKKING; *die setel is ~* the seat is vacant.

va·ka·tu·re *=res* vacancy, voidance, opening; ***geen** ~s hê nie* have no vacancies *(on a staff)*; *'n ~ **in** die personeel* a vacancy on the staff; *'n ~ **vir** ...* a vacancy for ...; *'n ~ **vul*** fill a vacancy. **~lys** list of vacancies.

va·ke·rig *=rige* drowsy, dozy, rather sleepy; →VAAK *adj.*. **va·ke·rig·heid** drowsiness, sleepiness;

Va·kie: *Klaas ~* →KLAAS.

vak·kie *=kies* pigeonhole, cubby(hole), division; square *(on paper)*; compartment.

vak·sien *=ne* vaccine. **vak·si·na·sie** vaccination. **vak·si·neer** *ge=* vaccinate.

va·ku·ool *=ole, (biol.)* vacuole.

va·kuum *=kuums* vacuum. **~ekstraksie** *(med.)* ventouse extraction. **~fles** vacuum flask/bottle, Dewar flask, flask, Thermos (flask) *(also t~)*. **~gang, ~leiding** vacuum duct. **~lamp** vacuum lamp. **~meter** vacuum gauge/gage. **~pomp** vacuum pump. **~rem** vacuum brake. **~tenk** vacuum tank. **~verpak** vacuum-packed.

val¹ *valle, n.* fall; trip, fall *(off/from)*; *(fig.)* (down)fall, collapse; fall, drop, slope, rake, grade; windfall *(of fruit)*; descent; spill, tumble; surrender; overthrow; crash; *(mus.)* cadence; *iem. se ~ **bewerk*** bring about s.o.'s ruin; *'n ~ **breek*** break a fall; *... tot 'n ~ **bring*** bring down ... *(a government etc.)*; *'n **ononderbroke** ~* a sheer drop; *die ~ van iem. **veroorsaak**, (fig.)* be the death (*or* downfall) of s.o.. **val** *ge=, vb.* fall, come/go down, drop, tumble, take a fall/spill; fall (over), topple over; stumble, fall; fall *(in a battle)*, be killed/slain; *(fig.)* fall, be a failure; slope (down); *(water)* subside; founder; prolapse; ***agteroor** ~* fall back; *(lit.)* fall over backwards; ***al** na dit ~* as the case may be; *dis **al** na dit ~* that (all) depends; *iets ~ iem. te **beurt*** →BEURT; *iets ~ **binne** (die perke van) ...* s.t. falls within ...; *die blare ~ van die **boom** af* →BLAAR¹; ***hard** ~* fall heavily; ***in** iets ~* fall in(to) s.t. *(a hole, water, etc.)*; *die rivier ~ **in** die see* the river falls into the sea; ***inmekaar** ~* collapse; *op jou **knieë** ~* go down on one's knees; *iets **laat** ~* drop s.t., let s.t. drop/fall; bring s.t. down *(a government)*; *(fig., infml.)* drop s.t., let s.t. drop/fall; *dit is vir die pers **laat** ~* it was leaked to the press; ***lankuit** ~* measure one's length with the ground; ***lelik** ~* have a bad/nasty fall, have/take a nasty spill/tumble; *deur die **mat** ~* →MAT¹ *n.*; *oor **mekaar** ~* fall over each other; *hulle ~ oor **mekaar** om te ...* they are overeager to ...; *oor **mekaar** ~ om iets te kry* scramble for s.t. *(places etc.)*; *iets ~ **onder** ...* s.t. belongs/comes/falls under/within ...; s.t. is governed by ...; *dit ~ nie **onder** iem. nie* that is not s.o.'s concern/province; ***onder** diewe ~* fall among thieves; *in die **oog** ~* catch the eye, be conspicuous; ***oor** iets ~* fall over s.t.; ***op** ... ~* fall (up)on ...; *Kersfees ~ vanjaar **op** 'n Sondag* Christmas falls on a Sunday this year; *in die **pad** ~* →PAD; *van 'n **perd** af~* fall off a horse; ***plat** ~* fall flat; throw o.s. down; *~ **plat!*** down!; *die **prys** laat ~* lower the price; *iets op die **prys** laat ~* give a rebate; *die **regering** het ge~* the government fell (*or* was overthrown/defeated); ***skerp** ~, (prices etc.)* plummet, plunge; *aan die **slaap** ~* fall asleep; *op die **slagveld** ~* be killed in action; *iets ~ in iem. se **smaak*** →SMAAK *n.*; ***stukkend** ~* fall to pieces; *dit ~ iem. **swaar** om te ..., (dated)* s.o. finds it difficult (*or* it is difficult for s.o.) to ...; *daar ~ nie aan **te dink** nie, (dated)* it is out of the question; *daar ~ **weinig te sê**, (dated)* there is little to be said; ***tot** op ... ~* drop to ...; ***uit** iets ~* drop from s.t.; fall out of s.t.; spill out of s.t.; *uitmekaar* ~ fall apart; come apart; break up; come to pieces; fall to pieces; *van* ... ~ fall off ... *(a ladder etc.)*; *die vesting het ge~* the fortress fell/surrendered; *vuishoue* ~ fists fly; *daar het (onvriendelike) woorde ge~* they had words; *'n woord(jie) laat* ~ drop a hint. **~blok** beetlehead; pulley block. **~boom** barrier, boom *(at a level crossing)*, trap tree. **~brug** drawbridge. **~byl** guillotine. **~bylpot** *(tennis)* tiebreak(er). **~bylstryd** *(soccer)* penalty shoot-out. **~duik** skydiving. **~duiker** skydiver. **~gleuf** gravity slot. **~gordyn** drop curtain; blind; shutter. **~hamer** drop hammer. **~hek** portcullis, boom. **~helling** slope of fall. **~helm** (crash) helmet; *(hist., mil.)* casque. **~hoed** hard hat *(of an equestrian etc.)*. **~hoogte** drop; height of drop. **~hortjies** drop shutter(s). **~hou** *(tennis)* drop shot, dink, lob. **~kant** dropside *(of a cot, truck, etc.)*. **~kas** skip box. **~klep** drop(ping) valve, trap/clamping valve, clack (valve), shutter. **~knip** gravity catch. **~kruid** *(bot.: Arnica montana)* arnica, (winter) wolfsbane. **~landing** pancake landing. **~lig** skylight; drop/trunk light. **~lyn** *(geol.)* fall line. **~menger** gravity mixer. **~mes** guillotine. **~poort** portcullis. **~reep** *(dated)* rope ladder; gangway, gangboard, gangplank; *(naut.)* manrope; *'n glasie op die ~, (rare)* a stirrup cup, a parting glass/cup. **~reepleer, ~reeptrap** *(dated)* accommodation ladder. **~skerm** →VALSKERM. **~skerpte** precipitousness; escarpment. **~skyf** disappearing target. **~sluiter** drop shutter. **~smee** *ge~* drop forge. **~smeestaal** drop-forged steel. **~soldaat** →VALSKERMSOLDAAT. **~staaf** crash bar. **~stroom** down draught. **~toets** falling weight test, drop test. **~toevoer** gravity/gravitation feed, feed by gravity. **~toevoertenk** gravity (feed) tank. **~tregter** funnel, chute, shoot. **~venster** drop window. **~(ver)voerder** gravity conveyor/conveyer. **~wet** *(rare)* →SWAARTEKRAGWET. **~wind** fall wind, katabatic wind; gust of wind, squall.

val[2] *n.* flounce *(on a skirt, dress)*; frill; valance, valence. **~voupapier** fanfold paper.

val[3] *n.* trap, gin, snare; *in 'n ~ loop* fall into a trap; *(reg) in 'n ~ loop, (also)* walk (right/straight) into a trap; *'n ~ stel* lay/set a trap; *vir iem. 'n ~ stel* set a trap for s.o., *(infml.)* set s.o. up; *in 'n ~ vang* catch in a trap. **~deur** trapdoor; scuttle; falling door. **~deurspinnekop** trapdoor spider. **~hok** game trap. **~kuil** trap hole/fall, pit, pitfall, game pit. **~luik** trapdoor, fall trap; drop; hatchway; drop shutter; booby hatch. **~nes** *(fowl)* trap nest. **~plant** trap plant. **~strik** trap, snare, pitfall, net; frame-up *(infml.)*.

va·le: *... vir die/'n ~, ... vir die ~s, (infml.)* ... for all one is worth, ... like mad/stink/billyo(h).

Va·len·ci·a(·le·moen) *(also v~)* Valencia orange.

Va·len·ci·ennes(-kant) Valenciennes (lace).

va·len·sie *-sies, (chem.)* valency, valence. **~binding** valency bond. **~-elektron** *(chem., phys.)* valence electron. **~getal** valency/valence number.

Va·len·ti·ni·a·nus *(Rom. emperor)* Valentinian.

Va·len·tyn, Va·len·tyn valentine; →SINT VALENTYN.

Va·len·tyns-: **~dag** *(14 Feb.)* (St.) Valentine's day. **~geskenk** valentine('s gift/present). **~kaart(jie)** valentine, valentine('s) card. **~maat** valentine. **~meisie, ~nooi** valentine.

va·le·ri·aan *(bot.)* valerian; →BALDERJAN. **~suur** valer(ian)ic acid.

Va·le·ri·a·nus *(Rom. emperor)* Valerian.

va·le·rig *-rige* ashen, sallowish, greyish, dun; mous(e)y, plain; *(infml., derog.)* wimpish, nerdish, nurdish, nerdy, nurdy; →VAAL.

va·le·ta *(Sp., a ballroom dance in triple time)* veleta, valeta.

va·le·tjie *-tjies* little grey one.

va·li·deer *ge-, (rare)* validate, ratify. **va·li·di·teit** *(rare)* validity.

va·lien *(biochem.)* valine.

va·lies *-liese, (rare, fml.)* travelling bag/case, suitcase, portmanteau, valise, grip, Gladstone (bag).

Va·li·um *(trademark, med.: a tranquilliser)* Valium.

valk *valke* hawk, falcon; *(fig.: a pers. who believes in using mil. force)* hawk (→DUIF); *jong ~* eyas; *ongetemde ~* haggard. **~hok, ~kou** mew. **~oog** hawk's eye, falcon's eye; *(fig.)* hawk-eye, eagle-eye; *(stone)* hawk's-eye, falcon's-eye, mixed crocidolite.

val·ke·jag falconry, hawking.

val·ke·net *-nette* →FALKONET.

val·ke·nier *-niers* falconer, hawker.

val·lei *-leie* valley; glen; dell; dale, vale *(poet.)*; *V~ van Duisend Heuwels* Valley of a Thousand Hills; *V~ van Verlatenheid* Valley of Desolation.

val·lend *-lende* falling; *~e siekte* falling sickness; →EPILEPSIE; *~e ster* →STER.

val·le·tjie *-tjies, (dim.)* frill; ruffle; valance; *(also, in the pl.)* ruffling; →VAL[2] *n.*.

va·lo·ri·sa·sie valorisation. **va·lo·ri·seer** *ge-* valorise.

vals *vals(e) valser valsste, adj.* false, fake *(gold)*; counterfeit, forged *(money)*; bogus, forged, false *(identity document etc.)*; false *(teeth, hair, weights, bottom, note, profit, pride, alarm, etc.)*; specious *(argument)*; artificial; mock, imitation *(diamond etc.)*; false, fake(d), phoney, bogus, *(infml.)* pseudo; false, spurious, fallacious *(doctrine etc.)*; treacherous *(glare etc.)*; *(mus.)* out of tune, off-pitch; vicious, mean, nasty *(look)*; spurious *(coin)*; synthetic; double-dealing, lying, two-faced, untruthful *(pers.)*; mendacious; *~(e) aanklag* frame-up *(infml.)*, false charge; *~ dobbelstene* loaded dice; *~(e) eed aflê* perjure o.s.; *~ geld, (also)* flash money; *~(e) getuienis* false evidence; *~ gewrig* pseud(o)arthrosis; *~ hare* false hair, wig, toupee, toupet; *~ kiestand* premolar; *~(e) klank* dissonance; *~ kraam, skynkraam* false/spurious labour; *~ lig* deceptive light; *in 'n ~e lig plaas/stel* place/put in a false light; *~(e) nederigheid* false modesty; *~ noot* counterfeit/false money; *(mus.)* off key; *~(e) profeet* false/mock prophet; *~ rib* false/vertebral rib; *~ sleutel* skeleton key; *~ sloop, kussingkleedjie* pillow sham; *~ soom* false hem; *~ steen, (also)* synthetic gem; *~ tande* →KUNSTANDE; *~(e) voorstelling* misrepresentation; *~e voorwendsel* false pretences. **vals** *adv.* falsely; *~ beskuldig* frame; *~ klink* ring false; *~ sing* sing out of tune (*or* flat *or* off key); *~ speel, (fig.)* play a double game; *~ sweer* →SWEER[2] *vb.*; *~ voorstel* misrepresent. **V~baai** *(geog.)* False Bay. **~kleurig** *-e, (rare)* off-shade. **~klinkend** *-e* discordant. **~munter** coiner, counterfeiter. **~muntery** counterfeiting. **~speler** cardsharp(er).

vals·aard *-s* perfidious/false person, sneak.

vals·heid falseness, falsity, spuriousness; treachery, fraud(ulence), deception, deceitfulness, perfidy, duplicity, untruthfulness, double-dealing, dishonesty; forgery, fraud; fallacy; nastiness, maliciousness; →VALS *adj.*; *~ in geskrifte, (jur.)* forgery.

val·skerm parachute; *voorrade/ens. met ~s afgooi* drop supplies/etc. by parachute, airdrop supplies/etc.; *met 'n ~ daal/neerlaat* parachute. **~aflewering** *(mil.)* airdrop. **~bataljon** parachute battalion. **~daling** parachute descent. **~man** = VALSKERMSOLDAAT. **~opleiding** parachute training. **~seil** *n.* parasailing. **~seil** *ge-, vb.* parasail. **~seiler** parasailer. **~ski** *n.* paraskiing. **~soldaat** paratrooper, parachutist, *(SA, infml.)* parabat. **~springer** parachutist. **~sprong** parachute jump/leap. **~sweef** *n.* paragliding. **~sweef** *ge-, vb.* paraglide. **~swewer** paraglider. **~troepe** paratroops. **~tuig** parachute harness. **~vaar** *n.* parascending.

vals·lik falsely.

va·lu·a·sie *-sies* valuation. **va·lu·eer** *ge-* estimate, value.

va·lu·ta *-tas* currency; value, rate of exchange, exchange rate; *vreemde/buitelandse ~* foreign exchange. **~besit** exchange holdings. **~mark** foreign exchange market.

val·vu·li·tis *(med.: inflammation of the heart valves)* valvulitis.

vam·pier *-piere, -piers* vampire; *(fig.)* bloodsucker. **~vlermuis** flying dog.

vam·pi·ris·me vampirism.

van[1] *vanne, n.* surname, family/last name, cognomen; *hoe/wat is jou ~?* what is your surname (*or* last name)?.

van[2] *prep.* of; from; with, for; by; *~ Ma aan Jan* from Mother to John; *~ dié/daardie dag af* from that day on; *pryse ~ R100 af* (of *vanaf R100*) prices from R100 (upward[s]); *~ 5 Mei (af)* from 5 May, (as) from the 5th of May; ... *~ afkoms* →AFKOMS; *~ die beste ...* some of the best ...; *~ daar (af)* from there; →VANDAAR; *~ dag tot dag* →DAG[1]; *departement ~ onderwys* →ONDERWYS *n.*; *direk ~ ...* straight from ...; *dis nou ~ jou* that's just like (*or* typical of) you; *~ die dood red* save from death; *tien/ens. kilometer ~ die end/einde af* ten/etc. kilometres from the end; *~ geboorte* by birth; *'n gedig/ens. ~ ...* a poem/etc. by ...; *'n gek ~ 'n vent* a fool of a fellow; *geld ~ jouself hê* have private means; *~ gister af* since yesterday; *groot ~ gestalte* of tall stature; *~ hier (af)* →HIER *adv.*; *~ hier tot daar* from here to there; *~ hout gemaak* made of wood; *iem. huil ~ ...* →HUIL *vb.*; *~ huis wees* →HUIS *n.*; *~ huis tot huis* →HUIS *n.*; *(party/sommige) ~ hulle* some of them; *~ jongs af* →JONGS; *iem. ~ kant maak* →KANT[1] *n.*; *~ kleins af* →KLEIN *n.*; *~ ... kom* →KOM[2] *vb.*; *iem. ~ kop tot tone bekyk/beskou* →KOP *n.*; *beef/bewe ~ kwaadheid* tremble with anger; *~ (die) jag/ens. leef/lewe* →LEEF; *~ vleis leef/lewe* live/feed on meat; *nie genoeg om ~ te leef/lewe nie* not enough to live upon; *~ Londen/ens.* from London/etc.; *'n lys (~) boeke* a list of books; *'n man/vrou ~ sestig/ens. (jaar)* a man/woman of sixty/etc. (years); *~ meet af (aan)* →MEET *n.*; *~ mekaar hoor* hear from each other; *ver ~ mekaar* wide apart, far asunder; →VANMEKAAR; *'n menigte ~ visse* shoals of fish; *met ~ die leiers praat* talk to some of the leaders; *100/ens. meter ~ ...* (at a distance of) 100/etc. metres from ...; *moeg wees ~ iets* →MOEG; *dit was mooi ~ iem. om te ...* →MOOI *adj. & adv.*; *'n muur ~ 30/ens. sentimeter* a 30/etc. centimetre wall; *'n muur ~ vier/ens. meter (hoog)* a wall four/etc. metres high; *~ die Kaap (af) na Johannesburg reis* travel from the Cape to Johannesburg; *~ nature* by nature; *~ nuuts af* →NUUT; *(party/sommige) ~ ons* some of us; *~ ouds* →OUD *adj.*; *~ oudsher (af)* →OUDSHER; **(party/sommige)** *~ ...* some of ... *(the people etc.)*; *~ pas* (of *vanpas*) *wees* be appropriate/fitting/relevant/pat; *net ~ pas* (of *vanpas*) *wees* be opportune; *goed te/~ pas* (of *vanpas*) *kom* come in handy/useful; *iets kom (goed) te/~ pas* (of *vanpas*) s.t. serves a good/useful purpose; *iets kom iem. (goed) te/~ pas* (of *vanpas*) s.t. stands s.o. in good stead; *dit sal goed te/~ pas* (of *vanpas*) *kom, (also)* it will not come amiss; *~ iets praat* talk of (*or* about) s.t., refer to (*or* mention) s.t.; *iem. ~ raad dien* →DIEN; *stil ~ skaamte* silent with shame; *daardie soort (~) mens* that kind of person; *~ dié standpunt beskou* →STANDPUNT; *~ die strate af* off the streets; *'n stroom (~) klagtes* a stream of complaints; *~ toe af* →TOE[2] *adv.*; *~ ... tot ... verminder/vermeerder* decrease/increase from ... to ...; *~ ... tot ... daal/styg* decrease/increase from ... to ...; *~ ... tot ... afneem/toeneem* decrease/increase from ... to ...; *~ hier tot daar* from here to there; *~ nege(-uur) tot vyf(uur) werk* work from nine to five (o'clock); *~ vandag af (aan)* →VANDAG; *'n groot verskeidenheid (~) ...* →VERSKEIDENHEID; *~ iets vertel/weet/droom* tell/know/dream of/about s.t.; *die trein vertrek ~ ... af* the train leaves from ...; *~ voor af* all over again; *'n vriend ~ iem.* a friend of s.o.; *~ waar* whence (*or* from where); →VANWAAR. **~af** from; *Zeus donder ~ Olimpus* Zeus thunders from Olympus; *pryse ~ R100* →PRYSE VAN R100 AF. **~daar** consequently, as a result, hence; →VAN DAAR (AF); *~ al die moeilikheid* hence all the trouble, and that causes all the trouble. **~dat** since, from the time when. **~hier** therefore, on this/that account, because of that/this, hence; →VAN HIER (AF). **~jaar** →VANJAAR. **~mekaar** asunder, to pieces; *~ skeur* tear asunder. **~uit** from, out of, ex. **~waar** why; whence.

van[3] *conj.* →VANDAT.

va·naand tonight, this evening.

va·na·di·um *(chem., symb.: V)* vanadium.

Van Al·len-(stra·lings·)gor·del Van Allen (radiation) belt.

van·daal *-dale* vandal; *(V~, hist., member of a tribe)*

Vandal. **Van·daals** *-daalse, adj.* Vandal. →VANDALERYK.

van·daan from; *waar kom jy ~?* where do you come from?; *(fig., infml.)* what planet are you (living) on?; *iem. kom ver/vêr ~* s.o. has come a long way.

van·dag today, this day; *~ oor ag(t) dae, (somewhat obs.)* today week, this day week; *in ~ se **dae*** in this day and age; *~ is nie **gister** nie , (fig., infml.)* it's a different (*or* whole new) ball game (altogether); *~ **hier** en môre daar wees* be here today and gone tomorrow; be a rolling stone; ***juis** ~, en dit **nogal** ~* today of all days; *nie ~ se **kind** wees nie* →KIND; ***kom** ek nie ~ daar nie, dan kom ek môre daar* →MÔRE; *~ of **môre*** soon, at an early date; *(nie) ~ **nie*** not today; *~ **nog*** this very day, even today; *en dit **nogal** ~* →***juis**; **tot** ~ toe* (up) to date, to this day; ***van** ~ af (aan)* from today, from this day forward; ***wat** is (dit) ~?* what day is today?; what is the date today?; *~ oor 'n **week*** today week, this day week.

Van·da·le·ryk Vandal kingdom.

van·da·lis·me vandalism; *~ pleeg* commit vandalism. **van·da·lis·ties** vandalistic.

van·dees·jaar, van·dees·maand, van·dees·week this year/month/week; in this year, *etc.*; *die eerste maand van vandeesjaar* the first month of this year.

Van der Hum, Van der Hum(-)li·keur Van der Hum (liqueur).

van·der·mer·we(s)·krui·e *Osmites hirsuta.*

Van der Waals: ~-kragte *(pl.), (chem., phys.)* van der Waals forces. **~-vergelyking** *(phys.)* van der Waals equation.

van·di·sie *-sies* →VENDUSIE.

Van Dyck: ~-bruin, vandyckbruin Vandyke brown. **~-kraag, vandyckkraag** Vandyke/vandyke (collar/ cape).

van·een *(rare)* asunder, to pieces; →VANMEKAAR. **~ruk, ~skeur, ~trek** *vaneenge-* pull/tear asunder, tear to pieces.

van·ef·fe a minute/moment ago, just now.

vang *vange, n.* catch; prehension. **vang** *ge-, vb.* catch; capture, take prisoner, arrest; overtake; hold; foul; net; land *(fish)*; *(rugby)* field; hunt down; trap, bag; catch up (with); get hold of, lay hold on; secure, pick up; catch (out); *(naut.)* secure, make fast; *eerste maal ge~, tweede maal **bang*** once bitten, twice shy; ***deur** 'n krokodil/ens. ge~* taken by a crocodile/etc.; *jou nie **laat** ~ nie* not allow o.s. to be caught; *jou nie sommer **laat** ~ nie* not be caught so easily; *die see **leeg** ~* fish out the sea; *'n bal **mis** ~* (of *mis~*) miss a catch; *iem. **onverhoeds** ~* catch s.o. napping *(infml.)*; ***(raak)** ~* (of *raak~*) hold/make/take a catch; *iem. ~ oor hy/sy **te vinnig ry*** catch (*or [sl.]* cop) s.o. for speeding. **~arm** tentacle. **~bak** catch basin. **~blok** *(naut.)* snatch block. **~dam** catch/storage dam. **~draad** arrester wire, guard wire. **~gat** snare, pit(fall), trap. **~gebied** = OPVANGGEBIED. **~haak** catching hook, grab. **~haar** tentacle. **~hok** (game) trap, cage trap; dipping pen. **~hou** catch; *'n ~ slaan* hit/offer a catch. **~kamp** = VANGKRAAL. **~kans** *(cr.)* chance; *'n ~ benut/gebruik* hold/make/ take a catch; *'n ~ bied* hit/offer a catch; *'n ~ verbrou* miss a catch. **~knip** catch bolt. **~kraal** holding pen, corral. **~kuil** pit(fall), trap fall/hole, fall-trap. **~lyn, ~tou** painter, mooring rope; boatrope; life line. **~oes** = TUSSENOES. **~riem** noose, lasso, lariat; →VANGTOU. **~slag** *(cr.)* catch; *'n ~ hou/maak* hold/make/take a catch; *met die ~* in making the catch; *'n ~ verbrou* miss a catch. **~stok** noose; crook stick; *met die ~ vang* (catch with a) noose. **~tand** fang. **~toestel** grapple, trap. **~tou** lasso, lariat, noose; painter. **~voorsteek** *(bookbinding)* catch-running stitch. **~wa** police van, pick-up (van), squad car, *(SA sl.)* kwela-kwela, *(hist.)* Black Maria. **~water** impounded water. **~wissel** *(rly.)* catch points.

van·ger *-gers* catcher; grapple; captor.

vangs *vangste* catch; haul; capture; grab; *(also, Bib.)* draught *(of fish)*; draw; *'n goeie ~ doen/maak* make a good catch.

vang-vang →AAN-AAN.

va·niel·je, va·nil·la vanilla. **~geursel** vanilla essence. **~roomys** vanilla ice cream. **~siekte** vanillism. **~suiker** vanilla sugar.

va·nil·lien *(chem.)* vanillin.

van·jaar, van·mid·dag, van·mô·re, van·mo·re, van·og·gend this year/afternoon/morning.

van·me·le·we, vans·le·we in the old days, of old, long ago, formerly, in days of yore; *~ se dae* the days of yore; *in ~ se dae/tyd* (in days) of yore; *~ se mense* the people of old; *~ se kinders het nie ...* in the old days children did not ...

van·nag tonight; last night; *iem. het ~ by ... geslaap/ oorgebly* s.o. stayed with ... last night; *ek het ~ geen oog toegemaak nie* I did not sleep a wink last night; *~ sal dit reën* it will rain tonight.

van·og·gend →VANJAAR.

Van Rie·beeck·dag *(hist.)* Van Riebeeck Day.

van·self of one's own accord, of/by o.s., by itself, unbidden, unprompted, of one's own free will, spontaneously, automatically; naturally; obviously; involuntarily; as a matter of course, self-explanatory; *die **deur** gaan ~ toe* the door shuts automatically; *iets ~ **doen*** do s.t. of oneself; *dit sal ~ **regkom*** it will right itself; *dit **spreek** ~* →SPREEK. **~sprekend** *-e, adj.* obvious, natural, self-evident; self-explanatory; *iets as ~ aanneem/aanvaar/beskou* take s.t. for granted; *dit is ~* it goes without saying; it stands to reason; *iets ~s* a matter of course. **~sprekend** *adv.* obviously, of course, as a matter of course, naturally, implicitly. **~sprekendheid** obviousness, matter of course, spontaneity; naturalness, casualness.

vans·ge·ly·ke, *(obs., rare)* the same (to you).

vans·le·we →VANMELEWE.

van·te·vo·re before(hand); previously, formerly, in the past; →TEVORE; *die aand ~* the previous night.

Va·nua·tu *(geog.)* Vanuatu.

van·we·ë on account of, owing/due to, over; through; at the hands of; because of, by reason of, as a result of; at the instance of; *~ die staat, (fml.)* on the authority (*or* by order *or* at the instance *or* in the name) of the state; *~ die bome die bos nie sien nie* →BOOM[1] *n.*.

van·wyks·hout *(Bolusanthus speciosus)* tree wistaria.

va·po·ret·to *-retto's, -retti, (It.)* vaporetto, public (canal) boat.

va·po·ri·sa·sie *(rare)* vaporisation. **va·po·ri·sa·tor** *-tore, -tors* vaporiser; atomiser; nebuliser; sprinkler, spray.

va·raan *-rane, (zool.: type of iguana)* varan, monitor lizard.

va·rend *-rende* sailing, navigating, cruising; →VAAR[2] *vb.*. **va·ren·de** under way/shipping.

va·ri·a *(Lat.)* miscellany, miscellaneous; miscellanea *(pl.)*.

va·ri·a·bel *-bele, (rare)* changeable, variable. **va·ri·a·bi·li·teit** *(rare)* variability.

va·ri·an·sie *-sies, (math.)* variance. **va·ri·ant** *-ante* variant, different type, different from; *(math.)* variable.

va·ri·a·sie *-sies* variation; *~s op 'n tema* variations on a theme; *spontane ~, (biol.)* mutation. **va·ri·eer** *ge-* vary; fluctuate; *~ van drie tot tien jaar* range from three to ten years. **va·ri·ë·rend** *-rende* variable.

va·ri·é·té *-tés, (mus.)* variety (theatre), music hall. **~aanbieding** variety show/performance. **~konsert** variety concert.

va·ri·ë·teit *-teite, (biol., ling.)* variety.

va·ri·ë·teits-: ~geur/karakter/wyn/ens. varietal flavour/character/wine/etc..

va·ring *-rings, (bot.)* fern, bracken. **~blaar** (fern) frond, fern leaf. **~huis, ~kwekery** fernery. **~kundige** *-s* pteridologist. **~plant** pteridophyte. **~studie** pteridology.

va·ring·ag·tig *-tige* ferny.

va·ri·o·la *(tech.)* variola; →POKKIES; *ligte ~, (variola mitigata)* varioloid. **va·ri·o·liet** *-liete, (geol.)* variolite; →POKSTEEN.

va·ri·o·me·ter variometer.

va·ri·o·rum·uit·gawe variorum (edition) *(containing notes by various commentators/etc.)*.

va·ris·tor *(elec.)* varistor.

vark *varke* pig, swine, hog, *(infml.)* porker, *(infml.)* grunter; ***baie** ~e maak die spoeling dun* where the hogs are many the wash is poor; *die **boer** met/en sy ~e* →BOER *n.*; *jou soos 'n ~ **gedra*** make a pig of o.s.; *iem. (skiet nie net spek nie, maar) **gooi** (sommer) met die hele ~, (infml.)* s.o.'s tall stories are real whoppers; ***jou** ~!, (coarse)* you pig/swine/beast!; *soos 'n **maer** ~ skreeu* →SKREEU *vb.*; *soos ~e **saamboer**, (infml.)* pig it. *nie 'n ~ kan **vang** nie* be bandy-legged; *so **vet** soos 'n ~, (coarse)* as fat as a pig. **~afval** pig's trotters, pettitoes. **~bak** swill tub. **~beer** boar. **~bek** pig's mouth; *(icht.)* white (river) steenbras, whitefish. **~blaas** pig's/hog's bladder. **~blad** shoulder of pork. **~blom, ~lelie, ~oor,** *(Zantedeschia aethiopica)* arum (lily), pig lily. **~boer** pig farmer/breeder. **~boerdery** piggery, pig farm; pig breeding/farming/raising. **~bors** breast of pork. **~borsel** hog's bristle. **~bossie** *(bot.: Chenopodium album)* goosefoot. **~boud** leg of pork. **~derm** pig's intestine; hog casing *(for sausage)*. **~dermpies** chitterling(s). **~draf, ~spoeling** *(waste food fed to pigs)* hogwash, pigwash, pig's/hog's wash, (pig/hog)swill. **~griep** swine influenza/flu. **~haar** pig/hog bristle, hog hair. **~harslag** ha(r)slet. **~hok** pigsty, pigpen, swinery. **~koors** swine fever. **~kotelet** pork cutlet. **~leer** pigskin; →VARKVEL. **~lelie** →VARKBLOM. **~lende** loin of pork. **~lewer** pork liver. **~masels** pork measles. **~oor** pig's ear; *(bot.)* →VARKBLOM; dog-eared fold; *~ gooi, (rare idm.)* listen in *(on a conversation)*. **~oor(-)plakkie** *(bot.: Cotyledon orbiculata)* pig's ear(s). **~oortjies** *(dim.)* pig's ears; *(bot.: Centella asiatica)* bubbles, little pig's ears. **~papies** pig plague. **~pens:** *gevulde/ opgestopte ~* hog's pudding. **~pes** swine fever. **~pok·ke, ~pokkies** swinepox. **~pootjie** pig's trotter; pig's knuckle; *(also, in the pl.)* pettitoes. **~rib(betjie)** sparerib, rib of pork, pork rib. **~rug** hog's/sow's back. **~slaai** *(bot.: Conicosia pugioniformis)* narrow-leaved iceplant. **~slagter** pork butcher; pig killer. **~slagtery** pork butchery; slaughtering of a/the pig. **~snuit** pig's snout. **~sog** sow. **~spek** bacon, speck, spek *(Afr.)*. **~spoeling** →VARKDRAF. **~stert** pig's tail; *(hair)* pigtail; *(elec.)* pigtail; *(bot.)* pigtail plant. **~sult** brawn. **~tande** pig's teeth; *(infml.)* overshot jaw. **~teler** pig breeder/farmer. **~tjop** pork chop. **~trog** pig trough. **~vel** pigskin; crackling. **~vet** lard, pork fat. **~vis** *(icht.: Lepidaplois spp.)* hogfish. **~vleis** pork; *maer ~* lean pork, *(Br.)* griskin. **~wagter** swineherd. **~wang** jowl. **~wors** pork sausage. **~wortel** = VARKSLAAI.

vark·ag·tig *-tige* piggish, piglike, piggy; porcine *(fml.)*; dirty.

var·kens-: ~brood *(bot., arch.)* sowbread. **~gras** *(bot.)* knotgrass; allseed. **~kos** mast, pig's food, pig's wash, pig-, hogwash; *(bot.: Portulaca oleracea)* purslane; pannage; portulaca.

var·ke·rig *-rige* →VARKAGTIG.

var·kie *-kies* little pig, piggy, pigling, porkling; →VARK; *(icht: Pomadasys olivaceum)* piggy; *(entom.: Lepisma saccharina)* fish/silver moth, silverfish; *iem. het nie **al** sy/haar ~s (in die hok) nie, (infml.)* s.o. is not all there, s.o. ought to have his/her head examined, s.o. has a screw loose; *iem. se **bont** ~ makeer* s.o. is dotty; *klein ~s **kry*** farro; *jou ~s **kwytraak,** (infml.)* go soft in the head.

var·na *(<Skt., a Hindu caste)* varna.

vars *~ varser varsste, adj.* fresh *(meat, fruit, butter, milk, air, flowers, eggs, etc.)*; new-laid *(eggs)*; saltless *(food)*; sweet *(milk)*; warm *(tracks)*; recent; *iets **bly** ~* s.t. keeps good; *~ **brood*** new bread; *iets is nog ~ in iem. se **geheue*** →GEHEUE; *~ **gesteentes*** fresh rocks; *~ **maak*** freshen; *~ **messelklei*** green mortar; *~ **steenkool*** green coal; *~ **stoom*** live steam; *~ **uit** die ...* hot from the ...; *~ **vel*** green (sheep)skin; *~ **water*** fresh (not saline) water; *~ **wond*** recent wound. **vars** *adv.* freshly, newly. **vars·heid** freshness.

vars·melk-: ~produsent fresh-milk producer. **~verspreider** fresh-milk distributor.

vars·wa·ter=: ~biologie limnology. **~kreef** crawfish, freshwater crayfish. **~skilpad** terrapin, freshwater turtle. **~snoek** pike. **~vis** freshwater fish, river fish; →RIVIERVIS.

vas¹ *n.* fast: *mag die ~ u wel bekom!, (relig., fml.)* well over the fast!. **vas** *ge=, vb.* fast, observe a fast; *ophou ~* break the fast. **~dag** fast day, day of fasting. **~tyd** fast, time of fasting.

vas² *vaste vaster vasste, adj.* fast; firm *(conviction, belief, will, promise, decision; position, point; ground, soil; window);* rigid *(axle, stay);* fixed *(abode, asset, bridge, carbon deposit, hour, income, line, price, pulley, rule, star);* standing *(order, rule);* permanent *(address, appointment, member, route, staff, rank);* regular *(customer, employment, income);* solid *(food, ground, matter);* steady *(voice, hand);* stationary *(boiler, engine, plant);* definite *(plans);* static; stock; unwavering, stable; established; positive; set *(purpose);* fixed, immov(e)able *(property);* secure *(foundation);* sound *(sleep); iets is **aan** ... ~* s.t. is attached to ...; *~ **aangestelde** akademikus/professor/ens.* tenured academic/professor/etc; *~te **anker*** rigid stay; *~te **bewys(e)*** hard evidence; *~te **borsel*** fixed/stationary brush; *~te **brandstof*** solid fuel; *God is 'n ~te **burg*** God is a sure defence; *~te **fokus**, (phot.)* fixed focus; *~te **funksie**, (comp.)* hard-wired function; *'n ~te **gewoonte*** →GEWOONTE; *~te **gewoontes** hê* →GEWOONTE; *~te **golf*** perm(anent wave) *(in hair); ~te **grond*** →GROND *n.; 'n ~te **hand*** a steady hand; *met 'n ~te **hand** skryf/skrywe* write a firm hand; *~te **handskrif*** firm handwriting; *nou **het** jy my ~!, (infml.)* you have me there!, there you have me!; *~te **inkomste*** fixed income; *~te **kapitaal*** fixed capital; *~te **katrol*** fast pulley; *~te **kleur*** fast/fadeless colour; lasting colour; *dit **kom** dáár ~* it fastens/buttons there; *~te **komitee*** standing committee; *~te **koolsuurgas*** →KOOLSUURGAS; *~te **kop*** dead head, headstock *(of a lathe); 'n ~te **lid** van ... wees* →LID²; *'n ~te **liggaam*** a solid; *~te **parasiet*** obligate parasite; *~te **patroon*** stock pattern; *die **pryse** word ~ter* prices are hardening; *~ **raak*** seize (up); *dit is ~ en **seker*** it is absolutely certain, it is a dead certainty; *'n ~te **skrum*** →SKRUM *n.; ~ aan die **slaap** wees* →SLAAP² *n.; so ~ **soos** 'n klipsteen* as firm as a rock; *'n ~te **spyskaart*** a set menu; *~te **suur*** non(-)volatile acid; *~ **teen** die muur/ens.* flush against the wall/etc.; *~te **toebehore*** fixture(s); *~te **toestand**, (phys.)* solid state; *~te **troepe*** stationaries; ***vir** ~* for certain, definitely; *dit is **vir** ~ hier* it has come to stay, it is here to stay; *~te **vlek*** indelible stain; *~te **vriend/kêrel/meisie/nooi*** boyfriend, girlfriend; *'n ~te **vriend/kêrel/meisie/nooi** hê* go steady; *~ op die **voete*** sure-footed; *~te **vorm** aanneem* crystallise; *aan ~te **wal*** on the mainland; *~te **werk** hê* →WERK *n.; 'n ~te **werk/pos/ens.*** a permanent/tenured job/position/etc.; *~ **word*** solidify. **vas** *adv.* firmly, fast; *~ **beloof/belowe*** →BELOOF *vb.; ~ van **plan** wees* be firmly resolved, be determined; *jy kan ~ daarop **reken*** you may depend on it, you may be quite sure; *~ **sit**, (fig.)* sit tight; →VASSIT; *~ **slaap*** sleep soundly/deeply, be fast asleep; *~ **staan**, (lit.)* stand firm; *een ding **staan** ~* one thing is sure; *~ **voorgenome*** fully intended. **~berade** *~ meer ~ die mees ~* determined, resolute, firm, strong-, tough-minded, purposeful, dogged, deliberate; *iem. het 'n ~ karakter* s.o. has determination. **~beradenheid** determination, resoluteness, resolution, firmness, strong-, tough-mindedness; *stale ~, (liter.)* steely determination. **~beslote** *~ meer ~ die mees ~* determined, resolved, resolute, adamant, intent, decided; *~ wees om iets te doen* be determined to do s.t.; be bent (up)on s.t.; be intent on doing s.t.; have one's mind set on s.t.; *~ wees om iets te kry* have one's mind set on s.t.. **~bind** *vasge=* tie (up), tie on, fasten (up), fix, strap (up), bind, lash, tag, rope up, truss up, knot; *iets **aan** ... ~* tie s.t. to ...; ***dinge** (aan mekaar) ~* tie things together; ***iem.** aan iets ~* bind s.o. to s.t.. **~bout** *vasge=* bolt (up). **~brand** *vasge=, (food)* burn; *(an engine)* seize, *(bearings)* seize up, run dry; get stuck, be in financial/etc. difficulties, be unable to pay; be unable to manage (*or* cope with work), be unable to get through. **~byt** *vasge=* seize with the jaws; grip; *(fig.)* grit one's teeth, dig one's heels/toes in, keep at it, stick it out/through, *(infml.)* hang (on) in there, hang tough; *byt vas!, (infml.)* hang (on) in there!. **~byter** diehard, stayer, persister, *(infml.)* bulldog; *'n ~ wees, (also, infml.)* be one of the bulldog breed, have the tenacity of a bulldog. **~draai** *vasge=* tighten (up) *(a nut);* screw up/down; lock; tie, fasten; belay; get stuck, get into difficulties; be unable to get through work. **~druk** *vasge=* squeeze (tight), press together/tight/firmly, hold tight; cramp; hug; ***onder** ... vasgedruk wees* be pinned under ...; *iem. **teen** ... ~* pin s.o. against ...; *iem. **teen** jou ~* snuggle s.o. close to one; ***tussen** ... en ... vasgedruk word* be caught between ... and ... **~ent** *vasgeënt, (hort.)* inarch. **~gebind** *=e* tied up; trussed (up). **~gekeer** *=de* trapped; →VASKEER; *deur mis ~* fogbound; *deur die weer ~* weather-bound. **~genael: *aan** ... ~ wees* be riveted to ...; *aan die **grond** ~ wees* be/stand rooted/glued to the spot; *~ **voor** die TV sit* be glued to the TV. **~gesneeu** *=de* snowbound. **~gespe** *vasge=* buckle (up/together), clasp; strap. **~gevries** *=de* frostbound. **~geys** *=de* frozen in/up. **~goed** *(obs., rare)* = VASTE **EIENDOM**. **~gord** *vasge=* buckle up; fasten; *jou ~* belt/buckle up. **~grendel** *vasge=* bolt (securely). **~groei** *vasge=* grow together (*or* into one); become attached (to); *aan ... ~* become attached to ... **~gryp** *vasge=* grip, grasp, clasp, clutch, seize, catch hold of, take a firm grip/hold of. **~haak** *vasge=* hook/hitch together/on/in/up; snag, get snagged; stick, catch; clasp, grapple; *aan iets ~* catch/snag (*or* get caught) on s.t.; hook on to (*or* onto) s.t.; *iets aan ... ~* hitch s.t. on to (*or* onto) ... **~haakpaal** hitching post. **~heg** *vasge=* fix (down), fasten, attach; *jou aan ... ~* cling to ... *(a friend, an idea, etc.).* **~hegting** fixing, fastening, tie-up. **~hou** *vasge=* hold *(s.o., s.t.);* hold fast/tight; hang on; hold on *(a phone);* persist; constrain; ***aan** iets ~* hold onto (*or* on to) s.t.; abide by s.t., adhere to s.t., keep to s.t., stand by s.t., stick by/to s.t. *(principles); **hou vas!*** don't let go!, hang on! *(infml.); (teleph.)* hang on!, hold the line!; ***mekaar** ~, (boxing)* be in a clinch; *iets **stewig/styf** ~* grip/hold s.t. tightly, keep a tight grip on s.t.; ***ternouernood** ~, (also, infml.)* hang on by the eyelids. **~houdend** *=e* dogged, tenacious, persistent, pertinacious, perseverent; close-fisted, tight-fisted; retentive; conservative. **~houdendheid** doggedness, tenacity, pertinacity, persistency, perseverance; close-, tight-fistedness; retentiveness. **~houer** holder; fastener, fastening; holdfast; detainer. **~houery** *(rugby etc.)* holding. **~houplek** purchase, handhold, grasp. **~houstrop** hand strap *(in a vehicle).* **~keer** *vasge=* (drive into a) corner, (en)trap, hunt down; stump; stalemate; nail down; invest; →VASGEKEER; *in 'n boom ~* tree. **~keil** *vasge=* →VASWIG. **~ketting** *vasge=* chain, fetter, enchain *(poet., liter.); aan ... vasgeketting wees* be chained to ... **~klamp** *vasge=* clamp (down); cleat; cramp together; *iem./iets aan ... ~* chain s.o./s.t. to ...; *jou aan iets ~* cling to s.t.. **~kleef, ~klewe** *vasge=, (lit.)* stick to; *(fig.)* stick (fast), adhere closely; *aan iets ~* stick to s.t.; cleave to s.t. *(a tradition etc.).* **~klem** *vasge=* hold tight; grip, clasp; clip; jam *(one's finger in a door); jou aan ... ~* grip (*or* cling to *or* hang on to [*or* onto]) ... **~klewing** sticking (fast), adhesion; matting. **~klink** *vasge=* rivet (together); clinch. **~klou** *vasge=, vb.* cling/stick to, hang on to (*or* onto), hug; ***aan** ... ~, (fig.)* cling to ... *(old ideas etc.);* stick to ...; hang on to (*or* onto) ... *(infml.); op/om **lewe en dood** ~* hang/hold on like grim death *(infml.); aan **strooihalms** ~* catch/clutch/grasp at straws; *aan 'n **strooitjie** ~* catch/clutch/grasp at a straw. **~klou(bossie)** *(bot.) Rubia cordifolia.* **~klouery** holding *(in boxing).* **~knel** *vasge=* hold tight; pinch, jam *(one's finger); tussen ... vasgeknel wees* be wedged (in) between ... **~knoop** *vasge=* tie (on), fasten; button up *(a coat); iets aan ... ~* tie/link/join s.t. to ...; *iets knoop agter vas* s.t. buttons at the back. **~koek** *vasge=* cake onto; *(wool, hair)* become matted. **~kom** *vasge=* join on; *waaraan kom dié onderdeel vas?* where does this part join on?. **~koop** *vasge=: jou ~* make a bad purchase/deal. **~kop** *(rugby)* tight head. **~koppel** *vasge=* couple, fasten/link/tie/hook together; *(astronaut.)* dock. **~kopstut** *(rugby)* tight head (forward/prop). **~kyk** *vasge=: teen ... ~* stand face to face with ... *(s.o.);* have one's view obstructed by ... *(s.t.).* **~lak** *vasge=* →VASLYM. **~lê** *vasge=* be fastened; be tied up/down; *(a ship)* be moored; lie firm; tie up; pin/hold down; *(capital)* be locked up; fix, settle, determine; stipulate; establish, lay down; mark *(an event); (comp.)* key, capture *(data); in ... vasgelê wees* be embedded in ...; be enshrined in ... *(legislation etc.).* **~legging** fixing, fixation; determination; *(comp.)* capture *(of data);* →VASLÊ. **~loop** *vasge=, (a ship)* run aground, strand, get stranded; *jou **in** ... ~* walk into ... *(a blow etc.); **jou** ~* find one's way blocked, get stuck; come to the end of one's tether, be cornered, get into trouble; come off second-best, get/have the worst of it; *jy **sal** jou ~* you will find out your mistake; ***teen** iem./iets ~, (lit.)* bump/bang/knock into (*or* collide with) s.o./s.t.; *jou **teen** ... ~, (fig.)* come up against ... **~lym** *vasge=* glue (together), bond, stick, paste, fasten with glue, glue on. **~maak** *vasge=* fasten (up), make fast, secure, attach, fix (down); hitch; tie (up), button up, do up; moor, berth, tie on/up; belay; pinion; *iets aan ... ~* fasten s.t. to ...; join s.t. to ... **~maaktou** picketing rope; tether; stern fast/line/rope. **~maker** fastener, fastening; tier, tyer. **~making** fastening; tying. **~meer** *vasge=* moor (up), tie up, dock, wharf *(a ship);* make fast; *die skip lê vasgemeer* the ship lies at her moorings. **~naai** *vasge=* →VASWERK. **~pak** *vasge=* pack firmly; catch; jam; grip, grasp, grab, clasp. **~parkeer** *vasge=* park in; *iem. ~* park s.o. in. **~pen** *vasge=* peg (down); pin down; stake; spike; hold down, corner; *onder ... vasgespen wees* be pinned under ... **~penning** pegging (down); spiking. **~penwet** *(SA, hist., infml.)* pegging act *(usu. P~ A~).* **~pit(perske)** = TAAIPIT. **~plak** *vasge=* stick/paste/glue (together); *iets (met kleefband/-lint) ~* tape s.t. down. **~praat** *vasge=: jou ~* talk o.s. into a corner. **~prik** *vasge=* pin down/up (on). **~prop** *vasge=* plug. **~raak** *vasge=* become entangled, get stuck/caught/jammed; *(a ship)* run aground. **~reën** *vasge=* be held up (*or* detained) by rain; *vasgereën wees, (s.o.)* be held up by rain. **~rits** *vasge=* zip (up). **~roes** *vasge=* rust, become rusted; *iets is/het vasgeroes* the rust causes s.t. to stick; *in jou gewoontes vasgeroes wees* be unable to change one's habits (*or* get out of a rut); *dit is beter om uit te slyt as om vas te roes* better wear out than rust out. **~ry** *vasge=: in ... ~* drive right into ...; *teen ... ~* collide with ..., knock/crash into ... **~ryg** *vasge=* lace (up), baste; tack on; *iets aan ... ~* tack s.t. onto (*or* on to) ... **~sak** *vasge=* settle. **~setting** entailment. **~sit** *vasge=* adhere, stick (fast); be/get stuck, be fixed; *(capital)* be locked up; seize (up); be embedded *(in a surrounding mass);* bog down, be bogged down; be tied up; stick, fasten, fix (down), secure; chock, bed; *(infml.)* have a quarrel/barney, cross swords; ***aan** ... ~* adhere to ...; stick to ...; cling to ... *(soil to one's fingers etc.); **in** iets ~* stick in s.t., get stuck in s.t. *(mud etc.);* be embedded in s.t.; ***in** die ys ~, (also)* be icebound; ***kapitaal** sit vas* capital is tied up; *iets **laat** ~* make s.t. stick; *hulle sit vas (met **mekaar**), (infml.)* they are at odds; ***met** iem. ~, (infml.)* be at odds with s.o.; *hulle sit vas **oor** iets, (infml.)* they are at odds over s.t.; *die **remme** sit vas* the brakes lock. **~skop** *vasge=* dig in one's heels/toes, make a stand; *teen iets ~* hold out against s.t.. **~skroef, ~skroewe** *vasge=* screw down/on/tight/together, bolt; *die luike ~* batten down the hatches. **~slaan** *vasge=* hammer in, nail down/in/together/on; *(gears etc.)* jam, lock; *(soil)* consolidate; batten; *iets aan ... ~* nail s.t. on(to)/to ...; *jou tande in ... ~* sink one's teeth into ... **~sneeu** *vasge=* snow in; be snowed in; *vasgesneeu wees* be snowbound. **~speld** *vasge=* pin (up/together/down); *iets aan ... ~* fasten s.t. on ..., pin s.t. onto (*or* on to) ...; clip s.t. onto (*or* on to) ... **~spyker** *vasge=* nail (down/together); fix (down); tack (on), spike; fasten down; *iets aan ... ~* nail s.t. on/to/onto (*or* on to) ... *van agter ~* back-tack. **~staan** *vasge=* stand firm(ly), stand fast; sit tight; *iets staan **by** iem. vas* s.o. is convinced (*or* quite sure/certain) of s.t.; ***dit** staan vas* it is certain/definite, it is a fact; ***een** ding staan vas* one thing is certain/sure; ~ *teen* ... stand out against ... ~**staande** fixed, firm; firmly based; cast-iron; solid; hard (and fast), firm; sure, certain, indisputable, self-evident, conclusive, final, definite; recognised, established *(fact)*; standing *(rule)*; ~ *iets/deelnemer* certainty. ~**stamp** *vasge-* ram down, ram home, pound (home), tamp (in), firm, puddle *(concrete)*, pun. ~**steek** *vasge-* fasten, pin (on/together); halt, stop (dead/short); ba(u)lk; boggle; stick, get stuck; tie back; ***by*** ... ~ stop short at/of ...; ***hier*** *steek ek vas* this is where I draw the line; *velle papier* ***met*** *'n speld aan mekaar* ~ fasten sheets of paper (together) with a pin; ***skielik*** ~ stop dead/short; *in jou vier* ***spore*** ~ dig in one's heels; ***vier-voet*** ~ →VIERVOET. ~**stel** *vasge-* fix *(a price, place, date, etc.)*; determine *(a date)*; settle, fix, nominate, name *(a day)*; decide (on), decree; find out, ascertain; establish *(a fact)*; appoint, assign *(a place, time, etc.)*; stipulate, enact, ordain; lay down *(a rule)*; locate; *vasgestelde erts* proved ore; *geen vasgestelde reël* no fixed (*or* hard and fast) rule; *die vasgestelde tyd* the appointed time; the scheduled time. ~**stelling** fixing, fixation; determination; establishment; settlement; assignation, assignment; enactment; conclusion; →VASSTEL. ~**stik** *vasge-* stitch (on). ~**sweis** *vasge-*: *iets aan* ... ~ weld s.t. onto (*or* on to) ... ~**tik** *vasge-* tack; sprig. ~**trap** *-pe, n., (SA, a fast dance)* vastrap. ~**trap** *vasge-, vb.* tread/stamp down; steady o.s.; *(fig.)* be unwavering, stand firm/fast/pat, make a stand; hold/keep/stand one's ground; corner, catch *(s.o.)*; give *(s.o.)* a dusting/thrashing; *iem.* ~, *(fig.)* bring s.o. to book; *iets* ~ tramp/tread s.t. down; *iets (in die grond)* ~ tread s.t. in. ~**trap-ewenaar** *(mech.)* limited slip differential. ~**trapklamp** toehold. ~**trapper** *(rare)* diehard. ~**trapplek** foothold, footing, toehold, purchase; jumping-off place; *(mil.)* bridgehead. ~**trek** *vasge-* pull tight; *(fig.)* (drive into a) corner; bring to book; swindle, take in, do *(s.o.)* down; *iem. met geld* ~, *(infml.)* swindle money out of s.o., swindle s.o. out of money; *die polisie het die man vasgetrek* the police got their man. ~**val** *vasge-* stick, get stuck; get bogged (down), be bogged down, be trapped; clinch; be(come) ensnared/insnared *(in a traffic jam)*; *in iets* ~ get stuck in s.t. *(mud, traffic, etc.)*. ~**vang** *vasge-, (fig.)* encapsulate, incapsulate; ***in*** *iets vasgevang raak* get snarled up in s.t. *(the traffic)*; ***in*** *iets vasgevang wees* be caught up in s.t. *(thorns, the traffic, etc.)*; ***tussen*** ... ***en*** ... *vasgevang wees* be caught between ... and ...; *vasgevang* ***voel*** feel penned in. ~**vat** *vasge-* grip, take a firm grip/hold *(of/on)*; tackle; *iem.* ~, *(fig.)* clamp down (*or* put a clinch) on s.o.. ~**vlieg:** *teen iets* ~ fly against s.t.. ~**voetig** *-e, (lit.)* sure-footed. ~**vra** *-e* quiz (contest). ~**vra** *vasge-, vb.* quiz; stump; corner. ~**vraer** quizmaster. ~**vraery** quiz(zing). ~**vra-program** *(rad., TV)* quiz show. ~**vrawedstryd** quiz contest. ~**vries** *vasge-* be/become frozen in; get/become icebound. ~**werk** *vasge-* sew on/together, stitch up; suture. ~**wig** *vasge-* wedge, key. ~**wikkel** *vasge-* enmesh. ~**woel** *vasge-* fasten, tie, belay, lash, secure. ~**wording** solidification, concretion. ~**ys** *vasgeys* freeze in/up.

va·sal *-salle,* **va·saal** *-sale, (hist.)* vassal. ~**staat** vassal state; client state.

va·sek·to·mie vasectomy.

va·sel, *(rare) -sels* = VESEL.

Va·se·line *(trademark for petrolatum)* Vaseline.

va·sie *-sies, (dim.)* small vase; →VAAS.

vas·ku·lêr *-lêre* vascular. **vas·ku·la·ri·sa·sie** *(med.: formation of blood vessels in an organ/etc.)* vascularisation. **vas·ku·la·ri·seer** *ge-* vascularise.

va·so·mo·to·ries *-riese* vasomotor.

va·so·pres·sien *(med.)* vasopressin.

Vas·te *(RC)*: *die ~/Vastyd* Lent, Quadragesima. ~**aand** Shrove Tuesday, *(infml.)* Pancake Day. ~**offer** Quadragesimals.

vas·te-: ~**draad-:** *(elec., comp.)* hard-wired *(machine, smoke detector, etc.)*. ~**land** continent; mainland; *die (Europese) V~* the Continent; *op die ~* on the continent. **V~lander** *-s, n.* Continental. ~**lands** *-e, adj.* continental; mainland; *(V~)* Continental; *~e klimaat* continental climate. ~**landskuiwing, vastelandswer-wing** continental drift. ~**landsplat** continental shelf. ~**toestandfisika** solid-state physics.

vas·ter *-ters, n.* faster.

vas·te·tyd →VASTYD.

vast·heid firmness, fixity, fixedness; solidity, compactness; invariability, permanence; strength, steadiness; fixity, stability; rigidity; consistency; certainty; lastingness; fastness *(of colour)*; poise.

Vas·ti *(OT)* Vashti.

vas·tig·heid certainty, security; fixture; *geen ~ hê nie* have nothing to go by/on; be a rolling stone; *geen ~ onder jou voete nie, (fig.)* be on shaky ground.

vat[1] *n.* grip, hold; handle; holdfast; *dit gee jou 'n ~ op iem.* it gives you a hold on s.o.; ***geen*** *~ op iem. hê nie* have no hold on s.o., make no impression (*or* be lost) on s.o.; *jou argumente het* ***geen*** *~ op iem. nie* s.o. remains impervious/deaf to one's arguments; *op iem. ~* ***kry*** get a hold on s.o.; *('n) mens kan nie ~ aan iem.* ***kry*** *nie* one cannot make s.o. out; *geen ~(plek) aan iem.* ***kry*** *nie, (also, infml.)* s.o. is a slippery customer; *iets* ***kry*** *hoe langer hoe meer ~ op iem.* s.t. grows on s.o..

vat *ge-, vb.* take; seize, catch; grasp, understand, see *(the point)*; comprehend, catch *(meanings)*; take in; *(rare)* mount *(in gold)*; *(rare)* set *(in lead)*; *(a motor)* start; conceive; ***aan*** *iem./iets ~* touch s.o./s.t.; *iem./iets* ***aan*** ... ~ take s.o./s.t. by ... *(the arm/handle)*; *iets ~* ***aan*** *iem.* s.t. affects s.o. deeply; *die snelheid/totaal het* ***aan*** ... *ge~* the speed/total nearly reached ...; →VAT-VAT; *iem. ~ jou* ***aan/by*** *jou skouer/ens.* s.o. comes up to one's shoulder/etc.; ***alles*** ~ clean up *(infml.)*; *'n* ***draai*** ~ →DRAAI *n.*; *iem. in die* ***gesig*** ~ →GESIG; ~ ***hier!*** here you are!; *(sa),* ~ ***hom!***, *(command to a dog)* sic him!; ***koue*** ~ →KOUE *n.*; *jy sal maar moet ~ wat jy* ***kry*** one will just have to like it or lump it *(infml.)*; *iem.* ***laag*** ~, *(rugby)* tackle s.o. low; ***laat*** ~, *(infml.: depart)* skedaddle, scoot; ***langtand*** *aan iets* ~ be unenthusiastic about s.t.; ~ *dit* ***maar*** *vir jou* you may have it, you are welcome to it; *iets* ***mis*** ~ miss s.t. *(a ball etc.)*; fail to catch/grasp/take s.t.; not get hold of s.t.; →MISVAT *vb.*; *die* ***motor*** *~ nie* the motor will not start; *ek ~ dit van* ***myself*** it is my own experience; *iets* ***raak*** ~ catch/get/grab/lay/seize/take hold of s.t.; ~ ***so!***, *(infml.)* shake hands!, put it there!; *iets* ***stywer/vaster*** ~ tighten one's grip on s.t.; ***vuur*** ~ →**VLAM** VAT. ~**lap** potholder; oven cloth. ~**plek** hold; handhold; holdfast; key; purchase; toehold; tooth; *~ aan/op ... kry* get/obtain a purchase on ...; *geen ~ aan iem. kry nie* →GEEN **VAT** AAN IEM. KRY NIE. ~**vrou** →HOUVROU.

vat[2] *vate, n.* barrel, cask, tun; vat; butt; tub; drum; *(anat.)* vessel; ***bier uit die*** ~ beer on draught/tap; ***heilige*** *~e* sacred vessels; ***in die*** *~, (wine)* in the wood; ***leë*** *vate maak die meeste geraas/lawaai* empty vessels make the most sound/noise; *'n ~* ***olie/ens.*** a barrel of oil/etc.; *'n ~* ***oopsteek/oopslaan*** breach a barrel; *die* ***swakke(re)*** *~/geslag, (obs., joc.: a woman)* the weaker vessel/sex; *'n ~* ***vol*** a barrelful. ~**bier** draught beer. ~**maker** cooper. ~**vormig** *-e* vasiform. ~**werk** casks, tubs.

vat·baar: ~ ***maak*** predispose; sensitise; *iets* ***maak*** *iem. vir* ... ~, *(also)* s.t. predisposes s.o. to ...; ***vir*** ... ~ *wees* be amenable to ... *(advice, discipline, reason, etc.)*; be capable of ... *(an interpretation)*; be open to ... *(conviction, debate, etc.)*; be prone to ...; be subject to ... *(diseases)*; be susceptible to ... *(colds, pain, etc.)*; be vulnerable to ... *(flattery etc.)*; be liable to ...; be pervious to ... *(reason)*; ~ ***vir beslag*** seizable; ~ ***vir bespreking*** open to debate, debatable; ~ ***vir indrukke*** impressionable; ~ ***vir oortuiging*** open to conviction, persuadable; *nie* ***vir verbetering*** *~ nie* incorrigible. **vat·baar·heid** capacity; susceptibility; amenability; liability; receptivity; predisposition; vulnerability; sensibility. **vat·baar·ma·king** sensitisation.

va·te-: ~**kopper** *-s* header. ~**maker** →VATMAKER.

Va·ti·kaan: *die ~* the Vatican. ~**staat:** *die ~* the Vatican State. ~**stad:** *(die) ~* (the) Vatican City.

Va·ti·kaans *-kaanse* Vatican; *~e Konsilie* Vatican Council.

vat·sel *-sels, (obs., rare)* grip, handle.

vat·te·rig *-rige* fond of touching *(persons)*; flirtatious, fresh *(with girls)*; *'n ~e ou man, (also, infml.)* a dirty old man; *moenie so ~ wees nie* don't paw me (about). **vat·te·rig·heid** flirtiness.

vat·tig·heid: *('n) mens kry nie ~ aan iem. nie, (infml.)* one cannot make s.o. out; →VAT[1] *n.*.

vat-vat: *die snelheid/totaal het aan ... gevat-vat* the speed/total nearly reached ...

vau·de·ville *(variety entertainment)* vaudeville. ~**-arties** variety artist.

Ve·da *-das* Veda. **Ve·dies** *-diese, (also v~)* Vedic.

Ve·dan·ta *(Hindu philos.)* Vedanta. **Ve·dan·ties** *-tiese* Vedantic.

ve·del *(hist. mus. instr.)* fiddle, vielle *(Fr.)*; →DRAAILIER.

Ve·dies →VEDA.

vee[1] *n.* (live)stock; cattle; *~ aanhou/aanskaf* stock. ~**(-)aanjaer** drover. ~**arts** veterinary surgeon, *(infml.)* vet. ~**artsenykunde** veterinary science/medicine. ~**artsenykundig** *-e* veterinary. ~**artsenykundige** *-s* veterinary surgeon, *(Am.)* veterinarian, *(obs.)* veterinary. ~**artsenyskool** veterinary college. ~**bedryf** stock farming, livestock industry. ~**boer** cattle/stock farmer, stockbreeder, grazier, *(Am.)* stockman, *(chiefly Austr.)* pastoralist; *groot ~* rancher *(esp. in N.Am.)*. ~**boerdery** stock farming/raising, farming of animals. ~**dief** stock thief, cattle stealer/lifter/rustler. ~**dief-stal** stock theft, cattle stealing, sheep/cattle lifting. ~**diewery** →VEEDIEFSTAL. ~**dig** *-te* stock-proof. ~**handel** cattle trade, trade in livestock. ~**handelaar,** ~**koper** cattle dealer, dealer in livestock. ~**inspekteur** stock inspector. ~**kamp** (large) paddock. ~**keerder** *-s* cattle guard. ~**koek** oilcake, cattle cake *(chiefly Br.)*. ~**koper** →VEEHANDELAAR. ~**kraal** cattle kraal/pen; (auctioneer's) stockyard. ~**mark** cattle/livestock market. ~**middel** *-s, -e* stock remedy. ~**(-)oorgang** cattle crossing. ~**paadjie** stock path. ~**pes** cattle plague, rinderpest, murrain. ~**plaas** stock farm. ~**pos** cattle post. ~**produk** livestock product, pastoral product. ~**-reier** *(orn.)* cattle egret. ~**rower** = VEEDIEF. ~**siekte** stock disease; cattle disease. ~**skuur** lairage; *verskaffing van veeskure* lairage *(at markets etc.)*. ~**smous** drover, cattle dealer. ~**sout** rough salt. ~**stal** cowshed, stable for stock. ~**stamboek** herd book, studbook, pedigree book. ~**stapel** livestock, stock *(of animals)*, herd(s). ~**suiping** watering place. ~**teelt** stockbreeding, stock raising, animal husbandry. ~**teler** stockbreeder. ~**tentoonstelling** livestock show, cattle show. ~**trok** cattle/stock truck. ~**trop** herd of stock/cattle. ~**vandisie,** ~**vendusie,** ~**veiling** stock fair. ~**verbeteringsgebied** stock improvement area. ~**verliese** stock losses. ~**versekering** livestock insurance. ~**voer** forage, fodder, stock/animal feed. ~**wagter** shepherd, cattle herd, herdsman, herder; *berede ~* stock rider; *die V~, (astron.)* the Herdsman, Boötes. ~**wagtertjie** herdboy, shepherd boy.

vee[2] *ge-, vb.* sweep; wipe; *voor jou eie deur ~* →DEUR[1] *n.*.

veeg *veë, n.* wipe; swish *(of a tail)*; whisk *(of a whip, tail, etc.)*; slap, cuff *(on the ear)*; smear; smirch; swipe. **veeg** *ge-, vb., (rare)* →VEE[2] *vb.*. ~**hou** *(cr.)* sweep (shot), sweeping shot; swipe. ~**kaart** swipe card. ~**(-)las** *-se* wiped (lead) joint.

veeg·sel *-sels* sweeping.

veel[1] *ge-, vb.* stand, bear, endure, abide, tolerate; stand, take; like; *iem. kan 'n dwaas nie ~ nie* →DWAAS *n.*; *jy kan iem./iets nie ~ nie* one cannot bear/stand (the sight of) s.o./s.t.; *hulle kan mekaar nie ~ nie, (also)* there is no love lost between them.

veel[2] *veel/vele meer die meeste, adj. & adv., (indicating number)* many; *(indicating mass)* much; mickle, muckle; often, frequently; ***alte*** *~ ywer/ens.* an excess of zeal/etc.; ***besonder*** ~ very much; *iem. te ~ laat* ***betaal*** →BETAAL; *as ...* ***beteken*** *iem./iets nie ~ nie* s.o./s.t. is not much of a ...; *dit* ***beteken*** *nie ~ nie* it is nothing much; it is not up to much *(infml.)*; *iets is vir iem. 'n* ***bietjie*** (of ***bietjies***) *te ~* s.t. is a bit much for s.o.

*(infml.); nie so **danig** ~ nie* not all that much; *iem. kan nie ~ daaraan **doen** nie* there isn't much (*or* there is little) s.o. can do about it; ***een** te ~* one too many; *~/baie **eerder*** much rather; ***ewe** ~* as much; the same; ***ewe** ~ as ...* as much as ...; *~ **gebruik*** much used; *~ **gelese*** →VEELGELESE; *~ **gesog*** →VEELGESOG; *dit is 'n bietjie te ~ **gevra/geverg**, dit is bietjies te ~ **gevra/geverg*** that's a bit (*or* pretty) stiff/steep *(infml.)*; *~ **groter*** much/far bigger; ***heel** ~* →HEEL *adv.*; *~ **heil** en seën met die nuwe jaar!* →HEIL; *dit sal ~ **help** om ...* it will go far to ...; *nog te ~ **kind** wees* be still too much of a child; *~ **liewer*** much rather; *~ **meer*** much/many more; *te ~ op jou **neem*** overreach o.s.; ***nie** ~ nie* not much; *te ~ om op te **noem*** too numerous to mention; *iem. is te ~ **outokraat*** s.o. is too much of an autocrat; *nie ~ te **sê** nie* not much to say; *daar is ~ voor te **sê*** there is a good case for it, a good case may be made out for it; ***te** ~* too much *(money etc.)*; too many *(people etc.)*; *dit was vir iem. eens **te** ~* that was too much for s.o.; ***veels** te ~* far too many; far too much; much too much; *nog nie ~ van ... (af) **weet** nie, (also)* be new to ... **~al** *(fml.)* often, usually, as a rule; mostly, for the most/greater part. **~arm** *(zool.)* polyp(us); octopus. **~armig** *=e* polypous. **~barend** *=e, (med., zool.)* multiparous. **~begeerde** coveted; *~ eer* coveted honour. **~belowend** *=e* promising, auspicious, favourable, full of promise. **~belowendheid** auspiciousness. **~berese, ~bereisde** much-, well-travelled, (widely) travelled *(a pers.)*. **~besproke** much/widely discussed/debated, much talked-of *(book, project, plans, etc.)*, celebrated. **~betekenend** *=e, adj.* significant, meaning, meaningful; suggestive; portentous. **~betekenend** *adv.* meaningly, significantly; *iem. ~ aankyk* give s.o. a meaning look. **~bewoë** eventful, chequered *(life)*; stirring, turbulent, troubled, troublous *(times)*. **~bewoënheid** eventfulness *etc.* (→VEELBEWOË). **~blommig** *=e* multiflorous, multiflowered, multibloomed. **~broederig** *=e, (bot.)* polyadelphous. **~delig** *=e* multipartite, polymerous. **~doelig** *=e* multipurpose, all-purpose. **~duidigheid** multiplicity of meaning. **~eer** *(fml.)* rather, sooner. **~eisend** *=e* exacting, demanding, taxing; gruelling, punishing; imposing, exigent; fastidious, fussy, hard to please, particular (about/over). **~etnies** →VEELVOLKIG. **~fasig** *=e* multiphase. **~funksionele** *(attr.)*, **~funksie=** *comb.* multifunction(al) *(information system etc.)*. **~gelese, ~ gelese** widely read, esteemed. **~geprese, ~ geprese** boasted, vaunted. **~gesog, ~ gesog** much sought after. **~godedom, ~godery** polytheism. **~gradig** *=e* multigrade. **~helmig** *=e, (bot.)* polyandrous. **~hoek** *(geom.)* polygon. **~hoekig** *=e* polygonal, mult(i)angular, many-angled. **~hoewig** *=e* multungulate. **~hokkig** *=e* multilocular. **~hoofdig** *=e* many-headed; *~e regering* polyarchy. **~jarig** *=e* of many years *(pred.)*, many years' *(attr.)*; perennial. **~kanaal=** *comb.* multichannel *(spectrum analyser etc.)*. **~kantig** *=e* many-sided; many-faceted. **~keuse=** *comb.*, **~keusige** *(attr.)* multiple-choice *(questions etc.)*. **~kleppig** *=e* multivalve. **~kleurig** *=e* many-coloured, -hued, colourful, multicoloured, variegated, varicoloured, versicolour(ed), particoloured, polychrome, gaudy; pleochroic *(crystal etc.)*. **~kleurigheid** variegation; polychrome. **~koppig** *=e* many-headed; hydra-headed; *die ~e menigte* the many-headed crowd. **~kultureel** *=kulturele* multicultural. **~ledig** *=e* multipartite; *(alg.)* multinomial. **~lettergrepig** *=e* polysyllabic, sesquipedalian. **~luik** *(fine arts)* polyptych. **~mannery** polyandry. **~mannig** *=e* polyandrous. **~meer** *(rare)* rather. **~namig** *=e* multinomial; *(math.)* polynomial. **~ogig** *=e* multocular. **~omvattend** *=e* comprehensive, extensive; wide *(knowledge)*, exhaustive, sweeping. **~omvattendheid** comprehensiveness; catholicity. **~party=** *comb.* multiparty *(democracy etc.)*. **~poot** *(zool.)* polypod, myriapod. **~potig** *=e, (zool.)* myriapodan, myriapodous; *V~es, (zool.)* Myriapoda. **~prater** talkative/loquacious person, chatterbox, chatterer, nonstop talker. **~rassig** *=e* multiracial, racially mixed. **~rassigheid** multiracialism. **~rat** cluster gear. **~reëlig** *=e* of many lines. **~rigting=** *comb.* multidirectional. **~sadig** *=e, (bot.)* polyspermous. **~seggend** *=e* significant, meaning(ful), knowing; expressive; *'n ~e glimlag* a meaningful/telltale smile; *'n ~e uitspraak* a pregnant statement. **~seggendheid** significance, pregnancy. **~sellig** *=e, (biol.)* multicellular. **~sinnig** ambiguous. **~sinnigheid** ambiguity. **~skaarploeg** multiple plough. **~skrywer** prolific writer, voluminous writer, hack, ink-slinger *(infml.)*. **~skrywery** hack writing, ink-slinging *(infml.)*. **~snarig** *=e* multi-stringed. **~soortig** *=e* manifold, multifarious, omnifarious, varied, multiform, miscellaneous, multiple, diverse. **~soortigheid** multifariousness, multiplicity, variety. **~stemmig** *=e* many-voiced; polyphonic, polyphonous. **~stemmigheid** polyphony. **~stylig** *=e, (bot.)* polygynous. **~suilig** *=e* polystyle; *~e gebou* polystyle. **~sydig** *=e* versatile *(a pers.)*; many-sided; multilateral; multifaceted; encyclop(a)edic; miscellaneous; all-round *(a sports[wo]man)*; multilateral; *~e smaak* catholic taste. **~sydigheid** many-sidedness, versatility, variety, miscellaneousness, universality. **~takkig** *=e, (bot.)* multiramose, multiramous. **~talig** *=e* polyglot, multilingual. **~talige** *=s* multilingualist. **~taligheid** polyglottism, multilingualism. **~tallig** *=e* polymerous, multitudinous. **~term** *=e* polynomial, multinomial. **~toegang(s)=** *comb., (comp.)* multiaccess *(server, device, etc.)*. **~tongig** *=e* many-tongued. **~tonig** *=e* multisonant, multisonous. **~tyds** *(rare)* often, frequently. **~verbinding** *(gram.)* polysyndeton. **~verdieping=** *comb.* multistorey *(building etc.)*. **~verdiepingparkeergarage** multistorey (car park). **~vermoënd** *=e* powerful, influential, mighty. **~vingerig** *=e* many-fingered. **~vlak** *(geom.)* polyhedron. **~vlakkig** *=e* multilevel *(building etc.)*; multifaceted *(structure etc.)*; *(geom.)* polyhedral; *~e oog* compound eye **~vlakshoek** polyhedral angle. **~voetig** *=e, (zool.)* polypod; →VEELPOOT; *(entom.)* multiped(e). **~volkig, ~etnies** *=e* multinational, -ethnic. **~vormig** *=e* varied in shape (and form), variously shaped; *(biol., sc.)* polymorphic, polymorphous; multiform, pluriform; variform, protean, variable. **~vormigheid** multiformity, pluriformity; *(biol., sc.)* polymorphism. **~voud** *=e n.* multiple; *kleinste gemene ~, (math.)* lowest/least common multiple; *'n ~ van ... wees* be a multiple of ... **~voudig** *=e* multiple, multiplex; *(also veelvuldig)* multiple, frequent, repeated, manifold; varied; *~e ster, (astron.)* multiple star; *~e verwerker, (comp.)* multiprocessor; *~e vrug* sorosis *(e.g. the pineapple)*. **~voudsteek** *(needlework, bookbinding, etc.)* multiple stitch. **~vraat** *(a pers.)* glutton; *(an animal)* wolverine, carcajou, glutton. **~vretend** *=e* polyphagous. **~vuldig** *=e* frequent, often; →VEELVOUDIG; *~e letsels* multiple injuries. **~vuldigekeuse=** *comb.* multiple-choice *(questions etc.)*. **~vuldigheid** multiplicity, frequency, multifariousness, manifoldness, numerousness, multeity. **~waardig** *=e, (math.)* many-valued; *(med., chem.)* multivalent; *(chem.)* polyvalent. **~weg=** *comb., (elec.)* multiway *(plug etc.)*. **~wetend** *=e* polymathic. **~wetendheid** polymathy. **~weter** *=s, (derog.)* know-(it-)all, pedant; person of wide knowledge, mine of information, polymath, polyhistor. **~wywer** *=s* polygamist. **~wywery** polygamy, polygyny. **~wywig** *=e* polygamous, polygynous.

veel·heid multitude, a large number; abundance, multiplicity; diversity, variety; complexity.

veels: *~ geluk!* (hearty) congratulations!, many happy returns (of the day)!; *~ te veel* →VEEL[2] *adj. & adv.*.

veem·ge·rig *(hist.)* vehmic court.

veen *vene* peat. **~grond** peat. **~land** peat bog/moor. **~mos** peat/bog moss, sphagnum. **~vlei** peat bog.

veer[1] *vere, n.* feather; *(bot.)* pinna; *(carpentry)* slip (feather); quill; *met geleende vere* in/with borrowed plumes; *'n ~ in/op 'n **hoed*** a feather in a hat; *iem. **lê** nog in die vere, (infml.)* s.o. is still between the sheets (*or* in bed); *met 'n ander se vere **pronk*** be dressed in borrowed plumes, adorn o.s. with (*or* strut about in) borrowed plumes; *jou vere **regskud*** get ready, make preparations; *jy kan nie vere van 'n **skilpad** pluk nie, (rare)* you cannot get/draw blood from a stone; ***sonder** vere* unfledged, bald; ***uit** die vere kom* get up, rise (from bed); *nie **uit** die vere kan kom nie* lie long abed, be a slugabed; *vere **verloor*** moult feathers; *vere vir iem./iets **voel**, (infml.)* not care less about s.o./s.t.; *die vere maak die **voël*** fine feathers make fine birds; *hulle is **voëls** van eenderse/enerse vere* →VOËL; ***vroeg** uit die vere wees, (infml.)* be up (and about) early. **veer** *ge=, vb.* feather, hackle, fledge; *iem. teer en ~* →TEER[1] *vb.*. **~bal** shuttlecock. **~bed** *(rare)* →VEREBED. **~bekleedsel** feathering. **~bos** *(hist.)* panache. **~dahlia** *(bot.)* aster dahlia, cactus dahlia. **~draend** *=e* penniferous. **~gewig** *(boxing)* featherweight. **~gewigbokskampioen** featherweight boxing champion. **~heide** Prince of Wales heath. **~kombers** = VEREKOMBERS. **~kwas** hackle. **~lig** feather-light. **~lyn** hatched line. **~pen** quill. **~poot(hoender)** rough-footed/rough-legged fowl. **~pyl** dart. **~steek** *(embroidery)* featherstitch. **~stof** feather cloth. **~stoffer** →VERESTOFFER. **~vlieg** hackle (fly). **~voeg** feather joint. **~voet(hoender)** →VEERPOOT(HOENDER). **~vormig** *=e* feathery, feather-like, plumelike, plumose, penniform, pinniform. **~wol** feathery wool. **~wolk** *(meteorol.)* cirrus cloud, mare's tail.

veer[2] *vere, n.* spring *(of a car, chair, watch, etc.)*. **veer** *ge=, vb.* be springy/resilient; →VEREND. **~anker** spring anchor. **~balans** spring balance. **~blad** spring leaf/blade/plate. **~bout** shackle bolt. **~hals** spring neck. **~kar** →VEREKAR. **~klamp** spring clamp. **~klem** spring/bulldog clip. **~klink** spring latch. **~knip** spring catch. **~knipmes** switch knife, switchblade (knife). **~krag** springiness; buoyancy; *(lit. & fig.)* elasticity, resilience; kick; snap, bounce; *geen ~ hê nie* have no spring. **~kragtig** *=e* springy; elastic, resilient *(lit. & fig.)*, buoyant, flexible. **~kragtigheid** →VEERKRAG. **~mat** sprung seat *(of a chair)*. **~matras** →SPRINGMATRAS. **~meetpasser** spring cal(l)ipers. **~oog** spring eye. **~passer** spring (bow) compasses, spring bows, bow compasses. **~riem** thorough brace *(of a coach)*. **~ring** spring ring. **~skaal** spring head. **~skakel** spring link. **~slot** spring/clasp lock, snap lock/bolt. **~staal** spring steel. **~stoel** spring seat. **~tand-eg** spring-tooth harrow **~trommel** spring barrel. **~verdeelpasser** spring (bow) dividers. **~wa** →VEREWA. **~waentjie** →VEREWAENTJIE. **~werker** springer. **~werking** spring action.

veer[3] *vere, n., (rare)* ferry; ferry(boat); ferry service; ferry port. **~boot** ferryboat. **~diens** ferry service. **~man** ferryman, waterman. **~pont** ferryboat.

ve·ër *veërs* sweeper; wiper; rubber; duster, brush.

veer·ag·tig *=tige* feathery, plume-like; *(chiefly biol.)* plumose; penniform, pinniform.

veer·tien fourteen; *~ dae* fourteen days, a fortnight; *iem. is **hoog** ~, (infml.)* s.o. is three sheets in the wind, s.o. is drunk/tipsy; *vandag **oor** ~ dae* today fortnight; *V~ **Strome**, (SA, geog.)* Fourteen Streams. **~daags** *=e* fortnightly, biweekly, half-monthly; two-week, fourteen-day *(tour, course, etc.)*; *~e modeskou* fashion fortnight. **~duisend, ~honderd,** *ens.* →AG(T)DUISEND, AG(T)HONDERD.

veer·tien·de fourteenth; *~ eeu* fourteenth century. **veer·tien·de-eeus** *=eeuse* fourteenth-century.

veer·tig *=tige, =tigs* forty; *iem. is duskant/deuskant die ~* s.o. is on the right side of forty; *in die ~ wees* be in one's forties; *dit het in die jare ~ gebeur* it happened in the forties/Forties. **~daags** *=e* quadragesimal. **~jarig** *=e, (attr.)* forty-year-old, forty years'; *(pred.)* of forty years; quadragenarian. **~jarige** *=s* forty-year-old *(pers., thing)*, quadragenarian. **~ponder** *=s, (hist.)* forty-pounder. **~tal** (about/roughly) forty. **~voud** multiple of forty. **~voudig** *=e* fortyfold.

veer·ti·ger *=gers* person of forty years, forty-year-old, quadragenarian. **Veer·ti·ger** *=gers* person/writer of the forties/Forties. **veer·ti·ger·ja·re, veer·tigs** forties; *in jou ~ wees* be in one's forties; *dit het in die ~ gebeur* it happened in the forties/Forties.

veer·tig·ste fortieth.

veer·tjie[1] *=tjies* little feather; →VEER[1] *n.*; *(bot.)* →KATSTERT; *(also, in the pl.)* down; *so lig soos 'n ~* as light as a feather.

veer·tjie[2] *=tjies* little spring; →VEER[2] *n.*.

ve·ë·ry sweeping; wiping.

veg *ge-* fight; contend *(against/for/with)*, struggle *(against)*, fight/battle *(for/against)*, combat; strive *(for)*; →GEVEG; ***gaan*** ~ go into combat; ***met*** *iem.* ~ fight with s.o.; ***om*** *iets* ~ fight for s.t. *(position etc.)*; ***saam*** *met ...* ~ fight with/under ...; ~ ***soos 'n besetene/rasende*** fight like one possessed; ~ ***soos 'n held/leeu*** fight like a Trojan; ~ ***soos 'n tier*** fight like a tiger; ***teen*** ... ~ battle against ...; fight (against) ...; strive against ... *(temptation etc.)*; struggle against ...; ***vir*** *iets* ~ fight for s.t. *(freedom, survival, etc.)*. **~bui** fighting mood. **~bulterriër** →AMERIKAANSE VEGHOND. **~diens** combat duties. **~eenheid** fighting unit. **~formasie** fighting formation. **~gees** fight(ing spirit); morale; *groot* ~ *hê* have a lot of fight(ing spirit). **~geleide** *(mil., av.)* fighter escort. **~generaal** field general; combat general. **~gereed** fighting fit. **~haan** gamecock, fighting cock. **~haanafrigter** cocker. **~haanboer** cocker. **~hoedanigheid** fighting quality. **~hoender** gamefowl. **~hond** →AMERIKAANSE VEGHOND. **~knoper** *-s* boxing promoter, matchmaker. **~kuns** art of war; art of fighting. **~linie** front/fighting line, line of fighting. **~lus** fighting spirit; combativeness, pugnacity, pugnaciousness; truculence, truculency; militancy; *vol* ~ *wees* be full of fight. **~lustig** *-e* pugnacious, combative, militant, bellicose, keen on fighting (*or* a fight), in a fighting mood. **~mier** warrior ant. **~moed** morale. **~tenue** battledress, combat dress; battle order. **~terrein** battlefield, combat zone, *(fig.)* cockpit. **~troepe** fighting troops/forces. **~vermoë** fighting power. **~vlieënier** fighter pilot. **~vliegtuig** fighter (aircraft/plane), chaser, pursuit aircraft/plane.

ve·ga·nis *-niste* vegan, strict vegetarian *(who eats/uses no animal products at all)*. **ve·ga·nis·me** veganism.

ve·ge·taal *-tale* vegetal. **ve·ge·ta·ri·ër** *-riërs, n.* vegetarian, *(infml.)* veggie. **ve·ge·ta·ries** *-riese, adj.* vegetarian; *'n streng ~e dieet* a vegan (*or* strict vegetarian) diet. **ve·ge·ta·ris·me** vegetarianism; *streng* ~ veganism, strict vegetarianism. **ve·ge·ta·sie** *-sies* vegetation, flora. **ve·ge·ta·sie·punt** vegetative cone, growing point. **ve·ge·ta·tief** *-tiewe* vegetative. **ve·ge·teer** *ge-* vegetate.

ve·gie *-gies* little sweep, little rub; →VEEG *n.*.

vegs·man *-manne* fighting man, warrior, fighter.

veg·ter *-ters* fighter, combatant; contender; fighter pilot; fighter (aircraft/plane); puncher, scrapper; *(fig.)* fighter, survivor; ~ *vir vroueregte* →VROUEREGTE. **veg·ters·kans** fighting chance; *'n ~ hê om te slaag/ens.* have (*or* be in with) a fighting chance of succeeding/etc..

veg·te·ry fight, scuffle, tussle; fighting.

veil[1] *adj., (rare)* corrupt(ible), venal, bribable, mercenary; ready, available; *jou lewe ~ hê vir ...* be ready to sacrifice one's life for ... **veil·heid** corruptibility, bribability, venality, mercenary character.

veil[2] *ge-, vb., (rare)* sell by auction, put up for sale; →OPVEIL.

vei·lig *-lige, adj.* safe, secure; unscathed; sure; ***alles*** *(is)* ~ the coast is clear; *so* ~ ***as kan kom*** as safe as houses; *~e* ***belasting,*** *(elec.)* permissible load; *~e* ***dae,*** *(infml.)* safe period *(when a woman is unlikely to fall pregnant)*; *~e* ***hawe*** safe haven; *dit is vir iem.* ~ ***om*** *te* ... it is safe for s.o. to ...; *~e* ***seks*** safe sex; *~e* ***setel,*** *(pol.)* safe seat; ~ *wees* ***teen*** ... be safe from ...; be secure against/from ... *(attack etc.)*; ~ *en* ***wel*** safe and sound; ~ *en* ***wel*** *tuis kom* (of *tuiskom*) arrive home savely. **vei·lig** *adv.* safely, securely; ~ *deurkom* weather the storm; *iem. kan dit ~ doen* s.o. may safely do it.

vei·lig·heid safety, safeness, security; safekeeping; *iem./iets na/in ~* ***bring*** remove/take s.o./s.t. to safety; *alles in ~* ***bring*** batten down (the hatches); ***in*** ~, *(also)* out of harm's way; *in ~* ***kom*** reach safety; *in ~* ***stel*** make safe, secure. **~sein** safety signal, all clear (signal); *die ~ gee* give the all clear. **~skakelaar** safety switch; →UITSKOPSKAKELAAR. **~skeermes** safety razor. **~slot** safety/stop/detector lock. **~staaf** *(rly.)* guardrail. **~streek** safety zone/belt.

vei·lig·heids-: **~aksie** safety movement. **~diens** security forces; intelligence service/department. **~faktor** safety factor, factor of safety. **~gebied** safety/security area/zone. **~glas** safety/shatterproof glass. **~gordel** safety/seat belt. **~grendel** safety catch. **~grens** safety limit, margin of safety; leeway. **~halwe** for safety's sake, for reasons of safety/security; just in case. **~harnas** safety harness. **~helm** hard hat *(of a construction worker)*. **~hoek** angle of safety. **~keerpunt** point of no return. **~ketting** safety/guard chain. **~klep** safety valve. **~knip** safety catch; *die ~ is aan* the safety catch is on *(of a gun)*. **~kontrole(ring)** security check. **~lamp** safety lamp. **~maatreël** precautionary measure, precaution, safety/security measure, safeguard. **~middel** *-s, -e* safety device. **~oord** place of safety. **~pal** = VEILIGHEIDSKNIP. **V~raad** Security Council. **~reling** guardrail. **~toestel** safety device. **~troepe** security forces. **~voorsorg** safety precaution. **~wag** security guard/man. **~wet** safety law, law on/concerning public safety/security.

vei·ling *-lings* auction, public sale, sale by auction; ~ *aan die* ***haak*** auctioning on the hook; *iets op 'n ~* ***koop*** buy s.t. at an auction; ***openbare*** ~ public auction; *by openbare ~* ***verkoop*** sell at/by public auction. **vei·ling·saal, vei·lings·lo·kaal** auction market/mart/room/hall.

veins *ge-* simulate, feign, fake, sham, pretend (to be); dissimulate, dissemble *(fml.)*; *vriendskap ~* feign friendship, feign to be a friend; *ge~de vriendskap* false friendship. **veins·aard** *-aards* hypocrite, dissembler *(fml.)*, double-dealer, sham(mer). **vein·se·ry** *-rye* pretence, dissimulation, sham, insincerity, hypocrisy, dissembling, double-dealing, duplicity. **vein·sing** simulation, shamming, pretence.

vek·tor *-tore, -tors, (math., vet.)* vector. **~veld** vectorial field.

vek·to·ri·aal *-ale, adj.* vectorial.

vel[1] *velle, n.* skin *(of a pers., an animal)*; hide, pelt *(of an animal)*; fur; sheet *(of paper)*; scum *(on milk)*; *(biol.)* integument; cuticle; membrane; kip *(of a young animal)*; →VELLETJIE; *iem. is (net) ~ en* ***been,*** *(infml.)* s.o. is a bag of bones, s.o. is (just) (*or* is reduced to) skin and bone(s); *iets op die* ***blote*** *~ dra* wear s.t. next to the skin; ***deur*** *die ~, (med.)* percutaneous; *'n* ***dik*** *~ hê* be thick-skinned, have a thick skin; *iem. op sy/haar ~* ***gee,*** *(infml., rare)* give s.o. a hiding/tanning; *'n* ***gevoelige*** *~* a tender skin; *in* ***los*** *~le, (paper)* in sheets; *tot op jou ~* ***nat*** *wees* be wet to the skin; *iem. die ~ oor die* ***ore*** *trek, (infml.)* fleece s.o. , make s.o. pay through the nose, drive a hard bargain; *honderd ~* ***papier*** a hundred sheets of paper; *jou ~* ***red*** save one's skin/carcass; *uit jou ~* ***spring*** *(van blydskap), (infml.)* jump/leap out of one's skin (with joy), be beside o.s. (with joy), be thrilled to bits, be like a dog with two tails; *die ~* ***verkoop*** *voor die beer geskiet is* count one's chickens before they are hatched. **~aandoening** skin complaint/affection. **~af** bruised, grazed, skinned; *jou ~ val* be bruised by a fall. **~antraks** *(med.)* malignant pustule. **~bloter** *-s* fellmonger, wool puller. **~blotery** *-e* skin works, fellmongery; fellmongering, wool pulling. **~bloting** fellmongering, wool pulling, dewoolling. **~broek** buckskins, leather trousers. **~droes** *(vet.)* farcy. **~handel** furriery. **~handelaar** →VEL(LE)HANDELAAR. **~kanker** skin cancer. **~karos** (skin) kaross. **~kleur, huidkleur** colour of the skin, skin colour; complexion; *om iem. se ~* because of the colour of s.o.'s skin. **~klier** cutaneous gland. **~kombers** skin blanket/rug. **~kwaal** skin complaint. **~(le)handelaar, ~koper** fellmonger, buyer of skins/hides, peltmonger. **~middel** *-e, -s* skin lotion. **~mol** creeping eruption, sandworm. **~mus** fur cap. **~ontsteking, huidontsteking** inflammation of the skin, dermatitis. **~oorplanting** skin graft(ing). **~plooi, huidplooi** skin crease, fold of the skin, plica, collop. **~room** skin cream. **~sak** skin pouch. **~salf** skin ointment. **~siekte, huidsiekte** skin/cutaneous disease, dermatosis. **~skoen** vel(d)skoen, veld shoe, rawhide shoe. **~skoenblaar** *(bot.)* April fool, blood/March flower, paintbrush; *Massonia* spp.. **~skoendraer** backvelder. **~skoenklap** *velskoenge-, (obs., rare)* kick up one's heels, be very jolly. **~skraper** *(hist.)* strigil *(used by ancient Romans and Greeks)*. **~skuiwer** sheet feeder *(of a printer)*. **~sorg, ~versorging** skincare. **~spesialis** skin specialist; →DERMATOLOOG. **~steen** *(geol.)* dermolith. **~stukkie** piece of skin; *(wool)* pie piece. **~tering** lupus. **~toets** *(med.)* skin test. **~uitslag** rash, eruption (of the skin). **~verharding** keratodermia. **~versorging** skin care. **~wol** skin wool, pulled/fellmongered wool, pelt wool. **~wurm** *(stock disease)* skinworm.

vel[2] *ge-, vb.* cut/hew/chop down, fell *(a tree)*; couch *(a spear)*; leather, hide, flog, lick; *'n oordeel ~* pass/pronounce/impose sentence, judge; *met ge~de bajonet* with fixed bayonet(s).

ve·laar *-lare, n., (phon.)* velar; →VELÊR *adj.*. **ve·la·ri·seer** *ge-* velarise. **ve·la·ri·se·ring** velarisation.

veld *velde* veld; field; grazing, pasture; vegetation; (open) country/fields; hunting ground; *(chess)* square; pitch; *die ~* ***behou*** hold/keep the field; *'n groot ~* ***bestryk*** cover much (*or* a lot of) ground; *in die ~* ***bring*** put in the field; *die ~* ***dek*** cover the ground; ***deur*** *die ~* across country; *op die ~* ***gaan,*** *(sport)* turn out, take the field; *uit die ~* ***geslaan*** *lyk* look puzzled; *uit die ~* ***geslaan*** *wees* be disconcerted, be taken aback; *'n* ***groot/ruim*** *~ dek* cover a wide field; ***in*** *die ~* in the field; on/in the veld; ***magnetiese*** *~* →MAGNETIES; ***op*** *die ~* on the field; *die ~* ***ruim*** give ground; *'n* ***ruim*** *~* a wide field *(of study)*, wide scope; ***ruim*** *~ bied* offer a wide scope; *iets* ***slaan*** *iem. uit die ~* s.t. disconcerts s.o., s.t. puts s.o. out, s.t. takes s.o. aback; *op die ~* ***stap,*** *(sport)* take the field; *iem. van die ~* ***stuur*** order s.o. off (the field), send s.o. off *(a player)*; ***te*** *~e* in the field; *(mil.)* on active service; *tekenaar* ***te*** *~e, (obs., rare)* war artist; *te ~e* ***trek*** take the field; be/go on the warpath; *teen ... te ~e* ***trek*** launch/make an attack on ...; *~* ***verloor*** lose ground; *in die ~* ***wei*** range free; *~* ***wen*** gain/make ground. **~ambulans** field ambulance. **~artillerie** field artillery/ordnance. **~atleet** field athlete. **~band** off-road tyre. **~battery** *(mil.)* field battery. **~bed** (camp) stretcher, camp/folding bed. **~bedekking** veld cover. **~beesboerdery** ranching. **~beheer** veld management. **~beweiding** veld grazing. **~bioskoop** = VELDFLIEK. **~blom** wild flower. **~blommetentoonstelling** wild-flower show. **~blommetuin** wild-flower garden. **~boek** field book. **~brand** veld/grass/brush fire; *soos 'n ~ versprei* spread like wildfire. **~diens** field service/duty, active service. **~diepte** *(phot.)* depth of field. **~eskadron** *(mil.)* field squadron. **~fiets** →VELD(MOTOR)FIETS. **~fiets(wed)ren** motocross. **~fles** water/case bottle, flask. **~fliek,** *(infml.)* drive-in (cinema). **~geskut** field artillery/ordnance/guns. **~gewas** *(agric.)* field crop. **~gids** field guide *(for the identification of plants, birds, etc.)*. **~god** *(Rom. myth.)* faun. **~grashooi** veld grass hay. **~grys** field grey. **~heer** general; strategist. **~heerskap** generalship. **~hoed** bush/jungle hat. **~hospitaal** field hospital. **~in** into the veld. **~intensiteit** *(phys.)* field strength. **~kaart** field sheet. **~kanon** *(mil., hist.)* field gun, galloper, fieldpiece, falcon. **~kennis** bushcraft, veld-craft, veld lore. **~ketel** field/camp kettle, dixie. **~kombuis** *(mil.)* field kitchen. **~kommandant** veldkommandant. **~kool** *(Trachyandra* spp.*)* wild cabbage. **~kornet** *-te* field cornet. **~kornetskap** *-pe* field cornetcy. **~kos** veld foods, edible wild plants; wild fruit; *soorte ~* kinds of veld foods. **~kring** field circuit. **~kuns** fieldcraft, veldcraft, bushcraft. **~kyker** = VERKYKER. **~leër** field army. **~lens** field lens, field glass. **~lewe** wildlife. **~likkewaan** = REUSEGORDELAKKEDIS. **~loop** = LANDLOOP. **~loopatleet, ~loper** = LANDLOOPATLEET. **~maarskalk** *(mil.)* field marshal. **~maarskalkstaf** field marshal's baton. **~mag** *(mil.)* field force. **~magneet** field magnet. **~(motor)fiets** scrambler, dirt/trail bike, off-road motorcycle. **~motorren** autocross. **~muis** field mouse, field vole. **~mus** *(mil.)* forage cap. **~navorsing** field study. **~nommer** *(athl.)* field event. **~op** up (the) field. **~pad** cross-country track. **~pond** *(hist.)* field sovereign *(minted in the field)*. **~pou** Stanley bustard. **~prediker** (army) chaplain, padre *(infml.)*. **~rant-**

soen field rations. ~**roos** wild rose. ~**rot** field rat. ~**ry** *n.* off-roading. ~**ryer** off-roader. ~**seer** veld sore. ~**skans** *(mil., rare)* fieldwork, redoubt. ~**slaai** *(bot.)* field/corn salad, fetticus, lamb's lettuce. ~**slag** (pitched) battle. ~**slang** serpent; *(hist., a type of cannon)* culverin. ~**smedery** *(mil.)* field forge. ~**spaat** *(min.)* fel(d)spar. ~**spatig** -*e* fel(d)spathic. ~**sport** field sports. ~**sprinkaan** grasshopper. ~**sterkte** *(mil., rad., TV)* field strength; *(phys.)* field intensity. ~**stoel(tjie)** camp stool. ~**studie** field study. ~**stuk** fieldpiece, field gun; →VELDKANON. ~**suring** *(bot.)* sour dock. ~**tee** *Rafnia perfoliata, Rafnia amplexicaulis.* ~**teken** standard; *(mil.)* field badge. ~**telefoon** *(mil.)* field/portable telephone. ~**telegraaf** *(mil., hist.)* field telegraph. ~**tent** (army) tent; *groot* ~ marquee. ~**tenue** battle dress. ~**teorie** field theory. ~**toets** *(mot.)* field trial. ~**tog** campaign, expedition; campaign *(against)*; *'n ~ meemaak* serve in a campaign; *'n ~ teen ... voer* campaign against ... ~**togsmedalje** campaign medal. ~**togsplan** plan of campaign. ~**troepe** field troops. ~**tydren** motocross, rallycross. ~**uitrusting** field equipment/kit; battle dress/kit/gear. ~**verband** *(mil., med.)* field dressing. ~**vernuf** fieldcraft, bushcraft. ~**verpleging** field nursing. ~**voertuig** all-terrain/off-road/cross-country vehicle. ~**vrug**, ~**kos** wild fruit. ~**vy** *(Ficus burtt-davyi)* veld fig. ~**wagmeester** *(hist.)* veldwachtmeester. ~**wagter** ranger. ~**wedloop** cross-country race. ~**werk** *(cr.)* fielding; fieldwork *(of a researcher)*; field operations; ~ *doen, (cr.)* field; *gaan ~ doen, (cr., also)* take the field. ~**werker** *(cr.)* field(er), fieldsman; *(baseball)* baseman; fieldworker. ~**werktoer** field trip. ~**wikkeling** *(elec.)* field winding. ~**wol** range wool.

ve·le many *(people)*; →VEEL[2] *adj. & adv.*. **ve·ler·lei** many, all kinds of, a variety of, various, multifarious.

ve·lêr -*lêre, adj.* velar; →VELAAR *n.*.

vel·le·tjie -*tjies* (little) skin; pellicle; tunicle; fur; skin *(of fruit)*; film *(on liquid)*; small sheet *(of paper)*; cuticle; →VEL[1] *n.*; *hulle gooi hulle ~s bymekaar, (infml., rare)* they are getting married (*or [infml.]* spliced).

vel·ling -*lings, (mot.)* rim, felloe, felly; ~ *sit, (obs., rare: squeezed in tightly)* sit bodkin. ~**boom** rim base. ~**rem** rim brake. ~**trekker** rim tool. ~**voering** rim lining.

ve·loer velour(s).

ve·lou·té: ~**(sop)/(sous)** *(Fr. cook.)* velouté (soup/sauce).

velt →VILT.

ve·lum -*lums, (bot., zool.)* velum; *(anat.)* velum, soft palate; *(anat., bot.)* veil.

ve·lyn vellum. ~**papier** wove paper, vellum paper, satin paper, wire-wove paper.

ven *venne, (rare)* fen.

ve·na·punk·sie *(med.)* venepuncture, venipuncture.

Ven·da *(lang.)* Venda; *(inhabitant, pl.:* Vendas, Bavenda*)* Venda.

Ven·dée: *die ~, (geog.)* the Vendée.

ven·del·swaai·er -*s, (obs., rare)* flag-waver.

ven·det·ta: *'n ~ teen iem. voer* carry on (*or* conduct) a vendetta against s.o..

ven·du-: ~**afslaer** auctioneer. ~**kraal** = VENDUSIEKRAAL. ~**lokaal** = VENDUSIESAAL. ~**meester** = VENDUSIEMEESTER. ~**regte** auction dues. ~**rol** = VENDUSIELYS.

ven·du·sie, van·di·sie -*sies* auction (sale), public sale, sale by auction; ~ *hou* hold an auction; *van iets ~ hou* auction (off) s.t.; *iets op 'n ~ koop* buy s.t. at an auction. ~**kraal** sale pen, auctioneer's stockyard. ~**lokaal**, ~**saal** auction room. ~**lys**, ~**rol** auction list. ~**meester** auction master. ~**rys** *(SA cook., infml.)* yellow rice. ~**saal** auction mart, saleroom. →VEILINGSLOKAAL.

ve·ne·re·o·lo·gie venereology. **ve·ne·ries** -*riese* venereal; ~*e seer, (pathol.)* chancre; *'n ~e siekte* a venereal (*or [infml.]* social) disease.

ve·ne·sek·sie *(med.)* venesection, phlebotomy.

Ve·ne·si·aan *n.* →VENESIËR. **Ve·ne·si·aans** -*aanse,* **Ve·ne·sies** -*siese, adj.* Venetian; ~*e naaldkant* Venetian lace, point de Venise.

Ve·ne·si·ë *(geog.)* Venice. **Ve·ne·si·ër** -*ërs,* **Ve·ne·si·aan** -*ane, n.* Venetian. **Ve·ne·sies** *adj.* →VENESIAANS.

Ve·ne·ters *(pl.)* Veneti. **Ve·ne·ties** -*tiese* Venetic.

ve·neus -*neuse* venous.

Ve·ne·zo·laan -*lane, n.* Venezuelan. **Ve·ne·zo·laans** -*laanse, adj.* Venezuelan. **Ve·ne·zu·e·la** *(geog.)* Venezuela.

Venn·di·a·gram *(math.)* Venn diagram.

ven·noot -*note* partner, associate; **as** ~ *van iem.,* **met** *iem.* **as** ~ in partnership with s.o.; *hulle* **is** *vennote* they are partners, they are in partnership; *'n* **rustende/stil(le)** ~ a sleeping/silent/passive/dormant partner; ~ **van** *iem. word* enter into a partnership with s.o; *'n* **werkende/aktiewe** ~ an active/working partner. **ven·noot·skap** -*skappe* partnership; *'n ~ met iem. aangaan* enter into a partnership with s.o..

ven·noot·skaps-: ~**akte** articles/deed of partnership, partnership agreement/deed. ~**reg** law of partnership, partnership law.

ven·ster -*sters* window; glass; **blinde** ~ mock/blind/dummy window; **ronde** ~ oculus, bull's-eye (window); *jou eie ~s* **stukkend** *gooi* cut off one's nose to spite one's face; *iets* **voor** *die ~ hang/ens.* hang/etc. s.t. in front of the window; **voor** *die ~ verskyn* appear at the window. ~**bak** window box. ~**balkie** sash bar; →VENSTERROEI. ~**bank** windowsill; window seat/ledge. ~**blinding** (window) blind. ~**glas** window glass; sheet glass, glazing; plate glass. ~**gordyn** window curtain. ~**haak** casement hook; window fastener. ~**hoogte** window level. ~**knip** window catch/fastener, casement fastener, window lock. ~**koevert** window envelope. ~**koord** sash cord/line. ~**kosyn** window frame. ~**lood** sash weight; glazier's/sash/window lead. ~**luik** window shutter, sun blind. ~**nis** window recess. ~**omgewing** *(comp.)* windowing environment. ~**raam** window frame/sash, sash (frame). ~**roei** mullion; window/sash bar. ~**ruit** windowpane. ~**stelsel** *(comp.)* windowing system. ~**stof** = GORDYNSTOF. ~**tralie** window bar; *(also, in the pl.)* window trellis/grate. ~**uitbou** window bay. ~**uitstalling** window display. ~**verdeling** fenestration. ~**ys** window ice.

ven·ster·tjie -*tjies, (dim.)* little window (→VENSTER); peephole; box *(in a newspaper)*.

vent[1] *vente, n., (infml.)* fellow, chap, bloke, guy; *die* **arme/stomme** ~ the poor beggar/devil *(infml.)*; *(die)* **arme/stomme** ~*!* (the) poor beggar/devil! *(infml.)*; **gelukkige** ~*!* lucky dog! *(infml.)*; *'n* **gemene** ~ a blackguard/skunk, a nasty piece/bit of work *(infml.)*; *'n* **nare** ~ a nasty customer *(infml.)*; *'n* **ongure** ~ an unsavoury fellow *(infml.)*; *'n* **snaakse** ~ a queer fish *(infml.)*; *'n* **treurige** ~ a sorry fellow *(infml.)*; *ek kan die ~ nie* **veel** *nie* I can't stand the blighter; *so 'n* **vervlakste/vervloekste** ~*!* damn the fellow! *(infml.)*.

vent[2] *ge-, vb.* hawk, peddle, vend, sell on the street.

ven·ter -*ters* pedlar, hawker, (street) vendor/vender. **ven·te·ry** peddling, hawking.

ven·tiel -*tiele* (air) valve; *(mus.)* ventil *(of an organ)*; stop, valve, ventil *(of a trumpet etc.)*. **ven·ti·la·sie** ventilation. **ven·ti·la·sie·skag** *(min.)* upcast. **ven·ti·la·tor** -*tors* ventilator, fan. **ven·ti·leer** *ge-* ventilate, air.

vent·jie -*jies, (dim.)* little fellow/chap/man, urchin, whippersnapper; →VENT[1] *n.*; *'n goedkoop ~* a cheap squirt *(infml.)*.

ven·traal -*trale* ventral.

ven·tri·kel -*kels, (anat.)* ventricle, ventriculus.

ven·tu·ri·buis *(phys.)* venturi (tube).

Ve·nus *(Rom. myth., astron.)* Venus; *(fig., v~: a beautiful woman)* Venus. *van* ~ Venusian. ~**berg:** *die ~, (Germ. legend, geog.)* the Venusberg (*or* Mountain of Venus); *(anat., v~)* →VENUSHEUWEL. ~**gordel** *(myth.)* cestus, cestos; *(zool., v~)* Venus's-girdle. **v~(haar)varing** *(bot.: Adiantum* spp.*)* maidenhair (fern). **v~heuwel, v~berg** *(anat.)* mons veneris, mountain of Venus. **v~skoen** *(bot.)* calceolaria. **v~spieël** *(bot.)* Venus's looking glass.

ve·nyn malice, spite, rancour, venom, poison, gall. **ve·ny·nig** -*nige, adj.* venomous *(fig.)*; vicious, malignant, bitter, virulent, sharp-tongued, sharp, nasty, malicious; spiteful. **ve·ny·nig** *adv.* viciously, *etc.*; →VENYNIG *adj.*. **ve·ny·nig·heid** spitefulness, nastiness, maliciousness, malevolence, virulence, malignity, viciousness, bitterness.

ver, vêr *ver/vêr/verre verder/vêrder verste/vêrste, adj. & adv.* far, distant, remote, far-off, far-away *(countries)*; *A staan ~* **agter** *by B* B leaves A far behind; *iem. ~* **agterlaat** →AGTERLAAT; ~ **bo** *die vyftig (jaar)* well past fifty; *iem. sal dit ~* **bring** →BRING; ~ **daarvan** *wees om te sê dat ...* be far from saying that ...; **dit is** ~ *(weg)* it is a long way off; *'n ~* **ent** →ENT[1] *n.*; **ewe** ~ *van ...* equidistant from ...; ~ *(langs)* **familie** *wees* →FAMILIE; *iem. moet nog ~* **gaan** →GAAN; *iem. sal nog ~* **gaan** s.o. will achieve much; s.o. will go far; *dis so ~ as ek sal* **gaan** →GAAN; *te ~* **gaan** →GAAN; *iem. het van ~ af* **gekom** →KOM[2] *vb.*; *iem. het ~* **gevorder** →VORDER; ~ **gevorder(d)** well advanced; ~*s* **gevorderde** most advanced; ~ **heen** →HEEN; *van* **heinde** *en ~(re)* →HEINDE; **hoe** ~ how far; **hoe** ~ *het jy gekom?* how far did you get?; **hoe** ~ *is jy (met die werk)?* how far have you got (with the work)?; *'n* **kilometer** ~ a kilometre away; *dit* **kom** *van ~ (af)* →KOM[2] *vb.*; *daarmee sal jy nie ~* **kom** *nie* that won't bring you far; ~ **langs** distantly; *dis glad* **nie** ~ *nie* it is not far (*or* no distance) at all; *dis* **nie** *meer ~ nie* it is not much further; ~ **padgee** *vir iem.* give s.o. a wide berth; **so** ~ *loop* walk so far; **so** ~ *(as) iem. weet* →SOVER; *tot* **so** ~ →SOVER; **so** ~ *goed* →SOVER; ~ **spring** jump far; →VERSPRING[2] *n. & vb.*; *die ~re* **toekoms** the distant/remote future; **van** ~ *(af)* from afar; **van** ~ *(weg)* from far; ~ **van** *... wees* be far/remote from ...; be far removed from ...; ~ **voor** miles ahead *(infml.)*; *dit is* **vrek** ~, *(infml.)* it is to hell and gone; ~ **weg** far away; *dit is ~* **(weg)** it is a long way (off); ~ **wen** win hands down; leave far behind. ~**af** far, far distant/away/off, distantly, a long way off/away. ~**afgeleë** faraway *(attr.)*, (far) distant, remote. ~**draend** -*e* long-range *(artillery)*; carrying, penetrating *(sound)*. ~**gaande** drastic, sweeping, far-reaching, extreme; →VERREGAANDE. ~**geleë** remote, far-off, distant. ~**gesig** -*te* prospect; vista; (panoramic/wide) view, panorama. ~**gesog** -*te*, -*de* far-fetched; contrived. ~**gesogtheid** far-fetchedness. ~**kyker** →VERKYKER. ~**regs** -*e* ultraright. ~**regse** -*s* ultrarightist. ~**reikend** -*e meer ~ die mees* -*e* far-reaching, sweeping, comprehensive. ~**reikendheid** far-reachingness. ~**siende** *(med.)* long-sighted, far-sighted, hyper(metr)opic; *(fig.)* far-seeing, long-, far-sighted; ~ *blik* foresight. ~**siendheid** *(med.)* long-sightedness, far-sightedness, hyper(metr)opia, hypermetropy, long sight (vision); *(fig.)* far-sightedness, foresight. ~**spring** *n. & vb.*, ~**springer** →VERSPRING[2] *n. & vb.*; VERSPRINGER. ~**strekkend** -*e* far-reaching *(consequences)*, sweeping, consequential.

ver- *pref.* re-.

ver·aan·ge·naam *het ~* make more pleasant/comfortable, sweeten, add/give zest to.

ver·aan·skou·lik *het ~* illustrate.

ver·aards *het ~, vb., (sci-fi)* terraform *(a planet)*.

ver·ab·so·lu·teer *het ~, (philos., theol.)* absolutise.

ver·a·de·ming relief, respite, reprieve, breath of fresh air. *tot ~ kom, (liter.)* get a breathing space, be relieved.

ver·af·go·ding idolisation, idolatry, hero worship. **ver·af·go(o)d** *het ~* idolise, adore.

ver·a·fri·kaans *het ~ vb., (philol.)* Afrikaansify; become Afrikaans(-speaking). **ver·a·fri·kaans** -*kaanste, adj.* Afrikaansified. **ver·a·fri·kaan·sing** *(philol.)* Afrikaansification; becoming Afrikaans.

ver·af·sku *het ~* loathe, detest, abhor, abominate. **ver·af·sku·wing** abhorrence, abomination, disgust, execration, loathing.

ver·ag *het ~* despise, scorn, disdain, look down upon, hold (s.o./s.t.) in contempt, spurn, minimise, hold in derision, hold cheap, misprize, misprise. **ver·ag·te·lik** -*like* despicable, contemptible, vile; contemptuous, scornful. **ver·ag·te·lik·heid** despicableness, contemptibleness, sordidness; contemptuousness, scornfulness. **ver·ag·tend** -*tende* scornful, contemptuous.

ver·ag·ter[1] =*ters, n.* despiser, scorner, abhorrer.

ver·ag·ter[2] *het ~, vb.* decline, deteriorate, lag/fall behind, *(s.o.)* go to pieces. **ver·ag·ter(d)** =*terde, adj.* backward, retrograde; run-down; deprived *(a child)*. **ver·ag·te·ring** falling/lagging behind, backwardness, deterioration, decline; deprivation.

ver·ag·ting contempt, scorn, disdain, despite, derision; *met ~ behandel, (also)* flout; *iem. se diepe ~ vir ...* s.o.'s deep/intense contempt for ...

ver·ag(t)·vou·dig *het ~* octuple. **ver·ag(t)·vou·dig·de** octupled.

ver·al especially, particularly, chiefly, above all, mainly, notably, principally, in particular; *~ **jy*** you especially, you of all people; ***let** ~ op ...* pay special attention to ...; *dit moet jy ~ **nie doen** nie* on no account must you do this/that; *dit moet ~ jy **nie doen** nie* you of all people should not do that.

ver·al·ge·meen *het ~* generalise. **ver·al·ge·me·ning** =*nings,* =*ninge* generalisation; sweeping statement.

ver·a·me·ri·kaans *het ~, vb.* Americanise. **ver·a·me·ri·kaans** =*kaanste, adj.* Americanised. **ver·a·me·ri·kaan·sing** Americanisation.

ve·ran·da =*das* veranda(h), porch, loggia *(It.)*.

ver·an·der *het ~* change *(clothes, religion, opinion, course, etc.)*; alter *(a punishment, one's voice, etc.)*; change, switch *(sides)*; turn, change; alter, change, modify *(a situation)*; move, shift *(a scene)*; vary; transform/convert/turn *(into)*; transmute; transmogrify; *van **gedaante/vorm** ~* transubstantiate; *van **gedagte** ~* →GEDAGTE; ***in** ... ~* change into ...; turn into ...; *iets **in** ... ~* change s.t. to ...; change/turn s.t. into ...; *van **koers** ~* →KOERS *n.*; *jou **naam** ~* change one's name; *iem./iets het nog **niks** ~ nie* s.o./s.t. is the same as always; *die **pas** ~* →PAS[1] *n.*; *van **plan** ~* →PLAN; *dit ~ die **saak*** →SAAK; *van **standpunt** ~* →STANDPUNT; *iets **tot** ... ~* alter s.t. to ...; *van **party/ens.** ~* change sides; *iets **van** ... in/tot ... ~, (also)* convert s.t. from ... (in)to ...; *die **weer/wind** ~* the weather/wind changes; *water in **wyn** ~* turn water into wine. **ver·an·der·baar** =*bare* adjustable, alterable; convertible; variable; transformable; transmutable; variable; modifiable; commutable. **ver·an·der·baar·heid** adjustability; convertibility; *etc.;* →VERANDERBAAR. **ver·an·de·rend** =*rende* changing, alterative, varying. **ver·an·de·ring** =*rings,* =*ringe* change, alteration, conversion; change, variation, variety; amendment; transformation, modification; mutation; *'n ~ **aanbring*** effect a change; *~ **bring** in ...* change/alter ...; *'n **grondige** ~* a radical change; *'n ~ **in** ...* a change in ...; *'n ~ **instel*** introduce a change; *~ van **kos/weer*** change of food/weather; *'n ~ **maak*** make a change; *'n ~ **ondergaan*** undergo a change/transformation; *iem. het 'n ~ **ondergaan**, (also)* a change has come over s.o.; ***spontane** ~s, ~s wat **vanself** plaasvind, (biol., med., tech.)* autogenous changes; *~ van **spys(e)** gee (nuwe) eetlus* →SPYS; *'n ~ **teweegbring** (of teweeg bring)* work a change; *~s wat **vanself** plaasvind* →***spontane**; **vir** die ~* for a change; *'n **volslae** ~* a complete transformation; *by **wyse** van ~* for a change. **ver·an·de·rings·tem·po** rate of change. **ver·an·de·rin·kie** =*kies, (dim.)* small change/alteration; →VERANDERING. **ver·an·der·lik** =*like* changeable, fickle, unreliable, inconstant *(a person)*; variable *(the wind, a star, etc.)*; unsettled *(weather)*; fluid *(situation)*; unsteady *(conditions)*; fitful; protean; *~e feesdag, (of variable date)* mov(e)able feast; *~e **grootheid*** variable quantity/magnitude; *~e **groothede*** variables. **ver·an·der·li·ke** =*kes* variable. **ver·an·der·lik·heid** changeableness, fickleness, instability; variability; →VERANDERLIK.

ver·an·ker *het ~* anchor; stay, hold down; tie, secure; *(fig.)* embed, anchor, establish. **~bout** holding-down bolt.

ver·an·ke·ring trussing; staying; bracing; *(mech.)* anchorage; anchoring; *(fig.)* embedding, anchoring, establishing.

ver·ant·woord *het ~, vb.* justify *(o.s., one's conduct)*; account for *(money etc.)*; answer/vouch for; *veel te ~ **hê*** have much to answer for. **ver·ant·woord** =*woorde, adj.* justified, responsible, well grounded/founded *(pred.)*. **ver·ant·woor·de·lik** =*like* responsible *(to s.o. for s.t.)*; answerable; accountable; liable; amenable; ***aan** iem. ~ wees vir iets* be answerable to s.o. for s.t.; ***aan** ... ~ wees, (also)* report to ...; *~e **amp*** position of trust; *~e **amptenaar/assistent/offisier*** official/assistant/officer in charge; *~e **bestuurder*** responsible manager; driver in charge; *~e **betrekking*** responsible post; *iem. ~ **hou*** hold s.o. liable; *~e **offisier** →**amptenaar/assistent/offisier**; **teenoor** ... ~ wees* be responsible to ...; *iem. is **vir** iets ~* s.o. is responsible for s.t., s.t. is s.o.'s responsibility; s.o. is in charge of s.t.. **ver·ant·woor·de·lik·heid** responsibility, accountability; onus; *(jur., fin.)* liability; *die ~ van jou **afskuif/afskuiwe*** shirk responsibility; *iem. met ~ **belas**, ~ op iem. **laai*** throw responsibility upon s.o.; *die ~ **berus** by ...* ... is responsible; *iem. **dra** die ~ vir iets* s.t. is s.o.'s responsibility, s.o. bears responsibility for s.t.; *'n groot ~ **dra*** carry a heavy burden; *jy sal die ~ **dra**, (also)* on your (own) head be it; *op **eie** ~* on one's own responsibility; *iets op **eie** ~ doen* do s.t. off one's own bat *(infml.)*; *iem. op **eie** ~ vrylaat, (jur.)* release s.o. on his/her own responsibility/recognisance(s); *~ op iem. **laai** →**belas**; dis **my** ~* the buck stops here *(fig.)*; *die ~ op **jou neem*** take/shoulder the responsibility; *die ~ vir iets **rus** op iem.* s.t. is s.o.'s responsibility, s.o. bears responsibility for s.t.; ***vry** wees van ~* be relieved of responsibility. **ver·ant·woor·de·lik·heids·ge·voel, ~be·sef** sense/feeling of responsibility; *~ **hê*** have a sense/feeling of responsibility. **ver·ant·woor·ding** account; responsibility; justification; ***aan** iem. ~ doen **van** iets* account/answer to s.o. for s.t.; *op **eie** ~* on one's own account; on one's own; in one's own right; *iem. oor iets tot ~ **roep*** call s.o. to account for s.t.; *aan ... ~ **(ver)skuldig** wees* be responsible to ...

ver·arm *het ~* impoverish, pauperise; become poor/impoverished/pauperised; weaken, impair *(lang.)*; deteriorate *(in quality)*. **ver·arm(d)** =*armde, adj.* impoverished. **ver·ar·ming** impoverishment, pauperisation, =zation; deterioration.

ver·as *het ~, vb.* cremate *(a corpse)*; incinerate; *(chem.)* calcine. **ver·as** =*aste, adj.* cremated *(corpse)*; incinerated; *(chem.)* calcined. **ver·as·ser** =*sers* incinerator. **ver·as·sing** cremation *(of a corpse)*; incineration; *(chem.)* calcination.

ver·as·su·reer *het ~* →VERSEKER *vb.*.

ve·ra·trien *(med.)* veratrin(e).

ver·baal =*bale, (gram.)* verbal. **ver·ba·li·seer** *ge-* verbalise.

ver·baas *het ~, vb.* surprise, astonish, astound, amaze, startle; *dit sou my **nie** ~ nie* I shouldn't be surprised; ***nie** ~ wees nie, (also)* be unsurprised; *~ wees **om** iets te hoor/ens.* be surprised to hear/etc. s.t.; *jou **oor** ... ~* be astonished/surprised at/by (*or* marvel at) ...; *iem. **stom** ~* →STOM *adv.*; *iets ~ jou **van** ...* be surprised at ... **ver·baas** =*baasde, adj.* surprised, astonished, astounded, amazed; wide-eyed; wonder-struck, wonder-stricken; wondering; *iem. **is** ~ oor iets* s.o. is astonished/surprised/amazed at/by s.t.; *iem. **is/staan** ~ oor ..., (also)* s.o. marvels at ...; *~ **wees**, (also, infml.)* sit up. **ver·baasd·heid** astonishment, amazement, surprise; →VERBASING.

ver·ba·li·seer →VERBAAL.

ver·ban *het ~* banish, exile; expel, cast out; expatriate, deport; proscribe; *(fig.)* banish; *'n **idee uit** jou gedagte ~* banish an idea from one's thoughts, put an idea (right) out of one's mind/head; *iem. **uit** ... **na** ... ~* exile s.o. from ... to ...; *iem. **uit** 'n land ~* banish s.o. from a country; *iets **uit** skole ~* ban s.t. from schools. **ver·ban·ne** exiled. **ver·ban·ne·ne** =*nes* = BANNELING. **ver·ban·ning** exile, banishment; expelling, expulsion; proscription; deportation, expatriation. **ver·ban·nings·oord** place of exile.

ver·band =*bande* connection, link, nexus, tie-in; relation(ship), association, tie-up; *(gram.)* coherence, cohesion; context; correlation; *(mech.)* joint; bandage, sling; dressing *(of a wound, sore, etc.)*; *(brickwork)* bond(ing), overlapping; ligature *(of an artery)*; bond, hypothec *(on a property)*; mortgage; *(jur.)* securety, surety; *'n ~ **afbetaal*** pay off a mortgage; *jou **arm** in 'n ~ hê/dra* have one's arm in a sling; *iem. met ... in ~ **bring*** link s.o. with ...; *iets met ... in ~ **bring*** relate s.t. to/with ...; ***buite** (die) ~* out of context; *in **daardie** ~* in that connection; in that context; *in ~ **daarmee*** in that connection; ***direkte** ~ →**regstreekse/direkte**; daar is **geen** ~ tussen ... en ... nie* ... is unconnected with ...; *nie die **geringste** ~ met mekaar hê nie* not be remotely connected; *'n ~ met ... **hê*** be connected with ...; have affiliations with ...; *in **hierdie** ~* in this connection; in this context; *met iets ~ **hou*** relate to s.t.; bear (up)on s.t., have a bearing on s.t.; be connected with s.t.; ***in** ~ met ...* in connection with ...; in/with regard to ...; relating to ...; relative to ...; on the subject of ...; regarding; ***in** (sy/hul) ~* in context; *'n ~ tussen dinge **lê*** connect/link things; *'n ~ op iets **neem*** take out a mortgage on s.t.; *iets staan in **noue** ~ met ...* s.t. is closely connected with ... (*or* related to ...); *die eiendom is **onder** ~* the property is bonded/mortgaged; *'n ~ **oproep/opsê*** foreclose a mortgage; *'n ~ **passeer*** pass a bond; *iem. se **politieke** ~* s.o.'s party/political affiliation(s); ***regstreekse/direkte** ~* direct link; *iets/dinge uit (sy/hul) ~ **ruk*** take s.t./things out of its/their context, get things out of proportion; *iets/dinge heeltemal uit ~ **ruk*** blow/get s.t./things all out of proportion; ***sonder** ~* disconnected; ***sonder** veel ~ met ... wees* be remote from ... *(the subject etc.)*; *met ... in ~ **staan*** be connected with ...; be tied up with ...; *dit **staan** met ... in ~, (also)* it has to do with ...; it relates to ...; it has a bearing on ...; *die ~ **tussen** twee dinge* the connection between two things; the relationship between two things; the relation between two things; *'n **tweede** ~ op iets (uit)neem, iets met 'n **tweede** ~ beswaar* remortgage s.t. *(a property etc.)*; *'n ~ tussen dinge **vind*** establish a correlation between things. **~akte** mortgage deed/bond, deed of hypothecation/mortgage. **~gaas** gauze. **~gewer** =*s* mortgager, mortgagor, hypothecator. **~gewing** mortgaging, hypothecation. **~goed** = VERBANDMATERIAAL. **~holte** frog *(between bricks)*. **~houer, ~nemer** mortgagee, bondholder, hypothecary. **~hout** bond/chain timber. **~kis(sie)** first-aid box, dressing case. **~klip** *(archit.)* binding/bond stone, bonder. **~laag** bond course. **~lening** mortgage loan. **~linne** lint; (roller) bandage. **~materiaal** dressing material, dressings, bandages, materials for dressing wounds. **~middele, ~middels** = VERBANDMATERIAAL. **~nemer** →VERBANDHOUER. **~pakkie** field dressing outfit. **~pos, ~plek** *(mil.)* dressing station. **~skêr** dressing scissors. **~staaf** *(archit.)* jointer, bond bar. **~steen** bonding brick. **~stuk** bond; framing piece; landing; wall clamp. **~tang** dressing forceps. **~uitmaker** = AKTEBESORGER **~watte** surgical cotton wool, absorbent cotton.

ver·ba·send =*sende* =*sender* =*sendste, adj.* surprising, amazing, astonishing, astounding, flabbergasting, stupendous; startling; marvellous *(memory)*; →VERBAAS *vb. & adj.*. **ver·ba·send** *adv.* surprisingly, amazingly, astonishingly, astoundingly; *~ **baie** eet* eat a huge/terrific/immense amount; *~ **lekker** maaltyd* a mighty good meal; *~ **min** verkeer* surprisingly little traffic; ***nie** ~ nie* not surprising, unsurprising; *~ **snaaks*** screamingly funny.

ver·ba·sing surprise, amazement, astonishment, wonder; stupor; ***met** ~* in/with amazement/astonishment; *iem. se ~ **oor** iets* s.o.'s amazement/astonishment at s.t.; ***spraakloos/sprakeloos** wees van ~* be dumb with amazement; *met **stomme** ~* in mute amazement/astonishment, in silent wonder; ***tot** iem. se ~* to s.o.'s surprise/amazement/astonishment; ***tot** ~ van almal* to everyone's surprise; ***uit** ~* out of astonishment; *~ **uitspreek*** express surprise; *~ **wek*** cause surprise/amazement/astonishment. **ver·ba·sing·wek·kend** =*kende* astonishing, surprising, amazing, astounding, stunning.

ver·bas·ter *het ~* hybridise, interbreed; mongrelise; degenerate. **ver·bas·ter(d)** =*terde, adj.* hybridised, interbred; degenerate(d). **ver·bas·te·ring** hybridisation, interbreeding; mongrelisation; miscegenation; degeneration, corruption.

ver·beel *het ~: jou ~ jy* ***is*** ... fancy o.s. as ...; *jou iets ~* imagine s.t.; ***jou*** *~ jy* ... flatter o.s. that one ...; *~* ***jou,*** ... ... of all things; *~* ***jou!*** just fancy/imagine (that)!, just think!; *jou (nogal)* ***wat*** *~, jou ~ jy is* ***wie,*** *jou wat* ***wonders*** *~* be conceited (*or* full of o.s.), think o.s. something, give o.s. (*or* put on) airs, *(infml.)* think one is the cat's whiskers/pyjamas (*or* the Queen of Sheba); ***wat*** *~ jy jou?* who do you think you are?, *(infml.)* I like your cheek!.
ver·beeld *het ~* give shape to; ideate; figure, represent; *wat ~ hierdie skildery?* what does this picture represent?
ver·beel·de·rig *=rige, (rare)* self-satisfied, conceited. **ver·beel·de·rig·heid** vanity, conceit(edness).
ver·beel·ding *=dings, =dinge* imagination, fancy, illusion; vision; conceit(edness); representation, image; imagery; *(also* verbeeldings*)* conceit(edness), fancy, caprice, whims; *die ~* ***aangryp/(beet)pak*** capture/catch/stir the imagination; ***dwase*** *~* vain imaginings; *iem. se ~ is op* ***hol*** s.o.'s imagination is running riot; ***in*** *jou ~* in one's mind's eye; *dit* ***is*** *maar iem. se ~* it is only s.o.'s imagination; *'n* ***lewendige/sterk*** *~ hê* have a vivid imagination; *dis* ***net/pure*** *~* (*of dit bestaan* ***net*** *in iem. se)* ~ it's all in s.o.'s mind, it's all a figment of s.o.'s imagination; *iets in jou ~* ***sien,*** *(also)* have a vision of s.t.; *iets* ***spreek*** *tot die ~* s.t. appeals to the imagination; ***vol*** ~ full of imagination; ***vol*** *~s wees* give o.s. (*or* put on) airs, be full of conceit; capricious; hypochondriac(al); *die ~ laat* ***werk*** draw upon one's imagination. **~ryk** *=e* imaginative, fanciful. **~rykheid** imaginativeness, fancifulness. **~siekte** hypochondria; →HIPOKONDERS.
ver·beel·ding·loos *=lose* unimaginative.
ver·beel·dings-: **~krag, ~vermoë** power(s) of imagination, imaginative power; (power of) fantasy; vision; *'n lewendige/sterk ~ hê* have a vivid imagination. **~vlug** flight of fancy (*or* the imagination). **~wêreld** world/realms of the/one's imagination, imaginary world. **~werk** fiction.
ver·been *het ~* ossify. **ver·been(d)** *=beende* ossified. **ver·be·ning** ossification.
ver·be·lent·heid *(infml.)* = VERBEELDING.
ver·be·na *=nas, (bot.)* verbena, vervain.
ver·berg *het ~* hide, conceal, screen, veil, mask, mantle, disguise, secrete, cover up; obscure; →VERBORGE; *jou ~* hide; *~ vir* ... conceal/hide from ...; *jou gesig in jou hande ~* bury one's face in one's hands. **verber·ging** concealment, hiding, secretion; cover-up.
ver·be·son·de·ring, *(rare)* specialisation.
ver·be·te pent-up *(rage)*; bottled-up *(feelings)*; grim, determined, dogged, fierce, intense; obstinate *(resistance)*; hard-fought *(battle)*; do-or-die *(effort)*. **ver·be·ten·heid** grimness, doggedness, fierceness, intensity; obstinacy *(of resistance)*.
ver·be·ter *het ~* improve; (make/get) better; brush up; improve, raise *(quality)*; upgrade; mend; come on, pick up; correct *(proofs, an essay, etc.)*; rectify *(an error)*; emend *(a text)*; revise *(an edition)*; reform; amend; ameliorate; get better; reclaim *(a sinner, an offender)*; beat, break *(a record)*; ***aan*** *die ~* on the upgrade; *kan jy* ***dit*** *~?* can you improve on that?; ***jou*** *~* reform, mend one's ways, turn over a new leaf; *~* ***op*** ... improve on ... **~middel** *=e* corrective. **~skool** →VERBETERINGSKOOL.
ver·be·te·raar *=raars* improver; corrector; emendator; amender.
ver·be·ter·baar *=bare* amendable; improvable; correctable, correctible; corrigible. **ver·be·ter·baar·heid** improvability.
ver·be·te·rend *=rende* improving; emendatory; amending; corrective; reformative; ameliorative.
ver·be·te·ring *=rings, =ringe* improvement; reform; improvement/advance/change for the better; correction; rectification; emendation; amendment, betterment; reformation; *'n ~* ***aanbring*** make a correction; *'n* ***besliste*** *~* a distinct improvement; *'n* ***enorme*** *~* a vast improvement; *'n ~* ***teenoor*** ... an improvement (up)on ...; *~* ***toon*** do better; improve. *op* ***weg*** *na ~* on the mend. **~skool, verbeterskool** reformatory, reform school, penitentiary.
ver·be·te·rings-: **~fonds** betterment/improvement fund. **~gebied** betterment area, improvement district.
ver·be·ter·lik *=like, (rare)* corrigible; →VERBETERBAAR.
ver·beur *het ~* forfeit *(a right)*, lose; estreat *(bail)*. **ver·beur·baar** *=bare* forfeitable, confiscable. **ver·beurd** *=beurde* confiscated; *iets ~ verklaar* declare s.t. forfeit; estreat s.t. *(s.o.'s bail)*; *(kerkeiendom) ~ verklaar* secularise (church property). **ver·beurd·ver·kla·ring** confiscation, seizure; sequestration; estreatment, forfeiture; *~ van kerkeiendom* secularisation. **ver·beu·ring** forfeit(ure); *(jur.)* peremption; estreatment *(of bail)*.
ver·beu·sel *het ~* waste, trifle *(time, money, etc.)*; fritter/idle/dally/linger/lounge/potter/dawdle away *(time)*; wear away *(one's youth)*.
ver·bied *het ~* forbid, prohibit, bar; place a ban on, suppress, ban *(a book, film, etc.)*; *(jur.)* interdict, injunct, inhibit; *iem. ~ om iets te doen* forbid s.o. to do s.t.; prohibit s.o. from doing s.t.; ban s.o. from doing s.t.; *iem. is rook/ens. ~* s.o. has been prohibited from smoking/etc.. **ver·bie·dend** *=dende* prohibitive, prohibitory, proscriptive, interdictory, inhibitory, inhibitive; *~e interdik* prohibitory interdict. **ver·bie·der** *=ders* prohibitor, banner. **ver·bie·ding** *=dings, =dinge* prohibition, ban, embargo, suppression.
ver·bind *het ~* join (together), unite, combine *(with)*; connect (up), associate, link *(places etc.)*; ally; associate; confederate; *(rare)* mortgage *(property)*; link (up) *(to/with)*; *(teleph.)* connect *(with)*, put through *(to)*; dress *(a wound)*; bandage, tie/strap up *(with a bandage)*; bind (up); bind together; commit/tie o.s. *(to)*; undertake, agree *(to do s.t.)*; compound; *(chem.)* combine (together), unite; *iets* ***aan*** ... *~* connect s.t. to ...; *jou* ***aan*** ... *~* plight/pledge o.s. to ...; *in die* ***huwelik*** *~* join/unite in marriage; ***jou*** *~* commit o.s., make a commitment; *jou* ***lot*** *aan ... ~* throw/cast in one's lot with ...; *iets* ***met*** ... *~* join s.t. to ..., link s.t. up with ...; *iem.* ***met*** ... *~, (teleph.)* put s.o. through to ...; *jou ~* ***om*** *iets te doen* undertake to do s.t.; *iem. (onder sekerheidstelling) ~* ***om*** *iets te doen* bind s.o. over to do s.t.; *iets* ***stewig*** *~* strap s.t. up *(a wound etc.)*; ***swaar*** *~ wees, (rare)* be heavily mortgaged; →SWAAR **BELAS** WEES; *jou* ***tot*** *iets ~* bind/commit/pledge o.s. to s.t.. **~koord** *(elec.)* patch cord.
ver·bin·de bandaged. **ver·bin·dend** *=dende* connecting, linking; obligatory, mandatory; connective; conjunctive. **ver·bin·der** *=ders* connector; *(med.)* dresser.
ver·bin·ding *=dings, =dinge* connection, link; combination; joint; joining, junction; linking (up), link-up; bandaging, dressing *(of a wound)*; *(rly., telegr.)* communication; linkage; *(gram.)* nexus; union; *(chem.)* compound, combination; *(gram.)* conjugation; conjunction; relation, association; *(teleph.)* connection; *die ~s* ***afsny*** cut communications; *~ met ...* ***bewerkstellig*** establish liaison with ...; *met ...* ***in*** *~ bly* keep in touch with ...; maintain liaison with ...; *met ...* ***in*** *~ kom/tree* get in touch with ...; *weer met ...* ***in*** *~ kom/tree, (also)* reconnect with ... *(long-lost friends etc.)*; *iem. met ...* ***in*** *~ stel* put s.o. in touch with ...; *met ...* ***in*** *~ wees* be in touch with ...; communicate with ..., be in communication with ...; *die ~* ***tussen*** *twee dinge* the connection between two things; *die ~ tussen hulle is* ***verbreek,*** *(telecomm.)* they were disconnected (*or* cut off); *'n* ***verkeerde*** *~ hê, (telecomm.)* have crossed lines. **~skakel** connecting link. **~sloot** communication trench. **~stelsel** system of communications; *(mot.)* hook-up wire. **~streep** hyphen; vinculum. **~stuk** connecting/junction piece, connection; *(chem.)* joint.
ver·bin·dings-: **~boog** *(mus.)* tie. **~boot** tender. **~deur** communicating/interleading/connecting door. **~draad** connecting/joint wire, cross-connection wire; *(rad.)* hook-up wire. **~gang** connecting passage. **~kanaal** connecting/linking canal/duct; *(fig.)* channel of communication. **~kas** junction/connecting/connection box; joint box. **~klem** connecting terminal. **~leiding** connecting main. **~lyn** connecting line; *(mil., also* verbindingslinie*)* line of communication. **~middel** *=e, =s* means of communication; *(also, in the pl.)* communications. **~net** communication net(work). **~pad** connecting/link road. **~pen** gudgeon (pin). **~plaat** junction/connecting/tie/stringer plate. **~plan** signal plan. **~plek** join, joint. **~punt** join, junction, point of junction/meeting; connecting point. **~pyp** connecting/connective tube, joint pipe; communication pipe. **~teken** hyphen. **~vlug** connecting flight. **~weg** connecting road; line/channel of communication; *(also, in the pl.)* communications. **~woord** *(gram.)* connecting word, copulative, connective.
ver·bind·sel *=sels, (rare, med.)* dressing.
ver·bin·te·nis *=nisse* union; alliance, bond; association, relationship; agreement, contract; engagement, commitment, undertaking; tie(-up); committal; obligation; *iem. se ~ met* ... s.o.'s association with ...; *'n ~ met iem. aangaan* enter into an agreement (*or* make a contract) with s.o.; *jou ~ met ... verbreek* break off one's association with ...
ver·bit·ter *het ~* embitter *(one's life)*; gall, (turn) sour, envenom, exacerbate. **ver·bit·ter(d)** *=terde, adj.* embittered *(at/by)*, sour *(about)*; *oor iets ~ wees* be/feel bitter/sour about s.t.. **ver·bit·terd·heid** bitterness, embitterment, exasperation. **ver·bit·te·ring** embitterment, exacerbation, exasperation, animosity, irritation.
ver·bleek *het ~, vb.* pale, turn/grow pale, go pale/white; fade, lose colour; blanch; etiolate; *(fig.)* fade, grow dull/dim; *~ van skrik* turn pale with fright. **ver·bleek** *=bleekte, adj.* pale, blanched.
ver·bleik *het ~* fade; blanch; discolour, bleach; tarnish; →VERBLEEK *vb.*. **~blom** *(Brunsfelsia calicyna)* yesterday-today-and-tomorrow.
ver·blei·king fading. **ver·bleik·te** *adj.* washed-out *(colour)*; faded *(article, material, etc.)*.
ver·ble·king fading, paling, waning, whitening; etiolation; →VERBLEEK *vb.*.
ver·blind *vb., (lit. & fig.)* blind, dazzle; *iets ~ iem. vir* ... s.t. blinds s.o. to ... *(the faults of a friend etc.)*. **ver·blind** *=blinde, adj.* blinded, dazzled, dazed. **ver·blin·dend** *=dende* glaring, dazzling, glary; garish, harsh *(light)*. **ver·blind·heid** blindness; infatuation. **ver·blin·ding** blinding; blindness. **ver·blin·dings·ge·weer** dazzle gun.
ver·bloe·ding *(rare)* bleeding to death. **ver·bloei** *het ~, (rare)* bleed to death.
ver·bloem *het ~* disguise, gloss over *(facts)*, palliate, veneer, veil, camouflage, cover up. **ver·bloem(d)** *=bloemde, adj.* disguised, hidden, veiled. **ver·bloe·mend** *=mende* palliative, euphemistic. **ver·bloe·ming** disguising, glossing over, concealment, dissimulation, palliation, euphemism.
ver·bluf *het ~, vb.* dumbfound, nonplus, flabbergast, obfuscate. **ver·bluf** *=blufte, adj.* stunned, staggered, dumbfounded, nonplussed; *~ laat staan* confound. **ver·bluf·fend** *=fende =fender =fendste of meer ~ die mees =fende)* staggering, astounding, astonishing, startling, amazing. **ver·bluft·heid** amazement, confusion, dumbfoundedness.
ver·bly *het ~* gladden, delight, gratify, make happy, rejoice, hearten; *jou oor ... ~* rejoice at/over ..., be delighted with ..., be elated at ..., be glad about/of ... **ver·blyd** *=blyde* joyful, gleeful, glad, happy, delighted, elated. **ver·bly·dend** *=dende =dender =dendste (of meer ~ die mees =dende)* gladdening, cheerful, joyful, joyous; hopeful *(a sign)*. **ver·bly·ding** joy(ousness), rejoicing, elation.
ver·blyf *=blywe, n.* residence, residency, abode *(fml.)*, lodging(s); accommodation; *(also, mil.)* quarters; *(fml.)* sojourn; stay(ing); domicile; haunt, habitat; living conditions; stopover; *(aan) iem. ~* ***gee*** put up s.o.; *~* ***onbekend*** whereabouts unknown; ***sonder*** *vaste ~* of/with no fixed abode. **~koste** accommodation expenses; *eis om* ***reis-*** *en ~* claim for subsistence and transport. **~permit** residence/resident's/residential permit. **~plek** *(dated, rare)* **~plaas** (place of) residence,

dwelling place; lodging(s), abode *(fml.)*, residence; whereabouts; ~ *onbekend* whereabouts unknown. ~**toelaag**, ~**toelae** subsistence allowance/money, residential allowance, lodging money.

ver·blyfs·ver·gun·ning = VERBLYFPERMIT.

ver·bod -*biedings*, -*biedinge* ban *(on a book, film, etc.)*; prohibition *(fml.)*; banning; embargo *(on ships, imports, etc.)*; suppression; bar; taboo; veto; don't; *(jur.)* injunction; *(chiefly relig.)* interdict(ion); ***geregtelike*** ~ interdict, injunction; *'n* ~ ***instel*** impose a prohibition/ban; *'n* ~ ***op*** *iets lê/plaas* ban/prohibit s.t.; impose/lay/place/put an embargo on s.t.; *'n* ~ ***op*** *iets, (also)* a prohibition against/on (*or* a ban on) s.t.; *die* ~ ***op*** *iets ophef* lift a ban from (*or* unban) s.t. *(a book etc.)*; lift/remove the embargo from s.t.; *'n* ~ ***op*** *kerntoetse* (of ***op*** *die toets van kernwapens)* a test ban; *'n algehele* ~ ***op*** *(die vervaardiging van) kernwapens, (also)* a nuclear freeze; *'n verdrag oor die* ~ ***op*** *kerntoetse* a test ban treaty. ~**lys** *(RC, hist.: list of banned books)* Index. ~**teken** prohibitive sign.

ver·bo·de prohibited, forbidden, illicit, off-limits *(attr.)*, under-the-counter *(magazine etc.)*, taboo, tabu; contraband; →VERBIED; ~ ***boek*** banned book; ~ ***(gebied/terrein)*** *wees* be out of bounds (*or* off limits); ~ ***gebied*** restricted area, no-go area; ~ ***immigrant*** prohibited immigrant; *dit is* ~ ***om*** *iets te doen* it is forbidden to do s.t.; ***parkeer/ens.*** ~ no parking/etc.; *iets is* ***streng*** (of *ten* ***strengste***) ~ s.t. is strictly prohibited; ~ ***toegang, toegang*** ~ no admittance, private; ~ ***vrugte*** *smaak die lekkerste* →VRUG; ~ ***wees,*** *(also)* be a no-no.

ver·bods·be·pa·ling *(jur.)* prohibition, prohibitory clause.

ver·bo·ë *(gram.)* inflected, declined, conjugated; →VERBUIG; ~ *vorm* inflected form, inflexion.

ver·boep -*boepte, (rare)* stunted, potbellied.

ver·boer, ver·boers *het* ~, *(dated)* go rustic, become rusticated/countrified. **ver·boers** -*boerste* countrified, rusticated.

ver·bol·ge *(fml.)* wrathful, angry, irate. **ver·bol·genheid** wrath, anger.

ver·bond -*bonde* alliance, union, league, coalition; federation; bond; agreement; *(Bib.)* covenant; treaty, pact; *'n* ~ *met die duiwel sluit/aangaan* make a pact with the devil; *die Ou/Nuwe V*~ the Old/New Testament. **ver·bon·de** *adj.* associated; tied up; allied *(powers)*; attached; adherent; →VERBIND; *iem. is* ***aan*** *'n skool/ens.* ~ s.o. is on the staff of a school/etc.; *daar is gevaar/ens.* ***aan*** ~ it involves danger/etc.; *daar is baie voordele* ***aan*** ~ it has/offers many advantages; ~ ***aan*** ..., *(also)* incident to ...; ***eng*** ~ *wees* be closely connected; ~ ***kamers*** interleading rooms; *die* ***koste*** *daaraan* ~ the cost(s) involved; ***met*** ... ~ *wees* be connected with ...; be tied up with ...; *die* ~ ***moondhede*** the allied powers, the allies; ~ ***muurwerk*** bound masonry; ***onafskeidelik*** *aan mekaar* ~ inseparable; ***tot*** *iets* ~ *wees* be committed to s.t. *(a cause etc.)*. **ver·bon·den·heid** solidarity *(with)*, (close) connection, alliance *(with)*, association, connectedness; ~ *met die volk* bond with the people/nation; *iem. se* ~ *tot* ... s.o.'s commitment to ... *(a cause etc.)*.

ver·bonds-: ~**ark** Ark of the Covenant/Testimony. ~**beker** *(Holy Communion)* chalice. **V~god** God of the Covenant. ~**tafel** Holy Communion table. ~**teologie** federal/covenant theology. ~**volk** people of the covenant, chosen/covenanted people. ~**wet** covenant.

ver·bor·ge concealed, hidden; undercover; secret *(sin)*; latent *(qualities)*; *(also, med.)* occult; ulterior; →VERBERG; *iets* ***bly*** ~ s.t. remains a secret. ~ ***elektrisiteit*** disguised electricity; ~ ***ertsspleet*** blind lode; ~ ***geskiedenis*** inside story; ~ ***gevare*** shoals. **ver·bor·gene:** *die* ~ the occult; *in die* ~ secretly, in secret. **ver·bor·gen·heid** -*hede* secrecy; mystery; mysteriousness; concealment; *in (die)* ~ *gehul wees* be veiled in secrecy.

ver·bou *het* ~ cultivate, grow *(crops)*; reconstruct, renovate, convert, rebuild, alter *(a house etc.)*. **ver·bou·baar** -*bare* cultivable. **ver·bou·er** -*ers* grower, cultivator.

ver·bou·e·reer *het* ~ bewilder, bluff, flurry, fluster; perplex. **ver·bou·e·reerd** -*reerde meer* ~ *die mees* -*reerde* bewildered, dazed, flurried, flustered, nervous, embarrassed; nonplussed, perplexed, taken aback; *iem.* ~ *maak* fluster/disconcert s.o., put s.o. off; ~ *raak* get flurried/flustered/rattled; lose one's nerve. **ver·bou·e·reerd·heid** bewilderment, flurry, fluster, agitation, confusion, nervousness, embarrassment, perplexity.

ver·bou·ing -*ings*, -*inge* cultivation, growing *(of crops)*; (structural) alteration(s) *(to a building)*, rebuilding, conversion, renovation.

ver·brak *het* ~, *(soil)* become brackish.

ver·brand *het* ~, *vb.* burn; burn down; burn (to death); scorch; ash; scald, sear; cremate *(a body)*; incinerate *(refuse)*; be burnt, be consumed by fire, go up in flames; bronze; *tot* ***as*** ~ incinerate; *tot* ***as*** ~ *wees* be in ashes; ***bruin*** ~ *(deur die son)* tanned (by the sun), sunburnt; ***erg/lelik*** ~ *wees, (a sunbather)* be burnt to a frazzle; *jou* ***mond*** ~ →MOND; *iem.* ***simbolies*** ~ burn s.o. in effigy; ***swart*** ~ *wees* be burnt to a cinder. *jou* ***vingers*** ~ →VINGER. **ver·brand** -*brande, adj.* burnt; *(attr.)* blamed, blooming; *so 'n* ~*e* ...*!* darn/damn/blast the/this ...!; ~*e swaap!* bally fool!. **ver·bran·ding** burning; cremation *(of a corpse)*; *(chem.)* combustion; incineration *(of refuse)*.

ver·bran·dings-: ~**kamer** combustion chamber. ~**oond** incinerator, combustion furnace, cremator, destructor. ~**produk** combustion product, product of combustion. ~**proses** combustion process, process of combustion. ~**waarde** *(chem.)* calorific (heat) value. ~**warmte** heat of combustion.

ver·brands *interj.* dash/darn it (all), *(infml.)* blast/damn (it); hang it (all), drat/confound it; *dit is* ~ *koud* it is darned/deuced(ly) cold.

ver·bras *het* ~, *(rare)* squander, dissipate, revel/riot away, blue, prodigalise.

ver·bre·ding -*dings*, -*dinge* broadening, widening. **ver·breed** *het* ~ broaden, widen, extend; *(fig.)* broaden *(one's view)*. **ver·breed** -*brede, adj.* broadened, widened.

ver·breek *het* ~, *vb.* break *(a promise, treaty, law, silence, etc.)*; sever *(a connection)*; disrupt; violate *(an oath, a treaty, the law, etc.)*; make extensive alterations to *(a building)*; infringe; *'n verlowing* ~ break off an engagement. **ver·breek** -*breekte, adj. (p.p.), (lit.)* broken (up); *(fig.)* broken *(promises, home, etc.)*. **ver·breek·baar** -*bare* dissoluble; violable.

ver·brei *het* ~, *(fml.)* spread *(a rumour)*; circulate; disseminate *(a doctrine)*, propagate; distribute; **ver·brei(d)** -*breide* disseminated, propagated, widely spread, common *(an idea)*. **ver·brei·der** -*ders* disseminator, distributor. **ver·breid·heid** distribution, occurrence. **ver·brei·ding** spread(ing); dissemination *(of a doctrine)*, propagation; distribution.

ver·bre·ker breaker; violator. **ver·bre·king** breaking, violation; disruption; rupture; *(fig.)* severance, interruption. *'n* ~ *van* ... *wees* be a breach of ...

ver·brits *vb. & adj.* = VERENGELS *vb. & adj.*. **ver·brit·sing** = VERENGELSING.

ver·broe·der *het* ~ fraternise; reconcile, bring together; *met iem.* ~ fraternise with s.o.. **ver·broe·de·ring** fraternisation; reconciliation.

ver·bro·ke *(p.p.), (fig., rare)* broken, disrupted; →VERBREEK *(p.p.)*; ~ *belofte* broken promise; ~ *gesin* broken home.

ver·brok·kel *het* ~, *(lit. & fig.)* crumble (to pieces); weather; disintegrate; break (up); crack up; go down the drain; *die huwelik het* ~ the marriage has broken down (*or* is on the rocks). **ver·brok·kel(d)** -*kelde, adj.* crumbling; disunited. **ver·brok·ke·ling** crumbling; disintegration, break-up, breaking up.

ver·brons *het* ~, *vb.* bronze, braze. **ver·brons** -*bronsde, adj.* bronzed. **ver·bron·sing** bronzing.

ver·brou *het* ~ make a mess/hash of, spoil, garble, botch, flub, foozle, bungle; queer; *(golf)* duff, dub *(a shot)*; *dit* ***by*** *iem.* ~ incur s.o.'s displeasure; *jy het alles* ***mooi*** ~ you have made a nice/pretty mess of things *(infml.)*; *die* ***spul*** ~ queer the pitch; ***werk*** ~ bungle/botch work.

ver·bruik *n.* consumption, spending, (consumptive) use; waste; expenditure. **ver·bruik** *het* ~, *vb.* consume, use (up); exhaust *(a supply)*; waste, expend. ~**syfer** consumption figure/level/ratio.

ver·bruik·baar -*bare* consumable, expendable. **ver·bruik·baar·heid** consumability, expendability.

ver·brui·ker -*kers* consumer. **ver·brui·ke·ris·me** *(often derog.)* consumerism.

ver·brui·kers-: ~**aansluiting** service connection. ~**beskerming** consumer protection. ~**boikot** consumer boycott. ~**gemeenskap** consumer society. ~**goedere, verbruiksgoedere, verbruiksware, verbruikersware** consumer goods, commodities. ~**kampvegter** consumerist. ~**krediet** consumer credit. ~**navorsing** consumer research. ~**prys** consumer price. ~**pyp** service pipe. **V~raad** Consumer Council. ~**vraag** consumer demand. ~**vriendelik** consumer-friendly. ~**weerstand** consumer resistance.

ver·bruiks-: ~**artikel** consumption article, article of consumption, commodity, consumable/expendable item. ~**besteding** consumption expenditure/outlay/spending, expenditure on consumption. ~**goedere** →VERBRUIKERSGOEDERE. ~**meter** supply meter, flowmeter.

ver·bruin *het* ~ brown; bronze, tan.

ver·bry·sel *het* ~ shatter, smash, crush, smash (in)to smithereens/smithers, break to pieces; break *(s.o.'s heart)*; *(med.)* comminute. **ver·bry·se·ling** shattering, smashing; comminution.

ver·buig *het* ~ bend, twist; buckle; warp; *(gram.)* decline, inflect, conjugate; →VERBOË; ~*de wiel* buckled wheel. **ver·buig·baar** -*bare, (gram.)* declinable, inflective. **ver·buig·baar·heid** *(gram.)* declinability, inflectiveness. **ver·bui·ging** -*gings*, -*ginge* bending, buckling, buckle; warp(ing); *(gram.)* declension; *(gram.)* (in)flexion, inflection.

ver·bui·gings-: ~**uitgang** *(gram.)* flexional/flectional ending/form, inflexion, inflection. ~**vorm** *(gram.)* flexional/flectional form, inflexion, inflection.

ver·bum *verba, (gram.)* verb.

ver·bur·ger·lik *het* ~ demilitarise. **ver·bur·ger·lik·te** demilitarised.

ver·by *adv.* past; over, finished, done (with); at an end; gone; *dis* ***ag(t)uur/ens.*** ~, *dis* ~ ***ag(t)uur/ens.*** it is past eight/etc.; *dit is* ***(alles)*** ~ it is all over; ***by*** *die kerk* ~ past/beyond the church; *die* ***jaar*** *is* ~ the year is out; *dis* ***nou*** ~ and that is that, and that's that; *iem. se* ***tyd*** *is* ~ s.o. is a spent force; ~ *iem./iets* ***vlieg*** fly past s.o./s.t.; ***wat*** ~ *is* that which has been; ***wat*** ~ *is, is* ~ it is no use crying over spilt milk, let bygones be bygones, one cannot undo the past. ~**dra** *verbyge-* carry past. ~**dreun** *verbyge-, (a train etc.)* thunder past. ~**dryf**, ~**drywe** *verbyge-* float/drift past; blow over. ~**flits** *verbyge-* flash/streak past. ~**gaan** *n.: in die* ~ in passing; perfunctorily, casually, by the way; en passant *(Fr.)*. ~**gaan** *verbyge-, vb.* pass, pass/go by; go past; *(feelings)* pass (off), wear off, work off; outdistance, outpace, outrun; *(time)* pass, elapse, slip by, roll by/away; pass over, omit, leave out *(s.o.)*; pass away, come to an end; give a miss; ***by*** *iem./iets* ~ pass by s.o./s.t.; *verbygegane* ***glorie*** past glories; *iets* ***laat*** ~ let s.t. go by default; let s.t. slip (through one's fingers), *(infml.)* pass s.t. up *(a chance etc.)*; *(infml.)* give s.t. a miss; ***met*** ~ *van iem. anders bevorder word* get promoted over another's head; ***ongemerk*** ~, *(time etc.)* slip by; *nie* ***onopgemerk*** *by iem.* ~ *nie* not escape s.o.'s attention/notice; ***rakelings*** *by* ... ~ brush by/past ...; *dit* ***sal*** ~ it will pass; it will work off; *iets* ***stilswyend*** ~ pass s.t. over in silence; ***verlangs/vêrlangs*** ~ *(sonder om te help)* pass by on the other side. ~**gaande** passing; temporary, momentary; transitory, impermanent, transient, evanescent *(fml.)*, fugitive, ephemeral, short-lived; fugacious *(poet., liter.)*; caducous; ~ ***aard*** temporariness; *'n* ~ ***gril*** a passing whim; ~ ***klante*** passing trade; ***vinnig/snel*** ~ fleeting. ~**gaandheid** fleetingness. ~**ganger** -*s* passer-by. ~**glip** *verbyge-* slip past/by, shave, dodge; *by* ... ~ slip past ... *(the guards etc.)*; ~**gooi** *verbyge-* throw past; *(cr.)* overthrow. ~**groei** *verbyge-: (by) iem./iets* ~

outgrow s.o./s.t.. **~hardloop** *verbyge-* run past; *by ...* ~ run past ... *iem.* ~ outstrip/outrun/outpace s.o.. **~hou** *(cr.)* passing stroke; *(tennis, cr.)* passing shot. **~ja(ag)** race/speed past. **~kom** *verbyge-* pass (by), come past/by; ***by** iets* ~ get past s.t.; get round s.t.; ***daar** kom jy nie verby nie* you cannot get past that; that cannot be argued away; *iem.* ***laat*** ~, *(fig., infml.)* haul s.o. over the coals; *iem. het* ***lelik*** *verbygekom, (infml.)* s.o. got a severe dressing-down/talking-to/telling-off/ticking-off. **~loop** *verbyge-* walk past, pass (by); *by ...* ~ walk past ... **~mars** march past/by. **~pad** bypass, road leading past *(a place)*. **~praat** *verbyge-: by mekaar* ~ be at cross purposes; *jou mond* ~ →MOND. **~ry** *verbyge-* pass (by); outride; overtake; *by ...* ~, *(by car)* drive past (*or* pull ahead of) ...; *(on horseback or on a bicycle/etc.)* ride past/by ... **~seil** *verbyge-* sail past; outsail. **~sien** *verbyge-* look past; overlook, ignore. **~skiet** *verbyge-* dash/shoot past; overshoot *(the mark)*; *die doel* ~ overshoot the mark, overreach o.s., defeat one's own ends. **~skuur:** *by ...* ~ brush past ... **~smokkel:** *iets by ...* ~ smuggle s.t. past ...; slip s.t. past ... **~snel** *verbyge-* rush/fly/shoot past/by, whizz past/by *(infml.)*; *by ...* ~ rush past ... **~spring** *verbyge-* jump past; sidestep, swerve. **~stap** *verbyge-* walk/sweep past, walk by, pass; *by ...* ~ walk past ... **~steek** *verbyge-* pass, overtake, pull ahead of; bypass; surpass, exceed. **~streef, ~strewe** *verbyge-* outstrip, outdistance; outdo, surpass, overshadow; *die doel* ~ overreach o.s., overshoot the mark, overplay one's hand. **~stroom** *verbyge-* stream/flow past. **~stuur** *verbyge-* steer clear of. **~trek** *verbyge-* trek past; march past; fly/whiz(z) past; pass; *(clouds, weather)* blow over. **~vaar** *verbyge-* pass; sail past/by. **~vlieg** *verbyge-* fly past; fly/slip (by); rush/whiz(z) past; *by iem./iets* ~ fly past s.o./s.t.; *die tyd vlieg verby* time flies. **~vloei** *verbyge-* = VERBYSTROOM. **~vlug** *n.* fly-past, flyby.

ver·bys·ter *het* ~ perplex, bewilder, amaze, baffle, confuse, dazzle, confound, bemuse, stun, daze, stupefy, obfuscate. **ver·bys·ter(d)** *-terde* perplexed, bewildered, amazed, distraught, distracted; baffled, dazed, stunned, dumbfounded, stupefied, flabbergasted, bemused. **ver·bys·te·rend** *-rende meer ~ die mees -rende* perplexing, bewildering, amazing, baffling, dazzling, puzzling, mind-boggling *(infml.)*; electrifying *(speed)*. **ver·bys·te·ring** perplexity, bewilderment, amazement, puzzlement, bafflement, confusion, daze, distraction, dismay.

ver·chris·te·lik *het* ~ Christianise. **ver·chris·te·li·king** Christianisation.

ver·chro·mer *-mers* plater. **ver·chro·ming** chromium-plating. **ver·chroom** *het* ~ chrome, chromium-plate.

ver·daag *het* ~, *vb.* adjourn; defer, postpone; *(mil.)* dismiss; recess; *(jur.)* remand; *(parl.)* prorogue; *tot 'n week later* ~ adjourn for a week; *'n vergadering tot 'n week later* ~ adjourn a meeting for a week. **ver·daag** *-daagde, adj.* adjourned.

ver·dag *-dagte meer ~ die mees -dagte* suspicious; suspected *(a pers., place, etc.)*; suspect *(a statement etc.)*; questionable *(action)*; sinister *(appearance)*; shady *(characters)*; fishy *(business)*; *iets* ***kom*** ~ *voor* there is s.t. suspicious/fishy about s.t.; *iem.* ~ ***maak*** cast/throw suspicion on s.o.; *~te* ***omstandighede*** suspicious circumstances; *~te* ***persoon*** suspect, suspected person. **~makery, ~making** imputation, insinuation, casting of suspicion, reflection, reflexion, suspicion-mongering, impeachment.

ver·da·ging *-gings, -ginge* adjournment; deferment, postponement; prorogation; *'n voorstel tot* ~ a motion for adjournment.

ver·dag·te *-tes* suspected person, suspect; *(jur.)* accused, defendant; *'n hoogs* ~ a prime suspect. **ver·dagt·heid** suspiciousness, dubiousness, shadiness, fishiness *(infml.)*.

ver·damp *het* ~ evaporate; vaporise; volatilise; *(fog)* dissipate; evanesce *(poet., liter.)*; *(infml.)* disappear. **ver·dam·pend** *-pende* evaporating. **ver·dam·per** *-pers* evaporator, vaporiser, humidifier. **ver·dam·ping** evaporation; vaporisation; volatilisation; dissipation; exhalation.

ver·dam·pings-: **~leer** *(phys.)* atmology. **~meter** *(phys., bot.)* atmometer, atmidometer, evaporation gauge, (e)vaporimeter, transpirometer. **~oppervlak(te)** evaporation surface, surface of evaporation. **~punt** evaporation point. **~toestel** evaporator, vaporiser, humidifier. **~vermoë** evaporativity. **~warmte** heat of vaporisation; (latent) heat of evaporation.

ver·dat·ste *(rare)* dratted, blasted.

ver·de·dig *het* ~ defend; stand up for *(s.o.)*; uphold *(one's interests)*; speak out for; defend, appear for *(s.o. in court)*; (try to) justify *(o.s.)*; defend, uphold *(a thesis)*; vindicate; champion; ***aan*** *die* ~ *wees* be on the defensive; *die* ***doel*** ~ keep goal; ***jou*** ~ defend o.s.; fight back; ***jouself*** ~ conduct one's own defence *(in a court)*; ***kan*** *jy jou nie* ~ *nie?* have you (*or* do you have) nothing to say for yourself?; *iem./iets* ***teen*** *...* ~ defend s.o./s.t. against ...

ver·de·dig·baar *-bare* defensible; justifiable, valid, arguable, vindicable, warrantable, tenable; *(jur.)* sustainable. **ver·de·dig·baar·heid** defensibility; justifiability, justifiableness; supportability, supportableness.

ver·de·di·gend *-gende* defensive; ~ *ingestel wees*, ~ *optree* be on the defensive.

ver·de·di·ger *-gers* defender; supporter; upholder; justifier, vindicator; *(jur.)* counsel (for the defence), defending counsel, defender; *(sport)* defender, back. ~ *van ...* apologist for ...

ver·de·di·ging defence; vindication; plea; *(jur.)* counsel (for the defence), defence; *(sport)* defence; *jou* ***eie*** ~ *behartig* defend o.s. *(in a court)*; ***in/op*** *die* ~ on the defensive; ***in staat*** *van* ~ in a state of defence; ***ter*** ~ *van ...* in defence of ...; *iets* ***ter*** ~ *van iem. sê* say s.t. in s.o.'s defence; *vir die* ~ ***verskyn*** appear for the defence; ***vir*** *die* ~ for the defence. **~stelsel** defence system, system of defence.

ver·de·di·gings-: **V~hoofkwartier** Defence Headquarters. **~linie, ~lyn** line of defence. **~mag** defence force. **~middel** *-e, -s* means of defence. **~oorlog** defensive war, war of defence. **~wapen** defensive weapon. **~werke** defences, defensive works, fortification(s).

ver·deel *het* ~ divide; divide/split up; distribute; assign *(parts)*; apportion *(water)*; separate; distribute, spread *(costs)*; allocate *(tasks)*; fractionise; dismember; *(a river)* fork; *iets in twee* ***dele*** ~ divide s.t. into two parts; *mense/dinge in* ***groepe*** ~ split up people/things into groups; ~ *en* ***heers*** divide and rule; *iets* ***is*** *in sentimeters* ~ s.t. is marked in centimetres *(a ruler etc.)*; *'n* ***land*** ~ partition a country; *hulle* ~ *dit* ***onder*** *mekaar* they share it between them; *iets* ***onder/tussen*** *mense* ~ divide s.t. among/between people; apportion s.t. among/between people; ***rolle*** ~ cast; ***werk*** ~, *(also)* split the job. **~bord** *(elec.)* distribution/distributing/branching/service board. **~buis** distributor tube. **~klep** *(mot.)* distribution valve. **~kop** distributor/dividing head. **~kraan** distribution/distributing cock. **~net** *(elec.)* distribution network. **~passer** dividing compasses, (pair of) dividers. **~pyp** manifold; distributing pipe, service pipe; distributor tube. **~skyf** *(elec.)* distributor disc; division/index plate. **~stuk** manifold; distributing pipe.

ver·deel·baar *-bare* divisible; distributable, available for distribution. **ver·deel·baar·heid** divisibility.

ver·deel(d) *-deelde* divided, disunited; *'n* ***diep*** *~de samelewing/gemeenskap* a deeply divided society; ***onderling*** ~ *wees* be divided among(st) themselves; be divided against itself; ~ ***oor*** *iets wees* be divided over s.t.; *~e* ***skerm,*** *(comp.)* split screen; ***skerp*** ~ *wees* be deeply divided; *'n ~e* ***stem,*** *(Am. pol.)* a split ticket. **ver·deeld·heid** division, disagreement; discord, schism, disunity, dissension; cleavage; dividedness; ~ *bring* create strife; ~ *saai* sow (the seeds of) dissension/disruption.

ver·dek·sels, *(rare)* **ver·dek·seld** *adj. & adv.* bally, deuced, damn(ed), darn(ed), blooming, flaming, flipping. →DEKSELS *adv.*, DEKSELSE *adj.*. **ver·dek·sels** *interj.* darn (it [all]), blast (it); oh, heck.

ver·de·lend *-lende* dividing; divisive, schismatic; distributive; partitive; →VERDEEL.

ver·de·ler *-lers* divider; *(elec.)* distributor; disrupter, disruptor, schismatic; *(min.)* riffler; splitter. **~buis** distributor tube. **~dop** distributor cap/top.

ver·delg *het* ~, *vb.* destroy, exterminate, extirpate, massacre, eradicate, wipe off/from the face of the earth. **ver·delg** *-delgde, adj.* destroyed. **ver·del·ger** *-gers* destroyer, exterminator, extirpator. **ver·del·ging** destruction, extermination. **ver·del·gings·oor·log** war of extermination.

ver·de·ling *-lings, -linge* division; *(stat.)* distribution; graduation; *(chem., math.)* partition; segmentation; section; apportionment; comminution; dismemberment; parcelling; splitting; ~ *in tydvakke, (hist.)* periodisation; ~ *van belasting* incidence of tax; ~ *van lading* disposition of load.

ver·de·lings-: **~koëffisiënt, ~ko-effisiënt** *(chem.)* distribution coefficient. **~punt, deelpunt** point of division. **~rekening** appropriation account. **~verdrag** treaty of partition, partition treaty. **~verhouding** *(stat.)* distribution ratio.

ver·den·king *-kings, -kinge* suspicion, distrust; ***bo*** ~ *staan/wees* be above/beyond reproach; be above suspicion; *iem. in/onder* ~ ***bring*** cast/throw suspicion on s.o.; *in/onder* ~ ***kom*** incur suspicion; ***onder*** ~ *staan/wees* be under suspicion; be under a cloud; ***onder*** ~ *van ...* on suspicion of ... *(murder etc.)*; ~ ***saai*** sow suspicion.

ver·der, vêr·der *verder(e), vêrder(e), adj. & adv.* farther; further, additional, subsequent; remaining, further *(details)*; beyond; onwards; furthermore, moreover, in addition; →VER *adj. & adv.*; ***al hoe*** ~ further and further; ~ ***as*** *...* farther than ...; beyond; ~ *moet jy* ***beloof*** moreover/furthermore (*or* in addition) you must promise; *die saak* ~ ***bespreek*** continue the discussion; *iem. sal dit nooit* ~ ***bring*** *nie* s.o. will never advance further (*or* get beyond that); ***en*** ~ ... what's (*or* what is) more, ...; ~ ***gaan*** go further, go one better; proceed; ~ *(as dit)* ***gaan*** *ek nie* this is where I draw the line; ~ *wil hy/sy niks* ***hê*** *nie* he/she wants nothing else; *drie* ***huise*** ~ three doors off; *vyftig* ***kilometer*** ~ fifty kilometres further on; *nie* ~ *kan* ***kom*** *nie* be stranded; ~ ***lees*** read on, go on reading; *ek* ***moet*** ~ I must be getting on; ***niks*** ~ *nie* no further; ~ ***op*** farther along/on; hereafter, hereinafter *(fml., jur.)*; *en* ***so*** ~ and so on, et cetera; ~ ***van*** ... further from ... *~e* ***verrigtinge*** subsequent proceedings; ~ ***voer*** follow up; pursue; *die oorlog/stryd* ~ ***voer*** fight on.

ver·derf, ver·der·fe·nis *n.* destruction, ruin; bane, blight, contagion; perdition; *(fig.)* rot; *die* ~ *het* ***begin*** the rot has set in; *iem. in die* ~ ***bring*** bring s.o. to ruin; *'n* ***end/einde*** *maak aan die* ~ stop the rot; *na die* ~ ***gaan*** go to rack and ruin; *iets* ***is*** *jou* ~ s.t. is one's undoing; *'n* ***kind*** *vir die* ~ *grootmaak* raise a child for the gallows; *iem. na die* ~ ***lei*** lead s.o. to destruction/perdition; ***op pad*** *na die* ~ *wees* be on the road to perdition; be heading/riding for a fall. **ver·derf, ver·der·we** *het ~, vb., (rare)* ruin; corrupt; →VERDORWE. **ver·der·fe·nis** →VERDERF *n.*. **ver·derf·lik** *-like* pernicious, ruinous, baneful, baleful *(influence)*; poisonous *(reading matter)*, iniquitous, noxious, pestilent; wicked, perverse *(habit)*; unwholesome, wicked *(company)*; *~e anemie* pernicious anaemia; *~e dopluis* pernicious scale. **ver·derf·lik·heid** perniciousness, banefulness, iniquity; →VERDERFLIK. **ver·der·we** →VERDERF *vb.*.

ver·dien *het* ~ earn *(a salary, living, etc.)*; deserve *(censure, encouragement, praise, honour, etc.)*; merit *(reward)*; be deserving of; make money; ***baie*** ~ make much; ***bestraffing*** ~ be deserving of censure; *iets* ***beters*** *van iem.* ~ deserve better of s.o.; *iem.* ~ *niks* ***beters*** *nie* s.o. does not deserve any better (*or* has got his/her deserts); *jou* ***brood*** *(deur/met ...)* ~ →BROOD; *iem.* ~ ***dit*** s.o.'s got (*or* s.o. has) it coming *(infml.)*; ***dit*** *het hy/sy ~!* that serves him/her right!; *iem.* ~ ***niks*** *daarby nie* s.o. gains nothing by it; *daar is* ***niks*** *aan/op te* ~ *nie* there is no money in it; *jou* ***oortog/passasie*** ~ work one's passage; *jou* ***sout*** ~ →SOUT *n.*; *jou* ***spore*** ~ win one's spurs; ***straf*** ~ →STRAF *n.*; *iets* ***volkome*** ~ richly deserve s.t.. **~vermoë** earning power.

ver·dien(d) -diende earned, deserved; condign; *~de inkomste* earned income; *dit is jou ~de **loon*** it serves you right, you have got your deserts; *dit sal iem. se ~de **loon** wees* s.o.'s got it coming; *~de **straf*** condign punishment; ***suur/swaar*** *verdiende* ... hard-earned ...; ***volkome*** ~ richly deserved.

ver·die·ner -ners earner.

ver·dien·ste -stes wages, pay, earnings; salary; profit; merit, meritoriousness, virtue, worth; *jou (iets) as ~ **aanreken*** make a merit of (s.t.); *iem. iets as ~ **aanreken/toereken*** give s.o. credit for s.t.; *na ~ **beloon** word* be rewarded according to merit (*or* one's deserts); ***bo*** *~ beloon word* be better rewarded than one deserved; *iem. het 'n **goeie** ~* s.o. earns/gets a good wage/salary; *op **grond** van ~* on merit; *iem. van **groot** ~* s.o. of great merit; ***na/volgens*** ~ on (*or* according to) merit, deservedly; *iem. is **sonder** ~* s.o. has no income; *iem./iets is nie **sonder** ~ nie* s.o./s.t. is not without merit; *'n **vaste** ~ hê* have regular employment. **ver·dien·ste·lik** -like meritorious, worthy, worthwhile, creditable, worthy of merit; deserving *(pers.)*; reasonable, fair *(attempt)*; *jou teenoor ... ~ maak* deserve well of ...; *jou teenoor iem. ~ maak* serve s.o. well. **ver·dien·ste·lik·heid** merit(oriousness), worthiness, deservingness, creditableness, praiseworthiness.

ver·diep *het ~* deepen; sink *(tr.)*; intensify; rout *(woodwork)*; *(fig.)* deepen, broaden; *in **gedagtes** ~ wees* →GEDAGTE; *~te **gedeelte*** sunken portion; *jou in iets ~, (also)* immerse/saturate/soak/steep o.s. in s.t. *(a subject)*; apply one's mind to s.t.; be engrossed/absorbed in s.t.; *in iets ~ **raak*** become absorbed/engrossed (*or* lose o.s.) in s.t., bury o.s. in s.t *(a book)*; *in iets ~ **wees*** be absorbed/engrossed in s.t.; be caught up in s.t.; be immersed in s.t. *(work)*; be plunged in s.t. *(thoughts, work)*; be intent (up)on s.t.; pore over s.t.; *jou in die **werk** ~* plunge into work. **~boor** router bit. **~skaaf** router/routing/grooving plane, router, housing plane. **~werk** routing.

ver·die·per -pers router.

ver·die·ping -pings, -pinge floor, storey, story; level *(in a mine)*; deck *(of a bus)*; deepening *(of insight)*; tier; layer; ***boonste*** *~, (fig., infml.)* upper storey/works, nob, noggin, noodle, nut; *op die **boonste** ~* on the top floor; *die **eerste/ens.** ~* the first/etc. floor; *'n huis **met/van** twee ~s* = VERDIEPINGHUIS; *die **onderste** ~* the ground flour; *die gebou het **twintig/ens.** ~s* the building has twenty/etc. storeys. **~bus** double-decker (bus). **~huis** double-storey(ed) (*or* two-storey[ed]) house. **~steier** stage scaffolding. **~woonstel** duplex apartment/flat.

ver·diept·heid absorption, engrossment.

ver·dier·lik *het ~, vb.* bestialise, brutalise, animalise, debase, dehumanise; become brutal (*or* a brute). **ver·dier·lik** -likte, *adj.* brutish, bestial, brutalised, bestialised. **ver·dier·li·king** brutalisation, bestiality, dehumanisation.

ver·diet *(min.)* verdite.

ver·diets *het ~, vb.* (make/become) Dutch, dutchify *(often D~)*. **ver·diets** -dietste, *adj.* dutchified *(often D~)*. **ver·diet·sing** dutchification *(often D~)*.

ver·dig[1] *het ~, vb.* invent *(a story)*; fabricate *(lies)*. **ver·dig** -digte, *adj.* fictitious, fictional, invented, assumed.

ver·dig[2] *het ~, vb., (steam)* condense; *(biol.)* inspissate; *(soil)* compact; solidify; *(gas)* compress; thicken. **ver·dig** -digte, *adj.* condensed; inspissated; *~te beton* compact concrete.

ver·dig·sel -sels fiction; invention; figment *(of the imagination)*; fabrication; fable, story; →VERDIG[1] *vb. & adj.*.

ver·dig·ter -ters condenser, compressor; *(elec.)* buncher; densifier; →VERDIG[2] *vb. & adj.*.

ver·dig·ting[1] -tings, -tinge, *(rare)* fiction, invention, fabrication; →VERDIGSEL.

ver·dig·ting[2] condensation, compression; compaction, compacting; narrowing-down *(of a meaning)*; →VERDIG[2] *vb. & adj.*.

ver·dig·tings-: **~graad** degree of compression. **~punt** condensation point, point of condensation; point of accumulation; *(math.)* cluster. **~warmte** heat of condensation.

ver·dik *het ~, vb.* thicken, become thicker; congeal, coagulate; inspissate; incrassate; concrete. **ver·dik** -te, *adj.* thickened; *(biol.)* incrassate(d); *etc.*; →VERDIK *vb.*.

ver·dik·baar -bare condensable, condensible. **ver·dik·ker** -s thickener; condenser. **ver·dik·king** thickening; swelling; bulge; *(anat.)* inspissation; slub; fixation.

verdikkings-: **~laag** thickening layer. **~middel** -s, -e thickening agent, thickener.

ver·ding·lik *het ~* reify. **ver·ding·li·king** reification.

ver·dink *het ~* suspect, mistrust; *iem. daarvan ~ dat hy/sy iets gedoen het* suspect s.o. of having done s.t.; *van ... ~ word* be suspected of ... *(murder etc.)*.

ver·dis·kon·teer *het ~, (econ.)* negotiate, discount *(a bill)*; →DISKONTEER. **ver·dis·kon·teer·baar** -bare negotiable, discountable; →DISKONTEERBAAR. **ver·dis·kon·teer·baar·heid** negotiability, discountability. **ver·dis·kon·teer(d)** -teerde negotiated, discounted; *~de waarde* present/cash/discounted value. **ver·dis·kon·te·ring** negotiation, discounting.

ver·dit·ste = VERDATSTE.

ver·dob·bel *het ~, (rare)* gamble/game/play/dice away.

ver·doel *vb., (rugby)* convert, goal *(a try)*. **ver·doel** -doelde, *adj.* converted *(try)*.

ver·doem *het ~, vb.* damn, curse; doom. **ver·doem** -doemde, *adj.* damned; doomed. **ver·doe·me·ling** -linge reprobate. **ver·doe·mend** -mende damnatory, condemnatory; damning. **ver·doe·me·nis** damnation; *(Chr. theol.)* perdition; *iem. na die ~ help* put the skids under s.o. *(infml.)*. **ver·doe·mens·waar·dig** damnable; →DOEMWAARDIG. **ver·doe·ming** damning, reprobation; damnation. **ver·doem·lik** -like damnable. **ver·doem·lik·heid** damnability, damnableness.

ver·doe·sel *het ~* obscure, blur (out), obfuscate; disguise, cover up, camouflage; gloss over; conceal, hide; *'n geskilpunt ~* cloud the issue. **ver·doe·se·ling** blurring, obfuscation, obscuring; glossing over; concealment.

ver·dof *het ~, vb.* tarnish; become faint; dim *(a light)*; deaden *(sound)*; fade *(an image)*; obscure, blur, fade out; bedim; dull, muzz *(sound)*; *(rad.)* fade; overcloud; **ver·dof** -dofte, -dofde, *adj.* tarnished; dimmed; deadened. **~skakelaar** dim(mer)/dimming switch.

ver·dol(d) -dolde, *(rare)* infatuated; maddened, demented.

ver·dom *het ~, (rare)* make/render stupid/dull, brutalise; dumb down; become stupid/brutalised. **ver·dom·ming** stupefying; dumming down; brutalisation; sinking into a state of ignorance.

ver·dom·de *(coarse)* damned, accursed, blasted.

ver·domp *interj., (coarse)* damn(ed); damn it, dammit, blast (it); damnation; *nou ~!* well, I'm damned!; *ek kan dit ~ nie verstaan nie!* I am damned if I see/understand it!; *ek sal dit ~ nie doen nie!* I'll be damned/hanged if I do (it)!.

ver·don·ker *het ~* darken, obscure, cloud, dim; black out, shade; *~ende kleur* deepening colour. **ver·don·ke·ring** blackout, obscuration.

ver·doof *het ~, vb.* dull, deaden *(sound)*; tarnish; *(med.)* anaesthetise; drug, stupefy; stun; *(fig.)* fade. **ver·doof** -doofde, *adj.* dopey; dulled; stuporous; *etc.*; →VERDOOF *vb.*. **~middel** →VERDOWINGSMIDDEL.

ver·dool(d) -doolde, *(rare)* stray, strayed, lost; misguided. **ver·doold·heid** *(rare)* aberration, perversion.

ver·doop *het ~* rebaptise, rechristen, rename; *~ tot Paulus* renamed Paul. **ver·do·ping** rebaptisement, rechristening; renaming.

ver·dor *het ~* wither, parch, shrivel (up), scorch. **ver·dor(d)** -dorde meer ~ die mees -dorde, *adj.* withered, parched, shrivelled (up), scorched. **ver·dor·ring** withering, shrivelling (up).

ver·dor·we meer ~ die mees ~ perverted, depraved, wicked, corrupt, abandoned, graceless; debauched, debased; →VERDERF *vb.*; *~ gees* warped mind; *~ raak, (s.o.'s mind)* become warped. **ver·dor·we·ne** -nes debauchee; pervert; reprobate. **ver·dor·wen·heid** perversion, depravation, corruption, corruptness, turpitude, low life; depravity, perversity.

ver·do·wend -wende stupefacient, stupefactive; narcotic, an(a)esthetic; opiate; →VERDOOF *vb.*. **ver·do·wing** an(a)esthesia, narcosis; stupefaction, stupor; torpor; *onder ~* under sedation. *plaaslike ~ toedien* administer a local anaesthetic.

ver·do·wings-: **~leer** *(med.)* anaesthetics. **~middel** -s, -e, **doofmiddel** *(med.)* an(a)esthetic, narcotic; opiate; hypnotic, drug, stupefier, stupefacient, dope *(infml.)*. **~pyl** tranquilliser dart.

ver·dow·wing dimming *(of a light)*; deadening *(of sound)*; fading *(of an image)*; →VERDOF *vb.*.

ver·dra *het ~* endure, suffer *(hunger etc.)*; tolerate *(medicine etc.)*; bear, stand *(pain, nonsense, etc.)*; take *(infml.)*, stand, face *(cold, heat, etc.)*; →VERDUUR; *iets **geduldig** ~* bear s.t. patiently; sit down under s.t.; *iets **gedwee** ~* take s.t. lying down; ***geen*** *... ~ nie* not tolerate/take any ...; *iem. **kan** ... nie ~ nie* s.o. cannot bear ...; s.o. cannot stomach ...; s.o. is intolerant of ...; s.o. has no time for ... *(infml.)*; s.o. cannot stand (for) ...; ... does not agree with s.o. *(rich food)*; *iem. **kan** iem. anders nie onder/voor sy/haar oë ~ nie* s.o. hates (*or* can't bear/stand) the sight of s.o. else; ***meer*** *as wat 'n mens kan ~* more than flesh and blood can bear; *hulle kan **mekaar** nie ~ nie* they cannot bear/stand (the sight of) each other, there is no love lost between them; *iets **moedig** ~* take s.t. on the chin *(infml.)*; *jy weet nie wat ek **moet** ~ nie* you do not know what I have to endure (*or* put up with); ***so iets*** *nie ~ nie* not tolerate/take that sort of thing.

ver·draag·lik -like bearable, endurable, sufferable, tolerable, liv(e)able with.

ver·draag·saam -same tolerant, forbearing; permissive *(often derog.)*; meek; *~ wees teenoor/jeens iem.* be tolerant of/towards s.o. **ver·draag·saam·heid** tolerance, forbearance; comprehension; permissiveness *(often derog.)*; *~ teenoor/jeens iem.* tolerance of/towards s.o..

ver·draai *het ~* twist, wrench *(an arm, a knee)*; contort *(one's face)*; twist *(words)*; wrest *(the law, facts, words)*; disguise, mask *(one's voice)*; wrench, force *(a lock)*; stretch, strain, distort *(the truth)*; misrepresent, misstate; pervert; garble, mangle, warp. **ver·draai(d)** -draaide twisted, distorted, warped, contorted, jaundiced, wry, disguised; *verdraaide inligting, (comp.)* garbled information. **ver·draaid·heid** distortion, distortedness, wryness. **ver·draai·er** -ers distorter, twister; contortionist; →VERDRAAI. **ver·draai·ing** -ings, -inge twist(ing); distortion, misrepresentation, perversion, twisting, wresting, wrenching.

ver·drag -drae treaty, agreement, (com)pact, convention; concordat; ***ingevolge/kragtens*** *die ~* under the treaty; *iets **met** ~ doen* do s.t. gradually (*or* by easy stages); *'n ~ **opsê*** denounce a treaty; *'n ~ **sluit/aangaan*** conclude a treaty, enter into a treaty. **~staat** contracting power.

ver·dra·ging tolerance; →VERDRA; *jou ~ van/teenoor ...* one's tolerance of ...

ver·drags-: **~hawe** treaty port. **V~kus** *(geog., hist.)* Trucial Coast/States. **~plig** treaty obligation.

ver·drie·dub·bel, ver·drie·vou·dig *het ~* treble, triple, triplicate.

ver·driet sorrow, distress, grief, sadness, chagrin; *iem. ~ **aandoen*** cause s.o. sorrow; ***gebroke*** *wees van ~* be prostrate with grief, be prostrated by/with grief; *~ **hê*** be in sorrow; *baie ~ **hê*** have much sorrow (*or* many sorrows); *jou ~ **verdrink*** drown one's sorrows. **ver·drie·tig** -tige sorrowful, sad, distressed, dismal, rueful, grieved; mournful, sad, woeful *(look)*; sad, distressing *(message)*; heartbroken. **ver·drie·tig·heid** sorrow, sadness, distress, ruefulness. **ver·driet·lik** -like, *(rare)* unpleasant; annoying.

ver·drie·vou·dig →VERDRIEDUBBEL.

ver·dring *het* ~ push aside/away, jostle *(each other)*, elbow out/through, crowd out, throng, overcrowd; oust, supplant, supersede, push out; displace; suppress; repress *(impulses)*; shut out; *iem. (uit sy amp)* ~ usurp s.o.'s position. **ver·drin·ger** *=gers* supplanter, usurper. **ver·drin·ging** pushing, jostling; dislodg(e)ment, displacement, ousting, supplanting, supersession; suppression; repression *(of impulses)*. **ver·drin·gings·me·to·de** displacement method.

ver·drink *het* ~ drown; be drowned; drink/booze away, spend on drink; *(fig.)* drown *(cares, sorrow, etc.)*; *jou* ~ drown o.s.; *iem. het* ~ s.o. (was) drowned; *'n ~te kat/ ens.* a drowned cat/etc.. **ver·drin·king** *=kings, =kinge* drowning.

ver·dro·ging drying up, desiccation, exsiccation.

ver·dron·ge supplanted; *(psych.)* repressed *(an impulse etc.)*; →VERDRING.

ver·dron·ke drowned, submerged *(valley)*; →VERDRINK.

ver·droog *het ~, vb.* dry up, parch; desiccate, exsiccate; wither. **ver·droog** *=droogde, adj.* parched, dried up, shrivelled (up); withered.

ver·droom *het* ~ dream/moon away.

ver·druk *het* ~ grind, oppress, repress, persecute, hold under; overweigh, bear down on, dragoon; *mekaar* ~ push/crowd/jostle each other. **ver·druk·ker** *=kers* oppressor, tyrant, wringer. **ver·druk·king** *=kinge* oppression, thral(l)dom; *brood/water van ~, (Bib.)* bread/ water of affliction. **ver·druk·te** *=tes* oppressed person, underdog.

ver·dryf, ver·dry·we *het* ~ drive away/out, chase away/out; expel *(s.o. from a place)*, eject, oust, turn out, dislodge; pass, while away, beguile *(time)*; cheat *(the time)*; dissipate, banish, dispel; disperse; *(math.)* eliminate; *(jur.)* evict; *iem. uit ...* ~ chase s.o. out of ..., chase s.o. from ...; dislodge s.o. from ... **ver·dry·wing** driving away; expulsion, ejection, dislodging *(of an enemy)*; dispelling; elimination; dislodg(e)ment; →VERDRYF.

ver·dub·bel *het* ~ double *(a quantity)*; geminate; duplicate; double up; redouble *(efforts)*; *iets* ~ double up s.t.; *met ~de krag* with redoubled strength. **ver·dub·be·lend** *=lende* reduplicative. **ver·dub·be·ling** doubling; redoubling *(of efforts)*; overlapping *(of functions)*; *(min., embryol.)* twinning; (re)duplication; gemination.

ver·dui·de·lik *het* ~ explain, clarify, expound, explicate, elucidate *(fml.)*; illustrate, exemplify; *iets **aan** iem.* ~ explain s.t. to s.o.; ~ *wat jy **bedoel*** explain o.s.; *dit is **moeilik** om die saak te* ~ the matter is difficult to explain; *jou **optrede*** ~ explain o.s.. **ver·dui·de·li·king** *=kings, =kinge* explanation, clarification, explication, elucidation; illustration, exemplification. *'n ~ van ... gee* give an explanation of ..., explain ...; *ter ~ van ...* in explanation of ...

ver·dui·send·vou·dig *het* ~ multiply by a thousand.

ver·duis·ter *het* ~ darken, obscure, dim, black out; grow/get/become dark; embezzle, defalcate, peculate, convert *(money)*; obscure *(the mind)*; obfuscate *(fml.)*; darken, cloud, becloud, overcloud; *(astron.)* eclipse, occult; ~ *wees, (the sun)* be in eclipse; *'n wortel ~, (math.)* drop a root. **ver·duis·te·raar** *=raars* embezzler, defalcator, defaulter, peculator. **ver·duis·te·ring** darkening; clouding, obscuration; *(astron.)* eclipse, occultation; obfuscation *(fml.)*; embezzlement, defalcation, peculation, malversation, (theft by) conversion.

ver·duits *het ~, vb.* Germanise; become Germanised; turn (into) German. **ver·duits** *=duitste, adj.* Germanised. **ver·duit·sing** Germanisation.

ver·dui·wels, ver·dui·weld *adj. & adv.* devilish(ly), deuced, blasted, damn(ed), darn(ed), bloody; *ek sal dit ~ nie **doen** nie!, (infml.)* I'll be damned/hanged if I do!; ~ ***duur*** darned/jolly expensive; *'n ~e **gemors*** a deuce of a mess; ~ ***haastig** wees* be in a devil of a hurry; *dit kan my ~ **min** skeel* I don't care a damn/hang. **ver·dui·wels, ver·dui·weld** *interj.* the deuce, the devil, (gor)blimey.

ver·dun *het ~, vb.* thin, make thin; thin out; thin down; water, weaken, dilute *(liquids)*; attenuate; rarefy *(air)*; *~nend, (also)* diluent. **ver·dun(d)** *=dunde, adj.* thinned, diluted, attenuated; rarefied *(air)*; watered-down; →VERDUN *vb.*. **ver·dun·ner** *=ners*, **ver·dun·(nings·)mid·del** *=dels, =dele* thinner, diluting/thinning agent, diluent, dilutent. **ver·dun·ning** thinning; dilution *(of liquids)*; rarefaction, rarefication *(of air)*; attenuation *(of thickness)*. **ver·dun·nings·graad** degree of dilution. **ver·dun·(nings·)mid·del** →VERDUNNER.

ver·du·ring enduring, endurance, bearing; →VERDUUR. **ver·du·rings·grens** endurance limit.

ver·dut *het ~, (rare)* doze away.

ver·duur *het* ~ endure, bear, suffer, tolerate, sustain, take, stand (up under), put up with; →VERDRA; *so iets nie ~ nie* not take that sort of thing *(infml.)*; *iem./ iets nie langer ~ nie* not take s.o./s.t. any more *(infml.)*. **ver·duur·saam** *het ~, vb., (rare)* preserve, cure. **ver·duur·saam** *=saamde, adj., (rare)* preserved, cured. **ver·duur·sa·ming** *(rare)* preservation.

ver·dwaal *het ~, vb.* lose the/one's way, get lost, wander, miss one's way, lose o.s.; *(lit. & fig.)* stray, go astray. **ver·dwaal** *=dwaalde, adj.* stray *(an animal, a bullet, etc.)*; strayed, lost *(an animal, a pers.)*; ~ ***raak*** lose one's way, get lost; ~ *wees* have lost one's way. **ver·dwaald·heid** state of being lost.

ver·dwaas *het ~, vb.* madden, derange, drive crazy; infatuate, besot. **ver·dwaas(d)** *=dwaasde, adj.* crazy, deranged; stupefied; infatuated, besotted. **ver·dwaasd·heid** stupefaction; infatuation. **ver·dwa·sing** silliness, foolishness, stupidity, folly; infatuation.

ver·dwe·ne vanished; →VERDWYN.

ver·dwerg *het ~, vb.* dwarf; miniaturise. **ver·dwerg** *=dwergde, adj.* dwarfed; miniaturised. **ver·dwergd·heid** dwarfism. **ver·dwer·ging** dwarfing; miniaturisation.

ver·dwyn *het* ~ disappear, vanish, go; make o.s. scarce; fade away; wear off; dissolve; ***heeltemal*** ~ vanish completely; *iets **laat** ~, (also)* spirit s.t. away/off; *soos **mis** voor die (môre)son/(more)son ~, (one's problems etc.)* vanish; *in die **niet*** ~ vanish into nothing(ness); *uit die **oog*** ~ pass out of sight; *soos 'n groot **speld*** ~ →SPELD; ***spoorloos*** ~ →SPOORLOOS; ***stilletjies/stil-stil*** *~, (also, infml.)* do/perform a/the vanishing/disappearing act/ trick; ***uit/van*** *...* ~ vanish from ... **~kuns(ie)** vanishing act/trick. **~punt** vanishing point. **~skyf** vanishing target.

ver·dwy·nend *=nende* disappearing, vanishing; evanescent.

ver·dwy·ning *=nings, =ninge* disappearance, vanishing; fading (away), fade-out; dissipation; dissolution; evaporation.

ve·re= (→VEER[1], VEER[2]): **~bed, veerbed** feather bed/ mattress; *(fig.)* bed of roses. **~besem** = VERESTOFFER. **~beskrywing** pterylography. **~boa** *(fashion)* feather boa. **~drag** plumage. **~kar, veerkar** spring cart. **~kleed** plumage. **~kombers** eiderdown (quilt). **~mark** feather market. **~stoffer** feather duster. **~wa, veerwa** spring(ed) wag(g)on/cart. **~waentjie, veerwaentjie** buggy.

ver·e·del *het ~, vb.* improve *(plants)*; upgrade, grade up *(cattle)*; refine *(metals, lang., taste)*; elevate, ennoble *(a pers.)*; *(min.)* beneficiate *(ores)*. **ver·e·del(d)** *=delde, adj.* improved, *etc.*; →VEREDEL *vb.*; *veredelde erts* refined ore. **ver·e·de·ling** improvement, grading up *(of stock)*; refining, refinement *(of metals)*; *(min.)* beneficiation; ennoblement, elevation; culture.

ver·eelt *het ~, vb.* make/become callous(ed)/hard/ horny, callous, harden; *(fig.)* grow/become unfeeling. **ver·eelt** *=eelte, adj.* callous(ed), hardened, horny *(hands)*.

ver·een·saam *het* ~ become/grow lonely. **ver·een·saam·de** loner. **ver·een·sa·ming** loneliness, isolation.

ver·een·sel·wig *het* ~ identify; associate; *jou met ...* ~ associate o.s. with ...; identify o.s. with ...; *jou met iem. ~, (also)* align o.s. with s.o.. **ver·een·sel·wi·ging** identification.

ver·een·vou·dig *het ~, vb.* simplify *(a matter, spelling, etc.)*; *(fig.)* streamline; *(math.)* reduce *(a fraction)*; predigest *(a book)*; *jou lewe/lewenstyl ~, (also)* downshift. **ver·een·vou·dig** *=digde, adj.* simplified; *(fig.)* streamlined, *etc.*; →VEREENVOUDIG. **ver·een·vou·di·ger** *=s* simplifier. **ver·een·vou·di·ging** simplification; *(fig.)* streamlining; *(math.)* reduction.

ver·eer *het* ~ honour, venerate, reverence, revere; worship, idolise, adore, deify; *iem. hoog* ~ hold s.o. in great veneration, have a great veneration for s.o.; *iem. met iets* ~ honour s.o. with s.t. *(a visit, one's presence, etc.)*. **ver·eer·der** *=ders* worshipper, adorer, admirer, votary, venerator, idolater.

ver·eers →VIR EERS.

ver·ef·fen *het* ~ settle, pay (off) *(an account)*; square *(a bill, dispute)*; adjust, settle *(a matter, dispute, etc.)*; wind up, liquidate *(an estate)*; clear *(one's debts)*; equalise; balance; *('n) skuld ~, (also)* wipe off a score. **ver·ef·fe·ning** *=nings, =ninge* settlement, payment *(of an account)*; adjustment; winding up; balancing; *ter ~ van ...* in payment of ... *(goods, an account, a debt)*; in repayment of ... *(a debt)*; in settlement of ... *(an account, a debt)*.

ver·eis *het ~, vb.* demand, require, call for, take, need, necessitate; ***as** dit ~ word* if required; ~ ***dat** iem. ... sal wees* expect s.o. to be ...; *jou werk/ens.* ~ ***dat** jy ...* one's work/etc. requires that one ...; ***dit*** ~ ... it needs ...; ***dit*** ~ *tyd* it takes time; *iets **van** ...* ~ demand s.t. from/of ...; *iets **van** iem.* ~ expect s.t. of s.o.; require s.t. of s.o. **ver·eis** *=eiste, adj.* necessary, required, needed; *die ~te sorg* the necessary care. **ver·eis·te** *=tes* requirement, (pre)requisite; standard; essential; qualification; desideratum; precondition; necessary; qualification *(for a position)*; demand; *(infml.)* must; *'n **eerste/onmisbare** ~ vir ...* a prerequisite for ...; *dit is **geen** ~ nie* it is not (an) essential; *iets **is** 'n* ~ s.t. is essential (*or [infml.]* a must); *~s **nakom*** conform to requirements, meet/satisfy requirements; *~s vir die **stemreg*** qualifications for the franchise; *aan die ~s **voldoen*** satisfy the conditions; conform to requirements, meet/ satisfy requirements, come up to requirements; *aan die ~s vir ... **voldoen**, (also)* qualify for ...; ***volgens** iem. se ~s* according to s.o.'s requirements; by s.o.'s standards.

ve·rend *=rende* springy, bouncy *(mattress)*; resilient; elastic; shock-absorbing; well-sprung *(cars)*; flexible; *~e wiel* (well-)sprung wheel.

ver·eng *het ~, vb., (lit. & fig.)* narrow; constrict *(a road)*; limit. **ver·eng** *=engde, adj.* narrowed; constricted *(road)*; *(fig.)* narrow-minded; cramped; limited. **ver·en·ging** narrowing; *(med.)* stricture.

ver·en·gels *het ~, vb.* anglicise, anglify; become anglicised/anglified/English. **ver·en·gels** *=gelste, =gelsde, adj.* anglicised, anglified. **ver·en·gel·sing** anglicisation, anglification.

ver·e·nig *het ~, vb., (societies)* unite, merge, amalgamate, combine; incorporate *(in one body)*; join; coalesce; integrate; *twee mense in die **eg*** ~ = TWEE MENSE IN DIE EG VERBIND; *hulle ~ (hulle) in **gebed*** →GEBED; ***met*** *...* ~ unite with ...; amalgamate with ...; join (forces with); *iets **met*** *...* ~ reconcile s.t. with ...; *jou **met** iets* ~ concur in s.t. *(a proposal etc.)*; ***met*** *...* ~ *wees* be united with ...; be allied with ...; *in 'n **middelpunt*** ~ centre; *jou **nie** met iets ~ **nie*** not approve of s.t.; *baie **stemme** op jou* ~ poll/draw/receive many votes. **ver·e·nig** *=nigde, adj.* united; amalgamated, combined, corporate, conjoint, conjunct, collective; *V~de **Arabiese Emirate**, (pl., geog.)* United Arab Emirates; *deur die **huwelik*** ~ joined/united in marriage; *~de **musiekkorps/massaorkes*** massed band. **ver·e·nig·baar:** ~ *met ...* compatible/reconcilable/consistent/consonant with ... **ver·e·nig·baar·heid** compatibility, reconcilability, consonance, consistency.

Ver·e·nig·de: ~ ***Arabiese** Republiek, (geog., hist.)* United Arab Republic; →EGIPTE; ~ ***Koninkryk**, (geog.)* United Kingdom; ~ ***Nasies**, (abbr.: VN)* United Nations *(abbr.: UN)*; ~ *(Suid-Afrikaanse Nasionale) **Party**, (hist.)* United (South African National) Party; ~ ***Provinsies**, (geog.)* United Provinces; ~ ***State** (van Amerika)* United States (of America); ~ ***Volke(-Organisasie)**, (dated)* →VERENIGDE NASIES.

ver·e·ni·ging =*gings,* =*ginge* union; amalgamation, combination; association, society, union; club; guild; coalition; (con)junction; joining; →VERENIG *vb.; in ~ met* ... conjointly with ...; *reg van ~/assosiasie* right of association.

ver·e·ni·gings-: **~lewe** corporate/social/club life. **~punt** point of junction.

ver·erd *het* ~ enamel; *~e goed* enamelware.

ver·e·rend =*rende* honouring, venerating, worshipping, adoring; flattering. **ver·e·ring** =*rings,* =*ringe* worship(ping), veneration, reverence, idolatry; *(relig.)* devotion, cult; *groot ~ vir iem. hê* hold s.o. in great veneration, have a great veneration for s.o.; *iem. se ~ van* ... s.o.'s veneration for ...

ver·erf, ver·er·we *het* ~ inherit, pass/devolve (by inheritance); *iets ~ op iem.* s.t. passes/descends to s.o. by inheritance. **ver·erf·baar** =*bare* inheritable, descendible, descendable. **ver·er·wing** inheritance, descent; *deur ~* by inheritance.

ver·erg *het ~, vb.* annoy, irritate, vex, ruffle, exasperate, make angry, give umbrage, nettle, irk, chagrin; *jou* ***bloedig*** *~* one's blood boils; one sees red; *iets ~ iem.* ***bloedig*** s.t. makes s.o. see red; *jou* ***oor*** *iets ~* become/get annoyed about/at/by s.t.; be irritated at s.t.; take offence at s.t.; *jou* ***vir*** *iem. ~* become/get annoyed/exasperated with s.o.; s.o. irritates one; *('n) mens ~ jou* ***vir*** *iem.* s.o. irritates one (*or* gets in[to] one's hair); *jy ~ jou so* ***wanneer*** *..., (also, infml.)* it gets one when ... **ver·erg** =*ergde, adj.* angry, irate, bristling, sore, chagrined, annoyed, peeved, vexed, irritated; *~ wees oor iets* be annoyed about/at/by s.t.; be irritated at s.t. **ver·ergd·heid** annoyance, irateness, irritation, chagrin, pique.

ver·er·ger *het* ~ worsen, grow/become worse, change for the worse, deteriorate; worsen, make worse, intensify, aggravate, escalate, exacerbate, heighten, compound, inflame; accentuate. **ver·er·ge·rend** =*rende* aggravating, exacerbating; worsening, *etc.; ~e resessie* deepening recession; →VERERGER. **ver·er·ge·ring** aggravation, exacerbation, worsening, deterioration, change for the worse; exasperation.

ver·erts *het* ~ mineralise. **ver·ert·sing** mineralisation.

ver·er·wing →VERERF.

ver·es·ter *het ~, (chem.)* esterify. **ver·es·te·ring** esterification.

ver·e·ter *het ~, (chem.)* etherify. **ver·e·te·ring** etherification.

ver·et·ter *het* ~ fester, suppurate, ulcerate. **ver·et·te·ring** suppuration, ulceration.

ver·eu·ro·pees *het ~, vb.* Europeanise; become Europeanised. **ver·eu·ro·pees** =*peeste, adj.* Europeanised. **ver·eu·ro·pe·sing** Europeanisation.

ver·e·wig *het* ~ immortalise, eternalise, perpetuate; *jou naam ~* acquire undying fame; *~de* immortalised. **ver·e·wi·ging** immortalisation, perpetuation.

verf *verwe, n.* paint, colour *(for painting);* dye *(for dyeing/colouring);* →DISTEMPER; *~ aansmeer* daub; *'n laag ~* a coat of paint; *'n smeerseltjie ~, (infml.)* a lick of paint. **verf, ver·we** *ge~, vb.* paint; stain; dye *(fabric);* colour; coat; slick; *effe ~* tincture; *ge~de* painted; dyed; *oor iets ~* paint out/over s.t.. **~aarde** dyer's earth, mineral pigment. **~bad** dye bath. **~bal** *(a type of war game)* paintball. **~blommetjie** *Sutera* spp.; *Zaluzianskya capensis.* **~doos** paintbox, colour box, box of paints/colours. **~fabriek** paint factory. **~goud** ormolu. **~handelaar** paint dealer, dealer in paints. **~hout** dyewood. **~klaar:** *~ maak, (text.)* mercerise. **~kuip** dyeing tub/vat. **~kwas** paintbrush. **~laag** coat/layer of paint. **~lug** smell of paint. **~merk** paint mark(ing). **~mos** orchil, orchilla. **~poeier** dry paint, paint powder. **~pot** paint pot. **~reuk, ~ruik** smell/odour of paint, painty smell. **~roller** paint roller. **~spatsel** paint spot. **~spuit** spray gun, paint spray(er); airbrush. **~stof** paint; colour(ing); dye(stuff); pigment. **~stok** paintstick. **~streep** paint mark; painted line. **~stroper, ~verwyderaar** paint stripper. **~vlek** paint stain. **~ware** *(dry)* colours; *(mixed)* paints; dyes, dyestuffs, dye bases. **~werk** paintwork; painting job. **~winkel** paint shop/store.

verf·baar =*bare* paintable *(a surface etc.).*

ver·film *het* ~ film, make/turn into a film/movie, picturise. **ver·film·baar** =*bare* filmable. **ver·fil·ming** =*mings,* =*minge* filming, picturisation, making a film/movie of; screen/film version.

ver·flen·ter *het* ~ tear; become tattered/torn. **ver·flen·ter(d)** =*terde* tattered, torn, ragged; *~ wees* be in rags.

ver·flou *het ~ (sound)* grow/become faint; *(wind)* abate; *(colour)* fade; *(energy)* weaken; *(interest etc.)* abate, flag, dwindle; *(the market, prices)* ease (down/off); *(econ.)* slacken; *(prices)* soften; cool down; diminish, die down, wane. **ver·flou·ing** fading; abatement, abating, flagging, dwindling *(of interest etc.);* weakening; *(econ.)* slackening; →VERFLOU.

ver·foei *het* ~ detest, loathe, abominate, abhor, execrate, despise. **ver·foei·end** =*ende* execrative, execratory. **ver·foei·ing** detestation, loathing, abomination, execration, disgust; *~ van* ... detestation of ..., loathing for/of ... **ver·foei·lik** =*like* detestable, abominable, abhorrent, loathsome, repugnant, sickening, odious, execrable, heinous, ugly. **ver·foei·lik·heid** detestableness, abominableness, execrableness, *etc.;* →VERFOEILIK. **ver·foei·sel** =*sels* abomination, horror.

ver·foe·lie *het* ~ silver; (tin)foil.

ver·foes *het ~, vb., (infml.)* spoil, make a mess of, mess up, bungle, muddle, muff, bedevil, dish; *iets ~, (infml.)* make a pig's ear (out) of s.t.; *nou het jy die ding (gaan staan en) ~!, (infml.)* now you've (gone and) done it (*or* buggered it up)!. **ver·foes** =*foesde,* =*foeste, adj.* spoiled, bungled, messed up; →VERFOES *vb.*.

ver·fom·faai, be·fom·faai, ver·fonk·faai, be·fonk·faai *het ~, (infml.)* crumple, rumple, ruffle, tousle, dishevel; *(fig.)* mess up. **ver·fom·faai(d), be·fom·faai(d), ver·fonk·faai(d), be·fonk·faai(d)** =*faaide, (infml.)* crumpled, rumpled, tousled, dishevelled, ruffled, untidy, unkempt.

ver·fraai *het* ~ embellish, adorn, decorate, beautify, ornament. **ver·fraai·er** =*ers* beautifier. **ver·fraai·ing** embellishment, adornment, decoration, beautification; face-lift *(infml., joc.).*

ver·frans *het ~, vb.* Gallicise; Frenchify *(infml., often derog.);* become Gallicised/French(ified), go French. **ver·frans** =*franste,* =*fransde, adj.* Gallicised; Frenchified *(infml., often derog.).* **ver·fran·sing** Frenchification.

ver·fris *het ~, vb.* refresh, invigorate; freshen up; exhilarate; *jou ~* refresh o.s., freshen up; take some refreshment. **ver·fris** =*friste, frisde, adj.* refreshed, exhilarated. **ver·fris·send** =*sende* =*sender* =*sendste* of *(meer ~ die mees* =*sende)* refreshing, invigorating; exhilarating. **ver·fris·ser** =*sers* refresher; toner *(for the skin).* **ver·fris·sing** refreshment *(in the abstract).* **ver·fris·sin·kie** =*kies, (dim.)* refresher.

ver·from·mel *het ~, vb.* crumple (up), screw up, crush *(a piece of paper etc.);* rumple; tousle.

ver·fyn *het* ~ refine, fine-tune *(a policy etc.);* calcine; fine down. **ver·fyn(d)** =*fynde, (fig.)* refined, genteel, polished; sophisticated *(pleasures).* **ver·fynd·heid, ver·fy·ning** refinement, polish *(fig.),* elegance; sophistication.

verg *ge~* demand, require, ask, call for, need, take toll of, exact, take; *die ge~de* ***akkuraatheid*** the demanded/required precision; ***alle*** *kragte ~* tax one's strength; ***baie/veel*** *van ... ~, (also)* be a heavy tax (up)on ... *(s.o.);* be a drain on ... *(s.o.'s powers etc.); iets ~ ...* ***van*** *iem.* s.t. demands ... from/of s.o.; *te veel* ***van*** *iem. ~* demand/expect/ask too much from/of s.o.; overtax s.o..

ver·gaan *het ~, vb.* perish, decay, waste away, rot, decompose, moulder (away), putrefy; biodegrade; pass away; *(a ship)* sink, be wrecked/lost; *al hierdie* ***dinge*** *sal ~* all these things shall pass away; *'n lawaai dat* ***hoor en sien*** *~* →LAWAAI *n.;* ***van*** *... ~* be consumed with ... *(pride etc.);* perish with ... *(cold, hunger, etc.); iem. het gedink die* ***wêreld*** *~* s.o. thought the world had come to an end. **ver·gaan** =*gane, adj.* passed (away); decayed, decomposed; lost, wrecked *(ship);* perished *(fabric, tyre, etc.); vergane glorie* lost/faded glory, past glories. **ver·gaan·baar** =*bare* biodegradable. **ver·gaan·baar·heid** biodegradability.

ver·gaap: *jou ~ aan* ... gape at ...

ver·gaar *het* ~ collect, gather, accumulate; amass *(money);* treasure (up), store up, hoard; aggregate; →VERGADER. **~bak** receptacle, receiver; cistern, reservoir, (collecting) tank; tymp; catchall. **~teken** *(tailoring, rare)* notch.

ver·gaar·der =*ders* gatherer; hoarder, amasser.

ver·ga·der *het* ~ collect, gather, accumulate *(objects);* meet, assemble, gather, come/gather together, convene, forgather; sit, be in session; mass, congregate; →VERGAAR; *om 11:30 ~* meet at 11:30; *die Raad het weer ~* the House resumed. **~lokaal** conference/committee room. **~plek** meeting place, venue, rendezvous, rallying point. **~saal** meeting hall, assembly/conference hall. **~tyd** appointed time for a meeting.

ver·ga·de·ring =*rings,* =*ringe* meeting, assembly; conference; gathering; session, sitting; *'n ~* ***belê/byeenroep*** call/convene a meeting; *'n ~* ***hou*** hold a meeting; ***in*** *'n ~ wees, (also)* be in conference; *'n ~* ***lei*** be in the chair, chair a meeting; ***op*** *'n ~* at a meeting; *'n ~* ***open*** call a meeting to order; ***reg van*** *~* freedom of assembly; *'n ~* ***sluit*** close a meeting; *'n ~* ***toespreek*** address a meeting; *'n* ***voorstel*** *uit die ~* a motion from the floor. **ver·ga·de·rin·kie** =*kies, (dim.)* small meeting.

ver·gal *het* ~ gall; embitter *(s.o.'s life);* spoil *(the fun);* mar *(s.o.'s life, pleasure, etc.);* envenom; *iem. se lewe ~* make life bitter for s.o., embitter/spoil/mar s.o.'s life, be the bane of s.o.'s existence/life. **ver·gal·ling** embitterment. **ver·gal·ste** *(infml.)* confounded *(nonsense).*

ver·gan·ge *n.: uit ~ se dae* from days of yore. **ver·gan·ge** *adj.* past, bygone.

ver·gank·lik =*like* perishable *(goods);* transient, transitory *(life);* impermanent; passing, fleeting *(beauty);* frail; deciduous; short-lived, brittle, ephemeral *(fame);* mortal *(man); alles is ~* all things shall pass away, nothing lasts. **ver·gank·lik·heid** transitoriness, transience, evanescence, fleetingness, frailty; mortality; *(bot.)* caducity.

ver·gas[1] treat; *iem. op iets ~* treat s.o. to s.t.; entertain s.o. with s.t.; regale s.o. with s.t.; *jou aan/op ... ~, (rare)* feast (up)on ...

ver·gas[2] *het ~, vb.* gasify; vaporise; *(way of killing)* gas; *jouself/iem. ~* gas o.s./s.o.. **ver·gas** =*gaste,* =*gasde, adj.* gasified; vaporised; gassed. **ver·gas·ser** =*sers* carburettor, carburetter; vaporiser; oil burner; *die ~ versuip* flood the carburettor/carburetter. **ver·gas·ser·prop** carburettor plug. **ver·gas·sing** gasification, vaporisation; *(mot.)* carburation; gassing.

ver·geef *het ~, vb.* →VERGEWE[1] *vb.*. **ver·geef·lik** =*like* =*liker* =*likste* (of *meer ~ die mees* =*like)* pardonable, forgivable, excusable; venial *(sin, fault);* forgiving. **ver·geef·lik·heid** forgivableness, pardonableness; veniality, venialness.

ver·geefs =*geefse* vain, useless, unavailing, futile, fruitless, idle, ineffective; *~e* ***moeite*** wasted effort; *~e* ***poging*** abortive/vain/useless/futile/fruitless attempt; *~e* ***reis*** unavailing/futile journey; *~e* ***stryd*** sciamachy. **ver·geefs·heid** fruitlessness, futility.

ver·geel *het* ~ yellow; *~de blare* yellowed leaves.

ver·gees·te·lik *het* ~ spiritualise; etherealise; sublimate; become spiritualised/etherealised. **ver·gees·te·li·king** spiritualisation; sublimation.

ver·geet *het ~, vb.* forget; omit, overlook, pass by/over; put behind one, shake off, put out of one's mind; unlearn; forget, leave behind; escape *(one's mind); iets* ***by*** *die huis ~* leave s.t. at home; *~* ***dat*** *...* forget that ...; *die hele* ***ding*** *~* forget all about it; *~* ***dit*** *(maar)!* skip it! *(infml.); iem. het iets* ***glad/heeltemal/skoon*** *~* s.o. has clean/completely forgotten s.t.; *iem. iets* ***laat*** *~* take s.o.'s mind off s.t.; *('n) mens ~ dit* ***maklik/lig*** one is apt to forget it; ***moenie*** *~ nie, ...* mind you, ...; ***moenie*** *~ om te ... nie!* don't forget to ...!, be sure to ...!; *~* ***om*** *te ...* forget to ...; *daardie* ***punt*** *het iem. ~* s.o. forgot (about) that point; *~ om iem. iets* ***te sê*** forgot to tell s.o. s.t.. **ver·geet, ver·ge·te** *adv.* (→VERGETE *adj.*): *iem. het dit ~ al gedoen, (infml.)* s.o. did it I don't know when (*or* ages ago). **~al** =*le* forgetful person. **~boek:** *in die ~ raak, (idm.)* fall/sink/pass into oblivion, be forgotten. **~-my-nietjie** *=s, (bot.: Myosotis* spp.*)* forget-me-not; myosotis.

ver·geet·ag·tig *=tige* forgetful, absent-minded, oblivious; *(baie) ~ wees, (also, infml.)* have a head/memory/mind like a sieve. **ver·geet·ag·tig·heid** forgetfulness, absent-mindedness. **ver·geet·lik** *=like* unmemorable.

ver·geld *het ~* repay, pay back/out, pay off, requite; take revenge on; compensate; ***kwaad** met goed ~* return/render good for evil, reward evil with good; ***liefde** met haat ~* quit love with hate; *iem. **sal** jou dit nog ~* s.o.will pay you back/out one day; *iem. **vir** iets ~* repay s.o. for s.t.. **ver·gel·dend** *=dende* retaliatory, retaliative; revanchist. **ver·gel·der** *=ders* = WREKER. **ver·gel·ding** reward, recompense, requital; retribution; revenge; reprisal; retaliation; *as ~* in retribution; *die dag van ~* the day of reckoning.

ver·gel·dings-: ~maatreël reprisal, retaliatory measure/action. **~politiek** revanchism. **~reg** *(jur.)* talion.

ver·ge·le·ke (→VERGELYK *vb.*): *~ met/by ...* in comparison with ..., (as) compared to/with ...

ver·ge·ling(·siek·te) *(bot.)* yellowing (disease).

ver·ge·lyk *=lyke, n.* compromise; agreement, settlement, composition; *(jur.)* settlement, compromise; *(met mekaar) tot 'n ~ kom* come to terms; *met iem. tot 'n ~ kom, 'n ~ met iem. tref* come to terms with s.o.; come to (reach *or* arrive at *or* work out) a compromise (*or* an agreement). **ver·ge·lyk** *het ~, vb.* compare; collate; equate; check (up); liken; *dit kan goed **daarmee** ~ word* it compares well with that; *X **en** Y ~* compare X and Y; *X **met** Y ~* compare X to Y; compare X with Y; *iets **met** ... ~, (also)* liken s.t. to ...; *nie **met** ... te ~ wees nie* not be comparable to/with ..., not to be compared to/with ...; pale beside/before ...; not be a patch on ... *(infml.)*; *hulle is **nie** te ~ nie* there is no comparison between them, they are beyond (all) (*or* out of all *or* without) comparison; ***syfers** ~* check figures. **ver·ge·lyk·baar** *=bare* comparable; commensurable; analogous; matchable; *met ... ~ wees* be comparable to/with ... **ver·ge·lyk·baar·heid** comparability, comparableness. **ver·ge·ly·kend** *=kende* comparative; *~e **eksamen*** competitive exam(ination); *~e **godsdienswetenskap/regswetenskap/taalkunde/ens.*** comparative religion/law/linguistics/etc.; *~e **studie*** comparative/controlled study. **ver·ge·ly·ken·der·wys, ver·ge·ly·ken·der·wy·se** comparatively; by/in comparison. **ver·ge·ly·ker** *=kers* comparer, collator.

ver·ge·ly·king *=kings, =kinge* comparison; parallel; analogy; *(liter.)* simile, comparison, metaphor; *(math.)* equation; collation; (chemical) equation; *~s/~e is uit die **bose*** comparisons are odious; *die ~ met ... **deurstaan*** bear/stand comparison with ..., compare well with ...; *'n ~ van die **eerste graad*** an equation of the first degree, a simple equation; ***in** ~ met ...* (as) compared to/with ..., in comparison with ...; ***in** ~ met die gewone toneelspelerlens.* as actors/etc. go; *'n ~ tussen ... en ... **maak/tref/trek*** draw a comparison between ... and ...; draw a parallel between ...; *'n ~ **oplos*** solve an equation; ***trappe** van ~* degrees of comparison; *'n ~ tussen ... **trek** →**maak/tref/trek**.* **~staat** comparative return/statement.

ver·ge·ly·kings-: ~basis, ~norm standard of comparison. **~weerstand** standard resistance.

ver·ge·mak·lik *het ~* simplify, make easy/easier, ease, facilitate; *dit sal die saak ~* it will simplify matters; *om die lewe te ~* to make life easier (*or* more pleasant). **ver·ge·mak·li·king** simplification, facilitation, easing.

ver·ge·noeg *het ~, vb., (rare)* content, satisfy, please; *jou ~ met ...* content o.s. with ..., be content with ... **ver·ge·noeg(d)** *=noegde, adj.* contented, satisfied. **ver·ge·noegd·heid** contentment, satisfaction.

ver·ge·sel *het ~* accompany, keep s.o. company, attend; consort; squire; ***deur/van** ... ~ wees* be accompanied by ... *(people, things)*; *iem. **huis toe** ~* see s.o. home; *iem. **na** ... ~* accompany s.o. to ...; ***van** ... ~ gaan* be accompanied by ... *(s.t.)*.

ver·ge·stalt *het ~* embody, figure (forth). **ver·ge·stal·ting** embodiment, figuring forth.

ver·ge·te *adj.* forgotten, unremembered; →VERGEET *vb.*, VERGEET *adv.*. **ver·ge·tel·heid** oblivion; *iem./iets aan die ~ ontruk* save s.o./s.t. from oblivion; *iets aan die ~ prysgee* consign s.t. to oblivion; *in (die) ~ raak* fall/sink into oblivion, be forgotten. **ver·ge·tel·heids·drank** nepenthe(s). **ver·ge·te·ne** *=nes* forgotten one. **ver·ge·te·rig** *=rige* = VERGEETAGTIG. **ver·ge·te·rig·heid** = VERGEETAGTIGHEID.

ver·ge·we¹, ver·geef *het ~, vb.* forgive, pardon; excuse, absolve; *iem. ~ dat hy/sy iets **gedoen** het* forgive s.o. for doing s.t.; *iem. **iets** ~* forgive s.o. s.t.; *~ **my** (dit)!* forgive me!; *~ en **vergeet*** forgive and forget. **ver·ge·we, ver·geef** *adj.* forgiven.

ver·ge·we² *het ~, vb.* = VERGIFTIG *vb.*. **ver·ge·we** *adj.* = VERGIFTIG *adj.*; *van ... ~ wees, (rather obs.)* be infested/overrun with ... *(vermin etc.)*; be teeming with ... *(snakes)*; be swarming with ... *(ants)*.

ver·ge·wens·ge·sind *=sinde* forgiving, lenient, merciful, placable, quick to forgive. **ver·ge·wens·ge·sind·heid** forgiving/lenient/merciful nature, forgivingness, placability. **ver·ge·wing** →VERGIFNIS.

ver·ge·wis: *jou ~ van ...* make certain/sure of ..., satisfy o.s. as to ..., ascertain ..., check on ... **ver·ge·wis·sing** ascertainment.

ver·giet *het ~* shed *(blood, tears, etc.)*, spill; *jou bloed ~* shed one's blood *(for one's country)*. **ver·gie·ter** *=ters* shedder *(of blood)*, spiller. **ver·gie·ting** shedding; *~ van bloed* bloodshed.

ver·giet·tes *=tesse, n., (cook.)* strainer, colander, cullender, drainer.

ver·gif *=gifte, n.* = GIF² *n.*. **ver·gif** *het ~, vb.* = VERGIFTIG. **~boom** = GIFBOOM. **~kunde** = GIFKUNDE. **~plant** = GIFPLANT. **~stof** = GIFSTOF. **~(te)leer** = GIFKUNDE.

ver·gif·nis, ver·gif·fe·nis, ver·ge·wing *(relig. etc.)* forgiveness; *(also jur.)* pardon; *(chiefly relig.)* remission, condonation; absolution; *iem. ~ skenk* forgive s.o.; *iem. (om) ~ vra/smeek* ask/beg s.o.'s forgiveness. *~ van sonde* forgiveness/remission of sins.

ver·gif·tig *het ~, vb.* poison *(food, a weapon, relations, etc.)*; envenom *(a weapon, s.o.'s feelings)*; ulcerate, empoison; *iem. se denke/gedagtes oor iem./iets ~* poison s.o.'s mind against s.o./s.t.. **ver·gif·tig** *=tigde, adj.* poisoned, envenomed. **ver·gif·ti·ger** *=gers* poisoner. **ver·gif·ti·ging, ver·gif·ting** poisoning. **ver·gif·ti·gings·ver·skyn·sel** poisoning symptom, symptom of poisoning. **ver·gif·ting** →VERGIFTIGING.

Ver·gi·li·aans *=aanse, (also v~)* Virgilian, Vergilian. **Ver·gi·li·us** *(Rom. poet)* Virgil, Vergil.

ver·gis¹ *het ~, vb.* ferment. **ver·gis** *=giste, adj.* fermented.

ver·gis² be mistaken, make a mistake, err; ***as** jy jou nie ~ nie* if one remembers right(ly); ***jou** ~* be in error, make a mistake, be mistaken, err, miss the mark; be out in one's reckoning; *jy het **jou** ~, (also)* one stands corrected; ***jou in** ... ~* be mistaken in ...; be wrong/mistaken in one's opinion of ... **ver·gis·sing** *=sings, =singe* mistake, error; oversight; slip(-up), lapse; miscalculation; *by ~* by mistake, mistakenly, in error, wrongly, by an oversight; *behoudens ~e en weglatinge* errors and omissions excepted; *'n growwe ~* a bad mistake.

ver·gis·ting fermenting, fermentation; →VERGIS¹ *vb. & adj.*.

ver·glaas *het ~, vb., (give a glassy surface)* glaze; *(convert into glass)* vitrify. **ver·glaas** *=glaasde, =glaaste, adj.* glazed; vitrified, vitreous. **~oond** glaze kiln.

ver·glaas·sel *=sels* glaze, glazing, enamel, vitrification.

ver·glans *het ~, vb., (give a smooth surface)* glaze, gloss, glacé. **ver·glans** *=de, =te, adj.* glazed, glossy. **~yster** polishing iron.

ver·gla·ser *=sers* glazer. **ver·gla·sing** glazing; vitrification, vitrescence.

ver·glet·ser *het ~* glaciate. **ver·glet·se·ring** glaciation.

ver·gly *het ~* glide away, slip (out of place).

ver·god·de·lik *het ~* deify; idolise, worship; →VERAFGO(O)D. **ver·god·de·li·king** deification. **ver·go·der** *=ders* deifier. **ver·go·ding** deification; idolisation, idolatry, idolism.

ver·goed¹ *het ~, vb.* make good *(a loss, an expense, etc.)*; compensate *(s.o. for s.t.)*; recoup, indemnify *(s.o. for loss, expenses, etc.)*; make it up to *(s.o.)*; refund, repay, reimburse *(expended money to s.o.)*; make amends (*or* up) for, offset, balance; gratify; *geen **geld** kan iem. se verlies ~ nie* money cannot make up for s.o.'s loss; *iem. **iets** ~* make amends to s.o. for s.t.; ***ryklik/ruimskoots** ~ word* be rewarded abundantly; *iem. se **verlies** ~* compensate s.o. for a loss; *iem. **vir** dienste ~* pay/remunerate s.o. for services.

ver·goed² *adv., (obs. form of* vir goed*)* →**GOED²** *adj. & adv.*.

ver·goe·dend *=dende* compensating, compensative, compensatory; *~e boete* compensatory fine. **ver·goe·ding** compensation, indemnification, indemnity, reparation, payback; *(jur.)* solatium; recoupment, repayment, reimbursement; consideration, fee, pay(ment), remuneration, honorarium; allowance; ***as** ~ vir ...* in payment for ... *(services)*; in consideration of ... ***sonder** ~ verskyn, (jur.)* appear pro amico; ***teen** 'n ~ van R1000/ens.* for a consideration of R1000/etc.; ***Wet** op V~ vir Beroepsbeserings en -siektes, (SA)* Compensation for Occupational Injuries and Diseases Act.

ver·goe(i)·lik *het ~* excuse *(behaviour)*; gloss/smooth over; extenuate, palliate, condone *(an offence)*; *(pol., infml.)* whitewash. **ver·goe(i)·li·king** glossing/smoothing over, extenuation, condonation, palliation; *ter ~ van ...* in extenuation of ...

ver·good →VERAFGO(O)D.

ver·gooi *het ~, (rare, fig.)* throw away; *jou ~* degrade o.s..

ver·go·te shed, spilt, spilled *(blood)*; →VERGIET.

ver·gram(d) *=gramde* irate, wrathful. **ver·gramd·heid** anger, wrath, ire.

ver·grieks *het ~, vb.* Gr(a)ecise, Hellenise. **ver·grieks** *=griekste, adj.* Gr(a)ecised, Hellenised. **ver·griek·sing** Gr(a)ecisation, Hellenisation.

ver·groei *het ~* grow out of shape; grow into one; intergrow; outgrow, get rid of *(an ailment)*; *(a scar)* disappear, cicatrise; grow together, coalesce; *(bot.)* fasciate; grow crooked, become bent. **ver·groei(d)** *=groeide* gnarled, crooked; intergrown; *(bot.)* fasciated; *(biol.)* coalescent; *~de tong* tongue tie. **ver·groeid·heid** gnarledness; coalescence; →VERGROEI. **ver·groei·ing** *=ings, =inge* growing out of shape; growing into one; outgrowing; intergrowth; concretion, coalescence; *(biol.)* concrescence; disappearance, cicatrisation *(of a scar)*; *(med.)* adhesion; *(med.)* curvature; deformity. **ver·groei·sel** *=sels* intergrowth.

ver·groen *het ~, vb.* green *(a city etc.)*. **ver·groe·ning** greening *(of cities etc.)*.

ver·grof *het ~, vb.* coarsen, become coarse. **ver·grof** *=grofde, =grofte, adj.* coarsened.

ver·groot *het ~, vb.* enlarge *(a portrait)*; increase *(wealth, power)*; *(mus.)* augment; scale up; magnify; add to, extend; exaggerate; swell; enhance; extend; expand; intensify; escalate *(problems)*; *(lit. & fig.)* blow up *(photos, a story)*; *~ of verklein, (also)* resize. **ver·groot** *=grote, adj.* enlarged *etc.* (→VERGROOT *vb.*); *'n vergrote foto* an enlargement; *vergrote intervalle/akkoorde/ens., (mus.)* augmented intervals/chords/etc.. **~glas** magnifying glass; *deur 'n ~ kyk* use a magnifying glass; magnify, exaggerate.

ver·gro·tend *=tende* enlarging, *etc.*; →VERGROOT *vb.*; *~e trap* comparative degree. **ver·gro·ter** *=ters* enlarger, magnifier, amplifier. **ver·gro·ting** *=tings, =tinge* enlargement; addition, extension; increase; magnifying power; magnifying, magnification; exaggeration; *(physiol.)* hypertrophy; *(med.)* dilation *(of a pupil)*.

ver·gro·tings-: ~toestel *(phot.)* enlarging apparatus, enlarger. **~vermoë** magnifying power.

ver·grow·wing coarsening; →GROF *adj.*.

ver·gruis *het ~, vb.* crush, pulverise, pound; shatter, smash, break to bits; granulate, grind; comminute;

spall; mill; bray; triturate. **ver·gruis** =*gruisde*, =*gruiste, adj.* crushed, *etc.;* →VERGRUIS *vb.*. **ver·grui·ser** pulveriser; *(med.)* lithotripter. **ver·grui·sing** crushing, pulverisation, shattering, pounding; comminution.

ver·gryp =*grype, n.* offence, transgression *(of the law);* misdemeanour, delict; misdeed; error; delinquency; solecism; outrage; *'n dissiplinêre ~/oortreding, 'n ~ teen die tug* a disciplinary offence; *'n ~ teen ...* an outrage against ...; a breach of ...; a lapse from ... *(good manners etc.);* ~ *teen ... wees* be a breach of ... **ver·gryp** *vb.: jou aan ...* ~ violate/break/infringe/transgress ... *(the law);* commit an offence against ...; *jou aan iem.* ~ lay violent hands on s.o.; *jou* ~ binge, *(infml.)* max out.

ver·grys *het ~, vb.* become grey. **ver·grys** =*grysde*, =*gryste, adj.* aged, grown grey.

ver·guis *het ~, vb.* abuse, malign, revile, decry, vilify, vituperate, denigrate. **ver·guis** =*guisde*, =*guiste, adj.* vilified, reviled, abused. **ver·gui·ser** =*sers* denigrator. **ver·gui·sing** abuse, vituperation, vilification, revilement.

ver·guld *het ~, vb.* gild; gold-plate; *die pil* ~ sugar/gild the pill. **ver·guld** =*gulde, adj.* gilt, gilded; gold-plated; *~e* ***brons*** ormolu; *~e* ***raam/lys*** gilt frame; *~e* ***silwer*** vermeil; ~ *op* ***snee*** gilt-edged *(book).* **~mes** gilder's knife.

ver·gul·der =*ders* gilder, plater. **ver·gul·ding** gilding. **ver·guld·sel** =*sels* gilt, gilding, plating, tinsel.

ver·gun *het* ~ permit, allow; accord, grant *(a favour, privilege, etc.),* vouchsafe; ~ *my om te ...!* allow me to ...! **ver·gun·ning** =*nings*, =*ninge* permission; leave; concession; permit; licence; tolerance; act of grace; indulgence; ~ ***gee*** grant permission; ***met*** *~, (legal)* on sufferance; ***met*** *~ van ...* by arrangement/agreement with ...; ***met*** *vriendelike ~ van ...* by courtesy of ...; ***pouslike*** *~, (RC)* indult; ***sonder*** ~ without permission.

ver·haal[1] =*hale, n.* story, narrative, tale, yarn, account; fiction; history; recital; report; saga; *'n* ***aangrypende/spannende*** ~ a stirring tale; *'n* ***boeiende/pakkende/spannende*** ~ a gripping story; *'n* ***kwaai/ongelooflike*** *~, (infml.)* a tall story; *die ~* ***lui*** *dat ...* the story goes that ...; *'n ~* ***opdis,*** *(infml.)* spin a yarn; *die ~* ***van*** *...* the story of ...; *aan/vir iem. 'n ~* ***vertel*** tell a story to s.o., tell s.o. a story; *'n* ***waar/ware*** ~ a true story; *die* ***ware*** *~, (also)* the inside story. **ver·haal** *het ~, vb.* tell, narrate, recount, relate; →VERHALEND. **~afdeling** fiction section. **~kuns** (art of) fiction, narrative art. **~trant** narrative style. **~werk** fiction.

ver·haal[2] *n.* redress, remedy; *(jur.)* recourse; *iem. het* ***geen*** *~ nie, (fml.)* s.o. has no redress; s.o. cannot recover *(s.t. from s.o.); tot ~* ***kom*** recover, recuperate; get one's breath back; *iem.* ***kom*** *tot ~ van ...* s.o. recovers from ... *(a big fright etc.); iem. ('n) kans gee om tot ~ te* ***kom*** give s.o. a breathing-space; ***reg van*** *~ op ...* →VERHAALREG OP ...; ***sonder*** ~ without redress; without recourse. **ver·haal** *het ~, vb.* recover, recoup; *iets* ***op/van*** *iem.* ~ recover s.t. from s.o.; *dit* ***op*** *iem. ~, (rare)* take it out on s.o.. **ver·haal** =*haalde, adj.: ~de bedrae* recoveries, amounts recovered. **~reg:** *~ op ...* right of recovery/recourse/remedy against ...

ver·haal·baar =*bare* recoverable; *iets is op/van iem.* ~ s.t. is recoverable from s.o.; *verhaalbare dividende* dividends receivable.

ver·haar *het ~, (a horse, an ox, etc.)* shed/lose hair, change/renew its coat, (be in) moult, mew. **~tyd** moulting season.

ver·haas *het ~, vb.* hasten, precipitate *(a crisis);* expedite, accelerate *(a process);* speed up *(work); jou skrede* ~ quicken one's pace; *die loop van sake* ~ precipitate the course of events. **ver·haas** =*haasde*, =*haaste, adj.* hastened, *etc.;* →VERHAAS *vb.*. **ver·haasting** hastening, precipitation, acceleration, expedition.

ver·ha·le·bun·del volume of stories.

ver·ha·lend =*lende* narrative; epic *(poetry);* →VERHAAL[1] *vb.; ~e literatuur* fiction. **ver·ha·len·der·wys, ver·ha·len·der·wy·se** narratively.

ver·ha·ler =*lers* narrator, relater, relator, storyteller.

ver·half·sool *het* ~ half-sole *(shoes).*

ver·ha·ling recovery, recoupment; →VERHAAL[2] *vb.*.

ver·han·del *het* ~ negotiate *(a bill);* deal/trade in; barter (away), market, merchandise, dispose of; discuss; *~ word* change hands; *iets vir ... ~* barter s.t. for ... *(s.t. else).* **ver·han·de·laar** =*laars* negotiator, negotiant; *(rare)* lecturer, essayist. **ver·han·del·baar** =*bare* negotiable; saleable; transferable, trafficable; marketable, merchantable; trad(e)able *(goods); ~bare dokument/papierstuk* negotiable instrument; *~bare effekte* marketable securities. **ver·han·del·baar·heid** negotiability, trad(e)ability, trafficability; marketability, merchantability. **ver·han·de·ling** =*lings*, =*linge* disposal (of), negotiation; trading; merchandising; dissertation, paper, treatise, essay, discourse, disquisition, exercitation; lecture.

ver·hang *het* ~ rehang *(pictures);* hang otherwise/differently; *die bordjies/hekke is ~, (fig.)* the tables are turned.

ver·hard *het ~, vb., (lit. & fig.)* harden; *(cement)* set; *(glue)* dry; toughen; *(sc.)* indurate; petrify; steel; surface, compact *(a road);* congeal; temper *(steel); (med.)* sclerose; become/make callous; *(fig.)* ossify; *jou hart* ~ harden/steel one's heart. **ver·hard** =*harde meer ~ die mees* =*harde, adj.* hardened, callous, obdurate, hardhearted; incorrigible; set; toughened; indurate; *(med.)* scirrhous; *(med.)* sclerosed; *(anat., pathol.)* sclerous; *~e* ***blad*** metalled surface *(of a road);* ***in*** *... ~ wees* be steeped in ... *(crime etc.); ~e* ***kanker*** scirrhus; *~e* ***klei*** indurated clay; *~e* ***staal*** hardened/tempered steel. **ver·hard·heid** hardheartedness, obduracy, callousness; incorrigibility. **ver·har·ding** hardening; setting *(of cement);* drying *(of glue);* concretion; toughening; callosity; metalling, compacting *(of a road);* induration; obduration; *(med.)* sclerosis; *(fig.)* steeling. **ver·har·dings·mid·del** =*dels* hardening agent/medium.

ver·ha·ring shedding/losing hair, changing/renewing of coat/hair, moulting; →VERHAAR.

ver·has·pel *het* ~ spoil, make a mess of, botch, garble *(a message, report, etc.);* fluff *(on stage);* mangle. **ver·has·pe·ling** spoiling; →VERHASPEL.

ver·heer·lik *het* ~ glorify, extol; praise, laud; worship; transfigure; beatify; exalt; celebrate; *sommige studente is ~te skoolkinders* some students are glorified scholars. **ver·heer·li·king** glorification; exaltation; idealisation; transfiguration; apotheosis; *die Berg van V~, (relig.)* the Mount of the Transfiguration.

ver·hef *het* ~ lift *(a hand);* raise *(one's voice/eyes/etc., s.o. to a position, etc.);* lift up *(one's voice, eyes, heart, etc.);* elevate *(one's voice/eyes/etc., s.o. morally);* extol *(s.o. to the skies);* heighten; *(fig.)* sublime; enhance; aggrandise; exalt; *(math.)* raise; *tot* ***offisier*** ~ commission; *jou* ***stem*** *teen ... ~* inveigh/protest (*or* raise one's voice) against ...; *iem.* ***tot*** *... ~* raise s.o. to ...; elevate s.o. to ...; exalt s.o. to ... ***tot*** *die derde mag* (of *in die kubiek*) *~, (math.)* cube; ***tot*** *die vyfde/ens. mag ~, (math.)* raise to the fifth power; *op/tot die* ***troon*** ~ place/put on the throne, make king, enthrone. **ver·hef·fend** =*fende* elevating, edifying, uplifting, ennobling, soulful. **verhef·fing** =*fings*, =*finge* raising; exaltation; eminence; uplift; rise; *(lit. & fig.)* elevation; *iem. se ~ tot* ***aartsbiskop*** s.o.'s promotion to the archbishopric; *~ tot die* ***adelstand*** elevation to the nobility/peerage; *met ~ van* ***stem*** in a raised voice; *~ tot die* ***troon*** enthronement.

ver·heid, vêr·heid remoteness, distance.

ver·hei·de·ning paganisation. **ver·hei·dens** *het* ~ paganise, heathenise; become pagan(ised).

ver·heim·lik *het* ~ conceal, hide, disguise *(feelings);* keep secret, cover up; dissemble. **ver·heim·li·king** concealment.

ver·hel·der *het ~ (s.o.'s eyes, face, etc.)* brighten (up), light up; *(weather)* clear (up); make clear/bright; highlight *(text on a computer screen etc.); (s.o.'s eyes/face, the sky, etc.)* lighten; *(liquids, s.o.'s mind, etc.)* clarify; clear *(the mind);* clarify, elucidate; illustrate; *iem. se gesig het ~* s.o.'s face/eyes lit up. **ver·hel·de·rend** =*rende* illuminating, clarifying. **ver·hel·de·ring** brightening; clearing; clarification; →VERHELDER. **ver·hel·de·rings·mid·del** =*dels*, =*dele* clarifier.

ver·help *het* ~ remedy, rectify, put right, repair; cure; obviate; *dit kan nie ~ word nie, dit is nie te ~ nie* there is no help for it, it can't be helped, that's/it's too bad *(infml.).* **ver·hel·ping** obviation, remedy(ing), remedial action.

ver·he·mel·te, *(rare)* **ge·he·mel·te** =*tes* palate, roof of the mouth; *harde* ~ hard/bony palate; *gesplete* ~ cleft palate; *sagte* ~ soft palate; →VELUM. **~been** palatine. **~klank** palatal (sound).

ver·heug *het ~, vb.* gladden, make glad/happy, delight, gratify, please, elate; *jou* ***in/oor*** *iets* ~ rejoice in (the possession of) s.t.; glory in s.t.; ***jou*** ~ rejoice, be glad/delighted; *dit ~* ***jou*** *om dit te hoor* one is glad/delighted to hear it, it gives one joy; *jou* ***oor*** *iets* ~ rejoice at/over s.t.. **ver·heug** =*heugde*, =*heugte meer ~ die mees* =*heugde/*=*heugte, adj.* pleased, glad, rejoicing, happy; *~ met ...* pleased with ... *(a present); oor iets ~ wees* be pleased at s.t., rejoice at/over s.t.. **ver·heu·ging, ver·heu·ge·nis** rejoicing, joy, happiness, bliss, gladness, elation, enjoyment, pleasure.

ver·he·we *verhewe* =*wener* =*wenste* (of *meer ~ die mees ~*) raised; elevated *(spot);* embossed, in relief *(a sculpture);* swollen *(a part of the body);* high *(thoughts);* lofty, exalted, elevated *(aim, style, etc.);* fine, splendid, sublime, supernal; *(fig.)* above, superior; →VERHEF; ~ ***beeldwerk*** relief; ***bo*** *iets ~ wees* rise above s.t.; be superior to s.t.; *~* ***druk*** embossed printing, embossing; ***hoog*** ~ empyrean. **ver·he·we·ne:** *van die ~ tot die belaglike* from the sublime to the ridiculous. **ver·he·wen·heid** loftiness *(of style),* sublimity, elevation; eminence, rising ground, rise; embossment, relief.

ver·he·wig *het* ~ intensify, build/step up, mount, hot up *(infml.); (problems, war, etc.)* escalate; *(feelings)* deepen; *(tension)* heighten. **ver·he·wi·ging** intensification, escalation.

ver·hin·der *het* ~ prevent, stop, hinder, foil, avert, debar, preclude; bar, foreclose; inhibit; *iem. ~ om iets te* ***doen*** prevent s.o. from doing s.t.; restrain/stop s.o. from doing s.t.; preclude s.o. from doing s.t.; *niks sal iem. ~ om dit te* ***doen*** *nie* nothing will prevent/keep s.o. from doing it; *iem.* ***is*** ~ s.o. cannot come; *iem. is ~ om te* ***kom*** s.o. was prevented from coming (*or* unable to come), s.o. could not get away. **ver·hin·de·rend** =*rende* preventive, obstructive. **ver·hin·de·ring** hindrance, obstacle; prevention, preventing; obstruction, impediment; ban.

ver·hi·po·te·keer *het ~, (jur., rare)* mortgage, hypothecate, bond; →HIPOTEKEER. **ver·hi·po·te·ke·ring** *(jur., rare)* mortgaging, hypothecation; →HIPOTEKERING.

ver·hit *het ~, vb.* heat *(metals etc.); (fig.)* inflame *(with passion); (tech.)* furnace. **ver·hit** =*hitte, adj.* hot; *(fig.)* inflamed, heated; flushed *(with wine).* **ver·hit·ting** heating, calefaction. **ver·hit·tings·ver·mo·ë** heating power.

ver·hoed *het* ~ prevent, obviate *(an evil);* save *(a goal etc.);* avert, ward/head off; forfend; stop; *mag God dit ~ (of God ~[e] dit)* God/Heaven forbid. **ver·hoe·ding** prevention, preventing, obviation, control.

ver·ho·ging =*gings*, =*ginge* heightening; (raised) platform; mark-up; elevation; eminence; preferment; promotion *(to a higher rank);* increment, rise, increase *(in salary);* rise *(in price, temperature, etc.);* hike *(in price);* cant *(of rails);* raising *(of boiling point);* upgrading *(of quality);* →VERHOOG *vb.; 'n ~ kry* get a raise/rise. **ver·ho·gings·trans·for·ma·tor** step-up transformer.

ver·ho·le *(rare)* hidden, concealed.

ver·hol·lands *het ~, vb.* become/turn Dutch; make Dutch; dutchify. **ver·hol·lands** =*landste*, =*landsde, adj.* dutchified. **ver·hol·land·sing** becoming/turning Dutch; dutchification.

ver·hon·derd·vou·dig *het ~, vb.* increase a hundredfold, become a hundred times greater/larger/bigger, centuple; multiply by a hundred. **ver·hon·derd·vou·dig** =*digde*, =*digte, adj.* centuplicated.

ver·hon·ger *het ~, vb.* starve, famish, be perished with hunger, be famishing, die of hunger/starvation, go hungry; *iem. laat ~* starve s.o.. **ver·hon·ger, ver·hon·gerd** *adj.* starving, starved, famished. **ver·hon·ge·ring** starvation, starving.

ver·hoog *-hoë, n.* platform; dais; stand; podium; rostrum; *(archit.)* pace; stage; *op die ~* on the platform; on (the) stage, onstage; *van die ~ af* offstage. **ver·hoog** *het ~, vb.* heighten, make higher; raise, increase *(temperature, price, tone, etc.)*; elevate; upgrade; promote *(to a higher rank)*; enhance *(power, qualities, value)*; add to *(s.o.'s beauty)*; intensify *(quality)*; put up; step up; scale up; enrich; *(mus.)* raise; ***jou** ~* exalt o.s.; *'n **pad** ~* build up a road; *iets van ... **tot** ... ~* increase s.t. from ... to ...; raise s.t. from ... to ...; *die **waarde** van effekte/ens. ~* uprate stocks/etc.. **ver·hoog** *-hoogde, -hoogte, adj.* raised, elevated; →VERHOOG *vb.*; *~de/~te bloeddruk* hypertension; *~de/~te pad* →PAD; *~de/~te vloer, (archit.)* access floor; footpace. **~bestuur** stage management. **~bestuurder** stage manager; *(TV)* floor manager. **~kuns** art of entertainment, show business *(infml.)*. **~kunstenaar** (platform) entertainer, performer. **~meisie** showgirl. **~persoonlikheid** stage personality. **~stuk** stage play. **~vermaak** live entertainment. **~vrees** stage fright/fever.

ver·hoog·baar *-bare* escalatable, increasable, rais(e)able.

ver·hoor *-hore, n.* hearing, trial, examination; ***hangende** die ~* pending the trial; ***hof** van ~* = VERHOORHOF. *in ~ **neem*** try *(a prisoner)*; question, interrogate *(a witness, prisoner)*; ***onder** ~* on trial; *'n ~ **ondergaan*** be tried, stand one's trial; *onder ~ **stel*** bring to trial; *iem. vir ~ **verwys*** remand s.o. for trial. **ver·hoor** *het ~, vb.* answer, hear *(a prayer)*; fulfil *(a wish)*; try *(a prisoner)*; hear *(a case)*; examine, interrogate, question *(a witness)*; *weens ... ~ word* be tried (*or* be on trial) for ..., stand trial for ...; *~ word, (also), (s.o.)* go on trial; *(a case)* go to trial. **~afwagtend** awaiting trial; *~e gevangene* awaiting-trial prisoner. **~hof** trial court. **~jurie** petty/trial jury. **~regter** trial judge. **~saak** trial case/action.

ver·hoor·der answerer *(of prayers)*; trier; interrogator; examiner; cross-examiner.

ver·ho·ring[1] *-rings, -ringe, n.* hearing, answering *(of a prayer)*; etc. (→VERHOOR *vb.*).

ver·ho·ring[2] *het ~, vb.* keratinise. **ver·ho·ring** *-ringde adj.* cornified, keratinised. **ver·hoor·ning** keratinisation, cornification, keratoderm(i)a.

ver·hou·ding *-dings, -dinge* relation, relationship *(between persons/things)*; (love) affair, (illicit) romance, liaison; proportion; ratio *(of numbers)*; bearing; *(also, in the pl.)* dimensions, proportions *(of a building)*; *'n ~ met iem. **aanknoop*** start an affair with s.o.; *'n ~ met iem. **afbreek*** break it off with s.o.; ***buite** ~ tot ... wees* be out of proportion to ..., be disproportionate to ...; ***buite** (alle) ~ tot ...* out of (all) proportion to/with ...; *'n **gespanne** ~* strained relations; *'n **gevoel/sin** vir ~s hê* have a sense of proportion; *iets na ~ **groter** maak, iets na ~ **vergroot*** scale up s.t.; *met iem. 'n ~ **hê*** have an affair with s.o.; go steady with s.o.; ***in** ~ tot ...* in proportion to ...; in relation to ...; ***in** die ~ 3 tot 10* in the ratio of 3 to 10; ***in** die ~ van ... tot ...* in the proportion of ... to ...; *iets na ~ **kleiner** maak, iets na ~ **verklein*** scale down s.t.; *jou ~ tot jou **kollegas*** one's relationship/relations with one's colleagues; *jou ~ **met** God/ens. herstel* reconnect with God/etc.; ***na** ~* in proportion, proportionally; relatively, comparatively; ***na** ~ van ...* in proportion to ...; *in **omgekeerde** ~ tot ...* in inverse proportion to ..., inversely/indirectly proportional to; *die **regte** ~ tussen ... en ... bewaar* strike the right balance between ... and ...; *daar is glo 'n **romantiese** ~ tussen hulle* they are romantically linked; *dit **staan** in geen ~ tot ... nie* it bears no (*or* is out of all) proportion to ...; *die ~ van iets **tot** ...* the relationship of s.t. to ...; *die ~ **tussen** twee mense* the relations between two people; the relationship between two people; *iets na ~ **vergroot*** scale up s.t.; *iets na ~ **verhoog/verlaag*** scale up/down s.t. ***wetlike** ~, (jur.)* privity. **~skaal** proportional/proportionate (*or* pro rata) scale.

ver·hou·dings·ge·tal ratio.

ver·hout *het ~, vb., (bot.)* lignify. **ver·hout** *-houte, adj.* lignified. **ver·hou·ting** lignification; *(bot.)* sclerosis.

ver·huis *het ~, vb.* move *(to another house)*; move in; remove; shift *(one's lodging)*; *(birds)* migrate; emigrate *(to another country)*; *(euph.)* pass away. **ver·huis** *-huisde, adj.* removed. **~kontrakteur** removal contractor. **~wa** removal/furniture/moving van.

ver·hui·ser *-sers* migrant; removal contractor, (furniture) remover, moving man. **ver·hui·sing** *-sings, -singe* moving (house); removal; move; migration *(of birds)*; emigration; shifting; transmigration; furniture removal/removing.

ver·hui·sings-: **~koste** removal/moving expenses. **~maatskappy, ~onderneming** mover, removal firm.

ver·hul *het ~* veil *(a threat)*; veil, cloak, mask *(terms)*; veil, conceal *(s.t. from the eye)*; conceal, hide *(the truth)*. **ver·hul·ling** veil, veiling, concealment.

ver·hu·ring letting, hiring out; leasing *(of a farm)*.

ver·huur *het ~, vb.* let, rent *(a house)*; let/rent out *(a room)*; hire out *(s.t. for temporary use)*; lease *(a farm)*; *iets aan iem. ~* lease (out) s.t. to s.o.; *weer ~* relet. **ver·huur** *-huurde, adj.* let, leased, rented. **ver·huur·baar** *-bare* rentable, hirable, lettable, leasable, tenantable. **ver·huur·der** *-ders* lessor, letter; landlord, landlady; *elders wonende ~, ~ in absentia* absentee landlord.

ve·ri·fi·eer *ge-* verify, check; audit *(accounts)*; prove; adjust; *'n testament ~* prove/probate a will. **ve·ri·fi·eer·baar** *-bare* verifiable; provable. **ve·ri·fi·ka·sie, ve·ri·fi·ë·ring** verification, check(ing), audit(ing), examination; adjustment; proof; *~ van 'n testament* probate.

ve·ring *-rings, -ringe* spring action, springing, suspension; springs. →VEER[2] *n.*. **~stelsel** *(mot.)* suspension (system).

ver·in·heems *het ~, vb.* indigenise. **ver·in·heem·sing** indigenisation.

ver·in·ner·lik *het ~* deepen, spiritualise; *(psych., sociol.)* internalise; give depth to *(one's life)*. **ver·in·ner·li·king** deepening, spiritualisation; internalisation.

ver·in·nig *het ~* make/become more intimate; intensify. **ver·in·ni·ging** intensification *(of friendship)*.

ve·ris *-riste, (art, liter.)* verist. **ve·ris·me** verism. **ve·ris·ties** *-tiese* verist(ic).

ver·i·ta·li·aans *het ~, vb.* Italianise. **ver·i·ta·li·aans** *-aanste, adj.* Italianate, Italianesque.

ver·jaag, ver·ja *het ~* drive/frighten/chase/scare away; dislodge, drive out *(the enemy)*; disperse, dispel, banish *(worries, gloomy thoughts)*; drive off, shoo away *(mosquitoes etc.)*.

ver·jaar *het ~* celebrate one's birthday; celebrate (generally), make high holiday, make a field day of it, have a good time; *(jur.)* become superannuated, *(jur.)* become prescribed (*or* [statute-]barred); lapse, be precluded by the lapse of time; ***iem.** ~ môre* it is s.o.'s birthday tomorrow; *~de **skuld*** prescribed/prescriptive (*or* statute-barred) debt; *'n ~de **tjek*** a stale cheque; *~de **vonnis*** superannuated judg(e)ment. **~(s)dag** birthday, anniversary; *veels geluk met jou ~!* happy birthday!, many happy returns of the day!; *op iem. se ~* at/on s.o.'s birthday. **~(s)dagboek(ie)** birthday book. **~(s)daggeskenk, ~(s)dagpresent** birthday present/gift. **~(s)dagkaart(jie)** birthday/greeting card. **~(s)dagparty** birthday party. **~(s)dagviering** birthday celebration.

ver·ja·ging chasing/driving/frightening away; expulsion; dispelling; dislodg(e)ment; dissipation; →VERJAAG.

ver·ja·ring anniversary; *(jur.)* prescription *(of a debt)*; superannuation *(of a judgment)*; limitation *(Br. jur.)*; →VERJAAR; *verkryging deur ~* acquisition by prescription.

ver·ja·rings-: **~reg** *(jur.)* prescriptive right. **~termyn** period of superannuation, period of prescription, prescriptive period, *(Br. jur.)* (period/term of) limitation, limitation period. **~wet** prescription act, *(Br. jur.)* statute of limitations.

ver·jazz *het ~, (infml., mus.)* jazz up.

ver·jel *het ~* gel, jell, jelly.

ver·jong *het ~* rejuvenate, rejuvenise, rejuvenesce, make/become young again; regenerate; *~end* juvenescent. **ver·jon·ging** *-gings, -ginge* rejuvenation, rejuvenescence, juvenescence; *(biol.)* replacement; facelift(ing); regeneration. **ver·jon·gings·kuur** rejuvenating cure, rejuvenation.

ver·joods *het ~, vb.* Judaise. **ver·joods** *-joodste, adj.* Judaised. **ver·jood·sing** Judaisation.

ver·kaas *het ~, vb.* turn into cheese. **ver·kaas** *-kaasde, adj.* turned into cheese.

ver·kalk *het ~, vb.* calcify, calcine, harden, ossify. **ver·kalk** *-kalkte -kalkter -kalkste* (*of meer ~ die mees -kalkte*), *adj.* calcified; *~te kraakbeen* calcified cartilage. **ver·kal·king** calcification, calcination, hardening, ossification; *~ van die are* arterial sclerosis, arteriosclerosis, hardening of the arteries.

ver·kan·ker *het ~* become cancerous, cancerate, be eaten away with cancer, be riddled/consumed by cancer.

ver·kap *-kapte, (obs., rare)* disguised, veiled, masked, concealed; hooded; *'n ~te sosialis* a socialist in disguise.

ver·kas *het ~, (infml.)* push off/on/along, make a move, go, leave.

ver·ka·sing *(med.)* caseation.

ver·keer *n.* traffic; (social/sexual) intercourse; (tele)communication(s); movement; commerce; ***deurgaande** ~* through traffic; ***druk** ~* heavy traffic; ***gesellige** ~* mingling, mixing, socialising, general conversation, social intercourse; *die ~ **hoop** op* there is a traffic jam; ***onderlinge** ~* intercommunication; *die ~ **reël*** control the traffic; be on point duty; *die ~ **tussen** lande* the intercourse among/between countries. **ver·keer** *het ~, vb.* be *(in a certain position)*; be (in) *(good/bad company)*; change; *in **ballingskap** ~* →BALLINGSKAP; *hulle het **gesellig** ~* they mingled/mixed (with one another), they socialised; *iem. ~ in 'n **gevaarlike** toestand* s.o. is (*or* finds himself/herself) in a dangerous condition/position; *aan die **hof** ~* move in court circles; *waar jy **mee** ~, word jy mee geëer* a man is judged by his friends (*or* by the company he keeps); ***met** ... ~* mingle/mix with ...; associate with ... **~sein** traffic/road signal. **~sirkel** traffic circle. **~statistiek(e)** traffic returns. **~streep** traffic line. **~stroom** stream/flow of traffic. **~toring** = VERKEERSTORING.

ver·keerd *-keerde -keerder -keerdste, adj.* wrong, erroneous, incorrect; false; inaccurate; troublesome, unreasonable, wrong-headed, contrary, cussed; untoward; wayward; *'n ~e **antwoord*** a wrong answer; a rude answer; *hoe **geleerder,** hoe ~er* →GELEERD; *dit ~ **hê,** (s.o.)* be wrong; *dis **heeltemal** ~* it's all wrong; *dit **heeltemal/ver/vêr** ~ hê* be wide of the mark; *~e **inligting*** →INLIGTING; *die ~e **kant,** (also)* the seamy side; *iem. se kos gaan/beland in die ~e **keel*** →KEEL[2] *n.*; *dit **loop** ~* →LOOP *vb.*; *iets ~ **maak*** throw s.t. out *(a calculation etc.)*; *~e **neigings*** vicious tendencies; *dit is ~ **om** te ...* it is wrong to ...; *iets ~ **opneem*** →OPNEEM *vb.*; *die ~e **pad*** the wrong road; *iem. op die ~e **pad** bring, (fig.)* lead s.o. astray; *op die ~e **pad/weg** beland, die ~e **pad/weg** inslaan, die ~ **pad/weg** gaan, 'n ~ **pad/weg** loop, (fig.)* go astray, go to the bad/dogs; *daar is iets **radikaal** ~* there is something radically wrong; *iem. **tree** ~ op deur iets te doen, dit is ~ **van** iem. om iets te doen* s.o. is wrong in doing s.t., it is wrong of s.o. to do s.t., s.o. is wrong to do s.t.; *(nie) **ver/vêr** ~ (nie)* (not) far out; *iem. op die ~e **voet** betrap* →VOET; *'n ~e **woord*** a wrong word; a harsh word. **ver·keerd** *adv.* wrong, wrongly, at fault; *~ **aanhaal*** →AANHAAL; *~ **beoordeel*** misjudge; *~ **doen*** do wrong; *~ **handel*** act wrongly; *~ **hoor*** mishear; *~ **inlig*** misinform; *~ **lees*** misread; *~ **loop/ry*** take the wrong road/turning; *~ **loop*** go wrong; go awry, miscarry; *~ **noem*** misname, misterm, mistitle; *~ **opneem*** take amiss; *~ **raai*** guess wrong; *iem. se hande **staan** vir niks ~ nie* →HAND; *~ **uitlê*** misread, misinterpret; *iem. ~ **verstaan*** →VERSTAAN; *~ **vertolk*** misinterpret; *~ **voorstel*** misrepresent, traduce; *~ te **werk***

gaan go the wrong way about it. **~om** (the) wrong way round; inside out.

ver·keer·de·lik wrongly, erroneously, in error, mistakenly, improperly, incorrectly, wrongfully.

ver·keer·de·veer·hoen·der frizzle, cross-feathered hen.

ver·keerd·heid wrongness; inaccuracy; incorrectness; wrong-headedness, contrariness, cussedness; perversity; impropriety; evilness; faultiness; obliquity; *iem. kan die ~ van iets nie insien nie* s.o. can see no wrong in s.t..

ver·keers·: **~baan** traffic lane. **~beampte** traffic officer; →VERKEERSKONSTABEL. **~bedaring, ~kalmering** traffic calming. **~bedaringsmaatreël, ~kalmeringsmaatreël** traffic calming measure. **~bestuurder** traffic manager. **~brug** road bridge. **~diens** traffic/point duty; *~ doen* be on traffic/point duty. **~digtheid** traffic density. **~drukte** rush of traffic, heavy traffic, (amount of) traffic. **~eiland** traffic island. **~hof** *(jur.)* traffic court. **~hoof** traffic chief. **~inspekteur** traffic inspector. **~kalmering** →VERKEERSBEDARING. **~kalmeringsmaatreël** →VERKEERSBEDARINGSMAATREËL. **~kamer** control room *(at an airport)*. **~kegel, ~keël** traffic cone. **~knoop, ~op(een)hoping** traffic jam/snarl/congestion, *(Am.)* gridlock. **~konstabel, ~man, ~vrou** traffic constable/policeman/policewoman, *(infml.)* speed/traffic cop, pointsman, pointswoman, policeman/policewoman on point duty. **~leiding** traffic control; *(av.)* air-traffic (*or* ground) control. **~lig** traffic light, robot *(infml.)*; *deur die ~ ry, teen die ~ deurry/deurja(ag)* jump the red light (*or* the [traffic] lights). **~man** →VERKEERSKONSTABEL. **~middel** *-e, -s* means of transport; means of communication. **~ongeluk** traffic/road accident. **~oortreding** traffic offence. **~op(een)hoping** →VERKEERSKNOOP. **~polisie** traffic police. **~reël** traffic rule/regulation/bylaw. **~reëling** regulation of traffic, traffic control; *(in the pl.)* traffic arrangements. **~regulasie** traffic regulation. **~taal** common/contact language, lingua franca; common parlance, language of daily intercourse. **~teken** traffic/road sign; traffic signal. **~toring** control tower. **~tregter** bottleneck. **~veiligheid** road/traffic safety. **~vergunning** *(hist., naut.)* pratique. **~verordening** traffic bylaw. **~versperring** traffic block. **~voorskrif** traffic rule/regulation. **~vraagstuk** traffic problem. **~vrou** →VERKEERSKONSTABEL. **~vry** traffic-free *(area, zone, street, etc.)*; *'n straat/ens. ~ maak* pedestrianise a street/etc.. **~weg** traffic route, thoroughfare, arterial road, traffic artery; trade route. **~wese** traffic/transport (system). **~wisselaar** traffic interchange.

ver·ken *het ~* scout, reconnoitre, spy out, explore, investigate; *die omgewing gaan ~* go out to explore, go exploring; *~nende gesprekke* exploratory/explorative talks. **ver·ken·ner** *-ners* scout, pathfinder; air scout, scouting plane. **ver·ken·ners·korps** →VERKENNINGSKORPS. **ver·ken·ners·kuns** scoutcraft, scouting.

ver·ken·ning *-nings, -ninge* scout(ing), reconnoitring; reconnaissance; exploring; exploration; investigation; *(naut.)* sighting of land; *op ~ uitgaan* make a reconnaissance, go out scouting, reconnoitre. **~skip** lookout ship. **~soldaat** *(mil.)* reconnaissance man/soldier, *(infml.)* recce.

ver·ken·nings·: **~diens** scouting; scout(ing) duty. **~korps** (body of) scouts, intelligence corps. **~media** investigating media. **~patrollie** scout/reconnaissance patrol. **~tog** reconnaissance, reconnoitring/scouting expedition, exploration; *op 'n ~ uitgaan* go on a reconnoitring/scouting expedition; go out to explore, go exploring. **~troepe** (body of) scouts. **~tuig** *-tuie, (aeron.)* space probe. **~vliegtuig** scouting plane, scout aircraft, spotter, spy plane, reconnaissance plane/aircraft. **~vlug** reconnaissance flight. **~werk** scouting (activities).

ver·kerk·lik *het ~* churchify. **ver·kerk·li·king** becoming churchified.

ver·ket·ter *het ~* charge with (*or* accuse of) heresy, brand/condemn as a heretic; execrate, denounce, cry down, decry. **ver·ket·te·ring** charging with (*or* charge of) heresy; denunciation, condemnation, decrying, denouncement.

ver·kies elect, choose; return *(s.o. to Parl.)*; prefer; opt for; *iem./iets **bo** iem./iets anders ~* prefer s.o./s.t. to s.o./s.t. else; ***bo** ... te ~ wees* be preferable to ...; ***doen/maak** soos jy ~!* do as you choose!, have it your own way!; ***hoe** ~ jy dit?* how do you like it? *(food, drink)*; *iem. **in** 'n raad/ens. ~* elect s.o. to a council/etc.; *~ **om** iets te doen* elect/prefer to do s.t.; *doen/maak **soos** jy ~* have it your own way, do what you like; *net **soos** jy ~* (just) as you like; ***soos** jy ~!, (also)* suit yourself!; *iem. **tot** voorsitter ~* elect s.o. (as) chairman. ***wat** ~ jy?* what would you like?, what/which do you prefer?. **ver·kies·baar** *-bare* eligible; electable, qualified (to be elected); *jou ~ stel* make o.s. available (*or* stand) for election, seek election; *jou teen X ~ stel* stand against X. **ver·kies·baar·heid** eligibility.

ver·kie·sel *het ~* silicify. **ver·kie·se·ling** silicification.

ver·kie·sing *-sings* election(s) *(by vote)*; wish, choice; return *(to Parl.)*; ***by** die ~* at/in the election(s); *aan 'n ~ **deelneem*** contest an election; *('n) ~ **hou*** hold an election; *iem. se ~ **in** ...* s.o.'s election to ...; *'n **onbetwiste** ~* an unopposed election; *'n **spoedige** ~* an early election; ***tussentydse** ~* →TUSSENTYDS; *'n ~ **uitskryf/uitskrywe*** call an election, go to the country; *'n ~ **verloor/wen*** lose/win *or* carry an election. **~stryd** election contest, hustings; *in 'n ~* at/on the hustings; *'n ~ voer* fight an election. **~studie** psephology.

ver·kie·sings·: **~agent** election agent; canvasser. **~beampte** electoral/polling officer; returning officer. **~belofte** election promise/pledge. **~dag** election/polling day; *op die ~* on election/polling day, on the day of the poll. **~fonds** election fund. **~kantoor** electoral office; election office. **~komitee** election committee. **~kommissaris** election commissioner. **~koors** election fever. **~kreet, ~leuse** campaign/electoral slogan. **~mandaat** election mandate. **~maneuver** electioneering manoeuvre, election stunt. **~manifes** election manifesto. **~monitering** election monitoring. **~platform** election platform. **~program** election/electoral programme, electoral platform. **~propaganda** electioneering. **~proses** election process. **~toespraak** election speech. **~uitslag** election result, outcome/result of the/an election (*or* a poll). **~vegter** electioneer. **~veldtog** election campaign. **~werk** electioneering.

ver·kies·lik *-like* preferable; desirable, eligible; *bo ... ~ wees* be preferable to ... **ver·kies·lik·heid** preferableness.

ver·kil *het ~* chill; *~de koffie* iced coffee; *~e tee* iced tea. **ver·kil·ling** chilling.

ver·kla *het ~, vb.* report, accuse, inform against, *(infml.)* split on; bring/lay a charge against, lodge a complaint against; *(infml.)* squeak, squeal; *iem. by ... ~* report s.o. to ... **ver·kla** *-kla(ag)de, adj.* accused.

ver·klaar *het ~* explain *(a meaning)*, make clear, elucidate, explicate, interpret, define, construe; state, declare, announce; testify, certify; profess; clear, brighten (up), light up, transfigure; pronounce; *dit ~ **alles*** that explains everything; *~ **dat** ...* declare/state that ...; *jou ten **gunste** van ... ~* come out for ...; ***hiermee** ~ ek dat ...* I hereby certify that ...; ***hoe** ~ jy dit?* how do you explain that?; ***jou** ~* declare o.s.; explain o.s.; *tot **kampioen** ~* proclaim champion; ***maklik** wees om te ~* be easy to explain; *teen 'n land **oorlog** ~* →OORLOG; *in die **openbaar** ~ dat ...* declare in public that ..., go on record as saying that ...; *buite die **orde** ~* rule out of order; ***plegtig** ~ dat ...* solemnly declare/state that ..., testify that ...; ***skuldig** ~* find *(s.o.)* guilty; *jou **teen** ... ~* come out against ...; *iets **tot** ... ~* declare s.t. ...; designate s.t. as ...; *iem. **verkose** ~* →VERKOSE. **ver·klaar·baar** *-bare* explicable; accountable; interpretable; declarable, explainable; *om ~bare redes* for obvious reasons; *wat gebeur het, is moeilik ~* what happened is difficult/hard to explain; what happened is difficult to account for. **ver·klaar·baar·heid** explicableness, accountability, accountableness. **ver·klaar(d)** *-klaarde, adj.* declared, avowed; →VERKLAAR. **ver·klaar·der** *-ders* explainer, elucidator; declarer, declarant, stater; *(jur.)* deponent; expositor, interpreter *(of the law, Scripture, etc.)*; commentator; *(hist.)* scholiast; *(jur.)* attes(ta)tor; annotator.

ver·kla·er *-ers* informant.

ver·klank *het ~* express in sound; voice, interpret; give voice to. **ver·klan·king** expression in sound; interpretation.

ver·klap *het ~* let out; betray, divulge, tell, give away; *(infml.)* blab, blurt out, spill; *die geheim ~* →GEHEIM *n.*; *iem. ~* give s.o. away, *(infml.)* split/tell on s.o., *(SA sl.)* pimp on s.o.; *die spul/boel ~, (infml.)* give the show away. **ver·klap·per** *-pers* telltale, taleteller, informer, divulger; *(infml.)* blabber(mouth), blab, fink. **ver·klap·ping** letting out *(a secret)*; *(infml.)* blabbing.

ver·kla·rend *-rende* explanatory, expository, explicative, explicatory, elucidative, elucidatory; hermeneutic, exegetic *(of the Scripture)*; declaratory; glossarial; →VERKLAAR; *~e aantekeninge* explanatory notes; *~e bevel* declaratory order; *~e woordeboek* explanatory dictionary, dictionary of definitions.

ver·kla·ring *-rings, -ringe* explanation, elucidation; commentary; gloss; exegesis; key; statement, declaration; certification; evidence, testimony, deposition; account, interpretation; *'n ~ **aflê*** make a deposition; *'n ~ **aflê/doen*** make a statement; *'n ~ **afneem*** take a deposition; *'n **beëdigde** ~ aflê* make/swear/take an affidavit; *getuienis by wyse van **beëdigde** ~* evidence on affidavit; *iem. 'n **beëdigde** ~ laat aflê* take an affidavit from s.o.; ***dis die** ~!* that explains it!; *iem. se **eie** ~ van 'n saak* s.o.'s own version of a matter; *'n ~ **omtrent/oor** iets doen* make a statement about s.t.; make a pronouncement (up)on s.t.; *'n **openlike** ~ teen ...* a protestation against ...; *'n ~ **opstel*** draw up a statement; ***skriftelike** ~* written statement; certificate; ***ter** ~ van ...* in explanation of ...; *'n ~ **uitreik*** issue a statement; *'n ~ **van/vir** iets gee* give an explanation for/of s.t.; *~ **van regte*** declaratory order; ***volgens** jou eie ~* on your own showing.

ver·klee *het ~* change; dress; dress up; *jou ~* change (one's clothes). **ver·kle·ding** change/changing of clothes.

ver·kleef, ver·kle·we *het ~, vb.* cleave together, agglutinate; *innig aan iem. ~ wees* be deeply attached to s.o.. **ver·kleef** *-kleefde, adj.* devoted, attached *(to a pers.)*; addicted *(to drink)*. **ver·kleefd·heid** devotion, attachment.

ver·klein *het ~, vb.* make smaller, diminish; scale down, narrow; downsize *(a company etc.)*; reduce *(a fraction, scale)*; *(math.)* cancel; decrease, lessen; take in *(a garment)*; disparage, belittle, understate, minimise, derogate; extenuate *(guilt)*; *'n breuk ~* →BREUK; *iem. se verdienstes ~* belittle (*or* detract from) s.o.'s merits. **ver·klein** *-kleinde, adj.* reduced (scale), diminished; →VERKLEIN *vb.*. **~glas** reducing glass. **~woord** *(gram.)* diminutive.

ver·klein·baar *-bare* reducible.

ver·klei·neer *het ~,* **klei·neer** *(ge)-* belittle, disparage, play/cry down; slight, decry, trivialise, minimise, detract, derogate. **ver·klei·ne·rend, klei·ne·rend** *-rende* disparaging, pejorative; derogatory, belittling, detracting. **ver·klei·ne·ring, klei·ne·ring** disparagement; belittlement, depreciation, slight, derogation, detraction.

ver·klei·ning *-nings, -ninge* reduction; diminution; diminishing; downsizing; lessening; simplification; disparagement; →VERKLEIN *vb.*.

ver·klei·nings·: **~uitgang** *(gram.)* diminutive suffix. **~vorm** *(gram.)* diminutive (form).

ver·kleur *het ~, vb.* fade, lose colour, become discoloured; change (its) colour; discolour, decolourise; tarnish. **ver·kleur(d)** *-kleurde, adj.* faded, discoloured; shopworn, shopsoiled. **~mannetjie** *(lit. & fig.)* chameleon; *(fig.)* turncoat, timeserver, trimmer. **~mannetjiewyfie** female chameleon.

ver·kleu·ring fading, discolo(u)ring, discolo(u)ration; paling.

ver·kle·we *het* ~ →VERKLEEF *vb.*. **ver·kle·wing** cleaving together, cohering, cohesion, agglutination; *(bot.)* cementation, cementing.

ver·klik *het* ~ let out, *(infml.)* blab *(a secret)*; tell (tales); give away *(a secret, pers., etc.)*; inform against, tell on, *(infml.)* split on *(s.o.)*, *(infml.)* squeal, *(infml., chiefly Br.)* nark; *iem.* ~ give s.o. away, *(infml.)* split/tell on s.o., *(SA sl.)* pimp on s.o.. **~lamp** pilot lamp, blinker.

ver·klik·ker *-kers* telltale, talebearer; informer, *(SA sl.)* pimp; *(infml.)* squeaker, squealer, *(chiefly Br.)* nark; telltale *(of an air pump)*; detector, indicator, detectograph, warning instrument; vacuum gauge; *(elec.)* annunciator; rat *(infml., derog.)*; *(chiefly Br.)* sneak. **ver·klik·ker(-)e·le·ment** tracer element.

ver·klomp *het* ~ clump, aggregate. **ver·klom·ping** clumping, aggregation.

ver·kloon *het* ~, *(biol.)* clone; →KLOON *vb.*. **ver·klo·ning** cloning.

ver·kluim *het* ~, *vb.* freeze (to death), be freezing; die of exposure/cold; be chilled (to the bone/marrow); be pinched with cold; grow numb (*or* be perished) with cold, be benumbed (with cold). **ver·kluim** *-kluimde, adj.* benumbed, numb with cold; dead *(fingers)*; →VERKLUIM *vb.*; *iem. is (totaal)* ~ s.o. is chilled/frozen to the bone/marrow; ~ *wees van die koue* be numb/pinched with cold; *~de vingers* dead fingers. **ver·klui·me·rig** *-rige* chilly, sensitive to cold.

ver·kneg *het* ~, **kneg** *ge-*, *vb.* enslave, subjugate, hold under. **ver·kneg** *-knegte, adj.* enslaved, downtrodden. **ver·kneg·ter** *-ters* enslaver. **ver·kneg·ting** enslavement.

ver·kneu·kel: *jou* ~ chuckle, chortle; rub one's hands with joy; *jou oor iets* ~ chuckle/gloat over s.t..

ver·knies: *jou* ~ fret, mope, eat one's heart out; *jou lewe* ~ fret/mope away one's life; *moenie jou* ~ *(en verknors) nie* don't sit there moping; *moenie jou daaroor* ~ *nie* don't let it bug you.

ver·knip *het* ~ cut up; spoil in cutting.

ver·knoei *het* ~, *vb.* spoil, make a mess/hash of, bungle, muddle, botch (up), corrupt, bedevil, mess/foul (up); demoralise; waste/trifle/fritter away *(time)*. **ver·knoei(d)** *-knoeide, adj.* spoiled, botched, messed up, bungled. **ver·knoei·er** *-ers* bungler, muddler, botcher. **ver·knoei·ing** bungling, spoiling, botching.

ver·knog *-knogte -knogter -knogste* (of *meer* ~ *die mees -knogte*) devoted/attached to; *(jur.)* related, connected; ***aan*** ... ~ *wees* be devoted to ...; be married/wedded to ... *(a system etc.)*; ***aan*** *mekaar* ~ *wees, (also)* be very close to each other; ***innig*** *aan iem.* ~ *wees* be deeply attached to s.o.; *aan jou eie* ***insigte/menings*** ~ *wees* be wedded to one's opinions. **ver·knogt·heid** attachment, devotion, devotedness.

ver·knor·sing sorry plight, fix, quandary, predicament; *in die/'n* ~ ***beland***, *(infml.)* get (o.s.) into a fix, get into a jam/mess, land in the soup; *iem. in die/'n* ~ *laat* ***beland*** put s.o. in a tight spot/corner; *uit die* ~ ***kom***, *(infml.)* get off the hook; *iem. uit die* ~ ***red***, *(infml.)* let s.o. off the hook; *in die/'n* ~ ***sit/wees***, *(infml.)* be in a fix/jam/pickle, be in Queer Street, be in the soup, be up against it (*or* a [gum]tree); be in a tight spot/corner; be in a predicament; be (caught) in a cleft stick; ***uit*** *die* ~ *wees, (infml.)* be off the hook, be over the hurdle.

ver·koel *het* ~, *(lit. & fig.)* cool (down), chill; refrigerate; ice; →KOEL *vb.*; *hul(le) vriendskap het* ~ they have grown cool towards one another; *~de eiers* chilled eggs; *~de vleis* chilled meat. **ver·koe·lend** *-lende* cooling, refreshing *(drink)*; hypothermal. **ver·koe·ling** *(lit. & fig.)* cooling; coolness; chilling, refrigeration; →KOELING.

ver·koe·ler *-lers, (mot.)* radiator. **~dop** radiator cap. **~kraan** radiator (drain) cock. **~rooster** radiator grid/grill.

ver·ko·ling carbonisation; charring *(of wood)*; →VERKOOL.

ver·kom·mer *het* ~, *(rare)* pine away, languish.

ver·kon·dig *het* ~ propound, lay down, put forth/forward, voice, ventilate, state, declare; offer *(one's opinion)*; preach, proclaim *(the Gospel)*; proclaim *(the glory of the Lord)*; expound *(a doctrine)*; enounce, enunciate *(a theory)*; advocate *(a policy)*; sound; state, peddle *(untruths)*; sing *(s.o.'s praises)*; *'n mening* ~ argue. **ver·kon·di·ger** *-gers* preacher, proclaimer; →VERKONDIG. **ver·kon·di·ging** preaching *(of the Gospel)*; proclamation.

ver·kon·kel *het* ~ botch/mess up; *iets* ~, *(also)* play old Harry with s.t..

ver·kon·su·meer *het* ~ = KONSUMEER.

ver·kon·tant *het* ~ encash.

ver·kook *het* ~ boil down/away, evaporate.

ver·kooks *het* ~, *vb.* coke. **ver·kooks** *-kookste, adj.* coked. **ver·kook·sing** coking.

ver·kool *het* ~ carbonise; char *(wood)*; become carbonised. **~wol** carbonising wool.

ver·koop *-kope, n.* sale, disposal; sale(s); *druk verkope* heavy selling; *die* ~ *verbeter* sales are picking up. **ver·koop** *-koopte, adj.* sold. **ver·koop** *het* ~, *vb.* sell, hawk, peddle; dispose of; *(jur.)* vend; market; bring under the hammer; tell *(tales)*; *iets* ***aan*** *iem.* ~ sell s.t. to s.o.; *by* ***afslag*** ~ →AFSLAG[1] *n.*; ***alles*** ~ sell out; *iem.* ~ *op* ***daling*** s.o. sells short; ***grappe*** ~ crack jokes; *iets uit die* ***hand*** ~ →HAND; ***jou*** ~ sell o.s.; ***leuens*** ~ →LEUEN; *iets vir dieselfde* ***prys*** ~, *(fig., infml.)* tell s.t. for what it is worth, merely repeat what one has heard; *jou* ***siel*** *vir geld* ~ truck one's soul for gold; ***vir*** ... ~ *word* go for ...; *iem.* ~ *iets* ***vir*** *R5/ens.* s.o. sells s.t. for R5/etc.; *iets* ~ ***vir/teen*** *R5 stuk* s.t. sells at R5 each; *iets* ***voetstoots*** ~ sell s.t. as is; ~ ***voor*** ... sell by ... *(date)*; ~ ***word***, *(also)* change hands. **~-en-terughuur(-)skema** sale-and-leaseback scheme. **~puntuitstalling** point-of-sale display. **~som** selling price. **~staat** sales statement. **~syfers** *(pl.)* sales figures.

ver·koop·baar *-bare* sal(e)able, marketable, vendible, sellable, disposable; acceptable. **ver·koop·baar·heid** sal(e)ability, vendibility, disposability; sales performance *(of a product)*.

ver·koop(s)-: **~afdeling** sales department. **~agent** sales agent. **~akte** deed of sale. **~belasting** sales tax; *algemene* ~ general sales tax. **~bestuurder** sales manager. **~boek** sales book. **~bord** notice of sale. **~brief** sales letter. **~dag** day of sale. **~dame** saleswoman, -lady, -girl; shop girl; (female) seller; vendeuse *(Fr.)*. **~direkteur** sales director. **~hoof** promotion executive. **~huisie** kiosk. **~klerk** shop assistant, salesman, -woman. **~kuns** (art of) selling, salesmanship; merchandising. **~lokaal** saleroom. **~nota** sales/sold note. **~omset** sales turnover, volume of sales. **~order** selling order, order to sell. **~personeel** sales staff/force. **~plek** = VERKOOP(S)PUNT. **~persoon** salesperson. **~praatjies** *(infml.)* sales talk/pitch/patter. **~prys** selling/retail price. **~punt** (sales) outlet, point of sale. **~puntmateriaal** point of sale material. **~rekening** sales account. **~veldtog** sales campaign/drive. **~vernuf** selling skill, merchandising ability. **~verteenwoordiger** sales representative, *(infml.)* sales rep. **~voorwaardes** terms and conditions of sale. **~waarde** market/selling value.

ver·koop·ster *-sters* = VERKOOP(S)DAME.

ver·ko·per[1] *-pers, n.* seller; vendor; salesman, -woman; shop assistant; sales representative; *(chiefly jur.)* vendor, vender; hawker; marketer.

ver·ko·per[2] *het* ~, *vb.* copper, sheathe with copper, copperplate; brass.

ver·ko·per(d) *-perde* coppered, copperplated; brassed. **ver·ko·pe·ring** coppering, copperplating.

ver·ko·pers-: **~aandeel** vendor's share. **~mark** seller's/sellers' market.

ver·ko·ping *-pings, -pinge* (public) sale, auction.

ver·ko·re chosen, elect; →VERKIES. **ver·ko·re·ne** *-nes* = UITVERKORENE.

ver·kor·rel granulate; grain, corn. **ver·kor·re·ling** granulation.

ver·kors *het* ~, *vb.* crust, crustify. **ver·kors** *-korste, adj.* crusted, crustified; encrusted, incrusted. **ver·kors·ting** crusting, crustification; encrustation, incrustation.

ver·kort *het* ~, *vb.* shorten, make shorter, curtail; abbreviate *(a word)*; abridge *(a book)*; condense *(a story, book)*; epitomise; while away *(the time)*; reduce; *(perspektiewies)* ~ foreshorten; *iem. se lewe* ~ shorten s.o.'s life. **ver·kort** *-korte, adj.* shortened, curtailed; abbreviated *(word, edition, etc.)*; contracted *(multiplication)*; *(perspektiewies)* ~ foreshortened; *~e titel* short/catch title; *~e werktyd* short time. **ver·kor·ten·der·wys, ver·kor·ten·der·wy·se** *(rare)* for short; →KORTHEIDSHALWE. **ver·kor·ting** *-tings, -tinge* shortening; reducing; abridg(e)ment, abridged edition; curtailment; contraction; *(perspektiewiese)* ~ foreshortening.

ver·ko·se elected, chosen; elective *(office)*; →VERKIES; ~ ***diktator*** elected dictator; ~ ***kandidaat*** successful candidate; *die* ***pas*** ~ *president/ens.* the newly elected president/etc.; ~ ***president*** president elect; *iem. (behoorlik)* ~ ***verklaar*** declare s.o. (duly) elected. **ver·ko·se·ne** *-nes* chosen/elected one.

ver·kou·e *-koues, n.* cold, chill; ***bars*** *van die* ~, *(infml.)* suffer from a cold; *'n* ~ ***dokter*** nurse a cold; ***gewone*** ~ common cold; *('n)* ~ ***hê*** have a cold; *('n)* ~ ***kry/opdoen*** catch/contract/get (*or* pick up) a cold, catch a chill; *'n* ***kwaai/hewige/nare*** ~ *hê, ('n)* ***swaar*** ~ *hê,* ***vrot*** *van die* ~ *wees, (infml.)* have a bad/heavy/nasty/severe (*or* [*infml.*] stinking) cold; ~ *in die* ***neus*** head cold, cold in the head. **ver·kou·e** *adj.* suffering from a cold; ***effe(ns)/effentjies*** ~ *wees* have a slight cold; *'n* ~ ***kind*** a child with a cold; ~ ***raak*** catch/contract/get a cold; ~ ***wees*** have a cold; *dink jy* ***word*** ~ think one is in for a cold. **ver·kou·ent·heid** *(dated)* →VERKOUE *n.*.

ver·krag *het* ~, *vb.* rape, (sexually) assault *(a woman)*; violate *(the law, one's conscience, etc.)*; outrage *(euph.)*, force, violate *(a woman)*; *iem. om die beurt* (of [*die*] *een na die ander*) ~ gang-rape (*or* [*taboo sl.*] gangbang) s.o.; *deur 'n bende* (of *'n groep mans*) ~ *word* be gang-raped, *(taboo sl.)* be gangbanged. **ver·krag** *-kragte, adj.* violated; →VERKRAG *vb.*. **ver·krag·ter** *-ters* rapist, raper, ravisher; violator *(euph.)*. **ver·krag·ting** *-tings, -tinge* violation *(of the law, rights, etc.)*; rape, ravishing, ravishment, violation; *(jur.)* indecent assault; desecration *(of a lang.)*; ~ *deur 'n bekende* acquaintance rape.

ver·kramp *-krampte -krampter -krampste* bigoted, ultraconservative, reactionary, hidebound, narrow-minded, old-style *(communist etc.)*. **ver·kramp·te** *-tes* reactionary, ultraconservative. **ver·krampt·heid** narrow-mindedness, mean-spiritedness, obscurantism, ultraconservatism, bigotry, parochialism.

ver·kre·ë vested *(rights)*; granted; acquired, gained; →VERKRY; *iem. se swaar* ~ ... s.o.'s dearly won ... *(liberty etc.)*.

ver·kreu·kel *het* ~ crumple (up), crease, wrinkle, rumple, crush; *~de gesig* creased/wrinkled face; *~de pak* (c)rumpled suit.

ver·krimp *het* ~, *vb.* shrink. **ver·krimp** *-krimpte, adj.* shrunken. **ver·krim·ping** shrinking, shrinkage.

ver·krom·ming curvature *(of the spine)*; bend, twist(ing).

ver·krop *het* ~, *vb.* swallow, digest, put up with *(an affront)*; bottle up *(resentment)*; →OPKROP; stomach, pocket *(an insult)*; restrain *(feelings)*; suppress; *iem. kan iets nie* ~ *nie* s.t. sticks in s.o.'s gizzard *(infml.)*. **ver·krop** *-kropte, adj.* pent-up *(feelings)*. **ver·krop·ping** bottling up *(resentment)*; restraining *(feelings)*.

ver·krum·mel *het* ~ crumble; *(rocks)* weather. **ver·krum·me·ling** crumbling.

ver·kry *het* ~ obtain, get, acquire, secure, procure; gain *(reputation)*; win *(fame, honour)*; receive; *wat sal jy daardeur ~?* what will you gain by it?; *deur lang gebruik* ~ prescriptive; *sekerheid oor/omtrent iets* ~ →SEKERHEID; *te* ~ obtainable. **ver·kry(g)·baar** *-bare* available, obtainable, procurable; to be had; on sale; *iets is* ***by*** ... ~ s.t. is obtainable from ..., s.t. may be obtained from ...; *iets is* ***gewoonlik*** ~ s.t. is generally available; ~ ***in*** *5/ens. kleure* available in 5/etc. colours; ~ ***in*** *allerlei stowwe* available in a variety of materials; ***nie meer*** ~ *nie* out of stock; out of print; *iets is* ***oral*** ~ s.t. is generally available. **ver·kryg·baar·heid** availability, *etc.*. **ver·kry·ging** obtaining, getting, acquisition, acquiring, purchase, procuring.

ver·kul *het* ~ = KUL.

ver·kurk *het* ~ suberise, cutinise. **ver·kur·king** suberisation, cutinisation.

ver·kwa·lik *het* ~ blame, take amiss, resent; →KWALIK NEEM.

ver·kwan·sel *het* ~ barter/bargain/chaffer away; throw/fritter away *(money)*; squander; *jou geld* ~ play ducks and drakes with one's money. **ver·kwan·se·ling** bargaining/bartering away; frittering away.

ver·kwik *het* ~, *vb.* refresh; invigorate; *jou* ~ refresh o.s.; *Hy* ~ *my siel, (Bib.)* He restoreth my soul. **ver·kwik** *-kwikte, adj.* refreshed; uplifted *(fig.)*. **ver·kwik·kend** *-kende* refreshing *(shower)*; comforting *(news)*; brisk *(walk)*; bracing *(climate)*; uplifting *(theatre experience etc.)*. **ver·kwik·king** *-kings, -kinge* refreshment; *(fig.)* solace, comfort, relief. **ver·kwik·lik** *-like -liker -likste* (of *meer* ~ *die mees -like)* refreshing; edifying; comforting; exhilarating. **ver·kwik·lik·heid** *(rare)* refreshingness.

ver·kwis *het* ~, *vb.* waste *(time, money)*; squander, splurge, blue, trifle away, dissipate *(money)*; fritter away *(energy)*; ~ *aan* waste on. **ver·kwis** *-kwiste, adj.* wasted *(opportunity, time, etc.)*. **ver·kwis·tend** *-tende* wasteful, unthrifty, extravagant, spendthrift, wasting, uneconomical, improvident; profligate; prodigal *(of)*; *'n ~e lewe lei* live the life of a spendthrift, be (a) prodigal; *(roekeloos)* ~ profligate; *~e uitgawe(s)* profligate spending. **ver·kwis·ter** *-ters* spendthrift, squanderer, waster, prodigal, profligate, spend-all, wastrel *(poet., liter.)*; *(roekelose)* ~ profligate. **ver·kwis·te·rig** *-rige* = VERKWISTEND. **ver·kwis·te·rig·heid** unthriftiness, wastefulness, extravagance, prodigality. **ver·kwis·ting** waste *(of time, money, etc.)*; unthriftiness, wastefulness, extravagance, prodigality, improvidence, squandermania, squandering; *(roekelose)* ~ profligacy.

ver·kwyn *het* ~ pine/waste/wither away, decline, languish, peak and pine. **ver·kwy·ning** pining/wasting/withering away, languishment.

ver·kyk *het* ~: *jou* ~ *aan* ... stare/gaze/gape at ..., feast one's eyes on ...

ver·ky·ker, vêr·ky·ker *-kers* binoculars, field glasses, spyglass.

ver·laag *het* ~ lower *(a price, a standard, intensity, a pitch)*; cut, slash, mark down *(prices)*; lower, reduce, decrease *(pressure)*; bring down, lower *(tension)*; lower, debase, disgrace, degrade; demote *(in rank)*; demean; vulgarise; *(mus.)* flatten, lower *(a note)*; ***jou*** ~ lower (*or [fig., derog.]* prostitute) o.s.; ***jou*** ~ *tot* ... descend to ...; stoop to ...; ~ ***met*** ... reduce by ...; *iets* ~ ***tot*** ... reduce s.t. to ... **ver·laag·de** lowered *etc.* (→VERLAAG).

ver·laat *het* ~ leave; desert, quit *(a place, ship, post, etc.)*; ditch *(a car etc.)*; abandon *(a post)*; forsake, desert *(s.o.)*; retire from; leave, get off *(the train etc.)*; clear *(the harbour)*; *jy kan jou* ***daarop*** ~ you can depend (up)on it; ***iem.*** ~ walk out on s.o.; ***jou*** *op* ... ~ depend/rely (up)on ...; trust in ...; trust to ...; *die* ***kamer*** ~ leave the room; *(euph.)* go to the toilet; *jou* ***krag*** *het jou* ~ one's strength failed one; *jy moet jou* ***op*** ... ~ one is thrown back (up)on ...; *die* ***passasiers*** ~ *die skip in* ... passengers disembark at ...; *'n* ***saal*** ~ walk out of a hall; *die* ***skip*** ~ abandon ship; *rotte* ~ *'n sinkende* ***skip*** rats leave a sinking ship; *iem. het die* ***stad*** ~ s.o. has left town; *die* ***verhoog*** ~ go off(stage); *die* ***wêreld*** ~ renounce the world; depart this life.

ver·la·gend *-gende* degrading, humiliating, debasing. **ver·la·ging** *-gings, -ginge* lowering, reduction *(of prices)*; cutback, slump *(in investment)*; depression; degradation, debasement; demotion; depreciation *(of the currency)*.

ver·la·gings-: **~klep** reducing/reduction valve. **~transformator** step-down (*or* reducing) transformer.

ver·lak *n.* lacquer, japan, varnish. **ver·lak** *-lakte, adj.* lacquered, japanned, varnished; *~te leer (of lakleer)* patent leather. **ver·lak** *het* ~, *vb.* lacquer, japan, varnish. **ver·lak·ker** *-ker* japanner, varnisher.

ver·lam *het* ~, *vb., (lit. & fig.)* paralyse; *(fig.)* cripple *(an organisation)*, render powerless, hamstring, numb. **ver·lam** *-lamde, adj.* paralysed, palsied; unstrung; ~ *van vrees* petrified (with fear). **ver·lam·mend** *-mende* crippling, paralysing; debilitating *(debts etc.)*; stultifying *(effect)*; nerve-shattering *(horror)*. **ver·lam·ming** paralysis, palsy, paralytic stroke; crippling *(of an organisation)*; *eensydige* ~ hemiplegia; *gedeeltelike* ~ paresis, partial paralysis; *geleidelike* ~ creeping paralysis. **ver·lam·mings·bos·luis** paralysis tick.

ver·lang *het* ~ long, be longing, yearn, hanker, crave; desire, want; exact; require; ***alles*** *wat ('n) mens kan* ~ all that can be desired, all that one can wish for; ***as*** *dit* ~ *word* if required; ***daarna*** ~ *om iem. te sien* long to see s.o.; *van iem.* ~ ***dat*** ... want/expect s.o. to ...; ***huis*** *toe* ~ long for home; be homesick; *wat* ~ *jy van* ***my?*** what do you want/expect me to do (*or* of me)?; ***na*** ... ~ long for ...; yearn for ...; sigh for ...; *die ~de* ***nommer,*** *(teleph.)* the number desired; *die ~de* ***prys*** the asking price; *iets* ***van*** ... ~ demand s.t. from/of ...; expect s.t. of ...; ***vurig*** *na iem.* ~ pine for s.o.; ***vurig*** *na iets* ~ thirst after/for s.t.. **~lys(ie)** *(infml.)* wish list, list of suggested gifts, list of gifts wanted.

ver·lan·ge *-gens* longing, desire; hankering, wish; craving, hunger, yearning *(for)*; homesickness; ***brand*** *van* ~ *om te* ... yearn to ...; *'n* ~ ***na*** *iets* ***hê*** have a longing for s.t.; have a craving for s.t.; *'n* ~ ***na*** ..., *(also)* a desire for ...; ***siek*** *van* ~ *wees* be sick with longing. **ver·lan·gend** *-gende* longing, yearning, desirous, eager, solicitous, athirst *(poet., liter.)*, hankering; nostalgic; wishful; ~ *wees na iets* be longing/yearning for s.t.; be eager after/for s.t.. **ver·lang·ste** *-stes, (infml., rare)* →VERLANGE.

ver·lang·saam *het* ~ slow down/up, decelerate. **verlang·sa·ming** deceleration, slowdown.

ver·la·te ~ *-tener -tenste* (of *meer* ~ *die mees* ~) deserted *(house)*; desolate *(neighbourhood)*; lonely *(spot, pers., etc.)*; abandoned *(child, goods, house, workings, etc.)*; derelict *(ship, goods, land)*; waste; unfrequented *(place)*; forsaken *(by God)*; destitute *(pers.)*; forlorn; →VERLAAT; *'n* ~ *eiland* a desert island; *'n* ~ *kind, (also)* a stray/waif. **ver·la·ten·heid** loneliness, forlornness, desolateness, desolation; forsakenness, abandonment, desertion; solitude, solitariness. **ver·la·ter** *-ters* leaver. **ver·la·ting** desertion, abandonment, abandoning, dereliction; forsaking; *afgeleide* ~, *(jur.)* constructive desertion; *kwaadwillige* ~ malicious desertion.

ver·la·tyns *het* ~, *vb.* Latinise. **ver·la·tyns** *-tynste, adj.* Latinised.

ver·lê *het* ~, *vb.* shift, remove, transfer; move, redeploy *(troops)*; relay; reposition, place differently; misplace; mislay; divert *(a road)* ; *(rly.)* regrade; *jou nek* ~ have a crick in the neck (from lying down). **ver·lê** *-lêde, verlegde, adj.* diverted *etc.* (→VERLÊ *vb.*).

ver·le·de *n.* past; *iets* ***behoort*** *tot die* ~ s.t. is a thing of the past; *dit* ***behoort*** *tot die* ~, *(also)* that is history now; it is past and gone; it is water under the bridge; *die dinge van die* ~ *agterlaat* wipe the slate clean; *in die* ***gryse*** ~ in the dim/remote past; ***in*** *die* ~ in the past; *in die* ~ ***leef/lewe*** live in the past; put/set/turn the clock back; *iem. se* ***losbandige*** ~ s.o.'s purple past; *iem.* ***met*** *'n* ~ s.o. with a history; *iem. met 'n* ***skoon*** ~ s.o. with a clean record; *'n* ***swak*** ~ ***hê*** have a bad record; *iem. se* ~ ***tel*** *teen hom/haar* s.o.'s record is against him/her; ***vergeet*** *die* ~*!* let bygones be bygones!; *in die* ***verre*** ~ in the distant past. **ver·le·de** *adj.* past, last; ~ ***deelwoord,*** *(gram.)* past participle; ~ ***jaar*** last year; yesteryear *(fml., liter.)*; ~ ***maand/week*** last month/week; ~ ***nag*** *(of* ***vannag****)* last night; ~ ***Saterdag/*** *ens.* last Saturday/etc.; ~ ***tyd,*** *(gram.)* past tense. **~deelwoordsvorm** *-e, (gram.)* past participle. **~tydsvorm** *-e, (gram.)* preterite.

ver·le·ë ~ *meer* ~ *die mees* ~ shy, timid, bashful, self-conscious; embarrassed, perplexed, confused, distressed; sheepish, shamefaced; in need/want of, pressed for; ***heeltemal*** ~ *wees* be covered in confusion; *oor* ***iem.*** ~ *wees* need s.o.'s help, need s.o. to do one a favour; *iem.* ~ ***maak*** embarrass s.o., put s.o. out of countenance; ***nooit*** *om* ... ~ *wees nie* never be at a loss for ... *(an answer etc.)*; ~ *wees* ***om/oor*** *iets* be in need of s.t., need s.t. badly; ***om/oor*** *geld* ~ *wees, (also)* be hard up; ***oor*** *iets* ~ *wees, (also)* be embarrassed by s.t.; *iem.* ~ *laat* ***staan*** stump s.o.; ~ ***wees/raak,*** *(also)* be/become/get confused.

ver·leen *het* ~ give, grant, favour with *(permission, a favour, a right, aid)*; render *(assistance)*; bestow, confer *(a favour, title)*; lend *(dignity, enchantment, lustre)*; extend *(credit)*; *iets aan iem.* ~ bestow s.t. (up)on s.o.; extend s.t. to s.o. *(help, credit, etc.)*; *mag aan iem.* ~ vest s.o. with powers; *'n toelae/toelaag* ~ make/award a grant, grant a subsidy.

ver·leent·heid shyness, timidity, bashfulness, self-consciousness, sheepishness; perplexity, embarrassment, confusion; trouble, quandary, difficulty; *iem. in (die)* ~ ***bring*** embarrass s.o.; put s.o. on the spot; *iets* ***bring*** *iem. in (die)* ~, *(also)* s.t. is embarrassing (*or* an embarrassment) to s.o.; *deur iets in (die)* ~ ***gebring*** *wees* be embarrassed by s.t.; *iem. uit die/'n* ~ ***help*** help s.o. out of trouble (*or* a difficulty/fix/quandary *or* the wood); ***oor*** *iets in* ~ *wees* find s.t. embarrassing; *iets* ***is vir*** *iem. 'n* ~ s.t. is embarrassing (*or* an embarrassment) to s.o.; *in (die)* ~ ***wees*** be in trouble (*or* a quandary), *(infml.)* be in a fix/stew.

ver·leer *het* ~ unlearn *(a habit)*; forget.

ver·le·ë·rig *-rige* somewhat shyly/sheepish(ly)/etc.; →VERLEË.

ver·lees *(rare)*: *jou* ~ misread *(a word, sentence)*.

ver·leg·ging *-gings, -ginge* deviation, (road) detour, diversion; *(rly.)* regrading; misplacement, mislaying; re-routing; *(geol.)* shift; ~ *voor, (road sign)* detour ahead.

ver·lei *het* ~ lead astray, delude; seduce, allure *(s.o.)*; tempt, entice; betray *(a woman)*; beguile; deceive; inveigle; *iem.* ~ *om iets te doen* inveigle/tempt/entice/seduce/beguile s.o. into doing s.t., tempt/entice s.o. to do s.t.; *iem. daartoe* ~ *om te* ..., *(also)* delude s.o. into ...; *laat jou nie deur iem. se beloftes* ~ *nie* don't be tempted by s.o.'s promises. **ver·lei·baar** *-bare* seducible, pervertible; *lig* ~ very susceptible. **ver·lei·de·lik** *-like* tempting, enticing, seductive, inviting, alluring, beguiling, sexy. **ver·lei·de·lik·heid** temptingness, allurement, seductiveness, blandishment, enticingness. **ver·lei·dend** *-dende* seductive, enticing, alluring, tempting. **ver·lei·ding** *-dings, -dinge* temptation; seduction; enticement; perversion; *die* ~ *weerstaan* resist temptation. **ver·leid·ster** *-sters, (fem.)* temptress, seductress, enslaver, vamp(ire), siren, enchantress. **ver·lei·er** *-ers* tempter; seducer, betrayer; enticer, deceiver, misleader, corrupter, undoer.

ver·lek·ker: *jou in iets* ~ take pleasure/delight in s.t., delight in s.t. *(s.o.'s misfortune etc.)*; *moet jou nie daarop* ~ *nie* do not rely on that.

ver·le·lik *het* ~ become ugly; uglify.

ver·leng *het* ~ lengthen, make longer; continue; protract *(a visit)*; prolong, extend *(a railway, period, etc.)*; produce *(a line)*; renew *(a bill)*; elongate; *~de* ***figuur*** oblongated figure; *iets* ***na*** ... ~ extend s.t. *(a railway etc.)* to ...; *~de* ***rugmurg*** →RUGMURG; *iets* ***tot*** ... ~ extend s.t. *(a period etc.)* to ...; *die* ***verlof*** *(met) 'n dag* ~ extend the leave by a day. **~deur** extension door. **~staaf** extension bar. **~stuk** extension; extension piece, lengthening piece/bar; process; lengthening bar *(of compasses)*; elongation; *(comm.)* allonge.

ver·leng·baar *-bare* extendible, extensible, extensile; renewable *(passport etc.)*; expandable; protractile.

ver·len·ging *-gings, -ginge,* lengthening; producing; elongation; projection; protraction; extension; *(econ.)* roll-over *(of a loan)*; prolongation; renewal; continuation *(of a line, section)*; *(elec.)* lead; →VERLENG.

ver·len·gings-: **~kabel** extension cable/lead. **~koord** extension cord.

ver·le·ning granting; rendering; lending; grant, conferment, conferral; extension; →VERLEEN.

ver·lep *het* ~, *vb.* fade, wilt, wither, shrivel. **ver·lep** *-lepte meer* ~ *die mees -lepte, adj.* faded, wilted, withered;

~*te* ***gesig*** withered face; *iem.* ***lyk*** ~ s.o. looks pale (*or* washed out); ~*te* ***oë*** dull/filmy eyes; ~*te* ***skoonheid*** withered/faded beauty; ~*te* ***vrugte*** shrivelled fruit. **~siekte** wilt disease.

ver·lep·pend *-pende, (also)* marcescent; →VERLEP *adj.*.

ver·lept·heid fadedness, wiltedness, witheredness.

ver·let *(dated)* delay; *sonder* ~ without delay.

ver·le·wen·dig *het* ~ revive *(hope, courage, trade, etc.)*; *(trade)* pick up, revive, quicken; enliven *(a pers., trade, etc.)*; animate, vivify, kindle, stimulate, vitalise; juice up *(infml.)*. **ver·le·wen·di·ging** quickening, stimulation, enlivenment; revival *(of trade)*.

ver·lie·der·lik *het* ~, *vb.* debauch. **ver·lie·der·lik** *-likte, adj.* debauched.

ver·lief *-liefde, adj.* amorous, in love, infatuated, bitten; →IETS VIR LIEF NEEM; ~*de* ***blikke*** amorous glances/looks; ***dol*** ~ *op iem. wees* love s.o. to distraction, be besotted with s.o., be/become infatuated with s.o.; ~ ***maak*** enamour; *so* ~ *wees dat jy iets kan* ***oorkom*** be deeply/desperately/madly in love; ***op*** *iem.* ~ *wees* be in love with s.o.; *tot oor die* ***ore*** ~ *wees, (infml.)* be head over heels in love, be over head and ears in love, be deeply/desperately/madly in love; *'n* ~*de* ***paar(tjie)*** a couple in love, *(infml.)* lovebirds; *op iem.* ~ ***raak*** fall in love with s.o., lose one's heart to s.o.; *'n* ~*de* ***seun/meisie*** a boy/girl in love, a lovesick boy/girl. **ver·lief·de** *-des* lover; *die twee* ~*s* the lovers. **ver·lief·de·rig** *-rige* amorous, spoony, sentimental, lovey-dovey; ~ *aankyk* ogle. **ver·lief·de·rig·heid** amorousness. **ver·liefd·heid** amorousness, lovesickness, infatuation, (being in) love; crush; *dwase* ~ infatuation; *iem. kan sy/haar* ~ *nie wegsteek nie* s.o. cannot hide the fact that he/she is in love, one cannot help noticing that s.o. is in love. **ver·liefd·heids·waan·sin** *(psych.)* erotomania.

ver·lies *-liese* loss; bereavement; casualty; decrement; deprivation; *(also, in the pl.)* losses; casualties; ~ ***aan warmte*** dissipation of heat; *jou* ~ ***afskryf/afskrywe*** *(en opnuut begin), jou* ~ *vergeet (en opnuut begin)* cut one's loss(es); *'n* ***gevoelige/groot/swaar*** ~ a severe loss; ***gevoelige/groot/swaar*** ~*e, (also)* big/heavy losses; *tot swaar* ~*e onder ...* ***lei*** take a heavy toll on ...; *'n* ~ ***ly*** make/suffer/sustain a loss; *swaar* ~*e* ***ly*** suffer heavy losses; *enorme/geweldige/yslike/oplopende* ~*e* ***ly,*** *(also)* rack up huge/mounting losses; *die vyand* ~*e laat* ***ly*** inflict losses on the enemy; ***met*** *groot* ~ at a sacrifice; *'n* ***onherstelbare*** ~ an irreparable loss; ***sonder*** ~ without loss; ***teen*** *'n* ~ *van 5%* at a loss of 5%; *iets* ***teen*** *'n* ~ *verkoop* sell s.t. at a loss; *'n* ~ ***van*** *aansien* →AANSIEN *n.*; *daar was 'n groot* ~ ***van*** *menselewens* →MENSELEWE; ~ ***van*** *jou oë* loss of one's eyesight; *iem. se* ~ ***vergoed*** compensate s.o. for a loss; *dit is 'n* ***volslae*** ~ it is a dead loss *(infml.)*; *met 'n* ~ ***werk*** show a loss; be in the red. **~lys** casualty list, list of casualties. **~pos** *(bookk.)* loss-making sector/product/division/activity.

ver·lig[1] *het* ~, *vb.* light (up), illuminate, brighten; illumine, illume *(poet., liter.)*; *(fig.)* enlighten *(the people)*; irradiate; *'n kamer/straat* ~ light a room/street; *'n stad* ~ illuminate a city. **ver·lig** *-ligte -ligter -ligste* (of *meer* ~ *die mees -ligte), adj.* lighted/lit up, alight; *(fig.)* enlightened *(pers.)*; benevolent *(despotism)*; *helder* ~ *wees* be ablaze with light; *die* ~*te twintigste eeu* the enlightened twentieth century.

ver·lig[2] *het* ~, *vb.* lighten *(a burden)*, disburden; make easier *(work)*; alleviate *(distress)*; ease, alleviate, relieve *(pain, suffering, distress, strain, etc.)*; *(pain etc.)* ease, abate; mitigate *(pain, punishment)*; palliate; appease *(grief)*. **ver·lig** *-ligte meer* ~ *die mees -ligte, adj.* relieved *etc.*; *met 'n* ~*te* ***hart*** with a feeling of relief; ***hoogs*** ~ *wees/voel* be/feel profoundly relieved; ~ ***voel*** feel relieved; *iem.* ***voel*** *baie* ~, *(also)* it is a load/weight off s.o.'s mind; *iets laat iem.* ~ ***voel*** s.t. is a relief to s.o..

ver·lig·te *-tes* enlightened/broadminded person, liberal.

ver·lig·tend *-tende* palliative, alleviative, alleviatory, mitigative, relieving; illuminative, illuminant, illuminating; ~*e omstandighede, (jur.)* mitigating circumstances.

ver·lig·ter[1] *-ters* illuminator; →VERLIG[1] *vb.*.

ver·lig·ter[2] *-ters* mitigator; →VERLIG[2] *vb.*.

ver·ligt·heid enlightenment, enlightenedness.

ver·lig·ting[1] lighting, illumination; enlightenment *(of the people)*; →VERLIG[1] *vb.*; *die V*~, *(hist., philos.)* the Enlightenment; *(philos., esp. in Germ.)* Aufklärung; *feestelike* ~ illumination. **~sterkte** illumination intensity, intensity of illumination, illuminating power.

ver·lig·ting[2] lightening *(of a burden)*; alleviation, relief *(of pain, distress, etc.)*; comfort; mitigation; →VERLIG[2] *vb.*; ~ ***gee,*** *(medicine etc.)* bring relief; ~ ***kry*** *van ...* get relief from ... *(pain etc.)*; ***salige*** ~ profound relief; *'n* ***sug*** *van* ~ *slaak* breathe a sigh of relief; ***tot*** *iem. se* ~ to s.o.'s relief; *iets is* ***vir*** *iem. 'n* ~ s.t. is a relief to s.o.; *dit is* ***vir*** *iem. 'n* ~ *om dit te hoor/verneem* s.o. is relieved to hear it.

ver·lig·tings-: ~aanleg lighting plant. **~bron, ~middel** illuminant. **~graad** illumination level.

ver·lo·ding leading; →VERLOOD.

ver·lo·ën *het* ~ deny *(God, one's parents, etc.)*; go back on, repudiate, disown, renounce, abjure *(fml.)*; *jou* ~ deny o.s.; belie o.s. (*or* one's nature). **ver·lo·ë·naar** *-naars* denier. **ver·lo·ë·ning** denial, repudiation, renouncement, renunciation, abnegation, abjuration *(fml.)*.

ver·lof leave, permission, *(infml.)* OK, O.K., okay; sanction; leave (of absence); *(mil.)* furlough; leave *(of an official)*; sabbatical; holiday; ~ ***(aan)vra*** apply for leave, put in for leave; ~ *tot* ***afwesigheid*** leave of absence; ~ *tot* ***appèl*** leave to appeal; *met/op* ~ ***gaan*** go on leave; *('n) bietjie met/op* ~ ***gaan,*** *(also)* take time off; ~ ***gee*** give/grant permission; ~ *tot* ***indiening*** leave to introduce; *iem. se* ~ ***intrek*** cancel s.o.'s leave; ~ ***kry*** *om iets te doen* get (*or* be granted) permission to do s.t.; *iem. se* ~ *vir iets* ***kry*** get s.o.'s permission for s.t., *(infml.)* get s.o. to OK/O.K./okay s.t., OK/O.K./okay s.t. with s.o.; *'n* ***maand*** ~ a month's leave; ***met*** *u* ~, *(fml.)* by your leave; saving your presence; ***met*** ~ *van ...* by permission of ..., with the permission of ...; ~ ***neem*** take leave; ***onbetaalde/onbesoldigde*** ~ unpaid leave, leave without pay; *met/op* ~ *weens* ***siekte*** on sick leave; ***sonder*** ~ *van die eienaar* without the owner's consent; ~ ***vra*** *om te ...* ask permission to ...; beg leave to ...; *met/op* ~ ***wees*** be on leave; *(mil.)* be on furlough; *oor* (of *langer as*) *jou* ~ ***wegbly/uitbly*** overstay one's leave. **~aanvraag** application for leave; *(mil.)* application for furlough. **~brief** permit. **~dag** day off, day of leave, free day. **~ganger** person on leave; soldier on furlough. **~lys** leave list/roster. **~pas** (leave) pass, permit; *(mil.)* furlough pass; *(Br., chiefly educ.)* exeat. **~tyd** (period of) leave; *(mil.)* furlough.

ver·lok *het* ~ tempt, allure, entice, seduce; lead astray; inveigle; decoy; *iem.* ~ lure s.o. on. **ver·lok·kend** *-kende* tempting, alluring; enticing; seductive. **ver·lok·ker** *-kers* enticer. **ver·lok·king** *-kings, -kinge* temptation, enticement, allurement, lure, blandishments; seduction; soliciting. **ver·lok·lik** *-like* tempting, enticing, alluring; seductive, glamorous. **ver·lok·lik·heid** enticingness, temptingness, lure; seductiveness.

ver·lood *het* ~ (cover with) lead, coat with lead; *verlode dak* leaded/lead-clad/lead-covered roof; *verlode plaat* terne (plate).

ver·loof *het* ~, *vb.* become engaged, affiance; *jou aan X* ~ become engaged to X. **ver·loof** *-loofde, adj.* engaged, affianced; *aan iem.* ~ *wees* be engaged to s.o., be engaged (to be married) (to s.o.); *hulle is* ~ they are engaged (to each other); ~*de paar(tjie)* engaged couple; ~ *raak* become/get engaged. **~ring** engagement ring. **~tyd** engagement.

ver·loof·de *-des* fiancé *(masc.)*, fiancée *(fem.)*; *twee* ~*s* engaged couple.

ver·loop *n.* course *(of time, a disease, etc.)*; progress *(of a disease)*; course, run *(of events)*; expiry, elapse, effluxion *(of a period)*; passage, march, lapse *(of time)*; diminution *(of thickness)*; trend; *iets het die* ***gewone*** ~ s.t. takes the usual course, s.t. follows the usual pattern; ***ná*** *(~ van) 'n maand* after a lapse of a month, after a month (had elapsed); *'n* ***noodlottige*** ~ *hê* end disastrously/fatally; *die* ~ *van 'n* ***saak*** *vertel/meedeel* give particulars of the case/matter; tell the ins and outs of the matter, tell what happened (*or* took place); *die* ~ *van* ***sake/gebeurtenisse*** the course/trend of events; *die* ~ *van* ***sake*** *dophou* see how things shape; *met/ná* ~ *van* ***tyd*** in (the course of) time, as time goes/went on, in course/process of time. **ver·loop** *het* ~, *vb., (time)* pass, (e)lapse, go by; *(a period)* expire; taper, diminish; reduce; adapt; ***die gety*** ~ →GETY; *iets* ~ ***goed*** s.t. goes off well; *'n* ***kans*** *laat* ~ let slip (*or* miss) an opportunity; *nouliks was 'n* ***maand*** ~ *of ...* scarcely a month had elapsed when ...; *iets* ~ ***seepglad*** s.t. goes like clockwork; *die* ***tyd*** ~ time is running out; *iets* ~ ***vlot*** s.t. goes off without a hitch; *dit* ~ *heeltemal* ***vlot,*** *(also)* it goes with a swing. **~kaart** flow sheet. **~sok** reducing (pipe) socket, diminishing socket. **~stuk** diminisher, reducing/diminishing piece, reducer.

ver·loop·te *adj.* runaway, vagabond; dissipated; *'n* ~ *kêrel* a dissipated fellow, a down-and-out(er); *'n* ~ *matroos* a wandering sailor.

ver·loor *n.*: *aan die* ~ *bly* be on a losing streak. **ver·loor** *het* ~, *vb* lose *(property, a battle, one's life, a friend, patience, one's temper, weight, etc.)*; shed, cast *(leaves)*; go down; →VERLORE; *daar is* ***geen tyd*** *te* ~ *nie* there is no time to lose; ***gevaar*** *loop om iets te* ~ be in danger of losing s.t.; risk losing s.t.; stand to lose s.t.; ***hare*** ~ shed hair; ***jou*** ~ *in* lose o.s. (*or* be lost) in; *iem.* ***kan*** ~ s.o. may lose; *iem./iets uit die* ***oog*** ~ →OOG; ***ver/vêr*** ~ be badly beaten; *iem. kan nie* ***verdra*** *om te* ~ *nie* s.o. is a bad loser; *die perd het 'n* ***yster*** ~ the horse cast/threw a shoe. **~kant** losing side; *aan die* ~ *wees* be on the losing side; play a losing game; fight a losing battle. **~saak** *(jur.)* hopeless case. **~situasie** no-win situation.

ver·loor·baar *-bare* losable.

ver·loor·der *-ders* loser. **ver·loor·ders·wed·loop** consolation race.

ver·lo·pe *adj.* = VERLOOPTE *adj.*; ~ *jare* past years.

ver·lo·re lost, missing; unsaved; forlorn; →VERLOOR *vb.*; *iem./iets as* ~ ***beskou*** give s.o./s.t. up for lost; *'n* ~ ***dier*** a stray; *iets* ***gaan*** ~ s.t. is wasted, s.t. goes to waste; s.t. is lost; *iets laat* ~ ***gaan*** lose s.t., throw s.t. away *(a chance etc.)*; *daar* ***gaan*** *te veel tyd* ~ there is too much waste of time; *'n* ~ ***gaande*** *geslag* a generation on the road to perdition; *'n* ~ ***geslag/generasie*** a lost generation; ~ ***moeite*** labour lost; ***onherroeplik*** ~ *wees* be irretrievably lost; be beyond/past reclaim; *'n* ~ ***oomblik*** a spare/idle moment; ~ ***raak*** go astray; *in iets* ~ ***raak*** lose o.s. in s.t.; ***reddeloos*** ~ *wees* be beyond/past redemption; ~ ***ruimte*** waste space; *die* ***saak*** *is* ~ →SAAK; *die* ~ ***seun,*** *(NT)* the prodigal son; *wat* ***staan*** *jy so* ~ *daar?* why do you look so downtrodden/deserted?; ~ ***tyd*** *inhaal* make up for lost time; *iets is* ***vir*** *iem.* ~ s.t. is lost to s.o.; ~ ***warmte/hitte*** waste heat; ~ ***wees*** be doomed/lost. **ver·lo·re·ne** *-nes* lost one; *die* ~*s* the lost. **ver·lo·ren·heid** lostness; solitude.

ver·los *het* ~, *vb.* save, (set) free, release, liberate; rescue; *(relig.)* redeem; *(also obst.)* deliver; disencumber; disburden; dispossess; *(theol.)* ransom; ~ *ons van die* ***bose*** →BOSE; *uit die* ***gevangenis*** ~ release from prison; *iem.* ***van*** *iets* ~ deliver s.o. from s.t.; disembarrass s.o. from s.t.; ***van*** *...* ~ *wees* be delivered of ... *(a nuisance etc.)*. **ver·los** *-loste, adj.* saved; →VERLOS *vb.*. **~kunde** midwifery, obstetrics. **~kundig** *-e* obstetric(al). **~kundige** *-s* obstetrician; accoucheur *(Fr.)*; midwife, accoucheuse *(Fr.)*. **~tang** (obstetric) forceps.

ver·los·ser *-sers* deliverer, saviour, rescuer, liberator; *die V*~ the Redeemer/Saviour.

ver·los·sing *-sings, -singe* deliverance, liberation, rescue, release; *(theol.)* salvation, redemption *(by Christ, from sin)*; *(obst.)* delivery, birth; *iem. se* ~ *van iets* s.o.'s deliverance from s.t.. **ver·los·sings·werk** (work of) redemption.

ver·los·te *-tes, (usu. relig.)* one saved/redeemed, saved soul; *die* ~*s* the saved/redeemed.

ver·lo·wing =*wings*, =*winge* engagement; affiance *(poet., liter)*; espousal *(arch.)*; *die ~ is uit/af* the engagement is off; *'n ~ uitmaak/(ver)breek* break (off) an engagement.

ver·lo·wings=: **~kaartjie** engagement card. **~ring** = VERLOOFRING.

ver·lug[1] *het ~, vb.* ventilate, air *(a room)*.

ver·lug[2] *het ~, vb., (print.)* illuminate, miniate *(a manuscript)*; blazon. **ver·lug** =*lugte, adj.* illuminated *(a manuscript)*; historiated *(an initial letter in an illuminated manuscript)*.

ver·lug·ter =*ters* illuminator *(of a manuscript)*.

ver·lug·ting[1] ventilation, airing *(of a room)*; →VERLUG[1] *vb.*.

ver·lug·ting[2] illumination *(of a manuscript)*; →VERLUG[2] *vb. & adj.*.

ver·lui·er *het ~, (rare)* idle/laze away *(time)*.

ver·luis·ter *het ~: iem. ~ hom/haar aan jou stories* hold s.o. spellbound with one's stories.

ver·lus·tig *het ~* amuse, entertain; *jou in iets ~* delight in s.t., take a delight (*or* take pleasure *or* revel) in s.t.; exult over s.t.; gloat over s.t.. **ver·lus·ti·ging** recreation, pleasure, diversion, amusement, entertainment, delight; *~ in ...* pleasure/delight in ...; *met ~* gloatingly.

ver·ly *het ~, (jur.)* draw up, execute; *'n akte ~* execute a deed. **ver·ly·ding** =*dings*, =*dinge* execution *(of a deed)*.

Ver·maak *n.: ek is nie ~ se kind nie, (infml.)* you/he/she/they won't spite me; I can get on without you/him/her/them, that won't put me off.

ver·maak =*make, n.* pleasure, amusement, enjoyment, entertainment, gaiety, fun, delight; diversion, pastime, recreation; *iem. ~ **bied*** provide entertainment for s.o.; *~ vind/skep **in** ...* find pleasure (*or* delight) in ...; ***tot** ~ van ...* to the amusement of ...; ***tot*** (*of vir die*) *~ van ...* for the entertainment of ... **ver·maak** *het ~, vb.* amuse, entertain, divert; tease, spite, make *(s.o.)* jealous; *(obs.)* bequeath, demise, endow, leave (by will); →BEMAAK; *(obs.)* change, alter *(clothes)*; →OORMAAK; *iets **aan** iem. ~, (obs.)* bequeath/will s.t. to s.o., bequeath s.o. s.t.; *jou ~ **deur** te ...* amuse o.s. by ...; *ek **laat** my nie ~ nie* you/he/she/they won't spite me; I can get on without you/him/her/them; *iem. **met** iets ~* entertain s.o. with s.t.; (try to) make s.o. envious of s.t. **~sug** thirst for pleasure.

ver·maak·lik =*like* amusing, entertaining, diverting, exhilarant, funny; *hoogs ~* highly amusing; *iets ~ vind* find s.t. amusing, be amused at/by s.t.. **ver·maak·lik·heid** =*hede* funniness; amusement, entertainment, attraction; pleasure.

ver·maak·lik·heids=: **~bedryf** show business, show biz *(infml.)*, entertainment (industry). **~belasting** entertainment(s) duty/tax, amusement tax. **~kunstenaar** entertainer. **~plek** place of amusement. **~waarde** entertainment value.

ver·maal *het ~* grind, crush, triturate.

ver·maan *het ~* admonish, warn, exhort, caution, sermon; *iem. oor iets ~* admonish s.o. for s.t., remonstrate with s.o. about s.t., expostulate with s.o. about/on s.t.. **~brief** warning/admonishing letter; bishop's charge.

ver·maard =*maarde* =*maarder* =*maardste* (*of meer ~ die mees* =*maarde*) renowned, famous, illustrious, celebrated, famed, noted. **ver·maard·heid** fame, renown; celebrity.

ver·ma·er *het ~, vb.* lose weight, become/get lean/thin(ner), slim, get one's weight down; make thin/lean, emaciate, reduce weight, macerate. **ver·ma·er** =*erde, adj.* emaciated, wasted, washed out. **ver·ma·e·ring** losing weight, loss of weight, emaciation; *(med.)* marasmus; (weight) reducing, slimming, weight reduction; attenuation. **ver·ma·e·rings·kuur** (slimming) diet, slimming regime/course, reducing cure/treatment.

ver·mag *het ~* be able (*or* in a position) to, have the power to; *baie ~* (manage to) do a lot; *min ~* not (manage to) do much; *niks teen ... ~ nie* be powerless against ...

ver·ma·ker entertainer; *(jur., obs.)* testator, devisor; →BEMAKER.

ver·ma·ke·rig =*rige* teasing, spiteful, frivolous, derisive, derisory; →VERMAAK *vb.*.

ver·ma·king =*kings*, =*kinge, (jur., obs.)* bequest, legacy, demise, devise, endowment; →BEMAKING.

ver·ma·le·dy·de *(fml.)* cursed, damned, confounded.

ver·man *het ~, (rare): jou ~* man/nerve o.s., pluck/muster/screw/summon up one's courage, take one's courage in both hands.

ver·ma·nend =*nende* exhortative, exhortatory, reproving, admonitory, monitorial. **ver·ma·ner** =*ners* admonisher, exhorter. **ver·ma·ning** =*nings*, =*ninge* admonition, exhortation; telling-off, talking to, warning; caution; monition.

ver·man·lik *het ~* become masculine (*or* more manly); masculinise.

ver·meen·de supposed, reputed, alleged *(brother, heir, etc.)*; suppositious; fancied; putative *(father)*.

ver·meer *(rare)* = VOMEER. **~bossie** *(Geigeria* spp.*)* vomiting sickness plant. **~siekte** *(vet.)* Geigeria poisoning, vomiting sickness, vermeersiekte. **~siektebossie** →VERMEERBOSSIE.

ver·meer·der *het ~* increase, augment, compound, multiply; accrue; swell; step up; enrich; accumulate; *(biol.)* reproduce; elevate; enhance; ***getalle/moeilikhede** ~* increase (*or* add to) numbers/difficulties; *~ **tot** ...* increase to ...; *~de **uitgawe*** enlarged edition; *~de **uitgawe(s)*** increased expenditure; *iets ~ **van** ... tot ...* s.t. increases from ... to ...; *iets **van** ... tot ... ~* increase s.t. from ... to ... **ver·meer·de·ring** =*rings*, =*ringe* increase *(in numbers)*, addition *(to)*, augmentation *(of)*, increment, cumulation; →VERMEERDER.

ver·meer·sel *(rare)* = VOMEERSEL.

ver·meer·vou·di·ger multiplexer.

ver·mees·ter *het ~, (rare)* master; conquer, capture, seize *(a fortress)*; get hold of.

ver·meet *het ~, (rare): jou ~ om ...* presume/dare/essay (*or* take it upon o.s.) to ...

ver·mei *het ~, (rare): jou ~* disport o.s., enjoy o.s.; *jou ~ in ...* revel/delight (*or* take delight) in ..., enjoy ...; gloat over ...

ver·meld *het ~, vb.* mention, refer to, state, record, specify; *tensy **anders** ~* unless otherwise specified; *dit **behoort** ~ te word* that should be mentioned; ***eervol** ~ word* be highly commended *(at a show etc.)*; get an honourable mention; *(mil.)* be mentioned in dispatches/despatches; *soos **hierbo*** (*of **hier bo***) *~* as specified above; *jou **naam/besonderhede** ~* state one's name/particulars; ***tensy** anders ~* unless otherwise stated. **ver·meld** =*melde, adj.* referred to, mentioned; stated, specified. **ver·mel·dens·waar·dig** =*dige* worth mentioning/stating, worthy of mention, mentionable. **ver·mel·ding** mention; statement, record; entry *(in a directory)*; listing; *die **blote** ~ van die feit* the very mention of the fact; *die **eerste** ~ van ...* the first record of ... (*or* reference to ...); ***eervolle** ~* honourable mention, commendation; highly commended *(at a show etc.)*; ***eervolle** ~ kry, (mil.)* be mentioned in dispatches/despatches; ***geen** ~ van ... nie* no mention of ...; *~ **werd*** worth mentioning/stating.

ver·meng *het ~, vb.* mix; *(tech.)* admix; amalgamate; blend *(coffee, tea, etc.)*; commix, (inter)mingle, interweave; mix, interbreed; scramble *(a broadcast)*; *jou ~ met ...* mix/mingle with ... **ver·meng(d)** =*mengde, adj.* mixed; blended; →VERMENG *vb.*; *met ... ~ wees* be mingled with ... **ver·meng·baar** =*bare* miscible, mixable. **ver·men·ger** =*gers* blender. **ver·men·ging** =*gings*, =*ginge* mixing, blend(ing), amalgamation, interspersion, intermixture; mingling; mixture; cross-breeding, hybridisation, mix; confusion, commixture *(of liquids)*.

ver·me·nig·vul·dig *het ~, (also math.)* multiply; *(biol.)* proliferate; accumulate; duplicate, manifold; reproduce; compound; *iets met ... ~* multiply s.t. by ... **~som** multiplication sum. **~tal** multiplicand. **~teken** multiplication sign.

ver·me·nig·vul·dig·baar =*bare* multipli(c)able.

ver·me·nig·vul·di·gend =*gende, (also)* multiplicative.

ver·me·nig·vul·di·ger =*gers, (math.)* multiplier, multiplicator.

ver·me·nig·vul·di·ging =*gings*, =*ginge* multiplication; proliferation; copying; *tafel van ~* = VERMENIGVULDIGINGSTAFEL; *kort ~, (math.)* short-cut multiplication.

ver·me·nig·vul·di·gings=: **~faktor** multiplying factor. **~tafel** multiplication table.

ver·mens·lik *het ~* humanise. **ver·mens·li·king** humanisation; anthropomorphisation; anthropomorphism.

ver·me·tel =*(e)* =*teler* =*telste* audacious, temerarious, rash, bold, daring; reckless, foolhardy; presumptuous, brash, impudent; *so ~ wees om iets te doen* have the cheek/effrontery/face/impudence/nerve to do s.t.. **ver·me·tel·heid** audacity, temerity, rashness, boldness, daring; recklessness, foolhardiness; presumption, brass *(infml.)*, nerve, effrontery, presumptuousness, gall, impudence, (cool) cheek, brashness; *dit is niks **anders** as ~ nie* it is sheer impudence; ***dis** vir jou ~!* of all the cheek!, the cheek of it!, what (a) cheek!, what a nerve!; *die ~ **hê** om te ...* have the audacity to ...; have the cheek/effrontery/face/impudence/nerve to ...; *dit is **skaamtelose** ~* it is bare-faced effrontery.

ver·mi·cel·li *(cook.)* vermicelli.

ver·mi·kro·film, mi·kro·ver·film *het ~* microfilm. **ver·mi·kro·fil·ming, mi·kro·ver·fil·ming** =*e*, =*s* microfilming.

ver·mi·ku·liet *(min.)* vermiculite.

ver·mil·joen *n., (min.)* vermil(l)ion. **ver·mil·joen(·kleurig)** *adj.* vermil(l)ion, cinnabar *(colour)*.

ver·min·der *het ~* decrease, diminish, lessen, cut back, reduce *(numbers, a price, staff, etc.)*; lower, bring down *(the price)*; cut (down) *(expenses)*; *(numbers)* fall off; slacken *(speed)*; *(wind)* abate; *(pain)* remit; detract from *(merits)*; extenuate; dwindle, wane, tail off; ***aan** die ~, (also)* on the wane; ***seil** ~* →SEIL *n.*; ***skadevergoeding** ~* mitigate damages; ***skuld** ~ kry* compound a debt; ***tot** ... ~* dwindle (away) to ...; *iets **tot** ... ~* reduce s.t. to ...; narrow s.t. down to ...; ***vaart** ~* →VAART; *iets ~ in **waarde*** →WAARDE *n.*; *dit ~ die **waarde*** that takes off from the value. **ver·min·de·ring** =*rings*, =*ringe* decrease, diminution, lessening, reduction, decline, drop *(in price, temperature, etc.)*; cut *(in salary, price, etc.)*; falling off; remission *(of pain, sentence, etc.)*; regression *(of fever)*; →VERMINDER; *die ~ van ...* the decrease in ...

ver·mink *het ~, vb.* mutilate, maim, cripple, disable, disfigure; *(fig.)* mutilate, mangle, deface, mar, disfigure; garble *(a statement)*. **ver·mink** =*minkte* =*minkter* =*minkste* (*of meer ~ die mees* =*minkte*), *adj.* mutilated, maimed, crippled; garbled *(a statement, facts, a report)*; disabled. **ver·min·king** =*kings*, =*kinge* mutilation *(of a pers., book, report, etc.)*; crippling, disablement, defacement, disfigurement, disfiguration, deformation; *(jur.)* maim, mayhem; garbling; corruption. **ver·minkte** =*tes* mutilated/maimed person; cripple.

ver·mis *het ~, vb.* miss. **ver·mis** =*miste, adj.* missing, lost; *as ~ **aangegee** word* be reported/posted missing; *~te **goedere*** lost property; *die ~te **persoon*** the missing person; *~ **raak**, (people)* go missing; *~ **word*** be missing. **ver·mis·te** =*tes, n.* missing person; *die ~s* the missing (*or* disappeared [ones]).

ver·mo·ë =*moëns* power *(of a pers., machine, etc.)*; capacity, output *(of a machine)*; *(mil.)* capability; ability; faculty; potency, potential; property, assets, riches, wealth, fortune, substance, patrimony, means; ***alles** in jou ~ doen* do all in one's power; *iem. het **alles** in sy/haar ~ gedoen om te ..., (also)* s.o. did/tried all he/she knew to ...; *iem. se ~ om **besluite** te (kan) neem* s.o.'s decision-making ability; *na jou **beste*** ~ to the best of one's ability; *na jou **beste** ~ presteer* make the best of o.s.; *iets is **binne/buite** iem. se ~* s.t. is within/beyond s.o.'s capabilities; s.t. is within/beyond s.o.'s capacity;

binne** iem. se* ~, *(also)* within s.o.'s means; ***bo** iem. se* ~ beyond s.o.'s power(s); ***eenheid** van* ~ unit of output; *die* ~ ***hê** om te* ... have the ability (*or* be able) to ...; be in a position to ...; be capable of (*or* have the capability to) ...; have a capacity for ...; ***na ~ according to ability/capacity; *so **ver/vêr** dit in my* ~ *is* as far as in me lies; *iem. se **verstandelike** ~ns* s.o.'s intellectual capacity/faculties; *jou* ~ ***wys*** prove o.s.. **~toets** ability test.

ver·moed *het* ~, *vb.* suspect; presume, suppose, infer, surmise; divine, conjecture; scent *(treachery)*; ~ *dat* ... suspect that ..., have an idea that ...; have a suspicion that ...; ~ *dat iem. iets sal doen* expect s.o. to do s.t.. **ver·moe·de** *-de(n)s* suspicion; presumption, supposition, surmise, conjecture, assumption; feeling; inkling; *'n* ~ ***hê** (dat ...)* have a hunch (that ...); have a suspicion (that ...); *'n nare* ~ ***hê** dat* ... have a sneaking suspicion that ...; ***in** die* ~ *dat* ... surmising that ...; *'n* ~ ***teen** iem. hê* suspect s.o.; *'n* ~ ***van** iets hê* have an inkling of s.t.; *geen* ~ ***van** iets hê nie* have no inkling of s.t., not have an inkling of s.t.. **ver·moe·de·lik** *-like, adj.* probable, presumptive, presumable, supposed, presumed, inferred, suspected, suppositional, conjectural; *~e pesgeval* suspected case of plague; *~e erfgenaam* →ERFGENAAM; ~ *vader* putative father. **ver·moe·de·lik** *adv.* probably, presumably, apparently; ~ *dood* presumed dead; feared dead; ~ *gesneuwel* believed killed.

ver·moei *het* ~, *vb.* tire (out), fatigue, weary, exhaust; harass; fag; *jou* ~ tire o.s. (out); *jou te veel* ~ overdo it. **ver·moei(d)** *-moeide, adj.* tired, fatigued, weary, wayworn, jaded. **ver·moeid·heid** tiredness, fatigue, weariness, lassitude; fatigue *(of metals)*; →METAALTAMHEID. **ver·moeid·heids·grens** fatigue limit. **ver·moei·end** *-ende* tiring, fatiguing; wearisome, trying, wearying, wearing, tedious, tiresome; exhausting, gruelling, strenuous; *iem. is baie* ~ *(of is 'n [baie] ~e mens)* s.o. is exhausting company (*or* exhausting to be with). **ver·moei·e·nis** *-nisse* fatigue, weariness, tiredness; languor, lassitude; →VERMOEIDHEID. **ver·moei·e·nis·toets** fatigue test. **ver·moei·ing** fatigue, weariness, exhaustion.

ver·mo·ënd *-moënde* rich, wealthy, well-to-do, opulent, moneyed, monied; substantial, influential, powerful; *~e persoon* person of substance/means. **ver·mo·ën·ska·de** *(jur.)* patrimonial/pecuniary loss.

ver·mo·ëns-: **~belasting** property/wealth tax; ability/faculty tax. **~psigologie** faculty psychology. **~reg** proprietary right. **~verlies** = VERMOËNSKADE.

ver·moet *(wine)* vermouth.

ver·molm *het* ~, *vb.* moulder (away), rot (away), decay. **ver·molm** *-molmde, adj.* mouldered, mouldy. **ver·mol·ming** mouldering (away), dry rot, wood rot.

ver·mom *het* ~, *vb.* disguise, mask, conceal, camouflage, masquerade; *as 'n* ... ~ *wees* be disguised as a ...; *effens/effe(ntjies)* ~ *wees* be thinly disguised; *jou* ~ disguise o.s.. **ver·mom** *-momde, adj.* disguised, masked; *'n ~de (man/ens.)* a masquerader; *'n ~de (speler)* a mummer. **ver·mom·ming** *-mings, -minge* disguise, mask(ing), camouflage, masquerade, mummery, visard; *'n skrale/swak* ~ a thin disguise.

ver·mooi *het* ~ beautify, prettify, make pretty. **ver·mooi·ing** beautification, prettification.

ver·moor *het* ~ murder, kill, slay, slaughter, assassinate. **ver·moor·de** *-des* murder victim, murdered person. **ver·moor·ding** *-dings, -dinge* murder(ing), slaying.

ver·mors *het* ~ waste *(time, food, etc.)*; squander *(money, one's talents, etc.)*; consume; fritter away; *'n ~te geleentheid/ens.* a wasted opportunity/etc..

ver·mor·sel *het* ~ crush, pulverise, smash (up), knock into a pulp, demolish. **ver·mor·se·ling** crushing, pulverisation, smashing, *(infml.)* smash-up.

ver·mor·sing waste *(of time, money, food, etc.)*; squandering; wastage, dissipation; *moedswillige* ~ wanton waste.

ver·muf *het* ~, *vb.* become/get musty/mouldy. **ver·muf** *-mufte, adj.* musty, mouldy, mildewed; *~te hawer* foxy oats. **ver·muft·heid** mustiness, mouldiness.

ver·murf·baar *-bare* mollifiable; →VERMURWE.

ver·mur·we *het* ~ soften, become soft; make soft, mollify; *iem.* ~ get s.o. round. **ver·mur·wing** softening, mollification.

ver·my *het* ~ avoid, shun, skirt, shirk, obviate, ware; eschew *(a confrontation etc.)*; steer/stay clear of *(s.o., s.t.)*; dodge; evade; miss; flee; *iem./iets soos die pes* ~ avoid s.o./s.t. like the plague. **~pad** bypass road.

ver·my·baar *-bare* avoidable, preventable, preventible. **ver·my·baar·heid** preventability, preventibility.

ver·my·de·lik *-like* →VERMYBAAR.

ver·my·ding avoidance, avoiding, evasion.

ver·naam *-name -namer -naamste, adj.* important, major; prominent, notable, high-class, high-powered *(pers., place, etc.)*; aristocratic, lordly; distinguished; fashionable; honourable; pompous; swell; distinctive; *jou* ~ *hou, (infml.)* give o.s. airs, put on airs/side; *moenie jou so* ~ *hou nie* don't ride the high horse. **ver·naam** *adv.* →VERNAAMLIK. **ver·naam·heid** importance; prominence, distinction, distinctiveness, lordliness; grandeur. **ver·naam·lik** *adv.* especially, particularly, notably; mainly, chiefly, principally. **ver·naam·ste** chief, primal, pivotal, cardinal, head, premier, prime, primary, principal, leading; paramount; *die* ~ ***is*** ... the (important) thing is ...; ~ ***kenmerk*** outstanding characteristic; ~ ***mense*** leading people; ~ ***produk*** staple; ~ ***punte*** chief/main/principal points; ~ ***steun*** mainstay.

ver·na·el *het* ~ spike *(a gun)*. **ver·na·e·ling** spiking; pricked hoof.

ver·nag *het* ~, *(rare)* pass/spend the night.

ver·ne·der *het* ~ humble, humiliate, degrade, cast down, debase, demean, abase; *elkeen wat homself verhoog, sal* ~ *word, en wat homself* ~, *sal verhoog word, (NT)* whosoever exalteth himself shall be abased, and he that humbleth himself shall be exalted; *jou* ~ abase/humble o.s.; *jou tot* ... ~ stoop to ... **ver·ne·der(d)** *-derde* humiliated, debased, degraded. **ver·ne·der·de** *-des* humiliated person. **ver·ne·de·rend** *-rende* humiliating, degrading. **ver·ne·de·ring** *-rings, -ringe* humiliation, mortification, loss of face; indignity, prostration, degradation; *~s ondergaan/verduur* suffer indignities; *'n* ~ *verduur, (also)* eat humble pie.

ver·ne·der·lands = VERHOLLANDS.

ver·neem *het* ~ hear, understand, learn, gather; inquire, enquire; ~ ***dat*** ... hear that ...; understand that ...; *iem.* ~ ***dat*** ..., *(also)* it has come to s.o.'s attention that ...; *ons het* ~ ***dat*** ..., *(also)* we had the news that ...; *ek* ~ ***dat*** ..., *(also)* I am told that ...; ***na*** ... ~ ask about/after/for ...; inquire/enquire after ...; ***na** iem. (se gesondheid)* ~ ask after s.o.('s health); ***na** ons* ~, ... we understand/hear ...; ***van** iem.* ~ *dat* ... understand from s.o. that ...; ***van** 'n gebeurtenis* ~ hear of an event; *daar **word*** ~ *dat* ... it is understood that ... **ver·neem·baar** *-bare, (rare)* audible, perceptible *(sound)*. **ver·ne·ming** *(rare)* ascertainment.

ver·neuk *het* ~, *(coarse)* cheat, take in, diddle, take for a ride, crook, do in the eye, swindle, defraud, trick, sell *(s.o.)* a pup; double-cross; *iem. met **geld*** ~, *(infml.)* swindle money out of s.o., swindle s.o. out of money; *nou het jy **jou*** ~ now you're caught, now you've put your foot into it; now you've done for yourself; *jou **met** iem.* ~, *(infml.)* misjudge/underestimate s.o.; *iem. **uit** iets* ~, *(infml.)* cheat s.o. out of s.t.. **~beentjie** funny bone. **~myn** booby trap, trap mine; →FOPMYN. **~slag** trick.

ver·neu·ker *-kers* cheat, swindler, fraud, chiseller, double-dealer, double-crosser, bamboozler, trickster, nobbler, fiddler, diddler. **ver·neu·ke·ry** *-rye* cheating; swindle, fraud, trickery, sharp practice *(infml.)*, gyppo *(SA, sl.)*, funny business *(infml.)*, double-cross, crookery.

ver·niel *het* ~ destroy, ruin, wreck, spoil, devastate, demolish, smash (up), vandalise; ill-treat, overwork. **ver·niel·ag·tig** = VERNIELSUGTIG. **ver·niel·baar** *-bare* destructible. **ver·nie·lend** *-lende* destructive. **ver·nie·ler** *-lers* destroyer, wrecker, vandal, devastator, smasher. **ver·nie·le·rig** = VERNIELSUGTIG. **ver·nie·le·ry** destroying, destruction, wrecking, vandalism. **ver·nie·ling** destruction, wrecking; *moedswillige* ~ wanton destruction. **ver·nie·lings·be·vel** *(mil.)* demolition order. **ver·niel·sug** vandalism, destructiveness, love of destruction. **ver·niel·sug·tig** *-tige -tiger -tigste (of meer ~ die mees -tige)* destructive; vandalistic.

ver·nie·lings-: **~lading** demolition charge. **~werk** work of destruction.

ver·nier *-niers* vernier. **~koppeling** vernier coupling. **~passer** vernier callipers/gauge. **~skaal** vernier scale. **~vuurpyl** *(aeron.)* vernier rocket, thruster.

ver·niet free (of charge), for nothing, gratis, complimentary; gratuitous(ly); in vain; ***alles*** ~ all in vain, all to no purpose; ***dis*** ~ *om te redeneer* it is no use arguing; ***dit** is* ~ there is no charge; *iets* ~ ***kry*** get s.t. (for) free; *dis nou **net*** ~ *of jy dit kan doen* one can't do it, no matter how hard one tries; *dis nou **net*** ~ *of iem. wil verstaan/ens.* no matter what you do, s.o. refuses to understand/etc.; ***nie*** ~ *iets doen nie* not do s.t. for nothing (*or* without reason/purpose *or* just for fun) *(work hard, spend time with s.o., etc.)*; ***nie*** ~ *so* ... *wees nie* be ... for a reason/purpose *(friendly, smartly dressed, cautious, etc.)*; *dit is **pure*** ~ nothing doing *(infml.)*; ~ *(op ...)* ***saamry*** get a free ride (on ...)

ver·nie·tig *het* ~ destroy, stamp out, demolish, wipe out, wreck, ruin, shatter, annihilate; *(aeron.)* destruct; declare invalid (*or* null and void), invalidate, make invalid, annul, nullify, cancel, quash, reverse, set aside *(a decree, verdict)*; frustrate *(plans)*; scupper *(infml.)*; dash *(hope)*; *alle verwagtinge is* ~ all hopes were wrecked; *homself* ~, *(a missile etc.)* autodestruct. **ver·nie·tig·baar** *-bare* destructible; *(jur.)* defeasible, voidable; *etc.*. **ver·nie·ti·gend** *-gende* destructive; *(fig.)* slashing, devastating *(criticism, look)*; *(fig.)* scathing *(indictment, sarcasm, ridicule, etc.)*; *(fig.)* withering *(look)*; *(fig.)* crushing *(retort)*; annihilating. **ver·nie·ti·ger** *-gers* destroyer, annihilator, wrecker. **ver·nie·ti·ging** destruction, wiping out, wipeout, annihilation, demolition, ruin; nullification, annulment; cessation, quashing; disposal; cancellation; reversal; →VERNIETIG.

ver·nie·ti·gings-: **~meganisme** destruct mechanism. **~oorlog** war of extermination, total war.

ver·nieu *het* ~, *vb.* →VERNUWE. **ver·nieu** *adj.* →VERNU *adj.*. **ver·nieu·baar, ver·nu·baar** *-bare* renewable.

ver·nik·kel *het* ~ nickel-plate. **ver·nik·ke·ling** nickel plating.

ver·nis *-nisse, n.* varnish; *(fig.)* veneer. **ver·nis** *het* ~, *vb.* varnish, lacquer, glaze, finish; shellac; *(fig.)* veneer. **ver·nis** *-niste, adj.* varnished; veneered; *~te koperware* lacquered brass. **~boom** varnish tree. **~harpuis** copal. **~laag** coat of varnish. **~lak** shellac.

ver·nis·sa·ge *-ges, (Fr., rare)* preview, private view *(of an exhibition)*; varnishing day *(before an exhibition)*.

ver·nis·ser *-sers* varnisher.

ver·noem *het* ~, *vb.* rename; →HERNOEM; name after; *'n kind na iem.* ~ name a child after/for s.o.; *iem./iets (tot)* ... ~ change s.o.'/s.t.'s name to ..., rename s.o./s.t. ...; *na iem.* ~ *wees* be named after/for s.o.. **ver·noem(d)** *-noemde, adj.* eponymous, eponymic. **ver·noem·de** *-des* eponym. **ver·noe·ming** *-mings, -minge* renaming, naming *(a child after s.o.)*; →HERNOEMING.

ver·nou *het* ~ narrow; constrict; take in *(a garment)*. **~spier** *(anat.)* constrictor (muscle).

ver·nou·end, *(physiol.)* systaltic. **ver·nou·er** *-ers* constrictor. **ver·nou·ing** *-ings, -inge* narrowing, contraction; constriction; restriction; *(med.)* stenosis, stricture; intake; *(anat.)* isthmus; *(fig.)* bottleneck.

ver·nu *vb.* →VERNUWE. **ver·nu** *-nude,* **ver·nieu** *-nieude, adj.* renewed; reconditioned; renovated; regenerated, *etc.*; →VERNUWE. **ver·nu·baar** →VERNIEUBAAR.

ver·nuf ingenuity, craft, expertise, know-how, acumen, discernment; genius; inventiveness; wit; *vals(e)* ~ affectation. **~spel** *-e* game of skill.

ver·nuf·tig -*tige* ingenious, acute, discerning; inventive, clever, full of resource, resourceful; witty; ~ *wees met* ... be a dab *(infml.)* (*or* great hand) at ... **ver·nuf·tig·heid** ingenuity, inventiveness, cleverness, resourcefulness.

ver·nu·we, ver·nu, ver·nieu *het* ~ renew; recondition; renovate, rebuild, revamp *(infml.)*, update; regenerate; *(biol.)* replace; novate *(a debt)*. **ver·nu·wend** innovative, innovatory, revolutionary. **ver·nu·wer** -*wers* renewer; renovator; innovator. **ver·nu·wing** -*wings*, -*winge* renewal; reconditioning; instauration; renovation, rebuilding, revamping; regeneration, renascence; *(biol.)* replacement; novation *(of a debt)*; reform. **ver·nu·wings·fonds** renewals fund.

ver·on·aan·ge·naam *het* ~ make unpleasant.

ver·on·ag·saam, ver·on·ag·sa·ming →VERON(T)AGSAAM, VERON(T)AGSAMING.

ve·ro·nal *(trademark for* barbitone*)* Veronal.

ver·on·der·stel *het* ~, *vb.* suppose; assume; conjecture; believe; imply; presume; hypothesise, (pre)suppose; take for granted, expect; ~ ***dat*** ... assume that ...; imagine that ...; suppose that ...; ~ ***dat*** *iem./iets ... is* imagine s.o./s.t. to be ...; *ek* ~ ***dat*** ..., *(also)* I take it that ...; *'n mens mag/kan nie* ~ ***dat*** ... *nie* one cannot suppose (*or* it is not to be supposed) that ...; *daar* ***word*** ~ *dat* ... the assumption is that ...; the supposition is that ... **ver·on·der·stel(d)** -*stelde, adj.* supposed, supposititious; assumed, presumed, putative, hypothetic; ~*de verlating, (jur.)* constructive desertion. **ver·on·der·stel·lend** -*lende* hypothetic(al). **ver·on·der·stel·ling** -*lings*, -*linge* supposition, assumption, impression, belief, premise, presumption, postulation; (pre)supposition, hypothesis; ***in*** *die* ~ *dat* ... on the assumption that ...; on the premise that ...; on the supposition that ...; *natuurlik* ***in*** *die* ~ *dat* ... always supposing that ...; *van die* ~ ***uitgaan*** *dat* ... go/proceed/work on the assumption that ...; work on the basis that ...; act on the presumption/supposition that ...

Ve·ro·nees -*nese, n. & adj.* Veronese. **ve·ro·nees·groen** Veronese green.

ver·on·ge·luk *het* ~ die (*or* be killed) in an accident; *(a ship, train, etc.)* be wrecked; meet with disaster, come to grief; *(a ship)* be lost; *(a plan, business, etc.)* fail, fall through, fall to the ground, come to nought, miscarry, crash; *(fig.)* wreck *(a scheme)*; foil, frustrate, thwart, scotch *(a plan)*; *iets laat* ~ wreck s.t. *(a train, an undertaking, etc.)*; *die (hele) spul* ~, *(fig., infml.)* upset the applecart. **ver·on·ge·luk·king** wrecking, failure; death by misadventure. **ver·on·ge·luk·te** -*tes* casualty, person killed, victim of an accident.

ver·on·ge·lyk *het* ~, *vb.* wrong, do an injustice to, aggrieve, injure, victimise. **ver·on·ge·lyk** -*lykte, adj.* wronged, aggrieved, victimised, injured. **ver·on·ge·ly·king** wrong, injustice, injury; wronging, doing injustice. **ver·on·ge·lyk·te** -*tes* wronged/victimised/*etc.* person.

ve·ro·ni·ka -*kas, (bot.)* veronica, speedwell, bird's-eye.

ver·on·reg *vb. & adj.*, **ver·on·reg·ting** →VERON(T)REG *vb. & adj.*, VERON(T)REGTING.

ver·on(t)·ag·saam *het* ~ neglect *(s.o., a duty, etc.)*; slight *(s.o.)*; flout; omit; forget, ignore, disregard. **ver·on(t)·ag·sa·ming** neglect, disregard, slighting; inobservance, ignoring; preterition; *met volkome* ~ *van* ... in complete disregard of ...

ver·ont·hei·lig *het* ~ = ONTHEILIG. **ver·ont·hei·li·ging** = ONTHEILIGING.

ver·on(t)·reg *het* ~, *vb.* aggrieve, wrong, do injustice to, injure, victimise; *jy voel (jou)* ~ *deur/oor iets* one feels aggrieved at/over/by s.t.. **ver·on(t)·reg** -*regte adj.* aggrieved, injured, victimised. **ver·on(t)·reg·ting** injustice, wrong, injury.

ver·ont·rei·nig *het* ~ pollute, contaminate, defile, foul, soil, vitiate. **ver·ont·rei·ni·ging** pollution, contamination, vitiation, defilement, fouling.

ver·ont·rief *het* ~ inconvenience, bother, disrupt, disturb, give *(s.o.)* bother/trouble, *(infml.)* hassle, put out, put to trouble, trouble.

ver·ont·rus *het* ~, *vb.* alarm, disturb, agitate, worry, distress, perturb, unsettle, discompose, disquiet; *deur iets* ~ *word* be alarmed at s.t., take alarm at s.t. **ver·ont·rus** -*ruste, adj.* alarmed, worried, upset, concerned, *etc.*; *oor iets* ~ *wees* be alarmed at s.t., take alarm at s.t. **ver·ont·rus·tend** -*tende* alarming, disturbing, disquieting, perturbing, distressing, unsettling, worrying. **ver·ont·rus·ting** alarm, anxiety, perturbation, disquiet, uneasiness, unease, discomposure, disturbance, worry, agitation.

ver·ont·skul·dig *het* ~ excuse, pardon *(a pers., s.o.'s conduct)*; exculpate *(fml.)*; exonerate; whitewash; *jou* ~ excuse o.s., apologise; *nie te* ~ *nie* inexcusable. **ver·ont·skul·di·gend** -*gende, adj.* apologetic, palliative, exculpatory, deprecating, deprecative, excusatory. **ver·ont·skul·di·gend** *adv.* apologetically. **ver·ont·skul·di·ging** -*gings* excuse, pardon; apology; exoneration; justification; ~*s* ***aanbied*** apologise, offer one's apologies; ~*s* ***maak*** make excuses; *ter* ~ ***van*** ... in extenuation of ... ~ ***vra*** apologise.

ver·ont·waar·dig -*digde* indignant; up in arms; outraged, disgusted; incensed, hot under the collar; ***erg*** ~ scandalised, outraged, shocked; ***hoogs*** ~ *wees oor iets* be outraged by s.t.; ***oor*** *iets* ~ *wees* be indignant about/at/over s.t.; ~ ***word*** wax indignant. **ver·ont·waar·di·ging** indignation, dudgeon; outrage, outcry; ***kook*** *van* ~ be bursting with indignation; ***tot*** *iem. se* ~ to s.o.'s indignation; ***uiting*** *gee aan jou* ~ *oor iets* express (one's) indignation/outrage at s.t.; ~ ***wek*** arouse/cause indignation; arouse/cause resentment.

ver·oor·deel *het* ~ condemn, censure, disapprove, denounce; *(jur.)* sentence, convict, give jugd(e)ment against; *iem. ter* ***dood*** ~ condemn/sentence s.o. to death; *ter* ***dood*** ~ *wees* be under sentence of death; *jy* ~ ***jouself*** one stands self-condemned; *iets ten* ***seerste*** ~ condemn s.t. utterly; *iem.* ***tot*** *gevangenisstraf/tronkstraf* ~ condemn/sentence s.o. to imprisonment; *iem.* ***tot*** *vyf jaar gevangenisstraf/tronkstraf* ~ sentence s.o. to five years. **ver·oor·deel·de** -*des* convict, condemned person, person under sentence; *voorheen* ~ previous offender. **ver·oor·de·laar** -*laars* condemner, denouncer. **ver·oor·de·lend** -*lende* denunciatory, condemnatory, damnatory, damning, judg(e)mental. **ver·oor·de·ling** -*lings*, -*linge* condemnation, denunciation, censure, disapproval; conviction, sentence, indictment, proscription; commitment; *'n klinkende* ~ a ringing denunciation.

ver·oor·loof *het* ~, *vb.* permit, allow; afford; *jou iets* ~ allow o.s. s.t.; indulge in s.t.; *jou* ~ *om te* ... allow o.s. to ...; *jy kan jou nie al die weelde* ~ *nie* one cannot afford all the luxuries. **ver·oor·loof** -*loofde, adj.* allowed, permitted; permissible. **ver·oor·lo·wend** -*wende* permissive. **ver·oor·lo·wing** *(rare)* permission, leave.

ver·oor·saak *het* ~ cause, give rise to, occasion, provoke *(problems)*; bring about *(damage)*; call forth, generate, bring to pass, trigger off. **ver·oor·sa·kend** -*kende* causative. **ver·oor·sa·ker** -*kers* cause, originator; *(derog.)* provoker, perpetrator; author. **ver·oor·sa·king** causing, causation, bringing about; inducement; *(derog.)* provoking, perpetration.

ver·oos·ters *het* ~ orientalise.

ver·oot·moe·dig *het* ~ humble, mortify, humiliate; *jou* ~ humble o.s.. **ver·oot·moe·di·ging** humiliation, mortification; *dag van* ~ day of humiliation; day of prayer.

ver·or·ber *het* ~ consume, eat up, dispatch, put away, polish off *(food)*; ... *(haastig)* ~ bolt down ...

ver·or·den *het* ~ ordain, decree, order, enact, prescribe; ~ *dat* ... decree that ... **ver·or·de·ning** -*nings*, -*ninge* regulation(s), order; rule(s); bylaw, bye-law; edict, decree, ordinance; *'n* ~ *uitvaardig* issue/promulgate a decree. **ver·or·di·neer** *het* ~ ordain, order, rule, decree, prescribe, institute.

ver·ou·der *het* ~, *(s.o.)* age, grow/get/become old; *(wine)* mature; *(a word)* become obsolete, obsolesce; date, get/go out of date, become antiquated. **ver·ou·derd** -*derde* obsolete *(word)*, archaic *(expression)*; discarded *(belief, theory, etc.)*; exploded *(theory)*; outdated, outmoded, behind the times, out of date, antiquated, rusty, musty, old-fashioned, superannuated; inveterate *(ailment)*; stale *(cheque)*; dated, passé; ~*e ding* back number; ~ *maak* outdate; ~ *raak* date. **ver·ou·derd·heid** obsoleteness; inveteracy; →VEROUDER. **ver·ou·de·rend** -*rende* obsolescent; ag(e)ing; *(biol.)* senescent. **ver·ou·de·ring** ag(e)ing, growing/getting old *(of a pers.)*; *(med.)* senescence; obsolescence, getting/becoming out of date (*or* old-fashioned); maturation *(of wine)*; dating.

ver·o·wer *het* ~ conquer, capture; win *(s.o.'s heart)*; *iem. se hart* ~ →IEM. SE HART STEEL/VEROWER; *gebied van (*of *[obs.] op) 'n land* ~ win territory from a country; *iem./iets stormenderhand* ~ take s.o./s.t. by storm. **ver·o·we·raar** -*raars* conqueror, captor, victor; seducer (masc.); seductress (fem.); Don Juan *(fig.)*; chaser, womaniser *(infml.)*. **ver·o·wer·baar** -*bare* pregnable, conquerable, *etc.*. **ver·o·we·ring** -*rings*, -*ringe* conquest, capture, taking, win(ning); catch. **ver·o·we·rings·oor·log** war of conquest. **ver·o·we·ring·sug** greed of conquest.

ver·pag *het* ~, *vb., (usu. hist.)* lease/let (out), rent out, put *(land)* out to lease; farm out. **ver·pag** -*pagte, adj.* leased. **ver·pag·ter** -*ters* lessor, landlord, landlady. **ver·pag·ting** leasing, letting (out), renting out; farming out.

ver·pak *het* ~ pack, wrap, package; repack. **ver·pak·ker** -*kers* pack(ag)er. **ver·pak·king** -*kings* packing, wrapping; packaging; baling.

ver·pand *het* ~, *vb.* pawn, pledge *(furniture)*; mortgage, bond *(a house)*; pledge *(one's life, word, honour)*; plight *(one's word)*; hypothecate; *aan* ... ~ *wees* be in pawn to ... *jou hart aan* ... ~ →HART; *die toekoms* ~ give hostages to fortune. **ver·pand** -*pande, adj.* pawned; mortgaged; pledged; →VERPAND *vb.*. **ver·pan·der** -*ders* pawner; pledger, pledgor, pledgeor. **ver·pan·ding** -*dings*, -*dinge* pawn(ing), pledging; mortgage, mortgaging, hypothecation.

ver·pas *het* ~ miss *(a train etc.)*.

ver·per·soon·lik *het* ~ personify; personalise; impersonate; incarnate, embody, epitomise; ~ *deur/in* ... personified by/in ...; ~*te nommerplaat* personalised number plate, vanity plate; *die* ~*te onskuld* innocence personified. **ver·per·soon·li·king** personification, embodiment, epitome; impersonation.

ver·pes *het* ~, *vb.* infect *(the air, s.o. with one's opinion)*; infest; contaminate, corrupt, poison; canker; *iem.* ~ *iets* s.o. hates s.t.; *iem. se lewe* ~ plague/pester s.o.. **ver·pes** -*peste, adj.* infected; infested; corrupted, contaminated. **ver·pes·te·lik** -*like* plaguesome, pesky *(infml.)*, pestilential, pestiferous. **ver·pes·tend** -*tende* noxious, pestiferous, pestilential; pernicious. **ver·pes·ter** -*ters* corrupter; →VERPES *vb.*. **ver·pes·ting** -*tings* infection, contamination, corruption; infestation; pestering; pest.

ver·piep *het* ~, *vb.* pamper, coddle, cosset; →OPPIEP. **ver·piep** -*piepte* -*piepter* -*piepste, adj.* pampered, coddled, cosseted; frail, unmanly, weak(ly), sickly; ~*te kind* pampered child.

ver·pil *het* ~ pellet; ~*de saad* pelleted seed.

ver·plaas *het* ~, *vb.* shift, displace, move, relocate, transpose; remove; switch; *(geol.)* offset; translate *(a bishop)*; transfer *(to another post)*; manoeuvre; translocate; *jou* ***in*** *iem. anders se toestand* ~ put o.s. in s.o. else's position/place/shoes; ***jou*** ~ project o.s.; *iem.* ***na*** ... ~ transfer s.o. to ... **ver·plaas** -*plaaste, adj.* transferred, *etc.* **ver·plaas·baar** -*bare* mov(e)able, mobile, removable; portable; transferable. **ver·plaas·baar·heid** mov(e)ability, mov(e)ableness, removability, portability. **ver·pla·sing** shift, shifting, movement; displacement; transfer; translation; transposition; →VERPLAAS *vb.*.

ver·plant *het* ~ transplant, plant out, repot; ~*e struik* transplanted shrub, transplant. **ver·plant·baar** -*bare* transplantable. **ver·plan·ting** transplanting, transplantation, planting out.

ver·pla·sings-: ~aktiwiteit *(psych., zool.)* displacement activity. **~energie** *(phys.)* translational energy.

ver·pleeg nurse; care for, look after, tend. **~diens** nursing service. **~inrigting** nursing home. **~koste** nursing home (*or* hospital) charges/fees. **~kunde** nursing. **~kundige** *-s* nurse. **~suster** nursing sister.

ver·pleeg·de *-des* patient.

ver·pleeg·ster *-sters* nurse. **ver·pleeg·sters·raad** nursing council. **ver·pleeg·sters·te·huis** nurses' home.

ver·ple·ër *-pleërs* male nurse; assistant/attendant in hospital.

ver·pleet *het ~, vb.* electroplate. **ver·pleet** *-plete, adj.* electroplated; *verplete ware* electroplated ware, electroplate.

ver·ple·ging nursing, tending, care.

ver·ple·gings-: ~artikel nursing requisite. **~diens** = VERPLEEGDIENS. **~koste** = VERPLEEGKOSTE. **~wese** nursing.

ver·ple·ting electroplating; →VERPLEET *vb.*.

ver·plet·ter *het ~, (lit. & fig.)* crush, shatter, smash; quash; pulverise; overwhelm; *iem. met 5-0 ~, (also, sport)* whitewash s.o. 5-0. **ver·plet·te·rend** *-rende* crushing, smashing *(defeat, reply, blow, etc.)*; overwhelming *(majority)*; shattering, devastating *(news)*; *'n ~e oorwinning* a landslide/overwhelming/resounding victory; *'n ~e neder-/neerlaag met/van 5-0 ly* (of *op die lyf loop*) suffer a 5-0 whitewash; *'n ~e slag/hou* a staggering blow. **ver·plet·te·ring** crushing, smashing, shattering.

ver·plig *het ~, vb.* force, compel, oblige, constrain, make; pledge, commit; necessitate; *iem.* ***aan*** *jou ~, (rare)* place/put s.o. under an obligation; ***jou*** *~* pledge/bind o.s.; *iets ~ iem.* ***om*** *te ...* s.t. compels s.o. to ...; s.o. is under an obligation to ...; *iem.* ***tot*** *iets ~* bind s.o. to s.t.; *~* ***word*** *om iets te doen* be made to do s.t.. **ver·plig** *-pligte, adj.* obliged, compelled; compulsory *(subject)*; obligatory; *(jur.)* mandatory; in duty bound; *dit* ***aan*** *iem. ~ wees, (rare)* owe it to s.o.; ***eershalwe*** *~ wees om iets te doen* be in honour bound to do s.t.; *jy was ~* ***en*** *verkoop/ens. ...* one was forced to sell/etc. ...; *iets ~(tend)* ***maak*** make s.t. compulsory; *iem. is ~* ***om*** *iets te doen* s.o. has to do s.t.; s.o. is compelled/forced/obliged to do s.t.; it is incumbent (up)on s.o. to do s.t.; s.o. is in duty bound to do s.t.; s.o. is reduced to doing s.t.; ***sedelik*** *~ wees* be morally bound (*or* under a moral obligation); *~* ***voel*** *om iets te doen* feel compelled/forced/obliged/constrained to do s.t.; *~* ***wees*** *om ...* have to ..., be obliged/compelled to ... **ver·plig·baar** *-bare: ~bare getuie, (jur.)* compellable witness. **ver·plig·tend** *-tende* compulsory, obligatory, binding; *iets ~* ***maak*** →VERPLIG *adj.*. **ver·plig·ting** *-tings, -tinge* obligation; engagement, commitment; liability; duty, burden; undertaking; compulsion, necessity; *'n ~* ***aangaan*** make a commitment; *te veel ~e* ***aangaan*** overcommit o.s.; ***(geldelike)*** *~e* indebtedness, engagements; *~e* ***hê*** have obligations; *'n* ***heilige/onskendbare*** *~* a sacred trust; *jou ~e* ***nakom*** discharge/fulfil(l)/meet one's obligations; *'n ~ op jou* ***neem*** undertake/accept an obligation; *die ~ op jou* ***neem*** *om ...* undertake to ...; *iem. van 'n ~* ***onthef*** absolve s.o. from an obligation; *die ~* ***rus op*** *jou om dit te doen* it is incumbent (up)on you (*or* it is your duty) to do it; ***sonder*** *~* without obligation; *onder ~* ***staan*** be under an obligation; *iem. onder ~* ***stel*** place/put s.o. under an obligation; *~e* ***teenoor*** *iem.* obligations to s.o..

ver·pluk *-plukte* dishevelled, untidy, unkept.

ver·poei·er *het ~* powder; pulverise; *(paint)* chalk; *(tech.)* comminute; *(chem.)* triturate. **ver·poei·er·baar** *-bare* friable. **ver·poei·e·ring** pulverisation; comminution; trituration.

ver·po·li·tiek *het ~, vb.* = VERPOLITISEER. **ver·po·li·tiek** *-tiekte, adj.* politicised; →VERPOLITISEER(D); rotten/besotted with politics. **ver·po·li·ti·seer** *het ~, vb.* politicise. **ver·po·li·ti·seer(d)** *adj.* politicised.

ver·poos *het ~* rest.

ver·pop *het ~, (entom., rare)* pupate, cocoon; *'n ruspe(r) ~ (hom)* a caterpillar pupates. **ver·pop·ping** *-pings, -pinge* pupation.

ver·po·sing *-sings, -singe* relaxation, recreation, rest, break, pause.

ver·pot *het ~, vb.* plant in (*or* put into) another pot, repot. **ver·pot** *-potte, adj.* feeble, stunted, poor *(specimen)*; undergrown; stunted *(tree)*; repotted *(plant)*.

ver·praat *het ~, (rare)* talk away *(time)*; *jou ~* give o.s. (*or* the show) away, drop a brick.

ver·pulp *het ~* pulp. **ver·pul·ping** pulping.

ver·puur *het ~, (rare)* purify.

ver·raad *(jur.)* treason; treachery, betrayal; perfidy; sell-out; *dit is niks* ***anders*** *as ~ nie* it is rank treason; *dit is ~* ***om*** *te ...* it is treason to ...; *~* ***pleeg*** commit treason, turn traitor, sell the pass; *~ teen ...* ***pleeg*** betray ...; *die* ***snuf*** *van ~ (in die neus) kry, ~* ***vermoed*** scent treachery. **ver·ra·der·lik** *-like* treacherous, traitorous, perfidious; unpredictable; treasonable; insidious *(disease)*; false(-hearted); *'n ~e glimlag* a telltale smile. **ver·ra·der·lik·heid** treacherousness, traitorousness, perfidy, treachery; insidiousness.

ver·raai *het ~* betray; reveal; double-cross, sell out; commit treason; split (on), *(SA sl.)* pimp on; →VERRAAD; *iets ~* ***alles*** s.t. is a dead giveaway *(infml.)*; *'n* ***geheim*** *~* betray/reveal (*or* give away) a secret; *dit ~* ***hoogmoed*** it savours of pride; ***jou*** *~* give o.s. away; *iem. se* ***stem*** *het hom/haar ~* s.o.'s voice betrayed him/her. **ver·raai·er** *-ers* traitor, *(fem.)* traitress, betrayer, double-crosser, Judas; *(infml.)* squealer, squeaker; quisling; *'n ~ van ... wees* be a traitor to ..., betray ...; *~ word* turn traitor. **ver·raai·ers·kus** Judas kiss. **ver·raai·e·ry** *-rye* treachery, treason, betrayal; double-dealing; sell-out.

ver·ras *het ~, vb.* surprise, take unawares (*or* by surprise), catch unawares, startle; spring a surprise; ***aangenaam*** *~ wees* be agreeably surprised; *~* ***deur*** *...* surprised by/at ...; ***dit*** *~* ***my*** it comes as a surprise to me; *iem.* ***met*** *iets ~* surprise s.o. with s.t., give s.o. a surprise with s.t.; *iem. is* ***onaangenaam*** *~* s.o. got an unpleasant surprise; s.o. got a nasty/rude shock. **ver·ras** *-raste, adj.* surprised, caught unawares; *'n ~te blik* a surprised look. **ver·ras·send** *-sende, adj.* surprising, startling; amazing; unexpected; *nie ~ nie* not surprising, unsurprising. **ver·ras·send** *adv.* refreshingly, surprisingly, startlingly. **ver·ras·sing** *-sings, -singe* surprise; taking by surprise; *'n* ***aangename*** *~* a pleasant surprise; *iem. 'n ~* ***besorg*** spring a surprise on s.o., give s.o. a surprise; *'n* ***effense*** *~* a bit of a surprise *(infml.)*; *dis 'n* ***groot*** *~!* what a surprise!; *'n* ***uiterste*** *~ wees* be a bombshell *(infml.)*; *iets is* ***vir*** *iem. 'n ~* s.t. comes as a surprise to s.o.; *'n ~* ***wag*** *vir/op iem.* a surprise awaits s.o.; ***wat*** *'n ~!* what a surprise!.

ver·ras·sings-: ~aanval swoop, surprise attack, sneak attack *(infml.)*. **~pakkie** lucky packet, surprise packet. **~party(tjie)** surprise party. **~toets** spot check.

ver·ras·sin·kie *-kies, (dim.)* little surprise.

ver·re far; *~* ***daarvan(daan)!*** far from it!; *~* ***daarvan*** *dat ...* far from ...; *van* ***heinde*** *en ~* →HEINDE; *op ~* ***na*** *nie* not by far, not by a long way/chalk/shot; *op ~* ***na*** *nie so ... nie, (also)* not nearly so ...; *dit is op ~* ***na*** *nie volmaak/ens. nie* it is a long way off perfection/etc.; *in die ~* ***Noorde*** →NOORDE; *dit* ***sy*** *~ van my om ..., (obs.)* far be it from me to ...; *dit* ***sy*** *~ (van my)!, (obs.)* perish the thought!. **V~-Noord-** Far Northern; *V~-Noord-Kalifornië* Far Northern California. **V~-Noorde:** *die ~* the Far North. **V~-Ooste:** *die ~* the Far East. **V~-Oosters** Far Eastern. **V~-Suide:** *die ~* the Far South. **V~-Suidelik** Far Southern. **V~-Weste:** *die ~* the Far West. **V~-Westelik** Far Western.

ver·re·gaan·de, ver·re·gaan·de extreme *(folly)*; far-reaching, outrageous, radical, unheard-of, scandalous, blatant, monstrous, preposterous; *~ nalatigheid* gross negligence; *~ veranderinge* sweeping changes. **ver·re·gaand·heid, ver·re·gaand·heid** outrageousness, scandalousness; →VERREGAANDE.

ver·rei·kend, vêr·rei·kend →VER *adj. & adv.*.

ver·rek *het ~, vb.* strain, wrench *(an arm, a leg)*; sprain, twist *(an ankle)*; pull, strain *(a muscle)*; strain, crick, rick *(one's neck/back)*; stretch *(a tendon)*; *jou ~* strain o.s., overreach; *jou nek ~ om te sien* strain one's neck to see. **ver·rek** *-rekte, adj.* pulled, strained *(muscle)*; sprained, twisted *(ankle etc.)*. **ver·rek·king** *-kings, -kinge* strain(ing), spraining, wrenching, twisting; permanent elongation.

ver·re·ken *het ~* clear *(cheques)*; set/trade off *(amounts)*; collate *(debts)*; exchange *(a money order)*; miscalculate; *jou ~* miscalculate, calculate wrongly; *iets teen ... ~* set s.t. off against ... *(an amount)*. **~bank** = VERREKENINGSBANK. **~kantoor** = VERREKENINGSHUIS.

ver·re·ke·ning clearing, clearance *(of cheques)*; set-off, setting off; settlement; adjustment; miscalculation.

ver·re·ke·nings-: ~bank clearing bank. **~bewys** adjustment voucher. **~dag** *(comm.)* settling day. **~huis, ~kantoor** clearing house. **~merk** crossing *(on a cheque)*.

ver·re·se risen, resurrected; →VERRYS; *uit die dode ~* risen from the dead; *die V~ne, (Chr. theol.)* the Risen One.

ver·re·weg by far, far and away, ever so much; *~ die* ***beste/ens.*** by far the best/etc., far/out and away the best/etc.; *~* ***beter*** far (and away) better; *~* ***nie*** not by a long way/chalk/shot; *~* ***nie*** *so ... nie, (also)* not nearly so ...; *~ die* ***slegste*** much the worst.

ver·rig *het ~* do, perform, execute; work *(wonders)*; accomplish, achieve; conduct; engineer; ply; *die opening ~/waarneem/behartig* perform the opening ceremony; *~te taak* completed task. **ver·rig·ter** *-ters* doer, accomplisher, transactor. **ver·rig·ting** *-tings, -tinge* execution, performance; transaction; deed; *(also, in the pl.)* proceedings, transactions; meeting, function; *volgorde van ~e* order of service/proceedings; *aangesien die ~e afgehandel was, het ...* there being no further business ...

ver·rim·pel *het ~* wrinkle. **ver·rim·pel(d)** *-pelde* wrinkled, wrinkly, wizened, puckered, lined.

ver·rin·ne·weer damage, spoil. **ver·rin·ne·wa·sie** damaging, spoiling. **ver·rin·ne·weer·der** destroyer, spoiler.

ver·roer *het ~* stir, move, budge, shift; *jou nie ~ nie* not budge (an inch); sit tight; *geen vinger ~ om te ... nie* →VINGER.

ver·roes *het ~, vb.* rust, grow/get rusty; rust away; corrode. **ver·roes** *-roeste, adj.* rusty, rusted, corroded; *(fig.)* crusted. **ver·roest·heid** rustiness *(of a sports team etc.)*. **ver·roes·ting** rustiness, rust(ing), corrosion.

ver·ro·mer creamer *(for coffee etc.)*.

ver·rooms *het ~, vb.* catholicise. **ver·rooms** *-roomste, adj.* catholicised. **ver·room·sing** catholicisation.

ver·rot *het ~, vb.* rot, decay, putrefy, decompose, fester. **ver·rot** *-rotte, adj., (lit. & fig.)* rotten; bad, corrupt; decayed, perished; putrid, putrefied; *deur en deur ~ wees* be rotten to the core. **ver·rot·tend** *-tende* decaying, putrefactive, putrefying, putrescent; carious *(tooth)*; →VROT *adj.*. **ver·rot·ting** decay, putrefaction, rot(ting), putrescence, decomposition; *(verborge) ~, (fig.)* dry rot. **ver·rot·tings·pro·ses** process of decay, decomposition. **ver·rot·tings·vry** rot-proof.

ver·ruil *het ~* (ex)change, interchange, swap, swop, barter, trade; *iets vir ... ~* exchange/swap/swop s.t. for ... **ver·ruil·baar** *-bare* exchangeable. **ver·rui·ling** *-lings, -linge* exchange, interchange, swap, swop, trade, barter.

ver·ruim *het ~* widen, enlarge, extend; broaden, liberalise *(the mind, one's outlook)*. **ver·rui·ming** widening; *(fig.)* broadening.

ver·ruis *het ~, (rare: sound)* die away.

ver·ruk *het ~, vb.* enrapture, enchant, delight, ravish, thrill. **ver·ruk** *-rukte, adj.* enraptured, enchanted, delighted, rapturous, spellbound, ecstatic, elated, overjoyed, jubilant; *~ wees van ...* be transported with ... *(joy etc.)*; *oor iets ~ wees* be elated/overjoyed at s.t., be enraptured by/with s.t., be entranced at/by/with s.t.. **ver·ruk·kend** *-kende* enchanting; →VERRUK *vb.*. **ver·ruk·king** *-kinge* rapture, joy, ecstasy, enchantment, delight, transport (of joy), exaltation, entrancement, bliss, pleasure; *in ~ bring* enchant, ravish; *in ~ wees* be in transports. **ver·ruk·lik** *-like* enchanting, entrancing, delectable, delightful, gorgeous, exquisite, divine, ravishing, delicious; *(absoluut) ~, (also, infml.)* devastating. **ver·ruk·lik·heid** delightfulness; →VERRUKLIK.

ver·ru·wing coarsening, hardening; *(fig.)* coarsening, vulgarisation *(of manners)*.

ver·ryk *het ~, vb.* enrich; *jou ~* enrich o.s.. **ver·ryk** *=rykte, adj.* enriched; *~te melk* enriched milk. **ver·ry·kend** *=kende* enriching; *'n ~e belewenis* an enriching experience. **ver·ry·king** enrichment, aggrandisement. **ver·ry·kings·aan·spreek·lik·heid** enrichment liability.

ver·rys *het ~* rise, emerge; spring/shoot up *(like mushrooms)*, mushroom; come into being; arise *(from the dead)*; →VERRESE; *uit ... ~* rise from ... *(the sea etc.)*. **ver·ry·send** emergent. **ver·ry·se·nis** resurrection, rising. **ver·ry·sing** emergence.

vers[1] *verse, n.* verse; stanza, stave; poem, rhyme; *die **eerste** en (die) tweede ~* the first and second verses; *~ 1 **en** (~) 2* verses 1 and 2; ***in** ~* in verse; *~ en **kapittel** (vir iets) noem, iets met ~ en kapittel bewys* give/quote chapter and verse (for s.t.); *~ van twee **reëls*** couplet; *~e **van** ...* poems by ... **~bou** metrical structure/composition, versification. **~drama** verse play. **~kuns** (art of) poetry, poetics, versification. **~leer** prosody, metrics, poetics. **~maat** metre, movement. **~reël** line of poetry. **~ritme** verse rhythm. **~soort** kind of poetry/verse, metre. **~voet** metrical foot.

vers[2] *verse, n.* heifer. **~kalf** female/cow/heifer calf.

vers[3] *adv.: ~ gevorderde* →VER *adj. & adv.*.

ver·saag[1] *het ~* saw up; saw badly/wrongly, spoil by sawing.

ver·saag[2] *het ~, vb., (rare)* despair; flinch; *nie ~ nie* never/not despair. **ver·saag** *=saagde adj., (rare)* faint-hearted. **ver·saagd·heid**, *(rare)* faint-heartedness.

ver·saak *het ~* forsake, desert, betray *(a friend etc.)*; renounce *(the world)*; neglect *(a duty)*; abandon; *troef/kleur ~, (playing cards)* revoke, not follow suit.

ver·sa·dig *het ~, vb.* satisfy, satiate *(an appetite)*; fill; *(chem.)* saturate; ***iets met ...** ~* impregnate s.t. with ...; ***jou** ~* eat one's fill, satisfy one's appetite; *(**ten volle**) ~* sate, satiate; glut *(the market)*; *~de **vet*** saturated fat. **ver·sa·dig** *=digde =diger =digste, adj.* replete; *~de **mark*** saturated market; *iets is ~ **met** ...* s.t. is replete with ...; *~de **oplossing*** saturated/concentrated solution; *iem. is ~ **van** ...* s.o. is replete/sated/satiated with ... **ver·sa·dig·baar** *=bare* satisfiable, satiable; *(chem.)* saturable. **ver·sa·digd·heid** satiety, repletion; *(chem.)* saturation. **ver·sa·di·gend** *=gende* satisfying *(food, meal)*. **ver·sa·di·ging** satiation, repletion; *(chem.)* saturation.

ver·sa·di·gings=: **~graad** degree of saturation. **~punt** saturation point; *~ bereik* reach saturation point.

ver·sag *het ~* soften, make soft(er) *(the heart)*; ease, relieve *(pain)*; alleviate, mitigate *(pain, grief, punishment, etc.)*; soothe, salve, allay; modify *(an expression)*; tone down, temper, understate; moderate *(a law)*; cushion *(an impact)*; commute *(a sentence, punishment, etc.)*; *reg met genade ~* temper justice with mercy; *die kleure ~* soften (*or* tone down) the colouring; *'n straf ~ tot ...* commute a sentence to ... **~middel** softener *(for washing etc.)*.

ver·sag·tend *=tende* softening; alleviating, mitigating; lenitive; bland *(liquid)*; →VERSAG; *~e middel, (pharm.)* palliative, emollient, demulcent, lenitive; *~e omstandighede* extenuating circumstances; *~e uitdrukking* euphemism. **ver·sag·ter** *=ters* alleviator, mitigator, emollient. **ver·sag·ting** *=tings, =tinge* softening; alleviation, mitigation; euphemism; commutation *(of punishment)*; →VERSAG; *ter ~* in mitigation. **ver·sag·tings·mid·del** *=dels, =dele, (pharm.)* lenitive, emollient, palliative, demulcent; →VERSAGTENDE MIDDEL.

ver·sak *het ~* sink, sag, slump, subside, settle, give (way), cave in. **ver·sak·king** *=kings, =kinge* sinking, subsidence; sagging; settlement; *(med.)* prolapse; *(med.)* ptosis; cave-in; sag.

ver·sa·ker *=kers* forsaker; renouncer, betrayer; backslider; deserter; traitor; →VERSAAK. **ver·sa·king** *=kings, =kinge* forsaking, desertion; neglect, dereliction *(of duty)*; renouncing, renunciation, renouncement; betrayal; *(card games)* revoke.

ver·sa·mel *het ~* collect *(books, stamps, thoughts, courage, etc.)*; gather *(things; strength)*; muster up *(courage)*; assemble, congregate, come together, gather (together); muster, raise *(an army)*; amass, accumulate *(riches)*; compile *(a volume of stories)*; hive; muster; glean; store/treasure up, save *(for future use)*; *~de werke* collected works. **~boek** omnibus. **~drang** acquisitive instinct. **~lens** condenser lens. **~naam** *(gram.)* collective noun; collective/generic term/name, umbrella term. **~plek** meeting place/point, assembly point, point of assembly, rendezvous, trysting place; haunt. **~punt** assembly point, point of assembly. **~put** gully hole. **~rekening** summary account. **~staaf** busbar. **~stuk** collectable, =ible, collector's item/piece. **~term** catchall/umbrella term. **~voël, familievoël** *(Philetairus socius)* sociable weaver. **~werk** collection, collective work, anthology. **~wet** omnibus act. **~woord** = VERSAMELNAAM.

ver·sa·me·laar *=laars* collector, gatherer, accumulator; compiler.

ver·sa·mel·baar *=bare* collectable, =ible.

ver·sa·me·lend *=lende* collective.

ver·sa·me·ling *=lings, =linge* collection *(of books, stamps, etc.)*; gathering, collecting; assemblage, assembly, congregation; assortment, array; compendium, digest; collectanea; congeries; conglomeration; corpus *(Lat.)*; compiling; compilation; accumulation; *(math.)* set; →VERSAMEL; *'n bonte ~ (van) ...* a motley collection of ...; *'n keurige ~ (van) ...* a fine selection of ... *(works of art)*; *'n ~ munte* a collection of coins. **ver·sa·me·lings·leer** set theory.

ver·sand *het ~, vb.* silt up; *(fig.)* get bogged down. **ver·sand** *=sande, adj.* silted up, choked with sand. **ver·san·ding** silting up.

ver·sap *het ~* press juice out of. **ver·sap·per** *=pers* juicer; blender.

ver·se·boek, vers·boek, vers·bun·del, ver·se·bun·del book/volume of poetry/poems/verse.

ver·se·ël *het ~, vb.* seal (up), put a seal on; cap *(a gas/oil well)*; *deur my geteken en ~* given under my hand and seal. **ver·se·ël** *=seëlde, adj.* sealed; *~de lamp/ens., (mot.)* sealed-beam lamp/etc.; *~de orders* sealed orders. **ver·se·ë·laar** *=laars*, **ver·se·ël·mid·del** sealer, sealant. **ver·se·ë·ling** sealing (up).

ver·seep *het ~, (chem.)* saponify. **ver·seep·baar** *=bare* saponifiable. **ver·se·ping** saponification.

ver·seg *het ~* refuse flatly/bluntly/point-blank (*or* out of hand); *ek ~ (dit)!* I'm blowed if I will!; *~ om iets te doen* refuse to do s.t..

ver·seil: *onder ... ~ raak, (rare)* fall among ...; *niemand weet waar iem. ~ geraak het nie* nobody knows what has happened to s.o. (*or* what has become of s.o.).

ver·se·ker *het ~, vb.* assure, guarantee; ensure, make sure/certain, ascertain; insure *(against risks)*; secure *(one's future)*; underwrite *(a loan, an issue)*; *in ~de **bewaring*** →BEWARING; *~ **dat** ...* make certain/sure that ...; *iem. ~ **dat** ...* assure s.o. that ...; *~de **geleide*** safe conduct; *iets te **hoog/swaar** ~* overinsure s.t.; *ek ~ **jou**, (also)* I promise you; *dit **kan** ek jou ~* I/I'll warrant (you); *daarvan **kan** ek jou ~, (also)* you can/may take my word for it; ***teen** ... ~* insure against ...; *jou **van** iets ~* make certain/sure of s.t.; *jou **van** iets wil ~, (also)* want to assure o.s. of s.t. **ver·se·ker(d)** *adj.* assured; →VERSEKER *vb.*; *van iets ~ wees* be sure of s.t.; *teen iets ~ wees* be insured/covered against s.t. *(fire, theft, etc.)*. **ver·se·ker** *adv.* →VIR SEKER. **ver·se·ke·raar** *=raars* insurer, assurer; *(marine property)* underwriter. **ver·se·ker·baar** *=bare* insurable; securable. **ver·se·ker·de** *=des* assured, insured (party), insurant, party insured. **ver·se·kerd·heid** assurance; security; positiveness, positivity. **ver·se·ke·ring** *=rings* assurance, guarantee; asseveration; insurance; underwriting; warranty; *~ teen **brand*** fire insurance; *iem. die ~ **gee** dat ...* give s.o. the assurance that ...; ***oormatige** (of **te hoë**) ~* over-insurance; *~ teen **openbare** aanspreeklikheid* public-liability insurance; *~ teen **persoonlike** aanspreeklikheid* personal-liability insurance; *'n **plegtige** ~* a solemn assurance; *~ **teen** ...* insurance against ...; *~ teen totale **verlies*** total loss insurance; *~ teen **verlies** van wins* loss of profits insurance. **ver·se·ku·reer** *het ~, (rare)* secure *(against risk, cold, etc.)*; →VERSEKER *vb.*; *~ teen ...* safe from ...

ver·se·ke·rings=: **~agent** insurance agent. **~bate** insurance asset. **~dekking** insurance cover(age)/protection. **~kantoor** insurance office. **~maatskappy** insurance company. **~makelaar** assurance/insurance broker/consultant. **~plan** insurance scheme. **~poel** insurance pool. **~polis** insurance policy. **~premie** insurance premium. **~reg** insurance law, law of insurance. **~tarief** insurance rates. **~termyn** insurance period/term, term of insurance. **~wese** insurance (business), world of insurance. **~wiskunde** actuarial mathematics.

ver·se·ma·ker versifier, rhymester; →VERSIESMAKER.

ver·send *het ~* send off, mail, dispatch, despatch, consign *(goods)*; transmit *(a parcel, dispatch)*; forward *(goods, a letter)*; →VERSKEEP; *iets na ... ~* dispatch/despatch s.t. to ... **ver·sen·der** *=ders* sender, consignor, consigner; shipper; forwarding agent. **ver·sen·ding** *=dings* sending, mailing, dispatch, despatch; shipping; transmission; forwarding; consignment, shipment *(of goods)*; remittance.

ver·sen·dings=: **~afdeling** forwarding/shipping department. **~boek** dispatch book. **~brief** dispatch note. **~instruksies** *(pl.)* forwarding instructions *(for goods)*. **~klerk** forwarding/shipping clerk. **~koste** forwarding charges; shipping costs.

ver·seng *het ~, (poet., liter.)* singe, sear, scorch; blight; *die son het die aarde ~* the sun beat down (up)on the earth. **ver·sen·gend** *=gende* torrid; *~e hitte* raging/scorching/searing/stupefying heat; *~e lugstreek* torrid zone. **ver·sen·ging·siek·te** pear blight.

ver·se·ping →VERSEEP.

ver·ses·vou·dig *het ~* sextuple, multiply by six.

ver·set *n.* opposition, contestation, resistance, revolt, protest; *~ **aanteken*** protest; *die ~ **breek*** break the resistance; *oor iets **in** ~ wees* resist s.t.; be up in arms about/over s.t. *(infml.)*; *teen ... **in** ~ **kom*** rebel/revolt/rise against ...; resist ...; react against ...; *iem. se **laaste** ~* s.o.'s last stand; ***lydelike** ~* passive resistance; *~ **teen** ...* resistance to ...; opposition to ... **ver·set** *het ~, vb.: jou ~* resist, offer resistance; fight back; show fight; be refractory, not take *(s.t.)* lying down; *jou teen ... ~* resist/oppose ...; kick/rebel against ... *(treatment etc.)*; make a stand against ... *(a principle etc.)*; strive against ... *(difficulty etc.)*; bear up against ... *(sorrow etc.)*; *jou vierkant teen ... ~* oppose ... with all one's might. **~beweging** resistance movement. **~literatuur** literature of protest.

ver·se·we·vou·dig *het ~* septuple, multiply by seven; *~de* septuple.

ver·sie[1] *=sies, (dim.)* little poem/verse, verse(let), versicle, bit of poetry; stanza; →VERS[1] *n.*.

ver·sie[2] *=sies, (dim.)* little heifer; →VERS[2] *n.*.

ver·sie[3] *=sies* version.

ver·sien *het ~* service, renew, renovate, repair; →DIENS *vb.*; *'n masjien/voertuig **laat** ~* have a machine/vehicle serviced; *~ **word**, (a machine, vehicle, etc.)* be serviced; *'n voertuig (garage toe) neem om ~ te **word*** take a vehicle in for a service. **ver·sie·ning** renovation, repair(ing); service, servicing *(of a vehicle)*; *'n voertuig (garage toe) neem vir ~* take a vehicle in for a service.

ver·sier *het ~, vb.* decorate, adorn; beautify; embellish, ornament; trim *(a dress etc.)*; set off; garnish; blazon; *iets met ... ~* adorn s.t. with ...; decorate s.t. with ...; embellish s.t. with ...; garnish s.t. with ... *'n koek ~* decorate a cake; ice/frost a cake; *'n storie ~* embellish a story. **ver·sier(d)** *=sierde, adj.* adorned, ornate, garnished, decorated; (hi)storiated; *versierde adres* illuminated address; *versierde styl* ornate style; *met ... ~ wees* be adorned with ...; be decorated with ...; be garnished with; be decked out in ...; be decked with ... *(flags etc.)*; be trimmed with ... *(lace etc.)*. **~lekkertjies** *(cook.)* hundreds and thousands. **~pen** icing needle/nail. **~sak** *(cook.)* piping bag. **~spuit** icing syringe. **~suiker** icing (sugar).

ver·sier·der *=ders* decorator; trimmer. **ver·sie·rend**

=*rende* decorative, ornamental. **ver·sie·ring** =*rings* decoration, decorating; ornamentation; ornament, adornment; enrichment; embellishment; garnishment, garniture; trimming; icing, frosting *(of a cake); (also, in the pl.)* trappings; *(mus.)* grace. **ver·sie·rings·kuns** = SIERKUNS. **ver·sie·rings·noot** *(mus.)* grace note. **ver·sie·rin·kies, ver·sier·sel·tjies** *(pl.)* trinketry. **ver·sier·sel** =*sels* decoration, ornament; trimming; icing, frosting *(on a cake)*; sprig; jewel; *(also, in the pl., mus.)* grace notes. **ver·sier·sel·tjies** →VERSIERINKIES.

ver·sie(s)·ma·ker versemonger, poetaster; →VERSEMAKER.

ver·si·fi·seer *ge*= versify. **ver·si·fi·ka·sie** versification.

ver·sig·tig =*tige, adj.* careful, cautious, canny, prudent, wary, circumspect(ive), discreet, guarded, mindful, pussyfooted, scrupulous, considerate; *(alte) ~ wees* err/remain on the safe side; *~ wees, (also)* take care; *met iets ~ wees* be careful with s.t.; *'n ~e benadering, (also)* a softly-softly approach. **ver·sig·tig** *adv.* carefully, with care; warily, cautiously, guardedly, cagily; *iets ~ **doen*** do s.t. with care; *iets ~ **hanteer*** handle s.t. with care; ***hanteer** ~!* handle with care!; *~ **optimisties** wees* be guardedly optimistic; *~ **ry*** drive safely. **ver·sig·ti·ge·rig** =*rige* cag(e)y, rather cautious. **ver·sig·tig·heid** care, carefulness, caution, cautiousness, wariness, prudence, caginess, canniness, circumspection, discretion; *~ is die moeder van die wysheid* discretion is the better part of valour, prudence is the mother of wisdom; *alle ~ oorboord gooi* cast/throw caution to the winds.

ver·sig·tig·heids=: ~halwe for safety's sake, by way of (*or* as a) precaution, to be on the safe side. **~maat·reël** precautionary measure.

ver·sil·wer *het ~* (plate with) silver; silver-plate. **ver·sil·we·raar** =*raars* plater. **ver·sil·we·ring** silvering, silver-plating.

ver·sin *het ~* fabricate, invent, concoct *(a story)*; excogitate, contrive, devise, make/think/dream up, devise, coin, cook up *(infml.)*; →VERSONNE; *'n ~de aanklag* →'N VALS(E) **AANKLAG. ver·sin·baar** =*bare* conceivable.

ver·sink[1] *het ~, vb.* countersink, sink; recess; merge; submerge; *(fig.)* sink (down/away), be absorbed; *in die niet ~* pale into insignificance. **ver·sink** =*sinkte, adj.* (→VERSONKE *adj.*): *in gepeins ~ wees* be absorbed/plunged/wrapped/lost/sunk/deep in thought. **~boor** countersink (bit/drill) **~haak** sinking square. **~kop** countersunk head.

ver·sink[2] *het ~, vb.* (coat with) zinc, galvanise; *~te plaat* galvanised sheet.

ver·sin·king[1] sinking; countersink(ing), recessing; →VERSINK[1] *vb.*.

ver·sin·king[2] coating with zinc, galvanisation; →VERSINK[2] *vb.*.

ver·sin·lik, ver·sin·li·king →VERSIN(NE)LIK, VERSIN(NE)LIKING. **ver·sin·ne·beeld** *het ~* symbolise, emblematise. **ver·sin·ne·beel·ding** symbolisation. **ver·sin·(ne·)lik** *het ~* sensualise, carnalise, materialise, render perceptible to the senses. **ver·sin·(ne·)li·king** materialisation. **ver·sin·ner** =*ners* inventor, fabulist, fabler, coiner, forger, deviser. **ver·sin·sel** =*sels* fabrication, concoction, figment, invention, coinage, fable, concocted story, fiction, contrivance.

ver·sit *het ~* move, shift, displace; *(fig.)* remove *(mountains)*; shift (up), move (up); move/change one's seat; *sonder om 'n voet te ~* →VOET; *die wissel ~* →WISSEL *n.*. **~prop** *(elec.)* wander plug.

ver·skaal *het ~, (rare)* go/become stale/flat; scale (up). **ver·skaal(d)** =*skaalde, adj., (rare)* flat, stale *(beer)*.

ver·skaf *het ~* provide *(s.o. with s.t.)*, furnish, give *(an opportunity, a pleasure)*; purvey, make available, supply, afford; serve; cater *(to/for)*; *iets aan iem. ~* provide/supply s.o. with s.t., supply s.t. to s.o.; make s.t. available to s.o.; *dit is deur ... ~* it was provided/supplied by ...; *~te* provided, *etc.*. **ver·skaf·fer** =*fers* provider, purveyor, procurer, supplier, victualler. **ver·skaf·fing** provision, furnishing; serving; supply; procuration; →VERSKAF. **ver·skaf·fings·be·dryf** supply industry.

ver·ska·ling scaling up.

ver·skans *het ~* entrench, barricade, fortify, stockade; *(fin.)* hedge; *jou ~* barricade o.s. in; *~te bepalings* entrenched provisions. **ver·skan·sing** =*sings*, =*singe* entrenchment; rampart, earthwork; bulwark; barricade, fortification; *(mil.)* retrenchment; zariba, zare(e)ba, stockade; *(also, in the pl.)* defensive works; *(fin.)* hedging.

ver·skeep *het ~* ship; transship, tranship; boat; →VERSEND.

ver·skei·den·heid =*hede* variety, diversity; assortment, mixed bag; range; medley; *'n groot ~ (van) ...* a wide choice/selection of ...; a wide range of ...; a wide variety of ...; *'n ~ (van) speelgoed/ens.* a variety of toys/etc.. **ver·skei·den·heids·kon·sert** variety concert.

ver·skei·e several, various, multiple; *~ duisende/miljoene/kilometers/meters* several thousands/millions/kilometres/metres; *~ kere* several times, more than once.

ver·ske·ne published; →VERSKYN; *'n pas ~ (of pas verskene) boek* a recently published book, a book just published.

ver·ske·per =*pers* shipper; →VERSKEEP. **ver·ske·ping** =*pings* shipment, shipping.

ver·ske·pings=: ~afdeling shipping department. **~hawe** port of shipment. **~kantoor** forwarding/shipping office. **~klerk** shipping clerk. **~koste** shipping costs/charges. **~onderneming** shipping business.

ver·skerf *het ~* fragment; →VERSKERWING; *~de* fragmented.

ver·skerp *het ~, (lit. & fig.)* sharpen; become sharp(er) (*or* more intense); intensify, heighten, accentuate; make stricter (*or* more stringent), tighten/sharpen (up); worsen, escalate, intensify; *jou aanval op iets ~* escalate/intensify one's attack on s.t.. **ver·sker·ping** =*pings* sharpening, accentuation, intensification, *etc.*; →VERSKERP.

ver·sker·wing fragmentation; →VERSKERF. **ver·sker·wings·toets** fragmentation test.

ver·skeur *het ~* tear (to pieces), tear up/apart; rip up, shred; mangle; savage; lacerate; *(fig.)* rend *(one's heart)*; disrupt; divide, pull/tear apart, disunite *(a country etc.)*. **ver·skeur(d)** =*skeurde, adj.* torn, tattered, *etc.*; *'n verskeurde samelewing/gemeenskap* a deeply divided society; *deur ... ~ wees* be torn by ... **ver·skeurd·heid** laceration; disruption; affliction. **ver·skeu·rend** =*rende* tearing apart/up; lacerating; *(fig.)* violent *(pain)*; *(rare)* carnivorous. **ver·skeu·ring** tearing (up), rending; laceration; disruption.

ver·skiet[1] *n.* distance; *(drawing)* perspective; view, vista; prospect; *in die ~* in the distance; on the horizon; *'n donker ~* a gloomy prospect; *dit lê nog vyf jaar in die ~* it is still five years away.

ver·skiet[2] *het ~, vb.* spend, use up *(cartridges)*; change colour, fade, pale, lose colour, discolour; *(a star)* shoot; *(pain)* stop suddenly, shift; *~ende kleur* fugitive colour; *~ende ster* meteor, falling/shooting star.

ver·skil =*skille, n.* difference *(of opinion; in arithmetic)*; disparity *(in age)*; dissimilarity, contrast, distinction; discrepancy; variance; dispute, disagreement; *'n **aansienlike** ~* an appreciable difference; *dit maak 'n **aansienlike** ~, (also)* it makes a good deal of difference; *die ~ **deel*** split the difference; *daaroor bestaan **geen** ~ nie* that is common ground; *dit maak **geen** ~ nie* it makes no difference; it does not matter; *dit maak vir iem. **geen** ~ nie, (also)* it is all one to s.o.; ***geen** ~ sien nie* not see any difference; *'n ~ met iem. **hê** oor iets* have a difference with s.o. about/on/over s.t.; *'n **hemelsbreë** ~* a world of difference; *die ~ **in** ...* the difference in ...; *'n ~ **maak*** make a difference; *watter ~ **maak** dit?* what (does it) matter?; *'n ~ **maak** tussen ... en ...* treat ... and ... differently; discriminate between ... and ...; *die ~ **tussen** ... en ...* the difference between ... and ... **ver·skil** *het ~, vb.* differ, vary; *met **betrekking** tot* (of ***oor*** of ***in verband** met*) *iets ~* differ about/on/over s.t.; *in **geaardheid** ~* differ in nature; ***hemelsbreed*** (of ***soos** dag en nag*) *~* be poles/worlds apart; differ widely; *hulle ~ **hemelsbreed*** (of ***soos dag en nag***), *(also)* there is a world of difference between them; ***hier** ~ ek* on this I disagree, this is where I join issue; *hulle ~ met/van **mekaar*** they disagree; *hulle ~ van **mekaar*** they are different/unalike; they are distinct from each other; ***met** 5 mm ~* differ by 5 mm; ***met/van** iem. ~* disagree with s.o., differ with/from s.o.; join/take issue with s.o.; *oor iets **met/van** iem. ~* disagree with s.o. about/on/over s.t.; ***van** ... ~* differ from ..., be different from ...; be dissimilar to ...; be distinct from ...; ***vriendskaplik** met/van mekaar ~* agree to differ. **~punt** point of difference; dissimilarity; controversial point. **~sig** = PARALLAKS. **~syfer** differential.

ver·skil·lend =*lende* different, contrasting; dissimilar, unalike; distinct; divergent; various, varied, sundry, multifarious; *baie ~ wees* differ widely; *~e **beskuitjies*** assorted biscuits; *twee dinge is **heel(temal)** ~* two things are quite different; *~e **kere*** on various/several occasions; *iets/iem. is ~ **van** iets/iem. anders* s.t./s.o. is different from s.t./s.o. else; *~ **van kleur**/ens. wees* vary in colour/etc..

ver·skil·le·re·ke·ning difference/discrepancy/adjustment account.

ver·skim·mel *het ~* become/turn/grow/go mouldy. **ver·skim·mel(d)** =*melde, adj.* mouldy; *(fig.)* timid, shy, bashful *(a child)*.

ver·sko·le →VERSKUIL.

ver·sko·ning[1] =*nings, n.* excuse; pardon, apology; exemption; condonation; justification; *iem. 'n ~ **aanbied*** offer s.o. an apology; *'n ~ **aanvaar*** accept an apology; ***allerhande** ~s hê* make a thousand and one excuses; *~ **van diensonderbreking,** (fml.)* condonation of break in service; *'n **flou/niksseggende** ~* a flimsy/lame/poor/sorry/thin excuse; *dit is **geen** ~ **nie*** it is no excuse; *'n **kruiperige** ~* an abject apology; *~ **maak*** apologise, offer an apology; ***ter** ~* by way of excuse; by way of apology; *~ **toestaan/verleen*** grant indulgence; *~ **vra** vir jou gedrag/ens.* apologise for one's behaviour; *(by) iem. (om) ~ **vra** vir iets* apologise to s.o. for s.t., make one's apologies to s.o., offer s.o. an apology; *(om) ~ **vra*** excuse o.s.; *iem. (om) ~ **vra,** (also)* beg s.o.'s pardon; *vir iem. ~ **vra*** apologise for s.o.; *'n **wettige** ~* a valid excuse.

ver·sko·ning[2] *n., (<Du., rare)* change of clothes/linen.

ver·skoon[1] *het ~* excuse, condone, overlook, pardon, justify; *iem. **iets** ~* excuse s.o. for s.t.; ***jou** ~* excuse o.s.; *~ **my**!* excuse me!; pardon me!; (I'm) sorry!; *~ **my** (asseblief)!* I beg your pardon!; *iets **van** iem. ~* pardon s.o. for (doing) s.t.; *vra om ~ te word* excuse o.s., beg to be excused.

ver·skoon[2] *(<Du., rare)* change; *jou ~* change one's clothes.

ver·skoon·baar =*bare* pardonable, condonable, justifiable, excusable, permissible, venial; →VERSKOON[1]. **ver·skoon·baar·heid** pardonableness, excusableness, *etc.*.

ver·skop *het ~* kick away; *(fig.)* spurn, reject, cast out. **ver·skop·pe·ling** =*linge* outcast, pariah.

ver·skot =*skotte, (rare)* advance, (out-of-pocket) payment/expense; →VOORSKOT.

ver·sko·te *(dated)* faded, discoloured; →VERSKIET[2] *vb.*.

ver·sko·we *(rare)* →VERSKUIF *adj.*.

ver·skraal *het ~* attenuate; become/grow poorer/scantier/leaner, become attenuated; *(fig.)* slim down *(an organisation etc.)*. **ver·skra·ling** attenuation.

ver·skree(u) *het ~* shout/scream/yell at.

ver·skrik *het ~, vb.* frighten, startle, aghast, terrify, scare, daunt, appal, horrify, alarm, intimidate, panic. **ver·skrik** =*skrikte, adj.* frightened, awe-struck, awe-stricken, fear-stricken, panic-stricken, panic-struck, startled, terrified, scared, panicky; *oor iets ~ wees* be terrified at s.t.. **ver·skrik·king** =*kings*, =*kinge* terror, horror; *nag van ~(e)* night of terror(s); *die ~e van oorlog* the horrors of war. **ver·skrik·lik** =*like, adj.* terrible, dreadful, awful, horrible, devastating, frightful, frightening, fearsome, dire, appalling, heinous, hor=

rendous, unholy; disgusting, sickening, *(infml.)* sick-making; astonishing, stupefying; raging *(thirst);* shattering *(effect, experience, etc.);* excrutiating, searing *(pain); dis iets ~s* it's a terrible business; *dit was iets ~s, (also)* it was something awful. **ver·skrik·lik** *adv.* very (much); terribly, dreadfully, horribly, appallingly, *etc.; ~* ***besig*** *wees* →BESIG *adj.; ~* ***ernstig*** deadly serious; *~* ***onbeskof*** abominably rude; *~* ***teleurgestel(d)*** bitterly/deeply/grievously disappointed; *~* ***vervelig*** crashingly/excruciatingly/thunderingly dull, (as) dull as dishwater/ditchwater, (as) dry as dust. **ver·skrik·lik·heid** terribleness, *etc.*. **ver·skrikt·heid** terror, fear, apprehension.

ver·skroei *het ~* scorch, singe, char, sear, blister, parch; *~de aarde* scorched earth. **ver·skroei·end** *=ende* scorching, parching, singeing, searing. **ver·skroei·ing** scorching, parching, singeing.

ver·skrom·pel *het ~* shrivel (up), wrinkle, wither, shrink; *(plants)* wilt. **ver·skrom·pel(d)** *=pelde, adj.* shrivelled (up), withered, wrinkled, wizened *(s.o.['s face] etc.); ~de lewer* = SKROMPELLEWER. **ver·skrom·pe·ling** shrivelling, withering, *etc.;* cirrhosis.

ver·skryf *het ~* miswrite; *jou ~* make a slip of the pen. **ver·skry·wing** *=wings, =winge* clerical error, slip of the pen.

ver·skuif, ver·skui·we *het ~, vb.* shift, (re)move, shove along/away, slide; slew; postpone, defer, put off, extend *(a date);* transfer *(to another post);* resite; *(geol.)* fault; displace, dislocate. **ver·skuif** *=skuifde, adj.* shifted, *etc.*. **ver·skuif·baar** *=bare* (re)movable; postponable; advanceable.

ver·skuil: *~* ***bly*** remain in hiding; ***jou*** *~* hide (o.s.), conceal o.s.; *~* ***lê*** lie perdu(e); *~de/verskole* ***pype/geut*** concealed piping/tubing/gutter.

ver·skui·we →VERSKUIF *vb.*. **ver·skui·wing** *=wings, =winge* shift(ing), (re)moving, sliding; *(geol.)* displacement; *(geol.)* fault, faulting, shift; dislocation; putting off, postponement, deferment; shift, transfer *(to another post);* reshuffle *(of posts);* swing *(of votes); (med.)* prolapse; *'n ~ (van steun) na 'n party* a swing to a party; *~ toegelaat, (golf)* preferred lie. **ver·skui·win·kie** *=kies, (dim.)* small shift; *(geol.)* slip.

ver·skul·dig *=digde* due, indebted, owing, owed, payable, incoming; ***agting*** *aan ... ~ wees* →AGTING; ***baie/veel*** *aan iem. ~ wees, iem. baie/veel ~ wees* be deeply/greatly in s.o.'s debt, be deeply/greatly indebted to s.o., owe s.o. much; *die ~de* ***bedrag*** *betaal* pay all that was owing (*or* the amount due); *die ~de* ***eer*** *bewys* pay due homage; *met (alle ~de)* ***eerbied*** →EERBIED; ***veel*** *aan iem. ~ wees* →***baie/veel;*** *dit aan iem. ~* ***wees*** *om te ...* owe it to s.o. to ...

ver·skyn *het ~* appear; put in (*or* make) an appearance, turn out/up, show up; present o.s., attend; manifest; *(a book)* be published, appear, come out; surface, emerge; *'n engel ~* ***aan*** *iem.* an angel appears to s.o.; *ten* ***behoewe*** *van ... ~* appear on behalf of ...; *die* ***boek*** *het ~* →BOEK *n.; die* ***boek*** *het by ... ~* the book was published by ...; *in* ***druk*** (*of* ***gedrukte vorm***) *~* appear in print; *voor die* ***landdros*** *~* appear before the magistrate; *'n kort* ***rukkie*** *~* appear briefly, make a brief appearance; *op die* ***toneel*** *~* →TONEEL; ***uit*** *iets ~* emerge from s.t., emerge out of s.t.; ***vir*** *iem. ~* appear for s.o. *(in a court);* ***voor*** *iem. ~* appear/go before s.o.. **~dag** *(jur.)* day/date of appearance.

ver·sky·ning *=nings, =ninge* appearance; emergence, coming out; apparition, phantom, sprite, ghost; manifestation; publication *(of a book);* apparition; *~* ***aanteken,*** *(jur.)* enter appearance; *iem. se* ***indrukwekkende*** *~* s.o.'s magnificent presence; *jou ~* ***maak*** make an appearance, put in an appearance; *'n ~* ***in*** *eie* ***persoon*** a personal appearance.

ver·sky·nings: **~dag** day/date of publication, publication day *(of a book); (jur.)* return day, date of summons. **~jaar** year/date of publication. **~vorm** form, manifestation; *(gram.)* representation; *(philos.)* phenomenon.

ver·skyn·sel *=sels* phenomenon; manifestation; feature; symptom; sign.

ver·slaaf *het ~, vb.* enslave; *~ raak aan ...* become addicted (*or* a slave) to ... **ver·slaaf** *=slaafde, adj.* enslaved, addicted, dependent *(on);* devoted; *(infml.)* hooked *(on); aan iets ~ raak* become addicted to s.t.; *('n) mens kan daaraan ~ raak, (also)* it can become an addiction; *aan ... ~ wees* be addicted to ..., be given over to ..., be a slave to ... *(drink, one's passions, etc.).* **~middel** *=s, =e* habit-forming/hard drug.

ver·slaaf·de *=des* (drug) addict, dope fiend; alcoholic; *(infml.)* junkie, junky. **ver·slaafd·heid** addiction, enslavement; (drug) dependence; *iem. se ~ aan ...* s.o.'s addiction to ...

ver·slaan *het ~, vb.* beat, defeat, worst, overthrow, conquer; quench *(thirst);* go/turn flat/stale, evaporate; *iem. behoorlik/deeglik ~* beat s.o. soundly. **ver·slaan** *verslaande, verslane, adj.* beaten, defeated; stale, flat; *verslane vyand* defeated enemy; *verslane/~de bier* stale beer.

ver·slaap *het ~* oversleep; sleep/slumber away *(the hours); jou ~* oversleep; *die ontbyt ~* sleep too late for breakfast; *die tyd ~* sleep the hours away.

ver·sla·e *=ener =enste* (of *meer ~ die mees ~)* dismayed, dumbfounded, nonplussed, at a loss; depressed, downcast, cast down, low-spirited, despondent, dejected, downhearted, disconsolate, contrite, consternated; *iem. het ~ gelyk* s.o.'s face fell; *~ maak* dismay; *oor iets ~ wees* be dismayed at s.t.. **ver·sla·en(t)·heid** dismay, consternation, dejection, dejectedness, depression, melancholy, despondency.

ver·slag *=slae* report, record, account; story; coverage; ***amptelike*** *~, (also)* protocol; *~* ***doen/gee*** report; render an account; *van iets ~* ***doen/gee*** report (on) s.t. *(a meeting);* give an account of s.t.; *vir ... ~* ***doen/gee*** report for ... *(a newspaper etc.); 'n ~* ***oor*** *...* a report on ... *(a problem etc.); 'n ~ ter* ***tafel*** *lê* table a report; *~* ***uitbring*** report back; *~ oor ...* ***uitbring*** report on ... *(a problem etc.); 'n ~* ***van*** *...* a report of ... *(a meeting).* **~gewer, (fem.) ~geefster** *=s* reporter, journalist; correspondent. **~gewing** press coverage, reporting, reportage. **~jaar** year under review. **~klerk** record clerk. **~vergadering** report-back meeting.

ver·slak *het ~* slag.

ver·slank *het ~* slim (down), reduce (weight), slenderise. **ver·slan·ker** slimmer. **ver·slan·king** slimming.

ver·slan·kings: **~dieet** slimming/reducing diet. **~kuur** slimming course. **~pil** diet/slimming pill.

ver·slap *het ~* relax *(muscles, efforts);* unclench *(muscles, one's grip); (a rope, trade, etc.)* slacken; *(a pulse)* become weaker; *(interest, zeal, etc.)* flag, wane, diminish, dwindle; ease; *(fig.)* wilt; enfeeble; enervate. **ver·slap·ping** slackening, relaxation, relaxing, weakening; easing; flagging, waning, dwindling; sag; depression; enervation; underactivity; dwindling; remission. **ver·slap·pings·fa·se** *(physiol.)* diastole.

ver·sla·we →VERSLAAF *vb.*. **ver·sla·wend:** *~e dwelm(middel)* habit-forming/hard drug. **ver·sla·wing** enslavement, thraldom; addiction, drug dependence; *iem. se ~ aan ...* s.o.'s addiction to ... **ver·sla·wings·mid·del** *=dels, =dele* (habit-forming) drug.

ver·sleep *het ~* kedge.

ver·sleg *het ~, vb.* make/grow/get worse; worsen; degenerate; go to pieces; go to the bad/dogs; degrade; deteriorate; become feeble/weak. **ver·sleg** *=slegte, adj.* degenerate, degraded, depraved; enfeebled. **ver·sleg·ting** deterioration; degeneration; degradation, depravation; enfeeblement; downswing.

ver·slen·ter *het ~, (rare)* idle away.

ver·sle·te *meer ~ mees ~, adj.* well-worn *(quotation);* hackneyed, trite, commonplace *(expression);* time-worn *(joke); (also* verslyt*)* threadbare, worn-out, shabby, well-worn *(clothes);* worn-out *(brush, broom); erg ~/verslyt wees* be badly worn *(clothes etc.).*

ver·slib, ver·slik *het ~, vb.* silt up, fill up with mud/silt/sludge. **ver·slib, ver·slik** *=slikte, adj.* silted up.

ver·slind *het ~* devour *(food, prey, a book, etc.);* swallow up, gorge, wolf; consume, use up; *iem. met jou oë ~* devour s.o. with one's eyes, gloat over s.o.. **ver·slin·dend** *=dende* devouring, voracious. **ver·slin·der** *=ders* devourer. **ver·slin·ding** devouring; →VERSLIND.

ver·slin·ger *het ~: jou aan ... ~, (rare)* throw o.s. away (*or* waste o.s.) on ..., become nuts/crazy about ...

ver·slons *het ~, vb.* bedraggle; spoil; ruin. **ver·slons** *=slonste, adj.* slovenly, untidy, bedraggled, slatternly, sluttish, ragtag, raggle-taggle, frumpish, frumpy, raddled. **ver·slonst·heid** slovenliness, slatternliness, sluttishness.

ver·slui·er *het ~* veil, obscure; hide, conceal; *(fig.)* disguise.

ver·sluk: *jou (aan iets) ~* choke (on s.t.), swallow the wrong way.

ver·slyk *het ~* slime, sludge.

ver·slyt *het ~, vb.* wear out/away/off; become threadbare; while away *(time).* **ver·slyt** *=slyte,* **ver·sle·te** *adj.* threadbare *(clothes);* worn (away/off), worn-out, well-worn, the worse for wear; →VERSLETE *adj.*.

ver·smaai *het ~* scorn, slight, spurn, despise, disdain, treat with contempt, be scornful of; *nie te ~ nie* not te be sneezed at *(infml.).* **ver·smaai·de** *adj.* scorned, despised. **ver·smaai·er** *=ers* scorner, despiser. **ver·smaai·ing, ver·sma·ding** scorn, disdain, contempt, spurn.

ver·smag *het ~* languish; waste/pine away; swelter; *~ van (die) dors* →DORS[1] *n.; ~ van (die) honger* starve, be famished/starving. **ver·smag·ting** languishing, wasting, *etc.*.

ver·smal *het ~* narrow, become narrow(er). **ver·smal·ling** narrowing.

ver·smelt *het ~* melt; smelt *(ore);* fuse *(metal);* blend; melt down/away; *(the heart, a colour, sound, etc.)* melt; *(fig.)* dissolve; *(colours)* blend; *in trane ~* melt/dissolve into tears; *iem. se hart ~* s.o.'s heart melts *(with pity, love).* **ver·smel·ting** fusion; →VERSMELT.

ver·smoor *het ~* smother, stifle, asphyxiate, suffocate; throttle; overlie *(a child).* **ver·smo·rend** *=rende* suffocating, asphyxiant; stultifying *(heat); ~e (moeder)liefde* smother love *(infml.).* **ver·smo·ring** smothering, stifling, asphyxiation, anoxia, suffocation.

ver·sna·pe·ring *=rings, =ringe* snack; titbit, delicacy, dainty, choice morsel; *(pl.)* refreshments.

ver·sne·de blended *(wine);* →VERSNITWYN, VERSNY *vb.*.

ver·snel *het ~* accelerate, speed up, quicken *(one's pace etc.); (intr.)* pick up, accelerate; step up; precipitate; *vaart ~* spurt; *met ~de pas* with quickened pace; at the double, in double-quick time. **~jaer** drag racer. **~klep** *(mot.)* throttle (valve). **~motor** drag racer; dragster. **~motorfiets** dragster bike. **~vermoë, versnellingsvermoë** pickup, accelerating/acceleration power/ability. **~wedren, versnellingswedren** drag race; *(also, in the pl.)* drag racing.

ver·snel·lend *=lende* accelerative, accelleratory, quickening; soaring *(inflation).*

ver·snel·ler *=lers* accelerator; throttle *(of an aeroplane etc.).* **~hefboom** throttle lever. **~pedaal** accelerator/throttle pedal.

ver·snel·ling *=lings, =linge* acceleration, quickening, speed(ing)-up, spurt; gear *(of a vehicle);* speed *(of a bicycle);* ***eerste/laagste*** *~, (mot.)* first gear; *(na 'n* ***hoër*** *~) opskakel* gear up; *in die* ***hoogste*** *~* in top gear; *(na 'n* ***laer*** *~) terugskakel* gear down.

ver·snel·lings: **~meter** accelerometer. **~middel** *=e, =s* accelerator; *(phot.)* activator. **~rat** (acceleration) gear.

ver·snip·per *het ~* cut into pieces/bits; fritter away *(energy, time, etc.);* disintegrate. **ver·snip·pe·raar** *=raars* shredding machine. **ver·snip·pe·ring** cutting up; frittering away, dispersion *(of strength).*

ver·snit·wyn blended wine.

ver·sny *het ~, vb.* cut up, dissect, cut in pieces; spoil/ruin in cutting; blend *(wine).* **ver·sny** *=snyde, adj.* blended; →VERSNEDE; *~de wyn* = VERSNITWYN.

ver·sny·ding cutting up; offset, setoff *(of a wall); (bricklaying)* intake; blending *(of wine).*

ver·so·ber *het ~* sober down, become sober; econ=

omise, retrench, cut back/down. **ver·so·be·ring** austerity, retrenchment, economising, economisation.

ver·soek =*soeke, n.* request, appeal, suit, prayer, bidding, instance *(fml.)*; petition; *'n ~ om ... **doen*** make a request for ...; *op **eie** ~* at one's own request; *iem. se ~ van die **hand** wys* turn down s.o.'s request, refuse s.o.; *op 'n ~ **ingaan,** 'n ~ **oorweeg*** consider/entertain a request; *iem. met 'n ~ **nader*** approach s.o. with a request; ***ooreenkomstig** u ~* as requested by you, in accordance with your request; ***op** ~* by request; ***op** ~ van ...* at the request of ...; at the behest/instance of ...; *'n ~ tot iem. **rig*** address a request to s.o.; *'n ~ **toestaan/inwillig,** aan 'n ~ **voldoen*** grant a request, accede to a request, comply with a request; *'n ~ **weier*** refuse/reject a request. **ver·soek** *het ~, vb.* request; pray; desire; ask, invite; solicit, beg; tempt; *met **aandrang** ~* press one's suit; ***beleef(d)** ~, (also)* make suit; *dit is **God** ~* it is tempting fate; *iem. word ~ **om** te ...* s.o. is requested to ... *~ **wees** om ...* be requested to ... **~program** *(rad.)* request programme. **~skrif** petition; appeal; supplication; memorial; *'n ~ **indien*** present a petition.

ver·soe·ker =*kers* requestor; applicant; tempter; petitioner; suitor.

ver·soe·king =*kings,* =*kinge* temptation; enticement; *iem. in die ~ **bring** om iets te doen* tempt s.o. into s.t.; *iem. in ('n) groot ~ **bring*** tempt s.o. strongly; ***in** die ~ wees/kom om iets te doen* be/feel tempted to do s.t.; ***in** ~ **kom*** get into temptation; ***lei** ons nie in ~ nie* (OAB), *laat ons nie in ~ **kom** nie* (NAB), *(Mt 6:13)* lead us not into temptation *(AV & NIV)*; *teen die ~ **stry*** fight against (*or* wrestle with) temptation; *in **sware** ~ wees* be sorely tempted; *vir die ~ **swig*** fall/yield to the temptation; *die ~ **weerstaan** om te ...* resist the temptation to ...

ver·soen *het ~* reconcile, conciliate; pacify, placate, propitiate, atone; accommodate; *(**met mekaar**) ~ wees* be reconciled; *iem. **met** iem. anders ~* reconcile s.o. with s.o. else; ***met** iets ~ wees* be reconciled to s.t.; *jou **met** iets ~* make the best of s.t. (*or [infml.]* a bad job); *met iem. ~ **raak*** make it up with s.o.; make one's peace with s.o.; ***sonde** ~* expiate sin; *iets kan met ... ~ **word*** s.t. is reconcilable with ...; s.t. squares with ...; **~dag** day of reconciliation; *Groot V~* →JOM KIPPOER. **~deksel** *(OAB)* mercy seat *(AV)*.

ver·soen·baar =*bare* reconcilable, placable, appeasable, compatible, propitiable; *versoenbare aannames* compatible assumptions; *met ... ~ wees* be reconcilable with ...; *(comp.)* be compatible with ... **ver·soen·baar·heid** reconcilability; placability, compatibility. **ver·soe·nend** =*nende* piacular; placatory, propitiatory, expiatory, conciliatory; compensatory, balancing. **ver·soe·ner** =*ners* pacifier, reconciler, conciliator. **ver·soe·ning** (re)conciliation, reconcilement; pacification, placation, expiation, conciliation; redemption.

ver·soe·nings-: **~beleid** policy of appeasement. **~bloed, soenbloed** *(theol.)* blood of atonement. **~bok** scapegoat. **V~dag** *(SA, 16 Dec.)* Day of Reconciliation. **~dood** →SOENDOOD. **~gesind** =*e* conciliatory. **~offer** →SOENOFFER. **~raad** conciliation board.

ver·soen·lik =*like* placable. **ver·soen·lik·heid** placability.

ver·soet *het ~* sweeten; *(poet., liter.)* dulcify; *~e kondensmelk* sweetened condensed milk; *~e melk* sweetened milk. **ver·soe·ter** =*ters* sweetener. **ver·soe·ting** sweetening; *(winegrowing)* dose. **ver·soe·tings·mid·del** =*dels,* =*dele* sweetening agent.

ver·so·ler =*lers* resoler; *(mot.)* retreader; →VERSOOL. **ver·so·ling** resoling; retreading.

ver·som·ber shade, gloom, cloud (over).

ver·son·dig *het ~* irritate, annoy, harass, plague, bother, pester, tease; *iem. is meer ~ as sondig* s.o. is more sinned against than sinning; *iem. se siel ~* →SIEL. **ver·son·di·ging** irritation, annoyance.

ver·son·ke, ver·sink =*sinkte, adj.* absorbed, lost; sunk; countersunk; immersed; →VERSINK[1] *vb.*; *in ... ~ wees* be absorbed/plunged/wrapped/lost/sunk/deep in ... *(thought etc.)*; be in a brown study; *~/versinkte kop/skroef* countersunk head/screw; *~/versinkte vlak* sunk face. **ver·son·ke·ne** =*nes, (poet., liter.)* derelict, outcast, wastrel, down-and-out(er).

ver·son·ne *(p.p.)* made-up, invented, concocted, fictitious; →VERSIN; *'n ~ aanklag* →AANKLAG; *'n ~ verhaal* a fabricated story.

ver·sool *het ~* (re)sole; retread *(tyres)*; reline *(brakes)*; *~de band* retread, retreaded tyre. **~werk** resoling; retreading.

ver·sô·re *het ~, (infml., obs.)* = VERSORG *vb.*.

ver·sorg *het ~, vb.* care for, attend to, provide for, look after, take care of, mind, tend; manage; nurse; cherish; groom; service *(a machine)*; manicure *(nails)*; condition *(skin)*; make up, produce *(a book etc.)*; edit *(a manuscript)*. **ver·sorg** =*sorgde, adj.* well-kept; well-groomed; well-finished, well-trimmed; polished *(style)*; *'n goed ~de boek/ens.* a well-produced book/etc.; *goed ~de uiterlik* immaculate appearance; *goed ~ wees* be well cared for; be well groomed; be well turned out. **ver·sorgd·heid** neatness, well-kept appearance; polish. **ver·sor·ger** =*gers* provider; minder; custodian *(of children)*; maintainer; tender; *(social welfare)* carer; *iem. is die ~ van die kinders* s.o. cares/provides for (*or* looks after) the children. **ver·sor·ging** care, provision; grooming, tending; nurture; upkeep; conditioning; maintenance; nursing; *met die ~ van ... belas wees* have the care of ...; *die ~ van ...* the care of ...

ver·sor·gings-: **~beroep** caring profession. **~etiket** care label. **~oord** crèche *(for toddlers)*; nursing home *(for the aged)*. **~pligte** *(pl.)* custodial duties.

ver·sot: *op ... ~ wees* be infatuated/besotted with (*or* dote on ... *(s.o.)*; be keen on (*or* mad/crazy about) ... *(s.o., s.t.)*. **ver·sot·heid** keenness, (over)fondness; infatuation.

ver·sout *het ~* salinise. **ver·sou·ting** salinisation.

ver·spaans *het ~* become (more) Spanish; Hispanicise, make (more) Spanish. **ver·spaan·sing** Hispanicisation; becoming/rendering/making (more) Spanish.

ver·span *het ~* brace; change *(oxen, horses)*, change the position *(of an animal)* in the team; *~de boog* braced arch. **~draad** bracing wire. **~stang** brace rod. **~stuk** bracing, brace.

ver·span·ner =*ners* brace, bracing. **ver·span·ning** bracing; change in a team.

ver·speel *het ~* gamble/trifle away, lose, blow, forfeit *(a fortune etc.)*; waste *(time)*; *'n kans ~* lose a chance, miss an opportunity; *'n ~de kans* a lost/missed opportunity, *(infml.)* a might-have-been.

ver·sper *het ~* obstruct; bar, block, barricade, block/close off *(a street)*. **ver·sper·rend** =*rende* obstructive, interceptive; *(med.)* obstruent. **ver·sper·ring** =*rings* obstruction; blocking; bar; barrier; barricade; roadblock; entanglement; *'n ~ van doringdraad* a barbed-wire entanglement; *~s oprig* put up barriers. **ver·sper·rings·bal·lon** barrage balloon. **ver·sper·rings·punt** fouling point.

ver·spied *het ~* scout, spy out, explore. **ver·spie·der** =*ders* spy, secret agent; scout. **ver·spie·ding** spying, espionage; scouting.

ver·spil *het ~* waste *(time, money, words)*; squander *(money, one's talents, etc.)*; dissipate *(money, energy, etc.)*; trifle away *(energy)*; *~de geleentheid/tyd/ens.* wasted opportunity/time/etc.. **~sug** extravagance.

ver·spil·ler =*lers* waster, squanderer, spendthrift. **ver·spil·ling** waste, squandering, dissipation; →VERSPIL.

ver·splin·ter *het ~* splinter, shiver, break into shivers/splinters, sliver, shatter; fragment. **ver·splin·te·ring** splintering, shivering, shattering; disintegration; fragmentation; break-up *(of a political party)*; *(phys.)* spallation.

ver·spoel *het ~* wash away; erode. **ver·spoe·ling** =*lings,* =*linge* washaway; water erosion.

ver·spoor *het ~* rail, send by rail.

ver·spot =*spotte* silly, foolish, inane, ridiculous, stupid, fatuous, apish, clownish, cockeyed, corny, derisory, goofy, ludicrous, Mickey Mouse *(infml., derog.)*; *~ **lyk*** look silly; *~ **wees,** (also, infml.)* play silly buggers; *effens/effe(ntjies) ~ **wees*** be faintly ridiculous; *moenie ~ **wees** nie!* don't be silly!. **ver·spot·(tig·)heid** silliness, foolishness, tomfoolery, inanity; *die ~ self wees* be utterly silly.

ver·spreek: *jou ~* make a slip of the tongue; drop a brick, put one's foot in it, let the cat out of the bag; trip over a word.

ver·sprei *het ~* spread *(a rumour, news, etc.)*; diffuse *(light, heat, a rumour, knowledge, etc.)*; scatter *(seed)*; propagate *(a belief)*; disseminate *(sedition)*; circulate *(papers)*; distribute *(goods)*; disperse; issue; effuse; pervade; *na ... ~* spread to ...; *ongehinderd ~* spread unchecked; *soos 'n veldbrand ~* spread like wildfire. **ver·sprei·baar** =*bare* diffusible. **ver·sprei(d)** =*spreide, adj.* spread; scattered *(villages, huts)*; thinly scattered, sparse, dotted about *(population)*; straggling; sporadic, dispersed; diffuse(d); →VERSPREI; *~de **las*** distributed load; *~de **lig*** diffused light; *in ~de **orde*** in extended order; *~de **(reën)buie*** scattered showers; *~de **sklerose,** (pathol.)* multiple/disseminated sclerosis. **ver·sprei(d)** *adv.* sporadically, dispersedly, diffusedly; *~ loop* straggle. **ver·sprei·dend** =*dende* spreading *(fire etc.)*; invasive *(disease)*. **ver·sprei·der** =*ders* spreader; distributor; disseminator; diffuser; →VERSPREI. **ver·spreid·heid** diffuseness.

ver·sprei·ding spreading, scattering; distribution *(of plants)*; dissemination; diffusion *(of light, heat, knowledge)*; spread(ing) *(of a disease)*; dispersion, dispersal; occurrence, incidence; suffusion; circulation *(of a paper, book, etc.)*; *(also stat.)* scatter. **~stroom** distributary.

ver·sprei·dings-: **~gebied** area/range of distribution. **~netwerk** distribution network. **~profiel** scattergram. **~reg:** *die ~ vir iets hê* hold the franchise for s.t.. **~regte** *(pl.)* distribution rights.

ver·sprei·er =*ers* = VERSPREIDER.

ver·spre·king =*kings,* =*kinge* slip (of the tongue), blunder, mistake; *'n Freudiaanse ~* a Freudian slip.

ver·spring[1] jump, spring; shift, move, leap; sprain *(one's foot)* (in jumping). **ver·sprin·gend** =*gende* staggered; *~ aanbring* stagger; *~e feesdag, (of variable date)* mov(e)able feast. **ver·sprin·ging** jumping, springing; shift; dewirement; staggering.

ver·spring[2], **vêr·spring** *n., (athl.)* long jump(ing). **ver·spring, vêr·spring** *verge=, vêrge=, vb.* do the long jump. **ver·sprin·ger, vêr·sprin·ger** =*gers, (athl.)* long jumper.

ver·staal *het ~* (turn/make into) steel; *(fig.)* steel, harden *(one's heart)*.

ver·staan *het ~* understand, comprehend, see, gather, *(infml.)* get the hang of, grasp; perceive; ***aan/van** iem. ~ dat ...* understand from s.o. that ...; *iem. **begin** iets ~* s.o. is getting the idea; *~ **dat** ...* understand that ...; ***ek** ~!* I see!; *iem. te ~ **gee** dat ...* give s.o. to understand that ...; *iem. iets duidelik te ~ **gee*** make s.t. plain to s.o.; *~ my nou **goed!*** now understand me!; ***hieronder** moet jy ~ ...* by this you should understand ..., this means (*or* by this is meant) ...; ***hoe** ~ jy dit?* what do you make of that?; *~ **jy?*** (do you) see?; *die **kuns** ~ om iets te doen* →KUNS; *iem. **laat** ~ dat ...* give s.o. to understand that ...; convey the impression that ...; ***mekaar** ~* understand each other (*or* one another); *hulle ~ mekaar **mis*** they are at cross-purposes; *wat ~ jy **onder** ...?* what do you understand by ...?; ***rede** ~* →REDE[1]; *iem./iets **reg** ~* understand s.o./s.t. properly; *as ek jou **reg** ~, (also)* if I catch/get your drift *(infml.)*; *iets **reg** ~, (also)* get s.t. right; *iem. **reg** ~, (also)* get s.o. right; *iem. ~ geen **snars** daarvan nie* s.o. does not understand a thing about it; *dit is **te** ~* it stands to reason; *iem. **verkeerd** ~* misunderstand s.o., get s.o. wrong; *moenie my **verkeerd** ~ nie* don't get me wrong. ***wel** te ~* understood, that is to say. **ver·staan·baar** =*bare* intelligible, comprehensible, plain, understandable; popular; negotiable; *jou ~ maak* make o.s. understood; *vir iem. ~ wees* be intelligible to s.o.. **ver·staan·baar·heid** intelligibility, intelligibleness, comprehensibility.

ver·sta·ling steeling; →VERSTAAL.

ver·stand brain(s), wit(s); intelligence, intellect, mind, sense, *(infml.)* savvy; *(fig., infml.)* grey matter; *(philos.)* nous; head; wisdom; *iem. se ~ is* ***benewel(d)*** s.o.'s mind is fuddled; *iem. van sy/haar ~* ***beroof*** drive s.o. out of his/her mind; *iem. is van sy/haar ~* ***beroof*** s.o. is out of his/her senses; *iets het iem. van sy/haar ~* ***be-roof*** s.t. turned s.o.'s brain (*or* drove s.o. out of his/her mind); *iets is* ***bo*** *iem. se ~, iets gaan iem. se ~ te* ***bowe*** s.t. is above/beyond s.o.'s comprehension, s.t. passes s.o.'s comprehension/understanding; *iem. se ~ staan* ***botstil*** *as dit by ... kom* s.o. has a mental block about ...; *dit gaan ('n) mens se ~ te* ***bowe*** it passes all comprehension; *iem. iets aan die ~* ***bring*** explain s.t. to s.o., get s.t. across/through to s.o., get s.t. into s.o.'s head; bring/hammer s.t. home to s.o., make s.o. realise s.t., bring/get s.o. to understand s.t.; *jou ~* ***ge-bruik*** be sensible, use one's brains; ***gebruik*** *jou ~!* be sensible!, *(infml.)* use your loaf/noggin!; ***genoeg*** *~ hê om te ...* be sensible enough to ..., have wit enough to ...; ***gesonde*** *~* common sense; *geen* ***greintjie*** *~ hê nie* not have a particle of sense, have no sense whatsoever; *~* ***hê*** have brains; *die ~* ***hê*** *om iets te doen* have the good sense to do s.t.; *~ van iets* ***hê,*** *(infml.)* have knowledge of s.t., be a good judge of s.t.; have an eye for s.t.; *~ van perde/ens.* ***hê*** know about horses/etc.; ***in*** *jou (malle) ~ wees, (infml.)* it is all over/up with one, be done for (*or* finished), be a goner, have had it, be through; *die ~* ***kom*** *met die jare* wisdom comes with age; ***loop*** *in jou (malle) ~!, (sl.)* go to blazes!, go to the devil!; ***met*** *~* intelligently; *jou (malle) ~ af* ***praat,*** *(infml.)* talk until one is blue in the face *(but to no avail)*; *van jou ~ af* ***raak*** lose one's mind/marbles, take leave of one's senses, go off one's head; *'n* ***skerp*** *~* a keen/sharp intellect; *iem. het 'n* ***skerp*** *~, (also)* s.o. has quick/sharp wits; *iem.* ***sonder*** *~* s.o. without understanding; *('n) mens se ~* ***staan stil*** the/one's mind boggles, it boggles the mind; *inligting/ens. wat jou (of 'n mens se) ~ laat* ***stilstaan,*** *(infml.)* mind-boggling information/etc.; ***van*** *jou ~ af wees* be off (*or* out of) one's head *(infml.)*, be out of one's mind/senses, have lost one's reason; *is jy* ***van*** *jou ~ af?* are you out of your mind/senses?; *jou ~* ***verloor*** lose one's mind, go out of one's mind; *by jou* ***volle*** *~ wees* be in possession of all one's faculties, be in one's right mind (*or* of sound mind), be quite sane (*or* in one's sound and sober senses), be (totally) compos mentis; *nie by jou* ***volle*** *~ wees nie* not be right in one's head, be of unsound mind; *is jy nie by jou* ***volle*** *~ nie?* are you out of your senses?. **~tand, verstandstand** wisdom tooth.

ver·stan·de: *met dien ~ dat ...* with the proviso that ..., on condition that ..., provided that ... **ver·stan·de·lik** *-like, adj.* intellectual, mental, intelligential; cerebral; noetic; *~e* ***gesondheid*** sanity, mental health; *~e* ***gestremdheid*** mental handicap; *~e* ***leeftyd,*** *(psych.)* mental age; *~e* ***poësie*** poetry of the intellect; *~e* ***vermoë*** mental power; *~e* ***vertraging,*** *(psych.)* (mental) retardation. **ver·stan·de·lik** *adv.* intellectually, rationally, reasonably, mentally; *~* ***afwy-kend*** mentally deviant; *~* ***verswak*** mentally frail; *(~)* ***vertraag*** (mentally) retarded; *(~)* ***vertraagde*** (mentally) retarded person. **ver·stan·de·lik·heid** intellectuality, intellectualism, rationality. **ver·stan·de·loos** *-lose* senseless, foolish, stupid, devoid of reason, mindless. **ver·stan·de·loos·heid** senselessness, mindlessness. **ver·stand·hou·ding** understanding; *eerbare ~* →EERBAAR; ***eerbare*** *~ tussen* accommodation between; ***geheime*** *~* secret understanding; *'n* ***goeie*** *~ met iem. hê* be in rapport with s.o.; *in* ***goeie*** *~ met mekaar lewe* be on good terms; *hulle* ***het*** *'n ~* they have an understanding; *tot 'n ~* ***kom*** come to an understanding; *iets doen* ***met/onder*** *die ~ dat ...* do s.t. on the understanding that ... ***onderhandse*** *~* →ONDERHANDS *adj.*. **ver·stan·dig** *-dige, adj.* sensible, wise, clever, reasonable, prudent, sage; intelligent; *~e/nugter* ***benadering*** commonsense approach; *~* ***genoeg*** *wees om nie te ... nie* know better than to ...; be sensible enough (or have enough sense) to ...; *dit is ~* ***om*** *te ...* it makes sense to ...; ***so*** *~ wees om iets te doen* have the good sense to do s.t.; *dit* ***sou*** *~ van jou wees om te ...* one would do well to ...; one would be well-advised to ...; *dit* ***sou*** *nie ~ wees nie* it would not be wise; ***twyfel*** *of dit ~ is om iets te doen* doubt the wisdom of doing s.t.; *dit was ~* ***van*** *iem.* it was wise of s.o.; *die ~ste sou* ***wees*** *om te ...* the wisest course would be to ... **ver·stan·dig** *adv.* sensibly, wisely, *etc.*; *iem. sou ~* ***op-tree*** *deur te ...* s.o. would do well to ...; s.o. would be well-advised to ...; *baie ~* ***optree*** *deur iets te doen* show great wisdom by doing s.t.; *~* ***praat*** talk reasonably/sense/reason; *iem.* ***tree*** *~ op deur te ...* s.o. is wise to ..., it is wise of s.o. to ...; *~ te* ***werk*** *gaan* act wisely. **ver·stan·dig·heid** good sense, sensibleness, prudence, wisdom, judiciousness, level-headedness, policy, sanity.

ver·stands-: **~gimnastiek** intellectual/mental gymnastics. **~leer** noetics. **~mens** noetic. **~meting** measurement of intelligence. **~ontwikkeling** intellectual/mental development. **~ouderdom** *(psych.)* mental age. **~tand** →VERSTANDTAND. **~toets** intelligence/mental test. **~verbystering** insanity, mental derangement, madness, insanity, lunacy. **~vermoë** intellect(uality), brainpower. **~verwarring** paranoia, mental derangement.

ver·sta·ner *-ners* one who understands; *'n goeie ~/begryper/begrip het 'n halwe woord nodig* →HALF.

ver·star *het ~* make rigid, rigidify, stiffen, petrify; become/grow rigid/set, rigidify; freeze; become callous. **ver·star(d)** *-starde, adj.* inflexible, rigid, hidebound; *verstarde dogma* rigid dogma; *verstarde oorlog* static warfare. **ver·star·ring** hardening, setting, petrifaction; stagnation; *in ~ verval, (fig.)* fall/get into a rut.

ver·ste, vêr·ste →VER *adj. & adv.*.

ver·ste·de·lik *het ~, vb.* urbanise, citify. **ver·ste·de·lik** *-likte meer ~ die mees -likte, adj.* urbanised; citified. **ver·ste·de·li·king** urbanisation.

ver·steek *het ~* conceal; hide; *(rare)* pin/peg differently, shift/change the peg(s); *~te* ***geut*** secret gutter; ***jou*** *~* hide (o.s.); *~te* ***pad*** concealed road; *~te* ***skar-nier*** invisible/blind hinge; *jou op 'n* ***skip*** *~* stow away; *die* ***water*** *~* divert the (irrigation) water.

ver·steen *het ~* petrify; become fossilised; mineralise; *(fig., esp. the heart)* harden, turn to stone. **ver·steen(d)** *-steende, adj.* petrified; fossil, fossilised; *(fig.)* frozen (up), rigid; *(fig.)* stiff, numb *(with cold)*; *~de* ***bome/hout/insekte/ens.*** petrified trees/wood/insects/etc.; *'n ~de* ***hart*** *hê* have a heart of stone, be hard-hearted; *~* ***wees*** *van (die) skrik* be petrified (with fear); *V~de* ***Woud,*** *(palaeontol.)* Petrified Forest.

ver·stei·ler *(hairdressing)* straightener.

ver·stek[1] *n.* default; *by ~* by default; *veroordeling by ~* judg(e)ment in/by default; *in ~* in default. **~saak** undefended action/case. **~vonnis** judg(e)ment by default, default judg(e)ment.

ver·stek[2] *n., (carpentry, needlework)* mitre. **ver·stek** *het ~, vb.* mitre. **~bak** mitre box. **~blok** mitre block. **~boog** mitre arch. **~haak** mitre rule/square, bevel rule; *verstelbare ~* bevel protractor. **~hoek** mitre corner; mitre angle. **~las** diagonal joint. **~maat** mitre gauge. **~rat** mitre gear(ing), mitre wheel (gearing). **~saag** mitre saw, saw for mitre cutting. **~skaaf** mitre plane. **~steen** mitre brick. **~voeg** mitre(d) joint. **~werk** mitring.

ver·ste·ke·ling *-linge* stowaway.

ver·ste·king secretion.

ver·stel *het ~* (re)adjust; set; move, shift; change, alter, make over, mend, repair, patch (up) *(clothes)*; *rat(te) ~* change/shift gear(s). **~boor** expansion/expansive bit. **~skroef** adjustment screw. **~tang** setter's tongs. **~werk** mending (work).

ver·stel·baar *-bare* adjustable, variable; mendable, repairable; mov(e)able; *verstelbare* ***lugskroef*** adjustable-pitch propeller; *verstelbare* ***reistas*** expanding suitcase; *'n stoel met 'n verstelbare* ***rugleuning*** a reclining seat *(in a train etc.)*; *verstelbare* ***weerstand,*** *(elec.)* rheostat. **ver·stel·baar·heid** adjustability; →VERSTELBAAR.

ver·steld *(rare)* dumbfounded, nonplussed; dismayed, disconcerted; *~ laat staan* consternate; *oor iets ~ wees/staan* be/stand aghast at s.t.; be staggered (*or* taken aback *or* nonplussed) by s.t.. **ver·steld·heid** *(rare)* perplexity, bewilderment.

ver·stel·ler *-lers* setter; mender, patcher; adjusting/adjustment device, adjuster. **ver·stel·ling** *-lings, -linge* (re)adjustment; changing/shift of gears/levers; mending, alteration *(of clothes)*; renovation, making over; control *(of a machine)*; *~s aan iets maak* make adjustments to s.t..

ver·ste·nend petrifying, hardening. **ver·ste·ning** petrifaction, petrification, lapidification; mineralisation.

ver·sterf *n.* death; necrosis; *by ~* intestate; *erfgenaam by ~* →ERFGENAAM; *erfopvolging by ~* →ERFOPVOLGING. **ver·sterf, ver·ster·we** *het ~, vb.* die (off); necrose *(of cells)*; descend, devolve.

ver·sterk *het ~, vb.* strenghten; invigorate, tone up *(s.o.)*; boost; fortify *(s.o., o.s., a town/statement, liquor with alcohol, etc.)*; *(mech.)* brace, truss; reinforce *(a fortress/army, an argument; s.o.'s health, etc.)*; *(chem.)* concentrate; amplify *(sound)*; enrich *(food)*; confirm *(an opinion)*; intensify *(sound)*; thicken *(a heel)*; stiffen. **ver·sterk** *-sterkte, adj.* strengthened; fortified; backed; bonded; →VERSTERK *vb.*; *~te glas* reinforced glass; *~te stad* fortified town; *~te vorme* intensive forms, intensives. **~drank** cordial. **~(ings)middel** *-s, -e* restorative, tonic, invigorator, stimulant, cordial. **~plaat** reinforcing plate; stiffening/stiffener plate, facing/flitch plate. **~stuk** bracing; gusset (piece). **~water** spirits; *iets op ~ sit/hou* put/keep s.t. in formalin.

ver·sterk·baar *-bare* fortifiable.

ver·ster·kend *-kende* strengthening, invigorative, invigorating, bracing, recuperative, *etc.*; →VERSTERK *vb.*; *~e middel* restorative, tonic, cordial, stimulant.

ver·ster·ker *-kers* strengthener; stiffener; *(elec.)* amplifier; *(elec.)* magnifier; *(phot.)* intensifier; multiplier; *(elec.)* (power) booster; *(med., chem.)* booster; tonic; invigorator; *(telecomm.)* repeater. **~lamp, ~buis** amplifying valve.

ver·ster·king *-kings, -kinge* strengthening; reinforcement; bracing; *(mil.)* fortification; *(elec., phot.)* amplification; backing; boosting; increase; →VERSTERK *vb.*; *~ van knoopsgate* stranding of buttonholes. **~spoel** multiplying coil.

ver·ster·kings-: **~kuns** (science of) fortification. **~leër** reinforcements. **~middel** →VERSTERK(INGS)-MIDDEL. **~troepe** reinforcements. **~werke** fortifications.

ver·ster·we →VERSTERF *vb.*. **ver·ster·wing** death; mortification; necrosis.

ver·steur, ver·stoor *het ~, vb.* disturb, disrupt, disorder, upset, intrude upon *(s.o., s.o.'s privacy, etc.)*; unsettle; interfere; annoy, vex, perturb; *(rad.)* jam; ruffle; unfix. **ver·steur(d)** *-steurde,* **ver·stoor(d)** *-stoorde, adj.* disturbed, deranged; annoyed, vexed; *geestelik ~* mentally disturbed/deranged. **ver·steur·de** *-des, n.* (mentally) disturbed person, *(pej.)* lunatic, *(sl.)* nutcase. **ver·steur·der, ver·stoor·der** *-ders* disturber, spoiler, perturber. **ver·steurd·heid, ver·stoord·heid** derangement; exasperation, crossness, annoyance, displeasure, vexation, perturbation. **ver·steu·ring, ver·sto·ring** *-rings, -ringe* disturbance, upset, perturbation; perversion.

ver·ste·wig *het ~* strengthen, consolidate, fortify, stay, stiffen, give firmness to, harden; brace, beef up *(infml.)*; *die pryse ~* prices are hardening. **ver·ste·wi·ging** strengthening, firming, consolidation, stiffening, fortification.

ver·stik *het ~* stifle, suffocate, choke, smother, strangle, asphyxiate; ***aan*** *iets ~* choke on s.t. *(food etc.)*; *die* ***onkruid*** *~ die koring* the wheat is being choked by weeds; *van/in* ***onkruid*** *~* choked with weeds. **ver·stik·kend** *-kende* suffocating, stifling, choking, asphyxiant; oppressive; *~e hitte* oppressive heat. **ver·stik·king** suffocation, choking, asphyxiation. **ver·stik·kings·dood** death by suffocation/choking; *die ~ sterf* be choked to death.

ver·stil *het ~* become/fall silent, quiet down, be stilled. **ver·stil·ling** stilling.

ver·stof *het ~, vb.* become dusty. **ver·stof** =*stofte, adj.* dusty, musty, choked with dust. **ver·stof·lik** *het ~* materialise. **ver·stof·li·king** materialisation.

ver·stok =*stokte* hardened *(sinner)*; confirmed, inveterate, obdurate *(bachelor, gambler, etc.)*; incorrigible, impenitent, unrepentant; dyed-in-the-wool *(traditionalist)*; *~te* ***kern*** hard core; *~te* ***misdadiger,*** *(also, infml.)* old lag; *~te* ***rebel*** sworn rebel; *~te* ***sondaar*** hard case; *~te* ***suiplap*** confirmed drunkard; *in ... ~* ***wees*** be steeped in ... *(crime etc.)*. **ver·stokt·heid** obduracy, hardheartedness; callousness, impenitence.

ver·sto·ke: *van iets ~ wees* be deprived of s.t.

ver·sto·king burning up (as fuel); distilling *(of wine)*; →VERSTOOK.

ver·stom *het ~, vb.* render speechless, strike dumb; take one's breath away, stun, stagger; dumbfound, stupefy; be speechless/silenced/hushed; fall/become/grow silent; *iets ~ iem., iem. ~ hom/haar oor iets* s.t. amazes s.o., s.t. takes s.o.'s breath away, s.o. blinks at s.t.. **ver·stom** *adj. & adv.*: *~ wees* ***om*** *iets te hoor* be amazed to hear s.t.; be shocked to hear s.t.; *~ wees* ***om*** *te hoor dat ...* be amazed to hear that ...; be shocked to hear that ...; ***skoon*** *~ wees* be knocked down/over with a feather *(infml.)*; *oor iets ~* ***staan*** be amazed at s.t.; be staggered by s.t.; gasp at s.t.; *~* ***staan,*** *(also)* be struck dumb. **ver·stom·mend** =*mende* =*mender* =*mendste* (of *meer ~ die mees* =*mende*) shocking, staggering, flabbergasting, stupefying, bewildering, perplexing; amazing, *(infml.)* mind-boggling; *(infml.)* sickening, sickmaking; electrifying *(speed)*. **ver·stom·ming** stupefaction, bewilderment, dumbfoundedness; perplexity.

ver·stomp *het ~* blunt, dull, deaden; hebetate *(rare)*; *(chiefly med., dated)* obtund; *~te gewete* seared conscience. **ver·stom·ping** blunting, dulling; obtusion.

ver·stook *het ~* burn (as fuel), use up, consume; *wyn ~* distil(l) wine.

ver·stoor *vb.*, **ver·stoor(d)** *adj.*, **ver·stoor·der** →VERSTEUR *vb.*, VERSTEUR(D) *adj.*, VERSTEURDER.

ver·stoot *het ~, vb.* cast off/out/away; repudiate; disown *(a child)*; spurn; ostracise.

ver·stop *het ~, vb.* stop (up), clog, *(infml.)* bung up; choke (up); block; occlude, plug; engorge; oppilate; conceal, hide; constipate. **ver·stop** =*stopte, adj.* stopped (up); clogged, choked up; plugged; constipated, costive; stuffy, stuffed up *(s.o.'s nose)*; *'n ~te* ***neus*** a stuffed-up nose; *~te* ***pyp*** stopped pipe; *~* ***raak,*** *(also)* close up; *heeltemal ~* ***wees/raak*** be/get all choked up; be/get all clogged up. **ver·stop·ping** =*pings,* =*pinge* obstruction; clog(ging); choking (up), stoppage; constipation, costiveness; occlusion; oppilation. **ver·stopt·heid** constipation, costiveness; →VERSTOPPING.

ver·sto·ring →VERSTEURING.

ver·stor·we necrotic; *~ weefsel, (med.)* infarct.

ver·sto·te outcast, cast out, unwanted; →VERSTOOT. **ver·sto·te·ling** =*linge,* **ver·sto·te·ne** =*nes* outcast, castaway, orphan, pariah; unwanted one; outcaste *(in Hindu society)*. **ver·sto·ten·heid** neglect.

ver·stout *het ~* make bold, dare, embolden *(fml.)*; *jou ~ om met/van iem. te verskil* venture to differ from s.o.; *jou ~ om te sê* make so bold as to say.

ver·strak *het ~, vb., (a face)* become tense; set; *(an expression)* harden. **ver·strak** =*strakte, adj.* tensed; set; hardened. **ver·strak·king** tensing; setting *(of a face)*; hardening *(of an expression)*.

ver·stram *het ~* make/become rigid/stiff, rigidify, stiffen. **ver·stram·ming** stiffening.

ver·strek *het ~* furnish, supply, provide, give *(details, information, etc.)*; *hulp aan iem. ~* assist s.o., render assistance to s.o.. **ver·strek·king** provision, furnishing.

ver·stre·ke *(chiefly pred., when attr. also* verstrykte*)* expired, elapsed; *die tyd is ~* (of *het verstryk*) time is up (*or* has expired).

ver·stren·gel *het ~, vb.* entwine, intertwine, entangle, enlace, interweave, knot. **ver·stren·gel(d)** =*gelde, adj.* entwined, intertwined, entangled; →VERSTRENGEL *vb.*; *~ raak, (also)* get twisted up. **ver·stren·ge·ling** intertwinement.

ver·strik *het ~* ensnare, entangle, (en)trap, enmesh; *heeltemal ~ raak* tie o.s. (up) in knots *(infml.)*; *in iets ~ wees/raak* be/become enmeshed in s.t.; be/become/get (en)tangled in s.t.; be/become/get snarled up in s.t.. **ver·strik·king** trapping, entrapment, entanglement, ensnarement.

ver·strooi *het ~* scatter, disperse; diffuse; *hulle ~ hulle* scatter, disperse; seek amusement/diversion; *'n leër ~* scatter/rout an army. **ver·strooi(d)** =*strooide* dispersed, scattered; diffused; absent-minded, preoccupied, abstracted, distrait, distracted. **ver·strooid·heid** absent-mindedness, preoccupation, abstractedness, abstraction, absence (of mind), forgetfulness, stargazing. **ver·strooi·end** =*ende* dispersive. **ver·strooi·ing** scattering, dispersion, dispersal; diffusion; dissipation; diversion, recreation; absent-mindedness, forgetfulness, woolgathering. *die ~ van die Jode* the Dispersion; *die Jode in die ~* the Diaspora. **ver·strooi·ings·mu·siek** easy listening.

ver·stryk *het ~* elapse, expire, fall due; go by; *(an insurance policy)* lapse; *(a lease)* run out; terminate; *die tyd het ~* →DIE TYD IS **VERSTREKE.** **ver·stry·king** expiration, expiry *(of a term)*; lapse *(of a period)*; termination.

ver·stuif, ver·stui·we *het ~* atomise, pulverise, nebulise; vaporise; spray; be scattered, be blown up/away; *(sand)* drift, shift; *verstuifde sand* blown sand.

ver·stuit *het ~* sprain, twist, turn; *(med.)* dislocate, luxate; wrench *(a wrist, an ankle, etc.)*; *(vet.)* splay. **ver·stui·ting** =*tings,* =*tinge* sprain; *(med.)* dislocation, luxation; wrench.

ver·stui·we →VERSTUIF. **ver·stui·wer** =*wers* atomiser, (air) spray, vaporiser, nebuliser; pulveriser; damping/dewing machine; aerosol. **ver·stui·wing** scattering, dispersion; atomisation, vaporisation, spraying; damping, dewing; shifting, drifting, movement *(of sand)*. **ver·stui·wings·toe·stel** atomiser, vaporiser, nebuliser; pulveriser.

ver·styf, ver·sty·we *het ~, vb.* stiffen; go/grow numb, benumb; freeze; curd(le); grow stiff/rigid, rigidify; set, congeal, congelate, jelly; thicken. **ver·styf** =*styfde, adj.* numb, torpid. **~middel** =*s,* =*e* stiffening (agent).

ver·sty·wer =*wers* stiffener, thickener. **ver·sty·wing** stiffening; benumbing; congelation, congealment; torpor; *(psych.)* catalepsy; *(physiol.)* erection; setting.

ver·suf =*sufte, adj.* dull; stupefied, dazed, dizzy; doting; *'n ~te ou man* a doting old man. **ver·suft·heid** stupor, stupefaction, dazedness, wooziness, dullness (of mind); dotage.

ver·sug *het ~, (poet., liter.)* sigh; sigh away. **ver·sug·ting** =*tings,* =*tinge* prayer; wish; *(poet., liter.)* sigh.

ver·sui·ker *het ~, (fruit, honey, etc.)* crystallise ; glaze *(fruit)*; *(jam, honey, etc.)* grain; *(chiefly brewery)* saccharify; *(fig.: a situation etc.)* fudge; *(lit. & fig.)* sugarcoat; *~de heuning* grained/granular honey; *iets laat ~* candy s.t.; *~de lemoenskil* candied peel. **ver·sui·ke·ring** sugaring; crystallisation *(of fruit)*; graining *(of jam, honey, etc.)*; *(chiefly brewery)* saccharification.

ver·suim =*suime, n.* failure *(to do s.t.)*; omission; neglect; negligence; delay; oversight; remissness; default; *sondes van ~ en* ***bedryf*** sins of omission and commission; ***dade*** *en ~e* acts and omissions/defaults; *'n ~* ***goedmaak*** repair/rectify an omission; *iem. se ~* ***om*** *iets te doen* s.o.'s failure to do s.t.; ***sonder*** *~* without delay; on the spot; *iets* ***sonder*** *~ doen, (also)* lose no time in doing s.t.. **ver·suim** *het ~, vb.* neglect *(one's work, duty, etc.)*; miss *(a chance)*; be remiss; fail *(to do s.t.)*; stop, stay, delay, wait; ba(u)lk; default; avoid; *(rare)* bunk *(a class)*; evade; *~ om iets te* ***doen*** fail to do s.t.; *'n ~de* ***geleentheid*** an opportunity missed; ***moenie*** *~ om te ... nie!* be sure to ...! *~ende* ***party,*** *(jur.)* party in default; *'n* ***saak*** *~* (of *by verstek laat gaan* of *onverdedig laat deurgaan), (jur.)* let a case go by default. **~verklaring** affidavit of non(-)return.

ver·suip *het ~, (animals, plants)* drown ; be drowned; flood; booze away *(a fortune)*; soak *(o.s.)* to death; *~te grond* waterlogged ground; *die koring het ~* the wheat fields became waterlogged; *die vergasser ~* →VERGASSER.

ver·suk·kel(d) =*kelde meer ~ die mees* =*kelde* worn-out, decrepit, in poor condition.

ver·su·ring souring; acidification; →VERSUUR. **ver·su·rings·bak·te·rie·ë** acidification bacteria.

ver·sus versus.

ver·suur *het ~, vb., (lit. & fig.)* sour; turn/become sour; acidify; embitter; *iem. se lewe ~* plague s.o., be the bane of s.o.'s life. **ver·suur(d)** =*suurde, adj.* soured.

ver·swaar *het ~* make/become heavier; load, weight; reinforce, strengthen; aggravate *(a burden, an offence, etc.)*; increase; *die kanse ~* shorten the odds; *'n vonnis ~* increase a sentence; *~de sy* weighted silk.

ver·swak *het ~, vb., (one's eyes/heart/etc.)* weaken, grow/become weaker; wane; stale; grow dim/faint; enfeeble; enervate, debilitate, attenuate; impair, sap; mitigate; derogate; *(phot.)* reduce; lower; impair; degrade; devitalise. **ver·swak** =*swakte, adj.* weakened *etc.*; *verstandelik ~* →VERSTANDELIK *adv.*. **ver·swak·ker** =*kers, (elec.)* attenuator. **ver·swak·king** weakening, debilitation, enervation, enfeeblement; →VERSWAK *vb.*.

ver·swa·rend =*rende* aggravating; *~e omstandighede* aggravating circumstances. **ver·swa·ring** weighting, loading; strengthening, reinforcement; aggravation.

ver·swart *het ~* go black. **ver·swar·ting** blackening.

ver·swe·ë, ver·swyg·de *adj.* tacit; suppressed, undeclared, unexpressed, undivulged, unvoiced; undisclosed; voiceless; →VERSWYG *vb.*; *~ inkomste* undeclared income; *~ voorbehoud* mental reservation;

ver·sweer *het ~* fester, suppurate, go septic, form an abscess, ulcerate. **ver·swe·ring** =*rings,* =*ringe* festering, ulceration, abscess, suppuration.

ver·swelg *het ~* devour, guzzle, gobble up, wolf (down), swallow; *(fig.)* swallow up , engulf, swamp; gorge down; *deur iets ~ wees* be engulfed in s.t.. **ver·swel·ging** swallowing (up), gorging down, engulfing.

ver·swik *het ~* sprain, twist, dislocate, turn *(an ankle)*. **ver·swik·king** sprain(ing), twisting, dislocation.

ver·swyg *het ~, vb.* keep secret/back, withhold, keep silent about; suppress *(news)*; conceal; *iets ~* keep s.t. quiet, keep quiet about s.t.; *iets vir iem. ~* keep s.t. (away) from s.o. **ver·swyg** =*swygde, adj.* →VERSWEË. **ver·swy·ging** keeping a secret, suppression, concealment *(of facts)*; *(rhet.)* aposiopesis.

ver·sy·fer *het ~* quantify; *(comp.)* digitise. **ver·sy·fe·raar** =*raars, (comp.)* digitiser. **ver·sy·fe·ring** *(comp.)* digitisation.

ver·taal *het ~* translate, render; *iets in ... ~* translate/put/render/turn s.t. into ...; *iets uit een taal in 'n ander ~* translate s.t. from one language into another; *iets vry ~* translate s.t. freely. **~buro** translation/translating bureau. **~kuns** art of translation. **~oefening** translation exercise. **~reg** right of translation; *(also, in the pl.)* translation rights. **~werk** translation (work). **~woede** translation mania.

ver·taal·baar =*bare* translatable; interpretable.

ver·tak *het ~, vb.* branch (out), ramify; furcate, fork; divaricate; *(elec.)* (sub)divide. **ver·tak** =*takte, adj.* branched; ramified; forked *(lightning)*; furcate(d); antlerlike. **ver·tak·king** =*kings,* =*kinge* branching, ramification, furcation; filiation; arm; (sub)division.

ver·ta·lend =*lende* translational; *~e woordeboek* translation/bilingual dictionary.

ver·ta·ler =*lers, (fem., rare)* **ver·taal·ster** =*sters* translator. **ver·ta·lers·op·lei·ding** training of translators. **ver·ta·le·ry** continual translation.

ver·ta·ling =*lings,* =*linge* translation, rendering; transcription; key; *'n* ***getroue/noukeurige*** *~* a close translation; *'n ~* ***uit*** *die Frans van ...* a translation from the French of ...; *'n ~* ***van*** *iets maak* do/make a translation of s.t., translate s.t.; *'n* ***vry(e)*** *~* a free translation. **ver·ta·lings·reg** = VERTAALREG.

ver·tand *het ~* tooth, cog, gear, serrate; *~e wiel* toothed wheel, cogwheel; →TANDWIEL. **ver·tan·ding** toothing, cogging; serration.

ver·te, vêr·te =*tes* distance; →VER; ***in*** *die ~* in the distance; ***uit*** *die ~* from afar, from a distance; *in die ~*

verdwyn disappear into the distance; *nie in die **ver=ste/vêrste*** ~ *nie* not in the least.

ver·te·braat *=brate, n.* vertebrate; →WERWELDIER.

ver·te·der *het ~, (s.o.'s heart)* soften , mollify, melt. **ver·te·derd** *=derde, (fig.)* melting. **ver·te·de·ring** soft=ening, mollification, tenderness.

ver·teen·woor·dig *het* ~ represent, be the member for (*or* representative of); stand for; constitute; act for; *'n kiesafdeling in die Parlement* ~ represent a con=stituency in Parliament; *'n wyk in die raad* ~ repre=sent a ward on the council. **ver·teen·woor·di·gend** *=gende* representative, typical *(of); ~ van/vir ... wees* be representative of ... **ver·teen·woor·di·ger** *=gers* rep=resentative; deputy, envoy; exponent; delegate; sales=person, agent, *(infml.)* rep; nominee; ambassador; *'n ~ in 'n liggaam* a representative on a body; *Raad van V~s, (Am., Austr., SA [hist.])* House of Representa=tives. **ver·teen·woor·di·ging** representation; delega=tion. **ver·teen·woor·di·gings·raad** representative coun=cil.

ver·teer *het* ~ consume, use up; spend *(money);* di=gest, assimilate; waste away; *deur die vlamme* ~ con=sumed by the flames; *deur/van ... ~ wees* be consumed with ..., be eaten up with ... *(jealousy, pride, etc.); van=dag ~, môre ontbeer* wilful waste makes woeful want. **~put** septic tank.

ver·teer·baar *=bare* digestible; consumable; *(also fig.)* palatable, acceptable. **ver·teer·baar·heid** digestibility.

ver·te·ken *het ~, (rare)* distort, draw incorrectly/wrongly; misrepresent. **ver·te·ke·ning** distortion.

ver·tel *het* ~ tell, relate, recount, report, narrate; *iets **aan/vir** iem.* (of ***iem.** iets*) ~ tell s.o. s.t., tell s.t. to s.o.; relate s.t. to s.o.; ***algemeen** word ~ dat ...* it is widely reported that ...; *~ my **daarvan*** tell me about it; ***gaan** ~ dit vir die man in die maan, (infml.)* pull the other one(, it's got bells on); *iem. kan **goed*** ~ s.o. is a good storyteller, s.o. can tell a story well; *iets **haar=fyn*** ~ tell s.t. in detail; *ek **laat** my nie ~ dat ... nie* I won't believe that ...; *dit **laat** ek my nie ~ nie!, (also)* don't tell me that!; *die **mense** ~ dat ...* it is said that ..., the story goes that ...; ***so** word* ~ so they say; ~ ***my tog!*** do tell me!; *(vir) iem. **(van)** iets* ~ tell s.o. about/of s.t.; *iets **verder/vêrder*** ~ pass on s.t.; *iem. **weet** te ~ dat ...* s.o. alleges that ...; *daar **word** ~ dat ...* they say that ..., the story goes (the rounds) that ..., it is said that ... **~kuns** storytelling, narrative art. **~-uur(tjie)** story hour.

ver·tel·ler *=lers* narrator, relator, teller; storyteller; *(Fr.)* raconteur, *(fem.)* raconteuse. **ver·tel·ling** *=lings, =linge* story, narrative, tale. **ver·tel·sel** *=sels* story, yarn.

ver·te·rend *=rende* consuming, devouring, wasting; fervent, fervid *(hatred);* consumptive; →VERTEER; *~e ambisie* consuming ambition; *'n ~e hartstog/passie* consuming/devouring passion; *~e roes, (bot.)* wildfire.

ver·te·ring consumption; wasting/eating away; moul=dering (away), decay; digestion *(of food);* →SPYSVER=TERING, VERTEER. **~sap** = SPYSVERTERINGSAP.

ver·tien·vou·dig *het* ~ decuple.

ver·ti·kaal *=kale, n.* perpendicular; *eerste ~, (astron.)* prime vertical. **ver·ti·kaal** *=kale, adj.* vertical, per=pendicular, plumb; upright; *(naut.)* apeak; *vertikale **denke*** vertical thinking; *vertikale **deursnee*** profile; *vertikale **projeksie*** upright projection; *vertikale **saag*** vertical saw; *vertikale **vin,** (zool.)* vertical fin; *verti=kale **waterwiel*** overshot wheel.

ver·tim·mer *het ~, (rare)* alter, renovate, rebuild *(wood=work).*

ver·tin *het* ~ tinplate, (plate/coat with) tin. **ver·tin=ning** tinning. **ver·tin·sel** *=sels* tinning, tin coating.

ver·toef *het ~, vb.* stop (over), stay, sojourn; wait, linger, tarry, delay.

ver·toi·ing *=ingde* damaged; tattered, in rags; *~de pop* battered doll.

ver·tolk *het* ~ interpret; *(theatr.)* act out, play, perform; convey, capture *(the spirit);* construe, put a construc=tion (up)on; *(mus.)* execute, render; express, voice *(feelings);* (im)personate; *iets **as** ... ~* interpret s.t. as ...; construe s.t. as ...; *die **gevoelens*** ~ voice the feelings; *'n **karakter*** ~ impersonate a character; *'n **musiek=stuk*** ~ interpret/render a piece of music; *'n **rol*** ~ play a role; *die **rol** van Hamlet/ens. ~, (also)* do Ham=let/etc.; *die **rol** van die onderwyser/ens.* ~ play the teach=er/etc.; *iets **verkeerd*** ~ misinterpret s.t.. **ver·tol·ker** *=kers* interpreter; exponent, mouthpiece *(of mus., a doctrine, etc.);* executant *(of mus.);* expositor. **ver·tol=king** *=kings, =kinge* interpretation; *(mus.)* rendering, rendition, performance; construction *(of a meaning);* voicing, expression *(of feelings); net een ~ van die feite is moontlik* the facts admit of only one interpretation; *'n eng ~ van ...* a narrow interpretation of ...; *'n ~ aan iets gee* put a construction (up)on s.t..

ver·to·ner *=ners* exhibitor, shower; showman. **ver·to=ne·rig** *=rige* showy, flashy, viewy, flamboyant, osten=tatious, pompous, vainglorious. **ver·to·ne·rig·heid** showiness, flashiness, flamboyance, flamboyancy.

ver·to·ning *=nings, =ninge* show(ing), display, exhibi=tion; show, production; performance; release *(infml.);* pageant; spectacle; demonstration; screening; pres=entation; →VERTOON *n.; 'n **armsalige/treurige/swak** ~ maak* make a poor show *(infml.); (laat die ~) **begin!*** on with the show!; *'n **dwase** ~ maak* look a fool; *'n ~ **gee*** give a display; *'n **goeie** ~ maak* make a fine show *(infml.),* put on a good show *(infml.);* put up (*or* turn in) a good performance; show up well; *'n **mooi** ~ maak* present a fine sight, look pretty; give a good account of o.s.; ***net** om 'n ~ te maak* just for show; *'n **slegte** ~ maak* show up badly; *'n **treurige** ~* →***arm=salige/treurige/swak.***

ver·toog *=toë, (chiefly in the pl.)* representation, remon=strance, protest; expostulation; disquisition; *vertoë lewer* make representations; *vertoë tot ... rig* make/address representations to ...

ver·toon *n.* show, display; exhibition; presentation; sight; showmanship; ostentation, flamboyance; pomp; *'n **groot** ~ maak* make a splash *(fig.); ~ **maak*** show off *(infml.); 'n (groot) ~ van iets **maak*** make a (great) display of s.t.; *veel ~ van jou deugde **maak,** (also)* make a parade of one's virtues; *net om 'n ~ te **maak*** just for show; ***op** ~ betaalbaar* payable at sight (*or* on de=mand/presentation); ***op** ~ van ...* on presentation/production of ...; ***(uiterlike)*** ~ trappings; ***(ydele)*** ~ idle show, gauds. **ver·toon** *het ~, vb.* show *(one's badge, no sign of joy, etc.);* exhibit, display; screen, present; *(rare)* produce, perform *(a play);* release *(a film);* feature; flaunt; sport; *iets **goed** laat ~* set off s.t. to advantage; ***goed/sleg/swak*** ~ make a good/poor show(ing); show up well/badly; ***groot*** ~ bulk large; ***jou*** ~ show o.s.; appear; present o.s.; put in an appearance; *'n **kaartjie*** ~ show/produce a ticket; *iets ~ **pragtig*** s.t. makes a brave show *(infml.); **swak*** ~ →***goed/sleg/swak;*** ~ ***word*** be on show; be on *(in the cinema).* **~eenheid** *(comp.)* display unit, visual display unit *(abbr.:* VDU*).* **~huis** = TOONHUIS. **~kas, toon=kas** showcase; display cabinet; →GLASKAS. **~kuns** showmanship; performance art. **~kunstenaar** per=formance artist. **~lokaal** showroom. **~sprong** exhi=bition jump. **~stuk, toonstuk** showpiece, exhibit; sample; set piece. **~sug** showing-off, love of display, showiness, ostentation. **~verhoor** show trial. **~vlug** exhibition flight.

ver·toon·baar *=bare* presentable; performable. **ver=toon·baar·heid** presentability; producibility.

ver·toorn *het* ~ provoke, anger, enrage, exasperate, infuriate, incense, needle. **ver·toorn(d)** *=toornde* irate, angry, incensed.

ver·traag *het ~, vb.* delay; retard, hold up; defer; drag; seize (up); slacken; slow (down/up/off); decelerate; *buis met ~de werking* delayed-action fuse; *iem./iets dae/ure (lank)* ~ delay s.o./s.t. for days/hours; *in jou ywer* ~ relax one's efforts. **ver·traag** *=traagde meer ~ die mees =traagde, adj.* delayed; *etc.;* belated; mentally re=tarded; *(infml., derog.)* nerdish, nurdish, nerdy, nurdy, lamebrained; *~de **aksie*** delayed action; *in ~de **aksie,** (cin. etc.)* in slow motion; *~de **beweging*** retarded motion; *~de **blits*** rocket lightning; *~de **bot*** delayed foliation; *~de **ontwikkeling*** arrested development; *~de **skok*** deferred shock; *in ~de **tempo*** in slow mo=tion. **ver·traagd·heid** backwardness. **ver·tra·gend** *=gende, (also)* dilatory.

ver·tra·ging *=gings, =ginge* delay; retardation, retard=ment; deceleration; retard, drag, (time) lag; slowdown, hold-up; slackening; breakdown; detention; stall; *~ hê/ondervind* be delayed; *~ met die antwoord* delay in answering. **~sluiterontspanner** *(phot.)* delayed-action shutter release.

ver·tra·gings=: ~aksie *(mil.)* delaying action; *(parl.)* dilatory action, stall. **~taktiek** delaying tactics. **~tyd** down time.

ver·trap *het* ~ trample (up)on/down, tread underfoot/down/on, crush; override; overgraze *(a pasture).* **ver=trap·ping** trample, trampling upon, treading under=foot; overgrazing.

ver·tre·ding = VERTRAPPING.

ver·trek[1] *=trekke, n.* room; chamber.

ver·trek[2] *n.* departure; ***by** iem. se* ~ (up)on s.o.'s de=parture; *~ **(per skip)*** sailing; ***op** ~ **staan*** be on the point of going/departure; *~ **van skepe*** sailings. **ver=trek** *het ~, vb.* depart, leave, go (away), go forth, set out, take one's departure, exit, get going; quit; *(a ship)* sail, set off; *(s.o.'s face)* distort, twist, crunch up; shift, pull away; *(a train)* draw out; *(a plane)* fly out; ***geen spier*** ~ *nie* not move a muscle; ***geen spier** (van die gesig) ~ nie* keep one's countenance, keep a straight face, not turn a hair; *jou **gesig*** ~ →GESIG; ***haastig/inderhaas*** ~ leave in a hurry, make a hasty depar=ture/exit, hurry away/off; ***huis** toe* ~ leave for home; ***na** ... ~* leave for ..., start for ..., take off for/to ... *(a place); per skip **na** ... ~* embark/sail for ...; *iem./iets moet **om** ... ~* s.o./s.t. is scheduled to leave at ...; ***op** iets ~* start off on s.t. *(a journey etc.);* ***van** ... ~* depart from ... *(a place).* **~dag** departure day, day of depar=ture. **~datum** departure date, date of departure. **~hawe** departure port, port of departure. **~hek, ~uitgang** departure gate. **~permit, ~visum** exit permit/visa. **~plek, ~punt** place/point of departure. **~saal** depar=ture hall/lounge, passenger lounge. **~sein** starting/departure signal, signal for departure, green light; *die ~ gee* give the go-ahead. **~toonbank** departure/check-in counter *(at an airport).* **~tyd** departure time, time of departure; starting time; sailing time. **~uit=gang** →VERTREKHEK. **~visum** →VERTREKPERMIT. **~vlag** *(naut.)* Blue Peter.

ver·trek·ken·de *=des* leaver. **ver·trek·king** distortion, twisting. **ver·trek·te, ver·trok·ke** twisted, distorted *(s.o.'s face);* →VERTREK *vb..*

ver·troe·bel *het* ~ become/get muddy/turbid/cloud=ed; befog *(an issue);* confuse, darken; disturb; over=cloud; muddy, make turbid/muddy; impair, cloud, obscure; bedevil; *die saak* ~ cloud/confuse the issue; *~de verhouding* disturbed relationship. **ver·troe·be=ling** confusion, confusing, obscuring; turbidity; blush=ing *(of paint); (fig.)* disturbance.

ver·troe·tel *het ~, vb.* pamper, spoil, baby, cosset, featherbed; *(pej.)* (molly)coddle; *iem. dood* ~ kill s.o. with kindness. **ver·troe·tel** *=telde, adj.* pampered. **ver·troe·te·ling** pampering, cosseting.

ver·trok·ke →VERTREKTE.

ver·troos *het ~, vb.* comfort, solace, console. **ver=troos** *=trooste, adj.* comforted, consoled. **ver·troos=tend** *=tende* comforting, consolatory. **ver·troos·ter** *=ters* comforter. **ver·troos·ting** *=tings* comfort, con=solation, solace, relief.

ver·trou *het* ~ trust; believe; confide in; rely, bank *(on); iem. **blind(weg)/onvoorwaardelik*** ~ trust s.o. implicitly; *... **geheel en al*** ~ pin one's faith on ...; *op jou **geheue*** ~ trust to one's memory; *op **God*** ~ trust in God; ***iem.*** ~ trust (*or* put one's trust in) s.o.; *op eie **kragte*** ~ depend on one's own resources, go it alone; *('n) mens kan ... **nie** ~ nie* ... is not to be trusted; ***op** ... ~* rely (up)on ..., place reliance (up)on ..., trust in ...; ***op** iem. ~, (also)* lean (up)on s.o.; repose confi=dence/trust in s.o.; *~end **op** ...* reliant on ...; ***volkome** op iem./iets ~, (also)* swear by s.o./s.t.. **ver·trou·baar**

=*bare* reliable, dependable, *(infml.)* sure-fire, trustworthy, trusty. **ver·trou·baar·heid** reliability, dependability, trustworthiness, trustiness. **ver·troud** =*troude* =*trouder* =*troudste* (*of meer ~ die mees =troude*) reliable, trustworthy, trusted, trusty; fiduciary; confidential; familiar, au fait *(Fr.)*; *met iets ~ raak* become familiar with s.t.; get the feel of s.t.; become conversant with s.t. *(a subject)*; *met iets ~ wees* be familiar with s.t.; be at home in s.t.; be au fait with s.t.. **ver·trou·de** =*des* = VERTROUELING. **ver·troud·heid** familiarity, conversance *(with)*; rapport; *iem. se ~ met ...* s.o.'s familiarity with ... **ver·trou·e** confidence, faith, trust, credence; *iem. se ~* ***geniet*** enjoy s.o.'s confidence, be in s.o.'s confidence; *iem. se ~ in ... is* ***geskok*** s.o.'s confidence/faith in ... has been shaken; ***geskonde*** *~* betrayed confidence; *~ in ...* ***hê*** have confidence/faith in ...; place reliance (up)on ...; *die ~ in ...* ***herstel*** restore confidence in ...; ***in*** *~* in confidence, confidentially, sub rosa; between ourselves, between you and me; ***in*** *~ meedeel* tell confidentially; *by iem. ~* ***inboesem*** inspire confidence/trust in s.o.; ***met*** *~* confidently, with confidence; *'n* ***mosie*** *van ~* a vote of confidence; *iem. in jou ~* ***neem*** take s.o. into one's confidence, confide in s.o.; *iem. se* ***onwrikbare*** *~ in ...* s.o.'s unshakeable faith in ...; *in ~* ***op*** on the faith of; *'n* ***posisie*** *van ~* a position of trust; *'n* ***skending*** *van ~* a breach of trust; ***sonder*** *~* unconfident; *jou ~ in ...* ***stel*** place/put one's trust in ..., place confidence in ..., repose trust in ..., trust in ...; *jou ~* ***vestig*** *op* put one's faith in; ***vol*** *~* trustful, trusting, confiding; confident; ***vol*** *~ wees dat ...* be confident that ...; ***volkome*** *~ in ... hê* have/put implicit faith in ...; ***volle*** *~ in ... stel* pin one's faith on ...; *(in)* ***vol(le)*** *~ dat ...* having full confidence that; *~* ***wek*** create confidence; *iem. se ~* ***wen*** gain/win s.o.'s confidence. **ver·trou·e·ling** =*linge* confidant *(masc.)*, confidante *(fem.)*, intimate. **ver·trou·end** =*ende* confiding. **ver·trou·en·saak, ver·trou·ens·kwes·sie** matter/question of confidence; confidential matter. **ver·trou·ens·kri·sis** crisis of confidence; credibility gap. **ver·trou·en·swen·de·laar** confidence trickster. **ver·trou·e·wek·kend** =*kende* inspiring confidence/trust; promising. **ver·trou·lik** =*like, adj.* confidential; intimate; private; personal; *~e* ***gesprek*** confidential conversation; *~e* ***inligting*** confidential (*or [fml.]* proprietary) information; *~e* ***skrywe*** confidential letter; ***streng*** *~* →STRENG *adj. & adv.*. **ver·trou·lik** *adv.* confidentially, in confidence; familiarly, intimately; *~ met iem. omgaan/wees* be intimate with s.o.; *streng ~* in strict confidence, strictly in confidence; private and confidential. **ver·trou·lik·heid** confidentiality, trustfulness; familiarity, intimacy.

ver·trou·ens=: **~klerk** confidential clerk. **~krisis** crisis of confidence. **~kwessie** →VERTROUENSAAK. **~man** =*ne* agent; mediator; confidant; trustee; trusty. **~pos, ~posisie** position of trust/confidence; *'n ~ beklee* be in a position of trust. **~waardig** =*e* trusty, trustworthy.

ver·twy·fel *het ~, (rare)* despair; *~ aan die toekoms* despair of the future. **ver·twy·feld** =*felde* desperate, despairing, last-ditch *(attr.)*, desolate. **ver·twy·fe·ling** desperation, despair, desolation, gloom and doom, doom and gloom.

ver·ui·ter·lik *het ~* externalise. **ver·ui·ter·li·king** externalisation.

ver·uit·wen·dig *het ~, (rare)* superficialise. **ver·uit·wen·di·ging** superficialisation.

ver·vaag *het ~, vb.* grow faint/dim, become faint/blurred, blur, darken, dim, fade (away). **ver·vaag** =*vaagde, adj.* dim, faded, blurred.

ver·vaard =*vaarde* =*vaarder* =*vaardste* alarmed, frightened, fraught; awe-stricken, awe-struck; bewildered; precipitate. **ver·vaard·heid** alarm, fear, fright; bewilderment; precipitation.

ver·vaar·dig *het ~* manufacture, make, produce, prepare, construct, fabricate; *in Suid-Afrika ~* made in South Africa; *iets van ... ~* make s.t. of ...; *iets word nie meer ~ nie* s.t. is/went out of production. **ver·vaar·di·ger** =*gers* manufacturer, maker, producer. **ver·vaar·di·ging** manufacture, manufacturing, making, producing, production, confection, fabrication, preparation, construction. **ver·vaar·di·gings·pro·ses** manufacturing process. **ver·vaar·di·gings·reg** *(comm.)* franchise.

ver·vaar·lik =*like, (rare)* awful, frightful; enormous, huge, tremendous; horrendous *(infml.)*. **ver·vaar·lik·heid** *(rare)* awfulness, frightfulness; hugeness, tremendousness.

ver·va·ging dimming, blurring, fading; →VERVAAG *vb. & adj.*.

ver·val *n.* decline, decay, break-up, degeneration, deterioration; disrepair, dilapidation *(of a house)*; decadence; decrepitude; desuetude; maturity *(of a bill)*; *die* ***handel*** *raak in ~* trade diminishes (*or* is falling off); *in ~* ***raak*** fall into decay; ***(radioaktiewe)*** *~, (phys.)* decay; *in ~* ***wees,*** *(a house etc.)* be dilapidated, be in a state of dilapidation. **ver·val** *het ~, vb.* decline, decay, break up; *(a building)* become dilapidated, fall into disrepair; *(a bill)* mature, become/fall due; *(a right, an insurance policy, etc.)* lapse; *(a lease)* expire; *(a law)* be abrogated; *(a proposal, question, etc.)* fall away, be dropped; *iets ~* ***aan*** *iem., (jur.)* s.t. reverts/passes to s.o. *(another heir)*; *daarmee ~ 'n* ***argument*** that settles/finishes (*or* disposes of) an argument; an argument falls to the ground; *in/tot* ***armoede*** *~* →ARMOEDE; *in* ***herhaling*** *~* →HERHALING; ***in*** *iets ~* drop/get into s.t. *(a habit)*; slide into s.t. *(sin)*; *weer* ***in*** *... ~* relapse into ...; *weer* ***in*** *jou ou gewoontes ~* slip back into one's old ways (*or* into old ways of behaving); ***onder*** *... ~* fall among ... *(criminals etc.)*; *'n ~lende* ***stadsgebied,*** *(also)* a twilight zone; ***tot*** *... ~* lapse into ...; *in* ***uiterstes*** *~* →UITERSTE *n.*; *die* ***voorstel*** *~* the motion falls away/lapses. **~datum, ~dag** date/day of maturity, maturity date/day, settlement date/day; renewal date/day; expiry date/day; due date; sell-by date; eat-by date; *die ~ van iets het (lankal) verstryk* s.t. is (long) past its sell-by date. **~tyd** (date of) maturity *(of a cheque)*.

ver·val·baar =*bare* lapsable, lapsible. **ver·val·baar·heid** lapsability, lapsibility; caducity.

ver·val·le *~* =*lener* =*lenste* (*of meer ~ die mees ~*) decayed; ramshackle, dilapidated *(a house)*; ruinous *(a building)*; tumbledown, rundown; emaciated, decrepit, worn-out *(a pers.)*; shrunken *(a figure)*; pinched, ravaged, wasted *(s.o.'s face)*; haggard; expired *(a lease)*; lapsed *(an insurance policy)*; due, mature *(a bill)*; *~ gebied* depressed area. **ver·val·len·heid** dilapidation; decrepitude; dereliction; low life.

ver·vals *het ~, vb.* falsify *(a document)*; forge *(a signature, document, etc.)*; counterfeit *(a coin, handwriting, etc.)*; adulterate *(wine)*; tamper with *(a will, document, etc.)*; debase, denature; cook, massage *(statistics etc.)*; salt *(books)*; *~ en uitgee, (jur.)* forge and utter. **ver·vals** =*valste, adj.* counterfeit(ed), forged, spurious, *etc.*; *~te jenewer* synthetic gin. **ver·vals·baar** =*bare* falsifiable; forgeable. **ver·val·ser** =*sers* forger, falsifier; faker, adulterator; counterfeiter; cooker *(infml.)*. **ver·val·sing** =*sings,* =*singe* forgery, counterfeiting, falsification, forging, fraud, adulteration; faking; →VERVALS *vb.*; *~ en uitgifte, (jur.)* forgery and uttering. **ver·val·sings·mid·del** adulterant. **ver·valst·heid** adulteration.

ver·vang *het ~* replace, supersede; take the place of; substitute *(for)*; relieve; deputise; do duty for; *(jur., ins.)* subrogate; *iem./iets deur/met iem./iets anders ~* replace s.o./s.t. with/by s.o./s.t. else; substitute s.o./s.t. for s.o./s.t. else; *iets deur/met ... ~, (also)* exchange s.t. for ...; *deur/met ... ~ word, (also)* give way to ..., make way for ... **~deel** renewal part, replacement. **~stel** kit.

ver·vang·baar =*bare* replaceable; commutable, commutative; interchangeable; *(jur.)* fungible; removable; expendable. **ver·van·gend** =*gende* substitutive; *~e betekening, (jur.)* substituted service. **ver·van·ger** =*gers* substitute, understudy; *(chem.)* substituent. **ver·van·ging** =*gings,* =*ginge* substitution; replacing, replacement; superseding, supersession; interchange; *(jur., ins.)* subrogation; *~ deur ...* replacement with/by ...; *ter ~ van ...* in (the) place of ..., in substitution for ... **ver·van·ging·stof** substitute.

ver·van·gings=: **~fonds** replacement fund, renewal(s) fund. **~middel, vervangmiddel** =*s,* =*e* replacement, substitute, surrogate, alternate. **~oortapping** exsanguination. **~waarde** replacement value.

ver·vas, *(rare)* →VIR VAS.

ver·vat *het ~* change one's grip; resume, begin/start again/anew; take up, continue *(a narrative)*; take up the thread; contain, include; *iets is in ... ~* s.t. is contained in ...; s.t. is included in ...; s.t. is wrapped up in ...; *iets is in die volgende bewoording ~* s.t. is worded as follows.

ver·veel *het ~* bore; tire; weary; irk; *iem.* ***dodelik/ gruwelik/vreeslik*** (*of tot die* ***dood*** *toe*) *~* bore s.o. silly/stiff (*or* to death/tears); ***jou*** *~* feel/be bored, kick/cool one's heels; *jy ~ jou* ***nooit*** never a dull moment; *deur ... ~* ***word*** be bored with ... **ver·veeld** =*veelde* =*veelder* =*veeldste adj.* bored; *dodelik/gruwelik/vreeslik ~ wees, tot die dood toe ~ wees* be bored stiff. **ver·veeld·heid** boredom, ennui.

ver·veel·vou·dig *het ~* multiply. **ver·veel·vou·di·ging** multiplication. **ver·veel·vul·dig** *het ~* compound.

ver·veer *het ~, (birds)* moult, mew, shed/throw feathers.

ver·vel *het ~* change/cast/shed/throw the skin, peel; *(a snake)* slough; moult; *(zool.)* exuviate; *iem. se gesig het heeltemal ~* the skin of s.o.'s face peeled off in strips. **ver·vel·ling** casting of the skin, sloughing, ecdysis *(of serpents)*; peeling; moult(ing); *(med.)* desquamation. **ver·vel·sel** =*sels* cast skin; slough; cast *(of an insect)*.

ver·ve·lend =*lende* boring, dull; colourless, uninteresting; infuriating, annoying; →VERVELIG; *'n bar/uiters ~e vent wees* be a crashing/unspeakable bore; *onuitstaanbaar ~ wees* be a crashing/unspeakable bore; *stom ~* as dull as dishwater/ditchwater *(infml.)*, deadly dull. **ver·ve·lend·heid** = VERVELIGHEID. **ver·ve·lens:** *tot ~ toe* ad nauseam; over and over (again); *iem. het tot ~ toe gepraat* s.o. talked until one could stand it no longer (*or* until one was tired/sick of it), s.o.'s talking bored one to tears/death. **ver·ve·lig** =*lige* boring, wearisome, tiresome, humdrum, dull, tedious; pedestrian; plaguesome; annoying; monotonous, dreary; prosy; unarresting, colourless; mortal; heavy. **ver·ve·lig·heid** tediousness, tedium, dullness, tiresomeness, wearisomeness, uninterestingness, drabness, monotony. **ver·ve·ling** boredom, tediousness, tedium, ennui; *gryse ~* utter boredom.

ver·ve·ring moult; →VERVEER.

ver·vers *het ~, (rare)* refresh. **ver·ver·sing** =*sings,* =*singe* refreshment; refection *(poet., liter.)*; *~s ronddien/rondbring/rondgee* serve refreshments; *~s aanbied/verskaf* serve refreshments.

ver·ver·sings=: **~bedryf** catering trade/business. **~diens** catering service. **~lokaal** canteen. **~pos** refreshment station, victualling station. **~tent** canteen. **~toonbank** canteen. **~wa** mobile canteen.

ver·ve·se·ling *(med.)* fibrosis.

ver·vet *het ~* turn (in)to fat. **ver·vet·ting** fatty degeneration.

ver·vier·vou·dig *het ~* quadruple.

ver·vies *het ~: jou* ***oor*** *iets ~, (infml.)* become/get annoyed about/at/by s.t.; be irritated at s.t.; take offence at s.t.; *jou* ***vir*** *iem. ~, (infml.)* become/get annoyed/exasperated with s.o.; s.o. irritates one; *ek ~ my so* ***wanneer*** *..., (infml.)* it gets me when ...

ver·vilt, ver·velt *het ~* felt. **ver·vil·ting, ver·vel·ting** felting.

ver·vlaams *het ~, vb.* become/turn/make Flemish. **ver·vlaams** =*vlaamste, adj.* showing Flemish influence/tendencies. **ver·vlaam·sing** making Flemish.

ver·vlak *het ~* superficialise; (become) shallow, lose in depth. **ver·vlak·king** superficialisation, becoming shallow/superficial; superficiality.

ver·vlaks *interj.: ek sal dit ~ nie doen nie!, (infml.)* I'll be damned/hanged if I do!; *vervlaks!* hang it (all)!, confound it!, dash it!, drat it!, darn it (all)!, dammit!, blast (it)! *(infml.)*. **ver·vlaks** *adv.* darned, flipping *(infml.)*, blinking *(infml.)*. **ver·vlaks·te** *adj. (attr.)* confounded, blooming, blessed, dratted, darned, flaming;

jou ~ skelm! you blooming cheat!; *so 'n ~ ...!* blast this ...! *(infml.).*

ver·vlees *het ~, (pathol.)* carnify.

ver·vleg *het ~, vb.* entwine, intwine, entangle; intertwine, interweave, interlace. **ver·vleg** *-vlegte, adj.* interlaced, *etc.*. **ver·vleg·ting** intertwinement, interlacement, entanglement.

ver·vle·sing carnification.

ver·vlieg *het ~, (the time)* fly; *(hope)* vanish; evaporate, volatilise; →VERVLOË. **ver·vlie·ging** flying, vanishing, evaporation, volatilisation.

ver·vlo·ë *(p.p.)* gone by; →VERVLIEG; *~ dae* days/time gone by, bygone days, days of old/yore.

ver·vloei *het ~* flow away; *(colours)* melt; *(paint)* run; vanish, pass/fade away; liquefy, liquify, deliquesce; *(a TV image)* muzz. **ver·vloei·end** *-ende* deliquescent, diffluent. **ver·vloei·ing** flowing away; melting *(of colours);* vanishing; liquefaction, liquifaction, deliquescence.

ver·vloek *het ~, vb.* curse, damn; execrate; excommunicate; anathematise; ban; blast; *iem. kliphard ~* hail curses down on s.o.. **ver·vloek** *-vloekte, adj.* cursed, damned; confounded, blasted; accursed, accurst *(poet., liter.).* **ver·vloe·kend** *-kende* damning, imprecatory, maledictory, maledictive. **ver·vloe·king** *-kings, -kinge* curse, imprecation, execration, malediction, malison, commination; anathema; thunderbolt. **ver·vloeks** damned, blooming; *~ skelm* damned cunning; *vervloeks!* damn (it)!, damn it (all)!, dammit!, damnation!, blast (it)!. **ver·vloeks·te** damned, confounded, blasted, wretched, bloody; *so 'n ~ kêrel/vent!, (sl.)* curse him!.

ver·vlug·tig *het ~* evaporate, volatilise, etherealise, fade. **ver·vlug·ti·ging** evaporation, volatilisation.

ver·voeg *het ~, vb., (gram.)* conjugate; *~de* conjugated. **ver·voeg·baar** *-bare, (gram.)* flexional, conjugable. **ver·voe·ging** *-gings, -ginge, (gram.)* conjugation.

ver·voer *n.* transport(ation), carriage, conveyance; traffic; portage, cartage, haulage; *gedurende die ~ beskadig word* be damaged in transit. **ver·voer** *het ~, vb.* transport, convey, carry, haul; *iets verdra nie om ~ te word nie* s.t. does not travel well. **~bak** bucket. **~band** conveyor (belt), belt conveyor, carrying band. **~bedryf** transport industry. **~koste** carriage, cost of conveying/transport, haulage. **~middel** *-s, -e* (means of) transport, transportation, conveyance, vehicle. **~ondernemer** carrier, haulier. **~stelsel** transport system. **~tarief** transport charge, fare, rate of carriage. **~wese** transport industry, transport(ation).

ver·voer·baar *-bare* (trans)portable, conveyable; mov(e)able. **ver·voer·der** *-ders* transporter, carrier; haulier, hauler; *(mech.)* conveyer, conveyor. **ver·voe·ring** rapture, ecstasy, transport, entrancement, exaltation; *iem. in ~ **bring*** enrapture/entrance s.o., stir s.o.'s pulse; *die gehoor in ~ **bring,** (also)* bring the house down; ***in** ~ wees* be enraptured/entranced, be in raptures, be filled with rapture; *oor ... **in** ~ wees* be ecstatic about ..., be in ecstasies over ..., rave about ... *(infml.);* be entranced at/by/with ..., be enraptured by/with ...; *in ~ **raak*** go into raptures; be/get carried away; *oor ... in ~ **raak*** go into ecstasies/raptures over ...

ver·volg *-volge, n.* continuation, sequel; consecution; future; ***die** ~ van 'n boek lees* read the sequel to a book; ***in** die ~* in future, from now on, after this, henceforth; *die ~ **op** ...* the sequel to ...; ***ten** ~(e) op ..., (fml.)* further to ..., with further reference to ... **ver·volg** *het ~, vb.* continue *(a narrative, studies);* persecute *(heretics); (jur.)* prosecute, institute legal proceedings (against), bring action (against); haunt; plague, pester; pursue *(the enemy);* hound (down); follow (up); proceed; ***oortreders** sal ~ word* →OORTREDER; *iem. **weens** ... ~* prosecute s.o. for ...; ***weens** ... ~ **word*** be prosecuted for ...; suffer persecution for ...; ***word** ~* to be continued; *iem. **wraaksugtig** ~* carry on (*or* conduct) a vendetta against s.o.. **~blad** continuation (sheet). **~bundel** sequel, continuation volume. **~deel** sequel; supplementary volume. **~lys** continuation list. **~nommer** →VOLGNOMMER. **~stuk** continuation, sequel, instalment. **~sug** vindictiveness, spirit of persecution. **~sugtig** *-e* persecutive, vindictive. **~verhaal** serial (story). **~werk** sequel, supplement; serial publication.

ver·volg·baar *-bare* liable to prosecution/indictment/suit, prosecutable, indictable, suable; actionable; impeachable.

ver·volg·de *-des* victim of persecution.

ver·vol·gens further (on), furthermore, then, thereupon, subsequently, next, thereafter, consequently.

ver·vol·ger *-gers* persecutor; prosecutor; pursuer. **ver·vol·ge·ry** persecution; *(fig.)* witch-hunt(ing).

ver·vol·ging *-gings, -ginge* persecution; prosecution; pursuit, chase; legal action/proceedings; hounding; vendetta; *advokaat vir die ~* prosecuting counsel; *'n ~ teen iem. instel* prosecute s.o., bring/institute an action against s.o..

ver·vol·gings-: **~gees** spirit of persecution. **~reg** right of prosecution. **~waan** *(psych.)* persecution complex, delusions of persecution. **~waansin** persecution mania, paranoia.

ver·vol·le·dig *het ~* complete, amplify. **ver·vol·le·di·ging** completion, amplification.

ver·vol·maak *het ~* (make) perfect, make complete; integrate. **ver·vol·ma·king** perfection, perfecting; integration.

ver·vorm *het ~* transform, remodel, reform; deform; disfigure; contort; change; corrupt; distort; strain; *tot ... ~* transform into ... **ver·vorm·baar** *-bare* transformable; plastic, ductile; deformable. **ver·vorm·baar·heid** transformability; plasticity, ductility. **ver·vorm(d)** *-vormde* deformed, distorted. **ver·vor·mer** *-mers, (elec.)* transformer. **ver·vor·ming** *-mings, -minge* transformation; deformation, distortion; strain; changing.

ver·vor·mings-: **~meter** strain gauge. **~veerkrag** elasticity of shape.

ver·vrag *het ~, (rare)* freight, ship, transport, charter/lease (out). **ver·vrag·ter** *-ters, (rare)* charterer, freighter, shipper. **ver·vrag·ting** *(rare)* chartering, freighting, freight(age).

ver·vreem *het ~, vb.* estrange *(s.o.);* alienate, dispose of *(a property);* become estranged/alienated; *iem. van ... ~* alienate s.o. from ...; *jou van ... ~* estrange o.s. from ..., become a stranger to ... **ver·vreem(d)** *-vreemde, adj.* estranged; alienated; *twee mense is (van **mekaar**) ~* two people are estranged; *(van mekaar) ~ **raak,** (also)* draw/drift/grow apart (from one another); *van ... ~ **raak*** become estranged from ...; become alienated from ...; *van ... ~ **wees*** be estranged from ...; be alienated from ... **ver·vreem(d)·baar** *-bare, (jur.)* alienable; negotiable; *(fin.)* renounceable. **ver·vreem(d)·baar·heid** alienability; negotiability. **ver·vreem·ding** estrangement; alienation; disposal; *die ~ tussen twee mense* the estrangement between two people; *iem. se ~ van iem. anders* s.o.'s estrangement from s.o. else. **ver·vreem·dings·ef·fek** *(theatr.)* alienation effect.

ver·vroeg *het ~, vb.* move/put/bring forward, make earlier, fix at an earlier date/time/hour, anticipate, advance, move up *(a date); die **datering** van 'n brief ~* antedate a letter; *'n **datum** ~* advance/anticipate a date; *'n **maaltyd** ~* have a meal earlier; *die **ontsteking** ~, (mot.)* advance the spark; *'n **vergadering** ~* advance (*or* put forward) (the time of) a meeting. **ver·vroeg** *-vroegde, adj., (also)* premature; *~de ontsteking* advanced ignition; *~de sluiting* early closing; *iets van ... tot... ~* advance s.t. *(a meeting etc.)* from ... to ... **ver·vroeg·baar** *-bare* advanceable. **ver·vroe·ging** advance, acceleration, anticipation; *(med.)* advancement; *(hort.)* forcing; *~ van die gety* priming of the tides; *~ van die nagewening* precession (of the equinoxes).

ver·vro·lik *het ~* cheer up, enliven. **ver·vro·li·king** cheering up, enlivenment.

ver·vrou·lik *het ~* feminise; become (more) feminine. **ver·vrou·li·king** feminisation.

ver·vuil *het ~, vb., (plants, weeds, etc.)* become/grow/render filthy/dirty; pollute; contaminate; run wild, overrun; spread (as a weed); become choked with weeds, become weedy; proliferate, teem; infest; *van ... ~ wees* be infested with ... *(fleas etc.);* be overrun with ... *(weeds etc.).* **ver·vuil** *-vuilde, adj.* filthy, dirty; rank, weedy, choked with weeds, weed-grown, infested with weeds. **ver·vuild·heid** filthiness; infestation with weeds. **ver·vui·ling** dirtiness, filthiness; pollution; weediness; infestation; proliferation; becoming choked with weeds; contamination.

ver·vul *het ~, vb.* fill *(a position, role);* play, sustain *(a part, role, etc.);* fulfil *(a promise, desire, prayer, etc.);* do, discharge *(a duty);* perform *(a task, duty, promise, etc.);* grant *(a wish);* carry out *(a task, one's duty);* occupy *(a post);* satisfy *(a need);* realise *(a dream, wish); ~ met die **Heilige Gees*** filled with the Holy Spirit/Ghost; *iem. **met** iets ~* instil s.t. in(to) s.o.; ***met** weemoed/ens. ~ wees* be filled with melancholy/etc.; *die hart met **skrik** ~* strike terror into the heart; ***van** iets ~ wees* be intent (up)on s.t.; be engrossed in s.t.; be possessed by/with s.t. *(a thought etc.);* be imbued with s.t. *(hate etc.); iem. se **wens** is ~* s.o. got his/her wish (*or* has realised his/her ambition). **ver·vul** *-vulde, adj.* fulfilled, *etc.; ~ met ..., (also)* informed with ... **ver·vul·lend** *-lende* satisfying *(experience, life, etc.).* **ver·vul·ling** fulfilment; realisation; discharge *(of duties);* performance; execution; →VERVUL *vb.; jou wense sal in ~ gaan* your dreams will come true, your hopes will be realised/fulfilled.

ver·vyf *het ~, (obs.)* →VERDOEL. **~skop** *(obs.)* →DOELSKOP. **~voudig** *het ~* quintuple.

ver·waai *het ~, vb.* blow about, tousle, touzle, ruffle; blow away; be blown away. **ver·waai(d)** *-waaide, adj.* blown about; dishevelled, ruffled, tousled, touzled, windswept, windblown.

ver·waand *-waande -waander -waandste* arrogant, bumptious, vain, conceited, cocky, stuck-up, presumptuous, superior, self-important, overweening, bigheaded, swollen-headed *(infml.);* high-hat, supercilious, cocksure, snooty; *'n ~e mens* an egotist, a bighead; an upstart; a prig. **ver·waand·heid** conceit(edness), bumptiousness, arrogance, self-importance, pomposity, vanity, vainglory, cockiness.

ver·waar·loos *het ~, vb.* neglect, be neglectful of; ignore; *jou ~* let o.s. go; *iets laat ~* let s.t. fall into (a state of) neglect; *~ raak* fall into neglect; go/run to seed *(fig.).* **ver·waar·loos** *-loosde, adj.* neglected; uncared-for; unkept, in bad repair, unkempt, untended, desolate, dilapidated, raddled, raggle-taggle, rusty; *~de kind, (also)* stray, waif, deprived child. **ver·waar·lo·sing** neglect; dereliction, negligence; *(sociol.)* deprivation; waste, unrepair; dilapidation; *met ~ van ...* to the neglect of ...; *jou aan die ~ oorgee* let o.s. go/run to seed *(fig.).*

ver·wag *het ~* expect; look for, await; anticipate, foresee, believe; *'n **baba** ~* expect a baby, *(infml.)* have a bun in the oven; *iem. sal doen wat **billikerwys(e)/redelikerwys(e)** ~ kan word* s.o. will do anything (with)in reason; ***dat** iem. ... sal wees* expect s.o. to be ...; *~ **dat** iem. iets sal doen* expect s.o. to do s.t.; *~ **dat** iets sal gebeur* expect s.t. to happen; *iem. het iets (so) **half** ~* s.o. was half expecting s.t.; *('n) mens **kan** dit van hom/haar ~* that's just like him/her; *dit **kan** ('n) mens van ... ~!* trust ...!; ***meer** as wat iem. ~ het, (also)* more than s.o. bargained for/on; *van iem. ~ **om** iets te doen* expect s.o. to do s.t.; ***soos** te ~ was* →SOOS TE **VERWAGTE** WAS; *iets **van** iem. ~* expect s.t. of s.o.; ask s.t. of s.o.; *dit is baie om **van** iem. te ~* that is a lot to ask of s.o.; *te **veel** van iem. ~* expect too much from/of s.o.; *daar **word** ~ dat ...* it is expected that ...; *iem./iets **word** om ... ~* s.o./s.t. is expected at ...; s.o./s.t. is scheduled to arrive at ...; *iem. **word** eers ... ~* s.o. is not expected before/until ...; *iem. **word** eers ná ... ~* s.o. is not expected until after ...; *van iem. **word** ~ om te ...* it is expected of s.o. to ...; *daar **word** ~ dat iem. sal wen/ens.* s.o. is expected to win/etc. **ver·wag·te** expected; estimated; foreseen, anticipated; *iem. se ~ lewensduur* →LEWENSDUUR; *dit is te ~* it is to be expected; *soos te ~ was* as was to be expected. **ver·wag·tend**

=*tende* expecting, expectant; ~*e moeder* expectant mother, mother-to-be. **ver·wag·ter** =*ters, (jur.)* beneficiary heir; fideicommissary. **ver·wag·ting** =*tinge,* =*tings* expectation, prospect, hope, outlook; *aan die* ~*(e)* ***beantwoord/voldoen*** come up to (*or* realise) expectations; *nie aan die* ~*(e)* ***beantwoord/voldoen*** *nie, (also)* be found lacking; ***bo*** ~ beyond (all) expectation(s); *iem. se* ~*e die* ***bodem*** ***inslaan*** shatter s.o.'s hopes; ***groot/hoë*** ~*e hê/koester* have high hopes; ***groot/hoë*** ~*e van iem./iets hê/koester* have/cherish great/high expectations of s.o./s.t., have high hopes of s.o./s.t.; *die* ~*e loop* ***hoog****, die* ~*e is* ***hooggespan*** expectations are at a high pitch; ***in*** *die* ~ *dat* ... in the expectation that ...; *die* ~ ***koester*** cherish/nourish the hope; ***na*** ~ *sal dit* ... it is expected that it will ...; *alle* ~*e* ***oortref*** exceed all expectations; *dit* ***oortref*** *jou hoogste/stoutste* ~*e* not in one's wildest dreams did one expect it; ***teen*** *die* ~ *(in)* contrary to expectation, contrary to all expectations; *iem. se* ~*e is* ***verydel*** s.o.'s hopes were dashed; *(hoë)* ~*e* ***wek*** raise (great/high) expectations/hopes.

ver·want =*wante, n.* relative, relation, congener; *(jur.)* agnate, cognate; *(also, in the pl.)* kin. **ver·want** =*wante, adj.* related; kindred, allied; consanguineous; cognate *(languages);* congenial; (a)kin *(pred.);* conjugate(d); *die feite* ~ ***aan*** *die saak* the facts relative to the matter; ***aan/met*** *iem.* ~ *wees* be related to s.o., be kin to s.o.; ***aan/met*** *iets* ~ *wees* be related to s.t. *(a lang.);* be connected with s.t.; be allied to s.t.; ~*e* ***maatskappy*** associated company; *van* ***moederskant*** ~ cognate; ***na*** ~ *wees, (people)* be closely related; ***nou*** ~ *aan* ... germane to ... *(a subject);* ***nou*** ~ *wees, (things)* be closely related; ***ons/hulle*** *is* ~ we/they are related/kin; ***ons/hulle*** *is nie* ~ *nie* we/they are not related, we/they are no kin; ~*e* ***siele*** kindred spirits; *van* ***vaderskant*** ~ agnate; ~*e* ***vakke*** related subjects; ***verlangs/vêrlangs*** ~ *wees* be distantly/remotely related; ~*e* ***wetenskappe*** kindred sciences; ~*e* ***woord*** →STAMVERWANTE WOORDE. **ver·want·skap** =*skappe* relation(ship), relatedness, kinship; affinity *(between persons, plants, languages, etc.);* congeniality; *(tech.)* propinquity; filiation; agnation; alliance; cognation; *(anthr.)* sib; ~ ***aan*** kinship with; *daar is hoegenaamd* ***geen*** ~ *nie* there is no connection whatsoever; *die* ~ *van iem.* ***met*** *iem. anders* the relationship of s.o. to s.o. else; *die* ~ ***tussen*** *twee mense* the relationship between two people; *die* ~ ***tussen*** *twee tale* the affinity between two languages.

ver·want·skaps=: ~**band** family tie. ~**betrekking** relationship. ~**(krediet)kaart** affinity (credit) card. ~**verhouding** =*s,* =*e* relationship.

ver·war *het* ~ tangle; snarl, confuse, mix up, make a muddle of, muddle up; bewilder, disorientate; puzzle; scramble *(speech);* addle *(joc.);* fluster; perplex; throw; unsettle; untune; disarrange; *met* ***mekaar*** ~ mix up, confuse; *iem./iets* ***met*** *iem./iets anders* ~ confuse s.o./s.t. with s.o./s.t. else; *iem.* ***met*** *iem. anders* ~*, (also)* mistake s.o. for s.o. else; *iem. se* ***sinne*** ~ confuse s.o.. **verwar(d)** =*warde* =*warder* =*wardste* (of *meer* ~ *die mees* =*warde), adj.* (en)tangled; *(rare)* tousled, touzled, untidy *(hair);* disarranged, disordered; confused, muddled *(ideas etc.);* perplexed, dazed, bemused, bewildered, nonplussed, mixed-up; intricate; addle-headed, addle-brained, addle-pated, rattle-brained, rattle-headed; ~*de beeldspraak* mixed metaphor; *'n totaal* ~*de kind wees* be a crazy mixed-up kid; *in* ... ~ *raak* become entangled in ... **ver·ward·heid** confusion, confusedness, disorientation, fuzziness, muddlement; *(psych.)* confusion.

ver·warm *het* ~ warm; heat *(food, a room, swimming pool, etc.); jou* ~ warm o.s.. **ver·war·mer** =*mers* heater, warmer; →VERWARMINGSTOESTEL; *elektriese* ~ electric heater.

ver·war·ming warming, calefaction *(rare);* heating; *sentrale* ~ central heating. ~**stelsel** heating/heater system.

ver·war·mings=: ~**apparaat** heating apparatus. ~**buis** heating pipe. ~**element** heating element. ~**toestel** calorifier, heating apparatus/appliance/equipment, heater, warming device. ~**vermoë** heating power. ~**waarde** heating value.

ver·war·rend =*rende* confusing, bewildering, disconcerting, perplexing, unsettling. **ver·war·ring** =*rings,* =*ringe* entanglement; confusion, disorder, welter, turmoil, pell-mell, dishevelment, mix-up, disarray, muddle(ment); perplexity, bewilderment, puzzlement; ***Babelse*** ~ confusion of tongues; *iem. in* ~ ***bring*** confuse s.o.; *iets in* ~ ***bring*** turn s.t. upside down; *in* ~ ***raak*** become confused; ~ ***stig*** cause/create confusion.

ver·wa·te *(poet., liter.)* presumptuous, arrogant, overbearing, self-important; haughty *(looks).* **ver·wa·ten·heid** presumption, presumptuousness, arrogance, self-importance, self-conceit.

ver·wa·ter *het* ~*, vb.* dilute (too much); *(fig.)* dilute, water down, weaken; erode. **ver·wa·ter(d)** =*terde, adj.* watery, weak, waterish; *(fig.)* watered-down, watered; *(fig.)* dilute(d); ~*de kapitaal* watered capital. **ver·wa·te·ring** *(also fig.)* watering (down), dilution; ~ *van aandele* watering of stock. ~ *van aandeelhouersbelang* equity dilution, dilution of equity.

ver·we →VERF *vb.*.

ver·wed *het* ~ bet, punt, wager; bet/gamble away *(all one's money); iets op* ... ~ stake/wager s.t. on ...; *geld op 'n perd* ~ put money on a horse; *R100 op 'n perd* ~ bet R100 on a horse.

ver·weef *het* ~*, vb.* interweave, intertwine, entwine, interlace, interlink. **ver·weef** =*weefde adj.* interwoven, intertwined, entwined (with); *nou* ~ *wees, (interests etc.)* be closely knit. **ver·weefd·heid** interwovenness.

ver·week *het* ~ soften, grow/become soft/brittle, weaken. **ver·week·lik** *het* ~*, vb., (rare)* make effeminate; enervate; go/become soft, become effeminate. **ver·week·lik** =*likte, adj., (rare)* effeminate. **ver·week·li·king** *(rare)* enervation; effeminacy.

ver·weer[1] =*were, n.* defence; resistance; plea; *jou eie* ~ *behartig* defend o.s. *(in a court).* **ver·weer** *het* ~*, vb.* defend; resist; speak up for o.s.; put up a fight; *jou* ~ defend o.s.; fight back. ~**middel** =*e,* =*s* means of defence. ~**skrif** *(jur.)* (written) defence, plea.

ver·weer[2] *het* ~*, vb., (geol.: rocks)* weather, disintegrate; decay, wear away, erode. **ver·weer** =*weerde, adj.* disintegrated, weathered *(rocks);* weather-beaten *(face);* weather-bitten *(wall etc.);* →VERWEER[2] *vb.;* ~*de wol* mushy/frowzy/frouzy/frowsy/weathered wool.

ver·weer·der =*ders, (fem., rare)* **ver·weer·de·res** =*resse* defendant *(in court);* defender.

ver·wees *het* ~*, vb.* orphan; *(fig.)* abandon, desert. **verwees** =*weesde, adj.* orphaned; *(fig.)* abandoned, deserted. **ver·weesd·heid** orphanhood, orphanage.

ver·wek *het* ~ father, procreate, beget, breed, sire *(children);* generate; engender; call into being; cause *(dissatisfaction);* raise *(a storm, laugh, etc.);* stir up *(mutiny, sedition, curiosity etc.);* provoke *(indignation, a storm, etc.);* excite, rouse, evoke *(feelings);* produce *(a sensation); tot toorn* ~ rouse to anger. **ver·wek·ker** =*kers* father, sire, begetter, genitor, procreator; breeder; cause; originator. **ver·wek·king** procreation, progeniture, begetting, breeding; stirring up, provoking, raising, causing.

ver·we·king softening; →VERWEEK.

ver·welf =*welwe* →VERWULF.

ver·welk *het* ~*, vb., (also fig.)* fade, wither, wilt. **verwelk** =*welkte meer* ~ *die mees* =*welkte, adj.* faded, withered, wilted; *(poet., liter.)* sear, sere; flaccid; ~*te skoonheid* withered beauty. ~**siekte** wilt disease.

ver·welk·baar =*bare* liable to wither/wilt. **ver·wel·kend** =*kende, (bot.)* marcescent; fading. **ver·wel·king** withering, fading, wilting, marcescence. **ver·welk·lik** =*like* transitory, perishable.

ver·wel·kom *het* ~ (bid) welcome, greet, hail; *iem. op 'n* ***dorp*** ~ welcome s.o. to a town; ***geesdriftig/ens.*** ~ *word* receive an enthusiastic/etc. welcome; *iem.* ***hartlik*** ~ give s.o. a warm welcome, extend a warm welcome to s.o.; ***luidrugtig*** ~ *word* receive a tumultuous welcome; *iem. in 'n* ***stad*** ~ welcome s.o. to a city/town. **ver·wel·ko·mend** =*mende* welcoming *(atmosphere, arms, etc.).* **ver·wel·ko·ming** =*mings,* =*minge* welcome, reception, hail.

ver·wel·ko·mings=: ~**komitee** welcoming committee. ~**toespraak,** ~**rede** welcoming address/speech.

ver·wen *het* ~*, vb.* spoil, baby *(a child);* overindulge; pamper, cosset, (molly)coddle, indulge; coddle *(derog.).* **ver·wen** =*wende, adj.* spoilt *(child);* pampered; →VERWEN *vb.*. **ver·wen·ning** spoiling, pampering, indulgence.

ver·wens *het* ~*, vb.* curse. **ver·wens** =*wenste, adj.* cursed. **ver·wen·sing** =*sings,* =*singe* curse, oath; execration, imprecation; malediction.

ver·wer =*wers* painter; decorator *(of a house);* dyer; →VERF *n. & vb.*.

ver·wer·dig *het* ~ condescend, deign, vouchsafe; *jou* ~ *om* ... condescend/deign/stoop to ...; *jou nie* ~ *om te* ... *nie* not deign to ..., disdain to ...

ver·wê·reld·lik *het* ~ secularise. **ver·wê·reld·li·king** secularisation.

ver·we·rend =*rende* erosive.

ver·werf *het* ~*, vb.* gain, win *(honour, fame);* acquire, earn, achieve, obtain; *'n* ***graad*** ~ take/obtain a degree; ***kennis*** ~ gain knowledge; *'n* ***onderskeiding*** *in 'n vak* ~ →ONDERSKEIDING. **ver·werf** =*werfde, adj.* →VERWORWE.

ver·we·ring *(geol.)* disintegration, weathering *(of rocks);* decay, ag(e)ing; erosion. **ver·we·rings·laag** patina.

ver·werk *het* ~ process; work up, elaborate, work (out); assimilate, digest *(knowledge);* adapt *(a book); (mus., rad.)* arrange; convert; elaborate; rewrite; ***iets*** *vir* ... ~ adapt s.t. for ...; ~*te* ***kaas*** processed cheese; ~ ***tot*** adapt as; elaborate into; *van* ... ~ ***wees*** be adapted from ... **ver·werk·baar** =*bare* adaptable; workable, machinable. **ver·werk·baar·heid** adaptability; machinability; →VERWERK. **ver·werk·een·heid** →VERWERKINGSEENHEID. **ver·wer·ker** adaptor, adapter; processor; *(comp.)* processing unit.

ver·wer·king =*kings,* =*kinge* processing; treatment, working up, elaboration, working (out); assimilation, digestion; adaptation *(of a play etc.); (min.)* beneficiation; *(mus., rad.)* arrangement. ~**spoed** processing speed.

ver·wer·kings=: ~**aanleg** processing plant. ~**eenheid, verwerkeenheid** *(comp.)* processing unit. ~**tempo** processing speed.

ver·werk·lik *het* ~ realise, actualise; materialise; fulfil. **ver·werk·lik·baar** =*bare* realisable. **ver·werk·li·king** realisation, actualisation; materialisation; fruition.

ver·werp *het* ~*, vb.* reject, quash *(a proposal, motion, etc.);* repudiate *(accusations);* vote down *(a measure);* veto; disown; disclaim; turn down; negative; reprobate; *iets voor die voet (of sonder meer)* ~ reject s.t. out of hand; *die voorstel is* ~ the motion was lost/defeated. **ver·werp** =*werpte,* **ver·wor·pe** *adj.* rejected; cast out; cast-off; depraved; castaway; outcast; *(Chr. theol.)* reprobate *(arch.);* ~ *wees* be cast out. **ver·wer·ping** rejection; voting down; repudiation; disallowance; veto; *(Chr. theol.)* reprobation *(arch.).* **ver·werp·lik** =*like* =*liker* =*likste* (of *meer* ~ *die mees* =*like)* objectionable, unacceptable, untenable, rejectable, condemnable. **ver·werp·lik·heid** objectionableness, rejectableness.

ver·wer·we *het* ~ = VERWERF *vb.*. **ver·wer·wing** acquisition, acquirement, gaining, winning, obtaining, purchase.

ver·we·ry =*rye* painting, paintwork; →VERF *n. & vb.*.

ver·we·se ~ *meer* ~ *die mees* ~ dazed, stunned, bewildered, stupefied, dumbfounded, punch-drunk; referred. **ver·we·sen·heid** bewilderment, dazedness.

ver·we·sen(t)·lik *het* ~ realise, actualise; implement, effect; materialise, come true; fulfil; achieve. **ver·we·sen(t)·li·king** realisation, actualisation; materialisation; fulfilment, accomplishment.

ver·wes·ters *het* ~*, vb.* westernise, occidentalise. **verwes·ters** =*terste meer* ~ *die mees* =*terste, adj.* westernised, occidentalised. **ver·wes·ter·sing** westernisation, occidentalisation.

ver·wik·kel *het* ~ complicate; implicate, entangle;

involve; enmesh, inmesh, immesh; knot; *iem. in moeilikhede* ~ involve s.o. in difficulties. **ver·wik·kel(d)** *=kelde, adj.* complicated, involved, intricate; *in iets ~ raak* become embroiled in s.t.. **ver·wik·keld·heid** intricacy. **ver·wik·ke·ling** *=lings, =linge* complication; involution, involvement, embroilment; *(liter.)* plot; *(pl.)* complications, trouble.

ver·wil·der *het* ~ run/grow wild; chase/drive away, frighten/scare away. **ver·wil·der(d)** *=derde, adj.* wild; dazed, dazedly; haggard; thickly overgrown, uncultivated, neglected; unkempt, uncombed, dishevelled; wild-eyed; *'n ~de voorkoms* a wild/unkempt/haggard appearance. **ver·wil·de·ring** running/growing wild; demoralisation, degeneration; bewilderment.

ver·wis·sel *het* ~ change; interchange, exchange, change round; commute; alternate; permute; *iets ~ van **eienaar*** →EIENAAR; *van **klere*** ~ change one's clothes; *van **plek*** ~ →PLEK; *die **tydelike** met die ewige* ~ →TYDELIKE *n.; iets **vir** ...* ~ exchange s.t. for ... **verwis·sel·baar** *=bare* interchangeable, commutable, commutative, convertible, permutable. **ver·wis·sel·baarheid** interchangeability, convertibility. **ver·wis·selend** *=lende: ~e hoeke, (math.)* alternate angles. **verwis·se·ling** *=lings, =linge* change; interchange, exchange, alternation; transposal; commutation.

ver·wit *het* ~ whiten.

ver·wit·tig *het* ~ inform, notify; *iem. van iets* ~ inform/notify s.o. of s.t.; **ver·wit·ti·ging** notice, notification, informing.

ver·woed *=woede =woeder =woedste* (of *meer ~ die mees =woede)* fierce, furious, wild, outraged; raging *(fire)*. **ver·woed·heid** fierceness, fury.

ver·woes *het ~, vb.* destroy, blight, shatter, wreck, ruin *(hopes, health, life, etc.)*; devastate, ravage, lay waste *(a country)*; wreck, lay in ruins *(a building etc.)*; *deur 'n aardbewing* ~ destroyed by an earthquake. **ver·woes** *=woeste, adj.* devastated; destroyed, wrecked, ruined; desolate. **ver·woes·baar** *=bare* destructible. **ver·woestend** *=tende* destructive; ravaging; devastating, shattering. **ver·woes·ter** *=ters* devastator, desolator; wrecker, destroyer, vandal; harrier; undoer. **ver·woes·ting** havoc, devastation, ravage, depredation; destruction; *~ aanrig* cause destruction/devastation; *(a storm)* cause/wreak havoc; *die algehele ~ van ...* the total/utter destruction/devastation of ...

ver·woes·ty·ning desertification.

ver·wond *het ~, vb.* wound, injure, traumatise; hurt. **ver·wond** *=wonde, adj.* wounded, injured; hurt.

ver·won·der *het* ~ astonish, amaze, surprise; *jou **altyd** oor iets* ~ never cease to wonder at s.t.; *jou **altyd** oor ...* ~, *(also)* ... is a perpetual wonder to one; ***kan** jy jou daaroor ~?* can you wonder at it?; *dit ~ jou **nie*** one is not surprised; *dit ~ jou **om** iets te hoor/ens.* one is surprised to hear/etc. s.t.; *jou **oor** ...* ~ be amazed/astonished at/by ...; marvel/wonder at ...; *dit **sou** jou nie ~ nie* one shouldn't be surprised; *dis nie **te** ~ nie* that's hardly/not to be wondered at; *dis nie **te** ~ dat ... nie, (also)* (it's) no/little/small wonder that ..., it's hardly surprising that ... **ver·won·der(d)** *=derde, adj.* surprised, astonished, amazed; *~ oor iets wees* be amazed/astonished/surprised at/by s.t., blink at s.t.. **ver·won·de·ring** surprise, astonishment, amazement, wonder, wonderment, stupefaction; *jou ~ oor iets te **kenne** gee* express one's amazement/astonishment at s.t.; ***met*** ~ in/with amazement/astonishment; *iem. se ~ **oor** iets* s.o.'s amazement/astonishment at s.t.; ***tot** iem. se ~* to s.o.'s amazement/astonishment; *dit **wek** geen ~ nie* it is not surprising, it is not to be wondered at. **ver·won·der·lik** *=like, (rare)* surprising, amazing, astonishing, queer, odd, strange; *dis nie ~ dat ... nie* (it's) no/small/little wonder that ..., it's hardly surprising that ... **ver·won·der·lik·heid** *(rare)* strangeness, queerness.

ver·won·ding *=dings, =dinge* wounding, traumatisation; wound, injury.

ver·woord *het* ~ put into words, word, express, phrase; articulate **ver·woor·ding** expression; articulation.

ver·word *het* ~ degenerate, deteriorate, decay; change for the worse. **ver·wor·de** depraved, degenerate, perverse; changed for the worse. **ver·wor·ding** degeneration, deterioration, decay, corruption, decadence; depravity, perversion. **ver·wor·dings·pro·ses** process of decay/degeneration/*etc.*

ver·wor·pe *adj.* →VERWERP *adj.*. **ver·wor·pe·ling** *=linge*, **ver·wor·pe·ne** *=nes* outcast, reprobate, castaway, derelict, (moral) leper, pariah, unwanted one, cast-off. **ver·wor·pen·heid** depravity; rejection, abjectness.

ver·wor·we *adj.*, **ver·werf·de** gained, acquired; →VERWERF *vb.; 'n ~ eienskap, (usu. biol.)* an acquired character; *duur ~* →**DUUR** GEKOOPTE/VERWORWE; *verworwe immuniteitsgebreksindroom, (pathol., acr.:* vigs*)* acquired immuno-deficiency (*or* immune deficiency) syndrome *(acr.:*Aids, AIDS*)*. **ver·wor·wen·heid** *=hede* acquisition, acquirement, attainment, achievement.

ver·wring *het* ~ twist, distort; contort, writhe, wrench; →VERWRONGE; *van angs/pyn ~ wees* be twisted up with anguish/pain; *woorde* ~ twist/pervert words. **ver·wringing** twisting, distortion, contortion; misrepresentation.

ver·wron·ge ~ *meer ~ die mees* ~ twisted, distorted; contorted; deformed; warped; →VERWRING; *~ raak, (s.o.'s judg[e]ment)* become warped; *~ styl* involved style. **ver·wron·gen·heid** distortedness, distortion; deformedness.

ver·wulf *=wulwe*, **ver·welf** *=welwe, n., (archit.)* vault, imbowment. **ver·wulf, ver·wel·we** *vb.* vault, cove.

ver·wurg *het* ~ strangle, throttle; gar(r)otte; choke *(tr., intr.)*. **ver·wur·ging** strangulation, throttling; gar(r)otting.

ver·wyd *het* ~ widen; dilate; let out *(clothes); (archit.)* ream; broaden, enlarge. **ver·wy·ding** widening; dilation, dilatation; broadening.

ver·wy·der[1] *het ~, vb.* remove; move/take/clear away; clean off ; get rid of, put out of the way, dispose of; eliminate; estrange; obviate; dislodge; ***jou*** ~ leave, withdraw, go away, depart, retire; *iem./iets **laat*** ~ have s.o./s.t. removed; *mense **uit** 'n plek* ~ turn people out of a place; evacuate people from a place; *iets **uit** ... ~* take s.t. out of ...; *iets **van** ... ~* remove s.t. from ...; *jou vriende **van** jou* ~ alienate one's friends; ***vullis*** ~ dispose of refuse. **ver·wy·der, ver·wy·derd** *=derde, adj.* remote, far-off, distant, removed *(places)*; distal; *~ raak* become estranged; *'n verwyderde oorsaak, (jur.)* a remote cause.

ver·wy·der[2] *=ders* dilator.

ver·wy·de·raar *=raars* remover. **ver·wy·der·baar** *=bare* removable. **ver·wy·derd** →VERWYDER *adj.*. **ver·wyderd·heid** remoteness. **ver·wy·de·ring** removal, getting rid of, disposal; estrangement, breach, separation; *(med.)* ablation; elimination; excision; expunction; obviation; withdrawal; *~ tussen twee mense bring* come between two people; *die ~ tussen twee mense* the estrangement between two people. **ver·wy·de·rings·be·vel** removal order.

ver·wyf *het ~, vb.* make/become effeminate. **ver·wyf(d)** *=wyfde =wyfder =wyf(d)ste* (of *meer ~ die mees =wyfde), adj., (usu. derog.)* effeminate, womanish, sissified, cissified; epicene; sybaritic; camp, chichi, ponc(e)y *(infml.)*; swishy *(sl.)*; *~de man* dandy, fop, *(derog. Br. sl.)* ponce; *~ raak, (said of a male)* become effeminate. **ver·wyfdheid** effeminacy, effeminateness, unmanliness, womanishness.

ver·wyl *n.* delay; *sonder* ~ without delay. **ver·wyl** *het ~, vb.* stay; linger; sojourn; *~ by ...* dwell/dilate/expatiate on ... *(a subject)*.

ver·wys *het* ~ refer *(a matter to a committee, a pers. to s.o. else)*; relegate *(to)*; *(jur.)* commit; ***na** ...* ~ refer to ..., make (a) reference to ...; allude to ..., make an allusion to ...; *iem./iets **na** iem.* ~ refer s.o./s.t. to s.o.; *iem. ter **strafsitting*** ~ →STRAFSITTING; ***sydelings** na ...* ~ refer obliquely (*or* make an oblique reference) to ...; *'n saak vir **vonnis** ~, (jur.)* commit a case for sentence. **~nommer** = VERWYSINGSNOMMER. **~teken** = VERWYSINGSTEKEN.

ver·wy·sing *=sings* reference; relegation; referral; committal; (cross-)reference; *'n ~ na ... maak* refer to ..., make (a) reference to ...; *met ~ na ...* with reference to ...; referring to ...; further to ...; *'n sydelingse ~ na ...* an oblique reference to ...

ver·wy·sings-: **~nommer** reference number. **~punt** point of reference, reference point. **~pyn** referred pain. **~raamwerk** frame of reference. **~teken** reference (symbol/sign/mark). **~veld** field of reference.

ver·wyt *=wyte, n.* reproach, reproof, blame, taunt, slur; *(also, in the pl.)* finger pointing; *iem. die ~ maak dat hy/sy ...* reproach s.o. for ... *(doing/neglecting s.t.)*; *iem. 'n ~ van iets maak* blame s.o. for s.t., upbraid s.o. with/for s.t.; lay s.t. at s.o.'s door; *iem. ~e toeslinger* heap reproaches on s.o. **ver·wyt** *het ~, vb.* reproach, blame, upbraid, taunt; *jou ~ dat jy nie ...* reproach o.s. for not ...; *jou oor jou ... ~* reproach o.s. for one's ...; *jou niks te ~ hê nie* have no regrets; have nothing to reproach o.s. for/with, have no cause for self-reproach. **ver·wyt·baar** *=bare* blameworthy; reprehensible; *(jur.)* culpable; *verwytbare geestesgesteldheid, (jur.)* mens rea *(Lat.)*. **ver·wy·tend** *=tende* reproachful, reproving, objurgatory.

Ve·ry: **~(-)lig, ~(-)pistool** →LIGFAKKEL, LIGFAKKELPISTOOL.

ver·y·del *het* ~ frustrate, upset, foil, blight, scotch *(a plan)*; disappoint, shatter, dash *(s.o.'s hopes)*; ba(u)lk, nullify, defeat, dash to the ground, counteract, confound; thwart, foil *(an attempt)*; *jou doel ~* →DOEL *n.; die regsbedeling ~* →REGSBEDELING; *iem. se verwagtinge is ~* s.o.'s hopes were dashed. **ver·y·de·lend** *=lende* baffling, frustrating, upsetting, foiling. **ver·y·de·ling** frustration, disappointment, thwarting, foiling, defeat, demise.

ver·yl *het* ~ become rarefied. **ver·y·ling** rarefaction.

ver·ys *het ~, vb.* freeze (over/up), (turn [in]to) ice, glaciate. **ver·ys** *=ysde, adj.* frozen; iced over. **ver·ysing** freezing, icing, gelation.

ver·ys·te·ring ferrugination.

ve·sel *=sels* fibre, filament, thread, istle, ixtle, grain. **~band** sliver. **~(bas)bloekom** *(Austr.)* stringy-bark. **~bord** fibreboard, hardboard, beaverboard. **~bossie** tuft, lock. **~digtheid** density, compactness *(of wool)*. **~gehalte** fibre content. **~gewas** *(med.)* fibroma, fibroid. **~glas, glasvesel** fibreglass, spun glass. **~kanker** scirrhous carcinoma. **~perske** = MANGO. **~plank** = VESELBORD. **~plant** fibrous plant, fibre-yielding plant. **~produksie** lint outturn *(of cotton)*. **~ryk** high-fibre *(diet, food)*. **~skub** scale, serration, barb *(of wool)*. **~staal** stranded steel. **~steen** fibrolite, inolith. **~weefsel** fibrous tissue.

ve·sel·ag·tig *=tige*, **ve·se·lig** *=lige*, **ve·sel·rig** *=rige* fibrous; fibrillous, fibrillose, fibrillar, fibrillate; filamentous; stringy, thready. **ve·sel·tjie** *=tjies, (dim.), (tech.)* fibril(la); filament.

Ves·pa·si·a·nus *(Rom. emperor)* Vespasian.

ves·per *=pers, (Anglican church)* evening prayer, vesper; *(RC)* vespers, evensong; *Sisiliaanse V~* Sicilian Vespers. **~klok** vesper bell. **~tyd** vesper hour.

Ves·taals *=taalse, (Rom. myth., sometimes also v~)* vestal; *~e maagd* vestal virgin *(sometimes also V~ V~)*.

ves·ti·bu·le *=les* vestibule, hall, lobby. **ves·ti·bu·lum** *=lums, (anat.)* vestibule.

ves·tig *ge=* establish, found, set up *(a business)*; direct, focus *(one's hopes)*; house, install; settle; →GEVESTIG; *die **aandag** op ... ~* →AANDAG; *jou **hoop** ~ op ...* →HOOP[2] *n.; **in** ... ge~ wees* live in ..., be domiciled in ...; inhere in ..., be inherent in ...; ***jou*** ~ settle (down), get settled, settle in; establish o.s.; ***jurisdiksie*** ~ →JURISDIKSIE; *jou oë op ... ~* →OOG; ***op** ... ge~ wees* live at ..., be domiciled at ...; centre in/on/upon ...; rest on/upon ...; *jou **op/in** X ~* settle in X, make one's home at X, take up residence at/in X; *ge~ **raak**, (s.o.)* settle in; *(s.t.)* become established; *jou **stewig** ~* dig o.s. in *(infml.)*; ***stip** op ... ge~ wees* be riveted on ...; *iem. se oë was **strak** op ... ge~* s.o.'s eyes were glued to ... **ves·ti·ging** *=gings, =ginge* settlement; establishment, start-up; vesting. **ves·ti·gings·pro·ble·me** teething troubles/problems.

ves·ting *=tings, =tinge* fortress, fort, stronghold, citadel, bastion, keep, fastness; *(fig.)* bastion; *'n ~ in besit neem, 'n ~ (in)neem* carry/seize a fortress; *die ~ ontset* raise the siege. **~artillerie** *(mil.)* garrison artillery. **~bolwerk** bastion. **~bou** fortification; fortress building/construction. **~boukunde** fortress engineering, science/art of fortification. **~boukundige** fortress engineer. **~geskut** *(mil.)* garrison ordnance. **~muur** *(mil.)* fortress wall; *(archit.)* embattled wall. **~oorlog** siege war. **~stad** fortified town/city. **~stelsel** system of fortifications. **~toring** keep. **~wal** rampart. **~werk** fortification.

ve·su·vi·aan *(min.)* vesuvian(ite), idocrase.

Ve·su·vi·aans *=aanse* Vesuvian.

Ve·su·vi·us *(volcano)* Vesuvius.

vet *vette, n.* fat; lard; oil; grease; sebum; dripping; tallow; *~* **aansit** put on fat/weight; *die ~ van die* **aarde** *geniet, (infml.)* live off/on the fat of the land, be/live in clover; *iem. se ~ sal* **braai,** *(infml.)* s.o.'s chickens will come home to roost; murder will out; *iem.* **gee** *~, (infml.)* s.o. steps on the gas; **gee** *~!, (infml.)* step on the gas!, step on it!, let her/it rip!; **harde** *~* →HARD *adj.; so goed as ~ op 'n warm* **klip** like water off a duck's back; *laat iem. in sy eie ~ gaar* **kook,** *(infml.)* let him stew in his own juice; *iem. ~ om die oë smeer, (infml.)* pull the wool over s.o.'s eyes, throw dust in s.o.'s eyes, hoodwink s.o., *(infml.)* pull a fast one on s.o.; *in ~* **oplosbaar** fat-soluble; *daar is geen ~ aan iem. te* **smeer** *nie* →DAAR IS GEEN SALF AAN IEM. TE SMEER NIE; *iem. ~ om die oë* **smeer** throw dust in s.o.'s eyes; *so* **waar** *as ~* →WAAR[1] *adj.*. **vet** *vet vetter vetste, adj. & adv.* fat *(pers., animal, coal, clay, profit, year, etc.)*; obese, corpulent *(pers.)*; rich *(concrete, clay)*; fatty *(food)*; greasy *(hands)*; *~* **baantjie** →BAANTJIE; *~* **druk** bold(-faced) type; *~* **gedruk** (printed) in bold(-faced) type; *~* **gevoer** stalled *(an ox)*; *~* **grond** rich/fertile/fat soil; *~* **kalk** →VETKALK; *~* **letter** bold letter, heavy type; *kos wat ~* **maak** fattening food; *sjokolade/ens.* **maak** *~* chocolate/etc. is fattening; *piesangs/ens.* **maak** *nie ~ nie* bananas/etc. are non(-)fattening (*or* not fattening); *diere ~* **maak/voer** feed up animals; *so ~* **soos** *'n vark* as fat as a pig; *~* **vark** fat pig; *~* **wolskaap** fat wooled sheep; *~* **word** get/grow fat; put on weight/flesh, lose one's figure. **~afsuiging** *(med.)* liposuction. **~besinksel** greaves. **~blaar** *(bot.)* butterwort. **~bossie** *Zygophyllum morgsana; maer ~ Zygophyllum flexuosum.* **~breuk** adipose hernia, lipocele. **~derm** rectum. **~dig** *=te* greaseproof. **~gaas** *(text.)* tulle gras *(Fr.)*. **~gehalte** fat content; percentage of fat. **~geswel, ~gewas** wen, fatty tumour, lipoma. **~glans** greasy lustre. **~horinkie** *(vet.)* ergot. **~houdend** *=e* adipose. **~kalk** fat/hot/calcium lime. **~kers** tallow candle, dip (candle). **~klier** sebaceous/adipose/fat gland; oil gland *(in birds)*. **~kliergeswel** *(med.)* atheroma. **~koek** *(SA)* vetkoek. **~kol, ~vlek** grease spot/stain/mark. **~kop** *(icht.)* fathead. **~kos** *(bot.), Ornithogalum* spp.. **~kousie** *(bot.: Carpanthea pomeridiana)* vetkousie. **~kruid** *(bot.)* butterwort, moneywort, stonecrop. **~kryt** (wax) crayon. **~laag** layer of fat, adipose layer; layer of grease. **~lam** fat(ted) lamb, fatling. **~maakbeeste** feeder cattle. **~maakdier** fatling. **~maakkos** fattening food. **~maakos** store ox. **~maakvark** store pig, baconer, porker. **~mes** *vetge=, (agric., rare)* fatten (up), batten, store, feed up. **~mesting** *(agric.)* fattening (up); battening. **~moer** greaves. **~muis** *(zool.: Steatomys pratensis)* fat mouse. **~oplosmiddel** *=s, =e* grease solvent. **~papier** grease paper, greaseproof paper. **~plant** succulent. **~pot** dripping pot; grease cup. **~puisie** blackhead, acne. **~reserwe** depot fat. **~rol** roll of fat. **~rolle(tjies), vetjies** *(pl.), (infml., derog.)* flab; *'n stryd teen die ~ voer, van die oortollige ~ ontslae (probeer) raak, die ~ (probeer) afskud, (joc.)* fight the flab. **~sak, vettie** *(infml., usu. derog.)* fatty, roly-poly, fatso, fat guts, spud *(sl.)*; *(icht.: Kyphosus* spp.) chub. **~smeer** *vetge=* grease, tallow, smear with fat; *iem. sal sy/haar lyf moet ~* s.o. will have to keep his/her weather eye open; *jy kan maar jou lyf ~* there is a rod in pickle for you, prepare (yourself) for a hiding; *vetgesmeerde blits* greased lightning. **~stert** fat tail; fat-tailed (sheep). **~stertskaap** fat-tailed sheep, broad-tail (sheep). **~stof** *(biochem.)* lipid(e). **~sug** obesity, adiposis, adiposity, fatty degeneration. **~sugtig** *=e* obese, adipose. **~suur** *=sure, (chem.)* fat(ty) acid. **~sweet** yolk, wool oil. **~talk** tallow. **~vanger** grease trap. **~veetentoonstelling** fatstock show. **~vlek** →VETKOL. **~voël** *(Steatornis caripensis)* oilbird. **~vreter** *(zool.)* solifuge, solpugid (spider). **~vry** fat-free, fatless, non(-)fat *(dairy products etc.)*; greaseless. **~weefsel** fatty/adipose tissue. **~weier** *(rare)* grazier. **~wol** grease/greasy wool, wool in the grease. **~wolskaap** grease-wool sheep.

vet·ag·tig *=tige* fatty, fattish, fatlike; *(chem.)* lipoid(al), lipoidic; *(biol.)* sebaceous; greasy. *~e weefsel* adipose/fatty tissue.

ve·te *=tes* feud, vendetta, quarrel, enmity; *'n persoonlike ~* a private war.

ve·ter *=ters, n.* bootlace, shoelace; staylace; string. **ve·ter** *ge=, vb.* lace. **~bossie** *Crassula lycopodioides.* **~gaatjie, ~gat** eyelet. **~punt** tag, tab. **~ringetjie** eyelet. **~skoen** lace-up (shoe). **~tang** *(rare)* belt punch; →GAATJIEKNIPPER, PONS[2] *n.*. **~werk** lacing.

ve·te·raan *=rane* veteran, old-timer, *(fig., infml.: s.o. with experience)* old soldier/stager; old campaigner, (old) warhorse; *(sport)* veteran, master. **~motor** veteran car.

ve·te·ri·nêr *=nêre* veterinary.

vet·heid fatness, fleshiness; fattiness, richness; greasiness; corpulence, obesity, adiposity; fat content; *tot ~ geneig wees* run to fat.

vet·jies →VETROLLETJIES.

vet·lok *=lokke* fetlock.

ve·to *=to's, n.* veto; *reg van ~* veto power, right of veto; *'n ~ uitoefen* exercise a veto; *die ~ oor 'n voorstel uitspreek* veto a proposal, put a veto on a proposal. **ve·to** *ge=, vb.* veto; blackball. **~reg** veto, right/power of veto.

vet·te·rig *=rige* fat(ty); fattish; greasy; lardy; unctuous; sebaceous, oily; pinguid; tallowy, tallowish; adipose; oleaginous; pinguid; rich; yolky; *~e wol* fatty/sappy/pasty/pitchy wool. **vet·te·rig·heid** fat(ti)ness; greasiness.

vet·te·tjie *=tjies* little fat one.

vet·tie →VETSAK.

vet·tig·heid fat(ness); *die ~ van die aarde geniet, (infml.)* live off/on the fat of the land, be/live in clover.

vi·a via, by way of, through, by means of.

vi·a·duk *=dukte* viaduct; *(rare)* fly-over, crossover, elevated roadway.

vi·bra·foon *=fone, (mus.)* vibraphone. **vi·bra·fo·nis** *=niste* vibraphonist.

vi·bra·sie *=sies* vibration.

vi·breer *(ge)=* vibrate, quaver, trill. **vi·bre·rend** *=rende* vibratory *(effect etc.)*; vibrant *(voice, tonality, etc.)*; *(biol.)* vibratile *(cilia etc.)*.

vi·bri·o·se, vi·bri·o·mis·ge·boor·te *(vet.)* vibriosis, vibrio abortion.

vi·chy·ssoise *(Fr. cook.: a cream soup)* vichyssoise.

vi·chy·wa·ter vichy (water) *(sometimes V~)*.

Vic·to·ri·a *(geog.)* Victoria. **~kruis** Victoria Cross. **~waterval** Victoria Falls.

vic·to·ri·a *=as, (hist., a carriage)* victoria.

Vic·to·ri·aan *=ane, n., (also v~)* Victorian. **Vic·to·ri·aans** *=aanse, adj., (also v~)* Victorian. **Vic·to·ri·a·na** *(pl.)* Victoriana.

vic·tor lu·do·rum *(Lat., masc., sport: overall champion)* victor ludorum.

vic·trix lu·do·rum *(Lat., fem., sport: overall champion)* victrix ludorum.

vi·de·o-: **~aanbieder** veejay. **~band** video tape. **~(band)opname** video (tape) recording. **~beeld** video display. **~foon** *=fone* videophone. **~frekwensie** video frequency. **~kasset** video cassette. **~kassetopnemer** = VIDEO-OPNEMER. **~konferensie** videoconference; *die hou van ~s* videoconferencing. **~opname** video recording. **~-opnemer** video recorder. **~rekord** video diary. **~(rol)prent, ~film** video film. **~sein** video signal. **~skyf** videodisc. **~spel(etjie)** video game. **~speletjiesplek, ~speletjieslokaal** video arcade. **~teks** videotext, viewdata. **~terminaal** video (display) terminal. **~winkel** video shop.

vi·de·o·gra·fie videography. **vi·de·o·graaf** *=grawe* videographer.

vief *viewe viewer viefste, (rare)* spruce, dapper, smart; spry, lively, energetic, alert; *~ en fyn* petite *(woman)*. **vief·heid** spruceness, smartness; spryness.

vier[1] *ge=* celebrate *(an event, a festival, pers., etc.)*; observe *(the Sabbath)*; keep *(a ceremony, the Sabbath, etc.)*; mark, commemorate *(an event)*; fête *(a pers.)*; solemnise *(a wedding)*; ease off, slack(en), veer, pay out *(a rope)*; *iets moet ge~ word* s.t. calls for a celebration. **~dag** *(rare)* feast day, day of festival; anniversary.

vier[2] *viere, viers, n., (cr. etc.)* four; *'n ~ teen/van 'n bouler slaan, (cr.)* hit a bowler for four, hit a four off a bowler. **vier** *adj.* four; *~* **maal/keer** four times; *~* **miljoen,** *(also* viermiljoen) four million; *onder ~* **oë** privately, in private, tête-à-tête; *~* **uur** four hours. **~bal(spel)** *(golf)* four-ball. **~beenpasser** double cal(l)ipers. **~benig** *=e* four-legged. **~blaar** quadrifolium. **~blaarpatroon, ~blad** *(chiefly her., archit.)* quatrefoil. **~blarig, ~blarig** *=e, (bot.)* tetraphyllous, four-leaved, quadrifoliate. **V~bond** *(Eur. hist.)* Quadruple Alliance. **~daags** *=e* four days', of four days, four-day. **~delig, ~delig** *=e* consisting of four parts, tetrameral, tetrameric, tetramerous, quadripartite, quaternary; in four volumes, four-volume. **~desimalig** *=e* four-figure *(logarithm, table, etc.)*. **~dimensioneel** *=nele* four-dimensional. **~draadwol** four-ply wool. **~dubbel** fourfold, quadruple; four times over. **~duisend, ~duisendste** →AG(T)DUISEND, AG(T)DUISENDSTE. **~enigheid** *(chiefly theol.)* quaternity. **~-en-sestig, ~ en sestig** sixty-four. **~-en-sewentig** *(also, icht.: Polysteganus undulosus)* seventy-four. **~-en-twintig** *ens.* →AG(T)-EN-TWINTIG *ens.*. **~-en-twintig-uur(-)versorging** round-the-clock/twenty-four-hour care. **~fasig, fasig** *=e* four-phase. **~gangratkas** four-speed gearbox. **~handig, ~handig** *=e, (zool.)* four-handed, quadrumanous *(monkey, ape)*; *(mus.)* for four hands; *~e duet* duet for two pianos. **~hoek** quadrangle, quadrilateral, tetragon. **~hoekig, ~hoekig** *=e* quadrangular, quadrilateral, tetragonal. **~honderd, ~honderdduisend, ~honderdduisendste** →AG(T)HONDERD, AG(T)HONDERDDUISEND, AG(T)HONDERDDUISENDSTE. **~honderdjarig** *(attr.)* four-hundred-year-old, four hundred years'; *(pred.)* of four hundred years. **~hoofdig, ~hoofdig** *=e* four-headed. **~(hou)** *(cr.)* boundary, four; *'n ~ slaan, (cr.)* hit a four. **~jaarliks, ~jaarliks** *=e* four-yearly, quadrennial. **~jarig, ~jarig** *=e, (attr.)* four-year-old, four years'; *(pred.)* of four years. **~kaart** sequence of four cards. **~kamerhuis** = VIERVERTREKHUIS. **~kamp** *(athl.)* tetrathlon. **~kanaal=** four-channel *(stereo etc.)*. **~kant** →VIERKANT. **~kelkblarig** *=e* tetrasepalous. **~kiewig, ~kieuig** *=e* tetrabranch(iate). **~kiewige, ~kieuige** *=s* tetrabranch. **~klawer** four-leaf clover. **~kleppig, ~kleppig** *=e* quadrivalvular. **~kleur** four-coloured flag; *die V~, (SA hist.: the ZAR flag)* the Vierkleur. **~kleurdruk** four-colour printing. **~kleurig, ~kleurig** *=e* four-coloured. **~kopspier** quadriceps muscle. **~kransig** *(bot.)* tetracyclic *(flower)*. **~kroonblarig** *=e* tetrapetalous. **~kwartsmaat** *(mus.)* quadruple time/metre/rhythm. **~laag** four-ply. **~ledig, ~ledig** *=e* quadripartite, four-part; *(pred.)* consisting of/in four parts. **~lettergrepig** *=e* four-syllabled, quadrisyllabic, tetrasyllabic; *~e woord* quadrisyllable. **~letterwoord** tetragram. **~ling** →VIERLING. **~lobbig, ~lobbig** *=e* four-lobed. **~maandeliks, ~maandeliks** *=e* four-monthly. **~manskap** *=pe* quadrumvirate. **~master** *(naut.)* four-master, four-masted ship. **~miljoen sesduisend, ~ miljoen ses duisend, ~miljoensesduisend** four million six thousand. **~motorig, ~motorig** *=e* four-engine(d). **~pantbal** four-panel ball. **~persoonskar** four-seater. **~poot** tetrapod. **~potig, ~potig** *=e* four-legged, four-footed; *(zool.)* tetrapod(ous); →VIERVOETIG. **~potige, ~potige** *=s* four-legged animal, tetrapod. **~reëlig, ~reëlig** *=e* of four lines, four-line(d); *~e vers, (pros.)* quatrain, tetrastich. **~rigtingkruising, ~rigtingstopstraat** four-way crossing/stop. **~sadig, ~sadig** *=e* tetraspermous. **~sellig, ~sellig** *=e* four-celled, quadricellular, quadrilocular. ~**skaar** -*skare, (poet., liter.)* tribunal; judg(e)ment seat; court of justice; *die ~ span* sit in judg(e)ment; *voor die ~ daag* summon before the judg(e)ment seat; *voor die ~ van die geskiedenis* at the bar of history. ~**slagenjin** four-stroke engine. ~**snarig,** ~**snarig** -*e* four-stringed. ~**span** four(-in-hand), carriage/coach and four. ~**spel** *(golf)* four-ball (match), foursome; →VIERBAL(SPEL); *(bowls)* fours. ~**spletig,** ~**spletig** -*e, (bot.)* quadrifid. ~**spoor:** *uit die ~* from the start. ~**sprong** *(rare, usu. fig.)* crossroad(s); parting of the ways. ~**stemmig,** ~**stemmig** -*e* four-part, for four voices. ~**sterhotel** four-star hotel. ~**stringtou** *(naut.)* shroud-laid rope. ~**stukbattery** four-gun battery. ~**stuks** foursome. ~**styl** *n., (archit.)* tetrastyle. ~**stylbed** *(rare)* = HEMELBED. ~**stylig** -*e, adj., (archit.)* tetrastyle. ~**sustersheide** four sisters heather. ~**sydig,** ~**sydig** -*e* quadrilateral, tetrahedral, four-sided. ~**syfergetal** four-figure number. ~**tal** (group/set of) four, foursome, quartette; *(math.)* quaternion; tetrad; quaternary; quadruplet. ~**talig,** ~**talig** -*e* quadrilingual; in four languages. ~**tallig,** ~**tallig** -*e* quaternary. ~**tandvurk** *(also* viertandige vurk*)* four-pronged fork. ~**termig,** ~**termig** -*e, (math.)* quadrinomial. ~**trek(voertuig),** ~**-by-vier, 4x4** four-by-four, 4x4. ~**uur** four o'clock; →VIER *adj.; ~ hou* have afternoon coffee/tea. ~**uurtjie** -*s* (afternoon) tea, four o'clock tea (break); *(bot.: Mirabilis jalapa)* afternoon lady, four o'clock (plant), marvel of Peru, marvel of the world. ~**vertrekhuis** four-roomed house. ~**vingerig,** ~**vingerig** -*e* four-fingered. ~**vlak** tetrahedron. ~**vlakkig,** ~**vlakkig** -*e* tetrahedral. ~**vlerkig,** ~**vlerkig** -*e, (entom.)* tetrapterous. ~**voet:** *die pers ~ vasbind* hogtie the press; *~ vassteek* stand stock-still; refuse to budge; dig in one's heels. ~**voeter** -*s* quadruped, tetrapod. ~**voetig,** ~**voetig** -*e* four-footed, quadruped; *(pros.)* tetrameter; *~e dier* quadruped, four-legged animal; *~e verse* tetrapodic verse; *~e versreël, (pros.)* tetrameter. ~**vors** *(hist.)* tetrarch. ~**voud** -*e* quadruple; *in ~* in quadruplicate. ~**voudig,** ~**voudig** -*e* fourfold, quadruple. ~**waardig,** ~**waardig** -*e, (chem.)* tetravalent, quadrivalent. ~**weekliks,** ~**weekliks** -*e* four-weekly. ~**wielaandrywing** four-wheel drive. ~**wieler** -*s* four-wheeler. ~**wielig,** ~**wielig** -*e* four-wheel(ed). ~**wielrem** four-wheel brake. ~**wielvoertuig** four-wheeled vehicle. **V~woudstedemeer** Lake of Lucerne.

vier·de -*des* fourth, quarter; *~* **deel** quartan *(of a measure); die ~* **dimensie** the fourth dimension; *~* **geslag,** *(comp.)* fourth generation; *V~* **Laan,** *V~laan, 4(d)e Laan* Fourth Avenue; *~* **mag,** *(math.)* biquadrate, quartic; *~ van die* **mag,** *(math.)* biquadratic, quartic; *~* **man,** *(bridge)* fourth hand; **'n** *~* a fourth/quarter; **ten** *~* fourthly, in the fourth place; *V~* **Wêreld,** *(poorest and least-developed countries of the world)* Fourth World. **vier·de·daags** -*daagse* quartan; *~e koors/malaria* quartan fever/malaria. **vier·de·ge·slag·re·ke·naar** fourth-generation computer. **vier·de·mags·ver·ge·ly·king** *(math.)* biquadratic equation, quartic. **vier·de·mags·wor·tel** fourth root. **vier·dens** fourthly; →TEN **VIERDE.** **vier·de·rangs** -*rangse* fourth-rate. **Vier·de·wê·reld·land** Fourth World country.

vie·ren·deel *ge-* quarter, divide in(to) four (parts); *(hist.: method of punishment)* draw and quarter *(s.o.); ge~de hout* →GEVIERENDEEL(D). **vie·ren·de·ling** quartering; quarter sawing; *(hist.: method of punishment)* drawing and quartering.

vie·ring -*rings,* -*ringe* celebration(s); commemoration; observance *(of the Sabbath); ter ~ van ...* in celebration of ...

vier·kant -*kante, n.* square, quadrangle; *(math.)* square; *(baseball)* diamond; *(ecol.)* quadrat; quadrate; *twee meter in die ~* two metres square. **vier·kant** -*kante, adj.* square; quadrate, quadratic; broad; *~e getal* quadrate number; *~e roede* square rood/perch; *twee/ens. ~e meter* two/etc. square metres. **vier·kant** *adv.* squarely; flatly; outright; foursquare; *~ op die* **aarde** *staan* have/keep both/one's feet (set/planted firmly/squarely) on the ground; *~ teen iets* **gekant** *wees* be dead against s.t.; *iem. ~ die waarheid* **sê** tell s.o. home truths; *~* **teen·oor** *mekaar staan* be diametrically opposed to each other, be poles apart; *jou ~* **verset** *teen iets* oppose s.t. with all one's might; *~* **weier** flatly refuse. **vier·kant** *ge-, vb.* square. ~**been** *(zool.)* quadrate. ~**beitel** square-edge chisel. ~**eenheid** unit square. ~**geut** flat gutter. ~**hout** square timber. ~**kaart** squared map. ~**maat** surface measure. ~**staaf** square bar. ~**tuig** *(naut.)* square rig *(of a sailing ship).* ~**vyl** square file.

vier·kan·tig -*tige, adj.* square; quadrate, quadratic; **amper** *~* squarish; *~e* **baard** spade beard; *~e* **hakie** square bracket; *'n ~e* **persoon** a square-built/square-shouldered person. **vier·kan·tig·heid** squareness.

vier·kants-: ~**getal** *(math.)* square number. ~**vergelyking** *(math.)* quadratic (equation). ~**wortel** *(math.)* square root.

vier·la·fooi, vier·la·vink →FIELAFOOI.

vier·ling -*linge* quadruplets; *(pl.)* sets of quadruplets; *hulle is 'n ~* they are quadruplets.

vier·per·de-: ~**kar** cart drawn by four horses; *~ ry* drive four-in-hand. ~**sweep** four-horses whip. ~**wa** wag(g)on drawn by four horses; bridal coach; drag.

vier·tjie -*tjies, (dim.)* (little) four; →VIER *n.*.

vier·vier by/in fours, four by four.

vies *vies(e) vieser viesste, adj. & adv.* annoyed, disgusted; *(obs., Du.)* dirty; offensive, nasty; *iem. ~* **maak,** *(infml.)* annoy s.o., incur s.o.'s displeasure, put/get s.o.'s back up; *iets* **maak** *iem. ~, (infml.)* s.t. annoys/disgusts/peeves s.o., s.t. gets s.o.'s goat; **oor** *iets ~ voel/wees, (infml.)* be annoyed about/at/by s.t., be browned off about s.t., be/feel sore about s.t., be disgusted at/by s.t.; be displeased at s.t.; **vir** *iem. ~ wees, (infml.)* be annoyed/cross/displeased with s.o., be browned off with s.o., be disgusted with s.o., be fed up (to the back teeth *or* to the gills) with s.o.. **vies** *ge-, vb.* →VERERG; *jou vir ... ~, (infml.)* be disgusted with;. **vie·se·rig** -*rige* rather/somewhat annoyed/disgusted; →VIES *adj. & adv.*. **vies·heid** annoyance, disgust, crossness, peevishness; dirtiness; →VIES *adj. & adv.*. **vies·lik** -*like* filthy, dirty, loathsome, nauseating; disgusting; nasty; foul *(weather);* smutty, *(sl.)* raunchy; *(infml.)* cruddy; crummy, crumby; *(Am. sl.)* gross; *(infml.)* icky, yucky, yukky; *(vulg. sl.)* shitty. **vies·lik·heid** filthiness, loathsomeness, dirtiness, *(sl.)* crud; smut(tiness); →VIESLIK.

Vi·ët·kong *(Communist-led guerrilla force of South Vietnam)* Vietcong, Viet Cong. ~**soldaat** Vietcong (soldier), Viet Cong (soldier).

Vi·ët·nam *(geog.)* Vietnam. **Vi·ët·na·mees** -*mese, n. & adj.* Vietnamese.

viets *viets(e) vietser vietsste* smart, spruce, dapper, snappy, nifty, snazzy; trim; *~e lyfie* trim figure. **viets·heid** smartness, spruceness; →VIETS.

vi·gi·lie -*lies, (RC)* vigil.

vigs, VIGS *n., (acr.:* verworwe immuniteitsgebreksindroom*)* AIDS, Aids *(acr.:* acquired immune deficiency *or* [immunodeficiency] syndrome*); volskaalse/volwaardige ~* full-blown AIDS/Aids. **vigslyer,** -**slagoffer** AIDS/Aids victim. **vigsverwant** AIDS/Aids-related; *~e kompleks* AIDS/Aids-related complex. ~**virus** AIDS/Aids virus.

vi·ha·ra *(Skt., a Buddhist temple/monastery)* vihara.

vi·ka·ri·aat -*ate, (RC)* vicariate, vicarship, vicarage.

vi·ka·ris -*risse, (RC)* vicar; *apostoliese ~, (RC)* vicar apostolic. ~**-generaal** *vikarisse-generaal* vicar-general, provisor. ~**woning** vicarage.

Vi·king -*kings,* **Vi·kin·ger** -*gers, (Scand. seafaring raiders, 8th-11th cent.)* Viking, Norseman, Northman.

vi·koen·ja -*jas, (zool.)* vicuña, vicuna, vicugna; vicuna cloth.

vik·to·rie *(obs., rare)* victory; *~ kraai* shout victory, jubilate, exult; *te gou ~ kraai* celebrate a victory before it is certain.

vil *ge-, (rare)* flay, fleece, shear, strip, skin, shave. **vil·der** -*ders, (rare)* skinner, fleecer.

vi·let -*lette, (bot.)* (stock) gillyflower/gilliflower.

vil·la -*las* villa.

vilt, velt *n.* felt. **vilt, velt** *ge-, vb.* felt. ~**gare,** ~**garing** felted yarn. ~**hoed** felt hat. ~**pen** felt(-tip[ped]) pen. ~**werk** feltwork.

vilt·ag·tig, velt·ag·tig -*tige* felty, feltlike; felted.

Vi·mi·naal: *die ~, (one of the 7 Rom. hills)* the Viminal.

vin *vinne* fin; flapper *(of a whale); (biol.)* pinna; feather *(of a tyre); geen ~ verroer om te ... nie* →GEEN **VINGER** VERROER OM TE ... NIE. ~**duiker** = PADDAMAN. ~**haai** dogfish. ~**poot** flipper. ~**vormig** -*e* fin-shaped, fin-like. ~**(wal)vis, vinrugwalvis, rorkwal** *(Balaenoptera physalus)* fin(back) whale, rorqual, razorback; *gewone ~* finback (whale), fin whale; *Noordse (*of *Rudolphi se) ~* →SEIWALVIS.

vi·nai·grette(·sous) *(Fr. cook.)* vinaigrette (sauce).

Vin·cen·ti·us: *St. ~ a Paulo, (priest)* St Vincent de Paul.

vind *ge-* find; discover; locate; come across, meet with; strike; consider, think, deem; *by iets* **baat** *~* →BAAT *n.; ek ~* **dat** *...* I feel that ...; *ek ~* **dit** *...* I think it (is) ...; I find it ... *(difficult etc.); by iem.* **gehoor** *~* →GEHOOR; *geen* **genade** *in iem. se oë ~ nie* →GENADE; *iem. ~ iets* **grappig** s.t. strikes s.o. as funny; **hoe** *~ jy dit?* how do you like it?; **hoe** *het jy dit ge~?, (also)* what was it like?; **ingang** *~* →INGANG; **ingang** *laat ~* put over; **jouself** *~* find o.s.; *hulle kan* **mekaar** *nie ~ nie* they can't agree; they don't hit it off *(infml.); ~ jy dit* **mooi?** do you like it?, do you think it pretty?; *dit* **noodsaaklik** *~* consider it necessary; *iets is êrens* **te** *~e* s.t. is to be found somewhere; *vir iets* **te** *~e wees* be in favour of s.t., go along with s.t.; be game for s.t.; *iets/iem. was nêrens* **te** *~e nie* s.t./s.o. could not be found anywhere, s.t./s.o. was nowhere to be found. ~**middel** -*e,* -*s* finding aid. ~**plek** locality, location, site, occurrence; repository; habitat *(of a plant);* home; *(min.)* deposit; *belangrikste ~, (archaeol.)* type site.

vind·baar -*bare* findable, traceable, discoverable; retraceable. **vind·baar·heid** findability.

vin·de: *iets is êrens te ~* →VIND.

vin·der -*ders* finder. **vin·ders·reg** *(rare)* finder's right; *~ hê* finders keepers, findings keepings; →**OPTELGOED IS HOUGOED.**

vin·di·ka·sie -*sies* vindication. **vin·di·keer** *ge-* vindicate. **vin·di·seer** = VINDIKEER.

vin·ding -*dings,* -*dinge* invention, conception, discovery; device, gadget, contraption; →UITVINDING. **vin·ding·ryk** -*ryke* -*ryker* -*rykste* ingenious; resourceful, inventive, tricky, full of resource, imaginative. **vin·ding·ryk·heid** ingenuity, ingeniousness; resourcefulness, inventiveness, (power of) invention.

vin·ger -*gers* finger *(of a hand/glove); (zool.)* digit; *jou ~s* **aflek** →AFLEK; *iem. om jou ~/pinkie* **draai** twist/wind s.o. round one's (little) finger; *jou ~* **dreigend** *ophou* wag one's finger; *tussen ~ en* **duim** *verdwyn* slip away; **gee** *iem. die ~/pinkie dan neem hy/sy die hele* **hand** give s.o. an inch and he/she will take an ell; *iets deur jou ~s laat* **glip** let s.t. slip through one's fingers *(an opportunity etc.); jou ~s oor iets laat* **gly** run one's fingers over s.t.; *die ~ van* **God** the finger of God; *iem. se ~s* **jeuk** *om te ..., (infml.)* s.o. has an itch to ...; *(met) jou ~s* **klap** snap one's fingers; **lang** *~s hê, (infml.)* have light fingers; *nie jou ~ op iets kan lê nie* be unable to lay/put one's finger on s.t.; **lekker** *is maar/net 'n ~ lank* →LEKKER *n.;* **middelste** *~* = MIDDELVINGER; *iem. (goed/hard) oor/op die ~s* **raps/tik** rap s.o. over (*or* give s.o. a rap on/over) the knuckles, slap s.o. (*or* give s.o. a slap) on the wrist, give s.o. a (severe) ticking-off, take s.o. to task; *iets deur die ~s* **sien** turn a blind eye to s.t., wink at s.t., connive at s.t.; *twee ~* **tabak** two fingers of tobacco; *('n) mens kan dit/hulle op jou ~s (*of *die ~s van jou een hand)* **tel** one can count it/them on your fingers (*or* the fingers of one hand); *jou ~s (sit en)* **tel** have nothing to do; *iem. (goed/hard) oor/op die ~s* **tik** →**raps/tik;** *jou ~s* **verbrand,** *(fig.)* burn one's fingers, get one's fingers burnt; *geen ~* **verroer/uitsteek** *om te ... nie* not lift/raise/stir a finger to ...; *die ~ op die* **wond** *lê* put one's finger on the spot; *met die ~ na iem.* **wys** point the finger (of scorn) at s.o.. ~**afdruk** fingerprint; *iem. se ~ke neem* take s.o.'s (finger)prints, fingerprint s.o.. ~**alfabet** finger/manual alphabet. ~**alleen** all by o.s., all alone, lonesome. ~**bakkie,** ~**kommetjie** finger bowl/glass. ~**beentjie** phalanx. ~**beskuitjie** finger biscuit. ~**breed** of a finger's breadth. ~**breedte**

finger's breadth, fingerbreadth, digit. **~dier** *(zool.: Daubentonia madagascariensis)* aye-aye. **~dik** as thick as a finger. **~doek(ie)** finger cloth, napkin, serviette. **~drukking** digital compression. **~drukterapie** shiatsu, acupressure. **~ete, ~maal** finger lunch/supper. **~gaatjie** finger hole, ventage. **~gewrig** finger joint. **~golf** *n., (hairdressing)* finger wave. **~gras** *(Digitaria* spp.*)* finger grass. **~happies** finger food. **~hoed** *(sewing)* thimble. **~hoedjie** small thimble; *(also, in the pl., bot.: Digitalis* spp.*)* foxglove. **~(hoed)pol** *Euphorbia spp.*. **~hoedskruid** *(bot.)* foxglove, fingerflower. **~kaal, ~nakend** = POEDELNAKEND. **~kappie, ~mussie** fingerstall. **~kommetjie** →VINGERBAKKIE. **~krul** pin curl. **~las** finger joint. **~leklekker** fingerlicking (good). **~lit** finger joint. **~maal** →VINGERETE. **~merk** fingermark, fingerprint. **~oefening** finger exercise/drill. **~plaat** fingerplate, push plate *(of a door)*. **~plektrum** *(mus.)* fingerpick. **~pol** →VINGER(HOED)POL. **~pop(pie)** finger puppet. **~punt** fingertip, finger end. **~ring** finger ring. **~setting** fingering *(on a mus. instr.)*. **~skerm** finger guard. **~skorsie** courgette, baby marrow, zucchini. **~spraak** = VINGERTAAL. **~steen** *(min.)* finger stone, belemnite. **~stok** *(rare)* glove stretcher. **~taal** finger language/alphabet, sign language, manual alphabet, dactylology, chirology. **~top** = VINGERPUNT. **~trek** *(game)* finger hooks, finger tugging. **~verband** finger dressing. **~verf** *n.* finger paint; finger painting. **~verf** *ge~, vb.* finger-paint. **~verfskildery, ~verftekening** finger painting. **~vlek** thumb mark. **~vormig** *~e* finger-shaped, fingery. **~vorming** *(biol.)* digitation. **~wysing** *~s, ~e* indication, hint, clue, pointer; cue; warning; *iets is 'n ~ van wat ...* s.t. is a pointer to what ...

vin·ger·ag·tig *~tige* dactyloid. **vin·ger·ling** *~linge* fingerstall; fingertip; fingerling. **vin·ger·loos** *~lose* fingerless.

vi·niel vinyl. **vi·ni·liet** vinylite.

vin·jet *~jette* vignette, tailpiece.

vink *vinke, (SA, orn.: Ploceidae)* bishop(bird), weaver(bird); *(Eur., orn.: Fringillidae)* finch; *Europese ~, (also)* chaffinch. **~eier** fink's egg; finch's egg; *(bot.: Albuca canadensis)* sentry-in-the-box. **~nes** fink's nest; finch's nest. **~plaag** plague of finches.

vin·kel *(bot.: Foeniculum* spp.*)* fennel; *dis ~ en koljander (die een is soos die ander), (infml.)* it is six of one and half a dozen of the other, it is much of a muchness; *hulle is ~ en koljander, (infml.)* there is nothing to choose between them. **~blom** fennel flower; *(Nigella damascena)* love-in-a-mist, devil-in-a-bush, wild fennel. **~olie** fennel oil. **~water** dill water. **~wortel** *Chamarea capensis.*

Vin·land *(geog.)* Vin(e)land.

vin·nig *~nige ~niger ~nigste* fast, quick, swift, rapid, speedy, fleet, nimble; high-speed, fleet-footed, bold; expeditious; cutting *(retort)*; sharp, biting *(words)*; short-tempered; cross, angry; *~ **agterna*** in hot pursuit; *~e **baan*** fast lane *(for vehicles travelling at high speed)*; *~ van **begrip** wees* →BEGRIP; *'n boek/ens. ~ **(deur)lees*** scan a book/etc.; *'n ~e **draf*** a spanking pace; a quick trot; *~e **geld(jie)*** easy money; *'n ~e **geweer*** a high-velocity rifle; *die ... wat die ~ste **groei/ens.*** the fastest growing/etc. ...; *~er **maak/word*** quicken; *~ met die **mond*** tart; *~e **oogbewegings*** rapid eye movement *(during paradoxical sleep, while the sleeper is dreaming)*; *'n ~e **pas*** a smart pace; *(so ~) **soos** die wind gaan* go like the wind. *~e **stryd*** sharp contest; *~ **wees** met ...* be quick at ... *(figures etc.)*; *~ **wegspring*** get off to a flying start; *~ **werk*** work fast, be a fast worker. **vin·nig·heid** speed, speediness, quickness; sharpness; →VINNIG.

vi·o·la *~las, (mus. instr.)* viol; viola; *~ da braccio, (It.)* viola da braccio; *~ d'amore, (It.)* viola d'amore. **~speler** viola player, violist.

vi·o·let *~lette, n., (bot.)* violet. **vi·o·let** *~lette, adj.* violet *(colour)*. **~hout** blue ebony; violet wood. **~kleur** violet. **~kleurig** violet-coloured.

vi·o·let·ag·tig *~tige* violaceous.

vi·o·lier *~liere, (bot.)* stock (gillyflower), whitestock.

vi·o·lis *~liste* violinist, violin player. **vi·o·lis·te** *~tes, (fem.)* violinist.

vi·o·lon *(mus.: an organ stop)* violone.

vi·o·lon·sel *~selle, (mus. instr.)* = TJELLO. **vi·o·lon·sel·lis** *~liste, (fem.)* **vi·o·lon·sel·lis·te** = TJELLIS.

vi·ool *viole* violin; fiddle; ***eerste/tweede** ~* first/second violin *(in an orchestra)*; *iem. **speel** ~* s.o. plays the violin; *iem. **speel** op 'n ou/ens. ~* s.o. plays on an old/etc. violin; ***tweede** ~ speel (by iem.), (fig.)* play second fiddle (to s.o.). **~bou** violinmaking. **~harpuis, ~hars** violin rosin. **~kam** bridge (of violin). **~kas** body of a violin. **~kis** violin case. **~konsert** violin concerto; violin recital. **~krapper, ~krasser** gut scraper. **~les** violin lesson. **~musiek** violin music. **~onderwyser(es)** violin teacher, teacher of the violin. **~party** violin part. **~pen** violin peg, tuning peg/pin. **~saer** gut scraper. **~sleutel** treble clef; violin peg. **~snaar** violin string. **~solo** violin solo. **~speelster** = VIOLISTE. **~spel** violin playing. **~speler** = VIOLIS. **~stuk** piece for the violin. **~vis** = SANDKRUIPER. **~vormig** *~e* violin-shaped.

vi·ool·tjie *~tjies, (bot.)* violet; →BLOUVIOOLTJIE, GEELVIOOLTJIE, GROENVIOOLTJIE, ROOIVIOOLTJIE; *driekleurige ~* heartsease, heart's-ease; *(Viola tricolor)* wild pansy.

vir for; to; unto; toward(s); with; from; in consideration of; *iem./iets ~ ... **aansien*** →AANSIEN *vb.*; *~ (ewig en) **altyd*** →ALTYD; *eens (en) ~ **altyd*** →EENS *adv.*; ***argumente** ~ en teen ...* →ARGUMENT; *dit gaan ~ my **(as)of** ...* it sounds to me as if ...; *dit is ~ my **(as)of** ...* it seems to me as if ...; *'n **bedreiging** ~ ... inhou/wees* →BEDREIGING; ***bekend/beroemd** ~ ...* noted/famed for ...; *~ iem. **bid*** →BID; *iem. is/gaan ~ 'n **dag** huis toe* s.o. has gone (*or* is going) home for a day; *~ ... **deurgaan*** →DEURGAAN; *iem. ~ **dood** agterlaat* leave s.o. for dead; *een ~ **een*** →EEN *n., pron. & adj.*; *~ **eers*** →EERS; *~ **ewig*** →EWIG *adj. & adv.*; *'n kind is ~ hulle **gebore*** →GEBORE; *iets aan/~ iem. **gee*** →GEE; *dit **geld** (~) ons almal* →GELD[2] *vb.*; *~ **geval** (dat) ...* →GEVAL[1] *n.*; *~ iem. **goed** wees* →GOED *adj. & adv.*; *~ **goed*** →GOED *adj. & adv.*; *(net) ~ die **grap*** →GRAP *n.*; *hou ~ **hou*** →HOU[2] *n.*; *'n sin ~ **humor** hê* →HUMOR; *~ een **jaar** tronk toe* sentenced to a year (in jail); *dis nou ~ **jou** te sê!* well, well!; *dit was ~ **jou** 'n gedoente* what an affair it was; it was a to-do, I can tell you; *'n **kamer** ~ jou alleen* a room to o.s.; *by/~ iem. gaan/kom **kuier*** →KUIER *vb.*; *iem. ~ 'n **kuier** nooi* invite s.o. for a visit; *~ iem. **kwaad** wees* →KWAAD[1] *adj. & adv.*; ***kyk** ~ ...!* look at ...!; *~ die **laaste maal/keer*** finally, for the last time; *oor/~ iets **lag*** →LAG *vb.*; *iets **lê** ~ iem. voor* →VOORLÊ[1]; ***lief** wees ~ iem.* →LIEF *adj.*; *met iets ~ **lief** neem* →LIEF *n.*; *dit **lyk** (~) my* it seems to me; *iem. gaan/is ~ 'n **maand** tronk toe* s.o. is going (*or* has gone) to prison for a month; *'n goeie **moeder** ~ hulle wees* be a good mother to them; *~ **(ou)laas*** to end up with, for the last time; *dit **pleit** ~ iem.* →PLEIT *vb.*; *teen/~ 'n billike/ens. **prys*** →PRYS[1] *n.*; *iets (~) **seker** (of **verseker**) weet* →SEKER; *doen iets (~) **seker** (of **verseker**)* →SEKER; *nie meer ~ iem. **sien** nie* not see s.o. any more; ***skaam** (~) jou!* shame on you, for shame!; *aan/~ iem. **skryf*** →SKRYF; *(~) iem. **slaan*** hit s.o.; *iets is ~ iem. **snaaks*** →SNAAKS; *~ ... **sorg*** →SORG *vb.*; *stap ~ **stap*** →STAP *n.*; *~ iem. **stem*** vote for (*or* in favour of) s.o.; *wie nie ~ ons is nie, is **teen** ons* who is not with us, is against us; *~/namens die bestuurder **teken*** sign for (*or* on behalf of) the manager; *jou ~ 'n ... **uitgee*** →UITGEE; *iem. ~ 'n ... **uitmaak*** →UITMAAK; *iem. ~ 'n ... **uitskel*** →UITSKEL; *~ **vas*** →VAS[2] *adj.*; *jou ~ iem. **vererg*** →VERERG *vb.*; *iets ~ R1 **verhuur/verkoop*** let/sell s.t. for R1; *~ iem. **verskyn*** →VERSKYN; *iets aan/~ iem. **vertel*** →VERTEL; *voetjie ~ **voetjie*** →VOETJIE; *iem. ~ 'n ete **vra*** invite s.o. to a meal; *~ iem. **vrees*** fear for s.o.; *(~) die gevolge **vrees*** fear the consequences; *~ iem. **waai/wuif/wink*** wave to s.o.; *~/op iem./iets **wag*** wait for s.o./s.t.; *dis **warm** ~ 'n winterdag* it's warm for a winter day; *~ **wat?*** what for?; *~ iem. **wegkruip*** →WEGKRUIP; *iets ~ iem. **wegsteek*** →WEGSTEEK; *~ 'n graad **werk/studeer*** study/read for a degree; *woord ~ **woord*** →WOORD.

vir·ga *(Lat., meteorol.)* virga.

Vir·gi·li·us = VERGILIUS.

vir·gi·naal[1] *~nale, n., (mus. instr.)* virginal.

vir·gi·naal[2] *~nale, adj., (rare)* virginal. **vir·gi·na·li·teit** *(rare)* virginity.

Vir·gi·ni·a *(geog., SA)* Virginia.

Vir·gi·ni·ë *(geog., USA)* Virginia. **Vir·gi·ni·ër** *~niërs, n.* Virginian. **Vir·gi·nies** *~niese, adj.* Virginian; *~e Eilande* Virgin Islands; *~e tabak* Virginia tobacco *(sometimes also v~)*.

vi·riel *~riele ~rieler ~rielste* virile; *(oordrewe) ~* macho. **vi·ri·li·teit** virility.

vi·ro·lo·gie *(med.)* virology. **vi·ro·lo·gies** *~giese* virological. **vi·ro·loog** *~loë* virologist.

vir·tu·eel *~ele* virtual; *virtuele beeld* virtual image; *virtuele werklikheid/realiteit, (comp.)* virtual reality.

vir·tu·oos *~ose, n. & adj.* virtuoso; *'n kitaar~, (also, infml.)* a guitar whiz(z)/wiz. **vir·tu·o·si·teit** virtuosity.

vi·ru·len·sie virulence, virulency. **vi·ru·lent** *~lente* virulent.

vi·rus *~russe, (also comp.)* virus. **~bestand** *(comp.)* immune (to [computer] viruses). **~griep** virus flu. **~kunde** virology. **~kundige** *~s* virologist. **~pneumonie** pneumonitis. **~siekte** virus disease. **~werend** *~e* antiviral.

vis[1] *visse, n.* fish; *(V~, astrol.: s.o. born under the 12th sign of the zodiac)* Pisces; ***baie** ~* lots of fish; ***baie** ~se* many fish; many kinds of fish; ***die** V~se, (astron.)* the Fishes, Pisces; *soos 'n ~ op **droë grond*** like a fish out of water; *so **gesond** soos 'n ~ in die water* →GESOND *adj.*; ***klein** ~sie(s) (in 'n groot dam), (infml.: insignificant people/things)* small fry; *die ~ **loop*** the fish are running; ***suip** soos 'n ~, (coarse)* drink like a fish; *~ en **tjips/skyfies*** fish and chips; *'n ~ laat **uitspook*** play a fish; *(nóg) ~ nóg **vlees*** neither fish nor flesh (nor good red herring). **vis** *ge~, vb.* fish, angle; *op droë grond ~* fish on dry land; ***na** iets ~* angle for s.t. *(compliments)*; fish for s.t. *(information)*; *agter die **net** ~* →NET[1] *n.*; *in **troebel water** ~(vang)* →WATER *n.*. **~aas** fish bait. **~afval** fish offal, pomace. **~(afval)water** stick water. **~arend** (Cape) sea/fish eagle. **~bak** fishbowl. **~balletjie** fish ball. **~bank** fishing banks. **~bedryf** fishing industry. **~bek** fish's mouth; fish jaw, undershot jaw, fish mouth; *(carpentry)* foot/plate/seat cut, bird's mouth. **~beskrywing** ichthyography. **~blaas** fish bladder; swim/air bladder; *(archit.)* vesica. **~blik** fish tin; *jou voet in 'n ~!* get along with you!. **~boot** = VISSERSBOOT. **~bord** *(crockery)* fish plate. **~bredie** chowder. **~dam(metjie)** fish pond. **~dief(ie)** *(orn.)* tern. **~eiers** (fish) roe, spawn. **~etend** *~e* fish eating, ichthyophagous, piscivorous. **~eter** fish eater, ichthyophagist. **~fabriek** fish factory. **~fossiel** ichthyolite. **~frikkadel** = VISKOEKIE. **~fuik** fish trap/pot. **~gebied** fishing area/waters. **~gereedskap, ~gerei** fishing tackle/gear. **~gereg** fish course/dish. **~geweer** spear gun. **~graat** fishbone. **~graatpatroon** herringbone pattern. **~graatrat** herringbone gear. **~graatsteek** herringbone stitch. **~graatverband** herringbone bandage; *(bricks)* herringbone bond. **~grond** fishing ground(s). **~haak** gaff; fish-hook. **~handelaar** fishmonger, fish dealer. **~hawe** fishing port/harbour. **~hek** heck. **~hoek** fish-hook. **~horing** fish horn. **~jag** spear-fishing. **~jagter** spear fisherman. **~joggie** g(h)illie, gilly. **~kafee** fish-and-chip shop; →VISWINKEL. **~kar** fish cart. **~kastrol** fish kettle. **~kenner** ichthyologist. **~kierie, ~knuppel** fish club. **~koekie** fish cake/ball. **~kom** = VISBAK. **~kop** fish('s) head. **~koper** fishmonger. **~kos** fish food. **~kraal** crawl. **~kuit** = VISEIERS. **~kunde** ichthyology. **~kundig** *~e* ichthyologic(al). **~kundige** *~s* ichthyologist. **~kweker** = VISTELER. **~kwekery** = VISTELERY. **~leer** fish ladder *(to enable migrating fish to swim upstream)*. **~lewer** fish liver. **~lewerolie** fish-liver oil. **~lym** fish glue; isinglass. **~lyn** fishline, fishing line; *lang ~* sealine. **~maaltyd** meal of fish. **~mandjie** creel. **~mark** fish market. **~marter** *(zool.: Martes pennanti)* fisher. **~meel** fishmeal. **~mes** fish knife; fish slice. **~moot(jie)** fish fillet/steak. **~mot** *(entom.: Lepisma saccharina)* silverfish, fish/silver moth. **~net** fishnet, fishing net. **~netkouse** *(pl.)* fishnet stockings. **~olie** fish oil, train oil, ichthyol. **~oog** fisheye. **~ooglens** *(phot.)* fisheye lens. **~pastei** fish pie. **~reg** fishing right; *(jur.)*

fishery, piscary. ~**reuk, visruik** fishy/fishlike smell. ~**roker** fish curer. ~**ryk** -*e* abounding/rich in fish. ~**rykdom** abundance of fish. ~**skep** fish server/slice. ~**skietery** spear-fishing. ~**skottel** fish dish. ~**skub** fish scale. ~**skubsiekte,** ~**velsiekte** *(med.)* ichthyosis, fishskin disease. ~**skuit** = VISSERSKUIT. ~**skyf(ie)** fish cutlet. ~**smaak** fishy taste/flavour of fish, fishy taste/flavour. ~**smeer** fish paste. ~**soort** kind of fish; *baie ~e* many fishes. ~**sop** fish soup. ~**souter** fish curer. ~**soutery** saltery. ~**spies** fish spear. ~**stalletjie** fish stall. ~**steen** ichthyolite, fossil fish. ~**stel** fish set. ~**stert** fishtail. ~**stok** fishing/angling rod. ~**teelt** pisciculture, fish breeding/farming/culture. ~**teler** fish breeder/culturist, pisciculturist. ~**telery** fish hatchery; fish breeding, pisciculture. ~**tenk** fish tank. ~**tog, hengeltog** fishing expedition. ~**torpedo** fish torpedo. ~**traan** fish oil. ~**trek** draught. ~**tyd, hengelseisoen** fishing season. ~**uil** fishing owl. ~**valk** *(orn.: Pandion haliaetus)* osprey, fish hawk. ~**vang** *visge-* fish, angle, catch fish, troll; *(fig., infml.)* zizz, have/take a zizz, nid-dle-noddle, nid-nod, nod *(from sleepiness)*; *gaan ~* go fishing; *sit en ~, (fig., infml.)* be sleepy, sit nodding. ~**vanger** -*s* fisherman; *(orn.)* kingfisher; *(Halcyon* spp.) halcyon. ~**vanger-spinnekop** fishing spider. ~**vangery,** ~**vangs** fishing. ~**vangkuns,** ~**vangs,** ~**kuns** halieutics. ~**vangregte** *(pl.)* fishing rights. ~**vangs** -*te* catch *(of fish)*. ~**vangsone** fishing zone. ~**velligheid** = VISSKUBSIEKTE. ~**velsiekte** →VISSKUBSIEKTE. ~**vergiftiging** fish poisoning. ~**verkoper** fishmonger. ~**vinger** *(cook.)* fish finger. ~**vormig** -*e* fish-shaped, pisciform. ~**vretend** piscivorous. ~**vrou** (female/woman) fish seller; →VISWYF. ~**vurk** fish fork. ~**vywer** fish pond, piscina. ~**wal** kiddle. ~**water** fishing ground(s)/water(s). ~**winkel** fish-and-chip shop; fish shop. ~**wyf** *(derog.)* fishwife. ~**wywetaal** obscene/abusive language.

vis² *(Lat.)* force; →VIS DIVINA, VIS MAJOR.

vi·sa →VISUM.

vis·ag·tig -*tige* fishy, fishlike, ichthyoid, piscine.

vis-à-vis *vis-à-vis, n. & adv., (Fr.)* vis-à-vis.

vis di·vi·na *(Lat.)* vis divina, act of God; divine/superhuman force.

vi·se-: ~**admiraal** vice-admiral. ~**hoof** vice-principal; deputy chief. ~**kanselier** vice-chancellor, pro-chancellor. ~**kanselierskap** vice-chancellorship. ~**konsul** vice-consul. ~**konsulaat** vice-consulate. ~**konsulêr** vice-consular. ~**konsulskap** vice-consulateship. ~**lugmaarskalk** *(Br., mil.)* air vice-marshal. ~**president** vice-president. ~**presidentskap** vice-presidency. ~**presidentsverkiesing** vice-presidential election. ~**voorsitter** = ONDERVOORSITTER.

vi·sen·ta·sie -*sies* search.

vi·sen·teer *ge-* search, inspect; *iem. (fisiek) ~* frisk/bodysearch s.o.; *iem. kaal* (of *sonder klere) ~* strip-search s.o.; *iem. ~ op soek na iets* search s.o. for s.t. *(weapons etc.)*. ~**brief** search warrant.

vi·sen·te·ring search, inspection, frisking; *~ (van die persoon* of *van mense/besoekers/ens.)* body search. **vi·sen·te·rings·las·brief** search warrant. **vi·sen·te·rings·reg** *(jur.)* right of search.

vi·sie -*sies* vision.

vi·sier¹ -*siere*, -*siers, (hist.: a high official in some Muslim countries)* vizier.

vi·sier² -*siere*, -*siers* visor *(of a helmet)*; (back)sight, rear/hind sight *(of a gun)*; *met* ***hoë ~ skiet*** draw the/a long bow; *jou ~* ***hoër/laer*** *stel, (fig.)* raise/lower one's sights; ***in*** *die ~ kry* sight; *jou ~* ***laer*** *stel* →***hoër/laer***; *jou ~* ***op*** *... stel* target ...; *die ~* ***opklap,*** *(lit.)* raise the sights. ~**keep,** ~**kerf** hind sight. ~**klep** leaf (of the backsight). ~**kyker** telescopic sight. ~**liniaal** *(astron., surv.)* alidad(e). ~**lyn** line of sight. ~**stand** sighting.

vi·sier·skap -*skappe, (hist.)* vizierate; →VISIER¹.

vi·si·oen -*oene* vision. **vi·si·oe·nêr** -*nêre, n. & adj.* visionary.

vi·si·te -*tes, (rare)* call, visit; visitors. ~**kaart(jie)** visiting/calling/business card.

vis·keus -*keuse, adj.* viscous, viscose, viscid.

vis·ko·se *n.* viscose. **vis·ko·si·me·ter** visco(si)meter. **vis·ko·si·teit** *(phys.)* viscosity, viscidity, viscidness.

vis ma·jor *(Lat., jur.)* vis major, *(Fr.)* force majeure.

vis·ser -*sers* fisherman; fisher; *~s van mense, (evangelists)* fishers of men; *~ in 'n skuit* punter. ~**man, vis·ter·man** fisherman. ~**skuit** fishing boat/smack. ~**steek** *(naut., a type of knot)* fisherman's bend.

vis·sers-: ~**bedryf** fishing industry, fishery; fisherman's trade. ~**bevolking** (population of) fishermen; fisher people. ~**boot** fishing boat. ~**dorp** fishing village. **V~eilande** *(geog.)* Pescadores. ~**hawe** fishing harbour/port. ~**huisie** fisherman's cottage. ~**kis** ditty (box). ~**knoop** fisherman's knot. ~**lewe** fisherman's life. ~**lied** fisherman's song. ~**vloot** fishing fleet. ~**volk** nation of fishermen; fisher people. ~**vrou** fisherman's wife.

vis·se·ry -*rye* fishery, fisheries, fishing, halieutics. ~**bedryf** fishing (industry).

vis·ter·man -*manne* →VISSERMAN.

vi·su·a·li·seer *ge-* visualise. **vi·su·eel** -*ele* visual.

vi·sum -*sums* visa.

vit *ge-* find fault, cavil, carp, be censorious, niggle, nit-pick; →VITTER; *op iem./iets ~* find fault with s.o./s.t.; *op iets ~, (also)* carp/cavil at s.t.; niggle about/over s.t.. ~**siek** = VITTERIG.

vi·taal -*tale* vital. **vi·ta·lis** -*liste* vitalist. **vi·ta·lis·me** vitalism. **vi·ta·lis·ties** -*tiese* vitalist(ic). **vi·ta·li·teit** vitality, vigour, zest, verve, *(infml.)* piz(z)azz, pzazz.

vi·ta·mien -*miene* vitamin. ~ **A, retinol** vitamin A, retinol. ~ **B**$_1$ →TIAMIEN. ~ **B**$_2$ →RIBOFLAVIEN. ~ **B**$_6$ →PIRIDOKSIEN. ~ **B**$_{12}$ →SIANOKOBALAMIEN. ~ **B-kompleks** vitamin B complex. ~ **C** →ASKORBIENSUUR. ~ **D** vitamin D. ~ **D**$_2$ →KALSIFEROL. ~ **E** →TOKOFEROL. ~**gebrek** →VITAMIENTEKORT. ~ **K** vitamin K. ~ **K**$_1$ →FILLOKINOON. ~ **P, bioflavonoïed, sitrien** vitamin P, bioflavonoid, citrin. ~**pil** vitamin pill. ~**tekort,** ~**gebrek** vitamin deficiency, lack/deficiency of vitamins; avitaminosis. ~**verryk** -*te, adj.* vitaminised.

vi·ta·mi·neer *ge-* vitaminise.

vi·tel·lien *(biochem.)* vitellin.

vi·ti·li·go *(med.)* vitiligo, leucoderma.

vi·tri·oel vitriol; →BLOUSTEEN, GROENVITRIOEL, ROOIVITRIOEL, SWA(W)ELSUUR, WITVITRIOEL. ~**olie** oil of vitriol, (concentrated) sulphuric acid.

vi·tri·oel·ag·tig -*tige* vitriolic.

vi·tro →IN VITRO.

vit·ter -*ters* faultfinder, caviller, carper, niggler, hairsplitter, nit-picker, *(infml.)* knocker. **vit·te·rig** -*rige* faultfinding, captious, censorious, cavilling, carping, cantankerous, niggling, nit-picking, schoolmarmish. **vit·te·rig·heid** captiousness, censoriousness. **vit·te·ry** -*rye* faultfinding, censoriousness, captiousness, carping criticism, nagging, nit-picking.

vi·va *interj., (It., Sp.)* viva, long live *(the President etc.)*.

vi·va·ce *adv., (It., mus.: brisk and lively)* vivace.

vi·vat *interj., (Lat.)* vivat, three cheers, long live.

vi·vi·paar -*pare, (bot., zool.)* viviparous.

vi·vi·sek·sie vivisection.

vla custard. ~-**appel, kaneelappel** *(Annona reticulata)* custard apple. ~**poeier** custard powder. ~**sous** custard (sauce), pouring custard. ~**tert** custard pie/tart. ~**vulsel** custard filling.

vlaag *vlae* gust *(of wind)*; shower, drift *(of rain)*; flurry *(of wind, rain, snow)*; fit *(of rage, energy, illness)*; paroxysm *(of rage)*; blaze; spasm, gush, spurt; blaze *(of passion)*; bout; flash; upsurge; ***in/met*** *vlae* in gusts *(of wind)*; by fits and starts, intermittently; in spurts; *~* ***reën*** shower of rain; *'n ~* ***van*** *...* a wave of ... *(burglaries etc.)*; a rash of ... *(criticism etc.)*; *in 'n ~* ***van*** *...* in a frenzy of ... *(despair)*; in a transport of ... *(rage)*; in a burst of ... *(fury)*.

Vlaams *n., (dial.)* Flemish. **Vlaams** *Vlaamse, adj.* Flemish; *~e venster* half-window; Flemish window. ~**gesind** -*e* pro-Flemish. ~**gesindheid** Flemish feeling.

Vlaan·de·re Flanders.

vla·e-: **V~berg, Seinheuwel** *(Cape Town)* Signal Hill. ~**spraak** flag signalling.

vla·e·rig -*rige* gusty, squally; →VLAAG.

vlag *vlae, n.* flag, ensign; banner; colours; vane, web *(of a feather)*; *(bot.)* vexillum, standard *(of a flower)*; *die ~* ***dek*** *nie die lading nie* the flag does not cover the cargo; *'n ~* ***hys*** hoist a flag, put/run up a flag, raise a flag; fly a flag; *'n ~* ***ontplooi*** unfurl a flag; ***rooi*** *~* red flag; *met die ~* ***salueer*** dip the flag; *die ~* ***stryk*** haul/take down one's flag, lower/strike one's flag; strike one's colours; *die ~* ***swaai*** flag, wave the flag, start flag-waving; *met vlae* ***tooi*** decorate with bunting, beflag; *onder 'n* ***valse*** *~* ***vaar*** sail under false colours; *'n ~* ***voer*** fly a flag; wear a flag; *'n ~* ***laat waai/wapper*** fly a flag; *met ~* ***en wimpel,*** *(rare)* with flying colours; *die* ***wit*** *~* the white flag, the flag of truce; *die* ***wit*** *~* ***opsteek*** hoist the white flag. **vlag** *ge-, vb., (rare)* flag, put out flags (*or* a flag). ~**doek,** ~**stof** *(text.)* bunting. ~**hyser** flag hoister; *(also, in the pl., mil.)* colour party. ~**hysing** flag hoisting (ceremony). ~**jonker** *(obs.)* = ADELBORS. ~**kaart** flag chart. ~**kaptein** flag captain. ~**kunde** vexillology. ~**lengte** fly. ~**luitenant** flag lieutenant. ~**man** -*ne* linesman; flagman; standard bearer. ~**offisier** flag officer. ~**paal** flagpole, flagstaff; *(golf)* pin. ~**salm** *(icht.)* grayling. ~**saluut** dip. ~**sein** flag sign(al); flag-signalling. ~**seiner** flag signaller, flagman. ~**sersant** colour sergeant. ~**skip** *(lit. & fig.)* flagship. ~**soom** fly. ~**stof** →VLAGDOEK. ~**stok** flagstaff; jackstaff; *(golf)* pin. ~**stryking** *(mil.)* hauling down the flag; retreat (ceremony). ~**swaaier** flag-waver, flag-wagger. ~**swaaiery** flag-waving, flag-wagging. ~**tou** *(naut.)* flag line, halyard, halliard. ~**versiering** bunting. ~**vertoon** showing (of) the flag, flag-showing. ~**voerder** *(lit. & fig.)* flagship; flag officer. ~**wet** flag act.

vlag·gie -*gies, (dim.)* small flag; pennon, pennant; tab; *(mus.)* hook.

vla·gie -*gies, (dim.)* small shower/gust; slight gust *(of wind)*; →VLAAG.

vlak *vlakke, n.* level *(of the sea)*; *(geom.)* plane; face *(of an object)*; facet *(of a gem)*; surface; plain, flat(s); sheet *(of water etc.)*; flat *(of the hand)*; floor, storey; area, sphere, field; →VLAKTE; *op die hoogste ~* at the highest level, at top level; at the summit; *plat ~* plane surface. **vlak** *vlak(ke) vlakker vlakste, adj.*, shallow *(water)*; superficial; near-surface; flat; level; *~* ***klinknael*** flush rivet; *~* ***krul*** shallow curl *(of fleece)*; *~* ***plooi,*** *(geol.)* open fold; *~* ***reliëf*** = VLAKRELIËF; *~* ***slot*** flush lock; *~* ***velling*** half-drop rim; *~* ***voeg*** flat/flush/hick joint; *~* ***water,*** *(also)* shoal; *~* ***wortel*** surface root. **vlak** *adv.* flatly; *~ staande* ***agterlyn,*** *(rugby)* shallow-lying backs; *~* ***by*** close/near/fast/hard by; →VLAKBY; *iem. iets ~ in sy/haar* ***gesig*** *sê* tell s.o. s.t. to his/her face; *die* ***rivier*** *loop ~* the river has little water; *~* ***voor*** right in front of; just before. **vlak** *ge-, vb.* flatten, level; face *(a wall)*; *weer ~* reface *(a wall)*. ~**afmetings** superficial dimensions, face dimensions. ~**bakvoertuig** low-sided vehicle. ~**beitel** flat chisel/tool, facing tool; smoothing chisel. ~**bok(kie)** *(Raphicerus campestris)* steenbok, steenbuck. ~**bol** planoconvex. ~**by** *(cr.)* silly mid-on; →VLAK BY; ~**byfoto,** ~**byopname** *(also vlakby foto/opname)* close-up. ~**deur** *(rare)* hospital door. ~**druk** *(print.)* offset (printing), planography, planographic printing. ~**drukmasjien** offset machine. ~**element** planar element. ~**haas** Cape hare; *Hoëveldse ~* Highveld hare; *Kaapse ~* →KAAPS. ~**hamer** facing/face hammer, flattener. ~**hoekig, vlakhoekig** -*e* low-angle(d). ~**hol** planoconcave. ~**klinkwerk** flush riveting. ~**maker** surfacer. ~**meetkunde** plane geometry, planimetry. ~**polarisasie** plane polarisation. ~**reliëf, bas-reliëf, laagreliëf** low relief, bas-relief, basso relievo; *(carpentry)* flat carving. ~**skaafmasjien** surfacer, surfacing machine, surface planing machine. ~**skawer** surfacer. ~**skyf** faceplate *(of a lathe)*. ~**slyper** surface grinder, surfacer. ~**vark** warthog. ~**varkbeer** warthog boar. ~**varksog** warthog sow. ~**versiering** flat ornament. ~**vetbraai** shallow frying. ~**voël(tjie)** = VLAKTELEWERKIE. ~**vyl** stub file.

vlak·heid shallowness; flatness.

vlak·king surfacing.

vlak·te -*tes* plain; flat(s), stretch; field; champaign *(Fr.)*; *kaal ~* heath; *iem. sit op die ~, (fig., infml.)* s.o. is homeless/destitute. ~**aalwyn** *Aloe hereroensis.* ~**bewoner** plainsman. ~**land** steppe. ~**lewerkie** *(orn.)* spike-heeled lark. ~**maat** surface measure(ment); superficial measure. ~**meter** planimeter. ~**meting** planimetry. ~**snelheid** areal velocity. ~**vorming** planation.

vlam *vlamme, n.* flame; blaze; grain, figure, vein *(in wood, marble, etc.); (SA sl.: methylated spirits)* blue train; *'n oop* ~ a naked flame; *in ~me* ***opgaan*** go up in flames; *'n* ***ou*** ~ *(van iem.)* an old flame (of s.o.); *'n* ***see*** *van ~me* a sea of flames; *~me* ***skiet,*** *(s.o.'s eyes)* blaze; *die ~me* ***smoor*** smother the flames; *in ~me* ***staan*** be in flames (*or* ablaze); *in ~me* ***uitbars*** burst into flames; ~ ***vat,*** *(lit.)* catch/take fire; *(fig., infml.)* flare up, fly off the handle; ... *(weer) laat* ~ ***vat,*** *(also, fig.)* kick-start ..., give ... a kick-start *(s.o.'s career etc.);* ***vuur*** *en ~ wees oor iets* →VUUR *n..* **vlam** *ge-, vb.* flame, kindle; *(fig., s.o.'s eyes)* flame, blaze, flash fire; →GEVLAM(D). ~**blom** *(bot.: Kniphofia* sp.*)* torch lily, red-hot poker; phlox. ~**boog** electric arc. ~**boogoond** electric arc furnace. ~**boom** flame tree. ~**dig** flameproof *(material etc.).* ~**glas** blazoned glass. ~**kas** firebox, furnace, combustion chamber. ~**kleur** flame colour. ~**kleurig** *-e* flame-coloured, igneous. ~**klimop** *(bot.)* burning bush, flame creeper. ~**kole** = VLAMSTEENKOOL. ~**oond** cupola; heating furnace; reverberatory/reverberating furnace; domed kiln. ~**papawer** *(bot.)* flaming poppy. ~**punt** flash(ing) point, ignition temperature, point of ignition/combustion, ignition/burning point, fire point. ~**pyp** boiler flue; fire tube, boiler flue/tube; (fire) flue, flue tube. ~**siekte** *(vine disease)* bacterial blight. ~**skilder** *ge-* grain. ~**skildering** graining. ~**snyer** torch cutter, cutting blowpipe/torch. ~**steenkool** long-flame coal. ~**styl** *(archit.)* flamboyant style. ~**-van-die-vlakte** *(bot.: Bauhinia galpinii)* pride of De Kaap. ~**vanger** flame trap. ~**vas** *-te* = VLAMDIG. ~**werper** flame-thrower, flame-projector.

vlam·baar *-bare* (in)flammable; ignitable, ignitible. **vlam·mend** *-mende* flaming, firing, burning; *(fig.)* flaming, burning; blazing; flamboyant; →VLAM *vb..* **vlam·me·tjie** *-tjies, (dim.)* little flame; light *(for a cigarette).*

Vla·ming *-minge* Fleming.

vlam·me-: ~**dood** fiery death. ~**see** sea of flames.

vlas *(bot.)* flax; tow. ~**baard** flaxen beard; *(rare)* beardless boy/youth; *(joc.)* bum-fluff. ~**blom** flax flower. ~**blond,** ~**kleurig** *-e* flaxen(-haired), tow-coloured. ~**boerdery,** ~**bou** flax culture/growing/cultivation. ~**breker** flax dresser; brake. ~**draad,** ~**gare,** ~**garing** flaxen yarn. ~**hare** flaxen hair, tow-coloured hair. ~**kleurig** *-e* →VLASBLOND. ~**kruid** flaxweed, toadflax. ~**saad** flax-, linseed. ~**spinnery** flax mill; flax spinning. ~**vesel** flax fibre; *(also, in the pl.)* tow. ~**vink** *(orn.: Cardeulis/Acanthis cannabina)* linnet; →GROENVINK.

vlas·ag·tig *-tige* flaxy, flaxen, flax-like; flaxen *(hair).*

vle·ël *vleëls, n.* flail; *(rare)* boor, churl. **vle·ël** *ge-, vb.* scutch *(cotton).*

vlees flesh, meat; flesh, pulp *(of fruit);* →VLEIS; ***alle*** ~ all flesh; *iem. se eie ~ en* ***bloed*** s.o.'s own flesh and blood; *die* ~ ***dood/kasty*** mortify the flesh; ***in*** *die ~, (also)* incarnate; ~ ***laat*** *word* incarnate; *die* ***sondes*** *van die* ~ the sins of the flesh; *die* ***weg*** *van alle ~ gaan* go the way of all flesh. ~**geworde** incarnate. ~**kleur** flesh colour. ~**kleurig** *-e* flesh-coloured, nude, incarnadine, incarnate; *~e tinte, (pl.)* flesh tints. ~**wond** = VLEISWOND. ~**wording** incarnation.

vlees·lik *-like* fleshly, carnal, sensual; *~e gemeenskap* sexual intercourse; carnal connection/intercourse/knowledge *(jur., obs.); ~e luste* lusts/desires of the flesh, carnal desires, carnality, concupiscence *(fml.),* prurience, pruriency. **vlees·lik·heid** carnality, carnalism, fleshliness, sensuality.

vleet *vlete* herring net; *(icht.: Raja batis)* (common grey) skate; *by die ~, (rare)* lots of, galore.

vleg *vlegte, n., (anat.)* plexus; stranding; →VLEGSEL. **vleg** *ge-, vb.* plait *(hair, straw);* twist, strand *(a rope);* wreathe *(a garland);* make, weave *(a basket);* weave *(a mat);* introduce, weave *(details into a story); (plants)* twine; interlace; braid; weave *(through traffic); deur die* ... ~ weave in and out of the ...; *tussen die ... deur~* →DEURVLEG. ~**mat** braided rug. ~**riet** wicker. ~**spar** lacing dropper. ~**versiering** guilloche. ~**werk** wicker(work), basketry, chair caning, basketwork, wattle (work); plaiting; braiding; *(hydraulics)* mattress.

vleg·sel *-sels* plait, tress, braid *(of hair);* pigtail; twist.

vleg·ter *-ters* plaiter, braider, twister, twiner, weaver. **vleg·te·ry** plaiting, braiding.

vleg·ting weaving, stranding.

vlei[1] *vleie, n.* hollow, marsh, swamp, bog, quagmire, slough, moor(land); (small) lake, vlei *(Afr.);* vega *(Sp.);* →VALLEI. ~**aandblom** yellow marsh afrikaner. ~**blom** marsh flower. ~**blommetjie** *(Onixotis triquetra)* star of the marsh; *(Micranthus alopecuroides)* little flower. ~**disa** vlei disa. ~**gousblom** *(Caltha palustris)* marsh marigold. ~**gras** dropseed (grass), sweetgrass, tussock grass; *(Sporobolus poiretti)* smut gras. ~**grond** bog, marshy ground, marshland, swampy soil/ground. ~**haas** *(zool.: Bunolagus monticularis)* riverine rabbit, Bushman hare. ~**kos** marshy food plants; Cape pondweed. ~**kuiken** flufftail. ~**loerie** *(orn.)* coucal. ~**muis** vlei otomys. ~**roos** *(Orothamnus zeyheri)* marsh rose. ~**rosie** *(Filipendula* spp.*)* meadowsweet. ~**rot** *(Otomys irroratus)* swamp/marsh/vlei rat. ~**sanger** *(orn.)* sedge warbler. ~**-uil** marsh owl.

vlei[2] *ge-* flatter, wheedle, cajole, butter (up), fawn, soft-soap, coax; *deur ... ge~ voel* feel flattered by ... *iets ~ iem.* s.t. flatters s.o. *(a hat, photo, etc.).* ~**naam** pet name. ~**taal** flattery, blarney, soft soap, flattering words, smooth talk, flummery; ~ *sal jou niks help nie* flattery will get you nowhere.

vlei·ag·tig *-tige,* **vlei·e·rig** *-rige* marshy, swampy, boggy, moorish.

vlei·end *-ende* flattering, complimentary, becoming, coaxingly, honeyed, honied, smooth; *~e resensie* appreciative review.

vlei·er *-ers* flatterer, coaxer, wheedler; *(infml.)* smoothie, sweet talker. **vlei·e·rig** *-rige* flattering, wheedling, coaxing, sugary; smooth-tongued. **vlei·e·ry** *-rye* flattery, cajolery, coaxing, unction, blandishment, blarney, *(infml.)* sweet talk; *vir ~ vatbaar wees* be susceptible to flattery.

vleis meat; flesh; pulp *(of fruit);* →VLEES; *die ~* ***braai*** *voor die bok geskiet is* count one's chickens before they are hatched; ***gemaalde*** ~ minced meat, mince; ***goed*** *in die* ~ in flesh; *jou* ***naels*** *tot op die ~ byt* bite one's nails to the quick; ***nuwe*** *~, (physiol.)* granulation tissue; *'n* ***snit*** ~ a cut of meat; ~ ***sny*** carve; *'n ete/ens.* ***sonder*** ~ a meatless/meat-free meal. ~**afval** offal of meat. ~**basisvulsel** meat-based filling. ~**bedryf** meat industry. ~**bees** beefer; *(also, in the pl.)* beef cattle. ~**beesras** beef-cattle breed. ~**bereiding** meat cooking. ~**beuk** *(rare)* meat tenderiser. ~**blok** chopping/butcher's/meat block. ~**blokkies** cubed meat. ~**bos** *Drosanthemum striatum; Zygophyllum morgsana.* ~**braaiaand** barbecue. ~**braai(ery)** barbecue, braai(vleis). ~**braaiplek** barbecue. ~**bredie** goulash; bubble and squeak. ~**brood** meat loaf. ~**broodjie** hamburger, (beef)burger. ~**byl** meataxe, meat chopper, butcher's chopper, (meat) cleaver. ~**byltjie** meat chopper. ~**dag** meat day. ~**dieet** meat diet. ~**ekstrak** meat extract, stock. ~**ekstraksiestof** meat extractive. ~**etend** *-e* carnivorous, flesh-eating; *'n ~e dier/plant* a carnivore. ~**eter** meat eater, carnivore. ~**frikkadel** meatball. ~**gereg** meat dish, meat course. ~**gif** = PTOMAÏEN. ~**haak** meat hook. ~**hamer** meat bat/mallet. ~**handel** meat trade. ~**inspekteur** meat inspector. ~**kant** flesh side. ~**kas** *(hist.)* meat safe. ~**keurder** = VLEISINSPEKTEUR. ~**keuring** meat inspection. ~**kleur** = VLEESKLEUR. ~**koekie** (meat) patty. ~**kop** *(derog.: idiot)* blockhead, meathead, num(b)skull. ~**kos** meat dish. ~**kuip** meat tub. ~**maaier** meat maggot. ~**mark** meat market. ~**meel** tankage. ~**mes** carving knife; butcher's knife. ~**meul(e)** mincing machine, mincer, masticator. ~**naald** trussing needle. ~**paleis** *(sl.)* hunk (of a man), beefcake. ~**pannekoek** meat pancake. ~**pastei** meat pie. ~**pen** skewer. ~**plank** meat board. ~**poffertjie** meat fritter. ~**pot** meat pot; fleshpot; *die ~te van Egipte* the fleshpots of Egypt. ~**ras** beef breed; mutton breed; pork breed. ~**repie** meat strip. ~**reste** broken meat. ~**rol** beef roll. ~**rolletjie** beef olive. ~**saag** meat saw. ~**sap** meat juice; pot liquor. ~**skaap(ras)** mutton breed. ~**skottel** meat dish, meat platter; *vlak ~, (dial.)* ashet. ~**smeer** meat spread, meatpaste. ~**snit** cut of meat. ~**snymasjien** meat slicer. ~**sop** consommé, meat soup. ~**sous** (meat) gravy. ~**stuk** joint; cut of meat. ~**tand** *-tande: jou ~e moet laat uittrek, (infml.)* have to do without meat. ~**vark** porker. ~**vergiftiging** meat poisoning. ~**vrat(jie)** caruncle. ~**vulsel** forcemeat, farce. ~**vurk** meat fork; carving fork. ~**water** stock. ~**wond** flesh wound.

vleis·ag·tig *-tige* fleshy, meaty. **vleis·loos** *-lose* meatless, meat-free.

vlek[1] *vlekke, n.* stain, spot, smudge, smut *(of soot);* stigma, blot, stain, blemish, bruise, speck; slur *(on s.o.'s character);* fleck, blotch; freckle; patch; macula; *(wheat)* gout; *iets laat 'n ~ agter* s.t. leaves a stain; *'n ~ verwyder* remove (*or* take out) a stain; *vol ~ke wees* be covered with stains. **vlek** *ge-, vb.* stain, spot, soil, smudge, blotch, smirch, tarnish, blemish; maculate; *iets ~ gou* s.t. soils easily. ~**bestand** stain-resistant, stain-resisting. ~**(ke)loos** *-lose* stainless, spotless, unsullied, untainted, untarnished, unblemished, immaculate; impeccable, blameless; flawless; *(infml.)* squeaky clean *(s.o.'s image etc.).* ~**(ke)loosheid** spotlessness, stainlessness; blamelessness. ~**koors** spotted fever. ~**siekte** *(vet.)* erysipelas *(in pigs);* do(a)tiness *(in timber).* ~**stof** flecked cloth. ~**tekening** markings *(on birds' eggs).* ~**tifus** typhus (fever), spotted/famine/jail fever, rickettsiosis. ~**verwyderaar** stain/spot remover. ~**verwydering** stain removal. ~**vry** *-e* spotless; non(-)staining, stain-resistant; unspottable; stainless *(steel).* ~**wol** stained wool.

vlek[2] *ge-, vb.* flay, gut, fleck, *(SA)* vlek *(fish).* ~**ploeg** butting plough.

vlek[3] *vlekke, n., (rare)* hamlet.

vlek·ke·rig *-rige* blotchy, blotched, spotty, spotted, smudgy; patchy; easily spotted/stained, susceptible to spots/stains.

vlek·kig *-kige* foxed, spotted, specked; *~ maak/word* fox.

vlek·loos →VLEK(KE)LOOS.

vlerk *vlerke* wing; outrigger *(of a boat); (av.)* aerofoil, airfoil, wing *(of an aircraft);* aisle *(of a church);* pinion; vane, wing *(of a mill); die ~e laat* ***hang*** drop one's wings; *die voël* ***klap*** *met sy ~e* the bird beats/flaps its wings; *iem. se ~e* ***knip*** clip s.o.'s wings; *iem.* ***onder*** *jou ~e neem* take s.o. under one's wing; *jou ~e* ***uitslaan,*** *(fig.)* spread/stretch one's wings; *hoër* ***vlieg*** *as wat jou ~e lank is* live beyond one's means; bite off more than one can chew. ~**dak** *(archit.)* single-pitch/monopitch roof. ~**klap** wing flap. ~**moer** = VLEUELMOER. ~**prou** outrigger (boat/canoe). ~**punt** wing tip. ~**skild** *(entom.)* wing cover/case/shell, elytron, elytrum, shard. ~**sleep** *vlerkge-* pay amorous attentions, woo; *by 'n meisie ~, (infml.)* court a girl. ~**span(ning)** wingspan, wingspread. ~**spits** = VLERKPUNT. ~**styl** wing strut. ~**sweef** = HANGSWEEF. ~**tip** = VLERKPUNT. ~**tuig** ornithopter, orthopter, bird plane. ~**veer** wing feather. ~**voetig** *-e* aliped. ~**vormig** *-e* wing-shaped, aliform. ~**wortel** wing root. ~**wydte** wingspan, wingspread.

vler·kie *-kies, (dim.)* winglet; *(also, in the pl.)* (airman's) wings; *iem. kry sy/haar ~s, (av.)* s.o. gets his/her wings.

vlerk·loos *-lose* wingless; *(entom.)* apterous.

vler·muis bat. ~**mis** bat guano. ~**mou** batwing sleeve. ~**valk** bat hawk.

vle·sig *-sige* fleshy; meaty; pulpy *(fruit);* succulent *(plant);* →VLEES, VLEIS. **vle·sig·heid** fleshiness; pulpiness; meatiness.

vlet *vlette, (a flat-bottomed boat)* punt.

vleu·el *-els* wing *(of a bird/building, an army, etc.);* vane, blade, wing *(of a windmill); (mil.)* flank; leaf *(of a door);* grand piano; *(sport)* wing player, winger; *(biol.)* ala; *iem.* ***kry*** *sy/haar ~s* →IEM. KRY SY/HAAR **VLERKIES;** *iem.* ***onder*** *jou ~s neem* →IEM. ONDER JOU **VLERKE** NEEM; ***op*** *die ~, (sport)* on the wing; *(op die) ~* ***speel***

play (on the) wing; *op die ~s van die **wind*** on the wings of the wind. **~adjudant** *=e* aid(e)-de-camp *(Fr.)*. **~bevelhebber** *(SA)* wing commander. **~deur** gull-wing door, butterfly door. **~(klavier)** grand piano. **~klep** butterfly valve. **~kolom** two-way column. **~kommandeur** *(Br. rank)* wing commander. **~kraan** butterfly cock. **~lam** broken-winged. **~man** *=ne, (hist.)* fugleman. **~moer** *(tech.)* butterfly/wing(ed)/fly nut. **~neut** samara. **~skroef** *(tech.)* wing screw/bolt, thumbscrew. **~slag** wing beat/stroke. **~spel** wing play. **~speler** wing(er). **~wiel** vane wheel.

vleu·el·loos *=lose* wingless.

vleu·gie *=gies: 'n ~ hoop, (rare)* a flicker of hope.

vlie *ge=* →VLIEG[2] *vb.*. **~boot** *(hist.)* flyboat.

vlie·ë·: **~bos** *(bot.)* catchfly, flybane; *(Roridula dentata)* flybush; *(Myrsine africana)* Cape myrtle. **~dig, vliegdig** *=te* flyproof. **~gaas** flyscreen, wire gauze, screen(ing). **~gif** flybane, fly poison. **~kas** *(hist.)* meat safe. **~klap** = VLIEËPLAK. **~net** fly net. **~papier** flypaper. **~plaag** fly plague. **~plak, ~slaner** fly swat(ter), flywhisk, flyflap. **~poeier** fly powder. **~skerm** fly screen. **~slaner** →VLIEËPLAK. **~swam** fly agaric, flytrap, flybane. **~vanger** *(orn.)* flycatcher; *(bot.: Roridula dentata)* flybush; *(bot.: Drosera* spp.*)* sundew; flytrap; *Amerikaanse ~, (orn.)* tyrant flycatcher. **~vry, vliegvry** *=e* flyproof. **~vuil** flyspeck, flyspot. **~waaier** flyflap, flywhisk.

vlie·ënd *vlieënde* flying, volant; →VLIEG[2] *vb.*; *~e **bom*** buzz bomb; *~e **brug*** flying bridge *(on a ship)*; *~e **dokter*** flying doctor; *in 'n ~e **haas** wees* →HAAS[2] *n.*; *die V~e **Hollander*** →HOLLANDER; *~e **hond*** flying fox; *~e **kolonne*** flying column; *V~e **Perd**, (astron.)* Pegasus; *~e **tering**, (obs.)* galloping consumption; *met ~e **vaandels*** →VAANDEL; *'n ~e **vaart*** →VAART; *~e **vis*** flying fish; *~e **voëls*** birds on the wing.

vlie·ë·nier *=niers* pilot, air(craft) pilot, airman, flyer, flier, aviator *(obs.)*. **vlie·ë·niers·ken·te·ken** pilot's wings.

vlie·ër *vlieërs, (toy)* kite; flying locust; *(also, in the pl., bot.: Tritonia* spp.*)* curled-leaved tritonia; →AGRETJIE; *daardie ~ gaan nie op nie, (infml.)* that cock won't fight; *'n ~ oplaat* (of *laat opgaan*), *(lit. & fig.)* fly a kite. **~ballon** kite balloon.

vlie·ë·ry flying.

vlieg[1] *vlieë, n., (entom.)* fly; *iem. vlieë* (of *'n ~*) ***afvang*** steal a march on s.o.; score off s.o.; *iem. sit met 'n **hand vol vlieë**, (infml.)* s.o. has gone to a lot of trouble for nothing; *iem. sal geen ~ **kwaad** (aan)doen nie* s.o. would not harm/hurt a fly; *as 'n ~ oor iem. se **neus** loop, raak hy/sy kwaad* →NEUS *n.*; *'n ~ in die **salf*** a fly in the ointment; ***twee** vlieë met/in een klap slaan/vang* kill two birds with one stone; *sit en vlieë **vang**, (infml.)* sit doing nothing; sit with one's mouth open; *iem. kom nie hier om vlieë te **vang** nie* s.o. is not here for nothing; *'n ~ met 'n **voorhamer** doodslaan, (infml.)* break a butterfly on the wheel. **~dig** →VLIEËDIG. **~eier** flyblow. **~gewig** *(boxing)* flyweight. **~siekte** = NAGANA. **~vry** →VLIEËVRY.

vlieg[2] *n.: in die ~* in flight. **vlieg** *ge=, vb.* fly; aviate; convey by air, fly; career; flit, scud, soar; ***begin** ~* take wing; ***blomme** word na Europa ge~* flowers are flown to Europe; ***deur** ... ~, (also)* breeze through ... *(a book etc.)*; ***goedere/passasiers/vliegtuie** ~* fly goods/passengers/aeroplanes; ***hoog** ~* soar; *te **hoog** wil ~* try to fly too high; ***iem.** ~ 'n Hurricane* s.o. flies a Hurricane; *met **instrumente** ~* fly blind; *in die **lug** ~, (also)* blow up, explode; ***met** die Suid-Afrikaanse Lugdiens/ens. ~* fly South African Airways/etc.; *~ **oor*** overfly; *deur die **strate** ~* fly/tear/rush through the streets; *die **tyd** ~* →TYD; *die loods ~ met 'n **vliegtuig*** the pilot flies an aircraft. **~afstand** flying distance. **~baadjie** bomber jacket. **~baan** flight path. **~basis** air base. **~beeld** flight pattern. **~bereik** range (of aircraft), flying range, radius. **~bewys** →VLIEGLISENSIE. **~boot** flying boat, floatplane; seaplane; aero hydroplane. **~dek** flying/flight deck. **~dekskip** (aircraft) carrier. **~diens** flight/flying/air service; flight duty; flying duties. **~duur** = VLIEGTYD. **~eskader** air squadron. **~helm** flying helmet. **~hoogte** altitude, flight level. **~instrukteur** flying/flight instructor. **~kaart** aeronautical map. **~kaartjie** air ticket. **~kamp** airfield, air station/base. **~kampskip** = VLIEGDEKSKIP. **~klub** aero club, flying club. **~korps** flying corps. **~kuns** aviation, aeronautics, (art of) flying, aerobatics. **~lengte** action radius, radius of action, cruising range, range of flight. **~les** flying lesson, flight instruction. **~lisensie, ~bewys** pilot's licence/certificate, flying licence; *jou ~ kry* get one's wings. **~lustig, ~lustig** *=e* air-minded. **~lustigheid** airmindedness. **~masjien** flying machine. **~oefening** flying practice. **~offisier** flying officer. **~onderrig** flying/flight instruction. **~ongeluk** plane/air crash, flying accident, aeroplane crash. **~pak** flying suit. **~park** *(rare)* aircraft/aviation park. **~personeel** flight crew. **~ramp** air disaster/crash, aviation disaster, plane crash. **~roete** skyway. **~seil** *(naut.)* skysail. **~skool** flying school. **~skou** airshow, air/aerial display, air pageant; airforce/aerial review. **~snelheid** flying speed; airspeed. **~spersone** no-fly zone. **~sport** aviation, flying. **~terrein** airfield, aerodrome, flying ground. **~toets** flight test. **~tog** flying expedition, flight; *(mil.)* mission. **~togie** flip, flying trip, short/joy flight. **~tyd** flying/flight time *(of an aircraft)*. **~uitrusting** flying kit. **~uur** flying/flight hour. **~veer** oar feather. **~veilig** *=e* safe for flight. **~veld** airport, aerodrome, airfield, flying field; *(mil.)* air base. **~vertoning** flying/air/aeronautical display. **~vlies** wing membrane. **~wa** flying boxcar. **~wedstryd** aeroplane/aerial/airplane/aircraft competition. **~week** aviation week. **~weer** flying weather; flight/flying conditions. **~werk** (charter) flying. **~wese** flying, aviation, aeronautics. **~wiel** fly(wheel), flyer, flier, balance.

vlieg·ag·tig *=tige* musciform.

vlie·gend = VLIEËND.

vlie·gie *=gies, (dim.)* little fly, gnat; →VLIEG[1] *n.*.

vlieg·tuig (aero)plane, aircraft, airplane; *per ~ aankom* arrive by air, fly in; *per ~ (reis)* (travel) by air; *per ~ vertrek* leave by air, fly out. **~bou** aircraft construction/building. **~boukunde** aeronautical engineering. **~brandstof** aviation spirit/fuel. **~dekking** air cover. **~enjin** aircraft/aero engine. **~fabriek** aircraft factory. **~kaper** skyjacker. **~loods** hangar, shed for aircraft. **~motor** aircraft engine, aeroengine. **~ongeluk** = VLIEGONGELUK. **~skroef** aeroplane propeller. **~skuur** hangar. **~vrag** planeload.

vlier=: **~bessie** elderberry. **~(boom)** *(Nuxia floribunda)* elder (tree).

vlies *vliese* film *(over the eyes)*; *(biol.)* membrane *(in the body)*; pellicle, thin skin; *(anat.)* tympanum; cuticle; velum; integument; skin *(on milk)*; scum; *die Goue/Gulde V~, (Gr. myth.)* the Golden Fleece. **V~ridder** Knight of the Golden Fleece. **~stof** fleece. **~vlerkig, ~vleuelig** *=e* hymenopteran, hymenopterous. **~vlerkige, ~vleuelige** *=s* hymenopteron, hymenopteran; *(also, in the pl.)* Hymenoptera. **~vormig** *=e* membranous. **~wolk** fleece cloud.

vlies·ag·tig *=tige*, **vlie·se·rig** *=rige*, **vlie·sig** *=sige* fleecy, filmy, membranous, membraneous, membranaceous, membrane-like. **vlie·sie** *=sies, (dim.)* thin film/membrane; tunicle; cuticle, pellicle. **vlie·sig** →VLIESAGTIG.

vliet *vliete, n., (liter., rare)* rivulet, brook, fleet. **vliet** *ge=, vb., (rare)* flow, run. **vlie·tend** *=tende* fleeting.

vlin·der *=ders, (entom.)* butterfly. **~blommig** *=e, (bot.)* papilionaceous. **V~blommiges** Papilionaceae. **~dak** butterfly roof. **~das** *(rare)* bow tie. **~effek** *(infml., fig.)* butterfly effect. **~kaftan** butterfly kaftan. **~net** butterfly net. **~plooie** butterfly pleating. **~slag** butterfly stroke. **~spy** hammerhead key. **~strikkie** butterfly tie. **~vis** butterfly fish. **~vormig** *=e* butterfly-shaped; *(bot.)* papilionaceous.

vlin·der·ag·tig *=tige* butterfly-like; *(bot.)* papilionaceous.

Vlis·sin·gen *(geog.)* Flushing.

vloed *vloede* flood; flood tide *(opp.: ebb tide)*; river, flood; torrent, flow; flood, spate *(of words, tears, etc.)*; *(med.)* menorrhagia; *(phys.)* flux; *die eb en ~* →EB *n.*; *~ van verkope* wave of selling. **~besproeiing** flood irrigation. **~brander** tidal bore. **~deur** floodgate. **~gety** flood tide. **~golf** tidal wave, tide wave, bore, eagre; *(<Jap.)* tsunami *(caused by an earthquake, volcanic eruption, etc.)*; *(fig.)* spate; *'n ~ (van) ..., (infml.)* a rash of ... *(criticism)*. **~hawe** tidal harbour. **~hoogte** flood level. **~lyn** floodmark, high-water mark. **~ramp** flood disaster. **~regulering** flood control. **~riool** stormwater drain. **~strand** foreshore. **~vlakte** floodplain. **~water** floodwater(s), storm water. **~waterdreinering** storm-water drainage. **~waterriool** storm(-water) sewer.

vloei *n.* flow; yield *(of a borehole etc.)*. **vloei** *ge=, vb.* flow, run, stream; *(ink)* blot; *(colours)* run; course; dribble; menstruate, *(infml.)* have the curse. **~blok** *(rare)* blotter, blotting pad. **~kaart, ~diagram** flow chart/diagram/sheet. **~laag** flow layer. **~leer** →VLOEI(INGS)LEER. **~lyn** flow line. **~lys** ogee moulding. **~middel** *=s, =e* flux; flow control agent. **~papier** blotting paper; unsized paper. **~punt** pour(ing) point, yield point. **~pyp** flow pipe. **~reëling** flow control. **~rug** *(mot.)* fastback. **~seep** liquid soap. **~spaat** fluor(spar). **~spaatsuur** hydrofluoric acid. **~staal** ingot steel. **~steen** stop brick. **~stof** liquid; *(biol.)* humor; steep; fluid; wash. **~stofkristal** liquid crystal. **~(stof)kristalvertoon** liquid-crystal display. **~stofmaat** liquid measure. **~stofmeganika** fluid mechanics. **~stofmenging** diffusion. **~stof(-)ons** *(Br.)* fluid ounce. **~stoweleer** hydraulics. **~struktuur** flow/fluxion structure, fluidal structure. **~tempo** rate of flow. **~traag** viscous, viscose, viscid. **~weerstand** water resistance. **~weide** water meadow. **~-yster** ingot iron.

vloei·baar *=bare* liquid, fluid; mobile; runny; *vloeibare **gas*** liquid gas; ***hoogs** ~* mobile; *vloeibare **laag*** magma; *~ **maak*** liquefy, liquify, liquidise, fluidify, flux, condense; *vloeibare **salf*** liniment; *vloeibare **suurstof*** liquid oxygen, *(abbr.)* lox; *~ **word*** liquefy, liquify, deliquesce. **vloei·baar·ma·king** liquefaction, liquifaction. **vloei·baar·wor·ding** liquefaction, liquifaction.

vloei·end *=ende* flowing; liquid; fluent *(style, speech, speaker, etc.)*; smooth *(style, verse)*; flowing, easy *(style)*; round *(style)*; glib; facile; clean *(lines)*; facile; **vloei·end·heid** smoothness; fluency.

vloei·ing flow(ing); flowage; flux; streaming; fluxion; *(med.)* menorrhagia; *(med.)* gleet. **vloei(·ings)·leer** *(phys.)* rheology.

vloek *vloeke, n.* curse; malediction, swear word, oath, curse, imprecation, expletive, cuss; *(fig.)* bane, curse; *(derog.: despicable person)* scumbag *(sl.)*; *'n **binnensmondse** ~* a smothered curse; ***in** 'n ~ en 'n sug, **met** twee ~e en 'n drafstap* in a jiffy, in two shakes of a lamb's/duck's tail; ***jou** ~!, (sl.)* curse you!; *'n **kwaai** ~* a round oath; *die ~ van die **land*** the curse of this country; *daar **rus** 'n ~ op iets* a curse rests (up)on s.t., s.t. is under a curse; *'n **stortvloed** van ~e* a torrent of abuse; *'n ~ **uit(er)*** utter an oath; *'n ~ oor iem. **uitspreek*** put a curse (up)on s.o.; call down curses upon s.o.; *'n ~ **vir** ... wees* be the curse of ... **vloek** *ge=, vb.* swear, curse, cuss, blaspheme, use bad language; damn; *~ soos 'n **ketter/matroos*** swear like a bargee/lord/trooper; *die **kleure** ~ met/teen mekaar* →KLEUR *n.*; *iets ~ **met/teen** ...* s.t. jars with ...; ***(op)** iem. ~* curse (*or* swear at *or* revile) s.o.; ***saggies** ~* mutter an oath; *~ en **skel*** rant and rave; *~ en **swets*** indulge in profanity. **~hout** *(the Cross)* cursed tree. **~psalm** imprecatory psalm. **~skoot** fluke, flash in the pan, good luck; lucky shot/hit. **~taal** →VLOEKERY. **~waardig** *=e* damnable, accursed, execrable. **~waardigheid** damnability, damnableness. **~woord** oath, curse, swear word, expletive; *federalisme/ens. as 'n ~ beskou* consider federalism/etc. as a dirty word; *'n ~ uit(er)* curse, utter an oath.

vloe·ker *=kers* swearer, curser, blasphemer. **vloe·ke·ry, vloek·taal** swearing, profanity, blasphemy, bad/profane language.

vloer *vloere* floor, flooring; threshing floor; *(min.)* footwall, pavement; bottom, floor; *die ~ mop* mop/wipe the floor; *~ van die hofsaal* well of the court; *~e insit* floor. **~balk** floor beam/bearer/joist, flooring joist.

~**bedekking** rugging, matting. ~**beits** floor stain. ~**be=stuurder** floor manager. ~**dweil** →VLOERMOP. ~**grond** *(min.)* underclay; seat clay/earth; underlay. ~**hoogte** floor level. ~**kleed** *(rare)* carpet, mat, small rug. ~**klip** flooring stone; *(geol.)* seat rock/stone. ~**knie** house=maid's knee. ~**kussing** pouf(fe) *(Fr.)*. ~**lap** floorcloth. ~**lat** floor slat. ~**lengtegordyne** *(pl.)* floor-length cur=tains. ~**lys** skirting (board), baseboard. ~**lyslat** skirt=ing fillet. ~**mat** floor mat/rug, doormat; *iem. vir 'n ~ gebruik* use s.o. as a doormat. ~**materiaal** flooring. ~**mop,** ~**dweil** (floor) mop. ~**oefening** *(gym.)* floor exercise. ~**oppervlakte** floor area. ~**plan** floor plan. ~**plank** floorboard, flooring board; *(also, in the pl.)* flooring. ~**poleerder,** ~**vrywer** floor polisher. ~**poli=toer** floor polish. ~**ruimte** floor space. ~**spyker** (floor) brad, casing/floor nail. ~**steen** paving stone, flagstone. ~**teël** floor tile, (paving) tile/stone. ~**vrywer** →VLOER=POLEERDER. ~**waks** floor polish/wax.

vlok *vlokke, n.* flake; villus; *(anat.)* cotyledon; tuft, lock; flock; floccus; floccule. **vlok** *ge=, vb.* flake, flocculate; coagulate. ~**gare,** ~**garing** flake yarn. ~**middel** *=s, =e* flocculent, flocculating agent. ~**(muur)papier** flock (wall)paper. ~**seep** = SEEPVLOKKIES. ~**sy, vlossy** floss silk. ~**vlies** *(zool.)* chorion. ~**wol** flock (wool).

vlok·ag·tig *=tige* flocculent, flocculous, flocculose, floccose. **vlok·ke·rig** *=rige* flocked; flocky; flaky. **vlok=kie** *=kies* flakelet, small flake, fluff; flock *(of wool)*; vil=lus; *(comp.)* chip. ~**kaart** *(comp.)* chip card. **vlok·kig** *=kige* flaky, flocky; fleecy; fluffy; flocked; *(bot.)* floc=cose, flocculent, flocculous; *~e neerslag* flocculent precipitate, flock. **vlok·kig·heid** flocculence, floccu=lency. **vlok·king** flaking; flocculation.

vloog *(iron. or emphatic)* flew; fly; →VLIEG[2] *vb.; iem. ~ daar op en ...* s.o. upped and ...

vlooi *vlooie* flea; *as die ~e* ***byt,*** *moet jy krap, (fig., infml.)* needs must when the devil drives; *~e in jou* ***maag*** *kry* get fleas in the stomach; *so lastig* ***soos*** *'n ~ (in 'n wol=kombers)* as troublesome as a flea; *van die ~e* ***vergewe/ vervuil*** *wees* be infested with fleas. ~**band** flea collar. ~**byt** fleabite. ~**fliek** *(infml., derog.)* café-bio(scope), fleapit, bughouse. ~**kewertjie** *(entom.)* flea beetle. ~**kruid** *(bot.)* fleabane, fleawort; persicaria, lady's-thumb. ~**mark** flea market. ~**poeier** flea powder. ~**sak** *(a dirty animal)* fleabag. ~**sirkus** flea circus.

vlooi·e·spel *(rare)* tiddlywinks, tiddledywinks.

vlooi·tjie *=tjies, (dim.)* small flea.

vloot *vlote* fleet, navy, marine. ~**admiraal** admiral of the fleet, fleet admiral. ~**akademie** →VLOOT(OPLEI=DINGS)KOLLEGE. ~**arsenaal** naval shipyard, navy yard. ~**basis** naval base. ~**belasting** *(hist.)* ship money. ~**blou** navy blue. ~**bou** naval construction. ~**gim=nasium** →VLOOT(OPLEIDINGS)KOLLEGE. ~**kadet** naval cadet. ~**milisie** naval brigade/militia. ~**oefening** *=e, =s* naval practice. ~**offisier** naval officer. ~**offisiers=lys** navy list. ~**(opleidings)kollege,** ~**gimnasium,** ~**aka=demie** naval academy. ~**program** naval programme. ~**seevliegtuig** naval seaplane. ~**skou** naval review. ~**staf** naval staff. ~**stafhoof** chief of the naval staff, naval chief of staff. ~**stasie** naval station. ~**steun=punt** naval base. ~**stof** navy cloth. ~**voog** *(obs., rare)* commander of the fleet, admiral. ~**werf** naval yard.

vloot·jie *=jies, (dim.)* flotilla.

vlos *n.* floss. **vlos,** *ge=, vb.* floss; *jou tande ~* floss one's teeth. ~**sy** floss silk; floret silk.

vlos·sig *=sige* flossy.

vlot *vlotte, n.* raft, float. **vlot** *vlot vlotter vlotste, adj.* afloat, adrift; easy, ready; voluble; expeditious; fluent *(speech, style)*, smooth, flowing, facile; *'n ~ spreker* a fluent speaker; *'n ~ styl* a flowing style; *'n ~ pen, (usu. fig.)* a ready/facile pen. **vlot** *adv.* fluently, facilely; smoothly; →VLOT *adj.; iets* ***gaan*** *~* s.t. goes swim=mingly (*or* without a hitch); *iets* ***gaan*** *~ van die hand* s.t. sells like hot cakes; *iets ~* ***hou*** keep s.t. afloat *(a boat etc.)*; *iets ~* ***maak/kry*** get s.t. afloat *(a boat etc.)*; *~* ***praat*** speak fluently. **vlot** *ge=, vb.* go smoothly/swim=mingly, go without a hitch (*or* any hiccups/hiccoughs); *goed ~* go off well; *iets wil nie ~ nie* s.t. isn't making headway/progress *(work etc.)*; s.t. drags *(a conversation etc.)*. ~**boot** catamaran. ~**brug** floating bridge. ~**hout** driftwood; raftwood. ~**vaart** rafting.

vlot·baar *=bare* floatable.

vlo·tel *=telle, =tels* flotel, floatel.

vlot·heid fluency, facility, ease, smoothness, readi=ness, slickness, volubility, glibness.

vlot·tend *=tende* floating; *~e* ***bate(s),*** *(fin.)* floating assets; *~e* ***bevolking*** floating population; *~e* ***kapitaal/ middele,*** *(fin.)* liquid capital; mobile/circulating/float=ing capital; *~e* ***skuld*** floating/unfunded debt; *~e* ***stem*** floating vote.

vlot·ter *=ters* raftsman, rafter; float; floater; float gauge. ~**hoogte** float level. ~**kamer** *(mot.)* float chamber. ~**klep** float(er) valve, ball valve. ~**kraan** *(tech.)* ball=cock. ~**naald** *(mot.)* float needle. ~**val** float drop.

Vl·ta·va *(Czech river)* Vltava, Moldau.

vlug *vlugte, n.* flight, escape; flight *(of a bird, an aircraft, a projectile; a unit of an air force)*; wingspread *(of a bird)*; wingspan *(of an aeroplane)*; flock *(of birds)*; flight, covey *(of partridges)*; travel *(of a crane)*; ***dolle*** *~* stampede; ***heimlike*** *~* skip; *'n* ***hoë*** *~ neem* fly/soar high; ***in*** *die ~/vlieg* in flight; on the wing; *iem. op die ~* ***ja(ag)*** put s.o. to flight; put s.o. to rout; *die ~* ***neem*** take to flight; ***op*** *die ~ wees* be in flight; be on the run; *in die ~* ***skiet*** shoot on the wing; *in die ~* ***slaan,*** *(tennis)* volley *(a ball)*; *op die ~* ***slaan*** take (to) flight; *~ van die* ***ver=beelding*** flight of the imagination. **vlug** *ge=, vb.* flee, escape, fly, take to flight, run away, scuttle, make a/one's getaway; *uit 'n land ~* flee (from) a country, fly a country; *~ van begrip/verstand* quick/sharp-witted; *vir iem. ~* flee from s.o.. **vlug** *vlugge vlugger vlugste, adj.* fast, quick; swift, nimble, agile, spry *(fingers, mind, etc.)*; expeditious; brisk *(movement, pace)*; smart *(boy, retort, walk)*; *~ van begrip wees* be quick (to under=stand *or* on the uptake), be nimblewitted/quick-witted/sharp-witted/smart, quick of apprehension, have quick wits; *~ met die pen wees* have a ready pen; *~ van voet* quick-footed. **vlug** *adv.* quick(ly), swiftly, briskly, rap=idly. ~**aankondiging** flight call *(at an airport)*. ~**baan** flight path, path of projectile. ~**bal** volleyball. ~**duur** flying time. ~**flou,** ~**voos,** ~**tam** jet-lagged; *~ wees, (also)* suffer from jet lag. ~**flouheid,** ~**voosheid,** ~**tam=heid, reisroes** jet lag. ~**gat** bolt(ing) hole, funkhole, escape manhole. ~**geld** hot/funk/flight money. ~**hawe** port of refuge, port/harbour of distress/refuge. ~**heu=wel** *(rare)* traffic island; →VERKEERSEILAND. ~**hou** vol=ley; *~e slaan* volley. ~**houspeler** *(tennis)* volleyer. ~**in=genieur** in-flight engineer. ~**kapitaal** flight capital, hot/funk money. ~**kelner** flight attendant. ~**lees** scan *(a book, newspaper, etc.)*. ~**nabootser** flight simula=tor. ~**nommer** flight number. ~**offisier** flight officer. ~**oord** place of refuge. ~**opnemer** flight recorder, black box. ~**personeel** in-flight staff. ~**plan** *(av.)* flight plan. ~**roep** flight call *(of a bird)*. ~**sand** quicksand(s), shifting sand. ~**sersant** flight sergeant. ~**skans** reduit. ~**skrif** pamphlet, brochure; leaflet, flysheet, flying sheet, flyer, flier, broadsheet. ~**skrif** broadsheet, flyer, flier. ~**sout** sal volatile, smelling salts, ammonium car=bonate. ~**tam,** ~**tamheid** →VLUGFLOU, VLUGFLOU=HEID. ~**tyd** *(aeron.)* flying time. ~**tydskrif** in-flight magazine. ~**vermaak** in-flight entertainment. ~**voe=tig** *=e* wing-footed. ~**voos,** ~**voosheid** →VLUGFLOU, VLUGFLOUHEID.

vlug·heid quickness, swiftness, readiness, nimbleness, smartness; promptitude; celerity; expedition; *~ van gees* quick-wittedness.

vlug·te·ling *=linge* fugitive; refugee; émigré *(Fr.)*; run=away. ~**kamp** refugee camp.

vlug·tig *=tige, adj.* volatile *(salt)*; *(comp.)* volatile *(mem=ory)*; cursory *(inspection)*; casual *(glance)*; flying *(visit)*; fleeting, passing, fugacious, fugitive, evanescent, tran=sitory, transient, brief, quick; hurried, rough *(sketch)*; superficial; slight *(acquaintance)*; summary; perfunc=tory; *~e* ***bestanddeel*** fugitive constituent; *~e* ***blik,*** *(also)* once-over; *iets ~* ***(deur)lees*** scan (*or* skim [through]) s.t. *(a book, newspaper, etc.)*; *~e* ***olies*** volatile/ethereal/essential oils. **vlug·tig** *adv.* cursorily; hurriedly; briefly; →VLUGTIG *adj.; ~* ***beskou,*** *(also)* sweep; *iets ~* ***deurkyk*** glance through s.t.; *~ na ...* ***kyk*** glance at ...; *~* ***ver=skyn*** appear briefly. **vlug·tig·heid** *(also, comp.)* volatili=ty; cursoriness, hastiness; fleetingness, evanescence, transitoriness. **vlug·tig·ma·king** volatilisation.

vly *ge=* lay down, arrange; *jou ~* nestle (down/in[to]/among); *jou teen ... ~* nestle close to ... *(s.o.)*.

vlym *vlyme, n.* lancet; fleam *(for bleeding horses)*. ~**skerp** razor-edged, razor-sharp, razor-keen, razor-like, nee=dle-sharp.

vly·mend *=mende* acute, shooting, lancinating *(pain)*, sharp; poignant *(grief)*; scathing *(sarcasm)*; stinging, biting; keen *(satire)*; trenchant; piercing *(wit)*; stab=bing.

vlyt diligence, assiduity, industry, studiousness, seduli=ty, application. **vly·tig** *=tige* diligent, assiduous, indus=trious; studious, sedulous; hard-working; *~e Liesbet, (bot.: Impatiens* spp.*)* busy Lizzie; *~e mier(tjie), (infml., sometimes derog.)* eager beaver. **vly·tig·heid** = VLYT.

vod *vodde, vodde(n)s* rag, tatter; *(also, in the pl.)* duds; *in ~de hang* be in rags, be tattered and torn; *'n ~ van 'n boek* a trashy book; *'n ~ van 'n koerant* a rag.

vod·de *adj., (infml.)* clapped out *(pred.)*, clapped-out *(attr.)*, whacked/pooped/zonked (out), dead (beat/tired), ready to drop, wasted.

vod·de-: ~**handel** *(infml., rare)* rag trade. ~**handelaar,** ~**koper** *(obs., rare)* old clothes man, rag dealer, rag=man. ~**mark** *(obs., rare)* rag fair, old clothes sale. ~**raper** guttersnipe; *(hist.)* ragpicker, rag-and-bone man. ~**smous** *(hist.)* ragpicker. ~**wol** shoddy (wool), softs.

vod·jie *=jies* rag, scrap; *'n ~ papier* a scrap of paper.

vod·ka →WODKA.

voed *ge=* feed *(s.o., a reservoir, fire, machine, pump, etc.)*; nourish *(s.o., hatred, etc.)*; suckle, nurse *(a child)*; cher=ish, entertain *(hope)*; foster; nurture; *karig ge~ wees* be scantily fed; *jou met ... ~* feed on ...; *'n slang in jou boesem ~* cherish a snake in one's bosom. **voe·dend** *=dende* nourishing, alimentary, nutrient. **voe·der** *=ders* feeder, nourisher, host.

voe·ding feeding, nourishing, nutrition, nurture; food, nourishment, nutriment; nursing *(of a child)*; feed; fosterage. ~**kundige** *=s* nutritionist, nutrition expert. ~**skema** feeding scheme. ~**sorg** nutritional care. ~**steuring,** ~**steurnis,** ~**stoornis,** ~**storing** dystrophy, alimentary derangement/disturbance. ~**stof** nutri=tious substance, nutrient, nutriment. ~**stowwe** nu=tritive material, nutrient matter.

voe·dings-: ~**bodem** breeding ground *(for diseases)*; (culture) medium *(for bacteria)*; matrix *(for fungi)*; sub=stratum; nutrient medium; *(fig.)* fertile soil. ~**gebrek** →VOEDINGSTEKORT. ~**kanaal** alimentary canal; feed=er *(of the main canal)*. ~**ketting** →VOEDSELKETTING. ~**krag** nutritiousness, goodness, nutritive power. ~**leer** dietetics, science of nutrition, sit(i)ology. ~**leiding** *(elec.)* feeder. ~**middel** *=e, =s* food (product), article of food; *(also, in the pl.)* foodstuffs. ~**orgaan** nutritive organ. ~**proses** nutritional process. ~**room** skin food. ~**tekort,** ~**gebrek** nutritional deficiency. ~**waarde** nutritional/nutritive value, food/dietary value, suste=nance. ~**ware** foodstuffs. ~**wurm** *(tech.)* auger *(in a machine)*.

voed·saam *=same* nutritious, nourishing, nutritive, nutrient, body building, substantial. **voed·saam·heid** nutritiousness, nutritiveness.

voed·sel *=sels* food; nutriment, nourishment; nurture; victuals, viand(s), provender; *~ en deksel, (rare)* food and clothing; *~ vir die gees, geestelike ~* mental/intellec=tual pabulum; *~ gee aan iem. se eersug* encourage s.o.'s ambitions. ~**additief** →VOEDSELBYMIDDEL. ~**berei=ding** preparation of food. ~**bestraling** food irradia=tion. ~**bewaring** food storage. ~**bron** source of food. ~**bry** *(physiol.)* chyme. ~**bymiddel,** ~**additief** food additive. ~**chemie,** ~**skeikunde** food chemistry. ~**ge=brek** food shortage. ~**ketting, voedingsketting** food chain *(in nature)*. ~**kruie** kitchen herbs. ~**opneming** ingestion. ~**pakket** food parcel. ~**rantsoenering** food rationing. ~**skaarste** food scarcity. ~**skeikunde** →VOED=SELCHEMIE. ~**soort** (kind of) food; *(also, in the pl.)*

foods. **~tegnologie** food technology. **~tekort** food shortage, shortage/lack of food. **~uitslag** food rash. **~vergiftiging** food poisoning, botulism. **~verwerker** food processor. **~verwerking** food processing. **~vesel** dietary fibre, roughage. **~voorraad** food supply/stock, provisions. **~voorsiening** food supply, victualling. **~ware** foods, foodstuffs. **~web** food cycle/web. **~weierаar** hunger striker. **~weiering** hunger strike. **~wetenskap** food science.

voed·ster *=sters* wet nurse, foster mother; nurse; host (plant). **~by** *(rare)* nurse bee. **~kind** = PLEEGKIND. **~plant** *(rare)* host plant.

voed·ster·ling *=linge* = PLEEGKIND.

voeg *voeë, n.* joint, seam; shut; join(ing); juncture; *(anat.)* commissure; *(elec.)* sweep; *voeë dek, (tech.)* flash; *voeë stryk/vul* point; *iets uit die voeë ruk* put s.t. out of joint. **voeg** *ge=, vb.* add; join, weld, seam, mortise, piece together; grout; *(masonry)* point; *(carpentry)* joint; frame; become, befit, suit; ~ ***by*** add to; *jou* ***by*** ... ~ attach o.s. to ...; *jou* ***by*** *iem.* ~ join s.o.; *die* ***daad*** *by die woord* ~ →DAAD; ***jou na*** ... ~ accede to ..., comply with ..., conform to ... *(wishes etc.)*. **~bry** grout. **~kalk** pointing lime. **~lood** flashing. **~loodgroef** raggle. **~plaatjie** expansion piece. **~ring** joint ring. **~saag** joiner/bench saw. **~skaaf** jointer. **~skort** *(archit.)* flashing. **~skraper** raker. **~spyker** joining nail. **~stryker** *(bricklaying)* jointer. **~stryking, ~werk** *(brickwork)* pointing; jointing. **~troffel** pointing trowel. **~vulling** *(brickwork)* pointing. **~woord** conjunction. **~woordelik** conjunctional. **~yster** *(brickwork)* jointer.

voe·ge: *in dier* ~ →DIER[2] *pron.*.

voe·ging *=gings, =ginge* joining; *(jur.)* joinder; *(anat.)* symphysis.

voeg·lik *=like, (rare)* becoming, seemly, proper, fit(ting). **voeg·lik·heid** *(rare)* seemliness, propriety, suitability.

voeg·saam *=same, (rare)* seemly, proper, becoming, suitable, fitting; decorous; *'n ~same geleentheid* a suitable opportunity. **voeg·saam·heid** *(rare)* suitableness, propriety, seemliness; decorum; →VOEGSAAM.

voeg·sel *=sels* joint, jointing.

voel *ge=* feel; be aware/sensible of; sense; intuit; ***aan*** *iets* ~ touch s.t.; *koud wees om* ***aan*** *te* ~ be cold to the touch; *(nie)* ***daarna*** ~ *(nie)* (not) feel like it; *iem.* ~ ***daarvoor*** s.o. is in favour of it, s.o.'s sympathies lie that way; *niks* ***daarvoor*** ~ *nie, (infml.)* have no time for it; *iem.* ~ *nie veel* ***daarvoor*** *nie* it does not appeal to s.o., s.o. does not sympathise with it *(another's sentiments etc.)*; *in die* ***donker*** ~ grope; *iets* ***erg*** ~ be/feel sore about s.t. *(infml.)*; ***gesond*** ~ feel well; ***goed*** ~ feel well; ***hoe*** ~ *jy oor hom/haar?* how do you like him/her?; ***hoe*** ~ *jy daaroor?, (infml.)* what do you say?; *wie nie wil* ***hoor*** *nie, moet* ~ →HOOR *vb.*; *vir* ***iem.*** ~ be partial to s.o.; ~ *of jy in die aarde kan* ***(in)sink/(weg)sink,*** *(be very embarrassed)* not know what to do with o.s.; *nie* ***lekker*** ~ *nie* →LEKKER *adj. & adv.*; ***na*** ... ~ feel for ...; *dit* ~ ***na*** ... it feels like ...; ***niks*** *vir iets* ~ *nie* have no time for s.t. *(fig.)*; *iets* ~ ***sag*** s.t. is soft to the touch; *soos 'n splinternuwe* ***sikspens*** ~ feel like a new person; ***sleg*** ~ feel ill; *in* ***staat*** *tot* ... ~ feel up to ...; ***sterk*** *oor iets* ~ feel strongly about s.t., have strong feelings about s.t.; *'n mens* (of *'n blinde) kan dit met 'n* ***stok*** ~ it is as plain as a pikestaff; ***vir*** *iets* ~ be in favour of s.t.; *iem.* ~ *baie* ***vir*** ... s.o.'s heart beats warmly for ... **~draad** = VOELHORING. **~haar** sensory/tactile hair; barbel *(of fish)*. **~horing** feeler, tentacle, antenna, horn; *~s uitsteek, (fig., rare)* = VOELERS UITSTEEK. **~orgaan** tactile organ. **~pen** *(med.)* probe. **~spriet** = VOELHORING. **~stafie** = VOELPEN. **~~voel** *adv.* gropingly. **~~voel** *ge=, vb.* grope; *jou pad deur toe* ~ feel/grope one's way to the door.

vo·ël *voëls* bird; *(coarse sl.: penis)* prick, cock, dick, tool, John Thomas; *een* ~ *in die* ***hand*** *is beter as tien in die lug* a bird in the hand is worth two in the bush; *~s* ***jag/vang/skiet*** fowl; *elke* ~ *prys sy eie* ***nes,*** *al is 'n duif s'n maar 'n stokkie of ses* every bird likes its own nest best; *'n* ~ ***ring*** band/ring a bird; *elke* ~ ***sing*** *soos hy gebek is* dogs bark as they are bred, and fawn as they are fed. *'n* ~ *in die sit* ***skiet*** shoot a sitting bird; *iem. is 'n* ~ *op 'n* ***tak,*** *(infml.)* s.o. is a bird of passage (*or* a rolling stone); s.o. is here today and gone tomorrow; *hulle is ~s van eenderse/enerse* ***vere*** they are birds of a feather, they are tarred with the same brush; *soos 'n/die* ~ ***vlieg*** as the crow flies. **~afval** giblets. **~bad, ~bak** birdbath. **~bek** (bird's) beak, bill (of a bird). **~bekdier** duckbill, duck-billed platypus, water mole *(Austr.)*. **~beskrywing** ornithology. **~bevolking** bird population. **~boer** bird fancier. **~boerdery** aviculture, bird-fancying. **~eier** bird's egg. **~ent** *(bot.: Viscum spp.)* mistletoe; birdlime. **~gefluit** call, carol of birds. **~gesang** birdsong, singing of birds. **~handelaar** bird fancier/seller. **~hok** aviary; *(also* voëlhokkie*)* birdcage. **~huis** aviary. **~jag** bird shooting, fowling. **~jagter** fowler. **~kenner** ornithologist. **~kou(tjie)** birdcage; →VOËLHOK. **~kunde** ornithology. **~kundig** *=e* ornithological. **~kundige** *=s* ornithologist. **~kyk(ery), ~waarneming** birdwatching. **~kyker, ~waarnemer** birdwatcher. **~lewe** bird life. **~liefhebber** bird lover. **~lym** birdlime. **~lymtak** lime twig. **~melk** *(bot.)* star of Bethlehem, chinkerinchee. **~mis** bird dung; guano. **~nes** bird's nest; *~te/~sies uithaal/plunder* go bird's-nesting. **~nes(sie)sop** bird's-nest soup. **~net** trammel net. **~oogpatroon** goose-eye pattern. **~opstopper** bird stuffer, taxidermist. **~park, ~reservaat, ~paradys** bird sanctuary. **~pastei** *(cook.)* game-bird pie. **~perspektief** bird's-eye view. **~pes** bird pest, fowl plague/pest. **~poot** *(bot.)* bird('s)-foot; *(bot.: Ornithopus sativa)* serradilla, serradella. **~rek(ker)** catapult, sling(shot). **~reservaat** →VOËLPARK. **~roep** bird call. **~saad** birdseed, true millet. **~sang** birdsong, song of birds, warbling; →VOËLGESANG. **~slang** bird snake, twig snake. **~teelt, ~boerdery** aviculture, bird-breeding. **~tongvyl** *(tech.)* cross-file. **~trek** bird migration. **~tuberkulose** avian tuberculosis. **~val** bird trap. **~vanger** bird catcher, fowler. **~verskrikker** scarecrow, clapper, bogle; *soos 'n* ~ *lyk, (infml.)* look a fright, be/look a sight. **~vlug** bird's-eye view; *'n stad in* ~ *gesien* a bird's-eye view of a town; *'n* ~ *oor* ... an overview of ... **~(voer)tafel** bird table. **~vormig** *=e* aviform. **~vry** outlawed; *iem.* ~ *verklaar* outlaw/proscribe s.o.. **~vryverklaarde** *=s* outlaw, bandit. **~vryverklaring** outlawry, proscription. **~waarnemer** →VOËLKYKER. **~waarneming** →VOËLKYK(ERY). **~wiggelaar** augur. **~wiggelary** ornithomancy, augury. **~wip** bird trap.

vo·ël·ag·tig *=tige* birdlike, ornithoid.

voel·baar *=bare* perceptible, sensible; tangible, palpable, touchable; tactile *(impression)*. **voel·baar·heid** perceptibility; tangibility, palpability; tactility.

voe·lend *=lende* feeling; sentient; *~e wese* sentient being, sentient.

voe·ler *=lers* feeler; *(biol.)* tentacle, antenna, feeler; palp; feeler (gauge); *~s uitsteek, (infml., fig.)* put/throw out feelers (*or* a feeler), feel one's way; make overtures.

voe·ling feeling, touch; contact; ***buite*** ~ *met* ... out of touch with ...; ***buite/uit*** ~ *raak met* ... lose contact/touch with ...; ***geen*** ~ *meer met* ... *hê nie* be out of touch with ...; ~ *met* ... ***hê*** be in touch with ...; *met* ... ~ ***hou*** keep in touch with ...; *met* ... ***in*** ~ *bly* keep in touch with ...; *met* ... ***in*** ~ *kom, met* ... ~ ***kry*** get in touch with ..., establish/make contact with ...; ***in/uit*** ~ *met* ... *wees* be in (*or* out of) touch with ...; *(infml.)* be in (*or* out of) sync(h) with ... *(s.o.)*; ~ *met iem.* ***verloor*** lose contact/touch with s.o..

vo·ël·tjie *=tjies, (dim.)* little bird, birdie, dick(e)y(bird) *(infml., a child's word)*; →VOËL; *(golf)* birdie; *iem. het 'n* ~ *hoor fluit, (fig., infml.)* a little bird told s.o.; *'n* ~ *hoor fluit dat* ..., *(infml.)* hear a (vague) rumour that ...; *'n* ~ *hoor fluit oor iets, (infml.)* get/have wind of s.t., hear s.t. by a side wind.

voer[1] *voere, n.* feed, forage, food, fodder, feedstuff(s); bait *(for fish)*; *'n dier* ~ *gee* feed an animal; ~ *soek, (an animal)* forage. **voer** *ge=, vb.* feed, fodder *(animals)*; feed *(a child)*; *'n dier met* ... ~ feed an animal on ...; *'n dier vet* ~ feed up an animal, fatten (up) an animal. **~bak** feeding/food trough, manger; feedbox, hopper (feed), feeder. **~beet** *(bot.)* mangold, mangel(-wurzel). **~boom** fodder tree. **~fosfaat** feed phosphate. **~gang** feed passage. **~gat** *=e* feed hole. **~gewas** fodder/forage crop/plant. **~graan** feed grain. **~hok** feeding paddock/pen; self-feed(er). **~kerfmasjien** silage cutter. **~kerwer** forage cutter. **~koring** feed corn, undergrade wheat. **~kraal** feeding pen/paddock. **~krip** cratch *(dial.)*; →KRIP[2], VOERBAK. **~kuil** (pit) silo. **~man** *=ne* feeder *(at threshing)*. **~os** store ox. **~plaat** feed plate. **~plant** fodder/forage plant. **~plek** feeding place. **~pyp** feed pipe. **~rak** stable rack, hayrack, heck. **~rol** feed roll(er). **~sak** nosebag, feedbag; forage bag. **~soeker** forager. **~spanning** supply pressure/voltage. **~stof** feedstock. **~straal** radius vector. **~tafel:** ~ *(vir voëls)* bird table. **~toring** silo. **~tregter** feed hopper. **~trog** feeding trough. **~tyd** feeding time *(in a zoo etc.)*. **~vark** store pig, baconer, porker. **~wiek** *(bot.)* tare, vetch.

voer[2] *ge=, vb.* lead, conduct, take, bring; transport; *(obs.)* bear *(arms, a name)*; make, wage *(war)*; carry on *(a conversation)*; *(obs.)* wield *(a pen, sceptre)*; *(obs.)* fly, wear *(a flag)*; maintain *(correspondence)*; *die* ***heerskappy*** *oor* ... ~ →HEERSKAPPY; *wat* ~ *jou* ***hierheen?*** what wind blows you here?; *'n* ***kampanje*** ~ conduct a campaign; ***obstruksie*** ~ →OBSTRUKSIE; *dit sou iem. te* ***ver/vêr*** ~ that would lead s.o. too far; *iets* ***verder/vêrder*** ~ follow up s.t.; ***wat*** ~ *iem. in die skild?* what is s.o. up to (*or* after *or* driving/aiming at)?, what is s.o.'s game?; *die* ***woord*** ~ speak. **~band** belt conveyor, conveyor (belt). **~man** *=ne, (obs., rare)* driver; wag(g)oner; teamster, carter.

voer[3] *ge=, vb.* line; →UITVOER[2]; *iets met* ... ~ line s.t. *(a garment)* with ... *(silk etc.)*.

voer·der *=ders, n.* feeder, feed mechanism, hopper; *(elec., min.)* feeder.

voe·ring *=rings* lining; liner; casing; sleeve *(in a cylinder)*; shell *(in a bearing)*; gasket; *die* ~ *van iets vervang* reline s.t.. **~linne** scrim. **~materiaal, ~stof** lining. **~pleister** pargeting *(of a chimney)*. **~pyp** casing. **~sy** *(text.)* sarsenet, sarcenet.

voert *interj., (said to dogs)* away with you, get/go away, clear out, out of my sight, be off, scram. **voert·sek** *interj., (SA)* voe(r)tsek, voetsak, hamba *(<Ngu.)*; be off; *(coarse)* piss/sod off.

voer·taal medium/language of instruction, language medium, language/medium of communication; *met Engels/ens. as* ~ through the medium of English/etc., in the English/etc. medium. **~vraagstuk** (language) medium question.

voer·tuig *=tuie, (lit. & fig.)* vehicle; carriage. **~enjin** automotive engine. **~park** vehicle depot. **~skaal** weighbridge. **~vrees** amaxophobia.

voet *voete* foot *(of a human being, ladder, wall, mountain, page, bed, stocking)*; toe, bottom (end), base, foot; footing, foothold; footprint; *(pros.)* foot; ***aan*** *die* ~ *van* ... at the bottom of ... *(a staircase etc.)*; at the foot of ... *(a mountain etc.)*; ***aan*** *iem. se ~e* at s.o.'s feet; *met albei ~e* (of *vierkant*) *op die* ***aarde*** *staan* →AARDE; *met die verkeerde* ~ *uit die* ***bed*** *klim* get out of bed on the wrong side; *op jou ~e* ***beland*** fall/land on one's feet; *op* ***beskeie*** ~ in a small way; *jou* ***beste*** ~ *voor sit* put one's best foot/leg forward, be on one's best behaviour; ***boog*** *van die* ~ →BOOG *n.*; *geen* ~ ***buite*** *die deur sit nie* not stir out of the house; *op* ***dié*** ~ at that/this rate; *op* ***dieselfde*** ~ on the same footing; *jou* ~ ***dwars sit*** refuse to allow s.t.; *die* ~ *vir iem.* (of *iem. die* ~) ***dwars sit*** cross s.o.; *te* ~ ***gaan*** go on foot; *aan die* ~ *van* ***Gamaliël*** *sit, (idm.: study under a recognised authority)* sit at the feet of Gamaliel; *iets het ~e* ***gekry,*** *(infml.)* s.t. has disappeared (*or* been swiped *or* gone walkies); *op* ***gelyke*** ~ on an equal basis/footing, on the same footing, on equal terms; share and share alike; *op* ***gelyke*** ~ *meeding, (fig.)* compete on a level playing field; *hulle staan/leef/verkeer op* ***gespanne*** ~ relations are strained between them, they are at variance/loggerheads (*or* daggers drawn); *die* ***getrippel*** *van ~e* the patter of feet; *op* ***goeie*** ~ *met iem. wees/staan* be on good terms (*or* in) with s.o.; *op* ***goeie*** ~ *met iem. bly, (also, infml.)* keep in with s.o.; *op* ***goeie*** ~ *met iem. kom, (also, infml.)* get in with s.o.; *met die een* ~ *in die* ***graf*** *staan* →GRAF;

*vaste **grond** onder die ~e kry* →GROND *n.; op ('n) **groot** ~ leef/lewe, (rare)* live in (grand) style (*or* great state); *~ in die **hoek** sit, (infml.)* step on the gas; *hulle is op **intieme** ~* they are on terms of intimacy; *iem. se ~e **jeuk** om te ..., (infml.)* s.o. has an itch to ...; ***jou** ~ (in 'n visblik)!, (infml.)* get along (with you)!, go jump in the lake!; *~e van **klei** hê* have feet of clay; *jou uit die ~e **maak**, (infml.)* run away, take to one's heels, make o.s. scarce; *jou ongemerk uit die ~e **maak**, (infml.)* do a/the disappearing act/trick; *iem. se ~e **moor** hom/haar, (infml.)* s.o.'s feet are killing him/her; *jou ~ op iem. se **nek** sit, (fig.)* tread on s.o.'s neck; ***onvas** op jou ~e wees* be unsteady on one's feet; *op ~ van **oorlog*** on a war footing; *die ~e hoog **oplig/optel*** step high; *op die **platte** van jou ~e staan, (obs.)* have one's feet on the ground; *~ van 'n **ploeg*** landside; ***rats** op jou ~e* quick on one's pins; *jou ~e laat **rus*** put one's feet up *(infml.)*; *geen **rus** vir die holte van jou ~ vind nie* be unable to settle down; *... **se** voet!, (infml.)* ... my foot!; ***ses** ~ onder die grond lê/wees, (infml.)* push (*or* be pushing) up the daisies; *aan iem. se ~e **sit*** sit at s.o.'s feet; *jy **sit** jou ~e nie weer hier nie!* do not darken my door again!; *jy sal jou ~e nie weer daar **sit** nie* one will not set foot there again; *nie 'n ~ uit die huis/ens. **sit** nie* not stir from the house/etc.; ***skuif/skuiwe** met jou ~e* scrape one's feet; *jou ~e heen en weer **skuif/skuiwe**, met jou ~e **skuifel*** shuffle one's feet; *met die ~e **sleep*** drag one's feet/heels; *op **slegte** ~ met iem. wees/staan* be on bad terms with s.o.; *op **staande** ~* there and then, then and there; at a moment's notice; at once; *op **staande** ~ skiet* shoot at/on sight; *'n ~ in die **stiebeuel** hê/kry* have/get a foot in the door; *~ by **stuk** hou* stand/stick to one's guns, stick to one's colours, remain/stand firm; *iem. hou ~ by **stuk**, (also)* s.o. does not budge; ***te** ~* on foot; *'n afstand wat **te** ~ afgelê kan word* a walkable distance; *'n stad/ens. wat **te** ~ besigtig kan word* a walkable city/etc.; *op jou ~e **teregkom**, (fml., rare)* →***beland***; *iem. se ~e onder hom/haar **uitslaan*** carry s.o. off his/her feet, knock/blow s.o.'s socks off *(infml.)*; cut the ground from under s.o.'s feet; ***vas** op sy/haar ~e wees* be sure-footed; ***vaste** ~ kry* get a foothold, gain a footing; *met die **verkeerde** ~ uit die bed klim* →***bed***; *iem. op die **verkeerde** ~ betrap* catch s.o. off (his/her) guard, catch/take s.o. unawares; catch s.o. on the wrong foot (*or* off balance), wrong-foot s.o.; *sonder om 'n ~ te **versit*** without stirring a foot; *iem. kan geen ~ **versit** nie* s.o. cannot move a foot (*or* stir); *iets met die ~e **vertrap*** trample/tread s.t. under foot, trample/tread s.t. underfoot; *~ **vir** ~* step by step; *iem. op die ~ **volg*** dog s.o.'s footsteps, follow on s.o.'s heels; ***voor** die ~* without exception; at random, indiscriminately, holus-bolus; all round; *alles **voor** die ~ koop* buy the lot; ***voor** die ~ skiet* shoot at/on sight; *iets **voor** die ~ verwerp* reject s.t. out of hand; *op **vrye** ~(e) wees/verkeer,* be at large/liberty (*or* on the loose); *iem. op **vrye** ~(e) stel* set s.o. free; *~ aan **wal** sit* set foot ashore; *in Afrika/ens. ~ aan **wal** sit* set foot in Africa/etc.; *op ~ van **wederkerigheid*** on a reciprocal basis; *~ in die **wind** slaan, (infml.)* take to one's heels, show a clean pair of heels. **~afdruk** footprint, footmark, footstep; →VOETSPOOR. **~afstand** footage. **~angel** mantrap; *(mil.)* calt(h)rop, caltrap; *(mil., hist.)* crowfoot. **~bad** *=de(ns)* footbath. **~balie, ~wasbalie** *(hist.)* footbath, tub. **~balk** sill; footing beam; ground plate; groundsill; soul plate. **~bank(ie)** footstool; foot rail, footrest; stretcher *(in a boat)*. **~behandeling** pedicure. **~blok** *(naut.)* snatch block. **~boei** fetter, anklet, hobble, foot shackle, leg-iron. **~boog** crossbow; *(hist.)* arbalest, arbalist. **~boogskutter** crossbowman; *(hist.)* arbalester, arbalister. **~breed(te)**: *geen (of nie 'n) ~ (af)wyk nie* not budge/give/yield/move an inch. **~brug** →VOET(GANGERS)BRUG. **~dokter** →VOETHEELKUNDIGE. **~fout** *(sport)* foot fault. **~ganger** *=s* pedestrian; wayfarer; foot soldier; *(entom.)* voetganger, hopper, wingless locust; *(also, in the pl.)* infantry. **~(gangers)brug** footbridge, pedestrian bridge. **~gangersgebied** pedestrian area/precinct; *... in/tot 'n ~ omskep* pedestrianise ... **~gangersprinkaan** *(entom.)* hopper; →VOETGANGER. **~gangerstraat** pedestrian mall/precinct. **~gangerverkeer** pedestrian traffic. **~(e)gestamp** stamping of feet. **~haak** toe clip *(of a bicycle pedal)*. **~heelkunde** chiropody, podiatry, pedicure. **~heelkundige,** *(infml.)* **~dokter** chiropodist, podiatrist, pedicure. **~jig** *(med.)* gout in the foot, podagra. **~kers** *(phys.)* foot-candle. **~klep** foot valve. **~klier** pedal gland. **~klip** footing stone, footstone. **~kneg** *(hist.)* foot soldier. **~kolonne** *(mil.)* marching column. **~konstabel** foot/dismounted constable. **~kroon** coronet *(of a horse)*. **~kussing** hassock. **~laag** *(archit.)* footing/base course. **~lig** footlight; *voor die ~(te) verskyn/kom, (theatr.)* appear before the footlights (*or* on the boards); *(fig.)* make a public appearance; *voor die ~(te) bring, (theatr.)* produce, (put on the) stage *(a play)*; bring s.t. out into the open/limelight. **~loon** footage. **~luis** foot louse. **~lyn** *(tennis)* baseline. **~lys** base mould(ing), plinth. **~maat** foot measure; shoe/foot size; footage. **~mat(jie)** doormat. **~noot** footnote. **~omloop** *(med.)* athlete's foot. **~oog**: *ou ~* bog(e)y(man). **~oorgang** pedestrian crossing, crosswalk. **~pad** footpath, footway, bridle path; pathway; hiking path/trail/way; horse track, trackway. **~patrollie** foot patrol. **~perd** *(rare)* scooter. **~plaat** *(rly.)* footplate; base plate. **~plank** footboard. **~pomp** foot pump. **~pond** *(phys.)* foot-pound. **~punt** tip of the toes; *(math.)* foot *(of a perpendicular)*; *(astron.)* nadir. **~puntdriehoek** *(math.)* pedal triangle. **~puntkromme** *(math.)* pedal curve. **~reis** journey on foot, walking trip/tour, hike, hiking tour, tramp. **~rem** foot brake, service brake. **~rug** instep. **~rus** footrest; foot rail. **~seer** *n.* footsoreness *(in humans and animals)*. **~seer** *adj.* footsore, footworn, with sore feet; →SEERVOET. **~siekte** foot rot. **~sirkel** *(mech.)* root circle. **~skerm** foot guard. **~skimmel** *(med.)* athlete's foot. **~skraper** doorscraper, footscraper, boot/shoe scraper. **~skrif** *(math., comp.)* subscript. **~skyf** pedal disc *(of a sea anemone)*. **~slaan** *voetge=* walk (it), foot/hoof/leg it *(infml.)*, footslog, hike, tramp. **~slaanpad** hiking trail/path/route. **~slaanvakansie** walking holiday. **~slaner** footslogger, hiker. **~slepery** dragging (the feet). **~snee** bottom edge *(of a book)*. **~soeker** *(type of fireworks)* squib, petard, serpent. **~soldaat** infantryman, footman, foot soldier. **~sool** sole, foot sole, pad. **~soolrefleks** plantar reflex. **~soolvlak**: *op ~* at grass-roots level. **~soolvrat(jie)** plantar wart. **~sorg** pedicure. **~spoor** footprint, footmark, track, trail; *iem. se ~ volg, in iem. se voetspore stap,* (rare) *iem. se voetspore druk* follow/tread in s.o.'s footsteps; *op jou voetspore teruggaan* retrace one's steps; *in die voetspore van ...* in the wake of ..., behind ... **~stap** *=pe* footstep, tread; footstep, footfall; footprint, footmark; *in iem. se ~pe volg, in iem. se ~pe tree,* (rare) *iem. se ~pe druk* follow/tread in s.o.'s footsteps; *iem. se swaar ~pe* s.o.'s heavy tread. **~stofie, ~stoof** *(hist.)* foot stove, footwarmer. **~stoots** as is; *(jur.)* voetstoots, as it is/stands, without warranty; at the buyer's risk; offhand; without questioning; *iets ~ verkoop* sell s.t. as is. **~stuk** pedestal; base; support; *(archit.)* stand; sill, socle, plinth, foot (piece); *iem. op 'n ~ plaas* place/put/set s.o. on a pedestal; *iem. van sy/haar ~ stoot* knock s.o. off his/her pedestal/perch. **~stuktafel** pedestal table. **~teken** *(phys.)* subscript. **~troep** beaters. **~val** genuflection, genuflexion; prostration; *(Chin., hist.)* kowtow; obeisance; footfall, footstep; footstep, tread; *voor iem. 'n ~ doen* go down on one's knees before s.o., throw o.s. at s.o.'s feet. **~veër** foot wiper, doorscraper. **~versorger** pedicure. **~versorging** pedicure. **~verswering** bumble-foot *(in fowls)*. **~vlakte** *(geol.)* pediment. **~volk** foot soldiers, infantry, footmen; the masses; *afdeling ~* body of foot. **~vormig** *=e* foot-shaped; *(bot.)* pedate. **~warmer** feetwarmer. **~wassing** washing of the feet; *(Chr.)* Maundy. **~werk** *(no pl.)* footwork; *dit kos/verg/vereis fyn ~ (of fyn ~ is nodig) om te ..., (fig.)* it's a juggling act to ... **~wiel** treadwheel. **~wortel** *(anat., zool.)* tarsus, tarsal. **~wortelbeen** *(anat., zool.)* tarsal (bone). **~wreef** instep.

voet·bal *(soccer, rugby, etc.: game and ball)* football; *Amerikaanse ~* American football. **~boef** football hooligan. **~boewery** football hooliganism. **~bond** *(hist.)* football union. **~broek** football shorts. **~klere** football togs. **~klub** football club. **~skoen** football boot. **~speler** football player, footballer. **~trui** football jersey. **~unie** football union. **~veld** football field/ground/pitch. **~wedstryd** football match.

voe·ten·ent foot (end) *(of a bed)*; *by die ~ van die ...* at the foot of the ... *(bed)*.

voet·jie *=jies, (dim.)* little foot; →VOET; tootsy(-wootsy); foot *(in a machine)*; peduncle; *jou beste ~ voor sit* →JOU BESTE VOET VOOR SIT; *~ vir ~* inch by inch; step by step; at a snail's pace; cautiously, reluctantly; *~ vir ~ loop* inch one's way. **voet·jie-voet·jie**: *met iem. ~ speel, (lit., infml.)* play footsie with s.o..

voet·loos *=lose, (zool.)* apodal, apodous.

voet·sek = VOERTSEK.

vog liquid, fluid; moisture, damp; *(geol.)* liquor; *(med.)* humor; sap *(of a plant)*. **~afskeiding** *(med.)* gleet. **~bepalend** hygrometric. **~bepaling, vogtigheidsbepaling** hygrometry. **~beurs** *(anat.)* bursa. **~bewaring** moisture retention. **~brand(plek)** *=e* scald. **~dig** damp-proof, moisture-proof. **~digtheidsmeter** areometer, hydrometer. **~digting** damp-proofing. **~gehalte** moisture content, humidity; condition *(of wool)*. **~houvermoë** hygroscopicity. **~krommend** *=e, (bot.)* hydrotropic. **~kromming** *(bot.)* hydrotropism. **~laag** *(archit.)* damp(-proof) course. **~maat** liquid measure. **~meter, vogtigheidsmeter** hydrometer. **~middel, bevogtigingsmiddel** moisturiser. **~opneemvermoë** = VOGHOUVERMOË. **~spanning** *(chiefly bot.)* turgor. **~trekkend** *=e* moisture absorbing, hygroscopic. **~vry, ~werend** *=e* damp-proof, damp resisting. **~weër** hydrometer. **~werend** *=e* →VOGVRY.

Vo·ge·se: *die ~, (geog.)* the Vosges.

vog·tig *=tige* moist, damp; clammy, dank; humid; watery *(eyes)*; wet; drippy *(climate)*; oozy; *~ word* become moist/damp, moisten. **vog·tig·heid** moistness, damp(ness); humidity. **vog·tig·heids·be·pa·ling** →VOGBEPALING. **vog·tig·heids·leer** hygrology. **vog·tig·heids·me·ter** →VOGMETER.

voile *(text.)* voile.

vo·kaal *=kale, n., (ling.)* vowel, vocal; →KLINKER; *(phon.)* vocalism; *(phon.)* monophthong; *(gram.)* vocable. **vo·kaal** *=kale, adj.* vocal; *vokale musiek* vocal music. **~assimilasie, ~wisseling** *(ling.)* vowel mutation, umlaut *(Germ.)*. **~invoeging** *(ling.)* anaptyxis. **~kaart** vowel chart. **~sisteem, ~stelsel** vowel system. **~teken** vowel point.

vo·ka·bu·lêr *=lêre, (rare)* vocabulary.

vo·ka·lies *=liese, (phon.)* vocalic.

vo·ka·lis *=liste* vocalist. **vo·ka·li·sa·sie** vocalisation. **vo·ka·li·se** *=ses, (mus.)* vocalise, vocalisation; vocalise, voice. **vo·ka·li·seer** *ge=* vocalise, vowelise. **vo·ka·lis·me** vowelism.

vo·ka·sie *=sies, (fml., rare)* vocation.

vo·ka·tief *=tiewe, n. & adj., (gram.)* vocative.

vol *vol(le) voller volste, adj. & adv.* full *(cup, stomach, brother, speed, length)*; filled; crowded; full-bodied *(wine)*; rich *(tone)*; fully, completely; deep, rich, intense *(colour)*; full, rich *(sound)*; *~le **aflaat*** →AFLAAT[1] *n.*; *tot **barstens** toe ~ wees* be bursting at the seams; *~ **beset*** full house; *~le **besit**, (jur.)* freehold; *in ~le **besit*** wholly owned; *ten ~le **bespreek** wees* →BESPREEK; ***bladsye** ~ skryf* write pages and pages; *~ **bloed*** full of blood; *in ~le **bloei** (of ~ in die bloei) staan* be in full bloom; *uit ~le **bors** sing* →BORS; *~le **broer/suster*** full/own brother/sister; *drie ~le **dae*** three whole/clear days; *'n ~le **dag*** a whole day; *in die ~le **daglig*** →DAGLIG; *jou ~ **eet*** →EET *vb.*; *twee ~ **eetlepels**, twee eetlepels ~* two tablespoonfuls; *in ~le **erns*** in all seriousness; *'n ~ **figuur*** a full (*or* well-rounded) figure; *'n vrou met 'n ~ **figuur*** a woman with a full figure, a well-rounded woman; *~le **filiaal*** →FILIAAL *n.*, VOLFILIAAL; *~le **galop*** full (*or* flat-out) gallop; *iem. maak die beste/~ste **gebruik** van iets* →GEBRUIK *n.*; *'n ~le drie/ens.jaar **gelede*** fully three/etc. years ago; *iem. se **gemoed** het ~geskiet* →GEMOED; *~le **generaal*** full general; *'n ~ **gesig*** a plump face; *~le **gewig*** full weight; *waar die **hart** van ~ is, loop die mond van oor* →HART; ***heeltemal** ~ wees* be full up;

in die ~le ***hof*** →HOF; *elke ~le* ***honderd*** every complete/full hundred; *~* ***hoop*** *wees* →HOOP[2] *n.; die boom* ***is/sit*** *~ vrugte* the tree is laden with fruit; *'n ~* ***klank*** a rich/full tone *(of an instr.); in ~le* ***kleur*** →KLEUR *n.; ~ in die* ***kol*** dead on target; *met/op ~le* ***krag*** →KRAG; *iem. die ~le* ***laag*** *gee, (lit., fig.)* fire a broadside at s.o., give s.o. a broadside; *'n ~(le)* ***lading/vrag*** a full/complete load; *in ~le* ***lengte*** →LENGTE; *'n ~le* ***lid*** *van ... wees* →LID[2]; *die ~le* ***lig*** *het daarop geval* the light fell full on it; *~* ***loop/maak*** fill; *'n wyn ~ van* ***lyf,*** *(rare)* a full-bodied wine; ***maak*** *~!* fill (her) up! *(the tank of a car); dit* ***maak*** *('n) mens gou ~* it is very filling; *die* ***maan*** *is ~* →MAAN, VOLMAAN; *~le* ***middag*** high noon; *'n ~le ...* all of ... *(a week etc.); ~le* ***neef/niggie*** first/full/own cousin; *in sy ~le* ***omvang*** to its full extent; *tot* ***oorlopens*** *toe ~ wees* be full to the brim (*or* to overflowing) *(a bath, glass, etc.); 'n ~le* ***professor*** a full professor; *'n ~* ***program*** a full/varied programme; *iem. het 'n ~* ***program*** →PROGRAM; *die ~le* ***prys*** *betaal* pay full (*or* the whole) price; *'n ~* ***rivier*** →RIVIER; *die* ***saal*** *is ~* →SAAL[1] *n.; die* ***saal*** *word ~* the hall is filling; *'n* ***saal*** *van hoek tot kant ~ sit* pack out a hall; *~* ***sand/ens.*** *wees* be filled with sand/etc.; *(infml.)* be covered with sand; *in ~le* ***see*** →IN DIE OOP **SEE;** *met ~le* ***seile*** →SEIL *n.; die boom* ***sit*** *~ vrugte* →***is/sit;*** *in ~le* ***sitting*** →SITTING; *jou plek ~* ***staan*** pull one's weight; *'n plek ~* ***staan*** take up all the standing room; *op ~le* ***sterkte*** →STERKTE; ***ten*** *~le* in full; to the full; completely; absolutely; ***ten*** *~le geklee(d) wees* be fully dressed; *'n ~le* ***uur*** for a full/solid hour; *~* ***van*** *iets wees* be full of s.t. *(the news, a subject, etc.);* be obsessed by/with s.t.; be replete with s.t.; be rife with s.t.; *by jou ~le* ***verstand*** *wees* →VERSTAND; *iem. is (tot hier) ~* ***vir*** *iem. anders, (infml.)* s.o. has had more than enough of s.o. else; *'n* ***wa*** *~ hout* a wag(g)on-load of wood; *die ~le* ***waarheid*** the full/whole truth; *~* ***water/ens.*** *wees* be full of water/etc.; *die* ***wêreld*** *~ loop* go about all over; *iem.* ***word*** *~* s.o. fills out; *iets* ***word*** *~* s.t. fills up. **vol** *ge-, vb.* full *(cloth).*

vol·aar·de, vol·lers·aar·de fuller's earth.

vo·lant *-lante, (rare: ruffle sewn to a garment etc.)* flounce.

Vo·la·pük *(lang.)* Volapük, Volapuk.

vol-au-vent *(Fr. cook.)* vol-au-vent.

vol·baard full beard.

vol·bal *(cr.)* full toss.

vol·bek full-mouthed; *(fig., infml., rare)* middle-aged; *iem. is al ~, (infml.)* s.o. is not as young as he/she was. **~skaap** full-mouthed sheep.

vol·blad·ad·ver·ten·sie full-page advertisement.

vol·bloed *-bloede, n.* thoroughbred (horse). **vol·bloed** *adj.* thoroughbred *(animal);* full-blooded; *'n ~ nasionalis* a full-blooded (*or* hundred per cent *or* out and out) nationalist, nationalist to the backbone/core; **~perd** thoroughbred horse, blood horse.

vol·bloe·dig *-dige* full-blooded; *(med.)* plethoric. **vol·bloe·dig·heid** gusto, full-bloodedness; *(med.)* plethora, hyperaemia, hypostasis.

vol·bren·ging →VOLBRINGING.

vol·bring *het ~* fulfil, accomplish, perform, complete, execute, achieve; *dit is ~, (Bib.)* it is finished. **vol·brin·ging, vol·bren·ging** fulfilment, accomplishment, performance, execution.

vol·daan *-dane, n., (obs.)* receipt. **vol·daan** *-dane, adj.* content, satisfied, fulfilled, complacent; paid, settled; →VOLDOEN; *'n rekening ~ teken, (obs.)* receipt a bill; *'n voldane rekening, (obs.)* a receipted account. **vol·daan·heid** contentment, satisfaction, contentedness; *'n uitdrukking van ~ hê* have an air of satisfaction.

vol·der →VOLLER[2].

vol·doen *het ~* satisfy, please, gratify, give satisfaction *(to); (obs.)* pay *(an account);* →VOLDAAN *adj.;* ***aan*** *iets ~* meet/satisfy s.t. *(conditions etc.);* accede to (*or* comply with) s.t. *(a request, wish, etc.);* come/measure/match up to s.t. *(expectations, hopes, etc.);* comply with s.t. *(standards etc.);* meet (*or* conform to) s.t. *(the requirements etc.);* fulfil s.t. *(a duty).* **vol·doen·de** sufficient, adequate, enough; satisfactory *(answer); dit is ~* that will suffice; it meets the case; *dit is ~ om te sê ...* suffice it to say ...; *vir ... ~ wees* do for ... **vol·doend·heid** sufficiency. **vol·doe·ning** satisfaction, pleasure; payment, settlement; *~* ***gee*** give satisfaction; *iem. probeer ~* ***gee*** s.o. aims to please; ***ter*** *~ aan ...* in compliance with ...; ***ter*** *~ van ...* in satisfaction of ...; in settlement/payment of *(an account); ~* ***vind*** *in iets* find satisfaction in s.t., take satisfaction from s.t.; *~* ***vra*** demand satisfaction.

vol·don·ge: *'n ~ feit* an accomplished fact, fait accompli.

vol·dra·e mature. **vol·dra·en·heid** maturity, ripeness.

vo·le vole *(in a card game).*

vol·ein·der: *V~ van die geloof, (Chr. theol.)* Finisher of our faith. **vol·ein·dig** *het ~, (fml.)* accomplish, complete, finish, achieve. **vol·ein·di·ging** accomplishment, completion, finishing. **vol·ein·ding** end (of the world); *in die ~ van die tye* in the ful(l)ness of time.

vol·fi·li·aal wholly-owned subsidiary.

volg *ge-* follow *(s.o., a way, river, command, fashion, lectures, advice, etc.);* pursue *(a course, way, etc.);* succeed; shadow; flock after; ensue; go after *(s.o.);* ***as/soos*** *~* as follows; ***brief*** *~* letter to follow; ***daaruit*** *~ dat ...* it follows that ...; ***dit*** *~ nie (daaruit nie)* that does not follow; *die* ***een*** *slag ~ op die ander* blow follows blow; *(en)* ***hier*** *~ die nuus* here is the news, now for the news; *~* ***jy*** *my?* do you follow (me)?, are you with me?; *jou eie* ***kop*** *~* →KOP *n.; 'n* ***kursus*** *~* →KURSUS; *iets op iets anders* ***laat*** *~* follow up s.t. with s.t. else; *daarop* ***laat*** *iem. toe ~ ...* s.o. followed this up with ..., thereupon s.o. added ...; *alles* ***noukeurig*** *~* take in everything; *iets ~* ***op*** *iets anders* s.t. follows (up)on s.t. else; s.t. is sequential to/upon s.t.; s.t. succeeds s.t. else; *dit het onmiddellik* ***op*** *... ge~* it followed in the wake of ...; *die eerste luitenant ~* ***op*** *die kaptein* next in rank after a captain is a first lieutenant; ***slot*** *~* →SLOT; *'n* ***spoor*** *~* →SPOOR[1] *n.; iets ~* ***uit*** *...* s.t. ensues from ...; *'n* ***uitleg*** *~* follow an explanation; ***vinnig*** *op mekaar ~* come thick and fast; *~* ***wat*** *gebeur* follow/understand (*or* take in) what is happening; *en* ***wat*** *daarop ~* and all that; ***wie*** *~?* who's next?; *deur ... ge~* ***word,*** *(also)* give place to ... **~afstand** following distance. **~arm** *(mot.)* trailing arm. **~armvering** *(mot.)* trailing arm suspension. **~beurt** *(cr.)* = OPVOLGBEURT. **~kaart** following/next card, follow-up; *(also, in the pl.)* sequence of cards; *vyf ~e in een kleur* = VOLGSUITE. **~nommer, vervolgnommer** serial number; consecutive number; progression number. **~reeks** sequence, series; straight flush *(in cards).* **~stroom** *(air)* slipstream; wash *(of a ship);* wake *(of a ship, an aircraft).* **~suite** straight flush *(in cards).* **~toestel** tracking device. **~veer** follower spring.

vol·ge·hou·e sustained; continuous, continued; consistent; continuing *(duscussions, discrimination, concern, support, etc.);* →VOLHOU; *met ~ hoflikheid* →HOFLIKHEID.

vol·ge·ling *-linge* follower, supporter, adherent, votary; *(relig., philos.)* disciple; *(hist.)* henchman.

vol·gen·de following, next, (sub)sequent, succeeding; *~ (asseblief)!* next (please)!; *die ~* ***dag*** →DAG[1]; *die ~* ***jaar*** →JAAR; *die ~ op die* ***lys*** *wees* be next on the list; *~* ***Sondag/ens.*** Sunday/etc. next, next Sunday/etc.; *die ~ sal jou in staat* ***stel*** *om ...* what follows (*or* the following) will enable you to ... **vol·gen·der·wys, vol·gen·der·wy·se** *(rare)* as follows, in the following way.

vol·gens according to *(a system), (Fr.)* à la; in accordance with; by *(law, appearance, rule); ~ 'n* ***berig*** *(of berigte) sal iem. kom* s.o. is reported to be coming; *~ die laaste* ***berigte*** according to the latest reports; *~ 'n* ***gerug*** *(of gerugte) sal iem. kom* s.o. is rumoured to be coming; *~ die* ***horlosie/oorlosie/klok*** by the watch/clock; *~* ***iem.*** *..., (also)* s.o. is/was quoted as saying (that) ...; *~ die* ***mode*** *(van ...)* in the fashion (of ...); *~* ***oorlewering*** *is dit ...* tradition has it that ...; *~ iem. se* ***raad*** *handel* act on s.o.'s advice; *~ wat iem.* ***sê*** from what s.o. says; *~* ***skedule*** as per schedule.

vol·ger *-gers* follower; shadower; shadow, tail.

vol·ge·stort *-storte* fully paid *(shares etc.); ~e kapitaal* →VOLSTORT.

vol·geu·rig *-rige* full-bodied *(wine).*

volg·or·de order, sequence; *in* ***alfabetiese*** *~* in alphabetical order; *in* ***dié/daardie*** *~* in that order; ***in*** *~* in order; in sequence; seriatim; ***logiese*** *~* logical sequence; *in* ***omgekeerde*** *~* in reverse order; *in ~ van* ***verdienste*** in order of merit. **~bepaler** *(biochem.)* sequencer.

vol·groei(d) *-groeide* full-grown, mature; (full-)fledged; adult. **vol·groeid·heid** maturity.

volg·saam *-same, (rare)* docile, obedient, tractable, sequacious, toward. **volg·saam·heid** *(rare)* docility, tractability.

vol·ha·mer fulling stock, fuller.

vol·hard *het ~* persevere; persist; keep up, stand out, stick it out, stick at/to it; *daarmee ~* keep it up; *in iets ~* hold by/to s.t. *(principles etc.);* keep to s.t.; stand by s.t. *(a policy etc.); in/met ... ~* persist in/with ...; keep up ...; persevere in/with ... **vol·har·dend** *-dende* persevering, persistent, pertinacious, tenacious, patient, dogged. **vol·har·der** *-ders* persister, trier, perseverer, sticker. **vol·har·ding** perseverance, persistency, persistence, pertinacity, tenacity, doggedness, perseveration; *taai ~* dogged persistence. **vol·har·dings·ver·mo·ë** perseverance, tenacity, staying power, power of endurance, *(infml.)* stickability.

vol·hart·an·dy·vie escarole.

vol·heid ful(l)ness; plenitude; satiety; body *(of hair etc.);* abundance; amplitude; repletion; *uit die ~ van jou* ***hart*** out of the fullness of one's heart; *in die ~ van jou* ***mag*** in the plenitude of one's power(s); *~ van* ***stem*** volume of voice; *die ~ van die* ***tye*** the fullness of time; *~ van* ***wyn*** (full) body of wine.

vol·hou *volge-* maintain *(a war, contest, statement, etc.);* hold; keep up, continue *(the pace, a struggle);* sustain *(a part, character, statement, etc.);* persevere, persist, hold/last out, stay; ***daarmee*** *~* keep it up; *iem. hou vol* ***dat*** *...* s.o. insists that ...; s.o.'s contention is that ...; s.o. will have it that ...; ***dit*** *~* last the pace; ***hou vol!*** keep it up!; ***met*** *iets ~* persevere in/with s.t.; persist in/with s.t.; stick to s.t.. **vol·hou·baar** *-bare* sustainable *(economic development etc.).* **vol·hou·er** *-ers* persister, perseverer, sticker, stayer, trier.

volk *volke(re)* people, nation, race; people, tribe; people, populace, (the) masses; *(obs.)* (farm)hands, farm servants, workpeople, workmen, labourers; *die ~ laat* ***beslis*** go to the people; ***die*** *~, (also)* the masses; *die* ***gewone*** *~* the common people; ***onder*** *die ~* among the people; *die ~* ***raadpleeg*** go to the country; *die* ***uitverkore*** *~* the chosen people. **~ryk** *-e, (rare)* populous. **~rykheid** *(rare)* populousness. **~saak** national question; *(also, in the pl.)* national/public affairs. **~sang** national songs; community singing. **~siel** national soul, soul of the nation/people. **~skool** *(obs.)* public school. **~soewereiniteit** sovereignty of the people. **~sonde** national shortcoming. **~spele** folk dances/games. **~speler** folk dancer. **~spraak** vernacular speech/tongue. **~sprokie** folk tale. **~staat** nation state. **~stam** tribe. **~stem** voice of the people; popular vote. **~stemming** referendum, plebiscite; public feeling.

vol·ke-: V~bond *(hist.)* League of Nations. **~gemeenskap** family of nations. **~kunde** ethnology. **~kundig** *-e* ethnologic(al). **~kundige** *-s* ethnologist. **~reg** (public) international law, law of nations. **~regtelik** *-e, adj.* of/concerning international law. **~regtelik** *adv.* under (*or* according to) international law. **~ry** comity of nations.

vol·ke·re-: V~bond = VOLKEBOND. **V~slag:** *die ~* the Battle of the Nations. **~stryd** struggle between nations.

vol·kie *-kies, (dim.)* small nation; →VOLK.

vol·kleur·af·druk full-colour reproduction.

vol·ko·me *adj.* perfect; complete, full; absolute; quintessential; thorough; utter; total; plenary; clear; *'n ~ mislukking* a complete failure; *~ ne(d)erlaag/oorwinning* outright defeat/win; *'n ~ vierkant* a perfect square. **vol·ko·me** *adv.* perfectly, completely, absolutely, quite; outright; utterly, fully, entirely; *~ met iem.* ***eens***

wees be in perfect agreement, agree with s.o. absolutely; *iem. het ~ gelyk* s.o. is quite right; *~ juis* true enough; *~ plat* dead flat; *~ verslaan* defeat utterly. **vol·ko·men·heid** perfection, completeness, entireness, wholeness.

vol·ko·ring whole wheat. **~brood** whole-wheat/whole-meal bread. **~meel** whole-wheat flour.

volks *volkse* national; popular, folksy, common, vulgar.

volks- national, ethno-. **~aard** national character. **~argitektuur** →VOLKSBOUKUNDE. **~bank** people's bank. **~begrip** popular notion. **~belang** national/public interest; *in die ~* in the national interest. **~beskrywing** ethnography. **~besluit** plebiscite. **~bestaan** national existence. **~besteding** national expenditure. **~beweging** popular/national movement; civil/public unrest/disorder. **~bewussyn** national/public consciousness. **~biblioteek** free library. **~blad** popular/people's paper. **~boek** popular book; *(hist.)* chapbook. **~boukunde, ~boukuns, ~argitektuur** vernacular architecture. **~boukundig:** *~e vereniging* vernacular architecture society. **~bygeloof** popular superstition. **~dans** national/folk dance; *(also, in the pl.)* folk dancing. **~danser** folk dancer. **~deel** section/part of the community/people/nation, national group. **~demokrasie** people's democracy. **~diens** service(s) to the people. **~digter** popular poet; national poet. **~drag** national dress/costume; traditional dress/costume. **~drank** national drink/beverage; popular drink. **V~duitser** *(hist.)* ethnic German. **~eenheid** national unity; ethnic unit. **~eie** ethnic/national identity; national character/customs/tradition. **~eienaardigheid** national characteristic. **~epos** national epic; folk epic. **~etimologie** popular/folk etymology. **~fees** national/popular festival/feast(day); popular celebration, people's festival. **V~front** *(pol.)* Popular Front. **~geaardheid** (national) ethos. **~gebruik** *-e*, **~gewoonte** *-s* popular/folk/national custom, national habit; *(also, in the pl.)* folkways. **~gees** national spirit/mind, spirit of the people. **~geloof** popular belief/superstition; *dis volgens die ~* it's popularly said/supposed to be. **~gemeenskap** national community, nation. **~geneeskunde** folk medicine. **~genoot** compatriot, fellow citizen/countryman/countrywoman. **~geskiedenis** national history. **~gesondheid** public/national health. **~gevoel** national sentiment; nationalism; popular feeling. **~gewete** national conscience. **~gewoonte** →VOLKSGEBRUIK. **~groep** population group, section of the public/community, part of the nation; ethnic(al) group/unit. **~guns** popularity, public/popular favour. **~haat** popular hatred, hatred of the people. **~heerskappy** democracy; →VOLKSREGERING. **~held** national/folk hero. **~himne** *(obs., rare)* national anthem/hymn. **~hof** people's court. **~huishouding** national economy. **~huisvesting** *(obs.)* public housing, housing of the people. **~humor** national humour, popular wit. **~idioom** *(no pl.)* vernacularism. **~inkomste** national income. **~instelling** national institution. **~karakter** national character. **~kerk** national church. **~kongres** people's congress. **~konsert** popular concert. **~kultuur** national culture; popular culture. **~kunde** folklore. **~kundig** *-e* folkloristic. **~kundige** *-s* folklorist. **~kuns** folk/popular art. **V~latyn** vulgar Latin. **~leër** national army; citizen army; people's army. **~leier** leader of the people, national/popular leader. **~leuse** popular cry. **~lewe** national life, life of the people. **~lied** national anthem; *die Amerikaanse ~* the Star-Spangled Banner. **~liedjie** popular/folk song. **~liefde** national ardour. **~mag** people power, power of the people. **~man** *-ne* people's man, national favourite, national figure, leader of the people. **~massa** populace, mass of people; *die ~* the masses. **~meerderheid** popular majority. **~menigte** populace; crowd of people; mob. **~mening** public opinion. **~mite** folk myth. **~mond:** *in die ~* in popular parlance/speech, in the vernacular, colloquially. **~moord** genocide. **~musiek** folk music. **~naam** popular/common/everyday name; non(-)scientific name. **~nood** national emergency. **~onderwys** national/popular education. **~ontwikkeling** national development. **~oorlewering** popular tradition/legend, folk memory; *(also, in the pl.)* folklore. **~opera** folk opera. **~oproer** popular rising. **~opruier** popular agitator. **~opstand** popular revolt/insurrection. **~party** people's party. **~planter** settler, colonist, planter; founder of a nation. **~planting** (permanent) settlement, colony. **~plantkunde** ethnobotany. **~poësie** popular/folk poetry. **V~raad** *(hist.)* Volksraad *(of the Boer republics); (SA, hist.)* House of Assembly; Legislative Assembly; national council. **V~raadsitting** *(SA, hist.)* Parliamentary session. **V~raadskomitee** *(SA, hist.)* (Select) Committee of the House of Assembly. **V~raadslid** *(SA, hist.)* member of Parliament, member of the House of Assembly; *(hist.)* member of the Volksraad *(of the Boer republics)*. **~ramp** national disaster. **~regering** government by the people, democracy, people's/popular government. **~republiek** people's republic. **~roeping** national mission. **~taal** national language, language of the people; vernacular, everyday/ordinary language. **~telling** (population) census; *'n ~ hou* take a census (of the population). **~tribuun** tribune of the people. **~trots** national pride. **~uitdrukking** popular expression. **~uitgawe** *(rare)* popular edition *(of a publication)*. **~universiteit** peoples' university; adult education centre; night school. **~vader** father of the people/nation, patriarch. **~verbonde** attached to one's nation. **~verbondenheid** national/ethnic allegiance. **~verdeeldheid** national disunity. **~verdrukker** oppressor of the people. **~vergadering** national assembly; (large) public gathering/meeting; tribal meeting; *(Zu.)* imbizo. **~verhaal** folk tale, popular legend/story. **~verhuising** migration of the nations; folk migration; mass migration. **~vermaak** public/popular amusement/entertainment. **~versekering** national/social insurance. **~verteenwoordiger** representative/delegate of the people. **~verteenwoordiging** representation of the people; national assembly. **~voorligting** popular enlightenment. **~vooroordeel** popular prejudice. **~vraagstuk** national problem. **~vriend** friend of the people. **~vryheid** national liberty/independence. **~vyand** enemy of the people; public enemy; *~ nommer een* public enemy number one. **~weefbinding** cottage weave. **~weldoener** public benefactor. **~welsyn** public welfare; social welfare. **~welsynbeampte** social welfare officer. **~welvaart** national prosperity, public welfare. **~wil** will of the people, national will, popular will. **~woede** popular fury/anger. **~wysheid** popular wisdom. **~wysie** popular air/tune.

volks·heid national character; folksiness.

vol·le·dig *-dige* full *(account, particulars, payment, service)*; complete *(set of Shakespeare's works etc.)*; unabridged *(book)*; comprehensive, exhaustive; entire; integrated; full-length; total; complete, outright; *~e induksie* mathematical induction; *~ maak, (also)* integrate; *~e naam* full name, name in full; *~e ontleding* ultimate analysis; *die ~e program* the full/complete programme, the programme in full; *~e span* team at full strength; *~ toegerus* well-appointed. **vol·le·dig·heid** completeness, fullness, comprehensiveness, entireness. **vol·le·dig·heids·hal·we** for the sake of completeness.

vol·leerd *-leerde* accomplished, finished, well-trained, full-fledged, consummate; fully qualified; *~ in ...* adept at ...; *iem. is ~* s.o. has completed/finished his/her education; *'n ~e skelm* a thorough/consummate/out-and-out rogue; *~ wees in die kwade* be a past master in evildoing. **vol·leerd·heid** adeptness.

vol·ler[1] →VOL *adj. & adv.*.

vol·ler[2] *-lers*, **vol·der** *-ders* fuller *(of cloth)*; fullering tool, fuller.

vol·lers·aar·de →VOLAARDE.

vol·le·ry, vol·de·ry *-rye* fulling mill, fullery, walk mill. **vol·ling** fulling, milling.

vol·maak[1] *het ~, vb.* perfect. **vol·maak** *-maakte -maakter -maakste, adj.* perfect, consummate, finished, complete, faultless, impeccable; *hul(le) geluk was ~* their happiness was complete; *'n ~te landing doen/uitvoer* make a perfect/copybook landing. **vol·maak** *adv.* perfectly, wholly, fully, completely; *~ teenwoordige tyd, (gram.)* present perfect.

vol·maak[2] *volge-* fill; →VOL *adj. & adv.*; *iets tot oorlopens toe ~* fill s.t. to the brim.

vol·maakt·heid perfection, completeness; *~ bereik* attain perfection.

vol·maan full moon; *dis ~* there is a full moon, the moon is full. **~gesig** moon face, pudding face.

vol·mag *-magte* power of attorney; mandate; (sole) authority; full powers, plenary power(s); warrant(y), authorisation; *(jur.)* procuration; brief; commission; delegacy; deputation; faculty; proxy; *by ~, (vote, marry, etc.)* by proxy; *aan iem. ~ gee/verleen* give s.o. power of attorney, authorise/commission s.o.; *iem. het ~* s.o. has power of attorney; *iem. ~ gee, (also)* make s.o. one's proxy; *koninklike ~, (hist.)* breve; *~te uitwissel* exchange full powers. **~gewer** warranter, warrantor. **~stem** proxy vote. **~vorm** form of proxy.

vol·mag·tig *ge-* authorise, give power of attorney; *ge~de minister* minister plenipotentiary.

vol·ma·king perfection, perfecting.

vol·ma·sjien fulling machine.

vol·melk whole/full milk, full-cream milk. **~kaas** full-cream/whole-milk cheese.

vol·mink *-minke, (infml.)* = FLAMINK.

vol·mon·dig *-dige, adj.* frank, full, unhesitating, wholehearted; unqualified. **vol·mon·dig** *adv.* frankly, candidly; wholeheartedly; *~ beken* admit frankly; *~ saamstem* agree wholly/completely.

vol·op *volop volopper volopste, adj.* abundant, plentiful, plenteous, ample; teeming; hearty; superabundant; copious; common; à gogo *(Fr., infml.)*; *~ geld* pots/lots/plenty of money, money galore; *hier is ~* here is plenty (of it), here are plenty (of them); *... is ~ in die Karoo* ... are common in the Kar(r)oo; *~ tyd* plenty of time, all the time in the world. **vol·op** *adv.* freely, abundantly, plentifully, copiously, in plenty; *~ geniet* enjoy to the full; *~ voorsien wees* be flush.

vol·op·be·taal(d) *-taalde* paid-up fully, paid in full *(assurance)*; →VOLGESTORT.

vol·op·heid, *(rare)* **vol·op·te** abundance, plenty, profuseness.

vol·ou·to·ma·ties *-tiese* fully automatic.

vol·par·ti·tuur *(mus.)* full score.

vol·pre·se: *nooit ~* unsurpassed; never given its due; never fully appreciated.

vol·prop *volge-* stuff, pack, cram (into/down); crowd; engorge; glut; *iets met ... ~* stuff s.t. with ...; *iem. met iets ~* stuff s.o. with s.t.; *met ... volgeprop wees* be stuffed/bulging with ...

vol·prys full price.

vol·pun·te full marks; *iem. ~ gee* give s.o. full marks.

vol·rond curvaceous, *(infml.)* curvy *(figure etc.)*; well-rounded *(wine)*; *(mus.)* liquid *(notes)*; *'n ~e wyn/geur* a well-rounded wine/flavour.

vol·room- full-cream *(milk etc.)*. **~melkpoeier** full-cream milk powder.

vol·ryp full ripe, fully ripe(ned)/matured. **vol·ryp·heid** full ripeness/maturity.

vol·sa·lig *-lige* blessed.

vol·sin sentence; *(rhet.)* period.

vol·ska·du·wee umbra.

Vol·sker *-skers, n., (member of a people of ancient Latium)* Volscian; *(in the pl.)* Volsci(ans). **Vol·skies** *n., (extinct lang.)* Volscian. **Vol·skies** *-skiese, adj.* Volscian.

vol·skerm·re·di·geer·der *(comp.)* full-screen editor.

vol·skiet *volge-*: *iem. se gemoed het volgeskiet* →GEMOED.

vol·sla·e *adj.* complete, absolute *(fool, nonsense)*; complete, unqualified *(success)*; full-scale; total; perfect, utter *(fool, misery, darkness)*; arrant *(nonsense)*; blatant, blithering *(idiot)*; sworn *(enemies)*; pure *(coincidence)*; profound *(ignorance)*; downright; *~ stilstand* dead stop; *'n ~ verlies* a dead loss *(infml.)*. **vol·sla·e** *adv.* completely, utterly, quite, totally, thoroughly.

vol·staan *het* ~ suffice; →VOL *adj. & adv.; dit kan* ~ that is sufficient; *met* ... ~ content o.s. with ...; *ek kan* ~ *met (of laat ek* ~ *deur) te sê* ... suffice it to say ...

vol·stan·dig *(rare)*: =*dige, adj.*: *'n* ~*e weiering* →WEIERING. **vol·stan·dig** *adv.*: *(iets)* ~ *weier* →WEIER.

vol·stof fulled/milled fabric.

vol·stoom (at) full steam; *dit is* ~ *voort met* ... it is full steam/speed ahead with ...; ~ *(vorentoe)* full steam (ahead).

vol·stop *volge*= stuff, cram; pack *(a jury etc.)*; *iem. met* ... ~ ply s.o. with ..., *(coarse)* stuff s.o. with ... *(food, drink, etc.)*.

vol·stort *volge*= pay up (fully), pay in full; *volgestorte kapitaal* (fully) paid-up capital. **vol·stor·ting** payment in full.

vol·streep continuous line *(on a road)*.

vol·strek =*strekte, adj.* absolute *(power)*; utter; *(jur.)* peremptory; perfectly; sheer; *'n* ~*te fout* an absolute error; *'n* ~*te meerderheid* →MEERDERHEID; ~*te sekerheid* dead certainty. **vol·strek** *adv.* absolutely, quite, perfectly; ~ ***geen*** *parkering* strictly no parking; ~ *die* ***laaste*** positively the last; ~ ***nie*** on no account, certainly/absolutely/emphatically not, by no means, not by any means, (in) no way, not in any way, not by a long shot; *iem. wil iets* ~ ***nie hê*** *nie* s.o. won't have s.t. on any account, s.o. simply won't hear of s.t.; s.o. absolutely refuses to take s.t.; ~ ***noodsaaklik*** →NOODSAAKLIK. **vol·strekt·heid** absoluteness.

vol·struis =*struise* (common) ostrich; *jy is nes 'n* ~, *waar jy kom daar is jy tuis (of jy is uit en tuis, nes 'n* ~*)* one makes o.s. at home anywhere. **~benadering** ostrich(like) approach. **~boer** ostrich farmer. **~boerdery** ostrich farming. **~doring** *Tribulus terrestris*. **~eier** ostrich egg. **~eierdop** ostrich egg shell. **~gras** *(Eragrostis spinosa)* ostrich grass. **~houding** ostrich(like) attitude. **~kos** ostrich feed; *Glottiphyllum muirii*; *Schizobasis* spp.. **~kuiken** ostrich chick. **~leer** ostrich leather. **~maag** *(lit. & fig.)* stomach of an ostrich; *'n* ~ *hê, (infml.)* have the digestion of an ostrich, have a strong stomach. **~mannetjie, mannetjiesvolstruis** male ostrich. **~mentaliteit** ostrich mentality. **~nek** ostrich's neck; *Euphorbia clandestina*. **~nes** ostrich nest. **~politiek** ostrich policy. **~skop** ostrich's kick; *(wrestling)* mule-kick. **~toon** ostrich's toe; *(bot.)* quagga food. **~wyfie, wyfievolstruis** female ostrich.

vol·struis·ag·tig =*tige* ostrichlike, struthious, struthian, struthoid.

vol·strui·sie =*sies, (dim.)* small ostrich; →VOLSTRUIS; ostrich chick; *(also, in the pl., bot.) Cotula sororia*.

vol·suig *volge*= suck full; engorge.

volt *volt(s), (elec., abbr.:* V*)* volt; *honderd/ens.* ~ a hundred/etc. volts. **~(-)ammeter, ~(-)ampèremeter** voltammeter. **~(-)ampère** *(abbr.:* VA*)* volt-ampere. **~meter** voltmeter.

vol·ta·ïes =*taïese, (arch.)* voltaic; →GALVANIES.

vol·tal maximum, possible. **vol·tal·lig** =*lige* full, complete; up to strength; fully attended *(meeting)*; plenary *(assembly)*; *ons is nou* ~ we are all here/present now; *iets* ~ *maak* make up s.t.; bring s.t. up to strength. **vol·tal·lig·heid** completeness; plenariness.

vol·ta·me·ter = COULOMBMETER.

vol·te ful(l)ness; crowd; plenum.

vol·te·ken *het* ~ fill up *(a loan)*; fully subscribe *(capital, securities)*; *nie* ~ *nie* undersubscribe. **vol·te·ken(d)** =*kende* fully subscribed. **vol·te·ke·ning** full subscription.

vol·tooi *het* ~ finish, complete; accomplish; consummate; fulfil; *'n vlug nie* ~ *nie* abort a flight. **vol·tooid** =*tooide* finished, complete, *(infml.)* in the can; ~*e deelwoord, (gram.)* past participle; ~*e teenwoordige tyd, (gram.)* present perfect (tense); ~*e toekomende tyd, (gram.)* future perfect (tense); ~*e verlede tyd, (gram.)* pluperfect (tense). **vol·tooi·ing** completion, finishing, perfection; accomplishment; consummation; finalisation; *by die* ~ *van* ... on completion of ...; *die werk nader (sy)* ~ the work is nearing completion.

vol·tref·fer direct hit, smash (hit).

vol·trek *het* ~ execute, carry into effect *(a sentence)*; carry out; solemnise *(a marriage)*; perform *(a ceremony)*; consummate; execute *(a sentence)*. **vol·trek·ker** executor *(of a project)*; solemniser, performer. **vol·trek·king** execution; solemnisation, solemnising; consummation. **vol·trek·te** executed; carried out; solemnised. **vol·trok·ke** *(p.p.)* = VOLTREKTE.

vol·tyds =*tydse* full-time; →HEELTYDS.

vol·uit in full; full-length, at full length/speed/force; flat out; *(print.)* full out; *naam* ~ full name; ~ *skrywe* write in full; ~ *wen* win outright.

vo·lu·me =*mes* volume; capacity; volume *(of a book)*; *volgens* ~ by volume. **~-eenheid** unit of volume.

vo·lu·me·tries =*triese* volumetric. **vo·lu·mi·neus** =*neuse, (rare)* voluminous, bulky, huge.

vo·lun·ta·ris·me *(philos.)* voluntarism, voluntaryism.

vo·luut =*lute, (archit.)* volute.

vol·vaar·dig =*dige, (fml., rare)* quite willing.

vol·vet· full-cream, full-fat *(cheese, milk, yoghurt)*.

vol·vlak·kig =*kige, (cryst.)* holohedral.

vol·vloer·ta·pyt wall-to-wall carpet.

vol·voer *het* ~ fulfil, accomplish, perform, complete, execute, carry out; *'n huwelik* ~ consummate a marriage. **vol·voer·der** =*ders* accomplisher. **vol·voe·ring** fulfilment, accomplishment; ~ *van 'n huwelik* consummation of a marriage.

vol·waar·dig =*dige* full (and equal), of full value, full(y)-fledged, complete, full(-blown); mature; ~*e munt(e)* full-bodied currency; *'n* ~*e taal* a language in its own right. **vol·waar·dig·heid** full status; full value; maturity.

vol·was·se adult, grown(-up), mature; full(y)-grown, fully-developed, ripe *(plants)*.

vol·was·se·ne =*nes* adult, grown-up (person); *'n rolprent vir* ~*s, (euph.)* an adult film; *stemreg vir* ~*s* adult suffrage. **~doop** adult baptism. **~onderrig** adult education. **~stemreg** adult suffrage.

vol·was·sen·heid adulthood, adultness, maturity.

vol·y·we·rig =*rige, (rare)* full of zeal, zealous.

vo·meer *(ge)*= vomit, be sick, throw up, fetch up *(infml.)*. **~middel** =*s*, =*e* emetic. **~sakkie** sick bag.

vo·meer·sel vomit.

vo·me·ring vomiting; *(med.)* emesis.

vo·mi·tief =*tiewe* = VOMEERMIDDEL.

von·de·ling =*linge* foundling, abandoned child.

vonds *vondste* find(ing); discovery, strike; trove; *(fig.)* invention; *'n* ~ *doen/maak* make a find/discovery; *'n ryk* ~ *doen/maak* strike it rich.

vonk *vonke, n.* spark, *(infml.)* piz(z)azz, pzazz; ~*e* ***afgee*** give/throw off *(or* emit) sparks; ~*e voor jou oë sien, (fig.)* see stars; ~*e* ***skiet*** sparkle, scintillate; *(s.o.'s eyes)* flash fire; *die* ~*e* ***spat,*** *(fig.)* sparks are flying; *die* ~*e laat* ***spat,*** *(fig.)* make the sparks fly; *die* ~ ***vertraag/vervroeg,*** *(mot.)* retard/advance the spark. **vonk** *ge*=, *vb.* spark(le), fire, scintillate, shoot sparks/fire. **~baan, ~brug** spark gap. **~draad** ignition wire. **~gaping** spark gap. **~induktor** spark inductor. **~kamer** *(phys.)* spark chamber. **~kring** spark circuit. **~lengte** spark length, length of spark. **~ontlading** spark discharge. **~ontsteking** spark ignition, ignition by spark. **~prop** spark(ing)/ignition plug. **~reëling** ignition timing. **~skakelaar** ignition switch. **~spoel** spark coil. **~sprong** flashover. **~steller** spark lever. **~stelling** timing. **~stelsel** ignition system. **~stok** *(fireworks)* sparkler. **~toets** spark test. **~vanger** spark arrester/catcher/trap, cinder frame *(of a locomotive)*; *(elec.)* spark arrester/deflector. **~verdeler** ignition distributor. **~vervroeging** spark/ignition advance. **~vry** sparkless.

von·kel *ge*= sparkle, glitter, twinkle, scintillate, flash; *van* ... ~ sparkle with ... **~wyn** sparkling wine; →BRUISWYN, SKUIMWYN. **~(wyn)ontbyt** champagne breakfast.

von·ke·lend =*lende* sparkling, glittering, glittery, scintillating. **von·ke·ling** =*linge* sparkle, glitter, twinkle, twinkling, scintillation; *'n* ~ *in die oog* a twinkle in the eye.

von·ke·tel·ler scintillation counter.

von·kie =*kies, (dim.)* spark, sparklet, twinkle; scintilla; *geen* ~ *lewe nie* not a spark of life.

von·nis =*nisse, n.* sentence, judg(e)ment; decree; adjudication; ~ ***neem,*** *(jur.)* take judg(e)ment; *'n* ~ ***ontvang*** draw a sentence; *iem. 'n* ~ ***oplê,*** *'n* ~ *aan iem.* ***oplê*** impose a sentence on s.o.; *'n* ~ ***uitdien/uitsit*** serve a sentence; *'n* ~ *oor iem.* ***vel/uitspreek*** pass sentence on s.o.; *die* ~ ***vel/uitspreek, (also)*** pronounce sentence; *'n* ~ ***voltrek*** execute a sentence, carry out a sentence; ***vorige*** ~*se* previous convictions; ~ ***weens*** ... judg(e)ment for ... **von·nis** *ge*=, *vb.* sentence, condemn; *iem. is* ***al*** *ge*~ s.o. has a (criminal/police) record; *iem. is nog* ***nooit*** *ge*~ *nie* s.o. has no (criminal/police) record; *iem.* ***tot*** *vyf jaar tronkstraf* ~ sentence s.o. to five years. **~lys** list of convictions; *'n misdadiger se* ~ a criminal's record.

vont *vonte* font *(for baptismal water)*; →DOOPVONT.

voog *voogde, (fem., obs.)* **voog·des** =*desse, (jur.)* guardian; *(jur., Sc.)* curator; parent; tutor; warden.

voog·dy guardianship, tutelage; trusteeship; ward(ship). **V~fonds** Guardian's Fund. **~raad** board of guardians.

voog·dy·skap =*skappe*, guardianship; trusteeship; tutelage; ward(ship).

voor[1] *vore, n.* furrow; trench; ditch, run, gutter; *(fig.)* deep wrinkle, furrow, line. **voor** *ge*=, *vb., (rare)* furrow.

voor[2] *prep.* before *(dinner, the judge, Christmas, etc.)*; in front of *(the church, school, etc.)*; ahead of *(a schedule)*; at *(the door, window, piano, wicket, etc.)*; *inkomste/ens.* ~ ***belasting*** before-tax income/etc.; ~ *iem.* ***bly,*** *(also)* keep ahead of s.o.; be/stay one jump ahead of s.o. *(infml.)*; ~ *die gestelde* ***dag*** in advance of the appointed day; *iets staan* ~ *die* ***deur,*** *(fig.)* s.t. is imminent; *iets* ~ *iem.* ***doen*** do s.t. in front of s.o.; do s.t. in view of s.o.; ~ ***eenuur/ens.*** before one/etc. o'clock; *dit is* ~ *die* ***hand*** *liggend* →HAND; ~ ***iem.*** *wees* be ahead of s.o.; have a lead over s.o.; ~ *die dag* ***kom*** = VORENDAG KOM; ***kort*** ~ ... shortly before ...; ~ *jou* ***kyk*** look in front of one; ***nie*** ~ ... *nie* not till ... *(time)*; ~ *of* ***op*** *1 Mei* on or before May 1, by May 1, not later than May 1, on May 1 at the latest; ***reg*** ~ ... right in front of ...; ***skuins*** ~ *middernag/ens.* shortly before midnight/etc.; *vyf/ens. (minute)* ~ ***tien/ens.*** five/etc. (minutes) to ten/etc.; *geruime* ***tyd*** ~ ... well before ...; ~ *iem.* ***uit*** out in front of s.o.; ***vlak*** ~ ... on the eve of ...; *dit is* ***vlak*** ~ *jou* it stares you in the face. **voor** *n.*: *die* ~ *en* ***teë/teen*** the pros and cons, the merits and demerits. **voor** *adv.* in front, ahead, in the lead; upfront, up front; in favour, for; forward of; *van* ~ ***af*** *(aan)* (all) over again; ~ *en* ***agter*** before and behind; *van* ~ *tot* ***agter*** from cover to cover; from stem to stern; right through; *dit was oom* ~ *en oom* ***agter*** it was uncle here and uncle there, it was uncle all the time; *iem. is* ***almal*** ~ s.o. leads all the rest; ***een*** ~ *wees* be one up; *iem.* ***een*** ~ *wees* be one up on s.o.; outguess s.o.; ***effens/effe(ntjies)*** ~ *wees* have/hold a slender lead; *(a watch)* be a little fast; ***iem.*** ~ *wees* be ahead of s.o.; forestall s.o.; ~ ***in*** at the *(or* in) front; ~ ***in*** *die gebou* in the front part of the building; ~ ***in*** *die boek staan iem. se naam* s.o.'s name is written on the flyleaf; *iem.* ***is*** *jou nie* ~ *nie* s.o. has nothing on you; *die syfers* ***is*** ~ *by verlede maand s'n* the figures are ahead of last month's; ~ ***kom*** get ahead; go into the lead; ~ ***kry*** get a start; receive points/odds; ~ ***lê*** lie in front; →VOORLÊ[1]; *(dadelik)* ***los*** ~ *wees* get/have a head start; ***reg*** ~ *wees* be right in front; be right ahead; ***reg*** *van* ~ *bots* collide head on; ~ ***ry*** ride/drive in front, lead; ~*(aan)* ***sit*** sit in front, take a front seat; →VOORSIT[1]; ~ ***staan*** stand in front; →VOORSTAAN; *te* ***staan*** *kom* ~ ... be up against ...; ~ *en* ***teë/teen*** pro and con; *punte* ~ *en* ***teen*** points for and against; ***van*** ~ from in front; ***van*** ~ *af (aan)* from the beginning; ***van*** ~ *tot agter* from front to back/rear; ~ *op die* ***wa*** *sit* sit on the front seat of the wag(g)on; ~ *op die* ***wa*** *wees, (fig.)* be forward/previous/uppish/presumptuous; ~ ***wees*** lead, be ahead, be senior to; *iem. twee ~* ***wees*** be two up on s.o.; ***wie*** *is ~?* who is leading?; *met die* ***wind*** *van ~* upwind.

voor³ *conj.* = VOORDAT.

voor·aan in front; in the forefront/van/lead, at the head, ahead; *~ staan/wees* be in the lead (*or* at the head). **~plasing** prefixion. **~sig** front(al) view, front elevation, front(al) aspect, façade *(Fr.)*, facade, face, front. **~staande** *~ meer ~ die mees ~* leading, prominent, notable, important, distinguished, outstanding, top(-drawer), upper-class. **~voeging** prefixion.

voor·aand eve; *aan die ~ van ...*, *(fig.)* on the eve of ...; in the run-up to ...; on the verge of ...; *in die ~* early in the evening, at an early hour (or in the evening); *op die ~ van ...*, *(lit.)* on the eve of (*or* on the evening before) ...

voor·aan·kon·di·ging advance notice *(of a new book etc.)*.

voor·af beforehand, previously, in advance; →VOOR *adv.*; *'n ~* ***bepaalde*** *prys/ens.* a predetermined price/etc.; *iets ~* ***beplan*** preplan s.t.; *~* ***gegote*** *beton* precast concrete; *~* ***gekookte*** *kos/ens.* ready-cooked meals/etc.; *~* ***giet*** precast; *iets ~* ***instel*** preset s.t.; *iem. ~* ***kennis*** *van iets gee* (*of van iets in* ***kennis*** *stel)* give s.o. advance notice of s.t.; *~* ***kennis*** *van iets kry* (*of van iets in* ***kennis*** *gestel word)* receive advance notice of s.t.; *~ vir iets* ***kwalifiseer*** prequalify for s.t.; *~* ***ooreenkom*** preconcert; *iets ~* ***programmeer,*** *(comp.)* preprogram s.t.; *~ wil ek sê ...* to begin with I wish to say ...; *~* ***span*** prestress; *~* ***vervaardig, vooraf vervaardig*** prefabricate; *~* ***verwerk,*** *(comp.)* preprocess; *~* ***was*** prewash; *~* ***week*** presoak; ***woord*** *~* foreword, preface. **~betaalstelsel** pay-as-you-go scheme. **~gaan, voorafgaan** *voorafge-* precede, go/come before, go/come in front (of); lead, head; *iets gaan iets anders vooraf* s.t. comes before s.t. else; *iets deur ... laat ~* preface s.t. with ...; *iets word deur ... voorafgegaan* s.t. is preceded by ... **~gaande, voorafgaande** preceding *(sentence)*; foregoing; preliminary; prefatory; *~ aan ...* preceding ..., precedent to ...; *~ stelling* premise, premiss. **~kapping** *(ling.)* aph(a)eresis. **~kennisgewing** advance notice. **~skadu, voorafskadu** *voorafge-* foreshadow, adumbrate; prefigure. **~skaduwing, voorafskaduwing** foreshadowing, *(fig.)* pre-echo; prefiguration. **~vervaardig** →VOORAF VERVAARDIG. **~vervaardiging** prefabrication.

voor·ar·beid preparatory/preliminary work, spadework.

voor·arm forearm. **~dryfhou** *(tennis)* forehand drive. **~hou** *(tennis)* forehand (shot/stroke). **~lengte** *(hist.)* cubit. **~skut** *(hist.)* vambrace. **~spel** *(tennis)* forehand (play).

voor·ar·res remand, custody, detention; *iem. in ~* ***hou/terugstuur*** remand s.o. in custody; *gevangene* ***in*** *~* awaiting-trial prisoner; *~* ***verleng*** remand *(a prisoner)*, grant a remand; *in ~* ***wees*** be in custody; be awaiting trial.

voor·as front axle.

voor·as·nog *(fml.)* as yet.

voor·baan *(tennis)* forecourt; front panel/piece.

voor·baat: *by ~* in anticipation; upfront, up front; in advance; *met dank by ~, by ~ dank(ie)* thanking you in anticipation.

voor·band front tyre; front band.

voor·bank front seat/bench; front row. **voor·ban·ker** *-kers, (parl.)* frontbencher.

voor·ba·rig *-rige* arrogant, forward, audacious, saucy, previous, presumptuous, *(infml.)* pushy, impertinent; premature, rash, untimely, hasty *(decision)*; *'n ~e gevolgtrekking maak* →GEVOLGTREKKING; *~e oordeel* prejudg(e)ment. **voor·ba·rig·heid** pushiness; prematureness; rashness; →VOORBARIG.

voor·be·dag *-dagte* premeditated, deliberate, calculated; malicious; *(jur., rare)* aforethought; witting; *met ~te rade* premeditated(ly), deliberately, advisedly, with deliberation, on purpose, of set purpose, wilfully; *(jur.)* of malice prepense, with malice aforethought *(rare)*. **voor·be·dag·te·lik** with premeditation, premeditatedly, designedly; *(jur.)* of malice prepense. **voor·be·dagt·heid** premeditation, forethought, deliberateness.

voor·be·de intercession; invocation; →VOORBIDDING.

voor·be·ding *-dinge, (rare)* condition, stipulation, proviso; *onder ~ van ...* with the proviso that ...

voor·beeld *-beelde* example; sample; model; illustration, instance; specimen *(of s.o.'s skill, generosity, etc.)*; copy; ***as*** *~* by way of example; *as ~* ***dien,*** *(also)* typify; *'n ~ van iets* ***gee*** give an instance/illustration/example of s.t.; *'n* ***goeie*** *~* a good example; a case in point; *'n* ***goeie*** *~ van ... wees, (also)* be representative of ...; *'n* ***ligtende*** *~* a shining example; ***na*** *die ~ van ...* on the model of ...; *iets* ***na*** *die ~ van ... maak* model s.t. after/on ...; fashion s.t. after ...; *'n* ***navolgenswaardige*** *~* an example worth following; *iem. tot ~* ***neem*** model o.s. on s.o.; take a leaf out of s.o.'s book; *'n* ***slegte*** *~* a bad example; *'n ~* ***stel/wees*** set an example; *die ~* ***stel,*** *(also)* lead the way; *iets* ***strek*** *iem. tot ~* s.t. serves as an example to s.o.; *iem. tot ~* ***strek*** serve as an example to s.o.; *iets met ~e* ***toelig*** illustrate/exemplify s.t.; *'n* ***treffende*** *~* a prime example; *iets is* ***vir*** *iem. 'n ~* s.t. serves as an example to s.o.; *'n ~* ***vir*** *iets wees* establish/set a pattern for s.t.; *'n ~* ***volg*** follow an example; *die ~* ***volg,*** *(also)* follow suit; *iem. se ~* ***volg,*** *(also, infml.)* take one's cue from s.o.; *... as ~* ***voorhou*** hold ... up as an example; *by* ***wyse*** *van ~* by way of example. **~sin** sample/example/illustrative sentence.

voor·beel·de·loos *-lose, (rare)* unexampled, unparalleled, unmatched, matchless.

voor·beel·dig *-dige* exemplary, model, ideal; *iem. is 'n ~e kind* the child is an example to others. **voor·beel·dig·heid** exemplariness.

voor·been foreleg, front leg.

voor·be·han·del *het ~* pretreat. **voor·be·han·de·ling** pretreatment, preliminary treatment.

voor·be·hoe·dend *-dende* preventative, preventive; prophylactic; contraceptive; pre-emptive. **voor·be·hoe·ding** prevention; prophylaxis; contraception. **voor·be·hoed·mid·del** *-dels, -dele* contraceptive; prophylactic; precaution; preventive, preventative; preservative; *mondelik(s)e/orale ~* oral contraceptive.

voor·be·hou *het ~* reserve; *'n* ***oordeel*** *~* suspend judg(e)ment; *(jou) die* ***reg*** *~* reserve (to o.s.) the right; *alle* ***regte*** *~* →REG¹ *n.*; *iets* ***vir*** *... ~* reserve s.t. to ... **voor·be·houd** *-houde* reserve, reservation; caveat *(Lat.)*; *(jur.)* salvo; restriction; proviso; condition; *iets sonder ~* ***aanneem*** accept s.t. without reserve; *~* ***aanteken*** enter a caveat; *'n ~* ***maak/stel*** make (*or* put in) a proviso; ***met*** *hierdie ~* with this qualification; ***onder*** *alle ~* with all reserve; ***onder*** *~ dat ...* provided (that) ..., with the proviso that ...; ***sonder*** *~* unconditionally; without restriction; without reserve; *(chiefly jur.)* simpliciter. **voor·be·houd(s·be·pa·ling)** *-lings, -linge* saving clause.

voor·be·kap *het ~, (rare)* waste (off), rough-hew; *~te klip/hout/ens.* rough-hewn stone/timber/etc.. **voor·be·kap·ping** wasting.

voor·be·las·te *(attr.)*: *~ inkomste/wins/ens.* pre-tax income/profit/etc..

voor·be·rei *het ~* prepare; make; prime; condition; predispose; coach; groom; ready; *nie* ***daarop*** *~ wees nie* not be prepared for it; not bargain for/on that; *jou vir 'n* ***eksamen*** *~* →VIR 'N EKSAMEN LEER/STUDEER/VOORBEREI/WERK; *'n* ***maaltyd*** *~* →'N MAALTYD BEREI/KLAARMAAK; *iem. op slegte* ***nuus*** *~* prepare s.o. for bad news, break the news to s.o.; *jou* ***op*** *... ~* prepare o.s. for ...; brace o.s. for ... *(bad news etc.)*; steel o.s. against/for ...; *iem.* ***op*** *iets ~* prepare s.o. for s.t. *(bad news etc.)*; ***op*** *... ~ wees* be prepared for ...; *jou* ***vir*** *iets ~* prepare o.s. for s.t.; *alles was ~* ***vir*** *...* the stage was set for ... **voor·be·rei·dend** *-dende* preparatory, preparative, preliminary; exploratory, explorative; propaedeutic *(fml.)*; *~e eksamen* preliminary examination, *(infml.)* prelim; *~e werk* preliminary work; spadework. **voor·be·reid·heid** preparedness.

voor·be·rei·ding *-dings, -dinge* preparation; planning; *~* ***op*** *die ergste* preparation to hear the worst; *~* ***vir*** *...* preparation for ...; *as ~* ***vir*** *...* in preparation for ...; *in ~* ***wees*** be in (course of) preparation; be in hand; be on the stocks. **~skool** prep(aratory) school.

voor·be·rei·dings-: **~diens** preparatory service, service preparatory to Holy Communion. **~klas** preparatory class. **~tyd** preparation time; preparatory period. **~werk** preparatory/preliminary work, groundwork.

voor·be·reid·sel *-sels* preparation, preparative; preliminary; *(also, in the pl.)* preliminaries, dispositions; *vir ... ~s tref* make preparations for ...

voor·be·rig *(rare)* preface, foreword, introduction; *~ by ...* preface to ...

voor·be·sig·ti·ging preview, private view.

voor·be·skik, voor·be·stem *het ~, vb.* predispose; predestine; *(theol.)* predestinate, foreordain, preordain. **voor·be·skik** *-skikte, adj.* predestined, fated; predoomed; destined. **voor·be·skik·king** predestination, foreordination, predetermination. **voor·be·skikt·heid** predisposition.

voor·be·skou·ing preview, forecast.

voor·be·spre·king advance booking; preliminary/preparatory talk.

voor·be·staan pre-existence, previous existence.

voor·be·stem *het ~* →VOORBESKIK *vb.*. **voor·be·stem(d)** *-stemde* predestined; *iem./iets was ~ om te ...* s.o./s.t. was destined to ... *~de man/vrou* man/woman of destiny. **voor·be·stem·ming** = VOORBESKIKKING.

voor·be·wing, voor·skok foreshock *(of an earthquake)*.

voor·be·wus *adj., (psych.)* preconscious. **voor·be·wus·te** *n.* preconscious. **voor·be·wust·heid** preconsciousness.

voor·bid *voorge-* lead in prayer. **voor·bid·der** intercessor, mediator; prayer leader; devotionalist. **voor·bid·ding** intercession *(by prayer)*; *vir iem. ~ doen* pray for s.o.. **voor·bid·dings·diens** intercessory prayer meeting.

voor·blad front page. **~artikel** front-page article; *(also voorbladstorie)* cover story. **~nuus** front-page news. **~prys** cover price *(of a magazine, newspaper, etc.)*.

voor·blok *n., (metall.)* bloom.

voor·blom·sta·di·um preflowering stage.

voor·bly *voorge-* maintain/hold a/the lead, stay/keep ahead.

voor·bo·de precursor, forerunner, augury, foretoken; portent, presage; *(fig.)* omen, foreshadowing, pre-echo; *die ~ wees van 'n krisis* the precursor/forerunner of a crisis; *'n ~ van siekte* a prodrome.

voor·bok¹ bell goat, leading goat; bossman, (pack) leader, ringleader, moving spirit; sachem; *die ~ke van die party* the leaders/stalwarts/spokesmen of the party.

voor·bok² wag(g)on seat.

voor·boom: *~ steek, (horse riding)* post, perform a rising trot; →SAALBOOM STEEK.

voor·brand *n.* firebreak, fire belt/path/screen; counterfire; *teen iets ~ maak* take precautions against s.t.; *vir iets ~ maak* pave the way (*or* do the spadework) for s.t.. **voor·brand** *voorge-, vb.* make a firebreak. **~makery, ~stories** publicity, *(infml.)* (media) hype.

voor·breed·te frontage.

voor·brein forebrain.

voor·bring *voorge-* bring up, arraign, bring to trial, put/place on trial; propose, put forward; advance; *'n saak ~* bring a matter up, broach a subject; *'n getuie ~* produce a witness.

voor·buik preabdomen.

voor·chris·te·lik, voor-Chris·te·lik *-like* pre-Christian.

voor·dag before dawn, predawn.

voor·dans *voorge-* lead the dance; show how to dance, demonstrate a dance, dance to. **voor·dan·ser** leader of the dance; *iem. is een van die ~s* s.o. is one of the leading/expert dancers.

voor·dat *conj.* before, preparatory to.

voor·da·teer *voorge=, (rare)* antedate, backdate, date back; →VOORUIT DATEER.

voor·deel *=dele* advantage, benefit, profit; *(tennis)* advantage; *(pecuniary)* gain; plus (point); *(also, in the pl.)* spoils, pickings; *iets tot jou ~ **aanwend*** turn s.t. to account; *'n ~ **behaal*** gain/get an advantage; *tot eie ~* for personal advantage; *op eie ~ bedag wees, eie ~ soek* seek personal advantage; have an eye on the main chance; be on the make *(infml.)*; *tot die **grootste/meeste** ~* to the best advantage; *'n ~ bo iem. **hê*** have an advantage over s.o.; have the advantage of s.o., have s.o. at a disadvantage; have a lead over s.o.; *~ van iets **hê*** profit by/from s.t.; *lang spelers **het** in lynstane die ~* tall players have the edge in line-outs; *jou (eie) ~ **ken**, (rare)* know on which side one's bread is buttered; *'n ~ bo iem. **kry*** get the advantage of s.o.; *die **meeste** ~ uit iets probeer trek* make the most of s.t.; *tot die **meeste** ~ →**grootste/meeste**; **met** ~* profitably, to advantage; to good/some purpose; *met **min/weinig** ~* to little purpose; *die voordele en **nadele*** the pros and cons; *dit het sy voordele en **nadele*** it cuts both ways; *~ **oplewer*** yield profit; *~ uit iets **slaan*** turn s.t. to account; *eie ~ **soek** →**eie**; daar **steek** geen ~ in nie* there's no percentage in it; *iets **strek** iem. tot ~* s.t. is to s.o.'s advantage; s.t. is in s.o.'s favour; ***ten voordele van** ..., **tot** ~ van ...* in favour of ...; for the benefit/good of ...; ***tot** iem. se ~* to s.o.'s advantage; for s.o.'s benefit; *~ uit iets **trek*** profit by/from s.t.; benefit from/by s.t., derive benefit from s.t.; take advantage of s.t. *(the circumstances etc.)*; turn s.t. to advantage, *(infml.)* cash in on s.t.; *iem. die ~ van die **twyfel** gee* give s.o. the benefit of the doubt; *'n ~ **uitbuit*** press (home) an advantage; *daar is voordele aan **verbonde*** it has advantages; *iets met ~ **verkoop**, (rare)* sell s.t. with (*or* at a) profit; ***watter** ~ het dit vir my?* what is in it for me?, where do I come in?; *met **weinig** ~ →**min/weinig**.* **~lyn** *(rugby)* advantage line. **~pot, ~spel** *(tennis)* advantage game. **~reël** *(sport)* advantage rule/law. **~stel** *(tennis)* advantage set. **~trekker** gainer, beneficiary.

voor·dek forward deck, foredeck *(of a ship)*.

voor·dek·king *(mil.)* vanguard.

voor·de·lig *=lige, adj.* profitable, advantageous, lucrative, remunerative; beneficial; gainful, paying; (all) to the good; expedient; *(rare)* economical, inexpensive; frugal; salutary; *~e **gebruik*** usance; *~e **gewas*** premium crop; ***op** die ~ste* to the best advantage; *~e **saldo*** credit balance; *vir ... ~ **wees*** be beneficial to ... **voor·de·lig** *adv.* profitably, to advantage, advantageously; economically; *iets ~ verkoop* sell s.t. at a profit. **voor·de·lig·heid** profitableness, profitability, advantageousness; →VOORDELIG *adj.*.

voor·derm *(anat., zool.)* foregut.

voor·deur front door, housedoor, street door. **~sleutel** front door key.

voor·doen *voorge=* show; pretend; arise, occur, come/turn/crop up *(difficulties etc.)*; act, appear, pose; *jou **aangenaam/goed** ~* put on one's best face; *jou **as** ... ~* pass o.s. off as ..., pose/posture as ..., masquerade as; profess/pretend to be ...; set o.s. up as ...; ***iets doen hom voor*** s.t. offers itself *(a chance, an opportunity)*; s.t. arises *(a question etc.)*; *jou **vals** ~* pass o.s. off; *jou **vriendelik** ~* put on a semblance of friendliness.

voor·dor·pie *(rare)* suburb.

voor·dra *voorge=* recite *(a poem)*; give a recitation; declaim; perform; deliver *(a lecture etc.)*; render, execute *(a musical composition)*; do a turn *(in a music hall)*; propose, nominate, recommend *(a candidate)*; put, present *(the case of)*; expound *(a theory)*. **voor·dra·er** reciter, elocutionist; *(Fr.)* diseur, diseuse *(fem.)*; *(theatr.)* epilogist; *(mus.)* performer.

voor·drag *=dragte* recitation; recital *(of a musical composition, poem, etc.)*; lecture, address, talk; presentation, presentment *(of a case)*; *(good/bad)* delivery, elocution, diction; declamation; proposal, nomination, recommendation; *'n ~ hou* discourse; give a recital, *etc.*. **~aand** poetry/etc. reading evening **~kuns** elocution. **~kunstenaar** elocutionist. **~wedstryd** elocution/recitation competition/contest.

voor·druk *n.* preprint.

voor·eer·gis·ter three days ago.

voor·eg·go *=go's* pre-echo.

voor·ek·sem·plaar advance copy.

voor·ent forepart, forefront; *reg op die ~* right in front.

voor·esel leading/front mule/donkey, leader (mule/donkey).

voor·fa·se *(biol.)* prophase.

voor·gaan *voorge=* walk/go in front of, precede; lead (the way); take precedence, come first; officiate; give a lead, take a lead; usher; *dié wat ons na 'n **beter wêreld** voorgegaan het* those who have gone before us; *jou **broers/ens.** ~* be/set an example to your brothers/etc.; ***gaan voor!*** after you!; lead the way!; *... in (die) **gebed** ~ →GEBED; jou **gesin** gaan voor* one's family comes first; *iem. **laat** ~* give precedence to s.o.; ***sake** moet ~* business must come first. **voor·gaan·de** preceding, last, previous, former, aforegoing; *die ~* the foregoing; *~ term/sinsdeel, (gram.)* antecedent.

voor·gang front passage, hall(way); *onder ~ van* on the initiative of.

voor·gan·ger *=gers* predecessor; leader, foregoer; precursor; parson, minister; officiator.

voor·ga·re, voor·ga·ring rove, roving, roping.

voor·ge·bed opening prayer, prayer before the sermon; collect.

voor·ge·berg·te promontory, headland, cape, bluff, naze, ness.

voor·ge·boor·te-: **~behandeling** antenatal treatment. **~kliniek** antenatal/prenatal clinic. **voor·ge·boor·te·lik** *=like* prenatal, antenatal.

voor·ge·borg·te *(RC)* limbo.

voor·ge·bou front part of a building.

voor·gee *=geë, n.* start; *(golf)* handicap; odds; *(sport)* law *(in a race)*; *(fig.)* play-act. **voor·gee** *voorge=, vb.* give a start; give odds; profess (to be), pretend, claim, assume, fake, give out, make believe, simulate, feign *(fml.)*, pose, make out; handicap; maintain; *nie so ... wees **as wat** jy ~ nie* not be as ... as one pretends to be *(clever, rich, etc.)*; *~ **dat** iets ... is* pass/palm s.t. off as ...; *~ **dat** jy iets doen* make a pretence of doing s.t.; *~ **dat** jy ... is* represent o.s. (*or* purport/claim/profess) to be ...; pretend to be ...; *net ~ **dat** jy so kwaad/ens. is* one's anger/etc. is all put on; *~ **dat** ..., (also)* make out that ...; make believe that ...; *nie ~ **om** ... te wees nie* make no claim to be ... **~spel** handicap. **~wedren** handicap race. **~wedstryd** handicap (game/match).

voor·ge·ër *=geërs* handicapper.

voor·ge·ge·we pretended.

voor·ge·go·te precast.

voor·ge·meld *=melde* →VOORMELDE.

voor·ge·noem·de, *(fml.)* voor·noem·de aforesaid, abovementioned, beforementioned, foregoing.

voor·ge·no·me proposed, planned, intended, contemplated, envisaged, envisioned, prospective, projected; →VOORNEEM; *die ~ huwelik* →HUWELIK; *~ optrede* proposed action; *~ reis* intended journey.

voor·ge·reg *(cook.)* starter; hors d'oeuvre, relish; entrée *(Fr.)*; antipasto *(It.)*.

voor·ge·sang opening hymn.

voor·ge·skie·de·nis previous history; past history, ancestry; *(of prehistoric times)* prehistory; *(med.)* anamnesis; *(med.)* case history.

voor·ge·skre·we prescribed, set *(a book, piece)*; prescriptive; formulary; →VOORSKRYF; *~ leeswerk* required reading.

voor·ge·slag ancestry, ancestors, forefathers.

voor·ge·span·ne prestressed *(concrete)*.

voor·ge·stel·de *=des* nominee; presentee.

voor·ge·stoel·te front seat(s), front bench(es); *die ~/voorbanke in die sinagoge* the chief seats in the synagogue; *in die ~* in the front seats; in the seats of the mighty; *graag in die ~ wees* like to be in the limelight.

voor·ge·voeg *=voegde, (gram.)* prepositive, prothetic; →VOORVOEG.

voor·ge·voel premonition, presentiment, foreboding, hunch, divination, presage, prescience; *'n **bang** ~ hê* have a sinking feeling; *'n ~ **hê** dat* ... have a premonition/presentiment that ...; *'n ~ van ... **hê*** have a premonition/presentiment of ...; *'n ~ **hê**, (also)* have a hunch; *'n **nare** ~ hê dat* ... have a shrewd suspicion that ...

voor·ge·wel front gable; forefront, front aspect, frontispiece, frontal, façade, facade, frontage.

voor·ge·wend *=wende* pretended, professed; feigned, fictitious, assumed, make-believe, ostensible, simulated, sham, mimic, bogus, fake(d); →VOORWEND; *~e siekte* sham illness.

voor·graads *=graadse* undergraduate; *~e student* undergraduate (student), *(infml.)* undergrad.

voor·grond *(lit. & fig.)* foreground; forefront; fore; *op die ~ **beweeg*** have a high profile; *iets op die ~ **bring*** give prominence to s.t.; put forward s.t.; feature/headline s.t.; *jou op die ~ **dring*** thrust o.s. forward; make o.s. conspicuous; steal the limelight; *op die ~ **kom/tree*** acquire/gain (*or* come into) prominence, come to the fore; loom large; ***op** die ~, (lit.)* in the foreground; in the forefront; upfront, up front; *(fig.)* in the limelight; ***op** die ~ wees, (fig.)* be in the forefront; be in the public eye (*or* in the limelight/spotlight), have a high profile; be much in evidence; bulk large; *dit **staan** by iem. op die ~* s.o. considers that of prime importance; *iets op die ~ **stel*** give s.t. a high profile; *jou op die ~ **stel*** put o.s. forward; *op die ~ **tree** →**kom/tree**.* **~musiek** foreground music.

voor·haak *voorge=* hitch on; *(infml., rare)* lend a (helping) hand; *(infml., rare)* lend, advance *(money)*. **voor·ha·ker** mechanical horse; articulated vehicle; rig; *(infml., rare)* helper; *(infml., rare)* lender.

voor·hal (front/entrance) hall, foyer, lobby, vestibule.

voor·ha·mer sledge(hammer).

voor·hand *(tennis)* forehand; front part of the hand; *(cards)* elder hand; *aan die ~ sit, (cards)* lead. **voor·han·de** in stock/store, on hand, available, extant, existent; ***geen** geld meer ~ nie* no more money available; *iets ~ **hê*** have s.t. in stock; ***nie** meer ~ nie* sold out, out of stock; *~ **wees*** be forthcoming.

voor·hang *n.* veil, curtain *(of a temple)*. **voor·hang** *voorge=, vb.* hang in front of. **voor·hang·sel** *=sels* veil, curtain *(of a temple)*; *(Bib.)* vail *(AV)*.

voor·hê *voorgehad, (rare)* be up to, intend, mean; have an/the advantage; *iets **daarmee** ~* do it with a purpose, have a purpose in doing it; *die **goeie** met iem. ~* mean well by s.o., be kindly disposed towards s.o.; *wat jy **met** iem./iets voorhet* what one intends to do with s.o./s.t.; ***niks** op mekaar ~ nie* be on even terms; *iets **op** iem. ~* have an advantage over s.o.; ***wat** het iem. voor?* what is s.o. after (*or* up to)?, what are s.o.'s intentions?.

voor·heen formerly, in the past, in former days; sometime, previously; until then; *meer as ~* →MEER[2] *adj. & adv.*; *~ veroordeelde* previous offender.

voor·hek front gate.

voor·hel *(RC)* limbo.

voor·heu·wel foothill.

voor·his·to·ries *=riese* prehistoric.

voor·hoe·de *=des, (mil., fig.)* van(guard), advance guard/party; forefront; *(rugby)* forwards, forward line; *(fig.)* vanguard, spearhead; *in die ~ van ...* in the van of ...

voor·hoef forehoof.

voor·hoek advancing angle.

voor·hof *(Bib.)* court; forecourt; *(archit.)* propylaeum; *(bot.)* crypt; *(anat.)* vestibule *(of the ear, nose, heart, etc.)*; atrium.

voor·hoof *(fml.)* forehead, brow(s); *met gefronste ~* with knitted brow(s). **~kwab** *(anat.)* frontal lobe. **~(s)been** *(anat.)* frontal/coronal bone.

voor·hou *voorge=* hold before/up; proffer; *dit word (vir) die **kinders** voorgehou dat* ... it is impressed on the children that ...; *(vir) iem. sy/haar **plig** ~* exhort s.o. to do his/her duty; *... as **voorbeeld** ~* hold ... up as an example.

voor·huid *(anat.)* foreskin, prepuce *(tech.)*.
voor·huis *(obs.)* vestibule, hall, front room; dining room; living room; sitting room, lounge.
voor·hu·we·liks *-likse* premarital, prenuptial, antenuptial; *~e seks* premarital sex.
Voor-In·di·ë *(hist.)* Hither India.
voor·in·gang front entrance.
voor·in·ge·no·me *(fml., rare)* prejudiced, bias(s)ed, partial; *ten gunste van ... ~ wees* be prejudiced in favour of ...; *teen ... ~ wees* be prejudiced against ... **voor·in·ge·no·men·heid** *(fml., rare)* prejudice, bias, partiality, predilection, preoccupation, prepossession; *iem. se ~ met ...* s.o.'s prejudice in favour of ...
voor·jaar spring; →LENTE. **~skoonmaak** *(rare)* spring-clean(ing).
voor·jaars-: **~blom** = LENTEBLOM. **~hout** = LENTEHOUT. **~koors** = LENTEKOORS. **~nagewening** = LENTENAGEWENING. **~wol** spring wool.
voor·jog·gie *(golf)* forecaddy.
voor·juk front yoke.
voor·kaak *(entom.)* mandible.
voor·ka·juit *(naut.)* forecabin.
voor·ka·mer front room; drawing/sitting room, lounge; hall, reception room; anteroom, antechamber; *(anat.)* atrium; *(anat.)* auricle.
voor·kant front (side/aspect), face; façade *(Fr.)*, facade; facing; front end, forefront; frontage; frontal; recto; obverse; *aan die ~* at the front; *met die ~ na onder* face down(wards); *~ toe, (infml.)* in the future.
voor·kap *voorge-* rough-hew; →VOORBEKAP. **voor·kap·per** rough hewer.
voor·kas·teel *(naut.)* forecastle, fo'c'sle.
voor·keer *voorge-* stop *(s.o. in the street, a runaway horse, etc.)*, bar/block the way, obstruct *(the way)*; dam up *(water)*; head off, turn back *(sheep)*; collar; flag; intercept; *deur ... voorgekeer word* be confronted by ...
voor·ken·nis prescience, (fore)knowledge, pre-knowledge; precognition; prevision; *~ van iets hê* have prescience of s.t.; *~ maak voorsorg* forewarned is forearmed.
voor·keur *-keure* preference; (first) choice; favour, like, liking; precedence, precedency; predilection; preference; *(biol.)* prepotency; priority; ***by** ~* preferably, by/for choice; *(die) ~ aan ... **gee*** prefer ..., give preference to ...; lean toward(s) ...; prioritise ...; *iem. **gee** die ~ aan A bo B* s.o. prefers A to B; *(die) ~ **geniet*** be preferred; have preference; *'n ~ vir ... **hê*** prefer ..., have a preference for ...; *(die) ~ bo ... **hê*** come before ..., have priority over ...; *die ~ **kry*** be given preference; ***onbehoorlike** ~* undue preference. **~aandeel** preference/preferred share. **~behandeling** priority treatment; *iem. wil hê dat iets ~ kry* s.o. wants to see s.t. prioritised. **~kaart** courtesy card. **~pos** priority mail. **~reg** preferential/preferent right. **~stem** preferential vote. **~tarief** preferential rate/tariff. **~verdrag** preferential treaty. **~vorm** preferred form.
voor·keu·se preselection.
voor·kiem *(bot.)* prothallium, prothallus.
voor·kie·ser preselector. **voor·kies·rat·kas** preselector gearbox.
voor·kies(·tand) premolar (tooth).
voor·kis (front) box, box seat *(of a wag[g]on)*; coach box.
voor·klep pilot valve.
voor·kleur advancing colour.
voor·koel *voorge-* = VOORVERKOEL. **~kamer, ~skuur** pre-cooling store/shed.
voor·koe·ling pre-cooling.
voor·kom[1] *voorge-* come to the front; gain the lead, get/draw ahead; appear in court, be brought up, come up for trial; be found, occur, be met with; appear, seem; *iets kom **algemeen** voor* s.t. is common; *dit wil ~ **(as)of** ...* it would appear/seem as if ..., it would seem that ...; ***baie** ~, (corruption etc.)* be rife; ***by** die Grieke kom dit nie voor nie* one does not find it among the Greeks; *weens **diefstal** ~* be up for theft; ***dikwels** ~* occur frequently, be of frequent occurrence; be quite common; *iem. kom **in** iets voor* s.o. figures in s.t.; *dit kom **my** voor ...* it seems to me ...; *iets kom iem. **oordrewe/ens.** voor* s.t. strikes s.o. as exaggerated/etc.; ***oral(s)** ~, (plants etc.)* be found everywhere; *nie so **oud** soos jy ~ nie* not as old as one looks; *wanneer kom iem. se **saak** voor?* when does s.o.'s case come up (for hearing)?, when has s.o. to appear in court?; *... en ... kom **saam** voor* ... and ... go together; ***selde** ~* occur rarely, be of rare occurrence; ***soos** dit wil ~* by the look(s) of it; *net **wat** ~* any old thing *(infml.)*.
voor·kom[2] *het ~* prevent; ward off *(danger)*; obviate *(danger, difficulty, inconvenience)*; avert *(an accident, a disaster)*. **voor·kom·baar** *-bare* preventable.
voor·ko·me *(obs.)* = VOORKOMS.
voor·ko·mend[1] *-mende* occurring; →VOORKOM[1]; *mees ~* commonest; *veel ~* common.
voor·ko·mend[2] *-mende* preventive; *(rare)* obliging, affable, considerate; →VOORKOM[2]. **voor·ko·mend·heid** *(rare)* obligingness, obliging manner, affability. **voor·ko·ming** prevention; anticipation; obviation; preclusion; *ter ~ van ...* for the prevention of ... **voor·ko·mings·werk** preventive work.
voor·koms (personal) appearance, look(s), complexion; bearing, aspect, air, semblance; mien; physiognomy; occurrence, incidence; prevalence; *(mus.)* signature; existence; turnout; *dit gee die saak **'n ander** ~* that alters the case; *iem. van **edel(e)** ~* s.o. of noble presence; *die ~ van ... **hê*** have an air of ...; bear the semblance of ...; ***in/na/volgens** ~* by appearance; *iets kry **'n nuwe** ~* s.t. gets a face-lift; *iets **'n nuwe** ~ gee* give s.t. a face-lift; *na iem. se ~ te **oordeel*** from s.o.'s looks; *met 'n **skraal** ~, (arch.)* of spare habit. **~(syfer)** incidence, prevalence, occurrence.
voor·koms·te *(dated)* →VOORKOMS.
voor·koop *(jur.)* pre-emption. **~reg** *(jur.)* (first) refusal, right of pre-emption, pre-emptive/pre-emption right.
voor·kop forehead.
voor·kop·pe·laar front clutch.
voor·kou *voorge-, (fig., rare)* spoon-feed.
voor·krimp·stof preshrunk fabric.
voor·kry *voorge-* haul over the coals, call to account, reprimand, rebuke, carpet *(infml.)*; *iem. ~, (also)* give s.o. a piece of one's mind, put s.o. on the carpet.
voor·kwart forequarter *(of a slaughtered animal)*.
voor·laag precoating.
voor·laai·er *(truck)* front-end loader; *(also* voorlaaiwasmasjien*)* front loader (→BOLAAIER); *(hist., also* voorlaaiergeweer*)* muzzle-loader, muzzle-loading gun/rifle. **voor·la·ding** preliminary charge.
voor·laai·was·ma·sjien →VOORLAAIER.
voor·laas·te second-last, last but one, the last save one; *die ~ huis* the last house but one; *~ lettergreep* penultimate syllable, penult(ima).
voor·lamp headlight, front lamp.
voor·land *(geog.)* foreland, headland; fate, destiny; ***dood** is jou ~* you are doomed to die; ***iets** is iem. se ~* s.t. is/lies in store for s.o.; ***'n loesing/ens.** is iem. se ~* s.o. is sure to be thrashed/etc.; ***verdwaal** is iem. se ~* s.o. is sure to get lost (*or* lose his/her way).
voor·langs along the front (of s.t.), across in front (of s.t.), across the front.
voor·lê[1] *voorge-* await; ambush, waylay; be on the horizon *(fig.)*; *die **beste** lê nog voor* the best is yet to come; ***iem.** ~* lie in wait/ambush for s.o.; lay an ambush for s.o.; *daar **lê** nog ... kilometer voor* there are ... kilometres to go; *iets **lê** vir iem. voor* s.t. lies ahead for s.o., s.t. lies before s.o.; ***weer** ~* resubmit.
voor·lê[2] *voorge-* put before, propound, submit *(a plan, scheme, etc.)*, lay *(facts, a question, etc.)* before *(s.o.)*; *(jur.)* produce *(a document)*; put *(a question)* to; present, state *(a case)*; *iets aan iem. ~* lay/put s.t. before s.o., submit s.t. to s.o..
voor·leer[1] front leather *(of a shoe)*.
voor·leer[2] front upright *(on a wag[g]on)*.
voor·lees *voorge-* read (aloud *or* out loud); read to *(s.o.)*; read back; call over; dictate; *iets aan/vir iem. ~* read s.t. to s.o.; *voorgelese hoofstuk* chapter read aloud; *die nuus ~, (rad., TV)* read the news. **~boek** book for reading aloud.
voor·leg·ging submission, production *(of a document)*; presentation; →VOORLÊ[2]; *'n ~ doen* make a submission.
voor·leng·te front length.
voor·le·ser reader; prelector; gospeller; *(RC)* lay reader. **voor·le·sing** reading; lecture, speech; *'n ~ hou* deliver/present/read a paper.
voor·let·ter initial.
voor·lid *-lede,* **voor·le·de·maat** *-mate* forelimb.
voor·lief·de predilection, preference, liking, like, partiality, bias, propensity; taste; *'n ~ vir iets hê* be partial to s.t., have a penchant/predilection for s.t.; *iem. se ~ vir iets* s.o.'s partiality/penchant/predilection for s.t..
voor·lieg *voorge-* prompt *(s.o.)* to lie.
voor·lig *n.* headlight. **voor·lig** *voorge-, vb.* light *(the way)*; illuminate; beacon; direct, instruct; enlighten, guide, inform, brief, counsel; educate; *iem. oor iets ~* brief s.o. about/on s.t., give s.o. a briefing about/on s.t.; give s.o. guidance about s.t.; *oor iets voorgelig word* get a briefing about s.t.; get guidance about s.t.. **voor·lig·ting** enlightenment, instruction, guidance, counselling, information, education, briefing, direction; illumination; *~ gee* give guidance; *ter ~ van ...* for the guidance of ...
voor·lig·tings-: **~beampte** (agricultural) extension officer; information officer. **~diens** information service; public relations; extension service. **~kantoor** information office; public relations office; extension office. **~toer** guided lecture tour.
voor·li·nie front line.
voor·lok forelock.
voor·lo·ko·mo·tief pilot engine.
voor·loop *n.* first flow, faints, feints *(in the distillation of whisky)*. **voor·loop** *voorge-, vb.* walk in front, be ahead, be in front, be in the lead, be at the head; lead (the way); *(a watch, clock)* be fast, gain; →VOOR *adv.*; *effens/effe(ntjies) ~* have/hold a slender lead. **~hoek** angle of lead/advance.
voor·lo·per *-pers* leader *(of a team)*; forerunner, front runner, precursor, herald, harbinger; foreplane; jack plane; prototype; prodrome; *(rare)* trailer *(in a cinema)*; ancestor, predecessor, progenitor; trailblazer, pioneer. **~gat** *(min.)* pilot hole. **~installasie** pilot plant. **~proef** pilot experiment. **~(s)bord** *(golf)* leader board. **~skaaf** jack plane; foreplane.
voor·lo·pig *-pige, adj.* provisional; interim; temporary; preliminary; tentative; makeshift; *~e berigte* first reports; *~e ondersoek* preliminary examination; *~e rekening* suspense account. **voor·lo·pig** *adv.* for the present/moment, for the time being, pro tem, for now; temporarily; provisionally; as yet.
voor·lyf front part of the body; forequarters; forehand *(of a horse)*.
voor·maag forestomach; rumen; gizzard *(of a bird)*.
voor·maals *(fml.)* formerly, aforetime, erst(while), sometime.
voor·ma·lig *-lige* former, one-time, sometime, late, quondam *(fml.)*; *~e buurman* former neighbour, neighbour that was; *~e opvattinge* previously held ideas.
voor·man *-manne* leader; head, foreman, gaffer *(Br., infml.)*, gang boss; master hand; fugleman; overman; work master; bossman.
voor·mars *(naut.)* foretop.
voor·mas *(naut.)* foremast.
voor·mel·de, voor·ge·mel·de *(fml.)* beforementioned, abovementioned, aforesaid, cited, foregoing.
voor·melk colostrum, beest(ings), biestings, foremilk.
voor·meng *voorge-* premix. **voor·meng·sel** premix.
voor·mens·lik *-like* prehuman.
voor·mid·dag *(abbr.:* vm.*)* morning, forenoon; ante meridiem *(Lat., abbr.:* a.m.*)*. *in die ~* in the morning. **~diens** morning service. **~tee** eleven o'clock tea,

morning tea break, *(Br., infml.)* elevenses. ~**wag** *(08:00-12:00)* forenoon watch.

voor·moe·der ancestress.

voor·muur front wall; face wall.

voor·naam Christian name, first/given name, fore=name; *iem. op sy/haar ~ noem* call s.o. by his/her first name; be on first-name terms with s.o.; *tweede ~* →TWEEDE. ~**woord** pronoun; *aanwysende/betreklike/vraende ~, (gram.)* demonstrative/relative/interroga=tive pronoun. ~**woordelik** =e, *(gram.)* pronominal.

voor·nag first/early part of the night, (late) evening. ~**bal**, ~**dans** Cinderella dance. ~**slaap** beauty sleep.

voor·neem *voorge=: jou iets ~* set one's heart/mind on s.t., have one's heart/mind set on s.t.; *jou ~ om te ...* make up one's mind to ...; *jou heilig ~ om te ...* vow that one would ... *(stop smoking etc.)*. **voor·ne·me** =*mens* intent(ion), resolution, resolve, plan, purpose, scheme, thought; *iem. se* ***uitgesproke*** *~* s.o.'s declared inten=tion; ***van*** *~ wees om iets te doen* intend to do s.t.; ***van*** *~ wees om te ..., (also)* propose to ...; *'n* ***vaste*** *~ hê* have a set purpose; *iem. se* ***vaste*** *~ om iets te doen* s.o.'s determination to do s.t.; ***verklaring*** *van ~* declara=tion of intent. **voor·ne·mend** =*mende* prospective; po=tential. **voor·ne·mens:** *~ wees om iets te doen* intend to do s.t.; have s.t. in mind; *~ wees om te ..., (also)* pro=pose to ...

voor·noem·de →VOORGENOEMDE.

voor·on·der·soek preliminary examination/inquiry/investigation; *~ na 'n bewering, (jur.)* preparatory exami=nation of an allegation.

voor·on·der·stel →VOORVERONDERSTEL. **voor·on·der·stel·ling** →VOORVERONDERSTELLING.

voor·ont·ste·king *(tech.)* pre-ignition.

voor·oor forward, leaning/bending forward; *~* ***buig*** tilt forward; *~* ***buk*** stoop, bend down; *~* ***hang*** hang forward; *~* ***hel*** lean forward/over; incline forward; *~* ***lê*** lay prostrate; lie on one's face, lie prostrate/prone; *~* ***loop*** stoop, walk with a stoop; *~* ***sak*** lean over, fall forward; *~* ***sit*** lean/bend forward; *~* ***staan*** stoop; *~* ***val*** fall forward, fall headforemost/first.

voor·oor·deel =*dele* prejudice, bias; prejudg(e)ment; preconception; preoccupation; prepossession; animus; *iets is* ***blote*** *~* s.t. is mere prejudice; *'n kwaai ~ aan die* ***dag*** *lê* show a strong bias; *'n ~ teen ...* ***hê*** have a preju=dice against ...; *vooroordele* ***oorwin*** break down preju=dices; ***sonder*** *~* without prejudice; *iem. is* ***sonder*** *~* s.o. is unprejudiced, s.o. has an open mind; *'n ~* ***teen*** ... a prejudice against ...

voor·oor·le·de·ne =*nes, (rare)* predeceased.

voor·oor·lig·gend *(bot.)* procumbent, prone.

voor·oor·logs =*logse* prewar.

voor·op, voor·op in front, in the van, in the lead. ~**gaan** *vooropge=* head, lead the way, go in front *(or* at the head). ~**geset** =*sette* preconceived *(opinion)*; *'n ~te mening* a preconception, a set idea; *iem. se ~te doel* →DOEL *n.*. ~**staan** *vooropge=* be in the forefront, be of prime importance. ~**stel** *vooropge=* place/put first/fore=most; emphasise; assume, postulate, premise, posit; prioritise; *vooropgestelde mening* preconceived notion. ~**stelling** prioritisation.

voor·op·lei·ding preliminary training.

voor·op·stand front elevation.

voor·os front ox, leader; *(rugby)* forward.

voor·ou·er =*ers* ancestor. ~**gees** ancestral spirit. ~**ver=ering** ancestor worship.

voor·ou·er·lik =*like* ancestral.

voor·pant front (panel).

voor·pei·ling foresight.

voor·perd front/leading horse, forehorse, leader; *(fig.)* leading runner/etc.; *(fig.)* (ring)leader, bellwether, lead=ing light, pack leader; right-fore horse, right front horse.

voor·piek *(naut.)* forepeak.

voor·plein front yard/court/square, forecourt; parvis *(of a church)*; esplanade.

voor·poort outer/front gate; propylaeum *(of a temple)*.

voor·poot forepaw; forefoot; foreleg, front leg, pud; hand.

voor·por·taal porch, lobby, foyer, vestibule, entrance hall, hallway; galilee *(of a church)*.

voor·pos outpost; picket; *op die ~te wees* man the outer defences.

voor·pos·te-: ~**gees** frontier spirit. ~**geveg** outpost skirmish.

voor·praat *voorge=* stick up for, take the part/side of; prompt. **voor·pra·te·ry** sticking up for, taking the part/side of, siding with; prompting.

voor·prent supporting film; trailer, preview.

voor·pro·duk·sie preproduction.

voor·proef foretaste, prelibation *(rare)*; *(jur.)* earnest.

voor·pro·gram *(theatr. etc.)* supporting programme, curtain-raiser. **voor·pro·gram·meer** *ge=, (comp.)* pre=program.

voor·pu·ber·teit preadolescence.

voor·punt, voor·spits front; point; van(guard), fore(front); foible *(of a sword)*; head; lead; *(fig.)* cut=ting/leading edge, sharp end; *aan/op die ~ wees* be in front, be ahead *(or* in the lead), lead the field/way; be in the forefront *(or* at the cutting edge); be at the head; *aan/op die ~ van ... wees* be at the head of ...; be in the van *(or* at the leading edge) of ...; be in the front line of ....; *aan/op die ~ van ontwikkeling* in the vanguard of development. **voor·punt·teg·no·lo·gie** state-of-the-art technology.

voor·raad =*rade* supply, store, stock; pool; fund; hoard; provisions; budget; holdings; reserves; reservoir; *~* ***aanhou*** carry stocks; *... se voorrade* ***aanvul,*** *nuwe voorrade aan ...* ***verskaf,*** *... van nuwe voorrade* ***voor=sien*** resupply ...; *iets in ~* ***hê,*** *(s.o.)* have s.t. in stock; *iets nie in ~* ***hê*** *nie, (s.o.)* be out of stock; *nie meer ~* ***hê*** *nie, (s.o.)* be sold out; *iets in ~* ***hou*** keep s.t. in stock; *iets is* ***in*** *~* s.t. is in stock *(or* on hand); *iets is nie* ***in*** *~ nie* s.t. is out of stock; *iets is nie meer* ***in*** *~ nie* s.t. is sold out; *~* ***inslaan,*** *(obs., rare)* lay in stock; *~ van iets* ***inslaan,*** *(obs., rare)* stock up on/with s.t.; *iets in ~* ***neem*** lay in s.t.; *'n* ***onuitputlike*** *~* an inexhaustible supply; *voorrade* ***ophoop/opgaar/stapel*** stockpile; *(die) ~* ***opneem*** take stock; *~* ***opruim*** clear stocks. ~**boek** stock book. ~**depot** *(usu. mil.)* supply/sup=plies store, *(Am.)* commissary. ~**kamer** storeroom, storage room; stockroom; pantry. ~**klerk** stockman. ~**lys** stores list. ~**magasyn** storeroom. ~**model** stock pattern. ~**offisier** *(navy)* supply officer. ~**opname** stocktaking. ~**opnemer** stocktaker. ~**skip** supply ship, tender. ~**skuur** storehouse, granary. ~**staat** stock sheet. ~**stapel** stockpile. ~**stapeling** stockpiling. ~**tenk** reservoir tank.

voor·ra·de·wa chuck wag(g)on.

voor·ra·dig =*dige, (rare)* in stock/store, on hand; avail=able; *(med.)* officinal; *iets ~ hê* have s.t. in stock; *iets is nie meer ~ nie* s.t. is out of stock.

voor·rand, voor·rant front edge; *(tech.)* leading edge *(of a wing, propeller, blade, etc.)*.

voor·rang priority, precedence, precedency; pref=erence; right of way *(in traffic)*; *(psych.)* primacy; an=tecedence; anteriority; dominance; pre-eminence; priority; seniority; superiority; *die ~ aan iets* ***gee/ver=leen*** give priority to s.t.; give pride of place to s.t.; *iets* ***geniet*** *~* s.t. gets priority; s.t. is high on the list; *(die) ~* ***hê*** come first; *die ~ bo ...* ***hê*** have/take precedence over ...; have/take priority over ...; *aan iem. die ~* ***ver=leen*** give precedence to s.o.. ~**lys** order of precedence/rank, table of precedence/precedency. ~**teken** yield sign.

voor·rede preface, foreword, introduction; preamble; prologue; proem *(fml.)*; *die ~ by ...* the preface to ...; *van 'n ~ voorsien* preface.

voor·reg privilege, right, freedom; prerogative; privi=lege, honour; *(also, in the pl.)* perquisites; *~te geniet* enjoy privileges; *die ~ hê om iets te doen* be privileged to do s.t.; have the prerogative of doing s.t.; *dit is 'n ~ om te ...* it is a privilege to ...

voor·rem front(-wheel) brake.

voor·rit *(mot.)* right of way.

voor·ruim *(naut.)* forehold.

voor·ruit windscreen, windshield *(of a vehicle)*.

voor·ry front rank/row. ~**man** *(rugby)* front ranker; *(forward)* prop.

voor·ry·er postil(l)ion; leading rider/driver, leader; outrider; pilot vehicle.

voor·saag slash saw.

voor·saal front hall; foyer.

voor·saat =*sate* ancestor, forefather, for(e)bear, pro=genitor.

voor·san·ger, voor·singer precentor; chanter, can=tor; *~ wees* lead the singing.

voor·sê[1] *voorge=* prompt, tell *(s.o.)* how to say it *(or* what to say); say aloud; dictate; *(nie) iets vir mekaar ~ (nie)* (not) whisper s.t. to one another *(or* prompt one an=other).

voor·sê[2] *het ~, (rare)* foretell, prophesy, predict, fore=cast, presage, vaticinate.

voor·sê·er[1] =*ers* prompter; →VOORSÊ[1].

voor·sê·er[2] =*ers,* **voor·seg·ger** =*gers, (rare)* predic=tor, forecaster, prophet, prognosticator; →VOORSÊ[2].

voor·seg·ger →VOORSÊER[2]. **voor·seg·ging** =*gings,* =*ginge, (rare)* prediction, prophecy, vaticination.

voor·seil *(naut.)* foresail.

voor·sei·soen preseason. **voor·sei·soens** =*soense* pre=seasonal.

voor·set·sel =*sels, (gram.)* preposition. ~**stuk** prepo=sitional phrase.

voor·sien *het ~* foresee; provide, supply; *in 'n* ***behoefte*** *~* →BEHOEFTE; *'n* ***goed*** *~e winkel* a well-stocked shop; ***in*** *... ~* make provision for ...; *iem. van die* ***nodige*** *~* support s.o.; *in eie* ***onderhoud*** *~* →ONDERHOUD[1]; ***te*** *~/verwagte* foreseeable; *iem.* ***van*** *iets ~* provide/sup=ply s.o. with s.t., supply s.t. to s.o.; equip s.o. with s.t.; *van ... ~* ***wees*** be provided with ...; be furnished with ... **Voor·sie·nig·heid:** *die ~, (Chr.)* Providence. **voor=sie·ning** provision; supply *(of a demand)*; *vir ... ~ maak* make provision for ...; budget for ...; *~ in 'n behoefte* filling a need/want. **voor·sie·nings·be·dryf** supply industry. **voor·sie·nings·fonds** provident fund.

voor·sin *(gram.)* protasis.

voor·sing *voorge=* sing; lead the singing, lead in song; be the precentor; sing *(a tune)* to *(s.o.)*. **voor·sin·ger** →VOORSANGER.

voor·sit[1] *voorge=* preside, take *(or* be in) the chair; *op 'n vergadering ~* preside at/over a meeting.

voor·sit[2] *voorge=* serve, dish up *(food)*; put forward.

voor·sit·ster =*sters, (fem.)* chairwoman; lady president; →VOORSITTER; *geagte ~* Madam Chair.

voor·sit·tend =*tende* presiding.

voor·sit·ter chairman; chairperson; *die ~* ***aanspreek*** address the chair; *jou op die ~* ***beroep*** appeal to the chair; **(eerste)** *~* president; ***geagte*** *~ (of meneer die ~)* Mr Chairman/Chairperson; ***as*** *~* ***optree*** be in the chair; *die ~ van 'n* ***vergadering*** *wees* preside at/over a meeting; *iem. tot ~* ***verkies*** vote s.o. into the chair. ~**stoel** (presidential) chair; *die ~ beklee/inneem* be in the chair, preside (at/over a meeting); *die ~ inneem* take/fill the chair.

voor·sit·ters-: ~**hamer** gavel. ~**rede** chairman's/chairperson's speech/address, presidential address. ~**verslag** chair(man/person)'s statement.

voor·sit·ter·skap chairmanship, =womanship, =per=sonship, presidency; *onder ~ van ...* under the chair=manship/chairwomanship/chairpersonship of ...; *die ~ beklee* be in *(or* take/fill) the chair; preside (at/over a meeting).

voor·skaaf jack plane.

voor·skeen·been *(anat.)* anterior tibia.

voor·sken·kel·been foreknuckle *(of an animal)*.

voor·skiet *voorge=* advance, lend, loan *(money)*. **voor=skie·ter** moneylender.

voor·skip *(naut.)* foreship, forward/fore part of a ship; first/leading ship.

voor·skok →VOORBEWING.

voor·skools =*skoolse* pre-school; ~*e kind* preschooler, preschool child.

voor·skoot =*skote* apron; *(RC)* gremial; *(naut.)* fore-sheet *(of a foresail)*. ~**rok** pinafore dress/frock; dungaree skirt.

voor·skot =*skotte* loan, advance; *(comm.)* accommodation; disbursement; imprest; advance payment; (up)-front money; *(aan) iem. 'n ~ **gee*** make s.o. an advance; *'n ~ op iets **gee/kry*** give/get an advance on s.t. *(one's salary etc.)*; ***op*** ~ in advance; ~ ***op*** *die begroting, (government)* part appropriation. ~**bank** loan bank. ~**nota** advance note. ~**wissel** accommodation bill.

voor·skou =*skoue* preview, private view; forecast; *spesiale* ~ sneak preview *(of a film)*.

voor·skrif =*skrifte, (med.)* prescription, script *(infml.)*; prescript; instruction, direction; directive; regulation; formula; precept, rule; dictate, dictation; observance; provision; requirement; *'n ~ **berei**, (med.)* make up a prescription, fill/prepare a prescription; ***op*** ~ on prescription; *medisyne **sonder*** ~ over-the-counter drugs; ***volgens*** ~ as prescribed. ~**medisyne** ethical drug.

voor·skrif·te·lik: ~*e spraakkuns* prescriptive grammar.

voor·skryf, voor·skry·we *voorge*= prescribe *(medicine, rest, etc.)*; lay down the law, enact, dictate, prescribe, instruct, enjoin; impose; order; provide; require; →VOORGESKREWE; ***aan** iem.* ~ dictate to s.o.; ***boeke*** ~ prescribe/set books *(to be studied)*; ***medisyne*** ~ medicate, prescribe medicine; *te veel **medisyne*** ~, ***medisyne** in oormaat* (of *in te groot dosisse*) ~ over-prescribe medicine; *iets **vir** ...* ~ prescribe s.t. for ... **voor·skry·wend** =*wende* prescriptive.

voor·skuif, voor·skui·we *voorge*= push in front (*or* forward), advance.

voor·skyn: *iets te ~ **bring*** bring forth s.t.; bring out s.t.; bring s.t. to light; *die ... in iem. te ~ **bring*** bring out the ... in s.o.; *iets te ~ **haal*** produce (*or* take out) s.t.; *te ~ **kom*** appear; come forth; come out; show/turn up; *met iets te ~ **kom*** come out with s.t.; come up with s.t.; *uit iets te ~ **kom*** emerge from (*or* out of) s.t.; *iets te ~ **roep*** bring/call s.t. into play; call s.t. forth; call s.t. up; reveal s.t.; *te ~ **tree*** appear, come into the open.

voor·slag (whip)lash, thong, voorslag *(Afr.)*; *(mus.)* grace note; proposal, suggestion; *(fig.)* live wire, ball of fire, go-getter; *iem. klap die ~ te hard* s.o. drives too hard. ~**riem(pie)** whiplash, whipcord; *'n noot soos 'n ~ rek* draw out a note inordinately. ~**vel** voorslag skin *(SA)*, buckskin used for whiplashes.

voor·sla·ner striker, hammerman, hammersmith *(at a forge)*.

voor·slip front opening.

voor·slym mucigen.

voor·smaak (fore)taste, prelibation; taster *(infml.)*; anticipation; earnest; pre-echo *(fig.)*; *'n ~ van iets gee/hê/kry* give/have/get a foretaste of s.t..

voor·snee fore-edge *(of the pages of a book)*.

voor·sny *voorge*= carve (up); *(med.)* prosect; cut in ahead *(of s.o.)*. ~**buffet** →VOORSNYTAFEL. ~**mes** carving knife, carver. ~**restaurant,** ~**restourant** carvery. ~**stel** carving set. ~**tafel,** ~**buffet** carvery. ~**tap** taper, (tapering) tap. ~**vurk** carving fork.

voor·sny·er carver; *(med.)* prosector; advance cutter.

voor·so·mer early (part of) summer.

voor·sorg provision, precaution, safeguard, security, providence, forethought, foresight; *vir iets ~ **maak*** provide for s.t. *(one's old age etc.)*; ~ *voorkom **nasorg*** prevention is better than cure; ~ ***tref/neem*** take precautions; ~ *teen iets **tref/neem**, (also)* provide against s.t.. ~**fonds** provident fund. ~**inrigting** provident institution. ~**maatreël** precautionary/safety measure, precaution; ~*s teen iets tref/neem* take precautions against s.t., provide against s.t..

voor·span *voorge*= put *(the horses)* to *(the cart)*, hitch up *(a horse)*, inspan *(Afr.)*; prestress. ~**loko** bank(ing) engine. ~**motor** mechanical horse, truck tractor.

voor·span·ning relay *(of draught animals)*; fresh horses; prestressing.

voor·speel *voorge*= play to *(s.o.)*; *(mus.)* state; *'n plaat ~, (chiefly hist.)* play a record.

voor·spe·ku·lant *(stock exch.)* stag.

voor·spel[1] =*spele, n., (mus.)* overture, prelude; introduction, prologue; forerunner; curtain-raiser; voluntary *(before a church service)*; foreplay; *die ~ tot ..., (mus. or fig.)* the prelude to ...; *die ~ tot/uit ..., (mus.)* the overture to ...; *die ~ van ...* the prologue to ...

voor·spel[2] *voorge*=, *vb.* spell *(a word)* to.

voor·spel[3] *n., (sport)* forward play. **voor·spe·ler** =*lers, (sport)* forward; *(also, in the pl., rugby)* forward line.

voor·spel[4] *het* ~ foretell, prophesy, prognosticate, portend, forecast, predict, divine, soothsay; spell *(ruin)*; bode *(well, ill)*; betoken; foreshadow; ~ *dat ...* forecast that ...; predict that ...; prophesy that ...; *iets ~ niks goeds nie* s.t. is a bad/ill omen. **voor·spel·baar** =*bare* foreseeable, predictable, predicable. **voor·spel·lend** =*lende* prognostic(atory). **voor·spel·ler** =*lers* prophet, predictor, forecaster, prognosticator, diviner, divinator; fortune teller. **voor·spel·ling** =*lings,* =*linge* prophecy, prediction, forecast, (fore)boding, prognostication, augury; divination; *'n ~ word **bewaarheid*** a prediction/prophecy comes true; *'n ~ oor iets **doen/maak*** make a forecast/prediction/prophecy about s.t.; *die ~ het **uitgekom*** the prediction/prophecy came true; *iem. gaan **volgens** die ~s ...* s.o. is tipped to ... *(win etc.)*.

voor·spin *voorge*= slub, rove. ~**linne** slub linen. ~**masjien** slubber, rover, roving frame, billey. ~**reep** slubbing; rove.

voor·spin·ner rover, roving frame, slubber. **voor·spin·sel** slub, rove.

voor·spoed prosperity, prosperousness; (good) fortune, success, weal, welfare, sunshine *(fig.)*; ***alle** ~!* good luck!; ***dae/jare** van* ~ days/years of prosperity, halcyon/palmy days/years; ~ ***geniet*** enjoy prosperity, have good times; *voor- en **teenspoed/teëspoed*** weal and woe, the bitter and the sweet, prosperity and adversity; *in voor- en **teenspoed/teëspoed*** for better or (for) worse; in rain or shine *(fig.)*; *jou voor- en **teenspoed/teëspoed** hê* have one's ups and downs; *iem. ~ **toewens*** wish s.o. success; ~ *in/met jou **werk**!* success in your task!. ~**golf** boom.

voor·spoe·dig =*dige* prosperous, thriving, flourishing, fortunate, successful, palmy; ~ *wees* do well, prosper. **voor·spoe·dig·heid** prosperousness, prosperity; successfulness.

voor·spook·sel =*sels* foreboding, ill/bad omen; *(also)* good omen; *moenie ~s maak nie!* don't meet trouble halfway!; *iem. sien ~s* s.o. is troubled by forebodings.

voor·spraak =*sprake* mediation, intercession, advocacy; mediator, intercessor, vindicator; *vir iem. by ... ~ **doen/maak/wees*** plead for s.o. with ...; *by iem. ~ **doen/maak/wees** vir 'n ander* intercede with s.o. for s.o. else. ***op*** ~ *van ...* at the intercession of ...; *ons het 'n V~ by die **Vader**, (OAB)* we have an advocate with the Father *(AV)*.

voor·spring *voorge*= forestall, anticipate, steal a march on, get the start of; scoop, beat; *ander koerante ~* scoop other newspapers. ~**aanval** pre-emptive attack/strike. ~**slag** scoop *(infml.)*.

voor·sprong (head) start, lead, jump; advantage; gain; law *(given to a competitor in a race etc.)*; *met 'n ~ **begin*** get/have a head start; *'n ~ op iem. **behaal/kry*** get a start on s.o.; gain (up)on s.o., gain ground upon s.o., draw ahead of s.o., draw away from s.o.; *jou ~ **behou*** retain one's lead; *'n ~ **benut*** follow up an advantage; *'n ~ **gee*** give a start; *'n **groot** ~* a wide lead; *'n ~ op iem. **hê*** have a start on/over s.o.; have a lead over s.o.; have the advantage of s.o.; have the/an edge on/over s.o.; *'n ~ op iem. **kry** →**behaal/kry**; **vyftig/ens.** meter ~* fifty/etc. metres start; *dit is **waar** ... die ~ **het*** that is where ... has the advantage.

voor·spys =*spyse, (fml., rare)* hors d'oeuvre.

voor·staan *voorge*= advocate, champion, uphold, propagate, preach, favour, espouse, defend *(a cause)*; stand for *(equality)*; sponsor; go for; waylay; *dit staan jou nog duidelik/helder voor* one has a vivid recollection of it, it stands out in one's memory; one remembers it clearly (*or* quite well); *daar staan jou iets van voor* one has a (faint) recollection of it, it rings a bell *(infml.)*.

voor·stad suburb; →VOORSTEDELIK. ~**bewoner** suburbanite.

voor·stag *(naut.)* forestay.

voor·stan·der =*ders* advocate, supporter, upholder, proponent, champion, promoter, subscriber, adherent, partisan, stickler *(for)*; *'n ~ van iets wees* stand for (*or* be an advocate of) s.t. *(a policy etc.)*; *iem. is 'n groot ~ van ..., (also)* s.o. is a great believer in ... *'n ~ van vroueregte* a champion of women's rights. ~**klier** prostate (gland).

voor·ste first, foremost, initial; *(lit. & fig.)* most advanced; forward; front *(seat, coach of a train, etc.)*; anterior; *(chiefly naut.)* headmost; high-profile *(politician etc.)*; leading(-edge) *(company etc.)*; state-of-the-art, frontline *(technology)*; top-drawer *(club)*; ~ ***afdeling*** vanguard; *'n land se ~ jong **atlete** ens.* the cream (*or* crème de la crème) of a country's young athletic talent etc.; ~ ***gelid/geledere*** forefront; ~ ***skip*** leading ship.

voor·ste·de·lik =*like* suburban.

voor·steek *n.* running stitch. **voor·steek** *voorge*=, *vb.: jou voet ~* trip up *(s.o.)*.

voor·stei·er *(constr.)* falsework.

voor·stel =*stelle, n.* proposal, proposition; suggestion; resolution, motion; offer(ing); *(mot.)* fore-carriage, forebody *(of a vehicle)*; limber; *'n **aanloklike** ~* an attractive proposition; *'n ~ **aanneem*** adopt/carry a motion; accept/adopt a proposal; pass a resolution; *'n **aanneemlike** ~* an acceptable proposal; *van 'n ~ **afstap*** abandon a resolution; *'n ~ **doen/maak*** make (*or* put forward) a proposal; *iem. 'n ~ **doen/maak*** make s.o. a proposition; *'n ~ **indien*** introduce a motion; move a resolution; put down a resolution; *van 'n ~ **kennis** gee* table a motion; *met 'n ~ **kom*** put forward (*or* advance) a proposal/suggestion; *'n **onbestrede** ~* an unopposed motion; ***op** iem. se ~* at s.o.'s suggestion; *oor 'n ~ **praat*** speak to a motion; *'n ~ tot **stemming** bring* put a motion; *'n ~ **terugtrek*** withdraw a motion; *die ~ **verval*** the motion falls away; *'n ~ **verwerp*** defeat a motion; *die ~ is **verwerp*** the motion was defeated/lost. **voor·stel** *voorge*=, *vb.* introduce *(one pers. to another)*; present *(at court)*; represent *(a scene, s.t. by metaphor)*; play the part of, act *(Othello etc.)*; suggest; propose; move *(an adjournment)*; confirm *(in a church)*; propound, put forward; vote; (im)personate; figure as; imagine; *iem. **aan** iem. anders ~* introduce s.o. to s.o. else; *jou **aan** iem. ~* introduce o.s. to s.o.; *mag ek jou/u **aan** ... ~?* may I introduce you to ...?, meet ...!; *iets **as** ... ~* pass s.t. off as ...; make s.t. out to be ...; *jou iets **as** ... ~* conceive of s.t. as ...; *jou iem. **as** ... ~* visualise s.o. as ...; ~ ***dat*** ... propose that ...; move that ... *(a matter be dropped etc.)*; *iem. stel voor **dat** ...* s.o. suggests that ...; *jou iets nog **helder/lewendig** ~* have a vivid recollection of s.t.; *aan die **hof** voorgestel word* be presented at court; *jou **iets** ~* form an idea of s.t.; conceive of s.t. *(a certain situation etc.)*; *stel **jou** voor!* just fancy (that)!, just imagine (that)!; *jy **kan** jou dit ~* one can picture it to o.s.; *('n) mens **kan** jou nie ~ wat ... nie* one cannot imagine what ...; *mense aan **mekaar** ~* introduce people; ***wat** stel dit voor?* what does this stand for (*or* represent *or* signify)?. ~**bus** suggestion(s) box.

voor·stel·ler =*lers* proposer, mover, introducer; nominator, proponent; presenter. **voor·stel·ling** =*lings,* =*linge* representation, portrayal, prefiguration, personation; introduction; show, performance, production; confirmation *(in church)*; impression, concept(ion), visualisation, idea; *die ~ van iem. **aan** iem. anders* the introduction of s.o. to s.o. else; *iem. se **eie** ~ van 'n saak* s.o.'s own version of a matter; ~ *van **feite*** presentation of facts; ~ *aan die **hof*** presentation at court; *jou 'n ~ **maak** van* picture, imagine, visualise, ideate, form an idea of; *jou 'n ~ van iets **maak*** picture/visualise/conceptualise (*or* form an idea of) s.t.; *jy kan jou* *'n ~ daarvan **maak*** one can picture it to o.s.; *'n **skewe*** ~ a misrepresentation; *'n **valse*** ~ a false representa=tion.

voor·stel·lings=: ~**diens** confirmation service. ~**pa=rade** passing-out parade. ~**rok** confirmation dress. ~**vermoë** imagination, imaginative powers. ~**wyse** method of representation, way of representing things.

voor·stem *n., (rare)* affirmative vote. **voor·stem** *voorge=, vb., (rare)* vote in favour. **voor·stem·mer** *(rare)* voter in favour; *die ~s* the ayes, those in favour.

voor·ste·we *=we(n)s, (naut.)* stem, prow, forepart, fore=foot, bow(s) *(of a ship)*.

voor·stoep front veranda(h)/stoep.

voor·stoot *voorge=, vb.* push forward.

voor·straat *(rare)* main street.

voor·strand foreshore.

voor·stu·die preliminary/preparatory study.

voor·stuk front (piece), forepart; face piece; curtain-raiser; vamp *(of a shoe)*.

voor·swaar·te bowheaviness *(of a vessel)*; noseheavi=ness *(of an aircraft)*.

voor·sy front side; →VOORKANT.

voort forward, on(wards), forth, along. ~**aan, voort=aan** from now on, in future, henceforth, hereafter.

voor·tand front tooth, incisor; nipper *(of a horse)*.

voor·tang front fork *(of a wag[g]on)*.

voort·babbel *voortge=* babble away/on.

voort·ba·klei →VOORTVEG.

voort·be·staan *n.* survival, life, (continued) existence. **voort·be·staan** *het ~, vb.* survive, continue to ex=ist, live, persist, abide; *iets laat ~* allow s.t. to exist.

voort·be·weeg *het ~* move (on/forward); propel; im=pel; *jou ~* move. **voort·be·we·gend** impellent, loco=motive. **voort·be·we·ging** locomotion; propulsion; moving.

voort·boks *voortge=* fight on.

voort·bou *voortge=* go on (*or* continue) building; build; *op iets ~, (fig.)* build on s.t.. **voort·bou·ing** building on; *(geol.)* progradation.

voort·brand *voortge=* burn (on/away); *die vuur het voort=gebrand* the fire was still burning.

voort·bren·gend *=gende* procreative, progenitive; origi=native; productive; generative; **voort·bren·ging** pro=duction; creation; procreation; generation; →VOORT=BRING. **voort·breng·sel, voort·bring·sel** *=sels* product; production; *(also, in the pl.)* products; produce *(of a country)*.

voort·bring *voortge=* produce, yield, bring forth, in=duce; bear; spawn, generate, create; elaborate; emit *(sound)*; induce; originate; procreate; *God het alles voort=gebring* God created everything; *trane ~* fetch tears. **voort·bring·sel** →VOORTBRENGSEL.

voort·dring *voortge=* press forward; *(racing)* bore.

voort·dryf, voort·dry·we *voortge=* drive on, spur/urge on; float along; propel; impel. **voort·dry·wend** *=wende* propulsive, impellent, propellent; projectile. **voort=dry·wing** propulsion.

voort·du·rend *=rende, adj.* continuous, continuing, lasting, continual, unceasing, unremitting, incessant, unremitting, endless, eternal; constant *(joy)*; perma=nent; nonstop; progressive. **voort·du·rend** *adv.* con=tinuously; continually; steadily, constantly; progres=sively; forever, for ever, always, evermore; insistently; at all hours (of the day and/or night). **voort·du·ring** continuation; continuance, duration; incessancy, in=cessantness. **voort·duur** *voortge=* last, continue, en=dure, drag/go on; proceed; *die saak duur voort* the case is proceeding; the hearing continues.

voor·te·ken *n.* omen, augury, sign, portent, presage, forerunner, foretoken, advance notice; prodrome, (premonitory) symptom *(of a disease)*; *iets is 'n geluk=kige ~* s.t. is a good omen; *iets is 'n slegte ~* s.t. is a bad (*or* an ill) omen. **voor·te·ken** *voorge=, vb.* draw *(s.t.)* for *(s.o. to copy)*; rough/sketch out.

voor·tel *voorge=, (rare)* count to *(s.o.)*; count down *(money)*.

voort·gaan *voortge=* continue, go/move on, proceed; advance, progress; go ahead, make one's way; ***gaan voort!*** go on!; ***gaan** (so) voort!* carry on!; ***haastig/on=verwyld** met iets ~* press ahead/on with s.t.; *van **hier** ~* take it from here; *jy **kan** nie ~ nie* one has come to (*or* has reached) the end of the line/road; ***met** iets ~* carry/proceed (*or* go on) with s.t.; go through with s.t.; pursue s.t. **voort·gaan·de** progressional; progres=sive; proceeding; continuing *(debate etc.)*; ongoing *(process etc.)*. **voort·gang** progress, headway; process; continuation, advancement; *~ maak* proceed; *~ rap=porteer* report progress.

voort·ge·sels *het ~,* **voort·praat** *het voortge=* talk on.

voort·ge·set *=sette* continued, further; →VOORTSIT; *~te **deling**, (math.)* = HERHAALDE DELING; *~te **navor=sing/steun/twis/veldtog/ens.*** ongoing research/as=sistance/campaign/feud/etc.; *~te **onderwys*** further education; lifelong education; continuing education; *kollege vir ~te **onderwys*** college for further/contin=uous education; *'n ~te **toestand*** a continuous con=dition.

voort·haas: *jou ~* hurry along/on.

voort·help *voortge=* help on/along/forward; push; ex=pedite; promote, further; facilitate.

voort·hol *voortge=* rush on/along.

voort·hup·pel *voortge=* hop/tittup along.

voort·ja(ag) *voortge=* hurry on/along.

voor·tjie *=tjies, (dim.)* small furrow; →VOOR[1] *n.*; (seed) drill; gull(e)y.

voort·kan·ker *voortge=* spread insidiously, fester, eat away (*or* spread) like a cancer.

voort·klets *voortge=* rattle along/away/on.

voort·kom *voortge=* issue, arise, emanate, stem, flow, follow, spring, originate *(from)*; get along, make progress; *uit ... ~* issue from ...; originate from ...; result from ...; proceed from ... *iem. se siekte kom voort uit ...* s.o.'s illness is caused by ...; *uit die huwelik het vyf kinders voortgekom* five children were born of the marriage. **voort·ko·mend** *=mende* emergent.

voort·krui(·e) *voortge=* wheel/rumble/trundle along/on.

voort·kruip *voortge=* crawl along, creep on.

voort·leef, voort·le·we *voortge=* survive, live on; persist.

voort·lei *voortge=* lead on.

voort·mar·sjeer *voortge=* march on.

voor·to·neel *(theatr.)* proscenium.

voor·tou leading thong; lead; *die ~ neem* pull ahead; *die ~ by/van iem. afneem/oorneem* take over the lead from s.o. *(in a competition)*.

voort·plant *voortge=* propagate *(a disease, plant, race, belief, practice, etc.)*; procreate, multiply; reproduce *(a race)*; transmit *(a disease, sound, light)*; breed; pro=liferate. **voort·plan·tend** *=tende* procreative, progeni=tive, propagative. **voort·plan·ter** propagator; *(biol.)* reproductive; transmitter; procreator.

voort·plan·ting reproduction, breeding, propagation *(of a race)*; procreation; generation; transmission *(of sound)*; proliferation. ~**sel** *=le* reproductive/genera=tive cell. ~**snelheid** *(phys.)* velocity of propagation.

voort·plan·tings=: ~**kanaal** reproductive tract. ~**klier** reproductive gland, gonad. ~**orgaan** reproductive organ. ~**vermoë** reproductive power.

voort·ploe·ter *voortge=* plod along/on, grind on, mud=dle along/on.

voort·praat →VOORTGESELS.

voort·ram·mel *voortge=, (a speaker)* grind on.

voor·tref·lik *=like* excellent, first-class, first-rate, (pre-)=eminent, supereminent, signal, exquisite, outstanding, superb, admirable, distinguished, exceptional, fine, masterly, superior, superlative; *(infml.)* ace, tops, swell; *'n ~e ... wees, (also)* excel as a ... *(cook etc.)*. **voor·tref·lik·heid** excellence, goodness, transcendence, superb=ness, supereminence.

Voor·trek *n., (SA hist.)* start of the Great Trek.

voor·trek *voorge=, vb.* favour *(a child)*; prefer; give pref=erence to; be partial to; differentiate; have a higher opinion of.

voor·trek·ker pioneer; *(V~)* Voortrekker; →VOOR=TREK. **V~monument** Voortrekker Monument.

voor·trek·ke·ry favouritism, partiality, nepotism, differentiation.

voort·rol *voortge=* roll along/on, tool along.

voort·ruk *voortge=* press ahead/on, push on.

voort·ry *voortge=* ride/drive on/along.

voorts further(more), besides; *~ het iem. gesê* pro=ceeding, s.o. said.

voort·seil *voortge=* sail on/along; snake along.

voort·set·ter *=ters* continuator. **voort·set·ting** *=tings, =tinge, (also jur., fin.)* continuation; continuance, pros=ecution, pursuance, pursuit.

voort·set·tings=: ~**klas** continuation class. ~**komi=tee** continuation committee. ~**werk** follow-up.

voort·sing *voortge=: lustig ~* sing away (merrily).

voort·sit *voortge=* continue *(studies, a story, etc.)*; pur=sue *(an inquiry, studies, etc.)*; proceed on *(a journey)*; carry on *(work)*; follow up/out; proceed *(with a game etc.)*; push ahead/forward/on; prosecute *(studies)*; re=sume *(a discourse)*; →VOORTGESET; *die oorlog/stryd ~* fight on.

voort·skry *voortge=* stride along/on, advance, progress. **voort·skry·dend** *=dende* progressive, cumulative. **voort=skry·ding** advance, progress, forward movement.

voort·skuif, voort·skui·we *voortge=* push/shove/slide along/on.

voort·sleep *voortge=* drag along; *(existence)* drag on; *(negotiations)* drag by; *(winter, war, etc.)* grind on; *(war etc.)* linger on; trail/trog along; *jou ~* drag o.s. along; slog along/on; *'n voortslepende oorlog/vete/ens.* an on=going war/feud/etc.; *'n voortslepende probleem/ens.* a continuing problem/etc..

voort·slen·ter *voortge=* saunter/trog along, *(infml.)* mosey along/on.

voort·sleur *voortge=* drag on/along.

voort·sluip *voortge=* sneak along.

voort·snel *voortge=* hurry/hasten/race on/along, *(infml.)* bomb/breeze/rip/speed/streak/sweep/zip along, speed on, rocket, rush.

voort·speel *voortge=* play on.

voort·spoed *voortge=* speed on, hurry along/on.

voort·spruit *voortge=* originate, issue, accrue, rise; *iets spruit uit ... voort* s.t. arises from ...; s.t. flows from ...; s.t. grows out of ...; s.t. issues from ...; s.t. results from ...; s.t. has its roots in ...; s.t. stems from ... *~(ende) uit ..., (also)* consequent (up)on ...

voort·stamp *voortge=* push along/forward.

voort·stap *voortge=* walk on, stride along.

voort·stoom *voortge=* steam ahead.

voort·stoot *voortge=* push along/forward; frogmarch; propel.

voort·storm *voortge=* rush along/on, *(infml.)* power ahead.

voort·stro·ming onflow.

voort·strom·pel *voortge=* hobble/stumble/trog along, trudge; muddle along/on.

voort·stry *voortge=* struggle on; soldier on.

voort·stu *voortge=* drive on/forward, propel, push along. **voort·stu·wend** *=wende* impulsive, propulsive, pro=pellent. **voort·stu·wing** propulsion, advance.

voort·suk·kel, voort·swoeg, voort·wors·tel *voortge=* struggle/plod/toil/drudge/jog/muddle along/on; scratch/worry/bumble along; trudge; crawl, creep; grind on; pound along/away; *aan iets voortswoeg* slog/plod/beaver away at s.t..

voort·teel *voortge=* breed, multiply, procreate, prop=agate.

voort·trek *voortge=* trek on; drag/lug along; tow, draw, pull.

voor·tuin front garden.

voort·vaar *voortge=* sail along/on; continue. **voort·va·rend** *=rende =render =rendste* (of meer ~ die mees *=rende)* impetuous, rash, impulsive; forward; pushing, ener=getic, go-ahead, pushy; dashing; gung-ho *(infml.)*;

gonzo *(Am. sl.)*; vehement. **voort·va·rend·heid** impetuosity, impetuousness, rashness; push, drive, energy, go, *(infml.)* zip; forwardness; pushiness; hustle.
voort·veg, voort·ba·klei *voortge-* fight on.
voort·vloei *voortge-* flow along/on; ensue, eventuate; *iets vloei uit ... voort* s.t. arises from ...; s.t. ensues from ...; s.t. flows from ...; s.t. results from ... *hieruit vloei voort* ... from this follows ...; *~ende skade* consequential damage. **voort·vloei·sel** *-sels* result, consequence.
voort·vlug·tig *-tige, adj.* fugitive, on the run, runaway; *~e skuldenaar* absconding debtor. **voort·vlug·ti·ge** *-ges, n.* fugitive, prison-breaker.
voort·wen·tel *voortge-* continue revolving/rotating.
voort·werk *voortge-* work on; work harder/faster.
voort·wer·ping projection.
voort·woed *voortge-* continue raging, rage on.
voort·woe·ker *voortge-* spread (insidiously *or* like a cancer), fester.
voort·wors·tel *voortge-* →VOORTSUKKEL.
voor·tyd prehistoric times/era; *in die ~* in the dim past, in prehistoric times. *geskiedenis van die ~* prehistory. **voor·ty·de·lik** prehistoric. **voor·ty·dig** premature; *(med.)* preterm; untimely; *~e geboorte* premature/preterm birth. **voor·tyds** *-tydse, (rare)* former(ly).
voort·yl *voortge-* hurry/hasten/speed on/along.
voor·ui·er fore-udder.
voor·uit in front of, before; ahead, forward(s); forewarder; beforehand, in advance; in anticipation; onward(s); previously; upfront, up front; *~ en agteruit* back and forth; *iem. kan nie ~ of agteruit nie* s.o. is stuck (*or* can't move); *nie ~ of agteruit weet nie* →NIE VORENTOE OF AGTERTOE WEET NIE; *~ bepaal* fix beforehand; *~ bespreek* prebook; *~ bestel* order in advance; *~ betaalbaar* →BETAALBAAR; *~ beur* press forward; →VOORUITBEUR; *~ dateer* postdate; *~ dink* think ahead; *~ dring* push on/forward; *~ dryf/drywe* drive on/forward, impel. *~ gaan* go on before, go first; →VOORUITGAAN; *~ hê* receive/have in advance; →VOORUITHÊ; *~ help* help along/forward/on; →VOORUITHELP; *~ ja(ag)* hurry on before; shoot ahead of; *~ koop* pre-empt; *lank ~* well in advance; *~ loop* walk on ahead of; go first; →VOORUITLOOP; *~ ry* ride on ahead; *~ skat* pre-estimate; forecast; *~ skop* kick forward; *~ skuif/skuiwe* push/move/shove forward; →VOORUITSKUIF; *~ snel* rush ahead; →VOORUITSNEL; *~ spring* jump forward; →VOORUITSPRING; *~ stoot* push along/forward; propel; punt, pole *(punt)*; *~ stuur* send on/ahead (*or* in advance); *jou tyd ~ wees* →TYD; *~ veroordeel* precondemn; *~ vlieg* fly on ahead; dart/shoot/jump forward; *vooruit!* go ahead!, go it!, fire away!; *~ weet* know beforehand, have foreknowledge of. **~bepaal** *het ~* = **VOORUIT** BEPAAL. **~bespreekbaar** *-bare* prebookable. **~bestel** *het ~* = **VOORUIT** BESTEL. **~bestelling** advance order. **~betaal** →VOORUIT **BETAAL.** **~betaling** payment in advance, prepayment, front money. **~beur** go ahead, advance; win one's way; pull away/on, drag on/away; slog on/away, struggle on/away; power ahead; →**VOORUIT** BEUR. **~bring** *vooruitge-* advance; *iets ~* carry on s.t. **~dateer** →**VOORUIT** DATEER. **~dink** →**VOORUIT** DINK. **~dring** →**VOORUIT** DRING. **~dryf** →**VOORUIT** DRYF/DRYWE. **~gaan** *vooruitge-* get on, make progress, make head(way), get ahead, do well, prosper; advance, gain; improve; →**VOORUIT** GAAN; *iem. gaan goed vooruit* s.o. is doing fine/well. **~gang** progress, getting on; advance(ment), headway; growth, progression; betterment; prosperity; *~ rapporteer* report progress; *'n ~ teenoor* ... an improvement (up)on ...; *~ in die wetenskap* advances in science. **~geskowe** *(p.p.), (rare)* advanced; *~ pos* detached post; *~ stelling* advanced/forward position. **~hê** *vooruitgehad* have a start/pull (on); →**VOORUIT** HÊ; *iets op iem. ~* have an advantage over s.o. **~help** *vooruitge-* promote, help on/forward; →**VOORUIT** HELP, VOORTHELP. **~ja(ag)** →**VOORUIT** JA(AG). **~kom** *vooruitge-* get on, make progress/headway, advance, forge ahead, thrive, come on, gain. **~kyk** *vooruitge-* look ahead. **~loop** *vooruitge-, (fig.)* anticipate; →**VOORUIT** LOOP; *(op) 'n beslissing ~* anticipate a decision; *dinge ~* run ahead of things; *moeilikhede ~* →MOEILIKHEID; *die tyd ~* anticipate events. **~sê** *vooruitge-* foretell. **~sien** *vooruitge-* look ahead/forward; foresee; spot *(questions)*; *na iets ~* look forward to s.t.. **~siende** far-seeing *(fig.)*, clear-sighted, long-sighted *(fig.)*, prescient. **~siendheid** prescience, far-sightedness *(fig.)*, far-seeingness *(fig.)*, clear-sightedness *(fig.)*, foresight. **~sig** *-sigte* prospect, outlook; perspective; picture; *'n droewe/droewige/slegte ~* a bleak outlook/prospect; *daar is geen ~ op ... nie* there's no hope/prospect of ...; *goeie ~te hê* have a future; have good prospects; *gunstige ~te* bright prospects; *in die ~* in prospect; *mediese ~* prognosis; *in die ~ van samewerking* with/in the prospect of cooperation; *hierdie betrekking/werk is sonder ~te* this job has no prospects (*or* is a blind alley); *die ~ staan jou nie aan nie* one does not relish the prospect; *iets in die ~ stel* hold out the prospect of s.t., envisage s.t.; *vir iem. iets in die ~ stel* envisage s.t. for s.o., *(infml.)* dangle s.t. in front of (*or* before) s.o.. **~skat** *vooruitge-* →**VOORUIT** SKAT. **~skatting** forecast. **~skiet** *vooruitge-* shoot forward/ahead. **~skop** →**VOORUIT** SKOP. **~skuif, ~skuiwe** *vooruitge-* advance, push/move/shove forward/along; →**VOORUIT** SKUIF/SKUIWE. **~snel** *vooruitge-* rush forward/ahead *(with plans etc.)*; →**VOORUIT** SNEL. **~spring** *vooruitge-* jut out, project, protrude; →**VOORUIT** SPRING. **~springend** *-gende,* **voor·uit·staan·de** jutting out, prominent, prognathous; projecting, protruding; salient. **~staan** *vooruitge-* protrude, project. **~staande** →VOORUITSPRINGEND. **~steek** *vooruitge-* jut/stick out, protrude, project; put/hold out, thrust out; *(eyes)* goggle; beetle. **~stekend** *-kende* jutting/sticking out; prognathous; underhung, undershot *(jaw)*; *~e ken* prominent chin. **~streef, ~strewe** *vooruitge-* strive (to get on), forge ahead. **~strewend** *-wende -wender -wendste* (of *meer ~ die mees -wende*) progressive, forward-looking, advanced, go-ahead, revolutionary; ambitious, aspiring, up-and-coming. **~strewendheid** progressiveness; ambitiousness; forwardness. **~stuur** *vooruitge-* →**VOORUIT** STUUR. **~veroordeel** →**VOORUIT** VEROORDEEL. **~vlieg** *vooruitge-* →**VOORUIT** VLIEG.
voor·va·der *-ders, -dere* forefather, ancestor, for(e)bear, progenitor, male antecedent. **voor·va·der·lik** *-like* ancestral.
voor·val *-valle, n.* incident, occurrence, event, episode, happening, occasion. **voor·val** *voorge-, vb.* happen, occur, take place, transpire; *wat het tussen hulle voorgeval?* what passed between them?. **voor·val·le·boek** occurrence book. **voor·val·le·tjie** *-tjies, (dim.)* little incident; →VOORVAL *n.*.
voor·veg·ter champion, advocate, protagonist; *iem. is 'n ~ vir ...* s.o. is a champion of ... *(freedom, reform, etc.)*.
voor·ven·ster front window.
voor·ver·eis·te prerequisite, precondition; *'n ~ vir ...* a prerequisite for ...
voor·ver·hit preheat; *~te oond* preheated oven. **voor·ver·hit·ter** preheater. **voor·ver·hit·ting** preheating.
voor·ver·hoog *(theatr.)* apron (stage), downstage.
voor·ve·ring front suspension.
voor·ver·koel pre-cool.
voor·ver·koop advance booking/sale(s); pre-sale; *behoudens ~* subject to prior sale. **~reg** (first) refusal.
voor·ver·ko·per frontsman.
voor·ver·on·der·stel, voor·on·der·stel *het ~* presuppose; premise. **voor·ver·on·der·stel·ling, voor·on·der·stel·ling** presupposition; premise.
voor·ver·ster·ker preamplifier, *(infml.)* preamp.
voor·ver·te·ring predigestion.
voor·ver·to·ning preview, private view; preliminary show.
voor·ver·trek front room; antechamber; anteroom; lounge, sitting/drawing room.
voor·ver·warm = VOORVERHIT.
voor·ver·werk *(comp.)* preprocess. **voor·ver·wer·ker** *(comp.)* preprocessor, front-end processor.
voor·vin·ger forefinger, first finger, index (finger).
voor·vlak face; front face.
voor·vlerk forewing *(of an insect)*. **~veer** *(orn.)* remex.
voor·voeg *voorge-* prefix. **~notasie** *(log., comp.)* prefix/Polish notation.
voor·voe·ging prefixion, prefixing; *(gram.)* prothesis. **voor·voeg·sel** *-sels* prefix.
voor·voel *het ~, (rare)* have a premonition of, divine; →VOORGEVOEL.
voor·voer *voorge-* prime. **voor·voer·der** *(mot.)* primer.
voor·voet forefoot.
voor·volg *n., (film/book containing events which precede those of an existing work)* prequel.
voor·vrou forewoman; prominent/leading woman, *(infml.)* queen bee.
voor·vurk front fork *(of a bicycle)*.
voor·vy early fig.
voor·wa limber *(of a gun carriage)*.
voor·waar indeed, truly; *want ~ Ek sê vir julle, (Bib.)* for verily I say unto you.
voor·waar·de *-des* condition, stipulation, term *(of a treaty)*; precondition; proviso, provision; *die ~s aanvaar* accept the conditions; *op ~ dat ...* on condition that ..., provided/providing (that) ..., conditional (up)on ...; *iets doen op ~ dat ..., (also)* do s.t. on the understanding that ...; *op dié ~* on this condition/understanding; *op één ~, dat ...* on one condition, that ...; *onder geen ~s nie* not on any terms; *daar is geen ~s aan verbonde nie* there are no strings attached to it; *die ~s nakom* abide by the terms *(of a contract, treaty, etc.)*; *nuwe ~s stel* move/shift the goalposts *(fig., infml.)*; *aan ~s onderhewig wees* be subject to conditions; *~s van ooreenkoms* articles of agreement; *sonder ~s* without strings (attached); *~s stel* impose/make conditions; *as ~ stel dat ...* make it a condition that ...; *op die uitdruklike ~ dat ...* on the distinct understanding that ...; *aan die ~s voldoen* satisfy the conditions. **voor·waar·de·lik** *-like* conditional; qualified; contingent; provisory; *van ~e aard* of a contingent nature; *~e laste* contingent liabilities; *~ ontslaan wees, (jur.)* be bound over; *~e oorgawe* conditional surrender; *~e sin, (gram.)* protasis; *~e vrylating* probation; *~e wys(e), (gram.)* conditional mood.
voor·waarts *-waartse, adj.* forward, onward, frontward; *~e beweging, (also)* headway, push. **voor·waarts** *adv.* forward(s), onward(s), frontward(s); *~ mars!* forward march!, quick march!.
voor·wag quarter-guard.
voor·was *n.* propolis; prewash. **voor·was** *voorge-, vb.* propolise; prewash. **~siklus** prewash cycle *(of a washing machine)*.
voor·wed·stryd curtain-raiser; preliminary competition/match/game/round.
voor·wend *voorge-* pretend, simulate, sham, feign, dissemble, assume; →VOORGEWEND; *siekte ~* malinger. **voor·wend·sel** *-sels* pretext, pretence, subterfuge, pretension, make-believe, simulation, sham, dissimulation, affectation, blind, feint, fake, excuse, cover story *(fig.)*; disguise, mask, guise; *onder die ~ dat ..., (also)* on the plea that ...; *onder valse ~s* by/under false pretences; *onder ~ van ...* under the pretence (*or* colour) of ..., under/(up)on the pretext of ...; under the guise of ... *(friendship etc.)*.
voor·wê·reld prehistoric world. **voor·wê·reld·lik** *-like,* **voor·wê·relds** *-reldse* prehistoric, primeval.
voor·werk *n.* outwork; facing (work); introduction, front matter, preliminary pages, *(infml.)* prelims *(of a book)*; spadework, rough work; roughing, preliminary work; preliminaries. **voor·werk** *voorge-, vb.* work in front, lead *(workmen)*. **~klip** facing/face stone. **~muur** faced wall.
voor·wer·ker leading hand, leader; foreman, *(SA, derog.)* bossboy.
voor·werp *-werpe, n., (also, gram.)* object; article, thing; matter; *belanghebbende ~* →BELANGHEBBEND; *ly-*

dende ~ →LYDEND; *'n ~ van **spot/bespotting*** a figure of fun; *iem./iets 'n ~ van **spot** maak* →SPOT *n.; ~e van **toorn*** vessels of wrath; ***vreemde*** ~ →VREEMD *adj.*. **~glas** objective; slide. **~lens** *(opt.)* object glass, object (lens). **~sin** *(gram.)* objective clause.

voor·werp·lik *=like* objective.

voor·werps=: **~kuns** representational art. **~naam** name of an/the object. **~naamval** *(gram.)* objective case.

voor·we·te foreknowledge, prescience, precognition. **voor·we·tend** *=tende* prescient. **voor·we·tend·heid, voor·we·ten·skap** = VOORWETE.

voor·wiel front wheel; limber wheel *(of a gun carriage)*; nose wheel *(of an aircraft)*. **~aandrywing** front-wheel drive. **~aangedrewe** *(attr.)* front-wheel-drive. **~naaf** front hub.

voor·wind head wind.

voor·winter early (part of) winter, beginning of winter.

voor·woord foreword, preface, proem; *die ~ by ...* the preface to ...

voos *voos voser voosste* perished, rotten; hollow, unsound; *(pred.)* clapped out, *(attr.)* clapped-out *(a vehicle etc.)*; spongy; *op 'n ~ kol afkom* strike a bad patch; *~ slaan* beat to a pulp. **voos·heid** rottenness; unsoundness, hollowness; sponginess.

vor·der *ge=* advance, get on, gain, (make) progress, make headway, move forward; demand, claim, ask, expect; call for; *iets ~ **goed*** s.t. comes along/on nicely; *iem. ~ **goed*** s.o. is doing nicely; *daar word **goed** mee gevorder, (also)* it is well in hand; ***hoe** ~ jy?* how are you getting on?; ***met** iets ~* get on with s.t.; ***niks** ~ nie* make no progress; *ge~de **studie*** advanced studies; ***tot** ... ~* advance to ...; graduate to ...; rise to ...; *iets **van** iem. ~* claim/demand s.t. from s.o. *(damages, payment, etc.)*; *iem. het **ver/vêr** ge~* s.o. has come a long way *(fig.)*; ***vinnig*** ~ make rapid progress; make fast/good time; advance rapidly. **vor·de·raar** *=raars* exactor, demandant, demander. **vor·der·baar** *=bare* claimable, demandable, chargeable; payable, due.

vor·de·ring *=rings, =ringe* progress(ion), headway, advance(ment), gain; improvement *(of a patient)*; *(jur.)* action, demand, claim; *(jur.)* vindication; charge; *(ins.)* claim; exaction; levy; *iets **belemmer** iem. se ~* s.t. is a check on s.o.'s progress; *'n ~ teen 'n **boedel*** a charge against an estate; ***geen** ~ maak nie* make no progress; ***goeie** ~ maak* make good progress; make great strides; be going strong; *'n ~ **hê** op* have a claim (up)on; *'n ~ **instel*** claim, advance (*or* send in) a claim; *~ **maak*** make progress, get on; *~ **rapporteer*** report progress. **vor·de·rings·ver·slag** progress report.

vo·re: *iets na ~ **bring**, (lit.)* advance s.t., move s.t. forward; bring out s.t., bring s.t. to the fore, give prominence to s.t., stress/highlight s.t.; *na ~ **kom*** come forward; come to the fore; ***na*** ~ to the front; *na ~ **tree*** stand out.

vo·ren·dag: *~ kom, (s.t.)* come to light; *(s.t.)* crop up; show up *(infml.)*, make one's appearance; *met iets ~ kom* come out with s.t.; bring s.t. forward; pitch in with s.t.; *(infml.)* trot s.t. out *(an argument, excuse)*.

vo·ren·toe *adj.* forward *(pass)*; progressive *(farmer etc.)*; smart, fine *(girl etc.)*; first-class, first-rate. **vo·ren·toe** *adv.* forward(s); to the fore; onward(s); ahead; *(theatr.)* downstage; frontward(s); *~ **aangee*** pass forward; →VORENTOEAANGEE; *~ en **agtertoe*** hither and thither; *nie ~ of **agtertoe** kan nie* be stuck; *nie ~/vooruit of **agtertoe/agteruit** weet nie, (infml.)* not know which way to turn; be at a loss, be in a quandary; *~ **beur*** →BEUR[2] *vb.*; *~ **boer*** →BOER *vb.*; *~ **buig*** tilt forward; *~ **dring*** →DRING; *~ **gaan*** go/step forward, go to the front; go up front; get on, (make) progress; *~ **kom*** come forward; go ahead; ***reg*** ~ straight ahead; right along; ***reg** ~ gaan* keep straight on; *dit **smaak** ~* →SMAAK *vb.*; *~ **tree*** step forward; step up; ***verder/vêrder*** ~ further on. **~aangee** *=geë, (rugby)* forward pass.

vo·ri·ge former *(husband, times, etc.)*; earlier *(stage etc.)*; last, previous, past *(week, year)*; preceding *(page etc.)*; late; sometime; *die ~ **dag*** →DAG[1]; *van die ~ **maand*** ultimo; *~ **nommer*** →OU/VORIGE/VROEËRE **NOMMER**; *die ~ **vergadering*** the last meeting.

vorm *n., (pl.:* vorms*)* form, shape; *(pl.:* vorms*)* figure, frame; block; *(pl.:* vorme*)* mode; *(pl.:* vorme*)* form *(of a word)*; version; style; mould *(for a cake)*; matrix *(for type)*; *(print.)* forme; *(gram.)* voice *(active, passive)*; ceremony, formality, form; conformation; *(a document)* form; cast *(for an injured limb)*; *dinge neem vorm **aan*** things are shaping up; *~ **aanneem/kry*** take shape; *die ~ **in ag** neem* observe the proprieties; *(aan) iets ~ **gee*** give shape to s.t.; lick/put/throw s.t. into shape; ***in** die ~ van ...* in the form/shape/likeness of ...; *'n ~ **invul*** complete a form, fill in/out/up a form; ***sonder** (enige) ~ van proses* out of hand, summarily; without trial; ***verboë** ~e, (gram.)* inflected forms; ***vir** die ~* for form's sake, as a matter of form; *in **watter** ~ ook al* in any shape (or form). **vorm** *ge=, vb.* form *(a word, character, company, government, committee, idea, judg[e]ment, etc.)*; constitute *(a threat, an exception, etc.)*; make; *(lit. & fig.)* mould, cast; shape, fashion; frame *(a theory, words, etc.)*; throw *(pottery)*; grade *(a road)*; educate, train; *iets na ... ~* model s.t. after/on ...; pattern s.t. after/on ...; *iets in/tot ... ~* form s.t. into ...; *'n ... uit iets ~* shape s.t. into a ... **~afdruk** cast. **~afwyking** variety. **~bank** moulder's bench. **~bepaling** figuration. **~blok** swage/forming block, former. **~boom** topiary. **~bord** *(foundry)* moulding board, strickle; *(psych.)* formboard. **~broekie** panty girdle. **~dienaar** formalist. **~diens** formalism. **~drag** corsetry, foundation garments. **~gebrek** formal defect. **~geskiedenis** *(Bib.)* form criticism. **~getrou** conformable. **~gewer** stylist. **~gewing** shaping; styling, design. **~giet** *ge=, vb.* die-cast. **~gieter** moulder. **~gieting** die-casting. **~gietstuk** die-casting. **~gips** sculptor's plaster. **~hael** moulded shot. **~hout** template, templet. **~kas** *=te* moulding/casting box. **~klei** modelling/moulding clay. **~klip** ashlar, ashler. **~koekie** cupcake. **~krag** creative power; *(philos.)* entelechy. **~kwessie** question/matter of form. **~lading** *(mil.)* shaped charge. **~leer** *(biol., gram.)* morphology; *(gram.)* accidence *(obs.)*; *(archit.)* theory of form(s). **~masjien** *(foundry)* moulding machine. **~plank** modelling/moulding board; *(brickwork)* stock board. **~poeding** moulded pudding. **~raam** moulding frame. **~rekking** stretching. **~sand** moulding sand. **~smee** *gevorm=* swage. **~snyer** form cutter. **~staal** shaped steel. **~steen** cast/ashlar brick; forming piece. **~stryktroffel** smoothing trowel, slicker. **~tafel** moulding table, mould frame. **~troffel** spoon tool. **~vas** *=te* form-retaining, shape-retaining; *(fabric)* antitwist. **~veerkrag** elasticity of shape. **~verandering** change of form; transformation, metamorphosis; deformation; metastasis; strain. **~voer** *n., (comp.)* form feed. **~weerstand** *(av.)* form drag. **~werk** moulding. **~wisseling** transmutation. **~woord** *(gram.)* empty/form/function word. **~yster** mandrel, mandril.

vorm·baar *=bare* mouldable, pliable, plastic, fictile, shap(e)able. **vorm·baar·heid** mouldableness, plasticity.

vor·mend *=mende* forming, formative; edifying, improving, educative; creative; →VORM *vb.*. **vor·mer** *=mers* former, moulder; framer, maker, shaper.

vor·ming *=mings, =minge* forming, formation; shaping, fashioning, moulding; education, training, development; contraction *(of a habit)*; creation; *geestelike ~* spiritual development. **vor·mings·wy·se** *(biol.)* morphosis.

vorm·lik *=like* formal(istic), conventional; ceremonial; ceremonious; *~e beleefdheid* politesse, formal politeness/etiquette, courteous formality. **vorm·lik·heid** formality, formalism, conventionality, ceremony.

vorm·loos *=lose* formless, unformed, unstructured; shapeless, amorphous; undigested. **vorm·loos·heid** formlessness; shapelessness, amorphousness, amorphism; dumpiness.

vorm·pie *=pies, (dim.)* little form; →VORM *n.*.

vorm·sel *=sels, (RC)* confirmation.

vors[1] *vorste, n., (archit.)* (roof) ridge, saddle, top *(of a roof)*. **~bedekking** ridging. **~pan** ridge tile.

vors[2] *vorste, n.* monarch, sovereign; prince; potentate; →VORSTE=, VORSTELIK, VORSTIN; *die ~ van die duisternis* the prince of darkness; *die Indiese ~te* the Indian princes; *'n ~ onder die mense* a king among men. **~-biskop** prince bishop.

vors[3] *vorste, n., (arch.)* frost, freeze.

vors[4] *ge=, vb., (rare)* investigate, search; do research (work); *~ende blik* searching glance.

vors·te=: **~dom** *=me* principality, princedom, princely state. **~guns** royal favour. **~huis** dynasty, royalty, royal/reigning house. **~moord** regicide. **~moorder, ~moordenaar** regicide. **~seun** prince, royal son.

vor·ste·lik *=like, adj.* princely, lordly; royal; imperial; kinglike, kingly; queenlike, queenly; regal; monarch(i)al, monarchic(al); palatial; *'n ~e **beloning*** →BELONING; *~e **besoek*** royal visit; *die ~e **huis*** the royal family; the reigning house; *~e **persoon/persone*** royalty. **vor·ste·lik** *adv.* royally; *~ betaal* pay handsomely/royally. **vor·ste·lik·heid** princeliness, royalty, lordliness.

vors·tin *=tinne, (fem.)* queen, empress, (female) sovereign/monarch/ruler; princess; sovereign's/ruler's wife.

vort *adj.* gone, away; *iem. is ~* s.o. has left. **vort** *interj.* get/clear out, get away, beat it. **~gaan** *vortge=* leave, go away.

Vor·ti·sis·me *(also v~, Br. movement in painting)* vorticism. **Vor·ti·sis** *=siste, (also v~)* vorticist.

vos *vosse, n.* fox; sorrel/chestnut/bay (horse); *(fig.)* rascal; *as die ~/jakkals die passie preek, moet die boer sy ganse oppas, (rare)* when the fox preaches, beware of your geese. **vos** *adj.* bay, sorrel; light blond; reddish *(hair)*. **~aap** *(zool.)* lemur, macaco. **~blond** light blond. **~bont** = JAKKALSBONT. **~kat** *(Am., zool.)* bobcat. **~kop** light blonde; redhead. **~perd** bay/chestnut/sorrel horse. **~skimmel** strawberry/chestnut roan. **~stert** brush.

vos·ag·tig *=tige* vulpine.

vos·se=: **~jag** fox-hunt(ing); *op die ~ gaan* ride to hounds. **~jagter** fox-hunter; follower of hounds.

vos·sie *=sies, (dim.)* little fox; jackal; →VOS.

vo·tief *=tiewe* votive. **~mis** *(RC)* votive Mass.

vo·tum *=tums, (relig.)* (hallowing) introduction.

vou *voue, n.* fold; crease, crinkle; turning; *(anat., bot.)* plica; *(biol.)* ruga; cockle; pleat; ply; pucker; ruck(le); *iets in die beste ~e/voeë lê* place s.t. in a good light; smooth s.t. over. **vou** *ge= vb.* fold; crease, pucker; fashion; enfold; pleat; ply; pucker; ruck(le); rumple; cockle; *jou **arms** om iem. ~* wind s.o. in one's arms, wind one's arms (a)round s.o.; *met ge~de **arms*** with folded arms. ***dubbel*** ~ curl up; *iets **dubbel** ~* double s.t. up; *met ge~de **hande*** with clasped/folded hands; not doing anything; *jou **hande/arms** ~* fold the hands/arms; *iem. **sit met** ge~de hande, (also, infml.)* s.o. sits on his/her hands. **~arm** folding arm. **~bed** camp bed/stretcher, stretcher, folding bed, fold-up bed. **~biljet, ~blaadjie, ~blad** folder, pamphlet. **~deur** folding door(s), extension door. **~duimstok** joint rule. **~fiets** folding/collapsible (bi)cycle. **~gleuf** folder *(of a sewing machine)*. **~hek** extension/collapsible gate. **~kap** folding hood. **~katel** *(obs.)* folding bedstead. **~leer** folding ladder. **~lyn** crease; hemline; *met ~e* creased. **~masjien** folding machine, folder. **~poot** folding leg. **~(poot)tafel** gateleg(ged)/folding table. **~skerm** folding screen. **~skuit** collapsible boat. **~spieël** folding mirror. **~sterkte** folding strength *(of paper)*. **~stoel** camp stool/chair, folding/collapsible chair, deck chair. **~tafel** folding/collapsible table. **~vlerk** folding wing, swing-wing. **~yster** double iron.

vou·baar *=bare* folding, foldable; collapsible; pliable. **vou·baar·heid** foldability; collapsibility; pliability.

vou·ing folding, plication.

vou·tjie *=tjies, (dim.)* crease, small fold; →VOU *n.*.

vo·yeur *(<Fr.)* voyeur. **vo·yeu·ris·me** voyeurism. **vo·yeu·ris·ties** *=tiese* voyeuristic.

vra *ge=* ask; ask for, request; question, interrogate; enquire, inquire, demand; solicit; charge *(a price)*; invite *(applications, tenders)*; ask to marry, propose to;

(cards) bid, call out *(trumps)*; *iets ~ al iem. se* ***aandag*** →AANDAG; *jy ~ jou* ***af*** one asks o.s.; *wat doen jy,* ***as*** *ek mag ~?* what are you doing, if I may ask?; *~ (hier)* ***binne*** inquire/enquire within; *iets* ***by/van*** *iem. ~* ask s.o. for s.t.; *jy moet hom/haar* ***daarna*** *~* you must ask him/her about it; *~* ***dit!****, (infml.)* one/you may well ask!, that's a good question!; ask me another!; *~ (maar)* ***gerus!*** ask away!; *('n) mens* ***hoef*** *net (daarom) te ~* s.t. is to be had for the asking; *jy* ***hoef*** *net te ~* it is yours for the asking; ***iem.*** *~* request the company of s.o.; *iem.* ***is*** *gevra ...* s.o. has been asked ...; *ek ~* ***jou*** I put it to you; *ge~: 'n* ***kelner/kelnerin*** wanted: a waiter/waitress; *iets op die* ***man*** *af ~* ask a straight question; ***moenie*** *vir my ~ nie!, (infml.)* don't ask me!, search me!, ask me another!; ***mooi*** *~* ask nicely; ***na*** *... ~* ask about/after/for ...; inquire/enquire after ...; *iem.* ***na*** *iets ~* ask s.o. about s.t.; *iem.* ***na*** *'n byeenkoms ~* invite s.o. to a function; *uitdruklik* ***na*** *iets ~* ask for s.t. by name; *iem. ~* ***na*** *jou* you are wanted; *~* ***of*** *...* ask whether ...; ***(om)*** *iets ~* ask for s.t.; call for s.t. *(volunteers etc.)*; cry for s.t.; *iem.* ***om/vir*** *iets ~* ask s.o. for s.t.; solicit s.o. for s.t., solicit s.t. of s.o.; *iem. ~* ***om*** *oor te kom* ask s.o. over/round; *~* ***om*** *die bestuurder te spreek* ask to see the manager; *iem. ~* ***om*** *iets te doen* ask s.o. to do s.t.; *'n* ***onderhoud*** *~* request an interview; *iem. (na) die* ***pad*** *~* →PAD; *(om)* ***raad*** *~* seek advice; ***skoppens*** *word ge~* spades are led; *dit ~ baie* ***tyd*** it takes up much time; *iem. ~ om saam met jou* ***uit*** *te gaan* invite s.o. out; ***verlof*** *~ om te ...* →VERLOF; *(om)* ***verskoning*** *~* →VERSKONING[1] ***n.***; *R50* ***vir*** *iets ~* charge R50 for s.t.; *iem.* ***vir*** *iets ~* →***om/vir***; *iem.* ***vir*** *middagete/tee ~* invite s.o. to lunch/tea; *~* ***is vry*** *(en weier daarby)* one is free to ask (and to be refused). *dit mag jy* ***wel*** *~, nou ~ jy!* that's a good question, ask me another.

vraag *vrae, n.* question; query; demand *(for a commodity)*; problem, issue, doubtful point, question; question, assignment; request; inquiry, enquiry; *~ en* ***aanbod*** supply and demand; *skielik met 'n ~ op iem.* ***afkom*** spring a question on s.o.; *'n ~ met 'n* ***angel*** a loaded question; *op 'n ~* ***antwoord****, 'n ~* ***beantwoord*** answer a question; *die spreker sal vrae* ***beantwoord*** the speaker will answer/take questions; *'n uiters* ***belangrike*** *~* a vital question; *die* ***belangrike/groot/moeilike*** *~* the sixty-four (thousand) dollar question; *met vrae* ***bestook/oorval*** *word* be assailed with questions; *vrae van die* ***dag*** current affairs; ***dis*** *'n (ander) ~* that is another question; ***dit*** *is die ~* that is the question; *vrae vir 'n* ***eksamen*** *opstel* set questions for an examination; ***geleentheid*** *vir vrae gee* invite questions; *dit is (nog) die* ***groot*** *~* it/that is (still) a big if; *daar is 'n* ***groot/sterk*** *~ na iets* s.t. is (much) in demand, s.t. is in great demand; s.t. is at a premium; s.t. is sought after; *die ~ is* ***hoe*** *om dit te doen* the problem is how to do it; *die ~* ***is*** *...* the thing is ...; *die ~* ***kom*** *op of ...* the question arises whether ...; *'n* ***kwaai*** *~* a tough question; *'n ~ op die* ***man*** *af* a straight question; *die* ***moeilike*** *~* →***belangrike/groot/moeilike***; *die ~* ***na*** *iets* the demand for s.t.; *dit is* ***nie*** *die ~* ***nie*** that is not the point/question; *dit is* ***nog*** *die ~* it remains to be seen; *dit is 'n ~* ***of*** *...* it is an open question whether ...; it is debatable whether ...; *die ~* ***ontstaan*** *of ...* the question arises whether ...; *die ~ het* ***ontstaan/opgekom*** *of ...* the question has arisen whether ...; *met vrae* ***oorval*** *word* →***bestook/oorval***; *'n ~* ***opper/opwerp*** raise a question; *vrae* ***raai/voorsien*** spot questions *(for an examination)*; ***sonder*** *allerlei vrae* no questions asked *(infml.)*; *'n ~ ter* ***sprake*** *bring* raise a question; *'n ~* ***stel/vra*** put/ask a question; *'n* ***sterk*** *~ na ...* →***groot/sterk***; *'n* ***suggestiewe*** *~* a leading question; *die ~* ***vermy*** dodge/evade the issue; *'n ~* ***vra*** →***stel/vra***. **~baak** *-bake, (obs.)* vade mecum, reference book; guide; *(pers.)* oracle, walking encyclop(a)edia/dictionary, source of information. **~bestuur** demand management. **~gesprek** *(rare)* interview; *'n ~ met iem. voer* interview s.o.. **~punt** point of discussion, question/point (at issue), point in question, query, moot point. **~siek** inquisitive. **~sin** *(gram.)* interrogative sentence. **~stuk** question, problem, issue; assignment; *'n ~* ***(aan)pak*** tackle a problem; *'n uiters* ***belangrike*** *~* a vital question; *'n* ***brandende*** *~* a burning question; *'n ~* ***hanteer*** address a problem; *'n* ***lastige/omstrede*** *~* a vexed question; *'n* ***netelige*** *~* a thorny problem; *'n ~* ***oplos*** solve a problem. **~sug** inquisitiveness. **~sugtig** *-e* inquisitive. **~teken** interrogation mark, mark of interrogation, question mark; *(chiefly typ.)* query (mark); *'n ~ agter/by iets sit* query s.t. *(a statement)*; *daar hang 'n ~ oor iets* s.t. is uncertain. **~woord** interrogative word.

vraags·ge·wys, vraags·ge·wy·se by way of question(s), catechetic(al).

vraat *vrate* glutton, go(u)rmand, go(u)rmandiser, gannet, gobbler; coarse/gross feeder; guzzler; *sê groete vir die vrate!* →GROETE. **vraat·ag·tig, vraat·ag·tig·heid** = VRAATSIG, VRAATSIGHEID. **vraat·sig** *-sige* gluttonish, gluttonous. **vraat·sig·heid** gluttony. **vraat·sug** gluttony, voracity, voraciousness, gulosity, edacity. **vraat·sug·tig** *-tige* gluttonous, voracious, ravening; *(zool.)* polyphagous; →VRATERIG.

vra·e-: **~boek** questions/problems/assignments book, workbook; *(relig.)* catechism. **~bus** question(s) box. **~lys** questionnaire, question/inquiry/enquiry form, query sheet; list of questions. **~stel** question/examination paper; *'n ~* ***opstel*** set a paper. **~steller** questioner; quizmaster, question master; heckler; inquirer, enquirer; interviewer; interrogator. **~tyd** question time; *met ~* at question time.

vra·end *-ende, adj.* questioning, inquiring, enquiring, querying, wondering; *(gram.)* interrogative; *~e voornaamwoord, (gram.)* interrogative pronoun. **vra·end** *-ende, adv.* inquiringly, enquiringly; quizzically; *~ na iem. kyk, iem. ~ aankyk* give s.o. a questioning/quizzical look, look at s.o. quizzically; *jou skouers ~ ophaal/optrek* shrug quizzically; *'n wenkbrou ~ lig* raise an eyebrow (*or* a brow) inquiringly/enquiringly, arch a quizzical (eye)brow. **vra·en·der·wys, vra·en·der·wy·se** questioningly, interrogatively, inquiringly, enquiringly.

vra·er *-ers* questioner, interrogator; inquirer, enquirer; solicitant; interviewer; →VRAESTELLER. **vra·e·rig** *-rige* inquisitive, nos(e)y. **vra·e·rig·heid** inquisitiveness. **vra·e·ry** questioning.

vrag *vragte* load(ing) *(on a wag[g]on)*; *(naut.)* cargo, shipment; boatage; *(by water)* freightage; *(by land)* carriage, freight, portage, cartage; bulk; burden; *(horse racing)* impost; lading; *~* ***betaal*** carriage paid; *~ te* ***betaal*** carriage forward; ***'n*** *~ ...* a load of ...; *'n* ***swaar*** *~ dra* carry a heavy load. **~agent** freight agent. **~boot** →VRAGSKIP, VRAGSKUIT. **~brief** *(rly.)* consignment note, waybill; *(naut.)* bill of lading; delivery/forwarding note; *(jur.)* bill of carriage. **~diens** cargo/freight service; carrier service. **~draend** cargo-carrying. **~geld** freightage; *(by land)* carriage; *(rly.)* railage, haulage; freight. **~goed** cargo; goods; freight(age). **~koers** →VRAGTARIEF. **~kontrak** charter party. **~loods** cargo shed. **~loon** cartage. **~lys** freight list; *(naut.)* manifest; *(by land)* waybill. **~merk** shipping mark. **~motor** truck, lorry. **~motorryer** truck/lorry driver. **~rekening** freight account. **~ryer** (common) carrier, cartage contractor, haulier, carter. **~skip** freighter, cargo ship/boat. **~skipper** bargee, bargeman. **~skuit** cargo boat, barge. **~soeker** *(obs., rare)* (ocean) tramp, tramp (ship/steamer). **~stuk** piece/item of freight, parcel, packet; *(also, in the pl.)* freight. **~tarief** freightage; carriage rate; freight rate/tariff; goods rate, haulage. **~tonafstand** freight-ton mileage. **~trein** goods train, *(Am.)* freight train. **~vaarder** cargo ship, freighter; (sea) carrier. **~vaart** carrying trade. **~verdeling** load distribution, distribution of load, trim; allocation of cargo. **~vermoë** cargo/carrying capacity. **~vervoer** freight/goods traffic, cargo transportation, freightage; haulage, cartage; goods carriage. **~vliegtuig** cargo/freight plane, air freighter. **~vry** carriage paid/free; freight/carriage paid; postage paid. **~wa** truck, lorry; transport wag(g)on; camion *(Fr.)*; loaded wag(g)on.

vra·gie *-gies* small question; →VRA, VRAAG.

vrank *vrank vranker vrankste* acrid, acid, tart, harsh, astringent, acerbic, acidulent, acidulous, sour(ish) *(taste)*; rough *(wine)*. **~wortel** *(bot.)* green hellebore.

vran·ke·rig *-rige* rather tart/acid; →VRANK.

vrank·heid tartness, harshness, astringency, acerbity, acridity, acidity.

vrat *vratte* wart; *(pathol.)* verruca; scab *(in timber)*; knot. **~vry** wart-immune.

vrat·ag·tig *-tige* wartlike; warty; verrucose, verrucous.

vra·te·rig *-rige* gluttonous, gluttonish, piggish.

vrat·jie *-jies, (dim.)* (little) wart; →VRAT; pustule; tubercle. **vrat·te·rig** *-rige* wartlike; warty; tuberculate(d), tubercular; verrucose, verrucous; nutty.

vre·de peace; calm, quiet(ude), quietness; *die ~* ***bewaar*** keep the peace; *die* ***bewaring/handhawing*** *van ~* peacekeeping; *ek het ~* ***daarmee****, (infml.)* I have no objections; I couldn't care less; *daar* ***heers*** *~* there is peace; ***in*** *~* at peace; *~ vir* ***julle****, (Bib.)* peace be unto you; *iem. met ~* ***laat*** leave s.o. in peace (*or* alone); *in ~ met iem.* ***leef/lewe*** live in/at peace with s.o.; *met iem. ~* ***maak*** make peace with s.o.; ***met*** *~* peaceably; *~* ***sluit*** conclude/make peace; *~* ***stig*** make peace; *~* ***tussen*** *...* peace between ...; *die ~* ***verbreek*** break the peace; *'n* ***verbreking*** *van die ~* a breach of the peace; *die V~ van* ***Vereeniging****, (SA hist.)* the Peace (Treaty) of Vereeniging; *iem.* ***vertrou*** *die ~* ***nie*** s.o. is suspicious about s.t.; *~* ***vra*** sue for peace; *ter* ***wille*** *van die (liewe) ~* for the sake of peace, for peace' sake. **~bewaarder, ~bewaker, ~houer, ~beskermer** peacekeeper. **~bewaring, ~handhawing** peacekeeping. **~bode** messenger of peace, peacemaker. **~breuk** breach of the peace. **~handhawing** →VREDEBEWARING. **~houer** →VREDEBEWAARDER. **~liewend** *-e* peace-loving, peaceful, peaceable, pacific. **~liewendheid** peacefulness, love of peace, peaceableness, pacifism. **~maker** peacemaker, pacifier. **~offer** peace offering. **~regter** justice of the peace. **~samesprekings, ~samesprekinge** *(pl.)* peace talks. **~sending** peacekeeping mission. **~simbool** symbol/figure of peace. **~sluiting** peacemaking, conclusion of (the) peace, pacification. **~sterkte** peace establishment *(of a defence force)*. **~stigtend** *-e* (e)irenic(al). **~stigter** peacemaker, pacifier, conciliator. **~stryder** peace campaigner. **~verstoorder, ~versteurder** peace breaker, disturber of the peace. **~verstoring, ~versteuring** peace breaking. **~vlag** peace/white flag. **~vors** peacemaking/peace-loving/peaceful prince/ruler; *die V~, (Bib.)* the Prince of Peace.

vre·des-: **~aanbod** peace offer. **~afgevaardigde** peace delegate. **~afkondiging** proclamation of peace. **~aksie** →VREDESVELDTOG. **~apostel** apostle of peace. **~artikels** articles of peace. **~beampte** peace officer. **~beweging** peace movement. **~dividend** peace dividend. **~duif** peace dove. **~engel** angel of peace. **~gebruik** peaceful use. **~gesant** peace envoy. **~inisiatief** peace initiative. **~konferensie** peace conference. **~kongres** peace congress. **V~korps** *(Am.)* Peace Corps. **~kus** kiss of peace. **~mag** peacekeeping force. **~mars** peace march. **~naam:** *in/om ~* for peace' sake, for the sake of peace. **~navorsing** peace studies. **~offensief** peace offensive. **~onderhandelaar** peace negotiator. **~onderhandelinge, ~onderhandelings** peace negotiations/talks. **~onthalwe** for the sake of peace, for peace' sake. **V~paleis:** *die ~* the Palace of Peace. **~party** peace party. **~propaganda** peace propaganda. **~pyp** pipe of peace, peace pipe, calumet. **~teken** peace sign. **~tempel** temple of peace. **~traktaat** = VREDESVERDRAG. **~troepe** peacekeeping troops. **~tyd** peacetime, time of peace. **~veldtog, ~aksie** peace campaign. **~verbond** league of peace. **~verdrag** peace treaty, treaty of peace. **~voet:** *op ~ bring* put on a peace footing (*or* peacetime basis). **~voorstander** pacifist. **~voorstel** peace proposal, proposition of peace; (e)irenicon *(fml.)*. **~voorwaardes** conditions/terms of peace, peace terms. **~wil:** *om ~* for peace' sake, for the sake of peace.

vre·dig *-dige* peaceful; halcyon *(poet., liter.)*. **vre·dig·heid** peace, peacefulness.

vreed·saam *-same* peaceful, peaceable, quiet, placid, pacific; non(-)violent, unbloody. **vreed·saam·heid** peacefulness, peaceableness.

vreemd *vreemde vreemder vreemdste, adj.* strange *(pers., dog, etc.); (from a foreign country)* foreign; unfamiliar; strange, queer, odd, quaint, singular, peculiar, puzzling, bizarre, unusual, weird, freaky *(sl.)*; alien, unfamiliar; exotic *(words, fashions, plants)*; *iets is ~* ***aan*** *iem.* s.t. is foreign to s.o.; *effekte in ~e* ***besit*** foreign-owned securities; *~e* ***betaalmiddele/betaalmiddels/valuta*** foreign currency; *dis vir my ~* ***dat*** *iem./iets nie ... nie* I wonder why s.o./s.t. didn't ...; *~e* ***deeltjie,*** *(phys.)* strange particle; ***dit*** *is ~* this is queer/funny/strange; *~* ***genoeg*** strangely/funnily enough, strange to say, astonishingly (enough); for a wonder; *~e* ***geur*** odd/strange smell/aroma, taint; *~e* ***gevoel*** novel feeling; *êrens* ***heeltemal*** *~ wees* be a complete/perfect stranger somewhere; *~e* ***kapitaal*** borrowed/loan capital; *iets* ***klink*** *~* s.t. sounds strange; s.t. seems strange; *iets is ~ aan iem. se* ***lewenswyse*** s.t. is alien to s.o.'s way of life; *iets* ***lyk*** *~* s.t. looks strange; s.t. seems strange; *'n ~e* ***skepsel,*** *(infml.)* an oddball (*or* odd bod), an odd (*or* a queer) fish; *~e* ***taal/woord*** foreign language/word; *~e* ***valuta*** foreign exchange/currency; *iets is* ***vir*** *iem. ~* s.o. is strange to s.t. *(work etc.)*; s.t. is new to s.o.; s.o. is a stranger to s.t. *(fear etc.)*; *~e* ***voorwerp,*** *(med.)* foreign/extraneous body; *'n ~e vlieënde* ***voorwerp*** an unidentified flying object; ***wonderlik*** *~* weird and wonderful. **vreemd** *adv.* strangely; oddly; surprisingly; *~ klinkend* odd-sounding; *~ lag* laugh in a strange/queer way. **~bevrugting** *(biol.)* exogamy. **~soortig** *-e* strange, odd, queer, weird, peculiar; outlandish; nondescript; heterogeneous, motley. **~soortigheid** strangeness, oddness; heterogeneousness; →VREEMDSOORTIG. **~vormig** *-e* xenomorphic.

vreem·de *-des, n.* stranger; foreigner; alien; stranger, outsider; *in die ~* abroad, in foreign parts/countries, in a foreign country; *die ~ daarvan is ...* the strange thing about it is ...

vreem·de-: **~godsdiens** allotheism. **~legioen, vreemdelingelegioen** foreign legion. **~taalonderrig** foreign-language teaching.

vreem·de·ling *-linge* stranger; foreigner; alien; ultramontane; *(jur.)* peregrinus; *'n ~ in Jerusalem wees* →JERUSALEM; *'n volslae ~* a complete/perfect stranger. **vreem·de·ling·e·tjie** *-tjies* = VREEMDELINKIE. **vreem·de·ling·skap** alienage; *in ~* in exile; *die land van jou ~, (Bib.)* the land wherein thou art a stranger; *die land van hulle ~, (Bib.)* the land wherein they were strangers. **vreem·de·lin·kie** *-kies, (dim.)* little stranger.

vreem·de·lin·ge-: **~haat** *(psych.)* xenophobia, hatred for foreigners/strangers. **~hater** *(psych.)* xenophobe, xenophobic person. **~legioen** →VREEMDELEGIOEN.

vreemd·heid strangeness; queerness, oddness, oddity, funniness, peculiarity; foreignness; extraordinariness.

vrees *vrese, n.* fear, fright, dread, terror; apprehension, misgiving; funk; scare; intimidation; anxiety; *met ~/vrese en* ***bewing*** in fear and trembling; *die ~* ***bestaan dat*** ... there is a fear that ...; *'n* ***ewige*** *~ hê dat iets sal gebeur* go/live in dread of s.t. happening; *'n* ***ewige*** *~ vir ... hê* go/live in dread of ...; *die ~ van die* ***Here*** *is die beginsel van die wysheid, (Bib.)* the fear of the Lord is the beginning of wisdom; *~ vir* ***honde*** fear of dogs; *~ by iem.* ***inboesem*** inspire fear in s.o.; *geen ~* ***ken*** *nie* not know (the meaning of) fear, be a stranger to fear; *~ vir ...* ***koester*** fear (*or* be afraid of) ...; *~ vir* ***letsel*** bodily fear; ***ongegronde*** *~* groundless fear; ***oorval*** *word deur die ~ dat ...* be assailed by fears that ...; *'n* ***ridder*** *sonder ~ of blaam* a knight without fear or reproach; ***sieklike*** *~* →SIEKLIK; ***sonder*** *~ wees* be without fear, be devoid of fear; *~* ***toon*** register fear; ***uit*** *~* from fear; ***uit*** *~ dat ...* for fear that ... *(s.t. is going to happen etc.)*; ***uit*** *~ vir ...* for fear of ...; *iem. (se hart) met ~* ***vervul*** strike fear/terror into s.o.('s heart); *iem. se ~* ***vir*** *...* s.o.'s fear of ...; *~* ***vir*** *rekenaars* cyberphobia; *iem. se ~ uit die* ***weg*** *ruim* dispel (*or* lay to rest) s.o.'s fears. **vrees** *ge-, vb.* fear, dread, be afraid/frightened of; fear, be afraid that; apprehend; *~* ***dat*** *...* be afraid that ...; *daar word ge~* ***dat*** *iem./iets ... is* s.o./s.t. is feared to be ...; *die* ***dood*** *~* fear death; *~ wat met iem. kan* ***gebeur*** be afraid for s.o.; ***God*** *~* →GOD; *vir jou* ***lewe*** *~* go in fear of one's life; *vir iem. se* ***lewe*** *~* fear for s.o.'s life; ***niks*** *van ... te ~ hê nie* have nothing to fear from ...; *ek ~ dit is* ***so*** I'm afraid so. **~aanjaend** *-e* terrifying, frightening, intimidating, intimidatory, alarming, fearsome, appalling, frightful, hairy *(sl.)*. **~aanjaer** intimidator. **~aanjaging** intimidation. **~bevange** fearful, petrified (with fear), fear-stricken, fear-ridden, terror-stricken, terror-struck, panic-stricken, white-knuckled; *~ raak, (also, infml.)* freak (out). **~wekkend** *-e* terrifying, frightful, frightening, awe-inspiring, fearsome, horrifying.

vrees·ag·tig *-tige* afraid; timid, fearful; *(derog.)* faint-hearted, cowardly. **vrees·ag·tig·heid** timidity.

vrees·lik *-like, adj.* terrible, awful, dreadful, frightful, frightening, fearsome, fearful, fierce, horrible, appalling, grim, grisly, devilish; excruciating; mega *(infml.)*; raging *(thirst)*; *die ~ste rusie, (also, infml.)* the mother of all arguments/rows, the mother and father (*or* the father and mother) of an argument (*or* a row). **vrees·lik** *adv.* terribly, dreadfully, horribly; abominably; desperately; enormously, extremely, mega *(infml.)*; →VREESLIK *adj.*; *~ groot* immense. **vrees·lik·heid** terribleness, dreadfulness; →VREESLIK *adj.*.

vreet *ge-, (an animal)* eat, feed (on); *(s.o., vulg.)* gorge, gobble, guzzle, go(u)rmandise, gluttonise, devour; forage; *(fig.)* fester; *(fig.)* rankle; *iets ~* ***aan*** *iem.* s.t. gnaws at s.o. *(doubts etc.)*; *dit ~ my* ***blink*** it beats me, I can't fathom it; *vretende* ***seer*** rodent ulcer; *die* ***suur*** *~ in die metaal (in)* the acid eats away (into) the metal (*or* corrodes the metal); *vretende* ***uitslag*** lupus. **~kaart, ~pak** *(card game)* vreetkaart. **~middel** *-s, -e* corrosive. **~sak** glutton. **~sel** *-le, (physiol.)* phagocyte; *(biol.)* scavenger cell. **~sweer** phaged(a)ena. **~werking** corrosive action.

vrek *vrekke, n., (infml., derog.)* miser, cheapskate, penny-pincher, Scrooge, skinflint, niggard, money-grubber, tightwad *(Am.)*. **vrek** *ge-, vb., (animals)* die; *...* ***dat*** *dit ~, (sl.)* ... like mad, ... like hell; ***hardloop*** *dat dit ~, (also)* run for dear life; ***loop*** *~!, (sl.)* go to blazes!, go and boil your head!; *iem. ~* ***maak,*** *(coarse)* do s.o. in; ***reën*** *dat dit ~, (also)* rain cats and dogs. **vrek** *adv., (infml., coarse)* extremely, hellish; *~* ***bang*** *wees* be in a blue funk, be chicken (*or* [*vulg. sl.*] shit-scared); have/get the wind up; *~* ***koud*** flipping cold; *~* ***maer*** → SO MAER SOOS 'N KRAAI; *iem. ~* ***skiet*** shoot s.o. to blazes; *~* ***suinig*** (of ***vreksuinig***) *wees* be iron-fisted/miserly/skinflinty; *dit is ~* ***ver/vêr*** it is a hang of a distance. **~siekte** epidemic *(among stock)*.

vrek·ag·tig *-tige* →VREKKIG.

vrek·ke·rig *-rige,* **vrek·kig** *-kige* stingy, miserly, niggardly, mean, close-fisted, penny-pinching. **vrek·ke·rig·heid, vrek·kig·heid** stinginess, miserliness, avarice, churlishness.

vrek·sel *-sels* scoundrel, scumbag, son of a bitch, lousy creature.

vrek·te *-tes* mortality *(of animals)*; *die ~ hê* be more dead than alive (or a miserable specimen [of humanity]).

vre·se *(sing.)* →VREES *n.*.

vre·tend *-tende* →VREET. **vre·ter** *-ters* (gross) feeder; glutton, go(u)rmandiser; →VRAAT. **vre·te·rig** *-rige* gluttonous; →VRAATSUGTIG. **vre·te·rig·heid** gluttony; →VRAATSUG. **vre·te·ry** gorging, go(u)rmandising.

vreug·de *-des, (sometimes also* vreug*)* joy(ousness), delight, pleasure, bliss, elation, gladness, enjoyment, exhilaration; merriment; cheer, rejoicing; ***buite jouself*** *van ~ wees* →***oorstelp;*** ***dol*** *wees van ~* be delirious with joy; *in ~* ***leef/lewe*** live in rejoicing; *uit* ***louter*** *~* for very joy; ***ongemengde/onvermengde*** *~* undiluted joy; ***oorloop*** *van ~* be filled with joy; ***oorstelp*** (of ***buite jouself***) *van ~ wees* be beside o.s. with joy, be like a dog with two tails; ***opspring*** *van ~* jump for joy; *hoe meer* ***siele,*** *hoe meer ~* →SIEL; *~* ***skep*** *in die lewe* enjoy life; ***tot*** *iem. se ~* to s.o.'s delight/joy; *die ~ en* ***trots*** *van iem. wees* be s.o.'s pride and joy; ***uitgelate*** *wees van ~* be flushed with joy; *jou ~* ***uitskree(u)*** shout for joy; ***verruk*** *wees van ~* be transported with joy.

vreug·de-: **~betoon** rejoicing(s), merriment, jubilation. **~dronk** drunk/wild/mad with joy, elated. **~fees** festival, festivity, feast, revel(ry). **~klokke** joy bells. **~kreet** shout/cry of joy; *(also, in the pl.)* cheers. **~lied, vreugdeslied** pae(a)n, song of joy, carol. **~sang** song of joy, pae(a)n. **~skote** (festive) salute. **~teken** sign of joy. **~traan** tear of joy. **~vol** *-le* joyful, full of joy, joyous, merry, gleeful. **~vuur, vreugdesvuur** bonfire; *(mil.)* feu de joie *(Fr.)*.

vreug·de·loos *-lose* cheerless, joyless. **vreug·de·loos·heid** cheerlessness, joylessness.

vreug·des-: **~lied** →VREUGDELIED. **~vuur** →VREUGDEVUUR.

vriend *vriende* friend; boyfriend; chum, buddy *(Am.)*, pal, companion; ally; *V~e van die* ***Aarde*** Friends of the Earth; *jou ~e* ***behou*** keep one's friends; ***dik*** *~e wees* be fast/firm/great friends; be as thick as thieves *(infml.)*; *hulle het ~e* ***gemaak*** they made friends; ***goeie*** *~e met ... wees* be friends with ..., be on good terms with ...; *weer* ***goeie*** *~e met iem. word* make it up with s.o.; *kyk hier, my* ***goeie*** *~!* look here, my dear sir!; ***groot*** *~e wees* be great friends; *hulle is die* ***grootste*** *~e* they are the best of friends; *iem. as ~* ***hê*** be friends with s.o.; *'n* ***intieme*** *~* an intimate friend; ***invloedryke*** *~e hê* have friends at court; be well connected; *hulle* ***is*** *~e* they are friends *(of each other)*; *iem. aan sy ~e* ***ken*** know s.o. by the company he/she keeps; *iem. tot ~* ***kies*** choose s.o. as a friend; *met iem. ~e* ***maak*** make friends with s.o.; *iem.* ***maak*** *baie ~e* s.o. makes many friends; *~e* ***maak/wen*** make/gain/win friends; *iem. tot jou ~* ***maak*** make a friend of s.o.; *'n ~ in* ***nood*** a friend in need (is a friend indeed); *iem. se* ***onafskeidelike*** *~* s.o.'s second self; *hulle het as (goeie) ~e* ***uitmekaar gegaan/uitmekaargegaan*** they parted friends; *'n ~* ***van*** *...* a friend of ...; ***weer*** *~e word* make up; *sê my* ***wie*** *jou ~e is en ek sal sê wie jy is* tell me who your friends are and I shall tell you who you are.

vrien·de-: **~diens** *(rare)* friendly service, good/kind turn. **~kring** circle of friends; *'n breë ~* a wide circle of friends.

vrien·de·lik *-like, adj.* friendly, kind, amicable; amiable; affectionate, affable, pleasant, good-natured, good-humoured, forthcoming; welcoming *(smile etc.)*; *dis* ***baie*** *~ van jou* it's very kind of you; *met ~e* ***groete*** with kind regards; *iem. is* ***so*** *~ om te ...* s.o. is so kind as to (*or* is kind enough to) ...; *wees* ***so*** *~ om te ...* be so kind as to ...; *sal jy* ***so*** *~ wees om my te sê/ens.?, (also)* would you mind telling/etc. me?; ***teenoor*** *iem. ~ wees* be friendly/nice to s.o.; be kind (*or* show kindness) to s.o.. **vrien·de·lik** *adv.* kindly, in a friendly way; *~ gegroet* kind regards. **vrien·de·lik·heid** *-hede* kindness, friendliness, amicability, amicableness, good nature, civility; benignity; pleasantness; affability; amiableness, amiability; considerateness; ***deur*** *die ~ van ...* through the good offices of ...; *(die)* ***ene*** *~ wees* be all smiles; ***oorloop*** *van ~* ooze (*or* turn on the) charm; *iem. is die ~* ***self*** s.o. is friendliness itself.

vrien·de·loos *-lose* friendless, un(be)friended. **vrien·de·loos·heid** friendlessness.

vrien·din *-dinne (fem.)* (lady/woman) friend, girlfriend.

vrien·din·ne·tjie *-tjies (fem.),* **vriend·jie** *-jies (masc.), (dim.)* little friend.

vriend·skap *-skappe* friendship, comradeship, fellowship, amity; favour; *'n ~ met iem.* ***aanknoop*** strike up a friendship with s.o.; *'n ~ met iem.* ***beëindig*** break with s.o.; *~ teenoor iem.* ***betoon*** show kindness to s.o.; *iem. 'n ~* ***bewys*** do s.o. a good turn; *'n* ***hegte/troue*** *~* a fast/firm friendship; ***in*** *~ met ...* in amity with ...; *~ met iem.* ***sluit*** make friends (*or* form a friendship) with s.o.; *~* ***soek*** cultivate a friendship; ***uit*** *~* in friendship; *iets* ***uit*** *~ vir iem. doen* do s.t. as a favour to s.o.; *die een ~ is die ander* ***werd*** one good turn deserves another. **vriend·skap·lik** *-like, adj.* friendly, well-disposed, amicable; neighbourly; *~e* ***wedstryd*** friendly match. **vriend·skap·lik** *adv.* in a friendly way, amicably, on a friendly footing; *~ met iem. omgaan* be friendly with s.o.. **vriend·skap·lik·heid** friendliness, amicability, amicableness, amity.

vriend·skaps=: ~**band** tie/bond of friendship. ~**betoon** proof of friendship. ~**betrekking** =*e* friendly relation. ~**betuiging** expression/protestation/profession of friendship. ~**bewys** token of friendship. ~**diens** →VRIENDEDIENS. **V~eilande** →TONGA[1]. ~**halwe** *(jur.)* pro amico. ~**verbond** league of amity. ~**verdrag** treaty/pact of friendhsip.

vries *ge=* freeze, congeal, ice. ~**brand** frostbite. ~**diepte** frost line. ~**hoogte** freezing level. ~**kamer** cold-storage room, freezing room. ~**kas** =*te* deep freeze, (deep) freezer; *iets in die ~ sit* deep-freeze s.t.. ~**masjien** freezer. ~**mengsel** freezing mixture. ~**middel** =*s*, =*e* freezing agent. ~**punt** freezing/congealing/ice point, zero; *ses grade* ***bo/onder*** ~ six degrees above/below freezing point; ~ *van* ***lug*** freezing temperature of air; ***onder*** ~, *(also)* subzero; *twee grade* ***onder*** ~, *(also)* two degrees of frost/cold; ***op*** ~ at freezing point. ~**puntverlaging** depression of freezing point. ~**reën** freezing rain. ~**stof** = VRIESMIDDEL. ~**vak** freezing compartment, freezer. ~**weer** frosty weather, freeze-up *(infml.)*. ~**weermiddel** =*s*, =*e* antifreeze (mixture). ~**wering(smiddel)** antifreeze.

vrie·sing freezing, freeze.

vrind, vrin·de·lik, vrin·de·lik·heid *(obs.)* = VRIEND, VRIENDELIK *adj.*, VRIENDELIKHEID.

vroed=: ~**meesterpadda** midwife toad, nurse frog. ~**vrou** midwife, maternity nurse.

Vroe·ë: ~ *Steentyd(perk), (archaeol.)* Early Stone Age, Eolithic.

vroe·ë (→VROEG): ~**musiekensemble** early-music ensemble. ~**pampoen** vegetable marrow. ~**waarskuwingstelsel** early warning system.

vroe·ër *vroeër(e), adj.* earlier; past, former *(years)*; bygone *(days)*; previous; pristine; prior; *(in) ~ jare* in former times/days; *'n ~e nommer* →NOMMER. **vroe·ër** *adv.* earlier; formerly, in former/bygone days; before/ere now; previously; prior; ~ ***begin*** start earlier/sooner; *iets* ~ ***dateer*** →DATEER *vb.*; ~ *of* ***later*** sooner or later; ~ ***was*** *jy anders* you used to be different, formerly you were different. **vroe·ë·rig** =*rige* →VROEGERIG.

vroeg *vroeë vroeër vroegste, adj.* early; *(bot.)* early-flowering, early-bearing; matutinal *(fml.)*; timely; abortive; precocious; *vroeë* ***aftrede/aftreding*** early retirement; *'n Vroeë* ***Barokkerk***, *'n kerk uit die Vroeë* ***Barok*** an Early Baroque church; *Vroeë* ***Christelike*** *argitektuur* Early Christian architecture; *'n vroeë* ***dood*** a premature/untimely/early death; *Vroeë Moderne* ***Engels*** Early Modern English; *vroeë* ***musiek*** early music; *in die vroeë* ***oggendure*** in the early hours; ***op*** *die/sy ~ste* at the earliest; *vroeë* ***perskes*** early peaches; *Vroeë* ***Renaissancekuns***, *kuns uit die Vroeë* ***Renaissance*** Early Renaissance art; *die vroeë* ***tagtigerjare*** the early eighties; *vroeë* ***waarskuwing*** early warning *(of an impending crisis etc.)*. **vroeg** *adv.* early; at an early hour; betimes; ahead of schedule; ~ ***aftree*** take early retirement; ***al*** ~ early on; ***baie*** ~ bright and early; *'n* ***bietjie*** *~ wees* be somewhat/rather early; *te ~* ***gebore*** *word* be born prematurely/preterm; *te ~* ***gestorwe*** prematurely deceased; *in die* ***jaar*** ~ →JAAR; ~ *en* ***laat*** at all hours; *van ~ tot* ***laat*** from dawn till dark; ~ *in die* ***môre/more*** early in the morning; ***môre/more*** ~ (early) tomorrow morning; *iem. wees wat ~* ***opstaan*** be a live wire; ~ *gaan* ***slaap***, *(also)* keep early hours; have an early night; *te ~* ***sterf*** die before one's time; *dis nog* ***te*** *~ om te praat* it's early days (yet); *'n uur* ***te*** *~ aankom* arrive an hour early; ***te*** *~ wees* be before one's time; *'n paar minute* ***te*** *~ wees* be a few minutes early (*or* before time); ***van*** *~ af* from an early hour. ~ ***verwelkend/vallend***, *(bot.)* fugacious. ~**aand** early in the evening. ~**bejaardheid** *(med.)* progeria. ~**-Christelik**, ~**christelik** =*e* early/primitive Christian. ~**dag** early in the morning. ~**geboorte** premature/preterm birth. ~**gebore** prematurely born; ~ *baba* premature/preterm baby. ~**mette** *(RC)* mat(t)ins. ~**mis** *(RC)* early (morning) mass. ~**môre, ~more, vroemôre, vroemore** early in the morning. ~**oggend** early (*or* first thing) in the morning. ~**opstaner** early riser, early bird; live wire. ~**ryp** early *(fruit)*; precocious, forward. ~**rypheid** precocity. ~**selfstandig** =*e*, *(orn.)* precocial. ~**tydig** =*e*, *adj.* early; ~*e dood* early/untimely death. ~**tydig** *adv.* early, in good time, betimes; ~ *sterf* die before one's time. ~**tydigheid** earliness, forwardness.

vroeg·e·rig, vroe·ë·rig =*rige* earlyish, somewhat/rather early.

vroegs: *op die ~ moontlike oomblik* at the earliest possible moment, as soon as possible

vroeg·te earliness; fresh; *in die ~* early in the morning.

vroeg-vroeg very early, in the small hours; *môre-oggend/moreoggend ~* first thing (*or* early) tomorrow morning.

vroe·tel *ge=*, *(a child)* wriggle, fiddle, fidget; *(pigs)* root, rout, turn up the ground, grub; burrow; nuzzle; *in/tussen iets ~* rummage in s.t.. ~**pappie** dirty old man, sugar daddy.

vroe·te·lend =*lende* fossorial.

vro·lik =*like* =*liker*, =*likste* merry, cheerful, cheery, gay, jolly, joyous, convivial; jovial, frolicsome, sportive, playful; happy, tipsy; ruttish, rutting; bustling; *jou ~ maak oor ...* make merry over ...; *so ~* ***soos 'n voëltjie*** as happy as the day is long, (as) happy as a lark/sandboy; as merry as a cricket; *iem. ~* ***stem*** cheer s.o. up; *~* ***word*** become cheerful, cheer up, *(joc.)* wax merry. **vro·lik·heid** cheerfulness, gaiety, mirth, hilarity, merriment; jollification; *ná ~ kom olikheid* after pleasure comes pain.

vro·me =*mes* pious person; pietist.

vroom *vroom vrome vromer vroomste* pious, devout, godly, prayerful, devotional, religious; sanctified; sainted, saintlike, saintly; ascetic(al); *'n vrome wens* a pious wish. **vroom·heid** devoutness, piety, godliness; devotion; *salwende ~* →SALWEND.

vrot *vrot vrotter vrotste, adj.* rotten, putrid, decayed; feeble, inefficient; rotten, grotty *(infml.)*; bad; →VERROT *adj.*; VROTSIG; ~ *van die ...*, *(infml.)* be riddled with ... *(a disease)*; have a bad/heavy/nasty/severe ... *(cold)*; ~ *word* rot; go bad. **vrot** *ge=*, *vb.* rot, decay, putrefy, go bad; moulder; *(fabrics)* perish; →VERROT *vb.*. ~**appel** *(fig.: corrupt pers.)* rotten apple. ~**pootjie** root rot, blackleg *(in potatoes)*; *(bot.)* whiteheads; *(bot.)* eelworm disease; *(vet.)* panaritium, foot rot; take-all *(in wheat)*; foot rot *(in onions)*. ~**straal, rotstraal** *(vet.)* thrush *(in horses)*.

vrot·heid rottenness.

vrot·sig =*sige* rotten, silly, stupid, feeble *(idea)*; clumsy, incompetent *(fellow)*; worthless *(stuff)*; beastly, lousy, Mickey Mouse *(infml., derog.)*, crummy, crumby. **vrot·sig·heid, vrot·tig·heid** rottenness, worthlessness; incompetence; clumsiness.

vrot·terd =*terds* stinker, rotter *(chiefly Br.)*, no-good, wretch.

vrou *vroue(ns)* woman; female; wife, spouse; *(cards)* queen; mistress, lady; *die* ***ander*** *~ in die driehoek* the other woman; *'n ~ sit* ***daaragter*** there's a woman in it; *sy is* ***deur*** *en deur ~* she is all woman; *die ~ van die* ***huis*** the lady/mistress of the house; ***Indiaanse*** *~, (derog.)* squaw; *Onse* ***Liewe*** *V~* →ONS[3] *poss. pron.*; *'n* ***man*** *mag nie twee ~e(ns) hê nie* a man may not have two wives; ... *tot ~* ***neem*** make ... one's wife; *'n* ***ongetroude*** *~* a single woman; *'n* ***onkuise*** *~* a woman of easy virtue; *my* ***ou*** *~, (infml.)* my old lady/woman/girl/missus/missis/dutch; *iem. is 'n* ***regte*** ***ou*** *~* s.o. is a proper old woman; *die ~e van* ***Suid-Afrika/ens.*** the women of South Africa/etc.; ~ ***vat***, *(infml., said of a man)* marry; *iem. tot* ***wettige*** *~* ***maak*** make an honest woman of s.o.. ~**lief** (my) dear wife. ~**mens** =*mense* female, woman; *(derog.)* bint, skirt, cow; *(also, in the pl.)* womenfolk; *'n skaamtelose ~* a brazen/shameless hussy; *daardie ~?, (derog.)* that hussy/vixen/she-devil/termagant?. ~**siek** uxorious. ~**slaner** = VROUESLANER.

vrou·ag·tig =*tige* womanish; *(derog.)* effeminate. **vrou·ag·tig·heid, vrou·ag·tig·heid** womanishness; *(derog.)* effeminacy.

vrou·e=: ~**aard** woman's nature. ~**arbeid** women's/female labour. ~**arts** = VROUEDOKTER. ~**beeld** statue/image of a woman. ~**bevryding** women's liberation *(often W~ L~)*, women's lib *(infml.)*. ~**(bevrydings)=beweging** women's (liberation) movement *(often W~ [L~] M~)*. ~**beweging** women's movement, feminist movement, movement for women's rights. ~**blad** women's magazine; women's page. ~**bond** women's league/union, women's association/federation. ~**bors** (woman's/female) breast, (woman's/female) bust. ~**bossie** *(Geranium incanum)* mountain tea. ~**deel** =*dele* female organ. ~**distel, ~dissel** *(Silybum marianum)* milk/lady's (*or* [St.] Mary's) thistle. ~**dokter** gyn(a)ecologist; female doctor. ~**drag** women's wear/clothing. ~**dubbelspel, ~dubbels** *(tennis)* women's doubles. ~**-enkelspel, ~-enkels** *(tennis)* women's singles. ~**figuur** female figure, figure of a woman; *(liter.)* female character. ~**gek** philanderer, ladies' man, womaniser. ~**gordel** (woman's) girdle. ~**grootte** woman's size. ~**haarvaring** *(bot.: Adiantum* spp.*)* maidenhair (fern). ~**haat** misogyny, hatred of women. ~**hand** woman's hand; woman's/feminine handwriting. ~**handel** woman trafficking, female slavery. ~**handelaar** woman trafficker. ~**hater** woman-hater, misogynist. ~**hemp** chemise. ~**hoed** lady's hat. **V~-instituut** Women's Institute. ~**jagter** (skirt) chaser, womaniser, wolf. ~**kamer** *(hist.)* thalamus. ~**kampioen** women's champion. ~**kiesreg** = VROUESTEMREG. ~**kleding, ~klere** women's wear; *vroueklere dra, (a man)* cross-dress. ~**klub** women's club. ~**konstabel** →VROULIKE KONSTABEL. ~**koor** female/ladies'/women's choir, choir for female voices; women's chorus. ~**kwaal** women's/female/gyn(a)ecological complaint. **V~-Landbou-unie** Women's Agricultural Union. **V~-Landbouvereniging** Women's Agricultural Association. ~**liefde** woman's love. ~**lis** woman's cunning, feminine guile. ~**logika** feminine/female/women's logic. ~**naam** feminine/woman's name. ~**nabootser** *(theatr.)* female impersonator. ~**party** women's (political) party. ~**partytjie** ladies' party, hen party. ~**polisie** women police. ~**portret** female portrait, portrait of a woman/lady. ~**raad** woman's advice; council of women; ~ *is goeie raad* always listen to a woman's advice. ~**redakteur** editor (of a woman's page/section/magazine/etc.). ~**regering** women's government/rule, petticoat government, regiment of women, gyn(a)ecocracy, gynarchy. ~**regte** *(pl.)* women's rights, women's lib; *(kamp)vegter vir ~* liberationist, *(infml., often derog.)* (women's) libber. ~**rok** (woman's) dress. ~**rol** woman's part/role; *(theatr.)* female part/role. ~**roof** woman-stealing, abduction of women (*or* a woman). ~**rower** woman-snatcher, abductor of women. ~**saal**[1] *(horse riding)* side saddle; lady's saddle *(of a bicycle)*; *(hist.)* pillion. ~**saal**[2] women's ward *(in a hospital)*. **V~-Sendingbond** *(hist.)* Women's Mission Society. ~**siekte** women's/female/gyn(a)ecological disease. ~**skender** assaulter/attacker of women; sexual abuser of women. ~**skending** rape, violation, *(arch. or poet., liter.)* ravishment *(of a woman)*. ~**skoen** woman's shoe, *(in the pl.)* women's shoes. ~**skoentjie** *(bot.)* lady's slipper. ~**slaner** wife beater. ~**span** women's team. ~**stem** woman's voice; women's vote. ~**stemreg** female/women's suffrage. ~**student, vroulike student** female/woman student. ~**tehuis** women's hostel. ~**toevlugsoord** women's refuge. ~**tydskrif** women's magazine. ~**verblyf** women's quarters; harem; *(hist.)* gynoecium, gynaeceum. ~**vereniging** women's association/society. ~**verering** woman worship. ~**werk** women's work, pink-collar job, distaff.

vrou·ens·knoop granny knot.

vrou·lik *n.*, *(gram.)* feminine. **vrou·lik** =*like*, *adj.* feminine; female *(opp. male)*; feminine *(gender)*; womanly *(ways)*; wifelike, wifely; ladylike; *(bot.)* anandrous; *~e* ***blom*** pistillate flower; *~e* ***dokter*** woman/female/lady doctor; *~e* ***geslag*** female sex; *(gram.)* feminine (gender); *aan die ~e* ***kant*** on the distaff side; *~e* ***klerk*** woman/female/lady clerk; *~e* ***konstabel, vrouekonstabel*** policewoman; *in die ~e* ***linie*** matrilineal, matrilinear; *~e* ***rym*** →RYM *n.*; *~e* ***student*** →VROUESTUDENT. **vrou·lik·heid** femininity, womanliness, feminality, femaleness, womanhood; *(poet., liter.)* muliebrity.

vrou·tjie =*tjies, (dim.)* little woman/wife; →VROU; *met sy jong* ~ with his young wife; *ou* ~ little old lady, old dear *(infml.)*.

vrug *vrugte* fruit; embryo, foetus; *(fig.)* fruit(s), result(s), reward(s); *die* ~ ***afdryf/afdrywe*** cause an abortion; *die ~te van iem. se* ***arbeid*** the fruits of s.o.'s labour; *aan die ~te ken ('n) mens die* ***boom*** a tree is known by its fruit; *~te* ***dra*** bear fruit, fructify; ***met*** ~ to/with advantage, advantageously, profitably, successfully, usefully. *die ~te* ***pluk*** reap the fruits; ***sonder*** ~ fruitless(ly), in vain, without avail; ~ *van die* ***verbeelding*** child of the imagination; ***verbode*** *~te* forbidden fruit; ***verbode*** *~te smaak die lekkerste* forbidden fruit is sweet; stolen kisses are the sweetest; *die boom is/sit* ***vol*** *~te* the tree is laden with fruit; *iets* ***werp*** *~te af, (fig.)* s.t. pays dividends; *die* ***wrange*** *~te pluk* reap the bitter fruits, bear/face/suffer/take the consequences; *die* ***wrange*** *~te van ...* the bitter fruits of ... **~afdryfmiddel** = VRUGAFDRYWENDE MIDDEL. **~afdrywend** =*e* abortifacient, abortive; *~e middel* abortifacient. **~afdrywer** abortionist; *agterbuurtse/agterstraatse* ~ backstreet abortionist. **~afdrywing** abortion, expulsion of the/a foetus. **~bed** *(bot.)* stroma. **~beginsel** *(bot.)* ovary; *(biol.)* germen. **~bekleedsel** capsule; amnion. **~binnewand** endocarp. **~blaar** *(bot.)* carpel. **~bodem** *(bot.)* receptacle, thalamus. **~draend** =*e* fruit-bearing; *(fig.)* fruitful, bearing fruit; fructiferous; fructuous; *(her.)* fructed. **~etend** =*e* frugivorous, carpophagous. **~gebruik** *(Rom. law)* usufruct; *reg van* ~ usufruct. **~gebruiker** usufructuary. **~holte** *(bot.)* conceptacle. **~hulsel** husk. **~kiem** embryo, germ. **~knop** fruit bud. **~laag** hymenial layer. **~liggaam** *(bot.)* fruiting body, fructification. **~pluis** pappus. **~reg** *(fin.)* royalty. **~ryk** =*e* fruitful, fructuous. **~setting** = VRUGVORMING. **~skub** *(bot.)* fruit scale, ovuliferous scale. **~stuk** fruit piece. **~vlees** flesh/pulp of fruit. **~vlies** chorion, foetal envelope/membrane; amnion. **~vormig** =*e* fructiform. **~vorming** fructification, setting (of fruit), fruiting. **~wand** pericarp, fruit wall. **~water** amniotic fluid, water(s) *(infml.)*. **~waterondersoek, ~watertoets** *(med.)* amniocentesis.

vrug·baar =*bare* fertile *(egg, soil, brain, imagination)*; fruitful, productive *(year, investigation, session of parliament)*; prolific *(an author, a female)*; fecund; generative; mellow *(soil)*; rich; pregnant; philoprogenitive; voluminous *(author)*; ~ *in* fertile/fruitful in; *van vrugbare leeftyd* of child-bearing age; ~ *maak* make fertile, fertilise, fructify; *V~bare Halfmaan, (geog.)* Fertile Crescent. **vrug·baar·ma·king** fertilisation.

vrug·baar·heid fertility, fruitfulness, productivity; fecundity; *(fig.)* fatness *(of the land)*; prolificacy. **~simbool** fertility symbol. **vrug·baar·heids·mid·del** fertility drug.

vrug·gie =*gies, (dim.)* small fruit; →VRUG.

vrug·loos =*lose* without fruit.

vrug·te=: **~bak** fruit bowl. **~bedryf** fruit industry. **~blatjang** fruit chutney. **~boer** fruit farmer, fruiter, fruit grower. **~boerdery** fruit farming, fruit growing. **~boom** fruit tree. **~boor** corer. **~boord** orchard; →BOORD. **~bord** fruit plate. **~botter** fruit butter. **~brood** fruit loaf. **~dieet** fruit diet. **~drank** fruit drink/cordial, sorbet, sherbet, crush. **~-eter** fruit eater, fruitarian. **~fees** fruit feast. **~fles** fruit jar, canned-fruit bottle, canning bottle. **~gommetjie** fruit gum. **~handel** fruit trade. **~handelaar** fruit dealer, fruiterer. **~helftes** fruit halves. **~heuning** fruit honey. **~hout** fruitwood. **~-inspekteur** fruit inspector. **~kelk(ie)** fruit cocktail/cup. **~kenner** pomologist. **~kissie** fruit tray/box. **~klontjie** fruit drop. **~koek** fruitcake, plum cake *(chiefly Br.)*. **~kraampie** = VRUGTESTALLETJIE. **~kunde** pomology. **~kundig** =*e* pomological. **~kundige** =*s* pomologist. **~kweker** fruit grower/farmer/gardener, orchardist, orchardman. **~kwekery** fruit growing/farming, pomiculture; fruit farm. **~likeur** fruit liqueur. **~maal(tyd)** fruit lunch. **~mandjie** fruit basket. **~mes** fruit knife. **~moer** marc. **~moes** fruit pulp/purée, pulp (of fruit). **~(-)oes** fruit crop. **~pakker** fruit packer. **~pakkery** fruit packing. **~pastei** fruit pie. **~pit** pip. **~plaas** fruit farm. **~roomys** tutti-frutti. **~ruspe(r)** cankerworm. **~sap** fruit juice. **~skroeisiekte** fruit blight. **~slaai** fruit salad. **~smeer** fruit leather. **~smous, ~venter** fruit seller/hawker. **~sout** fruit salt. **~stafie** fruit bar. **~stalletjie** fruit stall. **~stellasie** drying/fruit tray. **~stillewe** *(painting)* fruit still life. **~stroop** fruit syrup/cordial. **~suiker** *(chem.)* fructose, fruit sugar. **~teelt** fruit growing/farming, pomiculture. **~tegnologie** fruit technology. **~tentoonstelling** fruit show. **~tert** fruit tart. **~tor** fruit beetle. **~tuin** orchard. **~tyd** fruit season. **~venter** →VRUGTESMOUS. **~vlek** fruit spot; fruit stain. **~vlermuis** fruit bat, flying fox. **~vlieg** fruit fly. **~vlieg(ie)** drosophila. **~vurk** fruit fork. **~winkel** fruit(erer's) shop.

vrug·te·loos =*lose, adj., (fig.)* fruitless, useless, futile, vain, unsuccessful, unavailing, purposeless, ineffectual, ineffective, unavailing, unlucky, idle. **vrug·te·loos** *adv.* in vain, fruitlessly, futilely, to no purpose, without avail/result, of/to no avail, unsuccessfully, ineffectually, ineffectively, unavailingly. **vrug·te·loos·heid** futility, fruitlessness, ineffectuality, ineffectualness, ineffectiveness, idleness, vanity.

vrug·te·tjies *(dim.)*: *'n paar* ~ a little fruit.

vry[1] *ge*=, *vb.* (kiss and) cuddle; *(infml.)* canoodle, smooch, bill and coo, pet, neck, snog *(Br.)*; make love *(to)*, sleep *(with)*, go to bed *(with)*, bonk *(sl.)*; court, woo; ~ *met die* ***gedagte*** toy with the idea; ***met*** *iem.* ~ neck with s.o. *(infml.)*; dally with s.o.; ***na*** *iem.* ~ woo/court s.o., *(infml.)* set one's cap at s.o.; make a play for s.o., try to win s.o. over *(also voters etc.)*; ***na*** *iets* ~ make a play for s.t. *(a position etc.)*; *kliphard* ***na*** *iem.* ~, *(infml.)* make a big play for s.o.; *na 'n* ***persoon*** ~ *(om 'n guns)* ingratiate o.s. with s.o., try to get in s.o.'s good books; *na* ***stemme*** ~ →STEM *n.*. **~brief** →VRYBRIEF[1]. **~lekker** =*s* motto kiss. **~lustig** =*e* amorous. **~paartjie** *(somewhat obs.)* courting couple. **~party(tjie)** petting party. **~peperment, ~pipperment** motto kiss. **~perd** *(obs.)* wooer's horse; showy horse. **~plek** courting place/spot. **~tog** *(obs.)* courting expedition.

vry[2] *vrye vryer vryste, adj.* free *(day, translation, will, love, style, verse, etc.)*; free, unengaged, available; disengaged, at leisure, off (duty); free *(admission)*; gratis, complimentary; free, uninhibited; gratuitous; empty, vacant *(seat)*; clear, open, unobstructed, unrestricted; emancipated; ***alles*** *~/inbegrepe, (meals, bedding, etc.)* all found *(Br.)*; *~(e)* ***arbeid(ers)*** free labour; *~(e)* ***assosiasie***, *(psych.)* free association; ~ ***bagasie*** free luggage; ~ *aan* ***boord***, *(abbr.:* v.a.b.*)* free on board *(abbr.:* f.o.b.*)*; *'n* ***dag*** ~ *hê* →DAG[1]; *~e en vreedsame* ***deurvaart*** innocent passage; ~ *(van* ***diens****) wees* be off duty; *~e* ***ekonomie*** free economy; unplanned economy; ~ ***elektron***, *(phys.)* free electron; *~e* ***energie*** free energy; ***geheel en al*** ~ *wees* be under no restraint; *iem. die ~e* ***hand*** *gee* →HAND; *uit/met die (~[e])* ***hand*** *teken* →HAND; *iem. se* ***hart*** *is nog* ~ →HART; ~ ***hefboom*** idler lever; *die ~e* ***hemel*** the open sky; *'n dag* ~ ***hou*** keep a day open; ***klawerboer*** *is* ~ the knave of clubs is good; *'n dag* ~ ***kry*** get a day free/off; *'n* ***lesuur*** ~ *hê* have a free period; have a period off; *~e* ***liefde*** free love; ~ ***losies*** *en inwoning* free board and lodging; *~e* ***mark*** free market; *'n dag/ens.* ~ ***neem*** take a day/etc. off; *so ~ wees* ***om*** *met/van iem. te verskil* venture to differ from s.o.; *~e* ***ondernemerskap*** →ONDERNEMERSKAP; ~ *en* ***ongebonde*** footloose and fancy-free; ~ ***radikaal***, *(phys.)* free radical; ~ *van* ***regte*** duty-free; ~ ***(rond)loop*** run wild; *(an escaped animal etc.)* be on the loose; *so* ~ ***soos*** *'n voël in die lug wees* be (as) free as air, be footloose and fancy-free; *~(e)* ***spel*** *hê* →SPEL[1] *n.*; ~ *op* ***spoor****, (abbr.:* v.o.s.*)* free on rail *(abbr.:* f.o.r.*)*; *dit* ***staan*** *iem.* ~ *om iets te doen* →VRYSTAAN; *~e* ***staat/stad*** free state/city; *~e* ***stemming****, (pol.)* free vote; ***toegang*** ~ →TOEGANG; *boeke/ens. waartoe daar ~e* ***toegang*** *is* books/etc. on the open shelves; *~(e)* ***tyd*** spare time, leisure (time), time off; *'n ~e* ***uitsig*** a free/unobstructed view; *~(e)* ***ure*** leisure hours; *~e* ***val*** free fall; ***van*** *iets ~ wees* be free from s.t. *(a disease etc.)*; be clear of s.t.; be immune from s.t.; be void of s.t.; ~ ***van*** *belasting* tax-free; *~e geslagtelike* ***verkeer*** promiscuity; *~e* ***verkiesing*** free election; ~ ***verklaar*** declare free; *~e* ***verse*** free verse, vers libre *(Fr.)*; *op ~e* ***voet(e)*** *wees/verkeer* →VOET; ~ ***wees*** be free, disengaged; *mag ek so* ~ ***wees?*** may I take the liberty?; *die V~e* ***Wêreld****, (hist., non-Communist countries collectively)* the Free World; *~e* ***wil*** self-determination; *die ~e* ***woord*** →WOORD. **vry** *adv.* freely; *(obs.)* fairly, pretty, rather, somewhat; ~ *lank, (obs.)* fairly long; *'n* ~ *goeie student/ens., (obs.)* a fairly good student/etc.. **~beurt** *(sport)* bye. **~blywend** without (*or* free of) obligations; non(-)committal; *~e wette* permissive legislation. **~boer** *(hist.)* peasant proprietor. **~boord** freeboard. **~brief** →VRYBRIEF[2]. **~buit** *ge*= filibuster, buccaneer, freeboot. **~buiter** freebooter, buccaneer, pirate, filibuster. **~buitery, ~buitery** freebooting, piracy, buccaneering, filibustering. **~burger** *(hist.)* free burgher. **~denkend, ~geestig** =*e* freethinking. **~denker, ~gees** free thinker. **~denkery, ~denkery, ~geestigheid** freethinking, free thought. **~draai** *vryge*=, *(mot.)* idle. **~draaikompressie** motoring compression. **~draend:** *~e balk* cantilever, selfbeam; *~e brug/dak* cantilever bridge/roof; *~e trap* overhanging stair. **~draer** cantilever. **~duiker** free-diver; *(rare)* scuba diver. **~gebore** freeborn. **~geborene** =*s* free(born) man/woman, freeman. **~gee** *vryge*= give off *(a day, time)*; *(rare)* release, free, liberate; *(rare)* clear; *(rare)* release *(a document)*. **~gees** →VRYDENKER. **~geestig** =*e* →VRYDENKEND. **~geestigheid** →VRYDENKERY. **~gelaat** =*late* freed, released. **~gelatene** =*s* freed man/woman; *(hist.)* freedman. **~geleide** safe conduct, escort; free pass. **~gesel** =*le* bachelor, celibate; single/unmarried man; *'n verstokte* ~ a confirmed bachelor. **~gesellin** bachelor girl, spinster. **~gesproke** acquitted. **~gesprokene** =*s* acquitted person. **~gestel** =*de* exempt; *voorwaardelik ~de gevangene* paroled prisoner, conditionally released prisoner. **~gewes** *(hist.)* dominion. **~gewig** =*e* generous, liberal, large, open-handed, big-hearted, charitable, free-handed, munificent, profuse, unsparing; *iem. is alte* ~ s.o. is a soft mark/touch *(infml.)*; ~ *wees met iets* be extravagant/free/liberal with s.t. *(praise etc.)*. **~gewigheid** generosity, open-handedness, liberality, munificence, freeness, charity, prodigality, largess(e). **~geword** =*e* liberated. **~handel** free trade. **~handelaar, ~handelsman** free-trader. **~handelsbeleid** open-door policy. **~handelsgebied** free trade area/zone. **~handelstelsel** system of free trade. **~handtekening** freehand drawing/sketch. **~hawe** free port. **~heer** *(hist.)* baron. **~heerlik** *(hist.)* baronial. **~heerlikheid** *(hist.)* barony. **~hoek** angle of clearance; *(her.)* canton. **~hoogte** headroom, clearance, clear/free height. **~hou, ~slaan** *n., (hockey)* free hit. **~hou** *vb., vryge*= keep free *(an evening)*; reserve; set aside; keep open/clear; keep ready/handy (*or* within reach). **~kaartjie** complimentary/free ticket; free pass. **~kamer** spare (bed)room, guest/visitors' room. **~kom** *vryge*= escape; get off, be released; go/escape (*or* get off) scot-free; become vacant. **~koop** *vryge*= ransom, buy/pay off, redeem. **~korps** *(rare)* = VRYWILLIGERSKORPS. **~kwartier** *(her.)* quartering, first quarter. **~laat** *vryge*= release, remand, let go/off, (set) free, set loose, set at liberty, discharge *(a captive)*; liberate, emancipate *(a slave)*; unbridle; unpen; uncage; *(hist.)* manumit *(a slave)*; absolve; leave *(s.o.)* a free hand, allow *(s.o.)* to use his/her own discretion; *iem. uit ...* ~ release s.o. from ... *(custody etc.)*; *iem. van iets* ~ excuse s.o. from s.t.; *vrygelaat word* be set free, go free. **~lating** release *(of captives)*; emancipation *(of slaves)*; emission; →VRYLAAT. **~leen** *(hist.)* freehold. **~lewend** free-living. **~loop** *vryge*= get off, escape; *(mot.)* idle, coast, free, freewheel; overrun. **~loophoek** = VRYHOEK. **~loopsproeier** idling jet. **~loot** *vryge*=, *(rare)* draw the exempting/lucky number; draw a bye. **~maak** *vryge*= (set) free; disengage, unfetter; emancipate *(a slave)*; liberate; clear *(a line)*; disentangle; unbar; unpeg; *(hist.)* enfranchise; *(hist.)* manumit *(a slave)*; *(fig.)* unshackle; *jou van ...* ~ rid/free o.s. of ... **~mag** all-powerfulness, absolute power. **~magtig** =*e* all-powerful. **~magtigheid** all-powerfulness. **~maker** emancipator, liberator. **~making** freeing, liberation; emancipation; *(relig.)* redemption; clearing. **~man** =*ne, (hist.)* freedman. **~moedig** =*e* frank, open(-hearted), outspoken, (over)bold, unabashed, unbashful, candid, uninhibited, free(-

spoken), not (in the least) shy, unaffected, unselfconscious, confident. ~**moedigheid** frankness, boldness, outspokenness, unreservedness; unselfconsciousness, freeness, confidence; freedom; *laat ons dan met ~ na die troon van **genade** gaan, (Bib.)* let us therefore come boldly unto the throne of grace; *iem. het met **groot** ~ gepraat* s.o. spoke with great freedom; *die ~ hê **om** iets te doen* feel free to do s.t., feel at liberty to do s.t.; *nie die ~ hê **om** ...* not have the nerve/courage to ...; not feel at liberty to ... ~**pas** free pass. ~**passing** clearance fit. ~**plaas** *(rare)* sanctuary, refuge, asylum. ~**pleit** *vryge-* get *(s.o.)* off, obtain *(s.o.'s)* acquittal/discharge, exonerate. **V~pos** *(trade name)* Freepost. ~**postig** *-e* bold(-faced), overbold, uppish, audacious, pert, forward, presumptuous, fresh, (over)free, uninhibited, brash, familiar, impertinent, precocious, saucy, upstart; *~ wees teenoor iem.* be/get fresh with s.o. *(infml.)*. ~**postigheid** boldness, presumption, presumptuousness, brashness, forwardness, freeness; →VRYPOSTIG. ~**ruimte** clearance. ~**ry** *vryge-* freewheel. ~**setting** disengagement; liberation. ~**sinnig** *-e* liberal(-minded), broad(-minded), latitudinarian. ~**sinnige** *-s* liberal, latitudinarian. ~**sinnigheid** liberalism, liberal-mindedness, broad-mindedness. ~**skaats** free skating. ~**skeld** *vryge-* exempt, excuse; let off; *die skoolgeld ~* excuse (*or* exempt from) the class fees; *~ing toestaan* grant exemption. ~**skop** *(sport)* free kick. ~**skut** freelance *(journalist, designer, etc.)*. ~**skutter** *(infml.)* freelancer, freelance worker; *(chiefly hist.)* irregular rifleman, *(Fr.)* franc-tireur. ~**skutwerk** freelancing. ~**slaan** →VRYHOU. ~**slaapkamer** = VRYKAMER. ~**slag** *(swimming)* free style. ~**spraak** acquittal, discharge, exoneration, exculpation; *(relig.)* absolution. ~**spreek** *vryge-* acquit, discharge, find not guilty *(of)*, exonerate, exculpate, clear *(of a charge)*, pardon, whitewash; *iem. ~* absolve s.o. from guilt; *iem. van iets ~* acquit s.o. of s.t.; clear s.o. of s.t.; exculpate s.o. from s.t.; exonerate s.o. from s.t.; *iem. van ('n aanklag op) moord/ens. ~* acquit s.o. (on a charge) of murder/etc.. ~**spreker** absolver. ~**spring** *vryge-* get off/away, escape, dodge, evade, avoid; *iets ~* get by s.t.. ~**staan** *vryge-* be permitted/allowed; be detached, stand apart *(from)*; *(sport)* be unmarked, not be covered; *~de **huis*** detached house; *~de **kraan*** independent crane; *~de **muur*** self-supporting wall; *dit staan iem. vry **om** iets te doen* s.o. is free to do s.t., s.o. is at liberty to do s.t., it is open to s.o. to do s.t.; *dit staan jou vry **om** te ...!, (also)* you are welcome to ...!; *~de **rekenaar*** stand-alone computer. ~**staanoefening** freestanding exercise. ~**staat** →**VRYE** STAAT. ~**stad** *(Bib.)* city of refuge; →**VRYE** STAD. ~**stel** *vryge-* exempt, let off, excuse; release, free *(a prisoner)*; *(hist.)* manumit, emancipate *(a slave)*; discharge, set at liberty; *(relig.)* give/grant dispensation; *iem. uit ... ~* release s.o. from ... *(custody etc.)*; *weer ~, (mus.)* relaunch *(an album)*; *iem. van iets ~* excuse s.o. from s.t.; exempt s.o. from s.t.. ~**stelbeheerde kapsule** *(pharm.)* spansule. ~**stelling** release, freeing, liberation, exoneration, indemnity, acquittal; release, launch(ing) *(of a new film etc.)*; exemption, dispensation, waiver; *(hist.)* manumission *(of a slave)*; *(mil.)* overslaugh. ~**stellingsbewys** certificate of exemption. ~**stoei** catch-as-catch-can. ~**swemmend** free-swimming. ~**uit** freely, frankly, openly, ungrudgingly. ~**val** free fall; skydiving; *~ (uit 'n vliegtuig) beoefen, 'n ~ doen* skydive. ~**val** *ge-* skydive. ~**valler**, ~**valkunstenaar** skydiver. ~**valversnelling** acceleration of free fall, acceleration of (*or* due to) gravity. ~**veg** *vryge-*: *jou ~* liberate o.s., obtain liberty by fighting. ~**verklaring** release; emancipation. ~**vrou** *(hist.)* baroness. ~**vuis:** *~ met iem. praat, (rare)* give it to s.o. (straight) from the shoulder. ~**waar** *ge-* indemnify, secure; (safe)guard, protect; guarantee; *iem. teen iets ~* indemnify s.o. against s.t.; safeguard/protect s.o. against s.t. *(a loss etc.)*; *teen iets ge~ wees* be guaranteed against s.t.; be safe from s.t.; *van ... ge~ wees* be immune from ... *(prosecution etc.)*. ~**waarder** guarantor. ~**waring** *-s, -e* safeguard, security, protection; indemnity, indemnification; warranty; privilege; *~ teen iets* indemnity against s.t.; protection against s.t. *(loss etc.)*. ~**waringswet** indemnity act. ~**wel** *(liter.)* virtually, practically, more or less, well-nigh; *~ eenders* (pretty) much the same; *die werk is ~ klaar* the work is as good as completed. ~**wiel** freewheel; *~ ry* freewheel. ~**wording** liberation; emancipation.

vry·brief[1] *(infml.)* love letter.

vry·brief[2] safe conduct; licence, permit.

vry·a·sie *-sies, (infml.)* wooing, courting; amour, (love) affair; flirtation.

Vry·dag Friday; *Goeie ~* Good Friday. ~**aand**, ~**môre**, *ens.* →DINSDAGAAND, DINSDAGMÔRE, *ens.*.

vry·e *-s* freeman; free one/person; *in die ~* in the open. ~**markstelsel** free-market system. ~**toegangsbiblioteek** open-shelf/open-access library. ~**tydsbesteding** leisure(-time) activities, use of leisure.

vry·e·lik, vry·lik freely, without restraint.

vry·er *-ers* lover, sweetheart; young man, boyfriend, wooer, suitor, courter; *(sometimes derog.)* fancy man; swain *(poet., liter.)*; spark. **vry·e·rig** *-rige* amorous, flirtatious, flirtish, flirty; horny *(sl.)*; *~ raak met iem.* make advances to s.o. **vry·e·rig·heid** amorousness, flirtatiousness.

vry·ers-: ~**dae** courting days. ~**klong** *(obs.)* wooer; steady.

vry·e·ry *-rye* billing and cooing, necking, petting; wooing, loving; *(infml.)* nooky, nookie, snogging *(Br.)*; amour, flirting, flirtation. **vry·e·ry·tjie** *-tjies, (dim.)* amourette.

vryf, vry·we *ge-* rub; chafe; massage; polish, burnish, scour; exfoliate; *iets blink ~* polish s.t. up, make s.t. shine; *jou hande ~* rub one's hands.

vryf-: ~**afdruk** rubbing. ~**doek**, ~**lap** rubbing/polishing cloth. ~**lap** →VRYFDOEK. ~**las** *-se, (tech.)* rub(bed)/squeezed joint. ~**middel** *-s, -e* embrocation. ~**paal** rubbing post. ~**plank** float, hawk *(of a mason)*. ~**prent** *-e*, **vryfsel** *-s* (brass) rubbing. ~**steen** *(archit.)* floatstone, rubstone; muller *(for paintwork)*. ~**vastheid** fastness to rubbing. ~**was** *n.* friction washing.

vry·heid *-hede* freedom, liberty; independence; immunity; scope; latitude; privilege, right, prerogative; *~ van **aanbidding*** freedom of religion/worship, religious freedom; *~ van **beweging*** freedom of movement; *~ **blyheid**, (rare)* freedom above all things; *~ van **denke*** freedom of thought; ***digterlike** ~* →DIGTERLIK; *~ van **gebreke*** soundness; *~ van (die) **gewete*** liberty of conscience; *iem. meer ~ **laat*** allow s.o. more scope; *die ~ **neem** om te ...* take the liberty of ...; make/be so bold as to ...; *met iets vryhede **neem*** make free with s.t.; ***oorgenoeg** ~* ample scope; *~ van die **pers*** →PERS[1] *n.*; *iem. in ~ **stel*** free s.o., set s.o. free; *in ~ **stel*** release, (set) free, set at liberty; *jou ~ **terugkry*** be released (*or* set free); *~ **van** iets* freedom from s.t.; *jou ~ **verkry/verwerf*** gain one's freedom; *jou vryhede met ... **veroorloof*** take liberties with ... *die **vier** vryhede* the four freedoms; ***volle** ~* full freedom/liberty. ~**liewend** →VRYHEIDSLIEWEND. ~**sin** spirit/love of freedom. ~**stryd** struggle for liberation/freedom, fight for independence. ~**sug** love of liberty. ~**sugtig** *-e* libertarian.

vry·heids-: ~**apostel** apostle of liberty. **V~beeld, Vryheidstandbeeld** *(Am.)* Statue of Liberty. ~**beperking** restraint, restriction of freedom. ~**berowing** deprivation (*or* taking away) of liberty/freedom; detention, forcible restraint. ~**beweging** freedom movement, liberatory movement. ~**dors** thirst for liberty. ~**fakkel** torch of freedom. ~**gees** spirit of freedom/liberty. ~**gesind** *-e, adj.* libertarian. ~**gesinde** *-s, n.* libertarian. ~**graad** *(chem., phys., stat.)* degree of freedom, variance. ~**held** liberator; freedom fighter, fighter for freedom. **V~klok** *(Am.)* Liberty Bell. ~**liefde** love of freedom/liberty. ~**liewend, vryheidliewend** *-e* freedom-loving, liberty loving. ~**maagd** goddess of liberty. ~**man** *-ne* libertarian. **V~manifes** Freedom Charter. ~**moord** liberticide. ~**moordend** liberticidal. ~**moorder** liberticide. ~**mus** liberty cap, Phrygian cap. ~**oorlog** war of independence/liberation; *Eerste V~, (SA hist.)* First Boer War; *Tweede V~, (SA hist.)* (Anglo-)Boer War, South African War. ~**vegter** freedom fighter. ~**vlag** flag of liberty/freedom. ~**waansin** eleutheromania.

vry·lik →VRYELIK.

Vry·mes·se·laar Freemason.

Vry·mes·se·laars-: ~**losie** Masonic lodge. ~**orde** Order of Freemasons.

Vry·mes·se·la·ry: *die ~* Freemasonry.

Vry·staat *n., (SA, geog.)* Free State; *die Ierse ~, (hist.)* the Irish Free State; *die Kongo-~, (hist.)* the Congo Free State; *die Oranje-~, (SA, hist.)* the Orange Free State; →VRYSTAAT *n.*. **Vry·staat** *interj.* bravo. **Vrystaats** *-staatse* (of the) Free State. **Vry·sta·ter** *-ters* Free Stater.

vry·val·for·ma·sie free-fall formation.

vry·we *ge-* →VRYF.

vry·wil·lig *-lige, adj.* voluntary, facultative, freely, non(-)obligatory, spontaneous. **vry·wil·lig** *adv.* freely, voluntarily, of one's own volition *or* free will; *jou ~ aanbied* volunteer.

vry·wil·li·ger *-gers* volunteer; *as ~ diens doen* serve as a volunteer; *om ~s vra* call for volunteers. ~-**offisier** volunteer officer. ~**stelsel** volunteer system.

vry·wil·li·gers-: ~**korps** volunteer corps. ~**reserwe** volunteer reserve.

vry·wil·lig·heid voluntariness.

vry·wing rub(bing); trituration; scour.

vuig *vuige vuiger vuigste, (rare)* base, sordid, vile, foul, mean, low; *die ~e pers* the reptile press. **vuig·heid** *(rare)* baseness, sordidness, vileness; →VUIG.

vuil *n.* dirt, filth, grime, muck; refuse, rubbish, (household/domestic) waste; soil. **vuil** *vuil(e) vuiler vuilste, adj. & adv.* dirty *(hands, clothes, water; weather; joke; work; nuclear weapon)*; filthy *(hands, lang., story, etc.)*; smutty, obscene *(joke)*; ribald, smutty *(talk, stories)*; foul *(linen, blow, weather)*; soiled *(linen)*; scurvy *(treatment)*; sordid *(case)*; grimy; unclean; squalid; slovenly; scurrilous; low, mean; *~ **gewin*** →GEWIN *n.*; *~ **kol*** →KOL *n.*; *~ **maak*** →VUILMAAK; *~ **smeer*** soil; *~ **speel*** commit a foul; *~ **spel*** foul/dirty play, fouling; *~ **water*** slop (water), slop(s), swill; bilge/ditch water; *die ~ **werk** doen* do the dirty work; *~ **werkies** doen* fag; *~ **wol*** dingy wool. ~**baard** *(infml.)* lion; *(rare)* unshaven person. ~**bek** foul-mouthed person, effer; *(vet.)* orf, sore mouth, vuilbek, scabby mouth, sheep pox. ~**bekkig**, ~**bekkig** *-e* foul-mouthed, foul-spoken, foul-tongued, dirty-mouthed, bawdy, ribald. ~**bekkigheid** foul-mouthedness. ~**broeisel** *(apiculture)* foul brood. ~**goed** →VUILGOED. ~**kleurig** *-e, (biol.)* sordid. ~**maak** *vuilge-* dirty, poop *(infml.)*, puddle, defecate, go to stool; soil, dirty, smudge, foul, pollute; *iem. wou hom/haar ~, (coarse)* s.o. almost/half died of fright. ~**prater** foul-mouthed person, ribald. ~**praterig** bawdy, foul-mouthed. ~**pratery** bawdry, smut. ~**put** cesspool, cesspit. ~**pyp** cesspipe, soil pipe. ~**riool** sewer, soil(-water) drain. ~**siekte** *(med.)* syphilis; *(infml.)* (great/French/Spanish) pox, dose. ~**skrywer** pornographer. ~**skrywery** drainpipe fiction, muckraking, mudslinging; pornography. ~**spuiter** *(rare)* slanderer. ~**waterbak** slop sink. ~**wateremmer** slop bucket/pail. ~**waterpyp** waste(-water) pipe. ~**waterriool** waste drain. ~**watersperder** waste trap. ~**wit** dirty/greyish white, off-white; *(biol.)* sordid.

vui·le·rig *-rige* dirtyish, scruffy, tatty, tacky, dingy.

vuil·goed *(pl.)* dirt, muck, filth, grime; garbage, refuse, litter, mess, dross, mire, rubbish, sweepings, tailings; weed(s); pus, purulence *(in a wound)*; placenta *(of animals)*; →VULLIS; *(fig., derog.)* meanie, meany, scumbag *(sl.)*, dog; →VUILIS; *jou ~!* you dirty skunk/swine!, you piece of dirt!; *hulle is twee ~* they are two scoundrels. ~**blik/hoop/wa** = VULLISBLIK, VULLISHOOP, VULLISWA. ~**man**, ~**verwyderaar** garbage collector/man. ~**pers** garbage compactor. ~**sak** refuse/garbage bag. ~**verwyderaar** →VUILGOEDMAN.

vuil·heid dirtiness, filth(iness); squalor; nastiness, smuttiness, obscenity; →VUIL *n.*.

vui·lig·heid dirt(iness), grime; mire; smut(tiness); rubbish, filth, muck, gunge *(infml.)*; →VUILHEID.

vui·lis *-lisse* grunge, muck; →VULLIS; *(infml.)* dirty swine/skunk; →VUILGOED. **~blik** = VULLISBLIK. **~hoop** = VULLISHOOP.

vuil·nis *(rare)* = VULLIS.

vuis *vuiste* fist; *jou ~ **bal*** double/clench one's fist; *uit die ~ **dink*** think on one's feet; *iem. se **gebalde** ~* s.o.'s clenched fist; *die ~ **gebruik*** strike out; *~ **inlê,** (infml.)* use/wield one's fists; *iem. met die **kaal** ~ bydam* tackle s.o. with bare fists; go for s.o. hammer and tongs *(infml.); iem./mekaar met die **kaal** ~ pak* take off the gloves; *te **kontant** met jou ~te wees* be much too ready with one's fists; *in jou ~ **lag*** laugh in/up one's sleeve; *iets voor die ~ **lees,** (unprepared)* read s.t. at sight *(music etc.); met jou ~ in die **lug** slaan, jou ~ (triomfant[e]-lik of uitgelate of uit vreugde) in die **lug** druk/gooi/steek/stoot* punch the air (triumphantly *or* in triumph/delight); *~ **maak*** double/clench one's fist; *vir iem. ~ **maak/wys*** shake one's fist at s.o.; *'n mens kan nie ~ **maak** sonder hand nie* one cannot do the impossible, you cannot make a windmill go with a pair of bellows; *met die ~ **slaan*** fight with fists, punch, have a fist fight; →VUISSLAAN; *met jou ~ op die **tafel** slaan* hit/thump the table with one's fist; ***uit** die ~ (uit)* off the cuff *(infml.)*; off the top of one's head *(infml.)*; out of hand; *'n toespraak **uit** die ~ (uit) hou* make an impromptu speech, speak extempore (*or* extemporaneously); ***uit** die ~ (uit) praat* speak without notes; ***uit** die ~ (uit) skiet* fire offhand; *dit met die ~ **uitmaak*** step outside *(infml.); 'n ~ **vol*** a handful; *vir iem. ~ **wys** →**maak/wys**.* **~geveg** fist fight, brawl, spar, fisticuffs; prizefight; boxing match. **~hamer** tappet hammer. **~handskoen** mitt(en). **~hou** blow, hit (with the fist), punch, poke *(infml.); 'n ~ slaan* swing/throw a punch; *~e **val*** fists fly; *~e **wissel*** exchange blows; *~e met iem. **wissel,** (also, infml.)* trade punches with s.o.. **~reg** club law, law of the jungle; right of revenge. **~slaan** *vuisgefight* (with fists), indulge in fisticuffs/brawling, mix it *(infml.); iem. kan goed ~* s.o. is handy with his/her fists; *hulle het vuisgeslaan* fists flew. **~slag** = VUISHOU. **~slaner** fist fighter, puncher. **~slanery** fistfight(ing), punch-up. **~steenkool** *(rare)* cobbles. **~vegter** boxer, prizefighter, pugilist. **~voos** punch-drunk, punchy, clapped-out *(boxer)*. **~yster** knuckleduster.

vui·sie *-sies, (dim.)* little fist; →VUIS.

vul[1] *vullens, n.* foal; colt *(male)*, filly *(fem.); 'n ~ gooi/werp* foal, drop/throw a foal. **vul** *ge-, vb.* foal.

vul[2] *ge-* fill *(a bottle, glass, vacancy, void)*; fill (up) *(time); (rare)* fill *(a tooth); (rare)* stuff *(a turkey)*; flush *(a cistern)*; full; *(sails)* swell; crowd *(a hall)*; inflate, blow up *(with air)*; fill, glut *(one's stomach); iets met ... ~* fill s.t. with ...; imbue s.t. with ... **~bak** hopper (feed). **~blok** filler block. **~dop** filler/filling cap. **~gat** filler/filling hole. **~grond** *(archaeol.)* backfill. **~hout** *(naut.)* deadwood. **~klei** puddle (clay), puddled clay. **~pen** fountain pen. **~plaat** packing plate. **~plaatjie** shim. **~potlood** *(rare)* refillable lead pencil, (self-)propelling pencil. **~pyp** filler pipe. **~stasie** petrol/filling/refuelling station, *(Am.)* gas station. **~steek** filling stitch. **~stof** filling material, filler, filling(s), stuffing; *(archit.)* infill(ing). **~stuk** filling-in piece, filler (piece); liner; *(archit.)* packing piece, packer; chock; slip. **~tregter** chute, shoot, hopper (funnel). **~vliegtuig** refuelling plane. **~werk** *(rare)* padding.

Vul·ca·nus →VULKANUS.

Vul·gaat, Vul·ga·ta: *die ~* the Vulgate.

vul·ga·ri·seer *ge-* vulgarise. **vul·ga·ris·me** *-mes* vulgarism. **vul·ga·ri·teit** *-teite* vulgarity, commonness, cheapness, plebeianism.

Vul·ga·ta →VULGAAT.

vul·gêr *-gêre -gêrder -gêrste* vulgar, common, rude, coarse, chintzy *(fig.)*, foul, lecherous, raunchy *(sl.)*. **vul·gêr·heid** = VULGARITEIT.

vul·kaan *-kane* volcano; *die ~ bars uit* the volcano erupts; *'n uitgebrande/uitgewerkte ~* an extinct volcano; *'n werkende ~* an active volcano. **~as** →VULKANIESE AS. **~keël** →VULKANIESE KEËL. **~pyp** volcanic/vulcanic pipe. **~slak** *(geol.)* cinders, scoria(e), slag.

vul·ka·nies *-niese* volcanic, vulcanic, igneous; *~e as, vulkaanas* volcanic/vulcanic ash; *~e bom* volcanic bomb; *~e keël* puy *(in the Auvergne etc.)*. **vul·ka·niet** vulcanite, ebonite, hard rubber. **vul·ka·ni·seer** *ge-* vulcanise. **vul·ka·ni·se·ring** vulcanisation. **vul·ka·nis·me** vulcanism, volcanism, volcanicity. **vul·ka·no·lo·gie** vulcanology, volcanology. **vul·ka·no·loog** *-loë* vulcanologist, volcanologist, vulcanist, volcanist.

Vul·ka·nus, Vul·ca·nus *(Rom. myth.)* Vulcan.

vul·ler *-lers* filler. **~tuit** filler spout.

vul·le·tjie *-tjies, (dim.)* (little) foal; →VUL[1] *n.; toe iem. nog 'n ~ was, (fig., infml.)* when s.o. was a kid.

vul·ling *-lings, -linge* stopping; fill, filling, fill-up; refill; packing; bilge; *(archit.)* infill(ing). **vul·ling·balk** filler joist. **vul·lings·graad** volumetric efficiency. **vul·lings·pomp** bilge pump.

vul·lis dirt, dust, filth, muck, grunge; garbage, refuse, rubbish, litter; sullage; offscourings; soil; sweepings; →VUILGOED, VUILIS; *~ verwyder* remove refuse. **~blik** dustbin, rubbish/dirt/litter/muck bin. **~(blik)sak** bin bag/liner. **~geut** rubbish chute. **~hoop, vuilgoedhoop** rubbish/garbage dump, refuse dump/heap, muck hill/heap; tip. **~man, vuilgoedman** *-ne* = VULLISVERWYDERAAR. **~pers** garbage compactor. **~plek** rubbish dump. **~raper** *(rare)* scavenger. **~rapery** *(rare)* scavenging. **~sak** →VULLIS(BLIK)SAK. **~verwerking** garbage disposal. **~verwyderaar** garbage/refuse/rubbish collector/man. **~verwydering** refuse/rubbish/garbage removal/collection; →ROMMELVERWYDERING. **~wa** refuse truck, garbage wag(g)on/truck.

vul·sel *-sels* stuffing *(of a turkey)*; filling *(of a tooth, tart, etc.)*; dressing; gasket *(in machinery)*; padding; stopping; stuffing; filling material; *(constr.)* fill, (in)filling; filler; refill; farcing; *sonder ~ bak* bake blind.

vu·rig *-rige, adj.* fiery *(pers., horse, looks, eyes, etc.)*; ardent *(pers., feeling, wish)*; burning *(desire)*; fervent *(appeal, hatred, prayer)*; consuming *(interest)*; passionate, impassioned; mettlesome *(horse); (fig.)* red-hot; inflamed; high-spirited *(horse)*; zealous, enthusiastic *(supporter)*; sanguine; fervid *(desire, love)*; hot-blooded, passionate *(lover)*; keen; warm *(supporter); ~e blos* hot blush; *~e pyle* fiery arrows. **vu·rig** *adv.* ardently, fervently, fierily, forcefully; *~ bid* pray fervently. **vu·rig·heid** fieriness; fervour, fervency, ardour, passion; fire; *(med.)* inflammation. **vu·rig·lik** = VURIG *adv.*.

vurk *vurke, n.* fork; prong; pitchfork; bifurcation; *(mot.)* clevis; crotch *(in a tree); (cards)* tenace; *(chess)* fork; *sop met 'n ~ (probeer) **eet** →SOP n.; weet hoe die ~ in die **hef** steek* know the ins and outs of s.t.; know what's what *(infml.); agterkom hoe die ~ in die **hef** steek* find out the ins and outs of s.t.; find out (*or* see) how the land lies; ***klein** ~(ie)* dessert fork. **vurk** *ge-, vb.* pitchfork; bifurcate; divaricate; fork. **~aandete** fork supper. **~bal** *(baseball)* forkball. **~beentjie** wishbone; *(zool.)* furcula. **~ent** forked end. **~gewrig** knuckle joint. **~hyswa** forklift (truck). **~kraan** forklift. **~las** *-se* forked joint; bridle joint. **~middagete** fork lunch(eon). **~pen** *(mot.)* clevis pin. **~pootjie** swimmeret. **~sleutel** fork spanner/wrench. **~stang** fork rod. **~tand** tine, prong, grain. **~taplas** *-se* bridle joint.

vur·kie *-kies, (dim.)* small fork; →VURK *n.; klein ~* dessert fork.

vuur *vure, n.* fire; flame, heat; firing; *(fig.)* furor(e); zeal; vehemence; verve; ardour, fervour, zest, zeal, zing, mettle, gusto; shooting; glow, sparkle, shine; piz(z)azz, pzazz; *die ~ **aanblaas/aanwakker,** (fig.)* fan the embers/flames; *'n ~ **aanlê/aanpak*** lay/make/build a fire; *'n ~ **aansteek*** light a fire; *die vyand se ~ **beantwoord*** answer the enemy's fire; *'n ~ **blus/doodmaak/doof*** put out a fire; *hulle sit nie langs **dieselfde/een** ~ nie* they don't hit it off *(infml.)*; there is no love lost between them; *die ~ is **dood/uit*** the fire is out; *~ **gee,** (mil.)* fire; *'n **knetterende** ~* a roaring fire; *onder ~ **kom*** come under fire; see action; *'n **kooltjie** ~ kom haal, (infml., rare)* pop in, come for a hurried visit; *die ~ aan die **lewe** hou* keep the fire burning; hand on the torch; *vir iem. deur die ~ **loop*** go through fire and water for s.o.; *soos 'n **lopende** ~* like wildfire; *('n) ~ **maak*** make a fire; light a fire; start a fire; *~ **maak** onder iem., (infml.)* shake s.o. up; urge s.o. on; ***met** ~, (speak etc.)* with fervour; *die **naaste** aan die ~ sit, (fig.)* sit nearest to the fire, be in a privileged position; ***olie** op die ~ gooi* →OLIE; ***onder** ~ wees* be under fire; see action; *kwaai **onder** ~ kom oor iets* get (or come in for) a lot of fla(c)k; ***op** die ~* over the fire; *'n ~ **opbank*** bank a fire; *die ~ **open,** (chiefly mil.)* open fire; *die ~ **pook/rakel*** poke the fire; *~/brand **slaan*** extinguish/fight a veld fire; *~ uit ... **slaan*** strike fire from ...; *met ~ **speel*** play with fire; *~ **spoeg/spu(ug)*** spit fire; *die ~ **staak,** (mil.)* cease fire; ***staak** ~!, (mil.)* cease fire!; *~ en **swa(w)el*** fire and brimstone; *~ **terughou*** hold fire; *tussen **twee** vure sit* be between two fires; *tussen **twee** vure, (also, infml.)* between the devil and the deep (blue) sea; *~ **vat,** (lit. & fig.)* catch fire; *~ en **vlam** wees oor iets* be on fire (*or* very enthusiastic) about s.t.; *iem. is **vol** ~* s.o. is (as) keen as mustard; s.o. is full of verve (or *[infml.]* pep); ***vol** ~, (also)* with spirit; *hulle is soos ~ en **water*** they are at daggers drawn; *in die ~ **wees,** (mil.)* be under fire. **vuur** *ge-, vb.* fire, shoot; *op/na ... ~* fire at ... **~aanbidder** fire worshipper; fire lover. **~aanbidding** fire worship, pyrolatry. **~aansteker** firelighter. **~bak** chauf(f)er. **~baken** beacon light, flare; *(hist.)* cresset. **~bal** →VUURBOL. **~blik** brazier. **~blom** hibiscus. **~bok** firedog, andiron, dog (iron). **~bol, ~bal** *(lit.)* ball of fire, fireball; *(astron.)* bolide, fireball, (luminous) meteor. **~buis** fire tube; flue passage. **~digtheid** fire density. **~dood** death by fire; being burnt to death, death at the stake. **~doop** baptism of fire, maiden engagement. **~doring** *(bot.)* firethorn, pyracantha. **~droging** fire curing. **~-en-swa(w)el(-)prediker** Bible basher/pounder/thumper. **~erd** →VUURHERD. **~eter** fire-eater *(in a circus)*. **~gang** flue (passage), boiler flue. **~gedroog** *-de* fire-cured. **~gees** fire spirit; *(occult philos.)* salamander. **~gloed** glare, fire glow, glow of a fire, firelight. **~god** fire god. **~gordel** *(mil.)* fire belt. **~gordyn** *(mil.)* fire curtain, curtain of fire. **~haak** firehook; *(rly.)* pricker. **~hark** fire rake. **~herd,** *(rare)* **~erd** hearth, fireplace, ingle, fireside, furnace; →KAGGEL. **~herdbesem** hearth broom. **~herdrand, ~herdrant** fender. **~herdstel, ~herdysters** fire irons; →KAGGELSTEL. **~houtjie** match(stick), light; (safety) match; *(also, in the pl., bot.: Loranthus spp.)* lighted matches; *'n ~ trek* strike a match; strike a light; *'n uitgebrande ~* a spent match. **~houtjiedoos(huis[ie]), ~houtjieboks(huis[ie]), ~houtjiedosie(huis), ~houtjieboksie(huis)** *(SA, fig.)* matchbox (house). **~houtjiedosie** matchbox. **~kas** boiler furnace, firebox. **~kewer** *(Pyrophorus spp.)* fire beetle. **~kis** firebox. **~klei** fire/refractory clay. **~kleur** fire colour. **~kleurig** *-e* fire-coloured. **~klip** = VUURSTEEN. **~klipgeweer** = VUURSTEENGEWEER. **~koeël** *(mil.)* fireball. **~kolom** *(also Bib.)* pillar/column of fire. **~konka** firepot, devil; brazier. **~koord** safety fuse; *(hist.)* slow match. **~koprooivink** *(orn.)* black-winged bishopbird. **~krag** fire power. **~kruis** fiery cross, fire cross. **~lak** black japan. **V~land** *(Sp., geog.)* Tierra del Fuego. **V~lander** *-s, n.* Fuegian. **V~lands** *-e, adj.* Fuegian. **~leer** pyrology. **~leiding** *(mil.)* fire control. **~leidingsvliegtuig** *(mil.)* spotter aircraft/plane. **~lelie** *(bot.: Cyrtanthus sanguineus; Cyrtanthus contractus)* fire lily. **~linie** firing line, line of fire; *in die ~ wees* be in the firing line. **~loper** fire walker. **~lopery** fire walking. **~lyn** *(mil.)* firing line, line of fire, frontline; line of fire, combat zone. **~maakgoed** firing, fuel. **~maakhout** firewood, kindling. **~maakplek** fireplace, hearth; *iets is **bo(kant)** iem. se ~, (infml.)* s.t. is above/over s.o.'s head, s.t. is above/beyond s.o.'s comprehension, s.t. passes s.o.'s comprehension/understanding, s.t. is lost (up)on s.o.; *dit is/raak nou **bo(kant)** iem. se ~, (also, infml.)* s.o. is (getting) out of his/her depth; *dis **bo(kant)** jou ~, (also, infml.)* it's/that's above one; *dit was **bo(kant)** iem. se ~, (also, infml.)* that was one too many for s.o.; *'n vraag is **bo(kant)** iem. se ~, (also, infml.)* a question stumps s.o.. **~maker** firelighter. **~meter** pyrometer. **~mond** gun, cannon, piece of ordnance; muzzle; stokehole *(of an oven)*. **~oond** furnace. **~opaal** fire opal, girasol(e), girosol. **~pan** *(rly.)* firepan; brazier. **~peloton** *-s, -ne* firing party/squad. **~plaat** furnace/hearth plate; grate. **~plant** pyrethrum. **~poel** sea of fire, hell, inferno. ~**pot** smudge/coal pot, brazier. ~**proef** *(fig.)* acid/crucial test, crucible; *(hist.)* ordeal by fire/battle, fire ordeal; *die ~ deurstaan* come through the ordeal successfully, stand the test. ~**punt** fire point. ~**pyl** rocket; *(bot.: Kniphofia uvaria)* red-hot poker, torch lily, soldier. ~**pylaandrywing** rocket propulsion. ~**pyllanseerterrein,** =**gebied** rocket range. ~**pylmotor** rocket engine/motor. ~**pylrigter** rocket launcher. ~**pylvliegtuig** rocket aircraft. ~**pylwerk** rocketry. ~**pyp** flue. ~**rat** = VUURWIEL. ~**reën** rainvolley of fire. ~**rooi** fiery red, flaming (red); *~ word, (s.o.)* turn crimson/scarlet. ~**salamander** spotted salamander. ~**see** sea of fire, sheet of flames, blaze. ~**skerm** *(mil.)* fire screen; fireguard, fire screen *(in a room)*. ~**skip** *(naut., hist.)* fire ship; lightship. ~**skop** forge slice. ~**skynsel** firelight, fire glow. ~**slag** *(hist.)* flint (and steel), fire steel, lighter, strike-a-light; *(fig.)* live wire; →VOORSLAG. ~**slaner, brandslaner** firefighter, (fire) beater; *(rare)* factotum. ~**sluier** *(mil.)* fire screen. ~**spuwend** =*e* erupting *(volcano)*; fire-spitting, fire-breathing; *~e berg* volcano. ~**staal** flint steel. ~**staking** cessation of fire/firing; →SKIETSTILSTAND. ~**steen** flint(stone), firestone, whin(stone). ~**steengeweer** *(hist.)* flintlock (musket), firelock. ~**steenpapier** flint paper. ~**storm** firestorm. ~**straal** flash of fire; jet of flame; *(mil.)* liquid fire. ~**strook** zone of fire. ~**stroom** stream of fire. ~**swam** amadou. ~**tang** (pair of [fire]) tongs. ~**tessie** *(obs.)* chafing dish, coal pan. ~**toring** lighthouse, beacon, fire tower, pharos. ~**toringwagter** lighthouse keeper. ~**vas** =*te* fireproof, fire resistant/resisting, heat resistant, flame-resistant; incombustible; *(tech.)* refractory; ovenproof, oven-to-table *(attr.)*; *~te **bakke*** ovenware; *~te **deur*** armoured door; *~te **glas*** refractory glass; *~te **klei*** fire/refractory clay; *~te **oondskottel/bakskottel/kasserol*** oven-to-table casserole; *~te **steen*** firebrick; *~te **stof*** refractory; *~te **teël*** fire tile. ~**vastheid** fireproofness, fire resistance; refractoriness. ~**vermoë** *(mil.)* fire power. ~**vlam** flame of fire, raging fire, flaming fire, fiery flame. ~**vlieg(ie)** firefly. ~**vonk** spark of fire. ~**vreter** *(fig.)* fire-eater, hothead, out-and-outer, martinet, firebrand, extremist, swashbuckler; *(myth. reptile)* salamander. ~**wapen** firearm, gun, piece *(infml.)*; *iem. met 'n ~ **aanhou*** hold s.o. at gunpoint; *'n ~ **afvuur*** discharge a firearm; *'n ~ op iem. **gerig** hou* keep s.o. covered; *'n ~ op iem. **rig*** point a firearm at s.o. ~**warm** (boiling) hot *(water)*; red-hot; aflame; piping hot *(food)*; perfervid *(poet., liter.)*; *(fig.)* heated *(discussion, exchange, etc.)*; overheated *(argument)*; *~ wees* see red, be wild; be tight (*or* as drunk as a lord). ~**water** *(infml.: alcohol)* firewater. ~**werk** firework; fireworks; firework/pyrotechnic display, display of fireworks, pyrotechnics. ~**werker** fire worker, pyrotechnist; forgeman; artillery artificer. ~**werkvertoning** firework/pyrotechnic display. ~**wiel** fire wheel, Catherine wheel. ~**yster** firing iron, firedog, poker.

vu·vu·ze·la =*las, (SA, <Zu.: a soccer-fan horn)* vuvuzela.

vy *vye* fig; *laat ~e* late figs; →LAATVY; *iem. wysmaak/vertel dat perdedrolle ~e is, (coarse)* tell s.o. (*or* make s.o. believe) that the moon is made of green cheese, hoodwink s.o.. **vy·tjie** =*tjies, (dim.)* little fig.

vy·and *vyande* enemy, antagonist, adversary; ***geswore/volslae** ~e wees* be sworn enemies; *jy **maak** (vir jou) ~e* one makes enemies; *iets **maak** vir hom/haar ~e* s.t. makes him/her enemies; *iem. tot jou ~ **maak*** make an enemy of s.o.; *iem. **se** vyand wees, 'n ~ **van** iem. wees* be an enemy of/to s.o.; *~e **wees*** be enemies *(of each other)*. **vy·an·de·lik** =*like* enemy, hostile *(forces)*; inimical; adverse; *die ~e aanval weerstaan* resist the enemy's attack. **vy·an·de·lik·he·de** hostilities. **vy·an·dig** =*dige* =*diger* =*digste, adj.* hostile, antagonistic, unfriendly, inimical, adverse, malevolent; *~e houding* hostile attitude, hostility; *~e oorname, (econ.)* hostile takeover; *~e opset* hostile intent. **vy·an·dig** *adv.* inimically, in a hostile way, hostilely; *~ teenoor iem. wees* be antagonistic to(wards) s.o.; be hostile to s.o. **vy·an·dig·ge·sind:** *iem. ~ wees* regard s.o. with animosity; *iem. nie ~ wees nie* bear s.o. no enmity. **vy·an·dig·heid** hostility, animosity, antagonism, enmity, malignity, malevolence, ill will/feeling; needle; *~ teenoor* ... animosity against/towards ...; antagonism to(wards) ...; enmity against/towards ...; *~ tussen* ... animosity between ...; antagonism between ...; antipathy between ...

vy·ands=**:** ~**eiendom** enemy property. ~**hande:** *in ~* in enemy hands. ~**land** enemy country. ~**onderdaan** enemy subject.

vy·and·skap enmity, hostility, antagonism, animosity, odium, feud, hatred, odium, ill feeling/will, rancour; *~ **aanblaas*** stir up animosity; *jou iem. se ~ op die **hals** haal* incur s.o.'s enmity; *in ~ met mekaar **leef/lewe*** they are at daggers drawn; *iets **wek** iem. se ~* s.t. arouses s.o.'s antagonism.

vy·e=**:** ~**blaar** =*blare* fig leaf. ~**boom** fig tree. ~**konfyt** fig jam.

vyf *vyfs, vywe, n.* five. **vyf** *det.* five; *~ maal* five times; *~ uur* five hours; →VYFUUR; *die V~ Hawens, (Br., hist.)* the Cinque Ports. ~**armig,** ~**armig** =*e* five-armed. ~**blaarpatroon** *(art)* cinquefoil. ~**blarig,** ~**blarig** =*e, (bot.)* five-leaved, pentaphyllous, quinquefoliate. ~**daags** =*e* five-day, five days'. ~**dae(werk)week** five-day week. ~**delig,** ~**delig** =*e* five-volume, in five volumes; quinquepartite, quinary. ~**dollarnoot** *(Am.)* fiver, five-dollar bill. ~**draads** =*e* five-ply. ~**dubbel(d)** =*e* fivefold, five times over. ~**duifies** *(bot.)* columbine. ~**duisend,** ~**duisendste,** ~~**en-twintigste** →AG(T)DUISEND, AG(T)DUISENDSTE, AG(T)-EN-TWINTIG. ~~**eeue-fees** quincentenary. ~**ganger** =*s,* ~**gangloper** =*s,* ~**gangperd** =*e* five-gaited horse, five-gaiter. ~**gangratkas,** ~**spoedratkas** five-speed gearbox. ~**hoek** pentagon. ~**hoekig,** ~**hoekig** =*e* pentagonal, five-angled; *~e ster* pentagram. ~**honderd,** ~**honderdste** →AG(T)HONDERD, AG(T)HONDERDSTE. ~**honderdjarig** =*e* quincentenary. ~**hoofdig,** ~**hoofdig** =*e* five-headed; *~e regering* pentarchy. ~**jaarliks,** ~**jaarliks** =*e* five-yearly, quinquennial. ~**jaarplan** five-year plan. ~**jarig,** ~**jarig** =*e* five-year-old *(attr.)*; five years old; five year(s'); of five years *(pred.)*; quinquennial; five-yearly; *~e kind* child of five (years), five-year-old child; *~e tydperk* quinquennium. ~**kaart** sequence of five cards, quint. ~**kamp** pentathlon. ~**kampatleet,** ~**kamper** pentathlete. ~**kant** pentagon. ~**kantig,** ~**kantig** =*e* five-sided, pentagonal, quinquelateral. ~**kegelspel** fivepin bowling, fivepins. ~**kleurig,** ~**kleurig** =*e* five-coloured. ~**klip** *(game)* jacks, knucklebones; →KLIP-KLIP. ~**ledig,** ~**ledig** =*e* fivefold, quinary, quinquepartite. ~**lettergrepig,** ~**lettergrepig** =*e* five-syllabled, of five syllables, pentasyllabic, quinquesyllabic. ~**lobbig,** ~**lobbig** =*e* five-lobed. ~**moondheidverdrag** five-power treaty. ~**pondnoot** *(SA, hist.)* five-pound note. ~**punt** quincunx. ~**puntig** quincuncial(ly). ~**randnoot** five-rand note. ~**reëlig,** ~**reëlig** =*e* five-lined, of five lines. ~**sadig,** ~**sadig** =*e, (bot.)* pentaspermous. ~**snarig,** ~**snarig** =*e* five-stringed; *~e instrument, (hist.)* pentachord. ~**spoedratkas** →VYFGANGRATKAS. ~**stemmig,** ~**stemmig** =*e* for five voices. ~**sterhotel** five-star hotel. ~**sydig,** ~**sydig** =*e* five-sided, quinquelateral. ~**tal** (group of) five; *(mus.)* quintet(te); pentad; quintuplet. ~**tallig,** ~**tallig** =*e* quinary *(system)*; *(bot.)* quinate; *(biol.)* pentamerous. ~**tonig,** ~**tonig** =*e, (zool.)* pentadactyl(ate); *(mus.)* pentatonic. ~**uur** five o'clock; →VYF UUR. ~**vertrekhuis** five-roomed house. ~**vinger** *(icht.)* white stumpnose. ~**vingerig,** ~**vingerig** =*e, (rare)* five-fingered; *(zool.)* pentadactyl(ate). ~**vingerkruid** *(bot.)* cinquefoil, five-finger (grass). ~**vlak** pentahedron. ~**vlakkig,** ~**vlakkig** =*e* pentahedral. ~**voetig,** ~**voetig** =*e* five-footed; *~e reël, (pros.)* pentameter; *~e jambes, (pros.)* heroic verse. ~**voud** =*e, n.* quintuple. ~**voud** *adv.* five times, fivefold. ~**voudig,** ~**voudig** =*e* fivefold, quintuple. ~**waardig** =*e, (chem.)* pentavalent, quinquevalent. ~**yster** *(golf)* no. 5 iron; *(dated)* mashie, mashy.

vyf·de =*des* fifth; *~ **geslag**, (comp.)* fifth generation; *~ **kolonne*** fifth column; *V~ **Laan/Straat, Vyfdelaan/**=**straat*** Fifth Avenue/Street; ***ten** ~* fifthly, in the fifth place. *die ~ **wiel** aan die wa wees* be the fifth wheel to the coach. ~**geslagrekenaar** fifth-generation computer. ~**kolonner** =*s* fifth columnist. ~**rangs** =*e* fifth-rate.

vyf·dens fifthly; →TEN **VYFDE.**

vy·fie =*fies, (dim.)* little five; →VYF *n.*.

vyf·ling =*linge* quintuplets; *een van 'n ~* quintuplet; *hulle is 'n ~* they are quintuplets.

vyf·tien fifteen. ~**duisend,** ~**honderd,** *ens.* →AG(T)DUISEND, AG(T)HONDERD, *ens.*. ~**hoek** *(geom.)* quindecagon. ~**hoekig,** ~**hoekig** =*e* fifteen-sided. ~**jarig,** ~**jarig** =*e* fifteen-year-old *(attr.)*; of fifteen years *(pred.)*; fifteen years old; fifteen year(s'). ~**tal** *(rugby)* fifteen; *'n ~, (also)* (about) fifteen. ~**voud** =*e, n.* multiple of fifteen. ~**voud** *adv.* fifteen times, fifteenfold. ~**voudig,** ~**voudig** =*e* fifteenfold.

vyf·tien·de fifteenth; *die ~e eeu* the fifteenth century. ~~**eeus** =*e* fifteenth-century.

vyf·tig =*tigs* fifty; *in die ~ wees* be in one's fifties; *dit het in die jare ~ (of die ~s) gebeur* it happened in the fifties/Fifties. ~**jarig** =*e* fifty-year-old *(attr.)*; of fifty years *(pred.)*; fifty years old; fifty year(s'). ~**persentkans:** *'n ~ hê om te* ... have/stand a fifty-fifty chance of ... *(winning etc.)*. ~**tal** (about) fifty. ~**voud** =*e, n.* multiple of fifty. ~**voud** *adv.* fifty times, fiftyfold. ~**voudig** fiftyfold.

vyf·ti·ger =*gers* person of fifty, fifty-year-old; a person of the fifties/Fifties; *(V~)* (Afrikaans) writer of the fifties/Fifties. **vyf·ti·ger·ja·re** fifties, Fifties; *in jou ~ (of in die vyftig) wees* be in one's fifties; *dit het in die ~ gebeur* it happened in the fifties/Fifties.

vyf·tig·ste fiftieth; *~ gedenkdag* (golden) jubilee.

vy·gie =*gies, (SA, bot.: Lampranthus; Mesembryanthemum* spp.*)* vygie, mesembryanthemum.

vyl *vyle, n.* file. **vyl** *ge=, vb.* file; *glad ~* file down. ~**angel,** ~**doring** file tang. ~**blok** filing block. ~**borsel** *(tech.)* file card. ~**doring** →VYLANGEL. ~**klos** filing block. ~**saag** slitting saw. ~**skag** file body. ~**slang** file snake. ~**vis** *(icht.)* filefish.

vy·ler =*lers* filer.

vyl·sel =*sels* filing; *(also, in the pl.)* filings, file dust, scobs.

vy·sel =*sels, (cook., pharm.)* mortar; pounder; screw jack; *~ en stamper* pestle and mortar. ~**kis** *(geol.)* mortar box. ~**kop** *(min.)* die. ~**stamper** pestle; *iem. het die ~s en die kriewelkrappers, (rare)* s.o. is on tenterhooks.

vy·wer =*wers* ornamental lake, pond.

Ww

w *w's*, **W** *W's, (23rd letter of the alphabet)* w, W. **w'tjie** *-tjies* little w.

wa *waens* wag(g)on; van, truck; (railway) carriage, coach; (tram)car; chariot; carriage *(of a typewriter)*; →WAENHUIS, WAENTJIE; *die (Groot) W~, (astron.)* the Plough, the Great Bear, *(arch.)* Charles's Wain; ***krakende ~ens** loop die langste, (idm.: sickly people are tough)* creaking doors hang the longest, the cracked pitcher goes longest to the well; *die ~ voor die **osse** span* put the cart before the horse; *iem. se ~ **smeer**, (obs., rare)* give s.o. a hiding; ***voor** op die ~ wees* be forward/cheeky/pushy/precocious. **~-as** axletree. **~band** tire/hoop of a wag(g)on wheel. **~boom** *(Protea nitida)* waboom. **~buik** wag(g)on bed. **~disselboom** wag(g)on pole. **~drywer** wag(g)on driver, wag(g)oner. **~kap** →WATENT. **~kis** wag(g)on chest, coach box. **~laer** laager of wag(g)ons. **~leer** rail. **~maker** wag(g)on builder, coachbuilder, coach maker, cartwright, wheelwright, wainwright. **~makersgereedskap** cartwright's tools. **~makery** wag(g)on builder's shop, cartwright's shop; wag(g)on building. **~pad** *(obs.)* highway, high road, wag(g)on road; *in die ~ val* set out, trek. **~reling** wag(g)on rail. **~rem** wag(g)on brake. **~smeer** axle grease. **~spoor** (cart) rut, wag(g)on tract. **~teer** axle grease. **~tent, ~kap** wag(g)on tilt/hood. **~tentdak** tilt roof, wag(g)on roof. **~vrag** wag(g)on-load; lorry load. **~wiel** *-wiele* wag(g)on wheel; *~e doen/maak* turn cartwheels. **~wielhoed** cartwheel hat. **~wielore** ears like cartwheels. **~wyd**: *die kompetisie is ~ oop* the competition is wide open; *'n venster/deur/ens. wat ~ oop staan* a wide-open window/door/etc.; *~ wakker wees* be wide awake.

waad *ge-, (poet., liter.)* wade, ford. **~voël** wading bird, wader.

waad·baar *-bare (poet., liter.)* fordable.

Waadt, Waadt·land *(Swiss canton)* Vaud. **Waadt·lan·der** *-ders, n.* Vaudois. **Waadt·lands** *-landse, adj.* Vaudois.

waag[1] *ge-, vb.* risk, venture, hazard; dare, chance, stake; gamble; *iets **aan** ... ~* risk s.t. on ...; *jou **aan** iets ~* try s.t.; ***baie** ~* take a big risk; take chances; *jou **buite(kant)** ~* venture out; ***dit** (daarop) ~* take a chance, chance it; take the plunge; try one's luck; chance one's arm *(infml.)*; *~ **dit**!* take a chance!; be a devil! *(infml.)*; *as jy dit **durf** ~!* just you dare (do it)!; *jy kan dit **gerus** ~* you can safely chance/risk it; ***iets** (of 'n kans) ~* take a chance; *jou **in** die water ~* venture into the water; *iem. **kan** dit nie ~ om ... nie* s.o. can't trust him-/herself to ...; *jou **lewe** ~ om iets te doen* risk one's life to do s.t., do s.t. at the peril of one's life; →LEWE *n.*; *jou **lyf** ~ aan ..., (infml., rare)* take a fling at ...; *'n **mening** ~* →MENING; ***nie/niks** ~ nie* not take any chances; play (it) safe; *dit ~ **om** iets te doen* dare (to) do s.t., take the risk of doing s.t., venture (*or* make so bold as) to do s.t.; *~ dit net **om** te ...!* don't you dare ...!; *'n **raaiskoot** ~* →RAAISKOOT; ***te veel** ~* take too big a risk; take too many risks; overplay one's hand; push one's luck (too far) *(infml.)*; *jou **toekoms** aan iets ~* →TOEKOMS; *jou aan 'n **uitleg** ~, (fml.)* hazard an explanation; *wie ~, die **wen*** fortune favours the bold/brave; *wie nie ~ nie, sal nie **wen** nie* nothing ventured, nothing gained; nothing venture, nothing have/gain/win. **~arties** stunt man. **~hals** →WAAGHALS. **~kapitaal** risk(-bearing) capital, venture capital; *verskaffing/voorsiening van ~, (fin.)* corporate venturing. **~(kapitaal)finansiering** corporate venturing. **~lustig** →WAAGLUSTIG. **~moed** →WAAGMOED. **~skoot** chance, flutter. **~spel** game of chance/hazard; venture. **~stuk** risky thing, hazardous undertaking, venture, gamble, *(infml.)* long shot; adventure, daring deed/feat; *'n ~ **aanvang/onderneem*** perform a daring feat; ***dis** 'n ~ om te ...* it is dangerous/risky (*or* a hazardous undertaking) to ...; ***dis** 'n ~, (also)* it is a long shot *(infml.)*, it is a gamble; *'n **(groot)** ~ wees* be (very) risky, be a (very) risky business.

waag[2] *wae, n., (rare)* weigh house. **~skaal** *(rare)* →WEEGSKAAL.

waag·hals daredevil; stunt man; chancer. **waag·hal·sig** *-sige* daredevil, reckless, venturesome, audacious, foolhardy, devil-may-care *(infml.)*, intrepid, daring. **waag·hal·sig·heid** daredevil(t)ry, foolhardiness, temerity, recklessness, audacity, intrepidity, derring-do *(infml.)*.

waag·lus·tig *-tige, adj.* risk-taking, audacious, daredevil, impulsive, rash, reckless. **waag·lus·ti·ge** *-ges, n.* risk-taker, daredevil. **waag·lus·tig·heid** risk-taking, daredevil(t)ry.

waag·moed pluck, daring, audacity, intrepidity; risk-taking. **waag·moe·dig** *-dige, adj.* daring, audacious, intrepid, *(infml.)* plucky; risk-taking. **waag·moe·di·ge** *-ges, n.* risk-taker.

waag·saam *-same* risky; audacious, adventurous, venturesome, intrepid. **waag·saam·heid** riskiness; audacity, temerity, venturesomeness, intrepidity, adventurism.

waai[1] *waaie, n.* bend, crook; *~ van die arm* crook of the arm; *~ van die been* bend/hollow of the knee, ham; *~ van 'n buigstuk* inside of a bend. **~gal** *(vet.)* thoroughpin *(on the hock joint of a horse)*.

waai[2] *waaie, n.* wave; *(rare)* slap, smack; *'n ~ om die ore, (rare)* a box on the ears. **waai** *ge-, vb., (a flag etc.)* blow, float, flutter, fly; wave; fan; go flying; go, *(infml.)* push along; winnow; *iem. slaan/stamp **dat** hy so ~, (infml.)* knock/send s.o. flying; *dit (of die wind) ~ **hard**, (also)* it is storming; *jou **koel** ~* fan o.s.; ***kom** ons ~!, (infml.)* let's get going (*or* out of here)!; ***koppe** sal ~* →KOP *n.*; ***laat** ~!, (infml.)* let rip!, go for it!; *die **regering/ens.** moet ~, (infml.)* the government/etc. must go (*or* be thrown/chucked out); *met jou **sakdoek** ~* wave with one's handkerchief; *niks met iem./iets **uit** te ~ hê nie* →UITWAAI; ***vir** iem. ~* give s.o. a wave, wave (one's hand) to s.o.; ***vlae** ~ oral(s)* flags are floating/fluttering everywhere; *iem. ~ soos 'n **vrot vel**, (infml.)* s.o. is knocked/sent flying; *die wind het die **vrugte** van die bome (af)ge~* the wind blew the fruit from the trees; *kyk hoe (of uit watter hoek) die **wind** ~* →WIND; *daar ~ 'n koel **windjie*** there is a cool breeze blowing. **waai** *interj., (infml.)* off with you, shove/bugger off, get lost. **~boom** = KIEPERSOL. **~gras, kleinrolgras** *(Trichoneura grandiglumis)* small rolling grass; *(poet.)* waving/tall grass. **~hoek** windy corner. **~sand** (wind)blown/drift/aeolian sand. **~sandduin** shifting dune. **~skuim** spindrift, spoondrift. **~sneeu** spindrift, spoondrift.

waai·er *-ers, n.* fan; *(zool.)* flabellum; punka(h) *(Ind.)*; *'n ~ uitsprei* unfurl a fan. **waai·er** *ge-, vb.* fan. **~as** fan shaft, fan spindle. **~band** fan belt. **~blad** fan blade. **~dans** fan dance. **~gewelf** fan vault. **~kap** fan cowl, radiator cowl/scuttle/shroud. **~katrol** fan pulley. **~koppelaar** fan clutch. **~loofwerk** *(archit.)* fan tracery. **~oond** thermofan oven, circotherm oven. **~palm** *(gen.)* fan palm; *(Borassus flabellifer)* palmyra; *(Corypha umbraculifera)* talipot (palm). **~piesang** *(Ravenala madagascariensis)* traveller's tree. **~stert** *(pigeon)* fantail. **~stert(-)grondeekhoring** *-rings, (Xerus inauris)* Cape ground squirrel. **~stertmuis** *-muise, (Graphiurus* spp.*)* dormouse; *bos~, (G. murinus)* woodland dormouse; *klip~, (G. platyops)* rock dormouse. **~venster** fan window. **~ventilator** *(air-cooling apparatus)* thermantidote *(obs., rare)*. **~verwarmer** fan heater. **~vlerk** fan blade.

waai·er·ag·tig *-tige* fanlike, flabellate.

waai·er·ner·wig *-wige, (bot.)* fan-nerved.

waai·ers·ge·wys, waai·ers·ge·wy·se fanwise, fanlike.

waai·er·tjie *-tjies, (dim.)* small fan; *(bot.: Witsenia maura)* bokmakierie's tail.

waai·er·vor·mig *-mige* fan-shaped; *(bot., zool.)* flabellate, flabelliform.

waak *wake, n.* watch, vigil. **waak** *ge-, vb.* watch, be awake; take care of; keep vigil; →WAKEND, WAKER; *oor iem. se **belange** ~* look after (*or* watch over) s.o.'s interests; *~ en **bid*** watch and pray; ***by** iem. ~* sit/stay up with s.o. *(a sick pers.)*; *die hele nag **by** iem. ~* watch by s.o.('s side) all night; ***oor** iem. ~* watch over s.o.; keep vigil over s.o.; ***teen** iets ~* guard against s.t. **~eenheid, ~saal** *(med.)* intensive care unit.

waak·saam *-same* watchful, vigilant, wakeful, wide awake, open-eyed, unsleeping, unwinking; *nie ~ nie* unwatchful. **waak·saam·heid** watchfulness, vigilance, wakefulness; *in ~ verswak* drop/lower one's guard.

waak·saam·heids-: **~komitee** vigilance committee. **~opdrag** *(jur.)* watching brief.

Waal[1] *n.: die ~, (Du. river)* the Waal.

Waal[2] *Wale, n., (Fr.-speaking Belgian)* Walloon. **Waals** *n., (dial.)* Walloon. **Waals** *Waalse, adj.* Walloon; *~e Kerk, (Fr. Huguenot church)* Walloon Church. **Wal·lo·ni·ë** *(Fr.-speaking S Belgium)* Wallonia.

waan *n.* delusion, (idle) fancy, illusion, error, erroneous/mistaken/false idea/notion/belief; mirage; hallucination; *iem. in/onder die ~ **bring** dat ...* lead s.o. to believe that ...; ***in/onder** die ~ verkeer/wees dat ...* be/labour under the delusion that ...; be under the illusion that ...; *iem. in/onder die ~ **laat** dat ...* leave s.o. under the impression that ...; *iem. **uit** die ~ help* undeceive s.o. **waan** *ge-, vb., (rare)* imagine, fancy, think, suppose; *dood ge~ wees* be given up for dead. **~beeld** phantasm; delusion, fantasy; pipe dream. **~begrip, ~denkbeeld** delusional idea, false/fallacious/erroneous notion. **~geloof** *(rare)* superstition. **~voorstelling** hallucination, delusion, idolum. **~wys** *-wys(e), (rare)* opinionated, presumptuous, (self-)conceited, bumptious, priggish. **~wysheid** *(rare)* presumption; presumptuousness; bumptiousness; (self-)conceit; pedantry.

waan·sin madness, insanity, lunacy, dementia, frenzy, mania, delirium. **waan·sin·nig** *-nige, adj. & adv.* insane(ly), demented(ly), deranged, crazed, crazily, mad(ly), frenzied, raving, frantic, frantic(al)ly, maniacal(ly), delirious(ly), maenadic(ally); *iem. ~ liefhê* love s.o. to distraction; be madly in love with s.o.; *iem. ~ maak* drive s.o. crazy, dement s.o.; *~ van ...* in a frenzy of ... *(hate etc.)*. **waan·sin·ni·ge** *-ges, n.* lunatic, maniac, madman, madwoman. **waan·sin·nig·heid** = WAANSIN.

waar[1] *~, ware waarder waarste, adj.* true; real; actual; veritable; unfeigned, veracious; truthful; genuine; ***al** is dit ~, ...* true as it is, ...; *iets is maar **alte** ~* s.t. is only too true; ***as** dit ~ is, (also)* if so; *dis **baie** ~* that's very true, that's no lie; *iets **bly** ~* s.t. holds good; *iets **blyk** ~ te wees* s.t. proves to be true; *so ~ as **God*** as true as God; by God; *ware **grootte*** →GROOTTE; *ware **huid*** →HUID; *'n ware **Ier/musikant/ens.*** a true(-born) Irishman/-woman/musician/etc.; *daar is **iets** van ~ (of **iets** ~s in)* there is s.t. (*or* some truth) in that; *iets* *is ~, (also)* s.t. holds true; *die ware **Jakob/jakob*** →JAKOB; *dit **kan** nie ~ wees nie!* you don't say (so)! *(infml.); 'n ware **las*** a regular nuisance; *so ~ as ek **leef/lewe*** as true as God (*or [SA, infml.]* Bob), as true as I live, as sure as I'm standing here; as true as God made little apples *(infml.); ware **liefde*** →LIEFDE; *'n ware **liefdesverhaal/ens.*** a true-life romance; *jy sal jou woorde moet ~ **maak*** = JY SAL JOU WOORDE MOET WAARMAAK; *jy het dit geskrywe, **nie** ~ nie?* you wrote it, didn't you?; *dis nie groot genoeg nie, **nie** ~ nie?* that is not big enough, is it?; *dis voldoende, **nie** ~ nie?* that is sufficient, isn't it (*or* I suppose)?; *daar is **niks** van ~ nie* there is no word of truth in it; *ware **noorde*** geographical/true north; *die ware **oorsaak*** the real cause; *so ~ as **padda** manel dra* (of *in die water spring*), *so ~ as **vet/wragtig,** (infml.)* as sure as death/fate/nails (*or* a gun), as sure as eggs are eggs, as true/sure as God made little apples, as sure as sure (can be); *dit het **regtig** ~ gebeur* = DIT HET **REGTIGWAAR** GEBEUR; *ware **rib,** (anat.)* true rib; *ware **sekuriteit,*** real security, *(esp. fin.)* copper-bottomed security; *'n oomblik van ware **skoonheid*** a moment of real beauty; *dit is ~ **van** ...* it is true of ...; it holds true for ...; it goes for ...; *'n ~/ware **verhaal*** →VERHAAL[1] *n.; so ~ as **vet/wragtig*** →***padda; waarlik*** ~ →WAARLIKWAAR; *dis ook **weer*** ~ true enough, so it is; ***werklik*** ~ →WERKLIKWAAR; *daar is geen **woord** van ~ nie* there is no word of truth in it; *iets **word** ~* s.t. comes true.

waar[2] *adv. & conj.* where; *~ **anders?*** →ANDERS *adj. & adv.; dit kom nie **daarop aan** ~ nie* no matter where; *~ iem. ook al **gaan*** anywhere s.o. goes; everywhere s.o. goes; *~ u **gaan,** sal ek gaan, (OAB & NAB: Ruth 1:16)* where you go I will go *(NIV); die plek ~ iem. **gebore** is* the place where s.o. was born; *dit kon (wie weet) ~ **gehoor** word* it could be heard ever so far (away); *~ gaan jy **heen?*** where are you going (to)?; *~ het jy **heen** gegaan?* where did you go (to)?; *~ wil jy **heen?*** where are you trying to go?; *~ moet dit **heen?*** what are we (*or* is the world) coming to?; ***ongeag/sel(f)de*** ~ no matter where; *~ **ongeveer/omtrent** het jy dit gevind?* whereabout(s) did you find it?; *~ **ook** al* anywhere; wherever; *~ is jy **tuis?*** where are you staying?; *~ kom hy/sy **vandaan?*** where does he/she come from?; *iem. sê ~ hy/sy dit kan **vind*** tell s.o. where to find it; *~ **was** ek?* where was I?, where did I leave off?; ***weet** ~ iem. is* know s.o.'s whereabouts; *nie **weet** ~ jy is nie* not know where one is; *nie **weet** ~ jy staan nie, (fig.)* not know where one stands, be unsure of one's position; *net ~ jy **wil*** anywhere/wherever you wish; in any old place *(infml.)*.

waar[3] *conj.* whereas, since; *~ die pryse nou so gedaal het* ... as/since prices have fallen so much ...

waar[4] *ge-, vb., (obs., rare)* wander, haunt; *'n plek waar spoke ~* a haunted spot.

waar·aan *interr. pron.* of/by/in/etc. what?; *~ herinner dit jou?* what does it remind you of?; *~ glo jy?* what do you believe in?; *~ het jy dit herken?* what did you recognise it by?. **waar·aan** *rel. pron.* of/by/in/on/etc. which; *die kleur/ens. ~ iem. dink* the colour/etc. s.o. is thinking of (*or* of which s.o. is thinking); *nie weet ~ dit lê nie* not know what the cause of it is (*or* what it is caused by); not know where the fault lies.

waar·ag·ter *interr. pron.* behind what?; *~ skuil hy/sy?* what is he/she hiding behind?; *~ is hy/sy nou weer?* what is he/she after now?. **waar·ag·ter** *rel. pron.* behind which; *die muur/ens. ~ iem. skuil* the wall/etc. s.o. is sheltering behind (*or* behind which s.o. is sheltering).

waar·ag·tig *-tige, adj.* true, veritable, real; *die ~e waarheid* the absolute truth, the gospel truth, God's truth; *die ~e geloof* the true religion. **waar·ag·tig** *adv.* truly, really, (most) definitely; upon my soul/word; →WRAGTIG; ***daar** is ... ~!* there ... is, sure enough!, well I never (*or* blow me down), there ... is!; *hy/sy het ~ **gelyk** gehad* he/she was actually right after all; *~ **nie!*** certainly not!; *dit is ~ **waar*** it is genuinely true (*or* the gospel truth); *hy/sy **weet** ~ **alles*** there's not a thing he/she doesn't know; *ek **weet** dit ~ **nie*** I'm blessed if I know, I'm sure I don't know. **waar·ag·tig·heid** trueness; veracity; truth; genuineness.

waar·be·ne·wens *(rare)* besides which.

waar·bin·ne within which, by which.

waar·bo *interr. pron.* above/over what?; *~ vlieg die straler nou?* what is the jet flying over now?. **waar·bo** *rel. pron.* above/over which; *'n vlak ~ die hoogspringer nie kon kom nie* a level above which the high jumper could not reach.

waar·borg *-borge, n.* guarantee, guaranty, warrant, warranty, surety, security, securance; safeguard; guarantor; underwriting; palladium; ***as** ~ vir ...* in security for ...; *'n ~ **gee*** give a guarantee; *'n ~ **gestand** doen* make good a guarantee; *iets is nog **onder** ~* s.t. is still under guarantee/warranty; *vir 'n jaar **onder** ~ wees* be guaranteed for a year; *'n ~ **teen** iets* a guarantee against s.t. **waar·borg** *ge-, vb.* guarantee, warrant, safeguard, vouch for, underwrite; *iets teen ... ~* guarantee s.t. against ... **~fonds** fidelity/guarantee fund. **~kapitaal** guarantee capital. **~maatskappy** guarantee company. **~som** caution money, security, deposit. **~stempel** hallmark. **~versekering** fidelity insurance/assurance.

waar·bor·ger *-gers* warrantor, guarantor.

waar·bui·te outside of which.

waar·by *interr. pron.* to/near/by/etc. what?; *~ moet ek die sout/ens. voeg?* to what must I add the salt/etc.?, what must I add the salt to?; *~ is hy/sy betrokke?* what is he/she involved in?. **waar·by** *rel. pron.* near/by/etc. which; whereby; *die **artikel** ~ bepaal word ...* the section which provides ...; *die **geleentheid** ~ iem. gepraat het* the occasion on which s.o. spoke; *~ **ingeslote** ...* enclosed with which ...; *~ twee **konstabels*** including two constables.

waard *waarde, (hist.)* landlord, innkeeper; *buite die ~ reken, (rare, idm.)* reckon without one's host; *soos die ~ is, vertrou hy sy gaste, (rare, idm.)* ill doers are ill deemers. **waar·din** *-dinne, (fem.)* hostess; landlady; stewardess.

waar·da·sie *-sies* assessment, valuation, appraisal, appraisement, estimate; →TAKSASIE, WAARDERING. **~hof** *-howe* valuation court.

waar·de *-des, n.* value, quality, worth; denomination, price; calibre; ***aangegewe*** ~ declared value; ***belasbare*** ~ rateable value; *die ~ van iets **bepaal*** determine the value of s.t.; put a price on s.t.; assess/evaluate/appraise s.t.; ***geen** ~ vir iem. hê nie, van **geen** ~ vir iem. wees nie* be of no value to s.o.; *(goeie) ~ vir jou **geld** kry* get (good) value for (one's) money; have a (good) run for one's money; *vir ~ **genote** →**ontvang/genote**; ~ **hê*** be of value, be valuable; *~ aan iets **heg*** attach importance to s.t.; attach value to s.t.; set/put store by/on s.t.; hold s.t. dear; *baie/min ~ aan iets **heg*** set/put great/little store by/on s.t.; *baie ~ aan iets **heg,** (also)* set a high value (up)on s.t.; *'n ~ aan iets **heg/toeken*** place/put/set a value (up)on s.t.; ***intrinsieke*** ~ intrinsic value; ***nominale*** ~ face value; *iets is van **nul** en gener ~* s.t. is worthless; s.t. is null and void; *iets van **nul** en gener ~ ag* set s.t. at naught; ***onder** die ~* under the value; *iets **onder** die ~ verkoop* undersell s.t.; *vir ~ **ontvang/genote*** for value received; *'n pêrel van groot ~* →PÊREL *n.; ~ **in rekening*** value in account; *iets na (of op die juiste) ~ **skat*** estimate/rate s.t. in its true/proper value; *iem. nie na ~ **skat** nie* sell s.o. short; ***ter** ~ van ...* to the value of ...; to the tune of ... *(infml.)*; ***van** ~ wees* be of value, be valuable; *iets **verminder** in ~, die ~ van iets **verminder*** s.t. depreciates; *iets **verminder** die ~ van ...* s.t. lessens the value of ...; ***volgens*** ~ ad valorem; *iets **wys** sy ~* s.t. proves itself. **waar·de** *adj., (fml., obs.)* dear; *W~ Heer/Mevrou* Dear Sir/Madam; *W~ mnr./mev. S.* Dear Mr/Mrs S.; *~ vriend, nou praat jy kaf, (iron., joc.)* my dear sir, you're talking rot now. **~begrip** sense of values. **~bepaling** assessment of value, evaluation, estimation; →WAARDESKATTING. **~daling** depreciation. **~-eenheid** unit of value. **~leer** theory of values. **~meter** standard of value. **~oordeel** value judg(e)ment, judg(e)ment of value. **~papier** *(jur.)* security; negotiable instrument. **~sisteem** →WAARDESTELSEL. **~skaal** scale of values. **~skatting** estimation of value, appraisement; (e)valuation, rating. **~skommeling** fluctuation in (of) value. **~soort** denomination. **~stelsel** *-sels,* **~sisteem** *-sisteme* value system, ethic, moral principles. **~styging** appreciation, rise in value. **~verhoging** appreciation; revalorisation *(of coinage)*. **~verhouding** ratio of values; parity. **~vermeerdering** increase/rise in value, appreciation. **~verminderend** *-rende* depreciatory. **~vermindering** depreciation, fall in value; devaluation; delapidation. **~-vir-geld-motor/wyn/ens.** value-for-money car/wine/etc.. **~vol** *-volle -voller -volste* valuable, worthwhile; *iem. se ~ste besitting* s.o.'s most prized possession.

waar·deer *(ge)-* appreciate, esteem, estimate, value, rate, cherish, be appreciative of; assess, appraise *(official value); iets **hoog** ~* set a high value (up)on s.t.; *iets word **hoog** (ge)~* s.t. is highly esteemed; *iets **op/teen** ... ~* value s.t. at ...; assess s.t. at ...; ***op/teen** ... ge~ word* be valued at ...; *iets ten **seerste** ~* appreciate s.t. deeply/greatly. **waar·deer·baar** *-bare* appraisable. **waar·deer·der** *-ders* valuer, valuator, appraiser, assessor.

waar·de·loos *-lose* worthless, valueless; nugatory; of no consequence; piffling *(infml.); iets ~ ag* hold s.t. cheap. **waar·de·loos·heid** worthlessness; expendability.

waar·de·ring *-rings* appreciation *(of s.o.'s worth etc.)*; valuation, appraisement, appraisal, assessment, estimate *(by a valuer)*; appreciativeness; ***blyk** van ~, (also: tribute for services/achievements)* testimonial; *~ vir iets **hê*** be appreciative of s.t.; *met ~ van ... **praat*** speak with appreciation of ...; *~ vir iets **toon*** show appreciation of s.t.; ***uit** ~ vir ...* in appreciation of ...; *~ **vir/oor** iets uitspreek* express appreciation of s.t.

waar·de·rings-: ~hof = WAARDASIEHOF. **~koste** valuation charges; cost of valuation. **~vermoë** faculty/ability/power of appreciation.

waar·deur *interr. pron.* through what?; *~ het dit gekom?* what was it caused by?. **waar·deur** *rel. pron.* through/by which; whereby; *die hek ~ jy die tuin binnekom* the gate through/by which one enters the garden.

waar·dig *-dige, adj.* worthy; dignified; stately; *(chem.)* valent; *~e **gedrag*** dignified behaviour; *die opvoering/ens. was die **geleentheid** ~* the performance/etc. was worthy of (*or* fitted) the occasion; *'n ~e ou **heer/dame*** a dignified old gentleman/lady; *die eer/ens. is **iem.** ~* the honour/etc. is worthy of s.o., s.o. is deserving of the honour/etc. *'n ~e **opvolger*** a worthy successor; *iem. se ywer is 'n beter **saak** ~, (fml.)* s.o.'s efforts are deserving/worthy of a nobler cause; *jou die geleentheid ~ **toon,** (fml.)* be equal to (*or* rise) to the occasion. **waar·dig** *adv.* in a dignified manner; worthily. **waar·dig·heid** dignity; worthiness; function; *iets is **benede** iem. se ~* s.t. is beneath s.o.'s dignity; *op jou ~ **gesteld** wees* stand on one's dignity; *van jou ~ **ontdaan/ontdoen** wees* be stripped of one's dignity; *~ aan ... **verleen*** lend dignity to ... **waar·dig·heids·be·kle·ër** dignitary.

waar·din →WAARD.

waar·ge·no·me observed; →WAARNEEM.

waar·heen *interr. pron.* where?, where ... to?, to what place?; which way?, whither?; *~ gaan jy, waar gaan jy heen?* where are you going (to)?. **waar·heen** *rel. pron.* where, where ... to; *die plek ~ iem.* (of *waar iem. heen) gegaan het* the place s.o. went to (*or* where s.o. went); *weet ~ jy wil* have a mind of one's own.

waar·heid *-hede* truth, verity, veracity; ***agter** die ~ kom, die ~ **agterkom*** get to/at (*or* find out) the truth; *die ~ **besef/insien*** recognise the truth; *iets is **digby** die ~* s.t. is near (*or* close to) home *(fig.)*; →***naby; die eenvoudige** ~ vertel* tell the simple truth; *die ~ klink soms na 'n fabel* (of *is vreemder as 'n **storie***) truth is stranger than fiction; *die ~ het **geseëvier*** truth prevailed; *die ~ **geweld** aandoen* violate the truth; stretch the truth; *geen **greintjie** ~ nie* not an atom of truth; *'n **halwe** ~* →HALF; *dit is die **heilige** ~* it is the gospel truth; ***in** der ~* →INDERWAARHEID; *vir die ~ van iets **instaan*** vouch for the truth of s.t.; *die ~ **is** dat ...* the fact of the matter is that ...; *'n **kern** van ~* an element/germ/grain of truth; *dis 'n ~ soos 'n **koei,** (infml.)* it is stating the obvious; *die ~ te **kort** doen* (of *te **na** kom*) strain (*or* trifle with) the truth; *die **loutere/naakte/ronde** ~* the bare/naked/plain/round truth; ***na** ~* truthfully, in truth;

die ~ te ***na kom*** *→**kort; naby*** (*of* ***na aan****) die ~* near (*or* close to) home (*or* the mark) *(fig.); →**digby; dit is die nugtere*** *~* it is stone-cold fact; *'n* ***onaangename*** *~* an unpalatable truth; *die* ***onopgesmukte*** *~ →**reine/onverbloemde/onopgesmukte;** die volle ~ oor iets* ***ontbloot*** blow/lift/take the lid off s.t. *(infml.); van alle ~* ***ontbloot*** *wees* be completely devoid of truth; *die* ***oomblik*** *van ~* the moment of truth; *die ~* ***praat*** tell the truth; *as jy die ~* ***praat,*** *word jy gehaat, die ~ wil nie gesê wees nie* truth seldom meets with a kind reception; truth is inconvenient; *dit is die* ***reine*** *~* it is God's truth; *die* ***reine/onverbloemde/onopgesmukte*** *~* the unvarnished truth; *die* ***ronde*** *~ →**loutere/naakte/ronde;** om die ~ te* ***sê*** as a matter of fact, in (point of) fact, in truth; (quite) frankly, to tell the truth, if the truth were told, truth be told; *om die ~ te* ***sê,*** *(of as ek die ~ moet sê,) moet ek lieg* I really don't know; *iem. (goed) die ~* ***sê/vertel,*** *(infml.)* dress s.o. down, give s.o. a dressing-down/talking-to/telling-off/ticking-off (*or* an earful *or* a bit/piece of one's mind); *iem. goed/kaalkop/vierkant die ~* ***sê/vertel,*** *(also, infml.)* tell s.o. a few home truths; *daar* ***sit/steek*** *~ in wat iem. sê* there is reason in what s.o. says; *'n* ***skyn*** *van ~ aan ... gee* add/give/lend colour to ... *(a story etc.); iem. wat die ~* ***spaar*** a stranger to the truth; *die ~ is vreemder as 'n* ***storie*** *→**fabel;** uit die mond van die* ***suigeling*** *sal jy die ~ hoor* →SUIGELING; *die* ***suiwere*** *~* the truth and nothing but the truth; *dit bevat geen* (*of nie 'n*) ***sweem*** *van ~ nie* there is not a shadow of truth in it; *'n* ***uitgemaakte*** *~* an established truth; *met die ~* ***uitkom*** own up; come clean *(infml.); met die ~ oor iets* ***uitkom,*** *(also)* make a clean breast of s.t.; *kaalkop met die ~* ***uitkom,*** *(also, infml.)* make no bones about it; ***ver/vêr*** *van die ~ wees* be wide of the truth; *tussen ~ en* ***verdigsel*** *onderskei* distinguish/separate fact from fiction; *iem. die ~* ***vertel*** *→**sê/vertel;** die* ***volle*** *~* the whole truth; *die ~, die* ***volle*** *~ en niks anders as die ~ nie* the truth, the whole truth and nothing but the truth; *om die* ***volle*** *~ te sê* in plain truth. **~getrou** truthful. **~serum** truth drug, truth serum. **~sin** sense of truth; veracity; veraciousness.

waar·heid·lie·wend, waar·heids·lie·wend *-wende* truthful, truth-loving, -speaking, -telling, veracious, veridical. **waar·heid·lie·wend·heid, waar·heids·lie·wend·heid** truthfulness, veracity.

waar·heids-: ~doepa = WAARHEIDSERUM. **W~-en-versoeningskommissie** *(abbr.:* WVK*),* **Kommissie vir Waarheid en Versoening** *(SA pol.)* Truth and Reconciliation Commission *(abbr.:* TRC*),* Commission for Truth and Reconciliation. **~kennis:** *godsdienstige ~* gnosis. **~kloof** credibility gap. **~liefde** love of truth, veracity, veraciousness, truthfulness. **~liewend** →WAARHEIDLIEWEND. **~liewendheid** →WAARHEIDLIEWENDHEID.

waar·in *interr. pron.* in what?; wherein?; *~ sal ek dit (ver)pak?* what shall I wrap it in?; *~ lê die moeilikheid?* where does the difficulty lie?, what is the trouble?; *~ glo jy?* what do you believe in?. **waar·in** *rel. pron.* in which; *die huis ~ iem. woon* the house s.o. lives in; *die tydperk ~ ...* the period during which ...

waar·krag·tens under which, by virtue (*or* on the strength) of which.

waar·langs *interr. pron.* which way?, along/past (*or* next to) what?; whereabouts?; *~ het jy dit gekry?* whereabouts did you find it?. **waar·langs** *rel. pron.* along/past (*or* next to) which; *die pad ~ iem. (of waar iem. langs) geloop het* the road along which s.o. walked.

waar·lik truly, really, upon my word; actually; indeed; verily; (to be) sure; ***jou*** *~ ... ...* of all things; ***jou*** *~ X* X of all people; *die boekwinkel het* ***jou*** *~ nog 'n kopie gehad* the bookshop actually still had a copy; ***jou*** *~ in ... in ...* of all places; *en* ***jou*** *~ ...* and sure enough ... *(infml.);* ***so*** *~!* lo and behold!; *iem.* ***verbeel*** *hom/haar ~ dat ...* s.o. fondly imagines that ... **~waar** actually, really; really and truly; honestly, in all conscience; *dit het ~ gebeur* it actually happened.

waar·maak *waarge-* verify, prove, make good; *jy sal jou woorde moet ~* you'll have to prove (*or* make good) your words. **waar·ma·ker:** *'n ~ van jou woord wees, (poet., liter.)* be true to one's word. **waar·ma·king** verification, proving, substantiation.

waar·mee *interr. pron.* with what?; *~ sal ek dit vergelyk?* to what shall I compare it?, what shall I compare it with?. **waar·mee** *rel. pron.* with which, wherewith; *die probleem ~ iem. te kampe het* the problem s.o. has to contend with (*or* with which s.o. has to contend).

waar·merk *-merke, n.* stamp, hallmark *(of gold, silver, etc.).* **waar·merk** *ge-, vb.* stamp, authenticate, attest, validate, certify, hallmark *(gold, silver, etc.);* witness *(a document); 'n ge~te afskrif* a certified copy. **waar·mer·king** stamping, hallmarking, certification, witnessing.

waar·na *interr. pron.* after what?; at/to/etc. what?; *~ het jy gemik?* what did you aim at?. **waar·na** *rel. pron.* after which, whereupon, whereafter; at/to/etc. which; *die dorp ~ hierdie pad lei* the village to which this road leads.

waar·naas *interr. pron. (fml.)* next to what?. **waar·naas** *rel. pron. (fml.)* next to which.

waar·na·toe *interr. pron.* where?, where ... to?, to what place?, whither?, which way?; *~ gaan jy?, waar gaan jy na toe?* where are you going (to)?. **waar·na·toe** *rel. pron.* to which; *die plek ~ hy/sy (of waar hy/sy na toe) gegaan het* the place he/she went to (*or* to which he/she went).

waar·neem *waarge-* perceive; *(astron. etc.)* observe, watch, sight; eye; notice; spot; seize *(a chance);* make use of, avail o.s. of *(an opportunity);* perform, attend to *(one's duty);* take *(the salute);* hold an acting (*or* a temporary) appointment, stand in, deputise, act in a temporary capacity; →WAARGENOME; *die* ***begeleiding*** *~ →*BEGELEIDING; *'n* ***diens*** *~ →*DIENS *n.; iets met die blote* ***oog*** *~* perceive s.t. with the naked eye; *'n dokter se* ***praktyk*** *~* act as a locum (tenens), look after a doctor's practice; ***skerp*** *~* observe keenly; ***vir*** *iem. ~* act for s.o.; stand in for s.o.; deputise for s.o.. **waar·neem·baar** *-bare* observable; perceptible, cognisable; discernible; appreciable; sensible *(temperature); (philos.)* phenomenal, sensible; *~bare simptoom* objective symptom. **waar·neem·baar·heid** perceptibility. **waar·ne·mend, waar·ne·mend** *-mende* acting, temporary, interim; percipient, sentient; *~e regter X* Mr Acting Justice X; *die ~e voorsitter* the deputy/acting chairman. **waar·ne·mer** *-mers* observer, watcher; substitute, deputy, locum tenens *(of a doctor etc.); 'n ~ van ...* an observer of ...; a student of ... *(the weather etc.).*

waar·ne·ming *-mings, -minge* perception; observation, sighting; sight; locum tenency; *die behoorlike ~ van jou pligte* the due performance of one's duties; *iem. se gevolgtrekking berus op ~* s.o.'s conclusion is the result of observation; *vir ~ in 'n hospitaal opgeneem word* be admitted to a hospital for observation. **~saal** observation ward.

waar·ne·mings-: ~ballon *(meteorol.)* kite/observation balloon. **~fout** error in/of observation. **~hoek** angle of sight; ground angle. **~inhoud** percept. **~lyn, ~roete** *(surv.)* traverse. **~opdrag** watching brief; *'n ~ van iem. hê* hold a watching brief for s.o. **~pos** observation post. **~roete** →WAARNEMINGSLYN. **~vermoë** perceptive faculty, perceptivity; sentience; power(s) of observation.

waar·om[1] *-oms, n.: die ~(s)* the why and (the) wherefore, the whys and wherefores. **waar·om** *adv. & conj.* why; *dit is ~ ...* that is why ...; *dit maak nie saak ~ nie, sel(f)de/ongeag ~* no matter why. **waar·om** *interr. pron.* why?, what for?; *~* ***dan*** *tog?, maar ~* ***dan?*** whatever for? *(infml.); ~* ***nie?*** why not?; what if it is so?, what of it?; *en ~* ***nie?*** so what? *(infml.); ~* ***presies*** *...?* just why ...?; *~ nog* ***probeer/ens.?*** what's the point of trying/etc?; *~* ***tog?*** why ever *(infml.);* oh why?.

waar·om[2] *rel. pron.* round which; *die vinger ~ die kleefpleister gedraai is* the finger round which the plaster is wound.

waar·om·heen *rel. pron., (obs.)* = WAAROM[2] *rel. pron.*.

waar·om·trent *rel. pron.* about which; *die saak ~ ek gepraat het* the matter I spoke about.

waar·on·der *interr. pron.* under/beneath/among what?; *~ het jy dit gekry?* beneath what did you find it?. **waar·on·der** *rel. pron.* under/beneath/among which, including; *die boom ~ iem. geskuil het* the tree under which s.o. took shelter; *tien motors, ~ twee Golfs* ten cars, including two Golfs.

waar·oor *interr. pron.* over/across/about/etc. what?; *~ is jy kwaad?* what are you angry about?; why are you angry?; *~ het hulle gepraat?* what did they talk (*or* were they talking) about?; *~ lag jy?* what are you laughing at?; *~ huil jy?* what are you crying for/about?. **waar·oor** *rel. pron.* over/across/about/etc. which; of/about which; *die saak ~ hulle praat* the matter they are talking about (*or* speaking of); *die brug ~ iem. gery het* the bridge s.o. crossed.

waar·op *interr. pron.* (up)on what?; *~ staan hy/sy?* what is he/she standing on?; *~ wag jy?* what are you waiting for?. **waar·op** *rel. pron.* (up)on which; whereupon; *die klip ~ iem. sit* the stone (that) s.o. sits on (*or* on which s.o. sits), the stone on which s.o. is sitting.

waar·sê *waarge-, (rare)* tell fortunes, soothsay, divine. **waar·sê·er** *-ers, (fem.)* **waar·seg·ster** *-sters* fortune teller, diviner, divinator, soothsayer. **waar·sê·ers·kuns, waar·seg·gings·kuns** soothsaying, divination. **waar·sê·e·ry** fortune telling, soothsaying, divination; geomancy; gyromancy. **waar·seg·gend** *-gende* mantic. **waar·seg·ging** *-gings, -ginge, (rare)* prediction, prophecy; fortune telling.

waar·sku *ge-* warn, caution, admonish; notify; remind; exhort; give notice; *~* ***dat*** *...* warn (*or* give warning) that ...; *iem.* ***oor*** *iets ~* caution s.o. about s.t.; *iem.* ***teen*** *iets ~* warn s.o. against/about/of s.t.; caution s.o. against s.t.; ***wees*** *ge~!* you have been warned!, take care!; *deur iets ge~* ***wees*** take s.t. as a warning, take warning from s.t.. **waar·sku·wend** *-wende* cautionary, warning, monitory, admonitory; premonitory; *'n ~e stem laat hoor* sound/strike a warning note; *~e verskynsels* premonitory symptoms. **waar·sku·wer** *-wers* warner, warning device.

waar·sku·wing *-wings, -winge* warning, caution, admonition, monition, caveat; demand note, (warning) notice; reminder; premonition *(of a disease etc.); met 'n ~ daarvan* ***afkom*** get off with a caution; *op 'n ~* ***ag*** *gee/slaan* heed a warning; *iets* ***dien*** *vir iem. as ~* s.t. is a warning to s.o.; *'n ~* ***gee/uitspreek/uiter*** give/issue a warning, *(fml.)* enter (*or* put in) a caveat; *'n ~ ter* ***harte*** *neem* take warning from s.t., take s.t. as a warning; *'n ~ laat* ***hoor*** give/issue a warning; ***laaste*** *~* final notice *(of demand);* final warning; *'n* ***somber*** *~* a grim warning; *'n* ***tydige*** *~* a timely warning; *'n* ***vriendelike*** *~* a gentle reminder. **~sein** warning signal, siren. **~skoot** warning shot.

waar·sku·wings-: ~bevel caution. **~bord** caution signboard, warning board. **~klok** warning bell. **~lig** warning light; pilot light/lamp. **~teken** warning sign; danger signal. **~woord** cautionary word, word of caution.

waar·skyn·lik *-like, adj.* probable, likely, prospective; verisimilar; *dit lyk* ***baie*** *~ dat ...* it's (or it is) a racing certainty (that) ...; ***die*** *~ste is dat ...* the best bet is that ...; the weight of probabilities is that ...; ***hoe*** *~ is dit dat dit sal gebeur?* what is the likelihood of it happening?; *dit is* ***hoogs*** *~* it is highly probable; *dit* ***is*** *~, (also)* it is on the cards. **waar·skyn·lik** *adv.* probably, doubtless, no doubt; ***heel/hoogs*** *~* most/very likely/probably; in all likelihood; no doubt; ***heel/hoogs*** *~ sal iets gebeur, (also)* there is a good chance of s.t. happening; *iem.* ***kom/ens.*** *~* s.o. is likely to come/etc., it is likely that s.o. will come/etc.; *iem. gaan ~* ***nie*** *die paal haal* ***nie*** s.o. is unlikely (*or* not expected) to succeed, the chances are that s.o. will fail; *~* ***sal*** *...* the probability is that ...; *dit* ***sal*** *~ ...* it is likely to ...; *iem.* ***sal*** *~ herkies word* s.o. is expected/likely to be re-elected, the chances are that s.o. will be re-elected; *~* ***wel*** probably (so), I suppose so; *hierdie perd sal ~* ***wen*** this horse should win. **waar·skyn·lik·heid** *-hede* probability, likelihood; chance, odds; *na alle ~* in all probability/likelihood, most likely, by all odds.

waar·skyn·lik·heids=: **~digtheid** probability density. **~kromme** probability curve. **~leer** probabilism. **~rekening** theory/calculation/calculus of probabilities. **~verdeling** probability distribution.

waar·so where?

waar·son·der *interr. pron.* without what?; *~ kan jy nie klaarkom nie?* what is it (that) you can't do without?. **waar·son·der** *rel. pron.* without which; *iets ~ iem. nie kan klaarkom nie* s.t. s.o. cannot do without.

waar·teen *interr. pron.* against what?; *~ leun hy/sy?* what is he/she leaning against?. **waar·teen** *rel. pron.* against which; *'n standpunt ~ niks in te bring is nie* a standpoint against which nothing can be said.

waar·teen·oor *interr. pron.* opposite (to) what?; *~ staan ...?* opposite (to) what is ... situated?, what faces ...?. **waar·teen·oor** *rel. pron.* opposite (to) which; *die huis ~ die motor stilgehou het* the house opposite (to) which the car stopped; *~ te sê is dat ...* over and against which it can be argued that ...

waar·toe *interr. pron.* to/for what?; whereto?; *~ dien dit?, (fml.)* what purpose does it serve?, what is the use/good of it?. **waar·toe** *rel. pron.* to which; *iets ~ iem. hom/haar nie sou verlaag nie* s.t. to which s.o. would not stoop, s.t. (that) s.o. would not stoop to.

waar·tus·sen *interr. pron.* between/among what?. **waar·tus·sen** *rel. pron.* between/among which; *die berge ~ die pad loop* the mountains between which the road runs.

waar·ty·dens during which.

waar·uit *interr. pron.* out of (*or* from) what?; *~ lei jy dit af?* what do you deduce that from?. **waar·uit** *rel. pron.* out of/from which; *die land ~ iem. gekom het* the country (that) s.o. came from (*or* from which s.o. came).

waar·van *interr. pron.* of/about/from/etc. what?; *~ praat jy?* what are you talking about?, *(infml.)* what are you (carrying) on about?. **waar·van** *rel. pron.* whose, of/about/from/etc. which/whom; whereof; *'n aangeleentheid ~ iem. bewus is* a matter of which s.o. is aware (*or* that s.o. is aware of).

waar·van·daan *interr. pron.* from where?, where from?, whence?; *~ begin ons?* where do we start (from)?. **waar·van·daan** *rel. pron.* whence, from where, from which; *die plek ~ iem. (of waar iem. vandaan) kom* the place (that) s.o. comes from.

waar·vol·gens *interr. pron.* according to what?. **waar·vol·gens** *rel. pron.* whereby, according to which.

waar·voor *interr. pron.* for what?; what for?; where=for(e)?, whereto?, why?; →HOEKOM; *~ is jy bang?* what are you afraid of?; *~ dan tog?, maar ~ dan?* whatever for? *(infml.)*; *~ lag jy?* what are you laughing at?. **waar·voor** *rel. pron.* for/before/etc. which; *die huis ~ iem. stilgehou het* the house in front of which s.o. stopped; *'n siekte ~ daar geen genesing is nie* a disease for which there is no cure.

waas haze *(in the air)*; veil *(fig.)*; film, mist *(before the eyes)*, fog; bloom *(on fruit, varnish, etc.)*. **~vorming** hazing; misting; blooming, blushing.

waat·le·moen, waat·le·moen watermelon. **~fees** watermelon party. **~konfyt** melon jam. **~stukke** melon preserve.

Wad·de·ei·lan·de: *die ~* the Frisian Islands *(off the Neth.)*.

wa·di *=di's, (<Arab.: [dry] watercourse)* wadi.

wa·en·huis (cart) shed, coach house/shed, wag(g)on house. **~deur** coach-house door. **~spinnekop** house spider.

wa·en·tjie *=tjies, (dim.)* little wag(g)on, wag(g)onette, trolley; toy wag(g)on; →WA.

wa·fel *=fels* waffle; wafer. **~binding** honeycomb weave. **~pan, ~yster** waffle iron. **~stof** honeycomb fabric, waffle cloth. **~weefwerk** waffle weave.

wa·fel·ag·tig *=tige* wafery.

waf·fers *=ferse: glad nie so ~ nie, (infml.)* not all that good, nothing to speak of; *iem./iets is nie juis 'n ~e ... nie, (infml.)* s.o./s.t. is not much of a ...; ***nie** te ~ wees nie, (infml.)* not be up to much (*or* so hot), be no great shakes; ***niks** ~ nie, (infml.)* nothing to write home about; *pronk in jou nuwe uitrusting **soos** 'n ~e model* parade around in your new outfit as if you're some model.

wag *wagte, n.* watchman; *(mil.)* sentry, guard, picket, sentinel; watch *(on board a ship)*; duty; vigil; *die ~ **af**=**los*** relieve the guard; *(naut.)* relieve the watch; *die ~ **betrek**, (obs., rare)* go on watch; ***eerste** ~* →EERSTE *n., adj. & adv.*; *~ **hou*** →WAGHOU; *'n ~ voor jou **mond** sit* set a watch before one's mouth; *jou ~ **ontglip**, (a prisoner)* slip one's guard; *die ~ **oorneem*** take over guard; take over the watch; ***op** ~ wees* be on guard/sentry-go (*or* the watch); *'n ~ **opstel/uitsit*** mount/post a guard; mount (*or* set up) a picket; *op ~ **staan*** be on guard (*or* sentry duty), stand sentry; keep watch; →WAGSTAAN; *~te **uitsit*** post sentries. **wag** *ge=, vb.* wait; stay; pause; tarry; →WAGTE *vb.*, WAGTER, WAGTERY; *~ (’n) **bietjie!**, ~ **net** (gou of 'n rukkie/oomblik)!* wait a bit/minute!, just a sec! *(infml.)*; hold (*or [infml.]* hang) on!; hold your horses! *(infml.)*; *~ so 'n **bietjie!**, (teleph.)* hold the line!; *iem. kan nie ~ **dat** iets gebeur nie* s.o. cannot wait for s.t. to happen; *iem. moet **eindeloos** ~* s.o. has to wait for ages *(infml.)*; *moenie met die **ete** vir/op my ~ nie* don't wait dinner for me; *iets **kan** ~* s.t. can wait; s.t. will keep; *iets **laat** ~* let s.t. stand over; *iem. **laat** ~* make s.o. wait, keep s.o. waiting; *nie op jou **laat** ~ nie* be quick about it, not be behindhand, *(fig.)* be a fast worker; *iem. sal **lank** moet ~* s.o. will have a long wait; *~ **maar!*** just you wait!; ***moenie** ~ nie!* don't delay!; ***net** ~ om op te hou, (infml.)* watch the clock; *~ **net** (gou of 'n rukkie/oomblik)!* →***bietjie**; **nie** ~ om iets te doen nie* be quick to do s.t., lose no time in doing s.t.; ***op/vir** iem. ~* wait for s.o.; ***op/vir** iets ~* wait for s.t.; stand by for s.t.; stay for s.t. *(a reply etc.)*; ***staan** en ~* stand and wait; cool/kick one's heels *(infml.)*; *~ **tot** iem. terugkom* await s.o.'s return; *daar ~ 'n **verrassing/ens.** vir/op iem.* there is a surprise in store for s.o.; *iets ~ **vir** iem.* s.t. awaits s.o.; *jou ~ **vir** ..., (obs.)* guard against ...; ***wanhopig** op iets ~* be desperate for s.t. *(help etc.)*. **~beurt** period/spell/tour of duty. **~diens** guard duty; watch *(at sea)*. **~figuur** *(av.)* holding pattern. **~geld** *(rare)* retaining pay; half pay. **~glas** watch glass. **~hebbend** →WAGHEBBEND. **~hond** watchdog; *'n ~ paai, (fig.)* give a sop to Cerberus. **~hou** →WAGHOU. **~huis** guardhouse. **~huisie** *(dim.)* watchman's hut; sentry box. **~kamer** waiting room. **~klok** watchman's clock. **~lokaal** guardroom. **~lys** waiting list. **~meester** troop sergeant major; battery sergeant major; *(icht.)* →SERSANT-MAJOOR. **~-'n-bietjie**[1] *=tjies*, **~-'n-bietjie(-)boom** *=bome, (Acacia mellifera)* black thorn; →BLINKBLAAR-WAG-'N-BIETJIE, SWARTHAAK. **~-'n-bietjie**[2] *=tjies*, **~-'n-bietjie(-)bos** *=bosse, (Asparagus rubicundus)* wild asparagus; →KATDORING. **~offisier** officer of the guard. **~parade** guard parade. **~plek** waiting place, place of waiting, appointed place, trysting place. **~pos** (watch) post, guard/sentry post, picket. **~rondte** tour of duty. **~rooster** duty list, duty roster. **~skip** guard ship. **~staan** →WAGSTAAN. **~toestand** *(comp.)* waitstate. **~toring** watchtower, barbican; conning tower *(of a submarine)*. **~tyd** waiting period. **~vuur** watch fire. **~woord** password; watchword; catchword; slogan; shibboleth.

wag·gel *ge=* totter, stagger, reel; *(a short-legged pers.; birds like ducks, geese, etc.)* waddle; teeter, wobble; *(children)* toddle; shimmy; *iem. laat ~* make s.o. reel; send s.o. reeling. **~wiel** wobbly wheel.

wag·ge·laar *=laars* totterer.

wag·ge·lend *=lende* staggering, tottering, reeling; shambling *(gait)*; *'n ~e tafel* a wobbly/rickety table.

wag·ge·ling tottering; waddle; wobble, wobbling; stagger; *(mech. eng.)* run-out.

wag·gel·rig *=rige* wobbly.

wag·ge·ry →WAGTERY.

wag·heb·bend *=bende: ~e offisier* officer of the watch.

wag·hou *wagge=*, **wag hou** *wag ge=* be on guard, keep a lookout; →WAGSTAAN; *goed ~ (of ~ ~)* keep good watch, keep a sharp lookout, keep watch and ward; *oor ... ~ (of ~ ~)* watch over ...; keep guard over ...; keep watch over ...; *oor iem. ~ (of ~ ~), (also)* keep vigil over s.o.. **wag·hou·er** watchkeeper.

Wag·ner·tu·ba *(mus.)* Wagner tuba.

wag·staan *wagge=*, **wag staan** *wag ge=* be on guard (*or* sentry duty), stand sentry; keep watch; →WAGHOU; *oor ... ~ (of ~ ~)* stand/keep guard over ...; keep watch over ... **wag·sta·ne·ry** standing guard, keeping watch, sentry-go; picketing.

wag·te *vb. (inf.)* (→WAG *vb.*): *iets/iem. **te** ~ wees* be expecting s.t./s.o.; *('n) mens kan dit **te** ~ wees* it is to be expected; *iets staan iem. **te** ~* s.t. is/lies in store for s.o.; *nog reën/ens. **te** ~ wees* be in for more rain/etc. *(infml.)*; *iem. kan 'n verrassing **te** ~ wees* there is a surprise in store for s.o.; *iets nie **te** ~ wees nie* not bargain for/on s.t.; *meer as wat iem. **te** ~ was* more than s.o. bargained for/on.

wag·ter *=ters* watcher; watchman, keeper; warder; guard, guardian; herdsman; *(rare)* satellite *(of a planet)*. **~mier** custodian ant. **wag·ter·tjie** *=tjies, (dim.)* herdboy.

wag·te·ry, *(infml.)* **wag·ge·ry** waiting, wait.

Wa·ha·biet *=biete, n., (member of a Muslim sect)* Wahhabi, Wahabi. **Wa·ha·bis·me** Wahhabism, Wahabism. **Wa·ha·bi·ties** *=tiese, adj.* Wahhabi(te), Wahabi(te).

wa·hoe *=hoes, (icht.: Acanthocybium solandri)* wahoo.

Wais·ja *(Hind.: [member of] the third caste, the traders)* Vaisya.

wa·jang *=jangs, (Mal. theatr.)* wayang, wajang.

wak *wakke, (rare)* ice hole, hole in the ice.

wa·kend *=kende* wakeful, watchful, vigilant; →WAAK *vb.*; *'n ~e oog hou op/oor ...* watch ..., keep a watchful eye on ...

wa·ker *=kers* watcher; vigilante.

wa·kil *=kils, (obs., rare: Ind. lawyer/agent)* vakeel, vakil.

wak·ker *~ =kerder =kerste, adj. & adv.* awake, wakeful, unsleeping, unwinking; vigilant, watchful, alert, open-eyed; active, energetic, go-ahead, smart *(salesperson, events manager, etc.)*; doughty *(fighter)*; *~ **bewussyn**, (psych.)* waking consciousness; *~ **bly*** stay awake; sit up; *iem. moet ~ **geskud** word* s.o. needs/wants stirring up; ***helder/hugter/wawyd** ~ wees* be wide awake; *iem. ~ **hou*** keep s.o. awake; keep s.o. up; *~ **lê*** lie awake; *nie oor iets ~ **lê** nie* not lose sleep over s.t. *(infml.)*; *~ **loop*** be wide awake; look (a)round; be on the qui vive; *jy sal moet ~ **loop**, (also)* you'll have to be on your toes; *iem. ~ **maak*** wake s.o. (up), awake s.o.; *... **maak** iets in iem. ~, (fig., infml.)* ... does s.t./things to s.o.; *(**op** en) ~ wees* be on the ball *(infml.)*; *iets **roep** herinneringe ~* s.t. calls up memories; *~ **skrik*** wake with a start, start from one's sleep; *(fig., infml.)* pull up one's socks *(infml.)*; *iem. moet ~ **skrik** (of ophou lugkastele bou) (en terugkeer aarde [of na die werklikheid] toe)* what planet is s.o. (living) on? *(infml.)*; *uit ... ~ **skrik*** start from ... *(a dream etc.)*; *~ **skrik/word** in verband met iets* wake up to s.t.; *iem. ~ **skud*** shake s.o. awake; shake s.o. up, get s.o. moving; *~ **stand**, (psych.)* waking state; *~ **tyd*** waking time; *~ **visioene**, (psych.)* waking visions; ***wawyd** ~* →***helder/hugter/wawyd**; iets **weer** ~ maak* reawaken s.t. *(nationalism etc.)*; ***weer** ~ word* reawaken, wake up again; *~ **word*** wake (up), awake; rouse o.s.; *(infml.)* wise up; *uit ... ~ **word*** awake(n) from ...; ***word** ~!, ~ **word!*** wake up!, wakey-wakey! *(infml.)*. **~skudding** shake-up.

wak·ker·heid alertness, liveliness, briskness; vigilance; activity, vigour.

waks *n.* polish; blacking. **waks** *ge=, vb.* polish; black, shine *(boots etc.)*.

wal *walle* bank; shore; coast; quay, embankment; rampart; dyke; groyne; mound, verge; circumvallation; ***aan** ~* on land; on shore; *iets aan ~ **bring*** carry s.t. ashore, land s.t.; ***franko** ~, (econ., rare)* free on quay, franco quay; *aan ~ **gaan**, (people)* go ashore; *van 'n skip aan ~ **gaan/stap*** disembark from a ship; *iem. **gooi** ~ teen iets* s.o. tries to prevent s.t.; ***kant** nóg ~ raak* →KANT[1] *n.*; ***koste/prys** aan ~, (econ.)* landed cost/price; *aan **laer** ~ wees, (rare, idm.)* be in low water (*or* the shallows), be hard up, be on the rocks (*or* one's beam-ends), be down and out, be down on one's luck; *aan **laer** ~ raak* be carried to the lee shore; *(fig.)* be thrown on one's beam-ends; *~le onder die **oë*** = SAKKE ONDER DIE OË; *iem. is **oor** die* ~ = IEM. IS OOR DIE **MUUR;** ***op** die ~(le) van ...* on the bank(s) of ... *(a river); die **rivier** oorstroom* (of *loop oor*) *sy walle* the river overflows its banks; *iem. aan ~ **sit*** put ashore s.o.; *van die ~ (af) in die **sloot** beland, (idm.)* jump out of the frying-pan into the fire; *iem. van die ~ (af) in die **sloot** help, (idm.)* get s.o. into an even worse position; *van ~ **steek*** push/shove off, put (out) to sea, stand to sea *(with a boat); na die ~ toe **swem*** swim ashore; *iets op die ~ **trek*** pull s.t. ashore, beach s.t.; ***van** die ~, (econ.)* ex quay; *'n groot **vis** aan ~ bring* make a good catch; ***voet** aan ~ sit* →VOET. **~kaptein** marine superintendent, ship's husband. **~rif** barrier reef. **~verlof** shore leave.

Wa·la·chy·e *(a hist. principality)* Wal(l)achia; →ROEMENIË. **Wa·la·chy·er** *-ers, n.* Wal(l)achian. **Wa·la·chys** *-chyse, adj.* Wal(l)achian.

Wal·den·se *n. (pl.), (12th-cent. Chr. sect)* Waldenses, Vaudois. **Wal·den·sies** *-siese* Waldensian, Vaudois.

wald·ho·ring *(mus.)* French horn.

wal·dorf·slaai *(Am. cook.)* Waldorf salad.

Wa·le·land = WALLONIË.

walg *n.* loathing, disgust, nausea; *'n ~ van iets hê* loathe (*or* be nauseated by) s.t.. **walg** *ge-, vb.* loathe *(s.t.);* nauseate, disgust, sicken *(s.o.);* pall; *iem. ~ van iets, iets laat iem. ~* s.t. nauseates s.o., s.o. is nauseated by s.t.; s.t. makes s.o.'s gorge rise, s.o.'s gorge rises at s.t.; s.o. is disgusted at/by s.t.; s.t. is repugnant to s.o.; s.o. revolts at/against/from s.t, s.t. revolts s.o., s.o. is revolted by s.t.; s.o. has a revulsion against/from s.t.; s.t. makes s.o. sick, s.t. turns s.o.'s stomach; *jou vir iem. ~* be disgusted with s.o.; *tot ~ens toe* to satiety; ad nauseam. **~voël** *(rare)* = DODO.

wal·gend *-gende* nauseating, disgusting.

wal·ging loathing, nausea, disgust; surfeit; *iem. **het** 'n ~ van iets* s.t. nauseates s.o., s.o. is nauseated by s.t.; ***tot** iem. se ~* to s.o.'s disgust; *iem. se ~ **van** ...* s.o.'s repugnance for/to(wards) ...; *iem. se ~ **vir/van** iets* s.o.'s disgust at s.t.; ***vol/met** ~ terugsteier/ens.* stagger back etc. disgustedly.

walg·lik *-like, adj.* loathsome, nauseous, nauseating, disgusting, repulsive, revolting, sickening, sick-making *(infml.),* fulsome, vile, offensive, cruddy *(infml.),* yucky, yukky *(infml.);* sordid; *iem. vind iets ~, iets is vir iem. ~* s.t. is revolting to s.o.; s.t. is repugnant to s.o. **walglik** *adv.* disgustingly, revoltingly, nauseously, nauseatingly, sickeningly; *~ soet* cloying. **walg·lik·heid** loathsomeness, nauseousness; sordidness; crud *(sl.).*

Wal·hal·la *(Norse myth.)* Valhalla.

Wal·ku·re *-res, (Norse myth.)* Valkyrie.

wal·la·bie *-bies, (zool.)* wallaby. **Wal·la·by** *Wallabies, (member of the Austr. rugby team)* Wallaby.

wal·la·roe *-roes, (zool.)* wallaroo.

Wal·lis[1] *(a Br. principality)* Wales, Cymru; *die Prins van ~* the Prince of Wales. **Wal·lies** *n., (Celtic lang.)* Welsh, Cymric, Kymric. **Wal·lies** *-liese, adj.* Welsh, Cymric, Kymric, Cambrian; *~e herdershond* (Welsh) corgi. **Wallie·ser** *-sers* Welshman, -woman, Cambrian; *(in the pl.)* Welsh(men/-women).

Wal·lis[2] *(Swiss canton)* Valais.

Wal·lo·ni·ë →WAAL[2] *n.*.

walm *walms, n.* dense smoke, smother, fume; reek. **walm** *ge-, vb.* fume; smoke.

Wal·pur·gis·nag *(Germ. folklore; also w~)* Walpurgis Night.

wal·rus *-russe, (zool.: Odobenus rosmarus)* walrus.

wals[1] *walse, n.* waltz. **wals** *ge-, vb.* waltz. **W~koning** *(Johann Strauss jr, 1825-99)* waltz king. **~musiek** waltz music.

wals[2] *walse, n.* roller, mill. **wals** *ge-, vb.* roll, mill. **~masjien** rolling machine. **~meul(e)** rolling mill. **~skilfering** mill scale. **~werk** rolling; millwork.

wal·ser[1] *-sers* waltzer. **wal·se·ry** waltzing.

wal·ser[2] *-sers* roller. **wal·se·ry** rolling mill.

wal·vis whale. **~aas** krill. **W~baai** *(geog.)* Walvis/Walfish Bay. **~baard, ~been** baleen, whalebone. **~baas** whaling master. **~bedryf** whaling industry. **~been** whalebone. **~boot** whaleboat, whaler. **~bul** bull whale, whale bull. **~fabriek** whalery. **~haai** *(icht.: Rhincodon typus)* whale shark. **~jag** whaling, whalery, whale hunting/fishing, whale fishery. **~jagter** whaler, whale fisher(man)/hunter; *(ship)* whale catcher. **~kaiings** fenks. **~kalf** whale calf. **~kanon** whale gun. **~koei** cow whale, whale cow. **~olie, ~traan** whale oil, train oil. **~seisoen** whaling season. **~skip** whaler, whaling ship. **~spek** blubber, speck. **~stasie** whaling station. **~traan** →WALVISOLIE. **~vaarder** whaling ship, whaler; whaleman, whaler. **~vanger** whale catcher. **~vangs** whale catching, whaling, whale fishery, whalery. **~vleis** whale meat. **~voël** *(Pachyptila* spp.) prion.

wal·vis·ag·tig *-tige, adj.* whalelike; cetaceous, cetacean. **Wal·vis·ag·ti·ges** *n. (pl.), (zool.)* Cetacea.

wam·buis *-buise, (rare, Du.: a short jacket)* jerkin, doublet.

wan[1] *wanne, n.* winnow, (winnowing) fan. **wan** *ge-, vb.* winnow, fan. **~gaffel** winnowing fork. **~mandjie** winnowing basket. **~masjien** winnowing machine. **~meul** winnower. **~skop** winnowing shovel. **~vloer** winnowing floor.

wan[2] *adv.: dan en ~* now and then, now and again, occasionally.

wan- *comb.* mal-, mis-. **~aangepas** *-paste, adj.* maladjusted. **~aangepaste** *-tes, n.* (social) misfit. **~aanpassing** maladjustment. **~absorpsie** *(med.)* malabsorption. **~administrasie** maladministration. **~balans** imbalance. **~bedryf** →WANPRAKTYK. **~begrip** fallacy, false/erroneous/mistaken idea/notion; misconception, misapprehension. **~beheer** mismanagement, maladministration; misgovernment. **~beleid** mismanagement. **~benaming** misnomer. **~besteding** misapplication. **~bestee** *het ~* misapply *(funds).* **~bestuur** misgovernment; mismanagement, maladministration. **~betaler** defaulter, defaulting debtor. **~betaling** non(-)payment, default, failure to pay; *by ~* in default of payment. **~daad** misdeed, ill deed, outrage, atrocity, misdoing, felony, malpractice; *dit is 'n ~ om te ...* it is an outrage to ... **~funksie** *(med.)* dysfunction. **~gebruik** abuse. **~gedra** *het ~: jou ~* misbehave. **~gedrag** misbehaviour, misconduct, bad conduct, misdemeanor. **~geloof** misbelief. **~geluid** dissonance; discord(ance); cacophony. **~gerig** *-rigte, (mech.)* misaligned. **~gespoor(d)** *-spoorde* misaligned *(wheels).* **~groei** stunted growth. **~grootte, ~maat** *(rare)* offsize. **~hoop** →WANHOOP. **~indruk** erroneous impression. **~kant** →WANKANT. **~klank** →WANKLANK. **~orde** →WANORDE. **~oriëntasie, ~oriëntering** disorientation. **~paring** mismating. **~passing** *(dentistry)* malocclusion. **~praktyk** malpractice, corrupt practice, sharp practice. **~prestasie** default, non(-)performance. **~presteerder** *-ders* defaulter. **~skape** →WANSKAPE. **~smaak** bad taste. **~smaaklik** *(rare)* in bad taste; evil-tasting; **~sorteer** *ge-* missort. **~sortering** missorting. **~spelling** misspelling. **~spoor** *ge-* misalign. **~sporing** misalignment *(of wheels).* **~staltig** →WANSTALTIG. **~toepassing** misapplication. **~toestand** abuse, wrong. **~trou** →WANTROU. **~verdeling** maldistribution. **~verhoor** mistrial. **~verhouding** disproportion; discrepancy; *die ~e in die maatskappy* social maladjustments. **~vertolking** misinterpretation. **~voeding** malnutrition. **~voeg, ~voeglik** →WANVOEG, WANVOEGLIK. **~voorstelling** misrepresentation, misdirection. **~vorming** *(med.)* dysplasia.

wand *wande* wall, side *(of a tube, cell, cavity, duct, tent, etc.);* side wall *(of a tyre);* →WANDSTANDIG, WANDWAARTS. **~been** parietal bone. **~brok** *(min.)* horse. **~gesteente** wall rock. **~luis** = WEELUIS. **~skildering** mural painting, fresco. **~tapyt** tapestry, (wall) hanging.

Wan·daal, Wan·daals, Wan·da·le·ryk →VANDAAL, VANDAALS, VANDALERYK.

wan·del *n.: in die handel en ~* →HANDEL[2] *n.; in die ~* popularly, commonly, in common parlance *(known as ... etc.).* **wan·del** *ge-, vb., (liter.)* walk, take (*or* go for) a walk; promenade; →STAP *vb.; laat my ~ op die pad van* (of *volgens*) *u gebooie, (OAB/NAB: Ps. 119:35)* make me to go in the path of thy commandments *(AV),* direct me in the path of your commands *(NIV).* **~dek** promenade deck. **~duin** *(geomorphol.)* barchan(e), bark(h)an. **~gang** lobby, foyer; arcade, covered walk, xystus. **~gangpolitikus** lobbyist. **~hal** *(archit.)* concourse. **~hoof** promenade pier. **~laan, ~straat** pedestrian mall/precinct. **~pad** *(hiking)* walk, path; →WANDELWEG. **~pier** = WANDELHOOF. **~plein** esplanade. **~sport** *(rare)* hiking, pedestrianism. **~stok** walking stick, cane. **~straat** →WANDELLAAN. **~weg** walk, promenade.

wan·de·laar *-laars* walker, stroller, promenader.

wan·de·lend *-lende* walking, wandering, peripatetic; ambulatory; *~e **blaar,** (entom., fam.* Phylliidae*)* leaf insect, walking leaf; *'n ~e **ensiklopedie,** (infml., joc.)* a walking encyclopaedia; *~ **jood,** (bot.: Tradescantia fluminensis, Zebrina pendula)* wandering Jew; *die W~e **Jood,** (med. myth.)* the Wandering Jew; *'n ~e **nier*** a floating/movable kidney; *~e **tak,** (entom., fam.* Phasmidae*)* stick insect; →STOK(-)INSEK.

wan·de·ling *-linge* walk, stroll, ramble, promenade; *'n ~ maak* go for (*or* take) a stroll/walk; *'n hele ~, (obs.)* a long walk. **wan·de·lin·kie** *-kies, (dim.)* short walk.

wan·de·roe *-roes, (zool.: Macaca silenus)* wanderoo.

wand·stan·dig *-dige, (anat., biol.)* parietal.

wand·waarts *-waartse, (bot.)* extrorse.

wang *wange* cheek; jamb; chap; *~ aan ~* cheek to cheek; cheek by jowl; *die ander ~ aanbied* turn the other cheek; *iem. se ~e het hol geword* (of *ingeval*) s.o.'s cheeks have sunk. **~baard** (side) whiskers, sideburns, sideboards. **~been** cheekbone, face-bone, zygomatic bone. **~bekleding** jamb lining. **~holte** buccal cavity. **~klier** buccal gland. **~klip** jamb stone. **~kuiltjie** dimple in the cheek. **~plooi** jowl. **~sak** cheek pouch. **~sakmuis** *(Saccostomus campestris)* pouched mouse. **~spier** buccinator. **~steen** cheek stone. **~suil** jamb shaft. **~wol** *-wolle* cheek wool; *(also, in the pl.)* sideburns, sideboards.

wan·ge·tjie *-tjies, (dim.)* little cheek.

wan·hoop *n.* despair, desperation; desolation; gloom and doom, doom and gloom; *iem. tot ~ **bring/dryf*** drive/reduce s.o. to despair, fill s.o. with despair; *in **diepe** ~* in black despair; ***in/uit** ~* in despair/desperation; *met die **moed** van ~* with the courage (born) of despair. **wan·hoop** *ge-, vb.* despair, despond; *aan/ vir iets ~* despair of s.t.. **wan·ho·pig** *-pige, adj.* desperate, despairing; frantic; forlorn, hopeless; desolate; *iem. ~ maak* be the despair of s.o.; *~e pogings aanwend* try frantically/franticly; *'n laaste ~e poging* a last-ditch attempt/effort. **wan·ho·pig** *adv.* desperately, despairingly, frantically. **wan·ho·pig·heid** desperation, despair; *in/uit pure ~* from sheer desperation.

wan·hoops-: **~daad** act of despair/desperation. **~gebaar:** *'n ~ maak* throw up one's arms/hands. **~kreet** cry of despair/desperation. **~maatreël** measure of despair/desperation. **~middel** *-dele, -dels* desperate remedy. **~poging** forlorn hope. **~toestand** state of desperation.

wan·kant wan(e)y edge. **wan·kan·tig** *-tige* wan(e)y.

wan·kel *-kele -keler -kelste, adj. & adv.* unstable, unsteady, uncertain, shaky, insecure, precarious, rickety, wobbly; *die ~e geluk* fickle fortune; *~e gesondheid* delicate/uncertain health; *~e saak* shaky business. **wan·kel** *ge-, vb.* totter, stagger, teeter; sway, reel; falter; waver, vacillate; *iem. 'n hou gee wat hom laat ~* deal s.o. a staggering blow; *iem. aan die ~ bring, (rare)* make s.o. waver, stagger s.o.'s resolution. **wan·kel·baar** *-bare* unstable, unsteady, changeable; labile; *~bare ewewig* unstable/labile equilibrium. **wan·kel·baar·heid** instability, unsteadiness, changeableness; lability. **wan·kelend** *-lende* frail, tottering, unsteady, unstable, wavering, shaky, tottering; *~e treetjies* →WANKELRIG. **wankel·heid** instability, insecurity, shakiness, unsteadiness. **wan·ke·ling** *-lings, -linge* tottering; wavering, vacillation, faltering, irresolution. **wan·kel·moe·dig** *-dige, adj.* irresolute, wavering, vacillating, faint-hearted. **wan·kel·moe·di·ge** *-ges, n.* waverer, faint-heart. **wankel·moe·dig·heid** irresolution, wavering, vacillation, faint-heartedness. **wan·kel·rig** *-rige* wavering, unsteady, shaky; dodgy *(a chair etc.)*; rubbery *(legs)*; wiggly *(legs etc.)*; *~e/wankelende treetjies* halting steps *(of a toddler)*.

wan·kel·en·jin *=jins, (mot.)* Wankel engine.

Wan·kie *(geog., hist.)* →HWANGE.

wan·klank discordant sound, jarring note, discord(ance), disharmony, dissonance, wolf; *'n ~ laat hoor, 'n ~ veroorsaak* strike a discordant/false/jarring note. **wan·klin·kend** *=kende, (rare)* **~luidend** *=dende* dissonant, discordant, cacophonous, disharmonious, harsh-sounding.

wan·neer, wan·neer *adv. & conj.* when; by which/what time, by the time (that); if; *dit **kom** nie daarop aan ~ nie* no matter when; ***ongeag/sel(f)de*** *~* no matter when; *~ **ook** al* just anytime *(infml.)*; *ek wag al **van** ~ af, (infml.)* I have been waiting since I don't know when; *net ~ jy **wil*** any time (you like). **wan·neer** *interr. pron.* when?; at which time?; *~ **het** dit gebeur?* when did it happen?; *~ **is** die wedstryd?* when does the match take place?; ***sedert** ~?, **van** ~ (af)?* from when?; ***tot** ~ kan jy bly?* till when can you stay?. **wan·neer, wan·neer** *rel. pron.* when, that; *die dag ~ iem. kom* the day (when) s.o. comes; *die eerste keer ~ dit weer gebeur* the first time (that) it happens again.

wan·ner *=ners* winnower; →WAN[1] *vb.*.

wan·or·de disorder, confusion; dishevelment, disarray; anarchy; mess; *iets in ~ **bring*** put/throw s.t. into disorder, disarrange s.t.; *die **grootste** ~* the wildest disorder/confusion; ***in** ~ wees* be in disarray; *(a meeting)* be in uproar; ***in** (die uiterste) ~ wees, (a room etc.)* be in a shambles. **wan·or·de·lik** *=like* disorderly; irregular; deranged; disorganised; chaotic, shambolic *(infml.)*; *~e gedrag, (jur.)* disorderly conduct. **wan·or·de·lik·heid** *=likhede* disorderliness; *(also, in the pl.)* disturbances, riots.

wans: *uit ~ met ... wees* be out of tune with ... *(also fig.)*; *uit ~ uit* immediately, then and there, from the word go.

wan·ska·pe misshapen, deformed, malformed, monstrous. **wan·ska·pen·heid** deformity, malformation, monstrosity, abnormity, misshapenness.

wan·stal·tig *=tige* misshapen, deformed, disproportioned, blubbery. **wan·stal·tig·heid** misshapenness, deformity, abnormity, malformation.

want[1] *n., (naut.)* rigging, shrouds; *lopende ~* running rigging; *staande ~* standing rigging.

want[2] *conj.* because, as, for; *iem. kan nie kom nie, ~ hy/sy is siek* s.o. cannot come because/as/for he/she is ill.

wan·trou *ge=* distrust, mistrust, suspect, be suspicious of. **wan·trou·e** distrust, mistrust, suspicion; *~ **in** iem. se eerlikheid* misgivings over s.o.'s honesty; *iem. se ~ **in** ...* s.o.'s distrust of ...; *~ teen iem. **koester*** distrust s.o.; *'n **mosie** van ~* →MOSIE. **wan·trou·ig** *=ige* distrustful, mistrustful, suspicious, untrusting. **wan·trou·ig·heid** distrustfulness, mistrustfulness, suspiciousness.

wants *wantse, (entom.: order* Hemiptera, *esp. suborder* Heteroptera*)* bug; →ROOFWANTS, STINKBESIE, WEELUIS.

wan·voeg *ge=* misjoin. **wan·voe·ging** *(jur.)* misjoinder. **wan·voeg·lik** *=like* unsuitable, unseemly, unbecoming, indecent. **wan·voeg·lik·heid** unseemliness, indecency.

wa·pen *=pens, n.* weapon, arm; (coat of) arms; armorial bearing(s); badge *(of a school etc.)*; *(also, in the pl.)* arms, armament, war material; *~s **dra*** bear arms; *iem. met sy **eie** ~s verslaan, (fig.)* beat s.o. at his own game; *iets as ~ **gebruik*** use s.t. as weapon/lever; *(na) die ~(s) **gryp**, die ~(s) **opneem*** take up arms; rise up in arms; *iem. se ~ uit sy/haar **hand** slaan* take the wind out of s.o.'s sails; ***met** 'n ~, (her.)* crested; *die ~(s) **neerlê*** lay down one's arms; *50 000 man **onder** die ~(s) hê* have 50 000 men under arms; *... onder die ~(s) **roep**, ... te ~ **roep*** call ... to arms; *te ~ **snel*** fly to arms; ***te** ~!* to arms!; *'n adelaar in die ~ **voer**, (her.)* bear/have an eagle in one's coat of arms. **wa·pen** *ge=, vb.* arm; gird; reinforce *(concrete)*; *jou ~* take up arms; *jou met ... teen ... ~* arm o.s. with ... against ...; *ge~de beton* →GEWAPEN(D). **~beheer** arms control. **~beskrywing** blazon. **~boek** armorial. **~bord** (e)scutcheon; ensign armorial. **~brief** grant of arms. **~broe(de)r** brother/companion/comrade in arms, fellow soldier. **~broederskap** comradeship in arms. **~dos** *(hist.)* full armour; *in volle ~* in full armour. **~draer** *(hist.)* armour-bearer, musket/sword bearer, squire. **~fabriek** arms factory, armament works, (am)munition works. **~fabrikant** armament/arms manufacturer, weapon(s) producer. **~feit** *(rare)* →KRYGSDAAD, KRYGSVERRIGTING. **~figuur** *(her.)* charge. **~gekletter** *(poet., liter.)* clash/clang/din of arms. **~geweld** force of arms, the mailed fist *(fig.)*; *met ~* by force of arms. **~handel** trade/traffic in arms. **~handelaar** arms dealer. **~herout** *(hist.)* pursuivant. **~huis** arsenal, armoury. **~ingenieurswese** armament engineering. **~kamer** armoury. **~kneg** *(hist.)* armour-bearer, shield bearer, servant at arms; mercenary. **~koning** *(hist.)* king of/at arms, chief herald. **~kreet** call to arms; battle/war cry. **~kunde** heraldry, armory; *(mil.)* knowledge of arms. **~kundig** *=dige, adj.* heraldic, armorial; versed/skilled in heraldry/armory. **~kundige** *=ges, n.* armorist, heraldist; (fire)arms expert. **~loop** chamber *(of a firearm)*. **~magasyn** arsenal, magazine. **~opslagplek:** *(geheime) ~* arms cache. **~rok** *(hist.)* tabard. **~rusting** *(hist.)* armour, suit of armour; *(volledige) ~* panoply. **~saal** (large) armoury. **~skild** (e)scutcheon, armorial bearings, shield, (coat of) arms, blazon. **~skou** *=skoue* review (of troops), military review, muster. **~skoudag** *=skoudae* field day. **~smid** *=smede* armourer; gunsmith. **~smidswinkel** armoury. **~smokkelaar** gunrunner. **~smokkelary** gunrunning. **~spreuk** motto. **~stilstand** armistice, truce, suspension/cessation of hostilities, cease-fire. **W~stilstandsdag** *(anniversary of the armistice of 11 Nov. 1918)* Armistice Day; *(Br.)* Remembrance Day/Sunday. **~stok** truncheon. **~teken** *(her.)* heraldic figure, charge. **~toevoer, ~voorsiening** supply of arms. **~tuig** weapons, arms, armament(s), weaponry. **~veld** field of escutcheon. **~verbod** arms embargo. **~vervaardiging** armament industry. **~voorraad** arms supply, supply of weapons; weapons/arms stock(pile). **~wedloop** arms race.

wa·pe·ning arming, armament, equipment; reinforcing, reinforcement, armouring. **~staal** reinforcing steel.

wa·pi·ti *=ti's,* **wa·pi·ti·hert** *(zool.: Cervus canadensis)* wapiti, American elk.

wap·per *ge=, (flags, pennons, streamers, etc.)* flutter, float, fly (out), wave, flow, stream; *'n vlag laat ~* unfurl a flag; *dakke met ~ende vlae* roofs aflutter with flags. **~kant** fly (edge) *(of a flag)*.

wap·per·tjie *=tjies, (rare)* whisk, teaser.

war *n.: iem. in die ~ **bring*** confuse/fluster/disturb/discompose s.o., put s.o. out; ***in** die ~ wees, (s.o.)* be confused (*or* in confusion); *(s.o.)* be in a muddle *(infml.)*; *(s.o.)* be at sixes and sevens *(infml.)*; *(s.o.)* be bemused; *(s.t.)* be snarled (up); *(totaal) **in** die ~ wees, (s.o.)* be (all) at sea; *in die ~ **raak**, (s.o.)* become/get confused, get flurried *(by haste, noise, etc.)*; *(s.o., s.t.)* get into a muddle *(infml.)*; *(ropes etc.)* foul up, get entangled; *iets in die ~ **stuur*** throw s.t. into confusion; upset s.t. *(s.o.'s calculations, plans, etc.)*; play the deuce/devil/dickens with s.t. *(infml.)*; throw s.t. out of gear; play/wreak havoc with s.t.. **war** *ge=, vb., (a TV image etc.)* warp, become distorted. **~boel** confusion, muddle, tangle, jumble, chaos, mess, clutter, maze, mix *(infml.)*; tangled skein; *dit is 'n volslae ~* it is a (complete) shambles; it is confusion worse confounded. **~hoof** →WARKOP. **~kop** →WARKOP. **~kruid** = DODDER. **~spraak** *(teleph.)* scrambled speech. **~taal** incoherent talk, gibberish, balderdash, abracadabra. **~toestel** *(teleph.)* scrambler.

wa·re[1] *vb.: as't (of as 't) ~* as it were; →WEES[2] *vb.*.

wa·re[2] *n. (pl.)* goods, ware(s), commodities, merchandise. **~huis** *(rare)* department store, emporium. **~kennis** knowledge of commodities.

wa·rem·pel *(infml.)* really, actually; *iem het jou ~ besluit om ...* would you believe it, s.o. decided to ...; *en so ~ ...* and sure enough ...; *dit was ~ ...* it was ... of all people.

warf *warwe, (geol.)* varve.

war·fa·rien *n., (chem., med.)* warfarin.

wa·rin·gin *=gins* = BANIAAN.

war·kop *=koppe,* **war·hoof** *=hoofde* muddlehead, scatterbrain, puzzle-head, crackpot. **war·kop·pig** *=pige,* **war·hoof·dig** *=dige* muddled, muddleheaded, scatterbrained, addle-headed, woolly(-headed), woolly(-minded). **war·kop·pig·heid, war·hoof·dig·heid** muddleheadedness; muddled thinking.

warm *warm warmer warmste, adj. & adv.* warm; hot; heated, fervent; generous *(colour)*; caressing *(touch)*; caring *(pers.)*; welcoming *(smile etc.)*; homely, cosy, *(infml.)* mumsy *(atmosphere)*; *(infml.)* steamy *(movie scene etc.)*; *iem. ~ **aanbeveel*** recommend s.o. warmly; *'n ~ **bad*** a hot bath; ***bloedig** ~* →BLOEDIG *adv.*; *die W~ **Bokkeveld*** →BOKKEVELD; *~ **bron*** →WARMBRON; *~ **dae/tydjie*** hot spell; *'n ~ **dag*** a hot day; *'n lekker ~ **dag*** a warm day; ***deksels** ~, (infml.)* (as) hot as hell *(sl.)*; *~ **front**, (meteorol.)* warm front; *iets is **gloeiend** ~* s.t. is red-hot *(metal etc.)*; *'n ~ **handdruk*** a warm handshake; *'n ~ **handjie*** a hot little hand; *'n plek vir iem. ~ **hou**, (infml.)* keep a seat/place warm for s.o.; *'n vraagstuk ~ **hou*** keep a question to the fore; ***iets** ~s* s.t. hot; s.t. warm; *~ **katjie**, (infml.)* nymphet; *~ **kleure*** warm colours; *iem. se hart **klop** ~ vir ...* →HART; ***kokend/skroeiend** ~* scalding hot; *~ **kompres**, (med.)* stupe; *so ~ dat die **kraaie** gaap* →KRAAI *n.*; *~ **kry**, (s.o.)* be hot; feel hot; *heerlik/lekker ~ **kry*** be as warm as toast, feel all toasty *(infml.)*; ***lekker** ~* nice and warm; *dit is **lekker** ~, (also, the weather)* it is pleasantly warm; *die kamer word **lekker** ~* the room is warming up nicely; *'n enjin ~ **loop*** warm up an engine; *jou by die vuur ~ **maak*** warm o.s. at the fire; *iem. ~ **maak**, (lit. & fig.)* warm s.o. up; *iets ~ **maak*** warm s.t. up; *(infml.)* soup/hot s.t. up *(a vehicle engine)*; *iets te ~ **maak*** overheat s.t.; *dit vir iem. ~ **maak**, (infml.)* make things/it hot for s.o.; *'n ~ **meisie**, (infml.)* a sex kitten; *dit is **nogal/taamlik** ~* it is quite warm; *'n ~ **nooi**, (somewhat obs.)* a hot girl; *~ **omslag**, (med.)* fomentation, hot pack; *'n ~(e) **ontvangs*** = 'N HARTLIKE **ONTVANGS**; *~ uit die **oond*** →OOND; *iem. na die ~ **plek*** (of *~plek*) *stuur* →PLEK; *'n ~ **plek(kie)** in jou hart vir iem. hê* have a warm place/corner/spot in one's heart for s.o.; *daar ~pies in **sit**, (fig., infml.)* be well-to-do/well-heeled (*or* comfortably off), be on easy street *(sometimes E~ S~)*; ***skroeiend** ~* broiling/sizzling hot; →***kokend/skroeiend; stikkend** ~* stiflingly/suffocatingly hot; *dit het daar ~ **toegegaan*** it was warm work; *die **wêreld** vir iem. ~ maak* →WÊRELD; *~ **word*** get hot; grow warm; heat/warm up; *(infml.)* become angry; *jy **word** ~, (infml., in a finding game)* you are getting warm; *~ **wyn**, (cook.)* negus. **~as(sie), brandas(sie)** *(entom., fam.* Ceratopogonidae*)* biting midge. **~bad** *=baddens* hot/thermal spring(s)/bath(s). **~beitel** hot chisel/set. **~bespuiting** hot spraying. **~bloedig** warm-blooded *(animal)*. **~bloedig** hot-blooded *(pers.)*. **~bloedigheid** hot-bloodedness *(of s.o.)*. **~bloedperd** hot-blooded horse. **~borsel** styling brush. **~bron, ~ bron** hot warm/thermal spring, hot spring. **~bros** hot-short *(metal)*. **~doek** *(rare)* hide-and-seek. **~dompeling** hot dipping. **~droging** hot-air process. **~fles** = WARMWATERFLES. **~gebuig** *=buigde* hot-bent *(metal)*. **~gemaak** *=maakte, (infml.)* souped-up *(vehicle [engine])*. **~getrokke** hot-drawn *(metal)*. **~hakskeentjies** = SLAPHAKSKEENTJIES. **~kraan** = WARMWATERKRAAN. **~loop** *warmge=* overheat; run hot. **~maker** *(infml., fig.)* warmer-upper. **~pan** *(hist.)* warming pan. **~patat** *(a game)* hiding-the-thimble. **~plaat** hotplate. **~sak** = WARMWATERSAK.

war·me·rig, warm·rig *=rige* warmish.

warm·lug=: **~ballon** hot-air balloon. **~ballonvaarder** hot-air balloonist. **~buis** hot-air duct. **~enjin** air engine. **~gang** hot-air passage. **~inlaat** hot-air intake. **~leiding** hot-air duct.

warm·pies: *daar ~ in sit* →WARM *adj. & adv.*.

warm·te warmth; hot weather; heat, hotness; caloric; ardour; *~ **afgee*** emit heat, throw out heat; ***eie** ~, (thermodynamics)* caloricity; *~ **gelei*** conduct heat; *moenie in die ~ sonder **hoed** loop nie* don't go without a hat in the heat; *latente* ~ →LATENT; *skroeiende* ~ blistering heat; parching heat; *soortlike* ~ →SOORTLIK; *'n saak met* ~ *verdedig* defend a matter with warmth/ardour. **~akkumulator** storage heater. **~behandeling** heat treatment; *(med.)* thermotherapy. **~behoud** conservation of heat. **~besuiniging** heat economy. **~bron** source of heat. **~deurlaatvermoë** diathermancy. **~deurlatend** diathermic, diathermanous. **~-eenheid** thermal unit, therm, heat unit; unit of heat, calorie. **~-ekwivalent** heat equivalent. **~-elektrisiteit** thermoelectricity. **~-enjin** heat engine. **~geleiding** conduction of heat, thermal conduction. **~geleidingsvermoë** conductivity of heat. **~geleier** conductor of heat. **~gevoelig** =*lige* heat-sensitive *(material, paper, cells, etc.)*; ~*e kamera* heat-seeking camera. **~gewend** =*wende* thermogen(et)ic, calorific. **~gordel** hot belt. **~graad** temperature, degree of heat/warmth. **~-isolasie, ~-isolering** heat insulation. **~jeuk** prickly heat. **~kapasiteit** heat/thermal capacity; *soortlike/spesifieke* ~, *(phys.)* specific heat capacity. **~kussing** heating pad. **~leer** theory of heat. **~leiding** heater duct. **~makend** =*kende* calorific. **~meter** calorimeter; thermometer. **~meting** thermometry. **~oorbrenging** heat transmission. **~reëling** heat regulation. **~regulator** thermostat. **~senu(wee)** heat spot. **~(stof)** *(obs.)* caloric. **~straal** heat ray, thermic ray. **~straling** heat radiation, radiation of heat. **~stroming** heat flux. **~toevoer** heat supply. **~uitsetting** heat expansion. **~verbruik** heat consumption. **~verlies** loss of heat, heat loss, calorific loss; *(med.)* thermolysis. **~vermoë** calorific power. **~verwekking** thermogenesis. **~vorming** calefaction. **~waarde** calorific value, heat value. **~wekkend** pyrogenetic. **~werend** =*rende* heat resistant. **~wet** *(phys.)* heat law.

warm·wa·ter=: **~aanleg** hot-water installation. **~bad** *(cook.)* bain-marie *(Fr.)*; →BAIN-MARIE. **~fles** vacuum flask. **~kraan** hot-water tap. **~sak** hot-water bottle. **~silinder** hot-water cylinder. **~tenk** boiler. **~toestel** water heater, hot-water installation, geyser.

war·rel *ge=* whirl, swirl; eddy; *dit* ~ *voor iem. se oë* things reel/swim before s.o.'s eyes. **~gebied** wake *(of an aircraft)*. **~kewer** →WATERHONDJIE. **~wind, dwarrelwind** whirlwind; *iem. is soos 'n* ~ *uit die huis uit* s.o. rushed headlong from the house. **~windtoer** whistle-stop tour.

war·re·lend =*lende* whirling, swirling, vortiginous.

war·re·ling =*lings,* =*linge* whirl(ing), swirl(ing); vortex, eddy.

wars *adj.* averse; ~ *wees van ...* be averse to ... **wars·heid** aversion; ~ *van ...* dislike of ..., aversion to/from/for ...

War·skou *(geog.)* Warsaw.

wart·le·moen, wart·le·moen →WAATLEMOEN.

was¹ *n.* wax. **~afdruk** impression/imprint in wax. **~bedek** =*dekte, adj., (also, bot.)* pruinose. **~beeld** wax figure; *(also, in the pl.)* waxworks. **~beeldmuseum** waxworks **~behandeling** waxing. **~bes(sie)** waxberry; →GLASHOUT. **~bleek** waxen, pallid. **~boetseerder** wax modeller. **~boetseerkuns, ~boetseerwerk** waxwork, wax modelling, ceroplastics. **~boom** *(Myrica cerifera)* wax myrtle. **~by** waxworker. **~doek** cerecloth, waxcloth; oilcloth, oilskin. **~dopluis** *(Ceroplastes* spp.*)* wax scale. **~draad** waxed thread. **~gietproses** lost wax process, cire perdue *(Fr.)*. **~heide, franschhoekheide** *(Erica ventricosa)* wax heath, Franschhoek heath. **~huid** = WASVLIES. **~katoenbaadjie** *(rare)* waxed jacket. **~kers** wax candle, taper, bougie *(Fr.)*. **~kliertjie** wax pocket *(of a bee)*. **~kryt** (wax) crayon; →VETKRYT. **~laag** wax coating; waxy layer; bloom *(on fruit, leaves, etc.)*; *met 'n* ~ *bedek, (bot.)* glaucous. **~model** model in wax, wax model. **~modellering** waxwork, wax modelling. **~mot** wax moth, bee moth; *groot~, (Galleria mellonella)* greater wax moth. **~museum** wax museum, waxworks. **~neus** wax nose. **~palm** *(Ceroxylon andicola)* wax palm. **~pampoen** *(Benincasa hispida)* wax gourd, winter melon. **~papier** waxed paper, wax paper, greaseproof paper; stencil paper. **~pit** (wax) taper, wax wick. **~pitjie** wax light. **~plant** *(Hoya carnosa)* wax/honey plant. **~politoer** wax polish. **~pop** wax doll; *so mooi soos 'n* ~ *wees* have a doll-like prettiness. **~pypie** *(Watsonia humilis)* crimson watsonia, pink bugle lily. **~sel** =*selle* wax(en) cell. **~skilderwerk** cerography. **~skildluis** = WASDOPLUIS. **~spreier** waxer. **~tafel** wax tablet. **~vel** stencil (sheet). **~vlies** *(orn.)* cere. **~vorm** =*vorms* wax form. **~vuurhoutjie** fusee, (wax) vesta.

was² *vb.* was, were; has/have been; had been; →WEES *vb.*; ~ *dit (tog) maar **anders!*** would it were otherwise!; ***as*** *dit nie* ~ *dat ... nie* had it (*or* if it had) not been for ...; but for ...; ***as*** *iem. nie daar* ~ *nie* but for s.o.; ~ *ek (tog) maar **dood!*** would to God I were dead!; ~ ***geteken*** *A.Z.* signed A.Z.; *iem.* ~ *gister **hier*** s.o. was here yesterday; *iem.* ~ ***(nog)*** *nie terug nie* s.o. had not (yet) returned; ***toe*** *ek daar kom,* ~ *die trein al weg* when I arrived the train had already left; ***waar*** ~ *ons (laas)?* where did I leave off?; *nou is iem. nog net **waar** hy/sy* ~ that leaves s.o. where he/she was; *iem. is **weer** wat hy/sy* ~ s.o. is him=/herself again.

was³ *ge=, vb., (rare, the moon)* wax; *die maan is aan die* ~ the moon is on the increase (*or* is waxing). **was·dom:** *volle* ~ *bereik* reach maturity; attain full growth. **was·send** =*sende, (rare)* waxing, growing; crescent *(moon)*; *die ~e maan* the crescent (moon), the waxing moon.

was⁴ *n.* wash(ing), laundry; *hierdie materiaal **bly/hou goed in die*** ~ this material washes (*or* will wash) well; *iets in die* ~ ***gooi*** put s.t. in the wash; *iets is **in** die* ~ s.t. is in the wash. ~ *en **stryk*** laundry work; →WAS-EN-STRYK(-)WERK. **was** *ge=, vb.* wash; wash up *(plates)*; shuffle *(cards)*; scour *(wool)*; swab *(a wound)*; →GEWAS² *adj.*; *iets **deeglik*** ~ give s.t. a good wash; ***erts*** ~ wash ore, buddle; *as die een **hand** die ander* ~, *word albei skoon* →HAND; *jou **hande** in onskuld omtrent iets* ~ →HAND; *loop* ~ *jou **hande/ens.*** go and wash your hands/etc., go and give your hands/etc. a wash; ***jou*** ~ wash o.s., have/take a wash, give o.s. a cleanup; *het jy **(jou)** al ge~?* have you washed (yourself)?; *iem. se **kop*** ~ →KOP *n.*; ***skottelgoed*** ~ →SKOTTELGOED; ***vir** iem.* ~, *(also, somewhat obs.)* do (*or* take in) s.o.'s washing, wash for s.o.; *iets **weer*** ~ rewash s.t.. **~bak** washbasin, washbowl; dolly tub, washing trough *(for ore)*; (kitchen) sink; piscina *(in a church)*. **~bakeenheid, ~bakkas** vanity unit. **~balie** washtub, washing/ablution/dolly tub. **~beer** *(Procyon lotor)* raccoon, racoon. **~beerhond** *(Nyctereutes procyonoides)* raccoon dog. **~beker** ewer, pitcher, (water) jug, toilet jug. **~bord** washboard, washing board. **~borsel** washing-up brush. **~dag** washday, washing day. **~eg** *(rare)* washable, washing; fast-dyed, colourfast; genuine; dyed in the wool; *is die stof* ~*?* will this material wash (well) (*or* stand washing)?; ~*te sy* washable silk. **~egtheid** *(rare)* colourfastness; genuineness. **~-en-droog-masjien** washer-dryer/drier. **~-en-stryk(-)werk** laundry work. **~geld** laundry charges; laundry allowance. **~goed** →WASGOED. **~kamer** washroom, laundry. **~ketel** wash boiler. **~klip** washing stone. **~klopper** *(hist.)* battledore. **~kom** washbowl, wash basin. **~kombuis** wash-up room. **~kuip** washtub, washing tub. **~lap** face cloth; washrag, washing rag. **~leer** wash leather, chamois. **~lys** *(rare)* wash list, washing/laundry list; *die* ~ *opmaak* list the washing. **~mandjie** laundry basket, soiled-linen basket. **~masjien** washing machine. **~merk** laundry mark. **~middel** =*dele,* =*dels* detergent, washing preparation; lotion. **~outomaat** coin-op *(infml.)*. **~plank** laundry/washing board, washboard, scrubbing board. **~plek** washing place. **~poeier** washing powder. **~seep** laundry soap. **~soda** washing soda, natron, sal soda, sodium carbonate. **~spaan, ~stamper** dolly. **~stel** *(obs.)* toilet set/service. **~tafelstel** toilet set. **~tafel(tjie)** washstand, washing stand. **~toestel** washery; *(min.)* buddle. **~trog** dolly, washing trough. **~vak** wash bay. **~vas** =*vaste* tubfast. **~vastheid** tubfastness, fastness to washing/laundering. **~vat** *(min.)* buddle, keeve. **~verlies** sinkage. **~vertrek** laundry. **~vrou** washerwoman, laundress. **~water** washwater, washing water; slops. **~wol** scouring/washing wool.

was·ag·tig =*tige* waxy, waxen, waxlike, ceraceous.

was·baar =*bare* washable, washing; →WASEG. **was·baar·heid** washableness.

wa·sem =*sems, n.* vapour, steam; breath; *(med.)* inhalation, inhalant; *vol* ~ *raak, (mirror, glasses, etc.)* fog up/over, steam up. **wa·sem** *ge=, vb.* steam, give off steam/vapour. **wa·se·mend** =*mende* vapoury. **wa·sem·rig** =*rige* vapourish.

was·goed washing, laundry; *(die* ~*) was* do the washing). **~draad, ~lyn** clothesline, washing line. **~droër** clothes dryer/drier. **~kamer** laundry; →WASKAMER. **~lyn** →WASGOEDDRAAD. **~mandjie** laundry basket. **~paal** clothes post/prop. **~pennetjie** clothes peg. **~sak** soiled-linen bag, laundry bag, clothes bag.

wa·sig =*sige* hazy, vapoury; filmy, blurred, misty, fuzzy; ~ *raak/word* haze over. **wa·sig·heid** haziness, fogginess; filminess.

Wasp, WASP *(Am.)* Wasp, WASP *(acr.:* white Anglo-Saxon Protestant*)*.

was·ser¹ =*sers* washer; launderer; scourer. **was·se·ry** (act of) washing. **was·se·ry, was·se·ry** =*rye* laundry (works); washery, washing plant *(on a mine)*.

was·ser² =*sers,* **was·ter** =*ters* washer *(of metal, leather, rubber, etc.)*.

Was·ser·mann: **~reaksie** Wassermann reaction. **~toets** *(med.: diagnostic test for syphilis)* Wassermann test.

was·sing =*sings,* =*singe, (rare)* washing, ablution.

wat¹ *interr. pron.* what?; ***as*** ~*?* in what capacity?; *en* ~ ***daarvan?****, (infml.)* and what of it?, so what?; who cares?; big deal!; ~ ***dan?*** what then?; ~ ***de/die*** *...?* what the ...?; *vir* ~ ***doen*** *jy so iets?* why do you do such a thing?; ~ *het presies **gebeur?*** just what happened?; ~ *nou **gedaan/gemaak?*** where do we go from here?; ~ ***gee*** *hy/sy om?* what is that to him/her?; ~ *wil jy **hê?*** what do you want?; ~ ***help/baat*** *dit?* what use/good is it?; ~ *is dit **hier?**, (infml.)* what's all this?; *(vir)* ~ ***huil*** *jy?, (infml.)* what are you crying/complaining about?; ~ ***kom*** *dit daarop aan?* what does it matter?; ~ ***kom*** *jy nog hier?, (infml.)* how can you still come here?; *(vir)* ~ ***lag*** *jy?, (infml.)* what are you laughing at?; ~ ***makeer?*** what is the matter/trouble?; ~ *wil ('n) mens **nog/meer** hê?* who can ask for anything more?, what more does one want?; ~ ***nou?*** what next?; ~ *is die **nuus?*** what (is the) news?; *is jy **onnosel** of* ~*?, (infml.)* are you stupid or something?; ~ ***sê*** *jy?* what do you say?; what are you saying?; what do you think?, what's your opinion?; how dare you say that?; ~ *kan dit hom/haar **skeel?*** what is that to him/her?; *het jy al ooit **so*** ~ *gehoor/gesien?* did you ever hear/see the like?; ~ ***van*** *...?* how about ...?; ***vir*** ~*?* why?, *(infml.)* for what?; ~ ***vir*** *'n geraas is dit?, (infml., somewhat obs.)* what noise is that?, what's all this noise?; →WATSE; ~ ***weet*** *ek wat hy/sy doen?, (infml.)* how should I know what he/she does?; ~ ***word*** *van iem. as ...?* where will s.o. be if ...?. **wat** *rel. pron.* which; who; that; ***al*** ~ *ek het, is jou(n)e* whatever I have, is yours; ***al*** ~ *jy kan doen* the only thing you can do; *iem.* ~ *dit **doen*** anyone who does that; ***dwaas*** ~ *ek was* fool that I was; *..., na gelang van* ~ *die grootste/ens. is ...*, whichever is the larger/etc.; *ons land,* ~ *aan die suidpunt van Afrika **geleë** is* our country, which is situated at the southern tip of Africa; *al* ~ *Engels **is*** everything (*or* all things) English; *(infml.)* all the English; *al* ~ ***kom,*** *is hulle* they have still not turned up; ~ ***kom,*** *is hulle* nothing can stop them from coming; *in vergelyking met* ~ *dit **kon** gewees het* to what it might have been; *iem. het gehardloop (so) al* ~ *hy/sy **kon*** s.o. ran as fast as he/she could (*or* for all he/she was worth); *iem. het gesê hy/sy was aanwesig,* ~ *'n **leuen** is* s.o. said that he/she was present, which is a lie; ***meer*** *as* ~ *iem. kan bekostig* more than s.o. can afford; *al(les)* ~ ***moontlik*** *is* all that is possible, everything possible; *die leier* ~ *die volk **opgehef het*** the leader who uplifted the people; *die lande* ~ *die besoedeling **veroorsaak,** moet betaal* the countries that cause the pollution should pay; *die leier* ~ *die volk **vertrou*** the leader (whom) the people trust; ~ ***was,*** ~ ***verby*** *is* that which has been. **wat** *indef. pron.* something; whatever; ~ *ook al* whatever *(infml.)*, whatsoever *(liter.)*; *en* ~ ***ook al,*** *en* ~ *nie **al** nie* and/or what have you *(infml.)*; *en* ~ *nie **al** nie* and what not; *en* ~ ***alles*** or what have you *(infml.)*; *van **alles*** ~ some=

thing of everything; *alles en nog* ~ →ALLES; *oor **alles** en nog ~ gesels* →ALLES; *oor 'n **dag** of* ~ →DAG[1] *n.; 'n **dag** of ~ gelede* →DAG[1] *n.; ~ iem. ook al **doen*** anything s.o. does; *~ ook al (mag) **gebeur*** whatever happens; come what may; *iem. sou wát wil **gee** om te ...* s.o. would give his/her right arm (*or* the world *or [infml.]* his/her eyeteeth *or [infml.]* his/her back teeth) to ...; *iem. sou wát wil **gee** vir ...* s.o. would give anything for ...; *~ hy/sy nie al **gely** het nie!* what he/she has suffered!; *dit **kom** nie daarop aan ~ nie* no matter what; *al **kos** dit ook ~* if it costs ever so much; *~ **'n** wedstryd/ens.!* what a game/etc.!; *honderd/ens. rand en **nog** ~* a hunderd/etc. rands something *(infml.)*; ***ongeag/sel(f)de*** ~ no matter what; any old thing *(infml.); ~ nog te **sê** ...* →SÊ *vb.; en dit wil ~ **sê*** and that's saying something *(infml.); **so** ~ is selde gesien* such a thing has seldom been seen; ***so** ~ van reën/ens.* so much rain/etc., rain/etc. like that/this; *'n **stuk** of ~* →STUK; *jou ~ **verbeel*** →VERBEEL; *'n **week** of ~* a week or so; *net ~ iem. **wil*** anything s.o. likes; *maak net ~ jy **wil*** do whatever one likes.

wat[2] *conj.* (→DAT *conj.*): *elke keer ~ iem. dit **doen**, (infml.)* every time s.o. does it; *van die dag af ~ dit **gebeur** het, (infml.)* since the day (when) it happened.

wat[3] *interj.*: ***ag** ~!* oh well!; *daaraan is ek **gewoond**, ~* oh, I am used to that; ***ja** ~!* all right!; for sure!, of course!; ***kom** ons loop, ~!* come along, what!; ***nee** ~!* rather not!, not really; ***toe** ~!* please!, come on, man!; won't you, please?.

wa·ter *-ters, n.* water; fluid; urine, micturition; *(pathol.)* dropsy; *~ **aanlê*** lay on water; *~ **aanwys*** divine water, dowse; *~ **absorbeer/trek**, (a sponge etc.)* absorb (*or* take up) water; *~ **afslaan**, (infml.: urinate)* have/take a leak, widdle, have a widdle, have a piss *(coarse); gaan ~ **afslaan**, (infml.)* go for a leak, go for a piss *(coarse); Gods ~ oor Gods **akker** laat loop* let things drift/slide; ***bo** ~* above water; *~ aan **boord** neem* take in water; ***brak** ~* →BRAK *adj.; ~ **breek**, (appear at the surface)* break water; *jou **brood** op die ~ werp, (idm.)* cast one's bread (up)on the waters; *'n **brug** oor ~* a wet bridge; ***daar's** ~!* good show!, that's it!, that's what we like (to see)!, attaboy! *(Am.); in **diep** ~ wees/raak* be/get out of one's depth; *deur **diep** ~s gaan* be sorely afflicted; *op 'n **druppel** ~* to a T *(infml.); soos twee **druppels** ~ na/op mekaar lyk* be as like as two peas (in a pod); *soos ~ op 'n **eend** se rug* like water off a duck's back; *van die **eerste** ~* of the first water; *in die ~ **gaan**, (a swimmer etc.)* take to the water; *diere ~ **gee*** water animals; *deur die ~ uit jou huis **geja(ag)** word* be flooded out; *so **gesond** soos 'n vis in die ~* →GESOND *adj.; 'n **glas** ~* a glass of water; *... in die ~ **gooi**, (infml.)* waste ..., play ducks and drakes with ... *(money); die **groot** ~, (obs.: the sea)* the herring pond; *nie jou **hande** in koue ~ steek nie* not (have to) perform any menial tasks, have an easy life; ***in** die ~* in the water; *~ **inkry**, (a drowning person)* swallow water; *~ **inneem**, (a ship)* take in water, leak, make water; *die ~ **keer*** stem the flood; *~ op die **knie*** →KNIE[1] *n.; ~ **kook*** boil water; put the kettle on *(for coffee etc.); **kop** bo ~ hou* →KOP *n.; **koue** ~ op iem. omkeer* pour cold water on s.o.'s enthusiasm; ***koue** ~ op iets gooi, (lit. & fig.)* pour/throw cold water on/over s.t.; *'n skip te ~ **laat*** launch a ship; *deur die ~ **loop*** wade through; *vol ~ **loop**, (a ship)* founder; *~ **loop/vloei*** water runs/flows; ***lopende** ~* running water; *~ in 'n **mandjie** (probeer) dra* (try to) carry water in a sieve; *dit is ~ op iem. se **meul*** that is grist to s.o.'s mill; ***minerale** ~* →MINERAALWATER; ***onder** (die) ~* under water; *iets **onder** ~ sit* submerge/inundate/flood s.t.; *die hele vallei staan **onder** ~* the whole valley is under water, the whole valley is (*or* has been) flooded; ***onder** ~ bly* remain submerged; *~ uit iets **onttrek*** →ONTTREK; ***oor** die ~ (heen)* over the water; ***op** die ~* on the water; *in ~ **oplosbaar*** →OPLOSBAAR; *'n **plaat** ~* a stretch of water; *~ **put/skep*** draw water; ***sagte** ~* soft water; *~ in die **see** dra* hold a candle to the sun, carry coals to Newcastle; *al die ~ in die **see** kan iets nie van iem. afwas nie, (idm.)* all the water in the sea will not cleanse s.o of s.t. *(his/her wrongdoing etc.); die ~ loop altyd **see** toe, (idm.)* money begets money; *daar het baie ~ in die **see** geloop* a lot of water has flowed/passed/gone under the bridge; *daar sal nog baie ~ in die **see** moet loop voordat ...* a lot will have to happen before ...; ***soet** ~, (rare)* →VARS WATER; *nie kan sien/verdra dat die **son** in 'n ander se ~ skyn nie* →SON; *die **son** trek ~* →SON; ***sout** ~* salt water, saline water; *in die ~ **spring*** jump in the water; take to the water; have/take (*or* go for) a dip; ***staande** ~* stagnant water; ***stille** ~s diepe grond(, onder draai die duiwel rond), (idm.)* still waters run deep; ***territoriale** ~s* →TERRITORIAAL; *'n plant **te veel** ~ gee* overwater a plant; *in **troebel** ~ vis(vang)* fish in troubled waters; *~ **uitpomp** uit iets* dewater s.t., pump water out of s.t.; *in die ~ **val*** fall into the water; *(fig.: plans etc.)* fall through, fall to the ground, come to nothing, end in smoke; ***vars** ~* →VARS *adj.; ~ **vloei*** →***loop/vloei**; **vuil** ~* →VUIL *adj.; moenie **vuil** ~ weggooi voor jy skones het nie* →WEGGOOI; *hulle is soos **vuur** en ~* →VUUR *n.; nie **warm** by die ~ kom nie, (infml.)* be a slowcoach; *~ in jou **wyn** gooi, (rare)* water one's wine, come/climb down a peg or two. **wa·ter** *ge-, vb.* water; make water, urinate; *(horses, cattle, etc.)* stale; *'n perd **laat** ~* allow a horse to make water (*or* pass urine). *iem. se **mond** ~* →MOND; *iem. se **oë** ~* s.o.'s eyes are watering; *~ende **oë*** rheumy eyes.

wa·ter-: **~aanleg** irrigation scheme. **~aanwyser** = WATERWYSER. **~aar** subterranean watercourse, vein of water. **~afvoer** (storm-)water drainage, draining of water. **~anker** *n., (naut.)* drogue. **~arm** ~, *adj.* arid, dry. **~bad** *(cook.)* bain-marie *(Fr.)*. **~bak** cistern, tank; water trough *(for sheep, cattle, etc.)*. **~ballas** water ballast. **~basis:** *verf/ens. met 'n ~* water-based paint/etc.. **~behandeling** water treatment; water cure, hydropathy, hydrotherapy; balneotherapy. **~beits** water stain. **~beker** ewer, water jug, pitcher. **~belasting** water rate. **~besem** squeegee. **~beskrywing** hydrography. **~beskuitjie** water biscuit. **~bessie(boom)** *(Syzygium cordatum)* umdoni, waterberry. **~bewaring** water conservation. **~bewoner** aquatic (animal). **~biesie** sedge, bulrush. **~blaar** water leaf. **~blaas** water bubble; blister; urinary bladder. **~blasie** water bubble; (water) blister; hydatid, tapeworm cyst. **~blommetjie** *-tjies, (usu. pl.), (Aponogeton distachyus)* Cape pondweed, water hawthorn. **~bobbejaan** *(myth.)* water monkey. **~boerdery** →WATERKULTUUR. **~bok** →WATERBOK. **~boom** = WITHOUT. **~boor** water drill. **~boorder** water driller. **~bos, ~heide** *(Erica curviflora)* waterbos, waterheide. **~boukunde** hydraulics, hydraulic engineering. **~boukundig** *-dige, adj.* hydraulic. **~boukundige** *-ges, n.* hydraulic engineer. **~breuk** →WATER(SAK)BREUK. **~buffel** *(Bubalus bubalis)* water buffalo. **~bul** plum pudding. **~bus** water bus, vaporetto *(It.)*. **~damp** water vapour, aqueous vapour. **~dier** aquatic animal. **~dig** *-digte* impermeable/impervious to water; rainproof, waterproof *(clothes)*; raintight; watertight *(compartment); (fig.)* watertight *(alibi etc.); iets ~ maak* waterproof s.t.; *~te stof, (also)* coated fabric. **~digtheid** watertightness; impermeability/imperviousness to water. **~digting** waterproofing. **~dikkop** *(orn.: Burhinus vermiculatus)* water thick-knee, *(obs.)* water dikkop. **~dok** wet dock. **~dokter** hydropathist, water doctor. **~dorp** marina *(SA)*. **~draer** water carrier/bearer; *(geol.)* aquifer; *(male bee)* drone; *houthakkers en ~s* →HOUTHAKKER; *die W~, (astron., astrol.)* Aquarius, the Water Carrier; *die tydperk van die W~* the Age of Aquarius, the New Age. **~druk** water pressure; water gauge. **~drukhoogte** water head. **~drukmeter** water gauge. **~drumpel** weatherboard, door flushing plate. **~druppel** drop of water. **~eier** poached egg. **~emmer** water bucket/pail. **~ewewigsleer** hydrostatics. **~fees** aquatic festival, aquacade. **~fiets** pedal boat, pedalo. **~fiskaal** *(hist.)* water bailiff; *suidelike ~, (orn.: Laniarius ferrugineus)* southern boubou; **~fles** water bottle, carafe. **~foltering, ~marteling** water torture. **~fontein** water fountain. **W~front** *(Cape Town shopping precinct): in die W~* in the Waterfront. **~gang** waterway. **~gas** water gas. **~gat** *-gate* pool (of water), water hole. **~gebrek** water shortage. **~gees** water sprite, nix(ie), kelpie, water spirit. **~gehalte** water quality; water percentage, percentage water, water content. **~geleidend** *-dende* water-conducting. **~geneesinrigting** hydropathic (establishment). **~geneeskunde, ~geneeswyse** water cure, hydropathy, hydrotherapy. **~geneeskundig** *-dige, adj.* hydrotherapeutic. **~genesing** hydropathy. **~gesig** waterscape. **~geswel** *(pathol.)* (o)edema; hydrocele. **W~geus** *(Du. hist.)* Sea Beggar. **~geut** gutter. **~glas** tumbler, drinking/water glass; *(chem.)* soluble/water glass; siliceous varnish. **~glasskildering** stereochromy. **~glybaan** water slide. **~god** water god, aquatic deity. **~godin** naiad, nereid. **~graf** watery grave. **~gras** *(Echinochloa colona)* jungle rice, marsh grass; *(Scirpus fluitans)* floating clubrush. **~harding** water hardening. **~harpuis** *(bot.: Euryops oligoglossus)* resin bush. **~heide** →WATERBOS. **~hiasint** *(Eichhornia crassipes)* water hyacinth. **~hoender:** *groot~, (Gallinula chloropus)* common moorhen; *klein~, (G. angulata)* lesser moorhen. **~hof** water court. **~holte** water pocket. **~hond** water dog, water spaniel. **~hondjie, warrelkewer** *(entom.: fam.* Gyrinidae) whirligig beetle. **~hoof** *(pathol.)* hydrocephalus; *'n ~ hê* have water on the brain (*or* in the head). **~hoofdig** *-dige* hydrocephalous. **~hoogte** water level. **~hoos** *(meteorol., rare)* waterspout. **~houdend** *-dende* hydrous; watery, water-bearing. **~houer** reservoir; *(geol.)* aquiclude. **~hout** = WITHOUT. **~houvermoë** water(-retaining) capacity. **~inhoud** water content; water capacity. **~insek** aquatic insect. **~juffer** *(entom.)* damselfly. **~kalk** water lime, hydraulic lime. **~kan** (water) jug, ewer; *(of metal)* water can, canteen; *groot ~* jerrycan. **~kanker** noma. **~kanon** water cannon. **~kant** waterside, waterfront, sea front; *aan die ~* on the seafront/waterfront. **~kar** water cart. **~kastaiing** *(bot.: Trapa natans)* water chestnut. **~keerder** water/weather bar. **~kelder** water pocket. **~kering** weir, dam; barrage; groyne; *(archit.)* water run. **~kers[1]** *(cook., bot.: Nasturtium officinale)* watercress. **~kers[2]** (tallow) dip. **~ketel** water kettle. **~kewer, roofduikkewer** *(entom.: fam.* Dysticidae*)* water beetle, predacious diving beetle. **~klawer** *(bot.: Menyanthes trifoliata)* buckbean, bogbean. **~klep** water valve. **~kleur** colour of water. **~klip** aquifer. **~klipblom** *(Crassula natans)* water crassula. **~klok** clepsydra, water clock. **~kloof** water gap. **~koedoe** *(Tragelaphus spekei)* sitatunga. **~koel** water-cooled. **~koeling** water-cooling; *met ~* water-cooled. **~kolom** water column, column of water. **~kom** water basin, waterbowl. **~kraan** water tap/faucet/cock; water crane *(for steam locomotives)*. **~kraffie** water bottle/decanter/carafe. **~krag** water power, white coal *(infml.)*. **~kragleer** hydrodynamics. **~kragmynbou** hydraulic mining, hydraulicking. **~kriek** = MOLKRIEK. **~kringloop, ~siklus** water cycle. **~kruik** pitcher, water monkey *(rare)*. **~kuil** pool (of water), water hole. **~kultuur, ~kwekery, ~boerdery** hydroponics, aquiculture, aquaculture, water culture, soilless agriculture, tray agriculture, tank farming. **~kuur** water cure, hydropathic cure. **~kuurkunde** hydrotherapeutics. **~kweek, kweekpaspalum** *(Paspalum distichum)* water couch, couch paspalum. **~kwekery** →WATERKULTUUR. **~laag** water bed. **~laars** *(obs., rare)* →WATERSTEWEL. **~laksman** *(orn.)* = WATERFISKAAL. **~land** watery country. **~lander** *(joc., rare)* tear; *toe kom die ~s* then the waterworks were turned on. **~-land-vliegtuig** amphibian. **~leer** hydrology. **~lei** →WATERLEI. **~lelie** *(Nymphaea* spp.*)* water lily. **~lelieblaar** lily pad. **~lemoen** *(obs.)* →WAATLEMOEN. **~liewend** →WATERLIEWEND. **~likkewaan** *(Varanus niloticus)* water/Nile monitor. **~long** *(zool.)* water lung; →DUIKLONG. **~loop** watercourse; water run. **~loopkunde** hydraulics, hydrodynamics. **~loot** water shoot/sprout, tiller, sucker, unfertile shoot. **~losing** *(rare)* urination, irretention; *pynlike ~, (pathol.)* stranguria, strangury. **~lyn** water line; *(also, in the pl.)* feint lines; *papier met ~e* water-lined paper. **~lynpapier** laid/water-lined paper. **~lys** window drip. **~man** waterman. **W~man** *(hist.)* Waterman, Strandloper; *die W~, (astron., astrol., rare)* →DIE **WATERDRAER**. **~massa** mass of water; body of water. **~meetkunde** hydrometry. **~meetkundig** *-dige, adj.* hydrometric. **~ment** *(bot.: Mentha aquatica)* water mint. **~merk** watermark.

~meter water meter; hydrometer; water gauge. **~meul(e)** water mill; drainage mill. **~mol** *(Eur. zool.: Desmana moschata, Galemys pyrenaicus)* desman. **~molekule** water molecule. **~mot** = KOKERJUFFER. **~nat** soaking/streaming/sopping wet, drenched, soaked (to the skin), wet through, wet all over. **~nawel** *(bot.: Hydrocotyle vulgaris)* pennywort, navelwort. **~net** water reticulation. **~nimf** *(myth.)* water nymph, naiad, undine. **~nood** water shortage/scarcity; →WATERSNOOD. **~omhulsel** *(geog.)* hydrosphere. **~ontginning** water development. **~ontleding** *(chem.)* hydrolysis. **~onttrekker** hydroextractor. **~onttrekking** dehydration; hydroextraction. **~oog** *(pathol.)* rheumy, watery/watering eye. **~opaal** *(min.)* moonstone. **~oplossing** *(chem.)* aqueous solution. **~opname** water survey. **~opneming** water intake. **~(op)splitsing** *(chem.)* hydrolysis. **~opsuiend** =*ende, (chem.)* hydrophile. **~padda** frog. **~palm** *(Am. bot.: Acrocomia* spp.*)* macaw palm, macaw tree. **~pas** →WATERPAS. **~peer** *(Syzygium guineense)* woodland waterberry. **~peil** water level; watermark, water line. **~peiler** water glass/gauge. **~peilglas** water gauge. **~pens** *(vet.)* dropsy. **~pers** hydraulic press, water ram. **~pistool** water pistol. **~plaas** watered farm. **~plant** water plant, aquatic (plant), hydrophyte. **~plas** puddle. **~plek** drinking place; urinal; watering place *(for ships)*. **~ploeër** *(orn.: Rynchops flavirostris)* African skimmer. **~poel** pool of water. **~pokkies,** *(rare)* **~pokke** chickenpox, varicella, swinepox. **~polo** water polo. **~pomp** water pump. **~ponie** jet ski; *op ~s (of 'n ~) ry* jet-skiing. **~poniery** *n.* jet-skiing. **~ponieryer** jet-skier. **~poort** water gate; water gap. **~porie** water pore. **~proef** *(hist.)* ordeal by water. **~put** draw well. **~putter** drawer of water; →WATERDRAER. **~pyp** water pipe; →WATERROOKPYP. **~raad** water board. **~ram** hydraulic ram, water ram. **~reg** water law; water right; *(also, in the pl.)* water rights. **~regter** *(chiefly hist.)* water court judge. **~riool** storm-water drain. **~rookpyp** hooka(h), narghile, nargile(h), water pipe, hubble-bubble. **~rot** *(Dasymys incomtus)* water rat, shaggy rat; *(fig.)* water dog. **~ryk** =*ryk(e), adj.* well-watered. **~saak** water suit. **~sak** water bag. **~(sak)breuk** *(pathol.)* hydrocele. **~sal(a)mander** *(Eur. zool.: Triturus* spp.*)* newt. **~sement** hydraulic cement. **~skaarste, ~tekort** water shortage/famine. **~skade** water damage, damage by water. **~skeiding** watershed, drainage divide, water parting. **~ski** →WATERSKI. **~skilpad** terrapin; *moeras~, (Pelomedusa subrufa)* marsh terrapin. **~skoen** = WATERSTEWEL. **~skout** *(hist.)* water bailiff; →WATERFISKAAL. **~sku** =*sku(we), adj.* afraid of water, hydrophobic. **~skuheid** fear of water; →WATERVREES. **~slag** water hammer/blow; valve slam; weathering; upper slope. **~slagbeplanking** weatherboarding. **~slagplank** =*planke* weather=, clapboard; *(also, in the pl.)* weatherboarding; **~slang** water snake, hydra; (water) hose. **~sloot** water furrow. **~slot** water seal. **~sluis** water gate. **~snip** *(orn.: Gallinago* spp.*)* snipe. **~soeker** water finder/diviner, dowser. **~sopnat** ~ dripping/soaking/sopping wet. **~spieël** water level, surface level of water. **~splitsing** →WATER(OP)SPLITSING. **~sport** water sports, aquatics, aquatic sports. **~sportsentrum** aquadrome. **~sprong** water jump *(in a jumping competition or steeplechase etc.)*. **~stand** water level; height of the water/tide. **~standdruk** hydrostatic pressure. **~stewel** wading boot, wader, wellington, welly (boot) *(infml.)*, knee boot; *(also, in the pl.)* wellies *(infml.)*. **~stof** →WATERSTOF. **~stokkie** dowsing/divining rod, divining stick, doodlebug. **~straal** jet/spurt/spirt of water. **~stroom** stream/current of water, race. **~sug** →WATERSUG. **~suil** column of water. **~suipplek** watering place. **~tand** *ge=: dit laat ('n) mens ~* it makes one's mouth water, it brings the water to one's mouth. **~tandlekker** ~, *adj.* fingerlicking good. **~taxi** =*xi's* water taxi. **~tekort** →WATERSKAARSTE. **~tenk** water tank. **~toevoer** water supply; water feed. **~tog(gie)** boating excursion, water excursion, trip on the water. **~toring** water tower. **~trap** *waterge=* tread water. **~trapper** water treader; *(orn.)* Peter's finfoot. **~trek** *waterge=, (chem., bot.)* deliquesce; *~kend* deliquescent. **~trekking** deliquescence. **~tuin** water garden. **~uintjie** = WATERBLOMMETJIE. **~uitlaat** water outlet/escape. **~uurwerk** water clock/glass, clepsydra. **~vaatjie** water cask. **~vaatstelsel** water-vascular system. **~val** waterfall, cataract, cascade, force. **~valblom** *(Gladiolus cardinalis)* waterfall gladiolus. **~vanger** water trap. **~vark** river hog. **~vas** =*vaste* water-resistant. **~vat** water cask/butt; scuttlebutt, =cask *(on a ship)*. **~verbruik** consumption of water. **~verdeling** water allocation. **~verf** →WATERVERF. **~verkeer** traffic by water. **~verkoeler** water cooler. **~verplasing** displacement (of water). **~versagmiddel, ~versagter** water softener. **~versagtingstoestel,** =**eenheid,** =**aanleg** water softener. **~vervoer** water carriage, waterborne traffic. **~verwarmer** geyser, water heater. **~vlak** sheet/stretch/expanse of water; water level; water plane, water surface. **~vlek** water stain. **~vliegtuig** water plane, seaplane, hydroplane; →SEEVLIEGTUIG. **~vloed** (great) flood, inundation, deluge; *(pathol.)* incontinence. **~vlooi** *(freshwater branchiopod crustacean: Daphnia* spp.*)* water flea. **~voël** aquatic bird, water bird; *(also, in the pl.)* waterfowl. **~vog** *(physiol.)* aqueous humour. **~voor** water furrow; watercourse; sluice. **~voorraad** supply of water, water reserve. **~voorsiening** water supply; irrigation; water resource. **~vrees** *(psych.)* hydrophobia. **~vry** =*vrye* free from water; *(chem.)* anhydrous. **~wa** water wag(g)on, sprinkler wag(g)on. **~waarde** water equivalent. **~weeblaar, ~weegbree** *(Alisma* spp.*)* water plantain. **~weefsel** water tissue. **~weerstand, ~bestandheid** water resistance. **~weg** waterway, river, canal. **~weger** hydrometer. **~werend** =*rende* water-repellent. **~werke** *n. (pl.)* waterworks. **~werking** water action. **~werktuigkunde** hydraulics, hydromechanics. **~wese** water affairs. **~wet** water law. **~wiel** water wheel; paddle wheel; *vertikale ~* overshot wheel. **~wild** wildfowl. **~wilg** =*wilge,* **~wilger** =*gers,* **~wilge(r)boom** =*bome, (Salix* spp.*)* osier, sallow. **~wolk** water cloud. **~wurm** water slide, *(rare)* aquatube. **~wyser** dowser, water diviner/finder. **~wysing** water witching/divining, dowsing. **~ys** sherbet; water ice.

wa·ter·ag·tig =*tige* watery; aqueous; serous.

wa·ter·bok *(Kobus ellipsiprymnus)* waterbuck. **~bul** waterbuck bull. **~kalf** waterbuck calf. **~koei** waterbuck cow.

Wa·ter·ford·glas Waterford glass *(from Ir.)*.

wa·te·rig =*rige* watery; washy *(food)*; runny, rheumy *(eyes)*; aqueous, hydrous; *~e sop/wyn/ens.* wash. **wa·te·rig·heid** wateriness; washiness; rheum.

wa·ter·lei *waterge=* irrigate. **~beurt** rotating water right. **~land** land under irrigation.

wa·ter·lei·ding =*dings,* =*dinge* waterworks; aqueduct; water conduit; *'n huis met ~* a house with water laid on.

wa·ter·lie·wend, wa·ter·lie·wend =*wende* hydrophilic, hydrophil(e), hydrophytic *(plant)*; aquatic *(animal, plant)*.

wa·ter·loos =*lose* waterless.

wa·ter·pas =*se, n.* spirit level, water level, levelling instrument, plumb level. **wa·ter·pas** *adj.* (dead) level, horizontal; true; *iets ~ **maak*** true s.t. up; *iets is ~ **met** ...* s.t. is level (*or* on a level) with ...; *iets is **nie** ~ nie* s.t. is out of level (*or* [the] true); *iem. ~ in die oë kyk* look s.o. straight in the eye (*or* squarely in the face). **wa·ter·pas** *ge=, vb.* level, grade, true up. **wa·ter·pas·sing** levelling, grading.

wa·ter·ski =*ski's, n.* water-ski. **wa·ter·ski** *ge=, vb.* water-ski. **wa·ter·ski·ër** water-skier. **wa·ter·ski·sport** water-skiing.

wa·ter·snood flood(s), inundation; →WATERNOOD.

wa·ter·stof *(chem., symb.: H)* hydrogen; *iets met ~ verbind* hydrogenate s.t.. **~atoom** hydrogen atom. **~binding** *(chem.)* hydrogen bond. **~bom** hydrogen bomb, H-bomb. **~sulfied** sulphuretted hydrogen.

wa·ter·sug *(pathol.)* dropsy, (o)edema, anasarca. **wa·ter·sug·tig** =*tige* dropsical, hydropic; (o)edematous.

wa·ter·tjie =*tjies, n. (dim.)* streamlet.

wa·ter·verf watercolour(s); water paint; wash. **~laag** wash. **~skilder** watercolour painter, aquarellist. **~skildery** watercolour, aquarelle, painting in watercolour(s). **~tekening** wash drawing.

wat·se *interr. pron., (usu. infml.)* what kind of?; *~ geraas is dit?* what noise is that?, what's all this noise?; *~ groente kweek hulle?* what (kind of) vegetables do they grow?; *~ mens is hy/sy?* what manner/sort of person is he/she?.

wat·se·naam *(infml.)* whatchamacallit, whatsit, whatsitsname; whatshisname *(masc.)*, whatshername *(fem.)*.

watt *watt(s)* watt, volt-ampere; →KILOWATT, MEGAWATT; *1000 ~* 1000 watts. **~meter** wattmeter. **~-uur** *~,* =*-ure, (unit of energy)* watt-hour. **~verbruik** wattage.

wat·te wadding; *(med.)* cotton wool; batting; →WATTETJIE; *iem. in ~ toedraai, (fig.)* featherbed s.o.; *iets met ~ (uit)voer* wad/quilt s.t.. **~prop** plug of wadding. **~stof** wadded cloth, wadding. **~stokkie** cotton bud; earbud.

wat·te·ag·tig =*tige* floccose, like cotton wool.

wat·teer *(ge)=* wad, quilt, pad. **wat·teer·sel** wadding, padding, batting.

wat·tel=: **~bas** wattle (bark). **~(boom)** *(Acacia* spp.*)* wattle (tree).

wat·ter what, which; *jy moet sê ~ **appel** jy wil hê* you must say which apple you want; *~ **boeke** het jy gelees?* what books have you read?; *van ~ **hoofstuk** het jy die meeste gehou?* which chapter did you like best?; *iem. weet nie ~ **moeilikhede** vir hom/haar wag nie* s.o. does not know what troubles await him/her; *~ **onsin!*** what nonsense!.

wat·te·tjie =*tjies, n. (dim.)* wad of cotton wool, piece of wadding, small swab.

wat·won·ders =*derse, (mostly used negatively): **glad nie so ~ nie*** not all that good; *dis **nie/niks** ~ nie* it's nothing much/particular/special (*or* out of the ordinary), it's nothing to brag (*or* write home) about, it's no big deal *(infml.)*; *nie so 'n ~e **vertoning/ens.** nie* not such a wonderful performance/etc.; *nie ~ **verwag** nie* not expect too much.

wat·wo(u) *interj., (infml.)* that'll be the day, not on your life; yeah, right; *~ hy/sy aandele besit!* no way(s) does he/she own shares!; *~ hy/sy 'n koek bak!* I'd like to see him/her (try and) bake a cake!; *~ slaap!* sleep when you're dead!; *~ 'n V12!* V12 my foot!, a V12 indeed!.

wê *interj.* so there; I told you so.

web *webbe* web; *die (Wêreldwye) W~, (Internet)* the (World Wide) Web. **~bediener** *(Internet)* (web) server. **~blad** *(Internet)* web page. **~leser** *(Internet)* (web) browser. **~meester** *(Internet)* webmaster. **~soektog** =*togte, (Internet)* web search; *~te doen* surf the Net. **~werf, ~tuiste, ~ruimte** *(Internet)* (web) site.

we·ber *(SI unit of magnetic flux)* weber.

wed *ge=* bet, (lay a) wager, stake money on; punt; gage; ***alles** wat jy het ~* bet one's shirt; ***ek** ~ (jou) ...!, (infml.)* I('ll) bet ...!; *ek ~ **jou** net wat jy wil* I bet you anything you like, I'll lay you any odds; *ek ~ **kop*** I say heads; ***op** iets ~* bet (*or* lay a bet) on s.t.; put (one's) money on s.t.; bank on s.t.; *op 'n **perd** ~* bet (*or* put money) on a horse, back a horse; *drie **teen** een ~* give/lay odds of three to one; *iem. **vir** R100 ~* bet s.o. R100; ***wat** ~ jy?* what's the bet?; ***wil** jy ~?, (infml.)* do you want to bet?, is it a bet?. **~belasting** betting tax. **~geld** stake. **~kanse** odds. **~kantoor** betting shop. **~loop** →WEDLOOP. **~prys** betting price. **~ren** →WEDREN. **~stryd** →WEDSTRYD. **~syfer** odds. **~vaart** sailing competition; boat/canoe race. **~vlug** air race; flying contest. **~vlugduif, renduif** racing pigeon, racer. **~vlughorlosie** pigeon clock. **~voorwaardes** odds. **~ywer** →WEDYWER.

wed·den·skap =*skappe* bet, wager; *'n ~ **aangaan*** make a bet; lay/make a wager; *'n ~ **aanneem*** accept a bet; *iem. se ~ **aanneem*** take s.o. on; *~pe op iets **aanneem,** (also)* make (a) book on s.t.; *iets om 'n ~ **doen*** do s.t. for a bet; *'n ~ **verloor/wen*** lose/win a bet.

wed·der =*ders* better, bettor, betting man/woman, punter, taker, layer, backer; bookie. **wed·de·ry** betting, wagering, gaming, backing.

we·de *(Eur. bot: Isatis tinctoria; also, hist., a dye)* woad.

we·der·diens service in return, return service; *iem. 'n ~ bewys* return s.o.'s favour.

we·der·doop anabaptism *(also A~)*, rebaptism. **we·der·do·per, we·der·do·per** *=pers, n., (also W~)* anabaptist *(also A~)*, dipper *(arch.)*. **we·der·do·pers** *=perse, adj.* anabaptist *(also A~)*. **we·der·do·pe·ry, we·der·do·pe·ry** anabaptism *(also A~)*.

we·der·eis *(rare)* counterclaim; →TEENEIS.

we·der·ge·bo·re, weer·ge·bo·re ~, *adj.* reborn, born again, regenerate, converted; *'n ~ Christen* a born-again Christian. **we·der·ge·boor·te, weer·ge·boor·te** rebirth, new/second birth, renascence, regeneration, palingenesis. **we·der·ge·bo·re·ne, weer·ge·bo·re·ne** *=nes, n.* regenerate, convert.

we·der·gif *(rare)* return present.

we·der·helf *=helfte,* **we·der·helf·te** *=helftes* spouse, better half, helpmate; *jou ~, (infml.)* one's other half; *my ou ~, (infml.)* my old man/lady.

we·de·rik *(bot.: Lysimachia vulgaris)* loosestrife.

we·der·ke·rend *=rende, (gram.)* reflexive; recurrent, periodic.

we·der·ke·rig *=rige* mutual, reciprocal; reciprocating; *~e betrekking* correlation; *~e voornaamwoord* reciprocal pronoun. **we·der·ke·rig·heid** reciprocity, mutuality.

we·der·koms return; *~ van Christus* second coming (of Christ).

we·der·lief·de return of love, love in return; mutual love.

we·der·om *(infml., obs.)* once more; *(tot) ~!, (infml.)* see you again/later!, I'll be seeing you!.

we·der·op·seg·ging: *tot ~, (fml.)* until further notice.

we·der·op·stan·ding resurrection.

we·der·par·ty *(rare)* adversary, opponent; →TEENPARTY.

we·der·reg·te·lik *=like, adj.* unlawful, illegal, wrongful; *~e toe-eiening* misappropriation, fraudulent conversion. **we·der·reg·te·lik** *adv.* unlawfully, illegally, wrongfully (and unlawfully). **we·der·reg·te·lik·heid** unlawfulness, illegality, wrongfulness.

we·der·stre·wig, weer·stre·wig *=wige* refractory, recalcitrant, oppositive. **we·der·stre·wig·heid, weer·stre·wig·heid** refractoriness, recalcitrance.

we·der·stre·wing, weer·stre·wing resistance, opposition.

we·der·syds, weer·syds *=sydse* mutual, on both sides; *~e* ***begrip*** mutual understanding; *~e* ***betrekking*** interrelation; *iets ~* ***deel*** pool s.t.; *met ~e* ***goedvinde*** by mutual consent; *~e* ***kennisgewing*** notice given on either side; *~e* ***liefde*** mutual affection; *~e* ***verbinding*** two-way communication.

we·der·vaar *het ~* experience, undergo; *iem. het iets ~, (also)* s.t. befell (*or* happened to) s.o.; *iem. reg laat ~* do justice to s.o., give s.o. his/her due. **we·der·va·ring** *=rings, =ringe* experience, adventure; *~s hê* experience adventures/fortunes, have experiences.

we·der·ver·geld *het ~, (rare)* retaliate. **we·der·ver·gel·ding** *(jur.)* talion.

we·der·vraag counterquestion.

we·der·waar·dig·heid *=dighede, (fml.)* vicissitude; tribulation; *(in the pl.)* changes and chances, ups and downs, adventures, fortunes; vicissitudes; *iets was vol ~hede* s.t. was eventful.

we·der·woord, weer·woord answer, reply, retort; repartee; *as ~* in retort.

wed·loop (foot) race, running match; *aan die ~ om ...* ***deelneem*** be in the race for ...; *in 'n ~* ***hardloop*** run a race; *vir 'n ~* ***inskryf/inskrywe,*** *jou vir 'n ~ laat* ***inskryf/inskrywe*** enter a race; *'n ~* ***om*** *iets* a scramble for s.t.; *'n ~* ***met/teen*** *die* ***tyd*** a race against time. **wed·lo·per** racer.

wed·ren *=renne* race; *(also, in the pl.)* races, race meeting, racing competition, the turf; *aan 'n ~ deelneem* run a race; *~ne sonder hindernisse* flat racing; *na die ~ne gaan* race, go racing, go to the races. **~ganger** racegoer. **~klub** turf club, racing club; →RENKLUB. **~program** book, card.

wed·stryd *=stryde* match, game; contest, competition; *'n* ***beslissende/deurslaggewende*** *~* a vital match/game; *aan 'n ~* ***deelneem*** join in a contest; *'n ~* ***in*** *...* a contest/competition in ... *(dog handling etc.)*; *'n hewig* ***omstrede*** *~* a tight match/game; *die ~ sal* ***plaasvind*** the match/game is on; *'n ~* ***staak*** abandon a match/game; *'n* ***taai*** *~* a hard game; *'n ~* ***uitskryf/uitskrywe*** organise a competition; *die ~* ***verloor/wen*** lose/win the match/game; *'n ~ (opsetlik)* ***weggooi,*** *(infml.)* throw a match/game. **~datum** fixture. **~lys** list of fixtures. **~organiseerder** matchmaker. **~plan** *(sport)* game plan. **~punt** *(tennis)* match point.

we·du·skap = WEDUWEESKAP.

we·du·vrou *=vroue(ns), (obs.)* →WEDUWEE.

we·du·wee *=wees* widow; *(jur.)* relict; dowager; *as ~* ***agtergebly,*** *'n ~* ***word*** be left a widow; *'n ~* ***agterlaat*** leave a widow; *die ~ se* ***kruik,*** *(1 Kings 17:14)* the widow's cruse; *'n* ***onbestorwe*** *~, (obs., rare)* a grass widow; →GRASWEDUWEE. **~drag** widow's weeds *(arch.)*. **~fonds** widows' fund; *weduwee-en-wesefonds* widow(s') and orphan(s') fund. **~geld, ~goed, ~skat** *(obs.)* jointure; (widow's) dower; *~ nalaat vir iem.* jointure s.o.. **~huis** *(obs.)* dower house. **~(-)moeder** widowed mother. **~pensioen** widow's pension. **~staat** = WEDUWEESKAP. **~verbranding** suttee, widow burning.

we·du·wee·skap widowhood.

wed·y·wer *n.* competitive spirit, (spirit of) emulation. **wed·y·wer** *ge=, vb.* compete, vie; *met iem. ~* compete/vie with s.o.; *hierdie handelsmerk ~ met die beste* this make ranks/compares with the best; *om iets ~* compete for s.t.; scramble for s.t.. **wed·y·we·rend** *=rende* vying, emulative. **wed·y·we·rig** *=rige* competitive. **wed·y·we·ring** competition, rivalry, contention.

wee[1] *weë, n., (obs. or poet., liter.)* woe, grief, pain; *(also, in the pl.)* pangs, throes; ***die*** *weë, (rare)* birth throes, labour, the pains (of childbirth); *die* ***Sewe*** *Weë van Maria, (RC)* the Seven Dolours of the Virgin Mary; *~ en* ***smart*** grief and pain; ***wel*** *en ~* weal and woe. **wee** *interj.* woe!; *~ die persoon wat dit durf* ***doen*** woe betide the person who dares (to) do it; *~* ***jou*** *gebeente!* unhappy you!, wait till I get hold of you!; *~* ***my!*** woe is me!; ***o*** *~!* alas!. **wee·dom** *(poet., liter.)* woe, sorrow. **wee·klaag** *ge=, (poet., liter.)* lament, wail; *~ oor ...* lament/bewail/bemoan (*or* wail over) ... **wee·klag** *=klagte, (poet., liter.)* lamentation, lament, wailing, wail of woe, moan, plaint. **wee·moed** melancholy, sadness, wistfulness; *met ~ vervul wees* be filled with melancholy. **wee·moe·dig** *=dige* melancholy, sad, wistful. **wee·moe·dig·heid** = WEEMOED.

wee[2] *weë, adj., (rare)* faint, sickly, mawkish; →WEEÏG; *'n weë smaak* a mawkish/sickly taste. **~-soet** *(rare)* cloying, mawkish, syrupy, sickly sweet.

wee·blaar, weeg·bree *(bot.: Plantago* spp.*)* plantain, ribwort.

weef *ge=* weave. **~afval** loom waste. **~behangsel** tapestry. **~binding** weave (structure). **~breedte** loom width. **~garing** weaving yarn. **~getou, ~toestel** loom; *meganiese ~* power loom. **~karteling** crimp. **~kuns** textile art, (art of) weaving. **~lyn** ratlin(e), ratling. **~nywerheid** textile industry. **~skool** textile school, school of weaving. **~spoel** shuttle. **~stoel** (weaver's) frame; small loom. **~stof** *=stowwe* textile, woven fabric, cloth; *(also, in the pl.)* textiles, soft goods, mercery. **~stofhandel** mercery. **~stofhandelaar** mercer. **~toestel** →WEEFGETOU. **~werk** weaving.

weef·sel *=sels* tissue, texture; fabric, weave; web; *dooie ~, (physiol.)* slough. **~asemhaling** internal respiration. **~bank** *(med.)* tissue bank. **~bed** stroma. **~bloeding** *(pathol.)* suffusion. **~herstel** regeneration. **~kultuur** tissue culture. **~leer** histology. **~ontsteking** *(pathol.)* cellulitis. **~oorplanting** *(med.)* graft. **~spanning** tissue tension, turgor. **~verharding** *(pathol.)* scleroma, scleriasis. **~vog** lymph.

weef·ster *(arch.)* →WEWER.

weeg *ge=* weigh; scale; balance; →WEGER; *70/ens.* ***kilogram*** *~* weigh 70/etc. kilograms; *geweeg en te* ***lig*** *bevind word, (Dan. 5:27)* be weighed in the balance and found wanting; *10/ens. kilogram* ***meer/swaarder*** *as ... ~* weigh 10/etc. kilograms more (*or* be 10/etc. kilograms heavier) than ..., outweigh ... by 10/etc. kilograms; *iets ~* ***swaar*** *by iem.* s.t. weighs with s.o., s.t. carries (great/much) weight with s.o., s.t. comes first with s.o.; *iets ~* ***nie swaar*** *by iem. nie* s.t. does not count (*or* weigh heavily) with s.o., s.t. has little weight with s.o.; *jou* ***woorde*** *~* weigh/measure/choose/pick one's words. **~brug** *=brûe* weighbridge, platform scale. **~geld, ~loon** weighage. **~haak** weigh beam, steelyard. **~huis** weigh house. **~masjien, ~toestel** weighing machine. **~skaal** (pair of) scales, balance; *die W~, (astron., astrol.)* the Scales, the Balance. **~stoel** weighing chair.

weeg·baar *=bare* weighable, ponderable. **weeg·baar·heid** ponderability.

weeg·bree →WEEBLAAR.

wee·ïg *=ïge, (liter.)* mawkish, maudlin, overly sentimental; faint, qualmish, queer *(feeling)*. **wee·ïg·heid** *(liter.)* mawkishness, schmaltz; faintness, queerness, sickliness; qualmishness.

week[1] *weke, n.* week; *(rare)* sennight; →WEEKDAAGS, WEEKLIKS, WEEKSE; *weke* ***aaneen*** for weeks; ***aanstaande/volgende*** *~* next week; ***aanstaande/volgende*** *~ en Maandag/ens.* on Monday/etc. next week; *die* ***afgelope*** *~* the last week; *by die ~* ***betaal*** pay weekly, pay on weekly terms; ***binne*** *'n ~* inside (of) a week; *die ~* ***daarop*** the next week; *dis weke* ***dat*** *ek iem. laas gesien het, ek het iem. in* ***geen*** *weke gesien nie* I have not seen s.o. for weeks; ***dié*** *~* this week; ***elke*** *~* every week; *weke* ***gelede*** weeks ago; *die* ***hele*** *~* all week; *al die* ***hele*** *~, die* ***hele*** *~ al* all this week; *die* ***hele*** *~ (deur)* throughout the week, the whole week; ***in*** *die ~* on weekdays; *R1000* ***in*** *die ~, (obs.)* = ***per;*** *die* ***laaste*** *~* the last week *(of a period)*; *'n ~* ***lang(e)*** *...* a week-long ...; *die weke* ***lange*** *gesloer het die projek laat misluk* delays that lasted for (*or* ran into) weeks (*or* delays for weeks [on end] *or* weeks of procrastination/dawdling) caused the project to fail; *weke* ***lank*** for weeks; ***in minder*** *as 'n ~* inside (of) a week; *~* ***ná*** *~* week in, week out; *al* ***om*** *die ander ~* →OM[1] *prep.*; *al* ***om*** *die derde/ens. ~* →OM[1] *prep.*; ***oor*** *'n ~* in a week's time; *Maandag/ens.* ***oor*** *'n ~* Monday/etc. week; *vandag* ***oor*** *'n ~* today week, this day week; ***oor/binne*** *drie weke* in three weeks, in three weeks' time; *'n ~* ***ou/oud/oue*** *...* a week-old ...; *'n drie weke* ***ou/oud/oue*** *...* a three-week-old ...; *'n* ***paar*** *weke gelede* some weeks ago; *R1000* ***per*** *~* R1000 a/per week; *die ~* ***tevore*** the previous week; ***twee*** *weke* a fortnight, two weeks; *'n baba* ***van*** *een ~* a week-old baby; ***verlede*** *~* last week; ***verlede*** *~ en Maandag/ens.* on Monday/etc. of last week; ***vir*** *'n ~* ***huis toe gaan*** go home for a week; *die* ***volgende*** *~* the next week; *die* ***vorige*** *~* the previous week. **~aand, weeksaand** weekday evening, week night. **~berig** weekly report. **~blad** weekly publication. **~dag, weeksdag** *n.* weekday. **~diens** weekly service. **~geld** weekly allowance; weekly/week's wages/pay. **~kaartjie** weekly (season) ticket. **~loon** weekly/week's wage(s). **~staat** weekly statement/return.

week[2] *n.: in die ~ wees/staan, (washing)* be in the soak; *iets in die ~ sit, iets laat ~* put s.t. in soak, leave s.t. to soak *(washing)*. **week** *week, weke weker weekste, adj.* soft(hearted), tender; mawkish, sloppy, mushy, sugary; →WEEKBEKKIG, WEEKHARTIG, WEEKHEID, WEEKHOEWIG, WEEKHUIDIG; *... ~ maak* soften ... (up). **week** *ge=, vb.* soak, soften; steep; impregnate; sop; macerate; *brood in melk ~* soak/sop bread in milk. **~bad** soak bath; steeping bowl/tank. **~dier** mollusc. **~dierkunde** malacology. **~dierkundige** malacologist. **~kuip** steeper. **~middel** *=dele, =dels, n.* presoak *(for washing)*. **~soldeersel** soft solder, tin solder. **~staal** mild steel, soft steel. **~tenk** saturating/soaking tank.

week·bek·kig *=kige* soft-mouthed *(horse)*.

week·daags *=daagse, adj.* weekday.

week·har·tig *=tige* tenderhearted, softhearted. **week·har·tig·heid** tenderheartedness, softheartedness.

week·heid softness; tenderness.

week·hoe·wig, week·hoe·wig *=wige* tender-hoofed.

week·hui·dig, week·hui·dig *=dige* soft-skinned.

week·liks *=likse, adj.* weekly. **week·liks** *adv.* weekly, once a week, every week.

weeks=: ~aand →WEEKAAND. **~dag** →WEEKDAG.

week·se *adj. (attr.), (rare)* weekday; workaday *(clothes); 'n ~ byeenkoms, (rare)* a weekday meeting; *'n 13-~ bewegende gemiddelde* a 13-week moving average.

weel·de luxury; luxuriance, profusion, abundance, copiousness; wealth, affluence, opulence; luxuriousness; *dis (alleen) sterk **bene** wat die ~ kan dra, (rare, idm.)* great wealth is a heavy burden to bear, much wealth makes wits waver; *in ~ **leef/lewe*** live in affluence, live well, live in (the lap of) luxury; *'n ~ **van** ...* a wealth/profusion (*or* an abundance) of ... *(flowers etc.)*; a riot of ... *(colour)*; a luxuriance of ... *(vegetation)*; *jou 'n ~ **veroorloof*** indulge in a luxury; *jou die ~ van 'n sybloes(e)/ens. **veroorloof*** rather extravagantly buy o.s. a silk blouse etc.; ***wette** teen (die) ~* sumptuary laws. **~artikel** article of luxury, fancy article; *(also, in the pl.)* luxuries, fancy articles, fancy goods. **~bedryf** luxury trade. **~belasting** luxury tax, sumptuary duty. **~beperkend** *=kende* sumptuary. **~bus** luxury bus. **~hotel** luxury hotel. **~skip** luxury liner. **~wet** sumptuary law.

weel·de·rig *=rige, adj.* luxurious, plush, opulent, exuberant, sumptuous, ritzy *(infml.)*; luxuriant; *'n ~e lewe* high living; *'n ~e lewe lei* lead a life of luxury. **weel·de·rig** *adv.* extravagantly *(furnished)*. **weel·de·rig·heid** luxuriousness, sumptuousness; voluptuousness; flamboyance *(of a lifestyle)*; luxury; luxuriance.

wee·luis *=luise, (entom.: Cimex spp)* bedbug, house bug; *vol ~e* bug-ridden *(a hotel, mattress, etc.)*.

ween *ge=, (poet., liter.)* weep, shed tears, cry.

Wee·nen *(geog., SA)* Weenen. **Wee·nens** *=nense* of Weenen.

Weens →WENE.

weens on account of, because of, due to, on the score of, owing to, as a result of; for; *'n veroordeling ~ **diefstal*** a conviction for theft; *~ **gebrek** aan geld* for want of money; *beroemd ~ jou omvangryke **kennis*** famous for one's wide knowledge; *~ **ongesteldheid*** on account of (*or* because of *or* owing to) illness; *~ **ongunstige** weer* under stress of weather.

weer[1] *n.* weather; rain, rain clouds; thunderstorm, thundery weather; lightning; →WEERS=; ***aangename/sagte** ~* mild weather; ***bedompige/broeiende/drukkende/swoel** ~* sultry weather; *die ~ is **belowend/mooi**, (also)* it looks like rain; *as die ~ **daarna** is* weather permitting; *deur die ~ **doodgeslaan** word* be killed by (a stroke of) lightning; ***dreigende** ~* threatening weather; *die ~ **dreun*** it thunders; *daar is **drif** by/in die ~* the rain clouds are coming fast; *daar is geen/nie **drif** by/in die ~ nie* the rain is slow to come; ***ellendige/gure/onaangename/slegte/vuil** ~* dirty/filthy/foul/nasty/ugly weather; *~ **of geen** ~ nie, (rare)* rain or shine; *deur die ~ **getref** word* be struck by lightning; *as die ~ **goed** bly* if the weather holds; ***by goeie** ~* in good weather; *as die ~ **gunstig** is* if the weather is favourable; *met/by **gunstige** ~* weather permitting; ***guur/gure** ~* bleak weather; *die ~ **klaar op*** the weather is clearing (up); ***mooi** ~* fine weather; fair weather; →MOOIWEER; *die ~ is **mooi*** the weather is fine; the weather is fair; →***belowend/mooi**; vandag is dit weer **mooi** ~* today we have fine weather for a change; ***onbestendige/onseker** ~* changeable weather; ***ongeag** die ~* in all weathers, in all kinds/sorts of weather; ***ongestadige** ~* unsettled weather; ***ongunstige** ~* unfriendly/ungenial/unkind weather; ***ontydige** ~* unseasonable weather; *as die ~ **saamspeel*** if the weather is favourable; ***slegte** ~* bad weather; *die ~ **steek op*** rain clouds are appearing/forming; a storm is brewing; *weens **stormagtige** ~* under stress of weather; ***swaar** ~* = SWAARWEER; *as die ~ dit **toelaat*** depending (up)on the weather; *die ~ **trek oop*** the weather is clearing (up); ***triestige** ~* dismal weather; ***wat** 'n ~!* what (terrible) weather!; ***wind** en ~* →WIND. **~aanbieder** *(rad., TV)* weatherperson. **~berig** weather report/message, meteorological report. **~beriggewing** weather reporting. **~bestand** *=bestande*, **~vas** *=vaste* weatherproof, -tight *(colour etc.)*; all-weather *(fabric, court)*. **~buro** *=ro's* weather bureau, meteorological office. **~diens** weather/meteorological service. **~dig** *=digte, (rare)* = WEERBESTAND. **~glas** barometer, weather glass/gauge, rain glass; *die ~ sak/styg* the barometer is falling/rising. **~haan** weathercock *(lit. & fig.)*; weather/wind vane *(lit.)*; turncoat, timeserver, hedger. **~huisie** weather box. **~kaart** weather chart/map, forecast. **~kenner** weatherperson, meteorologist. **~kennis** weather lore. **~kunde** meteorology. **~kundig** *=dige, adj.* meteorological, weather-wise. **~kundige** *=ges, n.* meteorologist, weatherperson. **~kussing** weather pad. **~lig** →WEERLIG. **~profeet** weather prophet. **~skip** weather ship. **~stasie** weather station, meteorological station. **~strook** weather strip. **~vas** →WEERBESTAND. **~voorspeller** weather forecaster, weatherperson. **~voorspelling** weather forecast(ing), weather prediction. **~voorspellingskantoor** weather office. **~wys** *=wyse* weather-wise.

weer[2] *n., (rare): die **hele dag** in die ~ wees* be on the go the whole day; ***in** die ~ wees* be up and doing, be busy, bustle (about); *jou te ~ **stel*** put o.s. on one's defence, defend o.s., offer resistance, make a stand; →WEERLOOS; ***vroeg** in die ~ wees* stir early, stir at an early hour. **weer** *ge=, vb., (liter.)* avert; keep away/out/back; eschew; exclude; →WEERBAAR; *jou **dapper** ~* make a gallant stand; *jou **goed/fluks** ~* put up a good fight; give as good as one gets; ***jou** ~* defend o.s., fight back; *(rare)* exert o.s.; *iem. kan hom/haar **nog goed** ~* there is fight in him/her yet; *die **onheil** ~* avert the calamity; *iem. **uit** ... ~* keep s.o. out of ..., exclude s.o. from ..., prevent s.o. from joining ... *(a party, an organisation, a club, etc.)*; *iets **uit** ... ~* ban s.t. from ... *(politics from schools etc.)*; *jou tot die **uiterste** (toe) ~, (rare)* exert o.s. to the utmost, strain every nerve; *iets **van jou** ~* keep s.t. away from o.s. *(flies etc.)*; *die **vyand** ~, (rare)* hold back (*or* resist) the enemy. **~krag** military strength. **~kragtig** *=tige* militarily strong. **~mag** →WEERMAG. **~man** *=manne, (mil.)* private (soldier), serviceman. **~middel** *=dele, =dels* means of defence.

weer[3] *adv.* again; ***al** ~* once/yet again, once more; ***al** ~ 'n ongeluk* yet another accident; *party drink koffie, **ander** ~ tee* some drink coffee, while others prefer tea; *(iem.) ~ **bel*** ring (s.o.) again; call/ring (s.o.) back; ***dan** ~* at other times; *iets nie ~ **doen** nie* not do s.t. again (*or* any more); *~ **eens*** (of *~eens*), *~ 'n keer* once again/more; *iem. is ~ **'n keer** siek* s.o. is sick yet again, s.o. has another of his/her illnesses; ***nooit** ~ nie* never again; *wat is dit **nou** ~?* what is it this time?; *wat was dit **nou** ~?* what did you say it was?, what was it again?; *toe ek ~ **sien**, hang die netwerk* all of a sudden the network hung; *jy moet **sommer** ~ kom* you must come back immediately/straightaway; ***wanneer** dit ~ ... is* when ... comes round again *(Christmas etc.)*; *~ 'n ... **word*** change back into ...

weer·baar *=bare* capable of bearing arms, able-bodied, fit, prepared, virile; (militarily) defensible *(fortress)*. **weer·baar·heid** ability to bear arms, ability to defend o.s., preparedness; defensibility; *geestelike ~* mental preparedness.

weer·bars·tig *=tige* unruly, rebellious, refractory, recalcitrant, obstreperous, intractable, stubborn; *(infml.)* stroppy, bolshie, bolshy; *~e priester* turbulent priest. **weer·bars·tig·heid** unruliness, recalcitrance, refractoriness, rebelliousness, obstreperousness, contumacy, *(infml.)* stroppiness.

weer·druk *(print.)* backup; *'n ~ maak, (print.)* backup.

weer·eens →WEER EENS.

weer·ga equal, match, peer, fellow; *iets is sonder ~* s.t. is beyond/past/without compare; s.t. is without parallel; *iem. is sonder ~* s.o. has no equal, s.o. is without equal/peer/rival; *sy/haar ~ is nie te vind nie* there is no one like him/her. **weer·ga·loos** *=galose* matchless, peerless, unequalled, without equal, unparalleled, unrivalled, incomparable, beyond compare; unprecedented; *~lose geesdrif* flaming passion.

weer·galm *n.* echo, reverberation. **weer·galm** *het ~, vb.* resound, echo, reverberate, peal; *van ... ~* (re-)echo/resound/ring with ...; be resonant with ...

weer·gawe reproduction, replica; rendering, rendition; portrayal; account; playback *(of a recording)*; →WEERGEE; *'n juiste/ens. ~ van iets gee* give an accurate/etc. account of s.t..

weer·ge·boor·te, weer·ge·bo·re, weer·ge·bo·re·ne →WEDERGEBOORTE, WEDERGEBORE, WEDERGEBORENE.

weer·gee *weerge=* reproduce *(mus., the contents of a book, etc.)*; render, interpret *(a passage in another lang., the conception of a composer, etc.)*; capture *(the spirit of a work)*; convey *(an impression)*; portray; represent, express, reflect; echo *(s.t. heard)*; →WEERGAWE; *~gewende kuns* representational art.

weer·glans *(rare)* reflection, lustre.

weer·groet *n., (rare)* return greeting.

weer·haak barb, barbed hook.

weer·hou *het ~* restrain, keep/hold back, deter, check; *jou **daarvan** ~ om iets te doen* hold back from doing s.t.; refrain from doing s.t.; *iets ~ iem. **daarvan** om iets te doen* s.t. keeps s.o. from doing s.t.; s.t. inhibits s.o. from doing s.t.; *iem. **daarvan** ~ om iets te doen* restrain s.o. from doing s.t.; *jou deur **niks** laat ~ nie* nothing can deter one, stop at nothing; *'n **stem** ~* abstain from a vote; *jou van **sterk drank** ~* abstain from alcohol/drinking; *iem. **van** iets ~* restrain s.o. from s.t.. **weer·hou·ding** restraint; abstention *(from voting)*.

weer·kaats *het ~* reflect *(light, heat, sound, etc.)*; re-echo *(sound)*; mirror; *~te weerlig* sheet lightning. **weer·kaats·baar** *=bare* reflexible. **weer·kaats·baarheid** reflexibility; reflectivity. **weer·kaat·send** *=sende* reflective; catoptric. **weer·kaat·ser** *=sers* reflector. **weer·kaat·sing** *=sings, =singe* reflection *(of light, heat, sound, etc.)*; reverberation, re-echoing *(of sound)*. **weer·kaats·strook** reflecting strip.

weer·kaat·sings=: ~hoek angle of reflection. **~koëffisiënt** *(phys.)* reflectance. **~vermoë** *(phys.)* reflectivity. **~wet** law of reflection.

weer·keer *weerge=, (obs., rare)* →TERUGKEER *vb.*.

weer·klank echo, reverberation, resonance; response; →WEERKLINK; *by iem. ~ vind* find an echo from s.o.; *die oproep het oral(s) ~ gevind* the appeal met with (*or* found) a wide response.

weer·klink *het ~* (re-)echo, resound, reverberate, ring again, peal; →WEERKLANK; *skote het aan alle kante ~* shots rang out on all sides; *van ... ~* (re-)echo/resound/ring with ...; be resonant with ...

weer·lê *het ~* refute, disprove, rebut *(a presumption)*; punch holes in, confute, controvert *(an argument)*; dispose of, satisfy *(objections)*. **weer·lê·de, weer·leg·de** *adj. (attr.)* refuted, disproved, rebutted. **weer·leg·baar** *=bare* refutable, confutable, rebuttable, controvertible, disprovable, falsifiable. **weer·leg·baar·heid** refutability, confutability. **weer·leg·ging** *=gings, =ginge* refutation, confutation, rebuttal; disproof; *~ van bewys* rebuttal of evidence; *ter ~ van ...* in refutation of ...

weer·lig *n.* lightning; sheet lightning; *deur die ~ doodgeslaan word* be killed by (a stroke of) lightning; *deur die ~ getref word* be struck by lightning. **weer·lig** *ge=, vb.* lighten; *dit het ge~ na die noorde* there was lightning in the north. **~afleier** lightning conductor, lightning rod. **~bundel** sheet lightning. **~meter** keraunometer, ceraunometer. **~storm** electric storm. **~straal** flash/streak of lightning.

weer·lig·ag·tig, weer·lig·ag·tig *=tige* fulgurous.

weer·loos *=lose* defenceless; *iem. ~ maak* disarm s.o.; *~ aan jou vyande oorgelewer wees* be delivered naked to one's enemies; *~ wees teen ...* be defenceless against ... **weer·loos·heid** defencelessness.

weer·mag defence force, armed forces, fighting services; *Suid-Afrikaanse Nasionale W~, (abbr.: SANW)* South African National Defence Force *(abbr.: SANDF)*.

weer·mags=: ~basis *=sisse* defence force base. **~dele** fighting services, armed forces. **~hoofde** service chiefs. **~lid** serviceman.

weer·om·slag *(rare)* rebound, recoil, reaction; *van die ~* in reaction; as a result.

weer·ont·moe·ting = HERONTMOETING.

weer·op·bou(·ing) = HEROPBOU.

weer·op·leg·ging *(rare)* reimposition.

weer·op·rig·ting *(rare)* = HEROPRIGTING.

weers=: ~gesteldheid weather conditions, state of the

weather. **~omstandighede** weather conditions. **~toestand** weather conditions, weather situation. **~verandering** weather change, change of/in the weather; *skielike* ~ break in the weather. **~verskynsel** weather phenomenon.

weer·sien *n.* meeting again; *'n blye* ~ a happy reunion; *tot ~s!* till we meet again!, au revoir!.

weer·sin aversion, repugnance, antipathy; *'n ~ in ...* ***hê*** loathe ..., have a loathing for ...; feel (a) repulsion for ...; have an aversion to/for ...; *iem. se ~* ***in*** *..., (also)* s.o.'s repugnance for/to(wards) ...; *'n ~ in ...* ***kry*** take an intense dislike to ...; *iets vervul iem.* ***met*** ~ s.t. fills s.o. with loathing; ***vol/met*** *~ na iets kyk* look at s.t. disgustedly (*or* in/with disgust). **weer·sin·wek·kend** *=kende, adj.* repugnant, repulsive, revolting, disgusting, nauseating, sickening, sick-making *(infml.); iets is vir iem.* ~ s.t. is repugnant/repulsive to s.o.. **weer·sin·wek·kend** *adv.* disgustingly, sickeningly *(infml.)*.

weers·kant, weers·kan·te: *aan* ~ on both sides; on either side; *met ...* ***aan*** ~ flanked by ...; with ... back to back; *dit slaan* ***na*** ~ it cuts both ways *(fig.);* ***na*** *~ (toe) op 'n perd wed* back a horse both ways (*or* each way); ~ ***toe*** both ways; ~ ***van*** ... on both sides of ...; ***van*** ~ from both sides; *daar was wantroue* ***van*** ~ the distrust was mutual. **weers·kan·tig** *=tige, (rare)* ambilateral; bilateral.

weer·skyn *n.* reflection, reflex, lustre, bloom; *geel stof met 'n groen* ~ yellow material shot with green. **~stof** changeant, changeable fabric. **~sy** shot silk.

weer·skyn·sel = WEERSKYN.

weer·slag recoil, backlash; repercussion; return stroke; *~ op ...* impact (up)on ...

weer·span·nig *=nige, adj.* recalcitrant, refractory, rebellious, wayward, fractious, insubordinate; *(infml.)* bolshie, bolshy. **weer·span·ni·ge** *=ges, n.* rebel; recusant. **weer·span·nig·heid** recalcitrance, refractoriness, rebelliousness, contumacy, fractiousness.

weer·spie·ël *het* ~ reflect, mirror. **weer·spie·ë·ling** *=lings, =linge* reflection, reflex.

weer·spreek *het* ~ contradict, gainsay; deny, controvert; belie; militate against; oppugn; *'n gerug* ~ deny a rumour/report; *jouself* ~ contradict o.s.; stultify o.s.. **weer·spre·ker** gainsayer; denier; contradictor. **weer·spre·king** *=kings, =kinge* contradiction, denial, disclaimer, negation.

weer·staan *het* ~ resist, oppose, withstand; →WEERSTAND.

weer·stand *=stande* resistance, opposition, fightback *(infml.);* stand; drag; *(device)* resistor, resistance; *(elec.)* rheostat; *(phys.)* resistivity; →WEERSTAAN; ~ ***bied*** fight back; put up resistance, offer resistance; make a stand; ~ ***bied*** *aan/teen ..., (also)* offer resistance to ...; set o.s. against ...; make a stand against ...; stand up to ...; hold/keep ... at bay; *tot die* ***laaste*** *(toe) ~* ***bied*** make a last stand; ***magnetiese*** ~ →MAGNETIES; *die weg van die* ***minste*** *~ kies* go for the soft option; ~ ***ondervind*** meet with resistance; ***skynbare*** *~, (phys.)* impedance; ***soortlike*** ~ →SOORTLIK; ***taai*** ~ stiff/stout resistance; ~ ***teen*** *iem./iets* resistance to s.o./s.t.; *alle ~ is (te)vergeefs* all resistance is vain. **~spoel** resistance coil. **~sweising** resistance welding.

weer·stand·bie·dend *=dende* resistive; resistant.

weer·stand·loos *=lose* unresisting.

weer·stands=: ~gebrek intolerance. **~klos** rheostat. **~koëffisiënt** drag coefficient. **~koppeling** resistance coupling. **~lyn** line of resistance. **~moment** moment of resistance. **~toets** resistance test. **~vermoë** (power of) resistance, resisting power, (power of) endurance, tolerance, stamina, staying power; ~ ***teen*** ... tolerance of/to ...

weer·streef, weer·stre·we *het* ~ oppose, resist, struggle against; go counter to. **weer·stre·wig, weer·stre·wig·heid, weer·stre·wing** →WEDERSTREWIG, WEDERSTREWIGHEID, WEDERSTREWING.

weer·syds →WEDERSYDS. **weer·sy·e:** *aan/van* ~ on/from both sides.

weer·ver·sky·ning *(rare)* →HERVERSKYNING.

weer·wil: *in ~ van* ... in spite of ..., notwithstanding ..., despite ...; *in ~ daarvan* ... nevertheless ...

weer·wolf werewolf; lycanthrope; ogre, bugbear; *(obs.)* aardwolf; *(obs.)* spotted hyena; *soos 'n ~ lyk* look like a scarecrow.

weer·woord →WEDERWOORD.

weer·wraak retaliation, revenge; reprisal(s), victimisation; ~ ***neem*** retaliate; make reprisals; *op iem. ~* ***neem*** get back at s.o. *(infml.); op iem. ~* ***neem*** *vir iets* get one's own back on s.o. for s.t. *(infml.); op iem. ~* ***neem*** *deur iets te doen* retaliate against s.o. by doing s.t.; ~ ***teen*** *..., (also)* a reprisal against ...; ***uit*** ~ as a reprisal, in reprisal, by way of reprisal; *uit ~* ***vir*** ... in reprisal for ...; in retaliation for ...; *~* ***vir*** *..., (also)* a reprisal for ...

we·ë·ry = WEGERY.

wees[1] *wese, n., (fml., rare)* orphan; *iem. ~ maak* leave/make s.o. an orphan. **~fonds** orphans' fund. **~heer** master of the supreme court; *(obs.)* orphan master. **~huis** orphanage, children's home; →KINDERHUIS. **~(huis)moeder** *(obs.)* matron of an orphanage. **~(huis)vader** *(obs.)* master/warden of an orphanage. **W~kamer** *(SA hist.)* Orphan Chamber. **~kind** *=kinders* orphan. **~kindjie** *=tjies, =kindertjies, (dim.)* little orphan; *weeskindertjies, (also, bot.: Ixia scillaris)* squill-flowered ixia. **~meester** *(obs.)* orphan master, warden of an orphanage; trustee of an orphanage.

wees[2] *was ge=, vb. (inf.)* be; →GEWEES, GEWESE, IS, WARE[1] *vb.*, WAS[2] *vb.;* ***laat*** *dit so ~* so be it; ***laat*** *dit ~ soos dit (wese) wil* be that as it may; *dat dit X* ***moes/moet*** ~ X of all people; *ek* ***sal*** *daar ~* I shall be there; *iem.* ***sal*** *'n goeie dokter/ens.* ~ s.o. will make a good doctor/etc.; ***vrolik*** ~ make merry; ***was*** *jy al daar ge~?* have you been there (already)?.

wees·boom *(agric.)* weesboom.

weet *ge=, (obs.) wis* know, have knowledge of, be aware of; be conscious of, be apprised; →WETE; *dink jy ~* ***alles*** (think) one knows all the answers; ***alles*** *van iets ~* know everything about s.t.; be in the know about s.t. *(infml.);* ***almal*** *~ dit* it is common/general/public knowledge; it is no (*or* an open) secret; *die* ***beste*** ~ know best; *van* ***beter*** ~ know better (than that); *nie van* ***beter*** *~ nie* not know any better; *ek dog/dag jy het* ***daarvan*** *geweet* I thought you knew; *iem. ~* ***dat*** ... s.o. knows that ...; ***goed*** *van iets ~* be well aware of s.t.; *baie* ***goed*** *~ dat* ... know well enough (*or* full well) that ...; *dis* ***goed*** *dat ek dit ~* that's as well to know; *ek sou* ***graag*** *wil ~ wat* ... I would be curious to know what ...; ***haarfyn*** *~ hoe om iets te doen* know exactly how to do s.t., have s.t. down to a fine art *(infml.); die* ***hemel*** *~* →HEMEL; ***hoe*** *~ hulle dit?* how do they know?; how can they tell?; ***hoe*** *moet/sal ek ~?* search me! *(infml.); iem.* ***hoef*** *(dit) nie te ~ nie* s.o. does not have to know (it); ***iedereen*** *~ dit* →IEDEREEN; *die* ***joos/josie*** *alleen ~* →JOOS; ~ ***jy****, ...* (of ..., ~ ***jy***) you know, ... (*or* [*infml.*] ..., you know); *soveel van iets ~ soos 'n* ***kat van saffraan*** (of *'n* ***kraai van Sondag/godsdiens***)*, (infml.)* know nothing (*or* not have the faintest idea) about s.t.; *iem.* ***laat*** ~ let s.o. know; send word to s.o.; *iem. van iets* ***laat*** *~, (also)* give s.o. notice of s.t.; *('n)* ***mens*** *~ nie wat/wie/wanneer ... nie* there is no saying/telling what/who/when ...; *ons ~ dit albei ewe* ***min*** your guess is as good as mine; *soos jy* ***miskien*** ~ as you may know; *iem.* ***moes*** *iets geweet het* s.o. should have known s.t.; *iem.* ***moet*** *dit* ~ s.o. has to know it; *dié/dit* ***moet*** *jy ~!* you can be sure of that!; *nie so* ***mooi/reg*** *~ nie* not rightly know; *nie so* ***mooi*** *~ nie, (also)* have one's doubts; *iem. ~* ***nie*** s.o. doesn't know; *ek ~* ***nie****, (also)* I wouldn't know; I cannot say; *ek ~ (dit) glad* ***nie*** I don't know at all, I'm sure I don't know; ***nie*** *dat ek ~ nie* not that I know (*or* am aware) of; *('n) mens kan dit* ***nie*** *~ nie* there's no knowing; *iem. het* ***nie/nooit*** *ge~ (dat) ... nie* s.o. never knew (that) ...; *dit kan* ***niemand*** *~ nie* it's anybody's guess; *van* ***niks*** ~ know nothing *(about/of s.t.); van die hele saak* ***niks*** *~ nie* be blissfully unaware of s.t.; ***niks*** *daarvan* (of *daar* ***niks*** *van) wil ~ nie* not want to know about it; *hy/sy wil* ***niks*** *van iem. ~ nie* he/she will have none of (*or* nothing to do with) s.o., he/she won't hear of s.o.; *jy (of ['n] mens) ~* ***nooit*** *(nie), jy* (of *['n] mens) kan* ***nooit*** *~ nie* one never can (*or* can never) tell, one never knows; there's no knowing; *('n) mens ~* ***nooit*** *wat* ... there is no (*or* never any) knowing what ...; ***nou*** *~ ek!, (infml.)* I've got it!, it's just clicked!; ***nou*** *~ jy dit!* now you know!; so there! *(infml.);* ***nugter*** ~ →NUGTER *adj.;* ***nuuskierig*** *wees om te ~* be anxious to know; *nie ~* ***of*** *... nie* not know whether ...; *nie ~ wat jy* ***praat*** *nie* not know what one is talking about; *nie so* ***reg*** *~ nie* →***mooi/reg;*** *nie ~ wat om te sê nie* not know what to say, be at a loss for s.t. to say; *(iets)* ***seker*** (of *met* ***sekerheid***) ~ know (s.t.) for certain (*or* a fact); ***seker*** *~ dat* ... know for certain (*or* a certainty) that ...; *nie* ***seker*** *~ nie* not know for certain; *iets* ***self*** ~ know s.t. o.s.; *dit moet jy* ***self*** ~ that's for you to decide; ***sonder*** *dat iem.* ~ without s.o.'s knowledge; ***sonder*** *dat iemand iets daarvan ~* without anyone knowing; without anyone being any the wiser; *iets doen* ***sonder*** *om dit te ~* do s.t. unknowingly/unwittingly (*or* without one's knowing it); ***soos*** *jy ~* as you know; of course; *~* ***te*** *vertel (dat) ..., (obs.)* aver (that) ...; *iets* ***teen*** *iem.* ~ have s.t. on s.o. *(infml.); niks* ***teen*** *iem. ~ nie* have nothing on s.o. *(infml.); dis vir my om te ~ en vir jou om* ***uit te vind****, (infml.)* I know, but I'm not going to tell you; ***van*** *iets ~* know about/of s.t.; be aware of s.t.; *~* ***van*** *'n winkel wat ... verkoop* know of a shop that sells ...; *nie* ***van*** *iets ~ nie, (also)* have no knowledge of s.t.; be unaware of s.t.; *nie* ***van*** *wag/ens. ~ nie, (infml.)* never wait/etc.; *vir* ***vas*** ~ know for certain; *so* ***ver/vêr*** *(as) iem. ~* →SOVER (AS) IEM. WEET; ***vooraf/vooruit*** *~ dat* ... know beforehand that ...; *nie* ***vorentoe/vooruit*** *of agtertoe/agteruit ~ nie, (infml.)* not know which way to turn; be in a quandary; be at a loss, be in a fog *(infml.); ~ dat iets* ***waar*** *is* know s.t. to be true; *nie meer ~* ***waar*** *iem. is nie* have lost track of s.o.; ~ ***jy wat****, ..., (infml.)* (do) you know ...; *... soos ek ~ nie* ***wat*** *nie, (infml.)* ... like anything; *nie ~* ***wat*** *jy aan iem. het nie* s.o. is an unknown quantity; *nie bra/mooi/reg ~* ***wat*** *jy doen/sê nie* not quite know what one is doing/saying; ***weinig*** *~ iem.* little does s.o. know; ***wie*** *~, môre wen jy die Lotto* for all you know you could win the Lotto tomorrow; ***wie*** *~?* who knows?, who can tell?; *op* ***wie*** *~ hoeveel plekke, (infml.)* in God knows how many places; *ek wag al* ***wie*** *~ hoe lank, (infml.)* I have been waiting since I don't know when *(infml.);* ***wie*** *~ hoe/waar/hoeveel* God knows how/where (*or* how many); *iets kan* ***wie*** *~ waar gehoor word, (infml.)* s.t. can be heard a long way off; *iem.* ***wil*** ~ s.o. wants to know; s.o. demands to be told; *~ wat jy* ***wil*** *(hê)* know one's own mind; have a mind of one's own; *self nie ~ wat jy* ***wil*** *nie* not know one's own mind; *~ waarheen jy* ***wil*** know one's own mind; have a mind of one's own; *van niks anders* ***wil*** *~ nie* stand pat (up)on s.t.; *iem.* ***wil*** *nie ~ dat hy/sy siek/ens. is nie* s.o. won't admit (*or* face up to the fact) that he/she is ill/etc.; *ek dag/dog jy* ***wis*** *daarvan* I thought you knew (about it); *iem.* ***wou*** ~ s.o. wanted to know, s.o. demanded to be told. **weet·al** *=alle, (infml.)* wiseacre, know-(it-)all. **weet·baar** *=bare* knowable. **weet·baar·heid** knowability, knowableness. **weet·gie·rig** *=rige* eager to learn, of an inquiring mind, desirous of knowledge, with a thirst for information, curious, inquisitive. **weet·gie·rig·heid** eagerness to learn, desire for (*or* love of) knowledge, thirst for information, curiosity. **weet·lus** desire/thirst for knowledge, love of knowledge. **weet·niet** *=niete, (infml.)* know-nothing, ignoramus.

weg[1] *weë, n.* way, road; route; path; track; *die* ***aangewese*** ~ the obvious way; the proper way; *die ~* ***(aan)wys*** show the way *(fig.); 'n ~* ***baan*** break a way; beat a path; *die ~* ***baan*** blaze a/the trail; clear/pave/smooth the way; *'n ~ deur iets* ***baan,*** *(also)* cut a swath(e) through s.t.; *die ~ tot ...* ***baan,*** *(also)* open the door to ... *(s.t. favourable); jou ~* ***baan*** make one's way; hew one's way; *jou eie ~* ***baan*** strike out for o.s. (*or* on one's own); *vir jou 'n ~ deur die ...* ***baan*** thread/thrust/twist one's way through the ...; *jou ~ (met geweld)* ***baan*** force one's way; *jou op ~* ***begewe,*** *(poet., liter.)* set out; *die ~ vir ...* ***berei*** set the stage (*or* prepare the way) for ...; *'n **beter** ~ inslaan* change/mend one's ways; *jou **bose** weë verlaat* go straight *(fig.); die **breë** ~* the broad way, the primrose path; ***dieselfde** ~ opgaan, (fig.)* go the same way; *langs **diplomatieke** ~* through diplomatic channels; *die ~ na **eenheid*** the way to unity; ***gebaande** ~* →GEBAAN; *langs die **gebruiklike** ~* through the usual channels; *daar is/staan vir iem. **geen ander** ~ oop nie* s.o. has no alternative, there is no alternative for s.o.; *'n **gevaarlike** ~ bewandel* tread a perilous path; *die **gewone/voorgeskrewe** ~* the usual/proper channels; *die **goeie** ~ verlaat* go wrong; *'n ~ **inslaan*** adopt a course; *die ~ na ... **inslaan*** take the way to(wards) ...; wend one's way to ...; *as niks in die ~/pad **kom** nie* if nothing intervenes; *oor die ~ **kom*** get along; manage; *hulle **kom** (met mekaar) oor die ~* they get along/on; *met iem. oor die ~ **kom*** get along/on with s.o.; *goed met iem. oor die ~ **kom**, (also)* hit it off with s.o. *(infml.); lekker met iem. oor die ~ **kom*** get along/on famously with s.o.; *hulle **kom** goed (met mekaar) oor die ~, (also)* they live in harmony; *hulle kan nie (met mekaar) oor die ~ **kom** nie, (also)* they are at odds; *iem. sy/haar eie ~ **laat gaan*** allow s.o. to go his/her own way (*or* work out his/her own salvation); ***langs** hierdie ~* in this way/manner, by these means, along these lines; *dit **lê** nie op iem. se ~/pad om te ... nie* it is not s.o.'s place/business (*or* up to s.o.) to ...; *die **maklikste** ~ volg* take the line of least resistance; *weë en **middele*** ways and means; *'n **nuwe** ~ inslaan* turn over a new leaf; ***op** ~/pad* on one's/the way; ***op** ~ na ...* on the way (*or* en route) to ...; *die **regte** ~ bewandel, (fig.)* go straight; *iem. uit die ~ **ruim*** put s.o. out of the way; make away with s.o.; put s.o. away *(infml.); iets uit die ~ **ruim*** clear away s.t.; break s.t. down *(resistance etc.);* lay s.t. to rest *(fears etc.);* smooth s.t. away *(difficulties etc.);* smooth s.t. out *(differences etc.);* sort s.t. out *(difficulties, problems, etc.); hier **skei** ons weë, hier loop ons weë **uitmekaar*** we have come to the parting of the ways; *die **smal** ~* →SMAL; *staan waar die weë **uitmekaar** loop* be at the parting of the ways; *die **verkeerde** ~ opgaan, (fig.)* go wrong; *die ~/pad **versper*** bar/block the way; *iem. kan sy/haar ~ **vind*** s.o. knows his/her way about; *die ~ van alle **vlees** gaan* go the way of all flesh; *'n ~ **volg**, (fig.)* follow/pursue a course; *die weë van die **Voorsienigheid*** the ways of Providence. **~bereider** pioneer; forerunner. **~wys** *adj.* →WEGWYS[1] *adj.*. **~wyser** guide; sign=, guide=, fingerpost.

weg[2] *adv.* away; gone; lost, missing, mislaid; distant; ***baie** ~ wees* be away often; *(infml.)* be clean gone, be nowhere to be found; *~ **daar!*** get off!, get away!, beat it!, push off!; ***gou** ~ wees, (s.o.)* be gone quickly; *~ **hier!**, (infml.)* get out (of here)!, push off!; *iem. **is** ~* s.o. has gone; s.o. went; *iets **is** ~, (s.o.'s pen etc.)* s.t. is lost/gone/mislaid; s.t. has gone walkies *(infml.); ~ met **jou!*** get away!, get along!; *~ is **jy!**, (infml.)* get away!, off you go!, be off!; run along!, on your bike! *(Br.); **lank** ~ wees* be (gone for) a long time; *iem. is **lankal** ~* s.o. has gone long ago; s.o. has been missing for a long time; *~ **met** ...!, (usu. pol.)* away/down/out with ...!, ... must go! *(a minister, an act, etc.); ... **moet** ~* ... must go; *ek/ons **moet** ~ (wees)* I'm/we're off, I/we must (*or* have to) go; *~ is **ons!**, (infml.)* we're off!, off we go!; *iem. is **toe** ~* s.o. left; *~ **van** ... (af)* away from ... *(home etc.);* clear of ... *(a hazard etc.);* off ... *(the beaten track); **ver/vêr** ~* far away; far off; far out; far afield; ***verder/vêrder** ~* further on; *iem. sal ... dae/ens. ~ **wees*** s.o. will be away for ... days/etc.. **weg** *interj., (athl.)* go. **~bêre** *wegge=* put/shut/store/stow away, *(infml.)* squirrel away; *kos ~, (infml.)* tuck in, eat heartily. **~beur** *(naut.)* haul off; *van iem. ~* pull away from s.o. *(trying to kiss you etc.).* **~blaas** *wegge=* blow away *(cigarette smoke etc.); (draughts)* huff. **~blaker** *wegge=, (infml.)* blast/shoot away. **~bly** →WEGBLY. **~boender** *wegge=, (infml.)* send flying, pack off. **~brand** *wegge=* burn away/off. **~breek** →WEGBREEK. **~bring** *wegge=* take away; *iem./iets na ... ~* take s.o./s.t. to ...; *iem. (per [of met die] motor) na ... ~* drive s.o. over to ... **~brokkel** *wegge=* crumble away. **~buig** *wegge=* deflect. **~buiging** deflection. **~dink** *wegge=* think away, shut one's mind to; *iets probeer ~* try not to think of s.t.. **~doen** →WEGDOEN. **~dra** *wegge=* carry away/off, bear away; *iem. se goedkeuring ~* →GOEDKEURING. **~draai** *wegge=* turn away; turn aside/away; sheer off; *jou ~* turn away; *die pad draai weg na ...* the road branches off to ...; *van ... wegdraai* turn from ...; sheer away from ... **~draf** *wegge=* trot away/off. **~drentel** *wegge=* saunter off. **~dros** *wegge=* run away/off; abscond; desert; →DROS. **~druk** *wegge=* push away/aside. **~dryf, ~drywe** *wegge=* drive away, expel; float/drift away/off. **~duik** *wegge=* dive/duck away; set off; dive off; start (off); *agter iets ~* dive behind s.t.. **~fladder** *(esp. birds)* skirr away/off. **~gaan** *wegge=* go (away), leave, depart, go off, withdraw; ***haastig/inderhaas** ~* hurry away/off, leave in a hurry, make a hasty departure/exit; *ek/ons gaan **nou** weg* I'm/we're off; ***saam** met iem. ~* go off with s.o.; ***stilletjies** ~, (s.o.)* slip/steal away. **~gee** *wegge=* give away *(lit.).* **~glip** *wegge=* slip away; sneak off; *ongemerk ~* do/perform a/the vanishing act/trick *(fig., infml.).* **~gly** *wegge=* slide away. **~gooi** →WEGGOOI. **~gryp** *wegge=* snatch away, whisk away/off. **~haal** *wegge=* take away, fetch; *iets laat ~* have s.t. removed (*or* taken away *or* called for). **~haas** *wegge=: jou ~* hurry away/off. **~hardloop** *wegge=* run away/off, flee, fly, make away, bolt; *skoon vir iem. ~* clean outdistance s.o.; *van ... ~* run from ...; *vir iem. ~* run away from s.o.; show s.o. a clean pair of heels *(infml.).* **~help** *wegge=* help to get away, assist in getting away, send on his/her way, help along, see right *(infml.),* attend to; *'n vriend ~* see a friend through, assist a friend with money. **~hol** →WEGHOL. **~hou** *wegge=* keep away/off, hold off; *iem. van iets ~* keep s.o. away from s.t.; *mense/dinge van mekaar ~* keep people/things apart. **~ja(ag)** *wegge=, vb. (tr.)* chase away/off, drive away/off; *(infml.)* chiv(v)y, shoo away; scare away; turn out; *(intr.)* speed away/off, bomb off *(infml.); iem. ~, (also, infml.)* give s.o. the sack, fire s.o., send s.o. packing. **~kalwe(r)** *wegge=* erode; nibble (away) at *(s.o.'s savings etc.).* **~kam** *wegge=* comb back; *weggekamde hare* swept-back hair. **~kant** →WEGKANT. **~kap** *wegge=* chop/hew/hack/cut away. **~keer** *wegge=* drive away; head off; divert; fend off, ward off; *iets in ... ~* turn s.t. into ...; *~ en terugslaan, (boxing etc.)* counter; *iets van/na ... ~* divert s.t. from/to ... **~knaag** *wegge=* gnaw away; erode. **~knip** *wegge=: jou trane ~* blink away/back one's tears. **~koes** *wegge=* duck away, duck out of the way; *in ... ~* duck into ... **~kom** *wegge=* get away, make good one's escape; *iem. kan nie ~ nie* s.o. can't get away; s.o. is unable to tear him=/herself away; *maak dat jy ~!, (infml.)* beat it!, buzz off!, clear off/out!, get along/away!, get out (of here)!, get lost!, (get) out of my sight!; *maak dat jy ~, (infml.)* make o.s. scarce, take o.s. off. **~krimp** *wegge=* shrink away; *~ van pyn* writhe with pain. **~kruip** →WEGKRUIP. **~kry** *wegge=* get away; *ek kon hom/haar nie ~ nie* I could not get him/her away; I could not make him/her go away. **~kwyn** *wegge=* pine/waste away, languish; die; *(med.)* atrophy; *(plant)* abort; *~kwynend* atrophic. **~kwyning** pining/wasting away; languishing, languishment; atrophy; *(pathol.)* tabefaction. **~kyk** *wegge=* look away (*or* the other way); *iem. **laat** ~* stare s.o. down/out; *nie **van** die pad af ~ nie* keep one's eyes glued to the road; ***van** iets ~* take one's eyes off s.t.; *die huis kyk weg **van** ...* the house faces away from ... **~laat** →WEGLAAT. **~lag** *wegge=* laugh off/away; pooh-pooh *(infml.).* **~lê** →WEGLÊ. **~lei** *wegge=* lead away; *iem. van ... ~* lead s.o. away from ... **~leiput** inverted well. **~lok** *wegge=* lure/entice/woo away, decoy. **~loop** →WEGLOOP. **~maai** *wegge=* mow down *(lit. & fig.);* decimate *(fig.).* **~maak** *wegge=* do away with; dispose of; remove; off-load *(stocks etc.).* **~moffel** *wegge=* shuffle/spirit away. **~neem** →WEGNEEM. **~pak** *wegge=* pack/put away; store (away), stow away; snatch away. **~pen** *(cr.)* off stump. **~pink** *wegge=* brush away *(tears).* **~pluk** *wegge=* snatch away. **~praat** *wegge=* explain away; pooh-pooh *(infml.).* **~raak** *wegge=* get lost; be mislaid, go astray, go missing, vanish, disappear; stray, wander; lose consciousness, faint; *soos 'n **groot speld** ~* vanish into thin air; *iem. het soos 'n **groot speld** weggeraak, (also)* s.o. has absconded (*or* slipped away); ***heeltemal** ~* vanish completely; ***stadigaan** ~* tail off/away; ***stilletjies** ~* sneak away/off, do/perform a/the vanishing act/trick *(fig., infml.).* **~redeneer** *wegge=* explain/reason away, gloss (over); *('n) mens kan dit nie ~ nie* there is no getting away from it. **~roep** *wegge=* call away; call off *(a dog).* **~rokkel** = AFROKKEL. **~rol** *wegge=* roll away. **~ruim** *wegge=* clear away (*or* out of the way); discard; dispel; dispose of; *(min.)* lash. **~ruiming** clearing away, removal. **~ruk** *wegge=* snatch/flick away; wrest from; *iets van ... ~* snatch s.t. from ...; *in die bloei van jou jare weggeruk word, (rhet.)* be cut off in the prime of one's life. **~ry** *wegge=* ride/drive away/off; cart off/away; *~ van/vir iem.* outride s.o.; *vinnig ~* speed away/off. **~sak** *wegge=* sink away, subside, cave in, slump. **~sakking** subsidence; slump; *(min.)* submergence. **~seil** *wegge=* sail away/off; slide away/off. **~sien** *wegge=* see off. **~sing** sing away *(one's cares etc.).* **~sink** *wegge=* sink away, subside; submerge; *in ... ~* sink into ...; *ek het gevoel of ek in die aarde kon ~* →AARDE. **~sinking** subsidence; submergence. **~sit** *wegge=* put away; put aside; save up, lay away, squirrel away; *(infml.)* hoover up *(food).* **~skarrel** *wegge=* scamper/scoot/scurry/scuttle away/off. **~skeer** *wegge=* shave/shear off; *jou ~, (rare)* dart/race away/off. **~skeur** *wegge=* tear away; *iem. van ... ~* tear s.o. from ... *(a book, PC game, etc.).* **~skiet** *wegge=* shoot away; dynamite/blast away; catapult. **~skop** *wegge=* kick away; send flying. **~skram** →WEGSKRAM. **~skuif, ~skuiwe** *wegge=* push away; move/shove up/away. **~skuil** *wegge=* hide (o.s.), keep out of sight, remain in hiding, go into hiding. **~skuring** corrasion. **~skuur** *wegge=* scrub away; erode; *(tyres)* scuff. **~slaan** *wegge=* strike/beat/knock away/off; *(infml.)* swallow, gobble *(food); iem. se **asem** (laat) ~* take s.o.'s breath away, stun s.o.; *'n **drankie** ~* toss back (*or* gulp down) a drink; ***kos** ~* put away, tuck into food, tuck in; *die **mas** is weggeslaan* the mast was swept away; *hael het die **oes** weggeslaan* hail destroyed the crop. **~sleep** *wegge=, vb. (tr.)* drag away; tow away; *(intr.)* w(h)oosh away; *iem. van ... ~* pull s.o. away from ... *(a wreckage etc.).* **~sleepsone** towaway zone. **~sleur** *wegge=* sweep away, drag away. **~slinger** *wegge=* hurl away. **~sluip** *wegge=* steal/sneak/slink away/off, sidle away, skulk off. **~sluit** *wegge=* lock away; enshrine. **~sluk** *wegge=* swallow, polish off, bolt, gulp down. **~slyping** corrasion. **~slyt** *wegge=* wear away/off. **~smelt** *wegge=* melt away; deliquesce; *in trane ~* melt/dissolve in tears. **~smelting** melting away, dissolving; ablation. **~smyt** *wegge=, (infml.)* fling away, toss out; →WEGGOOI; *dis net geld ~* it's pure waste of money. **~snoei** *wegge=* prune away/off, prune back. **~sny** *wegge=* cut away; whittle away; resect; *(archit.)* recess. **~snyding** =s, =e cutting away; resection; recess *(in a building).* **~soen** *wegge=* kiss away *(tears).* **~spat** *wegge=, (sparks etc.)* fly off; *na alle kante (toe) ~* scatter in all directions. **~spoel** *wegge=* wash away; flush away; be washed away. **~spoeling** washaway, washout, erosion. **~spring** →WEGSPRING. **~staan** *wegge=* stand away/off/back; *(hair)* bush out; *van ... ~* stand clear of ...; dissociate o.s. from ...; *van mekaar ~* draw apart. **~staanboordjie** butterfly collar, wing collar. **~stamp** *wegge=* push away. **~stap** *wegge=* walk away/off, move off. **~steek** →WEGSTEEK. **~sterf, ~sterwe** *wegge=* die away/down/out, fade away/out; decay; t(r)ail off. **~stoot** *wegge=* push away, fend off; jockey (out of position). **~stop** *wegge=* put away, conceal, hide, stuff away, pop away. **~storm** *wegge=* dash/rush/tear away. **~stryk** *wegge=* push away; smooth away; march away. **~stuur** *wegge=* send away; send packing, turn away, pack off; discharge, dismiss; dispatch, send off; post off; evacuate; *iem. ~ uit ...* expel s.o. from ...; *van iets ~* turn (*or* steer away) from s.t.. **~swaai** *wegge=* swing away/off; slew off. **~sweef, ~swewe** *wegge=* float away/off. **~syfer[1]** *wegge=, (rare)* obfuscate, obscure, disguise, cover up *(facts, figures, etc.); ('n) mens kan dit nie ~ nie* there is no getting away from it. **~sypel, ~syfer[2]** *wegge=, (water etc.)* seep away; ooze away. **~teer** *wegge=* waste away, become emaciated. **~toor, ~tower** *wegge=* spirit/conjure/magic away. **~trek** *wegge=* pull away; leave, trek away; start, drive off; move (away); *(mist, clouds)* roll away; move off; *(a train)* pull out; blast off; *iem./iets* *van* ... ~ pull s.o./s.t. away from ...; *die son trek weg* the sun is disappearing. **~treksenu(wee)** abducent nerve, nervus abducens. **~trekspier** abductor (muscle). **~vaag** *wegge-, (rare)* wipe out (of existence), blot out, wipe from the face of the earth; sweep away. **~vaar** *wegge-* sail away/off; career off. **~val** *wegge-* fall away, drop off; be omitted; go by the board; start (off); fall to *(a meal)*; ***aan** iets ~, (infml.)* tuck (*or* get stuck) into s.t. *(food)*; *iem. se **eggenoot/ens.** het weggeval* s.o.'s spouse/etc. passed away; *aan **kos** ~, (also, infml.)* get stuck in; *val **maar** weg!, (infml.)* tuck in!, fall to!, bon appétit!; *iem. se laaste **steun** het weggeval* s.o. lost his/her last support; *die een val **teen** die ander weg* the one cancels the other out. **~vang** *wegge-* catch away. **~vat** *wegge-* take away; *iets van/by iem.* ~ take s.t. away from s.o.. **~vee,** *(rare)* **~veeg** *wegge-* sweep away/off/up; wipe away/off; *alles voor jou* ~ sweep everything aside. **~vlieg** *wegge-* fly away/off, wing away, take wing; dash away. **~vloei** *wegge-* flow away/off; ebb away; *iets laat* ~ drain away s.t.. **~vlug** *wegge-* flee (away); *(thieves etc.)* make a getaway; *voor die vyand* ~ flee before the enemy; *uit 'n stad* ~ flee from a town. **~voer** →WEGVOER. **~vreet** →WEGVREET. **~waai** *wegge-, (wind)* blow away *(a hat etc.)*; blow (*or* be blown) away, be carried off by the wind; wave away. **~wend** *wegge-* divert. **~wending** diversion. **~werk** *wegge-* get rid of, clear away; smooth away; *(min.)* lash; fine away/down; reduce. **~werp** →WEGWERP. **~wis** *wegge-, (obs., rare)* wipe away/off, rub off. **~wys** →WEGWYS[2] *vb.*.

weg·bly *wegge-* stay away; stay clear, hold off, keep off/out; absent o.s. *(from school etc.)*; ***lank*** ~ be (gone for) a long time; *iem. sal nie **lank** ~ nie* s.o. won't be long; ***van** iem.* ~ stay away from s.o.; give s.o. a wide berth *(infml.)*; ***van** iets* ~ stay away from s.t., absent o.s. from s.t. *(a meeting etc.)*; abstain from s.t., keep off s.t., leave s.t. alone *(drink etc.)*; give s.t. a wide berth *(infml.)*; keep away from s.t.; stay out of s.t. *(the bar etc.)*; steer clear of s.t.; ***van** die skool/ens. af* ~ stay off school/etc.. **~aksie** stayaway (action). **~stem** absentee voter; stay-away vote(r).

weg·bly·er absentee. **weg·bly·e·ry** staying away; absenteeism.

weg·breek *wegge-, vb. (tr.)* break away, pull down; *'n slag behoorlik ~, (intr.)* get away from it all; *van* ... ~ break away from ...; split off from ...; defect from ... *(a pol. party etc.)*. **~bal** *(cr.)* off-break. **~bouler** *(cr.)* off-break bowler. **~vakansie** getaway *(infml.)*.

weg·bre·ker = WEGBREEKBOULER.

weg·doen *wegge-* do away with, dispose of, scrap, discard, dispense with; *iem.* ~ do away with s.o., get rid of s.o.; **weg·doen·baar** *-bare* disposable. **weg·doe·ning** disposal; removal; putting away. **weg·doen·plek** disposal site.

we·ger *-gers* weigher, scaler. **we·ge·ry** weighing.

weg·ge·la·te *vb. (p.p.)* omitted; →WEGLAAT.

weg·ge·voer·de *-des, n.* evacuee; →WEGVOER.

weg·gooi *wegge-* throw away, cast off/away; discard; ditch *(an old manuscript, unwanted object, etc.)*; dump; bin *(old shoes etc.)*; waste; scrap; toss aside/out, fling away; pour away; ***geld*** ~ →GELD[1] *n.*; ***jouself*** *~, (infml., rare)* make o.s. cheap, cheapen/lower o.s.; demean o.s.; *'n **kaart*** ~ discard a card; ***moet ... nie** ~ nie!, moenie vir* ... ~ *nie!, (infml.)* don't underestimate ...! *(s.o., s.t.)*; *jouself **nie** ~ nie, (infml.)* think a lot of o.s.; *moenie **ou** skoene* (of *vuil water*) *~ voor jy nuwes/skones het nie, (idm.)* don't throw away old shoes before you have new ones, don't be off with the old love before you are on with the new. **~beker(tjie)** paper cup. **~goed** rubbish, discards, cast-offs, trash. **~lam** lamb that is refused by its dam, castaway lamb. **~naald** disposable needle. **~-ooi** ewe that refuses (to suckle) her lamb; →VASMAAKOOI. **~spuit(jie)** disposable syringe.

weg·gooi·baar *-bare* discardable, disposable.

weg·hol *n.: die wilde ~ kry* rush away, stampede, panic. **weg·hol** *wegge-, vb., (infml.)* run away/off, scurry off, scuttle, scram, take to flight (*or* one's heels), skedaddle, stampede. **~inflasie** galloping/runaway inflation. **~oorwinning, ~sege** landslide victory; *(infml.)* walkover, wipeout.

weg·kant *(cr.)* off side; ~ *toe* to the off. **~dryfhou** *(cr.)* off-drive. **weg·kant·se, weg·kant·ste** *adj. (attr.), (cr.)* off-side.

weg·kruip *wegge-* crawl/creep away; keep out of sight, hide o.s., go into hiding, hide away, hide/hole up; go underground; lie doggo *(infml.)*; *op 'n skip* ~ stow away; *vir iem.* ~ hide from s.o.. **weg·krui·per·tjie** hide-and-seek; bo-peep; ~ *speel* play (at) hide-and-seek. **weg·kruip·plek** hide-out, hiding place, funkhole, bolt/bolting hole.

weg·laat *wegge-* leave out, miss out, omit, cut (out), expunge, skip; *iets/iem. uit* ... ~ omit s.t./s.o. from ...; *iem. uit ... ~, (also)* cut s.o. from ... *(a will etc.)*; drop s.o. from ... *(a team)*; *iets uit ... ~, (also)* cut s.t. out of ... **weg·laat·baar** *-bare* omissible. **weg·laat·te·ken** = WEGLATINGSTEKEN. **weg·la·ting** *-tings, -tinge* omission; cut; elision, expunction, ellipsis; suppression. **weg·la·tings·te·ken** caret; apostrophe; mark of omission, ellipse, ellipsis; →BELETSELTEKEN.

weg·lê *wegge-* put away/aside; lay aside; save up *(money)*; lay to rest *(a dead pers.)*; ***aan** iets ~, (infml.)* tuck/dig (*or* get stuck) into s.t. *(food etc.)*; ***aan** kos ~, (also, infml.)* dig in, stuff one's face *(sl.)*; *die os se **horings** lê weg* the ox has spreading horns; *dit was nie **vir** iem. weggelê om te ... nie* it was not given to s.o. to ... **~-eier** lay-away hen's egg. **~hen** lay-away hen. **~horings** spreading horns. **~kaart** *(card-playing)* discard. **~snor** handlebar moustache. **~tone** splayed toes.

weg·loop *wegge-* walk away/off; abscond, desert, run away, run off, flee; stray; elope; ***met** iem.* ~ run away/off with s.o.; elope with s.o.; *met al die **pryse*** ~ walk away/off with all the prizes; ***stilletjies*** ~ sneak away/off; ~ ***uit*** ... run away from ... *(school etc.)*; ~ ***van*** ... run away from ... *(abusive parents etc.)*. **~dier** waif, stray. **~paar** eloping couple. **weg·lo·per** deserter, runaway, absconder, fugitive, levanter, bolter. **weg·lo·pe·ry** running off/away; desertion.

weg·neem *wegge-* take away; remove; obviate; allay *(pain)*; whisk out of sight, whisk away, spirit away/off/out; *dit neem nie weg **dat** ... nie* that does not alter the fact that ...; *die nederlaag het die **glans** van die toer weggeneem* the defeat detracted from the success of the tour; *iem./iets **laat*** ~ have s.o./s.t. removed; *neem weg die **skurke**!* away with the thugs!; *iets **uit*** ... ~ take s.t. out of ...; *iem./iets **van*** ... ~ take s.o./s.t. (away) from ...; *iets **van** iem. ~, (also)* strip s.o. of s.t.. **~eetplek, ~kafee, ~restaurant, ~restourant** takeaway (restaurant). **~ete, ~kos** takeaway (meal/food/etc.), takeaways *(infml.)*. **weg·ne·ming** taking away; removal.

weg·skram *wegge-, (a bullet etc.)* ricochet, be deflected; *van iem.* ~ avoid s.o., give s.o. a wide berth; *van iets* ~ sheer away from s.t.; shrink (*or* flinch [away]) from s.t.; shy (away) from s.t.; cop out of s.t. *(sl.)*; steer away from s.t., avoid/dodge/evade s.t. *(a subject)*; *(a horse)* jib at s.t. *(an obstacle)*. **weg·skram·me·ry** cop-out *(sl.)*.

weg·spring *n.* start; *met die* ~ from the start, at/from the outset; *'n ongelyke/onklaar ~, (sport)* a false start. **weg·spring** *wegge-, vb.* jump away; start off, take off, dash off; bounce off, ricochet; *deelnemers **laat*** ~ start the participants; ***met*** ... ~ lead off with ...; ***ongelyk/onklaar*** (of *te gou*) *~, (sport)* make a false start; beat the gun; ***swak** ~, (racing driver)* make a poor getaway; ***vinnig*** ~ be quick off the mark, be/get off to a flying start. **~blok** starting block. **~hok** *(horse racing)* starting stall. **~plek** start, starting place; point of departure; takeoff, springboard; *(fig.)* launch(ing) pad; *voorste ~, (mot.)* pole position. **~rooster** *(mot.)* starting grid. **~sein** starting signal. **~slag** go-off, start.

weg·steek *wegge-* hide (away), conceal, keep out of sight, secrete; camouflage; shroud; cache; ***geld*** ~ salt away money; *gesteelde **goed*** ~ plant stolen goods; ***lyf*** ~ →LYF; *iets **vir** iem.* ~ hide s.t. from s.o.; conceal s.t. from s.o.; keep s.t. (away) from s.o.; *niks **vir** iem. ~ nie* be open with s.o.; have no secrets from s.o.. **~goed** cache *(of provisions)*. **~plek** hide, cache.

weg·voer *wegge-* lead away, carry/cart away, carry/cart off; transport; whisk off/away, abduct, spirit away, kidnap; raid; *iem. heimlik* ~ spirit s.o. away/off; *~ende senuwee, (anat.)* efferent nerve. **weg·voe·ring** leading away, carrying off; *(rare)* abduction, kidnapping.

weg·vreet *wegge-* eat away; chew away; erode; corrode; scour; fret; *~vretend* corrosive. **weg·vre·ting** eating away; erosion; corrosion.

weg·werp *wegge-* throw away, cast off, discard; *(rare)* reject. **weg·werp·lik** *-like* discardable; *(rare)* rejectable.

weg·wys[1] *adj., (rare): iem. ~ maak* give s.o. a few instructions, show s.o. the ropes; ~ *wees* know the way (about).

weg·wys[2] *wegge-, vb.* turn away; exclude, bar; disqualify; warn off; expel. **weg·wy·sing** exclusion; disqualification; warning off.

wei[1] *n.* whey *(of milk)*; *(rare)* serum *(of blood)*; →WEIAGTIG. **~kaas** *(rare)* green/whey cheese, skim milk cheese, skimmed milk cheese. **~kunde** *(med., rare)* serology; →SEROLOGIE. **~poeier** whey powder, dry whey, skim milk powder, skimmed milk powder. **~vlies** *(anat., rare)* serous membrane; →SEREUSE MEMBRAAN.

wei[2] *weie, n., (poet., liter.)* = WEIVELD. **wei** *ge-, vb.* graze, feed, forage; browse; →WEIDING; *jou oë ~ **aan** ...* →JOU VERKYK AAN ...; *jou oë **laat** ~ oor* ... let one's eyes travel over ...; ***vee** laat* ~ graze stock; *(jur.)* agist; *in die **veld*** ~ →VELD. **~geld** grazing fee. **~gras** meadow grass. **~kamp** grazing paddock, shieling. **~kool** *(vegetable)* kale, rape. **~lisensie** grazing licence. **~plaas** cattle range. **~plek** grazing area; *(fig.)* haunt, hangout *(infml.)*, stamping ground *(infml.)*. **~reg** grazing right(s), herbage, pasturage. **~veld** pasture(land), grazing land, pasturage, meadowland, grass.

wei·ag·tig *-tige* wheyey, wheyish; *(med., rare)* serous.

Weich·sel →WISLA.

wei·ding grazing, pasturage, pasture; *aangeplante* ~ established pastures; *natuurlike* ~ natural pastures.

wei·dings-: ~bestuur pasture management. **~gewasse** pasturage. **~leer** pasture technology. **~noodgebied** pasture emergency area.

weids *weidse* grand, stately; *(rare)* high-sounding *(title etc.)*; sumptuous; sweeping *(gesture)*. **weids·heid** grandness, grandeur, splendour, stateliness; *(rare)* grandiloquence.

wei·er *ge-* refuse, decline; deny, withhold, disallow; refuse (to act), fail (to act); balk; misfire; *(comp.)* crash; *'n **aanbod*** ~ refuse/decline (*or* turn down) an offer; *'n **aanbod** wat jy nie kan* ~ (of *wat nie ge~ kan word*) *nie* an offer one cannot refuse, a godfather offer *(infml.)*; *(iets) **botweg/vierkant/volstandig/volstrek*** ~ refuse (s.t.) bluntly/flatly/point-blank (*or* out of hand); ~ *om iets te **doen*** refuse to do s.t.; *iem. **iets*** ~ refuse s.o. s.t.; *die **remme*** ~ →REM *n.*; *die **rewolwer** het ge~* the revolver misfired; *'n **tjek*** ~ →TJEK; *iem. **toegang*** ~ deny s.o. access; *'n **versoek*** ~ →VERSOEK *n.*; ***vra** is vry en ~ daarby* →VRA; *iem. **word** iets ge~, (also)* s.o. meets with a refusal. **~skoot** misfire.

wei·e·raar *-raars* refuser; →DIENSWEIERAAR.

wei·er·ag·tig, wei·er·ag·tig *-tige, (rare, <Du.)* unwilling, reluctant; recalcitrant; uncooperative.

wei·e·rend *-rende* recusant; misfiring.

wei·e·ring *-rings, -ringe* refusal, denial; misfire *(of a firearm)*; failure *(of a mach.)*; disobedience *(of a horse)*; non(-)compliance; disclaimer; outage *(of an engine etc.)*; *(comp.)* crash; *geen ~ aanneem nie* not take no for an answer; *'n botte/direkte/volstandige/volstrekte* ~ a blunt/flat/point-blank refusal; *'n ~ sonder meer* a plain no.

wei·fel *ge-* waver, vacillate, hesitate, dither, teeter, be in two minds; pause; doubt; *tussen ... en ...* ~ vacillate/teeter between ... and ... **wei·fe·laar** *-laars* waverer, vacillator, don't know *(infml.)*. **wei·fel·ag·tig, wei·fel·ag·tig** *-tige* = WEIFELEND. **wei·fel·ag·tig·heid, wei·fel·ag·tig·heid** wavering, vacillation, hesitation, hesitancy, hesitance, irresolution, irresoluteness, indecision. **wei·fe·lend** *-lende* wavering, vacillating, hesitating, irresolute, hesitant, halting, dubious, indecisive, inconclusive. **wei·fe·ling** *-lings, -linge* wavering, vacillation, hesitation, irresolution, pause, hesitancy; *sonder* ~ without hesitating/hesitation; without flinching. **wei·fel·moe·dig** *-dige* irresolute, wavering, vacillating. **wei·fel-**

moe·dig·heid irresolution; irresoluteness; vacillation; wavering.

Weil·siek·te *(pathol.)* Weil's disease, leptospirosis.

Wei·ma·ra·ner *-ners, (breed of dog, also w~)* Weimaraner.

wei·nig ~ *minder minste, adj.* little, few; small; scant; ***bedroef*** ~ very little indeed; *(infml.)* next to nothing, precious little; ~ ***beleef(d)*** less than polite, hardly (*or* not exactly) polite; ~ ***gebruiklik*** *wees* →GEBRUIKLIK; ~ *of* ***geen*** few if any, hardly any; ~ ***meer/minder*** little more/less; *iem. se voorkoms skeel hom/haar ~, sy/haar gedrag nog* ***minder*** s.o. cares little about his/her appearance, even less about his/her behaviour; ~ *of* ***niks*** little if anything, little or nothing. **wei·ni·ge** *-ges, n.: die ~s* the few.

wek *ge-* (a)wake, (a)waken, call, rouse; evoke, arouse; cause, create *(surprise)*; excite *(curiosity, interest)*; raise *(hopes)*; rouse *(indignation, suspicion)*; stir, call up *(memories)*; create, give *(an impression)*; create, cause *(strife)*; induce; →WEKKER; *iem. uit ...* ~ arouse s.o. from ...; *vertroue* ~ →VERTROUE; *iets weer* ~ reawaken s.t. *(interest, passion, etc.)*. **~praatjie** *(rare)* pep talk. **~roep** clarion call; reveille; *'n ~ tot die volk* a call to the nation. **~sentrum, ~kern** waking centre. **~stem** stirring voice; clarion call.

we·king soak(ing), steeping; impregnation; maceration; →WEEK[2] *vb.*.

wek·ker *-kers* knocker-up; alarm (clock); *daar lui/gaan die* ~ there goes the alarm (clock). **~(horlosie), ~(oorlosie), ~(klok)** alarm (clock). **~radio** clock radio.

wel[1] *n.: ~ en wee* weal and woe; ~ *of wee* weal or woe. **wel** *beter beste, adj. & adv.* well; indeed; →WEL-; ***alles*** ~ *tuis?* all well at home?; *dis nie* ***alles*** ~ *nie* →ALLES; *dis* ***alles*** *goed en* ~ →GOED[2] *adj. & adv.*; ~ ***deeglik*** →WELDEEGLIK; *~,* ***ek*** *...* well, I ...; ***ek*** *~, jy nie?* I do, don't you?; ***en*** ~ *...* to wit ...; *wat dit ~* ***gedoen*** *het, was ...* what it did do was ...; *as ek dit ~* ***het*** if I am not mistaken; if my memory serves, if I remember right(ly); ***indien*** ~ if so; if at all; *ons* ***kan*** *~ sê* we may safely say; *dit* ***kan*** *~ wees* that may be; *dit* ***mag*** *jy ~ vra* →VRA; *ek* ***meen*** *van ~* I think (it is) so; *en ~* ***omdat*** *...* and that because ...; *iem.* ***sal*** *~ kom* s.o. will come all right; *iem.* ***sal*** *~/seker moeg wees ná ...* s.o. will no doubt be tired after ...; *iem.* ***sal*** *~/seker nie kom nie* s.o. is unlikely (*or* not likely) to come, I hardly think s.o.'ll come; ~ ***te ruste!*** →RUS *vb.*; ~ ***ter*** *tale wees* →TAAL; *wat ~* ***van*** *belang is* what does matter; ***veilig*** *en* ~ →VEILIG *adj.*; ~ ***voel*** feel well; ***voel*** *iem. ~?, (also)* is s.o. all right?. **wel** *interj.* well; ~ *dan* now then; *~, ~!* well, well!.

wel[2] *ge-, vb.* well (up); →OPWEL. **~sand, wilsand** quicksand(s). **~water** spring water.

wel-: ~aan *(fml., obs.)* well then, very well. **~aangenaam:** *die ~name tyd, (rhet.)* the right time, the appropriate moment. **~af** rich, wealthy, affluent, prosperous, well-to-do, well-off, well-heeled *(infml.)*. **~bedag** *-dagte* well considered, well advised; *met ~te raad/rade* advisedly. **~begrepe** *adj. (attr.)* well-understood, rightly understood. **~behaaglik, ~behaaglik** *-like* comfortable, at one's ease; pleasant; *(aan/vir) die Here ~* good in the sight of the Lord. **~behaaglikheid** (feeling of) comfort, contentment. **~behae** pleasure; *in die mense 'n ~* (OAB), *die mense in wie Hy 'n ~ het* (NAB), *(Luke 2:14)* good will toward men *(AV)*, men on whom his favor rests *(NIV)*. **~bekend** *-kende* well known, familiar, noted, famous, widely known; ~ *aan/by ...* well known to ...; *dit is ~ dat ...* it is common knowledge that ... **~bemind** *-minde* well beloved, dearly beloved. **~berese, ~bereisde** *adj. (attr.)* much-travelled, well-travelled, widely travelled *(pers.)*. **~beskou(d)** after all, all things considered. **~bespraak** *-spraakte -spraakter -spraakste, (fml., rare)* well spoken, fluent, (very) articulate, eloquent, silver-tongued. **~bespraaktheid** *(fml., rare)* fluency, readiness of speech, eloquence. **~besteed** *-bestede* well spent. **~bewus** *-wuste* deliberate; conscious; consciously, with full consciousness. **~daad, ~dadigheid** →WELDAAD, WELDADIGHEID. **~deeglik** thoroughly; ~ *van iets bewus wees* be well aware of s.t.. **~denkend** *-kende* right thinking/minded; fair-minded; well affected. **~denkendheid** right-mindedness. **~deurdag** *-dagte* well thought out, well considered, weighty, measured, well planned; *'n ~te beleid/ens.* a well-thought-out policy/etc.. **~deurdagtheid** thoroughness, profundity, deliberateness. **~doen** *welge-, welgedaan* do good; →WELGEDAAN. **~doener** *-ners, (fem., rare)* **~doenster** *-sters* benefactor, benefactress *(fem.)*, philanthropist, well-doer; donor. **~dra** soon, presently, before long, shortly. **~edelagbare, ~edelgestrenge** *(fml., obs.)* (right) honourable; *die ~ heer M. Brand* the Honourable M. Brand. **~edele** *(fml., obs.): die ~ heer W. Smith* W. Smith, Esq.; *W~ Heer, (form of address in a letter)* Dear Sir. **~eer** formerly, of old; anciently, aforetime, erstwhile, in the past; *van ~* of yore; *glorie van ~* pristine glory. **~eerwaarde** *(fml., obs.)* (right) reverend; *die ~ heer S. Botha* the Reverend S. Botha; *die ~ heer Botha* the Rev. Mr Botha; *sy W~* His Reverence; *W~ Heer, (form of address in a letter)* Sir. **~gaan** *welge-, (rare)* fare well; *mag dit jou ~! (of dit gaan jou wel!)* good luck to you!, may you prosper!. **~gebore** *(obs.)* well/high born. **~gedaan** *-dane* well done; *(rare)* full *(figure)*; *dankie, ek het ~, (after a meal)* I have done (very) well, thank you; *~, jong man!* well done, young man!; *'n ~dane man/vrou, (rare)* a healthy-looking man/woman, a man/woman in robust health. **~gedaanheid** *(rare)* fullness *(esp. of the figure)*; satiety, repleteness. **~geleë** well situated; beautifully situated. **~geluksalig** *-lige, (obs., Bib.)* blessed. **~geluksaligheid** *(obs., Bib.)* blessedness. **~gemaak** *-maakte* well made; well shaped/built. **~gemanierd** *-nierde* well mannered/behaved/bred, mannerly. **~gemanierdheid** good manners/breeding. **~gemoed** *-moede, (obs., rare)* cheery, cheerful, in good heart. **~gemoedheid** *(rare)* cheeriness, cheerfulness. **~georden(d)** *-dende* well regulated/ordered/governed. **~gesind** *-sinde* well disposed; *iem. ~ wees* be kindly disposed towards s.o.. **~gesindheid** goodwill. **~geskape, ~gevorm(d)** *-vormde* well formed/made/shaped/proportioned, shapely. **~geskapenheid, ~gevormdheid** shapeliness. **~gesteld** *-stelde -stelder -steldste* (of *meer ~ die mees -stelde*) well-to-do, well off, moneyed, affluent, comfortably off; *~e mens* person of means. **~gesteldheid** affluence, easy circumstances, easy financial position. **~geval** →WELGEVAL. **~gevoed** *-voede* well fed. **~gevorm(d)** →WELGESKAPE. **~gevormdheid** →WELGESKAPENHEID. **~haas** *(obs., rare)* wellnigh, soon, shortly. **~ingelig** *-ligte* well informed; *uit ~te bron* from a well-informed source, from an inspired quarter. **~iswaar, ~iswaar** indeed, (it is) true, to be sure, admittedly; *~ is ...* it must be admitted that ...; *~ het/is iem./dit ...* (it is) true, s.o./it has/is ... **~klinkend** = WELLUIDEND. **~kom** →WELKOM. **~lewend** *-wende* well bred/mannered, courteous, urbane; welcoming *(host etc.)*. **~lewendheid** good breeding, courtesy, good manners, urbanity. **~lewendheidsvorme** etiquette. **~lig, wellig** *(liter.)* perhaps, maybe, peradventure, perchance, possibly. **~luidend** *-dende -dender -dendste* melodious, sweet sounding, harmonious, euphonious, musical, tuneful, symphonious. **~luidendheid** melodiousness, euphoniousness, euphony, musicality, tunefulness. **~lus** →WELLUS. **~menend** *-nende -nender -nendste* well meaning/intentioned; well wishing. **~menendheid** goodwill, good intentions; well-wishing. **~oorwoë** (well) considered, deliberate, judicial, judicious, prudent; *~ besluit/ens.* well-thought-out decision/etc.; *~ risiko* calculated risk. **~opgevoed** *-voede* well bred; well educated; well-brought-up *(attr.)*. **~riekend** *-kende -kender -kendste, (poet.)* fragrant, sweet smelling/scented, odoriferous. **~riekendheid** *(poet.)* fragrance. **~salig** *-lige, (obs., Bib.)* blessed. **~slae** success; *~ behaal* succeed, achieve success; *~ met iets behaal* make a success of s.t.. **~sprekend** *-kende -kender -kendste* (of *meer ~ die mees -kende*) eloquent, well spoken, silver tongued. **~sprekendheid** eloquence, oratory. **~stand** health; wellbeing, welfare; *in* ***blakende*** *~ verkeer* be in the pink (of condition/health) *(infml.)*; *in* ***goeie*** *~* in good health; *in ~* ***lewe,*** *(rare)* be comfortably off; *na iem. se ~* ***verneem*** inquire after s.o.'s health. **~syn** →WELSYN. **~tevrede** well-satisfied. **~vaart, ~varend** →WELVAART, WELVAREND. **~verdiend** *-diende* well deserved/earned, (well) merited; *~e straf* condign punishment. **~versnede** *-dener -denste: 'n ~ pen hê, (rhet.)* wield a facile pen. **~versorg** *-sorgde* well cared for, well tended, well groomed, immaculate, impeccable. **~versorgdheid** immaculateness, good grooming, well-groomedness. **~voeglik** *-like* becoming, proper, decent, seemly, decorous, comely. **~voeglikheid** propriety, decency, decorousness, seemliness, decorum; *nie buite die perke van die ~ gaan nie* observe the proprieties; *iets is in stryd met die ~* s.t. is a breach of propriety. **~voeglikheidshalwe** for the sake of propriety, for decency's sake. **~voorsien** *-siene* well provided, well stocked. **~willend** →WELWILLEND.

wel·daad benefit, boon, kind action; mercy, bounty, benefaction; *iem. 'n ~ bewys* confer a benefit upon s.o.. **wel·da·dig** *-dige* beneficial *(influence etc.)*; bounteous, bountiful; benign; soothing *(warmth)*; *(obs.)* benevolent, charitable, beneficent; *dit doen ('n) mens ~ aan, (fml.)* it does one good.

wel·da·dig·heid *(obs.)* benevolence, beneficence, charity, philanthropy; →LIEFDADIGHEID. **~seël** *(obs.)* →LIEFDADIGHEIDSEËL.

wel·da·dig·heids·fonds, wel·da·dig·heids·konsert, wel·da·dig·heids·ver·e·ni·ging, *ens., (obs.)* →LIEFDADIGHEIDSFONDS, LIEFDADIGHEIDSKONSERT, LIEFDADIGHEIDSVERENIGING, *ens.*.

Welf *Welfe, (It. pol. hist.)* Guelph. **Wel·fies** *-fiese* Guelphic.

welf, wel·we *ge-* vault, arch, cove. **welf·sel** *-sels* vault; coving.

wel·ge·val: *jou ... laat welgeval* put up with ... **wel·ge·val·le** pleasure, liking; *na ~* at your own pleasure, at will. **wel·ge·val·lig** *-lige -liger -ligste* (well) pleasing, agreeable. **wel·ge·val·lig·heid** pleasingness, agreeableness.

we·lig *-lige, adj. & adv.* luxuriant(ly), lush(ly); rampant(ly), rank(ly), exuberant(ly); ~ *groei* flourish; *~e klimplant* voluble climber; *ontevredenheid het ~ getier* discontent was rife/rampant. **we·lig·heid** luxuriance, lushness, rankness.

wel·ke *interr. pron., (fml.)* what? *(of an indef. number)*; which? *(of a definite number)*; →WATTER; *~ boeke het u gelees?* what books have you read?; *~ van hierdie boeke het u gelees?* which of these books have you read?. **wel·ke** *rel. pron., (fml.)* which; that.

wel·kom *welkom(e) meer welkom(e) die mees welkome* welcome; ~ ***by*** *iem. wees* be welcome to s.o.. *iem. ~* ***heet*** welcome s.o., bid s.o. welcome; *iem. hartlik ~* ***heet*** give s.o. a warm welcome, extend a warm welcome to s.o.; ~ ***op*** *Graaff-Reinet!* welcome to Graaff-Reinet!; ~ ***tuis!*** welcome home!; *iets is* ***vir*** *iem. ~* s.t. is welcome to s.o.; *iets sal* ***vir*** *iem. ~ wees, (also)* s.o. could do with s.t..

wel·koms-: ~geskenk welcoming gift. **~groet** welcome. **~lied** song of welcome. **~rede** welcoming address/speech. **~woord** word of welcome; welcoming; welcoming speech.

wel·lus *-luste* lust, voluptuousness, sensuality; venery, lechery; *in ~ swelg* wallow in sensuality. **~prikkelend** *-lende, adj.* aphrodisiac. **wel·lus·te·ling** *-linge* sensualist, voluptuary, lecher, debauchee, wanton, sybarite, satyr. **wel·lus·tig** *-tige, adj.* lustful, voluptuous, sensual, salacious, lascivious, lecherous, prurient, wanton, voluptuary, pervy *(infml.)*, raunchy *(sl.)*. **wel·lus·tig** *adv.* sexily *(infml.)*. **wel·lus·tig·heid** lustfulness, voluptuousness, concupiscence, sensuality, lasciviousness, salacity, sensualism, randiness *(infml.)*.

wel·pie *-pies* whelp; cub.

wel·syn wellbeing, welfare, weal; health; *na iem. se ~ verneem* inquire after s.o.'s health; *vir die algemene ~* for the common good. **~diens, welsynsdiens** welfare service. **~organisasie, welsynsorganisasie** welfare organisation. **~staat** welfare state. **~werk, welsynswerk** welfare work. **~werker, welsynswerker** welfare worker.

wel·sy·nis·me welfarism.

wel·syns-: ~beampte welfare officer. **~diens** →WEL-

SYNDIENS. **~gevoel** euphoria. **~organisasie** →WELSYNORGANISASIE. **~werk** →WELSYNWERK. **~werker** →WELSYNWERKER.

wel·ter·ge·wig welterweight. **~bokskampioen** welterweight boxing champion.

welt·schmerz *(philos., liter.)* Weltschmerz, pessimistic view of life; world-weariness.

wel·vaart prosperity, welfare, weal; *in* ~ in easy circumstances. **~belasting, welvaartsbelasting** wealth tax. **~samelewing** →WELVAARTSGEMEENSKAP. **~skeppend** wealth-creating. **~staat** welfare state.

wel·vaarts=: ~belasting →WELVAARTBELASTING. **~gemeenskap, welvaartsamelewing** affluent society. **~peil** standard of living.

wel·va·rend *=rende =render =rendste (of meer ~ die mees =rende)* prosperous, affluent, thriving; healthy, in sound/good health. **wel·va·rend·heid** prosperity; good health.

wel·we *ge=* →WELF. **wel·wing** *=wings* vaulting; arching; roundedness; curve; camber.

wel·wil·lend *=lende =lender =lendste, adj.* benevolent, obliging, kind, gracious, friendly, gentle, charitable; *~ afgestaan deur* ... by courtesy of ... **wel·wil·len·de** *=des, n.* well-wisher. **wel·wil·lend·heid** benevolence, goodwill, kindness, friendliness, graciousness, obligingness; *iem. se ~ teenoor* ... s.o.'s goodwill to(wards) ...; *tyd van* ~ season of goodwill.

wel·wil·lend·heids=: ~besoek goodwill visit. **W~dag** *(SA: 26 Dec.)* Day of Goodwill. **~waarde** goodwill.

wel·wit·schi·a *=as, (bot.)* welwitschia.

we·mel *ge=* swarm, teem, overrun; *van die ... wemel* be alive with ... *(opera lovers etc.)*; teem with ..., abound in/with ... *(game etc.)*; bristle with ... *(errors etc.)*; crawl with ... *(pickpockets etc.)*; be infested with ... *(fleas etc.)*; be rife with ... *(bogus diplomas etc.)*; swarm with ..., be swarming with ... *(tourists etc.)*; be thronged with ... *(shoppers etc.)*; be overrun with ... *(vermin etc.)*; *(sl.)* be lousy with ... *(hobo[e]s etc.)*; *van die muskiete ~* be mosquito-infested/ridden. **we·me·ling** swarming.

wen¹ *wenne, n.* →WENAS, WENNER¹. **~as, windas** windlass; winch; wheel and axle. **~tol** winch drum/barrel. **~tou** winding rope. **~tuig** winding tackle.

wen² *ge=, vb.: jou aan ... ~* get accustomed/used to ..., accustom/habituate/condition/inure o.s. to ..., familiarise o.s. with ...; *(jou) aan 'n klimaat ~* acclimatise (o.s.); →GEWEN.

wen³ *n.: aan die ~ bly* be on a winning streak. **wen** *ge=, vb.* win; gain; prevail, gain a/the victory, gain the mastery; worst; →WENBAAR, WENNER²; ***aan*** *... ~* gain in ...; ***alles*** *~* make a clean sweep, sweep the board; ***amper(tjies)*** *~* come within an ace of victory/winning *(infml.)*; ***by/deur*** *iets ~* score by s.t.; *iem. sal* ***daarby/daardeur/daarmee*** *~* s.o. stands to benefit/gain by it; ***fluit-fluit*** *~* →***maklik;*** *op jou (dooie)* ***gemak*** *~* win easily (*or* with ease *or* in a walk), win hands down *(infml.)*, have a walk-over; walk it *(infml.)*; canter/romp home *(infml.)*, win in a canter (*or* at a trot) *(infml.)*; *daarmee is dit* ***halfpad*** *ge~* that's half the battle; ***iem.*** *~* beat/best/master/overcome/conquer s.o.; prevail against s.o.; win s.o. over; ***in*** *... ~* win in a time of ...; ***jy*** *het ge~* it is your game; I concede; you came out on top; *iem.* ***kan*** *~* s.o. may win; *iem.* ***kan*** *nog ~* s.o. can still win, s.o. is still in the game; *die wedstryd is* ***klaar*** *ge~* the match is in the bag *(infml.)*; ***maklik*** (of *met* ***gemak*** of [infml.] ***fluit-fluit/loshand[e]***) *~* win easily (*or* with ease *or* in a walk), win hands down *(infml.)*, have a walk-over; walk it *(infml.)*; canter/romp home *(infml.)*, win in a canter (*or* at a trot) *(infml.)*; *iets* ***maklik*** (of *met* ***gemak*** of [infml.] ***fluit-fluit/loshand[e]***) *~, (also)* walk away/off with s.t. *(infml.)*; ***met*** *9-6* (of *nege punte teen ses*) *~* win by 9-6 (*or* nine points to six); *dié perd/span* ***moet*** *~* this horse/team should win; ***naelskraap(s)*** *~, (infml.)* scrape home; ***net-net*** *~* scrape home; win by a nose; ***niks*** *daarby/daardeur/daarmee ~* ***nie*** benefit/gain nothing by it; *'n* ***oes*** *~* →OES¹ *n.;* ***oorgehaal*** *wees om te ~* be set to win; *'n meter* ***op*** *iem. ~* gain a metre (up)on s.o. *(in a race)*; *'n* ***prys*** *~* →PRYS¹ *n.; met* ***punte*** *~* win on points; *...* ***sal*** *beslis ~* ... is a sure winner; *'n* ***setel*** *~* →SETEL; *~ sonder* ***speel*** have a walk-over; *'n* ***stel*** *teen iem. ~, (tennis)* take a set off s.o.; *iets is* ***te*** *~* s.t. is to be won *(a prize)*; ***teen*** *... ~* gain a victory over ...; ***tyd*** *~* →TYD; *tyd probeer ~* →TYD; *met 'n* ***uitklophou*** *~* win on a knock-out; *iets* ***van*** *iem. ~* win s.t. from s.o.; win s.t. off s.o.; ***ver/vêr*** *~* win by a wide margin; *of jy ~ of* ***verloor,*** *jy* ... win or lose, you ...; *iem.* ***vir*** *'n saak ~* gain s.o.'s support for a cause; ***voluit*** *~* win outright; *dié perd/span sal* ***waarskynlik*** *~* this horse/team should win; ***wat*** *~ iem. daarby/daardeur/daarmee?* what does s.o. benefit/gain by that?; *'n* ***wedstryd*** *~* win a match. **~dam** catch dam. **~drie** *(rugby)* winning try. **~gees** spirit of victory. **~hou** *(sport)* winning stroke/shot, finishing stroke. **~kaart** *=kaarte: al die ~e hê, (fig.)* hold all the aces. **~kans** chance of winning, chance to win. **~kant** winning side; *aan die ~ wees* be winning, be on the winning side, be on top; *sorg dat jy aan die ~ bly* if you can't beat them, join them; *die ~ kies* climb/get/jump on the bandwagon *(infml.)*. **~paal** finishing post; *eerste by die ~* first home. **~paalkamera** photo-finish camera. **~pad:** *op die ~* on the way to victory. **~punt** match point. **~skoot** winning stroke/shot; finishing stroke. **~span** winning team/side. **~streep** *(athl. etc.)* finish; finishing line.

wen·ak·ker *(agric.)* headland; →WEND.

wen·baar *=bare* winnable.

Wend *Wende, (hist.: member of a Slavonic people in Germ.)* Wend, Sorb(ian). **Wen·dies** *n., (lang.)* Wendic, Wendish, Sorb(ian). **Wen·dies** *=diese, adj.* Wendic, Wendish, Sorbian.

wend *ge=* turn; *(naut.)* go about; cast about, put about; *(naut.)* wear; tack; *hoe jy dit ook ~ of* ***keer*** whichever way you turn it; *jou tot iem.* ***om*** *... ~* turn to s.o. for ... *(advice, help, etc.)*; *jou tot iem.* ***oor*** *iets ~* approach s.o. about s.t.; *jou* ***skrede*** *na ... ~* →SKREDE; *jou* ***tot*** *... ~* turn to ... **wend·baar** *=bare* manoeuvrable. **wend·baarheid** manoeuvrability. **wen·ding** *=dings, =dinge* turn, twist; version; *(eccl. mus.)* trope; *die gesprek 'n* ***ander*** *~ gee* change the subject; *'n* ***ernstige*** *~ neem* take a grave turn; take a turn for the worse; *sake het 'n* ***ernstige*** *~ geneem, (also)* things have reached (*or* come to) a fine/pretty/sad pass *(infml.)*; *'n ~ aan iets* ***gee*** give a (new) turn to s.t.; *daar het 'n ~* ***gekom*** the tide has turned *(fig.)*; *'n ~ ten* ***goede*** *neem, 'n* ***gunstige*** *~ neem* take a turn for the better, take a favourable turn; *'n* ***gunstige*** *~* an upturn; *iets* ***neem*** *'n ~* s.t. takes a turn. **wen·dings·punt** *(rare)* turning point; crisis; →KEERPUNT.

We·ne *(geog.)* Vienna. **Weens** *Weense, adj.* Viennese; *~e stoeltjie* (Austrian) bentwood chair; *~e worsie* Vienna sausage, wiener. **We·ner** *=ners, n.* Viennese.

we·ning weeping; →WEEN; *~ en knersing van tande, (quasi-Bib., <Mt 8:12 etc.)* weeping and gnashing of teeth.

wenk *wenke* hint; tip(-off); sign, cue; intimation; suggestion; inkling; pointer; lead; *'n ~* ***aanneem*** take a tip; take a hint; *iem. op sy/haar ~e* ***bedien*** →***klaarstaan;*** *'n ~* ***begryp/vat*** take a hint; *'n* ***duidelike*** *~* a broad hint; *'n ~* ***gee*** give a hint, throw out a hint/suggestion; *iem. 'n ~* ***gee,*** *(also)* give s.o. a tip, tip s.o. off; *iem. oor iets ~e* ***gee,*** *(also)* give s.o. pointers on s.t.; *iem. het hom/haar 'n ~* ***gegee,*** *(also)* s.o. tipped him/her the wink *(infml.)*; *op iem. se ~e* ***klaarstaan,*** *iem. op sy/haar ~e* ***bedien,*** *(rare)* be at s.o.'s beck and call; ***op*** *'n ~ van iem.* on a hint from s.o.; *'n ~* ***opvolg*** take a hint, act on a suggestion; *vir ~e* ***toeganklik*** *wees* have an open mind. **~kaart** *(TV)* cue card, idiot board/card. **~vraag** leading question.

wenk·brou *=broue* eyebrow; *jou ~e* ***frons*** pucker up one's brows; *met* ***gefronste*** *~e* with knitted brows/brow; *iem. met* ***opgetrekte*** *~e aankyk* give s.o. a quizzical look, look at s.o. quizzically; *jou ~e* ***saamtrek*** pucker one's brows; *jou ~e* ***uitdun*** pluck one's eyebrows. **~potlood** eyebrow pencil.

wen·ner¹ *=ners* winder.

wen·ner² *=ners* winner; gainer; *kort* ***agter*** *die ~ wees* be a good second; *die* ***algehele*** *~* the overall winner; *die ~* ***kies*** pick/spot the winner; *die* ***moontlike*** *~* the hot favourite *(infml.)*; *die ~* ***voorspel*** tip the winner.

wens *wense, n.* wish, desire, pleasure, will; ***beste*** *~e* best/good wishes; *met* ***beste*** *~e* with best wishes; *iem. se ~e* ***eerbiedig,*** *jou by iem. se ~e* ***neerlê*** defer to s.o. ('s wishes); ***floue*** *~* velleity; *die ~ is die vader van die* ***gedagte*** the wish is father to the thought; *met alle* ***goeie*** *~e* with every good wish; *'n ~ te* ***kenne*** *gee, 'n ~* ***uitspreek*** express a desire/wish; ***na*** *~(e)* as desired; at will; *alles gaan* ***na*** *~(e)* everything is going well; *'n ~* ***om*** *... a desire for ...;* ***teen*** *die duidelike ~e van ... (in)* against the express wishes of ...; *iem. se* ***uitdruklike*** *~* s.o.'s expressed wish; *iem. se ~ word* ***vervul*** s.o. gets his/her wish; *'n* ***vrome*** *~* a pious wish. **wens** *ge=, vb.* wish, desire; *iem. 'n* ***aangename*** *reis (toe)~* wish s.o. a pleasant journey; *iem.* ***alles*** *goeds ~* wish s.o. well; *iem. ~* ***dat*** *...* s.o. wishes that ...; *~* ***vir*** *...* wish for ...; *dit laat baie/veel* ***te*** *~e oor* it leaves much to be desired; *iem. se spelling/ens. laat veel* ***te*** *~e oor* s.o.'s spelling/etc. is dodgy *(infml.)*. **~denkery** wishful thinking. **~droom** wish-fulfilment dream. **~vervulling** wish fulfilment.

wen·send *=sende* optative; *~e wys, (gram.)* optative mood.

Wens·ley·dale *(geog., Br.)* Wensleydale. **w~(kaas)** Wensleydale (cheese). **w~(skaap)** Wensleydale (sheep).

wens·lik *=like, adj.* desirable; eligible; expedient. **wens·lik** *adv.* advisably. **wens·lik·heid** desirability; advisedness; expediency.

wen·tel *ge=* revolve *(round the sun etc.)*; rotate *(on its own axis)*; spin; *in 'n* ***baan*** *~* orbit; *die aarde ~* ***om*** *sy as* the earth revolves on its axis; *die aarde ~* ***om*** *die son* the earth revolves about/(a)round the sun; *iets ~* ***om*** *die aarde/ens., (also)* s.t. orbits the earth/etc.. **~as** axis of rotation/revolution. **~baan** orbit; ***in*** *'n ~* ***beweeg*** go into orbit; ***in*** *'n ~ wees* be in orbit; *'n satelliet/ens.* ***in*** *'n ~* ***plaas*** put/launch/send a satellite/etc. into orbit; *die aarde se ~* ***om*** *die son* the earth's orbit (a)round the sun. **~droër** spin-dryer, spin-drier; centrifuge. **~droog** *vb.* spin-dry. **~fonds** revolving fund. **~gaatjie** *(anat.)* helicotrema *(in the ear)*. **~skuurder** orbital sander. **~trap** spiral/winding staircase/stairs, circular stair, helical stairs, corkscrew stairs; *(shell)* wentletrap. **~tuig** orbiter.

wen·te·laar *=laars* tumbler.

wen·te·ling *=lings, =linge* spin(ning), revolution, rotation, circumvolution, gyration.

werd *adj.* worth; *iem. se mening/ens. is* ***agting*** *~* s.o.'s opinion/etc. merits respect; *iets is* ***baie/min*** *~* s.t. is worth (*or* counts for) much/nothing; ***dit*** *is dit ~* it is worth it; *dit is die* ***moeite*** *~* →MOEITE; *dit is nie die* ***moeite*** *~ nie* →MOEITE; *iem. is ...* ***nie*** *~* ***nie*** s.o. is not worthy of ... *(another's love etc.)*; s.o. is not worth ... *(listening to etc.)*; s.o. is undeserving of ... *(sympathy etc.)*; *iets is* ***niks*** *~ nie* s.t. is worth nothing; *iem. is* ***niks*** *~ nie* s.o. is no good; *byna (of so te sê)* ***niks*** *~ wees nie* be worth peanuts *(infml.)*; *iem. is nie ~ om* ***opgehang*** *te word nie* s.o. is not worth a twopenny rope; ***vir*** *iem. iets ~ wees* be worth s.t. to s.o.; ***wat*** *dit ook al ~ mag wees* for what it is worth.

wer·da *interj., (<Germ.)* who goes there?.

wê·reld *=relde* world, universe; cosmos; ***(alla)/(alle)*** *~* →ALLAWÊRELD; ***alleen*** *op die ~* alone in the world; *die* ***ander*** *~* the next/other world, the afterlife; *na die* ***ander*** *~ verhuis* go to kingdom come *(infml.)*; *'n gedoente van die* ***ander*** *~* a great to-do; *'n lawaai van die* ***ander*** *~, (infml.)* an infernal din/noise, an unholy row; *dit is die (ou) ~ se* ***beloop,*** *so* ***gaan*** *dit in die (ou) ~* that/such is the way of the world; *die ~ raak vir iem.* ***benoud*** the heat is on *(infml.)*; *die ~ vir iem.* ***benoud*** (of [infml.] ***warm***) *maak* make it hot for s.o. *(infml.)*, turn on the heat *(infml.)*; *die ~* ***bereis*** see the world; *'n ~ vol* ***beroeringe*** a troubled world; *die* ***beste*** *ter (of in die) ~* the best in the world; *die* ***bose*** *~* the wicked world; *'n kind in die ~* ***bring*** give birth to a child; *die ~* ***draai*** *met iem.* s.o. is legless/tight/tipsy *(infml.)*; *iets laat die ~ voor iem. se oë* ***draai*** s.t. makes s.o.'s head spin; *dit is 'n* ***droë*** *~* this is a dry region; *so* ***gaan*** *dit in die (ou) ~* →***beloop;*** *die* ***geleerde/letterkun***=

dige/ens. ~ the learned/literary/etc. world; *dit doen iem. die ~ se* ***goed*** it does s.o. a world of good; *die* ***groot*** *~, (infml.)* the big world, the world out there; *(somewhat obs.)* the fashionable world, good society; *die* ***hele*** ~ the whole world, all the world; *die* ***hele*** *~ deur, oor die* ***hele*** ~ all over the world/globe, the world over, throughout the world; *die (wye) ~* ***ingaan*** go out into the world, set out in life; *iets die ~* ***instuur*** put about s.t., spread s.t. *(a rumour etc.)*; publish s.t. *(a report etc.)*; *iem. die (wye) ~* ***instuur*** turn s.o. adrift; *aan die ander* ***kant*** *van die ~, (infml.)* at the back of beyond; *die ~ leer* ***ken*** see life; *jou ~* ***ken*** know a thing or two, know what's what; *(rare)* be at home in society, have good manners; *die ~ het te* ***klein*** *vir iem. geword* s.o. had to get away in a hurry; *die ~ is (baie)* ***klein*** it's a small world, the world is a small place; ***klaar*** *met die ~ wees, (infml.)* be on one's last legs; *iets is* ***klaar*** *met die ~, (infml.)* s.t. *(a car etc.)* is on its last legs; s.t. *(clothes etc.)* is worn out; *in die ~* ***kom*** come into the world; *weet wat daar in die ~ te* ***koop*** *is, (rare)* know the ways of the world; *die ~ en sy* ***maai*** (infml.), *die ~ en sy* ***moer*** (coarse) all the world and his wife; *iets uit die ~* ***maak*** settle s.t. *(a dispute)*; *in die* ***middel*** *van die ~ wees* be at a loss; be in a quandary; *die ~ vir iem.* ***moeilik*** *maak* make it lively for s.o.; lead s.o. a (merry/pretty) dance *(infml.)*; ***my*** *~!, (infml.)* well I never!; ***niks*** *ter ~* nothing on earth; *dit vir* ***niks*** *ter ~ doen nie* not do it for (all) the world; *die ~ het vir iem. te* ***nou*** *geword* s.o. does not know which way to turn; *die* ***Nuwe*** *W~, (the Americas)* the New World; *die ~ is* ***onderstebo****, (infml.)* the world is (*or* has turned) topsy-turvy; *die ~ staan vir iem.* ***oop*** the world is s.o.'s oyster; *die ~* ***oor*** all over the world, the world over, throughout the world; ***opgang*** *maak in die ~* rise in the world; ***oral(s)*** *in die ~* throughout the world; *die ~* ***in orde*** *bring* put/set the world to rights; *die* ***Ou*** *W~, (Europe, Asia and Africa)* the Old World; *dan is die ~* ***reg*** then everything is all right; *die ~* ***skeur****, (infml.)* run for dear life; *die ~ is 'n* ***speeltoneel*** all the world's a stage; *jou nie aan die ~* ***steur*** *nie* go one's own (sweet) way; *die ~ is* ***syne/hare*** he/she is on top of the world *(infml.)*; ***ter*** *~* on earth; ***uit*** *die ~, (infml.)* at the back of beyond; *iets is* ***uit*** *die ~* s.t. has been settled *(a dispute)*; *man/vrou* ***van*** *die ~* man/woman of the world; *die ~ het* ***verander*** times have changed; *die ~ sal nie* ***vergaan*** *as ... nie, (fig.)* it wouldn't be the end of the world if ...; *die (hele) ~* ***vol*** all over the place *(infml.)*; *die ~* ***vol*** *wees/lê* be/lie all over the place *(infml.)*; ***vooruitkom*** *in die ~* make one's way in the world; ***waar*** *in die ~?* where on earth?; *die ~ vir iem.* ***warm*** *maak* →**bençud**; ***wat*** *in die ~?* what on earth?; *die hele ~* ***weet*** *daarvan* it is all over the place *(infml.)*; *wat* ***word*** *van die ~?* what are we (*or* is the world) coming to?; *die* ***wye*** *~* the wide world. **~as** axis of the earth. **W~bank** World Bank. **~beeld** world picture, scheme of things. **~bekend** =*kende* known throughout the world. **W~beker** *(sport)* World Cup. **~beroemd** =*roemde* world-famous, -famed, of worldwide fame. **~beroemdheid** world(wide) fame. **~beskouing** philosophy of life, view of (*or* outlook on) life, world-view; *iem. se ~* s.o.'s concept of the world. **~beskoulik** pertaining to a/the world view. **~beskrywer** cosmographer. **~beskrywing** cosmography. **~bevolking** world population. **~beweging** world movement, international movement. **~bewoner** inhabitant of the world. **~biddag** world day of prayer. **~brand** world conflagration. **~burger** citizen of the world, cosmopolitan; *die nuwe ~* the new arrival, the little stranger. **~burgerlik** =*like* cosmopolitan. **~burgerskap** world citizenship, cosmopolit(an)ism. **~deel** part of the world; continent. **~dorp(ie)** global village. **~figuur** world figure. **~formaat:** *van ~* of world standing. **~gebeure** *n. (sing.)*: *die ~* world events. **~gebeurtenis** world event. **~gerig** the last judg(e)ment; the world's judg(e)ment. **~geskiedenis** universal/world history. **~handel** world trade, international trade. **~hawe** world port. **~heerser** ruler of the world. **~heerskappy** world dominion. **~hervormer** universal reformer. **~histories** pertaining to world history. **W~hof** World Court, International Court of Justice. **~kaart** map of the world. **~kampioen** world champion. **~kampioenskap** world championship. **~kampioenskapsbyeenkoms, ~kampioenskapskompetisie, ~kampioenskapstoernooi, ~kampioenskapsgala, ~kampioenskapsgeveg, ~kampioenskaps(wed)ren, ~kampioenskaps(wed)vaart,** *ens.* world championship *(often pl.)*. **~kennis** knowledge of the world. **~klas** world class; *in die ~* of world class. **~kunde** cosmology. **~kundig** =*dige* known all over the world, universally known; notorious; *iets ~ maak* make s.t. public. **~kykspel** cosmorama. **~letterkunde, ~literatuur** world literature. **~lyn** *(phys.)* world line. **~mag** world power. **~mark** world market. **~moondheid** world power, great power. **~musiek** world music. **~naam** international/world(wide) reputation. **~ontvlugter** escapist. **~ontvlugting** escapism. **~oorheersing** world domination. **~oorlog** world war; *die Eerste W~* the First World War, World War I, the Great War; *die Tweede W~* the Second World War, World War II. **~orde** world order. **W~poskonvensie** Universal Postal Convention. **W~posunie** Universal Postal Union. **~prys** world price. **W~raad:** *~ van Kerke* World Council of Churches. **~ranglys** world rankings. **~reis** world tour; *(also, in the pl.)* world travel(s). **~reisiger** globetrotter, world traveller. **~rekord** world record. **~rekordhouer** world record holder. **~roem** world(wide) fame. **~rond** world, globe. **~ruim:** *die ~* space, universe. **~ryk** world empire. **~skaal:** *op ('n) ~* on a global scale. **~skaarste** worldwide scarcity. **~skokkend** =*kende* world-shaking. **~skou** world fair *(often W~ F~)*. **~smart** Weltschmerz, Wertherism. **~spil** axis of the world. **~staat** world/universal state; great power; world power. **~stad** metropolis, world city. **~stelsel** cosmic system. **~sukses** world(wide) success. **~taal** world language; universal language; international language. **~tekort** world shortage. **~tentoonstelling** international exhibition, world/universal exhibition. **~titel** world title; *om die ~ meeding* compete for the world title. **~toeris** globetrotter. **~toneel** world stage, international scene. **~verbeteraar** would-be reformer. **~verkeer** world traffic, international traffic. **~veroweraar** conqueror of the world. **~versaking** renunciation/renouncement of the world. **~vraagstuk** world problem. **~vrede** world/universal peace, peace of the world; *voorstander van ~* pacifist. **~vreemd** =*vreemde* out of the world; strange to the ways of the world, otherworldly. **~wonder** wonder of the world; *die sewe ~s* the seven wonders of the world; *dit was die/'n ag(t)ste ~, (idm.)* it was a nine days' wonder. **~wyd** =*wye, adj.* worldwide, global, mondial; *W~wye Web, (Internet, also w~ w~)* Worldwide Web. **~wyd** *adv.* globally. **~wys** =*wyse* worldly-wise; sophisticated. **~wysheid** worldly wisdom; sophistication.

wê·reld·jie little world; *o ~!* goodness me!.

wê·reld·lik =*like* worldly *(goods, wisdom, etc.)*; temporal *(power)*; secular *(drama, mus.)*; mundane. **wê·reld·lik·heid** secularity.

wê·reld·ling =*linge* worldling.

wê·relds =*reldse* worldly *(matters)*; worldly(-minded) *(men, women)*; mundane *(affairs)*; secular, temporal; →WÊRELDLIK. **~gesind** =*sinde* worldly(-minded). **~gesindheid** worldliness, worldly-mindedness. **~goed** worldly thing(s); worldly possessions.

wê·relds·heid worldliness, worldly-mindedness.

werf[1] *werwe, n.* yard; premises; farmyard, farmstead; curtilage; shipyard; dockyard; *op jou eie ~, (fig.)* in one's own backyard. **~besem** yard broom. **~geld** yardage. **~grond** infield *(on a farm)*. **~joernaal** farmyard journal. **~kweek** *(Cynodon dactylon)* couch grass; →KWEEK *n.*.

werf[2] *ge-, vb.* recruit, enlist, enrol; raise *(soldiers)*; drum up, enlist *(support)*; tout *(customers)*; →WERWER, WERWING; *stemme ~* canvass (for) votes; *steun ~* lobby. **~agent** recruiting agent; canvasser. **~geld** recruiting money. **~krag** drawing power.

we·ring prevention; exclusion; →WEER[2] *vb.*; *tot ~ van ..., (rare)* for the prevention of ...

werk *werke, n.* work, labour, effort, exertion; task, job; work, deed, handiwork; work, creation; work, employment, job; duty, function, task, business; walk of life; work, office, place of employment; motion *(of the stomach, a machine, etc.)*; works *(of a watch etc.)*; ***aan*** *die ~ wees* be working, be at work; be up and doing; *hard* ***aan*** *die ~ wees* be hard at work; ***aan*** *die ~!* go to it!; ~ ***aanneem*** contract for work; ~ ***afskeep*** botch/scamp one's work; ***agterstevoor/verkeerd*** *te ~ gaan* go the wrong way about it; *dit is* ***alles*** *sy/haar ~* it is all his/her doing; *die ~ het* ***begin*** work has started; *baie ~ aan iets* ***bestee*** spend much work/labour/effort on s.t.; *aan die ~* ***bly*** keep on working; work away; *'n* ***boel*** *~, (infml.)* stacks of work; ***by*** *die ~ wees* be at work; ***by/in*** *die ~ wees* be on duty; *dis nie (sommer)* ***elkeen*** *se ~ nie, (infml.)* it takes some (*or* a lot of) doing; *aan die ~* ***gaan/spring*** start working, fall/go/set to work; *hoe om te ~ te* ***gaan*** how to proceed (*or* go about it); *reg/verkeerd met iets te ~* ***gaan*** set about s.t. (in) the right/wrong way; *~ toe* ***gaan*** go to work; *ek moet ~* ***gedaan*** *kry* I must put in some work; *iem. ~* ***gee*** give s.o. work, employ s.o.; *daar word ~ van* ***gemaak*** s.t. is being done about it, it's in the works *(infml.)*; *hulle* ***gesels/praat*** *oor hul(le) ~* they talk shop; *met jou* ***gewone*** *~ voortgaan* go about one's business; ***goeie*** *~ doen/lewer* do good work, do a good job; ***goeie*** *~e* good works; ***halwe*** *~ doen* botch/scamp one's work; *dit is* ***halwe*** *~, (also)* it has not been done properly; *die* ***hand*** *aan die ~ slaan* set to work, put one's shoulder to the wheel; *baie/vele* ***hande*** *maak ligte ~* many hands make light work; ***harde*** *~* hard work; *net deur* ***harde*** *~, (also)* in/by the sweat of one's brow/face; *~* ***hê*** have a job, be employed; *nie ~* ***hê*** *nie* be out of work, be unemployed; ***hope*** (of *'n* ***massa****) ~, (infml.)* stacks of work; *iem. uit die ~* ***hou*** keep s.o. from his/her work; *dit is* ***iem. se*** *~* it is s.o.'s business; ***in*** *die ~ wees* be at work; *jou ~* ***ken*** know one's stuff *(infml.)*; ***klerk*** *van ~e* clerk of works; *aan die ~* ***kom*** settle down to work; *van die ~ af* ***kom*** come from work; come off duty; *~* ***kry*** find/get work; *('n) ~* ***kry*** find/get a job; *van iets ~* ***maak*** attend/look to s.t., see about/to s.t., do s.t. about a matter; follow s.t. up; take s.t. up; *~* ***maak*** *daarvan, (also)* make a point of it; *'n* ***massa*** *~* →***hope***; ***ná*** *~* after work/hours; *dis* ***nie*** *iem. se ~ om ...* it is not s.o.'s business to ...; *'n* ***nuwe*** *~* a new job; ***omsigtig/versigtig*** *te ~ gaan* proceed cautiously; tread delicately/lightly; ***onvoltooide*** *~* unfinished work; work on hand; *iem. met ~* ***oorlaai*** break s.o.'s back *(infml.)*; *met ~* ***oorlaai*** *wees* be snowed under; ***openbare/publieke*** *~e* public works; *in jou ~* ***opgaan*** be absorbed in one's work; ***ophou/uitskei*** *met ~* stop work; *tot oor die/jou* ***ore*** *in die ~ wees/sit, onder die ~* ***toegegooi*** *wees, (infml.)* be up to the/one's ears/elbows/eyes/eyebrows/neck in work; *hulle* ***praat*** *oor hul ~* →***gesels/praat***; ***reg*** *met iets te ~ gaan* →***gaan***; *iets is* ***iem. se*** *~* s.t. is s.o.'s job; s.t. is s.o.'s responsibility; *iem. aan die ~* ***sit*** put s.o. to work; *by jou ~ aan die* ***slaap*** *raak* fall asleep over one's work; ***slegte*** *~ doen* do a bad job; ***slordige*** *~* sloppy work; *~* ***soek*** look for work (*or* a job), seek employment; ***sonder*** *~ wees* be out of employment/work (*or* a job), be unemployed; *aan die ~* ***spring*** start work(ing), fall/go/set to work; get down to it, get on with the job; *(infml.)* buckle to, get cracking, knuckle down (to work); tackle a job; *die ~* ***staak*** stop work; *geen* ***steek*** *~ doen nie* not do a stroke of work; *nooit 'n* ***steek*** *~ doen nie, (also)* never do a stroke of work, never do a hand's turn (of work); *iem. in die ~* ***steek*** put s.o. to work; *alles in die ~* ***stel*** employ/use every means; leave no stone unturned; exert o.s.; *alles in die ~* ***stel*** *om iets te doen, (also)* make every endeavour to do s.t.; *~ maak* ***sterk*** work ennobles; *'n* ***stuk*** *~* a job (of work), a piece of work; ***swaar*** *~* hard work; *onder die ~* ***toegegooi*** *wees* →***ore***; *~ op* ***tyd*** *maak wel bereid, (rare)* a stitch in time saves nine; ***uitskei*** *met ~* →***ophou/uitskei***; *die ~e* ***van*** *Van Wyk Louw/ens.* the works of Van Wyk Louw/etc.; *ons is 'n ~* ***van*** *Gods hande, (rhet.)* we are of God's workmanship; ***vaste*** *~* ***hê*** have a permanent/regular job, have permanent/regular employment; *sonder* ***vaste*** *~* untenured; *weens te* ***veel*** *~* owing to pressure of work; *gedurig/kort-kort van ~* ***verander*** job-hop; *'n man/vrou/ens. wat gedurig/kort-kort van ~* ***verander*** a job-hopper; *'n* ***verdienstelike*** *~* a work of merit; *jou in jou* ~ ***verdiep*** plunge into one's work; ***verkeerd*** *te* ~ *gaan* →***agterstevoor/verkeerd;*** *750 mense het hul(le)* ~ ***verloor*** there were 750 job losses; ***vóór*** *die* ~ before work; ***vuil*** ~ dirty work; *iem. se* ***vuil*** ~ *doen* do s.o.'s dirty work; ***wat*** *is sy/haar* ~? what work does he/she do?, what does he/she do for a living?; ***watse*** ~ *doen hy/sy?* what does he/she do?; ***weer*** *aan die* ~ back to work (*or* the grindstone). **werk** *ge-, vb.* work, function; run, operate *(a mach.)*; effervesce; *(s.o.'s bowels)* move; *(s.o.'s kidneys etc.)* function; *(a system)* be effective; *(yeast)* work; *(beer etc.)* ferment; *(med. etc.)* act, take effect; *(a volcano)* be active; ***aan*** *iets* ~ work on s.t.; work (away) at s.t.; *daar word* ***aan*** *ge~* it's in the works; *twee uur* ***aaneen/aanmekaar*** *(of oor 'n boeg)* ~ put in two hours of solid work; ***aanhou*** ~ work on; ***begin*** ~ start work(ing); *regtig* ***begin*** ~ get stuck in *(infml.)*; *dit* ***behoort*** *te* ~ it should work; *(infml.)* this ought to do the trick, this should do the job; ~ *soos 'n* ***besetene,*** *(infml.)* be a demon for work; ***by*** *'n winkel* ~ work in a shop; ***by/vir*** *iem.* ~ work for s.o., be in s.o.'s employ; ~ *soos 'n* ***esel*** work like a horse; ***gaan*** ~ go to work; *jou* ***gedaan*** ~, (infml.) *jou* ***kapot/kis/oordraad/oorhoeks*** *(of oor 'n* ***mik****)* ~ work o.s. to a standstill, work one's guts out *(infml.)*, run o.s. into the ground *(infml.)*; *op iem. se* ***gemoed*** ~ work on s.o.'s feelings; *iets* ~ ***goed*** s.t. runs well *(a mach.)*; s.t. functions well; *dit* ~ *ten* ***goede*** *(mee)* it is (all) to the good; ~ *dat dit* ***gons/klap/kraak,*** *(infml.)* work like fury; ***hard*** ~ work hard; *mense* ***hard*** *laat* ~ drive people hard; *iem. te* ***hard*** *laat* ~ work s.o. too hard; ***hard*** ~ *aan iets* work hard at s.t., put a lot of effort into s.t.; ***hard*** ~ *om te ..., (also, infml.)* work overtime to ...; *daar sal nog* ***hard*** *ge~ moet word* a hard slog lies ahead; *jou* ***kapot/kis*** ~ →***gedaan;*** ~ *dat dit* ***klap/kraak*** →***gons/klap/kraak;*** *iets* ***laat*** ~ work s.t. *(a mach. etc.)*; *iem.* ~ ***met*** *..., (also)* ... are the tools of s.o.'s trade; ***met*** *iets* ~ work with s.t.; work s.t. *(a mach. etc.)*; *jou oor 'n* ***mik*** ~ →***gedaan;*** ***mooi*** *met iem.* ~ treat s.o. gently; *iets* ~ ***nadelig*** *op* ... s.t. has an injurious effect (up)on ..., s.t. affects ... adversely; *iets* ~ ***nie*** s.t. doesn't work *(a mach., plan, etc.)*; s.t. has no effect *(med. etc.)*; *wie* ***nie*** ~ ***nie,*** *sal nie eet nie, (idm.)* no mill, no meal; ***onder*** *iem.* ~ work under s.o. *(a manager etc.)*; ***onder*** *mense* ~ work among people *(the needy etc.)*; *jou* ***oordraad/oorhoeks*** ~ →***gedaan;*** ***ophou*** ~ stop work(ing); *sonder* ***ophou*** ~ have/hold/keep one's nose to the grindstone; *iets* ~ ***perfek*** s.t. works perfectly (*or [infml.]* like a charm/dream); *die* ***rem*** *wou nie* ~ *nie* the brake failed; ***saam*** ~ work together; ***saam*** *met iem.* ~ work with s.o.; *jy* ***sal moet*** ~, ~, ~ *(of* ~ *en nogmaals* ~*) as jy sukses wil behaal* hard work is the name of the game if you want to succeed; *op iem. se* ***senuwees*** ~ →SENUWEE; ***sleg*** *met iem.* ~ maltreat s.o.; *eers* ~ *en dan* ***speel*** duty before pleasure; *geen* ***steek*** ~ *nie* not do a stroke of work; *nooit 'n* ***steek*** ~ *nie* never do a stroke of work, never do a hand's turn (of work); *iets* ~ ***teen*** ... s.t. militates against ...; *iets* ~ ***uitstekend*** s.t. works like a charm/dream *(infml.)*; ***vir*** *iem.* ~ →***by/vir;*** ***vir*** *'n graad* ~ read/study/work for a degree; ***vir*** *'n saak* ~ work for a cause; ***volgens*** ... ~ work to ... *(a timetable etc.)*; ***wat*** ~ *iem.?* what work does s.o. do?; ***ywerig*** ~ work like a beaver.

werk-: **~afbakening, werksafbakening** job/work reservation, reservation of employment. **~(-)as** operating/actuating shaft. **~baas, werksbaas** *(rare)* foreman. **~bank** workbench. **~beskrywing** job description. **~besnoeiing** →WERKVERMINDERING. **~bevrediging, werksbevrediging** job satisfaction. **~blad, werksblad** →WERKVLAK. **~boek, werksboek** workbook. **~brief, werksbrief** *(rare)* work ticket, job card. **~broek, werksbroek** working trousers; overall(s), dungarees. **~bui** fit of energy. **~by** working bee, worker (bee), nurse. **~dag, werksdag** workday, working day; weekday; *'n agtuur~* an eight-hour day. **~deler, werksdeler** *(rare)* job sharer. **~deling, werksdeling** job sharing. **~dier, werksdier** *(rare)* working animal. **~druk, werksdruk** operating pressure; working pressure, stress; →WERKSPANNING. **~-ent** *-ente* work end. **~ervaring, werkservaring** →WERKONDERVINDING. **~esel** drudge, slave, toiler, plodder, workhorse *(fig.)*; *'n regte* ~ a devil/fiend/demon/glutton/etc. for work, a willing horse *(fig.)*. **~(-)etiek, werksetiek** work ethic. **~front, werksfront** *(min.)* face. **~frontkant, werksfrontkant** *(min.)* gate end. **~gang** *(min.)* stope. **~gebied, werksgebied** field of activity/operations; →ARBEIDSVELD. **~geefster** →WERKGEWER. **~gees** working mood. **~geheue** *(comp.)* working storage, computing store. **~geleentheid, werksgeleentheid** job opportunity. **~gemeenskap, werksgemeenskap** study group, research team, working party. **~genot, werksgenot** joy in work. **~gereedskap, werksgereedskap** tools. **~geselskap** work(ing) party. **~gewer** *-wers, (fem.)* **~geefster** *-sters* employer; taskmaster; *~s en werknemers* employers and employed/employees. **~gewersvereniging** employers' association. **~groep, werksgroep** team, work(ing) group/party; workshop. **~hand** work-worn hand. **~heilig** *-lige, adj., (RC)* believing in good works. **~heilige** *-ges, n., (RC)* believer in good works, legalist. **~heiligheid** *(RC)* justification by works, legalism. **~hipotese, werkshipotese** *(rare)* working hypothesis. **~huis** *(obs.)* workhouse; penitentiary. **~kaart, werkskaart** work ticket; job card. **~kamer, werkskamer** workroom; studio. **~kamp, werkskamp** work/labour camp *(for seasonal workers, convicts, etc.)*. **~kant** face edge/side. **~kapitaal, werkskapitaal** working capital. **~klere, werksklere** working clothes/kit; workwear. **~kolonie** *(jur.)* labour colony. **~koste, werkskoste** operating costs. **~krag, werkskrag** *-kragte* working power, energy, power(s) of work, capacity for work; workman, hand, labourer; actuating force; *(also, in the pl.)* manpower, workforce, labour force, human resources. **~kring, werkskring** *-kringe* field (of work), profession; department; employment, position, post.; *in alle ~e* in all walks of life. **~lamp** jack lamp, lead light. **~las** *-laste* working load, workload. **~lengte** travel *(of a jack etc.)*. **~lewe** working life. **~liede, werksliede** *n. (pl.), (obs.)* →WERKMAN. **~lig** working light. **~loon** wage(s), pay. **~lui, werkslui** *n. (pl.), (obs.)* →WERKMAN. **~lus, werkslus** zest/passion for work; →WERKYWER. **~maat, werksmaat** workmate, -fellow, fellow worker/labourer. **~man, werksman** *-manne, werk(s)mense, werk(s)lui, werk(s)liede* workman, working man, labourer, hand, operative; *(also, in the pl.)* workpeople, working people, workfolk; labour; *'n algemene* ~ a man of all work. **~mandjie, werksmandjie** work basket, mending basket, tidy, sewing basket. **~meester, werksmeester** *(rare)* overseer, work master, taskmaster. **~meisie, werksmeisie** *(obs., rare)* work/working girl, housemaid. **~mense, werksmense** *n. (pl.)* →WERKMAN. **~merk** *(woodw.)* face mark. **~middagete, werksmiddagete** working lunch. **~mier** worker (ant), nurse. **~nemer** employee. **~nemer-werkgewer-verhouding** *-dinge, -dings* employee-employer relationship. **~omgewing, werksomgewing** working environment. **~omstandighede, werksomstandighede** *n. (pl.)* working conditions. **~ondervinding, werksondervinding, ~ervaring, werkservaring** work experience. **~ontbyt, werksontbyt** working breakfast. **~opsiener** chargehand. **~opsigter** overseer; clerk of works. **~pak, werkspak** working suit/clothes/kit; overall(s), dungarees; fatigue dress *(for soldiers)*. **~pas, werkspas** work(ing) pace/rate/tempo; →WERKTEMPO. **~peloton** fatigue party. **~perd, werksperd** workhorse, working horse, drayhorse, dobbin. **~permit, werkspermit** work permit. **~plaas** workshop; works; work/labour yard; workroom; factory. **~plan, werksplan** plan of work, working plan/scheme. **~plek, werksplek** working place; place of work/employment, workplace; *(min.)* works; (also werkruimte or werkspasie) workspace; work station. **~ploeg, werksploeg** *(obs., rare)* gang, shift, relay (of workmen), work(ing) party/gang/team. **~praktyk, werkspraktyk** *-tyke, (usu. in the pl.)* working practice. **~rand, werksrand, ~rant, werksrant** *(rare)* work(ing) edge. **~rat, werksrat** *(rare)* actuating gear. **~rooster, werksrooster** timetable, work schedule. **~ruimte** →WERKPLEK. **~sak** workbag. **~sakkie** housewife (sewing case). **~sekerheid** job security. **~skaarste** underemployment. **~skepping** job creation. **~sku** *-sku(we) -sku(w)er -skuuste, adj.* workshy. **~skuheid** workshyness, work dodging. **~skuwe** *-wes, n.* workshy fellow, work dodger, won't-work *(infml.)*, shirker, scrimshanker *(infml.)*. **~slaaf** workaholic. **~slag** travel *(of a piston etc.)*. **~soeker** workseeker, job-hunter. **~soekery** workseeking, job-hunting. **~span** team/gang of workmen, working party. **~spanning** working stress; operating voltage. **~spasie** →WERKPLEK. **~spil** actuating spindle. **~spoed** work rate. **~staat** worksheet. **~staker** striker. **~staking** strike; work stoppage. **~stang** operating/actuating rod. **~stasie** *(comp.)* work station. **~studie** work study. **~stuk** job, piece of work; *(math.)* problem; *(mech.)* workpiece; paper, essay; exercise. **~taal, werkstaal** working language. **~tafel** worktable. **~teater, werksteater** theatre workshop. **~tekening, werkstekening** working drawing, blueprint. **~tempo, werkstempo** work rate. **~tenue, werkstenue** *(mil.)* working dress. **~terrein, werksterrein** field of activity; →ARBEIDSVELD. **~tuig** →WERKTUIG. **~tyd** →WERKTYD. **~uur, werksuur** working hour; operating hour *(of a mach.)*; *(also, in the pl.)* working hours, hours of work. **~uurregister, werksuurregister** timecard, time sheet. **~vakansie, werksvakansie** working holiday, busman's holiday. **~veer** actuating spring. **~verdeling, werksverdeling** division of work. **~vermindering, ~besnoeiing** job cuts. **~vermoë, werksvermoë** power(s) of work, capacity for work. **~verrigting** performance *(of a mach.)*; function. **~verskaffing** provision of employment/work; relief work(s). **~verskaffingsagentskap** employment agency. **~verslawing** workaholism. **~versuim, werksversuim** truancy. **~versuimer, werksversuimer** truant. **~vertrek, werksvertrek** workroom. **~vlak, werksvlak** *(also* werkblad*)* work(ing) surface, worktop, countertop; working plane; workface. **~vloei, werksvloei** workflow. **~-volgens-die-boek-protes/-staking** work-to-rule. **~volk, werksvolk** *(obs., derog.)* (coloured) farmhands (*or* farm labourers). **~vrag, werksvrag** working load. **~vrou, werksvrou** *(rare)* workwoman; charwoman; working woman. **~week, werksweek** working week, workweek; *vyfdaagse* ~ five-day week. **~weerstand, werksweerstand** resistivity. **~weieraar, werksweieraar** won't-work, work dodger. **~welsyn, werkswelsyn** *(rare)* workfare. **~winkel, werkswinkel** workshop, shed. **~woord** verb. **~woordelik** *-like* verbal. **~wyse, werkswyse** method (of work), procedure, modus operandi, drill *(infml.)*. **~ywer, werksywer** zest/zeal/ardour/passion for work, diligence.

werk·baar *-bare* practicable, feasible, viable; workable.

wer·kend *-kende* working; active; efficacious, effective, functioning, operative; *'n langsaam ~e* ***gif*** a slow poison; *~e* ***lid*** active/effective member; *~e* ***meisie*** working girl; *die ~e* ***stand,*** *(obs., rare)* the working class; *~e* ***vennoot*** active partner; *~e* ***vulkaan*** active volcano.

wer·ker *-kers* worker, employee; hand, workman, operative, workhand; *die ~s, (also)* labour; the shop floor. **~stand** →WERKERSKLAS. **wer·ke·ry** working; activity.

wer·kers-: **W~dag** *(SA: 1 May)* Workers' Day; *(int. public holiday, usu. 1 May)* Labour Day. **~klas, werkerstand** working class; lower class(es). **~klasomgewing** working-class environment. **~vakbond** labour union. **~vereniging** workers'/employees' association. **~verteenwoordiger** shop steward.

wer·kie *-kies, (dim.)* little job, chore; small work *(of an artist etc.)*; *los ~s* odd jobs.

wer·king *-kinge* working, operation; action; function(ing); activity; efficacy; effect; effervescence; ***buite*** ~ *wees* be out of order; be out of action; be out of commission; *iets is* ***buite*** ~ s.t. does not work *(a mach. etc.)*; *die ~e van die (Heilige)* ***Gees,*** *(Chr.)* the workings of the (Holy) Spirit; *die ~e van die* ***gees,*** *(poet., liter.)* the workings of the mind; ***in*** ~ *wees* be in action; be in effect; be in force; be in operation; *(a factory etc.)* be on stream; *(a programme, comp. system, etc.)* up and running; ***oormatige*** ~ →OORMATIG[1] *adj.*; ***sonder*** ~ *bly* be inefficient, have no effect; *iets buite* ~

stel put s.t. out of action; put s.t. out of commission; suspend s.t., render s.t. nugatory *(a regulation etc.); iets in ~ **stel*** put s.t. into execution; put s.t. into force; bring s.t. into action; *in ~ **tree*** come into action/operation/effect/force, become operative, take effect; *met ingang van ... in ~ **tree*** become effective from ... *(a date); in **volle** ~* in full play.

werk·lik *-like, adj.* real, actual, true, veritable; *~e/suiwer **diskonto*** true discount; *~e **hoop** bied* offer real hope; *~e **las*** real load; *~e **pleger**, (jur.)* principal offender; *die ~e **rede** vir iets* the real reason for s.t.; *~e **waarde*** intrinsic value. **werk·lik** *adv.* really, actually, truly, in reality, downright, honestly, in truth. **~waar** actually, in actual fact, really; really and truly; honestly, in all conscience.

werk·lik·heid reality; activity, bustle; substance, substantiality; *die **harde/rou** ~* the harsh reality; *'n **hele** ~* quite a job *(infml.)*; ***in** ~* actually, really, in reality, in truth; as a matter of fact, in (point of) fact, in actual fact; in effect; as it is; ***in** ~ was dit ..., (also)* in the event it was ...; *in **die** ~* in real life; *die ~ onder die **oë** sien* face facts, look facts in the face; *na die ~ **terugkeer*** come back/down to earth *(infml.)*; *iem. na die ~ laat **terugkeer*** bring s.o. back/down to earth *(infml.)*; *iets is **ver/vêr** van die ~* s.t. is divorced from reality; *~ **word*** become a reality. **~sin, werklikheidsbesef** realism, sense of reality.

werk·lik·heids-: ~besef →WERKLIKHEIDSIN. **~roman** realistic novel.

werk·loos *-lose, adj.* out of work/employment, unemployed, workless, jobless, out-of-work; *iem. ~ maak* throw s.o. out of work/employment. **werk·lo·se** *-ses, n.* unemployed person; *die ~s* the jobless; the unemployed.

werk·loos·heid unemployment, joblessness; *omvang van ~* unemployment level. **~syfer** unemployment figure.

werk·loos·heids-: ~fonds unemployment fund. **~koers** unemployment rate. **~uitkering** unemployment benefit/pay, dole. **~versekering** unemployment insurance. **~vlak** unemployment level.

werks- →WERK-.

werk·saam *-same, (rare)* industrious, active, diligent; laborious; operative, effective; *'n ~same **aandeel** in iets hê* take an active part in s.t.; *~same **lewe*** working life; *iets ~ **maak*** activate s.t.; *by ... ~ **wees*** be in the employ of ...; *by/in 'n fabriek ~ **wees*** work (*or* be employed) at a factory. **werk·saam·heid** *-hede* industry, activity; *(also, in the pl.)* business, work, proceedings, operations; *weens drukke ~hede* owing to pressure of work; *tot die ~hede oorgaan, met die ~hede begin* proceed to business.

werk·ster *-sters, n. (fem.)* workwoman, working woman, woman/female worker; charwoman; →WERKER.

werk·tuig *-tuie* tool, implement, instrument; *(fig.)* pawn, puppet, dupe, stooge; *(fig.)* vehicle; *iem. se ~ wees, (fig.)* be s.o.'s tool; *'n ~ van die Voorsienigheid* an instrument of Providence. **~kunde** mechanics, mechanical engineering. **~kundig** *-dige, adj.* mechanical. **~kundige** *-ges, n.* mechanic(ian), (practical) engineer. **~maker** toolmaker. **~masjien** machine tool. **~staal** tool steel. **~tekene** machine drawing. **~tekening** machine drawing.

werk·tuig·lik *-like, adj. & adv.* mechanical(ly); automatic(ally), involuntary, involuntarily; Pavlovian *(reaction, response, etc.)*. **werk·tuig·lik·heid** mechanicalness.

werk·tyd, werks·tyd working time, working hours; office hours; company time; *werkers se ~ **inkort*** put workers on short time; ***ná** ~* after hours; ***ná** normale ~ beskikbaar wees, (a doctor etc.)* be on call; ***verkorte** ~ hê* be/work (on) short time; ***voor** ~* before business/working. **~verkorting** short time.

werp *ge-* throw, cast, hurl, fling; drop *(a calf, lamb, foal, etc.)*; ***anker** ~* cast anchor; *'n **blik** op ... ~* →BLIK[2] *n.; jou **in** iets ~* fling o.s. into s.t. *(a task etc.)*; *jou op jou **knieë** ~* go down on one's knees; ***lig** op iets ~* →LIG[2] *n.; jou **op** ... ~* hurl o.s. at ... *(an opponent etc.)*; pounce upon ... *(one's prey etc.)*; fall upon ... *(the enemy etc.)*; *die **skuld** op iem./iets ~* →SKULD *n.; jou aan iem. se **voete** ~* throw o.s. at s.o.'s feet; *'n **vul** ~* →VUL[1] *n.*. **~anker** kedge (anchor); stream anchor; grapnel. **~garing** woof. **~geskut** *(hist.)* mangonel. **~net** casting net. **~skyf** discus. **~spies** javelin. **~tou** warp.

wer·per *-pers* thrower, caster, flinger, slinger.

werp·sel *-sels* litter; farrow *(of pigs)*; *'n ~ hondjies/katjies/ens.* a litter of puppies/kittens/etc..

wer·skaf *ge-* be busy, potter (about); *wat ~ jy?* what are you doing (*or [infml.]* up to)?. **wer·skaf·fe·ry** to-do, ado, business, fuss.

werst *werste, (Russ. unit of length: 1 067 km)* verst.

Wer·the·ris·me *(liter., philos.: morbid sentimentality)* Wertherism. **Wer·the·ri·aans** *-aanse* Wertherian.

wer·waarts *(poet., liter.)* whither.

wer·wel *-wels, n.* vertebra *(of the backbone)*; turn-button; swivel; screw bolt; eddy, vortex; *die deur is op ~* the door is on the latch; *'n verskuifde ~, (med.)* a slipped disc. **wer·wel** *ge-, vb.* whirl, swirl, eddy. **~been** vertebra. **~beweging** vortex motion. **~dier** vertebrate (animal). **~kamer** swirl chamber. **~kanaal** vertebral canal. **~klamp** swivel bracket. **~knope** vertebral ganglia. **~kolom** spinal/vertebral column, spine, rachis; vortex column. **~kop** turbulence head. **~kraakbeenverskuiwing** slipped disc. **~ontsteking** spondylitis. **~ring** vortex ring. **~skarnier** swivel joint. **~storm** cyclone, tornado. **~vorming** vertebration. **~wind** whirlwind, twister.

wer·we·lend *-lende* vortical.

wer·we·ling *-lings, -linge* swirl, whirl, vortex, eddy.

wer·wer *-wers* recruiter, recruiting officer; canvasser; touter; barker; →WERF[2] *vb.*.

wer·wing *-wings, -winge* recruiting, recruitment, enlistment, enrolment; canvassing; touting; →WERF[2] *vb.*.

wer·wings-: ~beampte recruiting officer. **~kantoor** recruiting office/station. **~offisier** recruiting officer. **~reklame** recruitment advertising. **~veldtog** recruitment drive.

wes[1] *n.* west; →WESTE[1]; ***reg** ~* due west; *~ **ten** noorde/suide* west by north/south; *~ **van** ...* (to the) west of ...; *die **wind** is ~* the wind is westerly, the wind is (from/in the) west. **W~-Afrika** West Africa. **W~-Afrikaan** *-kane, n.* West African. **W~-Afrikaans** *-kaanse, adj.* West African. **W~-Australië** Western Australia. **W~-Berlyn** *(geog., hist., 1945-90)* West Berlin. **W~-Duits** *-Duitse, adj., (hist.)* West German. **W~-Duitsland** *(hist.)* West Germany; →**DUITSE** BONDSREPUBLIEK. **~einde** west end. **W~-Europa** Western Europe. **W~-Europeër** *n.* Western European. **W~-Europees** *adj.* Western European. **W~-Fries** *n. & adj.* West Frisian. **W~-Friesland** *(geog.)* West Frisia/Friesland. **W~-Germaans** *n., (lang. group)* West Germanic. **W~-Germaans** *-maanse, adj.* West Germanic. **W~-Germane** *n. (pl.), (hist.)* West Germanic people. **W~-Goot** *(hist.)* Visigoth. **W~-Goties** *-tiese, (hist.)* Visigothic. **~grens, westergrens** western border/boundary/frontier. **W~-Indië** the West Indies. **W~-Indiër** *n.* West Indian. **W~-Indies** *-diese, adj.* West Indian; *~e Eilande* the West Indies; *~e geelhout, (Chlorophora tinctoria)* (old) fustic; *~e Kompanjie, (hist.)* West India Company. **W~-Indiëvaarder** *(hist. trading vessel)* West-Indiaman. **W~-Kaap** *n.* Western Cape. **W~-Kaapprovinsie** Western Cape Province. **W~-Kaaps** *-Kaapse, adj.* Western Cape. **W~-Kapenaar** *-naars* inhabitant of the Western Cape. **~kus** west(ern) coast, western seaboard. **W~-Nederfrankies** *n., (med. Germanic dial.)* Western Low Frankish. **~noordwes** west-north-west. **~noordwestelik** *-like* west-north-westerly. **W~-oewer** *(geog.)* West Bank *(in the Middle East)*. **W~-Pruis** *n., (hist.)* West Prussian. **W~-Pruise** *(hist.)* West Prussia. **W~-Pruisies** *adj., (hist.)* West Prussian. **W~-Rand** West Rand *(in Gauteng)*. **W~-Romeins** *-meinse: die ~e Ryk* the Western Empire, the (Roman) Empire of the West. **~suidwes** west-south-west. **~suidwestelik** *-like* west-south-westerly. **W~-Transvaal** *(hist.)* the Western Transvaal; →NOORDWES. **W~-Virginië** West Virginia. **W~-Vlaams** *n. & adj.* West Flemish. **W~-Vlaandere** *(geog.)* West Flanders.

wes[2] *adj., (chiefly drug sl.)* stoned, wasted, spaced (out), bombed out of one's mind/skull; switched-on.

we·se *-sens* being, creature; entity; nature, character; substance; *(fig.)* core; being, existence; *(obs.)* face, countenance, looks, appearance; →WESENLIK, WESENLOOS, WESENS-, WESENTJIE; *iem./iets se **diepste** ~* s.o.'s/s.t.'s unique inner nature, s.o.'s/s.t.'s inscape *(poet., liter.)*; *in sy/haar **diepste** ~* deep down; *die ~ van die **dinge*** the essence/root (*or* innermost nature) of things; ***in** ~* basically, essentially, in essence; in substance; at bottom; at the root; under the skin; ***in** sy ~* from its very nature; *geen **lewende** ~ nie* not a living thing; not a (living) soul; *in die ~ van die **saak*** essentially, in essence; *in ~ **saamstem*** agree in substance; ***skyn** en ~* →SKYN *n.; die ~ aan die **skyn** opoffer* sacrifice the substance for the shadow; *die mens is 'n **sosiale** ~* man is a social animal.

we·se·fonds →WEDUWEEFONDS, WEESFONDS.

we·sel *-sels, (zool.: Mustela spp.)* weasel; *(M. erminea)* stoat; *Amerikaanse ~, (M. vison)* mink. **~bont** mink (fur). **~bontjas** mink coat.

we·sel·ag·tig *-tige* musteline.

we·sen·lik, we·sent·lik *-like, adj.* real; essential, fundamental, intrinsic, elemental, quintessential; substantial, material; *'n ~e **dwaling*** an essential error; *iets ~ **maak*** substantialise s.t.; *'n ~e **onderskeid*** a material difference; *die ~e van die **saak*** the essence of the matter; *~ **word*** substantialise. **we·sen·lik, we·sent·lik** *adv.* essentially, in essence, quintessentially; basically; substantially, in substance; *dit het ~ betrekking daarop* it has a material bearing on it. **we·sen·li·ke** *n.: die ~ van ...* the essence of ... *(a matter)*. **we·sen·lik·heid, we·sent·lik·heid** reality; essentiality; substance, materiality.

we·sen·loos *-lose* vacant, blank, expressionless, vacuous *(look, stare)*. **we·sen·loos·heid** vacancy, blankness, lack of expression, vacuity.

we·sens-: ~leer ontology. **~trek** (essential) feature. **~verskil** basic/essential difference.

we·sen·tjie *-tjies, n. (dim.)* little creature.

Wes·fa·le *(geog.)* Westphalia. **Wes·faals** *-faalse, adj.* Westphalian. **Wes·fa·ler** *-lers, n.* Westphalian.

we·sie *-sies, n. (dim.)* little orphan; →WEES[1] *n.*.

Wes·ley·aan *-ane, n., (Chr. theol.: follower of John Wesley)* Wesleyan. **Wes·ley·aans** *-aanse, adj., (also w~)* Wesleyan.

wesp *wespe, (entom.: order* Hymenoptera*)* wasp. **wesp·ag·tig** *-tige* waspish. **wes·pe·dief** *(orn.: Pernis apivorus)* European honey buzzard. **wes·pe·nes** wasps' nest, vespiary; *(fig.)* hornets' nest; →BYENES.

Wes·sels·bron·siek·te *(vet.)* Wesselsbron disease.

wes·te[1] west; ***die** W~, (geog.)* the West, the Occident *(poet., liter.)*; *na die ~ **gaan*** go west; ***in** die ~* in the west; ***na** die ~* to(wards) the west, westward(s); ***ten** ~ van ...* (to the) west of ...; ***uit** die ~* from the west; ***van** die ~* from the west; *die **wind** kom uit die ~* the wind is westerly, the wind is (from/in the) west. **~kant** west(ern) side; *uit/van die ~* from the west. **~wind** west wind; westerly wind.

wes·te[2]**:** *buite ~ raak* become delirious, lose one's head/bearings; *buite ~ wees* be delirious, be (totally) out of it *(sl.)*.

wes·te·lik *-like, adj. & adv.* westerly; westwardly; *~ van die **berge*** (to the) west of the mountains; *~e **deklinasie**, (nav.)* westing; *~e **front*** west frontage; *die W~e **Halfrond*** the Western Hemisphere; *W~e **Provinsie**, (sport etc.)* Western Province; *die W~e/Libiese **Woestyn*** the Western/Libyan Desert. **wes·te·lik·ste** wester(n)most.

wes·ter-: ~front western front. **~grens** →WESGRENS. **~kim** western horizon. **~lengte** west(ern) longitude.

Wes·ter·ling *-linge* Westerner, Occidental *(poet., liter.)*.

Wes·ters *-terse* Western, Occidental *(poet., liter.)*; Hesperian *(poet., liter.)*; *~e geneeskunde/medisyne* Western medicine; *~e moondheid* Western power; *~ word* become Westernised.

West·phal·ba·lans *(phys.)* Westphal balance.

wes·waarts =*waartse, adj.* westward, westbound. **wes=waarts** *adv.* westward(s), to the west(ward), west=wardly; ~ *gaan* go west; ~ *van* ... (to the) west of ...

wet¹ *wette, n.* law; act (of parliament), statute, meas=ure; enactment; canon; *die* ~ *in ag neem* observe the law; *'n artikel in die* ~ a section of the act; ... *by* ~ *be=paal* enact ... by statute; *die* ~ *bepaal dat* ... the act/law provides (*or* lays down) that ...; *die bepalings van 'n* ~ the provisions of an act; *by die* ~ *bly* keep the law; ... *onder 'n* ~ *bring* ... under the scope/opera=tion of an act; *buite die* ~ beyond the pale of the law; *by* ~ by statute; *by 'n* ~ by a law; *die* ~ *gehoorsaam* keep/obey the law; ~ *van gemiddeldes* law of aver=ages; *die* ~ *handhaaf/toepas/uitvoer* enforce the law; administer justice; *'n* ~ *herroep* repeal a law; *jou aan die* ~ *hou* keep the law; *jou aan die* ~*(te) hou, (also)* keep within the law; *ingevolge/kragtens/ooreenkomstig 'n* ~ under (*or* in terms of) an act; *kragtens/volgens die* ~ according to law; *kragtens/volgens ons* ~ under our law; *die letter van die* ~ the letter of the law; *'n* ~ *teen* ... *maak* legislate against ...; *magtigende* ~ en=abling act; *'n* ~ *van Mede en Perse, (idm.)* a law of the Medes and Persians; *W*~ *van Moses, Mosaïese* ~, *(OT)* Law of Moses, Mosaic Law; *die* ~ *nakom/na=leef/nalewe* keep/observe the law; *W*~ *van Ohm* →OHM; *'n ongeskrewe* ~ an unwritten law; *die* ~ *ont=duik* evade the law; *'n* ~ *maak met die oog op* ... legis=late for ...; *'n* ~ *oortree* violate a law; *die* ~ *oortree/skend/verbreek* break the law; *W*~ *op* ... →OP *prep.*; ~ *en orde* →ORDE¹ *n.*; *binne die perke van die* ~ *bly* keep within the law; *onder die* ~ *staan* be under the law; *die uiterste strengheid van die* ~ the full rigour of the law; *in stryd* (of *strydig*) *met die* ~ against the law; *teen die* ~ against the law; *'n* ~ *teen iets* a law against s.t.; ~*te teen (die) weelde* →WEELDE; *die* ~ *toe=pas/uitvoer* →*handhaaf/toepas/uitvoer*; *'n* ~ *uit=vaardig* enact a law; ~ *van X* X's law; *volgens die* ~ in law; at law; by law; *volgens 'n* ~ by a law; *geldig volgens die* ~ valid in/at law; *voor die* ~ before the law, in the eyes of the law; *die* ~ *voorskryf/voor=skrywe* lay down the law; *(die* ~*) aan iem. voor=skryf/voorskrywe* lay down the law to s.o.. **~boek** code (of law); statute book; codex; *burgerlike* ~ →BUR=GERLIK; *iets in die* ~ *opneem* place s.t. in/on the statute-book; *(*~ *van) strafreg* = STRAFREG. **~breuk** breach of the law. **~gewend** =*wende* legislative, lawmaking, law=giving; ~*e bevoegdheid* legislative power; ~*e mag* legislature; *W*~*e Raad* Legislative Council; *W*~*e Ver=gadering* Legislative Assembly. **~gewer** legislator, lawmaker, lawgiver; legislature. **~gewing** legislation, lawmaking; *deur* ~ by legislation; by statute; ... *deur* ~ *bepaal* provide ... by statute/legislation; *iets in* ~ *vaslê* enshrine s.t. in legislation. **~matig** =*tige* according to (scientific) law. **~skennis** →WETSKENNIS¹. **~teks** text of a law. **~verbreker, ~verbreking** →WETSVERBREKER, WETSVERBREKING. **~verdraaiing** →WETSVERDRAAIING.

wet² *ge=, vb., (obs. rare)* whet, sharpen. **~staal** *(rare)* butcher's steel, knife sharpener; →MESSLYPER. **~steen** *(obs.)* whetstone.

we·te knowledge; →BETERWETE, WEET; *na my beste* ~ to the best of my belief/knowledge; *iets buite/son=der iem. se* ~ *doen* do s.t. unknown to s.o. (*or* without s.o.'s knowledge); *by/na my* ~ to my knowledge; *nie by/na my* ~ *nie* not that I know of, not to my knowl=edge/knowing; *iem. die* ~ *gee, (rare)* tip s.o. off; *iem. het te* ~ *gekom dat* ... it has come to s.o.'s knowledge that ...; *die* ~ *hê van* ..., *(rare)* be in the know about ...; *in die* ~ *dat* ... knowing (*or* in the knowledge) that ...; *iets te* ~ *kom* discover s.t., learn s.t., find out s.t., come to know s.t.; pick s.t. up *(information etc.)*; *iets teen iem. te* ~ *kom* get s.t. on s.o. *(infml.)*; *niks te* ~ *kom nie* be none the wiser; *die* ~ *kry in verband met iets, (rare)* get to know about s.t.; *met iem. se* ~ with s.o.'s knowl=edge/knowing; *te* ~ ... namely ..., viz. ..., to wit ... **we=tens** knowingly; *willens en* ~ knowingly and wilfully.

we·ten·skap =*skappe* science; knowledge; scholar=ship; *'n gebied van die* ~ a branch of knowledge; *'n man/vrou van die* ~ a scientist, a man/woman of science.

we·ten·skap·lik =*like, adj. & adv.* scientific(ally); schol=arly; ~ *bewese* scientifically proven; *in die* ~*e wêreld* in the scientific world, in the domain of science; ~*e man/vrou* scientist, man/woman of science. **we·ten=skap·li·ke** =*kes, n.* scientist. **we·ten·skap·lik·heid** scientific character; the scientific spirit; scientifical=ness. **we·ten·skap(s)·park** science park.

we·ten·skaps=: **~fiksie** science fiction. **~leer** theory of science; epistemology. **~mens** scientist, man/woman of science. **~roman** =*romans,* **~verhaal** =*verhale* science fiction novel; *(in the pl.)* science fiction.

we·tens·waar·dig =*dige* worth knowing, interesting. **we·tens·waar·dig·heid** =*hede* thing worth knowing, matter of interest.

wet·lik =*like* legal *(proof etc.)*; statutory *(provisions etc.)*; *'n* ~ *voorgeskrewe vergadering* a statutory meeting; ~*e erfdeel* legitimate portion. **wet·lik·heid** legality.

wets=: **~agent** law agent. **~artikel** section/article/clause of an act (*or* a law). **~bepaling** =*linge* provision/stipu=lation of a law (*or* an act). **~gehoorsaam** =*same,* **~ge=hoorsamig** =*mige* law-abiding. **~geleerd** =*leerde, adj.* versed in law; *(fig.)* knowing; precocious. **~geleerde** =*des, n.* jurist, legist, lawyer. **~geleerdheid** jurispru=dence, legal science. **~gelykheid** isonomy. **~getrou** =*troue* law-abiding. **~getrouheid** law-abidingness. **~interpretasie** interpretation of the law. **~kennis** →WETSKENNIS². **~konsep** draft bill. **~kwessie** ques=tion of law. **~misbruik** abuse of the law. **~ontduiker** evader of the law. **~ontduiking** evasion of the law. **~ont=werp** *(parl.)* bill, draft act, measure; *'n* ~ *aanneem* pass a bill; ~ *op die grondwet* constitution bill; *'n* ~ *indien* introduce a bill; *'n* ~ *opstel* draft a bill; ~ *op terrorisme* antiterrorist bill. **~oortreder** lawbreaker, transgressor/violator of the law. **~oortreding** breach/violation/transgression of a/the law. **~opsteller** legal draftsman. **~punt** = REGSPUNT. **~rol** scroll of the law. **~taal** legal language/parlance/jargon, law language. **~term** = REGSTERM. **~uitleg(ging)** interpretation of the law (*or* laws), legal interpretation. **~verandering** alteration of (*or* change in) the law. **~verbreker, wet=verbreker** lawbreaker, violator of the law. **~verbre=king, wetverbreking** breach of (the) law. **~verdraai=ing, wetverdraaiing** perversion of the law. **~verkrag=ter** violator of the law. **~verkragting** violation of the law. **~voorstel** draft bill; legislative proposal. **~wysi=ging** alteration/amendment of the law.

wet·sken·nis¹ *(rare)* lawbreaking.

wets·ken·nis² legal knowledge.

wet·te·loos =*lose* lawless. **wet·te·loos·heid** lawless=ness.

wet·ter =*ters, (infml., derog.)* bastard, scumbag *(sl.)*, son-of-a-bitch *(sl.)*, arsehole *(coarse)*; *jou* ~*!* you bastard!.

wet·te·reg statute law. **wet·te·reg·te·lik** statutory.

wet·ties =*tiese* adhering to the letter of the law, legal=istic, strict, rigid. **wet·ties·heid** legalism.

wet·tig =*tige, adj.* lawful, legitimate, legal, licit; ~*e be=taalmiddel* legal tender; ~*e eis* legal claim; ~*e houer, (econ.)* holder in due course; ~*e kind* legitimate child; *iem. tot jou* ~*e man/vrou neem* take s.o. to be one's lawful(ly) wedded husband/wife; ~*e oorsaak* legiti=mate cause; *langs* ~*e weg* by constitutional methods/means. **wet·tig** *adv.* lawfully, legally, legitimately. **wet·tig** *ge=, vb.* legitimate, legalise; legitimatise *(a child)*; formalise; justify, warrant; *dit* ~ *nie jou gedrag nie* this does not justify your conduct; *dit* ~ *die veron=derstelling dat* ... it warrants the supposition that ...; *wie het jou ge*~ *om dit te doen?* who authorised you to do it?. **wet·tig·heid** legitimacy, legality, lawfulness. **wet·ti·ging** legalisation, legitimation; justification.

we·we·naar =*naars* widower; *(bot.: Bidens pilosa)* beg=garsticks, beggar's ticks, blackjacks, cobbler's pegs; →KNAPSEKÊREL. **we·we·naars·be·staan** widower=hood, life of a widower. **we·we·naar·skap** widower=hood.

we·wer =*wers, (fem.)* **weef·ster** =*sters* weaver; *(orn.: Ploceus* spp.*)* weaver; *bontrug*~, *(P. cucullatus)* village weaver; *bril*~, *(P. ocularis)* spectacled weaver; *geel*~, *(P. subaureus)* yellow weaver; *goud*~, *(P. xanthrops)* golden weaver; *Kaapse* ~, *(P. capensis)* Cape weaver; *rooikop*~, *(Anaplectes rubriceps)* red-headed weaver.

we·wers=: **~boom** loom tree, weaver's beam. **~gilde** weavers' guild. **~kaarde** teasel. **~knoop** weaver's hitch/knot, sheet bend; mesh/netting knot.

we·we·ry =*rye* weaving; weaving mill, textile mill.

we·wing weave, weaving.

wha-wha *n., (mus.: attachment for an elec. guitar)* wah-wah. **~-pedaal** wah-wah pedal.

Wheat·stone·brug *(elec.)* Wheatstone('s) bridge.

whis·ky *whiskies,* **whis·key** =*keys* (Scottish) whisky, (Irish, American, etc.) whiskey.

whist *(card game)* whist.

wie *interr. pron.* who, whom; ~ *anders?* who else?; ~ *wil* ... *hê?* who wants ...?, who's for ...? *(infml.)*; *en* ~ *is jy?* who may you be?; ~ *kan dit tog wees?* who ever can it be? *(infml.)*; *met* ~ *het jy gedans?* who(m) did you dance with?; ~ *nog?* who else?; *jy en* ~ *nog?* you and who else?; ~ *praat?* who is speaking?; ~ *se kind is jy?* whose child are you?; *sê* ~*?, (infml.)* that'll be the day!, over my dead body!; ~ *van ons/hulle/julle* ...? which of us/them/you ...?; ~ *weet?, (also)* perhaps; ~ *in die wêreld kan dit wees?* who ever can it be? *(infml.)*; ~ *wil* ...? who wants to ...?, who's for ...? *(infml.)*. **wie** *indef. pron.* who; *dink jy is* ~, *(infml.)* think one is somebody (*or [infml.]* the cat's whiskers/pyjamas), think o.s. something; ~ *dit doen* ... anyone who does that ...; *(*~*) eerste kom, (die) eerste maal* →EERSTE *n., adj. & adv.*; ~ *kaats, moet die bal verwag* →KAATS; ~ *dan leef, die dan sorg, (rare, idm.)* we must leave that to those who come after us; *ongeag/sel(f)de* ~ no matter who; ~ *ook al* whoever, whosoever *(liter.)*; *so goed soos* ~ *ook al, (also)* as good as the next person; *dit maak nie saak* ~ *nie* no matter who; ~ *nie waag nie, sal nie wen nie* →WAAG¹ *vb.*; *tot* ~ *weet waar* to goodness knows where. **wie** *rel. pron.* whom; *aan* ~ ... to whom ...; *die amptenaar aan* ~ *dit gestuur moet word* the official to whom it should be sent; *deur* ~ ... by whom ...; through whom ...; *met* ~ ... with whom ...; *onder* ~ ... under whom ...; *oor/van* ~ ... about whom ...; *die boer* ~ *se vrugte gesteel is* the farmer whose fruit was stolen; *sonder* ~ ... without whom ...; *teen* ~ ... against whom ...; *van* ~ ... from whom ...; of whom ...; *vir* ~ ... for whom ...; to whom ...

wie·bel *ge=, (rare)* wobble, waggle, wiggle, jiggle, rock, teeter.

wied *ge=, (obs.)* weed. **wie·der** =*ders, (obs.)* weeder.

wieg *wiege, wieë, n.* cradle; *vir* ... *in die* ~ *gelê wees* be destined for (*or* born to) ...; *van die* ~ *tot die graf* from the cradle to the grave; *van die* ~ *af* from the cradle. **wieg** *ge=, vb.* rock, jiggle, dandle; *iem. aan die slaap* ~ rock s.o. to sleep. **~dood** →WIEGIEDOOD. **~druk, wie=gedruk** *(a book printed before 1500)* incunabulum, incunable, cradle book, Fifteener. **~kapvoertuig** tilt (cab). **~klip** rocking stone. **~stoel** rocking chair. **~wag** =*wagte,* **~wagter** =*ters, n., (rare)* baby-sitter. **~wag** *ge=, vb., (rare)* baby-sit.

wie·ge=: **~druk** →WIEGDRUK. **~lied(jie)** cradlesong, lullaby.

wie·gel *ge=* rock (gently), wiggle, jiggle.

wie·gie =*gies, n. (dim.)* cradle. **~dief** *(infml., derog.)* baby/cradle snatcher. **~dood, wiegdood** cot death; →SKIELIKE-SUIGELINGSTERFTESINDROOM.

wie·ging seiche *(of a lake etc.)*.

wiek *wieke* wing *(of a bird)*; sail, wing, vane *(of a wind=mill)*; pinion; *op eie* ~*e drywe* paddle one's own canoe, shift for o.s.; *iem. die* ~*e kort, (rare)* clip s.o.'s wings. **~slag** beating of wings. **~wiel** vane wheel.

wie·ke *n. (pl.), (bot.), (Vicia* spp.*)* vetch; *(Lathyrus* spp.*)* vetchling, chickling. **wiek·hooi** vetch hay.

wiel *wiele* wheel; *agter die* ~ at the wheel; *die* ~ *het ge=draai* the tables are turned; *groot* ~ big/Ferris wheel *(in a fairground etc.)*; *'n huis/woning op* ~*e* a mobile home; *iem. se jas sit in die* ~, *(rare)* s.o. is in trouble; *op* ~*e* on wheels; *hulle ry mekaar in die* ~*e* they are at cross-purposes; *iem. in die* ~*e ry* put a spoke in s.o.'s wheel, frustrate/cross s.o., thwart s.o.; *iem. (se planne) in die ~e ry, (also)* queer the pitch for s.o., queer s.o.'s pitch; *die ~e **smeer*** oil the wheels; *die ~e **spoor** nie* the wheels are out of alignment; *die **vyfde** ~ aan die wa wees* →VYFDE. **~as** wheel axle. **~baar** *(hist.)* hand ambulance. **~band** tyre. **~basis** wheelbase. **~bed-ding** wheel seat. **~beslag** wheel trim. **~blok** (wheel) chock. **~diertjie** *(zool.: phylum* Rotifera*)* rotifer, wheel animalcule; →RADERDIERTJIE. **~dop** hubcap, wheel cap. **~draaier** wheel turner. **~drukker** daisywheel printer. **~flens** wheel flange. **~holte** *(mot.)* wheel well. **~katrol** gin/jenny wheel, gin block. **~ketting** tyre/wheel chain, skid/non(-)skid chain. **~klamp** *=klampe* wheel clamp; *'n voertuig met ~e (of 'n ~) immobiliseer* clamp a vehicle. **~klap** undercarriage fairing, wheel flap. **~klep** wheel valve. **~kuil** wheel pit. **~las** wheel load. **~leer** ladder on wheels. **~maker** wheelwright. **~moer** wheel nut. **~naaf** wheel hub/boss. **~nis** wheel arch/house. **~omslag** wheel brace. **~proef** wheel tapping. **~proewer** wheel tapper. **~rem** wheel brake/stop. **~rugstoel** wheelback (chair). **~ryer** *(rare)* cyclist. **~skrop** carrying scraper, wheelscraper. **~sleutel** wheel spanner. **~slingering** shimmy. **~slot** wheel lock. **~spoor** rut. **~sporing** alignment (of wheels). **~stoomboot** paddle steamer, paddler. **~stut** wheel strut. **~tand** (mill) cog. **~tapbout** wheel stud. **~velling** wheel rim. **~vering** wheel suspension. **~vlug** (wheel) camber.

wie·le·tjie *=tjies, n. (dim.)* small wheel; caster, castor *(on a chair)*; rowel *(on a spur)*. **wie·le·tjies·blik** *(infml.)* wheelie/wheely bin.

wie·le·waai *ge=* mill, wheel, circle, spin, gyrate.

wie·le·waal *=wale, (orn.: Oriolus* spp.*)* (golden) oriole; *swartkop~, (O. larvatus)* black-headed oriole.

wie·lie·wa·lie *(game)* merry-go-round.

wie·ling *=lings, =linge* wheel(ing); rotation; whirlpool; eddy.

wiel·vor·mig *=mige* wheel-shaped; *(zool.)* trochal.

Wie·ner schnit·zel *(cook.)* Wiener/Vienna schnitzel.

wiens *indef. pron., (arch.)* whose; *~ brood men eet, diens woord men spreek* →BROOD.

wier *wiere, (plantlike protoctist)* alga. **~kunde** algology, phycology.

wie·rook incense, frankincense; *iem. ~ toeswaai* praise/extol/laud s.o. to the skies. **~bak** censer, thurible. **~brander** incense burner. **~branding** thurification. **~draer** *(relig.)* incense bearer, thurifer. **~geur** smell of incense. **~offer** incense offering. **~stokkie** joss stick. **~vat** censer, thurible, incensory.

wie·sie·wa·sie *=sies, (obs., regional)* trifle, triviality; *(also, in the pl.)* nonsense, twaddle, fiddle-faddle.

wig[1] *wigte, (poet.)* baby, babe, child, bairn.

wig[2] *wie, n.* wedge; quoin; *(archit.)* key; cleat; shim; spearhead; *'n ~ tussen ... indryf* drive a wedge between ... **wig** *ge=, vb.* wedge; quoin. **~been** *(anat.)* sphenoid bone. **~bout** wedge bolt. **~hak** wedge heel. **~hoek** angle of wedge. **~koevoet** pinch bar. **~las** *=lasse* wedged joint. **~paar** folding wedges. **~skrif** cuneiform writing. **~stok** *(golf)* wedge. **~stuk** quoin. **~werk** keying.

wig·gel *ge=, (rare)* foretell, predict, divine. **~roede, ~stok** divining rod, dowsing rod, dowser, doodlebug.

wig·ge·laar *=laars* soothsayer, augur, diviner; dowser. **wig·ge·la·ry, wig·ge·la·ry** augury, divining; dowsing; juggling.

wig·gie *=gies, n. (dim.)* small wedge.

wig·te: *~ en teenwigte/teëwigte* checks and balances.

wig·vor·mig *=mige* wedge-shaped; cuneate, cuneiform; sphenoid; *~e been* sphenoid bone; *~e blaar* cuneate leaf.

wig·wam *=wams, (Native Am. dwelling)* wigwam.

wik *ge=, (poet., liter.)* consider carefully, weigh; *die mens ~, maar God beskik* →MENS[1] *n.; ~ en weeg* weigh the pros and cons.

Wi·king →VIKING.

wik·kel *ge=* wrap, envelop, enfold, wind, swathe, swaddle; involve; jiggle, rock (slightly), wobble; waggle *(one's ears, hips, etc.)*; *(infml.)* get a move on; skedaddle; hurry, hustle; *iem./iets **in** ... (toe)~* wrap/envelop/enfold s.o. in ... *(a blanket etc.)*; swathe/swaddle s.t. in ... *(a bandage etc.)*; wrap s.t. up in ... *(paper etc.)*; ***in** 'n stryd ge~ wees* be in a struggle; be locked in combat; *aan 'n **klip/ens.** ~* try to prise a stone/etc. loose; ***kom** ons ~, (infml.)* let's get going; *iem. sal **moet** ~, (infml.)* s.o.'ll have to hurry/hustle (*or* get a move on); s.o. has his/her work cut out (for him/her); *iets **om** ... wikkel* wrap/wind s.t. (a)round ...; *jou **uit** ... (los)~* shuffle (*or [infml.]* wiggle/wriggle) out of ... **~dans** go-go dancing. **~danseres** *=se*, **~meisie** *=s, (infml.)* **~doedie** *=s* go-go girl/dancer. **~neus** *(zool.: Potos flavus)* kinkajou; →KINKAJOE, ROLSTERTBEER. **~passing** slack fit.

wik·ke·laar *=laars* winder.

wik·ke·ling *=lings, (elec.)* winding.

wik·kel·rig *=rige* wobbly, shaky.

wiks *wikse, n., (infml., rare)* blow, stroke, slap, smack. **wiks** *ge=, vb., (infml.)* slap, smack, beat, thrash; spank; *ek sal jou ~* you're heading for a smacked bottom.

wil *wille (rare pl.), n.* will, volition; wish, desire; conation; *'n **botsing** van twee sterk ~le* a clash of two strong-willed people; *iem. se ~ **breek*** break s.o.'s will; *die ~ vir die **daad** neem* take the will for the deed; *teen ~ en **dank*** in spite of o.s.; *iets teen ~ en **dank** doen* do s.t. reluctantly; *'n **eie** ~ **hê*** have a will of one's own; *laat u ~ **geskied**, (chiefly relig.)* Thy will be done; *as dit **Gods** ~ is* God willing; *manne/vroue(ns) van **goeie** ~* men/women of good will; *iem. se **laaste/uiterste** ~* s.o.'s last will and testament; *die ~ om te **leef*** the will to live; *('n) **mens** se ~ is ('n) mens se lewe, (idm.)* my mind to me a kingdom is, the sweetest of dishes is that which one wishes, to be free to do as one wishes is to live; *jou aan die ~ van God **onderwerp*** submit to God's will; *jou ~ aan iem. **opdring*** bend s.o. to one's will; *na sy/haar eie **sin** en ~* →SIN[1] *n.; 'n ~ van **staal**, 'n **stale** ~* an iron will; *jou ~ **staan** agter die deur, (rare, idm.)* shall and will are for the king; *iem. **ter** ~le wees* oblige s.o.; ***ter** ~le* (of *terwille) van ...* on account of ...; because of ...; in consideration of ...; for the sake of ...; ***ter** ~le* (of *terwille) van iem.* on s.o.'s account; for s.o.'s benefit; ***ter** ~le* (of *terwille) van ons albei* for both our sakes; *uit **vrye** ~* of one's own volition (*or* free will); *waar 'n ~ is, is 'n **weg*** where there's a will, there's a way; *met die beste ~ ter (of van die) **wêreld*** with the best will in the world; *nie met die beste ~ ter* (of *van die) **wêreld** nie, (also, infml.)* not for the life of me. **wil** *wou, gewil, vb.* want, wish, like; intend, be on the point of; ***as** iem. ~* if s.o. wants to; *as jy dit ~ **doen*** →DOEN *vb.; **doen** (net) wat jy ~* do what(ever) one pleases/likes, please o.s.; *iem. ~ **gaan/ens.*** s.o. wants to go/etc.; *iem. ~ (graag) **gaan/ens.*** s.o. wishes to go/etc.; *die **gerug** ~ dat ...* →GERUG; *iem. ~ met alle **geweld** iets doen* s.o. (absolutely) insists on doing s.t., *(infml.)* s.o. wants to do s.t., come hell or high water; *~ jy **glo!*** →GLO; ***God** wou dat ...* God willed that ...; *iem. ~ **graag** ...* s.o. is anxious to ... *(help etc.)*; s.o. desires to ...; s.o. would like to ...; *iem. ~ nie **graag** ... nie* s.o. doesn't care to ...; *iem. sou **graag** ~ ...* s.o. would like to ...; *iem. ~ graag 'n ... **hê*** →HÊ; *wat wou jy **hê** moet ek doen?* what would you have me do?; *so die **Here** ~* God willing; *iem. ~ nie daarvan **hoor** nie* s.o. will have none of it; *iem. wou **juis** iets doen* s.o. was just (*or* on the point of) doing s.t., s.o. was about to do s.t.; *~ **jy** ...?* do you want to ...?; would you care/like to ...?; *as **jy** ~* if you like; *wie ~, diè **kan*** where there's a will, there's a way; *(laat) **kom** wat ~* →KOM[2] *vb.; iem. ~ **liewer(s)** dit doen* s.o. prefers (*or* would prefer) doing that, s.o. would rather do that; *die **lot** het dit anders ge~, (rhet.)* Fate has decreed otherwise; ***maak** soos jy ~!* →MAAK *vb.; laat iem. **maak** wat hy/sy ~* →MAAK *vb.; jy wou **mos!*** there you have it now!, I told you so!, now you've gone and done it! *(infml.)*; ***nes** jy ~!* →*net **soos** jy wil!; iem. ~ **nie*** s.o. doesn't want to; *iem. wou **nie*** s.o. did not want to (do s.t.); s.o. refused (to do s.t.); s.o. declined (to do s.t.); *iem. ~ **nie** dat iets gebeur nie* s.o. doesn't want s.t. to happen; *of iem. ~ of **nie*** whether s.o. wants to or not; *iem. sal dit moet doen of hy/sy ~ of **nie*** s.o. will have to do it anyhow; *... ~ **nie meer nie**, (infml.)* ... is/are giving in *(an engine, s.o.'s legs, etc.)*; *iem. ~ **opsluit** iets doen* s.o. insists (up)on doing s.t.; *dit ~ **sê** ...* →SÊ *vb.; net **soos** iem. ~* in any way s.o. likes; ***soos** jy ~* as you please; *net **soos** jy ~!* (just) as you like!; suit yourself!; *(net) **soos** jy ~!* have it your own way!; *iem. **sou** (graag) ~ weet/ens.* s.o. would like to know/etc.; *die **toeval** wou dat ...* it so happened that ...; *jy ~ **tog** nie beweer (dat) ... nie* you don't mean to assert that ...; *iem./iets ~ **val*** s.o./s.t. is nearly falling; *dit ~ my **voorkom** ...* it rather seems to me ...; ***waarheen** wou jy gaan?* where were you going?; *(net) **wanneer** iem. ~* at will; *net **wanneer** iem. ~* whenever s.o. likes; *... en **wat** jy ~ ...* and what have you; *iem. wed vir **wat** hy/sy ~* bet s.o. any money *(infml.)*; *weet **wat/waarheen** jy ~* know what one wants; ***weet** wat jy ~* have a will of one's own. **~swak** *(rare)* weak-willed. **~swakte, ~swakheid** *(rare)* weakness of will; velleity.

wi·la·jet *=jets, (Turk. admin. division)* vilayet.

wild[1] *n.* game; wildlife; venison; chase, quarry; →GROOTWILD, KLEINWILD; *geoorloofde ~, (also fig.)* fair game; *~ opja(ag)* raise game; *dit is verbode ~, (also fig.)* that is forbidden game. **~bewaarder** game warden. **~bewaring** game preservation. **~braad** →WILDSBRAAD. **~dief, ~stroper** poacher. **~diefstal, ~diewery, ~stropery** poaching. **~dier** *(rare)* game animal. **~heining** gameproof fence. **~leer** antelope (leather). **~opsigter** game warden, game ranger; gamekeeper. **~park** →WILDTUIN. **~pastei** →WILDSPASTEI. **~plaas** game farm/ranch. **~reservaat** →WILDTUIN. **~ryk** *=ryke* abounding in game. **~smaak** taste, flavour of venison. **~stroper** →WILDDIEF. **~stropery** →WILDDIEFSTAL. **~tuin, ~reservaat, ~park** game reserve/park. **~veiling** game auction. **~vleis** →WILDSVLEIS. **~wagter** game ranger.

wild[2] *wilde wilder wildste, adj. & adv.* wild *(country, plant)*; wild, feral, untamed *(animal)*; savage *(beast, tribe)*; barbarian; unruly, wild *(child)*; shy *(bird, animal, etc.)*; fierce *(passion)*; violent *(patient)*; ravening, voracious *(wolf etc.)*; wanton; maenadic, orgiastic *(reveller)*; ungovernable; hectic; wildly; unmannerly; *~e **beeste*** wild cattle; *~e **blom*** = VELDBLOM; *~e **bok/skaap*** wild goat/sheep; *~e **diere*** wild/feral animals; *~e **gebare** maak* gesticulate frantically/franticly; *~ **groei*** run wild; *'n ~e **hou*** a swipe; *die W~e **Kus*** = WILDEKUS; *~e **loot*** straggler; *~e **malva*** = WILDEMALVA; *~e **meisie*** wild girl; tomboy; *~e **mens*** savage; *~e **perd*** intractable horse; →PERD; *~e **plant*** wildling; *'n ~e **raaiskoot*** a long shot; *~e **skoot*** wild shot; *~ (of 'n ~e hou) **slaan** (na iem.)* take a swipe (at s.o.); *~e **smaak*** foxy taste *(of wine)*; *'n ~e **staking*** →STAKING; *'n ~e **stelling*** →STELLING; *~e **sy*** wild silk, tussah/tussore silk; *~ **te kere*** (of *tekere) gaan, ~ tekeregaan* run wild; *~e **vleis*** proud flesh; *~e **voël*** wild bird; wildfowl, game bird; *~e **voëls*** wildfowl; *~e **vrug*** = VELDVRUG; *dit was maar in die ~e **weg**, (rare)* it was hit or miss; *~e **wêreld*** backwoods; *die W~e **Weste**, (Am. hist.)* the Wild West; *van die W~e **Weste*** Western; *~ **word*** go wild; *~ begin **word**, (also)* become violent. **~vreemd** *=vreemde, adj.* utterly/perfectly strange. **~vreemde** *=des, n.* complete/absolute stranger. **~vreemdheid** complete strangeness. **~vuur** *(tobacco disease)* wildfire.

wil·de *=des, n.* savage.

wil·de-: **~agurkie** *(Cucumis anguria)* wild cucumber. **~als** *(Artemisia afra)* African wormwood. **~amandel** *(Brabejum stellatifolium)* wild almond. **~angelier** *(Dianthus* spp.*)* (wild) pink. **~appel** *(Malus* spp.*)* wilding. **~appelkoos** *(Dovyalis zeyheri)* oval kei apple. **~aster** *(Aster* spp.*)* Michaelmas daisy. **~balderjan** *(bot.: Valeriana capensis)* Cape valerian. **~bamboes, bergbamboes** *(Arundinaria tessellata)* Southern mountain bamboo. **~bees** gnu, wildebees(t). **~beesgras** = KOPERDRAADGRAS). **~beeskaiing** *(cook.)* cruller. **~boontjie** *(Indigofera angustifolia)* narrow-leaved indigo. **~dagga** *(Leonotis leonurus)* wild dagga, minaret flower. **~-eend** *(Anas platyrhynchos)* mallard. **~-ertjie** *(Vicia* spp.*)* vetch. **~-esel** *(Equus hemionus)* wild ass. **~gans** *(Anser anser)* greylag (goose), wild goose. **~gars** *(Hordeum murinum)* wild barley. **~geelkeur** *(bot.: Calpurnia aurea)* wild laburnum, golden tassel tree. **~hawer** *(Avena fatua)* wild oat(s). **~hond** *(Lycaon pictus)* wild dog; *Australiese ~, dingo, (Canis dingo)* dingo. **~jasmyn** *(Jasminum* *multipartitum)* wild jasmine. **~kamferfoelie, ~kamferfoelie** *(Lonicera periclymenum)* woodbine. **~kaneel** *(Cassia* spp.*)* cassia. **~kapok** *(Asclepias* spp.*)* wild cotton. **~kastaiing** *(Calodendrum capense)* Cape chestnut. **~kat** *(Felis silvestris)* wildcat. **~katjiepiering** *(Rothmannia capensis)* wild gardenia; *(Gardenia thunbergia)* white gardenia. **~katoen** *(Gossypium herbaceum)* Levant cotton. **~kerwel** *(Anthriscus sylvestris)* cow parsley. **~knoffel** *(Tulbaghia* spp.*)* wild garlic. **W~kus:** *die ~, (E Cape)* the Wild Coast. **~kweper** *(Cryptocarya liebertiana)* wild quince. **~makou** *(Plectropterus gambensis)* spur-winged goose. **~malva** *(Pelargonium* spp.*)* pelargonium. **~margriet** *(Dimorphotheca nudicaulis)* nudicaulis ox-eye daisy. **~mirt** *(Eugenia capensis zeyheri)* wild myrtle. **~mispel** *(Vangueria infausta)* wild medlar. **~mosterd** *(Sisymbrium thellungii; Rapistrum rugosum)* wild mustard. **~-olyf(boom)** = OLIENHOUT(BOOM). **~peper** *(Piper capense)* wild pepper. **~peperboom** *(Kirkia wilmsii)* wild pepper tree, mountain seringa. **~perd** wild horse; *(icht.: Diplodus cervinus hottentotus)* zebra; *(Mongoolse) ~, Przewalski-perd, (Equus przewalskii)* Przewalski's horse. **~perske** *(Kiggelaria africana)* wild peach. **~piesang** *(Strelitzia nicolae; Ensete ventricosum)* wild banana. **~pietersielie** *(Heteromorpha arborescens)* parsley tree. **~pruim** *(Harpephyllum caffrum)* wild plum. **~ramenas** →RIVIERPAMPOEN. **~rog** *(Elymus* spp.*)* wild rye. **~roos** *(Rosa canina)* dogrose. **~roosmaryn** *(Eriocephalus* spp.*)* wild rosemary. **~rys** *(Zizania aquatica)* Indian rice, wild rice. **~sago** *(Plantago major)* common plantain. **~salie** *(Salvia* spp.*)* wild sage. **~sering** *(Burkea africana)* wild/red seringa. **~suikerappel** *(Annona senegalensis)* wild custard apple. **~tabak** = TABAKBOOM. **~tee** *(bot.: Helichrysum nudifolium)* wild tea. **~vark** *(Sus scrofa)* wild boar/sow. **~varkjag** pig-sticking. **~vis, springer** *(Elops machnata)* ladyfish, springer, Cape salmon, skipjack, tenpounder *(infml.)*. **~vy** *(Ficus natalensis)* wild fig. **~weghol(stuipe)** panic. **~wingerd** *(Cliffortia odorata)* wildewingerd. **~wragtig, ~wragtag** *(infml., joc.)* wild man; firebrand; bugaboo; Neanderthal *(sometimes n~)*.

wil·der·nis *=nisse* wilderness, wilds, wasteland; *(infml.)* jungle, jumble, tangle *(of weeds etc.)*; *die W~* the Wilderness; *in die ~* (out) in the wilds. **~gebied** wilderness area.

wild·heid wildness; savageness; ferocity.

wilds=: ~biltong game biltong. **~bok** (wild) buck, antelope. **~boud** *(cook.)* leg of venison. **~braad, wildbraad** *(rare)* roast venison. **~pastei, wildpastei** game pie. **~vleis, wildvleis** venison, game. **~vleispastei** = WILDSPASTEI.

wilg *wilge,* **wil·ger** *=gers,* **wil·ge(r)·boom** *=bome, (Salix* spp.*)* willow (tree).

wil·ge(r)=: ~bloekom *(Eucalyptus scoparia)* willow gum. **~bossie** osier-bed. **~groen** *(colour)* celadon. **~houtboorder, ~houtruspe(r)** *(Cossus cossus)* goat moth. **~katjie** catkin, pussy. **~loot** withe, withy, wicker. **~roes** willow rust. **~rosie** *(Epilobium angustifolium)* willow herb. **~tak** willow branch.

Wil·hel·mus: *die ~, (Du. national anthem)* the Wilhelmus.

wil·le: *iem. ter ~ wees* →WIL *n.*; *ter ~ van ...* →WIL *n.*.

wil·le·keur arbitrary power, arbitrariness, high-handedness; discretion; *na ~* arbitrarily, at will. **wil·le·keu·rig** *=rige, adj.* arbitrary; high-handed, despotic; random, indiscriminate; *'n ~e getal* any (given) number, any number you like; *~e/gestreepte spier, (anat.)* voluntary muscle, striated muscle; *~e toegang, (comp.)* random/direct access; →DIREKTE TOEGANG. **wil·le·keu·rig** *adv.* arbitrarily, at (one's own sweet) will, at random, indiscriminately, at pleasure. **wil·le·keu·rig·heid** arbitrariness; high-handedness.

Wil·lem: *~ die Swyger, (1st stadholder of the Neth., 1579–84)* William the Silent.

wil·lens: *iets ~ en wetens doen* do s.t. intentionally/deliberately (*or* on purpose).

wil·le·tjie *=tjies, n. (dim.)* little will; *die kind het 'n eie willetjie* the child has a will of its own.

wil·lie¹ *(infml.): iem. ~* →IEM. WIL NIE.

wil·lie² *=lies, (orn.)* greenbul; *geelbors~, (Chlorocichla flaviventris)* yellow-bellied greenbul; *gewone ~, (Andropadus importunus)* sombre greenbul.

wil·loos *=lose, adj.* will-less; passive; involuntary. **wil·loos** *adv.* will-lessly; passively; involuntarily. **wil·loos·heid** will-lessness; passivity.

wils=: ~beskikking testamentary disposition; *iem. se uiterste ~* s.o.'s last will and testament. **~daad** act of (the) will, (act of) volition. **~inspanning** effort of (the) will. **~krag** willpower, strength/force/power of will; strong-mindedness; volition; *geringe ~* weakness of will; *deur louter ~* by sheer willpower; *stale ~* steely determination. **~kragtig** *=tige* strong-willed, strong/tough-minded, pushy *(infml.)*. **~kragtigheid** strong-mindedness, pushiness *(infml.)*. **~ooreenstemming** consensus. **~uiting** expression of will/intention, act of volition. **~vryheid** free will.

wil·sand →WELSAND.

wim·pel *=pels* pennant, pendant, pennon, streamer, banderol(e), banner, guidon. **~vis** *(Agrostichthys parkeri)* streamer fish. **~wolk** banner cloud.

wim·per *=pers* (eye)lash; *(also, in the pl.)* eyelashes; cilia.

Wims·hurst·ma·sjien *(phys.: an electrostatic generator)* Wimshurst machine.

win *ge=* extract, recover; recover, win *(metals from ore)*; mine, win *(minerals)*; →WINNING, WEN³ *vb.*; *klein begin, aanhou ~* →KLEIN *adj.*. **~gewes** *=weste, (arch.)* subject territory, conquered country; (Roman) province, colony. **~plek** working *(of ore)*.

win·baar *=bare, (min.)* recoverable; *in ~bare hoeveelhede* in commercial quantities.

Win·ches·ter=: w~fles *(chem.)* winchester *(also W~)*. **~(geweer)** *(trademark)* Winchester (rifle). **~skyf** *(comp.)* Winchester disk. **~(-)skyfaandrywer** *(comp.)* Winchester disk drive.

wind¹ *winde, n.* wind; fart *(coarse)*, wind, flatus *(med.)*; *(also, in the pl.)* flatulence, winds; *die ~ het* ***afgeneem*** the wind fell; *die ~ van* ***agter*** *hê* have a following wind, go before/down the wind; *met die ~ van* ***agter*** before the wind; down the wind; *dis* ***alles/pure*** *~* it's all/mere gas/wind, it's all empty boasting; *die ~* ***bedaar*** the wind abates/drops/sinks; *die ~ het* ***bedaar****, (also)* the wind fell; ***bo*** *die ~ van ... kom* get to windward of ...; *iem. is* ***deur*** *die ~, (infml.)* s.o. is bewildered/confused/dazed (*or* in a muddle), s.o. is addle-brained/headed/pated, *(infml.)* s.o. is spaced (out) (*or* spac[e]y); *die ~* ***draai*** *oos/ens.* the wind shifts round to the east/etc.; *die* ***Eilande*** *bo die W~* = BOWINDSE EILANDE; *die* ***Eilande*** *onder die W~* = BENEDEWINDSE EILANDE; *die ~ word* ***fris*** the wind freshens; *die ~ waai van die* ***garsland*** *af, (rare)* it's a cold wind blowing; *'n* ***gunstige*** *~* a fair wind; *die* ***heersende*** *~* the prevailing wind; *kyk* ***hoe*** *(of uit watter* ***hoek****) die ~ waai, (fig.)* see how the wind blows, find out how (*or* which way) the wind blows, explore/see (*or* find out) how the land lies, suss things out *(sl.)*; *die ~ waai uit 'n ander* ***hoek*** the wind blows from another quarter; *waai die ~ uit daardie* ***hoek?*** *(of van daardie* ***kant?****)* sits the wind there?, is that how the land lies?; *die ~* ***kom/steek*** *op* the wind comes on; *'n ~* ***laat/los*** break wind; *(coarse)* fart, blow off; *die ~ gaan* ***lê*** the wind abates/drops/falls/sinks; *die ~ het gaan* ***lê****, (also)* the wind failed; *van die ~* ***leef/lewe****, (infml.)* live on air; *die ~ is* ***noord/ens.****, die ~ kom uit die* ***noorde/ens.*** the wind is northerly/etc., the wind is (from/in the) north/etc.; ***onder*** *die ~* under the lee; ***onder(kant)*** *die ~* down the wind; *'n ~* ***opbreek*** belch, eruct(ate); *die ~ het* ***opgekom/opgesteek*** the wind is up; the wind rose; *in die ~* ***praat*** talk idly, talk at random, talk nonsense; *met die ~ in die* ***rug*** down the wind; *wie ~* ***saai,*** *sal storm maai* sow the wind and reap the whirlwind; ***saam*** *met die ~* down the wind; *met alle ~e* ***saamwaai*** trim one's sails to the wind; *skerp by (of soveel moontlik teen) die ~* ***seil*** sail near (*or* close to) the wind; *die ~ uit iem. se* ***seile*** *haal* take the wind out of s.o.'s sails; steal s.o.'s thunder; *iets in die ~* ***slaan*** disregard s.t., set s.t. at naught, make light of s.t. *(advice, a warning, etc.)*; *in die* ***slag*** *van die ~* in the teeth of the wind; *~* ***sonder*** *stof* empty boasting; *iem. is* ***soos*** *die ~ verby* s.o. passed like the wind; *iem. is* ***soos*** *die ~ waai* s.o. is a timeserver; *(so vinnig)* ***soos*** *die ~ gaan* go like the wind; *die ~* ***steek*** *op* →***kom/steek;*** *'n* ***sterk*** *~* a high/strong wind; *die ~ word* ***sterker*** the wind picks up (*or* is rising); *die ~ begin* ***stoot*** the wind freshens; ***teen*** *die ~ (in)* against/into the wind; in the teeth of the wind; *reg* ***teen*** *die ~ (in)* in the teeth of the wind; *vlak* ***teen*** *die ~* in the wind's eye; *(met die kop)* ***teen*** *die ~ (in)* up into the wind; ***teen*** *die ~ (op)* into the wind; *die boot word deur die ~* ***teengehou*** the vessel is windbound; *iem. se ~* ***uitslaan*** knock the wind out of s.o. *(lit.)*; *die ~ van* ***verandering*** the wind(s) of change; *dit gaan* ***voor*** *die ~* things are going well, everything is hunky-dory *(infml.)*; *dit gaan* ***voor*** *die ~ met iem., (also)* s.o. has a run of luck, s.o. is enjoying a purple patch *(infml.)*; *dit het met iem. steeds* ***voor*** *die ~ gegaan, (also)* s.o. has never looked back; *alles gaan vir iem.* ***voor*** *die ~, (also)* s.o.'s path is strewn with roses; *die ~ van* ***voor*** *kry* run into difficulties; *die ~ reg van* ***voor*** *hê* have the wind dead against one; ***voor*** *die ~ seil* sail/run before the wind; ***voor*** *die ~ (uit)* before the wind; down the wind; *die ~* ***waai*** the wind blows; *die ~* ***waai*** *sterk/hard* the wind is blowing hard; *~ en* ***weer*** wind and weather; *aan ~ en* ***weer*** *blootgestel wees* be exposed to the wind and rain; *~ en* ***weer*** *dienende, (fml., obs.)* weather permitting; *in ~ en* ***weer*** in all weathers, in all kinds/sorts of weather; *kinders vir ~ en* ***weer*** *laat grootword* allow children to run wild. **~af** *adj.* before/with the wind; down wind; **~afdryfmiddel** *=dele, =dels, (med.)* carminative. **~afdrywend** carminative. **~afsetting** *(geomorphol.)* aeolian deposit. **~bars** surface crack, wind shake. **~barsie** *n. (dim.)* chap *(in skin etc.)*; check *(in paint)*; surface crack *(in porcelain)*. **~beskrywing** anemography. **~bestuif** *=stuifde* wind-pollinated. **~bestuiwing** wind-pollination. **~blom** *(Anemone nemorosa)* anemone, windflower; wind-fertilised flower. **~broek** *(infml., rare)* windbag, gasbag; wind-proof trousers. **~bui** gust of wind, squall. **~buks** airgun, air rifle; *(fig., rare)* windbag, gasbag, braggart, squirt. **~dig** *=digte* wind-tight, -proof. **~drif** winddrift. **~droging** wind-drying. **~droog** wind-dried, air-dry; half dry; flash-dry; touch-dry. **~druk** wind pressure, blast pressure. **~eier** wind-egg; softshell(ed) egg; farce, failure; *'n ~ lê, (fig., infml.)* lay an egg; *dit sal iem. nie ~s lê nie, (infml., rare)* that will earn s.o. a pretty penny. **~energie** wind energy. **~erosie** wind erosion/corrosion. **~gat** air hole; *(coarse)* windbag, gasbag, braggart. **~generator** aero generator. **~geweer** airgun. **~god** wind god, god of the winds. **~golf** sea wave. **~haak** shutter catch. **~haan** *(icht.: Spicara axillaris)* windtoy. **~handel** gambling on the exchange, speculation in shares, stockjobbing, stockjobbery. **~harp** aeolian harp. **~heining** windbreak. **~hoek** windy spot; corner from which the wind blows. **~hond** greyhound. **~hopie** cock *(of hay, straw, etc.)*. **~hou, ~skoot** *(golf)* (fresh-)air shot. **~jak, ~jekker** windcheater, =breaker, anorak. **~kaart** wind chart, anemogram. **~kam** *(geomorphol.)* yardang. **~kant** wind(ward) side, weather side. **~kei** *(geol.)* ventifact. **~klep** air valve, vent, pallet *(of an organ)*. **~klokkies** *n. (pl.)* wind chimes. **~kous** *(av.)* windsock, air sock, wind sleeve/cone, streamer, drogue. **~krag** *(mech.)* wind power; force of the wind. **~kragaanleg** wind farm. **~kramp** wind colic. **~laaier** windcharger. **~laning** windbreak. **~lawaai** *(infml.)* blusterer, blowhard; windbag, gasbag; →WINDMAKER *n.*, WINDSAK; *dis net ~, (infml.)* it is all talk; *'n ~ wees, (infml.)* be full of hot air. **~lawaaierig** *(infml.)* blowhard. **~leer** anemology. **~maak, ~maker, ~makerig** →WINDMAAK. **~masjien** *(theatr. etc.)* wind machine. **~meter** wind gauge, anemometer. **~meting** anemometry. **~meul** →WINDMEUL. **~motor** blower *(of an organ)*. **~op** *adv.* against the wind. **~orrel** wind organ *(lit.)*; *(rare)* gasbag, windbag *(fig.)*. **~pasteitjie** *(cook.)* vol-au-vent. **~pomp** windmill. **~pyp** flue. **~reg** *(naut.)* wind-rode. **~rigting** direction of the wind, wind direction. **~roos** wind rose, compass card; *(diagram of winds)* wind rose; *(bot.)* anemone. **~ruk** gust of wind. **~sak** *(infml.)* windbag, gasbag, braggart, boaster; *(av.)* windsock, wind cone/sleeve, streamer; →WINDKOUS. **~skaal** wind scale. **~skade** damage caused by wind. **~skadu(wee)** lee (side); slipstream. **~skeef** *adj.* lopsided, skew, askew, slanting, crooked (on one side); warped (on opposite sides). **~skerm** windscreen, windshield *(of a vehicle); (hedge)* windbreak. **~skoot** →WINDHOU. **~skuif** wind gauge *(of a rifle).* **~skut** *(bushes etc.)* windbreak. **~snelheid** velocity of the wind, wind speed. **~sprong** wind shift. **~stang, swaaistang** sway rod. **~sterkte** wind force/intensity. **~stil** calm; windless. **~stilte** calm, lull, windlessness, still air; *deur ~ oorval word* become becalmed. **~stiltestreek** belt of calms; *ekwatoriale ~* doldrums; →STILTEGORDEL. **~stoot** gust (of wind), squall, blast, puff. **~streek** *-streke* point of the compass, rhumb; wind zone; *na alle ~streke verstrooi* scattered to the four winds. **~sug** *(pathol.)* tympanites. **~swa(w)el** *(orn.: Apus* spp.*)* swift. **~tonnel** wind tunnel. **~toring** wind tower. **~uit** *adj.* winded, breathless. **~vaan** wind vane, weather vane, anemovane. **~veer** *-vere* barge/verge board; *(also, in the pl., clouds)* mares' tails. **~(ver)koeling** *(meteorol.)* wind chill. **~(ver)koelingsfaktor** *(meteorol.)* wind-chill factor. **~verspanning** sway bracing. **~verwaai(d)** *-waaide* windblown; windswept; storm-beaten; flustered, in a flurry. **~verwering** eolation, wind corrosion. **~visier** vane sight. **~vlaag** gust/blast of wind, squall, flurry. **~vry** sheltered. **~waaier** *(bot.)* dry inflorescence of fan-leaved boophane; →GIFBOL. **~waarts** to (the) windward. **~wolk** wind cloud. **~wyser** weathercock, weather vane; *(meteorol.)* anemoscope.

wind² *ge-, vb.* wind; swathe. **~as** *-se* →WENAS. **~boom** capstan bar.

win·de *-des, (bot.: Convolvulus* spp.*)* convolvulus, morning glory; *(Eur. icht.: Idus idus)* orfe, ide.

win·de·rig *-rige* windy; squally; windswept; breezy, gusty *(weather);* flatulent. **win·de·rig·heid** windiness; flatulence.

win·ding *-dinge, -dings* winding; whorl; convolution *(of a shell);* coil *(of a cable etc.);* turn; *met ~e/~s* convoluted.

wind·jie *-jies, n. (dim.)* breath/puff of air/wind; light breeze, zephyr; *(also, in the pl., infml.)* flatulence, wind; *'n **fris/stewige/stywe** ~* a fresh/stiff breeze; *'n **sagte** ~* a light breeze; *'n **skraal** ~* a bleak wind; *'n ~ **hoor waai** dat ..., (infml.)* hear a rumour that ...

wind·loos *-lose* windless.

wind·maak *windge-* brag, boast, swank, show off, throw one's weight about. **wind·ma·ker** *-kers, n.* braggart, windbag, gasbag, swank, show-off, swaggerer, boaster, dandy, swell. **wind·ma·ker** *adj.: ~ **wees*** be smart/posh/showy; *'n ~ **kêrel*** a smart/posh/flashy fellow; *'n ~ **stap*** a swagger. **wind·ma·ker·bos, gon·na·bos, bruin·gon·na** *(Passerina filiformis)* brown gonna. **wind·ma·ke·rig** *-rige, adj. & adv.* smart(ly), dapper(ly), posh, swaggering(ly); flashy, flashily, showy, showily, foppish(ly), spiffy *(infml.),* larney *(SA sl.); ~ **aantrek*** prank; *~ **loop/stap*** strut, swagger; *~ **skeef*** at a rakish angle; *~ **wees*** show off. **wind·ma·ke·rig·heid** brag, swank, show(ing)-off, ostentation, foppishness. **wind·ma·ke·ry** showmanship, bragging, fanfaronade.

wind·meul *-meule,* **~meule** *-lens* windmill; *'n klap van die ~ weg hê, (infml., usu. derog.)* have a screw/tile loose, be a nutcase, be dotty/nuts (*or* soft in the head), not be all there; *teen ~e/~ns veg* fight (*or* tilt at) windmills. **~bestormer** *(fig.: impractical idealist)* Don Quixote. **~vlerk** wind vane, windsail.

wind·meul·tjie pinwheel.

wind·sel *-sels* bandage, swathe, dressing; *(also, in the pl.)* swaddling clothes. **~blaar** *(bot.)* hypsophyll(um).

win·gerd *-gerde* vineyard; vinery; *iem. het deur die ~ geloop, (inebriated)* s.o. is three sheets in the wind; *~ **plant*** plant vines. **~besmetting** vine(yard) infection. **~boer** vine grower, winegrower, viticulturist. **~boerdery** vine growing, viticulture, winegrowing. **~bou** viticulture, vine growing. **~kunde** viticulture. **~loot** vine shoot. **~luis** *(entom.: Daktulosphaira vitifoliae)* grape phylloxera. **~paal** vine stake. **~prieel** vine trellis. **~produk** product of the vine. **~rank** vine shoot. **~ry** row of vines. **~siekte** vine disease. **~skêr** pruning shears. **~stok** grapevine. **~stokkie** vine cutting; small vine.

wink *winke, n.* wave, wink, nod; beck; *van iem. se ~e **afhanklik** wees, (rare)* be dependent on s.o.'s nod; *(vir) 'n **motor/taxi** ~* flag down a car/taxi; *vir iem. ~ om **nader** te kom* wave s.o. nearer; *~ met die **oog*** wink. **wink** *ge-, vb.* beckon; wave; signal; ogle; *(vir) iem. ~* beckon (to) s.o., wave to s.o., wink at/to s.o.; *'n oorwinning/sege het vir ... ge~* ... could smell victory. **~brou** = WENKBROU. **~vlies** haw, third eyelid, nictitating membrane *(of birds etc.);* →KNIPVLIES. **~vliesontsteking** haws.

win·kel *-kels* shop, store; (work)shop; *~(s) toe **gaan*** go shopping; *'n ~ **hou*** keep a shop; *('n) mens **koop** dit in die ~ vir ...* it retails at ...; *by 'n ~ **koop/handel*** deal at a shop; *~s **kyk*** window-shop, do window-shopping; *gaan ~s **kyk*** go window-shopping; *van ~ tot ~ **loop*** shop around; *~ **toemaak*** shut up shop. **~arkade, ~gang,** *(rare)* **~galery** shopping arcade, galleria. **~assistent,** *(obs., rare)* **~bediende** shop assistant, shop hand, salesperson, counter jumper *(infml., derog.).* **~bakkery** in-store bakery. **~besoek** shopping. **~buurt** shopping quarter. **~dief** shoplifter. **~diefstal** shoplifting; *~ pleeg* shoplift. **~eienaar** shop owner. **~front** shopfront. **~galery** →WINKELARKADE. **~gang** →WINKELARKADE. **~gebied** shopping area. **~haak** try square, (carpenter's) square; *(L-shaped tear in cloth)* trapdoor, hedge tear; *(golf)* dogleg; *verstelbare ~* bevel (gauge). **~inbraak** shop-breaking. **~inrigter** shopfitter. **~inrigting** shopfitting. **~juffrou** *(rare)* shop girl, saleswoman. **~kaart** store card. **~klere** *(rare)* ready-made/ready-to-wear clothes, clothes off the peg. **~klerk** shop assistant, salesman, saleswoman, counter jumper *(infml., derog.).* **~kompleks** shopping complex. **~kykery** window-shopping, shop-gazing. **~laai** till. **~mandjie** shopping basket. **~meisie** shop girl. **~opsiener** floorwalker. **~pak** *(rare)* ready-made/ready-to-wear suit. **~patroon** bought pattern. **~pop** dummy. **~promenade** →WINKELWANDELHAL. **~promosie** in-store promotion. **~prys** retail price; *die ~ daarvan is ...* it retails at ... **~ruit** shop window. **~sak** checkout bag. **~sentrum** shopping centre; shopping precinct. **~skoene** *(rare)* store-bought shoes. **~skuld** shop debt(s). **~sluiting** closing of shops, shopclosing. **~speurder** store detective. **~straat** shopping street. **~tande** *(infml., rare)* store teeth, false/artificial teeth. **~tas** shopping bag. **~toebehore** shop fittings, shop fixtures. **~trollie, ~waentjie** shopping troll(e)y, shopping cart. **~uitstalling** shop (window) display. **~ure** *n. (pl.)* shop(ping) hours, business hours, opening hours, hours of opening. **~venster** shop window, show window. **~vloer** shop floor. **~voorraad** stock-in-trade. **~waentjie** →WINKELTROLLIE. **~wandelhal, ~promenade** shopping mall. **~ware** merchandise. **~week** shopping week. **~werker** shop worker.

win·kel·ag·tig *-tige* like a shop.

win·ke·lier *-liers* merchant, shopkeeper, shopman, shop owner; tradesman.

win·kel·tjie *-tjies* small shop; kiosk.

win·ning winning, production, recovery, extraction, mining *(of ore).*

wins *winste* profit, gain, return; benefit; margin; winnings *(at cards etc.);* conquest; haul; *~ **afwerp/oplewer*** return/yield a profit; *dit lewer 'n **behoorlike** ~* it yields a fair profit, it brings an adequate return; *~ ná **belasting*** after-tax profit; *~te **deel*** pool winnings; *~ op iets **maak*** make a profit on s.t.; *'n ~ uit iets **maak**, (also)* make money on s.t. *(a transaction); uit iets ~ **maak**, (also)* do well out of s.t.; ***met** 'n ~* at a profit; ***met** 'n ~ van R ...* (of ...%) at a profit of R ... (*or* ...%); *die **netto/skoon** ~* the net profit; *iem. se **onregmatige** ~te* s.o.'s ill-gotten gains; *~ op **papier*** paper profit; *~ ná **rente** en voor belasting* above-the-line profits; *'n bedrag **skoon** ~ maak* clear a sum; *op ~ **uit** wees* be working for a profit; *iets met 'n ~ **verkoop*** sell s.t. at a profit; sell s.t. at a premium; *~ van iets **verwag*** stand to gain by s.t.; *die firma **werk** met 'n ~* the firm shows a profit. **~aandeel** share in the profit; dividend; rake-off. **~aanwending** appropriation of profits. **~bedrag** (amount of) profit. **~bejag** profit-seeking, -mongering, profiteering, greed of gain; →WINSOOGMERK; *sonder ~* not for gain; not for profit; *'n maatskappy/organisasie sonder ~* a non-profit(-making) company/organisation; *uit ~* from motives of gain. **~belasting** profits tax. **~deelend** *-lende* profit-sharing; *~e aandeel* participating share; *~e versekering* participating insurance, with-profit(s) insurance; *~e obligasie* participating debenture. **~deling** profit/gain sharing, pooling; *~ tussen drie partye* three-way profit split. **~drempel, gelykbreekpunt** breakeven point. **~drempeldiagram** breakeven chart. **~-en-verlies(-)rekening** *-ninge, -nings* profit and loss account. **~gewend** *-wende meer ~ die mees -wende* profitable, paying, lucrative, profit-making, payable, remunerative; *~e erts* pay ore; *~e grond, (agric. etc.)* profitable land; *iets ~ maak* exploit s.t.. **~gewendheid** profitability, remunerativeness, payability. **~grens, ~marge** mark-up, profit margin. **~grensmyn** marginal mine. **~jagter** profit-monger/seeker; profiteer. **~koop** →WINSKOOP. **~marge** →WINSGRENS. **~oogmerk, ~motief** profit motive; →WINSBEJAG; *met 'n ~* with an eye to gain; *sonder ~* not for gain. **~raming** estimation of profits. **~realisering** profit-taking. **~ruimte** profit margin, margin of profit; mark-up. **~saldo** undivided profits. **~sentrum** profit centre. **~slag** scoop. **~speling** = WINSRUIMTE. **~syfer** (margin of) profit. **~uitkering** distribution of profits, share-out. **~verdeling** appropriation of profits. **~verdelingsrekening** appropriation account.

wins·koop, wins·ko·pie bargain (buy); →KOPIE[1]. **~jag** bargain-hunting. **~jagter** bargain hunter. **~toonbank, ~tafel** bargain counter.

win·ter *-ters* winter; *in die **hartjie** van die ~* in the dead/depth of winter; ***in** die ~* in winter; *'n **sagte** ~* a mild winter; *~ en **somer** swem* swim throughout the year; *'n **strawwe/kwaai** ~* a hard/severe winter. **~aand** →WINTERSAAND. **~akoniet** *(bot.), (Aconitum lycoctonum)* wolfsbane; *(Eranthis hyemalis)* winter aconite. **~appel** winter apple. **~aster** chrysanthemum. **~behandeling** dormant treatment. **~bene** →WINTERSBENE. **~blomkool** = BROCCOLI. **~bui** winter shower. **~dag** →WINTERSDAG. **~drag, wintersdrag** winter wear. **~druif** winter grape. **~enting** winter/ligneous grafting. **~gesig** winterscape; winter scene. **~gewas** winter crop. **~goed** →WINTERSGOED. **~graan** winter cereal(s). **~groen** *(bot.: Pyrola* spp.*)* wintergreen; wintergreen, green in winter. **~groenolie** *(from Gaultheria procumbens)* wintergreen (oil), oil of wintergreen. **~hakskeen** →WINTERSHAKSKEEN. **~hande** →WINTERSHANDE. **~hard** *-harde* hardy; *~e plant* hardy annual. **~hare** winter coat. **~hemp** →WINTERSHEMP. **~hout** dormant wood. **~huis** winter house. **~jas, wintersjas** winter (over)coat, ulster. **~kers** *(bot.: Barbarea vulgaris)* wintercress, yellow rocket. **~kleding** winter clothing. **~klere, wintersklere** winter clothes. **~koninkie** *(orn.: fam.* Troglodytidae*)* (winter) wren. **~koring** winter wheat. **~koue** cold of winter. **~kwartier(e)** winter quarters. **~laken** winter sheet. **~lam** winter lamb. **~landskap** winter landscape. **~lug, winterslug** winter/wintry sky; wintry air. **~maand** winter month. **~mantel** winter cape; *(obs.)* winter coat. **~mode** winter fashion(s). **~môre, ~more** →WINTERSMÔRE. **~mot** *(Operophtera brumata)* winter moth. **~mus** winter beret/cap. **~nag, wintersnag** winter night. **~oggend** →WINTERSOGGEND. **~opruimingsuitverkoping** winter clearance sale. **~ore** →WINTERSORE. **~pak** winter suit. **~paleis** winter palace. **~pampoen** winter pumpkin. **~peer** winter pear. **~provisie** →WINTERVOORRAAD **~reën** winter rain; winter rainfall. **~reënstreek** winter rainfall area. **~reënval** winter rainfall. **~rok, wintersrok** winter frock/dress. **~rus** winter rest. **~saffraan(peer)** winter saffron pear. **~seisoen** winter season. **~slaap** *n.* winter sleep, hibernation; *die beer/ens. slaap sy ~* the bear/etc. hibernates; *in die ~* torpid. **~slaper** hibernant, hibernator. **~snoei** winter pruning. **~son** winter sun, wintry sun. **~sonstilstand** winter solstice, midwinter. **~spanspek** *(Cucumis melo inodorus)* winter/honeydew melon. **~spoor** winter spore, teleutospore. **~sport** winter sports. **~sport(soort)e** winter sports. **~storm** winter gale. **~tuin** winter garden. **~tyd** wintertime, -tide. **~uitverkoop** winter sale. **~vakansie** winter vacation/holidays. **~veld, ~weiding** winter pasture/grazing. **~veldtog** winter campaign. **~verblyf** winter residence; winter resort. **~voer** winter fodder. **~voete** →WINTERSVOETE. **~voorraad, ~provisie** winter store. **~weer** wintry weather. **~weiding** →WINTERVELD. **~wind** wind of winter.

win·ter·ag·tig *=tige* winterish; winterly, wintry. **win·ter·ag·tig·heid, win·ters·heid** wintriness, winteriness, winterliness.

win·ters *=terse* wintry, winter, hibernal; in winter. **~aand, winteraand** winter evening. **~bene, winterbene** chilblained legs. **~dag, winterdag** winter day; *op 'n ~* on a winter's day. **~drag** →WINTERDRAG. **~goed, wintergoed** *(rare)* winter clothing. **~hakskeen, winterhakskeen** kibe. **~hande, winterhande** chilblained hands. **~hemp, winterhemp** winter shirt. **~jas** →WINTERJAS. **~klere** →WINTERKLERE. **~lug** →WINTERLUG. **~môre, ~more, wintermôre, wintermore** winter morning. **~nag** →WINTERNAG. **~oggend, winteroggend** winter morning. **~ore, winterore** chilblained ears. **~rok** →WINTERROK. **~voete, wintervoete** chilblained feet.

win·ters·heid →WINTERAGTIGHEID.

win·tie *(infml.)* blowhard.

wip *wippe, n.* trap, snare, gin *(for catching birds etc.)*; bascule *(of a bridge)*; tilt; skip; *(coarse sl.: sexual partner)* lay; *(die) ~, (naut.)* scend, send; *op die ~ staan, (idm., rare)* be in danger of getting kicked out (*or* of getting the boot); hold the balance (of power); *'n ~ stel* lay/set a snare/trap. **wip** *ge=, vb.* seesaw; go up and down; jump up; wobble; tilt; whip, whisk; skip, hop; *(naut.)* scend, send; *iem. ~ in/uit iets* s.o. hops into (*or* out of) s.t. *(infml.)*; ***jou** ~, (infml.)* give o.s. airs, put on airs; take offence; *die **kar** ~* the cart tilts; *iets **laat** ~* tilt/tip s.t.; ***oor** iets ~* skip across s.t.; *~ soos jy **skrik*** jump with fright; *moenie so ~ met jou **stoel** nie* stop tilting your chair. **~aangee** *(basketball)* bounce pass. **~bak** tipper. **~(bak)wa** = WIP(VRAG)WA. **~bal** *(cr.)* bumper; →OPSLAGBAL. **~brug** balance/bascule/tipping bridge. **~deksel** flip top. **~deur** tip door. **~emmer** tipping bucket. **~galg** *(hist.)* strappado. **~gatmier** = WIPSTERTMIER. **~geut** tip chute. **~haak** tipping hook. **~kar** tilt cart, tip cart, dumpcart; tipper (truck). **~klip** rocking stone, logan (stone). **~kring** *(comp.)* flip-flop. **~mat** trampoline. **~matjie** *n. (dim.)* rebounder. **~neus** turned-up/upturned nose, pug/snub nose. **~plank** seesaw; *iem. ry ~* s.o. see-saws, s.o. plays on a see-saw; *iets ry ~* s.t. see-saws *(prices on the stock exchange etc.)*. **~ploeg** swing plough. **~prentboek** pop-up book. **~prentboekontwerp** pop-up book design, paper engineering. **~prentboekontwerper** pop-up book designer, paper engineer. **~rooster** pop-up toaster; *(tech.)* dump/tipping grate. **~sif** jig, jigger. **~stert(jie)** *(orn.: Cercotrichas spp.)* scrub robin. **~stertmier** *(Crematogaster spp.)* cocktail ant. **~stoel** rocking chair. **~stuk** sprocket, chantlate *(of eaves)*. **~toestel** tipping gear. **~toets** *(comp.)* toggle key. **~tuig** baby bouncer. **~(vrag)wa** tip truck/lorry, tipper (truck), end-tipping truck/lorry, end tipper. **~waentjie** roller coaster. **~wagter** tipman, tipper.

wip·per *=pers* wobbler; tipp(l)er; tipping gear; whip (and derry). **wip·pe·rig** *=rige* wobbly; uppish, snobbish; *'n ~e stappie* a jumpy gait. **wip·pe·rig·heid** wobbliness; uppishness. **wip·per·tjie** *=tjies, n. (dim.)* hopper *(of a piano)*.

wir·war *(rare)* whirl, jumble, tangle, muddle.

wis[1] *n.: vir die ~ en die onwis* just in case. **wis** *adj. & adv.: 'n ~se **dood*** →'N GEWISSE DOOD; *~ en **seker*** for a certainty, certainly, definitely; *dis ~ en **seker**, (also)* there is no doubt about it; *iets sal ~ en **seker** gebeur, (also, infml.)* s.t. will happen sure enough.

wis[2] *ge=, vb.* wipe; *iets uit ... ~* expunge s.t. from ...; *iets uit jou gedagtes ~* erase s.t. from one's mind. **wis·ser** *=sers* wiper, sponge; cleaning rod; eraser; pull through; squeegee. **wis·ser·stok** cleaning/clearing rod. **wis·ter** *=ters* pull-through.

wis[3] *vb. (p.t.), (rare)* knew; →WEET; *iem. ~ dit nie* s.o. did not know it; *iem. ~ nie hoe om te begin nie* s.o. was at a loss how to broach the subject; *iem. ~ te vertel dat ...* s.o. came out with the story (*or* asserted) that ...

Wis·con·sin *(geog.)* Wisconsin.

wi·sent *=sente, (zool.: Bison bonasus)* European bison.

Wisj·noe *(Hind.)* Vishnu.

wis·kun·de mathematics; *suiwer ~* pure mathematics; *toegepaste ~* applied mathematics. **~onderwyser** mathematics teacher.

wis·kun·dig *=dige, adj. & adv.* mathematical(ly); *~ aangelê wees* be numerate; *met ~e sekerheid* with mathematical certainty; *~e tabelle* mathematical tables. **wis·kun·di·ge** *=ges, n.* mathematician.

Wis·la, *(Germ.)* **Weich·sel,** *(Polish river)* Vistula.

wis·pel·tu·rig *=rige =riger =rigste (of meer ~ die mees =rige)* fickle, freakish, inconstant, capricious, changeable, whimsical, variable, wayward, mercurial, squirrelly; *~e mens* fickle person, butterfly *(infml.)*. **wis·pel·tu·rig·heid** fickleness, freakishness, inconstancy, capriciousness, changeability.

wis·sel *=sels, n., (econ.)* bill (of exchange), draft; *(rly.)* points, switch, crossover; *'n ~ **aanbied**, (econ.)* present a bill; *'n ~ **aksepteer**, (econ.)* accept a bill; *die ~s **bedien**, (rly.)* work the points; *'n ~ **betaalbaar aan toonder**, (econ.)* a bill payable to bearer; *oor die ~ **gaan**, (rly.)* pass through the points; *'n ~ **honoreer**, (econ.)* honour/meet a bill; *~s en **kruisstukke**, (rly.)* points and crossings; *~ **ontvangbaar**, (econ.)* bill receivable; *die ~ **oorhaal/versit**, (rly.)* shift/alter the points, throw points; *'n ~ **op** Kaapstad, (econ.)* a bill payable at Cape Town; *'n ~ **op** (ses maande) sig, (econ.)* a bill payable at six months sight; *'n ~ **protesteer** (weens non-aksep-tasie/nie-betaling), (econ.)* protest a bill (for non[-]acceptance/non[-]payment). **wis·sel** *ge=, vb.* change, vary; exchange *(letters, views, looks, etc.)*; bandy, interchange *(words, compliments, jokes, etc.)*; change, give change for *(money)*; draw, cash *(a cheque)*; shed, cut *(teeth)*; convert *(money)*; ***baie** ~* vary greatly/widely; ***gedagtes** ~* →GEDAGTE; ***indrukke** ~* →INDRUK *n.*; *van **plekke** ~* (inter)change places; ***ratte** ~* →RAT; *iem. se **stem** ~* →STEM *n.*; ***van** ... **tot** ... ~* range from ... to ...; vary from ... to ...; ***vuishoue/beledigings** met iem. ~* trade punches/insults with s.o.. **~afdeling** bill department. **~aflos(resies)** medley relay (race). **~bank** bank of exchange, discount bank. **~beker** floating cup, challenge cup. **~boek** bill-book. **~bou** *(agric.)* rotation of crops, crop rotation, rotational cropping, rotary cultivation; *~ toepas* grow rotation crops. **~brief** bill (of exchange), draft. **~dans** Paul Jones (dance). **~diens** shuttle service. **~garansie** aval, bill guarantee. **~gebruik** usance. **~gids** cambist. **~handel** bill brokerage, bill broking; bill business. **~handelaar** bill broker, cambist. **~hefboom** gear lever, gearshift, control lever, change speed lever; *(rly.)* switch lever. **~hoek** alternate angle. **~houer** holder of a bill. **~jare** *(rare)* change of life, menopause. **~kantoor** exchange office. **~kapmotor** *(rare)* convertible (car); →AFSLAANKOEPEE. **~kind** *(myth.)* changeling, elf child. **~koers** →WISSELKOERS. **~koste** bill charges. **~kruising** (road/traffic) interchange. **~lam** hogget, shearling. **~lamwol** hogget wool, hoggets. **~loon** bill brokerage, agio. **~makelaar** bill broker, discount broker; exchange broker. **~nemer** payee. **~noot** auxiliary note. **~ooi** maiden ewe. **~pols** *(med.)* pulsus alternans. **~provisie** commission. **~punt** *(comp.)* floating point. **~rat** change wheel, variable gear. **~reg** law/bills of exchange, law of negotiable instruments. **~rekening** exchange account. **~ruiter** kite flyer/flier. **~ruitery** kite flying, kiting, cross-accommodation. **~rym** alternate rhyme. **~sake** agiotage. **~sang** antiphony. **~seël** bill-stamp. **~skaal** sliding scale. **~slag** *(swimming)* medley. **~span** fresh horses. **~spelling** alternative spelling. **~spoor** switch rail; siderail(s), shunt line, siding, sidetrack. **~stang** (cross-)shift rod, control rod; *(rly.)* points rod. **~stel** *(rly.)* (set of) points and crossings. **~stroom** *(elec.)* alternating current. **~stroomdinamo, =generator, =masjien** alternator. **~stroomtransformator** alternate current transformer. **~tand** milk tooth, temporary tooth. **~terrein** exchange yard/site. **~tong** *(rly.)* switch rail. **~trofee** floating trophy. **~vervalser** bill forger. **~vervalsing** forging of bills. **~vorm** *=vorme* alternative form, variant. **~wag(diens)** point duty. **~wagter** pointsman, switchman. **~wedloop** medley race. **~weiding** pasture rotation, rotational grazing, rotative grazing. **~werking** interaction, interplay (of forces); *(mech.)* reciprocal action.

wis·se·laar *=laars* money changer; record-changer; oscillator; gear lever; control lever; commutator.

wis·sel·baar *=bare* (ex)changeable; interconvertible; variable. **wis·sel·baar·heid** (ex)changeability.

wis·se·lend *=lende* changing, varying; variable, changeable; fitful; labile, fluid; occulting; *~e belasting* variable load; *~e loonskaal* sliding wage scale; *steeds ~* ever-changing.

wis·se·ling *=linge* change, variation, fluctuation; mutation; shift; shunt; gradation *(of vowels)*; exchange, interchange; *by die ~ van die **eeu/jaar/maand*** at the turn of the century/year/month; *~ van die **jaargetye*** succession of the seasons; *die ~e van die **lot*** the vicissitudes (*or* chops and changes *or* changes and chances) of fortune; *die ~ in die **temperatuur*** the variation in temperature.

wis·sel·kleu·rig *=rige* iridescent.

wis·sel·koers (rate of) exchange, exchange rate. **~arbitrasie, wisselarbitrasie** arbitration of exchange. **~dumping** exchange dumping. **~pariteit, wisselpariteit** exchange parity, par of exchange. **~skommeling** fluctuation in exchange rate.

wis·sel·val·lig *=lige* uncertain, precarious, changeable, intermittent, erratic, unsteady, volatile *(market)*. **wis·sel·val·lig·heid** *=hede* uncertainty, changeability, precariousness, volatility *(of the market)*; unevenness *(within the economy)*; *die ~hede van die lewe* the vicissitudes (*or* the ups and downs) of life; *~ van marges, (econ.)* volatility of margins.

wis·te·ri·a *(bot.)* wisteria; →BLOUREËN.

wit *n.* white; pith *(of an orange)*; *(shooting)* carton; *die ~ van 'n **eier*** the white of an egg; *die ~ van twee **eiers*** two egg whites, whites of two eggs; *in ~ **geklee*** dressed in white; *die ~ van die **oog*** the white of the eye; ***skoot** in die ~ (van die/'n skyf)* carton; *die ~ van 'n **skyf*** the bull's-eye; *iem. wil iets **swart** op ~ hê* s.o. wants s.t. (put down) in black and white. **wit** *wit witter witste, adj.* white; *~ **baard*** white beard; *die W~ **Berg*** the White Mountain *(in the Sierra Nevada, California)*; *~ **bloedliggaampie*** = WITBLOEDSEL; *~ **broek*** white trousers; *W~ **Donderdag**, (Chr.: Thursday before Easter)* Maundy Thursday; *~ **geruis**, (rad., TV)* white noise; *~ **heerskappy/oppermag*** white supremacy; *~ **heerssugtige*** white supremacist; *~ **hout*** white wood *(lit.)*; *~ **Kersfees*** white Christmas; *so ~ soos 'n **laken*** as white as a sheet; *die W~ **Leër**, (Russ. hist.: counter-revolutionaries)* the White Army; *~ **lig*** white light; *iets ~ **maak*** whiten s.t., blanch s.t.; *~ **mens*** white (person); *~ **mense*** whites, white people; *~ **mielie*** white mealie/maize; *~ **nag**, (summer night which never becomes completely dark)* white night; *die W~ **Nyl*** the White Nile *(in the Sudan)*; *~ **papier*** white paper *(lit.)*; *die W~ **Paters**, (RC order)* the White Fathers; *die W~ **See*** the White Sea. *~ **sement*** white cement; *~ **spasie**, (typ.)* white space; *~ **spiritus*** white spirit; *~ **streep*** white line; *~ **suiker*** →WITSUIKER; *~ **tafelwyn*** white table wine; *~ **verf*** white paint; *~ **vlag**, (mil. or fig.)* white flag, flag of truce; *die ~ **vlag** hys/opsteek* (of *omhoog hou*) hoist/raise the white flag; *~ **vleis** (of ~vleis)* white meat; *~ **voet*** white foot; →WITVOET; *~ **word**, (s.o.)* go/grow/turn white, turn pale; *~ **wyn*** →WITWYN. **wit** *ge=, vb.* whitewash, lime(wash); distemper; →WITSEL, WITTER *n.*. **~aalbessie** *(Ribes sativum)* white currant. **~aarsiekte** foot rot *(in plants)*. **~aasvoël** *(Gypohierax angolensis)* palmnut vulture. **~apiesdoring** = ANABOOM. **~baard** *(infml.: an old man)* whitebeard. **~bier** white beer. **~biskop** *(icht.: Sparodon durbanensis)* white musselcracker. **~blits** *(home-distilled raw spirit)* witblits. **~bloedig** *=dige* white-blooded *(fish)*. **~bloedigheid** *(rare)* →BLOEDKANKER, LEUKEMIE. **~bloedsel** *(physiol.)* leucocyte, white (blood) corpuscle. **~blond** *=blonde* white-blonde, platinum-blonde *(hair)*. **~boek** *(official)* white book. **~bont** white-spotted, piebald.

~boordjiemisdaad white-collar crime. **~bord** whiteboard. **~borsduifie** *(Turtur tympanistria)* tambourine dove. **~borskraai** *(Corvus albus)* pied crow. **~borsspreeu** *(Cinnyricinclus leucogaster)* violet-backed starling, plum-coloured starling *(obs.)*. **~bos(hout)** *(Maerua cafra)* bush cherry. **~bossie, scholtzbos, armoedbos** *(Pteronia pallens)* scholtz bush. **~botterblom** *(Dimorphotheca pluvialis)* Cape daisy, rain daisy. **~brand** *(plant pathol.)* white smut. **~brood** white bread. **~broodjie** *(fig., infml.)* favourite, pet, blue-eyed boy, white-haired/headed boy; *juffrou/meneer se ~* teacher's pet. **~damp** white damp. **~den** *(Pinus strobus)* white/northern/Weymouth pine. **~dolfyn** *(Delphinapterus leucas)* white whale, beluga. **~doring(boom)** *(Acacia polyacantha)* whitethorn (tree). **~dulsies** *(old remedy)* white dulcis. **~dwerg** *(astron.)* white dwarf. **~eik** *(Quercus alba)* white oak. **~els** *(Platylophus trifoliatus)* white alder. **~es(boom)** *(Fraxinus americana)* white ash. **~fosfor** = GEELFOSFOR. **~gatboom** *(Boscia albitrunca)* shepherd's tree. **~gatjie** *(orn., infml.)* = GROENPOOTRUITER. **~gatkoffie** *(hist.)* shepherd's-tree coffee, surrogate coffee. **~gatspreeu** *(Spreo bicolor)* pied starling. **~geglans** *=glansde* white-glazed. **~gekuif** *=kuifde* white-crested. **~gelak** *=lakte* white-lacquered. **~gepleister(d)** *=terde* whitewashed; *~de graf, (fig.)* whited sepulchre, plaster saint. **~gloeiend** *=ende* white-hot, incandescent. **~gloeihitte** white heat. **~goed** *n. (pl.), (household linen)* white goods. **~goedere** *n. (pl.), (washing machines, refrigerators, etc.)* white goods. **~goud** white gold. **~greinhout** white deal. **~haak** *=hake*, **~haakboom** *=bome*, **haak-en-steek** *=steke, (Acacia tortilis)* umbrella thorn. **~haar=** white-haired. **~halskraai** *(Corvus albicollis)* white-necked raven. **~hond** = WITBLITS. **~hout** whitewood; white deal; *(Ilex mitis)* African holly. **W~huis:** *die ~, (official residence of the US president; the US presidency)* the White House. **W~huisamptenaar** *=nare* White House official. **~jas** *(infml., esp. cr.)* umpire. **~kalk** whitewash, limewash. **~katlagter** *(orn.: Turdoides bicolor)* (southern) pied babbler. **~keelkanarie** *(Serinus albogularis)* white-throated canary. **~keelsanger** *(orn.: Sylvia communis)* common whitethroat. **~kenpylstormvoël, bassiaan** *(Procellaria aequinoctialis)* white-chinned petrel, Cape hen. **~klawer** *(Trifolium repens)* white clover. **~klawersuring** *(Rumex acetosa)* sour dock, sorrel. **~klei** kaolin, terra alba. **~kneukelrit** *(infml.)* white-knuckle ride. **~kneukelvuis, ~kneukelhand** *(infml.)* white-knuckled fist/hand. **~kool** savoy, white cabbage. **~kop** grey head; white-headed person. **~koper** *(rare)* nickel/German silver. **~kopnooi** blonde. **~koppie** little blonde; *(infml.: a pustule on the skin)* whitehead. **~kruisarend** *(Aquila verreauxii)* Verreaux's eagle, black eagle *(obs.)*. **~kuif=** white-crested. **~kwas** lime/distemper/whitewash/whiting brush; cow with a white brush to her tail. **~kwasjakkals** *(Canis adustus)* side-striped jackal. **~kwasmuishond, geelmeerkat, rooimeerkat** *(Cynictis penicillata)* yellow mongoose, red meerkat. **~leer** white leather, whitleather. **~lit(siekte)** white fetlock (disease) *(of horses)*. **~lood** white lead, ceruse. **~lo(o)f** chicory *(as a vegetable)*, French/Belgian endive, witloof. **~looi** *witge=* taw. **~looier** tawer. **~loolery** tawing. **~luis** *(entom.: Pseudococcus* spp.*)* mealy bug. **~lyn** *(anat.)* white line. **~malgas** *(orn.: Morus capensis)* Cape gannet. **~margriet** →WILDEMARGRIET. **~melkhout(boom)** *(Sideroxylon inerme)* white milkwood. **~mens** →WIT MENS. **~metaal** *(alloy)* white metal. **~mier** *(infml.)* white ant; →TERMIET², RYSMIER. **~muis** white mouse. **~ogie** *(orn.)* = GLASOGIE. **~olienhout(boom)** *(Buddleja saligna)* witolienhout (tree), false olive (tree). **~oog** *(ophthalmology)* walleye. **~ooievaar** *(Ciconia ciconia)* white stork. **~-op-swart-tekening** scraperboard drawing. **~peer(boom)** *(Apodytes dimidiata)* white pear. **~peper** white pepper. **~populier** *(Populus alba)* white poplar, abele. **~reier** *(Egretta* spp.*)* egret. **~renoster** *(Ceratotherium simum)* white rhinoceros, square-lipped rhinoceros. **~roes** *(plant pathogen)* white rust. **~rot** white rat. **~rugaasvoël** *(Gyps africanus)* white-backed vulture. **~rugeend** *(Thalassornis leuconotus)* white-backed duck. **~ruis** *(rare)* →WIT GERUIS. **W~-Rus** White Russian, Byelorussian. **W~-Rusland** White Russia, Byelorussia. **W~-Russies** *n. & adj.* White Russian, Byelorussian. **~rysheide** *(Erica tenuifolia)* rice heath. **~seder** *(bot.: Thuja occidentalis, Chamaecyparis thyoides)* white cedar. **~seerkeel** *(pathol.)* diphtheria. **~sering** *(Kirkia acuminata)* white seringa. **~sig** whiteout. **~skimmel** light grey (horse). **~skrif** *(parl.)* white paper. **~sous** white sauce. **~staar** *(ophthalmology)* leucoma. **~steenbras** *(icht.: Lithognathus lithognathus)* white steenbras. **~stertmuis** *(Mystromys albicaudatus)* white-tailed mouse. **~stertmuishond** *(Ichneumia albicauda)* white-tailed mongoose. **~stinkhout** *(Celtis africana)* Camdeboo/white stinkwood. **~stof** *(anat.)* white matter *(of the brain and spinal cord)*. **~stompneus** *(icht.: Rhabdosargus globiceps)* white stumpnose. **~streep** whiting line. **~suiker, ~ suiker** white sugar. **~suikerfabriek** sugar refinery. **~tande:** *~ lag* laugh contentedly/happily. **~verf** lithopone. **~viooltjie** = TJIENKERIENTJEE. **~vis** white fish. **~vissie** minnow. **~vitrioel** white vitriol, sulphate of zinc. **~vleis** white meat. **~vloed** *(pathol.)* leucorrhoea, the whites, fluor albus. **~voet, ~voetjie** →WITVOET, WITVOETJIE. **~vrot** *(plant disease)* white rot. **~wandband** whitewall (tyre). **~was¹** *n.* white wax. **~was²** *witge=, vb., (fig.)* launder *(money)*. **~waterkanokampioenskap** white-water canoe championship. **~waterry** *n.* white-water rafting/etc.. **W~watersrand, Rand:** *die ~, (SA geog.)* the Witwatersrand/Rand/Reef. **~wilg(er)** *(Salix alba)* white willow. **~wortel** parsnip. **~wyn, ~ wyn** white wine.

wit·ag·tig *=tige* = WITTERIG.

wit·heid whiteness.

wi·the·riet *(min.)* witherite.

wit·jie *=jies, (a butterfly, fam.* Pieridae*)* white, pierid.

wit·sel whiting, whitening, white cleaner; whitewash, limewash, distemper; white lime.

Wit·sen·berg Witzenberg.

Wit·sie *=sies, (infml.: student of the Univ. of the Witwatersrand)* Witsie.

wit·te *=tes* white (one); *(bowls)* jack; *die/'n ~* the/a white one; *die ~s, (people)* the whites; *(things)* the white ones. **~boom** *(obs., rare)* silver tree; →SILWERBOOM. **wit·te·rig** *=rige* whitish, whit(e)y. **wit·te·tjie** *=tjies, n. (dim.)* little white one.

wit·te·brood honeymoon; *hulle bring hul ~ op ... deur* they are honeymooning at ...; *hulle hou ~, hulle is op hul ~* they are on (their) honeymoon; *die ~ is verby, (fig., infml.)* the honeymoon is over.

wit·te·broods-: ~dae, ~tyd, ~weke = WITTEBROOD. **~paar** honeymoon couple, honeymooners. **~reis** honeymoon trip.

wit·ter *=ters, n.* whitewasher.

wit·voet white-footed horse/etc.. **~perd** trammelled horse.

wit·voe·tjie: *by iem. ~ soek, (infml.)* curry favour with s.o., fawn (up)on s.o., toady to s.o.. **~soekend** *=kende* fawning *(pers.)*. **~soeker** toady.

Wo·dan *(Germ.)*, **O·din** *(Norse), (myth.)* Wodan, Woden, Odin.

wod·ka, vod·ka *=kas* vodka.

Woe *(group of Chin. dialects)* Wu.

woed *ge=* rage, thunder, storm, go wild; →WOEDEND; *teen ... ~* rage against ...

woe·de rage, wrath, fury, ire, passion; *(med.)* furor; *iem. wil **bars** van ~* s.o. boils over with anger; ***bleek** wees van ~* be livid with anger/rage; ***blind** wees van ~* be in a blind rage; ***buite** jouself wees van ~* be beside o.s. with rage; *iets in jou ~ **doen*** do s.t. in anger (*or* hot blood); *jou iem. se ~ op die **hals** haal* draw s.o.'s anger down upon o.s.; *jou ~ op ... **koel*** vent one's anger/rage on ..., wreak one's rage on ...; ***kook** van ~* seethe with rage, be absolutely flaming, be in a flaming temper, be flaming mad; *iem. se **onbeheerste** ~* s.o.'s unbridled anger; *in 'n **oomblik** van ~* in the heat of the moment; *iem. se ~ **opwek*** provoke/rouse s.o.'s anger; ***rasend** wees van ~* be in a tearing/towering rage; ***rooi** wees van ~* be flushed/red with anger/rage; ***rooi** word van ~* become/go purple with rage; ***snuif** van ~* give a snort of rage; *in ~ **uitbars*** explode with rage, fly into a fury; *iem. het in ~ **uitgebars** toe ...* s.o. went up in the air when ...; *in ~ **verval*** fall into a rage; *in 'n **vlaag** van ~* in a burst of anger, in a transport of rage. **~aanval** rage, tantrum. **~bui** tantrum; *in 'n ~* in a fit of anger.

woe·dend *=dende =dender =dendste, adj. & adv.* furious(ly), irate(ly), wrathful(ly), raging, outraged, enraged, incensed, fighting mad; *(infml.)* savage(ly), wild(ly); *iem. ~ **aankyk*** look daggers (*or* glare) at s.o.; *in 'n ~e **bui*** in a foul temper; *'n ~e **gesig*** a face like thunder; *~ (**kwaad**) wees* be in a (towering) rage; *iem. ~ **maak*** make s.o. furious/wild, enrage/infuriate s.o.; *iets **maak** iem. ~* s.t. puts s.o. in(to) a passion, s.t. makes s.o. see red, s.t. gets s.o.'s blood up; ***oor** iets ~ wees* be enraged/incensed at/by s.t., be infuriated about/at/over s.t.; be outraged by s.t.; *'n ~e **storm*** a raging storm; ***vir** iem. ~ (kwaad) wees* be furious/infuriated with (*or* mad at) s.o.; *~ **word*** become/get furious, fall/fly/get into a rage, fly into a fury, see red *(infml.)*.

woef *interj.* bow-wow, woof. **woe·fie** *=fies, n. (dim.), (infml.)* doggie.

woe·ker *n.* usury. **woe·ker** *ge=, vb.* practise usury; grow rank; proliferate; parasitise; *met talente/tyd/ens. ~* make the most of talents/time/etc., turn talents/time/etc. to the best advantage; *die onkruid ~* weeds are growing rank. **~dier** parasite. **~geld** money got by usury. **~handel** usurious trade, usury. **~huur** rack-rent. **~plant** parasitic plant, parasite, phytoparasite, epiphyte. **~pot** totalisator jackpot, jackpot tote. **~prys** usurious price; *iem. 'n ~ laat betaal* drive a hard bargain. **~rente** usurious interest, usury. **~vleis** proud flesh, granulation tissue *(covering a wound)*. **~wet** usury act. **~wins** profiteering, exorbitant profit, usurious profit; *~(te) maak* profiteer. **~winsmaker** profiteer.

woe·ke·raar *=raars* usurer, profiteer.

woe·ker·ag·tig *=tige* usurious, exorbitant.

woe·ke·rend *=rende* proliferating; usurious; *(bot.)* epiphytic.

woe·ke·ring *=rings, =ringe* proliferation; parasitic growth; *(med.)* vegetation.

woe·ker·sug usurious spirit. **woe·ker·sug·tig** *=tige* usurious.

woel *ge=* toss (about), turn and toss *(in one's bed)*; fidget (about); burrow, grub, root *(in soil)*; rummage *(in papers)*; wind (round), lash; *(infml.)* hurry up, bustle, hustle, bestir o.s., get a move on, shake a leg; wriggle; *iem. sal moet ~ om te ..., (infml.)* s.o.'ll have to hurry to ... *(finish s.t. in time etc.)*; *'n draad om 'n paal ~* wind a wire round a post; *iem. ~, (infml.)* give it s.o. hot. **~beuel** lashing handle. **~eg** rotary cultivator. **~gees** turbulent fellow, stormy petrel, agitator. **~haak** lashing hook. **~ketting** lashing chain. **~lyn** = WOELTOU. **~muis** vole. **~ploeg** *n.* trench plough, subsoil plough, subsoiler. **~ploeg** *ge=, vb.* subsoil. **~siek** *=siek(e)* restless, turbulent; riotous. **~tou** lashing (rope). **~water** *(infml.)* boisterous/rumbustious child, bustling/fidgety/restless child; live wire, go-getter, hustler. **~yster** pry bar.

woe·le·rig *=rige* restless, fidgety, wriggly *(child etc.)*; →WOELIG.

woe·lig *=lige =liger =ligste* restless, fidgety, wriggly, squirrelly *(child etc.)*; lively *(meeting)*; busy, bustling *(street)*; turbulent *(times)*; obstreperous; hustling; *~e mens* fidget; *~e see* lumpy/choppy sea; *~e water* broken water. **woe·lig·heid** restlessness; liveliness, bustle, busyness, business; turbulence, ferment.

woe·ling *=lings, =linge* lashing; agitation; turbulence; *(also, in the pl.)* riots; troubles; disturbances; commotion; unrest.

woe·loeng·tee oolong.

woel·sug restlessness, turbulence.

woe·ma *(infml.)* force, muscle, get-up-and-go, piz(z)azz. **~wiele** *(sl.: powerful sports car)* mean machine.

Woens·dag Wednesday; →DINSDAG. **~span** midweek team. **~wedstryd** midweek match.

woeps *interj.* whoops!, whoosh!, plop!.

woerts *interj.* whoosh!, whiz(z)!.

woer·vle·ël *(device that produces a roaring sound)* bull-roarer.

woer-woer -*woere*, -*woers* whirligig.

woes *woeste woester woesste, adj. & adv.* desolate, desert *(region, country, island);* waste *(land, grounds);* wild, savage *(scenery);* fierce, furious, ferocious, ravening *(wolf etc.);* savage *(looks, struggle);* raging *(sea, river); iem.* ~ ***aankyk*** glare at s.o.; *dit* ***gaan*** ~ it's a terrible rush; ~*te* ***gedrag*** savage/unruly conduct; ~*te* ***landstreek*** savage region; *iem.* ~ ***maak*** infuriate s.o.; ~ ***ry*** ride/drive recklessly; ~*te* ***ryer*** reckless driver; ~ ***te kere gaan*** *(of* ***tekere gaan*** *of* ***tekeregaan****)* behave riotously; ~ *begin* ***word*** become violent. **woest·aard** -*aards*, **woes·te·ling** -*linge* brute, yahoo, rough, tough, savage, Tartar, desperado, ruffian. **woes·te·ny** -*nye, (lit. & fig.)* wilderness, waste(land), desolate/desert tract; *'n huilende* ~ a howling wilderness. **woest·heid** wildness, desolateness; fierceness, savagery, savageness, ferocity; tumultuousness, ungovernableness.

woes·tyn -*tyne* desert; waste (land); *in die (politieke) ~ wees* be in the (political) wilderness; *'n stem roepende in die* ~ →STEM *n.*. **~bewoner** inhabitant of the desert. **~klip** gibber. **~muis, nagmuis** *(subfamily* Gerbillinae*)* gerbil(le), jerbil. **~plant** xerophyte, xerophytic/drought-resistant plant. **~roos, impalalelie** *(Adenium* spp.*)* desert rose, impala lily. **~rot** *(zool. or fig.)* desert rat. **~sand** desert sand. **~skip** *(fig.: a camel)* ship of the desert. **~springmuis** *(family* Dipodidae*)* jerboa. **~vloer** *(geol.)* desert pavement. **~vorming** desertification. **~vos** *(Fennecus zerda)* fennec. **~wind** desert wind, simoom, simoon.

woes·tyn·ag·tig -*tige* desert-like, arid, barren, desertic.

woi·wo·de -*des, (hist.: local ruler/governor in various Slavonic countries)* voivode, vaivode.

Woi·wo·di·na: *die* ~, *(geog.)* the Voivodina.

wok *(Chin. cook.: bowl-shaped frying pan)* wok.

wol wool; →WOLLERIG, WOLLETJIE; *'n* ***baal*** ~ a bale of wool; *'n* ***bol*** ~ a ball of wool; ~ ***dra*** wear wool; ***gemene*** ~, *(rare)* common wool; *in die* ~ ***geverf*** dyed in grain *(or* the wool); ***growwe*** ~ mungo; *meer* ***lawaai*** *as* ~, *veel geskree(u) en* ***weinig*** ~ much ado about nothing; ***superfyn*** ~ picklock. **W~afsetorganisasie** *(hist.)* Wool Disposals Organisation. **~afval** wool waste, noil. **~baal** wool bale. **~baardsuikerbos** *(Protea magnifica)* woolly-bearded protea. **~bak** wool bin. **~bedekking** = WOLDEK. **~bederf** fleece rot. **~bedryf** wool(len) industry. **~bereider** wool dresser. **~bereiding** wool dressing. **~beurs** wool exchange. **~boer** wool farmer, woolgrower. **~boerdery** wool farming, sheep-farming. **~borduurwerk** crewel(work). **~crêpe, ~kreip** wool crêpe. **~damas** moreen. **~dek** wool cover. **~deskundige** = WOLKUNDIGE. **~distrik** wool district. **~draad** wool yarn/staple. **~draend** -*ende* wool-bearing, woolled, laniferous. **~drifsels** swimmings. **~fabriek** wool(len) mill/factory. **~fabrikant** wool(len) manufacturer. **~fabrikasie** wool(len) manufacture. **~fluweel** plush. **~gare, ~garing** wool yarn. **~georgette** woollen georgette. **~gesig** woolly face. **~gesig** woolly-faced. **~goed** woollens; woollen clothing. **~gras, borseltjiegras** *(Anthephora pubescens)* wool grass, cotton grass. **~haar, ~haarstorie** →WOLHAAR. **~hakie** bale fastener. **~handel** wool trade. **~handelaar** wool merchant/dealer/stapler. **~harig** -*rige, (anthr.)* woollen-headed, ulotrichous. **~harigheid** ulotrichy. **~heffing** wool levy, levy on wool. **~industrie** = WOLBEDRYF. **~kaarde** wool card. **~kaarder** wool carder. **~kam** wool-comb(ing machine), teasel. **~kammer** wool comber. **~kamsels** wool noils. **~kant** wool lace. **~katoen** woolsey, win(cey). **~kis** wool bin. **~klas** wool line. **~klasseerder** wool classer. **~klere** woollen clothes. **~kombers** woollen blanket. **~koper** wool buyer, woolman. **~koring** *(Triticum aestivum)* common wheat, bread wheat. **~kreip** →WOLCRÊPE. **~kundige** -*ges* wool expert. **~kweker** woolgrower. **~linne** wincey. **~luis** = WITLUIS. **~makelaar** wool broker. **~mark** wool market. **~matras** wool mattress, flock mattress. **~menger** wool blender/mixer. **~meter** eriometer. **~moeselien** mousseline de laine. **~muis** chinchilla; →CHINCHILLA. **~mus** tam-o'-shanter. **~oes** wool crop, wool clip. **~olie** yolk, wool oil. **~onderbaadjie** wool waistcoat, cardigan. **~onderklere** woollen underwear, woollies. **~opbrengs** wool clip/production. **~pak** wool(len) suit. **~pakhuis** wool store/warehouse. **~pers** wool press/baler, wool-baling machine. **~poeier** *(obs., rare)* devil's dust *(for upholstering)*. **~produsent** wool producer, woolgrower. **W~raad** Wool Board. **~reep** sliver of wool. **~sak** woolsack, -pack; *(infml.)* jumbo, big clumsy person. **~sakstof** wool packing. **~satyn** satin de laine. **~serp** woollen scarf. **~skaap** woolled/wool-bearing sheep. **~skeersel** wool clip. **~skoentjie** (baby's) bootee. **~skuur** wool shed. **~soort** class of wool. **~sorteerder** wool sorter/stapler. **~spinnery** wool spinning; wool-spinning mill/factory. **~stapel** (wool) staple. **~stof** -*stowwe* wool(len) cloth/fabric/material; *(in the pl.)* woollens; *suiwer* ~ all-wool material. **~sweet** suint. **~tjek** wool cheque. **~tou** wool twine. **~trop** woolly flock. **~veiling** wool auction, wool sale. **~vel** woolfell. **~verwery** *(rare)* wool dyeing; wool dye works. **~vesel** wool fibre, wool staple. **~vet** wool grease/fat/wax, lanoline. **~vetsuur** wool fatty acid. **~vetwas** wool wax. **~vingergras** = VINGERGRAS. **~vleis(skaap)ras** woolled mutton breed. **~vlokkie** (wool) flock. **~was** wool wax. **~wasmasjien** wool-washing/wool-scouring machine. **~wasmengsel** wool liquor. **~wasser** wool washer. **~wassery** wool washing/scouring; wool washery, (wool-)scouring mill. **~wewer** wool weaver. **~wewery** wool weaving; wool factory, woollen mill.

wol·ag·tig -*tige* woolly.

wolf *wolwe, (Canis lupus)* wolf; *(carp.: kind of dovetail)* lewis, lewisson; *(mech.)* willow, willowing machine; *(mech.: weaving)* devil, gin; *(metall.)* bloom; *(mus.)* wolf; *(obs.)* hyena; ***die W~***, *(astron.)* Lupus, the Wolf; ***eet soos*** *'n* ~ eat like a wolf *(or* ravenously), have a wolf in one's inside; *iem. vir die wolwe* ***gooi*** throw s.o. to the wolves; *met die wolwe in die bos* ***huil****, (idm.)* hold/run with the hare and run/hunt with the hounds; ~ *en* ***skaap****, (game)* fox and geese, solitaire; *'n* ~ *in* ***skaapsklere*** a wolf in sheep's clothing; *(van)* ~ ***skaapwagter*** *maak* set the wolf to keep the sheep, set the fox to keep the geese; *'n* ***trop*** *wolwe* a pack of wolves. **~boontjie** →WOLFSBOONTJIE. **~dak** →WOLWEDAK. **~doring** →WOLWEDORING. **~-en-jakkals(-)storie** fox and wolf *(or* wolf and fox) story. **~hoek** →WOLWEHOEK. **~hok** = WOLWEHOK. **~hond** German shepherd (dog); wolfhound, wolf dog; *Ierse* ~ Irish wolfhound; *Russiese* ~ borzoi. **~spinnekop** *(fam.* Lycosidae*)* wolf/hunting spider. **~toon** *(bot.: Ceraria namaquensis)* Namaqua porkbush. **~wyfie, wyfiewolf** she-wolf. **~yster** wolf trap.

wolf·ag·tig -*tige* wolfish, lupine.

wol·fie -*fies, n. (dim.)* wolf cub/whelp.

wolf·ram *(chem., symb.:* W*)* tungsten, wolfram. **~karbied** tungsten carbide. **~staal** tungsten steel. **~suur** tungstic acid, wolframic acid. **~suursout** tungstate.

wolf·ra·maat -*mate, (chem.)* tungstate, wolframate.

wolf·ra·miet *(min.)* wolframite.

wolfs-: ~boontjie, wolfboontjie *(Lupinus* spp.*)* lupin. **~bout** lewis bolt. **~klou** *(bot.: Lycopodium* spp.*)* club moss, lycopod. **~kruid** *(Actaea spicata)* baneberry, herb christopher. **~kuil** *(mil., hist.)* trou-de-loup. **~melk** *(bot.: Euphorbia* spp.*)* spurge, wolf's milk, milkweed. **~tand** wolf's tooth; *(brickwork)* dogtooth; gullet tooth *(of a saw);* tooth ornament, dogtooth. **~vel** wolfskin. **~wortel** *(Eranthis hyemalis)* wolfsbane.

Wol·ga *(a river)* Volga.

wol·haar woolly hair; *jou lyf* ~ *hou, (infml., rare)* play the gallant. **~hond** woolly dog, shaggy dog, shock-dog. **~praatjies:** *(wilde)* ~ wild talk, wild and woolly words. **~storie** wild/rubbishy tale, tall story, shaggy-dog story; ~*s vertel, (infml.)* tell tall stories.

Wol·hi·ni·ë *(geog., hist.)* Volhynia.

wolk *wolke, n.* cloud *(also fig.); swaarmoedigheid het soos 'n* ***donker*** ~ *oor ... gehang* a pall of pessimism hung over ...; ***drywende*** ~*e* scud; *in* ~*e* ***gehul*** cloud-capped *(mountain);* ***in*** *die* ~*e wees, (infml., fig.)* be delighted, tread/walk on air, be up in the air *(or* on a cloud *or* in the seventh heaven *or* over the moon); *oor iets* ***in*** *die* ~*e wees, (also, infml.)* be jubilant/overjoyed at s.t.; *iem. was* ***in*** *die* ~*e toe* ... s.o. went up in the air when ...; *die* ~*e* ***pak*** *saam* the clouds gather, the sky clouds over; *agter die* ~*e skyn tog die* ***son*** every cloud has a silver lining; *in 'n* ~ *(van)* ***stof*** in a cloud of dust, clouded in dust; *uit die* ~*e* ***val*** drop from the skies/clouds; come down to earth with a bump; *iem. tot in die* ~*e* ***verhef*** laud/extol/praise s.o. to the skies. **~bank, wolkebank** bank of clouds, stratus. **~bou** cloud formation. **~breuk** cloudburst, deluge. **~dak** →WOLKEDAK. **~dekking** cloud cover. **~hoogte** cloud height/ceiling. **~kolom** pillar of cloud. **~laag, wolkelaag** cloud layer, stratus. **~meter** nephoscope. **~slurp** tornado cloud. **~vorming** cloud formation.

wolk·ag·tig -*tige* cloudy, cloudlike.

wol·ke-: ~bank →WOLKBANK. **~dak, wolkdak** cloud canopy. **~gesig** cloudscape. **~krabber** -*bers* skyscraper. **~laag** →WOLKLAAG. **~leer** nephology. **~plafon** (cloud) ceiling. **~skildering** skyscape. **~stapel** cloud rack.

Wol·ke·koe·koeks·oord Cloud-Cuckoo-Land.

wol·ke·loos, wolk·loos -*lose* cloudless, unclouded, azure, clear *(sky)*.

wol·ke·rig -*rige* cloudy, clouded; nebulous, vague, woolly *(fig.)*. **wol·ke·rig·heid** cloudiness; woolliness, nebulosity *(fig.)*.

wol·kig -*kige* = WOLKERIG.

wolk·loos →WOLKELOOS.

wol·le·rig -*rige* woolly *(lit.);* lanate(d); fleecy. **wol·le·rig·heid** woolliness; fleeciness; *(fig.)* wooziness.

wol·le·tjie -*tjies* piece of fluff/fuzz; flock; *(also, in the pl.)* fuzz; *'n bietjie* ~*s* a little wool.

wol·lig -*lige* fleecy, woolly; →WOLLERIG.

wol·vin -*vinne, (obs., rare)* she-wolf; →WOLFWYFIE.

wol·we-: ~dak, wolfdak hip and gable roof. **~doring, wolfdoring** = DORINGPEER. **~-ent** hipped end. **~-entdak** hipped roof, compound roof. **~-entgewel** jerkin head. **~gat** wolf's lair. **~gif** strychnine. **~gifboom** *(Hyaenanche globosa)* hyaena poison. **~hoek, wolfhoek** hip *(on a roof)*. **~hok** wolf trap. **~jag** wolf hunting. **~kap** hip truss. **~kos** *(Hyobanche sanguinea)* ink plant. **~kruid** = WOLFSWORTEL.

wom·bat -*bats, (Austr. zool.: Vombatus ursinus)* wombat.

wond *wonde, n.* wound; trauma; hurt, sore, injury; *'n* ~ ***behandel/verbind*** dress *(or* put a dressing on *or* apply a dressing to) a wound; *'n* ~ ***heg/toewerk/toenaai*** put in stitches; *jou* ~*e* ***lek*** lick one's wounds; *'n* ***oop*** ~ a cut, an open wound; *ou* ~*e* ***oopkrap/oopmaak*** (re)open old sores. **wond** *ge-, vb.* wound, injure, hurt, traumatise *(s.o.);* →GEWOND; *swaar ge- wees* be badly wounded; *ge- word* receive a wound, be/get wounded. **~balsem** vulnerary balm/balsam. **~behandeling** →WONDVERSORGING. **~buisie** drainage tube. **~haak** retractor. **~heelkunde** surgery. **~(heel)middel** -*dele*, -*dels* traumatic, vulnerary (remedy). **~klawer, ~kruid** *(Anthyllis vulneraria)* woundwort. **~koors** wound fever; traumatic fever; surgical fever. **~kramp** traumatic tetanus. **~kruid** →WONDKLAWER. **~kurk** *(bot.)* = WONDWEEFSEL. **~merk** *(med., bot.)* cicatrix. **~naat** suture. **~peiling** probe. **~pleister** vulnerary plaster. **~pypie** = WONDBUISIE. **~roos** *(pathol.)* erysipelas, St. Anthony's fire, the rose. **~salf** healing ointment/salve. **~skêr** probe scissors. **~spatel** retractor. **~teken** stigma. **~verband** dressing. **~versorging, ~behandeling** dressing of wounds. **~water** (vulnerary) lotion, vulnerary water. **~weefsel** *(bot.)* callus. **~yster** probe.

wond·baar -*bare* vulnerable. **wond·baar·heid** vulnerability.

won·dend -*dende* vulnerary.

won·der -*ders, (obs., poet.)* -*dere, n.* wonder, marvel, miracle, prodigy; portent; ~ ***bo*** ~ miracle of miracles, wonder of wonders; by a miracle *(or* amazing good fortune) *(s.t. happened or did not happen); dis* ***byna*** *'n* ~ it is little short of a miracle/wonder; ***dis*** *'n* ~*!* wonders (will) never cease!; ***dis*** *'n* ~ *dat* ... it's a wonder that ...; *is **dit** 'n ~ (dat ...)?, (rhet.)* can you wonder at it?, is it any wonder (that) ...? *(s.t. happened or did not happen); ~s **doen*** work marvels/wonders, do/perform miracles; ***geen** ~ nie!* no/small wonder!; *en dit is **geen** ~ nie* and (it is) no wonder; *(dis) **geen** ~ dat ... nie* (it's) little/no/small wonder that ...; it's hardly/not surprising that ...; *die **sewe** ~s van die wêreld (of wêreldwonders)* the seven wonders of the world; ***tekens** en ~s* →TEKEN *n.; 'n ~ **van** geleerdheid/etc.* a prodigy of learning/etc.; *'n naam/ens. wat ~s **verrig*** a name/etc. to conjure with; *dis nie **wat** ~s nie* = DIS NIE **WATWONDERS** NIE; *~s is nog nie uit die **wêreld** nie* wonders never cease. **won·der** *ge-, vb.* wonder, marvel; *~ of ...* wonder whether ...; *~ oor iets* muse about/on/over s.t.; *~ wat ...* wonder what ... **~beeld** miraculous image. **~blom** *(Mirabilis jalapa)* four-o'clock, marvel-of-Peru. **~boom(vy)** *(Ficus salicifolia)* wonderboom (fig). **~daad** →WONDERDAAD. **~dier** prodigious beast, monster, monstrosity, freak. **~doende** wonder-working. **~doener** wonder-worker, wondermonger, miracle man/monger/worker, thaumaturgist. **~doenery** thaumaturgy. **~dokter** medicine man; quack. **~essens** wonder essence. **~gat** sink(hole), swallow hole. **~gawe** miraculous gift. **~goed** *adv.* to a miracle. **~gras** *(Enneapogon brachystachyus)* wonder grass. **~jaar** year of wonders, annus mirabilis. **~kind** child prodigy, wonder child, wunderkind. **~krag** miraculous power. **~kruid** *(Artemisia vulgaris)* mugwort, St John's herb. **~kuur** miraculous cure, wonder cure. **~lamp** wonderful/magic lamp; Aladdin's lamp. **~land** wonderland. **~mag** miraculous power. **~mens** human wonder, prodigy, phenomenon, wonderful person. **~middel** *-dele, -dels,* **~medisyne** miracle/wonder drug, wonder remedy, panacea, heal/cure-all; quack medicine/remedy. **~mooi** exquisite, exceedingly/marvellously beautiful. **~olie** *(rare)* castor oil. **~peper** allspice, pimento, Jamaica pepper. **~pil** *(med., infml.)* magic bullet. **~seun** boy wonder, wonder boy. **~skoon** *-skone* wonderful, exquisite, exceedingly/marvellously beautiful. **~spreuk** magic words, magic formula/spell; paradox. **~sprokie** fairy tale. **~steen** wonderstone. **~teken** miraculous sign, miracle. **~verhaal** *-verhale* miraculous story; teratology; *versameling ~verhale* teratology. **~water** medicinal water. **~wel** *adv.* wonderfully well. **~wêreld** wonder(ful) world. **~werk** miracle, wonder; *(also, in the pl.)* mighty works; *dis 'n **absolute** ~, dis niks minder as 'n ~ nie* it's a real miracle; *die geloof **doen** ~e* faith works miracles; *dit is 'n **klein/taamlike** ~* it is something of a miracle *(infml.)*; *~e **verrig*** perform/work miracles, work wonders. **~wiel** *(toy)* thaumatrope.

won·der·baar *-bare* = WONDERBAARLIK. **won·der·baar·lik** *-like* miraculous, marvellous, wonderful, wondrous; *van ~e grootte* of prodigious size. **won·der·baar·lik·heid** miraculousness; marvellousness; wonderfulness.

won·der·daad miracle, wonder. **won·der·da·dig** *-dige* wonder-working *(pers.)*; miraculous.

won·der·lik *-like -liker -likste, adj.* (weird and) wonderful, wondrous, miraculous, providential, marvellous, awesome *(sl.)*, groovy *(sl.)*; *(obs.)* bizarre, strange, odd, queer; *die ~ste **daarvan** is dat ...* the marvel of it is that ...; *dit is ~ **dat** ...* it is wonderful that ...; *'n ~e **ding*** a marvel; ***dink** jy is ~* think one is the cat's whiskers/pyjamas *(infml.)*; ***gewoonweg** ~* perfectly wonderful; *dit is ~ **om** te ...* it is wonderful to ...; *~ **wees*** be a gas *(infml.)*. **won·der·lik** *adv.* wonderfully, gorgeously; *(obs.)* strangely, oddly, queerly; *~ genoeg* for a wonder, strangely enough; *~ vreemd* weird and wonderful. **won·der·lik** *interj.* bully *(infml.)*, cool *(sl.)*, sharp-sharp *(SA sl.)*. **won·der·lik·heid** strangeness, queerness, oddness, wonderfulness.

wo·ning *-nings* dwelling, abode; residence, (private) house, home; habitation; *'n salaris van R150 000/ens. per jaar met ('n) gratis ~* a salary of R150 000 a year with residence; *'n gratis ~ hê* have a house rent-free; *in die huis van my Vader is daar baie ~s/woonplek, (OAB/NAB, John 14:2)* in my Father's house are many mansions/rooms *(AV/NIV)*. **~aanleg** housing project/scheme. **~kommissie** housing commission. **~nood, ~skaarste, ~tekort** housing shortage. **~verskaffing** housing.

wo·ning·bou housing, house-building; domestic architecture. **~kunde, ~kuns** domestic architecture. **~plan** housing scheme/project. **~program** housing programme. **~projek** housing estate.

wo·ning·loos homeless.

wo·nin·kie *-kies, n. (dim.)* small house/dwelling, cottage, maison(n)ette.

won ton(-sop) *(Chin. cook.)* won ton (soup).

woon *ge-* live, stay, reside, dwell; keep; be domiciled *(fml.)*; ***alleen** ~* live alone, live on one's own; ***by** ... ~* reside at/in ... *(an address)*; ***by** iem. ~* live/stay with s.o.; make one's home with s.o.; *op jou **eentjie** ~* live alone, live by o.s.; *op/in ... **gaan/kom** ~* take up residence at/in ...; make one's home at/in ...; *in Durban/ens. **gaan** ~* settle in Durban/etc.; ***in** 'n woonstel/ens. ~* live in a flat/etc.; ***in** ... ~* live/reside at/in ... *(a city, suburb)*; ***op** ... ~* live/reside at/in ... *(a town, village)*; ***saam** met iem. in/op ... gaan ~* settle with s.o. in ...; ***waar** ~ iem.?* where does s.o. live?; ***weg** van iem. ~* live apart from s.o.. **~adres** home address. **~arbeider** labour tenant. **~bus(sie)** camper. **~buurt** *-buurte, (rare)* **~buurte** *-tes* residential quarter/suburb/township/area; *nuwe ~* housing development. **~digtheid** accommodation/residential density. **~erf** residential erf/plot. **~gebied** residential area; habitat. **~gebou** residential building. **~huis** residence, (dwelling) house, homestead; mansion; tenement. **~huisargitektuur** domestic architecture. **~kamer** living room; morning room; lounge; *(also, in the pl.)* quarters, lodging(s). **~ontwikkeling** housing estate. **~plek,** *(rare)* **~plaas** dwelling place, (place of) residence, lodging(s), abode, home; domicile; habitation; home town; *sonder vaste ~* of no fixed abode; *natuurlike ~* habitat *(of animals and plants)*. **~reg** right of occupation/possession; *onmiddellike ~* immediate occupation. **~ruimte** living space; houseroom. **~stel** →WOONSTEL. **~vertrek** = WOONKAMER. **~wa** caravan; trailer *(Am.)*. **~wapark** caravan park; trailer park *(Am.)*. **~wyk** residential quarter.

woon·ag·tig *(fml.)* resident, living; *op/in ... ~ wees* live at/in ..., be resident at/in ...

woon·baar *-bare, (rare)* inhabitable.

woon·stel *-stelle* flat, apartment; *(na) 'n ~ soek* be flat-hunting; *gaan ~ soek, na ~le gaan kyk* go flat-hunting. **~bewoner** flat-dweller. **~blok, ~gebou** block of flats, apartment block. **~maat** flatmate. **~soekery** flat-hunting.

woon·stel·le·tjie *n. (dim.)* small flat, flatlet.

woord *woorde* word; term; saying; speech; tidings, message; ***aan** die ~ wees* be speaking (*or* holding the floor); *(infml.)* be up (*or* on one's legs); *... is **aan** die ~, (also)* I call upon ... to speak; *jou ~e **afbyt*** clip one's words; *op iem. se ~ **(af)gaan*** take s.o. at his/her word; *iets uit iem. se ~e **aflei*** understand s.t. from s.o.'s words; *uit iem. se ~e **aflei** dat ...* understand from s.o. that ...; *met **ander** ~e* in other words; that is to say ...; *om die **ander** ~ vloek/ens.* swear/etc. every second word; *'n goeie **begrip/begryper** het 'n halwe ~ nodig* a word to the wise is enough; ***bemoedigende** ~e* words of cheer; *('n) mens kan dit nie met ~e **beskryf/beskrywe** nie* words cannot describe it; *die **beslissende** ~* the operative word; *(net) op iem. se **blote** ~* (just) on s.o.'s say-so *(infml.)*; *by jou ~ **bly*** stick to one's word; *jou ~ **breek/skend/verbreek*** break (*or* go back on) one's word; *iets onder ~e **bring*** put s.t. into words; clothe s.t. in words; *die **daad** by die ~ **voeg*** suit the action to the word; *met ~ en **daad*** in word and deed; *dit is nie die (juiste) ~ **daarvoor** nie* that is not the word for it; *iem. se ~e en **dade** stem ooreen* s.o. practises what he/she preaches; *~e in **dade** omsit* translate words into action; *'n ~ van **dank*** →DANK *n.; die ~ **doen*** be (*or* act as) (the) spokesman/spokeswoman/spokesperson; *iem. kan sy/haar ~ goed **doen*** s.o. is a good speaker; *nie 'n **dooie*** (infml.) *(of **enkele**) ~ sê nie* not say a single word; *nie 'n **dooie/Spaanse** ~ nie, (infml.)* not a peep; *in/met **een** ~* in a/one word, to be brief; *met die **een** ~ is alles gesê* there you have it in a word; *(dit is) die **een** ~ op die ander, die **een** ~ lok die ander uit* one word leads to another; *dit is in **een** ~ ...* it is downright (*or* little/nothing short of) ... *(disgraceful etc.)*; *iem. se ~ is sy/haar **eer*** s.o.'s word is (as good as) his/her bond; *op my ~ van **eer*** on my word of honour; *iem. se **eie** ~e* s.o.'s very words; *met sy/haar **eie** ~e* out of his/her own mouth; *geen **enkele** ~ nie* not one word; *nie 'n **enkele** ~ sê nie* →**dooie;** *op iem. se ~ **gaan** →**(af)gaan;** iem. het sy/haar ~ teenoor ... **gebreek/verbreek*** s.o. broke faith with ...; *iem. die ~ **gee*** call (up)on s.o. (to speak); *ek **gee** jou my ~ (van eer)* you can/may take my word for it; *jou ~ daarop **gee*** give one's word for it; *jou ~ **gee/verpand*** give/pledge/plight one's word; ***geen** ~ nie* not a word; *niemand het 'n ~ **gesê** nie* no one raised his/her voice; *die **gesproke** ~* the spoken word; *jou ~ **gestand** doen* keep one's word; ***gevleuelde** ~e* winged words; *geen ~ daarvan **glo** nie* not believe a word of it; *iem. op sy/haar ~ **glo*** take s.o. at his/her word; ***Gods** W~, die W~ van God* the Word (of God); *'n **goeie** ~ vind 'n goeie plek, (rare, idm.)* a good/kind word is never out of place/season; *'n **goeie** ~ vir ... doen* put in (*or* say) a good word for ...; *'n **goeie** ~ vir ... oorhê* have a good word for ...; ***groot** ~e* big words; *'n **groot/waar** ~ praat* say a mouthful *(infml.)*; *iem. het net 'n **halwe** ~ nodig* s.o. can take a hint; ***harde/kwaai/streng/stroewe** ~e* hard words; *die ~ **hê*** have the floor; *met iem. ~e **hê**, (also)* bandy words with s.o.; *met iem. ~e **hê/kry/wissel*** have words with s.o.; *... **het** die ~, (also)* I call upon ... to speak; ***holle** ~e* empty words; *toe kom die **hoogste** ~ uit* then s.o. came out with what he/she really wanted; then s.o. made a clean breast of it; *die **hoogste** ~ voer* do most of the talking; *ek wil geen ~ van jou **hoor** nie!* I don't want to hear a peep out of you! *(infml.)*; *~ **hou*** keep (*or* stick to *or* be as good as) one's word; *teenoor iem. ~ **hou,** (also)* keep faith with s.o.; *iem. aan sy/haar ~ **hou*** hold s.o. to his/her word; ***in** ~e* in words; *iem. se ~e **indrink*** hang (up)on s.o.'s lips/words; *die ~e bly in iem. se **keel** steek* the words stick in s.o.'s throat *(infml.)*; *iem. **ken** nie die ~ "vrees/ens." nie, (infml.)* the word "fear/etc." has no place in s.o.'s vocabulary; *jou ~e sorgvuldig **kies*** weigh one's words; *aan die ~ **kom*** take the floor; *iem. se ~e was nog nie **koud** nie, toe ...* s.o. had hardly spoken when ...; *die ~ **kry*** be called upon to speak; *geen ~ uit iem. **kry** nie* not get a word out of s.o.; *iem. kon nie ~e **kry** nie* s.o. couldn't find his/her tongue; *met iem. ~e **kry** →**hê/kry/wissel;** kwaai ~e →**harde/kwaai/streng/stroewe;** die **laaste** ~ hê/spreek* have the final say; have the last word; *iem. se **laaste** ~e* s.o.'s dying words; *dit nie by ~e **laat** nie* follow up words with deeds; *'n **lelike** ~* a bad word; ***let** op my ~e!* mark my words!, mark me!; *~e **maak*** coin words; *'n **man/vrou** van sy/haar ~ wees* be a man/woman of his/her word, be as good as one's word; *'n **moeilike/swaar** ~* a hard word; *iem. ~e in die **mond** lê* put words into s.o.'s mouth; *jy neem die ~e uit my **mond*** you're taking the words out of my mouth; *net **mooi** ~e as loon ontvang* get more praise than pudding; *die ~ **neem*** take the floor, begin to speak; *met 'n groot **omhaal** van ~e* →OMHAAL[1] *n.; sonder veel **omhaal** van ~e* →OMHAAL[1] *n.; **ongesegde/versweë** ~e* unsaid words; *~e **ontbreek** my* words fail me; ***op** my ~!* upon my word/soul!, so help me!; *in 'n **paar** ~e* in a nutshell; *iets in 'n **paar** ~e stel/sê* put s.t. in a nutshell; *nou **praat** ek geen ~ meer nie!* what next? *(infml.)*; *jy kan op iem. se ~ **reken*** s.o.'s word is (as good as) his/her bond; *die/'n ~ tot iem. **rig*** address s.o.; *geen ~ **sê** nie* not say a word, keep completely silent; *'n paar ~e **sê*** say a few words; *sonder om 'n ~ te **sê*** without a/another word, wordlessly; *'n **smerige** ~* a dirty word; *~e **soek*** search (*or* be at a loss) for words, struggle to speak; *(rare)* pick a quarrel; *→**struikel;** met **soveel** ~e* in so many words; *iets met **soveel** ~e sê* put it in so many words; *iem. het feitlik met **soveel** ~e gesê ...* s.o. as good as told me ... *(infml.)*; *nie 'n **Spaanse** ~ nie →**dooie/Spaanse;** iem. te ~ **staan*** see someone, give/grant s.o. an interview, listen to s.o., give s.o. a hearing; *iem. aan die ~ **stel*** call (up)on s.o. (to speak); *die volgende spreker aan die ~ **stel*** call on the next speaker; *geen **stomme** ~ nie* never a word; ***streng/***

stroewe ~e →harde/kwaai/streng/stroewe; oor jou ~e struikel, na ~e soek bumble, stumble; *'n swaar ~ →moeilike/swaar; ~e terugtrek* withdraw words; *iem. sal sy/haar ~e moet terugtrek, (also)* s.o. will have to eat/swallow his/her words; *'n ~ tussenin kry* get a word in (edgeways); *iem. kon geen ~ uitbring nie* s.o. was speechless, s.o. felt tongue-tied; *iets in ~e uitdruk* put s.t. into words; *iem. kon geen ~ uitkry nie* s.o. could not utter a word; *geen ~ teenoor iem. laat val nie* not breathe a word to s.o.; *iem. het sy/haar ~ teenoor ... verbreek →gebreek/verbreek; ~e verdraai* twist words; *die ~e vergeet, (an actor)* forget the words, dry up *(infml.); 'n ~ verloor* lose a word; *jou ~ verpand →gee/verpand; ~e verspil (op iets)* waste words (on s.t.); *versweë ~e →ongesegde/versweë; weer ~e vind* find one's voice; *ek kan geen ~e vind nie* words fail me; *~ vir ~* word for word, verbatim; *die ~ voer* do the talking; address a meeting; *die ~ vooraf by ...* the preface to ...; *die ~ vra* ask/beg permission to speak; *'n vrou van haar ~ wees →man/vrou; die vrye ~* free speech, freedom of speech; *daar is geen ~ van waar nie* there is not a word of truth in it; *'n waar ~ praat →groot/waar; jou ~e weeg* weigh one's words; *~e wek, (maar) voorbeelde trek* actions speak louder than words; *iem. se ~ is wet* s.o.'s word is law, what s.o. says goes; *met iem. ~e wissel →hê/kry/wissel; ~e wissel, (also)* exchange words; *wyse ~e* words of wisdom. **~afbreking, ~skeiding** hyphenation, word division. **~afleiding** *=dinge, =dings* etymology, derivation of words. **~aksent** word accent, word stress. **~arm** poor in words. **~armoede** paucity/lack of words. **~assosiasie** *(psych.)* word association. **~beeld** word/verbal image, description. **~bepaling** *=linge, =lings* definition, interpretation of terms. **~betekenis** word meaning, meaning/signification of words. **~betekenisleer** semantics. **~blind** word-blind. **~blindheid** word blindness, alexia. **~breker** promise breaker. **~breuk** breach of faith/promise, promise-breaking. **~doof** word-deaf. **~doofheid** word deafness. **~familie** family of words. **~gebruik** use of words, usage, wordage. **~getrou** word for word. **~groep** word group. **~herhaling** repetition of words; tautology. **~keuse** choice of words, phraseology. **~kuns** art of writing, literary art, wordcraft, creative writing. **~kunstenaar** literary artist, creative writer. **~misbruik** misuse of words, catachresis. **~omsetting** inversion, transposition of words, *(rhet.)* hyperbaton. **~omspanning** *(rhet.)* hypallage. **~ontlening** *=ninge, =nings* loan word; borrowing. **~orde** word order. **~paar** word couple. **~raaisel** word puzzle, logogriph; charade. **~register** word index, index of words. **~ryk, woorderyk** *=ryke* rich in words, having a large vocabulary; articulate; wordy, verbose, voluble, prolix, effusive. **~rykheid, woorderykheid** verbosity, volubility, wordiness, verbiage. **~sifter** quibbler, hairsplitter. **~siftery** quibbling, hairsplitting. **~skeiding** →WOORDAFBREKING. **~skikking** order of words. **~skildering** word picture; word painting. **~smeder** word coiner, neologist. **~smid** wordsmith. **~soekspeletjie** wordsearch. **~soektog** wordsearch. **~soort** part of speech. **~spel, woordespel** play (up)on words, punning, quibbling; pun, quibble. **~speletjie** word game. **~speling** *=lings* pun, quibble, play (up)on words, equivoque, wordplay; quillet; quip; *'n ~ maak* make a pun; *~s met ... maak* pun on ...; *'n ~ met ...* a pun on ... **~stam** stem. **~tarief** word tariff. **~teken** grammalogue. **~telling** *(comp.)* word count. **~towenaar** *(infml.)* spin doctor. **~uitgang** word ending. **~uitlating** ellipsis. **~vaardig** articulate. **~verandering** word change. **~verbinding** word combination. **~verbuiging** declension. **~verdraaiing** distortion of words, word twisting. **~verklaring** explanation/definition of a word (*or* words), nominal definition. **~verknoeiery** verbicide. **~vervoeging** conjugation. **~verwerker** word processor. **~verwerking** *(comp.)* word processing. **~verwisseling** *(rhet.)* hypallage. **~vierkant** *(puzzle)* word square. **~-virwoord-vertaling** one-to-one translation. **~voeging** syntax, sentence construction. **~voerder** *=ders, (fem., rare)* **~voerster** *=sters* spokesperson, spokesman, spokeswoman; *'n ~ van/vir iem./iets* a spokesperson for s.o./s.t.; *~ van die/'n party* party spokesman/-woman/-person. **~vorm** *=vorme, =vorms* form of a word, word form. **~vorming** word formation, formation of words, word building, wordlore.

woor·de-: **~boek** dictionary, lexicon; thesaurus; wordbook; *aardrykskundige ~ →AARDRYKSKUNDIG; iem. het 'n ~ ingesluk (of is 'n wandelende ~)* s.o. has swallowed a dictionary; *iets in 'n ~ naslaan* look s.t. up in a dictionary; *'n ~ opstel* compile a dictionary; *'n ~ raadpleeg/naslaan* consult a dictionary; *tweetalige ~ →TWEETALIG; verklarende ~ →VERKLAREND.* **~boekmaker, ~boekskrywer** dictionary-maker, lexicographer. **~kramer** wordmonger. **~kramery** word spinning. **~lys** vocabulary, glossary, list of words, word list; spelling list; wordbook. **~ryk** →WOORDRYK. **~rykdom** command of language; wealth of words; vocabulary, stock of words. **~rykheid** →WOORDRYKHEID. **~skat** vocabulary, stock of words; *(ling.)* lexis. **~spel** →WOORDSPEL. **~stroom** →WOORDEVLOED. **~stryd** dispute, altercation, quibble, debate, disputation; logomachy. **~tal** wordage. **~twis** dispute, slanging match. **~vloed, ~stroom** torrent/flow/spate of words, tirade, spiel *(infml.)*. **~wisseling** exchange (of words), altercation, dispute, argument, sparring match *(fig.)*; *'n ~ met iem. hê* have words (*or* an altercation *or [infml.]* a brush) with s.o.; *'n skerp ~* a heated exchange; *'n ~ tussen ...* an altercation/exchange between ...

woor·de·lik *=like,* **woor·de·liks** *=likse, adj.* literal, word-for-word, verbal; verbatim *(report); ~e vertaling* one-to-one translation; metaphrase. **woor·de·lik, woor·de·liks** *adv.* literally, verbatim, word for word.

woor·de·loos *=lose* wordless, mute.

woord·jie *=jies, n. (dim.)* (little) word; *net 'n enkele ~, asseblief* just two words, if you please; *vir iem. 'n goeie ~ doen* say a good word for s.o., put in a (good) word for s.o.; *'n ~ op die hart hê* have a word to say; *mooi ~s in iem. se oor fluister* whisper sweet nothings in s.o.'s ear; *'n paar ~s Frans/ens. ken* have a smattering of French/etc.; *mag ek 'n ~ met jou praat?* may I have a word with you?; *'n ~ privaat* a word in s.o.'s ear; *'n ~ saampraat oor 'n saak* have a voice/say in a matter; speak from experience (*or* with authority) on a matter; *'n ~ te sê kry/hê* put in a word; *iem. sou ook graag 'n ~ wil sê* s.o. would also like to put in a word (*or* say a word or two); *nou en dan 'n ~ tussenin sê* throw in a word now and again; *'n ~ op sy tyd* a word in season; *'n ~ laat val* drop a hint.

worces·ter·sous Worcester(shire) sauce.

word *ge-, vb. (copula)* become, get *(angry, cold, dark, drunk, late, tired)*; grow *(old)*; go *(blind, mad)*; turn *(grey, pale, Democrat)*; fall *(due, dumb, silent, ill, in love)*; *(pass. auxiliary)* is, are, get *(infml.)*; *('n) advokaat ~* go to the bar; *daar ~ beweer dat ... →BEWEER; ('n) boer ~ =* GAAN BOER; *dit ~ donker/ens.* it is getting dark/etc.; *iets ~ geel/ens.* s.t. turns yellow/etc.; *... het vanjaar 10 ge~* ... turned 10 this year; *histeries ~ →HISTERIES; honderd/ens. ~* live to be a hundred/etc.; *(op die ou end) iets ~* end up as s.t.; *kyk wat (daarvan) ~* see what happens; *('n) matroos ~* go to sea; *dit ~ moeiliker/ens.* it is becoming harder/etc.; *wat moet daarvan ~?* what is to become of it?; *wat moet van iem. ~?* what is to become of s.o.?; *iem. sal nooit 'n onderwyser/ens. ~ nie* s.o. will never make a teacher/etc.; *verwesen(t)lik ~* come true; *iets ~ waar →WAAR[1] adj.; ys ~ water* ice becomes (*or* turns into) water; *iem. wil 'n ... ~ wanneer hy/sy groot is* s.o. wants to be a ... when he/she grows up. **~-gou-gesond-kaartjie** get-well card.

wor·dend *=dende* becoming; nascent; *~e volk* nation in the making.

wor·ding genesis, birth, origin, evolution; becoming, formation; *in ~ wees* be in embryo, be emergent/nascent; *'n ... in ~* a ... in the making.

wor·dings-: **~geskiedenis** genesis, evolution; *(biol.)* ontogenesis. **~jare** formative years. **~leer** ontogeny; genetics. **~tyd** formative period/stage.

worp *worpe, n., (obs., rare)* throw, cast, chuck, hurl; litter *(of young)*.

wors *worse* sausage; *'n ~ het twee ente* there are two sides to every question; *soveel kans as 'n ~ in 'n hondehok hê* have a snowball's chance in hell; *~ maak van iem., (infml.)* make mincemeat of s.o., have s.o.'s guts for garters. **~boom, komkommerboom** *(Kigelia africana)* sausage/cucumber tree. **~broodjie** hot dog. **~derm, ~vel** sausage-casing, -skin. **~fabriek** sausage factory. **~hond(jie)** *(breed of dog)* dachshund, sausage dog *(infml.)*. **~horinkie, ~stopper** sausage-filler. **~masjien** sausage machine. **~rolletjie** sausage roll. **~steek** bullion stitch. **~vark** sausager. **~vel** →WORSDERM. **~vergiftiging** sausage poisoning, botulism. **~vleis** sausage meat. **~vlies** = WORSDERM.

wors·vor·mig *=mige* sausage-shaped; *(biol.)* allantoid.

wor·stel *ge-* struggle, wrestle *(fig.)*; scuffle; tussle; *deur iets ~* wade through s.t. *(a report etc.)*; work one's way through s.t.; *met iets ~* grapple/struggle/tussle/wrestle with s.t. *(problems etc.)*; come/get to grips with s.t.; *(poet.)* be in the grip of s.t. *(death etc.)*; *met iem. ~, (usu. fig.)* struggle with s.o.; *teen iets ~* battle against s.t., struggle with s.t.. **~jaar** year of struggle. **~stryd** struggle (for existence), contest.

wor·ste·laar *=laars* struggler, wrestler *(fig.)*.

wor·ste·ling *=lings, =linge* struggle, wrestle, tussle, scrimmage, grappling, scuffle.

wort wort *(of malt)*.

wor·tel *=tels, n.* root *(of a plant, tooth, nail, etc.)*; *(math.)* simple proportion; carrot; *die ~ van iets aantas/raak* strike at the root of s.t.; *die ~ van alle kwaad* the root of all evil; *~ van gemiddelde kwadraat, ~ van tweede moment, (math.)* root mean square; *iets met ~ en tak uitroei* eradicate s.t., destroy s.t. root and branch, root s.t. out; *'n ~ trek, (math.)* find a root; *iets met ~(s) en al uitruk/uittrek* pull/tear s.t. up by the roots *(a shrub etc.)*. **wor·tel** *ge-, vb.* (take) root; →GEWORTEL(D); *~ in ...* root (*or* be rooted) in ... **~aal** *(plant disease)* eelworm. **~blaar, ~blad** root leaf, radical leaf, basal leaf. **~bodem** underclay, seat clay/earth. **~boom** mangrove; *rooi~, (Rhizophora mucronata)* red mangrove; *swart~, (Bruguiera gymnorrhiza)* black mangrove. **~draad** fibril, root fibre. **~getal** *(math.)* root, surd, exponent. **~gewas** root crop. **~groente** root vegetable(s). **~grootheid** *(math.)* radical quantity/value. **~haar** root hair, radical hair, fibril(la). **~hout** root timber. **~kanaal** root canal *(of a tooth)*. **~kiem** radicle. **~kleed** velamen. **~klinker** *(phon.)* radical vowel. **~knol** root tuber. **~knoop** root knot. **~loot** sucker. **~lowwe** carrot leaves, carrot tops. **~nek** crown *(of a root)*, root neck/collar. **~net** root net. **~punt** root end/tip. **~pyp** briar pipe. **~sfeer** rhizosphere. **~skeut** tiller, stolon. **~skimmel** root rot. **~spruit** sucker. **~steggie** root cutting. **~stelsel** root system. **~stok** (root)stock. **~suiervormend** *(bot.)* surculose. **~swam** root (disease) fungus. **~teken** *=kens, (math.)* root sign, radical (sign); *~s van ... verwyder* rationalise ... **~trekking** *(math.)* extraction of roots, evolution. **~verrotting** root rot. **~vesel** root fibre, fibril. **~vlak** rhizoplane. **~vrot** root rot. **~woord** root word, radical (word).

wor·tel·ag·tig *=tige* rootlike.

wor·te·ling radication.

wor·tel·loos *=lose* rootless.

wor·tel·po·ti·ge *=ges, (biol.)* rhizopod.

wor·tel·skiet *wortelge-, (also fig.)* take/strike root, root, put down roots, become established. **wor·tel·skie·ting** taking root, radication.

wor·tel·stand radication. **wor·tel·stan·dig** *=dige, (bot.)* radical.

wor·tel·tjie *=tjies, n. (dim.)* rootlet, radicle; small carrot.

wor·tel·vorm *=vorme, =vorms* shape of a root; root form; radical quantity; surd. **wor·tel·vor·mig** *=mige* root-shaped, rootlike.

wou[1] *woue, n., (orn.: Milvus migrans)* kite.

wou[2] *vb.* would; →WIL *vb.*.

woud *woude* forest, wood; →BOS[2]. **~apie, kleinrietreier** *(orn.: Ixobrychus minutus)* little bittern. **~bewonend** *=nende* silvan, sylvan. **~bewoner** forest dweller, woodsman. **~duif** = HOUTDUIF. **~duiwel** *(rare)* →MANDRIL. **~esel** = WILDE-ESEL. **~gebergte** forest mountains.

~groen forest green. **~kennis** woodcraft. **~klimaat** forest climate. **~loper** bushranger. **~plantegroei** forest vegetation. **~reus** giant of the forest.

Woulfe-fles *(chem.)* Woulfe bottle.

wraak *n.* revenge, vengeance; retaliation; *~ adem, (poet.)* breathe revenge; *op ~ **belus** wees, (poet.)* be out for blood; *jou ~ op iem. **koel*** wreak one's vengeance (up)on s.o.; *My **kom** die ~ toe* (OAB), *Ek straf* (NAB), *(Deut. 32:35)* to me belongeth vengeance *(AV)*, it is mine to avenge *(NIV)*; *~ **neem*** take revenge, get/have one's revenge; *op iem. ~ **neem*** take revenge on s.o., take vengeance (up)on s.o., exact vengeance from s.o.; get back at s.o. *(infml.)*; *op iem. ~ **neem** vir iets, (also)* avenge/revenge o.s. on s.o. for s.t.; get one's own back on s.o. for s.t. *(infml.)*; *iem. wil ~ **neem** vir iets* s.o. seeks vengeance for s.t.; *~ **oefen**, (obs.)* →***neem***; *om ~ **roep*** cry for revenge; *op ~ **sin**, (obs., poet.)* brood on revenge; *die ~ is **soet*** revenge is sweet; *~ **sweer*** vow vengeance; ***uit** ~ vir ...* in revenge for ... **wraak** *ge-, vb., (chiefly jur.)* disapprove of, object to, take exception to *(a remark etc.)*; challenge *(a juror)*; recuse *(a judge)*; query *(an item)*; *ge~te woorde* words complained of. **~engel** avenging angel. **~gevoel** (re)vengefulness, vindictiveness. **~godin** *-dinne* avenging goddess, Nemesis; *(also, in the pl.)* Furies. **~neming, ~oefening** revenge, retaliation.

wraak·baar *-bare, (chiefly jur.)* objectionable; blamable; blameable; impeachable; challengeable *(a juror etc.)*.

wraak·sug, wraak·lus thirst for revenge, vindictiveness, (re)vengefulness. **wraak·gie·rig·heid** = WRAAKSUG. **wraak·sug·tig, wraak·lus·tig** *-tige*, **wraak·gie·rig** *-rige* vindictive, (re)vengeful.

wrag·tig, wrag·tie, wrag·gies *adv., (infml.)* really, truly, actually, to be sure; →WAARAGTIG *adv.*; *iem. se storie was ~ waar* s.o.'s story was actually true after all; *(so) ~ ... ...* of all people; *so waar as wragtig* →WAAR[1] *adj.*. **wrag·tig** *interj.* I'll be damned!, of all things!. **~waar** *adv., (infml.)* really and truly; *dit het ~ gebeur* it really did happen.

wrak *wrakke, n.* wreck, derelict, debris; *die motor is 'n totale/volslae ~* the car is a write-off (*or* total loss). **~goed** wreckage, flotsam and jetsam, salvage, floatage. **~hout** wreckage, driftwood, flotsam; *~ en uitskot* flotsam and jetsam *(lit.)*. **~stuk** piece of wreckage; *(also, in the pl.)* wreckage, flotsam and jetsam. **~werf** scrapyard.

wra·king *-kings, -kinge, (chiefly jur.)* objection, challenging; censuring; impeachment; recusation *(of a judge)*; challenge *(of a juror)*; query *(of an item)*; *~ sonder opgawe van rede, (jur.)* peremptory challenge; *'n ~ toestaan, (jur.)* uphold a challenge.

wrang *wrange wranger wrangste* wry; bitter *(fig.)*; *~e humor* grim humour; *die ~e vrugte pluk* →VRUG. **wrang·heid** wryness; bitterness.

wreed *wrede wreder wreedste* cruel, inhuman, barbarous, ferocious, bloody-minded *(infml.)*; severe; unmerciful, unfeeling, pitiless, inhumane; *die wrede werklikheid* grim reality; *'n wrede smaak* a raw taste. **wreed·aard** *-aards* brute, cruel person, ogre. **wreed·aar·dig** *-dige* cruel, inhuman, barbarous, ferocious, brutal, ogrish. **wreed·aar·dig·heid** cruelty, ferocity, inhumanity, barbarity, brutality. **wreed·heid** *-hede* cruelty, savagery, savageness, barbarity; tyranny; *~ met/teenoor ...* cruelty to ...; *~hede pleeg, aan ~hede skuldig wees* commit atrocities, be guilty of atrocities; *skoonheid sonder ~* beauty without cruelty.

wreef *wrewe, (rare)* instep, arch (of the foot); →BOOG VAN DIE VOET. **~band** *(rare)* shoe strap.

wreek *ge-* revenge; avenge *(a pers., an insult, injury, etc.)*; wreak; *dit sal homself ~* it will carry its own penalty; *'n nederlaag ~* make up for a defeat; *jou op iem. ~ vir iets* avenge/revenge o.s. (*or* take/exact revenge *or [infml.]* get one's own back) on s.o. for s.t.. **wre·ker** *-kers* avenger, revenger.

wre·wel *-wels* resentment, annoyance, spite, rancour, bitterness; *'n ~ teen iem. hê/dra* be resentful of s.o.. **~daad** *(rare)* evil deed. **wre·wel·rig** *-rige*, **wre·we·lig** *-lige* resentful, spiteful, rancorous, bitter; peevish, irritable, crusty, testy; *oor iets ~ raak* chafe at/under s.t.; *iem. vervolg met 'n ~e haat* pursue s.o. with a bitter/consuming hatred. **wre·wel·rig·heid, wre·we·lig·heid** resentfulness, spitefulness, bitterness; peevishness, irritability.

wrie·mel *ge-* wriggle, writhe, squirm, squiggle; swarm, crawl, teem. **wrie·me·lend** wiggly, wriggly *(worm etc.)*.

wrik *ge-, (rare)* jerk; prise, prize.

wring *ge-* wring *(one's hands)*; wring (out), mangle *(wet clothes)*; twist *(s.o.'s arm)*; *jou hande ~* wring one's hands; *iets uit iem. se hande ~* wrest/wrench s.t. from s.o.; *jou deur 'n opening ~* wriggle (*or* worm o.s.) through a hole. **~buis** torque tube. **~draai** *ge-* torque-tighten. **~garing** twist yarn. **~hoek** angle of torsion/twist. **~koppel** torsion couple. **~krag** torque, torsion. **~masjien** *(chiefly hist.)* (clothes) wringer, mangle. **~moment** torsional/twisting moment, moment of torsion. **~sleutel** torque/torsion wrench. **~spanning** torsion stress. **~staaf** torsion bar. **~vastheid** torsional strength. **~veer** torsion spring.

wrin·ger *-gers* wringer; wringing machine.

wrin·ging twist(ing), wringing; *(mech.)* torsion.

wrin·tie·waar, wrin·tig·waar *adv., (infml.): dit het ~ gebeur* it did actually/really happen; →JOUWAARLIKWAAR, WRAGTIGWAAR.

wroeg *ge-* worry; struggle; *iets ~ iem.* s.t. worries/torments s.o., s.t. causes/gives s.o. a headache *(infml.)*; *oor iets ~* worry/agonise/fret (*or* be worried/apprehensive) about s.t.. **wroe·ging** *-gings, -ginge* remorse, compunction, contrition; *deur ~ **gekwel** wees* be stricken/stung with remorse; *die ~ van die **gewete*** pangs/stings/qualms of conscience; *~ **hê oor iets*** feel (*or* be filled with) remorse for s.t.; *geen ~ **hê** nie* be without remorse; *die **knaende** ~* the pangs of remorse.

wroem *interj.* vroom. **~geluid** vroom *(of a car engine etc.)*.

wroet *ge-, (fig.)* burrow, grub; →VROETEL.

wrok *wrokke, n.* grudge, spite, rancour, resentment, animus; *'n ~ teen iem. **hê/koester*** bear s.o. a grudge, have a grudge against s.o.; *geen ~ teen iem. **hê/koester** nie, (also)* feel no rancour against s.o., bear s.o. no rancour; ***uit** ~* out of malice; from spite, out of spite; ***uit** ~ jouself skaad* cut off one's nose to spite one's face. **wrok** *ge-, vb., (obs., rare)* fret, fume, chafe, sulk. **~gedagte** grudge, resentful idea/thought, resentment. **wrok·kig** *-kige* rancorous, resentful, spiteful. **wrok·kig·heid** resentment, resentfulness.

wrong *wronge* coil, chignon, wreath *(of hair)*.

wron·gel *(cheese making)* curd(s).

wryf-: **~aandrywing** friction drive. **~koppelaar** friction clutch. **~plaat** friction plate. **~veer** friction spring. **~vlak** = WRYWINGSVLAK. **~vonk** friction spark.

wry·wing *-wings, -winge* friction *(also fig.)*. **~spanning** frictional stress.

wry·wings-: **~brandwond** brush burn. **~elektrisiteit** frictional/static electricity, triboelectricity. **~hoek** angle of friction. **~klank** *(phon.)* fricative, spirant. **~krag** frictional force. **~leer** tribology. **~liggewend** triboluminescent. **~liggewing** triboluminescence. **~punt** point of friction, friction point. **~vlak** friction surface, working surface, friction plane; area of friction *(fig.)*. **~vry** *-vrye* frictionless; *~e laer* antifriction bearing. **~weerstand** frictional drag. **~wiel** brush wheel.

wuf *wufte wufter wufste, (rare, <Du.)* frivolous. **wuft·heid** *(rare)* frivolity.

wuif *ge-* wave; beckon; undulate; *met 'n sakdoek (of jou hand) ~* wave a handkerchief (*or* one's hand); *vir iem. ~* wave to s.o.. **~groet** *ge-* wave a greeting *(at s.o.)*. **wui·wend** *-wende* undulant, undulating; undulate; *~e vere/pluime* nodding plumes. **wui·wing** *-wings, -winge* undulation.

wulf *wulwe, (naut.)* transom. **~balk** wing transom.

wul·fe·niet *(min.)* wulfenite.

wulk *wulke, (carnivorous marine gastropod)* whelk.

wulp *wulpe, (orn.: Numenius spp.): groot~, (N. arquata)* Eurasian curlew; *klein~, (N. phaeopus)* common whimbrel.

wulps *wulpse wulpser wulpsste, adj.* sexy; voluptuous; lewd, lascivious, salacious, lustful, lecherous; *~e meisie* nymphet *(infml.)*. **wulps** *adv.* sexily. **wulps·heid** sexiness; voluptuousness; lewdness, lasciviousness, salacity, lustfulness.

wurg *ge-* strangle, throttle, choke; strangulate; *(intr.)* be strangled; choke; ***aan** kos ~* get down food with difficulty; ***dit** het ge~ om ...* it was difficult (*or* a struggle) to ...; ***dit** het ge~ in tye van ...* s.o. struggled/suffered in times of ... *(drought etc.)*; *tussen **hang** en ~* →HANG; ***voel** of jy wil ~* feel as if one is being strangled. **~greep** deadly grip, stranglehold; *'n ~ op iem. hê* have a stranglehold on s.o.; *jou uit 'n ~ losruk* break a stranglehold. **~ketting** choke (chain); check collar. **~knoop** strangling knot. **~koord** strangling cord. **~paal** strangling/garrotting post. **~patat** *(infml.)* choke/white sweet potato. **~peer** *(infml.)* choke pear. **~plek** *(rare)* →KNELPUNT. **~rower** *(obs.)* garrotter. **~siekte** croup. **~stok** garrotte. **~strop** tourniquet. **~tang** crimping iron. **~vy** strangler fig. **~wiel** furrow wheel. **~yster** garrotte.

wur·ger *-gers* strangler, throttler; garrotter; choker.

wur·ging throttling, strangulation; garrotting; choking.

wurg-wurg *adv., (infml.): dit gaan ~* the going is tough, it's an ongoing struggle, the difficulties are quite overwhelming.

wurm *wurms, n.* worm; maggot, grub; helminth; *(mech.)* spiral conveyor, conveyer, spiral feeder. **wurm** *ge-, vb.* worm, wriggle, twist, corkscrew. **~aandrywing** worm drive. **~afdryfmiddel** *-dele, -dels*, **~afdrywer** *-wers* vermifuge, (ant)helminthic. **~as** worm shaft. **~besmetting** verminosis; worm infestation. **~beswering** worm charming. **~beweging** helical gearing. **~boorsel** frass. **~bos(sie), maagbitterwortel, maagbossie, swartstorm** *(Dicoma anomala)* tummy bitterroot, black storm; *(Pentzia suffruticosa, also* knoppies-stinkkruid*)* calomba daisy, stinking weed. **~doder, ~gif** vermicide. **~frees** *(mech.)* hob. **~gat** wormhole. **~hopie** wormcast, casting. **~koekie** worm cake/tablet/lozenge. **~kruid** = WURMBOS(SIE). **~kunde** helminthology. **~laer** worm bearing. **~middel** *-dele, -dels, (med.)* vermifuge, (ant)helminthic; vermicide, worm killer. **~parasiet** intestinal worm, helminth. **~perspektief** worm's eye view. **~rat** worm wheel, worm gear. **~siekte** helminthism, helminthiasis. **~(ver)drywend** *-wende* vermifugal, (ant)helminthic. **~vretend** *-tende* vermivorous. **~vry** *-vrye* wormproof.

wurm·ag·tig *-tige* wormlike; vermicular; vermiform; vermigrade; vermian.

wurm·ge·wys, wurm·ge·wy·se *adj.* peristaltic.

wurm·pie *-pies, n. (dim.)* small worm, wormling; *die arme ~* the poor/little mite *(fig.)*.

wurm·ste·kig, wurm·ste·kig *-kige, (rare)* wormy, wormeaten, vermiculate(d), vermiculose. **wurm·ste·kig·heid, wurm·ste·kig·heid** *(rare)* worminess.

wurm·stre·pig *-pige, (rare)* vermiculate.

wurm·vor·mig *-mige* vermiform, vermiculous, vermiculate(d).

Wur·tem·berg *(geog., hist.)* Württemberg. **Wur·tem·ber·ger** *-gers* Württemberger. **Wur·tem·bergs** *-bergse* (of) Württemberg.

wurt·ziet *(min.)* wurtzite.

wy *ge-* ordain *(a priest)*; consecrate *(a bishop, king, chapel, church, bread, wine, etc.)*; devote, dedicate; sanctify, hallow; →GEWYD, WYDER, WYDING; *jou **aan** iets ~* devote/dedicate o.s. to s.t.; *moeite/tyd **aan** iets ~* devote effort/time to s.t.; *jou lewe **aan** ... (toe)~* consecrate one's life to ...; *ge~ aan die **nagedagtenis** van ...* →NAGEDAGTENIS; *iem. tot **priester** ~* ordain s.o.. **~biskop** suffragan (bishop). **~water** holy/lustral water. **~waterbak(kie)** holy water font/basin, aspersorium. **~(water)kwas** aspergillum, holy water sprinkler.

Wy·an·dotte(·hoen·der) Wyandotte (fowl).

wyd *wye wyer wydste, adj. & adv.* wide *(trousers, shoes, world, etc.)*; spacious, spac(e)y, roomy; ample, expansive; →WYDHEID, WYDLOPIG, WYDSBEEN, WYDTE, WYE-; *wye **draai/kromming*** slow curve; *'n wye **draai** om iem. loop/maak* give s.o. a wide berth; *'n wye **gewete*** an elastic conscience; *iets wyer **maak*** widen s.t.; let s.t. out *(a garment);* ream s.t. *(a hole); 'n wye **mou*** →MOU; *wye **oop** ruimtes* wide-open spaces; *'n venster/deur/ens. wat ~ **oop** staan* a wide-open window/door/etc.; *(wa)~ **oop** wees* →OOP; *~ **oopgespreide** bene* wide-open legs; *jou mond ~ **oopmaak*** open your mouth wide; *die baadjie **sit** te ~* the coat fits too loosely; *~ en **syd*** far and wide/near; *~ **uitgestrek*** vast; sprawling. **~beroemd** *=roemde* far-famed. **~gesprei(d)** *=spreide* straggling *(branches, roots, etc.).* **~gestrek** *=strekte* wide-spreading, far-flung. **~loper** *(cr.)* wide. **~strekkend** *=kende* widespread(ing), extensive, far-flung; wide, sweeping, sprawling, straggling; spreading *(tree);* →WYD-GESTREK. **~vermaard** *=maarde, (rare)* far-famed. **~ver-sprei(d)** *=spreide* widespread, widely diffused/spread; sprawling. **~vertak** *=takte* widespread; *'n ~te familie* a widely extended family.

wy·der, toe·wyer *(rare)* dedicator.

wyd·heid wideness, broadness, roominess, spacious-ness.

wy·ding *=dinge, =dings* consecration, ordination, sanc-tification, dedication; *(no pl.)* devotion; *(hoër) ~e* holy orders.

wy·dings=: **~diens** service of dedication; consecra-tion service. **~plegtigheid** hallowing ceremony, con-secration. **~priester** hierophant. **~tablet** memorial tablet.

wyd·lo·pig *=pige* prolix, diffuse, lengthy, long-winded, circuitous, discursive, digressive, devious, wordy, ver-bose, sesquipedalian; *~e verhaal* rambling story. **wyd-lo·pig·heid** prolixity, diffuseness, long-windedness, discursiveness.

wyds·been, wyds·be·ne astride, astraddle, stride-legged; *~ ry* sit astride a horse; *(infml., joc.)* straddle a road *(when driving); ~ op ... sit* sit astride ...; *~ staan oor ...* straddle/bestride ...

wyd·te *=tes* width, breadth; *(rly.)* gauge; calibre *(of a gun, tube, etc.);* range; spread; deepness *(of a border, edge).* **~wasser** *=sers,* **~waster** *=ters* gauge washer.

wy·e=: **~bandimpedansie** *(electron.)* wideband imped-ance. **~bekfles** wide-mouthed jar. **~doekformaat** wide-screen format. **~hoeklens** wide-angle(d) lens. **~skerm-TV** wide-screen TV. **~tandsaag** rack saw.

wyf *wywe, (derog.)* (→VISWYF, WYWEPRAATJIE): *kwaai ~* shrew, hag, vixen; *'n ou ~, (infml., derog.)* an old bag; *(said of a man)* an old woman. **wyf·ag·tig** *=tige* shrewish, ill-natured *(woman).*

wy·fie *=fies* female *(animal); (orn.)* hen; mate. **~bobbe-jaan, bobbejaanwyfie** female baboon. **~-eend** (female) duck. **~haas** doe. **~jakkals, jakkalswyfie** vixen. **~kal-koen, kalkoenwyfie** hen turkey. **~kat, katwyfie** tabby (cat), queen. **~konyn** doe. **~pou** peahen, peafowl. **~skilpad** female tortoise. **~swaan** pen. **~tarentaal, tarentaalwyfie** guinea hen. **~-trapsoetjies, ~ver-kleurmannetjie, verkleurmannetjiewyfie** female cha-meleon. **~voël** hen. **~volstruis, volstruiswyfie** female/hen ostrich.

wy·fies=: **~mansmens** *(derog.)* effeminate man. **~va-ring** *(bot.: Athyrium filix-femina)* lady fern.

wyk[1] *wyke, n.* quarter, ward; beat *(of a policeman, =woman, etc.);* area. **~stelsel** ward system.

wyk[2] *n.: die ~ neem* flee; *met iets die ~ neem* make off with s.t.; *die ~ neem na 'n land* take refuge in a country. **wyk** *ge=, vb.* give way/ground, make way, yield, recede, fall back, withdraw, retire; *(danger)* recede; *(fever)* subside; *geen* (of *nie 'n*) ***duimbreed(te)** ~ nie* →DUIMBREED; ***haastig** ~* beat a hasty retreat; *~ende **kleur*** receding colour; *vir geen **mens** ~ nie* give way to (*or* yield to *or* make way for) nobody; ***uit** ... ~* retreat from ...; ***voor** ... ~* yield to ... *(superior numbers etc.).* **~kleur** receding/retiring colour. **~plaas** *(rare)* refuge, asylum, sanc-tuary.

wyks=: **~basaar** local/community fête/bazaar. **~be-soek** district visit; district/ward visiting. **~besoeker** district/ward visitor. **~bestuur** ward committee. **~bid-uur** ward prayer meeting. **~meester** warden.

wyl *wyle,* **wy·le**[1] *=les, n., (fml.)* while, (short) time; *by wyle* at times; *in/onder dié wyl, (obs.)* meanwhile; *tot tyd en wyl ...* →TYD.

wy·le[2] *adj.* late, deceased; *~ mnr. X* the late Mr X.

wyn *wyne* wine; ***droë/ligte/rooi/soet/wit/ens.** ~* dry/light/red/sweet/white/etc. wine; →DROËWYN, ROOIWYN, SOETWYN, WITWYN; ***(goeie)** ~* vintage; ***goeie** ~ het geen krans nodig nie, (rare)* good wine needs no bush; ***helder** ~ skink, (rare)* speak plainly/openly, be frank; *~ **maak*** vint; *~ in die **man,** wysheid in die kan* (when) wine (is) in, wit (is) out; *jy kan nie **nuwe** ~ in ou leer-sakke gooi nie* you can't teach an old dog new tricks; *iem. op ~ **onthaal*** wine s.o.; *~ van **oorsprong*** wine of origin; *deur ~ **verhit** wees, (infml.)* be flushed with wine; ***vrugtige** ~, ~ met 'n vrugtegeur* fruity wine. **~aksyns, ~belasting** excise on wine. **~asyn** wine vine-gar. **~bedryf** wine industry. **~beker** wine cup, goblet. **~bereiding** winemaking, vinification. **~bessie** *(Dovyalis rhamnoides)* Cape cranberry, crown berry, wineberry; *(Rubus phoenicolasius)* wineberry; red currant. **~boer** winegrower, viticulturist. **~boerdery** winegrowing, viticulture. **~boks** →WYNDOOS. **~bottel** wine bottle. **~bou** winegrowing, viticulture, viniculture. **~bouer** viticulturist, winegrower, viniculturist, vinedresser. **~deskundige** = WYNKUNDIGE. **~distrik** wine district. **~doos, ~boks** wine box. **~drinker** wine drinker. **~droesem** wine lees/dregs. **~druif, ~druiwe** wine grape. **~fles** wine jar; *groot ~* jeroboam. **~gees** spirit(s) of wine, rectified spirit. **~geesvernis** spirit varnish. **~glas** goblet, wineglass; *'n ~ (vol)* a wineglassful. **~handel** wine trade; wine house. **~handelaar, ~koper** wine merchant, vintner. **~huis** wine house, tavern, bar. **~jaar** wine year, (year of) vintage; *goeie ~* vintage year. **~joernalis** →WYN(RUBRIEK)SKRYWER. **~kaart** wine list. **~kan** wine jug/can; wine tankard. **~kelder** wine cellar, wine vault; winery. **~kelkie** wineglass. **~kelner** wine steward/waiter. **~kenner** wine connoisseur, oe-nophile. **~ketel** muller. **~koek** tipsy cake. **~koelvat, ~koeler** wine cooler. **~koper** →WYNHANDELAAR. **~kraf-fie** wine decanter. **~kroeg** wine bar. **~kruik** wine jar. **~kuip** wine vat. **~kunde** oenology. **~kundig** *=dige, adj.* oenological. **~kundige** *=ges, n.* oenologist. **~land** wine(-producing) country/region. **~liefhebber** oenophile, wine connoisseur. **~lug** winy/vinous smell. **~lys** wine list. **~maaktoestel** vinificator. **~maker** winemaker. **~makery** *=rye* winemaking; winery. **~meter** *(an instr.)* vinometer; *(a pers.)* wine gauger. **~moer** wine lees/marc. **~oes** vintage. **~offer** wine offering, libation of wine. **~pakhuis** wine store/warehouse. **~palm(boom)** *(Caryota urens etc.)* wine palm. **~pers(bak)** winepress. **~poeding** tipsy pudding. **~produserend** *=rende* vinif-erous; wine-producing. **~proe** *=proeë,* **~proewery** wine tasting. **~proegeleentheid** wine tasting (occasion). **~proewer** wine taster. **~reuk** vinous smell. **~rooi** wine red, vinous, claret-coloured, vinaceous. **~(rubriek)=skrywer, ~joernalis** wine writer. **~ruit** *(bot.: Ruta graveolens)* rue, herb of grace *(arch.).* **~ruit(haakdo-ring)** *(Acacia mellifera)* black thorn, hook-thorn; →SWART-HAAK. **~sak** winebag, =skin, =bottle; *(infml.)* winebibber, tippler; *(tarred leather tankard/jug)* blackjack. **~smaak** vinous/winy taste, taste of wine. **~sous** wine sauce. **~spiritus** = WYNGEES. **~steen** *(potassium hydrogen tar-trate)* argol, argal; (cream of) tartar. **~steensuur** tar-taric acid. **~steensuursout** tartrate. **~stok** (grape)-vine. **~streek** wine(-producing) region. **~suiper** →WYN-VLIEG. **~suipery** winebibbing. **~vaatjie, ~vat** wine cask. **~vervalsing** adulteration of wine. **~vlek** wine stain. **~vlieg, ~suiper** *(infml.)* winebibber, tippler, wino. **~vlies** *(on old port etc.)* beeswing. **~vomitief** ipecacuanha (wine), ipecac.

wyn·ag·tig *=tige* winy, vinous.

wyn·kleu·rig *=rige* vinous, claret-coloured, vina-ceous.

wyn·tjie *=tjies, n. (dim.), (infml.): dis 'n lekker ~* it's a nice wine, it's very quaffable.

Wy·o·ming *(geog.)* Wyoming.

wys[1] *wyse, n., (rare, gram.)* mood; →WYSE[2]; *lands ~ lands eer* →LAND[1] *n..*

wys[2] *wys(e) wyser wysste, adj. & adv.* wise, sensible, sage, sapient, prudent; *(pred. only)* obstinate, impertinent; *(rare)* vicious *(dog, horse, etc.);* →WYSE[1], WYSHEID, WYS-LIK; *die **eier** wil ~er wees as die hen* →EIER; *nie **goed/reg** ~ wees nie, (infml.)* not be right in one's head, not be all there, have a screw loose (somewhere); *~ **han-del*** act wisely; ***net so** ~ wees as jy was* be no wiser (than before), be none the wiser, be as much in the dark as ever; *hulle sal **nooit** ~er word nie* they will nev-er learn wisdom; *~e **raad*** judicious advice; *~e **spreuk*** wise saw; *'n ~e **staatsman*** a wise statesman; *iets ~ **word*** make s.t. out; *iets uit ... ~ **word*** make s.t. of ...; *iem. kan niks uit iets ~ **word** nie* s.o. cannot make head or tail of s.t.; *iem. kan niks daaruit ~ **word** nie, (also)* s.o. can make nothing of it; *('n) mens kan niks daaruit ~ **word** nie, (also)* it makes no sense, there is no sense in it. **~begeerte** philosophy. **~geer** →WYSGEER. **~maak** →WYSMAAK. **~neus** →WYSNEUS.

wys[3] *ge=* show, point out; demonstrate, indicate, direct; →WYSER; *iets **aan/vir** iem. ~, **iem.** iets ~* show s.t. to s.o., show s.o. s.t.; let s.o. see s.t.; ***alles** ~ daarop dat ...* everything points to the fact that ...; ***daarop** ~ dat ...* point out that ...; *dit ~ **net dat** ...* it/that goes to prove/show that ...; *iem. die **deur** ~* →DEUR[1] *n.; ~ wat jy kan **doen*** show one's paces; prove o.s.; *met 'n **gebaar** ~* motion; *die **huis** ~ **noord*** the house faces (to[wards] the) north; ***na** ... ~* point at ...; point to ...; ***na** iets ~, (also)* point out s.t.; *iem. se **onderrok** ~* s.o.'s petticoat is showing; →ONDERROK; ***op** iets ~* point out s.t.; *iem. **op** iets ~* point out s.t. to s.o.; *daar is **op** gewys dat ...* it has been pointed out that ...; *daar moet **op** gewys word dat ...* it must be pointed out that ...; *die **pad** ~* →PAD; *die **pyltjie** ~ (na) links/ens.* the arrow points (to the) left/etc.; *ek **sal** hom/haar ~!* I'll show him/her (a thing or two)!; *die **weerglas** ~ mooi weer* the barom-eter points to (*or* shows) fine weather. **~kleur** ad-vancing colour. **~stok** pointer. **~vinger** forefinger, index finger, first finger.

wy·se[1] *wyse(s)* wise man, sage, *(Skt.)* rishi; *die W~(s) uit die Ooste, (NT)* the Wise Men of the East, the three Wise Men, the Magi.

wy·se[2] *wyses* manner, way, fashion; mode; tune; *(gram.)* mood; ***aantonende** wys(e)* →AANTONEND; ***by** ~ van dank* by way of thanks; ***bywoord** van ~, (gram.)* ad-verb of modality; *op **dieselfde** ~* in the same way; by the same token; *op (die) **een of ander** ~* somehow or other; *op **enigerlei** ~* in any way (whatever); *op **geen** ~ nie* in no way; *op **gelyke** ~* in like manner; *op **gener-lei** ~* in no way/wise; *op **geregtelike** ~* by due process (of law); *iets op **hierdie** ~ doen* do s.t. this way; *by ~ van **proefneming*** →PROEFNEMING; ***na my ~ van sien,** (obs.)* to my mind, in my opinion/view, to my (way of) thinking; *by ~ van **spreke*** →SPREEK; *by ~ van **uit-sondering*** →UITSONDERING; *by ~ van **verandering*** →VERANDERING; *by ~ van **vergelyking*** in (*or* by way of) comparison; *op die **verkeerde** ~* (in) the wrong way; *die ~ **waarop** ...* the way in which ...

wy·ser *=sers,* **wys·ter** *=ters* hand *(of a watch etc.);* point-er *(of a balance etc.);* needle *(of an instr.); (comp.)* cur-sor; indicator; *(math.)* characteristic; diviner; stylus; *die **kort/lang** ~* the short/long hand *(of a clock, watch);* ***met** die ~s (saam), kloksgewys* clockwise; ***teen** die ~s in, antikloksgewys* counterclockwise, anticlockwise; *die ~s **terugdraai,** (fig.)* put/set/turn the clock back. **~meter** dial gauge/indicator. **~plaat** dial (plate), in-dicator dial; face, dial *(of a clock, watch, etc.).*

wys·geer *=gere* philosopher, sage, *(Skt.)* rishi. **wys-ge·rig** *=rige* philosophical. **wys·ge·rig·heid** philosoph-ic(al) spirit, philosophicalness, philosophy.

wys·heid *=hede* wisdom; prudence, judiciousness, policy; *(also, in the pl.)* witticisms; *Boek van die W~, (apocryphal Bib. book)* Wisdom of Solomon; *dit was meer geluk as ~* →GELUK *n.; meen jy het die ~ in pag* (think you) know all the answers.

wy·sie *=sies* tune, melody, air, strain; *'n **ander** ~ sing, (fig.)* change one's tune, sing another (*or* a different) tune; *iem. van sy/haar ~ **bring,** (fig.)* put s.o. off/out, fluster/unsettle s.o.; *die ~ **hou*** sing in tune; *nie ~ **hou** nie* sing out of tune; ***op** die ~ van ...* to the tune of ...;

*'n **pakkende*** ~ a catchy tune; *iem. **raak** van sy/haar ~ (af), (infml.)* s.o.'s mind becomes unhinged, s.o. goes dippy/stir-crazy/bananas/ape; *'n ~ op die klavier **speel*** play an air on the piano; ***van** die ~ af* out of tune; ***van** jou ~ af wees, (infml.)* be out of one's mind/head/senses, be nuts (*or* off one's head/nut); *is jy **van** jou ~ af?, (infml.)* are you out of your mind/senses?, have you taken leave of your senses?; *heeltemal **van** jou ~ af wees, (infml.)* be stark raving/staring mad/bonkers.

wy·sig *ge=* modify, alter, change; amend; adjust; adapt; vary; qualify; *iets ~ tot* ... alter/change s.t. to ...; *'n bevel ~, (jur.)* vary an order; *ge~ deur/by Wet 8, (jur.)* amended by Act No. 8. **wy·sig·baar** *=bare* amendable, variable, modifiable. **wy·si·ging** *=gings, =ginge* modification, alteration, change; variation; adjustment; adaptation; amendment; mutation; *'n ~ in iets **aanbring*** make an alteration in s.t.; *~s in 'n wet **aanbring*** amend (*or* make amendments to) an act; *~ van 'n **bevel**, (jur.)* variation of an order; *'n ~ **ondergaan*** undergo a change, be modified/altered; be amended; *die ~ van iets **tot*** ... the alteration of s.t. to ...; *'n wetsontwerp **tot** ~ van 'n wet* a bill to amend an act; *~ van die **weersgesteldheid*** weather modification.

wy·si·gings-: ~bevel *(jur.)* variation order. **~wet** amending act. **~wetsontwerp** amendment bill; *~ op die grondwet* constitution amendment bill.

wys·lik wisely; advisably.

wys·maak *wysge=: dit kan jy jou **grootjie** gaan ~!* →GROOTJIE; ***iem. iets*** ~ hoodwink s.o.; ***jouself** iets* ~ delude o.s.; ***jouself** ~ dat* ... make believe that ...; *dit **kan** jy (of laat ek) my nie ~ nie!* tell me another! *(infml.)*; *iem. **laat** hom/haar alles ~* anything will go down with s.o., s.o. will swallow anything, s.o. is very easily imposed upon; *jy moet jou **niks** laat ~ nie* don't let them fool you. **wys·ma·ker** bluffer. **wys·ma·ke·ry** bluff(ing), make-believe.

wys·neus *(derog.)* wiseacre, know-(it-)all, prig, pedant, smarty-pants *(infml.)*, clever dick *(Br., infml.)*, smart-arse *(sl.)*, barrack-room lawyer *(infml.)*; *(klein)* ~ punk. **wys·neu·sig** *=sige* conceited, pedantic, priggish, malapert, self-opinionated, clever-clever *(infml.)*. **wys·neu·sig·heid** conceit, pedantry, priggishness.

wys·ter →WYSER.

wyt *ge=* lay at the door of, accuse, blame; ... ***aan** iem./iets* ~ blame ... on s.o./s.t.; *te ~e **aan*** ... due to ...; owing to ...; *dis **aan** iem. se onverskilligheid/ens. te ~e dat* ... it's owing/due to s.o.'s carelessness/etc. that ...; *dit aan **jouself** te ~e hê dat* ... have o.s. to blame for ...

wy·ting *(Eur. icht.: Merlangius/Gadus merlangus)* whiting.

wy·we·praat·jie idle gossip; old wives' tale; →OUVROUEPRAATJIE, OUWYWEPRAATJIE, WYF.

x *x'e,* **X** *X'e, (24th letter of the alphabet)* x, X; *(Rom. numeral 10)* X. **x-as, X-as** X-axis. **X-bene** *(rare)* knock-knees; ~ *hê* be knock-kneed. **X-chromosoom** *(genet.)* X chromosome. **X-hakke** *(rare)* cow-hocks. **X-straal** →X-STRAAL. **X-sweislas** double V-weld.

xan·taat *=tate, (chem.)* xanthate.

xan·teen *(chem.)* xanthene.

Xan·t(h)ip·pe *(wife of Socrates)* Xant(h)ippe; *(also x~: nagging woman)* Xant(h)ippe, xant(h)ippe.

xan·tien *(biochem.)* xanthine.

xan·to·fil *(biochem.)* xanthophyll.

xan·to·geen·suur *(chem.)* xanthic acid.

xan·toom *(med.)* xanthoma.

xe·no= *comb.* xeno=.

xe·no·fo·bie xenophobia. **xe·no·fo·bies** *=biese* xeno=phobic.

xe·no·ga·mie *(bot.)* xenogamy; cross-fertilisation.

xe·no·kris *=te, (geol., cryst.)* xenocryst.

xe·no·liet *=e, (geol.)* xenolith.

xe·no·ma·nie *(psych.)* xenomania.

xe·no·morf *=morfe,* **xe·no·mor·fies** *=fiese, adj., (geol.)* xenomorphic.

xe·non *(chem.; symb.: Xe)* xenon.

xe·no·oor·plan·ting *(biol.)* xenograft.

xe·no·tiem *(min.)* xenotime.

xe·ro= *comb.* xero=.

xe·ro·fiel *=e, (bot., zool.)* xerophilous.

xe·ro·fiet *=fiete, (bot.)* xerophyte, drought-resistant/drought-resisting plant. **xe·ro·fi·ties** *=tiese* xerophytic, drought-resistant; drought-resisting.

xe·rof·tal·mie *(med.)* xerophthalmia.

xe·ro·gra·fie xerography.

xe·ro·se *(med.)* xerosis.

Xe·rox *n., (trademark, also x~; copying process, machine)* Xerox. **xe·rox** *ge=, vb., (rare)* Xerox, xerox.

Xho·sa *=sas, (member of a people)* Xhosa; *(no pl., lang.)* Xhosa.

x'ie *x'ies* little x.

xi·fi·ster·num *(anat., zool.)* xiphisternum, xiphoid process.

xi·fo·ïed *=ïede, adj., (biol.)* xiphoid.

xi·leem *(bot.)* xylem.

xi·leen *(chem.)* xylene, xylol.

xi·lo= *comb.* xylo=.

xi·lo·foon *=fone, =foons, (mus. instr.)* xylophone.

xi·lo·graaf *=grawe, (print.)* xylographer. **xi·lo·gra·fie** xylography; xylograph. **xi·lo·gra·fies** *=fiese* xylograph=ic(al).

xi·lo·karp *=karpe, (bot.)* xylocarp. **xi·lo·kar·pies** *=piese* xylocarpous.

xi·loon·suur *(chem.)* xylonic acid.

xi·lo·se *(chem.)* xylose.

xis·tus *=tusse, (hist.)* xystus; xyst.

Xi·tso·nga →TSONGA.

xo·a·non *=anons, =ana, (<Gr., a primitive statue)* xoanon.

X-straal *-strale, (also x~)* X-ray, x-ray, roentgen/rönt=gen ray; *met X-strale/x-strale behandel* X-ray, x-ray. **~foto, ~plaat** X-ray/x-ray (photograph); *~foto's/~plate neem, plate neem (infml.),* X-ray, x-ray. **~kristallografie** x-ray crystallography. **~masjien** X-ray/x-ray machine. **~sterrekunde** x-ray astronomy.

Y y

y *y's,* **Y** *Y's, (25th letter of the alphabet)* y, Y; *lang ~* (letter) y. **~-as** Y-axis. **Y-chromosoom** *(genet.)* Y chromosome. **Y-pyp** Y-pipe, wye. **Y-vormig** Y-shaped.

Ya·gi-an·ten·na, -an·ten·ne *(rad., TV)* Yagi aerial.

Yan·kee *-kees, (often derog., a native of the US, also* Yank*)* Yankee, Yank, Yankee Doodle; *(an inhabitant of New Eng. or the Northern US)* Yankee (Doodle).

yawl = JOLBOOT.

y·del *ydel(e) ydeler ydelste* vain *(pers., hope, endeavour, etc.)*; conceited, foppish *(pers.)*; idle *(words)*; empty *(talk, threat)*; vainglorious; *~(e) hoop* vain/fond hope; *dit is 'n ~(e) hoop* there is no hope of that. **~tuit** *-e, (rare)* vain girl/woman; *'n ~* a Miss Vain. **~tuiterig, ~tuitig** *-e, (rare)* vain, frivolous. **~tuitery, ~tuitery** *(rare)* frivolousness, vanity.

y·del·heid *-hede* vanity; vainglory; futility; *~ der ydelhede* vanity of vanities; *alles is ~* all is vanity; *die ~ streel* salve one's vanity.

y·del·lik: *'n naam ~ gebruik* take a name in vain.

yk *n.* gauge, verification (*or* stamping and verifying) of weights and measures, assizement, assizing. **yk** *ge-, vb.* gauge, stamp and verify, assize; hallmark; calibrate; →GEYK. **~fout** calibration error. **~geld** assize dues. **~gewig** standard weight. **~instrument** calibrating instrument. **~kantoor** weights and measures office, gauging/assize office. **~loon** *(obs.)* gauger's fee. **~maat** standard measure; master gauge. **~meester** (chief) assizer. **~merk** assize stamp/seal.

y·ker *-kers* gauger; inspector of weights and measures; assizer; calibrator.

y·king assizement, assizing; calibration.

yl¹ *n.* haste; *in aller ~* in a (great) hurry, in great/hot haste, with all speed; at great/high speed. **yl** *ge-, vb.* hasten, hurry, rush.

yl² *ge-, vb.* be delirious; wander *(in one's mind)*; rave.

yl³ *yl(e) -er -ste, adj.* thin *(air, beard)*; sparse; meagre; rare, rarefied *(atmosphere)*; tenuous *(air)*; elusive; *'n ~ **baardjie*** a straggling/straggly/wispy beard; *~ **binding*** open weave; *die **koring** staan maar ~* the wheat has come up very thinly/sparsely; *~ **maak*** rarefy. *~ **raak/word*** rarefy. **~geweefde materiaal** open weave, open-weave fabric.

y·lend *-lende* delirious; raving; *~e koors* delirium; delirious fever; calenture.

yl·heid thinness, sparseness; rarity *(of atmosphere)*; tenuity, tenuousness.

yl·hoof·dig *-dige* light-headed, delirious. **yl·hoof·dig·heid** light-headedness; delirium; *effense ~* subdelirium.

y·ling raving, delirium.

y·lings hurriedly, hastily, in hot haste.

yl·te *-tes* emptiness, void.

York·shire *(geog.)* Yorkshire. **~terriër** *(also y~)* Yorkshire terrier.

young·bes·sie youngberry.

Young-mo·du·lus *(phys.)* Young's modulus.

yp·si·lon *-lons, (20th letter in the Gr. alphabet)* upsilon.

ys *n., (also, drug sl.: methamphetamine)* ice; *met ~ **bedek*** glaciated; *die ~ **breek**, (lit. & fig.)* break the ice; ***droë** ~* →DROËYS; *jou op **gladde** ~ begeef/begewe/waag, (fig.)* be skating/treading on thin ice; ***met** ~, (a drink)* with ice, on the rocks *(infml.)*. **ys** *ge-, vb.* shudder, shiver; →VERYS, VRIES; *~ as jy **dink** wat kon gebeur het* shudder at the thought of what might have happened; *môre gaan **dit** ~, (rare, <Du.)* it's going to be freezing (cold) tomorrow; *dit het iem. **laat** ~* s.o.'s blood ran cold; *iets **laat** iem. ~* s.t. makes s.o.'s blood run cold, s.t. makes s.o.'s flesh creep. **~afsetting** icing, ice formation, accretion of ice. **~asyn** glacial acetic acid. **~asynsuur** *(chem.)* glacial acetic acid. **~baan** *(rare)* skating-rink, ice rink. **~bakkie** ice tray. **~bal** curling. **~ballet** ballet on ice. **~bank** ice shelf; ice bank; ice floe/float. **~beer** polar bear, white bear. **~berg** (ice)berg; *dis net die puntjie van die ~* it is just/only the tip of the iceberg; →DIS NET DIE OORTJIES VAN DIE SEEKOEI. **~bergslaai** iceberg lettuce. **~bestryder** de-icer. **~blink** iceblink, snowblink. **~blok** block of ice; ice floe/float. **~blokkie** ice cube. **~blom** frost/ice flower; *(also, in the pl.)* frostwork. **~blou** ice-blue *(eyes etc.)*. **~boot** iceboat; ice yacht. **~breker** icebreaker; iceboat. **~bultjie** hummock. **~byl** ice axe. **~deeltjie** ice particle. **~dek** ice sheet, icecap; ice cover. **~drank** cobbler. **~drif** ice drift. **~eiland** ice isle. **~emmer(tjie)** ice bucket. **~fabriek** iceworks, ice factory. **~gang** ice drift/shove. **~glas** frosted glass. **~gordel** ice foot/belt/ledge. **~grond** permafrost. **~grot** ice cave. **~hoender** *(orn.: Chionis* spp.*)* sheathbill. **~hokkie** ice hockey. **~kamer** refrigerating chamber. **~kap** ice cap. **~kas** refrigerator, fridge; cooler; →KOELKAS; *~ (sonder 'n vriesvak[kie])* larder fridge; *iets in die ~ sit, (fig.: postpone s.t.)* keep/put s.t. on ice, put s.t. on the back burner; *in die ~ wees, (fig.: be postponed)* be on ice (*or* the back burner). **~keël, ~kegel** icicle, ice spicule. **~kelder** ice house. **~kis** ice chest. **~klep** frost-valve. **~kompres** ice compress. **~kors** crust of ice; frost *(in a refrigerator)*. **~koud** *adj.* ice-cold, icy (cold), icily cold, freezing, gelid, frozen; *iets laat iem. ~* s.t. leaves s.o. stone-cold; *~ word van iets* feel a chill down one's spine; *'n yskoue ontvangs* a wintry reception. **~koud** *adv.* icily. **~laag** ice sheet, ice stratum. **~man** *(infml.; archaeol.)* iceman. **~masjien** ice/freezing machine, freezer. **~massa** ice pack, mass of ice. **~modder** sludge ice, slush. **~muur** ice barrier. **~naald** ice needle, (thin) icicle, ice spicule. **~(naald)mis** ice fog. **~periode** ice age, glacial period. **~pik** ice pick. **~plaat** ice sheet. **~plant** ice plant. **~ploeg** ice plough. **~reën** sleet. **~rot** ice rat. **~ryp** glazed frost, glaze ice. **~sak** *(med.)* ice pack; ice bag. **~see** polar sea, frozen ocean; *die Noordelike Y~* the Arctic Ocean; *die Suidelike Y~* the Antarctic Ocean. **~skaats** *n.* ice skate; ice-skating. **~skaats** *vb.* ice-skate. **~skaatsbaan** ice rink. **~skaatsdans** ice dance/dancing. **~skaatser** ice-skater. **~skaatsvertoning** ice show. **~skots** ice floe/float. **~slee** luge, ice-sledge. **~sopie** highball; swizzle. **~spel:** *Skotse ~* curling. **~spoor** crampon. **~steen** *(chem., min.)* cryolite. **~stokkie** ice lolly/sucker. **~tyd(perk)** ice age, glacial period. **~val** icefall. **~veld** ice field, ice sheet; *drywende ~* ice isle. **~vertoning** ice show. **~vlakte** ice sheet. **~vleis** *(rare)* frozen meat. **~voël** *(Gr. myth.)* halcyon; *(orn.)* kingfisher. **~voëlblou** kingfisher blue. **~vorming** glaciation; icing (up), ice formation/accretion. **~vos** arctic fox. **~-vrieskas** fridge-freezer. **~vry** ice-free; *~e water* open water. **~wal** ice jam. **~water** ice water, iced water. **~werk** icework. **~werking** ice action, icework. **~wolk** ice cloud.

ys·ag·tig *-tige* icy.

ys·been aitchbone.

y·sel →RUIGRYP.

y·se·re iron *(fig.)*; →YSTER; *~ gestel* iron constitution; *die Y~ Hertog, (hist.: Wellington)* the Iron Duke; *die Y~ Kanselier, (hist.: Bismarck)* the Iron Chancellor.

y·sig *-sige, adj.* icy, (as) cold as ice; cutting; freezing; wintry; *~e koue* iciness, gelidity; *'n ~e wind het gewaai* an icy wind blew, the wind blew icily. **y·sig** *adv.* icily; cuttingly; *~ koud* icily cold. **y·sig·heid** iciness.

y·sing·wek·kend *-kende* appalling, ghastly, gruesome, spine-chilling, hair-raising, terrifying.

Ys·land Iceland. **y~spaat** *(min.)* Iceland spar.

Ys·lan·der *-ders* Icelander.

Ys·lands *n., (lang.)* Icelandic. **Ys·lands** *-landse, adj.* Icelandic; Iceland; *~e papawer* Iceland poppy.

ys·lik *-like* huge, enormous, immense, tremendous, mammoth, jumbo(-sized) *(attr.)*; *(infml.)* ginormous, mega; *(rare)* horrible, frightful, terrible, ghastly, gruesome; *~ **groot*** frightfully big; *'n ~e **leuen*** a spanking/thundering (*or* thumping [great]) lie, *(infml.)* a banger/whopper; ***'n** ~e ...* a great big ... *(stone etc.)*; ***'n** ~e 6 859 stemme kry/ontvang/trek* (of op jou verenig) rack up a whopping 6 859 votes; *met 'n ~e **telling** van 74-0 wen* rack up a 74-0 win. **ys·lik·heid** *-hede* enormousness; *(rare)* horror, ghastliness, enormity; *die yslikhede van oorlog* the horrors of war.

ys·ter *-ters, (metall., symb.: Fe)* iron; iron, *(hist.)* flatiron; branding iron; (horse)shoe; runner *(of a sledge)*; *(golf)* iron; blade *(of a skate)*; *jy kan nie ~ met jou **hande** breek nie* you can't make bricks without straw; ***'n** (stuk) ~* a piece of iron; ***smee** die ~ solank dit warm is* strike while the iron is hot; make hay while the sun shines; *'n man/vrou **van** ~* a man/woman of iron; *te veel ~s in die **vuur** hê, (fig.)* have too many irons in the fire, have too many balls in the air. **~aar** iron lode. **~aarde** ferruginous earth. **~afsetting** iron deposit; *(med.)* siderosis. **~balk** iron beam. **~bank** iron seat/bench; *(soil)* ironpan. **~bedryf** iron industry. **~beslag** iron mounting. **~beton** ferroconcrete; ferrous concrete. **~bint** iron tie. **~blik** = PLAATYSTER. **~bos** = YSTERHOUTBOS. **~brood** pig *(of metal)*. **~byter** *(rare)* (old) warhorse. **~draad** iron wire. **~erts** iron ore. **~fabriek** ironworks. **~fabrikant** ironmaster. **~gaas** iron gauze. **~gebreksiekte** bush sickness. **~ghwano** basic slag. **~gieter** iron founder. **~gietery** iron foundry, ironworks. **~glans** *(min.)* iron glance. **~goed** ironware, ironmongery. **~gordyn** *(hist., fig.)* Iron Curtain. **~gras** *(Anchusa capensis)* Cape forget-me-not. **~grou, ~grys** iron grey. **~hak** iron heel. **~handel** iron trade, ironmongery. **~handelaar** ironmonger, hardware shop/store. **~hard** *-e* (as hard as) iron. **~hiel** *(rare)* = YSTERHAK. **~hoed** iron hat; *(geol., min.)* gossan, iron hat. **~houdend** *-e* ferriferous; ferrous, ferruginous; chalybeate. **~hout** *(Olea capensis)* ironwood, coast assegai, wild olive. **~houtbos** *Dodonaea viscosa.* **~industrie** = YSTERBEDRYF. **~katel** iron bedstead. **~kies** *(min.)* pyrite, (iron) pyrites, firestone; →PIRIET. **~kleur** iron grey. **~kleurig** *-e* iron-coloured, iron-grey. **~klip** ironstone; dolerite. **~klou:** *~ in die grond slaan, (infml.)* take to one's heels; dig in one's heels; stand firm. **~kruid** verbena. **Y~kruis** *(Germ. mil. decoration)* Iron Cross. **~lees** iron last. **~legering** ferroalloy, ferrous alloy. **~long** iron lung. **~man** *-ne* iron man. **~meteoriet** siderite. **~myn** iron mine. **~oksied** *(chem.)* ferric/iron oxide. **~paal** iron post, iron pole; fencing standard. **~perd** *(infml.: bicycle, motorcycle, railway engine)* iron horse. **~plaat** iron plate; iron sheet, sheet of iron; hard ironstone. **~plettery** iron mill. **Y~poort:** *die ~* the Iron Gate(s) *(of the Danube)*. **~pyp** iron tubing. **~ring** iron ring. **~roes, ~smet** iron mould. **~saag** metal saw, iron-cutting saw, hacksaw. **~skaaf** iron plane. **~skêr** iron cutter/shears. **~skimmel** iron-grey (horse). **~skroot** scrap iron. **~slak** iron slag, dross. **~smedery** (iron) forge, ironworks. **~smeltery** iron-foundry. **~smet** →YSTERROES. **~smid** *-smede* ironsmith, blacksmith, hammersmith. **~soutwater** chalybeate water. **~spaat** *(min.)* siderite. **~staaf** iron bar; *(ru)~* pig. **~sterk** strong as iron; cast-iron; hard-wearing; *'n ~ gestel* an iron constitution. **~stoflong** *(med.)* siderosis. **~(stok)** *(golf)* iron. **~sulfaat** *(chem.)* iron sulphate, copperas, green vitriol. **~sulfied** *(chem.)* iron sulphide. **Y~tyd(perk)** *(archaeol.)* Iron Age. **~vark** →YSTERVARK. **~verbinding** iron compound. **~vernis:** *swart* ~ Berlin black. **~vitrioel** = YSTERSULFAAT. **~vreter** fire-eater, swashbuckler, ironsides. **~vuis** iron fist; *met 'n ~ regeer* rule with an iron hand (*or* a rod of iron); *met 'n ~ vashou* hold with a grip of iron. **~ware** hardware, ironware, ironmongery. **~warewinkel** hardware shop. **~werk** ironwork. **~winkel** ironmonger's shop, ironmongery.

ys·ter·ag·tig *=tige* iron(-like); ferruginous, ferreous.

ys·ter·vark *=varke, (zool.)* porcupine; *(naval)* hedgehog. **~gat** porcupine burrow/hole. **~mannetjie** male porcupine. **~pen** porcupine quill. **~wyfie** female porcupine.

ys·ter·var·kie *=kies, (cook.)* lamington.

y'tjie *='tjies* little y.

yt·ter·bi·um *(chem., symb.:* Yb*)* ytterbium.

yt·tri·um *(chem., symb.:* Y*)* yttrium.

Yun·nan *(geog., Chin.)* Yunnan.

yup·pie, jap·pie yuppie, yuppy *(acr.: young urban [or upwardly mobile] professional).* **~griep** *(infml. for* mialgiese enkefalomiëlitis/ensefalomiëlitis, *abbr.:* ME*)* yuppie disease/flu *(infml. for* myalgic encephalomyelitis, *abbr.:* ME*)*, executive flu, postviral (*or* chronic fatigue) syndrome.

yup·pie·dom, jap·pie·dom yuppiedom.

yup·pie·fi·seer, jap·pie·fi·seer *ge=* yuppify. **yup·pie·fi·ka·sie, jap·pie·fi·ka·sie** yuppification.

y·wer *n.* diligence, industry, industriousness; zeal, fervour, ardour, keenness, enthusiasm, intentness, drive, get-up-and-go *(infml.)*, efforts; *groot ~ aan die* ***dag*** *lê* show great zeal; ***met*** *onverminderde/onvermoeide ~* with unflagging zeal; *met ~ vir 'n saak* ***vervul*** *wees* be full of zeal for a cause; *met ~* ***werk*** work with zeal. **y·wer** *ge=, vb.* be zealous; *vir 'n saak ~* work (*or* be zealous) for a cause. **~sug** *(rare)* jealousy, envy, enviousness.

y·we·raar *=raars* keen partisan, zealous adherent, devotee, enthusiast; *(rare)* zealot, fanatic; *~ vir ...* stickler for ...; champion of ...

y·we·rig *=rige* diligent(ly), industrious(ly), keen(ly), zealous(ly), strenuous(ly), sedulous(ly), ardent(ly), assiduous(ly), fervent(ly); *~ besig wees met* be busily engaged on, be intent on, be sedulously occupied with. **y·we·rig·heid** diligence, industry, zeal, keenness.

Zz

z *z's, z'e,* **Z** *Z's, Z'e, (26th letter of the alphabet)* z, Z. **~-staaf, ~-stang** Z-bar. **~-yster** Z-iron.

za·ba·gli·o·ne *(It. cook.: a dessert)* zabaglione.

Za·ïre *(geog., hist. [1971-97])* Zaire; →KONGO; *(monetary unit)* zaire. **Za·ï·rees** *-rese, n. & adj.* Zairean, Zairian, Zaïrean, Zaïrian.

Zam·be·zi Zambezi. **~haai** *(Carcharhinus leucas)* Zambezi/bull shark. **~rivier** Zambezi River.

Zam·bi·ë *(geog.)* Zambia. **Zam·bi·ër** *-biërs, n.* Zambian. **Zam·bies** *-biese, adj.* Zambian.

Zan·zi·bar *(geog.)* Zanzibar; *van* ~ Zanzibari. **Zan·zi·ba·ri** *-ri's, n.* Zanzibari.

za·pa·te·a·do *-do's, (a lively Sp. dance)* zapateado.

Za·ra·thoes·tra →ZOROASTER.

za·ra·tiet *(min.)* zaratite.

Zarp *Zarps, (SA hist.)* member of ZARP.

zar·zu·e·la *(Sp., mus., cook.)* zarzuela.

ze·boe = SEBOE.

Zee·man·ef·fek *(phys.)* Zeeman effect.

Zen-Boed·dhis·me, zen·boed·dhis·me *(Jap. relig.)* Zen Buddhism. **Zen-Boed·dhis·ties, zen·boed·dhis·ties** Zen Buddhist.

Zend *(Iranian lang., obs.)* Zend. **~-Avesta** Zend-Avesta.

Ze·ner[1]: ~kaarte *(pl.), (parapsych.: set of 25 cards used in ESP research)* Zener cards.

Ze·ner[2]: ~diode *(electron.)* Zener diode.

Ze·phu·ros *(Gr. myth.)* Zephyrus.

zep·pe·lin *-lins* zeppelin.

ze·ro *-ro's* zero. **~-opsie** zero option *(in int. nuclear arms negotiations).* **~-uur** zero hour.

zeug·ma *(<Gr., a fig. of speech)* zeugma. **zeug·ma·ties** *-tiese* zeugmatic.

Zeus *(Gr. myth.)* Zeus.

zi·bi·blik *(SA: a rubbish can)* zibi can *(also Z~).*

zig·goe·rat *-rats* ziggurat, zikkurat.

zil·joen *(infml.)* zillion; *~e ...* zillions of ... **zil·joe·nêr** *-nêrs* zillionaire. **zil·joen·ste** *n. & adj.* zillionth.

Zim·bab·we *(geog.)* Zimbabwe. **~-ruïnes** Zimbabwe ruins.

Zim·bab·wi·ër *-wiërs* Zimbabwean. **Zim·bab·wies** *-wiese* Zimbabwean.

Zim·mer·raam *(also z~, trademark)* Zimmer (frame) *(used by disabled/infirm people).*

zin·ke·niet *(min.)* zin(c)kenite.

zin·ni·a *-nias, (bot.)* zinnia; →JAKOBREGOP.

zir·koon = SIRKOON.

zit(s) *ge-* whiz(z); blast. **zit·ser** *(infml.: a remote control for a TV etc.)* zapper.

zlo·ty *-tys, (monetary unit of Poland)* zloty.

zoei *ge-* = ZOEM.

Zoe·loe *-loes,* **Zu·lu** *-lu's, n., (member of a people)* Zulu; *(lang., no pl.)* Zulu.

zoem *n.* buzzing, humming, droning. **zoem** *ge-, vb.* buzz, hum, drone; zoom. **~lens** *(phot.)* zoom (lens). **~skoot** *(phot.)* zoom shot. **~toon** buzz(ing) tone.

zoe·mer *-mers* buzzer.

zoem·pie *-pies, (zool.)* blue duiker.

Zo·ï·lus Zoilus.

zo·ï·siet *(min.)* zoisite.

zol *zolle, (sl.: a cannabis cigarette)* joint, zol *(SA),* reefer, spliff, bomber.

zom·bie *-bies* zombi(e).

zon·da *(Sp., a hot wind in Argentina)* zonda.

Zo·ro·as·ter, Za·ra·thoes·tra *(Persian prophet)* Zoroaster, Zarathustra. **Zo·ro·as·tris** *-triste, (also z~)* Zoroastrian, Mazdaist. **Zo·ro·as·tris·me** *(also z~)* Zoroastr(ian)ism, Mazdaism. **Zo·ro·as·tris·ties** *-tiese, (also z~)* Zoroastrian, Mazdaist.

Zou·aaf *-awe, (Fr. hist.)* Zouave; zouave.

z'tjie *-'tjies* little z.

zug·zwang *(Germ., chess)* zugzwang.

Zu·lu →ZOELOE.

Zü·rich Zurich, Zürich.

Zwing·li·aan *-ane, n., (relig., also z~)* Zwinglian. **Zwing·li·aans** *-aanse, adj., (also z~)* Zwinglian. **Zwing·li·a·nis·me** *(also z~)* Zwinglianism.

zwit·te·ri·oon *(phys.)* zwitterion.

Afkortings

Sien punt 10 op bl. xvi

A

A ampère ♦ ampere(s) **A**

Å ångström ♦ ångström(s), angstrom(s) **Å, A**

a atto= ♦ atto= **a**

a. ♦ aan

a. *annum* jaar ♦ *annum* year **a.**

a., art. artikel ♦ article **art.**; section **s., sect.**

AA Alkoholiste Anoniem ♦ Alcoholics Anonymous **AA**

AA Automobiel-Assosiasie (van Suid-Afrika) ♦ Automobile Association (of South Africa) **AA**

a.a. afskrif(te) aan ♦ carbon copy/copies **cc, c.c.**

AAA Amerikaanse Automobiel-Assosiasie ♦ American Automobile Association, Automobile Association of America **AAA**

AAB Anti-Apartheidsbeweging ♦ Anti-Apartheid Movement **AAM**

AAV Amateuratletiekvereniging ♦ Amateur Athletic Association **AAA**

aanget. aangeteken(de) ♦ registered **regd**

aanh. aanhaling ♦ quotation **quot.**

aanh. aanhangsel ♦ appendage, appendix **app.**

aank. aankoms ♦ arrival **arr.**

aans. aansluiting ♦ junction **junc.**

aant. aantekening ♦ note **n.**

aantt. aantekeninge ♦ notes **n.**

aanw. aanwysend(e); →DEM.; aanwyser; ♦ demonstrative **dem.**

aanw.vnw. aanwysende voornaamwoord ♦ demonstrative (pronoun) **dem. (pron.)**

aardr. aardrykskunde; aardrykskundig(e); →GEOGR. ♦ geography; geographic(al) **geog.**

a.asb. antwoord asseblief; →RSVP

AAWU, Aawu ♦ Ammunition and Allied Workers' Union **AAWU, Aawu**

AB afleweringsbrief ♦ delivery note **DN**

AB Afrikanerbond ♦ **AB**

AB Algemeen Beskaaf(de), algemeen beskaafd(e), Algemeenbeskaaf(de), algemeenbeskaafd(e) *(taal)* ♦ standard *(speech)*

a.b. aan boord ♦ on board **o.b.**

a/b afgebring ♦ brought down **b/d**

ABB aktiewe bedienerbladsye ♦ active server pages **ASP**

ABC alfabet ♦ alphabet **ABC**

ABC Australiese Uitsaaikorporasie ♦ Australian Broadcasting Corporation **ABC**

ABC Ouditburo van Sirkulasie ♦ Audit Bureau of Circulation **ABC**

ABET, Abet →**BOOV; BVOO; VBOO**

abl. ablatief, =tiewe ♦ ablative **abl.**

ABM Aktiewe Burgermag ♦ Active Citizen Force **ACF**

ABM antiballistiese missiel(stelsel) ♦ antiballistic missile (system) **ABM**

ABO Anglo-Boereoorlog ♦ Anglo-Boer War **ABW**

ABS akrilonitrielbutadieenstireen ♦ acrylonitrile-butadiene-styrene **ABS**

ABS sluitweerremstelsel ♦ antilock braking system **ABS**

abs. absoluut, =lute ♦ absolute(ly) **abs.**

ABSA, Absa Amalgameerde Banke van Suid-Afrika ♦ Amalgamated Banks of South Africa **ABSA, Absa**

abstr. abstrak(te) ♦ abstract **abs.**

ABV afstandbeheerde voertuig ♦ remotely operated vehicle **ROV**

AC *Anno Christi* in die jaar van Christus ♦ *Anno Christi* in the year of Christ **AC**

ACDP ♦ African Christian Democratic Party **ACDP**

ACSV Afrikaanse Christen-Studentevereniging ♦ **ACSV**

ACVV Afrikaanse Christelike Vrouevereniging ♦ **ACVV**

AD *Anno Domini* in die jaar van ons Here; →N.C. ♦ *Anno Domini* in the year of our Lord **AD, A.D.**

AD, adj.dir. adjunkdirekteur ♦ deputy director **dep. dir.**

a.d. *a dato* vanaf datum ♦ *a dato* from date **a.d.**

a.d. *ante diem* voor die dag ♦ *ante diem* before the day **a.d.**

a/d afgedra ♦ brought down **b/d**

ad. *adagio* stadig ♦ *adagio* slow **ad.**

adb. adelbors ♦ midshipman

ADC aide de camp, aide-de-camp ♦ aid(e)-de-camp **ADC, a.d.c.**

ad fin. *ad finem* tot die einde ♦ *ad finem* to the end **ad fin.**

ADG adjunk-direkteur-generaal ♦ deputy director-general **DDG**

ADHD →AGHS

ad inf. *ad infinitum* tot die oneindige ♦ *ad infinitum* to infinity **ad inf.**

adj. adjektief; adjektiwies(e); →B.NW. ♦ adjective; adjectival **a., adj.**

adj. adjunk ♦ deputy **dep.**

adj.dir., AD adjunkdirekteur ♦ deputy director **dep. dir.**

adj.min. adjunkminister ♦ deputy minister **dep. min.**

adj.pres. adjunkpresident ♦ vice(-)president **VP, V. Pres.**

adjt. adjudant ♦ adjutant **adj., adjt, adjt.**

ad lib. *ad libitum* na (eie) goeddunke ♦ *ad libitum* at one's pleasure, as one wishes **ad lib.**

ad loc. *ad locum* op hierdie plek ♦ *ad locum* to/at the place **ad loc.**

adm. admiraal ♦ Admiral **Adm.**

admin. administrasie; administrateur; administratief, =tiewe ♦ administration; administrator; administrative **adm., admin.**

ADT aanbevole dieettoelaag ♦ recommended daily/dietary allowance **RDA**

adv. *adverbium* adverbiaal, =biale; →BW., BYW. ♦ *adverbium* adverbial **adv.**

adv. advokaat ♦ advocate **adv.**

ad val. *ad valorem* volgens die waarde ♦ *ad valorem* in proportion to the value **ad val., a.v., A/V**

advt. advertensie ♦ advertisement **advt**

advv. advokate ♦ advocates **advs.**

AE Algemene Era; →AD ♦ Common Era **CE**

AEK Atoomenergiekorporasie van Suid-Afrika *(hist.)*; →NECSA ♦ Atomic Energy Corporation of South Africa **AEC**

aet. *aetatis* oud, in die ouderdom van ♦ *aetatis* at the age of, of the age **aet., aetat.**

afb. afbeelding; →FIG. ♦ figure **fig.**

afd. afdeling ♦ division **div.**

aff. affiks ♦ affix **aff.**

afk. afkorting ♦ abbreviation **abbr., abbrev.**

afl. afleiding ♦ derivation; derivative **der.**

AFP ♦ Agence France-Presse **AFP**

Afr. Afrika; Afrikaans *(taaln.)*; Afrikaans(e) ♦ Africa; Afrikaans *(lang.)*; African **Afr.**

afs. afsender ♦ sender

afs. afsonderlik(e) ♦ separate **sep.**

AG adjudant-generaal; administrateur-generaal; advokaat-generaal ♦ Adjutant General; Administrator General; Attorney General **AG**

agb. agbare ♦ Honourable **Hon.**; Venerable **Ven.**

AGHS aandag(s)gebrek-hiperaktiwiteitsindroom ♦ attention deficit hyperactivity disorder **ADHD**

AGOA, Agoa ♦ African Growth and Opportunity Act **AGOA, Agoa**

AGS Apostoliese Geloofsending ♦ Apostolic Faith Mission **AFM**

a.g.v. as gevolg van ♦ as a result of

AHI Afrikaanse Handelsinstituut ♦ **AHI**

a.i. *ad interim* voorlopig, tussentyds ♦ *ad interim* provisional(ly), for the mean time/present **ad int.**

AIO ♦ African Insurance Organisation **AIO**

AIO Agentskap vir Internasionale Ontwikkeling ♦ Agency for International Development **AID**

AJK Algemene Jeugkommissie ♦ **AJK**

AJV algemene jaarvergadering ♦ annual general meeting **AGM**

Akad. Akademie ♦ Academy **Acad.**

akad. akademies(e) ♦ academic **acad.**

AKE Afrikaanse Kinderensiklopedie ♦ **AKE**

akk. akkusatief, =tiewe ♦ accusative **acc.**

AKLAS, Aklas Algemene Kommissie vir Leer en Aktuele Sake ♦ **AKLAS, Aklas**

AKP(-state) Afrika-, Karibiese en Pasifiese (state) ♦ African, Caribbean and Pacific (States) **ACP (States)**

aks. akseptasie ♦ acceptance **acc.**

al. *alias* anders genoem ♦ *alias* also known as **AKA, a.k.a., aka**

al. *alinea* reël ♦ *alinea* line **l.**

ald. aldaar; →IB., IBID

alg. algebra; algebraïes(e) ♦ algebra; algebraic **alg.**

alg. algemeen, =mene ♦ general **gen.**

allo. *allegro* lewendig, vinnig ♦ *allegro* at a brisk speed **allo**

ALV Afrikaanse Letterkundevereniging ♦ **ALV**

AM amplitudemodulasie ♦ amplitude modulation **AM, am, am.**

Am. Amos ♦ Amos **Am**

Am., Amer. Amerika; Amerikaans(e) ♦ America; American **Am., Amer.**

AMDG *ad majorem Dei gloriam* tot groter eer van God ♦ *ad majorem Dei gloriam* to the greater glory of God **AMDG**

AMPS, Amps Alle(-)media-en-produkte(-)studie ♦ All Media and Products Survey **AMPS, Amps**

AMV afwesig met verlof ♦ absent with leave **AWL**

ANC ♦ African National Congress **ANC**

and. *andante* in 'n matige tempo ♦ *andante* at a moderately slow tempo **and.**

Angl. Anglikaans(e) ♦ Anglican **Angl.**

Angl., angl. Anglisisme, anglisisme; Anglisisties(e), anglisisties(e) ♦ Anglicism, anglicism; Anglicist(ic), anglisist(ic) **Angl., angl.**

anon. anoniem(e) ♦ anonymous **anon.**

anorg. anorganies(e) ♦ inorganic **inorg.**

ANSI, Ansi ♦ American National Standards Institute **ANSI, Ansi**

antw. antwoord ♦ answer **ans.**

antw.bet. antwoord betaal(de)/betaald(e) ♦ reply paid **RP, R/P**

ANV ◆ Algemeen Nederlands Verbond **ANV**

ANZUS, Anzus ◆ Australia, New Zealand, and the United States **ANZUS, Anzus**

AO, ao. adjudant-offisier ◆ Warrant Officer **WO**

AOA aanvanklike openbare aanbod ◆ initial public offering **IPO**

AOO algemene onderwys en opleiding ◆ general education and training **GET**

AOTH Algemene Ooreenkoms oor Tariewe en Handel ◆ General Agreement on Tariffs and Trade **GATT, Gatt**

AOW algemene ouderdomswet

AP Arbeidersparty ◆ Labour Party **LP**

AP ◆ Associated Press **AP**

APEC, Apec →ESASOG

APEX, Apex vooruit betaalde ekskursie ◆ Advance Purchase Excursion **APEX, Apex**

APK Afrikaanse Protestantse Kerk ◆ **APK**

APLA, Apla ◆ Azanian People's Liberation Army **APLA, Apla**

app. appellant ◆ appellant **app.**

appl. applikant; applikasie ◆ applicant; application **appl.**

appl. applous; →TOEJ. ◆ applause

Apr. April ◆ April **Apr.**

AR appèlregter ◆ judge of appeal **JA**

Arab. Arabië; Arabies(e); Arabies *(taaln.)* ◆ Arabia; Arabian; Arabic *(lang.)* **Arab.**

Arb. Arbeider ◆ Labourite **Lab.**

Arg. Argentinië; Argentyns(e) ◆ Argentina; Argentine, Argentinian **Arg.**

arg. argaïes(e); argaïsme; argaïsties(e) ◆ archaic; archaism; archaistic **arch.**

argeol. argeologie; argeologies(e); →OUDHK. ◆ arch(a)eology; arch(a)eological **archaeol.**

argit. argitektonies(e); argitektuur ◆ architectural; architecture **arch.**

art. artillerie ◆ artillery **art., arty.**

art., a. artikel ◆ article **art.**; section **s., sect.**

as attosekonde ◆ attosecond

As. Angel-Saksies(e) ◆ Anglo-Saxon **AS**

as. aanstaande; →PROX.

ASA Atletiek Suid-Afrika ◆ Athletics South Africa **ASA**

ASB Afrikaanse Studentebond ◆ **ASB**

asb. asseblief →S.V.P.

ASCII Amerikaanse Standaardkode vir Inligtingsuitruiling ◆ American Standard Code for Information Interchange **ASCII**

ASEA, Asea ◆ African Stock Exchanges Association **ASEA, Asea**

ASK Algemene Sinodale Kommissie ◆ General Synodical Committee **GSC**

Ass. Assirië; Assiries *(taaln.)*; Assiries(e) ◆ Assyria; Assyrian *(lang.)*; Assyrian **Assyr.**

ass. assessor ◆ assessor **ass.**

ass. assosiaat ◆ associate **assoc.**

asst. assistent ◆ assistant **asst**

asste. assistente ◆ assistants **assts**

asst.sekr. assistentsekretaris ◆ assistant secretary **asst sec.**

assur. assuransie ◆ insurance **ins.**

AST Atlantiese Standaardtyd ◆ Atlantic Standard Time **AST**

astrol. astrologie; astrologies(e) ◆ astrology; astrological **astrol.**

astron. astronomie; astronomies(e); →STERREK. ◆ astronomy; astronomical **astr., astron.**

ASV Afrikaanse Skrywersvereniging ◆ **ASV**

ASV afwesig sonder verlof ◆ absent without leave **AWOL, A.W.O.L.**

ATA Afrikaanse Taalatlas ◆ **ATA**

ATKB Afrikaanse Taal- en Kultuurbond ◆ **ATKB**

ATKV Afrikaanse Taal- en Kultuurvereniging ◆ **ATKV**

atl. atletiek ◆ athletics **athl.**

atm. atmosfeer; atmosferies(e) ◆ atmosphere; atmospheric **atm.**

ATP Vereniging van Beroepstennisspelers ◆ Association of Tennis Professionals **ATP**

attr. attributief, -tiewe ◆ attributive **attrib.**

ATW algemene taalwetenskap ◆ general linguistics

AU Afrika-unie ◆ African Union **AU**

AUAS, Auas Algemene Uitvoeraansporingskema ◆ General Export Incentive Scheme **GEIS, Geis**

Aug. Augustus ◆ August **Aug.**

Austr. Australië; Australies(e) ◆ Australia; Australian **Aust.**

AV Afrikaner(-)volkswag ◆ **AV**

AV (Engelse) Statevertaling ◆ Authorised Version (of the Bible) **AV**

AVB algemene verkoopbelasting ◆ General Sales Tax **GST**

avdp. avoirdupois(gewig) ◆ avoirdupois weight **av., avdp., avoir.**

AVF Afrikaner(-)volksfront ◆ **AVF**

a.w. aangehaalde werk; →OP.CIT.

AWA agterwielaandrywing ◆ rear-wheel drive **rwd**

AWA alwielaandrywing ◆ all-wheel drive; four-wheel drive **f.w.d.**

AWACS, Awacs lugwaarskuwing-en-beheerstelsel ◆ airborne warning and control system **AWACS, Awacs**

AWB Afrikaner(-)weerstandsbeweging ◆ **AWB**

AWS *Afrikaanse woordelys en spelreëls* ◆ **AWS**

AZAPO, Azapo ◆ Azanian People's Organisation **AZAPO, Azapo**

AZASM, Azasm ◆ Azanian Students' Movement **AZASM, Azasm**

AZT asidotimidien ◆ azidothymidine **AZT**

B

B bel ◆ bel(s) **B, b**

B., B *Baccalaureus* Baccalaureus ◆ Bachelor **B**

b. breedte ◆ breadth **B., b.**

b. baie ◆ very **v., v**

b., bn. biljoen ◆ billion **bn**

b., geb. geboul ◆ bowled **b.**

BA bankaksep(te) ◆ bank(er's) acceptance **BA**

BA bronadres *(rek.)*; →URL ◆ universal resource locator **URL**

B.A., BA *Baccalaureus Artium* Baccalaureus in (die) Lettere en Wysbegeerte ◆ Bachelor of Arts **BA**

B.A.(Cur.), BA(Cur) *Baccalaureus Artium (Curationis)* Baccalaureus Artium in (die) Verpleegkunde ◆ Bachelor of Arts in Nursing Science **BA(Cur)**

badk. badkamer(s) ◆ bathroom(s)

B.Admin., BAdmin *Baccalaureus Administrationis* Baccalaureus in (die) Administrasie ◆ Bachelor of Administration **BAdmin**

B.Admin.Hons., BAdminHons *Baccalaureus Administrationis-Honneurs, Baccalaureus Administrationis Honores* Baccalaureus in (die) Administrasie (Honneurs), Honneursbaccalaureus in (die) Administrasie; →HONS.B.ADMIN., HONSBADMIN ◆ Bachelor of Administration (Honours), Honours Bachelor's degree in Administration **BAdminHons**

B.A.(Ed.), BA(Ed) *Baccalaureus Artium in Educatione, Baccalaureus Artium (Educationis)* Baccalaureus Artium in (die) Opvoedkunde ◆ Bachelor of Arts in Education **BA(Ed)**

B.Agric., BAgric *Baccalaureus Agriculturae* Baccalaureus in (die) Landbou ◆ Bachelor of Agriculture **BAgric**

B.Agric.Admin., BAgricAdmin *Baccalaureus Agriculturae Administrationis* Baccalaureus in (die) Landbou-administrasie, Baccalaureus Agriculturae in (die) Administrasie ◆ Bachelor of Agricultural Administration **BAgricAdmin**

B.Agric.(Ed.), BAgricEd *Baccalaureus Agriculturae (Educationis)* Baccalaureus in (die) Landbou (Opvoedkunde), Baccalaureus Agriculturae in (die) Opvoedkunde ◆ Bachelor of Agriculture in Education, Bachelor of Agriculture (Education) **BAgricEd**

B.A.Hons., BAHons, B.A.(Hons.), BA(Hons) *Baccalaureus Artium-Honneurs, Baccalaureus Artium Honores/Honoris, Baccalaureus Artium cum Honoribus* Baccalaureus Artium (Honneurs), Honneursbaccalaureus Artium; →HONS.BA., HONSBA ◆ Bachelor of Arts (Honours), Honours Bachelor of Arts **BAHons, BA(Hons)**

bakteriol. bakteriologie; bakteriologies(e) ◆ bacteriology; bacteriological **bacteriol.**

bal. balans ◆ balance **bal.**

B.A.(Mus.), BA(Mus) *Baccalaureus Artium Musicae* Baccalaureus Artium in (die) Musiek ◆ Bachelor of Arts in Music **BA(Mus)**

B.A.(M.W.), BA(MW) Baccalaureus Artium in (die) Maatskaplike Werk ◆ Bachelor of Arts in Social Work **BA(SW)**

BAP, Bap Burgerlike Alliansie vir die Parlement

bar. bariton ◆ baritone

bar. barometer; barometries(e) ◆ barometer; barometric **bar.**

B.Arch., BArch *Baccalaureus Architecturae* Baccalaureus in (die) Argitektuur ◆ Bachelor of Architecture **BArch**

B.A.(Regte), BA(Regte) Baccalaureus Artium in (die) Regte ◆ Bachelor of Arts in Law **BA (Law)**

B.Art. et Scien., BArt et Scien *Baccalaureus Artium et Scientiae* Baccalaureus in (die) Lettere en Wetenskap ◆ Bachelor of Arts and of Science **BArt et Scien**

BASA, Basa ◆ Business and Arts South Africa **BASA, Basa**

BASE, Base brûe, antennas, strukture en elevasies ◆ bridges, antennas, structures and elevations **BASE, Base**

BASIC ◆ Beginners' All-purpose Symbolic Instruction Code **BASIC**

B.A.Soc., BASoc *Baccalaureus Artium Societatis* Baccalaureus Artium in (die) Sosiale Wetenskappe ◆ Bachelor of Arts in Social Sciences **BASoc**

B.A.(Soc.Sc.), BA(SocSc) *Baccalaureus Artium (Socialis Scientiae)* Baccalaureus Artium in (die) Sosiale Wetenskappe ◆ Bachelor of Arts in Social Sciences **BA(SocSc)**

B.A.(S.W.), BA(SW) Baccalaureus Artium in (die) Sosiale Wetenskappe ◆ Bachelor of Arts in Social Sciences **BA(SocSc)**

bat. bataljon ◆ Battalion **Bn, bn**

batt. battery ◆ battery **batt., btry**

BAV buitengewone algemene vergadering ◆ extraordinary general meeting **EGM**

b.b.a., BBA betaling by aflewering; →K.B.A., KBA ◆ cash on delivery **COD**

BBB bruto binnelandse besparing ◆ gross domestic saving **GDS**

BBB bruto binnelandse besteding ◆ gross domestic expenditure **GDE**

BBBG Britse en Buitelandse Bybelgenootskap ◆ British and Foreign Bible Society **BFBS**

BBC Britse Uitsaaikorporasie ◆ British Broadcasting Corporation **BBC**

BBP baie belangrike persoon ◆ very important person **VIP**

BBP bruto binnelandse produk ◆ gross domestic product **GDP**

BCAWU, Bcawu ◆ Building Construction and Allied Workers' Union **BCAWU, Bcawu**

B.Ch., BCh *Baccalaureus Chirurgiae* Baccalaureus in (die) Chirurgie ◆ Bachelor of Surgery **BCh**

B.Ch.D., BChD *Baccalaureus Chirurgiae Dentium* Baccalaureus in (die) Tandheelkunde ◆ Bachelor of Dental Surgery **BChD**

B.C.L., BCL *Baccalaureus Civilis Legis* Baccalaureus in (die) Burgerlike Reg ◆ Bachelor of Civil Law **BCL**

B.Com., BCom *Baccalaureus Commercii* Baccalaureus in (die) Handel ◆ Bachelor of Commerce **BCom**

B.Com.(Ed.), BCom(Ed) *Baccalaureus Commercii in Educatione, Baccalaureus Commercii (Educationis)* Baccalaureusgraad in (die) Handel (Opvoedkunde), Baccalaureus Commercii in (die) Opvoedkunde ◆ Bachelor of Commerce in Education, Bachelor of Commerce (Education) **BCom(Ed)**

B.Com.Hons., BComHons, B.Com.(Hons.), BCom(Hons) *Baccalaureus Commercii-Honneurs, Baccalaureus Commercii Honores/Honoris, Baccalaureus Commercii cum Honoribus* Baccalaureus in (die) Handel (Honneurs), Honneursbaccalaureus in (die) Handel; →HONS.B.COM., HONSBCOM ◆ Bachelor of Commerce (Honours), Honours Bachelor of Commerce **BComHons, BCom(Hons)**

B.Compt., BCompt *Baccalaureus Computationis* Baccalaureus in (die) Rekeningkunde ◆ Bachelor of Accounting **BCompt**

B.Cur., BCur *Baccalaureus Curationis* Baccalaureus in (die) Verpleegkunde ◆ Bachelor of Nursing Science **BCur**

B.Cur.(Ed. et Adm.), BCur(Ed et Adm) *Baccalaureus Curationis in Educatione et Administratione* Baccalaureus in (die) Verpleegkunde (Opvoedkunde en Administrasie), Baccalaureus Curationis in (die) Opvoedkunde en Administrasie ◆ Bachelor of Nursing Science in Education and Administration **BCur(Ed et Adm)**

B.Cur.(I. et A.), BCur(I et A) *Baccalaureus Curationis (Institutionis et Administrationis)* Baccalaureus in (die) Verpleegkunde (Bestuur en Administrasie), Baccalaureus Curationis in Bestuur en Administrasie ◆ Bachelor of Nursing Science (Management and Administration), Bachelor of Nursing Science in Management and Administration **BCur(I et A)**

BD besturende direkteur ◆ Managing Director **MD**

BD bloeddruk ◆ blood pressure **BP**

B.D., BD *Baccalaureus Divinitatis* Baccalaureusgraad in (die) Godgeleerdheid ◆ Bachelor of Divinity **BD**

bd. boulevard ◆ boulevard **Blvd**

bde., brig. brigade ◆ brigade **Bde, bde**

B.Diac., BDiac *Baccalaureus Diaconiologiae* Baccalaureus in (die) Diakoniologie ◆ Bachelor of Diaconiology **BDiac**

bdr. bombardier ◆ bombardier **Bdr**

BDV Beweging vir Demokratiese Verandering ◆ Movement for Democratic Change **MDC**

B.Econ., BEcon *Baccalaureus Economiae* Baccalaureus in (die) Ekonomie ◆ Bachelor of Economics **BEcon**

B.Econ.(Ed.), BEcon(Ed) *Baccalaureus Economiae (Educationis)* Baccalaureus in (die) Ekonomie (Opvoedkunde), Baccalaureus Economiae in (die) Opvoedkunde ◆ Bachelor of Economics in Education, Bachelor of Economics (Education) **BEcon(Ed)**

B.Econ.Sc., BEconSc *Baccalaureus Economiae Scientiae* Baccalaureus in (die) Ekonomiese Wetenskappe ◆ Bachelor of Economic Sciences **BEconSc**

B.Ed., BEd *Baccalaureus Educationis* Baccalaureus in (die) Opvoedkunde ◆ Bachelor of Education **BEd**

B.Ed.Ph., BEdPh *Baccalaureus Educationis Physicae* Baccalaureus in (die) Liggaamlike Opvoedkunde ◆ Bachelor of Physical Education **BEdPh**

bedr. bedrag ◆ amount **amt**

bedr. bedryf *(teat.)* ◆ act

beeldh. beeldhoukuns ◆ sculpture **sculp.**

Belg. België; Belgies(e) ◆ Belgium; Belgian **Bel., Belg.**

BEMAWU, Bemawu ◆ Broadcasting, Electronic, Media and Allied Workers Union **BEMAWU, Bemawu**

BEO Buro vir Ekonomiese Ondersoek ◆ Bureau for Economic Research **BER**

bep. bepaald(e) ◆ fixed; definite

bep. bepaling ◆ definition **def.**

bep. bepaling *(jur.)* ◆ provision

bep.lw. bepaalde lidwoord ◆ definite article **def. art.**

Ber.Ps. Berymde Psalm ◆ metrical Psalm

BeS bevare seeman ◆ able(-bodied) seaman **AB**

bes. besending ◆ consignment **cons.**

bes. besitlik(e) ◆ possessive **poss.**

bes. besonder(e) ◆ special **spec.**

besk. beskuldigde ◆ accused **acc.**

best. bestaande ◆ existing

best. bestelling ◆ order **ord.**

best. besturende; bestuur ◆ managing; manage

bes.vnw. besitlike voornaamwoord ◆ possessive pronoun **poss. pron.**

bet. betaal(de), betaald(e) ◆ paid **pd.**

bet. beteken; betekenis ◆ mean; meaning

betr. betrekking ◆ relation(ship)

betr. betreklik(e) ◆ relative **rel.**

betr.vnw. betreklike voornaamwoord ◆ relative pronoun **rel. pron.**

bev. bevelvoerder ◆ commander **Cmdr**

bev. bevolking ◆ population **pop.**

bew. bewaarder ◆ warden, guardian

bew. bewerker ◆ editor **ed.**

bew. bewerking ◆ version **v., ver.**

Bfn. Bloemfontein ◆ **Bfn.**

BFW behoudens foute en weglatings ◆ errors and omissions excepted **E&OE**

BG bevelvoerende generaal ◆ General Officer Commanding **GOC**

b.g. beurt gesluit ◆ declared **dec.**

bg. bogenoemde; →BS., BST. ◆ above(mentioned)

BGS bestuurde gesondheidsorg ◆ managed health care **MHC**

BGSA Bybelgenootskap van Suid-Afrika ◆ Bible Society of South Africa **BSSA**

BGV Beroepsgholfspelersvereniging ◆ Professional Golfers' Association **PGA**

BHF baie hoë frekwensie ◆ very high frequency **VHF**

B.Huish., BHuish Baccalaureus in (die) Huishoudkunde ◆ Bachelor of Home Economics **BHome Econ**

bibl. biblioteek ◆ library **lib.**

bibl. biblioteekkunde ◆ library science **lib. sc.**

BIFAWU, Bifawu ◆ Banking, Insurance, Finance and Assurance Workers Union **BIFAWU, Bifawu**

BIFSA, Bifsa Bou-industrieë Federasie Suid-Afrika *(hist.)*; →MBSA ◆ Building Industries Federation South Africa **BIFSA, Bifsa**

B.Inf., BInf *Baccalaureus Informatalogia* Baccalaureus in (die) Inligtingswetenskap ◆ Bachelor of Information Science **BInf**

B.Ing., BIng *Baccalaureus Ingeneriae* Baccalaureus in (die) Ingenieurswese ◆ Bachelor of Engineering **BEng**

B.Inst.Agrar.(Hons.), BInstAgrar(Hons) *Baccalaureus Honores Institutionis Agrariae* Baccalaureus in (die) Landboubestuur (Honneurs), Honneursbaccalaureus in (die) Landboubestuur; →HONS.B.INST.AGRAR., HONSBINSTAGRAR ◆ Bachelor of Agricultural Management (Honours), Honours Bachelor's degree in Agricultural Management **BInstAgrar(Hons)**

biochem. biochemie; biochemies(e) ◆ biochemistry; biochemical **biochem.**

biofis. biofisika; biofisies(e) ◆ biophysics; biophysical **biophys.**

biol. biologie; biologies(e) ◆ biology; biological **biol.**

BIOS, Bios basiese invoer/afvoer-stelsel ◆ Basic Input/Output System **BIOS, Bios**

BIS bestuursinligtingstelsels ◆ management information systems **MIS**

B.Iur., BIur, B.Iuris, BIuris *Baccalaureus Iuris* ◆ **BIur, BIuris**

BIV Bank vir Internasionale Verrekening ◆ Bank for International Settlement **BIS**

B.Jur., BJur, B.Juris, BJuris *Baccalaureus Juris* ◆ **BJur, BJuris**

BK Baptistekerk ◆ Baptist Church **Bap. Ch., Bapt. Ch.**

BK beeldende kunste ◆ visual arts

BK beslote korporasie ◆ close corporation **CC**

bk. bank ◆ bank **bk**

bk. boek ◆ book **bk**

b.k. bokas, hoofletter ◆ upper case, capital letter **u.c.**

BKM bruto kombinasiemassa ◆ gross take-off weight **GTOW**

BKSA Bergklub van Suid-Afrika ◆ Mountain Club of South Africa **MCSA**

bl. bladsy; →P. ◆ page **p.**

ble. bladsye →PP. ◆ pages **pp.**

BLF baie lae frekwensie ◆ very low frequency **VLF**

B.Litt., BLitt *Baccalaureus Litterarum* Baccalaureus in (die) Letterkunde ◆ Bachelor of Literature **BLitt**

BLO Burgerlugvaartowerheid ◆ Civil Aviation Authority **CAA**

bls. balansstaat ◆ balance sheet **bs**

BM burgermag ◆ citizen force

B.M., BM *Baccalaureus Medicinae* Baccalaureusgraad in (die) Medisyne ◆ Bachelor of Medicine **BM**

B.Mil., BMil *Baccalaureus Militaris* Baccalaureus in (die) Krygskunde ◆ Bachelor of Military Science **BMil**

bmn. bootsman ◆ boatswain

BMT bus en minibustaxi ◆ bus and minibus taxi **BMT**

B.Mus., BMus *Baccalaureus Musicae, Baccalaureus Musicologiae* Baccalaureus in (die) Musiek; →MUS.B., MUSB ◆ Bachelor of Music **BMus**

BMX ◆ bicycle motocross **BMX**

b.n. by name ◆ by name; in particular

bn. bataljon ◆ Battalion **Bn, bn**

bn., b. biljoen ◆ billion **bn**

BNI Brandstofnavorsingsinstituut ◆ Fuel Research Institute **FRI**

BNI bruto nasionale inkomste ◆ gross national income **GNI**

BNP bruto nasionale produk ◆ gross national product **GNP**

b.nw. byvoeglike naamwoord; →ADJ. ◆ adjective **a., adj.**

BO bevelvoerende offisier ◆ Commanding Officer **CO**; Officer Commanding **OC**

b.o. blaai om; →SOS ◆ please turn over **PTO**

b.o., b.&o. bed en ontbyt ◆ bed and breakfast **b. & b.**

boekb. boekbindery ◆ bookbinding

boekdr. boekdrukkuns ◆ book printing

boekh. boekhandel ◆ book trade

boekh. boekhou; boekhouding ◆ bookkeeping **bkk., bookk.**

BOL Beweging van Onverbonde Lande ◆ Non-Aligned Movement **NAM**

Bop. Bophuthatswana *(hist.)* ◆ **Bop.**

B.Optom., BOptom *Baccalaureus Optometriae* Baccalaureus in (die) Optometrie ◆ Bachelor of Optometry **BOptom**

bosb. bosbou ◆ forestry **for.**

Bot. Botswana ◆ Botswana **Bot.**

bot. botanie; botanies(e) ◆ botany; botanic(al) **bot.**

bouk. boukunde; boukundig(e); →ARGIT. ◆ architecture; architectural **arch.**

bourek., BR bourekenkunde• quantity surveying **QS**

B.Paed., BPaed *Baccalaureus Paedagogiae* Baccalaureus in (die) Pedagogiek ◆ Bachelor of Pedagogy **BPaed**

B.Pharm., BPharm *Baccalaureus Pharmaciae* Baccalaureus in (die) Farmakologie ◆ Bachelor of Pharmacology **BPharm**

B.Phil., BPhil *Baccalaureus Philosophiae* Baccalaureus in (die) Filosofie ◆ Bachelor of Philosophy **Bphil**

BPI besteebare persoonlike inkomste; →PBI ◆ disposable personal income **DPI**

Bpk. Beperk ◆ Limited **Ltd**

B.Prim.Ed., BPrimEd *Baccalaureus Primae/Primariae Educationis* Baccalaureus in (die) Primêre Onderwys ◆ Bachelor of Primary Education **BPrimEd**

B.Proc., BProc *Baccalaureus Procurationis* **BProc**

Bq becquerel ♦ becquerel **Bq**
BR, bourek. bourekenkunde ♦ quantity surveying **QS**
Br. Brits(e); →BRIT. ♦ British **Br., Brit.**
br. breedte(graad) ♦ (degree of) latitude **lat.**
br. broeder, broer ♦ brother **b., br., bro.**
Brab. Brabant; Brabants(e) ♦ Brabant
B.Rad., BRad Baccalaureus in (die) Radiografie ♦ Bachelor of Radiography **BRad**
Bras. Brasiliaans(e); Brasilië ♦ Brazilian; Brazil **Braz.**
BRD Bondsrepubliek Duitsland (*hist.*) ♦ Federal Republic of Germany **FRG**
brig., bde. brigade ♦ brigade **bde, Bde**
brig. brigadier ♦ Brigadier **Brig.**
brig.genl. brigadegeneraal; brigadier-generaal ♦ Brigadier General **Brig. Genl.**
br. in X broeder in Christus ♦ Brother in Christ **Bro. in X**
Brit. Brittanje; →BR. ♦ Britain **Br., Brit.**
bro., bt. bruto ♦ gross **gr., gro.**
brs. broeders; broers ♦ brothers **bros.**
b.s. bo seespieël ♦ above sea level
bs. baasseeman ♦ leading seaman
bs., bst. bostaande ♦ above(mentioned)
BSA Besigheid Suid-Afrika ♦ Business South Africa **BSA**
BSB biologiese suurstofbehoefte ♦ biological oxygen need
BSB Burgerlike Samewerkingsburo ♦ Civil Co(-)operation Bureau **CCB**
B.Sc., BSc *Baccalaureus Scientiae* Baccalaureus in (die) Natuurwetenskappe ♦ Bachelor of Science **BSc**
B.Sc.Agric., BScAgric *Baccalaureus Scientiae Agriculturae* Baccalaureus in (die) Landbouwetenskappe ♦ Bachelor of Agricultural Science **BScAgric**
B.Sc.Agric.Hons., BScAgricHons *Baccalaureus Scientiae Agriculturae Honores* Baccalaureus in (die) Landbouwetenskappe (Honneurs), Honneursbaccalaureus in (die) Landbouwetenskappe; →HONS.B.SC.AGRIC., HONSBSCAGRIC ♦ Bachelor of Agricultural Science (Honours), Honours Bachelor's degree in Agricultural Science **BScAgricHons**
B.Sc.(Ed.), BSc(Ed) *Baccalaureus Scientiae in Educatione, Baccalaureus Scientiae (Educationis)* Baccalaureus in (die) Natuurwetenskap (Opvoedkunde), Baccalaureus Scientiae in (die) Opvoedkunde ♦ Bachelor of Science in Education, Bachelor of Science (Education) **BSc(Ed)**
B.Sc.Hons., BScHons., B.Sc.(Hons.), BSc(Hons) *Baccalaureus Scientiae-Honneurs, Baccalaureus Scientiae Honores/Honoris, Baccalaureus Scientiae cum Honoribus* Baccalaureus in (die) Natuurwetenskappe (Honneurs), Honneursbaccalaureus in (die) Natuurwetenskappe; →HONS.B.SC., HONSBSC ♦ Bachelor of Science (Honours), Honours Bachelor's degree in Science **BScHons., BSc(Hons)**
BSE ♦ bovine spongiform encephalopathy **BSE**
B.Sec.Ed., BSecEd *Baccalaureus Secundae Educationis* Baccalaureus in (die) Sekondêre Onderwys ♦ Bachelor of Secondary Education **BSecEd**
B.Soc.Sc., BSocSc *Baccalaureus Societatis Scientiae* Baccalaureus in (die) Sosiale Wetenskappe ♦ Bachelor of Social Sciences **BSocSc**
BSS Britse standaardspesifikasie ♦ British Standard(s) **BS**
bst., bs. bostaande ♦ above(mentioned)
BSW buitesintuiglike waarneming ♦ extrasensory perception **ESP**
Bt. baronet ♦ Baronet **Bart., Bt**
bt., bro. bruto ♦ gross **gr., gro.**
B.Th., BTh, B.Theol., BTheol *Baccalaureus Theologiae* Baccalaureus in (die) Teologie ♦ Bachelor of Theology **BTh, BTheol**
BTW belasting op toegevoegde waarde ♦ value-added tax **VAT**
burg. burgemeester(es) ♦ mayor(ess)
BUVO, Buvo Buro vir Universiteits- en Voortgesette Onderwys ♦ **BUVO, Buvo**
BUVTON, Buvton Buro vir Voortgesette Teologiese Opleiding en Navorsing ♦ Bureau for Continuing Theological Education and Research **BUCTER, Bucter**
BV bevelsvoertuig ♦ command vehicle
bv. byvoorbeeld; →E.G. ♦ for example **e.g.**; for instance **f.i.**
BVM bruto voertuigmassa ♦ gross vehicle weight **GVW**
BVOO basiese volwassene-onderwys en -opleiding ♦ adult basic education and training **ABET, Abet**
b.v.p. been voor paaltjie ♦ leg before wicket **l.b.w.**
B.V.Sc., BVSc *Baccalaureus Veterinariae Scientiae* Baccalaureus in (die) Veeartsenykunde ♦ Bachelor of Veterinary Science **BVSc**
BW betaalbare wissel ♦ bill(s) payable **B/P**
bw., byw. bywoord; bywoordelik(e); →ADV. ♦ adverb; adverbial **adv.**
Byb. Bybel; Bybels(e) ♦ Bible; Biblical **Bib.**
byl. bylaag, bylae ♦ appendix **app.**
byskr. byskrif ♦ caption
byv. byvoeglik(e); →ADJ. ♦ adjective; adjectival **a., adj.**
byv. byvoegsel ♦ supplement **supp., suppl.**
byw., bw. bywoord; bywoordelik(e); →ADV. ♦ adverb; adverbial **adv.**

C

C Celsius; →°C ♦ Celsius **C**
C *centum* Romeinse 100 ♦ *centum* Roman numeral 100 **C**
C coulomb ♦ coulomb(s) **C**
c sent ♦ cent(s) **c**
c senti- ♦ centi- **c**
°C graad/grade Celsius ♦ degrees Celsius **°C**
c., ca. *circa* ongeveer ♦ *circa* about, approximately **c., c., ca, ca.**
c., con. *contra* teen; →V., VS. ♦ *contra* against **con.**
ca sentiaar ♦ centiare(s) **ca**
ca., c. *circa* ongeveer; →OMSTR., ONG. ♦ *circa* about, approximately **c, c., ca, ca.**
cad. *cadenza* cadenza ♦ *cadenza* cadenza **cad.**
CADCAM, Cadcam rekenaargesteunde ontwerp en vervaardiging ♦ computer-aided design and (computer-aided) manufacture **CADCAM, Cadcam**
CAF ♦ Confederation of African Football **CAF**
CAFDA, Cafda ♦ Cape Flats Development Association **CAFDA, Cafda**
cal kalorie ♦ calorie(s) **cal**
CAM, Cam rekenaargesteunde vervaardiging ♦ computer-aided manufacturing **CAM, Cam**
cap. *caput* hoofstuk; →HFST. ♦ *caput* chapter **c., ch., chap.**
cap., per cap. *per capita* per hoof ♦ *per capita* for each person **per cap.**
cc kubieke sentimeter ♦ cubic centimetre(s) **cc**
CD *Corps Diplomatique* diplomatieke korps ♦ *Corps Diplomatique* Diplomatic Corps **CD**
CD kompakskyf, laserskyf ♦ compact disc **CD**
cd kandela ♦ candela **cd**
CD-ROM kompakskyf-leesalleengeheue ♦ compact disc read-only memory **CD-ROM**
CDU *Christlich-Demokratische Union* Christen-Demokratiese Unie ♦ Christian Democratic Union **CDU**
CDV kompakskyfvideo ♦ compact-disc video **CDV**
CEMAC, Cemac *Communauté Économique et Monétaire de l'Afrique Centrale* Ekonomiese en Monetêre Gemeenskap van Sentraal-Afrikaanse State ♦ *Communauté Économique et Monétaire de l'Afrique Centrale* Economic and Monetary Community of Central Africa **CEMAC, Cemac**
CEPPWAWU, Ceppwawu ♦ Chemical, Energy, Paper, Printing, Wood and Allied Workers' Union **CEPPWAWU, Ceppwawu**
cet.par. *ceteris paribus* ander dinge gelyk synde ♦ *ceteris paribus* other things being equal **cet. par.**
cf. *confer(atur)* vergelyk; →VGL. ♦ *confer(atur)* compare **cf., cp.**
CFA *Communauté Financière Africaine* Finansiële Gemeenskap van Afrika ♦ *Communauté Financière Africaine* African Financial Community **CFA**
CFK chloorfluoorkoolstof ♦ chlorofluorocarbon **CFC**
cg sentigram ♦ centigram(s) **cg**
CGH Casteel de Goede Hoop-dekorasie ♦ Castle of Good Hope Decoration **CGH**
cgs sentimeter-gram-sekonde ♦ centimetre-gram-second **cgs, CGS**
Ch.B., ChB *Chirurgiae Baccalaureus* Baccalaureus in (die) Chirurgie ♦ Bachelor of Surgery **ChB**
chem. chemie; chemies(e); →SKEIK. ♦ chemistry; chemical **chem.**
Chessa Skaak Suid-Afrika ♦ Chess South Africa **Chessa**
Chin. Chinees (*taaln.*); Chinees, -nese ♦ Chinese (*lang.*); Chinese **Chin.**
chir. chirurgie; chirurgies(e) ♦ surgery; surgical **surg.**
Ch.M., ChM *Chirurgiae Magister* Meester in (die) Chirurgie ♦ Master of Surgery **ChMA**
CHO Christelike Hoër Onderwys ♦ Christian Higher Education **CHE**
Chr. Christelik(e), christelik(e); Christus ♦ Christian; Christ **Chr.**
Ci curie ♦ curie **Ci**
CIA Amerikaanse Intelligensiediens ♦ Central Intelligence Agency **CIA**
CICR *Comité international de la Croix-Rouge* Internasionale Komitee van die Rooi Kruis; →IKRK ♦ International Committee of the Red Cross **ICRC**
Cis. Ciskei; Ciskeis(e) (*hist.*) ♦ Ciskei; Ciskeian **Cis.**
CITES, Cites Konvensie oor Internasionale Handel in Bedreigde Spesies van Wilde Fauna en Flora ♦ Convention on International Trade in Endangered Species of Wild Fauna and Flora **CITES**
CJMV Christelike Jongmannevereniging; →YMCA ♦ Young Men's Christian Association **YMCA**
CJS Creutzfeldt-Jakob-siekte ♦ Creutzfeldt-Jakob disease **CJD**
cl sentiliter ♦ centilitre(s) **cl**
cm sentimeter ♦ centimetre(s) **cm**
cm² vierkante sentimeter ♦ square centimeter(s) **cm²**
cm³ kubieke sentimeter ♦ cubic centimeter(s) **cm³**
CMR Christelike Maatskaplike Raad ♦ **CMR**
CNN ♦ Cable News Network **CNN**
CNO Christelik-nasionale (*of* christelik-nasionale) onderwys ♦ Christian National Education **CNE**
COBOL, Cobol ♦ common business(-)oriented language **COBOL, Cobol**
COD ♦ *Concise Oxford Dictionary* **COD**
C of E ♦ Church of England **C of E**
COMESA, Comesa Gemeenskapsmark vir Oos- en Suider-Afrika ♦ Common Market for Eastern and Southern Africa **COMESA, Comesa**
con., c. *contra* teen; →V., VS. ♦ *contra* against **con.**
corr. *corrigenda* verbeterings ♦ *corrigenda* corrections **corr.**
cos cosinus ♦ cosine **cos**
COSAS, Cosas ♦ Congress of South African Students **COSAS, Cosas**
COSATU, Cosatu ♦ Congress of South African Trade Unions **COSATU, Cosatu**
cosec cosecans ♦ cosecant **cosec, csc**
cot cotangens ♦ cotangent **cot**
cP sentipoise ♦ centipoise **cP**
CPU →SVE
c.q. *casu quo* in welke geval ♦ *casu quo* in which case; and/or **c.q.**
cresc. *crescendo* toenemend in toonsterkte ♦ *crescendo* gradual increase in loudness **cres., cresc.**
c.s. *cum suis* met sy mense; en vennote/medewerkers/vriende ♦ *cum suis* and associates/partners/collaborators/friends **c.s.**

cSt sentistokes ♦ centistokes **cSt**
CSV Christenstudentevereniging ♦ Students' Christian Association **SCA**
cum div. *cum dividendo* met dividend; →M.DIV. ♦ *cum dividendo* with dividend **cum div.**
CV, cur.vit. *curriculum vitae* ♦ *curriculum vitae* **CV**
CVJD Christelike Vereniging vir Jong Dames; →YWCA ♦ Young Women's Christian Association **YWCA**
cwt sentenaar ♦ hundredweight **cwt**
C.W.U ♦ Chemical Workers' Union **C.W.U.**
CWU ♦ Communication Workers Union **CWU**

D

D Romeinse 500 ♦ Roman numeral 500 **D**
D. Duits *(taaln.)*; Duits(e); →DL. ♦ German *(lang.)*; German **Ger.**
d desi= ♦ deci= **d**
d. dag ♦ day **d.**
d. *denarius* pennie(s) ♦ *denarius* penny, pennies **d.**
d. diesel ♦ diesel **d.**
d. dikte ♦ thickness
d. dogter ♦ daughter **d, d.**
DA Demokratiese Alliansie ♦ Democratic Alliance **DA**
D/A, d.a. dokumente teen akseptasie ♦ documents against acceptance **D/A, d.a.**
da deka= ♦ deca= **da**
D.Admin., DAdmin *Doctor Administrationis* Doktor in (die) Administrasie ♦ Doctor of Administration **DAdmin**
DALRO, Dalro Dramatiese, Artistieke en Letterkundige Regte-organisasie ♦ Dramatic, Artistic and Literary Rights Organisation **DALRO, Dalro**
dam dekameter ♦ decametre(s) **dam, dkm**
Dan. Daniël ♦ Daniel **Dan.**
daN dekanewton ♦ decanewton **daN**
DAP persoontekentoets *(psig.)* ♦ draw-a-person test **DAP**
D.Arch., DArch *Doctor Architecturae* Doktor in (die) Argitektuur ♦ Doctor of Architecture **DArch**
DAT digitale oudioband ♦ digital audio tape **DAT**
dat. datum ♦ date **d.**
dat. datief ♦ dative **dat.**
D/B, d.b. dokumente teen betaling ♦ documents against payment **D/P, d.p.**
D/b debietbrief ♦ debit note **D/N, d.n.**
dB desibel ♦ decibel(s) **dB, db**
DBA dood by aankoms ♦ dead on arrival **DOA**
DBA, D.B.A. Doktor in (die) Bedryfsadministrasie ♦ Doctor of Business Administration **DBA**
D.Bibl., DBibl *Doctor Bibliothecologiae* Doktor in (die) Biblioteekkunde ♦ Doctor of Library Science **DBibl**
D.B.L., DBL Doktor in (die) Bedryfsleiding ♦ Doctor of Business Leadership **DBL**
DBM duikbootgelanseerde ballistiese missiel ♦ submarine-launched ballistic missile **SLBM**
DBMS databasisbestuurstelsel ♦ database management system **DBMS**
Dbn. Durban ♦ Durban **Dbn.**
DBR Duitse Bondsrepubliek (Wes-Duitsland) *(hist.)* ♦ German Federal Republic (West Germany) **GFR**
DBV Dierebeskermingsvereniging ♦ Society for the Prevention of Cruelty to Animals **SPCA**
DC *da capo* herhaal van die begin af ♦ *da capo* repeat from the beginning **DC**
DC Distrik Columbia ♦ District of Columbia **DC, D.C.**
D.Ch.D., DChD *Doctor Chirurgiae Dentium* Doktor in (die) Tandheelkunde ♦ Doctor of Dentistry **DChD**
D.Com., DCom *Doctor Commercii* Doktor in (die) Handel ♦ Doctor of Commerce **DCom DComm**
D.Compt., DCompt *Doctor Computationis* Doktor in (die) Rekeningkunde ♦ Doctor of Accounting Science **DCompt**
D.Cur., DCur *Doctor Curationis* Doktor in (die) Verpleegkunde ♦ Doctor of Nursing **DCur**
D.D., DD *Doctor Divinitatis* Doktor in (die) Godgeleerdheid ♦ Doctor of Divinity **DD**
d.d. *de dato* gedateer ♦ *de dato* dated **d.d.**
D.Diac., DDiac *Doctor Diaconiologiae* Doktor in (die) Diakoniologie ♦ Doctor of Diaconiology **DDiac**
DDR Duitse Demokratiese Republiek (Oos-Duitsland) *(hist.)* ♦ German Democratic Republic (East Germany) **GDR**
DDT dichloordifenieltrichlooretaan ♦ dichlorodiphenyltrichloroethane **DDT**
De. Deens *(taaln.)*; Deens(e); Denemarke ♦ Danish *(lang.)* **Dan.**; Danish **Dan.**; Denmark **Den.**
DEAFSA, Deafsa Dowe Federasie van Suid-Afrika ♦ Deaf Federation of South Africa **DEAFSA, Deafsa**
D.Econ., DEcon *Doctor Economiae* Doktor in (die) Ekonomie ♦ Doctor of Economics **DEcon**
D.Ed., DEd *Doctor Educationis* Doktor in (die) Opvoedkunde ♦ Doctor of Education **DEd**
def. definisie ♦ definition **def.**
dekl. deklinasie ♦ declination **dec.**
del. *deleatur* skrap ♦ *deleatur* delete **del.**
del. *delineavit* het dit geteken ♦ *delineavit* drawn by **del.**
Dem. Demokraat; Demokraties(e) ♦ Democrat; Democratic **Dem.**
dem. demonstratief, =tiewe; →AANW. ♦ demonstrative **dem.**
D en K dilatasie en kurettering ♦ dilatation and curettage **D and C**
DENOSA, Denosa ♦ Democratic Nursing Organisation of South Africa **DENOSA, Denosa**
dep. deposito ♦ deposit **dep.**
dep. depot ♦ depot **dep.**
D/R, d.r. depositorekening ♦ deposit account **D/A, d.a.**
dept. departement; departementeel, =tele ♦ department; departmental **dept**
Des. Desember ♦ December **Dec.**
Deut. Deuteronomium ♦ Deuteronomy **Deut.**
DG *Dei gratia* deur Gods genade ♦ *Dei gratia* by the grace of God **D.G.**
DG *Deo gratias* God sy dank ♦ *Deo gratias* thanks be to God **DG**
DG distriksgeneesheer ♦ district surgeon
DG, dir.genl. direkteur-generaal ♦ director-general **DG**
dg desigram ♦ decigram(s) **dg, dg.**
dgl. dergelike ♦ such
DH departementshoof ♦ Head of Department **HOD**
DI donorinseminasie ♦ donor insemination **DI**
Di. Dinsdag ♦ Tuesday **Tu., Tues.**
di. *domini* dominees ♦ (the) Reverends **Revs, Revds**
d.i. dit is; →D.W.S.; I.E. ♦ *id est* that is; in other words **i.e.**
dial. dialek; dialekties(e); →GEWEST. ♦ dialect; dialectal, dialectical **dial.**
diam. diameter ♦ diameter **di., dia., diam.**
dierk. dierkunde; dierkundig(e) ♦ zoology; zoological **zool.**
dies. dieselfde; →I.E. ♦ *idem* the same **id.**
dift. diftong ♦ diphthong
digk. digkuns ♦ poetry **poet.**
dim. *diminuendo* afnemend in toonsterkte ♦ *diminuendo* decreasing in loudness **dim.**
dim. diminutief, =tiewe ♦ diminutive **dim., dimin.**
DIN *Deutsche Industrie-Norm* Duitse nywerheidstandaard ♦ *Deutsche Industrie-Norm* German Industry Standard **DIN**
D.Ing., DIng *Doctor Ingeneriae* Doktor in (die) Ingenieurswese ♦ Doctor of Engineering **DEng**
D.Inst.Agrar., DInstAgrar *Doctor Institutionis Agrariae* Doktor in (die) Landboubestuur ♦ Doctor of Agricultural Management **DInstAgrar**
dipl. diploma ♦ diploma **Dip., dip.**
Dipl.M.W., DiplMW Diploma in (die) Maatskaplike Werk ♦ Diploma in Social Work **DipSW**
Dipl.Psig.Verpl., DiplPsigVerpl Diploma in (die) Psigiatriese Verpleegkunde ♦ Diploma in Psychiatric Nursing **DipPsychNurs**
dir. direkteur ♦ director **dir.**
dir. dirigent ♦ conductor
dir.genl., DG direkteur-generaal ♦ director-general **DG**
disk. diskonto ♦ discount **disc.**
disk. diskoteek ♦ discotheque
diss. dissertasie ♦ dissertation
dist. distrik ♦ district **dist.**
div. diverse ♦ miscellany **misc.**
div. dividend ♦ dividend **div.**
div. divisie ♦ division **div.**
DK detensiekaserne, detensiekwartier ♦ detention barracks **DB**
DKD Departement van Korrektiewe Dienste ♦ Department of Correctional Services **DCD**
Dl. Duitsland; →D. ♦ Germany **Ger.**
d*l* desiliter ♦ decilitre(s) **d*l***
dl. deel ♦ volume **vol.**
D.Litt., DLitt *Doctor Litterarum* Doktor in (die) Lettere ♦ Doctor of Literature **DLitt**
D.Litt. et Phil., DLitt et Phil *Doctor Litterarum et Philosophiae* Doktor in (die) Lettere en Wysbegeerte ♦ Doctor of Literature and Philosophy **DLitt et Phil**
DM *Deutsche Mark, Deutschmark* Duitse mark ♦ German mark **DM**
d/m, DPM dele per miljoen ♦ parts per million **ppm**
dm desimeter ♦ decimetre(s) **dm**
dm duim ♦ inch(es) **in.**
DMA direkte geheuetoegang ♦ direct memory access **DMA**
D.Med.Vet., DMedVet *Doctor Medicinae Veterinariae* Doktor in (die) Veeartsenykunde ♦ Doctor of Veterinary Science **DMedVet**
D.Mil., DMil *Doctor Militaris* Doktorsgraad in (die) Krygskunde ♦ Doctor of Military Science **DMil**
D.Mus., DMus *Doctor Musicae* Doktor in (die) Musiek; →MUS.D., MUSD ♦ Doctor of Music **DMus**
d.m.v. deur middel van ♦ by means of
dnr. dienaar ♦ servant **serv.**
DNS deoksiribonukleïensuur ♦ deoxyribonucleic acid **DNA**
DO Direkteur van Onderwys ♦ Director of Education **DE**
Do. Donderdag ♦ Thursday **Th., Thurs.**
do. *ditto* dieselfde ♦ *ditto* the same **do.**
dok. dokument ♦ document **doc.**
dol. *dolce* met sagte, soetklinkende toon ♦ *dolce* with soft, sweet tone **dol.**
dol. dollar ♦ dollar(s) **dol.**
dom. domisilie ♦ domicile
DOS skyfgebaseerde bedryfstelsel; →SBS ♦ disk operating system **DOS**
dos. dosyn ♦ dozen **doz.**
DOTS, Dots ♦ directly observed treatment short-course **DOTS**
DOW Departement van Openbare Werke ♦ Department of Public Works **DPW**
DP Demokratiese Party ♦ Democratic Party **DP**
D.P.A., DPA Doktor in (die) Publieke Administrasie ♦ Doctor of Public Administration **DPA**
dpa Deutsche Presse-Agentur ♦ **dpa**
D.Pharm., DPharm *Doctor Pharmaciae* Doktor in (die) Farmakologie ♦ Doctor of Pharmacology **DPharm**
D.Phil., DPhil *Doctor Philosophiae* Doktor in (die) Filosofie ♦ Doctor of Philosophy **DPhil**
DPM, d/m dele per miljoen ♦ parts per million **ppm**
dr. debiteur ♦ debtor **dr**
dr. dokter; doktor ♦ Doctor **Dr**
dr. dragma, dragme ♦ drachma(s); drachm(s), dram(s) **dr.**
dr. druk; →ED. ♦ edition **ed.**

dra. *doctoranda* doktoranda

drieh. driehoeksmeetkundig(e); driehoeksmeting ♦ trigonometric(al); trigonometry **trig.**

DRK Demokratiese Republiek Kongo ♦ Democratic Republic of Congo **DRC**

Dr.Med. *Doctor Medicinae* Doktor in (die) Medisyne ♦ Doctor of Medicine **DrMed**

drs. dokters; doktore; →DR. ♦ doctors **Drs**

drs. doktorandus ♦ doctorand(us) **Drs**

ds. *dominus* dominee; →DI. ♦ Reverend **Rev., Revd**

DSC ♦ Distinguished Service Cross **DSC**

D.Sc., DSc *Doctor Scientiae* Doktor in (die) Natuurwetenskappe ♦ Doctor of Science **DSc**

D.Sc.Agric., DScAgric *Doctor Scientiae Agriculturae* Doktor in (die) Landbouwetenskappe ♦ Doctor of Agricultural Science **DScAgric**

DSG Dokters sonder Grense; →MSF

DSM ♦ Distinguished Service Medal **DSM**

D.Soc.Sc., DSocSc *Doctor Societatis Scientiae* Doktor in (die) Sosiale Wetenskappe ♦ Doctor of Social Science **DSocSc**

DStv digitale satelliettelevisie ♦ digital satellite television **DStv**

d.t., DT delirium tremens ♦ delirium tremens **DTs, DT's**

dt. debiet; debiteer ♦ debit **dt**

DTA Demokratiese Turnhalle-alliansie ♦ Democratic Turnhalle Alliance **DTA**

D.Th., DTh, D.Theol., DTheol *Doctor Theologiae* Doktor in (die) Teologie ♦ Doctor of Theology **DrTh, DTh**

D.T.O., DTO Diploma in Tersiêre Onderwys ♦ Diploma in Tertiary Education **DTE**

DTP lessenaarsetwerk, tafelpublikasie, kantoorpublikasie ♦ desktop publishing **DTP**

DTP, KTP draadlosetoegangsprotokol, koordlosetoegangsprotokol; →WAP ♦ wireless application protocol **WAP**

DUA ♦ Democrat Union of Africa **DUA**

dupl. duplikaat ♦ duplicate **dup.**

DV *Deo volente* as die Here wil ♦ *Deo volente* God willing **DV**

dv. dataverwerking ♦ data processing **DP**

DVD Dekorasie vir Voortreflike Diens ♦ Decoration for Meritorious Service **DMS**

DVD digitale videoskyf, digitale veelsydige disket ♦ digital video disk, digital versatile disk **DVD**

DVDV dank Vader dis Vrydag ♦ thank God it's Friday **TGIF**

D.V.Sc., DVSc *Doctor Veterinariae Scientiae* Doktor in (die) Veeartsenykunde ♦ Doctor of Veterinary Science **DVSc**

dw. deelwoord ♦ participle **part.**

dw. dienswillig(e) ♦ obedient **obdt**

dw.dnr. dienswillige dienaar ♦ obedient servant **obdt serv.**

d.w.s. dit wil sê; →D.I., I.E. ♦ *id est* that is; in other words **i.e.**

dwt ♦ pennyweight **dwt, dwt.**

E

E eksa- ♦ **E** exa-

e. eetlepel ♦ tablespoon **tbs., tbsp.**

e. eeu ♦ century **cent.**

e.a. en ander(e); →ET AL. ♦ *et alii* and others **et al.**

EARS, ears ernstige akute respiratoriese sindroom ♦ severe acute respiratory syndrome **SARS, Sars**

EBBS elektroniese bulletinbordstelsel ♦ electronic bulletin board system **EBBS**

EBHO Europese Bank vir Heropbou en Ontwikkeling ♦ European Bank for Reconstruction and Development **EBRD**

EBITDA, Ebitda verdienste voor rente, belasting, waardevermindering en amortisasie ♦ earnings before interest, taxes, depreciation and amortisation **EBITDA, Ebitda**

e.c. *exempli causa* byvoorbeeld; →E.G. ♦ *exempli causa* for example **e.c.**

ECNA, Ecna ♦ Eastern Cape News Agency **ECNA, Ecna**

ECOSOC, Ecosoc Ekonomiese en Maatskaplike Kommissie ♦ Economic and Social Council **ECOSOC, Ecosoc**

ECU, Ecu, ecu Europese geldeenheid ♦ European Currency Unit **ECU, Ecu, ecu**

Ed. Edele ♦ Honourable **Hon.**

ed. *edidit* het uitgegee ♦ *edidit* issued

ed. *editio* edisie ♦ *editio* edition **ed.**

e.d. en dergelike; →E.D.M., ETC. ♦ *et cetera* and so forth **etc.**

Ed.Agb. Edelagbare ♦ the Honourable **Hon.**

e.d.m. en dergelike meer, en dies meer; →E.D., ETC. ♦ *et cetera* and so forth **etc.**

Edms. Eiendoms ♦ Proprietary **Pty**

EDV elektroniese dataverwerking ♦ electronic data processing **EDP**

e.e. en elders; →ET AL. ♦ *et alibi* and elsewhere **et al.**

EEA Europese Ekonomiese Gebied ♦ European Economic Area **EEA**

EEG elektroënkefalogram, elektro-enkefalogram, elektroënsefalogram, elektro-ensefalogram ♦ electroencephalogram **EEG**

EEG Europese Ekonomiese Gemeenskap *(hist.)* ♦ European Economic Community **EEC**

eenh. eenheid ♦ unit

eerw. eerwaarde ♦ Reverend **Rev., Revd**

EES eksklusiewe ekonomiese sone ♦ Exclusive Economic Zone **EEZ**

eetk. eetkamer ♦ dining room

Ef. (Brief aan die) Efesiërs ♦ (Epistle to the) Ephesians **Eph., Ephes.**

EFO elektroniese fondsoorplasing ♦ electronic funds transfer **EFT**

EFTPOS, Eftpos elektroniese fondsoorplasing by verkoop(s)punt ♦ electronic funds transfer at point of sale **EFTPOS**

EG Europese Gemeenskap ♦ European Community **EC**

eg. eersgenoemde ♦ the former

e.g. *exempli gratia* byvoorbeeld ♦ *exempli gratia* for example **eg., e.g.**

EGE Europese Geldeenheid; →ECU, ECU, ECU

Egip. Egipte; Egipties(e) ♦ Egypt **Eg.**; Egyptian **Eg., Egypt.**

EGWAS, Egwas Ekonomiese Gemeenskap van Wes-Afrika-state ♦ Economic Community of West African States **ECOWAS, Ecowas**

EIEU eerste in, eerste uit; →LIEU ♦ first in, first out **FIFO**

eil. eiland ♦ island, isle **I., Is.**

eint. eintlik(e) ♦ proper **prop.**

EK eerste kwartier ♦ first quarter **1st qr.**

ek. eerskomende ♦ next; following **foll.**

EKA Ekonomiese Kommissie vir Afrika ♦ Economic Commission for Africa **ECA**

EKE Ekonomiese Kommissie vir Europa ♦ Economic Commission for Europe **ECE**

EKG elektrokardiogram ♦ electrocardiogram **ECG**

ekon. ekonomie; ekonomies(e) ♦ economy; economic **econ.**

Eks. Eksellensie ♦ Excellency **Exc.**

Eks. Eksodus ♦ Exodus **Ex., Exod.**

eks. eksamen ♦ examination

eks. eksemplaar ♦ copy

eksp. eksperiment ♦ experiment **exp.**

ekv. enkelvoud; →SING. ♦ singular **s., sing.**

elektr. elektries(e); elektrisiteit ♦ electric(al); electricity **elec., elect.**

elektron. elektronies(e); elektronika ♦ electronic; electronics **electron.**

elektrotegn. elektrotegniek; elektrotegnies(e) ♦ electrotechnics, electrotechnology; electrotechnical **electrotech.**

ELINT, Elint elektroniese intelligensie ♦ electronic intelligence **ELINT, Elint**

ELK Evangeliese(-)Lutherse Kerk ♦ Evangelical Lutheran Church **ELC**

ellipt. ellipties(e) ♦ elliptical

EM Eerste Minister ♦ Prime Minister **PM**

Em eksameter ♦ exameter **Em**

Em. Eminensie ♦ Eminence **Em.**

em. emeritus ♦ emeritus **emer.**

embr. embriologie; embriologies(e) ♦ embryology; embryological **embryol.**

e.m.e., EME elektromagnetiese eenheid ♦ electromagnetic unit **e.m.u., EMU**

e.m.k., EMK elektromotoriese krag ♦ electromotive force **emf, EMF**

EMS Europese Monetêre Stelsel ♦ European Monetary System **EMS**

EMU Europese Monetêre Unie ♦ European Monetary Union **EMU**

Eng. Engeland; Engels *(taaln.)*; Engels(e) ♦ England; English *(lang.)*; English **Eng.**

enkl. enklise, enklisis; enklities(e) ♦ enclisis; enclitic

ens. ensovoorts; →ETC. ♦ *et cetera* and so forth **etc.**

entom. entomologie; entomologies(e) ♦ entomology; entomological **entom.**

EO elektroniese oorplasing ♦ electronic transfer **ET**

e.o. *ex officio* ampshalwe ♦ *ex officio* by right of position/office **e.o., ex off.**

EOF Europese Ontwikkelingsfonds ♦ European Development Fund **EDF**

EOK Ekonomiese Ontwikkelingskorporasie ♦ Corporation for Economic Development **CED**

EOP ekonomiese ontwikkelingsprogram ♦ economic development programme **EDP**

EOV eensydige onafhanklikheidsverklaring ♦ unilateral declaration of independence **UDI**

EPNS geëlektroplateerde nikkelsilwer ♦ electroplated nickel silver **EPNS**

EPROM uitwisbare programmeerbare leesalleengeheue ♦ erasable programmable read-only memory **EPROM**

eresekr. eresekretaris ♦ Honorary Secretary **Hon. Sec.**

e.s. en suite ♦ en suite **e.s.**

ESA Europese Ruimteagentskap ♦ European Space Agency **ESA**

ESASOG Ekonomiese Samewerking in die Asië-Stille Oseaangebied ♦ Asia-Pacific Economic Co(-)operation **APEC, Apec**

ESB Europese Sentrale Bank ♦ European Central Bank **ECB**

Eseg. Esegiël ♦ Ezekiel **Ezek.**

esk. eskader ♦ squadron **sqn**

eskn. eskadron ♦ squadron **sqn**

e.s.m. en so meer ♦ *et alii* and others **et al.**

ESSA Engelssprekende Suid-Afrikaner ♦ English-speaking South African **ESSA**

Est. Ester ♦ Esther **Esth.**

et al. *et alii* en ander(e); →E.A. ♦ *et alii* and others **et al.**

etc. *et cetera* ensovoorts ♦ *et cetera* and so forth **etc.**

etim. etimologie; etimologies(e) ♦ etymology **ety., etym., etymol.**

etnol. etnologie; etnologies(e) ♦ ethnology; ethnological **ethnol.**

ETS Elementêre Tegniese Sertifikaat ♦ Elementary Technical Certificate **ETC**

et seq. *et sequens* en die volgende; →E.V. ♦ and the following **et seq.**

et seqq. *et sequentes, et sequentia* en die volgendes; →E.VV. ♦ and the following things, and those that follow **et seqq.**

EU Europese Unie ♦ European Union **EU**

euf. eufemisme; eufemisties(e) ♦ euphemism; euphemistic **euph.**

Eur. Europa; Europees, -pese ♦ Europe; European **Eur.**

EURATOM Euratom Europese Atoomenergiegemeenskap ♦ European Atomic Energy Community **EURATOM, Euratom**

Ev. Evangelie ♦ Gospel

eV elektronvolt ♦ electronvolt **eV**

e.v. en volgende; →ET SEQ.; E.VV. ♦ and the following **et seq.**, following **ff.**

ev. eersvolgende ♦ next, following **foll.**

ev. eventueel, -tuele ♦ possible **poss.**

EVHV Europese Vryhandelsvereniging ♦ European Free Trade Association **EFTA**

EVKOM, Evkom Elektrisiteitsvoorsieningskommissie (*hist.*) ♦ Electricity Supply Commission **ESCOM**

EVP elektroniese verkoop(s)punt ♦ electronic point of sale **EPOS**

e.vv. en die volgendes; →ET SEQQ. ♦ *et sequentes, et sequentia* and the following **et seqq.**

Ex. Exodus ♦ Exodus **Exod.**

ex.div. *extra dividendum* sonder dividend ♦ *extra dividendum* without dividend **ex div.**

F

F Fahrenheit ♦ Fahrenheit **F**

F farad ♦ farad(s) **F**

F faraday ♦ faraday(s) **F**

F fermi ♦ fermi(s) **F**

°F graad/grade Fahrenheit ♦ degree(s) Fahrenheit **°F**

f femto- ♦ femto- **f**

f *forte* hard ♦ *forte* loud **f**

f. fokuslengte ♦ focal length **f**

f. fyn ♦ fine **f**

f., fem. *femininum* vroulik; →V., VR. ♦ feminine **f., fem.**

f., fl. floryn ♦ guilder **f, fl.**

FA ♦ Football Association **FA**

FAI *Fédération Aéronautique Internationale* Internasionale Lugvaartfederasie ♦ *Fédération Aéronautique Internationale* International Aeronautical Federation **FAI**

FAK Federasie van Afrikaanse Kultuurverenigings ♦ **FAK**

faks. faksimilee ♦ facsimile, fax

fakt. faktuur ♦ invoice **inv.**

fam. familie ♦ family **fam.**

farm. farmakologie; farmakologies(e) ♦ pharmacology; pharmacological **pharmacol.**

FAS, fas fetale alkoholsindroom ♦ fetal alcohol syndrome **FAS, Fas**

FAWU, Fawu ♦ Food and Allied Workers Union **FAWU, Fawu**

fb. foutbal ♦ no-ball **nb**

FBI Amerikaanse Federale Speurdiens ♦ Federal Bureau of Investigation **FBI**

FBS finansiële bestuurstelsel ♦ financial management system **FMS**

FDA ♦ Food and Drug Administration **FDA**

Feb., Febr. Februarie ♦ February **Feb.**

fec. *fecit* hy/sy het dit gemaak; *fecerunt* hulle het dit gemaak ♦ *fecit* he/she made it; *fecerunt* they made it **fec.**

FEDHASA, Fedhasa ♦ Federated Hospitality Association of South Africa **FEDHASA, Fedhasa**

FEDSAL, Fedsal Federasie van Suid-Afrikaanse Vakbonde ♦ Federation of South African Labour Unions **FEDSAL, Fedsal**

FEDSAW, Fedsaw ♦ Federation of South African Women **FEDSAW, Fedsaw**

FEDUSA, Fedusa ♦ Federation of Unions of South Africa **FEDUSA, Fedusa**

fem., f. *femininum* vroulik; →V., VR. ♦ feminine **fem., f.**

Fen. Fenisies(e) ♦ Phoenician

ff *fortissimo* baie hard ♦ *fortissimo* very loud **ff**

fff *fortississimo* so hard moontlik ♦ *fortississimo* as loud as possible **fff**

FFK Finansiële en Fiskale Kommissie ♦ Financial and Fiscal Commission **FFC**

FIDE, Fide *Fédération Internationale des Échecs* Internasionale Skaakfederasie ♦ International Chess Federation **FIDE, Fide**

FIFA, Fifa *Fédération Internationale de Football Association* Internasionale Sokkerfederasie ♦ International Football Federation **FIFA, Fifa**

fig. figuur; figuurlik(e) ♦ figure; figurative(ly) **fig.**

Fil. (Brief aan die) Filippense ♦ (Epistle to the) Philippians **Phil.**

filat. filatelie; filatelies(e) ♦ philately; philatelic

Filem. (Brief aan) Filemon ♦ (Epistle to) Philemon **Philem.**

filol. filologie; filologies(e) ♦ philology; philological **philol.**

filos. filosofie; filosofies(e) ♦ philosophy; philosophical **phil.**

Fin. Finland ♦ Finland **Fin.**

fin. *finitum* ♦ *finitum* finish **fin.**

FINA, Fina *Fédération Internationale de Natation* Internasionale Swemfederasie ♦ *Fédération Internationale de Natation* International Swimming Federation **FINA**

fis. fisies(e); fisika; →NAT. ♦ physical; physics **phys.**

fisiol. fisiologie; fisiologies(e) ♦ physiology; physiological **physiol.**

fitopatol. fitopatologie; fitopatologies(e) ♦ phytopathology; phytopathological **phytopathol.**

fl., f. floryn ♦ guilder **f, fl.**

FLEC, Flec *Frente para Libertaçao do Exclave de Cabinda* Front vir die Bevryding van die Cabinda-enklave ♦ *Frente para Libertaçao do Exclave de Cabinda* Front of Liberation of the State of Cabinda **FLEC**

flot. flottielje ♦ flotilla

FM frekwensiemodulasie ♦ frequency modulation **FM**

fm femtometer ♦ femtometre **fm**

FMR Fynproewersmusiekradio ♦ Fine Music Radio **FMR**

FNLA *Frente nacional de Libertação de Angola* Nasionale Front vir die Bevryding van Angola ♦ *Frente nacional de Libertação de Angola* National Front for the Liberation of Angola **FNLA**

fol. folio; →FOLS. ♦ folio **fol.**

fols. folio's; →FOL. ♦ folios **ff.**

fonet. fonetiek; foneties(e) ♦ phonetics; phonetic **phon., phonet.**

fonol. fonologie; fonologies(e) ♦ phonology; phonological **phon., phonol.**

FOR Federale Onderwysraad

FOSKOR, Foskor Fosfaatontginningskorporasie ♦ Phosphate Development Corporation **FOSKOR, Foskor**

fotogr. fotografie; fotografies(e) ♦ photography; photographic **photog.**

fout. foutief, -tiewe ♦ faulty

Fr. Frankryk; Frans (*taaln.*); Frans(e) ♦ France; French (*lang.*); French **Fr.**

fr. frank ♦ franc(s) **fr.**

frekw. frekwensie; frekwentatief ♦ frequency; frequentative **freq.**

FRELIMO, Frelimo *Frente de Libertação de Moçambique* Front vir die Bevryding van Mosambiek ♦ *Frente de Libertação de Moçambique* Front for the Liberation of Mozambique **FRELIMO, Frelimo**

Fri. Fries (*taaln.*); Fries(e) ♦ Fri(e)sian

Frk. Frankies (*taaln.*); Frankies(e) ♦ Frankish **Frank.**

FTSE ♦ Financial Times Stock Exhange **FTSE**

fur. furlong ♦ furlong(s) **fur.**

fut. *futurum* toekomende tyd ♦ *futurum* future **fut.**

FWU foute en weglatings uitgesluit; →BFW ♦ errors and omissions excepted **E & OE**

FXI ♦ Freedom of Expression Institute **FXI**

G

G gauss ♦ gauss **G**

G giga- ♦ giga- **G**

g gram ♦ gram(s) **g**

g., gall. gallon ♦ gallon(s) **gal., gall.**

g., gall., gell. gallon, gelling ♦ gallon(s) **gal., gall.**

Gael. Gaelies (*taaln.*); Gaelies(e) ♦ Gaelic (*lang.*); Gaelic **Gael.**

Gal. (Brief aan die) Galasiërs ♦ (Epistle to the) Galatians **Gal.**

gal. galei ♦ galley

Gall. Gallies (*taaln.*); Gallies(e) ♦ Gallic (*lang.*); Gallic **Gall.**

Gall., gall. Gallisisme, gallisisme ♦ Gallicism **Gall.**

gall., g. gallon ♦ gallon(s) **gal., gall.**

gall., g., gell. gallon, gelling ♦ gallon(s) **gal., gall.**

gar. garage ♦ garage **gar.**

GB Groot-Brittanje ♦ Great Britain **GB**

GBO gemeenskapsgebaseerde organisasie ♦ community-based organisation **CBO**

gcm gram-sentimeter ♦ centimetregram **cmg**

gcs gram-sentimeter-sekonde ♦ centimetre-gram-second **cgs**

GDR Gesamentlike Diensteraad ♦ Joint Services Council **JSC**

geadr. geadresseer(de), geadresseerd(e) ♦ address(ed) **add.**

GEAR, Gear Strategie vir Groei, Werkverskaffing en Herverdeling ♦ Growth, Employment and Redistribution Strategy **GEAR**

geb. gebore ♦ born **b.**; *natus* born **n.**; née

geb. gebou ♦ building **bldg**

geb., b. geboul ♦ bowled **b.**

gebrs. gebroeders ♦ brothers **bros.**

geb. wys gebiedende wys; →IMP. ♦ imperative **imp.**

ged. gedagteken, gedateer(de), gedateerd(e) ♦ dated

ged. gedeelte ♦ part **pt**

gefr. gefrankeer(de), gefrankeerd(e) ♦ post-paid **pp, PP**

geïll. geïllustreer(de), geïllustreerd(e) ♦ illustrated **ill., illus., illust.**

Geïnk. Geïnkorporeer ♦ Incorporated **Inc.**

gell., g., gall. gelling, gallon ♦ gallon(s) **gal., gall.**

gem. gemeenskap; gemeenskaplik(e) ♦ community; communal

gem. gemiddeld(e) ♦ average **av.**

gemasj. gemasjineer(de), gemasjineerd(e) ♦ machined

Gen. Genesis ♦ Genesis **Gen.**

gen. genitief ♦ genitive **gen.**

geneal. genealogie; genealogies(e) ♦ genealogy; genealogic(al) **geneal.**

geneesh. geneesheer ♦ doctor **dr.**; medical practitioner **med. prac.**

geneesk. geneeskunde; geneeskundig(e) ♦ medicine; medical, medicinal **med.**

genet. genetiek, genetika; geneties(e) ♦ genetics; genetic

genl. generaal ♦ General **Gen.**

genl.maj. generaal-majoor ♦ Major General **Maj. Gen.**

geod. geodesie; geodeties(e) ♦ geodesy, geodetics; geodesic, geodetic **geod.**

geogr. geografie; geografies(e); →AARDR. ♦ geography; geographic(al) **geog.**

geol. geologie; geologies(e) ♦ geology; geologic(al) **geol.**

geom. geometrie; geometries(e); →MEETK. ♦ geometry; geometric(al) **geom.**

gep. gepensioeneer(de), gepensioeneerd(e) ♦ retired **ret.**

gepat. gepatenteer(de), gepatenteerd(e) ♦ patented **pat.**

Geref. Gereformeer(de), Gereformeerd(e) ♦ Reformed **Ref.**

gereg. geregistreer(de), geregistreerd(e) ♦ registered **regd**

geriat. geriatrie; geriatries(e) ♦ geriatrics; geriatric **geriatr.**

Germ. Germaans (*taaln.*); Germaans(e) ♦ Germanic (*lang.*); Germanic **Gmc**

Germ., germ. Germanisme, germanisme; Germanisties(e), germanisties(e) ♦ Germanism; Germanistic; Teuton(ic)ism; Teuton(ic) **Teut.**

GES Gereformeerde Ekumeniese Sinode ♦ Reformed Ecumenical Synod **RES**

Ges. Gesang ♦ Hymn

gesert. gesertifiseer(de), gesertifiseerd(e) ♦ certified **cert.**

gesinsk. gesinskamer(s) ♦ family room(s)

gesk. geskiedenis; geskiedkundig(e) ♦ history; historical **hist.**

gest. gestorwe; →OB. ♦ died **d.**

GESTAPO, Gestapo *Geheime Staatspolizei* Geheime Staatspolisie (*hist.*) ♦ Secret State Police **GESTAPO, Gestapo**

get. geteken(de) ♦ signed **sgd**

get. getuie ♦ witness

getr. getroud ♦ married **m.**

GeV giga-elektronvolt ♦ giga-electronvolt(s) **GeV**

gev., v. gevang *(kr.)* ♦ caught *(cr.)* **c.**

gev. en geb., v. en b. gevang en geboul ♦ caught and bowled **c. and b.**

gew. gewig ♦ weight **wt.**

gew. gewoon, gewone ♦ ordinary **ord.**; common **com.**

gew. gewoonlik ♦ usually **usu.**

gewest. gewestelik(e); →DIAL. ♦ dialectal **dial.**

gew./vol. gewig/volume ♦ weight/volume **w/V**

GG Gemeengermaans ♦ Proto-Germanic **PrGmc**

GG gemeenskapsgesondheid ♦ community health **CH**

GG geneesheer-generaal ♦ surgeon-general **SG**

GG gigagreep ♦ gigabyte(s) **Gb, GB.**

GG goewermentsgarage ♦ Government Garage(s) **GG**

GG goewerneur-generaal ♦ Governor General **GG**

GGD grootste gemene deler ♦ greatest common devisor **gcd, g.c.d.,** greatest common factor **gcf, g.c.f.,** highest common factor **HCF, hcf, h.c.f.**

GGO geneties gemodifiseerde organisme ♦ genetic modified organism **GMO**

GHA Genootskap vir die Handhawing van Afrikaans ♦ **GHA**

GHK groot hoofkwartier ♦ General Headquarters **GHQ**

ghn. ghienie (*hist.*) ♦ guinea(s) **G., g.**

GIFT gameet-intrafallopiusoorplanting ♦ gamete intrafallopian transfer **GIFT**

GIGU, Gigu gemors in, gemors uit ♦ garbage in, garbage out **GIGO, Gigo**

gimn. gimnasium; gimnastiek; gimnasties(e) ♦ gymnasium; gymnastics; gymnastic **gym**

ginekol. ginekologie; ginekologies(e) ♦ gynaecology; gynaecological **gynaecol.**

G.Ing., GIng geoktrooieerde ingenieur ♦ chartered engineer **CEng**

GIS geografiese inligtingstelsel ♦ geographic information system **GIS**

GJ gigajoule ♦ gigajoule(s) **GJ**

GK Goewermentskennisgewing ♦ Government Notice **GN**

GK Gekose Komitee ♦ Select Committee **Sel. Com.**

GKTV geslotekringtelevisie ♦ closed-circuit television **CCTV**

GLA ♦ Gay and Lesbian Alliance **GLA**

GLM grond-lug-missiel, grond-tot-lug-missiel ♦ ground-air-missile

glos. glossarium ♦ glossary **gloss.**

GM geleide missiel ♦ guided missile

GM genetiese manipulasie ♦ genetically modification **GM**

GM grondmissiel ♦ ground missile

GM grootmeester ♦ grandmaster **GM**

GMI geoktrooieerde meganiese ingenieur ♦ chartered mechanical engineer **CME**

GMR Gemeenskaplike Matrikulasieraad ♦ Joint Matriculation Board **JMB**

GNK Griekwa(-) Nasionale Konferensie ♦ Griqua National Conference **GNC**

GNSA Genootskap Nederland-Suid-Afrika ♦ **GNSA**

goew. goewerneur ♦ governor **gov.**

goewt. goewerment ♦ government **gov., govt**

GOP geïntegreerde ontwikkelingsplan ♦ integrated development plan **IDP**

GOS Gemenebes van Onafhanklike State ♦ Commonwealth of Independent States **CIS**

GOS geslagsoordraagbare siektes ♦ sexually transmitted disease(s) **STD(s)**

GOS Gevorderde Onderwyssertifikaat; →GSO ♦ Advanced Certificate in Education **ACE**

GOS groei-en-ontwikkelingstrategie ♦ growth and development strategy **GDS**

Got. Goties (*taaln.*); Goties(e) ♦ Gothic *(lang.)*; Gothic **Goth.**

GPA Gautengse Provinsiale Administrasie ♦ Gauteng Provincial Administration **GPA**

GPK geannualiseerde persentasiekoers ♦ annual(ised) percentage rate **APR**

GPS globale posisioneringstelsel ♦ global positioning system **GPS**

GR Geheime Raad ♦ Privy Council **PC**

GR geoktrooieerde rekenmeester ♦ chartered accountant **CA**

Gr. Griekeland; Grieks (*taaln.*); Grieks(e) ♦ Greece; Greek *(lang.)*; Greek **Gr.**

gr grein ♦ grain(s) **gr.**

gr. graad ♦ degree(s) **deg.**

gr. groot ♦ large **L**

gr. grootte ♦ size **sz.**

GRA Genootskap van Regte Afrikaners ♦ **GRA**

gram. grammaties(e); grammatika; grammatikaal, =kale ♦ grammatical; grammar; grammatical **gram.**

grondk. grondkunde; grondkundig(e) ♦ paedology; paedological

GRS Gesagsvereniging vir Reklamestandaarde ♦ Advertising Standards Authority **ASA**

GR(SA) Geoktrooieerde Rekenmeester (Suid-Afrika) ♦ Chartered Accountant (South Africa) **CA(SA)**

GS generale staf ♦ general staff **GS**

GS, gs. gelykstroom ♦ direct current **DC**

GSI geoktrooieerde siviele ingenieur ♦ chartered civil engineer **CCE**

GSI geoktrooieerde struktuuringenieur ♦ chartered structural engineer **CSE**

GSO Gevorderde Sertifikaat in Onderwys; →GOS ♦ Advanced Certificate in Education **ACE**

GT *gran turismo* ♦ *gran turismo* **GT**

GT Greenwichtyd ♦ Greenwich Mean Time **GMT**

GTS Gevorderde Tegniese Sertifikaat ♦ Advanced Technical Certificate **ATC**

GUI grafiese gebruikerskoppelvlak ♦ graphical user interface **GUI**

GV Grondwetlike Vergadering (*hist.*) ♦ Constitutional Assembly **CA**

g.v. goed vir ♦ good for

GW gigawatt ♦ gigawatt(s) **GW**

GW Griekwaland-Wes ♦ Griqualand West **GW**

Gy gray ♦ gray(s) **Gy**

H

H hardheid ♦ hardness **H., h.,** *(of lead)* **H**

H henry ♦ henry(s), henries **H**

h hekto= ♦ hecto= **h**

h *hora* uur; →U. ♦ *hora* hour **H., h., h**

H. Heilige ♦ Saint **St**

h. honderdtal ♦ hundred **H., h.**

h. honderdtal ♦ century **c., cent.**

h. hoogte ♦ height **H., h., hgt**

ha hektaar ♦ hectare(s) **ha**

Hab. Habakuk ♦ Habakkuk **Hab.**

Hag. Haggai ♦ Haggai **Hag.**

Hand. Handelinge ♦ Acts

HAT *(Verklarende) Handwoordeboek van die Afrikaanse Taal* ♦ **HAT**

HBD hoë bloeddruk ♦ high blood pressure **HBP**

hbs Hogereburgerschool *(hist.)* ♦ **hbs**

h.b.s. hoogte bo seespieël; →L.B.S. ♦ altitude above sea level

HC *Honoris Crux* Erekruis ♦ *Honoris Crux* Cross of Honour **HC**

h.c. *honoris causa* eershalwe, as bewys van eer *(by die toekenning van eregraad)* ♦ *honoris causa* for the sake of honour *(with the conferral of honorary degree)* **h.c.**

HCD Honoris Crux Diamant ♦ Honoris Crux Diamond **HCD**

HCG Honoris Crux Goud ♦ Honoris Crux Gold **HCG**

HCS Honoris Crux Silwer ♦ Honoris Crux Silver **HCS**

HD hoë druk, hoogdruk ♦ high pressure **HP, h.p.**

Hd. Hoogduits *(taaln.)*; Hoogduits(e) ♦ High German **HG**

H.D.H., HDH Haar Deurlugtige Hoogheid ♦ Her Serene Highness **HSH**

H.d.L. Heil die Leser; →LS

HDTV hoëdefinisie-televisie ♦ high-definition television **HDTV**

Heb. (Brief aan die) Hebreërs ♦ (Epistle to the) Hebrews **Heb., Hebr.**

Hebr. Hebreeus (*taaln.*); Hebreeus(e) ♦ Hebrew *(lang.)*; Hebrew **Heb., Hebr.**

H.Ed. Hoogedele ♦ Right Honourable **Rt Hon.**

heelk. heelkunde; heelkundig(e) ♦ surgery; surgical **surg.**

H.Eerw. Hoogeerwaarde ♦ Right Reverend **Rt Rev., Rt Revd**

H.Eks. Haar Eksellensie ♦ Her Excellency **HE**

helmintol. helmintologie; helmintologies(e) ♦ helminthology; helminthological **helminthol.**

Her. Herero (*taaln.*) ♦ Herero *(lang.)* **Her.**

her. heraldiek; heraldies(e) ♦ heraldry; heraldic **her.**

hers. hersien(e); hersiener ♦ revised; reviser, revisor **rev.**

Herv. Hervormd(e) ♦ Reformed **Ref.**

HF hoë frekwensie ♦ high frequency **HF, h.f.**

hfst. hoofstuk; →CAP. ♦ chapter **c., ch., chap.**

HG hoër graad ♦ higher grade **HG**

hg hektogram ♦ hectogram(s) **hg**

H.Geb. Hooggebore ♦ high-born

H.Gel., Hooggel. Hooggeleerde; →HOOGL.; PROF.

H.H., HH Haar Hoogheid ♦ Her Highness **HH**

hh. here ♦ Messieurs **Messrs**

HH.EE., HH EE Hulle Eksellensies ♦ Their Excellencies

HH.KK.HH., HH KK HH Hulle Koninklike Hooghede ♦ Their Royal Highnesses **TRH**

HH.MM., HH MM Hulle Majesteite ♦ Their Majesties

Hi. Hindoestani (*taaln.*) ♦ Hindustani *(lang.)* **Hind.**

hidrol. hidrologie; hidrologies(e) ♦ hydrology; hydrological

hist. histories(e) ♦ historic(al) **hist.**

HJ huidige jaartelling ♦ Common Era **CE**

HJS Hoër Jongenskool ♦ Boys' High School **BHS**

HK hoë kompressie ♦ high compression

HK hoofkwartier ♦ headquarters **HQ** *(mil.)*, **hdqrs**

HK huiskomitee ♦ house committee

hk. huurkoop ♦ hire-purchase **HP, h.p.**

H.K.H., HKH Haar Keiserlike Hoogheid ♦ Her Imperial Highness **HIH**

H.K.H., HKH Haar Koninklike Hoogheid ♦ Her Royal Highness **HRH**

H.K.M., HKM Haar Koninklike Majesteit ♦ Her Royal Majesty **HRM**

***hl*, hl** hektoliter ♦ hectolitre(s) ***hl*, hl**

hl. hoofletter ♦ capital letter **cap.**

H.M., HM Haar Majesteit ♦ Her Majesty **HM**

HM ♦ heavy metal *(mus.)* **HM**

hm hektometer ♦ hectometre(s) **hm**

HMK Historiese Monumentekommissie (*hist.*) ♦ Historical Monuments Commission (*hist.*) **HMC**

HMS Hoër Meisieskool ♦ Girls' High School **GHS**

HNP Herstigte Nasionale Party ♦ **HNP**

HO hoër onderwys ◆ higher education **HE**

H.O.D., HOD Hoër Onderwysdiploma ◆ Higher Education Diploma **HED**

hoev. hoeveelheid ◆ quantity **qt., qty**

HOIK Hollandse Oos-Indiese Kompanjie; →NOIK, VOC

Holl. Holland; Hollands (*taaln.*); Hollands(e) ◆ the Netherlands, Holland **Neth.**; Dutch *(lang.)*; Dutch **Du.**

Holl., holl. Hollandisme, hollandisme ◆ Dutchism

homof. homofonies(e); homofoon ◆ homophonous; homophone

homog. homograaf; homografies(e) ◆ homograph; homographic

homon. homoniem; homonimies(e) ◆ homonym; homonymic, homonymous

Hong. Hongaars (*taaln.*); Hongaars(e); Hongarye ◆ Hungarian *(lang.)*; Hungary; Hungary **Hung.**

Hons., Hons *Honores, Honoribus, Honoris* Honneurs ◆ Honours **Hons.**

Hons.B.A., HonsBA *Honneurs-Baccalaureus Artium, Honoris Baccalaureus Artium* Honneursbaccalaureus Artium, Baccalaureus Artium (Honneurs); →B.A.HONS., BAHONS, B.A.(HONS.), BA(HONS) ◆ Honours Bachelor of Arts, Bachelor of Arts (Honours) **BAHons, BA(Hons), HonsBA**

Hons.B.Admin., HonsBAdmin *Honneurs-Baccalaureus Administrationis* Honneursbaccalaureus in (die) Administrasie, Baccalaureus in (die) Administrasie (Honneurs); →B.ADMIN.HONS., BADMINHONS ◆ Honours Bachelor's degree in Administration, Bachelor in Administration (Honours) **BAdminHons, BAdmin(Hons), HonsBAdmin**

Hons.B.Ch.D., HonsBChD *Honneurs-Baccalaureus Chirurgiae Dentium* Honneursbaccalaureus in (die) Tandheelkunde, Baccalaureus in (die) Tandheelkunde (Honneurs) ◆ Honours Bachelor's degree in Dental Surgery, Bachelor of Dental Surgery (Honours) **BChD(Hons), HonsBChD**

Hons.B.Com., HonsBCom *Honneurs-Baccalaureus Commercii, Honoris Baccalaureus Commercii* Honneursbaccalaureus in (die) Handel, Baccalaureus in (die) Handel (Honneurs); →B.COM.HONS., BCOMHONS ◆ Honours Bachelor's degree in Commerce, Bachelor of Commerce (Honours) **BComHons, BCom(Hons), HonsBCom**

Hons.B.Compt., HonsBCompt *Honneurs-Baccalaureus Computationis* Honneursbaccalaureus in (die) Rekeningkunde, Baccalaureus in (die) Rekeningkunde (Honneurs) ◆ Honours Bachelor's degree in Accounting, Bachelor of Accounting (Honours) **BComptHons, BCompt(Hons), HonsBCompt**

Hons.B.Cur., HonsBCur *Honneurs-Baccalaureus Curationis* Honneursbaccalaureus in (die) Verpleegkunde, Baccalaureus in (die) Verpleegkunde (Honneurs) ◆ Honours Bachelor's degree in Nursing Science, Bachelor of Nursing Science (Honours) **BCurHons, BCur(Hons), HonsBCur**

Hons.B.Diac., HonsBDiac *Honneurs-Baccalaureus Diaconiologiae* Honneursbaccalaureus in (die) Diakoniologie, Baccalaureus in (die) Diakoniologie (Honneurs) ◆ Honours Bachelor's degree in Diaconiology, Bachelor of Diaconiology (Honours) **BDiacHons, BDiac(Hons), HonsBDiac**

Hons.B.Econ., HonsBEcon *Honneurs-Baccalaureus Economiae* Honneursbaccalaureus in (die) Ekonomie, Baccalaureus in (die) Ekonomie (Honneurs) ◆ Honours Bachelor's degree in Economics, Bachelor of Economics (Honours) **BEconHons, BEcon(Hons), HonsBEcon**

Hons.B. in Publ.Admin., HonsB in PublAdmin Honneursbaccalaureus in Publieke Administrasie, Baccalaureus in Publieke Administrasie (Honneurs) ◆ Honours Bachelor's degree in Public Administration, Bachelor of Public Administration (Honours) **HonsB in Publ. Admin.**

Hons.B.Inst.Agrar., HonsBInstAgrar *Honores Baccalaureus Institutionis Agrariae* Honneursbaccalaureus in (die) Landboubestuur, Baccalaureus in (die) Landboubestuur (Honneurs); →B.INST.AGRAR.(HONS.), BINSTAGRAR(HONS) ◆ Honours Bachelor's degree in Agricultural Management, Bachelor of Agricultural Management (Honours) **BInstAgrar(Hons), HonsBInstAgrar**

Hons.B.Mus., HonsBMus *Honneurs-Baccalaureus Musicae, Honneurs-Baccalaureus Musicologiae* Honneursbaccalaureus in (die) Musiek, Baccalaureus in (die) Musiek (Honneurs); →B.MUS.HONS., BMUSHONS ◆ Honours Bachelor's degree in Music, Bachelor of Music (Honours) **BMusHons, BMus(Hons), HonsBMus**

Hons.B.Sc., HonsBSc *Honneurs-Baccalaureus Scientiae, Honoris Baccalaureus Scientiae* Honneursbaccalaureus in (die) Natuurwetenskappe, Baccalaureus in (die) Natuurwetenskappe (Honneurs); →B.SC.HONS., BSCHONS, B.SC.(HONS.), BSC(HONS) ◆ Honours Bachelor's degree in Science, Bachelor of Science (Honours) **BScHons, BSc(Hons), HonsBSc**

Hons.B.Sc.Agric., HonsBScAgric *Honneurs-Baccalaureus Scientiae Agriculturae* Honneursbaccalaureus in (die) Landbouwetenskappe, Baccalaureus in (die) Landbouwetenskappe (Honneurs); →B.SC.AGRIC.HONS., BSCAGRICHONS ◆ Honours Bachelor's degree in Agricultural Science, Bachelor of Agricultural Science (Honours) **BScAgricHons, HonsBScAgric**

Hons.B.Soc.Sc., HonsBSocSc *Honneurs-Baccalaureus Societatis Scientiae* Honneursbaccalaureus in (die) Sosiale Wetenskappe, Baccalaureus in (die) Sosiale Wetenskappe (Honneurs); →B.SOC.SC.HONS., BSOCSCHONS ◆ Honours Bachelor's degree in Social Sciences, Bachelor of Social Sciences (Honours) **BSocScHons, HonsBSocSc**

Hons.B.Th., HonsBTh *Honneurs-Baccalaureus Theologiae* Honneursbaccalaureus in (die) Teologie, Baccalaureus in (die) Teologie (Honneurs); →B.TH.HONS, BTHHONS ◆ Honours Bachelor's degree in Theology, Bachelor of Theology (Honours) **BThHons, HonsBTh**

hoofart. hoofartikel ◆ editorial

Hooggel., H.Gel. Hooggeleerde; →HOOGL.; PROF.

Hoogl. Hooglied (van Salomo) ◆ Song of Songs/Solomon, Canticles **Cant.**

hoogl. hoogleraar ◆ professor **prof.**

HOP Heropbou- en Ontwikkelingsprogram ◆ Reconstruction and Development Programme **RDP**

Hos. Hosea ◆ Hosea **Hos.**

hosp. hospitaal ◆ hospital **hosp.**

HOSPERSA, Hospersa ◆ Health and Other Service Personnel Trade Union of South Africa **HOSPERSA, Hospersa**

houtw. houtwerk ◆ woodwork

HPK hoofposkantoor ◆ general post office **GPO**

H.P.O.D., HPOD Hoër Primêre Onderwysdiploma ◆ Higher Primary Education Diploma **HPED**

HR hoofredakteur ◆ editor-in-chief

HR hoofregter ◆ Chief Justice **CJ**

HR, hr handrat ◆ manual gear

hr. heer ◆ mister **Mr**

HRR Heilige Romeinse Ryk ◆ Holy Roman Empire **HRE**

HS Heilige Skrif ◆ (Holy) Scripture **Script.**

HS hoë spanning, hoogspanning ◆ high voltage **HV, h.v.**

hs. handskrif; →MS. ◆ script

HSOD Hoër Sekondêre Onderwysdiploma ◆ Higher Secondary Education Diploma **HSED**

HSS hoër seunskool; →HJS ◆ boys' high school **BHS**

hss. handskrifte; →MSS. ◆ scripts

hst. hoofstad ◆ capital **cap.**

h.t.l. hier te lande ◆ in this country, locally

HTML ◆ hypertext markup language **HTML**

HTTP ◆ hypertext transfer protocol **HTTP**

HU hefboomuitkoop ◆ leveraged buyout **LBO**

HUB hoof(-) uitvoerende beampte ◆ chief executive officer **CEO**

huish. huishoudkunde; huishoudkundig(e) ◆ home economics, domestic science

hulpww., hww. hulpwerkwoord ◆ auxiliary verb **aux. v.**

hum. humiditeit ◆ humidity

h.v. hoek van ◆ corner **cnr, cor.**

h.v. horisontale vlak ◆ horizontal level

HVT hormoonvervangingsterapie ◆ hormone replacement therapy **HRT**

hww., hulpww. hulpwerkwoord ◆ auxiliary verb **aux. v.**

Hz hertz ◆ hertz **Hz**

I

I Romeinse 1 ◆ Roman numeral 1 **I**

I, inl. inligting ◆ information

i.a. *inter alia* onder andere, onder meer; →O.A.; O.M. ◆ *inter alia* among other things, among others **i.a.**

IAAF Internasionale Amateuratletiekfederasie *(hist.)* ◆ International Amateur Athletic Federation **IAAF**

IAAF Internasionale Vereniging van Atletiekfederasies ◆ International Association of Athletics Federations **IAAF**

IAEA Internasionale Atoomenergieagentskap ◆ International Atomic Energy Agency **IAEA**

IAO Internasionale Arbeidsorganisasie ◆ International Labour Organisation **ILO**

ib., ibid. *ibidem* aldaar; →ALD. ◆ *ibidem* in the same place **ib., ibid.**

i.b. in bevel (van) ◆ in charge (of), in command **i/c**

IBF Internasionale Boksfederasie ◆ International Boxing Federation **IBF**

IBHO Internasionale Bank vir Heropbou en Ontwikkeling (Wêreldbank) ◆ International Bank for Reconstruction and Development (World Bank) **IBRD**

ibid., ib. *ibidem* aldaar; →ALD. ◆ *ibidem* in the same place **ib., ibid.**

IBLO Internasionale Burgerlugvaartorganisasie ◆ International Civil Aviation Organisation **ICAO**

IBM, IKBM interkontinentale ballistiese missiel ◆ intercontinental ballistic missile **ICBM**

IBMG Internasionale Buro vir Mate en Gewigte ◆ *Bureau International des Poids et Mesures* International Bureau of Weights and Measures **BIPM**

IBSA, Ibsa ◆ Insurance and Banking Staff Association **IBSA, Ibsa**

i.c. *in casu* in hierdie geval ◆ *in casu* in this case **i.c.**

ID identifikasie *(rek.)* ◆ identification *(comp.)* **ID**

ID identiteitsdokument ◆ identification document **ID**

id. *idem* dieselfde ◆ *idem* the same **id.**

IDASA, Idasa Instituut vir Demokrasie in Suid-Afrika ◆ Institute for Democracy in South Africa **IDASA, Idasa**

Idg., IG Indo-Germaans(e) ◆ Indo-Germanic **IG**

I.D.H.M., IDHM In Diens van Haar Majesteit (*hist.*) ◆ On Her Majesty's Service **OHMS**

I.D.S.M., IDSM In Diens van Sy Majesteit (*hist.*) ◆ On His Majesty's Service **OHMS**

IE Indo-Europees (*taaln.*); Indo-Europees, -pese ◆ Indo-European *(lang.)*; Indo-European **IE**

i.e. *id est* dit is; dit wil sê; →D.I.; D.W.S. ◆ that is **i.e.**

iem. iemand ◆ someone; (a) person **(a) pers.**

i.e.w. in een woord ◆ in short

IFA Internasionale Fonetiese Alfabet ◆ International Phonetic Alphabet **IPA**

IFK Internasionale Finansiekorporasie ◆ International Finance Corporation **IFC**

i.f.p. *in forma pauperis* as behoeftige ◆ *in forma pauperis* in the character of a pauper **i.f.p.**

IG Indo-Germaans (*taaln.*); Indo-Germaans(e); →IDG. ◆ Indo-Germanic (*lang.*); Indo-Germanic **IG**

IG, insp.genl. inspekteur-generaal ◆ inspector general **IG**

IGJ Internasionale Geofisiese Jaar ◆ International Geophysical Year **IGY**

ig.k. ingeboude kas(te) ♦ built-in cupboard(s) **b.i.c.**

IK intelligensiekwosiënt ♦ intelligence quotient **IQ**

IKBM, IBM interkontinentale ballistiese missiel ♦ intercontinental ballistic missile **ICBM**

IKD Interne Klagtedirektoraat ♦ Internal Complaints Directorate **ICD**

IKK Internasionale Kamer van Koophandel ♦ International Chamber of Commerce **ICC**

IKR Internasionale Krieketraad ♦ International Cricket Council **ICC**

IKRK Internasionale Komitee van die Rooi Kruis ♦ International Council of the Red Cross **ICRC**

i.l. *in loco* ter plaatse, op die plek ♦ *in loco* in the place **in loc.**

ill. illustrasie ♦ illustration **ill., illus., illust.**

ILVV Internasionale Lugvervoervereniging ♦ International Air Transport Association **IATA, Iata**

I.M. *in memoriam* ter nagedagtenis van ♦ *in memoriam* in memory of **in mem.**

IMATU, Imatu ♦ Independent Municipal and Allied Trade Union **IMATU, Imatu**

IMF Internasionale Monetêre Fonds ♦ International Monetary Fund **IMF**

IMO Internasionale Meteorologiese Organisasie ♦ International Meteorological Organisation **IMO**

imp. imperatief, =tiewe; →GEB.WYS. ♦ imperative **imp.**

impf. imperfektum, imperfek ♦ imperfect (tense) **imperf., impf.**

impr. *imprimatur* laat dit gedruk word ♦ imprimatur, let it be printed **imp.**

incog. *incognito* onbekend ♦ *incognito* unknown **incog.**

IND *In Nomine Dei/Domini* in Naam van die Here ♦ *In Nomine Dei/Domini* in the name of Jesus **IND**

Ind. Indiaans(e) ♦ Indian **Ind.**

Ind. Indië; Indies (*taaln.*); Indies(e) ♦ India; Indian *(lang.)*; Indian **Ind.**

ind. indeks ♦ index **ind.**

ind. indikatief, =tiewe ♦ indicative (mood) **ind., indic.**

Indon. Indonesië; Indonesies (*taaln.*); Indonesies(e) ♦ Indonesia; Indonesian *(lang.)*; Indonesian **Indon.**

indust. industrie; industrieel, =triële ♦ industry; industrial **ind.**

inf. infanterie ♦ infantry **Inf., inf.**

inf. infinitief ♦ infinitive **inf.**

inf. *infra* onder ♦ *infra* below, further on **inf.**

ing. ingenieurswese ♦ engineering **eng.**

ing., ir. ingenieur ♦ engineer **eng.**

inh. inhoud ♦ contents **cont.**

inkl. inklinasie ♦ inclination

inkl. inklusief, =siewe ♦ including, inclusive **incl.**

inl. inleidend(e); inleiding ♦ introductory; introduction **intro., introd.**

inl., I inligting ♦ information

INRI *Iesus Nazarenus Rex Iudaeorum* Jesus van Nasaret, koning van die Jode ♦ *Iesus Nazarenus Rex Iudaeorum* Jesus of Nazareth, King of the Jews **INRI**

ins. insonderheid ♦ especially **esp.**

insekt. insektekunde; insektekundig(e) ♦ entomology; entomological; entomologist **entom., entomol.**

inskr. inskripsie, inskrywing ♦ inscription

insl. insluitend(e) ♦ including, inclusive **incl.**

insp. inspeksie; inspekteur ♦ inspection; inspector **insp.**

insp.genl., IG inspekteur-generaal ♦ inspector general **IG**

inst. instituut ♦ institute **inst.**

instr. instruksie; instrukteur ♦ instruction; instructor **instr.**

instr. instrument ♦ instrument **instr.**

instr. instrumentalis *(naamval)* ♦ instrumental *(case)* **instr.**

int. interes, rente ♦ interest **int.**

int. interieur ♦ interior **int.**

int. internasionaal, =nale ♦ international **int.**

int. interval ♦ interval **int.**

Intelsat Internasionale Telekommunikasiesatellietkonsortium ♦ International Telecommunications Satellite Consortium **Intelsat**

intens. intensief, =siewe ♦ intensive **intens.**

Interpol Internasionale Misdaadpolisie-organisasie ♦ International Criminal Police Organisation **Interpol**

intr. intransitief, =tiewe; →ONOORG. ♦ intransitive **intrans.**

IOK Internasionale Olimpiese Komitee ♦ International Olympic Committee **IOC**

IOV Internasionale Ontwikkelingsvereniging ♦ International Development Association **IDA**

IPI Internasionale Persinstituut ♦ International Press Institute **IPI**

i.p.v. in plaas van ♦ instead of

Ir. Iraans *(taaln.)*; Iran; Irannees, =nese, Iraniërs, =niërs; Irannees, =nese, Irans(e) ♦ Iranian *(lang.)* **Iran.**; Iran; Iranian **Iran.**; Iranian **Iran.**

ir., ing. ingenieur ♦ engineer **eng.**

IRK Internasionale Rooi Kruis ♦ International Red Cross **IRC**

IRL Ierse Republikeinse Leër ♦ Irish Republican Army **IRA**

IRR Internasionale Rolbalraad ♦ International Bowling Board **IBB**

IRR Internasionale Rugbyraad ♦ International Rugby Board **IRB**

is. insake ♦ about, concerning, re, regarding, in respect of **i.r.o.**

ISBN Internasionale Standaardboeknommer ♦ International Standard Book Number **ISBN**

ISO Internasionale Standaarde-organisasie ♦ International Organisation for Standardisation **ISO**

ISP internetdiensverskaffer ♦ Internet service provider **ISP**

Isr. Israel; Israelies(e), Israels(e); Israelities(e) ♦ Israel; Israeli; Israelite **Isr.**

ISS Instituut vir Sekerheidstudies ♦ Institute for Security Studies **ISS**

ISSN Internasionale Standaardserienommer ♦ International Standard Serial Number **ISSN**

IT inligtingstegnologie ♦ information technology **IT**

It. Italiaans (*taaln.*); Italiaans(e); Italië ♦ Italian *(lang.)*; Italian; Italy **It.**

It. Italies (*taaln.*); Italies(e) ♦ Italic; Italic

i.t. *in transito* gedurende vervoer ♦ *in transito* in transit **i.t.**

it. item ♦ item

iter. iteratief, =tiewe ♦ iterative

ITF Internasionale Tennisfederasie ♦ International Tennis Federation **ITF**

ITU Internasionale Telekommunikasie-unie ♦ International Telecommunication Union **ITU**

i.t.v. in terme van ♦ in terms of **i.t.o.**

I/U inset/uitset ♦ input/output **I/O**

IU(K)A intra-uteriene (kontraseptiewe) apparaat ♦ intrauterine (contraceptive) device **IU(C)D**

i.v. *in verbo/voce* by daardie woord ♦ *in verbo/voce* under the word **i.v.**

IVB in vitro-bevrugting ♦ in vitro fertilisation **IVF**

IVM Internasionale Vereniging vir Menseregte ♦ International Society for Human Rights **ISHR**

i.v.m. in verband met; →M.B.T.; T.A.V. ♦ about, concerning, re, regarding, in respect of **i.r.o.**

IVP Inkatha Vryheidsparty ♦ Inkatha Freedom Party **IFP**

IWK Internasionale Walviskommissie ♦ International Whaling Commission **IWC**

IWS Internasionale Wolsekretariaat ♦ International Wool Secretariat **IWS**

J

J joule ♦ joule(s) **J**

j. jaar ♦ year **yr**

J2K die jaar 2000 ♦ the year 2000 **Y2K**

Jak. Jakobus ♦ James **Jas.**

Jan. Januarie ♦ January **Jan.**

Jap. Japan; Japannees (*taaln.*); Japannees, =nese, Japans(e) ♦ Japan; Japanese *(lang.)*; Japanese **Jap.**

Jav. Javaans (*taaln.*); Javaans(e) ♦ Javanese *(lang.)*; Javanese **Jav.**

J.C., JC Jesus Christus ♦ Jesus Christ **J.C.**

JCD John Chard-dekorasie ♦ John Chard Decoration **JCD**

JE, JEB Johannesburgse Effektebeurs (*hist.*); →JSE ♦ Johannesburg Stock Exchange (*hist.*) **JSE**

Jer. Jeremia ♦ Jeremiah **Jer.**

Jes. Jesaja ♦ Isaiah **Is.**

jg. jaargang ♦ volume **vol.**

Jhb. Johannesburg ♦ Johannesburg **Jhb**

jhr. jongeheer ♦ Master

jhr. jonkheer ♦ baron

jkv. jonkvrou ♦ baroness

jl. jongslede ♦ last

JOASA, Joasa Vereniging van Regsprekende Beamptes van Suid-Afrika ♦ Judicial Officers' Association of South Africa **JOASA, Joasa**

joern. joernalistiek; joernalistiek(e) ♦ journalism; journalistic **jour.**

Joh. Johannes ♦ John

Jos. Josua ♦ Joshua **Josh.**

jr. junior ♦ junior **Jr, jr**

J.S., JS Junior Sertifikaat ♦ Junior Certificate **JC**

JSE JSE Sekuriteitebeurs Suid-Afrika ♦ JSE Securities Exchange South Africa **JSE**

J.Sir. Jesus Sirag ♦ Ecclesiasticus **Ecclus.**

jt. jaart ♦ yard(s) **yd, yd.**

Jud. Judas ♦ Judas **Jud.**

JUDASA, Judasa Junior Doktersvereniging van Suid-Afrika ♦ Junior Doctors' Association of South Africa **JUDASA, Judasa**

juf. juffrou ♦ Miss

Jul. Julie ♦ July **Jul.**

Jun. Junie ♦ June **Jun.**

jur. juridies(e) ♦ juridic(al)

jur. jurisprudensie; →REGSG. ♦ jurisprudence **jurisp.**

K

K kelvin ♦ kelvin(s) **K**

k ketting ♦ chain **ch.**

k kilo= ♦ kilo= **k**

K., Kh. Khoi (*taaln.*) ♦ Khoi *(lang.)* **K., Kh.**

k. kamer(s) ♦ room(s) **rm(s)**

k., kol. kolom ♦ column **col.**

kA kiloampère ♦ kiloampere(s) **kA**

Kaapl. Kaapland; Kaaplands(e) (*hist.*) ♦ Cape (Province) **CP**

kal. kaliber ♦ calibre **cal.**

kal. kalorie(ë) ♦ calorie(s) **cal.**

Kan. Kanada; Kanadees, =dese ♦ Canada; Canadian **Can.**

KANSA, Kansa Kankervereniging van Suid-Afrika ♦ Cancer Association of South Africa **CANSA, Cansa**

KANU, Kanu ♦ Kenya African National Union **KANU, Kanu**

kap. kapitaal ♦ capital **cap.**

kap. kapittel ♦ chapter **ch., chap.**

kapt. kaptein ♦ Captain **Capt.**

kar. karaat ♦ carat(s) **c.**

kard. kardinaal ♦ Cardinal **Card.**

kartogr. kartografie; kartografies(e) ♦ cartography; cartographic

kat. katalogus ♦ catalogue **cat.**

KAV kapitaal-arbeid-verhouding ♦ capital-labour ratio

k.a.v., KAV koste, assuransie, vrag ♦ cost, insurance, freight **CIF, c.i.f.**

kav. kavalier; kavalleris ♦ cavalier **cav.**; cavalryman

KB kasboek ◆ cash-book **C/B**

KB kredietbrief ◆ letter of credit **L/C, l/c, lc**

KB kunsmatige bevrugting; →KI ◆ artificial insemination **AI**

k.b.a., KBA kontant by aflewering; →B.B.A., BBA ◆ cash on delivery **COD, C.O.D.**

KBE Kinderbeskermingseenheid ◆ Child Protection Unit **CPU**

KBE Ridder van die Britse Ryk ◆ Knight (Commander of the Order) of the British Empire **KBE**

kC kilocoulomb ◆ kilocoulomb(s) **kC**

kdoor. kommodoor ◆ Commodore **Cdre**

kdr. kommandeur ◆ Commander **Cdr, Comdr**

KEEM, Keem Kantoor vir Ernstige Ekonomiese Misdrywe (*hist.*) ◆ Office for Serious Economic Offences **OSEO**

Kelt. Kelties (*taaln.*); Kelties(e) ◆ Celtic, Keltic (*lang.*); Celtic, Keltic **Celt.**

kernfis. kernfisika ◆ nuclear physics

keV kilo-elektronvolt ◆ kilo-electronvolt **keV**

KG kommandant-generaal (*hist.*) ◆ Commander-in-Chief **C in C, C.-in-C.**

KG, Kg, kgreep kilogreep ◆ kilobyte **K, KB, Kb, kbyte**

KG, kons.genl. konsul-generaal ◆ consul general **CG**

kg kilogram ◆ kilogram(s) **kg**

KGB *Komitet Gosoedarstwennoi Bezopasnosti* Russiese geheime polisie ◆ *Komitet Gosudarstvennoi Bezopasnosti* Russian secret police **KGB**

kgm kilogrammeter ◆ kilogram-metre **kgm**

KGN, k.g.n. kleinste gemene/gemeenskaplike noemer ◆ lowest/least common denominator **LCD, lcd**

Kgreep, KG, Kg kilogreep ◆ kilobyte **K, KB, Kb, kbyte**

KGV kleinste gemene veelvoud ◆ lowest/least common multiple **LCM, lcm**

Kh., K. Khoi (*taaln.*) ◆ Khoi (*lang.*) **Kh., K.**

kHz kilohertz ◆ kilohertz **kHz**

KI kunsmatige inseminasie; →KB ◆ artificial insemination **AI**

KI kunsmatige intelligensie ◆ artificial intelligence **AI**

Kie. Kompanjie ◆ Company **Co.**

KIKS, Kiks Kaapstadse Internasionale Konferensiesentrum ◆ Cape Town International Convention Centre **CTICC**

KIM kunsmatige inseminasie (deur) man ◆ artificial insemination (by) husband **AIH**

KIS kunsmatige inseminasie (deur) skenker (*vero.*); →DI ◆ artificial insemination (by) donor **AID**

kJ kilojoule ◆ kilojoule(s) **kJ**

KJA Kerkjeugaksie ◆ **KJA**

KJV Kerkjeugvereniging ◆ **KJV**

KK Kaapkolonie (*hist.*) ◆ Cape Colony **CC**

kk. kerskrag ◆ candlepower **cp**

KK, kk. kleinkas ◆ petty cash **P/C, p/c, p.c.**

KKK Ku-Klux Klan ◆ Ku Klux Klan **KKK**

KKNK Klein Karoo Nasionale Kunstefees ◆ Klein Karoo National Arts Festival **KKNAF**

k*l*, kl kiloliter ◆ kilolitre(s) **k*l*, kl**

kl. klas ◆ class **cl.**

kl. kleinletter ◆ lower case **l.c., lc**

Klaagl. Klaagliedere ◆ (Book of) Lamentations **Lam.**

klass. klassiek(e) ◆ classic(al) **class.**

klin.psig. kliniese psigologie ◆ clinical psychology

KLM Koninklijke Luchtvaartmaatschappij ◆ Royal Dutch Airlines **KLM**

KM kwartiermeester ◆ quartermaster **Q., QM**

km kilometer ◆ kilometre(s) **km**

k.m.b., KMB kontant met bestelling ◆ cash with order **c.w.o., CWO**

kmdmt. kommandement ◆ command **cmd., comd.**

kmdo. kommando ◆ commando

kmdt. kommandant ◆ Commandant **Comdt**

KMG kwartiermeester-generaal ◆ Quartermaster General **QMG**

km/h kilometer per hora/uur ◆ kilometres per hour **km/h**

km/*l* kilometer per liter ◆ kilometre(s) per litre **km/*l***

KMR Kaapse Metropolitaanse Raad (*hist.*) ◆ Cape Metropolitan Council **CMC**

KMR kernmagnetiese resonansie ◆ nuclear magnetic resonance **NMR**

kN kilonewton ◆ kilonewton **kN**

kn knoop, knope (*sk.*) ◆ knot(s) (*naut.*) **kn**

KNB Kaapse Natuurbewaring ◆ Cape Nature Conservation **CNC**

knr. kanonnier ◆ gunner, cannoneer

KO kerkorde ◆ church ordinance

ko. kandidaatoffisier ◆ candidate officer

KODESA, Kodesa Konvensie vir 'n Demokratiese Suid-Afrika (*hist.*) ◆ Convention for a Democratic South Africa **CODESA, Codesa**

koëf., ko-ef. koëffisiënt, ko-effisiënt ◆ coefficient

Kol. (Brief aan die) Kolossense ◆ (Epistle to the) Colossians **Col.**

kol. kolonel ◆ Colonel **Col.**

kol., k. kolom ◆ column **col.**

koll. kollege ◆ college **coll.**

koll. kollektief, -tiewe ◆ collective(ly) **coll.**

kom. komitee ◆ committee **com., comm.**

komb. kombinasie ◆ combination **comb.**

komb. kombuis ◆ kitchen

Kominform Kommunistiese Informasieburo ◆ Communist Information Bureau **Cominform**

KOMINT kommunikasie-inligting ◆ communications intelligence **COMINT**

Komintern Kommunistiese Internasionale ◆ Communist International **Comintern**

komm. kommissaris; kommissie ◆ commissioner; commission **comm.**

komm. kommunikasie; kommunikasiekunde; kommunikasiekundig(e) ◆ communication **comm.**; communication studies; communicative

komp. kompanie (*mil.*) ◆ company (*mil.*) **Coy.**

komp. komparatief, -tiewe; →VERG.TR. ◆ comparative **comp.**

Komsat kommunikasiesatelliet ◆ communications satellite **Comsat**

Kon. Konings ◆ Kings

kon. koninklik(e) ◆ Royal **R.**

konj. konjunksie; konjunktief, -tiewe; konjunktuur ◆ conjunction; conjunctive; conjuncture **conj.**

konkr. konkreet, -krete ◆ concrete

Kons. Konserwatief; Konserwatief, -tiewe ◆ Conservative; Conservative **Cons.**

kons. konsonant ◆ consonant **cons.**

kons.genl., KG konsul-generaal ◆ consul general **CG**

konst. konstabel ◆ constable **const.**

kontam. kontaminasie ◆ contamination

KONTRALESA, Kontralesa Kongres van Tradisionele Leiers van Suid-Afrika ◆ Congress of Traditional Leaders of South Africa **CONTRALESA, Contralesa**

kookk. kookkuns ◆ culinary art

koöp., ko-op. koöperasie, ko-operasie; koöperatief, -tiewe, ko-operatief, -tiewe ◆ co(-)operation; co(-)operative **coop., co-op.**

kooph. koophandel ◆ commerce **comm.**

koopv. koopvaardy; koopvaart ◆ merchant service/shipping; mercantile transport/shipping

kop. koppelteken ◆ hyphen

kopp. koppeling ◆ connection **con.**

koppelww., kww. koppelwerkwoord ◆ copula, copulative verb

Kor. (Briewe aan die) Korint(h)iërs ◆ (Epistles to the) Corinthians **Cor.**

korp. korporasie ◆ corporation **corp.**

korr. korrespondensie; korrespondent ◆ correspondence; correspondent **corr.**

kos kosinus ◆ cosine **cos**

kosek kosekans ◆ cosecant **cosec**

kosmogr. kosmografie; kosmografies(e) ◆ cosmography; cosmographic(al)

kot kotangens ◆ cotangent **cot**

KP Kaapprovinsie; →KAAPL.◆ Cape Province **CP**

KP Konserwatiewe Party ◆ Conservative Party **CP**

kp kiloperiode · kilocycle **kc**

KPA Kaapse Provinsiale Administrasie (*hist.*) ◆ Cape Provincial Administration **CPA**

kPa kilopascal ◆ kilopascal(s) **kPa**

kpl. korporaal ◆ Corporal **Corp., Cpl**

kpln. kapelaan ◆ chaplain **chap.**

kpln.genl. kapelaan-generaal ◆ chaplain general

KPLU Kaaplandse Landbou-unie (*hist.*) ◆ Cape Province Agricultural Union **CPAU**

k.p.s. karakters per sekonde ◆ characters per second **cps**

KR kerkraad ◆ church council

KR Krugerrand ◆ Krugerrand **KR**

KR, K/R kapitaalrekening ◆ capital account **CA, C/A**

kr. krediteer; krediteur; →KT. ◆ credit; creditor **cr.**

kr. krona (*munt*); kroon, krone (*munt*) ◆ krona (*coin*); krone (*coin*) **kr.**

KRAG kragte, remminge, alarms en geleenthede ◆ strengths, weaknesses, opportunities and threats **SWOT**

krg. kring ◆ circle

krist. kristallografie; kristallografies(e) ◆ crystallography **cryst., crystall**; crystallographic(al)

krit. kritiek ◆ criticism **crit.**

Kron. Kronieke ◆ Chronicles **Chron.**

KRUIK, Kruik Kaaplandse Raad vir die Uitvoerende Kunste (*hist.*) ◆ Cape Performing Arts Board **CAPAB, Capab**

KRYGKOR, Krygkor Krygstuigkorporasie van Suid-Afrika ◆ Armaments Corporation of South Africa **ARMSCOR, Armscor**

krygsk. krygskunde; krygskundig(e) ◆ military science **mil. sc.**; military **mil.**

kS kilosiemens ◆ kilosiemens **kS**

ks kilosekonde ◆ kilosecond(s) **ks**

ks. kragstuur ◆ power steering **p.s.**

ks. kredietsaldo ◆ credit balance **C/B, CB, c/b**

k.s.b. kombuis, spens, badkamer ◆ kitchen, pantry, bathroom **k.p.b.**

KSL koper-sink(-)legering ◆ copper-zinc alloy

KSOK Kleinsake-ontwikkelingskorporasie (*hist.*) ◆ Small Business Development Corporation **SBDC**

KSV Kernsperverdrag ◆ Nuclear Non-Proliferation/Nonproliferation Treaty **NPT**

kt. krediet; →KR. ◆ credit **cr.**

KTP, DTP koordlosetoegangsprotokol, draadlosetoegangsprotokol; →WAP ◆ wireless application protocol **WAP**

kt.rek. kredietrekening ◆ credit account **CA, C/A**

kub. kubiek(e) ◆ cubic **cu.**

kunsgesk. kunsgeskiedenis; kunsgeskiedkundig(e) ◆ art history, history of art; art historical

kurs. kursief, -siewe; kursiveer; kursivering ◆ italic; italicise; italicisation **ital.**

kusek kubieke voet per sekonde ◆ cubic foot per second **cusec**

kV kilovolt ◆ kilovolt(s) **kV**

kVa kilovolt-ampère ◆ kilovolt-ampere(s) **kVA**

k.v.a., KVA kontant voor aflewering ◆ cash before delivery **CBD, c.b.d.**

KVBA Kommissie vir Versoening, Bemiddeling en Arbitrasie ◆ Commission for Conciliation, Mediation and Arbitration **CCMA**

KVK Kamer van Koophandel ◆ Chamber of Commerce **C of C**

KVTB kusvragtransitobrief ◆ coastal transfer note **CTN**

kW kilowatt ◆ kilowatt(s) **kW**

kw. kwadraat ◆ square **sq.**

kw. kwart ♦ quarter **q., quart.**
kw. kwartaal; kwartaalliks(e) ♦ quarter; quarterly **q., quart.**
kw. kwartier *(mil.; v.d. maan)* ♦ quarter *(mil.; of the moon)* **q., quart.**
kwal. kwalifikasie ♦ qualificaton
kwal. kwalitatief, -tiewe ♦ qualitative
kwal. kwaliteit ♦ quality **qlty**
KWANALU, Kwanalu KwaZulu-Natal Landbou-unie ♦ KwaZulu-Natal Agricultural Union **KWANALU, Kwanalu**
kwant. kwantitatief, -tiewe ♦ quatitative
kwant. kwantiteit ♦ quantity **qt., qty**
KWB kapitaalwinsbelasting ♦ capital gains tax **CGT**
kWh kilowatt-uur ♦ kilowatt-hour(s) **kWh**
kwit. kwitansie ♦ receipt **rec.**
kwor. kworum ♦ quorum
kww., koppelww. koppelwerkwoord ♦ copula, copulative verb
KZN KwaZulu-Natal ♦ KwaZulu-Natal **KZN**

L

£ *libra* pond *(geld)*; →P.ST.; LB. ♦ *libra* pound *(money)* **£**
L Romeinse 50 ♦ Roman numeral 50 **L**
L, l., l, *l* liter ♦ litre(s) **l**
L. lengtegraad ♦ (degree of) longitude **long.**
L., Linn. Linnaeus ♦ Linnaeus **L., Linn.**
l. lees ♦ read **r.**
l. lengte ♦ length **L., l., lgth**
l. links ♦ left **L., l.**
l. lira ♦ lira **l.**
l. lopie *(kr)* ♦ run *(cr)* **r.**
l. lyn ♦ line **L., l.**
***l*/100 km** liter per honderd kilometer ♦ litres per hundred kilometres ***l*/100 km**
LA Los Angeles ♦ Los Angeles **LA**
LA lugafweer- *(geskut ens.)* ♦ anti-aircraft *(guns etc.)* **AA**
lab. laboratorium ♦ laboratory **lab.**
LAG leesalleengeheue ♦ read-only memory **ROM**
LAN lokale-areanetwerk ♦ local area network **LAN**
land., LD landdros ♦ magistrate
landb. landbou(kunde); landboukundig(e) ♦ agriculture; agricultural **agr., agric.**
landm. landmeetkunde; landmeetkundig(e) ♦ (land-)surveying; surveying **surv., survey.**
Lat. Latyn *(taaln.)*; Latyns(e) ♦ Latin *(lang.)*; Latin **Lat.**
Lat., lat. Latinisme, latinisme; Latinisties(e), latinisties(e) ♦ Latinism, latinism; Latinate, latinate **Lat.**
LAV Lid van die Aptekersvereniging ♦ Member of the Pharmaceutical Society **MPS**
l.a.w., LAW ligte afleweringswa ♦ light delivery vehicle **LDV**
LB laaibrief *(lug, spoor, pad)*; ladingsbrief *(sk.)*; →VB, V/B ♦ freight bill *(air, rail, road)* **FB, F/B**; bill of lading *(ships)* **BL, B/L**
LB leerlingbestuurder ♦ learner driver **L**
lb. *libra* pond *(gewig)* ♦ *libra* pound *(weight)* **lb, lb.**
LBD lae bloeddruk ♦ low blood pressure
LBS lopende betaalstelsel ♦ pay as you earn **PAYE**
l.b.s. ligging bo seespieël; →H.B.S. ♦ altitude above sea-level
l.c., loc.cit. *loco citato* op die aangehaalde plek; →T.A.P. ♦ *loco citato* in the place cited **lc, loc. cit.**
LD *Laus Deo* ere aan God ♦ praise be to God **LD**
LD laagdruk, lae druk ♦ low pressure **LP, lp.**
LD, land. landdros ♦ magistrate
Leb. Lebowa *(hist.)* ♦ Lebowa **Leb.**
LED ligemissiediode ♦ light-emitting diode **LED**
leerl. leerling ♦ pupil, learner, scholar
LEP Lid van die Europese Parlement ♦ Member of the European Parliament **MEP**
Les. Lesotho ♦ Lesotho **Les.**
letg. lettergreep; →SILL. ♦ syllable **syl., syll.**
lett. lettere ♦ language and literature
lett. letterlik(e) ♦ literal(ly) **lit.**
lettk. letterkunde; letterkundig(e); →LIT. ♦ literature; literary **lit.**
Lev. Levitikus ♦ Leviticus **Lev.**
LF lae frekwensie ♦ low frequency **LF**
LG laer graad ♦ lower grade **LG**
lg. laasgenoemde ♦ the latter
LGM lug-grond-missiel, lug-tot-grond-missiel ♦ air-to-surface missile **ASM**
LH luteïniseringshormoon ♦ luteinizing hormone **LH**
lh. linkerhand ♦ left hand **LH, lh**
LIA Lid van die Instituut van Argitekte ♦ Member of the Institute of Architects **MIA**
Lib. Liberaal; Liberaal, -rale ♦ Liberal; Liberal **Lib.**
LIEU laaste in, eerste uit; →EIEU ♦ last in, first out **LIFO**
ligg. liggaamlik(e) ♦ corporal **corp.**; physical **phys.**
ligg.opv., LO liggaamlike opvoeding, liggaamlike opvoedkunde ♦ physical education **PE**, physical training **PT**
ling. linguistiek; linguisties(e); →TAALK. ♦ linguistics; linguistic **ling.**
Linn., L. Linnaeus ♦ Linnaeus **L., Linn.**
lis. lisensiaat ♦ Licentiate **L.**
lis. lisensie ♦ licence **lic.**
LISI, Lisi Lid van die Instituut van Siviele Ingenieurs ♦ Member of the Institute of Civil Engineers **MICE**
Lit. Litaue, Litoue; Litaus, Litous *(taaln.)*; Litaus(e), Litous(e) ♦ Lithuania; Lithuanian *(lang.)*; Lithuanian **Lith.**
lit. literatuur; literêr(e); →LETTK. ♦ literature; literary **lit.**
litogr. litografie; litografies(e) ♦ lithography; lithographic **litho., lithog.**
Litt.D., LittD *Litterarum Doctor* Doktor in die Lettere ♦ Doctor of Letters/Literature **Lit(t)D**
LK laaste kwartier ♦ last quarter
LK Lutherse Kerk ♦ Lutheran Church
LKI(SA) Lid van die Kollege van Interniste (SA) ♦ Fellow of the College of Physicians of South Africa **FCPSA**
LKT lewenskostetoelaag, -toelae ♦ cost of living allowance **COLA**
ll. laaslede; →ULT. ♦ last
ll. loslopie *(kr.)* ♦ bye **b.**
LL.B., LLB *Legum Baccalaureus* Baccalaureus in (die) Regte ♦ Bachelor of Laws **LLB**
LL.D., LLD *Legum Doctor* Doktor in (die) Regte ♦ Doctor of Laws **LLD**
LL.M., LLM *Legum Magister* Meester in (die) Regte ♦ Master of Laws **LL.M., LLM**
LLM lug-lug-missiel, lug-tot-lug-missiel ♦ air-to-air missile **AAM**
lm lumen ♦ lumen(s) **lm**
LMB lugmagbasis ♦ Air Force Base **AFB**
LMI liggaamsmassa-indeks ♦ body mass index **BMI**
LNR Landbounavorsingsraad ♦ Agricultural Research Council **ARC**
l.n.r. links na regs ♦ left to right **l.t.r.**
LO Laer Onderwys ♦ Primary Education **PrimEd**
LO, ligg.opv. liggaamlike opvoeding, liggaamlike opvoedkunde ♦ physical education **PE**, physical training **PT**
loc.cit., l.c. *loco citato* op die aangehaalde plek; →T.A.P. ♦ in the place cited **lc, loc. cit.**
log. logaritme ♦ logarithm
log. logika; logies(e) ♦ logic; logical **log.**
log. logistiek; logisties(e) ♦ logistics; logistic(al)
lok. lokatief, -tiewe ♦ locative **loc.**
LOP lêeroordragprotokol ♦ file transfer protocol **FTP, ftp**
LP Lid van die Parlement ♦ Member of Parliament **MP**
LPP Lid van die Provinsiale Parlement ♦ Member of the Provincial Parliament **MPP**
LPR Lid van die Provinsiale Raad *(hist.)* ♦ Member of the Provincial Council **MPC**
LPW Lid van die Provinsiale Wetgewer ♦ Member of the Provincial Legislature **MPL**
LR, l.r. lopende rekening ♦ current account **C/A**
LS *Lectori Salutem* Heil die Leser ♦ *Lectori Salutem* hail to the reader **LS**
LS laagspanning, laespanning ♦ low voltage
LS landingstrook ♦ air/landing strip
LS langspeelplaat ♦ long player, long-playing record **LP**
LS laserskyf ♦ compact disc **CD**
LS, ls. linkerstuur ♦ left-hand drive **lhd.**
l.s. *locus sigilli* plek van die seël ♦ place of the seal **L.S., ls**
LSD lisergiensuurdiëtielamied, lisergiensuurdi-etielamied ♦ lysergic acid diethylamide **LSD**
£.s.d. *librae, solidi, denarii* ponde, sjielings, pennies ♦ *librae, solidi, denarii* pounds, shillings, pence **L.S.D., l.s.d., £.s.d.**
LSG, RAM lees-en-skryf-geheue ♦ random-access memory **RAM**
LSH leërstafhoof ♦ army chief of staff
L.S.O.D., LSOD Laer Sekondêre Onderwysdiploma ♦ Lower Secondary Education Diploma **LSED**
lt. luitenant ♦ Lieutenant **Lt.**
lt.genl. luitenant-generaal ♦ lieutenant general **Lt Gen**
lt.kdr. luitenant-kommandeur ♦ lieutenant commander **Lt Cdr**
lt.kol. luitenant-kolonel ♦ lieutenant colonel **Lt Col**
LUD liguitstraaldiode ♦ light-emitting diode **LED**
lugv. lugvaart(kunde); lugvaartkundig(e) ♦ aeronautics; aeronautic(al) **aeron.**
LUK Lid van die Uitvoerende Komitee ♦ Member of the Executive Committee **MEC**
LUK lineêre/liniêre uitsettingskoëffisiënt, lineêre/liniêre uitsettingsko-effisiënt ♦ coefficient of expansion
Luk. Lukas ♦ Luke
LUR Lid van die Uitvoerende Raad *(hist.)* ♦ Member of the Executive Council **MEC**
Luth. Luthers(e) ♦ Lutheran **Luth.**
LV Lid van die Volksraad *(hist.)* ♦ Member of Parliament **MP**
LV lugverdediging ♦ air defence **AD**
LV, lv. lugversorging ♦ air conditioning **a/c, a.c.**
LVB lugverkeerbeheer ♦ air-traffic control **ATC**
LVBS lugverkeerbeheersentrum ♦ air-traffic control centre
LW Let Wel, Let wel; →NB ♦ note well **NB, N.B., nb, nb.**
lw. lidwoord ♦ article **art.**
LWD Louw Wepener-Dekorasie ♦ Louw Wepener Decoration **LWD**
LWM Louw Wepener-Medalje ♦ Louw Wepener Medal **LWM**
LWR Lid van die Wetgewende Raad *(hist.)* ♦ Member of the Legislative Council **MLC**
LWV Lid van die Wetgewende Vergadering *(hist.)* ♦ Member of the Legislative Assembly **MLA**
lx lux ♦ lux(es) **lx**
lyd. lydend(e) ♦ passive **pass.**

M

M mark *(geldeenh.)*; →DM ♦ mark(s) *(currency)* **M**
M mega- ♦ mega- **M**
M Romeinse 1 000 ♦ Roman numeral 1 000 **M**
m meter ♦ metre(s) **m**
M. Majesteit ♦ Majesty **M.**
M., m. Meer, meer ♦ Lake, lake **L., l.**
m milli- ♦ milli- **m**
m. miljoen ♦ million(s) **M**

m. monsieur ♦ Monsieur **M, M.**

m. myl ♦ mile(s) **m, mi.**

m., min. minuut ♦ minute(s) **m, min.**

m., ml. manlik(e) ♦ masculine **m., masc.**

m² vierkante meter ♦ square metre **m²**

M.A., MA *Magister Artium* Magister in (die) Lettere en Wysbegeerte ♦ Master of Arts **MA**

MA masjienafgewerk(te); masjienafwerking ♦ machine finished; machine finish

MA mega-ampère ♦ mega-ampere(s) **MA**

Ma. Maandag ♦ Monday **Mon.**

mA milliampère ♦ milliampere(s) **mA**

maatsk. maatskaplik(e) ♦ social **soc.**

M.A.(Cur.), MA(Cur) *Magister Artium (Curationis)* Magister in (die) Lettere (Verpleegkunde) ♦ Master of Arts (Nursing Science) **MA(Cur)**

M.Admin., MAdmin *Magister Administrationis* Magister in (die) Administrasie ♦ Master of Administration **MAdmin**

mag. magistraat ♦ magistrate

magn. magnetisme; magneties(e) ♦ magnetism; magnetic **mag.**

MAGO, Mago ♦ Muslims Against Global Oppression **MAGO, Mago**

M.Agric.Admin., MAgricAdmin *Magister Agriculturae Administrationis* Magister in (die) Landbou-administrasie ♦ Master of Agricultural Administration **MAgricAdmin**

MAIL, Mail ♦ Muslims Against Illegitimate Leaders **MAIL**

maj. majoor ♦ Major **Maj.**

MAK Ministeriële Advieskomitee ♦ Ministerial Advice Committee **MAC**

maks. maksimum ♦ maximum **max.**

Mal. Malawi; Malawies(e) ♦ Malawi; Malawian

Mal. Maleagi ♦ Malachi **Mal.**

Mal. Maleis *(taaln.)*; Maleis(e) ♦ Malay; Malay(an) **Mal.**

Mal. Maleisië; Maleisies(e) ♦ Malasia; Malasian

Mal.Port. Maleis-Portugees *(taaln.)* ♦ Malayo-Portuguese

MAO monoamienoksidase ♦ monoamine oxidase **MAO**

MAOI monoamienoksidase-inhibeerder ♦ monoamine oxidase inhibitor **MAOI**

MAP Millennium-Afrika-renaissanceplan ♦ Millennium African Renaissance Plan **MAP**

M.Arch., MArch *Magister Architecturae* Magister in (die) Argitektuur ♦ Master of Architecture **MArch**

Mark. Markus ♦ Mark

M.Art. et Scien., MArt et Scien *Magister Artium et Scientiae* Magister in (die) Lettere en Wetenskap ♦ Master of Arts and Science **MArt et Scien**

masj. masjien; masjinaal, -nale; masjineer; masjinerie ♦ machine **mach.**; mechanical **mech.**; machine **mach.**; machinery **mach.**

M.A.Soc., MASoc *Magister Artium Societatis* Magister in (die) Sosiale Wetenskappe ♦ Master of Social Sciences **MASoc**

mat. matematies(e); matesis ♦ mathematical **math.**; mathematics **maths.**

Matt. Matteus, Mattheüs ♦ Matthew **Matt., Mt**

m.a.w. met ander woorde ♦ in other words

M.B., MB *Medicinae Baccalaureus* Baccalaureus in (die) Medisyne ♦ Bachelor of Medicine **MB**

MB militêre begrafnis ♦ military funeral

M.B.A., MBA Magister in (die) Bedryfsadministrasie ♦ Master of Business Administration **MBA**

mbar millibar ♦ millibar(s) **mbar**

M.Bibl., MBibl *Magister Bibliothecologiae* Magister in (die) Biblioteekkunde ♦ Master of Library Science **MBibl**

M.B.L., MBL Magister in Bedryfsleiding ♦ Master of Business Leadership **MBL**

mbl. maandblad ♦ monthly (magazine/journal/periodical/publication)

m.b.s. meter bo seespieël ♦ metre(s) above sea level

MBSA ♦ Master Builders South Africa **MBSA**

m.b.t. met betrekking tot; →I.V.M.; T.A.V. ♦ with regard to **w.r.t.**, in respect of **i.r.o.**

m.b.v. met behulp van ♦ with the help/aid of, by means of

MC megacoulomb ♦ megacoulomb(s) **MC**

mC millicoulomb ♦ millicoulomb(s) **mC**

Mcal megakalorie ♦ megacalorie(s) **Mcal**

MCC Marylebone-krieketklub ♦ Marylebone Cricket Club **MCC**

M.Ch.D., MChD *Magister Chirurgiae Dentium* Magister in (die) Tandheelkunde ♦ Master of Dentistry **MChD**

M.Com., MCom *Magister Commercii* Magister in (die) Handel ♦ Master of Commerce **MCom**

M.Compt., MCompt *Magister Computationis* Magister in (die) Rekeningkunde ♦ Master of Accounting **MCompt**

M.Cur., MCur *Magister Curationis* Magister in (die) Verpleegkunde ♦ Master of Nursing Science **MCur**

M.D., MD *Medicinae Doctor* Doktor in (die) Geneeskunde ♦ Doctor of Medicine **MD**

md. maand ♦ month **m., mo.**

m.d. maande na datum ♦ months after date **m/d**

M.Diac., MDiac *Magister Diaconiologiae* Magister in (die) Diakoniologie ♦ Master of Diaconiology **MDiac**

M.Dip.Tech., MDipTech Meestersdiploma in (die) Tegnologie ♦ Master's Diploma in Technology **MDipTech**

M.Div., MDiv *Magister Divinitatis* Magister in (die) Godgeleerdheid ♦ Master of Divinity **MDiv**

m.div. met dividend ♦ with dividend

mdl. maandeliks(e); →P.M. ♦ per month **p.m.**

MDM ♦ Mass Democratic Movement **MDM**

MDMA metileendioksimetamfetamien ♦ methylenedioxymethamphetamine **MDMA**

mdr. moeder ♦ mother

MDV meerdoelvoertuig ♦ multipurpose vehicle **MPV**

m.d.v. met dien verstande ♦ provided, on condition

ME mialgiese enkefalomiëlitis/ensefalomiëlitis ♦ myalgic encephalomyelitis **ME**

Me. Middeleeue; Middeleeus(e) ♦ Middle Ages; Medi(a)eval **Med.**

me., me *(ekv.)* titel voor 'n vrouenaam; →MEE., MEE ♦ title before a woman's name **Ms**

M.Econ., MEcon *Magister Economiae* Magister in (die) Ekonomie ♦ Master of Economics **MEcon**

M.Ed., MEd *Magister Educationis* Magister in (die) Opvoedkunde ♦ Master of Education **MEd**

med. mediaan ♦ median

med. medies(e); medisyne ♦ medical; medicine **med.**

med. medium ♦ medium **med.**

medew. medewerker, medewerkster ♦ co-worker; associate **assoc.**

MEDUNSA, Medunsa Mediese Universiteit van Suider-Afrika *(hist.)* ♦ Medical University of Southern Africa **MEDUNSA, Medunsa**

mee., mee, mes., mes *(mv.)* titel voor vrouename; →ME., ME ♦ title before women's names **Mss**

meetk. meetkunde; meetkundig(e); →GEOM. ♦ geometry; geometric(al) **geom.**

meg. meganies(e); meganika ♦ mechanical; mechanics **mech.**

mej. mejuffrou →MLLE. ♦ Miss

mejj. mejuffroue

memo. memorandum ♦ memorandum

Meng. Middelengels *(taaln.)*; Middelengels(e) ♦ Middle English *(lang.)*; Middle English **ME**

mes., mes, mee., mee *(mv.)* titel voor vrouename; →ME., ME ♦ title before women's names

MESHAWU, Meshawu ♦ Municipality, Education, State, Health and Allied Workers' Union **MESHAWU, Meshawu**

metaf. metafoor; metafories(e) ♦ metaphor; metaphorical **metaph.**

metafis. metafisies(e); metafisika ♦ metaphysical; metaphysics **metaph.**

metal. metallurgie; metallurgies(e) ♦ metallurgy; metallurgic(al) **metal., metall.**

meteor. meteorologie; meteorologies(e); →WEERK. ♦ meteorology; meteorological **meteor., meteorol.**

meton. metonimia, metonimie; metonimies(e) ♦ metonymy; metonymical

meV mega-elektronvolt ♦ mega-electronvolt(s) **meV**

mev. mevrou; →MME. ♦ Mistress **Mrs**

mevv. mevroue ♦ Mistresses **Mrs, Mmes., Mesdames.**

MEWUSA, Mewusa ♦ Metal and Electrical Workers' Union of South Africa **MEWUSA, Mewusa**

MF ♦ Minority Front **MF**

MF mediumfrekwensie ♦ medium frequency **MF**

mF millifarad ♦ millifarad(s) **mF**

m.f. *mezzo forte* halfhard ♦ *mezzo forte* moderately loud **mf**

MG masjiengeweer ♦ machine gun **MG**

MG mediumgolf ♦ medium wave **MW**

MG megagreep ♦ megabyte **MB, mbyte**

Mg magnesium ♦ magnesium **Mg**

Mg megagram ♦ megagram(s) **Mg**

m/g, m.p.g. myl per gelling ♦ miles per gallon **mpg, m/g**

mg milligram ♦ milligram(s) **mg**

mgr. monseigneur ♦ Monsignor **Mgr**

MGT Middelbare Greenwichtyd ♦ Greenwich Mean Time **GMT**

mH millihenry ♦ millihenry(s) **mH**

m/h myl per hora/uur ♦ miles per hour **mph**

mh. motorhuis(e) ♦ garage(s)

Mhd. Middelhoogduits *(taaln.)*; Middelhoogduits(e) ♦ Middle High German *(lang.)*; Middle High German **MHG**

MHK Maritieme Hoofkwartier ♦ Maritime Headquarters

M.Huish., MHuish Magister in (die) Huishoudkunde ♦ Master of Home Economics **MHome Econ**

MHz megahertz ♦ megahertz **MHz**

MI Militêre Inligting ♦ Military Intelligence **MI**

m.i. myns insiens ♦ in my opinion/view, to my mind

MID Misdaadinligtingsdiens ♦ Crime Information Service **CIS**

MIF Motorindustrieëfederasie ♦ Motor Industries Federation **MIF**

MIKE ♦ Monitoring the Illegal Killing of Elephants **MIKE**

mikrobiol. mikrobiologie; mikrobiologies(e) ♦ microbiology; microbiological **microbiol.**

mil. militêr(e) ♦ military **mil.**

Mil.Akad. Militêre Akademie ♦ Military Academy **Mil.Acad.**

mil.att. militêre attaché ♦ military attaché

min. minimum ♦ minimum **min.**

min. minister ♦ Minister **Min.**

min. minuskel ♦ minuscule

min., m. minuut ♦ minute(s) **m, min.**

miner. mineralogie; mineralogies(e) ♦ mineralogy; mineralogical **min., mineral.**

M.Ing., MIng *Magister Ingeneriae* Magister in (die) Ingenieurswese ♦ Master of Engineering **MEng**

M.Inst.Agrar., MInstAgrar *Magister Institutionis Agrariae* Magister in (die) Landboubestuur ♦ Master of Agricultural Management **MInstAgrar**

MINTEK, Mintek Raad vir Mineraaltegnologie ♦ Council for Mineral Technology **MINTEK, Mintek**

M.I.V., MIV menslike immuniteitsgebreksvirus/immunogebreksvirus/immuungebreksvirus ♦ human immunodeficiency virus **HIV**

m.i.v. met inagneming van ♦ allowing, with due allowance

m.i.v. met inbegrip van ♦ including **incl.**

m.i.v. met ingang van ♦ with effect from **w.e.f.**

MJ megajoule ♦ megajoule(s) **MJ**

mJ millijoule ♦ millijoule(s) **mJ**

MJR Moslem(-) Juridiese Raad ♦ Moslem Judicial Council **MJC**

MK marginale koste ♦ marginal cost **m.c.**

MK Metodistekerk ♦ Methodist Church

MK mitrale klep, mitralisklep, myterklep ♦ mitral valve

MK Umkhonto weSizwe ♦ Umkhonto weSizwe **MK**

mk. merk ♦ mark

MKB mariene en kusbestuur ♦ marine and coastal management

m*l*, ml milliliter ♦ millilitre(s) **m*l*, ml**

ml., m. manlik(e) ♦ masculine **m., masc.**

mlle. *mademoiselle* mejuffrou; →MEJ.; MEJJ. ♦ *mademoiselle* Miss **Mlle**

MM metronoom van Mälzel ♦ Mälzel's metronome **MM**

MM Militêre Medalje ♦ Military Medal **MM**

m.m. *mutatis mutandis* met die nodige veranderinge ♦ *mutatis mutandis* with the necessary changes **mm**

mm millimeter ♦ millimetre(s) **mm**

MMB minimum maatskappybelasting ♦ minimum company tax **MCT**

mme. *madame* mevrou; →MEV.; MEVV. ♦ *madame* Mistress **Mme**

M.Med., MMed *Magister Medicinae* Magister in (die) Medisyne ♦ Master of Medicine **MMed**

M.Med.Vet., MMedVet *Magister Medicinae Veterinariae* Magister in (die) Veeartsenykunde ♦ Master of Veterinary Science **MMedVet**

MMF Multilaterale Motorvoertuigongelukkefonds (*hist.*) ♦ Multilateral Motor Vehicle Accident Fund **MMF**

M.Mil., MMil *Magister Militaris* Magister in (die) Krygskunde ♦ Master of Military Science **MMil**

M.Mil.Med., MMilMed *Magister Militaris Medicinae* Magister in (die) Militêre Geneeskunde ♦ Master of Military Medicine **MMilMed**

m.m.k., MMK magnetomotoriese krag ♦ magnetomotive force **mmf**

M.Mus., MMus *Magister Musicae* Magister in (die) Musiek ♦ Master of Music **MMus**

MN meganewton ♦ meganewton(s) **MN**

mN millinewton ♦ millinewton(s) **mN**

m.n. met name ♦ especially **esp.**

MNG mononatriumglutamaat ♦ monosodium glutamate **MSG**

Mnl. Middelnederlands (*taaln.*); Middelnederlands(e) ♦ Middle Dutch *(lang.)*; Middle Dutch **MD**

MNR Mediese Navorsingsraad ♦ Medical Research Council **MRC**

mnr. meneer ♦ Mister **Mr**

mnre. menere ♦ Misters **Messrs**

mntl. moontlik(e) ♦ possible, possibly **poss.**

MO magnetiese observatorium ♦ magnetic observatory **MO**

MO mediese offisier ♦ Medical Officer **MO**

MO middelbare onderwys ♦ secondary education

MO *modus operandi* werk(s)wyse ♦ *modus operandi* manner of working **MO**

mod. *moderato* matige tempo ♦ *moderato* moderate tempo **mod.**

mod. modern(e) ♦ modern **mod.**

MODA, Moda Media-ontwikkelings-en-diversifiseringsagentskap ♦ Media Development and Diversity Agency **MDDA**

mod.ger. moderne geriewe ♦ modern conveniences **mod. cons.**

mol. molekule, molekuul; molekulêr(e) ♦ molecule; molecular **mol.**

MOTH ♦ Memorable Order of Tin Hats **MOTH**

MP militêre polisie ♦ Military Police **MP**

m.p. *mezzo piano* halfsag ♦ *mezzo piano* moderately soft **mp**

M.P.A., MPA Magister in (die) Publieke Administrasie ♦ Master of Public Administration **MPA**

MPa megapascal ♦ megapascal(s) **MPa**

MPD Instituut vir Veelpartydemokrasie ♦ Institute for Multi-Party Democracy **MPD**

m.p.g., m/g myl per gelling ♦ miles per gallon **mpg**

M.Pharm., MPharm *Magister Pharmaciae* Magister in (die) Farmakologie ♦ Master of Pharmacology **MPharm**

M.Phil., MPhil *Magister Philosophiae* Magister in (die) Wysbegeerte ♦ Master of Philosophy **MPh, MPhil**

MPLA *Movimento Popular de Libertação de Angola* ♦ *Movimento Popular de Libertação de Angola* Popular Movement for the Liberation of Angola **MPLA**

MPO Melkprodusente-organisasie ♦ Milk Producers Organisation **MPO**

m.p.s., m/s meter per sekonde ♦ metres per second **mps, m/s**

m.p.u. myl per uur ♦ miles per hour **mph**

Mpy., My. Maatskappy ♦ Company **Co.**

MR metropolitaanse raad ♦ metropolitan council **MC**

mr. meester *(in die regte)* ♦ master *(in the law)* **M.**

M.Rad., MRad Magister in (die) Radiografie ♦ Master of Radiography **MRad**

mrad milliradiaal ♦ milliradial(s) **mrad**

MRB magnetieseresonansiebeelding ♦ magnetic resonance imaging **MRI**

MRK Menseregtekommissie ♦ Human Rights Commission **HRC**

mrnr. marinier ♦ marine

Mrt. Maart ♦ March **Mar.**

MS multipele/verspreide sklerose ♦ multiple sclerosis **MS**

MS, m.s. maande na sig ♦ months after sight **MS, m.s., m/s**

mS millisiemens ♦ millisiemens **mS**

m.s., MS maande ná sig ♦ months after sight **MS, m.s., m/s**

m/s, m.p.s. meter per sekonde ♦ metres per second **mps, m/s**

ms millisekonde ♦ millisecond(s) **ms**

ms. manuskrip; →HS.; MSS. ♦ manuscript **MS, ms**

ms. motorskip ♦ motor ship **MS**

MSB Manne-Sendingbond ♦ **MSB**

M.Sc., MSc *Magister Scientiae* Magister in (die) Natuurwetenskappe ♦ Master of Science **MSc**

M.Sc.Agric., MScAgric *Magister Scientiae Agriculturae* Magister in (die) Landbouwetenskappe ♦ Master of Agricultural Science **MScAgric**

MSF *Médecins Sans Frontières* Dokters sonder Grense; →DSG ♦ *Médecins Sans Frontières* **MSF**

mskp. manskap ♦ private **priv.**

M.Soc.Sc., MSocSc *Magister Societatis Scientiae* Magister in (die) Sosiale Wetenskappe ♦ Master of Social Sciences **MSocSc**

mss. manuskripte; →HSS.; MS. ♦ manuscripts **MSS, mss**

MT middelbare tyd ♦ mean time **MT**

mT millitesla ♦ millitesla **mT**

m.t.b., MTB motor-torpedoboot ♦ motor torpedo boat **MTB**

M.Th., MTh, M.Theol., MTheol *Magister Theologiae* Magister in (die) Teologie ♦ Master of Theology **MTh**

mun. munisipaal, -pale; munisipaliteit ♦ municipal; municipality **mun.**

mus. musiek; musikaal, -kale ♦ music; musical **mus.**

Mus.B., MusB *Musicae Baccalaureus* Baccalaureus in (die) Musiek; →B.MUS, BMUS ♦ Bachelor of Music **MusB, MusBac**

Mus.D., MusD *Musicae Doctor* Doktor in (die) Musiek ♦ Doctor of Music **MusD, MusDoc**

m.u.v. met uitsondering van ♦ excluding **excl.**

MV megavolt ♦ megavolt(s) **MV**

MV motorvaartuig ♦ motor vessel **MV**

MV motorvervoer ♦ motor transport

mV millivolt ♦ millivolt **mV**

m.v. *mezza voce* met halwe stem ♦ *mezza voce* with half voice **m.v.**

mv. meervoud; →PL. ♦ plural **pl.**

MVA motorvoertuigassuransie ♦ motor vehicle insurance

MVD Medalje vir Voortreflike Diens ♦ Distinguished Conduct Medal **DCM**

MVSA Mediese Vereniging van Suid-Afrika ♦ Medical Association of South Africa **MASA, Masa**

M.V.Sc., MVSc *Magister Veterinariae Scientiae* Magister in (die) Veeartsenykunde ♦ Master of Veterinary Science **MVSc**

MW maatskaplike werk ♦ social work

MW megawatt ♦ megawatt(s) **MW**

mW milliwatt ♦ milliwatt **mW**

MWASA, Mwasa ♦ Media Workers' Association of South Africa **MWASA, Mwasa**

mWb milliweber ♦ milliweber **mWb**

MWU Mynwerkersunie (*hist.*) ♦ Mine Workers Union **MWU**

Mx maxwell ♦ maxwell **Mx**

My., Mpy. Maatskappy ♦ Company **Co.**

mynw. mynwese ♦ mining **min.**

N

N newton ♦ newton(s) **N**

N normaal *(chem.)* ♦ normal *(chem.)* **n**

N. noord; noord(e); noordelik(e) ♦ north; north; northern **N, No., Nor.**

N. Noors (*taaln.*); Noors(e) ♦ Norse **N.**, Norwegian **Norw.** *(lang.)*; Norse **N.**, Norwegian **Norw.**

n nano- ♦ nano- **n**

n. namens ♦ on behalf of

n. neutrum; →O., ONS. ♦ neuter **n., neut.**

n. nomen; →S.NW. ♦ noun **n.**

nA nanoampère ♦ nanoampere(s) **nA**

naaldw. naaldwerk ♦ needlework

NAAMSA, Naamsa Nasionale Vereniging van Motorvervaardigers van Suid-Afrika ♦ National Association of Automobile Manufacturers of South Africa **NAAMSA, Naamsa**

NACTU, Nactu ♦ National Council of Trade Unions **NACTU, Nactu**

NACTWUSA, Nactwusa ♦ National Clothing and Textile Workers Union of South Africa **NACTWUSA, Nactwusa**

NAFCOC, Nafcoc ♦ National African Federated Chamber of Commerce and Industry **NAFCOC, Nafcoc**

N.Afr. Noord-Afrika; Noord-Afrikaans(e) ♦ North Africa; North African

NAFTA, Nafta Noord-Amerikaanse Vryhandelsooreenkoms; →NAVHO ♦ North American Free Trade Agreement **NAFTA, Nafta**

NAFTO, Nafto ♦ National African Federated Transport Organisation **NAFTO, Nafto**

nagr.dipl. nagraadse diploma ♦ postgraduate diploma

Nah. Nahum ♦ Nahum **Nah.**

NALEDI, Naledi Nasionale Arbeids- en Ekonomiese Ontwikkelingsinstituut ♦ National Labour and Economic Development Institute **NALEDI, Naledi**

NALN Nasionale Afrikaanse Letterkundige Museum en Navorsingsentrum ♦ National Afrikaans Literary Museum and Research Centre **NALN**

N.Am., N.Amer. Noord-Amerika; Noord-Amerikaans(e) ♦ North America; North American **N.Am.**

Nam. Namibië; Namibies(e) ♦ Namibia; Namibian **Nam.**

Namakw. Namakwaland; Namakwalands(e) ♦ Namaqualand; Namaqua(land)

NAMPSWU, Nampswu ♦ National Municipal and

Public Service Workers Union **NAMPSWU, Nampswu**

NAP Nuwe Arbeidersparty ♦ New Labour Party **NLP**

NAPOSA, Naposa Nasionale Professionele Onderwysersorganisasie van Suid-Afrika ♦ National Professional Teachers' Organisation of South Africa **NAPTOSA, Naptosa**

NARUK, Naruk Natalse Raad vir die Uitvoerende Kunste *(hist.)* ♦ Natal Performing Arts Council **NAPAC**

Nas. Nasionaal, =nale; Nasionalis ♦ National; Nasionalist **Nat.**

nas. nasionaal, =nale ♦ national **nat.**

NASA, Nasa ♦ National Aeronautics and Space Administration **NASA, Nasa**

nat. natuurkunde; natuurkundig(e) ♦ physics; physical **phys.**

nat. natuurstudie; →FIS. ♦ nature study

n.a.v. na aanleiding van ♦ with reference to **w.r.t.**

n.a.v. na analogie van ♦ on the analogy of, by analogy with

NAVHO Noord-Amerikaanse Vryhandelsooreenkoms; →NAFTA, NAFTA ♦ North American Free Trade Agreement **NAFTA, Nafta**

NAVIS, Navis Nasionale Verkeersinligtingstelsel ♦ National Traffic Information System **NATIS, Natis**

NAVO, Navo Noord-Atlantiese Verdragsorganisasie ♦ North Atlantic Treaty Organisation **NATO, Nato**

NAWBO, Nawbo ♦ National Association of Women Business Owners **NAWBO, Nawbo**

NB *nota bene* Let Wel, Let wel; →LW ♦ *nota bene* note well **N.B., NB, n.b., nb**

NB net/knap betyds *(han.)* ♦ just-in-time *(comm.)* **JIT**

NBG nul=, zerobevolkingsgroei ♦ zero population growth **ZPG**

NBNI Nasionale Bounavorsingsinstituut ♦ National Building Research Institute **NBRI**

NBOMN Nasionale Buro vir Opvoedkundige en Maatskaplike Navorsing ♦ National Bureau for Educational and Social Research **NBESR**

N.Br. noorderbreedte ♦ north latitude **N.lat.**

NBS nasionale bestuurstelsel ♦ national management system

NBSL Nasionale Beroepsokkerliga ♦ National Professional Football League **NPFL**

NBVV Nasionale Beroepsveiligheidsvereniging ♦ National Occupational Safety Association **NOSA, Nosa**

n.C. ná Christus; →AD ♦ *Anno Domini* in the year of our Lord, of the Christian era **AD**

nC nanocoulomb ♦ nanocoulomb(s) **nC**

NCVV Natalse Christelike Vrouevereniging ♦ **NCVV**

Nd. Ndebele *(taaln.)* ♦ Ndebele

n.d. ná datum ♦ after date **a/d, a.d.**

NDB Nasionale Diploma in die Boukunde ♦ National Diploma in Building Science **NDB**

Ndl. Nederland; Nederlands *(taaln.)*; Nederlands(e) ♦ Netherlands **Neth.**; Dutch **Du.**; Dutch **Du.**

Ndl., ndl. Nederlandisme, Neerlandisme, nederlandisme, neerlandisme ♦ Dutchism

NECSA, Necsa Suid-Afrikaanse Kernenergiekorporasie ♦ South African Nuclear Energy Corporation **NECSA, Necsa**

Ned. Nederduits *(taaln.)*; Nederduits(e) ♦ Low German *(lang.)*; Low Geman **LG**

Ned.Geref., NG Nederduitse Gereformeerd(e) ♦ Dutch Reformed **DR**

Ned.Herv., NH Nederduitsch Hervormd(e) ♦ **NH**

NEDLAC, Nedlac Nasionale Ekonomiese, Ontwikkelings- en Arbeidsraad; →NEOAR ♦ National Economic, Development and Labour Council **NEDLAC, Nedlac**

NEF Nasionale Ekonomiese Forum ♦ National Economic Forum **NEF**

neg. negatief, =tiewe ♦ negative **neg.**

Neh. Nehemia ♦ Nehemiah **Neh.**

NEHAWU, Nehawu ♦ National Education Health and Allied Workers Union **NEHAWU, Nehawu**

nem.con. *nemine contradicente* sonder teenstem/teëstem ♦ *nemine contradicente* no-one contradicting, unanimously **nem. con.**

nem.dis. *nemine dissentiente* sonder afwyking ♦ *nemine dissentiente* no-one dissenting **nem. dis.**

NEOAR Nasionale Ekonomiese, Ontwikkelings- en Arbeidsraad; →NEDLAC, NEDLAC ♦ National Economic, Development and Labour Council **NEDLAC, Nedlac**

NEPAD, Nepad Nuwe Vennootskap vir Afrika-ontwikkeling ♦ New Partnership for Africa's Development **NEPAD, Nepad**

NER Nasionale Energieraad ♦ National Energy Board **NEB**

N.Eur. Noord-Europa; Noord-Europees, =pese ♦ Northern Europe; Northern European

NF Nasionale Front ♦ National Front **NF**

nF nanofarad ♦ nanofarad(s) **nF**

NFL Nasionale Voetballiga ♦ National Football League **NFL**

NG, Ned.Geref. Nederduitse Gereformeerd(e) ♦ Dutch Reformed **DR**

n.g.d., NGD niegraaddoeleindes ♦ non-graduate purposes

N.Germ. Noord-Germaans *(taaln.)*; Noord-Germaans(e) ♦ North Germanic *(lang.)* North Germanic **N.Gmc**

NGK Nederduitse Gereformeerde Kerk ♦ Dutch Reformed Church **DRC**

NGKA Nederduitse Gereformeerde Kerk in Afrika ♦ Dutch Reformed Church in Africa **DRCA**

NGOS, NOS Nagraadse Onderwyssertifikaat ♦ Postgraduate Certificate in Education **PGCE**

NGSK Nederduitse Gereformeerde Sendingkerk *(hist.)* ♦ Dutch Reformed Mission Church in South Africa

NH, Ned.Herv. Nederduitsch Hervormd(e) ♦ **NH**

nH nanohenry ♦ nanohenry(s) **nH**

NHK Nederduitse Hervormde Kerk ♦ **NHK**

NHLS ♦ National Health Laboratory Service **NHLS**

NI nasionale inkomste ♦ national income **NI**

NI Nasionale Intelligensiediens *(hist.)* ♦ National Intelligence Service **NIS**

NIA Nasionale Intelligensieagentskap ♦ National Intelligence Agency **NIA**

NIBS, Nibs nuwe inkomstebelastingstelsel ♦ new income tax system **NITS, Nits**

NIKOK, Nikok Nasionale Intelligensiekoördineringskomitee ♦ National Intelligence Co(-)ordinating Committee **NICOC, Nicoc**

NIM Nasionale Instituut vir Metallurgie ♦ National Institute of Metallurgy **NIM**

NICRO, Nicro ♦ National Institute for Crime Prevention and Reintegration of Offenders **NICRO, Nicro**

NIPB Navorsingsinstituut vir Plantbeskerming ♦ Research Institute for Plant Protection **IPO**

NIPN Nasionale Instituut vir Personeelnavorsing ♦ National Institute for Personnel Research **NIPR**

N.I.S., NIS Nasionale Intermediêre Sertifikaat ♦ National Intermediate Certificate **NIC**

NIVPN Nasionale Instituut vir Vervoer- en Padnavorsing ♦ National Institute for Transport and Road Research **NITRR**

NIVS Navorsingsinstituut vir Voedingsiektes ♦ Research Institute for Nutritional Diseases **RIND**

NIVV Navorsingsinstituut vir Vrugte en Vrugtetegnologie *(hist.)* ♦ Research Institute for Fruit and Fruit Technology

NIWN Nasionale Instituut vir Waternavorsing ♦ National Institute for Water Research **NIWR**

NIWW Navorsingsinstituut vir Wingerdbou en Wynkunde ♦ Research Institute for Viticulture and Oenology

N.J.S., NJS Nasionale Junior Sertifikaat ♦ National Junior Certificate **NJC**

NKBKW Nasionale Komitee oor Beheer oor Konvensionele Wapens ♦ National Conventional Arms Control Committee **NCACC**

NKHO Nasionale Kommissie vir Hoër Onderwys ♦ National Commission for Higher Education **NCHE**

NKR Nasionale Kwalifikasieraamwerk ♦ National Qualifications Framework **NQF**

n.l. *non licet* dit is ontoelaatbaar ♦ *non licet* it is not permitted **nl**

nl. naamlik; →T.W. ♦ *videlicet* namely **viz.**

NLE nasionale leksikografie-eenheid ♦ national lexicographical unit **NLU**

NLU Natalse Landbou-unie *(hist.)*; →KWANALU, KWANALU ♦ Natal Agricultural Union **NAU**

NM nuwe maan ♦ new moon

nm nanometer ♦ nanometre(s) **nm**

nm. namiddag ♦ *post meridiem* after noon **p.m.**

NMVS nasionale misdaadvoorkomingstrategie ♦ national crime prevention strategy **NCPS**

N.Ndl., Nnl. Nieu-Nederlands *(taaln.)*; Nieu-Nederlands(e) ♦ Modern Dutch *(lang.)*; Modern Dutch **Mod. Du.**

NNIWW Nasionale Navorsingsinstituut vir Wiskundige Wetenskappe ♦ National Research Institute for Mathematical Sciences **NRIMS**

Nnl., N.Ndl. Nieu-Nederlands *(taaln.)*; Nieu-Nederlands(e) ♦ Modern Dutch *(lang.)*; Modern Dutch **Mod. Du.**

NNO Nasionale Navorsingsinstituut vir Oseanologie ♦ National Research Institute for Oceanology **NRIO**

NNO noordnoordoos; noordnoordoostelik(e) ♦ north-northeast; north-northeastern **NNE**

NNP Nuwe Nasionale Party ♦ New National Party **NNP**

NNS Nasionale Navorsingstigting ♦ National Research Foundation **NRF**

N.Ntl. Noord-Natal; Noord-Natals(e) *(hist.)* ♦ Northern Natal; Northern Natal

NNW noordnoordwes; noordnoordwestelik(e) ♦ north-northwest; north-northwestern **NNW**

N. & O., N&O navorsing en ontwikkeling ♦ research and development **R&D**

NO noordoos; noordooste; noordoostelik(e) ♦ northeast; northeast; northeastern **NE**

n.o. *nomine officii* ampshalwe ♦ *nomine officii* in his/her official capacity **n.o.**

no., nr. nommer ♦ number **No., no.**

N.O.D., NOD Nasionale Onderwysdiploma ♦ National Education Diploma **NED**

NOIK Nederlandse Oos-Indiese Kompanjie *(hist.)*; →VOC ♦ Dutch East India Company **DEIC**

NOK Nywerheidsontwikkelingskorporasie ♦ Industrial Development Corporation **IDC**

NOKSA, Noksa Nasionale Olimpiese Komitee van Suid-Afrika ♦ National Olympic Committee of South Africa **NOCSA, Nocsa**

nom. nominal, =nale ♦ nominal **nom.**

nom. nominatief ♦ nominative (case) **nom.**

Noorw. Noorweë; Noorweegs(e), Noors(e) ♦ Norway; Norwegian, Norse **Norw., Nor.**

N.O.S., NOS Nasionale Onderwyssertifikaat ♦ National Education Certificate **NEC**

NOS, NGOS Nagraadse Onderwyssertifikaat ♦ Postgraduate Certificate in Education **PGCE**

nos., nrs. nommers ♦ numbers **Nos., nos.**

Nov. November ♦ November **Nov.**

NP Nasionale Party *(hist.)* ♦ National Party **NP**

NP nuwe paragraaf ♦ new paragraph **np**

NPA Nasionale Padagentskap ♦ National Road Agency **NRA**

NPI Nasionale Produktiwiteitsinstituut ♦ National Productivity Institute **NPI**

N.P.S., NPS Nasionale Preliminêre Sertifikaat ♦ National Preliminary Certificate **NPC**

NPU Nuusblad-Persunie *(hist.)* ♦ Newspaper Press Union **NPU**

NR nuwe reël ♦ new line **n.l.**

nr., no. nommer ♦ number **No., no.**

NRO nieregeringsorganisasie ♦ nongovernmental organisation **NGO**

NRP Nasionale Raad van Provinsies ♦ National Council of Provinces **NCOP**

NRP Nuwe Republiekparty *(hist.)* ♦ New Republic Party **NRP**

nrs., nos. nommers ♦ numbers **Nos., nos.**

NS naamwoordstuk ♦ noun phrase **NP**

NS Nieu-Seeland; Nieu-Seelands(e) ♦ New Zealand; New Zealand **NZ, N. Zeal.**

NS Nuwe Styl ♦ New Style **NS**

NS, n.s. na sig ♦ after sight **AS, A/S, a.s.**

Ns., NS naskrif; →PS ♦ *post scriptum* postscript **PS, ps.**

ns nanosekonde ♦ nanosecond(s) **ns**

NSA Naamkundevereniging van Suider-Afrika

NSA Netbal Suid-Afrika ♦ Netball South Africa **NSA**

NSBG Nasionale Sentrum vir Bedryfsgesondheid ♦ National Centre for Occupational Health **NCOH**

NSC Nasionale Sportraad ♦ National Sports Council **NSC**

NSL Nasionale Sokkerliga ♦ National Soccer League **NSL**

NSO Nasionale Simfonieorkes *(hist.)* ♦ National Symphony Orchestra **NSO**

N.So. Noord-Sotho *(taaln.)* ♦ Northern Sotho *(lang.)*

NSRI Nasionale Seereddingsinstituut ♦ National Sea Rescue Institute **NSRI**

NSW Nieu-Suid-Wallis ♦ New South Wales **NSW**

NT Nuwe Testament; Nieu-Testamenties(e), Nuwe-Testamenties(e) ♦ New Testament; New Testament **NT**

nT nanotesla ♦ nanotesla(s) **nT**

Ntl. Natal ♦ Natal

NTLA Nasionale Taalliggaam vir Afrikaans ♦ Afrikaans National Language Body **ANLB**

NTO Nasionale Toneelorganisasie *(hist.)* ♦ National Theatre Organisation **NTO**

nto. netto ♦ net, nett

N.T.S., NTS Nasionale Tegniese Sertifikaat ♦ National Technical Certificate **NTC**

n.u. ná ure; nauurs(e) ♦ after hours

n.u. nuwe uitgawe ♦ new edition

NUF ♦ National Union of Farm Workers **NUF**

NUFAW, Nufaw ♦ National Union of Furniture and Allied Workers **NUFAW**

NUFBSAW, Nufbsaw ♦ National Union of Food, Beverages, Spirit and Wine **NUFBSAW, Nufbsaw**

NUK nasionale uitvoerende komitee ♦ national executive committee **NEC**

NULAW, Nulaw ♦ National Union of Leather and Allied Workers **NULAW, Nulaw**

NUM Nasionale Unie van Mynwerkers ♦ National Union of Mineworkers **NUM**

Num. Numeri ♦ (Book of) Numbers **Num.**

NUMSA, Numsa Nasionale Unie van Metaalwerkers van Suid-Afrika ♦ National Union of Metalworkers of South Africa **NUMSA, Numsa**

n.u.n. nie uit nie *(kr.)* ♦ not out *(cr.)* **n.o.**

NUPSAW, Nupsaw ♦ National Union of Public Service and Allied Workers **NUPSAW, Nupsaw**

NUSAS, Nusas Nasionale Unie van Suid-Afrikaanse Studente ♦ National Union of South African Students **NUSAS, Nusas**

NV naamlose vennootskap ♦ anonymous partnership

NV Nasionale Vergadering ♦ National Assembly **NA**

NV Nuwe Verbond ♦ New Testament **NT**

nv. naamval ♦ case **c.**

NVG Nasionale Vervolgingsgesag ♦ National Prosecuting Authority **NPA**

n.v.t., NVT nie van toepassing nie ♦ not applicable **n/a**

NVVR Nasionale Verkeersveiligheidsraad ♦ National Road Safety Council **NRSC**

NW *Nasionale Woordeboek* ♦ **NW**

NW noordwes; noordwes(te); noordwestelik(e) ♦ northwest; northwest; northwest(ern) **NW**

nW nanowatt ♦ nanowatt(s) **nW**

n.w. ná werk ♦ after work

nw. naamwoord ♦ noun **n.**

NWKV Nasionale Wolkwekersvereniging van Suid-Afrika ♦ National Wool Growers Association of South Africa **NWGA**

NWU Noordwes-Universiteit ♦ North-West University **NWU**

NY New York *(stad en staat)* ♦ New York *(city and state)* **NY, N.Y.**

NYC ♦ New York City **NYC**

NYSE New Yorkse Effektebeurs ♦ New York Stock Exchange **NYSE**

NZASM Nederlandsche Zuid-Afrikaansche Spoorweg-Maatschappij *(hist.)* ♦ **NZASM**

NZAV Nederlandsch Zuid-Afrikaansche Vereeniging *(hist.)* ♦ **NZAV**

O

O. oos; ooste; oostelik(e) ♦ east; east; east(ern) **E, E.**

o. onder ♦ under

o., ons. onsydig(e); →N. ♦ neuter **n., neut.**

o.a. onder andere; →I.A. ♦ *inter alia* among other things, among others **i.a.**

OAE Organisasie vir Afrika-eenheid *(hist.)*; →OEA ♦ Organisation of African Unity **OAU**

O.Afr. Oos-Afrika; Oos-Afrikaans(e) ♦ East Africa; East African **E. Afr.**

OAS Organisasie van Amerikaanse State ♦ Organisation of American States **OAS**

OB openbare beskermer ♦ public protector

OB Ossewa-Brandwag *(hist.)* ♦ **OB**

Ob. Obadja ♦ Obadiah **Obad.**

ob. *obiit* hy/sy is oorlede; →OORL. ♦ *obiit* he/she died **ob., d.**

o/b, ob. oorgebring ♦ brought forward **B/F, b/f**

OBE Orde van die Britse Ryk ♦ Officer of the Order of the British Empire **OBE**

obj. objek; objektief, -tiewe ♦ object; objective **obj.**

OBSA, Obsa Ontwikkelingsbank van Suider-Afrika ♦ Development Bank of Southern Africa **DBSA**

OC *Ordo Fratrum Beatae Mariae Virginis de Monte Carmelo* Orde van ons Dame van die berg Karmel ♦ *Ordo Fratrum Beatae Mariae Virginis de Monte Carmelo* Order of our Lady of Mount Carmel, Order of the Carmelites **OC**

OD Onafhanklike Demokrate ♦ Independent Democrats **ID**

ODEEM, Odeem Ondersoekdirektoraat: Ernstige Ekonomiese Misdrywe ♦ Investigating Directorate: Serious Economic Offences **IDSEO, Idseo**

ODH onwettige diamanthandel ♦ illicit diamond buying **IDB**

OE Oudengels, Ou Engels *(taaln.)*; Oudengels(e) ♦ Old English *(lang.)*; Old English **OE**

Oe oersted ♦ oersted **Oe**

OEA Organisasie vir Eenheid in Afrika *(hist.)*; →OAE ♦ Organisation of African Unity **OAU**

oef. oefening(e) ♦ exercise

O. en M., O&M organisasie en metodes ♦ organisation and methods **O & M**

Oerg. Oergermaans(e) ♦ Proto-Germanic

OESO, Oeso Organisasie vir Ekonomiese Samewerking en Ontwikkeling ♦ Organisation for Economic Cooperation and Development **OECD**

O.Eur. Oos-Europa; Oos-Europees, -pese ♦ Eastern Europe; Eastern European **E. Eur.**

o.f., OF onvoldoende fondse ♦ not sufficient funds **NSF, N/S/F**

o.f., OF oudiofrekwensie ♦ audio frequency **AF**

off. offisier ♦ officer **off.**

OFK outomatiese frekwensiekontrole ♦ automatic frequency control **AFC**

OFM *Ordo Fratrum Minorum* Orde van Minderbroeders ♦ *Ordo Fratrum Minorum* Order of Minor Friars **OFM**

OFr. Oudfrans *(taaln.)*; Oudfrans(e) ♦ Old French *(lang.)*; Old French **OF**

OG, oudit.genl. ouditeur-generaal ♦ auditor general **AG**

O.Germ. Oos-Germaans *(taaln.)*; Oos-Germaans(e) ♦ East Germanic *(lang.)*; East Germanic **EGmc**

Ogerm. Oudgermaans *(taaln.)*; Oudgermaans(e) ♦ Old Germanic *(lang.)*; Old Germanic **OGmc**

o.g.v. op grond van ♦ on account of, on the basis of

OHD Oudhoogduits, Ou Hoogduits *(taaln.)*; Oudhoogduits(e) ♦ Old High German *(lang.)*; Old High German **OHG**

OI Oos-Indië; Oos-Indies(e) ♦ East Indies; East Indian **EI**

o.i. onses insiens ♦ in our opinion/view

OIB offisier in bevel ♦ officer commanding **OC**

OIK Organisasie van Islamitiese Konferensies ♦ Organisation of Islamic Conferences **OIC**

OIS omgewingsimpakstudie ♦ environmental impact assessment **EIA**

ok. onderkas ♦ lower case **lc**

OK, O-Kaap Oos-Kaap ♦ Eastern Cape **EC**

OKD Onafhanklike Klagtedirektoraat ♦ Independent Complaints Directorate **ICD**

OKH optiese karakterherkenning ♦ optical character recognition **OCR**

OKOSA, Okosa Onafhanklike Kommunikasie-owerheid van Suid-Afrika ♦ Independent Communications Authority of South Africa **ICASA, Icasa**

o.kpl., okpl. onderkorporaal ♦ lance corporal **L/Cpl**

OKT ononderbroke/deurlopende kragtoevoer *(rek.)*; →UPS ♦ uninterruptible power supply **UPS**

Okt. Oktober ♦ October **Oct.**

okt. oktavo ♦ octavo **oct., 8vo**

OL Oos-Londen ♦ East London **EL**

OL oosterlengte ♦ eastern longitude **E. long.**

olt. onderluitenant ♦ sublieutenant

o.l.v. onder leiding van ♦ conductor **cond.**, conducted by

o.l.v. onder leiding van ♦ under direction of **u.d.o.**

o.m. onder meer; →I.A.; O.A. ♦ *inter alia* among other things, among others **i.a.**

o/m, o.p.m. omwentelings per minuut ♦ revolutions per minute **rpm**

omstr. omstreeks; →C., CA.; ONG. ♦ *circa* about, approximately **c, c., ca, ca.**

ON Oudnoors, Ou Noors *(taaln.)*; Oudnoors(e) ♦ Old Norse *(lang.)*; Old Norse **ON**

o.n.a. of naaste aanbod ♦ or near(est) offer **o.n.o.**

onafh. onafhanklik(e) ♦ independent

onbek. onbekend(e) ♦ unknown

onbep. onbepaald(e) ♦ indefinite **indef.**

onbep.lw. onbepaalde lidwoord ♦ indefinite article **indef. art.**

ondersekr., o.sekr. ondersekretaresse, ondersekretaris ♦ undersecretary

ondersk. onderskeidelik; onderskeie; →RESP. ♦ respectively; respective **resp.**

ondersk. onderskeiding ♦ distinction

onderv., o.voors. ondervoorsitster, ondervoorsitter ♦ vice(-)president **VP, V. Pres.**; vice-chair(man/woman) **VC**

ondw. onderwerp; →SUBJ. ♦ subject **subj.**

ONFrk. Oudnederfrankies, Ou Nederfrankies *(taaln.)*; Oudnederfrankies(e) ♦ Old Low Franconian/Frankish *(lang.)*; Old Low Franconian/Frankish **OLFrank.**

ong. ongeveer; →C., CA.; OMSTR. ♦ *circa* about, approximately **c., ca.**

ong. ongewoon, -wone ◆ rare **r.**

ONI Oseanografiese Navorsingsinstituut ◆ Oceanographic Research Institute **ORI**

ONK oor, neus en keel ◆ ear, nose and throat **ENT**

ONO oosnoordoos; oosnoordoostelik(e) ◆ east-northeast; east-northeast **ENE**

onoorg. onoorganklik(e); →INTR. ◆ intransitive **intr.**

onoorg.ww. onoorganklike werkwoord ◆ intransitive verb

onpers. onpersoonlik(e) ◆ impersonal **impers.**

ons., o. onsydig(e) ◆ neuter **n., neut.**

ontl. ontleding; ontleed ◆ analysis; analyse **anal.**

ontl. ontleen; ontlening ◆ derivation; derivative **der.**

ontv. ontvang ◆ received **recd.**

ontv. ontvangs ◆ receipt **rec.**

ontw. ontwerp ◆ design

ontw. ontwikkeld(e); ontwikkeling ◆ developed; development

onvolm. onvolmaak(te) ◆ imperfect **imp., impf., imperf.**

onvolt. onvoltooid(e); →IMPF. ◆ imperfect (tense) **imp., impf., imperf.**

oo. onderoffisier ◆ petty officer **PO**

oordr. oordrag ◆ transfer **transf.**

oordr. oordragtelik(e) ◆ metaphorical **metaph.**; figurative(ly) **fig.**

oorg. oorganklik(e); →TR. ◆ transitive **tr., trans.**

oorg.ww. oorganklike werkwoord ◆ transitive verb

oorl. oorlede; →OB. ◆ *obiit* **ob.**; died **d.**

oorl. oorledene ◆ deceased **dec., decd**

oorspr. oorsprong; oorspronklik; oorspronklik(e) ◆ origin; originally; original **orig.**

oortr. oortreffend(e); →SUP. ◆ superlative **superl.**

oortr.tr. oortreffende trap ◆ superlative (case) **superl.**

OOV ouer-onderwyser-vereniging, ouer-onderwysersvereniging ◆ Parent-Teacher Association **PTA**

OP observasiepos ◆ observation post

OP Oostelike Provinsie ◆ Eastern Province **EP**

OP *Ordo Praedicatorum* Orde van Predikers ◆ *Ordo Praedicatorum* Order of Preachers **OP**

Op. Openbaring ◆ Revelation **Rev.**

op. *opus* werk ◆ *opus* work **op.**

op.cit. *opere citato* in die aangehaalde werk; →A.W. ◆ *opere citato* in the work cited **op. cit.**

openb. openbaar, -bare ◆ public **pub.**

opg. opgawe ◆ return **ret.**

opl. opleiding ◆ training

o.p.m., o/m omwentelings per minuut ◆ revolutions per minute **rpm**

opm. opmerking(s) ◆ remark(s)

o.p.s., o/s omwentelings per sekonde ◆ revolutions per second **rps**

opskr. opskrif ◆ heading; caption

opst. opsteller ◆ drafter

opt. optatief ◆ optative (mood) **opt.**

opt. optika; opties(e) ◆ optics; optic **opt.**

OPUL, Opul Organisasie van Petroleumuitvoerlande ◆ Organisation of Petroleum Exporting Countries **OPEC, Opec**

opv. opvoedkunde; opvoedkundig(e) ◆ education; educational **educ.**

o.r. op rekening ◆ on account **on acc.**

ord. ordonnansie ◆ ordinance **ord.**

org. organies(e) ◆ organic **org.**

org. organisasie ◆ organisation **org.**

ORK Oranjerivierkolonie (*hist.*) ◆ Orange River Colony **ORC**

OROR Openbare Rekenmeesters- en Ouditeursraad ◆ Public Accountants' and Auditors' Board **PAAB**

o.r.v. onder redaksie van ◆ edited by **ed. by**

OS Ou Styl ◆ Old Style **OS**

OS Oudsaksies (*taaln.*); Oudsaksies(e) ◆ Old Saxon (*lang.*); Old Saxon **OS**

o/s, o.p.s. omwentelings per sekonde ◆ revolutions per second **rps**

OSA *Ordo Sancti Augustini* Orde van die Heilige Augustinus ◆ *Ordo Sancti Augustini* Order of Saint Augustine **OSA**

oseanogr. oseanografie; oseanografies(e) ◆ oceanography; oceanographical **oceanog.**

o.sekr., ondersekr. ondersekretaresse, ondersekretaris ◆ undersecretary

OSISA, Osisa Openbare Skakelinstituut van Suid-Afrika ◆ Public Relations Institute of South Africa **PRISA, Prisa**

OSO oossuidoos; oossuidooste; oossuidoostelik(e) ◆ east-southeast; east-southeast; east-southeast **ESE**

OSSR Outonome Sosialistiese Sowjetrepubliek (*hist.*) ◆ Autonomous Soviet Socialist Republic **ASSR**

OST oostelike standaardtyd ◆ Eastern Standard Time **EST**

ost. onderstaande ◆ following **ff., fol., foll.**

OT Ou Testament; Ou-Testamenties(e) ◆ Old Testament; Old Testament **OT**

OTM outomatiese tellermasjien ◆ automated/automatic teller machine **ATM**

oudhk. oudheidkunde; oudheidkundig(e); →ARGEOL. ◆ arch(a)eology; arch(a)eological **archaeol.**

oudit.genl., OG ouditeur-generaal ◆ auditor general **AG**

oudl. ouderling ◆ elder

OUO Onafhanklike Uitsaai-owerheid (*hist.*) ◆ Independent Broadcasting Authority **IBA**

out. outomaties(e) ◆ automatic **auto.**

OV Ou Verbond ◆ Old Testament **OT**

OVK Onafhanklike Verkiesingskommissie ◆ Independent Electoral Commission **IEC**

O.Vl. Oos-Vlaams(e); Oos-Vlaandere ◆ Eastern Flemish; East Flanders

o.voors., onderv. ondervoorsitster, ondervoorsitter ◆ vice(-)president, **VP, V. Pres.**; vice-chair(man/woman) **VC**

OVS Oranje-Vrystaat; Oranje-Vrystaats(e) (*hist.*) ◆ Orange Free State **OFS**

OVSB Oranje-Vrouesendingbond ◆ **OVSB**

OVSE Organisasie vir Veiligheid en Samewerking in Europa ◆ Organisation for Security and Co-operation in Europe **OSCE**

OVSLU Oranje-Vrystaatse Landbou-unie ◆ Orange Free State Agricultural Union **OFSAU**

OVV Oranje-vrouevereniging ◆ **OVV**

OW, o.w. ontvangbare wissel(s) ◆ bill(s) receivable **B/R, br**

o.w. onder wie ◆ among(st) whom; under whom

OXFAM, Oxfam ◆ Oxford Committee for Famine Relief **OXFAM, Oxfam**

oz *onza* ons ◆ *onza* ounce(s) **oz, oz.**

P

P parkering ◆ parking **P**

P peta- ◆ peta- **P**

p *piano* sag ◆ *piano* softly **p**

p. *poco* effens ◆ *poco* a little **p.**

p. paaltjie ◆ wicket **w.**

p. pater ◆ Father **Fr.**

p. per ◆ per **p.**

p piko- ◆ pico- **p**

p. pro ◆ pro **p.**

p. *pagina* bladsy; →BL. ◆ page **p.**

PA, pers.asst. persoonlike assistent ◆ personal assistant **PA**

Pa pascal ◆ pascal(s) **Pa**

pA pikoampère ◆ picoampere(s) **pA**

p.a. *per annum* per jaar; →P.J. ◆ *per annum* yearly **p.a.**

p.a. per adres ◆ care of **c/o**

PAC ◆ Pan Africanist Congress **PAC**

PADAV, Padav ◆ People against Drugs and Violence **PADAV, Padav**

PAGAD, Pagad ◆ People Against Gangsterism and Drugs **PAGAD, Pagad**

paleont. paleontologie; paleontologies(e) ◆ palaeontology; palaeontological **palaeontol.**

PANSAT, Pansat Pan-Suid-Afrikaanse Taalraad ◆ Pan South African Language Board **PANSALB, Pansalb**

PAP Pan-Afrika-parlement ◆ Pan-African Parliament **PAP**

par. paragraaf ◆ paragraph **par.**

parl. parlement; parlementêr(e) ◆ Parliament **Parl.**; parliamentary **parl.**

PAS para-aminosalisielsuur, paraminosalisielsuur ◆ para-aminosalicylic acid **PAS**

PAS personeeladministrasiestandaard ◆ personnel administration standard **PAS**

PASO, Paso ◆ Pan Africanist Students Organisation **PASO, Paso**

pass. passief, -siewe ◆ passive **pass.**

past. pastoor ◆ pastor **P.**

pat. patent ◆ patent **pat.**

patol. patologie; patologies(e) ◆ pathology; pathological **path., pathol.**

PAWE, Pawe ◆ Performing Arts Workers Equity **PAWE, Pawe**

PAWUSA, Pawusa ◆ Public and Allied Workers' Union of South Africa **PAWUSA, Pawusa**

PBI persoonlike besteebare inkomste; →BPI ◆ personal disposable income **PDI**

PBL Palestynse Bevrydingsleër ◆ Palestine Liberation Army **PLA**

PBO Palestynse Bevrydingsorganisasie ◆ Palestine Liberation Organisation **PLO**

PD *pro Deo* om Godswil• *pro Deo* for God's sake **PD**

p.d. *per diem* per dag ◆ *per diem* per day **PD., pd**

pd. *libra* pond (*gewig*); →LB. ◆ *libra* pound (*weight*) **lb**

PE Port Elizabeth ◆ Port Elizabeth **PE**

pel., pl. peloton ◆ platoon, squad

PEMWU, Pemwu ◆ Port Elizabeth Municipality Workers Union **PEMWU, Pemwu**

PEN ◆ Poets, Playwrights, Essayists, Editors, Novelists **PEN**

penm. penningmeester ◆ treasurer **treas.**

per cap., cap. *per capita* per hoof ◆ *per capita* for each person **per cap.**

perf. perfektum ◆ perfect (tense) **perf.**

per pro., p.p. *per procurationem* by volmag ◆ *per procurationem* by procuration **per pro., pp**

Pers. Persië; Persies (*taaln.*); Persies(e) ◆ Persia; Persian (*lang.*); Persian **Pers.**

pers. persoon; persoonlik(e) ◆ person; personal(ly) **pers.**

PERSAL, Persal Personeel- en Salarisinligtingstelsel ◆ Personnel and Salary Information System **PERSAL, Persal**

pers.asst., PA persoonlike assistent ◆ personal assistant **PA**

pers.vnw. persoonlike voornaamwoord ◆ personal pronoun **pers. pron.**

Pet. (Briewe van) Petrus ◆ (Epistles of) Peter **Pet.**

PETA, Peta Mense vir die Etiese Behandeling van Diere ◆ People for the Ethical Treatment of Animals **PETA, Peta**

PEU ◆ Professional Educators' Union **PEU**

pF pikofarad ◆ picofarad(s) **pF**

PFP Progressiewe Federale Party (*hist.*) ◆ Progressive Federal Party **PFP**

PG, prok.genl. prokureur-generaal ◆ Attorney General **AG**

PGS primêre gesondheidsorg ◆ primary healthcare **PHC**

pH pikohenry ◆ picohenry(s), picohenries **pH**

pH suur-, alkaligehalte ◆ acidity, alkalinity **pH**

Ph.D., PhD *Philosophiae Doctor* Doktor in (die) Wysbegeerte ◆ Doctor of Philosophy **PhD**

Ph.D.Agric., PhDAgric *Philosophiae Doctor Agriculturae* Doktor in (die) Landbou ◆ Doctor of Agriculture **PhDAgric**

Ph.D.(Agric.Admin.), PhD (AgricAdmin) *Philosophiae Doctor (Agriculturae Administrationis)* Doktor in (die) Landbou-administrasie ◆ Doctor of Agricultural Administration **PhD(AgricAdmin)**

PIMS, Pims Parlementêre Inligtings- en Moniteringsdiens ◆ Parliamentary Information and Monitoring Service **PIMS, Pims**

PIN persoonlike identifikasienommer ◆ personal identification number **PIN**

p.j. per jaar; →P.A. ◆ yearly **p.a.**

p.jt. per jaart ◆ per yard **p. yd, p. yd.**

PK politieke korrektheid; polities korrek ◆ political correctness; politically correct **PC**

PK Presbiteriaanse Kerk ◆ Presbyterian Church

PK Provinsiale Kennisgewing ◆ Provincial Notice **PN**

Pk. poskantoor ◆ Post Office **PO**

pk. perdekrag ◆ horsepower **HP, h.p.**

pl. *pluralis* meervoud; →MV. ◆ plural **pl.**

pl., pel. peloton ◆ platoon, squad

plantk. plantkunde; plantkundig(e) ◆ botany; botanical **bot.**

PM posmeester ◆ Postmaster **PM**

Pm petameter ◆ petametre(s) **Pm**

p.m. *per mensem* per maand ◆ *per mensem* per month **p.m.**

p.m. per minuut ◆ per minute **p.m.**

p.m. plus-minus; →C., CA.; OMSTR.; ONG. ◆ *circa* about, approximately **c, c., ca, ca.**

pm pikometer ◆ picometre(s) **pm**

Pmb. Pietermaritzburg ◆ Pietermaritzburg **Pmb.**

PMD padmotordiens ◆ Road Motor Service **RMS**

PMD Pro Merito-dekorasie ◆ Pro Merito Decoration **PMD**

PMG posmeester-generaal ◆ Postmaster General **PMG**

PMM Pro Merito-medalje ◆ Pro Merito Medal **PMM**

PMS premenstruele sindroom ◆ premenstrual syndrome **PMS**

PMS premenstruele spanning ◆ premenstrual tension **PMT**

PO posorder ◆ postal order **PO, p.o.**

P.O.D., POD Primêre Onderwysdiploma ◆ Primary Teachers Diploma **PTD**

POF Padongelukfonds ◆ Road Accident Fund **RAF**

POPCRU, Popcru ◆ Police and Prisons Civil Rights Union **POPCRU, Popcru**

POR plaaslike oorgangsraad (*hist.*) ◆ Transitional Local Council **TLC**

Port. Portugal; Portugees (*taaln.*); Portugees, =gese ◆ Portugal; Portuguese *(lang.)*; Portuguese **Port.**

posk. poskaart ◆ postcard **pc**

POTWA, Potwa Pos-en-telekommunikasiewerkersvereniging ◆ Post Office and Telecommunications Workers Association **POTWA, Potwa**

PP Progressiewe Party (*hist.*) ◆ Progressive Party **PP**

p.p. per persoon ◆ per person **p.p.**, each **ea.**

p.p., per pro. *per procurationem* by volmag ◆ *per procurationem* by procuration **p.p., per pro.**

pp *pianissimo* baie sag ◆ *pianissimo* very quietly **pp**

pp. *paginas* bladsye; →BL. ◆ pages **pp.**

p.p.c. *pour prendre congé* ten afskeid ◆ *pour prendre congé* to take leave **ppc**

PPI produsenteprysindeks ◆ producer price index **PPI**

PPK Pinkster-Protestantekerk ◆ **PPK**

ppp *pianisissimo* uitermate sag ◆ *pianisissimo* extremely soft **ppp**

p.p.p.d. per persoon per dag ◆ per person per day **p.p.p.d.**

PPS *post postscriptum* bykomende naskrif ◆ *post postscriptum* additional postscript **PPS, pps**

pqpf. *plusquamperfectum* voltooide verlede tyd ◆ pluperfect (tense)

PR poste restante ◆ poste restante **PR**

PR persoonlike rekenaar ◆ personal computer **PC**

PR Presidentsraad (*hist.*) ◆ President's Council **PC**

PR Provinsiale Raad (*hist.*) ◆ Provincial Council **PC**

Pr., Prot. Protestant; Protestants(e) ◆ Protestant; Protestant **Prot.**

p.r. *pro rata* eweredig ◆ *pro rata* in proportion **p.r.**

PRAAG, Praag Pro-Afrikaanse Aksiegroep ◆ **PRAAG, Praag**

Pred. Prediker ◆ Ecclesiasticus **Eccl., Eccles.**

pred. predikaat; predikatief, =tiewe ◆ predicate; predicative **pred.**

pred. predikant ◆ Minister (of religion) **Min.**

pref. prefiks ◆ prefix **pref.**

prep. preposisie, voorsetsel; preposisioneel, =nele; →VOORS., VS. ◆ preposition; prepositional **prep.**

pres. president ◆ President **Pres.**

pres. presens; →TEENW.T. ◆ present tense **pres.**

Presb. Presbiteriaans(e) ◆ Presbyterian **Presb.**

pret. preteritum, onvoltooide verlede tyd; →IMPF. ◆ preterite **pret.**

prim. primaria *(vr.)*, primarius ◆ chief lady delegate *(fem.)*, chief delegate

prim. primêr(e) ◆ primary **prim.**

Pr.Ing. professionele ingenieur ◆ professional engineer **Pr.Eng.**

priv.rek. privaat/private rekening ◆ private account **PA**

pro. professioneel, =nele ◆ professional

prof. professor ◆ Professor **Prof.**

Prog. Progressief ◆ Progressive **Prog.**

prok. prokurasie ◆ power of attorney **PA**

prok. prokureur ◆ attorney **att.**

prok.genl., PG prokureur-generaal ◆ Attorney General **AG**

prom. promesse ◆ promissory note **PN, P/N, pn**

pron. *pronomen* voornaamwoord; →VNW. ◆ *pronomen* pronoun **pron.**

pron. pronominaal, =nale ◆ pronominal **pron.**

prop. propedeuties(e) ◆ preliminary **prelim.**

prop. proponent ◆ ordinand

Prot., Pr. Protestant; Protestants(e) ◆ Protestant; Protestant **Prot.**

prot. protokol ◆ protocol

pro tem. *pro tempore* tydelik ◆ *pro tempore* for the time being **pro tem**

prov. provinsie; provinsiaal, =siale ◆ province; provincial **prov.**

prox. *proximo* aanstaande, komende; →AS. ◆ *proximo* in the next (month) **prox.**

PS *Post Scriptum* naskrif; →NS., NS ◆ *Post Scriptum* postscript **PS, ps.**

Ps. Psalm ◆ Psalm **Ps., Psa.**

p.s. privaat/private sak ◆ private bag **PB, p.bag**

ps. pseudoniem ◆ pseudonym **ps.**

ps. persent ◆ per cent **pc, pct**

psig. psigologie; psigologies(e); →SIELK. ◆ psychology; psychological **psych., psychol.**

psigiat. psigiatrie; psigiatries(e) ◆ psychiatry; psychiatric **psych.**

psigoanal. psigoanalise; psigoanalities(e) ◆ psychoanalysis; psychoanalitical

psigopatol. psigopatologie; psigopatologies(e) ◆ psychopathology; psychopathological **psychopathol.**

PSL Premier Sokkerliga ◆ Premier Soccer League **PSL**

PST Pasifiese Standaardtyd *(Am.)* ◆ Pacific Standard Time **PST**

p.st. pond sterling ◆ pound sterling

PSV persoonlike snelvervoerstelsel ◆ personal rapid transit **PRT**

PT Pos- en Telekommunikasiewese ◆ Posts and Telecommunications **PT**

PT postelegraaf ◆ postal telegraph **PT**

pt. pint ◆ pint(s) **pt.**

pt. punt ◆ point **pt**

Pta. Pretoria ◆ Pretoria **Pta**

PTSV posttraumatiese/posttroumatiese stresversteuring ◆ posttraumatic stress disorder **PTSD**

p.u. per uur ◆ per hour **p.h.**

publ. publiek(e) ◆ public **pub.**

PU (vir CHO) Potchefstroomse Universiteit (vir Christelike Hoër Onderwys) (*hist.*) ◆ Potchefstroom University (for Christian Higher Education) **PU (for CHE)**

PV potensiaalverskil ◆ potential difference **pd**

pv. plaasvervanger (*kr.*) ◆ substitute **sub.**

PVB private verbruiksbesteding ◆ private consumption expenditure **PCE**

PVC polivinielchloried ◆ polyvinyl chloride **PVC**

PVS postvirale sindroom ◆ postviral syndrome **PVS**

p.vt. per voet ◆ per foot **p.ft**

PW pariwaarde ◆ par value **PV**

PW poswissel ◆ money order **MO, m.o.**

p.w. per week ◆ per week **p.w.**

PWV Pretoria, Witwatersrand, Vereeniging ◆ Pretoria, Witwatersrand, Vereeniging **PWV**

Q

q. kwintaal ◆ quintal **q., ql**

q.a. *quod attestor* waarvan ek getuie is ◆ *quod attestor* to which I am witness **q.a.**

QANTAS, Qantas ◆ Queensland and Northern Territory Aerial Services **QANTAS, Qantas**

q.e. *quod est* wat beteken ◆ *quod est* which is **q.e.**

q.e.d. *quod erat demonstrandum* wat te bewys was ◆ *quod erat demonstrandum* which was to be demonstrated/proved/shown **QED, Q.E.D.**

q.e.f. *quod erat faciendum* wat te doen was ◆ *quod erat faciendum* which was to be done **QEF, Q.E.F**

q.e.i. *quod erat inveniendum* wat gevind moes word ◆ *quod erat inveniendum* which was to be found **QEI, Q.E.I**

q.h. *quaque hora* al om die uur ◆ *quaque hora* around the hour **q.h.**

q.l. *quantum libet* soveel as wat 'n mens wil ◆ *quantum libet* as much as you please **q.l.**

q.q. *qualitate qua* in die hoedanigheid van ◆ *qualitate qua* in the capacity of **q.q.**

qq.v. *quae vide* sien aldaar *(mv.)*; →Q.V. ◆ *quae vide* which see *(pl.)* **qqv, qq.v.**

q.s. *quantum sufficit* soveel as wat nodig is ◆ *quantum sufficit* as much as will suffice **qs, q.s.**

qto kwarto ◆ quarto **qto, 4to**

q.v. *quod vide* sien aldaar *(ekv.)*; →QQ.V.; S.A.; S.D. ◆ *quod vide* which see *(sing.)* **qv, q.v.**

R

R rand ◆ rand(s) **R**

R Rankine ◆ Rankine(s) **R**

R Réaumur ◆ Réaumur **R**

R röntgen ◆ roentgen, röntgen **R**

R rydberg ◆ rydberg **R**

R., regt. regter ◆ judge **J.**

°R graad/grade Rankine ◆ degree(s) Rankine **°R**

r. radius ◆ radius **R., r.**

r. *recto* op die regterkant (van 'n boek) ◆ *recto* on the right-hand page (of a book) **r.**

r. reël ◆ line **L., l.**

r. regs ◆ right **R., r.**

r. rivier ◆ river **R.**

rab. rabat, diskonto ◆ rebate, discount **disc.**

RADA, Rada ◆ Royal Academy of Dramatic Art **RADA, Rada**

RAK Raad op Atoomkrag (*hist.*) ◆ Atomic Energy Board **AEB**

rall. *rallentando* stadiger wordend ◆ *rallentando* becoming slower **rall.**

RAM →LSG

RAU Randse Afrikaanse Universiteit *(hist.)*; →UJ ♦ Rand Afrikaans University **RAU**

R&B ♦ rhythm and blues **R&B**

RCMP ♦ Royal Canadian Mounted Police **RCMP**

Rd riksdaalder *(hist.)* ♦ rix-dollar **Rd.**

rd. roede ♦ rod **rd**

RDB Reddingsdaadbond *(hist.)* ♦ **RDB**

rdh. raadsheer ♦ councillor **Cllr, Cr**

RDK Regterlike Dienskommissie ♦ Judicial Services Commission **JSC**

rdl., rdsl. raadslid ♦ councillor **Cllr, Cr.**

rdr. radar ♦ radar

red. redaksie ♦ editorial staff

red. redakteur, redaktrise ♦ editor **ed.**

redupl. reduplikasie; redupliserend(e) ♦ reduplication; reduplicating **redupl.**

ref. referensie; referent ♦ reference; reference **ref.**

refl. refleksief, -siewe; →WEDERK. ♦ reflexive **refl.**

reg. regering ♦ government **Govt, govt**

reg. regisseur ♦ director **dir.**

reg. register; registrasie; registreer ♦ register; registration; register **reg.**

reg. regulasie ♦ regulation **reg.**

regsg. regsgeleerd(e); regsgeleerdheid; →JUR. ♦ jurisprudent; jurisprudence **jurisp.**

regt. regiment ♦ Regiment **Regt**

regt., R. regter ♦ judge **J.**

rek. rekening ♦ account **a/c, acc.**

rek. rekeningkunde; rekeningkundig(e) ♦ accounting; accounting **acc.**

rekenk. rekenkunde; rekenkundig(e) ♦ arithmetic; arithmetical **arith.**

rek. van rekening van ♦ account of **a/o**

rek.wet., RW rekenaarwetenskap ♦ computer science/studies **comp. sc.**

rel. relatief, -tiewe ♦ relative **rel.**

REM vinnige oogbewegings ♦ rapid eye movement **REM**

Rep. Republiek; Republikeins(e) ♦ Republic **Rep.**; Republican **R., Rep.**

rep. republiek; republikeins(e) ♦ republic; republican **rep.**

resp. respektieflik, respektiewelik; →ONDERSK. ♦ respectively **resp.**

resp. respondent ♦ respondent **resp.**

RFD Raad op Finansiële Dienste ♦ Financial Services Council **FSC**

RGN Raad vir Geesteswetenskaplike Navorsing ♦ Human Sciences Research Council **HSRC**

RGO, RO rekenaargesteunde onderrig ♦ computer-aided education **CAE**

RGV rekenaargeïntegreerde vervaardiging ♦ computer integrated manufacture **CIM**

RH relatiewe humiditeit ♦ relative humidity **RH**

Rh. resus, rhesus ♦ rhesus **Rh**

rh. regterhand ♦ right hand **RH, rh**

RHO Raad vir Hoër Onderwys ♦ Board for Higher Education **BHE**

Rhod. Rhodesië; Rhodesies(e) *(hist.)* ♦ Rhodesia; Rhodesian **Rhod.**

RI *Regina et Imperatrix* Koningin en Keiserin ♦ *Regina et Imperatrix* Queen and Empress **RI**

RI *Rex et Imperator* Koning en Keiser ♦ *Rex et Imperator* King and Emperor **RI**

RI *Romanum Imperium* Romeinse Ryk ♦ *Romanum Imperium* Roman Empire **RI**

RI resident-ingenieur ♦ resident engineer

RIBA, Riba ♦ Royal Institute of British Architects **RIBA, Riba**

RICO, Rico ♦ Racketeer Influenced and Corrupt Organisations Act **RICO, Rico**

Rig. Rigters ♦ (Book of) Judges **Judg.**

RIP *requiescat in pace* mag hy/sy/hulle in vrede rus; →RIV ♦ *requiescat in pace* may he/she/they rest in peace **RIP**

rit. *ritardando* stadiger wordend ♦ *ritardando* becoming slower **rit.**

RIV rus in vrede, →RIP ♦ rest in peace **RIP**

RK respirasiekwosiënt, respiratoriese kwosiënt ♦ respiratory quotient **RQ**

RK Rooi Kruis ♦ Red Cross **RC**

RK Rooms-Katoliek; →RKK ♦ Roman Catholic **RC**

R/kg rand per kilogram ♦ rand per kilogram **R/kg**

RKIS Regeringskommunikasie-en-inligtingstelsel ♦ Government Communications and Information System **GCIS**

RKK Rooms-Katolieke Kerk; →RK ♦ Roman Catholic Church **RCC**

RLE rekenlogika-eenheid ♦ arithmetic and logic unit **ALU**

r/min., r.p.m. revolusies/rewolusies per minuut ♦ revolutions per minute **r.p.m., rpm, r/min.**

RNE Regering van Nasionale Eenheid ♦ Government of National Unity **GNU**

RNG Raad vir Nasionale Gedenkwaardighede ♦ National Monuments Council **NMC**

RNS ribonukleïensuur ♦ ribonucleic acid **RNA**

ROEB, Roeb Raad vir Onderlinge Ekonomiese Bystand *(hist.)* ♦ Council for Mutual Economic Assistance **COMECON, Comecon**

ROM lees(alleen)geheue ♦ read-only memory **ROM**

Rom. (Brief aan die) Romeine ♦ (Epistle to the) Romans **Rom.**

rom. romein *(lettertipe)* ♦ roman *(type)* **rom.**

RON Raad vir Opvoedkundige Navorsing ♦ Council for Educational Research **CER**

RONH Raad vir die Ontwikkeling van Natuurlike Hulpbronne *(hist.)* ♦ Natural Resources Development Council **NRDC**

ROO Raad vir Onderwys en Opleiding ♦ Board for Education and Training **BET**

RP regter-president ♦ judge president **JP**

RP *réponse payée* antwoord betaal(d) ♦ *réponse payée* reply paid **RP**

rpk. remperdekrag ♦ brake horsepower **bhp**

r.p.m., r/min. revolusies/rewolusies per minuut ♦ revolutions per minute **r.p.m., rpm, r/min.**

RPO Rooivleisprodusenteorganisasie ♦ Red Meat Producers' Organisation **RMPO**

r.p.s., r/s revolusies/rewolusies per sekonde ♦ revolutions per second **r.p.s., rps, r/s**

rr. reëls ♦ lines **ll.**

r.r. *reservatis reservandis* met die nodige voorbehoud ♦ *reservatis reservandis* with the necessary reservations **r.r.**

r/s, r.p.s. revolusies/rewolusies per sekonde ♦ revolutions per second **r.p.s., rps**

rs., RS regterstuur ♦ right-hand drive **RHD, rhd**

RSA Republiek van Suid-Afrika ♦ Republic of South Africa **RSA**

RSAT Repertorium van Suid-Afrikaanse Tydskrifartikels ♦ Index to South African Periodicals **ISAP**

RSFSR Russiese Sosialistiese Federatiewe Sowjetrepubliek *(hist.)* ♦ Russian Soviet Federative Socialist Republic **RSFSR**

RSM regiment-sersant-majoor ♦ regimental sergeant major **RSM**

RSN Raad vir Sosiale Navorsing ♦ Council for Social Research **CSR**

RSVP *répondez, s'il vous plaît* antwoord asseblief ♦ *répondez, s'il vous plaît* please reply **RSVP**

RT rekenaartomografie ♦ computerised/computed (*or* computer-assisted) tomography **CT**

RU Rhodes-universiteit ♦ Rhodes University **RU**

Rus. Rusland; Russies *(taaln.)*; Russies(e) ♦ Russia; Russian *(lang.)*; Russian **Rus., Russ.**

RV ♦ Revised Version (of the Bible) **RV**

R&V, RV reis- en verblyfkoste ♦ subsistence and travelling/transport **S&T**

RVK rugbyvoetbalklub ♦ Rugby Football Club **RFC**

RW, rek.wet. rekenaarwetenskap ♦ computer science/studies **comp. sc.**

RWR Randwaterraad *(hist.)* ♦ Rand Water Board **RWB**

S

S siemens ♦ siemens **S**

S. Saksies *(taaln.)*; Saksies(e) ♦ Saxon *(lang,)*; Saxon **Sax.**

S. suid; suide; suidelik(e) ♦ south; south; south(ern) **S, So.**

s. saldo ♦ balance **bal.**

s. sjieling ♦ shilling **S, s.**

s, s., sek. sekonde(s) ♦ second(s) **s, sec.**

s., sek. sekundus ♦ alternate **alt.**

SA senior advokaat; →SC ♦ senior advocate **SA**

SA Suid-Afrika; Suid-Afrikaans(e) ♦ South Africa; South African **SA**

Sa. Saterdag ♦ Saturday **S., Sat.**

s.a. *sine anno* sonder jaartal; →S.J. ♦ *sine anno* without date **s.a.**

s.a. sien aldaar *(ekv.)*; →Q.V., S.D. ♦ *quod videt* which see *(sing.)* **qv, q.v.**

SAAAU Suid-Afrikaanse Amateuratletiekunie ♦ South African Amateur Athletic Union **SAAAU**

SAAPAWU, Saapawu ♦ South African Agricultural, Plantation and Allied Workers Union **SAAPAWU, Saapawu**

SAAPIL, Saapil ♦ South African Association of Personal Injury Lawyers **SAAPIL, Saapil**

SAAWK Suid-Afrikaanse Akademie vir Wetenskap en Kuns ♦ South African Academy for Science and Arts

SABEK, Sabek Suid-Afrikaanse Besigheidskamer ♦ South African Chamber of Business **SACOB, Sacob**

SABI Suid-Afrikaanse Bou-instituut ♦ South African Institute of Building **SAIB**

SABRA, Sabra Suid-Afrikaanse Buro vir Rasseaangeleenthede *(hist.)* ♦ South African Bureau for Racial Affairs **SABRA, Sabra**

SABS Suid-Afrikaanse Buro vir Standaarde ♦ South African Bureau of Standards **SABS**

SABV Suid-Afrikaanse Biblioteekvereniging ♦ South African Library Association **SALA**

SACCAWU, Saccawu ♦ South African Commercial Catering and Allied Workers Union **SACCAWU, Saccawu**

SACTWU, Sactwu Suid-Afrikaanse Klere- en Tekstielwerkersunie ♦ South African Clothing and Textile Workers' Union **SACTWU, Sactwu**

SACU, Sacu ♦ South African Communications Union **SACU, Sacu**

SACWU, Sacwu ♦ South African Chemical Workers Union **SACWU, Sacwu**

s.adm. skout-admiraal ♦ rear admiral **RA**

SADNU, Sadnu ♦ South African Democratic Nurses Union **SADNU, Sadnu**

SADOU, Sadou Suid-Afrikaanse Demokratiese Onderwysersunie ♦ South African Democratic Teachers Union **SADTU, Sadtu**

SADU, Sadu Suider-Afrikaanse Doeane-unie ♦ Southern African Customs Union **SACU, Sacu**

SADWU, Sadwu ♦ South African Diamond Workers Union **SADWU, Sadwu**

SAEHA, Saeha Suid-Afrikaanse Erfenishulpbronagentskap ♦ South African Heritage Resource Agency **SAHRA, Sahra**

SAFARI Suid-Afrikaanse Basiese Atoomnavorsingsinstallasie ♦ South African Fundamental Atomic Research Installation **SAFARI**

SAFCOL, Safcol Suid-Afrikaanse Bosboumaatskappy ♦ South African Forestry Company **SAFCOL, Safcol**

SAFPU, Safpu ♦ South African Football Players' Union **SAFPU, Safpu**

SAFSOS, Safsos Suid-Afrikaanse Federasie van Staatsondersteunde Skole ♦ South African Federation of State-Aided Schools **SAFSAS, Safsas**

Sag. Sagaria ♦ Zechariah **Zech.**

SAGA, Saga Suid-Afrikaanse Geweereienaarsassosiasie ♦ South African Gunowners' Association **SAGA, Saga**

SAGD Suid-Afrikaanse Geheimediens ♦ South African Secret Service **SASS**

SAGD Suid-Afrikaanse Geneeskundige Diens ♦ South African Medical Corps **SAMC**

SAGKN Suid-Afrikaanse Gefedereerde Kamer van Nywerhede ♦ South African Federated Chamber of Industries **SAFCI**

SAGTR Suid-Afrikaanse Geneeskundige en Tandheelkundige Raad *(hist.)* ♦ South African Medical and Dental Council **SAMDC**

SAGU, Sagu Suid-Afrikaanse Gholfunie ♦ South African Golf Union **SAGU, Sagu**

SAHPSWU, Sahpswu ♦ South African Health and Public Service Workers Union **SAHPSWU, Sahpswu**

SAID Suid-Afrikaanse Inkomstediens ♦ South African Revenue Service **SARS**

SAIGR Suid-Afrikaanse Instituut vir Geoktrooieerde Rekenmeesters ♦ South African Institute of Chartered Accountants **SAICA**

SAIIA Suid-Afrikaanse Instituut vir Internasionale Aangeleenthede ♦ South African Institute of International Affairs **SAIIA**

SAIMN Suid-Afrikaanse Instituut vir Mediese Navorsing *(hist.)*; →NHLS ♦ South African Institute for Medical Research **SAIMR**

SAIRV Suid-Afrikaanse Instituut vir Rasseverhoudinge ♦ South African Institute of Race Relations **SAIRR**

SAISI, Saisi Suid-Afrikaanse Instituut van Siviele Ingenieurs ♦ South African Institute of Civil Engineers **SAICE, Saice**

SAIVERT, Saivert Suid-Afrikaanse Instituut van Vertalers en Tolke *(hist.)*; →SAVI ♦ South African Institute of Translators and Interpreters **SAITINT, Saitint**

SAKBK Suid-Afrikaanse Katolieke Biskoppekonferensie ♦ Southern African Catholic Bishops Conference **SACBC**

SAKBR Suid-Afrikaanse Krieketbeheerraad *(hist.)* ♦ South African Cricket Board of Control **SACBOC, Sacboc**

SAKO, Sako Suid-Afrikaanse Kwalifikasieowerheid ♦ South African Qualifications Authority **SAQA**

SAKP Suid-Afrikaanse Kommunistiese Party ♦ South African Communist Party **SACP**

SAKS, Saks Suid-Afrikaanse Kollegeskool ♦ South African College School **SACS, Sacs**

SAKU, Saku Suid-Afrikaanse Krieketunie ♦ South African Cricket Union **SACU, Sacu**

SAKV Suid-Afrikaanse Kunsvereniging ♦ South African Association of Arts **SAAA**

SAL Suid-Afrikaanse Lugdiens ♦ South African Airways **SAA**

SALGA, Salga ♦ South African Local Government Association **SALGA, Salga**

SALM Suid-Afrikaanse Lugmag ♦ South African Air Force **SAAF**

SALT Suider-Afrikaanse Groot Teleskoop ♦ Southern African Large Telescope **SALT**

SALU, Salu Suid-Afrikaanse Landbou-unie ♦ South African Agricultural Union **SAAU**

S.Am., S.Amer. Suid-Amerika; Suid-Amerikaans(e) ♦ South America; South American **SA, S.Am.**

Sam. Samuel ♦ Samuel **Sam.**

samest. samesteller ♦ compiler **comp.**

SAMRO, Samro Suid-Afrikaanse Musiekregte-organisasie ♦ South African Music Rights Organisation **SAMRO, Samro**

SAMV Suid-Afrikaanse Mediese Vereniging ♦ South African Medical Association **SAMA, Sama**

SAMWU, Samwu Suid-Afrikaanse Munisipale Werkersunie ♦ South African Municipal Workers' Union **SAMWU, Samwu**

SAMWU, Samwu Suid-Afrikaanse Mynwerkersunie ♦ South African Mineworkers Union **SAMWU, Samwu**

SAMWV Suid-Afrikaanse Munisipale Werknemersvereniging ♦ South African Association of Municipal Employees **SAAME**

SANAB, Sanab Suid-Afrikaanse Narkotikaburo ♦ South African Narcotics Bureau **SANAB, Sanab**

SANAE, Sanae Suid-Afrikaanse Nasionale Antarktiese Ekspedisie ♦ South African National Antarctic Expedition **SANAE, Sanae**

SANB Suid-Afrikaanse Nasionale Bibliografie ♦ South African National Bibliography **SANB**

SANCO, Sanco ♦ South African National Civic Organisation **SANCO, Sanco**

SANEF, Sanef Suid-Afrikaanse Nasionale Redakteursforum ♦ South African National Editors' Forum **SANEF, Sanef**

SANGOCA, Sangoca Suid-Afrikaanse Nasionale Koalisie van Nieregeringsorganisasies ♦ South African National Coalition of Non-governmental Organisations **SANGOCA, Sangoca**

SANK Suid-Afrikaanse Nasionale Kunsmuseum ♦ South African National Gallery **SANG**

SANKUB, Sankub Suid-Afrikaanse Nasionale Stigting vir die Beskerming van Kusvoëls ♦ South African National Foundation for the Conservation of Coastal Birds **SANCCOB, Sanccob**

SANLAM, Sanlam Suid-Afrikaanse Nasionale Lewensassuransiemaatskappy ♦ **SANLAM, Sanlam**

SANOK, Sanok Suid-Afrikaanse Nasionale Olimpiese Komitee ♦ South African National Olympic Committee **SANOC, Sanoc**

SANPO, Sanpo Suid-Afrikaanse Nasionale Posduiforganisasie ♦ South African National Homing Pigeon Organisation **SANPO, Sanpo**

SANRA, Sanra Suid-Afrikaanse Nasionale Raad vir Alkoholisme en Afhanklikheid van Verdowingsmiddels ♦ South African National Council on Alcoholism and Drug Dependence **SANCA, Sanca**

SANRB Suid-Afrikaanse Nasionale Raad vir Blindes ♦ South African National Council for the Blind **SANCB**

SANRD Suid-Afrikaanse Nasionale Raad vir Dowes *(hist.)*; →DEAFSA, Deafsa ♦ South African National Council for the Deaf **SANCD**

SANRKS Suid-Afrikaanse Nasionale Raad vir Kindersorg ♦ South African National Council for Child Welfare **SANCCW**

SANROC, Sanroc ♦ South African Non-Racial Olympic Committee *(hist.)* **SANROC, Sanroc**

SANS Suid-Afrikaanse Natuurstigting ♦ South African Nature Foundation **SANF**

SANTAM, Santam Suid-Afrikaanse Nasionale Trust- en Assuransiemaatskappy ♦ **SANTAM, Santam**

SANW Suid-Afrikaanse Nasionale Weermag ♦ South African National Defence Force **SANDF**

SAOB Suider-Afrikaanse Ontwikkelingsbank ♦ Southern African Development Bank **DBSA**

SAOG Suider-Afrikaanse Ontwikkelingsgemeenskap ♦ Southern African Development Community **SADC**

SAOU Suid-Afrikaanse Onderwysersunie ♦ South African Teachers' Union **SATU, Satu**

SAP Suid-Afrikaanse Polisie *(hist.)*; →SAPD ♦ South African Police **SAP**

SAP Suid-Afrikaanse Party *(hist.)* ♦ South African Party **SAP**

SAPA, Sapa Suid-Afrikaanse Pers-Assosiasie ♦ South African Press Association **SAPA, Sapa**

SAPD Suid-Afrikaanse Polisiediens ♦ South African Police Service **SAPS**

SAPOHR, Sapohr ♦ South African Prisoners' Organisation for Human Rights **SAPOHR, Sapohr**

SAPTU, Saptu ♦ South African Parastatal and Tertiary Institutions Union **SAPTU, Saptu**

SAPU, Sapu ♦ South African Police Union **SAPU, Sapu**

SARB Suid-Afrikaanse Reserwebank ♦ South African Reserve Bank **SARB**

SARK Suid-Afrikaanse Raad van Kerke ♦ South African Council of Churches **SACC**

SARU, Saru Suid-Afrikaanse Rugbyunie *(hist.)*; →SARVU ♦ South African Rugby Union **SARU, Saru**

SARV Suid-Afrikaanse Rolbalvereniging ♦ South African Bowling Association **SABA**

SARVU, Sarvu Suid-Afrikaanse Rugbyvoetbalunie ♦ South African Rugby Football Union **SARFU, Sarfu**

SAS Suid-Afrikaanse skip ♦ South African Ship **SAS**

SAS Suid-Afrikaanse Spoorweë *(hist.)* ♦ South African Railways **SAR**

SASAWU, Sasawu ♦ South African State and Allied Workers Union **SASAWU, Sasawu**

SASCO, Sasco ♦ South African Students' Congress **SASCO, Sasco**

SAS&H Suid-Afrikaanse Spoorweë en Hawens *(hist.)* ♦ South African Railways and Harbours **SAR & H**

SASM Suid-Afrikaanse Staande Mag ♦ South African Permanent Force **SAPF**

SASO, Saso Suid-Afrikaanse Studente-organisasie ♦ South African Student Organisation **SASO, Saso**

SASOL, Sasol Suid-Afrikaanse Steenkool-, Olie- en Gaskorporasie ♦ South African Coal, Oil and Gas Corporation **SASOL, Sasol**

SAST Suid-Afrikaanse Standaardtyd ♦ South African Standard Time **SAST**

SASV Suid-Afrikaanse Sokkervereniging ♦ South African Football Association **SAFA**

SATAWU, Satawu ♦ South African Transport and Allied Workers Union **SATAWU, Satawu**

SATOER, Satoer Suid-Afrikaanse Toeristekorporasie *(hist.)* ♦ South African Tourist Corporation **SATOUR, Satour**

SATU, Satu Suid-Afrikaanse Tipografiese Unie ♦ South African Typographical Union **SATU, Satu**

SATV Suid-Afrikaanse Tennisvereniging ♦ South African Tennis Union **SATU, Satu**

SAUJ Suid-Afrikaanse Unie van Joernaliste ♦ South African Union of Journalists **SAUJ**

SAUK Suid-Afrikaanse Uitsaaikorporasie ♦ South African Broadcasting Corporation **SABC**

SAV Suid-Afrikaanse Vloot ♦ South African Navy **SAN**

SAVD Suid-Afrikaanse Vervoerdienste ♦ South African Transport Services **SATS**

SAVF Suid-Afrikaanse Vrouefederasie ♦ South African Women's Federation **SAWF**

SAVI, Savi Suid-Afrikaanse Vertalersinstituut ♦ South African Translators' Institute **SATI, Sati**

SAVK Suid-Afrikaanse Vakbondkongres ♦ South African Congress of Trade Unions **SACTU, Sactu**

SAVLU Suid-Afrikaanse Vroue-Landbou-Unie ♦ South African Women's Agricultural Union **SAWAU**

SAVV Suid-Afrikaanse Verpleegstersvereniging ♦ South African Nursing Association **SANA**

SAW Suid-Afrikaanse Weermag *(hist.)*; →SANW ♦ South African Defence Force **SADF**

SAYHA, Sayha Suid-Afrikaanse Jeugherbergvereniging ♦ South African Youth Hostels Association **SAYHA, Sayha**

sb stilb ♦ stilb(s) **sb**

SBA Stigting vir die Bemagtiging deur Afrikaans ♦ **SBA**

SBF sonbeskermingsfaktor ♦ sun protection factor **SPF**

SBM sekondêre belasting op maatskappye ♦ secondary tax on companies **STC**

S.Br. suiderbreedte ♦ south latitude **S.lat.**

SBS, DOS skyfbedryfstelsel ♦ disc operating system **DOS**

SC *Senior Consultus* senior advokaat; →SA ♦ *Senior Consultus* Senior Counsel **SC**

sc. *scilicet* te wete, naamlik ♦ *scilicet* namely **sc.**

sc. *sculpsit* hy/sy het dit gebeeldhou/gegraveer ♦ *sculpsit* he/she carved it **sculp., sculpt.**

scr. *scripsit* hy/sy het dit geskryf/geskrywe ♦ *scripsit* he/she wrote it **scr.**

s.d. *sine die* vir onbepaalde tyd ♦ *sine die* indefinitely **sd, s.d.**

s.d. sien daar; →Q.V.; S.A. ♦ *quod videt* which see *(sing.)* **qv, q.v.**

SDG *soli Deo gloria* aan God alleen die eer ♦ *soli Deo gloria* to God alone be the glory **SDG**

SDH Sy Deurlugtige Hoogheid ♦ His Serene Highness **HSH**

SDP Sosiaal-Demokratiese Party ♦ Social Democratic Party **SDP**

SDR streekdiensteraad ♦ Regional Services Council **RSC**

S.Ed. Sy Edele ♦ the Honourable **the Hon.**

S.Ed.Agb. Sy Edelagbare ♦ His Honour **His Hon.**

S.Ed.Gestr. Sy Edelgestrenge ♦ His Honour **His Hon.**

see. seeman ♦ seaman

S.Eerw. Sy Eerwaarde ♦ Reverend (Mister) **Rev(d). (Mr)**

SEF Sentrale Energiefonds ♦ Central Energy Fund **CEF**

Sef. Sefanja ♦ Zephaniah **Zeph.**

SEIFSA, Seifsa Federasie van Staal- en Ingenieursbedrywe van Suid-Afrika ♦ Steel and Engineering Industries Federation of South Africa **SEIFSA, Seifsa**

sek sekans ♦ secant **sec**

sek., s, s. sekonde(s) ♦ second(s) **s, sec.**

sek., s. sekundus ♦ alternate **alt.**

sekr. sekretaris ♦ secretary **sec., secy, sec'y**

sekre. sekretaresse ♦ secretary **sec., secy, sec'y**

sekr.genl., SG sekretaris-generaal ♦ Secretary General **SG**

sekr.penm. sekretaris-penningmeester ♦ secretary-treasurer

S.Eks. Sy Eksellensie ♦ His Excellency **HE**

selfst. selfstandig(e) ♦ independent **ind.**

SEM skandeerelektronmikroskoop ♦ scanning electron microscope **SEM**

S.Em. Sy Eminensie ♦ His Eminence **HE**

sen. senaat; senator ♦ senate; senator **Sen., sen.**

Sep., Sept. September ♦ September **Sep., Sept.**

Sep., Sept. Septuagint(a) ♦ Septuagint **Sep., Sept.**

seq. *sequens* wat volg *(ekv.)*; →VLG. ♦ *sequens* the following (one) *(sing.)* **seq.**

seqq. *sequentes* wat volg *(mv.)* ♦ *sequentes* the following (ones) *(pl.)* **seqq.**

sers. sersant ♦ Sergeant **Sgt**

sers.maj., s.maj., SM sersant-majoor ♦ sergeant major **Sgt Maj., SM**

sert. sertifikaat ♦ certificate **cert.**

SERTEC, Sertec Sertifiseringsraad vir Technikononderwys ♦ Certification Council for Technikon Education **SERTEC, Sertec**

SESA, Sesa ♦ Standard Encyclopaedia of Southern Africa **SESA, Sesa**

SETI, Seti ♦ Search for Extraterrestrial Intelligence **SETI, Seti**

SEV streekelektrisiteitsverspreiders ♦ regional electrical distributors

sfz. *sforzando, sforzato* aanswellend ♦ *sforzando, sforzato* with sudden emphasis **sf, sf., sfz, sfz.**

SG Standaardgraad ♦ Standard Grade **SG**

SG, sekr.genl. sekretaris-generaal ♦ Secretary General **SG**

sg. sogenaamd(e) ♦ so-called

s.g. soortlike gewig ♦ specific gravity **sg, sp. gr.**

SGM, s.g.m. so gou (as) moontlik ♦ as soon as possible **ASAP, a.s.a.p.**

SGML ♦ standard generalized mark-up language **SGML**

SGO superintendent-generaal van onderwys ♦ superintendent-general of education **SGE**

SGSA Sterrekundige Genootskap van Suider-Afrika ♦ Astronomical Society of Southern Africa **ASSA**

SH Sy Heiligheid ♦ His Holiness **HH**

SH Sy Hoogheid ♦ His Highness **HH**

S.H.Ed. Sy Hoogedele ♦ the Right Honourable **the Rt Hon.**

S.H.Eerw. Sy Hoogeerwaarde ♦ the Right Reverend **the Rt Rev(d).**

SI *Système International (d'Unités)* ♦ **SI**

s.i. syns insiens ♦ in his view/opinion

SIBW standaardinkomstebelasting op werknemers ♦ standard income tax on employees **SITE**

sielk. sielkunde; sielkundig(e); →PSIG. ♦ psychology; psychological **psych., psychol.**

sill. sillabe; sillabies(e); →LETG. ♦ syllable; syllabic **syl., syll.**

sill. sillabus ♦ syllabus **syl., syll.**

sin sinus ♦ sine **sin**

sin. sinodaal, =dale; sinode ♦ synod; synodal

sin. sinoniem; sinonimies(e) ♦ synonym; synonymous **syn.**

sinek. sinekdogee; sinekdogeïes(e) ♦ synecdoche; synecdochal

sing. *singularis* enkelvoud; →EKV. ♦ singular **s., sing.**

sitk. sitkamer ♦ lounge

SJ *Societas Jesu* Genootskap van Jesus ♦ *Societas Jesu* Society of Jesus **SJ**

s.j. *sub judice* nog onbeslis ♦ *sub judice* still undecided **s.j.**

s.j. sonder jaartal; →S.A. ♦ no date **N.D., n.d.**

SJAB St. John-ambulansbrigade ♦ St John Ambulance Brigade **SJAB**

SJAV St. John-ambulansvereniging ♦ St John Ambulance Association **SJAA**

SK Staatskoerant ♦ Government Gazette **GG**

sk. skakelkomitee ♦ liaison committee

sk. skeidsregter ♦ referee **ref.**

sk. skuilnaam ♦ pseudonym **pseud.**

Skand. Skandinawië; Skandinawies(e) ♦ Scandinavia; Scandinavian **Scan., Scand.**

SKE swewendekoers-effek ♦ floating-rate note **FRN**

skeik. skeikunde; skeikundig(e); →CHEM. ♦ chemistry; chemical **chem.**

S.K.H., SKH Sy Keiserlike Hoogheid ♦ His Imperial Highness **HIH**

S.K.H., SKH Sy Koninklike Hoogheid ♦ His Royal Highness **HRH**

skiereil. skiereiland ♦ peninsula **pen.**

skilderk. skilderkuns ♦ (art of) painting

SKM seegelanseerde kruismissiel ♦ sea-launched cruise missile **SLCM**

S.K.M., SKM Sy Koninklike Majesteit ♦ His Royal Majesty **HRM**

sko. skakeloffisier ♦ liaison officer

SKOOR, Skoor Staande Komitee oor Openbare Rekeninge ♦ Standing Committee on Public Accounts **SCOPA, Scopa**

skr. skriba ♦ church secretary

skr. skrywer, skryfster ♦ author **auth.**

skr., skrift. skriftelik(e) ♦ written

skr., sktr. skutter ♦ gunner **gnr.**

Skt. Sanskrit *(taaln.)*; Sanskrities(e) ♦ Sanskrit *(lang.)*; Sanskritic **Skr., Skt**

sktr., skr. skutter ♦ gunner **gnr.**

slaapk. slaapkamer(s) ♦ bedroom(s)

Slaw. Slawies *(taaln.)*; Slawies(e) ♦ Slavic, Slavonic *(lang.)*; Slavic, Slavonic, Slavonian **Slav.**

SM seremoniemeester ♦ master of ceremonies **MC**

SM stasiemeester ♦ stationmaster **SM**

SM Suiderkruismedalje ♦ Southern Cross Medal **SM**

S.M., SM Sy Majesteit ♦ His Majesty **HM**

SM, sers.maj., s.maj. sersant-majoor ♦ sergeant major **Sgt Maj., SM**

SM Staande Mag ♦ Permanent Force **PF**

sm. seemyl ♦ nautical mile **nm**

s.maj., sers.maj., SM sersant-majoor ♦ sergeant major **Sgt Maj., SM**

SMG submasjiengeweer ♦ submachine gun

smn. seinman ♦ signalman

SMO senior mediese offisier ♦ senior medical officer

SMS kortboodskapdiens ♦ short message service **SMS**

sn. seun ♦ son **sn.**

SNA sisteemnetwerkargitektuur ♦ system network architecture **SNA**

SNO Stigting vir Navorsingsontwikkeling ♦ Foundation for Research Development **FRD**

SNOBOL, Snobol ♦ String Oriented Symbolic Language **SNOBOL, Snobol**

SNOP streeknywerheidsontwikkelingsprogram ♦ regional industrial development programme **RIDP**

SNV sportnutsvoertuig ♦ sports utility vehicle **SUV**

s.nw. selfstandige naamwoord; →N. ♦ noun **n.**

SO stafoffisier ♦ staff officer

SO suidoos(te); suidoostelik(e) ♦ southeast; southeast(ern) **SE**

So. Sondag ♦ Sunday **S., Sun.**

So. Sotho *(taaln.)* ♦ Sotho *(lang.)* **So.**

SOAK streek(s)ontwikkelingsadvieskomitee ♦ regional development advisory committee **RDAC**

SOAVO Suidoos-Asiatiese Verdragsorganisasie ♦ South-East Asia Treaty Organisation **SEATO, Seato**

S.O.D., SOD Sekondêre Onderwysdiploma ♦ Secondary Education Diploma **SED**

SOEKOR, Soekor Suidelike Olie-Eksplorasiekorporasie ♦ Southern Oil Exploration Corporation **SOEKOR, Soekor**

SOF Strategiese Oliefonds ♦ Strategic Oil Fund **SOF**

sonk. sonkamer ♦ sun room

soöl. soölogie; soölogies(e) ♦ zoology; zoological **zool.**

SOOO Sektorale Onderwys- en Opleidingsowerheid ♦ Sectoral Education and Training Authority **SETA, Seta**

sopr. sopraan ♦ soprano **sop.**

SOS *save our souls* noodsein ♦ *save our souls* distress signal **SOS**

SOS seksueel oordraagbare siekte ♦ sexually transmitted disease **STD**

SOS sien ommesy(de); →B.O. ♦ please turn over **PTO**

sos. sosialis ♦ socialist **soc.**

sosiol. sosiologie; sosiologies(e) ♦ sociology; sociological **sociol.**

SOTO, Soto Sentrale Organisasie vir Tegniese Opleiding ♦ Central Organisation for Technical Training **COTT, Cott**

SO.Tvl. Suidoos-Transvaal; Suidoos-Transvaals(e) *(hist.)* ♦ Southeastern Transvaal; Southeastern Transvaal **SE Tvl**

SOV streekontwikkelingsvereniging ♦ regional development association **RDA**

SOWT Stigting vir Onderwys, Wetenskap en Tegnologie ♦ Foundation for Education, Science and Technology **FEST, Fest**

SP Staatspresident ♦ State President **SP**

Sp. Spaans *(taaln.)*; Spaans(e); Spanje ♦ Spanish *(lang.)*; Spanish; Spain **Sp.**

sp. spesie ♦ species **sp.**

spes. spesiaal, =siale ♦ special **spec.**

spoorw., spw. spoorweë, spoorweg ♦ railway(s) **rly.**

SPQR *Senatus Populusque Romanus* Senaat en Volk van Rome ♦ *Senatus Populusque Romanus* Senate and People of Rome **SPQR**

Spr. Spreuke ◆ (Book of) Proverbs **Prov.**
spr. sappeur ◆ sapper
spr. spreker ◆ speaker
sprw. spreekwoord; spreekwoordelik(e) ◆ proverb; proverbial
s.p.s., **s/s** siklusse per sekonde ◆ cycles per second **cps**
SPW sonder pariwaarde ◆ no par value **NPV**
spw., **spoorw.** spoorweë, spoorweg ◆ railway(s) **rly.**
s.q. *status quo* soos dit was, onveranderd ◆ *status quo* the pre-existing state of affairs **sq**
s.q.n. *sine qua non* noodsaaklike vereiste ◆ *sine qua non* an indispensable condition **s.q.n.**
SR Studenteraad ◆ Students' Representative Council **SRC**
SR Suid-Rhodesië; Suid-Rhodesies(e) (*hist.*) ◆ Southern Rhodesia; Southern Rhodesia **SR**
sr. senior ◆ senior **Sen.**, **Snr**, **Sr**
sr. suster ◆ sister
SRS satellietradarstasie ◆ satellite radar station **SRS**
SS Schutzstaffel (*hist.*) ◆ Schutzstaffel **SS**
ss. stoomskip ◆ steamship **SS**
s/s, **s.p.s.** siklusse per sekonde ◆ cycles per second **cps**
ss. samestelling ◆ compound **comp.**
SSA Statistieke Suid-Afrika ◆ Statistics South Africa **Stats SA**
SSA Ster van Suid-Afrika ◆ Star of South Africa **SSA**
SSB sentrale sakebuurt; →SSG; SSK◆ central business district **CBD**
SSD Sentrale Statistiekdiens (*hist.*) ◆ Central Statistical Services **CSS**
s.sers. stafsersant ◆ staff sergeant **SSgt, S.Sgt**
SSG sentrale sakegebied; →SSB; SSK ◆ central business district **CBD**
SSK sentrale sakekern; →SSB; SSG ◆ central business district **CBD**
SSO senior stafoffisier ◆ senior staff officer
SSO suidsuidoos; suidsuidoostelik(e) ◆ south-southeast; south-southeast(ern) **SSE**
S.So. Suid-Sotho (*taaln.*) ◆ South Sotho (*lang.*) **S.So.**
s.str. seestraat ◆ strait **St., str.**
SSW suidsuidwes; suidsuidwestelik(e) ◆ south-southwest; south-southwest(ern) **SSW**
St. Sint (Heilige) ◆ Saint **St**
st. gestonk ◆ stumped **st.**
st. standaard ◆ standard **std**
st. standerd (*hist.*) ◆ standard **Std**
st. sterk (*ww.*) ◆ strong
sta. stasie ◆ station **sta.**
staatk. staatkunde; staatkundig(e) ◆ politics; political **pol.**
staatsl. staatsleer ◆ political science **pol. sc.**
statist. statistiek; statisties(e) ◆ statistics; statistical **stat.**
STD standaardtemperatuur en -druk ◆ standard temperature and pressure **STP**, normal temperature and pressure **NTP**
stelk. stelkunde; stelkundig(e); →ALG. ◆ algebra; algebraic **alg.**
stell. stelling ◆ statement
stell.tr. stellende trap ◆ positive degree
sterrek. sterrekunde; sterrekundig(e); →ASTRON. ◆ astronomy; astronomical **astr., astron.**
stg. sterling ◆ sterling **stg**
St.Gen. State-Generaal (*hist.*) ◆ States General
sth. stemhebbend(e) ◆ voiced, vocal
stl. stemloos, -lose ◆ unvoiced
STR spesiale trekkingsreg ◆ special drawing right **SDR**
str. straat ◆ street **st., str.**
stud. student ◆ student **stud.**
studk. studeerkamer ◆ study
STV subskripsietelevisie ◆ subscription television
SU standaarduitspraak ◆ Received Pronunciation **RP**
subj. subjek; →ONDW.; subjektief, -tiewe; ◆ subject; subjective **subj.**
subj. subjunktief, -tiewe ◆ subjunctive **subj.**
subs. subskripsie ◆ subscription **sub.**
suff. suffiks ◆ suffix **suff.**
SUKOVS, **Sukovs** Streekraad vir die Uitvoerende Kunste in die Oranje-Vrystaat (*hist.*) ◆ Performing Arts Council of the Orange Free State **PACOFS, Pacofs**
sup. superlatief, -tiewe; →OORTR. ◆ superlative **superl.**
sup. *supra* hierbo ◆ *supra* above **sup.**
supt. superintendent ◆ superintendent **supt.**
Sv sievert ◆ sievert **Sv**
s.v. *sub verbo, sub voce* onder/by die woord ◆ *sub verbo, sub voce* under the word/voice **sv**
SVE selfverdedigingseenheid ◆ self-defence unit **SDU**
SVE, **CPU** sentrale verwerk(ings)eenheid ◆ central processing unit **CPU**
SVG snelvuurgeskut ◆ quick-firing ordinance
SVG stadsverbeteringsgebied ◆ city improvement district **CID**
SVG Stigting vir Vrede en Geregtigheid ◆ Foundation for Peace and Justice **FPJ**
s.v.p. *s'il vous plaît* asseblief; →ASB. ◆ *s'il vous plaît* if you please **s.v.p.**
SVR Sagtevrugteraad (*hist.*) ◆ Deciduous Fruit Board **DFB**
SVR spesiale vrederegter ◆ special justice of the peace **SJP**
SVR Staatsveiligheidsraad (*hist.*) ◆ State Security Council **SSC**
SW sosiale wetenskappe ◆ social sciences
SW suidwes(te); suidwestelik(e) ◆ southwest; southwest(ern) **SW**
SW, **s.w.** soortlike/spesifieke warmte ◆ specific heat **sp. ht**
SW, **sw.** stasiewa ◆ station wagon
sw. sigwissel ◆ sight draft **SD**
sw. swak ◆ weak **wk**
sw., **SW** stasiewa ◆ station wagon
SWA Suidwes-Afrika; Suidwes-Afrikaans(e) (*hist.*) ◆ South West Africa; South West Africa(n) **SWA**
swamk. swamkunde; swamkundig(e) ◆ mycology; mycological **mycol.**
SWAPO, **Swapo** ◆ South West Africa People's Organisation **SWAPO, Swapo**
Swaz. Swaziland ◆ Swaziland **Swaz.**
swb. swembad ◆ swimming pool
SWD Suidwestelike Distrikte ◆ Southwestern Districts **SWD**
S.W.Eerw. Sy Weleerwaarde ◆ the Right Reverend **the RR, Rt Rev.**
SWOT →KRAG

T

T absolute temperatuur ◆ absolute temperature **T**
T tera- ◆ tera- **T**
T tesla ◆ tesla(s) **T**
t metrieke ton ◆ metric ton(s), tonne **t**
t. tarra ◆ tare **t.**
t. teelepel ◆ teaspoon **t., tsp.**
t. teen; →V., VS. ◆ *versus* **v., vs.**
t. tempo ◆ tempo **t.**
t. ton ◆ ton(s) **t.**
t. tyd ◆ time **T.**
taalk. taalkunde; taalkundig(e); →LING. ◆ linguistics; linguistic **ling.**
tab. tabel; →TAF. ◆ table(s) **tab.**
TABEMA, **Tabema** Taakgroep vir die Bemagtiging van Afrikaans ◆ **TABEMA, Tabema**
taf. tafel ◆ table(s) **tab.**
tan tangens ◆ tangent **tan**
tandh. tandheelkunde; tandheelkundige; tandheelkundig(e) ◆ dentistry; dentist; dental **dent.**
t.a.p. ter aangehaalde plaatse, op die aangehaalde plek; →L.C., LOC.CIT. ◆ *loco citato* in the place cited **lc, loc. cit.**
t.a.r. teen alle risiko ◆ against all risks **a.a.r.**
t.a.v. ten aansien van; →I.V.M.; M.B.T. ◆ in respect of **i.r.o.**
TAWU, **Tawu** ◆ Transport and Allied Workers Union **TAWU, Tawu**
TB tuberkulose ◆ tuberculosis **TB, tb**
t.b.v. ten bate van ◆ in aid of
t.b.v. ten behoewe van ◆ on behalf of
t.b.v. ter beskikking van ◆ at the disposal of
t.b.v. ter bevordering van ◆ for the advancement of
TBVC Transkei, Bophuthatswana, Venda, Ciskei (*hist.*) ◆ Transkei, Bophuthatswana, Venda, Ciskei **TBVC**
t.d.e. te dien einde ◆ for this/that purpose
teenst. teenstelling ◆ contrast; opposite **opp.**
teenw. teenwoordig(e) ◆ present **pres.**
teenw.dw. teenwoordige deelwoord ◆ present participle
teenw.t. teenwoordige tyd ◆ present tense
tegn. tegniek; tegnies(e); tegnikus ◆ technique; technical **tec., tech.**; technician **tec., tech.**
tegnol. tegnologie; tegnologies(e); tegnoloog ◆ technology **tech., technol.**; technological **technol.**; technologist
tek. tekening(e) ◆ figure(s) **fig(s).**
tekstielk. tekstielkunde ◆ textiles
tel. telefoon; →TELEF. ◆ telephone **tel.**
tel.ad. telegrafiese adres, telegramadres ◆ telegraphic address **tel. add.**
telef. telefonie; telefonies(e); →TEL. ◆ telephony; telephonic
telegr. telegrafie; telegrafies(e); telegram ◆ telegraphy **teleg.**; telegraphic **tel., teleg.**; telegram **tel., teleg.**
telekom. telekommunikasie ◆ telecommunication **telecom**
telw. telwoord ◆ numeral **num.**
t.e.m., **t.m.** tot en met ◆ up to and including **up to & incl.**
temp. temperatuur ◆ temperature **temp.**
ten. tenoor ◆ tenor **t., ten.**
teol. teologie; teologies(e) ◆ theology; theological **theol.**
terminol. terminologie; terminologies(e) ◆ terminology; terminological
termodin. termodinamies(e); termodinamika ◆ thermodynamic; thermodynamics
tes. tesourier ◆ treasurer **treas.**
Tess. (Briewe aan die) Tessalonisense ◆ (Epistles to the) Thessalonians **Thess.**
TFS totale fertiliteitsyfer ◆ total fertility rate **TFR**
TG transformasionele grammatika ◆ transformational grammar **TG**
TGG transformasioneel-generatiewe grammatika ◆ transformational-generative grammar **TGG**
t.g.t. te(r) geleëner/gelegener tyd ◆ in due course
t.g.v. ten gevolge van ◆ in consequence of
t.g.v. ten gunste van ◆ in favour of
t.g.v. ter geleentheid van ◆ (up)on the occasion of
TGWU ◆ Transport and General Workers' Union **TGWU**
Th.B., **ThB**, **Theol.B.**, **TheolB** *Theologiae Baccalaureus* Baccalaureus in (die) Teologie ◆ Bachelor of Theology **ThB**
Th.D., **ThD**, **Theol.D.**, **TheolD** *Theologiae Doctor* Doktor in (die) Teologie ◆ Doctor of Theology **ThD**
Th.M., **ThM**, **Theol.M.**, **TheolM** *Theologiae Magister* Magister in (die) Teologie ◆ Master of Theology **ThM**
Thos. Thomas ◆ Thomas **Thos.**
THz terahertz ◆ terahertz **THz**

TIK tegniese interregeringskomitee ♦ Technical Intergovernmental Committee **TIC**
Tim. (Briewe aan) Timoteus ♦ (Epistles to) Timothy **Tim.**
Tit. (Brief aan) Titus ♦ (Epistle to) Titus **Tit.**
TJ terajoule ♦ terajoule **TJ**
TK Taalkommissie ♦ **TK**
TKW temperatuurkoëffisiënt/temperatuurko-effisiënt van weerstand ♦ temperature coefficient of resistance **TCR**
t.l. ten laaste ♦ lastly
TLU Transvaalse Landbou-unie ♦ Transvaal Agricultural Union **TAU**
TM taakmag ♦ task force
TM transendentale meditasie ♦ transcendental meditation **TM**
t.m., t.e.m. tot en met ♦ up to and including **up to & incl.**
tn. toon (*mus.*) ♦ tone
TNK , t.n.k. tot nadere kennisgewing ♦ till/until further notice
TNP Televisienuusproduksies ♦ Television News Productions **TNP**
TNT trinitrotolueen ♦ trinitrotoluene **TNT**
TO telegrafiese oorplasing ♦ telegraphic transfer **TT**
t.o. teenoor ♦ as against
TOD Transvaalse Onderwysdepartement (*hist.*) ♦ Transvaal Education Department **TED**
toej. toejuiging; →APPL. ♦ applause
toek. toekomend(e) ♦ future **fut.**
t.o.v. ten opsigte van ♦ in/with regard to
TOWU, Towu ♦ Transport and Omnibus Workers' Union **TOWU, Towu**
t.p. ter perse ♦ in the press
TPA Transvaalse Provinsiale Administrasie (*hist.*) ♦ Transvaal Provincial Administration **TPA**
Tr. Transkei; Transkeis(e) ♦ Transkei; Transkeian **Tr.**
tr. transitief, =tiewe; →OORG. ♦ transitive **tr., trans.**
trig. trigonometrie; trigonometries(e) ♦ trigonometry; trigonometric(al) **trig.**
trs. transponeer ♦ transpose **trs.**
TRUK, Truk Transvaalse Raad vir die Uitvoerende Kunste (*hist.*) ♦ Performing Arts Council of the Transvaal **PACT, Pact**
t.s. ter sake ♦ relevant
t.s. ter see ♦ at sea
ts. tersaaklik(e) ♦ relevant
TSA Technikon Suid-Afrika ♦ Technikon South Africa **TSA**
TSA Tennis Suid-Afrika ♦ Tennis South Africa **TSA**
Tsjeg. Tsjeggië; Tsjeggies (*taaln.*); Tsjeggies(e); Tsjeggo-Slowakye (*hist.*) ♦ Czech Republic; Czech (*lang.*); Czech; Czechoslovakia (*hist.*)
tsmh. toesluitmotorhuis(e) ♦ lock-up garage
t.s.t. te syner tyd ♦ in due time
t.s.v. ten spyte van ♦ in spite of
Tsw. Tswana (*taaln.*) ♦ Tswana (*lang.*) **Tsw.**
TT tegniese tekene ♦ technical drawing **TD**
t.t. *totus tuus* geheel die uwe ♦ *totus tuus* faithfully yours **t.t.**
TTV totale toelaatbare (vis)vangs ♦ total permissible catch **TPC**
TUH tegniese uitklophou ♦ technical knockout **TKO**
tuinb. tuinbou ♦ horticulture **hort.**
TV televisie ♦ television **TV**
TVK, t.v.k. tot verdere kennisgewing ♦ until further notice
Tvl. Transvaal; Transvaals(e) (*hist.*) ♦ Transvaal; Transvaal **Tvl.**
TW terawatt ♦ terawatt **TW**
TW *Tweetalige Woordeboek* ♦ *Bilingual Dictionary* **BD**
tw. tussenwerpsel ♦ interjection **interj.**
t.w. te wete; →NL. ♦ *videlicet* namely **viz.**
t.w.v. ter waarde van ♦ to the value of
t.w.v. ter wille van ♦ for the sake (*or* on account) of

U

u. uur; →H ♦ *hora* hour **H., h., h**
UDF ♦ United Democratic Front **UDF**
UDM Verenigde Demokratiese Beweging ♦ United Democratic Movement **UDM**
UDW Universiteit van Durban-Westville ♦ University of Durban-Westville **UDW**
U dw. U dienswillige ♦ yours to command
U dw.dnr. U dienswillige dienaar ♦ yours faithfully, your obedient servant
U Ed. U Edele ♦ Your Honour
UGO uitkomsgebaseerde/uitkomsgerigte onderwys ♦ Outcomes-based Education **OBE**
UH uitklophou ♦ knockout **KO, k.o.**
UHF ultrahoë frekwensie ♦ ultrahigh frequency **UHF**
UHT ultrahoë temperatuur ♦ ultra heat treated **UHT**
u.i. *ut infra* soos hier onder ♦ *ut infra* as below **u.i.**
uitbr. uitbreiding ♦ extension **ext.**
uitdr. uitdrukking ♦ expression
uitg. uitgawe ♦ edition **ed.**
uitg. uitgewer ♦ publisher **publ.**
uitgeh. uitgehardloop (*kr.*) ♦ run out
uitr. uitroep ♦ exclamation **excl.**
uits. uitsondering ♦ exception **ex., exc.**
uitsl. uitsluitend ♦ exclusive **excl.**
uitspr. uitspraak ♦ pronunciation **pron.**
UJ Universiteit van Johannesburg ♦ University of Johannesburg **UJ**
UK uitsettingskoëffisiënt ♦ coefficient of expansion
UK uitvoerende komitee ♦ executive committee **Exco**
UK Universiteit van Kaapstad ♦ University of Cape Town **UCT**
UKOR, Ukor Uraanverrykingskorporasie ♦ Uranium Enrichment Corporation **UCOR, Ucor**
ult. *ultimo* van die vorige maand; →LL. ♦ *ultimo* in/during the previous month **ult.**
UN Universiteit van Natal ♦ University of Natal **UN**
UNCTAD, Unctad Verenigde Nasies se Konferensie oor Handel en Ontwikkeling ♦ United Nations Conference on Trade and Development **UNCTAD, Unctad**
UNEP, Unep Verenigde Nasies se Omgewingsprogram ♦ United Nations Environment Programme **UNEP, Unep**
UNESCO, Unesco Verenigde Nasies se Opvoedkundige, Wetenskaplike en Kulturele Organisasie ♦ United Nations Educational, Scientific and Cultural Organisation **UNESCO, Unesco**
UNIBO, Unibo Universiteit van Bophuthatswana (*hist.*); →NWU ♦ University of Bophuthatswana **UNIBO, Unibo**
UNICEF, Unicef Verenigde Nasies se Kinderfonds ♦ United Nations Children's Fund **UNICEF, Unicef**
UNIDO, Unido Verenigde Nasies se Nywerheidsontwikkelingsorganisasie ♦ United Nations Industrial Development Organisation **UNIDO, Unido**
UNIN Universiteit van die Noorde ♦ University of the North **UNIN**
UNIPSA, Unipsa ♦ United National Public Servants Association of South Africa **UNIPSA, Unipsa**
UNISA, Unisa Universiteit van Suid-Afrika ♦ University of South Africa **UNISA, Unisa**
UNITA, Unita *União Nacional para a Independencia Total de Angola* Nasionale Unie vir die Algehele Onafhanklikheid van Angola ♦ *União National para a Independencia Total de Angola* National Union for the Total Independence of Angola **UNITA, Unita**
UNITRA, Unitra Universiteit van Transkei ♦ University of Transkei **UNITRA, Unitra**
univ. universeel, =sele ♦ universal **univ.**
univ. universiteit; universitêr(e) ♦ university **univ.**; university **univ.**, academic **acad.**
UNIWES, Uniwes, UNW Universiteit van Noordwes (*hist.*); →NWU ♦ University of Northwest **UNW**
UNIZUL, Unizul, UZ Universiteit van Zoeloeland/Zululand ♦ University of Zululand **UNIZUL, Unizul, UZ**
UNW, UNIWES, Uniwes Universiteit van Noordwes (*hist.*); →NWU ♦ University of Northwest **UNW**
UOD Universiteitsonderwysdiploma ♦ University Education Diploma **UED**
UOR Uitvoerende Oorgangsraad (*hist.*) ♦ Transitional Executive Council **TEC**
UOVS Universiteit van die Oranje-Vrystaat (*hist.*) ♦ University of the Orange Free State **UOFS**
UP ♦ United Press **UP**
UP Universiteit van Pretoria ♦ University of Pretoria **UP**
UPE Universiteit van Port Elizabeth ♦ University of Port Elizabeth **UPE**
UPS ononderbroke/deurlopende kragtoevoer (*rek.*); →OKT ♦ uninterruptible power supply **UPS**
UR uitvoerende raad ♦ executive council
URL bronadres (*rek.*); →BA ♦ universal resource locator **URL**
US Universiteit van Stellenbosch ♦ University of Stellenbosch **US**
u.s. *ut supra* soos hier bo ♦ *ut supra* as above **u.s.**
USAid Amerikaanse Agentskap vir Internasionale Ontwikkeling ♦ United States Agency for International Development **USAid**
USSALEP ♦ US-SA Leadership Exchange Programme **USSALEP**
USSR Unie van Sosialistiese Sowjetrepublieke (*hist.*) ♦ Union of Soviet Socialist Republics **USSR**
UT universele tyd ♦ universal time **UT**
UTATU, Utatu ♦ United Transport and Allied Trade Union **UTATU, Utatu**
UV Universiteit van die Vrystaat ♦ University of the Free State **UFS**
UVSA Uitgewersvereniging van Suid-Afrika ♦ Publishers Association of South Africa **PASA**
UW, Wits Universiteit van die Witwatersrand ♦ University of the Witwatersrand **UW, WITS**
UWK Universiteit van Wes-Kaapland ♦ University of the Western Cape **UWC**
UZ, UNIZUL, Unizul Universiteit van Zoeloeland ♦ University of Zululand **UZ, UNIZUL, Unizul**

V

V Romeinse 5 ♦ Roman numeral 5 **V**
V volt ♦ volt **V**
v. *vide, videatur* kyk, sien ♦ *vide, videatur* see **v.**
v. van ♦ of; from **fr.**
v. verso ♦ verso **v.**
v. vir ♦ for
v., gev. gevang (*kr.*) ♦ caught (*cr.*) **c.**
v., verb. *verbum* werkwoord; →WW. ♦ *verbum* verb **v., vb., vb**
v., vert. vertrek ♦ room **rm**
v., vr. vroulik(e); →F., FEM. ♦ feminine **f., fem.**
v., vs. vers ♦ verse **v.**
v., vs. *versus* teen; →T. ♦ *versus* against **v., vs., vs**
VA voltampère ♦ volt-ampere(s) **VA**
VAB, v.a.b. vry aan boord ♦ free on board **FOB, f.o.b.**
VAE Verenigde Arabiese Emirate ♦ United Arab Emirates **UAE**
VAKSA, Vaksa Vakverbondraad van Suid-Afrika ♦ Trade Union Council of South Africa **TUCSA, Tucsa**
val. valuta ♦ currency **cur.**
VAR Verenigde Arabiese Republiek ♦ United Arab Republic **UAR**
VB, V/B vragbrief ♦ bill of lading **BL, B/L**
vb. voorbeeld ♦ example **ex.**
v.b. van bo ♦ from above **fr. above**

VBOO volwassene(-) basiese onderwys en opleiding ♦ Adult Basic Education and Training **ABET, Abet**
v.C. voor Christus ♦ before Christ **B.C., BC**
VCDP Verenigde Christen-Demokratiese Party ♦ United Christian Democratic Party **UCDP**
vCJS variant Creutzfeldt-Jakobsiekte ♦ variant Creutzfeldt-Jacob disease **vCJD**
v.d. van die ♦ of the
vdg. vaandrig ♦ ensign
VDH Vaaldriehoek; Vaaldriehoeks(e) ♦ Vaal Triangle; Vaal Triangle
VDM *Verbi Dei/Divini Minister* bedienaar van die Goddelike woord ♦ *Verbi Dei/Divini Minister* preacher of the Word of God **VDM**
V.D.O., VDO Verdere Diploma in die Onderwys ♦ Further Diploma in Education **FDE**
vdr. vader *(geneal.)*; →VR. ♦ father
VDS verhandelbare depositosertifikaat ♦ negotiable certificate of deposit **NCD**
V.d.S. Van die Skrywer ♦ from the author
veearts. veeartsenykunde; veeartsenykundig(e) ♦ veterinary science; veterinary **vet.**
veek. veekunde ♦ livestock science
VEESA, Veesa Vereniging van Eiendomseienaars van Suid-Afrika ♦ South African Property Owners Association **SAPOA, Sapoa**
veet. veeteelt ♦ stockbreeding
veggenl. veggeneraal ♦ field general
veldm. veldmaarskalk ♦ field marshal **FM**
Ven. Venda ♦ Venda **Ven.**
v. en b., gev. en geb. gevang en geboul *(kr.)* ♦ caught and bowled *(cr.)* **c. and b.**
ver. vereniging ♦ association **assn, assoc.**; society **soc.**
verafr. verafrikaansing; verafrikaans(te) ♦ Afrikaansification; Afrikaansified
verb. verbinding ♦ compound **comp.**
verb. verbuiging *(gram.)* ♦ declension **dec., decl.**
verb., v. *verbum* werkwoord; →WW. ♦ *verbum* verb **v., vb., vb**
verbet. verbetering ♦ correction **corr.**
verd. verdieping ♦ floor **fl.**
verg. vergadering ♦ meeting **mtg**
verg. vergoeding ♦ compensation; payment
verg. vergrotend(e); vergroting ♦ enlarging; enlargement
verg.tr. vergrotende trap; →KOMP. ♦ comparative degree **comp. deg.**
verk. verkort ♦ abridged **abr.**
verkl. verklaar *(kr.)* ♦ declared **decl.**
verklw. verkleinwoord ♦ diminutive **dim.**
verl. verlede ♦ past
verl. verlenging ♦ extension **ext.**
verl.dw. verlede deelwoord; →VOLT.DW. ♦ past participle **pp**
verlosk. verloskunde; verloskundig(e) ♦ obstetrics; obstetric(al) **obstet.**
verl.t. verlede tyd ♦ past (tense)
vermin. verminder ♦ decrease **dec.**
veroud. verouderd(e) ♦ obsolete **obs.**
verpl. verpleegkunde; verpleegkundig(e) ♦ nursing; nursing
versk. verskil; verskillend(e) ♦ difference; different **diff.**
versk. verskuldig(de) ♦ owing
vert. vertaal(de); vertaler; vertaling ♦ translate(d); translator; translation **trans., transl.**
vert. verteenwoordig; verteenwoordigend(e); verteenwoordiging ♦ represent; representative; representation **repr.**
vert. verteller; vertelling ♦ narrator; narration
vert., v. vertrek ♦ room **rm**
verv. vervoeging ♦ conjugation **conj.**
verv. vervolg ♦ continue **cont.**
verw. verweerder ♦ defendant **def.**
verw. verwerk; verwerker; verwerking ♦ process; processor; processing **proc.**
verw. verwysing ♦ reference **ref.**
VETSA, Vetsa Vereniging van Tafelrondes in Suider-Afrika ♦ Association of Round Tables in Southern Africa **ARTSA**
VF Vryheidsfront ♦ Freedom Front **FF**
VG vikaris-generaal ♦ Vicar General **VG**
v.g. *verbi gratia* ter wille van die woord ♦ *verbi gratia* for the sake of the word **v.g.**
VGA ♦ video graphics array **VGA**
v., gev. gevang *(kr.)* ♦ caught *(cr.)* **c.**
VGK Verenigende Gereformeerde Kerk ♦ Uniting Reformed Church **URC**
VGKSA Verenigende Gereformeerde Kerk in Suider-Afrika ♦ Uniting Reformed Church in Southern Africa **URCSA**
vgl. vergelyk; →CF. ♦ *confer(atur)* compare **cf., cp.**
VGU Vrouegholfunie ♦ Ladies' Golf Union **LGU**
vgw., voegw. voegwoord ♦ conjunction **conj.**
vh. voorheen ♦ previously
VHA Vrywillige Hulpafdeling ♦ Voluntary Aid Detachment **VAD**
VHJ voor die huidige jaartelling ♦ Before the Common Era **BCE**
VHK Verdedigingshoofkwartier ♦ Defence Headquarters **DHQ**
VHS ♦ video home system **VHS**
v.h.t.h. van huis tot huis ♦ from house to house
v.hv. vol houervrag ♦ full container load **FCL**
VIGS, Vigs verworwe immuniteitsgebreksindroom/immunogebreksindroom/immuungebreksindroom; →M.I.V., MIV ♦ acquired immune deficiency syndrome **AIDS, Aids**
VIS Vervoerinligtingstelsel ♦ Transport Information System **TIS**
VK Verenigde Koninkryk ♦ United Kingdom **UK**
VK visekanselier ♦ Vice Chancellor **VC**
VK visekonsul ♦ Vice Consul **VC**
VK voetbalklub ♦ Football Club **FC**
vk. veldkornet ♦ Field Cornet **FC**
vk. vierkant; vierkantig(e) ♦ square; square **sq.**
VKK Verenigde Kamers van Koophandel ♦ Association of Chambers of Commerce and Industry **ASSOCOM, Assocom**
VKO videokassetopnemer ♦ video cassette recorder **VCR**
VKRSA Verenigde Krieketraad van Suid-Afrika ♦ United Cricket Board of South Africa **UCBSA**
VKVSAU Visekanseliersvereniging van Suid-Afrikaanse Universiteite ♦ South African Universities Vice-Chancellors' Association **SAUVCA, Sauvca**
vkw. verkleinwoord ♦ diminutive **dim., dimin.**
Vl. Vlaams *(taaln.)*; Vlaams(e); Vlaandere ♦ Flemish *(lang.)*; Flemish; Flanders **Fl.**
v.l. verkeerde letter(beeld) ♦ wrong typeface
vl. vlak, vloer ♦ floor **fl.**
vlg. volgende; →SEQ. ♦ following **fol., foll.**
vlgs. volgens ♦ according to **acc. to**
v.l.n.r. van links na regs ♦ left to right **l. to r.**
VLO Voedsel- en Landbou-organisasie ♦ Food and Agriculture Organisation **FAO**
vloz. vloeistofons ♦ fluid ounce **fl. oz.**
VLS, v.l.s. vry langs skip ♦ free alongside ship **FAS, f.a.s.**
vlsers. vlugsersant ♦ flight sergeant
VLU Vroue-Landbou-unie ♦ Women's Agricultural Union **WAU**
VLV Vroue-Landbouvereniging ♦ Women's Agricultural Association **WAA**
v/m, v.p.m. voet per minuut ♦ feet per minute **FM, fpm, ft/min.**
vm. voormiddag ♦ *ante meridiem* before noon **a.m.**
VM, vm. volmaan ♦ full moon
VMB verenigde munisipale bestuur ♦ united municipal executive **UME**
VN Verenigde Nasies ♦ United Nations **UN**
VNHKV Verenigde Nasies se Hoëkommissariaat vir Vlugtelinge ♦ United Nations High Commissioner for Refugees **UNHCR**
VNI Visserynavorsingsinstituut ♦ Fishing Industry Research Institute **FIRI**
VNNO →UNIDO, UNIDO
vnw. voornaamwoord; voornaamwoordelik(e); →PRON. ♦ pronoun; pronominal **pron.**
v.o. van onder ♦ from below **fr. below**
VOB, vob. vragontvangsbewys ♦ freight received voucher **FRV, f.r.v.**
VOC Vereenigde Oost-Indische Compagnie *(hist.)*; →NOIK ♦ Dutch East India Company **DEIC**
voegw., vgw. voegwoord ♦ conjunction **conj.**
voëlk. voëlkunde; voëlkundig(e) ♦ ornithology; ornithological **ornith., ornithol.**
VOG, v.o.g. vry op goederewa ♦ free on truck **FOT, f.o.t.**
VOK, v.o.k. vry op kaai ♦ free on quay **FOQ, f.o.q.**
vok. vokaal ♦ vowel
vok. vokatief, -tiewe ♦ vocative (case) **voc.**
vol. volume ♦ volume **vol.**
volkek. volkekunde; volkekundig(e) ♦ ethnology; ethnologic(al) **ethnol.**
volksetim. volksetimologie; volksetimologies(e) ♦ popular/folk etymology; popular/folk etymological
volksk. volkskunde; volkskundig(e) ♦ folklore; folkloristic
volm. volmaak(te) ♦ perfect **perf.**
volt. voltooid(e); →PERF.; VOLT.TEENW.T. ♦ perfect (tense) **perf.**
volt.dw. voltooide deelwoord; →VERL. DW. ♦ past participle **pp**
volt.teenw.t. voltooide teenwoordige tyd ♦ perfect (tense) **perf.**
volt.verl.t. voltooide verlede tyd ♦ pluperfect (tense), past perfect (tense)
voors. voorsitter ♦ chairman; president **pres.**
voors., vs. voorsetsel; →PREP. ♦ preposition **prep.**
voorv., vv. voorvoegsel ♦ prefix **pref.**
voorw. voorwerp ♦ object **obj.**
voorw. voorwoord ♦ preface **pref.**
VOS vrye ondernemingsone ♦ free enterprise zone
VOS, v.o.s. vry op spoor ♦ free on rail **FOR, f.o.r.**
VP Verenigde Party *(hist.)* ♦ United Party **UP**
VP visepresident ♦ Vice President **VP**
VP, vp. vriespunt ♦ freezing point **FP, fp**
VPA Vrystaatse Provinsiale Administrasie ♦ Free State Provincial Administration
VPG vloeibare petroleumgas ♦ liquefied petroleum gas **LPG**
VPI verbruikersprysindeks ♦ consumer price index **CPI**
v.p.m., v/m voet per minuut ♦ feet per minute **FM, fpm, ft/min.**
VPR Vrystaatse Provinsiale Regering ♦ Free State Provincial Government
V/R, VR verkope op rekening ♦ account sales **A/S**
VR vrederegter ♦ Justice of the Peace **JP**
Vr. Vrydag ♦ Friday **Fri.**
vr. vader *(relig.)*; →VDR. ♦ Father *(relig.)* **Fr.**
vr., v. vroulik(e); →F., FEM. ♦ feminine **f., fem.**
VRD Van Riebeeck-dekorasie *(hist.)* ♦ Van Riebeeck Decoration **VRD**
VRI Vereniging van Raadgewende Ingenieurs ♦ Association of Consulting Engineers **ACE**
VRM Van Riebeeck-medalje *(hist.)* ♦ Van Riebeeck Medal **VRM**
v.r.n.l. van regs na links ♦ right to left **r. to l.**
VS voorstelselstuk ♦ prepositional phrase

vs., v. *versus* teen; →T. ◆ *versus* against **v., vs., vs**

vs., v. vers ◆ verse **v.**

vs., voors. voorsetsel; →PREP. ◆ preposition **prep.**

VSA Verenigde State van Amerika ◆ United States of America **USA**

VSA Vereniging van Staatsamptenare ◆ Public Servants Association **PSA**

VSAN Vereniging van Suidoos-Asiatiese Nasies ◆ Association of Southeast Asian Nations **ASEAN**

VSB Vroue-Sendingbond ◆ **VSB**

v.sers. vlugsersant ◆ flight sergeant

VSO, v.s.o. verskeper se sertifikaat van ontvangs ◆ shipper's certificate of receipt **SCR**

VSSVSA Verenigde Skolesportvereniging van Suid-Afrika ◆ United Schools Sports Association of South Africa **USSASA, Ussasa**

VT verwys na trekker ◆ refer to drawer **RD, rd**

vt. voet ◆ foot, feet **ft.**

Vulg. Vulgaat, Vulgata ◆ Vulgate **Vulg.**

vulg. vulgêr(e) ◆ vulgar **vulg.**

VUS, v.u.s. vry uit skip ◆ free overside **FOS, f.o.s.**

VV, vv. vragvry(e) ◆ freight free **FF, f.f.**

vv., voorv. voorvoegsel ◆ prefix **pref.**

v.v. *vice versa* omgekeerd ◆ *vice versa* with the order/meaning reversed **vv, v.v.**

v.v. *viva voce* mondelings ◆ *viva voce* by word of mouth **v.v.**

VVB, v.v.b. vry van beskadiging ◆ free from damage **FFD, f.f.d.**

vvm. volvloermat(te) ◆ wall to wall carpet(s)

VVMS Verteenwoordigende Vereniging van Mediese Skemas ◆ Representative Association of Medical Schemes **RAMS**

VVO Verenigde Volke-Organisasie *(hist.)* ◆ United Nations Organisation **UNO**

VVO vertraagde verstandelike ontwikkeling ◆ defective mental development **DMD**

VVV vreemde vlieënde voorwerp ◆ unidentified flying object **UFO**

VWA vierwielaandrywing ◆ four-wheel drive **FWD**

VWGSA Vereniging van Wetsgenootskappe van Suid-Afrika ◆ Association of Law Societies of South Africa **ALSSA**

W

W watt ◆ watt(s) **W**

W. wes; weste; westelik(e) ◆ west; west; westerly, western **W**

W. wissel ◆ bill of exchange **BE, B/E**

w. week ◆ week **w.**

WAG *Woordeboek van Afrikaanse Geneeskundeterme* ◆ **WAG**

WAN wyearea-netwerk ◆ wide area network **WAN**

WAP koordloseapplikasieprotokol; →DTP, KTP ◆ wireless application protocol **WAP**

WASP, Wasp Wit Angel-Saksiese Protestant ◆ White Anglo-Saxon Protestant **WASP, Wasp**

WAT *Woordeboek van die Afrikaanse Taal* ◆ **WAT**

WAV Wet op Arbeidsverhoudinge ◆ Labour Relations Act **LRA**

WB Wêreldbank ◆ World Bank **WB**

WB Wêreldbeker ◆ World Cup **WC**

WB wissel betaalbaar ◆ bill payable **BP, B/P**

Wb weber ◆ weber(s) **Wb**

WBGK Wêreldbond van Gereformeerde Kerke ◆ World Alliance of Reformed Churches **WARC**

wbl. weekblad ◆ weekly (publication) **wkly (pub.), wkly (publ.)**

WBR Wêreldboksraad ◆ World Boxing Council **WBC**

WBV Wêreldboksvereniging ◆ World Boxing Association **WBA**

wd. woord ◆ word **wd**

wdb. woordeboek ◆ dictionary **dict.**

W.Ed. Weledele; →W.ED.HR. ◆ Dear

wed. weduwee ◆ widow

wederk. wederkerend(e); →REFL. ◆ reflexive **refl.**

W.Ed.Hr. Weledele Heer ◆ esquire **Esq.**

weerk. weerkunde; weerkundig(e); →METEOR. ◆ meteorology; meteorological **met., meteor., meteorol.**

W.Eerw. Weleerwaarde ◆ Right Reverend **RR**

W.Eerw.Hr. Weleerwaarde Heer ◆ Reverend (Mister) **Rev(d). (Mr)**

WEKGO Wes-Kaapse Gemeenskapsorganisasie ◆ Western Cape Community Organisation **WECCO**

Wetb. wetboek ◆ statute(s) **stat.**

W.Eur. Wes-Europa; Wes-Europees, -pese ◆ Western Europe; Western European **W.Eur.**

w.g. was geteken ◆ signed **sgd**

w.g. weinig gebruiklik(e) ◆ rare

W.Germ. Wes-Germaans *(taaln.)*; Wes-Germaans(e) ◆ West Germanic *(lang.)*; West Germanic **W.Ger.**

WGK, w.g.k. wortel van die gemiddelde kwadraat ◆ root mean square **rms**

WGO Wêreldgesondheidsorganisasie ◆ World Health Organisation **WHO**

Wh watt-uur ◆ watt-hour **Whr**

WHO Wêreldhandelsorganisasie ◆ World Trade Organisation **WTO**

WI Wes-Indië; Wes-Indies(e) ◆ West Indies; West Indian **WI**

WIPO, Wipo Wêreldorganisasie vir Intellektuele Eiendom ◆ World Intellectual Property Organisation **WIPO, Wipo**

wisk. wiskunde; wiskundig(e) ◆ mathematics; mathematical **math.**

Wits Universiteit van die Witwatersrand ◆ University of the Witwatersrand **Wits**

WK, wk. waterkloset ◆ water closet **WC**

WK wisselkoers ◆ exchange rate **ER, exch. rate, XR**

WKOD Wes-Kaapse Onderwysdepartement ◆ Western Cape Education Department **WCED**

WKPA Wes-Kaapse Provinsiale Administrasie ◆ Provincial Administration Western Cape **PAWC**

WL westerlengte ◆ west(ern) longitude **W. long.**

w/m, w.p.m. woorde per minuut ◆ words per minute **wpm**

wmn., wrn. weerman ◆ private **Pte**

WMO Wêreld Meteorologiese Organisasie ◆ World Meteorological Organisation **WMO**

wnd. waarnemend(e) ◆ acting **actg**

W.NFrk. Wes-Nederfrankies *(taaln.)*; Wes-Nederfrankies(e) ◆ West Low Frankish *(lang.)*; West Low Frankish

WNNR Wetenskaplike en Nywerheidnavorsingsraad ◆ Council for Scientific and Industrial Research **CSIR**

WNT *Woordenboek der Nederlandsche Taal* ◆ **WNT**

WNW wesnoordwes; wesnoordwestelik(e) ◆ west-northwest; west-north-west **WNW**

WO Wêreldoorlog ◆ World War **WW**

Wo. Woensdag ◆ Wednesday **Wed.**

wo. waaronder ◆ among which

WOS wyn van oorsprong superieur ◆ wine of origin superior **WOS**

WP Westelike Provinsie ◆ Western Province **WP**

w.p.m., w/m woorde per minuut ◆ words per minute **wpm**

WPRU Westelike Provinsie-rugbyunie ◆ Western Province Rugby Union **WPRU**

WPU Wêreldposunie ◆ Universal Postal Union **UPU**

WR wetgewende raad ◆ legislative council **Legco**

WRK Wêreldraad van Kerke ◆ World Council of Churches **WCC**

wrn., wmn. weerman ◆ private **Pte**

WS werkwoordstuk ◆ verbal phrase

WS, ws. wisselstroom ◆ alternating current **AC, ac**

WS/GS, ws./gs. wisselstroom/gelykstroom ◆ alternating current/direct current **AC/DC**

wsk. waarskynlik(e) ◆ probable, probably **prob.**

WSW wessuidwes; wessuidwestelik(e) ◆ west-southwest; west-south-westerly **WSW**

W.Tvl. Wes-Transvaal; Wes-Transvaals(e) *(hist.)* ◆ Western Transvaal; Western Transvaal **WTvl**

WV Wetgewende Vergadering ◆ Legislative Assembly **LA**

WV woordverwerker ◆ word processor **WP**

wv. wisselvorm ◆ variant **var.**

WVF Werkloosheidversekeringsfonds ◆ Unemployment Insurance Fund **UIF**

WVK Waarheids-en-versoeningskommissie *(hist.)* ◆ Truth and Reconciliation Commission **TRC**

W.Vl. Wes-Vlaams(e); Wes-Vlaandere ◆ West Flemish; West Flanders

WVLO Wêreldvoedsel-en-landbou-organisasie ◆ World Food and Agriculture Organisation **FAO**

ww. werkwoord; werkwoordelik(e); →V., VERB. ◆ verb **v., vb., vb**; verbal **vb., vb**

WWF Wêreld-Natuurfonds ◆ Worldwide Fund for Nature **WWF**

WWF Wêreldstoeifederasie ◆ World Wrestling Federation **WWF**

WWW, www Wêreldwye Web, wêreldwye web ◆ World Wide Web **WWW**

wynk. wynkunde; wynkundig(e) ◆ viticulture; viticultural

wysb. wysbegeerte ◆ philosophy **phil.**

WYSIWYG wat jy sien, is wat jy kry *(rek.)* ◆ what you see is what you get **WYSIWYG**

X

X Romeinse 10 ◆ Roman numeral 10 **X**

Xh. Xhosa *(taaln.)* ◆ Xhosa (lang.) **Xh.**

XOK Xhosa-ontwikkelingskorporasie *(hist.)* ◆ Xhosa Development Corporation **XDC**

Y

YMCA Christelike Jongmannevereniging; →CJMV ◆ Young Men's Christian Association **YMCA**

YSKOR, Yskor Suid-Afrikaanse Yster en Staal Industriële Korporasie Beperk *(hist.)* ◆ South African Iron and Steel Industrial Corporation **ISCOR, Iscor**

YWCA Christelike Vereniging vir Jong Dames; →CVJD ◆ Young Women's Christian Association **YWCA**

Z

Z. Zoeloe, Zulu *(taaln.)* ◆ Zulu *(lang.)* **Z.**

Zam. Zambië; Zambies(e) ◆ Zambia; Zambian **Zam.**

ZANU, Zanu ◆ Zimbabwe African National Union **ZANU, Zanu**

ZANU (PF), Zanu (PF) ◆ Zimbabwe African National Union Patriotic Front **ZANU (PF), Zanu (PF)**

ZAPU, Zapu ◆ Zimbabwe African People's Union **ZAPU, Zapu**

ZAR Zuid-Afrikaansche Republiek *(hist.)* ◆ South African Republic **SAR**

ZARP, Zarp Zuid-Afrikaansche Republiek, Politie *(hist.)* ◆ **ZARP, Zarp**

ZCC ◆ Zion Christian Church **ZCC**

Zim Zimbabwe; Zimbabwies(e) ◆ Zimbabwe; Zimbabwean **Zim**

English • Afrikaans

Aa

a =*'s, (eerste letter v.d. alfabet)* a; *little* ~ a'tjie; *small* ~ klein a.

A =*'s*, =*s* A; →ABC; *from* ~ *to Z* van A tot Z, van (die) begin tot (die) end. **A1, A-1, A-one** eersteklas, uitstekend, puik, agtermekaar. **A1, A2, A3,** *etc., (papiergrootte)* A1, A2, A3, *ens.; A4 paper* A4-papier. **~-bomb** atoom=, kernbom. ~ **flat** *(mus.)* A-mol. **~-frame** *adj. (attr.)* A-raam-; ~ *house* A-raam-huis. ~ **level** *(Br., opv.)* postmatriekvlak; ~ ~ *maths* wiskunde op postmatriekvlak; *have three* ~ ~*s* (in) drie vakke op postmatriekvlak slaag; *take one's* ~ ~*s* postmatriek skryf/skrywe. **~-line** *adj. (attr.)* A-lyn-; ~ *skirt* A-lyn-romp. **~-OK, ~-okay** *adj., (infml.)* dooddollies, piekfyn, uitstekend, doodreg. ~ **sharp** *(mus.)* A-kruis. ~ **sharp major** *(mus.)* A-kruis majeur. ~ **sharp minor** *(mus.)* A-kruis mineur.

a *lw.* 'n; →AN[1]; ***become*** ~ *dentist* ('n) tandarts word; ~ ***(certain)*** *Col. X* ene kol. X; *in* ~ ***(certain)*** *sense* →SENSE; *R100* ~ ***day*** R100 per/'n (*of* op 'n) dag; *have* ~ ***hand*** *in s.t.* →HAND; *R3,65* ~ ***kilo*** R3,65 per/'n/die kilo; *R500* ~ ***month/week*** R500 per/'n (*of* in die) maand/week; *19 out of* ~ ***possible*** *20 points* 19 uit die 20 moontlike punte; *two* ~ ***rand*** twee vir 'n rand.

Aa·chen *(D.)*, **Aix-la-Cha·pelle** *(Fr.), (geog.)* Aken.

a·a (lava) *(geol.)* aä-lawa.

aard-: **~vark, ant bear** erdvark; *female* ~ erdvarkwyfie; *male* ~ erdvarkmannetjie. **~wolf** *(Proteles cristatus)* erdwolf, maanhaarjakkals, nadroe(jakkals) *(Khoi.)*.

Aa·ron *(OT)* Aäron; ~*'s beard, (bot.)* hertshooi; ~*'s rod, (OT)* Aäron se kierie; *(bot.)* goudroede.

ab·a =*as, (Arab., moulose kleed)* aba; *(geen mv.: kledingstof)* aba.

a·back *(arg.)* agteruit; *(sk.)* bak; *taken* ~ verbaas, verstom, dronkgeslaan, oorbluf, verbluf, uit die veld geslaan, oopmond; ontsteld, onthuts.

ab·a·cus =*cuses,* =*ci* telraam, abakus; *(bouk.)* abakus.

a·baft *(sk.)* agter, na agter, op die agterdek; *with the wind* ~ met die wind van agter.

ab·a·lo·ne *(soöl.)* perlemoen, =moer, *(infml.)* klipkous.

a·ban·don *n.* oorgawe; losheid, vryheid, ongedwongenheid; uitbundigheid, uitgelatenheid; *do s.t. with* ~ iets uitbundig/uitgelate/ongedwonge (*of* met oorgawe) doen. **a·ban·don** *ww.* verlaat *('n plek);* aan sy lot oorlaat *(iem., 'n dier);* verlaat, agterlaat, in die steek laat *(iem. ens.);* weggooi, te vondeling lê *('n kind);* versaak *('n vriend);* laat staan *('n motor, gewoonte);* opgee *(moed);* afstand doen van *(besittings);* oorboord gooi *(beginsels);* afsien van *('n eis);* staak *('n wedstryd);* ~ *a* ***contract*** uit 'n kontrak terugtree; ~ ***all hope*** alle hoop opgee (*of* laat vaar); ~ *a* ***plan*** afsien van 'n plan, 'n plan opgee (*of* laat vaar); ~ ***play*** die spel staak; ~ *a* ***resolution*** van 'n voorstel/beskrywingspunt afstap; ~ ***ship*** →SHIP *n.;* ~ *o.s.* ***to*** ... jou aan ... oorgee; *s.o.* ~*s s.t.* ***to*** ... iem. gee iets aan ... prys. **a·ban·doned** verlate; in die steek gelate; losbandig, sedeloos, onsedelik, verdorwe; uitbundig, uitgelate; ~ *child* weggooikind; ~ *goods* prysgegewe/geabandonneerde goedere. **a·ban·don·ment** verlating, agterlating; afstanddoening, prysgewing, *(jur.)* abandonnement; verlatenheid; losheid, losbandigheid; uitbundigheid, uitgelatenheid; onverskilligheid; verslaafdheid. **a·ban·don·nee** *(versek.)* sessionaris.

a·base verneder, verlaag; ~ *o.s.* jou verneder. **a·basement** vernedering, verlaging.

a·bash·ed verleë, skaam; *be/feel* ~ *at s.t.* oor iets verleë/skaam (*of* in verleentheid) wees, jou oor iets skaam; oor iets onthuts (*of* uit die veld geslaan) wees; *be* ~ *by s.t.* jou deur iets van stryk laat bring. **a·bash·ment** verleentheid, skaamte, beskaamdheid; verbluftheid, onthutsing.

a·bate *(wind)* gaan lê; *(storm)* bedaar; *(pyn)* afneem; *(koors)* daal, afneem; *(ywer, belangstelling)* verflou; *(woede, lawaai)* afneem; verlaag *(belasting);* verlig *(pyn);* verlaag, verminder, afslaan *(prys);* verminder *(skuld);* laat afneem *(trots);* ~ *a nuisance, (jur.)* 'n hinder verwyder/beëindig. **a·bat(e)·a·ble** onderhewig aan afslag. **a·bate·ment** vermindering; bedaring; verflouing; verlaging, vermindering, afslag; korting *(op belasting).*

ab·a(t)·tis =*tis(es), (mil., hist.)* taklaer.

ab·at·toir =*toirs* abattoir, slagplaas, slagplek, *(infml.)* slagpale. ~ **fees** slaggeld.

ab·ax·i·al *(bot.)* abaksiaal.

Ab·ba *(NT)* Abba; ~*, Father* Abba, Vader.

ab·ba·cy =*cies* abskap; ampstermyn van 'n ab/abdis; ampsgebied/regsgebied van 'n ab/abdis. **ab·ba·tial** abdy=, abs=.

ab·bé =*bés, (Fr.)* abbé.

ab·bess abdis, moederowerste.

ab·bey abdy; kloostergemeenskap. ~ **(church)** abdykerk.

ab·bot ab, kloostervader.

ab·bre·vi·ate afkort *(woord ens.);* verkort *(boek, toespraak, ens.);* inkort *(vakansie ens.);* ~ *to* afkort tot.

ab·bre·vi·a·tion afkorting; verkorting; inkorting; *s.t. is the* ~ *for* ... iets is die afkorting van ... ~ **mark** afkort(ings)teken.

ABC *(alfabet)* ABC; *(fig.)* ABC, eerste beginsels, grondbeginsels; *it's as easy as* ~ dis doodmaklik/kinderspeletjies.

ab·di·cate *(koning, koningin)* abdikeer; *(pous)* sy amp neerlê; ~ *one's responsibilities* jou verantwoordelikhede van jou afskuif/afskuiwe; ~ *one's rights* afsien van jou regte, jou regte prysgee; ~ *(the throne)* abdikeer, afstand doen van die troon. **ab·di·ca·tion** abdikasie, troonsafstand, afstanddoening van die troon; neerlegging; prysgewing. **ab·di·ca·tor** troonverlater.

ab·do·men, ab·do·men *(anat.)* abdomen *(fml.)*, buik, onderlyf; agterlyf *(v. insek); lower* ~ onderbuik. **ab·dom·i·nal** abdominaal, buik=; ~ ***bandage*** buikverband; ~ ***breathing*** buikasemhaling; ~ ***cavity*** buikholte; ~ ***exercise*** buikspieroefening; ~ ***hernia*** buikbreuk; ~ ***injury/wound*** buikwond; ~ ***muscle*** buikspier; ~ ***operation*** buikoperasie; ~ ***region*** buikstreek; ~ ***wall*** buikwand. **ab·dom·i·nos·co·py** abdominoskopie. **ab·dom·i·nous** *(w.g.)* dikbuikig, korpulent, swaarlywig.

ab·du·cent *(anat.)* afvoerend, afvoer=; ~ *nerve* wegtreksenu(wee).

ab·duct ontvoer, skaak, wegvoer; *(med.)* wegtrek, *(fml.)* abduseer. **ab·duc·tion** ontvoering, skaking, wegvoering, menseroof; *(med.)* abduksie.

ab·duc·tor ontvoerder, skaker. ~ **(muscle)** wegtrekspier, *(fml.)* abduktor(spier).

a·beam *(sk.)* dwars(skeeps); ~ *of* dwars van; ~ *of the ship* dwarsskeeps.

a·bed *(arg.)* in die bed; *be/lie* ~ in die bed wees/lê.

A·bed·ne·go *(OT)* Abednego.

A·bel *(OT)* Abel.

a·bele, a·bele *(bot.)* abeel(boom), wit=, silwerpopulier.

a·be·li·a *(bot.)* abelia.

a·bel·mosk *(bot.)* abelmos.

Ab·er·deen *(geog.)* Aberdeen. **Ab·er·do·ni·an** *n.* Aberdeen. **Ab·er·do·ni·an** *adj.* Aberdeens.

ab·er·de·vine *(orn.)* →SISKIN.

ab·er·rant afwykend, abnormaal. **ab·er·rance, ab·er·ran·cy** afwyking. **ab·er·ra·tion** afwyking, abnormaliteit; afdwaling, misstap, fout; *(rek.)* storing; *(opt., astron.)* aberrasie; *(mental)* ~ afwesigheid (van gees).

a·bet =*tt*= aanhits, ophits, opstook, aanmoedig, aanspoor; help, steun; *aid and* ~ *s.o.* iem. aanmoedig/bystaan, met iem. medepligtig wees *(aan 'n misdaad).* **a·bet·ment** aanhitsing, ophitsing, aanmoediging, aansporing; steun, hulp, bystand. **a·bet·tor, a·bet·ter** aanhitser, ophitser, opstoker, aanspoorder; handlanger *(by misdaad);* →AIDER.

a·bey·ance stilstand, opskorting; afwagting; ***be in*** ~*, (gebruik)* in onbruik wees; *(reël, wet)* opgeskort (*of* tydelik kragteloos) wees; *(saak)* hangende/onbeslis/onuitgemaak wees; *(titel)* (tydelik) afgeskaf wees; ***fall into*** ~ in onbruik raak; *(reël, wet)* kragteloos word; ***hold*** *s.t. in* ~ iets vir 'n onbepaalde tyd uitstel; ***keep*** *s.t. in* ~ iets agterweë hou; iets swewend hou *(erfregte);* ***leave*** *s.t. in* ~ iets laat oorstaan (*of* hangende laat); ***remain*** *in* ~ agterweë bly. ~ **file** waglêer, lêer vir onafgehandelde sake.

ab·hor =*rr*= verafsku, verag, verfoei, 'n afsku/afkeer hê van, gru vir. **ab·hor·rence** afsku, verafskuwing; veragting; gruwel; *have an* ~ *of s.t.* 'n afsku van iets hê; *hold s.o./s.t. in* ~ iem./iets verafsku/verfoei, van iem./iets walg. **ab·hor·rent** afskuwelik, verfoeilik, haatlik, afstootlik, weersinwekkend, walglik; vol afsku; *s.o. finds s.t.* ~*, s.t. is* ~ *to s.o.* iem. verafsku iets, iets is vir iem. afskuwelik. **ab·hor·rer** verfoeier, veragter, verafskuwer.

Ab·i·a·thar *(OT)* Abjatar.

a·bide *abides abiding abided/abode* voortbestaan; volhard; wag op, afwag; *(infml.)* verdra, uitstaan, veel; *(arg.)* vertoef, bly, woon; →ABODE *n.;* ~ ***by*** ... hou/nakom *(belofte);* ... nakom *(reëls, voorwaardes);* jou neerlê by (*of* berus in) ... *('n besluit);* ... dra *(gevolge);* ... aanvaar *(uitslag);* jou onderwerp aan ... *('n uitspraak);* aan ... vashou, by ... bly *(beginsels, 'n oortuiging, 'n standpunt, ou gebruike);* ~ ***by*** *the law* die wet nakom/gehoorsaam, by die wet bly, jou aan die wet hou; *I* ~ ***by*** *what I said* ek bly by wat ek gesê het. **a·bid·ance:** ~ *by the rules/laws* nakoming van die reëls/wette. **a·bid·ing** blywend, bestendig, durend, vas.

Ab·i·gail *(OT)* Abigajil.

ab·i·gail *(arg.)* diens=, kamermeisie.

a·bil·i·ty =*ties* bekwaamheid, vermoë, bevoegdheid, geskiktheid; knapheid; kundigheid; (geestes)gawe, talent, aanleg; *to the best of s.o.'s* ~ na iem. se beste vermoë, so goed (as [wat]) iem. kan, so goed moontlik; *have the* ~ *to* ... die vermoë hê om te ... ~ **test** vermoëtoets.

Ab·im·e·lech *(OT)* Abimelek.

ab in·i·ti·o *(Lat.)* van die begin af.

a·bi·o·gen·e·sis *(biol.)* abiogenese, selfontstaan, spontane generasie. **a·bi·o·ge·net·ic** abiogeneties.

ab·ject ellendig, rampsalig, jammerlik; kruiperig, onderworpe, onderdanig; veragtelik; gemeen, laag; *an* ~ *apology* 'n kruiperige verontskuldiging; *in* ~

misery in die diepste ellende; ~ *obedience* slaafse gehoorsaamheid; *in ~ poverty* in volslae armoede. **ab·jec·tion** vernedering; ellende; veragtelikheid. **ab·ject·ly** op 'n lae/veragtelike/kruiperige manier. **ab·ject·ness** verworpenheid, laagheid, veragtelikheid; kruiperigheid.

ab·jure *(fml.)* afsweer, verloën, versaak, herroep. **ab·ju·ra·tion** afswering, verloëning, versaking.

ab·lac·ta·tion ablaktasie, spening (van die bors).

ab·late *(med.)* verwyder, afsit, amputeer; *(geol.)* wegvreet, erodeer; afslyt, laat wegsmelt. **ab·la·tion** *(med.)* ablasie, verwydering, amputasie; *(geol.)* ablasie, erosie, wegvreting; *(ruimtev.)* ablasie, afslyting, wegsmelting.

ab·la·tive *(gram.)* ablatief, sesde naamval.

ab·laut *(D.)(ling.)* ablaut, vokaal=, klinkerwisseling.

a·blaze aan die brand; glansend, skitterend; *(fig.)* vuur en vlam, opgewonde; ***be*** ~ aan die brand wees, in vlamme (*of* in ligte laaie) staan; *be ~ with **colour*** in 'n kleuregloed gehul wees; *be ~ with **light*** helder verlig wees; ***set** s.t.* ~ iets aan die brand steek; iets helder laat brand (*of* laat opvlam); *be ~ **with** ...* gloeiend van ... wees *(opwinding, woede, ens.)*.

a·ble bekwaam, knap, bevoeg; *be ~ to do s.t.* iets kan doen, in staat wees om iets te doen, tot iets in staat wees; *be ~ to ..., (ook)* by magte wees om te ...; die geleentheid hê (*of* in die geleentheid wees) om te ...; *be ~ in body and mind* gesond van liggaam en gees wees. **~-bodied** sterk/fris (gebou[d]), gesond, liggaamlik geskik, weerbaar. **~(-bodied) seaman** bevare seeman/matroos. **a·bled** niegestrem(d), gesond, normaal; →DIFFERENTLY ABLED. **a·bl(e)·ism** diskriminasie teen gestremdes. **a·bly** knap, behendig, op bekwame wyse.

a·bloom *adj. (pred.)* in (volle) bloei; *a park ~ with roses* 'n park vol bloeiende rose.

ab·lu·tion *(RK)* ablusie, rituele wassing/reiniging; was(sing); *(i.d. mv., mil., infml.)* wasplek; *perform one's ~s* jou was. ~ **block** waskamers, ablusieblok, =gebou. ~ **tub** wasbalie.

ab·ne·gate *(fml.)* ontsê; afstaan, afstand doen van, afsien van *(regte, voorregte, mag)*; *~ one's religion* jou godsdiens verloën, jou geloof afsweer/versaak; *~ o.s. s.t.* jou iets ontsê. **ab·ne·ga·tion** ontsegging; verloëning, afswering, versaking; *(self-)~* selfverloëning, selfversaking.

ab·nor·mal abnormaal, onreëlmatig, afwykend; buitengewoon, teen die reël; wanvormig, gebreklik, misvorm(d); sieklik; *~ psychology* abnormale sielkunde. **ab·nor·mal·i·ty** abnormaliteit, onreëlmatigheid, afwyking; wanstaltigheid, wanskapenheid; misvorming, misvormdheid, gebreklikheid; *cardial ~* hartafwyking. **ab·nor·mi·ty** →ABNORMALITY. **ab·nor·mous** →ABNORMAL.

Ab·o *=os, (afk., infml., neerh.)* (Australiese) inboorling; →ABORIGINAL.

a·board aan boord; *all ~!* opklim!, instap!; *~ the ...* aan boord van (*of* op) die ... *(skip, vliegtuig)*, in die ... *(trein, bus)*.

a·bode *n., (fml., ret.)* woon=, blyplek, verblyf(plek), woning, tuiste; *of/with no fixed ~* sonder vaste adres/verblyf; *a humble ~* 'n nederige woning, 'n pondok; *take up one's ~ somewhere* êrens jou intrek neem.

a·boil *(lett. & fig.)* aan die kook.

a·bol·ish afskaf; ophef; herroep; opgee. **a·bol·ish·er** afskaffer, vernietiger. **ab·o·li·tion, a·bol·ish·ment** afskaffing; opheffing; herroeping; (die) opgee. **ab·o·li·tion·ist** afskaffer *(v.d. slawehandel ens.)*.

ab·o·ma·sum *=masa, (soöl.)* melkpens, lebmaag.

a·bom·i·na·ble afskuwelik, verfoeilik, haatlik, walglik, gruwelik; *A~ Snowman* →YETI. **a·bom·i·na·ble·ness** afskuwelikheid, verfoeilikheid. **a·bom·i·na·bly** verskriklik, vreeslik, aaklig, afgryslik, afskuwelik, afstootlik; *~ rude* uiters/verskriklik onbeskof. **a·bom·i·nate** verafsku, verfoei, haat. **a·bom·i·na·tion** verafskuwing, verfoeiing; afskuwelikheid; verfoeisel; gruwel; *have an ~ of s.t., hold s.t. in ~* iets verafsku, 'n afsku van iets hê; *be an ~ to s.o., be held in ~ by s.o.* vir iem. 'n gruwel (*of* 'n voorwerp van afsku) wees; *be an ~ unto the Lord, (Byb.)* 'n gruwel voor die Here wees.

ab·o·ral *(soöl.)* aboraal.

Ab·o·rig·i·nal, Ab·o·rig·i·ne *n.* Australiese inboorling. **Ab·o·rig·i·nal** *adj.* met betrekking tot (*of* van) die Australiese inboorlinge.

ab·o·rig·i·nal *adj.* oorspronklik, inheems, outogtoon, outochtoon; *~ race* stamvolk.

ab·o·rig·i·ne *n.* inboorling, oorspronklike bewoner, eerste inwoner, oerinwoner, outogtoon, outochtoon.

a·bort *(meisie, vrou)* 'n miskraam hê, ontydig beval, aborteer; *(vrug)* afkom; *(plant)* wegkwyn, ophou om te ontwikkel, nie tot volledige ontwikkeling kom nie, aborteer; *(fig.)* misluk, tot 'n ontydige einde kom, skipbreuk ly, op niks uitloop nie; *(med.)* afdryf *(vrug)*, stuit *(siekte)*; *(fig.)* (voortydig) beëindig *(sending ens.)*; *(lugv.)* afbreek, nie voltooi nie *(vlug)*; *(rek.)* skrap *(teks op skerm)*; *(rek.)* staak *(program)*.

a·bor·tee meisie/vrou wat 'n aborsie/vrugafdrywing ondergaan.

a·bor·ti·fa·cient *n., (med.)* aborteermiddel, (vrug)=afdryfmiddel. **a·bor·ti·fa·cient** *adj.* abortief, (vrug)=afdrywend.

a·bor·tion aborsie, vrugafdrywing, abortus; miskraam, ontydige bevalling, misgeboorte, misdrag; misgewas, misbaksel, monster; ***complete*** ~ volledige miskraam; brucellose *(by diere)*; ***contagious*** ~ besmetlike misgeboorte; ***incomplete*** ~ onvolledige/verborge miskraam; ***induced*** ~ kunsmatige miskraam; ***procure*** ~ vrugafdrywing bewerk, die vrug afdryf; ***septic*** ~ septiese miskraam; ***spontaneous*** ~ spontane miskraam; ***threatened*** ~ dreigende miskraam. ~ **clinic** aborsiekliniek. ~ **pill** aborsiepil.

a·bor·tion·ist vrugafdrywer, aborteur.

a·bor·tive abortief, onvoldrae; vrugafdrywend; ontydig, vroeg; misluk, vrugteloos; gebrekkig. **a·bor·tive·ness** mislukking.

a·bor·tu·ar·y *=ies, (neerh.: aborsiekliniek)* fetuslykshuis.

a·bou·li·a →ABULIA.

a·bound volop/oorvloedig wees, in oorvloed (*of* groot getalle) voorkom; *~ in/with ...* ryk aan ... wees, vol ... wees; oorvloei van ...; krioel/wemel van ...

a·bout *adv.* ongeveer, byna, amper, omtrent, naaste(n)by, min of meer; rond, rondom; om; ***be*** ~ (al) op wees; hier êrens/iewers/rond wees, in die rondte/omtrek wees; ***be** ~ s.t.* met iets besig wees; ***bring*** ~ →BRING; ***come*** ~ →COME; *be **early** ~* vroeg opstaan; ***get*** ~ →GET; ***go*** ~ →GO *ww.*; ***hang*** ~ →HANG *ww.*; *~ **here*** hier rond, hier in die buurt/omtrek; omtrent (*of* min of meer) hier; ***just** as s.o. was ~ to ...* net toe iem. wou ...; *~ 10 **kilograms*** ongeveer (*of* 'n stuk of) 10 kilogram; ***look*** ~ →LOOK *ww.*; *~ ten **o'clock*** omtrent (*of* om en by) tienuur; *at ~ ten **o'clock*** (so) teen tienuur, teen tienuur se kant; *~ **there*** daar rond; omtrent (*of* min of meer) daar; *there is **thunder** ~* daar is donderweer in die lug; *be ~ **to** ...* op die punt staan/wees om te ...; *be ~ **to** leave for ...* binnekort (*of* een van die dae) na ... (*of* ... toe) vertrek; *it's ~ **to** rain* dit gaan netnou/nou-nou reën; *we are ~ **to** run out of sugar* die suiker is amper op; ***turn*** *(and turn)* ~ →TURN *n.*; *s.o is **up** and* ~ →UP *adj. & adv.*; ***walk*** ~ →WALK *ww.*; *it is a long **way*** ~ →WAY; *the other **way*** ~ →WAY. **a·bout** *prep.* om, rondom; omheen; ***ask*** *~ ...* na ... verneem/vra; ***beat** s.o. ~ the head* iem. op die kop (*of* om die ore) slaan; *send s.o. ~ his/her **business*** →BUSINESS; ***do** s.t. ~ a matter* iets aan 'n saak doen, werk maak van iets; *there is no **doubt** ~ it* daar is geen twyfel aan nie, dit ly geen twyfel nie; ***dream** ~ s.o.* van iem. droom; ***forget** (~) s.t.* →FORGET; ***forget** all ~ it* →FORGET; ***go** ~ s.t.* →GO *ww.*; *it was ~ **here*** dit was omtrent hier; *~ the **house*** (rond)om die huis; ***how** ~ ...?* hoe lyk dit met ...?; *that's **just** ~ it* so is dit ongeveer/naaste(n)by; ***know** ~ s.t.* →KNOW *ww.*; *what I **like** ~ him/her* wat my by/in hom/haar trek; *~ this **matter*** →MATTER *n.*; *have **money** ~ one* geld by jou hê; *~ one's **neck*** om die nek; ***read** all ~ it!* lees alles daarvan!; ***read/talk** ~ s.t.* van/oor iets lees/praat; *that's one **thing** ~ him/her* →THING; *~ **town*** in die stad (rond); ***what** are you ~?* waarmee is jy besig?; wat voer jy uit?; wat gaan jy doen?; ***what** ~ it?* wat daarvan?; ***what** is it ~?* waaroor gaan/handel dit?; ***what** is it all ~?* wat beteken dit alles?; *~ **which*** waaroor, waarvan; ***while** you're ~ it* terwyl jy (tog) daarmee besig is; sommer terselfdertyd; *~ **whom*** oor/van wie. **~-turn,** *(Am.)* **~-face** *n., (mil.)* regsomkeer; *(fig.)* regsomkeer, om(me)keer, om(me)swaai; *do an ~, (mil.)* omkeer; *(fig.)* 'n regsomkeer maak, bol(le)makiesie slaan, heeltemal van deuntjie/standpunt verander, (kort) omspring, omswaai. **~-turn,** *(Am.)* **~-face** *ww., (mil.)* omkeer; *(fig.)* 'n regsomkeer maak, bol(le)makiesie slaan, heeltemal van deuntjie/standpunt verander, (kort) omspring, omswaai. ~ **turn,** *(Am.)* ~ **face** *tw., (mil.)* omkeer.

a·bove *adj. (attr.)* bogenoemde, bostaande. **a·bove** *adv.* omhoog, bo, bokant, bo-op, bo-oor; hier bo, hierbo; *from ~* van bo (af), van omhoog. **a·bove** *prep.* bo; (bo-)oor; (bo-)op, bo(kant); meer as; *~ **all*** veral, bowe(n)al, in die eerste plek/plaas; *be ~ **board*** eerlik/reguit wees, bo (alle) verdenking staan/wees, onbewimpeld wees; oop kaarte speel; *not be ~ **board*** onderduims wees; →ABOVEBOARD; *be ~ **ground*** bogronds (*of* bo die grond) wees; *(fig.)* (nog) lewe; →ABOVEGROUND; ***marry** ~ one* bo jou stand trou; *that's ~ **me*** (or *my **head***) dis bo(kant) my vuurmaakplek, dis vir my te hoog, dis bo my begrip; *be ~ **meanness*** bo gemeenheid verhewe wees; *be ~ **o.s.*** verwaand/aanstellerig (*of* vol pretensie[s]) wees, aan 'n grootheidswaan ly; uitgelate wees; *be ~ **suspicion*** →SUSPICION; *~ **water*** bo water; *honour ~ **wealth*** eer bo rykdom. **~board** *adj. (attr.)* eerlike, openhartige, reguit; rondborstige; billike. **~ground** *adj. (attr.)* bogrondse; *(fig.)* lewende, lewendige. **~mentioned, ~named, ~said** *adj. (attr.)* bogenoemde, bostaande, voor(ge)noemde, voor(ge)melde, bogaande, bovermelde, bogemelde, hiervoor (*of* hier voor) genoemde. **~-the-line** *adj. (attr.): ~ advertising* mediareklame; *~ profits* wins na rente en voor belasting.

ab o·vo *(Lat.)* van die begin af.

ab·ra·ca·dab·ra *tw.* abrakadabra; toorwoord; onsin, brabbel=, wartaal, koeterwaals.

a·brade (af)skaaf, (af)skawe, (af)skuur; afvryf, afvrywe, afslyp. **a·bra·dant** *n. & adj.* →ABRASIVE. **a·bra·ded** nerfaf. →ABRASION.

A·bra·ham *(OT)* Abraham; *in ~'s bosom* in Abrahams (*of* Abraham se) skoot, in die hemel/paradys.

a·bra·sion afskawing, (af)slyting, afslyping, afskuring; skaafwond, skaaf=, skuurplek. ~ **resistance** slytweerstand.

a·bra·sive *n.* skuur=, slypmiddel. **a·bra·sive** *adj.* (af)skurend, (af)skawend, afslytend, afslypend, skuur=, slyp=; *~ **paper*** skuurpapier; *~ **personality*** hoekige/kwasterige persoonlikheid; *~ **powder*** skuur=, slyppoeier; *~ **tools*** slypgereedskap.

ab·re·act *(psig.)* abreageer. **ab·re·ac·tion** abreaksie.

a·breast langs/naas mekaar, op 'n ry, in gelid; ***be/keep** ~ of s.t.* op (die) hoogte van iets wees/bly; ***come** ~ of s.o./s.t.* met iem./iets gelyktrek; *~ **of** s.o./s.t.* langs iem./iets.

a·bridge verkort, afkort, bekort; *(fig.)* inkort, beperk *(regte, voorregte, ens.)*; *an ~d edition* 'n beknopte uitgawe. **a·bridg(e)·ment** verkorting, afkorting, bekorting; inkorting, beperking; uittreksel, kortbegrip.

a·broad *adv.* in die buiteland, buite(ns)lands, uitlandig; van huis; *(fig.)* in omloop; *be **all** ~* die kluts kwyt (*of* heeltemal in die war) wees; ***back from*** ~ terug uit die buiteland/vreemde; *there is a **dangerous spirit*** ~ daar heers 'n gevaarlike gees; ***from*** ~ uit die buiteland; ***get** ~, (fig.)* rugbaar word; ***go*** ~ na die buiteland gaan; *at **home** and* ~ binne(ns)- en buite(ns)lands; *there is a **rumour*** ~ 'n gerug doen die rond(t)e (*of* is in omloop), daar gaan/loop 'n gerug, 'n gerug lê rond.

ab·ro·gate herroep, intrek, ophef, afskaf, abrogeer; *be ~d by disuse* deur onbruik verval. **ab·ro·ga·tion** herroeping, intrekking, opheffing, afskaffing, abrogasie.

ab·rupt kortaf, abrup, bruusk; skielik, plotseling, onverwags; steil. **ab·rup·tion** plotselinge afbreking; (die) wegbreek; *(med., teg.)* abrupsie. **ab·rupt·ly** kortaf; skielik, plotseling, onverwags. **ab·rupt·ness** kortheid, abruptheid, kortaf manier; oorhaastigheid; skielikheid.

A·bruz·zi *(geog.)* Abruzze.

ab·scess sweer, verswering, ettergeswel, abses.

ab·scise afsny; afsnoer; *(bot.)* ontheg. **ab·scis·sion** afsnyding; afsnoering; afskeuring; skeiding.

ab·scis·sa *-sas, -sae, (wisk.)* absis.

ab·scond vlug, wegloop, dros, verdwyn, op die vlug gaan/slaan, laat spat, die wyk neem; *~ing debtor* voortvlugtige skuldenaar. **ab·scond·er** wegloper, droster.

ab·seil *ww., (D.: met 'n tou afsak)* abseil.

ab·sence afwesigheid; gebrek; *(jur.)* ontstentenis; verstrooidheid; *(psig.)* absens; *be **conspicuous** by one's ~* skitter deur jou afwesigheid; *~ makes the **heart** grow fonder* afwesigheid maak meer bemind (*of* versterk die liefde); *do s.t. **in** s.o.'s ~* iets in iem. se afwesigheid doen; ***in** the ~ **of** ...* by afwesigheid van ... *(iem., iets);* by gebrek aan ... *(iets);* by gemis aan/van ... *(iets); ~ without **leave*** afwesigheid sonder verlof, ongemagtigde afwesigheid; *~ of **mind*** verstrooidheid, afgetrokkenheid; *in the ~ of **proof** to the contrary, (jur.)* behoudens teenbewys; *in the ~ of **provisions** to the contrary, (jur.)* tensy anders bepaal, behoudens (*of* by afwesigheid/ontstentenis van) andersluidende bepalinge.

ab·sent *adj.* afwesig, absent; verstrooid, afgetrokke; *be ~ **from** ...* van ... afwesig wees; *be ~ without **leave*** sonder verlof afwesig wees; *be ~ from **town*** uitstedig wees. **ab·sent** *ww.: ~ o.s. from ...* van ... wegbly (*of* afwesig wees). **~-minded** verstrooid, ingedagte, afgetrokke; vergeetagtig; in 'n dwaal. **~-mindedness** verstrooidheid, afgetrokkenheid, ingedagtigheid.

ab·sen·tee afwesige; tuisblyer, wegblyer. **~ landlord** elders wonende verhuurder/eienaar, verhuurder/eienaar in absentia.

ab·sen·tee·ism afwesigheid, absenteïsme; tuisblyery, wegblyery.

ab·sen·tia: *in ~, (Lat., jur.)* in absentia, in iem. se afwesigheid, by verstek; *degree in ~* graad in absentia.

ab·sent·ly ingedagte.

ab·sinth(e) *(bot.)* als, alsem(kruid), absint; *(likeur)* absint.

ab·so·lute volslae, volstrek, volkome, suiwer, skoon; onvoorwaardelik, onbeperk; totaal, absoluut; *~ **alcohol*** absolute/suiwer/onvermengde alkohol; *~ **magnitude**, (astron.)* absolute helderheid; *~ **majority*** volstrekte meerderheid; *~ **nonsense*** pure/louter(e) onsin/bog/snert; *~ **pitch**, (mus.)* absolute gehoor/toonhoogtesin; absolute toonhoogte; *~ **proof*** onbetwisbare/onweerlegbare bewys; *~ **rest*** volkome rus; *~ **ruler*** absolute heerser, alleenheerser; *~ **temperature*** absolute temperatuur; ***the** ~* die absolute; *~ **weight*** absolute gewig; *~ **zero**, (chem., fis.: -273.15°C, -459.67°F)* absolute nulpunt. **ab·so·lute·ly** volstrek, beslis *(weier);* volkome *(saamstem);* ten volle *(vertrou);* regtig *(waar);* streng *(verbode);* heeltemal *(gek, mal);* ten sterkste *(ontken);* absoluut *(onmoontlik, seker, verskriklik, verstommend);* vas *(glo);* werklik *(aaklig, pragtig); ~ **necessary*** broodnodig; *~ **not*** volstrek/hoegenaamd/beslis nie; *~ **nothing*** absoluut/hoegenaamd niks (nie); *it's ~ **pouring down*** dit sous behoorlik; *~ **stunning*** ongelooflik mooi; absoluut verruklik; *do ~ no **work*** geen (*of* nie 'n) steek (werk) doen nie. **ab·so·lute·ness** volstrektheid, onbeperktheid, absoluutheid; onbeperkte mag; willekeur. **ab·so·lu·tise, -tize** *(filos., teol.)* verabsoluteer. **ab·so·lut·ism** absolutisme, alleenheerskappy, (leer van die) onbeperkte mag. **ab·so·lut·ist** *n.* absolutis. **ab·so·lut·ist** *adj.* absolutisties.

ab·solve vergeef, vergewe, absolusie gee; vryspreek; kwytskeld, onthef, ontslaan; *~ s.o. from **blame*** iem. van blaam onthef; *~ s.o. from **guilt*** iem. vryspreek; *~ s.o. from a **promise*** iem. van 'n belofte ontslaan; *~ s.o. from **responsibility*** iem. van verantwoordelikheid onthef (*of* van aanspreeklikheid ontslaan); *~ s.o. of his/her **sins*** iem. sy/haar sondes vergeef/vergewe/kwytskeld. **ab·so·lu·tion** *(relig.)* absolusie, vergif(fe)nis; vryspraak; kwytskelding, ontheffing; ***give** ~, (relig.)* absolusie gee, kwytskelding/vryspraak verleen; ***grant** ~, (jur.)* absolusie toestaan; *~ from the **instance**, (jur.)* absolusie van die instansie. **ab·sol·u·to·ry** vrysprekend, kwytskeldend.

ab·sorb absorbeer, opsuig, opslurp, opneem; insluk, verslind; in beslag neem *(tyd);* demp *(geluid);* dra *(koste); be ~ed in ...* in ... verdiep wees *('n boek ens.),* in ... opgaan *(jou gesin/werk/ens.),* in ... verdiep/versonke wees *(gedagtes ens.); become ~ed in s.t.* in iets verdiep raak; *be ~ed by/into the crowd* deur die skare verswelg word. **ab·sorb·a·ble** opsuigbaar, opneembaar. **ab·sorb·en·cy** absorpsievermoë. **ab·sorb·ent** *n.* absorbeer-, opsuigmiddel, absorbeerstof. **ab·sorb·ent** *adj.* absorberend, opsuigend, opslurpend; *~ cotton, (Am.)* →COTTON WOOL. **ab·sorb·ing** absorberend; interessant, meevoerend; *an ~ book* 'n boeiende boek. **ab·sorp·ti·om·e·ter** *(fis.)* absorpsiemeter. **ab·sorp·tion** absorpsie, opsuiging, opslurping, opneming, inlywing, absorbering; verdieptheid; demping *(v. geluid); power of ~* suigkrag, absorpsievermoë. **ab·sorp·tive** absorberend, opsuigend; *~ capacity* absorpsie-, opneem-, opnemings-, opsuigvermoë; *~ power* suigkrag. **ab·sorp·tiv·i·ty** *(fis.)* absorpsievermoë.

ab·stain jou onthou; *~ from alcohol/drinking* nie drink (*of* sterk drank gebruik) nie, *(infml.)* van sterk drank wegbly, *(fml.)* jou van alkohol(gebruik) (*of* sterk drank) onthou; *kindly ~ from ...* moet asseblief nie ... nie; *~ from smoking* nie rook nie; *~ (from voting)* buite stemming bly. **ab·stain·er** afskaffer, onthouer; *total ~* geheelonthouer. **ab·sten·tion** onthouding; *~ from the vote* (*or voting*) onthouding/weerhouding van stemming; *there were two ~s* twee het buite stemming gebly, daar was twee onthoudings/niestemmers.

ab·ste·mi·ous onthoudend, matig. **ab·ste·mi·ous·ness** onthouding, matigheid. →ABSTAIN.

ab·ster·gent *(w.g.)* reinigend, suiwerend.

ab·sti·nence onthouding; matigheid; *s.o.'s ~ from s.t.* die feit dat iem. hom/haar van iets onthou *(drank ens.); total ~* geheelonthouding, afskaffing. **ab·sti·nen·cy** onthouding, matigheid, soberheid. **ab·sti·nent** onthoudend, matig, sober. →ABSTAIN.

ab·stract *n.* uittreksel; opsomming, samevatting, kortbegrip; afgetrokkenheid, afgetrokke begrip, abstraksie; abstrakte skildery; *make an ~ of s.t.* 'n opsomming van iets maak; *in the ~* op sigself beskou, *(Lat.)* in abstracto. **ab·stract** *adj.* afgetrokke; diepsinnig; abstrak; *~ expressionism, (skilderkuns)* abstrakte ekspressionisme; *~ number* onbenoemde getal. **ab·stract** *ww.* abstraheer; abstrak dink *(oor);* ekserpeer, 'n uittreksel maak; *(teg.)* onttrek, aftrek, uittrek; *(euf., arg.)* steel, vaslê, gaps; *~ metal from ore* metaal uit erts win; *~ s.t. from ...* iets uit ... haal/trek. **ab·stract·ed** verstrooid, ingedagte, afgetrokke, in gedagtes verdiep/versonke; *an ~ stare* 'n afwesige blik. **ab·stract·ed·ly** ingedagte, afgetrokke. **ab·stract·ed·ness** verstrooidheid, afgetrokkenheid, ingedagtigheid. **ab·strac·tion** verstrooidheid, afgetrokkenheid, afwesigheid; abstrahering; abstraksie, abstrakte begrip/term; abstrakte kunswerk; *(teg.)* onttrekking, aftrekking. **ab·strac·tion·ism** abstraksionisme. **ab·stract·ness** abstraktheid.

ab·stric·tion *(bot.)* afsnoering.

ab·struse duister, verborge; moeilik verstaanbaar; obskuur, esoteries. **ab·struse·ness** duisterheid, verborgenheid; onverstaanbaarheid; obskuriteit.

ab·surd absurd, onsinnig, belaglik, dwaas, ongerymd; *theatre of the ~* absurde teater. **ab·surd·ism** *(filos.)* absurdisme. **ab·surd·ist** *n.* absurdis. **ab·surd·ist** *adj.* absurdisties. **ab·surd·i·ty, ab·surd·ness** absurditeit, onsinnigheid, belaglikheid, dwaasheid, ongerymdheid; onding.

a·bu·li·a, a·bou·li·a *(psig.: [sieklike] willoosheid/besluiteloosheid)* ab(o)ulie.

a·bun·dance oorvloed, rykdom, menigte, volheid, veelheid; volopheid, volopte; weligheid *(v. plantegroei);* weelde *(v. blomme); ... in ~, an ~ of ...* volop ..., ... in oorvloed; 'n weelde van (*of* 'n rykdom aan) ...; *out of the ~ of the heart the mouth speaketh* →FUL(L)NESS/OVERFLOW OF THE **HEART**. **a·bun·dant** oorvloedig, ryk(lik), volop; ruim; *~ vegetation* welige plantegroei. **a·bun·dant·ly** ryklik, ruimskoots; *be ~ clear (to s.o.) that ...* (vir iem.) glashelder/alte duidelik wees dat ...; *make it ~ clear that ...* dit onomwonde (*of* baie duidelik) stel dat ...

a·buse *n.* misbruik, wangebruik; (seksuele) mishandeling; belediging, geskel, (uit)skellery; skeltaal; wanpraktyk; *~ of **alcohol/liquor*** drankmisbruik; ***child** ~* →CHILD; ***heap** ~ on/upon s.o.* beledigings op iem. laat reën; *~ of **justice*** regsmisbruik; *~ of the **law*** wetsmisbruik; *s.t. is **open** to ~* iets leen hom tot misbruike; *~ of **power*** magsmisbruik; ***shout** ~ at s.o.* iem. beledigings toeskree(u)/toeslinger; ***term** of ~* skel(d)woord; *a **torrent** of ~* 'n stortvloed van vloeke; ***vulgar** ~* skeltaal. **a·buse** *ww.* misbruik *(jou posisie, iem. se vertroue, ens.);* slegte gebruik maak *(v. bronne ens.);* mishandel; uitskel, beledig, slegsê, *(infml.)* uitvreet, verguis; *~ one's **health*** jou gesondheid benadeel; *~ **o.s.**, (vero.)* masturbeer; *~ **s.o.*** iem. (seksueel) mishandel. **a·bus·er** misbruiker; belediger. **a·bu·sive** beledigend, vernederend, krenkend, lasterend; verkeerd, onregmatig; korrup; ***be** ~ to s.o.* beledigend teenoor iem. wees; ***become/get** ~ with s.o.* (op) iem. begin skel; *~ **language*** skeltaal, geskel, skel(d)woorde. **a·bu·sive·ly** beledigend, skeldend; verkeerdelik. **a·bu·sive·ness** geskel, (uit)skellery, skeltaal; beledigende manier.

a·but *-tt-: ~ on/against ...* aan ... raak; *(plaas ens.)* aan ... grens; *(huis ens.)* teen ... gebou wees; *two plots that ~ each other* twee aangrensende persele.

a·bu·ti·lon *(bot.)* bebroeide-eiers.

a·but·ment grens; begrensing; *(bouk.)* steunsel, stut, dra(ag)vlak; eindsteun *(v. 'n boog);* sluitrand *(v. 'n skoorsteen/dakpan);* brug-, landhoof *(v. 'n brug); (mynw.)* steunmuur; *(mynw.)* steunvlak. **~ pier** landhoof. **~ ring** *(mot.)* stootring.

a·but·ter *(Am.)* aangrensende eienaar.

a·but·ting aangrensend.

a·buzz *adj. (pred.)* aan die gons; gonsend; *be ~ with ...* gons van die ... *(snelbote ens.);* gons oor ..., in beroering (*of* in rep en roer) wees oor ... *(nuus ens.).*

a·bys·mal *(infml.)* hopeloos, treurig, ellendig; *(poët., liter.)* bodemloos, grondeloos, onpeilbaar. **a·bys·mal·ly** power, treurig, pateties, vrotsig, beroerd *(in iets vaar ens.); fail ~* klaaglik misluk.

a·byss afgrond; peillose diepte *(v.d. see ens.); (fig.)* afgrond, bodemlose put; *(fig.)* hel. **a·bys·sal** abissaal, diepsee-; *(geol.)* plutonies.

Ab·ys·sin·i·a *(hist.)* Abessinië; →ETHIOPIA. **Ab·ys·sin·i·an** *n.* Abessiniër. **Ab·ys·sin·i·an** *adj.* Abessinies.

a·ca·cia *(bot.)* akasia; →GUM ARABIC.

ac·a·deme *(liter.)* universiteit; *the grove(s) of A~* die akademiese wêreld/omgewing.

ac·a·dem·i·a akademiese wêreld/omgewing.

ac·a·dem·ic *n.* akademikus, geleerde. **ac·a·dem·ic** *adj.* akademies; teoreties, abstrak; intellektueel; *~ dress* akademiese drag; *~ freedom* akademiese vryheid; *~ staff* doserende personeel, dosente. **ac·a·dem·i·cal·ly** akademies; *be ~ gifted* intellektueel begaaf(d) wees; *be ~ inclined/minded* akademies ingestel wees; *do well ~* goed op akademiese gebied vaar, akademies (goed) presteer. **ac·a·dem·i·cals** *(Br., vero.)* akademiese drag; toga en baret, ornaat.

a·cad·e·mi·cian akademielid.

ac·a·dem·i·cism, a·cad·e·mism akademisme.

a·cad·e·my *-mies* akademie; hoër skool, hoërskool. **A~ Award** Akademietoekenning.

A·ca·di·a *(hist.)* Akadië; →NOVA SCOTIA. **A·ca·di·an** *n.* Akadiër. **A·ca·di·an** *adj.* Akadies.

a·can·thus =*thuses*, =*thi*, *(bot.)* akant.

a cap·pel·la *adj. & adv., (mus.)* a cappella, in kapelstyl, sonder instrumentale begeleiding; ~ *choir* a cappella-koor, onbegeleide koor.

a·cap·su·lar *(bot.)* kapselloos; →CAPSULAR.

ac·a·rid, a·car·i·dan *(soöl.)* miet, myt, akarus; *(Acarus scabiei)* jeukmiet, =myt. **ac·a·ri·a·sis** akariase, miet=, mytbesmetting, *(infml.)* lekkerjeuk. **a·car·i·cide** miet=, mytdoder.

a·car·pous *(bot.)* nievrugdraend.

a·cat·a·lec·tic *(pros.)* akatalekties.

a·cat·a·lep·sy *(filos.)* akatalepsie. **a·cat·a·lep·tic** akatalepties.

a·cau·dal, a·cau·date *(soöl.)* stertloos.

a·cau·les·cent *(bot.)* stingelloos; kortstingel=.

Ac·cad →AKKAD.

ac·cede *(fml.)* toestem, instem, aanvaar, inwillig; ~ *to s.t.* iets aanvaar *(voorwaardes, 'n amp, ens.)*; aan iets voldoen (*of* gehoor gee), iets toestaan *('n versoek ens.)*; iets bestyg *(d. troon)*; tot iets toetree *('n verdrag ens.)*.

ac·cel·er·an·do *(It., mus.)* accelerando.

ac·cel·er·ate versnel; verhaas, bespoedig, vervroeg; vinniger ry, *(infml.)* vet gee. **ac·cel·er·at·ing:** ~ *force* versnelkrag; ~ *power* versnelvermoë.

ac·cel·er·a·tion versnelling; bespoediging, vervroeging, verhaasting; akselerasie; ~ *of free fall*, ~ *of* (or *due to) gravity* vryval=, swaartekrag=, gravitasieversnelling. ~ **injury** akselerasieletsel. ~ **power** versnelvermoë.

ac·cel·er·a·tive versnellend.

ac·cel·er·a·tor versneller; versnellingsmiddel, akselerator; *(fis.)* (kern)versneller. ~ **lever** versnellingshefboom.

ac·cel·er·a·to·ry versnellend.

ac·cel·er·om·e·ter *(fis.)* versnellingsmeter.

ac·cent *n.* aksent, nadruk, klem, klemtoon; klemteken; aksent, tongval, uitspraak; stembuiging; *(dikw. mv.)* spraak, taalgebruik, manier van praat, toonval, intonasie; *a* ***broad*** ~ 'n plat aksent; *speak with a* ***clipped*** ~ afgebete praat; *a* ***heavy/strong/thick*** ~ 'n sterk aksent; *the* ~ *is* ***on*** ... die klem val op ... *(gehalte ens.)*; ***place/put*** *the* ~ *on s.t., (fig.)* iets beklemtoon/benadruk; *speak* ***with/without*** *an* ~ met/sonder 'n aksent praat. **ac·cent** *ww.* beklemtoon, klem/nadruk lê op, benadruk, beklem, aksentueer, betoon; beklemteken; *the last syllable is* ~*ed* die klem(toon) val op die laaste lettergreep. ~ **mark** aksent(teken). **ac·cen·tu·al** aksents=, klem=. **ac·cen·tu·ate** beklemtoon, klem/nadruk lê *(op)*, benadruk, aksentueer, betoon; na vore (*of* op die voorgrond) bring, laat uitkom; verhewig, verskerp, vererger, verhoog. **ac·cen·tu·a·tion** beklemtoning, betoning, verskerping, aksentuasie, aksentuering.

ac·cept aanneem, aanvaar *(geskenk, uitnodiging, aanbod, voorstel, ens.)*; jou berus in *('n toestand, jou lot)*; aksepteer *(wissel ens.)*; ~ *an* ***amendment*** 'n amendement aanvaar; ~ *a* ***chance*** van 'n kans gebruik maak; ~ *the* ***consequences*** *of one's actions* die gevolge van jou dade aanvaar/dra, die wrange vrugte van jou dade pluk; ~ ***defeat*** →DEFEAT; ~ *s.o.'s* ***hand*** *(in marriage), (fml.)* iem. die jawoord gee; ~ *s.t. without* ***reserve*** iets onvoorwaardelik (*of* sonder voorbehoud) aanneem; ~ ***responsibility*** *for s.t.* →RESPONSIBILITY.

ac·cept·a·ble aanneemlik, aanvaarbaar, aanneembaar, akseptabel; geskik, aangenaam, welkom; *socially* ~ fatsoenlik, vertoonbaar, presentabel. **accept·a·bil·i·ty, ac·cept·a·ble·ness** aanneemlikheid, aanvaarbaarheid.

ac·cept·ance aanneming, aanvaarding; aanname, ontvangs, inontvangsneming; byval, instemming, waardering; *(han.)* geaksepteerde wissel, aksep; aksepta sie *(v. wissel)*; aanneming *(vir wedren)*; *find/win/gain* ~ ingang/inslag vind; *meet with general* ~ algemene byval vind. ~ **house** →ACCEPTING HOUSE. ~ **test** aanneemtoets.

ac·cep·ta·tion (algemeen aanvaarde) betekenis *(v. 'n woord ens.)*.

ac·cept·ed erken(d), (algemeen) aangenome; gangbaar, geldend; welaangename; ~ *bill* aksep, geaksepteerde wissel; *it is generally* ~ *that* ... daar word algemeen aangeneem dat ...

ac·cep·ter aannemer; begunstiger; *God is no* ~ *of persons* God is geen aannemer van die persoon nie.

ac·cept·ing house aksepbank.

ac·cep·tor *(han.)* akseptant *(v. wissel)*; *(chem., elektron.)* akseptor, ontvanger.

ac·cess *n.* toegang; *(w.g.)* uitbarsting *(v. woede)*; *(w.g.)* aanval *(v. histerie)*; ***easy*** *of* ~ (maklik) toeganklik, genaakbaar; ***gain/obtain/get*** ~ *to* ... toegang tot ... verkry; ***give*** ~ *to* ... na ... lei, in/op ... uitloop, op ... uitkom; ***have*** ~ *to* ... toegang tot ... hê; *do s.t.* ***in*** *an* ~ *of* ..., *(w.g.)* iets in 'n opwelling van ... doen *(woede ens.)*. **ac·cess** *ww., (rek.)* toegang verkry/verskaf. ~ **door** toegangsdeur. ~ **eye** inspeksieoog. ~ **road** toegangspad. ~ **time** *(rek.)* toegangstyd.

ac·ces·sa·ry *(jur.)* →ACCESSORY.

ac·ces·si·ble bereikbaar; *(fig.)* toeganklik, genaakbaar; vatbaar, ontvanklik; *be* ~ *to s.o.* vir iem. toeganklik wees; *less* ~ meer afgeleë; *make s.t.* ~ iets oopstel; ~ *to praise* gevoelig vir lof. **ac·ces·si·bil·i·ty** bereikbaarheid; toeganklikheid, genaakbaarheid; vatbaarheid, ontvanklikheid; *the* ~ *of s.t. to s.o.* die toeganklikheid van iets vir iem..

ac·ces·sion aanvaarding; toetreding; toestemming; aksessie; toevoeging, aanwins; vergroting, vermeerdering, uitbreiding; *an* ~ *to the library* 'n aanwins vir die biblioteek; *s.o.'s* ~ *to office* iem. se ampsaanvaarding; *s.o.'s* ~ *to the throne* iem. se troonsbestyging.

ac·ces·so·ry *n., (dikw. mv.)* onderdeel, toebehoorsel *(v. 'n fiets ens.)*; *(dikw. mv., mode)* bykomstigheid; *(jur.)* begunstiger; *(jur.)* medepligtige; *an* ~ ***after the fact*** 'n begunstiger *(v. 'n misdaad)*; *an* ~ ***before the fact*** 'n aanstigter *(v. 'n misdaad)*; *an* ~ *to a* ***crime*** 'n medepligtige aan 'n misdaad; *be an* ~ ***to*** *s.t., (ook)* aan iets aandadig wees *('n misdaad ens.)*. **ac·ces·so·ry** *adj.* bykomstig, bykomend, bybehorend; medepligtig, aandadig; ~ ***bud*** byknop; ~ ***fruit*** →PSEUDOCARP; ~ ***muscle*** byspier; ~ ***nerve*** aksessoriese/bykomstige senu(wee), by=, hulpsenu(wee); ~ ***shoe****, (fot.)* hegskoen. **ac·ces·so·rise, =rize** uitrus, van onderdele/toebehore/bykomstighede voorsien.

ac·ci·dence *(gram., vero.)* vormleer, buigingsleer.

ac·ci·dent ongeluk, ongeval; toeval, toevalligheid; bykomstigheid; *a* ***bad/nasty*** ~ 'n lelike/nare ongeluk; ***by*** ~ per ongeluk; per/by toeval, toevallig; *a* ***chapter*** *of* ~*s* 'n reeks teenslae; *it was more by* ~ *than by* ***design*** dit was meer geluk as wysheid; ~*s* ***will happen*** ongelukke gebeur altyd; ***have*** (or ***meet*** *with) an* ~ 'n ongeluk hê/kry/maak/oorkom; *a* ***mere*** ~ 'n blote ongeluk; 'n bykomstigheid; *we* ***met*** *by* ~ ons het mekaar per/by toeval raakgeloop; *it's* ***no*** ~ *that* ... dis geen toeval dat ... nie; *a* ***serious*** ~ 'n ernstige ongeluk. ~**-free** ongeluk(s)vry. ~ **insurance** ongevalleversekering. ~**-prone** ongeluksvatbaar, geneig tot ongelukke; *s.o. is very* ~ iem. is 'n regte ongeluksvoël, die ongeluk ry iem.. ~ **proneness** ongeluksvatbaarheid. ~ **rate** ongeluksyfer.

ac·ci·den·tal *n.* toevalligheid; bysaak, bykomstigheid; *(mus.)* byteken. **ac·ci·den·tal** *adj.* toevallig, onvoorsien; bykomstig, nie-essensieel; ondergeskik; ~ *colour* nakleur; ~ *colours* aanvullingskleure, komplementêre kleure; ~ *death* dood deur 'n ongeluk. **ac·ci·den·tal·ly** toevallig(erwys[e]), per/by toeval; per ongeluk/abuis.

ac·ci·die, a·ce·di·a luiheid, traagheid, apatie, onverskilligheid.

ac·claim *n.* toejuiging, byval, goedkeuring. **ac·claim** *ww.* toejuig, met gejuig begroet, prys, loof, goedkeur; ~ *s.o. king/etc.* iem. tot koning/ens. uitroep. **ac·cla·ma·tion** toejuiging, byval, applous, akklamasie; *pass s.t. by* ~ iets by akklamasie aanneem; *greet s.t. with* ~ iets met toejuiging/byvalsbetuiginge begroet. **ac·clam·a·to·ry** toejuigend, byvals=, van byval.

ac·cli·mate *(Am.)* →ACCLIMATISE. **ac·cli·ma·tion** →ACCLIMATISATION.

ac·cli·ma·tise, =tize *(lett. & fig.)* akklimatiseer; ~ *(o.s.) (or get/become* ~*d) to* ... (jou) aanpas aan/by ..., gewoond raak aan ... *('n nuwe omgewing ens.)*; jou akklimatiseer/aanpas in ... *('n land)*; *be* ~*d* geakklimatiseer (*of* teen die klimaat gehard) wees. **ac·cli·ma·ti·sa·tion, =za·tion** aanpassing aan/by 'n klimaat, akklimatisasie, =sering.

ac·cliv·i·ty opdraand(e), helling, steilte. **ac·cliv·i·tous, ac·cli·vous** opdraand(e).

ac·co·lade lofbetuiging, eerbetoon; *(hist.)* akkolade, (plegtige) omhelsing *(v. iem. wat tot ridder geslaan word)*; ridderslag; *(druk.)* akkolade, verbindingshakie; *(mus.)* akkolade, balkhakie.

ac·com·mo·date huisves, herberg, onderdak gee, inneem, ontvang; plek hê *(vir)*, bevat, hou; tegemoetkom, 'n diens bewys, van diens wees, help *(iem.)*; bystand verleen *(aan iem.)*; *s.t.* ***can*** ~ ..., ... *can be* ~*d* ***in*** *s.t.* iets het plek vir ...; ~ *o.s.* ***to*** ... jou by ... aanpas, jou na ... skik, jou met ... versoen *(omstandighede ens.)*; ~ *s.t.* ***to*** *s.t.* iets by iets aanpas, iets met iets versoen (*of* in ooreenstemming bring); ~ *s.o.* ***with*** *s.t.* iem. van iets voorsien, iem. met iets help; iem. in verband met iets tegemoetkom. **ac·com·mo·dat·ing** inskiklik, toegeeflik, toeskietlik, tegemoetkomend; ~ *conscience* ruim gewete; ~ *faith* lekkergeloof; ~ *spirit* tegemoetkoming.

ac·com·mo·da·tion losies, huisvesting, verblyf(plek), kamers, herberg, slaapplek; sitplek; (berg)ruimte; aanpassing; skikking, vergelyk, akkoord; *(med.)* instelling *(v.d. oog)*; gerief; *(han.)* lening; ***daily*** ~ losies per dag; ***hotel*** ~ hotelverblyf; ***reach*** (or ***come to****) an* ~ *with* ... tot 'n ooreenkoms/vergelyk met ... kom, 'n ooreenkoms/vergelyk/skikking met ... tref; ***sleeping*** ~ slaapgeleentheid. ~ **address** korrespondensieadres. ~ **bill** akkommodasie=, ruiter=, voorskotwissel, pro forma-wissel. ~ **bridge** hulpbrug. ~ **density** woondigtheid. ~ **ladder** valreepleer; valreeptrap. ~ **road** tydelike pad. ~ **train** *(Am.)* boemel=, melk=, sukkel=, stoptrein.

ac·com·pa·ny begelei, vergesel, saamgaan met; gepaardgaan/saamgaan met; *(mus.)* begelei; ~ *s.o. at/on the piano* iem. op die klavier begelei; ~ *s.o. to* ... met iem. saamgaan na ..., iem. na ... vergesel. **ac·com·pa·nied:** *be* ~ *by* ... van ... vergesel wees *(mense, dinge)*; met ... gepaardgaan *(dinge)*; *(mus.)* deur ... begelei word; ~ *with* ... gepaard/tesame met ... **ac·com·pa·ni·er** begeleier, metgesel. **ac·com·pa·niment** *(ook mus.)* begeleiding; bykomstigheid; bygereg; bykos; *(i.d. mv.)* bykomstighede, bybehore, toebehore; *to the* ~ *of* ... begelei deur ..., onder/met begeleiding van ... **ac·com·pa·nist** *(mus.)* begeleier. **ac·com·pa·ny·ing:** ~ *documents* bygaande/ingeslote stukke, bylaes; ~ *letter* bygaande/ingeslote brief; ~ *photos* bygaande/ingeslote/newegaande foto's.

ac·com·plice medepligtige, handlanger, medededer; *an* ~ *of a criminal in a crime* 'n medepligtige van 'n misdadiger aan 'n misdaad; ~*s and assistants* gesante en trawante.

ac·com·plish verrig, doen, uitvoer, uitrig, regkry, volvoer, voltooi, volbring; tot stand bring; *(vero.)* bereik *(ouderdom)*; *(vero.)* aflê *(afstand)*; ~ *nothing* niks uitvoer nie. **ac·com·plished** bekwaam, knap, bedrewe, vaardig; talentvol, begaaf(d); welopgevoed, verfyn(d); volmaak, fout(e)loos; ~ *in* ... bedrewe in ...; volleerd in ... **ac·com·plish·er** verrigter. **ac·com·plish·ment** prestasie; verrigting, uitvoering, volvoering, voltooiing; totstandbrenging; bekwaamheid, vaardigheid; talent; kundigheid; *s.t. is difficult/easy of* ~, *(arg.)* iets is moeilik/maklik bereikbaar/uitvoerbaar.

ac·cord *n.* ooreenstemming, eensgesindheid; akkoord, skikking, ooreenkoms, verdrag; *be* ***in*** *(full)* ~ dit (volkome) eens wees; *be* ***in*** ~ ***with*** ... met ... ooreenstem (*of* in ooreenstemming wees); *do s.t. with* ***one*** ~ iets eenparig (*of* soos een man) doen; *of one's* ***own*** ~ vanself, uit eie aandrang/beweging, uit jou eie; op eie houtjie; ***reach*** *an* ~ *with s.o.* 'n ooreenkoms met iem. tref/aangaan. **ac·cord** *ww.*

ooreenstem, ooreenkom; toestaan, verleen, toeken, vergun; ~ ***support*** *to* ... hulp/steun aan ... verleen; ~ *s.o. a* ***welcome*** *(*or *a* ***welcome*** *to s.o.), (fml.)* iem. verwelkom (*of* welkom heet); ~ ***with*** ... ooreenstem/ooreenkom/strook met ... **ac·cord·ance** ooreenstemming; *in* ~ *with* ... ingevolge/ooreenkomstig (*of* in ooreenstemming met) ... *(d. wet, 'n ooreenkoms, ens.);* kragtens/volgens ... *(d. wet, 'n verdrag, ens.);* volgens ... *(opdrag ens.); be in* ~ *with* ... met ... ooreenkom/ooreenstem/strook *(d. feite ens.).* **ac·cord·ant** *(arg.)* ooreenstemmend, harmoniërend. **ac·cord·ing:** ~ *as* ..., *(fml.)* namate (*of* na gelang *of* al na *of* na die mate waarin) ...; ~ *to* ... volgens ... *(plan, iem., die wet, ens.);* volgens/luidens ... *('n berig ens.);* na gelang van ... *(omstandighede ens.);* ooreenkomstig ... *(bepalings ens.).* **ac·cord·ing·ly** dienooreenkomstig; dus, aldus, gevolglik, dan ook.

ac·cor·di·on akkordeon, trekklavier, handharmonika. ~ **door** konsertinadeur. ~ **pleat** konsertinaplooi.

ac·cor·di·on·ist akkordeonis, akkordeon=, trek=klavierspeler.

ac·cost aanspreek; bydam.

ac·couche·ment *(Fr., arg.)* bevalling. **ac·cou·cheur** *(Fr.)* verloskundige, kraamverpleër. **ac·cou·cheuse** *(vr.)* verloskundige, vroedvrou, kraamverpleegster.

ac·count *n.* rekening; rekenskap; verklaring; berig, verslag, beskrywing, op=, weergawe, verhaal, mededeling, relaas; *give an* ***accurate/etc.*** ~ *of s.t.* 'n juiste/ens. weergawe van iets gee; *by/from* ***all*** *~s* volgens alles wat ('n) mens hoor; ***balance*** *an* ~ 'n rekening afsluit; *an* ~ ***balances*** 'n rekening klop; ***bring*** *s.o. to* ~ *for s.t.* iem. vir iets laat boet; ***buy*** *on* ~ op rekening koop; ***call*** *s.o. to* ~ *for s.t.* iem. oor iets tot verantwoording roep; van iem. rekenskap van iets eis/vra; *(infml.)* iem. oor iets laat les opsê; ***charge*** *s.t. to an* ~ iets op 'n rekening skryf/skrywe; ***clear*** *an* ~ 'n rekening afbetaal/vereffen; ***close*** *an* ~ 'n rekening sluit; ***cook*** *~s* →COOK *ww.;* ***credit*** *an* ~ 'n rekening krediteer; *give a* ***detailed*** ~ 'n uitvoerige beskrywing gee *(v. iets);* 'n gespesifiseerde rekening verskaf *(v. wat betaal moet word);* ***for*** ~ *of* ... vir rekening van ...; ***give*** *a good* ~ *of o.s.* jou man (goed) staan, jou nie onbetuig laat nie; jou goed van jou taak kwyt; jou flink gedra; ***give*** *an* ~ *of s.t.* van iets verslag doen/gee, iets beskryf/beskrywe; *of* ***great/little*** ~ van groot/min belang/betekenis; *be* ***held*** *in some* ~ *(by s.o.)* (by iem.) in tel wees; ***in*** ~ *with* ... in rekening met ...; ***keep*** *~s* boekhou, die boeke byhou; ***leave*** *s.t. out of* ~ iets buite rekening laat; *cents may be* ***left*** *out of* ~ sente kan buite rekening gelaat word, sente word nie getel nie; ***make up*** *~s* rekenings opmaak; ***money*** *of* ~ rekenmunt; *of* ***no*** ~ van geen belang/betekenis nie; *on* ***no*** ~, ***not*** *on any* ~ volstrek nie, om die dood nie, in/onder geen omstandighede nie; ***on*** ~ op rekening/afbetaling; ***on*** ~ *of* ... weens/vanweë (*of* as gevolg van *of* omrede [van]) ...; uit hoofde van ...; ter wille van ...; op grond van ...; ***on*** *s.o.'s* ~ ter wille van iem., om iem. se onthalwe/ontwil; ***on*** *this/that* ~ daarom, om dié rede; *an* ***open*** ~ 'n lopende/oop rekening; ***open*** *an* ~ 'n rekening open; *on one's* ***own*** ~ op eie houtjie; op eie verantwoording; vir eie rekening; ***pay*** *an* ~ 'n rekening betaal/vereffen; ***pay*** *s.t. into an* ~ iets op 'n rekening stort; ***pay*** ... *on* ~ *for s.t.* ... op iets afbetaal; *as* ***per*** ~ volgens rekening; ***put*** *it down to s.o.'s* ~ plaas/sit dit op iem. se rekening; ***render*** *an* ~ 'n rekening lewer/indien; verslag doen/gee, rekenskap gee, verantwoording doen; *to* ~ ***rendered*** aan/vir gelewerde goedere/rekening; ***run up*** *~s* op rekening koop; ***running*** ~ lopende/oop rekening; ***settle*** *an* ~ 'n rekening betaal/vereffen; ***settle/square*** *~s with s.o., (lett. & fig.)* met iem. afreken; ***take*** ... *into* ~, ***take*** ~ *of* ... met ... rekening hou, ... in aanmerking neem, op ... let; ***turn*** *s.t. to* ~ die beste/volste gebruik van iets maak, iets tot jou voordeel aanwend; ***unit*** *of* ~ rekeneenheid. **ac·count** *ww.:* ~ *s.o.* ***a*** ... iem. as ... beskou/reken, iem. vir ... hou; ~ ***for*** ... van ... rekenskap gee (*of* verantwoording doen), ... verantwoord; ... verklaar *(iets);* ... vir jou rekening neem, vir ... verantwoordelik wees; met ... afreken *(iem.);* aan ... 'n end maak *(iem., iets);* ... verydel (*of* tot niet maak); ... plat skiet (of omkap) *(dier, vyand, ens.); ask s.o. to* ~ ***for*** *s.t.* van iem. rekenskap van iets eis/vra; *they are all ~ed* ***for*** dit is bekend waar hulle almal is, ons weet waar hulle almal is; ~ *o.s.* ***lucky/etc.*** *to* ... jou gelukkig/ens. ag om te ...; ~ ***to*** *s.o.* aan iem. verantwoording doen. ~ **book** boekhouboek, rekening(e)boek; huishouboek. ~ **day** afrekeningsdag. ~ **sales** verkope op rekening, rekeningverkope.

ac·count·a·ble verantwoordelik, aanspreeklik, toerekenbaar *(daad),* toerekeningsvatbaar *(dader),* rekenskapskuldig; rekenpligtig; verklaarbaar; *hold s.o.* ~ *for* ... iem. vir ... aanspreeklik hou; *be* ~ *to s.o. for s.t.* aan iem. rekenskap verskuldig wees van iets, teenoor iem. aanspreeklik wees vir iets. **ac·count·a·bil·i·ty** verantwoordelikheid, toerekenbaarheid, aanspreeklikheid; rekenpligtigheid; verklaarbaarheid.

ac·count·an·cy rekeningkunde, reken(ing)wese, rekeningwetenskap; rekenmeestersvak, =beroep; rekenmeesterspos.

ac·count·ant rekenmeester; rekeningkontroleur.

ac·count·ing *n.* rekeningkunde, reken(ing)wese; afrekening. **ac·count·ing** *adj.* rekeningkundig. ~ **date** rekenpligtige datum. ~ **department** rekening(e)afdeling. ~ **officer** rekenpligtige amptenaar. ~ **period** rekeningkundige tydperk. ~ **practice** rekeningkundige praktyk.

ac·counts: ~ **clerk** reken(ing)klerk. ~ **department** rekening(e)afdeling.

ac·cou·tre, *(Am.)* **ac·cou·ter** uitrus; toerus; uitdos. **ac·cou·tre·ment,** *(Am.)* **ac·cou·ter·ment** *(gew. mv.)* uitrusting, mondering, uniform; kleding; *(mil.)* toebehore.

ac·cred·it akkrediteer *(ambassadeur, gesant);* magtig, goedkeur; amptelik erken; erken, erkenning verleen *(aan);* aansien/krediet verskaf; geloof/vertroue skenk *(aan);* ~ *s.t. to s.o.,* ~ *s.o. with s.t.* iets aan iem. toeskryf/toeskrywe; *be ~ed to* ... by ... geakkrediteer wees. **ac·cred·i·ta·tion** akkreditering; *letters of* ~ geloofsbriewe.

ac·crete saamgroei, opneem; aanslib, aanslik. **ac·cre·tion** aanwas, aangroei(ing), aangroeisel; groei(ing), gewas; aansetting, aansetsel, aanpaksel; afsetting; aanslikking, aanslibbing; vermeerdering, aanwins.

ac·crue groei, toeneem, vermeerder; *(bates)* aangroei; *(rente)* oploop; *(regte op aandele)* toeval; ingereken word; voortspruit; ***amounts*** *~d to s.o.* bedrae aan iem. toegeval; *~d* ***interest*** opgeloopte/opgelope rente; ***interest*** *~s from* ... rente loop van ... *(1 Januarie ens.); s.t. ~s* ***to*** *s.o.* iets val iem. toe. **ac·cru·al, ac·crue·ment** aangroeiing *(v. bates);* oploping *(v. rente);* toevalling *(v. regte op aandele);* aanwas, opgeloopte/opgelope bedrag. **ac·cru·al date** toevaldatum.

ac·cul·tur·ate akkultureer. **ac·cul·tur·a·tion** akkulturasie.

ac·cum·bent *(bot.)* leunend.

ac·cu·mu·late ophoop, op(een)stapel, akkumuleer; opgaar, oppot; byeenbring, versamel, vergaar; aangroei, vermeerder, oploop, vermenigvuldig; *~d leave/profit/etc.* opgeloopte/opgelope verlof/wins/ens.. **ac·cu·mu·la·tion** ophoping, op(een)stapeling, akkumulasie; hoop; stapel; opgaring; *point of* ~, *(wisk.)* verdigtingspunt. **ac·cu·mu·la·tive** opstapelend, toenemend, oplopend, ophopend, akkumulatief; ~ *leave* oplopende verlof. **ac·cu·mu·la·tor** versamelaar; geldmaker, oppotter; *(elek.)* akkumulator, opgaarbattery.

ac·cu·rate noukeurig, korrek, presies, sekuur, akkuraat; nougeset, stip; trefseker; trou; *s.o. is an* ~ *shot* iem. skiet net/sekuur. **ac·cu·ra·cy** *=cies* noukeurigheid, korrektheid, presiesheid, sekuurheid, akkuraatheid; nougesetheid, stiptheid; sekerheid; ~ *of aim/fire* trefsekerheid; ~ *of eye* oogmaat.

ac·curs·ed, ac·curst *(poët., liter.)* vervloek; *(attr.)* vervloekste, gehate, haatlike.

ac·cuse beskuldig, betig, ten laste lê; aankla, verkla; *be ~d of* ... van ... beskuldig word/staan, daarvan beskuldig word dat ...; van/weens ... aangekla word *(b.d. gereg);* ~ *s.o. of driving negligently* iem. daarvan beskuldig dat hy/sy nalatig bestuur; ~ *s.o. of s.t.* iem. van iets beskuldig; iem. van/weens iets aankla *(b.d. gereg).* **ac·cu·sa·tion, ac·cus·al** beskuldiging, aanklag(te), aantyging; *bring an* ~ *of theft/etc. against s.o.* 'n beskuldiging van diefstal/ens. teen iem. inbring; *make an* ~ 'n aanklag maak, 'n aanklag/beskuldiging inbring/indien. **ac·cu·sa·tive** *n. & adj., (gram.)* akkusatief. **ac·cu·sa·to·ri·al** *(jur.)* akkusatories. **ac·cu·sa·to·ry** beskuldigend, verwytend; *(jur.)* akkusatories. **ac·cused** beskuldigde(s), aangekla(ag)de(s), verdagte(s). **ac·cus·er** beskuldiger, aanklaer. **ac·cus·ing** beskuldigend; *give s.o. an* ~ *look* beskuldigend na iem. kyk, iem. beskuldigend aankyk; *point an* ~ *finger at s.o.* beskuldigend met die vinger na iem. wys.

ac·cus·tom gewoond maak, wen, *(w.g.)* gewen; ~ *o.s. to s.t.* aan iets gewoond raak, jou aan iets wen; ~ *s.o. to s.t.* iem. aan iets gewoond maak, iem. aan iets wen. **ac·cus·tomed** *adj.* gebruiklike, gewone, vertroude. **ac·cus·tomed** *volt.dw.: become/get/grow* ~ *to s.t.* (aan) iets gewoond raak; *s.o. has to get* ~ *to* ..., *(ook)* iem. moet hom/haar aan ... wen; *be* ~ *to s.t.* (aan) iets gewoond wees; *be* ~ *to do s.t.* (daaraan) gewoond wees om iets te doen.

AC/DC *adj. & adv., (infml.: biseksueel)* bi, tweetalig, ambivalent, alkant selfkant; *be* ~ bi/tweetalig/ambivalent (*of* alkant selfkant *of* 'n baaisiekel/dubbelprop) wees.

ace *n., (kaartspel)* aas, een; bobaas, uitblinker, uithaler; bobaasspeler; baasjaer; *(tennis)* kishou, kisafslaan; aks(ie), geringe mate; ***air*** ~ baasvlieër, =vlieënier; *hold* ***all*** *the ~s, (fig.)* al die wenkaarte hê; *be an* ~ ***at*** *maths/etc.* 'n uitblinker in wiskunde wees; *be an* ~ ***at*** *tennis/etc.* 'n uithaler-/(bo)baastennisspeler wees; ~ ***of*** *clubs/diamonds/hearts/spades* klaweraas, ruite(ns)aas, harte(ns)aas, skoppensaas; ***play*** *one's* ~, *(fig.)* jou troefkaart speel; ***serve*** *an* ~, *(tennis)* 'n kishou slaan; *have/keep an* ~ *up one's* ***sleeve*** (or [Am.] *have an* ~ *in the* ***hole***), *(fig.)* 'n troef agter jou hand hê/hou; *s.o. came/was* ***within*** *an* ~ *of victory/winning/defeat/losing, (infml.)* dit was so hittete of iem. het gewen/verloor, iem. het amper(tjies)/netnet/naelskraap(s) (*of* op 'n haar/nerf na) gewen/verloor; *s.o. was* ***within*** *an* ~ *of drowning, (infml.)* iem. het so amper-amper/byna-byna verdrink, dit het min geskeel of iem. het verdrink. **ace** *adj., (infml.)* knap, uitstekend, uitmuntend, voortreflik, bobaas=, uithaler=, top=; ~ *flier* baasvlieër, =vlieënier; ~ *service/shot, (tennis)* kisafslaan, kishou. **ace** *ww., (tennis)* 'n kishou slaan/afstuur/plant; *(gholf)* 'n kolhou slaan.

a·ce·di·a →ACCIDIE.

a·ceph·a·lous *(soöl.)* asefaal, koploos; leierloos, sonder leier.

acer es(doring).

ac·er·ate →ACEROSE.

ac·er·bate verbitter; irriteer.

a·cer·bic vrank, bitter(agtig). **a·cer·bi·ty** *=ties* vrankheid, bitterheid; bitsigheid, skerpte.

ac·er·ose, ac·er·ous naaldvormig.

a·ces·cent suurderig, surerig; suur wordend, versurend.

ac·e·tab·u·lum *=ula, (anat.)* heuppot(jie); gewrigsholte.

ac·e·tate asetaat, asynsuursout. ~ **film** asetaatfilm. ~ **rayon** asetaatrayon.

a·ce·tic *(chem.)* asyn=; ~ *acid* asynsuur; ~ *acid ester* asynsuurester; ~ *ether* asyneter, etielasetaat. **a·cet·i·fy** in asyn verander; suur word, versuur. **ac·e·tom·e·ter** asetometer, asynsuurmeter. **ac·e·tone, pro·pa·none** asetoon, asyngees, propanoon. **ac·e·tous, ac·e·tose** asynagtig; asynhoudend.

ac·e·tyl *(chem.)* asetiel. **a·cet·y·lene** asetileen. **ac·e·tyl·sal·i·cyl·ic:** ~ *acid, (aspirien)* asetielsalisielsuur.

achaar →ACHAR.

A·chae·a, A·cha·ia *(geog.)* Achaje. **A·chae·an, A·chai·an** *n.* Achajer. **A·chae·an, A·chai·an** *adj.* Achaïes.

achar, achaar *(Ind. kookk.)* atjar.

ache *n.* (voortdurende) pyn, *(fml.)* skryning; smart; *be full of ~s and pains* vol piep/skete wees. **ache** *ww.* pyn, seer wees, skryn; pyn ly; *my head ~s* my kop is seer, ek het hoofpyn; *~ for s.t.* na iets hunker; *my heart ~s for her* ek het medely(d)e met haar. **ach·ing** seer, pynlik, skrynerig.

a·chene, a·kene *(bot.)* dopvrug.

A·cher·nar *(astron.)* Achernar.

a·chieve uitvoer, verrig; volbring; bereik, verwerf, presteer; behaal; *~ one's end* jou doel bereik; *~ success* sukses behaal; opgang maak. **a·chiev·a·ble** uitvoerbaar; bereikbaar.

a·chieve·ment prestasie, kordaatstuk, sukses; verrigting, uitvoering, daad; wapenskild; *no mean ~* 'n groot prestasie, geen geringe prestasie nie. *~* **quotient** prestasiekwosiënt. *~* **test** prestasietoets.

a·chiev·er presteerder, uitblinker; *high ~* toppresteerder.

A·chil·les *(Gr. mit.)* Achilles, Agilles. *~* **heel** *(fig.)* Achilles-, Agilleshiel. *~* **jerk,** *~* **reflex** hakspier-, Achilles-, Agillesrefleks. *~* **tendon** haksening, Achilles-, Agillespees.

a·chil·ous *(med.)* liploos.

A·chit·o·phel *(Byb.: Douai-spelling)* →AHITHOPHEL.

a·chon·drite *(min.)* achondriet.

ach·ro·mat achromatiese lens; achromaat, kleurblinde (persoon). **ach·ro·mat·ic** kleurloos, achromaties; *~ lens* achromatiese lens. **a·chro·ma·tism, a·chro·ma·tic·i·ty** kleurloosheid, achromatisme.

a·cic·u·la *-lae* asikula. **a·cic·u·lar** naaldvormig.

ac·id *n.* suur; *(dwelmsl.)* LSD. **ac·id** *adj.* suur, vrank; skerp, bitsig. *~* **air** suurlug. *~* **bath** suurbad. *~* **drop** suurklontjie. *~***-fast** suurvas. *~* **freak,** *~***head** *(dwelmsl.)* LSD-slaaf. **A~ (House)** *(mus.)* Acid House. *~* **indigestion** sooibrand. *~* **jazz** *(mus.)* acid jazz. *~***proof** suurvas, -bestand. *~* **rain** suurreën. *~***-resistant,** *~***-resisting** suurwerend, -bestand. *~* **rock** *(mus.)* acid rock, psigedeliese rock(musiek). *~* **salt** suursout. *~* **soil** suur grond. *~* **test** *(chem.)* suurtoets; *(fig.)* vuurproef.

a·cid·ic suurvormend, aansurend.

a·cid·i·fi·ca·tion suurvorming, aansuring, versuring. *~* **bacteria** versuringsbakterieë.

a·cid·i·fy suur maak, aansuur; suur word, aansuur, versuur.

ac·i·dim·e·ter *(chem.)* suurmeter.

a·cid·i·ty suurheid; suurgehalte, suur(heids)graad, asiditeit; bitsigheid, skerpte; wrangheid; vrankheid; *~ (of the stomach)* suur op die maag; *volatile ~* vlugtige suurgehalte.

ac·id·ly smalend.

ac·i·do·sis *-doses* suurvergiftiging, asidose.

a·cid·u·late suurderig/surerig maak, effens aansuur. **a·cid·u·lent, a·cid·u·lous** suurderig, surerig, vrank.

ack-ack *(mil., infml.)* lugafweer; lugafweergeskut.

ac·knowl·edge erken, toegee; bedank vir; beantwoord *('n saluut);* beken *(sonde); ~ defeat* die stryd gewonne gee; *~ a greeting* teruggroet. **ac·knowl·edg(e)·ment** erkenning; bewys van erkentlikheid; erkenning, dankbetuiging, bedanking *(in boek);* berig van ontvangs; beantwoording *(v. groet); ~ of* **debt** skuldbewys, -bekentenis; erkenning van verskuldigdheid; *~ of* **guilt** skuldbekentenis; *in ~* **of** ... ter erkenning van ...; *~ is* **made** erkentlikheid word betuig; *~ of* **receipt** ontvangserkenning; **with** *~s* **to** ... met erkenning van (*of* erkentlikheid aan) ...

ac·me top-, hoogte-, glanspunt; keerpunt, krisis.

ac·ne *(med.)* aknee, smeerklierontsteking; (vet)puisies.

ac·o·lyte *(relig.)* akoliet, altaardienaar, misdienaar; *(fig.)* volgeling, aanhanger; helper, trawant.

ac·o·nite, ac·o·ni·tum *(bot.: Aconitum spp.)* akoniet, monnikskap; *winter ~, (Eranthis hyemalis)* wolfswortel, winterakoniet.

a·con·i·tine *(chem.)* akonitien.

a·corn akker, eikel. *~* **coffee** akkerkoffie. *~* **cup** akkerdop(pie). *~***-shaped** akkervormig, eikelvormig.

a·cot·y·le·don *(bot.)* onsaadlobbige plant, akotiel. **a·cot·y·le·don·ous** onsaadlobbig, akotiel, ongelob.

a·cous·tic akoesties, akoestiek-, geluids-, gehoor(s)-; *~* **board** akoestiekbord; *~* **ceiling** akoestiekplafon; *~* **coupler,** *(rek.)* akoestiese koppel-/verbindingstuk; *~* **figure** klankfiguur; *~* **filter** akoestiese filter; *~* **guitar** akoestiese ghitaar/kitaar; *~* **mine** akoestiese myn; *~* **nerve** gehoorsenu(wee); *~* **wave** klankgolf. **a·cous·ti·cal** akoesties, akoestiek-, geluids-, gehoor(s)-. **a·cous·ti·cian** geluidkundige, akoestikus. **a·cous·tics** akoestiek *(v. 'n saal);* akoestika, geluidsleer; geluidstegniek.

a·cous·to- *komb.vorm* akoesto-.

a·cous·to·e·lec·tric akoesto-elektries.

a·cous·to·op·tic, -ti·cal akoesto-opties.

ac·quaint bekend maak, in kennis stel, meedeel; **be** *~ed with* ... met ... bekend wees, ... ken; **become/get** *(better) ~ed with* ... (nader) met ... kennis maak; *~ o.s.* **with** *s.t.* jou op (die) hoogte van/met iets stel.

ac·quaint·ance kennis, bekende; bekendheid; kennismaking; *among all my ~(s)* onder al my kennisse; *on/upon* **closer** *~* by nader(e) kennismaking; *s.o.* **cultivates** *an ~* iem. soek kennismaking/vriendskap; *s.o.* **improves** *on/upon ~* as ('n) mens iem. beter leer ken, hou jy meer van hom/haar; **make** *s.o.'s ~,* **make** *the ~ of s.o.* met iem. kennis maak; *have a* **nodding** *~ with ..., (infml.)* ... op 'n afstand (*of* oppervlakkig) ken *(iem.);* ... oppervlakkig ken *(iets);* **pick** *up an ~ with* ... toevallig met ... kennis maak; **scrape** *an ~ with* ... jou by ... indring; *have a* **speaking** *~ with s.o.* iem. oppervlakkig ken; **strike** *up an ~ with s.o.* 'n kennismaking met iem. aanknoop; *have an intimate ~* **with** *s.t.* 'n deurkneedheid in iets hê. *~* **rape** verkragting deur 'n bekende.

ac·quaint·ance·ship bekendheid, kennis.

ac·qui·esce: *~ in* ... in ... berus, jou by ... neerlê, ... vir lief neem; in/tot ... toestem, jou in ... skik; met ... instem. **ac·qui·es·cence** berusting, gelatenheid; instemming. **ac·qui·es·cent** berustend, toestemmend, instemmend; meegaande.

ac·quire kry, verkry, bekom; verwerf *(kennis, roem, lof);* aanskaf, koop *(voorwerpe);* aanleer *(smaak, gewoonte, aksent);* opdoen *(ondervinding, kennis); ~d* **behaviour** aangeleerde gedrag; *~d* **characteristics,** *(biol.)* verworwe eienskappe; *~d* **deformity** opgedane misvormdheid/misvorming; *~d* **hernia** verworwe breuk; *~d* **immune deficiency** (*or* **immunodeficiency**) **syndrome** verworwe immuniteitsgebreksindroom, →AIDS; *~d* **reflex** aangeleerde refleks; *~d* **taste** aangeleerde smaak. **ac·quire·ment** verwerwing; verworwenheid; aanwins; besit; *(i.d. mv., w.g.)* kennis, talente, kundigheid.

ac·qui·si·tion verkryging; verwerwing, aanskaffing; aanwins; aanlering; verworwenheid; *be a valuable ~ to ...* 'n waardevolle aanwins vir ... wees. *~* **curve** aanleerkromme.

ac·quis·i·tive hebsugtig, inhalig, begerig; *~ instinct* versameldrang; *~ society* materialistiese samelewing/maatskappy/gemeenskap. **ac·quis·i·tive·ness** inhaligheid.

ac·quit *-tt-* vryspreek, onskuldig bevind; ontslaan *(v. regsvervolging);* onthef *(v. skuld); ~ a debt* 'n skuld betaal; *~ s.o. of s.t.* iem. van iets vryspreek; *~ s.o. on a charge* iem. van 'n aanklag vryspreek; *~ o.s. well (of a task)* jou goed van 'n taak kwyt, (goed) presteer, jou knap gedra; jou nie onbetuig laat nie. **ac·quit·tal** vryspraak, ontslag, onskuldigbevinding; kwytskelding, bevryding, vrystelling; voldoening, vervulling; *obtain ~* vrypleit. **ac·quit·tance** skuldbetaling; kwytskelding; kwitansie, kwitering; *forbearance is no ~* uitstel is geen afstel nie. **ac·quit·ted** vrygesproke, vrygespreek; *those ~* die vrygesprokenes.

a·cra·ni·a *(med.)* skedelloosheid, akranie. **a·cra·ni·al, a·cra·ni·ate** skedelloos.

A·cre *(geog.)* Acre.

a·cre *(grondmaat)* acre; stuk grond, veld; *~s (and ~s) of ..., (infml.)* heelwat/hope/stapels/massas/berge (*of* 'n mag der menigte) ... **a·cre·age** oppervlakte/grootte (in acres), acreoppervlakte.

ac·rid bitter, vrank; skerp, bitsig; *~ taste* bitter/stekende smaak. **a·crid·i·ty, a·crid·ness** bitterheid, vrankheid; skerpte, bitsigheid.

ac·ri·fla·vine *(med.)* akriflavien.

Ac·ri·lan *n., (tekst.: handelsnaam)* akriel.

ac·ri·mo·ny bitterheid, bitsigheid, venyn, stekel(r)igheid. **ac·ri·mo·ni·ous** bitter, bitsig, venynig, stekel(r)ig.

ac·ro·bat akrobaat, kunstemaker; *(fig.)* iem. wat maklik van standpunt verander, opportunis. **ac·ro·bat·ic** akrobaties, kunstemakers-. **ac·ro·bat·ics** akrobatiese toere, akrobatiek.

ac·ro·gen *(bot.)* akrogeen. **a·crog·e·nous** akrogeen.

a·cro·mi·on *-mia, (anat.)* skouer(blad)punt, akromion.

ac·ro·nym akroniem, letterwoord, letternaam.

a·crop·e·tal *adj.* akropetaal, topsoekend.

ac·ro·phobe akrofoob, hoogtevreeslyer. **ac·ro·pho·bi·a** hoogtevrees, akrofobie.

a·crop·o·lis akropolis, rotsvesting, (stads)burg, sitadel.

a·cross *adv.* dwars, oordwars, in die dwarste; anderkant toe, oorkant toe; oorkruis; *with* **arms** *~* met arms oormekaar/oorkruis; *~* **from** *..., (Am.)* regoor/teenoor ...; *two* **meters** *~* twee meter breed (*of* in deursnee/deursnit *of* in die breedte); **right** *~* ... dwarsoor ... **a·cross** *prep.* oor, dwarsoor; oorkant, anderkant; deur; oorheen; *~* **back measurement** rugbreedte; **come** *~* →COME; *~* **country** deur die veld; *~ the* **country** oor die land (heen); oor die hele land; *~ the* **face** (dwars) oor die gesig; *~ the* **grain** dwarsdraads; *swim ~ the* **river** oor/deur die rivier swem; *they live ~ the* **street** *from us* hulle woon oorkant ons. *~***-the-board** *(attr.)* algemene *(loon[s] verhoging ens.).*

a·cros·tic *n.* naamdig, naam-, lettervers, akrostigon.

a·cryl·ic *n.* akrielvesel; akrielhars; akrielverf. **a·cryl·ic** *adj.* akriel-; *~ acid* akrielsuur; *~ fibre* akrielvesel; *~ paint* akrielverf; *~ resin* akrielhars.

ac·ry·lo·ni·trile *(chem.)* akrilonitriel.

act *n.* handeling, daad; bedryf *(v. toneelstuk);* akte, (geregtelike) stuk; *A~s (of the* **Apostles**) Handelinge (van die Apostels); *~ of* **bankruptcy/insolvency** insolvensiedaad; **catch/surprise/take** *s.o. in the ~ (of doing s.t.)* iem. op heter daad (*of* heterdaad) betrap; **clean** *up one's ~, (infml.)* jou regruk; *~ of* **commission,** *(mil.)* (akte van) kommissie; *~ of* **courage** moedige daad; *~ of* **despair/desperation** wanhoopsdaad; *~ of* **faith** geloofsdaad; **get** *in on the ~, (infml.)* in die aksie deel; 'n aandeel in iem. se prestasie verkry; **get** *one's ~ together, (infml.)* jou sake agtermekaar (*of* in orde) kry; *~ of* **God** natuurkrag, -ramp; *~ of* **grace** genadeblyk, -bewys; *it's a* **hard** *~ to follow* dit wil gedoen wees/word, dit sal moeilik wees om dié prestasie te ewenaar; *s.o. will be a* **hard** *~ to follow* jy (*of* ['n] mens) sal iem. dit moeilik kan nadoen; *~ of* **heroism** heldedaad; *be* **in** *the ~ of doing s.t.* met iets besig wees, juis iets aan die doen wees; *~ of* **incorporation** akte van oprigting; *~ of* **mercy** genadedaad; *~s and* **omissions** dade en versuime; *~ (of* **parliament**) (parlementêre) wet; *the ~* **provides** (*or* **lays down**) *that ...* die wet bepaal dat ...; *the* **provisions** *of an ~* die bepalings van 'n wet; **put** *on an ~, (infml.)* toneelspeel, komedie speel; *a* **section/clause** *of an ~* 'n artikel/klousule in 'n wet; *~ of* **state** owerheidsdaad; *in* **terms** *of (or* **under**) *an ~* ingevolge/kragtens/ooreenkomstig 'n wet; *~ of* **war** oorlogsdaad. **act** *ww.* optree, handel, reageer, iets doen; te werk gaan; (jou) gedra; ageer, waarneem; toneelspeel; stappe doen; ~ ***accordingly*** dienooreenkomstig handel/optree; ~ ***as*** ... as ... fungeer; as ... optree/dien *(voorsitter ens.)*; *the* ***brake*** *~s* die rem werk; ***decline*** *to* ~ weier om handelend op te tree; ~ ***for*** *s.o.* vir iem. waarneem, iem. se amp waarneem; vir iem. optree; ***know*** *how to* ~ weet wat om te doen; ~ ***like*** *a fool* jou soos 'n gek/dwaas gedra; ~ ***on/upon*** ... 'n uitwerking op ... hê; aan ... uitvoering gee *('n voorstel ens.)*; ~ ***out,*** *(teat.)* drama=tiseer, uitbeeld; *(teat.)* vertolk *(rol ens.)*; *(psig.)* uit=speel *(fantasieë ens.)*; ~ *a* ***part*** 'n rol speel; ~ *in a* ***play*** in 'n toneelstuk optree/speel; ~ ***quickly*** gou optree; (gou) spring; ~ ***together*** saamwerk; ~ ***up,*** *(infml.: masjien ens.)* lol, las/moeilikheid gee; *(kind)* lastig/moeilik wees, hom/haar sleg gedra; ~ ***up to*** *one's promise* ooreenkomstig/volgens jou belofte handel. **act·a·ble** speelbaar, opvoerbaar. **act·ing** *n.* (toneel)spel; toneelspelery. **act·ing** *adj.* handelend; diensdoende, waarnemend; werkend, fungerend; *in an ~ capacity* in waarnemende hoedanigheid; ~ *chairman* waarnemende/tydelike voorsitter; ~ *part=ner* werkende vennoot.

ac·tin·i·a *=iae, =ias, (soöl.)* aktinie, seeanemoon.

ac·tin·ic *(fis., teg.)* aktinies, fotochemies. **ac·tin·ism** aktinisme, chemiese werking van ligstrale.

ac·tin·i·form →ACTINOID.

ac·tin·i·um *(chem., simb.: Ac)* aktinium.

ac·tin·o=, ac·tin= *komb.vorm, (biol. ens.)* aktino=, ak=tin=, straal=; *(fis., teg.)* aktino=, aktin=, stralings=.

ac·tin·o·graph *(teg.)* aktinograaf. **ac·ti·nog·ra·phy** aktinografie.

ac·ti·noid *(biol. ens.)* aktinoïed, ster=, straalvormig.

ac·tin·o·lite *(min.)* aktinoliet, straalsteen.

ac·ti·nom·e·ter *(fis., teg.)* aktinometer, stralings=meter.

ac·ti·no·mor·phic, ac·ti·no·mor·phous *(biol.)* aktinomorf, reëlmatig.

ac·ti·no·my·cete *(biol.)* straalswam.

ac·ti·no·my·co·sis *(veearts.)* aktinomikose, straal=skimmelsiekte.

ac·ti·no·ther·a·py →RADIOTHERAPY.

ac·tion handeling, daad, optrede; (in)werking; reak=sie; proses, (regs)geding; *(jur.)* vordering; meganiek; geveg; aksie; ***bring/institute*** *an ~ against s.o.* 'n (hof)saak teen iem. maak, iem. vervolg, iem. laat dagvaar, 'n aksie/geding/vervolging teen iem. instel; ***come*** *into* ~ in werking tree; *(kanonne)* begin skiet; ***concerted*** ~ gesamentlike optrede; *follow/pursue/take a* ***course*** *of* ~ 'n handel(s)wyse/gedragslyn volg; *take* ***drastic*** ~ streng optree; *take* ***evasive*** ~ iets ontwyk; ***fight*** *an* ~ 'n geveg voer; 'n (reg)saak verdedig; ***firm*** ~ besliste/ferm/kragtige optrede; *take* ***firm*** ~ beslis/ferm/kragtig optree; *an ~* ***for*** *..., (jur.)* 'n aksie om ... *(skadevergoeding ens.)*; ***full*** *of ~, (toneelstuk ens.)* vol aksie/handeling; ***galvanise*** *s.o. into* ~ iem. tot aksie aanspoor; ***go*** *into* ~ handelend optree, tot handeling (*of* die daad) oorgaan; tot die aanval oorgaan, die stryd aanbind/aanknoop; in die geveg tree; *the ~ of a* ***gun/etc.*** die meganisme van 'n geweer/ens.; *be* ***in*** ~ in aksie wees; in werking wees; aan die gang wees; ***industrial*** ~ werkersoptrede; *s.o. was* ***killed*** *in* ~ iem. het gesneuwel; ~ *at* ***law*** regsgeding, regsvordering; *an ~* ***lies,*** *(jur.)* 'n geding is aksionabel/ontvanklik; *a* ***man*** *of ~* 'n man van die daad; ***out*** *of* ~ buite aksie; buite geveg; buite wer=king; *get a* ***piece/slice*** *of the ~, (infml.)* 'n hap uit/van die koek kry; ***point*** *of* ~ aangrypingspunt *(v. krag)*; ***put*** *... out of* ~ ... buite geveg stel *(iem.)*; ... buite werking stel *(iets)*; ***radius*** *of* ~ vlieglengte, aksie=radius; *be* ***ready*** *for* ~ slaggereed/slagvaardig wees; *get* ***ready*** *for* ~ jou slaggereed maak; ***see*** ~ onder vuur wees/kom, aan gevegte deelneem; ***swing*** *into* ~ in aksie kom, aan die werk spring, tot aksie oor=gaan; tot die aanval oorgaan; ***take*** ~ stappe doen, (handelend) optree, tot die daad oorgaan, tot han=deling/aksie oorgaan; ingryp; 'n aksie instel; ***take*** *~ against s.o./s.t.* teen iem./iets optree; *the ~ of the play* ***takes*** *place in* ... die stuk speel in ...; *one cannot* ***undo*** *one's ~s* jy kan jou dade nie ongedaan maak nie; ***where*** *the ~ is, (infml.)* waar die dinge gebeur; *suit the ~ to the* ***word*** die daad by die woord voeg; *~s speak louder than* ***words*** woorde wek, (maar) voorbeelde trek; baie myle lê tussen doen en sê, sê en doen is twee. ~ **committee,** ~ **group** taakgroep. **~-packed** aksieryk, vol aksie. ~ **painting** aksie=skildery; aksieskilderwerk. ~ **plan,** ~ **sheet** aksie=plan. ~ **radius** aksiestraal. ~ **replay** *(TV)* →REPLAY. ~ **stations** *(mv.), (mil.)* gevegsposte; ~ *stations!* op julle poste!; *be at ~ stations* gevegsklaar wees.

ac·tion·a·ble vervolgbaar, aksionabel, strafbaar; ~ *claim* afdwingbare eis.

ac·tion·er *(infml.)* aksiefliek, aksie(rol)prent.

ac·ti·vate aktiveer, aan die gang sit, laat loop/werk, aansit, aanskakel; *~d sludge* belugte slyk. **ac·ti·va·tion** aktivering. **ac·ti·va·tor** opwekker, aktivator, aktiveer=middel; *(fot.)* versnellingsmiddel.

ac·tive aktief, bedrywig, druk, werksaam, werkdadig, doenig; lewendig, fluks, wakker; werkend, effektief, groeiend; daadwerklik; rats, vlug; ~ ***bidding*** le=wendige bieëry; ~ ***interest*** lewendige/daadwerklike belangstelling; ~ ***list*** lys van aktiewes; ~ ***member/partner*** werkende lid/vennoot; *take an ~* ***part*** *in s.t.* 'n daadwerklike aandeel in iets hê; *on ~* ***service,*** *(mil.)* in aktiewe diens, in krygsdiens, aan die front, te velde, aktief; ~ ***vocabulary*** aktiewe woordeskat; ~ ***voice,*** *(gram.)* bedrywende vorm; ~ ***volcano*** ak=tiewe/werkende vulkaan. **ac·tive·ness** bedrywigheid; lewendigheid. **ac·tiv·ism** aktivisme. **ac·tiv·ist** *n.* ak=tivis. **ac·tiv·ist, ac·tiv·is·tic** *adj.* aktivisties. **ac·tiv·i·ty** *=ties* bedrywigheid, besigheid, werksaamheid, wer=king; drukte, doenigheid, aktiwiteit; ratsheid, vlug=heid; *a* ***burst*** *of ~* 'n skielike groot bedrywigheid; *it* ***buzzes/hums*** *with ~, (infml.)* dit gons van die be=drywigheid; ***field/sphere*** *of* ~ arbeidsveld, werk=gebied, =terrein; ***s.o.'s*** *activities* iem. se doen en late.

ac·tor (toneel)speler, akteur; dader, doener; be=werker. **~-manager** toneelspeler-direkteur.

ac·tress *(vr.)* toneelspeelster, aktrise; bewerkster.

ac·tu·al werklik, wesen(t)lik, feitelik, aktueel, waar; lyflik; teenswoordig, oombliklik; *in ~ fact* eintlik, in werklikheid; ~ *output* werklike produksie; nuttige effek; ~ *size* ware grootte. **ac·tu·al·i·sa·tion, =za·tion** realisering, verwesen(t)liking. **ac·tu·al·ise, =ize** reali=seer, verwesen(t)lik, bewerkstellig. **ac·tu·al·i·tés** *(Fr.)* nuusfilm, nuus(rol)prent. **ac·tu·al·ly** eintlik, inder=daad, regtig/werklik/waarlik (waar), in werklikheid, sowaar, waaragtig, in feite, fakties.

ac·tu·al·i·ty werklikheid, realiteit, bestaande situasie/toestand, aktualiteit, feit. ~ **programme** aktualiteits=program.

ac·tu·ar·y *=ies* aktuaris. **ac·tu·ar·i·al** aktuarieel; ~ *mathematics/science* versekeringswiskunde.

ac·tu·ate (aan)dryf, aansit, roer, in werking/bewe=ging bring; aanspoor, aanvuur, beweeg, besiel; *~d by patriotism* deur vaderlandsliefde aangevuur. **ac·tu·a·ting:** ~ *force* werkkrag; ~ *gear* werkrat, =stel; ~ *shaft* werk=, dryfas. **ac·tu·a·tion** aandrywing.

a·cu·i·ty skerpte, skerpheid; helderheid, duidelik=heid; akuutheid; akuïteit; noukeurigheid, akribie; ~ *of hearing* gehoorskerpte; ~ *of vision* gesigskerpte.

a·cu·le·us *=lei, (bot.)* stekel, doring; *(entom.)* angel. **a·cu·le·ate, a·cu·le·at·ed** skerp; *(bot.)* stekel(r)ig, doringrig; *(entom.)* met 'n angel.

ac·u·men, ac·u·men skerpsinnigheid, insig, ver=nuf, speursin.

a·cu·mi·nate *ww.* 'n skerp punt gee. **a·cu·mi·nate** *adj., (bot.)* gepunt, spits.

ac·u·pres·sure →SHIATSU.

ac·u·punc·ture *(med.)* akupunktuur.

a·cut·ance *(fot.)* kontoerskerpte.

a·cute *n., (fonet.)* akuutteken. **a·cute** *adj.* skerp; fyn, skerpsinnig, gevat; skerppuntig; skerpsiende; hewig; akuut; nypend; ~ ***accent,*** *(ling.)* akuutaksent; ~ ***angle*** skerp hoek; ~ ***disease*** akute siekte; ~ ***pain*** hewige/skerp pyn; ~ ***uncertainty*** kwellende/groot onsekerheid. **~-angled** skerphoekig.

a·cute·ly akuut; uiters *(moeilik, verleë, ongelukkig, ongemaklik, ens.)*; intensief *(voel)*; noukeurig *(waarneem)*; skerp *(kritiseer)*; dringend *(behoefte aan iets hê)*; *be ~ aware of s.t.* deeglik/pynlik bewus van iets wees; *be ~ ill with pneumonia* akute longontste=king hê. **a·cute·ness** skerpte; skerpsinnigheid; he=wigheid; ~ *of hearing* gehoorskerpte; ~ *of vision* gesigskerpte.

ad *n., (infml., afk.: advertisement)*: **~man** *=men* reklame=, advertensieman. **~person** reklame=, ad=vertensiemens.

A·da *(rek.)* Ada(programmeringstaal).

ad·age spreekwoord, spreuk, gesegde; *(jur.)* reg=spreuk.

a·da·gio *=gios, n., (It., mus.)* adagio(-deel/passasie). **adagio** *adj. & adv., (mus.)* adagio, stadig.

Ad·am *(OT)* Adam; *(dwelmsl.:* metileendioksimetam=fetamien*)* Adam, MDMA, die groot E, ecstacy; *not know s.o. from ~* iem. van geen/g'n (Adams)kant af (*of* glad/hoegenaamd nie) ken nie; *be as old as ~* uit die (*of* uit Noag se) ark kom, stok=/oer=/horingoud (*of* so oud soos die berge) wees; *put off* (*or lay aside*) *the old ~* die ou Adam aflê; *since ~ was a boy* van toeka (se dae/tyd) af, al/reeds donkiejare (lank). **Ad·am·ite** *(mens)* Adamskind; *(nudis)* Adamiet. **Ad·am·it·ic** Adamities. **Ad·am's:** ~ *ale/wine, (skerts.)* pompwyn, water; ~ *apple* adamsappel, keelknop, komhalertjie; ~ *fig* adamsvy.

ad·a·mant *n., (arg., min.)* adamant. **ad·a·mant** *adj.* hardnekkig, halsstarrig, onversetlik; vasberade, vasbeslote, beslis; hardvogtig, ontoegeeflik, onver=setlik, onbuigsaam, onwrikbaar; klip(steen)hard; *be ~ that ...* daarop aandring/staan dat ... **ad·a·man·tine** klip(steen)hard; hardvogtig, ontoegeeflik; *(arg.)* diamantagtig, diamant=.

ad·ams·ite *(chem.: gifstof)* adamsiet.

a·dapt (jou) aanpas *(by/aan)*, gewoond raak *(aan)*; geskik maak; verander, wysig; verwerk; verbou *(gebou)*; ombou *(voertuig)*; *one's* ***eyes*** *slowly ~ to the dark* jou oë raak stadig aan die donker gewoond; ~ *s.t.* ***for*** ... iets vir ... verwerk *('n roman vir verfilming ens.)*; *be ~ed* ***from*** ... van ... verwerk wees; met wysiging aan ... ontleen wees; *be ~ed* ***from*** *the French/etc.* uit Frans/ens. vertaal en verwerk wees; ~ *(o.s.)* ***to*** ... jou by ... aanpas *('n klimaat)*; jou na ... skik *(omstandighede, reëls)*; ~ *s.t.* ***to*** ... iets vir ... ge=skik maak *('n gebou vir gestremdes ens.)*; iets na ... in=rig *(jou lewe n.d. wens v. ander ens.)*; *be ~ed* ***to*** ... vir ... geskik wees; by ... aangepas wees.

a·dapt·a·bil·i·ty aanpassingsvermoë, buigsaam=heid, plooibaarheid; aanpasbaarheid; geskiktheid; verwerkbaarheid. ~ **test** aanpasbaarheidstoets.

a·dapt·a·ble aanpasbaar; verstelbaar; bruikbaar, geskik; verwerkbaar; buigsaam, plooibaar; *an ~ plant* 'n plant wat oral(s) groei/gedy (*of* hom oral[s] aanpas). **a·dapt·a·ble·ness** →ADAPTABILITY.

ad·ap·ta·tion aanpassing; geskiktheid; verwerking; verandering, wysiging; aangepastheid; aanpassings=proses; ~ *to* ... aanpassing by/aan ...

a·dapt·ed·ness aangepastheid.

a·dapt·er →ADAPTOR.

a·dapt·ing ring pasring.

a·dap·tive aanpassings=, adaptief. **a·dap·tive·ness** aanpassingsvermoë.

a·dap·tor, a·dapt·er verwerker; aansluit=, verloop=, verbindingstuk, aansluiter; *(elek.)* aftakker, aansluit=prop; pasring; aanpasser, passtuk; nippel *(v. bom)*; *double ~* dubbelpasstuk.

ad·ax·i·al *(bot.)* bo=; binne=; adaksiaal.

add byvoeg; bysê, byvoeg; optel; bytel; toevoeg, aan=voeg; aansit; laat volg; bylas; *(chem.)* addeer; *~ed ...* bykomende ... *(onkoste ens.)*; ~ *s.t.* ***in*** iets byvoeg; iets insluit; ~ *s.t.* ***on*** iets bytel/byreken *(bedrag ens.)*; iets byvoeg *(opmerkings, twee weke, ens.)*; iets aanbou *(verdieping, vertrek, ens.)*; ~ ***to*** ... tot ... bydra *(kennis)*; ... vererger *(krisis)*; ... verswaar *(moeilikhede)*; ~ *s.t.* ***to*** ... iets tot ... byvoeg, iets aan ... toevoeg; iets by ...

inreken; iets by ... aanlas; ~ *5 **to** 8* 5 by 8 tel; ~ *the eggs **to** the sugar* voeg die eiers by die suiker; ~ *to the funds* die kas stywe; ~ *insult **to** injury* →INSULT; ~ *a name **to** a list* 'n naam in 'n lys opneem; ~ *a wing **to** a building* 'n vleuel by 'n gebou aanbou; ~ *wood **to** a fire* hout op 'n vuur gooi; ~ ... ***together*** ... bymekaartel; ... bymekaarsit; ~ *s.t. **up*** iets optel/bymekaartel *(syfers); it ~s **up**, (infml.)* dit maak sin, dis logies; *it ~s **up** to* ... dis altesaam/altesame (*of* dit kom uit op) ... *(getal); (infml.)* dit beteken (*of* kom neer op *of* staan gelyk aan/met) ... *(afpersing ens.); it doesn't ~ **up** to much* dit is nie veel nie. **~-in** *n., (rek.)* byvoegsel. **~-in** *adj. (attr.)* byvoeg= *(kaart ens.).* **~-on** *n., (rek.)* randtoestel. **~-on** *adj. (attr.)* bytel= *(koers ens.).*

ad·dax *(soöl.: wildsbok)* addaks.

ad·den·dum =*da* addendum, bylaag, bylae, aanhangsel, toevoegsel.

ad·der[1] adder; slang; *horned* ~ →HORNED; *~'s fern/tongue, (bot.)* slangtong.

add·er[2] opteller; optelmasjien.

ad·dict *n.* verslaafde *(aan),* slaaf *(van); (fig.)* fanatikus, entoesias, liefhebber; *drug* ~ dwelmslaaf; *football* ~ voetbalfanatikus; *TV* ~ TV-slaaf. **ad·dict** *ww.* verslaaf, afhanklik maak; *be ~ed to sport* sportmal wees; *be ~ed to cocaine/etc.* aan kokaïen/ens. verslaaf wees; *become ~ed to drugs/etc.* aan dwelm(middel)s/ens. verslaaf raak. **ad·dic·tion** verslawing, verslaafdheid *(aan);* neiging, geneigdheid *(tot); it can become an* ~ ('n) mens kan daaraan verslaaf raak; *have an* ~ aan iets verslaaf wees; *s.o.'s* ~ *to* ... iem. se verslawing/verslaafdheid aan ... **ad·dic·tive** verslawend; *be* ~ verslawend wees; *(fig.)* 'n siekte word.

add·ing optel(ling). ~ **machine** optelmasjien. ~ **mistake** optelfout.

Ad·dis Ab·a·ba *(geog.)* Addis Abeba.

Ad·di·son's dis·ease Addisonsiekte.

ad·di·tion toevoeging, vermeerdering; optel(ling); optelsom(me); byvoeging; byvoegsel, toevoegsel, aanhangsel; ***in*** ~ buitendien, boonop, daarby; ***in*** ~ ***to*** ... (buite en) behalwe ..., buiten ...; ***in*** ~ ***to** that* daarbenewens; boonop, daarby, op die koop toe; *an* ~ ***to*** ... 'n aanbousel by ...; 'n toevoegsel/byvoeging by/tot ..., 'n toevoeging aan/tot ...; *an* ~ ***to** the family* nog 'n kind. **ad·di·tion·al** bykomend, aanvullend, ekstra, addisioneel; toegevoeg, bygevoeg; ~ ***estimates**, (parl.)* aanvullende begroting; ~ ***information*** verdere inligting; ~ ***magistrate*** addisionele landdros/magistraat; ~ ***members** (of the committee)* gewone bestuurslede, toegevoegde lede; ~ ***to** that* behalwe dit; *it is* ~ ***to** the* ... dit kom by die ... **ad·di·tion·al·ly** daarby, boonop, daarbenewens, buitendien, bowendien.

ad·di·tive *n.* bymiddel, =mengsel; toevoegsel; *free from artificial ~s* sonder kunsmatige bymiddels. **ad·di·tive** *adj.* bygemeng(d), by te meng, additief.

ad·dle *(gew. skerts.)* verwar; bederf, vrot (word), verrot; ~ *s.o.'s mind/brain* met iem. se kop smokkel, iem. se kop laat draai. **~-brained, -headed, -pated** deurmekaar, verwar(d), deur die blare/mis/wind.

ad·dled deurmekaar, verwar(d); leeg *(kop);* benewel(d) *(verstand);* bedorwe, vrot, verrot; ~ *egg, (arg.)* vrot/deurgelêde/deurgelegde eier.

ad·dress =*dresses, n.* adres *(op brief/koevert/ens.); (rek.)* adres, posisie; toespraak, rede(voering); voordrag; *(jur.)* beredenering, pleidooi, betoog; *(Br., parl.)* petisie, versoekskrif *(aan vors/vorstin); (vero.)* behendigheid, vaardigheid, vernuf; *(arg.)* optrede, gedrag, maniere, houding; *(arg.)* manier van praat; ***at** an* ~ by 'n adres; ***deliver/give** an* ~ 'n rede hou, 'n toespraak hou/lewer; *of/with no **fixed*** ~ sonder vaste adres; ***form** of* ~ aanspreekvorm; *live at a **good*** ~ in 'n goeie buurt woon; ***illuminated*** ~ →ILLUMINATE; ***main*** ~ hoofrede; ***pay** one's ~es to s.o., (arg.)* iem. die hof maak; ***what's** your ~?* waar woon jy?. **ad·dress** *ww.* adresseer *(brief ens.);* toespreek *(gehoor);* aanspreek *(iem.); (rek.)* adresseer; ~ *s.o. **as*** ... iem. as ... aanspreek *(ook in 'n brief);* ~ *a **ball**, (gholf)* op 'n bal aanlê; ~ *an **issue*** 'n kwessie aanpak/aanroer; *in ~ing the **meeting** he/she said* ... in sy/haar toespraak het hy/sy gesê ...; ~ ***complaints to*** ... klagte(s) aan ... rig; ~ *a letter **to** s.o.* 'n brief aan iem. adresseer; ~ *a letter **to** a place* 'n brief na/aan 'n plek adresseer; ~ *o.s. **to** s.o.* jou tot iem. rig; ~ *o.s. **to** the task* die werk aanpak, jou op die taak toelê; ~ *a remark **to** s.o.* iem. iets toevoeg. ~ **book** adresboek(ie). ~ **bus** *(rek.)* adresbus, hooflyn. ~ **label** adresetiket. ~ **space** *(rek.)* adresruimte.

ad·dress·a·ble *(rek.)* adresseerbaar.

ad·dress·ee geadresseerde.

ad·dress·ing ma·chine adresseermasjien.

Ad·dress·o·graph *(handelsnaam)* adresseermasjien.

ad·duce *(fml.)* aanhaal, aanvoer, bybring, siteer. **ad·duc·i·ble, ad·duce·a·ble** aanvoerbaar.

ad·du·cent *adj. (attr.), (anat.)* adduserende.

ad·duct *n., (chem.)* adduk. **ad·duct** *ww., (anat.)* adduseer, bytrek. **ad·duc·tion** aanhaling, sitaat; *(anat.)* adduksie, bytrekking. **ad·duc·tor (mus·cle)** *(anat.)* adduktor(spier), bytrekspier.

Ad·e·laide *(geog.)* Adelaide.

A·den *(geog.)* Aden; *Gulf of* ~ Golf van Aden.

ad·e·nine *(biochem.)* adenien.

ad·e·ni·tis *(patol.)* klierontsteking, adenitis.

ad·e·no= *komb.vorm* adeno=, klier=.

ad·e·no·car·ci·no·ma klierkanker.

ad·e·noid *adj.,* **ad·e·noi·dal** *adv.* adenoïed, neuskeelmangel=; klieragtig; kliervormig; ~ *tissue* adenoïede/limfatiese weefsel, limfklierweefsel. **ad·e·noids** *n. (mv.)* adenoïede, neuskeelmangels.

ad·e·no·ma =*mas,* =*mata* kliergewas, adenoom.

a·dept *n.* kenner, deskundige, ingewyde, meester, bedrewene. **a·dept** *adj.* ervare, bedrewe, deskundig, ingewy, gekonfyt; *be* ~ *at/in s.t.* in iets bedrewe wees (*of* uitblink), 'n aanleg/gawe/talent vir iets hê. **a·dept·ness** bedrewenheid, ervarenheid.

ad·e·quate voldoende, genoeg; bevredigend, genoegsaam, toereikend, afdoende; gepas, geskik, doelmatig; adekwaat; *be* ~ *to a task, (fml.)* vir 'n taak opgewasse wees. **ad·e·qua·cy** voldoendheid; toereikendheid, afdoendheid; gepastheid, geskiktheid; adekwaatheid.

ad·here (vas)kleef, (vas)klewe, vassit; aankleef, =klewe, aanhang; ~ *to* ..., *(lett.)* aan ... kleef/klewe/vassit; *(fig.)* ... aankleef/=klewe/aanhang, aan ... trou bly (*of* vashou), by ... bly *(beginsels, beleid, 'n leier, ens.).* **ad·her·ence** nakoming *(v. belofte/ooreenkoms/reël/besluit);* lojaliteit *(teenoor),* ondersteuning *(v. party/leier/beleid);* vasklewing *(aan tradisie).* **ad·her·end** *n.* hegstuk. **ad·her·ent** *n.* aanhanger, voorstander, volgeling, navolger; *the church has 1000 ~s* die kerk tel 1000 siele (*of* het 'n sieletal van 1000). **ad·her·ent** *adj.* aanklewend, vasklewend.

ad·he·sion (vas)klewing, aanklewing, saamklewing; hegsterkte *(v. rubber); (med.)* adhesie, vergroeiing; *area of* ~ kleefvlak. ~ **force** kleefkrag.

ad·he·sive *n.* kleefstof, =middel, lym. **ad·he·sive** *adj.* klewend, kleef=; ~ ***bandage*** kleef=, hegverband; ~ ***patch**, (naaldw.)* plaklap; ~ ***plaster*** heg=, kleefpleister; ~ ***powers/strength*** kleef=, adhesiekrag; kleef=, adhesievermoë; ~ ***sole*** plaksool; ~ ***stamp*** plakseël; ~ ***tape*** kleeflint, kleef=, plakband. **ad·he·sive·ness** kleefvermoë.

ad·hib·it *(fml.)* aanheg; toedien; aanwend, toepas.

ad hoc *(Lat.)* ad hoc, vir hierdie saak (*of* besondere doel); ~ ~ *committee* ad hoc-komitee. **ad·hoc·ra·cy** =*cies* ad hoc-beleid.

ad ho·mi·nem *adj. & adv., (Lat.: wat op d. persoon betrekking het; teen d. persoon gerig)* ad hominem.

ad·i·a·bat·ic *n., (fis.)* adiabaat. **ad·i·a·bat·ic** *adj.* adiabaties.

a·di·ate *(jur.)* adieer, aanvaar *('n erfenis).* **a·di·a·tion** adiasie.

a·dieu =*dieus,* =*dieux, n., (Fr.)* adieu, afskeidsgroet, vaarwel; *bid/wish s.o.* ~ aan/vir iem. vaarwel sê; *make one's ~s* afskeid neem. **a·dieu** *tw.* adieu, dit gaan jou goed.

ad in·fi·ni·tum *(Lat.)* ad infinitum, tot in die oneindige.

a·di·os *tw., (Sp.)* adios, tot siens.

ad·i·po·cere adiposeer, lykwas, =vet.

ad·i·pose *n.* vet, dier(e)vet. **ad·i·pose** *adj.* vet; vetterig; ~ *gland* vetklier; ~ *hernia* vetbreuk; ~ *layer* vetlaag; ~ *tissue* vetweefsel. **ad·i·po·sis, ad·i·pos·i·ty** vetsug, oormatige vetheid.

ad·it *(mynw.)* toegang(stonnel), ingang(stonnel), horisontale mynskag, waterloop.

ad·ja·cent aangrensend, aanliggend; naburig, nabygeleë, omliggend; ~ *angle, (wisk.)* aangrensende/aanliggende hoek; ~ *supplementary angle, (wisk.)* newehoek; *be* ~ *to* ... aan ... grens, langs ... lê/wees. **ad·ja·cen·cy** aangrensing, nabyheid.

ad·jec·tive *n.* byvoeglike naamwoord, adjektief. **ad·jec·tive** *adj., (gram.)* byvoeglik, adjektiwies; *(teg., jur.)* adjektief; ~ *dye* adjektiewe kleurstof, bytkleurstof; ~ *law* formele/adjektiewe reg. **ad·jec·ti·val** *(gram.)* byvoeglik, adjektiwies.

ad·join grens aan; aan mekaar grens, langs mekaar lê; *the ~ing erf* die aangrensende erf; *the room ~ing mine* die kamer langs myne; *in the ~ing room* in die kamer langsaan.

ad·journ verdaag; uitstel; verskuif, verander van vergaderplek; uiteengaan; onderbreek; op reses gaan; ~ ***for** lunch* vir middagete uiteengaan/verdaag; ~ *a meeting **for** a* (or *till/until the following) week* 'n vergadering tot 'n week later verdaag; ~ ***to*** ... na ... gaan *('n ander plek);* ~ *a meeting **to** another place* 'n vergadering na elders (*of* 'n ander plek) verskuif. **ad·journ·ment** verdaging; uitstel; verskuiwing, verandering van vergaderplek; onderbreking; reses; *a motion for* ~ 'n voorstel tot verdaging.

ad·judge verklaar; bevind; beslis, oordeel; toewys, toeken; ~ *s.t. to s.o.* iets aan iem. toewys. **ad·judg(e)·ment** →ADJUDICATION.

ad·ju·di·cate uitspraak doen, 'n oordeel vel, beoordeel, beslis, bereg; verklaar; toewys, toeken; ~ *in a competition* beoordelaar wees in 'n kompetisie; ~ *on a claim* oor 'n aanspraak/vordering beslis; ~ *(on) a matter* 'n saak bereg, oor 'n saak uitspraak doen. **ad·ju·di·ca·tion** uitspraak, oordeel, bevinding, beslissing, beregting; beoordeling; toewysing, toekenning; ~ *in bankruptcy* bankrot=, faljietverklaring. **ad·ju·di·ca·tor** beoordelaar; beregter, beslisser; skeidsregter.

ad·junct *n.* by=, toevoegsel, bykomstigheid, aanhangsel; hegstuk; hoedanigheid; byomstandigheid; *(gram.)* bepaling; adjunk. **ad·junct** *adj.* bygevoeg, toegevoeg, bykomend, adjunk=, hulp=, by=; ~ *clause* bysin; ~ *secretary* adjunk=, assistentsekretaris.

ad·jure *(fml.)* besweer; smeek. **ad·ju·ra·tion** beswering, smeekbede; eedoplegging.

ad·just (jou) aanpas; skik, reël, reguleer; stel, instel, verstel, regstel; afstel *(instrument);* verander, wysig; opstel; aansit; ~ *an **account*** 'n rekening aanpas/aansuiwer; ~ *an **average**, (versek., sk.)* awery bereken; ~ ***brakes*** remme stel; ~ ***coordinates*** koördinate aanpas; ~ ***differences*** →DIFFERENCE; ~ ***fire**, (mil.)* vuur inspeel; ~ *o.s. **to*** ... jou aan/by ... aanpas.

ad·just·a·bil·i·ty stelbaarheid, verstelbaarheid; veranderbaarheid; reëlbaarheid; aanpasbaarheid.

ad·just·a·ble stelbaar, verstelbaar; veranderbaar; reëlbaar; aanpasbaar; ~ *back* afslaanrug; ~ *screw* stelskroef; ~ *spanner/wrench* skroefsleutel, stelbare sleutel; ~ *square* steldriehoek, stelwinkelhaak. **~-pitch propeller** verstelbare lugskroef.

ad·just·er reëlaar, reguleerder; (ver)steller; *(versek.)* bemiddelaar *(by eise); (versek., sk.)* berekenaar *(by awery).*

ad·just·ing stel=; ~ ***arm*** stelarm; ~ ***board*** stelblad; ~ ***contrivance/device/gear*** stelinrigting, =middel; ~ ***entry*** aanpassingsinskrywing; ~ ***gear*** stelrat; ~ ***lever*** stelhefboom; ~ ***nut*** stelmoer; ~ ***pin*** stelpen; ~ ***plane*** stelskaaf; ~ ***ring*** stelring; ~ ***rod*** stelstang; ~ ***screw*** stelskroef; ~ ***spanner*** stelsleutel, moerhamer; ~ ***tool*** stelyster; ~ ***washer*** stelwasser, =waster; ~ ***wrench*** stelsleutel.

ad·just·ment skikking, reëling; aansuiwering; (ver)stelling; instelling; wysiging; inspeling; afslag, tegemoetkoming; verrekening, vereffening; regstelling, herrekening; aanpassing; ~ *of an* ***account*** aanpassing/aansuiwering van 'n rekening; ***coarse*** ~ grofstelling; grofstelskroef; ***fine*** ~ fynstelling; fynstelskroef; ***make*** ~*s to s.t.* iets aanpas/verstel; verstellings aan iets maak; ***out*** *of* ~ sleg gestel. ~ **voucher** eisstrook, reklameerbewys, verrekeningsbewys.

ad·ju·tage, a·ju·tage mondstuk *(v.fontein)*.

ad·ju·tan·cy adjudantskap; hulp.

ad·ju·tant adjudant, stafoffisier; hulp. ~ **(bird/stork)** maraboe, adjudant, Indiese ooievaar. ~ **general** *adjutants general* adjudant-generaal.

ad·ju·vant *n., (med.)* hulp, steun; hulpmiddel. **ad·ju·vant** *adj.* hulp=; behulpsaam; bykomend.

ad lib *adj. & adv., (Lat., afk.* ad libitum*)* onvoorbereid, geïmproviseer(d), uit die vuis; na (eie) keuse, na wens(e)/goeddunke/goedvinde/welgevalle. **ad-lib** =*bb*=, *ww.* onvoorbereid (*of* uit die vuis) praat, improviseer.

ad·meas·ure *(arg.)* (toe)deel, toewys. **ad·meas·ure·ment** (toe)deling, toewysing; afmeting; vergelyking.

ad·min *(infml., afk.)* = ADMINISTRATION.

ad·min·is·ter bestuur, beheer, waarneem, administreer; uitoefen; uitvoer; toepas; ~ *an estate* 'n boedel beredder; ~ *justice* regspreek; ~ *s.t. to s.o.* iets aan iem. toedien *(medisyne, straf, ens.)*; iets van iem. afneem *('n eed)*; iets aan iem. bedien *(sakramente)*. **ad·min·is·tra·tion** bestuur, beheer, administrasie; regering, bewind, landsbestuur; bestuurskunde; toediening; toepassing; ~ *(of the country)* landsbestuur; ~ *of justice* regspraak, regspleging, regsbedeling; *letters of* ~ briewe van administrasie; *(public)* ~ bestuurskunde. **ad·min·is·tra·tive** administrasie=, administratief, bestuurs=, besturend; ~ *building* administrasiegebou; ~ *expenses* administrasiekoste; ~ *law* administratiewe reg, bestuursreg; ~ *office* administrasiekantoor; ~ *official* bestuursamptenaar; ~ *staff* administrasiepersoneel. **ad·min·is·tra·tor** administrateur; bestuurder; regeerder; bewindhebber, =voerder; beredderaar *(v. boedel)*; *church* ~ saakgelastigde. **ad·min·is·tra·trix** *(vr., jur.)* administratrise; bestuurderes.

ad·mi·ral admiraal; vlagskip; ~ *of the fleet, fleet* ~ vlootadmiraal, =voog.

ad·mi·ral·ty admiraalskap; admiraliteit; admiraliteitsgebou. ~ **court** admiraliteitshof. **A~ House** Admiraalswoning. **A~ Islands** *(geog.)* Admiraliteitseilande.

ad·mire bewonder, vereer, admireer; ~ *s.o. for s.t.* iem. om iets bewonder; ~ *s.t. in s.o.* iets in iem. bewonder. **ad·mi·ra·ble** bewonderenswaardig; voortreflik, uitstekend, uitmuntend. **ad·mi·ra·tion** bewondering, verering; *be* ***filled*** *with* ~ *for* ... vol bewondering vir ... wees, met bewondering vir ... vervul wees; *s.t.* ***fills*** *s.o. with* ~ iets vervul iem. met bewondering; *have a great* ~ ***for*** *s.o.* groot bewondering vir iem. hê; *be lost in* (or *struck with)* ~ ***for*** ... met bewondering vir ... vervul wees; ***in*** ~ *of* ... uit bewondering vir ...; *be the* ~ ***of*** ***all*** deur almal bewonder word; *be the* ~ ***of*** *s.o.* die voorwerp van bewondering by iem. wees, deur iem. bewonder word; *perform s.t.* ***to*** ~, *(w.g.)* iets onverbeterlik/wondergoed uitvoer. **ad·mir·er** bewonderaar, vereerder. **ad·mir·ing** *adj.*, =**ing·ly** *adv.* bewonderend, vol bewondering.

ad·mis·si·ble toelaatbaar, aanneemlik, geoorloof. **ad·mis·si·bil·i·ty** toelaatbaarheid, aanneemlikheid. →ADMIT.

ad·mis·sion toelating, aanneming; admissie; toegang; toegangsprys, =geld; erkenning; legitimasie *(v. predikant)*; ~ ***free*** toegang vry; ***gain*** ~ *to* ... toegang tot ... verkry; ***give*** *s.o.* ~ *to* ... iem. toegang tot ... verleen; ~ *of* ***guilt***, *(jur.)* skulderkenning, =bekentenis; *pay an* ~ *of* ***guilt*** 'n afkoopboete betaal; ***make*** *an* ~ iets erken; *by/on s.o.'s* ***own*** ~ *he/she* ... iem. het (self) erken dat hy/sy ...; ***pay*** *the* ~ die toegangsprys betaal; ***refuse*** *s.o.* ~ iem. wegwys, toegang aan iem. weier. ~ **fee** toegangsprys, =geld. ~ **hopper** voerder. ~ **pipe** toevoerpyp. ~ **ticket** toegangskaart(jie).

ad·mit =*tt*= toelaat; aanneem; erken, toegee; toestaan; toegang verleen; ~ *of no* ***apology***, *(fml.)* onvergeeflik wees; ~ *to the* ***bar*** as advokaat (*of* tot die balie) toelaat; *the words* ~ *of such a* ***construction***, *(fml.)* die woorde is vir so 'n uitleg vatbaar; ~ *of no* ***delay***, *(fml.)* geen vertraging duld nie; *not* ***mind*** ~*ting that* ... geredelik erken dat ...; *I* ***must*** ~ *that* ... ek moet erken/toegee dat ...; *it* ***must*** *be* ~*ted that s.o. is* ... weliswaar is iem. ...; *s.o. is* ***reluctant*** *to* ~ *s.t.* iem. wil iets nie graag erken nie; ***that*** *I* ~ daar gee ek jou/u gelyk, daar het jy/u gelyk/reg; ~ *s.o.* ***to*** ... iem. in ... toelaat *('n plek)*; iem. in/op ... toelaat *('n skool)*; iem. tot ... toelaat *('n eksamen)*; iem. in ... opneem *('n hospitaal)*; ~ *s.o.* ***to*** *the ministry, (relig.)* iem. legitimeer; ~ ***(to)*** *s.t.* iets erken; ~ ***to*** *doing s.t.* erken dat jy iets gedoen het. **ad·mit·tance** toegang; toelating, aanneming; *gain* ~ *to* ... toegang tot ... verkry; *give* ~ *to* ... toegang tot ... verleen; *no* ~ geen toegang, toegang verbode; *no* ~ *except on business* toegang alleen vir sake/besoekers. **ad·mit·ted·ly** weliswaar, soos toegegee/erken word, volgens erkenning; ~, *s.o. is* ... toegegee, iem. is ...

ad·mix *(hoofs. teg.)* meng, vermeng; byvoeg, bymeng. **ad·mix·ture** mengsel, bymengsel, toevoegsel; vermenging.

ad·mon·ish vermaan, aanmaan; (aan)raai; waarsku; bestraf, maan, teregwys; herinner *(aan)*; ~ *s.o. against s.t.* iem. teen iets waarsku; ~ *s.o. for s.t.* iem. oor iets aanspreek/berispe/vermaan, *(infml.)* met iemand oor iets praat/gesels. **ad·mon·ish·er, ad·mon·i·tor** vermaner; strafprediker. **ad·mon·ish·ment, ad·mon·i·tion** vermaning, waarskuwing, teregwysing, bestraffing, berisping; strafpredikasie. **ad·mon·i·to·ry** vermanend, teregwysend, waarskuwend.

ad nau·se·am *(Lat.)* tot vervelens/satwordens/walgens (toe).

ad·noun *(gram.)* selfstandig gebruikte byvoeglike naamwoord; byvoeglike naamwoord.

a·do ophef, gedoente, bohaai, omslag(tigheid), drukte, omstand, omhaal; rompslomp; *much* ~ *about nothing* 'n groot geraas/lawaai/bohaai oor niks, meer lawaai as wol, veel geskree(u) (*of* groot lawaai) en weinig wol; *without further/more/much* (or *with no further)* ~ sonder meer, sommerso, sonder verdere/vêrdere omslag/pligpleging; op stel en sprong *(iets wil doen)*; ewe getroos *('n opdrag uitvoer)*.

a·do·be rousteen; rousteengebou; kleisteen. ~ **soil** digte kleigrond.

ad·o·les·cent *n.* adolessent, tiener, tienderjarige, jeugdige (persoon); jongeling. **ad·o·les·cent** *adj.* adolessent, jeugdig, opgroeiend, opgeskote. **ad·o·les·cence** adolessensie, tiener=, rypwordings=, jeugjare; jongelingsjare.

A·do·nis *(Gr. mit.)* Adonis; *(fig.: aantreklike jong man)* adonis.

a·dopt aanneem; oorneem; opneem; kies; inneem, in besit neem; ontleen *(woorde)*; goedkeur *(notule)*; ~ *an* ***attitude*** 'n houding aanneem; ~ *s.t.* ***from*** ... iets aan ... ontleen; ~ *a* ***line*** *(of reasoning)* 'n redenering volg; ~ *a* ***motion*** *by ... votes to* ... 'n voorstel met ... stemme teen ... aanneem; ~ *a* ***position*** 'n houding aanneem; 'n standpunt inneem; ~ *a* ***tone*** 'n toon aanslaan; ~ *a* ***word*** burgerreg aan 'n woord verleen. **a·dopt·a·ble** aanneembaar. **a·dopt·ed** aangenome *(kind ens.)*. **a·dop·tion** aanneming; opneming; oorneming; ontlening; goedkeuring; *an Englishman/etc.* ***by*** ~ 'n Engelsman/ens. deur/uit eie keuse; *s.o.'s* ***country*** *of* (or *the* ***country*** *of s.o.'s)* ~ iem. se nuwe/aangenome/tweede vaderland; ***put up*** *a child for* ~ 'n kind laat aanneem. **a·dop·tive** aannemend; adoptief; ~ *parent* aanneemouer.

a·dore aanbid, vereer, adoreer; 'n afgod maak van, verafgo(o)d; dol (verlief) wees op. **a·dor·a·ble** aanbiddelik, beminlik. **ad·o·ra·tion** aanbidding, verering, adorasie; *in mute* ~ in stille aanbidding. **a·dor·er** aanbidder, vereerder, bewonderaar. **a·dor·ing** *adj.*, =**ing·ly** *adv.* bewonderend, vererend, liefdevol.

a·dorn versier, verfraai, optooi, tooi, opsmuk, sier, opluister; *(fig.)* 'n sieraad wees vir; ~ *s.t. with* ... iets met ... versier. **a·dorn·ment** versiering, verfraaiing, tooisel.

A·do·wa →ADUWA.

a·dream *(poët.)* dromend.

ad·re·nal: ~ *gland* bynier. **A·dren·a·lin** *(handelsnaam)* Adrenalin. **a·dren·a·lin(e)** byniersstof, adrenalien; *get the* ~ *going/flowing* die adrenalien laat pomp/vloei.

A·dri·an·o·ple, A·dri·a·nop·o·lis *(geog., hist.)* Adrianopel; →EDIRNE. ~ **red** →TURKEY RED.

A·dri·at·ic: *the* ~ *(Sea)* die Adriatiese See.

a·drift (los)drywend, stuurloos; doelloos, hulpeloos; ***be*** ~ dryf; ***cast*** *s.t.* ~ iets losgooi, iets laat dryf/drywe *('n boot)*; ***cast/cut/turn*** *s.o.* ~ iem. aan sy/haar lot oorlaat; ***come*** ~ losraak; ***cut*** *a boat* ~ die meertoue/ankertoue van 'n boot deurkap; ***go*** ~, *(fig.)* skeefloop, in duie stort, misluk; ***turn*** *s.o.* ~, *(ook)* iem. die (wye) wêreld instuur.

a·droit handig, behendig, knap, knaphandig, bekwaam; skerp *(verstand)*; *s.o. is* ~ *at/in s.t.* iem. kan iets goed doen, iem. is behendig met iets. **a·droit·ness** handigheid, behendigheid, knaphandigheid, bekwaamheid.

ad·sorb adsorbeer. **ad·sorp·tion** adsorpsie.

A·du·a *(It.)* →ADUWA.

ad·u·late ophemel, verheerlik, bewierook, opvysel; vlei, flikflooi, pluimstryk. **ad·u·la·tion** ophemeling, verheerliking, bewieroking, opvyseling; vleiery, flikflooiery, pluimstrykery. **ad·u·la·tor** vleier, pluimstryker, kruiper.

a·dult, a·dult *n.* volwassene, grootmens. **a·dult, a·dult** *adj. (attr.)* volwasse, uitgegroeide, volgroeide; *(euf.)* vir volwassenes *(pred.)*, pornografiese, porno=; ~ *film* rolprent vir volwassenes, pornografiese film/(rol)prent, pornofilm, =fliek. ~ **age** volwassenheid, mondigheid. ~ **baptism** volwassenedoop, grootdoop. ~ **education** volwasseneonderrig, volwasseneonderwys, onderwys vir volwassenes, onderrig buite skoolverband. ~ **suffrage** volwassenestemreg.

a·dul·ter·ate *ww.* vervals, knoei met; verdun, meng; ~ *milk with water* melk verwater. **a·dul·ter·ate** *adj., (arg.)* vervals, oneg, nagemaak, baster=. **a·dul·ter·ant** vervalsingsmiddel; verdunningsmiddel. **a·dul·ter·a·tion** vervalsing, vervalstheid. **a·dul·ter·a·tor** vervalser.

a·dul·ter·y =*ies* egbreuk, owerspel, ontug; *(Byb.)* afgodery; *commit* ~ egbreuk pleeg. **a·dul·ter·er** *(vr.* =*teress)* egbreker, owerspeler. **a·dul·ter·ine** buite-egtelik *(kind)*; *(arg.)* vervals, oneg, nagemaak. **a·dul·ter·ous** buite-egtelik, owerspelig.

a·dult·hood volwassenheid, mondigheid, meerderjarigheid, selfstandigheid. **a·dult·ness** volwassenheid, rypheid.

ad·um·bral *(poët.)* skaduryk.

ad·um·brate *(fml.)* afskadu, 'n vae aanduiding gee van; voorafskadu, prefigureer; oorskadu, verduister. **ad·um·bra·tion** afskaduwing, vae aanduiding; voorafskaduwing, prefigurasie; oorskaduwing, verduistering.

a·dust *(arg.)* verbrand, verskroei(d); somber, swaarmoedig, melancholies.

A·du·wa, A·do·wa, A·du·a *(geog.)* Adua.

ad va·lo·rem *(Lat.)* ad valorem, na/volgens waarde.

ad·vance *n.* vooruitgang, vordering; voortstuwing; nadering; opmars, oprukking; aantog; styging; bevordering, verhoging; voorskot; voorhaaksel; vervroeging; ***get/give*** *an* ~ *on s.t.* 'n voorskot op iets kry/gee *(iem. se salaris ens.)*; ***in*** ~ vooruit, by voorbaat; as voorskot; ***in*** ~ *of* ... voor ... *(i.d. tyd)*; *be* ***in*** ~ *of one's time* jou tyd vooruit wees; ~*s* ***in*** *science* vooruitgang in die wetenskap; ***make*** *s.o. an* ~ (aan) iem. 'n voorskot gee; ***make*** ~*s to s.o.* by iem. aanlê, vryerig met iem. raak; toenadering tot iem. soek;

any ~ on R500? iem. meer as R500?; ***pay** in ~* vooruitbetaal; ***payable** in ~* vooruitbetaalbaar; ***payment** in ~* vooruitbetaling; ***well** in ~* lank vooruit. **ad·vance** *ww.* vooruitkom, -gaan, vorder; nader; styg; vooruitbring; uitsteek; vervroeg, verhaas; bevorder, verhoog; *(sport)* vorentoe beweeg; opruk, aanruk; voortskry; laat aanruk; aanvoer *(argumente);* voorbring, opper; voorskiet; *~ s.t. **from** ... **to*** ... iets van ... tot ... vervroeg *('n vergadering ens.); ~ **money*** geld voorskiet; *~ **on/upon/towards*** ... op ... aanruk, na ... opruk *(vyandelike stellings, 'n stad, ens.);* dreigend na ... toe aankom *(iem.); ~ an **opinion*** 'n mening opper; ***prices** ~* pryse styg; *~ **rapidly*** vinnig vorder; *~ a **reason*** 'n rede aangee/opgee/aanvoer; *~ **to*** ... tot ... vorder; *~ in **years*** ouer word. ~ **agent** vooragent. ~ **approval** goedkeuring by voorbaat, voorkeuring. ~ **booking** voorbespreking. ~ **copy** vooreksemplaar. ~ **guard** *(mil.)* voorhoede. ~ **man** *(Am. pol.)* verkiesingsagent. ~ **mechanism** vervroeger. ~ **note** voorskotnota. ~ **notice** vooraf-kennisgewing *(v. krygsoefeninge ens.);* vooraankondiging *(v. nuwe boek ens.);* voorteken *(v. iets ongunstigs); give s.o. ~ ~ of s.t.* iem. vooraf kennis van iets gee (*of* van iets in kennis stel); *receive ~ ~ of s.t.* vooraf kennis van iets kry (*of* van iets in kennis gestel word). ~ **party** *(mil.,fig.)* voorhoede. ~ **payment** vooruitbetaling. ~ **warning** →ADVANCE NOTICE.

ad·vance·a·ble verskuifbaar, vervroegbaar.

ad·vanced (ver/vêr) gevorder(d); vooruitstrewend, modern; *~ **age*** gevorderde leeftyd; *~ **ideas*** progressiewe idees/ideë; *the **most** ~* die voorste *(lett. & fig.);* die vers(te)/vêrs(te) gevorderde; *~ **post*** voor-, buitepos; *~ **studies*** gevorderde studie; *be **well** ~* ver/vêr gevorder(d) wees; *~ in **years*** bejaard.

ad·vance·ment vordering, vooruitgang; bevordering, promosie; *(med.)* vervroeging, verhasing, opskuiwing; *for the ~ of science* ter bevordering van die wetenskap.

ad·vanc·ing: *~ **age*** klimmende jare; *~ **angle*** voorhoek; *the **army** is ~* die leër is in aantog; *~ **colour*** voorkleur, naderende kleur, wyskleur.

ad·van·tage *n.* voordeel; voorsprong; gewin; *to the **best** ~* op die voordeligste, tot die grootste/meeste nut/voordeel; ***derive** ~ from s.t.* voordeel uit iets trek; ***follow up** an ~* 'n voorsprong benut; ***gain/get** an ~* 'n voordeel behaal; ***get/have** the ~ of s.o.* 'n voorsprong op iem. behaal/kry/hê, 'n voordeel bo iem. kry/hê, iem. die loef afsteek; *it **has** ~s* daar is voordele aan verbonde; *that is where ... **has** the ~* dit is waar ... die voorsprong het; ***have** an ~ over s.o.,* *(ook)* 'n voordeel bo iem. hê; *you **have** the ~ of me,* *(vero.)* jy weet meer as ek; tot my spyt onthou ek nie jou/u naam nie; *for **personal** ~* tot eie voordeel; *seek **personal** ~* eie voordeel soek, op eie voordeel bedag wees; ***press** (home) an ~* 'n voordeel uitbuit; ***seen** to ~* ten beste, op sy beste/voordeligste gesien; ***take** s.o. at ~* iem. oorrompel; ***take** ~ of s.o.* van iem. misbruik maak, iem. uitbuit; iem. fop/uitoorlê; iem. verlei; ***take** ~ of s.t.* munt uit iets slaan, voordeel uit iets trek, iets uitbuit *(omstandighede ens.);* van iets gebruik maak (*of* profiteer), iets benut, iets te baat neem *('n geleentheid ens.);* van iets misbruik maak; ***to** ~* met vrug/voordeel; *be **to** s.o.'s ~* tot/in iem. se voordeel wees; ***turn** s.t. to ~* voordeel uit iets trek; ***turn** s.t. to the best ~* met iets woeker; ***with** ~* met vrug. **ad·van·tage** *ww.* bevoordeel, bevorder, baat. ~ **game** *(tennis)* voordeelpot, -spel. ~ **law,** ~ **rule** *(sport)* voordeelreël. ~ **line** *(rugby)* voordeellyn. ~ **set** *(tennis)* voordeelstel.

ad·van·ta·geous voordelig, bevorderlik, gunstig. **ad·van·ta·geous·ly** voordelig, met vrug. **ad·van·ta·geous·ness** voordeligheid.

ad·vec·tion adveksie, horisontale lugtoevoer. **ad·vec·tive** advektief, horisontaal invloeiend.

Ad·vent Advent, Adventstyd. ~ **calendar** Adventskalender. ~ **Sunday** Adventsondag.

ad·vent aankoms, koms, nadering; *the ~ of spring* die koms/intrede van die lente.

Ad·vent·ist Adventis; →SEVENTH-DAY ADVENTIST. **Ad·vent·ism** Adventisme.

ad·ven·ti·tious toevallig, bykomstig, adventief; *~ plant* adventiewe plant; *~ root* bywortel. **ad·ven·ti·tious·ness** toevalligheid, bykomstigheid.

ad·ven·tive *(bot.)* uitheemse plant.

ad·ven·ture *n.* avontuur; ondervinding, ervaring, belewenis; waagstuk, risiko; *have an ~* 'n avontuur beleef/belewe/hê; *s.t. is **high** ~* iets is 'n groot avontuur; *a **life** of ~* 'n avontuurlike lewe; ***love/spirit** of ~* avontuurlus. **ad·ven·ture** *ww., (vero.)* waag, onderneem; in die waagskaal stel, op die spel plaas/sit; *~ into a place* jou in/op 'n plek waag; *~ on/upon s.t.* iets onderneem/waag. ~ **game** *(rek.)* avontuurspeletjie. ~ **playground** avontuurpark.

ad·ven·tur·er *(vr. -turess)* geluk-, fortuinsoeker, avonturier; waaghals; *knight ~* →KNIGHT *n.*.

ad·ven·tur·ism waagsaamheid.

ad·ven·tur·ous, ad·ven·ture·some avontuurlik; waaghalsig; gewaag(d), waagsaam, riskant. **ad·ven·tur·ous·ness** avontuurlikheid; gewaagdheid; avontuurlus.

ad·verb *(gram.)* bywoord, adverbium. **ad·ver·bi·al** bywoordelik, adverbiaal.

ad·verse vyandig, antagonisties; nadelig, ongunstig; afbrekend *(kritiek);* negatief *(reaksie);* afwysend *(antwoord);* nadelig *(balans, saldo); (vero.)* teengesteld; *~ **costs,** (jur.)* koste van die teenparty; *have an ~ **effect** on/upon ...* ... aantas; ... benadeel, vir ... nadelig wees; ... ongunstig beïnvloed; *~ **wind*** teenwind, wind van voor. **ad·ver·sar·y** *-ies* teenstander, vyand, opponent, teenparty; *a worthy ~* 'n waardige teenstander. **ad·ver·sa·tive** *(gram.)* teenstellend; teengesteld, adversatief. **ad·verse·ly** nadelig; *affect ~* benadeel, aantas; *criticise ~* afkeur. **ad·ver·si·ty** teen-, teëspoed, swaar(kry), ongeluk, rampspoed; *in the **face** of ~* in teen-/teëspoed; ***meet** with ~/adversities* teen-/teëspoed kry; ***overcome** ~/adversities* teen-/teëspoed te bowe kom.

ad·vert[1] *ww., (fml.)* verwys; *~ to ...* na ... verwys; van ... melding maak.

ad·vert[2] *n., (infml., afk.)* →ADVERTISEMENT.

ad·ver·tise, *(soms, Am.)* **-tize** adverteer, reklame maak; aankondig, bekend maak; te koop loop met; *(arg.)* verwittig *(van); ~ s.t.* vir iets reklame maak; *be widely ~d* alom geadverteer word.

ad·ver·tise·ment, *(soms, Am.)* **-tize·ment** advertensie, reklame; aankondiging, bekendmaking; *classified ~* geklassifiseerde/klein advertensie, soekertjie. ~ **department** advertensieafdeling.

ad·ver·tis·er, *(soms, Am.)* **-tiz·er** adverteerder; advertensieblad; reklamebord.

ad·ver·tis·ing, *(soms, Am.)* **-tiz·ing** reklame, propaganda, publisiteit; advertensie-, reklamewese. ~ **agency** advertensie-, reklameagentskap, advertensie-, reklameburo. ~ **agent** advertensie-, reklameagent. ~ **campaign** reklame-, advertensieveldtog. ~ **department** advertensie-, reklameafdeling. ~ **industry** reklamebedryf, -wese, advertensiebedryf, -wese. ~ **manager** advertensie-, reklamebestuurder. ~ **rate** advertensie-, reklametarief. ~ **space** advertensieruimte.

ad·ver·to·ri·al promosieartikel.

ad·vice raad, advies; raadgewing; kennisgewing, advies; *(arg.)* mededeling, berig; ***as** per ~* volgens berig/advies; ***ask** s.o. for ~* iem. se raad vra, by iem. raad vra; *~ of **delivery*** afleweringsadvies; ***get** ~* raad/advies kry; raad/advies inwin/verkry; ***give** s.o. ~* iem. raad gee (*of* van raad dien); ***offer** ~* raad aanbied; *on **the** ~ of ...* op raad/advies van ...; ***seek** ~* raad soek, raad/advies vra/inwin; ***take** ~* raad aanneem, na raad luister; raad/advies vra/inwin; ***take** legal ~* 'n advokaat raadpleeg, regsadvies (*of* 'n regsmening) inwin/verkry; ***take** medical ~* 'n dokter/geneesheer raadpleeg, geneeskundige/mediese advies inwin/verkry; ***take** my ~!* volg my raad!; *a **word** of ~* 'n bietjie/stukkie raad; *if I may offer a **word** of ~* as ek jou raad skuldig is. ~ **note** adviesbrief.

ad·vis·a·ble raadsaam, gerade, gewens; *find/think it ~ to ...* dit gerade ag/vind om te ... **ad·vis·a·bil·i·ty** raadsaamheid. **ad·vis·a·bly** raadsaam, wenslik, wyslik, verstandig.

ad·vise raad gee, adviseer, van raad dien; aanraai, aanbeveel; inlig, in kennis stel, laat weet, berig, meedeel; *~ s.o. **against** s.t.* iem. afraai om iets te doen; *~ s.o. **of** s.t.* iem. van iets in kennis stel (*of* kennis gee), iem. iets meedeel; *~ s.o. **on** s.t.* iem. oor iets raad gee (*of* adviseer); *~ s.o. **to*** ... iem. aanraai/adviseer om te ... **ad·vised** oorwoë; (goed) ingelig, op (die) hoogte; *badly ~ conduct* onberade gedrag; *you would be well ~ to ...* dit sou verstandig/raadsaam wees om te ...; →ILL-ADVISED, WELL-ADVISED. **ad·vis·ed·ly** verstandig, wyslik; opsetlik, met opset, met voorbedagte rade. **ad·vis·ed·ness** *(w.g.)* raadsaamheid, wenslikheid, gewenstheid. **ad·vise·ment** *(arg., Am.): take s.t. under ~* iets oorweeg. **ad·vis·er, ad·vi·sor** raadgewer, adviseur, raadsman; *~ to s.o.* raadgewer/adviseur van iem.. **ad·vis·ing:** *~ bank* adviserende bank. **ad·vi·so·ry** raadgewend, adviserend; *~ board/council* adviesraad, raad van advies; *in an ~ capacity* as raadgewer/adviseur.

ad·vo·caat *(likeur)* advokaat, eierbrandewyn.

ad·vo·ca·cy advokatuur, advokaatskap; bepleiting, aanbeveling; voorspraak.

ad·vo·cate *n.* advokaat, verdediger, voorstander, voorvegter, kampvegter, voorspraak, pleitbesorger, pleiter *(vir); (i.d. mv. ook)* die advokatuur; *brief an ~* 'n advokaat opdrag gee; *an ~ of the High Court* 'n advokaat by die Hooggeregshof; *be an ~ of s.t.* 'n voorstander van iets wees. **ad·vo·cate** *ww.* verdedig, bepleit, voorstaan, aanbeveel, verkondig. **~-general** *advocates-general* advokaat-generaal.

ad·vow·son *(Br., jur.)* kollasiereg.

adze, *(Am.)* **adz** dissel.

Ae·ge·an: *the ~ (Sea)* die Egeïese See.

ae·gis, *(soms, Am.)* **e·gis** *(Gr. mit.)* skild *(v. Zeus); (fig.)* beskerming; *under the ~ of ...* onder beskerming van ...

ae·gro·tat *(Lat., Br.)* siektesertifikaat.

Ae·ne·id *(heldedig)* Aeneïde, Eneïde.

Ae·o·li·a Eolië. **Ae·o·li·an** *n.* Eoliër. **Ae·o·li·an** *adj.* Eolies; *~ Islands* →LIPARI ISLANDS.

ae·o·li·an *(geol.)* eolies, waai-, wind-; *~ deposit* eoliese afsetting, windafsetting; *~ sand* waaisand; *~ harp* wind-, eolusharp.

ae·on, *(Am.)* **e·on** *(fig.)* ewigheid, eeu; *(geol.)* eon.

aer·ate belug; aëreer; deurlug; met lug/koolsuur versadig; *~d **bed*** belugtingsbed; *~d **bread*** koolsuurbrood; *~d **concrete*** belugte beton; *aerating **root*** asemwortel; *~d **water*** spuit-, soda-, gaswater. **aer·a·tion** belugting, lugverryking, lugbelading, deurlugting, aërasie.

aer·i·al *n.* lugdraad, antenne, antenna. **aer·i·al** *adj.* van (die) lug, lug-; eteries, onwesenlik, denkbeeldig. ~ **bombardment** lugbombardement. ~ **cable** lugkabel. ~ **ladder** →TURNTABLE LADDER. ~ **navigation** lugvaart. ~ **photograph** lugfoto. ~ **railway** lug-, sweef-, hang-, kabelspoor. ~ **root** lugwortel. ~ **survey** lugopneming. ~ **tower** antennetoring, -mas, -paal, antennatoring, -mas, -paal. ~ **warfare** lugoorlog, lugstryd.

ae·rie →EYRIE.

aer·i·form lugvormig, lug-; yl; onwerklik.

aer·o *adj. (attr.)* aëro-, lug-; vlieg-; *~ **club*** vliegklub; *~ **engine*** vliegtuigenjin; *~ **generator*** windgenerator; *~ **hydroplane*** vliegboot; *~ **motor*** aëro-, lugmotor.

aer·o- *komb.vorm* aëro-, lug-; vlieg-.

aer·o·bat kunsvlieënier, aërobaat. **aer·o·bat·ic** *adj.* aërobaties, lugakrobaties; *~ pilot* kunsvlieënier. **aer·o·bat·ics** *n. (mv.)* kunsvlieëry, aërobatiek, lugtoertjies.

aer·obe *-obes,* **aer·o·bi·um** *-bia, (biol.)* aëroob, suurstofbehoewende kiem.

aer·o·bic *adj.* aërobies.

aer·o·bics *n. (mv.)* aërobiese oefeninge. ~ **class** aërobiese klas.

aer·o·bi·ol·o·gy lugbiologie.

aer·o·brak·ing *(lugv.)* lugremming.

aer·o·con·crete sponsbeton.

aer·o·drome, *(Am.)* **air·drome** vliegveld, lughawe.

aer·o·dy·nam·ic *adj.* aërodinamies. **aer·o·dy·nam·i·cist** aëro=, lugdinamikus. **aer·o·dy·nam·ics** *n. (mv.)* aëro=, lugdinamika.

aer·o·dyne *(lugvaartuig swaarder as lug)* aërodien.

aer·o·em·bo·lism *(patol.)* aëro-embolisme; →DECOMPRESSION SICKNESS.

aer·o·foil, *(Am.)* **air·foil** *(lugv.)* dra(ag)vlak; stroomblad; (vliegtuig)vlerk.

aer·o·gram(me) lug(pos)brief; radio(tele)gram, marconigram.

aer·o·graph aërograaf. **aer·og·ra·pher** aërografis, lugbeskrywer. **aer·og·ra·phy** aërografie, lugbeskrywing.

aer·o·lite *(geol.)* meteoorsteen, steenmeteoriet, aëroliet.

aer·ol·o·gy *(vero.)* aërologie, lugkunde. **aer·o·lo·gic, aer·o·log·i·cal** aërologies.

aer·o·me·chan·ics aëromeganika.

aer·om·e·ter aëro=, lugmeter. **aer·om·e·try** aërometrie, lugmeting.

aer·o·naut lugvaarder, aëronout. **aer·o·nau·ti·cal** lugvaartkundig; lugvaart=; ~ *engineering* vliegtuigboukunde; ~ *meteorology* lugvaartweerkunde. **aer·o·naut·ics** lugvaart(kunde).

aer·o·neu·ro·sis *(psig.)* aëroneurose, vlieëniersangs.

aer·on·o·my *(studie v. hoë luglae)* aëronomie.

aer·o·phobe *(psig.: iem. met vliegvrees)* aërofoob. **aer·o·pho·bi·a** aërofobie, vliegvrees.

aer·o·phone *(mus., teg.)* aërofoon.

aer·o·phyte →EPIPHYTE.

aer·o·plane, *(Am.)* **air·plane** vliegtuig.

aer·o·sol *(chem.)(mengsel)* aërosol. ~ **(can)** spuitkan(netjie). ~ **paint** spuitverf. ~ **(spray)** spuitbuis.

aer·o·space lugruim. ~ **industry** ruimtevaartbedryf. ~ **research** ruimtenavorsing. ~ **technology** ruimte(vaart)tegnologie.

aer·o·sphere aërosfeer.

aer·o·stat *(lugvaartuig ligter as lug)* aërostaat. **aer·o·stat·ic, aer·o·stat·i·cal** aërostaties. **aer·o·stat·ics** aërostatika, leer van die ewewig van gasse.

aer·o·tech·nics lugvaarttegniek.

aer·o·train lugkussingtrein.

ae·ru·gin·ous kopergroen.

ae·ry →EYRIE.

Aes·chy·lus *(Gr. dramaturg)* Aischulos.

Aes·cu·la·pi·us *(Rom. god)* Asklepios, Eskulaap, Aesculapius.

Ae·sop *(Gr. skrywer)* Aesopus, Esopus.

aes·the·si·a, *(Am.)* **es·the·si·a** estesie, gevoeligheid. **aes·thete,** *(Am.)* **es·thete** esteet. **aes·thet·ic,** *(Am.)* **es·thet·ic, aes·thet·i·cal,** *(Am.)* **es·thet·i·cal** *adj.* esteties, skoonheids=; ~ *value* skoonheidswaarde. **aes·the·ti·cian,** *(Am.)* **es·the·ti·cian** estetikus. **aes·thet·i·cism,** *(Am.)* **es·thet·i·cism** estetisisme. **aes·thet·ics,** *(Am.)* **es·thet·ics** *n. (mv.)* skoonheidsleer, estetiek, estetika.

aes·ti·val, *(Am.)* **es·ti·val** somers, somer=. **aes·ti·vate,** *(Am.)* **es·ti·vate** die somer deurbring; *(soöl.)* in die somer slaap, in 'n somerslaap wees; →HIBERNATE. **aes·ti·va·tion,** *(Am.)* **es·ti·va·tion** *(soöl.)* estivasie, somerslaap; *(bot.)* estivasie, knopligging.

ae·ther →ETHER.

ae·ti·ol·o·gy, *(Am.)* **e·ti·ol·o·gy** =*gies, (filos.)* etiologie, oorsaakleer; *(med.)* siekteoorsake. **ae·ti·o·log·i·cal,** *(Am.)* **e·ti·o·log·i·cal** etiologies.

Ae·to·li·a *(geog.)* Etolië. **Ae·to·li·an** *n.* Etoliër. **Ae·to·li·an** *adj.* Etolies.

a·far *(poët., liter.)* ver, vêr, in die verte/vêrte; *from* ~ van ver/vêr (af), uit die verte/vêrte; ~ *off* ver/vêr weg.

A·far: *Territory of the ~s and (the) Issas, (hist.)* Afar-en-Issa-land; →DJIBOUTI.

a·fe·brile koorsvry.

af·fa·ble vriendelik, minsaam, innemend. **af·fa·bil·i·ty** vriendelikheid, minsaamheid, innemendheid.

af·fair saak, aangeleentheid; *(infml.)* besigheid, affêre, gedoente, petalje; ***current*** *~s* sake van die dag; ***foreign*** *~s* buitelandse sake; *~s of **government/ state*** staatsaangeleenthede, landsake; ***have** an ~ with s.o.* 'n (liefdes)verhouding/affair met iem. hê, *(infml.)* met iem. deurmekaar wees; *~s of the **heart*** hartsake; *~ of **honour*** eresaak; ***internal/domestic*** *~s* binnelandse sake; *(vero.)* tweegeveg, duel; ***(love)*** *~* (liefdes)verhouding, affair, romanse; ***man*** *of ~s, (vero.)* sakeman; ***meddle** in s.o.'s ~s* jou neus in iem. se sake steek, jou met iem. se sake bemoei; ***men's*** *~s* mansake; ***settle** one's ~s* jou sake in orde bring; *the **state** of ~s* die stand/toedrag van sake; *in the present **state** of ~s* in die huidige omstandighede/ situasie; *the **Watergate/Profumo** ~* die Watergate=/ Profumoskandaal.

af·fect[1] *n., (psig.)* affek. **af·fect** *ww.* (ont)roer, aangryp, raak, tref; beïnvloed, invloed uitoefen (*of* 'n uitwerking hê *of* inwerk) op ...; aantas; benadeel, skaad; *~ s.t. adversely* iets aantas/benadeel, iets ongunstig beïnvloed, nadelig op iets inwerk; *s.t. ~s s.o. deeply* iets tref iem. diep, iets vat aan iem.; *it does not ~ me* dit raak my nie, dit maak vir my geen verskil nie; *the weather ~s me* die weer tas my aan.

af·fect[2] *ww.* voorgee, maak asof, speel, veins, voorwend; *(fml.)* jou voordoen as; *(liter., vero.)* baie hou van; *~ flashy clothes* 'n voorliefde/swak vir opvallende klere hê; *~ illness* siekte veins/voorwend; *~ the rich man* jou as 'n ryk man voordoen.

af·fec·ta·tion aanstellery, aanstellings, gekunsteldheid, aanstellerigheid, gemaaktheid, affektasie, geaffekteerdheid, presieusheid; voorwendsel.

af·fect·ed aangedaan, ontroer(d), geroer(d), getref; aanstellerig, geaffekteerd, gekunsteld, gemaak, onnatuurlik, presieus; aangetas *(deur kanker ens.)*; *be **deeply** ~ by s.t.* diep deur iets getref wees; *~ **organisation*** aangetaste organisasie; *~ **politeness*** geveinsde beleefdheid; *be **well/ill** ~ towards ..., (arg.)* goed=/ sleggesind teenoor ... wees. **af·fect·ed·ly** geaffekteerd, aanstellerig, op 'n aanstellerige manier. **af·fect·ed·ness** aanstellerigheid, gemaaktheid.

af·fect·ing treffend; aandoenlik, aangrypend, (hart)roerend; →AFFECT[1] *ww.*. **af·fect·ing·ly** roerend, op roerende wyse.

af·fec·tion teerheid, liefde, liefderikheid, toegeneentheid; *(dikw. mv.)* emosie, gevoel; *(med., arg.)* siekte, aandoening, kwaal; invloed, beïnvloeding; *(arg.)* neiging, geneigdheid; ***gain/win** s.o.'s ~* iem. se toegeneentheid verkry; ***have** ~ for* (*or* ***feel** ~ towards) s.o.* iem. toegeneë wees, (toe)geneentheid vir/teenoor/tot iem. voel; *s.o. is **held** in great ~* iem. is bemin(d)/gelief, almal hou van iem.; *a **mark** of ~* 'n liefdeblyk; *the **object** of s.o.'s ~* die een wat iem. liefhet; *have a special **place** in s.o.'s ~s* 'n spesiale plekkie in iem. se hart inneem; ***play** on s.o.'s ~s* op iem. se gevoel speel. **af·fec·tion·ate(·ly)** toegeneë, liefhebbend, liefderik; aandoenlik; minsaam, beminlik; vriendelik; liefies; *be affectionate towards s.o.* liefderik teenoor iem. wees; *yours affectionately* hartlike groete, met liefdegroete; jou liefhebbende.

af·fec·tive affektief, emosioneel, gemoeds=; *~ disorder, (psig.)* affektiewe versteuring.

af·fen·pin·scher *(D., hondsoort)* affenpinscher.

af·fer·ent *(fisiol.)* aanvoerend, toevoerend, afferent.

af·fi·ance *n., (poët., liter.)* belofte van trou; verlowing, troubelofte; vertroue. **af·fi·ance** *ww.* verloof, trou beloof/belowe; *~d bride* verloofde. **af·fi·anced** verloofde.

af·fi·da·vit *(jur.)* beëdigde verklaring; *evidence on ~* getuienis by wyse van beëdigde verklaring; *take an ~ from s.o.* iem. 'n beëdigde verklaring laat aflê; *make/swear/take an ~* 'n beëdigde verklaring aflê.

af·fil·i·ate *n.* geaffilieerde; sustermaatskappy. **af·fil·i·ate** *ww.* aanneem *(as lid)*; erken *(as kind)*; aansluit, affilieer; *~ a child to s.o., (jur.)* iem. as vader van 'n kind aanwys. **af·fil·i·a·ted** aangeslote, geaffilieer(d); *be ~ with/to ...* by ... geaffilieer wees.

af·fil·i·a·tion aanneming; erkenning; aansluiting, affiliasie; susterverenigng; *(jur.)* vasstelling van vaderskap, affiliasie; *have ~s with ...* bande (*of* 'n verband) met ... hê; *s.o.'s party/political ~(s)* iem. se partyverband (*of* politieke verband); *s.o.'s ~ with ...* iem. se affiliasie/aansluiting by ... ~ **order** *(jur.)* affiliasiebevel.

af·fined *(arg.)* verwant, affien.

af·fin·i·ty =*ties* verwantskap, ooreenkoms; aantrekking; *(jur.)* aanverwantskap, huweliksverwantskap, affiniteit; *(chem.)* affiniteit; *the ~ **between** languages* die verwantskap tussen tale; *there is (a) close ~ **between** A and B* daar is 'n nou(e) verwantskap tussen A en B; daar is 'n sterk ooreenkoms tussen A en B; *have an ~ **for** s.t.* deur iets aangetrek word; *the ~ of salt **for** water* die affiniteit van sout tot water; *have/feel an ~ **for/to** s.o./s.t.* (jou) tot iem./iets aangetrokke voel; *be **related** by ~, (jur.)* aanverwant/ aangetroud wees; *feel an ~ **with** s.t.* by iets aansluiting vind; *have/show close affinities **with** ...* sterk ooreenkomste met ... toon; *s.o.'s ~ **with** s.o.* iem. se verwantskap met iem.. ~ **(credit) card** verwantskaps(krediet)kaart.

af·firm bevestig, beaam, verseker, bekragtig; *(jur.)* (plegtig) verklaar *(i.p.v. 'n eed aflê)*. **af·fir·ma·tion** bevestiging, versekering, bekragtiging; *(jur.)* (plegtige) verklaring *(i.p.v. eed)*. **af·firm·a·tive** *n., (fml.)* bevestigende antwoord; *answer in the ~* bevestigend antwoord; *the answer is in the ~* die antwoord is ja. **af·firm·a·tive** *adj.* bevestigend; *~ action* regstellende aksie/optrede/stappe, regstelling/uitwissing van agterstande; *~ vote* stem ten gunste. **af·firm·a·tive·ly** bevestigend. **af·firm·a·to·ry** bevestigend.

af·fix *n., (ling.)* affiks, formans, formant; toevoeging, toevoegsel, aanhangsel. **af·fix** *ww.* aanheg, aanbring; opplak; byvoeg; *~ one's stamp/seal on/upon s.t.* jou stempel/seël op iets druk; *~ one's signature to s.t.* iets onderteken; *~ s.t. to ...* iets aan ... heg; iets op ... plak.

af·fla·tus *(fml.)* inspirasie, besieling, ingewing, inblasing.

af·flict pla; kwel, teister, beproef; *be ~ed **by/with** ...* aan ... ly, deur ... aangetas wees *(siekte ens.)*; *be ~ed **by** doubts* met onsekerheid/twyfel vervul wees; *be **deeply** ~ed* swaar beproef/getref wees; diep bedroef wees; *be **sorely** ~ed* deur diep waters gaan; *be ~ed **with** rheumatism/etc.* met rumatiek/ens. gepla word; *be ~ed **with** shyness* pynlik skaam wees; *be ~ed **with** a tiresome child* deur 'n vermoeiende kind beproef word. **af·flic·tion** pyn(iging), leed, smart, droefnis, verskeurdheid, sieleleed, straf; kwelling, teistering, beproewing; las; nood, ramp; ***bodily** ~s* liggaamlike gebreke; *the **bread** of ~* die brood van ellende; *~s of **old age*** ouderdomskwale; ***people** in ~* mense in nood; ***suffer** an ~* aan iets ly.

af·flu·ence oorvloed, weelde, rykdom, welgesteldheid, gegoedheid, welvaart; *live in ~* in weelde leef/ lewe. **af·flu·ent** *n., (arg.)* (sy)tak, tak=, syrivier. **af·flu·ent** *adj.* ryk, welgesteld, gegoed, welvarend; oorvloedig; *(arg.)* toevloeiend; *in ~ circumstances* in weelde; *the ~ society* die welvaartsgemeenskap/welvaartsamelewing.

af·flux *(arg.)* toevloed, toestroming.

af·ford bekostig; *(fml.)* verskaf, gee; oplewer; *s.o. **can** ~ to ...* iem. kan (dit) bekostig om te ...; iem. kan hom/haar dit (*of* die weelde) veroorloof om te ...; *I **cannot** ~ it* ek kan dit nie bekostig/bybring nie, my middele laat my dit nie toe nie (*of* veroorloof dit nie); *s.o. **cannot** ~ to ...* iem. kan dit nie bekostig om te ... nie *(bedank ens.)*; *~ **compensation** to ..., (fml.)* skade aan ... vergoed; *s.o. can **ill** ~ s.t.* iem. kan iets beswaarlik/kwalik bekostig; *you can't ~ to **miss** ...* jy mag ... nie misloop nie; *~ s.o. an **opportunity** to ..., (fml.)* iem. geleentheid gee/bied om te ...; *it ~s me* *pleasure to ...*, *(fml.)* dit doen/verskaf my genoeë om te ...; *can you ~ the time?* het jy die tyd (daar=voor)?, laat jou tyd jou dit toe?.

af·for·est bebos. **af·for·est·a·tion** bebossing, bos=aanplanting.

af·fran·chise, af·fran·chise·ment *(arg.)* →LIBERATE, LIBERATION.

af·fray *(jur., vero.)* bakleiery, relletjie, opstootjie; *cause an ~* 'n bakleiery veroorsaak.

af·fri·cate *n., (ling.)* affrikaat.

af·fright *ww., (arg.)* vrees by ... inboesem.

af·front *n.* belediging, afjak, affrontasie; *be an ~ to s.o./s.t.* 'n belediging vir iem./iets wees; *offer an ~ to s.o.* iem. beledig; *suffer an ~* beledig word. **af·front** *ww.* beledig, afjak, affronteer; *(arg.)* trotseer, (uit)tart; *be/feel ~ed by ...* beledig/geaffronteer wees/voel deur ...

af·fu·sion *(relig.)* begieting.

Af·ghan *n., (taal)* Afg(h)aans; Afg(h)aanse (wind)=hond. **Af·ghan, Af·ghan·i** *n., (inwoner)* Afg(h)aan. **Af·ghan** *adj.* Afg(h)aans; *~ hound* Afg(h)aanse (wind)hond. **af·ghan** *n.* (gebreide/gehekelde) wol=kombers/=sjaal; Afg(h)aanse jas. **Af·ghan·i·stan** *(geog.)* Afg(h)anistan.

a·fi·cio·na·do =*dos, (Sp.)* liefhebber.

a·field in die veld; op die slagveld, te velde; *far ~* ver/vêr weg (*of* van die huis [af]); *further ~* verder/vêrder weg; *look further ~, (fig.)* elders soek.

a·fire *(hoofs. poët./liter.)* aan die brand; vlammend, gloeiend; ***be ~***, *(gebou ens.)* aan die brand wees, in vlamme (*of* ligte laaie) staan; *(gesig, wange)* gloeiend wees; ***be all ~ about s.t.***, ***be ~ with enthusiasm for/about s.t.*** vuur en vlam oor iets wees; ***set s.t. ~*** iets aan die brand steek; *(fig.)* iets aan die gang sit.

a·flame aan die brand; vlammend, gloeiend; ***be ~*** aan die brand wees, in vlamme (*of* ligte laaie) staan; ***be ~ with ...*** gloei (*of* gloeiend wees) van ... *(woede, hartstog, geesdrif, begeerte, ens.)*; *be ~ with **colour*** in 'n kleuregloed gehul wees; ***set s.t. ~*** iets aan die brand steek.

af·la·tox·in *(chem.)* aflatoksien.

a·float vlot, drywend; op/ter see; aan boord; oor=stroom, onder water; onseker, onvas, stuurloos; son=der skuld, solvent; ***be ~*** vlot wees; oorstroom wees, onder water staan; *(gerug)* die ronde doen, in omloop wees, rondlê; ***get a boat ~*** 'n boot vlot maak; ***get a business ~*** 'n besigheid/onderneming/saak begin; ***set a ship ~*** 'n skip te water laat; ***stay ~*** kop bo water hou.

a·flut·ter *adj. (pred.) & adv.* opgewonde; senu=(wee)agtig, gespanne; *s.o.'s heart was **all ~*** iem. se hart het in sy/haar keel geklop/gesit; *s.o.'s nerves were **all ~*** iem. se senuwees was op hol; *be ~ **with** anticipation* van afwagting bewe/tril; *roofs ~ **with** flags* dakke met fladderende/wapperende vlae.

a·foot te voet; op die been; aan die gang; in die maak; op tou; *there are plans ~ to ...* daar is planne om ...; *there's trouble ~* daar is moeilikheid op hande.

a·fore *adv., prep. & voegw., (arg.)* →BEFORE. **~mentioned, ~said** *adj. (attr.)* bogenoemde, voor(ge)=noemde, voor(ge)melde. **~thought** *(jur., w.g.)* voor=bedag, vooraf beraam; *with malice ~* met opset, met voorbedagte rade. **~time** *(arg.)* eertyds, weleer, voormaals.

a for·ti·o·ri *(Lat.)* a fortiori, des te meer/sterker.

a·foul *adj. (pred.) & adv., (Am.)* verstrik; *fall/run ~ of s.t.* in iets verstrik raak; *(lett.)* teen iets bots; *(fig.)* met iets bots (*of* in botsing kom) *(d. gereg ens.)*; met iets oorhoop(s) wees/lê *(d. regering ens.)*.

a·fraid bang, angstig, bevrees; lugtig, skrikkerig, sku; *I'm ~ I **cannot** ...* tot my spyt kan ek nie ... nie; *be ~ **for** s.o.* vrees wat met iem. kan gebeur; *be **mortally** ~* dood(s)bang wees; *I'm ~ **not*** ongelukkig nie; *s.o.'s **not** ~ to say what he/she thinks* iem. skroom nie om te sê wat hy/sy dink nie; *be ~ **of** ...* bang wees vir ..., ... vrees; *I'm ~ **so*** ek vrees dit is so; *I'm ~ **that** ...* ek vrees (*of* is bevrees) dat ...; *be ~ **to** ...* bang wees om te ...; *I'm ~ it's only too **true*** tot my spyt is dit maar alte waar; *be ~ of **work*** werksku wees.

a·fresh opnuut, van voor af, weer; *start ~* weer (*of* van voor/nuuts af *of* van meet af [aan]) begin; met 'n skoon lei begin, 'n nuwe begin maak.

Af·ri·ca *(geog.)* Afrika; *money/beer/etc. for ~, (infml.)* geld/bier/ens. vir Afrika.

Af·ri·can *n.* Afrikaan. **Af·ri·can** *adj.* van Afrika, Afrika=, Afrikaans; *~ **almond*** wildeamandel; *~ **blackwood/wattle*** huilboom; *~ **elephant*** afrika=olifant; *~ **golden oriole**, (orn.)* Afrikaanse wiele=waal; *~ **languages*** Afrikatale, tale van Afrika; *~ **linguist*** Afrikanis; *~ **lynx*** rooikat, *(w.g.)* karakal; *~ **marigold**, (bot.)* afrikaner, stinkafrikaner; *~ **states*** Afrikastate; *~ **studies*** Afrikanistiek; *~ **violet*** usam=baraviooltjie; *~ (striped) **weasel*** slangmuishond; *~ **wild cat*** groukat, vaalboskat. **~-American** *n.* Afro-Ameri=kaner. **~-American** *adj.* Afro-Amerikaans. **~ National Congress** *(afk.: ANC)* African National Congress.

Af·ri·ca·na Africana, Afrikana; *an object/item of ~* 'n stuk Africana/Afrikana.

Af·ri·can·der →AFRIKANDER.

Af·ri·can·ise, =ize afrikaniseer. **Af·ri·can·i·sa·tion, =za·tion** afrikanisering.

Af·ri·can·ism Afrikanisme. **Af·ri·can·ist** Afrikanis.

Af·ri·kaans *n.* Afrikaans. **Af·ri·kaans** *adj.* Afri=kaans(talig). **~-language** Afrikaanstalig. **~-medium** Afrikaanstalig, met Afrikaans as voertaal. **~ speaker** Afrikaanssprekende. **~-speaking** Afrikaanssprekend.

Af·ri·kaans·i·fi·ca·tion *(filol.)* verafrikaansing. **Af·ri·kaans·i·fy** *(filol.)* verafrikaans.

Af·ri·kan·der, Af·ri·can·der afrikaner(bees); afri=kaner(skaap); *(vero., lid v. bevolkingsgroep)* Afrikaner; *head of ~ cattle* afrikanerbees. **~ bull/calf/cow/ox/sheep** afrikanerbul/=kalf/=koei/=os/=skaap.

Af·ri·ka·ner *(lid v. SA bevolkingsgroep)* Afrikaner. **~ Bond** *(hist., pol.)* Afrikanerbond. **~ identity** Afri=kanerskap. **~ nation** Afrikanervolk. **~ woman** Afri=kanervrou.

af·ri·ka·ner *(bot.)* afrikaner; *brown ~* bruinafrikaner; aandpypie, ribbokblom; *pink ~* sandveldlelie; *red ~* rooiafrikaner, =pypie; *white ~* bergpypie.

Af·ri·ka·ner·dom Afrikanerdom.

Af·ri·ka·ner·ise, =ize verafrikaans. **Af·ri·ka·ner·i·sa·tion, =za·tion** verafrikaansing.

Af·ri·ka·ner·ism *(pol.)* Afrikanerisme; *(filol.)* Afrika=nisme.

Af·ro =*ros, n.* Afro(haarstyl).

Af·ro- *komb.vorm* Afro-.

Af·ro-A·mer·i·can *n.* Afro-Amerikaner. **Af·ro-A·mer·i·can** *adj.* Afro-Amerikaans.

Af·ro-A·sian *adj.* Afro-Asiaties.

Af·ro·cen·tric Afrosentries. **Af·ro·cen·trism** Afro=sentrisme.

aft *adv., (sk.)* agteruit, agter, op die agterdek/agter=skip; *(lugv.)* agterin, in die stert.

af·ter *adj.* later; agter=, na=; *in ~ years* in later(e) jare. **af·ter** *adv., prep., voegw.* na, ná; agter; nadat, na, ná; *~ **all*** op die ou end, ten slotte, op stuk van sake, per slot van rekening, darem (maar), tog maar/wel, alles in aanmerking/ag geneem/genome, agterna beskou; *so it did rain ~ **all*** dan het dit tog (nog) gereën; *~ **all** is said and done* op stuk van sake, per slot van reke=ning; ***ask/inquire** ~ s.o.* na iem. vra/verneem; ***be** ~ s.o.* iem. soek, na iem. op soek wees, op iem. se spoor wees; ***be** ~ s.t.* iets wil hê; iets naja(ag) *(plesier ens.)*; agter iets aan wees *(geld, eer, ens.)*; op iets uit wees *('n betrekking ens.)*; *~ **church/school*** ná kerk(tyd)/skool(tyd); ***come** ~* →COME; ***day** ~ day* →DAY; *~ a **fashion*** →FASHION; *~ s.o.'s own **heart*** →HEART; *~ **hours*** →HOUR; *~ **Johannesburg** Cape Town is our largest metropolis* naas Johannesburg is Kaapstad ons grootste metropool; ***lie** ~ lie, one lie ~ the other* die een leuen na/op die ander; ***long** ~ ...* lank ná ...; ***look** ~* →LOOK *ww.*; *~ the **meeting*** ná (afloop van) die vergadering; *~ ten **(o'clock)*** ná tien; ***one** ~ the other* →ONE; *~ **Rembrandt/etc.*** na ('n skildery van) Rembrandt/ens.; ***right** ~, (adv.)* dadelik/onmiddellik daarna; ***right** ~ ..., (prep.)* dade=lik/onmiddellik na ...; ***run** ~ s.o./s.t.* agter iem./iets aanhardloop; ***shortly/soon** ~, (adv.)* kort daarna; ***shortly/soon** ~ ..., (prep.)* kort na ...; ***shortly/soon** ~ the gate was closed, (adv.)* kort daarna is die hek toe=gemaak; *(prep.)* kort nadat die hek toegemaak is; ***soon*** *~* kort daarna; ***take** ~ s.o.* →TAKE *ww.*; *~ **tax(es)*** →TAX *n.*; *five ~ **ten**, (Am.)* vyf oor tien; *~ **that*** daar=na; ***well** ~ ...* geruime tyd ná ...; *~ **what?*** waarna?; *~ **what** has happened* ná alles wat gebeur het; *~ **which*** waarna; *place a comma ~ this **word*** plaas 'n komma agter/ná dié woord; *~ a **year*** 'n jaar daarna/later; ***yearn** ~/for* →YEARN; *~ **you!*** gaan (jy/u) voor!. **~birth** nageboorte. **~blow** nablaas. **~burner** *(teg.)* na(ver)brander. **~burning** naverbranding. **~care** na=sorg. **~crop** naoes, tweede oes, nadrag, napluk(sel). **~damp** *(mynw.)* stikgas. **~deck** *(sk.)* agterdek. **~-dinner** *adj. (attr.)* na die ete/maaltyd *(pred.)*; *~ speaker* tafelredenaar; *~ speech* tafelrede, =toespraak. **~effect** nawerking, gevolg; *(i.d. mv. ook)* nawerking *(v. 'n pil)*; nadraai *(v. 'n siekte)*; nasleep, naweë, (onaangename/pynlike) gevolge *(v. 'n oorlog)*. **~glow** nagloed, na=gloei(ing), naskynsel, naglans, naskemering. **~grass** nagras. **~growth** nagewas. **~guide** agtertang *(v. 'n wa)*. **~heat** nahitte, =warmte. **~hold** agterruim. **~image** nabeeld. **~life** later(e) lewe; lewe na die dood, hier=namaals. **~light** nawete, =kennis. **~mast** agtermas. **~math** nasleep, nadraai, nawerking, naweë; naoes, nagroei, nagras; *in the ~ of s.t.* na iets; *the ~ of the war* die nasleep van die oorlog. **~most** agterste. **~pains** *(mv.), (med.)* napyne. **~piece** *(teat.)* naspel, na=, slot=stuk. **~-sales** *adj. (attr.): ~ service* naverkoopdiens. **~sensation** nagevoel. **~shave (lotion)** naskeermid=del. **~shock** naskok, nabewing. **~taste** nasmaak. **~-tax** *adj. (attr.): ~ profit* wins na belasting. **~thought** nagedagte, iets wat later by iem. opkom; later(e) toe=voeging; *(infml.)* laatlammetjie, nakom(m)ertjie; *as an ~* as 'n nagedagte, agterna. **~time** toekoms. **~-treatment** *(med.)* nabehandeling. **~ward(s)** later, agterna, naderhand, daarna. **~word** nawoord. **~world** hiernamaals.

af·ter·noon *n.* middag, namiddag, agtermiddag; ***all*** *~* die hele middag, heelmiddag; ***Friday** ~* Vry=dag(na)middag; ***good** ~!* goeiemiddag!; ***in/during** the ~* in die (na)middag/agtermiddag; smiddae, smiddags; ná die middag; *in the ~ of **life*** in die aand/herfs van die lewe; ***of an** ~, (w.g.)* op 'n (na)=middag; *s.t. happened **one** ~* iets het een (*of* op 'n [sekere]) middag gebeur; ***this** ~* vanmiddag; ***tomorrow** ~* môre=, moremiddag; ***yesterday** ~* gister=middag. **af·ter·noon** *adj.* (na)middag=; *~ **concert*** middagkonsert; *~ **lady**, (bot.)* vieruurtjie, wonder=blom; *~ **nap/sleep*** middagslapie, =dutjie, siësta; *~ **(news)paper*** middagblad, =koerant; *~ **service*** middagdiens, =beurt; *~ **tea*** middagtee, vieruurtjie; *~ **watch**, (12:00-16:00)* namiddagwag.

A·ga *(handelsnaam: houtstoof)* Aga(-stoof). **~ saga** plaasroman.

a·ga, a·gha *(hist., Turkse titel)* aga; *the A~ Khan* die Aga Khan.

a·gain *adv.* weer, nogmaals, nog eens, nogeens, an=dermaal, van nuuts af, opnuut; verder, vêrder; daar=enteen, daarenteë, aan die ander kant; *~ **and** ~, **time** and (time) ~* herhaaldelik, keer op keer, telkens (weer); ***ever** and ~* →EVER; ***meet/see** ~* weersien; *till we **meet** ~* tot weersiens; *as **much** ~* dubbel (*of* twee maal/keer *of* nog 'n maal/keer) soveel; *half as **much** ~* anderhalf (*of* een en 'n half) maal/keer soveel; ***never** ~* nooit weer nie; ***now** and ~* →NOW *adv.*; ***once/yet** ~* nog 'n keer/maal/slag, nogmaals, nog eens, nogeens, weer (eens), weereens, weer 'n keer, opnuut, andermaal; al weer; *(the) **same** ~* die=selfde as tevore/netnou; ***then** ~ ...* aan die ander kant ...; ***what** is his/her name ~?* hoe is sy/haar naam nou weer?.

a·gainst *prep.* teen; teë; tot nadeel van; strydig met; jeens; *s.o.'s **age** is ~ him/her* iem. se jare/ouderdom tel teen hom/haar; ***as** ~ ...* teenoor ..., in teenstelling met ...; ***as** ~ that/this* daarteenoor/hierteenoor; *~ a* *dark/etc.* ***background*** teen 'n donker/ens. agtergrond; ***be*** *(dead)* ~ *s.t.* (sterk) op iets teë wees; (vierkant) teen iets wees, (heeltemal) teen iets gekant wees; ~ *the* ***day*** *when* ... met die oog op die tyd wanneer ...; ***everybody's*** ~ *me!* almal is teen my!; ***fight*** ~ ... veg teen ...; ~ *the* ***grain*** →GRAIN[1] *n.;* ***have*** *s.t.* ~ *s.o./s.t.* iets teen iem./iets hê; *I am* ~ ***it*** ek is daarteen (*of* daarop teë); ~ *the* ***law*** onwettig, teen die wet, strydig (*of* in stryd) met die wet; ~ *s.o.'s* ***name*** agter iem. se naam; ***(over)*** ~ ... teenoor/jeens ...; oorkant ...; ~ *a* ***rainy day*** vir tye van nood; ~ ***registration*** *of transfer* by registrasie van die transport; ~ *s.o.'s* ***return,*** *(w.g.)* ter voorbereiding van iem. se terugkoms; ***right up*** ~ ... teenaan ...; *all sorts of things are* ***said*** ~ *s.o.* allerhande dinge word van iem. gesê (*of* word iem. nagegee); ~ *the* ***stream*** stroomop; ***those*** ~ die teen-/teëstemmers; ~ *s.o.'s* ***will*** →WILL; ~ *the* ***wind*** windop, teen die wind (in); *have the* ***wind*** ~ *one* die wind van voor hê; ***work*** ~ →WORK *ww.*.

a·ga·lac·ti·a *(med.)* melkgebrek.

a·gal·mat·o·lite *(min.)* agalmatoliet, beeldsteen, Chinese/Sjinese speksteen.

ag·a·ma, ag·a·ma *(soöl.)* koggelmander, sal(a)mander.

ag·a·mi trompetvoël, agami.

a·gam·ic, ag·a·mous *(biol.)* agaam, ongeslagtelik.

ag·a·pan·thus *(bot.)* agapant, kandelaar, bloulelie, keiserskroon, bruidslelie, krismislelie.

a·gape[1] *adj. & adv.* oopmond, met oop mond, verbaas, verbyster, verstom.

a·ga·pe[2] *(Chr. teol.)* agape, liefdesmaal(tyd); agape, Christelike liefde.

a·gar(-a·gar) *(Mal.)* agar(-agar), seewierjellie.

ag·a·ric, ag·a·ric vlieëswam.

ag·ate *(min.)* agaat.

a·ga·ve *(bot.)* garingboom, makaalwyn, agawe; sisalplant.

a·gaze *(w.g.)* starend.

age ouderdom, leeftyd; eeu, tyd(perk); ***act/be*** *your* ~*!* moenie so kinderagtig wees nie!, gedra jou soos 'n grootmens!; *at an* ***advanced*** ~ op gevorderde leeftyd; *s.o.'s* ***advancing*** ~ iem. se klimmende jare; *the* ***afflictions*** *of old* ~ die kwale/kwellings van die ouderdom; ~*s* ***ago,*** *(infml.)* lank gelede; *I posted the letter* ~*s* ***ago*** ek het die brief vergeet al gepos; *people of* ***all*** ~*s* mense van elke ouderdom/leeftyd; *A~ of* ***Aquarius*** →AQUARIUS; ***at*** *his/her* ~ op sy/haar leeftyd/ouderdom; ***at*** *the* ~ *of sixty* op sestig, op sestigjarige ouderdom/leeftyd, op die ouderdom van sestig, toe iem. sestig (jaar oud) was; *s.o. has died* ***at*** *the* ~ *of* ... iem. is in die ouderdom van ... oorlede; *the* ***awkward*** ~ die lummeljare; →AWKWARD; ***bear*** *one's* ~ ***well*** jou jare goed dra; ~ ***before beauty*** eers grootmense, dan langore; ***come*** *of* ~ mondig/meerderjarig word; ***coming*** *of* ~ mondigwording; mondigheid, meerderjarigheid; *in this* ***day*** *and* ~ →DAY; ***down*** *the* ~*s* deur die eeue (heen); ***feel*** *one's* ~ jou jare voel; *be big/etc.* ***for*** *one's* ~ groot/ens. vir jou leeftyd/ouderdom wees; ***for*** ~*s (and* ~*s), (infml.)* eeue lank; *I have known him/her* ***for*** ~*s, (infml.)* ek ken hom/haar al van toeka se dae/tyd (af) (*of* van toeka af); *I haven't seen him/her* ***for*** ~*s* ek het hom/haar eeue laas gesien (*of* in geen jare gesien nie); *the* ***golden*** ~ die goue/gulde eeu, die bloeityd; ***improve*** *with* ~ met die jare verbeter; *the* ***infirmities*** *of* ~ die gebreke/kwale van die ouderdom; *old* ~ *has its* ***infirmities*** die ouderdom kom met gebreke; ***live*** *to a great* (or *ripe old*) ~ 'n hoë leeftyd/ouderdom bereik; →LIVE *ww.;* ***look*** *one's* ~ jou ouderdom wys, lyk so oud soos jy is; *in* ***middle*** ~ op middelbare leeftyd; →MIDDLE; ***Middle*** *A~s* →MIDDLE; *be* ***of*** ~*, (jur.)* mondig/meerderjarig wees; *they are* ***of*** *an* ~*, (w.g.)* hulle is ewe oud; *be* ***of*** *an* ~ *to do s.t., (w.g.)* oud genoeg wees om iets te doen; *ten/etc. years* ***of*** ~ tien/ens. jaar (oud); *in s.o.'s* ***old*** ~ op iem. se oudag, in die aand van iem. se lewe; *be* ***over*** ~ te oud wees, bo/oor die leeftyd/ouderdom wees; *at a* ***ripe*** ~ op ryp leeftyd; *they are of the* ***same*** ~ hulle is van dieselfde leeftyd, hulle is ewe oud; *they are nearly of the* ***same*** ~ hulle is amper/byna ewe oud, hulle skeel maar min; *s.t.* ***takes*** ~*s, (infml.)* iets duur 'n ewigheid; *s.o.* ***takes*** ~*s over s.t., (infml.)* iem. het 'n ewigheid nodig om iets te doen; *at a* ***tender*** ~ in sy/haar prille jeug; →TENDER *adj.; be of a* ***tender*** ~ bloedjonk wees; *the* ***trials*** *of old* ~ die kwellings van die ouderdom; *of* ***uncertain*** ~ nie meer heeltemal so jonk nie; *be* ***under*** ~ minderjarig/onmondig wees; te jonk wees; *be* ***under*** *the* ~ onder die jare/leeftyd/ouderdom wees; *have to* ***wait*** *for* ~*s (for ...)* eindeloos (vir/op ...) moet wag; ***what*** *is your* ~*?* hoe oud is jy?; *be* ***worn*** *with* ~ afgeleef wees. **age** *ww.* oud/ouer word, verouder; oud maak; (laat) verouder *(wyn);* ryp (laat) word *(kaas); (rok, haarstyl)* oud laat lyk; *(kommer)* oud laat word, laat verouder; *s.o. has* ~*d* iem. het oud geword; *be ag(e)ing* ou kant toe staan. ~ **band,** ~ **bracket** ouderdomsgroep, -kategorie, leeftydsgroep, -kategorie. ~ **difference,** ~ **gap** ouderdoms-, leeftydsverskil. ~ **discrimination** ouderdomsdiskriminasie, diskriminasie teen bejaardes, diskriminasie op grond van ouderdom. ~ **gap** →AGE DIFFERENCE. ~ **group,** ~ **set** ouderdoms-, leeftydsgroep. ~ **hardening** tydverharding. ~ **limit** ouderdoms-, leeftydsgrens. ~**-long** *adj. (attr.)* eeue lang(e) *(geskil ens.)*. ~**-old** *adj. (attr.)* eeue ou(e) *(tradisie ens.)*. ~ **set** →AGE GROUP.

a·ged oud; bejaard, vergrys; *be* ~ *three* drie (jaar oud) wees; *a boy/girl* ~ *three* 'n driejarige seun/meisie; *an* ~ *man/woman* 'n bejaarde man/vrou; *the* ~ die bejaardes (*of* oues van dae).

age·ful *(euf.)* bejaard, van ('n) gevorderde leeftyd.

ag(e)·ing *n.* veroudering(sproses); verwering; verharding. **ag(e)·ing** *adj.* ouerig; verouderend.

ag(e)·ism ouderdomsdiskriminasie, diskriminasie teen bejaardes, diskriminasie op grond van ouderdom. **ag(e)·ist** *n.* ouderdomsdiskrimineerder. **ag(e)·ist** *adj.* ouderdomsdiskriminerend.

age·less tyd(e)loos, ewig(durend), blywend, onverganklik; nooit verouderend; *s.o. seems* ~ dit lyk of iem. nie oud word nie; *an* ~ *truth* 'n ewige waarheid. **age·less·ness** tyd(e)loosheid.

a·gen·cy agentskap; werking, werksaamheid; bemiddeling, tussenkoms; *invisible* ~ onsigbare mag; *through/by the* ~ *of s.o.* deur bemiddeling/toedoen (*of* die tussenkoms) van iem.; *through/by the* ~ *of s.t.* met behulp (*of* deur die inwerking) van iets.

a·gen·da agenda, ordelys, program van werksaamhede, sakelys; *have a hidden* ~ 'n geheime/verskuilde agenda hê; *s.t. is on the* ~ iets is op die agenda; *a point on the* ~ 'n punt op die agenda; *put s.t. on the* ~ iets in die agenda opneem.

a·gen·e·sis *(med., bot.)* agenesie, ontwikkelingstuiting, ontwikkelingsvertraging; agenesie, onvrugbaarheid, steriliteit.

a·gent agent; verteenwoordiger, bemiddelaar, tussenpersoon; ge(vol)magtigde, lashebber, saakwaarnemer; werktuig, instrument; bewerker; middel; *(chem.)* agens; *(not) be a free* ~ (nie) jou eie baas wees (nie). ~**-general** *agents-general* agent-generaal. **A~ Orange** *(chem. oorlogvoering: ontblaarmiddel)* Agent Orange.

a·gent pro·vo·ca·teur *agents provocateurs, (Fr.)* agent provocateur, lokvink.

ag·gior·na·men·to -*menti, (It., RK)* aggiornamento, modernisering *(v.d. liturgie ens.)*.

ag·glom·er·ate *n.* opeenhoping, versameling, agglomeraat. **ag·glom·er·ate** *ww.* opeenhoop; koek. **ag·glom·er·ate** *adj. (attr).* opeengehoopte. **ag·glom·er·a·tion** opeenhoping, versameling, hoop, agglomerasie.

ag·glu·ti·nate saamkleef, -klewe, aaneenlym, saamlym, verkleef; bind; *(ling.)* agglutineer. **ag·glu·ti·nant** kleefmiddel. **ag·glu·ti·nated** saamgekleef, saamklewend. **ag·glu·ti·na·tion** saamklewing, binding; *(ling.)* agglutinasie. **ag·glu·ti·na·tive** saamklewend; ~ *language* agglutinerende taal.

ag·glu·ti·nin *(bakteriol.)* agglutinien.

ag·grad·a·tion *(geol.)* aggradasie, aanwas, opvulling.

ag·gran·dise, ag·gran·dise, -**dize** vergroot, uitbrei; verhoog, verhef; verheerlik; verryk. **ag·gran·dise·ment,** -**dize·ment** vergroting, uitbreiding; verheerliking; verryking; *do s.t. for personal* ~ iets ter wille van selfverheerliking doen; *seek personal* ~ op selfverheerliking uit wees.

ag·gra·vate vererger, verswaar; *(infml.)* pla, treiter, terg, tart, irriteer; ~*d assault* swaar aanranding; *be* ~*d by s.t.* jou (hewig) oor iets vererg. **ag·gra·vat·ing** verswarend, verergerend; ergerlik, tergend; ~ *circumstances* verswarende omstandighede. **ag·gra·vat·ing·ly** ergerlik, tergend. **ag·gra·va·tion** verswaring, verergering; getreiter, tarting; ergerlikheid, ergernis, irritasie.

ag·gre·gate *n.* versameling; totaal; geheel; massa; aggregaat; kompleks; *(bouk., chem.)* toeslag; *in the* ~ oor die geheel, globaal (geneem). **ag·gre·gate** *adj. (attr.)* gesamentlike, totale, globale, saamgestelde, samegestelde, versamelde, kollektiewe; ~ *fruit* versamelvrug. **ag·gre·gate** *ww.* versamel, byeenbring, saamvoeg; vergaar; verklomp; bedra, beloop, te staan kom op. **ag·gre·ga·tion** aggregasie, versameling, saamvoeging, samevoeging.

ag·gress *(fml.)* aanval, 'n rusie begin. **ag·gres·sion** aggressie; aanval, aanranding. **ag·gres·sive** aggressief; bakleierig, veglustig, strydlustig, militant; *(sport)* aanvallend; driftig, onstuimig *(minnaar);* dinamies, opdringerig *(handelaar, sakeman).* **ag·gres·sive·ness** aggressiwiteit. **ag·gres·sor** aanvaller, aggressor.

ag·grieve grief, krenk, benadeel, veron(t)reg, onreg aandoen, verongelyk; bedroef. **ag·grieved** gegrief, gekrenk, benadeel, veron(t)reg; bedroef; *feel* ~ *at/over/by s.t.* (jou) deur/oor iets veron(t)reg voel. **ag·griev·ed·ness** gegriefdheid.

ag·gro *(Br. sl.)* skoorsoekery; aggressie, geweldadigheid; moeite, ergernis, beslommernis; *look for* ~ skoor/moeilikheid/rusie soek.

a·gha →AGA.

a·ghast ontsteld, geskok, verskrik, met afgryse vervul; *be/stand* ~ *at s.t.* oor iets ontsteld/versteld wees/staan.

ag·ile rats, vlug, lenig, behendig. **a·gil·i·ty** ratsheid, vlugheid, lenigheid, behendigheid.

ag·ing *n. & adj.* →AG(E)ING.

ag·i·o -*os, (fin.)* agio, opgeld, hoër koers.

a·gist *ww., (jur.)* weiding/veld verhuur.

ag·i·tate skud, beweeg; (om)roer; opwek; beroer, in beroering bring, verontrus; opstook, kwaad stig/steek/stook, oprui; agiteer; ~ *for/against s.t.* om/vir/teen iets agiteer. **ag·i·tat·ed** gejaag(d), opgewonde, onthuts, ontsteld, onrustig, van stryk; *be* ~ *about s.t.* oor iets ontsteld wees; oor iets kook. **ag·i·ta·tion** skudding, beweging; (om)roering; beroering, verontrusting; oproerigheid; opstoking, opstokery, kwaadstokery, kwaadstekery, opruiery, opruiing; agitasie; gejaagdheid. **ag·i·ta·tor** ophitser, opstoker, opruier, onrusstoker, onlusstoker, onrussaaier, woelgees, oproermaker, agitator, aanstoker, opsweper, beroerder; roerder, roertoestel, -stok, -stafie, -middel.

a·git·pop *(d. gebruik v. popmusiek vir politieke propaganda)* agitpop.

ag·it·prop *(hist., [Kommunistiese] agitasie en propaganda)* agitprop.

a·gleam *(poët., liter.)* glansend, glimmend.

ag·let, ai·glet veterpunt; klossie, fraiing; knoppie; →AIGUILLETTE.

a·glim·mer *(poët., liter.)* ligtend, skynend; flikkerend; glimmend.

a·glit·ter *(poët., liter.)* glinsterend, skitterend.

a·glow *(poët., liter.)* gloeiend; blosend; ***be*** ~*, (vuur, gesig)* gloei; *be* ~ ***with*** ... gloeiend van ... wees, straal van ... *(vreugde, geluk, ens.); be* ~ ***with*** *health* blakend gesond wees, in blakende gesondheid verkeer.

ag·nail →HANGNAIL.

ag·nate *n., (jur.)* agnaat, swaardmaag, naaste (bloed)-

verwant aan/van vaderskant. **ag·nate** *adj.* agnaties. **ag·na·tion** agnasie, swaardmaagskap, (bloed)verwantskap aan/van vaderskant.

ag·no·men -*mina* bynaam.

ag·nos·tic *n.* agnostikus, niegelowige. **ag·nos·tic** *adj.* agnosties, niegelowig. **ag·nos·ti·cism** agnostisisme, leer van die onkenbaarheid van God.

Ag·nus Dei *(Lat., Chr.)* Agnus Dei, Lam van God.

a·go gelede; *days/etc.* ~ dae/ens. gelede; *long* ~ →LONG *adv.*.

a·gog *(vero., skerts.)* opgewonde, vol verwagting, gretig, begerig, vol verlange; *be all* ~ **at** *s.t.* in rep en roer oor iets wees; *be* ~ **for** (or **to** *hear the) news* smag na nuus; *be* ~ **with** *curiosity* bars van nuuskierigheid; *be all* ~ **with** *excitement* dol van (*of* die ene) opgewondenheid wees; *be all* ~ **with** *expectation* die ene afwagting wees.

à go·go *adj. & adv., (Fr., infml.)* volop, in oorvloed.

a·gone *(arg.)* →AGO.

a·gon·ic *(wisk.)* agonies; ~ *line* agoon, agoniese lyn.

ag·o·nise, -nize kwel, pynig, folter; worstel; *(iron., skerts.)* jag maak op effek; ~ *about/over s.t.* jou oor iets (bly) kwel, jou kop oor iets breek. **ag·o·nised, -nized** angsvol, beangs, benoud, gekwel. **ag·o·nis·ing, -niz·ing** kwellend; pynlik, smartlik, folterend. **ag·o·nis·tic** strydlustig; *(iron., skerts.)* op effekbejag uit.

ag·o·ny (ondraaglike) pyn; beklemming, (doods)angs, sielsangs; foltering, kwelling; worsteling; siel(e)stryd; *(w.g.)* doodstryd; ***death/last*** ~ doodstryd; ***go through*** ~, ***suffer*** *agonies* ondraaglike pyn verduur; groot angs uitstaan; *be* **in** ~ baie pyn verduur; beangs wees; *the* **last** *agonies* die laaste stuiptrekkings; *put s.o.* **out of** *his/her* ~, *(lett.)* iem. van sy/haar lyding verlos; *(fig.)* iem. nie langer in spanning hou nie; *in talking about his/her experiences s.o.* **piles** *on the* ~, *(infml.)* iem. oordryf/vergroot die smart van sy/haar ervaring, iem. maak die smart van sy/haar ervaring dik aan; ***prolong*** *the* ~ die moeilike besluit uitstel; ***unspeakable*** ~ naamlose/namelose/onuitspreeklike lyding; *s.o.'s soul was* ***wrung*** *with* ~ iem. het in hewige sielsangs verkeer. ~ **aunt** troostante, -tannie, raadrubriekskryfster. ~ **column** troosrubriek, raad(gee)rubriek, hartseerhoekie; personekolom, persoonlike soekertjies. ~ **uncle** troos-oom, sielsalwer, raadrubriekskrywer.

ag·o·ra·pho·bi·a ruimte-, pleinvrees, agorafobie.

a·gou·ti -*ti(e)s, (soöl.)* goudhaas, agoeti.

a·gram·ma·tism *(psig., med.: taalsteuring)* agrammatisme.

a·graph·i·a *(psig., med.: skryfgebrek)* agrafie.

a·grar·i·an *n.* agrariër. **a·grar·i·an** *adj.* landelik, boere-, grondbesitters-, landbou-, plattelands, agraries; ~ *party* boereparty. **a·grar·i·an·ism** agrariese beweging.

a·gree saamstem, dit eens wees, saamgaan; ooreenstem, ooreenkom; instem, inwillig; erken, toegee; aanvaar, goedkeur; afspreek; te vinde wees (vir); akkordeer; *(twee of meer mense)* met mekaar klaarkom (*of* oor die weg kom); ~ ***about*** *s.t.* oor iets saamstem; ~ *to* ***differ/disagree*** besluit om dit daarby te laat, vriendskaplik met/van mekaar verskil, dit in vrede met mekaar oneens wees; ~ *to* **do** *s.t.* instem/inwillig om iets te doen; besluit om iets te doen; *I couldn't* ~ **more** ek stem volmondig saam; ~ ***on/upon*** *s.t.* oor iets saamstem, dit oor iets eens wees/word; oor iets ooreenkom; ~ **to** *s.t.* in/tot iets toestem/inwillig, met iets instem/saamgaan (*of* akkoord gaan); ~ **with** *s.o.* met iem. saamstem, dit met iem. eens wees; met iem. ooreenkom *(oor iets); s.t. ~s* **with** *s.t. else* iets rym/strook met iets anders, iets kom/stem met iets anders ooreen; *s.t. does not* ~ **with** *s.o.* iets akkordeer nie met iem. nie, iem. kan iets nie verdra nie; *the climate does not* ~ **with** *s.o.* iem. kan nie hier/daar aard nie. **a·gree·a·ble** aangenaam, welgevallig; smaaklik; simpatiek; geskik, ooreenkomstig; *be* ~ *to s.t.* tot iets bereid wees; met iets instem, iets goedvind; *agreeably to instruction* ooreenkomstig/volgens opdrag. **a·greed** ooreengekome; afgesproke; *agreed!* akkoord!, top!, afgespreek!; *as* ~ *(upon)* volgens afspraak; *be* ~ dit (met mekaar) eens wees; *it is hereby* ~ ... hiermee word ooreengekom ... **a·gree·ment** ooreenstemming, ooreenkoms, akkoord, afspraak; verdrag, kontrak, skikking, vergelyk, verbintenis; ***according*** *to* ~ volgens afspraak; ***break*** *an* ~ 'n ooreenkoms verbreek; **by** ~ *with* ... met vergunning/toestemming van ...; ***come*** *to* (or ***reach*** or ***arrive*** *at) an* ~ tot 'n ooreenkoms kom/geraak; ***enter*** *into an* ~ 'n ooreenkoms aangaan/bereik/tref/sluit, 'n verbintenis aangaan; ***(general)*** ~ eenstemmigheid, eenparigheid; *they* **have** *an* ~ hulle het 'n ooreenkoms/verstandhouding; *they are* **in** ~ hulle is dit (met mekaar) eens; *be* **in** ~ *with s.o.* met iem. saamstem, dit met iem. eens wees; *be* **in** ~ *with what s.o. is saying* saamstem met wat iem. sê; *s.t. is* **in** ~ *with s.t. else* iets is in ooreenstemming met iets anders, iets rym/strook met iets anders; *s.t. is not* **in** ~ *with s.t. else, (ook)* iets is strydig met iets anders; ***make/reach/strike*** *an* ~ 'n ooreenkoms aangaan/bereik/tref/sluit; *they are in* ***perfect*** ~ hulle is dit roerend eens.

a·gres·tic landelik; boers.

ag·ri- *komb.vorm* landbou-, akker-, agri-.

ag·ri·busi·ness grootlandbou.

ag·ri·chem·i·cal *n.* landbouchemikalie.

ag·ri·cul·ture landbou (en veeteelt), boerderybedryf; landboukunde, akkerbou. **ag·ri·cul·tur·al** landboukundig, landbou-; ~ ***bank*** landboubank; ~ ***credit*** landboukrediet; ~ ***crop*** akkerbougewas; ~ ***drain*** sugvoor; sugriool; ~ ***economics*** landbou-ekonomie; ~ ***education*** landbou-onderwys; ~ ***engineering*** landbou-ingenieurswese; ~ ***farm*** saaiplaas; ~ ***holding*** landbouhoewe, -grond; ~ ***industry*** landboubedryf; ~ ***instruction*** landbou-onderrig; ~ ***interests*** landboubelange; ~ ***lime*** landboukalk; ~ ***pest*** landbouplaag; ~ ***pipe*** sugpyp; ~ ***remedy*** landboumiddel; ~ ***scientist/expert*** landboukundige; ~ ***society*** landbougenootskap; *A~* ***Technical Services*** Landboutegniese Dienste. **ag·ri·cul·tur(·al)·ist** landboukundige; landbouer, landman, (graan)boer.

ag·ri·mo·ny *(bot.)* agrimonie, akkermonie, lewerkruid.

ag·ri·prod·uct landbouproduk.

ag·ro- *komb.vorm* agro-.

ag·ro·bi·ol·o·gy agrobiologie. **ag·ro·bi·o·log·i·cal** agrobiologies. **ag·ro·bi·ol·o·gist** agrobioloog.

ag·ro·busi·ness landboubedryf.

ag·ro·chem·i·cal *n.* landbouchemikalie.

ag·ro·e·co·log·i·cal *adj.* agro-ekologies.

ag·ro·for·est·ry agrobosbou.

ag·ro·nom·ics landbou-ekonomie.

a·gron·o·my landboukunde, akkerbou, agronomie, veldkunde, landhuishoudkunde. **ag·ro·nom·ic, ag·ro·nom·i·cal** landboukundig, akkerboukundig, agronomies. **a·gron·o·mist** landboukundige, akkerboukundige, agronoom.

ag·ros·tol·o·gy graskunde. **ag·ros·to·log·i·cal** graskundig. **ag·ros·tol·o·gist** graskundige.

a·ground *(sk.)* gestrand; op die grond; *be* ~ vassit, gestrand wees; *go/run* ~ strand, skipbreuk ly; *be hard* ~ rotsvas sit.

a·gue *(arg.)* kouekoors; (malaria)koors; koorsaanval. **a·gued, a·guish** koorsig.

A·gul·has: *Cape* ~ Kaap Agulhas, Naaldekaap.

a·gu·ti →AGOUTI.

ah *tw.* a, ag.

a·ha *tw.* aha, ag/o so, oho. ~ **experience** aha-ervaring. ~ **moment** oomblik van insig. ~ **reaction** aha-reaksie.

A·hab *(OT)* Agab.

A·has·u·e·rus *(OT)* Ahasveros.

a·head vooruit, voor, vooraf, voorop, vorentoe, vooraan; verder, vêrder; **be** ~ voorloop; ***bridge*** *2 km* ~ brug 2 km verder/vêrder; ***danger*** ~ gevaar voor (*of* op die pad); ***freeway*** ~ snelweg voor; **get** ~ voor kom; **go** ~ voortgaan; vooruitgaan, vorder, vorentoe kom; **go** ~*!* gaan jou gang!; **keep** ~ *of* ... voor ... bly; *be* ~ *of s.o.* voor iem. wees; iem. voor wees; beter as iem. wees; *be* **right** ~ reg voor wees; heel/los voor wees; ***straight*** ~ reg vorentoe; ~ *of* ***time*** vroeg, voor die gestelde tyd; *be* ~ *of one's* ***time*** jou tyd vooruit wees.

a·hem *tw.* h'm-h'm.

a·him·sa *(Skt., Hind., Boeddh.: geweldloosheidsleer)* ahimsa.

a·his·tor·i·cal, a·his·tor·ic ahistories.

A·hith·o·phel, A·chit·o·phel *(OT)* Agitofel.

a·hoy *tw., (sk.)* ahooi, haai daar, heila, heiho.

Ah·ri·man *(Zoroastrisme)* Ahriman.

ai *(soöl.)* ai, (drievingerige) luiaard/luidier.

aid *n.* hulp, bystand, ondersteuning, steun, onderstand; hulpmiddel; helper; *be* ***beyond*** *human* ~ menslike hulp kan niks meer vermag nie; ***board*** *of* ~ onderstandsraad; ***come/go*** *to s.o.'s* ~ iem. (kom/gaan) help, iem. te hulp kom/snel; ***educational*** ~*s* leermiddele, -middels; *administer/give* ***first*** ~ noodhulp/eerstehulp toepas/verleen; ***give*** ~ *to s.o.* (aan) iem. hulp gee/verleen, iem. help; ***hearing*** ~ →HEARING; **in** ~ *of* ... ten bate/behoewe van ... *('n saak/fonds/vereniging/ens.); what's (all) this* **in** ~ *of?, (infml.)* wat is die nut hiervan?; ***lend*** ~ hulp verleen; ***memory/study*** ~ eselsbrug; ***seek*** ~ hulp soek; ***seek*** *s.o.'s* ~ by iem. hulp vra (*of* om hulp aanklop), iem. se hulp inroep, hulp van iem. verlang, jou toevlug tot iem. neem; ***with*** *the* ~ *of s.o.,* ***with*** *s.o.'s* ~ met die hulp van iem., met iem. se hulp, met steun van iem.; ***with*** *the* ~ *of s.t.* met behulp van iets. **aid** *ww.* help, bystaan, bystand verleen; bydra tot, bevorder, (onder)steun; ~*ed school* ondersteunde skool; ~ *and abet s.o.* iem. aanmoedig/bystaan, met iem. medepligtig wees *(aan 'n misdaad);* →ABET. ~ **fatigue** skenker-, skenkings-, hulpverleningsmoegheid, skenker(s)uitputting.

aide helper, assistent, hulp; aide de camp. ~**-de-camp, aid-de-camp** *aid(e)s-de-camp, (Fr.)* aide de camp, (persoonlike) adjudant, vleueladjudant. ~**-mémoire** *aides-mémoire, (Fr.)* aide-mémoire, memorandum, (kort) nota.

aid·er helper, ondersteuner; handlanger; ~*s and abettors* gesante en trawante, medepligtiges.

AIDS, Aids *(patol., akr.:* acquired immune deficiency [*or* immunodeficiency] syndrome*)* vigs, VIGS *(akr.:* verworwe immuniteitsgebreksindroom*); full-blown* ~ volskaalse/volwaardige vigs. ~**-related** vigsverwant; ~ *complex* vigsverwante kompleks. ~ **victim** vigslyer, -slagoffer. ~ **virus** vigsvirus.

ai·glet →AGLET.

ai·gret(te) *(pluim v. egretvere/edelstene)* aigrette; *(orn.)* →EGRET.

ai·guille, ai·guille rotspunt; klipboor.

ai·guil·lette *(mil.)* vangsnoer; →AGLET.

aik(·en) *(vero.)* →OAK(EN).

ai·kid·o *(Jap. gevegskuns)* aikido.

ai·ko·na, hai·ko·na *tw., (SA infml.)* (h)aikôna.

ail siek wees; *(arg.)* skeel, skort; *what ~s him/her?* wat skeel/makeer hom/haar?, wat makeer hy/sy?. **ail·ing** sieklik, siekerig, sukkelend, klaend, krukkend, sukkelrig; *(fig.)* sieklik, kwynend. **ail·ment** siekte, kwaal, aandoening, ongesteldheid.

ai·ler·on rolroer *(v. vliegtuig).*

ai·lu·ro- *komb.vorm* aluro-.

ai·lu·ro·phil·i·a *(oordrewe liefde vir katte)* alurofilie. **ai·lu·ro·phile** alurofiel.

ai·lu·ro·pho·bi·a alurofobie, kattevrees. **ai·lu·ro·phobe** alurofoob.

aim *n.* doel(wit), oogmerk, mikpunt; strewe; rigting; ***achieve*** *one's* ~ jou doel bereik; ***defeat*** *one's/its own* ~ die doel verydel; ***keep*** *a steady* ~ korrel hou; ***make*** *it one's* ~ *to* ... jou (dit) ten doel stel om te ...; ***point*** *of* ~ aanlêpunt; ~*s of the* ***society*** oogmerke van die genootskap; *s.o.'s* ***stated*** ~ iem. se uitgesproke/verklaarde doel; ***take*** ~ *at* ... na ... korrel (vat) (*of* mik), op ... aanlê *(met 'n vuurwapen); s.o.'s* ~ *is* **to** ... iem. se doel is om te ...; *with* ***unerring*** ~ trefseker. **aim** *ww.* mik, korrel (vat), rig, aanlê; beoog; najaag; ~ ***at/for*** *s.t.* na/op iets mik, na iets korrel (vat); na iets streef/strewe; op iets aanstuur; *s.t. is ~ed* ***at*** *s.o.* iets is op iem. gemik/gemunt *('n skimp ens.)*; ~ ***high,*** *(fig.)* hoog mik, ambisieus wees, hoë aspirasies hê; ~ ***to*** *do s.t.* beoog om iets te doen, van plan wees (*of* jou voorneem) om iets te doen; ~ ***to*** *please* probeer tevrede stel (*of* voldoening gee). **aim·less** doelloos.

ain *(Sk.)* eie.

ain't *(infml., sametr.)* = AM/IS/ARE NOT; HAS/HAVE NOT.

Ai·nu =*nu(s)* Ainoe.

aï·o·li *(kookk.)* knoffelmayonnaise.

air *n.* lug; windjie; houding, gedrag; wysie, deuntjie, melodie; aria; lied; ***ascend*** *into the* ~ in die lug opstyg; ***assume*** *an* ~ *of ...* jou ... hou *(onskuldig ens.)*; *have too many* ***balls*** *in the* ~, *(fig.)* te veel ysters in die vuur (*of* hooi op jou vurk *of* borde aan die draai) hê; ***beat*** *the* ~ in die lug skerm; jou (te)vergeefs inspan; *be (like) a* ***breath*** *of fresh* ~, *(fig.)* (soos) 'n vars briesie wees; *get a* ***breath*** *of* ~ 'n luggie skep; *begrudge others the* ~ *they* ***breathe*** nie kan sien/verdra dat die son in 'n ander se water skyn nie; ***by*** ~, *(reis)* per vliegtuig; *(brief)* per lugpos; *a* ***change*** *of* ~ 'n verandering van lug; ***clear*** *the* ~, *(lett.)* die lug suiwer; *(fig.)* helderheid bring; 'n misverstand uit die weg ruim; ***fresh*** ~ vars lug; *s.o. wants a breath/whiff of* ***fresh*** ~ iem. wil 'n bietjie vars lug skep; ***give*** *o.s.* (or ***put on***) ~*s* jou aanstel, aanstellerig (*of* vol aanstellings/airs/houdings/verbeeldings) wees, jou (nogal) wat verbeel, jou vernaam hou; ***go*** *on the* ~, *(rad., TV)* uitsaai; ~*s and* ***graces*** aanstellings; ***have*** *an* ~ *of ...* 'n air van ... hê, na ... lyk, die voorkoms van ... hê; ***hot*** ~, *(lett.)* warm lug; *(fig., infml.)* grootpratery; ***in*** *the* ~ in die lug; *reform is* ***in*** *the* ~, *(infml.)* daar is sprake van hervorming; *there are rumours* ***in*** *the* ~, *(infml.)* gerugte doen die ronde; *there's s.t.* ***in*** *the* ~ daar's iets aan die broei/kom, daar broei iets; ***live*** *on* ~, *(infml.)* van die wind leef/lewe; ***off*** *the* ~, *(rad., TV)* nie aan die uitsaai nie, stil; *be* ***on*** *the* ~, *(rad., TV)* uitsaai, aan die uitsaai wees; uitgesaai word; *hear s.t.* ***on the*** ~ iets oor die radio hoor; *in the* ***open*** ~ in die ope lug (*of* buitelug); ***play*** *an* ~ *on the piano* 'n deuntjie/melodie/wysie op die klavier speel; ***pluck*** *figures/etc. out of the* ~ syfers/ens. uit die lug gryp; ***poison*** *the* ~ die lug besoedel/verpes; ***put on*** ~*s* →***give*** *o.s.* ~*s*; *a shout* ***rends*** *the* ~ 'n geroep weerklink deur die lug; *have an* ~ *of* ***satisfaction*** 'n uitdrukking van (self)voldaanheid hê; ***scent*** *the* ~ die lug insnuif/opsnuif; ***sniff*** *the* ~, *(lett.)* die lug insnuif/opsnuif; *(fig.)* die toestand verken; ***take*** *the* ~ (vars) lug skep, 'n luggie skep; *disappear/melt/vanish into* ***thin*** ~, *(infml.)* in die niet verdwyn, totaal verdwyn; ***tread/walk*** *on* ~, *be* ***up in*** *the* ~, *(infml.)* in die wolke (*of* baie bly *of* opgetoë) wees; *it is still* ***up in*** *the* ~, *(infml.)* dit hang nog in die lug, dit is nog onseker *(planne ens.)*; *s.o. went* ***up in*** *the* ~ *when ...* iem. het ontplof (*of* in woede uitgebars) toe ... **air** *ww.* lug; droogmaak; belug; lug gee aan; uitlug, uitdamp; ~ *grievances/views* griewe/opinies lug; ~ *one's knowledge* jou kennis lug, met jou kennis te koop loop; ~ *o.s.* lug skep. ~ **action** lugbedrywigheid; luggeveg. ~ **adit** *(mynw.)* lugtonnel. ~ **alarm** lugalarm. ~ **arm** lugwapen. ~ **artillery** boordgeskut. ~ **bag** lugkussing. ~ **balloon** lugballon. ~ **base** lug(mag)basis, lugmagsteunpunt; vliegveld. ~ **bath** lugbad. ~ **battle** luggeveg. ~ **beacon** lugvaartbaken. ~ **bed** lugbed; lugmatras. ~ **bell** lugbel, =blasie. ~ **bladder** lug=, swemblaas. ~ **blast** lugslag, =ruk; (rots)afspatting. ~ **bomb** lugbom, vliegtuigbom. ~ **bomber** bomwerper, =vliegtuig. ~**borne** in die lug; deur die lug vervoer/versprei; aan boord van 'n vliegtuig; ~ *troops* lugtransporttroepe. ~ **bottle** lugfles. ~ **brake** lugrem. ~**brick** ventilasiesteen, gaatsteen. ~ **bridge** lugbrug. ~**brush** spuitkwas, verf=, tekenspuit. ~ **bubble** lugblaas, =bel. ~ **bump** lugstamp. ~**burst** *(mil.: bomontploffing i.d. lug)* lugbars(ting). ~**bus** lugbus. ~ **cargo** lugvrag. ~ **cell** lug=, longsak *(v. voël)*; lugkamer *(v. eier)*. ~ **chamber** lugkamer. ~ **chief marshal** *(Br., mil.)* eerste lugmaarskalk. ~ **chief of staff** lugstafhoof. ~ **circulation** lugomloop, =sirkulasie. ~ **cleaner** lugsuiweringstoestel, lugreiniger, =suiweraar, =filter. ~ **cock** lugkraan. ~ **column** (druk)lugkolom. ~ **commodore** *(Br., mil.)* lugmagbrigadier. ~ **company** lugvaartmaatskappy. ~ **compressor** lugperspomp. ~ **condenser** lugkondensator. ~**-conditioned** lugversorg(d), met lugversorging. ~ **conditioner** lugversorger. ~ **conditioning** lugversorging. ~ **container** lughouer. ~**-cooled** lugverkoel(d), =gekoel(d), met lugkoeling. ~ **cooling** lug(ver)koeling. ~ **corridor** lugkorridor. ~ **cover** lugdekking. ~ **crash** vlieg(tuig)=, lugongeluk. ~**crew** vlieg(tuig)personeel, lugbemanning. ~**-cured** lugdroë *(tabak)*. ~ **current** lugstroom, =stroming. ~ **curtain** luggordyn. ~ **cushion** lugkussing. ~ **dam** drukvin. ~ **damping** lugdemping. ~ **defence** lugverdediging. ~ **density** lugdigtheid. ~ **disaster** lug=, vliegramp. ~ **display** vliegvertoning, vliegskou(ing). ~ **door** lugdeur. ~ **drainage** lugafvoer, =afloop. ~**-dried** luggedroog, in die lug gedroog; ~ *brick* rousteen. ~ **drift** lugtrek. ~ **drill** lugdrukboor. ~**drop** *n., (mil.)* valskermaflewering. ~**drop** *ww.* met valskerms afgooi. ~**-dry** lug=, winddroog. ~**-drying** lugdroging. ~ **duct** lugleibuis, luggang; lugleiding. ~ **embolism** *(patol.)* lugembolie; →DECOMPRESSION SICKNESS. ~ **engine** warmlugenjin; druklugenjin. ~ **exhaust,** ~ **escape** luguitlaat. ~**field** vliegveld. ~ **fighter** jagvliegtuig, jagter. ~ **filter** lugfilter, =suiweraar. ~ **fleet** lugvloot. ~**flow** lugstroming. ~ **flue** lugkanaal. ~**foil** →AEROFOIL. ~ **force** lugmag. ~**-force blue** grysblou. ~**-force review** vliegskou. ~ **forces** lugstrydkragte. ~**frame** vliegraam. ~ **freight** lugvrag; lugvraggeld. ~ **freshener** lugverfrisser. ~ **fuel** vliegtuigbrandstof. ~ **gas** luggas. ~ **gauge** lugdrukmeter. ~**glow** luggloed. ~ **grate** *(bouk.)* lugrooster. ~ **gun** windbuks; lugspuit. ~ **gunner** *(mil.)* boordskutter. ~ **gunnery** boordskietkuns. ~**head** *(mil.)* lughoof, =eiland; *(sl.)* dom=, klip=, pampoen=, skaapkop. ~ **hole** luggat; keldergat; wak *(in ys)*; *(lugv.)* →AIR POCKET. ~ **hostess** lugwaardin. ~ **humidifier** lugbevogt(ig)er. ~ **hunger** asemnood. ~**-intake** luginlaat. ~ **jacket** *(teg.)* lug(koel)mantel; lugswemgordel. ~ **lane** lugkorridor, lugweg. ~ **layer** luglaag. ~ **letter** lug(pos)brief. ~ **level** lugvlak; *(mynw.)* lugverdieping; lugbelwaterpas. ~**lift** *n.* lugbrug; lugvervoer; *(mynw.)* lugligter. ~**lift** *ww.* per lugbrug vervoer; deur die lug vervoer. ~ **light** lugvaartlig. ~**line** lugredery, lugdiens; lug(vaart)lyn; *(elek.)* lugleiding; *(Am.)* →BEELINE. ~**liner** passasiers=, verkeers=, lynvliegtuig. ~**lock** lugprop, =verstopping, =versperring. ~**mail** lugpos; *by* ~ per lugpos. ~**mail letter** lug(pos)brief. ~**mail postage** lugposgeld. ~**man** lugman, lid van die lugmag; vlieënier, lugvaarder. ~**manship** vliegkuns, =vaardigheid. ~ **map** lugvaartkaart. ~ **mapping** lugkartering. ~ **marshal** *(Br., mil.)* lugmaarskalk. ~ **mass** lugmassa. ~ **mattress** lugmatras. ~ **mechanic** lugwerktuigkundige, lugmeganikus, vliegtuigmonteur. ~ **meeting** vliegbyeenkoms. ~ **meter** lug(vloei)=, lugstroommeter. ~**-minded** vlieglustig; op die lugvaart ingestel, lugvaartgesind. ~**-mindedness** vlieglustigheid; ingesteldheid op die lugvaart. ~ **ministry** ministerie van lugvaart. ~ **miss** amperse lugbotsing. ~ **navigator** lugnavigator. ~ **nozzle** (druk)luguit. ~ **observation** lugwaarneming, =observasie. ~ **operations** lugbedrywighede. ~ **pageant** vliegskou, =vertoning. ~ **partition** lugafskorting, lugskot. ~ **passage** *(teg.)* luggang; *(med.)* luggang, =weg. ~ **photo(graph)** lugfoto, =opname. ~ **pillow** lugkussing. ~ **pilot** vlieënier. ~ **pipe** lugpyp. ~ **pipeline** lugpypleiding. ~ **piracy** lugkapery, =rowery. ~ **pistol** lugpistool. ~**plane** *(Am.)* →AEROPLANE. ~ **plant** *(bot.)* lugplant, epifiet; kanniedood. ~**play** lugtyd (oor die radio), blootstelling oor die radio. ~ **pocket** *(lugv.)* lugholte, =knik, =sak; *(teg.)* lugblaas *(in 'n pyp ens.)*; *(bouk.)* lugholte. ~ **pollution** lugbesoedeling. ~**port** lug=, vlieghawe. ~ **power** lugslaankrag; lugvuis. ~ **pressure** lugdruk. ~**proof** lugdig. ~ **pump** lugpomp. ~ **pupil** vlieglerling. ~ **race** wedvlug, vliegwedstryd. ~ **raid** lugaanval. ~**-raid alarm/alert/warning** lugalarm. ~**-raid shelter** bomskuiling. ~**-raid warden** lugbeskermingshoof. ~ **rally** vliegbyeenkoms, lugvertoning. ~**-ready** vliegvaardig. ~ **regulation** lugreëling. ~**-release valve** luguitlaatklep. ~ **resistance** lugweerstand. ~ **review** vliegskou, =vertoning. ~ **rifle** windbuks. ~ **route** lug=, vliegroete. ~ **sac** lugsak(kie). ~ **school** vliegskool. ~**screw** (lug)skroef *(v. vliegtuig)*. ~**-sea rescue** lug-seeredding, seereddingsoperasie/=aksie (van)uit die lug. ~ **sense** vliegeevoel, lugsin. ~ **service** lugdiens. ~ **shaft** lugskag; luggang. ~**ship** lugskip, zeppelin. ~ **shot** *(gholf)* windhou. ~**show** vliegskou. ~**sick** lugsiek. ~**sickness** lugsiekte. ~ **sock** windkous, =sak. ~**space** lugruimte. ~**speed** lugsnelheid. ~ **squadron** eskadrielje, vlieg=, lugeskader. ~ **station** lugstasie. ~ **stewardess** lugwaardin. ~**stream** lugstroom. ~ **strike** lugaanval, =bombardement. ~**strip** landingstrook. ~ **supply** lugtoevoer. ~ **support** *(mil.)* lugsteun. ~ **survey** lugopmeting, =kartering. ~ **taxi** lugtaxi, huurvliegtuig. ~ **terminal** lugeindpunt. ~ **thread** herfsdraad. ~ **ticket** vliegkaartjie, lugreiskaartjie. ~**tight** lugdig. ~**time** *(rad., TV)* uitsaai=, sendtyd. ~**-to-~** *adj. (attr.)* lug-tot-lug-; ~ *missile* lug-tot-lug-missiel; ~ *refuelling* brandstofaanvulling in volle vlug. ~**-to-ground,** ~**-to-surface** *adj. (attr.)* lug-tot-grond-, lug-tot-oppervlak-; ~ *missile* lug-tot-grond-missiel, lug-tot-oppervlak-missiel. ~ **traffic** lugverkeer. ~**-traffic control** lugverkeer(s)leiding, lugverkeer(s)beheer. ~**-traffic controller** lugverkeer(s)leier, lugverkeer(s)beheerder. ~**-traffic control station** lugvaart(beheer)stasie. ~ **training** vliegopleiding. ~ **transport** lugvervoer, =transport; lugvervoermiddel(s). ~ **trap** lugafsluiter, stankafsluiter. ~ **traveller** lugreisiger. ~ **truck** vragvliegtuig. ~ **tuck** pofopnaaisel. ~ **umbrella** *(mil.)* lugsambreel, lugdekking. ~ **valve** lugklep. ~ **vent** luggat, =opening, =uitlaat, ontlugter, ontlugtingsgat. ~ **vessel** lughouer; *(bouk.)* lugketel; *(mynw.)* lughelm. ~ **vice-marshal** *(Br., mil.)* viselugmaarskalk. ~**waves** *(infml.)* eter. ~**way** lugroete, =weg, vliegroete; *(dikw. mv.)* lugdiens; *(teg.)* lugkanaal, =skag, =baan, =gang, =koker; *(med.)* luggang, =weg. ~**woman** lid van die lugmag; vliegster. ~**worthiness** lugwaardigheid. ~**worthy** lugwaardig, vliegveilig.

air·craft lugvaartuig, =tuie, vliegtuig, =tuie, vliegmasjien, =masjiene. ~ **accident** vlieg(tuig)ongeluk. ~ **carrier** vliegdekskip, (vliegtuig)moederskip, vliegkampskip. ~ **controls** *(lugv.)* stuurmiddele, =middels, roere. ~ **engineering** vliegtuigboukunde, lugvaarttegniek. ~**man** lugwerktuigkundige, lugmeganikus. ~ **park** vliegpark. ~ **pilot** vlieënier.

Aire·dale: ~ **(terrier)** airedale(terriër).

air·er droograk.

air·i·ly lugtig; lughartig. **air·i·ness** lugtigheid; lughartigheid.

air·ing lug, verlugting *(v. klere/kamer/ens.)*; rit(jie); wandeling; uiting, bekendmaking; (openlike) bespreking; uitsending; *s.t. gets an* ~ iets word openlik bespreek; *give s.t. an* ~, *(lett. & fig.)* (aan) iets lug gee; iets openlik bespreek; *take an* ~ (vars) lug (*of* 'n luggie) skep. ~ **cupboard** droogkas.

air·less sonder lug; bedompig; windstil.

air·y lugtig *(vertrek)*; winderig *(kus)*; lughartig, oppervlakkig, onverskillig, ongeërg, traak-my-nieagtig, nonchalant; vaag *(belofte)*; grasieus *(dans)*; vlugtig; yl; nietig, onbeduidend; (hoog) in die lug; hoog liggend, hoogliggend. ~**-fairy** lughartig, oppervlakkig, nonchalant; ondeurdag *(plan)*; vaag, wollerig; ~ *notions* visioene, droombeelde, hersenskimme; ~ *stories* wolhaarstories, kletspraatjies.

aisle gang, paadjie *(tuss. banke/stoele)*; sygang; syskip, (sy)beuk *(v. kerk)*; *they were rolling in the ~s* hulle het gebrul/gerol van die lag.

ait, eyot *(Br.)* (rivier)eilandjie.

aitch (letter) h; *drop one's ~es* die *h* weglaat (*of* nie uitspreek nie), onbeskaaf(d) praat. ~**bone** stertstuk, stuit(jie)stuk; ysbeen, heupbeenstuk.

Aix, Aix-en-Pro·vence *(geog.)* Aix(-en-Provence). **Aix-la-Cha·pelle** *(Fr., geog.)* →AACHEN. **Aix-les-Bains** *(geog.)* Aix-les-Bains.

a·jar *adv.* op 'n skreef/skrefie/kier, halfoop; *leave a door* ~ 'n deur op 'n skrefie laat staan (*of* ooplaat).

AK47 ([as·sault] ri·fle) AK47(-[aanvals]geweer).

Ak·a·ba →AQABA.

A·ke·la *(infml.)* Akela, padvinderleier.

a·kim·bo: *stand with arms* ~ hand (*of* met die hande) in die sy staan, kieliebak (*of* met die kieliebakke) in die wind staan.

a·kin verwant; *be* ~ *to s.o.* aan/met iem. verwant wees; *be* ~ *to s.t.* soortgelyk aan iets wees.

a·ki·ta *(soort hond)* akita.

Ak·kad, Ac·cad *(geog.)* Akkad. **Ak·ka·di·an, Ac·ca·di·an** *n.* Akkader, Akkadiër; *(taal)* Akkadies. **Ak·ka·di·an, Ac·ca·di·an** *adj.* Akkadies.

ak·va·vit →AQUAVIT.

a·la -lae, *(biol.)* vleuel. **a·lar** *adj.* vlerk-, vleuel-.

à la *prep., (Fr.)* à la, na, volgens; ~ ~ ***carte*** à la carte; *an* ~ ~ ***carte*** *dinner* 'n à la carte-maaltyd; ~ ~ ***florentine*** met spinasie; *life* ~ ~ ***Hollywood*** die lewe soos in Hollywood; *chicken* ~ ~ ***king*** hoender à la koning, hoender in 'n sampioenroomsous; ~ ~ ***mode*** (hoog) in die mode, modieus; *(kookk.)* in wyn gesmoor; *(Am. kookk.)* met roomys; ~ ~ ***Rembrandt*** in die styl van Rembrandt; ~ ~ ***russe*** op die Russiese manier; in die Russiese styl.

al·a·bas·ter, al·a·bas·ter *n.* albas(ter). **al·a·bas·ter, al·a·bas·ter** *adj.* van albas(ter), albaster-; ~ *jar, (Byb.)* albaste fles; ~ *sculpture* albaste beeldhouwerk, albasterbeeldhouwerk.

a·lack(-a-day) *tw., (vero.)* helaas.

a·lac·ri·ty lewendigheid; graagte, gretigheid, bereidwilligheid.

A·lad·din *(karakter i.d.* Duisend-en-Een Nagte*)* Aladdin; ~*'s cave, (fig.)* skatkamer; ~*'s lamp, (fig.)* toormiddel; gelukbringer(tjie).

Al·a·man·ni *(mv.)* →ALEMANNI.

Å·land Is·lands *(geog.)* Alandseilande.

a·lar *adj.* →ALA.

a·larm *n.* alarm; waarskuwing(sein); wekker; onrus, onthutsing, verontrusting; ontsteltenis, skrik; verwaardheid; *be* ~*ed* ***at*** *s.t.* deur iets verontrus word, oor iets verontrus wees; *take* ~ ***at*** *s.t.* deur iets verontrus word; ***beat/give/raise/sound*** *the* ~ alarm maak; *a* ***cry*** *of* ~ 'n alarmkreet; ~*s and* ***excursions****, (skerts.)* konsternasie; *a* ***false*** ~ 'n vals alarm; *s.t.* ***fills*** *s.o. with* ~ iets ontstel/verontrus iem., iets maak iem. onrustig; *there* ***goes*** *the* ~ *(clock)* daar lui/gaan die wekker; *notice* ***in/with*** ~ *that ...* met ontsteltenis/skrik gewaar dat ... **a·larm** *ww.* alarmeer, skrikmaak, verskrik, verontrus, ontstel, ongerus maak; waarsku. ~ **bell** alarmklok. ~ **call,** ~ **note** alarmroep *(v. voël).* ~ **(clock)** wekker. ~ **signal** alarmsein. ~ **watch** wekkerhorlosie.

a·larm·ing verontrustend, onrusbarend; angswekkend, skrikbarend; alarmerend.

a·larm·ist *n.* alarmis, onrusstoker, onrussaaier, alarmblaser, skrikaanjaer. **a·larm·ist** *adj.* skrikaanjaend, alarmisties.

a·lar·um *(arg.)* →ALARM.

a·las *tw., (poët., liter., skerts.)* helaas; o wee.

A·las·ka *(geog.)* Alaska; *baked* ~*, (kookk.)* gebakte Alaska. **A·las·kan** *n.* inwoner van Alaska. **A·las·kan** *adj., (gebruike, winter, ens.)* in Alaska; *(vis, produkte, ens.)* van Alaska, Alaska-; ~ *malamute/malemute, (soort hond)* alaskamalemoet.

a·las·trim *(med.)* alastrim; →AMAAS.

a·late(d) *(bot., entom.)* gevlerk, gevleuel(d).

alb *(relig.)* albe, koorhemp, -kleed, mishemp, -kleed.

al·ba·core *(igt.)* albakoor, halfkoord.

Al·ban *(heilige)* Albanus. **Al·ban** *adj.: the* ~ *Hills* die Albaanse Berge.

Al·ba·ni·a *(geog.)* Albanië. **Al·ba·ni·an** *n. & adj.* Albanees.

Al·ba·ny *(geog.), (Eng., VSA)* Albany; *(SA hist.)* Albanie.

al·ba·tross *(orn.)* albatros, stormvoël; *(fig.)* swaar las; *(gholf)* albatros; *be an* ~ *(a)round s.o.'s neck* 'n meulsteen om iem. se nek wees; *have an* ~ *(a)round one's neck* die skuld met jou saamdra.

al·be·it (al)hoewel, ofskoon.

Al·ber·ta *(geog.)* Alberta.

Al·bi·gen·ses *(mv.), (hist., sekte)* Albigense. **Al·bi·gen·si·an** *adj.* Albigensies.

al·bi·no -nos albino. **al·bi·nism** albinisme.

Al·bi·on *(poët., liter.: Brittanje/Engeland)* Albion; *perfidious* ~ perfide Albion.

al·bite *(min.)* albiet.

al·bum album; gedenkboek.

al·bu·men *(soöl.)* albumen, eiwit, wit van 'n eier; *(bot.)* kiemwit; →ALBUMIN, ENDOSPERM.

al·bu·min, al·bu·men *(biochem.)* albumien, eiwit(stof). **al·bu·mi·noid** *n.* albuminoïed. **al·bu·mi·noid** *adj.* albuminoïed, eiwitagtig. **al·bu·mi·nous** albumineus, eiwitagtig; albumineus, eiwithoudend. **al·bu·mi·nu·ri·a** *(patol.)* albuminurie.

al·bur·num →SAPWOOD.

Al·cae·us *(Gr. digter)* Alcaeus, Alkaios. **Al·ca·ic** *n.* Alceïese vers. **Al·ca·ic** *adj.* Alceïes.

al·che·my alchemie. **al·chem·ic, al·chem·i·cal, al·chem·is·tic** alchemisties. **al·che·mist** alchemis.

al·co·hol alkohol; sterk drank. ~ **abuse** drankmisbruik. ~**-free** alkoholvry, niealkoholies.

al·co·hol·ic *n.* alkoholis, dranksugtige. **al·co·hol·ic** *adj.* alkoholies; alkoholhoudend; ~ ***beverage*** sterk drank; ~ ***content/strength*** alkoholinhoud, -gehalte; ~ ***drink*** sterk drank; ~ ***poisoning*** alkoholvergiftiging; ~ ***soft drink*** alkoholiese koeldrank. **A~s Anonymous** Alkoholiste Anoniem.

al·co·hol·ise, -ize alkoholiseer. **al·co·hol·ism** alkoholisme, dranksug.

al·co·tes·ter alkoholtoetser.

al·cove alkoof.

Al·cuin *(735-804)* Alcuinus.

Al·deb·a·ran *(astron.)* Aldebaran.

al·de·hyde *(chem.)* aldehied.

al den·te *adj. (pred.), (It. kookk.)* al dente, gaar maar nog ferm, nie pap (*of* te sag) gekook nie.

al·der els(boom); elshout; *red* ~ rooi-els; *white* ~ witels.

al·der·man -men raadsheer.

Al·dis lamp *(draagbare morseseinlamp)* aldislamp.

al·dose *(chem.)* aldose.

al·drin *(chem.)* aldrien.

ale *(Br.)* bier. ~**house** *(vero.)* tap-, bierhuis. ~**wife** *(vero.)* taphuishoudster; *(soöl.)* soort haring.

a·le·a·to·ry, a·le·a·to·ric aleatories, onseker, toevallig; ~ *contract* kansooreenkoms.

al·ec(k): *a smart* ~*, (infml.)* 'n wysneus/slimjan.

al·e·gar suurbier; bierasyn.

Al·e·man·ni *(mv.), (hist., Germaanse volk)* Alemanne. **Al·e·man·nic** *n., (groep dialekte)* Alemannies. **Al·e·man·nic** *adj.* Alemannies.

a·lem·bic *(hist., soort distilleerkolf)* alembiek.

a·lert *n.* waarskuwing, alarmsein; ***give*** *the* ~ waarsku; iem. aansê om gereed te wees; *be* ***on*** *the* ~ op jou hoede wees, 'n oog in die seil hou, op jou telle pas; *be* ***on*** *the* ~ *for ...* vir/teen ... op jou hoede wees; ***put*** *s.o. on the* ~ iem. paraat (*of* op sy/haar hoede) stel; *be in a* ***state*** *of* ~ in gereedheid wees. **a·lert** *adj.* waaksaam, wakker, gereed, op jou hoede; op en wakker; *be* ~ *to s.t.* vir/teen iets op jou hoede wees, op iets bedag wees. **a·lert** *ww.* waarsku; iem. sê om op sy/haar hoede te wees; op gereedheidsgrondslag plaas *(troepe)*; ~ *s.o. to s.t.* iem. teen iets waarsku, iem. vir/teen iets op sy/haar hoede stel; iem. op iets wys (*of* attent maak), iem. se aandag op iets vestig. **a·lert·ness** waaksaamheid, wakkerheid.

al·eu·ron(e) *(bot.)* aleuron.

Al·eut Aleoet. **A·leu·tian Is·lands, A·leu·tians** Aleoete, Aleoetiese Eilande.

Al·ex·an·der Alexander; ~ *the Great, (356-323 v.C.)* Alexander die Grote. ~ **Archipelago** *(geog.)* Alexanderargipel, -eilandgroep. ~ **technique** alexandertegniek.

Al·ex·an·dri·a *(Egipte)* Aleksandrië, Alexandrië; *(SA)* Alexandria. **Al·ex·an·dri·an** Aleksandryns, Alexandryns, van Aleksandrië/Alexandrië. **Al·ex·an·drine** *n., (inwoner)* Aleksandryn, Alexandryn. **Al·ex·an·drine** *adj.* Aleksandryns, Alexandryns, van Aleksandrië/Alexandrië.

al·ex·an·drine *n., (pros.)* aleksandryn. **al·ex·an·drine** *adj.* aleksandryns.

al·ex·an·drite *(min.)* aleksandriet, alexandriet.

a·lex·i·a *(psig.)* aleksie, woord-, leesblindheid.

al·fal·fa *(bot.)* alfalfa, lusern.

Al Fa·tah *(Palestynse pol. en mil. organisasie)* Al Fatah.

al·fres·co *(It.)* in die buitelug; buitelug-, opelug-.

al·ga -gae wier, alg; *marine algae* seewiere. **al·gal** alge-. →ALGOLOGY.

al·ga(r)·ro·ba →MESQUITE; CAROB.

al·ge·bra algebra, stelkunde. **al·ge·bra·ic, al·ge·bra·i·cal** algebraïes, stelkundig. **al·ge·bra·i·cal·ly** algebraïes, stelkundig. **al·ge·bra·ist** algebraïs, stelkundige.

Al·ge·ri·a *(geog.)* Algerië. **Al·ge·ri·an, Al·ge·rine** *n.* Algeryn. **Al·ge·ri·an, Al·ge·rine** *adj.* Algeryns. **Al·giers** *(hoofstad)* Algiers.

al·ge·si·a *(fisiol.)* algesie. **al·ge·sic, al·get·ic** algeties.

al·gid *(med.)* koud. **al·gid·i·ty** koue, koudheid.

al·gi·nate *n., (chem.)* alginaat. **al·gin·ic** *adj., (chem.)* algien-; ~ *acid* algiensuur.

Al·gol[1] *(astron.)* Algol, Duiwelster.

Al·gol[2] *(rek., akr.: algorithmic oriented language)* Algol *(akr.: algoritmies georiënteerde taal).*

al·go·lag·ni·a *(psig.)* algolagnie, pynwellus, sado-masochisme.

al·gol·o·gy *(bot.)* algologie, wierkunde. **al·go·log·i·cal** algologies. **al·gol·o·gist** algoloog, wierkundige. →ALGA.

al·go·phil·i·a *(psig.)* algofilie, pyngenieting.

al·go·pho·bi·a *(psig.)* algofobie, pynvrees.

al·go·rism →ALGORITHM.

al·go·rithm *(rek., wisk.)* algoritme; Arabiese/tientallige stelsel; *cipher in an* ~ nul. **al·go·rith·mic** algoritmies; ~ *language* rekentaal.

a·li·as *n.* alias, vals naam; *have/use an* ~ 'n alias hê/gebruik; *travel under an* ~ onder 'n vals naam reis. **a·li·as** *adv.* alias, anders genoem, oftewel.

al·i·bi alibi; *(infml.)* uitvlug, ekskuus; *have an* ~ *for ...* 'n alibi vir ... hê.

Al·ice band haarband.

al·i·dad(e) *(astron., landm.)* visierliniaal, diopterliniaal, al(h)idade.

al·ien *n.* vreemde(ling), uitlander, buitelander; boaardse wese, ruimtewese. **al·ien** *adj.* vreemd, uitlands, uitlandig; boaards; ~ *vegetation* uitheemse plantegroei; *s.t. is* ~ *to s.o.'s way of life* iets is vreemd aan iem. se lewenswyse. **al·ien·a·ble** vervreem(d)baar. **al·ien·age** vreemdelingskap. **al·ien·ate** vervreem; *(jur.)* aliëneer, 'n saaklike reg oordra; afkonkel, afrokkel; ~ *s.o. from ...* iem. van ... vervreem; *be* ~*d from ...* van ... vervreem(d) wees; ~ *people* mense van jou afstoot. **al·ien·a·tion** vervreemding; *(jur.)* aliënasie; afkonkeling, afrokkeling; ~ *(of mind), (mental)* ~ kranksinnigheid, verstandsverbystering; ~ *effect, (teat.)* vervreemdingseffek. **al·ien·ee** *(jur.)* nuwe eienaar. **al·ien·ist** *(Am.)* aliënis, hofpsigiater.

al·i·form vlerkvormig.

a·light[1] *ww., (fml.)* afklim, uitklim, uitstap, afstyg, uitstyg, afspring; gaan sit, land, neerstryk; ~ ***from*** *...* van ... afklim *('n perd/bus/ens.)*; uit ... uitklim *('n motor)*; ~ ***on/upon****, (voël)* op ... gaan sit; *(vliegtuig)* op ... neerstryk/land; *(fig.)* op ... afkom, ... raakloop/teëkom/teenkom; *(blik, oog)* op ... val; ~*ing* ***point*** afklimplek.

a·light[2] *adj.* aan die brand; opgesteek; verlig; ***catch*** ~ aan die brand raak/slaan; ***keep*** *s.t.* ~ iets aan die brand hou; ***set** s.t.* ~ iets aan die brand steek; *s.o.'s eyes are* ~ ***with*** ... iem. se oë straal van ... *(vreugde ens.).*

a·lign rig, op/in een lyn bring/stel, in lyn bring/stel; in ooreenstemming bring; in gelid/rye staan; spoor *(wiele);* rig, aligneer *(drukletters);* ~ *o.s. with s.o.* jou met iem. vereenselwig, 'n bondgenoot van iem word. **a·lign·ment** rigting, riglyn; rigting(slyn); gerigtheid; (in)stelling, opstelling; groepering, verbond; ***in*** ~ gestel, gerig; gespoor *(wiele);* ***out of*** ~ ongelyk gestel/gerig, skeef; uit sporing, verkeerd gespoor *(wiele);* ontwrig; ***(wheel)*** ~ wielsporing.

a·like *adj.* eenders, eners, gelyk(soortig); *be* ~ na/op mekaar lyk; eenders/eners wees; *be as* ~ *as chalk and cheese, (infml.)* heeltemal verskillend wees; *be as* ~ *as two peas (in a pod), (infml.)* soos twee druppels water na/op mekaar lyk, op 'n haar (na) eenders/eners lyk, sprekend na/op mekaar lyk. **a·like** *adv.* eenders, eners, gelyk, op dieselfde manier; ewe goed, ewe seer, eweseer; *treat people* ~ mense eenders/eners behandel. **a·like·ness** eendersheid, enersheid.

al·i·ment *(arg.)* voedsel; *(jur.)* →ALIMONY. **al·i·men·ta·ry** voedend, voedsaam, voedings=, alimentêr; ~ *canal* spys(verterings)kanaal, voedings=, maagderm=kanaal. **al·i·men·ta·tion** *(fml.)* voeding; ondersteuning, onderhoud, alimentasie.

al·i·mo·ny *(jur.)* onderhoud, alimentasie.

al·i·phat·ic *(chem.)* alifaties.

al·i·quant *adj., (wisk.)* alikwant.

al·i·quot *n., (wisk.)* heeltallige faktor. **al·i·quot** *adj.* alikwot; ~ *part* heeltallige faktor.

a·lit·er·ate *n.* trae/onwillige leser. **a·lit·er·ate** *adj.* leestraag.

a·live lewend, lewendig; ***come*** ~ lewendig word; *the **greatest** scoundrel/etc.* ~ die grootste skurk/ens. wat rondloop; *the **greatest** composer/etc.* ~ die grootste lewende komponis/ens.; ***keep/stay*** ~ aan die lewe bly, bly leef/lewe; ***keep** interest* ~ die belangstelling gaande hou; ***keep** s.o./s.t.* ~ iem./iets aan die lewe hou; *be* ~ *and **kicking**, (infml.)* springlewendig wees; ***look*** ~*!* maak gou!, roer jou (litte/riete)!; *no **man*** ~ geen sterfling (*of* lewende siel) nie; ***man*** ~*!* alla=/allemastig!; ***skin** s.o.* ~, *(fig.)* iem. vermorsel; *be* ~ ***to*** ... bewus van ... wees; gevoelig/vatbaar vir ... wees; jou rekenskap van ... gee; *be fully* ~ ***to*** ... van ... deurdronge wees; *be **very much*** ~ springlewendig wees; *be* ~ *and **well*** fris en gesond wees; *be* ~ ***with*** ... van ... wemel *(insekte ens.),* krioel van ... *(mense ens.).*

a·li·yah =*yoth, (Jud.)* immigrasiegolf.

a·liz·a·rin *(chem.)* alisarien.

al·ka·li =*li(e)s* alkali; loog(sout); loogkruid. **al·ka·li·fy** alkalies word; alkaliseer, alkalies maak. **al·ka·line** alkalies, alkali=; ~ *earth* aardalkali; ~ *rock(s)* alkaliese gesteente. **al·ka·lin·i·ty** alkaliniteit.

al·ka·loid *n.* alkaloïed. **al·ka·loid·al** *adj.* alkaloïed.

al·ka·lo·sis *(med.)* alkalose, alkalivergift(ig)ing.

al·ka·net *(bot.)* alkanna(wortel).

al·kene, o·le·fin(e) *(chem.)* alkeen, olefien.

al·kyl *(chem.)* alkiel.

al·kyne *(chem.)* alkyn.

all *pron.* almal, algar; alles; al; *what's it* ~ ***about?*** waaroor gaan dit nou eintlik?; ***above*** ~ bo alles, veral, bowe(n)al, in die eerste plek/plaas; ***after*** ~ op die ou end, ten slotte, op stuk van sake, per slot van rekening, darem (maar), tog maar/wel, alles in aanmerking/ag geneem/genome, agterna beskou; *s.o. did (not) come/etc. **after*** ~ iem. het toe (nie) gekom/ens. (nie); *baggage, pets, mother-in-law, **and*** ~, *(infml.)* met bagasie, troeteldiere, skoonma en al; ~ *of them **are*** ... hulle is almal ...; ***at*** ~ hoegenaamd, ook maar enigsins; ooit; in die geheel; *if **at*** ~ indien wel; indien ooit; *did he ask you **at*** ~*?* het hy jou ooit gevra?; *the **best** of* ~ die allerbeste; *the **biggest** of* ~ die allergrootste; ***boots** and* ~ →BOOT[1] *n.;* ~ ***clear*** →CLEAR *adj.;* ***give** one's* ~ *for* ... alles ter wille van ... opoffer; *for **good** and* ~ eens en vir altyd; ***hang** it* ~*!, (tw., vero.)* vervlaks!, verdomp!; ~ ***in*** ~ alles tesaam/tesame, alles in aanmerking/ag geneem/genome, in/oor die algemeen; ***in*** ~ altesaam, altesame; *take **it*** ~ neem (dit) alles; ***my*** ~ my alles; →***s.o.'s*** ~; ***not** at* ~ glad/hoegenaamd/heeltemal/volstrek nie; geensins; nie in die minste nie; ***not** at* ~*!* nie te danke nie!; *the joke is **not** at* ~ *funny* die grap is niks snaaks nie; ~ ***of** it* (dit) alles; ~ ***of** them/us/you* hulle/ons/julle/u almal; ***one** and* ~ →ONE; *after/when* ~ *is **said** and done* per slot van rekening, op stuk van sake, alles in aanmerking/ag geneem/genome, op die keper beskou; ***s.o.'s*** ~ alles wat iem. besit; ~ *and **sundry*** die laaste een, elkeen en almal; almal voor die voet; ***that** is* (*or will be*) ~ dit is (*of* dis) al; ***that's*** ~ *there is to it* dis al wat gebeur het; dis die hele geskiedenis; en daarmee basta; ~ ***told*** altesaam, altesame; *it **was*** ~ *s.o. could do to* ... iem. kon skaars ...; ~ *very **well*** alles goed en wel.

all *adj.* alle, al die; heel, die hele; *in* ~ ***cases*** in alle gevalle; ~ ***day*** heeldag, die hele dag; ***for*** ~ *s.o.'s efforts* ... ondanks/nieteenstaande (*of* ten spyte van) al iem. se moeite ..., al het iem. ook hoe hard (ge)probeer ...; ***for*** ~ *that* nogtans, desnieteenstaande, nietemin, darem; *on* ~ ***hands/sides*** allersyds, van/aan alle kante; ~ ***kinds/sorts** of* ..., (fml.) ... *of* ~ ***kinds/sorts,*** (fml.) ~ ***manner** of* ... alle soorte ..., allerhande (soorte) ..., allerlei ..., ... van alle soorte; *by* ~ ***means*** →MEANS; ~ ***night*** heelnag, die hele nag; *today **of*** ~ *days* (nou) juis vandag, en dit nogal vandag; *he **of*** ~ *people* en dit nogal hy, dat dit hy moes/moet wees, (so) wraggies/wragtie (*of* jou waarlik *of* sowaar/warempel) hy, (nou) juis hy; ... ***of*** ~ *places* nou juis ..., en dit nogal ..., ... - verbeel jou; ... ***of*** ~ *things* (so) wraggies/wragtie (*of* jou waarlik *of* sowaar/warempel) ..., en dit nogal ..., ... - verbeel jou, raai/reken, ...; ~ *the **others*** al die ander; ~ ***people/etc.*** alle mense/ens.; ~ *the **people/etc.*** al die mense/ens.; *in* ~ ***respects*** →RESPECT *n.; in* ~ ***seriousness*** →SERIOUSNESS; ~ ***stations** from ... to* ... elke stasie van ... tot ...; ~ ***that/this*** dit alles; *is it as much as* ~ ***that?*** is dit regtig/werklik so baie?; *not as bad as* ~ ***that*** nie heeltemal so erg nie; *I haven't* ~ ***that** much time, (Am.)* soveel tyd het ek nie; *not* ~ ***that** much* nie so danig veel nie; *and* ~ ***that*** →THAT *pron.;* ~ ***things** being equal* →EQUAL *adj.; be* ~ ***things** to* ~ *men* vir almal alles wees; ~ ***three** (the children)* al drie (kinders); ~ ***three** of them* hulle al drie; ~ *the **time*** →TIME *n.; at* ~ ***times*** →TIME *n.; for* ~ ***time*** →TIME *n.;* ~ *the **world*** die hele wêreld; ~ *(the) **year** (round)* heeljaar, die hele jaar (deur).

all *adv.* heeltemal, geheel en al, totaal; ~ ***along*** →ALONG *adv.;* ~ ***but*** ... byna/bykans/nagenoeg ..., (so) amper ...; ~ ***covered** in/with s.t.* →COVERED; *be* ~ ***ears*** →EAR[1] *n.; be* ~ ***in*** →IN *adj.; be* ~ ***muddy*** die ene modder wees; ~ *at **once*** →ONCE *adv.; go* ~ ***out*** →ALL OUT *adv.;* ~ ***over*** →OVER *adv.;* ~ ***right*** goed (so), nou maar goed, in die haak; toe maar!; afgesproke!; gaan jou/jul gang!; redelik goed, *(infml.)* orra(a)it; *be* ~ ***right*** in orde wees, in die haak wees; niks makeer nie; gangbaar wees; *it is* ~ ***right*** dis in orde (*of* in die haak *of* agtermekaar); *s.o. will come* ~ ***right*** iem. sal kom so seker as wat; iem. sal wel kom; *are you* ~ ***right?*** is jy geholpe?; *are you (feeling)* ~ ***right?*** voel jy goed?; ~ ***round*** →ROUND *adv.;* ~ *the **same*** →SAME; *the **score** is 2* ~ die telling is 2-2 (*of* twee elk); ~ ***set*** →SET *adj.;* ~ *too **soon*** veels te gou, (maar) alte gou; ~ ***square*** →SQUARE *adj.;* ~ *the **better/etc.*** des/soveel te beter/ens..

All: ~ **Blacks** *(int. rugbyspan v. NS)* All Blacks. ~**-father** Alvader. ~ **Fools' Day** *(1 Apr.)* Gekkedag. ~**-highest** die Allerhoogste, die Heer der here. ~ **Saints' Day,** ~**hallows** *(1 Nov.)* Allerheilige(dag). ~ **Souls' Day** *(2 Nov.)* Allersiele(dag).

all: ~**-absorbing** allesoorheersend, allesbeheersend. ~**-American** *adj.* (eksklusief) Amerikaans, deur en deur Amerikaans; tipies Amerikaans; ~ *team* beste span in die VSA. ~**-automatic** vol-outomaties. ~**-bran** *adj. (attr.)* skoonsemel=. ~ **clear** veiligheidsein. ~ **comers** almal, enigeen. ~**-comers' record** ope rekord. ~**-day** *adj. (attr.)* heelda(a)gse; *it was an* ~ *meeting* die vergadering het die hele dag geduur (*of* in beslag geneem); ~ *service* heeldagdiens, heelda(a)gse diens, deurlopende dagdiens. ~**-dayer** *(infml.)* heeldagaffêre/=konsert/ens.. ~**-devouring** al(les)verslindend, al(les)verterend. ~**-electric:** *an* ~ *house* 'n huis waarin alles elektries is; *we're (or our house is)* ~ by ons (*of* in ons huis) is alles elektries. ~**-embracing** al(les)omvattend. ~**-fired** *adj. (attr.), (Am. sl.)* verbrande, vervlakste, vervloekste. ~**-fired** *adv., (Am. sl.)* verbrands, vervlaks, vervloeks. ~**-holy** alheilig. ~**-important** van die (aller)grootste belang, allerbelangriks, allesoorheersend, =beheersend. ~**-in** *adj. (attr.)* al(les)omvattende, allesinsluitende; ~ *policy* algemene polis; ~ *wrestling* rofstoei. ~**-inclusive** al(les)omvattend. ~**-in-one** *n.* eenstuk. ~**-knowing** alwetend. ~**-merciful** albarmhartig, algenadig *(God).* ~**-metal** *adj. (attr.)* metaalbou=; ~ *aircraft/aeroplane* metaalbouvliegtuig; ~ *construction* metaalbou. ~**-night** *adj. (attr.)* deurnag=; *there is an* ~ ***bus service*** die busse loop die hele nag deur; *an* ~ ***café*** 'n kafee wat heelnag (*of* die hele nag) oop is; *it was an* ~ ***journey*** ons/ens. het deur die nag gery; *have/hold an* ~ ***party*** heelnag (*of* die hele nag) partytjie hou; *an* ~ ***service*** 'n deurnagdiens (*of* deurlopende nagdiens). ~**-nighter** *(infml.)* deurnagaffêre/=konsert/ens.. ~**-out** *adj. (attr.), (infml.)* volledige; hewige *(aanval);* heelhartige *(ondersteuning);* uiterste *(poging);* algehele, volskaalse *(staking).* ~ **out** *adv.* met alle mag; *go* ~ *for* (or *to do*) *s.t.* (alles) uithaal (*of* jou uiterste [bes] doen *of* hemel en aarde beweeg) om iets te doen. ~**-over** *adj. (attr.)* allesbedekkende; algehele; *have an* ~ *tan* van kop tot tone bruin gebrand wees. ~**-party** *adj. (attr.)* algemene; ~ *conference* veelpartyberaad. ~**-pervasive** aldeurdringend. ~**-powerful** almagtig, vrymagtig. ~**-purpose** *adj. (attr.)* veelsydige, alsydige; meerdoelige. ~**-risks policy** allesomvattende polis. ~**-round** *adj. (attr.)* veelsydige, alsydige; *an* ~ *improvement* 'n verbetering in alle opsigte. ~**-rounder** *(sport)* veelsydige/alsydige speler. ~**-seater stadium** stadion met sitplek vir al die toeskouers. ~**-seeing** alsiende. ~**-seeingness** alsiendheid. ~**spice, Jamaica pepper, pimento** wonderpeper, jamaikapeper, piment, naelbol. ~**-star** *adj. (attr.):* ~ *cast* sterbesetting. ~**-steel** *adj. (attr.):* ~ *body* (heel)staalbak. ~**-sufficient,** ~**-sufficing** algenoegsaam. ~**-terrain bike** →MOUNTAIN BIKE. ~**-terrain vehicle** veldvoertuig. ~**-time** *adj. (attr.)* van alle tye *(pred.); be an* ~ *favourite* 'n tydlose treffer wees; *one of boxing's* ~ *greats* een van die grootste boksers van alle tye; ~ *high/low* absolute hoogtepunt/laagtepunt; ~ *record* onoortroffe rekord. ~**-weather** *adj. (attr.)* reën=, weervaste *(jas, tennisbaan, ens.).* ~**-wool** *adj. (attr.)* van suiwer wol *(pred.);* ~ *material* suiwer wolstof.

Al·lah Allah.

al·lan·to·is, al·lan·to·is =*toides, (soöl.)* allantoïs. **al·lan·to·ic** allantoïes. **al·lan·toid** *(bot.)* worsvormig, allantoïed. **al·lan·to·in** *(biochem.)* allantoïen.

al·lay verminder; besweer *(vrees);* uit die weg ruim *(agterdog, twyfel);* verlig *(lyding);* versag *(leed);* matig, lenig *(smart);* stil *(honger);* les *(dors);* ~ *s.o.'s joy* 'n demper op iem. se geluk/vreugde plaas.

al·lege beweer, aanvoer; weet te sê; aantyg; aanhaal *(voorbeeld).* **al·le·ga·tion** bewering; aantyging; (aan)klag; *an* ~ *about* ... 'n aantyging/bewering oor ...; *an* ~ *against* ... 'n aantyging/bewering teen ...; *make an* ~ 'n aantyging/bewering maak. **al·leged** sogenaamde, voorgegewe, vermeende *(dief ens.),* beweerde *(oorsaak ens.); he/she is* ~ *to have killed s.o.* na bewering het hy/sy iem. doodgemaak, daar word beweer dat hy/sy iem. doodgemaak het; *he/she was* ~ *to have killed s.o.* daar is beweer dat hy/sy iem. doodgemaak het. **al·leg·ed·ly** volgens, na bewering, glo.

al·le·giance trou, getrouheid; *(hist.)* leenmanstrou; *have no* ~ *to a party* geen partyverband hê nie; *oath of* ~ →OATH; *owe* ~ *to* ... aan ... trou verskuldig wees; *swear* ~ *to* ... aan ... trou sweer.

al·le·go·ry =*ries* allegorie, sinnebeeldige voorstelling. **al·le·gor·i·cal, al·le·gor·ic** allegories, sinnebeeldig. **al·le·gor·i·cal·ly** allegories, sinnebeeldig, op sinnebeeldige wyse. **al·le·go·rise, =rize** sinnebeeldig/allegories voorstel.

al·le·gret·to *=tos, n., (It., mus.)* allegretto(-deel/passasie). **al·le·gret·to** *adj. & adv., (mus.)* alle=gretto, taamlik vinnig en lewendig.

al·le·gro *=gros, n., (It., mus.)* allegro(-deel/passasie). **al·le·gro** *adj. & adv., (mus.)* allegro, vinnig en lewendig.

al·le·lu·ia *n.* halleluja, loflied, lofsang. **al·le·lu·ia** *tw.* halleluja, loof die Heer/Here.

Al·len *(handelsnaam):* ~ **key** allensleutel. ~ **screw** allen=skroef.

al·ler·gy *=gies, (med.)* allergie; *(fig.)* antipatie; *have an ~ to ...* 'n allergie vir ... hê. **al·ler·gen** allergeen, aller=giewekker. **al·ler·gen·ic** allergeen. **al·ler·gic** allergies; *be ~ to ...* vir ... allergies wees. **al·ler·gist** allergis.

al·le·vi·ate verlig, versag, lenig; verminder. **al·le·vi·a·tion** verligting, versagting, leniging; vermindering. **al·le·vi·a·tive, al·le·vi·a·to·ry** verligtend, versagtend, lenigend. **al·le·vi·a·tor** *(persoon)* versagter, leniger; pynstiller, versagtingsmiddel.

al·ley[1] steeg, stegie, gang(etjie), agterstraatjie, laan, deurloop, loopgang; *(Am., tennis)* gangetjie; wandel=laan; *this job is a blind ~* hierdie betrekking/werk is sonder vooruitsigte; *s.t. is (right) up s.o.'s ~, (infml.)* iets is (so reg) in iem. se kraal; →ALLY, BLIND ALLEY, BOWLING ALLEY. ~ **cat** straatkat. ~**way** steeg, stegie, gang(etjie), agterstraatjie, laan, deurloop.

al·ley[2] *(groot albaster)* ghoen.

al·li·ance, al·lied, al·lied →ALLY.

al·li·ga·tor *(soöl.)* alligator, Amerikaanse krokodil; *(werktuig)* rotsbreker. ~ **clip** *(teg.)* kaaimans=, kroko=dilklem. ~ **(leather)** alligator=, krokodilleer. ~ **pear** avo=kado(peer). ~ **spanner,** ~ **wrench** haaibek(sleutel).

al·li·ga·tor·ing skubbarsies *(in verf)*.

al·lit·er·ate alliteer. **al·lit·er·a·tion** alliterasie, staf=rym. **al·lit·er·a·tive** alliterend.

al·lo·cate toewys, toeken, aanwys, bestem; verdeel *(take ens.)*; afsonder *(plek ens.)*; *~ s.t. to ...* iets aan ... toewys *(iem.)*; iets vir ... toewys *('n saak ens.)*; *~ s.t. to/for ...* iets *(geld/ens.)* vir ... bestem; iets *('n gebied/ens.)* vir ... aanwys. **al·lo·ca·tion** toewysing, toekenning, aanwysing; verdeling; afsondering; *make an ~ to ...* iets aan ... toewys *(iem.)*; iets vir ... toewys *('n saak ens.)*.

al·loch·tho·nous *(geol.)* allochtoon, allogtoon.

al·lo·cu·tion toespraak, redevoering; *(RK)* allo=kusie.

al·lo·di·al *(hist.)* allodiaal, vry van leenreg.

al·log·a·my *(bot.)* allogamie, kruisbestuiwing, kruis=bevrugting. **al·log·a·mous** allogaam, kruisbestuiwend, kruisbevrugtend.

al·lo·morph *(ling., chem.)* allomorf. **al·lo·mor·phic** *(ling., chem.)* allomorfies. **al·lo·mor·phism** *(chem.)* al=lomorfisme.

al·longe *(Fr., han.)* allonge, verlengstuk *(by wissel)*.

al·lo·path, al·lop·a·thist *(med.)* allopaat. **al·lo·path·ic** allopaties. **al·lop·a·thy** allopatie.

al·lo·phane *(min.)* allofaan.

al·lot *=tt=* toewys, toeken, aanwys, toemeet, toedeel, toebedeel, toebeskik; *~ s.t. to ...* iets aan ... toeken/toewys. **al·lot·ment** toewysing, toekenning, aanwy=sing, toedeling; (lewens)lot; aandeel; *(Br.)* perseel, erf, lappie grond. **al·lot·tee** begunstigde.

al·lo·the·ism alloteïsme, verering van vreemde gode.

al·lo·trope *(chem.)* allotroop, allotrope vorm. **al·lo·trop·ic** allotroop, allotropies. **al·lot·ro·pous** *(bot.)* allotroop, allotropies. **al·lot·ro·py, al·lot·ro·pism** allo=tropie, allotropisme.

al·low toelaat, toestaan, veroorloof; duld, gedoog; toe=gee, erken; in staat stel; (ver)gun; *~ **5 cm(s)** extra* 5 cm toegee; *~ an **appeal*** 'n appèl handhaaf; *~ s.t. to **cool*** iets laat afkoel; *~ s.o. a **discount*** iem. ('n) kor=ting gee/toestaan; *no **dogs** ~ed* geen honde nie; *~ s.t. to **exist*** iets laat voortbestaan, iets duld; *~ **for** ...* met ... rekening hou, ... in aanmerking/ag neem; *~ing **for** ...* met inagneming/inagname van ... *(be=lasting ens.)*; gesien ... *(iem. se ouderdom ens.)*; *~ a **goal/try*** 'n doel/drie toeken; *~ s.t. to **happen*** toelaat dat iets gebeur; *~ s.o. **in/out/past/through*** iem. binne=/in=/buite=/uit=/verby=/deurlaat; *s.o. **is** ~ed to do s.t.* iem. mag iets doen, iem. word toegelaat om iets te doen; *~ **me!*** mag ek?; *~ **me** to help you* laat ek/my jou help, kan/mag ek jou/u help?, *(fml.)* vergun my om u te help; *~ **me** to see* laat ek/my sien; *... **is not** ~ed ...* is verbode (*of* word verbied); *s.o. **is not** ~ed to do s.t.* iem. mag nie iets doen nie; *s.t. ~s **of** ..., (fml.)* iets laat ... toe; *~ **o.s.** s.t.* jou iets veroorloof; *~ **o.s.** to ...* jou veroorloof om te ...; *~ **o.s.** to be persuaded/etc.* jou laat ompraat/ens.; *not ~ **o.s.** any* (*or a moment's*) *rest* jou geen/g'n (oomblik) rus gun nie; *not ~ **o.s.** time to do s.t.* jou nie die tyd gun om iets te doen nie; *~ **s.o.** an hour to do s.t.* iem. 'n uur gee om iets te doen; *~ **s.o.** s.t., ~ **s.o.** to do s.t.* iem. toelaat om iets te doen, iem. verlof gee om iets te doen; *if **time** ~s* as daar genoeg tyd is. **al·low·a·ble** geoorloof, toelaat=baar, gepermitteerd. **al·low·ance** *n.* toelaag, toelae, toeslag; sakgeld; (aan)deel, porsie, rantsoen; afslag, korting, rabat; speling, speelruimte; verlof, vergun=ning, permissie; toegif, toegewing; ***extra*** *~* byslag; *with due ~ **for** ...* met inagneming/inagname van ...; ***get/have/receive*** *an ~* 'n toelaag/toelae kry; ***house=keeping*** *~* huishougeld; ***make*** *~(s) for s.o.* toegeeflik/toeskietlik teenoor iem. wees, iets van iem. deur die vingers sien; ***make*** *~(s) for s.t.* iets in aanmerking/ag neem, met iets rekening hou; ***monthly*** *~* maand=geld, maandelikse toelaag/toelae; ***subsistence*** *~* →SUBSISTENCE; ***tax*** *~* →TAX *n..* **al·low·ance** *ww., (arg.)* 'n (beperkte) toelaag/toelae gee; rantsoeneer.

al·loy, al·loy *n.* allooi, legering, metaalmengsel, al=liasie; *(fig.)* allooi, gehalte, waarde, kwaliteit. **al·loy** *ww.* legeer, allieer, meng; gehalte verminder, ver=sleg; temper, matig. ~ **metal** allooimetaal. ~ **steel** allooistaal.

al·lude: *~ to ...* na ... verwys; op ... sinspeel/skimp, sinspelings/toespelings op ... maak, ... bedoel. **al·lu·sion** sinspeling, toespeling, skimp; *make an ~ to s.t.* 'n toespeling op iets maak; na iets verwys. **al·lu·sive** sinspelend, vol toespelings; verwysend, aanhalend. **al·lu·sive·ly** indirek.

al·lure *n.* aantreklikheid, aantrekking(skrag), verlei=delikheid, bekoring. **al·lure** *ww.* aantrek, aanlok, verlei, verlok. **al·lure·ment** aanloklikheid, lokmiddel, verlokking, bekoring, attraksie. **al·lur·ing** aanloklik, verleidelik, verloklik, verlokkend.

al·lu·vi·al aangeslib, aangespoel, alluviaal; spoel=; *~ **clay*** spoelklei; *~ **coast*** slibkus, aanslibbingskus; *~ **deposit*** aansliksel, aanslibsel; *~ **diamond*** spoeldia=mant; *~ **diggings*** spoeldelwery; *~ **gold*** spoelgoud; *~ **soil*** spoelgrond. **al·lu·vi·on** *(jur.)* landaanwas; *(arg.)* golfslag, bespoeling; oorstroming; alluvium, spoel=grond. **al·lu·vi·um** *=via, =viums, (geog.)* alluvium, spoelgrond, slikgrond, aanspoelsel, aanspoeling, aansliksel, aanslibsel.

al·ly *=lies, n.* bondgenoot, geallieerde; medestryder; *the Allies, (hist.)* die Geallieerdes (*of* Geallieerde/Verbonde Moondhede); *make an ~ of s.o.* iem. tot jou bondgenoot maak. **al·ly** *ww.* verbind, verenig, paar, allieer; *~ o.s. with ...* 'n bondgenoot van ... word, 'n bondgenootskap met ... aangaan. **al·li·ance** verbond, bond(genootskap), alliansie; verdrag, oor=eenkoms, verbintenis; verwantskap; huwelik; *an ~ between states* 'n bondgenootskap/alliansie tussen state; *conclude/form* (*or enter into*) *an ~ with ...* 'n bondgenootskap/alliansie met ... aangaan; *the Holy A~* die Heilige Verbond/Alliansie; *in ~ with ...* in bondgenootskap/alliansie met ... **al·lied, al·lied** ver=bonde; verwant; *~ powers* verbonde moondhede, bondgenote, geallieerdes; *be ~ to ...* aan/met ... ver=want wees; *~ with ...* in bondgenootskap met ...; gepaard/verenig met ...

al·ma·can·tar →ALMUCANTAR.

al·ma ma·ter *(dikw. A~ M~)* alma mater.

al·ma·nac almanak.

al·man·dine *(geol.)* almandien.

al·might·y almagtig; tamaai, kolossaal, yslik; *an ~ **crash*** 'n alla=/allemintige slag; *an ~ **din*** 'n oorver=dowende lawaai; *an ~ **pity/shame*** 'n ewige jammerte/skande; *an ~ **row*** 'n verskriklike rusie; ***the A~*** die Almagtige/Almoëndheid. **al·might·i·ness** almag, al=moëndheid.

al·mond *(bot.)* amandel(boom); *(vrug)* amandel. ~ **biscuit** amandelkoekie, makrol(letjie). ~ **cake** amandelkoek. ~ **cream** amandelroompie; amandel=roompoeding. ~ **essence** amandelgeursel. ~**-eyed** met amandelvormige oë. ~ **oil** amandelolie. ~ **paste** amandelpasta, marsepein. ~ **rock** *(kookk.)* amandel=plaat. ~**-shaped** amandelvormig.

al·mon·er *(hist.)* aalmoesenier. **al·mon·ry** *=ries* aal=moeseniershuis.

al·most byna, amper, haas, bykans, nagenoeg, om=trent, ongeveer, so goed as; *~ certain(ly)* so goed as seker.

alms *(mv.), (hist., fig.)* aalmoes, liefdegawe; *ask for ~* 'n aalmoes vra; *dispense/give ~* aalmoese uitdeel/gee. ~ **box** armbeurs, =bus. ~**house** armegestig, arm=(e)huis.

al·mu·can·tar, al·ma·can·tar *(astron.)* hoogte=parallel, =sirkel; *(instrument om hoogtes te meet)* al=mukantar.

al·oe aalwyn, aalwee; *American ~* garing=, gare=boom, mak-aalwyn; *(bitter) ~s, (med.)* aalwyn(sap), aalwee(sap), aalwyn=, aalweebitter, aloïen. **al·o·e·tic** aalwynagtig, aalweeagtig, aalwyn=, aalwee=; *~ resin* aalwyn=, aalweehars.

a·loft bo, omhoog, hoog; na bo, in die hoogte.

a·lo·ha *tw., (Hawais)* hallo; tot siens, totsiens.

a·lone *adj. & adv.* alleen, eensaam; net, enkel; ***all*** *~* manalleen, vingeralleen; ***go it*** *~* alleen klaarkom, alleen/self die mas opkom, op eie kragte vertrou; ***leave*** *... ~* →LEAVE *ww.*; ***let*** *(...) ~* →LET[2] *ww.*; ***quite*** *~* stokalleen, stoksiel(salig)alleen, moedersielalleen; ***you*** *~ can help me* net jy (*of* jy alleen) kan my help. **a·lone·ness** alleenheid.

a·long *adv.* aan, vooruit, deur; ***all*** *~* die hele tyd, heeltyd, deurentyd, voortdurend, almaardeur, al die tyd, aldeur; ***be*** *~* by/saam wees; *s.o. will **be** ~ shortly* iem. sal nou-nou hier wees; ***bring/come/get/go/take/walk*** *~* →BRING, COME, GET, GO, TAKE, WALK *ww.*; ***right*** *~* reg/flink/ferm (*of* sonder huiwering) vorentoe; net so; *~ **with** ...* saam/tesame met ... **a·long** *prep.* langs, langsaan, naas(aan); *walk **all** ~ the fence* al langs die heining loop; *walk ~ the **corri=dor*** in die gang af loop; *walk ~ the **river bank*** op die rivieroewer langs loop; *walk ~ the **street*** met die straat langs loop; *trees ~ the **street*** bome langs die straat; *~ one side of the **street*** aan een kant van die straat; *somewhere ~ the **way*** êrens/iewers langs die pad. ~**ships** *(sk.)* langsskeeps. ~**shore** langs die kus. ~**side** naas(aan), langs, langsaan; *(sk.)* langssy; *come ~* langssy/opsy kom.

a·loof op 'n afstand, apart, ver, vêr, opsy; afsydig, koel, kil, teruggetrokke, gereserveerd; *hold o.s. ~ (from ...)* jou afsydig hou (van ...); *stand ~* jou op 'n afstand (*of* afsydig) hou. **a·loof·ness** afsydigheid, teruggetrokkenheid, gereserveerdheid, afstand.

al·o·pe·ci·a *(med.)* alopesie, haarverlies, haarloos=heid, kaalhoofdigheid.

a·loud hard(op), hoorbaar, luid; *think ~* hardop dink.

alp bergtop; *the A~s* die Alpe. **Al·pine** *(wat betrekking het op d. Alpe)* Alpyns, Alpien, Alpe=; *~ dialect* Alpynse dialek. **al·pine** *(wat betrekking het op hoë berge)* alpyns, alpien, alpe=; *~ glow* alpegloed. **al·pin·ism** alpinisme. **al·pin·ist** alpinis, bergklimmer.

al·pac·a *(soöl.)* alpakka; alpakka(wol).

al·pen=: ~**glow** alpegloed. ~**horn, alphorn** alpeho=ring. ~**stock** alpestok.

al·pha *(letter)* alfa; *(Br., eksamenpunt)* A; *the A~ and the Omega, (Byb.)* die Alfa en die Omega; *the ~ and omega, (fig.)* die alfa en (die) omega, die begin en die einde/end, die eerste en die laaste, die essensie; ~ *plus, (Br.)* A-plus, uitstekend, uitmuntend. ~ **particle** *(fis.)* alfadeeltjie. ~ **ray** *(fis.)* alfastraal. ~ **wave** *(med.)* alfagolf.

al·pha·bet alfabet, ABC. **al·pha·bet·i·cal, al·pha·bet·ic** alfabeties; *in alphabetical order* in alfabetiese volgorde. **al·pha·bet·i·cal·ly** alfabeties, in alfabetiese volgorde, volgens die alfabet. **al·pha·bet·i·sa·tion, -za·tion** alfabetisering. **al·pha·bet·ise, -ize** alfabetiseer.

al·pha·nu·mer·ic, al·pha·mer·ic alfanumeriek, alfa(nu)meries; ~ *code* alfanumerieke/alfa(nu)meriese kode.

Al·phonse La·val·lée *(druif)* alphonse lavallée.

al·read·y al, reeds, alreeds, nou al.

Al·sace *(geog.)* die Elsas. **~-Lorraine** Elsas-Lotharinge.

Al·sa·tian *n.* Elsasser; (Duitse) herdershond, Duitse skaaphond, wolfhond. **Al·sa·tian** *adj.* Elsassies.

al·so ook; eweneens, insgelyks; tewens; verder, vêrder. **~-ran** *(infml.)* flou perd; *(fig.)* verloorder, nul, agterblyer, agterbok.

alt *n., (mus.)* alt(register); alt(sleutel). **alt** *adj.* alt-. **~horn** althoring.

Al·ta·ic *n. & adj.* Altaïes.

Al·tair *(astron.)* Altaïr.

al·tar altaar; *family* ~ huisaltaar; *great/high* ~ hoogaltaar; ~ *of incense* reukaltaar; *lead s.o. to the* ~ iem. na die altaar/kansel lei, met iem. trou. ~ **boy** akoliet, altaar-, misdienaar. ~ **bread** offerbrood, Nagmaalsbrood, hostie. ~ **cloth** altaarkleed, -doek. **~piece** altaarskildery, -stuk. ~ **rail** kommuniebank. ~ **wine** Nagmaal(s)wyn.

al·ter verander, wysig; verstel, vermaak *(klere)*; verbou, ombou, vertimmer *(huis)*; *(Am., infml.)* kastreer, steriliseer; *it does not ~ the fact that* ... dit neem nie weg dat ...; *that ~s things* dit stel die saak in 'n ander lig, dit gee die saak 'n ander voorkoms/aansien; ~ *s.t. to* ... iets in/tot ... verander, iets tot ... wysig; *the date has been ~ed to* ... die datum is verander tot ...

al·ter·a·ble veranderbaar; veranderlik.

al·ter·a·tion verandering, wysiging; verstelling *(v. klere)*; *~s (to a building)* 'n verbouing; *make an ~ in s.t.* 'n wysiging in iets aanbring; *the ~ of s.t. to* ... die wysiging van iets tot ... ~ **hand** verstelwerker.

al·ter·a·tive veranderend, wysigend; ~ *(remedy), (med., arg.)* alteratief, versterkmiddel.

al·ter·cate *(arg.)* twis, rusie maak, woorde wissel, kyf, kibbel, stry. **al·ter·ca·tion** woordewisseling, uitval, (woorde)twis, rusie, onenigheid; getwis, gekyf, gekibbel, kibbel(a)ry, gestry, stryery; *an ~ between* ... 'n woordewisseling/rusie tussen ...; *they had an ~, (ook)* hulle het rusie gemaak; *have an ~ with* ... 'n woordewisseling/rusie/uitval met ... hê.

al·ter e·go -gos alter ego.

al·ter·nate, al·ter·nate *n., (Am.)* plaasvervanger, substituut, invaller; *be the ~ to s.o.* die plaasvervanger van (*of* die substituut vir) iem. wees. **al·ter·nate** *adj.* afwisselend; wissel-; *(Am.)* plaasvervangend; ~ *angle* wisselhoek; *on ~ days* (al) om die ander dag; ~ *leaves* afwisselende blare; ~ *member* plaasvervangende lid. **al·ter·nate** *ww.* (mekaar) afwissel; alterneer; (om)wissel, verwissel; mekaar volg; ~ *A and/with B* A en/met B afwissel; *s.o.'s work ~s between Johannesburg and Durban* iem. werk om die beurt in Johannesburg en Durban; *A ~s with B* A en B wissel mekaar af, A wissel met B af. **al·ter·nate·ly** (af)wisselend, beurtelings, om die beurt, beurt om beurt, by afwisseling. **al·ter·nat·ing:** ~ *current* wisselstroom; ~ *winds* gereelde wisselwinde. **al·ter·na·tion** (af)wisseling, verwisseling. **al·ter·na·tive** *n.* alternatief, keuse; *an ~ for/to* ... 'n alternatief vir ...; ***have** the ~ of (doing this or that)* die keuse hê om (dit of dat te doen); ***in** the ~* of anders, so nie; as alternatief; *there is **no** ~* daar is geen ander uitweg nie; *s.o. has **no** ~* iem. het geen keuse nie; daar is vir iem. geen ander uitweg (*of* weg oop) nie, daar bly vir iem. niks anders oor nie, iem. kan nie anders nie; *s.o. has **no** ~ to going/etc.* (*or but to go/etc.*) iem. kan niks anders doen as gaan/ens. nie; *leave s.o. **no** ~ but to* ... vir iem. geen keuse laat as om te ... nie; *the ~ to peace is war* dis 'n keuse tussen vrede en oorlog. **al·ter·na·tive** *adj.* ander, tweede, alternatief; ~ ***comedy*** alternatiewe komedie; ~ ***energy*** alternatiewe krag; ~ ***form*** wisselvorm; ~ ***fuel*** alternatiewe brandstof; ~ ***medicine*** alternatiewe geneeskunde; ~ ***society*** alternatiewe gemeenskap/kultuur, kontra-, teenkultuur; ~ ***spelling*** wisselspelling; ~ ***technology*** alternatiewe tegnologie; ~ ***therapy*** alternatiewe terapie. **al·ter·na·tive·ly** anders, so nie; of (anders). **al·ter·na·tor** *(teg.)* alternator, wisselstroommasjien, -dinamo, -generator.

al·though al, (al)hoewel, ofskoon; →THOUGH.

al·ti- *komb.vorm* hoogte-, alti-.

al·ti·graph *(registrerende hoogtemeter)* altigraaf.

al·tim·e·ter, al·tim·e·ter hoogtemeter, altimeter. **al·tim·e·try** hoogtemeting, altimetrie.

al·ti·tude hoogte; hoogtelyn *(v. driehoek)*; hoë rang; *at an ~ of ... metres* op 'n hoogte van ... meter; *take the sun's ~* die son skiet; *what is our ~?* hoe hoog is ons?. ~ **control** hoogtereëlaar; hoogtereëling. ~ **flight** hoogtevlug. ~ **sickness** hoogte-, bergsiekte.

al·to -tos alto(stem); kontralto(stem); *(hoogste manstem)* hoë tenoor, kontratenoor; *(laagste vrouestem)* alt; kontra-alt, kontralto. ~ **clef** altsleutel. **~cumulus** -cumuli, *(met.)* altocumulus. ~ **flute** altfluit. ~ **horn** →ALTHORN. ~ **part** tweede stem. ~ **recorder, treble recorder** altblokfluit. **~-relievo, ~-rilievo** -vos hoogreliëf. ~ **sax(ophone)** altsaksofoon, -saxofoon.

al·to·geth·er, al·to·geth·er altesaam, altesame; heeltemal; glad, glad en al, ten ene male; totaal, algeheel, geheel en al; *in the ~, (infml.)* poedelkaal, -naak, -nakend, in adams/-evasgewaad, sonder 'n draad klere (aan); *not ~* ... nie heeltemal ... nie; ~ *too* ... glad/gans te ...

al·tri·cial *n., (soöl.)* altrisiële voël. **al·tri·cial** *adj., (soöl.)* altrisieel.

al·tru·ism altruïsme, onbaatsugtigheid, onselfsugtigheid. **al·tru·ist** altruïs, onbaatsugtige mens. **al·tru·is·tic** altruïsties, onbaatsugtig.

al·u·la -lae, *(orn.)* alula, duimvlerk(ie).

al·um *(chem.)* aluin. ~ **stone** →ALUNITE.

a·lu·mi·na *(chem.)* alumina, aluminiumoksied.

a·lu·mi·nif·e·rous aluminiumhoudend; aluinhoudend.

a·lu·mi·nise, -nize aluminiseer.

al·u·min·i·um, *(Am.)* **a·lu·mi·num** *(chem., simb.: Al)* aluminium. ~ **foil** aluminiumfoelie, bladaluminium.

a·lu·mi·nous aluinagtig, aluinhoudend; aluminiumagtig, aluminiumhoudend.

a·lum·na -nae, *(vr.), (Am.)* alumna, oudstudent. **a·lum·nus** -ni, *(ml.), (Am.)* alumnus, oudstudent.

al·u·nite, al·um stone *(min.)* aluniet, aluinsteen.

al·ve·o·lus, al·ve·o·lus -oli, *(Lat.)* alveool, blasie, holte(tjie); heuningkoeksel; tandkas; (long)alveool, longblasie; kliersakkie; swamporie. **al·ve·o·lar, al·ve·o·lar** *n., (fonet.)* alveolaar, alveolêre konsonant. **al·ve·o·lar, al·ve·o·lar** *adj., (anat., fonet.)* alveolêr; ~ *abscess* alveolêre abses, tandkas-abses. **al·ve·o·late, -lat·ed** alveolêr, heuningkoekagtig.

al·ways altyd, gedurig, voortdurend, aldag, altoos, aljimmers, almelewe, deurentyd, steeds, immer; *as ~* soos altyd/gewoonlik; *if s.o. misses the bus he/she could ~ walk* as iem. te laat kom vir die bus kan hy/sy (nog) altyd loop (*of* mos maar loop).

Alz·hei·mer's (dis·ease) *(med.)* Alzheimersiekte.

am is; word; →BE; ~ *I to ...?* moet ek ...?; *I don't know where I ~* ek weet nie waar ek staan (*of* hoe ek dit het) nie.

a·maas *(med.)* amaas, melkpokke.

A·ma·bo·ko·bo·ko *(mv.), (infml., SA nas. rugbyspan)* die Amabokoboko/Bokke/Springbokke.

am·a·dou vuurswam, tontel.

a·main *(arg., poët.)* uit alle mag; met spoed, in volle vaart; in aller yl.

a·ma·lai·ta *(Ngu.) (SA sl.: jong bendelede)* amalaita, malaita.

Am·a·lek·ite *(OT)* Amalekiet.

a·mal·gam amalgaam, (ongelyksoortige) mengsel. **a·mal·gam·ate** *ww.* meng, verenig, saamsmelt, amalgameer; ~ *with* ... met ... saamsmelt. **a·mal·gam·a·tion** vereniging *(v. groepe ens.)*; samevoeging *(v. departemente)*; amalgamasie *(v. maatskappye)*; samesmelting *(v. partye)*; vermenging *(v. rasse)*; mengsel *(v. idees)*; ineensmelting *(v. metale)*.

a·ma·ndla *n., (Xh.: mag)* amandla.

a·man·u·en·sis -ses, *(Lat.)* amanuensis, sekretaris, skrywer, kopiïs; helper, assistent.

am·a·ranth *(bot.)* amarant; hanekam; rooikatstert; amarant(kleurig), purper.

Am·a·ryl·lis *(poësie)* Amarillis.

am·a·ryl·lis *(bot.)* amarillis, narsinglelie; amarillis, belladonna-, maartlelie.

a·mass ophoop, opstapel, vergaar, bymekaarmaak, versamel; opgaar; ~ *a fortune* 'n fortuin maak. **a·mass·er** vergaarder.

am·a·teur amateur; liefhebber, dilettant; beginner; amateurspeler; ~ *dramatics/theatricals* amateurtoneel. **am·a·teur·ish** amateuragtig, dilettanties, dilettanterig, amateurs-, beginners-; ~ *work* dilettantewerk. **am·a·teur·ish·ness** amateuragtigheid, dilettanterigheid. **am·a·teur·ism** amateurisme, dilettantisme.

am·a·tive *(w.g., fml.)* verliefderig.

am·a·to·ry, am·a·to·ri·al verlief, eroties, liefde(s)-; ~ *verse* liefdespoësie, minnedigte.

am·au·ro·sis -ses, *(patol.: gedeeltelike/volslae blindheid)* amourose, swartstaar.

a·maze verbaas, dronkslaan, verstom, verwonder; *be ~d **at/by*** ... verbaas/verwonder(d) wees (*of* verstom staan) oor ...; *be ~d to **hear** that* ... verstom wees om te hoor dat ...; ***it** ~s s.o. that/how* ... dit slaan iem. dronk (*of* dit verstom iem. *of* iem. verstom/verwonder hom/haar daaroor) dat ... **a·maze·ment** verbasing, verstomming, verwondering; *s.o.'s ~ **at** s.t.* iem. se verbasing/verwondering oor iets; ***cause** ~* verbasing wek; *be **dumb** with ~* spraakloos/sprakeloos wees van verbasing; ***express** one's ~ at s.t.* jou verbasing/verwondering oor iets te kenne gee; ***in/with** ~* met verbasing/verwondering; *listen to s.o. **in** ~* verstom na iem. luister; ***in mute** ~* met stomme verbasing; ***to** s.o.'s ~* tot iem. se verbasing/verwondering. **a·maz·ing** *adj.*, **-ly** *adv.* verbasend, verbluffend; merkwaardig, indrukwekkend, uitsonderlik, buitengewoon.

Am·a·zon *(Gr. mit.)* Amasone; *the ~ (River)* die Amasone(rivier). **Am·a·zo·ni·an** Amasone-.

am·a·zon amasone, mannetjiesvrou. ~ **ant** amasonemier. ~ **stone** →AMAZONITE.

am·a·zo·ni·an strydlustig, amasoneagtig.

am·a·zon·ite, am·a·zon stone *(min.)* amasoniet, amasonesteen.

am·bas·sa·dor ambassadeur; verteenwoordiger, (af)gesant. **~-at-large** *ambassadors-at-large, (Am.)* ambassadeur met spesiale opdragte. ~ **extraordinary** buitengewone ambassadeur. ~ **plenipotentiary** gevolmagtigde ambassadeur.

am·bas·sa·dor·i·al ambassadeurs-, ambassade-; gesant(skap)s-.

am·bas·sa·dress ambassadrise; vroulike (af)gesant; ambassadeursvrou.

am·ber *n.* amber(steen), barnsteen; amber(kleur), geelbruin. **am·ber** *adj.* amberkleurig, geelbruin; geel, oranje *(verkeerslig)*. **~-coloured** amberkleurig. ~ **oil** barnsteenolie.

am·ber·gris amber(grys), grys amber.

am·bi- *komb.vorm* ambi-, dubbel-, twee-.

am·bi·ance →AMBIENCE.

am·bi·dex·trous ewehandig, dubbelhandig, regs- en linkshandig; *(fig.)* huigelagtig, skynheilig, dubbelhartig. **am·bi·dex·ter·i·ty, am·bi·dex·trous·ness** ewe=, dubbelhandigheid; skynheiligheid, dubbelhartigheid.

am·bi·ence, am·bi·ance atmosfeer, *(Fr.)* ambiance; omgewing, milieu.

am·bi·ent *(fml.)* omringend; ~ *music* stemmingsmusiek.

am·big·u·ous dubbelsinnig; veel=, meersinnig, veel=, meerduidig; onduidelik, vaag, duister. **am·bi·gu·i·ty** =*ties* dubbelsinnigheid, ambiguïteit; veelsinnigheid, meerduidigheid; onduidelikheid, vaagheid. **am·big·u·ous·ness** →AMBIGUITY.

am·bi·sex·u·al, am·bo·sex·u·al *(biol.)* ambi=, amboseksueel.

am·bi·son·ics *n. (mv.)* ambisonika. **am·bi·son·ic** *adj.* ambisonies.

am·bit omtrek; bestek, gebied, omvang; sfeer; grense *(v. iem. se gesag/mag/vermoë/ens.); fall within the ~ of an **act/etc.*** binne die trefwydte van 'n wet/ens. val; *fall outside the ~ of s.o.'s **experience*** buite iem. se ervaringsfeer lê; *within an ~ of ten **metres*** binne 'n omtrek van tien meter.

am·bi·tion ambisie, eersug; doel, strewe, ideaal; *achieve/realise one's ~* bereik waarna jy streef/strewe, jou ambisie verwesen(t)lik; *s.o.'s towering/vaulting ~* iem. se sterk ambisie/eersug. **am·bi·tious** ambisieus, eersugtig, heerssugtig, roemsugtig; vooruitstrewend; *be ~ for s.o.* ambisieuse planne vir iem. hê; *be ~ of s.t.* na iets begerig wees; *s.o. is ~ to ...* iem. se ambisie is om te ...; *~ undertaking* grootse/veeleisende onderneming. **am·bi·tious·ness** eersug; vooruitstrewendheid; grootsheid.

am·biv·a·lence, am·biv·a·len·cy ambivalensie; tweeslagtigheid; teenstrydigheid. **am·biv·a·lent** ambivalent; teenstrydig *(gevoelens); (euf.: biseksueel)* ambivalent, bi, tweetalig, alkant selfkant.

am·ble *n.* gangetjie, pasgang(etjie), telgang *(v. perd)*; slentergang, kuierpas *(v. mens); at an ~* op 'n stappie. **am·ble** *ww.* strykloop, 'n pasgang(etjie)/telgang loop; op 'n gangetjie gaan, aankuier; slenter, drentel; *we are ambling along, (infml.)* dit gaan so op 'n stappie; *ambling gait* telgang. **am·bler** tel=, pasganger, stryk=, pasloper; slenteraar, drentelaar.

am·blyg·o·nite *(min.)* ambligoniet.

am·bly·o·pi·a *(med.: gesigsgebrek sonder 'n waarneembare oogletsel)* ambliopie.

Am·boi·na *(geog.)* Ambon, Amboina. **Am·boi·nese** *n. & adj.* Ambonees.

Am·brose: *Saint ~* die Heilige Ambrosius.

am·bro·si·a *(mit., fig.)* ambrosia, godespys; byebrood, broodheuning; *(bot.)* ambrosia. ~ **beetle** ambrosiakewer. **am·bro·si·al, am·bro·si·an** ambrosies; hemels, goddelik; geurig, welriekend.

ambs·ace, ames·ace *(dobbelspel)* dubbel een, dubbele aas, twee ase; ongeluk, teen=, teëspoed.

am·bu·lance ambulans. ~ **chaser** *(Am. sl., neerh.: prokureur wat hom/haar op skadevergoedingseise toelê)* ambulansjagter. ~**man,** ~**woman** ambulansman, =vrou. ~ **service** ambulansdiens; ambulanswese.

am·bu·lant rondlopend, rondtrekkend, ambulant. **am·bu·la·to·ry** wandelend, (rond)trekkend, rondgaande, ambulant; verplaasbaar.

am·bus·cade hinderlaag.

am·bush *n.* hinderlaag, val; verrassingsaanval; ***attack** out of* (or *from an*) ~ uit 'n hinderlaag aanval; ***be/lie/wait** in* ~ in 'n hinderlaag lê; ***draw** s.o. into an* ~ iem. in 'n hinderlaag lei/lok; ***fall/run** into an* ~ in 'n hinderlaag val/loop; ***lay/set** an ~ for s.o.* iem. voorlê, 'n hinderlaag vir iem. lê/opstel; ***lie/wait** in ~ for s.o.* iem. voorlê. **am·bush** *ww.* in 'n hinderlaag lê; uit 'n hinderlaag aanval; in 'n hinderlaag lei/lok; *~ s.o.* iem. voorlê.

a·me·ba =*bae,* =*bas, (Am.)* →AMOEBA.

a·meer →EMIR.

a·me·lio·rate verbeter, versag, lenig. **a·me·lio·ra·tion** verbetering, versagting, leniging. **a·me·lio·ra·tive** verbeterend, versagtend, lenigend.

a·men amen; *say ~ to s.t., (infml.)* (ja en) amen op iets sê, met iets saamstem.

A·men, A·mon, A·mun *(Eg. mit.)* Amen, Amon; →AMMON[2].

a·me·na·ble inskiklik, meegaande, handelbaar; vatbaar, ontvanklik; *be ~ to ...* vir ... vatbaar/ontvanklik wees *(raad, rede, tug, vriendelikheid, ens.)*; aan ... onderworpe wees *('n wet ens.)*; *be ~ to bribes* omkoopbaar wees; *be ~ to justice* beregbaar wees. **a·me·na·bil·i·ty, a·me·na·ble·ness** inskiklikheid, meegaandheid, handelbaarheid; vatbaarheid, ontvanklikheid.

a·mend verander, wysig; verbeter, regstel; amendeer; hervorm; *bill to ~ an act* wetsontwerp tot wysiging van 'n wet; *~ed by Act no. 11* gewysig deur/by Wet 11. **a·mend·a·ble** wysigbaar; verbeterbaar. **a·mend·er** wysiger; verbeteraar. **a·mend·ing** wysigend; verbeterend; *~ act* wysigingswet. **a·mend·ment** verandering, wysiging; amendement, gewysigde voorstel; verbetering, regstelling; ***accept** an ~* 'n amendement aanvaar; *~ of a **clause*** wysiging van 'n artikel; ***Fifth** A~* →FIFTH; ***make** ~s to the constitution* wysigings in die grondwet aanbring; *give **notice** of an ~* van 'n amendement kennis gee; ***propose** an ~* 'n amendement voorstel; *an ~ **to** a motion* 'n amendement op 'n voorstel.

a·mende hon·or·a·ble *amendes honorables, (Fr.) (poët., liter.)* openbare skuldbekentenis.

a·mends vergoeding; *make ~ (for s.t.)* iets goedmaak; *make ~ to s.o. for s.t.* iem. (vir) iets vergoed, iets by iem. goedmaak.

a·men·i·ty =*ties* gerief, gemak; aantreklikheid, aangenaamheid, bekoorlikheid; ***close** to all amenities* sentraal geleë; *a **house** with every ~* 'n huis met alle geriewe; *the amenities of **life*** die lewensgenietinge; ***public** amenities* openbare geriewe; *the ~ of the **surroundings/climate,** (fml.)* die aangename ligging/klimaat. ~ **bed** *(Br.)* privaat/private bed.

a·men·or·rhoe·a, *(Am.)* **a·men·or·rhe·a** *(med.)* amenorree, maandstondafwesigheid.

Am·er·a·sian *n.* Amerasiër. **Am·er·a·sian** *adj.* Amerasies.

a·merce *(Br., jur., hist.)* beboet, straf. **a·merce·ment** beboeting; boete.

A·mer·i·ca Amerika. **A·mer·i·can** *n., (inwoner v.d. VSA)* Amerikaner; *(inwoner v. N.Am. of S.Am.)* Amerikaan; *(taal)* Amerikaans. **A·mer·i·can** *adj.* Amerikaans; *~ **bowls*** kegelspel; *~ **cloth,** (tekst.)* oliedoek; *the ~ **Dream*** die Amerikaanse droom/ideaal; *~ **eagle*** Amerikaanse adelaar; *~ **English*** Amerikaanse Engels; *~ **football*** Amerikaanse voetbal; *~ **Indian*** (Amerikaanse) Indiaan; *~ **organ,** (mus.)* Amerikaanse orrel; *~ **pit bull terrier*** Amerikaanse vegbulterriër; *~ **plan,** (Am. hotelbedryf)* volle losies; →EUROPEAN PLAN; *~ **sign language, Ameslan*** Amerikaanse gebaretaal. **A·mer·i·ca·na** Americana, Amerikana. **A·mer·i·can·i·sa·tion,** =**za·tion** veramerikanisasie, amerikanisering. **A·mer·i·can·ise,** =**ize** veramerikaans, amerikaniseer. **A·mer·i·can·ism** Amerikanisme.

am·er·i·ci·um *(chem., simb.: Am)* amerikium, amerisium.

Am·er·in·di·an, Am·er·ind *n.* Amerindiaan, Amerikaanse Indiaan. **Am·er·in·di·an, Am·er·in·dic** *adj.* Amerindiaans.

ames·ace →AMBSACE.

Am·es·lan *(akr.)* →AMERICAN SIGN LANGUAGE.

am·e·thyst *n., (min.)* ametis; ametiskleur, ametisblou. **am·e·thyst** *adj.* ametiskleurig, ametisblou. **am·e·thys·tine** ametisagtig; ametiskleurig, ametisblou.

Am·ha·ra *(geog.)* Amhara; *(inwoner)* Amhaar. **Am·har·ic** *n. & adj.* Amhaars, Amharies.

a·mi·a·ble *adj.,* =**a·bly** *adv.* vriendelik, innemend, minsaam, beminlik, gaaf, aanvallig, lieftallig. **a·mi·a·bil·i·ty, a·mi·a·ble·ness** vriendelikheid, innemendheid, minsaamheid, beminlikheid, lieftalligheid.

am·i·ca·ble vriendelik *(persoon)*, vriendskaplik *(verhouding, betrekking)*, rustig *(gesprek)*; *(jur.)* minlik *(skikking); arrive at* (or *come to) an ~ agreement* tot 'n vriendskaplike ooreenkoms kom/geraak. **am·i·ca·bil·i·ty, am·i·ca·ble·ness** vriendelikheid, vriendskaplikheid, minlikheid, gaafheid, innemendheid, minsaamheid. **am·i·ca·bly** vriendskaplik; *~ settled* minlik (*of* in der minne) geskik.

am·ice *(Chr.)* amikt, skouerdoek.

a·mid, a·midst *(poët., liter.)* tussen, onder, te midde van. **a·mid·ships, mid·ships** midskeeps.

am·ide *(chem.)* amied.

a·mi·go =*gos, (Sp.)* vriend, makker, maat, kameraad.

a·mine, a·mine *(chem.)* amien.

a·mi·no *(chem.)*: ~ **acid** aminosuur. ~ **alcohol** aminoalkohol.

a·mir →EMIR.

Am·i·ran·te Is·lands/Isles Amirante-eilande.

A·mish *n.: the ~* die Amiese Doopsgesindes. **A·mish** *adj.* Amies.

a·miss verkeerd, nie in die haak (*of* in orde) nie, skeef, onvanpas; *nothing **comes** ~ to s.o.* iem. kan alles gebruik; *s.t. would **not come/go** ~* iets sou baie welkom wees; iets sou nie onvanpas wees nie; ***speak** ~ of s.o.* sleg praat van iem.; ***take** s.t. ~* iem. iets kwalik neem, iets verkeerd opneem/opvat, aanstoot aan iets neem; ***there's** s.t. ~* daar skort iets, alles/iets is nie pluis nie; ***what's** ~?* wat makeer/skort?; *s.t. is ~ **with** s.o.* iem. makeer iets.

am·i·ty =*ties* vriendskap, vriendskaplikheid; *in ~ with ...* in vriendskap met ...

am·me·ter *(elek.)* ammeter, ampère=, stroommeter.

am·mo *(afk., infml.)* = AMMUNITION.

Am·mon[1] *(OT)* Ammon. **Am·mon·ites** *n. (mv.)* Ammoniete. **Am·mon·ite, Am·mon·it·ish** *adj.* Ammonities.

Am·mon[2] *(Gr. & Rom. mit.)* Ammon; →AMEN.

am·mo·ni·a *(chem.)* ammoniak(gas); *(aqueous/liquid) ~, ~ solution/water* ammoniumhidroksied, (bytende) ammonia, vliegende gees, salmiakgees. **am·mo·ni·ac** *n.: (gum) ~* ammoniakgom; *sal ~* →SAL. **am·mo·ni·a·cal, am·mo·ni·ac** *adj.* ammoniak=.

am·mo·nite *(paleont.)* ammoniet, ammonshoring; *(plofstof)* ammoniet.

Am·mon·ites *(mv.), (OT)* →AMMON[1].

am·mo·ni·um *(chem.)* ammonium. ~ **carbonate** ammoniumkarbonaat, vlugsout. ~ **chloride** ammoniumchloried, salammoniak, salmiak. ~ **hydroxide** ammoniumhidroksied, (bytende) ammonia, vliegende gees, salmiakgees.

am·mu·ni·tion *(lett. & fig.)* ammunisie, skietgoed. ~ **belt** patroonband. ~ **dump** ammunisiestapel. ~ **pouch** patroonsak(kie). ~ **works** wapenfabriek.

am·ne·si·a geheueverlies, amnesie. **am·ne·si·ac, am·ne·sic** iem. wat aan geheueverlies ly.

am·nes·ty =*ties, n.* amnestie, begenadiging; kwytskelding; *declare an ~* 'n amnestie afkondig; *grant (an) ~ to s.o.* amnestie aan iem. verleen; *release s.o. under a general ~* iem. ingevolge 'n algemene amnestie vrylaat. **am·nes·ty** *ww.* amnestie verleen aan, begenadig; kwytskeld. **A~ International** *(afk.: AI)* Amnestie Internasionaal.

am·ni·o·cen·te·sis =*ses, (med.)* amniosentese, vrugwaterondersoek, =toets.

am·ni·on =*nions,* =*nia, (soöl.)* amnion, lamsvlies, (binne[n]ste) vrugvlies/eiervlies. **am·ni·ot·ic** amnion=; *~ fluid* vrugwater.

a·moe·ba, *(Am.)* **a·me·ba** =*bae,* =*bas, (soöl.)* amebe. ~**-like** amebeagtig. **am·oe·bi·a·sis,** *(Am.)* **am·e·bi·a·sis** =*ses* amebiase. **a·moe·bic,** *(Am.)* **a·me·bic** amebies; amebe=; *~ abscess* amebe-abses; *~ dysentery* amebedisenterie, =buikloop. **a·moe·boid,** *(Am.)* **a·me·boid** ameboïed, amebeagtig.

a·mok, a·muck amok; *run ~* amok maak, woes word, te kere (*of* tekere) gaan, handuit ruk, op hol gaan.

a·mong(st) onder, tussen; by; uit; ***be** ~ the best players/etc.* onder die beste spelers/ens. tel; ***count** s.o. ~ one's friends* iem. onder jou vriende tel; *~ **the crowd*** tussen die klomp mense, in die skare, *(fml.)* onder die menigte; ***divide** s.t. ~ ...* →DIVIDE; *a **doctor/etc.** ~ doctors/etc.* 'n uitstekende dokter/ens.; *choose s.o. **from** ~ us* een van ons (*of* iem. uit ons midde) kies; *~ the **Greeks/etc.*** by die Grieke/ens.; *a village ~ the **hills*** 'n dorpie in die berge; ***in** ~ them* tussen hulle (in); *one ~ **many*** een van/uit baie; *who is the **oldest/etc.** ~ you?* wie van julle is die oudste/ens.?; *~ **other things*** onder meer/andere; *~ **others*** onder andere; *they often quarrel ~ **themselves*** hulle twis baie onder mekaar; *they shared the sweets ~ **themselves*** hulle het die lekkers onder mekaar verdeel; *a house ~ the **trees*** 'n huis tussen die bome; *we have R100 ~ **us*** ons het saam R100; *~ **us/you** (or the **poor**) etc.* onder ons/julle (*of* die armes) ens..

am·on·til·la·do *(Sp. sjerrie)* amontillado.

A·mor *(Rom. god v.d. liefde)* Amor.

a·mor·al amoreel. **a·mor·al·ism** amoralisme. **a·mo·ral·i·ty** amoraliteit.

am·o·rist minnaar; skrywer van liefdesverhale/=gedigte.

Am·o·rite *(OT)* Amoriet.

am·o·rous verlief, verliefderig, minsiek, amoreus; vryerig; liefdes=; *make ~ advances to s.o.* by iem. aanlê; *~ glances* verliefde blikke; *~ passion* minnedrif; *~ poem* liefdesgedig. **am·o·rous·ness** verliefdheid, verliefderigheid; vryerigheid.

a·mor·phous *(fig.)* vormloos, struktuurloos, amorf; *(chem., geol., min.)* amorf. **a·mor·phous·ness, a·mor·phism** vormloosheid, struktuurloosheid, amorfisme.

a·mor·ti·sa·tion, =za·tion (skuld)delging, aflossing, amortisasie. ~ **fund** delgingsfonds.

a·mor·tise, =tize *(ekon.)* delg, aflos, amortiseer.

A·mos *(OT)* Amos.

am·o·site *(min.)* amosiet.

a·mount *n.* bedrag, som; hoeveelheid, klomp; grootte; (volle) betekenis; *have **any** ~ of money* geld soos bossies hê; *a **considerable** ~* 'n aansienlike bedrag; ***in** the ~ of ..., (Am.)* ten bedrae van ...; *a **large** ~ of money* 'n groot bedrag (*of* som geld); ***no** ~ of ...* geen ..., hoe groot ook al; ***raise** an ~* 'n bedrag verhoog; 'n bedrag byeenbring; *a **stated** ~* 'n gegewe bedrag; *no ~ of **talking*** hoeveel ons ook al daaroor praat; *debt **to** the ~ of ...* skuld ten bedrae van ... **a·mount** *ww.: it ~s **to** ...* dit bedra/beloop ..., dit kom op ... uit (*of* te staan) *(onkoste, skuld, ens.); (fig.)* dit kom op ... neer, dit beteken ...; dis soveel as (*of* gelyk aan) ... *('n belediging ens.); ~ing **to** ...* ten bedrae van ...; *it doesn't ~ **to** very much* dit beteken nie veel nie, dit het nie veel om die lyf nie; *it ~s **to** nothing* dit beteken niks; *it ~s **to** the same* dit kom op dieselfde neer, dit beteken dieselfde; *s.o. will never ~ **to** anything/much* iem. sal nooit opgang maak (*of* dit nooit ver/vêr bring) nie; *what it ~s **to** is that ...* waarop dit neerkom, is dat ...

a·mour (liefdes)verhouding, affair, romanse; vryery, vryasie. **~-propre** *(Fr.)* trots, selfrespek, gevoel van eiewaarde.

am·per·age (elektriese) stroomsterkte.

am·pere ampère. **~meter** *(elek.)* ampèremeter, ammeter, stroommeter.

am·per·sand *(d. teken &)* ampersand.

am·phet·a·mine amfetamien. ~ **sulphate** amfetamiensulfaat.

Am·phib·i·a *(mv.), (soöl.)* Amfibieë. **am·phib·i·an** *n., (soöl.)* amfibie, amfibiese/tweeslagtige dier; amfibiese vliegtuig, water-land-vliegtuig; amfibiese voertuig. **am·phib·i·an** *adj., (soöl.)* amfibies, tweeslagtig; *(mil.)* →AMPHIBIOUS; *~ animal* amfibie, amfibiese/tweeslagtige dier. **am·phib·i·ous** *(biol., mil.)* amfibies; *~ operation, (mil.)* amfibiese operasie; *~ tank, (mil.)* amfibiese tenk; *toads are ~* paddas is amfibies (*of* amfibiese/tweeslagtige diere).

am·phi·bole *(min.)* amfibool.

am·phib·o·lite *(geol.)* amfiboliet.

am·phi·bol·o·gy, am·phib·o·ly amfibologie, amfibolie, dubbelsinnigheid.

am·phi·brach *(pros.)* amfibrag. **am·phi·brach·ic** amfibraggies.

am·phic·ty·o·ny *=nies, (hist.)* amfiktionie.

Am·phip·o·da *(mv.), (soöl.)* Amfipodes. **am·phi·pod** *n.* amfipode. **am·phi·pod** *adj.* amfipodies.

am·phi·the·a·tre, *(Am.)* **am·phi·the·a·ter** amfiteater. **am·phi·the·at·ric, am·phi·the·at·ri·cal** amfiteatersgewys(e).

am·pho·ra *=phorae, =phoras, (kruik met twee ore)* amfoor, amfora.

am·ple ruim, wyd; breed(voerig), uitvoerig; oorvloedig, volop, ryklik. **am·ple·ness** ruimheid; breedvoerigheid; oorvloedigheid, volopheid, volopte. **am·pli·fi·ca·tion** uitbreiding, aanvulling, toeligting, uitweiding, amplifikasie; *(elektron.)* klankversterking; *(elek., fot.)* versterking; *(fot.)* vergroting. **am·pli·fi·er** *(elektron.)* klankversterker; *(elek., fot.)* versterker; vergroter. **am·pli·fy** uitbrei, aanvul, toelig; versterk; vergroot; vervolledig; uitwei oor. **am·ply** ryklik, oorvloedig, volop, ruim, ruimskoots, dubbel en dwars.

am·plex·i·caul *(bot.)* stingelomhelsend, =omsluitend.

am·pli·tude wydte, grootte, omvang, uitgebreidheid; volheid; oorvloed(igheid), volopheid, volopte; *(astron.)* amplitude, môre=, morewydte, aandwydte; *(wisk.)* amplitude *(v. komplekse getal); (wisk.)* poolhoek; *(fis.)* amplitude, slingerwydte; *(elek.)* amplitude, kruinwaarde; *~ of oscillation* slingerwydte; *~ of vibration* trillingswydte. ~ **modulation** *(rad.)* amplitudemodulasie.

am·ply →AMPLE.

am·poule, *(Am.)* **am·pule** *(med.)* ampul.

am·pul·la *=lae, (anat.)* ampul; *(relig.)* ampul, skinkkan(netjie); *(hist.)* ampul, olie=, wynkruik.

am·pu·tate afsit, afsny, amputeer. **am·pu·ta·tion** afsetting, (die) afsit, amputasie. **am·pu·tee** geamputeerde.

Am·ster·dam *(geog.)* Amsterdam. **Am·ster·dam(m)er** Amsterdammer.

am·trac(k) *(mil.)* amfibiese rusper=/kruipbandvoertuig.

a·muck →AMOK.

am·u·let amulet, geluksteentjie, =bringer(tjie), talisman.

A·mur *(rivier)* Amoer.

a·muse vermaak, amuseer; verlustig; besig hou; *be ~d **at/by** s.t.* deur iets geamuseer word, iets vermaaklik/amusant vind, lag kry oor iets; *~ o.s. **by** ...* jou besig hou (*of* jou vermaak/amuseer *of* die tyd verdryf/verdrywe) deur te ...; *be **highly** ~d* dik van die lag wees, groot lag kry; ***keep** s.o. ~d* iem. vermaak (*of* besig hou); *we are **not** ~d* dis nie snaaks nie; *~ o.s. **with** s.t.* jou met iets besig hou.

a·muse·ment vermaak(likheid), tydverdryf, amusement; plesier, pret, genot; ***get** no ~ out of life* geen plesier uit die lewe kry nie, die lewe nie geniet nie; ***seek** ~* plesier naja(ag); ***to** s.o.'s great ~* tot iem. se groot vermaak; ***to** the ~ of ...* tot vermaak van ... ~ **arcade** speletjiesarkade. ~ **park** pretpark. ~ **tax** vermaaklikheidsbelasting.

a·mus·ing vermaaklik, amusant, snaaks, onderhoudend, grappig; *find s.t. ~* iets vermaaklik/amusant vind; *highly ~* hoogs vermaaklik.

a·myg·da·la *=lae, (anat.)* amigdala; mangel. **a·myg·dale, a·myg·dule** *(geol.)* amandel. **a·myg·da·lin** *(chem.)* amigdalien. **a·myg·da·line** amandel=, amandelagtig, amandelvormig; mangel=. **a·myg·da·loid** *n., (min.)* amandelsteen. **a·myg·da·loid** *adj.* amandelvormig. **a·myg·da·loi·dal** *(geol.)* amigdaloïdaal, amandelhoudend.

am·yl[1] amiel. ~ **acetate** amielasetaat.

am·yl[2] →AMYLUM. **am·y·la·ceous** setmeelagtig, styselagtig. **am·yl·ase** *(biochem.)* amilase, styselensiem. **am·y·loid** *n., (chem., patol.)* amiloïed. **am·y·loid** *adj.* amiloïed, styselagtig. **am·y·lol·y·sis** *(biochem.)* amilolise. **am·y·lo·lyt·ic** amilolities. **am·y·lop·sin** amilopsien. **am·yl·ose** amilose. **am·y·lum** stysel, setmeel.

a·my·o·tro·phy *(patol.)* amiotrofie, spieratrofie.

an[1] 'n; →A; *~ 80-minute match* 'n wedstryd van 80 minute; *~ **honour*** 'n eer; *four ~ **hour*** vier per uur; *~ **SOS*** 'n noodsein.

an[2] *voegw., (vero.)* →IF.

a·na[1] gesegdes, anekdotes, persoonlike gegewens.

a·na[2]**:** ~ **tree** *(Acacia albida)* anaboom.

An·a·bap·tism Anabaptisme, Wederdopery. **An·a·bap·tist** *n.* Anabaptis, Wederdoper. **An·a·bap·tist** *adj.* Anabaptisties.

an·a·bas *(igt.)* anabas; →CLIMBING FISH/PERCH.

a·nab·a·sis *=ses, (mil, hist.)* anabasis; opmars, veldtog. **an·a·bat·ic** *(met.)* anabaties, stygend; *~ wind* anabatiese wind, stygwind.

a·nab·o·lism anabolisme. **an·a·bol·ic** *(biol., med.)* anabolies; *~ steroid* anaboliese steroïed.

a·nach·ro·nism anachronisme, anakronisme. **an·a·chron·ic, =i·cal** anachronisties, anakronisties. **a·nach·ro·nis·tic** anachronisties, anakronisties; ouderwets, verouderd.

an·a·clit·ic *(psig.)* anaklities.

an·a·co·lu·thon *=tha, (gram.)* anakoloet.

an·a·con·da *(soöl.)* anakonda.

A·nac·re·on *(Gr. digter)* Anakreon. **A·nac·re·on·tic** Anakreonties.

a·nae·mi·a, *(Am.)* **a·ne·mi·a** *(med.)* bloedarmoede, anemie; bleeksiekte; *(fig.)* lusteloosheid; *equine infectious ~* aansteeklike bloedarmoede by perde, moeraskoors; *pernicious ~* →PERNICIOUS. **a·nae·mic,** *(Am.)* **a·ne·mic** bloedarm, anemies; bleeksiek; *(fig.)* lusteloos.

an·aer·obe, an·aer·obe, an·aer·o·bi·um *=obes, =obia, (biol.)* anaëroob. **an·aer·o·bic** anaëroob. **an·aer·o·bi·o·sis** anaërobiose.

an·aes·the·si·a, *(Am.)* **an·es·the·si·a** anestesie; verdowing, narkose; gevoelloosheid; *general ~* algehele verdowing; *local ~* lokale/plaaslike verdowing. **an·aes·the·si·ol·o·gist,** *(Am.)* **an·es·the·si·ol·o·gist** →ANAESTHETIST. **an·aes·the·si·ol·o·gy,** *(Am.)* **an·es·the·si·ol·o·gy** →ANAESTHETICS. **an·aes·thet·ic,** *(Am.)* **an·es·thet·ic** *n.* verdowings=, narkosemiddel, anestetikum; *under an ~* onder narkose. **an·aes·thet·ic,** *(Am.)* **an·es·thet·ic** *adj.* verdowend, narkoties; narkose=; ongevoelig, gevoelloos; *~ room* narkosekamer. **an·aes·thet·ics** anestesiologie, verdowings=, narkoseleer. **a·naes·the·tise, =tize,** *(Am.)* **a·nes·the·tize** verdoof, doodspuit, narkotiseer, gevoelloos maak. **a·naes·the·tist** narkotiseur, anestetikus.

an·a·gram anagram, letterkeer.

A·nak *(OT)* Enak. **An·a·kim** *(mv.)* Enakiete.

a·nal *adj.* anaal, aars=, anus=.

an·a·lects, an·a·lec·ta *(mv.)* analekte, *(Lat.)* analecta, bloemlesing, uittreksels.

an·a·lep·tic *n., (med.)* versterkmiddel. **an·a·lep·tic** *adj.* versterkend, opwekkend, analepties.

an·al·ge·si·a, an·al·gi·a *(med.)* ongevoeligheid (vir pyn), analgesie, analgie. **an·al·ge·sic** *n.* pynstillende middel, pynstiller, analgetikum. **an·al·ge·sic** *adj.* pynstillend, =verdowend.

an·a·log *(Am.)* →ANALOGUE. ~ **computer** analogierekenaar.

a·nal·o·gy *=gies* analogie, ooreenkoms, ooreenstemming, gelyksoortigheid; *by ~ with ...* na analogie van ...; *draw an ~ between ... and ...* 'n analogie tussen ... en ... tref; *on the ~ of ...* na analogie van ... **an·a·log·ic, an·a·log·i·cal** analogies, analoog, ooreenkomstig, gelyksoortig; analogie=. **a·nal·o·gise, =gize** analogiseer. **a·nal·o·gous** analoog, ooreenkomstig, gelyksoortig; *an ~ case* 'n analoë geval; *~ to/with ...* analoog aan/met ... **an·a·logue,** *(Am.)* **an·a·log** analogon, parallel; *(biol.)* analoë orgaan; *(chem., voedseltegnol.)* analogon.

an·al·pha·bet·ic *n.* analfabeet, ongeletterde. **an·al·pha·bet·ic** *adj.* niealfabeties; analfabeet, ongeletterd.

a·nal·y·sand *(psig.: pers. wat psigoanalise ondergaan)* analisant.

an·a·lyse, *(Am.)* **an·a·lyze** ontleed, analiseer; noukeurig ondersoek; oplos; ontbind. **an·a·lys·a·ble,** *(Am.)* **an·a·lyz·a·ble** ontleedbaar. **an·a·lys·er,** *(Am.)* **an·a·lyz·er** analisator, analiseur, ontleder. **a·nal·y·sis** -ses ontleding, analise; oplossing; ontbinding; oorsig, opsomming; *in the* ***final/last/ultimate*** ~ per slot van rekening, op stuk van sake; ***make*** *an* ~ *of s.t.* iets ontleed; *a* ***penetrating*** ~ 'n indringende ontleding; ~ *(of* ***sentences)*** sinsontleding. **an·a·lyst** ontleder, analis, analitikus; skeikundige. **an·a·lyt·ic, an·a·lyt·i·cal** analities, ontledend; skeidend; ~ ***chemist*** skeikundige ontleder; ~ ***chemistry*** analitiese chemie; ~ ***mask*** ontleedmasker; ~ ***psychology*** analitiese sielkunde/psigologie.

an·am·ne·sis -ses herinnering; *(med.)* anamnese, siektegeskiedenis.

an·a·mor·phism *(geol.)* anamorfisme. **an·a·mor·pho·sis, an·a·mor·pho·sis** -ses, *(opt., biol.)* anamorfose.

a·na·nas pynappel.

an·an·drous *(bot.)* meeldraadloos, vroulik, anandries *(blomme)*.

an·a·paest, *(Am.)* **an·a·pest** *(pros.)* anapes. **an·a·paes·tic,** *(Am.)* **an·a·pes·tic** anapesties.

a·naph·o·ra *(ret.)* anafoor, anafora; *(gram.)* anaforiese woordgebruik. **an·a·phor·ic** anafories.

an·aph·ro·dis·i·a *(med.)* anafrodisie, frigiditeit, afwesigheid/verlies van libido. **an·aph·ro·dis·i·ac** *n., (med.: middel wat d. geslagsdrang onderdruk)* anafrodisiakum, libidodemper. **an·aph·ro·dis·i·ac** *adj.* anafrodisies.

an·a·phy·lax·is -laxes, *(med.)* anafilaksie. **an·a·phy·lac·tic** anafilakties.

an·a·plas·mo·sis -ses, *(veearts.)* anaplasmose, (bosluis)galsiekte.

an·a·plas·ty *(med.)* anaplastiek, plastiese chirurgie/sjirurgie.

an·ap·tyx·is -tyxes, *(ling.)* anaptiksie, vokaalinvoeging.

an·arch *(arg.)* anargis. **an·ar·chic, an·ar·chi·cal** anargisties, oproerig, opstandig; ordeloos, wetteloos, regeringloos. **an·ar·chism** anargisme, wetteloosheid. **an·ar·chist** anargis; oproermaker, onrusstoker. **an·ar·chis·tic** anargisties, revolusionêr, rewolusionêr. **an·ar·chy** anargie, wetteloosheid, ordeloosheid; wanorde, chaos; regeringloosheid.

an·ar·throus *(med., soöl.)* gewrigloos; *(ling.)* sonder lidwoord.

an·as·tig·mat anastigmaat, anastigmatiese lens. **an·as·tig·mat·ic** anastigmaties.

a·nas·to·mo·sis -ses, *(biol., med., teg.)* anastomose, verbinding.

a·nas·tro·phe *(ret.)* anastrofe.

an·a·tase *(min.)* anataas.

a·nath·e·ma -mas gruwel; anatema, banvloek, (kerk)-ban; anatema, vervloekte; vervloeking, vloek, verwensing; *s.t. is (an)* ~ *to s.o.* iets is vir iem. 'n gruwel, iem. verafsku *(of* het 'n hekel aan) iets; iem. vervloek iets. **a·nath·e·ma·tise, -tize** vervloek; in die ban doen, die banvloek uitspreek oor.

An·a·to·li·a *(geog.)* Anatolië. **An·a·to·li·an** *n.* Anatoliër. **An·a·to·li·an** *adj.* Anatolies.

an·a·tom·i·cal anatomies, ontleedkundig.

a·nat·o·mise, -mize ontleed, anatomiseer.

a·nat·o·mist ontleedkundige, anatoom.

a·nat·o·my -mies anatomie, ontleedkunde; (anatomiese) bou/struktuur; anatomiehandleiding, -verhandeling; (anatomiese) ontleding, disseksie; *(fig.)* ontleding, analise; *(skerts.)* liggaam, lyf. ~ **lesson** anatomiese les, anatomieles.

an·ces·tor voorouer, voorvader; stamvader; oertipe; voorloper, prototipe. ~ **worship** voorouerverering, dodeverering. **an·ces·tral** voorvaderlik, voorouerlik; ~ *spirit* voorouergees. **an·ces·tress** stam-, voormoeder. **an·ces·try** -tries voorgeslag, voorouers, voorvaders; afkoms, afstamming, geboorte; *be of noble* ~ van edel afkoms wees.

an·chor *n.* anker; steun, toevlug, toeverlaat; ~ ***aweigh!*** anker los!; ***be/lie/ride*** *at* ~ voor anker *(of* geanker) lê; ***cast/drop*** (or ***come to)*** ~ anker gooi, die anker uitgooi *(of* laat val), voor anker gaan; ***heave*** *the* ~ die anker lig; ***weigh*** ~ (die) anker lig. **an·chor** *ww.* anker, voor anker gaan, anker gooi; veranker, vasmaak; *(rad., TV)* ('n program) koördineer/ko-ordineer. ~ **bolt** ankerbout. ~ **buoy** ankerboei. ~ **cable** ankerkabel; ankerketting. ~ **ice** grondys. ~ **leg** laaste skof *(v. afloswedloop)*. **~(man), ~(person), ~(woman)** *(rad., TV)* programleier, ankerman, -persoon, -vrou; anker *(in toutrekspan)*; laaste atleet *(in afloswedloop)*. ~ **rope** ankertou.

an·chor·age ankergeld; ankerplek; verankering; steun, toevlug(soord), toeverlaat. ~ **cell** ankersel. ~ **(ground)** ankerplek, rede.

an·cho·rite, an·cho·ret *(hist.)* kluisenaar, hermiet, anachoreet.

an·cho·vy, an·cho·vy ansjovis.

an·cient *n., (arg.)* ou man, grysaard; *the A~s* die Ou Volke; die Klassieke. **an·cient** *adj.* oud, antiek, klassiek; uit die oertyd; *(skerts.)* baie oud, stokoud, oeroud, antiek, outyds, ouderwets; *A~* ***History,*** *(tot 476 n.C.)* die Ou Geskiedenis; *that is* ~ ***history*** dit is ou nuus; *in* ~ ***times*** in die ou dae/tyd; *the A~* ***World*** die Antieke Wêreld, die Oudheid. **an·cient·ly** van ouds, eertyds, oudtyds, weleer.

an·cil·lar·y *adj.* ondergeskik, bykomstig; aanvullend, hulp-, by-, aanvullings-; ~ *insurance* byversekering; ~ *subject* byvak.

an·con(e) *(bouk.)* kraagsteen.

and en; ***bigger*** ~ *bigger* al hoe groter; ***curry*** ~ *rice* kerrie-en-rys; ~ *so* ***forth/on*** ensovoort(s), en so meer, en dergelike, en wat dies meer sy; ***nice*** ~ ... →NICE; ***strawberries*** ~ *cream* aarbeie met room; ***try*** ~ ... →TRY *ww.*; ***two*** ~ *two* twee en/plus twee; twee-twee; ***years*** ~ *years ago* →YEAR.

An·da·lu·si·a, *(Sp.)* **An·da·lu·ci·a** *(geog.)* Andalusië. **An·da·lu·sian** *n.* Andalusiër. **An·da·lu·sian** *adj.* Andalusies.

an·da·lu·site *(min.)* andalusiet.

An·da·man Is·lands, An·da·mans Andamane.

an·dan·te *n., (It., mus.)* andante(-deel/passasie). **an·dan·te** *adj. & adv.* andante, in 'n matige tempo. **an·dan·ti·no** -nos, *(mus.)* andantino.

An·des: *the* ~ die Andes(gebergte). **An·de·an, An·de·an** Andes-; ~ *wolf* andeswolf.

an·de·site *(geol.)* andesiet.

and·i·ron esyster, vuurbok, vuur-, herdyster.

An·dor·ra *(geog.)* Andorra. **An·dor·ran** *n. & adj.* Andorrees.

an·douille *(kookk.)* andoelie.

An·drew *(NT)* Andreas; *St ~'s cross* Andreaskruis.

an·droe·ci·um *(bot.)* meeldraadkrans, andresium.

an·dro·gen *(biochem.)* androgeen. **an·dro·gen·ic** *(biochem.)* androgeen. **an·drog·e·nous** *(biol.)* androgeen.

an·drog·y·ny *(hermafroditisme, tweeslagtigheid)* androginie. **an·dro·gyne** *(hermafrodiet)* androgien. **an·drog·y·nous** *(hermafrodities, tweeslagtig)* androgien; *(bot.)* eenhuisig.

an·droid *n., (wetenskap[s]fiksie: kunsmens)* androïed. **an·droid** *adj.* androïed.

ane *(Sk.)* 'n; een.

an·ec·dote verhaaltjie, staaltjie, anekdote; *tell ~s about* ... staaltjies oor ... vertel. **an·ec·dot·age** (versameling van) anekdotes; *(skerts.)* spraaksame kindsheid. **an·ec·do·tal, an·ec·dot·ic** anekdoties.

an·e·cho·ic eggoloos, sonder eggo.

a·ne·mo- *komb.vorm* anemo-, wind-.

a·ne·mo·graph *(met.: selfregistrerende windmeter)* anemograaf. **an·e·mog·ra·phy** anemografie, windbeskrywing.

an·e·mol·o·gy *(met.)* anemologie, windleer.

an·e·mom·e·ter *(met.)* anemometer, wind(snelheids)-meter. **an·e·mom·e·try** anemometrie, wind(sterkte)-meting.

a·nem·o·ne *(bot.)* anemoon, windblom; *(neteldier)* (see)anemoon, seeroos; →WOOD ANEMONE.

an·e·moph·i·ly *(bot.)* anemofilie. **an·e·moph·i·lous** anemofiel.

an·e·mo·scope *(met.)* anemoskoop, windwyser.

an·en·ceph·a·lus *(anat.: fetus sonder brein)* anensefalus.

a·nent *(arg., Sk.)* betreffende, insake.

an·er·oid *adj.* aneroïed; ~ *barometer* aneroïedbarometer, doos-, metaalbarometer.

an·esth- →ANAESTH-.

an·eu·rin →THIAMIN(E).

an·eu·rysm, an·eu·rism *(med.)* aneurisme, (slag)-aargeswel, verwyding van 'n (slag)aar.

a·new opnuut, van voor af, weer, nog eens, nogeens; *start* ~ weer begin, van voor/nuuts af begin; met 'n skoon lei begin, 'n nuwe begin maak.

an·frac·tu·ous kronkel(r)ig; golwend, gegolf. **an·frac·tu·os·i·ty** kronkel(ing), kronkel(r)igheid; kronkelgang; gegolfdheid; ingewikkeldheid.

an·ga·ry *(int. reg)* angarie.

an·gel *(teol.)* engel; boodskapper; *(infml.)* skat, engel; *(infml.)* finansier *(v. teaterproduksie)*; *(hist.: Eng. goue munt)* nobel; *(infml.)* onverklaarde radarsein; ***be*** *an ~ and ...!*, *(infml.)* wees so gaaf om te ...!; ***choir*** *of ~s* engelekoor; ~ *of* ***death*** doodsengel; ***(Hell's)*** *A~, (lid v. motorfietsklub)* Hell's Angel; *a* ***ministering*** ~ 'n dienende engel; *the* ***recording*** ~ die engel met die pen; *on the* ***side*** *of the ~s* aan die kant van die goeie; ***song/hymn*** *of ~s, ~s' hymn/song* engelesang, -lied; *it is enough to make the ~s* ***weep*** dit skrei ten hemel. ~ **dust** *(dwelmsl.:* fensiklidien*)* PCP. ~ **face** *tw.* (my) engel. **~fish** -fish(es) engelvis; →ANGEL SHARK. ~ **(food) cake** *(Am. kookk.)* silwersuikerbrood. **~'s food** vrugteslaai. ~ **shark, ~fish** see-engel, engelhaai. **~s-on-horseback** *(kookk.)* engelruitertjies, oester-en-spekvleis-rolletjies (op roosterbrood). ~ **worship** engelediens, -verering.

An·ge·le·no -nos inwoner van Los Angeles.

an·gel·ic engelagtig; engele-; ~ *choir* engelekoor; ~ *host* engeleskaar.

an·gel·i·ca engelkruid, -wortel, angelika.

an·gel·ol·a·try engeleverering, -aanbidding.

an·ge·lus *(ook A~)(RK)* angelus(gebed). ~ **(bell)** angelus(klok), bedeklok.

an·ger *n.* woede, kwaadheid, boosheid, gramskap, toorn; *s.o.* ***boils over with*** ~ iem. wil bars van woede; *in a* ***burst*** *of* ~ in 'n vlaag van woede; ***draw*** *s.o.'s ~ down upon o.s.* jou iem. se woede op die hals haal; *be* ***filled*** *with ~ at/about s.t.* baie kwaad wees oor iets; *in a* ***fit*** *of* ~ in 'n woedebui, in 'n bevlieging van woede; *be* ***flushed/red*** *with* ~ rooi wees van woede/kwaadheid, woedend kwaad wees; *do s.t.* ***in*** ~ iets in jou woede doen; *be* ***livid*** *with* ~ bleek wees van woede; *an* ***outburst*** *of* ~ 'n woedeaanval; ***provoke/rouse*** *s.o.'s* ~ iem. se woede opwek; ***rouse*** *s.o. to* ~ iem. kwaad maak; *a* ***shot*** *fired in* ~ 'n skoot in erns; *be* ***transported*** *with* ~ blind wees van woede; *s.o.'s* ***unbridled*** ~ iem. se onbeheerste woede; ***vent*** *one's ~ on s.o.* jou woede op iem. koel. **an·ger** *ww.* kwaad word; kwaad maak, vertoorn; *s.o. is ~ed* ***by*** *s.t.* iets maak iem. kwaad; *be* ***easily*** *~ed* gou kwaad word; *s.o. is* ***slow*** *to* ~ iem. word nie gou kwaad nie; *s.o. is* ***swift*** *to* ~ iem. word gou kwaad.

An·ge·vin *n.* Angevyn. **An·ge·vin** *adj.* Angevyns.

an·gi·na *(med.: spasmodiese/versmorende/krampagtige pyntoestand)* angina, beklemming. ~ **pectoris** hartkramp, -beklemming.

an·gi·o·gram *(med.)* angiogram.

an·gi·og·ra·phy *(med.)* angiografie.

an·gi·o·plas·ty *(med.: dilatasie/verwyding v. 'n arterie/slagaar m.b.v. 'n ballonkateter/ens.)* angioplastiek.

an·gi·o·sperm *(bot.)* angiosperm, bedeksadige (plant). **an·gi·o·sper·mal, an·gi·o·sper·mic, an·gi·o·sper·mous** angiosperm(ies), bedeksadig.

An·gle *(hist.)* Angel. **An·gli·an** *n. & adj.* Anglies.

an·gle[1] *n.* hoek; (hoekige) punt; hoekyster; gesigspunt, stand=, oogpunt; hoekstand; *an **acute/obtuse** ~* 'n skerp/stomp hoek; *~ of **advance*** voorloophoek; *from **all** ~s* uit alle hoeke, van alle kante; *look at (or view) s.t. from **another** (or a **different**) ~* iets uit 'n ander gesigspunt/oogpunt beskou; *~ of **approach**, (lugv.)* naderings=, binnesweef=, aanvlieghoek; *~ of **ascent/climb**, (lugv.)* styg=, klimhoek; ***at** an ~* skuins(weg), skeef; ***at** an ~ of 45°* met 'n hoek van 45°; *~ **at** base* basishoek; *~ **at** centre* middelpuntshoek; *~ of **backing*** steunhoek; *~ of **circumference*** omtrekshoek; *~ of **clearance*** vryhoek; *~ of **contact*** raak=, aanrakings=, kontakhoek; *~ of **contact/contingence**, (wisk.)* raaklynhoek; *~ of **continuation*** gestrekte hoek; *~ of **curvature*** krommings=, buigingshoek; *~ of **cutting tool*** beitelhoek; *~ of **declination*** deklinasiehoek; *~ of **deflection*** afwykings=, defleksiehoek; *~ of **depression*** duik=, domp=, depressiehoek; *~ of **depth*** dieptehoek; *~ of **descent*** daalhoek; *~ of **deviation*** afwyk(ings)hoek; *~ of **dip*** hellingshoek; *~ of **elevation*** hoogte=, elevasiehoek; *~ of **emergence*** uittredingshoek; ***figure** all the ~s, (infml.)* iets van alle kante bekyk; *~ of **friction*** wrywingshoek; ***from** an ~* uit 'n hoek; ***from** that ~* uit dié/daardie gesigspunt/oogpunt; *~ with the **horizon*** kimhoek; *~ of **impact*** trefhoek; *~ of **incidence*** invalshoek; *(lugv.)* instelhoek; *~ of **inclination*** neig=, hellings=, inklinasiehoek; *~ of **intersection*** sny(dings)hoek, kruisingshoek; *~ of **lag*** naloophoek; *~ of **launch*** lanseerhoek; *~ of **lead*** voorloophoek; *an ~ **on** s.t.* 'n blik/kyk op iets, 'n beskouing oor iets, 'n opvatting van iets; *~ of **pitch*** heihoek *(v. skip/vliegtuig);* steekhoek *(v. skroef);* *~ of **reflection*** weerkaatsings=, kaatshoek; *~ of **refraction**, **refractive** ~* brekingshoek; *~ of **relief*** terugsnyhoek; *~ of **repose/rest*** rushoek, natuurlike helling(shoek); *at **right** ~s with ...* reghoekig op ...; *~ of a **roof*** dakhelling; *~ of **rotation*** draaihoek; *~ of **rupture*** breukhoek; *~ of **safety*** veiligheidshoek; *~ of **screw*** skuinstehoek; *~ of **sight*** waarnemingshoek; rig=, visierhoek; *~ of **skew*** skuinstehoek; *~ of **slope*** hellingshoek; *~ of **torsion*** draaiings=, wringhoek; *~ of **traverse*** swaaihoek; *~ of **view*** gesigshoek; *~ of **vision*** gesigsveldhoek; *~ of **wedge*** wighoek; *~ of **wheeling*** swenk(ings)hoek; *~ of **yaw*** gierhoek. **an·gle** *ww.* (om)buig, draai; *(fig.)* verdraai, kleur, skeef/verkeerd voorstel; *(sport)* skuins plaas *(bal ens.);* *~ s.t. at/to/towards s.o.* iets vir iem. bedoel *(of* op iem. mik) *(TV-program vir jong kykers ens.);* *~ to the left/right* na links/regs draai. **~ bar** hoekstaaf, =yster. **~ bond** hoekverband. **~ bracket** *(druk.)* punthakie; *(teg.)* hoekstut, hoek(yster)steun, hoekprofielsteun. **~ cleat** hoekklamp. **~ defect** hoekdefek. **~dozer** skuins=, hoekstoter, skuins=, hoekstootskraper. **~ gauge** hoekmeter. **~ grinder** hoekslyper, =slypmasjien. **~ iron** hoekyster, =stuk. **~ joint** hoeklas, =voeg. **~ parking** skuins parkering. **~ piece** hoekstuk. **~ pipe** hoekpyp. **~ plane** hoekskaaf. **~ plate** hoekplaat. **~ point** hoektop. **~ post** hoekpaal; hoekstyl. **~ section** hoekprofiel. **~ shot** *(fot.)* hoekskoot; *(tennis, muurbal)* skuins hou. **~smith** hoekystersmid. **~ stay** hoekanker. **~ strut** hoekstut.

an·gle[2] *n., (arg.)* vishoek. **an·gle** *ww.* hengel, visvang, vis; *~ for s.o.'s attention* iem. se aandag probeer trek; *~ for compliments* na komplimente vis, komplimente uitlok; *~ for an opportunity* 'n geleentheid soek. **~worm** aaswurm.

an·gled hoekig; *~ so that ...* met so 'n hoek dat ...

an·gler hengelaar. **~ (fish)** seeduiwel.

An·gli·an →ANGLE.

An·gli·can *n.* Anglikaan. **An·gli·can** *adj.* Anglikaans; *~ Church* Anglikaanse Kerk. **An·gli·can·ism** Anglikanisme.

An·gli·ce *(fml.)* in Engels. **an·gli·ci·sa·tion, =za·tion, an·gli·fi·ca·tion** verengelsing, anglisering. **an·gli·cise, =cize, an·gli·fy** verengels, angliseer. **An·gli·cism** Anglisisme; Engelsheid. **An·gli·cist, An·glist** Anglis.

an·gling hengelary, hengelsport; *art of ~* hengelary. **~ club** hengelklub. **~ competition** hengelwedstryd. **~ fish** hengelvis. **~ rod** vis=, hengelstok.

An·glo= *komb.vorm* Anglo=, Angel=.

An·glo-A·mer·i·can *n.* Amerikaner van Engelse afkoms. **An·glo-A·mer·i·can** *adj.* Engels-Amerikaans, Anglo-Amerikaans.

An·glo-Boer War Engelse Oorlog, (Anglo-)=Boereoorlog, Tweede Vryheidsoorlog, Driejarige Oorlog.

An·glo-Cath·o·lic *n. & adj.* Anglo-Katoliek. **An·glo-Ca·thol·i·cism** Anglo-Katolisisme.

An·glo-French *n., (Me. taal)* Anglo-Normandies. **An·glo-French** *adj.* Engels-Frans; Anglo-Normandies.

An·glo-In·di·an *n., (Eurasiër)* Anglo-Indiër; Brit/Engelsman wat al lank in Indië woon *(of* lank in Indië gewoon het). **An·glo-In·di·an** *adj.* Engels-Indies *(betrekkings ens.);* Anglo-Indies.

An·glo·ma·ni·a Anglomanie. **An·glo·ma·ni·ac** Anglomaan.

An·glo·phil(e) *n.* Anglofiel, Engelsgesinde. **An·glo·phil(e)** *adj.* Anglofiel, Engelsgesind. **An·glo·phil·i·a** Anglofilie, Engelsgesindheid.

An·glo·phobe Anglofoob, Engelsehater. **An·glo·pho·bi·a** Anglofobie, Engelsehaat, anti-Engelse gevoel.

An·glo·phone *n.* Engelssprekende. **An·glo·phone** *adj.* Engelssprekend.

An·glo-Sax·on *n.* Angel-Sakser, Anglo-Sakser; Angel-Saksies, Anglo-Saksies. **An·glo-Sax·on** *adj.* Angel-Saksies, Anglo-Saksies.

An·go·la *(geog.)* Angola. **~ gold** byewas. **An·go·lan** *n. & adj.* Angolees.

An·go·ra *(geog., hist.)* Angora; →ANKARA. **~ cat** angorakat. **~ goat** sybok, angorabok. **~ rabbit** angorakonyn. **~ wool** (sy)bokhaar; angora(konyn)wol.

an·go·ra *(soms A~), (wol, tekst.)* angora.

an·go·stu·ra angostura. **~ bark** angosturabas. **~ bitters** *(mv.)* angosturabitter.

an·gry *=grier =griest* kwaad *(pred.),* ontstoke, boos, gebelg(d), grimmig, vertoorn(d), toornig; dreigend *(wolke);* onstuimig *(see); be ~ **at/about** s.t.* oor iets kwaad/boos wees; *be ~ **at/with** s.o.* vir iem. kwaad wees; *as ~ as a **bear** with a sore head, (infml.)* so kwaai soos 'n koei met haar eerste kalf; ***get** ~* kwaad/driftig word; *when s.o. is **good** 'n ~, (infml.)* wanneer iem. regtig kwaad is; ***make** s.o. ~* iem. kwaad maak *(of* vererg); *be ~ **over** nothing* kwaad wees oor niks; *then s.o. became **properly/really** ~* toe was/word iem. éérs kwaad, toe was/word iem. vir jou regtig kwaad; *an ~ **wound*** ontstoke wond; *an ~ **young man*** 'n rebel. **an·gri·ly** kwaad, toornig, grimmig, driftig. **an·gri·ness** kwaadheid, boosheid, toornigheid.

angst *(D.)* angs(gevoel); lewensangs. **~-ridden** vreesbevange.

an·guish (siels)angs, (siel[e])smart, (siele)pyn, (siele)leed, lyding, foltering; *be in ~ over ...* oor ... in angs verkeer; *suffer ~* angs deurmaak/verduur. **an·guish·ed** beangs, benoud; *~ scream* angskreet.

an·gu·lar hoekig, hoekvormig, met hoeke; kantig, met skerp kante; hoek=; benerig, maer; styf, stug, stroef, ongemaklik; →ANGLE[1]; *~ **distance*** hoek=, boogafstand; *~ **elevation*** hoekhoogte; *~ **error*** hoekfout; *~ **iron/bar*** hoekyster; *~ **measurement*** hoekmaat; *~ **velocity*** hoeksnelheid. **an·gu·lar·i·ty** hoekigheid, hoekvormigheid; kantigheid; hoekstand. **an·gu·late, an·gu·lat·ed** hoekig, hoekvormig, gehoek; kantig; *angulate tortoise* bontskilpad, duin(e)skilpad, (ploeg)skaarskilpad, rooipens(skilpad).

an·hy·drous *(chem.)* anhidries, watervry; *~ compound* anhidriese/(kristal)watervrye verbinding. **an·hy·dride** *(chem.)* anhidried. **an·hy·drite** *(min.)* anhidriet.

a·nigh *(arg.)* naby; *draw ~* nader kom.

an·il *(bot., kleurstof)* anil, indigo. **an·i·line** *(chem.)* anilien; *~ dye, (hist.)* anilienkleurstof.

an·ile ouvrouagtig, kinds, suf. **a·nil·i·ty** kindsheid, sufheid.

an·i·ma *(psig.)* anima.

an·i·mad·vert *(fml.)* afkeur, kritiseer; *~ (up)on ...* aanmerkings maak op ... **an·i·mad·ver·sion** afkeuring, kritiek, aanmerking; berisping, teregwysing.

an·i·mal *n.* dier; *(fig.)* bees, ondier; ***domestic** ~* →DOMESTIC *adj.; the ~ **in** s.o.* die dier(like) in iem.; ***political** ~* politieke wese; *man is a **social** ~* die mens is 'n sosiale wese; *there is no **such** ~, (fig.)* so iets bestaan nie. **an·i·mal** *adj.* dierlik, dier(e)=, animaal; sinlik, vleeslik. **~ companion** geselskapsdier. **~ disease** dieresiekte. **~-drawn** bespan; *~ vehicle* trekdiervoertuig, bespanne voertuig. **~ fable** dierefabel. **~ fat** dier(e)vet. **~ fibre** dierlike vesel. **~ heat** liggaamswarmte. **~ husbandry** veeteelt. **~ kingdom** diereryk. **~ lib(eration)** diereregte(beweging). **~ liberationist** (kamp)vegter vir diereregte. **~ life** dierelewe. **~ lover** dierevriend. **~ magnetism** dierlike magnetisme. **~ nature** dierlikheid. **~ rights** *(mv.)* diereregte; *~ ~ activist/campaigner/supporter* (kamp)vegter vir diereregte; *~ ~ campaign* diereregteveldtog; *~ ~ protest/protester* diereregtebetoging/=betoger. **~ science** veekunde. **~ species** diersoort. **~ spirits** lewenslus, uitgelatenheid. **~ tamer** dieretemmer. **~ welfare** dieresorg. **A~ Welfare Society** Dieresorgvereniging. **~ world** diereweêreld.

an·i·mal·cule *=cules,* **an·i·mal·cu·lum** *=cula* mikroskopies klein diertjie.

an·i·mal·ise, =ize verdierlik, animaliseer.

an·i·mal·ism sin(ne)likheid; animalisme; dierlikheid. **an·i·mal·ist** sensualis; aanhanger van die animalisme; diereskilder; (kamp)vegter vir diereregte. **an·i·mal·is·tic** dierlik; animalisties.

an·i·mal·i·ty dierlikheid; diereweêreld.

an·i·mate *adj.* lewend, lewendig, vrolik, opgewek. **an·i·mate** *ww.* besiel, lewe gee aan; verlewendig, opvrolik; aanmoedig, aanspoor, animeer; *(filmk.)* animeer. **an·i·mat·ed** lewendig, opgewek, geanimeer(d); beweeglik, in beweging; *(filmk.)* geanimeer(d); *be ~ by ...* deur ... aangevuur word; *(~) cartoon* teken=, animasie(rol)prent; *~ market* lewendige/willige mark. **an·i·ma·tion** besieling; lewendigheid, opgewektheid, animo; aanmoediging, aansporing; animasie, die maak van teken=/animasie(rol)prente; teken=, animasie(rol)prent; *in ~* in beweging. **an·i·ma·tor, an·i·mat·er** animeerder, animasiekunstenaar.

an·i·ma·tron·ic *adj.* animatronies. **an·i·ma·tron·ics** *n.* animatronika.

an·i·mism animisme. **an·i·mist** animis. **an·i·mis·tic** animisties.

an·i·mos·i·ty *=ties* vyandigheid, vyandskap, animositeit; *~ **against/towards** ...* vyandigheid teenoor ...; *~ **between** ...* vyandigheid tussen ...; ***regard** s.o. with ~* iem. vyandig(gesind) wees, vyandig teenoor iem. wees; ***stir up** ~* vyandskap aanblaas.

an·i·mus vyandig(gesind)heid, wrewel; teësin, vooroordeel; dryfveer; bedoeling, oogmerk, opset; gees; *(psig.)* animus.

an·i·on *(chem.)* anioon.

an·ise *(bot.)* anys(plant); anys(saad).

an·i·seed anys(saad). **~ brandy** anysbrandewyn. **~ oil** anysolie.

an·i·sette aniset, anyslikeur.

an·i·sole *(chem.)* anisool.

An·ka·ra *(geog.)* Ankara, *(hist.)* Angora.

an·ker *(hist., inhoudsmaat)* anker.

an·kle enkel; onderbeen; *twist one's ~* jou enkel verstuit/verswik. **~bone** talus, enkelbeen. **~-deep** tot aan die enkels. **~ guard** enkelskut. **~ joint** enkelgewrig.

~-**length** *adj. (attr.)* tot op die enkels; tot oor die enkels. ~ **ring** enkelring. ~ **sock** enkelsokkie.

an·klet enkelring, enkelsieraad; enkelverband; *(Am.)* enkelsokkie; enkelkamas; voetboei.

an·ky·lo·saur ankilosourus.

an·ky·lo·sis, an·chy·lo·sis *=loses, (med.)* ankilose, gewrigsverstywing, =vergroeiing.

an·ky·los·to·mi·a·sis *(patol.)* ankilostomiase, haak=wurmsiekte.

an·la·ge *(D., biol.)* aanleg.

an·na *(munt)* anna.

an·nals *(mv.)* annale, jaarboeke; annale, kronieke; annale, verslae; *in the* ~ in die annale. **an·nal·ist** kro=niekskrywer, annalis.

A(n)·nam, A(n)·nam *(geog., hist.)* Annam. **An·na·mese** *n. & adj.* Annamees.

an·nates *(mv.), (RK, hist.)* annate.

a(n)·nat·to *=tos, (bot.)* orleaan(boom); *(kleurstof)* a(n)natto, orleaan.

Anne: *Queen* ~ koningin Anna.

an·neal *(teg.)* uitgloei, temper; *(fig.)* louter.

an·neal·ing: ~ **box** uitgloeikas. ~ **colour** uitgloei=kleur. ~ **furnace** koeloond, uitgloeioond. ~ **room** boutery.

An·nel·i·da *(mv.)* Annelida, Ringwurms. **an·ne·lid, an·nel·i·dan** *n.* annelied, ringwurm, gesegmen=teerde wurm. **an·ne·lid, an·nel·i·dan** *adj.* annelied.

an·nex *ww.* aanheg, byvoeg, toevoeg; annekseer, in=lyf; ~ *s.t. to a letter* iets by 'n brief aanheg. **an·nexe,** *(Am.)* **an·nex** *n.* aanhangsel, bylaag, bylae; bygebou, anneks. **an·nex·a·tion** anneksasie, inlywing; aanhegting, byvoeging.

an·ni·hi·late vernietig, verdelg, uitwis, uitroei, an=nihileer. **an·ni·hi·la·tion** vernietiging, verdelging, uitwissing, uitroeiing; *war of* ~ verdelgings=, vernie=tigingsoorlog. **an·ni·hi·la·tor** vernietiger, uitroeier, verdelger; blustoestel.

an·ni·ver·sa·ry *=ries, n.* verjaar(s)dag; jaardag, ver=jaring, jaarfees; gedenkdag, herinneringsdag, vier=dag; *celebrate/commemorate/mark/observe an* ~ 'n jaardag gedenk/vier; *do s.t. to mark an* ~ iets doen by geleentheid van 'n jaardag; *20th* ~ 20-jarige her=denking/bestaan. **an·ni·ver·sa·ry** *adj.* jaarliks; ~ *feast* jaarfees, herdenkingsfees.

an·no Dom·i·ni *adv., (Lat., afk.: AD)* Anno Domi=ni, in die jaar van ons Heer/Here; na Christus; *in (the year) 59* ~ ~ in (die jaar) 59 na Christus. **an·no Dom·i·ni** *n., (infml.)* oudag; ouderdom.

an·no·tate van aantekeninge/verklarings voorsien, aantekeninge/verklarings skryf (by), annoteer. **an·no·ta·tion** aantekening, verklaring, opmerking, anno=tasie. **an·no·ta·tor** skrywer van aantekeninge, ver=klaarder, annoteerder, annoteur.

an·nounce aankondig, bekend maak, (aan)meld, meedeel; afroep; omroep. **an·nounce·ment** aan=kondiging, afkondiging, bekendmaking, (aan)mel=ding, mededeling, kennisgewing; *make an* ~ 'n aan=kondiging/afkondiging doen. **an·nounc·er** aankon=diger; (radio-)omroeper.

an·noy vies/kwaad maak, vererg, erger; pla, lastig val, versondig, irriteer, hinder, treiter, terg, omkrap; *be ~ed* ***about/at/by*** *s.t.* jou oor iets vererg/erg(er)/ vervies, oor iets vies wees, jou vir iets vies; *be ~ed* ***at/with*** *s.o.* vir iem. vies/kwaad wees, jou vir iem. vererg/erg(er)/vervies; ***get*** *~ed* vies/kwaad word, jou vererg/erg(er). **an·noy·ance** ergernis, wrewel, mis=noeë, verergdheid, kwaadheid; plaery, treitering, ter=gery, geterg; (oor)las, plaag, irritasie, hindernis, er=gernis; *s.o.'s* ~ ***at/over*** *s.t.* iem. se ergernis oor iets; ***cause*** ~ ergernis gee; *be* ***red*** *with* ~ rooi wees van ergernis; ***show*** ~ jou opruk; *be an* ~ ***to*** *s.o.* iem. tot ergernis wees; ***to*** *s.o.'s* ~ tot iem. se ergernis. **an·noy·ing** ergerlik, lastig, hinderlik.

an·nu·al *n.* jaarboek; jaarblad; eenjarige plant, jaar=plant. **an·nu·al** *adj.* jaarliks, jaar=; eenjarig; ~ ***ac-count*** jaarrekening; ~ ***congress*** jaarlikse kongres; ~ ***fluctuation*** jaarverloop, jaargang, jaarlikse skom=meling; ~ ***(general) meeting*** (algemene) jaarver=gadering; ~ ***report*** jaarverslag; ~ ***return*** jaarstaat; ~*/growth/tree* ***ring*** jaarring, groeilaag, groeiring; ~ ***salary*** jaarlikse salaris; ~ ***statement*** jaarstaat; ~ ***tem-perature*** jaartemperatuur; ~ ***ticket*** jaarkaartjie; ~ ***variation*** jaargang; jaarverloop, jaarlikse speling.

an·nu·i·tant jaargeldtrekker, lyfrentenier, lyfrente=trekker.

an·nu·i·ty *=ties* annuïteit, jaargeld, lyfrente; ***de-ferred*** ~ uitgestelde jaargeld; ***life*** ~ lewensjaargeld; ~ *in* ***perpetuity*** lewenslange annuïteit/jaargeld/ lyfrente. ~ **bond** annuïteits=, jaargeldpolis. ~ **con-tingent** voorwaardelike annuïteit/jaargeld. ~ **fund** annuïteits=, delgingsfonds. ~ **insurance** annuïteits=, jaargeld=, lyfrenteversekering.

an·nul *=ll=* ongeldig/nietig verklaar *(kontrak, ooreen-koms, testament)*; afskaf, ophef, herroep *(wet)*; ter=syde stel, vernietig *(uitspraak, vonnis)*; ontbind *(huwelik)*; annuleer. **an·nul·ment** ongeldig=, nietig=verklaring; afskaffing, opheffing, herroeping; tersy=destelling, vernietiging; ontbinding *(v. 'n huwelik)*.

an·nu·lus *=li, =luses, (teg.)* ring, annulus. **an·nu·lar** ringvormig, ring=; ~ *eclipse* ringverduistering; ~ *valve* ringklep; ~ *vessel* ringvat. **an·nu·late, an·nu·lat·ed** ringvormig; gering(d), gesegmenteer(d). **an·nu·la·tion** ringvorming; ringvormige struktuur/bou. **an·nu·let** ringetjie.

an·nun·ci·ate *(arg.)* →ANNOUNCE. **An·nun·ci·a·tion** Mariaboodskap. **an·nun·ci·a·tion** *(arg.)* →ANNOUNCE=MENT. **an·nun·ci·a·tor** *(elektroteg.)* verklikker; →ANNOUNCER.

an·nus *(Lat.)*: ~ ***horribilis*** *(mv.: anni horribiles)* aak=lige/verskriklike/afgryslike jaar; ~ ***mirabilis*** *(mv.: anni mirabiles)* wonderjaar.

an·ode *(elek.)* anode. **an·od·al, an·od·ic** anodies, ano=de=. **an·o·dise, =dize** anodiseer.

an·o·dyne *n., (med.)* pynstillende middel, pynstiller. **an·o·dyne** *adj.* pynstillend.

a·noint salf; invryf, (in)smeer; *~ing oil* salfolie. **a·noint·ed** *n.* gesalfde; *the Lord's A~* die Gesalfde van die Here. **a·noint·ed** *adj.* gesalf. **a·noint·ment** salwing.

a·nom·a·ly *=lies* onreëlmatigheid, afwyking, onge=rymdheid, anomalie. **a·nom·a·lous** onreëlmatig, afwykend, ongerymd, anomaal.

an·o·mie, an·o·my *(sosiol.)* anomie, wetteloosheid. **a·nom·ic** anomies, wetteloos.

a·non *(arg., liter.)* binnekort, netnou, nou-nou, aan=stons, eerlang, eerlank, strak(kie)s; *ever and* ~ →EVER.

an·o·nym naamlose, anonimus; skuilnaam, pseu=doniem; naamlose publikasie. **an·o·nym·i·ty** naam=loosheid, anonimiteit. **a·non·y·mous** naamloos, anoniem, ongenoem(d).

a·noph·e·les: ~ **(mosquito)** malariamuskiet, anofe=les.

a·no·rak anorak, windjak, =jekker, parka.

an·o·rex·i·a *(med.)* anoreksie, aptytverlies. ~ **ner-vosa** *(psig.)* anorexia nervosa.

an·o·rex·i·ant *n.* eetlusdemper. **an·o·rex·i·ant** *adj.* eetlusdempend.

an·o·rex·ic, an·o·rec·tic *n.* anoreksielyer; eetlus=demper. **an·o·rex·ic, an·o·rec·tic** *adj.* anorek=ties.

an·or·thite *(min.)* anortiet.

an·or·tho·site *(min.)* anortosiet.

an·os·mi·a *(med.)* anosmie, reukverlies.

an·oth·er *adj.* 'n ander; nog 'n; ~ ***cup*** *of tea* nog 'n koppie tee; ***for*** ~ *ten years* nog tien jaar; *s.o.* ***needs*** ~ *ten/etc.* ... iem. het nog tien/ens. ... nodig; *be of* ~ ***opinion*** anders dink; *s.o. of* ~ ***opinion*** 'n anders=denkende; ~ ***Paul Adams*** 'n tweede Paul Adams; ***quite*** ~ *matter* glad 'n ander saak; ***quite*** ~ *person* glad iemand anders, 'n totaal ander persoon; ***such*** ~ nog so een; ~ ***thing*** iets anders; nog iets; *and* ~ ***thing*** ... en dan nog (dit) ...; *that is* ~ ***thing*** *altogether* dit is glad iets anders; *one thing and* ~ allerlei dinge; ~ ***time*** anderdag; *s.o.* ***wants*** ~ *ten/etc.* ... iem. wil nog tien/ens. ... hê; *in* ~ ***way*** andersins. **an·oth·er** *pron.* iem. anders; 'n ander; nog een; *you* ***are*** ~ jy ook; ***ask*** *me ~!, (infml.)* moenie vir my vra nie!, vra dit!; ***one*** ~ →ONE.

an·ox·i·a *(med.)* anoksie, suurstofgebrek, =tekort. **an·ox·ae·mi·a,** *(Am.)* **an·ox·e·mi·a** anoksemie, suur=stofgebrek/=tekort in die bloed.

an·ox·i·da·tive *(chem.)* anoksidatief.

an·ser·ine, an·ser·ous gansagtig, ganse=; dom.

an·swer *n.* antwoord; oplossing; reaksie; *(jur.)* ver=dediging, verweer; *you* ***always*** *have (or you've always got) an ~!* jy het ook altyd 'n antwoord!; *a* ***dusty*** ~, *(infml.)* 'n droewe antwoord; *an* ***early*** ~ 'n spoedige antwoord; *have an* ~ *for* ***everything*** altyd 'n ant=woord klaar hê, op alles 'n antwoord hê; ***find*** *an/the* ~ *to s.t.* 'n/die oplossing vir iets vind; *there's only one* ~ ***for*** ... daar is net een middel teen ... *(depressie ens.)*; ***get*** *an* ~ 'n antwoord kry; ***give*** *s.o. an* ~ iem. 'n antwoord gee; ***in*** ~ *to* ... in antwoord op ...; *s.o. (thinks he/she)* ***knows*** *all the ~s* iem. dink hy/sy weet alles, iem. meen hy/sy het die wysheid in pag; *an* ~ *to a* ***letter*** 'n antwoord op 'n brief; *have* ***no*** ~ iem. 'n/die antwoord skuldig bly; *have an* ~ ***pat*** 'n ant=woord klaar hê, met 'n antwoord gereed wees; *give s.o. a* ***rude*** ~ iem. 'n dwars/skewe antwoord gee; *a* ***soft*** ~ *turneth away wrath* 'n sagte antwoord keer die grimmigheid af; *the* ***stock*** ~ die gereelde/ onveranderlike/geykte antwoord; *a* ***straight*** ~ 'n eer=like antwoord; *be* ***stuck*** *for an* ~ nie weet wat om te sê nie; *the* ~ ***to*** ... die antwoord op ... *('n vraag ens.)*; die oplossing van/vir ... *('n probleem ens.)*; die ant=woord van ... *('n som)*; die verhoring van ... *(iem. se gebede)*; *be the* ~ ***to*** *s.o.'s prayer, (ook)* die persoon wees van wie iem. droom, die ideale persoon wees; ***wait*** *for an* ~ vir/op 'n antwoord wag. **an·swer** *ww.* antwoord; beantwoord; oplos *(raaisel)*; verhoor *(gebed)*; deug; ~ **back** terugantwoord; teen=, teë=praat; ~ *a* ***charge*** jou op 'n aanklag verantwoord; ~ *the* ***door(bell)*** (die deur) oopmaak, na die deur gaan, gaan kyk wie by die deur is; ~ ***fire*** terugskiet, die vuur beantwoord; ~ ***for*** *s.o.* namens iem. ant=woord; vir iem. instaan; ~ *(to s.o.)* ***for*** *s.t.* (aan iem.) verantwoording doen (*of* rekenskap gee) van iets, iets (teenoor iem.) verantwoord; *have much to* ~ ***for*** baie/heelwat op jou boekie/gewete/kerfstok hê; ~ *a* ***letter*** 'n brief beantwoord, op 'n brief antwoord; ~ ***me*** antwoord my; ~ *the/s.o.'s* ***purpose*** aan die doel beantwoord, aan die (*of* iem. se) eise voldoen; ~ *the* ***telephone*** die telefoon antwoord; 'n oproep beant=woord/ontvang; ~ ***(to)*** *a description* beantwoord aan (*of* ooreenkom/ooreenstem/klop met) 'n beskry=wing; ~ ***to*** *one's name* antwoord wanneer jou naam uitgelees word; *my dog ~s* ***to*** *the name of Bono* my hond se naam is Bono, my hond word Bono ge=noem, my hond luister na (*of* reageer op) die naam Bono. ~-**back code** antwoordkode. ~ **book** ant=woord(e)boek; eksamenskrif. ~ **paper** antwoordstel *(in eksamen)*. ~**phone** →ANSWERING MACHINE.

an·swer·a·ble beantwoordbaar; verantwoordelik; aanspreeklik; *be* ~ *for s.t.* vir iets aanspreeklik wees; *be* ~ *to s.o. (for s.t.)* aan iem. verantwoordelik wees (vir iets), aan iem. rekenskap verskuldig wees (van iets).

an·swer·er antwoorder; verhoorder *(v. gebede)*.

an·swer·ing: ~ **machine, answerphone** antwoord=(tele)foon, (telefoon)antwoordmasjien, *(infml.)* blik=stem. ~ **service** (telefoon)antwoorddiens.

ant mier; *have ~s in one's pants, (infml.)* (rooi)=miere/kriewels hê, nie kan stilsit nie, op hete kole sit, gespanne/ongeduldig/rusteloos wees. ~ **bear** →AARDVARK. ~**eater** miervreter; *giant* ~ groot mier=vreter; *scaly* ~ ietermago(g), ietermagô. ~-**eating chat** *(orn.)* swartpiek. ~**hill,** ~ **heap** miershoop. ~**lion,** *(Am.)* **doodlebug** mierleeularwe. ~**lion (fly)** mierleeu. ~ **poison** miergif. ~**s' eggs** miereiers. ~**s' nest** miernes.

ant·ac·id teensuur, suurbinder.

an·tag·o·nise, =nize in die harnas (*of* die harnas in) ja(ag), vyandig/opstandig maak, antagoniseer; teen=, teëwerk, bestry. **an·tag·o·nism** vyandigheid, vyandskap, antagonisme; teenstand, verset; teen=, teëwerking; teenstrydigheid; *s.t.* ***arouses*** *s.o.'s* ~ iets wek iem. se vyandskap; *the* ~ ***between*** *them* die vyandigheid tussen hulle; ***feel*** ~ *for s.o.* vyandig wees teenoor iem.; *s.o.'s* ~ ***to(wards)*** ... iem. se vyandigheid teenoor ... **an·tag·o·nist** teenstander, teenparty, opponent, vyand, antagonis; bestryder; *(med.)* antagonis. **an·tag·o·nis·tic** vyandig, antagonisties; strydig, teenstrydig; teenoorstaande; teen=, teëwerkend; *be* ~ *to(wards) s.o.* vyandig teenoor iem. wees, teen iem. gekant wees.

ant·aph·ro·dis·i·ac *n. & adj., (w.g.)* →ANAPHRODISIAC.

Ant·arc·tic *n.: the* ~, *the Antarctic Zone* die Suidpoolstreek/=gebied. **Ant·arc·tic** *adj.* Antarkties, Suidpool=; ~ ***Circle*** Suidpoolsirkel; ~ ***expedition*** Suidpoolekspedisie; ~ ***explorer*** Suidpoolreisiger; ~ ***Ocean*** Suidelike Yssee, Suidpoolsee. **Ant·arc·ti·ca** *(Suidpoolkontinent)* Antarktika.

An·tar·es *(astron.)* Antares.

an·te *n., (pokerspel)* inset; *(infml.)* bydrae, aandeel; *raise/up the* ~, *(infml.)* die inset verhoog; die voorwaardes moeiliker maak. **an·te** *ww., (pokerspel)* insit; ~ *(up), (Am. infml.)* opdok.

an·te·cede voorafgaan. **an·te·ced·ence** voorrang. **an·te·ce·dent** *n.* antesedent, voorgaande term/sinsdeel; *antecedents* verlede, geskiedenis, antesedente. **an·te·ced·ent** *adj.* voorafgaande; ~ *river* bestendige/gehandhaafde rivier; *be* ~ *to s.t.* iets voorafgaan.

an·te·cham·ber voorkamer, antichambre; wagkamer.

an·te·date, an·te·date terugdateer, vroeër dateer/dagteken, antedateer; voorafgaan aan.

an·te·di·lu·vi·an *n.* stokou mens/ding, iets wat uit die (*of* Noag se) ark kom; *(skerts.)* ouderwetse mens. **an·te·di·lu·vi·an** *adj.* van voor die sondvloed, antediluviaans; *(skerts.)* uit die ou(e) doos, ouderwets; stokoud.

an·te·lope =*lope(s)* antiloop, wildsbok; *migratory* ~ trekbok. ~ **grass** limpopogras. ~ **(leather)** wildleer.

an·te me·rid·i·em *(Lat., afk.:* a.m.*)* voormiddag *(afk.:* vm.*)*.

an·te·mun·dane voorwêreldlik.

an·te·na·tal voorgeboortelik, voorgeboorte=, (van) voor die geboorte; ~ *care* swangerskapsorg; ~ *clinic* kliniek vir aanstaande moeders, voorgeboortekliniek.

an·ten·na =*nae* voelhoring, voeler, tasorgaan, (voel)spriet, antenne, antenna; *(mv.:* =*nas)* lug=, vangdraad, antenne, antenna. **an·ten·nule** voelhorinkie.

an·te·nup·tial voorhuweliks, (van) voor die huwelik; ~ *contract* voorhuwelikse kontrak, huweliksvoorwaardekontrak; *married by* ~ *contract* op huweliksvoorwaarde(s) getroud.

an·te·pen·di·um =*dia* voorhangsel.

an·te·pe·nul·ti·mate op twee na die laaste, derde van agter, derdelaaste.

an·te-post *adj. (attr.)(Br., perdewedrenne):* ~ *bets/betting* weddenskappe voor die deelnemers bekend is.

an·te·pran·di·al *(w.g.)* (van) voor die (middag)ete.

an·te·ri·or voor; voorste, voor=; vroeër, voorafgaande. **an·te·ri·or·i·ty** voorrang.

an·te·room voorkamer, =vertrek; wagkamer.

an·tes·ti·a bug *(entom.)* antestiastinkbesie.

ant·he·li·on =*lia, (astron.)* anthelium.

an·thel·min·t(h)ic *n., (med.)* wurmmiddel, =koekie. **an·thel·min·t(h)ic** *adj.* wurmverdrywend.

an·them lied, gesang, koorsang; lofsang; *national* ~ volkslied.

an·ther *(bot.)* helmknop(pie), anter. ~ **cell** helmhok(kie), anterhok, stuifmeelhok. ~ **dust** stuifmeel.

an·tho- *komb.vorm* anto=, blom=.

an·thol·o·gy =*gies* bloemlesing, antologie; (keur)versameling, keur, keurbundel, antologie. **an·thol·o·gise, =gize** 'n bloemlesing maak/saamstel, in 'n bloemlesing opneem. **an·thol·o·gist** samesteller van 'n bloemlesing.

An·tho·ny: *Saint* ~ sint Antonius.

an·thoph·i·lous *(soöl.)* antofiel, blomliewend.

an·tho·phyl·lite *(min.)* antofilliet.

an·tho·phyte antofiet, blomplant.

an·thra·cene *(chem.)* antraseen.

an·thra·cite antrasiet, glans=, smeulkool.

an·thrac·nose antraknose; swartbrand, swartroes *(by druiwe)*.

an·thrac·o·nite *(min.)* stinksteen.

an·thra·co·sis *(med.)* koolmyntering, antrakose.

an·thrax =*thraces, (veearts.)* miltvuur, miltsiekte, antraks; *(med.)* karbonkel, bloedvint, negeoog.

an·thro·po- *komb.vorm* antropo=, mens=.

an·thro·po·cen·tric antroposentries.

an·thro·po·gen·e·sis, an·thro·po·gen·y antropogenie, ontwikkelingsleer van die mens. **an·thro·po·gen·ic** antropogenies *(besoedeling ens.)*.

an·thro·po·ge·og·ra·phy antropogeografie.

an·thro·pog·ra·phy antropografie.

an·thro·poid *n.* mensaap. **an·thro·poid** *adj.* antropoïed, mensagtig, mens=. ~ **ape** mensaap.

an·thro·pol·o·gy antropologie; *physical* ~ fisiese antropologie; *social* ~ sosiale antropologie. **an·thro·po·log·i·cal** antropologies. **an·thro·pol·o·gist** antropoloog.

an·thro·pom·e·try antropometrie, mensmeting.

an·thro·po·mor·phic antropomorf, mensvormig, mensagtig.

an·thro·po·mor·phism vermensliking, antropomorfisme. **an·thro·po·mor·phi·sa·tion, =za·tion** vermensliking. **an·thro·po·mor·phise, =phize** vermenslik.

an·thro·pon·y·my (persoons)naamkunde.

an·thro·pop·a·thy, an·thro·pop·a·thism antropopatie.

an·thro·poph·a·gi *(mv.)(ekv.* =*gus)* antropofae, mensvreters, kannibale. **an·thro·poph·a·gite** *(w.g.)* antropofaag, mensvreter, kannibaal. **an·thro·po·phag·ic, an·thro·poph·a·gous** mensvretend, mens=vreter=. **an·thro·poph·a·gy** antropofagie, mensvretery, kannibalisme.

an·thro·pos·o·phy antroposofie. **an·thro·po·soph·i·cal** antroposofies.

an·ti =*tis, n., (infml.)* teenstander, opponent, anti. **an·ti** *prep.* teen; *be* ~ *s.t.* teen iets (gekant) wees; 'n teenstander van iets wees.

an·ti-a·bor·tion *adj.* anti-aborsie=. **an·ti-a·bor·tion·ist** teenstander van aborsie, aborsieteenstander, pro-lewe-aktivis; *(i.d. mv. ook)* drukgroep teen aborsie.

an·ti-air·craft lugafweer=; ~ *defence* lugafweer; ~ *gun* lugafweer=, lugdoelkanon.

an·ti·bal·lis·tic antiballisties *(missiel ens.)*.

an·ti·bil·i·ous galverdrywend, teen die gal.

an·ti·bi·ot·ic *n., (med.)* antibiotikum, kiemstremmiddel. **an·ti·bi·ot·ic** *adj.* antibioties.

an·ti·bod·y =*ies, (med.)* teenliggaam(pie), teen=, antistof. ~**-positive** *adj.* teenliggaam-positief.

an·ti-bur·glar: ~ *wire* diefwering, diewedraad.

an·tic *n., (arg.)* hansworst. →ANTICS. **an·tic** *adj., (arg.)* potsierlik; grotesk.

an·ti·chlor antichloor.

an·ti·choice *adj.* anti-aborsie=.

An·ti·christ *(NT)* Antichris; *(soms a~)* teenstander van die Christendom, vyand van Christus. **An·ti·chris·tian** *(betreffende d. Antichris)* Antichristelik; *(soms a~: in stryd m.d. Christendom, vyandig teenoor Christus en sy volgelinge)* anti-Christelik.

an·tic·i·pate voor wees, voorkom; vooruitloop (op), voorspring; vooruit oorweeg; voorsien, verwag; vooruit bestee/uitgee, vooruit beskik oor; verhaas, vervroeg; antisipeer; ~ *payment* voor die vervaldag betaal; *it is ~d that it will* ... na verwagting sal dit ... **an·tic·i·pa·tion** (die) vooruitloop *(op)*; voorkoming; voorgevoel, verwagting; voorsmaak; antisipasie; ***beyond*** ~ bo verwagting; ***in*** ~ by voorbaat, vooruit; *thanking you* ***in*** ~ by voorbaat dank(ie), met dank by voorbaat; ***in*** ~ ***of*** ... in afwagting van ...; ***power*** ***of*** ~ voorgevoel; *look forward to s.t.* ***with great*** ~ gretig na iets uitsien. **an·tic·i·pa·to·ry, an·tic·i·pa·tive** vooruitlopend; vervroeg; antisiperend; in afwagting.

an·ti·cler·i·cal *n. & adj.* antiklerikaal. **an·ti·cler·i·cal·ism** antiklerikalisme.

an·ti·cli·max antiklimaks. **an·ti·cli·mac·tic** antiklimakties.

an·ti·cline *(geol.)* plooirug, antiklinaal, antiklien. **an·ti·cli·nal** antiklinaal.

an·ti·clock·wise, *(Am.)* **coun·ter·clock·wise** *adj. & adv.* teen die klok/horlosie/wysers in, links om.

an·ti·co·ag·u·lant *n.* anti-stolmiddel, stollingsteenmiddel. **an·ti·co·ag·u·lant** *adj.* stollingwerend.

An·ti-Con·vict: ~ *Movement, (hist.)* Antibandietebeweging.

an·ti·con·vul·sant *(med.)* stuipwerende middel.

an·ti·cor·ro·sive *n.* roesteenmiddel, roeswerende middel. **an·ti·cor·ro·sive** *adj.* roeswerend.

an·tics *(mv.)* kaperjolle, manewales, mal streke, kaskenades; *be up to one's old* ~ *again* al weer vol grille/nukke/streke wees; *s.t. is up to its old* ~ *again* iets lol al weer; *perform* ~ kaperjolle maak; manewales uithaal, spektakels maak/uithaal.

an·ti·cy·clone *(met.)* antisikloon, hoogdrukgebied. **an·ti·cy·clon·ic** antisiklonaal.

an·ti·dan·druff sham·poo skilfersjampoe, skilferwerende sjampoe.

an·ti·dazzle *adj.* nieverblindend; skitterwerend; ~ *mirror, (mot.)* skitterwerende truspieël.

an·ti·de·pres·sant *n., (med.)* antidepressant, gemoedsverligter, =opheffer. **an·ti·de·pres·sant** *adj.* antidepressief, gemoedsverligtend, =opheffend, opkikkerend.

an·ti·dote *(med.)* teen=, teëgif, teen=, teëmiddel; *(fig.)* teen=, teëmiddel; *an* ~ *against/for/to* ... 'n teen=/teëgif/teen=/teëmiddel teen/vir ... **an·ti·dot·al** gifwerend.

an·ti·e·met·ic *(med.)* braakteenmiddel.

an·ti·es·tab·lish·ment *n.* anti-establishment. **an·ti·es·tab·lish·ment** *adj.* anti-establishment=.

an·ti·fe·brile *n., (med.)* koorsmiddel, middel teen koors. **an·ti·fe·brile** *adj.* koors(ver)drywend, teen die koors, koorswerend.

an·ti·fed·er·al antifederaal. **an·ti·fed·er·al·ist** antifederalis.

an·ti·freeze *(gew. mot.)* vrieswering(smiddel), vriesteenmiddel.

an·ti·fric·tion wrywingsvry; ~ ***ball*** loopkoeël; ~ ***bearing*** wrywingsvrye laer; ~ ***hub*** glynaaf; ~ ***metal*** wit=, laermetaal.

an·ti·froth·ing skuimwerend; ~ *agent* skuimweerder.

an·ti·gen *n., (chem.)* antigeen. **an·ti·gen·ic** *adj.* antigeen.

an·ti-G suit →G-SUIT.

an·ti·he·ro =*roes* antiheld.

an·ti·his·ta·mine *(med.)* antihistamien.

an·ti·in·sur·gen·cy: ~ **course** anti-insurgensiekursus.

an·ti·knock *n., (mot.)* klopwerende middel, klopweerder. **an·ti·knock** *adj.* klopwerend, klopvry; ~ *fuel* klopweerbrandstof.

An·til·les: *the (Greater/Lesser)* ~, *(geog.)* die (Groot/Klein) Antille. **An·til·le·an** *n.* Antilliaan. **An·til·le·an** *adj.* Antilliaans.

an·ti·lock *adj., (mot.)* sluitweer=; ~ ***brakes*** sluitweerremme; ~ ***braking system*** sluitweerremstelsel; ~ ***device*** sluitweertoestel.

an·ti·log·a·rithm *(wisk.)* antilogaritme.

an·til·o·gy =*gies* antilogie, teenstrydigheid.

an·ti·ma·cas·sar stoelkleedjie, antimakassar.

an·ti·ma·lar·i·al *n., (med.)* malariamiddel. **an·ti·ma·lar·i·al** *adj.* teen malaria *(pred.),* malaria=.

an·ti·mat·ter *(fis.)* antimaterie.

an·ti·mis·sile *adj.* antimissiel= *(stelsel ens.).* ~ **(missile)** missielafweermissiel.

an·ti·mo·nite *(min., chem.)* antimoniet.

an·ti·mo·ny *(chem., simb.: Sb)* antimoon; *native* ~ spiesglans. **an·ti·mo·ni·al** antimoonhoudend, antimoon=.

an·ti·na·tion·al antinasionaal.

an·tin·o·my =*mies, (jur., filos.)* antinomie, teenstrydigheid. **an·ti·nom·ic** antinomies.

an·ti·nov·el antiroman.

an·ti·nu·cle·ar antinukleêr, antikern=; ~ *group* antikerngroep, protesgroep teen kernwapens/kernkrag. **an·ti·nu·cle·ar·ist** teenstander van (die gebruik van) kernwapens/kernkrag.

An·ti·och Antiochië. **An·ti·och·i·an** *n.* Antiochener. **An·ti·och·i·an** *adj.* Antiocheens.

an·ti·pas·to =*ti,* =*tos, (It.)* voorgereg.

an·tip·a·thy =*thies* teësin, renons, weersin, antipatie; *feel/have an ~ against/for/to(wards) s.o.* 'n teësin in (*of* afkeer van *of* antipatie teen) iem. hê; ~ *between persons* vyandigheid tussen mense. **an·ti·pa·thet·ic(·al)** antipatiek, onsimpatiek, afstotend.

an·ti·per·son·nel: ~ *bomb* personeel=, kwesbom; ~ *mine* personeel=, kwesmyn.

an·ti·per·spi·rant *n.* sweetwerende middel, sweetweerder, antisweetmiddel. **an·ti·per·spi·rant** *adj.* sweetwerend.

an·ti·phon *(mus.)* antifoon, keervers. **an·tiph·o·nal** antifonaal, antifonies. **an·tiph·o·ny** antifonie, beurtsang, teen=, teësang, wisselsang.

an·tip·o·dal *n., (bot.)* antipode(sel). **an·tip·o·dal** *adj.* teenvoeters=, van die teenvoeters; lynreg teengesteld; *(geog.)* antipodies *(kontinent, meridiaan, ens.); be ~ to ..., (geog.)* die antipode van ... wees; *(geog.)* regoor (*of* diametraal teenoor) ... lê (*of* geleë wees); *(fig.)* die teen=/teëvoeter van ... wees; ~ *cell* antipodesel.

an·ti·pode teenvoeter, antipode; teenoorgestelde.

an·tip·o·des *(mv., fungeer soms as ekv.), (geog.)* antipode(s); *(argeol.)* antipodes, mense wat aan die teenoorgestelde kant van die aarde woon; presies die teenoorgestelde; *the A~, (Australië en Nieu-Seeland)* die Antipodes. **A~ Islands** Antipode-eilande.

an·ti·pole teenpool, teengestelde pool; teen(oor)gestelde.

an·ti·pope teenpous.

an·ti·psy·chi·a·try antipsigiatrie.

an·ti·py·ret·ic *n., (med.)* koors(weer)middel. **an·ti·py·ret·ic** *adj.* koorswerend.

an·ti·py·rine *(chem.)* antipirien.

an·ti·quar·i·an =*ans,* **an·ti·quar·y** =*ies, n.* oudheidkundige, oudheidkenner, antikwaar. **an·ti·quar·i·an** *adj.* oudheidkundig, antikwaries; ~ *bookseller* antikwaar; ~ *bookshop* antikwariaat. **an·ti·quar·i·an·ism** oudheidkunde.

an·ti·quate oud maak, laat verouder, in onbruik bring. **an·ti·quat·ed** verouderd, ouderwets, uit die ou(e) doos.

an·tique *n.* ou kunswerk, antik(w)iteit; (stuk) antiek; *(i.d. mv. ook)* antiek(e). **an·tique** *adj.* oud, antiek; ouderwets. ~ **dealer** antikwaar, oudhede=, antiekhandelaar. ~ **shop** oudhede=, antiekwinkel, antikwariaat.

an·tiq·ui·ty =*ties* die Oudheid; ouderdom; antik(w)iteit; *(i.d. mv.)* oudhede; *in ~* in die oudheid.

an·ti·rac·ism antirassisme. **an·ti·rac·ist** *n.* antirassis. **an·ti·rac·ist** *adj.* antirassisties.

an·ti·re·pub·li·can *n.* antirepublikein. **an·ti·re·pub·li·can** *adj.* antirepublikeins.

an·ti·rev·o·lu·tion·ar·y *n. & adj.* antirevolusionêr, =rewolusionêr.

an·ti·ri·ot *adj.* oproer=, onluste=.

an·ti·roll bar *(mot.)* kanteldemper, teenkantelstaaf.

an·tir·rhi·num *(bot.)* leeubekkie.

an·ti·rust roeswerend, roesweer=.

an·ti·scor·bu·tic *n., (med.)* skeurbuikmiddel. **an·ti·scor·bu·tic** *adj.* skeurbuikwerend.

an·ti·scrip·tur·al teenskriftuurlik, onbybels, onskriftuurlik.

an·ti-Sem·ite anti-Semiet. **an·ti-Se·mit·ic** anti-Semities. **an·ti-Sem·i·tism** anti-Semitisme.

an·ti·sep·sis antisepsis, kiemwerende behandeling. **an·ti·sep·tic** *n.* ontsmettingsmiddel, ontsmettingstof, kiemwerende middel, kiemdoder, antiseptikum. **an·ti·sep·tic** *adj.* kiemwerend, ontsmettend, antisepties.

an·ti·se·rum =*sera* antiserum.

an·ti·shine: ~ **lotion** matmiddel.

an·ti·shrink krimpwerend; ~ *treatment* krimpwering.

an·ti·slav·er·y *adj.* antislawerny=.

an·ti·so·cial antisosiaal, antimaatskaplik.

an·ti·spas·mod·ic *n.* krampmiddel, =weerder, =stiller. **an·ti·spas·mod·ic** *adj.* krampwerend, =stillend.

an·ti·spas·tic *(med.)* krampstillend; *(pros.)* antispasties.

an·ti·stat·ic antistaties *(tekstiel ens.);* ~ *antenna* antisteuringsantenna, =antenne, steuringwerende antenna/antenne; ~ *chain* afleiketting.

an·tis·tro·phe *(pros.)* antistrofe.

an·ti·sub·ma·rine: ~ **patrol** duikbootjagpatrollie. ~ **vessel** duikbootja(gt)er.

an·ti-sway: ~ **bar** *(mot.)* →ANTI-ROLL BAR.

an·ti·tank: ~ **missile** tenkafweermissiel.

an·ti·ter·ror·ist teenterreur=, antiterreur=; ~ *bill* wetsontwerp op terrorisme; ~ *measures* maatreëls teen terrorisme; ~ *squad/unit* terreurbestrydingseenheid.

an·ti·tet·a·nus *adj., (med.)* antitetanus=, tetanuswerend, kaakklemwerend; ~ *serum* antitetanus=, kaakklemserum.

an·ti·theft *adj.* diefweer=; ~ *device* diefweertoestel.

an·tith·e·sis =*ses* teenstelling, antitese; teengestelde; *be the ~ of/to ...* 'n teenstelling met ... vorm. **an·ti·thet·ic, an·ti·thet·i·cal** teenstellend, antiteties.

an·ti·tox·in *(chem., med.)* teen=, teëgif, antitoksien. **an·ti·tox·ic** gifwerend, antitoksies.

an·ti·trades, an·ti·trade winds *(mv.)* anti=, teenpassate, anti=, teenpassaatwinde.

an·ti·trust *adj. (attr.), (Am. pol.)* antitrust=.

an·ti·type teenbeeld, antitipe.

an·ti·ve·nin, an·ti·ve·nene *(med.)* teen=/teëgif (teen slangbyte), antivenien.

an·ti·vi·ral *(med.)* viruswerend, antiviraal.

an·ti·viv·i·sec·tion·ist teenstander van viviseksie (*of* eksperimente/proefnemings op lewende diere).

an·ti-waste: ~ **organisation** rommelbestrydingsorganisasie.

ant·ler *(soöl.)* horing, tak; *(set/pair of)* ~*s* horings, gewei *(v. takbok).* **ant·ler·ed** met horings/gewei.

An·to·ni·nus: *Marcus Aurelius ~, (Rom. keiser, 161-180)* Markus Aurelius Antoninus; ~ *Pius, (Rom. keiser, 138-161)* Antoninus Pius. **An·to·nine** *adj.* Antonyns.

An·to·ni·us *(Lat.)* →ANTONY.

an·to·no·ma·si·a *(ling.)* antonomasia, naamsverwisseling.

An·to·ny: *Mark ~, (Rom. genl., ?83-30 v.C.)* Markus Antonius, *(Lat.)* Marcus Antonius.

an·to·nym *(ling.)* antoniem, teen(oor)gestelde. **an·ton·y·mous** antoniem, teen(oor)gestel(d). **an·ton·y·my** antonimie, teen(oor)gesteldheid.

an·tri·tis *(med.)* antritis.

an·trum =*tra, (anat.)* antrum, holte, kamer; beenholte.

ant·sy =*sier* =*siest* rusteloos, kriewelrig; *(Am. sl.)* katools, jags, seksbehep, wellustig.

Ant·werp *(geog.)* Antwerpen. ~ **dialect** Antwerps.

an·u·ri·a *(med.)* anurie.

a·nus *(anat.)* anus, aars, aarsopening.

an·vil *(ook anat.)* aambeeld.

anx·i·e·ty =*ties* angs, benoudheid, vrees, onrus; besorgdheid, ongerustheid, sorg, kommer; verontrusting; begeerte, verlange; gretigheid; *s.o.'s ~ **about/for** ...* iem. se kommer oor ...; ***cause** s.o. ~* iem. met angs/kommer vervul; *no **cause** for ~* geen rede tot kommer nie; *s.t. **causes** ~* iets wek kommer, iets baar/wek sorg, iets is kommerwekkend/sorgwekkend; ***deep/grave/great** ~* diepe kommer; ***full** of ~* vol sorge; ***relieve** s.o.'s ~* iem. gerusstel. ~ **neurosis** angsneurose.

anx·ious besorg, bekommerd, ongerus; angstig, benoud, angsvol; verontrustend, angswekkend; gretig, begerig; *be ~ **about** s.t.* oor iets bekommerd wees; *be ~ **about/for** s.o.* oor iem. besorg/ongerus wees/voel; *be ~ **for** s.o.'s return/etc.* verlangend na iem. se terugkoms/ens. uitsien; *be ~ **that** s.o. should* (*or* ***for** s.o. to*) *do s.t.* (dol)graag wil hê dat iem. iets doen; *be ~ **to** do s.t.* iets (dol)graag wil doen, gretig/begerig wees om iets te doen; *be ~ **to** know s.t.* nuuskierig wees om iets te weet; *be ~ **to** please* gretig/begerig wees om te behaag.

an·y enige; iedere, elke; *in ~ **case*** →CASE[1] *n.; you can come ~ **day*** jy kan kom watter dag jy wil; *I cannot see ~ **difference*** ek kan geen verskil sien nie; *go ~ **distance*** gaan so ver/vêr as iem. wil; niks ontsien nie; *in ~ **event*** →EVENT; ***few** if ~* weinig of geen; →FEW; *~ **fool** knows that!* elke kind weet dit!; *as **good** as ~* heeltemal goed genoeg; ***hardly** ~* min/weinig of geen; →HARDLY; *if s.o. **has** ~* as iem. (daarvan) het, as iem. so iets het/besit; ***have** you ~ apples/etc.?* het jy appels/ens.?; *not **have** ~ apples/etc.* geen appels/ens. hê nie; *s.o. isn't **having** ~, (infml.)* iem. wil niks daarvan hoor nie; *is there ~ **hope?*** is daar nog (enige) hoop?; ***if** ~* as daar is; *comment, **if** ~, I leave to you* enige kommentaar laat ek aan jou oor; *(for) ~ **length** of time* so lank as jy wil; *s.o. didn't stay ~ **length** of time* iem. het nie baie lank gebly nie; *not ~ **longer*** nie langer/meer nie; *I bet you ~ **money*** ek wed jou vir wat jy wil; *~ **more*** →MORE; *~ **news** of him/her yet?* al van hom/haar gehoor?; ***not** ~ ...* geen ... nie; *~ **number** you like* 'n willekeurige getal; *have you ~ **objection?*** het jy enige beswaar?; *at ~ **rate*** →RATE *n.; if it is done on ~ **scale*** as dit op aanmerklike/noemenswaardige skaal gebeur; *(at) ~ **time*** →TIME; *(in) ~ **way*** →WAY; ***without** ~* sonder (enige); *in ~ **previous year*** in enige vorige jaar.

an·y·bod·y, an·y·one elkeen, iedereen; enigiemand, enige iemand, wie ook al; enigeen, enige een; iemand; →ANYONE; *s.o.'ll never **be** ~* iem. sal nooit iets word nie; *he wasn't ~ **before** he married her* voordat hy met haar getrou het, was hy niemand nie; *~ **but** he/she* almal behalwe hy/sy; *~ **else*** iemand anders; al die ander; nog iemand; *~ **else's*** iemand anders s'n; ***everybody** who is anybody was there* almal van belang was daar; *~**'s guess*** →GUESS; ***hardly/scarcely** ~ came* byna niemand het gekom nie; ***if** ~ ...* as daar iem. is wat ...; ***it's** ~'s game/match/race/etc.* enige span/perd/ens. (*of* elkeen) kan wen; ***just** ~* die eerste die beste; *not **just** be ~* nie (sommer) 'n hierjy wees nie; *they are not **just** ~* hulle is nie sommer sulke mense nie; ***not** ~* niemand nie; *I can't **see** ~* ek kan niemand sien nie; *has ~ **seen** him/her?* het iemand hom/haar gesien?; *~ **will tell** you the same* almal sal vir jou dieselfde sê; *don't **tell** ~* moenie vir iemand (*of* moet vir niemand) vertel nie; *(does) ~ **want** ...?* wil iemand ... hê?; *~ **who** believes that is a fool* wie dit glo, is 'n dwaas.

an·y·how op 'n manier, sommerso, so-so; →ANYWAY; ***all** ~* heeltemal deurmekaar; ***do** s.t. (just) ~, (infml.)* iets sommerso/so-so (*of* op 'n manier) doen, iets afskeep; *s.o. will have to **do** it ~* iem. sal dit in elk geval (*of* tog) moet doen, iem. sal dit moet doen of hy/sy wil of nie; ***just** ~, (infml.)* dit maak nie saak hoe nie; *not **just** ~, (infml.)* nie sommerso nie; *any **old** how, (infml.)* maak nie saak hoe nie.

an·y·one elkeen, iedereen; enigiemand, enige iemand, wie ook al; enigeen, enige een; iemand; →ANYBODY; *~ **else*** elke ander een, iemand anders; *~ **else?*** nog iemand?; *not want to speak to* ~ ***else*** met niemand anders wil praat nie; ***just*** ~ die eerste die beste; ***scarcely*** ~ amper/byna niemand; ~ ***who*** *does that* wie dit doen, iem. wat dit doen.

an·y·thing alles; iets; al, wat ook al; *as ... as* ~, *(infml.)* baie ...; *does s.o. have* ~ ***at all?*** het iem. hoegenaamd iets?; ~ ***but*** ... alles behalwe ...; *be* ***capable*** *of* ~ tot alles in staat wees; *s.o. will* ***do*** ~ iem. gee nie om wat hy/sy doen nie; iem. is tot alles in staat; *s.o. did not* ***do*** ~ iem. het niks gedoen nie; *s.o.'ll* ***do*** ~ *for* ... iem. sal alles vir ... doen; *I'll* ***do*** ~ *in my power to help you* ek sal alles in my vermoë doen om jou te help; ~ *s.o.* ***does*** wat iem. ook al doen; ~ ***doing?***, *(infml.)* gebeur daar iets?; *are you* ***doing*** ~ *tonight?* doen jy vanaand iets?, het jy planne vir vanaand?; ~ ***else*** iets anders; ~ ***else?*** nog iets?; *not* ***for*** ~ vir niks (*of* geen/g'n geld) ter wêreld nie; ~ ***from*** *fifty to a hundred* tussen vyftig en honderd; ~ *s.o. can* ***get hold of*** alles wat iem. in die hande kan kry; *I would* ***give*** ~ *for it* ek sou wát daarvoor wil gee; ~ ***goes*** alles is veroorloof; net wat jy wil; ***hardly*** ~ amper/byna niks (nie); *little* ***if*** ~ weinig of niks; *it is,* ***if*** ~, *better* dit is ewe goed of beter; ***if*** *there is* ~ *s.o. dislikes, it is* ... een ding waarvan iem. niks hou nie, is ...; *is there* ~ ***in*** ...? sit/steek daar iets in ...?; *do you* ***know*** ~ *about it?* weet jy iets daarvan?; *not* ***know*** ~ niks weet nie; ~ *you* ***like*** net wat jy wil; ... ***like*** ~, *(infml.)* ... soos nog iets (*of* dat dit 'n naarheid/aardigheid is *of* dat dit help) *(lieg, spog, vloek, ens.)*; ... vir die vale *(hardloop ens.)*; ... dat dit (so) gons/klap *(leer, werk, ens.)*; *not* ~ ***like*** *as good/etc. as ...*, *(infml.)* glad nie so goed/ens. soos ... nie; *not* ***make/think*** ~ *of s.t.* iets nie belangrik ag nie; ***more*** *than* ~ meer as alles, veral; *who can ask for* ~ ***more?*** wat wil ('n) mens nog hê?; ***not*** ~ niks ... nie; ***or*** ~ of iets; ***scarcely*** ~ amper/byna niks nie; ~ ***up to*** ... tot ...; *be good for* ~ ***up to*** *50 runs, (kr.)* maklik 50 lopies kan aanteken; ~ ***which*** ... al wat ...

an·y·time: *just* ~, *(infml.)* wanneer ook al.

an·y·way, an·y·how in elk/ieder/alle geval; tog, nogtans, nietemin, ewe(n)wel; eintlik, trouens; hoe dit (ook [al]) sy; *s.o.'ll have to do it* ~ iem. sal dit tog (*of* in elk/ieder/alle geval) moet doen, iem. sal dit moet doen of hy/sy (nou) wil of nie; *who cares,* ~? en wat daarvan?.

an·y·where oral(s); êrens *(in vraagsinne)*; waar ook al; *you can* ***buy*** *it* ~ jy kan dit oral(s) koop; *can you* ***buy*** *it* ~? kan jy dit êrens koop?; *you can't* ***buy*** *it* ~ jy kan dit nêrens koop nie; ~ ***else*** op enige ander plek; *it won't* ***get*** *you* ~ jy sal niks daarmee bereik nie; *not be* ***getting*** ~ nie vorder nie; ~ *you* ***go*** waar jy ook al gaan; *not come* ~ ***near*** ... glad nie naby ... kom nie; ***not*** ~ nêrens (nie); ***or*** ~ of waar ook al.

an·y·wise *(Am.)* op (die) een of ander manier; in (die) een of ander opsig.

An·zac *(WO I)* Anzacsoldaat; *(vandag)* Australiese/Nieu-Seelandse soldaat. ~ **Day** *(25 April)* Anzacdag.

a·o·rist *(gram.)* aoris(tus), onbepaald verlede tyd, verhalende tyd.

a·or·ta *-tas, -tae, (anat.)* aorta, hoofslagaar. **a·or·tic, a·or·tal** aorta-; ~ *aneurysm* aortabreuk; ~ *valve* aorta-, hoofslagaarklep.

a·pace *(arg., poët., liter.)* vinnig, snel, hard; hand oor hand, met elke tree.

A·pach·e *-e(s), ([lid v.] volk)* Apache.

ap·a·nage →AP(P)ANAGE.

a·part afsonderlik, apart, eenkant; alleen; opsy, weg; uitmekaar, vanmekaar; ***come*** ~ →COME; ***fall*** ~ →FALL *ww.*; ***far/wide*** ~ ver/vêr uitmekaar/vanmekaar; ~ ***from*** ... afgesien van (*of* buiten) ..., (buite en) behalwe ..., op ... na; *be* ~ ***from*** ... van ... afgeskei wees; ***joking*** ~ →JOKING; ***keep*** ~ →KEEP *ww.*; ***live*** ~ *from s.o.* weg van iem. woon; ***set*** ~ →SET[3]; ***take*** *s.o.* ~ →TAKE *ww.*; ***tell*** ~ →TELL.

a·part·heid apartheid.

a·part·ment *(Br.)* vertrek, kamer; *(Am.)* woonstel; ~*s to let* kamers te huur. ~ **block** *(Br.)*, ~ **building/house** *(Am.)*, woonstelgebou, woonstelblok.

a·part·ness apartheid, afsonderlikheid.

ap·a·thy onverskilligheid, ongevoeligheid, onbelangstellendheid, lusteloosheid, apatie, flegma; *be sunk in* ~ in lusteloosheid gedompel wees; *s.o.'s* ~ *towards* ... iem. se onverskilligheid omtrent/teenoor ... **ap·a·thet·ic** onverskillig, ongevoelig, onbelangstellend, lusteloos, apaties.

ap·a·tite *(min.)* apatiet.

ape *n.* (stertlose) aap; *(fig.)* aap, domkop; lummel; *(arg.)* na-aper; →APERY, APISH; *go* ~, *(sl.)* van jou trollie/wysie af raak, gek/mal word; uit jou vel spring, buite jouself raak, rasend van opgewondenheid word. **ape** *ww.* na-aap. ~**man** aapmens.

a·peak *(sk.)* loodreg, regop, vertikaal.

Ap·en·nines *(mv.), (geog.)* Apennyne.

a·pep·sia, a·pep·sy *(med.)* apepsie, slegte spysvertering.

a·per·çu *(Fr.)* kort oorsig, samevatting, aperçu; vlugtige indruk.

a·per·i·ent *n., (med.)* (matige) lakseermiddel/purgasie. **a·per·i·ent** *adj.* lakserend, purgerend; ~ *salt* suiweringsout.

a·pe·ri·od·ic aperiodiek, aperiodies. **a·pe·ri·o·dic·i·ty** aperiodisiteit.

a·pé·ri·tif aperitief, aptytwekker, eetluswekker, aptytsnapsie, lusmakertjie. ~ **wine** aperitiefwyn.

ap·er·ture opening, spleet, gleuf, gaatjie; kykspleet; *(fot.)* lensopening. ~ **sight** gaatjievisier *(v. 'n vuurwapen)*.

ap·er·y *-eries, (arg.)* na-apery; aapstreek.

a·pet·a·lous *(bot.)* apetaal, sonder kroonblare, kroonblaarloos.

a·pex *-pexes, -pices* top(punt), hoogste punt, kruin, spits; *(fig.)* top-, hoogtepunt. ~ **beat** *(med.)* punt-, hartstoot. ~ **stone** sluit-, topsteen *(v. 'n gewel)*.

ap·fel·stru·del *(D.)* →APPLE STRUDEL.

a·phaer·e·sis, a·pher·e·sis *-ses, (ling.)* aferese, aferesis, voorafkapping, prokopee.

a·pha·si·a *(psig.)* afasie, spraakverlies. **a·pha·sic** *n., (med.)* afasielyer, afaat. **a·pha·sic** *adj.* afaties.

ap·he·li·on *-lia, (astron.)* afelium.

a·phe·sis *-ses, (ling.)* aferese/aferesis van 'n onbeklemtoonde klinker.

a·phid, a·phis *aphides* plant-, bladluis; →APPLE APHID, WOOLLY APHID.

a·pho·ni·a, a·pho·ny *(med., psig.)* afonie, stemloosheid, stemverlies.

aph·o·rism aforisme, (kern)spreuk, leer-, gedenkspreuk. **aph·o·ris·tic** aforisties.

aph·ro·dine *(chem.)* afrodien, johimbien.

aph·ro·dis·i·ac *n.* seksstimuleermiddel, geslagsdrifprikkel(middel), afrodisiakum. **aph·ro·dis·i·ac, aph·ro·di·si·a·cal** *adj.* wellusprikkelend.

Aph·ro·di·te *(Gr. mit.)* Afrodite, Aphrodite.

aph·ro·lith·ic *(geol.)* afrolities; ~ *lava* afrolitiese lawa, skuimsteen.

a·phyl·lous *(bot.)* blaarloos.

a·pi·an bye-.

a·pi·ar·i·an byekundig, bye-.

a·pi·a·rist byeboer, -houer, -teler.

a·pi·ar·y *-ies* byehok, -kamp, byery. ~ **house** byehuis, -stal.

ap·i·cal top-; *(ling., bot.)* apikaal; ~ *cell* apikale sel.

a·pic·u·late *(bot.)* stekel-, kortpuntig.

a·pi·cul·ture byeteelt, -houery, -boerdery. **a·pi·cul·tur·ist** byeteler; byekundige.

a·piece (per) stuk, elk.

ap·ish aapagtig; dwaas, verspot. **ap·ish·ness** aapagtigheid.

a·plen·ty in oorvloed, volop, te kus en te keur.

a·plomb selfvertroue, selfversekerdheid, aplomb; *do s.t. with* ~ iets selfversekerd doen.

A·poc·a·lypse *(i.d. Vulgaat en Douaibybel)* Openbaring. **a·poc·a·lypse** openbaring, apokalips. **a·poc·a·lyp·tic** apokalipties, openbarend.

a·poc·o·pe *(ling.)* apokopee, agterafkapping.

A·poc·ry·pha: *the* ~ die Apokriewe (Boeke). **a·poc·ry·phal** apokrief; twyfelagtig, verdag, ongeloofwaardig, onaanneemlik.

ap·o·dal, ap·o·dous *(soöl.)* pootloos; sonder buikvinne.

ap·o·deic·tic, ap·o·dic·tic *(fml.)* onweerlegbaar, onbetwisbaar, stellig, apodikties.

ap·o·gee *(astron.)* apogee, apogeum; *(fig.)* top-, hoogtepunt.

a·po·lit·i·cal apolitiek, apolities.

A·pol·lo *(Gr. mit.)* Apollo. **Ap·ol·lo·ni·an** Apollinies; *(dikw. a~)* ewewigtig, beheers.

ap·o·logue *(fabel met 'n les)* apoloog.

a·pol·o·gy *-gies* verskoning, verontskuldiging, ekskuus, apologie; regverdiging, verdediging, verweer; *an* ***abject*** ~ 'n kruiperige verskoning; ***accept*** *an* ~ 'n verskoning aanvaar; *it* ***admits*** *of no* ~, *(fml.)* dis onvergeeflik *(iem. se gedrag ens.)*; *this* ~ ***for*** *a visit/etc.* hierdie sogenaamde kuier/ens.; ***make*** *one's apologies* verskoning maak; ***make*** *an* ~ *to s.o. for s.t.* (by) iem. (om) verskoning vra (*of* by iem. apologie aanteken/maak) vir iets; ***make*** *no* ~ *for s.t.* iets nie probeer regverdig/goedpraat nie, jou nie van iets probeer verontskuldig nie; ***offer*** *an* ~ verskoning maak, ekskuus vra; ***offer*** *s.o. an* ~ (by) iem. (om) verskoning vra, iem. 'n verskoning aanbied; *s.o.* ***owes*** *s.o. an* ~, *s.o.* ***deserves*** *an* ~ *from s.o.* iem. is (aan) iem. 'n verskoning verskuldig; *by* ***way*** *of* ~ ter verskoning. **a·pol·o·get·ic** *adj.* apologeties, verskonend, verontskuldigend; verdedigend; *be* ~ *about s.t.* apologeties oor iets wees; *be* ~ *for doing s.t.* apologeties wees omdat jy iets gedoen het. **a·pol·o·get·i·cal·ly** verontskuldigend. **a·pol·o·get·ics** *n. (mv.)* apologetiek. **ap·o·lo·gi·a** apologie, verweerskrif. **a·pol·o·gise, -gize** verskoning/ekskuus maak/vra, apologie maak/aanteken; jou verontskuldig; ~ ***for*** *one's behaviour* (om) verskoning vra vir jou gedrag; ~ ***for*** *s.o.* vir iem. verskoning vra; ~ *to s.o.* ***for*** *s.t.* (by) iem. (om) verskoning vra vir iets. **a·pol·o·gist** apologeet, verdediger.

a·po·me·com·e·ter *(landm.)* apomekometer, afstandsmeter.

ap·o·phthegm, *(Am.)* **ap·o·thegm** apoftegma, kern-, sedespreuk.

a·poph·y·sis *-ses, (bot., soöl., geol.)* apofise.

ap·o·plex·y *(med., vero.)* beroerte, apopleksie; *(infml.)* stilstuipe. **ap·o·plec·tic** *(med., vero.)* apoplekties, beroerte-; *(infml.)* smoorkwaad, briesend; *an* ~ *stroke/fit* 'n beroerte(aanval).

a·port *(sk.)* aan/na bakboord.

ap·o·si·o·pe·sis *-ses, (ret.)* aposiopese, aposiopesis, verswyging, afbreking.

a·po·si·ti·a *(med., vero.)* aposisie.

a·pos·ta·sy *-sies* afval(ligheid) *(v. geloof, party, ens.)*; geloofsversaking, apostasie. **a·pos·tate** afvallige, geloofsversaker, renegaat, apostaat. **ap·o·stat·i·cal** afvallig. **a·pos·ta·tise, -tize** afval, afvallig word, jou geloof versaak, apostaseer.

a pos·te·ri·o·ri *adj. & adv., (Lat.)* a posteriori, induktief; aposteriories, empiries.

a·pos·til apostil, kanttekening.

a·pos·tle *(lett. & fig.)* apostel; *the A~s' Creed* die Apostoliese Geloofsbelydenis. ~ **spoon** apostellepel.

a·pos·tle·ship apostelskap.

a·pos·to·late apostolaat.

ap·os·tol·ic apostolies.

a·pos·tro·phe *(gram.)* afkappingsteken, apostroof, weglatingsteken; *(ret.)* apostroof. **a·pos·tro·phise, -phize** *(ret.)* apostrofeer.

a·poth·e·car·y *-ies, (arg.)* apteker; ~*ies' measure* aptekersmaat; ~*ies' weight* aptekersgewig.

ap·o·thegm →APOPHTHEGM.

ap·o·them *(geom.)* apotema.

a·poth·e·o·sis *-ses* heiligverklaring, apoteose; vergoddeliking, vergoding, verheerliking; verhewe ideaal. **a·poth·e·o·sise, -size** vergoddelik, verheerlik.

ap·pal, *(Am.)* **ap·pall** -*ll*- ontstel, verskrik, ontset; *be ~led at s.t.* oor iets ontsteld wees. **ap·pal·ling** ontstellend, verskriklik, ontsettend, skokkend; gruwelik; uiters swak, baie sleg, vrot(sig), beroerd.

Ap·pa·la·chi·a *(geog.)* Appalachië. **Ap·pa·la·chi·an** *adj.* Appalachies; *the ~ Mountains, the Appalachians* die Appalachiese Gebergte, die Appalache.

ap·(p)a·nage *(hist.)* toelaag, toelae; *(arg.)* byverdienste, byvoordeel; (erf)deel; eienskap, kenmerk.

ap·pa·ra·t *(hist.: Kommunistiese partyapparaat)* apparat. **ap·pa·ra·tchik** apparatsjik.

ap·pa·rat·us -*us(es)* apparaat, toestel, masjien; apparatuur, gereedskap, apparate, toestelle, toerusting; organisasie; *(med.)* organe; *the ~ of government* die staatsmasjien; *a piece of ~* 'n stuk gereedskap, 'n toestel.

ap·par·el *n., (fml.)* klere, kleding, drag, mondering, gewaad; klerasie, kledingstukke. **ap·par·el** -*ll*-, *ww., (arg.)* klee, aantrek, tooi.

ap·par·ent duidelik, klaarblyklik, kennelik, sigbaar; blykbaar, skynbaar, oënskynlik; *it soon **became** ~ that* ... dit was gou duidelik (*of* het gou duidelik geword) dat ...; *~ **contradiction*** skynbare teen-/teëspraak; *~ **death*** skyndood; ***heir*** *~* →HEIR; *from the documents it **is** ~ that* ... uit die dokumente blyk (dit) dat ...; *~ **length*** skynlengte; *s.t. is **more** ~ than real* iets is meer skyn as werklikheid *(voordele ens.); s.t. is ~ **to** s.o.* iets is vir iem. duidelik; *~ **truth*** skynwaarheid. **ap·par·ent·ly** klaarblyklik, sigbaar; blykbaar, skynbaar, oënskynlik, vermoedelik, na alle skyn.

ap·pa·ri·tion verskyning, gees, spook, gedaante, spookgestalte. **ap·pa·ri·tion·al** spookagtig.

ap·peal *n.* appèl; beroep, versoek, oproep, pleidooi, (smeek)bede; trefkrag, aantrekkingskrag; ***aesthetic*** *~* skoonheidswerking, estetiese werking; ***allow/grant*** *an ~* 'n appèl toestaan/handhaaf; ***deny/dismiss/reject*** *an ~* 'n appèl afwys/verwerp (*of* van die hand wys); *an ~ **for** contributions/help/etc.* 'n oproep om bydraes/hulp/ens.; ***go to*** *~* appèl aanteken; *an ~ **lies** to a higher court* daar is appèl na 'n hoër hof; *s.t. has **little** ~ for s.o.* iets het min aantrekkingskrag vir iem.; ***lodge*** *an ~* appèl aanteken; *s.t. has **lost** its ~ for s.o.* iets het sy aantrekkingskrag vir iem. verloor; ***make*** *an ~ against s.t.* teen iets appèl aanteken; ***make*** *an ~ to s.o. for* (or *to do*) *s.t.* 'n beroep op iem. doen om iets te doen; ***make*** *an ~ to s.t.* jou op iets beroep; *s.t. has **no** ~ for s.o.* iets het geen aantrekkingskrag vir iem. nie; ***note*** *an ~, give **notice** of ~* appèl aanteken; *have the **right** of ~* die reg van appèl hê; ***uphold*** *an ~* 'n appèl handhaaf. **ap·peal** *ww.* appelleer, appèl aanteken, in (hoër) beroep gaan; 'n beroep doen; jou beroep; smeek; *~ **against*** ... teen ... appelleer; *~ to the **evidence*** jou op die getuienis beroep; *~ to s.o. **for** s.t.* op iem. 'n beroep doen om iets; *~ to a **higher court*** na 'n hoër hof appelleer, by 'n hoër hof in beroep gaan; *it ~s to the **imagination*** dit spreek tot die verbeelding; *it ~s to the **lower instincts*** dit prikkel die laer instinkte; *~ to **public opinion*** 'n beroep op die publiek doen; *~ to the **sword**, (arg.)* na die swaard/wapens gryp; *s.t. ~s **to** s.o.* iem. hou van iets, iets vind by iem. ingang, iets slaan by iem. in, iets spreek tot iem., iets lok/trek iem. aan, iets val in iem. se smaak, iem. het sin in iets. ~ **court, court of** ~ appèlhof, hof van appèl. ~ **fund** insamelingsfonds.

ap·peal·a·ble *(jur.)* vatbaar vir appèl, appellabel.

ap·peal·ing aantreklik, aanloklik, bekoorlik, lieflik, innemend, roerend; smekend.

ap·pear verskyn, voorkom; opdaag; optree; uitkom; te voorskyn tree; skyn, lyk; blyk; *it ~s **as if/though*** ... dit lyk (*of* kom voor) (as)of ..., ('n) mens kry die indruk dat ...; *~ **briefly*** 'n kort rukkie verskyn; *~ in (or before the) **court*** voorkom, voor die hof kom, in die hof verskyn; *~ **for** s.o., (jur.)* vir iem. verskyn *(in 'n hof); ~ (as if) **from*** (or ***out of***) *nowhere* →NOWHERE; *it ~s **not*** dit lyk nie so nie; *~ **in print*** →PRINT *n.; ~ **in public*** in die openbaar optree; in die openbaar verskyn; *it ~s **so, so** it ~s* dit lyk so, so lyk dit; *it ~s **that*** ... dit blyk dat ...; blykbaar/vermoedelik ...; *it ~s **to** me* ... dit lyk (vir) my ..., dit kom my voor (*of* wil my voorkom) ...; *an angel/etc. ~s **to** s.o.* 'n engel/ens. verskyn aan iem.; *s.o./it ~s **to be*** ... iem./dit is blykbaar ...; *s.o./s.t. ~s **to be*** ... na dit skyn, is iem./iets ...; *s.o./s.t. ~s **not to be*** ... iem./iets skyn nie ... te wees nie; *s.o. ~s (**to be**)* ... iem. lyk ..., iem. kom ... voor *(moeg ens.); s.o./it ~s **to have*** ... iem./dit het blykbaar ...; *s.o. ~s **to have*** (or *it ~s **that** s.o. **has***) *made a mistake* iem. het blykbaar 'n fout gemaak/begaan; *it **would** ~ as if* ... dit sou lyk (as)of ...; dit wil voorkom (as)of ...; *it **would** ~ to be* ... dit is blykbaar ...

ap·pear·ance verskyning; optrede; tevoorskynkoming; verskynsel; skyn; voorkoms, uiterlik(e); *to/by/from **all** (outward) ~s* skynbaar, oënskynlik, op die oog (af); *make a **brief** ~* 'n kort rukkie verskyn; ***by*** *~* in/na/volgens voorkoms; ***date/day*** *of ~, (jur.)* verskyndag; *~s are* (or *can be*) ***deceptive/misleading*** skyn bedrieg; ***enter*** *~* verskyning aanteken *(in 'n hofsaak);* ***first*** *~* debuut; ***judge*** *s.o. by ~s* iem. op sy/haar baadjie takseer, iem. na/volgens die uiterlik(e) oordeel; ***keep up*** (or ***save***) *~s* die skyn bewaar/red, die fatsoen bewaar; ***make*** (or ***put in***) *an ~* opdaag, verskyn, jou verskyning maak; ***make*** *a personal ~* self (*of* in lewende lywe) opdaag; in eie persoon optree; ***make*** *a public ~* in die openbaar optree; *s.o.'s **personal*** *~* iem. se voorkoms/uiterlik(e); *a **personal*** *~* 'n persoonlike optrede, 'n verskyning in eie persoon; *make a **personal*** *~* in eie persoon optree; *s.o. presents a **ragged*** *~* iem. sien daar verflenter(d) uit; *~ and **reality*** skyn en waarheid/wese; *for the **sake** of ~s, for ~s' sake* vir die skyn. ~ **money** opreegeld.

ap·pear·er *(jur.)* komparant.

ap·pease kalmeer, tot bedaring bring, paai, sus, tevrede stel *(iem.);* stil *(honger);* les *(dors);* bevredig *(lus, nuuskierigheid, verlange);* versag *(leed);* verlig *(nood, smart);* temper *(woede).* **ap·peas·a·ble** bevredigbaar; versoenbaar. **ap·pease·ment** kalmering, bedaring, gerusstelling; bevrediging; *policy of ~* versoenings-, paaibeleid. **ap·peas·er** paaier, versoener, vredemaker.

ap·pel·lant *n., (jur.)* appellant. **ap·pel·lant** *adj.* appellerend; smekend. **ap·pel·late** appèl-; *~ court* hof van appèl, appèlhof; *~ division* appèlafdeling. **ap·pel·la·tion** *(fml.)* benaming; titel; naam. **ap·pel·la·tive** *n.* benaming; titel; naam; *(gram.)* soortnaam, appellatief. **ap·pel·la·tive** *adj., (fml.)* benoemend, naamgewend; *(gram.)* appellatiwies; *~ noun* soortnaam.

ap·pend byvoeg, toevoeg; *(rek.)* aanlas; *~ a seal to a document* 'n seël op 'n dokument druk, 'n dokument beseël; *~ one's signature to a document* jou handtekening op 'n dokument aanbring, 'n dokument onderteken; *~ s.t. to* ... iets aan ... heg; *(rek.)* iets by ... aanlas. **ap·pend·age** aanhangsel, byvoegsel, toevoegsel. **ap·pen·dant** *n., (fml.)* aanhangsel; afhanklike. **ap·pen·dant** *adj., (fml.)* bybehorend; bygevoeg; begeleidend. **ap·pen·dec·to·my, ap·pen·di·cec·to·my** -*mies, (patol.)* blindedermoperasie, appendektomie, appendisektomie. **ap·pen·di·ci·tis** *(med.)* blindedermontsteking, appendisitis. **ap·pen·dic·u·lar** *(anat.)* appendikulêr, blindederm-, appendiks-; *~ skeleton* aanhangskelet, -geraamte. **ap·pen·dix** -*dices*, -*dixes* bylaag, bylae; aanhangsel, byvoegsel, toevoegsel; (vul)slurp, appendiks *(v. 'n lugballon); (vermiform) ~, (anat.)* blindederm, appendiks.

ap·per·ceive *(psig.)* appersipieer, bewustelik waarneem. **ap·per·cep·tion** appersepsie, bewuste waarneming. **ap·per·cep·tive** apperseptief, appersepsie-.

ap·per·tain (be)hoort; *s.t. ~s to* ... iets (be)hoort/pas by ...; iets het op ... betrekking.

ap·pe·tent: *~ of/for/after* ..., *(arg.)* hunkerend/smagtend/begerig/verlangend na ... **ap·pe·tence** -*tences*, **ap·pe·ten·cy** -*cies, (arg.)* begeerte, verlange; neiging; aantrekking; *~ of/for/after* ... begeerte/verlange na ...; geneigdheid tot ...; lus vir (*of* trek na) ...

ap·pe·tis·er, -tiz·er aptytwekker, eetlus(op)wekker(tjie), aptytsnapsie, lusmakertjie, opfrissertjie, snapsie voor ete; aptyt-, southappie; →APÉRITIF.

ap·pe·ti·sing, -ti·zing aptytlik, smaaklik; aantreklik.

ap·pe·tite eetlus, aptyt; trek, neiging, sin, lus, sug, begeerte; *have a **bad** ~* 'n slegte/swak eetlus hê; ***curb*** *one's ~s* jou drange beteuel, jou luste bedwing; *have an/no ~ **for** s.t.* (nie) aptyt/lus hê vir iets (nie), (geen) sin/trek in iets hê (nie); *have a **good/healthy/hearty/sound*** *~* 'n goeie/gesonde/groot eetlus hê; ***kill*** *one's ~* jou eetlus heeltemal wegneem; *an ~ for **knowledge*** weetgierigheid, weetlus, 'n dors na kennis; ***lack*** *of ~* gebrek aan eetlus; ***lose*** *one's ~* jou eetlus verloor; *have **no** ~* geen eetlus/aptyt (*of* trek in kos) hê nie; *an ~ for **revenge*** wraaklus; *have a **roaring*** *~* rasend honger wees; ***satisfy*** *one's ~s* jou drange bevredig; *~ for **sex*** seksdrang, libido; *a **sharp*** *~* 'n stewige eetlus; ***spoil*** (or *take away*) *one's ~* jou eetlus bederf; ***surrender*** *to one's ~s* toegee aan jou luste; *it **tempts** the ~* dit prikkel die eetlus; ***whet*** *s.o.'s ~ for s.t.* iem. se aptyt/belangstelling vir iets (op)wek/prikkel; →WHET; ***work up*** *an ~* eetlus kry. ~ **suppressant,** ~ **suppressor,** ~ **suppresser** eetlusdemper.

ap·pet·i·tive begerend, verlangend.

Ap·pi·an *n., (Gr. geskiedskrywer)* Appianus. **Ap·pi·an** *adj.: the ~ Way* die Appiese Weg.

ap·plaud toejuig, met applous begroet; prys, goedkeur; (hande) klap. **ap·plause** toejuiging, applous, handgeklap, byval; *a **burst/salvo** of ~* dawerende toejuiging; *s.o. gets/wins ~ **for** s.t.* iets van iem. vind groot byval; *be **greeted** with ~* met groot byval begroet word; *win **loud** ~* met groot applous begroet word; *a **round** of ~* 'n sarsie applous; ***rousing/thunderous*** *~* dawerende toejuiging; ***to*** *~* onder toejuiging.

ap·ple appel; appel(boom); *a **bad/rotten** ~, (lett. & fig.)* 'n vrot appel; *the **Big** A~, (Am. sl.)* New York; *an ~ a **day** keeps the doctor away* 'n appel 'n/per dag laat die dokter wag; *~ of **discord*** twisappel; *the ~ of s.o.'s **eye*** iem. se oogappel; *~ of **Sodom*** sodomsappel. ~ **aphid** appelplantluis; *woolly ~ ~* appelbloedluis. ~ **black spot** appelskurf, skurfsiekte. ~ **blossom** appelbloeisel. ~ **brandy** appelbrandewyn. ~**cart** appelkar; *upset s.o.'s ~, (infml.)* (al) iem. se planne omvergooi/verydel/dwarsboom/fnuik; *upset the ~, (infml.)* die (hele) spul verongeluk, die (hele) boel omskop. ~ **corer** appelboor. ~ **crumble** appelfrummelpoeding. ~ **dumpling** appelkluitjie. ~ **fritter** appelkoekie. ~ **green** *n.* appel-, liggroen. ~**-green** *adj. (attr.)* appel-, liggroen. ~**jack (brandy)** appelbrandewyn. ~ **jelly** appeljellie. ~ **juice** appelsap. ~ **meringue** appelskuimpie, -meringue. ~ **pie** appeltert. ~**-pie bed** vasskopbed. ~**-pie order** piekfyn, agtermekaar, in die haak. ~ **polisher** *(Am. infml.)* witvoetjiesoeker, (in)kruiper. ~ **sauce** *(kookk.)* appelmoes; *(Am. infml.)* kaf, nonsens, nonsies. ~ **strudel** appelstrudel. ~ **tart** appeltert. ~ **tree** appelboom. ~ **whip** appelskuim.

ap·pli·ance toestel, apparaat, werktuig, instrument; hulpmiddel; brandweerwa.

ap·pli·ca·ble, ap·pli·ca·ble toepaslik, toepasbaar; geskik, bruikbaar, doelmatig; *be ~ to* ... op ... van toepassing wees. **ap·plic·a·bil·i·ty, ap·pli·ca·ble·ness** toepaslikheid, toepasbaarheid; geskiktheid, bruikbaarheid, doelmatigheid.

ap·pli·cant aansoeker, applikant; aanvraer *(om aandele ens.); an ~ for a job* 'n aansoeker om 'n betrekking.

ap·pli·ca·tion aanwending, toepassing, toediening, gebruik, applikasie; aanvraag; aansoek; vlyt, ywer, aandag, toewyding; *for **external** ~* vir uitwendige gebruik; ***field** of ~* gebruiksveld; *an ~ **for*** ... 'n aansoek om ... *('n betrekking ens.);* 'n aanvraag om ... *(verlof, 'n lisensie, 'n patent, ens.);* ***letter** of ~* aansoekbrief; ***make*** (or ***put in***) *an ~* aansoek doen, 'n aansoek instuur; *the ~ **of*** ... die aanwending van ... *(fondse, medisyne, ens.);* die toepassing van ... *('n be-*

ginsel, reël, ens.); ***on*** ~ op aanvraag; ***point*** *of* ~, *(fis.)* aangrypingspunt; *an* ~ ***to*** ... 'n aansoek by ... *(d. hof ens.); the* ~ *of ointment* ***to*** *a wound* die aanwending van salf op 'n wond. ~ **form** aansoekvorm; inskrywingsvorm. ~ **program** *(rek.)* toepassingsprogram. ~ **software** *(rek.)* toepassingsprogrammatuur, =sagteware. ~**s package** *(rek.)* toepassingspakket.

ap·pli·ca·tor toediener, aanbringer; (spons)kwassie.

ap·plied toegepas; ~ *art* toegepaste kuns; ~ *mathematics* toegepaste wiskunde.

ap·pli·qué *n.* applikee, appliek(werk), oplegwerk. **ap·pli·qué** *ww.* applikeer, appliekwerk doen.

ap·ply aanwend, aanbring, aansit; toepas, gebruik (maak van), benut; aansmeer; oplê; aansoek doen, aanvra; rig *(tot)*, wend *(tot)*; ~ *the* ***axe*** →AXE *n.*; ~ *the* ***brakes*** rem, rem trap, die rem gebruik; ~ *to s.o.* ***for*** ... by iem. om ... aansoek doen *('n betrekking ens.)*; ... by iem. aanvra *('n lisensie, patent, ens.)*; by iem. om ... aanklop; ~ *one's* ***mind*** *to s.t.* jou in iets verdiep; aandag aan iets bestee; ~ ***pressure*** *to* ... druk op ... uitoefen; ~ *s.t.* ***rigorously*** iets streng toepas *('n reël ens.)*; ~ *a* ***standard*** 'n maatstaf/norm aanlê; ~ *a* ***test*** 'n toets toepas/aanlê; ~*ing* ***to*** ..., *(ook)* aangaande ...; ~ *o.s.* ***to*** *s.t.* jou op iets toelê *('n taak ens.)*; *s.t. applies* ***to*** ... iets is op ... van toepassing, iets slaan op (*of* geld vir) ...; ~ *s.t.* ***to*** ... iets op ... sit; iets aan ... smeer, ... met iets insmeer/invryf/invrywe *('n wond ens.)*; ~ *s.t.* ***towards*** ... iets vir ... aanwend; ~ ***within*** doen hier aansoek.

ap·point aanstel, benoem; bepaal, vasstel; aanwys; toerus, inrig, uitrus, meubileer; →WELL-APPOINTED; ~ *s.o.* ***as*** (or ***to*** *be)* ... iem. as ... aanstel; ***at*** *the* ~*ed time and place* op die bestemde tyd en plek; ~ *a* ***date*** 'n datum bepaal/vasstel; ~ *s.o. one's* ***heir*** iem. jou erfgenaam maak, *(fml.)* iem. tot jou erfgenaam benoem; ***on*** *the* ~*ed day* op die bestemde dag; ~ *a* ***place*** 'n plek aanwys; *s.o.'s* ~*ed* ***task*** iem. se toegewese/opgelegde/aangewese taak; ~ ***that*** ..., *(arg.)* bepaal dat ...; ~ *s.o.* ***to*** *do s.t.* iem. aanwys om iets te doen; ~ *s.o.* ***to*** *a post* iem. in 'n pos/amp aanstel, iem. tot 'n pos/amp benoem. **ap·poin·tee** benoemde, aangestelde (persoon). **ap·point·er** benoemer, aansteller. **ap·point·ment** afspraak, bestelling; aanstelling, benoeming; bepaling, vasstelling; aanwysing; *(i.d. mv.)* toerusting, inrigting, uitrusting, meublement, meubels; *s.o.'s* ~ ***as*** ... iem. se aanstelling as ...; ***break*** *an* ~ 'n afspraak nie hou/nakom nie, 'n afspraak versuim; ***by*** ~ volgens afspraak; ***by*** ~ *to His/Her Majesty* hofleweransier; ***cancel*** (or ***put off***) *an* ~ 'n afspraak afsê/afstel; ***get*** *an* ~ 'n afspraak kry; 'n aanstelling kry; ***keep*** *an* ~ 'n afspraak hou/nakom; *s.o. did not* ***keep*** *the* ~, *(ook)* iem. het nie opgedaag nie; ***make*** *an* ~ 'n afspraak maak; 'n aanstelling/benoeming doen; ***take*** *up an* ~ 'n aanstelling aanvaar.

ap·port *(Fr., spiritisme)* apport.

ap·por·tion toewys, toedeel, toebedeel; verdeel; uitdeel; ~ *s.t. among/between people* iets onder/tussen mense verdeel; ~ *blame* skuld uitdeel. **ap·por·tion·ment** toewysing, toedeling, toebedeling; (eweredige) verdeling.

ap·po·se *(teg.)* naas mekaar stel/plaas. **ap·po·site** geskik, gepas, toepaslik, passend; *an* ~ *answer* 'n gevatte antwoord; *be* ~ *to* ... op ... toepaslik wees. **ap·po·site·ness** geskiktheid, gepastheid. **ap·po·si·tion** naasmekaarstelling; *(gram.)* bystelling, apposisie; *(biol.)* apposisie. **ap·po·si·tion·al** *(gram.)* bystellend, as bystelling.

ap·praise waardeer, waarde bepaal (van) *(eiendom ens.)*; skat, takseer *(waarde, skade)*; deurkyk *(situasie)*; beoordeel *('n gedig ens.)*; *an appraising look* 'n ondersoekende/takserende blik. **ap·prais·a·ble** waardeerbaar, takseerbaar, skatbaar. **ap·prais·al, ap·praisement** skatting, waardering, taksasie, taksering, waardebepaling. **ap·prais·er** taksateur, skatter, waardeerder.

ap·pre·ci·ate waardeer, dankbaar wees vir, op prys stel; besef (hê van), begryp, begrip hê vir, bewus wees van, insien; na waarde skat, waardeer; in waarde toeneem/styg, appresieer; opgaan, styg *(in prys)*; ~ *s.t. deeply/greatly* iets hoog op prys stel, iets ten seerste waardeer; *s.o. has to* ~ *that* ... iem. moet besef dat ... **ap·pre·ci·a·ble** merkbaar, aansienlik, aanmerklik. **ap·pre·ci·a·bly** merkbaar, aansienlik, aanmerklik, kennelik, heelwat. **ap·pre·ci·a·tion** waardering, erkenning; besef, begrip; (goeie) opinie/mening; waardevermeerdering, waardestyging, appresiasie *(v. geldeenheid ens.)*; beoordeling, bespreking, kritiek; ***express*** ~ *of s.t.* waardering vir/oor iets uitspreek; ***have*** *little* ~ *of s.t.* weinig besef van iets hê *(probleme ens.)*; ***in*** ~ *of* ... uit waardering vir ...; ***show*** *(one's)* ~ *of s.t.* (jou) waardering vir iets toon; ***speak*** *with* ~ *of* ... met waardering van ... praat. **ap·pre·ci·a·tive** waarderend; begrypend; dankbaar; *be* ~ *of s.t.* iets waardeer, waardering vir iets hê; begrip vir iets hê; dankbaar vir iets wees; ~ *review* vleiende resensie. **ap·pre·ci·a·tive·ly** waarderend, met waardering/erkentlikheid; met dank, dankbaar. **ap·pre·ci·a·tive·ness** (gevoel van) waardering.

ap·pre·cia·to·ry waarderend.

ap·pre·hend vang, in hegtenis neem, gevange neem, arresteer, aanhou; *(fml.)* verstaan, begryp; *(arg.)* vrees. **ap·pre·hen·si·ble** begryplik, bevatlik. **ap·pre·hen·sion** vrees, besorgdheid, ongerustheid; inhegtenisneming, gevangeneming, arrestasie, aanhouding; *(fml.)* begrip, bevatting, begrips=, bevattingsvermoë; *have* ~*s* ***about*** *s.t.* oor iets besorg/ongerus wees; *feel* ~ ***for*** ... bedug/bevrees vir ... wees *(iem. se veiligheid ens.)*; ... vrees; *be* ***quick/slow*** *of* ~ vlug/traag van begrip wees. **ap·pre·hen·sive** besorg, bang, lugtig, ongerus; *(arg., poët., liter.)* skerpsinnig, intelligent; *be* ~ ***about*** *s.t.* oor iets besorg/ongerus/bedug wees; *be* ~ ***for*** *s.t.* vir iets vrees; *be* ~ ***of*** *s.t.* iets vrees, bedug/bevrees/bang/lugtig vir iets wees; *be* ~ ***that*** ... bedug/bevrees wees dat ... **ap·pre·hen·sive·ness** vrees, besorgdheid, ongerustheid.

ap·pren·tice *n.* vakleerling; leerling; leerlingjokkie; nuweling, beginner, groene, groentjie. **ap·pren·tice** *ww.* as vakleerling inskryf/=skrywe, 'n ambag laat leer; *be* ~*d to s.o.* by iem. as vakleerling ingeskryf/=skrywe wees, 'n ambag van iem. leer. **ap·pren·tice·ship** vakleerlingskap; leertyd, leerjare; *serve an* ~ vakleerling wees, 'n leertyd deurmaak.

ap·pressed *(teg.)* teenaan gegroei(d)/geleë.

ap·prise, =prize *(fml.)* in kennis stel, op (die) hoogte bring, meedeel, verwittig; ~ *s.o. of s.t.* iem. van iets in kennis stel (*of* verwittig), iem. op (die) hoogte van iets bring, iem. iets meedeel; *be* ~*d of s.t.* van iets kennis dra (*of* bewus wees), iets weet, op (die) hoogte van iets wees.

ap·pro: *on* ~, *(infml.)* op sig; →APPROVAL.

ap·proach *n.* nadering; aantog; metode; toegang= (spad), oprit; *(dikw. mv.)* toenadering; benadering; *(lugv.)* naderingsbaan; *(gholf)* naderhou; ***at*** *the* ~ *of* ..., *(teenw.t.)* wanneer ... nader kom, *(verl.t.)* toe ... nader kom; *an* ***easy*** ~ *to maths/etc.* 'n maklike manier om wiskunde/ens. te leer; *s.o.'s* ~ *to* ***life*** iem. se lewensbeskouing/=opvatting; ***make*** *an* ~ *to s.o. for s.t.* iem. om iets nader *(hulp ens.)*; ***make*** ~*es to s.o.* toenadering tot iem. soek; *the* ~*es to a* ***place*** die toegange na 'n plek; *s.o.'s* ~ ***to*** ... iem. se houding teenoor (*of* beskouing oor *of* opvatting van) ... *('n onderwerp, saak, ens.)*; iem. se benadering van ..., die manier waarop iem. ... aanpak/benader. **ap·proach** *ww.* nader; nader kom; in aantog wees; *(troepe)* opruk, aanruk; aangevlieg kom; na ... toe kom/gaan; aanklop by, jou wend tot; op die drumpel staan van *(fig.)*; naby ... kom; grens aan; toenadering soek tot; benader, aanpak; ~ *s.o.* ***about/for*** *s.t.* iem. oor/om iets nader, by iem. oor/om iets aanklop, jou tot iem. oor/om iets wend; ~ ***adolescence*** die puberteitsjare binnegaan; ~ ***manhood*** (al) baard kry; ~ ***thirty*** dertig se kant toe staan. ~ **light** *(lugv.)* landings=, naderingslig. ~ **path** *(lugv.)* naderingsbaan. ~ **road** toeganspad, oprit. ~ **shot** *(gholf)* naderhou. ~ **side** naderingskant.

ap·proach·a·ble toeganklik *(plek)*; toeganklik, genaakbaar *(iem.)*. **ap·proach·a·bil·i·ty** toeganklikheid; genaakbaarheid.

ap·proach·ing naderend; aanstaande *(gebeurtenis)*.

ap·pro·ba·tion aanbeveling; goedkeuring, bekragtiging, sanksie.

ap·pro·pri·ate *adj.* geskik, passend, paslik, gepas, van pas; toepaslik, tersaaklik, ter sake; betrokke; aangewese, juiste, korrekte, regte; doelmatig; in aanmerking komende; *the* ~ ***amount*** die nodige bedrag; *the* ~ ***committee*** die betrokke komitee; *be* ~ ***for/to*** ... vir ... gepas/geskik/paslik/passend wees. **ap·pro·pri·ate** *ww.* (jou) toe-eien, inpalm, neem, beslag lê op; bestem, toewys, afsonder, aanwys; bewillig, beskikbaar stel; aanwend, gebruik; ~ *s.t.* ***for*** ... iets vir ... aanwys/afsonder/bestem/toewys; ~ ***funds/money*** *for* ... geld vir ... bewillig (*of* beskikbaar stel); ~ ... ***to*** *o.s.* jou ... toe-eien, ... inpalm/neem. **ap·pro·pri·ate·ly** passend; toepaslik.

ap·pro·pri·a·tion toe-eiening; bestemming, toewysing, afsondering, aanwysing; bewilliging, beskikbaarstelling; aanwending; ***make*** *an* ~ *for* ... 'n bedrag vir ... bewillig; ***part*** ~ →PART; ~ *of* ***profits*** winsverdeling, =aanwending. ~ **account** winsverdelings=, toewysingsrekening. ~ **act** begrotingswet.

ap·pro·pri·a·tive toe-eienend.

ap·prov·al goedkeuring, instemming; byval; aanbeveling; bevestiging, bekragtiging; ***beam*** ~ iets glimlaggend goedkeur; ***give*** *one's* ~ *to* ... goedkeur, jou goedkeuring aan ... gee/heg; ***have*** *the* ~ *of s.o.* iem. se goedkeuring (*of* die goedkeuring van iem.) hê/wegdra; ***meet*** *with* ~ goedkeuring wegdra, byval vind; ***on*** ~ op sig; ***seek*** *s.o.'s* ~ *for s.t.* iem. se goedkeuring vir iets vra; *be* ***subject*** *to s.o.'s* ~ aan iem. se goedkeuring onderworpe wees; *meet with* ***universal*** ~ algemeen byval vind; *s.t.* ***wins*** *s.o.'s* ~ iets dra iem. se goedkeuring weg; iets vind by iem. ingang; ***with*** *the* ~ *of* ... met die goedkeuring van ... ~ **note** op-sig-nota.

ap·prove goedkeur; aanbeveel; bevestig, bekragtig; onderskryf; ~*d* ***method*** beproefde/erkende metode; ~ ***of*** *s.o.* van iem. hou, baie van iem. dink; ~ ***of*** *s.t.* iets goedkeur/goedvind, jou goedkeuring aan iets gee/heg.

ap·prov·ing *adj.* goedkeurend, instemmend.

ap·prox·i·mate *adj.* benader(d), geraam, geskat. **ap·prox·i·mate** *ww.* benader, naby kom; naby bring; *s.t.* ~*s (to)* ... iets kom naby aan ... **ap·prox·i·mate·ly** ongeveer, naaste(n)by, omtrent, min of meer, by benadering, plus-minus. **ap·prox·i·ma·tion** benadering; *(wisk.)* approksimasie; *s.t. is an* ~ *of/to* ... iets is min of meer (*of* naaste[n]by) ... **ap·prox·i·ma·tive** benaderend.

ap·pur·te·nance aanhangsel, byvoegsel; *(i.d. mv.)* toebehore, bybehore. **ap·pur·te·nant** *(fml.)* bybehorend.

ap·rès-ski *(Fr.: geselliger verkeer ná 'n dag se ski)* après-ski.

a·pri·cot appelkoos; appelkoos(boom). ~ **(colour)** appelkooskleur. ~ **jam** appelkooskonfyt. ~ **leather** appelkoossmeer. ~ **sickness** appelkoossiekte.

A·pril April; *the month of* ~ Aprilmaand. ~ **fool** Aprilgek; *(bot.: Haemanthus coccineus)* maartblom, misryblom, poeierkwas, rooikwas, velskoenblaar. ~ **Fools' Day** *(1 Apr.)* Gekkedag. ~ **joke,** ~ **hoax** Aprilgrap.

a pri·o·ri *(Lat.)* a priori. **a·pri·or·is·tic** aprioristies.

a·pron voorskoot, skort; *(teat.)* voorverhoog; laaiblad *(op vliegveld)*; vervoerband; skerm; vloer; skortbalk *(v. trap)*; *(gholf)* soom *(v. setperk)*, perkrand; borsplooi *(v. skaap)*, kraagwol; *(leather)* ~ skootsvel, leerskort *(deur ambagsmanne gedra)*. ~ **lining** trapskort; drupskort *(v. geut)*. ~ **plate** skortplaat. ~ **stage** voorverhoog. ~ **string** voorskootband; *be tied to s.o.'s* ~ ~*s*, *(infml.)* aan iem. se rok(s)bande vas wees, onder die plak sit/wees, aan die (*of* iem. se) leiband loop. ~ **wall** skortmuur. **a·proned** met 'n voorskoot (*of* skort voor).

ap·ro·pos *(Fr.)* apropos; ~ *of* ... na aanleiding van ...

ap·se *(argit.)* apsis, apside, altaar=, koornis; *(astron.)* apsis, apside.

ap·sis =*sides, (astron.)* apsis, apside. **ap·si·dal** apsi=daal, apsis=, apside=.

ap·so *(soort hond)* →LHASA APSO.

apt geskik, passend, paslik, gepas, toepaslik; raak *(beskrywing ens.)*; gevat *(antwoord ens.)*; treffend *(vergelyking ens.)*; skrander, vlug, bekwaam; *be ~* ***at*** *s.t.* goed in iets wees *(wisk. ens.)*; *be ~* ***at*** *doing s.t.* die gawe hê/besit om iets te doen; *be ~* ***to*** *do s.t.* iets gou/lig/maklik doen, geneig wees om iets te doen *(vergeet, aanstoot neem, ens.)*; *be ~* ***to*** *take offence* liggeraak wees.

ap·ter·ous *(entom.)* ongevleuel(d), sonder vlerke.

ap·ti·tude geskiktheid; neiging; aanleg, gawe, begaafdheid; *have an ~ for s.t.* aanleg vir iets hê, vir iets aangelê wees; *show an ~ for s.t.* aanleg vir iets toon. ~ **test** aanlegtoets.

apt·ly passend, paslik, gepas; raak; gevat.

apt·ness geskiktheid, gepastheid; gevatheid; geneigdheid, neiging; skranderheid.

A·pu·lia *(geog.)* Apulië. **A·pu·lian** *n.* Apuliër. **A·pulian** *adj.* Apulies.

ap·y·rex·i·a *(med.: afwesigheid v. koors)* apireksie. **ap·y·re·tic** apireties, koorsvry, sonder koors.

Aq·a·ba, Ak·a·ba *(geog.)* Akaba.

aq·ua =*uae*, =*uas, n.* water. **aq·ua** *adj., (afk. v.* aquamarine*)* akwamaryn, seegroen.

aq·ua= *komb.vorm* water=, akwa=.

aq·ua·cul·ture, a·qui·cul·ture *(kunsmatige teelt v. waterdiere en -plante)* waterkultuur, =boerdery.

aq·ua·drome watersportsentrum.

a·qua(e)r·o·bics *(aërobiese oefeninge in water)* akwa-aërobiese oefeninge.

aq·ua for·tis *(arg.)* →NITRIC ACID.

aq·ua·lung duiklong.

aq·ua·ma·rine *(min.)* akwamaryn; *(kleur)* akwamaryn, seegroen.

aq·ua·naut akwanout.

aq·ua·pho·bia *(vrees vir water)* akwafobie.

aq·ua·plane *n.* ski-plank. **aq·ua·plane** *ww.* ski-plank ry. **aq·ua·plan·er** ski-plankryer.

aq·ua re·gi·a *(chem.)* koningswater.

aq·ua·relle waterverftekening, =skildery, akwarel. **aq·ua·rel·list** akwarellis, waterverfskilder, =tekenaar.

aq·ua·rist akwaris.

a·quar·i·um =*iums*, =*ia* akwarium.

A·quar·i·us *(astron.)* Aquarius, die Waterman/Waterdraer; *Age of ~, (astrol.)* tydperk van Aquarius *(of* die Waterdraer).

a·quar·o·bics →AQUA(E)ROBICS.

a·quat·ic *n.* waterplant; waterdier, waterbewoner; *aquatics* watersport. **a·quat·ic** *adj.* water=; ~ ***animal*** waterdier, waterliewende dier; ~ ***deity*** watergod; ~ ***festival*** waterfees; ~ ***insect*** waterinsek; ~ ***plant*** waterplant, waterliewende plant.

aq·ua·tint akwatint.

aq·ua·tube *(swembadspeelding)* waterwurm.

aq·ua·vit, ak·va·vit akwaviet.

aq·ua vi·tae *(arg.)* →BRANDY.

aq·ue·duct waterleiding, akwaduk; *(med.)* watergang.

a·que·ous waterig, wateragtig, van water, water=; ~ ***cream*** akwaroom, waterige room; ~ ***humour***, *(fisiol.)* waterige oogvog; ~ ***solution*** wateroplossing, waterige oplossing; ~ ***vapour*** waterdamp.

a·qui·clude *(geol.)* waterhouer.

a·qui·cul·ture *n.* →AQUACULTURE; HYDROPONICS.

aq·ui·fer *(geol.)* waterdraer, =klip.

aq·ui·fuge *(geol.)* keerbank.

Aq·ui·la *(astron.)* Aquila, die Adelaar/Arend.

aq·ui·le·gi·a *(bot.)* akelei.

aq·ui·line arends=; geboë, krom; ~ *nose* arends=, adelaars=, haakneus.

A·qui·nas: *Saint Thomas ~* Thomas van Aquino.

Aq·ui·taine *(geog.)* Aquitanië. **Aq·ui·ta·ni·a** *(hist.)* →AQUITAINE. **Aq·ui·ta·ni·an** *n.* Aquitaniër. **Aq·ui·ta·ni·an** *adj.* Aquitaans.

A·ra *(astron.)* Ara, die Altaar.

a·ra *(soort papegaai)* ara.

Ar·ab *n.* Arabier; Arabier(perd), Arabiese perd. **Ar·ab** *adj. (attr.)* Arabiese; ~ *horse* arabier(perd), Arabiese perd; ~ *League* Arabiese Bond. **A·ra·bi·a** Arabië. **A·ra·bi·an** *n.* →ARAB *n.*. **A·ra·bi·an** *adj.* Arabies; *The ~ Nights, The ~ Nights' Entertainments* Die Duisend-en-Een Nag. **Ar·a·bic** *n. & adj.* Arabies; ~ *numerals* Arabiese syfers; *gum a~* →GUM[1] *n.*. **Ar·ab·ist** Arabis, kenner van Arabies.

ar·a·besque *n. & adj., (ballet, mus., kuns)* arabesk.

a·ra·bi·ca arabica. ~ **bean** arabicaboon(tjie). ~ **coffee** arabicakoffie.

ar·a·ble bewerkbaar, beboubaar, ploegbaar; ~ *land* bewerkbare/beboubare grond, bou=, saaigrond, saai=, ploegland. **ar·a·bil·i·ty** beboubaarheid.

ar·a·chis oil grondboonolie, grondboontjieolie.

a·rach·nid *n., (soöl.)* spinagtige (dier), aragnied. **A·rach·ni·da** *(soöl.)* Spinagtiges, Aragnides, *(Lat.)* Arachnida. **a·rach·noid** *n., (anat.)* aragnoïed, spinnerakvlies; *(soöl.)* →ARACHNID. **a·rach·noid** *adj., (anat., bot.)* aragnoïed, spinnerakagtig, spinnerak=; *(soöl.)* aragnoïed, spinagtig; ~ *membrane* aragnoïede membraan, spinnerakvlies. **a·rach·noid·i·tis** *(patol.)* spinnerakvliesontsteking, aragnoïditis.

Ar·a·gon *(hist., geog.)* Aragon. **Ar·a·go·nese** *n. & adj.* Aragonees.

a·rag·o·nite *(min.)* aragoniet.

ar·ak →ARRACK.

Ar·al: *Lake ~, the ~ Sea* die Aralmeer.

Ar·a·mae·an, Ar·a·me·an *n., (hist., OT)* Arameër. **Ar·a·mae·an, Ar·a·me·an, Ar·a·ma·ic** *n. & adj.* Aramees.

arb *(infml., afk.)* →ARBITRAGEUR.

ar·ba·lest, ar·ba·list *(hist.)* kruis=, voetboog. **ar·ba·lest·er, ar·ba·list·er** kruisboog=, voetboogskutter.

ar·bi·ter arbiter, beslisser, skeidsregter, skeidsman; *(final) ~* skeidsregter.

ar·bi·trage *(han.)* arbitrage. **ar·bi·tra·geur, ar·bi·trag·er** *(han.)* arbitrageur, arbitrageant.

ar·bi·tral arbitraal, skeidsregterlik.

ar·bit·ra·ment arbitrale/skeidsregterlike beslissing/uitspraak; arbitrasie.

ar·bi·trar·y *adj.*, **ar·bi·trar·i·ly** *adv.* arbitrêr, willekeurig, na willekeur; eiemagtig, eiesinnig; despoties; wispelturig. **ar·bi·trar·i·ness** willekeurigheid, willekeur; eiemagtigheid, eiesinnigheid; despotisme; wispelturigheid.

ar·bi·trate arbitreer, as arbiter/skeidsregter optree, bemiddel; aan arbitrasie onderwerp; ~ *between ...* skeidsregter/arbiter tussen ... wees

ar·bi·tra·tion *(jur.)* arbitrasie; ***by*** *~* deur arbitrasie; ***court*** *of ~* arbitrasiehof; *~ of* ***exchange***, *(han.)* wissel(koers)arbitrasie, =arbitrage; ***go to*** *~* na arbitrasie verwys word *(geskil)*; hulle aan arbitrasie onderwerp *(partye)*; ***settle*** *s.t.* ***by*** *~* iets deur arbitrasie *(of* 'n skeidsgereg) besleg; ***submit*** *s.t.* ***to*** *~* iets aan arbitrasie *(of* 'n skeidsgereg *of* 'n skeidsregterlike uitspraak) onderwerp. ~ **award** arbitrasiebeslissing, arbitrasie-uitspraak, skeidsregterlike beslissing/uitspraak.

ar·bi·tra·tor arbiter, beslisser, skeidsregter.

ar·bor[1] hoofas *(v. 'n masjien)*; spil, as *(v. 'n silinder)*; doring *(v. 'n mes/lem)*.

ar·bor[2]**:** ~ *vitae, (Lat.), (bot.: Thuja* spp.*)* lewensboom; *(anat.)* arbor vitae. **A~ Day** Boomplantdag. →ARBOUR.

ar·bor·a·ceous *(liter.)* boomagtig; boomryk, bebos.

ar·bor·e·al boomagtig, boom=; boombewonend; ~ *animal* boomdier, =bewoner.

ar·bo·re·ous boomryk, bebos; boomagtig.

ar·bo·res·cent boomagtig, vertak, boomvormig, boom=.

ar·bo·re·tum =*ta*, =*tums, (Lat.)* boomtuin, boomkwekery, arboretum.

ar·bor·i·cul·ture boomkwekery, =teelt. **ar·bor·i·cul·tur·al** boomkundig, boomkweek=, boom=. **ar·bor·i·cul·tur·ist** boomkweker, =kenner.

ar·bour, *(Am.)* **ar·bor** prieel, somerhuisie.

ar·bu·tus aarbeiboom.

Arc: *Joan of ~* Jeanne d'Arc.

arc *n.* boog; *~ of a circle* sirkelboog; *~ of vibration* trillingsboog. **arc** *ww.* 'n boog vorm; met 'n boog omhoog gaan, in 'n boog trek. ~ **gap** booggaping, =spleet. ~ **lamp** booglamp. ~ **light** booglig. ~ **welder** boogsweiser. ~ **welding** boogsweiswerk; boogsweising.

ar·cade arkade, suilegang, suilegalery, booggang; *amusement ~* →AMUSEMENT; *(shopping) ~* (winkel)arkade, winkelgalery, =gang. **ar·cad·ed** met baie boë/bogies.

Ar·ca·di·a *(geog.)* Arkadië *(in Griekeland)*; Arcadia *(in Pretoria)*. **Ar·ca·di·a, Ar·ca·dy** *(poët.)* Arkadië. **Ar·ca·di·an** *n.* Arkadiër. **Ar·ca·di·an** *adj.* Arkadies.

ar·ca·num =*na* geheim, misterie; geheime middel. **ar·cane** geheim(sinnig), misterieus; esoteries.

arch[1] *n., (bouk.)* boog, gewelf; *(anat.)* boog; *fallen ~es* platvoete; *~ of the foot* voetrug, wreef. **arch** *ww.* buig; welf, welwe; 'n boog oor ... vorm; *the cat ~ed its back* die kat het sy rug krom gemaak; *~ over s.t.* 'n boog oor iets vorm. ~ **buttress** steunboog. ~ **support** steunsool. ~**way** boog; gewelfde gang, oorwelfde ingang/gang; gewelfde poort. ~**wise** boogsgewys(e).

arch[2] *adj.*, =**ly** *adv.* ondeund, skalks, guitig, oulik. **arch·ness** ondeundheid, skalksheid, guitigheid, oulikheid.

arch= *pref.* aarts=.

Ar·chae·an, *(Am.)* **Ar·che·an** *n., (geol.)* Argeïkum. **Ar·chae·an,** *(Am.)* **Ar·che·an** *adj.* Argeïes.

ar·chae·ol·o·gy, *(Am.)* **ar·che·ol·o·gy** argeologie, oudheidkunde. **ar·chae·o·log·i·cal,** *(Am.)* **ar·che·o·log·i·cal** argeologies, oudheidkundig. **ar·chae·ol·o·gist,** *(Am.)* **ar·che·ol·o·gist** argeoloog, oudheidkundige.

ar·cha·ic argaïes, verouderd *(woord ens.)*; outyds, ouderwets. **ar·cha·ise, =ize** argaïseer. **ar·cha·ism** argaïsme, verouderde woord/uitdrukking. **ar·cha·ist** argaïs. **ar·cha·is·tic** argaïsties.

Arch·an·gel *(geog.)* Archangelsk.

arch·an·gel aartsengel; *(bot.)* engelkruid, =wortel, angelika; *(orn.)* engelduif. **arch·an·gel·ic** aartsengelagtig, van/soos 'n aartsengel.

arch·bish·op aartsbiskop. **arch·bish·op·ric** aartsbiskoplike rang; amp van 'n aartsbiskop; aartsbisdom.

arch·dea·con aartsdeken. **arch·dea·con·ry** =*ries* aartsdekenskap; aartsdekenswoning.

arch·di·o·cese aartsbisdom. **arch·di·oc·e·san** aartsbisdomlik.

arch·duke aartshertog. **arch·du·cal** aartshertogelik. **arch·duch·ess** aartshertogin. **arch·duch·y** aartshertogdom.

Ar·che·an →ARCHAEAN.

arch·ed geboë, boogvormig, boog=; gewelf; ~ ***neck*** krom nek, sekelnek; ~ ***roof*** gewelf; boogdak; ~ ***tail*** sekelstert; ~ ***window*** boogvenster.

arch·en·e·my =*mies* aartsvyand.

arch·er boogskutter; *the A~, (astrol.)* die Boogskutter, Sagittarius. ~**fish** *(Toxotes* spp.*)* boogskutter(vis), skuttervis. **arch·er·y** pyl-en-boog-skiet, boogskiet(ery); pyl(e) en boog/boë, boogskutterswapens; boogskutters.

ar·che·type grondvorm, oorspronklike vorm; oertipe; prototipe; *(psig.)* argetipe, oerbeeld. **ar·che·typ·al** oorspronklik; oer=; prototipies; argetipies; tipies, tiperend, kenmerkend.

arch·fiend: *the ~, (dikw. A~)* die aartsboosdoener/=booswig/=vyand, die duiwel, Satan.

ar·chi·di·ac·o·nal van 'n aartsdeken.

ar·chi·e·pis·co·pal aartsbiskoplik. **ar·chi·e·pis·co·pate, ar·chi·e·pis·co·pa·cy** aartsbiskoplike episkopaat.

ar·chil →ORCHIL.

ar·chi·man·drite argimandriet, opperab *(i.d. Gr. Kerk)*.

Ar·chi·me·des Archimedes; *~' principle* die wet van Archimedes; *~' screw, Archimedean screw* Archimediese skroef, tonmeul(e). **Ar·chi·me·de·an** Archimedies, van Archimedes.

ar·chi·pel·a·go *-go(e)s* eilandsee, argipel; eilandgroep, argipel; *the A~* die Egeïese See.

ar·chi·tect argitek, boukundige, boumeester; uitlêer *(v. tuine)*; *(fig.)* argitek, maker, skepper, bewerker, grondlegger; *~'s **drawing*** argitekstekening; *the ~ of one's own **fate/fortune*** die maker van jou eie geluk; *the **Great** A~ of the universe* die Opperbouheer van die heelal; ***landscape** ~* →LANDSCAPE; ***naval** ~* →NAVAL; *the ~ of **victory*** die grondlegger van die oorwinning. **ar·chi·tec·ton·ic** argitektonies, boukundig. **ar·chi·tec·tur·al** argitektonies, boukundig; *~ style* boustyl. **ar·chi·tec·ture** argitektuur, boukunde, boukuns; boustyl; *Cape Dutch ~* Kaaps-Hollandse boustyl.

ar·chi·trave *(bouk.)* argitraaf; kosynlys.

ar·chiv·al argivaal, argivalies; *~ document* argiefstuk; *~ records* argiefstukke.

ar·chi·va·lia *(mv.)* argivalia, argiefstukke.

ar·chive argief; *archives* argief, argiewe, geskiedrolle; argiefgebou. **~s depot** argiefbewaarplek.

ar·chi·vist argivaris, argiefbewaarder.

ar·chon *(hist.)* argon(t). **ar·chon·ship** argon(t)skap.

arch·priest aartspriester.

arch·tempt·er aartsverleier.

arch·vil·lain aartsskelm, -skurk.

arc·ing boogvorming; (oor)vonking.

Arc·tic *n.: the ~, the Arctic Zone* Arktika, die Noordpoolstreek/-gebied. **Arc·tic** *adj.* Arkties, Noordpool-; *~ **Circle*** Noordpoolsirkel; *~ **expedition*** Noordpoolekspedisie; *~ **explorer*** Noordpoolreisiger; *~ **Ocean*** Noordelike Yssee, Noordpoolsee, Arktiese Oseaan.

arc·tic *adj.* ysig, yskoud; *~ fox* Arktiese vos, pool-, ysvos; *~ tern* Arktiese seeswa(w)el/sterretjie.

Arc·tu·rus *(astron.)* Arcturus.

ar·cu·ate, ar·cu·at·ed boogvormig.

Ar·dennes *(Fr.): the ~, (geog.)* die Ardenne. **~ Offensive** *(WO II)* Ardenneoffensief.

ar·dent vurig, ywerig, hartstogtelik; hewig; *(arg., poët., liter.)* brandend, gloeiend, warm; *~ spirits* sterk drank. **ar·den·cy** vurigheid, vuur, besieling, ywer, hartstog(telikheid), geesdrif; vuur, gloed, hitte, warmte.

ar·dour, *(Am.)* **ar·dor** vurigheid, vuur, besieling, ywer, hartstog, geesdrif; *(w.g.)* vuur, gloed, hitte, warmte; *damp(en) s.o.'s ~* 'n demper op iem. plaas/sit; *with undamped ~* met onverminderde ywer; *~ for work* werkywer, -lus.

ar·du·ous moeilik, swaar, veeleisend, inspannend; steil.

are[1] *n., (hist.:* 100m^2*)* are.

are[2] *ww. (2e pers. ekv.; 1e, 2e & 3e pers. mv.)* is; →BE; *they ~ coming* hulle kom, hulle is aan die kom *(of* aan 't kom[me]); *how much ~ the pears?* hoeveel kos die pere?.

ar·e·a oppervlakte, vlak, area; gebied, streek, buurt, omgewing, wyk, afdeling, area; terrein, (oop) ruimte, plek; omvang; *~ of **contact*** kontakvlak; *it covers an ~ of ...* dit beslaan ...; *~ of **dispute*** omstrede gebied; *(**dry**) ~, (bouk.)* voggang; *~ of **friction*** wrywingsvlak; *a **grey** ~* 'n tussengebied; *~ of **jurisdiction*** regsgebied; *~ of **sale*** afsetgebied; *over a **wide** ~* oor 'n uitgestrekte gebied. **~ code** *(telekom.)* gebiedskode. **~ forecast** streekvoorspelling. **~ wall** voggangmuur. **~way** luggang.

ar·e·al: *~ velocity* vlaktesnelheid.

ar·e·ca: **~ nut** areka-, betel-, pienangneut. **~ (palm)** *(bot.)* areka(palm), betel(palm), pienang(palm).

a·re·na arena, strydperk, kryt. **~ stage** arenaverhoog. **~ theatre** arenateater; arenatoneel.

ar·e·na·ceous sanderig, sand-; *~ plant* sandplant.

aren't *(infml., sametr. v.* are not*)* is nie; *(sametr. v.* am not*)* nè?, nie waar nie?; →BE; *they ~ here* hulle is nie hier nie; *I'm late, ~ I?, (sametr. v.* I am late, am I not?*)* ek is laat, nè *(of* nie waar nie)?.

a·re·o·la *-lae, -las, (anat., biol.)* areola, kring. **a·re·o·lar, a·re·o·late** areolêr; *~ tortoise* padloper(skilpad).

ar·e·om·e·ter areometer, vogdigtheidsmeter. **ar·e·om·e·try** areometrie, vogdigtheidsmeting.

a·rête *(Fr.), (geol.)* mesrug.

ar·gal →ARGOL.

ar·gent *n., (arg., poët., liter.)* silwer(kleur). **ar·gent** *adj., (her.)* silwer(kleurig); silwerwit.

ar·gen·tif·e·rous silwerhoudend, silwer-.

Ar·gen·ti·na, the Ar·gen·tine *(geog.)* Argentinië. **Ar·gen·tine, Ar·gen·tin·i·an** *n.* Argentyn. **Ar·gen·tine, Ar·gen·tin·i·an** *adj.* Argentyns; *Argentine ant* Argentynse mier.

ar·gen·tine *n., (igt.)* silwervis. **ar·gen·tine** *adj., (arg.)* silwer(kleurig), silweragtig.

ar·gen·tite *(min.)* argentiet, silwerglans.

ar·gil (pottebakkers)klei, potklei, pottebakkersaarde. **ar·gil·la·ceous** kleiagtig, kleierig, kleihoudend, klei-.

ar·gil·lite *(geol.)* argilliet.

ar·gi·nine *(biochem.)* arginien.

Ar·give *n.* Argeër, inwoner van Argos; *(liter.)* Griek. **Ar·give** *adj.* van Argos; *(liter.)* Grieks.

ar·gle-bar·gle *n. & ww.* →ARGY-BARGY.

Ar·go *(astron.)* Argo.

ar·gol, ar·gal (ruwe) wynsteen.

ar·gon *(chem., simb.: Ar)* argon.

Ar·go·naut *(Gr. mit.)* Argonout.

ar·go·naut *(soöl.)* argonout, (papier)noutilus.

Ar·gos *(stad in Ou Griekeland)* Argos.

ar·go·sy *(arg., poët., liter.)* koopvaardyskip, ryk belaaide skip; koopvaardyvloot.

ar·got argot, diewe-, boewe-, geheimtaal, bargoens; jargon.

ar·gu·a·ble betwisbaar, onuitgemaak, aanvegbaar; twyfelagtig, onseker; moontlik, denkbaar; *it is ~ that ...* ('n) mens kan redeneer dat ...; *it is ~ whether ...* dit is *(of* dis) 'n vraag of ... **ar·gu·a·bly** *adv.* stellig, bes moontlik; *this is ~ s.o.'s best book* dit is stellig *(of* bes moontlik) iem. se beste boek.

ar·gue stry, twis, argumenteer, redekawel; redeneer; aanvoer; betoog; deurpraat, bespreek; *(jur.)* beredeneer, bepleit *('n saak)*; ompraat, oorreed, oorhaal; bewys, aandui; *~ **about/over** s.t.* oor iets stry/argumenteer; *~ **against** s.t.* jou teen iets uitspreek, teen iets argumenteer; *the facts ~ **against** s.t.* die feite getuig teen iets; *~ s.t. **away*** iets wegredeneer/wegpraat; *that cannot be ~d **away*** daar kom jy nie verby nie; *~ in a **circle*** in 'n kring(etjie) redeneer; *be **closely** ~d* logies beredeneer(d) wees; ***don't** ~ (with me)!* moenie teë-/teenpraat nie!; *~ **for** (*or *in **favour** of) s.t.* vir iets pleit, redes vir *(of* ten gunste van) iets aanvoer, jou vir *(of* ten gunste van) iets uitspreek, ten gunste van iets argumenteer; *~ s.o. **into** doing s.t.* iem. ompraat/oorreed om iets te doen; *~ s.t. **out*** iets uitstry/-praat *(probleme, twispunte, verskille, ens.)*; *~ s.o. **out** of s.t.* iem. van iets laat afsien, iets uit iem. se kop praat; *~ s.o. **out** of doing s.t.* iem. ompraat/oorreed om iets nie te doen nie; *~ one's way **out** of s.t.* jou uit iets lospraat; *~ s.t. **out** with s.o.* iets met iem. deurpraat; *don't **stand** there arguing!* moenie staan en teë-/teenpraat nie!; *~ **that** ...* aanvoer/betoog/redeneer dat ...; *~ **with** s.o.* met iem. stry; *there's no arguing **with** him/her* ('n) mens kan nie met hom/haar redeneer nie; *you can't ~ **with** that, (infml.)* daaroor kan jy nie kla nie. **ar·gu·er** stryer, redeneerder. **ar·gu·fy** *(skerts., dial.)* redekawel, redetwis, kibbel.

ar·gu·ment rusie, stryery, gestry, twis, getwis, onenigheid, redekaweling, woordewisseling, woordestryd, woordetwis; redenering; bespreking, beredenering; gedagtewisseling, debat; bewys(grond), argument; argumentasie, bewysvoering, beredenering, betoog; hoofinhoud, samevatting *(v. 'n boek ens.)*; *(wisk.)* argument; ***advance** ~s* redes aantoon, argumente aanvoer; *an ~ **against** s.t.* 'n argument teen iets; *be **beyond** ~* onbetwisbaar/onaanvegbaar *(of* buite twyfel) wees; ***demolish** an ~* 'n argument afmaak; ***develop** an ~* 'n redenering ontplooi; ***enter** into ~ with s.o.* in debat met iem. tree; *an ~ **for** (*or *in **favour** of) s.t.* 'n argument vir *(of* ten gunste van) iets; ***have** an ~ with s.o. about/over s.t.* met iem. oor iets stry; ***meet** an ~* 'n argument/redenering beantwoord/weerlê; ***pick** an ~ with s.o.* 'n argument met iem. uitlok; ***put** forward (*or ***raise***) an ~* 'n argument aanvoer/opper; ***reinforce** an ~* krag by 'n argument sit; *for the **sake** of ~, for ~'s **sake*** argumentshalwe; ***settle** an ~* 'n meningsverskil oplos; *a **solid/sound** ~* 'n gegronde argument; *a **specious** ~* 'n vals(e) argument, 'n drogrede(nasie); *that ~ is **unanswerable*** teen daardie argument kan jy niks inbring nie; *the ~ doesn't hold **water*** die argument gaan nie op *(of* is nie geldig) nie. **ar·gu·men·ta·tion** redenering, redenasie, bewysvoering, betoog, argumentasie; redeneerwyse; debat, getwis, geredetwis. **ar·gu·men·ta·tive** rusiemakerig, skoorsoekerig, twissoekerig, twissiek, twisgierig, stryerig, kyfsiek, kyfagtig, teë-, teenpraterig; logies, beredeneerd. **ar·gu·men·ta·tive·ness** rusiemakery, skoorsoekery, twissoekery, twisgierigheid, stryerigheid.

Ar·gus *(Gr. mit.)* Argus. **~-eyed** met Argusoë, skerpsiende, waaksaam, honderdogig.

ar·gute *(w.g.)* skerp, deurdringend.

ar·gy-bar·gy *n., (Br., infml.)* stryery, gekibbel, kibbel(a)ry. **ar·gy-bar·gy** *ww.* stry, kibbel, redekawel.

a·ri·a *(mus.)* aria.

Ar·i·an *n.* Ariaan. **Ar·i·an** *adj.* Ariaans. **Ar·i·an·ism** Arianisme.

ar·id dor, droog, waterarm; onvrugbaar; *(geog.)* aried; *(fig.)* saai, vervelend, droog. **a·rid·i·ty** dorheid, droogheid; onvrugbaarheid; *(geog.)* ariditeit.

ar·i·el *(soöl.)* ariël, Arabiese gasel.

Ar·ies *(astron., astrol.)* Ariës, die Ram.

a·right *(w.g.)* reg, korrek.

ar·il *(bot.)* aril(lus).

Ar·i·ma·the·a, Ar·i·ma·thae·a *(geog., NT)* Arimatea.

A·ri·on *(Gr. digter)* Arion.

a·rise *arose arisen* ontstaan; *(probleem, vraag, ens.)* opduik; *(geleentheid)* hom voordoen; *(storm)* opsteek; *(son, wind)* opkom; opgaan, opstyg, (op)rys; opstaan, verrys *(uit d. graf/dood)*; *arising **from** ...* na aanleiding van ...; *s.t. ~s **from*** (or ***out of***) *...* iets spruit (voort) *(of* vloei voort *of* ontstaan) uit ..., iets is die gevolg van ..., iets word veroorsaak deur ...; *matters arising (**from** the minutes)* punte uit die notule; *should the **need** ~* sou dit nodig wees.

a·ris·ta *-tae* arista, naald, angel; *(i.d. mv. ook)* baard *(v. graan, gras)*; arista, voelstekel *(v. insek)*. **a·ris·tate** aristaat; genaald.

A·ris·ti·des *(At[h]eense genl.): ~ (the Just)* Aristides (die Regverdige).

a·ris·to·crat aristokraat; *an ~ among wines* 'n superieure wyn. **ar·is·toc·ra·cy** aristokrasie; aristokrate; *~ of wealth* geldadel. **a·ris·to·crat·ic** aristokraties, adellik, aristokrate-, adel-; edel, fyn, vernaam; *~ pride* adeltrots.

Ar·is·toph·a·nes *(Gr. dramaturg)* Aristofanes, Aristophanes. **Ar·is·to·phan·ic** Aristofanies, Aristophanies.

Ar·is·to·tle *(Gr. filosoof)* Aristoteles. **Ar·is·to·te·li·an** *n.* Aristoteliaan. **Ar·is·to·te·li·an** *adj.* Aristoteliaans, Aristoteliës.

a·rith·me·tic *n.* rekenkunde, rekene; getalleleer; *do ~* rekenkunde doen, somme maak; *~ and logic unit, (rek.)* rekenlogika-eenheid; *mental ~* hoofrekene. **a·rith·me·tic, a·rith·met·i·cal** *adj.* rekenkundig, reken-; *arithmetic mean* rekenkundige gemiddeld(e);

arithmetic progression rekenkundige reeks. **a·rith·me·ti·cian** rekenkundige; rekenaar.

Ar·i·us *(Gr. teoloog)* Areios, Arius.

ark ark; toevlugsoord, skuilplek; ~ *of* ***bulrushes*** biesiemandjie; *A~ of the* ***Covenant*** verbondsark; ***Noah's*** ~ Noag se ark; *it comes (straight)* ***out*** *of the ~, (infml.)* dit kom uit die (*of* Noag se) ark, dit was saam met Noag in die ark, dit is stokoud; dit is ouderwets (*of* uit die ou[e] doos).

arm[1] *n.* arm *(v. mens, dier, platespeler, ens.; ook fig.)*; mou *(v. kledingstuk)*; arm(leuning) *(v. stoel ens.)*; tak *(v. boom)*; *(mil.)* vertakking; *with ~s* ***across*** met die arms oorkruis/oormekaar (*of* [oormekaar] gevou); *stand with ~s* ***akimbo*** hand in die sy (*of* kieliebak in die wind) staan; *s.o. was just a* ***babe*** *in ~s* iem. kon nog nie loop nie, iem. was nog maar 'n baba(tjie); ***chance*** *one's ~, (infml.)* dit (*of* 'n kans) waag; ***clasp*** *s.o. in one's ~s* iem. in jou arms druk; ***fling*** *o.s. into s.o.'s ~s* jou in iem. se arms werp; ***fold*** *one's ~s* jou arms (oormekaar) vou; ***fold*** *s.o. in one's ~s* iem. in jou arms neem/sluit; *with* ***folded*** *~s* met die arms gevou/oormekaar (*of* oormekaar gevou); ~ ***in*** ~ ingehaak, arm in arm, gearm(d); *walk* ~ ***in*** ~ ingehaak loop; *s.t. cost s.o. an ~ and a* ***leg***, *(infml.)* iets het iem. 'n boel/hoop geld gekos; *at ~'s* ***length*** 'n arm(s)lengte ver; op 'n afstand; *keep s.o. at ~'s* ***length*** iem. op 'n afstand hou; ***link*** *~s with s.o.* by iem. inhaak; *with ~s* ***linked*** ingehaak, arm in arm, gearm(d); *a list as* ***long*** *as your* ~ 'n ellelang(e) lys; *s.o. has a* ***long*** *~, (fig.)* iem. het 'n lang arm (*of* baie invloed), iem. se mag reik ver; *the* ***long*** *~ of the law* die lang arm van die gereg; *a bandage* ***on*** *one's ~* 'n verband om jou arm; *a baby/child* ***on*** *one's ~* 'n kind op jou arm; *a boy/girl* ***on*** *one's ~* 'n seun/meisie aan jou arm; *receive/welcome s.o. with* ***open*** *~s* iem. met oop/ope arms (*of* hartlik/vriendelik) ontvang; *s.o. would give his/her* ***right*** *~ to ...* iem. sou wát wil gee om te ...; *~ of the* ***sea*** seearm; ***secular*** ~ wêreldlike mag, mag van die wet; ***swing*** *of the ~* armslag; ***take*** *s.o. in one's ~s* iem. in jou arms neem/sluit; ***throw*** *one's ~s about* met jou arms swaai; ***throw*** *one's ~s about s.o.* iem. omarm/omhels; ***throw*** *one's ~s round s.o.'s neck* iem. om die hals val; ***throw*** *up one's ~s* 'n wanhoopsgebaar maak; ***twist*** *s.o.'s ~, (lett.)* iem. se arm draai (*of* 'n draai gee); *(fig., infml.)* vir iem. die duimskroef aansit, iem. druk, druk op iem. uitoefen, iem. onder druk plaas; ***within*** *~'s reach* binne handbereik. **~band** armband; mouband; rouband. **~bone** armbeen. **~chair** *n.* leun(ing)stoel, armstoel. **~chair** *bep.:* ~ ***critic*** leunstoelkritikus, beterweter; ~ ***politician*** leunstoel=, amateurpolitikus; ~ ***traveller*** leunstoel=, tuisreisiger. **~hole** mousgat. **~lock** *(stoei)* armklem. **~piece** armplaat. **~pit** armholte, oksel, *(infml.)* kieliebak. **~rest** armleuning. ~ **sling** armslinger, (hang)verband, draagband. **~-twisting** armdraaiery, druk; *with a bit of ~* met 'n bietjie armdraaiery/aanmoediging *(iron.)*; *it didn't take much ~ to get s.o. to do s.t.* dit het nie veel druk gekos om iem. te oorreed (*of* oor te haal) om iets te doen nie. ~ **wrestling** armdruk.

arm[2] *n.* wapen; wapensoort; →ARMS. **arm** *ww.* (be)wapen, van wapens voorsien *(troepe ens.)*; wapen *(huis v. 'n projektiel ens.)*; jou wapen; *~ o.s. with ... against ...* jou met ... teen ... wapen. **~rack** wapen=, geweerrak.

ar·ma·da armada, oorlogsvloot.

ar·ma·dil·lo *=los* gordel=, pantserdier, armadil.

Ar·ma·ged·don *(NT, fig.)* Armageddon.

ar·ma·ment wapen=, krygs=, oorlogstuig; stryd=, krygsmag, stryd=, oorlogskragte; bewapening. ~ **engineering** wapeningenieurswese. ~ **works** wapenfabriek.

ar·ma·ture *(elek.)* anker; (magneet)anker, sluitstuk; *(biol.)* pantser; *(beeldhoukuns)* stutraam; *(arg.)* →ARMOUR. ~ **winder** ankerwikkelaar. ~ **winding** ankerwikkeling.

armed gewapen(d), stryd=; gepantser(d); *(her.)* genael(d), geklou(d); ~ ***force*** gewapende mag; wapengeweld; ~ ***forces/services*** strydkragte, weermag; ***go*** ~ gewapen(d) wees; *be* ***heavily*** ~ swaar gewapen(d) wees; ~ ***intervention*** gewapende ingryping/tussenkoms; ~ ***neutrality*** gewapende neutraliteit; ~ ***response*** gewapende reaksie; ~ ***struggle*** gewapende stryd; ~ *to the* ***teeth*** tot die tande (toe) gewapen(d); ~ ***with ...*** met ... gewapen(d).

Ar·me·ni·a *(geog.)* Armenië. **Ar·me·ni·an** *n.* Armeen, Armeniër; *(taal)* Armeens, Armenies. **Ar·me·ni·an** *adj.* Armeens, Armenies.

arm·ful *=fuls* arm vol, armvrag; *send s.o. flowers by the ~* arms vol blomme aan iem. stuur.

ar·mil·lar·y, ar·mil·la·ry armband=; ~ *sphere* armillaarsfeer.

Ar·min·i·us *(Germ. vors)* Arminius; *Jacobus ~, (Ndl. teoloog:* Jacob Harmensz*)* Jacobus Arminius. **Ar·min·i·an** *n.* Arminiaan. **Ar·min·i·an** *adj.* Arminiaans. **Ar·min·i·an·ism** Arminianisme.

ar·mi·stice wapenstilstand. **A~ Day** Wapenstilstandsdag.

arm·less[1] sonder arms, afarm=; mouloos.

arm·less[2] sonder wapens, ongewapen(d).

arm·let *(dim.)* armpie; armband; mouband; armstuk *(v. 'n rok ens.)*.

ar·moire *(Fr.)* armoire, groot (klere)kas.

ar·mo·ri·al *n.* wapenboek, armoriaal. **ar·mo·ri·al** *adj.* wapenkundig, heraldies, wapen=; ~ *bearings* wapen(skild), familiewapen. **ar·mor·ist** wapenkundige, heraldikus.

ar·mor·y[1] *(w.g.)* wapenkunde, heraldiek.

ar·mor·y[2] *(Am.)* →ARMOURY.

ar·mour, *(Am.)* **ar·mor** *n., (hist.)* harnas, wapenrusting, pantser; *(mil.)* pantser(ing); *(mil.)* pantservoertuie; *(mil.)* pantsertroepe; *(biol.)* pantser; *(sk.)* duikerspak; *(ing.)* staalplaat, =plate; *(her.)* wapenbeelde; *a* ***chink*** *in s.o.'s ~, (fig.)* →CHINK[1]; ***in*** ~ geharnas; *a* ***knight*** *in shining ~, (fig.)* →KNIGHT *n.*; ***suit*** *of ~* harnas, wapenrusting. **ar·mour,** *(Am.)* **ar·mor** *ww.* pantser, harnas; (be)pantser *(moderne wapentuig)*. **~-bearer** *(hist.)* wapendraer, skildknaap. ~ **plate** pantserplaat. **~-plated** gepantser(d), bepantser(d), pantser=; ~ *cruiser* pantserkruiser; ~ *glass* gewapende glas. ~ **plating** bepantsering.

ar·moured, *(Am.)* **ar·mored** gepantser(d), bepantser(d), pantser=; geharnas; ~ ***car*** pantserwa, =motor, =kar; ~ ***concrete*** pantserbeton; ~ ***corps*** pantserkorps; ~ ***cruiser*** pantserkruiser; ~ ***deck*** pantserdek; ~ ***division*** pantserdivisie; ~ ***door*** pantserdeur, vuurvaste deur; ~ ***forces*** pantsertroepe; ~ ***glass*** pantserglas; ~ ***train*** pantsertrein.

ar·mour·er, *(Am.)* **ar·mor·er** wapensmid; wapenbewaarder.

ar·mour·y, *(Am.)* **ar·mor·y** *=ies* arsenaal, wapenmagasyn, =kamer, =huis, =saal; *(Am.)* drilsaal; *(fig.)* arsenaal; *(Am.)* wapenfabriek, =smedery, =smidswinkel; *one of the strongest weapons in the British/etc. ~* een van die sterkste Britse/ens. wapens.

arms *(mv.)* (oorlogs)wapens; ***bear*** ~ gewapen(d) wees; wapens dra, as soldaat dien; 'n familiewapen hê; ***bearing*** ~ strydbaar, weerbaar; ***call*** *a nation to ~* 'n volk onder die wapen(s) roep; ***call*** *to ~* →CALL *n.*; *the* ***clash*** *of ~* die wapengekletter; ***(coat*** *of) ~* wapen(skild), familiewapen; *a* ***feat*** *of ~* 'n wapenfeit; ***fly*** *to ~* (na) die wapen(s) gryp, te wapen snel; *by* ***force*** *of ~* met wapengeweld; ***heavy*** ~ geskut, artillerie; ***in*** ~ gewapen(d), onder die wapens; ***lay*** *down one's ~* die wapens neerlê, (jou) oorgee; ***present*** ~ geweer presenteer; ***present*** *~!* presenteer geweer!; ***rise*** *up in ~* in opstand kom, die wapen(s) opneem; ***small*** ~ →SMALL; ***stack*** ~ gewere koppel; ***take*** *up ~* die wapen(s) opneem, (na) die geweer/wapen(s) gryp, jou wapen; ***to*** *~!* te wapen!; ***trail*** ~ die geweer in die hand hou; *have 50 000 men* ***under*** ~ 50 000 man onder die wapen(s) hê; *be* ***up*** *in ~ about/over s.t., (infml.)* oor iets in opstand/verset wees; oor iets verontwaardig wees; *(infml.)* oor iets op jou agterpote wees. ~ **cache** (geheime) wapenopslagplek; (geheime/verborge) wapenvoorraad. ~ **control** wapenbeheer. ~ **embargo** wapenverbod. ~ **factory** wapenfabriek. ~ **industry** wapenbedryf. ~ **race** wapenwedloop. ~ **talks** ontwapeningsonderhandelings.

ar·mure *(tekst.)* armuur.

ar·my leër, landmag; *(fig.)* massa, menigte; *an ~ of* ***bees/locusts*** 'n groot swerm bye/sprinkane; ***join*** (*or* ***go*** *into) the ~* by die leër aansluit, soldaat word; ***leave*** *the ~* uit militêre diens tree; ***standing*** ~ →STANDING. ~ **ant,** **legionary ant** swerfmier; *African ~* ~ Afrikaanse swerfmier. ~ **base** leërbasis. ~ **beef** blikkiesvleis. ~ **biscuit** klinker. ~ **chaplain** kapelaan, veldprediker. ~ **chief of staff** leërstafhoof. ~ **command** leërleiding; leërkommandement; militêre bestuur. ~ **contractor** leërleweransier. ~ **corps** leërkorps. ~ **doctor** militêre dokter. ~ **education** militêre voorligting. ~ **language** militêre taal, soldatetaal. ~ **life** soldatelewe. ~ **list** (leër)offisierslys. ~ **officer** leër=, krygsoffisier. ~ **training** leëropleiding, militêre opleiding. ~ **worm** kommandowurm.

ar·ni·ca *(bot.)* arnika, valkruid; *(tinktuur)* arnika.

a·rol·la (pine) arwe(boom).

a·ro·ma geur, aroma. **a·ro·mat·ic** geurig, aromaties.

a·ro·ma·ther·a·py aromaterapie. **a·ro·ma·ther·a·peu·tic** aromaterapeuties. **a·ro·ma·ther·a·pist** aromaterapeut.

a·round *adv.* rond; in die buurt; *books/etc. lying* ***all*** ~ boeke/ens. wat oral(s) rondlê; *a house with gardens/etc.* ***all*** ~ 'n huis omring deur/met tuine/ens., 'n huis met tuine/ens. reg rondom; *from* ***all*** ~ uit alle rigtings; ***be*** *~ somewhere, (infml.)* hier êrens/iewers rond wees, in die buurt/omtrek/omgewing/rondte wees; *I'll always* ***be*** ~ ek sal altyd daar wees; *s.o. will* ***be*** *~, (infml.)* iem. sal hier langs kom; *s.o. will* ***be*** *~ for a long time, (infml.)* iem. sal nog lank met ons wees; *s.o.'s* ***been*** *~ a lot, (infml.)* iem. is wêreldwys, iem. het baie (lewens)ervaring; *s.o./s.t. has* ***been*** *~ for some time now* iem./iets is al 'n hele ruk (*of* al 'n tyd lank) met ons; ***bring/get/look/turn/etc.*** ~ →BRING, GET, LOOK, TURN, ETC.; *for* ***miles*** *~, (fig.)* myle ver (*of* in die omtrek), so ver (soos/as [wat]) die oog kan sien; *(lett.)* kilometers ver; *there's a lot of* ***money*** ~ daar's baie geld in omloop; *turn* ***right*** ~ heeltemal omdraai; *a* ***rumour*** *is going* ~ daar is/gaan/loop 'n gerug, 'n gerug doen die rond(t)e (*of* is in omloop *of* lê hier rond), praatjies loop rond, daar word rondvertel; *the other* ***way*** ~ →WAY. **a·round** *prep.* om, rondom; om en by; omstreeks; deur; *they had their* ***arms*** *~ each other* hulle het mekaar omhels; ***be/stay*** *~ the house* by die huis wees/bly; ***darkness*** *closed in ~ us* die donker het ons omsluit; *~ a* ***hundred/etc.*** ongeveer/omtrent/sowat honderd/ens., om en by die honderd/ens.; ~ ***it*** daar rondom; *~ 8/etc.* ***o'clock*** om en by (*of* omstreeks *of* [so] teen) ag(t)uur/ens., teen ag(t)uur/ens. se kant; ***right*** *~ the country* oor die hele land; ***right*** *~ the house/etc.* reg rondom die huis/ens.; *~ the* ***room/etc.*** in die kamer/ens. rond; ***travel*** *~ a country* deur 'n land reis/toer, in 'n land rondreis/rondtoer; ***travel*** *~ the world* om die wêreld reis; ***wander*** *~ the city* in die stad ronddwaal; *~ our* ***way*** by ons rond/langs.

a·rouse wakker maak; (op)wek, uitlok, laat ontstaan; aanwakker, stimuleer, prikkel; aanspoor, aanpor; *~ s.o. from (or out of) ..., (fig.)* iem. uit iets wek (*of* wakker skud); *be sexually ~d by s.o./s.t.* seksueel deur iem./iets geprikkel/gestimuleer word; ~ *suspicion* agterdog/wantroue/argwaan wek. **a·rous·al** (op)wekking.

ar·peg·gi·o *=os, (It., mus.)* arpeggio.

ar·que·bus →HARQUEBUS.

ar·rack, ar·ak arak, rysbrandewyn.

ar·raign aankla, 'n aanklag(te)/klag(te) indien teen; berispe, betig, kapittel; beskuldig; *~ s.o. for ...* iem. van/weens ... aankla *(diefstal ens.)*; iem. oor ... berispe/betig/kapittel; iem. van ... beskuldig. **ar·raign·ment** aanklag(te), klag(te); berisping, skrobbering; beskuldiging, aantyging.

ar·range orden, skik, opstel, in orde bring; organiseer; beplan; ooreenkom, afspreek; rangskik *(boeke, blomme)*; reël *(ontmoeting, partytjie, huwelik, lening, sake, ens.)*; belê *(vergadering)*; inrig *(vertrek)*; *(mus., rad.)* verwerk; ~ *an* ***appointment*** *(with s.o.)* 'n afspraak (met iem.) maak; *I'll* ~ *to* ***be*** *in* (or *at home)* ek sal sorg dat ek tuis is; ~ ***for*** *s.t.* vir iets reëlings tref; ~ ***for*** *s.t. to be done* reël (*of* reëlings tref) dat iets gedoen word; ~ ***for*** *s.o. to do s.t.* sorg dat iem. iets doen; ~ *music* ***for*** ... musiek vir ... bewerk; *the* ***marriage*** *~d between* ... die voorgenome huwelik tussen ...; ~ ***to*** ... afspreek om te ... *(ontmoet ens.)*; ~ *s.t.* ***with*** *s.o.,* ~ ***with*** *s.o. about s.t.* iets met iem. afspreek/reël, met iem. oor iets ooreenkom. **ar·range·ment** rangskikking, ordening, opstelling; inrigting; reëling, skikking, akkoord; ooreenkoms, afspraak; indeling; opset; *(mus., rad.)* verwerking; ***by*** ~ volgens afspraak; ***by*** ~ *with* ... met toestemming/vergunning van ...; ***come*** *to* (or ***make****) an* ~ *with s.o.* 'n akkoord/ooreenkoms met iem. aangaan/sluit/tref; 'n reëling met iem. tref, 'n afspraak met iem. maak; ***floral*** ~ blommerangskikking; ***funeral*** *~s* begrafnisreëlings; ***make*** *~s for* ... reëlings vir ... tref. **ar·rang·er** rangskikker, organiseerder; *(mus.)* bewerker.

ar·rant *adj. (attr.)* deurtrapte *(dief)*; opperste *(skelm)*; volslae, louter(e), klinkklare *(onsin)*; aarts= *(bedrieër, dief, leuenaar)*; ~ *fool* volslae gek, opperste dwaas; ~ *hypocrite* aartshuigelaar; ~ *rogue/knave* deurtrapte skelm/skurk, aartsdeugniet, =skurk.

Ar·ras *(geog.)* Atrecht.

ar·ras muurtapyt, =behangsel; (tapyt)behangsel.

ar·ray *n.* versameling, reeks, ry, rits; *(mil.)* slagorde; gewaad; klere, kleding; *(poët., liter.)* tooisel, dos, opskik; *(wisk.)* skikking; *(elektron.)* opstelling, rangskikking; *(jur.)* jurielys; *(rek.)* ry, reeks; *put on one's finest* ~ jou uitdos/uitvat. **ar·ray** *ww.* (op)tooi, (op)smuk, versier, uitdos; (in slagorde) opstel; *(jur.)* saamstel *(jurie)*; *be ~ed in* ... in ... uitgedos/uitgevat wees.

ar·rears *(mv., soms ekv.)* agterstand; agterstallige betalings/gelde, skuld(e); ***catch up on*** ~ 'n agterstand inhaal/afwerk/bywerk; ~ *of* ***correspondence*** onbeantwoorde korrespondensie; ***fall/get*** *into* ~ *with s.t.* met iets agterraak; *be* ***in*** ~, *(iem.)* agter wees, in die skuld wees; *(betaling, paaiement)* agterstallig wees; *be* ***in*** ~ *with one's payments* agter wees met jou paaiemente; ***pay*** *in arrear* agterna betaal; ***tax*** ~ agterstallige belasting; ~ *of* ***work/etc.*** agterstallige werk/ens..

ar·rest *n.* inhegtenisneming, aanhouding, gevangeneming, arres(tasie); *(jur.)* beslagneming, beslag(legging); *(jur.)* inbeslagneming *(v. 'n skip)*; stuiting *(v. 'n siekte/ens.)*; stilstand; ***cardiac*** ~ →CARDIAC; *be in* ***close*** ~ in geslote arres wees; ***court*** ~ arrestasie uitlok; *there were* ***five/etc.*** *~s* vyf/ens. persone is gearresteer; ~ *of* ***goods*** beslagneming van (*of* beslaglegging op) goedere; ~ *of* ***judg(e)ment,*** *(jur.)* opskorting van die/'n vonnis; ***make*** *an* ~ iem. arresteer (*of* in hegtenis neem); ***no*** ~ *has been made* niemand is gearresteer (*of* in hegtenis geneem) nie; ***place/put*** *s.o. under* ~ iem. in hegtenis neem (*of* arresteer); *be* ***under*** ~ in hegtenis/arres wees. **ar·rest** *ww.* in hegtenis neem, aanhou, gevange neem, vang, arresteer; in beslag neem, beslag lê op *(goedere)*; stuit, keer, teëhou, stop(sit), tot stilstand bring; boei, aantrek, fassineer; ~ ***attention*** die aandag trek/boei; *~ed* ***development*** vertraagde/gestremde ontwikkeling; ~ *s.o.* ***for*** ... iem. weens ... in hegtenis neem (*of* arresteer) *(moord ens.)*; ~ ***judg(e)ment,*** *(jur.)* die/'n vonnis opskort. **ar·res·ta·tion** stuiting. **ar·res·tee** *(Am., jur.)* gearresteerde, arrestant. **ar·rest·ing** *adj.* boeiend, pakkend, treffend.

ar·rhyth·mi·a *(med.)* aritmie. **ar·rhyth·mic, ar·rhyth·mi·cal** aritmies.

Ar·ri·an *(Gr. geskiedskrywer en filosoof)* Arrianos.

ar·ris =*ris(es), (bouk.)* skerp rand; *(geol.)* nok. ~ **beam** driehoeksbalk. ~ **gutter** V-geut. **ar·ris·ways, ar·ris·wise** oorhoeks, diagonaal.

ar·ri·val aankoms, koms; tuiskoms; aankomeling; inkomeling; vestiging; bereik *(v. 'n doel ens.)*; verskyning *(v. lentebloeisels ens.)*; ~ ***at*** ... aankoms by ...; ***late*** *~s* laatkommers; ***new*** ~ nuweling *(i.d. uitgewersbedryf ens.)*; iem. wat pas aangekom het, nuwe aankomeling/inkomeling; groentjie, nuwe student; nuwe kollega; nuwe gesig *(op d. poptoneel ens.)*; pasgeborene, pasgebore baba/lammetjie/ens.; ***on*** *(s.o.'s)* ~ by (iem. se) aankoms; ***point*** *of* ~, *(ballistiek)* aankomspunt; ***time*** *of* ~ aankomstyd. **~s hall** aankomssaal. ~ **time** aankomstyd.

ar·rive opdaag; *(baba ens.)* aankom, gebore word; *(dag, tyd, ens.)* aanbreek, kom; *(fig.: kunstenaar ens.)* arriveer, iets bereik, naam maak, jou naam vestig; ~ ***at*** ... by ... aankom *(d. huis ens.)*; in ... aankom *('n stad)*; op ... aankom *('n dorp, plaas)*; om ... aankom *(13:30 ens.)*; tot ... kom *('n gevolgtrekking, slotsom, besluit, ens.)*; ... bereik *('n bestemming, doel, ouderdom, ens.)*; op ... uitkom *('n prys)*; ~ ***home*** tuiskom, by die huis kom; ~ ***in*** ... in ... aankom *('n stad)*; ***on*** *arriving at the office s.o. immediately* ... toe iem. by die kantoor aankom, het hy/sy onmiddellik ...; *the* ***time*** *has ~d for* ... die tyd vir ... het aangebreek, die tyd is ryp vir ...; ~ ***unexpectedly*** onverwags opdaag.

ar·ri·ve·der·ci *tw., (It.)* tot (weer)siens, totsiens.

ar·ri·viste *(Fr.)* arrivis, parvenu.

ar·ro·gant verwaand, arrogant, aanmatigend, hooghartig, hovaardig. **ar·ro·gance** verwaandheid, arrogansie, aanmatiging, hooghartigheid, hovaardigheid; ~ *of power* magsarrogansie.

ar·ro·gate: ~ *s.t. to o.s.* jou iets aanmatig; jou iets toe-eien; ~ *s.t. to s.o.* iets aan iem. toeskryf/=skrywe, iem. iets toedig. **ar·ro·ga·tion** aanmatiging; toe-eiening; aantyging.

ar·row pyl; *bow and* ~ pyl en boog; *broad* ~ →BROAD; *shoot an* ~ 'n pyl afskiet. ~ **bracket** punthakie. **~head** pylpunt. **~headed characters** pylskrif. ~ **key** *(rek.)* pyl(tjie)toets. ~ **poison** pylgif. **~root** *(bot.)* araroet, pylwortel; araroet, pylwortelmeel. ~ **worm** pylwurm.

arse, *(Am.)* **ass** *n., (vulg.)* gat, aars; *move/shift your* ~*!* roer jou gat!; *you silly/stupid* ~*!* jou idioot!. **arse,** *(Am.)* **ass** *ww.:* ~ *about/around, (vulg.)* rondneuk, rondfok *(intr.)*. **~hole** *(vulg.)* (poep)hol. ~ **licker** *(vulg.)* gatkruiper, =lekker. **~-licking** *(vulg.)* gatkruipery.

ar·se·nal *(mil.)* arsenaal, wapenmagasyn, wapenhuis; wapen=, munisiefabriek; *(fig.)* arsenaal.

ar·se·nate *(chem.)* arsenaat.

ar·se·nic *n., (chem., simb.:* As) arseen. **ar·se·nic, ar·sen·i·cal** *adj.* arseenhoudend, arseen=; *arsenic acid* arseensuur; *arsenic compound* arseenverbinding. **ar·se·ni·ous, ar·sen·ous** arsenig=; ~ *oxide* arsenigoksied.

ar·se·nite *(chem.)* arseniet.

ar·se·no·py·rite *(min.)* arseen=, arsenopiriet.

ar·sine *(chem.: 'n gifstof)* arsien.

ar·sis =*ses, (pros.)* arsis, (toon)heffing, be(klem)toonde lettergreep; *(mus.)* arsis.

ar·son brandstigting; *commit* ~ brand stig. **ar·son·ist** brandstigter.

art[1] kuns; vaardigheid, slag; (listige) streek, lis, truuk; →ARTS; ***Bachelor*** *of A~s* →BACHELOR; ***black*** ~ →BLACK; *~s and* ***crafts*** (kuns en) kunsvlyt; kunshandwerk; kunsnywerheid; ***faculty*** *of ~s* fakulteit van lettere; ***fine*** ~ *(s)* →FINE[1]; *have/get s.t. down to a* ***fine*** ~ →FINE ART; ***in*** ~ in die kuns; *have/be* ~ *and* ***part*** *in ..., (w.g.)* betrokke wees by ...; ***patron*** *of the ~s* →PATRON; *the* ***performing*** *~s* die uitvoerende kunste; *the* ***plastic*** *~s* die beeldende kunste; *s.t. is* ***state*** *of the* ~, *(infml.)* iets is die allernuutste; →STATE; ~ *of* ***war*** krygskuns; *a* ***work*** *of* ~ 'n kunswerk; *the* ***world*** *of* ~ die kunswêreld. **A~ Brut** *(primitiewe kuns v. gevangenes, kinders of psigiatriese pasiënte, ens.)* Art Brut *(ook a~ b~)*. ~ **collection** kunsversameling. ~ **critic** kunskritikus. ~ **dealer** kunshandelaar. **A~ Deco** *n.* Art Deco *(ook a~ d~)*. **A~-Deco** *adj. (attr.)* Art Deco- *(ook a~ d~-)*; ~ *building* Art Deco-gebou, art deco-gebou. ~ **editor** kunsredakteur. ~ **exhibition** kunstentoonstelling. ~ **gallery** kunsmuseum; kunsgalery, =saal. ~ **historian** kunshistorikus. **~-historical** kunshistories. ~ **history** kunsgeskiedenis. ~ **lover** kunsliefhebber, =vriend. **~-loving** kunsliewend, =sinnig. ~ **metal** siermetaal. ~ **metalwork** edelsmee(d)kuns; *(argit.)* siermetaalwerk. ~ **metalworker** edelsmid. ~ **needlework** kunsnaaldwerk. **A~ Nouveau** *n.* Art Nouveau *(ook a~ n~)*. **A~-Nouveau** *adj. (attr.)* Art Nouveau- *(ook a~ n~-)*; ~ *mirror* Art Nouveau-spieël, art nouveau-spieël. ~ **paper** kunspapier. ~ **print** kunsafdruk. ~ **school** kunsskool. ~ **song** kunslied. ~ **therapy** kunsterapie. ~ **treasure** kunsskat. **~work** kunswerk; beeld=, illustrasiemateriaal *(in boek)*.

art[2] *ww. (2e pers. ekv.), (arg.)* is; →BE.

ar·te·fact, *(Am.)* **ar·ti·fact** artefak, kunsvoorwerp, =produk; *(biol., med.)* artefak.

ar·ter·y slagaar, arterie; kanaal; *(traffic)* ~ hoofverkeersweg, verkeersaar. **ar·te·ri·al** slagaar=; ~ *blood* slagaarbloed; ~ *road* hoofverkeersweg, verkeersaar. **ar·te·ri·al·ise, =ize** arterialiseer, aarbloed in slagaarbloed verander; kanaliseer. **ar·te·ri·ole** arteriool, slagaartjie. **ar·te·ri·o·scle·ro·sis** =*ses, (med.)* arteriosklerose, slagaarverdikking, =verharding, =verkalking. **ar·te·ri·o·scle·rot·ic** *(med.)* arteriosklerοties. **ar·te·ri·o·ste·no·sis** *(med.)* arteriostenose, slagaarvernouing. **ar·te·ri·ot·o·my** *(med.)* arteriotomie. **ar·te·ri·tis** *(med.)* arteritis, slagaarontsteking.

ar·te·sian artesies; ~ *well* artesiese put.

art·ful kunstig; listig, geslepe, skelm; slim; ~ *dodger* glibberige kalant, geslepe slimmerik. **art·ful·ness** kunstigheid; lis(tigheid).

ar·thri·tis *(med.)* gewrigsontsteking, artritis. **ar·thrit·ic** *n.* artritislyer, iem. met gewrigsontsteking. **ar·thrit·ic** *adj.* artrities.

ar·thro·di·a =*ae* artrodie, skuif=, glygewrig. **ar·thro·di·al** glydend, skuif=, gly=; ~ *joint* skuif=, glygewrig.

ar·thro·pod *(soöl.)* geleedpotige, artropode. **ar·thro·pod, ar·throp·o·dal, ar·throp·o·dous** geleedpotig. **Ar·throp·o·da** Geleedpotiges, Artropodes.

ar·thro·scle·ro·sis *(med.)* artrosklerose, gewrigsverharding.

ar·thro·sis =*ses, (med.)* artrose, gewrigsiekte, gewrigsaandoening.

Ar·thur Artur; *King* ~, *(legendariese Kelties-Britse koning)* koning Artur; *not know whether one is* ~ *or Martha* nie weet of jy kom of gaan nie. **Ar·thu·ri·an** Arturiaans, Artur=; ~ *legend* Arturlegende.

ar·ti·choke artisjok; *globe* ~ →GLOBE; *Jerusalem* ~ →JERUSALEM.

ar·ti·cle *n., (han.)* artikel; stuk; voorwerp; artikel, bydrae *(in 'n koerant, tydskrif, ens.)*; *(gram.)* lidwoord, artikel; artikel, bepaling *(v. 'n wet ens.)*; *(bot.)* lit; *~s of* ***agreement*** kontrak, (skriftelike) ooreenkoms; kontrakbepalings; *~s of* ***apprenticeship*** opleidings=, leer=, vakleerlingkontrak; *~s of* ***association*** statute; *the paper* ***carried*** *the* ~ die koerant het die artikel geplaas, die artikel het in die koerant verskyn; *~s (of* ***clerkship****)* leerkontrak *(by prokureur ens.)*; ~ *of* ***clothing*** kledingstuk; ***definite/indefinite*** ~, *(gram.)* bepaalde/onbepaalde lidwoord; ~ *of* ***faith*** geloofsartikel; ~ *of* ***furniture*** meubelstuk; *s.t. is the* ***genuine*** ~ iets is eg; ***household*** ~ gebruiksvoorwerp; ***leading*** ~ hoofartikel; *an* ~ ***on*** ... 'n artikel oor ...; *~s of* ***peace*** vredesartikels; ***serve*** *one's ~s* jou leertyd (as prokureur) uitdien, ('n) leer(ling)klerk (*of* ingeskrewe klerk) wees; ***toilet*** *~s* toiletware; ~ *of* ***value*** voorwerp van waarde; *~s of* ***war*** krygsartikels; ***write*** *an* ~ 'n artikel skryf/skrywe. **ar·ti·cle** *ww.* inskryf, =skrywe; kontraktueel (ver)bind; *(arg.)* aankla, beskuldig; *~d clerk* leer(ling)klerk, ingeskrewe klerk, leerling=, kandidaatprokureur; leer(ling)klerk, ingeskrewe klerk, leerlingrekenmeester; *be ~d to* ... by ... as leer(ling)klerk ingeskryf/ingeskrywe wees.

ar·tic·u·lar artikulêr, gewrigs=; ~ *bone* grendelbeen *(v. voël, reptiel); ~ cavity* gewrigsholte.

ar·tic·u·late *adj.* welsprekend, wel ter tale; woord=(e)ryk; vlot, vloeiend; duidelik, helder; geartiku=leer(d); *(anat.)* geleed; *(bot.)* gelit; *be ~* jou goed/duidelik/helder kan uitdruk, welsprekend (*of* wel ter tale *of* 'n vlot prater) wees; *give ~ expression to s.t.* iets helder verwoord. **ar·tic·u·late** *ww.* duidelik praat; artikuleer, duidelik uitspreek *(woorde);* (helder) verwoord, uit(er), uiting gee aan *(gedagtes, gevoelens, ens.);* van 'n lit (*of* litte) voorsien; ~ *with s.t., (anat.)* met iets 'n gewrig vorm; *~d vehicle* gelede voertuig, voorhaker, haak-en-sleper. **ar·tic·u·la·tion** duidelike uitspraak, artikulasie; (helder) verwoording; klank; verdeling in litte; gewrigsvorming; gewrigsverbin=ding, artikulasie; gewrig, lit, geleding; *(bot.)* knoop; verbinding.

ar·ti·fact *(Am.)* →ARTEFACT.

ar·ti·fice lis(tigheid); (skelm)streek, slenter(slag); slim plan; (knap)handigheid, behendigheid, vaardig=heid. **ar·tif·i·cer** vakman, ambagsman, handwerks=man; *(hoofs. mil.)* werktuigkundige, meganikus, teg=nikus; uitvinder, maker; *(met A~)* Skepper.

ar·ti·fi·cial kunsmatig, nagemaak, kuns=; gemaak, geaffekteer(d), aanstellerig, gekunsteld, onnatuur=lik, vals, oneg, aangeplak; ~ ***eye*** glas=, kunsoog; ~ ***flower*** kuns=, papierblom, nagemaakte blom; ~ ***horizon*** kunshorison; ~ ***insemination*** kunsmatige bevrugting/inseminasie; ~ ***intelligence*** kunsmatige intelligensie; ~ ***language*** kunstaal; ~ ***leg*** kunsbeen; ~ ***leather*** kunsleer; ~ ***light(ing)*** kunslig; ~ ***limb*** kunsledemaat, protese, prostesis; ~ ***person,*** *(jur.)* regspersoon; ~ ***politeness*** aangeplakte vriendelik=heid; ~ ***resin*** kunshars; ~ ***respiration*** kunsmatige asemhaling; ~ ***silk*** kunssy; ~ ***smile*** aangeplakte glimlag; ~ ***tears*** krokodiltrane; ~ ***teeth*** kunstande, vals tande, kunsgebit. **ar·ti·fi·cial·ise, =ize** gekunsteld/kunsmatig/onnatuurlik maak. **ar·ti·fi·ci·al·i·ty** kuns=matigheid; gekunsteldheid, gemaaktheid.

ar·til·ler·ist artilleris, kanonnier.

ar·til·le·ry artillerie, geskut; *heavy ~* grofgeskut, swaar geskut; *light ~* ligte geskut; *a piece of ~* 'n stuk geskut. ~ **driver** stukryer. **~man** =*men* artilleris, kanonnier. ~ **park** artillerie=, geskutpark, geskut=werf. ~ **practice** skietoefening. ~ **range** artillerie=skietbaan; artilleriebereik, =(skoots)afstand, =drag. ~ **train** artillerie=, geskuttrein. ~ **wheel** kanonwiel; houtspeekwiel.

art·i·ness artistiekerigheid, gekunsteldheid.

ar·ti·san, ar·ti·san ambagsman, vakman, hand=werksman.

art·ist kunstenaar, *(vr.)* kunstenares, tekenaar, skilder; ***commercial*** ~ →COMMERCIAL; *~'s* ***impression*** skets(tekening); *~'s* ***materials*** kuns=, skildergerei, skildersbehoeftes; ~ *in* ***words*** woordkunstenaar. **ar·tiste** arties. **ar·tis·tic** kunstig, kunsvol, artistiek, artisties, kunsryk; kunssinnig; ~ *feeling/sense* kuns=gevoel, kunssin; ~ *gift/talent* kunssinnigheid. **art·ist·ry** kunsgevoel, kunssin, artistisiteit; kuns=tigheid; kunstenaarstalent.

art·less onskuldig; ongekunsteld, natuurlik, eenvou=dig; pretensieloos; kunsteloos. **art·less·ness** onskuld; ongekunsteldheid, natuurlikheid, eenvoud(igheid); kunsteloosheid.

Ar·tois *(geog.)* Artesië, Artois.

arts: ~ **block,** ~ **building** letteregebou. ~ **degree** graad in die lettere. →ART.

art·y =*ier* =*iest* kunstenaars=; artistiekerig, gekunsteld; *be an ~ type* 'n kunstenaarstipe wees. **~-crafty,** *(Am.)* **artsy-craftsy** artistiekerig, gekunsteld, pre=tensieus. **~-farty** *(neerh., skerts.)* →ARTY-CRAFTY.

A·ru·ba *(geog.)* Aruba. **A·ru·ban** *n.* Arubaan. **A·ru·ban** *adj.* Arubaans.

ar·um *(bot.: Arum* spp.*)* aronskelk. ~ **(lily)** *(Zante=deschia* spp.*)* varkblom, =oor, =lelie, aronskelk, kalla; *golden/yellow ~ (~)* geelaronskelk, mapoglelie.

Ar·y·an, Ar·i·an *n.* Ariër; *(taal)* Aries. **Ar·y·an, Ar·i·an** *adj.* Aries. **Ar·y·an·ism, Ar·i·an·ism** Ariër=leer.

ar·y·te·noid, ar·y·tae·noid *(anat.)* aritenoïed, gie=terkraakbeen, arikraakbeen.

as[1] *asses, (hist.: Rom. gewig/munt)* as.

as[2] *adv., prep, voegw., betr.vnw.* as; (net) soos; terwyl, onderwyl; toe; namate, na gelang; daar, aangesien, omdat; hoe ... ook (al); ***according*** ~ →ACCORDING; ~ ***against*** ... teenoor (*of* in teenstelling met) ...; ~ ***against*** *that* daarteenoor; ~ ***against*** *this* hier=teenoor; →AGAINST; ***as*** ... ***as*** →EARLY, EASY, FAR, GOOD, HIGH, LATE, LITTLE, LONG, MUCH, RECENTLY, SOON, WELL, *etc.;* ~ *a* ***child*** as kind; ~ *s.o.* ***does,*** *so is he/she done by* na jy handel, sal jy behandel word; ***elect*** ~ ... →ELECT; ***even*** ~ ... net soos ...; onderwyl ...; ~ *an* ***experiment*** →EXPERIMENT; ~ ***follows*** →FOLLOW; ~ ***for*** ... wat ... (aan)betref/aangaan; ~ ***for*** *me* wat my (aan)betref/aangaan; ~ ***from*** ... vanaf ..., van ... af, met ingang van ..., ingaande op ... *('n datum); be cheap ~ cars/etc.* ***go*** goedkoop wees vir 'n motor/ens.; *be so* ***good*** *~ to* ... →GOOD; ~ ***if*** ... (as)of ...; *look ~* ***if*** ... lyk (as)of ...; ~ ***in*** ... soos in ... *(Engels ens.); sell s.t. ~* ***is*** iets voetstoots verkoop; ~ ***it is*** in werklikheid, reeds; *it's bad enough ~* ***it is*** dis al/klaar/reeds erg genoeg; *leave it ~* ***it is*** laat dit so staan/lê/bly, los dit net so; ~ ***it were*** as 't ware, so te sê, jy kan maar sê; ***just*** ~ ... nes (*of* net soos) ...; ***just*** *~ you are* sommerso; ***just*** *~ if* ... publiek (as)of ...; →JUST *adv.; ~ you* ***like*** →LIKE[2] *ww.;* ~ ***much, much*** ~ →MUCH; ~ ***of*** ... vanaf ..., van ... af, met ingang van ...; *the position ~* ***on*** ... die stand van sake op ... *('n datum);* ~ ***per*** ... →PER; *in* ***proportion*** ~ →PROPORTION; ***rich/etc.*** *~ s.o. is* hoewel/ofskoon iem. ryk/ens. is; *your ... is the* ***same*** *~ mine* jou ... is dieselfde as myne; ~ *they* ***say*** na hulle sê; ***silly/etc.*** *~ it may seem* hoe dwaas/ens. dit ook (al) mag lyk; ***so*** *~ not to* →SO; ***starring*** *~ Romeo/etc.* in die rol van Romeo/ens.; ~ ***such, such~*** →SUCH; ~ ***though*** ... (as)of ...; ~ ***to*** ... aangaande ..., wat ... (aan)be=tref/aangaan; *an indication ~* ***to*** *how/what/when* ... 'n aanduiding van hoe/wat/wanneer ...; ~ ***usual*** →USUAL; ~ *s.o.* ***was*** *approaching* toe iem. nader kom; ~ ***well*** →WELL[2] *adv.; we'll select our team ~ and* ***when*** *we qualify* ons sal ons span kies wanneer/as/indien ons kwalifiseer; *more paper will be provided ~ and* ***when*** *required* nog papier sal voor=sien word na gelang van die behoefte; *I'll tell you more ~ and* ***when,*** *(infml.)* ek sal jou meer vertel so=dra ek kan; *s.o.* ***whistles*** *~/while he/she works* iem. werk al fluitende (*of* fluit-fluit); ~ ***yet*** →YET; ~ ***you were*** soos voorheen; ~ ***you were!,*** *(mil.)* herstel!; ***young/etc.*** *~ s.o. is* so jonk/ens. soos iem. is, hoe jonk/ens. iem. ook (al) is.

as·a·foet·i·da, *(Am.)* **as·a·fet·i·da** *(bot.)* duiwels=drek.

A·saph *(OT)* Asaf.

as·bes·tine *adj.* asbes=.

as·bes·tos asbes; *blue ~* blouasbes, krosidoliet. ~ **cement** asbessement, eterniet. ~ **roofing** dak-asbes. ~ **sheet** asbesplaat.

as·bes·to·sis *(med.)* asbestose.

As·ca·lon →ASHQELON.

as·ca·rid *(soöl.)* askaried, spoelwurm. **as·ca·ri·a·sis** *(med.)* askariase, spoelwurmsiekte.

as·cend styg, opgaan, boontoe gaan; *(per motor)* opry; *(vliegtuig ens.)* opstyg, rys, klim; *(Christus)* op=vaar; *(mis ens.)* opkom; *(pad ens.)* oploop; *(mus.: toon ens.)* styg; *(druk.)* 'n bosteel/kop/stok hê; opklim *(trap, leer);* (be)klim, uitklim *(berg);* bestyg *(troon).* **as·cend·an·cy, as·cend·en·cy, as·cend·ance, as·cend·ence** oorwig, oorhand, oorheersing, domi=nansie; *gain/have (the) ~ over* ... die oorhand oor ... kry/hê. **as·cend·ant, as·cend·ent** *n.* oorwig, oor=heersende invloed, oorheersing, dominansie; *(astrol., soms A~)* assendant, assendent, oostelike horison=punt; *(w.g.)* voorouer, voorsaat, voorvader; *be in the ~, (astrol.)* aan die opkom (*of* in opkoms) wees; *(fig.)* oorheersend wees; toeneem, aan die toeneem wees, opgang maak. **as·cend·ant, as·cend·ent** *adj.* (op)=stygend, rysend, (op)klimmend, opgaande; oorheer=send, dominant; *(astrol.)* opkomend; *(bot.)* stygend, opgebuig, klimmend. **as·cend·er** *(druk.)* bosteel=, stokletter. **as·cend·ing** (op)stygend, rysend, (op)=klimmend, opgaande; *(bot.)* stygend, opgebuig, klim=mend; ~ *current* stygende stroom, stygstroom; ~ *curve, (wisk.)* stygende kromme, stygkromme; ~ *let=ter, (druk.)* bosteel=, kop=, stokletter. **as·cen·sion** (op)styging; (be)klimming; oprit; opvaring, opvaart. **As·cen·sion** *(geog.)* Ascension; *(NT)* hemelvaart; ~ *Day* Hemelvaart, Hemelvaart(s)dag. **as·cen·sive** *(w.g.)* (op)stygend, rysend, (op)klimmend; ver=sterkend, intensief. **as·cent** (op)styging; klim, be=klimming, bestyging; opgang, opkoms; helling; steilte, opdraand(e), bult; *make an ~ of a mountain* 'n berg klim/bestyg; *rate of ~* stygsnelheid.

as·cer·tain vasstel, bepaal, uitmaak; agterkom, uitvind, te wete kom; nagaan, jou vergewis; *as far as s.o. can ~* vir sover/sovêr iem. kan nagaan. **as·cer·tain·a·ble** bepaalbaar, vas te stel. **as·cer·tain·ment** vasstelling; vergewissing; bevestiging, konstatering.

as·cet·ic *n.* askeet. **as·cet·ic, as·cet·i·cal** *adj.* streng, vroom; ingetoë, selfverloënend, asketies. **as·cet·i·cism** askese, selfverloëning, selftug, self=kastyding; *(leer)* asketisme; *a life of ~* 'n asketelewe.

as·cid·i·an *(soöl.)* sakpyp.

AS·CII *(akr.:* American Standard Code for Infor=mation Interchange*): ~* **file** *(rek.)* ASCII-lêer.

as·ci·tes *(med.)* askites, buikwatersug; buikvog.

a·scor·bic ac·id, vit·a·min C askorbiensuur, vi=tamien C.

as·cribe toeskryf, =skrywe; ~ *s.t. to* ... iets aan ... toeskryf/=skrywe. **as·crib·a·ble** toe te skryf/skrywe *(aan).* **as·crip·tion** toeskrywing.

as·cus *asci, (bot.)* askus.

as·dic *(vroeë vorm v. sonar)* asdic.

a·sep·sis *(med.)* kiemvryheid, asepsie, asepsis. **a·sep·tic** *n.* steriele stof; ontsmet(tings)middel. **a·sep·tic** *adj.* kiemvry, asepties, steriel; *(fig.)* steriel.

a·sex·u·al *(biol.)* aseksueel, geslag(s)loos *(organis=me);* aseksueel, ongeslagtelik *(voortplanting); (fig.)* aseksueel *(persoon),* niegeslagtelik *(verhouding).*

ash[1] =*es, n.* as *(v. 'n sigaret, vulkaan, ens.); (i.d. mv.)* as *(v. 'n verbrande lyk);* ***burn/reduce*** *s.t. to ~es* iets af=brand, iets tot as verbrand; *(in 'n oorlog)* iets in die as lê; *be* ***burnt/reduced*** *to ~es* tot as verbrand wees; ***cigarette*** ~ sigaret-as; ***drop*** *~(es)* as laat val; *be* ***in*** *~es* (tot as) verbrand wees, afgebrand wees; ***rise*** *from the ~es, (fig.)* uit die as verrys; *be in* ***sackcloth*** *and ~es* →SACKCLOTH; ***the*** *A~es, (kr.)* die As; *~es* ***to*** *~es* stof tot stof. **ash** *ww.* verbrand, veras; met as be=strooi. ~ **blond** *n. & adj.* as=, silwerblond; *~-blond hair* as=/silwerblonde hare. ~ **blonde** *(vr.)* as=, silwer=blondine. ~ **brick** assteen. ~ **can** *(Am.)* →DUSTBIN. ~ **concrete** sintelbeton. ~ **cone** askeël, =kegel. **~pan** aspan. **~pit** asgat, =put, =kuil. **~tray** asbak(kie). **A~ Wednesday** *(RK)* As(woens)dag.

ash[2] *n., (bot.: Fraxinus* spp.*)* es(boom); *Cape ~, (Ekebergia capensis)* (Kaapse) esse(n)hout, esse=boom, eshout; *red ~, (Trichilia emetica)* (rooi-)=esse(n)hout, basteresse(n)hout.

a·shamed skaam, skamerig, verleë, beskaamd; ***be*** ~ skaam kry; ***be/feel*** *~ of* ... skaam wees vir ...; jou skaam oor/vir ..., skaam kry oor ...; ***be/feel*** *~ that* ... skaam wees/kry (*of* jou skaam) dat ...; *you* ***ought*** *to be ~ (of yourself)* jy behoort jou te skaam, skaam jou; *I'm ~ to (have to)* ***say/admit*** *that* ... ek moet tot my skande erken/toegee dat ...; *be/feel* ***too*** *~ to do s.t.* te skaam wees (*of* verleë voel) om iets te doen.

A·shan·ti *(geog.)* Asjanti.

Ash·dod *(geog., OT)* Asdod.

ash·en[1] asvaal, doodsbleek; as=, van as; askleurig, (as)vaal, (lig)grys; →ASH[1] *n.; turn ~* asvaal word. **~-faced** doodsbleek.

ash·en[2] esse=, es=, esse(n)hout=, eshout=; →ASH[2] *n.*.

Ash·er *(OT)* Aser.

ash·et *(dial.)* plat skottel, vleisskottel.

Ash·ke·lon →ASHQELON.

Ash·ke·na·zi *=zim* Asjkenasi.

ash·lar, ash·ler hardsteen, arduin(steen); vorm=klip; dakjuk. ~ **brick** reggekapte steen.

a·shore aan wal, aan land; *come* ~ aan land kom; *drift* ~ aanspoel; *go* ~, *(mense)* aan land/wal gaan; *('n skip)* strand; *put s.o.* ~ iem. aan land sit; *run* (or *be driven*) ~, *('n skip)* strand, op die strand loop; *run a ship* ~ 'n skip op die strand laat loop; *swim* ~ strand toe swem; *be washed* ~ uitspoel.

Ash·qe·lon, Ash·ke·lon *(geog., hist.)* Askelon.

Ash·to·reth *(OT)* Astarte.

A·shur →A(S)SUR.

ash·y asagtig, met as bedek, as=; asvaal, doodsbleek; →ASH[1]; ASHEN[1].

A·sia Asië; ~ *Minor* Klein-Asië. **A·sian, A·si·at·ic** *n.* Asiaat. **A·sian, A·si·at·ic** *adj.* Asiaties; *Asian flu, (infml.)* Asiatiese/Oosterse griep, geel=, kerriegriep.

a·side *n., (teat.)* tersyde; terloopse opmerking; *mention s.t. as an* ~ iets terloops (*of* in die verbygaan) noem; *say s.t. in an* ~ iets tersyde sê; *there are too many ~s to the audience* daar word te veel met die publiek gepraat. **a·side** *adv.* opsy, eenkant, uit die pad; sywaarts; tersyde; *brush/lay/push/put/set/stand/take* ~ →BRUSH, LAY[2], PUSH, PUT, SET[3], STAND, TAKE *ww.*; ~ *from ..., (Am.)* afgesien van (*of* behoudens *of* buiten *of* bo en behalwe) ...; *joking* ~ →JOKING; *jump/leap* ~ uit die pad spring; 'n sy=sprong maak.

as·i·nine, as·i·nin·i·ty →ASS[1].

ask vra; versoek; (uit)nooi; eis, vereis, verg, verlang; vra, stel *(vraag, raaisel)*; ~ *s.o. about s.t.* iem. na iets vra; ~ *about/after/for* ... na ... vra/verneem; ~ *s.o. for advice* iem. om raad vra; ~ *s.o.'s advice on s.t.* iem. se raad oor iets vra; ~ *after s.o.('s health)* na iem. (se gesondheid) vra/verneem, vra hoe dit met iem. (se gesondheid) gaan; ~ *me another!* moenie vir my vra nie!, wat weet ek?; ~ *around* rondvra; oornooi, oorvra; ~ *away!* vra (maar) gerus!; ~ *s.o. back* iem. na jou toe oornooi/oorvra; *never* ~ *s.o. back again* iem. nooit weer uitnooi nie; ~ *s.t. back* iets terugvra; ~ *s.o. to do s.t.* iem. vra om iets te doen; ~ *s.o. a favour,* ~ *a favour of s.o.* iem. 'n guns vra; ~ *for s.o.* na iem. vra; ~ *for s.t.* (om) iets vra; ~ *for trouble, (infml.)* moeilikheid soek/uitlok; ~ *s.o. for s.t.* iets by/van iem. vra, iem. om iets vra; by iem. om iets aan=klop; ~ *s.o. for lunch/etc.* iem. vir middagete/ens. (uit)nooi/vra, iem. (uit)nooi/vra om te kom eet/ens.; *how much is s.o. ~ing for s.t.?* hoeveel vra iem. vir iets?, hoeveel wil iem. vir iets hê?; *s.t. is to be had for the ~ing* ('n) mens hoef net (daarom) te vra; *it's yours for the ~ing* praat/sê/vra net en dis joune, jy hoef net te vra; *s.t. ~s for ...* iets (ver)eis/verg ... *(aandag ens.)*; *s.o. is ~ing for it, (infml.)* iem. maak/soek daarna; *the thing ~ed for* die gevraagde; *there's no harm in ~ing, ~ing can do no harm* vra is vry (en weier daarby); ~ *s.o. in* iem. innooi/binne=nooi, iem. nooi/vra om in/binne te kom; *you just have to ~, you have only to ~* jy moet net (*of* hoef net te) vra; *don't ~ me!, (infml.)* moenie vir my vra nie!, wat weet ek?; *if you ~ me* ... ... dink ek, as ek moet sê ..., volgens my ...; *that's ~ing too much* dis te veel gevra; *I ~ myself whether* ... ek vra my af of ...; ~ *s.o. his/her name* iem. vra wat sy/haar naam is, iem. sy/haar naam vra; ~ *nicely* mooi vra; ~ *a lot of s.o.* baie van iem. verwag; ~ *too much of s.o.* te veel van iem. eis/verg/verlang; ~ *s.t. of s.o.* iem. iets vra; iets van iem. verwag; ~ *s.o. his/her opinion* iem. om sy/haar mening vra; ~ *s.o. out* iem. nooi/vra om saam met jou uit te gaan; ~ *s.o. out to dinner* (or *to a concert* or [infml.] *to the movies*) iem. uitnooi/vra om saam te gaan eet (*of* konsert toe te gaan *of [infml.]* te gaan fliek), iem. uitvra vir ete (*of* na 'n konsert *of [infml.]* fliek toe); ~ *s.o. over/round* iem. nooi/oorvra, iem. vra om aan/oor te kom; *~ing price* vraprys, ver=langde prys; ~ *s.o. the time* iem. vra hoe laat dit is; ~ *s.o. to a party/etc.* iem. na 'n partytjie/ens. (uit)=nooi/vra; ~ *s.o. to tea/etc.* iem. vir tee/ens. (uit)=nooi/vra, iem. (uit)nooi/vra om te kom tee drink ens.; ~ *to see the manager* vra om die bestuurder te spreek; ~ *s.o. the way* →WAY; *you may well ~!* vra dit!; ~ *whether* ... vra of ...; *I ~ you!, (infml.)* bid jou aan!, wil jy glo!, kan jy nou meer!.

a·skance, a·skant skeef, skuins, tersluiks; agter=dogtig, wantrouig, wantrouend, skepties, ongelowig; *look ~ at s.o.* iem. skeef/skuins/agterdogtig/wan=trouend aankyk; *look ~ at s.t.* wantrouig/ongelowig na iets kyk.

As·ka·ri *(SA, hist.: ANC-guerrilla wat n.d. Veilig=heidsmagte oorgeloop het)* Askari.

a·skew skeef, skuins; windskeef; *have one's hat on* ~ jou hoed sit windskeef.

a·slant skuins/dwars oor.

a·sleep *adj. (pred.)* aan die slaap; *(euf.)* oorlede; *be* ~ slaap, *(ook fig.)* aan die slaap wees; *fall* ~ aan die slaap raak; *(euf.)* sterf, sterwe, heengaan, wegval; *be fast/sound* ~ vas aan die slaap wees; *my foot/etc. is* ~ my voet/ens. slaap; *s.o. is half* ~ iem. is (half) deur die slaap.

a·slope *adj. (pred.), (arg., poët., liter.)* skuins, skeef, (oor)hellend, leunend; opdraand; afdraand.

As·mo·n(a)e·an →HASMON(A)EAN.

a·so·cial asosiaal, niesosiaal; asosiaal, onmaatskaplik.

asp[1] *(soöl.)* aspis, Egiptiese kobra; ~ *(viper)* aspis=(adder).

asp[2] *(arg.)* →ASPEN.

as·par·a·gus aspersie(s); *wild* ~ →WILD. ~ **fern** *(bot.)* katstert. ~ **gall** *(bot.)* bergappel(tjie), bobbe=jaanappel. ~ **shoot** aspersiespruit. ~ **spear** aspersie=stingel. ~ **tip** aspersiepunt.

as·pect kenmerk, eienskap; *(fig.)* kant, aspek, faset, sy; gesigspunt, oogpunt; uitdrukking, gesigs=, gelaats=uitdrukking; voorkoms, uiterlik(e); aansig; uitsig; *(astrol., gram.)* aspek; *(arg.)* blik; *consider* (or *look at) a matter from every* ~ 'n saak van alle kante (af) bekyk; *consider* (or *look at) every ~ of a matter* al die aspekte van 'n saak bestudeer; *have a good ~ of* ... 'n mooi uitsig op ... hê *('n dorp ens.)*; *shed/throw light (up)on another ~ of a question* 'n ander faset/sy/kant van 'n saak belig; *have a southern/etc.* ~ suid/ens. kyk/wys, op die suide/ens. uitkyk; *the southern/etc. ~ of a building* die suidekant/ens. van 'n gebou. **as·pec·tu·al** *(gram.)* aspekties.

as·pen *n., (bot.)* trilpopulier, esp(eboom). **as·pen** *adj.* van espehout, espe=.

as·per·gil·lum *=lums, =la,* **as·per·gill** *=gills, (RK)* wy(water)kwas, aspergillum, aspersorium.

as·per·gil·lus *=li, (bot.)* kwasskimmel, aspergillus. **as·per·gil·lo·sis** *(med., veearts.)* kwasskimmelsiekte, aspergillose.

as·per·i·ty *=ties* ruheid; oneffenheid; felheid, skerp=heid, skerpte; wrangheid, bitterheid; strengheid, hardheid; hewigheid; *speak with ~ about* ... jou skerp oor ... uitlaat.

as·perse *(w.g.)* belaster, beswadder, beklad, be=skinder; *(w.g.)* besprinkel. **as·per·sion** belastering, beswaddering, beklading, beskindering; laster, naamskending, skindertaal; *(w.g.)* besprinkeling; *cast ~s (up)on s.o.* iem. belaster/beswadder, iem. deur die modder sleep (*of* met modder gooi).

as·per·so·ri·um *=ria, (RK)* wywaterbakkie; wy(wa=ter)kwas, aspergillum, aspersorium.

as·phalt *n.* asfalt; (pad)teer. **as·phalt** *ww.* teer, as=falteer. ~ **court** *(tennis)* asfaltbaan. ~ **jungle** groot stad. ~ **paving** asfaltplaveisel.

as·phal·tic asfaltagtig.

as·phal·tite *(min.)* asfaltiet.

as·pho·del *(bot.)* asphodelus; affodil; *(Gr. mit.)* on=verganklike blom, narsing.

as·phyx·i·a *(med.)* verstikking, versmoring, asfiksie. **as·phyx·i·ant** *n.* asfikseerder. **as·phyx·i·ant** *adj.* ver=stikkend, versmorend. **as·phyx·i·ate** verstik, versmoor; laat verstik, asfiksieer. **as·phyx·i·a·tion** verstikking, versmoring, asfiksie.

as·pic[1] *(kookk.)* aspiek.

as·pic[2] *(arg.)* →ASP[1].

as·pic[3] *(bot.)* breëblaarlaventel.

as·pi·dis·tra *(bot.)* aspidistra.

as·pire streef, strewe, aspireer, verlang, begeer; op=styg; ~ *to/after s.t.* na iets streef/strewe, iets nastreef/nastrewe; ~ *to be/become a surgeon/etc.* die ambisie/wens koester om ('n) snydokter/ens. te word. **as·pir·ant, as·pir·ant** *n.* aspirant, kandidaat; aanspraak=maker; *an ~ to* ... 'n aspirant na ...; ~ *to the presidency* presidentskandidaat; ~ *to the throne* aanspraakma=ker op die kroon/troon. **as·pir·ant, as·pir·ant** *adj.* aspirant=. **as·pi·rate** *n., (fonet.)* aspiraat; geaspi=reerde konsonant, *h*-klank. **as·pi·rate** *ww., (fonet.)* aspireer, met 'n *h*-klank uitspreek; inasem; *(med.)* aspireer, opsuig, insuig, uitsuig; *aspirating action* suig=werking. **as·pi·rate, as·pi·rat·ed** *adj.* geaspireer(d). **as·pi·ra·tion** begeerte, ambisie, strewe, aspirasie; ambisieuse doel; inaseming; *(fonet.)* aspirasie; *(fonet.)* geaspireerde konsonant; *(med.)* aspirasie, op=, in=, uitsuiging; *have ~s to ...* na ... streef/strewe; daarna streef/strewe om te ... **as·pi·ra·tor** aspirator, suig=toestel, suigpomp. **as·pir·ing** vooruitstrewend, am=bisieus; eersugtig.

as·pi·rin *=rin(s), (asetielsalisielsuur)* aspirien.

a·squint *adj. (pred.), adv.* tersluiks, onderlangs, uit die hoek van jou oog.

ass[1] esel, donkie; *(fig.)* esel, aap, skaap, domkop, pampoen(kop), dwaas, swaap; *make an ~ of o.s., (infml.)* jou belaglik maak, 'n stommiteit begaan; *make an ~ of s.o., (infml.)* iem. belaglik/bespotlik maak, iem. vir die gek hou, iem. ore aansit; *you ~!, (infml.)* jou bobbejaan/pampoen/asjas!. **as·i·nine** esel=agtig, esels=; *(fig.)* dom, dwaas, stompsinnig. **as·i·nin·i·ty** eselagtigheid.

ass[2] *(Am. sl.)* →ARSE.

as·sa·gai →ASSEGAI.

as·sail aanval, (be)storm, aanrand; oorweldig, oor=val, oorstelp; (aan)pak, aandurf; *be ~ed by doubts/fears* deur twyfel/vrees oorval word; *s.t. ~s one's ears* iets laat ('n) mens se ore seerkry; ~ *s.o. with insults* beledigings na iem. slinger; ~ *s.o. with questions* iem. met vrae peper/bestook/bombardeer. **as·sail·a·ble** kwesbaar; aantasbaar, aanvegbaar. **as·sail·ant** aanvaller, aanrander.

As·sam *(geog.)* Assam. **As·sa·mese** *n., (inwoner)* Assamees, Assamiet; *(taal)* Assamees, Assamities. **As·sa·mese** *adj.* Assamees, Assamities.

As·sas·sin *(hist.)* Assassyn.

as·sas·sin (sluip)moordenaar, huurmoordenaar. **as·sas·si·nate** vermoor, sluipmoord pleeg (op); ~ *s.o.'s character* iem. se goeie naam skend. **as·sas·si·na·tion** (sluip)moord. **as·sas·si·na·tor** →ASSASSIN.

as·sault *n.* aanval; *(mil.)* bestorming, stormaanval; aanslag *(op 'n berg ens.)*; aanranding, verkragting; *aggravated* ~ →AGGRAVATE; ~ *and battery, (jur.)* aanranding; *commit an* ~ 'n aanranding pleeg; *common* ~ (gewone) aanranding; *be an ~ on one's ears* ('n) mens se ore laat seerkry; *indecent* ~ →INDECENT; ~ *with intent to commit rape/etc.* aan=randing met die opset om te verkrag/ens.; *make an ~ on s.o.('s life)* 'n aanslag op iem. (se lewe) doen/maak; *make* (or *carry out) an ~ on s.t.* 'n aan=val op iets doen/maak; *be an ~ on one's nerves* op ('n) mens se senuwees werk, aan ('n) mens se senu=wees knaag/vreet; *take s.t. by* ~ iets stormenderhand verower. **as·sault** *ww.* aanval, te lyf gaan; bestorm, stormloop; aanrand, verkrag. ~ **course** stormbaan; stormkursus. ~ **craft,** ~ **ship** *(mil.)* aanvalsvaartuig. ~ **troops** stormtroepe.

as·sault·er aanrander, verkragter.

as·say *n.* ontleding, analise, toets, proef, keuring, ondersoek, bepaling/vasstelling van gehalte; *(metaal=toets)* essa(a)i; gradeeranalise *(v. steenkool)*; *(vero.)* poging. **as·say** *ww.* toets, keur, ondersoek, beproef; essaieer *(metaal, erts)*; *(arg.)* probeer, onderneem. ~ **balance** justeerbalans. ~ **gold** proefgoud.

as·say·er toetser, keurder; essaieur, keurmeester.

as·say·ing essaiëring, keuring *(v. metale)*.

as·se·gai, as·sa·gai as(se)gaai. ~ **grass** as(se)gaaigras. ~ **(tree)** *(Curtisia* sp.) as(se)gaai(boom). ~ **wood** as(se)gaaihout.

as·sem·blage vergadering, samekoms, versameling; samevoeging; groep; *(teg.)* montasie; *(rek.)* samestelling; driedimensionele kunswerk.

as·sem·ble vergader, saamkom, byeenkom, bymekaarkom, versamel; byeenbring, bymekaarbring, versamel, saamvoeg; *(teg.)* inmekaarsit, monteer, opstel; *(rek.)* saamstel. **as·sem·bler** *(teg.)* monteur; *(rek.)* samesteller, saamstelprogram; *(rek.)* saamsteltaal. **as·sem·bling** inmekaarsit, montering, montasie, monteer(werk), opstelling; samestelling.

as·sem·bly vergadering, byeenkoms, *(So.)* pitso; samesyn; versameling, samevoeging; inmekaarsit, montering, montasie; samestelling; ***at*** ~, *(skool)* in die saal; ***freedom*** *of* ~ vryheid van vergadering; ***House*** *of A~, (SA, hist.)* Volksraad; Laerhuis; ***Legislative*** *A~* Wetgewende Vergadering; ***National*** *A~, (SA)* Nasionale Vergadering; ***point*** *of* ~ versamelpunt; ***right*** *of* ~ reg om te vergader, reg tot vergadering; ***riotous*** ~ oproerige vergadering/byeenkoms/samekoms; ***tail*** ~ →TAIL. ~ **belt** monteerband, lopende band, rolband. ~ **hall** vergadersaal. ~ **language** *(rek.)* saamsteltaal. ~ **line** monteerbaan. ~ **plant** monteerfabriek, =werkplaas. ~ **point** versamelpunt. ~ **program** *(rek.)* saamstelprogram, samesteller. ~ **room** vergadersaal; balsaal; konsertsaal.

as·sent *n.* toestemming, instemming, inwilliging; bekragtiging, goedkeuring, aanvaarding; *by* ***common*** ~ eenstemmig, met algemene instemming; *by* ***common*** ~ *s.o. is* ... almal stem saam dat iem. ... is; ***expression*** *of* ~ byvalsbetuiging; ***give*** *one's* ~ *to s.t.* jou toestemming tot iets gee, jou goedkeuring aan iets heg, jou instemming met iets betuig; ***have*** *s.o.'s* ~ iem. se instemming hê; *s.o.* ***nods*** ~ iem. knik instemmend; *with* ***one*** ~ eenparig, soos een man; ***royal*** ~ koninklike bekragtiging/goedkeuring. **as·sent** *ww.* toestem, instem, inwillig; bekragtig, goedkeur, aanneem, aanvaar, toestaan; akkoord gaan, saamgaan; ~ *to s.t.* tot iets toestem, met iets instem, iets goedkeur *('n wet ens.)*, iets aanneem/aanvaar *('n voorstel ens.)*, iets toestaan *('n versoek ens.)*, met iets saamgaan (*of* akkoord gaan); ~ *to the truth of a statement* die waarheid van 'n verklaring aanvaar/toegee. **as·sen·ta·tion** kruiperige toestemming; slaafse goedkeuring. **as·sen·ti·ent** *(arg.)* toestemmend, instemmend.

as·sert laat geld *(jou gesag/invloed)*; staan op *(jou regte)*; volhard in *(jou eise)*; beweer, aanvoer, verklaar, volhou, weet te sê; verdedig; handhaaf; ~ *one's innocence* jou onskuld betuig, volhou (*of* voet by stuk hou) dat jy onskuldig is; ~ *o.s.* jou laat geld, jou man staan; jou stem dik maak. **as·sert·i·ble** verdedigbaar. **as·ser·tion** bewering, verklaring, stelling; handhawing; *make an* ~ 'n bewering maak; *make the* ~ *that ...*, *(ook)* die stelling verkondig dat ...; *an unsupported* ~ 'n ongestaafde bewering.

as·ser·tive beslis, seker, stellig; selfversekerd; positief; dogmaties, eiewys, beterweterig, aanmatigend, dominerend; bevestigend; *be* ~ jou laat geld, selfversekerd wees.

as·ser·tive·ness beslistheid, sekerheid, stelligheid; geldingsdrang; selfversekerdheid; eiewysheid, beterweterigheid, aanmatiging. ~ **training** selfgeldingsopleiding.

as·sess waardeer, takseer, die waarde beraam/bepaal/vasstel *(van) ('n huis ens.)*; bepaal, vasstel *(bedrag, skade, waarde)*; skat, raam *(skade, waarde)*; belas, aanslaan *(persoon, goed)*; bereken *(inkomste, belasting)*; beoordeel *(situasie ens.)*; beboet, 'n boete oplê; ~ *property/damage/etc. at* ... eiendom/ens. op ... waardeer; skade/ens. op ... raam/skat; *~ing office* aanslagkantoor.

as·sess·a·ble belasbaar; skatbaar; beoordeelbaar.

as·sess·ment waardering, waardebepaling; bepaling, vasstelling; raming, skatting; belasting, (belasting)aanslag; beoordeling; *in s.o.'s* ~ na/volgens iem. se mening/oordeel; *make an* ~ *of s.t.* iets waardeer/skat; 'n oordeel oor/omtrent iets vorm *(d. situasie ens.)*. ~ **rate** aanslag=, belastingkoers; eiendomsbelasting.

as·ses·sor skatter, taksateur, waardeerder; aanslaer, belastingberekenaar, =heffer; raadgewer, assistent, bysitter; *(jur., versek.)* assessor. ~ **member** assessorlid. **as·ses·sor·ship** assessoraat.

as·set bate, besitting; goeie/waardevolle/nuttige eienskap, deug; aanwins, voordeel, pluspunt; *(i.d. mv.)* bates, activa; *(i.d. mv.)* besittings, goed; *(i.d. mv.)* vermoë, rykdom; ***be an*** ~, *(ervaring ens.)* 'n pluspunt wees; *good health is a* ***great*** ~ gesondheid is iets kosbaars (*of* 'n groot seën); *bravery is not s.o.'s* ***greatest*** ~ dapperheid is nie iem. se sterkste deug nie; *~s and* ***liabilities*** bate(s) en laste, activa en passiva; *be an* ~ ***to*** ... 'n aanwins vir ... wees *('n span ens.)*; 'n waardevolle lid van ... wees *(d. samelewing ens.)*. ~ **management** batebestuur. ~ **manager** batebestuurder. **~-stripper** *(han., dikw. neerh.)* batestroper. **~-stripping** batestroping.

as·sev·er·ate *(fml.)* plegtig verklaar/verseker/betuig. **as·sev·er·a·tion** plegtige verklaring/versekering/betuiging.

As·shur →A(S)SUR.

as·sib·i·late *(fonet.)* assibileer, as (*of* met 'n) sisklank uitspreek, sis. **as·sib·i·la·tion** assibilasie, assibilering, uitspraak met 'n sisklank.

as·si·du·i·ty =*ties* ywer, vlyt; toewyding, toegewydheid, oorgawe; *(i.d. mv. ook, arg., poët., liter.)* attensies, voortdurende aandag. **as·sid·u·ous** volhardend, aanhoudend; ywerig, vlytig, aandagtig, naarstig; toegewyd. **as·sid·u·ous·ness** →ASSIDUITY.

as·sign *n., (jur.)* regverkrygende, sessionaris. **as·sign** *ww.* aanstel, aanwys, benoem; toeken, toewys, toedeel, toebedeel; bepaal, vasstel *(dag, datum)*; toeskryf, =skrywe, wyt; *(jur.)* oordra, oormaak, sedeer *(eiendom)*; *(jur.)* afstaan *(regte)*; aangee, opgee, aanvoer *(as rede/oorsaak)*; *(mil.)* indeel *(by 'n kompanie)*; ~ *s.o. to* ***do*** *s.t.* iem. aanwys/kies om iets te doen; ~ *a* ***job/task*** *to s.o.*, ~ *s.o. (to) a* ***job/task*** 'n taak aan iem. opdra; *(skool, univ.)* 'n taak/opdrag aan iem. gee; ~ *s.o. to a* ***post*** iem. in 'n pos aanstel; ~ *s.o.'s* ***problems*** *to* ... iem. se probleme aan ... toeskryf/=skrywe/wyt; ~ *s.t.* ***to*** *s.o.* iets aan iem. toewys. **as·sign·a·ble** aanwysbaar, toekenbaar, toewysbaar; bepaalbaar; toeskryfbaar, toe te skryf/skrywe; oordraagbaar. **as·sig·nat, as·sig·nat** *(hist., Fr.)* assinjaat. **as·sig·na·tion** afspraak; →ASSIGNMENT. **as·signed:** ~ *estate* afgestane boedel. **as·sign·ee** *(jur.)* gevolmagtigde, gemagtigde, prokurasiehouer; sessionaris, regverkrygende; kurator *(by bankrotskap)*; *(hist., Austr.)* dwangarbeider; ~ *of an estate* boedelberedderaar, =besorger. **as·sign·ment** opdrag, taak; aanstelling, aanwysing, benoeming; toekenning, toewysing, toedeling; bepaling, vasstelling; toeskrywing; *(jur.)* oordrag, oormaking, sessie; *(jur.)* afstand; opgawe *(v. redes)*; ~ *of an estate* (akte van) boedelafstand; ~ *of a lease* oordrag van 'n huurkontrak. **as·sign·or** *(jur.)* aanwyser; oordraer, assignator, sedent; afstanddoener.

as·sim·i·late opneem *(voedingstowwe)*; verwerk *(inligting, kennis)*; opgeneem word, verwerk word; (jou) aanpas; gelykstel; *(fonet., biol.)* assimileer; ~ ***into/with*** ... jou aanpas aan/by ... *('n lewenswyse ens.)*; *be ~d* ***into/with*** ... deur ... opgeneem word *('n gemeenskap ens.)*; ~ *s.t.* ***to*** *s.t., (fonet.)* iets tot iets assimileer; ~ *s.t.* ***to/with*** *s.t.* iets met iets gelykstel (*of* in ooreenstemming bring). **as·sim·i·la·ble** opneembaar, assimileerbaar. **as·sim·i·la·tion** opname, opneming; verwerking; aanpassing; gelykstelling; assimilasie, assimilering.

as·sist help, bystaan, (onder)steun; assisteer; meehelp, bydra; saamwerk, meewerk; *(arg.)* teenwoordig wees, bywoon; ~ ***at*** *s.t.* met iets help; *(arg.)* iets bywoon, teenwoordig wees by iets; ~ *s.o.* ***financially*** iem. geldelik steun; ~ ***in*** *s.t.* saamwerk/meewerk aan iets; ~ ***in*** *an operation* by 'n operasie assisteer; ~ *s.o.* ***in*** *doing* (*or to do*) *s.t.* iem. help om iets te doen; ~ *s.o.* ***with*** *s.t.* iem. met iets help. **as·sis·tance** hulp, bystand, steun, ondersteuning, onderstand, assistensie; samewerking; ***come*** *to s.o.'s* ~ iem. te hulp kom; ***give/render*** ~ hulp/bystand verleen; ***jump/spring*** *to s.o.'s* ~ iem. te hulp snel; *can I be* ***of*** *~?* kan ek help?; *be* ***of*** ~ *to s.o.* iem. behulpsaam wees, iem. tot/van hulp wees. **as·sis·tant** *n.* helper, handlanger, hulp, assistent; ~ *to the editor* assistent van die redakteur. **as·sis·tant** *adj.* helpend, hulp=; assistent=; behulpsaam; ~ ***director*** assistent=, onderdirekteur; ~ ***medical officer*** assistent(-) mediese beampte; ~ ***minister*** hulpprediker; ~ ***secretary*** assistent=, hulpsekretaris, tweede sekretaris. **as·sist·ed:** ~ *housing scheme* hulp-huisvestingsplan.

as·size *n., (Am.)* sitting *(v. wetgewende liggaam)*; *(Am.)* verordening, dekreet, edik; *(hist., Br.)* geregtelike ondersoek; *(hist., Br.)* bevelskrif, dagvaarding; *(hist., Br.)* uitspraak; *(i.d. mv., jur., Br.)* rondgaande hof; rondgaande hofsitting *(in Eng./Wallis, tot 1971)*; *the Great A~* die Laaste Oordeel.

as·so·ci·a·ble verenigbaar, assosieerbaar.

as·so·ci·ate *n.* vennoot, deelgenoot; kollega, medewerker, ampsgenoot; maat, makker, kameraad; medepligtige; medelid; assosiaat. **as·so·ci·ate** *adj. (attr.)* mede=; verenigde, verbonde, verwante; geassosieerde; begeleidende, meegaande; ~ *member* assessorlid, meegaande lid; ~ *professor* mede=, assessorprofessor. **as·so·ci·ate** *ww.* assosieer, verbind, in verband bring; omgaan, verkeer; lid word, aansluit; *(han.)* vennoot word; vereenselwig; *~d* ***company*** verwante/geassosieerde maatskappy; ~ *o.s.* ***with*** ... van ... lid word, tot ... toetree *('n vereniging ens.)*; jou by ... aansluit *('n beweging)*; *(han.)* van ... ('n) vennoot word, met ... 'n vennootskap aangaan, jou met ... assosieer; jou aansluit by (*of* vereenselwig met) ..., ... onderskryf *('n mening ens.)*; ~ ... ***with*** ... met ... assosieer/verbind (*of* in verband bring), ... laat jou aan ... dink; ~ ***with*** *s.o.* met iem. omgaan/verkeer; *(pej.)* jou met iem. ophou; *be ~d* ***with*** ... met ... verbind (*of* in verband gebring) word, met ... verband hou (*of* in verband staan *of* saamhang/gepaardgaan); by ... betrokke wees *('n projek ens.)*. **as·so·ci·ate·ship** socius-lidmaatskap.

as·so·ci·a·tion vereniging, genootskap, geselskap, bond; deelgenootskap; verbinding, assosiëring; samewerking; omgang, verkeer, kontak; band; verbintenis; verband; *(psig., chem., ekol.)* assosiasie; *a close* ~ ***between*** *A and B* 'n noue band tussen A en B; ***break*** *off one's* ~ *with* ... jou verbintenis met ... verbreek; *s.t. has unpleasant ~s* ***for*** *s.o.* iets roep onaangename herinnerings by iem. op; *articles* ***of*** ~ statute *(v. mpy.)*; ~ ***of*** *ideas* ideë-assosiasie, aaneenskakeling van gedagtes; *memorandum* ***of*** ~ akte van oprigting; *right* ***of*** ~ *and meeting* reg van vereniging en vergadering; *have a long* ~ ***with*** *a party/etc.* 'n lang verbintenis met 'n party/ens. hê; *in* ~ ***with*** ... saam (*of* in oorleg/samewerking) met ..., met (die) medewerking van ...; *(han.)* in deelgenootskap met ... *('n ander firma)*; *s.o.'s* ~ ***with*** ... iem. se verbintenis met ... *('n organisasie ens.)*; iem. se samewerking met ...; iem. se kontak met ... *(iem. anders)*. ~ **football** *(fml., Br.)* sokker.

as·so·ci·a·tive *adj., (ook wisk.)* assosiatief.

as·soil *(arg.)* vergeef, vergewe; vryspreek; bevry, vrylaat; boet (*of* boete doen) *(vir)*.

as·so·nance *(pros.)* assonansie, half=, klinkerrym; klankooreenkoms; vae ooreenkoms. **as·so·nant** *n.* assonant, assonerende rym/klank. **as·so·nant** *adj.* assonerend, gelykluidend, eenders=, enersklinkend. **as·so·nate** assoneer.

as·sort *(genet.)* versprei *(gene, eienskappe)*; *(arg.)* orden, klassifiseer, groepeer, sorteer; van 'n verskeidenheid (van) goedere voorsien, 'n verskeidenheid (van) goedere lewer/verskaf aan; saamvoeg wat saamhoort, soort by soort sit; ~ *with* ... groepeer/indeel by ...; pas by ...; *(w.g.)* omgaan met ...

as·sort·ed *adj. (attr.)* gemengde *(lekkers ens.)*, allerhande, verskillende, 'n verskeidenheid (van); →ILL-ASSORTED. **as·sort·ment** versameling, keuse, verskeidenheid; ordening, klassifisering, groepering, sortering; *a large* ~ 'n groot/wye/ruim keuse, 'n groot/wye verskeidenheid.

as·suage versag, verlig, lenig, matig *(leed, pyn, smart)*; temper *(droefheid)*; stil, bevredig *(honger)*; stil *(woede, verlange)*; besweer *(vrees)*; les, bevredig *(dors)*; kalmeer, tot bedaring bring, laat bedaar, sus *(iem.)*. **as·suage·ment** versagting, verligting, leniging; tempering; bevrediging; beswering; kalmering.

As·suan, As·souan →ASWAN.

as·sume aanneem, aanvaar, veronderstel; aanvaar, op jou neem *(verantwoordelikheid)*; aanvaar *(amp, pos, diens, pligte)*; jou toe-eien *(titel)*; veins, voorgee, voorwend; aanneem *(gedaante, d. rol v. weldoener/ens.)*; oorneem, gryp; aantrek *(klere)*; *(relig.)* in die hemel opneem; ~ *an air of innocence/etc.* 'n onskuldige/ens. houding aanneem; ~ ***command/control*** *of* ... die bevel/beheer oor ... oorneem; ~ ***ignorance*** jou dom hou; ~ *increasing* ***importance*** van groter belang word; ~ ***indifference*** maak asof (*of* voorgee dat) jy nie omgee nie, jou onverskillig hou/voordoen; ***let's*** ~ *that* ... kom ons aanvaar (*of* neem aan *of* veronderstel) dat ...; ~ *a strange/etc.* ***look*** 'n vreemde/ens. uitdrukking kry; ~ *another* ***name*** 'n ander naam aanneem; ~ *a* ***position*** 'n houding aanneem; 'n standpunt inneem; ~ ***power*** die mag gryp; ~ *gigantic* ***proportions*** reusagtige afmetings aanneem; *you can* ***safely*** ~ *that* ... jy kan gerus (*of* met gerustheid) aanneem dat ... **as·sum·a·ble** aanneembaar. **as·sum·a·bly** vermoedelik, blykbaar. **as·sumed** aangenome; voorgewend, geveins; toegeëien; ~ *name* vals naam; skuilnaam; *s.o./s.t. was* ~ *to be* ... daar is aangeneem dat iem./iets ... is. **as·sum·ing** aanmatigend, arrogant; ~ *that* ... gestel (*of* laat ons aanneem) dat ...; aangenome dat ... **As·sump·tion** *(RK: 15 Aug.)* hemelvaart van Maria, Mariahemelvaart. **as·sump·tion** aanname, aanvaarding, veronderstelling, vermoede; toe-eiening; aanneming; oorname; aanmatiging, verwaandheid; ~ *of* ***duty*** diensaanvaarding; *with an* ~ *of* ***indifference*** met gemaakte/geveinsde onverskilligheid; ***make*** *an* ~ iets veronderstel; ~ *of* ***office*** ampsaanvaarding; ***on*** *the* ~ *that* ... in die veronderstelling dat ...; *act/go/proceed/work* ***on*** *the* ~ *that* ... van die veronderstelling uitgaan dat ...; ~ *of* ***power*** magsoorname; *with* ***power*** *of* ~, *(jur.)* met mag van toevoeging/assumpsie; *it is a* ***safe*** ~ *that* ... ('n) mens kan met gerustheid aanneem dat ... **as·sump·tive** *(w.g.)* aangenome, veronderstel(d); *(arg.)* aanmatigend, arrogant.

A(s)·sur, A(s)·shur *(mit. god; geog., hist.)* Assur, Assoer.

as·sure verseker, die versekering gee; gerusstel; oortuig; *(versek.)* verseker; ~ *o.s.* ***of*** *s.t.* jou van iets verseker/vergewis/oortuig; ~ *s.o.* ***of*** *s.t.* iem. iets toesê *(hulp, steun, ens.)*; ~ *s.o.* ***that*** ... iem. verseker dat ... **as·sur·ance** versekering; gerusstelling; sekerheid, vertroue; selfvertroue; astrantheid, vermetelheid, skaamteloosheid, onbeskaamdheid; *(versek.)* versekering, assuransie; ***give*** *s.o. the* ~ *that* ... iem. verseker (*of* die versekering gee) dat ...; *I can* ***give*** *you no* ~ *that* ... ek kan jou nie beloof/belowe dat ...; ***in*** *the* ~ *that* ... in die vertroue dat ...; *a* ***solemn*** ~ 'n plegtige versekering; *make* ~ *doubly* ***sure*** alle twyfel uit die weg ruim (*of* uitskakel), niks aan die toeval oorlaat nie; *do s.t.* ***with*** ~ iets vol selfvertroue doen. **as·sured** *n.* versekerde. **as·sured** *adj.* verseker(d); selfversekerd, vol selfvertroue; *be* ~ *of s.t.* van iets seker wees, sekerheid omtrent iets hê; *s.o. can rest* ~ *that* ... iem. kan gerus/seker wees dat ... **as·sur·ed·ly** beslis, bepaald, vir seker, verseker, gewis, stellig, wis en seker. **as·sur·er** versekeraar; versekerde.

as·sur·gent *(bot.)* (op)stygend.

As·syr·i·a *(geog.)* Assirië. **As·syr·i·an** *n.* Assiriër; *(taal)* Assiries. **As·syr·i·an** *adj.* Assiries. **As·syr·i·ol·o·gist** Assirioloog. **As·syr·i·ol·o·gy** Assiriologie.

a·star·board *(sk.)* na stuurboord.

As·tar·te *(Fenisiese godin)* Astarte.

a·sta·si·a *(med.)* astasie, onvermoë om te staan. **a·stat·ic** onvas, onstabiel; *(fis.)* astaties.

as·ta·tine *(chem., simb.:* At*)* astaat.

as·ter *(bot.)* aster, sterblom, krisant. ~ **dahlia** veerdahlia.

as·ter·isk sterretjie, asterisk.

as·ter·ism *(druk.)* driester; *(min., geol.)* asterie; *(astron.)* asterisme, sterregroep.

a·stern op die agterskip, agterskeeps; agter; agteruit; agtertoe; *fall* ~ *of s.o.* by iem. agterraak; *full speed* ~ met volle krag agteruit.

as·ter·oid *n., (astron.)* asteroïed, planetoïed, klein planeet; *(söol.)* seester. **as·ter·oid, as·ter·oi·dal** *adj., (astron.)* stervormig, asteroïed, planetoïdaal; *(söol.)* seester=.

as·the·ni·a, as·the·ny *(med.)* astenie, swakheid, kragteloosheid, kragverlies. **as·then·ic** astenies, swak, kragteloos.

asth·ma *(med.)* asma, benoudebors; aamborstigheid. **asth·mat·ic** *n.* asmalyer. **asth·mat·ic** *adj.* asmaties, asma=; kortasem(rig); aamborstig.

a·stig·ma·tism, a·stig·mi·a *(med.)* astigmatisme, astigmie. **as·tig·mat·ic** astigmaties.

a·stir *adj. (pred.)* op die been, op, wakker, aan die/'t roer; in beroering, opgewonde; in beweging; *set s.t.* ~ iets in beroering bring.

a·stom·a·tous *(söol.)* mondloos, astomaties, astomaat; *(bot.)* huidmond(jie)loos, astomaties, astomaat.

a·ston·ish verbaas, verwonder, verstom, dronkslaan; *be* ~*ed* ***at/by*** *s.t.* verbaas/verwonder(d)/dronkgeslaan wees oor iets, verstom staan oor/voor iets, jou oor iets verbaas/verwonder; *be* ~*ed to* ***hear/learn*** *that* ... verbaas/verstom wees om te hoor dat ...; ***it*** ~*es me that* ... dit verbaas/verstom my (*of* slaan my dronk) dat ... **a·ston·ish·ing** verbasend, verstommend. **a·ston·ish·ing·ly** verbasend; ~ *(enough)* vreemd/snaaks genoeg. **a·ston·ish·ment** verbasing, verbaasdheid, verwondering; *s.o.'s* ~ ***at*** *s.t.* iem. se verbasing/verwondering oor iets; ***cause*** ~ verbasing wek; ***express*** *one's* ~ *at s.t.* jou verwondering oor iets te kenne gee; ***in/with*** ~ met verbasing, verbaas, verwonder(d); *in* ***mute*** ~ met stomme verbasing; ***out of*** ~ uit verbasing; ***to*** *s.o.'s* ~ tot iem. se verbasing/verwondering.

a·stound verstom, dronkslaan, verbyster, uit die veld slaan, skok; *be* ~*ed at s.t.* verstom staan oor/voor iets, verbyster(d)/geskok wees deur/oor iets, baie/hoogs verbaas (*of* dronkgeslaan *of* uit die veld geslaan) wees oor iets. **a·stound·ing** verbasend, verstommend, verbysterend, skokkend.

a·strad·dle *adj. (pred.)* wydsbeen.

as·tra·gal *(argit.)* astragaal, kraallys.

a·strag·a·lus =*li, (anat.)* kootbeen, sprongbeen, astragalus, talus, dolos.

As·tra·khan, As·tra·khan *(geog.)* Astrakan.

as·tra·khan, as·tra·khan astrakan(pels/vel/bont); astrakan(stof); ~ *wool* astrakanwol.

as·tral astraal, ster=; *(biol.)* stervormig; ~ ***body*** astraalliggaam; ~ ***globe*** hemelbol; ~ ***lamp*** astraal=, sterlamp; ~ ***spirits*** astrale geeste.

a·stray verdwaal; *(fig.)* op 'n dwaalspoor (*of* op die verkeerde pad); ***be*** ~, *(iem.)* verdwaal wees, van die pad/spoor af wees, die pad/spoor byster/kwyt wees, die/jou koers kwyt wees; *(boek ens.)* soek/verlore/weg wees; *(berekening ens.)* verkeerd/foutief wees; *(fig.)* die spoor byster/kwyt wees, die/jou koers kwyt wees, op 'n dwaalspoor (*of* op die verkeerde pad) wees; ***go*** ~, *(iem.)* verdwaal, afdwaal, van die pad afdwaal/afraak, die pad/spoor byster raak (*of* kwytraak), die/jou koers kwytraak; *(iets)* wegraak, verdwyn, soek/vermis raak, voete kry; *(fig.)* die/jou koers kwytraak, 'n verkeerde koers inslaan, van die regte koers/pad afdwaal/afwyk, op 'n dwaalspoor (*of* op die verkeerde pad) beland, 'n verkeerde pad loop; ***lead*** *s.o.* ~ iem. verlei, iem. op 'n dwaalspoor bring/lei (*of* laat beland), iem. op die verkeerde pad bring (*of* laat beland).

a·stride *adv. & prep.* wydsbeen; oor; *sit* ~ *s.t.* wydsbeen op iets sit; *stand* ~ *s.o./s.t.* wydsbeen oor iem./iets staan.

as·trin·gent *n., (med.)* saamtrekmiddel, a(d)stringens, a(d)stringerende middel; stelpmiddel, (bloed)stelper, (bloed)stelpende middel. **as·trin·gent** *adj.* streng, kwaai, nors *(iem.)*; skerp *(reuk, kritiek)*; vrank, bitter, skerp *(smaak)*; suur *(vrugte, wyn)*; bitsig, bytend, kwetsend, kras *(aanmerking, opmerking)*; venynig, skerp *(aanval)*; wrang *(humor)*; *(med.)* saamtrekkend, a(d)stringerend; *(med.)* (bloed)stelpend. **as·trin·gen·cy, as·trin·gence** strengheid, kwaaiheid, norsheid; skerpte; vrankheid, bitterheid; suurheid; bitsigheid, krasheid; venynigheid; wrangheid; saamtrekkende hoedanigheid/werking.

as·tro·dome, as·tro·hatch *(lugv.)* sterrekoepel; *(sport)* koepelstadion.

as·tro·labe *(astron.)* astrolabium, hoekmeter.

as·trol·o·gy astrologie, sterrewiggelary. **as·trol·o·ger, as·trol·o·gist** astroloog, sterrewiggelaar. **as·tro·log·i·cal** astrologies.

as·trom·e·try astrometrie. **as·tro·met·ric, as·tro·met·ri·cal** astrometries.

as·tro·naut ruimtevaarder, =reisiger, astronout. **as·tro·nau·ti·cal** astronouties, ruimtevlug=. **as·tro·nau·tics** ruimtevaartkunde, astronoutiek.

as·tron·o·my sterrekunde, astronomie. **as·tron·o·mer** sterrekundige, astronoom; *A~ Royal* Koninklike Sterrekundige. **as·tro·nom·ic, as·tro·nom·i·cal** sterrekundig, astronomies; *astronomical* ***chart/map*** astronomiese kaart, sterre=, hemelkaart; *astronomical* ***circle*** hemelkring; *astronomical* ***clock*** astronomiese klok, sterretydklok; *astronomical* ***day/year*** astronomiese dag/jaar, sterredag, =jaar; *astronomical* ***distance/etc.***, *(fig.)* enorme/astronomiese afstand/ens.; *astronomical* ***time*** astronomiese tyd.

as·tro·pho·tog·ra·phy astrofotografie.

as·tro·phys·ics astrofisika. **as·tro·phys·i·cal** astrofisies. **as·tro·phys·i·cist** astrofisikus.

As·tro·turf *(handelsnaam)* kunsgras. ~ **pitch** kunsgrasveld.

As·tu·ri·as *(geog.)* Asturië; *Prince of the* ~ Prins van Asturië. **As·tu·ri·an** *n.* Asturiër. **As·tu·ri·an** *adj.* Asturies.

as·tute slim *(sakeman)*; uitgeslape *(prokureur)*; geslepe *(politikus)*; oulik *(kind)*; skerp *(verstand)*; skerpsinnig *(opmerking, waarneming)*. **as·tute·ness** slimheid; uitgeslapenheid; geslepenheid; oulikheid; skerpte, skerpsinnigheid.

a·sun·der *adj. (pred.), adv., (poët., liter.)* stukkend, aan/in stukke; *(arg.)* uitmekaar, uiteen, vanmekaar, vaneen, geskeie; ***come*** ~ uitmekaar val, stukkend raak; ***far*** ~ ver uit=/vanmekaar; *what God hath joined together, let no man* ***put*** ~, *(NT)* wat God saamgevoeg het, mag geen mens skei nie; ***rend/tear*** *s.t.* ~ iets stukkend/uitmekaar (*of* aan/in stukke) skeur, iets uiteenskeur.

As·wan, As·suan, As·souan *(geog.)* Aswan.

a·swarm *adj. (pred.)*: *s.t.* ~ *with bees/etc.* iets wat wemel van die bye/ens..

a·sy·lum toevlugsoord, skuilplek, skuiling, skuilte, (veilige) hawe; toevlug, beskutting, beskerming; *(jur.)* asiel; *(vero.)* inrigting, gestig, tehuis; ***ask/apply*** *for (political)* ~ om (politieke) asiel vra (*of* aansoek doen); ***grant*** *s.o. (political)* ~ aan iem. (politieke) asiel verleen; ***lunatic*** ~, *(vero., neerh.)* inrigting vir sielsiekes (*of* geestelik versteurdes), sielsieke-inrigting, kranksinnigegestig, *(neerh.)* malhuis; ***right*** *of* ~, *(jur.)* asielreg; ***seek*** *(political)* ~ (politieke) asiel soek.

a·sym·me·try asimmetrie, ongelykmatigheid. **a·sym·met·ric, a·sym·met·ri·cal** asimmetries, ongelykmatig; *asymmetric bars* →BAR[1] *n.*.

a·symp·to·mat·ic simptoomloos.

as·ymp·tote *(wisk.)* asimptoot. **as·ymp·tot·ic, as·ymp·tot·i·cal** asimptoties.

a·syn·chro·nous asinchroon, asinkroon.

a·syn·de·ton -deta, (ling.) asindeton. **as·yn·det·ic** asindeties.

at by; in, op, te; aan; na; met; om; teen; ~ ***16:00*** om 16:00; ~ *R5* ***a*** *kilo* vir/teen R5 die/'n/per kilo; ~ *fifteen (years of* ***age****),* ~ *(the* ***age*** *of) fifteen* op vyftien-(jarige ouderdom), op die ouderdom van vyftien; ***aim/point/shoot/etc.*** ~ ... →AIM, POINT, SHOOT, ETC.; ~ ***all*** →ALL *pron.;* ~ *my* ***aunt's/etc.*** (or *the* ***dentist's/etc.****)* by my tante/ens. (*of* die tandarts/ens.); ~ ***best/worst*** →BEST, WORST *n.;* ~ ***180 °C*** by 180 °C; ~ ***Cathcart/etc.*** op/in Cathcart/ens.; ~ ***Cape Town/etc.*** in Kaapstad/ens.; ~ ***Christmas/Easter*** →CHRISTMAS, EASTER; ~ *the* ***corner/top/etc.*** →CORNER, TOP, ETC.; ~ ***dawn/night*** →DAWN, NIGHT; ~ ***death*** →DEATH; ~ *the* ***entrance*** by die ingang; ~ ***full speed*** →FULL SPEED; ***good/bad*** ~ ... →GOOD, BAD *adj.;* ~ *5%* ***interest*** →INTEREST *n.; be* ~ ***it*** *again, (infml.)* weer aan die gang/werk wees; weer aan die baklei/twis wees; *while you are* ~ ***it****, (infml.)* terwyl jy (daarmee) besig is, terwyl jy aan die gang is; *be hard* ~ ***it****, (infml.)* hard werk; ~ *120* ***km/h*** teen 120 km/h; ~ *a speed of 120* ***km/h*** met 'n snelheid van 120 km/h; ***look/swear/etc.*** ~ ... →LOOK, SWEAR, ETC.; ~ *a* ***loss/profit*** →LOSS, PROFIT; ~ *a* ***place/point*** op 'n plek/punt; ~ ***play/work*** →PLAY, WORK *n.;* ~ *s.o.'s* ***request*** →REQUEST; ~ ***school/university/etc.*** →SCHOOL, UNIVERSITY, ETC.; *be* ***situated*** ~ ... te ... geleë wees; *be* ~ ***s.o.****, (infml.)* druk op iem. uitoefen; aan iem. torring *(oor iets)*; met iem. rusie maak; iem. aanval; ~ ***that*** →THAT *pron.;* ***what*** *are you* ~*?, (infml.)* wat vang jy aan?; waarmee is jy besig?; wat werskaf jy?; wat bedoel jy?; *s.o. doesn't know* ***what*** *he's/she's* ~*, (infml.)* iem. weet nie wat hy/sy doen nie.

at·a·cam·ite *(min.)* atakamiet.

at·a·rax·i·a, at·a·rax·y ataraksie, gemoedsrus, onverstoorbaarheid, kalmte (van gees). **at·a·rac·tic, at·a·rax·ic** *n., (med.)* kalmeermiddel, susmiddel. **at·a·rac·tic, at·a·rax·ic** *adj.* atarakties, kalmerend, sussend.

at·a·vism atavisme, terugaarding, terugslag. **at·a·vis·tic** atavisties, terugslaande.

a·tax·i·a, a·tax·y *(med.)* ataksie, koördinasiesteuring, spierkoördinasiegebrek. **a·tax·ic** atakties, onreëlmatig.

Ath·a·na·sius *(heilige)* At(h)anasius, At(h)anasios. **Ath·a·na·sian** *n.* At(h)anasiaan. **Ath·a·na·sian** *adj.* At(h)anasiaans.

a·the·ism ateïsme, godloëning; *(arg.)* goddeloosheid. **a·the·ist** ateïs, godloënaar. **a·the·is·tic, a·the·is·ti·cal** ateïsties, godloënend.

A·the·na, A·the·ne *(Gr. mit.)* At(h)ena, At(h)ene. **Ath·e·nae·um,** *(Am.)* **Ath·e·ne·um** *(hist.)* Ateneum. **ath·e·nae·um,** *(Am.)* **ath·e·ne·um** letterkundige/wetenskaplike vereniging/genootskap; leessaal. **A·the·ni·an** *n.* At(h)ener. **A·the·ni·an** *adj.* At(h)eens. **Ath·ens** *(geog.)* At(h)ene.

ath·er·o·ma -mas, -mata, *(med.)* vetkliergeswel, ateroom; slagaarvervetting, ateroom.

ath·er·o·scle·ro·sis *(med.)* aterosklerose.

ath·e·to·sis *(med.)* atetose.

a·thirst *adj. (pred.), (poët.)* dorstend, begerig, verlangend; *(arg.)* dors(tig); ~ *for s.t.* dorstend na iets.

ath·lete atleet; ~*'s foot, (med.)* atleetvoet, voetskimmel, dermatofitose, tinea pedis; ~*'s heart, (med.)* atleethart.

ath·let·ic atleties, atletiek-, sport-; atleties, sterk, gespier(d); ~ *club* atletiekklub; sportklub.

ath·let·i·cism atletiese vermoëns.

ath·let·ics atletiek; sport. ~ **meeting** atletiekbyeenkoms.

at-home *n., (vero.)* resepsie(dag), ontvangdag, ontvangs.

a·thwart *(liter.)* dwars; dwars oor; oordwars.

a·tilt oorhellend, kantelend; *(arg.)* met gevelde lans.

a·tin·gle tintelend.

a·tip·toe op die punte van die/jou tone.

a·tish·oo *tw.* atiesjoe.

At·lan·tic *n.: the* ~ die Atlantiese Oseaan. **At·lan·tic** *adj.* Atlanties; ~ ***Charter*** Atlantiese Handves; ~ ***liner*** oseaanskip; ~ ***Ocean*** Atlantiese Oseaan; ~ ***right whale*** noordkap(p)er, noorkap(p)er; ~ ***salmon*** Europese salm.

At·las *(Gr. mit.)* Atlas. ~ **Mountains** *(geog.)* Atlasgebergte.

at·las -lases, *(boek)* atlas; *(anat.)* atlas, drawerwel, boonste/eerste nekwerwel; *(mv. atlantes)(argit.)* atlant; atlasformaat *(v. tekenpapier)*.

at·man *(Hind.: die siel/self, die Universele Siel)* atman.

at·mi·dom·e·ter →ATMOMETER.

at·mol·o·gy *(fis.)* atmologie, verdampingsleer.

at·mol·y·sis -ses, *(chem., fis.)* atmolise.

at·mom·e·ter *(fis., bot.)* atmometer, verdampingsmeter.

at·mos·phere atmosfeer, dampkring; lug *(in 'n vertrek)*; *(fig.)* atmosfeer, stemming; *full of* ~ stemmingsvol; *rarefied* ~ →RAREFIED; *in the thin* ~ in die yl atmosfeer. **at·mos·pher·ic, at·mos·pher·i·cal** *adj.* atmosferies, lug-; stemmingsvol; *atmospheric* ***density*** lugdigtheid; *atmospheric* ***electricity*** lugelektrisiteit, atmosferiese elektrisiteit; *atmospheric* ***oxygen*** lugsuurstof, atmosferiese suurstof; *atmospheric* ***poem*** stemmingsvers, -gedig; *atmospheric* ***pressure*** lugdruk, atmosferiese druk; *atmospheric* ***radiation*** atmosferiese straling; *atmospheric* ***vorticity*** lugwerweling. **at·mos·pher·ics** *n. (mv.)* atmosferiese steurings, lugsteurings.

at·oll *(geog.)* atol, ringeiland, lagunerif, ringrif.

at·om *(fis.)* atoom; *(fig.)* greintjie, krieseltjie, sweempie; *smash s.t. to* ~*s* iets fyn en flenters breek/slaan; *split an* ~ 'n atoom splyt; *there isn't an* ~ *of truth in ...* daar is/steek nie 'n greintjie waarheid in ... nie. ~ **bomb, atomic bomb** atoom-, kernbom. ~**-powered** atoomgedrewe. ~ **smasher** *(infml.)* (atoom/kern)-versneller.

a·tom·ic atoom-, atomêr, atomies; ~ ***age*** atoomeeu; ~ ***bomb*** →ATOM BOMB; ~ ***clock*** atoomhorlosie; ~ ***disintegration*** atoom-, kernverval; ~ ***energy*** atoom-, kernenergie; ~ ***fission*** →NUCLEAR FISSION; ~ ***nucleus*** atoomkern; ~ ***number*** atoomgetal; ~ ***pile*** →NUCLEAR REACTOR; ~ ***power*** atoom-, kernkrag; ~ ***power station*** kernkragsentrale, -stasie; ~ ***structure*** atoombou, -struktuur; ~ ***theory*** atoomteorie; ~ ***war*** atoom-, kernoorlog; ~ ***warfare*** atoom-, kernoorlogvoering; ~ ***waste*** kernafval; ~ ***weapon*** atoom-, kernwapen; ~ ***weight*** atoomgewig. ~**-powered** met kernkragaandrywing.

at·o·mic·i·ty atomisiteit.

at·om·ise, -ize atomiseer, in atome splits; versplinter; verstuif, verstuiwe; met atoomwapens vernietig. **at·om·i·sa·tion, -za·tion** atomisering; versplintering; verstuiwing. **at·om·is·er, -iz·er** verstuiwingstoestel, verstuiwer; newelspuit.

at·om·ism *(hoofs. filos.)* atomisme, atomeleer, atomistiek. **at·om·ist** atomis, aanhanger van die atomeleer. **at·om·is·tic, at·om·is·ti·cal** atomisties.

a·ton·al, a·ton·ic →ATONY.

a·tone boet, boete doen, (weer) goedmaak, vergoed, vergoeding doen; *(vero.)* versoen; ~ *for s.t.* vir iets boet (*of* boete doen), iets (weer) goedmaak, vir iets vergoed (*of* vergoeding doen). **a·tone·ment** boete-(doening), vergoeding; *(vero.)* versoening; ***blood*** *of* ~ soenbloed, versoeningsbloed; ***Day*** *of A*~*, (Jud.)* →YOM KIPPUR; ***death*** *of* ~ soendood; ***sacrifice*** *of* ~ soenoffer; ***the A*~***, (Chr. teol.)* (die verlossing deur) die soenoffer van Christus.

at·o·ny *(med.)* atonie, (spier)verslapping; *(fonet.)* onbeklemdheid, toonloosheid. **a·ton·al** *(mus.)* atonaal. **a·ton·al·ism** *(mus.)* atonalisme. **a·to·nal·i·ty** *(mus.)* atonaliteit. **a·ton·ic** *n., (fonet.)* onbeklem(toon)de sillabe/woord/ens.. **a·ton·ic** *adj., (fonet.)* onbeklem(d), onbeklemtoon(d); *(med.)* atonies, slap.

a·top *(poët., liter.)* (daar) bo-op.

at·ra·bil·ious, at·ra·bil·i·ar *(poët., liter.)* prikkelbaar, nors, nukkerig; swaarmoedig, melancholies. **at·ra·bil·ious·ness** prikkelbaarheid, norsheid, nukkerigheid; swaarmoedigheid, melancholie.

a·tri·um *atria, atriums, (Rom. bouk.)* atrium, binnehof *(v. huis); (Me. bouk.)* voorhof *(v. kerk); (anat.)* atrium, voorkamer, hartboesem.

a·tro·cious wreed(aardig), barbaars, monsteragtig; afskuwelik, afgryslik, gruwelik, verskriklik, aaklig.

a·troc·i·ty -ties wreed(aardig)heid; afskuwelikheid, afgryslikheid; gruwel(daad), wandaad; *commit* (or *be guilty of) atrocities* gruweldade/gruwele/wreedhede pleeg, aan gruweldade/gruwele/wreedhede skuldig wees; *the atrocities of war* die gruwele van oorlog.

at·ro·phy -phies, *n., (med.)* atrofie, wegkwyning, verskrompeling *(v. selle, weefsels, organe); (fig.)* verval, agteruitgang, ontaarding, verwording. **at·ro·phy** *ww.* wegkwyn, wegteer, verskrompel, atrofieer. **a·troph·ic** wegkwynend, wegterend, atrofies.

at·ro·pin(e) *(med.)* atropien.

at·ta·boy *tw., (Am. sl.)* ditsem, ditsit.

at·tach aanheg, vasheg, vasmaak, vasbind, aanbring, aansit; aanhaak *(sleepwa ens.)*; meebring; toeskryf, -skrywe; *(jur.)* beslag lê op, in beslag neem *(goedere); (jur.)* in hegtenis neem, aanhou, gevange neem, arresteer; →ATTACHED; ~ ... ***to*** *s.t.* ... aan iets heg; ~ *blame to s.o.* skuld aan iem. gee, blaam op iem. werp; *no blame* ~*es* (or *can* ~) ***to*** *s.o.* iem. dra geen skuld nie, daar rus geen blaam op iem. nie; ~ *importance* ***to*** ... waarde/gewig aan ... heg; ~ *o.s.* ***to*** ... aansluit (*of* jou voeg) by ...; ~ *s.o.* ***to*** ..., *(mil.)* iem. by ... indeel *('n eenheid ens.)*.

at·tach·a·ble aanhegbaar; *(jur.)* vatbaar vir beslaglegging; *be* ~ *to s.t.* aan iets geheg kan word; aan iets toe te skryf/skrywe wees.

at·ta·ché attaché. ~ **case** aktetas.

at·tached: *please* ***find*** ~ ... hierby aangeheg is ...; *be* ~ ***to*** ... aan ... verbonde wees *('n organisasie ens.)*; *(mil.)* by ... ingedeel wees *('n eenheid ens.)*; *be deeply* ~ ***to*** *s.o.* innig aan iem. geheg/verkleef/verknog wees; *s.t. is* ~ ***to*** ... iets is aan ... vas; *the benefits* ~ ***to*** *a job/post* die voordele aan 'n pos gekoppel; *become* ~ ***to*** ... aan ... vasgroei; aan ... geheg raak; *a house* ***with*** *a garage* ~ 'n huis met 'n aangeboude garage/motorhuis; →ATTACH.

at·tach·ment gehegtheid, verknogtheid, geneentheid, verkleefdheid, band; heg-, koppelstuk; bybehoorsel, toebehoorsel; aanhegting; *(jur.)* inhegtenisneming; *(jur.)* beslag(legging), inbeslagneming; *(i.d. mv.)* bybehore, toebehore; ~ *of* ***debt*** skuldbeslag; *have an* ~ ***for*** *s.o.* aan iem. geheg wees; ~ *of* ***goods*** beslaglegging op (*of* inbeslagneming van) goedere; ***party*** ~ partyverband; ***point*** *of* ~ aanhegtingspunt *(v. spiere)*; bevestigingspunt *(v. kabels)*; *s.o.'s* ~ ***to*** ... iem. se gehegtheid/verknogtheid aan ... *('n persoon)*, iem. se toewyding aan ... *('n saak)*. ~ **pin** hegpen. ~ **screw** hegskroef.

at·tack *n.* aanval, aanslag, bestorming; aanranding; *(mus.)* inset; *a* ***bad/severe*** ~ 'n ernstige/hewige/kwaai aanval *(v. siekte)*; ***beat*** *off* (or ***repel****) an* ~ 'n aanval afslaan/afweer; *a* ***blistering/stinging*** ~ 'n venynige aanval; ***conduct*** *an* ~ 'n aanval lei/aanvoer; ~ *is the best form of* ***defence*** aanval is die beste verdediging; ***go over*** (or ***proceed****) to the* ~ tot die aanval oorgaan; ***launch*** *an* ~ tot die aanval oorgaan; ***launch/make*** *an* ~ *on* ... 'n aanval op ... doen/loods (*of* teen ... ontketen/rig); *(fig.)* teen ... te velde trek; ***launch/make*** *an* ~ *on s.o.'s character* iem. in sy/haar eer aantas, iem. se goeie naam beklad/skend; *have an* ~ ***of*** *the blues* bedruk/neerslagtig (*of* in 'n neerslagtige bui) wees; *have an* ~ ***of*** *fever* (or *hay fever etc.*) 'n koorsaanval (*of* 'n aanval van hooikoors ens.) hê; *have an* ~ ***of*** *the giggles* die lagsiekte hê; *have an* ~ ***of*** *nerves* senu(wee)agtig word; *an* ~ ***on*** *s.o.'s life* 'n aanslag op iem. se lewe; *be* ***on*** *the* ~ aanval, aanvallend optree, aan die aanval wees; ***point*** *of* ~ aanvalspunt; ***return*** *to the* ~ die aanval hernieu/hernu(we), weer/opnuut tot die aanval oorgaan; *a* ***slashing*** ~ 'n striemende aanval; *a* ***slight*** ~ 'n ligte aanval *(v. siekte)*; ***sound*** *the*

~ tot die aanval oproep; *make a* ***spirited*** *~ on s.t.* iets met vuur aanpak; ***stage*** *an ~* 'n aanval onderneem; *an* ***unbridled*** ~ 'n onbeheerste aanval; *be/come* ***under*** *~, (ook fig.)* aangeval word, onder skoot/vuur kom. **at·tack** *ww.* aanval, bestorm, te lyf gaan, byloop; aanpak *(werk, probleem);* bydam *(kos);* inklim, invlieg, roskam, slegsê; inwerk op, aantas; aanrand. **at·tack·a·ble** aantasbaar. **at·tack·er** aanvaller.

at·tain verkry, bekom; bereik *(doel, hoë ouderdom, volmaaktheid);* verwerf *(kennis, rykdom);* in die hande kry *(mag);* vind *(geluk);* ~ *one's hopes* jou hoop/wense/verwagtinge vervul/verwesen(t)lik; ~ *to ...* ... bereik/verwerf/behaal *(sukses ens.).* **at·tain·a·bil·i·ty** haalbaarheid, bereikbaarheid; verkry(g)baarheid; *doubt the ~ of s.t.* twyfel of iets haalbaar is. **at·tain·a·ble** verkry(g)baar; bereikbaar, haalbaar. **at·tain·ment** verkryging; bereiking; vervulling, verwesen(t)liking; *(gew. mv.)* kundigheid, vaardigheid, bekwaamheid; prestasie; ~ *of independence* onafhanklikwording.

at·tain·der *(hist., jur.)* ontburgering.

at·taint *(arg.)* ter dood veroordeel; ontburger; aankla weens hoogverraad; *(arg.)* onteer, besmet, bevlek, besoedel; *(arg.)* aansteek, tref.

at·tar, ot·to, ot·tar attar; ~ *of roses* roosolie.

at·tem·per *(arg.)* versag, matig, temper; kalmeer, tot bedaring bring, laat bedaar, paai, sus; ~ *s.t. to ...* iets aanpas by *(of* geskik maak vir) ...

at·tempt *n.* poging, probeerslag; aanslag; *make an* ***all-out*** (or *a* ***concerted****)* ~ 'n bewuste poging aanwend; *an ~* ***at*** *...* 'n poging tot ... *(moord ens.); an ~* ***at*** *gardening* (or *a joke etc.)* 'n poging om tuin te maak (*of* 'n grappie te maak/vertel ens.); *an ~* ***at*** *suicide* 'n selfmoordpoging; ***fail*** *in an ~ to ...* misluk in 'n poging om te ...; *an ~* ***fails*** 'n poging misluk; *a* ***feeble*** ~ 'n swak poging; *at the* ***first*** ~ met die eerste poging/probeerslag; ***foil/thwart*** *an ~* 'n poging verydel; *a* ***half-hearted*** ~ 'n flou poging; ***make*** *an ~ at doing* (or *to do) s.t.* 'n poging aanwend/doen om iets te doen, iets probeer doen; *make* ***no*** ~ geen poging aanwend nie, niks doen nie; *make an ~* ***on*** *s.o.'s life* 'n moordaanslag op iem. doen/maak, 'n aanslag op iem. se lewe doen/maak, iem. om die lewe probeer bring; *make an ~* ***on*** *a record* 'n rekord probeer verbeter/slaan/breek, 'n aanslag op 'n rekord maak; ***succeed*** *in an ~ to ...* slaag in 'n poging om te ...; *an ~* ***succeeds*** 'n poging slaag; *a* ***successful*** ~ 'n geslaagde poging; *an* ***unsuccessful*** ~ 'n mislukte poging; *a* ***vain*** ~ 'n vergeefse poging. **at·tempt** *ww.* probeer, poog, trag; beproef; ~ *the* ***impossible*** die onmoontlike probeer doen; ~ *the steepest part of a* ***mountain*** die steilste deel van 'n berg aandurf; *be charged with ~ed* ***murder*** weens 'n moordaanslag (*of* 'n poging tot moord) aangekla wees, van 'n moordaanslag (*of* 'n poging tot moord) beskuldig staan; ~ *three out of five* ***questions*** drie van vyf vrae probeer beantwoord; *s.o. ~s* ***to*** *skate/etc.* iem. probeer (om te) skaats/ens..

at·tend bywoon *(vergadering, klasse, lesse, begrafnis, troue, ens.);* besoek *(kerk, skool, teater, ens.); (lede)* aanwesig/teenwoordig wees; versorg, sorg vir, oppas, verpleeg *(sieke ens.); (dokter)* behandel *(pasiënt);* oplet, luister; gepaardgaan met; begelei, vergesel; bedien *(masjien);* →ATTENDED; ~ ***at*** *a birth* by 'n geboorte assisteer; ~ ***church*** *regularly* gereeld kerk toe gaan, die kerk getrou besoek, 'n getroue kerkganger wees; ~ ***school*** skoolgaan; ~ ***to*** *s.o.* iem. versorg; iem. bedien/weghelp; na iem. luister; ~ ***to*** *s.t.* op iets let, na iets kyk; aandag aan iets gee/skenk/wy, ag gee/slaan op iets; iets doen aan iets, van iets werk maak *('n saak, probleem);* iets behartig/besorg, omsien na iets *(belange, sake);* ~ *closely* ***to*** *the music* fyn (*of* met aandag) na die musiek luister; ~ ***to*** *one's work* jou aandag by jou werk bepaal; ~ ***(up)on*** *s.o., (vero.)* na iem. omsien; iem. bedien; iem. verpleeg; *s.t. ~s* ***(up)on*** *s.o., (vero.)* iem. het met iets te kampe *(gevaar ens.).*

at·tend·ance bywoning, besoek; aanwesigheid, teenwoordigheid; versorging, verpleging; behandeling; begeleiding; bediening; opkoms; *(vero.)* geleide, gevolg; *a large ~* ***at*** *a meeting/etc.* 'n groot opkoms by 'n vergadering/ens.; *~s* ***at*** *churches are declining* kerkbywoning neem af; *s.o.'s ~* ***at*** *school/etc.* iem. se bywoning van die skool/ens.; ***dance*** *~ (up)on s.o.* iem. na die oë kyk, iem. agterna loop; →DANCE *ww.; be* ***in*** *~, (fml.)* byderhand (*of* ter beskikking) wees; ***in*** *close ~* in die onmiddellike nabyheid; *the doctor* ***in*** *~* die diensdoende dokter; *be* ***in*** *~ at s.t.* by iets aanwesig/teenwoordig wees; *be* ***in*** *~ on s.o.* iem. bedien/behandel/oppas/versorg *(pasiënt ens.); hours* ***of*** ~ diens-, kantoorure; *the* ***register*** *of ~* die presensielys. ~ **book,** ~ **list,** ~ **record,** ~ **register** (bywonings)register; presensielys; *have a poor* (or *not have a very good) ~ record* dikwels afwesig wees. ~ **fee** presensiegeld. ~ **officer** skoolbesoekbeampte.

at·tend·ant *n.* bediende, dienaar, kneg; opsigter *(by openbare geriewe, in museums, ens.);* kamerdienaar, lyfbediende *(v. iem. v. hoë rang);* lid van 'n gevolg; *(i.d. mv.)* gevolg; *(i.d. mv.)* aanwesiges; *be an ~ of s.t.* gepaardgaan met iets. **at·tend·ant** *adj.* diensdoende; begeleidend, vergesellend; aanwesig; gepaardgaande; ~ ***circumstances*** omstandighede op daardie oomblik/tydstip; *s.t. and its ~* ***ills/problems/risks/etc.*** iets en die kwale/probleme/gevare/ens. wat daarmee gepaardgaan; *be ~* ***on*** *s.o., (fml.: hofdame ens.)* iem. bystaan; *be ~* ***(up)on*** *s.t.* met iets gepaardgaan.

at·tend·ed: *be ~* ***by*** *..., (iem.)* deur ... vergesel wees (*of* begelei word); *(iets)* met ... gepaardgaan, van ... vergesel gaan; *the meeting/etc. was* ***poorly/well*** ~ die vergadering/ens. is swak/goed bygewoon, daar was 'n swak/goeie opkoms by die vergadering/ens.; *the meeting/etc. was* ***poorly/well*** *~ by the public, (ook)* die publiek het swak/goed opgekom na die vergadering/ens.; *s.t. is being ~* ***to*** iets geniet aandag; *have you been ~* ***to?*** is jy/u al gehelp?; *have s.t. ~* ***to*** iets laat behandel *('n wond ens.);* →ATTEND.

at·ten·tion aandag, oplettendheid, opmerksaamheid; attensie; *(mil., as tw.)* aandag!; *be* ***all*** ~ die ene ore/aandag wees, aandagtig luister; ***attract/catch*** *s.o.'s ~* iem. se aandag trek; *s.t.* ***attracts/catches*** ~ iets trek (die) aandag, iets val op; ***bring/call*** *s.t. to s.o.'s ~* iets onder iem. se aandag bring; *it has been* ***brought*** (or *has* ***come****) to my ~ that ...* dit het onder my aandag gekom (*of* ek verneem *of* ek het gehoor/opgemerk *of* ek het te hore gekom) dat ...; ***call*** *to ~, (mil.)* tot aandag roep; ***call/direct/draw*** *s.o.'s ~ to s.t.* iem. se aandag op iets vestig, iem. op iets attent/opmerksaam maak; ***come*** *to ~, (mil.)* op aandag gaan staan; ***confine*** *one's ~ to one's studies* jou aandag by jou studie bepaal; ***devote*** *~ to s.t.* aandag aan iets bestee/skenk/wy; 'n studie van iets maak; ***distract*** *s.o.'s ~ from s.t.* iem. se aandag van iets aftrek; ***divert*** ~ (or ***draw*** *~ away) from s.t.* die aandag van iets aflei/aftrek; ***draw*** *~ to s.t.* die aandag op iets vestig; iets onder die aandag bring; aandag vir iets vra; *s.t. has* ***escaped*** *s.o.'s ~* iets het iem. se aandag ontglip, iets het (aan) iem. se aandag ontsnap, iem. het iets nie opgemerk nie; ***fix*** *one's ~ (up)on ...* jou aandag op ... toespits; *(****for*** *the) ~ (of) ...* (vir die) aandag (van) ... *(me. Abrahams ens.); give one's* ***full/undivided*** *~ to ...* jou volle/onverdeelde aandag aan ... gee/skenk/wy; ***hold/rivet*** *s.o.'s ~* iem. (se aandag) boei; ***keep*** *one's ~ on ...* jou aandag by ... bepaal; *s.t.* ***needs*** ~ iets verg sorg; ***pay*** *~!* let op!; ***pay*** *~ to s.o./s.t.* aandag gee/skenk/wy aan (*of* ag gee/slaan op) iem./iets; ***pay*** *one's ~s to s.o., (vero.)* (aan) iem. beleefdhede bewys; iem. die hof maak; *listen with* ***rapt*** ~ met gespanne aandag luister; ***receive*** ~ aandag geniet/kry/ontvang; *(pasiënt, wond, ens.)* behandel word; *s.t.* ***requires*** *all s.o.'s ~* iets vra al iem. se aandag; ***seek*** ~ (die) aandag probeer trek; ***show*** *s.o. ~s* iem. attensies bewys; *pay* ***special*** ~ goed/mooi oplet; *pay* ***special*** *~ to s.t.* jou op iets toespits; ***spring*** *to ~* flink op aandag kom; ***stand*** *at/to ~, (mil.)* op aandag staan; ***turn*** *one's ~ to ...* aan ... aandag gee/skenk/wy. ~ **deficit disorder** *(afk.:* ADD*)* aandag(s)gebrek(sindroom). **~-seeking** aandagsoekery, -trekkery. ~ **span** aandagspan, aandagsomvang.

at·ten·tive oplettend, aandagtig; opmerksaam; beleef(d), hoflik, galant, bedagsaam, sorgsaam, gedienstig, attent; *an ~ host(ess)* 'n bedagsame gasheer/-vrou; *be ~ to ...* let op (*of* gevoelig wees vir) ... *(besonderhede, kleinighede); ...* in ag neem *('n waarskuwing);* luister na ... *(raad);* ingestel wees op ... *(iem. se behoeftes);* hoflik/galant wees teenoor ... *(iem.).* **at·ten·tive·ness** aandag, oplettendheid; opmerksaamheid; beleefdheid, hoflikheid, sorgsaamheid, attentheid.

at·ten·u·ate *ww.* verswak, swakker word; verdun, dun(ner) maak/word; vermaer, verslank, verskraal; verminder; versag *(skok ens.);* verlaag *(elektriese spanning ens.);* demp *(klank, geluid); (herinnerings)* vervaag; *attenuating circumstances, (jur.)* versagtende omstandighede. **at·ten·u·ate** *adj.* dun, maer; swak; verdun(d); ~ *leaf, (bot.)* lansetvormige blaar. **at·ten·u·a·tion** verswakking; verdunning, vermaering, verslanking, verskraling; vermindering, afname; versagting; verlaging; demping. **at·ten·u·a·tor** *(elek.)* verswakker.

at·test *ww.* getuig, verklaar; bekragtig; beëdig, onder eed bevestig; attesteer, as getuie teken; waarmerk; getuig *(van);* (aan)toon, bewys; ~ *to ...* van ... getuig. **at·test·ant, at·test·er,** *(jur.)* **at·tes·tor,** *(jur.)* **at·tes·ta·tor** getuie, verklaarder, attestant; bekragtiger; beëdiger; waarmerker. **at·tes·ta·tion** getuienis, verklaring; bekragtiging; bevestiging; beëdiging, eed, eedaflegging; getuigskrif; getuienis, bewys; *(jur.)* attestasie, ondertekening as getuie; wettiging; *be an ~ to s.t.* getuienis van iets wees. **at·test·ed** deur getuie(s) gestaaf; *duly ~* behoorlik gestaaf.

at·tic dakkamer(tjie), solderkamer(tjie), solder; *in the ~* op (die) solder. ~ **window** soldervenster, dakvenster.

At·ti·ca *(geog.)* Attika. **At·tic** *n. & adj.* Atties; *~ salt/wit, (fig.)* Attiese sout, gevatheid, spitsvondigheid. **At·ti·cism** Attisisme.

At·til·a *(406?-453)* Attila; ~ *the Hun* Attila die Hunnekoning (*of* Attila, die koning van die Hunne).

at·tire *n., (fml.)* drag, kleding; gewaad; tooi(sel), *(w.g.)* dos. **at·tire** *ww., (fml.)* klee; (op)tooi, uitdos; *~ o.s. in ...* jou in ... uitdos; *be ~d in ...* in ... uitgedos wees; *~d in a black cloak* in 'n swart mantel gehul.

at·ti·tude houding; instelling, ingesteldheid; kyk, siening, sienswyse, standpunt, opvatting, beskouing; (liggaams)houding, postuur; stand; *(lugv.)* posisie; *(ballet)* attitude; ***adopt*** (or ***take*** *up) an ~* 'n houding aanneem; 'n standpunt inneem; *a* ***carefree/threatening/etc.*** ~ 'n ongeërgde/dreigende/ens. houding; *~ of* ***mind, mental*** ~ denkwyse, (geestes)houding, geestesgesteldheid; *in an ~ of* ***prayer*** in 'n knielende houding; ***strike*** *an ~* 'n houding aanneem, poseer; *s.o.'s ~* ***to(wards)*** ... iem. se houding teenoor/jeens ... *(iem.),* iem. se houding insake (*of* met betrekking tot) ... *(iets);* iem. se instelling teenoor (*of* kyk op *of* opvatting van) ... *(d. lewe);* iem. se ingesteldheid teenoor ... *(sy werk ens.);* iem. se standpunt oor ... *(aborsie ens.).* **at·ti·tu·di·nise, -nize** poseer, vol aanstellings wees. **at·ti·tu·di·nis·er, -niz·er** poseur, aanstellerige mens, aansteller.

at·torn *(jur.)* die nuwe grondeienaar/landheer erken; *(w.g.)* oordra. **at·torn·ment** erkenning van die nuwe grondeienaar/landheer; *(w.g.)* oordrag.

at·tor·ney prokureur; saakwaarnemer, gevolmagtigde; *(Am.)* advokaat; *give s.o. power of ~* aan iem. prokurasie/volmag gee/verleen; *have power of ~* prokurasie/volmag hê. ~ **general** *~s general, ~ generals, (dikw. A~ G~)* prokureur-generaal; *(i.d. VS ens.)* Minister van Justisie. **at·tor·ney·ship** prokureurskap.

at·tract *(fis.: magneet ens.)* aantrek; aanlok, aantrek, bekoor; lok *(kapitaal, skare, klante, ens.);* uitlok *(kritiek);* trek *(aandag);* wek *(belangstelling);* werf *(nuwe lede); be ~ed* ***by*** *...* aangetrek word deur ... *(iem. se skoonheid ens.);* aangelok word deur ... *('n reuk, goed-*

koop pryse, ens.); ~ a lot of ***publicity*** groot publisiteit kry; *~ s.o./s.t.* ***to*** ... iem./iets na ... aanlok; *be ~ed to light* deur lig aangetrek word; *be/feel ~ed to s.o.* tot iem. aangetrokke wees/voel. **at·trac·tion** aantrekking(skrag); aantreklikheid, bekoring, attraksie; trekpleister; ***beach*** *~s* strandattraksies; *the* ***centre*** *of ~* die middelpunt van belangstelling; *~ of* ***gravity*** swaartekrag; *s.t. has* ***little/no*** *~ for s.o.* iets het min/geen aantrekkingskrag vir iem. (nie); ***lose*** *one's/its ~* jou/sy aantrekkingskrag verloor; ***next*** *~* volgende aanbieding/attraksie; *feel an ~* ***to*** *s.o.* tot iem. aangetrokke voel. **at·trac·tive** aantreklik, mooi, bekoorlik, innemend; aanloklik *(aanbod, voorstel, ens.); s.o.* ***finds*** *... ~* iem. vind ... aantreklik; *~* ***force/power*** aantrekkingskrag; *be* ***rather*** *~, (ook)* (glad) nie onaardig wees nie; *be ~* ***to*** *s.o.* vir iem. aantreklik wees. **at·trac·tive·ness** aantreklikheid, aanloklikheid, aantrekkingskrag.

at·trib·ute *n.* eienskap, kenmerk, hoedanigheid; simbool; *(gram.)* byvoeglike bepaling, attribuut; *(gram.)* attributiewe byvoeglike naamwoord, attribuut; *(log.)* attribuut; *punctuality/etc. is not one of his/her ~s* stiptheid/ens. is nie een van sy/haar sterk punte nie; *the sword is an ~ of the fighter* die swaard is 'n simbool/attribuut van die vegter. **at·trib·ute** *ww.* toeskryf, =skrywe, dank, wyt; *~ a painting/etc. to Rembrandt/etc.* 'n skildery/ens. aan Rembrandt/ens. toeskryf/=skrywe; *s.t. can be ~d to ...* iets is toe te skryf/skrywe (*of* te danke) aan ... *(iets gunstigs soos goeie raad);* iets is toe te skryf/skrywe (*of* te wyte) aan ... *(iets ongunstigs soos luiheid).* **at·trib·ut·a·ble** toe te skryf/skrywe, te danke *(aan iets gunstigs);* toe te skryf/skrywe, te wyte *(aan iets ongunstigs);* toeskryfbaar, toedeelbaar *(wins aan aandeelhouers ens.).* **at·trib·u·tion** toeskrywing, toerekening, attribusie; eienskap, attribuut. **at·trib·u·tive** *n., (gram.)* attributiewe woord, attribuut. **at·trib·u·tive** *adj., (gram.)* attributief.

at·trit *(Am., infml., hoofs. mil.)* uitput, uitmergel; doodmaak. **at·trit·ted** uitgeput, uitgemergel. →ATTRITION.

at·trite *ww.* verweer, afslyt. **at·trite** *adj., (teol.)* berouvol. **at·trit·ed** verweer(d), afgeslyt. **at·tri·tion** (af)slyting, afskuring; uitputting; *(han.: nievervanging v. personeel wat bedank/aftree)* natuurlike uitvloei; *(teol.)* attrisie, berou uit vrees vir straf; *reduce the size of the workforce by ~* die werkerskorps deur natuurlike uitvloei verminder; *war of ~* uitputtingsoorlog.

at·tune gewoond laat raak, laat aanpas; in ooreenstemming bring; *(mus.)* stem; *s.o.'s* ***ears*** *are (not) ~d to s.t.* iem. se ore is (nie) gewoond aan iets (nie); *their* ***minds*** *are ~d* hul(le) koppe werk eenders/eners; *~ o.s.* ***to*** *...* jou instel op ... *(nuwe denkwyses ens.); be ~d* ***to*** *...* op ... ingestel wees; ... aanvoel, aanvoeling hê vir ... *(jazz ens.); become ~d* ***to*** *...* gewoond wees/raak aan ..., (jou) aanpas aan/by ... *(d. hoogte ens.).* **at·tune·ment** instelling; aanvoeling.

a·twit·ter *adj. (pred.)* in beroering, in rep en roer; *the whole town was ~ at ...* die hele dorp was in beroering (*of* in rep in roer) oor ...

a·typ·i·cal atipies, onreëlmatig, afwykend, abnormaal.

au·bade *(pros., mus.)* aubade, oubade.

au·ber·gine, *(Am., Austr.)* **egg·plant** eiervrug, brinjal; eierplant; persblou kleur.

au·burn goud=, rooi=, kastaiingbruin.

auc·tion *n.* veiling, vandisie, vendusie; ***buy*** *s.t. at an ~* iets op 'n veiling/vandisie/vendusie koop; ***Dutch*** *~* →DUTCH; ***hold*** *an ~* vandisie/vendusie hou; ***put*** *s.t. up for* (*or* ***sell*** *s.t. by) ~* iets (laat) opveil, iets op 'n veiling/vandisie/vendusie (laat) verkoop; *be* ***up*** *for ~* opgeveil word, onder die hamer kom. **auc·tion** *ww.* opveil, vandisie/vendusie hou; *~ s.t. (off)* iets opveil, van iets vandisie/vendusie hou. **~ bridge** (gewone) brug(spel). **~ dues** vendueregte. **~ room** veilings=, vandisie=, vendusielokaal, veiling=, vandisie=, vendusiesaal. **~ sale** veiling, vandisie, vendusie.

auc·tion·eer *n.* afslaer. **auc·tion·eer** *ww.* opveil, vandisie/vendusie hou.

auc·tion·ing: *~ on the hook* veiling aan die haak *(vleis).*

auc·to·ri·al ouktorieel, skrywers=.

au·da·cious waaghalsig, gewaag(d), roekeloos, stoutmoedig; vermetel, astrant, aanmatigend, verwaand, vrypostig, voorbarig, brutaal, onbeskof. **au·da·cious·ness, au·dac·i·ty** waaghalsigheid, waagmoed, gewaagdheid, roekeloosheid, durf, stoutmoedigheid; vermetelheid, astrantheid, verwaandheid, vrypostigheid, voorbarigheid, brutaliteit, onbeskoftheid; *have the audacity to do s.t.* die vermetelheid hê om iets te doen.

au·di·ble hoorbaar; *be ~ above s.t.* bo iets hoorbaar wees. **au·di·bil·i·ty** hoorbaarheid.

au·di·ence gehoor; publiek; lesers(kring/publiek) *(v. skrywer, boek); (teat., TV)* kykers(publiek), toeskouers; *(rad.)* luisteraars, luisterpubliek; toehoorders *(v. spreker);* oudiënsie; ***address*** *an ~* 'n gehoor toespreek; *s.o. has a* ***captive*** *~* die mense is verplig om na iem. te luister; ***grant*** *s.o. an ~* aan iem. oudiënsie verleen; ***receive*** *s.o. in ~* iem. in oudiënsie ontvang; ***request*** *an ~* ***with*** *...* 'n oudiënsie by ... aanvra; *a* ***thin*** *~* 'n klein/skraal gehoor/opkoms; *have an ~* ***with*** *...* deur ... te woord gestaan word.

au·dile *n., (psig.)* ouditiewe tipe. **au·dile** *adj.* ouditief.

au·di·o *n.,* **au·di·o**= *komb.vorm* oudio=, geluids=, gehoor=. **~-animatronics** →ANIMATRONICS. **~ book** oudio=, luisterboek. **~ cassette** oudiokasset. **~ frequency** oudio=, gehoorfrekwensie. **~gram** oudiogram. **~graph** oudiograaf. **~ tape** oudioband. **~typing** oudiotik. **~typist** oudiotikster. **~visual** oudiovisueel; *~ aids* oudiovisuele hulpmiddels/=middele; *~ teaching methods* oudiovisuele onderwysmetodes.

au·di·ol·o·gy oudiologie, gehoorleer, gehoorkunde. **au·di·ol·o·gist** oudioloog, gehoorkundige.

au·di·om·e·ter oudiometer, gehoormeter. **au·di·o·met·ric** oudiometries. **au·di·om·e·trist** oudiometris. **au·di·om·e·try** oudiometrie, gehoormeting.

au·di·o·phile oudiofiel.

au·dit *n.* oudit, ouditering, die nasien van boeke/rekenings, rekeningkontrole. **au·dit** *ww.* ouditeer, (boeke/rekenings) nasien/kontroleer. **A~ Bureau of Circulations** Sirkulasieburo. **~ report** ouditeursverslag. **~ trail** *(rek.)* ouditspoor.

au·dit·ing ouditering; ouditeerkunde.

au·di·tion *n.* oudisie, proefoptrede; gehoor; *give s.o. an ~* iem. 'n oudisie laat aflê/doen; *have an ~* 'n oudisie aflê/doen. **au·di·tion** *ww.* 'n oudisie aflê/doen; *~ for a part* 'n oudisie vir 'n rol aflê/doen.

au·di·tive *adj.* →AUDITORY.

au·di·tor ouditeur; toehoorder, luisteraar; *~'s report* ouditeursverslag. **~ general** ouditeur-generaal.

au·di·to·ri·um =riums, =ria gehoorsaal, ouditorium, aula, oula.

au·di·to·ry, au·di·tive ouditief, gehoor=; *auditory acuity* gehoorskerpte; *auditory canal* gehoorbuis, =gang, oorkanaal; *auditory nerve* gehoorsenuwee.

au fait *(Fr.)* op (die) hoogte, vertroud, ingewy; *be ~ ~ with s.t.* van/met iets op (die) hoogte wees, met iets vertroud wees, in iets ingewy wees.

Auf·klä·rung *(D., filos.)* die Verligting *(vnl. in Duitsland).*

au fond *(Fr.)* in wese, wesen(t)lik, eintlik.

Au·ge·an smerig, morsig; korrup; *clean (out) the ~ stables, (mit., fig.)* die Augiasstal reinig.

au·ger *(teg.)* awegaar(boor), swik=, skroef=, grootboor; voedingswurm *(v. masjien).* **~ beetle** boorkewer. **~ bit** awegaarboor. **~ file** awegaarvyl.

aught¹, ought *n., (arg.)* →NOUGHT.

aught², ought *adv., (dial.)* enigsins, in enige opsig. **aught, ought** *pron., (arg., liter.)* iets; *for ~ I care ...* wat my aangaan/(aan)betref (*of* vir my part) ... *(kan hulle doen wat hulle wil ens.); for ~ I know ...* wie weet ... *(dalk/miskien het hulle getrek ens.),* so ver ek weet ... *(het hulle dalk al getrek ens.).*

aug·ment *ww.* vermeerder, vergroot, versterk, uitbrei, (laat) toeneem; *(mus.)* vergroot; *(gram.)* voorvoeg. **aug·ment** *n., (gram.)* augment, ougment. **aug·men·ta·tion** vermeerdering, vergroting, versterking, uitbreiding, toename. **aug·ment·a·tive** *n., (gram.)* augmentatief, ougmentatief. **aug·ment·a·tive** *adj.* vermeerderend, vergrotend, versterkend; *(gram.)* augmentatief, ougmentatief. **aug·ment·ed** *adj. (attr.), (mus.)* vergrote *(orkes, interval, sewende akkoord, ens.).*

Au·gra·bies: *the ~ Falls* die Augrabieswaterval.

au gra·tin *adj. (pred.), (Fr. kookk.)* gegratineer; *potatoes ~ ~* gegratineerde aartappels.

Augs·burg *(geog.)* Augsburg; *the ~ Confession* die Augsburgse Geloofsbelydenis.

au·gur *n., (hist.)* augur, ougur; waarsêer, siener, (voël)wiggelaar. **au·gur** *ww.* voorspel, waarsê; *it ~s ill/well for ...* dit hou niks/veel goeds vir ... in (nie), dit beloof/belowe sleg/weinig/goed/veel vir ..., dis 'n slegte/goeie voorteken vir ... **au·gu·ry** waarsêery, (voël)wiggelary, voorspelling; (voor)teken, voorbode.

Au·gust *n.* Augustus; *the month of ~* Augustusmaand.

au·gust *adj.* hoog, verhewe, groots, deurlugtig.

Au·gus·tine *n., (heilige)* Augustinus.

Au·gus·tin·i·an, Au·gus·tine *n.* Augustyn(er), Augustynse monnik. **Au·gus·tin·i·an** *adj.* Augustyns.

Au·gus·tus *(keiser)* Augustus; *~ the Strong* Augustus die Sterke. **Au·gus·tan** *n.* Augusteër. **Au·gus·tan** *adj.* Augusteïes; *(relig.)* Augsburgs; *~ Age* eeu van Augustus, klassiek-Latynse tydperk; Klassisistiese tydperk *(in Engeland);* tydperk van Lodewyk XIV *(in Frankryk); ~ age* bloeityd, goue eeu; *~ Confession* Augsburgse Geloofsbelydenis.

auk *(orn.)* alk; *great ~* groot alk; *little ~* klein alk; *razor-billed ~* →RAZORBILL.

au·la =las, =lae aula, oula, gehoorsaal, ouditorium.

auld *(Sk.)* oud; *~ lang syne, (afskeidslied)* die goeie oue tyd; *A~ Reekie, (skerts.)* Edinburg.

au·lic *(w.g.)* hof=; hoofs; *~ civilisation* die hoofse kultuur; *A~ Council* Kroonraad.

aum *(ou inhoudsmaat)* aam.

aunt tante; *~ Annie/etc.* tant Annie/ens.; *my (sainted) ~!, (infml.)* goeie/liewe hemel!, liewe land!, goeie genade/genugtig!; *A~ Sally* houtpop; *(fig.)* voorwerp van beledigings/kritiek/spot, skyf van aanvalle. **aunt·ie, aunt·y** *vkw., (infml.)* tannie. **Aunt·ie** *(Br., skerts.)* die BBC (*of* Britse Uitsaaikorporasie).

au pair (<*Fr.*): *~* **(girl)** au pair(-meisie).

au·ra =ras, =rae uitstraling, waas, aura; geur *(v. blomme ens.); (med.)* aura, gewaarwording; *(parapsig.)* aura; ***epileptic*** *~, (med.)* epileptiese aura; ***give*** *s.t. an ~ of respectability* iets fatsoenliks (*of* 'n sweem van fatsoenlikheid) aan iets verleen; ***have*** *an ~ of calm/happiness/etc. (about one)* kalmte/geluk/ens. uitstraal, 'n aura van kalmte/geluk/ens. omgeef iem.; ***have*** *a mysterious ~ about one* 'n waas van geheimsinnigheid omhul iem., in 'n waas van geheimsinnigheid gehul wees.

au·ral¹ oor=, gehoor=; ouditief; *~ impressions* ouditiewe indrukke; *~ infection* oorontsteking; *~ nerve* gehoorsenuwee. **au·ral·ly** deur die ore.

au·ral² uitstraling(s)=; lug(s)=.

au·re·ate verguld; goudgeel, goudagtig; beeldryk, opgesmuk, hoogdrawend.

Au·re·li·an *(Rom. keiser, 270-275 n.C.)* Aurelianus.

Au·re·li·us: *Marcus ~ Antoninus* →ANTONINUS.

au·re·ole, au·re·o·la oureool *(om figuur v. 'n heilige);* stralekrans, stralekroon, ligkrans, oureool *(om hoof v. 'n heilige); (astron.)* korona, stralekrans *(om son).*

Au·re·o·my·cin *(med.: handelsnaam)* Aureomycin.

au re·voir *(Fr.)* tot (weer)siens.

au·ri·chal·cite *(min.)* ourichalsiet.

au·ri·cle *(anat.)* voorkamer, hartboesem, ourikel, atrium; *(anat.)* ourikel, atriumoor(tjie); *(anat.)* oorskulp, uitwendige oor; *(biol., bot.)* oortjie. **au·ric·u·lar** oor=, gehoor=; oorvormig; ourikulêr, voorkamer=, atrium=; atriumoor=; *~ confession* oorbieg; *~ feathers* oorvere *(v. 'n uil ens.); ~ witness* oorgetuie. **au·ric·u·late,**

au·ric·u·lat·ed geoor(d), met ore (*of* oorvormige aanhangsels); oorvormig.
au·rif·er·ous goudhoudend; goud=; ~ *conglomerate* banket, goudhoudende konglomeraat.
au·ri·form oorvormig.
Au·ri·ga *(astron.)* Auriga, die Koetsier.
au·rin *(chem.)* ourien.
au·ri·scope →OTOSCOPE.
au·rist oorspesialis, =dokter, =arts.
au·rochs *(soöl.)* oeros; Europese bison, wisent.
Au·ro·ra *(Rom. godin)* Aurora, Ourora.
au·ro·ra =*ras*, =*rae*, *(met.)* aurora, ourora; *(poët.)* oggendrooi, dagbreek, rooidag, daglumier, daeraad, môre=, morerooi; ~ *australis* suiderlig; ~ *borealis* noorderlig; ~ *polaris* poollig. **au·ro·ral** aurora=, ourora=; stralend, skitterend, glansend.
aus·cul·tate *(med.)* beluister, ouskulteer. **aus·cul·ta·tion** beluistering, ouskultasie.
aus·pice =*pices*, *(gew. mv.)* beskerming; *(dikw. mv., arg.)* voorteken, voorspelling; *under the ~s of* ... onder die beskerming van ... **aus·pi·cate** *(arg.)* inwy. **aus·pi·cious** gunstig; veelbelowend; *(arg.)* gelukkig; *on this ~ occasion* by hierdie heuglike geleentheid. **aus·pi·cious·ness** gunstigheid, goeie vooruitsig.
Aus·sie *n.*, *(infml.: Australiër)* Aussie. **Aus·sie** *adj.* Aussie=.
aus·ten·ite *(metal.)* austeniet.
aus·tere streng, hard(vogtig), kwaai *(iem.)*; ernstig, somber *(uitdrukking)*; asketies *(lewenswyse)*; eenvoudig *(ontwerp, kamer, ens.)*; eenvoudig, sober *(styl)*; onbuigsaam *(houding)*.
aus·ter·i·ty =*ties* strengheid, hard(vogtig)heid; (streng[e]) eenvoud; soberheid; *(relig.)* askese, selfverloëning; spaarsaamheid, besuiniging; *(i.d. mv.)* ontberings *(in oorlogstyd)*; *practise ~* spaarsaam lewe, jou uitgawes (drasties) inkort/verminder, soberheid beoefen. ~ **measures** besuinigingsmaatreëls.
Aus·tin Fri·ar Augustyn(er), Augustynse monnik.
aus·tral suidelik, oustraal; ~ *wind* suidewind.
Aus·tral·a·sia Australasië. **Aus·tral·a·si·an** *n.* Australasiër. **Aus·tral·a·si·an** *adj.* Australasies.
Aus·tral·i·a Australië. **Aus·tral·i·an** *n.* Australiër; *(taal)* Australies. **Aus·tral·i·an** *adj.* Australies; ~ *Rules (football)* Australiese Reëls(-rugby/-voetbal); ~ *terrier* Australiese terriër.
aus·tra·lite *(min.)* australiet.
Aus·tral·orp australorp(hoender).
Aus·tra·sia *(hist., geog.)* Austrasië.
Aus·tri·a Oostenryk. ~**-Hungary** *(hist.)* Oostenryk-Hongarye. **Aus·tri·an** *n.* Oostenryker. **Aus·tri·an** *adj.* Oostenryks.
Aus·tro-[1] *komb.vorm* Austraal-, Suider-. ~**-Asiatic** Austraal-Asiaties.
Aus·tro-[2] *komb.vorm* Oostenryks-. ~**-Hungarian** Oostenryks-Hongaars.
au·tar·chy outokrasie; outargie, selfbestuur. **au·tarch** *(w.g.)* →AUTOCRAT. **au·tar·chic, au·tar·chi·cal** outargies.
au·tar·ky outarkie, geslote staatshuishouding; selfvoorsiening, ekonomiese onafhanklikheid; outarkiese land. **au·tar·kic, au·tar·ki·cal** outarkies, ekonomies onafhanklik; *the country has become ~ in* ... die land voorsien homself nou van ... **au·tar·kist** outarkis.
au·teur *(Fr.)* filmregisseur.
au·then·tic eg *(dokument, handtekening, trane)*, oorspronklik *(kunswerk)*, onvervals *(aksent)*, outentiek; betroubaar, geloofwaardig *(beskrywing ens.)*; regsgeldig *(akte)*; *(mus.)* outentiek *(modus)*, volmaak *(kadens)*. **au·then·ti·cate** eg/outentiek verklaar, die egtheid/outentisiteit bewys van *('n skildery ens.)*; staaf *(jou reg op iets)*, bekragtig *(testament)*, waarmerk *(afskrif)*; wettig, legaliseer *(akte)*; *(notaris)* outentiseer. **au·then·ti·ca·tion** egverklaring; stawing, bekragtiging, waarmerking; wettiging, legalisasie; verifikasie. **au·then·tic·i·ty** egtheid, onvervalstheid, outentisiteit; betroubaarheid, geloofwaardigheid; regsgeldigheid.

au·thor skrywer, outeur; skepper *(v.d. heelal)*; ontwerper *(v. 'n wet)*; opsteller *(v. 'n dokument/plan)*; vader *(v. 'n uitvinding)*; bron *(v. 'n gerug)*; oorsaak *(v. teen=/teëspoed)*; *~'s copy* outeurs=, skrywerseksemplaar; *~'s correction* outeurs=, skrywerskorreksie. **au·thor·ess** *(vr.)* skryfster. **au·tho·ri·al** *(liter.)* ouktorieel, skrywers=. **au·thor·ship** outeurskap, skrywerskap; *of unknown ~* skrywer onbekend, van onbekende hand.
au·thor·ise, =ize magtig, volmag gee/verleen, die reg gee, outoriseer; goedkeur, sanksioneer; toelaat, veroorloof, wettig; ~ *s.o. to do s.t.* iem. magtig om iets te doen. **au·thor·i·sa·tion, =za·tion** magtiging, volmag, outorisasie; goedkeuring; vergunning. **au·thor·ised, =ized:** *be ~* **by** ... deur ... gemagtig wees; ~ ***deduction*** geoorloofde aftrekking; ***duly*** ~ behoorlik (daartoe) gemagtig; ~ ***person*** bevoegde (persoon); ~ ***representative*** gevolmagtigde verteenwoordiger; ~ ***share capital*** gemagtigde aandelekapitaal; *be ~* **to** ... gemagtig wees (*of* volmag hê) om te ...; *A~* ***Version*** (Engelse) Statevertaling *(v.d. Bybel)*.
au·thor·i·ty =*ties* gesag, mag; bevoegdheid; bestuur; owerheid, bewind; instansie; magtiging, volmag; toestemming; gesag, invloed, (persoonlike) aansien; gesaghebbende, kenner, deskundige, outoriteit; geloofwaardigheid; bron; *(jur.)* bewysplaas; *(i.d. mv., jur.)* kenbronne *(v.d. reg)*; ***abuse*** *of* ~ magsmisbruik; ***by*** ~ op gesag, van gesagsweë; ***by*** (or ***on*** *the*) ~ *of* ... op gesag van ...; ***by/on*** *whose ~ did you do that?*, *who gave you the ~ to do that?* wie het jou gemagtig (*of* die reg gegee) om dit te doen? ***by/under*** *what ~?* op wie se gesag?; *the* ***competent/proper*** *authorities* die bevoegde instansie(s)/owerheid; ***exceed/overstep*** *one's ~* jou mag/bevoegdheid te buite gaan; *on* ***good*** ~ op goeie gesag, uit gesaghebbende bron, van gesaghebbende kant; ***have*** *~ over* ... seggenskap oor ... hê; ***have*** *(the) ~ to do s.t.* die gesag (*of* volmag) hê (*of* gemagtig wees) om iets te doen; ***have*** *it on good ~ that* ... uit betroubare/gesaghebbende bron verneem dat ...; ***have/carry*** *(great) ~* (groot) gesag dra; *a* ***higher*** ~ 'n hoër instansie; *be* ***in*** ~ aan die hoof wees, die hoof/baas wees, die gesag dra/hê; *person* ***in*** ~ gesagdraer, =hebber; ***local*** ~ →LOCAL *adj.*; ***mine*** *authorities* mynbestuur; *a man/woman* ***of*** ~ 'n man/vrou van gesag; *be an ~* ***on*** ... 'n kenner (*of* gesaghebbende op die gebied) van ... wees *(internasionale betrekkinge ens.)*; ***on*** *one's own ~* op eie gesag, sonder magtiging; *do s.t.* ***on*** *s.o.'s ~* iets in opdrag van iem. doen; ***on*** *whose ~ do you have that?* wie is jou/u informant (*of* bron van inligting)?; ***port*** ~ hawebestuur; ***quote*** *an ~ for a statement* 'n gesaghebbende aanhaal om 'n bewering/stelling te staaf; ***territorial*** ~ gebiedsowerheid; ***the*** *authorities* die owerheid; *be* ***under*** *s.o.'s ~* onder iem. se gesag staan; *speak* ***with*** *~ on s.t.* met gesag oor iets praat. **au·thor·i·tar·i·an** outoritêr; ~ *state* gesagstaat. **au·thor·i·tar·i·an·ism** outoritarisme. **au·thor·i·ta·tive** gesaghebbend, betroubaar *(bron, inligting, berig, ens.)*; gebiedend, uit die hoogte, outoritêr; amptelik *(verbod, bevel, ens.)*; *speak to s.o. in an ~ tone* op 'n gebiedende toon met iem. praat; *take ~ action* met gesag optree. **au·thor·i·ta·tive·ly** gesaghebbend, met gesag; betroubaar; amptelik; gebiedenderwys(e).
au·tism *(psig.)* outisme. **au·tis·tic** outisties.
au·to= *komb.vorm* outo=, self=.
au·to =*tos*, *(Am. infml.)* →AUTOMOBILE.
au·to·bahn *(D.)* snelweg.
au·to·bank outo=, kitsbank, bank=, geldoutomaat.
au·to·bi·og·ra·phy =*phies* outobiografie. **au·to·bi·og·ra·pher** outobiograaf. **au·to·bi·o·graph·i·cal** outobiografies.
au·to·cade *(Am.)* →MOTORCADE.
au·toch·thon =*thon(e)s* inboorling, oerbewoner, outochtoon, outogtoon; inheemse dier/plant. **au·toch·tho·nous, au·toch·thon·ic, au·toch·tho·nal** outochtoon, outogtoon, inheems.
au·to·clave *(chem.)* outoklaaf.
au·to·code *(rek.)* outokode.

au·to·crat outokraat, alleenheerser. **au·toc·ra·cy** outokrasie, alleenheerskappy; eiegeregtigheid. **au·to·crat·ic** outokraties, eiemagtig, eiewillig, eiegeregtig; ~ *rule* alleenheerskappy.
au·to·cross veldmotorren. →MOTOCROSS, RALLY=CROSS.
au·to·cue *(TV: handelsnaam)* telesouffleur.
au·to·cy·cle *(vero.)* krag=, outofiets.
au·to-da-fé *autos-da-fé*, *(hist.: ketterverbranding)* auto-da-fé, auto-de-fé.
au·to·de·struct *ww.*, *(missiel ens.)* homself vernietig. **au·to·de·struct, au·to·de·struc·tive** *adj.* selfvernietigend. **au·to·de·struc·tion** selfvernietiging.
au·to·di·dact outodidak.
au·to·e·rot·i·cism, au·to·er·o·tism *(psig.)* outoerotiek, outo-erotisme.
au·to·fo·cus *n.*, *(fot.)* outo=, selffokus.
au·to·gen·e·sis, au·tog·e·ny *(biol.)* outogenese, abiogenese, spontane generasie, selfontstaan. **au·to·ge·net·ic** outogeen, abiogeneties.
au·to·gen·ic train·ing, au·to·gen·ics outogene oefeninge.
au·tog·e·nous *(biol., med., teg.)* outogeen; ~ *changes* spontane veranderings, veranderings wat vanself plaasvind; ~ *vaccine* outogene entstof/vaksien; ~ *welding* outogene sweising/sweiswerk.
au·to·gi·ro, au·to·gy·ro =*ros* meul=, girovliegtuig, outogiro.
au·to·graph *n.* outograaf; oorspronklike manuskrip; handtekening, outogram. **au·to·graph** *ww.* outografeer, (onder)teken; eiehandig skryf/skrywe. ~ **album,** ~ **book** handtekeningboek, outogramalbum. ~ **hunter** handtekeningjagter. **au·to·graph·ic** outografies. **au·tog·ra·phy** die eiehandig skryf/skrywe; eiehandig geskrewe stuk; *(druk.)* outografie.
au·to·gy·ro →AUTOGIRO.
au·to hoist *(mot.)* hefbrug.
au·to·ig·ni·tion selfontsteking, =ontbranding.
au·to·im·mune *(med.)* outo-immuun, selfgesout; ~ *disease* outo-immuunsiekte. **au·to·im·mu·ni·sa·tion, =za·tion** *(med.)* selfimmunisering, selfsouting. **au·to·im·mu·ni·ty** *(med.)* outo-immuniteit, selfgesoutheid.
au·to·in·fec·tion *(med.)* selfbesmetting.
au·to·in·tox·i·ca·tion *(med.)* selfvergiftiging.
au·to·lith *(geol.)* outoliet.
au·to·mat (munt)outomaat; *(Am.)* outomaatkafee, =kafeteria.
au·to·mate outomatiseer. **au·to·mat·ed** outomaties; ~ *teller (machine)*, ~ *telling machine* →AUTOMATIC TELLER (MACHINE). **au·to·ma·tion** outomatisasie, outomatisering.
au·to·mat·ic *n.* outomatiese wapen; outomatiese motor; outomaat. **au·to·mat·ic** *adj.* outomaties, onwillekeurig, werktuiglik, meganies, sonder om te dink; outomaties, selfwerkend; ~ ***drive***, ~ ***gear system***, *(mot.)* →AUTOMATIC TRANSMISSION; ~ ***feeder*** selfvoerder; ~ ***ignition*** selfontsteking; ~ ***lubrication*** selfsmering; ~ ***pilot, autopilot*** stuuroutomaat; ~ ***rifle*** outomatiese geweer, selflaaier; ~ ***teller (machine), autoteller*** outomatiese tellermasjien, outoteller, =kassier; ~ ***transmission***, *(mot.)* outomatiese ratkas; *(rek.)* outomatiese transmissie/oorsending. **au·to·mat·i·cal·ly** outomaties; onwillekeurig, werktuiglik, meganies, vanself. **au·tom·a·tise, =tize** outomatiseer. **au·tom·a·ti·sa·tion, =za·tion** outomatisasie, outomatisering.
au·tom·a·tism *(psig.)* outomatisme, outomatiese/onwillekeurige/werktuiglike handeling; werktuiglikheidsleer.
au·tom·a·ton =*tons*, =*ta*, *(ook fig.)* outomaat, robot.
au·to·mo·bile *n.*, *(Am.)* motor, kar, motorkar, motorvoertuig. **au·to·mo·bile** *adj.* →AUTOMOTIVE. **au·to·mo·bil·i·a** *(mv.)* motorgedenkwaardighede. **au·to·mo·bil·ist** *(w.g.)* motorryer, =bestuurder, motoris.
au·to·mo·tive selfbewegend; motor(voertuig)=; ~ *department* afdeling motorvoertuie; ~ *engineering* motorboukunde, motoringenieurswese.

au·ton·o·my outonomie, selfregering, selfbestuur; outonomie, selfstandigheid, onafhanklikheid. **au·to·nom·ic** outonoom, onwillekeurig; *(bot.)* outonoom; ~ *nervous system* outonome/eiewettige/onwillekeurige senu(wee)stelsel. **au·ton·o·mous** outonoom, self-regerend, selfbesturend; selfstandig, onafhanklik, vry; *(bot.)* outonoom.

au·to·pi·lot *(afk.)* →AUTOMATIC PILOT.

au·to·pis·ta *(Sp.)* snelweg.

au·top·sy, au·top·sy -sies, *(med.)* lykskouing, na-doodse ondersoek, seksie, outopsie, nekropsie; per-soonlike waarneming; kritiese ontleding/analise.

au·to·rick·shaw outoriksja.

au·to·route *(Fr.)* snelweg.

au·to·some *(genet.)* outosoom. **au·to·so·mal** outo-somaal.

au·to·stra·da *(It.)* snelweg.

au·to·sug·ges·tion *(psig.)* outo-, selfsuggestie.

au·to·tel·ler →AUTOMATIC TELLER (MACHINE).

au·to·ther·a·py *(med.)* outoterapie, spontane ge-nesing van 'n siekte; selfbehandeling.

au·to·tim·er outomatiese tydreëlaar.

au·to·troph *(biol.)* outotroof. **au·to·troph·ic** outo-troof. **au·tot·ro·phy** outotrofie.

au·to·type outotipe; faksimilee. **au·to·typ·y** outotipie.

au·tumn herfs, najaar; *in* ~ in die herfs/najaar. **au-tum·nal** herfs-, herfsagtig; ~ *equinox* herfsnagewening.

au·tun·ite *(min.)* autuniet, outuniet.

aux·il·ia·ry -ries, *n.* helper, hulp, assistent, onder-geskikte; hulpmiddel; hulpstuk; *(sk.)* (seilboot met 'n) hulpmotor; *(mil., sk.)* hulpskip; *(i.d. mv.)* hulp-troepe; (onder)afdeling *(v. vereniging ens.)*; *women's* ~ vroueafdeling. **aux·il·ia·ry** *adj.* aanvullend, bykomend; sekondêr; hulp-, reserwe-, steun-; by-, newe-; *(sk.)* met 'n hulpmotor; ~ ***language*** hulptaal; ~ ***materials*** hulpstowwe; ~ ***motor*** hulpmotor; ~ ***note,*** *(mus.)* wisselnoot; ~ ***service(s)*** hulpdiens(te); ~ ***sloop*** sloep met 'n hulpmotor; ~ ***storage,*** *(rek.)* hulp-, bygeheue, sekondêre/eksterne geheue; ~ ***valve*** hulpklep; ~ ***verb*** hulpwerkwoord.

aux·in *(bot.)* ouksien, groeistof.

a·vail *n.* nut, voordeel, baat; *be of **little*** ~ van weinig nut wees; *of/to **no*** ~ nutteloos, (te)vergeefs, verniet, vrugteloos; *of **what*** ~ *is it?, (liter.)* wat baat dit?; ***without*** ~ sonder sukses/welslae. **a·vail** *ww.* baat, help; ~ ***against*** ..., *(vero.)* teen ... baat/help; *it will* ~ *s.o.* ***nothing,*** *(vero.)* dit sal iem. niks baat/help nie; ~ *o.s.* ***of*** ... ... aangryp/benut/gebruik/waarneem (*of* te baat neem), van ... gebruik maak *(d. geleentheid ens.)*.

a·vail·a·ble beskikbaar; verkry(g)baar, bekombaar, voorhande; ***become*** ~ beskikbaar kom/word; *be* ~ ***for*** ... beskikbaar wees vir ... *('n wedstryd, kommentaar, ens.)*; *make o.s.* ~ ***for*** *election/re-election* jou verkiesbaar/herkiesbaar stel; *s.t. is **generally*** ~ iets is oral(s) verkry(g)baar; iets is gewoonlik verkry(g)baar; ***have*** *s.t.* ~ iets beskikbaar (*of* tot jou beskikking) hê; ~ ***in*** *all colours* in alle kleure verkry(g)baar; *try every* ~ ***means*** geen steen onaangeroer laat nie, hemel en aarde beweeg, alles in die werk stel, elke moontlike middel aanwend; *be* ~ ***to*** *s.o.* vir iem. beskikbaar wees, tot iem. se beskikking staan/wees; *make s.t.* ~ ***to*** *s.o.* iets aan iem. beskikbaar stel (*of* verskaf), iets tot iem. se beskikking stel; *not be* ~ ***until*** ... nie voor ... vry wees nie. **a·vail·a·bil·i·ty** beskikbaarheid; verkry(g)baarheid, bekombaarheid.

av·a·lanche sneeustorting, lawine; grondstorting; rotsstorting; *(fis.)* lawine; *(fig.)* vloed(golf), stort-vloed *(v. woorde/verwyte/vrae/ens.)*.

a·vant-garde *n.* avant-garde, voorlopers *(in kuns)*. **a·vant-garde** *adj.* avant-garde-; ~ *theatre* avant-garde-toneel. **a·vant-gard·ism** avant-gardisme. **a·vant-gard·ist** avant-gardis.

a·van·tu·rine →AVENTURIN(E).

A·var *(volk, taal)* Awaar.

av·a·rice hebsug, (geld)gierigheid, inhaligheid, be-gerigheid. **av·a·ri·cious** hebsugtig, (geld)gierig, in-halig, begerig; ~ *for power* magsugtig.

av·a·ri·cious·ness →AVARICE.

a·vast *tw., (sk.)* stop, genoeg.

av·a·tar *(Hind.)* inkarnasie; openbaring.

a·vaunt *tw., (arg.)* weg, vort.

a·ve *tw., (Lat.)* ave, wees gegroet, ek groet jou. **a·ve** *n., (RK: kraal v.d. rosekrans)* ave. **A~ (Maria)** *(RK gebed)* Ave Maria.

a·venge wreek, wraak neem; *avenging angel* wraak-engel; ~ *s.o.'s murder/etc.* iem. se moord/ens. wreek; ~ *o.s. on s.o. for s.t.* jou op iem. oor iets wreek, op iem. vir iets wraak neem. **a·veng·er** wreker.

av·ens *(bot.)* naelkruid.

a·ven·tu·rin(e), a·van·tu·rine, sun·stone *(min.)* aventurien, sonsteen.

av·e·nue *(breë straat)* boulevard; laan *(in 'n beboude gebied)*; laning *(na 'n landgoed ens.)*; *(fig.)* weg, mid-del, metode, manier, wyse; *an* ~ *of **approach** to a problem* 'n manier om 'n probleem te benader (*of* aan te pak); ***explore*** *every* ~ alle moontlikhede on-dersoek; *an* ~ *of **oaks*** 'n eikelaan; *several* ~*s are **open** to us* ons het verskeie keuses.

a·ver -rr-, *(fml., jur.)* betuig, verseker; beweer, weet te vertel; bewys. **a·ver·ment** bevestiging, verklaring; betuiging; bewering.

av·er·age *n.* gemiddeld(e), deursnee, deursnit, mid-delmaat; (rekenkundige) gemiddeld(e); *(jur., sk., versek.)* awery; ***above*** (or ***better*** *than)* ~ bogemiddeld, bo die gemiddeld(e); ***below*** ~ onder die gemiddeld(e); ***general*** ~, *(statist.)* algemene gemiddeld(e); *(jur., sk.)* algemene awery; *the **law** of* ~*s* die wet van die gemiddeld(e); *by the **law** of* ~*s* na alle waarskynlik-heid; ***on*** *(the/an)* ~ gemiddeld; gewoonlik, oor/in die algemeen, in die reël, deur die bank; ***particular*** ~, *(jur., sk.)* besondere awery, awery partikulier. **av·er·age** *adj.* gemiddeld *(opbrengs, prys, temperatuur, waarde, ens.)*; gewoon, deursnee-, deursnit-, middelslag-; middelmatig; *the* ~ ***citizen*** die gewone burger; *a person of* ~ ***height*** 'n persoon van gemid-delde lengte; *the* ~ ***person*** die deursneemens; *s.o.'s singing/etc. is **pretty*** ~ iem. sing/ens. maar middel-matig; *a house of* ~ ***size*** 'n middelslaghuis. **av·er·age** *ww.* die gemiddeld(e) bereken/bepaal, 'n gemiddeld(e) bereik; gemiddeld kos; gemiddeld op-bring; ~ *s.t. out* die gemiddeld(e) van iets bereken; *it* ~*s out at* ... dit kom uit op gemiddeld ... ~ **adjuster** *(jur., sk.)* aweryassessor, -berekenaar. ~ **adjustment** *(jur., sk.)* aweryreëling.

a·verse *adj. (pred.)* afkerig, ongeneë, onwillig; *be* ~ *to s.t.* van iets afkerig wees; wars wees van iets; on-geneë wees tot iets; *be* ~ *to doing s.t.* ongeneë/on-willig wees om iets te doen. **a·verse·ness** afkerig-heid, onwilligheid.

a·ver·sion afkerigheid; *have/take an* ~ *to/for* ... 'n af-keer hê/kry van ..., 'n hekel hê/kry aan ..., 'n teësin/teensin/renons hê/kry in ..., 'n weersin hê/kry in/teen ...; *s.t. is s.o.'s pet* ~ iem. kan iets nie verdra nie, iets is iem. se doodsteek, iem. het aan iets 'n broertjie dood. ~ **therapy** *(psig.)* aversieterapie.

a·vert afwend *(jou oë, blik, gesig)*; afkeer, afweer *(gevaar, hou, ens.)*; verhoed, voorkom *(ongeluk, ramp, ens.)*; keer *(kwaad)*; ~ *one's eyes/gaze/glance from s.t.* van iets wegkyk; jou oë/blik van iets afwend *(fml.)*; ~ *one's face* jou gesig wegdraai; jou gesig afwend *(fml.)*; ~ *one's mind/thoughts from s.t.* jou gedagtes van iets afwend *(fml.)*. **a·vert·a·ble, a·vert·i·ble** afwendbaar.

A·ves·ta *(Ou-Persiese heilige boeke)* Avesta. **A·ves·tan, A·ves·tic** *n., (Ou-Persiese taal)* Avesties. **A·ves·tan, A·ves·tic** *adj.* Avesties.

a·vi·an *adj., (soöl.)* voël-.

a·viar·y voëlhuis, -hok.

a·vi·ate vlieg, 'n vliegtuig bestuur.

a·vi·a·tion lugvaart, vliegwese; vliegkuns; vliegsport; lugvaartkunde. ~ **beacon** lugbaken. ~ **fuel,** ~ **spirit** vlieg(tuig)brandstof. ~ **lubricant** vliegtuigsmeer. ~ **medicine** lugvaartgeneeskunde.

a·vi·a·tor *(vero.)* vlieënier, lugvaarder.

a·vi·cul·ture voëlteelt, -boerdery.

av·id gretig, geesdriftig, entoesiasties; ywerig *(leser ens.)*; vurig *(ondersteuner)*; lewendig *(belangstelling)*; *be* ~ *for fame/revenge* roemsugtig/wraaksugtig wees; *be* ~ *for news of* ... gretig wag op/vir nuus/tyding van/oor ... **a·vid·i·ty** begeerte; gretigheid; gierigheid, hebsug.

a·vi·fau·na voëls, voëlwêreld.

a·vi·on·ics avionika.

a·vit·a·min·o·sis -ses, *(med.)* avitaminose, vitamien-gebrek, -tekort.

av·o·ca·do -dos: ~ **(green)** avokado(groen). ~ **(pear)** avokado(peer).

av·o·ca·tion *(arg.)* beroep; roeping.

av·o·cet *(orn.)* bontelsie.

a·void vermy, ontwyk *(persoon, gevaar)*; omseil *(moeilikheid)*; wegskram *(v. probleem, waarheid)*; versuim *(plig)*; voorkom *(ongeluk, skade)*; *(jur.)* onwettig/on-geldig verklaar; ~ ***answering*** *s.o.'s questions* iem. se vrae ontwyk; *if I **can** possibly* ~ *it* as ek dit enigsins kan vermy; *I **could not*** ~ *looking* ek kon nie anders as kyk nie; ~ *s.o./s.t. like the **plague*** iem./iets soos die pes vermy; ~ ***punishment*** (or *being punished)* jou straf vryspring; *do s.t. to* ~ ***recognition*** (or *being seen)* iets doen om nie erken/gesien te word nie; ~ ***s.o.*** *when he's/she's in a bad mood* uit iem. se pad bly as hy/sy in 'n slegte bui/luim is. **a·void·a·ble** vermy-baar, vermydelik, te vermy. **a·void·ance** vermyding, ontwyking, omseiling; *(jur.)* vernietiging; *(jur.)* teen-, teëwerping. **a·void·ing** vermydend, uitwykend; ~ *action* uitwykbeweging; ~ *line* uitwykspoor.

av·oir·du·pois (weight) *(Eng. gewigstelsel)* avoir-dupois(gewig), grofgewig; (liggaams)gewig; *put on the avoirdupois* dik/lywig word.

av·o·set →AVOCET.

a·vouch *(arg.)* waarborg; erken; bevestig, verseker; ~ *for s.t.* vir iets instaan. **a·vouch·ment** waarborg; erkenning; versekering.

a·vow *(fml.)* erken, toegee; verklaar *(liefde)*; bely *(geloof)*; uitspreek *(oortuiging)*; ~*ed enemy* openlike vyand; ~ *o.s. (to be)* ... (ruiterlik) erken dat jy ... is; ~*ed supporter/opponent* uitgesproke voorstander/teenstander. **a·vow·al** erkenning, bekentenis; bely-denis. **a·vow·ed·ly** volgens eie erkenning.

a·vul·sion afskeuring *(v. 'n liggaamsdeel)*; *(jur.)* avulsie.

a·vun·cu·lar van/soos 'n oom, ooms-; vaderlik, vriendelik.

aw *tw., (Am.)* o, ag.

a·wait wag *(vir, op)*; inwag; afwag; voorlê *(vir)*; voor die deur staan *(vir)*, te wagte staan; uitsien *(na)*; *to* ~ ***arrival,*** *(pakkie)* word afgehaal; ~*ing a **reply*** in afwagting van 'n antwoord; *a **surprise/etc.*** ~*s s.o.* 'n verrassing/ens. wag vir/op iem., iem. kan 'n ver-rassing/ens. te wagte wees; *a **task/etc.*** ~*s s.o.* 'n taak/ens. lê vir iem. voor. ~**ing-trial prisoner** ver-hoorafwagtende gevangene.

a·wake *adj., (lett. & fig.)* wakker; waaksaam, op jou hoede; ***be/lie/stay*** ~ wakker wees/lê/bly; ***keep*** *s.o.* ~ iem. uit die slaap hou; ***shake*** *s.o.* ~ iem. wakker skud; *be* ~ ***to*** *s.t.* iets besef, van iets bewus wees; op jou hoede vir/teen iets wees; *be **wide*** ~ helder/nugter/wawyd wakker wees; op en wakker wees; waaksaam (*of* op jou hoede) wees, wakker loop; uitge-slape wees; *s.o. will have to be **wide*** ~ *if he/she ..., (fig.)* iem. sal vroeg moet opstaan as hy/sy ... *(iem. wil uitoorlê ens.)*; →WIDEAWAKE *n.*. **a·wake** *awoke awoken, ww.* wakker word, *(liter.)* ontwaak; wakker maak, wek; ~ *from a deep sleep* uit 'n diep slaap wakker word (*of* ontwaak); *I awoke to the sound of rain on the roof* toe ek wakker word, hoor ek reën op die dak. **a·wake, a·wak·en** *ww.* bewus word, besef; be-wus maak, laat besef; (op)wek *(gevoelens, herinnerings, belangstelling, ens.)*; ~ *to s.t.* van iets bewus word, iets besef; in iets begin belangstel (*of* belang stel); ~ *to the joys of s.t.* (skielik) plesier uit iets kry (*of* in iets vind); ~ *s.o. to s.t.* iem. van iets bewus maak, iem. iets laat besef, iets by iem. wakker maak.

a·wak·en·ing ontwaking; bewuswording; bewus=making; opwekking; *have a rude* ~ 'n wrede ontnug=tering hê.

a·ward *n.* toekenning *(vir dapperheid, skadevergoeding, ens.);* prys *(vir argitektuur, 'n film, ens.);* beloning, bekroning, onderskeiding; (studie)beurs; *(jur.)* arbi=trasiebeslissing, skeidsregterlike uitspraak; *gain an* ~ 'n onderskeiding verwerf; 'n prys verwerf/wen; *grant/make/present an* ~ *to s.o.* 'n prys/beurs aan iem. toeken, 'n onderskeiding aan iem. verleen, 'n toekenning aan iem. doen; *receive/win an* ~ 'n toekenning kry; 'n prys wen/verwerf; 'n beurs kry. **a·ward** *ww.* toeken *(prys, graad, medalje, beurs, on=derskeiding, kontrak, skadevergoeding, strafskop, ens.);* toewys *(kontrak);* uitdeel, uitreik *(prys, medalje, ens.);* ~ *the father/mother custody of a child* die toesig oor 'n kind aan die vader/moeder toeken, 'n kind aan die vader/moeder toewys; ~ *s.o. first prize* die eerste prys aan iem. toeken; *be ~ed a gold medal* met goud bekroon word; *be ~ed a prize* (met 'n prys) bekroon word. **~-winning** *adj. (attr.)* bekroonde *(skrywer, roman, ens.).*

a·ware *adj. (pred.)* bewus; (goed) ingelig, op (die) hoogte; ***as far as** I am* ~ so ver ek weet, na/by my wete; ***be/become*** ~ *of s.t.* van iets bewus wees/word, van iets weet (*of* kennis dra), iets besef/agterkom/merk/gewaar; ***ecologically/environmen=tally*** ~ omgewingsbewus; ***not** that I am* ~ (*of*) nie so ver ek weet nie, na/by my wete nie; ***politically*** ~ politiek bewus; *try to **remain** ~ of what is going on in the world/etc.* probeer om op (die) hoogte te bly van wat in die wêreld/ens. aangaan; ***socially*** ~ maat=skaplik/sosiaal bewus; *be **well** ~ of s.t.* deeglik van iets bewus wees, goed van iets weet. **a·ware·ness** bewustheid; wakkerheid.

a·wash *adj. (pred.)* onder water, oorstroom, oor=spoel; *be* ~, *(kelder ens.)* onder water staan, oor=stroom wees; *the deck was* ~ die water het oor die dek gestroom/gespoel; *be* ~ *with ..., (fig.)* oorstroom/oorspoel word met ... *(dollars ens.);* swem in ... *(d. geld);* toe wees onder ... *(d. Kerspos ens.).*

a·way weg, vort; buite=, uit=; ***ask*** ~! vra (maar) gerus!; ***boil/carry/clear/fade/fire/fool/get/give/go/look/put/stay/sweep/waste/etc.*** ~ →BOIL, CARRY, CLEAR, FADE, FIRE, FOOL, GET, GIVE, GO, LOOK, PUT, STAY, SWEEP, WASTE, ENS. *ww.;* ***dance** the night* ~ die nag omdans; *s.o. will be* ~ ***for*** *... days/etc.* iem. sal ... dae/ens. weg wees; ~ ***from*** *...* weg van ...; ~ ***from** home* van huis, van die huis af (weg); *s.t. is ten kilometres* (or *10 minutes' walk*) ~ ***from** s.t.* iets is tien kilometer (*of* tien minute te voet) van iets af; ~ ***we go!*** weg is ons!; *a **kilometre*** ~ 'n kilometer ver; ~ ***match**, (sport)* wegwedstryd; ***right/straight*** ~ dadelik, onmiddellik; ***talk*** ~ lekker sit en gesels; ***they're*** *~!, (perde ens.)* daar gaan/trek hulle!; *Christmas is only five **weeks*** ~ dis oor vyf weke al Kersfees, dis nog net vyf weke voor Kersfees; *be **well*** ~ goed af wees; ~ ***with** it!* vat dit weg!, weg daarmee!; ~ ***with** s.o.!* weg met iem.!, neem iem. weg!; ~ ***with** s.t.!* verwyder (*of* weg met) iets!; ~ ***with** you!* weg is jy!, maak dat jy wegkom!, loop!, trap!, skoert!; *do/make* ~ ***with** s.t.* →DO, MAKE *ww.;* ***work*** ~ aan die werk bly; *be **writing*** ~ hard aan die/'t skryf/skrywe wees; *s.t. is still five **years*** ~ iets lê nog vyf jaar in die toekoms.

awe *n.* ontsag, eerbied, respek; vrees; *be/stand in* ~ *of s.o., hold s.o. in* ~ ontsag vir iem. hê/toon/voel, groot respek vir iem. hê/koester; iem. vrees, vrees vir iem. koester, baie bang vir iem. wees; *s.t. fills s.o. with* ~ iets boesem ontsag by iem. in, iets vervul iem. met ontsag; *strike s.o. with* ~, *strike* ~ *into s.o.'s heart* iem. met ontsag vervul; iem. (se hart) met vrees vervul. **awe** *ww.* ontsag inboesem; vrees inboesem, bang maak; *be ~d by s.t.* deur iets oorweldig wees; *be ~d into silence* verstom/spraakloos/sprakeloos staan; *in an ~d voice* met 'n stem vol ontsag; met 'n verskrikte stem. **~-inspiring** ontsagwekkend; skrikwekkend. **~-stricken, ~struck** vol ontsag, met ontsag vervul; vervaard, verskrik; verstom, spraak=, sprakeloos.

a·weigh *adj. (pred.), (sk.)* loshangend; *anchor* ~! anker los!.

awe·some ontsagwekkend; ontsaglik; verskriklik, vreeslik, aaklig; *(sl.)* fantasties, wonderlik, ongeloof=lik, asemrowend. **awe·some·ness** aakligheid.

aw·ful verskriklik *(ramp, nuus, ens.);* aaklig *(medisyne ens.);* lelik *(ongeluk);* naar, ellendig, miserabel *(weer);* aaklig, skrikwekkend *(ondervinding);* geweldig, ont=settend *(skok); (arg.)* ontsagwekkend; *(arg.)* eerbied=waardig; *an* ~ ***business*** iets verskrikliks; ***feel*** ~ *about s.t.* (baie) sleg oor iets voel; *an* ~ ***lot** of money/people/etc., (infml.)* ontsaglik baie geld/mense/ens.; *it was **something*** ~ dit was iets verskrikliks; *too* ~ ***for words*** onbeskryflik sleg; ***you** are* ~! jy is gruwelik. **aw·ful·ly** *(infml.)* verskriklik, vreeslik; ~ ***little*** bitter min, bloedmin, =weinig; ~ ***nice*** vreeslik/alte gaaf; ***thanks*** ~ baie, baie (*of* duisend maal) dankie; dui=send dankies. **aw·ful·ness** verskriklikheid; ontsag=likheid.

a·while *adv., (liter.)* 'n rukkie, 'n tydjie; *not yet* ~ nie binnekort nie.

awk·ward onbeholpe, lomp, onhandig; onprakties, onhandig, moeilik om te hanteer; onaangenaam, pynlik; verleë, ongemaklik; ongeleë *(tyd);* lastig, netelig; gevaarlik; moeilik, ongemaklik *(iem.); be at an* ~ *age* op 'n moeilike leeftyd wees. **awk·ward=ness** onbeholpenheid, lompheid, onhandigheid; on=aangenaamheid, pynlikheid; verleentheid; lastigheid.

awl els; priem. ~ **haft** elshef. **~-shaped** elsvormig.

awn *(bot.)* baard *(v. koring ens.);* (kaf)naald, angel. **awned** gebaard; genaald.

awn·ing sonskerm, =kap, weerskerm *(bokant 'n deur/venster);* tent *(op 'n skip; v. 'n wa/kar/woonwa/ens.).*

AWOL, awol *adj., (mil., akr.:* absent without leave*)* afwesig sonder verlof; *go* ~, *(infml.)* jou basis sonder toestemming verlaat. **AWOL, awol** *ww., (mil., infml.)* sonder verlof (van jou basis) afwesig wees, jou basis sonder toestemming verlaat.

a·wry skeef, skuins; verkeerd; *s.t. goes* ~ iets loop skeef/verkeerd (*of* misluk).

axe, *(Am.)* **ax** *n.* byl; *(Am. sl.)* (elektriese) ghitaar/kitaar; *(Am. sl.)* saksofoon, saxofoon; ***apply** the* ~ *to* (or ***wield** the* ~ *on*) *s.t., (fig.)* iets (drasties) be=snoei/inkort/verminder, (drasties) op iets besuinig; *the* ~ *has **fallen** on s.t.* iets is gekanselleer; ***get** the* ~, *(infml.)* die trekpas kry, in die pad gesteek word, afgedank/ontslaan word; gekanselleer word; ***give** s.o. the* ~, *(infml.)* iem. die trekpas gee (*of* in die pad steek), iem. afdank/ontslaan; *have an* ~ *to **grind**, (fig.)* bybedoelings hê, eiebelang soek, uit eiebelang handel; 'n grief hê/koester. **axe,** *(Am.)* **ax** *ww.* (drasties) besnoei/besuinig; kanselleer, afskaf; af=dank, ontslaan; *~d arch/face, (bouk.)* gekapte boog/vlak. ~ **hammer** hamerbyl. ~ **handle** bylsteel. ~ **head** bylkop. ~ **helve** bylsteel. **~man** =*men* houtkap=per; *(infml.)* besnoeier *(v. begroting ens.).* **~-shaped** bylvormig.

ax·i·al aksiaal, as=; →AXIS[1]; ~ ***angle*** ashoek; ~ ***centre**, (wisk.)* magpunt; ~ ***distance*** aksiale afstand; ~ ***line*** as=, middellyn; ~ ***load*** aksiale las; ~ ***plane*** as(se)=vlak; ~ ***skeleton*** asskelet; ~ ***spring*** lengteveer.

ax·il *(bot.)* oksel. **ax·ile** *(bot.)* aksiel, asstandig. **ax·il·la** =*lae, (anat., orn.)* oksel. **ax·il·lar·y** *(anat., bot.)* aksillêr, okselstandig, oksel=; ~ *artery* okselslagaar; ~ *bud* ok=selknop; ~ *leaf* okselblaar.

ax·i·nite *(min.)* aksiniet.

ax·i·om aksioma, aksioom, grondstelling, grondwaar=heid, onomstootlike waarheid. **ax·i·o·mat·ic** aksio=maties.

ax·is[1] *axes* as(lyn), spil; *(anat.)* draaier, draaiwerwel, tweede nekwerwel; →AXIAL; ~ *of **dilation*** uitset=tingsas; ~ *of **the earth**, **earth's*** ~ aardas, wêreldas, =spil; ~ *of **fold*** plooias; ***major*** ~, *(wisk.)* langas; ***minor*** ~, *(wisk.)* kortas; ~ *of **oscillation*** slingeras; ***pair** of axes, (wisk.)* assekruis, =paar; ***pivotal*** ~ draai=, spilas; ***princi=pal*** ~ hoofas; *the earth **revolves** on its* ~ die aarde draai/wentel om sy as; ~ *of **rotation*** rotasieas; ***visual*** ~, *(opt.)* gesigsas. **A~ powers** *(hist.)* Spilmoondhede.

ax·is[2] =*ises, (soöl.)* axis(hert).

ax·le as. ~ **arm** asarm. ~ **base** asafstand. ~ **bearing** aslaer. ~ **bed,** ~ **seat(ing)** asbedding, =bodem. ~ **bench** aspot. ~ **body** aslyf. ~ **box** askas. ~ **cap** naafdop. ~ **casing,** ~ **housing** ashulsel. ~ **grease** assmeer, =ghries; wasmeer, =ghries. ~ **housing** →AXLE CASING. ~ **journal** astap. ~ **lining** asvoering. ~ **load** aslas, =belasting. ~ **pin** luns(pen). ~ **seat** assaal *(v. kanon).* ~ **seat(ing)** *(mot.)* →AXLE BED. ~ **shaft** half=as. ~ **stand** asbok. ~ **strap** lunsriem. **~tree** wielas. ~ **tube** askoker.

ax·on(e) *(fisiol.)* akson, neuriet, uitloper van 'n senu(wee)sel.

a·yah *(hist.)* diensmeisie, kindermeisie, =oppasster.

a·ya·tol·lah ajatolla.

aye[1], ay *n.* ja; jastem, voorstemmer; *the ~s* dié daar=voor, die voorstemmers; *the ~s have it (and so they have)!, (parl.)* die ja's is in die meerderheid (en so is dit)!, die meerderheid is daarvoor!, die voorstel is aangeneem. **aye, ay** *tw., (by stemmery, arg., dial.)* ja; *aye, aye, Sir!, (sk.)* goed, Kaptein!/Luitenant!/ens..

aye[2] *adv., (arg., Sk., poët.)* altyd, altoos, immer; *for (ever and)* ~ vir (ewig en) altyd.

aye-aye *(soöl.)* aai-aai, vingerdier.

a·zal·ea *(bot.)* asalea.

A·za·ni·a *n.* Azanië. **A·za·ni·an** *n.* Azaniër. **A·za=ni·an** *adj.* Azanies.

A·zer·bai·jan *(geog.)* Azerbeidjan. **A·zer·bai·ja·ni** =*ni(s), n.* Azerbeidjanner. **A·zer·bai·ja·ni** *adj.* Azer=beidjans.

A·ze·ri *n. & adj., (afk.)* →AZERBAIJANI.

a·zid·o·thy·mi·dine *(med.)* asidotimidien.

az·i·muth *(astron., nav., landm.)* asimut. **az·i·muth·al** asimutaal, asimut=; ~ *projection* asimutprojeksie.

a·zo·ic *(geol.)* asoïes, sonder spoor van lewe, sonder organiese oorblyfsels.

A·zores *(geog.): the* ~ die Asore(-eilande). **A·zor·e=an** *n.* Asoriër. **A·zor·e·an** *adj.* Asories.

az·ote, az·ote *(vero.)* →NITROGEN.

A·zov *(geog.): Sea of* ~ See van Azof.

Az·tec *n.* Asteek; Asteeks, die Asteekse taal. **Az·tec** *adj.* Asteeks.

az·ure *adj. & n.* asuur, hemelsblou; *(poët.)* blou, on=bewolkte/wolk(e)lose hemel, asuur; *(arg., min.)* →LAPIS LAZULI.

az·ur·ite *(min.)* asuriet.

a·zym(e) ongesuurde brood. **a·zym·ous** ongesuur.

Bb

b, B *b's, B's, Bs, (tweede letter v.d. alfabet)* b, B; *little b* b'tjie; *small b* klein b. **B2 bomber** →STEALTH BOMBER. **B flat** B-mol. **B sharp** B-kruis.

baa *n.* mê, geblêr, (die) blêr. **baa** *baas baaed baaing, ww.* blêr, mê maak. **~-lamb** *(kindert.)* lammetjie, skapie.

Baal *Baalim, Baals* Baäl.

Baath, Ba'ath *n., (Arab.: renaissance)* Baath. ~ **Party** *(hervormingsgesinde sosialistiese pol. party in Irak en Sirië)* Baathparty.

Baa·thist, Ba'a·thist *n.* lid van die Baathparty. **Baa·thist, Ba'athist** *adj.* van die Baathparty *(pred.)*; Baathisties.

ba·ba·la grass *(Pennisetum spp.)* babalagras.

Bab·bitt *(Am., neerh., vero.)* filistyn.

bab·bitt met·al *(metal.)* babbitt-metaal.

bab·ble *n.* brabbeltaal, kindergeluide; gebabbel; gekIets, gesnater; klikkery; gekabbel, gemurmel, murmeling. **bab·ble** *ww.* brabbel, kindertaal praat; babbel, klets, keuwel; klik, verklap; kabbel, murmel; *~ away/on, (baba)* babbel; *(persoon)* aanmekaar/aanhoudend/aaneen/onafgebroke (*of* een stryk deur) babbel/klets/kwetter/rammel; voortbabbel; *~ out* uitlap, verklap, uitblaker *(geheim)*. **bab·bler** brabbelaar, babbelaar; praatjiesmaker; verklikker, klikspaan; *(orn.)* katlagter; *pied ~* →PIED. **bab·bling** gekabbel.

babe suig(e)ling, (klein) kindjie; (onskuldige) kind; snuiter; uilskuiken; *a ~ in arms* 'n suig(e)ling, 'n kind op die skoot; *be a ~ in the woods, (infml.)* (soos) 'n groot kind wees, 'n naïweling (*of* naïef) wees.

Ba·bel *(OT)* Babel; *(dikw. b~)* lawaai, geraas, verwarring, deurmekaarspul; *~ of tongues* spraakverwarring; *Tower of ~* toring van Babel.

bab·i·a·na *(bot.)* bobbejaantjie, bobbejaanuintjie.

bab·i·ru·sa *(soöl.: soort wildevark)* babiroesa.

ba·boon bobbejaan. ~ **spider** bobbejaanspinnekop.

ba·bush·ka *n., (Rus.)* baboesjka, oumatjie, ou vroutjie, ouvroutjie; baboesjka, kopdoek.

ba·by *n.* suig(e)ling, (klein) kindjie, baba(tjie); kleintjie, kleinding; wiegsif, skommelsif; *~ in* ***arms*** suig(e)ling; *throw the ~ out/away with the* ***bath water,*** *(fig.)* die kind/baba met die badwater uitgooi; ***expect*** *a ~* 'n kind verwag; ***have*** *a ~* 'n kind kry; *be left* ***holding*** *the ~, (fig.: i.d. steek gelaat wees)* met die gebakte pere bly sit, met iets opgeskeep sit/wees; *be* ***s.o.'s*** *~, (infml.)* iem. se verantwoordelikheid wees. **ba·by** *ww.* soos 'n baba behandel. **~-bashing** *(infml.)* kindermishandeling. ~ **batterer** babaslaner. ~ **battering** baba=, kindermishandeling. ~ **beef** jongosvleis. ~ **beefer** jong slagos. ~ **blues** nageboortelike depressie, nageboortedepressie, bababedruktheid. ~ **boom** geboortegolf, baba=, geboorteontploffing. ~ **boomer** naoorlogse baba/kind. ~ **bottle** bababottel. ~ **bouncer** huppel=, wiptuig. ~ **boy** (baba)seuntjie. ~ **buggy** stootwaentjie, =karretjie, baba=, kinderwaentjie. ~ **bust** afname/daling in geboortes. ~ **car** klein motor(tjie). ~ **carriage** *(Am.)* →PRAM[1]. ~ **carrier** abbastoel, buidel. ~ **chair** kinderstoel(tjie). ~ **doll** babapop; *(mooi meisie/vrou)* pop(lap), poppie. ~ **elephant** olifantkalf. **~-face** babagesig(gie). ~ **fat** jeugvet. ~ **food** babakos, =voedsel. ~ **girl** (baba)dogtertjie. ~ **grand (piano)** klein vleuel(klavier). **B~gro** *=gros (handelsnaam),* **~grow** *=grows* groeipakkie. ~ **iron** klein strykystertjie. ~ **jumper** huppel=, wiptuig. **~-like** babaägtig, babaagtig. ~ **linen** luiers, doeke. ~ **marrow** →COURGETTE. **~-minder** babawagter, =oppasser. ~ **pork** speenvark. ~ **powder** babapoeier. **~'s-breath, babies'-breath** *(bot.)* krytblom. **~'s car seat** reisstoeltjie. ~ **show** babaskou. **~-sit** kinders/babas oppas/bewaak, wiegwag. **~-sitter** baba=, kinderwagter, baba=, kinderoppasser, =oppaster, baba=, kinderoppasster, kroostrooster, wiegwagter. **~-sitting** kinderbewaking, wiegwag. ~ **snatcher** babadief; *(infml.: ouerige man met 'n jong nooi/vrou)* wiegie=, kuikendief, ou bok met 'n groen/jong blaar; *(infml.: ouerige vrou met 'n jong kêrel/man)* wiegie=, kuikendief, ou blaar met 'n jong bok. ~ **talk** baba=, kleutertaal. ~ **tooth** melktand. **~-walker** loopring.

ba·by·hood klein(kinder)tyd, kindsheid, suig(e)lingsjare.

ba·by·ish kinderagtig.

Bab·y·lon *n., (geog., hist.)* Babilon; *(fig.)* ballings=, verbanningsoord; *(neerh.)* verdorwe/dekadente plek/stad/ens.; *(neerh.)* wit wêreld; *(neerh.)* wit Engeland; *(neerh.)* wit kolonialiste; *(neerh.: polisie)* pote, honde. **Bab·y·lo·ni·a** Babilonië. **Bab·y·lo·ni·an** *n.* Babiloniër; *(taal)* Babilonies. **Bab·y·lo·ni·an** *adj.* Babilonies.

bac·ca·lau·re·ate baccalaureaat, baccalaureusgraad.

bac·ca·rat *(kaartspel)* baccarat.

Bac·chus *(Gr. mit.)* Bacchus. **bac·cha·nal** *n.* Bacchuspriester(es); Bacchusfees; swelgparty, bacchanaal; drinkebroer. **bac·cha·nal** *adj.* Bacchus=; bacchanties. **Bac·cha·na·li·a** *(mv.)* Bacchanalieë, Bacchusfees(te). **bac·cha·na·li·a** *(mv.)* swelgparty(e). **bac·cha·na·li·an** *n.* Bacchus-offeraar, drinkebroer. **bac·cha·na·li·an** *adj.* bacchanties, losbandig.

bac·cy *(Br. infml.)* twak, tabak; →TOBACCO.

bach·e·lor vrygesel, jonkman, jongkêrel; baccalaureus; *B~ of* ***Arts*** Baccalaureus Artium; *~'s* ***buttons,*** *(bot.)* (dubbele) botterblom; ***confirmed*** *~* →CONFIRMED; ***old*** *~* oujongkêrel; *~s' quarters* enkelkwartier(e); eenpersoonskamers; *B~ of* ***Science*** Baccalaureus Scientiae; *~'s* ***tax*** vrygesellebelasting. ~ **flat** enkelwoonstel, eenpersoons=, eenvertrekwoonstel. ~ **girl** vrygesellin.

bach·e·lor·hood vrygesellelewe, jonkmanskap, oujongkêrelskap.

ba·cil·lus *=cilli, (soöl.)* basil, staafdiertjie. **ba·cil·lar·y, ba·cil·lar** basillêr, basil=; staafvormig, stafies=. **ba·cil·li·form** basilvormig, stafievormig.

back *n.* rug; rug=, agterkant; keersy; agterpant; agtervlak; agterspeler; rugleuning; agterstel; ***at the*** *~* agter; ***at the*** *~ of* agter; agter in *(d. saal, kar, ens.)*; *do s.t.* (or *go*) ***behind*** *s.o.'s ~, (fig.)* iets agter iem. se rug (om) doen, iets buite iem. om doen, iets op 'n agterbakse/onderduimse manier doen; *talk* ***behind*** *s.o.'s ~* agter iem. se rug van hom/haar praat; *at the ~ of* ***beyond*** →BEYOND; ***break*** *the ~ of s.t.* oor die hond (se rug/stert) kom, iets baasraak; ***break*** *s.o.'s ~, (infml.)* iem. met werk oorlaai; ***break*** *one's ~ to ..., (infml.)* hard spook/werk (*of* jou afsloof) om te ...; *have a* ***broad*** *~, (fig.)* 'n breë rug hê; ***fall*** *on one's ~ (with surprise)* verstom staan; *s.o. has fallen* ***flat*** *on his/her ~, (ook)* iem. lê plat op sy/haar rug, iem. lê bene (*of* vier stewels) in die lug; *lie* ***flat*** *on one's ~* op die naat van (*of* plat op) jou rug lê; *~ to* ***front*** agterstevoor; ***get*** *off s.o.'s ~, (infml.)* iem. met rus laat; ***get/put*** *s.o.'s ~ up, (infml.)* iem. die harnas in ja(ag), iem. kwaad/koppig (*of* die hoenders in) maak; ***give/make*** *a ~* bokstaan, buk; *go to the ~* na die privaat gaan; *~ of the* ***hand*** handrug; *~ of the* ***head*** agterkop; ***in*** *the ~* in die rug; agter in; ***know*** *s.t. like the ~ of one's hand* →KNOW *ww.; at the ~ of one's* ***mind*** →MIND *n.; ~ of the* ***neck*** agternek; *~ of the* ***nose*** neusrug; *be/lie* ***on*** *one's ~* op jou rug lê; bedlêend/siek wees; ***on*** *the ~ of s.t.* agterop iets; *have s.o.* ***on*** *one's ~, (infml.)* iem. staan agter jou (*of* hou jou dop); iem. klim op jou af; ***pat*** *s.o./o.s. on the ~, (lett.)* iem. op die rug klop; *(fig.)* iem./jouself op die skouer klop; ***play*** *~* agter speel; ***put*** *s.o.'s ~ up* →***get/put;*** ***right*** *at the ~* heel agter; ***round*** *the ~* agter om; *you* ***scratch*** *my ~ and I'll scratch yours* krap jy my rug, dan krap ek jou(n)e, die een hand was die ander; *be glad/pleased to* ***see*** *the ~ of s.o., (infml.)* bly wees om van iem. ontslae te wees; *short ~ and* ***sides,*** *(infml.)* kort in die nek en bo die ore geskeer; kort geskeerde hare; ***stab*** *s.o. in the ~, (lett.)* iem. in die rug steek; *(fig.)* iem. verraai (*of* in die rug steek); ***to the*** *~* agtertoe; *~* ***to*** *~* rug aan/teen rug; weerskante; ***turn*** *one's ~* omdraai, jou rug draai; ***turn*** *one's ~ on s.o.* jou rug na/vir iem. draai *(lett. & fig.)*, iem. die rug toekeer, jou rug vir iem. wys; *s.o.'s ~ is* ***turned*** *to ...* iem. staan met sy/haar rug na ...; *as soon as s.o.'s ~ was* ***turned*** net toe iem. anderkant toe kyk, net toe iem. weg was; *have one's ~ to the* ***wall,*** *(fig.)* met die rug teen die muur staan, in die laaste loopgraaf wees, in die knyp/noute sit/wees, in 'n hoek geja(ag)/gedryf/gedrywe wees. **back** *adj.* agter=, agterste; agterstallig; agterweë. **back** *adv.* terug, agteruit; agtertoe; agteroor; *as* ***far*** *~ as 1900* reeds in 1900; *~ and* ***forth*** heen en weer; *be ~* ***from*** *...* van ... terug wees; *be ~* ***from*** *the war* uit die oorlog terug wees; *~* ***home*** tuis; weer tuis; *~* ***of,*** *(Am.)* agter; *s.o. will be* ***right*** *~* iem. kom dadelik terug; *~* ***soon,*** *(briefie op deur)* nou-nou weer terug; ***soon*** *s.o. was ~* iem. was gou/spoedig terug, nie te lank nie of iem. was terug; *~* ***to*** *God* terug na God; *~* ***to*** *the land* terug plaas toe, terug na die platteland; *~* ***to*** *nature* terug na die natuur; ***way*** *~, (infml.)* heeltemal agtertoe; lank gelede; ***way*** *~ in 1945* doer in 1945 al; ***years*** *~* jare gelede; *some* ***years*** *~* 'n paar jaar gelede. **back** *ww.* (rug)steun, (onder)steun; stut, versterk; beklee; wed op; agteruit ry/vaar, tru; agteruit stoot (*of* laat gaan); *(mus.)* begelei *(sanger ens.)*; *~* ***away*** *from ...* van ... terugstaan/terugtree; vir ... terugdeins; *~* ***down*** toegee; *~ and* ***fill*** heen en weer vaar/ry; *(fig.)* skipper, heen en weer swaai; *~* ***into*** *s.t.* agteruit teen iets vasloop/vasry; *~* ***off*** padgee, terugwyk; terugdraai; agteruit ry; *the house ~s* ***on to*** *...* die agterkant van die huis is teenoor ...; *~ a car* ***out*** *of ...* met 'n motor agteruit uit ... ry; *~* ***out*** *of s.t.* uit iets kop uittrek, jou uit iets terugtrek; *~* ***sails*** bakseil haal; *~* ***up*** agteruit beweeg; *(water)* opstoot; *(rek.)* rugsteun, 'n rugsteun/reserwekopie maak; *~ s.o.* ***up*** vir iem. opkom, iem. (rug)steun/ondersteun/bystaan; *~ s.t.* ***up*** iets bevestig/staaf; *~* ***water*** stryk, agteruitroei; *~ing* ***wind*** krimpende wind; *~ the* ***wrong horse,*** *(fig.)* die verkeerde perd opklim/opsaal/ry. **~ache** rugpyn. **~acter** →BACKHOE. **~beat** *(mus.: beklemtoning v.d. 2de en 4de slae in 4/4-tydmaat)* backbeat. ~ **bench** agterbank. **~bencher** agterbanker, agtersitter, een van die mindere gode. **~bite** *ww.* beskinder, (be)laster, agteraf slegmaak. **~biter** kwaadprater, skinderaar. **~biting** skinderpraatjies. **~blocks** *(mv.)(Austr.)* agterveld. **~board** rugplank, =leuning; muurplank. **~bone** ruggraat; pit, beginselvastheid; *have no ~* geen ruggraat hê nie; *be the ~ of an enterprise/etc.* die ruggraat van 'n onderneming/ens. wees; *to the ~* in murg/merg en been, deur en deur; *a patriot to the ~* 'n volbloedpatriot; *s.o. without ~* iem. sonder ruggraat; 'n papbroek/lamsak. **~breaking** uitputtend. ~ **burner** *(lett.)* agterste plaat *(v. stoof)*; *be on the ~ ~, (fig.: v. minder belang *wees)* in die louoond/koelkas/yskas wees; *put s.t. on the ~ ~, (fig.: iets uitstel [of op d. lange baan skuif])* iets in die louoond/koelkas/yskas sit. **~chat** *n., (infml.)* teenpratery, teenspraak, astrantheid, parmantigheid, slimpraatjies, *(infml.)* bek. **~cloth** agterdoek. **~comb** *ww.* terugkam. **~ copy** ou nommer/uitgawe *(v. koerant, tydskrif)*. **~ country** *(Austr.)* agterland. **~court** *(tennis)* agterbaan. **~cross** *n., (biol.)* terugkruising. **~cross** *ww., (biol.)* terugkruis. **~-current** teenstroom, terugstroming. **~date** *ww.* vroeër dateer, vervroeg; van terugwerkende krag maak; *~d to ...* met terugwerkende krag tot ... **~ door** *n.* agterdeur; *(fig.)* skuiwergat. **~door** *adj. (attr.)* geheime, agterbakse, skelm; *~ listing, (effektebeurs)* agterdeur-, skuiwergatnotering. **~drop** agterdoek; *(fig.)* agtergrond. **~ elevation** agteraansig. **~ end** agterste ent; *at the ~ ~ of the year* teen die einde/end van die jaar, in die laaste gedeelte/maande van die jaar; *look like the ~ ~ of a bus, (infml.)* terug op die brug lyk, skree(u)lelik/hondlelik (*of* so lelik soos die nag) wees. **~ exit** agteruitgang. **~file** ou nommers/uitgawes (van 'n koerant/tydskrif), (koerant/tydskrif)argief, (koerant/tydskrif)biblioteek. **~fill** *n., (argeol.)* vulgrond. **~fill** *ww.* weer opvul/toegooi *(uitgrawing)*. **~fire** *n.* terugplof, terugslag *(v. motor); (fig.)* boemerang. **~fire** *ww.* terugplof, terugslaan, kets; *(plan ens.)* boemerang; *~ on s.o.* teen iem. boemerang. **~flip** *n.* agteroorsalto. **~-flow** terugvloeiing. **~ formation** teruggryping. **~gammon** *(bordspel)* backgammon. **~ garden** agtertuin. **~ground** *n.* agtergrond; opvoeding; *against a dark/etc. ~* teen 'n donker/ens. agtergrond; *against the ~ of ...* teen die agtergrond van ...; *s.o. comes from a poor ~* iem. kom uit 'n arm huis (*of* het arm grootgeword); *keep in the ~* op die agtergrond bly; agterweë hou, terughou. **~ground** *adj. (attr.): ~ information* agtergrondinligting; *the ~ information on s.t.* die agtergrond van iets, inligting oor/omtrent iets; *~ music* agtergrondmusiek; *~ noises* geluide/geraas/lawaai op die agtergrond; *(filmk., rad., TV)* byklanke; *~ program, (rek.)* agtergrondprogram. **~hand** handrug; (hand)rughou; agteroor skrif; *write ~* agteroor skryf. **~handed** handrug-; *~ compliment* dubbelsinnige kompliment; *~ stroke* (hand)rughou. **~hander** handrugspeler; (hand)rughou; onverwagte opstopper; ekstratjie; omkoopgeld. **~heel** *n., (sokker)* terughaakskop. **~heel** *ww.* terughaak *(bal)*. **~hoe** *(soort grondwerktuig)* trugrawer, trekskop. **~land** →BACK COUNTRY. **~lash** weerslag, trugolf; (ongunstige) reaksie, teenreaksie; speelruimte, dooie gang *(v. masjien)*; speling *(v. instrument)*. **~lift** *(sport)* terugswaai *(v. been, kolf, ens.)*. **~lighting** *(fot.)* agtergrondverligting; teenverligting. **~line** agterlyn. **~-liner** *(rugby)* agter(lyn)speler. **~list** *n.* fondslys, fondskatalogus *(v. uitgewer)*. **~lit** *adj.* van agter belig. **~log** agterstand, ophoping. **~ marker** *(sport)* agteros, agterloper; *(i.d. mv.)* agterhoede, agterosse, agterlopers. **~most** agterste. **~ number** ou/vroeër(e) nommer; agterblyer; *be a ~ ~* uitgedien wees. **~ order** (bestelling) vir nasending, teruggehoue/agterstallige bestelling. **~pack** *n.* rugsak, rugpak. **~pack** *ww.* met 'n rugsak/rugpak stap. **~packer** rugsakstapper. **~ passage** rektum. **~ pay** agterskot, agterstallige betaling/loon/salaris. **~-pedal** *ww.* terugtrap; terugkrabbel. **~-pedal brake** terugtraprem. **~plane** *(rek.)* moederbord, moeder-, rugpaneel. **~ pressure** teendruk. **~ projection** *(fot.)* agter-, keersyprojeksie. **~ rest** rugleuning. **~ room** agterkamer. **~-room boy** planmaker; uitvinder; stille werker. **~ saw** rug-, kapsaag. **~scratcher** rugkrapper; flikflooier; rugkam. **~scratching** flikflooiery, vleiery. **~ seat** agterbank; *take a ~ ~* op die agtergrond bly. **~-seat driver** dwarskyker, mondryer, *(infml.)* bekdrywer. **~set** teenslag; teenstroom. **~side** agterste, agterstel, agterent, agter-, sitwêreld, sitvlak. **~sight** visier; teruglesing. **~ slang** agterstevoor slang/sleng. **~slapper** rugklopper. **~slash** *(d. teken\)* trusolidus. **~slide** *ww.* terugval, afvallig word. **~slider** afvallige, versaker, oorloper. **~sliding** terugval, afval(ligheid). **~space, ~spacer, ~space key** *n.* trutoets *(op tikmasjien)*. **~space** *ww., (tik)* 'n spasie teruggaan; *(rek.)* (die loper/merker/wyser) terugskuif/-skuiwe/terugstel. **~space character** *(rek.)* terugstelteken. **~spin** terugkrul, terug-, trutol. **~-stabber** *(fig.)* rugsteker. **~stage** agter die skerms. **~stairs** *(mv.)* agtertrap. **~stairs politics** smouspolitiek, knoeiery, onderduimse politiek; →BACKDOOR *adj.*. **~stay** *(sk.)* pardoen. **~stitch** agtersteek. **~ straight** *(sport)* agterste pylvak. **~street** *n.* agterstraat, agteraf straat. **~street** *adj. (attr.)* agterstraat-, agterstraatse, onwettige; *~ abortion* agterstraataborsie, onwettige aborsie; *~ abortionist* agterbuurtse/agterstraatse vrugafdrywer, agterstraataborteur. **~stroke** terughou; handrughou; rugslag. **~swing** *(sport)* terugswaai. **~tack** *ww.* van agter vasspyker. **~ talk** *(Am.)* →BACKCHAT. **~-to-~** *adj.* rug aan rug; *(infml.)* opeenvolgend; *~ loan* rug-aan-rug-lening. **~ tooth** agtertand, kiestand; *to the ~ ~, (fig.)* buikvol. **~track** agteruit ry, tru; terugkrabbel; *(rek.)* terugwerk, op jou spoor terugloop. **~up** *n., (druk.)* weerdruk; opstoot; bystand; *(rek.)* rugsteun, reserwekopie; *make a ~, (rek.)* 'n reserwekopie/rugsteun maak. **~up** *adj.: ~ lamp* trulamp; *~ light* trulig. **~ up** *ww.* weerdruk maak, rug aan rug druk. **~veld** agterveld, gramadoelas, die gopse. **~velder** agtervelder, takhaar, tor. **~ view** agteraansig. **~wash** *n.* (terug)spoeling, terugtrek(king), trek, terugloop *(v. golwe, water)*; boegstroom, -stroming, terugstroming, teenstroom; lugsuiging *(v. vliegtuig)*. **~washing** nawas. **~water** kielwater; dooie water; boegwater; stuwater; opdamwater; stil buurt; dooierige plek, agterlike plek. **~ way** agterpaadjie; kortpaadjie; *the ~ ~ about, round the ~ ~* agter om. **~woods** *(mv.)* agterveld, wilde wêreld, gramadoelas. **~woodsman** agtervelder, takhaar, grensboer; uiterste konserwatief. **~yard, ~ yard** agterplaas; *(Am.)* agtertuin; *~ mechanic* tuiswerktuigkundige; *in one's own ~, (fig.)* op jou eie werf/turf; in jou eie land.

back·ba·ki·ri →BOKMAKI(E)RIE.

backed *adj.* met 'n rug(leuning).

back·er ondersteuner; wedder; *(han.)* geldskieter, borg, finansier.

back·ing *n.* steun, rugsteun, ondersteuning; ondersteuners; weddery; rugstuk; rugmateriaal *(v. 'n boek ens.)*; versterking; bebording; agterwerk; *(mus.)* begeleiding, agtergrond(musiek); *~ and filling* heen-en-weer-vaart; omswaaiery, geskipper; *get powerful/strong ~ from s.o.* kragtige/sterk ondersteuning/rugsteun van iem. kry. **back·ing** *adj. (attr.): ~ group* begeleidingsgroep; *~ plate* steunplaat; *~ sheet* rugblad; *~ singer* agtergrond-, steunsanger; *~ store, (rek.)* by-, bergingsgeheue, sekondêre geheue; *~ tape* begeleidingsband; *~ vocals* agtergrondstemme.

back·less sonder rug, rugloos; *(rok ens.)* met 'n lae rug.

backs *(ook)* rugwol.

back·sheesh →BAKSHEESH.

back·ward *adj.* agterwaarts, tru-; agterlik, traag, onontwikkeld; agteraf; *be ~* agterbly; *be ~ in coming forward, (infml.)* terughoudend wees; *~ masking, (psig., mus.)* trumaskering; *~ step* agterwaartse beweging; *be ~ to ...* in gebreke bly om te ... **back·ward, back·wards** *adv.* agteruit, agterwaarts, terug; rugwaarts; van agter na voor; agteroor; agtertoe, na agter; na die verlede; *~ and forward(s)* heen en weer, voor- en agteruit; oor en weer; *know ~* deur en deur (*of* op jou duimpie) ken.

back·ward·a·tion effektehuur; laat lewering; →CONTANGO.

back·ward·ness agterlikheid, veragtering; traagheid; vertraagdheid, onontwikkeldheid.

back·y →BACCY.

bac·la·va →BAKLAVA.

ba·con (vark)spek, spekvleis; rookspek, ontbytspek; *bring home the ~, (infml.)* die broodwinner wees; *~ and eggs* eiers met spek; *save one's ~* die situasie (*of* jou bas) red, heelhuids daarvan afkom. **~ beetle** spektor. **~ rind** swoerd. **~ roll** spekrolletjie, spekvleisrol.

ba·con·er spek-, voervark, vetmaakvark.

Ba·co·ni·an *n.* Baconiaan, Bacon-voorstander. **Ba·co·ni·an** *adj.* Baconiaans, Bacon-, van Bacon.

bac·te·ri·a *(mv. v. bacterium)* bakterieë, bakteries, staafdiertjies. **~ culture** plantjie. **bac·te·ri·al** bakterieel, bakteries; *~ blight, (soort wingerdsiekte)* vlamsiekte; *~ count* bakterietelling; *~ disease* bakteriesiekte.

bac·te·ri·cid·al kiemdodend, ontsmettend.

bac·te·ri·ol·o·gy bakteriologie, bakterieleer. **bac·te·ri·o·log·i·cal** bakteriologies; *~ warfare* bakteriologiese oorlogvoering. **bac·te·ri·ol·o·gist** bakterioloog.

bac·te·ri·o·phage bakteriofaag.

bac·te·ri·um *(ekv. v. bacteria)* bakterie.

Bac·tri·a *(geog., hist.)* Baktrië. **Bac·tri·an** *n.* Baktriër. **Bac·tri·an** *adj.* Baktries; *~ camel, (soöl.)* Baktriese/tweebultige kameel, tweebultkameel.

bad *n.* slegte; *go to the ~* die verkeerde weg opgaan, versleg; *take the ~ with the good* die slegte nes die goeie aanvaar; *be R500 to the ~* R500 verloor, 'n verlies/tekort van R500 hê; *from ~ to worse* van kwaad tot erger; hoe later hoe kwater; *go from ~ to worse, (ook)* al hoe erger word; die kreeftegang gaan. **bad** *worse worst, adj.* sleg; erg; stout *(kind)*; nadelig; naar; (ernstig) siek; swak; ongunstig; vals, nagemaak; bederf, bedorwe, verrot, vrot; grof *(fout)*; kwaai *(aanval, verkoue)*; lelik *(hoes, pad)*; uit die bose; →BADLY; WORSE; WORST; *~ **accident*** lelike/nare ongeluk; *be ~ **at** maths* swak in wiskunde wees; *be ~ **at** tennis* nie goed in tennis wees nie, 'n slegte tennisspeler wees; *~ **attack*** ernstige/hewige/kwaai aanval *(v. siekte)*; *~ **bargain*** miskoop; onvoordelige akkoord; *~ **blood*** slegte/haatlike gevoel; *breed/set ~ **blood*** →BLOOD; *it is a ~ **business*** dis baie jammer; dis 'n ellende; *do ~ **business*** agteruitboer; *~ **buy*** miskoop; *s.o. has a ~ **case*** iem. se saak staan sleg/swak; *it is a ~ **case**, (ook)* dit is 'n ernstige geval *(v. siekte)*; *~ **coin*** vals/nagemaakte munt; *~ **cold*** nare/swaar verkoue; *a ~ **day*** 'n dag waarop alles skeefloop; *~ **debt*** slegte skuld; *~ **dream*** nare droom; *have a ~ **effect** on ...* nadelig wees vir ...; *s.o. is ~ **enough** for anything* iem. is tot alles in staat; *~ **faith*** kwade trou; *in ~ **faith*** te kwader trou; ***feel*** *~ about s.t., (infml.)* oor iets naar voel (*of* spyt wees); *~ **feeling*** onmin, kwaadgesindheid; *be ~ **for** ...* sleg wees vir ... *(jou gesondheid ens.)*; *~ **form*** slegte maniere; *it is ~ **form*** dit is ongemanierd/onfyn; *~ **fortune/luck*** ongeluk(kigheid), teë-, teenspoed, teenslag, teleurstelling; *~ **friends*** kwaaivriende; ***go*** *~* bederf, verrot; vrot (word), tot niet gaan; *~ **harvest*** misoes; *a ~ **job*** →JOB; *~ **language*** vloekery, lelike taal, skeltaal, vloektaal, -woorde; *be a ~ **last*** ver/vêr agter die voorlaaste wees; *~ **in law*** regtens ongegrond; *a ~ **lot*** 'n deugniet/niksnut(s); *~ **luck*** teë-, teenspoed, →***bad fortune***; *~ **money*** vals geld; *~ **news*** →NEWS; ***not** all that ~* (*or as ~ as all that*), *(infml.)* nie heeltemal so sleg nie; nie heeltemal so erg nie; ***not** ~ at all* (*or at all ~*), *(infml.)* glad/lank nie sleg nie, (glad) nie onaardig nie; ***not** (half/so) ~, (infml.)* nogal/taamlik goed, (glad) nie onaardig nie; *a ~ **one*** 'n slegte; 'n slegte mens; *the ~ **ones*** die slegtes; *~ **pre-eminence*** berugtheid; *~ **road*** slegte pad; ***shockingly/terribly*** *~* beroerd, bitter sleg; *~ **shot!*** mis (geskiet/geraai)!; *be a ~ **shot*** 'n slegte/swak skut wees, sleg skiet; *make a ~ **showing*** swak presteer; *~ **taste*** slegte smaak; *be in a ~ **temper*** in 'n slegte bui/luim wees; *is it **that** ~?* is dit so sleg?; ***that's*** *~* dis erg/naar/lelik; *(that's/it's just)* ***too*** *~, (infml.)* dis alte jammer, hoe jammer (tog)!, dit is ongelukkig/spytig; daar is niks aan te doen nie, dit kan nie verhelp word (*of* is nie te verhelp) nie; *it is **too** ~ about ...* dis alte jammer van ...; *~ **turn*** ondiens; *s.o. is **very** ~ today* iem. is vandag erg siek; *it is **very** ~, (ook)* dis baie jammer; *s.o. is in a ~ **way*** dit gaan sleg (*of* dit is sleg gesteld) met iem.; *~ **weather*** onweer, slegte weer; *~ **word*** vloekwoord, lelike woord. **~-humoured** sleg gehumeurd, kwasterig, kwaai. **~lands** *(mv.)* dongaveld; gram(m)adoelas. **~-looking** lelik. **~man** *-men, (Am.)* boef, voëlvryverklaarde. **~-mannered** ongemanierd, onmanierlik, ongepoets, onbeskof, onbeleef(d). **~-mouth** *ww., (Am. sl.): ~ s.o.* iem. uitskel/inklim/invlieg/slegsê; iem. afkraak/slegmaak/(ver)kleineer. **~-tempered** kwaai, humeurig.

bad·de·ley·ite *(min.)* baddeleyiet.

bad·die, bad·dy *(infml.)* slegte mens.

bad·dish slegterig, sleggerig.

bad(e) →BID *ww.*.

badge ordeteken, onderskeidingsteken; kenteken; merk, kenmerk; wapen, insinje; plakket; skild; kokarde; ~ *of office* ampsteken.

badg·er *n.* (Europese) das; kwas van dashaar; →HONEY BADGER. **badg·er** *ww.* pla, lastig val, treiter, kwel; agtervolg; ~ *s.o. for s.t.* by iem. oor iets aanhou/neul. **~-dog** dashond. **~-hair** dashaar. **~-legged** met een kort en een lang been, met een-pond-tien-bene. ~ **plane** kantskaaf.

ba·di·an steranys.

bad·i·nage skerts, gekskeerdery, spottery.

bad·ly *worse worst* sleg; erg; hard; baie; gevaarlik; ~ ***beaten*** erg geslaan; lelik uitgeklop; ~ ***bred wool*** swakteeltwol; ~ ***hurt*** erg/swaar beseer; ~ ***informed*** sleg ingelig; ***need/want*** ~ hoog/bitter nodig hê; baie graag (*of* dolgraag) wil hê; sterk verlang na; ~ ***needed*** broodnodig; *be* ~ ***off*** sleg daaraan toe wees, arm wees; ~ ***wounded*** swaar gewond.

bad·min·ton pluimbal(spel).

bad·ness slegtheid, slegtigheid; erns, gevaarlikheid; v(er)rotheid, verdorwenheid.

Ba·fa·na Ba·fa·na *(mv.), (SA nas. sokkerspan)* Bafana Bafana.

baf·fle *n.* verbystering; skot. **baf·fle** *ww.* dronkslaan, verbyster; uitoorlê; verydel; ~ *all description* alle beskrywing tart. ~ **board,** ~ **plate** skot(plaat), keer-, skermplaat; leiplaat; smoorplaat; brandplaat; terugslagplaat. ~ **brick** keersteen. ~ **spring** terugslagveer. ~ **window** windskerm.

baf·fle·ment verbystering.

baf·fling verbysterend; raaiselagtig; ~ *winds* veranderlike winde.

baf·fy knots.

bag *n.* sak; tas(sie); handtas(sie); (reis)koffer; uier; buidel; *(bofbal)* kussing; *(sl.)* situasie; *(sl.)* lewenstyl, leefstyl; *(with)* ~ *and* ***baggage*** (met) sak en pak; *be a* ~ ***of bones*** →BONE *n.; let the* ***cat*** *out of the* ~ die aap uit die mou laat; *~s under the* ***eyes*** walle onder die oë; *be left* ***holding*** *the* ~, *(fig.)* met die gebakte pere (bly) sit; ***in*** *the* ~, *(ook)* krygsgevange; *it's* ***in*** *the* ~, *(infml.)* dis 'n uitgemaakte saak; dis feitlik afgehandel; dis suksesvol; dis 'n seker oorwinning, ons het dit!; *the match is* ***in*** *the* ~, *(infml.)* die wedstryd is klaar gewen; ***make*** *a* ~ 'n klomp wild skiet; ***mixed*** ~ mengelmoes, allegaartjie, van alles wat; *a* ~ ***of*** *flour/etc.* 'n sak meel/ens.; *an* ***old*** ~, *(neerh.)* 'n ou wyf/tang/slons; ***(Oxford)*** *~s* sak-, sambal-, swaai-, flodderbroek; ***pack*** *one's ~s and leave* →PACK[1] *ww.*; ***paper*** ~ →PAPER; *the whole* ~ *of* ***tricks*** die hele pakkaas, huitjie en muitjie; ***vanity*** ~ →VANITY. **bag** *-gg-, ww.* in die/'n sak gooi/stop; in sakke gooi; skiet; vang; in die hande kry; pak, inpalm; slap hang; dik staan; knieë maak; sakkies maak; sakkerig wees/word. **~ful** *-fuls* sak (vol) *(kruideniersware ens.)*. **~-in-box** *bags-in-boxes* tapsak. ~ **lady, shopping** ~ **lady** *-dies* boemelvrou. **~man** *-men, (Br. infml.)* handelsreisiger, smous, kramer; *(Am. sl.)* geldsuier; *(Austr.: swerwer)* bondeldraer, trekvoël, dwaalgees. ~ **net** *(visvang)* saknet. ~ **people** trekvoëls, straatswerwers. ~ **person** trekvoël, straatswerwer. **~piper** doedelsakspeler. **~pipe(s)** doedelsak. **~snatcher** grypdief, -rower. **~worm** sak-, houtjieswurm; rietwurm; kokerwurm, grashuisie, grasslangetjie, broek-, hawermannetjie, hout-, kliphuisie.

ba·gasse *(Fr.)* ampas, bagasse.

bag·a·telle bakatel(letjie), kleinigheid; *(spel)* bagatel, bakatel.

ba·gel *(Jidd.)(kookk.: harde ringvormige broodrolletjie)* bagel; *(SA infml.)* bagel, bedorwe pokkel.

bag·gage bagasie, reisgoed; *(vero., neerh.)* parmantige meisie, flerrie. ~ **car** *(Am.)* bagasiewa. ~ **check** bagasiekontrole; *(Am.)* bagasiekaartjie, -bewys. ~ **claim,** ~ **reclaim** afhaling van bagasie; bagasiesaal *(op lughawe)*. **~master** bagasiemeester. ~ **office** bagasieburo. ~ **room** *(Am.)* bagasiekamer. ~ **tag** *(Am.)* bagasie-etiket.

bag·(g)er, bar·ger *(igt.)* baar.

bag·gies *(mv.), (infml.)* flodderbroek.

bag·ging in sakke gooi; sakvorming, sakkerigheid; saklinne, sakgoed.

bag·gy sakkerig; flodderig; sleg passend; ~ *cheeks* hangwange; ~ *fabric* bolstof; ~ *trousers* flodderbroek.

Bag(h)·dad, Bag(h)·dad *(geog.)* Bagdad.

bagn·io *-ios, (vero.)* tronk; bordeel; bagno.

bah *tw.* sies, foei, ga.

Ba·ha'ism *(relig.)* Bahaïsme. **Ba·ha'i(st)** *n.* Bahaïs. **Ba·ha'i(st)** *adj.* Bahaïsties.

Ba·ha·mas, Ba·ha·ma Is·lands Bahama-eilande. **Ba·ha·mi·an** *n.* Bahamaan. **Ba·ha·mi·an** *adj.* Bahamaans.

Bah·rain, Bah·rein *(geog.)* Bahrein. ~ **Island** Bahreineiland.

bail[1] *n.* borg, borgtog, borgstelling; ***deny/refuse*** *s.o.* ~ iem. borg(tog) weier; ***estreat*** *s.o.'s* ~ iem. se borgtog verbeurd verklaar; ***find*** ~ borgtog/vrystelling verkry; ***forfeit*** *one's* ~, *(fml.)* jou borgtog verbeur; ***free/release/remand*** *s.o.* (or ***let*** *s.o.* ***out***) *on* ~ iem. op borg(tog) (*of* onder borgstelling) vrylaat; ***go/give/stand*** (or ***put in***) ~ *for s.o.* vir iem. borg staan; ***go*** ~ *for s.o.*, *(fig.)* vir iem. instaan; ***grant*** *s.o.* ~ iem. borg(tog) toestaan; ***jump/skip*** *(one's)* ~, *(infml.)* onder borgtog verdwyn; *be* ***(out) on*** ~ op borgtog uit (die tronk) wees; *be* ***set free*** *on R20 000* ~ op borgtog van R20 000 vrygelaat wees/word. **bail** *ww.* borg staan; onder borgtog uitlaat; ~ *out* borg staan vir. ~ **bond** borgakte. **~out** *n.* (finansiële) reddingsaksie, finansiële inspuiting.

bail[2], bale *ww.* uitskep; ~ *out* (met 'n valskerm) uitspring; ~ *out a boat* 'n boot leeg skep (*of* uitpomp).

bail[3] *n., (kr.)* (dwars)balkie; balk; (stal)dwarspaal; staketsel, skutting.

bail[4], bale *n.* hoepel, hingsel; tentboog.

bail·a·ble borgbaar.

bail·ee bewaarnemer.

bail·er, bal·er (uit)skepper; skepding, -bak(kie), -lepel, -buis; skepmasjien.

bai·ley kasteelmuur, buitemuur van 'n kasteel.

Bai·ley bridge baileybrug.

bail·ie *(Sk.)* magistraat.

bail·iff balju; geregsbode; fiskaal; skout; rentmeester, saakwaarnemer; *water* ~ →WATER.

bail·ment bewaargewing; (vrylating teen) borgstelling.

bain-ma·rie *bains-marie, (Fr. kookk.)* bain-marie, pan kookwater (*of* warm water); dubbele kastrol; (warm)waterbad.

bairn *(Sk.)* kind.

bait *n.* (lok)aas; verversing; *rise to* (or *swallow/take*) *the* ~, *(lett.)* aan die aas byt; *(fig.)* in 'n val loop. **bait** *ww.* terg, pla, treiter; moveer *(hond)*; aanval; voer gee; afsaal; lok; aas aansit. ~ **hook** aasstok.

bait·er terger.

baize baai, groenlaken; biljartstof.

bak·bak·i·ri →BOKMAKI(E)RIE.

bake bak; *~d* ***apple*** bakappel, gebakte appel; *~d* ***beans*** sousbone; *~d* ***enamel*** brandemalje; moffelemalje; ***freshly*** *~d* vars uit die oond; ~ ***through*** deurbak; ~ ***well*** uitbak. **~house** *(vero.)* →BAKERY.

Ba·ke·lite *(handelsnaam)* bakeliet.

bak·er bakker; *~'s* ***dozen*** boeredosyn, stuk of twaalf; *~'s* ***itch*** bakkersjeuk; *~'s* ***margin*** bakkersmarge; *~'s* ***straw*** bakkerstrooimeel; *~'s* ***van*** broodwa.

bak·er·y bakkery. ~ **products** gebak. ~ **van** bakkers-, broodwa.

bak·ing bakkery, bakwerk; baksel; gebak. ~ **aid** bakmiddel. ~ **cup** bakvormpie. ~ **day** bakdag. ~ **dish** bakskottel. ~ **mix** bakmengsel. ~ **pan** koekpan; bakpan. ~ **powder** bakpoeier. ~ **sheet** bakplaat. ~ **soda** koeksoda. ~ **strength** bakvastheid. ~ **tin** bakpan. ~ **tray** bakplaat.

bak·kie *(Afr.)* bakkie; →PICK-UP.

bak·la·va, bac·la·va *(Turk. kookk.)* baklava.

bak·sheesh, back·sheesh *(Persies)* aalmoes, fooi.

Ba·laam *(OT)* Bileam.

Bal·a·cla·va, Bal·a·kla·va *(geog.)* Balaklawa. **balaclava (helmet)** balaklawa, bivak-, klapmus.

bal·a·lai·ka *(mus.)* balalaika.

bal·ance *n.* (weeg)skaal; balans; vliegwiel; ewewig; ewewigtigheid; (batige/nadelige) saldo; oorskot, res(tant); *the Balance, (astron.)* die Weegskaal, Libra; ~ *of* ***capital*** kapitaalbalans; ***cast*** *up a* ~ die balans opmaak; ***debit*** ~ debietsaldo, nadelige saldo; *a* ***delicate*** ~ 'n fyn balans (*of* haglike ewewig); ***disturb/upset*** *the* ~ die ewewig versteur/verstoor; ~ ***in hand, credit*** ~ kredietsaldo, batige saldo; *be/hang* ***in*** *the* ~, *(uitslag ens.)* nog onbeslis wees; *(iem. se lewe)* aan 'n draadjie hang; op die spel staan; ***keep*** *one's* ~ jou ewewig/balans behou; ***lack*** *of* ~ onewewigtigheid; ***lose*** *one's* ~ jou ewewig/balans verloor; ~ *of the* ***mind*** geestelike ewewig/balans; ~ *of* ***nature*** natuurlike/ekologiese ewewig/balans; ***off*** ~ van balans af, uit die ewewig; van stryk (af); (van lotjie) getik; *catch s.o.* ***off*** ~ iem. onklaar betrap; iem. onverhoeds betrap; *throw s.o.* ***off*** ~ iem. van stryk (af) bring; ***on*** ~, *(fig.)* op stuk van sake, per slot van rekening; ***out*** *of* ~ van balans af, uit die ewewig; ~ *of* ***payments*** betalingsbalans; ***point*** *of* ~ ewewigs-, balanspunt; ~ *of* ***power*** magsewewig; *hold the* ~ *of* ***power*** die deurslag (kan) gee; *the* ~ *of* ***probabilities*** die waarskynlikste; *on a* ~ *of* ***probabilities*** wanneer die twee teen mekaar opgeweeg word; ***recover/regain*** *one's* ~ jou ewewig/balans herwin; ***redress*** *the* ~ die ewewig/balans herstel; *strike the* ***right*** ~ *between ... and ...* die goue/gulde middeweg tussen ... en ... vind; die regte verhouding tussen ... en ... bewaar; ~ *of* ***services*** dienstebalans; ***strike*** *a* ~ *between ... and ...* die regte balans (*of* die juiste ewewig) tussen ... en ... vind; ~ *of* ***terror*** terreurewewig, -balans, nukleêre ewewig/balans; ***tip/turn*** *the* ~ die deurslag gee; ~ *of* ***trade, visible*** ~ handelsbalans; ***tremble*** *in the* ~ aan 'n draadjie hang. **bal·ance** *ww.* balanseer, in ewewig wees/hou; weeg, vergelyk; teen mekaar opweeg; vergoed; skommel, slinger, weifel; afsluit, vereffen *(rekening)*; *(rekening)* sluit, klop; laat klop; ~ *the books* die balans opmaak; ~ *each other out* teen mekaar opweeg. ~ **bridge** wipbrug. ~ **exhibit** balansbylae. ~ **fish** hamerhaai, gladde hamerkop. ~ **item** balanspos. ~ **moment** balansmoment. ~ **sheet** balansstaat. **~-sheet exhibit** balansbylae. **~-sheet item** balanspos. ~ **spring** balans-, onrus-, haar-, spiraalveer *(v. horlosie)*. ~ **weight** balanseergewig. ~ **wheel** onrus *(in horlosie)*; skakelrat; reguleerwiel *(v. naaimasjien)*.

bal·anced: ~ *diet* gebalanseerde dieet; ~ *judg(e)ment* ewewigtige oordeel.

bal·anc·er koorddanser(es), ekwilibris; stabilisator.

bal·anc·ing: ~ **act** *(lett. & fig.)* koorddans. ~ **mechanism** ewewigsmeganisme. ~ **pole** balanseerstok, balansstang.

Ba·la·ton: *Lake* ~ die Plattenmeer.

bal·co·ny balkon; omloop; galery *(in teater)*. ~ **guard** balkonskut.

bald kaal; kaalkop; kaalhoofdig; naak, haarloos; glad; sonder vere; bles; ***become*** ~ bles word, deur jou hare groei; *be (as)* ~ *as a* ***coot***, *(infml.)* pankop wees; ~ ***eagle*** →EAGLE; ~ ***facts*** naakte feite; ~ ***head/pate*** pan(kop), klapperdop, kaalkop; ~ ***horse*** blesperd; ~ ***ibis*** wildekalkoen; ~ ***style*** onopgesmukte/platvloerse styl; ~ ***tyre*** gladde band. **~head, ~pate** pan-, bleskop. **~headed:** *go* ~ kaalkop loop. **~headedness** kaalhoofdigheid.

bal·da·chin, bal·da·quin baldakyn, troonhemel.

bal·der·dash *(infml.)* twak(praatjies), kaf(praatjies), bog(praatjies), onsin, nonsens, nonsies, snert, lawwe praatjies, geklets.

bald·ing bles, half kaalkop.

bald·ly *adv., (fig.)* reguit, ronduit, rondborstig, sonder doekies omdraai, sonder om doekies om te draai, onverbloem(d), onomwonde, kaalkop; *to put it* ~ om padlangs/reguit te praat, om die ding by sy naam te noem, om dit ronduit te stel, sonder om doekies om te draai, kort en klaar.

bal·dric skouerriem.

bale[1] *n.* baal. **bale** *ww.* in bale verpak, baal.

bale[2] *n., (arg.)* ellende, vloek, onheil.

bale[3] *ww.* →BAIL[2].

bale[4] *n.* →BAIL[4].

Bal·e·ar·ic: *the ~ Islands* die Baleariese Eilande; *the ~s* die Baleare.

ba·leen balein, walvisbaard. ~ **whale** balein=, baard=walvis.

bale·fire *(arg.)* stapelvuur, brandstapel; sinjaalvuur.

bale·ful heilloos, noodlottig, verderflik, onheilspellend. **bale·ful·ness** heilloosheid.

bal·er[1] baalpers, =masjien.

bal·er[2] →BAILER.

Ba·li *(geog.)* Bali. **Ba·li·nese** *n. & adj.* Balinees.

bal·ing: ~ **paper** pakpapier. ~ **press** baalpers; wolpers; kleedpers. ~ **wire** baaldraad. →BALE[1].

balk, baulk *n.* wenakker; hindernis; streep *(op biljarttafel);* balk; bollyn *(v. visnet); (mynw.)* uitdunning. **balk, baulk** *ww.* versuim, ontwyk, wegvlieg, uit die pad spring; steeks wees, vassteek, weier; dwarsboom, koudsit, in die pad/weg staan; hinder, teen=, teëwerk; verydel; teleurstel; skrikmaak; ~ *at s.t.* teen iets rem/skop. ~ **ring** *(elek.)* sperring.

Bal·kan *adj., (geog.)* Balkan=; *the ~ Mountains* die Balkan; *~ Peninsula* Balkanskiereiland. **Bal·kan·i·sa·tion, =za·tion** balkanisering. **Bal·kan·ise, =ize** balkaniseer. **Bal·kans** *n.: the ~* die Balkan.

balk·ing, baulk·ing steeks *(perd, motor).* ~ **dog** *(elek.)* sperklou.

balk·y, baulk·y steeks; skrikkerig. **balk·i·ness, baulk·i·ness** steeksheid.

ball[1] *n.* bal; bol; koeël; bal *(v.d. hand/voet);* (teel)bal; (groot) pil; ***address** a ~, (gholf)* aanlê; *the ~ is in your **court**, (fig.)* dis jou skuif; dis nou jou beurt (om te ...); ***demolisher's** ~* sloopkoeël; *keep one's **eye** on the ~, (fig.)* jou oë oophou, op jou hoede wees; *have the ~ at one's **feet**, (fig.)* welslae vir die gryp hê, op die punt staan om te slaag; *~ of **fire*** vuurbol; *(fig.)* deurdrywer, voorslag; ***keep up** with the ~, (fig.)* by=bly; ***on** the ~, (infml.)* (op en) wakker, *(infml.)* op jou kop; ***place** the ~, (rugby)* die bal stel; *(tennis)* die bal stuur; ***play** ~* met 'n bal speel; *(fig., infml.)* saamgaan, =speel, =werk, saam=, meedoen; ***play** the ~, not the man!* speel die bal, nie die man nie!; *keep the ~ **rolling*** die bal aan die rol hou, die saak aan die gang hou; *set the ~ **rolling*** die bal aan die rol sit, iets aan die gang sit, iets op tou sit, die eerste stap doen, die eerste stoot gee; ***run** with the ~, (fig.)* jou kans(e) benut; ***spin** a ~, put **spin** on a ~* 'n bal laat draai/tol; *~ of **thread/wool*** bol garing/gare/wol; *have **too many** ~s in the air, (fig.)* te veel ysters in die vuur (*of* te veel hooi op jou vurk) hê. **ball** *ww.* (in 'n bol) opdraai, tot 'n bol vorm; 'n pil ingee. **~-and-claw foot** bal-en-klou-poot. **~-and-socket joint** koeëlgewrig. **~-and-socket structure** holbolstruktuur. ~ **and spigot (joint)** sok-en-tap-verbinding. ~ **bearing** koeëllaer; koeëltjie. **~(-bearing) race** koeëlbaan. ~ **boy** *(sport)* baljoggie. **~-burnished** koeëlgepoleer(d). ~ **cartridge** koeëlpatroon. ~ **catch** koeëlknip. ~ **check, check** ~ *(mot.)* keerkoeël. **~cock** *(teg.)* vlotterkraan. ~ **control** *(sport)* balbeheer. ~ **float** balvlotter. ~ **founder** *(hist.)* koeëlgieter. ~ **game** balspel; bofbalwedstryd;*it's a different* (or *whole new*) *~ ~ (altogether), (fig., infml.)* die spelreëls het (aansienlik/heeltemal) verander, vandag is nie gister nie; dis 'n perd van 'n ander kleur (*of* gans 'n ander saak *of* glad 'n ander ding). ~ **granite** balgraniet. ~ **hammer** bolhamer. ~ **head** koeëlkop. ~ **joint** koeëlgewrig. ~ **journal** koeëltap. ~ **lightning** bolweerlig. ~ **mill** koeëlmeul(e). ~ **mould** koeëlmal. ~ **nut** koeëlmoer. **~park** *n., (Am.)* bofbalstadion; *be in the right ~, (fig.)* redelik akkuraat wees; na aan die kol wees; *not be in the right ~, (fig.)* die bal heeltemal mis slaan, dit ver/vêr mis hê, ver/vêr/heeltemal verkeerd wees. **~park** *adj.* onnoukeurig, ru; *~ estimate/guess* ruwe skatting; *~ figure* benaderde/geraamde/geskatte bedrag. ~ **pin** koeëlpen. ~ **plug** koeëlprop. **~point** bol=, rolpunt. **~point, ~(point) pen** bol(punt)pen, rolpen. **~-proof** koeëlvry, =vas. ~ **race** koeëllaer; koeëlring; koeëlbaan. ~ **structure** bolstruktuur. **~-tampering** *(kr.)* balpeutery, peutery met die bal, baldoktery. ~ **tap** koeëlkraan. ~ **track** koeëlbaan. **~up** *n.,* ~ **up** *ww., (Am.)* →BALLS. ~ **valve** koeëlklep; vlotterklep.

ball[2] *n.* bal, dansparty; *give a ~* 'n bal gee; *have a ~, (infml.)* dit gate uit geniet; *open the ~* die bal/baan open; *(fig.)* die saak aan die gang sit. ~ **dress** dansrok, =tabberd, aandrok, =tabberd; *(mil.)* baltenue. **~room** bal=, danssaal. **~room dancing** geselskaps=, baldans(e).

bal·lad ballade, lied. **~monger** balladeverkoper; *(neerh.)* rymelaar. ~ **singer** liedjiesanger.

bal·lad·eer, bal·lad·er liedjiesmaker, balladeskrywer; liedjie=, balladesanger.

bal·last *n.* ballas; grondslag; betonklip, bougruis; *in ~* in ballas. **bal·last** *ww.* ballas inlaai; fondament gee. ~ **box** ballasbak. ~ **stone** klipballas. ~ **train** ballastrein.

bal·le·ri·na ballerina, (beroeps)danseres.

bal·let, bal·let ballet, toneeldans; *~ on ice* ysballet; *perform a ~* 'n ballet uitvoer/dans. ~ **company** balletgeselskap. ~ **dancer** balletdanser; balletdanseres, danseuse. ~ **girl** balletdanseres, =meisie. ~ **master** balletmeester. ~ **mistress** balletmeesteres. ~ **pump,** ~ **shoe,** ~ **slipper** balletskoen. ~ **skirt** balletrompie, tutu. **bal·let·o·mane** balletliefhebber, balletomaan.

bal·lis·tic ballisties. **bal·lis·tics** ballistiek.

bal·lo·net gassakkie.

bal·loon *n.* (lug)ballon; *go down like a lead ~, (fig.)* heeltemal platval; op 'n fiasko uitloop; *when the ~ goes up, (fig.)* as die poppe begin dans, as die bom bars, wanneer die storm losbars; *sounding ~* →SOUNDING. **bal·loon** *ww.* ballonneer, ballonvlieg; opbol, opblaas, stulp. ~ **anchor** ballonanker. ~ **angioplasty** *(med.)* ballonangioplastiek. ~ **barrage** ballonversperring. ~ **cloth** ballonstof. ~ **glass** ballonkelk. ~ **tyre** ballonband. ~ **vine** hartvrug.

bal·loon·ing ballonvaart.

bal·loon·ist ballonvaarder.

bal·lot *n.* stemballetjie; (geheime) stembrief(ie); stemmetal; stemming; loting; *at a ~* by skriftelike stemming; *cast one's ~* jou stem uitbring; *hold/take a ~ about s.t.* oor iets laat stem; *second ~* herstemming; *vote by ~* per (stem)brief/(stem)briefie stem; *voting by secret ~* geheime stemming. **bal·lot** *ww.* (met briefies) stem, balloteer; loot. ~ **act** kieswet. ~ **box** stembus. ~ **paper** stembrief(ie).

bal·lot·ee loteling.

bal·lot·ing (geheime) stemming.

balls *(mv.), (taboe: testikels)* balle, ballas, (bal)sak, knaters, eiers; *(taboe)* twak, snert, kaf, strooi, kak *(vulg.),* stront *(vulg.); (taboe)* ruggraat, murg in jou pype, moed, durf; *have s.o. by the ~, (taboesl.: iem. in 'n magtelose posisie hê)* iem. aan die kort hare (*of* aan sy knaters) beethê. **~-up** *n., (taboesl.)* gemors, deurmekaarspul; ramp, fiasko, mislukking;*make a complete ~ of s.t.* iets heeltemal opfoeter, 'n helse gemors van iets maak. ~ **up** *ww., (taboesl.)* befoeter, beduiwel, bedonder.

bal·ly *(euf., vero.)* verduiwelde, verduiwelse, vervlakste, verbrande, (ver)dekselse.

bal·ly·hoo *(infml.)* bohaai, hoe(i)haai, gesketter, markgeskree(u), reklamelawaai, skree(u)reklame.

bal·ly·rag =gg= karnuffel, treiter, terg.

balm *n.* balsem, salf; *(Melissa officinalis)* sitroenkruid; troos. **balm** *ww.* balsem. **balm·i·ness** balsemagtigheid; sagtheid, soelheid *(v. weer).* **balm·y** balsemagtig, balsemiek; geurig; sag, soel *(weer);* kalmerend; →BARMY.

bal·ne·ol·o·gy badgeneeskunde, balneologie. **bal·ne·o·ther·a·peu·tics, bal·ne·o·ther·a·py** baai=, badterapie, badgeneeskunde, balneoterapie.

Ba·lo·chi →BALUCHI.

ba·lo·ney, bo·lo·ney *(infml.)* onsin.

bal·sa balsaboom; balsahout.

bal·sam balsem; smeergoed; *(Impatiens balsamina)* balseminie; *~ of Peru* perubalsem; *~ of Tolu* tolubalsem. **bal·sam·ic** *n.* balsem; toediening van balsem. **bal·sam·ic** *adj.* balsemagtig; balsemiek; *~ vinegar* balsemasyn, balsemieke asyn. **bal·sa·mine** balseminie.

Balt *(inwoner v. een v.d. Oosseestate)* Balt. **Bal·tic** Balties; *~ Exchange* Londense graanbeurs; Londense skeepvaartbeurs; *~ pine* Baltiese greinhout; *the ~ (Sea)* die Oossee; *~ States* Oosseestate.

Bal·tha·sar, Bal·tha·sar, =zar *(Chr.)* Baltasar.

Ba·lu·chi, Ba·lo·chi *=chi(s), (lid v. volk)* Baloetsji; *(taal)* Baloetsji. **Ba·lu·chi·stan, Ba·lo·chi·stan** *(geog.)* Baloetsjistan.

bal·us·ter styl *(v. trapleuning),* relingstyl; kolommetjie, baluster; *(i.d. mv.)* trapleuning. **bal·us·trade, bal·us·trade** leuning, reling; balustrade.

bam =mm=, *(vero.)* 'n poets bak.

Bam·ba·ra (ground·)nut angola-ertjie.

bam·boo *n.* bamboes, bamboesriet. ~ **curtain** *(pol., mil.)* bamboesgordyn. ~ **fish** mooino(o)ientjie. ~ **shoot** bamboesspruit, =loot.

bam·boo·zle *(infml.)* bedrieg, kul, fop; mislei, om die bos lei. **bam·boo·zler** verneuker, kuller, fopper; misleier.

ban[1] *n.* ban, banvloek; verbod, beletting; uitsluiting, uitsetting; *lift the ~ on s.t.* die verbod op iets ophef; *~ on a book* verbod op 'n boek; *place/put a ~ on s.t.* iets verbied. **ban** =nn=, *ww.* vervloek; ban, in die ban doen, die banvloek uitspreek oor; verbied; inperk *(iem.);* verbod plaas op; afkeur; uitsluit; *~ a book* 'n boek verbied/belet; *~ned book* verbode boek; *~ s.o. from a place* iem. 'n plek belet, iem. uit 'n plek uitsluit; *~ s.o. from doing s.t.* iem. verbied om iets te doen; *~ned leader* ingeperkte leier.

ban[2] *n., (hist.)* ban, banus, goewerneur.

ba·nal banaal, alledaags, afgesaag; platvloers, laag-by-die-gronds. **ba·nal·i·ty** banaliteit, platvloersheid.

ba·na·na piesang; →BANANAS; *wild ~* wildepiesang; *wild white ~, (Strelitzia alba)* witpiesang. ~ **bat** piesangvlermuis. ~ **boy** *(dikw. B~ B~)(SA infml.: Natal=ler)* Piesangboer, =lander. **B~ City** *(SA infml.)* Durban. ~ **grower** piesangboer. **B~ Land** *(ook b~ l~) (SA infml.: KwaZulu-Natal)* Piesangland; *(Austr. infml.)* Queensland. ~ **palm** piesangboom. ~ **republic** *(infml., neerh.)* piesangrepubliek. ~ **skin** piesangskil; *slip on a ~ ~, (fig., infml.)* 'n (groot) blaps/flater maak. ~ **split** piesangroomys, roomys met piesang. ~ **tree** piesangboom.

ba·na·nas *adj. (pred.), (sl.)* gek, mal; *be ~ about s.o.* gek/mal oor (*of* versot op) iem. wees; *drive s.o. ~* iem. gek/mal maak; *go ~* van jou trollie/wysie af raak, gek/mal word.

Ban·at: *the ~, (geog.)* die Banaat.

band[1] bende; vereniging; afdeling; groep; *(mil.)* musiekkorps, orkes, kapel; ring; *~ of robbers/etc.* bende rowers/ens., rowerbende/ens.; *~ of soldiers* krygsbende. **band** *ww.* verenig; verbind; ring; koppel; *~ together* verenig; saamspan; 'n groep(ie) vorm. **~leader** orkesleier. **~master** orkesleier, kapelmeester. **~stand** orkesverhoog, musiekkoepel. **~wagon** musiekwa, reklamewa; *climb/get/jump on the ~* op die lawaaiwa klim, met die stroom meegaan, die wenkant kies. **~wagon effect** meeloopeffek.

band[2] *n.* band, lint; strook, reep; dryfriem; *(geol.)* band; streep *(v. ander kleur);* ring; bef *(v. predikant);* windsel; *a wide ~* 'n breë band *(om 'n hoed);* 'n breë strook. **band** *ww.* 'n band omsit; verbind; ring; koppel; *~ a bird* 'n voël ring; *~ed* gestreep; gering(d); *~ed ironstone* lintysterklip; *~ed structure* streepstruktuur, gelaagde struktuur. **~box** hoededoos; lintdoos. ~ **brake** bandrem. ~ **lightning** bandweerlig. **~-pass**

filter *(elektron.)* band(deurlaat)filter. ~ **saw** band=, lint=saag. ~**-shaped** lintvormig. ~ **stitch** bandsteek. ~ **wheel** band=, riemskyf *(v. naaimasjien)*; bandkatrol; bandrat *(v. rem)*; bandsaagwiel. ~**width** *(rad.)* band=breedte.

band·age *n.* verband, windsel, verbandlinne. **band=age** *ww.* verbind.

Band-Aid *n., (handelsnaam)* (heg)pleister, (kleef)=pleister. **band-aid** *n., (fig.)* tydelike oplossing; tus=sentydse maatreël; lapmiddel. **band-aid** *adj., (fig.)* ty=delik, voorlopig, tussentyds.

ban·dan·(n)a bandana, groot sakdoek; bandana, nek=, halsdoek, serp.

ban·deau =*deaux, (Fr.)* haarband; hoedband *(in da=meshoed)*.

ban·de·rol(e), ban·ne·rol banderol, wimpel, vaan=tjie.

ban·di·coot (Australiese) buideldas, Malabar-rot.

band·ing[1] groepvorming, saamkom; ~ *together* same=skoling, samerotting.

band·ing[2] gestreeptheid.

ban·dit =*dits*, =*ditti* (struik)rower. **ban·dit·ry** struik=rowery.

ban·dog kettinghond.

ban·do·lier, ban·do·leer bandelier.

ban·dore, ban·dore, pan·dore, pan·do·ra *(mus.: 16de-eeuse snaarinstrument)* pandoor.

bands·man orkesspeler, musikant.

ban·dy[1] *adj.* hoepelbeen=, met hoepelbene. ~**-legged** hoepelbeen=, met hoepelbene; krombeen. ~ **legs** hoe=pelbene, o-bene, bak=, snyersbene.

ban·dy[2] *ww.* heen en weer kaats, wissel; *s.o.'s name is being bandied about* daar word met iem. se naam ge=smous; ~ *words with s.o.* met iem. stry/redekawel (*of* woorde hê).

bane gif, vergif; verderf, vloek; *be the ~ of s.o.'s exis=tence/life* iem. se lewe vergal/versuur. ~**berry** *(Actaea spicata)* christoffel=, wolfskruid. ~**wort** galbessie, nagskade, nastergal.

bane·ful *(arg.)* giftig, verderflik.

bang[1] *n.* slag, bons, knal; *a big/loud ~* 'n harde knal/slag; *big ~* →BIG; *with a ~* met 'n slag; *the door shut with a ~* die deur het toegeklap; *go off with a ~, (infml.)* 'n reusesukses wees. **bang** *ww.* slaan, bons; toeslaan, toeklap, toesmyt *(deur)*; (uit)klop; knal; *(vulg. sl.: seksuele omgang hê met)* stoot *('n vrou)*; *~ away at s.t., (infml.)* hard met iets besig wees; *~ s.t. down* iets neerplak; *~ into s.t.* teen iets vasloop; *~ out, (infml.)* luidrugtig speel *(deuntjie/ens. op 'n klavier)*; gou tik *(brief ens.)*. **bang** *adv.: go ~* bars, ontplof; toeklap; bankrot speel; *(fig.)* skipbreuk ly; *~ on, (infml.)* pre=sies raak/reg; *~ on target, (fig., infml.)* in die kol; *~ up to date* →DATE. **bang** *tw.* bom, boems. ~**-up** *adj., (Am. infml.)* piekfyn, eersteklas.

bang[2] *n., (dikw. mv.)* gordyntjie(kop). **bang** *ww.* gordynkop knip, stomp sny; *~ a tail* 'n stert kort. ~**tail** stompstert.

bang[3] *n.* →BHANG.

bang·er *(infml.)* wors(ie); (ou) tjor/rammelkas/ske=donk; klapper; yslike leuen; klapsoen.

Bang·la·desh *(geog.)* Bangladesj *(vroeër* Oos-Paki=stan*)*. **Bang·la·desh·i** *n.* Bangladesji, Bangladesjer. **Bang·la·desh·i** *adj.* Bangladesji=, Bangladesjies.

ban·gle armband; voetring.

ban·ian →BANYAN.

ban·ish verban, verdryf, uitsit, uitban; *~ s.o. from a country* iem. uit 'n land verban. **ban·ish·ment** uit=setting, verbanning; ballingskap.

ban·is·ter baluster, styl *(v. trapleuning)*; *(i.d. mv.)* trapleuning. ~ **brush** stofborsel.

ban·jo =*jo(e)s* banjo. **ban·jo·ist** banjospeler.

bank[1] *n.* bank; wal; skuinste, glooiing; dyk; oewer; *~ of cloud* wolkbank; *~ of cylinders* span silinders; *~ of snow* sneeubank; *on the ~(s) of ...* op die oewer van ... *('n rivier, meer, ens.)*; op die wal(le) van ... *('n rivier)*; *the river overflows its ~s* die rivier loop oor (*of* oorstroom) sy walle. **bank** *ww.* wal maak/gooi, op=dam; opwal; oppak, opstapel; dwarshelling gee; skuins vlieg; afdek *(vuur)*; *~ up* ophoop; *~ s.t. up* iets op=bank *('n vuur)*. ~ **cormorant** bankduiker. ~ **engine** →BANKING ENGINE. ~ **vole** *(soöl.)* rooi woelmuis; →VOLE.

bank[2] *n.* bank; speelbank; pot; *break a ~* 'n bank bankrot laat raak; *the B~ (of England)* die Bank van Engeland; *~ of issue/circulation* uitgifte=, note=, sir=kulasiebank; *laugh/cry all the way to the ~, (fig., infml.)* heelpad (*of* die hele pad) bank toe lag, nie kla oor die geld wat instroom nie; *money in the ~* geld in die bank. **bank** *ww.* in die bank sit, deponeer; geld in die bank hou; omsit in geld; banksake doen; *~ on ...* op ... staat=maak/reken. ~ **acceptance, banker's acceptance** bankaksep. ~ **account** bankrekening. ~ **agent** bank=agent. ~ **balance** banksaldo. ~ **bill,** ~ **draft** bankwissel. ~**book** bankboek(ie). ~ **card, banker's card** bank=kaart. ~ **charges** bankkoste. ~ **commission** bank=kommissie. ~ **cover** bankdekking. ~ **guarantee** bank=waarborg. ~ **holiday** *(Br.)* bankvakansie(dag), beurs=vakansie. ~ **manager** bankbestuurder. ~**note** bank=noot; *issue ~s* banknote in omloop bring. ~ **rate** bank=koers. ~ **return,** ~ **statement** bankstaat. ~**roll** *n., (Am.)* rol banknote; fondse, kapitaal, geld(middele). ~**roll** *ww., (Am. infml.)* finansie(e)r, subsidieer, finansieel (onder)steun. ~ **switching** *(rek.)* geheuebankwisse=ling. ~ **transfer** bankoordrag.

bank[3] *(sk.)* roeibank(ie); ry, reeks; *~ of keys* toets=bord; *~ of oars* ry roeispane.

bank·a·ble *(ekon.)* bankwaardig, bankbaar *(tjek ens.)*; *(fig.)* betroubaar *(belofte ens.)*; *a very ~ film star* 'n film=/rolprentster wat die geld laat instroom.

bank·er[1] grondwerker, klipkapper.

bank·er[2] bankier; boekhouer; geldhandelaar, finan=sier; *~'s acceptance* →BANK ACCEPTANCE; *~'s card* →BANK CARD; *~'s discount* bankdiskonto.

bank·et, bank·et banket, goudhoudende konglo=meraat.

bank·ing[1] opdamming, wal gooi; (dwars)helling, oorhelling; skuinsvlug. ~ **engine, bank engine** hulp=, stoot=, voorspanlokomotief. ~ **station** *(spw.)* bank=stasie.

bank·ing[2] bankwese; banksake, geldhandel. ~ **busi=ness** banksake. ~ **charges** bankkoste. ~ **hall** bank=saal. ~ **hours** bankure. ~ **house,** ~ **institution** bank=instelling. ~ **services** bankdienste.

bank·rupt *n.* bankrotspeler, bankroetier; *become a ~* bankrot gaan/raak/speel; *an undischarged ~* 'n on=gerehabiliteerde bankroetier. **bank·rupt** *adj.* ban=krot, insolvent, faljiet; *go ~* bankrot speel/raak/gaan, uitraak; *be ~ of ...* (heeltemal) sonder idees/ens. wees, (glad) geen idees/ens. hê nie. **bank·rupt** *ww.* bankrot maak. ~ **worm** *(Trichostrongylus* sp.*)* ban=krotwurm.

bank·rupt·cy bankrotskap, insolvensie, faillissement. ~ **court** insolvensiehof.

banks·man (bogrondse) skaggrawer.

ban·kul nut bankoelneut; →CANDLENUT.

ban·ner[1] banier, wimpel; vlag, vaandel; spandoek *(oor straat)*; *under the ~ of ...* onder die banier van ... ~ **cloud** wimpelwolk. ~ **headline** *(joern.)* banierkop.

ban·ner[2] verbanner, verbieder.

ban·ner·et *(hist.)* baanderheer.

ban·ne·rol →BANDEROL(E).

ban·ning uitsluiting, uitsetting; verbod; inperking. ~ **order** uitsettingsbevel; inperkingsbevel.

ban·nis·ter →BANISTER.

ban·nock garsbrood; roosterkoek.

banns (huweliks)gebooie, huweliksafkondiging; *ask/proclaim/publish* (or *put up*) *the ~* die gebooie afkon=dig; *forbid the ~* die gebooie skut/stuit.

ban·quet *n.* feesmaaltyd, banket, gasmaal. **ban=quet** *ww.* 'n banket aanbied/gee; feestelik onthaal; feesvier; *~ing hall* banketsaal. **ban·quet·er** fees=vierder, banketganger.

ban·shee, ban·shee doodsbode; *howl like a ~* soos 'n maer vark skree(u), 'n vreeslike keel opsit.

ban·tam kapokhoender, kapokkie, bantamhoender; *(fig.)* kapokhaan(tjie); pikkie, buksie. ~ **cock** kapok=haan. ~**weight** *(boks)* kapok=, bantamgewig.

ban·ter *n.* gekskeerdery, skerts, korswel, korswil. **ban·ter** *ww.* skerts, gekskeer, die gek skeer, kors=wel, korswil; terg, pla; *~ with s.o.* met iem. korswel/korswil/skerts/skoor. **ban·ter·er** gekskeerder, plaer, plaag=, terggees. **ban·ter·ing** *adj.* skertsend, grap=p(er)ig, snaaks; plaerig.

ban·ting *(arg.)* verslankings=, vermaeringskuur.

bant·ling *(arg., neerh.)* kind(jie), snuiter, suig(e)ling.

Ban·tu =*tu(s), (taalgroep, sprekers)* Bantoe. ~ **beer** *(vero., neerh.)* bantoebier. ~ **education** *(hist., neerh.)* Ban=toe-onderwys. ~ **language** Bantoetaal. **Ban·tu·stan** *(hist., neerh.)* Bantoestan.

ban·yan (tree), ban·ian (tree) baniaan(boom), waringin(boom).

ba·o·bab (tree) kremetart(boom), baobab, ape=broodboom.

bap sagte broodrolletjie.

bap·tise, =**tize** doop; onderdompel; naam gee. **bap=tism** doop, doop(s)bediening; *~ of fire* vuurdoop. **bap·tis·mal** doop=; *~ ceremony* doopplegtigheid; *~ certificate* doopseel; *~ font* doopvont, =bak, =bekken; *~ name* doopnaam; *~ register* doopboek, =register; *~ service* doopdiens. **Bap·tist** *n.* Baptis, Wederdoper, Doopsgesinde; *John the ~* Johannes die Doper. **Bap=tist** *adj.* Dopers, Doopsgesind; *~ Church* Baptiste=kerk. **bap·tist** *n.* doper. **bap·tist** *adj.* dopers, doops=gesind. **bap·tist·ry, bap·tist·er·y** doopkapel; doop=kerk, baptisterium; doopvont.

bar[1] *n.* staaf, stang, balk, tralie; *(metal.)* staaf, baar; slagboom, afsluitboom; *(mus.)* maat(streep); *(mil.)* balkie; toonbank; *(jur.)* regbank; *(jur.)* advokatuur, balie; vierskaar; tapkas, buffet; (drank)buffet, drink=plek, tappery, tapkamer, kroeg, kantien, *(infml.)* oog; sandwal, =bank; hindernis, beletsel; afsluiting, ver=sperring; verbod; skoenbalkie; *(naaldw.)* balkie, tren=sie; steunsel *(aan perdepoot)*; *(her.)* skuinsbalk; *(her.)* dwarsbalk; ***admit/call** s.o. to the ~* iem. tot die balie (*of* as advokaat) toelaat; ***asymmetric** ~s* ongelyke trapbrug; ***at** the ~* aan die balie; ***at** the ~ of history* voor die vierskaar van die geskiedenis; ***at** the ~ of the House* by die balie van die Raad; *be **behind** ~s* agter (die) tralies sit/wees; *~ of **gold*** ('n) staaf goud; ***gold** in ~s* staafgoud; ***horizontal** ~, (gimn.)* rekstok; ***medal** and ~* medalje en balkie; ***parallel** ~s, (gimn.)* brug; ***plea** in ~* afwysende/deklinatoriese pleit; ***private** ~* privaat/private kroeg; ***public** ~* openbare kroeg; ***read/study** for the ~* (in die) regte studeer; *~ of **soap*** steen seep; *be a ~ **to** s.t.* 'n beletsel vir iets wees. **bar** =*rr*=, *ww.* afsluit; uitsluit, wegwys, weer; hinder, verhinder, versper, belet; *~ s.o. from s.t.* iem. uit iets uitsluit; *~ out* uitsluit; *~ the way* voorkeer. **bar** *prep.* buiten, behalwe; *~ none* sonder uitsondering; *~ one* op een na. ~**bell** staafgewig; *(gewigoptel)* stang. ~ **billiards** kroegbiljart. ~ **bit** stang. ~ **capstan** gangspil. ~ **chart** →BAR GRAPH. ~ **code** *n., (han.)* strepies=, staafkode. ~**-code** *ww.* 'n strepies=/staafkode (*of* strepies=/staaf=kodes) op ... aanbring; *~d identity document* staaf=gekodeerde identiteitsdokument, identiteitsdokument met 'n strepies=/staafkode. ~ **code reader,** ~ **code scanner** strepieskode=, staafkodeleser. ~ **coding** stre=pies=, staafkodering, die aanbring van strepies=/staaf=kodes. ~ **copper** staafkoper. ~ **council** balieraad. ~ **diagram** →BAR GRAPH. ~ **faggoting** leer-lassteek. ~**fly** *(infml.)* kroegvlieg, =kruiper, =loper. ~**fly jump=ing** kroegvliegklou. ~ **gold** staafgoud. ~ **graph,** ~ **chart,** ~ **diagram** staafgrafiek. ~**hop** *ww.* kroeg=kruip, =loop. ~ **iron** staafyster. ~**keep(er)** kroegbaas, =eienaar, tapper, tapbaas, kroeg=, kantienhouer; →BAR=MAN. ~**keeping** kroegbedryf; tappery, tapnering. ~ **line** *(mus.)* maatstreep. ~ **lounge,** ~ **parlour,** ~ **room** dranksitkamer, buffetlokaal; tapkamer. ~ **magnet** staafmagneet. ~**maid** kroegmeisie, =vrou, =kelnerin. ~**man** =*men, (Am.)* ~**keep(er),** *(Am.)* ~**tender** kroeg=

man, =kelner, tapper. ~ **shoe** balk=, brugyster. ~ **sight** stangvisier. ~ **soap** steenseep. ~ **tack** balk=hegsel. ~**tender** →BARMAN.

bar² *n., (fis., drukeenheid)* bar.

Bar·ab·bas *(NT)* Barabbas.

bar·a·the·a *(tekst.)* baratea.

barb¹ *n.* baard *(v. vis ens.)*; weerhaak, pylpunt; angel; doring; prikkel; ~ *of wool* veselskub. **barb** *ww.* van weerhake voorsien. ~ **bolt** hakkelbout. ~**wire** *(Am.)* →BARBED WIRE.

barb² Barbaryse perd.

Bar·ba·dos *(geog.)* Barbados. **Bar·ba·di·an** *n.* Barbadaan. **Bar·ba·di·an** *adj.* Barbadaans.

bar·bar·i·an *n.* barbaar, onbeskaafde, wilde; *(i.d. mv.)* barbaredom. **bar·bar·i·an** *adj.* barbaars, onbeskaaf(d), wild. **bar·bar·ic** barbaars. **bar·ba·rise, =rize** barbariseer; barbaars word; barbaars maak. **bar·ba·rism** barbarisme, barbaarsheid. **bar·bar·i·ty** barbaarsheid, wreedheid. **bar·ba·rous** barbaars, wreed, onmenslik. **bar·ba·rous·ness** barbaarsheid.

Bar·ba·ry *n., (geog.)* Barbarye. **Bar·ba·ry** *adj.* Barbarys. ~ **ape** magot, Turkse aap.

bar·bate gebaard, met (bossies) hare.

bar·be·cue *n.* groot rooster; braaivleis; vleisbraaiery, braaivleisaand, vleisbraai-aand, braaiparty, braaiete; vleisbraaiplek; vleisbraaiwaentjie; vleisbraaistel; droogvloer. **bar·be·cue** *ww.* (oor die kole) braai; heel braai; vleis braai.

barbed: ~ *hook* weerhaak; ~ *nail* weerhaakspyker; ~ *wire* doring=, prikkel=, hakiesdraad. ~**-wire** *adj.:* ~ *cloth* duiwelsterk; ~ *entanglement* doringdraadversperring.

bar·bel voeldraad *(v. vis); (igt., SA)* baber; *(igt., Eur.)* barbeel; *(sea)* ~ baar.

bar·ber *n.* haarkapper, barbier, kapper, haarsnyer. **bar·ber** *ww.* skeer *(baard, hare)*. ~**shop** barbiers=, haarkapperswinkel. ~**'s itch,** ~**'s rash** baarduitslag. ~ **spider** baardskeerder. ~**'s pole** barbierspaal, barbierstok.

bar·ber·ry =*ries* suurbessie, berberis.

Bar·ber·ton: ~ **daisy** gerbera, rooigousblom.

bar·bet *(orn.), (Capitonidae* sp.*)* baardvoël; *(SA)* houtkapper.

bar·bette geskuttoring; barbet; geskutbank, barbet.

bar·bi·can wagtoring; *(mil.)* buitewerk.

Bar·bie doll *(handelsnaam)* Barbiepop; *(fig.)* leëkoppie.

bar·bi·tone, *(Am.)* **bar·bi·tal** *(chem.)* barbital.

bar·bi·tu·rate *(chem.)* barbituraat. **bar·bi·tu·ric:** ~ *acid* barbituursuur.

barb·less sonder weerhaak; ~ *hook* gladde hoek.

bar·bule baardjie, stekel.

bar·ca·rol(l)e, bar·ca·rol(l)e gondel=, bootlied, barcarolle.

bar·chan(e), bar·k(h)an *(geol.)* sekel=, wandelduin, barkaan.

bard *(arg., poët., liter.)* bard, sanger, digter; *the B~* Shakespeare. **bard·ic** barde=.

bard(e) *(kookk.)* spek(vleis)=, bardeerreep; *(hist.)* (perde)harnas, borswapen; *(hist.)* skabrak, sierlike perdekleed. **bard(e)** *ww., (kookk.)* bardeer, met spek(vleis)repe bedek; *(hist.)* bardeer *(perd)*.

bare *adj.* kaal, naak, nakend; bloot; leeg; skraal; alleen; ~ ***chance*** heel geringe moontlikheid/kans; ~ ***expanse*** kaalte; *with* ~ ***fists*** kaalvuis, met die kaal vuis; *with (one's)* ~ ***hands*** kaalhand, met (jou) kaal hande; ***lay*** ~, *(fig.)* ontbloot, blootlê; ~ ***majority*** skrale meerderheid; blote/gewone meerderheid; ~ ***minimum*** volstrekte minimum; *the* ~ ***necessities*** *of life* die allernodigste; *sail under* ~ ***poles,*** *(sk.)* met gestrykte seile vaar; *the ~/naked/plain* ***truth*** die naakte waarheid. **bare** *ww., (fig.)* ontbloot, blootlê; *(lett.)* ontbloot, kaal/naak maak. ~**back(ed)** kaalrug; bloots, sonder saal. ~**back rider** blootsryer. ~**faced** onbeskaamd, skaamteloos; met onbedekte gesig; ~ *lie* skaamtelose leuen. ~**facedness** skaamteloosheid. ~**fisted,** ~**knuckled** kaalvuis. ~**foot(ed)** kaalvoet. ~**handed** kaalhand; ongewapen(d). ~**headed** kaalkop, blootshoof(s). ~**-legged** *adj. & adv.* kaalbeen, sonder kouse. ~**-shouldered** met kaal skouers.

bare·ly openlik; enkel, alleen maar; skaars, ternouernood, skraps, nouliks, net-net.

bare·ness blootheid, naaktheid, kaalheid, onbedektheid.

Bar·ents Sea Barentsz-see.

bar·gain *n.* ooreenkoms, akkoord; (goeie) slag, kopie, winskoop, spotprys; *make the best of a* ***bad*** ~ jou na die omstandighede skik; *a* ***bad*** ~ *is dear at a farthing* goedkoop is duurkoop; *get the* ***best*** *of the* ~ die beste daarvan afkom; ***close*** *a* ~ 'n koop (af)sluit; ***find/get*** *a* ~ 'n slag slaan, 'n kopie doen/maak; *drive a* ***hard*** ~ iem. duur laat betaal, *(infml.)* iem. die vel oor die ore trek, iem. onbillik baie vra, iem. 'n woekerprys laat betaal; 'n harde sakeman wees; ***into*** *the* ~ op die koop toe, boonop; ***make/strike*** *a* ~ 'n akkoord aangaan/maak, 'n ooreenkoms tref; ***pick up*** *a* ~ 'n kopie raakloop; ***that's/it's*** *a ~!* akkoord!, top!, afgesproke!; *the greatest* ***travel*** ~ die billikste reisaanbod; ***throw*** *s.t. into the* ~ iets op die koop toegee (*of* toe gee); *get the* ***worst*** *of the* ~ die slegste daarvan afkom, aan die kortste ent trek/wees. **bargain** *ww.* onderhandel; ooreenkom; kwansel, ding, k(n)ibbel; afding; ~ *s.t. away* iets verkwansel; *s.o. did not ~ for/on s.t.* iem. het iets nie verwag (*of* was iets nie te wagte) nie, iem. het hom/haar nie vir iets klaargemaak nie, iem. was nie op iets voorberei nie, iem. het nie met iets rekening gehou (*of* het nie op iets gereken) nie; *more than s.o. ~ed for/on* meer as wat iem. verwag het (*of* te wagte was). ~ **basement** winskoop=, winskopieafdeling. ~ **buy** winskoop, =kopie, goeie kopie. ~ **counter** winskooptoonbank, =tafel, uitgooitafel. ~ **hunter** kopiesjagter. ~**-hunting** kopiesjag. ~ **offer** spesiale aanbod/aanbieding. ~ **price** winskoop=, weggee=, spotprys.

bar·gain·er onderhandelaar; *(hard)* ~ k(n)ibbelaar.

bar·gain·ing bedinging, onderhandeling; kwanselary; *collective* ~ gesamentlike bedinging; *hard* ~ k(n)ibbel(a)ry. ~ **chip,** ~ **counter** bedingingsmiddel, =instrument, =faktor, =hefboom, =kaart, =troef. ~ **council** bedingingsraad. ~ **position** onderhandelingsposisie, bedingstand. ~ **power** beding(ings)vermoë, onderhandelingsbevoegdheid.

barge *n.* vrag=, trekskuit; barg. **barge** *ww.* stamp, bots; ~ *about/around* rondstommel; ~ *in* inbars, indruk; ~ *into* stamp teen. ~ **board** windveer. ~ **couple** gewelspar. ~ **dog** keeshond. ~**hand** skipperskneg. ~**man** →BARGEE. ~**pole** skippersboom; *I wouldn't touch him/it with a* ~ ek sal nie met 'n tang aan hom (*of* daaraan) raak/vat nie; ek wil niks met hom (*of* daarmee) te doen hê nie.

bar·gee, *(Am.)* **barge·man** =*men* skuitvoerder, vragskipper; *swear like a* ~ vloek soos 'n matroos.

bar·ic baries, barium=.

bar·ite *(min.)* bariet, swaarspaat.

bar·i·tone bariton.

bar·i·um *(chem., simb.: Ba)* barium. ~ **enema** bariumklisma. ~ **meal** bariummaal.

bark¹ *n.* bas, skors, skil; vel, huid. **bark** *ww.* (af)skaaf, =skawe *(jou vel)*; afskil *(boom)*; afmaak *(bas)*; *(leerlooiery)* afskuur *(vel)*; 'n kors vorm, kors; ~ *one's shin* jou maermerrie stamp. ~ **bush** *(Osyris compressa)* basbos(sie), wildegranaat, pruimbas.

bark² *n.* blaf, geblaf; bôgom *(v. bobbejaan)*; *his* ~ *is worse than his bite* hy is nie so kwaai soos hy lyk nie. **bark** *ww.* blaf; kef; hoes; knal; ~ *after* nablaf; ~ *at s.o., (hond)* vir iem. blaf; *(mens)* iem. toesnou; ~ *out orders* bevele (uit)blaf; ~ *up the wrong tree* by die verkeerde adres wees.

bark³ →BARQUE.

bar·ken·tine, bar·kan·tine →BARQUENTINE.

bark·er blaffer, keffer; reklameroeper, klantelokker; *(arg. sl.)* pistool, kanon.

bar·k(h)an →BARCHAN(E).

bar·ley gars; gort *(vir menslike voedsel)*. ~ **broth** gortsop; sterk bier. ~**corn** garskorrel; gars; *(arg.)* $^1/_3$ duim; korrel *(v. geweer)*; *John B~* sterk drank, bier, whisky. ~**corn weave** koringaarbinding. ~ **flour** garsmeel. ~ **sugar** bors=, draai=, garssuiker. ~ **sugar plant** *(Pollichia campestris)* teesuiker, aardbossie. ~ **water** gortwater. ~ **wheat** kaal=, kappiegars, barlewiet, nepalgars. ~ **wine** sterk Engelse bier.

barm (bier)gis, biermoer; gisskuim, bolaaggis.

Bar·me·cide, Bar·me·cid·al *adj.* denkbeeldig; bedrieglik; skyn=; ~ *feast* fees sonder ete, skynfees, skynweldaad.

Bar Mitz·vah *(soms b~ m~)(Jud.)* barmitswa.

bar·my =*mier* =*miest* moerderig, gisterig, gishoudend; skuimerig; *(infml.)* simpel, mal, gek, getik, geklik.

barn skuur. ~ **dance** boeredans. ~ **door** skuurdeur; tamaai skyf. ~ **flue** droogkamer. ~ **owl** kerkuil; *African/Cape* ~ ~ kerkuil, no(o)ien(tjie)suil, nonnetjie(s)uil, dood(s)voël. ~**storm** rondtrek, op toneelreis gaan; politieke reise onderneem. ~**stormer** reisende toneelspeler, trekakteur. ~**storming** vir die toneel reis. ~**yard** plaaswerf. ~**yard fowl** (mak) hoender, skrophoender. ~**(yard) grass,** ~**yard millet** hanekamgras. ~**yard manure** stalmis.

bar·na·cle eendmossel; *(fig.)* laspos; *(i.d. mv.)* neusknyper, neusband *(vir onrustige perd)*; *(i.d. mv.)* knypbril. ~ **goose** brandgans.

bar·ney *(infml.)* uitval; *have a* ~ 'n uitval hê, 'n potjie loop, vassit.

bar·o·gram *(met.)* barogram.

bar·o·graph *(met.)* barograaf.

ba·rol·o·gy *(fis.)* gewigsleer.

ba·rom·e·ter *(met.)* weerglas, barometer *(ook fig.)*; *the* ~ *is falling/rising* die (weer)glas/kwik daal/sak/styg. **bar·o·met·ric, bar·o·met·ri·cal** barometries, barometer=. **ba·rom·e·try** barometrie.

bar·on baron; vryheer; jonkheer; *(fig.)* magnaat; ~ *of beef* rugstuk van bees; *land* ~ →LAND; *tobacco/etc.* ~ tabakkoning, =magnaat, *ens.*. **bar·on·age** baronskap; vryheerskap; adel; baronne; adelboek. **bar·on·ess** barones; vryvrou; jonkvrou, freule. **bar·on·et** baronet, sir. **bar·on·et·age** (die) baronette. **bar·on·et·cy** baronetskap, sirskap, rang van baronet, erflike ridderskap. **ba·ro·ni·al** van 'n baron, barons=, vryheerlik. **bar·o·ny** baronie; vryheerlikheid.

ba·roque *(dikw. B~)* barok(kuns/styl/tyd) *(dikw. B~)*.

bar·o·scope *(fis.)* swaartemeter.

ba·rouche *(rytuig)* kales.

barque, *(Am.)* **bark** *(sk.)* bark; *(fig.)* skuit, skip.

bar·quen·tine, bar·quan·tine, *(Am.)* **bar·ken·tine, bar·kan·tine** *(sk.)* barkie, skoenerbark.

bar·ra·can *(tekst.)* barrakan.

bar·rack¹ *n., (gew. i.d. mv.)* barak; kasarm; *(mil.)* kaserne. **bar·rack** *ww.* kaserneer. ~ **hut** barak. ~ **room** kasernekamer. ~**-room lawyer** wysneus, slimjan, beterweter. ~**s bread** soldatebrood. ~ **square,** ~ **yard** kaserneplein, =werf.

bar·rack² *ww.* uitjou, koggel.

bar·rack·ing¹ kasernering.

bar·rack·ing² uitjouery, gejou.

bar·ra·cou·ta *(Thyrsites atun)* snoek.

bar·ra·cu·da barrakuda; *(Scomberomorus* sp.*)* katonkel; *(Sphyraena* sp.*)* Transkeise snoek.

bar·rage stu=, keerdam, keerwal; *(mil.)* sper=, gordynvuur; *a* ~ *of questions* 'n spervuur van vrae; *be under a* ~ *of* ... met ... bestook word. ~ **balloon** versperringsballon.

bar·ra·tor baratteur, lastige prosedeerder, hofvoël, twissoeker. **bar·ra·try, bar·re·try** baratterie; (opstoking tot) prosedeerdery, kwelsugtige gedingvoering (*of* aansporing daartoe); simonie; goedereverval=sing; *commit* ~ baratteer.

barre *n., (Fr.), (ballet)* balk.

barred gestreep; uitgesluit, belet; gegrendel; *no holds* ~ (met) alles geoorloof.

bar·rel *n.* vat, vaatjie, ton; kuip; loop *(v. geweer)*; buis, silinder; trommel *(v. horlosie)*; romp *(v. perd ens.)*; midde(l)stel *(v. skaap ens.)*; ribbekas; keel *(v. vergasser)*; *breach a ~* 'n vat oopsteek/oopslaan; *a ~ of oil/etc.* 'n vat/vaatjie olie/ens.; *have s.o. over a ~, (infml.)* iem. in jou mag hê; *scrape the (bottom of the) ~, (infml.)* boomskraap wees. **bar·rel** *-ll-, ww.* in vate sit, inkuip; *(Am. infml.)* ja(ag), vlieg, storm; *~ along, (infml.)* voortja(ag). *~* **arch** tongewelf. *~* **bolt** kokergrendel. *~* **chest** breë bors(kas). *~*-**chested** met 'n breë bors *(pred.)*, breëbors-. *~*-**house** *(Am.)* kantien, drinkplek, kroeg, oog; blikkerige jazz(musiek). *~* **organ** draaiorrel. *~* **roof** tondak. *~* **saw** duigsaag. *~* **vault** ton(nel)gewelf.

bar·rel·ful *-fuls* vat (vol).

bar·ren onvrugbaar; steriel; dor, bar, kaal; onvrugbaar, gus; *~ cow* kween, guskoei; *~ ewe* gusooi, kween; *~ of* ... sonder ... **bar·ren·ness** onvrugbaarheid; kaalheid, dorheid; vaalte.

bar·ret baret, plat mus, kalotjie; →BERET.

bar·rette *(Fr.)* (haar)knippie.

bar·ri·cade, bar·ri·cade *n.* verskansing, hindernis, versperring, barrikade. **bar·ri·cade, bar·ri·cade** *ww.* verskans, versper, barrikadeer; *~ o.s. in* jou verskans; *~ s.t. off* iets afsper *('n plek)*.

bar·ri·er *n.* slagboom; grenspaal; tolhek; *(spw.)* sluitpaal, val-, sper-, sluitboom; skagskeiding; afsluiting, versperring, keermuur; (pool)ysmuur; barrière; hinderpaal; hindernis; *break down ~s* grense/skeidsmure afbreek; *put up ~s* versperrings oprig; *be a ~ to* ... in die pad na ... staan *(vooruitgang ens.)*. **bar·ri·er** *ww.* afsluit, versper. *~* **cream** beskermende velroom, beskermroom. *~* **fort** sperfort. *~* **line** sperstreep. *~* **railing** sper-reling. *~* **reef** walrif; *Great B~ R~* Groot Barrière-rif, Groot Koraalrif, Groot (Australiese) Walrif. **B~ Treaty** Barrière-verdrag.

bar·ring met uitsondering van, behalwe, buiten, afgesien van, buite en behalwe, uitgesonderd, behoudens.

bar·ris·ter *(Br.)* advokaat; *(i.d. mv.)* die advokatuur. *~*-**at-law** advokaat (van die hooggeregshof).

bar·row[1] kruiwa; handkar, stootkar(retjie); draagbaar. *~* **boy** straatventer. *~* **man** kruier; straatventer.

bar·row[2] terp, heuweltjie; grafheuwel.

bar·row[3] burg(vark).

bar·ter *n.* ruil, ruilhandel, ruilery. **bar·ter** *ww.* ruil, ruilhandel dryf; kwansel; verruil; smous; verhandel; *~ away* verkwansel. *~* **agreement** ruilooreenkoms. *~* **expedition** ruiltog.

bar·ter·er kwanselaar, ruiler.

bar·ter·ing gekwansel, kwansel(a)ry, ruilery.

Bar·thol·o·mew *(NT)* Bartolomeus; *St ~'s Eve* Bartolomeusnag.

bar·y·sphere *(geomorfol.)* aardkern, barisfeer.

ba·ry·ta *(chem.)* barietaarde.

ba·ry·tes →BARITE.

ba·sal basaal; bodemstandig; grondstandig, onderste; *~ cover* grondbedekking; *~ leaf* wortelblaar; *~ metabolism* grondstofwisseling, basale metabolie.

bas·alt *(geol.)* basalt. **ba·sal·tic** basalties; *~ lava* basaltlawa. **ba·sal·tine** basaltagtig, basalties.

bas·a·nite *(geol.)* basaniet; lidiet.

Ba·sar·wa *Masarwa* Basarwa, Boesman.

bas·ci·net →BASINET.

bas·cule wip; brugbalans, baskule. *~* **(bridge)** wipbrug, baskulebrug.

base *n.* grondslag, basis; bodem; fondament, voetstuk, voet; onderent; onderstuk; grondvlak; grondlyn; uitgangspunt; grondgetal; *(chem.)* basis, alkali; *(mil.)* steunpunt, basis; *~ of a/the cylinder* silinderbasis; *first/second/third ~, (bofbal)* eerste/tweede/derde rus; *not get to first ~ with s.o., (infml.)* geen kans by iem. hê nie; *home ~* →HOME; *return to ~* na die/jou basis terugkeer. **base** *adj.* sleg, gemeen, laag, vuig, snood; minderwaardig; onedel; laaghartig, vals. **base** *ww.* grond, baseer; grondves, vestig; *~ s.t. on/upon* ... iets op ... grond/baseer; *be ~d on/upon* ... op ... gegrond/gebaseer wees; op ... berus; op die lees van ... geskoei wees. *~* **angle** basishoek. *~*-**board** vloer-, spatlys. *~*-**born** *(arg.)* van lae geboorte; oneg, buite-egtelik. *~* **coin** vals(e) munt. *~* **course** voetlaag. *~*-**head** *(Am. dwelmsl.)* crackverslaafde. *~* **hit** *(bofbal)* rushou. *~*-**line** grond-, basislyn; *(tennis)* agter-, voetlyn. *~*-**man** *-men, (bofbal)* veldwerker. *~* **map** grond-, basiskaart. *~* **metal** basismetaal; onedel(e) metaal. *~* **moulding** voetlys. *~* **plate** steun-, fondamentplaat; voetplaat; onderlêplaat. *~* **rate** *(fin.)* basiskoers. *~* **value** basiswaarde.

base·ball bofbal. *~* **bat** bofbalkolf. *~* **league** bofballiga. *~* **player** bofbalspeler.

-based *komb.vorm* met 'n -basis, met ... (as basis); *computer-~ system/technology* rekenaarstelsel, -tegnologie; *London-~ company/etc.* maatskappy/ens. met sy hoofkantoor/hoofkwartier/basis in Londen; *rum-~ cocktail* mengeldrankie met 'n rumbasis (*of* met rum [as basis]).

Ba·sel, Basle *(geog.)* Basel.

base·less ongegrond, sonder grond; *quite/utterly ~* van alle grond ontbloot. **base·less·ness** ongegrondheid.

base·ly gemeen, laag, op 'n gemene/lae manier.

base·ment fondament; ondergrondse verdieping, kelderverdieping. *~* **house** kelderwoning. *~* **membrane** basaalvlies. *~* **parking** kelderparkering. *~* **rock** oergesteente.

base·ness laagheid, gemeenheid, vuigheid, snoodheid; minderwaardigheid, onegtheid.

bash *n.* slag, hou; probeerslag; kartonskuiling; *have a ~ at s.t., (infml.)* iets ('n slag) probeer (doen). **bash** *ww.* slaan, moker; (in)duik; *I'll ~ you* ek foeter jou; *~ s.t. down, (infml.)* iets platmoker; *~ s.t. in, (infml.)* iets inslaan *('n deur, venster, iem. se kop, ens.)*; *~ into s.t.* teen iets bots/vasry; *~ up, (infml.)* opdons *(iem.)*; opfrommel *(motor)*.

Ba·shan *(OT)* Basan.

ba·shaw →PASHA.

bash·ful skaam, skamerig, verleë, bedees, beskaamd, skroomvallig, sku, skugter, skimmel, beskimmel(d); *~ person* skimmelbrood. **bash·ful·ness** skaamte, skamerigheid, beskaamdheid, verleentheid.

-bash·ing *komb.vorm, (infml.)*: *Bible-~* godsdienstige fanatisme, Bybeldwepery; *ear-~* aanhoudende gekekkel/gebabbel/geklets; *gay-~* gay-treitering; *union-~* vakbondtreitering.

Bash·kir *-kir(s)* Basjkir.

ba·sic *n.* basiese opleiding; *(i.d. mv.)* fundamentele feite; grondtrekke; *get/go back to ~s* tot die grondbeginsels terugkeer. **ba·sic** *adj.* basies, fundamenteel, grond-; *(chem.)* basies, alkalies; *~* ***difference*** wesensverskil; *~* ***dye*** grondkleurstof; *~* ***error*** grondfout; *~* ***figure*** grondsyfer; *~* ***freight*** grondvrag; *~* ***idea*** grondgedagte; *~* ***industry*** hoofindustrie, grondbedryf; *~* ***law*** grondwet; *~* ***material*** grondstof; *~* ***number*** grondgetal; *~* ***pattern*** grondpatroon; *~* ***pay/wage*** grondloon; *~* ***principle*** grondbeginsel; *~* ***rate*** grondtarief; *~* ***right*** grondreg; *~* ***slag*** slak(ke)meel, Thomasslak, ysterghwano; *~* ***tax*** insetbelasting; *be ~* ***to*** *s.t.* aan iets ten grondslag lê; *~* ***wage*** →***basic pay***; *~* ***year*** basisjaar *(v. berekeninge)*. **B~ English** Basisengels.

ba·si·cal·ly in die grond, in wese, wesen(t)lik, fundamenteel, basies. **ba·sic·i·ty** *(chem.)* basisiteit; basiese vermoë.

Bas·il: *Saint ~ (the Great)* die Heilige Basilius, Basilius die Grote.

bas·il[1] basilikum, basiel-, balsem-, basilie-, koningskruid.

bas·il[2] gelooide skaapvel, voeringvel.

bas·i·lar *(anat.)* basilêr.

ba·sil·i·ca *(argit.)* basiliek, basilika.

Ba·sil·i·ca·ta *(geog.)* Basilicata.

ba·sil·i·cum *(salf)* basilikum.

bas·i·lisk basilisk, draak; kuif-, boomakkedis.

ba·sin kom; bekken; skottel; wasbak; stroom-, vanggebied; *harbour/turning ~* →HARBOUR; TURNING. *~*-**shaped** ketel-, komvormig. *~* **valley** keteldal, kaar.

bas·i·net, bas·ci·net, bas·net ligte helm.

bas·ing basering, gronding.

ba·sis *-ses* grondslag, fondament; grondtal; steunvlak; voetstuk; basis; *be paid on a* ***daily*** *~* by die dag betaal word; *on an* ***equal*** *~* op gelyke voet; ***form*** *the ~ of s.t.* aan iets ten grondslag lê; ***on*** *the ~ of* ... op grond van ...; aan die hand van ...; in die lig van ...; ***on*** *a ~ of reciprocity* op voet van wederkerigheid; ***on*** *the ~ that* ... met die uitgangspunt dat ...; *work* ***on*** *the ~ that* ... van die veronderstelling uitgaan dat ...; ***on*** *a trial (or an experimental) ~* by wyse van proefneming; *~ of* ***operations*** operasiebasis.

bask *ww.*: *~ in* ... bak in ... *(d. son)*; jou koester in ... *(d. son, iem. se guns, ens.)*.

bas·ket *n.* mandjie, korf; bak; *a ~ of eggs/etc.* 'n mandjie eiers/ens.; *a ~ of currencies* 'n groep geldeenhede; *the pick of the ~* die allerbeste/-mooiste/-fynste; *shoot a ~, (basketbal)* 'n doel gooi; *you ~!, (infml.)* jou vloek!. **bas·ket** *ww.* in 'n mandjie sit, inpak. *~*-**ball** korfbal(spel); *American ~* basketbal, Amerikaanse korfbal. *~* **boat** mandjieboot. *~* **case** *(Am. sl.)* iem. met geamputeerde arms en bene, romppasiënt; hulpelose/hopelose geval; senu(wee)wrak; iem. wat (van lotjie) getik (*of* van sy trollie/wysie af *of* in die/sy bol gepik) is. *~* **chair** riet-, rottangstoel. *~* **clause** allesomvattende klousule. *~* **cloth** matstof. *~* **maker,** *~* **weaver** mandjiemaker. *~* **osier** →BASKET WILLOW. *~* **stitch** mandjiesteek. *~*-**ware,** *~*-**work** vleg-, mandjiewerk. *~* **weave** mandjiebinding. *~* **willow,** *~* **osier** mandjie-, bind-, katwilg(er).

bas·ket·ful *-fuls* mandjie vol.

bas·ket·ry vleg-, mandjiewerk.

bask·ing shark, sail·fish *(igt.: Cetorhinus maximus)* koesterhaai.

Basle →BASEL.

bas·ma·ti (rice) *(Hindi)(soort aromatiese langkorrelrys)* basmati(rys).

bas·net →BASINET.

Basque *n.* Bask; *(taal)* Baskies. **Basque** *adj.* Baskies.

basque lyfie (met heupstuk); heupval, (los) heupstuk.

bas-re·lief vlak-, laagreliëf; *in ~* halfverhewe, in vlakreliëf.

bass[1] bas(stem); bas(sanger); *double/string ~* kontrabas. *~* **baritone** basbariton. *~* **clarinet** basklarinet. *~* **clef** bassleutel. *~* **drum** bas-, groottrom. *~* **fiddle** *(infml.)* kontrabas. *~* **flute** *(orrelregister)* basfluit. *~* **guitar** baskitaar, -ghitaar. *~* **recorder** basblokfluit. *~* **tuba** bastuba.

bass[2] *bass(es), (igt.)* baars.

bass[3] binnebas *(v.d.Am. lindeboom)*; →BAST. *~* **broom** bas-, stalbesem. *~* **fibre** basvesel. *~*-**wood** (Amerikaanse) lindeboom, lindehout.

bas·set: *~* **horn** *(mus.: orrelregister; vero. altklarinet)* bassethoring. *~* **(hound)** basset, Franse dashond.

bas·si·net drawieg(ie), kinder-, kapmandjie; kapwieg, kinderbedjie; kapkinderwaentjie.

bass·ist kontrabasspeler; baskitaar-, basghitaarspeler.

bas·soon fagot. **bas·soon·ist** fagottis, fagotspeler.

bas·so pro·fun·do *-dos, (It.)(mus.)* basso profundo, diep bas, sanger met 'n diep basstem.

bas·so re·lie·vo →BAS-RELIEF.

bast binnebas, floëem; →BASS[3]. *~* **fibre** basvesel. *~* **vessel** sifvat.

bas·tard *n., (infml., neerh.)* bliksem, blikskottel, vloek(sel), wetter; *(vero., neerh.)* onegte/onwettige kind, hoerkind; baster. **bas·tard** *adj.* baster-; oneg, nagemaak; *(vero., neerh.)* oneg, onwettig, buite-egtelik; *~ galjoen* kraaibek, bastergaljoen; *~ mackerel* marsbanker; *~ sugar* bastersuiker. **bas·tard·i·sa·tion, -za·tion** bastardering. **bas·tard·ise, -ize** *(vero., neerh.)* tot baster (*of* onegte kind) verklaar; basterdeer; verbaster. **bas·tard·y** basterskap, onegtheid, onwettigheid.

baste[1] bedruip *(met vet)*; afransel, looi, 'n loesing (*of* 'n goeie pak slae) gee.

baste[2] vasryg, aaneenryg, (aanmekaar)ryg.

Bas·ter *(Rehoboth)* Baster.

bas·ti·na·do *=do(e)s, n.* bastonnade; pak slae (op voetsole). **bas·ti·na·do** *=does =doing =doed, ww.* bastonneer; 'n pak slae gee.

bast·ing[1]: ~ **sauce** bedruip=, baksous. ~ **spoon** drup=, bedruiplepel.

bast·ing[2] ~ **stitch** rygsteek. ~ **thread** rygdraad.

bas·ti·on bastion, vestingbolwerk; vesting. **bas·ti·oned** versterk, gefortifiseer.

bast·naes·ite, bast·nas·ite *(min.)* bastnasiet.

bas·ton *(bouk.)* torus.

Ba·su·to *(lid v. bevolkingsgroep)* Basotho. ~**land** *(hist.)* Basoetoland; →LESOTHO. ~ **pony** Basoetoponie.

bat[1] *n.* kolf; spaan; kolwer, slaner; vleishamer; *(sl.)* spoed, snelheid, vaart; tempo; *be **at** ~* kolf, aan die kolf wees; ***at** an awful (or a fair old) ~* in volle/dolle vaart; ***beach** ~* →BEACH; ***carry** one's ~, (kr.)* onoorwonne kolf/wees; *at **full** ~, (infml.)* in/met volle vaart; ***go** on a ~, (sl.)* na die bottel gryp, begin suip, (te veel) begin drink, aan die drink/suip gaan/raak; ***go** to ~ for s.o., (infml.)* iem. verdedig; *right **off** the ~, (infml.)* sonder aarseling, dadelik; *do s.t. off one's **own** ~* iets op eie houtjie/inisiatief/verantwoordelikheid doen; *play with a **straight** ~, (infml.)* eerlik handel. **bat** *=tt=, ww.* slaan, kolf. ~**fowling** voëlvangery (snags).

bat[2] *n.* vlermuis; *have ~s in the/one's belfry, (infml.)* (van lotjie) getik (*of* van jou trollie/wysie af) wees, nie al jou varkies (in die hok) hê nie; *like a ~ out of hell* of die duiwel agter jou is; *hairy ~* langhaarvlermuis. ~**-eared fox** bakoorjakkals. ~ **guano** vlermuismis, =ghwano. ~ **hawk** vlermuisvalk. ~**wing sleeve** vlermuismou.

bat[3] *=tt=, ww.* knipoog; *not ~ an eye(lid)* geen (*of* nie 'n) ooglid verroer nie, geen (*of* nie 'n) spier vertrek nie; *without ~ting an eye(lid)* sonder om 'n ooglid te verroer (*of* 'n spier te vertrek), sonder blik of bloos (*of* om te blik of te bloos).

ba·ta·ta patat.

Ba·ta·vi·a *(hist.)* Batavia; →JAKARTA. **Ba·ta·vi·an** *=vi(ans), n.* Bataaf, inwoner van Batavia. **Ba·ta·vi·an** *adj.* Bataafs; *~ Republic* Bataafse Republiek.

batch *n.* baksel; klomp, bondel, stel, party; tros *(kinders);* klompie, groep(ie); trop; *(rek.)* bondel; *boiling ~* kooksel; *brewing ~* brousel; *distillation ~* stooksel; *in ~es* klompe-klompe, klompies-klompies; bondels-bondels; groepsgewys(e); *melting ~* smeltsel; *in one ~* tegelyk. **batch** *ww.* groepeer; *(rek.)* bondel. ~ **command** *(rek.)* bondelbevel. ~ **file** *(rek.)* bondellêer. ~ **processing** *(rek.)* bondelverwerking.

batch·ing groepering; *(rek.)* bondeling.

bate[1] *n.* loog. **bate** *ww.* in die loog sit, loog.

bate[2] *n., (sl.)* woede; *in a ~* woedend.

bate[3] *ww.* verlaag; verneder; stomp maak; inhou; aftrek, verminder; *with ~d breath* met ingehoue asem, met gespanne aandag. **bat·ing** uitgesonderd, behalwe, buiten.

bat·e·leur (ea·gle) berghaan, dassievanger, stompstertarend.

Bath *(stad)* Bath. ~ **brick** skuursteen. ~ **bun** suikerbolletjie. ~ **chair** rol=, stoot=, rystoel; siekestoel. ~ **metal** Bathmetaal, pinsbek.

bath[1] *n.* bad; badkuip; badwater; badhuis; badplaas; *(i.d. mv.)* badhuis, =inrigting; *(i.d. mv.)* geneeskragtige bron, warmbad; ***draw/run** a ~* 'n bad laat volloop, water in die bad laat inloop; *in a ~ of **fat*** in diep vet; *be **going** to have/take a ~* gaan bad; ***have/take** a ~* bad, 'n bad neem; ***Order** of the B~* Badorde; ***Roman** ~s* Romeinse badhuis; ***Turkish** ~(s)* Turkse badhuis; *take **Turkish** ~s* Turkse baaie neem; ***wash** ~s* baddens was. **bath** *ww.* bad; 'n bad gee; 'n bad neem. ~ **cube** blokkie badsout. ~**house** badhuis. ~ **mat** badmat. ~ **oil** badolie. ~**robe** badjakkie, =jas. ~**room** badkamer; *give a ~ shower* bruidsbadkamer hou. ~**room cabinet** toiletkassie. ~ **sheet** groot badhanddoek. ~ **towel** badhanddoek. ~**tub** bad, badkuip.

bath[2] *n., (arg.: vloeistofmaat)* bat.

Ba'th *n.* →BAATH.

bathe *n.* bad, (die) baai. **bathe** *ww.* baai, swem; afspoel; bet, baai *(wonde); be ~d in tears* in trane swem/wees. **bath·er** baaier.

ba·thet·ic →BATHOS.

bath·ing baai(ery); *there is good ~* daar is goeie baaiplek. ~ **beauty,** ~ **belle** strandskoonheid, =pop. ~ **box,** ~ **cabin** badhuisie, =hokkie. ~ **cap** swempet. ~ **costume,** ~ **suit** baaikostuum, swem=, baaipak. ~ **cubicle** aantrek=, badhokkie. ~ **dress** swem=, baaiklere, swemdrag. ~ **establishment** swembad. ~ **gown** strandjakkie. ~ **machine** *(hist.)* badkoets. ~ **place** swem=, baaiplek; badplaas, strandoord, strand(plek). ~ **pool** swemplek, =gat, =kuil, baaiplek. ~ **slip** swem=, baaibroekie. ~ **trunks** swem=, baaibroek(ie). ~ **tub** bad(kuip).

bath·o·lite, bath·o·lith *(geol.)* batoliet.

ba·thom·e·ter dieptemeter, batometer.

ba·thos batos, antiklimaks, banaliteit. **ba·thet·ic** banaal.

Bath·she·ba *(OT)* Batseba.

bath·y=, bath·o= *komb.vorm* diepte=, diep=, bato=.

bath·y·al batiaal, diepsee=.

bath·y·scaph(e), bath·y·scape duiktoestel, =bol.

bath·y·sphere batisfeer, duikbol.

ba·tik, bat·tik *n. & ww.* batik.

bat·ing →BATE[3].

ba·tis *(bot.)* bontrokkie.

ba·tiste *(tekst.)* batis.

Bat Mitz·vah *(soms b~ m~) (Jud.)* batmitswa.

ba·ton (maarskalk)staf; (dirigeer)stok, maatstok; polisiestok, knuppel; *(atl.)* staf(fie); *under the ~ of ...* gedirigeer deur ..., onder leiding van ... ~ **charge** knuppelaanval, =stormloop. ~ **round** *(fml.)* plastiekkoeël.

ba·tra·chi·an *n.* amfibie; padda. **ba·tra·chi·an** *adj.* amfibies; padda=.

bats *adj., (infml.)* (van lotjie) getik, van jou trollie/wysie af, in die/jou bol gepik, bossies.

bats·man *=men, (kr.)* kolwer, slaner; *~'s crease* kolfstreep; kolfkampie. **bats·man·ship** kolf(werk), kolfvernuf, bedrewenheid as kolwer.

Ba·tswa·na *(volk)* Batswana.

bat·tal·ion bataljon; *God is for the big ~s* mag is reg. ~ **commander** bataljonkommandant.

bat·tels losiesgeld.

bat·ten[1] *n.* (klamp)lat, heg=, strooklat; strook; rietraam *(v. weefgetou).* **bat·ten** *ww.* met latte vassit, (be)lat; *~ down the hatches, (sk.)* die luike vasskroef; *(fig.)* alles in veiligheid bring, alle voorsorg tref; *~ed wall* lattemuur, belatte muur. ~ **light** solderlig.

bat·ten[2] *ww.* vetmes; jou vetmes, vet word; *~ on/upon s.o./s.t* iem. uitsuig, op iem. teer; iets uitsuig; in iets swelg. **bat·ten·ing** vetmesting; (die) vet word.

bat·ter[1] *n., (bofbal)* kolwer.

bat·ter[2] *n.* beslag; *coating/pouring ~* →COATING; POURING.

bat·ter[3] *n.* hang, skuinste, (oor)helling, terughelling. **bat·ter** *ww.* hang, oorhel, skuins lê, skuins oploop; *~ing wall* terughellende muur, keermuur.

bat·ter[4] *ww.* slaan, moker, toetakel; hamer *(aan deur);* heftig aanval *(iem., teorie, ens.);* bestook, beskiet; mishandel; *~ against s.t.* (wild) teen iets slaan; *~ s.t. down* iets platmoker; *~ s.t. in* iets inslaan; *~ s.o. to death* iem. doodslaan; *~ s.t. to pieces* fyngoed van iets maak, iets flenters slaan; *~ s.o.'s face to a pulp* iem. se gesig pap slaan.

bat·tered gehawend; geduik; mishandel; *~ baby/wife* mishandelde baba/vrou; *~ hat* verslete/verslyte hoed.

bat·ter·ing beskieting, bestoking; mishandeling; kwaai slae; *give s.o. a ~* iem. erg/kwaai toetakel; *(sport)* iem. kwaai slae gee; *take a ~* erg/kwaai toegetakel word; *(sport)* kwaai slae kry. ~ **charge** volle lading. ~ **gun** beleëringskanon. ~ **ram** stormram, rammei. ~ **train** beleëringstrein.

bat·ter·y battery; handtastelikheid, handgemeen; stel kopergereedskap; *(landb.)* lêbattery; ***assault** and ~* →ASSAULT *n.;* ***charge** a ~* 'n battery laai; *a **dead/flat** ~* 'n pap battery; *a ~ **of** questions* 'n spervuur van vrae; *undergo a ~ **of** tests* 'n hele reeks toetse ondergaan; ***recharge** a ~* 'n battery herlaai; ***recharge** one's batteries, (infml.)* jou krag(te) herwin. ~ **cable** batterykabel. ~ **charger** gelykrigter; batterylaaier. ~ **farming** batteryboerdery. ~ **fire** *(mil.)* spervuur. ~ **hen** batteryhoender. ~ **ignition** batteryontsteking. ~**-powered** battery(aan)gedrewe, met batteryaandrywing, battery=. ~ **sergeant-major** wagmeester. ~ **terminal** poolklem. ~ **tester** batterytoetser.

bat·tik →BATIK.

bat·ting *(kr.)* kolfwerk, kolf. ~ **average** kolfgemiddelde. ~ **crease** kolfstreep; kolfkampie. ~ **depth** kolfdiepte. ~ **order** kolflys. ~ **strength** kolfkrag.

bat·tle *n.* (veld)slag, geveg; stryd; *it's **a** ~, (infml.)* iem. kry swaar; *be **arrayed** for ~* in slagorde opgestel wees; ***die/fall** (or be **killed**) in ~* sneuwel, val; ***do/give/join** (or **go into**) ~* die stryd aanknoop, slaags raak *(met);* ***fight** a ~* 'n slag lewer; 'n stryd voer; ***fight** one's own ~s* op jou eie bene staan, self die mas opkom, self sien om die mas op te kom; ***generals'** ~* taktiekslag; *that's **half** the ~* daarmee is dit halfpad gewen; *in the **heat** of ~* in die hitte van die stryd; ***line** of ~* slagorde, =linie; *be **locked** in (a) ~* in 'n oorlog gewikkel wees; ***lose/win** a ~* 'n slag verloor/wen; *fight a **losing** ~* aan die verloorkant wees, geen kans hê om te wen nie; *the B~ **of** Britain* die (lug)slag om Brittanje; *the ~ **of** Magersfontein/etc.* die slag by/van Magersfontein/ens.; *B~ **of** the Nations* Volkereslag; *B~ **of** the Spurs* Guldesporeslag; *B~ **of** the Three Emperors* Driekeiserslag; *in **order** of ~* in slagorde; ***ready** for ~* slaggereed, slagvaardig; *a ~ **royal*** 'n titaniese stryd; *a **running** ~* 'n eindelose stryd; *~ **of wits*** vernufstryd. **bat·tle** *ww.* veg, stry; beveg, bestry; slag lewer; stryd voer; *~ against ... teen ...* veg/worstel; *~ for a living* 'n stryd om die bestaan voer; *~ it out* dit uitspook/uitveg. ~ **array** slagorde. ~**axe** stryd=, slagbyl; hellebaard; *(infml.)* feeks, kwaai vrou, tierwyfie, ou draak. ~ **bow** strydboog. ~ **cruiser** slagkruiser. ~ **cry** strydkreet, =leuse, krygsleuse, slagkreet. ~**dress** vegtenue. ~ **fatigue** oorlogsmoegheid, =tamheid, vegmatheid. ~**field** slagveld, gevegsterrein, oorlogsveld. ~**front** gevegsfront. ~**ground** strydtoneel. ~ **honours** gevegsonderskeiding. ~ **order** slagorde, gevegsformasie; vegtenue. ~**piece** oorlogskildery; beskrywing van 'n slag. ~ **royal** stryd tot die bittere einde (toe); titaniese/verbete stryd. ~**ship** slagskip. ~ **song** krygslied. ~ **station** vegpunt. ~**wag·on** *(Am. sl.)* →BATTLESHIP. ~**-weary** oorlogsmoeg, =tam.

bat·tle·dore *(hist.)* raket; waskloppper; *~ and shuttlecock* soort raketspel/pluimbalspel.

bat·tle·ment kanteel; *(i.d. mv.)* kantele, borswering. **bat·tle·ment·ed** gekanteel(d).

bat·tue *(Fr.)* klop=, dryfjag.

bat·ty *(sl.)* (van lotjie) getik, van jou trollie/wysie af, in die/jou bol gepik, bossies.

bau·ble (kinder)speelgoed, speeldingetjie; tierlantyntjie; prul(ding); narresepter.

baud *n., (rek.)* baud. ~ **rate** baud=, transmissiesnelheid.

baulk →BALK.

baux·ite *(min.)* bauxiet, aluminiumerts.

Ba·var·i·a *(geog.)* Beiere. **Ba·var·i·an** *n.* Beier; *(dialek)* Beiers. **Ba·var·i·an** *adj.* Beiers; *the ~ Forest* die Beierse Woud.

Ba·ven·da *(volk)* Bavenda.

baw·bee *(Sk.)* stuiwer; *the ~s* die geldjies.

bawd *(arg.)* koppelaarster. **bawd·i·ness** ontugtigheid, liederlikheid. **bawd·ry** smerigheid, vuil praatjies; ontug. **bawd·y** *n.* vuil praatjies, smerigheid; ontug(tigheid); vuilpratery; koppelary. **bawd·y** *adj.* ontugtig, hoeragtig, onkuis; vuilpraterig, liederlik; *~ talk* vuil praatjies. **bawd·y·house** *(arg.)* →BROTHEL.

bawl brul; hard skreeu, galm; grens; *~ out* uitbulder, uitskree(u) *(bevele ens.);* uit volle bors sing; *~ s.o. out,* *(infml.)* iem. uitskel/uittrap/uitvreet/inklim/invlieg. **bawl·er** skreeuer, skree(u)=, raasbek.

bay[1] baai, inham, seearm. ~ **bar** skoorwal. ~ **salt** growwe sout.

bay[2] lourier(boom), lourierstruik; *(i.d. mv. ook)* louere, louerkrans. ~ **leaf** lourierblaar; *(spesery)* lourier. ~ **rum** lourierwater. ~ **tree** lourierboom; *flourish like the green* ~ ~ tot groot bloei kom.

bay[3] nis, erker, kom; uitbousel; losie; vak, veld, afde= ling. ~ **line** hokspoor. ~ **window** komvenster, er= ker(venster).

bay[4] *n.* rooibruin perd; vosperd, sweetvos. **bay** *adj.* rooibruin, kastaiingbruin; vos(kleurig); ~ *horse* sweet= vos; ~ *owl* rooibruin uil.

bay[5] *n.* blaf, geblaf; *be at* ~ in die noute sit/wees, vas= gekeer wees; *hold/keep* ... *at* ~ aan/teen ... weerstand bied; ... terughou (*of* op 'n afstand hou); ... in be= dwang hou; *stand at* ~ klaarstaan (om jou te ver= dedig), 'n verdedigende houding aanneem; *bring to* ~ vaskeer; inhaal; inloop. **bay** *ww.* blaf; ~ *at the moon* vir die maan blaf.

bay·o·net *n.* bajonet; *at the point of the* ~, *with fixed* ~ met gevelde bajonet; *fix* ~*s!* bajonette op!. **bay= o·net** *ww.* met die/jou/'n bajonet (dood)steek. ~ **catch,** ~ **fitting** *(elek.)* bajonetsluiting. ~ **socket** *(elek.)* bajonetsok.

ba·zaar, ba·zar Oosterse mark; basaar *(vir liefda= digheid)*; basaar, alleswinkel.

ba·zoo·ka *(mil., mus.)* bazooka.

bdel·li·um *(boom; hars)* bdellium.

be *was, has been; were, have been* wees, bestaan; staan; word; verkeer; laat dit wees; →BEING *part.*; ~ ***be= hind*** *s.o., (lett.)* agter iem. wees; *(fig.)* agter iem. staan, iem. steun; by iem. agterstaan; ~ ***behind*** *s.t., (lett.)* agter iets wees; *(fig.)* agter iets sit/steek; ~ *very* ***busy*** baie te doen hê; *that* ***cannot*** ~ dit kan nie; ~ ***cold/hot*** koud/warm wees; koud/warm kry; *it could well* ~ *so* heel moontlik is dit so; ~ ***face*** *to face with s.t.* voor iets staan; ~ ***for*** *war* vir (*of* ten gunste van) oorlog wees; *s.o. is* ***getting*** *to* ~ ... iem. word ..., iem. is aan die ... word; ~ ***on hand*** voor die deur staan; ***leave/let*** *s.o.* ~ iem. laat staan/begaan; iem. met rus laat; ***let*** *s.t.* ~ iets laat staan; ***live*** *to* ~ *a hundred* hon= derd word/haal; *don't* ~ ***long!*** maak gou (klaar)!, moenie draai nie!, kom gou!; ~ *at a* ***loose end*** niks te doen hê nie; *as ... as* ***may*** ~ so ... (as) moontlik; ~ *that as it* ***may*** hoe dit ook al sy, laat dit wees soos dit (wese) wil; *that is as* ***may*** ~ dit sal nog moet blyk, dit sal nog bewys moet word; *it* ***may*** *well* ~ *that* ... dit is bes moontlik dat ...; heel moontlik is ...; *that* ***may*** *not* ~ dit mag nie; *it* ***may*** *or may not* ~ ... miskien is dit ..., miskien ook nie; *it* ***may*** ~ *(so)* dit kan (so) wees; *who* ***may*** *you* ~*?* en wie is jy?; *it was* ***not to*** ~ dit sou nie gebeur nie; ~ ***off!*** trap!, maak dat jy weg= kom!; ~ ***on*** *a committee* in 'n bestuur sit/dien; ~ ***on*** *a list* op 'n lys staan; ~ *on the* ***point*** *of going* op vertrek staan, op die punt staan om te vertrek; *the* ***powers*** *that* ~ die owerheid, die gesaghebbers/maghebbers; ***so*** ~ *it* laat dit so wees; *s.o./s.t. is* ***thought*** *to* ~ ... iem./ iets is vermoedelik ...; *the bride/etc.* ***to*** ~ die aanstaande/toekomstige bruid/ens.; ~ ***up*** *against* ... met ... te doen/kampe/make hê; *s.o.* ***wants*** *to* ~ *a* ... *when he/she grows up* iem. wil 'n ... word wanneer hy/sy groot is; ~ *in the* ***way*** in die pad wees/staan; hinder; steur, stoor; ~ ***with*** *s.o.* by iem. wees; met iem. wees, iem. steun. ~**-all** *(infml.)* al, alles; eind= doel; wese; *his/her* ~ sy/haar al; *the* ~ *and end-all* die begin en die einde/end; *it is not the* ~ *and end-all* dit is nie alles nie.

beach *n.* strand; kus; wal; *on the* ~ op die strand; *(fig.)* op straat, werkloos; *(fig.)* afgetree, met pen= sioen. **beach** *ww.* op die strand laat loop, laat strand; op die strand sleep/trek. ~ **attractions** *(mv.)* strandattraksies. ~ **ball** strandbal. ~ **bat** strandspaan. ~ **buggy** *(infml.)* duinebesie, sandkat, strandwaen= tjie. ~ **bunny** strandpoppie. ~ **cabin** strandhut. ~**comber** lang golf; stranddelwer, strandjut(ter), stranddief; strandloper. ~**combing** strandjuttery, =delwery, =roof, =diewery; strandlopery. ~ **flea** strand=, seevlooi. ~ **frock** strandrok. ~ **front** seekant. ~ **grass** helm(gras); duingras. ~**head** strandhoof. ~**-la-mar** →BÊCHE-DE-MER. ~**master** strandkommandant, ont= skepingsoffisier. ~ **plum** strandpruim. **B~ranger** Strandloper. ~ **rest** strandleuning. ~ **road** strand=, kusweg. ~ **supervisor** strandopsiener. ~ **umbrella** strand=, sonsambreel. ~**wear** stranddrag.

bea·con *n.* baken; ligbaken; seinvuur; seebaken; vuurtoring; waarskuwing. **bea·con** *ww.* bebaken, bakens oprig; afbaken; voorlig. ~ **landing** bakenlan= ding. ~ **light** ligbaken; bakenlig. ~ **point** bakenpunt. ~ **station** bakenstasie. ~ **tower** bakentoring.

bead *n.* kraal, kraletjie; knoppie; (water)belletjie; pê= rel *(v. delfstof)*; druppel; korrel; hiel, spanrand *(v. buiteband)*; kraal(lys) *(by houtwerk)*; skuim *(v. wyn)*; *draw a* ~ *on* aanlê/mik op, korrel na; ~*s of perspira= tion* sweetdruppels; *say/tell one's* ~*s* die rosekrans bid; *a string of* ~*s* 'n string krale; *thread* ~*s* krale (in)ryg. **bead** *ww.* (in)ryg; krale aansit; met krale versier; krale/druppels vorm, laat pêrel. ~ **fern** kraalvaring. ~ **moulding** kraallys(werk). ~ **test** pê= reltoets. ~**work** kraal=, kralewerk. ~**work embroidery** kraalborduurwerk. ~ **yarn** kraletjiesgaring.

bead·ed gekraal(d); ~ *joint* kraalvoeg.

bead·ing kraal=, kralewerk; kraallys(werk); *(mot.)* spanrande; lyswerk, omlysting; inrygkant; kraling; ogiesleier. ~ **embroidery** kraalborduurwerk.

bea·dle bode, pedel; geregsbode; (onder)koster. **bea= dle·dom** omslagtigheid, rompslomp; bemoeisug.

beads·man, bedes·man =*men, (arg.)* bidder; pro= venier; bedelaar.

bead·y kraal=; bedek met krale/druppels; ~ *eye* kraal= oog.

bea·gle *(soort jaghond)* beagle; *(arg.)* speurder, spioen.

beak[1] bek, snawel; *(sl.)* haakneus; tuit; horing *(v. aam= beeld)*; *(sk.)* boegversiering. ~**-shaped** snawelvormig.

beak[2] *(Br. sl.)* regter; magistraat; skoolhoof; onder= wyser.

beaked gesnawel(d); gebek; met 'n krom neus; met 'n tuit; ~ *whale* snoetdolfyn; →BOTTLENOSE(D) WHALE.

beak·er *(vero., liter.)* (drink)beker; *(chem.)* beker(glas).

be-all →BE.

beam *n.* balk, dekbalk; ploegbalk; disselboom; straal; stralebundel; breedte, dwarste *(v. skip ens.)*; *(tekst.)* boom; ***broad*** *in the* ~, *(infml.)* breed gebou, breed van heupe/stuk, geset; ***extreme*** ~ uiterste breedte; *the* ~ *in s.o.'s own* ***eye*** die balk in iem. se eie oog; ***full/high/main*** ~, *(mot.)* helder hooflig(te); ~ *of* ***light*** ligbundel; ***low*** ~, *(mot.)* gedompte hooflig(te); *(way)* ***off*** ~, *(infml.)* (heeltemal) van koers af; die kluts (heeltemal) kwyt; ***on*** *the* ~, *(infml.)* op die regte spoor. **beam** *ww.* straal; breed glimlag; ~ ***approval*** glimlaggend goedkeur; ~ ***forth*** uitstraal; ~ ***on*** ..., *(meg.)* op ... instel; ~ ***on/upon*** *s.o.* iem. vriendelik toelag; ~ *a* ***programme*** 'n program straal; ~*ing* ***smile*** breë/stralende glimlag; ~ ***with*** *joy* straal van vreugde. ~ **compasses** stok=, stangpasser. ~**-ends** sy, kant; *be on her* ~, *(skip)* op sy kant lê; *be on one's* ~, *(fig.)* platsak wees. ~ **indicator** skerpligklikker. ~ **radio,** ~ **wireless** (rig)straalradio. ~ **system** (rig)= straalstelsel. ~ **tube** straalbuis. ~ **width** *(rad.)* straal= breedte. ~ **wind** sywind. ~**wood** balkhout.

beam·er *(kr., infml.)* lyfbal.

beam·y breed *(boot, skip)*.

bean boon(tjie); *(i.d. mv.)* bone, boontjies; *(Am. infml.)* kop; *every* ~ *has its* ***black*** elke gek het sy ge= brek; ***broad/buffalo/civet/green*** ~ BROAD; BUFFALO; CIVET; GREEN; *know how many* ~*s make* ***five,*** *(fig.)* nie onder 'n kalkoen/uil uitgebroei wees nie, ouer as twaalf wees, 'n kop op jou lyf hê; weet waar Dawid die wortels gegrawe het; *be* ***full*** *of* ~*s, (infml.)* opge= wek wees, na jou kwas skop; op jou stukke wees; ***get*** ~*s, (infml.)* raas kry, ingeklim word; ***give*** *s.o.* ~*s, (infml.)* iem. inklim, met iem. raas; ***not have a*** ~, *(sl.)* nie 'n blou(e) duit hê nie, platsak wees; ***not know*** ~*s about s.t., (Am. infml.)* geen (*of* nie die flouste) benul van iets hê nie; ***old*** ~, *(infml.)* ou maat; ***spill*** *the* ~*s, (infml.)* die aap uit die mou laat, met die (hele) mandjie patats uitkom; ***use*** *one's* ~, *(infml.)* jou ver= stand gebruik; *not* ***worth*** *a* ~, *(infml.)* geen (*of* nie 'n) (blou[e]/dooie) duit werd nie. ~**bag** sakkie met bone/boontjies; *(LO)* boontjie=, bonesakkie; *(soort stoel)* sitsak. ~ **cake** sojakoek. ~ **curd** *(kookk.)* soja= wrongel. ~**feast** *(Br. infml.)* jaarlikse dinee/kantoor= partytjie; geselligheid, opskop, partytjie. ~**-fed** met bone gevoer; *(fig.)* opgewek, op jou stukke. ~ **field** bone=, boontjieland. ~ **oil** sojaolie. ~ **plot** bone=, boontjieakker. ~ **pod** boontjiepeul. ~**pole** boon(tjie)= stok; *(infml.: lang, maer/skraal persoon)* slungel. ~ **salad** slaaibone, =boontjies; sousbone, =boontjies; boontjieslaai. ~ **soup** bone=, boontjiesop. ~ **sprout** boontjiespruit. ~**stalk** bone=, boontjiestoel. ~ **stew** bone=, boontjiebredie.

bean·o =*os, (Br. infml.)* makietie, opskop, jollifikasie.

bear[1] *n.* beer; *(effektebeurs)* beer, daalspekulant; *(fig.)* brombeer, brommerige kêrel, nors vent, buffel; *(sl.: polisieman)* hond, poot; *be as angry as a* ~ so kwaai soos 'n koei met haar eerste kalf wees; *be like a* ~ *with a sore head* in 'n slegte bui (*of* lelik uit jou hu= meur) wees; *the* ~, *(sl.: polisie)* die honde/pote; *the B~, (infml.)* Rusland; *(infml.)* Russiese bomwerpers; *the Great B~, (astron.: Ursa Major)* die Groot Beer; *Great B~ Lake* Groot Beremeer; *the Little/Lesser B~, (astron.: Ursa Minor)* die Klein Beer. **bear** *beared, ww.* op daling verkoop/spekuleer. ~ **account,** ~ **position** *(ekon.)* baisse. ~ **animalcule** beerdiertjie, mosbeertjie. ~**-baiting** *(hist.)* berebyt. ~ **covering** *(effektebeurs)* beer= dekking, daalspekulantdekking. ~ **cub** beerwelpie, (klein) beertjie. ~ **garden** *(lett.)* beretuin; *(fig.)* har= war, deurmekaarspul, harlaboerla, lawaaispul. ~ **hug** *(stoei)* beergreep; *(stewige omhelsing)* (lekker) stywe druk; *(han.)* oornameaanbod. **B~ Island** die Bere= eiland. ~ **leader** bereleier; *(fig.)* reisvader. ~ **market** beer=, daalmark. ~ **sales** beerverkope, daalspeku= lantverkope. ~**'s grease** *(salf)* beervet. ~**skin** beer= vel; *(mil.)* kolbak.

bear[2] *bore borne, ww.* dra, tors; gedra; verdra, duld, uitstaan, veel; toedra; baar, voortbring; gee *(rente)*; stut; voer *(naam)*; ly *(gevolge)*; ~ ***affection*** *towards* ... (toe)geneentheid teenoor ... voel; ~ *one's* ***age*** *well* jou jare goed dra; ~ ***away*** wegdra; wegseil; weg= swaai; *be borne* ***away*** meegesleep word; ***bring*** *to* ~ aanwend, laat geld; ~ *the* ***brunt*** die spit afbyt; ~ *a* ***burden*** 'n las dra/tors; *s.o.* ***cannot*** ~ ... iem. kan ... nie verdra/uitstaan/veel nie; ~ ***children*** kinders kry; ~ *s.o.* ***company*** iem. geselskap hou; ~ ***comparison*** *with* ... die vergelyking met ... deurstaan; ~ *s.o./s.t.* ***down*** iem./iets oorwin/verslaan; ~ ***down*** *on/upon* ... swaar op ... druk; op ... afkom/afstorm/afstuur/toe= sak; ~ *s.o. a* ***grudge*** 'n wrok teen iem. hê/koester; 'n aksie teen iem. hê; ~ *a* ***hand*** hand(jie) bysit, hulp verleen; ~ ***hard/heavily*** *on/upon s.o.* swaar op iem. druk; iem. verdruk; *it was borne* ***in*** *on/upon s.o. that* ... dit het tot iem. deurgedring (*of* iem. het tot die oortuiging gekom) dat ..., ; *bring* ***influence*** *to* ~ *on/upon* ... →INFLUENCE; ~ ***interest*** rente gee/dra; ~ *o.s.* ***like*** *a* ... die houding van 'n ... hê; ~ *a* ***like= ness/resemblance*** *to* ... na/op ... lyk; *the* ***love*** *he bore her* die liefde wat hy vir haar gekoester (*of* wat hy haar toegedra) het; ~ *a* ***meaning*** 'n betekenis bevat/dra/ hê; ~ ***in mind*** →MIND; ~ *s.o.'s* ***name*** iem. se naam dra; *does* ... ~ ***on/upon*** ...*?* het ... betrekking op ...?; ~ *s.o.* ***out*** beaam/bevestig wat iem. sê; ~ *s.t.* ***out*** iets beaam/bevestig/staaf; *my friend will* ~ *me* ***out*** my vriend sal dit beaam; ~ *a* ***part*** *in* ... 'n rol speel in ..., deelneem aan ...; ~ ***reference/relation*** *to* ... op ... betrekking hê, met ... verband hou; *it* ~*s* ***repeating/ repetition*** dit kan gerus herhaal word; ~ *a* ***share*** *in* ... 'n aandeel in ... hê; ~ *to the left/right* links/regs draai/ afslaan; ~ ***up*** uithou, moed hou; ~ ***up*** *against* ... uit= hou teen ..., die hoof bied aan ..., jou teen=/teësit/ verset teen ...; ~ *o.s.* ***well*** jou goed gedra; ~ ***with*** *s.o.* geduldig wees met iem.; ~ ***witness*** getuig, getuienis aflê/gee/lewer.

bear·a·ble draaglik, duldbaar, skaflik, nie te erg nie, leefbaar.

beard *n.* baard; angel; *(bot.)* naald, baard; breihaak; *grow a* ~ 'n baard kweek, jou baard laat groei; *sport a* ~ met 'n baard spog, baard dra. **beard** *ww.* aan die baard pluk; trotseer, uitdaag; ~ *the lion in his den* iem. openlik trotseer. **beard·ed** gebaard, bebaard; baard=; van baard/weerhake voorsien; *(bot.)* genaald; ~ *corn* baardkoring; ~ *iris* baardiris; ~ *man* baardman, gebaarde/bebaarde man; ~ *seal* baardrob; ~ *vulture* lammergier, lammervanger, grypvoël. **beard·less** *adj.* baardloos, sonder 'n baard, glad geskeer; *(fig.)* jeugdig, onvolwasse, onervare; ~ *youth, (fig.)* melk=, vlasbaard.

bear·er draer, bringer; houer; toonder; lykdraer, baardraer; draagbalk, moerbalk; oorbringer; *please answer by* ~ antwoord asb. met bringer hiervan; ~ *of good news* geluksbode; *pay ... or* ~, *(op tjek)* betaal ... of toonder. ~ **bill** toonderwissel. ~ **cheque** toondertjek. ~ **party** draersafdeling. ~ **share** toonderaandeel.

bear·ing (die) dra; houding, gedrag; ligging, rigting; peiling; draer, draagplek; draagstuk; (draag)laer; kussingblok; draaggedeelte; strekking; betrekking, verband, verhouding; *(i.d. mv.)* rigting, posisie; *(i.d. mv.)* ligging; *consider in **all** its* ~*s* van alle kante beskou; ***armorial*** ~*s* wapenbeeld; ***find/get/take*** *one's* ~*s* vasstel waar jy is, jou posisie bepaal, jou oriënteer; *(fig.)* poolshoogte neem; *tree in **full*** ~ boom in volle drag; ***lose*** *one's* ~*s* jou rigting kwytraak, verdwaal; die kluts kwyt wees; *have a* ~ ***on*** *s.t.* op iets betrekking hê, met iets verband hou; 'n invloed op iets hê/uitoefen; ***take*** *a* ~ peil, 'n peiling maak *(met 'n kompas ens.)*. ~ **area** dra(ag)vlak; laeroppervlak(te). ~ **block** dra(ag)blok; oplêblok; staanlaer. ~ **bush** laerbus. ~ **capacity** dra(ag)vermoë. ~ **compass** peilkompas. ~ **housing** laerhuls, laer(om)hulsel. ~ **ledge,** ~ **lip** dra(ag)lys. ~ **metal** laermetaal. ~ **race,** ~ **ring** laerring. ~ **rein** opsitleisel. ~ **shaft** langwa. ~ **spring** dra(ag)veer. ~ **strength** dra(ag)vermoë. ~ **stress** dra(ag)spanning. ~ **surface** dra(ag)vlak; laeroppervlak(te). ~ **wall** dra(ag)muur, oplegmuur.

bear·ish lomp, nors, brommerig; tot daling neigend; ~ *market* daalmark, dalende mark.

Bé·ar·naise (sauce) *(Fr. kookk.: ryk witsous)* béarnaise(sous).

beast dier; bees; monster, dierasie, ondier; *(i.d. mv.)* gedierte(s); die dierlike *(i.d. mens)*; bees, beesagtige mens, slegterd, skurk, boef; *the B*~ die Antichris; ~ *of burden* pak=, lasdier; ~ *of prey* roofdier; *wild* ~ ongedierte. **beast·ie** diertjie; gogga. **beast·li·ness** beesagtigheid. **beast·ly** beesagtig, dierlik; naar, beledigend, gemeen; ~ *drunk* stom=, smoordronk; ~ *nuisance* (hele) ellende, narigheid, vervelende gedoente; ~ *scoundrel* ellendige skurk; *be* ~ *to s.o., (infml.)* naar met iem. wees, iem. gemeen/stief behandel; ~ *weather* hondeweer.

beast·ings →BEESTINGS.

beat *n.* slag; klop *(v.d. hart, pols)*; maatslag; slingerslag; swewing *(v. geluid)*; tik; rondgang, rond(t)e; wyk; dryfjag; *my heart missed a* ~ my asem het weggeslaan; *off* ~ uit die maat; →OFFBEAT; *to the* ~ *of ...* op die maat van ... **beat** *beat beaten, ww.* slaan; pak gee; stamp; wen, verslaan, klop, uitstof; wiks, uitlooi; klop *(metaal, tapyte)*; klits, klop *(eiers, room)*; voorspring *(sein)*; afsoek, deursoek *(terrein)*; *(golwe)* klots; *the waves* ~ ***against*** *the rocks* die golwe slaan teen die rotse; ~ *the **air*** in die lug skerm; jou (te)vergeefs inspan; ~ *the **alarm*** alarm maak; ~ ***back*** afslaan, terugslaan *('n aanval, aanvallers, ens.)*; *(sk.)* terug laveer; ~ *s.o. **black and blue*** iem. pimpel en pers slaan, iem. slaan dat hy die kromme note haal; ~ *one's **brains/head*** *over s.t.* jou kop oor iets breek; ~ *one's **breast*** kerm, lamenteer; ~ *about the **bush*** →BUSH[1]; ***can*** *you* ~ *that/it!, (infml.)* kan jy nou meer!, begryp jou aan!; ~ *the **count*** betyds regkom; ~ *s.o. **down*** iem. neerslaan/platslaan (*of* plat slaan); ~ ***down*** *the price* die prys afding/afknibbel; *the sun* ~*s **down*** *on the earth* die son skroei/verseng die aarde; ~ *the **Dutch*** 'n sterk teenstander klop; slaag, oorwin; verbasing wek; *that* ~*s **everything,** (infml.)* dis nog die gekste; dit oortref alles, dis die toppunt; nou toe nou!; ~ *s.o. to a **frazzle,** (infml.)* iem. pap/voos slaan, iem. goed opdons, iem. opdons tot by oom Daantjie in die kalwerhok; ~ *s.o. at his own **game*** →GAME; ~ *s.t. into s.o.'s **head*** iets in iem. se kop (in)hamer; *her **heart*** ~*s warmly for me* haar hart klop warm (*of* sy voel baie) vir my; ~ *s.o. **hollow,** (infml.)* iem. ver/vêr oortref; iem. kafloop/uitstof (*of* 'n groot pak gee); ~ ***it!*** skoert!, trap!, loop!, maak dat jy wegkom!, kry jou koers/ry!; *if you can't* ~ *them, **join** them* sorg dat jy aan die wenkant bly; *that* ~*s **me*** dit slaan my dronk, dis my oor; dis my einde/end; dis bo my vuurmaakplek; ~ ***off*** afslaan *('n aanval)*; verdryf, verdrywe *(aanvallers)*; ~ ***out*** uithamer, uitklop *(metaal ens.)*; uitklop *(tapyt ens.)*; ~ *a **path*** 'n pad (*of* die weg) baan; baan breek; ~ *the **pistol*** te gou wegspring; te vroeg begin; ~ *a **retreat*** die aftog blaas; ~ *s.o. **soundly*** iem. behoorlik/deeglik klop/verslaan; ~ *the **streets*** rondslenter, die strate afloop; ~ ***time*** die maat slaan; ~ *s.o. **to** it* iem. die loef afsteek; ~ *s.o. **to** s.t.* iets voor iem. bereik, voor iem. by iets wees; ~ ***up*** opdons, pap slaan, afransel; 'n pak slae gee; aanrand; opkruis *(teen d. wind)*; opja(ag) *(wild)*; klits *(eiers ens.)*, klop *(room ens.)*; ~ ***up*** *for recruits* rekrute (aan)werf; *the bird* ~*s its **wings*** die voël klap met sy vlerke. **beat** *adj.* pootuit, gedaan; verslae; *dead* ~ doodmoeg, stokflou, pootuit, (skoon) uitgeput, gedaan; *s.t. has s.o.* ~, *(infml.)* iets is bo(kant) iem. se vuurmaakplek. ~**box** *(infml.)* tromsintetiseerder; *(draradio, radio-kassetspeler)* blêrboks; *(kletsrymmusiek met 'n perkussieagtergrond)* beatbox(musiek). ~ **generation** *(ook B~ G~), (Am.)* beatgeslag, verslae/uitgeputte/moeë geslag *(v.d. jare 50)*. ~ **service** patrolliediens. ~**-up** *adj.* gehawend.

beat·en geslaan; verslaan; geklop, gehamer; geslae *(metaal)*; gedrewe *(metaal)*; geklits; gewen, oorwonne, geklop; platgetrap, vasgetrap; afgesaag, verslete; *be **badly*** ~ erg geslaan word; lelik pak kry, ver/vêr verloor; ~ ***egg*** geklitste eier; ~ ***enemy*** verslane vyand; ***get*** ~ ('n) pak kry, ('n pak) slae kry; ~ ***gold*** bladgoud; gedrewe goud; ~ ***metal*** dryfwerk, gedrewe metaal; ~ ***path/track*** gebaande/begane weg; *be **soundly*** ~ deeglik/behoorlik geklop/verslaan word.

beat·er klopper; stamper, kloppik; drywer, aanjaer *(v. wild)*; brandslaner; klitser; *(i.d. mv. ook)* voettroep.

be·at·i·fy verheerlik; *(RK)* salig verklaar. **be·a·tif·ic** saligmakend; geluksalig. **be·at·i·fi·ca·tion** verheerliking; *(RK)* saligverklaring, saligspreking.

beat·ing pak/drag slae, loesing; getrommel; pulsering; geklots; *get a* ~ ('n) pak kry, ('n pak) slae kry; 'n/die nederlaag ly; (swaar) verliese ly; *give s.o. a* ~ iem. ('n) pak gee, iem. ('n pak) slae gee; ~ *of the heart* klop van die hart, hartklop; hartklopping(s); *a sound* ~ 'n afgedankste/deftige/gedugte pak (slae); *take a* ~ ('n) pak kry, ('n pak) slae kry; 'n/die nederlaag ly; (swaar) verliese ly; *s.o. will take a lot of* ~ dit sal moeilik wees om iem. te klop; *it takes some* (*or a lot of*) ~ jy sal nie maklik iets beters kry nie. ~**-up** loesing, afranseling.

be·at·i·tude geluksaligheid; *the B~s* die Saligsprekinge; *the Eight B~s, (RK)* die Agt Salighede.

beat·nik beatnik.

beat·y *adj., (jazz ens.)* met 'n polsende ritme.

beau *beaux, beaus* pronker, modegek; *my* ~ my kêrel; ~ *ideal* ideale skoonheid, ideaal.

Beau·fort: ~ **scale** *(met.)* beaufortskaal. ~ **Sea** *(geog.)* Beaufortsee.

beau·jo·lais *(Fr.)(soms B~)(wyn)* beaujolais.

beau·te·ous *(poët.)* skoon, heerlik; →BEAUTIFUL.

beau·ti·cian skoonheids(des)kundige.

beau·ti·ful pragtig, lieflik, beeldskoon, mooi, fraai; skitterend, heerlik; *too* ~ *for words* wondermooi.

beau·ti·fy mooimaak, verfraai, vermooi, versier. **beau·ti·fi·ca·tion** verfraaiing, vermooiing. **beau·ti·fi·er** verfraaier; skoonheidsmiddel.

beau·ty mooiheid, skoonheid, fraaiheid, prag; pragstuk, prageksemplaar; skoonheid, mooi vrou, skone; knewel, grote; *what a* ~! dis 'n mooie!; *B~ and the **Beast*** Skoonlief en die Ondier; ~ *is in the eye of the **beholder*** elkeen weet wat vir hom/haar mooi is; *have a **doll-like*** ~ popmooi wees; ~ ***people,*** *(infml.)* glansmense, pretjagters, stralerkliek; hippies, blommekinders; ~ *is but **skin-deep*** mooi vergaan(, maar deug bly staan); ***Sleeping*** *B~* die Skone Slaapster, die Slapende Skone; *that's **the*** ~ *of it* dis die mooiste daarvan; *a **thing** of* ~ iets moois. ~ **aid** kosmetiek, skoonheidsmiddel. ~ **competition,** ~ **contest,** ~ **pageant** skoonheidswedstryd. ~ **consultant** skoonheidskonsultant, kosmetis. ~ **parlour** →BEAUTY SALON. ~ **queen** skoonheidskoningin. ~ **salon,** ~ **parlour** skoonheidsalon. ~ **sleep** *(infml.)* skoonheidslaap, =slapie, eerste slaap, voornagslaap. ~ **specialist** skoonheidspesialis(te), =kundige, kosmetis. ~ **spot** mooi plek(kie); skoonheidsvlekkie; moesie; skoonheids=, pronkpleistertjie. ~ **treatment** skoonheidsbehandeling, kosmetiese behandeling.

bea·ver[1] bewer; *(hist.)* bewerhaarhoed, kastoor(hoed); *(vero.)* volbaard(draer); *(Am. taboesl.)* vroulike geslagsdele; *eager* ~ →EAGER. **bea·ver** *ww.:* ~ *away* hard swoeg, voortswoeg; ~ *away at s.t.* hard aan iets swoeg, hard/fluks/ywerig aan iets werk (*of* met iets besig wees), met iets voortswoeg. ~**board** veselbord, =plank. ~ **cloth** bewerstof. ~ **fur** bewerpels, kastoor.

bea·ver[2] *(hist.)* kenstuk *(v. helm)*; visier *(v. helm)*.

be·bop →BOP[2].

be·calm stil maak; ~*ed* deur windstilte oorval; *the ship is* ~*ed* die skip lê stil.

be·cause omdat, oor(dat); want; wyl; ~ *of ...* weens/vanweë/oor (*of* omrede [van]) ...; ter wille van ...; ~ *of that/this* daarom/hierom, daaroor/hieroor, derhalwe, om dié rede; *only* ~ ... net omdat ...; *I walk* ~ *I have to* omdat ek moet, loop ek.

bé·cha·mel (sauce) *(Fr. kookk.: geurige witsous)* béchamel(sous).

bêche-de-mer *bêche(s)-de-mer, (Fr.)* tripang, seekomkommer.

Bech·ua·na *(hist.)* Betsjoeana. ~**land** *(hist.)* Betsjoeanaland; →BOTSWANA.

beck[1] *n.* beek, loop, stroompie.

beck[2] *n.* wink, knik; *at one's* ~ tot iem. se beskikking; *be at s.o.'s* ~ *and call* tot iem. se diens wees; altyd vir iem. regstaan; na iem. se pype dans. **beck** *ww.* wink. **beck·on** wink, knik, roep, wuif, sein.

be·cloud bewolk; verduister.

be·come =*coming* =*came* =*come* word; raak; pas, goed staan; betaam, voeg; ~ *a dentist/etc.* ('n) tandarts/ens. word; ~ *engaged* verloof raak; *it is becoming harder/etc.* dit word moeiliker/ens.; *s.t.* ~*s s.o.* iets staan iem. goed; ~ *known* →KNOWN; *what is to* ~ *of s.o./s.t.?* wat moet van iem./iets word?. **be·com·ing** *n.* gepastheid; wording; verandering. **be·com·ing** *adj., (fml.)* gepas, passend, paslik, betaamlik, welvoeglik; voegsaam; vleiend; netjies; *a* ~ *little hat* 'n vleiende hoedjie; *the hat is* ~ *to her* die hoed staan haar goed. **be·com·ing·ness** gepastheid.

bec·que·rel *(fis., simb.:* Bq*)* becquerel.

bed *n.* bed, *(vero. of infml.)* kooi; lêplek; mat *(v. draagbaar)*; bed, bedding *(v. rivier, vir masjien)*; bedding, beddinkie *(in tuin)*; fondament; grondlaag; blad *(v. pad)*; *(geol.)* laag; voetstuk *(v. visier)*; ~ *and **board*** tafel en bed; kos en inwoning; *be separated from* ~ *and **board*** van tafel en bed geskei wees; ~ *and **breakfast*** bed en ontbyt, kamer/losies met ontbyt; *be **brought** to* ~ *of ..., (arg.)* die lewe aan ... skenk *('n seun ens.)*; *be **confined*** (*or **keep***) *to one's* ~ in die bed (moet) bly/lê, bedlêend wees; ***early*** *to* ~ *and early to rise makes a man healthy, wealthy and wise* die môre=/morestond het goud in die mond; ***get*** *into* ~ in die bed klim; ***get*** *out of* ~ opstaan, uit die bed klim; ***go*** *to* ~ bed toe gaan, gaan slaap/lê; ***go*** *to* ~ *with s.o., (infml.)* by iem. slaap, seks met iem. hê, liefde met iem. maak; ***in*** ~ in die bed; *as you **make** your* ~*, so you must lie on/upon it, (sprw.: ['n] mens dra die gevolge van jou dade)* soos jy jou bed maak, so sal jy gaan slaap; ***make** (up) a* ~ 'n bed opmaak; ~ *of **nails*** spykerbed; *(fig.)* netelige situasie/posisie, spykerbed; ~ *of **pain*** (pynlike) siekbed; ***put** s.o. to* ~ iem. in die bed sit; ***put** a paper to* ~ 'n koerant op die pers sit; ***ready** for* ~ gereed om bed toe te gaan (*of* te gaan slaap); ~ *of **reeds/rushes*** rietkooi; *a* ~ *of **roses,** (fig.)* 'n heerlike bestaan; *life isn't a* (or *is no*) ~ *of **roses,** (fig.)* die lewe is nie alles rosegeur en maanskyn nie; *s.o.'s life isn't exactly a* ~ *of **roses,** (fig.)* iem. wandel nie op rose nie, iem. se pad gaan nie oor rose nie; ***seek** one's* ~, *(fml.)* gaan slaap, die bed opsoek; ~ *of **sickness*** siekbed; ~ *of **state*** praalbed; ***stay** in* ~ in die bed bly; ***take** s.o. to* ~, *(infml.)* iem. bed toe sleep; ***take** to one's* ~ gaan lê; siek word; ***to** ~ with you!, (aan 'n kind gesê)* bed toe, jy!; *get out of ~ on the **wrong** side* met die verkeerde been/voet uit die bed klim. **bed** *-dd-, ww.* laat slaap; bed toe gaan, gaan slaap; inbed, lê, vassit; inlaat; pasmaak; inslyp *(kleppe);* ~ *down* slaap; bed toe gaan; ~ *in* inbed, vassit; pasmaak; ~ *out* uitplant, in beddings plant; ~ *with s.o., (infml.)* by iem. slaap, met iem. seks hê, liefde met iem. maak; *~ded, (ook)* gelaag. **~-and-breakfast** *ww., (effektebeurs):* ~ *one's shares* jou aandele verkoop en die volgende oggend weer terugkoop. ~ **bath, blanket bath** bedbad; *give s.o. a* ~ ~ iem. in die bed was. **~bug** weeluis, wandluis. ~ **cabinet** bedkassie. **~chamber** *(arg.)* slaapvertrek, -kamer; *Lord of the B~* Kamerheer van die Koning. **~clothes** beddegoed. **~cover** (bed)deken; *(mil.)* matrasoortreksel; *(i.d. mv. ook)* komberse. ~ **cradle** kombersboog. **~fast** *(arg.)* →BEDRIDDEN. **~fellow** bed-, slaapmaat; *(i.d. mv., fig.)* bedmaats, karperde. **~gown** nagrok, -jurk, -japon. ~ **hangings** bedgordyne. **~head** koppenent. **~hop** *(infml.)* rondslaap. ~ **jacket** bedjakkie. ~ **joint** strykvoeg. ~ **lamp** bed-, leeslamp. ~ **linen** bedlinne; *change the* ~ ~ 'n bed skoon oortrek. **~maker** bedopmaker; beddevervaardiger. **~making** bed(dens) opmaak. ~ **mould** patroon, vorm. ~ **moulding** draaglys. ~ **night** oornagting. **~pan** bedpan; bed(ver)warmer. ~ **pedestal** nagkassie, -tafeltjie. ~ **plank** buikplank *(v. wa).* **~plate** grondplaat; onderlegplaat; bodemplaat. **~post** bedstyl. ~ **rest** rugsteun, -stut; *(med.)* (voorgeskrewe) bedrus. **~ridden** bedlêend. **~rock** rotsbodem; vaste gesteente; *(fig.)* grond; *get (down) to* ~ tot die kern/grond/wese van die saak deurdring; ter sake kom. **~roll** slaaprol. **~room** →BEDROOM. **~-settee** slaap(rus)bank. **~side** →BEDSIDE. **~sit(ter), ~sitting room** sit-slaapkamer. **~sock** slaapsok(kie). **~sore** bed-, drukseer. **~spread** (bed)sprei, deken, oorsprei. **~spring** bedveer. **~stead** bed (sonder matras). ~ **stone** fondamentklip; dra(ag)steen. **~straw** bedstrooi. **~table** bedtafel(tjie). ~ **timber** onderleghout. **~time** bed-, slaap-, slapenstyd. **~time story** slaaptydstorie, vaakstorie. **~-wetter** bednatmaker. **~-wetting** bednatmakery, bednatmaak.

be·dab·ble bespat, besprinkel.

be·dad →BEGAD.

be·daub besmeer, beklad; opsmuk.

be·daz·zle verblind.

bed·da·ble *(infml.)* seksueel aantreklik.

bed·ding kooigoed *(ook v. diere); (geol.)* gelaagdheid, stratifikasie; beddegoed. ~ **plane** laagvlak, afsettingsvlak. ~ **plant** beddingplant. ~ **ticket** bedkaartjie.

Bede: *(the Venerable)* ~ Beda.

be·deck (op)tooi, versier, opsmuk.

be·del, be·dell *(Br., arg. spelling v.* beadle*)* pedel.

bedes·man →BEADSMAN.

be·dev·il *-ll-* mishandel, folter; teister, treiter, tart; uitskel; beheks, betoor; beduiwel, befoeter, bederf; belemmer, in die wiele ry, kortwiek, kniehalter; verwar, in die war stuur. **be·dev·il·ment** beduiweldheid, heksery; besetenheid; helse lawaai; verwarring.

be·dew bedou, bevog(tig).

be·dim *-mm-* verdof, verduister.

be·di·zen *(arg.)* opsmuk, optooi.

bed·lam opskudding, kabaal, lawaai; chaos, malhuis; *(arg.)* kranksinnigegestig, gekkehuis. **bed·lam·ite** *(arg.)* kranksinnige, gek.

Bed·ou·in, Bed·u·in *-in(s)* Bedoeïen, woestyn-Arabier. ~ **tribe** Bedoeïenestam.

be·drag·gle *ww.* besmeer, bevuil, betakel. **be·drag·gled** *adj.* verfomfaai, verfonkfaai, befomfaai, befonkfaai, gehawend, verslons, slonserig.

bed·room slaapkamer. ~ **farce** slaapkamerklug, stout klug. ~ **slipper** (insteek)pantoffels. ~ **suite** (slaap)kamerstel, -ameublement.

bed·side (sy van die siek)bed, sponde; *at s.o.'s* ~ by iem. se (siek)bed. ~ **book** kussingboek, slaaptydboek. ~ **lamp** bed-, leeslamp. ~ **manner** dokterstakt, siekekamermaniere. ~ **radio** slaapkamer-, bedradio. ~ **rug** bedmat. ~ **table** bedkassie.

Bed·u·in →BEDOUIN.

be(e) *(letter)* b.

bee by; *(Am.)* byeenkoms; *have a* ~ *in one's bonnet about s.t., (infml.)* met iets behep wees, (aanhoudend/gedurig) oor een ding maal, 'n by in die/jou baard hê; *a swarm of* ~*s* 'n swerm bye. **~bread** broodheuning, byebrood. **~-eater** byevreter; *European* ~ bergswa(w)el, Europese byevreter. ~ **fly** byvlieg. ~ **glue** by(e)werk, stopwas, propolis. ~ **hanger** byehanger. **~hive** →BEEHIVE. **~keeper** byeboer. **~keeping** byeteelt, -houery, -boerdery. **~line** reguit lyn; *make a* ~ *for ...* (reguit) op ... afpyl, (reguit) na ... (toe) pyl. **~master** →BEEKEEPER. ~ **moth** *(Galleria mellonella)* was-, bymot. ~ **smoker** rookpomp. **~s' nest** by(e)nes. ~ **sting** by(e)steek; by(e)angel. **~-sting bush** byangel, naai-, naaldbos. **~swax** *n.* byewas. **~swax** *ww.* (met was) smeer, poets. **~swing** wynvlies; ou port(wyn), portneerslag.

Beeb: *the* ~, *(infml.)* die BBC (*of* Britse Uitsaaikorporasie).

beech beukeboom; beukehout; *Cape* ~, *South African* ~ boekenhout(boom). **~mast** beukeneute. **~nut** beukeneut. ~ **tree** beukeboom. **~wood** beukehout; *South African* ~ boekenhout.

beech·en, beech·y van beukehout, beuke-.

beef beesvleis, bief; *(mv. beeves)* osse; *(mv. beeves)* oskarkasse; spierkrag; *(sl.)(mv. beefs)* klagtes. **beef** *ww., (Am. sl.)* tjommel, kla; ~ *s.t. up* iets verstewig/versterk. ~ **biltong** beesbiltong. **~burger** bief-, hamburger. **~cake** *(sl.)* vleispaleis, spierman, prikkelprins, spiertier; (foto's van) vleispaleise/spiermanne/prikkelprinse/spiertiers. ~ **cattle** slag-, vleisbeeste. **~-cattle breed** vleisbeesras. **~eater** *(Br.)* koninklike lyfwag; hellebaardier by die Londense Tower; *(Am. infml.)* Engelsman. ~ **olive** blinde vink, gevulde (vleis)rolletjie. ~ **roll** (bees)vleisrol. **~steak** biefstuk. ~ **stew** bees(vleis)bredie, stoofbeesvleis. ~ **stroganoff** *(kookk.)* bief/beesvleis stroganoff. ~ **tea** boeljon. **~wood** kasuarishout. **~wood (tree)** kasuarisboom.

beef·er vleis-, slagbees; *baby* ~ jong slagos.

beef·y soos beesvleis; fris gebou(d), gespier(d); bot.

bee·hive byekorf; byeswerm. ~ **(hairstyle)** byekorfhaarstyl, mossienes. ~ **house** byekorfhuis. ~ **moth** *(Acherontia* sp.*)* bymot. ~ **oven** byekorfoond.

Be·el·ze·bub *(NT)* Beëlsebul.

been gewees; →BE; *if it had* (or *had it*) *not* ~ *for ...* as dit nie was dat ... nie; *s.o. has* ~ *and gone* iem. is reeds weer weg; *s.o. hasn't* ~ iem. het nie gekom (*of* was nie hier) nie.

beep *n.* getoet(er); biep, pieptoon, toet-toet. **beep** *ww.* toet(er); biep, piep; ~, ~*!* toet, toet!; ~ *one's horn* (op) jou toeter blaas/druk. **beep·er** bieper, roeper.

beer bier; *the* ~ *goes **flat*** die bier verslaan; *a **long*** ~ 'n groot glas bier; *life is not all* ~ *and **skittles,** (infml.)* die lewe is nie (net) 'n speletjie nie, dis nie aldag Krismis nie; ***small*** ~, *(Br., infml.)* klein vissie(s) (in 'n groot dam); onbenulligheid/-hede, beuselagtigheid/-hede, nietigheid/-hede, kleinigheid/-hede, onbenulligheid/-hede; *be **small*** ~, *(ook)* nie veel om die lyf hê nie; tydmors wees, geen nut hê nie; onbelangrik wees; niks wees; ***thin*** ~ dun bier; ***toss** off a* ~ 'n glas bier wegslaan/uitdrink; ***two*** ~*s* twee biere. ~ **belly,** ~ **gut** *(infml.)* bierpens, -maag, -magie. ~ **bottle** bierbottel. ~ **can** bierblik. **~-drink(ing)** *(SA)* bierdrinkery, -suipery, bierparty. ~ **drinker** bierdrinker. ~ **engine** bierpomp. ~ **garden** biertuin. ~ **hall** bierhuis. **~pull** bierpomp; handvatsel van 'n bierpomp, bierpomphandvatsel.

beer·like bieragtig.

Beer·she·ba *(geog.)* Berseba.

beer·y bieragtig; *smell* ~ na bier ruik. **beer·i·ness** bieragtigheid.

beest·ings, biest·ings, *(Am.)* **beast·ings** bies(melk), voormelk.

beet beet, rooibeet. **~root,** *(Am.)* **red** ~ beet, beetwortel. **~root salad** beetslaai. ~ **sugar** beetsuiker.

bee·tle[1] *n.* kewer, tor; bysiende mens; *(infml., mot., B~)* (Volkswagen) Kewer. **bee·tle** *ww.* oorhang, vooruitsteek; *(infml.)* weghardloop; *beetling brows* ruie/oorhangende wenkbroue. **~-browed** met ruie/oorhangende wenkbroue; nors, stuurs, fronsend, onvriendelik. ~ **brows** *(mv.)* ruie/oorhangende wenkbroue. **~crushers** *(mv.), (infml.: groot voete)* sandtrappers; *(infml.: groot skoene)* skuite, sandtrappers, dood(s)kiste. **~-eyed** bysiende.

bee·tle[2] *n.* (straat)stamper, heiblok; moker(hamer), houthamer. **bee·tle** *ww.* stamp. **~brain** *(infml.)* bobbejaan, mamparra, domkop. **~head** valblok, stamper; *(infml.)* bobbejaan, mamparra, domkop. **~headed** *(infml.)* onnosel, aartsdom.

beet·ling ma·chine stampmasjien.

beet·root →BEET.

beeves *(mv.)* →BEEF.

be·fall *befell befallen* gebeur; oorkom, wedervaar.

be·fit *-tt-* pas (by), betaam, voeg. **be·fit·ting** passend, gepas, betaamlik.

be·flagged bevlag, vol vlae, met vlae getooi.

be·fog *-gg-* met mis bedek, in mis hul; *(fig.)* benewel; ~ *the issue* die saak vertroebel. **be·fogged** *(fig.)* benewel(d); verwar(d).

be·fool belaglik maak; vir die gek hou; mislei, bedrieg, om die bos lei; →FOOL *ww.*.

be·fore *adv.* voor, voorop, vooruit; (van)tevore, voorheen; ~ *and behind* voor en agter; *the day* ~ die vorige dag; *go* ~ *s.o.* voor iem. verskyn; aan iem. voorgelê word; *go* ~ *s.t.* iets voorafgaan; *those who have gone* ~ *us* dié wat ons na 'n beter wêreld voorgegaan het; *long* ~ lank tevore. **be·fore** *prep.* voor; in die teenwoordigheid van; ~ ***church*** voor kerktyd, voor die kerk(diens); ~ *a **judge*** in die teenwoordigheid van 'n regter; *the night* ~ ***last*** eergisternag; ~ ***long*** binnekort, een van die (mooi) dae, eersdaags; kort voor lank, weldra; ***not*** ~ *next year/etc.* aankomende/aanstaande jaar/ens. eers; ~ ***now*** vroeër, eerder; ~ *one/etc. **o'clock*** voor eenuur/ens.; ***shortly*** ~ *...* kort voor ...; ~ ***that*** voorheen, (van)tevore; ~ ***this*** hiervóór, voorheen, tevore; ***well*** ~ ... geruime tyd voor ...; ~ *the **wind*** voor die wind, met die wind van agter; *the day* ~ ***yesterday*** eergister. **be·fore** *voegw.* voordat, voor, alvorens, *(fml.)* aleer; *he would die* ~ *he lied* hy sou eerder sterf as lieg. **~hand** (van)tevore, vooraf, vooruit; by voorbaat; *be* ~ *with ...* met ... voor wees; met ... voorsprong; *fix* ~ vooruitbepaal. **~-tax** *adj. (attr.):* ~ *income/etc.* inkomste/ens. voor belasting.

be·foul bevuil, besoedel; mis op.

be·friend vriendskap betoon (*of* guns bewys) aan, ondersteun, bystaan, tot vriend wees.

be·fud·dle *(fig.)* benewel. **be·fud·dle·ment** *(fig.)* beneweling.

beg *-gg-* bedel; smeek, soebat; mooipraat; vra, versoek; ~ ***for** s.t.* (om) iets bedel; om iets smeek/soebat; ~ *s.o. **for** s.t.,* ~ *s.t. **of** s.o.* iem. om iets smeek/soebat; ~ ***from** s.o.* by iem. bedel; ~ *(for) s.t. **from** s.o.* iets by/van iem. bedel; ***go** ~ging* ongebruik bly; *it **goes** ~ging* daar is geen aanvraag om/na nie; *I* ~ *to **inform** you, (fml.)* ek het die eer om u te berig; ~ ***leave** to ...* verlof vra om te ...; ~ ***off*** vra om verskoon te word; ~ *s.o.'s **pardon*** iem. (om) verskoning vra; *I* ~ *your **pardon!*** ekskuus (tog)!; verskoon my(, asseblief)!; *that is ~ging the* ***question*** dit ontwyk die punt; dit neem aan wat bewys moet word, dit is sirkelredenering; *~ (of) s.o.* ***to*** *do s.t.* iem. smeek/soebat om iets te doen; *I ~* ***you!*** ek smeek jou!.

be·gad *tw., (arg. sl.)* wraggies, (so) by my kool.

be·get *begot/begat begot(ten)* verwek, genereer, voortbring. **be·get·ter** verwekker. **be·got·ten** verwek, gegenereer, voortgebring; *only ~ Son* eniggebore Seun.

beg·gar *n.* bedelaar; rondloper, leeglêer; sukkelaar, drommel; vent, kêrel; *~s cannot be choosers* wie verleë is, kan nie kieskeurig wees nie; *little ~* klein vabond/rakker; *lucky ~, (infml.)* geluksvoël; *the poor ~!, (infml.)* (die) arme drommel!, (die) arme/stomme kêrel/vent!; *B~ of the Sea, (hist.)* Watergeus. **beg·gar** *ww.* arm maak, verarm, tot die bedelstaf bring, ruïneer; *it ~s description* →DESCRIPTION. *~* **child** bedelkind. **~-ticks, ~'s-ticks** knapsekêrels, knapsakkerwels, boesmanpyle, -pyltjies, wewenaars(gras).

beg·gar·ly armoedig, armsalig, ellendig; laat.

beg·gar·y bedelary; diepste armoede; *reduce s.o. to ~* iem. tot die bedelstaf bring.

beg·ging *n.* bedelary, gebedel; gesoebat, soebattery. **beg·ging** *adj.* bedel-, bedelend; smekend; *~ hand, (bot.)* oupa-pyp-in-die-bek; *~ letter* bedelbrief.

be·gin *began begun* begin, aanvang; aan die gang sit; *~* ***again*** weer begin; hervat; *~* ***anew*** van nuuts/voor af begin; *~* ***at*** ... by ... begin; *~* ***by*** *(doing s.t.)* begin met (iets te doen); *~* ***doing*** (or *to* ***do***) *s.t.* iets begin (te) doen, begin om iets te doen; *~ning* ***from*** ... van ... af *(bv. Maandag, bl. 10)*; met ingang van ... *(1 Mei ens.)*; *~* ***on*** *s.t.* (aan) iets begin *(bv. 'n taak)*; *it began to* ***rain*** die reën het uitgesak; ***well*** *begun is half done* goed begin/begonne is half gewin/gewonne, 'n goeie begin is halfpad gewin; *~* ***with*** *s.t.* by/met iets begin; *to ~* ***with*** vir eers, om (mee) te begin; allereers, vooraf, in die eerste plek; *~ the* ***world*** die lewe ingaan. **be·gin·ner** beginner, beginneling, nuweling, groentjie. **be·gin·ning** *n.* begin, aanvang; ***as*** *a ~* vir eers, om (mee) te begin; ***at*** *the ~* eers, aanvanklik, by/aan die begin; ***at/in*** *the ~ of April/etc.* begin (*of* in die begin van) April/ens.; ***from*** *the ~* van die begin af; van voor/nuuts af, van meet af (aan); uit die staanspoor (uit), van die staanspoor (af); ***from*** *~* ***to end*** van die begin tot die einde/end, van A tot Z; ***in*** *the ~* in die begin; aanvanklik; *from* ***small*** *~s* van 'n klein begin; *at the* ***very*** *~* heel in die begin.

be·gird *(poët., liter.)* omgord; omring.

be·gone *tw., (poët., liter.)* gaan weg, loop, trap.

be·gon·ia *(bot.)* begonia.

be·gor·ra *tw., (Iers)* gedorie.

be·got·ten →BEGET.

be·grime besmeer, betakel.

be·grudge beny, misgun; *s.o. ~s the time necessary to* ... iem. gun hom/haar nie die nodige tyd nie om ... **be·grudged** *(ook)* ongegun(d). **be·grudg·ing** *adj.,* **-ly** *adv.* teen-, teësinnig, onwillig.

be·guile mislei, bedrieg, fop; bekoor, verlei; *~ s.o. into doing s.t.* iem. daartoe verlei om iets te doen; *~ the time* die tyd verdryf/verdrywe/kort. **be·guile·ment** bekoring, verleiding. **be·guil·ing** *adj.* verleidelik, bekoorlik; bedrieglik.

beg·uine[1] *(dikw. B~)* begyn(tjie). **beg·uin·age** begynhof.

be·guine[2] *(S.Am. dans)* beguine.

be·half behoewe, ontwil; *on/in ~ of* ... ten behoewe (*of* in die belang) van ...; ten bate van ...; namens (*of* uit naam van) ...; *for and on ~ of* ... namens ...; *on s.o.'s ~* om iem. se ontwil, uit iem. se naam, ten behoewe van iem.; *on ~ of all of us* uit ons aller naam.

be·have jou gedra; soet wees, jou goed gedra; *behave (yourself)!* gedra jou!; *~ badly* jou sleg gedra, jou misdra; *~ badly to(wards) s.o.* iem. sleg behandel; *how s.o. ~s towards* ... hoe iem. hom/haar teenoor ... gedra; *well ~d* goed gemanierd, ordentlik, fatsoenlik.

be·hav·iour, *(Am.)* **be·hav·ior** gedrag, optrede, doen en late; houding; werkverrigting *(v. masjien)*; ***bad*** *~* slegte gedrag, wangedrag; *be on one's* ***best*** *~* jou beste beentjie/voet(jie) voorsit; ***good*** *~* goeie gedrag; *be of* ***good*** *~* van goeie gedrag wees; ***impeccable*** *~* onbesproke gedrag; ***shameful*** *~* skandelike gedrag; *s.o.'s ~* ***to(wards)*** ... iem. se gedrag teenoor ... *~* **pattern** gedragspatroon. *~* **psychology** gedragsielkunde.

be·hav·iour·al, *(Am.)* **be·hav·ior·al** gedrags-; gedragswetenskaplik; *~ science* gedragswetenskap.

be·hav·iour·ism, *(Am.)* **be·hav·ior·ism** gedragsleer, behaviorisme. **be·hav·iour·ist,** *(Am.)* **be·hav·ior·ist** *n., (psig.)* behavioris. **be·hav·iour·ist,** *(Am.)* **be·hav·ior·ist, be·hav·iour·is·tic,** *(Am.)* **be·hav·ior·is·tic** *adj.* behavioristies.

be·head *(iem.)* onthoof, *(iem. se)* kop afkap.

be·he·moth *(OT)* seekoei; *(fig.)* kolos; *(fig.)* monster.

be·hest *(poët., liter.)* bevel, opdrag; *at the ~ of* ... op aandrang/versoek van ...; in opdrag van ...

be·hind *n.* agterste, agterstel, agterwêreld, agterent, sitvlak, sitwêreld. **be·hind** *adv.* agter, agteraan, agterna; agterop; van agter; agterweë; ***fall/drop/lag/stay*** *~* agter raak, agterbly; ***from*** *~* van agter; *attack* ***from*** *~* in die rug aanval; *s.o. is* ***right*** *~* iem. is heel agter; *be ~* ***with*** *one's rent/etc.* agterstallig wees met jou huurgeld/ens.. **be·hind** *prep.* agter; anderkant; *~ s.o.'s* ***back*** →BACK ***n.***; ***be*** *~ s.o., (lett.)* agter iem. wees; *(fig.)* agter iem. staan, iem. steun; by iem. agterstaan; ***be*** *~ s.t., (lett.)* agter iets wees; *(fig.)* agter iets sit/skuil/steek; ***close*** *~* ... kort agter ...; *~* ***each*** *other* agter mekaar; ***put*** *s.t. ~ one, (fig.)* iets vergeet; *I have* ***put*** ... *~ me* ... is agter die rug; *be* ***right*** *~ s.o.* kort/reg agter iem. wees; *~ the* ***scenes*** agter die skerms/gordyne; *~* ***time*** (te) laat; *be ~ the* ***times*** ouderwets (*of* uit die tyd) wees, verouderde opvattings hê; agterlik wees; *go ~ s.o.'s* ***words*** iets agter iem. se woorde soek. **~hand** agter, agterstallig; agterlik, agteruit; *be/get ~ with* ... agter wees/raak met ...; *s.o. is not ~* iem. laat nie op hom/haar wag nie; iem. laat nie slap/sleg lê nie.

be·hold *beheld beheld, (arg., liter.)* aanskou, waarneem, sien, beskou; *lo and ~!* so waarlik!; siedaar!. **be·hold·en:** *be ~ to s.o. (for s.t.)* aan iem. dank verskuldig wees (vir iets).

be·hoof *(arg.): for/on/to ~ of* ... ten bate/behoewe/voordele van ...

be·hove, *(Am.)* **be·hoove** pas, betaam; *it ~s s.o. to* ... dit betaam/pas iem. om te (*of* iem. behoort te) ...

beige beige; ongekleurde stof.

Bei·jing *(geog.)* Beijing.

be·ing *n.* bestaan; syn; wese; skepsel, kreatuur; *bring into ~* in die lewe roep; *come into ~* ontstaan, tot stand kom; opkom, verrys; *the coming into ~ of* ... die totstandkoming van ...; *in ~* in aansyn; *the Supreme B~* die Opperwese. **be·ing** *part.* synde; →BE; *that ~ so* derhalwe, aangesien dit so is; *for the time ~* vir die oomblik, tydelik, voorlopig, vir eers; *the secretary for the time ~* die (dan) dienende sekretaris.

Bei·rut, Bey·routh *(geog.)* Beiroet.

bei·sa beisa-gemsbok.

be·jew·el *-ll-* met juwele behang. **be·jew·elled,** *(Am.)* **be·jew·eled** met juwele behang; *~ with dew/stars, (poët.)* met glinsterende doudruppels/sterre besaai.

bel *(fis.)* bel; *two ~s, many ~s* twee bel, baie bels.

be·la·bour bewerk; bydam, opdons, toetakel, afransel; aanval, hewig kritiseer; *~ the obvious* oop deure intrap; *~ the point* die punt inhamer; 'n lang relaas lewer; op dieselfde aambeeld hamer.

Bel·a·rus, Be·lo·rus·sia, Bye·lo·rus·sia *(geog.)* Belarus. **Bel·a·ru(s)·sian, Be·lo·rus·sian, Bye·lo·rus·sian** *n.* Belarus. **Bel·a·ru(s)·sian, Be·lo·rus·sian, Bye·lo·rus·sian** *adj.* Belarussies.

be·lat·ed (te) laat; vertraag, (onderweg) opgehou; *(arg.)* (onderweg) deur die donker oorval. **be·lat·ed·ly** (te) laat, na die maal.

be·laud *(w.g.)* hemelhoog prys, ophemel, lofprys.

be·lay *(sk.)* vasmaak, -draai, -woel; *~ a rope* 'n tou belê; *~ (there)!* hou op!, genoeg!.

be·lay·ing: *~* **cleat** *(sk.)* belegklos. *~* **pin** *(sk.)* beleg-pen, korvynael.

bel can·to *(It., mus.)* bel canto.

belch *n.* wind, oprisping; uitbarsting. **belch** *ww., (iem.)* 'n wind opbreek, oprisp; uitbraak; *(vlamme)* uitbars; *~ forth, (skoorsteen)* uitstoot *(rook)*.

bel·dam(e) *(arg.)* ou wyf, ou heks, helleveeg.

be·lea·guer beleër, omsingel, insluit. **be·lea·guer·er** beleëraar.

bel·em·nite *(min.)* belemniet, vinger-, dondersteen.

bel·fry kloktoring; klokverdieping; klokhuis.

Bel·gium *(geog.)* België. **Bel·gian** *n.* Belg. **Bel·gian** *adj.* Belgies.

Bel·grade, Bel·grade *(geog.)* Belgrado.

Be·li·al Belial; *son of ~* Belialskind.

be·lie *belying* loënstraf, weerspreek; as onwaar/vals bewys; verdraai, verkeerd/vals/skeef voorstel; teleurstel *(hoop)*; *(arg.)* belieg.

be·lief *-liefs* geloof, oortuiging; mening, beskouing, siening, opvatting; ***act*** *in the ~ that* ... in die mening handel dat ...; *to the* ***best*** *of my ~* so ver/vêr ek weet, na my beste wete; ***beyond/past*** *~* ongelooflik; ***express*** *the ~ that* ... die oortuiging uitspreek dat ...; *a* ***firm/strong*** *~* 'n vaste geloof/oortuiging; *do s.t. in the* ***mistaken*** *~ that* ... iets doen omdat jy verkeerdelik gedink het dat ...; *it is s.o.'s ~* ***that*** ... iem. glo (*of* is [daarvan] oortuig) dat ...; ***unshakeable*** *~* onwankelbare/onwrikbare geloof; *the ~ is* ***widely held*** *that* ... daar is 'n algemene mening/opvatting (*of* baie mense glo) dat ...

be·lieve glo; vertrou; meen, verwag; van mening wees, aanneem, veronderstel; *~d to* ***be*** (or *have been*) vermoedelik; *not ~ s.o. one (little)* ***bit*** iem. g'n stuk glo nie; *~* ***blindly*** op gesag glo; ***firmly*** *~ that* ... vas glo dat ...; *it is* ***generally*** *~d that* ... daar word algemeen aangeneem (*of* die algemene opvatting is) dat ...; *it is* ***hard*** *to ~ that* ... ('n) mens glo moeilik dat ...; *find s.t.* ***hard*** *to ~, (ook)* swaar aan iets sluk; *~* ***in*** *a cause* in 'n saak glo, 'n saak voorstaan; *~* ***in*** *ghosts* aan (die bestaan van) spoke glo; *~* ***in*** *God* in God glo; *I ~ he* ***is*** (or *he is ~d to be*) *rich/etc.* hy is glo ryk/ens.; *~d* ***killed*** vermoedelik gesneuwel; ***lead*** *s.o. to ~ that* ... iem. laat glo dat ..., iem. onder die indruk (*of* in die waan) bring dat ...; ***make*** *s.o. ~ s.t. (untrue)* iem. iets wysmaak (*of* diets maak); ***make*** *~ that* ..., *(ook)* jouself wysmaak dat ...; *s.o.* ***makes*** *~ that* ... iem. gee voor dat (*of* maak [as]of) ...; *~ it or* ***not*** glo dit as jy wil, dis raar maar waar; *~ s.t.* ***of*** *s.o.* glo dat iem. tot iets in staat is (*of* iets sou doen); *I could not have ~d it* ***of*** *you* dit kon ek nie van jou gedink het nie; *s.o. ~s* ***that*** ... iem. glo dat ...; *I ~ he is going to* ***win*** ek dink/meen/verwag dat hy gaan wen; *I* ***won't*** *~ that* ... ek weier om te glo dat ..., ek laat my nie vertel dat ... nie; ***would*** *you ~ it?* kan jy nou meer!, wil jy glo!, begryp jou aan!. **be·liev·a·ble** geloofbaar, gelooflik. **be·liev·er** gelowige; gelower, iem. wat glo; *s.o. is a great ~ in s.t.* iem. het 'n groot geloof in (*of* glo baie aan) iets; iem. is 'n groot voorstander van iets. **be·liev·ing** gelowig.

be·like *(arg.)* waarskynlik.

be·lit·tle (ver)kleineer, afkam, afkraak; verklein.

Be·lize *(geog.)* Belize *(vroeër* Brits-Honduras*)*. *~* **City** (die stad) Belize.

bell[1] *n.* klok, bel; skel; blomkelk; klankbeker *(v. trompet ens.)*; *bear the ~* eerste wees, voorloop; *curse s.o. by ~,* ***book and candle*** die banvloek oor iem. uitspreek, iem. in die ban doen; iem. met verwensinge oorlaai; ***Canterbury*** *~* →CANTERBURY; *the* ***clang*** *of ~s* die klokgelui/klokgebom; ***eight*** *~s, (sk.)* agt glase; ***give*** *s.o. a ~, (Br. infml.)* iem. (op)bel/(op)lui (*of* 'n luitjie gee); *there* ***goes*** *the ~* daar lui/gaan die klok; *a* ***peal*** *of ~s* 'n stel klokke; *the* ***peal(ing)*** *of ~s* die gebeier/gelui van klokke; ***ring*** *a ~* 'n klok lui; *it rings a ~, (infml.)* dit kom my (vaagweg) bekend voor; dit laat my aan iets dink, dit herinner my aan iets, dit wek 'n herinnering; *be* ***saved*** *by the ~, (fig.)* net-net daarvan afkom; *the boxer was* ***saved*** *by the ~* die bokser is deur die klok van 'n uitklophou gered; *(as)* ***sound*** *as a ~* volkome in orde; fris en gesond, perdfris; *the ~* ***tolls*** die klok lui (stadig); ***Tulbagh*** *~,*

(Gladiolus inflatus) tulbaghklokkie; ~*s and* ***whistles,*** *(infml.)* (tegniese) foefies; (bemarkings)foefies; tierlantyntjies, fieterjasies. **bell** *ww.* (uit)klok, die vorm van 'n klok hê; 'n klokvorm gee; 'n klok aanbind/aansit; van klokke voorsien; ~ *the cat* die kat die bel aanbind. ~ **bottoms, ~-bottom(ed) trousers** klokbroek; matroosbroek. ~**boy,** *(Am.)* ~**hop** hoteljoggie. ~ **buoy** bel=, klokboei. ~ **cage** klokstoel. ~ **crank, ~-crank lever** kniehefboom. ~**flower** klokblom, klokkie; klokkie(s)blom, (mariëtte)klokkie. ~**founder** klokgieter. ~**foundry** klokgietery. ~ **glass,** ~ **jar** klokglas, =fles, (glas)stolp. ~ **goat** voorbok. ~ **heath** lanternheide. ~ **heather** dopheide. ~**hop** *(Am.)* →BELLBOY. ~ **jar** →BELL GLASS. ~**man** klokluier; (dorps/stads)omroeper; duiker. ~**master** beiaardier, klokkenis, klok(ke)speler. ~ **metal** klokspys. ~ **pepper** *(Am.)* soetrissie. ~ **pull** klok=, belkoord; trekbel; belknop. ~ **punch** belknipper. ~ **push** bel=, drukknop; klokknoppie. ~-**ringer** beiaardier, klokkenis, klok(ke)speler; klokluier. ~-**ringing** klokgelui, klokluiery, klokkespel. ~-**shaped** klokvormig. ~-**shaped flower** klokblom. ~ **skirt** klokromp. ~ **sleeve** klokmou. ~ **tent** ronde tent. ~ **tower** kloktoring. ~**wether** leibok; *(fig.)* belhamel, voorperd, =bok.

bell[2] *n. & ww.* →BELLOW.

bel·la·don·na *(med.)* belladonna; *(bot.)* nastergal, nagskade. ~ **lily** maartlelie, belladonnalelie, misryblom.

belle skoonheid, mooi meisie; *the* ~ *of the ball* die mooiste meisie op die dansparty.

belles-let·tres *(Fr.)* bellettrie, skone/fraaie lettere. **bel·let·rist** bellettris. **bel·let·ris·tic** bellettristies.

bel·li·cose oorlogsugtig, krygsugtig; strydlustig, aggressief, veglustig, bakleierig. **bel·li·cose·ness, bel·li·cos·i·ty** krygsug, oorlogsug(tigheid); strydlus(tigheid).

bel·lied dikbuikig; bol, geswolle.

bel·lig·er·ent *n.* oorlogvoerende, krygvoerende. **bel·lig·er·ent** *adj.* oorlogvoerend; strydlustig, aggressief; ~ *rights* regte van 'n oorlogvoerende. **bel·lig·er·ence, bel·lig·er·en·cy** staat van oorlog; oorlogvoering; strydlus, aggressiwiteit.

bel·lom·bra (tree) bellombra(boom).

bel·low *n.* gebrul, geloei, (ge)bulk; (ge)brul, gebulder. **bel·low** *ww.* bulk, loei; brul, bulder, dreun; ~ *at s.o.* teen iem. bulder.

bel·lows blaasbalk; konsertina *(infml.)*; ~ *of a camera* kamerakonsertina; *organ* ~ orrelblaasbalk; *pair of* ~ blaasbalk. ~ **blower** blaasbalktrekker; orreltrapper. ~ **tongue** uitstaande tong.

Bell's pal·sy *(med.)* Bell-paralise.

bel·ly *n.* buik, pens; (eet)lus; holte; *(varkvleis)* lies en rib(betjie). **bel·ly** *ww.* opswel, uitstaan, bol staan. ~**ache** *n., (infml.)* maag=, buikpyn. ~**ache** *ww., (sl.)* kerm, kla, sanik, tjommel. ~**acher** kerm=, klakous, bitterbek, tjommelaar. ~**band** buikgord, =riem. ~ **board** branderplankie. ~**button** *(infml.)* naeltjie. ~ **dance** buikdans. ~ **dancer** buikdanseres. ~ **flop** maagskoot, penshou, =skoot, pletterplons *(v. duiker)*; buiklanding *(v. vliegtuig)*; *do a* ~ ~ 'n maagskoot/penshou/=skoot duik, 'n pletterplons uitvoer; 'n buiklanding doen. ~**ful** maagvol; *have had a/one's* ~ *of s.t., (infml.)* buik=/keelvol vir iets wees. ~ **landing** buiklanding *(v. vliegtuig)*; *do a* ~ ~ 'n buiklanding doen. ~ **laugh** hartlike lag. ~-**pinched** honger(ig), uitgehonger(d). ~ **wool** penswol. ~ **worship** buikvergoding, buikdiens, smulpapery.

be·long behoort, hoort; tuishoort; *s.o./s.t.* ~*s* ***in*** ... iem./iets (be)hoort in ...; *s.o. does* ***not*** ~ *here* iem. hoort nie hier (tuis) nie; ~ ***to*** *a group* lid van 'n groep wees, tot/aan 'n groep behoort; ~ ***to*** *s.o.* aan iem. behoort; ~ ***together*** bymekaar (be)hoort; ~ ***under/in/within*** ... onder ... val/ressorteer, by ... (be)hoort. **be·long·ings** *(mv.)* besittings, eiendom; toebehore.

Be·lo·rus·sia →BELARUS.

be·lov·ed *n.* geliefde, beminde, liefste. **be·lov·ed** *adj.* gelief(d), bemind; ~ *by all* bemind by almal; *s.o.'s dearly* ~ ... iem. se dierbare/teerbeminde ...

be·low *adv.* onder, onderaan, (aan die) onderkant, benede, omlaag; na onder; *the court* ~ die laer hof; *complete the form* ~ vul onderstaande vorm in; *from* ~ van onder (af); *here* ~ hier benede; *see* ~ sien (hier)onder (*of* [hier] onder). **be·low** *prep.* onder, benede, onderkant; laer as; ~ *standard* benede peil; *well* ~ ... ver/vêr/heelwat onder ...

bel pa·e·se (cheese) *(dikw. B~ P~) (It.)* bel paese(-kaas).

Bel·shaz·zar *(OT)* Belsasar.

Belt *(geog.): the Great* ~ die Groot Belt; *the Little* ~ die Klein Belt.

belt *n.* gordel, gord(band); belt, lyfband *(gew. sonder gespe)*; belt, seintuur *(v. dames)*; band; riem; koppelriem; dryfriem, =band; rand, strook, stuk, streep; streek; slag, hou; ~ *of calm water* stiltegordel, windstiltestreek; →HORSE LATITUDES; *hit below the* ~, *(boks)* te laag slaan; *(infml.)* gemeen baklei/veg; *maize* ~ →MAIZE; *tighten* (or *pull in*) *one's* ~, *(infml.)* jou maag ingord, sonder kos bly; die gordel intrek (*of* stywer trek), spaarsaam/spaarsamer/skraps/suinig leef/lewe; *under one's* ~, *(infml.)* op jou kerfstok. **belt** *ww.* (om)gord; 'n belt/gordel omsit; vlek, streep; pak gee, onder die riem kry; *(sl.)* haas, jaag; ~ *out* uitgalm; ~ *a tree* 'n boom ring; ~ *up* vasgord; *(sl.)* stilbly. ~ **conveyor** (ver)voerband, lopende band, laaiband. ~ **drive** bandaandrywing. ~ **fastener** bandkoppeling, =hegting, katklou, =nael. ~ **feed** bandaanvoering. ~ **shifter** bandskuif. ~**way** *(Am.)* →RING ROAD.

belt·ed gegord, met 'n gord(el); gestreep, bandom=; met 'n pantsergordel; ~ *cattle* bandombeeste.

belt·ing dryfband(e), dryfriem(e); styfband, seintuurband; bandwerk; pak/drag slae.

Be·lu·chi·stan →BALUCHISTAN.

be·lu·ga beloega, witdolfyn; →WHITE WHALE.

bel·ve·dere, bel·ve·dere uitkyktoring; hooggeleë gebou; somerhuisie.

be·med·alled vol medaljes.

be·mire bemodder, besmeer.

be·mist benewel, met newel bedek.

be·moan bekla, bejammer, betreur, weeklaag oor.

be·muse benewel, verbyster. **be·mused** verbyster(d), verwar(d), in die war; afgetrokke, ingedagte, afwesig; *be* ~ *by/with all the questions/etc.* verbyster(d) wees deur al die vrae/ens.. **be·muse·ment** verbystering.

ben *(Sk.)* berg(piek).

bench *n.* bank, sitbank; draai=, skaafbank; regbank, regterstoel; regterskap; regter(s); *the B~* die regterlike mag/gesag; *appoint/raise to the* ~ as regter aanstel, in die regbank (*of* tot regter) benoem, regter maak; biskop maak; ~ *of judges* regbank; ~ *of stills* stookbattery, ketelbattery; *serve on the* ~ op/in die regbank sit; ... *will be on the* ~ *in this case* ... sal die regter(s) in hierdie saak wees. **bench** *ww.* op 'n bank neersit; van banke voorsien; ten toon stel *(hond)*. ~ **clamp** klou. ~ **mark** *(geol.)* hoogtemerk; beginpunt *(vir metings)*; *(fig.)* maatstaf, standaard, norm, kriterium; *(rek.)* norm(toets); ~ *case* toonaangewende saak; ~ *price* standaardprys; ~ *test, (rek.)* normtoets. ~ **saw** voegsaag. ~ **seat** bank. ~ **vice** bankskroef. ~ **working** *(houtw.)* bankwerk.

bend *n.* buiging; draai, kromming, bog; bog, draai, (elm)boog *(in rivier)*; buig; buigstuk; knoop; *(her.)* skuinsbalk; *the* ~*s* borrelsiekte, duikkloksiekte; *round the* ~ om die draai; *(infml.)* (van lotjie) getik; klaarpraat; *drive s.o. round the* ~, *(infml.)* iem. gek maak. **bend** *bent bent, ww.* buig; krom trek; span; buk; draai; knoop; ~ *back* terugbuig; omkrul; ~*/draw a bow* 'n boog span; ~ *down* neerbuig, ombuig; (voor)oor) buk; *on* ~*ed knee(s)* knielend, gekniel(d), op jou knieë; ~ *over* buk, oorbuig; ~ *over backwards, (infml.)* uiters tegemoetkomend wees, baie moeite (*of* jou allerbes) doen. ~ **leather** soolleer.

bend·a·ble buigbaar.

bend·er bui(g)er; *(sl.)* drinkery, drinkvlaag; *go on a* ~, *(infml.)* aan die drink/suip gaan/raak.

bend·ing kromtrekking. ~ **machine** buigmasjien. ~ **stress** buigspanning.

be·neath *adv.* (na) onder, benede, ondertoe, aan die onderkant. **be·neath** *prep.* onder(kant), benede; ~ *contempt,* ~ *criticism* nie werd om te verag nie, benede kritiek; ~ *s.o.'s dignity* benede iem. se waardigheid; *marry* ~ *one* onder/benede jou stand trou.

ben·e·dick pasgetroude (*of* pas getroude) oujongkêrel.

Ben·e·dict *(heilige)* Benediktus, Benedictus. **Ben·e·dic·tine** *n.* Benediktyn(er). **Ben·e·dic·tine** *adj.* Benediktyne(r)=; ~ *monastery* Benediktyne(r)klooster.

ben·e·dic·tine *(likeur)* benedictine.

ben·e·dic·tion seëning, seën; seën=, heilwens, seënbede; gebed; benediksie; *pronounce the* ~ die seën uitspreek. **ben·e·dic·to·ry** seënend, seën=.

ben·e·fac·tion weldaad; skenking, benefaksie.

ben·e·fac·tor, ben·e·fac·tor weldoener. **ben·e·fac·tress** weldoenster.

ben·e·fice *(RK)* benefisie, kerklike amp/bediening; *(hist.)* leengoed.

be·nef·i·cence liefdadigheid, weldadigheid. **be·nef·i·cent** liefdadig, weldadig; heilsaam; mild *(reën)*.

ben·e·fi·cial voordelig, goed; heilsaam.

ben·e·fi·ciar·y *n.* bevoordeelde, begunstigde, voordeeltrekker; bedeelde; *(hist.)* leenman; *(RK)* benefisiant. **ben·e·fi·ciar·y** *adj.* benefisiêr, leenroerig.

ben·e·fi·ci·ate veredel *(erts, steenkool, asbes, ens.)*; benefisieer. **ben·e·fi·ci·a·tion** veredeling; benefisiëring.

ben·e·fit *n.* voordeel, wins, nut; uitkering; weldaad; fondsinsamelingsaand, =byeenkoms, =geleentheid, =konsert; *without* ~ *of* ***clergy*** sonder kerklike sanksie; ongekerk; ***derive*** ~ *from* ... voordeel uit ... trek; by ... baat vind; *give s.o. the* ~ *of the* ***doubt*** iem. die voordeel van die twyfel gee, aanneem dat iem. gelyk kan hê; ***for*** *the* ~ *of* ... ten bate/behoewe van ..., ten voordele (*of* tot die voordeel) van ...; ***for*** *s.o.'s* ~ tot iem. se nut/voordeel; ten bate/behoewe van iem.; ter wille van (*of* met die oog op) iem.; *s.o.* ***has had*** *the* ~ *of* ... iem. was bevoorreg om ... te hê; *for* ***personal*** ~ vir eie gewin. **ben·e·fit** *-t=, ww.* bevoordeel, tot voordeel wees, baat, goeddoen; ~ *from/by s.t.* by iets baat vind; uit iets voordeel trek, van iets profiteer (*of* profyt trek). ~ **concert** fondskonsert. ~ **fund** bystandsfonds. ~ **match** fondswedstryd. ~ **night,** ~ **performance** *(teat.)* fondsaand. ~ **society** onderstands=, bystandsvereniging, (onderlinge) hulpvereniging; *medical/sick* ~ ~ siekefonds.

Ben·e·lux *(België, Nederland, Luxemburg)* Benelux.

be·nev·o·lent welwillend; weldadig, liefdadig; ~ *despotism* verligte despotisme; ~ *fund* liefdadigheids=, weldadigheidsfonds; uitkeringsfonds; ~ *society* weldadigheidsgenootskap. **be·nev·o·lence** welwillendheid; weldadigheid, liefdadigheid.

Ben·gal *n., (geog.)* Bengale; *Bay of* ~ Golf van Bengale. **Ben·gal** *adj.* Bengaals; ~ *light* Bengaalse vuur; ~ *tiger* koningstier, Bengaalse tier. **Ben·ga·lese, Ben·ga·li** *n., (inwoner)* Bengalees. **Ben·ga·lese, Ben·ga·li** *adj.* Bengaals. **Ben·ga·li** *n., (taal)* Bengaals.

ben·ga·line, ben·ga·line *(tekst.)* bengalien.

be·night·ed onkundig, oningelig, onwetend; naïef; agterlik, primitief, onbeskaaf(d); *(arg.)* deur die donker/nag oorval.

be·nign vriendelik, minsaam, goedhartig; sagmoedig, goedaardig, sagaardig; mild; weldadig, heilsaam; ~ *growth/tumour* goedaardige gewas. **be·nig·nan·cy** goedhartigheid, goedgunstigheid; goedaardigheid; heilsaamheid. **be·nig·nant** vriendelik, goedhartig; goedgunstig, goedaardig; heilsaam. **be·nig·ni·ty** vriendelikheid, minsaamheid, goedhartigheid, liefderikheid.

Be·nin *(geog.)(vroeër* Dahomey*)* Benin. **Be·nin·e·an** *n.* Beniner. **Be·nin·e·an** *adj.* Beninies.

ben·i·son *(arg.)* seën, seëning.

Ben·ja·min *(OT)* Benjamin; hek=, tropsluiter. **Ben·ja·mite** Benjaminiet.

ben·ja·min·ite *(min.)* benjaminiet.

ben·net *(bot.)* naelkruid.

bent[1] *n.* neiging, trek, aanleg; *follow one's ~* doen waarvan jy hou; *have a ~ for s.t.* 'n aanleg vir iets hê, vir iets aangelê wees; *at the top of one's ~* op jou beste; *to the top of one's ~* tot die uiterste, na hartelus; *~ towards* ... neiging tot ..., hang na ... **bent** *adj.* gebuig(de), geboë, (ge)krom; gebukkend; inmekaar; *(fig., sl.)* oneerlik, korrup; gesteel *(goedere)*; *(sl.: seksueel afwykend)* pervers, siek; *(sl.: homoseksueel)* gay; *~ cal(l)ipers* krompasser; *with ~ head* kop onderstebo, met geboë hoof; *be ~ on/upon s.t.* vasbeslote wees om iets te doen; daarop uit wees om iets te doen, op iets uit wees *(kattekwaad, moord, plesier, ens.)*; *~ pipe* kromsteelpyp; *~ spanner/wrench* kromneksleutel, draaisleutel. *~***wood** buighout; *Austrian ~ chair* Weense stoel(tjie).

bent[2] borselgras, helm(gras).

ben·thos, ben·thon *(ekol.)* bentos, seebodemfauna en -flora. **ben·thic, ben·thal, ben·thon·ic** benties, bentaal, bentonies, seebodem-.

ben·ton·ite *(geol.)* bentoniet.

be·numb verlam, verdoof; verstyf; *~ed* verkluim.

Ben·ze·drine *(handelsnaam)* →AMPHETAMINE.

ben·zene, ben·zene *(chem.)* benseen.

ben·zi·dine *(chem.)* bensidien.

ben·zin(e), ben·zin(e) *(chem.)* bensien.

ben·zo·ate *(chem.)* bensoaat, bensoësuursout.

ben·zo·ic: *~ acid, (chem.)* bensoësuur.

ben·zo·in, ben·zo·in *(chem.)* bensoïen; *gum ~* bensoïenhars.

ben·zol(e) *(chem.)* bensol.

ben·zo·py·rene, benz·py·rene *(chem.)* bensopireen.

ben·zo·yl *(chem.)* bensoïel.

ben·zyl *(chem.)* bensiel.

be·queath bemaak, vermaak, nalaat, legateer. **be·queath·er** bemaker. **be·quest** erflating, erfporsie, bemaking, vermaking, legaat.

be·rate raas met, uitskel, skrobbeer, slegsê, uitvreet, uittrap, die kop was.

Ber·ber *n.* Berber; *(taal)* Berbers. **Ber·ber** *adj.* Berbers.

ber·ceuse *(Fr.)* wiegelied.

be·reave *bereaved bereaved, bereft bereft* beroof; ontneem; *~d* (diep) bedroef; *be ~d* 'n familielid verloor, iem. aan die dood afgee; *the ~d parents* die bedroefde ouers. **be·reave·ment** berowing; ontneming; ontvalling, sterfgeval, (swaar) verlies; *~ in the family* sterfgeval in die familie. **be·reft** beroof; *~ of one's senses* van jou sinne beroof.

be·ret baret, mus.

berg ysberg; berg. *~* **tortoise** bergskilpad. *~* **wind** bergwind.

ber·ga·mot bermot(peer), bergamot(peer); bergamot(sitroen).

Ber·gen *(geog.)* Bergen.

ber·gie *(SA infml.)* bergie.

ber·i·ber·i *(patol.)* berri(e)-berri(e).

Ber·ing *(geog.)*: *~* **Sea** Beringsee. *~* **Strait** Beringstraat.

ber·ke·li·um, ber·ke·li·um *(chem., simb.: Bk)* berkelium.

Ber·lin, Ber·lin *n.* Berlyn; *(SA)* Berlin. **Ber·lin, Ber·lin** *adj.* Berlyns. *~* **black** ystervernis. *~* **blue** berlyns-, pruisiesblou.

ber·lin(e) perdewa.

Ber·lin·er Berlyner.

berm(e) berm.

Ber·mu·da *(geog.)* Bermuda; *the ~s* die Bermuda-eilande. *~* **grass** kruisgras. *~***s,** *~* **shorts** bermuda(broek). *~* **Triangle** Bermudadriehoek.

Bern(e) *(geog.)* Bern. **Ber·nese** *n. & adj.* Berner; *~ mountain dog* Bernse Sennenhond.

ber·ret·ta →BIRETTA.

ber·ry bessie; (koffie)pit; *be in ~, (kreef)* eiers hê. *~* **wax** bessiewas.

ber·serk *adj.* berserk, rasend, waansinnig; *go ~* berserk raak, rasend word, amok maak. **ber·ser·ker** berserker; woesteling, roekelose vegter; *~ rage* berserkerwoede.

berth *n.* (aan)lêplek, ankerplek; slaapbank *(in trein, skip)*; kajuit; oortog, passasie; betrekking, baantjie; *give s.o. a wide ~, (fig.)* iem. vermy, van iem. wegbly, uit iem. se pad bly, 'n groot draai om iem. loop, uit iem. se vaarwater/vaalwater bly; *give s.t. a wide ~, (sk.)* wyd om iets hou; *(fig.)* iets vermy, van iets wegbly. **berth** *ww.* vasmaak, aanlê, anker; lêplek gee; 'n baantjie verskaf; *~ing master* ankermeester.

ber·thi·er·ite *(min.)* berthieriet, ysterantimoonglans.

ber·yl beril(steen).

be·ryl·li·um *(chem., simb.: Be)* berillium.

be·seech *besought besought, beseeched beseeched* smeek. **be·seech·ing** *adj.*, *-***ing·ly** *adv.* smekend.

be·seem *(arg.)* →BEFIT.

be·set *beset beset* omring, beleër, insluit; in besit neem; aanval; *be ~ with dangers/etc.* vol gevare/ens. wees, deur gevare/ens. omring wees; *~ting sin* boesemsonde; hoofgebrek. **be·set·ment** boesemsonde; insluiting.

be·side naas, langs, digby; vergeleke (*of* in vergelyking) met; *be ~ o.s.* rasend (*of* buite jouself [van woede]) wees; *be ~ o.s. with joy* uit jou vel spring van blydskap; *~ the fire* by die vuur; *~ the house* langs die huis; *~ the mark* glad verby; ver/vêr verkeerd; *~ the point/question* nie ter sake nie. **be·sides** *adv.* buitendien, bowendien, boonop, daarbenewens, eweneens, ook, daarby; *and R100 ~* en R100 boonop (*of* op die koop toe). **be·sides** *prep.* (buite en) behalwe, buiten.

be·siege beleër, insluit, omsingel; *~ with requests* oorlaai/bestorm met versoeke. **be·sieg·er** beleëraar.

be·slob·ber bekwyl; belek, flikflooi; met soene bedek.

be·smear besmeer, bemors, besoedel, bevuil.

be·smirch besoedel, bevuil; beswadder, beklad.

be·som *n.* (tak)besem. **be·som** *ww.* uitvee.

be·sot *-tt-* verdwaas, verblind, benewel; versot maak. **be·sot·ted** smoorverlief, dolverlief; verdwaas, verblind, benewel(d); *(arg.)* dronk; *be ~ with s.o.* smoorverlief/dolverlief op iem. wees; *be ~ with s.t.* met iets behep wees; deur iets benewel word.

be·span·gle (met blinkertjies) versier; optakel; besaai; *~d with stars* met sterre besaai(d).

be·spat·ter bespat; beklad, bevuil.

be·speak *bespoke bespoke(n)* bespreek; vra, bestel; ooreenkom; getuig van, blyk(e) gee van. **be·spoke** *adj., (Br.)* op/na maat gemaak; *~ boots* maatskoene; *~ department* maatsnyafdeling; *~ tailor* maatsnyer; *~ tailoring* maatsnyery, kleremakery op maat.

be·spec·ta·cled, spec·ta·cled bebril(d), gebril(d).

be·spoke →BESPEAK.

be·sprent *(poët.)* besprinkel(d); het besprinkel.

be·sprin·kle besprinkel; besaai.

Bes·sa·ra·bi·a *(geog., hist.)* Bessarabië.

Bes·se·mer *(metal.)*: *~* **converter** bessemerpeer. *~* **process** bessemerproses. *~* **steel** bessemerstaal.

best *n.* bes; beste; *to the ~ of one's **ability/power*** na jou beste vermoë; *~ of **all*** allerbeste; ***all** the ~!* alles van die beste!, dit gaan jou goed!; ***at** ~* op sy beste; hoogstens; in die gunstigste geval; *be **at** one's ~* op jou beste wees; *to the ~ of my **belief/knowledge*** na my beste wete, so ver/vêr ek weet; *it **brings** out the ~ in s.o., it **gets** the ~ out of s.o.* dit toon iem. op sy/haar beste; *the ~ is yet to **come*** die beste lê nog voor; ***do/try** one's ~* jou bes doen; *the ~ **ever*** die allerbeste; *(by) **far** the ~* verreweg die beste; *do s.t. **for** the ~* iets met goeie (*of* die beste) bedoelings doen; *it's all **for** the ~* dis maar goed so, dis alles ten goede; *it was* (or *turned out*) ***for** the ~* dit was toe alles ten goede; *be the ~ of **friends*** die grootste vriende wees; ***get** the ~ of s.o.* iem. baasraak, die oorhand oor iem. kry; ***get** six of the ~* ses houe/slae kry; ***I give you** ~* ek gee my gewonne; ***have** the ~ of it* die oorhand hê, die beste daarvan afkom; ***hope** for the ~* die beste hoop; *do s.t. **hoping** for the ~*, (ook) iets op hoop van seën doen; *with the ~ (of) **intentions*** met die beste bedoelings; *do/try one's **level/very** ~* jou uiterste (bes) doen; ***look** one's ~* op jou beste lyk; ***make** the ~ of it* (or *of a bad job*) jou daarmee versoen, jou daarby neerlê, dit vir lief neem, jou daarin (*of* in die onaangename) skik; ***make** the ~ of o.s.* na jou beste vermoë presteer; *the ~ of **men*** die beste man wat daar is; *he is **one** of the ~* hy is 'n puik kêrel; *be **past** one's ~* nie meer in/op jou fleur wees nie; ***sell** at ~* ten beste verkoop; *in his **Sunday** ~* in sy kisklere/Sondag(s)klere; *at the ~ of **times*** op sy beste; *the **very** ~* die allerbeste; ***with** the ~ (of them)* saam met die bestes. **best** *adj.* beste; *~ **before** ..., (op kosverpakking)* gebruik voor ...; *~ **boy*** hulpbeligter; *~ **clothes*** kisklere; *put one's ~ **foot** forward* jou beste beentjie/voet(jie) voor sit; *in s.o.'s ~ **interest(s)*** vir iem. se eie beswil, in iem. se eie belang; *in the ~ **interest(s)** of the country* in (die) landsbelang; *~ **man*** strooijonker; *~ **part** of ...* →PART *n.*; *~ **possible** ...* bes(te) moontlike ...; *make the ~ **possible** use of ...* ... ten beste gebruik; *the ~ **way**,* (ook) die kortste pad; *~ **wishes*** →WISH *n.*. **best** *adv.* liefs, die beste; *as ~ one **can/may*** so goed as ('n) mens kan, so goed moontlik; *it is ~ **done** this way* dit word die beste so gedoen; *s.o. **had** ~ do it* iem. moet dit maar (liewer/liewers) doen, iem. behoort dit te doen; *the ~ **hated** man* die mees gehate man; *you **know** ~* jy weet die beste; ***like** s.o. ~* die meeste van iem. hou; *the ~ **trained** horse* die bes afgerigte perd. **best** *ww.* oortref; verslaan, oorwin, klop; uitoorlê, oortroef, koudsit; vir die gek hou. *~***-dressed** *(attr.)* bes geklede, besgeklede. *~***seller** blits-, topverkoper, treffer(boek), suksesboek.

bes·ti·al beesagtig, dierlik, bestiaal, verdierlik. **bes·ti·al·ise,** *-***ize** verdierlik, bestialiseer. **bes·ti·al·i·ty** beesagtigheid, verdierliking; bestialiteit.

bes·ti·ar·y *-ies* bestiarium.

be·stir *-rr-* roer; *~ o.s. to do s.t.* jou roer/inspan (*of* woel) om iets te doen.

be·stow (op)bêre; bestee *(aandag)*; skenk *(in huwelik)*; *~ s.t. on/upon s.o.* iets aan iem. skenk/verleen. **be·stow·al, be·stow·ment** skenking.

be·strew *bestrewed bestrewn* bestrooi.

be·stride *bestrode bestridden* bery; beskry; wydsbeen staan/sit oor; opklim, bestyg.

be·stud *-dd-* met spykers/ens. beslaan; *(fig.)* besaai.

bet *n.* weddenskap; ***accept** a ~* 'n weddenskap aanneem; *s.o.'s **best** ~ is to ..., (infml.)* die beste wat iem. kan doen, is om te ...; *the **best** ~* die waarskynlikste; *be a **better** ~* 'n beter kans/vooruitsig wees; *it's* (or *it is*) *a **fair/good** ~* dis (*of* dit is) heel waarskynlik; *do s.t. **for** a ~* iets om 'n weddenskap doen; ***hedge** one's ~s* op meer as een moontlikheid wed; ***is** it a ~?, (infml.)* wil jy wed?; ***it's** a ~!* top!; ***lay** a ~ on s.t.* op iets wed; ***lose/win** a ~* 'n weddenskap verloor/wen; ***make** a ~* wed, 'n weddenskap aangaan; ***place** ~s* wed; *it's* (or *it is*) *a **safe** ~ that ...* ('n) mens kan met sekerheid sê dat ...; ***what's** the ~?* wat wed jy?. **bet** *betting bet(ted), ww.* wed; *~ **away*** verwed; *~ on a **horse*** op 'n perd wed; *~ R100 on a **horse*** R100 op 'n perd verwed; ***I'll** ~ ..., (infml.)* ek wed jou ...; *~ **s.o.** R100* iem. vir R100 wed; *~ on **s.o.**,* (ook) op iem. staatmaak; *do you **want** to ~?, (infml.)* wil jy wed?; ***you** ~!, (infml.)* beslis!, vir seker!.

be·ta beta. *~* **blocker** *(med.)* betablokker. *~***carotene** *(chem.)* betakaroteen. **B~(max)** *(elektron.)* Beta(maks). *~* **particles** betadeeltjies. *~* **rays** betastrale. *~* **test** *n., (rek.)* betatoets. *~* **wave** betagolf *(v. brein)*.

be·ta·ine *(chem.)* betaïen.

be·take *betook betaken, (arg.)* wend; *~ o.s. to ...* jou na ... begeef, jou tot ... wend, jou toevlug tot ... neem.

be·tel betel. *~* **nut** pienang, areka-, betelneut.

Be·tel·geuse, Be·tel·geux *(astron.)* Betelgeuse.

Beth·el *(geog., OT)* Bet-El.

beth·el matrosekerk.

be·think *bethought bethought, (arg.)* bedink; besluit;

~ *o.s.* jou bedink/besin; ~ *o.s. of s.t.* aan iets dink, jou iets herinner.

Beth·le·hem *(geog.)* Betlehem *(naby Jerusalem); (elders)* Bethlehem.

be·thumb beduimel.

be·tide *(poët., liter.)* gebeur; *whatever ~, (vero.)* wat ook (al) gebeur; *woe ~ you* die hemel bewaar jou, wee jou (gebeente).

be·times *(arg.)* tydig, vroeg, betyds, intyds, vroegtydig, op tyd.

be·to·ken voorspel, aandui, blyk gee van.

bet·o·ny *(bot.)* betonie.

be·tray verraai; in die steek laat; versaak; mislei; verlei (en in die steek laat) *('n meisie)*; verklap, uitbring *(geheim)*; aandui; dui op, blyk(e) gee van; misbruik, skend *(vertroue)*. **be·tray·al** verraad; troubreuk; misbruik; blyk, teken. **be·tray·er** verraaier; versaker; verleier.

be·troth *(arg.)* verloof. **be·troth·al** verlowing. **be·trothed** verloofde.

bet·ter[1] *n.* meerdere; oorhand; ***all*** (or *so* ***much***) *the ~* des/soveel te beter; *a* ***change*** *for the ~* 'n verbetering, 'n verandering ten goede; 'n gunstige wending; *be the ~* ***for*** *s.t.* by iets baat vind; ***get*** *the ~ of s.o.* die oorhand oor iem. kry, iem. baasraak/ondersit/oorwin; iem. droogsit/koudsit/uitoorlê; ***have*** *the ~ of s.o.* die oorhand oor iem. hê, iem. oor wees; *be* ***none*** *the ~ for it* niks beter wees daarom nie; ***our*** *~s* ons meerderes; ***think*** *all the ~ of s.o.* 'n des te hoër dunk van iem. hê/kry; *for ~ or (for)* ***worse*** in voor- en teen-/teëspoed, in lief en leed. **bet·ter** *adj.* beter; *~* ***and*** *~* al hoe beter; *~ than* ***average*** bo die gemiddeld(e); *s.t. has seen ~* ***days*** iets se beste dae is verby; ***far*** *~* baie/stukke/veel beter; ***get*** *~* beter (*of* weer gesond) word; verbeter; *s.o.'s ~* ***half*** iem. se wederhelf(te), iem. se ou beste; *s.o.* ***is*** *(feeling) ~* dit gaan beter met iem.; ***much*** *~* baie/veel beter; *ever so* ***much*** *~* oneindig beter; *s.o. is* ***no*** *~ than he/she should be, (vero.)* was hy/sy beter dan was hy/sy goed, hy/sy kon beter gewees het; hy/sy het geen goeie naam nie; *it is* ***no*** *~ than theft/etc.* dit is so goed as diefstal/ens.; *the ~* ***part*** *of ...* →PART *n.; a* ***shade*** *~* 'n ietsie/rapsie beter, effens/effe(ntjies) beter; *a (long)* ***sight*** *~, (infml.)* stukke (*of* 'n hele ent) beter; *be ~* ***than*** *...* beter as ... wees; *be ~ than one's* ***word*** meer doen as belowe; *it* ***would*** *have been ~ if s.o. hadn't ...* iem. moes liewer(s) nie ... **bet·ter** *adv.* beter; liewer; ***do*** *~* beter presteer, verbetering toon; iets beters lewer; beter word, aan die herstel wees; ***go*** *one ~* verder/vêrder gaan; iem. oortref/oortroef; *you* ***had*** *~ do it* jy moet dit maar (liewer[s]) doen, jy behoort dit te doen; jy moet sorg dat jy dit doen; *you* ***had*** *~ go* gaan maar liewer; dit is beter dat jy gaan; *if you make excuses, they* ***had*** *~ be good* as jy verskonings maak, dan moet hulle goed wees (*of* dan moet jy sorg dat hulle goed is), hoor!; *s.o.* ***knows*** *~* →KNOW *ww.; ~* ***late*** *than never* →LATE *adj. & adv.; ~* ***off*** ryker; beter af, beter daaraan toe; ***think*** *~ of it* van plan/gedagte verander. **bet·ter** *ww.* verbeter; oortref; *~ o.s.* jou posisie verbeter.

bet·ter[2], *(Am.)* **bet·tor** wedder.

bet·ter·ment verbetering; bevordering; vooruitgang. ~ **fund** verbeteringsfonds.

bet·ting weddery. ~ **man** (beroeps)wedder. ~ **shop** wedkantoor. ~ **tax** wedbelasting.

bet·tor →BETTER[2].

Bet·ty: *brown ~* krummel-appelpoeding.

be·tween tussen; onder; ***choose*** *~* →CHOOSE; *~ the* ***devil*** *and the deep blue sea* →DEVIL *n.;* ***discern*** *~ good and evil* onderskei tussen goed en kwaad; ***few*** *and far ~* seldsaam; *s.o.'s visits to ... are* ***few*** *and far ~* iem. besoek ... maar selde; ***in*** *~* tussenin; *~* ***ourselves,*** ***you*** *and me (and the gatepost/bedpost)* (net) onder ons (gesê), (net) tussen ons, tussen ons twee en die vier mure, in vertroue, *(infml.)* onder ons meisies; *they have R150 ~* ***them*** hulle het saam/tesame R150; *~ the two of* ***them*** *they can/have ...* hulle twee kan/het saam ...; *there were only two marks ~* ***them*** hulle was net twee punte van/uit mekaar; *they share it ~* ***them*** hulle deel dit onder/met mekaar. ~ **decks** →'TWEEN DECK(S). ~**-maid** →TWEENY. ~**times,** ~**whiles** tussendeur, tussenin.

be·twixt *(arg.)* tussen; *~ and between, (infml.)* nóg die een nóg die ander; so-so, so half en half, tussen die boom en die bas, middelmatig.

beurre *(Fr.)* botter. ~ **manié** *(botter-en-meelblom-pasta)* beurre manié. ~ **noir** *(bruin bottersous)* beurre noir.

bev·el *n.* skuinste, hoek; afskuinsing; skuinskant; *on ~* op die skuinste. **bev·el** *adj.* skuins, afgeskuins. **bev·el** *-ll-, ww.* skuins maak, afskuins, afkant; *~ling board* hoekplank; *~led edge* afgeskuinste/skuins kant. ~ **angle** afskuinshoek. ~ **drive** keëlrataandrywing. ~ **edge** skuins rand. ~ **gear** keëlrat, koniese rat. ~ **mitre** skuins verstek. ~ **(square)** swaaihaak, swei. ~ **wheel** keëlwiel, koniese wiel.

bev·el·ling afskuinsing.

bev·er·age drank. ~ **wine** tafelwyn.

bev·y klompie, troepie, troppie, aantal, geselskap, groep; *~ of beauties* groep skoonhede.

be·waar·plaats *-plaatsen, (SA, hist., mynw.)* bewaarplaas.

be·wail betreur, bejammer, bekla, beween, weeklaag oor, treur oor.

be·ware oppas, versigtig (*of* op jou hoede) wees; *beware!* pas op!; *~ of ...* oppas vir ..., vir/teen ... op jou hoede wees; *~ of being ...* oppas dat jy nie ... word nie; *~ (of) how ...* oppas hoe ...

be·wigged met 'n pruik op; vol amptelike romp-slomp.

be·wil·der verwar, verbyster, deurmekaar maak, in die war stuur, van stryk (af) bring; onthuts. **be·wil·dered** verwar(d), verbyster(d), in die war, van stryk (af), verwese, deur die wind. **be·wil·der·ing** verbysterend, verstommend, ontstellend, verwarrend. **be·wil·der·ment** (sins)verbystering, verwildering, verwarring, verwesenheid.

be·witch toor, beheks, paljas; bekoor, betower. **be·witch·ing** betowerend, bekoorlik. **be·witch·ment** betowering; heksery, toordery.

be·wray *(vero.)* →BETRAY.

bey *(Turkse titel)* bei.

be·yond *n.* oorkant; *the ~* die onbekende; die oorkant, die hiernamaals; *at the back of ~, (infml.)* aan die ander kant van die wêreld, in die verste/vêrste uithoek, in die gram(m)adoelas. **be·yond** *adv.* verder, vêrder; anderkant, oorkant; *go ~ ...* verder/vêrder as ... gaan. **be·yond** *prep.* anderkant, oorkant, verby; oor; buite(kant); bo(kant); bo en behalwe, buiten; verder/vêrder as; *~ the* ***boundaries*** buite(kant)/oor die grense; *~* ***criticism*** bo kritiek verhewe; *s.t. is ~* ***dispute*** →DISPUTE *n.; be ~ (all)* ***doubt*** buite (alle) twyfel staan; *~ the* ***grave*** anderkant die graf; ***grow*** *~ ...* verby ... groei; verby ... ontwikkel; ... ontgroei; *~* ***help*** reddeloos; *live ~ one's* ***means*** te groot (*of* bo jou inkomste) leef/lewe; *~* ***measure*** bomate, bomatig, uitermate; *~* ***praise*** bo alle lof verhewe; *~ (all)* ***question*** →QUESTION *n.; ~* ***recovery*** buite hoop; *~* ***repair*** onherstelbaar; *~ the* ***river*** anderkant/oorkant die rivier; *that's ~* ***s.o.*** dis buite iem. se vermoë; dit kan iem. nie nadoen nie.

Bey·routh →BEIRUT.

bez·ant *(hist., her., argit.)* sierskyf.

bez·el skuins kant; groefie, gleufie; gleufring; kassie *(vir 'n edelsteen)*.

be·zique *(kaartspel)* bezique.

be·zoar maagbal; besoar, beesswart *(by herkouende diere); (soöl.)* besoarbok. ~ **(stone)** besoarsteen.

bhang, bang Indiese hennep, dagga.

bhang·ra *(Hindi)(mus.)* bhangra.

bhish·ti, bhees·ty *-ties* (Indiese) waterdraer.

Bhu·tan *(geog.)* Bhoetan.

Bi·a·fra *(geog.)* Biafra. **Bi·a·fran** *n.* Biafraan. **Bi·a·fran** *adj.* Biafraans.

bi·an·nu·al *adj.*, **-ly** *adv.* halfjaarliks, sesmaandeliks.

bi·ar·tic·u·late tweedelig.

bi·as *n.* skuinste; onewewigtigheid; oorhelling, neiging; vooroordeel, partydigheid, vooringenomenheid; *(rolbal)* swaai; *have a ~ against ...* teen ... bevooroordeel(d) wees; *cut s.t. on the ~* iets skuins (*of* op die skuinste) knip/sny; *show a strong ~* 'n kwaai vooroordeel aan die dag lê; *vocational ~* beroepsinslag. **bi·as** *-s(s)-, ww.* beïnvloed, bevooroordeel, partydig maak. ~ **binding** skuinsband. ~ **strip** skuins/oorhoekse strook.

bi·as(s)ed bevooroordeel(d), partydig, vooringenome; *be ~ against ...* teen ... bevooroordeel(d) wees.

bi·ath·lon *(sport)* tweekamp.

bi·ax·i·al tweeassig.

bib *n.* borslap(pie); bef(fie) *(vir volwassenes)*; borsstuk(kie); moffelplaat; *best ~ and tucker* kisklere. **bib** *-bb-, ww.* drink, suip, slurp. ~**(cock)** tapkraan.

bib·ber drinkebroer, suiplap.

Bi·ble Bybel. ~ **basher,** ~ **pounder,** ~ **thumper** *(infml., neerh.)* opwekkingsprediker, vuur-en-swa(w)el-prediker, oordeelsdagprediker. ~ **class** Bybelles; Bybelklas. ~ **oath** eed op die Bybel. ~ **paper** dundrukpapier. ~ **reading** Skriflesing, Bybellesing. ~ **Society** Bybelgenootskap. ~ **story** Bybelstorie, -verhaal. ~ **training** Bybelstudie.

bib·li·cal *(also B~)* Bybels, Bybel-; *~ criticism* Bybelkritiek; *~ scholar* Bybelkenner, Biblis; *~ scholarship* Bybelkennis, Bybelkunde, Biblistiek; *~ science* Bybelwetenskap; *~ times* Bybelse tye. **Bib·li·cism, Bib·lism** Biblisisme. **Bib·li·cist, Bib·list** Bybelkenner, Biblis; Biblisis.

bib·li·o- *komb.vorm* boek(e)-, biblio-.

bib·li·og·ra·phy bibliografie, literatuurlys; bibliografie, boekbeskrywing. **bib·li·og·ra·pher** bibliograaf. **bib·li·o·graph·ic, bib·li·o·graph·i·cal** bibliografies.

bib·li·ol·a·try bibliolatrie, Bybelverering; boekaanbidding. **bib·li·ol·a·ter** Bybelvereerder; boekaanbidder.

bib·li·ol·o·gy bibliologie, boekwese; *(dikw. B~)* Bybelkunde.

bib·li·o·ma·ni·a bibliomanie. **bib·li·o·ma·ni·ac** boekegek, bibliomaan.

bib·li·o·phil(e) bibliofiel, boekeliefhebber, -vriend; boek(e)versamelaar. **bib·li·o·phil·ic** *adj.* bibliofiel. **bib·li·oph·il·ism, bib·li·oph·i·ly** boekeliefhebbery, bibliofilie.

bib·u·lous dranksugtig; indrinkend, opsuigend.

bi·cam·er·al tweekamer-; *~ system of government* tweekamerstelsel van regering.

bi·car·bo·nate bikarbonaat, dubbelkoolsuursout; *~ of soda, sodium ~* koeksoda, natriumbikarbonaat.

bi·cau·date tweestert-.

bice *(kleur; verf)* bergblou.

bi·cen·te·nar·y, bi·cen·ten·ni·al *n.* tweede eeufees, tweehonderdjarige gedenkdag. **bi·cen·te·nar·y, bi·cen·ten·ni·al** *adj.* tweehonderdjarig; twee-eeue-.

bi·ce·phal·ic, bi·ceph·a·lous tweekoppig, -hoofdig.

bi·ceps biseps, tweekopspier; boarmspier.

bi·chro·mate = DICHROMATE.

bick·er kibbel, twis; klater, kletter; flikker, glinster; *~ with s.o. about/over s.t.* met iem. oor iets twis. **bick·er·ing** gekyf, gestry, stryery, gekibbel, kibbel(a)ry.

bi·col·our(ed), bi·col·or·ous tweekleurig.

bi·con·cave, bi·con·cave bikonkaaf, dubbelhol. **bi·con·cav·i·ty** dubbelholheid.

bi·con·vex, bi·con·vex bikonveks, dubbelbol. **bi·con·vex·i·ty** dubbelbolheid.

bi·cor·nous tweehoringrig, tweehoring-.

bi·cus·pid tweepuntig; tweeslippig; *~ valve* tweeslipklep.

bi·cy·cle *n.* fiets; *exercise/gym ~* oefenfiets. **bi·cy·cle** *ww.* fiets, fietsry. **bi·cy·clist, bi·cy·cler** fietsryer, fietser.

bid *n.* bod; poging; *make a ~ for s.t.* 'n bod op iets doen/maak, op iets bie *(op 'n veiling)*; iets probeer bereik/verkry; *raise the ~* hoër bie. **bid** *bid bid, ww.* (aan)bied; bie; *(arg., liter., poët.)(verl.t.: bad(e), verl.dw.:*

bid) gebied, beveel; versoek; ~ ***against*** *s.o.* teen iem. bie; ~ *the* ***banns*** die (huweliks)gebooie afkondig; ~ ***defiance*** *to ...* →DEFIANCE; ***do*** *as you are* ~ doen/maak soos jy gesê/beveel word; *it* ~*s* ***fair*** *to ...* dit beloof/belowe om te ..., dit gee tekens dat ...; ~ *s.o.* ***farewell*** van iem. afskeid neem, (aan/vir) iem. vaarwel sê; ~ ***for*** *s.t.* op iets bie *(op 'n veiling);* na iets streef/strewe, iets probeer bereik/verkry; ~ *so (a)* ***good day*** vir iem. goeiedag sê; ~*den* ***guest*** genooide gas; ~ ***R500*** R500 bie; *I'm* ~ ***R500*** daar is 'n bod van R500; ~ *(the price of) s.t.* ***up*** *to ...* (die prys van) iets tot ... opbie; ~ *s.o.* ***welcome*** iem. welkom heet. **bid·da·ble** *(kaartspel)* biedbaar; gedienstig, inskiklik, gewillig, gehoorsaam. **bid·der** bieër; *highest* ~ hoogste bieër, meesbiedende. **bid·ding** bevel, gebod, lasgewing; bieëry; bod; versoek; *at s.o.'s* ~ op iem. se bevel; *do s.o.'s* ~ doen wat iem. beveel/sê, iem. se bevele uitvoer; *without* ~ uit eie beweging.

bid·dy -*dies, (dial.)* hoender, (hoender)hen; *(infml.)* oumatjie, tannie, ou vroutjie, ouvroutjie.

bide *(arg.)* verdra, veel; →ABIDE; ~ *or glide* ly of gly; ~ *one's time* jou tyd afwag, 'n kans/geleentheid afwag.

bi·det, bi·det *(Fr.)* bidet, sitbad(jie).

bi·di·rec·tion·al *(rek.)* tweerigting-.

Bi·en·na·le *(It.)* Biënnale, Bi-ennale.

bi·en·ni·al *n.* tweejarige plant. **bi·en·ni·al** *adj.* tweejarig; tweejaarliks. **bi·en·ni·al·ly** tweejaarliks, (al) om die twee jaar.

bier (lyk)baar; draagbaar, dood(s)baar; *place on/upon a/the* ~ opbaar.

bi·faced, bi·fa·cial tweesydig, tweekantig.

biff *n., (sl.)* hou, klap, stamp, opstopper. **biff** *ww.* 'n hou/klap/stamp/opstopper gee, klap, stamp.

bif·fin norfolkappel.

bi·fid gesplete, tweespletig, gevurk, in twee gesplits.

bi·flor·ous tweeblommig.

bi·fo·cal bifokaal, dubbel-, tweebrandpuntig. **bi·fo·cals** *(mv.)* bifokale bril.

bi·fo·li·ate tweeblarig.

bi·fur·cate *ww.* vurk, splits, (af)tak. **bi·fur·cate** *adj.* gevurk, gesplits, getak, gaffelvormig. **bi·fur·ca·tion** vurk, mik, vertakking, aftakking; tweedeling, splitsing, bifurkasie.

big groot; dik; ~*ger* ***and*** ~*ger* al hoe groter; *be too* ~ *for one's* ***boots*** verwaand (*of* te groot vir jou skoene) wees; jou lyf grootmens hou; *be* ~ ***with child*** swanger wees; *a* ~ ***enough*** *quantity* 'n genoegsame/toereikende hoeveelheid; *be* ~ ***enough*** *to ...* groot/oud genoeg wees om te ...; *the* ~*gest* ***ever*** die allergrootste, die grootste van almal, die grootste tot dusver/dusvêr; ***fairly*** ~ groterig; ~ *with* ***fate*** (nood)lotswanger; ***grow*** ~*ger* groter word; ***how*** ~ *a dog/etc. was it?* hoe groot was die hond/ens.?; *play in the* ~ ***league*** →LEAGUE; ~ *with* ***news*** vol van gewigtige tyding(s); *it is* ~ ***of*** *s.o. to do s.t.* dit is grootmoedig van iem. om iets te doen; *a/the* ~ ***one*** 'n/die grote; *the* ~ ***ones*** die grotes; ***talk*** ~ grootpraat; *be* ~*ger* ***than*** ... groter as ... wees; *be* ***twice*** *as* ~ *as* ... twee maal so groot as ... wees. **B~ Apple** →APPLE. ~ **band** *(mus.)* groot (dans/jazz)orkes. ~ **bang** ingrypende verandering, groot omwenteling; harde slag; *(kosmol.)* oerknal. ~**-bang theory** oerknalteorie. ~**-bellied** dikbuikig, dikpens, boepens; swanger; dragtig. **B~ Ben** Big Ben, kloktoring (*of* klok/horlosie/oorlosie in die toring) van die Britse parlementsgebou. **B~ Bertha** *(kanon)* Dik Bertha. **B~ Board** *(Am. infml.)* New Yorkse Effektebeurs. ~**-boned** grof gebou. ~ **brother** ouboet. **B~ Brother** *(na 'n karakter in George Orwell se roman* 1984*: totalitêre regering/diktator)* Groot Broer. ~ **bug** →BIGWIG. ~ **business** (wêreld van) groot sake. **B~ C** *(infml.: kanker)* groot K. **B~ Chief, B~ Daddy** *(infml.)* grootbaas. ~ **deal** →DEAL *n.*. **B~ Dipper** *(Am.)(astron.)* Groot Beer. ~ **dipper, roller coaster** tuimeltrein. ~ **end** *(teg.)* grootkop. ~**-end bearing** grootkoplaer. **B~ Five** Vyf Grotes. ~**-framed** groot/grof gebou. ~ **game** grootwild. ~**-game hunter** grootwildjagter. ~**-game hunt(ing),** ~**-game shooting** grootwildjag. ~ **gun** *(lett.)* groot/swaar kanon; *(i.d. mv. ook)* grofgeskut; *(fig.)* grootmeneer, grootkanon. ~**head** verwaande mens; *(veearts.)* dikkop(siekte). ~**headed** verwaand, aanmatigend, dikkop. ~**-hearted** ruimhartig, vrygewig. ~ **house** groot huis; hoofopstal; *(sl.: tronk)* tjoekie, hok; *(sl.)* sentrale gevangenis. ~**-league** *adj. (attr.), (sport)* topliga-, hoofliga-; *(fig.)* eersteklas-, topklas-, groot, eersterangse. ~**-leaguer** *(sport)* topliga-, hoofligaspeler; *(fig.)* grootkop, grootkanon, (groot) kokkedoor, swaargewig. ~ **money** groot bedrae. ~**-mouthed** grootpraterig. ~ **name** *n.* groot naam *(in wêreldrugby ens.).* ~**-name** *adj. (attr.)* befaamde, vermaarde, gevierde. ~ **noise** →BIG SHOT. ~ **science** grootgeldnavorsing. ~ **screen** →SCREEN *n.*. ~ **shot,** ~ **noise** *(infml.)* grootkop, grootkanon, (groot) kokkedoor, swaargewig. ~ **sister** ousus. **B~ Smoke:** *the* ~ ~, *(infml.)* die grootstad; Londen. ~ **stick** *(infml.): use/wield the* ~ ~ die knuppel inlê; dreigemente/dwang gebruik; 'n (militêre) magsvertoon maak. ~ **talk** grootpratery. ~ **time** *n., (infml.): make/hit the* ~ ~ bo uitkom, die hoogste sport bereik. ~**-time** *adj. (attr.)* top-; invloedryke; ~ *athlete* topatleet; ~ *politician* groot naam in die politiek, invloedryke politikus; ~ *rugby* groot rugby. ~**-timer** groot naam, invloedryke persoon, topatleet, -kunstenaar, -speler, *ens.*. ~ **toe** groottoon. ~ **top** *(infml.)* (groot) sirkustent. ~ **way:** *in a* ~ ~ op groot skaal; grootliks, in hoë mate; met geesdrif. ~ **wheel** kermiswiel; *(sl.)* groot kokkedoor. ~**wig,** ~ **bug** *(infml.)* grootkop, grootkanon, (groot) kokkedoor, swaargewig.

big·a·my bigamie, tweewywery, tweemannery. **big·a·mist** bigamis. **big·a·mous** bigaam, bigamies; ~ *marriage* bigamistiese huwelik.

bi·gem·i·nal dubbel, tweeling-; ~ *pulse* tweeslagpols.

bight bog, baai; oog, lus *(v. tou);* bindgroep.

big·ness grootheid; grootte; omvang(rykheid).

big·no·ni·a trompetblom, bignonia.

big·ot dweper, (bekrompe) fanatikus, kweselaar. **big·ot·ed** dweepsiek, kweselagtig, onverdraagsaam; kleingeestig, bekrompe, verkramp. **big·ot·ry** dweepsug, dwepery, bigotterie, kweselary, fanatisme, onverdraagsaamheid; kleingeestigheid, bekrompenheid, verkramptheid.

bi·jou -*joux, (Fr.)* juweeltjie. **bi·jou·te·rie** juweliersware.

bike *(infml.)* fiets; →BICYCLE; *on your* ~*!, (Br. sl.)* kry jou ry!, maak dat jy wegkom!, weg is jy!, skoert!, trap!. **bik·er** *(infml.)* fietsryer, fietser; motorfietsryer, motorfietser; lid van 'n motorfietsbende/-klub.

bi·ki·ni bikini. ~ **briefs** bikinibroekie. ~ **line** bikinilyn.

bi·la·bi·al *(ling.)* bilabiaal, tweelippig.

bi·la·bi·ate *(bot.)* dubbel-, tweelippig.

bi·lat·er·al tweesydig, weerskantig, bilateraal.

bil·ber·ry -*ries* bloubosbessie, heidelbessie.

bil·bo -*bo(e)s* sabel; *(i.d. mv. ook)* boeie.

bile *(lett. & fig.)* gal; brommerigheid; *s.o.'s* ~ *was up* iem. se gal het oorgeloop. ~ **duct** galbuis(ie). ~ **stone** galsteen.

bilge *n.* buik *(v. vat); (sk.)* kim; snert, twak, bog; *(i.d. mv., sk.)* vullings. **bilge** *ww.* 'n lek kry; opswel. ~ **keel** kimkiel. ~ **pump** vullings-, lenspomp. ~ **rail** kimreling. ~ **water** ruimwater; rioolwater; vuil water, skottel(goed)water.

Bil·har·zi·a *(soöl.)* Bilharzia. **bil·har·zi·a, bil·har·zi·a·sis, bil·har·zi·o·sis** *(med.)* bilharzia, bilharziase, bilharziose, rooiwater.

bil·i·ar·y galagtig; gal-; ~ *calculus* galsteen; ~ *colic* galsteenkoliek; ~ *fever* galkoors; ~ *fistula* galfistel.

bi·lin·e·ar biliniêr, bilineêr.

bi·lin·gual *adj.* tweetalig; ~ *dictionary* tweetalige woordeboek. **bi·lin·gual, bi·lin·guist** *n.* tweetalige. **bi·lin·gual·ism** tweetaligheid.

bil·i·ous galagtig, gal-; mislik, naar; brommerig; *feel* ~ las van galagtigheid hê; mislik voel; ~ *headache* skeelhoofpyn. **bil·i·ous·ness** galagtigheid; mislikheid.

bil·i·ru·bin *(biochem.)* bilirubien, galrooi.

bil·i·ver·din *(biochem.)* biliverdien, galgroen.

bilk dwarsboom, verydel; bedrieg; betaling ontduik. **bilk·er** bedrieër; betalingontduiker.

bill[1] *n.* rekening; faktuur; staat; wetsontwerp; *(fin.)* wissel; program; *(Am.)* (bank)noot; plakkaat, aanplakbiljet; lys; brief; bewys; ***accept*** *a* ~ 'n wissel aksepteer; ~ *of* ***charges*** prystarief; *(Am.)* onkosterekening; *give s.o. a* ***clean*** ~ *(of health)* iem. gesond verklaar; ~ *of* ***costs*** (koste)rekening; kostelys, -staat; ~ *of* ***divorcement,*** *(vero.)* skeibrief; ~ *of* ***entry*** inklaringsbrief; ~ *(of* ***exchange****)* wissel; ~ *of* ***fare*** spyskaart, -lys; program; ***fill/fit*** *the* ~*, (infml.)* aan die vereistes voldoen, voldoende wees, (aan die doel) beantwoord; ***foot*** *the* ~*, (infml.)* opdok; vir die koste instaan; vir die gelag betaal; ***head/top*** *the* ~ boaan die program staan, die eerste/vernaamste nommer op die program wees, die vernaamste attraksie wees; ~ *of* ***health*** gesondheidsverklaring; ***introduce*** *a* ~ 'n wetsontwerp indien; ~ *of* ***lading,*** *(spw.)* vragbrief; *(sk.)* konossement; ***make out*** *a* ~ 'n rekening opmaak; ~ *of* ***mortality*** sterftelys; ***pass*** *a* ~ 'n wetsontwerp aanneem; ***pay/settle*** *a* ~ 'n rekening betaal/vereffen; ***present*** *a* ~ 'n rekening lewer; 'n wissel aanbied; ~ *of* ***quantities*** (bou)bestek(ke); ~*s* ***receivable*** in(vorder)bare wissels; *B~ of* ***Rights*** Handves/Verklaring van Regte; ~ *of* ***sale*** koopbrief; ~ *at* ***sight*** sigwissel; ~ *of* ***sight*** besigtigingsbrief; sigwissel; ***stick*** ~*s* biljette aanplak; ***stick*** *no* ~*s!* aanplak verbode; ~ *at* ***usance*** looptyd-, uso-, usansiewissel. **bill** *ww.* aanplak, opplak; aankondig, adverteer, reklame maak (vir); 'n rekening stuur, in rekening bring; ~ *s.o. for s.t.* iem. 'n rekening vir iets stuur; iem. vir iets laat betaal; *be* ~*ed* op die program staan; aangekondig word. ~**board** aanplakbord; reklamebord. ~ **broker** wisselhandelaar, -makelaar. ~ **brokerage** wisselloon, wisselmakelaarskommissie. ~ **charges** wisselkoste. ~ **department** wisselafdeling. ~ **discounter** wisselhandelaar, -makelaar. ~**fold** *(Am.)* →WALLET. ~ **guarantee** wisselwaarborg. ~**poster,** ~**sticker** aanplakker, biljetplakker.

bill[2] *n., (orn.)* snawel, bek; landpunt; *(sk.)* ankerlip. **bill** *ww.* met die bek streel, trekkebek; ~ *and coo, (infml.)* vry, mekaar liefkoos; *(orn.)* trekkebek. ~**board** *(sk.)* ankerrus, -brug. ~**fish** snawelvis.

bill[3] *n.* (veg)byl, strydbyl. ~**hook** kap-, snoeimes.

bil·la·bong *(Austr.)* (stilstaande) rivierpoel, -vertakking.

bill·berg·i·a *(bot.)* vierkleurblom.

billed gesnawel(d); ~ *fish* snawelvis.

bil·let[1] *n., (mil.)* kwartier, leëring; *(i.d. mv. ook, mil.)* huiskwartier(ing), inkwartiering; *(mil.)* inkwartieringsbevel; losiesplek; *(infml.)* pos, betrekking, baantjie; *(arg.)* biljet, briefie; *every bullet has its* ~ elke koeël het sy bestemming; as jy vir die koeël gebore is, sal jy nie in troebel water verdrink nie. **bil·let** *ww.* inkwartier; leër, kwartier maak; plaas *(in 'n betrekking).* ~**-doux** *billets-doux, (Fr., vero., skerts.)* liefdesbrief(ie).

bil·let[2] *n.* houtblok; metaalstaaf, knuppel.

bil·let·ing inkwartiering; leëring, kwartier(ing); inrig/betrek van leëring.

bil·liard *adj. (attr.)* biljart-; ~ *ball* biljartbal; ~ *cue* biljartstok, (biljart)keu; ~ *rest* (biljart)bok; ~ *room* biljartkamer; ~ *table* biljarttafel. **bil·liards** *n. (mv.)* biljart; *game of* ~ biljartspel; *have a game of* (or *play*) ~ biljart speel.

bill·ing[1]**:** ~ *and cooing* vryery, minnekosery.

bill·ing[2] aankondiging *(van),* reklame *(vir); get top* ~*, (teat.)* boaan die program pryk/staan, die ster (van die aand/ens.) wees.

bil·lings·gate *(Br.)* gemene taal, viswywetaal.

bil·lion *(duisend miljoen:* 1 000 000 000 *of* 10^9*)* biljoen. **bil·lion·aire** biljoenêr. **bil·lionth** biljoenste.

bil·low *n.* golf, brander; hoë deining; vloedgolf; *(poët.)* see; *a* ~ *of smoke* 'n (groot) rookbol/-kolom. **bil·low** *ww., (see)* golf, dein; ~ *(out), (seil)* swel; *(seil, rok, ens.)* bol (staan). ~ **cloud** golfwolk.

bil·low·y golwend.

bil·ly(·can) *(Austr.)* kantien, kookblik, kook=, kamp=emmertjie, keteltjie.

bil·ly (club) *(Am.)* (polisie)knuppel.

bil·ly·cock *(Br., w.g.)* hardebolkeil(tjie), dop=, bol=hoed(jie), mosdoppie.

bil·ly (goat) bokram.

bill·y·o(h) *(infml.)*: *like* ~ dat dit (so) klap, dat dit 'n aardigheid/naarheid is, vir die vale(s); *they were fighting like* ~ hulle het (ge)baklei dat die hare (so) waai; *it's raining like* ~ dit reën soos nog iets, dit sous behoorlik, dit giet soos dit reën.

bi·lo·bate, bi·lobed, bi·lob·u·lar twee=, dubbel=lobbig.

bi·loc·u·lar, bi·loc·u·late *(bot.)* tweekamerig, twee=, dubbelhokkig.

bil·tong *(Afr.)* biltong.

bim·a·nous tweehandig.

bi·man·u·al tweehandig.

bim·bo =*bo(e)s, (infml., gew. neerh.)* flerrie, flirt *(<Eng.)*, sekskat(tjie), leëkoppie, loskopdolla; dom=, skaap=kop, pampoen(kop), aap, bobbejaan. **bim·bette** *(infml., gew. neerh.)* klein flerrie, sekskatjie, leëkoppie. **bim=boy** *(infml., gew. neerh.)* mooiseun.

bi·me·tal bimetaal, paarmetaal. **bi·me·tal·lic** *(saamgestel uit twee metale)* bimetaal=; *(ekon.)* bimetalliek; ~ *standard* bimetallieke standaard, dubbele muntstandaard; ~ *strip* bimetaal=, tweemetaalstrook *(in termostaat ens.)*. **bi·met·al·lism** bimetallisme. **bi·met·al=list** bimetallis.

bi·month·ly *n.* tweemaandelikse tydskrif; veertiendaagse/halfmaandelikse blad. **bi·month·ly** *adj. & adv.* tweemaandeliks; veertiendaags, tweeweekliks, halfmaandeliks.

bin *n.* bak, kis; blik, bus; wolbak, =kis; mengbak; *storage* ~ spensbak. **bin** *ww.* weggooi; verwerp; *(rek.)* bêre, (op)berg, bewaar, stoor *(data)*. ~ **bag**, ~ **liner** vullis(blik)sak, asbliksak.

bi·na·ry *n.* tweelingster, dubbelster. **bi·na·ry** *adj.* binêr, tweetallig; dubbel, tweeledig; ~ *compound* binêre verbinding, twee-elemente-verbinding; ~ *digit* binêre/tweetallige syfer; ~ *fission* tweedeling; ~ *measure, (mus.)* tweeslagmaat; ~ *star* binêre ster, dubbelster; ~ *(star) system* dubbelsterstelsel; ~ *weapon* binêre wapen.

bi·nate *(bot.)* paarsgewys(e).

bin·au·ral binouraal, twee-orig; ~ *stethoscope* binourale stetoskoop.

bind *n., (mus.)* boog; *be in a* ~, *(infml.)* in die/'n verknorsing sit/wees. **bind** *bound bound, ww.* bind; vasmaak, heg; verbind; inbind; knel; strem; omboor; verplig; bekragtig; ~ *(by* ***contract****)* (kontraktueel) verbind; ~ *a book* ***in*** *leather* 'n boek in leer bind; ~ *s.o.* ***over*** *to do s.t.* iem. (onder sekerheidstelling) verbind/verplig (*of* laat belowe) om iets te doen; ~ *o.s.* ***to*** *s.t.* jou tot iets verbind; ~ *s.o.* ***to*** *s.t.* iem. aan iets vasbind; iem. tot iets verplig, iem. laat beloof/belowe om iets te doen; ~ ***together*** verbind; saambind, aanmekaarbind, aanmekaarheg; ~ ***up*** opbind *(hare)*; verbind *(wond)*. ~**weed** akkerwinde, klimop; *black* ~ swa(w)eltong, swartwinde.

bind·er (bind)omslag, ringband; band, tou; *(med.)* binddoek; (boek)binder; binder, bindmasjien; *(jur.)* voorlopige (versekerings)kontrak; *(houtw.)* binder; *(bouk.)* bindsteen, bindbalk; bindmiddel *(vir verf)*; *(chem.)* bindstof; *obstetric* ~ sluitlaken. ~ **twine** bindtou. ~ **yarn** bindgaring, =gare.

bind·er·y (boek)bindery.

bind·ing *n.* binding; stremming; (boek)band; bindwerk; omboorsel; stootband. **bind·ing** *adj.* verpligtend, bindend, geldig; ~ *on* ... bindend vir ... ~ **material** bindsel, bindmateriaal. ~ **screw** klemskroef. ~ **stone** verbandklip. ~ **thread** binddraad, =garing, =gare. ~ **twine** bindgaring, =gare, =tou. ~ **wire** bind=draad.

bine stam *(v. klimplant)*; rank.

binge *n.* fuif, dronknes; *(go) on a/the* ~, *(infml.)* aan die fuif (gaan/raak). **binge** *ww.* fuif; jou vergryp; ~ *on s.t.* jou aan iets vergryp.

bin·go =*gos, n.* bingo(spel). **bingo** *tw.* bingo; hoera; *and,* ~, *the lights went out* en eensklaps/skielik gaan die ligte dood.

bin·na·cle *(sk.)* kompashuis(ie), naghuisie.

bin·o·cle *(arg.)* →BINOCULARS.

bin·oc·u·lar *adj.* twee-ogig, vir twee oë, binokulêr. **bin·oc·u·lars** *n. (mv.)* verkyker, vêrkyker; *two pairs of* ~ twee verkykers/vêrkykers.

bi·no·mi·al *n.* binoom, tweeterm. **bi·no·mi·al** *adj.* binomiaal, binomies; *(wisk.)* binomiaal, tweetermig; ~ *theorem* binomiaalstelling, binomium *(v. Newton)*.

bi·nom·i·nal, bi·no·mi·al *(takson.)* binomi(n)aal *(nomenklatuur)*.

bint *(sl., neerh.)* meisiekind, vroumens.

bi·nu·cle·ar, bi·nu·cle·ate, bi·nu·cle·at·ed *(biol.)* binukleêr, tweekernig, met twee kerne/kerns.

bi·o[1] *(infml.)* biografie; →BIOGRAPHY.

bi·o[2] *(sl., vero.)* fliek; →BIOSCOPE; *go to the* ~ gaan fliek.

bi·o=, bi= *komb.vorm* bio=, lewens=.

bi·o·chem·is·try biochemie, fisiologiese skeikunde. **bi·o·chem·i·cal** biochemies. **bi·o·chem·ist** biochemikus.

bi·o·c(o)e·no·sis *(ekol.)* biosenose, lewensgemeenskap.

bi·o·de·grad·a·ble bioafbreekbaar, vergaanbaar. **bi·o·de·grad·a·bil·i·ty** bioafbreekbaarheid, vergaanbaarheid. **bi·o·deg·ra·da·tion** bioafbreking. **bi·o·de=grade** afbreek, vergaan.

bi·o·di·ver·si·ty biodiversiteit.

bi·o·dy·nam·ics biodinamika.

bi·o·e·lec·tric·i·ty bio-elektrisiteit.

bi·o·en·gi·neer·ing bio-ingenieurswese.

bi·o·eth·ics bio-etiek. **bi·o·eth·i·cal** bio-eties. **bi·o=eth·i·cist** bio-etikus.

bi·o·feed·back *(fisiol., psig.)* bioterugvoer.

bi·o·fla·vo·noid →VITAMIN P.

bi·o·gas biogas.

bi·o·gen·e·sis biogenese. **bi·o·ge·net·ic** biogeneties.

bi·o·ge·og·ra·phy biogeografie.

bi·og·ra·phy biografie, lewensbeskrywing, lewensgeskiedenis. **bi·og·ra·phee** onderwerp van die/'n biografie. **bi·og·raph·er** biograaf, lewensbeskrywer. **bi=o·graph·i·cal, bi·o·graph·ic** biografies; ~ *sketch* lewensberig, lewensketс.

bi·o·haz·ard lewensbedreiging, =gevaar. **bi·o·haz=ard·ous** lewensgevaarlik.

bi·ol·o·gy biologie, lewensleer, =wetenskap. **bi·o·log=i·cal** biologies; ~ *clock* biologiese/inwendige klok; ~ *control* biologiese beheer; ~ *detergent* biowasmiddel; ~ *father/mother/parent* biologiese vader/moeder/ouer; ~ *science* biologiese wetenskap; ~ *warfare* biologiese oorlogvoering. **bi·ol·o·gist** bioloog.

bi·o·mass *(biol.)* biomassa.

bi·ome bioom, groot ekologiese gemeenskap.

bi·o·me·chan·ics biomeganika.

bi·o·met·rics, bi·om·e·try biometrika, biometrie. **bi·o·met·ric, bi·o·met·ri·cal** biometries. **bi·o·me·tri=cian** biometrikus.

bi·on·ic bionies. **bi·on·ics** bionika.

bi·o·nom·ics bionomie, ekologie. **bi·o·nom·ic** bionomies, ekologies.

bi·o·phys·ics biofisika. **bi·o·phys·i·cal** biofisies. **bi·o=phys·i·cist** biofisikus.

bi·o·pic *(infml.)* biofilm, =fliek, biografiese film/(rol)=prent.

bi·o·plasm bioplasma.

bi·o·plast bioplast.

bi·op·sy *(med.)* biopsie.

bi·o·re·ac·tor bioreaktor.

bi·o·rhythm bioritme. **bi·o·rhyth·mic** bioritmies. **bi·o=rhyth·mi·cist** bioritmikus. **bi·o·rhyth·mics** bioritmiek.

bi·o·scope *(SA)* bioskoop; *(Br., vero.)* (film)projektor.

bi·o·sphere biosfeer.

bi·o·sta·tis·tics biostatistiek.

bi·o·syn·the·sis biosintese.

bi·o·ta *(ekol.)* biota, fauna en flora *(v. 'n bep. gebied)*.

bi·o·tech *n. & adj., (afk., infml.)* →BIOTECHNOLOGY, BIOTECHNOLOGICAL.

bi·o·tech·nol·o·gy biotegnologie; ergonomie. **bi·o=tech·no·log·i·cal** biotegnologies; ergonomies. **bi·o=tech·nol·o·gist** biotegnoloog; ergonoom.

bi·ot·ics biotika, biotiek, lewensleer. **bi·ot·ic, bi·ot=i·cal** bioties, lewens=; ~ *factor* lewensfaktor.

bi·o·tin *(biochem.)* biotien.

bi·o·tite *(min.)* biotiet.

bi·o·tope *(ekol.)* biotoop.

bi·o·type biotipe, lewenstipe.

bi·ov·u·late twee-eiig.

bi·par·ti·san: ~ *policy* tweepartybeleid. **bi·par·ti=san·ship** tweepartydigheid.

bi·par·tite tweedelig, tweevoudig, tweeledig, tweesydig; bilateraal; ~ *agreement* bilaterale ooreenkoms.

bi·ped tweevoetige dier, tweevoeter. **bi·ped·al** tweevoetig.

bi·per·en·ni·al *n.* tweejaarplant. **bi·per·en·ni·al** *adj., (bot.)* tweejarig.

bi·pin·nate *(bot.)* dubbelgeveer(d) *(blaar)*.

bi·plane tweedekker(vliegtuig).

bi·pod tweevoet(staander).

bi·po·lar tweepolig, bipolêr.

bi·quad·rate vierde mag. **bi·quad·rat·ic** *n.* vierde mag; vierdemagsvergelyking. **bi·quad·rat·ic** *adj.* van die vierde mag; ~ *equation* vierdemagsvergelyking.

birch *n.* berk(eboom); berkehout; *the* ~, *(hist.)* (berke)lat. **birch** *ww., (hist.)* (met 'n berkelat) slaan/(uit)looi/klop (*of* pak gee). ~ **leaf pelargonium** kanferblaar, maagpynbossie, suurbos. ~ **tree** berkeboom.

bird voël; *(infml.)* meisie, nooi, aster; *(pluimbal)* pluimpie; *(i.d. mv.)* gevoëlte; ***band/ring*** *a* ~ 'n voël ring; *tell s.o. about the ~s and the* ***bees****, (infml.)* iem. oor die blommetjies en die bytjies inlig, iem. vertel waar kindertjies vandaan kom; *s.o. is an* ***early*** ~, *(infml.)* iem. staan vroeg op; iem. kom vroeg; *the* ***early*** ~ *catches the worm* die môrestond/morestond het goud in die mond, ('n) mens moet gou by wees; ***eat*** *like a* ~ soos 'n voëltjie eet; *be ~s of a* ***feather*** voëls van eenderse/enerse vere wees; *~s of a* ***feather*** *flock together* soort soek soort; *the* ~ ***has flown*** die skelm is skoonveld; *(strictly)* ***for*** *the ~s, (infml.)* niks werd nie; onbenullig; ***get*** *the* ~, *(infml.)* uitgefluit/uitgejou/uitgelag word; ***give*** *s.o. the* ~, *(infml.)* iem. uitfluit/uitjou/uitlag; *a* ~ *in the* ***hand*** *is worth two in the bush* een voël in die hand is beter as tien in die lug; *it's an* ***ill*** ~ *that fouls its own nest* wie sy neus skend, skend sy aangesig; ~ *of* ***Jove*** arend; ~ *of* ***Juno*** pou; ***kill*** *two ~s with one stone* twee vlieë met/in een klap/slag slaan; *a* ***little*** ~ *told me* ek het 'n voëltjie hoor fluit; *an* ***old*** ~, *(fig.)* 'n ou kalant; ~ *of* ***paradise*** paradysvoël; ~ *of* ***passage****, (lett.)* trekvoël; *(fig.)* trekvoël, voël op 'n tak; ~ *of* ***prey*** roofvoël; *shoot a* ***sitting*** ~ 'n voël op die grond (*of* in die sit) skiet; *a* ~ *on the* ***wing*** *is fair game* solank 'n voël vlieg, kan jy hom skiet. ~**bath** voëlbad. ~**brain** *(infml.)* domkop, pampoen(kop), uilskuiken, stommerik. ~**cage** voël=kou(tjie), =hok(kie). ~**caging** *(spw.)* hokstut. ~ **call** voëlroep. ~ **dog** *(Am.)* (voël)jaghond. ~ **fancier** voël=liefhebber, =kenner; voëlhandelaar. ~**house** *(Am.)* voëlhok(kie), =huis(ie). ~**lime** voëllym, voëlent. ~**man** voëlvanger; voëlkenner; *(vero., infml.)* vlieënier. ~ **of paradise (flower)** *(Strelitzia reginae)* kraanvoël=, paradys=, piesang=, mahemblom, geelpiesang; *(Caesalpinia pulcherrima)* paradysvoëlblom. ~ **pest** voël=, hoenderpes. ~ **plane** vlerktuig. ~ **plum** wildeamandel. ~ **sanctuary** voëlpark, =reservaat, =paradys. ~**seed** voëlsaad. ~**'s-eye** *n., (bot.)* ereprys; grof gekerfde tabak; spikkel *(in hout)*. ~**'s-eye** *adj. (attr.)*: ~ *fabric* voëloog=, voëlogiestof; ~ *view* algemene oorsig; ~ *view of the town* panoramiese gesig op die stad, die stad in voëlvlug/voëlperspektief. **~'s-eye rot** swartroes. **~('s)-foot** -s *(bot.)* voëlpoot; rolklawer. **~shot** donshael. ~ **snake** voëlslang. **~('s)-nest** voëlnes(sie); *(sk.)* kraaines; *(bot.)* wildewortel. **~s'-nest fern** nesvaring. **~'s-nesting** (voël)neste plunder/uithaal. **~'s-nest soup** voëlnes(sie)sop. **~song** voël(ge)sang. ~ **table** voël(voer)tafel, voertafel vir voëls. **~watcher** voëlwaarnemer, -kyker. **~watching** voëlwaarneming, -kykery, voëls kyk.

bird·ie voëltjie *(ook in gholf)*.

bird·like voëlagtig.

bi·re·frin·gence *(fis.)* dubbelbreking. **bi·re·frin·gent** dubbelbrekend.

bi·reme *(sk.)* bireem, tweedekker.

bi·ret·ta, ber·ret·ta *(RK)* baret.

bi·ri·a·ni →BREYANI.

birth geboorte, bevalling; afkoms, stand; ontstaan, wording; ***at*** ~ by geboorte; ***by*** ~ van geboorte; *a citizen **by** ~* 'n gebore burger; *a German/etc. **by** ~* 'n gebore Duitser/ens., van Duitse/ens. afkoms; ***excess** of ~s (over deaths)* geboorteoorskot; ***from*** ~ van iem. se geboorte af; *be of **gentle/high** ~* van hoë geboorte (*of* deftige stand *of* fatsoenlike afkoms) wees; ***give** ~ to ..., (lett.)* die lewe aan ... skenk, ... in die wêreld bring; *(fig.)* ... tot stand bring; *a **man** of ~* iem. van goeie stand/familie; ***new** ~, (teol.)* we(d)ergeboorte; ***strangle** s.t. at ~, (fig.)* iets in die kiem smoor; ***town** of one's ~* geboortestad, -dorp. ~ **certificate** geboortesertifikaat, -bewys. ~ **control** geboortebeperking. **~mark** moedervlek, huidvlek. ~ **mother** biologiese ma/moeder. ~ **notice** geboorteberig. ~ **pang,** ~ **pain** geboortepyn, barensweë. **~place** geboorteplek, -plaas; geboortehuis. ~ **rate** geboortesyfer. **~right** geboortereg; eersgeboortereg. ~ **roll** geboorteregister. ~ **trauma** geboortetrauma, -trouma.

birth·day verjaar(s)dag; geboortedag; *at/on s.o.'s ~* op iem. se verjaar(s)dag; *celebrate one's ~* verjaar; *happy ~!* veels geluk met jou verjaar(s)dag!; *Queen's B~* Koninginnedag. ~ **book** verjaar(s)dagalbum, -boek. ~ **cake** verjaar(s)dagkoek. ~ **gift,** ~ **present** verjaar(s)daggeskenk, -present. ~ **honours** *(Br.)* toekenning van onderskeidings op die amptelike verjaar(s)dag van die koning(in). ~ **party** verjaar(s)dag-, verjaarsparty. **~stone** geboortesteen. ~ **suit** *(infml.)* adamspak, -gewaad; evasgewaad.

bi·ry·a·ni →BREYANI.

Bis·cay *(geog.)* Biskaje; *Bay of ~* Golf van Biskaje. **Bis·cay·an** *n.* Bask; *(taal)* Baskies. **Bis·cay·an** *adj.* Baskies.

bis·cuit beskuitjie, (droë) koekie; beskuitkleur; biscuit, ongeglasuurde porselein/erdewerk; *ship's ~* skeepsbeskuit; *it takes the ~, (infml.)* dit span die kroon, dit is die toppunt. ~ **barrel** *(Br.)* koekievaatjie. ~ **colour** beskuitkleur. **~-coloured** beskuitkleurig. ~ **cutter** koekiesnyer; koekiedrukker. ~ **throw** hanetreetjie, klein entjie. ~ **tin** koekie-, beskuitjieblik.

bis·cuit·y beskuitjieagtig *(tekstuur ens.)*; beskuitjiekleurig.

bi·sect halveer, in twee deel, deursny. **bi·sec·tion** halvering, deling in twee. **bi·sec·tor** halveerder; *~ of angle* hoekhalveerder; *~ of dihedral angle* halveervlak; *~ of plane angle* halveerlyn.

bi·sex·u·al *n., (persoon)* biseksueel. **bi·sex·u·al** *adj., (psig.)* biseksueel; *(biol.)* twee-, dubbelslagtig, dubbelgeslagtelik, biseksueel, hermafrodities. **bi·sex·u·al·i·ty** *(psig.)* biseksualiteit; *(biol.)* twee-, dubbelslagtigheid, biseksualiteit, hermafroditisme.

bi·shop biskop; *(skaak)* loper, raadsheer; biskop(wyn); *(igt.)* poenskop; *translate a ~* 'n biskop oorplaas/verplaas. **~bird** flap; vink; wewer(voël); *firecrowned ~* vuurkopvink; *golden ~* goudgeelvink; *red ~* rooivink. **~'s charge** mandement. ~ **sleeve** biskopsmou. **~'s weed** jigwortel, drieblaar.

bish·op·ric bisdom; biskopsamp.

bisk →BISQUE[1].

Bis·marck: ~ **Archipelago** *(geog.)* Bismarck-argipel. ~ **herring** gekruide haring, rolmops.

bis·muth *(chem., simb.: Bi)* bismut. ~ **glance** bismutglans. ~ **ochre** bismut-oker.

bi·son *bison* bison, Amerikaanse buffel; *European ~* oeros, wisent.

bisque[1] *n., (Fr. kookk.: dik roomsop)* bisk, bisque.

bisque[2] *n., (Fr.)* bleek oranjegeel; geelgrys, grysgeel; geelpienk; *(keramiek)* ongeglasuurde porselein/erdewerk, biscuit.

bisque[3] *n., (Fr., gholf)* bisk, bisque, oordrahou.

bis·sex·tile *n., (w.g.)* skrikkeljaar. **bis·sex·tile** *adj.* skrikkeljaar-; *~ day* skrikkeldag.

bis·tou·ry opereer-, operasiemes, bistouri.

bis·tre, *(Am.)* **bis·ter** bister, roetbruin.

bis·tro -tros, *(Fr.)* bistro, restaurantjie, restourantjie, kroegie.

bi·sulc tweehoewige dier. **bi·sul·cate** tweegroewig; tweehoewig, met gesplete hoewe.

bit[1] *n.* hap, byt; happie; bietjie, stukkie; brokkie; krieseltjie; boor; boorpunt; gebit; stang; skaafmes, skaafbeitel; sleutelbaard; ***a** ~* 'n bietjie; *be **a** ~ ...* 'n bietjie (*of* effens/effe(ntjies)/enigsins) ... wees; ***after** a ~* na 'n rukkie; *~ **by** ~* stukkie vir stukkie, stuksgewys(e); bietjie(s)-bietjie(s); stappie vir stappie; *s.o. doesn't **care** two ~s, (infml.)* iem. gee geen (*of* nie 'n) flenter om nie, iets kan iem. geen (bloue) duit skeel nie; ***chafe/champ** at the ~, (lett.)* op die stang byt/kou; *(fig.)* ongeduldig wees; gretig wees; ***do** one's ~, (infml.)* jou deel(tjie) doen; ***draw** ~* inteuel; ***every** ~* elke stukkie, alles; heeltemal, volkome; *be **every** ~ as ...* net/presies (*of* in alle opsigte) so ... wees; ***every** ~ as much* ruim soveel; *rest/etc. **for** a ~* 'n bietjie/rukkie rus/ens.; *not the **least** ~* glad (en geheel) nie; *a **little** ~* 'n klein bietjie; ***not** a ~* glad/heeltemal/hoegenaamd (*of* nie in die minste) nie; ***not** a ~ of good/etc.* glad nie goed/ens. nie; ***not** a ~ of it!* moenie glo nie!, (daar is) geen sprake van nie!, glad (en geheel) nie!; *a ~ **of** ...* 'n bietjie ...; 'n stukkie ...; *be a ~ **of a** ..., (infml.)* nogal ... wees; *be a ~ **of a** coward, (infml.)* geen held wees nie; *be a ~ **of a** fool, (infml.)* maar dommerig wees; *be a ~ **of a** hothead, (infml.)* 'n bietjie heethoofdig wees; *a ~ **of a** problem, (infml.)* 'n probleempie, 'n bietjie moeilikheid; *a ~ **of a** surprise, (infml.)* 'n effense verrassing; *not believe s.o. **one** (little) ~* iem. g'n stuk glo nie; *not like s.t. **one** (little) ~* (net [mooi]) niks van iets hou nie; *~s and **pieces*** stukkies en brokkies; ***stretch** it a ~, (infml.)* tegemoetkomend wees, dit nie so nou neem nie; oordryf/oordrywe, te ver/vêr gaan; ***tear** s.t. to ~s* iets in stukkies skeur; *take the ~ between/in one's **teeth,** (fig.)* die stang vasbyt, jou eie kop volg; ***wait** a ~!* wag 'n bietjie/omblikkie!; *a **wee** ~* 'n klein bietjie, 'n krieseltjie/rapsie. **bit** *ww.* die stang/toom aansit; in bedwang hou, beteuel. ~ **part** *(teat.)* klein rolletjie.

bit[2] *n., (rek.)* bis. **~map** *(rek.)* bisbeeld, -kaart.

bitch *n.* teef, wyfie; *(neerh. sl.)* feeks, teef, katterige vroumens; slet. **bitch** *ww.* kerm, kla; haatlik wees; *(vero.)* hoereer; *~ about s.t., (sl.)* oor iets kerm/kla; *~ s.t. up, (sl.)* iets opmors/opdons. **bitch·er·y** katterige gedrag. **bitch·i·ness** katterigheid. **bitch·y** honds; katterig, venynig.

bite *n.* byt; hap; pik *(v. slang)*; stukkie (ete), kouseltjie); byt(hoogte); greep, vat; pikantheid, pittigheid; raakheid; *there's a ~ **in the air*** dis bytend koud; *get/have another (*or* a second) ~ **at the cherry,** (infml.)* nog 'n kans kry om iets te doen; *not a ~ **to eat*** niks om te eet nie; ***get** a ~ (hengel)* iets byt; ***have** a ~, (infml.)* 'n stukkie eet; ***put** the ~ on s.o., (infml.)* iets van iem. afpers; geld by iem. leen; druk op iem. uitoefen; *a **small** ~* 'n happie. **bite** *bit bitten, ww.* byt; *(slang)* pik; invreet; *(skroef)* vat, klou; (die) doel tref, doeltreffend wees; *~ s.t. **back,** (infml.)* iets insluk *(woorde)*; *~ the **dust*** →DUST *n.*; *~ the **hand** that feeds one* die hand byt wat jou voed, goedheid met ondank beloon, stank vir dank gee; *~ **into** s.t.* in iets byt; *~ s.t. **off*** iets afbyt; *~ **off** more than one can chew, (infml.)* te veel hooi op jou vurk neem, hoër vlieg as wat jou vlerke lank is, jouself oorskat; *~ **on** s.t.* (aan) iets byt; ***what's** biting you?* wat het oor jou lewer geloop?, wat makeer jou/jy?. **bit·er** byter; *the ~ bit* die fopper gefop, die bedrieër bedroë, leer om leer. **bit·ing** *adj.* bytend, snydend, skerp, bitsig; striemend *(woorde)*; invretend; *~ retort* snydende/bitsige antwoord; *~ wind* snydende/skerp wind. **bit·ten** gebyt; beenaf, verlief; *s.o.'s been ~, (infml.)* iem. is ingeloop; *s.o.'s been ~ by the bug* →BUG *n.*; *once ~, twice shy* ('n) mens laat jou nie twee maal fop nie; eerste maal gevang, tweede maal bang; 'n esel stamp hom nie twee maal teen dieselfde klip nie; *what's ~ you?, (infml.)* wat makeer jou/jy?, wat skort?, wat het oor jou lewer geloop?.

bit·ter *n.* bitter; bitterbier; →BITTERS; *the ~ and the sweet* lief en leed, voor- en teë-/teenspoed. **bit·ter** *adj.* bitter; skerp; griewend; verbitterd; snerpend; venynig; *be/feel ~ about s.t.* oor iets verbitter(d) wees; *to the ~ end* tot die bitter einde (toe); *~ fruits, (fig.)* wrange vrugte; *the B~ Lakes, (geog.)* die Bitter Mere; *leave a ~ taste in the mouth* 'n bitter nasmaak agterlaat/hê; *~ tears* hete trane. ~ **almond** rooistinkhout. ~ **apple** bitterappel, gifappel, kolokwint. **~berry** bitterbessieboom ~ **bush** *(Chrysocoma tenuifolia)* bitterbos(sie), kaalsiektebossie. ~ **earth** bitteraarde, magnesia. **~-ender** *(SA)* bittereinder, onversoenlike. ~ **melon** karkoer. ~ **orange** bitterlemoen. ~ **pill** *(lett. & fig.)* bitter pil. ~ **principle** *(bot.)* bitterstof. ~ **salt** bittersout, Engelse sout. **~sweet** *n., (bot.)* bittersoet; nastergal. **~sweet** *adj.* bittersoet. ~ **tonic** maagbitter. ~ **water** *(geol.)* bitterwater. **~wort** bitterwortel.

bit·ter·ly bitter, bitterlik.

bit·tern[1] *(orn.)* roerdomp, brulvoël; *little ~, (orn.)* wou-apie, woudapie.

bit·tern[2] bitter afloopwater.

bit·ter·ness bitterheid, verbittering; wrangheid; *cup of ~* alsembeker.

bit·ters *n. (mv.)* maagbitter; bitterbier; bitterwyn; *(chem.)* bitterstof.

bit·ting inkeping *(v. sleutel)*.

bit·ty onsamehangend, in stukkies en brokkies.

bi·tu·men bitumen; asfalt. **bi·tu·mi·ni·sa·tion, -za·tion** bituminering. **bi·tu·mi·nise, -nize** bitumineer. **bi·tu·mi·nos·i·ty** teergehalte. **bi·tu·mi·nous** bitumineus; *~ coal* vetkool, bitumineuse steenkool.

bi·va·lent, bi·va·lent →DIVALENT.

bi·valve *n.* tweekleppige (skaaldier); oester. **bi·valve, bi·val·vu·lar** *adj.* tweeskalig, tweekleppig.

biv·ou·ac *n., (<Fr.)* kamp, bivak; kampskof. **biv·ou·ac** *bivouacked, ww.* kampeer, bivakkeer.

bi·week·ly *n.* halfmaandelikse/tweeweeklikse/veertiendaagse tydskrif; halfweeklikse blad. **bi·week·ly** *adj. & adv.* halfmaandeliks, tweeweekliks, veertiendaags; halfweekliks, twee maal weekliks.

biz *(sl.)* besigheid.

bi·zarre bisar, grillig, vreemd, wonderlik, buitengewoon. **bi·zarre·ness, bi·zar·re·rie** bisarheid.

blab *n.* verklapper, (ver)klikker, nuusdraer. **blab** -bb-, *ww.* verklap, (ver)klik, uitlap, uitblaker, rondvertel; babbel. **blab·ber(·mouth)** verklapper, (ver)klikker, nuusdraer; babbelaar.

black *n.* swart; swartsel; swart verf; swart vlek; swartkoring, brandkoring; roet; swart klere, rou(klere); swarte, swart man; *in the ~* sonder (*of* uit die) skuld; *be all in ~* heeltemal in swart geklee(d) wees; *in the ~ of night* →NIGHT; *put (down) in ~ and white* op skrif stel, swart op wit gee. **black** *adj.* swart; donker, somber; duister; *as ~ **as pitch*** pikswart; *a face as ~ **as thunder*** 'n woedende gesig; *beat s.o. ~ and **blue*** iem. bont en blou (*of* pimpel en pers) slaan; ***go** ~* verswart; *things **look** ~, (infml.)* dit lyk gevaarlik/dreigend; *a/the ~ **one,** (iets)* 'n/die swarte; *not as ~ as it is **painted*** nie so erg soos dit voorgestel word nie; *~ and **white** cattle* swartbont beeste; *~ and **white** drawing/photo* swart-wit tekening/foto. **black** *ww.* swart maak, swart smeer; *~ out* flou word, jou bewussyn verloor; *~ s.t. out* iets verdonker/verduister; iets uitvee/uitwis; ~ *up, (teat.)* (jou) swart grimeer. **B~ Africa** Swart Afrika. ~ **albatross, sooty albatross** stinkpot. **~amoor** *(arg., neerh.)* swarte, swart mens, donker=, swartvellige. ~ **and tan** mengsel van donker en ligte bier; *the B~ and T~s, (mil.: hulptroepe wat Sinn Fein in 1921 beveg het)* die Black and Tans. **~-and-tan (terrier)** →MANCHESTER TERRIER. ~ **ant** *(Eur.)* swartmier. ~ **art** toorkuns, swart kuns. ~ **ash** *(chem.)* swartas. **~-backed jackal** rooijakkals. **~-backed seagull** swartrugmeeu. **~ball** *n.* (geheime) teenstem, veto. **~ball** *ww.* afstem, uitsluit, veto, lidmaatskap weier. **~-bark tree** swartbas=(boom). ~ **bear** swartbeer, baribal; *Asiatic* ~ ~ kraagbeer, Asiatiese swartbeer. **~-bearded protea** swartbaardsuikerbos. ~ **beetle** kakkerlak. ~ **belt** *(judo, karate)* (houer van 'n) swart gordel; *(streek in Am. met 'n oorwegend swart bevolking)* swart streek; *(Am., geog.)* swart gordel. **~berry** braam(bessie). **~bird** swartvoël, lyster; *(hist.)* (swart/Polinesiese) slaaf; *European* ~ merel. **~birder** *(hist.)* slawejagter, =handelaar. **~birding** *(hist.)* slawejag. **~board** (skool)bord, skryfbord. **~board duster** bordwisser. ~ **bolt** swartbout. ~ **book** swart boek; strafregister; *be in s.o.'s* ~ *~s* →BOOK *n.*. ~ **border** rourand. **~-bordered** met 'n rourand. ~ **box** vlugopnemer; *(rek.)* toorkis. ~ **bread** rog=, swartbrood. **~-browed albatross** malmokalbatros. **~buck** *(Ind.)* swartbok. **~-bulb thermometer** stralingstermometer. ~ **cap** swart mus *(v. regter)*. **~cap** *(orn.)* swartkoppie, kuifkop(voël). **~-cap pudding** gestoomde korinte=/korentepoeding. **B~ Circuit:** *the* ~ ~ die Swart Ommegang. **~cock** *(orn.)* (Europese) korhaan. ~ **coffee** koffie sonder melk, swart koffie. ~ **comedy** swart komedie. ~ **consciousness** swart bewustheid. **B~ Country** geïndustrialiseerde Engelse Middelland. **~currant** swart(aal)bessie. **~damp** koolsuurgas. **B~ Death:** *the* ~ ~, *(hist.)* die Swart(e) Dood. ~ **disc** grammofoonplaat. ~ **disease** gas-edeem. ~ **draught** swart sennamengsel. ~ **eagle** witkruisarend. ~ **economy** sluikekonomie. **B~ English** die Engels van Afro-Amerikaners. ~ **eye** blou oog; *give s.o. a* ~ ~ iem. blouoog slaan. **~-eyed** swartogig, swartoog=; ~ *bean* swartbekboon(tjie), swartbekkie; ~ *bulbul, (orn.)* swartoogtiptol; ~ *Susan, (bot.)* thunbergia; ruie rudbeckia. **~fellow** *(arg., neerh.)* Australiese inboorling. ~ **fibre** kleurvesel *(in wol)*. **~fin needlefish** swartvinnaaldvis. **~fin shark** langneus-swartvinhaai. ~ **flag** seerowersvlag. **B~foot** Swartvoet(-Indiaan). **~-footed cat** swartpoot(wilde)kat. **B~ Forest:** *the* ~ ~ die Swart Woud. **B~ Forest cake/gateau** *(kookk.)* Swart Woud-(room)koek, Swart Woud-gâteau. **B~ Friar** *(kloosterling)* Dominikaan, Dominikaner. ~ **frost** swart=, skroeiryp. ~ **gold** *(infml.: olie)* swart goud. ~ **grape** swart druif. **~guard** *n.* skobbejak, skurk, smeerlap. **~guard** *ww.* (vir 'n skurk) uitskel; slegmaak, swartsmeer, beswadder. **~guard** *adj.*, **=ly** *adv.* gemeen, laag, skurkagtig. **~guardism** skurkery, gemeenheid; laagheid. ~ **(gun)powder** swartkruit. **~-haired** swartharig, swarthaar=, swartkop=. **B~ Hand:** *the* ~ ~, *(hist.)* die Swart Hand. **~head** *(orn.)* swartkoppie; *(med.)* swartkoppie; *(veearts.)* swartkop, enterohepatitis *(by kalkoene)*. **~-headed heron** swartkopreier. **~-headed (Persian) sheep** swartkopskaap, swartkoppersie. **~-hearted** boos(aardig), kwaadaardig, kwaadgesind, van slegte/gemene inbors, sleg, verdorwe. **B~ Hills** *(gebergte)* Black Hills. ~ **hole** donker gat; *(astron.)* gravitasiekolk, swartgat, =kolk. **B~ Hole of Calcutta** *(hist.)* Donker gat van Kalkutta; *(Br. infml.)* hok. ~ **humour** swart humor. ~ **ice** gladde ys. ~ **ingratitude** growwe ondankbaarheid. ~ **iron** swartyster. **~jack** soort kaartspel; *(i.d. mv., bot.)* knapsekêrels, knapsakkerwels, wewenaars(gras), boesmanpyle, =pyltjies; *(Am.)* leerknuppel; *(hist.)* seerowersvlag; *(hist.)* wynsak; *(hist.)* karba; *(min.)* sfaleriet, (sink)blende. ~ **japan** vuurlak. ~ **lead** grafiet. **~leg** *n.* onderkruiper *(by staking)*; swendelaar; sponssiekte; vrotpootjie *(in aartappels)*. **~leg** *ww.* onderkruip *(in staking)*; swendel. **~legging** onderkruiping. ~ **letter** vet letter; Gotiese letter. **~-letter day** ongeluksdag. ~ **light** swartlig. **~list** *n.* swartlys. **~list** *ww.* op die swartlys plaas. ~ **magic** swartkuns, nekromansie, nigromansie. **~mail** *n.* afpersing, afdreiging; brandskatting. **~mail** *ww.* iets van iem. afpers/afdreig; ~ *s.o.* iets van iem. afpers, geld van iem. afdreig. **~mailer** afperser, afdreiger. ~ **man** swart man. **B~ Maria** *(hist.)* vang=, polisie=, tronkwa; nagwa; groot rookgranaat. ~ **mark** skandepunt, kruisie *(by iem. se naam)*. ~ **market** swart mark/handel, sluikhandel. ~ **marketeer** sluikhandelaar. ~ **mass** swart mis, satansdiens. **B~ Monday** *(effektebeurs, infml.)* Swart Maandag. ~ **mongoose** swartmuishond. ~ **mood** neerslagtige bui. ~ **mould** swartskimmel. **B~ Muslim** *(Am.)* Swart Moslem. **B~ Nationalism** *(Am.)* Swart Nasionalisme. ~ **nightshade** *(bot.)* nastergal, nagskade, gal=, inkbessie. **~-on-black** swart-teen-swart-; ~ *violence* swart-teen-swart-geweld(pleging). **~out** verdonkering; beswyming, breinfloute; *news* ~ nuusverbod. **B~ Panther** *(Am. pol.)* Swart Panter/Luiperd. ~ **people** swart mense. ~ **pepper** swartpeper. **B~ Pete** *(kaartspel)* Swart Piet. **B~ Poll** *(beesras)* Swart Poenskop. **B~ Power** Swart Mag. ~ **pudding** bloedwors. ~ **quarter** *(veearts.)* sponssiekte. ~ **rat** *(alg.)* swart rot; *(soortnaam)* swartrot. ~ **rhinoceros** swartrenoster. **B~ Rod** *(parl.)* Draer van die Swart Roede; ampswag van die Senaat *(of* Hoër Huis); *(SA)* ampswag van die Nasionale Raad van Provinsies. ~ **rot** *(plantsiekte)* swartvrot. ~ **rust** swartroes *(by graan)*; antraknose, swartroes *(in wingerd)*. ~ **salsify** *(bot.)* skorsenier(wortel). ~ **sand** *(min.)* swartsand. **B~ Sash** *(SA)* Black Sash. **B~ Sea** Swart See. **B~ September** *(Palestynse terroristeorganisasie)* Swart September. ~ **sheep** *(fig.)* swart skaap. **B~shirt** *(hist.)* Swarthemp, fascis. **~-shouldered kite** *(orn.)* blouvalk. **~snake** swartslang. ~ **spot** swart kol; *(sitrus; rose)* swartvleksiekte; appelskurf; swartmuf. ~ **squall** storm(wind)bui. ~ **states** swart state. ~ **stork** →STORK. ~ **swan** swart swaan. **~tail** *(igt.)* dassie, kolstert; *(soöl.)* swartsterthert. ~ **tea** tee sonder melk, swart tee. **~-tea (bush)** swarttee(bossie). ~ **tie** *n.* aanddrag, formele drag. **~-tie** *adj. (attr.)* formele *(ete ens.)*. **~-tipped wool, ~-topped wool** teertipwol. ~ **tit** *(orn.)* swartmees. **~top (road)** *(Am.)* teerpad. ~ **type** vet druk/letter. ~ **udder** *(veearts.)* blou-uier. ~ **varnish** teervernis. ~ **velvet** sjampanje met swartbier. ~ **vulture** swartaasvoël, tjokkerbek-aasvoël. **~water** *(veearts.)* Texaskoors. **~water fever** swartwaterkoors. ~ **widow (spider)** knopiespinnekop. ~ **wildebees(t)** swartwildebees. **~-winged bishop** *(orn.)* vuurkoprooivink. **~-winged stilt** *(orn.)* rooipoot-elsie. **~wood** *(Maytenus peduncularis)* swarthout; *(Australian)* ~, *(Acacia melanoxylon)* stinkboon(boom), stinkboontjie(boom). ~ **wool** swart wol, kleurwol.

black·en swart maak, swart smeer; beswadder, belaster, beklad, swartsmeer; ~ *s.o.'s name* iem. beklad.

black·ing swartsel, swart skoenwaks.

black·ish swarterig, swartagtig.

black·ness swartheid; donkerte.

black·smith (grof)smid, ystersmid. ~ **plover** bontkiewiet(jie). **~'s coal** smeekool. **~'s forge** smidsoond. **~'s hammer** smee=, smidshamer. **~'s shop** smedery, smidswinkel. **~'s tongs** smee=, smidstang.

black·smith·ing grofsmedery, grofsmidswerk.

blad·der *(anat.)* blaas; binnebal *(v. 'n voetbal ens.)*; *(med.)* blaar. **~-nosed seal** klapmus(rob). ~ **worm** blaaswurm.

blade spriet(jie); blad; blaarskyf, halm; mes(sie), lem; kling, sabel; vleuel *(v. windmeul)*; yster *(v. skaats)*; voet *(v. gholfstok)*; spaan; strook *(v. hortjies)*; *(afk. v.* shoulder blade*)* (skouer)blad; *gay* ~, *(arg.)* vrolike/lewendige kêrel, swierbol; ~ *of grass* grashalm, grassie.

blad·ed met 'n lem; lemvormig.

-blad·ed *komb.vorm* =blad=; met ... lemme; *twin~ propeller* tweebladskroef; *two~ knife* mes met twee lemme.

blah (blah) *(infml.)* bog(praatjies), kaf(praatjies), twak(praatjies), snert, nonsens.

blain *(med.)* blein, blaar, sweer.

blame *n.* skuld, blaam; verwyt; ***absolve*** *s.o. from* ~ iem. van blaam onthef; ***affix*** ~ skuld gee/uitdeel; ***affix/attach*** ~ *to* ... skuld aan ... gee, skuld op ... werp; ***apportion*** ~ skuld uitdeel; *no* ~ ***attaches*** *to s.o.* iem. dra geen skuld nie, geen blaam rus op iem. nie; ***bear*** *the* ~ die skuld dra; ***cast/lay/put*** *the* ~ *on s.o./s.t.* iem./iets die skuld gee, die skuld op iem./iets laai/pak/werp; ***fasten*** *the* ~ *on s.o.* iem. die skuld gee; *cast/lay/put the* ~ ***for*** *s.t. on* ... die skuld van iets op ... laai/pak/werp, ... die skuld van iets gee; *the* ~ ***lies*** *with him/her* dit is sy/haar skuld. **blame** *ww.* beskuldig, blameer, betig; verwyt; kwalik neem, verkwalik; afkeur; *that ~d **fellow*** daardie verbrande vent; ~ *s.o. **for** s.t.* iem. die skuld gee omdat iets gebeur het, iem. die skuld van iets gee; iem. iets kwalik neem *(of* verkwalik); *he is to* ~ ***for*** ... dis sy skuld dat ..., hy dra die skuld dat ...; *she has (only) herself to* ~ ***for*** ... dis haar eie skuld dat ..., sy het dit aan haarself te wyte dat ...; ~ *s.t. **on** s.o.* iem. iets verwyt, iets aan iem. toeskryf/=skrywe, iem. die skuld gee omdat iets gebeur het, *(fig.)* iets op iem. se brood smeer; ~ ... ***on*** *s.o./s.t., (ook)* ... aan iem./iets wyt. **~worthy** laakbaar, berispelik, afkeurenswaardig.

blam(e)·a·ble laakbaar, afkeurenswaardig.

blame·less onberispelik, smet(te)loos, onbesproke; onskuldig, skuldeloos, onbestraflik, sonder blaam.

blanch bleik, wit maak; verbleek, verbleik, wit word; blansjeer; afskil, pel *(neute)*; *~ed almond* gepelde amandel; *~ing liquor* chloorkalkoplossing; ~ *over* verbloem.

blanc·mange *(kookk.)* blanc-mange.

bland oninteressant, vervelig, saai, vaal, eentonig; (dood)gewoon, middelmatig; karakterloos; droog, futloos; flou, laf, smaakloos; nugter, sober, saaklik, emosieloos, klinies, koel, onverstoorbaar; neutraal, niksseggend; uitdrukkingloos; sag, mild *(weer)*; ~ *diet* dieet van sagte kos; ~ *food* smaaklose/lawwe kos; ~ *performance* futlose/flou vertoning.

blan·dish vlei, paai, flikflooi, streel. **blan·dish·ments** *(mv., selde ekv.)* vleiery, flikflooiery, liewigheid; verlokking, verleidelikheid.

blank *n.* leegte, leemte; oop ruimte; lakune; blanko deel; blanko dokument; weggelate woord; vloekwoord; ('n) niet/nul *(in lotery)*; ru-stuk; kontrole; *(chem.)* toets; los kruit, loskruitpatroon; *draw a* ~, *(infml.)* niks kry nie, bedroë/teleurgestel(d) (anderkant) uitkom; *s.o.'s mind was a* ~ iem. se kop het toegeslaan, iem. se verstand het stilgestaan, iem. het 'n breinfloute gehad/gekry; iem. se geheue was skoon weg. **blank** *adj.* blank, blanko; onbeskrewe, oningevul(d); leeg; sonder uitdrukking; wesenloos; ~ ***cartridge*** loskruitpatroon; ~ ***cheque*** blanko tjek; *give* ~ ***credit*** onbeperkte krediet gee; ~ ***key*** ru-sleutel; ~ ***look*** begriplose/onbegrypende blik; ~ ***page*** leë bladsy, onbeskrewe/onbedrukte blad; ~ ***space*** leë ruimte; ~ ***test*** blindproef, kontroletoets; ~ ***verse*** rymlose/blanke verse; ~ ***wall*** blinde muur; *come up against a* ~ ***wall***, *(fig.)* voor 'n klipmuur te staan kom. **blank** *ww., (infml.)* ignoreer; verhul, toemaak; ~ *off* afdig *(pype ens.)*; ~ *out* uitwis; *(teg.)* stans. **blank·e·ty(-blank), blank·y** *(euf.)* vervlakste, vervloekste, (ver)dekselse, verdekselde, blikskaterse, verdomde. **blank·ly** wesenloos, beteuterd; volslae, geheel en al; ~ *deny* botweg ontken. **blank·ness** wesenloosheid; onbeskrewenheid.

blan·ket *n.* kombers; ~ *of secrecy* sluier van geheimhouding; *toss s.o. in a* ~, *(hist.: straf)* iem. laat beesvel ry; *wet* ~ →WET *adj.*; *be born on the wrong side of the* ~, *(infml.)* buite-egtelik gebore wees. **blan·ket** *adj.* algemeen, omvattend, al(les)omvattend. **blan·ket** *ww.* (met 'n kombers) toemaak/bedek/toedek; sus, stil hou; beesvelgooi; *(sk.)* die loef afsteek. ~ **ban** volslae verbod. ~ **bath** →BED BATH. ~ **cloth** kombersstof. ~ **proclamation** ope proklamasie. ~ **resolution** alles dekkende besluit. ~ **stitch** kombersteek. ~ **vote** kombersstem. ~ **word** alles dekkende woord.

blan·ket·ing kombersstof.

blan·quette *(Fr. kookk.)* blanket, blanquette. ~ **de veau,** ~ **of veal** kalfsblanket, =blanquette.

blare *n.* gesketter, lawaai, gebrul, geskal. **blare** *ww.* sketter, lawaai maak; brul; ~ *(out), (radio)* (uit)blêr; *(trompet)* sketter; *(motor)* skril toet(er); *(persoon)* (uit)=roep *(name ens.)*; *(persoon)* (uit)skree(u), (uit)blaf *(be=vele ens.)*.

blar·ney *n.* flikflooiery, mooipraatjies, vleitaal. **blar=ney** *ww.* mooipraat, flikflooi, vlei.

bla·sé blasé.

blas·pheme laster, vloek, swets. **blas·phem·er** gods=lasteraar, vloeker. **blas·phe·mous** (gods)lasterlik, godlasterend, =onterend. **blas·phe·my** (gods)laste=ring, vloektaal, geswets, lastertaal, vloekery.

blast *n.* windstoot, windvlaag, rukwind; stoot *(op fluit)*; gesketter; dinamiet=, skietlading; (spring)skoot, ont=ploffing, lugslag; plofpuin; gasstraal; verderf; dowwe=pluimsiekte; *(at) full* ~ met/op volle krag. **blast** *ww.* in die lug blaas, laat spring, (met plofstof) skiet, op=blaas *(rotse)*; verskroei, verwoes, verderf, vernietig; vervloek; ~ *off, (vuurpyl ens.)* afgevuur/gelanseer word; wegtrek. **blast** *tw., (infml.)*: ~ *him!* hy kan gaan bars (*of* gaan doppies blaas)!; ~ *(it)!* verbrands!, vervlaks!, vervloeks!, deksels!, verdomp!; ~ *this ...!* so 'n verbrande/vervlakste/vervloekste ...!; ~ *you!* jou blikskater!. ~ **effect** lugslag(werking). ~ **furnace** hoogoond. ~ **hole** boorgat *(vir plofstof)*. ~**off** lanse=ring, wegtrek *(v. vuurpyl)*. ~ **pressure** winddruk.

blast·ed vervlakste, vervloekste, blikskaterse, ver=duiwelde, vermaledyde.

blast·er (dinamiet)skieter, skietwerker.

blast·ing skietery, skiet *(met plofstowwe)*, skietwerk. ~ **agent**, ~ **material**, ~ **medium** plof=, skiet=, spring=stof, spring=, skietmiddel. ~ **cap** slagdoppie. ~ **car=tridge** springpatroon. ~ **certificate**, ~ **permit** skiet=sertifikaat. ~ **charge** skiet=, springlading. ~ **com=pound** mynplofstof, =springstof. ~ **gelatine** spring-gelatien. ~ **operations** skietery, skietwerk. ~ **powder** springkruit.

blas·to·cyst *(embriol.)* kiemblaas, blastosist.

blas·to·derm *(embriol.)* kiemhuidjie, kiemskyf, blas=toderm.

bla·tant openlik, onbeskaamd, skaamteloos, blatant; flagrant, verregaande, skreiend; opvallend, ooglopend; *(arg.)* luidrugtig, lawaaierig, rumoerig; ~ *idiot* volslae idioot, afgedankste gek; ~ *lie* onbeskaamde/infame leuen. **bla·tan·cy** onbeskaamdheid; skreiendheid.

blath·er →BLETHER.

blaze[1] *n.* vlam; gloed; brand; opvlamming; uitbars=ting; volle lig; ~ *of **colour*** kleuregloed, =prag; ~ *of **glory*** roemrykheid; ***go** to ~s!, (sl.)* gaan/loop bars/vrek!, gaan/loop/vlieg na die duiwel/maan!, loop in jou (malle) verstand!, gaan/loop na jou grootjie/peet=jie!; *tell s.o. to **go** to ~s, (ook)* iem. na die warm plek stuur; ***in** a ~* in ligte laaie; ***like** ~s, (infml.)* soos blits; dat dit 'n aardigheid is, dat dit (so) gons; verskrik=lik; ~ *of **passion*** bui/vlaag van woede/hartstog; ***what** the ~s, (infml.)* wat d(i)e drommel/duiwel/ongeluk. **blaze** *ww.* vlam; brand; opvlam, uitbars; skitter; ~ *away, (gewere, vuur)* knetter; ~ *away at ..., (soldate)* op ... losbrand/vuur; ~ *down on ..., (son)* op ... neer=brand/neerbak/neerskroei; ~ *up* opvlam, oplaai; op=flikker.

blaze[2] *n.* bles. **blaze** *ww.* bles, 'n wit streep maak op; ~ *the trail* die weg baan/aantoon/oopmaak; ~ *a tree* 'n boom rits/merk.

blaze[3] *ww.* uitbasuin, rondvertel; ~ *abroad* aan die groot klok hang.

blaz·er kleurbaadjie, klubbaadjie, skool=, kollege=baadjie.

blaz·ing vlammend, gloeiend; ~ *day* snikhete dag; ~ *with indignation* gloeiend van verontwaardiging; ~ *indiscretion* skreiende onbedagsaamheid; ~ *wrath* he=wige/heftige woede.

bla·zon *n., (her.)* blasoen, wapen(skild); banier; wa=penbeskrywing; opsomming. **bla·zon** *ww., (her.)* bla=soeneer, 'n wapen(skild) uitwerk/skilder; versier, ver=lug; ~ *forth/out* aan die groot klok hang, uitbasuin; ~*ed glass* vlamglas. **bla·zon·ry** kleurevertoon.

bleach *n.* bleikmiddel. **bleach** *ww.* bleik; (ver)=bleik, op (die) bleik lê; blansjeer; swa(w)el *(sultanas)*. **bleach·er** bleiker; ongebleikte stof; *(i.d. mv., Am.)* oop paviljoen/pawiljoen/sitplekke.

bleach·ing (die) bleik, bleiking, bleikwerk; (die) swa(w)el *(v. sultanas)*. ~ **agent** bleikmiddel. ~ **bath** bleikmengsel. ~ **green**, ~ **ground** bleik(veld). ~ **liquor** bleikstof. ~ **powder** bleikpoeier, bleikkalk, chloor=kalk.

bleak kaal; guur; onbeskut, onherbergsaam; dooie=rig, onaantreklik; skraal; ~ *outlook/prospect* slegte/droewe/droewige vooruitsig; ~ *weather* gure weer; ~ *wind* skraal windjie. **bleak·ness** kaalte; skraalheid; onherbergsaamheid; guurheid; onaantreklikheid.

blear *adj., (w.g.)* →BLEARY. **blear** *ww., (arg.)* dof maak, verduister; laat traan/water.

blear·y dof, vaag, onduidelik, wasig, glasig; betraan(d), vol trane, waterig. ~**-eyed** met oë vol trane, met wa=terige oë (*of* leepoë), leepoog=; met pap oë (*of* leepoë), leepoog=; *s.o. is* ~ iem. se oë lyk pap.

bleat *n.* geblêr; gekerm, getjank. **bleat** *ww., (skaap, bok)* blêr; *(mens)* kerm, tjank.

bleb blaar, blaas, blein; spikkel(tjie).

bleed *bled bled* bloei, bloed stort; bloedlaat, bloed trek/tap; uitsuig; ontspan, luglaat; aflaat, aftap; (uit)=sweet; uitslaan; *(wingerdstokke)* druppel, traan, huil; *(druk.)* bloei; ~ *to death* doodbloei; ~ *freely* erg bloei.

bleed·er bloeier; bloedlater; uitsuier, parasiet; lug=later; *(med.)* bloeier, hemofilielyer. ~ **screw** luglaat=skroef. ~ **valve** luglaatklep.

bleed·ing *n.* (die) bloei, bloeding; huil *(v. wingerd)*; bloedlating; luglating; kleurvloeiing. **bleed·ing** *adj.* bloeiend; *(infml.)* verbrande, blikskaterse. ~ **heart** *(Dicentra spectabilis)* gebrokehartjies.

bleep *n., (onom.)* bliep(geluid); piep(toon); blieper, roeper, roepradio. **bleep** *ww.* bliep, 'n bliepgeluid maak; ~ *s.o., (infml.)* iem. (op)bliep, iem. oor sy/haar blieper roep. **bleep·er** blieper, roeper, roepradio.

blem·ish *n.* vlek, klad, smet; gebrek, letsel, ontsiering; skaafplek; *free from ~es* smet(te)loos. **blem·ish** *ww.* vlek, bevlek, beklad, ontsier.

blench terugdeins, terugskrik; die oë sluit vir, ontken.

blend *n.* mengsel; soort; mengelstof; mengvorm. **blend** *ww.* (ver)meng, berei; ineensmelt, versmelt, saamsmelt, in mekaar oorgaan; versny *(wyn)*; ~ *in with ...* met ... saamsmelt; ~ *in well with ...* goed by ... pas. **blend·ed**: ~ *wine* versnede wyn. **blend·er** menger, bereider, vermenger; mengmasjien, menger; versapper; kombuismeul(e), fynmaker, krumme=laar. **blend·ing** (ver)menging; ineensmelting, same=smelting; versnyding *(v. wyn)*; ~ *wine* versnitwyn.

blende = SPHALERITE.

bleph·a·ri·tis ooglid(rand)ontsteking, blefaritis.

bles·bok, bles·buck *(mv. onveranderd)* blesbok.

bless *blessed blessed, blest blest* seën, loof; gelukkig maak; inseën; salig spreek; *God ~ you* God seën jou; ~ *me (or my soul)* my allamastig/allemastig!, liewe hemel!, goeie genade!, op dees aarde!, nou toe nou!; *not have a penny to ~ o.s. with, (vero.)* geen bloue duit besit nie, platsak wees. **bless·ed** geseën(d), geluk=salig, volsalig; gebenedy; vervlakste, dekselse, ver=brande; *the whole ~ **day*** die hele goddelike dag, die godganse dag; *well **I'm** ~* nou toe nou!, my mastig/magtig!; *I'm ~ if I **know*** ek weet dit waaragtig nie; *of ~ **memory*** van salige (na)gedagtenis, saliger; *it is **more** ~ to give than to receive* dit is saliger om te gee as om te ontvang; *be ~ **with** s.t.* met iets geseën(d) wees; met iets bedeel(d) wees; *not a ~ **word*** geen stomme/dooie woord nie. **bless·ed·ness** geluksalig=heid; *single ~* die ongehude gelukstaat. **bless·ing** seën, seëning; seënwens, seënbede; (tafel)gebed; ***ask** a ~* 'n seën vra; oor tafel bid, die seën vra; *s.o. can **count** his/her ~s* iem. kan van geluk praat/spreek; *a ~ in **disguise*** 'n bedekte seën; ***give** s.t. your ~* iets jou seën gee, iets goedkeur; ***have** s.o.'s ~* iem. se goed=keuring wegdra; ***invoke** a ~* 'n seën afbid; *be a **mixed** ~* 'n halwe seën wees; voor- en nadele hê; ***rain/shower** ~s on/upon s.o.* iem. met seëninge oorlaai.

bleth·er, blath·er *n.* geklets, kletsery. **bleth·er, blath·er** *ww.* klets.

blight *n.* brand, roes, heuningdou, skimmel, skroei=siekte; vloek; klad, skandvlek; verderf, plaag, pes, kanker; *cast/put a ~ on s.t.* 'n vernietigende uitwer=king op iets hê. **blight** *ww.* (ver)skroei, verseng; ver=derf, vernietig; verwoes, skend. **blight·er** vent; snui=ter, rakker, karnallie; swernoot, =noter, maaifoedie, maaifoerie, skobbejak, lunsriem, swerkater.

Blight·y *(soms b~)(Br. sl.)* vaderland, Engeland; tuis=verlof; *go back to ~* huis toe gaan; *a b~ one, (wond wat 'n soldaat laat terugkeer huis toe)* tuisskoot.

bli·mey *tw., (Br. sl.)* jisla(a)ik, haai; vervlaks, vervloeks, demmit.

blimp ballonskip, observasielugskip.

blind *n.* blinding *(voor venster)*; (son)skerm; blind=doek; oogklap; *(fig.)* rookskerm, dekmantel, voor=wendsel, oëverblindery; *(Br. infml., vero.)* drinkery, brassery, drink=, suipsessie; *(jag, Am.)* skuilplek, skuil=te, skuilhut, skiethokkie; *(mil.)* dowwerd, blinde bom/granaat; *(mil.)* dowwe skoot; *the ~* die blindes; *in the kingdom of the ~ the one-eyed man is king* in die land van die blindes is eenoog koning; *roller/Venetian ~* →ROLLER; VENETIAN. **blind** *adj.* blind; verblind; *as ~ as a **bat/beetle/mole*** so blind soos 'n mol; ~ *in one **eye*** blind in een oog; *turn a ~ **eye** to s.t.* jou oë vir iets sluit/toemaak/toedruk, 'n ogie vir iets toemaak, iets deur die vingers sien, iets oogluikend toelaat, iets kastig nie sien nie; ***go** ~* blind word; ~ ***leaders** of the ~* blinde leidsliede van blindes; *none so ~ as those who will not **see*** siende blind wees; *be **stark** ~* stokblind wees; ***strike** s.o. ~* iem. met blindheid slaan; *be ~ **to** s.t.* vir iets blind wees, iets nie wil raaksien nie; onverskillig wees omtrent iets; onge=voelig wees vir iets; ~ *to the **world*** smoor=, stom=dronk. **blind** *adv.* blindelings; ***bake** ~, (kookk.)* sonder vulsel bak; ~ ***drunk*** smoor=, stomdronk; ***fly** ~* met instrumente vlieg; ***swear** ~* hoog en laag sweer. **blind** *ww.* blind maak, verblind; blinddoek; bedrieg; ~*ing light* verblindende lig; *s.t. ~s s.o. to ...* iets verblind iem. vir ... *(d. gebreke v. 'n vriend ens.)*. ~ **alley** doodloopad, =paadjie, =straat, cul-de-sac, blin=de gang, saksteeg, omkeerstraatjie; *the job is a ~ ~* die pos is sonder vooruitsigte. ~**-alley job** dood=loopbaantjie. ~ **bombing** blindbomwerping. ~ **coal** antrasiet, glanskool. ~ **corner** blinde hoek. ~ **date** toe-oë-afspraak, molafspraak, afspraak met 'n on=bekende; toe-oë-maat. ~ **door** blinde deur. ~**fly** blindevlieg. ~ **flying** blind=, instrumentvlieg(kuns). ~**fold** *n.* blinddoek. ~**fold** *adj. & adv.* geblinddoek; *(fig.)* roekeloos, ondeurdag, onnadenkend; blinde=lings. ~**fold** *ww.* blinddoek; *(fig.)* mislei, 'n rat voor die oë draai, oogklappe aansit vir. ~**folded** geblind=doek, met oogklappe. ~ **gut** sakderm. ~ **joint** dowwe naat. ~ **landing** blindlanding. ~ **lode** ver=borge ertsspleet. ~ **man** blinde. ~ **man's buff** *(spele=tjie)* blindemol(letjie). ~ **printing** blind=, stempel=druk. ~ **purchase** ongesiene koop. ~ **quarter** opge=droogde uierkwart. ~ **rise** blinde bult. ~ **shaft** dood=loopskag, blinde skag. ~ **shell** onontplofte bom. ~ **side** *(rugby)* steelkant; swak kant; *get on s.o.'s ~ ~* iem. van sy swak kant (*of* in sy swak) aantas. ~ **snake** blinde=slang. ~ **spot** *(med.)* blinde vlek; *(mot., lugv.)* blinde kol; *(fig.)* swak punt/kant/sy; *(rad.)* dooie kol. ~ **stag=gers** *(veearts.)* stomdronksiekte. ~ **stamping**, ~ **tool=ing** *(boekbindery)* blindstempelwerk. ~ **trial** blinde proef/toets. ~**worm** blindewurm.

blind·age *(mil., vero.)* blindering.

blind·er oogklap; blinde klip; *play a ~, (infml.)* 'n barshou speel.

blind·ly blindelings, blindweg; roekeloos; *believe ~* op gesag glo.

blind·ness blindheid; verblinding; *be stricken with ~* met blindheid geslaan wees; *total ~* volslae blind=heid.

blin·i(s) *(mv.), (Rus. kookk.: pannekoek)* blini(s).

blink *n.* knippering *(v.d. oog)*; glimp, vlugtige blik; flikkering, flits, glans, skynsel; ysblink; *in the ~ of an* *eye* in 'n oogwenk/oogwink, blitsvinnig, soos blits; *on the ~, (infml.)* op die koffie, buite werking, onklaar. **blink** *ww.* (jou oë) knip(per); knipoog; met half toegeknypte oë kyk; flikker, flits; *~ at s.t., (fig.)* jou oë vir iets sluit/toemaak/toedruk; verbaas/verwonder(d) oor iets wees, jou oor iets verstom; *~ away/back one's tears* jou trane wegknip; *~ one's eyes* jou oë knip(per).

blin·ker kniplig; verkliklig; *(infml., dikw. mv.)* oog; *(gew. mv.)* oogklap; *(i.d. mv.)* skermbril; *wear ~s, (fig.)* oogklappe aanhê, siende blind wees. **blink·er·ed:** *be ~, (perd)* oogklappe dra/aanhê; *(fig.)* met oogklappe rondloop (*of* deur die lewe gaan), siende blind wees.

blink·ing *adj. (attr.) & adv., (infml., euf.)* vervlaks, verbrands, deksels; *I don't ~ (well) care!* ek voel vere!, ek gee geen (*of* nie 'n) flenter/snars om nie!, ek gee geen (*of* nie 'n) blou(e)/dooie duit om nie; *what a ~ cheek!* watter vermetelheid!; *~ fool* onnosele swaap, simpel(e) sot; *a ~ good book/etc.* 'n deksels goeie boek/ens.; *be a ~ nuisance* 'n regte laspos wees; *it's ~ raining* dit reën vervlaks; *it's about ~ time* dis verbrands hoog tyd.

blintz, blin·tze *blintzes, (Jidd.)(kookk.: dun pannekoek)* blintz(e).

blip *n.* bliep, piep; eggobeeld, stip *(op radarskerm)*; oponthoud, vertraging; probleempie; tydelike afwyking; kortstondige verskynsel. **blip** *ww.* bliep, piep.

bliss saligheid, geluk, heil, vreugde, gelukstaat, geluksaligheid. **bliss·ful** gelukkig, (geluk)salig, heerlik. **bliss·ful·ly:** *be ~ happy* sielsgelukkig wees; *be ~ peaceful* lieflik stil (*of* heerlik rustig) wees; *be ~ unaware/ignorant of s.t.* salig onbewus van iets wees; *smile ~* geluksalig glimlag.

blis·ter *n.* blaar, blaas, blasie; (brand)blaar, =blaas; (water)blaas, =blasie; koorsblaar; koepel, uitstulping *(aan romp v. vliegtuig)*; *(med., hist.)* (trek)pleister; skerp salf; bleek kol *(in koelvleis)*; *raise a ~* 'n blaar trek. **blis·ter** *ww.* blare trek; blasies vorm; blare/blase/blasies op ... veroorsaak; inklim, slegsê; *~ed paint* verf(laag) met blasies. ~ **beetle** spoegbesie; spaansvlieg. ~ **bush** bergseldery. ~ **cloth** blaarstof. ~ **copper** blasies=, ru=, swartkoper. ~ **fly** spaansvlieg. ~ **pack(aging), bubble pack(aging)** borrel=, stolpverpakking. ~ **steel** sement=, sementasiestaal; rustaal.

blis·ter·ing *adj. (attr.)* versengende, bloedige *(hitte)*; *launch/make a ~ attack on ...* hewig teen ... te velde trek; *~ fluid* blaartrekmiddel; *~ pace* baie vinnige pas.

blithe bly, opgewek, opgeruimd, vrolik, lustig. **blithe·ly:** *~ ignore s.t.* iets goedsmoeds ignoreer/veron(t)agsaam, jou oë nonchalant vir iets sluit/toemaak; *be ~ unaware of s.t.* salig onbewus van iets wees. **blithe·ness** blyheid. **blithe·some** = BLITHE.

blith·er·ing babbelrig, kletserig, praatsiek; volslae, opperste, aarts=; *~ idiot* dom ding, onnosele swaap, simpel(e) sot, onnosele/besimpelde vent.

blitz *n.* blitsaanval; blitsoorlog; skielike aanval/ingryping; (lug)bombardement; *(fig., infml.)* intensiewe veldtog. **blitz** *ww.* 'n blitsaanval doen; bombardeer *(uit d. lug)*. **~krieg** *(D.)* blitsoorlog.

bliz·zard (hewige) sneeustorm.

bloat *n., (veearts.)* opblaas(siekte), trommelsug, =siekte, buikswelling. **bloat** *ww.* opblaas; opswel; sout en rook *(vis)*. **bloat·ed** opgeblaas; opgeswel; gerook; *(fig.)* opgeblase; *~ herring* →BLOATER. **bloat·ed·ness** opgeblaasdheid. **bloat·er** gerookte haring.

blob druppel; klad, blerts, kol, klodder; blasie, bobbel; klontjie; flater; *(kr.)* nul, eier. **blob·by** klodderig; *~ wool* sponswol.

bloc *(<Fr., pol.)* blok.

block *n.* blok, stomp; vorm; (katrol)blok; cliché, drukplaat, =blok; blok *(huise)*; ongevoelige mens; versperring, afsluiting, hindernis; rem(ming) *(fig.)*; opblokking; *(kr.)* kolfputjie; *~ and chain* tackle kettingtakel; *~ and fall* toutakel; *~ of flats* woon(stel)blok, =gebou; *knock s.o.'s ~ off, (sl.)* iem. (op)foeter/opdons; *~ and tackle* takel=, katrolstel. **block** *ww.* versper, afsluit; (ver)hinder, dwarsboom, obstruksie pleeg; keer; verstop; toestop *(ore)*; blokkeer; toeblok; *(fin.)* blokkeer; fatsoeneer *(hoed)*; *(kr.)* blok; *~ **in*** ru skets; dwars skaaf; *~ **off*** afsluit, versper; *~ **out*** ru skets, ontwerp; *(fot.)* afdek; *(mynw.)* uitblok; *~ed **rands*** geblokkeerde rande; *~ing **ring*** sperring; *~ed **stone*** ru-gekapte klip; *~ **up*** versper; blok, blokkeer, toeblok, toestop; toemessel; *find one's **way** ~ed* jou vasloop. **~board** rugplank. ~ **booking** groepbespreking. ~ **brush** koolborsel, teerkwas. **~buster** *(mil.)* blokbom; *(infml.)* dinamiese mens; *(infml.)* reuse=, super=, megatreffer; suksesstuk, lokettreffer; trefferboek, blitsverkoper. **~busting** *(Am. infml.)* veroorsaking van paniekverkope deur die verspreiding van gerugte dat ongewenste minderhede die/'n buurt gaan betrek. ~ **calendar** skeurkalender. ~ **capital** →BLOCK LETTER. ~ **chain** blokketting. ~ **check** blokkiesvloer. ~ **delete** *(rek.)* blokskrapping. ~ **diagram** blokdiagram. ~ **grant** algemene toelae/toelaag/subsidie. **~head** *(infml., neerh.)* domoor, klipkop, uilskuiken, swaap, pampoen(kop), skaap(kop), domkop. **~headed** dom, onnosel. **~hole:** *bowl in the ~, (kr.)* 'n streepbal boul. **~house** blokhuis; balkhuis. ~ **lava** bloklawa. ~ **letter** blokletter. **~maker** *(druk.)* blokmaker. **~man** blokman. ~ **party** *(Am.)* buurtparty(tjie). ~ **piece** hoekklamp. ~ **plan** blokplan. ~ **plane** blokdruk. ~ **puzzle** raaiselblok. ~ **shears** stokskêr. **~ship** blokskip. ~ **system** blokstelsel. **~-up** versperring. ~ **vote** blok=, groepstem. **~-vote** 'n groepstem uitbring. ~ **writing** blokskrif.

block·ade *n.* blokkade, afsluiting, insluiting, versperring; *lift/raise a ~* 'n blokkade ophef; *run a ~* deur 'n blokkade breek. **block·ade** *ww.* blokkeer, afsluit, insluit. **~-runner** blokkadebreker. ~ **ship** blokkadeskip.

block·ad·er blokkeerder; blokkadeskip.

block·ad·ing blokkering.

block·age versperring, opstopping; *mental ~* blindheid *(fig.)*.

block·ed *(sl.)* bedwelm(d), benewel(d).

block·ing versperring, afsluiting, *ens.;* bloklaswerk.

bloke *(infml.)* ou, lat, kêrel, vent.

blonde, *(ml.)* **blond** *n.* blondine, blonde meisie, vaalhaar=, witkopmeisie; witkop, ligtekop; blonde kêrel/ens.. **blonde,** *(ml.)* **blond** *adj.* blond; *~ hair* blonde/ligte/vaal hare. **blond·ness** blondheid.

blood *n.* bloed; sap; humeur, temperament; familie; verwantskap; grieselverhaal; *be **after*** (or ***out for*** or ***seek**) s.o.'s ~* agter iem. (aan) wees, iem. se ondergang soek, op iem. wraak wil neem; *breed/set **bad** ~* slegte gevoelens (ver)wek, kwaad bloed sit/set; ***bit** of ~, (ook)* volbloedperd; ***blue** ~* blou/adellike bloed; *s.o.'s ~ **boils*** iem. se bloed kook, iem. is woedend, iem. vererg hom/haar bloedig; ***by** ~* van afkoms; *in **cold** ~* koelbloedig, opsetlik, ewe goedsmoeds; *s.o.'s ~ ran **cold*** dit het iem. laat ys; *be (all) **covered** with ~* (die) ene bloed wees; *make s.o.'s ~ **curdle*** iem. se bloed laat stol; ***draw** ~* bloed laat loop/uitkom; *the rushes to s.o.'s **face*** iem. word skielik bloedrooi (in die gesig); *enough to **freeze** the ~ in one's veins* genoeg om die bloed in jou are te laat stol; ***fresh/new** ~* nuwe bloed; ***get** s.o.'s ~ **up*** iem. se bloed laat kook, iem. woedend maak; ***give** ~* bloed skenk; *... will **have** s.o.'s ~ for s.t., (infml.)* ... sal iem. oor iets braai; *in **hot** ~* in drif/woede; ***let** ~* bloedlaat; ***out** for ~* op wraak belus; *~ **will out*** afkoms is belangrik; ***purchase** s.t. with ~* iets met bloed koop; *of **royal** ~* van koninklike bloed/afkoms; ***run** in one's ~* in jou bloed wees/sit, erflik wees; ***shed** ~* bloed vergiet; ***shed** one's ~ for ...* jou lewe vir ... laat; ***spit** ~* bloed opbring/opgooi/spoeg/spu(ug); *enough to make one **spit** ~, (infml.)* genoeg om jou 'n oorval te laat kry; ***stir** the ~* die bloed vinniger laat vloei; *like getting ~ out of* (or *from*) *a **stone*** soos om bloed uit 'n klip te tap; ***stop** the ~* die bloed stelp; ***sweat** ~, (fig.)* bloed sweet; ***taste** ~, (fig.)* bloed ruik; *be **thirsting** for ~* na bloed dors; *~ and **thunder*** sinlose lawaai; toneeldonder; *have **ties** of ~* bloedverwante wees; *s.o.'s ~ is **up*** iem. se bloed kook, iem. is woedend; *send the ~ rushing through one's **veins*** jou bloed laat bruis; *~ is thicker than **water*** bloed kruip waar dit nie kan loop nie; ***young** ~* jong bloed; nuwe bloed/lewe; die jeug; lewendige jongkêrel (*of* jong kêrel); snuiter. **blood** *ww.* bloedlaat; bloed laat ruik/proe, aanhits; die vuurdoop gee, laat kennis maak met, inwy. **~-and-thunder film** skop-skiet-en-donder-prent. ~ **bank** bloedbank. ~ **baptism** bloeddoop *(v. martelare)*. ~ **bath** bloedbad. ~ **blister** bloedblaar. ~ **brother** bloedbroer. ~ **cast** bloedsilinder. ~ **cattle** stamboekbeeste, opregte beeste. ~ **cell,** ~ **corpuscle** bloedsel, bloedliggaampie. **~-cleansing** bloedsuiwerend. ~ **clot** bloedklont. ~ **count** bloedtelling. **~curdling** bloedstollend. ~ **disc,** ~ **disk** bloedskyfie. ~ **donor** bloedskenker. ~ **feud** bloedvete; bloedwraak. ~ **film** *(med.)* bloedsmeer. ~ **flower** *(Haemanthus* spp.*)* rooikwas, velskoenblaar, skoensool, misryblom, maartblom. ~ **group,** ~ **type** bloedgroep. ~ **guilt,** **~-guiltiness** bloedskuld. **~-guilty** bloedskuldig. ~ **heat** bloed=, liggaamswarmte. ~ **horse** rasperd, volbloed(perd). **~hound** bloedhond. **~letter** bloedlater. **~letting** bloedlating, bloedaftapping, aarlating. **~line** bloedlyn. **~lust** bloeddors. **~mobile** *(Am.)* mobiele bloedskenk(ings)kliniek. ~ **money** bloedgeld, =prys. ~ **orange** bloedlemoen. ~ **plasma** bloedplasma, =vog. ~ **platelet** bloedplaatjie. ~ **plum** bloedpruim. ~ **poisoning** bloedvergiftiging. ~ **pressure** bloeddruk; *high/low ~ ~* hoë/lae bloeddruk. ~ **pudding,** ~ **sausage** bloedwors. ~ **rain** bloedreën. ~ **red** *n.* bloedrooi. **~-red** *adj. (dikw. attr.)* bloedrooi. ~ **relation,** ~ **relative** bloedverwant, eie familie. ~ **sausage** →BLOOD PUDDING. ~ **serum** bloedserum, =wei. **~shed** bloedvergieting, bloedstorting. **~shedder** bloedvergieter. **~shot** bloedbelope, =deurlope, =gevul. ~ **sister** bloedsuster. **~smear** bloedsmeer, =preparaat. ~ **sport(s)** jagsport. **~stain** bloedvlek, =kol. **~stained** bebloed, bloedbevlek, met bloed bevlek. **~stock** volbloedperde; volbloedrenperde. **~stone** bloedsteen, hematiet; heliotroop. **~stream** bloedstroom. **~sucker** bloedsuier; *(fig.)* bloedsuier, uitbuiter, uitsuier, vampier. ~ **sugar** bloedsuiker, glukose. ~ **test** bloedtoets. **~thirstiness** bloeddorstigheid, moordlus. **~thirsty** bloeddorstig, moorddadig, moordlustig. ~ **transfusion** bloedoortapping, =transfusie. ~ **transfusion service** bloedskenkingsdiens. ~ **type** →BLOOD GROUP. ~ **vessel** bloedvat. **~-warm** bloedwarm. ~ **wedding** bloedbruilof. **~wood** bloed=, campêchehout. **~worm** bloedwurm. **~wort** *(bot.)* drakebloed.

blood·ed opreg (geteel), volbloed.

blood·ied bebloed.

blood·i·ness bloederigheid; bloeddorstigheid.

blood·less bloedarm, =loos, =leeg; bleek; ongevoelig; *~ victory* onbloedige oorwinning.

blood·y *adj.* bloedig; bebloed, vol bloed; bloederig; rooi; wreed; *(infml.)* vervloekste, bleddie; *~ **dock**, (bot.)* drakebloed; *~ **flux*** bloedgang, (bloed)parsie, =persie; *B~ **Mary** (hist.)* Maria die Bloedige; *(drank)* vodka/wodka en tamatiesap; *~ **nose*** bloedneus; *give s.o. a ~ **nose*** iem. bloedneus slaan; *~ **wedding*** bloedbruilof. **blood·y** *ww.* bloederig maak; laat bloei. **~-minded** dwars(trekkerig), koppig, hardnekkig, halsstarrig, eiesinnig, eiewys, stroomop; wreed; bloeddorstig, bloeddronk. **~-mindedness** dwars(trekkerig)heid, koppigheid, hardnekkigheid, halsstarrigheid, eiesinnigheid, eiewysheid; wreedheid; bloeddorstigheid, =dronk(en)heid.

bloom[1] *n.* bloeisel; blom; bloei(tyd); fleur, krag; blos, gloed, glans; frisheid; uitsweting, uitslag *(op mure)*; aanslag *(op lens ens.)*; blos, waslaag, dons *(op vrugte)*; waas *(v. verf)*; fleur *(v. wol)*; *(min.)* blom; korsglans *(v. brood)*; *(ekol.)* algeskuim; *in (full) ~* in (volle) bloei; *in the ~ of ...* in die fleur van ... *(iem. se lewe)*; *take the ~ off s.t.* iets laat verswak. **bloom** *ww.* bloei, blom; uitbot, uitgroei.

bloom[2] *(yster)* wolf; *(staal)* voorblok.

bloom·er[1] blomplant.

bloom·er[2] flater, blaps; *make an awful ~* 'n yslike bok skiet, 'n groot flater begaan/maak.

bloom·ers *(mv.)* pofbroek; *(hist.)* kniebroek; *bathing ~* pofbaaibroek.

bloom·ing[1] *adj. (attr.), (infml.)* bleddie, blerrie, dekselse, ellendige, vervlakste, verbrande; *you can ~ well go* jy kan verbrands loop.

bloom·ing[2] *n.*: ~ **mill** blokwalswerk.

bloop·er *(Am., infml.)* flater, blaps, fout.

blos·som *n.* bloeisel, blom, bloesem; bloei; belofte; *in full ~* in volle bloei. **blos·som** *ww.* bloei, blom; ontwikkel; *~ forth* opbloei, tot bloei kom; *~ (out) into* (jou) ontpop as *('n suksesvolle akteur ens.)*; ontluik as *('n pragtige jong vrou ens.)*; ontwikkel tot *('n suksesvolle onderneming, gewilde vakansieoord, ens.)*.

blot *n.* klad, vlek; smet, skandvlek; *a ~ on one's escutcheon* 'n klad op jou (goeie) naam; *s.t. is a ~ on the landscape* iets ontsier die omgewing. **blot** -tt-, *ww.* (be)klad; bekrabbel; bekrap; *(ink, kleursel, ens.)* vloei; (met vloeipapier) droogmaak *(ink)*; *~ one's copybook* jou naam bederf, 'n flater begaan/maak, 'n stommiteit aanvang; *~ out* uitwis, uitdelg, vernietig; uitvee; verberg, belemmer *(uitsig)*.

blotch *n.* vlek, klad, kol. **blotch** *ww.* vlek, klad. **blotch·ed, blotch·y** vlekkerig, gevlek.

blot·ter vloei-, kladblok; stuk vloei-/kladpapier; *(Am.)* (polisie)register; *(sl.)* LSD in 'n stukkie vloei-/kladpapier. **blot·ting pa·per** vloei-, kladpapier.

blot·to *(infml.)* smoor-, papdronk, hoog in die takke, lekker/behoorlik/goed gekoring/getrek, gaar, stukkend, poegaai, onbekwaam.

blouse bloes(e); hempbaadjie.

blou·son *(Fr.)* blouson.

blou·tee *(Afr.), (bot.: Vernonia* spp.*)* bloutee.

blow[1] *n.* geblaas, gespuit; fluit; wind(vlaag), rukwind, (wind)storm, (storm)wind; vars lug; *(metal.)* blaas; *(geol.)* (uit)swelling; *(entom.)* eierlêery; vliegeiers; *(sl.)* dagga; *(sl.: kokaïen)* sneeu, koka. **blow** *blew blown, ww.* waai; blaas, hyg; *(vlieë)* eiers lê; uitblaas *(eiers)*; *(gloeilamp)* uitbrand; *(sekering)* deursmelt, uitbrand; *~* **away** wegblaas *(sigaretrook ens.)*; *(wind)* wegwaai *(hoed ens.)*; *(Am. sl.)* doodskiet; *(Am. sl.)* kafloop, kafdraf, 'n afgedankste/gedugte loesing *(of* pak slae*)* gee; *(Am. sl.)* platslaan, ruk, skok; *s.t. ~s* **down** iets waai om; iets blaas af; *~ s.t.* **down** iets omblaas; iets omwaai; iets laat afblaas; *~ the* **gaff** →GAFF; *~* **hot** *and cold* met/uit twee monde praat, besluiteloos wees; *~* **in** inwaai, binnewaai; *(iem., infml.)* aangewaai/ingewaai kom; *~ s.t.* **in** iets inwaai; *~* **it,** *(infml.)* 'n gemors (van iets) maak, droogmaak; *~ s.o. a* **kiss** →KISS *n.*; *~ s.o.'s* **mind,** *(sl.)* iem. laat hallusineer *(of* hallusinasies laat kry); iem. verbyster; iem. onthuts; *~ one's* **money/pay** jou geld/loon/salaris verkwis; *it is better to ~ than to burn one's* **mouth** beter hard geblaas as die mond verbrand; *~ one's* **nose** jou neus (uit)snuit, jou neus (uit)blaas (<Eng.); *~* **off** afblaas, laat ontsnap *(gas, stoom, ens.)*; *(gas, stoom, ens.)* ontsnap; afblaas *(stof ens.)*; *(wind)* afwaai *(dak, hoed, ens.)*; *(bom ens.)* afruk *(hand ens.)*; *(vulg.)* 'n wind los; *~* **off** *steam* →STEAM *n.*; *~* **out** uit-, doodblaas *(kers ens.)*; uit-, skoonblaas *(pyp ens.)*; *(wind)* uitwaai *(ruite ens.)*; *(ontploffing)* uitruk *(deure, vensters)*; *(kers ens.)* uit-, doodgaan; *(motorband)* bars; *(smeltdraad ens.)* uitbrand; *(storm)* (hom) uitwoed, bedaar; *(wind)* gaan lê, bedaar; *(olie-, gasbron)* uitbars; *(sl.)* kanselleer; *~ one's brains* **out** jouself deur die kop skiet, 'n koeël deur jou kop ja(ag); *~* **over** oorwaai; verbytrek; *~ing* **snow** dwarrelsneeu; *~ one's* **stack,** *(Am.)* →**top**; *~* **through** deurblaas; *~ one's* **top,** *(infml.)* ontplof, uitbars, woedend word; *~ one's own* **trumpet** →TRUMPET; *~* **up,** *(lett. & fig.)* ontplof; in die lug vlieg; *('n krisis ens.)* skielik ontstaan; *~ s.t.* **up** iets opblaas *('n ballon ens.)*; iets oppomp *('n motorband ens.)*; iets opblaas, iets in die lug laat spring/vlieg *('n brug ens.)*; iets vergroot *('n foto)*; iets oordryf/oordrywe; *a storm is ~ing* **up** 'n storm steek op *(of* is aan die kom *of* is in aantog); *~ing* **weather** winderige weer; *~* **you!** (jy kan) gaan bars *(of* loop vlieg *of* gaan doppies blaas)!. **~all** *(infml.)* op aarde niks. **~back** *n.* terugploffing. **~-down valve** afblaaskraan. **~ drier, ~ dryer** haardroër. **~-dry** *n. & ww.* droogblaas. **~fly** -flies brommer(vlieg). **~fly spray** brommerspuitstof. **~gun** *(Am.)(wapen)* blaasroer, -pyp. **~hard** *n., (infml.)* blaasbalk, windlawaai, wintie, grootbek. **~hard** *adj., (infml.)* windlawaaierig, grootbekkig. **~hole** spuitgat; trekgat; gasholte; blaasgat; gietblasie; wak *(in ys)*. *~* **job** *(taboesl.: seksuele bevrediging m.d. mond)* orale seks; *give s.o. a ~ ~* iem. afsuig/tongnaai. **~lamp** →BLOWTORCH. **~out** barsplek; uitbarsting, ontploffing; uitblasing; rusie; groot ete; fuif; *s.o. has a ~* iem. se band bars. **~pipe** blaaspyp; *(wapen)* blaasroer, -pyp; sweispyp. **~pipe flame** steekvlam. **~torch, ~lamp** blaaslamp. **~-up** ontploffing; rusie; herrie; skrobbering; *(fot.)* vergroting.

blow[2] *n.* bloei; bloeisel. **blow** *blew blown, ww.* bloei, blom, oopgaan.

blow[3] *n.* slag; klap; hou, raps; stamp, stoot; terugslag, skok, ramp; **at** *a/one ~* in/met een slag, meteens; **break** *a ~* 'n slag breek; *~* **by** *~* hou vir hou; **come** *to ~s (with ...)* (met ...) handgemeen/slaags raak; **cushion** *a ~* 'n slag smoor; **deal** *s.o. a ~* iem. 'n hou/klap/slag gee; **deal** *s.o. a staggering ~* iem. 'n doodhou toedien, iem. 'n gevoelige/geweldige/hewige/swaar/verpletterende slag/hou toedien; **deliver** *a ~* 'n hou slaan; **exchange** *~s* mekaar slaan, handgemeen raak, vuishoue wissel; *a ~ with the* **fist** 'n vuishou; **get** *a ~ in* 'n hou plant; *s.o. has suffered a* **grievous** *~* iem. het 'n knou weg; *s.t. is a* **heavy** *~ to s.o.* iets is vir iem. 'n gevoelige/harde/swaar slag; **land** *a ~* 'n hou plant; *s.t. is a ~ to s.o.'s* **pride** iets is 'n knou vir iem. se trots; **rain** *~s on/upon s.o.* iem. moker; **soften** *the ~, (fig.)* die skok versag; *a* **stinging** *~* 'n taai klap; **strike** *a ~ for s.t.* iets 'n stoot (vorentoe) gee; *without* **striking** *a ~* sonder slag of stoot; *a* **swing(e)ing** *~* 'n kwaai hou; *~* **upon** *~* slag op slag. **~-by-~** haarfyn, tot in die fynste besonderhede, gedetailleer(d), uitvoerig; *give a ~ account/description of s.t.* iets haarfyn *(of* tot in die fynste besonderhede) beskryf/-skrywe, 'n gedetailleerde/uitvoerige beskrywing van iets gee.

blow·ed: *(well,) I'll be* (or *I'm*) *~!* nou toe nou!; nog (so) nooit nie!, so nimmer aste nooit *(of* so nooit aste nimmer) nie!.

blow·er blaser; blaaswaaier; orreltrapper; blaastoestel, -masjien; windmotor *(v. orrel)*; lugopening.

blown[1] uitasem, amegtig; gewaai; opgeswel; bederf; met maaiers besmet; *~ fuse* deurgesmelte sekering; *~ glass* geblaasde glas; *~ horse* flou perd; *~ oil* geoksideerde olie; *~ sand* waaisand; *~ tin* bederfde/bedorwe blik.

blown[2] ontluik; →FULL-BLOWN; HALF-BLOWN; *~ rose* oop roos.

blows·y, blowz·y bloesend, met 'n rooi gesig; verwaai(d), deurmekaar; onfris.

blow·y winderig.

blub -bb-, *(infml.)* huil, tjank, grens; *(pleister)* pof.

blub·ber *n.* walvisspek; oortollige vet; gegrens, getjank. **blub·ber** *ww.* grens, tjank, (snot en trane) huil; huil-huil praat; *~ s.t. out* iets uitsnik *(of* huil-huil/snikkend vertel). **blub·ber·ed** dik gehuil, verhuil(d). **blub·ber·er** huil-, grens-, tjankbalie. **blub·ber·y** dik, vet; dik gehuil, verhuil(d); mismaak, misvorm(d), wanstaltig.

bludg·eon *n.* knuppel, (knop)kierie; knots. **bludg·eon** *ww.* knuppel, met 'n knuppel slaan, afransel; *~ into submission* met geweld onderdruk.

blue *n.* blou; asuur; die lug; die see; *(hist.)* blousel *(vir wasgoed)*; *the ~s* →BLUES; **hard** *~* harde blougrond; **man** *in ~* konstabel; matroos; **out** *in the ~* buite in die veld; **out** *of the ~* uit die bloute, (totaal) onverwags, ewe skielik, sonder aanleiding; *appear* **out** *of the ~* uit die lug val. **blue** *adj.* blou; *(infml.)* smerig, pornografies; *the ~* **bottle** die blou bottel, kasterolie; *the ~* **devils** neerslagtigheid, terneergedruktheid; *~ in the* **face** blou in die gesig; *till you are ~ in the* **face,** *(infml.)* tot jy blou word *(of* die perde horings kry); **feel** *~, (infml.)* neerslagtig/bedruk voel; *~* **film** porno-, seksfliek; *be in a ~* **funk** beangs wees, in jou broekspype beef/bewe; *the B~* **Grotto** die Blou Grot; *things* **look** *~* die vooruitsigte is donker/troosteloos; *scream ~* **murder** moord en brand skree(u); *the B~* **Nile** die Blou Nyl; *a/the ~* **one** 'n/die bloue; *the ~* **ones** die bloues; *B~* **Peter,** *(sk.)* vertrekvlag; **true** *~* getrou; streng konserwatief. **blue** *blu(e)ing, ww.* blou maak; *(hist.)* in die blousel steek/sit; *(infml., vero.)* verkwis. ~ **antelope,** ~ **buck** bloubok. ~ **asbestos** blouasbes, krosidoliet. ~ **baby** blou baba. ~ **bag** *(hist.)* blouselsakkie; *(veearts.)* blou-uier. ~ **bear** bloubeer. **B~beard** *(sprokieskarakter)* Bloubaard; bloubaard, vrouemoordenaar, wreedaard. **~beat** *n., (mus.: voorloper v. reggae)* ska. **~bell** grasklokkie; pypie; *Caledon ~* bakpypie. **~berry** -ries bos-, bloubessie. **~bird** *(Am.) (orn.)* sialia. ~ **blood** blou/adellike bloed. **~-blooded** adellik. **~bonnet** koringblom. ~ **book** blouboek. **~bottle** (blou)koringblom; (blou) brommer; bloublasie. ~ **buck** →BLUE ANTELOPE. ~ **buffalo grass** bloubuffelsgras. ~ **butterfish** *(Stromateus fiatola)* Kaapse nooientjie, bloubottervis. ~ **cheese** bloukaas. ~ **chip** prima aandeel, keuraandeel. **~-chip** *adj. (attr.)*: *~ company* topmaatskappy; *~ investment* veilige belegging; *~ shares* prima aandele, keuraandele. **~-collar worker** fabriekswerker, handearbeider. ~ **crane** *(orn.)* bloukraan. ~ **duiker** bloubokkie, -duiker, noemetjie, zoempie. ~ **dun** vaalblou. ~ **ebony** amarant-, violethout. **~-eyed** blouogig; blouoog-, met blou oë; *~ boy, (infml.)* oogappel, liefling; *(neerh.)* witbroodjie, troetelkind, mamma se seuntjie. **~fin (tuna)** blouvintuna. ~ **grass** blougras. **~-green** blougroen. ~ **ground** kimberliet, blougrond. ~ **gum** bloekomboom, blougomboom. **~jacket** *(infml.)* matroos, pikbroek. ~ **jeans** (blou) jeans, blou denim(broek). ~ **joke** skurwe/gewaagde grap. **~-mottled soap** blouseep. ~ **mould** blouskimmel. ~ **mud** bloumodder. **~nose** *(Am., infml.)* fariseër, heilige boontjie; suurpruim. ~ **note** *(mus.)* bluenoot *(in jazz)*. ~ **ointment** kwiksalf. ~ **pencil** *n.* blou potlood. **~-pencil** *ww.* redigeer, (drasties) korrigeer; sensureer; skrap. ~ **pill** kwikpil. ~ **pointer,** ~ **porpoise shark** *(igt.)* mako. **~print** *(bouk., druk.)* bloudruk; *(fig.)* konsep, plan, skema, ontwerp; *a ~ for disaster* 'n resep vir 'n ramp. ~ **rib(b)and,** ~ **ribbon** *(in twintiger-/dertigerjare)* blou wimpel *(vir skip wat d. Atlantiese Oseaan d. vinnigste oorsteek)*; hoogste onderskeiding. ~ **ribbon** blou lint *(v.d. Orde v.d. Kousband)*; *(Am.)* geheelonthouersknoop; →BLUE RIB(B)AND. ~ **rinse** *n.* blou haarspoel(middel). **~-rinse** *adj. (attr.)*: *the ~ brigade/set* die pershaardames. ~ **roan** blouskimmel. ~ **ruin** *(sl.)* (laegehalte)jenewer. ~ **shark** blouhaai. **~-sky** *adj. (attr.)* waardelose, nuttelose, onpraktiese; onrealistiese, idealistiese; *~ law, (Am.)* wet ter beskerming van die effektehandel, antiswendelwet. ~ **spar** *(min.)* blouspaat, lasuliet. **~-speckled** blouskilder. ~ **stain** *(bosb.)* houtverblouing, houtblouvlek. **~stocking** *(gew. neerh.)* bloukous, geleerde/intellektuele vrou. **~stone** blouklip; blousteen, koper-, blouvitrioel, kopersulfaat. ~ **streak** *(infml.)*: *like a ~ ~* blitsvinnig, soos ('n vetgesmeerde) blits; *talk a ~ ~* jou ore van jou kop af praat. ~ **tick** bloubosluis. **~tongue** *(veearts.)* bloutong *(by skape)*; *(soöl.)* bloutongakkedis. **B~ Train** *(SA)* Blou Trein *(wat tuss. Kaapstad en Pretoria loop)*. ~ **train** *(SA sl.: brandspiritus)* bloutrein, vlam. ~ **vitriol** blouvitrioel. ~ **water** die oop see. ~ **waxbill** *(orn.)* blousysie. **~weed** *(bot.)* slangkruid. ~ **whale** blouwalvis. **~-white diamond** blouwit diamant. ~ **wildebees(t)** blouwildebees. ~ **wool** *(SA)* blou wol; *(Eng.)* skouerwol.

blue·ing, blu·ing aanblouing; *(hist.)* blousel.

blue·ness blouheid.

blues *(mv.)*: *the ~, (infml.)* mismoed, swaarmoedigheid, depressie, neerslagtigheid, terneergedruktheid, bedruktheid; *(mus.)* (die) blues; *the B~, (Br.)* die Koninklike Ruiterwag; *get the ~* in mismoed/depressie verval, die swaarmoedigheid sak oor jou toe; *have (an attack* or *a fit of) the ~* in die put sit; *baby ~* →BABY.

blu·et koringblom.

blu·ey, blu·ish blouerig, blouagtig.

bluff[1] *n.* voorgebergte, breë kaap; rotswand, (steil) wal, steilte. **bluff** *adj.* stomp; steil; kortaf, plomp; rondborstig; hartlik. **bluff·ness** steilheid; plompheid; rondborstigheid; hartlikheid.

bluff[2] *n.* oorbluffing, oordondering; grootspraak; bravade; bangmakery; wysmakery; uitoorlêery; *call s.o.'s ~* iem. se uitdaging aanneem/aanvaar, iem. (uit)daag om sy/haar dreigement uit te voer. **bluff** *ww.* (oor)bluf, oordonder; uitoorlê; verbouereer, bangmaak; wysmaak; *~ it out, (infml.)* jou doodluiters hou; *~ o.s.* jouself bedrieg; *~ s.o.* iem. om die bos lei (*of* iets wysmaak *of* fop *of* bluf); *~ one's way out of s.t.* jou uit iets lospraat. **bluff·er** bangmaker; wysmaker.

blu·ish →BLUEY.

blun·der *n.* flater, fout, growwe vergissing, erge mistasting, dom fout; misslag; misgreep; *foolish ~* blaps; *make a ~* 'n flater maak/begaan, 'n bok skiet. **blun·der** *ww.* struikel; mistas; jou vergis, 'n bok skiet, 'n flater maak/begaan; *~ away* verknoei, verspil; *~ on/upon s.t.* oor iets struikel, op iets afkom.

blun·der·buss *(hist.: soort geweer)* donderbus, (ou) sanna, snaphaan; *(fig.)* bullebak; *aim a verbal ~ at ..., (fig.)* ... onder grofgeskut steek.

blun·der·er knoeier, domkop, sukkelaar.

blun·der·ing *n.* flater, blaps; taktloosheid; onhandigheid, onbeholpenheid, lompheid; gesukkel; gestotter. **blun·der·ing** *adj.* taktloos; onhandig, onbeholpe, lomp, lummelagtig; sukkelrig; stotterend; *~ idiot* lompe lummel.

blunt *adj.* stomp, stoets; kortaf, bars, bot; reguit, ronduit, onomwonde; *to be ~ about it* om dit maar prontuit/reguit/ronduit te sê; *~ refusal* →REFUSAL; *tell s.o. the ~ truth* iem. kaalkop die waarheid sê/vertel. **blunt** *ww.* stomp maak; ongevoelig maak, verstomp. **blunt·ly** reguit, rondborstig, sonder doekies omdraai, ronduit; botweg; *refuse ~* botweg weier. **blunt·ness** stompheid; barsheid, botheid; rondborstigheid, openhartigheid.

blur *n.* klad, vlek; warreling; dowwe plek, onduidelikheid. **blur** *-rr-, ww.* klad, (be)vlek; onduidelik maak, verwar; uitwis, verdof, verdoesel. **blur·red** geklad; onduidelik, verward, dof; vervaag, wasig; *~ vision, (ook)* belemmerde uitsig. **blur·ry** vaag, onduidelik.

blurb aanprysing, reklameteks; klapskrif, klap-, flapteks *(op d. omslag v. 'n boek).*

blurt *n.* uitbarsting. **blurt** *ww.: ~ s.t. out* iets uitblaker; (onverwags) met iets uitkom.

blush *n.* blos; gloed; *at first ~* op die eerste gesig; *put to the ~, (arg.)* beskaamd laat staan; *~ of shame* skaamrooi; *spare/save s.o.'s ~es* iem. nie laat skaam word nie; *without a ~* sonder om te blik of te bloos, onbeskaamd. **blush** *ww.* bloos, rooi word; *~ to own s.t.* jou skaam om iets te erken. *~* **(wine)** pienk wyn, rosé(wyn).

blush·er *(grimeermiddel)* blosser.

blush·ing (die) bloos; blos; vertroebeling *(v. verf).* *~* **bride** *(bot.: Serruria florida)* trots van Franschhoek, bergbruidjie, skaamblom.

blus·ter *n.* lawaai; geswets; dreigtaal; grootpratery. **blus·ter** *ww.* storm; bulder, lawaai, raas; swets, tier, uitvaar. **blus·ter·er** swetser; windlawaai, grootprater; bullebak. **blus·ter·ing, blus·ter·y** raserig, bulderend; swetsend; *~ wind* rukkerige/tierende wind. **blus·ter·ous** rukkerig *(wind).*

bo, boh →BOO.

bo·a boa. *~* **constrictor** luislang, boakonstriktor.

boar (vark)beer; *wild ~* wildevark. *~* **hunt** swynejag. **boar·ish** swynagtig; onbeskof.

board *n.* plank; deel; *(stofnaam)* bord; (skool)bord; telbord; karton, bordpapier; tafel; maaltyd, ete, kos, dis; losies; direksie, bestuur, raad, buro; boord; *right **across** the ~* deur die bank, deurgaans, algeheel, geheel en al; algemeen; *~ of **aid*** onderstandsraad; ***bound** in ~s* gekartonneer(d), in kartonband; *~ of **control, control** ~* beheerraad, raad van beheer; *~ of **directors*** direksie; *~ of **examiners*** raad van eksaminatore; *~ of **executors*** eksekuteurs-, boedelkamer; ***festive** ~, (rare)* feesdis; ***go** by the ~* oorboord gegooi word, verlore gaan; verval, wegval; *~ of **governors, governing** ~* bestuursraad; ***groaning** ~* swaar belaaide tafel, ryk maaltyd; *~ and **lodging*** kos en inwoning, losies; *~ of **management, managing** ~* bestuursraad; *~ of **officers*** raad van offisiere; ereraad; ***on** the ~s* op die planke/toneel; ***on** ~ (a) ship* aan boord (van 'n skip), op 'n skip; ***on** ~ the Alabama* op (*of* aan boord van) die Alabama; *go **on** ~* aan boord gaan; *be **on** the ~* in die raad/direksie dien/sit; ***sweep** the ~* alles wen; *B~ of **Trade,** (Br.)* Ministerie van Handel; *B~ of **Trade and Industries,** (SA)* Raad van Handel en Nywerheid; ***tread** the ~s* toneelspeel, toneelspeler wees; *~ of **trustees*** kuratorium, raad van kuratore; *B~ of **Visitors,** (gevangenisse)* Raad van Toesig. **board** *ww.* beplank, met planke bedek/beklee; bebord; loseer, inwoon; eet; losies gee, kos/huisvesting gee, ete verskaf; aan boord gaan, instap, skeepgaan; kartonneer; ***be** ~ed, (SA)* op mediese gronde van jou werk afgesit word, ongeskik vir diens verklaar word; *~ed **fence*** plankheining, skutting; *~ **off*** afskut; *~ **out*** elders eet/loseer; *~ s.o. **out*** iem. elders laat eet/loseer; *~ a **ship*** aan boord van 'n skip gaan; 'n skip aanklamp; *~ a **train*** in/op 'n trein klim, by 'n trein inklim; *~ **up** a building* 'n gebou met planke toespyker; *~ **with** s.o.* by iem. loseer; *~ed **wool*** afgekeurde wol. *~* **book** kartonboek. *~* **fence** plankheining, skutting. *~* **game** bordspel. *~* **meeting** raadsvergadering; direksievergadering. *~* **money** kosgeld. **~room** direksie-, bestuurs-, raadskamer. **~sailing** →WINDSURFING. **~sailor** →WINDSURFER. *~* **saw** kloofsaag. *~* **school** *(Br. hist.)* openbare skool. *~* **wages** kos en inwoning (as salaris); eetgeld *(as onderdeel v. salaris).* **~walk** *(Am.)* (hout)promenade, plankpad, -paadjie.

board·er loseerder, kosganger; kosleerling; *(mil.)* aanklamper *(v. skip); take in ~s* kosgangers hou/neem.

board·ing losies; kosgeld; beplanking, plankwerk, bebording; plankheining, skutting, beskot; *(mil.)* aanklamping *(v. skip).* *~* **card** instapkaart. *~* **house** kos-, losieshuis. *~* **kennel** hondehotel. *~* **master** koshuismeester; inwonende onderwyser. *~* **pass** instapkaart. *~* **point** beginpunt, opklimplek. *~* **school** kosskool.

boart →BORT.

boast[1] *n.* spoggery, grootpratery; roem, trots; *great ~, small roast* hoe kaler jakkals, hoe groter stert; hoe kaler jonker, hoe groter pronker; *make a ~ of ...* jou op ... beroem. **boast** *ww.* spog, grootpraat, roem op; spog met, trots wees op; jou lyf grootman hou; 'n groot mond hê; *~ about/of s.t.* met/oor iets spog, op iets roem; *s.o. ~s that ...* iem. spog dat ...; *~ to s.o. about/of s.t.* teenoor iem. met/oor iets spog. **boast·er** grootprater, spogger, spogter, blaasbalk, windmaker, pronker. **boast·ful** grootpraterig, spoggerig, windmakerig. **boast·ful·ness, boast·ing** grootpratery, spoggery, spogtery, gespog, windmakery, bravade.

boast[2] *ww.* bosseer *(met beitel).* **boast·er** klip-, bosseerbeitel. **boast·ing** bosseerwerk, klipbeitelwerk.

boat *n.* skuit, boot; skip; stoomboot; souskom(metjie), -potjie; ***burn** one's ~s, (fig.)* die/jou skepe agter jou verbrand; *don't **burn** your ~s behind you, (ook)* moenie sê: fonteintjie, ek sal nooit weer uit jou (*of* van jou [water]) drink nie; ***by** ~* met 'n (*of* per) skip/boot; ***launch** a ~* 'n skuit in die water stoot; 'n skip/boot te water laat; ***miss** the ~, (lett.)* die boot mis (*of* nie haal nie); *(fig.)* die kans laat glip, die kans verspeel, agter die net vis, na die maal wees; ***push** the ~ out, (infml.)* ('n) (groot) makietie hou; ***rock** the ~, (infml.)* onaangenaamheid/onmin veroorsaak; die rus versteur/verstoor; jukskei breek; *be in the **same** ~* in dieselfde skuitjie sit/vaar, in dieselfde omstandighede verkeer. **boat** *ww.* roei, in 'n skuit vaar; met 'n skuit vervoer; in 'n skuit kry/trek. **~bill, ~-billed heron** Suid-Amerikaanse reier. *~* **bridge** skipbrug. *~* **builder** skuitmaker. **~-building** skuitbou. *~* **deck** bootsdek, sloep(e)dek. *~* **drill** bootoefening. *~* **excursion** bootekskursie. *~* **hire** boothuur; boothuursaak. **~hook** bootshaak. **~house** boothuis, -skuur. **~lift** *ww.* per boot (*of* met bote) vervoer. **~load** bootvrag. **~man** roeier; skipper; bootverhuurder. *~* **neck** boothals. *~* **people** bootbewoners; bootvlugtelinge. *~* **race** roeiwedstryd, bootre(i)sies. **~-shaped** boot-, skuitvormig. *~* **song** bootlied. **~swain** bootsman. **~swain's mate** bootsmaat. *~* **train** boottrein. *~* **trip** bootreis, -tog. **~yard** bootwerf.

boat·age bootvervoer; vrag.

boat·el →BOTEL.

boat·er roeier, skipper, skuitvaarder; (harde) strooihoed.

boat·ing skuitvaar; roei. *~* **club** roeiklub.

Bo·az *(OT)* Boas.

bob[1] *n.* gewig *(v. 'n slinger/skietlood/ens.),* slingergewig; (haar)bol, bolla; kortkop, kort hare; polkahare, -styl; pruik; stompstert. **bob** *-bb-, ww.* kort knip, in die nek afknip, polkaknip. **~sled, ~sleigh** bobslee. **~tail** stompstert; *ragtag and ~* →RAGTAG. **~tailed** stomp-, kortstert. *~* **wig** kort pruik.

bob[2] *n.* buiginkie, knieknik, -buiging. **bob** *-bb-, ww.* dobber, duik; 'n buiginkie/knieknik maak; hap; *~ up* op die oppervlak verskyn; opduik, te voorskyn kom; *~ (up and down) in/on the water* op die water dobber. **~cat** *(Am., soöl.)* voskat.

bob[3] *bob, (vero., infml.)* sjieling; *two ~* twee sjielings.

bob[4]: *so help me ~, (infml.)* so help my Piet; *B~'s your uncle, (infml.)* alles in die haak.

bob·bed: **~-hair comb** polka-haarkam.

bob·bin spoel, klos; tol. *~* **carrier** toldraer; skietspoel. *~* **cheek** *(elek.)* tolwang. *~* **lace** kloskant.

bob·bish lekker, fris; lewendig, opgewek; *feel ~* op jou stukke/lewendig voel.

bob·ble tosseltjie.

bob·by *(Br. infml.)* polisieman, konstabel. *~* **pin** *(Am.)* haarknippie, -skuifie. *~* **socks** enkelsokkies. **~soxer** *(Am. infml., vero.)* bakvissie; tiener.

bob·o·link *(orn.)* rysvoëltjie.

Boche *(Fr., neerh. sl., vnl. in WO I en II: Duitser; Duitse soldaat)* Hun, Mof.

bod *(Br. infml.)* mens; *be an odd ~* 'n eienaardige skepsel (*of* 'n snaakse entjie mens) wees.

bode *boded boded* voorspel; *it ~s ill for ...* dit beloof/belowe sleg vir ..., dit hou niks goeds vir ... in nie; *it ~s well for ...* dit beloof/belowe goed/veel vir ..., dit hou veel goeds vir ... in. **bode·ment, bod·ing** voorteken, -gevoel, voorspelling.

bodge →BOTCH.

bod·ice lyfie; keurslyf. *~* **ripper** *(infml.: hartstogtelike liefdesverhaal)* hygroman, korsetknakker.

-bod·ied *komb.vorm* ... gebou(d), ... van lyf; met 'n ... liggaam; met 'n ... lyf; *full-~ wine* wyn met 'n vol lyf; *hairy-~* met 'n harige liggaam; *heavy-~* swaar van lyf; *strong-~* sterk gebou(d); *wide-~ aircraft* vliegtuig met 'n breë romp, breërompvliegtuig.

bod·i·less onliggaamlik, sonder liggaam.

bod·i·ly *adj.* liggaamlik, lyflik; *~ fear* vrees vir letsel; *grievous ~ harm* ernstige letsel/besering; *assault with intent to do/cause/inflict grievous ~ harm* aanranding met die opset om ernstig te beseer; *~ illness* liggaamsiekte; *~ needs/wants* liggaamlike behoeftes, liggaamsbehoeftes; *~ presence* aanwesigheid in lewende lywe. **bod·i·ly** *adv.* met geweld; liggaamlik, in lewende lywe, lyflik; heeltemal, in sy geheel, met huid en haar, pens en pootjies; in sy/haar volle lengte, so lank soos hy/sy is.

bod·kin *(naaldw.)* rygpen, -naald, skuifnaald; *(druk.)* (drukkers)els; *(arg.)* dolk; *(arg.)* lang haarnaald.

bod·y *n.* liggaam, lyf; lyk; inhoud; romp; hoofdeel; bak *(v. rytuig);* huis *(v. klep);* kern, hart *(v. skroef);* skag *(v. bout ens.);* mens, persoon; vereniging, liggaam, instansie; afdeling, mag, trop, bende, korps, massa; groep; volheid, lyf *(v. wyn ens.);* lywigheid; taaiheid *(v. olie);* kleedaanvoeling; stofbreedte; *the B~ of Christ* die liggaam van Christus; ***dead** ~* lyk; *over my **dead** ~!, (infml.)* om die dood nie!, volstrek nie!, so nooit aste/ofte nimmer!, nog so nooit!; *~ of **facts*** feitemateriaal; *~ of **foot*** afdeling voetvolk; ***foreign** ~* vreemde voorwerp/stof; *of **good** ~* lywig; *from the ~ of the **hall*** uit die (middel van die) saal;

heavenly ~ hemelliggaam; ~ *of **horse*** afdeling ruitery; ***in** a* ~ gesamentlik; ***in** the* ~ in die vlees, in lewende lywe; ***lay out** a* ~ 'n lyk uitlê; ~ *of a **letter*** die eintlike (*of* hoofdeel van 'n) brief; *the (whole)* ~ *of **members*** die lede as (*of* in hul) geheel; ~ *of **men*** groep/troep manne; *sound in* ~ *and **mind*** gesond na liggaam en gees; ~ *of **ore*** ertsmassa, =liggaam; ~ *of **police*** polisieafdeling; *(in)* ~ *and **soul*** na liggaam en siel; *keep* ~ *and **soul** together* siel en liggaam aanmekaarhou, aan die lewe bly; *the **student*** ~ die studente(massa); ***taken** as a* ~ in die geheel beskou; ~ *of **thought*** denkrigting; ~ *of a **violin*** vioolkas; ~ *of **water*** watermassa; ***wine** of good* ~ lywige wyn; ~ *of **work*** oeuvre. **bod·y** *ww.* beliggaam; ~ *forth* beliggaam, vertoon; voorstel; weergee; beteken. ~ **armour** *(koeëlvaste klere)* lyfpantser. ~ **bag** *(mil. ens.)* lyksak; slaapsak. ~ **blow** *(boks)* mokerhou; *(fig.)* kwaai terugslag. ~ **build** liggaamsbou, gestel. ~ **builder** spierbouer; koetsbouer. ~ **building** *n.* liggaams=, spierontwikkeling, liggaamsopbou. ~**-building** *adj.* spierbouend; voedsaam. ~ **cavity** liggaamsholte. ~**check** *n., (sport)* liggaamstuiting, liggaamsversperring. ~**check** *ww.* met jou liggaam keer/stuit/versper. ~ **clock** biologiese/inwendige klok. ~ **cloth** perdekombers. ~ **colour** dekkleur; dekverf; binnekleur *(v. steen)*. ~ **conscious** liggaamsbewus. ~ **corporate** *(jur.)* korporatiewe liggaam, regspersoon; liggaam met regspersoonlikheid. ~ **count** *(infml.)* dodetal. ~ **exercise** liggaamsbeweging. ~**guard** lyfwag. ~ **hair** lyfhaar, =hare. ~ **heat** liggaamswarmte. ~ **language** lyf=, liggaamstaal. ~ **line** *n.* liggaamslyn. ~**-line** *adj. (attr.), (kr.)* lyf=; ~ *bowler* lyfbouler; ~ *bowling* lyfboulwerk. ~ **linen** onder=, lyflinne. ~ **lotion** lyfroom. ~ **louse** lyfluis. ~ **mike** lapelmikrofoon. ~ **odour** *(infml., afk.: B.O.)* lyf=, liggaamsreuk. ~ **piercing** die maak/prik van gaatjies in die lyf. ~ **poaching,** ~ **snatching** →HEADHUNTING. ~ **politic** staatsgemeenskap, die staat/staatsbestel. ~ **pressings** *(mot.)* bakdrukstukke. ~ **receipt** lyfkwitansie. ~ **region** liggaamstreek. ~ **scanner** liggaam=, lyfskandeerder. ~ **search** *n.* visentering (van die persoon *of* van mense/besoekers/ens.). ~**search** *ww.* (fisiek) visenteer. ~ **servant** lyfkneg, =bediende. ~ **shirt** lyfhemp; kleefhemp. ~ **shop** *(mot.)* bakwerkwinkel. ~ **snatcher** *(hist.)* lykrower, =dief. ~ **snatching** *(hist.)* lykroof, =diefstal. ~ **stocking** lyfkous. ~ **suit** kleefpak. ~**-surf** *ww.* sonder 'n plank branderry. ~**-surfer** iem. wat sonder 'n plank branderry. ~**-surfing** *n.* branderry sonder 'n plank. ~ **swerve** *n., (sport)* swenkstappie; *do a* ~ ~ 'n swenkstappie gee. ~ **wall** liggaamswand. ~ **warmer** moulose kwiltbaadjie. ~ **wave** *n., (haarkappery)* volheidsgolwing. ~**work** bakwerk; *(i.d. mv.)* bakwerkfabriek. ~ **wrinkle** lyfplooi(tjie).

Boe·o·tia *(geog., hist.)* Beosië. **Boe·o·ti·an** *n.* Beosiër. **Boe·o·ti·an** *adj.* Beoties; dom, onnosel.

Boer *Boers* Boer; *(neerh.)* Afrikaner; *(neerh.)* polisieman; *(neerh.)* soldaat; *(Anglo-)~ War* Anglo-Boere-oorlog, Tweede Vryheidsoorlog, Engelse Oorlog, Driejarige Oorlog; *First* ~ *War* Eerste Vryheidsoorlog. **Boer** *adj.* Boere=. ~ **farmer** Afrikanerboer.

boer: boer(e)=. ~ **biscuit** *(vero.)* boer(e)beskuit. ~**bull** *(soort hond)* boerboel. ~ **goat** boerbok. ~ **meal** boermeel. ~ **tobacco** boer(e)tabak.

boere-: ~**musiek** boeremusiek, *(infml.)* sakkie-sakkie. ~**wors** boerewors.

bof·fin *(infml.)* kenner, deskundige, ekspert, foendie; uitvinder; navorser.

bof·fo *(Am. sl.)* fantasties, wonderlik, skitterend; baie gewild/suksesvol, treffer=.

bog *n.* moeras, vlei; vleigrond; *(Br. infml.)* kleinhuisie, toilet, latrine. **bog** =*gg*=, *ww.* in die modder dompel; ~ *down* in die modder versink/vassit; vasval, =steek; ~ *down in details* in besonderhede vassteek. ~ **iron (ore)** moerasyster(erts). ~ **manganese** moerasmangaan. ~ **moss** →PEAT MOSS. ~ **oak** akkerhout wat in moerasturf begrawe was. ~ **paper** *(Br. infml.)* toiletpapier. ~ **peat** moerasturf. ~**trotter** *(infml., neerh.)* Ier.

bo·gey¹ *(gholf)* een (hou) oor (baan)syfer.

bo·gey², bo·gy spook; duiwel, paaiboelie, skrikbeeld, *(infml.)* gogga. ~**(man)** *(ook)* ou voetoog.

bog·gle terugdeins; aarsel, weifel; ~ *at s.t.* vir iets terugdeins; *the mind ~s* dis om die verstand te laat duisel; *the mind ~s at …* … laat die verstand duisel; *it ~s the mind that …* dit gaan ('n) mens se verstand te bowe dat …; →MIND-BOGGLING.

bog·gy vleierig, drassig, moerassig, moerasagtig; ~ *ground* vals grond. **bog·gi·ness** moerassigheid, moerasagtigheid.

bo·gie draaistel, draaibare onderstel. ~ **cart** skamelkar. ~ **centre** draaibord. ~ **truck** draaistel=, skameltrok.

bo·gle *(arg., dial.)* gees, spook; nagmerrie; voëlverskrikker, paaiboelie.

bo·gus vals, voorgewend, oneg, bedrieglik; kastig, kamma=, sogenaamd; ~ *company* swendelmaatskappy; ~ *wedding* skynhuwelik.

bo·gy →BOGEY².

boh →BOO.

bo·hea *(soort Chin. tee)* swarttee.

Bo·he·mi·a *(geog.)* Boheme; die artiestewêreld. **Bo·he·mi·an** *n.* Bohemer; *(ook b~)* Bohemer, bohémien; *(taal)* Boheems. **Bo·he·mi·an** *adj.* Boheems; *(ook b~)* Boheems, artistiekerig, onkonvensioneel, ongebonde. **Bo·he·mi·an·ism** *(ook b~)* artiestelewe, =bestaan, swerwerslewe, =bestaan.

boil¹ *n.* kook; *bring to the* ~ op kookpunt bring; *come to the ~, (lett. & fig.)* kook; *off the* ~ van die kook af; *on the ~, (lett. & fig.)* aan die kook. **boil** *ww.* kook; afkook *(bene); the water has ~ed **away*** die water het weggekook; die ketel het drooggekook; *s.o.'s **blood** ~s* →BLOOD; ~ *s.t. **down**, (kookk.)* iets laat wegkook; *(fig., infml.)* iets inkort, iets kort saamvat; *it ~s **down** to this, (infml.)* dit kom hierop neer; *when ~ed **down**, (ook)* in wese, in die kern; ~ ***dry*** droogkook; *go and* ~ *your **head**!* gaan/loop bars!, loop/vlieg na die maan!; ~ ***over**, (lett.)* oorkook; *(fig., infml.)* uitbars, tot uitbarsting kom; ~ ***over** with anger/fury* woedend/briesend/smoorkwaad wees; *keep the **pot** ~ing* die skoorsteen aan die rook hou; ~ ***up*** opkook; *be ~ing **with** anger/rage/fury* briesend/smoorkwaad (*of* rasend [van woede]) wees, kook van woede.

boil² *n., (med.)* vint, bloedvint, pits(w)eer, furunkel.

boil·ed gekook; *(infml.)* dronk, poegaai; ~ *milk* kookmelk; gekookte melk; ~ *shirt, (infml., vero.)* gestyfde hemp; ~ *sweets* kooklekkers; ~ *water* gekookte water.

boil·er kookpot; (stook)ketel, stoomketel; warmwatertenk; kookgroente; kookhoender; *double* ~ dubbele kookpot. ~ **bearer** ketelstoel. ~ **deposit** ketelaanslag, =aanpaksel, =steen. ~ **flue** vuurgang, vlampyp. ~ **furnace** vuurkas. ~ **house** ketelhuis. ~**maker** ketelmaker. ~**making** ketelbou. ~**man** stoker. ~**plate** *(teg.)* ketelplaat; *(fig.)* standaardbepalings en -voorwaardes; *(fig.)* standaardbewoording; *(fig.)* konsepkontrak; *(fig.)* cliché(skrywery), clichétaal, clichématige skryfstyl/taalgebruik. ~ **pressure** keteldruk. ~ **room** ketelkamer; ketelruim. ~ **scale** ketelsteen, =aanslag. ~ **shop** ketelmakery. ~ **suit** ketelpak, langmou-oorpak. ~ **tube** ketel=, vlampyp.

boil·ing *n.* kokery, gekook; kooksel; *(i.d. mv. ook)* kooklekkers; *the whole* ~ die hele sous. **boil·ing** *adj.* kokend; *(fig.)* briesend, siedend, smoorkwaad. ~ **bag** uitkooksakkie. ~ **flask** kookkolf. ~ **hot** kook=, vuurwarm *(stoom, water, ens.)*; snikheet, bloedig warm *(dag, somer, ens.)*. ~ **point** kookpunt; *at* ~ ~ op kookpunt; *reach ~ ~, (lett. & fig.)* kookpunt bereik. ~ **water** kookwater. ~**-water reactor** kookwaterreaktor. ~**-water starch** kookwaterstysel, gaar stysel.

Bois-le-Duc *(Fr.) (geog.)* 's-Hertogenbosch, Den Bosch.

bois·ter·ous onstuimig; uitbundig; luidrugtig, rumoerig, lawaaierig; ru; ~ *person* rabbedoe.

Bok *Boks, n., (SA infml., sport)* Springbok; *the ~s, (SA nas. rugbyspan)* die Bokke/Springbokke.

Bok·ke·veld *(geog., SA): the Cold* ~ die Koue Bokkeveld; *the Warm* ~ die Warm Bokkeveld.

bok·ma·ki(e)·rie *(orn.: Telophorus zeylonus)* bokmakierie.

Bo·land *(geog., SA)* Boland.

bold dapper, moedig; vermetel; sterk; vrypostig, skaamteloos; skerp, duidelik; opsigtelik; kragtig, fors; *(tip.)* vet (gedruk); *as ~ as brass, (infml.)* onbeskaamd; *make/be so ~ as to …* die vryheid neem (*of* so vry wees *of* dit waag) om te …; *I make so ~ as to say …* ek verstout my om te sê … ~ **deed** kordaatstuk. ~**-faced** onbeskaamd, vrypostig; ~ *type* vet letter. ~ **type** vet letter; *in* ~ ~ in vet druk. ~ **wool** lywige wol; oorsterk wol.

bold·ly dapper, moedig, met waagmoed; vrymoedig, met vrymoedigheid; kragtig, sterk; skerp, duidelik.

bold·ness moed, durf, onversaagdheid.

bole *(bot.)* (hoof)stam.

bo·le·ro =*ros, (Sp.) (dans; kledingstuk)* bolero.

bo·lide *(astron.)* bolied, vuurbol.

Bo·liv·i·a *(geog.)* Bolivia. **Bo·liv·i·an** *n.* Boliviaan. **Bo·liv·i·an** *adj.* Boliviaans.

boll (saad)bol. ~ **weevil** katoenkewer, bolkalander. ~**worm** bolwurm.

bol·lard toupaal, bolder.

bol·lock·ing *(sl.)* teregwysing, skrobbering, berisping, betigting, uitskellery, kopwassery; *give s.o. a* ~ iem. uitskel/uittrap/uitvreet/inklim/invlieg; *give s.o. the* ~ *of his life* iem. so slegsê dat die see hom nie kan afwas nie, iem. van 'n kant af uittrap.

bol·locks *n. (mv.), (taboesl.: testikels)* balle, ballas, knaters, eiers; *(taboesl., fig.)* bog, kaf, twak, strooi, snert. **bol·locks (up)** *ww., (taboesl.)* opfoeter, opdons, opneuk.

bo·lo¹ *(Sp.)* kapmes *(v.d. Filippyne)*.

bo·lo² *(kookk.)* bladstuk, bolo *(v. beesvleis)*.

bo·lo·gnese *(It. kookk.: geurige vleissous)* bolognese; →SPAGHETTI.

bo·lo·ney →BALONEY.

Bol·she·vik *(hist.)* Bolsjewiek. **Bol·she·vism** Bolsjewisme. **Bol·she·vist** *n.* Bolsjewis. **Bol·she·vist, Bol·she·vis·tic** *adj.* Bolsjewisties.

bol·shie, bol·shy =*shies, n.* radikaal. **bol·shie, bol·shy** *adj., (infml.)* rebels, opstandig, dwars, dwarstrekkerig, weerbarstig, weerspannig, balhorig; radikaal, links, rooi.

bol·ster *n.* peul, bolster, onderkussing; stut; dwarshout, draer *(v. balk)*; armstut, =leuning; skamel; gaatring. **bol·ster** *ww.* steun; opvul; ~ *up* steun, stut, onderskraag; opknap, oplap; (kunsmatig) in stand hou. ~ **bar** kussingslaanpaal. ~ **plate** skamelplaat. ~ **truck** skameltrok.

bolt¹ *n.* bout; knip, skuif, grendel; pyl; weerligstraal, blits; *it came/was like a ~ from the blue* dit was soos 'n donderslag uit 'n helder hemel; ~ *of cloth* rol (kleding)stof, stuklengte; *make a ~ for …, (infml.)* na … toe hardloop; *make a ~ for it, (infml.)* vlug, weghardloop; *shoot a* ~ 'n grendel toeskuif/=skuiwe; *have shot one's ~, (fig.)* al jou kruit/pyle is weggeskiet, jou rol is uitgespeel. **bolt** *ww.* grendel, die knip opsit; vasskroef, (vas)bout; op loop gaan/sit, weghardloop, die loop neem, op hol gaan; dros; ~ *(down)* inprop, (haastig) verorber, haastig wegsluk, vinnig (af)sluk *(kos)*; wegslaan, vinnig (af)sluk, in jou keel afgooi *(drank)*; ~ *s.o. in/out* iem. in=/uitsluit; ~ *out of a shop/etc.* by 'n winkel/ens. uitstorm; ~ *together/up s.t.* iets vasbout. **bolt** *adv.:* ~ *upright* pen=, kersregop, penorent. ~ **chisel** ritsbeitel. ~ **head** boutkop. ~ **hole** ontsnapgat, ontsnappingstonnel; *(fig.)* wegbreekplek, toevlug(soord), wegkruipplek; *(fig.)* uitvlug, uitweg. ~ **lock** grendelslot. ~ **nut** moer.

bolt², boult *ww.* sif; ondersoek.

bolt·ed gegrendel, op grendel.

bolt·er¹ wegloper; droster, deserteur.

bolt·er², boult·er sifter; (meel)sif.

bo·lus bolus, kosbal; groot pil; *red* ~ rooibolus.

bo·ma *(Swah.)* kraal=, paalheining, skutting; polisiepos; distrikskantoor.

bomb *n.* bom; *it costs a ~, (infml.)* dit kos 'n fortuin; *defuse (*or *dispose of) a ~* 'n bom onskadelik maak; *a ~ explodes* 'n bom ontplof; *plant a ~* 'n bom plant/plaas/versteek. **bomb** *ww.* bombardeer, beskiet, bomme gooi/los; granate gooi/skiet; *(infml.: vinnig beweeg)* ja(ag), vlieg; *(infml.)* faal, misluk; *~ along* voortja(ag), voortsnel; *come ~ing along* aangeja(ag) kom; *~ off* wegja(ag); *be ~ed out* deur 'n bom (*of* bomme) verwoes word. ~ **attack** bomaanval. ~ **bay** bomruim *(v. vliegtuig).* ~ **casing** bomdop. ~ **crater** bomkrater, -tregter, -gat. ~ **disposal** bomopruiming. ~ **disposal squad** bomopruimingseenheid. ~ **dropper** bomlosser. ~**-dropping** bomwerpery. ~ **fuse** bombuis. ~**-happy** met bomskok. ~ **load** bomvrag, -lading. ~ **plot** bomaanslag. ~**proof** bomvry, -vas, skootvry. ~ **rack** bomrak. ~ **raid** bomaanval. ~ **scare** bomdreigement. ~**shell** bom; *(fig.)* donderslag, groot skok, onaangename verrassing; *drop a ~, (fig.)* 'n bom los, almal verras, 'n onverwagte/verrassende aankondiging doen, 'n knuppel in die hoenderhok gooi. ~ **shelter** bomskuiling, skuilkelder, bomvrye/bomvaste skuiling/kelder. ~**sight** bomvisier. ~ **site** bomtoneel. ~ **splinter** bomskerf. ~ **station** bompos. ~ **threat** bomdreigement. ~ **thrower** bomgooier. ~**-throwing** bomgooiery. ~ **vessel** bombardeerskip.

bom·bard *n., (hist.: soort kanon)* bombarde. **bom·bard** *ww.* bombardeer, bomme gooi op, met bomme bestook; *~ s.o. with questions* iem. met vrae bestook/peper/bombardeer. **bom·bard·er** bombardeerder, beskieter; bombardeerskip. **bom·bar·dier** bombardier; *~ (beetle)* bombardeer-, plofkewer. **bom·bard·ing** bombardering. **bom·bard·ment** bombardement, bomaanval; *(fis.)* beskieting.

bom·ba·sine →BOMBAZINE.

bom·bast *n.* bombasme, hoogdrawende taal, geswollenheid. **bom·bast** *ww., (arg.)* opstop; opblaas. **bom·bas·tic** bombasties, hoogdrawend, geswolle, opgesmuk *(taal).*

Bom·bay *(geog.)* Bombaai. ~ **duck** kerrievis.

bom·ba·zine, -sine, bom·ba·zine, -sine *(tekst.)* bombasyn.

bombe *(Fr. kookk.)* bomvorm. ~ **(glacée)** bombe (glacée), roomysbom.

bomb·ed *(sl.), (dronk)* gekoring, getrek, hoenderkop, geswa(w)el(d); gedoepa, bedwelm(d); *~ out of one's mind/skull* smoor-, papdronk, hoog in die takke, lekker/behoorlik/goed gekoring/getrek, gaar, stukkend, poegaai, onbekwaam; lekker gedoepa, wes, dwelmdof, in 'n dwelmdwaal/-waas, ver/vêr heen. ~**-out** *adj. (attr.)* wat deur 'n bom (*of* deur bomme) verwoes is *(pred.).*

bomb·er *n., (vliegtuig)* bomwerper; *(persoon)* bomplanter, -gooier; *(sl.: daggasigaret)* zol, skyf, pil(letjie), trompie; *(sl.)* Polarisduikboot. ~ **command** bomkommandement. ~ **jacket** *(kort toeritsbaadjie met mouboordjies en 'n rekband om d. middel)* vliegbaadjie. ~ **pilot** bomvlieënier. ~ **squadron** bomeskader.

bomb·ing bomme gooi/los, bomwerpery; bombardering, bombardement, bomgooiery. ~ **aircraft,** ~ **plane** bomwerper, bomvliegtuig. ~ **attack,** ~ **raid** bomaanval. ~ **range** bomafstand.

bon *(Fr.): ~ mot* kwinkslag, geestigheid, bon-mot; *~ ton* gekultiveerdheid, gesofistikeerdheid, gedistingeerdheid, styl, bon-ton; *~ vivant* losbol, pretmaker, pierewaaier, bon-vivant; *~ voyage!* goeie reis!. ~ **chrétien (pear)** bonchrétien-, oumens-, goeiechristenpeer.

bo·na *(Lat.): ~ fide* te goeder trou; *~ fides* goeie trou, bona fides, opregtheid.

bo·nan·za *(Am.)* ryk (erts)aar/myn/oliebron; *(fig.)* goudmyn; groot gelukslag/meevaller.

bon·bon lekker, bonbon; *(i.d. mv.)* lekkers, lekkergoed.

bonce *(Br. sl.: kop)* harspan, klapperdop, boonste verdieping.

bond[1] *n.* band; verbond; verband *(op eiendom);* verbandakte; skuldbrief; *(waardepapier)* obligasie; *(fin., Am.)* effek; pandbrief; verpligting, verbintenis; binding; kit(middel); *(messelwerk)* verband; ***in*** *~s* in bande/kettings; *goods* ***in*** *~* goedere in die doeanepakhuis; *take goods* ***out*** *of ~* goedere uit die doeanepakhuis los (deur die invoerregte te betaal); ***pass*** *a ~* 'n verband passeer; ***remove*** *under ~* onder versluiting verwyder; ***security*** *~* borgakte; *s.o.'s* ***word*** *is his/her ~* iem. se woord is sy/haar eer. **bond** *ww.* verbind; verband lê *(met stene);* verband neem op, verhipotikeer, onder verband plaas, (met 'n verband) beswaar, verpand; in entrepot plaas *(goedere).* ~ **course** *(bouk.)* verbandlaag. ~**holder** verbandhouer, -nemer; skuldbriefhouer; obligasiehouer; houer van effekte. ~ **issue** *(Am.)* obligasie-uitgifte. ~**stone** *(bouk.)* verbandklip. ~ **storage** doeanebergíng. ~ **timber** *(bouk.)* verbandhout.

bond[2] *adj.* kneg-, slawe-. ~**maid** slavin. ~**servant,** ~**slave** slaaf, slavin. ~**service** slawediens. ~**(s)man** kneg, slaaf, lyfeiene. ~**manship** slawerny. ~**(s)woman** slavin, vroulike lyfeiene.

bond·age knegskap, slawerny, lyfeienskap; gevange(n)skap; gebondenheid; onderworpenheid.

bond·ed (saam)gebind; versterk; verbind, verpand, onder verband; in entrepot (geplaas); *~ brake lining* geplakte remvoering; *~ debt, (Am.)* obligasieskuld; verbandskuld; *~ factory* fabrieksentrepot; *~ goods* goedere in entrepot; *~ store/warehouse* entrepot, doeanepakhuis.

bond·er entrepothouer; *(bouk.)* verbandklip.

bond·ing (saam)binding; verpanding; *(bouk.)* verband. ~ **agent,** ~ **material** bindmiddel, kit(middel). ~ **brick** verbandsteen.

bone *n.* been; graat; balein *(v. korset ens.);* knok; *(i.d. mv.)* beendere, bene, gebeente, skelet; *(i.d. mv., fig.)* raamwerk; *(i.d. mv.)* dobbelstene; *be a* ***bag*** *of ~s, (infml.)* (net) vel en been wees; *the* ***bare*** *~s* die belangrikste feite; ***bred*** *in the ~* ingebore; onuitroeibaar; *~ of* ***contention*** twisappel, twispunt; *be ~ from the* ***eyes*** ***up*** 'n stommerik/pampoenkop/skaapkop wees; ***feel*** *it in one's ~s* dit (so) aan jou broek (se naat) voel; *work one's* ***fingers*** *to the ~* jou afsloof, werk dat jy die kromme note haal; ***make*** *no ~s about it, (infml.)* geen/nie doekies omdraai nie, kaalkop met die waarheid uitkom; ***make*** *no ~s about doing s.t., (infml.)* nie aarsel/skroom (*of* [dit] nie ontsien) om iets te doen nie; *be* ***near*** *(*or ***close to****) the ~, (infml.)* pynlik wees; gewaag(d) wees; *make* ***old*** *~s* oud word; *my* ***old*** *~s* my ou lyf; ***pick*** *a ~* 'n been afknaag/afeet; *have a ~ to* ***pick*** *with s.o.* met iem. 'n appeltjie te skil hê, 'n aksie teen iem. hê; *be (just)* ***skin*** *and ~(s)* →SKIN *n.;* ***throw*** *the ~s* dolos(se) gooi; ***to*** *the ~* geheel en al, deur en deur, in murg/merg en been. **bone** *adj.* been-, van been. **bone** *ww.* ontbeen, die bene uithaal; ontgraat, die grate uithaal; (weg)skaai; poleer; *~d collar* boordjie/kraag met baleine; *~ up on s.t., (Am. infml.)* hard aan iets leer; iets (be)studeer. ~ **bank** beenbank. ~**black** beenswart. ~ **callus** beeneelt. ~ **cancer** beenkanker. ~ **china** beenporselein. ~ **coal** lei-, swaarkool. ~**-dry** kurk-, horingdroog. ~ **glass** beenglas. ~**head** *(sl.)* domkop, klipkop, skaap(kop), stommerik. ~**headed** aartsdom. ~ **idle,** ~ **lazy** aartslui. ~ **manure** beenmis. ~ **marrow** beenmurg. ~ **meal** beenmeel. ~ **plate** beenplaat. ~**setter** beensetter. ~**setting** beensettery. ~**shaker** *(hist.)* hardebandfiets; *(infml.)* rammelkas, tjor(rie). ~ **spavin** spat. ~ **splint** spalk. ~ **thrower** dolosgooier. ~**-throwing** dolosgooiery. ~**-tired,** ~**-weary** doodmoeg, stokflou.

boned *adj.* ontbeen *(vleis);* ontgraat *(vis).*

bone·less beenloos, sonder bene; graatloos, sonder grate; *(fig.)* slap, sonder ruggraat.

bon·er ontbener; flater, stommiteit; *pull a ~, (Am.)* 'n blaps/flater maak/begaan.

bon·fire groot vuur; (vreugde)vuur, segevuur.

bon·go[1] *-go(s), (soöl.)* bos-eland, bongo.

bon·go[2] *-go(e)s: ~* **(drum)** *(mus.)* bongotrom.

bon·ho·mie *(Fr.)* bonhomie, jovialiteit, hartlikheid, opgewektheid, gemoedelikheid, goedaardigheid, goedhartigheid, gulhartigheid, minsaamheid, wellewendheid.

Bon·i·face *(heilige)* Bonifatius, Bonifacius; herbergier.

bon·i·ness benerigheid.

bo·ni·to *-tos, (igt.)* bonito.

bonk *n., (sl.)* seks, knippie, knypie, gekafoefel, kafoefelry, gevry, vryery. **bonk** *ww., (sl.)* moker, klap, slaan; *(sl.)* kafoefel, vry, met die hout werk; *(sl.)* 'n knippie/knypie gee, kafoefel/vry met, pomp, stoot. ~**buster** *(skerts.)* hygroman, korsetknakker.

bon·kers: *be/go ~, (infml.)* van jou kop af wees/raak; *stark raving ~* stapelgek.

Bonn *n., (geog.)* Bonn. **Bonn** *adj. (attr.)* Bonnse.

bon·net *n.* hoed (met linte); plat Skotse mus; baret; masjienkap *(v. voertuig);* (skoorsteen)kap; *(sk.)* voetseil; hooftooisel van vere *(v. Am. Indiane); have a bee in one's ~ about s.t.* →BEE; *(sun) ~* kappie. **bon·net** *ww.* die/'n/jou hoed opsit; die/jou hoed oor jou oë trek. ~**mouth** *(igt.)* kappiebek. ~ **wool** kopvelwol.

bon·ny *adj., (dial.)* mooi, pragtig, aantreklik, lief, aanvallig; fraai, oulik; vrolik, opgewek, lewendig, uitgelate, hups; mollig; aansienlik, aanmerklik; *~ fighter* baasbakleier. **bon·ny** *n.* beminde, geliefde.

bon·sai bonsai, (Japanse) dwergboom; dwergboomkwekery.

bon·sel·la *(<Z.), (infml.)* pasella, present.

Bons·ma·ra Bonsmara(bees) *(ook b~).*

bon·te·bok bontebok.

bon·us bonus, ekstra, premie. ~ **bond** bonusobligasie.

bon·y benerig; graterig; benig, langbeen-; maer; *~ coal* lei-, swaarkool; *~ fish* beenvis; *~ palate* harde verhemelte.

bonze Boeddhistiese priester.

boo *tw.* boe; *s.o. can't say ~ to a goose, (infml.)* iem. kan nie boe of ba (*of* pê/pruim) sê nie. **boo** *ww.* uitjou; bulk, loei, uitfluit. **boo-hoo** *n.* gehuil, getjank. **boo-hoo** *ww.* tjank, huil.

boob[1] *(infml.)* blaps, flater, fout; bobbejaan, esel, uilskuiken, mamparra, swaap, domkop. **boob** *ww., (infml.)* droogmaak, aanjaag, 'n blaps/flater maak/begaan, 'n bok skiet.

boob[2] *(infml., dikw. mv.)* bors *(v. vrou).* ~ **tube** spantoppie; *(Am. infml.)* (kyk)kassie, TV.

boo-boo *-boos, (infml.)* blaps, flater.

boo·by bobbejaan, esel, uilskuiken, mamparra, swaap, domkop; *(orn.)* malgas. ~ **hatch** malhuis, groendakkies; *(sk.)* skuifluik. ~ **prize** poedelprys. ~ **trap** fop-, poetsval; foptoestel; val op 'n deur; fopmyn, verneukmyn.

boo·dle omkoopgeld; buit; spul, boel; →CABOODLE.

boo·gie *n., (mus.)* boogie. **boo·gie** *-gied -gieing, ww.* boogie. ~ **board** lyfplank. ~**-boarder** lyfplankryer. ~**-boarding** lyfplankry. ~**-woo·gie** *n., (mus.)* boogie-woogie.

boo-hoo →BOO.

boo·ing geboe, uitjouery.

book *n.* boek; geskrif, werk; teks, geskrewe woord; ***according*** *to the ~* volgens (die) reël; *be in s.o.'s* ***bad/black*** *~s* in iem. se slegte boeke wees, by iem. sleg aangeskrewe (*of* by iem. in 'n slegte blaadjie/boekie) staan/wees, by iem. in onguns wees; ***balance*** *the ~s* die balans opmaak; ***ban*** *a ~* 'n boek verbied; ***borrow*** *a ~ from a library* 'n boek by 'n biblioteek uitneem; ***bring*** *s.o. to ~* met iem. afreken; iem. aankeer/betrap/vaskeer/vastrap; iem. tot verantwoording roep; *s.o. has been* ***brought*** *to ~, (ook)* iem. het aan die pen gery; *a ~* ***by*** *...* 'n boek deur/van ...; ***by*** *the ~* volgens (die) reël; *be a* ***closed/sealed*** *~ to s.o.* vir iem. 'n geslote boek wees; ***consult*** *a ~* 'n boek raadpleeg/naslaan; ***cook*** *the ~s* →COOK *ww.; ~ of the* ***dead*** dodeboek; *in ~* ***form*** in boekvorm; ***go*** *by the ~* volgens (die) reël handel/optree; *the* ***good*** *B~* die Bybel; *be in s.o.'s* ***good*** *~s* in iem. se goeie boeke wees, by iem. goed aangeskrewe (*of* by iem. in 'n goeie blaadjie/boekie *of* in iem. se guns *of* by iem. in die guns) staan/wees; ~ *of* ***hours,*** *(RK)* gety(de)=boek, brevier; ***in*** *s.o.'s ~, (infml.)* na/volgens iem. se mening, volgens iem. se opvatting; ***in*** *my ~, (ook, infml.)* myns insiens; ***keep*** *~s* boekhou; ***kiss*** *the B~* op die Bybel sweer; *take a* ***leaf*** *out of s.o.'s ~* →LEAF *n.*; ~ *of* ***life*** lewensboek; ***make*** *(a) ~ on s.t.* weddenskappe op iets aanneem; *the B~* ***of*** *Genesis/etc.* die Boek Genesis/ens.; *a ~* ***on*** *...* 'n boek oor ...; *be* ***on*** *the ~s* ingeskryf/ingeskrewe (*of* op die lys) wees; *that* ***is one*** *for the ~s, (infml.)* dit moet ('n) mens opteken; *an* ***open*** *~* geen geheim nie; *the ~* ***is out*** die boek het verskyn (*of* is uit); ***publish*** *a ~* 'n boek publiseer/uitgee; *the ~ was* ***published*** *last week* die boek het verlede week verskyn; ***read*** *s.o. like a ~* iem. soos 'n boek lees; ~ *of* ***reference,*** *reference ~* naslaanwerk; *a* ***sealed*** *~* →***closed/sealed; speak/talk*** *like a ~* soos 'n boek praat; ***speak*** *without one's ~* buite jou boekie gaan, sonder gesag praat; volgens geheue praat; *s.t.* ***suits*** *s.o.'s ~* dit pas iem., dit pas in iem. se kraam, dit is net wat iem. wil hê; ***talk*** *like a ~* →***speak/talk;*** ***throw*** *the ~ at s.o., (infml.)* iem. sommer van alles aankla; iem. inklim, iem. (goed) die les lees; ***unban*** *a ~* die verbod op 'n boek ophef; ~ *of* ***verse(s)*** verseboek; ~ *of* ***words*** teksboek(ie). **book** *ww.* inskryf, boek; (plek) bespreek; 'n kaartjie neem/gee; *~ on a* ***charge*** aankla; *~* ***for*** *...* vir ... bespreek *('n opvoering ens.)*; na ... bespreek *('n plek)*; *~ s.o.* ***for*** *s.t.* iem. vir iets bespreek; iem. van iets aankla *('n oortreding ens.)*; *be* ***fully*** *~ed* vol (*of* ten volle) bespreek wees; *~* ***in*** inteken *(by 'n hotel ens.)*; na die vertrektoonbank gaan *(op 'n lughawe)*; *be ~ed* ***into*** *a hotel* by 'n hotel tuis wees; *~* ***off*** afboek; *~* ***out,*** *(hotelgas ens.)* uitteken; *be ~ed* ***out/up*** vol (*of* ten volle) bespreek wees; *~* ***through*** 'n deurgaande kaartjie gee/neem. **~binder** (boek)binder. **~bindery** (boek)bindery. **~binding** boekbindery. **~case** boekkas, =rak. ~ **club** boekklub. ~ **cover** boekomslag. ~ **debt** boekskuld. ~ **edge** snee *(v. boek)*. ~ **end** boekstut. ~ **fair** boekeskou. ~ **fold** bladvou. ~ **jacket** stofomslag. **~keeper** boekhouer. **~keeping** boekhou; boekhouding. ~ **knowledge,** ~ **learning** boek(e)kennis, boekgeleerdheid. ~ **language** skryftaal. **~-lined** met boeke teen die mure. **~louse** stofluis. ~ **lover** boek(e)liefhebber, =vriend. ~ **lung** *(soöl.)* boeklong *(in 'n spinnekop ens.)*. **~maker** boekmaker, beroepswedder; samesteller. **~making** beroepsweddery. **~man** *(arg.)* letterkundige, boek(e)man, =mens. **~mark(er)** boekmerk, lees=, bladwyser. **~mobile** *(Am.)* boekwa, bibliobus, mobiele/reisende biblioteek. ~ **muslin** boekmoeselien. **~plate** ex libris, boekmerk, =teken. ~ **post** drukwerk=, boekpos; *by ~* ~ as drukwerk. **~rack** boekrak. **~rest** boekstander(tjie). ~ **salesman** boeksmous, kolporteur. **~seller** boekhandelaar, =verkoper. **~selling** boekhandel, =verkopery. **~shelf** boekrak. **~shop,** **~store** boekwinkel. **~stall** boekstalletjie. ~ **stock** boek(e)voorraad. ~ **token** boekbewys. ~ **trade(r)** boekhandel(aar). ~ **value** boekwaarde. ~ **van** boekwa, bibliobus, mobiele/reisende biblioteek. **~work** studie; *(druk.)* boekwerk. **~worm** boekwurm *(lett. & fig.)*, lettervreter *(fig.)*.

book·a·ble bespreekbaar.

book·ie *(infml.)* beroepswedder, boekmaker.

book·ing (plek)bespreking; *make a ~* 'n bespreking doen, plek bespreek; *~ starts tomorrow* die (plek)bespreking begin môre. ~ **clerk** kaartjiesbeampte; besprekingsklerk. ~ **fee** besprekingsgeld. ~ **hall** bespreking=, kaartjiesaal. ~ **hours** loketure. ~ **office** loket, kaartjieskantoor; besprekingskantoor.

book·ish geletterd, geleerd; boekagtig, boekerig, pedanties. **book·ish·ness** boekagtigheid, boekerigheid.

book·let boekie, brosjure.

Bool·e·an al·ge·bra algebra van Boole.

boom¹ *n.* gedreun, dreun(ing), gebulder; opbloei, oplewing, groot aanvraag/omset, voorspoedgolf; bloeityd, tyd van voorspoed, hoogkonjunktuur; (prys)styging; aanprysing, ophemeling, reklamepoging. **boom** *ww.* dreun, bulder, dawer, donder, galm; gons; ophemel, opvysel, aanprys, reklame maak vir; opleef, =lewe, sterk styg; sukses behaal/hê; floreer, bloei, gedy, van krag tot krag gaan; *~* ***out*** uitgalm, =basuin. ~ **box** *(Am. sl.)* →GHETTO BLASTER. ~ **price** opgejaagde prys. ~ **town** paddastoelstad.

boom² *n.* (hawe)boom, sperboom; valhek; val=, slag=, afsluitboom, sluitpaal; weesboom; *(sk.)* boom, spier. **boom** *ww., (sk.)* boom, voortboom. ~ **defence** boomversperring. ~ **(defence) vessel** sperboomvaartuig. **~-sail** gaffelseil.

boom·er groot kangaroemannetjie; groot golf; reklamemaker; *(Am. sl.)* naoorlogse baba/kind.

boom·er·ang *n.* boemerang, werphout. **boom·er·ang** *ww.* boemerang, soos 'n boemerang terugkeer, 'n boemerangeffek hê; *~ on s.o.* teen iem. boemerang.

boom·ing gebulder, gegalm, dreun(ing).

boom·let oplewinkie.

boom·slang *(Afr.), (Dispholidus typus)* boomslang.

boon¹ *n.* seën, voordeel; guns, geskenk.

boon² *n.* vlasafval.

boon³ *adj., (arg.)* gul; jolig, vrolik, plesierig; *~ companion* goeie vriend(in), boesemvriend(in).

boon·docks *(mv.): the ~, the boonies, (Am. sl.)* die gram(m)adoelas.

boon·dog·gle *(Am. infml.)* tydmors(ery); geldmors(ery). **boon·dog·gler** nikswerd, deugniet, nul (op 'n kontrak); (kleingeestige/bekrompe/benepe) amptenaar(tjie).

boon·ies *(mv.), (Am. sl.)* →BOONDOCKS.

boor lomperd, lummel, (gom)tor, onbeskofte vent, buffel, ghwar, hierjy, rouriem. **boor·ish** agterlik, boers, ongepoets, onopgevoed, onbeskof, kru, torrerig.

boort →BORT.

boost *n.* stoot; aanjaagdruk; aanprysing, opvyseling, reklame; *a ~* ***for*** *...* 'n hupstoot(jie) (*of* 'n stoot [vorentoe]) vir ...; *be a ~ for s.o./s.t., give s.o./s.t. a ~* iem./iets 'n hupstoot(jie) (*of* 'n stoot [vorentoe]) gee; *get a ~* 'n hupstoot(jie) (*of* 'n stoot [vorentoe]) kry. **boost** *ww.* stoot; opstoot; opdryf; opvysel, ophemel, verhoog, verhewig, reklame maak vir, aanprys; aanjaag, aanstoot, opjaag, bekrag, ekstra krag gee aan, opkrag; versterk, verstewig; *~ one's ego* jou eiedunk verhoog. **boost·ing** aanprysing; aanjaging; versterking; reklame.

boost·er propagandis, reklamemaker, opvyselaar; aanjaer, bekragt(ig)er; versterker; blaser, gasduwer, (gas)verdigter; *(rad.)* opstoter; opjaer, hulpdinamo; *(med.)* skrager. ~ **fan** aanja(ag)waaier. ~ **injection** aanspoor=, aanpor-inspuiting. ~ **pump** aanja(ag)pomp. ~ **rocket** aanja(ag)vuurpyl.

boot¹ *n.* stewel; bagasiebak, kattebak *(v. motor)*; stofkous; *(hist.: folterwerktuig)* beenskroef; *(infml.)* skop; *(Am. mil. sl.)* rekruut; *(rek.)* selflaaiing; selflaaiprogram, selflaaier; *(i.d. mv. ook)* skoenpoetser, hoteljoggie; *~s* ***and all*** (met) pens en pootjies; *be too* ***big*** *for one's ~s* →BIG; *give a* ***cold*** *~, (rek.: bedryfstelsel herlaai deur d. krag af en aan te skakel)* koud laai; *the ~ is on the other* ***foot/leg*** die bordjies is verhang; ***get*** *the ~* die trekpas kry, in die pad gesteek word; uitgeskop word; *be in danger of* ***getting*** *the ~* op die wip sit; ***give*** *s.o. the ~* iem. in die pad steek; iem. uitskop; *his* ***heart*** *sank into his ~s* sy hart het in sy skoene gesak/gesink, sy moed het hom begeef/begewe; ***lick*** *s.o.'s ~s* iem. lek, voor iem. in die stof kruip; ***put*** *the ~* ***in*** iem. skop/trap; *~ and* ***saddle!*** opsaal!; *over* ***shoes,*** *over ~s* wie A sê, moet B sê; *give a* ***warm*** *~, (rek.: bedryfstelsel herlaai sonder om d. krag af te skakel)* warm laai. **boot** *ww.* stewels aantrek; skop; *~ed* gestewel(d); met stewels/kamaste aan; *~ed* ***eagle*** dwergarend; *~* ***it!*** trap!; *~* ***out*** in die pad steek; uitskop; *~ed and* ***spurred*** gestewel(d) en gespoor(d); *~* ***(up),*** *~strap, (rek.), (persoon)* (die/'n bedryfstelsel) laai; *(rekenaar)* selflaai. **~black** *(hist.)* skoenpoetser. ~ **hook** skoenhaak. **~jack** stewelkneg. **~lace** skoenveter, =riem(pie); →BOOTSTRAP. **~leg** *n.* stewelskag; smokkelware, =goed(ere), sluikgoed(ere), kontrabande; smokkel=, roofproduk(te); smokkeldrank; *(mus.)* roofopname. **~leg** *adj.* smokkel= *(bedryf, drank, ens.)*; roof= *(opname, plaat, prent, video, ens.)*; *~ (computer) software* roofprogrammatuur, =sagteware; *~ joint* smokkelhuis, =hool, =nes; *~ trousers* stewelpypbroek. **~leg** *ww.* smokkel; onwettig vervaardig/stook/verkoop/ens.. **~legger** (drank)smokkelaar. **~legging** (drank)smokkelary. **~lick** *(infml.)* lek, flikflooi, inkruip by. **~licker** lekker, flikflooier, (in)kruiper. **~maker** skoenmaker. **~making** skoenmakery. ~ **sale** kattebak=, bagasiebakverkoping. ~ **sector** *(rek.)* selflaaisektor. ~ **splint** spalkstewel. ~ **stage:** *early ~ ~* stoelstadium *(v. graan)*. **~strap** *n.* skoenlus; *pull/drag o.s. up by one's (own) ~s* sonder middele (*of* uit eie krag) opkom. **~strap** *ww., (rek.)* →BOOT (UP). ~ **tree** lees, skoenvorm.

boot² *n.* baat, voordeel; *to ~* boonop, op die koop toe. **boot** *ww.* baat.

boot·a·ble *(rek.)* selflaaibaar.

boot·ee wol=, babaskoentjie; enkel=, halfstewel; (operasie)stewel.

Bo·ö·tes *(astron.)* die Veewagter, Boötes.

booth kraam(pie), stalletjie, kiosk; hut(jie); (kermis)=tent; winkeltjie; →TELEPHONE BOOTH; POLLING BOOTH.

boot·less¹ kaalvoet, sonder skoene.

boot·less² *(arg.)* vrugteloos, vergeefs, nutteloos.

boo·ty buit, roof.

booze *n.* fuif, drinkparty; drank, drinkgoed, raas=, lawaaiwater; *be on the ~* suip. **booze** *ww.* drink, fuif; suip, bras; *~ away* versuip, opsuip. ~ **party** fuifparty, dronknes. **~-up** *n., (sl.)* suipsessie, strawwe drinksessie, fuifparty, gesuip, gefuif.

booz·er drinkebroer, fuiwer; suip=, dronklap, dronkie; drinkplek, kantien.

booz·y drinklustig; hoenderkop.

bop¹ *n.* hou, klap. **bop** *=pp=, ww.* 'n hou/klap gee.

bop² *(mus., dans)* bop. **bop·per** bopper.

bo-peep wegkruipertjie, wegstekertjie.

bo·ra *(wind)* bora.

bo·ra·cic boor=; *~ acid* boorsuur; *~ acid lotion/solution* boorsuuroplossing, boorwater; *~ lint* boorpluksel; *~ ointment* boorsalf; *~ powder* boorpoeier; *~ soap* boorseep.

bo·ra·cite *(min.)* borasiet.

bor·age *(bot.)* komkommerkruid, bernagie.

bo·rane *(chem.)* boraan.

bo·rate *(chem.)* boraat.

bo·rax boraks.

bor·bo·ryg·mus *=rygmi* borborigmus, buikrommeling.

Bor·deaux *(geog.)* Bordeaux. ~ **mixture** *(tuinb.)* bordeauxmengsel. ~ **(wine)** bordeaux(wyn).

Bor·de·laise *(Fr. kookk.)* bordelaisesous.

bor·del·lo *=los* bordeel.

bor·der *n.* rand, kant; omranding; grens; soom; fries; randakker; riggel; ***astride*** *the ~* op die grens; ***on*** *the ~* op die grens; aan die grens; ***(ornamental)*** *~* randstrook; *South Africa's ~* ***with*** *Lesotho* die grens tussen Suid-Afrika en Lesotho. **bor·der** *ww.* grens aan; begrens; omrand, omsoom, omboor, omwerk; *~ed cloth* randstof; *~ on/upon ...* grens aan ... ~ **area** grens=, randgebied. **B~ collie** borderkollie, Skotse skaaphond. ~ **dispute** grensgeskil. ~ **edging** randversiering. ~ **guard** grenswag; grenswagter. ~ **incident** grensvoorval. ~ **industry** *(SA)* grensnywerheid, =bedryf. **~land** grensgebied, =land; tussentoestand. **~line** grenslyn. **~line case** grensgeval. **~line situation** grenssituasie. ~ **state** randstaat. ~ **stitch** randsteek. **B~ terrier** borderterriër.

bor·der·er *(hist.)* grensbewoner.

bor·der·ing omranding.

bore¹ *n.* boring; boorgat; boorwydte; binnemaat; kaliber *(v. vuurwapen)*; siel(wand) *(v. vuurwapen)*. **bore** *ww.* boor, hol maak; opsy druk; nek uitrek; *~ for ...* na ... boor *(olie, water, ens.)*; *~ (out)* uitboor; *~d stone* Boesmanklip, deurboorde klip; *~ through* deurboor. ~ **core** boorkern. ~ **gauge** kalibermaat. **~hole** →BOREHOLE.

bore[2] *n.* las(pos); droëlewer, droë bokkom, saniker, seurkous, vervelende mens; vervelige iets; *s.t. is a ~ to s.o.* iets verveel iem.; *be a crashing* (or *an unspeakable*) *~* 'n bar/uiters vervelende vent wees, onuitstaanbaar vervelend wees. **bore** *ww.* verveel; *~d* verveeld; *~ s.o. silly/stiff* (or *to death/tears*) iem. dodelik/gruwelik/vreeslik (*of* tot die dood toe) verveel; *be ~d stiff* dodelik/gruwelik/vreeslik (*of* tot die dood toe) verveeld wees; *be ~d with* ... deur ... verveel word; *feel ~d* jou verveel.

bore[3] *n.* vloedgolf.

bo·re·al noordelik, noorder=, boreaal. **Bo·re·as** *(Gr. mit.)* Boreas, noordewind.

bore·cole boer=, krulkool.

bore·dom verveling, verveeldheid; *utter ~* gryse verveling.

bore·hole boorgat; *sink a ~* 'n gat boor, 'n boorgat maak/slaan/boor/sink. ~ **cartridge** boorpatroon. ~ **charge** boorlading. ~ **core** boorkern.

bor·er boor; boorder; boorinsek, boor=, houtwurm.

bo·ric →BORACIC.

bor·ing[1] *adj.* vervelend, vervelig.

bor·ing[2] *n.* boorsel; boorgat; boring. ~ **machine** boormasjien. ~ **tower** boortoring.

born *verl.dw.* gebore; →BEAR[2]; *a ~ teacher/etc.* 'n gebore onderwyser/ens.; *~ **again*** we(d)ergebore; ***be** ~* gebore word, aankom; *~ and **bred*** gebore en getoë; *all my ~ **days*** al my lewensdae; *five children were ~ of the **marriage*** uit die huwelik het vyf kinders voortgekom; *~ **of** noble parents* uit edele ouers gebore; ***South African** ~* van Suid-Afrikaanse geboorte, gebore Suid-Afrikaner, Suid-Afrikaner/Suid-Afrikaans van geboorte; *a child was ~ **to** them* 'n kind is vir hulle gebore; *s.o. was ~ **to** s.t.* iem. is vir iets in die wieg gelê; *s.o. **was** ~ in London on June 15, 1960* iem. is op 15 Junie 1960 in Londen gebore; ***when** were you ~?* wanneer is jy gebore?; *not ~ **yesterday*** nie onder 'n kalkoen/uil uitgebroei nie, ouer as tien/twaalf, nie van gister nie. **~-again** *adj. (attr.)* we(d)ergebore *(Christen)*; bekeerde *(roker, nasionalis, sosialis, ens.)*.

borne →BEAR[2].

Bor·ne·o Borneo. **Bor·ne·an** *n.* Borneoot. **Bor·ne·an** *adj.* Borneoties.

born·ite *(min.)* borniet.

bo·ro·e·thane →BORANE.

bo·ron *(chem., simb.:* B*)* boor, borium.

bor·ough stad; munisipaliteit. ~ **council** stadsraad. ~ **police** stadspolisie.

bor·row leen; ontleen, oorneem; *~ s.t. **from** s.o.* iets by/van iem. leen; *who **goes** a-borrowing goes a-sorrowing* borg(e) baar sorg(e); *~ed **light*** leenlig; *with ~ed **plumes*** →PLUME *n.*; *~ing **powers*** leen=, leningsbevoegdheid; *~ed **time*** respyt(tyd); uitstel van eksekusie; beseringstyd *(fig., infml.)*; *~ **trouble*** moeilikheid (agter die bult) gaan soek; *~ed **word*** leenwoord. **bor·row·er** lener; *(jur.)* inlener. **bor·row·ing** lenery; ontlening, leenwoord; *(jur.)* inlening.

borsch(t) *(Rus.)* borsjt, Russiese beetsop.

bor·stal *(Br., hist.)* tugskool.

bort, boart swak diamant; karbonado; boort, diamantgruis, =afval, =poeier.

bor·zoi borzoi, Russiese wolfhond/windhond.

bos·cage, bos·kage *(liter.)* boskasie, bosgasie.

bosh *(infml.)* bog, kaf, twak, snert, nonsens, nonsies, onsin.

bosk, bos·ket, bos·quet bossies, kreupelbos, kreupelhout. **bosk·y** bosagtig, ruig, bosryk; skaduryk, lowerryk.

bo's'n →BOATSWAIN.

Bos·ni·a *(geog., hist.)* Bosnië. **~-Herzegovina, ~-Hercegovina, ~ and Herzegovina, ~ and Hercegovina** *(geog.: konstituerende republiek v. Joego-Slawië v. 1946-1991)* Bosnië-Herzegowina.

Bos·ni·an *n.* Bosniër. **Bos·ni·an** *adj.* Bosnies.

bos·om boesem, bors; hart; siel; skoot; *in the ~ of one's family* in die skoot van jou gesin; *take s.o. to one's ~* iem. liefkry, met iem. bevriend raak. ~ **friend** boesemvriend(in). **bos·om·y** mollig, met groot borste; uitswellend.

Bos·p(h)o·rus *(geog.)* Bosporus.

bos·quet →BOSK.

boss[1] *n.* knop(pie), knobbel, bult, verhoging, verdikking; naaf; dekblok; kopstuk *(v. geweer)*. **boss** *ww.* met knoppe/knobbels versier. ~ **(joint) bolt** naafbout.

boss[2] *n.* baas; bobaas; leier. **boss** *ww.* baasspeel; aan die hoof staan; *~ s.o. about/around* oor iem. baasspeel, iem. hiet en gebied; *~ the show* baasspeel, die lakens uitdeel, eerste viool speel. **~boy** *(SA neerh.)* (swart) voorman. **~man** baas; voorman; voorbok, leier.

bos·sa no·va *(Port.) (dans, mus.)* bossa nova.

boss-eyed *(infml.)* skeel, skeeloog=.

bos·sy[1] knopperig, bulterig.

bos·sy[2] baasspelerig. **boss·i·ness** baasspelerigheid.

Bos·ton: ~ **(brown) bread** bostonbrood; gestoomde bruinbrood. ~ **crab** *(stoei)* bostongreep. ~ **lettuce** botterslaai. ~ **terrier** bostonterriër.

bo·sun →BOATSWAIN.

bot maaier, papie; *(i.d. mv. ook)* papies *(by perde)*. **~fly** =*flies* papievlieg.

bo·tan·ic, bo·tan·i·cal botanies, plantkundig; *botanical case* botaniseertrommel; *botanic(al) garden(s)* botaniese tuin, plantetuin; *botanical name* botaniese naam.

bot·a·nise, -nize botaniseer, plante versamel.

bot·a·nist plantkundige, botanikus, botanis.

bot·a·ny plantkunde, botanie. **B~ wool** botanywol, fyn merinowol.

botch, botch-up *n.* gemors, geknoei, knoeiwerk, =spul; *make a ~ of s.t.* 'n (groot/mooi) gemors van iets maak, iets opmors/verongeluk/verbrou/verknoei. **botch** *ww.* verbrou, (be)brou, (ver)knoei, verhaspel; droogmaak *(infml.)*; *~ it* aanjaag, droogmaak; *~ s.t. up, (infml.)* 'n (groot/mooi) gemors van iets maak, iets opmors/verongeluk/verbrou/verknoei; *~ed work* brouwerk. **botch·er** (ver)knoeier, brouer, afskeper; droogmaker *(infml.)*. **botch·ing** geknoei, gebrou, afskepery, afskeepwerk; droogmakery *(infml.)*.

bo·tel, boa·tel botel.

both albei, al twee, beide; *~ his 60th and 70th **birthdays*** (or *his 60th and his 70th birthday) were celebrated* sowel sy 60ste as sy 70ste verjaar(s)dag is gevier; *~ to **eat** and to drink* om te eet sowel as om te drink; *~ **man** and beast* mens sowel as dier, sowel mens as dier, mens en dier; *on ~ **sides*** (aan) weerskant(e); wedersyds; *~ of **them/us/you*** hulle/ons/julle albei (*of* al twee); *~ of **these*** ... al twee hierdie ...; *you cannot have it ~ **ways*** jy moet een van die twee kies, jy moet die een of die ander doen; *back a horse ~ **ways*** op die wen- en plekkans van 'n perd wed.

both·er *n.* geneul, neulery, geseur, gesanik; las, plaag, beslommering, beslommernis, moeite, omslag; *(jur.)* hinder; ***be** a ~* lastig wees, pla; ***go** to a lot of ~ to do s.t.* jou baie moeite getroos om iets te doen, baie moeite met iets doen; ***no** ~* dis geen moeite nie; *a **spot** of ~, (infml.)* 'n las/gelol/gefoeter; *have a **spot** of ~ with s.t., (infml.)* las met iets hê, met iets sukkel; *be in a **spot** of ~, (infml.)* in die moeilikheid sit/wees; *it is **such** a ~* dit is baie lastig; ***what** a ~!* deksels!. **both·er** *ww.* hinder, kwel, pla; haper; lastig val, lol, sanik, neul; *not ~ (o.s.* or *one's head) **about** ...* jou nie oor ... bekommer (*of* moeg maak) nie; *no one will ~ **about** it* geen haan sal daarna kraai nie; *~ s.o. **about** s.t.* iem. oor iets pla; ***don't** ~!* moenie moeite doen nie!; *can I ~ you **for** ...?* kan ek ... by jou kry?; kan jy die ... vir my aangee?; *~ **it!**, (infml.)* deksels!; ***not** even ~ to ...* nie eens/eers die moeite doen om te ... nie; *~ **o.s.*** omslag maak; *~ **the** ...!, (infml.)* die dekselse ...!. **both·er·a·tion** geneul, neulery; geneuk, neukery; *botheration!* vervlaks!. **both·er·some** lastig, vervelig, ergerlik, seurderig.

Both·ni·a *(geog.)* Botnië; *Gulf of ~* Botniese Golf.

bot·ry·oi·dal, bot·ry·ose trosvormig; druiwetrosvormig.

bot·ry·o·lite *(min.)* druiwesteen.

bot·ry·tis *(bot.)* vaalvrot, vaalverrotting, botritis; edelvrot.

Bot·swa·na *(geog.)* Botswana.

bott →BOT.

bot·tle[1] *n.* bottel; fles; wyn=, leersak; *(Br. sl.)* koerasie, durf, moed; *the **blue** ~, (infml.)* die blou bottel, kasterolie; ***bring up** on the ~* met die bottel grootmaak *(baba)*; ***broken** ~* bottelstuk; ***crack** a ~* →CRACK *ww.*; *s.o. is **fond** of the ~, (infml.)* iem. is lief vir die bottel; *be too **fond** of the ~, (infml.)* te veel van die bottel hou, te diep in die bottel kyk; ***hit** the ~, (infml.)* na die bottel gryp, (te veel) begin drink, aan die drink raak; ***lose** one's ~, (Br. sl.)* kleinkoppie trek; *a ~ **of** wine/etc.* 'n bottel wyn/ens.; *be **off** the ~, (infml.)* nie meer drink nie, van die bottel gespeen wees; *(baba)* nie meer bottel drink (*of* bottelvoeding kry) nie; *be **on** the ~, (infml.)* (te diep) in die bottel kyk, (te veel) drink, aan drank verslaaf wees; *(baba)* bottel drink, bottelvoeding kry; ***over** a ~* oor/agter 'n glas/sopie/biertjie; ***ply** the ~* die bottel heen en weer laat gaan; ***small** ~* botteltjie, flessie; ***take** to the ~, (infml.)* na die bottel gryp, (te veel) begin drink, aan die drink raak; ***uncork** a ~* die prop uittrek, 'n bottel oopmaak; ***wide-mouthed** ~* fles. **bot·tle** *ww.* bottel(eer), in bottels tap; inmaak, inlê; *~d **beer*** bottelbier; *~d **gas*** vloeibare gas, vloeistofgas, blikkie(s)gas; *~ **off*** afbottel; *~ **out,** (Br. sl.)* kleinkoppie trek; *~ **up*** opkrop *(gevoelens)*; insluit, vaskeer *(troepe ens.)*. ~ **baby** bottelbaba. ~ **bank** bottelbank, glas-iglo(e). ~ **blonde** *(infml.)* bottelblondine. **~brush** bottelborsel; *(bot.)* baakhout; *(bot.)* stompie, perdestert. ~ **cap** botteldop. **~-feed** *ww.* bottelvoed, met 'n bottel voed; *be ~-fed* bottelvoeding kry; *~-fed baby* bottelbaba; *~-fed calf/lamb* hanskalf, =lam. ~ **feeding** bottelvoeding. ~ **green** bottelgroen. ~ **heath** bottel=, dopheide. **~holder** handlanger, sekondant. ~ **jaw** *(veearts.)* bottelbek, dikkeel. **~neck** nek van 'n bottel, bottelnek; vernouing; nou deurgang; knelpunt, wurgplek, verkeerstregter, bottelnek. **~nose** stomp=, knopneus; bruinvis. **~nose(d) dolphin** stompneus=, spitssnoetdolfyn. **~nose(d) whale, beaked whale** butskop; spitssnoetdolfyn. ~ **opener** botteloopmaker. ~ **party** drinkparty. **~screw** *(Br.)* kurktrekker; spanskroef. ~ **store** drankwinkel. ~ **thrower** bottelgooier. **~-throwing** bottelgooiery. **~-washer** bottelspoeler; handlanger, hansie-my-kneg, faktotum.

bot·tle[2] *n., (dial.)* bondel; *~ of hay* hooibondel; *look for a needle in a ~ of hay* →NEEDLE.

bot·tler bottelaar, botteleerder.

bot·tling inmakery, inlêery; intapping, botteling, intappery, vullery. ~ **machine** flesvulmasjien, bottel(vul)masjien. ~ **works** bottelary, flesvulfabriek.

bot·tom *n.* boom, bodem; grond; bodem, skip; *(Am.)* (rivier)vallei; agterstel, agterste, boude, sitvlak, agterwêreld; onderste; onderent; *(her.)* onderkant; lyf *(v. ploeg)*; buik *(v. wa)*; mat *(v. stoel)*; kiel; sitting *(v. broek, stoel)*; voet; ***at** ~* in wese, in die grond; in jou hart; ***at** the ~ of* onderaan ... *(d. bladsy ens.)*; onderin ... *(d. emmer ens.)*; aan die voet van ... *(d. trap ens.)*; op die boom/bodem van ... *(d. glas ens.)*; aan die onderent van ... *(d. tafel ens.)*; *be **at** the ~ of s.t.* agter iets sit/skuil/steek; *the ~ has **dropped/fallen** out of s.t., (infml.)* iets het in duie gestort/geval *(d. mark ens.)*; ***get** to the ~ of s.t.* agterkom/vasstel hoe iets inmekaar sit, iets grondig ondersoek, iets deurgrond, tot die kern van iets deurdring; agterkom/vasstel wat agter iets sit/skuil/steek; ***go** to the ~* sink, afsak, afgaan; *at the ~ of one's **heart*** in die grond van jou hart; *from the ~ of one's **heart*** uit die grond van jou hart; ***knock** the ~ out of s.t., (infml.)* iets in duie laat stort/val, iets die boom inslaan, iets omvergooi/omvêrgooi; ***on** the ~ of the sea* op die bodem van die see; ***right** at the ~* heel onder; ***send** a ship to the ~* 'n skip kelder (*of* in die grond boor *of* tot sink bring *of* laat sink); ***touch** ~* grond raak/voel, vaste grond onder jou voete kry; 'n laagtepunt bereik; ~ ***up*** onderste-bo; *~s **up!**, (infml.)* gesondheid (in die rondheid)!, tjorts!, daar gaat hy!; ***what** is at the ~ of it?* wat sit/skuil/steek daaragter? **bot·tom** *adj.* onderste; laa(g)ste; grond-, fundamenteel. **bot·tom** *ww.* 'n boom insit; mat *('n stoel)*; teen die bodem/boom stoot; laat rus op, grond op; deurgrond; *the car ~s* die motor se vere slaan deur; *~ing drill* boomboor; *~ out, (resessie, pryse, ens.)* uitvlak, sy/hul onderste draai maak, sy/hul/'n laagtepunt bereik. ~ **board** buikplank. ~ **dollar** laaste sent. ~ **drawer** onderste laai; bêrelaai. ~ **edge** voetsnee *(v. boek)*. ~ **fermentation** ondergisting. ~**-fermenting yeast** ondergis. ~ **gear** eerste/laagste rat. ~ **line** slotreël *(v. finansiële staat); (fig.)* minimum vereiste, fundamentele voorwaarde; *(fig.)* hoofsaak, essensie, kern van die saak, waaroor dit (eintlik) gaan, waarop dit neerkom; *(fig.)* die wesen(t)like/essensiële (*of* eintlike ding); *(fig.)* op stuk van sake, per slot van rekening. ~**most** heel onderste. ~**-up** *adj. (attr.), (rek.)* onder-na-bo- *(benadering, ontleding, sinsontleding, ens.)*; datagedrewe *(verwerking)*. ~ **view** onderaansig.

bot·tom·less sonder boom; bodemloos, onpeilbaar.

bot·tom·ry bodemery.

bot·u·lism botulisme, voedselvergiftiging; (gal)lamsiekte *(by vee)*.

bou·bou *(orn.: Laniarius* sp.*)* waterfiskaal; *crimson ~* rooiborslaksman.

bou·chée *(Fr. kookk.: skilferkorshappie)* bouchée.

bou·cher handpik.

bou·clé *(tekst.)* bouclé.

bou·doir *(Fr.)* sitkamertjie, damesvertrek, boudoir. ~ **biscuit** →FINGER BISCUIT. ~ **carpet** kamertapyt.

bouf·fant *(Fr.)* opgebol, opgepof, vol; *~ petticoat/slip* wegstaan-onderrok, uitklok-onderrok; *~ skirt* wegstaanrok.

bou·gain·vil·le·a, bou·gain·vil·lae·a papierblom, bougainvillea.

bough tak.

bought *verl.dw.* gekoop; →BUY; *~ deal* beklinkte transaksie; *dearly ~* duur gekoopte *(vryheid ens.)*; *s.t. may be ~* iets is te koop; *~ note* koopnota; *~ pattern* winkelpatroon.

bou·gie, bou·gie waskers; kersfilter; prop, staaf; *(med.)* kateter.

bouil·la·baisse *(Fr. kookk.: seekossop)* bouillabaisse.

bouil·lon *(kookk.)* boeljon.

boul·der groot klip, rots(blok), rolblok. ~ **clay** keileem. ~ **conglomerate** rolblokkonglomeraat. ~ **corundum** knolkorund.

boule·vard kringweg, boulevard.

boul(l)e, buhl buhl-inlêwerk.

boult, boult·er →BOLT[2], BOLTER[2].

bounce *n.* terugslag, opslag, terugstoot, -stuit, -sprong; opspring *(v. bal)*; spring-, veerkrag; sprong; bluf, grootpratery. **bounce** *ww.* opspring, opslaan, terugspring, -stuit; huppel; grootpraat; (oor)bluf; ~ ***back**, (bal)* terugspring, terugwip; *(maatskappy, sportman, ens.)* weer blink vertoon; *(geldeenheid ens.)* herstel; *(politikus ens.)* met mening (op die toneel) terug wees; *the **cheque** ~d* die tjek is (deur die bank) geweier; *~ **into** a room* 'n kamer inhuppel; *~ **off** s.t., (bal)* van iets terugspring/terugwip; *(radiogolwe ens.)* deur iets teruggekaats word; *~ ideas **off** other people, (fig., infml.)* jou idees aan ander mense toets; *~ **out** of a room* 'n kamer uithuppel. ~ **pass** wipaangee.

bounc·er huppelaar, springer; opslagskoot; opslagbal, kaatser, spring-, wipbal; tamaaie, knewel; aartsleuen; aartsleuenaar; uitsmyter; vals tjek. **bounc·ing** veerkragtig, elasties; flink, stewig; windmakerig; groot, kolossaal; *~ baby* fris baba. **bounc·y** veerkragtig; springerig; lewendig.

bound[1] *n.* grens, grenslyn; ***break** ~s* wegloop; ***exceed** the ~s* die perke oorskry; ***give** ~s* hok, grondarres gee; ***in** ~s* op die terrein; *(terrein)* vry; ***keep** s.t. within ~s* iets binne die perke hou; ***keep** within ~s* binne die perke bly, jou beperk; ***know** no ~s* geen perke ken nie; *be **out** of ~s* verbode (gebied/terrein) wees; buite die perke wees; *(gholf)* in die buiteveld (*of* oor die grens) wees; ***set** ~s to s.t.* grense (*of* paal en perk) aan iets stel; ***within** ~s* binne die perke. **bound** *ww.* begrens, die grens vorm, afpaal, beperk; *it is ~ed by ...* dit grens aan ..., dit word deur ... begrens. **bound·less** grens(e)loos, onbeperk, onbegrens.

bound[2] *n.* sprong; opslag, terugkaatsing; *at a ~* met/in een sprong; *by leaps and ~s* →LEAP *n.*. **bound** *ww.* spring, opslag maak, terugkaats, -stuit; huppel.

bound[3] *adj.* klaar (om te vertrek), bestem(d); *be ~ for ...* op pad ... toe (*of* na ... onderweg) wees; *(trein ens.)* na ... gaan *homeward ~* →HOMEWARD; *London ~* met bestemming Londen; op pad Londen toe, onderweg na Londen; *outward ~* uitgaande, op die uitreis.

bound[4] *verl.dw.* gebind; gebonde, vas; verplig; omgeboor(d); →BIND; ***agree** to be ~ by ...* jou aan ... onderwerp; *I'll **be** ~* ek wed/sweer (*of* is seker); *~ **book*** (in)gebonde boek; ***in honour** ~* eershalwe verplig; ***morally** ~* moreel verplig; *~ **over*** voorwaardelik ontslaan; *be ~ **over** (to appear)* (onder sekerheidstelling) verbonde/verplig wees om te verskyn; *be ~ **over** to keep the peace* (onder sekerheidstelling) verbonde/verplig wees om die vrede te bewaar; *~ **over** in the sum of R1000* onder R1000 borgtog; *s.o. is ~ **to** do s.t.* iem. moet iets doen, iem. is verplig om iets te doen; iem. sal stellig iets doen; *I am ~ **to say** ...* ek moet sê ...; *there is ~ **to be** a clash* 'n botsing kan nie uitbly nie; *be ~ **up** in ...* in ... opgaan; *be (closely) ~ **up** with ...* (nou [*of* ten nouste]) met ... saamhang; nou (*of* ten nouste) by ... betrokke wees. **bound·en** *(arg.)* verplig; *~ duty* dure plig.

bound·a·ry grens, (grens)lyn; rand; skeiding; *(kr.)* grenshou; *beyond the boundaries* buite(kant)/oor die grense. ~ **condition** randtoestand. ~ **dispute** grensgeskil. ~ **fence** grensheining, -draad, lyndraad. ~ **gate** grens-, lynhek. ~ **(hit)** *(kr.)* grenshou. ~ **line** grenslyn.

bound·er *(Br. infml., w.g.)* skobbejak, skurk; hierjy.

boun·te·ous, boun·ti·ful mild(dadig), weldadig, liefdadig; oorvloedig; *Lady Bountiful* weldoenster.

boun·ty mild(dadig)heid, goedertierenheid; gif, gawe, weldaad; beloning, prys; handgeld; premie, toelaag, toelae, subsidie; *export ~* uitvoerpremie. ~ **system** premiestelsel.

bou·quet, bou·quet ruiker, bos blomme, boeket; geur, boeket *(v. wyn)*; *(fig.)* pluimpie; *give s.o. a ~, (fig.)* iem. 'n pluimpie gee. ~ **garni** kruiesakkie.

Bour·bon *n., (Fr., hist.)* Bourbon. **Bour·bon** *adj.* Bourbons; *~ biscuit, (sjokoladeroombeskuitjie)* bourbonbeskuitjie; *~ king* Bourbonse koning.

bour·bon Amerikaanse whiskey.

bour·don *(mus.), (orrelregister)* bourdon, subbas; *(aangehoue bastoon/-tone v. 'n doedelsak)* bourdon, boerdon.

bour·geois, bour·geois *n.* burger, bourgeois. **bour·geois, bour·geois** *adj.* burgerlik. **bour·geoi·sie** burgery, burgerstand, bourgeoisie.

bourn[1] →BURN[2].

bourn[2], **bourne** *(arg.)* (eind)grens, (eind)doel.

bour·rée *(Fr.)(dans, mus.)* bourrée.

bourse *(Fr.)* (effekte)beurs, aandelebeurs.

bout vlaag; pot(jie), beurt, rondjie; roes; aanval *(v. siekte)*; skermutseling; bokswedstryd; stoeiwedstryd.

bou·tique *n., (Fr.)* (mode)winkeltjie, boetiek. **bou·tique** *adj.* kleinskaals, kleinskaal-; *~ operation* kleinskaalonderneming; *~ winery* kleinskaalse wynmakery.

bou·vier (des Flan·dres) *(Fr., soort hond)* bouvier (des Flandres), beeshond, Vlaamse veedrywer.

bou·zouk·i boesoeki, Griekse mandolien.

bo·vine *n.* bees, rund, rund(er)agtige. **bo·vine** *adj.* rund(er)agtig, osagtig, bees(te)-; vadsig, bot; *~ parabotulism* gallamsiekte; *~ spongiform encephalopathy, (afk.:* BSE*)* sponsagtige bees(-)enkefalopatie/bees(-)ensefalopatie; *~ tuberculosis* beestering, -tuberkulose.

bov·ver *(Br. sl.)* skoorsoekery. ~ **boot** ysterpuntstewel. ~ **boy** skoorsoeker, skobbejak.

bow[1] *n.* buiging; knik, groet; *make one's ~* debuteer, jou debuut maak; *take a ~* die applous in ontvangs neem. **bow** *ww.* buig; buk; neig; jou onderwerp; laat buig; onderwerp; *~ing **acquaintance*** oppervlakkige kennis/bekendheid; *~ **down** to s.o.* voor iem. neerbuig; *be ~ed **down** with care* onder sorge gebuk gaan; *~ to (the **inevitable**)* buig/swig voor (die onvermydelike); *I ~ to your superior **knowledge*** jy weet meer daarvan; *~ **low*** diep buig; *~ **out*** uittree; terugtree; *~ and **scrape*** knip en buig; *~ and **scrape** to s.o.* voor iem. kruip; *~ **to** s.o.* vir iem. buig.

bow[2] *n.* boog; strykstok; strik; strikdas; *~ and arrow(s)* pyl en boog; *draw/bend a ~* 'n boog span; *draw the/a long ~, (fig.)* spekskiet; *draw a ~ over strings* met 'n boog oor snare stryk; *tie a ~* 'n strik maak; *tie s.t. in a ~* iets strik. **bow** *ww.* stryk *(op 'n viool)*. ~ **compasses** nulpasser. ~ **dividers** nulverdeelpasser. ~ **drill** drilboor. ~**-fronted** met uitgeronde voorkant; met 'n komvenster. ~**head (whale)** Groenlandse walvis, baard-, baleinwalvis. ~**-legged** hoepelbeen-, met hoepel-/bakbene. ~ **legs** bakbene, O-bene, krom bene, hoepelbene. ~**man** boogskutter. ~**net** fuik. ~ **pen** passerpen. ~**saw** boog-, beuelsaag, (soort) spansaag. ~**shot** boog-, pylskoot. ~**string** *n.* boogsnaar. ~**string** *ww., (hist.)* verwurg. ~ **tie** strikdas; *(Chin. kookk.: soort koe[k]sister)* stroopstrik(kie); *tie a ~ ~* 'n das strik. ~ **window** koepel-, komvenster, uitspringende venster; boepens.

bow[3] *n., (sk.)* boeg; boegroeier; *the ship is down by the ~* die skip se boeg is onder water; *on the ~* voor die boeg; *a shot across s.o.'s ~s* 'n waarskuwing. ~**heavy** boeg-, voorswaar, kop-, boeglastig. ~**line** paalsteek; boeglyn. ~**sprit** boegspriet. ~ **wave** boeggolf; skokgolf.

bowd·ler·ise, -ize ekspurgeer, kastigeer, ontman *(boek ens.)*.

bow·el ingewande, derm; *(i.d. mv., fig.)* binneste, hart; *in the ~s of ...* in die skoot van ... *(d. aarde)*; diep binne-in ... *('n skip ens.)*; *empty/move one's ~s* ontlasting/opelyf/stoelgang hê, (jou) ontlas, jou behoefte doen. ~ **action,** ~ **movement** ontlasting, opelyf. ~ **complaint** ingewandsiekte.

bow·er[1] tuin-, somerhuisie, prieel, skaduryke hoekie; *(liter.)* boudoir, damesvertrek *(in 'n Me. kasteel)*; *(liter.)* lushof. ~**bird** *(orn.)* ereboogvoël. ~ **finch** *(orn.)* koringvoël.

bow·er[2]**:** ~ **(anchor)** boeganker.

bow·er·y beskadu, skaduryk.

bow·ing *(mus.)* strykwerk.

bowl[1] *n.* kom; bak *(vir blomme, pap, ens.)*; beker, drinkbeker; drank; pypkop; blad *(v. lepel)*.

bowl[2] *n.* rolbal; kegelbal; bal; →BOWLS. **bowl** *ww., (kr.)* boul; laat boul; uitboul; bal gooi; rol; rolbal speel; *~ along* vinnig ry; goed vorder; *be clean ~ed* (uit)gebowl word; *~ down* omboul; *~ out* uitboul; *be ~ed over by ..., (infml.)* deur ... oorweldig wees; *~ s.o. over* iem. onderstebo (*of* uit die aarde) loop; iem. spraakloos/sprakeloos laat; iem. van sy stryk (af) bring; 'n diep indruk op iem. maak.

bowl·er[1] *(kr.)* bouler; rolbalspeler, -speelster; *~'s crease* boulstreep.

bowl·er[2]**:** ~ **(hat)** bolhoedjie, hardebolhoed, -keil(tjie), dophoed(jie); *be given (or get) one's ~ ~, (sl.)* uit die weermag tree, gedemobiliseer word. ~**-hatted** met 'n bolhoedjie (op); *(sl.)* gedemobiliseer.

bowl·ing *(kr.)* boul(werk); rolbal(spel); *(Am.)* kegelspel; rol, rolwerk. ~ **alley** kegelbaan. ~ **analysis** *(kr.)* boulontleding. ~ **average** *(kr.)* boulgemiddelde. ~ **club** rolbalklub; kegelklub. ~ **crease** *(kr.)* boulstreep. ~ **green** rolbalveld, -baan. ~ **rink** rolbalbaan.

bowls rolbal(spel); kegelspel.

bow·ser petroltenkwa; petrolpomp.

bow-wow *n., (kindert.: hond)* woef(-woef). **bow-wow** *ww., (blaf)* woef-woef.

bow·yer boogmaker; boogskutter.

box[1] *n.* doos, dosie, boks; kis(sie); koffer; karton; *(teat.)* losie; bok, voorkis; afskorting; speelkampie; (jag)huisie; (naaf)bus; (geld)bus, (geld)koffer; venster(tjie) *(in koerant); the whole ~ and dice* die hele boel/sous/spul/boksemdais/boksendais; *in the wrong ~* in die moeilikheid, in 'n verknorsing. **box** *ww.* in 'n kis/doos plaas/sit, in 'n boks sit; opsluit, wegbêre; afskort; deponeer *(dokument); ~ the compass* die 32 windrigtings opnoem; omspring, draai; bol(le)makiesie slaan, terugkeer na die uitgangspunt; *~ in* inhok; inkoker; *~ off* afhok, afskort; *~ up* saamhok. ~ **bed** opklap=, alkoofbed. ~ **calf** chroomkalfsleer. ~ **camera** kassie=, boks=, buskamera. ~**car** *(Am.)* (oordekte) goederewa; *flying ~* vliegwa. ~ **cloth** rybroekstof. ~ **coat** kraagjas. ~ **file** kaslias. ~**fish** koffervis. ~ **girder** kokerlêer. ~ **hole** *(mynw.)* laaigat. ~ **iron** hol strykyster. ~ **jacket** regaf baadjie. ~ **kite** kasvlieër, Amerikaanse vlieër. ~ **lunch** kospakkie. ~ **measure** meetdoos, =dosie. ~ **number** posbusnommer. ~ **office** loket, (teater)kas, besprekingskantoor; *s.t. is a failure/success at the ~ ~* iets misluk/slaag by die loket. ~**-office hit,** ~**-office success** loket=, kastreffer, sukses=, kasstuk, kassukses. ~**-office hours** loket-ure. ~ **ottoman** gestoffeerde kis. ~ **piece** kantstrook. ~ **pleat** stolp=, platplooi. ~**room** pakkamer. ~ **seat** voorkis *(v. wa).* ~**-shaped** doosvormig. ~ **spanner,** ~ **wrench** pyp=, steek=, dopsleutel; soksleutel. ~ **spring** kisveer. ~ **spur** polvyspoor. ~ **stall** enkelstal. ~**-type frame** kokerraam. ~ **wag(g)on** vrag=, goederewa. ~ **wrench** →BOX SPANNER.

box[2] *n.* klap; *fetch s.o. a ~ on the ears* iem. 'n oorveeg/oorkonkel gee. **box** *ww.* klap; 'n opstopper gee; boks; *~ s.o.'s ears* iem. 'n oorveeg/oorkonkel gee.

box[3] *n.:* ~ **(tree)** *(Buxus sempervirens)* buksboom, palmhoutboom, steekpalm. ~**wood** palm=, bukshout; buksboom, palmhoutboom, steekpalm.

boxed in 'n kis/doos/boks.

box·er[1] inpakker.

box·er[2] bokser, vuisvegter; bokser(hond). ~ **shorts** boksbroekie.

Box·er *(lid v. geheime genootskap in China)* Bokser. ~ **rebellion** Bokseropstand.

box·ing boks(sport), bokskuns. ~ **coach** boksafrigter. ~ **glove** bokshandskoen. ~ **match** boksgeveg, =wedstryd, vuisgeveg. ~ **promoter** vegknoper. ~ **ring** bokskryt.

Box·ing Day Tweede Kersdag.

box·like doosvormig.

boy seun(tjie), jongetjie, knaap; kêrel; ***blue-eyed*** ~ BLUE-EYED; ***jobs for the ~s,*** *(infml.)* baantjies vir boeties; ***a little/small*** ~ 'n seuntjie; ***old*** *~, (infml.)* ou kêrel; oudleerling *(v. skool);* ***one of the ~s,*** *(infml.)* gewild by die manne; ***our*** *~s* ons manne; *~s* ***will be*** *~s* seuns bly maar seuns. **boy** *tw.* oe, haai, hete, hede, hene, jene, jitte, joe, sjoe, gits, ga(a)ts, heng; *(~) oh ~!* oe!, ai jai jai (jai jai)!, o gits/ga(a)ts/heng!. ~**friend** vriend, kêrel, vryer, *(infml.)* ou. ~**-like** soos 'n seun, seunsagtig. ~**-meets-girl** *adj. (attr.)* soetsappige *(liefdesverhaal, liedjie, ens.).* ~**s' book** seunsboek. ~**s' choir** seunskoor. **B~ Scout** Boy Scout, Padvinder. ~**s' doubles** seuns-dubbelspel. ~ **seaman** skeepsjonge. ~**s' high school** hoër seunskool/ *(vero.)* jongenskool. ~**s' hostel** seunskoshuis. ~**s' school** seunskool, *(vero.)* jongenskool. ~**s' singles** seuns-enkelspel. ~ **toy** →TOY BOY. ~ **wonder** wonderseun.

bo·yar *(hist.: lid v. Rus. adelstand)* bojaar.

boy·cott *n. & ww.* boikot.

boy·er *(sk.)* boeier.

boy·hood seunstyd, kinderdae, kindsdae.

boy·ish seunsagtig; *~ trick* kwajongstreek.

boy·sen·ber·ry boysenbessie.

bo·zo =*zos, (Am. sl.)* vent, ou, javel, jafel; aap, swaap, sot, doffel, onnosele vent.

bra[1] *(afk. v.* brassiere*)* bra. ~ **burner** *(fig.: feminis)* braverbrander.

bra[2] *(SA townshipsl.)* (my/ou) bra/broer/tjom.

braai *n., (Afr.)* braai(vleis), vleisbraai(ery); braaiplek; braaier, braaitoestel; *have a ~* vleis *(of [infml.]* 'n vleisie) braai, ('n) braaivleis hou. **braai** *braaied braaiing, ww.* (vleis) braai. ~**vleis** braai(vleis), vleisbraai(ery).

Bra·bant *(geog., hist.)* Brabant. **Bra·bant·er** Brabander. **Bra·bant·ine** Brabants.

brace *n.* koppeling, klamp; koppel, paar, tweetal; stut; omslag; gespe; spanstuk; anker; strop; skouerband; draagband; *(druk., mus.)* akkolade; *(skeepstou)* bras; *(i.d. mv. ook)* kruisbande; *~ and bit* boor en omslag. **brace** *ww.* vasmaak, vastrek, stewig maak, verstewig, versterk; aantrek; bras; sterk, staal; span; verspan; *~d arch* verspande boog; *~ o.s. for ...* jou op ... voorberei *('n slegte tyding ens.).* ~ **bit** omslagyster, omslagboor.

brace·let arm=, polsband; handboei.

brac·er *(infml.)* opfrissertjie, opknappertjie, hartversterking.

bra·chi·al arm=; *~ artery* boarmslagaar.

bra·chi·o·pod *n.* bragiopode, armvoetige, =potige. **bra·chi·o·pod, bra·chi·op·o·dous** *adj.* armvoetig, =potig. **Bra·chi·op·o·da** Brachiopoda, Armvoetiges.

bra·chi·o·saur·us bragiosourus.

brach·y- *komb.vorm* kort=, bragi=.

brach·y·ceph·al *n.* kortskedelige, =koppige, bragikefaal, =sefaal. **brach·y·ce·phal·ic, brach·y·ceph·a·lous** kortskedelig, =koppig, bragikefaal, =sefaal. **brach·y·ceph·a·ly** kortskedeligheid, =koppigheid.

bra·chyl·o·gy beknoptheid; beknopte uitdrukking, bragilogie.

bra·chyp·ter·ous *(soöl.)* kortvlerkig.

brac·ing *n.* verankering; versterkstuk; verspanning; verspanstuk. **brac·ing** *adj.* verfrissend, opwekkend; versterkend; *~ wire* verspandraad.

brack →BRACKISH.

brack·en *(bot.)* adelaarsvaring.

brack·et *n.* rak(kie); steun, (draag)klamp, steunarm(pie), draagarm, skraag, skragie; steunraam, steunsel; kniestuk; hakie; knik *(v. skarnier);* klas; groep; *in ~s* tussen hakies; *round ~* ronde hakie; *square ~* tekshakie, vierkante hakie. **brack·et** *ww.* koppel, saamvoeg; tussen hakies plaas; op een lyn stel *(met); ~ s.t. (off)* iets tussen hakies plaas/sit; *~ people/things (together)* mense/dinge saam groepeer; *~ s.o./s.t. with s.o./s.t. else* iem./iets met iem./iets anders gelykstel. ~ **plate** steunplaat. ~ **wheel** kettingskyf.

brack·et·ing samekoppeling; *~ with ...* gelykstelling met ...

brack·ish brak, souterig; *~ water* brak water.

bract skutblaar, braktee. ~ **scale** dekskub.

bract·e·al skutblaaragtig.

brac·te·ate, brac·tif·er·ous skutblaardraend, met skutblare.

brac·te·ole steelblaartjie, skutblaartjie.

brad vloerspyker, kleinkopspyker; skoenspykertjie. ~**awl** spykerels. ~ **punch** spykerpons.

brad·y·car·di·a *(patol.)* hartvertraging, bradikardie.

brae *(Sk.)* hang, steilte.

brag *n.* spoggery, spogtery, grootpratery, bluf(fery), windmakery; *(kaartspel)* blufspel. **brag** =*gg*=, *ww.* spog, grootpraat, bluf, windmaak; *~ about s.t.* met/oor iets spog; *nothing to ~ about* niks watwonders nie; *s.o. ~s that ...* iem. spog dat ... **brag·ga·do·ci·o** =*os* grootpratery, grootspraak. **brag·gart, brag·ger** spogger, spogter, grootprater, grootbek, windmaker, *(fig.)* blaasbalk. **brag·ging** grootpratery, spoggery.

Brah·man, Brah·min *n.* Brahmaan. **Brah·man** *adj.* Brahmaans; *~ cattle* Brahmaanse beeste, bra(h)maanbeeste, bra(h)mane, seboes. **Brah·man·ism** Brahmanisme. **Brah·min** Brahmaan; hooggeleerde, intellektueel.

braid *n.* (haar)vlegsel; (haar)band, lint, galon, koord, omboorsel, stoot=, sier=, kartelband; *(kantwerk)* veter. **braid** *ww.* vleg; omboor; inbind, opbind; omvleg; galonneer. ~**work** koord=, galonwerk.

braid·ed: *~ cable* omvlegte kabel; *~ cover* omvlegsel; *~ rug* vlegmat.

braid·er vlegter; omboorder; galonvoetjie *(v. naaimasjien).*

braid·ing vlegwerk; galon; galonwerk.

braille braille(skrif), blindeskrif, blindedruk.

brain *n.* brein, harsings; verstand; ***beat/cudgel/rack one's ~s*** jou kop breek/krap *(of* moeg maak), jou harsings beul/martel/pynig/afsloof, diep oor iets nadink; ***beat one's ~s out,*** *(infml.)* jou suf dink; ***blow one's ~s out,*** *(infml.)* jou(self) deur die kop skiet, 'n koeël deur jou kop ja(ag); *~(s)* ***versus brawn*** →BRAWN; *a* ***clear*** *~* 'n helder kop; ***dash*** *s.o.'s ~s out* iem. se harsings inslaan; ***have*** *~s* verstand *(of* 'n goeie kop) hê, intelligent wees; *have s.t.* ***on the*** *~* aan iets bly dink, met iets behep wees, gek oor iets wees, vol van iets wees; ***pick/tap*** *s.o.'s ~s* van iem. se kennis gebruik maak; *s.o.'s ~* ***turns*** iem. se kop draai; iem. wil gek word; *s.t. has* ***turned*** *s.o.'s ~* van iets is iem. se brein aangetas, iets het iem. gek *(of* iem. se kop op hol) gemaak. **brain** *ww.* die harsings/kop inslaan. ~**box** *(infml.)* harsingkas, harspan; slimkop. ~**case** harsingkas, harspan. ~ **cavity** harsing=, breinholte. ~**child** *(infml.)* geesteskind, (uit)vinding. ~ **damage** breinskade. ~**-damaged** met breinskade. ~**dead** breindood. ~ **death** breindood. ~ **disorder** breinsteuring. ~ **drain** *(infml.)* breinerosie, uitvloei van kundigheid. ~ **fag** *(infml.)* geestelike uitputting, oorspanning. ~ **fever** harsingkoors. ~ **matter** harsingmassa. ~**pan** *(Am. infml.)* harsingkas, harspan. ~**power** breinkrag, denkkrag, =vermoë, verstandsvermoë, intelligensie. ~**-racking** hoofbrekens. ~ **sauce** harsingsous. ~ **scan** breinskandering, =aftasting. ~ **scanner** breinskandeerder, =aftaster. ~**sick** kranksinnig. ~**-softening** harsingverweking. ~**stem** harsingstam. ~**storm** (heftige) harsingstoornis; *(infml.)* blink gedagte/idee; dinkskrum, koppestamp; *have a ~, (infml.)* (jou) kop verloor, die kluts kwytraak, knak; 'n blink gedagte/idee kry; 'n dinkskrum/koppestamp hou. ~**storming (session)** dinkskrum, koppestamp(sessie), ideëberaad. ~**(s) trust** breintrust, beraadspan; vraaggesprek, gedagtewisseling. ~**-teaser,** ~**-twister** *(infml.)* lastige probleem, raaisel, moeilike vraag. ~ **tumour** breingewas. ~**wash** breinspoel. ~**washing** breinspoeling, geesverkragting, =vervorming. ~**wave** breingolf; *(infml.)* blink gedagte/idee, skitterende ingewing, (goeie) inval. ~**work** breinwerk, verstandswerk.

brain·i·ness skranderheid, slimheid.

brain·less harsingloos, sonder harsings, breinloos; onnosel.

brain·y *(infml.)* slim, knap, skrander, vernuftig.

braise smoor, braaistoof, =stowe; *~d fish* smoorvis; *~d meat* smoorvleis; *~d steak* gesmoorde biefstuk.

brake[1] *n.* rem, briek *(<Eng.); (i.d. mv. ook)* remtoestel; *act as a ~ on ...* 'n remmende uitwerking op ... hê; *adjust ~s* remme stel; *apply* (or *put on) the ~s, (lett.)* rem, rem trap, die rem aanslaan; *(fig., infml.)* briek aandraai; *the ~s fail* die remme weier; *jam/slam on the ~s* hard rem trap, die rempedaal wegtrap. **brake** *ww.* rem; *~ hard* hard rem trap. ~ **action** remwerking. ~ **adjuster** remsteller. ~ **band** remband. ~ **block** remblok. ~ **cam** remnok. ~ **control valve** rembeheerklep. ~ **cylinder** remsilinder. ~ **disc** remskyf. ~ **drum** remtrommel. ~ **failure** remweiering. ~ **fluid** remvloeistof. ~ **force** remkrag. ~ **gear** remwerk; remtuig. ~ **horsepower** remperdekrag. ~ **lag** naloop. ~ **lever** handrem, remhefboom. ~ **light** remlig. ~ **lining** remsool, =voering. ~ **load** remlas. ~ **mechanism** remwerk. ~ **pad** remkussing. ~ **parachute** remvalskerm. ~ **pedal** rempedaal. ~ **power** remvermoë. ~ **rod** remstang. ~ **shaft** rem-as. ~ **shoe** remskoen. ~**(s)man** remdraaier, remmer; (trein)kondukteur. ~ **squeal** remgeskreeu. ~ **van** remwa; kondukteurswa.

brake[2] *n.* vlasbraak, vlasbreker; eg. **brake** *ww.* braak *(vlas).*

brake[3] *n.* ruigte, kreupelhout, boskasie, bossies; varing(s).

brake[4], **break** *n., (rytuig)* brik.

brak·ing (die) rem, remming; remwerking. ~ **distance** remafstand. ~ **effort,** ~ **force** remkrag. ~ **power** remvermoë. ~ **propeller** remskroef. ~ **surface** remvlak.

bra·less braloos, sonder 'n bra.

bram·ble braambos.

bran semels. ~ **bread** semelbrood. ~ **gruel,** ~ **tea,** ~ **water** semelwater. ~ **mash** semelvoer, -pap, -mengsel.

bran·card draagbaar.

branch *n.* tak, vertakking; syrivier, sytak, takrivier; sypad *ens.;* tak, filiaal; vak, afdeling. **branch** *ww.* tak, aftak, vertak; ~ *off* afdraai, aftak; vertak, takke (uit)skiet; van onderwerp verander; ~ *out* vertak, uitskiet; uitsprei; uitbrei; ~ *out on one's own* selfstandig word; jou eie onderneming begin. ~ **line** tak-, sylyn. ~ **manager** takbestuurder. ~ **office** filiaal, tak-, bykantoor. ~ **road** uitdraaipad, afrit.

branched vertak, getak.

bran·chi·a -*chiae* kieu. **bran·chi·al** kieu-; ~ *arch* kieuboog; ~ *cleft* kieuspleet. **bran·chi·o·pod, bran·chi·op·o·dan** *n.* brangiopode, kieupotige. **bran·chi·o·pod, bran·chi·op·o·dan, bran·chi·op·o·dous** *adj.* kieupotig. **Bran·chi·op·o·da** *(mv.)* Branchiopoda, Kieupotiges.

branch·let takkie.

brand *n.* handelsmerk; handelsnaam; fabrikaat; soort, klas, gehalte, kwaliteit; brandmerk, stempel, skandteken; brandyster; brandende hout; *(arg., poët.)* fakkel; swaard; *(siekte)* brand, roes; *(i.d. mv. ook)* merkstofwol. **brand** *ww.* inbrand, uitbrand; brandmerk; merk; inprent; skandvlek; ~ *s.o. as a ...* iem. vir 'n ... uitmaak/uitskel; *s.t. ~s s.o. as a ...* iets stempel iem. tot 'n ... ~ **awareness** (handels)merkbewustheid. ~ **image** merkbeeld, beeld wat verbruikers van 'n handelsmerk het. ~ **iron** brandyster. ~ **leader** tophandelsmerk. ~ **loyalty** (handels)merktrou. ~ **mark** brandmerk. ~ **name** merk-, handelsnaam. **~-new** splinter-, kraak-, vonkelnuut, kersvers.

brand·ed: ~ *goods* handelsmerkgoedere. **brand·er·ing** *(bouk.)* belatting, latwerk.

brand·ing (die) brand/merk. ~ **fluid** merk(vloei)stof. ~ **iron** letteryster; brandyster; drievoet.

brand·ish *ww.* swaai, slinger.

bran·dy brandewyn; *French* ~ fransbrandewyn, konjak; *neat* ~ →NEAT; ~ *and water* brandewyn met water, *(infml.)* dop en dam. ~ **ball** likeurlekker. ~ **bush** brandewynbos. ~ **butter** brandewynbotter. ~ **snap** gemmerrolletjie. ~ **still** brandewyn-, stookketel.

brant (goose) →BRENT (GOOSE).

brash[1] *adj.* parmantig, astrant, vrypostig, vermetel. **brash·ness** parmantigheid, astrantheid, vrypostigheid, vermetelheid.

brash[2] *n.* brokkelrots; gruis; (tuin)rommel.

brash[3] *n., (patol.)* sooibrand.

bra·si·er →BRAZIER.

Bra·sil·ia *(geog.)* Brasilia.

brass *n.* (geel)koper, messing; *(hist.)* brons; *(dial.)* geld, pitte; *(infml.)* onbeskaamdheid, astrantheid; *as bold as* ~ onbeskaamd; *memorial* ~ bronsgedenkplaat; *the ~, (mus.)* die koperblasers; *top* ~ →TOP. **brass** *adj.* koper-, van koper; *not a ~ farthing* geen (bloue) duit nie; (net mooi) niks (nie); ~ *section, (mus.)* koperblasers; *get down to ~ tacks* →TACK *n.*. **brass** *ww.* verkoper. ~ **band** *(mil.)* blaaskorps, blaasorkes; oempaorkes. ~ **foil** klatergoud. ~ **founder** koper-, bronsgieter. ~ **foundry** koper-, geel-, bronsgietery. ~ **hat** *(infml.)* hoë offisier. **~-headed tack** messing-tingel. ~ **neck** *(Fr.)*...

bras·sard, bras·sart *(Fr.)* armband.

bras·se·rie *(Fr.)* biertuin; bierhuis.

brass·ie, brass·y *n., (gholf, w.g.)* houtstok no./nr. 2.

bras·siere *n., (vero., fml.)* buustelyfie, -houer, brassière; →BRA[1].

brass·y[1] *adj.* astrant, parmantig; koperagtig.

brass·y[2] *n.* →BRASSIE.

brat snuiter, stout kind, rakker; *spoilt ~, (infml.)* bedorwe brokkie. **~pack** *(infml., neerh.)* supersnuiters. **~packer** *(infml., neerh.)* supersnuiter.

brat·tice skerm, skot, afskorting. ~ **cloth** afskortkleed.

brat·wurst *(D. kookk.)* braaiwors.

braun·ite *(min.)* brauniet.

bra·va·do -*do(e)s,* (<*Sp.*) bravade, vertoon van moed/durf.

brave *adj.* dapper, moedig, onverskrokke, onversaag; kranig, manhaftig; *(arg.)* pragtig, swierig, skitterend; *be ~, (ook)* jou groot hou; *put on a ~ face* jou sterk hou; ~ *new world* pragtige/grootse nuwe wêreld; ~ *show* pragtige/swierige vertoning; pragvertoning. **brave** *n., (Am., vero.)(Indiaan)* krygsheld, dapper kryger; *the ~* die dapperes. **brave** *ww.* (uit)tart, trotseer, uitdaag, weerstaan; ~ *it out* dit die hoof bied; die/jou kop hoog hou. **brave·ness, brav·er·y** (helde)moed, dapperheid, manmoedigheid, onverskrokkenheid, onversaagdheid; *(arg.)* prag, praal.

bra·vo *tw.* mooi (so), uitstekend, bravo. **bra·vo** -*vo(e)s, n.* huurmoordenaar, bravo; *(i.d. mv. ook)* bravo's, toejuiging.

bra·vu·ra *(It.)* durf; *(mus.)* bravura, vernuf. ~ **aria** bravura-aria. ~ **piece** bravura-stuk.

braw *(Sk.)* mooi, goed.

brawl *n.* rusie, (ge)twis, bakleiery, relletjie, opstootjie, vuisgeveg. **brawl** *ww.* rusie maak, twis, baklei; lawaai (maak); *(water)* bruis, ruis. **brawl·er** rusiemaker, twissoeker, bakleier.

brawn spier; (spier)krag; *(kookk.)* sult; *be all ~ and no brains* (die) ene spiere sonder verstand wees; *brain(s) versus ~* gees- teen spierkrag; *(mock) ~, (kookk.)* hoofkaas. ~ **loaf** *(kookk.)* sultbrood. **brawn·y** gespier(d).

brax·y gas-edeem *(by skape);* miltvuur; gevrekte skaap; vrot skaapvleis.

bray[1] *n.* gebalk *(v. donkie, muil);* geskree(u), gegil; gesketter, geskal *(v. trompet).* **bray** *ww., (donkie, muil)* balk; skree(u), (uit)gil; *(trompet)* sketter, skal; ~ *with laughter* bulder/kraai/skater van die lag.

bray[2] *ww., (arg.)* (fyn)stamp *(in 'n vysel).*

braze[1] verbrons.

braze[2] (hard)soldeer, kopersweis, sweissoldeer.

bra·zen *adj.* koper-, van koper; brons-, van brons; hard, skel, metaalagtig; parmantig, astrant, onbeskaamd, dikvellig, brutaal; *the B~ Age* die Bronstyd; ~ *hussy, (neerh.)* skaamtelose meisie; ~ *serpent* koperslang. **bra·zen** *ww.* brutaal maak; ~ *s.t. out* kordaat deur iets kom. **~-faced** onbeskaamd, astrant, skaamteloos. **bra·zen·ly** astrant, onbeskaamd, skaamteloos. **bra·zen·ness** astrantheid, onbeskaamdheid, skaamteloosheid.

bra·zi·er[1] kopergieter, -smid, -slaer.

bra·zi·er[2] konfoor, vuurblik, kolepan, vuurpan, -konka, mpula.

Bra·zil *(geog.)* Brasilië. **b~ (nut)** Brasiliaanse neut, paraneut. **b~ (wood)** *(Caesalpinia* sp.) brasielhout, fernambuk(hout).

Bra·zil·i·an *n.* Brasiliaan. **Bra·zil·i·an** *adj.* Brasiliaans; ~ *rosewood, (Dalbergia* spp.) palissander(hout).

bra·zing sweissoldeerwerk, hardsoldering. ~ **alloy,** ~ **metal** sweissoldeersel. ~ **lamp** soldeerlamp. ~ **solder** sweissoldeersel. ~ **tongs** soldeertang.

Braz·za·ville *(geog.)* Brazzaville.

breach *n.* breking; breuk; deurbraak; bres, gat; verbreking, skending; oortreding; breuk, skeiding, vervreemding; rusie; misbruik; *(walvis)* sprong uit die water; ***close** the ~* in die bres tree; ~ *of **contract*** kontrakbreuk; ~ *of **faith*** troubreuk; ***in** ~ of ...* strydig (*of* in stryd) met ...; ***make** a ~ in ...* 'n bres in ... slaan; *be a ~ **of** ...* 'n verbreking van ... wees; 'n vergryp teen ... wees; met ... in stryd wees; ~ *of the **peace*** rusverstoring, vredebreuk; ~ *of **privilege*** skending van privilegie; ~ *of **promise** (of marriage)* skending/verbreking van 'n (trou)belofte; ~ *of **service*** diensverlating; ***stand** in the ~* in die bres staan/tree; ***step** into the ~* in die bres tree. **breach** *ww.* deurbreek, 'n bres skiet/slaan in; 'n gat maak deur; *(vis)* uit die water opspring.

bread *n.* brood; *(sl.: geld)* pitte, malie; *the ~ of **affliction*** →AFFLICTION; ***break** ~ with s.o., (vero.)* saam met iem. eet; ~ *and **butter*** brood en botter, botter en brood; *s.o.'s ~ and **butter*** iem. se broodwinning/lewensbestaan; ***buttered*** ~ botter en brood; *know on which side one's ~ is **buttered,** (infml.)* weet van watter kant die wind waai, weet waar ('n) mens die beurs kan spek, jou eie belang/voordeel ken; *want one's ~ **buttered** on both sides* wil hê alles moet in jou skoot val; ~ *of **charity*** genadebrood; *a **chunk** of ~* 'n homp brood; *a **crust** of ~* 'n broodkorsie; *our **daily** ~* ons daaglikse brood; ***earn** one's daily ~* jou daaglikse brood verdien; *man shall not **live** by ~ alone* die mens sal nie van brood alleen leef/lewe nie; *a **loaf** of ~* 'n brood; *half a **loaf** of ~* 'n halwe brood; *half a **loaf** is better than no ~* →LOAF[1] *n.;* ***make** one's ~* jou brood verdien; *take the ~ out of s.o.'s **mouth*** iem. se brood uit sy/haar mond neem; ***quarrel** with one's ~ and butter* in jou eie lig staan; *one should not **quarrel** with one's ~ and butter* wiens brood men eet, diens woord men spreek; ~ *and **scrape*** dungesmeerde brood; *a **slice** of ~* 'n sny(tjie) brood; *the best/greatest thing since **sliced** ~, (infml.)* die beste ding na brood en botter; ***soggy** ~* klewerige brood; ~ *is the **staff** of life* sonder brood kan die mens nie leef/lewe nie; *cast one's ~ on/upon the **waters,** (fig.: goed doen sonder om beloning te verwag)* jou brood op die water werp; *how one **wins** one's ~* hoe jy jou brood verdien. **bread** *ww., (kookk.)* paneer, met broodkrummels bedek. **~-and-butter** *adj. (attr.)* alledaagse; praktiese; jeugdige; ~ *education* opvoeding vir 'n beroep; ~ *job* werk om jou brood en botter te verdien (*of* om liggaam en siel aanmekaar te hou); ~ *letter/note* dankiesêbrief(ie); ~ *miss* bakvissie, skoolmeisie; ~ *player/etc.* betroubare speler/ens.; ~ *pudding* brood-en-botter-poeding. **~-and-cheese** *(bot.: Malva parviflora)* botter-en-brood, brood-en-botter. ~ **and milk** broodpap. **~basket** broodmandjie; *(sl.)* maag; *hit s.o. in the ~* iem. op sy ete en drinke (*of* in die maag) slaan. ~ **bin** broodblik, -bak. **~board** broodbord, -plank. ~ **cloth** brooddoek. ~ **corn,** ~ **wheat** broodkoring. **~crumb** *n.* broodkrummel; *(i.d. mv. ook)* paneermeel. **~crumb** *ww.* paneer, met broodkrummels bedek. **~crumb machine** krummelmeul(e). ~ **crust** broodkorsie. ~ **cube** broodblokkie. ~ **(delivery) truck** broodwa. ~ **flour** broodmeel(blom). **~fruit** broodvrug. **~fruit (tree),** *(SA)* ~ **tree** broodboom. ~ **grain** broodgraan. ~ **knife** broodmes. **~line** broodtou; bestaansminimum; *be on the ~* baie arm wees; *live under the ~* broodloos wees, onder die armoedsgrens leef/lewe. ~ **pan** broodpan. ~ **poultice** broodpap. ~ **pudding** broodpoeding. ~ **queue** broodtou. ~ **roll** broodrol(letjie), hand-, bordbroodjie. ~ **sauce** broodsous. **~stick** stokbrood. **~stuffs** broodkoring, broodgraan, bakgoed. ~ **tin** broodblik; broodpan. ~ **tree** →BREADFRUIT (TREE). ~ **truck** →BREAD (DELIVERY) TRUCK. **~winner** broodwinner, koswinner.

bread·ing broodkrummels.

bread·less broodloos, sonder brood. **bread·less·ness** broodloosheid.

breadth breedte; *(v. binne)* wydte; strook, baan; ruimte, uitgestrektheid; omvang; *five metres in ~* vyf meter breed (*of* in die breedte); ~ *of experience* wye ervaring; ~ *of mind/outlook/vision* ruimdenkendheid; *to a hair's* ~ op 'n haar. **breadth·ways, breadth·wise** in die breedte.

break[1] *n.* breuk; onderbreking; hiaat; afbrekingsteken; pouse, verposing, rustyd; swenking, draai; *(kr.)* breekbal; *(tennis)* deurbraak; *(biljart)* (stoot)serie; breekslag; ongeldige wegspring; gelukslag; ontsnapping; hapering *(in iem. se stem)*; ***bad*** ~ dom/onbesonne/ondeurdagte opmerking; blaps, flater; *have a* ***bad*** ~ teen-/teëspoed kry, dit ongelukkig tref, ongelukkig wees; *at* ~ *of* ***day*** met dagbreek/daglumier, toe die rooidag uitkom; ***during*** ~ in die pouse; *get an* ***even*** ~, *(infml.)* 'n billike/regverdige kans kry; *give s.o. an* ***even*** ~, *(infml.)* iem. 'n billike/regverdige kans gee; ***give*** *s.o. a* ~, *(infml.)* iem. 'n kans gee; *have a* ***good*** ~ 'n gelukkie tref, 'n gelukskoot/gelukslag/meevaller kry, gelukkig wees; ~ *a* ***leg!*** →LEG; *a* ***lucky*** ~ 'n geluk(slag); ***make*** *a* ~ *for it* probeer wegkom/ontsnap; ~ *in* ***service*** diensonderbreking; ***take*** *a* ~ rus, blaas; ~ *in the* ***weather*** skielike weersverandering; ***without*** *a* ~ onafgebroke, ononderbroke, eenstryk, een stryk deur, sonder onderbreking/ophou. **break** *broke broken, ww.* breek; aanbreek; afbreek, verbreek, stukkend breek; verbrysel; uitbreek; kleinmaak *(geld)*; oplos *(saak)*; ontsyfer *(kode)*; *(stem)* oorslaan; skend *(wet)*; meedeel *(nuus)*; onderbreek, afbreek *(reis)*; onklaar wegspring; *(sl.)* →BREAKDANCE *ww.*; ~ *one's* ***arm*** jou arm breek; ~ ***away,*** *(ook)* wegspring; weghardloop; ~ ***away*** *from ...* van ... losbreek/wegbreek; van ... afskei/afstig/afsplits; van ... afbreek/afbrokkel; ... verlaat *(pol. party)*; ~ *a* ***bank*** →BANK[2] *n.*; ~ *a* ***blow/fall*** 'n slag/val breek; ~ ***bread*** *with s.o.* →BREAD *n.*; ~ *a* ***butterfly*** *on the wheel* →BUTTERFLY; ~ ***camp*** →CAMP *n.*; ~ *a* ***cipher/code*** 'n geheimskrif ontsyfer; ~ ***cover*** →COVER *n.*; *(the)* ***day*** ~*s* die dag breek, die rooidag kom uit; ~ ***down*** onklaar/defek/stukkend raak; bly staan/steek; ontbind; (op)splits; in duie stort/val; in(een)stort, inmekaar sak; in trane uitbars; misluk; *(onderhandelings ens.)* afspring; ~ *s.t.* ***down*** iets afbreek; iets uit die weg ruim *(teenstand ens.)*; iets ontleed *(syfers ens.)*; iets oorwin *(vooroordele ens.)*; ~ *s.t.* ***down*** *into ...* iets in ... onderverdeel; ~ *and* ***enter*** inbreek; ~ ***even*** gelyk(op) speel/uitkom, sonder verlies uitkom; ~ *a* ***flag*** 'n vlag ontplooi; ~ ***forth*** uitbars; lostrek; ~ ***free*** losruk, losbreek; ~ *into a* ***gallop*** begin galop; ~ *s.t.* ***gently*** *to s.o.* iem. iets versigtig meedeel; ~ ***ground*** →GROUND *n.*; ~ *a* ***gun*** 'n (hael)geweer/windbuks oopmaak; ~ *s.o.'s* ***heart*** iem. se hart breek; ~ *the* ***ice*** die ys breek; ~ ***in*** inbreek; ~ *s.t.* ***in*** iets mak maak, iets leer/tem *('n perd ens.)*; iets touwys maak *('n os ens.)*; iets inloop/inry *('n motor ens.)*; ~ ***into*** *s.t.* by iets inbreek *('n huis ens.)*; ~ ***into*** *song* →SONG; ~ *a* ***journey*** 'n reis onderbreek; ~ *the* ***law*** die wet oortree/skend/verbreek; ~ ***loose*** losbreek, losruk; *a* ***merchant*** ~*s* 'n handelaar gaan/raak/speel bankrot; ~ ***new*** *ground* nuwe terrein ontgin; *the* ***news*** *broke* →NEWS; ~ *an* ***oath*** 'n eed (ver)breek; ~ *o.s.* ***of*** *s.t.* iets afleer; ~ ***off*** afbreek; ophou (praat); ~ *s.t.* ***off*** iets afbreek *('n tak ens.)*; iets afbreek/staak *('n geveg ens.)*; iets verbreek/uitmaak *('n verlowing ens.)*; iets verbreek/afbreek *(betrekkinge)*; iets onderbreek; ~ *it* ***off*** *with s.o.* met iem. uitmaak, 'n vriendskap (*of* jou verhouding) met iem. beëindig; ~ *an* ***officer*** 'n offisier degradeer/ontslaan; ~ ***open*** oopbreek; *an* ***order*** *to* ~ 'n bevel om te (laat) los; ~ ***out*** uitbreek; ontvlug; *(uitslag op vel)* uitslaan; losbreek; losbars; ~ *s.t.* ***out*** iets losmaak; iets uithaal; ~ ***out into*** *spots* uitslaan, 'n uitslag kry; ~ *(the* ***pack****)*, *(snoeker)* breek; ~ ***prison/jail*** uit die tronk (uit)breek; ~ *a* ***promise*** 'n belofte (ver)breek; ~ ***ranks*** uit die gelid tree; ~ *a* ***rebellion*** 'n opstand demp/onderdruk; ~ *a* ***record*** 'n rekord breek/verbeter/slaan; ~ ***rein*** stilhou; 'n perd inhou; ~ *the* ***resistance*** die verset breek; ~ *the* ***Sabbath*** die Sabbat ontheilig; ~ *s.o.'s* ***service,*** *(tennis)* iem. se afslaan deurbreek; ~ *the* ***silence*** die stilte verbreek; ~ *the* ***spell*** die betowering verbreek; ~ ***step*** uit die pas marsjeer; *the* ***storm*** ~*s* die storm bars los; ~ ***surface*** opduik, opkom, bo kom; ~ ***through*** deurbreek, deurbars, deurslaan; *s.o. broke right* ***through*** iem. het heeltemal deurgebreek, iem. het dwarsdeur gebreek; ~ ***through*** *s.t.* deur iets breek; *s.t.* ~*s in* ***two*** iets breek middeldeur; ~ *s.t. in* ***two*** iets middeldeur breek; ~ ***up*** uitmekaar val, verbrokkel, uiteenval; ontbind; verval; uiteengaan, uitmekaar gaan; *(skole ens.)* sluit; *(infml.)* onbedaarlik aan die lag gaan; ~ *it* ***up!*** hou op!, basta!; ~ *s.t.* ***up*** iets verbreek, iets stukkend maak; iets sloop; iets afbreek; iets opbreek *('n kamp ens.)*; iets versprei *('n versameling ens.)*; iets uiteenja(ag) *('n vergadering ens.)*; iets uitmekaar maak *('n bakleiery ens.)*; iets fynmaak; *his* ***voice*** *is* ~*ing* sy stem breek/wissel; ~ *a* ***way*** 'n weg baan; ~ *s.o. on the* ***wheel*** →WHEEL *n.*; ~ *a* ***will*** 'n testament omverwerp; ~ *s.o.'s* ***will*** iem. se wil breek; ~ ***wind*** 'n wind laat/los; ~ ***with*** *s.o.* met iem. uitmaak, 'n vriendskap (*of* jou verhouding) met iem. beëindig; ~ *one's* ***word*** jou woord (ver)breek. ~ **action revolver** nekbrekerrewolwer. ~**away** afsplitsing, afsplintering, afskeiding; uittreding; ontspanning. ~**away state** afgeskeie staat. ~**bone fever** beenbreekkoors. ~**-dance** *ww.* briekdans, die briekdans doen. ~ **dancer** briekdanser. ~ **dancing** briekdans. ~**even chart** winsdrempeldiagram. ~**even point** winsdrempel. ~**-in** inbraak. ~**neck pace,** ~**neck speed** woeste/dolle/rasende/vlieënde vaart; *go at* ~ ~ ore in die nek jaag/loop/ry. ~**off** afbreking. ~**-out** uitbraak, ontsnapping. ~ **point** *(tennis)* breekpunt. ~**point** *(rek.)* onderbreekpunt. ~**through** deurbraak; *make a* ~ 'n deurbraak maak. ~**-up** *(fig.)* egskeiding; ontbinding *(v. 'n huwelik)*; verbrokkeling *(v. 'n gesin)*; beëindiging *(v. 'n verhouding/vriendskap)*; skeiding *(v. minnaars)*; verval *(v. 'n ryk)*; versplintering *(v. 'n politieke party)*; ontbinding *(v. 'n vergadering/vennootskap)*; opbreking *(v. 'n vergadering deur belhamels)*; *after their* ~ na(dat) hulle uitmekaar is *(gesê v. 'n paartjie/egpaar)*. ~**-up value** *(han.)* likwidasiewaarde *(v. 'n mpy.)*; sloopwaarde *(v. 'n aandeel)*. ~**water** golfbreker, seebreker, *(infml.)* breekwater; *(SA)* keerwal.

break[2] →BRAKE[4].

break·a·ble breekbaar.

break·age (die) breek, brekasie, breekverlies, breekskade; slytasie.

break·down in(een)storting; *(chem.)* ontbinding; vertraging, oponthoud; steuring, bedryfsteuring; teë-, teenspoed, ongeluk; defek, mankement; onklaarheid; mislukking; indeling, ontleding *(v. syfers)*; splitsing; *s.o. has had a* ~ *on the road* iem. se motor het langs die pad onklaar geraak (*of* gaan staan). ~ **crane** noodkraan. ~ **gang,** ~ **party** herstelspan. ~ **service** sleepdiens. ~ **tractor** uitsleeptrekker. ~ **train** ongeval-, hulptrein. ~ **truck,** ~ **van,** ~ **lorry** insleepvoertuig, -wa, nood-, herstelwa.

break·er (ver)breker; leerder, temmer; brander, golf; onderbreker; rotsbreker; sloper; *(i.d. mv. ook)* branding; *(sl.)* →BREAK DANCER. ~ **(ply),** ~ **(strip)** *(mot.)* skokstrook *(v. buiteband)*.

break·fast *n.* ontbyt, oggendete, *(infml.,* <*Eng.)* brekfis; *at/after/before* ~ by/ná/voor ontbyt; *dog's* ~ →DOG; *eat/have s.o. for* ~, *(sl.)* iem. wys waar Dawid die wortels gegrawe het; *have s.t. for* ~ iets vir ontbyt eet/hê; *eat/have/take* ~ ontbyt eet/geniet/nuttig. **break·fast** *ww.* ontbyt eet/geniet/nuttig, oggendete geniet/nuttig. ~ **cereal** ontbytgraan. ~ **cup** groot koppie. ~ **nook** eethoekie. ~ **roll** ontbytrolletjie. ~ **room** ontbytkamer. ~ **run** ontbytrit *(v. motorfietsryers)*. ~ **television** ontbyttelevisie. ~ **time:** *at* ~ ~ teen ontbyttyd; met ontbyt.

break·ing (die) breek, brekery, breking; *(sl.)* →BREAK DANCING; ~ *and entering* inbraak; ~ *in* leer, mak maak, afrigting *(v. trekdiere)*; ~ *in(to)* inbraak; ~ *off* afsegging; ~ *out* uitbraak *(uit polisiesel ens.)*; ~ *up* verbrokkeling. ~ **burden,** ~ **load** breekbelasting. ~ **point** breekpunt. ~ **strain,** ~ **stress** breekspanning. ~ **strength** breeksterkte. ~ **test** breektoets.

bream[1] *n., (igt., SA)* kurper, tilapia; *(Eur.)* brasem; *bronze* ~ bruinhottentot.

bream[2] *ww., (sk.)* skoonmaak, skoonbrand *(kiel)*.

breast *n.* bors; tiet, pram *(vulg.)*; gemoed, hart; gewete; *beat one's* ~ kerm; *cancer of the* ~ borskanker; *make a clean* ~ *of s.t.* met die waarheid oor iets uitkom, alles erken/bely; ~ *of pork* varkbors; *woman's* ~ vrouebors. **breast** *ww.* trotseer, die hoof bied; deurklief; ~ *the tape* die lint breek. ~**bone** borsbeen. ~ **cancer** borskanker. ~**-fed baby** borsbaba. ~**-feed** -*fed* -*fed* borsvoed, borsvoeding gee. ~**-feeding** borsvoeding. ~**-high** tot aan die bors, op borshoogte. ~**pin** dasspeld. ~**plate** borsplaat. ~ **pocket** borssak, bosak(kie). ~ **stoping** horisontale afbou(ing). ~**stroke** borsslag. ~ **wall** keermuur. ~**work** borswering, -skans.

breath *n.* asem; asemhaling, asemtog; luggie, windjie; wasem; woord; oomblik; *get a* ~ *of* ***air*** →AIR; *with* ***bated*** ~ BATE[3] *ww.*; ***catch*** *one's* ~ na jou asem snak; *take a* ***deep*** ~ diep asemhaal; *take a* ***deep*** ~*!* haal diep asem!; ***draw*** ~ inasem, asemhaal; ***fetch*** *a* ~, ***gather*** ~ asemskep; *draw one's* ***first*** ~ gebore word; *be (like) a* ~ *of* ***fresh air*** →AIR; ***gasp/pant*** *for* ~ na (jou) asem hyg/snak; *be* ***gasping/panting*** *for* ~, *(ook)* uitasem wees; ***get*** *one's* ~ ***back*** (weer) asem kry; tot verhaal kom; ***hold*** *one's* ~ (jou) asem ophou; ***keep*** *your* ~ *to cool your porridge* jy mors jou asem, hou (maar) liewer(s) jou mond, bly (maar) liewer(s) stil; *draw one's* ***last*** ~ jou (laaste) asem uitblaas, sterf, sterwe, die gees gee; *the* ~ *of* ***life*** die lewensasem; *in the* ***next*** ~ net daarna; *have* ***no*** ~ *left* uitasem wees; *in* ***one*** ~ in een asem; ***out*** *of* ~ uitasem; ***pant*** *for* ~ →***gasp/pant;*** ***pause*** *for* ~ asemskep; ***recover*** *one's* ~ (weer) asem kry; *in the* ***same*** ~ in een asem; ***save*** *one's* ~ jou mond hou; ***save*** *your* ~*!* jy praat verniet!, jy mors jou asem, hou (maar) liewer(s) jou mond, bly (maar) liewer(s) stil; *be* ***short*** *of* ~ kortasem wees; *not a* ~ *is* ***stirring*** daar trek geen luggie nie; ***take*** ~ asemskep, rus; ***take*** *a* ~ inasem, asemhaal; *s.t.* ***takes*** *s.o.'s* ~ ***away*** iets laat iem. se asem wegslaan, iets verstom iem.; ***under*** *one's* ~ fluisterend; *speak* ***under*** *one's* ~ fluister, sag(gies) praat; ***waste*** *one's* ~ jou asem mors, tevergeefs/verniet praat; *there isn't a* ~ *of* ***wind*** daar waai/trek nie eens 'n luggie nie. ~ **consonant** stemlose medeklinker. ~ **control** asembeheersing. ~**taking** asemrowend, -benemend, verruklik, verstommend. ~ **test** *n.* asemtoets. ~**-test** *ww.:* ~ *s.o.* (die alkoholinhoud van) iem. se asem toets; *be* ~*ed* 'n asemtoets ondergaan/doen/aflê.

breath·a·lyse (iem. se) asem toets. **breath·a·lys·er, -lyz·er** *(ook B~)* asemklikker, -toetser.

breathe asemhaal, asem; *(fig.)* adem; asemskep; blaas; fluister; laat blaas *(perd)*; slaak; ~ ***again*** weer asemskep; ~ ***deeply*** diep asemhaal; ~ *more* ***freely*** ruimer asemhaal; ~ ***in*** inasem; ~ *one's* ***last*** *(breath)* jou (laaste) asem uitblaas, die gees gee, sterf, sterwe; ~ ***out*** uitasem; ~ *a* ***sigh*** *of relief* →SIGH *n.*; ~ ***strife*** haat en nyd adem; ~ ***upon*** beasem; bevlek, belaster; *not* ~ *a* ***word*** *to anyone* geen woord teenoor enigiemand laat val nie.

breathed gefluister(d); stemloos; uitasem; ~ *consonant* stemlose medeklinker.

breath·er oefening; rustyd(jie), ruspoos, blaaskans; verfrissende windjie; *give a horse a* ~ 'n perd laat blaas; *give s.o. a* ~, *(infml.)* iem. 'n blaaskans gee/gun; *have/take a* ~, *(infml.)* blaas, rus. ~ **pipe,** ~ **tube** asempyp.

breath·ing asemhaling; aspirasie, h-klank; *laboured* ~ swaar asemhaling; *shallow* ~ flou asemhaling. ~ **apparatus** asemhaalapparaat. ~ **control** asembeheersing. ~ **hole** luggat, -opening. ~ **space** rus(tyd), ruspoos, blaaskans, verademing; *give s.o. (a)* ~ ~ iem. 'n blaaskans gee/gun; iem. ('n) kans gee om asem te skep (*of* tot verhaal te kom); *give s.o. no* ~ ~ iem. opdreun.

breath·less asemloos, *(poët., fig.)* ademloos; ingespanne; uitasem, amegtig; leweloos. **breath·less·ness** ademloosheid; leweloosheid.

breath·y ruiserig; *(fonet.)* met geleidelike aanhef.

brec·ci·a *(geol.)* breksie, breccia. **brec·ci·ate** breksieer.

bred: *born and* ~ →BORN; BREED *ww.*.

breech *n.* agterste; stuitjie *(v. mens)*; slot, agterstuk *(v. vuurwapen)*; boud, broek *(v. dier)*; →BREECHES. **breech** *ww.* die slot/agterstuk *(v. 'n vuurwapen)* insit; *(arg.)* broek aantrek, in die broek steek; *(arg.)* pak gee, ooptrek. ~ **baby** baba wat in 'n stuitligging gebore word. ~ **birth,** ~ **delivery** stuitgeboorte. ~**block** sluitstuk. ~ **bolt** grendel. ~**cloth** lendedoek, deurtrekker; stertriem. ~ **delivery** →BREECH BIRTH. ~-**loader** agterlaaier. ~ **mechanism** sluitmeganiek. ~ **pin** stertskroef. ~ **presentation** *(verlosk.)* stuitligging. ~ **wool** broekwol, agterste wol.

breech·es broek, kort broek; broekwol; *pair of* ~ broek; *wear the* ~ baasspeel, baas wees, die broek dra. ~ **buoy** broekboei.

breech·ing broek *(v. 'n tuig)*; pak slae; kanontou; broekwol. ~ **strap** broekriem.

breech·less sonder broek.

breed *n.* ras, soort; aanteel(t); *a ~ apart* ander soort mense; mense wat bo die norm uitstyg; *dying* ~ uitsterwende geslag; ~ *of people* geslag mense; *of pure* ~ raseg. **breed** *bred bred, ww.* voortplant, aanteel; kweek; uitbroei; verwek, teel; voortbring, baar, veroorsaak; oplei, opvoed; ~ *bad blood* →BLOOD *n.*; ~ *in* inteel; in dieselfde familie trou; ~ *true* suiwer teel. ~ **society** rasgenootskap.

breed·er kweker; teler, veeboer; verwekker; oorsaak; opleier; *(i.d. mv. ook)* aanteelvee, -goed. ~ **material** kweekstof. ~ **(reactor)** *(kernfis.)* kweekreaktor.

breed·ing voortplanting; verwekking; kweking; teelt, (aan)teling; telingsleer; veroorsaking; opvoeding, beskawing, goedgemanierdheid; *good* ~ goeie maniere, beskawing. ~ **animal** teeldier. ~ **bird** broeivoël. ~ **ewe** teelooi. ~ **ground** *(lett. & fig.)* teelaarde; voedingsbodem; paaigebied *(v. vis)*; *(fig.)* broeiplek, -nes. ~-**in** inteelt. ~ **line** teellyn. ~ **pen** broeitoom. ~ **place** broeiplek. ~ **season** paartyd. ~ **stock,** ~ **cattle** aanteelvee, aanteelgoed.

breeks *(Sk.)* broek.

breeze[1] *n.* bries; windjie, luggie; *(Br. infml.)* rusie-(tjie), standjie; *a fresh/stiff* ~ 'n fris/stewige/stywe bries/windjie; *it's a* ~, *(Am. infml.)* dis doodmaklik/kinderspeletjies; *a light* ~ 'n sagte bries/windjie; *shoot the ~ with s.o., (infml.)* met iem. klets. **breeze** *ww.* sag waai; ~ *along* voortsnel; ~ *home* fluit-fluit wen; ~ *in, (infml.)* binnewaai, ingewaai kom; ~ *out of s.t.* by iets uitwaai; ~ *through* vlieg deur *('n boek)*; dartel deur *(d. lewe)*.

breeze[2] *n., (arg., dial.)* →GADFLY.

breeze[3] *n.* gruis, sintels; kooksgruis, bries. ~ **block** sintelblok. ~ **brick** sintelsteen. ~ **concrete** sintelbeton.

breez·i·ly opgewek, lughartig. **breez·i·ness** opgewektheid, lughartigheid. **breez·y** winderig; lewendig, opgewek, opgeruimd, geanimeerd.

Bren: ~ **gun** Bren-masjiengeweer. ~ **gunner** Brenskutter.

brent (goose), *(Am.)* **brant (goose)** rot-, boomgans.

br'er *(Am.)* boet, broer.

breth·ren broeders; →BROTHER.

Bret·on *n.* Breton; *(taal)* Bretons. **Bret·on** *adj.* Bretons, Bretoens.

breve *(fonet.)* kort-teken, brevis; *(mus., w.g.)* dubbelheelnoot; *(RK)* pouslike brief; *(hist.)* koninklike volmag.

bre·vet *n.* brevet, rangverlening, diploma. **bre·vet** *ww.* rang verleen. ~ **rank** brevetrang.

brev·ia·ry *(RK)* brevier, gety(de)boek.

brev·i·cau·date kortstertig.

bre·vier *(lettergrootte)* brevier.

brev·i·ped kortpotig.

brev·i·pen·nate kortvlerkig.

brev·i·ty kortheid; beknoptheid; kortstondigheid; ~ *is the soul of wit* kortheid is die kenmerk van vernuf; (wees) kort maar kragtig.

brew *n.* brousel, mengsel; treksel. **brew** *ww.* brou, meng; opstook, aanrig; laat trek, 'n treksel maak; ~ *evil* onheil stig; ~ *mischief* kwaad stig; *a storm is ~ing* 'n storm steek op (*of* is aan die broei); ~ *up* maak *(tee ens.)*; brou *(bier, mengsel, ens.)*; uitbroei *(plan ens.)*; aanwakker *(haat)*; *(storm)* opsteek, aan die broei wees. ~**house** brouery. ~-**up** *n.*: *have a* ~ tee maak.

brew·er brouer; ~*'s grains* bostel, brouersgraan; ~*'s yeast* brouersgis. **brew·er·y** brouery.

brey·a·ni, bi·ry·a·ni, bi·ri·a·ni *(Oerdoe) (Ind. kookk.)* brijani.

bri·ar, bri·er[1] wilderoos; doringstruik. ~ **rose** hondsroos.

bri·ar, bri·er[2] *(Erica arborea)* boomheide. ~ **(pipe)** wortelpyp.

bribe *n.* omkoopgeld, omkoopprys, -som; *accept/take ~s* jou laat omkoop, omkoopgeskenke aanneem. **bribe** *ww.* omkoop; ~ *s.o. to do s.t.* iem. omkoop om iets te doen; ~ *s.o. with s.t.* iem. met iets omkoop. **brib·a·ble** omkoopbaar. **brib·er·y** omkopery; *open to* ~ omkoopbaar.

bric-a-brac snuisterye.

brick *n.* (bak)steen; blok; *(infml.)* doring, (ou) perd, staatmaker; ***air-dried/clay/green/unbaked/unburnt*** ~ rousteen; ***drop*** *a* ~ 'n flater begaan/maak, 'n bok skiet; jou mond verbypraat; ~ *on **edge*** steen op sykant; ~ *on **end*** staansteen, steen op sy kop; ~ *on **flat*** baksteen plat gelê; ***lay*** *~s* messel; ***perforated*** ~ gaatsteen; *come down on s.o. like a **pile/ton** of ~s, (infml.)* op iem. afklim, iem. verskriklik uittrap; ***rubbed*** ~ napassteen; *you can't make ~s without **straw*** jy kan nie yster met jou hande breek nie. **brick** *ww.* messel; ~ *in/up* toemessel. ~**bat** stuk baksteen; *(infml.)* kritiek, onvriendelike aanmerking. ~-**coloured** baksteenkleurig. ~ **dust** steengruis. ~**field** steenmakery. ~ **floor** steenvloer. ~ **force** steenversterking. ~ **house** (bak)steenhuis. ~**kiln** steenoond. ~**layer** messelaar. ~**layer's hammer** steenhamer. ~**laying** messelwerk. ~ **lining** steenvoering. ~**maker** steenbakker, -maker. ~**making** steenbakkery, -makery. ~ **mould** steenvorm. ~ **nogging** steenvoering, messelwerk tussen houtwerk. ~ **red** *n.*, ~-**red** *adj. (attr.)* (bak)steenrooi. ~ **veneer** oplegbou. ~ **wall** (bak)steenmuur. ~**work** messel-, steenwerk. ~**works,** ~**yard** steenmakery, -bakkery.

brid·al *n.* bruilof, trouplegtigheid, trouery, trou-, huweliksfees. **brid·al** *adj.* trou-, bruids-; ~ *bed* bruidsbed; ~ *chamber* bruidskamer; ~ *gown* bruidsrok, -tabberd; ~ *heath* Albertiniase heide; ~ *veil* bruidsluier.

bride[1] bruid; ~ *to be* aanstaande bruid; ~ *and (bride)-groom* bruid en bruidegom. ~**cake** →WEDDING CAKE. ~**groom** bruidegom. ~ **price,** ~ **wealth** bruidsprys, lobôla. ~**'s bushes** *(Pavetta* spp.*)* bruidsbosse.

bride[2] band *(v. kappie/mus)*.

brides·maid strooimeisie, bruidsmeisie.

brides·man strooijonker, bruidsjonker.

bride·well verbeter(ings)gestig.

bridge[1] *n.* brug; vioolkam; brug *(v. bril)*; *a ~ **across** a river* 'n brug oor 'n rivier; ~ *of **boats*** ponton-, skipbrug; ***burn*** *one's ~s, (fig.)* die brûe agter jou verbrand; *don't **cross** your ~s till/until you come to them* moenie die bobbejaan agter die bult gaan haal nie; ***narrow*** ~ steg; ***navigating*** ~ kommandobrug; ~ *of the **nose*** neusrug; ***throw*** *a ~ across a river* 'n brug oor 'n rivier slaan. **bridge** *ww.* oorbrug; 'n brug lê oor; ~ *a gap* 'n gaping oorbrug. ~ **builder** brugbouer. ~-**building** brugbou. ~ **deck** brugdek. ~ **engineer** brug(bou)-ingenieur. ~ **engineering** brugboukunde. ~**head** *(mil.)* brughoof, vastrapplek. ~**keeper,** ~**man** brugwagter. ~ **piece** spanstuk. ~ **train** pontontrein. ~**work** brugwerk.

bridge[2] *n., (kaartspel)* brug; *auction* ~ gewone brug; *contract* ~ kontrakbrug. ~ **drive** brugwedstryd. ~ **player** brugspeler.

bridg·ing *n.* oorbrugging; brugbou; brugmateriaal; stutting *(v. vloerbalke)*. **bridg·ing** *adj.*: ~ *finance* tussentydse finansiering; ~ *joist* stutbalk.

bri·dle *n.* (ry)toom; beteueling; breidel; spruit *(in tou)*; lus; *draw* ~ 'n perd inhou; *give a horse the* ~ 'n perd die teuels gee; *turn* ~ omdraai. **bri·dle** *ww.* 'n toom aansit, optoom; beteuel, inhou, intoom, betoom, bedwing, breidel; lusse maak; ~ *at s.t.* aan iets aanstoot neem; ~ *up, (fig.)* kop in die nek gooi, geraak wees; vuur vat. ~ **hand** teuelhand, linkerhand. ~ **joint** vurktaplas. ~ **path** voetpad, rypaadjie, ruiterpaadjie. ~ **rein** toomteuel. ~**shy** kopsku.

bri·doon *(mil.)* trens en toom.

Brie *(geog.)* Brie; *(soort kaas)* brie.

brief *n.* opdrag *(aan advokaat)*; saakbrief, saakskrif; instruksie; akte; pouslike brief; volmag; ***draw*** *a* ~ 'n opdrag opstel; ***hold*** *a ~ for s.o.* onder opdrag van iem. handel, iem. se pleitbesorger wees; ***in*** ~ kortom, kortliks, kortweg; ***obtain*** *a* ~ 'n opdrag ontvang; ***speak*** *to a* ~ volgens opdrag praat; ***throw*** *up a* ~ 'n opdrag laat vaar; *hold a **watching** ~ for s.o.* sake ten behoewe van iem. dophou, 'n waarnemingsopdrag van iem. hê. **brief** *adj.* kort; beknop; kort (van duur), vlugtig, kortstondig; *to be* ~ om kort te gaan, in/met een woord, om 'n lang storie kort te maak; *I'll be* ~ ek sal kort wees. **brief** *ww.* opdrag gee, instrueer; inlig, voorlig, touwys maak; *be ~ed to appear* opdrag hê om te verskyn; *~ed by ...* in opdrag van ...; ~ *s.o. about/on s.t.* iem. oor iets inlig/voorlig; ~ *s.o. in a case* 'n saak aan iem. opdra. ~**case** aktetas, dokumentetas; advokaatstas. **brief·ing** opdrag; voorligting, instruksie; *get a* ~ finale opdragte kry; oor iets ingelig/voorgelig word; *give s.o. a ~ about/on s.t.* iem. finale opdragte oor iets gee; iem. oor iets inlig/voorlig. **brief·less** sonder praktyk; ~ *lawyer* advokaat sonder sake. **brief·ly** kort; kortliks, in ('t) kort; (gedurende) 'n kort tydjie/rukkie; *appear* ~ vlugtig verskyn. **brief·ness** kortheid; kortstondigheid.

bri·er →BRIAR.

brig *(sk.)* brik.

bri·gade brigade; afdeling; ~ *of artillery* artilleriebrigade, brigade artillerie; *fire* ~ brandweer. ~ **major** brigade-majoor.

brig·a·dier brigadier; brigade-bevelvoerder. ~ **(general)** *(Am.)* brigade-generaal.

brig·and (struik)rower. **brig·and·age** struikrowery.

brig·an·tine *(sk.)* skoenerbrik, brigantyn.

bright helder, lig; sonnig; duidelik, skerp; lewendig; skrander, knap, intelligent; opgeruimd; ~ ***blue*** helderblou, helder blou; ~ ***bolt*** blinkbout; ~ *and **breezy*** ewe opgewek; ~ ***coal*** glanskool; ~ *and **early*** vroeg-vroeg, baie vroeg; ~ ***future*** rooskleurige toekoms; ~ ***green*** helder-, lowergroen, helder groen; ~ ***idea*** blink gedagte/plan, ingewing, goeie inval; ~ ***prospects*** gunstige vooruitsigte; ~ ***red*** helderrooi; ~ ***side*** ligsy, blink kant; *look on the ~ **side*** die blink kant bo hou; ~ ***spot*** ligkol; ~ ***yellow*** helder-, hooggeel, helder geel. ~-**eyed** helderogig, blinkoog-; ~ *and bushy-tailed* stert in die lug.

bright·en verlig, verhelder, opklaar; opvrolik; (op)poets; ophelder; *s.o.'s face ~ed (up)* iem. se gesig het opgehelder; ~ *s.o. up* iem. opvrolik.

bright·ly *adv.* helder *(skyn, vonkel, ens.)*; blink *(gepoleer)*; helder *(verlig)*; opgewek, opgeruimd, vrolik; stralend; ~ *coloured* helderkleurig; *s.o. very ~ left it at home, (iron.)* iem. het dit ewe intelligent/slim by die huis vergeet.

bright·ness helderheid; glans; knapheid, skranderheid; opgeruimdheid.

Bright's dis·ease *(med.)* Brightsiekte.

brill[1] *n., (igt., Eur.)* griet, (soort) platvis.

brill[2] *adj., (afk., sl.)* →BRILLIANT.

bril·liance, bril·lian·cy skittering, glans, luister, helderheid, glansrykheid; briljantheid, buitengewone knapheid.

bril·liant *adj.* skitterend; briljant, buitengewoon begaaf(d), geniaal; luisterryk, glansryk. **bril·liant** *n.* sierdiamant, briljant, geslypte diamant; diamant(letter). **bril·liant·ly** *adv.* helder *(skyn, vonkel, ens.)*; skitterend, briljant, uitstekend, uitmuntend *(toneelspeel ens.)*; stralend *(glimlag)*; helder *(verlig)*; ~ *coloured* helderkleurig; *a ~ sunny day* 'n helder/stralende sonskyndag.

bril·lian·tine *(haarproduk; tekst.)* briljantien.

brim *n.* rand, kant, boord; *fill s.t. to the* ~ iets tot oorlopens toe volmaak/vul; *full to the* ~ tot oorlopens toe vol; ~ *of a hat* hoedrand. **brim** -*mm*-, *ww.* tot die rand toe volgooi/volmaak/vul; boorde(ns)vol wees, oorloop; ~ *over with* ... oorloop/oorvloei van ... **brimful** boorde(ns)vol, tot oorlopens toe vol, oorvol; *be* ~ *of curiosity* brand van nuuskierigheid; *be* ~ *of energy* propvol energie wees; *be* ~ *of new ideas* propvol nuwe idees wees; *be* ~ *with sugar/etc.* tot oorlopens toe vol suiker/ens. wees.

-brimmed *komb.vorm* -rand-; *broad-/wide-~ hat* breërandhoed.

brim·mer *(arg., dial.)* vol glas/beker; hoed met 'n rand, herejeetjie.

brim·ming boorde(ns)vol, oorlopens toe vol, oorlopend; ~ *over with merriment* uitgelate; ~ *with tears* betraan(d), vol trane.

brim·stone swa(w)el, sulfer; *fire and* ~! donder en bliksem!, vuur en swa(w)el!

brin·dle(d) bruin gestreep/gevlek; ~ *goat* briekwa; ~ *gnu* blouwildebees.

brine *n.* pekel(water), soutwater, soutoplossing; seewater; trane. **brine** *ww.* pekel. ~ **deposit** pekelafsetting. **brin·y** *n.: the* ~, *(infml.)* die soutwater/see. **brin·y** *adj.* (pekel)sout, siltig.

bring *brought brought* bring; saambring, meebring, veroorsaak; aanvoer; ~ *s.t.* ***about*** iets veroorsaak; iets bewerkstellig; iets tot stand bring; iets teweegbring; *help to* ~ *s.t.* ***about*** tot iets bydra; ~ *an* ***action*** *against s.o.* teen iem. prosedeer, 'n aksie/eis teen iem. instel; ~ *s.o./s.t.* ***along*** iem./iets saambring; ~ ***(a)round,*** *(iem.)* saambring *(na 'n partytjie ens.); (iem.)* oorhaal, omhaal, ompraat, oorreed *(om iets te doen);* ~ *s.o.* ***(a)round*** *to one's way of thinking* iem. van jou sienswyse oortuig (*of* tot jou standpunt oorhaal); ~ *s.t.* ***back*** iets terugbring; iets herstel; *it* ~*s* ***back*** *s.t. (to memory)* dit roep iets voor die gees, dit herinner aan iets; ~ *into* ***being/existence*** in die lewe roep; ~ *s.o. to* ***book*** met iem. afreken; ~ *s.o. to the* ***borders*** iem. tot aan die grens(e) voer; ~ *a* ***charge*** *against s.o.* 'n aanklag/beskuldiging teen iem. inbring; ~ *a* ***claim*** *against s.o.* 'n eis teen iem. instel; ~ ***down*** ... ... afbring; ... neertrek/plattrek; ... neerskiet; ... verminder *(meerderheid ens.);* ... verlaag *(pryse ens.);* ... laat instort/neerstort; ... omstoot/omverwerp/omvêrwerp/omvergooi/omvêrgooi; ... laat val (*of* tot 'n val bring) *(regering ens.);* ~ *to an* ***end*** beëindig, afsluit; stopsit; ~ *s.t.* ***forth*** iets voortbring; iets te voorskyn bring; iets baar; ~ *s.t.* ***forward*** iets vervroeg; iets indien; iets voorbring, met iets vorendag (*of* voor die dag) kom; *(boekh.)* iets oorbring/oordra; ~ *to the* ***ground*** neertrek; ~ *s.o./s.t.* ***home*** iem./iets huis toe bring; ~ *s.t.* ***home*** *to s.o.* iem. van iets oortuig; iets by iem. tuisbring (*of* laat insink), iem. iets aan die verstand bring; ~ *down the* ***house*** die saal laat dawer; ~ *s.o.* ***in*** iem. inbring/binnebring; iem. byhaal; ~ *s.t.* ***in*** iets inbring/binnebring; iets indien *(wetsontwerp);* iets uitbring *(verslag);* iets oplewer *(wins ens.);* iets byhaal; ~ ***into*** *action* in werking stel, aan die gang sit; ~ ***into*** *blossom* laat bloei; ~ ***into*** *view* in sig laat kom, sigbaar laat word; ~ *s.o. to* ***justice*** →JUSTICE; ~ *to* ***light*** →LIGHT[1] *n.; s.t.* ~*s s.o.* ***low*** iets maak iem. siek; iets rig iem. te gronde; iets verneder iem.; ~ *to* ***mind*** →MIND *n.;* ~ *s.t.* ***off*** iets regkry; iets uitvoer; ~ *s.t.* ***on*** iets teweegbring/veroorsaak, iets meebring, iets tot gevolg hê; iets te voorskyn bring; ~ *s.o.* ***on*** iem. laat optree/verskyn; *(kr.)* iem. laat boul; ~ *s.t.* ***on/upon*** *o.s.* iets oor jouself bring, self die oorsaak van iets wees; *you brought it* ***on/upon*** *yourself* jy het die daarna gesoek, jy het dit oor jouself gebring; ~ *s.t.* ***out*** iets te voorskyn (*of* voor die dag *of* vorendag) bring; iets uitbring/uitdruk, iets duidelik maak; iets na vore bring, iets laat uitkom, iets onderstreep; iets uitgee/uitbring/publiseer *(boek ens.);* ~ ***out*** *the ... in s.o.* die ... in iem. te voorskyn bring; ~ *s.o./s.t.* ***over*** iem./iets oorbring; iem. oorhaal/bekeer; ~ *to* ***pass*** veroorsaak, tot stand bring; ~ *up the* ***rear*** die agterhoede vorm; ~ *s.o.* ***round*** iem. bybring; iem. omhaal/oorhaal/oorreed *(om iets te doen);* iem. saambring *(besoeker ens.); that* ~*s me to the* ***subject*** dit bring my op/by die onderwerp; ~ *s.o.* ***through*** iem. deurhaal, iem. in die lewe hou; ~ *s.o.* ***to*** iem. bybring; ~ *s.t.* ***to*** iets tot staan/stilstand bring; ~ *the number (up)* ***to*** ... die getal op ... bring; *s.o. cannot* ~ *him-/herself* ***to*** ... iem. kan dit nie oor sy/haar hart kry om te ... nie; ~ *people* ***together*** mense byeenbring/bymekaarbring; ~ *s.o. up to a* ***trade*** iem. 'n ambag/vak laat leer; ~ *to* ***trial*** →TRIAL; ~ *s.o.* ***under*** iem. onderwerp; ~ *s.o. to* ***understand*** *s.t.* iem. iets aan die verstand bring; ~ ***up*** opbring, opgooi, vomeer, naar word; ~ *s.t.* ***up*** iets opbring/opgooi; iets aanroer/opper/voorbring, iets ter sprake (*of* te berde) bring; ~ *s.o.* ***up*** iem. grootmaak/opvoed; iem. voor die hof bring; ~ ***up*** *s.t. against s.o.* iets teen iem. aanvoer/inbring; ~ *s.o.* ***up*** *against s.t.* iem. voor iets te staan bring; ~ *s.o.* ***up*** *short* iem. tot stilstand bring; iem. meteens laat stilbly; ~ ***up*** *to date* →DATE *n.;* ~ *in a* ***verdict*** →VERDICT; ~ ... ***with*** *one* ... saambring.

bring·er bringer; ~ *of bad news* onheilsbode.

bring·ing-up →UPBRINGING.

brin·jal →AUBERGINE.

brink rand, kant; *on the* ~ *of a precipice* op die rand van 'n afgrond. **brink·man·ship** waagsaamheid, risikobeleid, randlopery.

brin·y →BRINE.

bri·quet(te) briket. **bri·quet·ting** brikettering.

brisk *adj.* lewendig, vlug, wakker; opwekkend; ~ *trade* lewendige handel. **brisk** *ww., (vero.)* rondwoel, beweeg; ~ *up* versnel; lewendig maak, opwek, opkikker. **brisk·ness** lewendigheid, wakkerheid.

bris·ket bors(vleis), borsstuk; beesbors. ~ **wool** borswol.

bris·ling *(igt.)* brisling.

bris·tle *n.* borsel, steekhaar, borselhaar, kwashaar; varkhaar; *set up s.o.'s* ~*s, make s.o.'s* ~*s rise* iem. vererg. **bris·tle** *ww.* stekel(r)ig maak; stekel(r)ig word; vererg raak; ~ *up* jou vererg, kwaad word, opvlieënd raak; ~ *with* ... van ... krioel/wemel, vol ... wees. ~ **grass** steekgras. ~ **worm** borselwurm.

bris·tling vererg.

bris·tly borselrig *(dier);* borselrig, borselagtig, stekel(r)ig, stekelagtig *(snorbaard ens.);* stoppel(r)ig *(ken);* ~ *beard* stoppelbaard; ~ *tail* borselstert.

Bris·tol: ~ **fashion** →SHIPSHAPE.

Brit *(infml.)* Brit.

Brit·ain →GREAT BRITAIN.

Bri·tan·ni·a *(personifikasie v. Groot-Brittanje)* Britannia; *(hist., Rom. prov.)* Britannië. ~ **metal** britanniametaal. **Bri·tan·nic** Brits, Britannies.

britch broek. ~ **wool** broekwol. →BREECHES; BREECHING.

Brit·i·cism, Brit·ish·ism Brittisisme.

Brit·ish *adj.* Brits; ~ *Columbia* Brits-Columbië; ~ *Honduras, (geog., hist.)* Brits-Honduras; →BELIZE; ~ *Isles* Britse Eilande. **Brit·ish** *n.: the* ~ die Britte. **Brit·ish·er** →BRITON. **Brit·ish·ism** →BRITICISM. **Brit·ish·ness** Britsheid.

Brit·on Brit.

Brit·ta·ny *(geog.)* Bretagne.

brit·tle *adj., (lett.)* bros, breekbaar; *(fig.)* broos; *(wol)* bros. **brit·tle** *n.* tameletjie; broslekker(s). **brit·tle·ness** brosheid; broosheid.

Br·no →BRÜNN.

broach *n.* spit; boor; tandpriem; profielruimer; rubeitel. **broach** *ww.* oopslaan *(vat);* oopsteek; aanroer, opper, te berde (*of* ter sprake) bring *(onderwerp);* profielruim; ~ *s.t. to/with s.o.* iets by/teenoor iem. opper; ~ *to* na die wind draai; ~*ed work* rubeitelwerk. ~ **spire** ag(t)kanttoringspits.

broad *n.* breedte; *(Am. sl.)* meisie, vrou. **broad** *adj.* breed; wyd, ruim; groot; globaal; uitgebreid; duidelik, openlik; reguit, rondborstig, vierkant; ruim denkend, liberaal, vrysinnig; grof; dialekties, plat, boers *(uitspraak);* ~ *in the beam* breed gebou(d), geset; *it's as* ~ *as it's long* dis so lank as (wat) dit breed is, dis om't (*of* om 't/die) ewe. **broad** *adv.:* ~ *awake* wawyd wakker. ~ **acres** wye velde. ~ **arrow** *(merk op tronkklere)* hoenderspoor. ~ **axe** houtkappersbyl. ~ **bean** boerboon(tjie). ~**bill** *(orn.)* lepelaar; *(Am., igt.)* swaardvis. ~**-brimmed** breedgerand, breërand-. ~**brush** *adj. (attr.), (fig.)* algemene *(benadering, metode, waarneming, ens.);* breë *(plan ens.);* ruwe *(skatting);* los(se) *(alliansie);* globale *(oorsig).* ~**cloth** lakenstof, swartlaken; breedstof, breeddoek. ~**cloth suit** (swart)lakense pak. ~ **daylight:** *in* ~ ~ in die volle daglig; helder oordag. ~ **dialect** onvervalste dialek. ~ **facts:** *the* ~ ~ *are these* die hooffeite is dit; in breë trekke is dit die feite. ~ **gauge** breë spoor. ~**head** kortskedelige. ~**-headed** kortskedelig. ~ **hint** duidelike wenk. ~ **joke** skurwe/growwe/onbetaamlike grap. ~ **jump** *(Am.)* verspring, vêrspring. ~ **lace** stoffeerkant. ~**leaf,** ~**-leaved** breedblarig, breëblaar-. ~**loom** *n.* breedgetou. ~**loom** *adj.* breedgeweef(de); ~ *carpet* breë tapyt, breedgeweefde tapyt. ~**-minded** ruim denkend, ruimhartig, onbekrompe, verdraagsaam, vrysinnig, liberaal. ~**-mindedness** ruimhartigheid, ruimheid van blik, onbekrompenheid, verdraagsaamheid, vrysinnigheid, liberaliteit. ~ **outline:** *in* ~ ~ in breë trekke. ~**sheet** planoblad, -vel; vlugskrif, pamflet; breëbladkoerant. ~**-shouldered** breedgeskouer(d), fris gebou(d); breed van stuk. ~**side** breedsy; *give s.o. a* ~, *fire a* ~ *at s.o., (lett. & fig.)* iem. die volle laag gee. ~ **smile,** ~ **grin** breë glimlag. ~ **step** *(ook)* traprus. ~ **support** wye/ruim(e) steun. ~**sword** slagswaard. ~**tail** breëstertpels. ~**tail (sheep)** vetstertskaap. ~**ways,** ~**wise** in die breedte. ~ **wool** oorsterk/steil wol.

broad·cast *n.* (radio-)uitsending; uitstrooiing *(v. saad); a live* ~ 'n regstreekse uitsending. **broad·cast** *adj. & adv.* wyd en syd versprei(d); *sow* ~ breedwerpig saai. **broad·cast** *ww.* uitsaai; uitsend, omroep; uitbasuin; ~ *s.t. live* iets regstreeks uitsaai; ~ *to* ... na ... uitsaai. ~ **application** *(bemesting)* saaitoediening. ~ **band** omroepband. ~ **speech** radiorede. ~ **talk** uitsaaipraatjie.

broad·cast·er omroeper, uitsaaier.

broad·cast·ing uitsaai(wese), uitsaaiery; uitsending; omroep; *the early days of* ~ die beginjare van die uitsaaiwese; *written for* ~ vir die radio/televisie geskryf. ~ **programme** radio-, uitsaaiprogram. ~ **service** uitsaaidiens. ~ **station** uitsaaistasie, radiosender. ~ **system** radionetwerk. ~ **time** sendtyd.

broad·en verbreed, verwyd; verruim; wyd/breed word; rek; ~ *the mind* die gees verruim. **broad·en·ing** verbreding, verwyding, verruiming.

broad·ly breed; in/oor die algemeen, in die breë, naaste(n)by, globaal; openlik, duidelik; vierkant, reguit; plat, boers; dialekties; skurf, vulgêr; ~ *speaking* oor die algemeen.

broad·ness breedheid; grofheid, platheid.

bro·cade *(tekst.)* brokaat, goudlaken. **bro·cad·ed** brokaat-, geblom; in goudlaken geklee(d); geborduur(d).

broc·co·li broccoli.

bro·chure, bro·chure brosjure, vlugskrif, pamflet.

brock *(Br.), (soöl.)* (Europese) das; *(infml.)* stinkerd.

brock·et *(soöl.)* spieshert.

broe·kie·lace *(SA argit.)* broekiekant *(i.d. balkonne/ens. v. ou Victoriaanse huise).*

brog *(Sk.)* els.

brogue[1] tongskoen, (soort) velskoen, brogue.

brogue[2] swaar (Ierse) aksent.

broil[1] *n., (arg.)* rusie, lawaai, twis.

broil[2] *ww.* (op 'n rooster) braai, rooster, panrooster; *(fig.)* bak, (ver)skroei *(i.d. son); (fig.)* woedend/smoorkwaad wees; ~*ing heat* versengende hitte, smoorhitte; ~*ing hot* ondraaglik/skroeiend warm; ~*ing pan* roosterpan.

broil·er braaihoender(tjie); rooster; roosteraar; braaier; roosteroond; skroeiend warm dag; *(arg.)* rusiemaker. ~ **mash** slaghoendermeel.

broke[1] *ww., (vero.)* →BROKER *ww.*.

broke[2] *verl.dw., (infml.)* platsak, bankrot; *(arg.)* gebreek;

flat/stony ~ heeltemal/totaal platsak, boomskraap; *go* ~ bankrot gaan/speel/raak; *go for* ~ alles op die spel sit/plaas. **broke** *pret.*, →BREAK[1] *ww.*.

brok·en *verl.dw.* gebreek, stukkend; gebroke *(kleure)*; oneffe *(terrein ens.)*; gebrekkig; →BREAK[1] *ww.*; ~ ***bricks*** steenslag; ~ ***country*** bankeveld, gebroke veld; rante=, rantjiesveld; *the marriage has* ~ ***down*** die huwelik het verbrokkel; ~ ***English*** gebroke/krom/geradbraakte Engels; ~ ***fleece*** gebreekte vag; vagstukke; ~ ***ground*** ongelyk grond; gebroke terrein; ~ ***home*** gebroke/ontwrigte gesin; ~ ***in*** touwys *(dier)*; ~ ***line*** onderbroke streep; gebroke lyn; ~ ***lot*** los klompie; ~ ***meat*** vleisreste, oorgeblewe vleis; ~ ***money*** kleingeld; ~ ***number*** breuk; ~ ***promise*** verbreekte belofte; ~ ***range*** onvolledige reeks; ~ ***reed*** geknakte riet; ~ ***tea*** teekrummels; ~ ***time*** verlore tyd; ~ ***water*** woelige water; ~ ***wind,*** *(veearts.)* jaagsiekte, dampigheid. **~-down** gebroke; sieklik; lendelam; ongelukkig, ellendig; bouvallig. **~hearted** ontroosbaar, verpletterd, gebroke (deur smart), met 'n gebroke hart, diep bedroef. **~heartedness** ontroosbaarheid, gebrokenheid, hartseer. **~-off engagement** gebroke verlowing. **~-winded** flou, uitasem, kortasem(rig); dampig. **~-winged** vleuellam.

bro·ken·ly onsamehangend, op 'n gebroke wyse.

bro·ken·ness gebrokenheid.

brok·er *n.* makelaar; tussenhandelaar, agent; tussenpersoon; *~'s commission* makelaarsloon; *honest* ~ (be)middelaar, tussenganger; *~'s note* makelaarsnota. **brok·er** *ww.* as makelaar optree. **brok·er·age** makelary; makelaarsloon; agentskoste. **brok·ing** makelary.

brokes *(wol)* brokkies.

brol·ly *(infml.)* sambreel; *(sl.)* valskerm.

bro·mate *(chem.)* bromaat, broomsuursout.

bro·mic: ~ *acid* broomsuur; ~ *salt* broomsout.

bro·mide *(chem.,fot.)* bromied; *(infml.)* gemeenplaas, banaliteit, afgesaagde uitdrukking; *(infml.)* vervelende mens/vent/ens.; ~ *of silver* broomsilwer; ~ *of soda* broomnatrium.

bro·min·ate *(met broom behandel)* bromeer.

bro·mine *(chem., simb.:* Br*)* broom, bromium.

bro·mous *(chem.)*: ~ *acid* bromigsuur.

bron·chi·a, bron·chi·al tubes *(mv.), (anat.)* brongieë, brongiale buise, lugpypies; →BRONCHUS.

bron·chi·al brongiaal, van die lugpyp/longpype; ~ *tube* lug=, longpyp.

bron·chi·ole *=oles,* **bron·chi·o·lus** *=oli* longpypie, longpyptakkie, brongiool.

bron·chit·ic brongities.

bron·chi·tis longpypontsteking, brongitis. ~ **kettle** kroepketel.

bron·cho *n.* →BRONCO.

bron·cho=, bron·ch= *komb.vorm* brongo=, brong=, lugpyp=.

bron·cho·cele kropgeswel.

bron·cho·di·la·tor *(med.)* brongodilator, lugpyp=, brongusverruimer.

bron·cho·pneu·mo·ni·a brongopneumonie, long-en-lugpyp-ontsteking.

bron·cho·scope brongoskoop, longpypspieël.

bron·chus *=chi, n., (anat.)* long=, lugpyp, brongus; →BRONCHIA.

bron·co *=cos,* **bron·cho** *=chos, n., (Mex. Sp.)* (half)=wilde perd, bronco. **bron·co·bust·er** *(infml.)* perdetemmer.

bron·tom·e·ter onweermeter.

bron·to·sau·rus brontosourïer, brontosourus.

Bronx *(geog.)* Bronx. ~ **cheer** *(Am., infml.)*: *get a* ~ ~ uitgejou word; *give s.o. a* ~ ~ iem. uitjou.

bronze *n.* brons; bronsfiguur, =beeld; bronskleur. **bronze** *adj.* brons=; brons(kleurig). **bronze** *ww.* brons, verbrons, bronskleurig maak; verbruin, verbrand; *~d, (ook)* (son)gebruin. **B~ Age** *n.* Bronstyd(perk). **B~-Age** *adj. (attr.)*: ~ *man* die mens van die Bronstyd(perk); ~ *tool* stuk gereedskap uit die Bronstyd(perk). **~-coloured** bronskleurig. ~ **cuckoo** diederik. ~ **founder** bronsgieter. ~ **medal** bronsmedalje.

bronz·ing (die) bruinbrand; verbronsing; bronspoeier. ~ **machine** bronsmasjien.

bronz·ite *(min.)* bronsiet.

bronz·i·tite *(min.)* bronsitiet.

brooch borsspeld; doekspeld.

brood *n.* broeisel; gebroedsel, gespuis; *(henne)* toom. **brood** *ww.* broei, uitbroei; peins, mymer; knies; ~ *over/about s.t.* oor iets tob/pieker. ~ **body** broeiknop, =liggaampie. ~ **cell** broei-sel. ~ **chamber** broeikas. ~ **hen** broeihen. ~ **mare** aanteel=, stoetmerrie. ~ **stock** (aan)teel=, stoetvee.

brood·er broeikas, =hok; kunsmoeder; *(fig.)* tobber.

brood·ing gepieker, gepeins.

brood·y broeis, kloeks; ~ *hen* broeis hen.

brook[1] *n.* spruit, loop, beek, vliet; →BROOKLET.

brook[2] *ww.* verdra, uitstaan, veel, duld; *it ~s no delay* dit duld geen uitstel nie.

brook·ite *(min.)* brookiet.

brook·let spruitjie, lopie, bekie.

broom *n.* besem; *(bot.)* brem; *(bot.)* besembos; *new ~s sweep clean* nuwe besems vee skoon. **broom** *ww.* vee, besem. ~ **grass** besemgras. ~ **handle** besemstok, =steel. **~stick** besemstok, =steel.

broth kragsop, dun sop; ~ *of a boy* flukse kêreltjie.

broth·el bordeel. ~ **creepers** *(infml.: skoene met sagte sole)* bordeelbekruipers.

broth·er broer, boet(ie); broeder; vriend, kameraad; gelyke; *(mv.: brethren)* broeders; ~ ***in arms*** stryd=genoot, wapenbroe(de)r; ***big/eldest*** ~ oudste broer, ouboet(a); ***brother!*** boeta!; ~ ***german,*** *(arg.)* volle broer; ***little/youngest*** ~ jongste broer, boetie, kleinboet; ***quarrel*** *between ~s* broedertwis; ~ ***uterine,*** *(arg.)* broer van moederskant; ***XYZ*** *B~s/Bros.* Gebroeders/Gebrs. XYZ. **~-in-law** *brothers-in-law* swaer, skoonbroer.

broth·er·hood broederskap.

broth·er·ly broederlik. **broth·er·li·ness** broederlikheid.

brough·am *(hist.: koets/motor met 'n buitesitplek vir d. drywer/bestuurder)* brougham.

brought *verl.t. & volt.dw.* (het) gebring; →BRING; ~ *forward, (boekh.)* oorgebring, oorgedra.

brow wenkbrou; *(ook, i.d. mv.)* voorkop, voorhoof; oogbank; gelaat; rand, top, kruin; loopbrug, =plank; *knit/pucker one's ~s* frons. **~beat** *=beat =beaten* oorbluf, oordonder, intimideer, vrees aanja(ag), bars aanspreek.

brown *n.* bruin (kleur). **brown** *adj.* bruin; donker, swart; *be done ~, (sl.)* gefop/bedrieg (*of* om die bos gelei) wees; *the ~ one(s)* die bruine(s). **brown** *ww.* bruineer, bruin maak; bruin word; *be ~ed off about s.t., (sl.)* vies oor iets voel/wees; *~ed potatoes* gebruinde aartappels, bruinaartappels. ~ **bear** bruinbeer. ~ **Bess** *(hist., infml., soort geweer)* ou sanna. **B~ Betty** *(Am. kookk.)* krummelappelpoeding. ~ **booby** *(orn.)* bruinmalgas. ~ **bread** bruinbrood. ~ **coal** ligniet, bruinkool. **~-eyed** bruinoog=, bruinogig. ~ **fleck** bruinvel(siekte). ~ **hyena** strandwolf, strandjut. ~ **job** *(sl.)* troepie; leër, mag. ~ **locust** bruinsprinkaan. ~ **mite** bruinmiet. ~ **otter** klein-otter. **~out** *(Am.)* gedeeltelike verdonkering. ~ **paper** pakpapier; bruin/vaal papier. ~ **powder** bruinkruit. ~ **rat** *(Rattus norvegicus)* bruinrot. ~ **rice** bruin/ongepoleerde rys. ~ **rust** *(plantsiekte)* rooiroes. ~ **sauce** *(kookk.)* bruinsous. **B~ Shirt** bruinhemp, stormsoldaat *(in Nazi-Duitsland)*; fascis. ~ **spar** *(min.)* bruinspaat. ~ **spot** *(vrugtesiekte)* sproet. **~stone** bruinsteen; huis van bruinsteen. ~ **study:** *in a* ~ ~ (diep) ingedagte, in gepeins (versink). ~ **sugar** bruinsuiker; *(dwelmsl.: heroïen)* H. **B~ Swiss cattle** Bruin Switserse beeste. ~ **wool** lieswol.

Brown·i·an move·ment *(chem.)* beweging van Brown.

brown·ie kabouter, aardmannetjie; *(i.d. mv., kookk.)* bruintjies. **B~ (Guide)** Brownie (Guide), junior Padvindster *(7-10 jaar oud)*. ~ **point** sterretjie; *earn/get/score/win ~ ~s, (fig.)* pluspunte aanteken, regmerkies verdien, jou aansien laat styg.

brown·ing bruinbak; bruinsel, bruineersel; bruinering.

brown·ish, brown·y bruinerig, bruinagtig.

browse *n.* jong lote, toppe; takvoer. **browse** *ww.* afvreet, afknabbel; wei; (rond)blaai, snuffel *(in 'n boek)*; rondsnuffel, kuierkoop *(in 'n winkel)*; *(rek.)* soektogte na ... doen, deur ... snuffel *(bv. inligting)*, soektogte in ... doen *(bv. 'n elektroniese databank)*; ~ *on* afvreet *(blare)*. **brows·er** blaareter; *(rek.)* (deur)blaaier, snuffelaar.

brrr *tw.* s(j)oe, sie.

bru·cel·lo·sis brucellose, brusellose, besmetlike misgeboorte *(by diere)*; brucellose, brusellose, maltakoors *(by mense)*.

bruc·ine *(chem.)* brusien.

bruc·ite *(min.)* bruciet, brusiet.

Bruges *(geog.)* Brugge. ~ **lace** Brugse kant.

Bruin *(Ndl.)(ook b~)* Bruin(tjie) (die beer).

bruise *n.* kneusing, kneus(plek), stampplek. **bruise** *ww.* kneus, stamp, wond; induik; seermaak, fynmaak; grof maal. **bruised** velaf, gekneus. **bruis·er** vuisvegter, bokser. **bruis·ing** *n.* kneusing. **bruis·ing** *adj., (fig.)* verbete, verwoed, titanies *(stryd ens.)*.

bruit *n., (arg.)* gerug; *(med.)* geruis, gedruis. **bruit** *ww.*: ~ *about/abroad, (arg., Am.)* versprei, rugbaar maak, aan die groot klok hang, rondbasuin.

bru·mal, bru·mous *(w.g.)* winteragtig, winters, mistig.

Brum·ma·gem *adj., (soms b~), (infml., dial.)* nagemaak; goedkoop, prullerig.

brunch laat onbyt, noenontbyt, vroeë middagete.

Bru·nei, Bru·nei *(geog.)* Broenei.

bru·nette *n.* brunet, donkerkop(meisie/vrou). **brunette** *adj.* brunet, donker(bruin) *(hare ens.)*.

Brünn, Br·no *(geog.)* Brünn, Brno.

Bruns·wick *(geog.)* Brunswyk.

brunt skok; ergste aanval; die ergste/felste; toppunt; *the ~ of the battle* die hitte van die stryd; *bear the ~* die spit afbyt; *bear the ~ of ...* die ergste van ... verduur.

brush *n.* borsel; (die) afborsel; besem(pie); kwas(sie); penseel; skilderkuns, skilderstyl; stertkwas; vos=, jakkalsstert; kreupelhout, ruigte; skermutseling, aanraking; botsinkie; *give s.t. a* ~ iets (af)borsel; *have a ~ with s.o.* 'n woordewisseling met iem. hê; 'n skermutseling met iem. hê; *a stroke of the ~* 'n penseelstreek; *be tarred with the same ~* voëls van eenderse/enerse vere wees, dieselfde gebreke hê. **brush** *ww.* (af)borsel, afvee; afpoets; aanraak; langs skuur, buitekant langs (deur)gaan, langs stryk; aankap; *(kookk.)* bestryk *(met geklitste eier ens.)*; ~ ***against*** ... teen ... skuur; ~ *s.t.* ***aside*** iets opsy stoot; geen notisie van iets neem nie; ~ *s.t.* ***away*** iets wegvee; ~ *s.t.* ***back*** iets agtertoe/agteroor borsel; ~ ***by*** ... langs ... skuur, rakelings by ... verbygaan; ~ *s.t.* ***down*** iets afborsel; ~ *s.t.* ***off*** iets afborsel; iets wegvee; iets afslaan; ~ *s.o./s.t.* ***off,*** *(fig.)* iem./iets afskud; ~ ***over*** stryk oor; oorverf; *(kookk.)* oorsmeer, bestryk/smeer met; ~ ***past*** ... by ... verbyskuur; rakelings by ... verbygaan; ~ ***shoulders*** *with s.o.* →SHOULDER *n.*; ~ *s.t.* ***up*** iets opborsel; iets oppoets; *(infml.)* iets opknap/opfris *(kennis ens.)*. ~ **fire** veldbrand; mini-oorlog. **~off** *n., (sl.)* afjak; *get the ~* afgejak word; *give s.o. the ~* iem. afjak. ~ **pencil** penseel. ~ **set** borselstel. ~ **spring** borselveer. **~stroke** kwashaal; penseelstreep, =trek. **~-up** *n.* opknapping; opfrissing; *give one's German/etc. a ~* jou Duits/ens. ('n) bietjie opknap/opfris; *have a wash and ~* jou ('n) bietjie opknap. **~ware** borselware. ~ **wheel** borselskyf; wrywingswiel. **~wood** kreupelhout, ruigte, struikgewas, onderhout, bosgasie, boskasie. **~work** *(kuns)* kwas=, penseelwerk; kwashale; kwas=, penseeltegniek.

brushed geborsel; ~ *fabric* pluisstof; ~ *nylon, (tekst.)* pluisnylon; ~ *wool* borselwol, ruie wol.

brush·ing boot aankapkous, =kussinkie *(v. perd).*
brush·less sonder kwas, aansmeer=; *~ shaving cream* skeersmeer.
brush·y stekel(r)ig, ruig, borselagtig.
brusque kortaf, bruusk. **brusque·ly** kortaf. **brusque=ness** kortafheid, bruuskheid.
Brus·sels *(geog.)* Brussel. ~ **lace** Brusselse kant. ~ **sprouts** spruitkool, Brusselse spruitjies.
bru·tal dierlik; vleeslik; beesagtig, bruut, onmenslik, wreed(aardig); hardhandig; onbeskof; *the ~ facts* die naakte feite; *a ~ murder* 'n gruwelike moord. **bru=tal·i·ty** bruutheid, grofheid, dierlikheid; onmenslik=heid, wreed(aardig)heid.
bru·tal·ise, =ize verdierlik; ontaard; verdom; *become ~d* verdierlik, verdom, ontaard (raak). **bru·tal·i·sa=tion, =za·tion** verdierliking, verdomming, ontaarding.
bru·tal·ism: *(new) ~, (argit.)* brutalisme. **bru·tal·ist** brutalis.
brute *n.* dier; ondier, monster; bees, onmens, woest=aard, wreedaard; slegterd. **brute** *adj.* bruut, rede=loos; dierlik, kru/grof sinlik; onmenslik, wreed(aar=dig), woes; *the ~ creation* die onbesielde skepping.
brut·ish onmenslik, bruut; woes, dierlik. **brut·ish=ness** bruutheid; woestheid.
Bru·tus Brutus.
Brux·el·lois *(Fr.)* Brusselaar.
bry·o= *komb.vorm* mos=, brio=.
bry·ol·o·gy moskunde, briologie.
bry·o·ny wildewingerd, brionie.
Bry·oph·y·ta Mosplante, Mosse. **bry·o·phyte** mos=(plant), briofiet.
Bry·o·zo·a Briosoë.
bub *(Am. infml.)* ou; outjie.
bub·ble *n.* blasie, bobbel; lugbel; hersenskim; wind=handel; *blow ~s* belle blaas; *s.o.'s ~ has burst, (fig.)* iem. se doppie het geklap; *the ~ has burst* dit het soos 'n seepbel uiteengespat; die euforie het skielik tot 'n einde gekom; *prick the ~ of s.t., (fig.)* die seep=bel van iets prik (*of* laat bars); *~ and squeak* kool-en-aartappel-bredie; (soort) hutspot. **bub·ble** *ww.* (op)=borrel; bobbel; pruttel; bruis; *~ with laughter* giggel=lag; *~ out/up* uitborrel; opwel, opbruis; *~ over with ... van ...* oorloop *(geesdrif ens.)*; uitgelate wees van ... *(pret ens.)*. ~ **bath** badskuim; skuimbad. ~ **car** gog=gomobiel. ~ **chamber** *(fis.)* borrelkamer. ~ **company** swendelmaatskappy. ~ **gum** borrelgom; borrelgom=([-pop]musiek). ~ **memory** *(rek.)* borrelgeheue. ~ **pack** →BLISTER PACK.
bub·bly *adj.* borrelend, vol bobbels. **bub·bly** *n., (sl.)* sjampanje. ~**-jock** *(Sk., onom.)* kalkoenmannetjie.
bub·by →BUB.
bu·bo =*boes* kliergeswel. **bu·bon·ic** buile=; *~ plague* builepes, pasteurellose.
buc·cal wang=; *~ cavity* wang=, mondholte.
buc·ca·neer *n.* seerower, kaper, vrybuiter, boeka=nier; (gewetenlose) avonturier. **buc·ca·neer** *ww.* vrybuit, 'n seerowerslewe lei, seerowery pleeg.
buc·ci·na·tor wangspier.
Bu·cha·rest *(geog.)* Boekarest.
bu·chu boegoe; *wild ~, (Diosma* spp.*)* wildeboegoe.
buck[1] *n.* (wilde) bokram; wildsbok; mannetjiehaas, =konyn; boksprong; *(arg.)* fat, modegek; *buck, (mv.)* wild; *bucks, (ook)* ramwol; *old ~* doring, haan, ram=(kat). **buck** *ww.* bokspring; vassteek, steeks wees; *~ s.o. off* iem. afgooi; *~ up, (infml.)* opskud, gou maak; moed skep; *~ s.o. up, (infml.)* iem. opvrolik; *~ up!, (infml.)* komaan!, opskud!, skud op!; kop op!, hou moed!. **B~ Bay vygie** bokbaaivygie. **~bean** boks=boon, waterklawer. ~ **fleece** ramvag. **~hound** jag=hond. **~jump** *ww.* bokspring. ~ **knee(s)** holknie(ë). ~ **rabbit,** ~ **rarebit** *(Br. kookk.)* eier op roosterbrood met kaassous. **~saw** boksaag. **~shot** bokhael, lopers. **~skin** bokvel; herteleer; *(klerestof)* bokskyn; *(i.d. mv.)* velbroek. **~tooth** =*teeth, (neerh.)* uitstaantand, voor=uitstekende/(voor)uitstaande tand. **~toothed** *adj.: be ~* perde=/uitstaantande hê.
buck[2] *(Am. infml.)* dollar; *(SA infml.)* rand; *make a fast/quick ~, (infml.)* vinnig geld maak.
buck[3] *(gimn.)* bok; *(Am.)* saagbok.
buck[4] *n.: pass the ~, (infml.)* die verantwoordelikheid afskuif/=skuiwe; *the ~ stops here, (fig., infml.)* ek staan daarvoor pa (*of* neem dit vir my rekening), dis my ver=antwoordelikheid.
buck[5] *n., (vero.)* loog; loogwater. **buck** *ww.* in die loog steek. ~ **ashes** loogas.
buck[6] *n., (vero.)* bak *(v. wa)*; fuik. **~board** bokkie, spa(a)ider. ~ **rake** hooi(vervoer)rak. **~sail** *(<Afr.)* bok=, teerseil. **~wag(g)on** *(<Afr.)* bokwa.
bucked uitgelate, hoogs tevrede, gevlei(d), in jou skik, in jou noppies.
buck·et *n.* emmer; (vervoer)bak, hysemmer; skrop *(vir dam)*; suier(bak) *(v. pomp)*; houer; koker, stok=sok *(vir visstok)*; sweepkoker; kolfsak *(v. geweer)*; skoen *(v. lans)*; *it's coming down in ~s, (infml.)* dit stort(reën); *kick the ~, (infml.)* lepel in die dak steek, afklop, bok=veld toe gaan/wees; *~ of water* emmer water; *weep ~s* baie huil. **buck·et** *ww.* skep; *(Br. infml.)* jaag, vin=nig ry; *~ about, (skip in storm)* rondskommel; *it's ~ing, the rain is ~ing (down), (infml.)* dit sous/giet be=hoorlik, dit reën dat dit giet, dit reën paddas en plat=annas; *~ out* met 'n emmer uitskep. ~ **conveyor** bakvervoerder. ~ **elevator** bakkieshyser, emmer=leer, =ketting. ~ **hook** puthaak. ~ **measure** maatem=mer. ~ **pump** bakkiespomp. ~ **seat** holrug=, komstoel. ~ **shop** swendelmakelaar(sfirma), ongeregistreerde/ongemagtigde/onbetroubare makelary/wedkantoor; afslagwinkel; afslagreisagentskap. **~-tilting** vaatjie=steek. ~ **valve** bakklep. ~ **wheel** skeprat.
buck·ish *(arg.)* hanerig, windmakerig.
buck·le *n.* gespe; beuel *(v. vere)*; knik; sprong *(in wiel)*. **buck·le** *ww.* (vas)gespe; aangord; verbuig, krom buig/trek, bak trek; knik; oplig; omkrul; vasbeuel *(vere)*; *~ down to doing s.t., (infml.)* iets met mening aanpak; *~ to, (infml.)* aan die werk spring, baadjie uittrek; *~ up* jou gordel vasmaak *(in 'n motor)*; *~ s.t. up* iets toe=/vasgespe; iets vasgord. **buck·led:** *~ shoe* skoen met 'n gespe; *~ wheel* verbuigde wiel. **buck·ler** *(hist.)* beukelaar, skild, rondas.
buck·ling[1] verbuiging, kromtrekking; bultvorming. ~ **load** kniklas, =belasting. ~ **strength** kniksterkte. ~ **stress** knikspanning.
buck·ling[2] gerookte haring.
buck·ram *n., (vero.)* styflinne; hoedegaas. **buck·ram** *adj., (arg.)* styf, stroef; van styflinne.
buck·shee *adj., (Br. sl.)* pasella, gratis, vry, verniet; *~ money* pasellageld.
buck·wheat bokwiet.
bu·col·ic *n.* herders(ge)dig; *(i.d. mv.)* herderspoësie. **bu·col·ic** *adj.* herderlik, landelik.
bud[1] *n.* knop(pie), botsel, uitspruitsel; *in ~* in die knop, aan die bot; *nip in the ~* in die kiem smoor; *put/send forth ~s* bot, uitloop; *sleeping ~* ogie. **bud** =*dd*=, *ww.* bot, uitloop, spruit, ontluik; okuleer. ~ **blight** knop=afsterwing, oogvreksiekte *(by plante)*. ~ **rot** knopvrot=(siekte) *(by plante)*. ~ **union** okuleerlas. **~wood** ent=hout, okuleerhout.
bud[2] *n., (afk., Am. infml.)* →BUDDY[1].
Bu·da·pest *(geog.)* Boedapest.
bud·ded *(bot.)* geokuleerde.
Bud·dha Boeddha. **Bud·dhism** Boeddhisme. **Bud=dhist** *n.* Boeddhis. **Bud·dhist, Bud·dhis·tic** *adj.* Boed=dhisties.
bud·ding botselvorming, knopvorming; uitloping; oku=lasie, okulering; ontluikende; *shield ~* gewone okula=sie; *tubular ~* fluit(ing). ~ **knife** okuleermes. ~ **politi=cian** politikus in die dop. ~ **sentiment** ontluikende gevoel.
bud·dle *n.* wasvat, wastoestel *(vir erts)*. **bud·dle** *ww.* erts was.
bud·dy[1] =*dies, n., (Am. infml.)* vriend, maat, broer, tjom(mie); vigsvriend. **bud·dy** *ww.* bystaan *(vigs=slagoffer)*; *~ up with s.o.* met iem. maats maak (*of* be=vriend raak). ~ **aid,** ~ **care** *(mil., infml.)* makker=hulp. **~-buddy** *adj.: be ~ with s.o.* groot maats met iem. wees, dik met iem. bevriend wees; *try to get ~ with s.o.* by iem. probeer inkruip. ~ **system** makker=stelsel.
bud·dy[2] *adj.* vol bloeisels.
bud·dy·ing makkerondersteuning.
budge verroer, beweeg; wyk, terugwyk; *not ~* jou nie verroer nie; voet by stuk hou; *not ~ an inch* geen (*of* nie 'n) duimbreed(te) wyk nie; *refuse to ~* viervoet vassteek, nie kopgee nie; geen poot wil versit/verroer nie.
budg·er·i·gar, *(infml.)* **budg·ie** *(orn.)* grasparkiet, budjie.
budg·et *n.* begroting; voorraad; *balance a ~* 'n be=groting laat klop (*of* in ewewig hou); *do s.t. on a ~* iets suinig doen; *municipal ~* stads=, dorpsbegroting; *national ~* landsbegroting. **budg·et** *adj.* goedkoop. **budg·et** *ww.* begroot, voorsiening maak, uittrek *(op d. begroting)*; raam; *~ for ...* op ... begroot; op ... reken, ... verwag; *~ for a surplus* 'n batige saldo raam. ~ **ac=count** begrotingsrekening; afbetaalrekening. ~ **com=mittee** begrotingskomitee. ~ **sale** spaar-uitverkoop. ~ **shop** spaarwinkel, afbetalingswinkel. ~ **speech** begrotingsrede.
budg·et·a·ry begrotings=.
budg·ie →BUDGERIGAR.
Bue·nos Ai·res *(geog.)* Buenos Aires.
buff *n.* buffelleer; geel beesleer; leerjas; afskuurder; fynskuurder, fynskuurskyf; *(Am. infml.)* liefhebber, entoesias; *in the ~, (infml.)* kaalbas, nakend; *strip to the ~, (infml.)* jou kaal uittrek. **buff** *adj.* dofgeel, vaal=(geel), vaalbruin; seemkleurig. **buff** *ww.* poleer, poets, polys; afskuur; fynskuur; slyp. ~ **colour** seemkleur. **~-streaked chat** *(orn.)* vaalbruinbergwagter.
buf·fa·lo =*lo,* =*lo(e)s* buffel; *African/Cape ~* Afrikaanse buffel. ~ **bean** hokkiespeul. ~ **disease** korridorsiekte. ~ **grass** buffelsgras. ~ **nut** olieneut. ~ **quick grass** buffelskweek. **~'s friend** buffelsvoël. ~ **thorn** buffels=doring, blinkblaar-wag-'n-bietjie.
buf·fer[1] *n.* poleerder, polyster.
buf·fer[2] *n.* stootkussing, buffer; *(mot.)* buffer; *old ~* ou kêrel; ou sukkelaar. ~ **beam** stootbalk. ~ **block** stootblok. ~ **cell** tussen-sel. ~ **pad** stootkussing. ~ **plate** stootplaat. ~ **(solution)** *(chem.)* buffermengsel, =oplossing. ~ **state** bufferstaat. ~ **strip** bufferstrook.
buf·fer·ing bufferwerking.
buf·fet[1] *n.* slag, stamp, stoot, hou. **buf·fet** *ww.* slaan, stamp, stoot.
buf·fet[2] *n.* buffet; tapkas, (skink)toonbank. ~ **meal** buffetete.
buf·fet·ing (pak) slae; *(lugv.)* stertskud.
buf·fing afskuring; (fyn)polering, polysting. ~ **ma=chine** poleer=, polysmasjien.
buf·foon *n.* hanswors, harlekyn, grapmaker, nar; dwaas, stommerik. **buf·foon** *ww.* die gek skeer, jou bespotlik maak. **buf·foon·e·ry** gekskeerdery, hans=wors(t)ery, grapmakery, harlekynstreke, apespel.
bug *n.* insek, gogga; kewer; weeluis, wandluis; *(infml., med.)* kiem, virus; *(infml.)* gier, bevlieging, obsessie; *(infml.)* fanatikus; *(rek., infml.)* gogga, fout *(in 'n stel=sel ens.)*; *(infml.: meeluisterapparaat)* luistervink; *have a ~ about s.t.* behep met iets wees, 'n obsessie oor iets hê; *there are a lot of ~s about* daar is baie kieme in die lug; *big ~, (infml.)* grootmeneer, groot kokke=door/kanon; *s.o.'s been bitten by* (or *s.o.'s got) the ~* iem. is deur die gogga gebyt, die gogga het iem. gebyt, die koors het iem. beet(gepak); *catch* (or *pick up) a ~* 'n kiem kry; *get s.o.'s ~* by iem. aansteek; *get the ~ to do s.t.* die gier/bevlieging kry om iets te doen. **bug** =*gg*=, *ww.* irriteer, kwaad maak, ontstig, ontstel; kwel, pla; torring aan, treiter, iem. se siel versondig; 'n luister=vink/meeluister=/afluisterapparaat in ... aanbring *(bv. iem. se kantoor)*; afluister *(gesprekke)*; *(Am.)(oë)* uit=peul; *don't let it ~ you* moenie dat dit jou pla/ontstel nie, moenie jou daaroor kwel/verknies nie; *he really ~s me* hy laat my nekhare rys; *what really ~s s.o. is ...* wat iem. dwars in die krop steek, is ...; *what's ~ging*

you? wat knaag aan jou?, wat makeer/skort?. ~**-eyed** *adj.* met uitpeuloë. ~**house** *(infml.)* vlooifliek; *(Am. sl., neerh.: sielsiekehospitaal)* groendakkies. ~ **hunter** *(sl.: insektekundige)* goggadokter. ~**-ridden** *adj., (hotel, matras, ens.)* vol weeluise; *(programmatuur ens.)* vol goggas/foute.

bug·a·boo, bug·bear paaiboelie, gogga(bie), nagmerrie, skrikbeeld.

Bu·gan·da *(geog.)* Buganda.

bug·ger *n., (taboesl.)* boggher, bokker, swernoot; vent; *(arg. taboesl.)* sodomieter; *not give/mind a ~ (for s.o./s.t.)* nie 'n hel/moer (vir iem./iets) omgee nie, vere (vir iem./iets) voel; *lucky/poor ~* gelukkige/arme donder; *this door is a ~ to open* dié deur is 'n pes om oop te kry; *play silly ~s, (infml.)* gekskeer, (probeer) snaaks wees, verspot (*of* vol dinge) wees; *you ~!* jou boggher/bokker/bliksem/blikskottel/blikslaer!. **bug·ger** *ww., (taboesl.: anale seks hê [met])* holnaai, van agter neem; *~ about/around* rondneuk, rondfoeter; *~ s.o. about/around* iem. rondneuk; *be (absolutely/completely) ~ed* (heeltemal) poegaai/pê wees; *well, I'll be ~ed!* slaan my dood!, nou toe nou!, kan jy nou meer!; *~ off* spore maak, waai, skoert, maak dat jy wegkom; *be ~ed (up)* in sy moer wees; *~ up* opneuk, opfoeter, opdons. **bug·ger** *tw., (taboesl.)* dêm, demmit, verdomp; *~ him!* sy alie/gat/moer(, man)!, te hel met hom!; *~ me!* my hel/magtag/magtig!; dêm!, demmit!, verdomp!; *~ this ...!* so 'n bleddie/dêm ...!. ~ **all** *(taboesl.)* boggherol, bokkerol.

bug·ger·y *(arg.)* sodomie.

bug·ging (elektroniese) afluistery. ~ **device** afluistertoestel.

bug·gy[1] *adj.* vol insekte/goggas; vol weeluise.

bug·gy[2] *n.* bokkie, oop karretjie/verewaentjie.

Bu·gi *(lid v. volk)* Boeginees. **Bu·gi, Bu·gi·nese** *(taal)* Boeginees.

bu·gle[1] *n., (mus.)* horing, beuel. **bu·gle** *ww.* op die/'n horing/beuel blaas. ~ **band** beuelkorps. ~ **call** horing-, beuelsinjaal; klinkende oproep. ~ **sound** horingeskal. ~ **string** beuelkoord.

bu·gle[2], **bu·gle·weed** *(Ajuga* spp.*)* senegroen.

bu·gle[3] buiskraal.

bu·gler horing-, beuelblaser.

bu·gloss *(bot.)* orkanet; *(Anchusa capensis)* ostong.

buhl →BOUL(L)E.

buhr·stone, bur(r)·stone *(min.)* braamsteen.

build *n.* bou; liggaamsbou, -vorm; *be slight of ~* tengerig/tingerig (*of* klein van persoon) wees. **build** *built built, ww.* bou, oprig; maak; aanpak *(vuur)*; stapel; opwerp; messel; *~ **a house*** 'n huis bou/optrek; *~ **in*** inbou; toebou; *~ **on*** aanbou; *~ **on/upon** s.t.* op iets bou; op iets voortbou; op iets reken/staatmaak/vertrou; *~ s.t. **onto** s.t.* iets aan/by iets aanbou; *~ **up**, (spanning ens.)* oplaai, styg, toeneem; *(wolke ens.)* saampak; *(verkeer ens.)* ophoop; *~ s.o. **up*** iem. opvysel; *~ s.t. **up*** iets hoër bou; iets verhoog *(pad ens.)*; iets opbou, iets tot stand bring; iets toebou *(stuk grond ens.)*; iets ophoop. ~**-up** opbou, versterking; opvyseling; aanloop *(tot 'n verkiesing ens.)*.

build·er bouer; (bou)aannemer; bouheer; boukundige; oprigter; *~'s gravel/grit* bougruis.

build·ing gebou; die bouvak; bouwerk, bou(ery), konstruksie; *~ and engineering **contractor*** aannemer vir bou- en ingenieurswerk; ***group** of ~s* gebouekompleks; ***put up** (or **raise**) a ~* 'n gebou oprig/optrek; ***(science of)** ~* boukunde; *a **small** ~* 'n geboutjie; *a **tall** ~* 'n hoë gebou; *~ of **towns/cities*** stedebou; ***Union** B~s* die Uniegebou; *~ in **wood*** houtbou; ***wooden** ~, (ook)* getimmerte. ~ **alteration** ombouing. ~ **bee** bouby. ~ **block** boublok; *(fig.)* bousteen. ~ **clerk** bouklerk. ~ **committee** boukommissie. ~ **contractor** bouaannemer. ~ **engineer** bou-ingenieur. ~ **industry** boubedryf. ~ **inspector** bou-inspekteur. ~ **land** bougrond. ~ **leasehold** opstalreg. ~ **lime** messel-,boukalk. ~ **line** bougrens. ~ **material** boustof, -materiaal. ~ **operations** bouwerk. ~ **plot**, ~ **site** bou-erf, bouperseel, -terrein. ~ **regulation** bouverordening, -regulasie. ~ **sand** bousand. ~ **slip** skeepshelling. ~ **society** bougenootskap, -vereniging; *association of ~ ~s* vereniging van bougenootskappe. ~ **stone** bouklip. ~ **supervisor** bou-opsigter. ~ **surveyor** bourekenaar. ~ **timber** bouhout, groot timmerhout. ~ **trade** boubedryf. ~ **worker** bouwerker.

built gebou(d); *be ~ on* aangebou wees; *be ~ on s.t.* op iets berus; *be slightly ~* tengerig/tingerig (gebou) wees; *be ~ over/up* toegebou wees. ~**-in** ingebou(d); *(fig.)* inherent; *~ cupboard* muurkas; *~ support* steunstuk. ~**-up** opgebou(d); bebou(d); saamgestel(d); *~ area* beboude gebied; *~ beam* saamgestelde balk; *~ road* verhoogde pad; *~ shoes* opgeboude skoene; *(med.)* ortopediese skoene.

Bu·ka·vu *(geog., vroeër* Costermansville*)* Bukavu.

Bu·ko·vi·na *(geog.)* Boekowina.

bulb bol; blombol; knol; hoefbal *(v. perd)*; *electric (light) ~* gloeilamp; *lift ~s* bolle uithaal. ~ **rot** bolvrot, -verrotting. ~ **scale** bolskub, -rok. ~ **tube** glaskolf, bolbuis.

bulb·ar *(anat.)* bulbêr.

bulb·if·er·ous boldraend.

bul·bil bulbil, bolletjie, bolknop.

bulb·let bolletjie.

bulb·ose bolagtig; *~ flower/plant* bolblom, -plant.

bulb·ous bolagtig, bolvormig; *~ nose* knopneus; *~ plant* bolgewas, bolplant.

bul·bul *(orn.)* tiptol, willie, bosvoël; boskruiper, -krapper; Oosterse nagtegaal; *black-eyed/Layard's ~* geelgat, swartoogtiptol; *Cape ~* (top)toppie, geelgat, Kaapse tiptol/kuifkop, witoogtiptol; *green/sombre ~* bosvoël, willie(-tiptol); *terrestrial ~* boskrapper, -kruiper, bruintiptol.

Bul·gar·i·a *(geog.)* Bulgarye. **Bul·gar, Bul·gar·i·an** *n.* Bulgaar; *(taal)* Bulgaars. **Bul·gar, Bul·gar·i·an** *adj.* Bulgaars.

bulge *n.* knop, bult, uitbolling, uitdying; bobbel; bog; uitsetting; ronding, buik *(v. 'n vat ens.)*; ruim *(v. 'n skip)*; *the ~, (Br.)* →BABY BOOM; *the Battle of the B~, (WO II)* die Ardenneoffensief. **bulge** *ww.* uitstaan, (uit)bult, bol staan; opswel, uitpeul, opbol, uitsit; laat uitstaan, opstop; *~ (out)* uitbol, opbol. ~ **baby** *(Br.)* →BOOMER.

bulg·ing *adj.* volgeprop, volgestop, (uit)bultend *(koffer ens.)*; *~ eyes* uitpeuloë; *~ stomach* boep(maag), boepens, boepie. **bulg·y** uitstaande, uitpeulend, opbollend.

bu·lim·i·a *(med., psig.)* bulimie.

bulk *n.* vrag, lading; omvang, grootte; opdikking *(v. papier)*; massa; stortgoed(ere); vulstof; merendeel, meerderheid, grootste deel/gedeelte; *the ~ of the amount* die grootste gedeelte van die bedrag; *break ~* die voorraad aanbreek; begin aflaai/los; *cargo in ~* stortlading; *grain in ~* los graan, stortgraan; *in ~* los, in losmaat, nie in sakke nie, by die massa, in massa; *sell in ~* by die groot maat verkoop. **bulk** *ww.* vertoon, lyk; in massa pak; *~ large* uitstaan, groot vertoon; op die voorgrond wees; *~(ed) yarn* pofgaring, gepofte garing. ~ **analysis** grootmaatanalise, -ontleding. ~ **buying** grootmaataankope. ~ **cargo** massavrag; losmaat-, stortvrag *(mielies ens.)*. ~ **cargo ship** massavragskip. ~ **density** massadigtheid; hoopdigtheid; dompeldigtheid. ~ **handling** stortmaat-, losmaathantering. ~ **mail** massapos. ~ **sample** grootmonster. ~ **specific gravity** massale soortlike gewig. ~ **storage** bewaring in massa. ~ **storage tank** massaopgaartenk. ~ **supplies** grootmaat-, massa-, stortvoorraad. ~ **test** massatoets, grootmaattoets.

bulk·head (waterdigte) skot/afskorting *(in 'n skip)*; kopruimte *(v. 'n trap)*.

bulk·y groot, omvangryk, lywig, dik; *~ wool* lywige wol; digveselwol. **bulk·i·ness** lywigheid.

bull[1] *n., (ml. dier by beeste, grootwild en seesoogdiere)* bul; stier; mannetjie; bulhond; *(Am. sl.)* polisieman, speurder; *(effektebeurs)* bul, stygspekulant; kol; kolskoot, →BULL'S-EYE; *the B~, (astron.)* die Stier, Taurus; *like a ~ in a china shop, (infml.)* soos 'n aap in 'n porseleinkas, soos 'n bul in 'n glashuis/glaskas; *go like a ~ at a gate, (infml.)* holderstebolder storm; *take the ~ by the horns, (infml.)* die bul by die horings pak; *a lone ~, (infml.)* 'n alleenloper. **bull** *ww.* op styging spekuleer. ~**baiting** *(hist.)* honde-en-bul-geveg. ~**bar** *(SA, Austr.)(mot.)* bosbreker. ~ **calf** bulkalf; stommerik, uilskuiken. ~**dog** bulhond, boel(hond); *(Br. univ.)* opsienersassistent; *(fig.)* bittereinder, kanniedood, vasbyter, deurdrukker, deurdrywer; *be one of the ~ breed, have the tenacity of a ~, (fig.)* 'n bittereinder/kanniedood/vasbyter wees. ~**dog clip** veer-, papierklem. ~ **elephant** olifantbul. ~ **fiddle** *(Am. infml.)* basviool, kontrabas. ~**fight** stiergeveg. ~**fighter** stiervegter. ~**fighting** stiervegtery. ~**finch** bloed-, goudvink. ~**frog** brulpadda. ~**-headed** koppig, obstinaat. ~ **holder** neusring, -knyper. ~**horn** *(Am.)* megafoon. ~ **market** *(effektebeurs)* bul-, stygmark. ~ **mastiff** kettingboel, bulbyter. ~**-necked** met die/'n dik nek. ~ **nose** *(argit.)* ronding. ~**-nosed plane** stompneusskaaf. ~ **pup** jong bulhondjie. ~ **ray** bulrog. ~**ring** arena *(vir stiergevegte)*; neusring; boegring. ~ **roarer** woervleël. ~**shit** *(vulg.)* stront, kaf, onsin. ~ **terrier** bul-, boelterriër. ~ **thistle** akkerdissel, -distel. ~ **trout** salmforel. ~**whip** ossweep.

bull[2] *n.* (pouslike) bul.

bull[3] *n., (infml.)* bog(praatjies), kaf(praatjies), twak(praatjies), snert, nonsens; *(Am.)* blaps, flater, bok; *(Irish) ~* lagwekkende teenstrydigheid.

bul·lace soort wildepruim.

bull·doze stootskraap, gelyk stoot, plat stoot, grond skoonmaak; *(fig.)* stoomroller; *(fig.)* oorrompel, afknou, intimideer; *~ s.t. through, (infml.)* iets met mag en geweld deurdryf/-drywe. **bull·doz·er** stootskraper, olifantskraper, -skrop; dwangmiddel; afknouer, bullebak.

bul·let koeël; *bite (on) the ~, (fig., infml.)* op jou tande byt; *magic ~* →MAGIC; *put a ~ through s.o.* iem. 'n koeël deur die lyf ja(ag); *a spent ~* 'n flou koeël; *stop a ~, (infml.)* 'n koeël in die lyf kry; *swishing ~s* fluitende koeëls. ~ **case** koeëlhuls. ~ **head** ronde kop; dikkop. ~**-headed** rondekop-, rondkoppig. ~ **mould** koeëlvorm. ~**proof** koeëlvry, -vas, -dig. ~ **train** super(snel)trein, blitstrein. ~ **wound** koeël-, skietwond.

bul·le·tin bulletin, boeletien, mededeling. ~ **board** *(Am.)* →NOTICE BOARD; *(rek.)* bulletin-, boeletienbord. ~ **board system** *(rek.)* bulletin-, boeletienbordstelsel.

bul·lion muntmetaal; staafgoud; staafsilwer; ongemunte goud/silwer; goud-, silwerfraiing; glaskern, -kwas, -knoop. ~ **stitch** roos-, worssteek.

bull·ish bulagtig; stygend, tot styging neigend; *~ market* stygende mark.

bull·ock jong os. ~ **cart** oskar.

bull's-eye lensvormige glas; dik glasruit; ronde dekglas *(op skip)*; handlantern; deklamp; *(soort lekker)* toorballetjie, tieroog; kol; kolskoot; windstiltesentrum, oog *(v. storm)*; *hit the ~, (lett. & fig.)* die kol tref. ~ **lamp**, ~ **lantern** springhaaslamp, diewelantern, brandglaslamp. ~ **target** kolskyf.

bul·ly[1] *n.* bullebak, (af)knouer, karnuffelaar; baasspeler, tiran; bakleier. **bul·ly** *ww.* (af)knou, karnuffel, treiter, mishandel, geniepsig wees; baasspeel oor, tiranniseer. **bul·ly** *tw.* wonderlik, fantasies, *(sl.)* bak(gat); *~ for you!, (iron.)* is jy nie oulik nie?, nou toe nou!, bravo!, veels geluk!, knap gedaan!. ~**boy** →STRONG-ARM MAN. ~ **canary** dikbekkanarie. **bul·ly·ing** baasspelery; karnuffelry, afknouery, mishandeling, treitering; geniepsig(heid).

bul·ly[2] *n. & ww., (hokkie)* instok, drietik.

bul·ly (beef) *(soort blikkiesvleis)* boeliebief.

bul·ly·rag →BALLYRAG.

bul·rush biesie, papkuil, palmiet; *(i.d. mv. ook)* matjiesgoed.

bul·wark bolwerk, verskansing, skans; hawehoof, golfbreker.

bum[1] *n., (infml.)* agterent, agterwêreld, sitvlak, agterste. ~ **bag** heupsak(kie).

bum[2] *n., (infml.)* leeglêer, leegloper; boemelaar; skobbejak; parasiet, neklêer; *give s.o. the ~'s rush* iem. uitsmyt/wegjaag. **bum** *adj.* van swak gehalte; nutteloos. **bum** -mm-, *ww.* suip; leeglê; *~ about/around* (vir kwaadgeld) rondloop; boemel; *~ a cigarette/etc.* 'n sigaret/ens. bedel; *be/feel ~med out, (sl.)* ontsteld/omgekrap wees; dik/vies/keelvol wees; die josie/hoenders in wees; in 'n slegte bui wees; af wees, miserabel voel.

bum·ble[1] *n.* fout, flater; mislukking; deurmekaarspul; verwarring. **bum·ble** *ww.* oor jou woorde struikel, na woorde soek, sukkelend praat; ploeter, sukkel, struikel; knoei(werk doen), verknoei; rondpeuter; strompel, struikel; *~ along* aansukkel, voortsukkel. **~-foot** horrelvoet; boetson, voetverswering *(by hoenders)*. **~-puppy** knoeispel.

bum·ble[2] *ww.* gons, zoem. **~bee** hommel(by).

bum·ble·dom amptenary, burokrasie.

bum·bler knoeier.

bum·bling *adj.* sukkelend, ploeterend, struikelend; onsamehangend; beteuterd, bedremmeld; onbeholpe, onhandig.

bum·boat provisieboot.

bumf, bumph *(infml., neerh.)* spul dokumente/papiere/vorms/gemorspos/ens.; *(infml., vero.)* toiletpapier.

bum·mer *(sl.)* gatslag, ramp, fiasko, (groot) flop/mislukking/teleurstelling; nagmerrie *(fig.)*; *(Am.)* leeglêer; *(Am.)* neklêer; *have a ~, (dwelmsl.)* 'n dwelmhel(levaart) deurmaak, 'n dwelmnagmerrie hê.

bump *n.* stamp, stoot, slag; botsing; knop, kneusplek; bult, knobbel; geswel, swelsel; windstoot; lugknik; *~ of locality* sin vir rigting/plekke, oriëntasievermoë. **bump** *ww.* stamp, stoot; bots; (op)spring; *(lugv., infml.)* na 'n ander vlug oorplaas; *~ against* bots/stamp teen; aanstoot teen; *~ into s.o., (lett.)* teen iem. vasloop; *(fig.)* iem. raakloop (*of* op die lyf loop); *~ into s.t.* teen iets vasloop; *~ off* afstamp, afstoot; *~ s.o. off, (infml.)* iem. van kant (*of* van die gras af) maak; *~ s.t. up, (infml.)* iets opstoot *(pryse ens.)*. **~ ball** *(kr.)* (vinnige) opslagbal, wipbal. **~ spring** deurslagveer.

bump·er *n.* stamper, stoter; *(kr.)* opslagbal; stamper, buffer; stoot-, stampblok; stootkussing; boorde(ns)vol glas/beker; iets kolossaals; buitengewone oes, stampvol saal, *ens.*; *~ to ~* teen mekaar, stamper teen stamper, buffer teen buffer. **bump·er** *adj.* stampvol, boorde(ns)vol; oorvloedig. **~ car, Dodgem** stampen-stoot-kar. **~ crop** buitengewoon ryk oes. **~ sale** groot uitverkoop. **~ sticker** bufferplakker.

bumph →BUMF.

bump·ing (die) stamp, stampery, gestamp; klopwerk *(by paneelwerk)*.

bump·kin lomperd, (gom)tor, gawie, pampoen(kop), Jan Pampoen, (plaas)japie.

bump·tious verwaand, aanstellerig, aanmatigend. **bump·tious·ness** verwaandheid, aanstellerigheid, aanmatiging.

bump·y stamperig, hobbelrig; *(lugv.)* knikkerig; *(pad)* oneffe, riffelrig; bulterig; *~ weather* onrustige (vlieg)weer. **bump·i·ness** stamperigheid, hobbelrigheid, ongelykheid.

bun bolletjie; *(hare)* bolla, haarwrong; *hot cross ~* paasbolletjie; *have a ~ in the oven, (skerts.: swanger wees)* verwag, in die ander tyd wees, kruiwa (*of* die mol) stoot; *it takes the ~, (infml.)* dit span die kroon, dit is die toppunt. **~ fight** *(Br. infml.)* teeparty(tjie); makietie, opskop, jollifikasie. **~ tin** kolwyntjiepan.

bunch *n.* bos(sie), tros; bondel; trop; *the best/pick of the ~* die allerbeste; *~ of fellows* klomp(ie) kêrels; *a ~ of flowers* 'n bos(sie) blomme, 'n ruiker; *~ of grapes* tros druiwe, druiwetros; *~ of keys* bos sleutels; *the whole ~ of them, (infml.)* hulle hele spul. **bunch** *ww.* (in) bossies maak; (saam)tros, koek, (saam)bondel, opeenhoop; *~ one's fist* jou vuis bal; *~ together/up* saambondel, saamdrom; *~ s.t. up* iets saambol; iets opfrommel. **bunch·y** *(ook)* verfrommel; *~ top* trostopsiekte.

bund *(<Hindi)* kaai; esplanade.

bun·dle *n.* bondel, bos, hoop; bundel *(ook biol.)*; gerf; rol, pak, pakket; *~ of firewood* drag brandhout; *be a ~ of nerves, (infml.)* 'n senuweeorrel/senuweebol wees; *~ of rays* stralebundel; *tie s.t. up in a ~* iets opbondel; *tie s.t. up in ~s* iets opbos, bondeltjies van iets maak. **bun·dle** *ww.* saambind, saampak; gerwe bind; op 'n hoop gooi; *people ~ **into** ...* mense klim op 'n bondel in ...; *~ s.o. **into** ...* iem. in ... insmyt; *~ people **into** ...* mense in ... instop; *~ s.o. **off** to ...* iem. haastig na ... wegstuur; *~ **out*** uitbondel; *~ s.o. **out*** iem. uitboender/uitsmyt; *~ **up*** jou warm aantrek; *~ s.t. **up*** iets opbondel. **bun·dling wire** baaldraad.

bun·du boendoe, agterveld, gram(m)adoelas. **~ bash** *n., (SA infml.)* boendoemakietie. **~-bash** *ww.* deur die veld/bosse loop/ry. **~ basher** *(persoon)* boendoetrapper; *(voertuig)* boendoebreker.

bung *n.* prop, tap *(in vat ens.)*; sponning. **bung** *ww.* toestop, toekurk; *~ in, (infml.)* instop, inprop, indruk, ingooi, insit; *~ out, (infml.)* uitgooi; *~ s.t. up, (infml.)* iets toestop; iets verstop; *be ~ed up, (infml.), (neus)* toe wees; *(iem.)* hardlywig wees; *(iets)* verstop wees. **~hole** swik-, sponning-, sponsgat.

bun·ga·low hut-, buitehuis; *seaside ~* strandhuis.

bun·gee, bun·gie, bun·gy: **~ (catapult)** brugkettie. **~ (cord/rope)** rukrek. **~ jump** rek-, brugsprong. **~ jumper** rek-, brugspringer. **~ jumping** rek-, brugspring.

bun·gle *n.* misoes. **bun·gle** *ww.* knoei; verknoei, verfoes, verbrou; droogmaak *(infml.)*. **bun·gler** knoeier, sukkelaar; verknoeier; droogmaker *(infml.)*. **bun·gling** *n.* knoeiery, knoeiwerk, geknoei, knoeiboel, brouwerk. **bun·gling** *adj.* onbeholpe, sukkelrig.

bun·ion knokkeleelt, knokkeltoon, toon-, eeltknobbel.

bunk[1] *n.* kajuitbed, slaapbank; *do a ~, (infml.)* dros, wegsluip, verdwyn; *s.o. has done a ~, (infml.)* iem. is skoonveld. **bunk** *ww.* slaap, saamslaap; wegsluip, dros, verdwyn; *~ a class* stokkiesdraai, 'n klas versuim; *~ down somewhere* êrens slaapplek kry. **~ bed** kajuitbed, slaapbank. **~house** *(Am.)* slaaphut *(vir plaaswerkers)*.

bunk[2] *n.* →BUNKUM.

bunk·er *n.* skeepskolehok, steenkoolhok, brandstofruim, bunker; *(mil.)* bunker; *(gholf)* (sand)kuil; *load* (or *take in*) *~s* olie/steenkool inneem. **bunk·er** *ww.* bunker, steenkool/olie inneem. **~ coal** bunker(steen)kool, skeepskool.

bun·kum snert, kaf, twak, bog; bedrieglike praatjies, verneukery.

bun·ny[1]: **~ (girl)** nagklubmeisie in 'n hasiepak. **~ (rabbit)** *(kindert.)* hasie, konyntjie. **~ wool** donswol.

bun·ny[2]: **~ chow** *(SA Ind. kookk.)* kerriebrood; →CURRY BUNNY.

Bun·sen: **~ burner** bunsenbrander.

bunt[1] stamp, stoot *(met kop/horings)*.

bunt[2] buik *(v. seil ens.)*.

bunt[3] *(plantsiekte)* stinkbrand.

bunt·ing[1] dun-, vlagdoek, vlagstof; vlae, vlagversiering.

bunt·ing[2] *(orn.)* streepkoppie; *rock ~* klipmossie; *snow ~* sneeuvink.

buoy *n.* boei, dryfton, dobber. **buoy** *ww.* beboei; *s.t. ~s s.o. up* iets beur iem. op, iets gee iem. moed, iets boesem iem. moed in; *s.o. ~s s.o. up* iem. beur iem. op, iem. praat/boesem iem. moed in, iem. gee iem. moed. **buoy·an·cy** dryfvermoë; veerkrag; stygkrag, hefvermoë; lughartigheid; lewendigheid *(v. pryse)*. **buoy·ant** drywend; veerkragtig; opgeruimd, lughartig; lewendig; bloeiend, florerend.

bur, burr *n.* klits(gras); steeksaad; wildeklawersaad; kwas, knoets; *(tekst.)* nop; rif, (giet)naat; ruimyster; sirkelsagie; meulsteen; ruwe kant; braam, baard *(v. metaal)*. **bur, burr** *ww.* ontklits, afbaard. **~ clover** klits-, stekelklawer. **~ grass** klitsgras. **~stone** braamsteen. **~weed** klitsgras; steekbos; boeteklits, boetebos(sie).

bur·ble *n.* gemompel. **bur·ble** *ww.* mompel; brabbel; klets, praatjies maak; borrel.

bur·bot *(igt.)* barbot, slykvis.

bur·den[1] *n.* las, vrag; drag; druk; ***bear** a ~* 'n las dra/tors; ***beast** of ~* pak-, lasdier; *be **bowed down** under a heavy ~* onder 'n swaar las gebuk gaan; *~ of **debt*** skuld(e)las; *carry a **heavy** ~* 'n swaar las dra; 'n groot verantwoordelikheid dra; *be a ~ **on** s.o.* 'n las op/vir iem. wees; op iem. se nek lê; ***place** a ~ on/upon s.o.* 'n las aan iem. oplê; *~ of **proof**, (jur.)* bewyslas; *s.o. **shoulders** the ~* iem. neem die las op hom/haar; *~ of **sins*** skuld(e)las, sondelas; *become a ~ **on the state*** ten laste van die staat kom; *~ of **taxation*** belastingdruk. **bur·den** *ww.* belas, belaai, bevrag, bedruk; *~ s.o. with s.t.* iem. met iets opsaal; iem. met iets lastig val; *be ~ed with s.t.* met iets belas wees; met iets opgesaal sit/wees; onder iets gebuk gaan. **~some** drukkend, beswarend, swaar, lastig.

bur·den[2] hooftema, -strekking, -inhoud, -sake, -trekke; koor, refrein; *the ~ of the speech was ...* die toespraak het hierop neergekom.

bur·dock *(bot.)* klitskruid.

bu·reau -reaus, -reaux skryftafel; kantoor, diens, buro; *B~ for Technical Terminology* Vaktaalburo.

bu·reau·crat burokraat. **bu·reau·cra·cy** burokrasie, amptenaredom, amptenaarsgees, amptenary, amptenareheerskappy. **bu·reau·crat·ic** burokraties.

bu·rette buret, maatglas.

burg burg, kasteel; (ommuurde) stad; *(Am.)* stad; *(Am.)* dorpie.

bur·gee *(sk.)* jagvlag.

bur·geon knop, bot, ontluik, ontbloei.

burg·er *(afk., infml.)* →HAMBURGER.

bur·gess *(hist.)* (stemgeregtigde) burger.

burgh *(Sk.)* →BOROUGH.

burgh·er *(hist.)* burger; poorter. **B~ Council** Burgerraad. **~ councillor** burgerraad. **B~ Senate** Burgersenaat. **~ watch** burgerwag.

bur·glar inbreker. **~ alarm** dief-, inbraakalarm. **~ bars** diefwering. **~proof** inbraak-, diefvry. **~proof grid** diefwering. **~-proofing** diefwering; diefvry maak. **~proof wire** dief-, diewedraad. **~ screen** diewedraad, -skerm, diefwering.

bur·glar·ise, -ize *(Am.)* →BURGLE.

bur·gla·ry inbraak; *~ at ...* inbraak in/by ...

bur·gle inbreek (by/in).

bur·go·mas·ter *(<Ndl.)* burgemeester.

Bur·gun·di·an *n.* Boergondiër. **Bur·gun·di·an** *adj.* Boergondies.

Bur·gun·dy *(geog.)* Boergondië; *(B~, b~)* boergonje(wyn). **~ mixture** *(swamdoder)* Boergondiese mengsel.

bur·i·al begrafnis, teraardebestelling; begrawing. **~ ground, ~ place** begraafplaas, kerkhof. **~ mound, ~ hill** grafheuwel. **~ plot** dodeakker. **~ service** begrafnis-, lykdiens. **~ society** begrafnisgenootskap. **~ vault** grafkelder.

bur·ied begrawe, begraafde, bedolwe; *be ~ under s.t.* onder iets begrawe wees; *(fig.)* toe wees onder iets *(werk ens.)*.

bu·rin graveerstif, radeernaald, buryn.

burke *(arg.)* versmoor; dig hou, onderdruk.

burl *n.* knoop, knop(pie); *(Am.)* kwas, knoets; *(tekst.)* nop. **burl** *ww.*, *(w.g.)* ontklits *(wol)*; nop *(tekstiel)*.

bur·lap *(tekst.)* sakgoed, jute.

burl·er nopster.

bur·lesque *n.* bespotting; klug; parodie; travestie; grappigheid; variété; burleske; paskwil, spotskrif. **bur·lesque** *adj.* bespottend; klugtig, koddig, grappig, burlesk. **bur·lesque** *ww.* parodieer, bespotlik voorstel.

burl·ing ontklitsing; nopwerk. **~ iron** noptang. **~ machine** nopmasjien.

bur·ly[1] fors, fris (gebou). **bur·li·ness** forsheid.

bur·ly[2] noppig.

Bur·ma *(geog., amptelike naam sedert 1989:* Union of Myanmar*)* Birma. **Bur·man, Bur·mese** *n.* Birmaan; *(taal)* Birmaans. **Bur·man, Bur·mese** *adj.* Birmaans.

burn[1] *n.* brandwond, brandplek; *(siekte)* brand, roes. **burn** *burnt burnt, burned burned, ww.* brand; verbrand; aanbrand; bak; ontgloei; seng; *(kos)* vasbrand;

(in kinderspeletjies) warm wees; gloei; sterk verlang; *(infml.)* besteel, bedrieg, uitbuit; ~ ***away*** verbrand, uitbrand, wegbrand, voortbrand; ~ *one's* ***boats/bridges*** jou skepe (*of* die brûe) agter jou verbrand; ~ *the* ***candle*** *at both ends* →CANDLE; *s.t.* ~*s* ***down*** iets brand af *('n huis ens.)*; iets brand korter *('n kers ens.)*; ~ *s.t.* ***down*** iets afbrand, iets plat brand; *my* ***ears*** ~ my ore tuit; ~ *one's* ***fingers,*** *(fig.)* jou vingers verbrand; *keep the* ***home fires*** ~*ing* →FIRE *n.*; ~ ***in*** inbrand; ~ ***like*** *a torch* soos 'n fakkel brand; ~ ***low*** flou brand; ~ *the* ***midnight oil*** →MIDNIGHT OIL; ~ ***money*** geld verkwis; ***money*** ~*s holes in s.o.'s pocket* geld brand in iem. se sak; ~ ***off*** afbrand, wegbrand; afskroei; lossmelt; ~ ***out*** verbrand, uitbrand; deur brand verdryf/verdrywe; *(brand)* (hom) uitwoed; *(vlam)* doodgaan, uitgaan; verteer; bekoel, afkoel; *the fire* ~*s itself* ***out*** die vuur brand uit; die brand woed (hom) uit; ~ *o.s.* ***out,*** *(fig.)* jou ooreis/oorwerk; *(sportman/-vrou ens.)* jou uitbrand; *be burnt/burned* ***out*** ooreis/oorwerk wees; afgemat/uitgemergel wees; *(sportman/-vrou ens.)* uitgebrand wees; ~ ***up*** verbrand, opbrand, uitbrand; ~ ***with*** *indignation* gloei van verontwaardiging. **~out** *n.* uitbranding; ooreising; matheid, (toestand van) uitmergeling. **~-up** *n., (sl.)* jaagtog; *go for a* ~, *(straatjaertaal)* gaan somme maak; *have a* ~, *(straatjaertaal)* somme maak.

burn² *n., (Sk., N.Eng.)* stroompie, spruitjie, lopie.

burn·er brander, pit; *back* ~ →BACK BURNER.

bur·net *(bot.)* pimpernel; donkerbruin.

bur·nett·ise, -ize burnetteer, met sinkchloried drenk.

burn·ing *n.* brand, verbranding. **burn·ing** *adj.* brandend, gloeiend; *be* ~ *to do s.t., (infml.)* brand/jeuk om iets te doen; *be* ~ *with s.t.* brand van iets *(nuuskierigheid, ongeduld, ens.)*. ~ **bush** vlamklimop; essekruid; *(Euonymus* sp.) kardinaalsmus. ~ **glass** brandglas, -spieël. ~ **pain** snerpende pyn. ~ **point** vlam-, brandpunt. ~ **question** vraagstuk van die dag, brandende vraagstuk. ~ **scent** vars/sterk reuk/spoor. ~ **shame** skreiende skande. ~ **skin** branderige vel.

bur·nish poets, (blink) vryf, poleer, polys; bruineer. **burn·ish·er** poetsyster, bruineerstaal.

bur·nous(e), *(Am.)* **bur·noose** boernoes, Arabiese mantel.

burnt gebrand, verbrand; gerooster(d); *be* ~ *to ashes* tot as verbrand wees; tot op die grond afgebrand wees; *a* ~ *child dreads the fire* 'n esel stamp hom nie twee maal teen dieselfde klip nie; *be* ~ *to a cinder* verkool (*of* swart verbrand) wees; *be* ~ *to a frazzle, (infml.)* verkool (*of* swart verbrand) wees *(iets)*; gaar gebrand wees *(iem. in die son)*. ~ **flavour** brandsmaak. ~ **lime** ongebluste/gebrande kalk. ~ **offering** brandoffer; *(skerts.)* aangebrande kos. **~-out, burned-out** *adj. (attr.)* uitgebrande *(atleet, digter, ens.)*; ~ *fabric* etsstof. ~ **sienna** gebrande siënna. ~ **sugar** karamel.

burp *n., (infml.)* wind, bulk, oprisping. **burp** *ww.* wind opbreek, oprisp. ~ **gun** *(Am. infml.)* outomatiese pistool/geweer.

burr¹ *n.* klein slypsteen; *(metaalw.)* baard, braam; kwas, knoets *(v. boom)*.

burr² *n., (fonet.)* bry; gezoem. **burr** *ww.* bry.

burr³ *n.* →BUR.

bur·ri·to *-tos, (Mex. kookk.: gevulde tortilla)* burrito.

bur·row *n.* gat, hol, lêplek *(v. dier)*. **bur·row** *ww.* (gate *of* 'n gat) grawe; *(vark)* dowwel; (om)vroetel, woel; in 'n gat woon; beskutting soek; ~ *into s.o.'s affairs* jou neus in iem. se sake steek; ~ *deeper into a bed* dieper in 'n bed kruip; ~ *one's face into a pillow* jou gesig in 'n kussing druk; ~ *into one's pockets* in jou sakke grawe; ~ *into the sand* in die sand boor; ~ *through s.t.* deur iets tonnel. **bur·row·ing** *adj.*: ~ *animal* graafdier, grawer; ~ *bee* graafby; ~ *insect* boorinsek, boorder.

bur·ry vol klitse; ~ *wool* klitswol.

bur·sa *-sae, -sas, (anat.)* (slym)beurs, bursa. **bur·sal** bursa-; ~ *cyst* slymbeurssak. **bur·si·tis** slymbeursontsteking.

bur·sar penningmeester, tesourier; beurshouer, stipendiaat. **bur·sa·ry** (studie)beurs, stipendium; *gain/obtain a* ~ 'n beurs kry/ontvang/verwerf.

bur·si·form sakvormig, beursvormig.

burst *n.* bars, skeur; breuk; uitbarsting, losbarsting; vlaag, opwelling; kragtige inspanning; sarsie; ~ *of anger* vlaag van woede; ~ *of laughter* geskater; *on the* ~*/bust* op die swier, aan die fuif; *point of* ~ bars-, springpunt; ~ *of speed* skielike vaart. **burst** *burst burst, ww.* bars, spring; oopbreek; oopgaan, ontluik; laat bars; oopbars, uitbars; *an* ***abscess*** ~*s* 'n sweer breek oop; ~ ***asunder*** uiteenbars, -spat; ~ ***away*** wegspring, losruk; *a river* ~*s its* ***banks*** 'n rivier oorstroom sy walle; *s.o.* ~ *a* ***blood vessel*** 'n aartjie van iem. het gebars; *the* ***boiler*** *has* ~ die ketel het gespring; *a* ***cloud*** ~*s* 'n wolk breek; ~ ***forth*** uitbars; te voorskyn spring; ~ ***in*** instorm, binnestorm, binnevlieg; ~ ***in upon*** oorval, oorrompel; ~ ***into*** *a room* 'n kamer binnestorm; ~ ***into*** *song* aan die sing gaan, met 'n lied lostrek; ~ ***into*** *tears* in trane uitbars, aan die huil gaan; *a storm* ~ ***on*** *s.o.'s head* 'n storm het oor iem. losgebars; ~ ***open*** oopbars, -spring; ~ ***out*** uitbars; losbreek, uitbreek; ~ ***out*** *crying* in trane uitbars, aan die huil gaan; ~ ***out*** *laughing* uitbars van die lag, aan die lag gaan, dit uitskater; ~ ***through*** deurbreek; *be* ~*ing* ***to*** *do s.t.* jeuk/brand om iets te doen; ~ ***up*** opbreek, uitmekaar spat; ontplof; bankrot speel; misluk; *be* ~*ing* ***with*** ... bars van ... *(trots)*; oorstelp wees van ... *(vreugde, blydskap)*; propvol ... wees *(idees)*; oorloop van ... *(geesdrif, liefde, mense)*; opgevreet wees van ... *(eiewaan)*; kook (*of* uit jou vel kan spring) van ... *(verontwaardiging)*.

burst·er *(rek.)* afskeurmasjien, afskeurder.

bur·ton *(Br. sl.): go for a* ~, *(breek, onklaar raak)* die gees gee; *(doodgaan)* aftjop, die gees gee, bokveld toe gaan, lepel in die dak steek, die emmer skop; verdwyn, wegraak, soek raak.

Bu·run·di *(geog., vroeër* Urundi*)* Burundi.

bur·y begrawe, *(fml.)* ter aarde bestel, *(fml.)* ter ruste lê; bedek; verberg; vergeet; verloor; ~ *the hatchet* →HATCHET.

bur·y·ing begrawing. ~ **place** begraafplaas, -plek.

bus *n.* bus, omnibus; *catch a* ~ 'n bus haal; *go by* ~ per (*of* met die) bus gaan; *miss the* ~, *(lett.)* die bus mis (*of* nie haal nie); *(fig.)* die kans verspeel/verkyk (*of* laat glip), agter die net vis, na die maal wees; *take a* ~ per bus gaan, 'n bus neem. **bus** *bus(s)ed bus(s)ing, ww.:* bus ry, per (*of* met die) bus gaan/ry; per bus vervoer; ~ *(it) to work* per (*of* met die) bus werk toe gaan/ry; ~ *children to school* kinders per bus aanry skool toe. **~bar** versamelstaaf, geleistang, -stam. ~ **driver** busbestuurder. ~ **fare** busgeld. ~ **hostess** buswaardin. **~load** busvrag; *a* ~ *of children/etc.* 'n busvrag kinders/ens.; *by the* ~, *in* ~*s, (infml.)* busse vol. **~man** buswerker, busbestuurder; ~*'s holiday, (fig.)* werkvakansie. ~ **route** busroete. ~ **service** busdiens. ~ **shed** busloods. ~ **shelter** bushokkie, -skuiling. ~ **station** busstasie. ~ **stop** bushalte. →BUSSING[1].

bus·by, bear·skin husaremus, kolbak, sjako.

bush¹ *n.* bos(sie); bosse, struike; bosveld, agterveld; haarbos; stert *(v. jakkals)*; *beat about the* ~, *(infml.)* doekies omdraai, om iets heen praat, rondspring, uitvlugte soek; *without beating about the* ~, *(infml.)* sonder doekies omdraai, kort en klaar; *flee into the* ~ in die bosse (in) vlug; *good wine needs no* ~ goeie wyn het geen krans nodig nie. **bush** *ww.* met bossies/struike beplant; toehark; ~ *out, (plant)* 'n bos vorm; *(hare)* wegstaan, wild/woes (*of* in alle rigtings) staan; *(stert)* pof staan; *(wenkbroue)* ruig wees. **~baby** nagapie, bosapie, bosnagaap, oormaki, galago. **~buck** bosbok. ~ **cart** boskar. ~ **clover** bosklawer. ~ **country** boswêreld, bosveld. ~ **cow** Wes-Afrikaanse buffel; tapir. **~craft** veldkennis, -kuns. ~ **fire** bosbrand. **~hammer** klipkappershamer. ~ **hat** veldhoed. ~ **jacket, ~ shirt** ru-, hempbaadjie, boshemp. ~ **knife** kap-, hakmes. **~man** *(Austr.)* veld(s)man; boslanser; bosvelder; →BUSHMAN. ~ **partridge** bospatrys. ~ **pig** bosvark. ~ **pumpkin** bospampoen. **~ranger** bos-, woudloper; struikrower, ontsnapte bandiet. ~ **rose** struikroos. ~ **shirt** →BUSH JACKET. ~ **shrike** *(orn.)* boslaksman; *gorgeous* ~ ~ kongkoit, rooikeellaksman; *grey-headed* ~ ~ spookvoël, spooklaksman. ~ **sickness** ystergebreksiekte. ~ **tea** *(Cyclopia* spp.*)* bossiestee, heuning-, boer-, bergtee. ~ **telegraph** bostelegraaf *(fig.)*; bostelegrafie. ~ **tick** bosluis. **~-tick berry** bokbessie, boetabessie, bietou. **~-trained vines** bosstokke, onopgeleide wingerd. **B~veld** Bosveld. **~veld** bosveld; ~ *shrub* bossie(s)veld. **~whacker** *(Am., Austr.)* boslanser. ~ **willow** vaar-, vaderlandswilg.

bush² *n., (meg.)* bus; naafbus. **bush** *ww.* bus, 'n bus insit, van 'n bus voorsien.

bushed *(Am.)* bebos; verdwaal(d); verbaas, verbyster(d); pootuit.

bush·el skepel, boesel; *hide one's light under a* ~ jou lig/lamp onder 'n maatemmer verberg/wegsteek.

Bu·shi·do, Bu·shi·do *(soms b~)(Jap.)* Boesjido.

bush·i·ness ruigheid, bosagtigheid.

bush·ing *(meg.)* bus; busse.

Bush·man *-men, (soms neerh.)* Boesman; *(taal)* Boesmans; →SAN. ~ **grass** boesman(s)gras. ~ **hare** vleihaas. **~land** (die) Boesmanland. ~ **painting** Boesmanskildery, -tekening. **~'s poison** *(bot.)* gifboom, boesman(s)gif. **~'s tea** *(bot.)* boesman(s)tee, spelonktee.

bush·y bosagtig, bebos, ruig; struikagtig; ~ *eyebrows* ruie wenkbroue; ~ *tail* bossiestert, pluimstert. **~-browed** met ruie wenkbroue. **~-maned pony** bossiekop. **~-tailed meerkat** rooimeerkat, waaierstertmeerkat.

busi·ness bedryf, sake; besigheid; beroep; handel; firma, (sake)onderneming, saak; bedryfslewe, sakelewe, sakewêreld, beroepslewe; gedoente, affêre, manewales; werkskaffery; werksaamheid; plig; *no* ***admittance*** *except on* ~ toegang alleen vir bevoegdes; ***away on*** ~ weg vir sake; ~ *is* ***bad*** dit gaan nie goed met sake nie; *it's a* ***bad/sad*** ~ dis 'n ellende/ellendigheid/naarheid (*of* 'n nare gedoente); dis 'n kwaai saak; dis baie jammer; ***carry*** *on* (*or* ***conduct***) *a* ~ →***run*** *a* ~; *at the* ***close*** *of* ~ by kantoorsluiting; by beurssluiting; ~ *of the* ***day*** (hoofpunt op die) agenda; ***do*** ~ *with s.o.* met iem. sake doen; ***do*** *one's* ~, *(infml.)* jou behoefte doen, opelyf hê, (jou) ontlas; *be in a* ***fair way*** *of* ~ goeie sake doen; ***funny*** ~, *(infml.)* streke; *there being no* ***further*** ~ ... aangesien die agenda afgehandel was, het ...; ***get down*** *to* ~ ter sake kom; begin; 'n saak/taak met mening aanpak; ***go about*** *one's* ~ met jou gewone werk voortgaan; ***go into*** ~ sakeman word, tot die sakewêreld toetree; ***go out*** *of* ~ toemaak; *do* ***good*** ~ goeie sake doen; ~ *in* ***hand*** lopende saak; ***in*** ~ in die sakelewe/sakewêreld; *be* ***in*** ~ sake doen; sakeman/sakevrou wees; *(infml.)* aan die gang wees; in werking wees; ~ ***is*** ~ sake is sake; ***know*** *one's* ~ jou vak ken; *a* ***line*** *of* ~ 'n vak; 'n bedryf; 'n tak van die handel; *in the* ***line*** *of* ~ op sakegebied; ***make*** *it one's* ~ *to* ... vir ... sorg, aandag aan ... gee; ***mean*** ~, *(infml.)* erns maak *(met iets)*, in erns wees, dit ernstig meen; ***mind*** *your own* ~, *it is* ***no*** ~ *of yours* (*or* ***none*** *of your* ~), *(infml.)* dit gaan jou nie aan nie, dit (t)raak jou nie, jy het niks daarmee uit te waai nie, bemoei jou met jou eie sake, vee voor jou eie deur, dis nie jou saak nie; *have* ***no*** ~ *here, (infml.)* niks hier te doen/maak/soek hê nie; *have* ***no*** ~ *to* ..., *(infml.)* geen reg hê om te ... nie; *it is* ***nobody's*** ~, *(infml.)* dit gaan niemand aan nie; *like* ***nobody's*** ~, *(infml.)* baie goed/knap/vinnig; ***on*** ~ vir (*of* in verband met) sake; ~ *before* ***pleasure*** plig gaan voor plesier, sake gaan voor vermake; ***proceed*** *to* ~ tot die werksaamhede oorgaan; *do a* ***roaring*** ~ druk/flink sake doen, 'n florerende saak hê; ***run*** *a* ~ 'n saak/onderneming bestuur/(be)dryf/(be)drywe; ***see*** *s.o. on* ~ met iem. oor sake praat; ***send*** *s.o. about his/her* ~ iem. wegja(ag) (*of* die deur wys), van iem. ontslae raak; ***set up in*** ~, ***start*** *a* ~ 'n onderneming/saak begin (*of* op tou sit); *do a good* ***stroke*** *of* ~ 'n (goeie) slag slaan; *it's a* ***terrible*** ~ dis iets verskrikliks; *it's s.o.'s* ~ ***to*** ... dis iem. se beroep om te ...; ***unfinished*** ~ onafgehandelde sake; ~ *as* ***usual*** sake soos gewoonlik; niks besonders nie; ***what*** *a* ~*!, (infml.)* wat 'n gedoente!; *be sick of the* ***whole*** ~, *(infml.)* sat/keelvol/maagvol vir die hele spul wees. ~ **acumen**

sakevernuf. ~ **address** sakeadres, werk(s)adres. ~ **administration** bedryfsleiding; bedryfsleer; sakebe=stuur. ~ **area** sakebuurt. ~ **arithmetic** handelsrekene. ~ **card** visite=, sake=, besigheidskaart(jie). ~ **con=cern** sakeonderneming. ~ **course** kursus in bedryfs=leer. ~ **economics** bedryfsekonomie. ~ **end** *(infml.)* skerp kant *(v. mes);* loop *(v. geweer);* kop *(v. hamer).* ~ **executive** bedryfsleier, sakebestuurder. ~ **expenses** sakeuitgawes. ~ **experience** sakekennis. ~ **hours** kan=toorure, kantoortyd, sake-ure; winkelure; werk(s)ure. ~ **interests** sakebelange. ~ **letter** sakebrief. ~ **ma=chine** kantoormasjien. ~**man** =*men* sakeman, man van sake. ~ **management** sake=, besigheidsbestuur; bedryfsleiding. ~ **meeting** huishoudelike vergade=ring. ~ **park** sakepark. ~ **plan** sakeplan. ~ **premises** sakeperseel. ~ **proposition** sakevoorstel. ~ **relations** handelsbetrekkinge. ~ **reply card** (sake)antwoord=kaart. ~ **reply service** (sake)antwoorddiens, besig=heidsantwoorddiens. ~ **school** sakeskool. ~ **science** handelswetenskap. ~ **sense** sakevernuf, =sin. ~ **sign** uithangteken. ~ **studies** sakestudie. ~ **suit** dag=, kan=toorpak. ~ **transaction** handels=, saketransaksie. ~ **trip** sakereis. ~ **undertaking** sakeonderneming. ~**woman** =*women* sakevrou.

busi·ness·like saaklik, saakkundig; metodies; prak=ties; pront.

bus·ing →BUSSING[1].

busk[1] *n.* balein.

busk[2] *ww.* op straat sing/voordra, straatmusiek maak/speel. **busk·er** straatsanger, =komediant.

bus·kin *(arg., hist.)* broos, koturn, toneellaars; die tra=gedie.

buss *n. & ww., (arg., dial.)* soen.

bus·sing[1], **bus·ing** die aanry van kinders (per bus) na skole; busry(ery).

buss·ing[2] *(arg., dial.)* soenery, gesoen.

bust[1] *n.* bors, buuste; borsbeeld. ~ **measure(ment)** borsmaat.

bust[2] *n., (infml.)* klopjag *(v. polisie);* deursoeking; ar=restasie; *(Am.)* (finansiële) mislukking, bankrotskap; fuif, dronkparty; *on the ~, (vero.)* aan die fuif/swier. **bust** *adj., (infml.)* gebars, stukkend; gevang *(deur polisie);* bankrot; *go ~* misluk, bankrot raak/speel. **bust** *ww., (infml.)* bars, breek; ruïneer; moker; (laat) misluk; bankrot raak/speel; bankrot maak (*of* laat raak); 'n klopjag op ... uitvoer; deursoek; arresteer; *~ out* uitbreek; *~ up* stry en uitmekaar gaan; *~ s.t. up* iets opbreek. ~**-up** rusie; stormagtige skeiding; ver=steuring; bakleiery.

bus·tard wildepou; *African ~* duinpou; *European ~* trapgans; *giant/kori ~* gompou; *long-legged ~* lang=beenkorhaan; *Stanley ~* veldpou. ~ **worm** *(Hartertia gallinarum)* korhaanwurm.

bus·tier *(Fr.)* stywe skouerlose toppie.

bus·tle[1] *n.* drukte, gewoel, woeligheid, bedrywigheid, rumoer, opskudding, gewerskaf, gedoente. **bus·tle** *ww.* woel, bedrywig wees, drukte maak, in die weer wees; haastig loop; aanja(ag), opdruk; jou haas, haas=tig maak; *~ about* heen en weer draf.

bus·tle[2] *n., (hist., mode)* heupbolla, tournure *(Fr.).*

bust·ling *adj.* woelig, besig, bedrywig; lewendig, op en wakker, energiek; *~ city* bedrywige stad.

bust·y *(infml.)* rondborstig, (bolangs) goed bedeel(d), met groot borste *(pred.).*

bus·y *adj.* druk, besig, bedrywig, doenig, aan die gang, in die weer; beset; bemoeisiek, neusinstekerig; *be ~ **at/with** s.t.* met/aan iets besig wees; *~ **bee*** besige by; *as ~ as a **bee*** druk besig; *~ **corner*** woelige hoek; *be ~ **doing** s.t.* iets aan die doen wees *(bv. aan die skryf/skrywe wees);* ***get** ~* aan die gang kom/raak; ***keep** o.s. ~ with s.t.* jou met iets besig hou; *~ **Lizzie**, (bot.: Impatiens spp.)* vlytige Liesbet; *~ **street*** druk straat; *~ **time*** druk tyd; *be **very** ~* druk besig wees, dit druk hê; baie te doen hê; werskaf, (rond)spook. **bus·y** *ww.: ~ o.s. with ...* jou met ... besig hou; jou met ... bemoei. ~**body** neusinstekerige mens, bemoei=al; kwaadstoker; *don't be a ~* moenie jou orig hou nie.

bus·y·ness besigheid, bedrywigheid, woeligheid, drukte; besetheid.

but *voegw.* maar, egter, ewe(n)wel, dog; *s.o. could not (help) ~ ...* iem. kon nie anders as om te ... nie; *I could not help ~ laugh* ek kon my lag nie hou nie; *never a week passes ~ s.o. ...* daar gaan nie 'n week verby son=der dat iem. ... nie; *~ then* aan die ander kant. **but** *prep.* behalwe, buiten; *~ for ...* as dit nie was dat ... nie, as ... nie ... nie; *~ for him/her* sonder hom/haar, sonder sy/haar toedoen, as hy/sy nie daar was nie; *no one ~ me* niemand behalwe ek nie; niemand anders as ek nie; *nothing ~ good* net goeie dinge/gevolge/ens.; *the last ~ one* op een na die laaste. **but** *adv.* maar, slegs; *he/she is ~ a child* hy/sy is nog maar (*of* maar net) 'n kind. **but** *n.: ifs and ~s* →IF *n.; no ~s!* geen teenwer=pinge/mare nie!.

bu·ta·di·ene *(chem.)* butadieen.

but and ben *(Sk.)* tweekamerhuis; klein/nederige/beskeie huisie.

bu·tane *(chem.)* butaan.

butch *n., (sl.)* mannetjiesvrou, tawwe lettie; breker, macho (man). **butch** *adj., (sl.)* bruut, mannetjies=agtig; bruut, macho, viriel.

butch·er *n.* slagter; wreedaard. **butch·er** *ww.* slag; 'n slagting aanrig, vermoor, uitmoor. ~**bird** (jan)=fiskaal, laksman, kanariebyter, tweedood. ~**'s axe** slag=tersbyl. ~**'s broom** slagtersbesem; *(bot.)* muisdoring. ~**'s knife** slag(ters)mes. ~**'s (shop)** slaghuis, slagtery, slagterswinkel.

butch·er·ing slagtery; slagting.

butch·er·ly slagteragtig, wreed, onmenslik.

butch·er·y slagtery, slaghuis, slagterswinkel; slagtery, slagwerk; slagting, moordery.

but·ler butler, hoofbediende, huiskneg; bottelier, hof=meester. ~**'s pantry** bottelary.

butt[1] *n.* dik ent; kolf; (kolf)greep; (boom)stomp, stamstuk; dikste gedeelte; *(wol)* misklos; *(verbinding)* stuik; deurskarnier; skyfpunt, =plek; doel(wit), mik=punt, skyf; *(Am. infml.)* bas, jis, sitvlak, stert, agterent, agterwêreld, alie; *at the ~s* op die skietbaan; *get up off your ~* lig jou bas; *make a ~ of s.o./s.t.* iem./iets 'n voorwerp van spot maak; *rifle ~* geweerkolf; *shoot at the ~s* skyfskiet. **butt** *ww.* stamp, stoot; *~ in* jou neus insteek, jou inmeng, tussenin kom; *~ing face* aan=loopvlak; *~ing peg* stootpen; *~ing plough* vlekploeg; *~ up against* bots teen. ~ **chisel** keepbeitel. ~**-cover plate** lasplaat. ~ **end** dik ent; stompie; agterstuk, agterent; stuikent; skeerkant *(v. wol).* ~ **hinge** deur=skarnier. ~ **joint** stootlas, =voeg, stomp=, stuiklas. ~ **seam** stuiknaat. ~ **weld** stuikisweislas. ~**-welded** ge=stuiksweis. ~ **welding** stuiksweising; stuiksweiswerk.

butt[2] *n.* vat, pyp, sjerrievat.

butt[3] *n., (igt.)* platvis, heilbot.

butte *(Am.)* spitskop, pramkop; los kop.

but·ter[1] *n.* stoter, stamper.

but·ter[2] *n.* botter; vleiery, stroop; *draw ~* botter wel; *s.o. looks as if ~ wouldn't melt in his/her mouth, (infml.)* ('n) mens sou sê botter smelt nie in sy/haar mond nie; *spread ~ on bread* botter op brood smeer; *work ~* botter deurwerk. **but·ter** *ww.* (botter op)smeer; *~ed bread* botter en brood; *know on which side one's bread is ~ed* →BREAD; *want one's bread ~ed on both sides* →BREAD; *fine/fair words ~ no parsnips* praatjies vul geen gaatjies (nie); *~ s.o. up, (infml.)* by iemand flikflooi/pamperlang, iem. heuning om die mond smeer, iem. met die heuning=/stroopkwas bewerk; *s.o. wants to be buttered up, (infml.)* iem. wil gelek wees, iem. wil hê ('n) mens moet hom/haar lek. ~**-and-eggs** *(bot.)* lenteklokkie, vlasleeubekkie. ~**ball** botterballetjie; *(infml.)* potjierol. ~ **bean** botterboon=(tjie); hereboon(tjie). ~ **biscuit** botterkoekie. ~ **boat** kommetjie/potjie vir gesmelte botter. ~ **cake** botter=koek. ~ **cooler** botterkoeler. ~**cup** *(bot.)* botterblom. ~ **dish** botterpotjie, =bakkie. ~**fat** bottervet. ~**fin=gered** met botter aan die vingers; onhandig, lomp. ~**fingers** lomperd, onhandige. ~**fish** *(igt.)* bottervis. ~**head lettuce** botterslaai. ~ **icing** botterversiersel. ~ **knife** bottermes. ~**milk** karringmelk. ~ **muslin** bot=ter=, melk=, kaasdoek. ~**nut** grysneut. ~**nut (squash)** botterskorsie. ~ **oil** botterolie. ~ **pat** botterklont; bot=terspaan. ~**pips**, ~**pits** *(mv.), (sade v.d. narra, 'n woes=tynplant)* botterpitte. ~ **scoop** botterspaan. ~**scotch** botterkaramel, borsplaat. ~**spoon tree** rooi-els=(boom). ~ **tester**, ~ **trier** botterproewer. ~ **tooth** bo=voortand. ~ **tree** botterboom. ~**wort** *(bot.)* vetkruid, =blaar, smeerblaar.

but·ter·fly skoenlapper, vlinder; *(infml.)* verander=like/wispelturige mens, vlinder; *(i.d. mv.)* senu(wee)=agtigheid; *diurnal ~* dagvlinder; *have butterflies (in one's stomach), (fig., infml.)* senu(wee)agtig wees, dit op jou senuwees hê; *nocturnal ~* nagvlinder; *break a ~ on the wheel, (fig.)* hase/mossies/muggies met ka=nonne skiet, 'n vlieg met 'n voorhamer slaan. ~ **bush** saliehout, Buddleia. ~ **cock** vleuelkraan. ~ **collar** wegstaanboordjie. ~ **door** vleueldeur. ~ **effect** *(infml., fig.)* vlindereffek. ~ **fish** vlindervis. ~ **flower** skoen=lapperblom. ~ **kaftan** vlinderkaftan. ~ **kiss** vlugtige soentjie, soen op die oë. ~ **lily** gemmerlelie. ~ **net** vlindernet. ~ **nut** *(teg.)* vleuelmoer. ~ **pelargonium** *(bot.)* rambossie. ~ **pleating** vlinderplooie. ~ **roof** vlinderdak. ~**-shaped** vlindervormig. ~ **stroke** *(swem)* vlinderslag. ~ **tie** vlinderstrikkie, *(infml.)* katsnor. ~ **valve** vleuelklep. ~ **weed** woestyntulp.

but·ter·ine kunsbotter.

but·ter·is hoefmes.

but·ter·y[1] =*ies, n.* spens, provisiekamer.

but·ter·y[2] *adj.* botteragtig.

but·tock boud, sitvlak, agterwêreld, agterste; bees=boud; *(ook, i.d. mv., infml.)* stêre; *(i.d. mv.)* broek *(v. dier).*

but·ton *n.* knoop; knop; *(dwelmsl.: Mandraxtablet)* knopie; *(i.d. mv., infml.)* livreikneg; *(i.d. mv., infml.)* hoteljoggie; *(i.d. mv.)* rugstring *(v. dier); do up* (*or undo*) *~s* knope vasmaak/losmaak; *~s are done up* (*or undone*) knope is vas/los; *on the ~, (infml.)* in die kol, presies (reg); *press/push a ~* op 'n knoppie druk. **but·ton** *ww.* (vas)knoop, toeknoop; knope aansit; *it ~s at the back* dit kom/knoop agter vas, dit word agter toegeknoop; *~ on* vasmaak; *~ up* vasknoop, toe=knoop; *(infml.)* klaarmaak; *(infml.)* stilbly; *have s.t. (all) ~ed up, (infml.)* iets in kanne en kruike hê. ~ **boot** knooplaars, =stewel. ~ **box** knoop=, knopedoos. ~**bush** *(bot.)* knoopbos; koolbos. ~**-down collar** knoopkraag. ~ **head** rondekop. ~**hole** →BUTTON=HOLE. ~**hook** knoophaak. ~ **mushroom** dwergsam=pioen. ~ **quail** bos=, rietkwartel. ~ **shoe** knoopskoen. ~ **shop** knoop=, knopewinkel. ~ **spider** knopiespin=nekop; →BLACK WIDOW. ~ **switch** knopskakelaar. ~**wood** koeëlblomplataan.

but·ton·hole *n.* knoopsgat; knoopsgatblom, =ruiker. **but·ton·hole** *ww.* knoopsgate in ... maak; knoops=gatsteke/komberssteke werk; *~ s.o.* iem. (met nimmer=eindigende praatjies) ophou (*of* staande hou). ~ **scis=sors** knoopsgatskêr. ~ **stitch** knoopsgatsteek; kom=berssteek. ~ **twist** knoopsgatsy.

but·ton·hol·er knoopsgatmaker; praatjiesmaker.

but·tress *n.* stutmuur; stut; (steun)beer; *(fig.)* steun=pilaar; bergkaap; skouersteun *(v. buiteband); flying ~* steunboog. **but·tress** *ww.* steun, stut, skraag. ~ **root** stutwortel.

bu·tyl *(chem.)* butiel.

bu·tyne *(chem.)* butyn.

bu·tyr·ic *(chem.)* botteragtig; *~ acid* bottersuur.

bu·tyr·in *(chem.)* botterstof, butirien.

bu·tyr·om·e·ter botter(vet)meter.

bux·om fris (en gesond), (rond en) stewig; rondbors=tig.

buy *n.* koop, aankoop; *be a good ~* 'n kopie wees. **buy** *bought bought* koop; inkoop; aanskaf; omkoop; *(Am.)* aanvaar, genoeë neem met; *~ **at** a shop* by 'n winkel koop; *~ s.t. **back*** iets terugkoop; *~ s.t. **from** s.o.* iets by/van iem. koop; *~ s.t. **in*** iets inkoop; *~ **it**, (sl.: dood=gaan)* lepel in die dak steek; *~ s.o. **off*** iem. omkoop; *(hist.)* iem. afkoop/vrykoop/loskoop; *~ s.t. **off** s.o.* iets by/van iem. koop; ~ *s.o.* ***out*** iem. uitkoop; ~ *s.o.* ***over*** iem. omkoop; ~ *a* ***pig*** *in a poke* 'n kat in die sak koop; ~ ***s.t.,*** *(infml.)* iets aanvaar/glo/sluk; ~ *s.t.* ***up*** iets opkoop. **~-aid** koophulp. **~-aid society** koopgenootskap. **~-back** *n., (han.)* terugkoop. **~-in** *n., (han.)* inkoop. **~out** *n., (han.)* uitkoop; *leveraged* ~ hefboomuitkoop; *management* ~ bestuursuitkoop.

buy·a·ble koopbaar; omkoopbaar.

buy·er koper; inkoper; inkoopster; *prospective* ~ moontlike koper, aspirantkoper; *at ~'s risk* voetstoots. **~s' market** kopersmark.

buy·ing pow·er koopkrag.

buzz *n.* gegons; gefluister; drukte, gewoel. **buzz** *ww.* gons, zoem; fluister, praatjies rondstrooi; *(sl.)* (op)bel; lastig val; *(vliegtuie)* laag vlieg; *my ears* ~ my ore tuit; ~ *off, (sl.)* verkas; ~ *off!, (sl.)* trap!, maak dat jy wegkom!, skoert!, kry jou ry!. ~ **bike** brom-, kragfiets. ~ **bomb** vlieënde bom. ~ **saw** *(Am.)* sirkelsaag. ~ **word** *(infml.)* mode-, gonswoord.

buz·zard *(orn.), (SA)* jakkalsvoël; *(Eur.)* buiserd; *(fig.)* blikskottel, blikslaer, swernoot.

buzz·er gonser, zoemer; stoomfluit; seiner.

bwa·na *(Swah.)* meneer.

by *prep.* by; naby; met; deur; teen; op; na; volgens; per; ~ ***accident/chance*** by/per toeval; ~ ***air*** →AIR *n.;* ~ ***airmail*** →AIRMAIL; ***amended*** ~ *Act No. 8* gewysig deur/by Wet 8; ~ ***appearance*** →APPEARANCE; ~ ***April*** *30(th)* voor (of op) 30 April; ***begin/end*** ~ ... met ... begin/eindig; ~ ***birth*** →BIRTH; ~ ***blood*** →BLOOD *n.; blow* ~ ***blow*** →BLOW[3]; *a* ***book*** ~ ... 'n boek deur/van ...; *man shall not live* ~ ***bread*** *alone* →BREAD *n.;* ~ ***candlelight*** →CANDLELIGHT; ~ *diplomatic* ***channels*** →CHANNEL *n.;* ~ ***cheque*** →CHEQUE; ***come*** ~ *s.t.* →COME; ~ *(mutual)* ***consent*** →CONSENT *n.;* ~ ***contract*** →CONTRACT *n.;* ~ ***day*** →DAY; ~ ***daylight*** →DAYLIGHT; ~ ***default*** →DEFAULT *n.;* ~ ***degrees*** →DEGREE; ***divide*** ~ ... →DIVIDE; ~ ***doing*** *s.t.* deur iets te doen; ~ *the* ***dozen*** →DOZEN; *set* ~ *the* ***ears*** →EAR[1]; *north* ~ ***east*** noord ten ooste; ~ ***experience*** →EXPERIENCE *n.;* ~ ***far*** verreweg; ~ *the* ***grace*** *of God* →GRACE *n.;* ~ ***guess*** →GUESS *n.;* ~ ***hand*** →HAND *n.;* ***hard*** ~ *a place* vlak by 'n plek; ~ ***heart*** →HEART; ~ *the* ***hundred(s)*** →HUNDRED; *live* ~ ***hunting/etc.*** →LIVE *ww.;* ~ ***itself*** op sigself; ***judge*** ~ *appearances* →JUDGE *ww.; do a* ***kindness*** ~ *s.o.* goed doen teenoor/aan iem.; ~ ***land*** →LAND *n.;* ~ ***last night*** *no one had been caught* gisteraand was nog niemand gevang nie; ~ ***law*** →LAW; ~ *your* ***leave*** →LEAVE *n.;* ~ ***letter*** →LETTER[1] *n.; I have the book* ~ ***me*** ek het die boek by my (*of* byderhand); ***mean*** ~ ... met ... bedoel; ~ ***means*** *of* →MEANS; *metre* ~ ***metre*** meter vir meter; *4* ~ *5* ***metres*** 4 by 5 meter; ~ ***Monday*** *nothing was left* Maandag was (daar) niks (meer) oor nie; ***multiply*** *s.t.* ~ ... →MULTIPLY; ~ ***name*** →NAME *n.;* ~ ***nature*** →NATURE; ~ ***night*** →NIGHT; *s.o. should be there* ~ ***now*** (or ~ *this time)* iem. moet nou al daar wees; ~ ***numbers*** →NUMBER *n.; be here* ~ *nine* ***o'clock*** sorg dat jy teen nege-uur hier is; ~ ***order*** →ORDER *n.;* ~ ***o.s.*** alleen; op jou eie; *a* ***picture*** ~ ... 'n skildery deur/van ...; ~ ***post*** →POST[2] *n.;* ~ ***rail*** →RAIL[1] *n.;* ~ *the* ***rear*** agter om/langs; ~ ***reason*** *of* ... →REASON *n.;* ~ *the* ***right*** →RIGHT *n.; do the* ***right thing*** ~ *s.o.* reg doen teenoor iem.; ~ ***road*** →ROAD; ~ ... ***(sire)*** *out of ... (dam)* by ... (vaar) uit ... (moer); ***sit*** ~ *s.o.* →SIT; ***stand*** ~ →STAND *ww.;* ~ ***statute*** →STATUTE; ***swear*** ~ *s.o./s.t.* →SWEAR *ww.;* ~ ***(tele)phone*** →PHONE; ~ ***that/this*** →THAT; THIS *pron.;* ~ *that* ***time*** →TIME *n.;* ~ *this* ***time*** →TIME *n.;* ~ *the* ***time*** *s.o.* ... →TIME *n.; the* ***time*** ~ *which* ... →TIME *n.; go/travel* ~ ***train*** →TRAIN *n.;* ~ *the/etc.* ***way*** →WAY; *a child* ~ *his first* ***wife*** 'n kind by sy eerste vrou; ***win*** *(~) 6-4* met 6-4 wen; ~ ***word*** *of mouth* mondeling(s); ***written*** ~ ... deur ... geskryf/geskrywe. **by** *adv.* verby; opsy; ~ *and* ***by*** strak(kie)s, aanstons; ***go/pass*** ~ verbygaan, verbysteek; opsy laat; wegskram van; *times/days* ***gone*** ~ vervloë tye/dae; ~ *and* ***large*** oor/in die algemeen, oor die geheel, in hoofsaak, in die reël; ***lay/put/set*** *~, (vero.)* opsy sit, bewaar; ***stand*** ~ →STAND *ww..* **by** *byes, n.: by the* ~ terloops, tussen hakies, van die os op die jas; →BYE[1]. **by-** *pref.* by-, newe-, ondergeskikte; sy-, dwars-. **~-blow** sy-, dwarshou; *(arg.)* buite-egtelike kind, buitebeentjie. **~-consideration** bysaak, ondergeskikte belang/sorg. **~-effect** newe-effek, bykomstige/indirekte/sydelingse gevolg. **~-election, bye-election** tussenverkiesing, tussentydse verkiesing. **~-end** byoogmerk, bybedoeling. **~gone** *n.* wat verby is, gedane saak; *let ~s be ~s* moenie ou koeie uit die sloot grawe nie, vergeet die verlede, verby is verby. **~gone** *adj.* verouderd, uitgesterf, uitgestorwe; vroeër, vergange, verbygegaan, vervloë. **~lane** systeeg, -gangetjie. **~law, bye-law** (stads)verordening, dorpswet, keur, munisipale regulasie. **~-line** naamreël, outeursreël; naamtekening; byvak; →SIDELINE. **~name** bynaam, toenaam; van. **~pass** *n.* ompad, omweg, verbypad, uitwyking; newesluiting, om(loop)leiding; *(med.)* omleiding. **~pass** *ww.* omloop, opsy laat, verbysteek. **~pass (line)** uitwyklyn. **~pass operation, ~pass surgery** omleidingsoperasie, omleidingchirurgie, -sjirurgie. **~pass road** verby-, uitwyk-, vermypad. **~path** sypad; dowwe paadjie; *(fig.)* syweg. **~-play** stil spel; ondergeskikte aksie. **~-product** neweproduk, afvalproduk. **~road** sypad; dowwe paadjie. **~-sound** bygeluid, -klank. **~stander** bystander, toeskouer; *(i.d. mv. ook)* omstanders. **~street** systraat; agterstraatjie; dwarsstraat. **~-tone** bytoon, -geluid. **~way** eensame/dowwe paadjie; kortpad; *(fig.)* minder bekende terrein. **~word** spreekwoord; bynaam; skimp-, spotnaam; *become a* ~ spreekwoordelik word; *be a* ~ *for* ... vir ... berug/bekend wees. **~-work** bywerk, los werk.

bye[1] *n.* vrybeurt, los loot; *(kr.)* loslopie; iets ondergeskiks; *by the* ~ terloops, tussen hakies, van die os op die jas; *draw a* ~ 'n vrybeurt kry, vryloot. **~-election** →BY-ELECTION. **~-law** →BYLAW.

bye[2], **bye-bye** *tw., (infml.)* tot siens, dag, tot straks; *bye-byes, (infml., kindert.: slaap)* doedoe.

Bye·lo·rus·sia →BELARUS.

byre *(Br.)* koeistal.

By·ron·ic Byroniaans. **By·ron·ism** Byronisme.

bys·sus *(hist.)* fyn linne; bissus, hegspinsel *(v. skulpdiere)*. **bys·sa·ceous, bys·soid** fyndradig. **bys·sal** bissus-. **bys·sine** van fyn linne; watteagtig.

byte *(rek.)* greep.

by·town·ite *(min.)* bytowniet.

Byz·an·tine, Byz·an·tine *n.* Bisantyn. **Byz·an·tine, Byz·an·tine** *adj.* Bisantyns; *(fig.)* ingewikkeld, gekompliseer(d); onbuigsaam; slinks, agterbaks, onderduims. **Byz·an·tin·ism** Bisantinisme. **By·zan·ti·um** Bisantium.

Cc

c, C *c's, C's, Cs, (derde letter v.d. alfabet)* c, C; Romeinse syfer 100; *big C~* →BIG; *little ~* c'tjie; *small ~* klein C. **C3** minderwaardig. **C flat** *(mus.)* C-mol. **C sharp** *(mus.)* C-kruis.

Caa·ba →KAABA.

cab *n.* taxi; *(hist.)* huurrytuig, *(infml.)* keb; kap *(v. vrag=motor/loko)*. **cab** *=bb=, ww.* 'n huurrytuig neem, 'n rytuig huur. ~ **driver** taxiryer; huurkoetsier. ~**man** *=men* taxiryer; huurkoetsier. ~ **rank,** ~ **stand** taxistaanplek.

ca·bal *n.* kabaal, geheime kliek; politieke samespanning. **ca·bal** *=ll=, ww.* saamspan, saamsweer, knoei, konkel, intrigeer. **ca·bal·ler** samesweerder, knoeier, intrigant.

ca·ba·la →CABBALA.

cab·a·ret kabaret.

ca·ba·ya, ka·ba·ya *(hist.)(kledingstuk)* kabaai.

cab·bage kool, kopkool; *head of ~* koolkop; *talk of ~s and kings* land en sand gesels. ~ **field,** ~ **patch** koolakker. ~ **(head)** koolkop. ~ **lettuce** k(r)opslaai. ~ **palm** koolpalm. ~ **rose** koolroos. ~ **stalk,** ~ **stump** koolstronk. ~ **tree** koolpalm; kiepersol, sambreelboom; grootblaarboom. ~ **white** *(soort skoenlapper)* koolwitjie. ~**wood** kiepersolhout; koolpalmhout.

cab·ba·la, ca·ba·la *(Hebr.)* Kabbala; geheime leer. **cab·(b)a·list** Kabbalis. **cab·(b)a·lis·tic** Kabbalisties; geheim.

cab·by taxiryer; *(hist.)* (huur)koetsier.

cab·in *n.* kajuit; hut. **cab·in** *ww.* insluit, vasknel, platdruk. ~ **boy** *(hist.)* kajuit(s)jonge, skeepsjonge. ~ **class** kajuitklas. ~ **crew** *(lugv.)* kajuitbemanning. ~ **cruiser** motorwoonskuit. ~ **hole** patryspoort. ~ **scooter** kajuitfiets; kajuitponie. ~ **trunk** kajuit=, hutkoffer.

cab·i·net kabinet, kas; *(pol.)* kabinet, ministerraad, ministerie; raad(s)kamer; kantoor; *(arg.)* kamertjie; ~ *of* ***curiosities*** rariteitekas, =kamer; ***form*** *a ~* 'n kabinet saamstel; *~ of* ***prints*** prentekabinet; ***reshuffle*** *a ~* 'n kabinet herskommel. ~ **council** kabinets=, ministerraad. ~ **decision** kabinetsbesluit. ~ **edition** luukse uitgawe. ~**maker** skrynwerker, kabinet=, meubelmaker; kabinetsvormer, =formateur. ~**making** skrynwerk, meubelmakery. ~ **meeting** kabinetsvergadering. ~ **minister** kabinetsminister. ~ **organ** harmonium, kabinetorrel. ~ **photograph** kabinetfoto. ~ **piano** regop klavier. ~ **pudding** kabinetpoeding. ~ **reshuffle** kabinetskommeling. ~ **size** kabinetformaat. ~**work** skrynwerk.

ca·ble *n.* kabel; kabellengte; (telegraaf)kabel; (kabel)=telegram, kabel(gram); (anker)ketting; *lay a ~* 'n kabel lê. **ca·ble** *ww.* met 'n kabel verbind/vasbind; kabel, telegrafeer; van kabeltelevisie voorsien; toegang tot kabeltelevisie gee/bied. ~ **balloon** kabelballon. ~ **car** kabelkar(retjie), sweefspoorkarretjie, =kajuit, gondel. ~ **core** kabelkern. ~ **coupling** kabelkoppeling. ~ **deck** kettingdek. ~ **duct** kabelgang, =kanaal. ~ **gland** kabelafdigstuk. ~**gram** kabelgram. ~ **haulage** kabelvervoer. ~ **hauling gear** kabeltrektuig. ~ **joint** kabellas. ~**(-laying) ship** kabelskip. ~ **letter** briefkabel, =telegram. ~ **railway** kabelspoor(weg). ~ **reel** kabeltol. ~ **stitch** kabelsteek; *double ~* ~ sigsag-kabelsteek. ~ **suspender** kabelhanger. ~ **(television),** ~ **TV,** ~**vision** kabeltelevisie. ~ **trench** kabelvoor. ~**way** kabelspoor, =baan; lugkabel; *aerial ~* sweef=, lugspoor, kabelspoor.

ca·bled: ~ *report* kabelberig; ~ *yarn* kabelgaring, =gare.

ca·bling bekabeling, kabelaanleg; kabelversending; kabellysversiering.

ca·bob →KEBAB.

cab·o·chon ongefasetteerde edelsteen.

ca·boo·dle boel, spul, sous, rommel, kaboedel; *the whole (kit and) ~, (infml.)* die hele spul/sous/pakkaas/pakkasie/katoetie.

ca·boose *(spw.)* kondukteurswa, kaboes; *(Kan.)* veldkombuis; *(arg.)* skeepskombuis.

cab·o·tage *(sk.)* kusvaart, =handel.

cab·ri·ole boogpoot, geboë poot.

cab·ri·o·let kabriolet.

ca'can·ny *(Br., vero.)* stadig/versigtig (wees/werk); sloerstaking (hou).

ca·ca·o →COCOA.

cach·a·lot →SPERM WHALE.

cache *n.* wegsteekplek; wegsteekgoed, geheime voorraad. **cache** *cached caching, ww.* wegsteek, in die geheim bêre; *(rek.)* in 'n hulp=/tussengeheue/cache(geheue) bêre/(op)berg/bewaar/stoor. ~ **(memory)** *(rek.)* hulp=, tussengeheue, cache(geheue).

ca·chec·tic →CACHEXIA.

ca·chet, ca·chet stempel, kasjet; pildoppie, ouel.

ca·chex·i·a, ca·chex·y *(patol.)* kragverval, uittering, kageksie. **ca·chec·tic, ca·chec·ti·cal** kragteloos, uitgeput, uitgeteer, vervalle, kagekties; kwaadsappig.

cach·in·nate *(poët., liter.)* skater, hardop lag. **cach·in·na·tion** skaterlag.

ca·chou, ca·chou *(Fr., vero.)* cachou, asemverfrissertjie; →CATECHU.

cack *n., (Br. infml.)* kak *(vulg.); (fig.)* twak.

cack-hand·ed *(Br., infml.)* links(handig); links, onhandig.

cack·le *n.* gekekkel; gebabbel, gesnater; gegiggel; *cut the ~, (infml.)* ter sake kom; *cut the ~!, (infml.)* genoeg gepraat!; *cut your ~!, (infml.)* hou jou snater!. **cack·le** *ww.* kekkel; babbel, snater; giggel. **cack·ler** kekkelbek, kletskous, babbelaar; kakelaar; giggelaar.

cac·o= *komb.vorm* kako=, slegte.

cac·o·de·mon bose gees; kwaadwillige.

ca·cog·ra·phy kakografie, slegte handskrif, gekrap, hanepote; slegte geskryf; slegte spelling.

ca·col·o·gy kakologie, slegte woordkeuse; slegte uitspraak.

ca·coph·o·ny kakofonie, wanklank, =geluid; kakofonie, onwelluidendheid. **ca·coph·o·nous** onwelluidend, wanklinkend, kakofonies.

cac·to·blast·is *=blastes* turksvyvlieg.

cac·tus *=tuses, =ti* kaktus; *jointed ~* litjieskaktus; *spineless ~* kaalbladkaktus. ~ **dahlia** veerdahlia.

cad *(vero., infml.)* ploert, skobbejak, smeerlap. **cad·dish** gemeen, laag, ploerterig. **cad·dish·ness** ploertigheid, ploertery.

ca·das·ter, ca·das·tre kadaster, grondregister. **ca·das·tral** kadastraal; ~ *map* kadasterkaart.

ca·dav·er *(med., poët., liter.)* kadawer, lyk. **ca·dav·er·ous** kadaweragtig; lykkleurig, doodskleurig.

cad·dice →CADDIS[1].

cad·die, cad·dy *=dies, n.* (gholf)joggie. **cad·die, cad·dy** *=died =dying, ww.* dra *(op gholfbaan)*. ~ **car(t)** gholf=, baankarretjie.

cad·dis[1], cad·dice *(wolstof)* kaddis.

cad·dis[2]: ~ **fly** water=, skietmot, kokerjuffer. ~ **(worm), caseworm** *(watermotlarwe)* sprokkel=, kokerwurm, grashuisie.

cad·dy[1] teebus(sie), teeblik(kie).

cad·dy[2] →CADDIE.

cade *(w.g.)* hanslam; troeteldier.

ca·dence *=dences,* **ca·den·cy** *=cies, (mus.)* kadens, kadans, val, ritme, maat, intonasie, stem=, toonval. **ca·den·cy** *=cies, (her.)* breking; afstamming in die sylinie; *mark of ~* breuk.

ca·den·za *(mus.)* cadenza; *have a ~, (SA, infml.)* 'n oorval kry; tekere (*of* te kere) gaan.

ca·det jonger seun; kadet; offisierskadet, leerlingoffisier; kwekelingonderwyser. ~ **branch** jonger seun se tak van familie. ~ **camp** kadetkamp. ~ **cloth** kadetstof. ~ **corps** kadetkorps. ~ **movement** kadetbeweging. ~ **officer** kadetoffisier.

ca·det·cy, ca·det·ship kadetskap.

cadge bedel; *(arg., Sk.)* smous. **cadg·er** bedelaar; *(arg., Sk.)* bondeldraer, smous. **cadg·ing** bedelary; *(arg., Sk.)* smousery.

ca·di, ka·di *=dis, (Arab.)* kadi, regter *(in Islamitiese lande)*.

Ca·diz *(geog.)* Cadix, Cadiz.

cad·mi·um *(chem., simb.:* Cd*)* kadmium.

ca·dre kader; raam(werk).

ca·du·ce·us *=cei, (mit., med.)* boodskapperstaf, Hermes=, Merkurius=, Mercuriusstaf.

ca·du·cous *(bot.)* vroegafvallend. **ca·du·ci·ty** *(poët., liter.)* verganklikheid, kortstondigheid; *(arg.)* seniliteit.

cae·cum, *(Am.)* **ce·cum** *=ca, (anat.)* sakderm, blindesak, =derm.

Cae·no·zo·ic →CENOZOIC.

Cae·sar Caesar; keiser; *(med., infml.)* keisersnee; keisersneebaba; *render unto ~ the things which are ~'s* betaal aan die keiser wat die keiser toekom. **Caesa·re·a** *(geog., hist.)* Sesarea. **Cae·sar·e·an, Cae·sar·i·an** *n., (soms c~)(med.)* keisersnee. **Cae·sar·e·an, Caesar·i·an** *adj.* van Caesar; ~ *birth* keisersneegeboorte; ~ *operation* keisersneeoperasie; ~ *section* keisersnee. **Cae·sar·ism** Caesarisme. **Cae·sa·ro·pa·pism** *(ook c~)* caesaropapie. **Cae·sa·ro·to·my** *(ook c~)(med)* keisersnee.

cae·si·ous blou=, grysgroen.

cae·si·um, *(Am.)* **ce·si·um** *(chem., simb.:* Cs*)* sesium.

cae·su·ra *=ras, =rae* sesuur, ruspunt, verssne(d)e, snyding. **cae·su·ral** sesuur.

ca·fé[1] kafee. ~**-bio(scope)** kafee-bioskoop, *(infml.)* vlooifliek. ~ **owner,** ~ **proprietor** kafeebaas. ~**-restaurant** kafee-restaurant/restourant.

ca·fé[2] *(Fr.)* koffie; koffiehuis; ~ *filtre* (koppie) filterkoffie; ~ *au lait* melkkoffie, koffie met melk; ~ *noir* swart koffie. **caf·fe·ic:** ~ *acid* koffiesuur. **caf·fein(e)** kafeïen, koffiebitter.

caf·e·te·ri·a kafeteria.

caff *(sl., afk. v.* café*)* kaf, keif.

Caf·frar·i·a →KAFFRARIA.

Caf·fre →KAFFIR.

caf·tan →KAFTAN.

cage *n.* kou(tjie), hok; tronk; hyshok, =bak *(in myn)*; kooi *(by koeëllaer)*. **cage** *ww.* in 'n kou/hok sit; opsluit; ~ *in/up* inhok/ophok; *feel ~d in/up* ingehok/opgehok voel. ~ **bird** kouvoël(tjie). ~**work** traliewerk.

cag·(e)y *adj.,* **cag·i·ly** *adv., (infml.)* versigtig, omsigtig; terughoudend, gereserveer(d); ontwykend. **cag·i·ness** versigtigheid, omsigtigheid; terughoudendheid, gereserveerdheid; ontwykendheid.

ca·goule, ka·goul(e) (ligte) anorak/windjak.

ca·hoots *(infml.): be in ~ with s.o.* met iem. kop in een mus wees (*of* hand om die nek sit/wees).

Cai·a·phas *(NT)* Kajafas.

cai·man →CAYMAN.

Cain *(OT)* Kain; *brand/mark of* ~ Kainsteken, =merk; *raise* ~, *(infml.)* 'n kabaal maak/opskop, (woes) tekere (*of* te kere) gaan, 'n yslike lawaai maak. **Cain·ite** Kainiet.

Cai·no·zo·ic →CENOZOIC.

ca·ïque *(sk.)* kaïk.

Cai·rene, Cai·rene →CAIRO.

cairn baken, klipstapel. ~ **(terrier)** cairn-terriër.

cairn·gorm *(min.)* rooktopaas, cairngorm.

Cai·ro *(geog.)* Kaïro. **Cai·rene, Cai·rene** *n.* Kaïreen. **Cai·rene, Cai·rene** *adj.* Kaïreens.

cais·son, cais·son ammunisiewa; ammunisiekis; fondamentkas, sinkkuip; dryfhek; caisson. ~ **disease** duiker=, borrelsiekte. ~ **wall** caissonwand.

cai·tiff *n., (arg., poët.)* ellendeling, lafaard. **cai·tiff** *adj.* laag, lafhartig.

caj·e·put →CAJUPUT.

ca·jole vlei, flikflooi; mooipraat; omhaal, omkonkel, omrokkel; ~ *s.o. into doing s.t.* iem. omrokkel om iets te doen; ~ *s.t. out of s.o.* iets by/van iem. afbedel. **ca·jol·er·y** vleiery, flikflooiery, mooipraatjies.

Ca·jun *n., (bewoner v. Louisiana v. Frans-Kanadese afkoms)* Cajun; *(dialek)* Cajun. **Ca·jun** *adj.* Cajun-; ~ *cooking* Cajun-kookkuns.

caj·u·put, caj·e·put kajapoet(boom). ~ **(oil)** kajapoet(olie).

cake *n.* koek, gebak; ~*s and* **ale** pret en plesier; **bake** *a* ~ 'n koek bak; *you cannot* **have** *your* ~ *and eat it* (*or eat your* ~ *and have it*), *(infml.)* jy moet een van die twee kies, jy kan nie albei tegelyk hê nie; *want to* **have** *one's* ~ *and eat it* die een wil hê sonder om die ander te laat; *sell like* **hot** ~*s* soos soetkoek gaan; *a* **piece** *of* ~, *(lett.)* 'n stuk(kie) koek; *be a* **piece** *of* ~, *(fig., infml.)* doodmaklik/kinderspeletjies wees; *a* **slice** *of the* ~, *(infml.)* 'n aandeel; *a* ~ *of* **soap** 'n koekie seep; **take** *the* ~, *(infml.)* die kroon span, die toppunt wees. **cake** *ww.* (saam)koek; klont(er), klonte maak; verhard, hard word, stol. ~ **cooler** koekrak(kie), (af)koelrak(kie). ~ **dish** koekbord. ~ **flour** koekmeel(blom). ~ **fork** koekvurkie. ~ **lifter** koekspaan, =skep. ~ **mix** koekmengsel. ~ **mixture** koekbeslag. ~ **mould** koekvorm. ~ **pan** koekpan. ~ **rack** koekrak(kie), (af)koelrak(kie). ~ **stand** koekstander. ~ **tin** koekblik; koekpan. ~**walk** *(hist., Afro-Am. dans)* cakewalk; *be a* ~, *(fig., infml.)* doodmaklik/kinderspeletjies wees.

caked gekoek; *be* ~ *in/with* ... met 'n kors/laag ... bedek wees *(modder ens.)*.

cak·ing *n.* saamkoeking. ~ **coal** →COKING COAL.

Cal·a·bar *(geog.)* Calabar. ~ **bean** kalabarboon(tjie).

cal·a·bash kalbas. ~ **milk** kalbasmelk. ~ **pear** kalbaspeer. ~ **pipe** kalbaspyp.

Ca·lab·ri·a *(geog.)* Kalabrië. **Ca·lab·ri·an** *n.* Kalabriër, Kalabrees. **Ca·lab·ri·an** *adj.* Kalabries, Kalabrees.

cal·a·man·co =*coes, (hist., tekst.)* kalmink.

cal·a·man·der (wood) koromandelhout.

cal·a·mine *(min.)* kal(a)myn, galmei, hemimorfiet; *(vero.)* →SMITHSONITE. ~ **lotion** kal(a)mynmelk.

cal·a·mint (balm) kalamint.

ca·lam·i·ty onheil, ramp; rampspoed, ellende. **ca·lam·i·tous** rampspoedig.

cal·a·mus =*mi* kalmoes; skryfstif, rietpen; *sweet* ~ →SWEET.

ca·lan·dra *(entom.)* kalander.

ca·lash, ca·lèche *(hist.)* kales; spa(a)ider; hoepelkap.

calc= *komb.vorm* kalk=.

cal·ca·ne·um =*nea,* **cal·ca·ne·us** =*nei, (anat.)* hak(skeen)been, hielbeen.

cal·car·e·ous, cal·car·i·ous kalkagtig, kalkhoudend, kalk=; kalkliewend; krytwit.

calced *(arg., relig.)* geskoei(d).

cal·ce·i·form, cal·ce·o·late *(bot.)* pantoffelvormig.

cal·ce·o·lar·i·a pantoffelblom, venusskoen.

cal·cic kalsiumhoudend, kalsium=.

cal·cif·er·ol, vit·a·min D_2 kalsiferol, vitamien D_2.

cal·cif·er·ous kalkhoudend; kalkvormend.

cal·ci·fy verkalk; tot kalk maak. **cal·ci·fi·ca·tion** verkalking.

cal·ci·mine, kal·so·mine kalsimien.

cal·cine *n.* metaalas. **cal·cine** *ww., oorg. & onoorg.* verbrand, veras, kalsineer, verkalk; uitdroog; verfyn, suiwer. **cal·ci·na·tion** verbranding, verassing, kalsinering, verkalking; uitdroging; verfyning, suiwering. **cal·cin·er** kalkbrander; kalsineeroond. **cal·cin·ing** kalkbrandery; kalsinering; ~ *furnace* kalsineeroond.

cal·cite, calc·spar *(min.)* kalsiet, kalkspaat.

cal·ci·um *(chem., simb.: Ca)* kalsium. ~ **carbonate** kalsiumkarbonaat.

calc·spar →CALCITE.

cal·cu·late (be)reken, uitreken, kalkuleer, syfer; *(Am.)* dink, glo, meen; ~ *(up)on s.t.* op iets reken; ~ *that* ... bereken dat ...; meen dat ... **cal·cu·la·ble** rekenbaar. **cal·cu·lat·ed** bereken(d); koelbloedig, voorbedag; selfsugtig; ~ *insult* opsetlike belediging; ~ *risk* weloorwoë/beredeneerde/berekende risiko; *s.t. is* ~ *to* ... iets is daarop bereken om te ...; iets het die strekking/gevolg om te ... **cal·cu·lat·ing** berekend, intrigerend, konkelend; reken=; *in* ~ *the amount* by die berekening van die bedrag; ~ *frame* rekenraam, =bord; ~ *machine* rekenmasjien. **cal·cu·la·tion** berekening, raming, kalkulasie, syfering; *according to* (or *by*) *s.o.'s* ~*s* volgens iem. se berekening/skatting; *do a* ~ *of the* ... die ... bereken; *be out in one's* ~*s* jou berekening is verkeerd, jou misreken. **cal·cu·la·tive** berekenend. **cal·cu·la·tor** sakrekenaar; (be)rekenaar; rekenmasjien; rekentafel; *lightning* ~ snelrekenaar.

cal·cu·lus[1] =*li, (med.)* graweelsteen; *biliary* ~ galsteen; *renal* ~ niersteen; *salivary* ~ speekselsteen; *vesicular* ~ blaassteen. **cal·cu·lous, cal·cu·lose** steenvormend; kliphard.

cal·cu·lus[2] =*luses* rekenmetode; rekening; *differential* ~ differensiaalrekening; *integral* ~ integraalrekening; ~ *of probabilities* kansrekening; ~ *of variations* variasierekening.

Cal·cut·ta *(geog.)* Kalkutta.

cal·de·ra *(geol.)* (groot) krater, kaldera.

cal·dron →CAULDRON.

Cal·e·do·ni·a Caledonië, Skotland. **Cal·e·do·ni·an** *n.* Caledoniër, Skot, Bergskot. **Cal·e·do·ni·an** *adj.* Skots; ~ *Canal* Caledoniese Kanaal; ~ *market* rommelmark; rommelverkoping; ~ *Society* Skotse Vereniging.

cal·e·do·nite *(min.)* caledoniet.

cal·e·fac·tion *(w.g.)* warmtevorming, verwarming, verhitting. **cal·e·fac·to·ry** verwarmend, verhittend.

cal·en·dar *n.* kalender, almanak; lys, rol. **cal·en·dar** *ww.* opteken; rangskik. ~ **clock,** ~ **watch** kalenderhorlosie. ~ **month** kalendermaand.

cal·en·dar·er optekenaar.

cal·en·der *n.* (mangel)pers, kalander, glansmasjien. **cal·en·der** *ww.* mangel, pers, kalander; ~*ed paper* glanspapier, geglansde papier. **cal·en·der·ing** glansdruk, kalander(proses). **cal·en·dry** kalandery, kalandermeul(e).

cal·ends, kal·ends *(hist.)* calendae; *on/at the Greek C*~ in die jaar nul, as die hingste vul, ad calendas Graecas; *postpone to the Greek C*~ tot in die oneindige uitstel.

ca·len·du·la *(bot.)* gousblom.

cal·en·ture ylende koors.

calf[1] *calves, n.* kalf; kalfsleer; snuiter; stommerik; **drop/throw** *a* ~ 'n kalf werp; *kill the* **fatted** ~ die gemeste kalf slag; **female** ~ verskalf; ~ *at* **foot** suipkalf; *worship the* **golden** ~ die goue kalf aanbid; **in/with** ~ dragtig. ~**bound** in kalfsleerband, kalfsleer=. ~ **love** kalwerliefde. ~ **meal** kalwermeel. ~ **paratyphoid** lewersiekte. ~**'s brains** kalfsharsings. ~**'s foot** kalfspoot. ~**'s-foot jelly** kalfspootjellie. ~**'s head** kalfskop. ~**skin** kalfsvel, kalwervel. ~**'s leather** kalfsleer. ~**'s liver** kalfslewer.

calf[2] *calves, n.* kuit.

cal·i·brate kalibreer; yk; ~*d spring* gekalibreerde veer; *calibrating spring* kalibreerveer.

cal·i·bra·tion kalibrering; yking. ~ **error** ykfout; kalibreerfout.

cal·i·bra·tor, cal·i·bra·ter kalibrator; yker.

cal·i·bre, *(Am.)* **cal·i·ber** kaliber; deursnee; wydte; gehalte, soort; *guns of* **heavy** ~ geskut van groot kaliber; *s.o. of* **high** ~ iem. van formaat; *s.o. of his/her* ~ iem. van sy/haar gehalte/stoffasie; *s.o.* **of that** ~ iem. van daardie kaliber; *s.o. of* **small** ~ iem. sonder gewig. ~ **gauge** kalibermaat.

cal·i·cle →CALYCLE.

cal·i·co =*co(e)s* katoen(stof), kaliko, drukkatoen; *printed* ~ voersis.

Cal·i·cut *(geog., vero.)* Kalikoet; →KOZHIKODE.

ca·lif →CALIPH.

Cal·i·for·ni·a *(geog.)* Kalifornië. **Cal·i·for·ni·an** *n.* Kaliforniër. **Cal·i·for·ni·an** *adj.* Kalifornies.

cal·i·go *(med.)* (gedeeltelike) blindheid, gesigsbeneweling.

cal·i·per *(Am.)* →CALLIPER.

ca·liph, ca·lif, k(h)a·lif *(hist., Islam)* kalief. **ca·li·hate** kalifaat.

cal·is·then·ics *(Am.)* →CALLISTHENICS .

ca·lix =*lices* kelk; (kelkvormige) holte.

calk[1] *ww.* →CAULK.

calk[2], **cal·kin** *n.* hoefysterpen, =klou.

calk[3], **calque** *ww.* kalkeer, deurtrek, natrek.

call *n.* roep, geroep; *(kerklik)* beroep; (voël)gefluit; (trompet)sinjaal; uitnodiging; oproep(ing); roeping; (roep)stem, lokstem; telefoongesprek, =oproep; aanleiding, rede; besoek, kuiertjie; oorkoms; oproeping, opvordering *(v. aandele)*; ~ *to* **arms** wapenkreet; **at** ~ op aanvraag; ter beskikking; *(fin.)* dadelik opeisbaar/opsegbaar/opvraagbaar; **at/within** ~ beskikbaar, byderhand; *be at s.o.'s* **beck** *and* ~ →BECK[2]; **clear** ~ *to* ... wekroep tot ...; *it was a* **close** ~ dit was 'n noue ontkoming (*of* so hittete); *beyond the* ~ *of* **duty** bo en behalwe die plig; **feel** *a* ~ *to* ... 'n roeping (*of* jou geroepe) voel om te ...; *the* ~ **for** ... die aandrang op/om ...; *a* ~ **for** *contributions* 'n oproep om bydraes; **give** *s.o. a* ~ iem. bel; **loan** *on* ~ daglening, onmiddellik opeisbare/opvraagbare lening; *a* **long** ~ *to* ... 'n hele ent tot ...; **long-distance** ~ ver/vêr oproep; **make** *a* ~ bel, telefoneer; 'n besoek bring; 'n oproep doen; 'n storting opvra *(op aandele)*; **make** *heavy* ~*s on/upon* ... groot eise aan ... stel, ... sterk in beslag neem; *there is* **no** ~ *to be/do* ... daar is geen aanleiding/noodsaak om ... te wees/doen nie; *be* **on** ~ (dadelik/onmiddellik) beskikbaar wees; *(fin.)* (dadelik/onmiddellik) opeisbaar wees; *(dokter ens.)* op bystand/roep wees *(<Eng.)*, ná normale werktyd (*of* te alle tye) beskikbaar wees, kan uitgeroep (*of* [dadelik] ontbied) word; **pay** *s.o. a* ~, **pay** *a* ~ *on s.o.* iem. besoek, 'n besoek by iem. aflê (*of* aan iem. bring), by/vir iem. gaan kuier; **port** *of* ~ →PORT[1]; **return** *a* ~ 'n teenbesoek bring/aflê; **return** *s.o.'s (telephone)* ~ iem. terugbel; **take** *a* ~ 'n (telefoon)oproep neem; *a* ~ **to** *the nation* 'n oproep tot die volk; 'n wekroep tot die volk; *the clergyman has had a* ~ **to** ... die predikant staan onder beroep na ...; **within** ~ binne hoorafstand; →**at/within. call** *ww.* roep; byeenroep; inroep; oproep; toeroep; noem, heet; aangaan, besoek aflê; (op)bel, oplui; (troef) maak, (aan)sê, aangee; beroep *(predikant)*; oproep *(getuie)*; uitroep *(staking)*; ~ *to* **account** tot verantwoording roep; ~ **after** *s.o.* agter iem. aan roep; *s.o. is* ~*ed* **after** ... iem. heet na ... (*of* is na ... genoem); ~ *to* **arms** tot die aanval oproep; ~ *s.o.* **aside** iem. opsy (*of* eenkant toe) roep; ~ **at** ... by ... aangaan/aanloop/aanry; ~ **at** *a port* 'n hawe aandoen; ~ *s.t. to s.o.'s* **attention** →ATTENTION; ~ **away** wegroep; ~ **back** weer kom; terugbel; ~ *s.o.* **back** iem. terugroep; iem. terugbel; ~ *s.o. to the* **bar** →BAR[1]; ~ *into* **being** in die lewe roep; verwek; ~ *a* **bowler,** *(kr.)* 'n bouler opruk; ~ *it a* **day** →DAY; ~ *(in) a* **doctor** 'n dokter ontbied/roep (*of* laat kom); ~ **down** afroep; afsmeek; ~ *s.o. a* **drunkard** iem. vir 'n dronk=

aard uitmaak; *feel ~ed upon to ...* jou geroepe voel om te ...; *~ for action/etc.* optrede/ens. vra; *~ for s.o.* iem. kom haal; *~ for s.t.* om iets roep *(hulp ens.)*; iets vra *(tenders ens.)*; om iets vra *(vrywilligers ens.)*; iets kom haal, iets afhaal; iets (ver)eis/verg; iets opeis/opvra; iets bestel; iets bepleit, op iets aandring; *s.t. ~s for a celebration* iets moet gevier word; *s.t. is not ~ed for* iets is onnodig; *to be ~ed for* word afgehaal, af te haal; *~ s.t. forth, (fml.)* iets te voorskyn roep; iets veroorsaak, tot iets lei; iets uitlok; *~ a halt* →HALT¹ *n.*; *~ to heaven* die hemel aanroep; *it ~s to (high) heaven* dit skrei ten hemel; *~ in s.t.* iets intrek/opvra (*of* aan die omloop onttrek) *(geld ens.)*; iets oproep *('n verband)*; iets laat inbring; *~ s.o. in* iem. inroep; *s.t. is ~ed ...* iets word ... genoem; *~ it what you like* noem dit wat jy wil; *~ a meeting* 'n vergadering belê/byeenroep; *~ to mind* →MIND *n.*; *~ s.o. by name* iem. by name noem; *~ s.o. by his/her name* iem. op sy/haar naam noem; *~ s.o. names* iem. uitskel, op iem. skel, teen iem. swets; *~ s.o. off* iem. wegroep; *~ a dog off* 'n hond wegroep; *~ s.t. off* iets afstel *('n byeenkoms ens.)*; iets afgelas *('n staking ens.)*; iets staak *(wat reeds a.d. gang is)*; *~ on/upon s.o.* iem. besoek; 'n beroep op iem. doen; iem. oproep; iem. die woord gee, iem. aan die woord stel; op iem. se nommer druk; *~ on/upon God* God aanroep; *~ out* uitroep; *~ s.o. out* iem. uitroep; iem. uitdaag; iem. oproep/(op)kommandeer *(troepe)*; *~ s.t. out, (ook)* iets aflees *(name ens.)*; *~ (out) for help* om hulp roep; *~ (out) for s.o.* na iem. roep; *~ (out) for water/etc.* (om) water/ens. vra; *~ s.t. over* iets aflees/voorlees *(name ens.)*; *~ s.t. in question* iets in twyfel trek; *~ the roll* →ROLL *n.*; *~ round* aangaan, aanloop *(by iem., by 'n plek)*; *~ the shots/tune* die baas wees, die lakens uitdeel; *~ somewhere* êrens aangaan/aanloop; *~ a spade a spade* →SPADE *n.*; *~ to s.o.* na iem. roep, iem. toeroep; *~ ... together* ... byeenroep; *~ s.o. up* iem. bel; iem. oproep/(op)kommandeer; *~ s.t. up* iets te voorskyn roep; iets voor die gees roep; iets wek *(herinneringe)*; *~ upon* →*on/upon*; *what is it ~ed?* hoe/wat noem ('n) mens dit?; *~ a witness* →WITNESS *n.*. ~ **bell** oproepklok. ~ **bird** lokvoël. ~ **box** telefoonhokkie, =huisie, belhokkie. ~**boy** roeper, teaterjoggie. ~ **girl** foonsnol, lokpop, afspraakmeisie. ~ **loan** daglening, onmiddellik opeisbare/opvraagbare/opsegbare lening. ~ **money** daggeld, onmiddellik opeisbare/opvraagbare geld. ~**-off** afgelasting. ~ **office** oproepkantoor. ~**-over** afroeping, rollesing, appèl. ~ **sign(al)** roepsein, oproepteken; roepletter(s). ~**-up** oproep(ing). ~**-up papers** *(mil.)* oproepinstruksies.

call·a·ble *(fin.)* oproepbaar, opeisbaar, opvraagbaar; *(fin.)* aflosbaar.

cal·la (lil·y) kalla, varklelie, =oor, =blom.

call·er roeper; oproeper, aanroeper; aanvraer; besoeker.

cal·lig·ra·phy kalligrafie, (skoon)skryfkuns; skoonskrif. **cal·lig·ra·pher** skoonskrywer, kalligraaf. **cal·li·graph·ic** kalligrafies.

call·ing geroep; roepstem; beroep; roeping; beroeping *(deur gemeente)*. ~ **card** *(Am.)* visitekaartjie. ~**-off** afgelasting.

cal·li·o·pe *(Am. mus.)* stoomorrel. **Cal·li·o·pe** *(Gr. mit.)* Kalliope, Kalliopê.

cal·li·per, *(Am.)* **cal·i·per** *(dikw. mv., med.)* loopyster; *inside ~s* holpasser; *outside ~s* diktepasser; *(pair of) ~s* krom=, meetpasser; loopyster; *rule ~s* kaliberstok. ~ **brake** passerrem. ~ **compasses** krom=, meetpasser. ~ **gauge** speermaat. ~ **splint** *(med.)* loopyster.

cal·lis·then·ics, *(Am.)* **cal·is·then·ics** sier=, kamergimnastiek, ligte gimnastiek, vrye oefeninge, kallistenie. **cal·lis·then·ic,** *(Am.)* **cal·is·then·ic** gimnasties, kallistenies.

cal·lous geëelt, vereelt, eelterig; eeltagtig; *(fig.)* gevoelloos; verhard, verstok; *become ~, (ook fig.)* verhard; →CALLUS. **cal·los·i·ty** eelt, huidverharding; dikhuidigheid. **cal·loused** vereelt. **cal·lous·ly** gevoelloos, kil, koelbloedig, gewete(n)loos. **cal·lous·ness** *(fig.)* gevoelloosheid; verstoktheid, verhardheid.

cal·low baar, groen, onervare; *(w.g.)* kaal, sonder vere.

cal·lus =luses eelt, vereelting, kallus; beeneelt; wondkurk, =weefsel.

calm *n.* kalmte, stilte; windstilte; stiltestreek; gevegstilte. **calm** *adj.* kalm, stil, bedaard, rustig; ongeërg, onbewoë; *~ belt* (wind)stiltestreek; *cool, ~ and collected* →COOL *adj.*; *a ~ day* 'n stil dag; *dead ~* dood=, bladstil; *keep/stay ~* kalm bly, nie op loop gaan/sit nie; (*ook*) jou kalmte bewaar; *as ~ as a millpond, (d. see)* doodkalm; *perfectly ~* doodkalm; doodgerus; *quite ~, (ook)* doodbedaard; *~ sea* kalm see. **calm** *ww.* kalmeer, stilmaak, tot bedaring bring, sus; *~ down* bedaar, tot bedaring kom, kalm word, afkoel; *~ s.o. down* iem. kalmeer (*of* tot bedaring bring). **calm·a·tive** *n.* kalmeermiddel, kalmerende middel, susmiddel. **calm·a·tive** *adj.* kalmerend; *~ pill* kalmeerpil. **calm·ing** *adj.* kalmerend. **calm·ly** kalm(pies), bedaard; doodluiters; *quite ~, (ook)* doodbedaard. **calm·ness** kalmte.

cal·o·mel *(med.)* kalomel.

Cal·or Gas *(handelsnaam)* butaangas.

ca·lor·ic *n., (hist.)* warmte; warmtestof. **ca·lor·ic** *adj.* kalories, warmte=; *~ engine* kaloriese masjien, warmlugmasjien. **cal·o·ric·i·ty** eie warmte.

cal·o·rie, cal·o·ry kalorie, warmte-eenheid; *Calorie, kilogram/large ~* kilogramkalorie, groot kalorie; *(gram/small) ~* gramkalorie, klein kalorie. ~ **value** hittewaarde.

cal·o·rif·ic warmtegewend, warmte=, hitte=; *~ loss* warmteverlies; *~ power* warmtevermoë; *~ (heat) value* kaloriese waarde; *(chem.)* verbrandingswarmte, =waarde; hittewaarde *(by brandstowwe)*.

cal·o·rim·e·ter kalorie=, warmtemeter. **cal·o·rim·e·try** kalorimetrie, warmtemeting.

ca·lotte *(RK)* kalotjie; sneeu=, yskap; *(argit.)* plafondom.

calque *(ling.)* leenvertaling; →CALK³.

cal·trop, cal·trap, cal·throp *(bot.)* sterdissel, =distel; *(mil.)* voet=, hoefangel, draadduweltjie.

cal·u·met kalumet, (Indiaanse) pyp; *smoke the ~* die vredespyp rook, vrede maak.

cal·um·ny *(fml.)* laster(ing), skindertaal, =praatjies, skindery, beklадding, beswaddering. **ca·lum·ni·ate** (be)laster, (be)skinder, beswadder, beklad. **ca·lum·ni·a·tion** belastering, beswaddering, bekladding. **ca·lum·ni·a·tor** lasteraar, beswadderaar, bekladder. **ca·lum·ni·a·to·ry, ca·lum·ni·ous** lasterlik, lasterend.

Cal·va·ry Kalvarie(berg), Kruisberg.

calve kalf, kalwe; afkalwe; *~ in* inkalwe(r), afkalwe(r); →CAVE¹ *ww.*. **calv·ing** kalwing; afkalwing.

Cal·vin Calvyn. **Cal·vin·ism** Calvinisme. **Cal·vin·ist** *n.* Calvinis. **Cal·vin·ist, Cal·vin·is·tic(·al)** *adj.* Calvinisties.

cal·vi·ti·es *(w.g.)* kaalhoofdigheid.

calx *calxes, calces, (chem., arg.)* metaalas.

cal·y·cle, cal·i·cle, *(Lat.)* **ca·lyc·u·lus** *(bot.)* bykelk. **ca·lyc·u·lar, ca·lic·u·lar** *(bot.)* blomkelkvormig. **ca·lyc·u·late, ca·lic·u·late** *(bot.)* skynkelkdraend.

Cal·y·don *(Gr. mit.)* Kaludon. **Cal·y·don·i·an:** *~ boar* Kaludoniese wildevark.

ca·lyp·so =sos kalipso.

ca·lyp·tra *(bot.)* huikie, kaliptra, kalipter.

ca·lyx =lyxes, =lyces blomkelk. **ca·lyc·i·flo·ral,** =**flo·rate,** =**flo·rous** kelkblommig. **ca·lyc·i·form** kelk=, bekervormig, gekelk. **ca·lyc·i·nal, cal·y·cine** *(biol.)* kelk=, beker=, komvormig. **cal·y·coid, cal·y·coi·de·ous** *(bot.)* kelk=, bekervormig.

cam kam *(v. 'n rat)*; nok *(v. 'n nokas)*; nokskyf; silindersluiter *(v. 'n pistool)*. ~ **angle** nokhoek. ~ **box** nokkas. ~ **rod** nokstang. ~**shaft** nokas. ~**shaft bush** nokasbus.

ca·ma·ra·de·rie kameraadskap(likheid).

cam·ber *n.* ronding, welwing, katrug; kromming *(v. vere)*; *(mot.)* wielvlug. **cam·ber** *ww.* rond, welf, afskuins. ~ **alignment** wielvlugstelling. ~ **angle** wielvlughoek. **cam·bered** gerond, gewelf, gekrom; *~ road* geronde/afgeskuinste pad; *~ roof* geronde dak.

cam·bi·al *(bot.)* kambiaal.

cam·bist *(vero., fin.)* wisselhandelaar; wisselgids. **cam·bist·ry** wisselhandel.

cam·bi·um =biums, =bia, *(bot.)* kambium, teelweefsel. ~ **layer** kambium=, teellaag.

Cam·bo·di·a *(geog.)* Kambodja. **Cam·bo·di·an** *n.* Kambodjaan. **Cam·bo·di·an** *adj.* Kambodjaans.

Cam·brai *(geog.)* Kameryk.

cam·brel →GAMBREL.

Cam·bri·a *(Me. Lat. naam)* Kambrië, Wallis. **Cam·bri·an** *n.* Kambriër, Walliеser; *(geol.)* Kambrium. **Cam·bri·an** *adj.* Kambries, Wallies; *(geol.)* Kambries.

cam·bric *n.* kamerdoek, batis. **cam·bric** *adj.* kamerdoeks.

Cam·bridge *(geog.)* Cambridge. ~ **sausage** knakwors.

cam·cord·er kameraopnemer.

Cam·de·boo: *the ~, (SA, geog.)* die Kamdeboo. ~ **stinkwood** kamdeboostinkhout, witstinkhout.

came¹ *verl.t.* het gekom; →COME.

came² *n.* loodroei *(v. ruitraam)*.

cam·el kameel; *the last straw that breaks the ~'s back* →STRAW. ~ **back** kameelrug; boggelrug; loopvlakrubber. ~ **bull** kameelbul. ~ **cow** kameelkoei. ~ **driver** kameeldrywer. ~**'s foot** *(Piliostigma thonningii)* kameelspoor. ~**('s) hair** kameelhaar. ~ **thorn** *(Alhagi camelorum)* kameeldoringbos. ~ **thorn,** ~**-thorn tree** *(Acacia erioloba)* kameeldoring(boom). ~ **yarn** kameelhaar.

ca·mel·eer kameeldrywer; kameelryer.

ca·mel·li·a *(bot.)* kamelia, japonika.

ca·mel·o·pard, ca·mel·o·pard *(vero.)* →GIRAFFE.

Cam·e·lot Camelot *(in Arturiaanse legende)*.

ca·mel·ry kameelruitery.

Cam·em·bert *(Fr.)* camembert(kaas).

cam·e·o =os kamee.

cam·er·a kamera, foto(grafeer)toestel; (film)kamera; (televisie)kamera; (raads)kamer; *high-speed ~* snelkamera; *in ~, (jur.)* agter/met geslote deure, in camera; *on ~* voor die kamera, regstreeks; in beeld. ~ **case** kameratas. ~**man** =men (rolprent)fotograaf; persfotograaf; kameraman. ~ **obscura** *(Lat.)* camera obscura. ~**-ready copy** *(druk.)* reprografeerbare kopie. ~**-shy** kamerasku.

Cam·e·roon, Cam·e·roon, *(Fr.)* **Came·roun** *(geog.)* Kameroen; *the ~s* Kameroen.

ca·mi-: ~**knickers** lyf=, hempbroek(ie). ~**sole** onderlyfie; *(hist.)* kamisool.

cam·i·on *(Fr.)* (lae) vragwa/=motor.

Cam·i·sard, Cam·i·sard *(hist.: Hugenote-opstandelinge)* Camisard.

cam·let *(tekst.)* kamelot, kamlet.

cam·o·mile, cham·o·mile *(bot.)* kamille; *stinking ~* stinkende kamille, stinkblom. ~ **daisy** egte kamille. ~ **oil** kamille-olie. ~ **tea** kamilletee.

Ca·mor·ra: *the ~, (Mafia-agtige organisasie)* die Camorra.

cam·ou·flage *n.* vermomming, maskering; vermommingsmiddel(s), kamoeflering, skutkleur, kamoeflage. **cam·ou·flage** *ww.* vermom, masker, maskeer, kamoefleer; verdoesel. ~ **net** momnet. ~ **painter** momskilder. ~ **uniform** kamoefleerdrag.

camp¹ *n.* kamp; laer; militêre lewe; kamp(eerders); *(fig.)* kamp, faksie; *at ~* in/by die kamp; *break ~* (die) kamp/laer opbreek; uit die kamp breek; *confinement to ~* kamparres; *in ~* in die kamp; *pitch* (or *set up*) *~* kamp opslaan, kampeer; laer trek; *be in the same ~* aan dieselfde kant staan/wees; *the socialist/etc. ~* die sosialistiese/ens. kamp/faksie; *strike ~* (die) kamp opbreek. **camp** *ww.* kamp(eer); laer trek; *~ off* afkamp; *~ out* uitkamp, kamp(eer); in tente slaap. ~ **bed** kampbed(jie), veld=, voubed. ~ **chair** kamp=, veld=, voustoel(tjie). ~ **commander,** ~ **commandant** kampkommandant. ~ **fever** tifus=, laerkoors. ~**fire** kampvuur; laervuur. ~ **follower** kampvolger; aanhanger, meeloper. ~ **meeting** *(Am., relig.)* opelugbyeenkoms, tentdiens. ~ **sheeting,** ~ **shot** beslag, dek=

laag, beskoeiing. ~ **site, camping site** kamp(eer)terrein. ~ **stool** kamp=, veld=, voustoel(tjie). ~ **stretcher** kampbed(jie), veld=, voubed.

camp² *n., (infml.)* verwyfdheid, verwyfde gedrag, kamp *(gaysl.)*; aansitterigheid, aanstellery, aanstellerigheid; *(teat.)* oorspelery; kitsch. **camp** *adj., (infml.)* verwyf(d), kamp *(gaysl.)*; oorspelend, teatraal; kitscherig. **camp** *ww.* oordryf; ~ *it up, (infml.)* met slap polse rondtrippel, die polse flap (en die heupe swaai), dit opkamp *(gaysl.)*; dit (*of* die pap) te dik aanmaak, erg oordryf; *(teat.)* oorspeel, oordrewe speel; ~ *s.t. up* iets opknap; iets oordryf; ~ *up a part* 'n rol oorspeel.

Cam·pa·gna (di Ro·ma): *the* ~ (~ ~), *(geog.)* die Campagna (di Roma).

cam·paign *n.* veldtog, kampanje, krygstog; beweging, aksie; reklame; *plan of* ~ veldtogsplan; *serve in a* ~ 'n veldtog meemaak. **cam·paign** *ww.* op kommando wees, 'n veldtog (mee)maak; 'n veldtog voer; 'n aksie voer, propaganda maak; ~ *against* ... 'n veldtog teen ... voer; ~ *for* ... jou vir ... beywer. ~ **medal** veldtogsmedalje.

cam·paign·er kryger, stryder; *old* ~ veteraan, ringkop, ou strydros.

cam·paign·ing kit velduitrusting.

Cam·pa·ni·a *(geog.)* Kampanië.

cam·pa·ni·le kloktoring.

cam·pa·nol·o·gy kampanologie, klok(ke)kunde. **cam·pa·nol·o·gist** klokkenis, klokspeler, kampanoloog.

cam·pan·u·la *(bot.)* klokkie(s)blom, (mariëtte)klokkie.

cam·pan·u·late klokvormig.

cam·pea·chy wood, cam·pe·che wood blouhout, campêchehout.

camp·er kampeerder; *(Am.)* kampeervoertuig, kampeerwa, woonbus(sie).

Cam·per·down *(geog.), (Holland)* Kamperduin; *(Natal)* Camperdown.

cam·phane *(chem.)* kamfaan.

cam·phene *(chem.)* kamfeen.

cam·phire *(arg.)* henna.

cam·phor kanfer. ~ **ball** kanferbal; →MOTHBALL. ~ **bush,** ~ **shrub** kanfer(hout)bos(sie). ~ **ice** *(farm.)* kanferys. ~ **oil** kanferolie. ~ **tree** kanferboom. ~**wood** kanferhout.

cam·pho·ra·ce·ous kanferagtig.

cam·pho·rate kanfer in/op ... gebruik; met kanfer behandel; met kanfer deurdrenk. **cam·pho·rat·ed** gekanfer, kanfer=; ~ *oil* kanferolie.

cam·phor·ic kanferhoudend; ~ *acid* kanfersuur.

camp·ing kampeer(dery), kamp hou. ~ **ground** kamp(eer)terrein. ~ **holiday** kampeervakansie, staptoer. ~ **kitchen** kookskerm. ~ **site** →CAMP SITE. ~ **straw** bedstrooi.

camp·ton·ite *(min.)* camptoniet, kamptoniet.

cam·pus =*puses* kampus, kollege=, universiteitsterrein; die universiteitswêreld.

camp·y =*ier* =*iest, adj., (sl.)* →CAMP² *adj.*.

cam·pyl·o·bac·ter *(bakteriol.)* kampilobakter.

cam·wood kamhout.

can¹ *could, ww.* kan, in staat wees; ***as best*** *s.o.* ~ so goed as (wat) iem. kan; ~ ***do,*** *(infml.)* ek/ons kan dit doen, dit kan (gedoen word); *there is little one* ~ ***do*** *about it* ('n) mens kan nie veel daaraan doen nie; *it* ~ *be* ***done*** dit kan (gedoen word); *one* ~ *but* ***hope*** *for the best* ('n) mens kan maar net die beste hoop; ***no*** ~ *do, (infml.)* ek/ons kan dit nie doen nie, dis nie uitvoerbaar nie; *it* ~ *be* ***said*** *more briefly* dit kan korter (gesê word); *it* ~ *be* ***seen*** dit is te sien; *one never* ~ ***tell*** 'n mens kan nie weet nie. ~**-do attitude** *(infml.)* skrik-vir-niks-houding, doelgerigtheid, vasberadenheid.

can² *n.* kan; blik(kie); ***carry*** *the* ~, *(infml.)* met die gebakte pere (bly) sit, die skuld kry; *be* ***in*** *the* ~ klaar/voltooi/afgehandel wees; in kanne en kruike wees; in die tjoekie (*of* agter [die] tralies) sit/wees; in die kleinhuisie/toilet wees; ***tin*** ~ blik; ~ *of* ***worms*** verwikkelde/netelige/duistere/onheilspellende saak, deurmekaarspul, moeilikheid, *(fig.)* wespenes; *open a* ~ *of* ***worms,*** *(fig.)* 'n miernes oopkrap. **can** =*nn*=, *ww.* inlê, inmaak; inblik, inbottel; verduursaam; ~ *it!, (sl.)* skei uit (*of* hou op) (daarmee)!. ~**-opener** blikoopmaker, bliksnyer.

Ca·naan *(geog., Byb.)* Kanaän. **Ca·naan·ite** Kanaäniet. **Ca·naan·it·ic, Ca·naan·it·ish** Kanaänities, Kananees.

Can·a·da *(geog.)* Kanada. ~ **balsam** kanadabalsem. ~ **goose** Kanadese brandgans. **Ca·na·di·an** *n.* Kanadees. **Ca·na·di·an** *adj.* Kanadees; ~ *Shield, (geog.)* Kanadese/Laurentiese Skild.

can·a·kin →CANNIKIN.

ca·nal *n.* kanaal; grag; buis; groef, gang; *cut/dig a* ~ 'n kanaal aanlê/grawe. **ca·nal** =*ll*=, *ww.* kanaliseer; van kanale voorsien; 'n kanaal deur ... grawe. ~ **boat** kanaalboot, =vaartuig. ~ **lock** kanaalsluis.

can·a·lic·u·late, can·a·lic·u·lat·ed gegroef.

can·a·lise, =**ize** kanaliseer. **can·a·li·sa·tion,** =**za·tion** kanalisasie; kanalisering.

can·a·pé *(Fr., kookk.)* kanapee; kanapee, (rus)bank, sofa.

ca·nard, ca·nard *(Fr.)* riemtelegram, vals gerug; *(teg.)* neus=, eendvlerk *(v. vliegtuig)*; eendvlerkvliegtuig.

Ca·na·rese →KANARESE.

ca·nar·y =*naries* kanarie; Kanariese wyn; *Cape* ~ Kaapse kanarie. ~ **bird** *(orn.)* kanarie; *(infml.)* tronkvoël. ~ **creeper** *(bot.)* kappertjie, Oos-Indiese kers. ~ **grass** kanariegras, kwarrelsaad. ~ **seed** kanariesaad. ~**wood** tulpehout. ~ **(yellow)** *n. & adj.* kanariegeel.

Ca·nar·y Is·lands, Ca·nar·ies Kanariese Eilande. **Canary (Island date) palm** Kanariese palm.

ca·nas·ta *(kaartspel)* kanasta.

can·as·ter, can·as·ter kanaster, growwe tabak.

can·can *(dans)* cancan.

can·cel *n., (filat.)* rojering, afstempeling; *(druk.)* foutblad, vervangde blad; *(Am. mus.)* herstelteken; →CANCELLATION. **can·cel** =*ll*=, *ww.* skrap, uitkrap, deurhaal; afstel; kanselleer; herroep, terugtrek, vernietig, ophef; intrek; rojeer, afstempel *(seëls)*; opsê *(intekening)*; ~ *an* ***appointment*** 'n afspraak afstel/kanselleer; 'n aanstelling terugtrek/herroep; ~ *a* ***bond*** 'n verband rojeer; ~ ***by*** *2* deur 2 verklein/(uit)deel; ~ *a* ***contract*** 'n kontrak opsê; ~ *a* ***debt*** 'n skuld delg; 'n skuld kwytskeld; ~ *a* ***driving licence*** 'n rybewys intrek; ~ ***leave*** verlof intrek; ~ *each other* ***out*** teen mekaar wegval, mekaar ophef/neutraliseer; *the 12:10* ***train*** *is* ~*led* die trein van 12:10 val uit. **can·cel·late, can·cel·lat·ed, can·cel·lous** *(anat.)* sponsagtig; *(bot.)* netvormig. **can·cel·la·tion** skrapping, deurhaling; afstel, afstelling, kansellasie; herroeping, intrekking, terugtrekking; opsegging; rojering, afstempeling; ~ *phrase* intrekkingsbepaling. **can·cel·ling machine** rojeermasjien.

can·cer kanker; ~ *of the* ***breast*** borskanker; ~ *of the* ***hoof*** straalkanker; ~ *of the* ***mouth, oral*** ~ mondkanker; ~ *of the* ***throat*** keelkanker; ~ *of the* ***uterus/womb*** baarmoederkanker. ~ **bush** gansieskeur, eendjies, kankerbossie. ~ **stick** *(sl.: sigaret)* gifpyl.

Can·cer *(astrol., astron.)* die Kreef; *tropic of* ~ Kreefskeerkring.

can·cer·ate verkanker. **can·cer·a·tion** verkankering.

can·cer·ous kankeragtig; *become* ~ verkanker; ~ *growth* kankergeswel; ~ *spot* kankerplek.

can·cri·nite *(min.)* cankriniet.

can·croid *n.* skaaldier, kreefagtige dier; (soort) kanker. **can·croid** *adj.* kreefagtig; kankeragtig.

can·de·la *(fis., simb.: cd)* kandela.

can·de·la·brum =*bra,* =*brums,* **can·de·la·bra** =*bras* kandelaber, groot (arm)kandelaar, kroonkandelaar. **candelabra flower** koningskandelaar, kandelaarblom. **candelabra tree** *(Euphorbia ingens)* naboom.

can·des·cence *(w.g.)* gloed, gloeiing. **can·des·cent** (wit)gloeiend, skitterend.

can·did openhartig, rondborstig, eerlik, opreg; ~ ***camera*** steelkamera; ~ ***friend*** kritiese vriend; ~ ***opinion*** onbevooroordeelde mening; *be* ~ ***with*** *s.o.* ***about*** *s.t.* openhartig teenoor iem. wees oor iets. **can·did·ly** openlik, openhartig, reguit, vrymoedig, ronduit. **can·did·ness** →CANDOUR.

can·di·date kandidaat; aansoeker; ~ *for* ***confirmation*** katkisant; ~ *for a (doctor's)* ***degree*** promovendus; ~ *at an* ***election*** kandidaat by 'n verkiesing; *be a* ~ ***for*** ... ('n) kandidaat vir ... wees; ***put*** *up a* ~ 'n kandidaat stel; ***reject*** *a* ~ 'n kandidaat uitstem; *an* ***unopposed*** ~ 'n onbestrede kandidaat. **can·di·da·cy** kandidaatskap, kandidatuur. **can·di·da·ture** kandidaatskap, kandidatuur; kandidaatstelling.

can·died versuiker(d); soet; *(fig.)* soetsappig; ~ *peel* suikerskil, versuikerde skil; ~ *praise* geveinsde lof.

can·dle *n.* kers; ***blow/put*** *out a* ~ 'n kers doodblaas/doodmaak; ***burn*** *the* ~ *at both ends, (infml.)* jou (kragte) ooreis, die kers aan twee kante brand, bo afknip en onder wegsny; roekeloos lewe; *hold a* ~ *to the* ***devil*** medepligtig wees; *the* ***game*** *is not worth the* ~ die kool is die sous nie werd nie; *s.o. cannot* ***hold*** (or *s.o. is not fit) to* ***hold*** *a* ~ *to* ... iem. kan nie vir ... kers vashou (*of* in ... se skadu(wee) staan *of* naby ... kom) nie; ***light*** *a* ~ 'n kers opsteek; *hold a* ~ *to the* ***sun*** water in/na die see dra. **can·dle** *ww.* belig *(eiers)*. ~**berry** bankoelneut. ~ **bush** kersbos. ~ **end** kersstompie. ~ **flame** kersvlam(metjie). ~ **grease** kersvet. ~**holder** kershouer. ~**light** kerslig; *by* ~ by kerslig. ~ **mould** kersvorm. ~**nut** bankoelneut. ~**nut oil** bankoelolie. ~ **plant** *(Senecio articulatus)* worsplantjie, worsies. ~**power** kerskrag. ~ **snuffer** snuiter. ~**stick** kandelaar; blaker. ~**stick lily** kandelaarlelie. ~ **wax** kerswas. ~**wick** kerspit. ~**wick (fabric)** kerspitstof. ~**wood** kershout, aap(se)kos, apieskos. **can·dling test** lig=, kerstoets.

Can·dle·mas *(RK)* Maria-Ligmis.

can·dour, *(Am.)* **can·dor** openhartigheid, rondborstigheid, opregtheid, eerlikheid.

can·dy *n.* kandy(suiker), tee=, garing=, garesuiker; *(Am.)* lekkers, snoepgoed. **can·dy** *ww.* in suiker lê, (laat) versuiker; glaseer; kristalliseer. ~**floss** spookasem, suikerdons, =wol. ~**-striped** met pienk en wit strepe.

can·dy·tuft *(bot.)* skeef=, grafblom.

cane *n.* riet; suikerriet; bamboes; spaansriet; rottang, matwerk; *(slaanding)* lat, rottang; kierie, wandelstok; *get the* ~ onder die lat deurloop; *sugar* ~ suikerriet. **cane** *ww.* slaan, pak gee, rottang laat proe; mat *(stoel)*; *be* ~*d* onder die lat deurloop. ~ **bottom** rietmat. ~**brake** *(Am.)* rietbos. ~ **chair** rottang=, rietstoel; gras=stoel; rietmatstoel. ~ **cutter,** ~ **knife** rietmes. ~ **field** suikerrietland. ~ **mill** suikerrietmeul(e). ~ **rat** rietrot. ~ **seat** rottangmat. ~ **spirit** rietsnaps, =blits, =spiritus. ~ **sugar** rietsuiker; sukrose. ~ **trash** ampas, (uit)geperste suikerriet. **can·ing** pak (slae), drag slae, loesing.

cangue, cang *(hist.)* nekplank, =hout.

can·i·kin →CANNIKIN.

ca·nine *n.* hond(agtige); oog=, hoek=, slagtand. **ca·nine** *adj.* honds, hondagtig, honds=; ~ *hunger* geeuhonger; ~ *tooth* oog=, hoek=, slagtand.

Ca·nis: ~ **Major** *(astron.)* Canis Major, die Groot Hond. ~ **Minor** *(astron.)* Canis Minor, die Klein Hond.

can·is·ter trommel, blik; *gas* ~ gasbottel, =houer. ~ **shot** *(mil., hist.)* skroot, kartets.

can·ker *n.* (mond)sweer; hoefkanker; swering; brand *(by plante)*; *(fig.)* kanker, pes, verpestende invloed. **can·ker** *ww.* kanker, inkanker, invreet; verpes. ~**weed** kruiskruid. ~**worm** blad=, vrugteruspe(r), blad=, trekwurm.

can·kered verkanker(d); ingevreet; boos, venynig, giftig; verbitter(d), haatdraend.

can·ker·ous kankeragtig, invretend; verbitter(d), haatdraend, venynig.

can·na *(bot.)* kanna, (Indiese) blomriet.

can·na·bis hennep; dagga.

canned ingemaak, ingelê, in blik; *(vero.)* op plate vasgelê; *(infml.)* aangeklam; ~ ***fruit*** ingemaakte/ingelegde vrugte; ~ ***laughter, (infml.)*** geblikte gelag; lagbaan; ~ ***meat*** blikkiesvleis; ~ ***music, (infml.)*** blikkiesmusiek; *(vero.)* plate-, grammofoonmusiek; ~ ***vegetables*** ingemaakte groente. **~-fruit bottle** inmaak-, inlê-, vrugtefles.

can·nel (coal) vlam(steen)kool.

can·ne(l)·lo·ni *(It. kookk.: gevulde pasta)* cannelloni.

can·ner inmaker, inlêer. **can·ner·y** -ies inmaakfabriek.

can·ni·bal mensvreter, kannibaal. ~ **spider** kannibaalspinnekop.

can·ni·bal·ise, -ize *ww.* kannibaliseer *(motor/ens. vir onderdele; organisasie/ens. om personeel/ens. elders aan te wend).*

can·ni·bal·ism mensvretery, kannibalisme.

can·ni·bal·is·tic mensvretend, kannibaals, mensvreter-; bloeddorstig.

can·ni·kin, can·a·kin, can·i·kin kannetjie.

can·ni·ly, can·ni·ness →CANNY.

can·ning (die) inmaak/inlê, inmakery, inlêery, inmaking, inlegging; verduursaming. ~ **bottle** inmaak-, inlê-, vrugtefles. ~ **factory** inmaakfabriek.

can·non *n.* kanon, vuurmond; kanonne, geskut, artillerie; *(biljart)* karambool, raakstoot. **can·non** *ww.* (be)skiet; *(biljart)* raak stoot, karamboleer; bots, teen mekaar stamp; ~ *into* ... teen ... bots/vasloop. **~ball** kanonkoeël. ~ **bone** skeenbeen *(v. dier).* ~ **fodder** kanonvoer. ~ **shot** kanonskoot; kanonskootsafstand; skroot.

can·non·ade *n.* beskieting, kanonnade, bombardement, kanonvuur. **can·non·ade** *ww.* beskiet, kanonneer, bombardeer.

can·non·eer, can·non·ier *(hist., mil.)* kanonnier.

can·not kan nie; →CAN[1] *ww.; that ~ be* dit kan nie; *s.o. ~ but* ... iem. kan nie anders as ... nie; *I ~ say* ek weet nie.

can·nu·la, can·u·la -las, -lae, *(med.)* holnaald; tapbuis, dreineerbuis, kan(n)ule.

can·ny slim, skerp, intelligent; uitgeslape; versigtig, omsigtig; *(Sk., dial.)* oulik, gaaf, innemend; *(Sk.)* gelukkig. **can·ni·ly** slim; uitgeslape; versigtig. **can·ni·ness** uitgeslapenheid; versigtigheid.

ca·noe *n.* kano, bootjie; *paddle one's own ~, (infml.)* →PADDLE[1] *ww.* **ca·noe** *ww.* in 'n kano vaar. ~ **trip**, ~ **race** kanovaart.

ca·noe·ing kanovaart.

ca·noe·ist kanoroeier, -vaarder.

ca·no·la kanola.

ca·ñon →CANYON.

ca·non[1] *(Chr.)* kanon, kerkreël, -wet, kerklike leërstelling; geloofsreël, leerreël; (algemene) reël/maatstaf/norm, rigsnoer; die kanonieke (Bybel)boeke; *(RK)* lys (van erkende) heiliges; *(RK)* hooggebed; *(mus.)* kanon, beurtsang; lys van as outentiek beskoude werke van 'n skrywer; *(druk., vero.)* kanon(letter). ~ **law** kerkreg, kerklike/kanonieke reg.

ca·non[2] *(RK)* kannunik, domheer. ~ **regular** reguliere kannunik, koorheer.

ca·non·i·cal, ca·non·ic *adj.* kanoniek; kanonikaal; kerklik; kerkregtelik; kerk-; *(mus.)* kanonies; ~ *books* kanonieke boeke *(v.d. Bybel).*

ca·non·i·cals priestergewaad, ornaat.

ca·non·ic·i·ty kanonisiteit, egtheid.

ca·non·ics *n.* kanoniek.

ca·non·ise, -ize kanoniseer, heilig verklaar. **ca·non·i·sa·tion, -za·tion** heiligverklaring.

ca·non·ist kanonis, kerkregsgeleerde; reëlvolger.

ca·noo·dle *(sl.)* druk en soen; liefkoos; vry, kafoefel.

Ca·no·pus[1] *(astron.)* Canopus.

Ca·no·pus[2] *(geog., hist.)* Kanopus, Canopus. **Ca·no·pic:** ~ *jar/urn/vase, (argeol.)* kanope, kanopus, canopus.

can·o·py baldakyn; (troon)hemel; ledekanthemel; (son)kap, tent *(v. rytuig);* dak *(ook v. vliegtuig);* gewelf; draagdoek *(v. valskerm); ~ of a stove* stoofkap. ~ **bed** kap-, hemelbed.

cant[1] *n.* skuinste; skuins kant; kanteling, oorhelling; ruk, stamp, stoot. **cant** *ww.* skuins maak, afskuins; (skuins) afkant; oorhel, kantel; skuins hou (*of* laat lê); opwip, omkantel; *~ed timber* skuinshout. **~board** kielplank; *(spw.)* kantblok. ~ **dog**, ~ **hook** kantelhaak. **~rail** kantreling.

cant[2] *n., (gew. neerh.)* sektetaal, jargon; vak-, beroeps-, groeptaal; (politieke/godsdienstige) huigeltaal, femelary, kweselary, lippetaal; *thieves' ~* diewetaal, bargoens. **cant** *ww., (vero.)* huigeltaal praat, huigel, kwesel, femel; *(arg.)* teem. ~ **phrase** modewoord; hol gesegde. ~ **term** vak-, beroepsterm.

can't *(sametr.)* = CANNOT.

Can·ta·bri·an Moun·tains Kantabriese Gebergte.

Can·ta·brig·i·an *n., (Br.)* inwoner van Cambridge; *(Br.)* student/gegradueerde van die Universiteit van Cambridge; *(Am.)* inwoner van Cambridge, Massachusetts; student/gegradueerde van die Harvarduniversiteit. **Can·ta·brig·i·an** *adj., (Br.)* van Cambridge; *(Br.)* van die Universiteit van Cambridge; *(Am.)* van Cambridge, Massachusetts; *(Am.)* van die Harvarduniversiteit.

can·ta·loup(e) spanspek.

can·tan·ker·ous vitterig, prikkelbaar, suur, brommerig, iesegrimmig.

can·ta·ta *(mus.)* kantate.

can·teen kroeg, taphuis; fabriekswinkel; skeepswinkel; soldate-, garnisoenswinkel; personeelkafee; koskannetjie; eetgereikis; veldkombuis; verversingslokaal, -tent; verversingstoonbank; veldfles, waterkannetjie; ~ *of* ***cutlery*** tafelsilwerkis, messegoedkis; ***dry*** ~ ledewinkel, lede-eetplek; ***mobile*** ~ verversingswa; mobiele soldatewinkel; ***wet*** ~ kroeg, kantien.

cant·er[1] *(vero.)* huigelaar, kweselaar, femelaar, klipchristen.

can·ter[2] *n.* handgalop, kort galop(pie), galopdraf; ritjie, uitstappie; ***go for a*** ~ ('n entjie) gaan ry *(te perd);* ***preliminary*** ~ proefrit, oefening, aanloop, aanlopie; voorwedstryd; ***ride at a*** ~ op 'n kort galop ry; ***win in a*** *~, (infml.)* fluit-fluit/loshand(e)/maklik (*of* met gemak) wen. **can·ter** *ww.* in/op 'n handgalop (*of* kort galoppie) ry/loop; ~ *home, (infml.)* fluit-fluit/loshand(e)/maklik (*of* met gemak) wen.

Can·ter·bur·y *(geog.)* Kantelberg *(in Eng.);* Canterbury *(in Nieu-Seeland).* ~ **bell** klokkiesblom, (mariëtte)klokkie.

can·ter·bur·y musiekstander; tydskrifrak.

can·thar·i·des spaansvlieg, kantaride.

can·thus -thi ooghoek.

can·ti·cle (lof)sang. **C~s, C~ of C~s** *(OT)* Hooglied.

can·ti·le·ver *n.* kantelbalk, vrydraende balk, vrydraer. **can·ti·le·ver** *ww.* vrydraend maak/bou. ~ **bridge** vrydraende brug.

can·til·late *ww., (relig., mus.)* kantilleer.

can·ti·na *(Sp.Am.)* kroeg; *(It.)* wynwinkel.

cant·ing *(vero.)* kweselagtig.

can·tle stuk, hap; agterboom *(v. saal).*

can·to -tos, *(It.), (mus.)* canto; kanto *(v. gedig).*

Can·ton *(geog.)* Kanton. **Can·ton·ese** *n. (inwoner, taal)* Kantonnees. **Can·ton·ese** *adj.* Kantonnees.

can·ton, can·ton *n., (geog.)* kanton *(in Switserland ens.); (her.)* skild-, vryhoek. **can·ton, can·ton** *ww.* in wyke verdeel; inkwartier, kantonneer. **can·ton·al** kantonnaal. **can·ton·ment** (troepe)kamp, kantonnement, soldatekwartiere.

can·tor voorsanger, kantor.

Ca·nuck *(Am., infml.)* Kanadees; Frans-Kanadees.

can·u·la →CANNULA.

Ca·nute, Cnut, Knut *(hist.: Deense koning van Eng.)* Knoet.

can·vas *n.* seil(doek); borduurgaas; (skilder)doek; skildery; tentdoek; ***crowd/pack on all*** ~ alle seile bysit; ***open*** ~ stramien; ***under*** ~ in 'n tent (*of* tente), onder seil; *be* ***under*** ~ (in tente) kampeer. **~back** *(orn.)* Amerikaanse see-eend. ~ **chair** dek-, seilstoel. ~ **cloth** seilstof. ~ **embroidery,** ~ **work** gaasborduurwerk. ~ **shoe** seilskoen, *(infml.)* tekkie.

can·vass *ww.* werf *(stemme, klante);* pols; bespreek, uitpluis. **can·vass·er** werwer; kollektant; verkiesingsagent; naamopnemer *(vir kieserslys).* **can·vass·ing** werwing; huisbesoek *(infml.);* gunswerwing.

can·yon, ca·ñon diepkloof, canyon, spoelkloof, aardtrog, erosiedal. ~ **wall** rivierkrans.

can·zo·ne -ni, *(It., mus.)* canzone; lied. **can·zo·net(·ta)** *(vkw.)* canzonetta.

caou·tchouc, caou·tchouc (rou) rubber, gomlastiek, kaoetsjoek.

cap *n.* mus, kappie; kap, bedekking, dek; deksel; dekstuk; dop; kruin; slagdoppie, slaghoedjie; *(tandh.)* kroon; *(tandh.)* (kuns)kroon; *(bot.)* hoed, kap, pileus *(v. paddastoel/sampioen);* kapsule *(v. fles);* beitelwig *(v. skaaf); (fin.)* boperk; ***academic*** ~ akademiese mus; ~ *and* ***bells*** sots-, narrekap; ***brimless*** ~ mus; *be a* ***feather*** *in s.o.'s ~* →FEATHER; *the ~* ***fits,*** *(fig.)* die skoen pas; *if the ~* ***fits,*** *wear it, (fig.)* as die skoen jou pas, trek hom aan; ***get/win*** *one's ~, (sport)* (jou) nasionale kleure kry/ontvang/verwerf, die (nasionale) span haal, in die (verteenwoordigende) span kom (*of* opgeneem word); ~ *and* ***gown*** baret en toga; ~ *in* ***hand*** gedwee, nederig; *go to s.o. ~ in* ***hand*** met die hoed in die hand na iem. gaan, iem. (om) 'n guns vra; ***new*** *~, (sport)* nuwe speler/spanlid; ***peaked*** ~ pet; ***set*** *one's ~ at s.o., (vero.)* jou oog op iem. hê; *put on one's* ***thinking*** ~ →THINKING. **cap** -pp-, *ww.* 'n mus/pet opsit; *(tandh.)* kroon; *(geol.)* (oor)dek; 'n graad verleen; *(sport)* in die (verteenwoordigende) span opneem; beskerm, beslaan; die kroon opsit; troef, oortroef; 'n dop(pie) opsit; verseël *(gas-, oliebron); (fin.)* die/'n boperk stel; *that ~s it* ***(all)*** dit span die kroon; *to ~ it* ***all,*** *(ook)* tot oormaat van ellende/ramp; ***be*** *~ped* 'n graad kry; *~ped* ***elbow*** dik elmboog; *s.o. was ~ped six times* ***for SA*** iem. is al ses keer in die SA span opgeneem, iem. het al ses keer vir SA gespeel (*of* SA al ses keer verteenwoordig); *~ped* ***fuse*** doppielont; *~ped* ***hock*** dik hakskeen; ~ *a* ***quotation*** 'n aanhaling troef. ~ **cloud** lensvormige wolk. ~ **gun,** ~ **pistol** knalpistool(tjie), geweer(tjie), speelpistool. ~ **iron** dek-, keerbeitel. ~ **nut** holmoer. ~ **piece** *(bouk.)* dekstuk. ~ **rock** *(geol.)* dekking, kap. ~ **screw** dopskroef. ~ **sleeve** kapmou. **~stone** dekklip.

ca·pa·ble bekwaam; geskik, in staat; vatbaar; *be ~ of* ... tot ... in staat wees; vir ... vatbaar wees; *be ~ of contracting, (jur.)* handelingsbevoeg wees. **ca·pa·bil·i·ty** -ties vermoë; bekwaamheid, bevoegdheid; potensiaal; *(mil.)* vermoë, slaankrag; *be beyond/within s.o.'s capabilities* buite/binne iem. se vermoë wees; *have the ~ to do* (or *of doing*) *s.t.* die vermoë hê (*of* in staat wees) om iets te doen; *nuclear ~* nukleêre slaankrag, vermoë om 'n kernoorlog te kan voer.

ca·pac·i·tor *(elek.)* kondensator.

ca·pac·i·ty *n.* bekwaamheid, vermoë; hoedanigheid, kapasiteit; inhoud, volume; inhoudsmaat, -vermoë, houvermoë; bergruimte; ruimte *(vir); be* ***beyond/ within*** *s.o.'s ~* buite/binne iem. se vermoë wees; *~ to* ***contract,*** *(jur.)* handelingsbevoegdheid; *in a* ***corporate*** ~ as regspersoon; *be* ***filled*** *to ~* propvol/stampvol wees; *have a ~* ***for*** ... die vermoë hê om te ...; *have the ~* ***for*** ... die talent hê om ... *(mense te verveel ens.); at* ***full*** ~ met/op volle krag/sterkte; ***in*** *his/her ~ of* ... in sy/haar hoedanigheid as/van ...; *being of* ***legal*** ~ handelingsbevoeg; ***measure*** *of ~* inhoudsmaat; *in* ***what*** *~?* in watter hoedanigheid?, as wat?; ~ *for* ***work*** werkvermoë. **ca·pac·i·ty** *adj.* so vol/hoog as moontlik; ~ ***audience/house*** stampvol saal; ~ ***crowd*** maksimum-opkoms; *there was a ~* ***crowd*** dit was stampvol/tjokvol; ~ ***yield*** hoogs moontlike opbrengs. **ca·pa·cious** ruim, omvattend. **ca·pa·cious·ness** ruimheid. **ca·pac·i·tance** kapasitansie. **ca·pac·i·tate** in staat stel, bevoeg maak.

cap-a-pie *(arg.)* van kop tot toon/tone.

ca·par·i·son *n., (arg., hist.)* uitrusting, mondering. **ca·par·i·son** *ww.* uitrus, optuig.

Cape *n.: the ~, (streek)* die Kaap; *(vero.)* die Kaapprovinsie, Kaapland; *at the ~* aan die Kaap; *the Eastern/*

Northern/Southern/Western ~ Oos/Noord/Suid/Wes-Kaap(land); *off the* ~ voor/teenoor die Kaap. **Cape** *adj.* Kaapse; *(vero.)* Kaaplandse. ~ **almond** wilde-amandel. ~ **bamboo** wilde-, bergbamboes. ~ **beech** boekenhout(boom). ~ **box** buig-my-nie, Kaapse/Afrikaanse buksboom/bukshout. ~ **box thorn** *(Lycium cinereum)* bok(s)doring. ~ **Breton Island** Kaap Breton-eiland. ~ **bulbul** *(orn.)* witoogtiptol, geelgat. ~ **bunting** *(orn.)* Kaapse streepkoppie. ~ **canary** *(orn.)* Kaapse kanarie. ~ **Canaveral** *(geog.)* Kaap Canaveral. ~ **cart** kapkar. ~ **cherry** koeboebessie. ~ **chestnut** wildekastaiing. ~ **cobra** koperkapel, geelslang. ~ **Cod** *(geog.)* Kaap Cod. ~ **cod** *(igt.)* Kaapse kabeljou. ~ **Colony** *(hist.)* Kaapkolonie. ~ **Coloured** -*(s), (vero.)* (Kaapse) Kleurling(e). ~ **cormorant** *(orn.)* trekkormorant, -duiker. ~ **cowslip** *(bot.)* naeltjie; groenviooltjie. ~ **cranberry,** ~ **wineberry** wyn-, suurbessie. ~ **Cross** *(geog.)* Kruiskaap. ~ **cycad** dwergbroodboom. ~ **dabchick** Kaapse duikertjie, dopertjie, dobbertjie. ~ **daisy** witbotterblom. ~ **date** *(bot.: Canthium inerme)* bokdrolletjie. ~ **doctor:** *the* ~ ~, *(fig.)* die Kaapse dokter, die Suidoos, die suidoostewind. ~ **dormouse** gemsbokmuis. ~ **Dutch** *n., (hist.)* Kaaps-Hollands, Afrikaans. ~ **Dutch** *adj., (vnl. argit.)* Kaaps-Hollands. ~ **ebony** (swart)ebbehout. ~ **Flats:** *the* ~ ~, *(geog.)* die Kaapse Vlakte. ~ **forget-me-not** *(bot.)* ostong, ystergras. ~ **fox** silwerjakkals. ~ **fritillary** *(bot.: Ferraria undulata)* aasuintjie. ~ **gannet** *(orn.)* witmalgas. ~ **gooseberry** appelliefie. ~ **grassbird** grasvoël. ~ **hare** rooipootjie, Kaapse vlakhaas. ~ **hartebeest** rooihart(e)bees. ~ **hen** *(orn.: Procellaria aequinoctialis)* stinkpot, witkenstormvoël. ~ **holly** waterhout, without. ~ **Horn** *(geog.)* Kaap Hoorn. ~ **hunting dog** wildehond. ~ **ivy** aasbossie. ~ **jasmine** Kaapse jasmyn/katjiepiering/roos. ~ **kangaroo** springhaas. ~ **laburnum** *(bot.: Calpurnia sylvatica)* gouereën. ~ **lady** *(igt.), (Stromateus fiatola)* (blou)bottervis, Kaapse nooientjie; *(Boopsoidea inordinata)* fransmadam. ~ **laurel** stinkhout. ~ **lilac** →PUZZLE BUSH. ~ **longclaw** *(orn.)* kalkoentjie. ~ **Malay** Kaapse Maleier. ~ **may** witmeidoring. ~ **monitor** *(soöl.)* likkewaan. ~ **oak** basteressehout. ~ **of Good Hope** Kaap die Goeie Hoop. ~ **of Storms** Stormkaap. ~ **oryx** *(soöl.)* gemsbok. ~ **parson** *(orn.)* langvlerkstormvoël. ~ **penduline tit** *(orn.)* kapokvoëltjie. ~ **pepper cress** peperbos(sie), pepergras, sterkgras. ~ **pigeon** *(orn.: Daption capensis)* seeduif, spikkelrugstormvoël. ~ **plane,** ~ **redwood** rooihout. ~ **Point** Kaappunt. ~ **polecat** stink-, streepmuishond. ~ **pondweed** wateruintjie, -blom(metjie). ~ **Province** *(vero.)* Kaapprovinsie, Kaapland. ~ **rail** *(orn.)* riethaantjie. ~ **raven** (Kaapse) raaf, rinkhalskraai. ~ **robin** janfrederik, rooiborsie. ~ **rock pigeon** (Kaapse) bosduif. ~ **ruby** piroop. ~ **salmon** *(igt.), (Atractoscion aequidens)* geelbek; *(Elops machnata)* wildevis. ~ **sand mole** duinemol. ~ **sea eagle,** ~ **fish eagle** visarend. ~ **sheep** afrikanerskaap. ~ **siskin** *(orn.)* pietjie-kanarie. **c~skin** Kaapse skaapleer/-vel. ~ **sparrow** mossie. ~ **spitz** *(groentesoort)* Kaapse spitskool. ~ **sugarbird** Kaapse suikervoël. ~ **tea** bossiestee. ~ **teak** kiaat(hout). ~ **ton, short ton** Kaapse ton. ~ **Town** Kaapstad. ~ **Verde** Kaap Verde. ~ **Verde Islands** Kaap-Verdiese Eilande. ~ **weaver** *(orn.)* geelvink, Kaapse wewer. ~ **weed** gousblom. ~ **wi(d)geon** teeleendjie. ~ **wildcat** groukat. ~ **wild dog** wildehond. ~ **(yellowrumped) widow** *(orn.)* Kaapse flap, geelkruisvink.

cape[1] *n.* kaap, voorgebergte.

cape[2] *n.* skouermantel. ~ **collar** mantelkraag. ~ **sleeve** mantelmou.

ca·per[1] *n.* bokkesprong, kaperjol; *cut a* ~ (or ~*s*) bokspring, akkels/bokkespronge/flikkers/kaperjolle/passies maak. **ca·per** *ww.* bokspring, kaperjolle maak, rinkink, baljaar.

ca·per[2] *n.* kapper(tjie), kapper(tjie)saad; kapper(tjie)struik; *capuchin/English* ~*s* kapper(tjie)s, kapper(tjie)sade. ~ **sauce** kapper(tjie)sous.

ca·per·cail·lie, ca·per·cail·zie auerhaan, -hoender.

Ca·per·na·um Kapernaum.

Capes *(mv.)* Kaapse wol; handskoenvelle.

Ca·pe·tian *n., (lid v. Fr. Me. vorstehuis)* Capetinger. **Ca·pe·tian** *adj.* Capetings.

Cape·ton·i·an *n.* Kapenaar, inwoner van Kaapstad. **Cape·ton·i·an** *adj.* Kaapstads, Kaaps.

Ca·pey -*peys,* **Ca·pie** -*pies, n., (SA, infml.)* Kapenaar; *(infml., neerh.)* Kaapse bruin mens.

cap·ful -*fuls* doppie (vol).

cap·il·lar·ec·ta·si·a haarvatverwyding.

cap·il·lar·i·ty haarbuiswerking, kapillariteit.

ca·pil·lar·y *n., (anat.)* haarvat; haarbuis(ie). **ca·pil·lar·y** *adj.* haarvormig; haarfyn; kapillêr, haarbuis-, haarvat-; ~ ***action*** haarbuiswerking, kapillariteit; ~ ***root*** haarwortel; ~ ***tube*** haarbuis(ie); ~ ***vessel*** haarvat.

cap·i·ta *(mv. v. caput): per* ~ per kop, *(Lat)* per capita.

cap·i·tal[1] *n.* kapitaal, hoofsom; hoofstad; hoofletter; ***balance*** *of* ~ kapitaalbalans; ***decrease*** *of* ~ kapitaalvermindering; ***draw*** *on the* ~ die kapitaal aanspreek; ***formation/creation*** *of* ~ kapitaalvorming; ***increase*** *of* ~ kapitaalvermeerdering; ***issue*** ~ kapitaal uitreik; ***make*** ~ *(out) of s.t.* uit iets munt slaan. **cap·i·tal** *adj.* hoof-, uitstekend, eersteklas; kapitaal-; *art with a* ~ *A* kuns met 'n hoofletter-K. ~ **account** kapitaalrekening. ~ **appreciation** kapitaalaanwas. ~ **assets** kapitaalgoed(ere). ~ **charge** halsaanklag, aanklag van 'n halsmisdaad. ~ **city** hoofstad. ~ **commitment(s)** kapitaalverpligting(e). ~ **consumption** kapitaalvertering. ~ **creation,** ~ **formation** kapitaalvorming. ~ **crime,** ~ **offence** halsmisdaad. ~ **debt** kapitaalskuld. ~ **employed** aangewende/gebruikte kapitaal; bedryfskapitaal. ~ **equipment** kapitaaltoerusting. ~ **error** grondfout, -flater, skreiende/fatale fout. ~ **expenditure** kapitaaluitgawe. ~ **fund** kapitaal(fonds), hoofsom. ~ **gain** kapitaalwins. ~ **gains tax** belasting op kapitaalwins. ~ **goods** kapitaalgoedere. ~ **grant** hoofdelike toelaag/toelae. ~ **income** inkomste uit kapitaal, kapitaalinkomste. ~**-intensive** kapitaal-intensief. ~ **investment** kapitaalbelegging. ~ **issue** kapitaaluitgifte. ~ **letter** hoofletter. ~ **levy** kapitaalheffing. ~ **loss** kapitaalverlies. ~ **market** kapitaalmark. ~ **needs,** ~ **requirements** kapitaalbehoeftes. ~ **outlay** kapitaalbesteding, investering. ~ **punishment,** ~ **sentence** die doodstraf. ~ **resources** kapitaalkragte. ~ **ship** slagskip. ~ **stock** aandelekapitaal. ~ **sum** hoof-, kapitaalsom. ~ **transfer** kapitaaloordrag. ~ **transfer tax** kapitaaloordragbelasting. ~ **vice** hoofsonde.

cap·i·tal[2] *n.* kapiteel, pilaarkop; hoofstuk.

cap·i·tal·ise, -ize kapitaliseer; in geld omsit; met 'n hoofletter (*of* hoofletters) skryf/skrywe, groot skryf/skrywe, kapitaliseer; ~ *on s.t.* uit iets munt slaan. **cap·i·tal·i·sa·tion, -za·tion** kapitalisasie, kapitalisering.

cap·i·tal·ism kapitalisme.

cap·i·tal·ist *n.* kapitalis, geldman, -baas. **cap·i·tal·ist, cap·i·tal·ist·ic** *adj.* kapitalisties.

cap·i·tal·ly uitstekend, eersteklas; met die doodstraf.

cap·i·tate *(biol.)* speldekopvormig, hofie-, kopvormig; gekop. ~ **bone** platkopbeentjie.

cap·i·ta·tion hoofbelasting. ~ **fee** hoofgeld. ~ **grant** hoofdelike toelaag/toelae/bydrae.

Cap·i·tol: *the* ~, *(Rome)* die Kapitool; *(Washington)* die Kongresgebou. ~ **Hill** Capitol Hill; *(fig.)* die Amerikaanse Kongres.

cap·i·tol *(Am.)* parlementsgebou.

Cap·i·to·line Kapitolyns; *the* ~ *Hill* die Kapitoolheuwel (*of* Kapitolynse heuwel).

ca·pit·u·late kapituleer, voorwaardelik oorgee; ~ *to* ... jou aan ... oorgee. **ca·pit·u·la·tion** kapitulasie, voorwaardelike oorgawe; opsomming *(v. hoofde);* voorwaarde, ooreenkoms, verdrag, kapitulasie.

ca·pit·u·lum -*la, (bot.)* blomhofie; *(anat.)* koppie, knop, kapitulum. **ca·pit·u·lar** *n., (relig.)* kapittel. **ca·pit·u·lar** *adj., (relig.)* kapittel-; *(anat., biol.)* kapitulêr.

ca·po[1] -*pos, (It., mus.: snaarinstrumentklem)* capo.

ca·po[2] -*pos, (It.)* capo, Mafiabaas.

ca·poc →KAPOK.

ca·pon kapoen, gesnyde haan. **ca·pon·ise, -ize** kapoen, sny, kastreer.

ca·pote kapotjas, kapmantel.

Cap·pa·do·ci·a *(geog., hist.)* Kappadosië. **Cap·pa·do·ci·an** *n.* Kappadosiër. **Cap·pa·do·ci·an** *adj.* Kappadosies.

cap·per opdopper.

cap·ping bekleding, bedekking; *(geol.)* dekplaat; deklaag; pet-, musvervaardiging; graadverlening; vals verpakking. ~ **brick** deksteen. ~ **iron** dekbeitel. ~ **piece** dekstuk.

cap·puc·ci·no -*nos, (It.)* cappuccino.

Ca·pri: *the island/isle of* ~ die eiland Capri.

cap·ric kaprien-; ~ *acid* kapriensuur, dekanoësuur.

ca·price gier, gril, bevlieging, nuk; verbeeldings, verbelentheid; luim; *(i.d. mv.)* fiemies; *(i.d. mv.)* ipekonders, hipokonders. **ca·pri·cious** grillig, wispelturig, vol giere/grille/nukke/fiemies, buierig, humeurig, onberekenbaar. **ca·pri·cious·ness** wispelturigheid, humeurigheid, grilligheid, fiemies.

Cap·ri·corn *(astrol., astron.)* die Steenbok, Capricornus; *tropic of* ~ Steenbokskeerkring, Suiderkeerkring.

cap·ri·corn bee·tle boktor.

cap·ri·fi·ca·tion *(tuinb.)* kaprifikasie.

cap·rin *(chem.)* kaprien.

cap·rine bok-.

cap·ri·ole *n.* kaperjol, bokkesprong, bokspring. **cap·ri·ole** *ww.* bokspring, kaperjolle maak.

Cap·ri·vi: *the* ~ *Strip* die Caprivistrook. **Cap·ri·vi·an** *n.* Capriviaan. **Cap·ri·vi·an** *adj.* Capriviaans, Caprivies.

cap·sel·la dopvrug.

cap·si·cum rissie(s), Spaanse peper.

cap·size *ww.* omval, omslaan, omkantel, kantel; onderstebo slaan, omgooi, laat omslaan. **cap·siz·al, cap·size** *n.* omslaan, omkanteling.

cap·stan kaapstander, draaispil. ~ **bar** windboom. ~ **head** spilkop.

cap·sule *n.* kappie, dop, kapsule; verbrandingsbakkie; omhulsel, huls, saaddoos, -dosie, -huisie, kapsel, kokervrug; doosvrug. **cap·sule** *ww.* inkapsel; van kapsules (*of* 'n kapsule) voorsien. **cap·su·lar** kapsulêr, dopvormig, kapselvormig; saaddoos-; ~ *fruit* koker-, doosvrug. **cap·su·late, cap·su·lat·ed** ingekapsel. **cap·su·la·tion** inkapseling. **cap·sul·ise, -ize** *(ook)* opsom. **cap·su·li·tis** kapselontsteking.

cap·tain *n.* kaptein; skipper; gesagvoerder *(op skip/vliegtuig);* krygsowerste, aanvoerder; ~ *of horse, cavalry* ~ ritmeester; ~ *of industry* groot nyweraar. **cap·tain** *ww.* aanvoer, as kaptein optree. **cap·tain·cy** kapteinsrang; kapteinskap.

cap·ta·tion *(w.g.)* slinkse verkryging.

cap·tion onderskrif, byskrif; titel, opskrif, hofie, kop; kapsie; *(vero.)* inhegtenisneming, arrestasie. **cap·tion** *ww.* van 'n opskrif/byskrif (*of* van opskrifte/byskrifte) voorsien.

cap·tious *(fml.)* vitterig, oorkrities. **cap·tious·ness** vitterigheid.

cap·tive *n.* gevangene; *hold s.o.* ~ iem. gevange hou; iem. boei *(fig.); lead s.o.* ~ iem. gevange weglei/wegvoer; *take s.o.* ~ iem. gevange neem, iem. vang. **cap·tive** *adj.* gevange; ~ *audience* onvrywillige toehoorders; ~ *balloon* kabelballon. **cap·ti·vate** bekoor, boei, betower, vang. **cap·ti·vat·ing** bekoorlik, innemend. **cap·ti·va·tion** bekoring, betowering. **cap·tiv·i·ty** gevangenskap.

cap·tor vanger, gevangenemer; buitmaker, kaper.

cap·ture *n.* vangs, gevangeneming; roof; inneming, inname; buit, prys; *(rek.)* vaslegging *(v. data).* **cap·ture** *ww.* vang, gevange neem *(mense);* vang *(diere);* verower; vermeester; roof, buit; *(rek.)* vaslê *(data);* ~ *the* ***imagination*** (die verbeelding) aangryp/pak; ~ *the spirit of the* ***original*** die gees van die oorspronklike weergee/vertolk/vaslê; ~*d* ***river*** geroofde rivier; ~ *a* ***town*** 'n stad inneem.

Cap·u·chin Kapusyn, Kapusyner(monnik).

cap·u·chin mantelkap; *(orn.)* raadsheer. ~ **capers** kapper(tjie)s, kappertjiesade. ~ **(monkey)** kapusyner=, rol=, mantelaap.

cap·y·ba·ra *(soöl.: S.Am. knaagdier)* kapibara, water= vark.

car motor(kar); rytuig, wa; trem(wa); spoorwa; (bal= lon)skuitjie; hysbak; (stuur)kajuit; ***drive** a* ~ 'n mo= tor bestuur; ***go** by* ~ per (*of* met die) motor gaan; ***ride** in a* ~ in 'n motor ry; ***run** a* ~ 'n motor aan= hou; ***service** a* ~ 'n motor versien (*of* in stand hou); ***start** a* ~ 'n motor aan die gang sit. ~ **accident** mo= torongeluk. ~ **allowance** motortoelaag, =toelae. ~ **bomb** motorbom. ~ **bonnet** motorkap. ~ **boot** kat= tebak. ~**-boot sale** kattebakverkoping. ~ **coat** heup= jas. ~ **driver** motorbestuurder. ~ **ferry** motorveerboot. ~ **hire** motorhuur; motorhuurmaatskappy, =firma. ~**hop** *n., (Am. infml.)* padkafeekelner(in). ~ **insur= ance** motorversekering. ~ **licence** motorlisensie. ~**load** motorvrag. ~**man** =*men* voerman, koetsier; kar= weier, vragryer; *(Am.)* trembestuurder. ~ **park** par= keerterrein; parkade, parkeergarage. ~ **parking fa= cilities** parkeerplek, =geriewe. ~ **phone** motor(tele)= foon. ~ **pool** saamryklub; motorpoel. ~**port** motor= afdak, =oordak. ~ **racing** motor(wed)renne. ~ **radio** motorradio. ~ **rally** tydren. ~**sick** motorsiek; trein= siek. ~**sickness** reisnaarheid. ~ **sticker** motor=, buf= ferplakker. ~ **valet** motorversorger. ~ **wash** motor= wassery. ~ **wheel** motorwiel.

car·a·bid grond=, loopkewer.

car·a·bi·neer, =nier →CARBINEER.

car·a·cal rooikat, swartoor, karakal.

car·ack →CARRACK.

car·a·col(e) *n., (ruitersport)* (halwe) swenking/draai; bokkesprong, bokspring. **car·a·col(e)** *ww.* swenk, draai; bokspring.

Car·a·cul →KARAKUL.

ca·rafe kraffie; waterfles, karaf.

ca·ram·bo·la *(Port.),* **star fruit** carambola, ster= vrug. **carambola (tree)** carambola(boom).

car·a·mel karamel; gebrande suiker. ~**-coloured** kara= melkleurig. ~**-flavoured** met 'n karamelsmaak *(pred.).* ~ **pudding** karamelpoeding.

car·a·mel·ise, =ize karamelliseer.

car·a·pace *(soöl.)* rugdop, =skild, karapaks, skilpad= dop.

car·at karaat; *18 ~s* 18 karaat.

car·a·van woonwa, karavaan, kampeerwa; karavaan *(kamele).* **car·a·van** =*nn*=, *ww.* met 'n woonwa/kara= vaan reis. ~ **park** woonwa=, karavaanpark. ~ **site** woon= wa=, karavaanterrein.

car·a·van·ner woonwa=, karavaantoeris.

car·a·van·ning woonwa=, karavaantoerisme.

car·a·van·se·rai =*rais,* **car·a·van·sa·ry** =*ries, (hist.)* karavanserai, karavaanherberg.

car·a·vel, car·vel *(sk.)* karveel.

car·a·way karwy. ~ **seed** karwy=, koeksaad.

car·bam·ide *(chem.)* karbamied, ureum.

car·bide *(chem.)* karbied.

car·bine karabyn, buks, kort geweer. **car·bi·neer, car·a·bi·neer, =nier** karabinier.

car·bo=, carb= *komb.vorm* karbo=, karb=, kool(stof)=.

car·bo·hy·drate *(chem.)* koolhidraat.

car·bol·ic karbolies, karbol=; ~ ***acid*** karbolsuur; ~ ***lotion*** karbolwater; ~ ***oil*** karbololie; ~ ***soap*** karbol= seep. **car·bo·lise, =ize** karboliseer.

car·bon *(chem., simb.: C)* koolstof; kool; koolspits; *so= lidified* ~ vaste koolsuurgas, *(infml.)* droë ys. ~ **bi= sulphide** *(chem.)* koolstofdisulfied, mierolie, swa(w)el= koolstof. ~ **black** koolswart. ~ **book** deurslagboek. ~ **compound** koolstofverbinding. ~ **content** kool= stofgehalte, =inhoud. ~ **copy** deurslag, bloutjie *(v. 'n brief ens.); be a* ~ ~ *of ..., (fig.)* presies dieselfde as ... wees; 'n presiese herhaling van ... wees *(ongeluk/ wedloop/ens.);* 'n nabootsing van ... wees *('n moord ens.); he's a* ~ ~ *of his brother* hy is die ewebeeld van sy broer (*of* sy broer se ewebeeld). ~**(-14) dating** radio= koolstofdatering. ~ **deposit** koolaanslag, =aanpak= sel. ~ **dioxide** *(chem.)* koolstofdioksied, koolsuurgas. ~ **fibre** koolstofvesel. ~ **filament** kooldraad. ~**-free** koolstofvry. ~ **knock** koolklop. ~ **monoxide** *(chem.)* koolstofmonoksied. ~ **(paper)** koolpapier, deurslaan=, deurslagpapier. ~ **point** koolspits. ~ **print** kooldruk. ~ **printing,** ~ **process** kooldruk. ~ **ribbon** koollint. ~ **steel** koolstofstaal. ~ **stick** koolspits. ~ **tetrachlo= ride** *(chem.)* koolstoftetrachloried, tetrachloorkoolstof.

car·bo·na·ceous koolstofhoudend; koolryk; kool= stofagtig; ~ *system* steenkoolformasie.

car·bo·na·do =*do(e)s, (diamant)* karbonado.

Car·bo·na·ri *(mv.), (It., hist.: geheime pol. organisasie)* Carbonari.

car·bon·ate *n., (chem.)* karbonaat, koolsuursout; ~ *of lime* koolsuurkalk. **car·bon·ate** *ww.* verkool; karbo= neer. **car·bo·nat·ed** *adj.* soda= *(drankie, water, ens.);* ~ *prose, (fig.)* sprankelende prosa; ~ *soft drink* gas= koeldrank. **car·bon·a·tion** verkoling; karbonering.

car·bon·a·tite *(chem.)* karbonatiet.

car·bon·i·an karbonies.

car·bon·ic koolsuur=; ~ *acid* koolsuur; ~ *acid gas* koolsuurgas, koolstofdioksied; ~ *oxide* kooloksied.

Car·bon·if·er·ous *n., (geol.)* Karboon. **Car·bon·if= er·ous** *adj.* Karbonies, Karboon=.

car·bon·if·er·ous *(chem.)* koolstofhoudend.

car·bon·ise, =ize, car·bon·i·fy verkool; karbo= neer; karboniseer; aankool; *become ~d* verkool. **car= bon·i·sa·tion, =za·tion** verkoling, karbonisasie, kar= bon(is)ering, karboneerproses; aankoling. **car·bon·is= ing, =iz·ing** verkoling, karbonisering; aankoling; ~ *wool* verkoolwol, karboniseerwol.

car·bon·ite *(plofstof)* karboniet.

car·bo·run·dum *(chem.)* karborundum, silikonkar= bied.

car·boy karba, mandjiefles; suurfles.

car·bun·cle *(med.)* karbonkel, steenpuisie, negeoog; *(edelsteen)* karbonkel; *(fig.)* onooglikheid, monstruosi= teit.

car·bu·ret =*tt*=, *(Am.)* =*t*=, **car·bu·rate** karbureer, vergas, met koolstof verbind. **car·bu·ra·tion, car·bu= re·tion** vergassing, karburasie, karburering.

car·bu·ret·tor, car·bu·ret·ter, *(Am.)* **car·bu·re= tor** vergasser; *flood the* ~ die vergasser versuip. ~ **choke** vergassersmoorder. ~ **plug** vergasserprop.

car·bu·rise, =rize *(metal.)* inkool, karburiseer. **car= bu·ri·sa·tion, =za·tion** inkoling, karburisasie, karbu= risering.

car·ca·jou *(Am., soöl.)* →WOLVERINE.

car·cass, car·case karkas, kadawer, geraamte, aas; geslagte dier; karkas, romp *(v. buiteband); move your (fat) ~!, (infml.)* skuif/skuiwe op!, uit die pad (uit) (met jou groot bas)!; *save one's ~, (infml.)* jou bas/vel red.

Car·chem·ish *(geog., hist.)* Karchemis.

car·cin·o·gen *(med.)* karsinogeen, kankerverwekken= de stof. **car·cin·o·gen·ic** karsinogeen, kankerverwek= kend.

car·ci·no·ma =*mas,* =*mata, (med.)* karsinoom, (soort) kanker, kankergeswel. **car·ci·no·ma·tous** kankeragtig.

card[1] *n.* kaart; (speel)kaart; (naam/visite)kaartjie; (bank/ krediet)kaart; (identiteits/lidmaatskaps)kaart; (koop)= kaart; (biblioteek)kaartjie; (toegangs)kaartjie, toegangs= bewys; balprogram; wedrenprogram; *(infml.)* kaart= man(netjie), grapmaker, rakker, platjie; *s.o.'s **best/ strongest** ~, (infml.)* iem. se sterkste argument; *keep/ play one's ~s close to one's **chest**, (infml.)* nie in jou kaarte laat kyk nie, jou planne dighou; ***cut** ~s* kaarte afdek/afhaal/afneem; *a **game** of ~s* 'n kaartspel; ***get** one's ~s, (infml.)* afgedank/ontslaan word; ***have/ hold** all the ~s, (fig.)* al die troewe hê; ***house** of ~s, (fig.)* kaartehuis, wankelrige struktuur; onseker plan; *collapse like a **house** of ~s* soos 'n kaartehuis inme= kaar tuimel; ***leave** one's* ~ 'n kaartjie afgee; ***lucky** at ~s, unlucky in love* gelukkig in die spel, ongelukkig in die liefde; ***make** a* ~ 'n slag maak *(in kaartspel); s.t. is **on** the ~s* iets word verwag, iets is moontlik/ waarskynlik; *a **pack/deck** of ~s* 'n pak/stel kaarte; ***play** a* ~ 'n kaart speel; ***play** (at) ~s* kaartspeel; ***play** one's ~s right/well, (infml.)* oulik te werk gaan, goed van jou kanse gebruik maak; ***play** one's ~s badly, (infml.)* dom te werk gaan, sleg/swak van jou kanse gebruik maak; *a **queer** ~, (infml.)* 'n snaakse vent; *a ~ of nine **races*** 'n program van nege renne; *a **real** ~, (infml.)* 'n grapmaker; ***show** one's ~s, (infml.)* in jou kaarte laat kyk, jou plan(ne) openbaar; ***shuffle/make** the ~s* die kaarte skommel/skud/was; *have a ~ up one's **sleeve**, (fig.)* 'n slag om die arm hou, 'n kaart in die mou hê, 'n plan agter die hand hê; *the ~s are **stacked** against s.o./s.t., (infml.)* iem./iets se kanse is skraal; *that is a **sure** ~, (infml.)* dit kan nie misloop nie; *lay/put one's ~s **on the table*** (met) oop kaarte speel; ***throw** up one's ~s, (fig.)* opgee, tou opgooi; *s.t. depends on the **turn** of a* ~ iets hang af van hoe die kaarte val. **card** *ww.* op 'n kaart aanbring/aanteken; ~ *70, (gholf)* 70 aanteken. ~**board** karton, bordpapier, strooikarton. **C~board City** *(blyplek v. haweloses)* Cardboard City. ~**-carrying** ingeskrewe. ~ **catalogue** kaartkatalogus, kartoteek. ~ **file** kaartlêer; geliasseerde kaarte. ~ **game** kaartspel(etjie). ~ **index** *n.* kaartindeks, =register. ~**- index** *ww.* 'n kaartindeks/=register van ... maak. ~ **party** kaartaand. ~**phone** kaart(tele)foon. ~ **punch** (kaart)ponsmasjien. ~ **reader** *(rek.)* kaartleser; *(tarot)* kaartlêer, =legster. ~ **reading** *(tarot)* kaartlêery. ~ **room** kaartkamer. ~**sharp(er)** valsspeler. ~ **swipe** *(rek.)* elek= troniese kaartleser. ~ **table** speeltafeltjie. ~ **tray** *(bibl.)* uitreiklaaitjie. ~ **trick** kaartkunsie. ~ **vote** blokstem.

card[2] *n.* kaardmasjien; (wol)kaard(e). **card** *ww.* kaard. ~ **waste** kaardsels, kaardafval.

car·da·mom, car·da·mum, car·da·mon karde= mom; *(i.d. mv.)* kardemomsade.

car·dan *(teg.):* ~ **joint** kardankoppeling. ~ **shaft** kar= danas.

card·ed: ~ *wool* gekaarde wol; ~ *yarn* kaardgaring.

card·er (wol)kaarder; fynkaard(masjien).

car·di·a =*diae,* =*dias, (anat.)* hart; maagmond, =ingang.

car·di·ac *n.* hartlyer. **car·di·ac** *adj.* kardiaal, hart=, van die hart; kardiaal, maagmond=; ~ ***affection*** hart= aandoening; ~ ***arrest*** hartverlamming, =stilstand; ~ ***failure*** hartversaking; ~ ***lesion*** hartletsel; ~ ***mur= mur*** hartgeruis; ~ ***muscle*** hartspier; ~ ***sac*** hartsak; ~ ***transplant*** hartoorplanting; ~ ***valve*** hartklep.

car·di·al kardiaal, hart=, van die hart; ~ *abnormality* hartafwyking.

car·di·al·gi·a *(patol.)* kardialgie, maagkramp; sooi= brand.

car·di·gan knooptrui, wolbaadjie, gebreide baadjie.

car·di·nal *n., (RK)* kardinaal; dieprooi, donkerskar= laken; hoofgetal; hooftelwoord; *(orn.)* kardinaal= (voël); *(hist.)* kardinaal(mantel). **car·di·nal** *adj.* vernaamste, hoof=; dieprooi, donkerskarlaken. ~ **cloth** kardinaalstof. ~ **number** hoofgetal. ~ **numeral** hooftel= woord. ~ **point** hoofpunt; hoofwindstreek. ~ **prin= ciple** hoofbeginsel. ~ **red** dieprooi, donkerskarlaken. ~ **sin** doodsonde. ~ **virtue** hoofdeug.

car·di·nal·ate, car·di·nal·ship *(RK)* kardinaal= skap, kardinalaat; *the cardinalate, (ook)* die kardinale.

card·ing kaarding, kaardery, kaardproses; *(i.d. mv.)* kaardsels, kaardafval. ~ **machine** kaardmasjien. ~ **wool** kaardwol.

car·di·o=, car·di= *komb.vorm* hart=, kardio=, kardi=.

car·di·o·gram *(med.)* kardiogram.

car·di·o·graph *(med.)* kardiograaf. **car·di·og·ra·pher** kardiografis. **car·di·o·graph·ic** kardiografies. **car·di·og= ra·phy** kardiografie.

car·di·oid *n., (wisk.)* kardioïed, hartkromme. **car= di·oid** *adj.* hartvormig, kardioïed, kardioïdaal.

car·di·ol·o·gy *(med.)* kardiologie. **car·di·o·log·i·cal** kardiologies, hart=. **car·di·ol·o·gist** hartspesialis, kar= dioloog.

car·di·om·e·try *(fisiol., med.)* hartmeting, kardiometrie.

car·di·op·a·thy *(med.)* hartkwaal, kardiopatie.

car·di·op·to·sis *(patol.)* hartversakking, kardioptose.

car·di·o·res·pi·ra·to·ry: ~ *organs* hartasemhalings= organe.

car·di·o·scope *(chir.)* kardioskoop.
car·di·o·spasm *(med.)* maagmondkramp, kardio=spasma.
car·di·o·vas·cu·lar *(med.)* kardiovaskulêr; ~ *system* hartbloedvatstelsel.
car·di·tis *(patol.)* hartontsteking, karditis.
car·doon Spaanse artisjok, kardoen.
care *n.* sorg, hoede, versorging; besorgdheid, sorg(e), bekommernis, ongerustheid; ag, versigtigheid, sorg=vuldigheid; ~ *of* ***animals*** dieresorg, diereversorging; ***carking*** ~, *(arg.)* drukkende/knaende/kwellende sorge; ***commit/entrust*** ... *to the* ~ *of s.o.* ... aan iem. se sorg toevertrou; ***exercise/take*** ~ oppas, versigtig wees, sorg beoefen/betrag; *be* ***free*** *from* ~*(s)* geen sorge hê nie, onbesorg/kommerloos wees; ~ *of the* ***hair*** haar=versorging, sorg vir (*of* versorging van) die hare; ***han=dle*** *s.t. with* ~ iets versigtig hanteer; ***handle*** *with* ~*!* hanteer versigtig!; ***have*** *a* ~*!* pas op!, kyk (tog) wat jy doen!; ***have*** *the* ~ *of* ... met die sorg vir (*of* ver=sorging van) ... belas wees; die opsig oor ... hê; ***have*** *the* ~ *of s.o.* iem. onder jou sorg hê; *be* ***in/under*** *the* ~ *of* ... onder ... se sorg wees; ~ *of* ***monuments*** monumentesorg; *that shall be* ***my*** ~ ek sal daarvoor sorg; *in* ***need*** *of* ~ sorgbehoewend; *the* ~ ***of*** ... die sorg vir (*of* die versorging van) ...; ~ ***of*** ... per adres ...; ***take*** ~ →***exercise/take;*** ***take*** ~*!* pas op (vir jou)!; wees gewaarsku!; kyk (tog) wat jy doen!; ***take*** ~ *not to do s.t.* oppas dat iets nie gebeur nie; ***take*** ~ *of* ... vir ... sorg, ... oppas/versorg; ***take*** ~ *of s.t., (ook)* iets afhandel/besorg, vir iets sorg (dra); vir iets voorsie=ning maak; *I'll* ***take*** ~ *of that* laat dit aan my oor; ***take*** ~ *of yourself!* mooi loop! *(aan iem. wat vertrek);* mooi bly! *(aan iem. wat agterbly);* ***take*** *more* ~ *over s.t.* meer moeite met iets doen, meer aandag aan iets bestee; ***take*** ~ *that s.t. doesn't happen* sorg dat iets nie gebeur nie; *that* ***takes*** ~ *of that!* dit is dan afge=handel!; *be* ***under*** *the* ~ *of* ... →***in/under;*** *do s.t.* ***with*** ~ iets versigtig (*of* met sorg) doen; *not have* (or *be without*) *a* ~ *in the* ***world*** jou oor niks (ter wêreld) bekommer nie, heeltemal onbesorg/kommerloos wees.
care *ww.* omgee, jou bekommer; las hê; ~ ***about*** ... vir ... omgee; jou oor ... bekommer; *for* ***all*** *I* ~ wat my (aan)betref, vir my part; *for* ***all*** *one* ~*s* hoe ('n) mens ook al omgee; *s.o. doesn't* ~ *a* ***bean/damn/fig/hoot/pin/rap/scrap/snap/straw*** (or *a red* ***cent*** or *a brass* ***farthing*** or *two* ***hoots*** or *a* ***tinker's*** *curse/cuss/damn), (infml.)* iem. gee geen (*of* nie 'n) flenter om nie, dit kan iem. nie (*of* geen sier) skeel nie; *I* ***don't*** ~ dit traak my nie; *I* ***don't*** ~ *if I do!* graag!; ~ ***for*** ... vir ... omgee, van ... hou; vir ... sorg, na ... kyk/omsien; 'n ogie oor ... hou; ... oppas; ... verpleeg; *not* ~ ***for*** *s.t.* nie (veel) van iets hou nie; ~ *nothing* ***for*** ... niks van ... hou nie; *be very well* ~*d* ***for*** baie goed versorg wees; *s.o. couldn't* ~ ***less,*** *(infml.)* dit kan iem. nie skeel nie, dit traak iem. nie, iem. gee geen (*of* nie 'n) flenter om nie, dis vir iem. volkome om't (*of* om 't/die) ewe; *s.o. couldn't* ~ ***less*** *about* ..., *(ook, infml.)* iem. voel vere vir ...; *if you* ~ ***to*** *do it* as jy dit wil doen (*of* lus het/is/voel [om dit te doen]); *s.o. doesn't* ~ ***to*** ... iem. wil nie graag ... nie; ***what*** *do I* ~*?* wat traak dit my?, wat kan dit my skeel?; *s.o. doesn't* ~ ***what*** *other people think (of him/her)* iem. gee nie om (*of* dit kan iem. nie skeel) wat ander mense (van hom/haar) dink nie; ***would*** *you* ~ *for a* ...? wil jy 'n ... hê?; ***would*** *you* ~ *to* ...? wil jy ...?, het/is/voel jy lus om te ...?. ~**giver** →CARER. ~ **group** omgeegroep. ~ **label** versorgingsetiket. ~**-laden** be=druk, beswaard. ~**taker** →CARETAKER. ~**worn** vervalle, afgetob, afgesloof, vergaan van sorg(e).
ca·reen *ww.* (laat) oorhel; (laat) kantel; *(sk.)* kiel; slin=ger. **ca·reen, ca·reen·ing** *n.* oorhelling; kanteling; kieling.
ca·reer *n.* loopbaan; lewensloop; vaart; *choose a* ~ 'n beroep kies; *in full* ~ in/met volle vaart; *make a* ~ *for o.s.* jou in 'n loopbaan vestig. **ca·reer** *ww.* snel, vlieg, ja(ag), hardloop; ~ *about* rondja(ag), =jakker, =vlieg, =hardloop; ~ *away* wegsnel. ~ **break** loopbaanonder=breking. ~ **diplomat** beroepsdiplomaat. ~ **girl,** ~ **woman** beroepsvrou. ~ **guidance** beroepsvoorligting. ~**-minded** ambisieus, vol ambisie. ~ **officer** beroeps=offisier.
ca·reer·ist beroepsmens, baantjiesjaer, =jagter; eer=sugtige, eergierige.
ca·reers: ~ **master,** ~ **mistress,** ~ **officer** beroeps=voorligter.
care·free onbesorg, onbekommerd, kommerloos, son=der sorg(e); sorgeloos, lighartig, ongeërg; ~ *attitude* ongeërgde houding; ~ *existence* onbekommerde lewe.
care·ful sorgsaam, versigtig, behoedsaam, omsigtig, oplettend, oppassend; sorgvuldig, nougeset; ***be*** ~*!* pas op!, oppas!; *do* ***be*** ~*!* pas tog op!; *be* ~ ***not*** *to fall/etc.* oppas dat jy nie val/ens. nie; *be* ~ ***of*** *s.t.* vir iets oppas; iets ontsien; *be* ~ ***to*** *do s.t.* nie vergeet om iets te doen nie; *be* ~ ***with*** *s.t.* met iets versigtig wees, iets oppas. **care·ful·ness** versigtigheid.
care·less sorgeloos, onoplettend, slordig, onverskil=lig, roekeloos, agte(r)losig, nalatig, onbedagsaam; on=gerekend; traak-my-nieagtig; *be* ~ *of s.t.* oor iets on=verskillig wees. **care·less·ness** sorgeloosheid, agte(r)=losigheid; traak-my-nieagtigheid; *sheer* ~ pure ag=te(r)losigheid; *through* ~ uit agte(r)losigheid.
car·er, *(Am.)* **care·giv·er** *(maatskaplike welsyn)* ver=sorger.
ca·ress *n.* liefkosing, streling. **ca·ress** *ww.* liefkoos, streel, troetel. **ca·ress·ing** *adj.* teer, liefdevol, liefde=rik, warm; sag, strelend.
car·et inlasteken, karet.
care·tak·er oppasser, opsigter, (huis)bewaarder. ~ **basis:** *on a* ~ ~ op voet van voorlopigheid. ~ **cabinet,** ~ **government** tussentydse kabinet/regering, oor=gangskabinet, =regering.
car·fuf·fle *n.* →KERFUFFLE.
car·go =*go(e)s* (skeeps)lading, (skeeps)vrag; ~ *in bulk* stortlading, massalading. ~ **boat** vragskuit, =boot. ~**-carrying** vragdraend. ~**(-carrying) capacity** laai=, vragvermoë. ~ **clerk** laaiklerk. ~ **hold** laairuim. ~ **plane** transport=, vragvliegtuig. ~ **rice** skeepsrys. ~ **ship** vrag=skip, =vaarder. ~ **space** laairuimte. ~ **steamer** vrag=stoomboot, =stoomskip.
Car·i·a *(geog., hist.)* Karië. **Car·i·an** *n.* Kariër. **Car·i·an** *adj.* Karies.
Car·ib =*ib(s)* Karib; *(taal)* Karib, Karibies. **Car·ib·be·an, Car·ib·be·an** Karibies; *the* ~ *(Sea)* die Kari=biese See. **Car·ib·bees:** *the* ~ die Karibiese Eilande.
car·i·bou =*bou(s)* kariboe, Amerikaanse rendier.
car·i·ca·ture *n.* spotprent, karikatuur. **car·i·ca·ture** *ww.* 'n karikatuur maak van, karikaturiseer. **car·i·ca·tur·ist** spotprenttekenaar, karikaturis.
car·ies *(med.)* beenettering, beenbederf, kariës; *(den=tal)* ~ tandbederf, =verrotting, =kariës. **car·i·ous** aan=gevreet, bedorwe, karieus, verrottend.
ca·ril·lon, ca·ril·lon klokkespel, beiaard, kariljon. **ca·ril·lon·neur** klokkenis, klokkespeler, beiaardier.
ca·ri·na =*nae,* =*nas, (bot.)* kiel; *(soöl.)* kiel *(v. voël); (anat.)* karina, kiel(been), wigbeen. **ca·ri·nate** kiel=vormig.
car·ing *adj.* sorgsaam, goedhartig, deernisvol, warm *(mens);* liefdevol *(ouer, man);* simpatiek *(onderwyser);* liefdadig *(instelling, gemeenskap);* humanitêr *(regering); be beyond/past* ~ nie meer omgee nie; ~ *profession* versorgingsberoep.
Ca·rin·thi·a *(geog.)* Karintië. **Ca·rin·thi·an** *n.* Karin=tiër. **Ca·rin·thi·an** *adj.* Karinties.
car·i·ole, car·ri·ole *(rytuig)* kariool.
car·line (this·tle) driedissel, =distel.
Car·list *n., (hist.: ondersteuner v. Sp. troonpretendent Don Carlos)* Carlis. **Car·list** *adj.* Carlisties. **Car·lism** Carlisme.
Car·lo·vin·gi·an →CAROLINGIAN.
Car·mel·ite *(RK)* Karmeliet. ~ **nun** Karmelietes.
car·min·a·tive *n., (med.)* windafdryfmiddel. **car=min·a·tive** *adj.* windafdrywend.
car·mine karmyn(rooi). **car·min·ic:** ~ *acid, (chem.)* karmynsuur.
car·nage slagting, bloedbad.
car·nal vleeslik, sin(ne)lik; seksueel; dierlik; wêrelds; ~ *connection/intercourse/knowledge, (jur., vero.)* geslags=omgang, =gemeenskap, vleeslike gemeenskap; ~ *de=sires* vleeslike luste. **car·nal·ise, =ize** versin(ne)lik. **car·nal·ism** vleeslikheid, sin(ne)likheid. **car·nal·i·ty** sin(ne)likheid, vleeslikheid. **car·nal·ly** vleeslik; *know s.o.* ~, *(vero.)* iem. beken, geslagsomgang met iem. hê.
car·nall·ite *(min.)* karnalliet.
car·nas·si·al: ~ *tooth, (soöl.)* skeurtand.
Car·nat·ic: *the* ~, *(geog.)* Karnatika.
car·na·tion *n.* angelier. **car·na·tion** *adj.* angelier=kleurig, ligrooi.
car·nel·ian, cor·nel·ian *(min.)* karneool, kornalyn.
car·ni·fy *(patol.)* vervlees, in vlees verander. **car·ni·fi·ca·tion** vervlesing, karnifikasie.
Car·ni·o·la *(geog.)* Krain.
car·ni·val karnaval; kermis, feesviering; swelgery, uit=spatting; ~ *of bloodshed* swelging in bloed.
Car·niv·o·ra Karnivore, Carnivora. **car·ni·vore** vleis=eter, vleisetende dier/plant, karnivoor. **car·niv·o·rous** vleisetend, karnivoor.
car·no·tite *(min.)* karnotiet, carnotiet.
car·ob karobmeel. ~ **(bean)** johannesbrood, karob=peul. ~ **(tree)** johannesbrood(boom), karob(boom).
car·ol *n.* vreugdelied; voëlgesang; *Christmas* ~ Kers=lied. **car·ol** =*ll*=, *ww.* vreugdelied(ere) sing, vrolik/lustig sing; tjilp, kwinkeleer, kweel. ~ **concert,** ~ **sing=ing** Kerskonsert, =sang. ~ **singer** Kers(lied)sanger.
car·ol·er, car·ol·ler sanger.
Car·o·li·na *(geog.)* Carolina.
Car·o·line Is·lands, Car·o·lines Caroline-eilande.
Car·o·lin·gi·an, Car·lo·vin·gi·an *n., (hist.: lid v. Frankiese vorstehuis)* Karolinger. **Car·o·lin·gi·an** *adj.* Karolingies; ~ *romance* Karelroman.
car·om *n., (Am., biljart)* raakstoot, karambool. **car=om** *ww.* raak stoot, karamboleer. →CANNON.
car·o·tene, car·o·tin *(chem.)* karoteen.
ca·rot·id: ~ *artery* nekslagaar, kopslagaar; ~ *gland* karotisklier.
ca·rouse *ww.* drink, fuif; suip. **ca·rous·al, ca·rouse** *n.* drinkgelag; fuif; dronknes; *pass a night in carousal* die hele nag lank partytjie hou (*of* fuif). **ca·rous·er** drinker, fuiwer; suiper.
car·ou·sel mallemeule; *(lugv.)* (roterende) bagasie=band *(op lughawe); (hist.)* ruitertoernooi.
carp[1] *n., (igt.)* karper, karp.
carp[2] *ww.* vit, brom; ~ *at* ... op ... vit. **carp·er** vitter. **carp·ing** *n.* vittery. **carp·ing** *adj.* vitterig.
car·pal →CARPUS.
Car·pa·thi·an Karpaties; *the* ~ *Mountains, the* ~*s* die Karpate.
car·pel *(bot.)* vrugblaar.
car·pen·ter *n.* timmerman. **car·pen·ter** *ww.* tim=mer. ~ **ant** houtkappermier. ~ **bee** hout(kapper)by. ~**'s bench** skaafbank. ~**'s line** slaglyn. **car·pen·try** houtwerk; timmer(mans)werk; timmermansambag.
car·pet *n.* tapyt, mat; ***beat*** *a* ~ 'n tapyt klop; ***bring*** *on the* ~ ter sprake (*of* op die tapyt) bring; *be* ***on*** *the* ~, *(infml.)* verantwoording doen, voor stok gekry word; *be called* ***on*** *the* ~, *(infml.)* tot verantwoording geroep word, voor stok gekry word; *roll out the* ***red*** ~ *for s.o., (fig.)* iem. met trompetgeskal ontvang; ***shake*** *a* ~ 'n tapyt uitskud/uitslaan; ***sweep*** *s.t. under the* ~ iets uit die gesig boender; iets in die doofpot stop. **car·pet** *ww.* met tapyte belê/bedek; *(infml.)* kapit=tel, die leviete voorlees, voorkry, voor stok kry. ~**bag** reissak, tapytsak. ~**bagger** politieke opportunis; op=portunis; *(kookk.)* oesterbiefstuk, =biefskyf, =steak. ~**bag steak** *(kookk.)* oesterbiefstuk, =biefskyf, =steak. ~**-beater** matte=, tapytklopper. ~ **binding,** ~ **braid** tapytband, =omboorsel. ~ **bombing** sistematiese/in=tensiewe bombardering. ~ **broom** tapytbesem. ~ **brush** tapyt=, matborsel. ~ **dance** skoffelparty, dans=partytjie. ~ **drive** grondhou. ~ **knight** *(neerh.)* salon=soldaat, kwasiheld. ~ **rod** tapytstang; traproei. ~ **slip=per** (huis)pantoffel. ~ **strip** tapytlat. ~ **sweeper** rol=

veër, rolsuier, tapytskoonmaker. ~ **thread** tapytdraad. ~ **tile** tapytteël. ~ **wool** tapytwol.

car·pet·ing tapytstof.

car·pol·o·gy vrugtekunde, karpologie.

car·pus -*pi* handwortel, pols(bene), agterhand. **car·pal** *n.* polsbeen(tjie), handwortelbeen. **car·pal** *adj.* pols-, handwortel-, karpaal; ~ *bone* polsbeen(tjie), handwortelbeen.

car·rack *(sk., hist.)* karaak.

Car·ra·ra *(geog.)* Carrara. ~ **marble** Carraramarmer, Carrariese marmer.

car·rel(l) studiehoek, -alkoof; *(hist.)* studiesel *(in kloos-ter).*

car·riage rytuig, voertuig, koets; (trein)wa, spoorwa; onderstel; affuit *(v. kanon);* glystuk, rolstel, wa *(v. tik-masjien);* slee *(v. draaibank);* vervoer; vrag; vervoer-koste; houding; gedrag; bestuur; ~ ***forward*** vrag te betaal; ~ *and* ***four*** vierspan; ~ ***free*** franko; vragvry; ~ ***paid*** vrag betaal(d); ~ *and* ***pair*** tweespan. ~ **drive** oprylaan. ~ **horse** karperd. ~ **road** rypad. ~**way** ry-weg, -pad, -baan. ~ **works** rytuigfabriek.

car·ri·er draer; houer; karweier, vragryer, vervoer-der; dra(ag)plank, -rak; bagasierak, rooster, karet; (bom)rak; tas, drasak; ***common*** ~ algemene vervoer-der; ~ *of* ***germs*** oorbringer van kieme; ***private*** ~ ver-voerder by geleentheid; ***(sea)*** ~ vragvaarder. ~ **bag** dra-, inkopiesak. ~ **(bi)cycle** transportfiets. ~ **frequen-cy** dra(ag)frekwensie. ~ **(pigeon)** posduif. ~ **plate** dra(ag)plaat. ~ **rocket** abbavuurpyl. ~ **service** kar-wei-, vragdiens. ~ **wave** dra(ag)golf, oorbringgolf.

car·ri·ole →CARIOLE.

car·ri·on aas. ~ **beetle** aaskewer. ~ **crow** swartkraai. ~ **flower** *(Stapelia* spp.*)* aasblom, bokhorinkie(s). ~ **fly** aasvlieg.

car·ro·nade *(hist., mil.)* karronade.

car·ron oil carronolie, brandwondolie.

car·rot (geel)wortel; *(i.d. mv. ook)* rooikop; *hold out a ~ to s.o., (infml.)* iem. 'n beloning voorhou; *the ~ or the stick, (infml.)* beloning of straf. ~ **leaves** wortel-lowwe. ~ **tree** wortelboom. **car·rot·y** (geel)wortel-agtig; rooikop-, rooihaar-.

car·rou·sel →CAROUSEL.

car·ry -*ries* -*ried* -*rying* dra; vervoer; oorhou, oordra, oorbring; (in)hou, bevat; bring; plaas *(in koerant); (kr.: bal)* trek; ~ *s.t.* ***about*** *(with one)* iets met jou saam-dra; *be carried* ***along*** *by* ... deur ... aangespoor word; *the paper carried the* ***article*** die artikel het in die blad verskyn; ~ *s.t.* ***away*** iets wegdra; iets meesleur; *be/get carried* ***away*** in vervoering raak; *be/get carried* ***away*** *by* ... deur ... meegesleep/meegesleur word *(iem. se welsprekendheid ens.);* ~ *s.t.* ***back*** iets terugdra; *s.t. carries s.o.* ***back*** *to* ... iets voer iem. terug na ...; ~ *one's* ***bat*** →BAT¹; ~ *all/everything* ***before*** *one* alle teenstand oorwin, alle hindernisse uit die weg vee(g); alles oorwin/meesleep; ~ *the* ***can*** →CAN²; ~ ***coals*** *to Newcastle* →COAL *n.;* ~ *the* ***day*** die oorwinning be-haal; *s.t. carries the* ***death penalty*** →DEATH PENALTY; ~ *s.t. into* ***effect*** →GIVE **EFFECT** TO S.T.; ~ *an* ***elec-tion*** *(or a* ***seat****)* 'n verkiesing/setel wen; ~ *things too* ***far*** iets te ver dryf; ~ *a* ***fortress*** 'n vesting inneem; ~ ***forward*** vooruitdra; ~*/bring* ***forward,*** *(boekh.)* oor-bring, oordra; ~ ***interest*** rente dra/gee/verdien; ~ *1000* ***kilograms*** 1000 kilogram op hê; ~ *a* ***meaning*** 'n be-tekenis dra/bevat; ~ *a* ***motion*** 'n voorstel deurkry/aanneem; ~ *it* ***off*** dit regkry; ~ *s.o.* ***off*** iem. wegvoer; *('n epidemie ens.)* iem. na die graf sleep; ~ *s.t.* ***off*** iets wegdra; sukses met iets behaal, met iets slaag; iets wen *('n prys);* ~ ***on*** voortgaan; *(infml.)* aangaan, te kere *(of* tekere) gaan; aaneen praat; ~ ***on!*** gaan (so) voort!, hou (so) aan!; *s.o. cannot* ~ ***on,*** *(ook)* iem. kan nie meer nie; ~ ***on*** *s.t.* iets voortsit; iets vooruitbring; iets doen *(sake);* iets dryf/drywe *('n saak, handel);* iets bedryf/bedrywe *('n boerdery ens.);* iets uitoefen *(bedryf, am-bag, ens.);* iets voer *('n gesprek);* ~ ***on*** *about s.t., (infml.)* oor iets te kere *(of* tekere) gaan; ~ ***on*** *with s.t.* met iets voortgaan/aangaan; *s.t. to* ~ ***on*** *with* iets om mee te begin *(of* aan die gang te kom); ~ ***on*** *with s.o., (infml.)* met iem. 'n verhouding/affair hê; ~ ***o.s.*** *well* 'n flinke houding hê/aanneem; ~ *s.t.* ***out*** iets uitvoer, aan iets gevolg gee *('n opdrag ens.);* iets voltrek *('n vonnis ens.);* iets toepas *('n toets);* ~ *s.t.* ***over*** iets oordra; ~ *one's* ***point*** jou sin kry/deurdryf; jou doel bereik; ~ ***stocks*** voorrade aanhou; ~ *s.t.* ***through*** iets deursit; iets afhandel; iets deurvoer *('n plan ens.);* iets volhou; *s.t. carries s.o.* ***through*** *s.t.* iets help iem. deur iets; *be carried* ***unanimously*** eenparig aangeneem word; ~ ***weight*** →WEIGHT *n.;* ~ *s.t.* ***with*** *one, (lett.)* iets met jou saamdra; *(fig.)* iets bly jou by. ~**all¹** *(rytuig)* kariool. ~**all²** *(Am.)* reistas, -sak, stop-maar-in. ~**cot** drawie-gie, drabedjie. ~**-over** *n.* oordrag; *(boekh.)* oorgebrag-te/oorgedrae bedrag; *(effektebeurs)* prolongasie.

car·ry·ing (die) dra/vervoer; karweiery, karweiwerk, vervoer(werk). ~ **capacity** dra(ag)-, laaivermoë; dra(ag)krag *(v. skip, veld).* ~**-on** gedoente; wange-drag; *carryings-on* manewales, streke. ~**-out** tenuit-voerbrenging. ~ **pole** dra(ag)stok. ~ **scraper** wiel-skrop. ~ **spring** dra(ag)veer. ~ **trade** vragvaart; ver-voerbedryf, -wese.

cart *n.* kar(retjie); tweewielkar(retjie), (tweewielige) rytuig; *be in the ~, (fig.)* in die knyp/verknorsing/sop sit/wees; *put the ~ before the horse, (fig.)* die kar voor die perde span, die wa voor die osse span, die perde agter die wa span, agterstevoor te werk gaan; *little/small* ~ karretjie. **cart** *ww.* karwei, aanry, (met 'n kar) vervoer; ~ ... *about/around* ... rondkarwei; ~ ... *away/off* ... wegry/-karwei. ~ **box** karkis. ~ **cushion** karkussing. ~ **driver** kardrywer. ~**ful,** ~**load** karvrag, kar (vol). ~**horse** kar-, tuigperd. ~ **house** waenhuis. ~ **rut** karspoor. ~ **shed** waenhuis. ~ **track** karspoor; karpaadjie. ~**wheel** karwiel; groot geldstuk; *turn ~s* wawiele doen/maak. ~**wheel hat** wawielhoed. ~**wright** wa-, karmaker.

Car·ta →MAGNA C(H)ARTA.

cart·age vervoer; karweiery; vrag(loon), ryloon, kar-weiloon, -geld. ~ **contractor** karweier, vragryer, transportryer. ~ **service** vervoer-, karweidiens.

carte: *à la* ~ →À LA; *give s.o. ~ blanche* (aan) iem. vry(e) spel gee/laat; *have ~ blanche* vry(e) spel hê.

car·tel verdrag, ooreenkoms; kartel; *(arg.)* uitdaging. **car·tel·i·sa·tion,** -**za·tion** kartelvorming, kartellering. **car·tel·ise,** -**ize** kartelleer.

cart·er karweier, vragryer, voerman.

Car·te·si·an *n.* Cartesiaan. **Car·te·si·an** *adj.* Car-tesiaans; ~ *coordinates, (wisk.)* Cartesiese koördinate; ~ *devil/diver/figure/imp, (fis.)* Cartesiaanse duiweltjie/duikertjie. **Car·te·si·an·ism** Cartesianisme.

Car·thage *(geog., hist.)* Kartago. **Car·tha·gin·i·an** *n.* Kartager. **Car·tha·gin·i·an** *adj.* Kartaags, van Kartago.

Car·thu·si·an *(RK)* Kartuiser(monnik); *(Br.)* (oud)-leerling van Charterhouse (School). ~ **monastery** Kartuiserklooster.

car·ti·lage kraak-, knarsbeen. **car·ti·lag·i·nous** kraak-benig, kraakbeenagtig, kraakbeen-; ~ *fish* kraakbe-nige vis; ~ *tissue* kraakbeenweefsel.

car·tog·ra·phy kartografie. **car·tog·ra·pher** karto-graaf, kaarttekenaar. **car·to·graph·ic** kartografies.

cart·o·man·cy kaartlêery.

car·ton *n.* karton, kartondoos, -houer; karton, bord-papier; *(skyfskiet)* kol, wit; *(skyfskiet)* kolskoot, skoot in die wit (van die/'n skyf); *a ~ of cigarettes* 'n karton sigarette; *a ~ of milk* 'n kartonnetjie melk; *milk in ~s* melk in kartonne(tjies).

car·toon spotprent, karikatuurtekening; strokies-prent, -verhaal; politieke prent; geleentheidsprent; karton, modelblad, -tekening, ontwerptekening; *(film)* ~ tekenprent. **car·toon·ist** spotprent-, karikatuur-tekenaar.

car·touch(e) *(bouk.)* lofwerk, krulversiering, (sier)-krulwerk; krultablet; cartouche *(in Eg. hiërogliewe);* cartouche, kardoes *(v. vuurwerk).*

car·tridge patroon; *blank* ~ loskruitpatroon; *spent* ~ leë patroondoppie. ~ **belt** patroonband. ~ **box** pa-troonkis. ~ **cap** patroondoppie. ~ **case** patroondop; patroonkis. ~ **clip** (in)laaiplaatjie. ~ **drum** patroon-trommel. ~ **paper** kardoespapier. ~ **pouch** patroontas.

car·tu·lar·y, char·tu·lar·y register, katalogus; kloos-terargief.

car·un·cle karunkel; vleisvrat(jie), papil; kiemvrat(jie); suigskyf; kam *(v. hoender);* bel *(v. kalkoen).*

carve (voor)sny, vleis sny; uitsny; beeldsny; graveer; beitel; beeldhou; kerf; ~ *s.t.* ***out*** iets uitsny/uitkerf; iets uitbeitel/uitkap; beeldhouwerk doen; *(fig.)* iets met moeite tot stand bring *('n loopbaan ens.);* ~ *s.t.* ***up*** iets stukkend sny; *(infml.)* iets verdeel; ~ *s.o.* ***up,*** *(infml.)* iem. met 'n mes toetakel; ~ *one's* ***way*** 'n weg baan; ~ *in* ***wood*** houtsny. **carved:** ~ *wood* gesnede hout; ~ *work* (hout)snywerk. **carv·en** gebeeldhou, gesnede.

carv·er (vleis)snyer; beeldsnyer; sny-, vleis-, voor-sny-, transeermes. **carv·er·y** voorsnyrestaurant, -res-tourant; voorsnytafel, -buffet. **carv·ing** (hout)sny-werk; (die) vleis sny, voorsny; kerwing; ~ ***chisel*** kerf-beitel; ~ ***fork*** vleis-, voorsny-, transeervurk; ~ ***knife*** vleis-, voorsny-, transeermes; ~ ***set*** voorsny-, transeerstel.

car·vel →CARAVEL.

car·y·at·id -*id(e)s, (bouk.)* skraag-, steunbeeld, karia-tide.

car·y·op·sis -*opses,* -*opsides* graanvrug.

cas·bah →KASBAH.

cas·cade *n.* waterval(letjie), kaskade; stroom; menig-te. **cas·cade** *ww.* neerstort, neergolf, neerklater.

cas·ca·ra *(bot.)* kaskara.

case¹ *n.* geval, saak; omstandigheid; (hof)saak, (regs)-geding; naamval; pasiënt, sieke, lyer, gewonde, ge-val; *in* ***all*** *~s* in alle gevalle, altyd; *that* ***alters*** *the ~* dit gee die saak 'n ander voorkoms; *in* ***any*** ~ in elk/alle/ieder geval, tog; ***argue/plead*** *a* ~ 'n saak bere-deneer/bepleit; ***be*** *the* ~ so wees; ***break*** *a* ~ 'n saak oplos; ~ *of* ***conscience*** gewete(n)saak; *in* ***each/every*** ~ in elke geval; *in* ***either*** ~ in albei gevalle; *the ~* ***for*** *the defence* die beskuldigde se saak, die (saak vir die) verdediging; *the ~* ***for*** *the prosecution/state* die staat se saak; *a* ***good/strong*** *~, (jur.)* 'n sterk (*of* goed gegronde) saak; *have a* ***good/strong*** ~ sterk staan; *there is a* ***good/strong*** *~ for it, a* ***good/strong*** *~ may be made out for it* daar is baie/veel voor te sê; *make out a* ***good/strong*** *~, (ook)* spykers met koppe slaan, die regte bewyse lewer; *a* ***hard*** *~, (infml.)* 'n moei-like geval; 'n taai kalant; ***have*** *a* ~ grond onder jou voete hê; ***in*** *~* ... indien/ingeval (*of* vir die geval dat) ...; ***in*** *~ of* ... in geval van ...; ***in*** *the ~ of* ... by (*of* ten opsigte van) ...; *the* ... ***in*** *the* ~ die ... in die spel; ***just*** *in* ~ vir die wis en die onwis, veiligheidshalwe; *a ~ can be* ***made*** *out for it* daar is iets voor te sê; ***make*** *out a ~ for* ... gronde (*of* gegronde redes) vir ... aan-voer; 'n betoog vir ... lewer; *as the ~* ***may*** *be* al na die geval, na gelang van omstandighede; *will that* ***meet*** *the ~?, (ook)* is dit goed so?; *it* ***meets*** *the ~* dit is vol-doende; dit los die saak op; *in* ***most*** *~s* in die mees-te gevalle; ***my*** *~ is that* ... ek voer aan dat ...; *have* ***no*** ~ nie jou saak kan staaf nie; *a ~* ***of*** *polio/etc.* 'n geval van polio/ens.; *a ~* ***in point*** 'n pertinente geval; 'n goeie voorbeeld; *in the* ***present*** ~ in dié (*of* die onder-hawige/gegewe) geval; ***present/put*** *a* ~ 'n saak stel; ***settle*** *a ~ (out of court)* 'n saak skik; ***sit*** *in a ~, ('n hof/regter)* in/oor 'n saak sit; ***state*** *a* ~ 'n saak stel/uiteensit; ***such*** *is the* ~ so is dit, so staan die saak (*of* sake); ***that*** *is the* ~ dit is die geval, so is dit; *if* ***that*** *is the* ~ as dit so is; *in* ***that*** ~ dan, in dié/daardie geval; *an* ***unanswerable*** ~ 'n onweerlegbare saak. ~**book** gevalleboek; pasiënteboek. ~ **ending** naamvalsuit-gang. ~ **history** gevalbeskrywing; siektegeskiedenis. ~ **record** siekteverslag. ~ **sheet** bedkaart. ~**work** geval(le)studie.

case² *n.* kis, koffer, tas; doos; koker, kas; huis *(v. hor-losie);* kabinet *(v. horlosie);* mantel, dop *(v. bom);* dop *(v. patroon, granaat);* huisie, sak; omhulsel, huls; oor-trek(sel); band. **case** *ww.* insluit, inwikkel, oortrek. ~ **bottle** veldfles, mandjiefles. ~ **clock** staanklok. ~**-harden** dopverhard; verhard/verstok maak. ~**-hard-ened** dophard; verhard, verstok. ~**-hardening** dop-verharding; korsdroging *(v. hout).* ~ **knife** skedemes. ~ **lock** kasslot. ~ **rack** letterrak. ~ **rocket** kartetsvuurpyl. ~ **room** (letter)settery. ~ **shot** kartetslading. ~**work** handsettery, =setwerk; kaswerk *(v. orrel)*. ~**worm** →CADDIS (WORM).

ca·se·ase *(med.)* kasease. **ca·se·ate** verkaas. **ca·se·a·tion** verkasing.

ca·sein kaseïen, kaasstof. **ca·se·in·o·gen, ca·se·in·o·gen** kaseïnogeen.

case·mate *(mil.)* kasemat.

case·ment swaairaam. ~ **cloth** vensterstof. ~ **hook** vensterhaak. ~ **moulding** hollys. ~ **window** swaai=, oopslaanvenster.

ca·se·ous kaasagtig.

cash *n.* kontant(geld); kas(geld); ~ *on the* ***barrelhead/nail,*** *(infml.)* botter by die vis, betaling in kontant; ~ *and* ***carry*** haal en betaal; ~ *on* ***delivery*** kontant by aflewering; ~ ***down*** kontant; ~ *in* ***hand*** kontant in kas, kontant=, kassaldo; ***hard*** ~ klinkende munt, kontantgeld; *be* ***in*** ~ baie geld hê; *in ~ or* ***kind*** in geld of goed(ere); *pay ~ on the* ***nail,*** *(infml.)* in klinkende munt betaal; ~ *with* ***order*** kontant by bestelling; *be* ***out/short*** *of* ~ sonder kontant(geld) wees; geld kort= (kom), knap van geld wees; ***pay*** *(in)* ~ (in) kontant betaal; ***petty*** ~ kleinkas; ***ready*** ~ kontantgeld; ***turn*** *s.t. into* ~ iets tot geld (*of* te gelde) maak. **cash** *ww.* wissel, trek, kleinmaak, inkasseer *(tjek)*; honoreer; in geld omsit; ~ ***in*** *(one's checks/chips)* (jou bewyse/speelmunte) inwissel (*of* vir geld/kontant omruil); *(sl.: doodgaan)* aftjop, bokveld toe gaan, lepel in die dak steek, die emmer skop; ~ ***in on*** *s.t.* uit iets munt slaan (*of* voordeel trek); ~ ***up*** die kas opmaak. ~ **account** kas=, kontantrekening. ~ **balance** kontant=, kassaldo. ~**-book** kasboek. ~ **box** geldkissie. ~ **card** kontantkaart. ~ **cow** *(infml., fin.)* kontantkoei. ~ **crop** kontantgewas. ~ **desk** kas(toonbank). ~ **discount** afslag vir kontant, kontantkorting. ~ **dispenser** geldoutomaat. ~ **float** kaskontant, los kontant. ~ **flow** kontantvloei, =beweging, =stroom. ~ **keeper** kassier. ~ **office** kassierskantoor. ~ **payment** kontantbetaling, betaling in kontant. ~ **point** betaalpunt; geldoutomaat. ~ **price** kontantprys. ~ **register** kasregister. ~ **resources** kas=, kontantmiddele. ~ **sale** kontantverkoop. ~ **till** geldlaai. ~ **value** kontantwaarde.

cash·ew, cash·ew kasjoe(boom). ~ **nut** kasjoeneut.

cash·ier[1] *n.* kassier.

cash·ier[2] *ww.* afdank, afsit, ontslaan; *(mil.)* kasseer. **cash·ier·ing** *(adj.)* kassering.

cash·less *adj.* kontantloos; *the ~ society* die kontantvrye samelewing.

Cash·mere *(geog.)* →KASHMIR. **cash·mere** *(wolstof)* kasmier, kasjmier, kassemier.

cas·ing oortrek(sel), (om)hulsel; voeringpyp; koker; huls, mantel; dop, bus; bekleding, voering; kas; *(beton)* bekisting; raam(werk); skag; buiteband; *sausage* ~ worsderm; *shell* ~ bomdop. ~ **nail** vloerspyker. ~ **spring** hulselveer.

ca·si·no =*nos* casino, kasino, speelbank.

cask vat, vaatjie, kuip; *(i.d. mv.)* vatwerk. **cas·ket** dosie, kissie; urn; *(Am.)* dood(s)kis.

Cas·par *(een v.d. drie Wyses uit d. Ooste)* Caspar(us), Kasper.

Cas·pi·an: *the ~ Sea* die Kaspiese See.

casque *(soöl.)* helm; *(hist., mil.)* valhoed, =helm; ooryster.

cas·sa·ta *(It., soort roomys)* cassata.

cas·sa·tion *(jur.: tersydestelling weens onreëlmatigheid)* kassasie; *court of ~, (Fr.)* hof van kassasie/hersiening.

cas·sa·va *(bot.)* kassawe, broodwortel, maniok.

Cas·sel *(geog.)* →KASSEL.

cas·se·role *n.* kasserol, oond=, bakskottel, oondkastrol; kasserol, oond(stoof)gereg; *en ~* gestoof; *~ of fish* oondstoofvis. **cas·se·role** *ww.* (in 'n oond=kastrol) stoof/stowe, oondstoof, =stowe.

cas·sette kasset.

cas·si·a kassie, kassia; wildekaneel; seneblare. ~ **oil** kassieolie, Chinese kaneelolie.

cas·sit·er·ite *(min.)* kassiteriet, tinsteen; tinerts.

cas·sock priesterkleed, toga, soetane.

cas·so·war·y *(orn.)* kasuaris.

Cass·pir *(SA, mil.)* Casspir.

cast *n.* gooi, worp; uitgooi; lyngooi; optelling; opwerpsel; *(teat.)* rolverdeling, (rol)besetting, geselskap; vorm, afgietsel, vormafdruk, gietvorm; soort, slag; molshoop; wurmhopie; vervelsel *(v. insek)*; paar (valke); *have a ~ in the* ***eye*** skeel/oormekaar kyk; *~ of* ***mind*** geestesgesteldheid, aanleg; ***plaster*** ~ gipsmodel; gipsverband; ***renal*** ~ urine-silinder. **cast** *cast cast, ww.* gooi, werp; lyngooi; strooi; afwerp; afdank; vorm, rangskik; bereken; giet, stort; rolle verdeel; 'n rol toeken; ~ ***about/around***, *(fig.)* rondtas; *(sk.)* wend; ~ ***about/around*** *for ...* na ... soek; ~ ***accounts*** berekeninge maak; rekeninge opmaak; *~ ...* ***adrift,*** *(sk.)* ... losgooi (*of* laat dryf); *(fig.)* ... aan sy lot oorlaat; ~ *s.t. up* ***against*** *s.o.* iem. iets voor die voete gooi; ~ ***anchor*** →ANCHOR *n.*; ~ *s.t.* ***aside*** iets opsy gooi; ~ *s.o.* ***aside/off/out*** iem. verstoot; ~ *s.t.* ***away*** iets weggooi; iets verwerp; iets verkwis; ~ *s.t.* ***back*** iets teruggooi; ~ *the* ***blame*** *on s.o./s.t.* →BLAME *n.*; ~ ***doubt*** *on/upon s.t.* →DOUBT *n.*; ~ *s.t.* ***down*** iets neergooi; iets neerslaan *(oë)*; ~ *s.o.* ***down*** iem. ontmoedig; iem. verneder; ~ *s.t.* ***forth*** iets uitwerp; iets versprei; ~ ***leaves*** blare afgooi/verloor; ~ ***loose,*** *(sk.)* losmaak, =gooi; ~ *in one's* ***lot*** *with ...* →LOT *n.*; ~ ***lots*** →LOT *n.*; ~ *o.s. on/upon s.o.'s* ***mercy*** →MERCY; ~ *a* ***net*** 'n net uitgooi/uitwerp; ~ *s.t.* ***off*** iets afgooi/afwerp; iets weggooi; *(sk.)* iets losgooi; *(breiwerk)* iets afheg; ~ ***on,*** *(breiwerk)* aanheg, opstel, opsit *(steke)*; ~ *s.t.* ***out*** iets uitgooi/uitsmyt; ~ *a* ***shoe*** 'n hoefyster verloor; ~ *the* ***skin*** vervel; ~ *a* ***spell*** *on s.o.* →SPELL[1]; ~ *s.t. in s.o.'s* ***teeth*** →TOOTH *n.*; ~ ***up*** opwerp, opgooi; aan land gooi; bereken, optel *(syfers)*; *(druk.)* opmeet; opslaan *(oë)*; ~ *a* ***vote*** 'n stem uitbring. **cast** *volt.dw.* gegooi; gestrooi; afgewerp; gevorm; gegiet; *be* ~ ***away*** skipbreuk ly, gestrand wees; *the* ***die*** *is* ~ →DIE[2] *n.*; *be* ~ ***down,*** *(iets)* neergegooi wees; *(iem.)* terneergedruk/bedroef/moedeloos wees; →DOWNCAST; *be* ~ ***out*** uitgeworpe/verworpe/verstoot wees; ***votes*** ~ uitgebragte stemme. ~**away** *n.* skipbreukeling; verworpeling, uitvaagsel. ~**away** *adj.* gestrand; verworpe; ~ *lamb* weggooilam. ~ **brass** gietmessing. ~ **brick** vormsteen. ~ **fleece** uitgooi=, uitskotvag. ~ **iron** gietyster, gegote yster, potyster. ~**-iron** *adj.* van gietyster; klipsteenhard; ystersterk; hardvogtig; onveranderlik; onbuigbaar, onbuigsaam; onaantasbaar *(saak)*; vasstaande, vas en seker; onomstootlik *(bewys)*; ~ *attitude* onbuigsame houding. ~**-off** *n.* verworpeling; *(i.d. mv. ook)* weggooiklere. ~**-off** *adj.* verworpe; verslete. ~ **shadow** slagskaduwee. ~ **skin** vervelsel. ~ **steel** gietstaal.

cas·ta·nets *(mv.)* kastanjette, danskleppers, klaphoutjies.

caste kaste, stand; *lose* ~ agteruitgaan in stand, afsak, gedeklasseer word; aansien verloor. ~ **system** kastestelsel.

cas·tel·lan *(hist.)* burgheer, =voog, slotvoog.

cas·tel·lat·ed gekanteel(d); met torinkies; kasteelagtig; vol kastele; *~ nut* kroonmoer.

cast·er werper; lyngooier; gieter; rekenaar; rolverdeler; →CASTOR[1].

cas·ti·gate straf, tugtig, kasty; striem; kuis, suiwer *('n boek ens.)*; ontman. **cas·ti·gat·ing** kastydend. **cas·ti·ga·tion** kastyding, tugtiging; suiwering, kastigasie.

Cas·tile *(Sp.)*, *(geog.)* Kastilië. ~ **soap** Spaanse seep. **Cas·til·ian** *n.* Kastiliaan; *(dial.)* Kastiliaans; Kastiliaans, Standaardspaans. **Cas·til·ian** *adj.* Kastiliaans.

cast·ing (die) werp; lyngooi(ery); (die) giet, gieting; gietsel, gietstuk; gietwerk; rolverdeling; (wurm)hopie. ~ **box** vormkas; gietkas. ~ **error** optelfout. ~ **machine** gietmasjien. ~ **net** werpnet. ~ **vote** tweede/beslissende stem.

cas·tle *n.* kasteel, burg, slot; *(skaak)* toring, kasteel; *build ~s in the air* (or *in Spain*), *build Spanish ~s* lugkastele bou, drome droom. **cas·tle** *ww., (skaak)* rokeer. ~ **gate** kasteel=, burg=, slotpoort. ~ **hall** riddersaal. ~ **nut** kroonmoer. **cas·tling** *(skaak)* rokade.

Cas·tor *(astron.)* Castor.

cas·tor[1], **cas·ter** strooier, bussie; standerflessie; rolwiel(etjie), (poot)rolletjie. ~ **sugar** strooisuiker.

cas·tor[2] bewer; kastoor, bewervilt; kastoor(hoed). ~ **oil** kaster=, wonderolie. ~**-oil bean** kasteroliesaad.

cas·tra·me·ta·tion *(mil.)* kampvorming.

cas·trate, cas·trate *ww.* kastreer, sny, regmaak, steriliseer, kapater, ontman, ontvrou; *(fig.)* ontkrag; *(fig.)* ontman, kastigeer *(boek)*; *~ a horse* 'n perd sny/kastreer (*of* reun maak). **cas·trate** *n., (w.g.)* ontmande, gesnyde, gesnedene, kastraat, eunug. **cas·trat·ed** gesny, gesnede, ontman; *~ boar* burg; *~ goat* kapater; *~ sheep* hamel. **cas·tra·tion** (die) sny, kastrasie, kastrering, ontmanning; *(fig.)* ontkragting. **cas·tra·to** =*ti*, *(<It.)*, *(mus., hist.)* kastraat(sanger).

cas·u·al *n.* los/tydelike werker/arbeider; *(i.d. mv.)* informele drag, slenterdrag, gemaklike klere; *(i.d. mv.)* slenterskoene; toevallige besoeker/bewoner; jong voetbalvandaal in duur merkklere; *(arg.)* tydelike arme. **cas·u·al** *adj.* toevallig, terloops; vlugtig; ongereeld, onreëlmatig; onsistematies; ongeërg, nonchalant; informeel; oppervlakkig; onverskillig; uitsonderlik; ~ ***acquaintance*** oppervlakkige kennis; ~ ***clothes/wear*** slenterdrag, gemaklike klere, informele drag/klere; ~ ***expenditure*** toevallige uitgawe; ~ ***glance*** vlugtige kyk(ie); ~ ***labour*** los/tydelike werk; los/tydelike werkers/arbeiders; ~ ***labourer*** los/tydelike werker/arbeider; ~ ***leave*** los verlof; ~ ***observer*** terloopse waarnemer; ~ ***poor*** tydelike armes; ~ ***sex*** los seks, seks sonder liefde; ~ ***shoe*** slenterskoen; ***smart*** ~ deftig informeel, slentersjiek; ~ ***visitor*** toevallige besoeker; ~ ***ward*** afdeling vir dakloses; ~ ***water,*** *(gholf)* spoelwater; ~ ***wear*** →***clothes/wear.***

cas·u·al·ly toevallig, terloops, in die verbygaan.

cas·u·al·ness toevalligheid; uitsonderlikheid; onverskilligheid; ongeërgdheid; informaliteit.

cas·u·al·ty ongeval, ongeluk; sterfgeval, verlies; beseerde, gewonde; dooie; gesneuwelde; slagoffer; *(i.d. mv. ook)* uitgesaktes, uitgevallenes; *there were no casualties* niemand is dood of beseer nie. ~ **insurance** ongevalleversekering. ~ **list** verlies(e)lys; sterflys; *(sport)* krukkelys. ~ **ward** ongevalleafdeling, =saal.

cas·u·a·ri·na (tree) kasuarisboom.

cas·u·ist gewetensregter, kasuïs; sofis, drogredenaar; haarklower. **cas·u·is·tic, cas·u·is·ti·cal** kasuïsties; sofisties; spitsvondig. **cas·u·ist·ry** kasuïstiek; sofisme, sofistery, drogredenering; spitsvondigheid; haarklowery.

cat[1] *n.* kat; *(soöl.)* katagtige; *(infml., neerh.)* kat(terige vrou), (klein) snip; *(sk.)* katbalkkatrol; *(sk.)* eenmaster; kats *(vir lyfstraf)*; *(speletjie)* kennetjie; *(hist., mil.)* stormkat; *let the ~ out of the* ***bag*** die aap uit die mou laat, alles uitlap/uitblaker; ***bell*** *the ~, (fig.)* die kat die bel aanbind; *the* ***big*** *~s, (leeus, tiere, luiperds, ens.)* die groot katte; *like s.t. the ~* ***brought/dragged*** *in, (infml.)* soos iets wat die kat ingedra het, verfomfaai, verpluk; *all ~s are grey in the* ***dark*** snags is alle katte grou; *live like ~ and* ***dog*** soos kat en hond (*of* in onmin) lewe; ***fat*** ~ →FAT *adj.*; *be like a ~ on* ***hot bricks*** (or *on a* ***hot tin roof***) op hete kole sit; *see which way the ~* ***jumps,*** *(infml.)* die kat uit die boom kyk, kyk uit watter hoek die wind waai; *fight like* ***Kilkenny*** *~s* mekaar vernietig; *care* ***killed*** *the ~* dit help nie om te huil nie; *curiosity* ***killed*** *the ~* van nuuskierigheid is die tronk vol (en die kerk leeg); *when/while the ~'s away, the* ***mice*** *will play* as die kat weg is, is die muis baas; *play ~ and* ***mouse*** *with s.o.* met iem. kat en muis speel; *put/set the ~ among the* ***pigeons*** 'n knuppel in die hoenderhok gooi; *it is* ***raining*** *~s and dogs, (infml.)* dit reën paddas en platannas, dit sous/giet behoorlik, dit reën dat dit giet/stort, dit giet soos dit reën; *like a* ***scalded*** ~ soos 'n pyl uit 'n boog; ***shoot*** *the ~, (infml.: vomeer)* jongosse/kalwers inspan; *there is more than one way to* ***skin*** *a ~, (fig.)* daar is meer as een manier om 'n kat dood te maak; *there is no* (or *not enough*) *room to* ***swing*** *a ~, (infml.)* jy kan jou nie daarin draai nie; ***turn*** *(the) ~ in (the) pan* oorloper/tweegatjakkals/manteldraaier wees; *think one's the ~'s* ***whiskers/***

pyjamas, *(infml.)* dink jy is kaas/wonderlik, jou wat (wonders) verbeel. **cat** *-tt-, ww.* die anker oplig; kats, met die/'n kats slaan/afransel/gesel; opbring, opgooi, kots. **~-and-mouse game** kat-en-muis-spel(etjie). ~ **bear** →PANDA. **~bird** spotlyster. **~boat** eenmaster. ~ **brier** katdoring. ~ **burglar** klim-, klouterdief, gewelklimmer, -klouteraar. **~call** *n.* kattegetjank; gejou, uitfluiting, gesis. **~call** *ww.* tjank; uitjou, uitfluit. **~fish** katvis, seebaber; seekat; *(Eur.)* seewolf. ~ **flap** katdeur(tjie). **~gut** katderm; heg-, dermsnaar; snaar; strykinstrumente. **~head** *(sk.)* kraan-, katrolbalk; breë hamer. **~house** *(Am. sl.)* hoerhuis, bordeel. **~kin** *(bot.)* katjie. **~lap** *(infml.)* kasaterwater, flou drankie/ens.. **~lick:** *give s.t. a ~, (infml.)* iets bolangs skoonmaak. ~ **litter** katsand. ~ **lover** katteliefhebber, -vriend. **~mint, ~nip** kattekruid, -kruie. **~nap** (kort) slapie, (sittende) dutjie, sitslapie. **~-o'-nine-tails** kats. **~'s cradle** uitvalspeletjie. **~'s-eye** *(min.)* katoog; katoog, -ogie, blinkogie *(in pad).* **~'s-meat** afvalvleis. **~'s-paw** katpoot; handlanger, werktuig, iem. wat hom deur 'n ander laat gebruik; ligte windjie. **~'s purr** kattegespin. **~'s-tail** *(Struthiola* spp.*)* juffertjie-roer-by-nag; *(Bulbine/Bulbinella* spp.*)* katstert. ~ **suit** katpak. ~ **thorn** *(bot.)* katdoring; *(Scutia* spp.*)* katnael(s). **~walk** looplys; *(sk.)* loopgang, -brug; brugvoetpaadjie; kruipgang.

cat[2] →CATALYTIC CONVERTER.

cat[3] →CATAMARAN.

cat[4] →CATERPILLAR TRACTOR.

ca·tab·o·lism, ka·tab·o·lism *(chem.)* katabolisme, katabolie, afbouing, afbreking. **cat·a·bol·ic, kat·a·bol·ic** katabolies, afbouend, afbrekend.

cat·a·chre·sis *-chreses* woordmisbruik, katachrese. **cat·a·chres·tic** katachresties.

cat·a·clysm hewige oorstroming; aardramp, ontsaglike ramp; heftige beroering, groot omkering; debakel. **cat·a·clys·mic** rampspoedig, ontsettend, katastrofaal.

cat·a·comb katakombe, onderaardse grafkelder. **cat·a·cum·bal** van (*of* behorende tot) 'n katakombe.

cat·a·falque *-s,* **cat·a·fal·co** *-coes, (w.g.)* katafalk; lykwa.

Cat·a·lan *n.* Katalaan, Kataloniër; *(taal)* Katalaans, Katalonies. **Cat·a·lan** *adj.* Katalaans, Katalonies.

cat·a·lec·tic *(pros.)* fragmentaries, onvolledig, katalekties.

cat·a·lep·sy *(psig.)* katalepsie, verstywing, starsug. **cat·a·lep·tic** katalepties, styf, verstar(d).

cat·a·logue *n.* katalogus; (prys)lys; opsomming; inventaris. **cat·a·logue** *ww.* katalogiseer; 'n lys maak (van); inventariseer. ~ **raisonné** *catalogues raisonnés, (Fr.)* beskrywende katalogus.

cat·a·logu·er katalogiseerder.

cat·a·logu·ing katalogisering; inventarisasie.

Cat·a·lo·ni·a *(Sp.)* Katalonië. **Cat·a·lo·ni·an** →CATALAN.

cat·a·lyse kataliseer. **ca·tal·y·sis** *catalyses* katalise, katalisering. **cat·a·lyst** katalisator, kataliseermiddel. **cat·a·lyt·ic** katalities; ~ *agent* kataliseermiddel, katalisator; ~ *converter,* (infml.) *cat, (mot.)* katalisator.

cat·a·ma·ran, *(infml.)* **cat** katamaran, tweerompskuit, -boot; vlotboot; *(infml.)* tierwyfie, helleveeg, feeks.

cat·a·mite *(arg.: seun aangehou vir homoseksuele dade)* skandknaap.

cat·a·mount, cat·a·moun·tain luiperd; wildekat.

cat·a·pho·re·sis *(med.)* kataforese.

cat·a·phyll *(bot.)* katafil, (onderste) oorgangsblaar.

cat·a·plasm *(med.)* kataplasma, omslag, kompres, pap, pleister.

cat·a·pult *n.* rek(ker), kettie, voëlrek; *(mil., hist.)* katapult; (vliegtuig)lanseerder, katapult *(op 'n vliegdekskip).* **cat·a·pult** *ww.* op-, wegskiet; slinger; (met 'n katapult) lanseer; met 'n rek/kettie/katapult skiet. ~ **fruit** skietvrug.

cat·a·ract (groot) waterval, katarak; wolkbreuk, stortbui; *(fig.)* stortvloed; *(patol.)* katarak, (oog)pêrel, (grou)staar; *couch a ~* die staar lig.

ca·tarrh katar, slymvliesontsteking; ~ *of the bladder* blaaskatar. **ca·tarrh·al** katarraal; ~ *cough* slymhoes; *malignant ~ fever, (veearts.)* snotsiekte.

ca·tas·tro·phe ramp, onheil, katastrofe; ontknoping *(v. drama); face a ~* voor 'n ramp staan. ~ **theory** *(wisk.)* katastrofeteorie.

cat·a·stroph·ic rampspoedig, katastrofaal; *(psig.)* katastrofies.

cat·a·to·ni·a *(psig.)* katatonie, spanningswaansin. **cat·a·ton·ic** *n.* katatoon, katatonie-lyer. **cat·a·ton·ic** *adj.* katatonies; ~ *stupor* katatoniese stupor.

Ca·taw·ba *-ba(s)* Catawba(-indiaan); *(taal)* Catawba; *(druifsoort)* catawba, katôba, glippertjie, glipdruif.

catch *n.* vangs; vang(slag); *(kr.)* vanghou, -kans, -slag; vanger; strik; strikvraag; knip, haak; *(masjinerie)* pal; *(mus.)* beurtsang; *a* ***good*** *~, (vis)* 'n goeie vangs; *(infml.)* 'n goeie huweliksmaat; *make a* ***good*** *~* 'n goeie vangs doen/maak; 'n groot vis aan wal bring; iets goed beetkry; 'n goeie huwelik doen; ***hit/offer*** *a ~, (kr.)* 'n vangkans bied; ***hold/make/take*** *a ~, (kr.)* (raak) vang, 'n bal vang, 'n vangkans benut/gebruik, 'n vangslag hou/maak; ***miss*** *a ~, (kr.)* 'n bal mis vang, 'n vangslag/-kans verbrou; ***no*** *~* geen aanwins nie; ***there's*** *a ~ in it (somewhere)* daar steek iets agter; dis 'n strikvraag; *a ~ in the* ***voice*** 'n knak in die stem; *there is a ~ in s.o.'s* ***voice*** iem. se stem stok; ***where's*** *the ~?* wat steek daaragter?. **catch** *caught caught, ww.* vang; gryp, vat, vaspak; betrap; haal, inhaal; kry; (vas)haak; aansteek; aansteeklik wees; raps, raak slaan; opvang *(water, woorde); (kr.)* (uit)vang; verstaan, begryp, volg, snap; *not* ***allow*** *o.s. to be caught* jou nie laat vang nie; *~* ***at*** *s.t.* na iets gryp; *~ s.o.* ***at*** *s.t.* iem. op iets betrap; *~ the* ***attention*** die aandag trek; *be caught* ***between*** *... and ...* tussen ... en ... vasgedruk word (*of* vasgevang wees); *~ (a)* ***cold*** koue vat/opdoen; *~ one's* ***death*** jou die dood op die lyf haal; *~ a* ***disease*** →DISEASE; *you won't ~ me* ***doing*** *that!* dit sal ek nie doen nie!; *~ s.o.'s/the* ***eye*** →EYE *n.; ~* ***fire*** →FIRE *n.;* ***get*** *caught* gevang word; betrap word; ***get*** *caught on s.t.* aan iets vashaak; *~ a* ***glimpse*** *of ...* →GLIMPSE *n.; ~* ***hold*** *of ...* →HOLD *n.; ~ the* ***imagination*** →IMAGINATION; *s.o. will ~* ***it,*** *(infml.)* iem. sal bars (*of* dit gewaar *of* in die moeilikheid beland); *~ a* ***likeness*** →LIKENESS; *~* ***me!,*** *(infml.)* ek is nie onder 'n kalkoen uitgebroei nie!; ***not*** *quite ~ s.t.* iets nie mooi hoor nie; *s.o. ~es* ***on,*** *(infml.)* iem. begryp/snap iets; *s.t. ~es* ***on,*** *(infml.)* iets slaan in (*of* vind ingang); *~* ***on*** *s.t.* aan iets vashaak; *~* ***on*** *to ...* aan ... vashou, ... vasgryp; *(infml.)* ... agterkom; *~ s.o.* ***out,*** *(kr. ens.)* iem. uitvang; *(fig.)* iem. (op 'n fout/misstap) betrap; iem. in 'n strik laat loop; *~ s.o.* ***red-handed*** iem. op heter daad (*of* heterdaad) betrap; *be caught* ***short,*** *(infml.)* onvoorbereid betrap word; nie genoeg hê nie *(geld ens.);* 'n dringende nood hê; *~ s.o.* ***spying/etc.*** iem. op spioenasie/ens. betrap; *s.o. is not* ***to be*** *caught so easily* iem. laat hom/haar nie sommer vang nie; *~ a* ***train*** 'n trein haal, betyds wees vir 'n trein; *~ s.o.* ***unawares*** iem. verras; iem. oorval; onverwags met iets op iem. afkom; *~* ***up*** die/'n agterstand wegwerk/inhaal; (weer) bykom; (weer) op (die) hoogte kom; *~* ***up*** *s.t.* iets opvang; iets opneem; iets oplig/opgryp; *be caught* ***up*** *in s.t.* in iets vasgevang wees *(dorings ens.);* in iets verdiep wees; by/in iets betrokke raak. *~* ***up*** *on s.t.* iets inhaal *('n agterstand ens.);* weer op (die) hoogte van/met iets kom; iets aangryp *(nuwighede ens.); s.t. ~es* ***up*** *on s.o.* iets begin 'n uitwerking op iem. hê; *~* ***up*** *with s.o.* iem. inhaal, by iem. kom; *try to ~* ***votes*** na stemme vry. **~all** *n.* versamel-, vergaarbak. **~all** *adj. (attr.)* versamel-, vergaar-; *~ term* versamelterm. **~-as-catch-can** vrystoei. ~ **basin** vangbak. ~ **bolt** vangknip. ~ **crop** tussen-, vangoes; tussengewas. ~ **dam** (op)vang-, wendam. ~ **drain** vangriool; afvoerkanaal. **~fly** *(bot.)* vlieëbos. ~ **hook** vanghaak. **~line** pakkende opskrif, slagsin, -reël; *(druk.)* tref-, ken-, merkreël. **~penny** goedkoop, bedrieglik. **~phrase** slagspreuk, -woord; hol(le) frase. ~ **plate** *(meg.)* slagplaat; meeneemplaat. ~ **points** *(spw.)* vangwissel. ~ **rod** knipstang. **~-running stitch** vangvoorsteek. ~ **stitch** *(naaldw.)* vangsteek; *(druk.)* kettingsteek. ~ **title** verkorte titel. **~-22 (situation)** kan-nie-wen-nie-dilemma, paradoksale situasie; *hit (*or *find o.s. in) a ~ ~* in 'n kan-nie-wen-nie-dilemma wees, jou in 'n paradoksale situasie bevind, jou bevind in 'n situasie waaruit jy jou bitter moeilik kan loswikkel; tussen twee vure sit. **~-water drain** afvoersloot. **~weight** *(stoei)* tussengewig. **~word** lokwoord, frase; (valse) leuse; slagwoord; wagwoord; magspreuk; trefwoord, lemma; kenwoord; *(druk.)* bladwagter.

catch·er vanger; (walvis)jagter.

catch·ing aansteeklik; aantreklik; boeiend, pakkend.

catch·ment vergaar-, (op)vangdam; inloop; toeloop-, (op)vanggebied. ~ **area,** ~ **basin** (op)vanggebied, toeloop, neerslaggebied; stroomgebied.

catch·up →KETCHUP.

catch·y boeiend, pakkend, interessant; aansteeklik *(deuntjie);* bedrieglik, misleidend; wisselvallig, wispelturig, onbestendig, veranderlik; *~ question* strik-, pootjievraag; *~ voice* hakerige stem.

cate *(arg.)* lekkernye.

cat·e·chise, -chize katkiseer, ondervra, uitvra. **cat·e·che·sis** *-cheses* kategese. **cat·e·chet·ic, cat·e·chet·i·cal** kategeties, by wyse van vrae. **cat·e·chet·ics** kategetiek. **cat·e·chism** kategismus; *~ class* katkisasieklas. **cat·e·chist** kategeet, katkisasieonderwyser; kategis *(in 'n sendingkerk).* **cat·e·chu·men** katkisant, geloofsleerling, kategumeen.

cat·e·chol *(chem.)* katesjol.

cat·e·chu katesjoe; →CACHOU.

cat·e·go·ry kategorie, klas, soort, afdeling, groep. **cat·e·go·ri·al** kategoriaal. **cat·e·gor·i·cal** kategories, onvoorwaardelik, absoluut, beslis, uitdruklik; direk, op die man af; *~ imperative, (etiek)* kategoriese imperatief. **cat·e·go·rise, -rize** kategoriseer.

ca·te·na *-nae, -nas* (samehangende) reeks. **ca·te·na·ry** kettinglyn. **cat·e·nate** *ww., (biol.)* aaneenskakel. **cat·e·nate** *adj.,* **-nat·ed** aaneengeskakel(d), kettingvormig. **cat·e·na·tion** aaneenskakeling.

ca·ter spysenier, spyseneer, spysenier doen, vir die spysenering sorg, eetgoed/verversings verskaf; provandeer; *~* ***for*** *...* eetgoed/verversings aan ... verskaf; in ... se behoeftes voorsien, na ... omsien, 'n diens aan ... bied; *~* ***for*** *all tastes* elke smaak bevredig; *~* ***for*** *the public taste* die publiek se smaak bevredig; *~* ***to*** *s.o.* iem. se smaak/wense bevredig/volg. **~-cousin** *(arg.)* goeie kennis, boesemvriend. **ca·ter·er** spysenier; leweransier; proviandeerder; *(mil.)* menasiemeester; *chief ~* proviandmeester. **ca·ter·ing** spysenering, spysenering, spyseniersweše; *~ chief* proviandmeester; *~ department* spyseniersafdeling, -departement; *~ trade/business* spyseniers-, verversingsbedryf.

cat·er·cor·ner(ed) *(Am.)* diagonaal.

cat·er·pil·lar ruspe(r); ruspe(r)motor, ruspe(r)-(band)voertuig. ~ **drive** ruspe(r)aandrywing. ~ **track,** ~ **tread** kruip-, ruspe(r)band. ~ **tractor,** *(infml.)* **cat** kruiptrekker, ruspe(r)(band)trekker. ~ **wheel** ruspe(r)(band)wiel.

cat·er·waul miaau. **cat·er·waul·ing** gemiaau, kattekonsert, -musiek, -gekerm.

Cath·ar *-ars, -ari,* **Cath·ar·ist** *(hist.: lid v. Chr. sekte)* Kathar.

ca·thar·sis *-ses* katarsis, loutering, reiniging, suiwering; *(med.)* katarsis, purgasie. **ca·thar·tic** *n.* purgasie, purgeer-, suiweringsmiddel. **ca·thar·tic** *adj.,* **ca·thar·ti·cal** *(w.g.)* katarties, louterend, suiwerend; purgerend.

Ca·thay *(arg., liter.)* China, Sjina.

ca·the·dra kateder, biskopstroon; biskopstoel, biskopsamp, biskopsetel; *ex ~* →EX.

ca·the·dral *n.* katedraal, domkerk, hoofkerk (van 'n bisdom). **ca·the·dral** *adj.* katedraal-, dom-; gesaghebbend, bindend. ~ **church** katedraal, domkerk. ~ **city** biskopstad. ~ **tower** domtoring.

Cath·e·rine Katharina; →KATHERINE. ~ **wheel** vuurwiel. ~ **wheel (window)** roosvenster.

cath·e·ter *(med.)* kateter. **cath·e·ter·i·sa·tion, -za·tion** kateterisering. **cath·e·ter·ise, -ize** kateteriseer.

cath·e·tom·e·ter *(fis.)* katetometer.

cath·e·tus *(arg., wisk.)* loodlyn; reghoeksy.

cath·ode katode, negatiewe elektrode/pool. ~ **ray** katodestraal. ~**-ray tube** katodestraalbuis. **ca·thod·ic** katodies.

Cath·o·lic *n. & adj.* Katoliek. **ca·thol·i·ci·sa·tion, -za·tion** verroomsing. **ca·thol·i·cise, -cize** verrooms, katoliseer. **Ca·thol·i·cism** Katolisisme. **Cath·o·lic·i·ty** Katolisiteit, Roomsheid, Katolisisme.

cath·o·lic *adj.* algemeen, universeel, omvattend, al(les)omvattend, katoliek; ruim denkend, liberaal; ~ *taste* veelsydige smaak. **cath·o·lic·i·ty** veelomvattendheid; liberaliteit; katolisiteit. **ca·thol·i·con** panasee, algemene geneesmiddel, (genees)middel teen alle kwale.

Cat·i·line *(Rom. politikus)* Catilina. **Cat·i·li·nar·i·an** *adj.* Catilinaries.

cat·i·on *(fis.)* katioon, pisitief gelaaide ioon.

cat·kin →CAT[1].

cat·like katagtig, soos 'n kat.

cat·ling operasiemes; *(arg.)* dun dermsnaar; *(arg.)* katjie.

Ca·to *(Rom. staatsman)* Cato, Kato.

ca·top·trics katoptrika, katoptriek, terugkaatsingsleer. **ca·top·tric, -tri·cal** katoptries, weerkaatsend, spieël-, terugkaatsings-.

CAT scan →CT SCAN.

cat·sup →KETCHUP.

cat·tie →CATTY[2].

cat·tle vee, beeste; *one* ***head*** *of* ~ een bees; *fifty* ***head*** *of* ~ vyftig beeste; *a* ***herd*** *of* ~ 'n trop beeste, 'n beestrop; 'n beeskudde; ***voting*** ~ stemvee. ~ **breeder** beesteler. ~ **breeding** beesteelt. ~ **crossing** bees-, veeoorgang. ~ **dealer** bees-, os-, veekoper, -handelaar. ~ **disease** bees-, veesiekte. ~ **egret** bosluisvoël. ~ **farm** bees-, veeplaas. ~ **farmer** bees-, veeboer. ~ **farming** beesboerdery. ~ **grid** roosterhek. ~ **guard** veekeerder. ~ **herd** beeswagter. ~ **improvement area** veeverbeteringsgebied. ~ **jaundice** geelsiekte. ~ **leader** neusring. ~ **lick** vee-, beeslek. ~ **lifter,** ~ **rustler** veedief, beesteler. ~**man** *-men* beesboer. ~ **market** vee-, beesmark; *(infml., neerh.: skoonheidskompetisie)* koeiparade. ~ **plague** runderpes. ~ **population** beesstapel. ~ **post** bees-, veepos. ~ **raiding** veeroof. ~ **show** bees-, veeskou. ~ **truck,** ~ **wag(g)on** beestrok, -wa, veetrok, -wa.

cat·ty[1]**, cat·tish** katterig. **cat·ti·ness, cat·tish·ness** katterigheid.

cat·ty[2] *n., (gewig)* kattie.

cat·ty[3] *n., (sl.)* rek(ker), kettie; →CATAPULT.

Cau·ca·si·a *(geog.)* Kaukasië. **Cau·ca·si·an** *n.* Kaukasiër. **Cau·ca·si·an** *adj.* Kaukasies.

Cau·ca·sus *(bergreeks)* Kaukasus. ~ **fir** Kaukasiese den(neboom).

cau·cus *-cuses, n.* koukus; koukus-, partyvergadering. **cau·cus** *-cused, ww.* koukus, 'n koukus hou, beraadslaag.

cau·dal *(soöl., anat.)* stert-; ~ *fin* stertvin; ~ *region* stertstreek; ~ *vertebra* stertwerwel. **cau·date** gestert, met 'n stert.

cau·dle *(arg.)* kandeel.

caught →CATCH *ww.*

caul *(anat.)* helm; *(anat.)* dermnet; *(anat.)* netvet; *(hist.)* agterstuk *(v. kappie)*; *(hist.)* haarnet; *born with a* ~, *(fig.)* met die helm gebore.

caul·dron, cal·dron kookpot, -ketel; *witches'* ~ heksekětel.

cau·li·flow·er blomkool. ~ **ear** dik oor, skrumoor; frommel-, sportoor.

cau·lis *-les, (w.g.)* stam, stingel. **cau·les·cent** stam-. **cau·li·form** stingelvormig. **cau·lig·e·nous, cau·li·nar** stingelstandig. **cau·line** stam-; stingelstandig; ~ *bundle* stingelbondel. **cau·lo·tax·is** stingelstand.

caulk, calk (toe)stop, (water)dig maak; *(sk.)* kalfater.

caulk·ing, calk·ing: ~ **compound** kalfaatsel. ~ **iron** kalfaatyster.

cause *n.* oorsaak; rede; beweegrede; grond, aanleiding; saak; (hof)saak, (reg)saak; veroorsaker; verwekker; ~ *of action, (jur.)* skulddoorsaak, grond vir regsvordering; *it is* ***common*** ~ *between them* hulle stem daaroor saam (*of* is dit daaroor eens); *it is* ***common*** ~ *that* ... almal stem saam dat ...; *make* ***common*** ~ *with s.o.* met iem. gemene saak maak; ~ *of* ***death*** doodsoorsaak; ***devote*** *o.s. (heart and soul) to* (*or* ***throw*** *o.s. into*) *a* ~ (met) hart en siel vir 'n saak werk; ~ *and* ***effect*** oorsaak en gevolg; ***further*** *a* ~ 'n saak bevorder; ***give*** ~ *for* ... rede tot ... gee; *a* ***good*** ~ 'n goeie saak; *the* ***immediate*** ~ *of s.t.* die (onmiddellike) aanleiding tot iets; ***in the*** ~ *of* ... vir ...; *a* ***lost*** ~ 'n verlore saak; ***matrimonial*** *~s* huweliksake; *there is* ***no*** ~ *for* ... daar is geen rede vir ... nie; *the* ~ *of* ***peace*** die saak van vrede; ***proximate*** ~ naaste oorsaak; ***remote*** ~ verwyderde oorsaak; ***serve*** *a* ~ 'n saak bevorder/dien; ***show*** ~ gronde/redes aanvoer, redes aangee/opgee/verstrek; ***with*** *(good)* ~ tereg, met reg; ***without*** *(good)* ~ sonder grond (*of* ['n geldige] rede); ***work*** *for a* ~ vir 'n saak werk, jou vir 'n saak beywer. **cause** *ww.* veroorsaak, teweegbring, bewerkstellig; uitlok, (ver)wek; lei tot; ~ ***damage*** →DAMAGE *n.*; ~ *s.t. to* ***happen*** maak dat iets gebeur; iets veroorsaak; ~ ***mischief*** onheil stig; ~ *a* ***riot*** oproer maak; ~ ***trouble*** kwaad stook. **caus·al** oorsaaklik, kousaal, redegewend. **cau·sal·i·ty** kousaliteit, oorsaaklikheid, oorsaaklike verband; *doctrine of* ~ kousaliteits-, oorsaaklikheidsleer. **caus·al·ly** oorsaaklik, kousaal; *they are* ~ *connected* daar is 'n oorsaaklike/kousale verband tussen hulle. **cau·sa·tion** veroorsaking; oorsaaklike verband; oorsaaklikheidsleer. **caus·a·tive** *n.* kousatief. **caus·a·tive** *adj.* veroorsakend; oorsaaklik, redegewend, kousatief. **cause·less** sonder oorsaak/grond, ongegrond, ongemotiveer(d).

cause cé·lè·bre *causes célèbres, (Fr.)* cause célèbre, berugte/opspraakwekkende/gerugmakende saak.

cau·se·rie *(Fr.)* praatjie, causerie.

cause·way spoelbrug, laagwaterbrug; verhoogde pad; straatweg.

caus·tic *n.* brand-, bytmiddel; *lunar* ~ helsteen. **caustic** *adj.* bytend, brandend; skerp, snydend, sarkasties; ~ ***lime*** ongebluste kalk; ~ ***potash*** bytpotas; ~ ***retort*** snydende/bytende antwoord; ~ ***soda*** seep-, bytsoda; ~ ***soda solution*** natronloog. **caus·ti·cal·ly** bitsig, sarkasties, skerp.

cau·ter·ant, cau·ter·y *(med.)* kouter; bytmiddel. **cau·ter·ise, -ize** (uit)brand, (toe)skroei, doodbrand; verhard; *(med.)* kouteriseer. **cau·ter·i·sa·tion, -za·tion** uitbranding, toeskroeiing; verharding. **cau·ter·y** *(med.)* kouterisasie, kouterisering, branding, skroeiing.

cau·ti·o *(jur.)* sekerheidstelling.

cau·tion *n.* versigtigheid, omsigtigheid; vermaning, waarskuwing; waarskuwingsbevel; skrobbering; borggeld; *be* ***a*** ~, *(infml., vero.)* 'n skrik/platjie wees; ***act with*** ~ omsigtig/versigtig handel/optree; ***caution!*** pas op!; ***get off*** *with a* ~ met 'n waarskuwing daarvan afkom; *cast/throw* ~ *to the* ***winds*** alle versigtigheid oorboord gooi. **cau·tion** *ww.* vermaan, waarsku; berispe, skrobbeer; ~ *s.o.* ***about*** *s.t.* iem. oor iets waarsku; ~ *s.o.* ***against*** *s.t.* iem. teen iets waarsku; iem. afraai om iets te doen; ~ *and* ***discharge*** met 'n berisping ontslaan. ~ **money** *(Br.)* waarborgsom; borgtog.

cau·tion·ar·y waarskuwend, waarskuwings-.

cau·tious versigtig, omsigtig, behoedsaam, lugtig. **cau·tious·ness** versigtigheid, omsigtigheid.

cav·al·cade, cav·al·cade optog, kavalkade; ruiterstoet; prosessie.

cav·a·lier *n.* galante heer, kavalier; begeleier, kavalier; *(hist.)* ruiter, ridder, kavalier. **cav·a·lier** *adj., (w.g.)* hooghartig, arrogant, neerbuigend; swierig, windmakerig; onverskillig, nonchalant; ~ *treatment* onverskillige behandeling. **cav·a·lier** *ww.* jou hooghartig gedra; begelei. **C~ King Charles spaniel** Cavalier King Charles-spanjoel/-spaniël. **cav·a·lier·ly** uit die hoogte.

cav·al·ry kavallerie, ruitery, perderuiters; *a hundred* ~ honderd ruiters, honderd man ruitery. ~ **attack,** ~ **charge** ruiteraanval, kavallerie-aanval. ~ **captain** ritmeester, kavalleriekaptein. ~**man** *-men* kavalleris, berede soldaat. ~ **officer** kavallerieoffisier. ~ **twill** ruiterykeper.

ca·va·ti·na *-tine, (It., mus.)* cavatina.

cave[1] *n.* grot, spelonk; *(Br., hist.)* fraksie; *open* ~ hol krans. **cave** *ww.* uithol; (in)kalwe(r); ~ *in, (lett.)* in-, afkalwe(r), in(een)sak, meegee, intuimel, in(een)stort, insak; inslaan, induik *(hoed)*; *(fig., infml.)* swig. ~ **disease** grotkoors, histoplasmose. ~ **dweller** grotbewoner, troglodiet. ~ **dwelling** grotwoning. ~**-in** in-, afkalwing; insakking, versakking; in(een)storting. ~**man** *-men* grotbewoner, -mens, oermens; barbaar, primitiewe mens; geweldenaar. ~**man instincts** oerinstinkte. ~ **painting** grotskildery.

ca·ve[2] *n., (<Lat.): keep* ~ kywie/wag hou. **ca·ve** *tw.* pas op. **ca·ve·at** *(Lat.)* waarskuwing; voorbehoud; protes; *enter* (*or put in*) *a* ~ voorbehoud aanteken; 'n waarskuwing gee.

cav·en·dish koektabak.

cav·ern grot, spelonk. ~ **water** grot-, karstwater.

cav·ern·ous spelonkagtig; hol *(klanke, oë)*; ~ *breathing* vaas-, holtegeruis.

cav·es·son neusband *(aan toom)*.

cav·i·ar(e), cav·i·ar(e) kaviaar, sout viskuit; ~ *to the general* ongenietbaar vir die buitestander; pêrels vir die swyne; kos vir die kenner/fynproewer.

cav·i·corn *n., (soöl.)* holhoring(dier). **cav·i·corn** *adj.* holhoornig.

cav·il *n.* vittery, haarklowery. **cav·il** *ww.* vit, hare kloof/klowe, haarkloof, -klowe; ~ *at s.t.* oor iets hare kloof/klowe, op iets vit. **cav·il·ler** vitter, haarklower, foutsoeker. **cav·il·ling** *n.* vittery. **cav·il·ling** *adj.* vitterig.

cav·i·ty holte, duik; *cranial* ~ harsingkas. ~ **block** hol boublok. ~ **brick** hol steen. ~ **wall** hol muur, spoumuur. ~ **wall insulation** holmuur-, spoumuurisolasie.

ca·vort steier, bokspring; dartel, uitgelate/vrolik wees.

ca·vy *(soöl.)* marmot; *Patagonian* ~ Patagoniese haas.

caw *n.* (rawe)gekras. **caw** *ww.* kras, krys. **caw·ing** gekras, gekrys.

cay bank, eilandjie.

Cay·enne *(geog.)* Cayenne. **c~ pepper** rissie-, cayennepeper.

cay·man, cai·man *-mans, (soöl.)* kaaiman.

CB *(afk.: Citizens' Band)* burgerband. ~ **radio** burger(band)-, kletsradio, *(sl.)* siebie.

CD *(afk: compact disc)* CD, laserskyf, laser-, kompakplaat. ~ **player** CD-speler, laser(skyf)speler. ~**-ROM** *(afk.: compact disc read-only memory)* CD-ROM. ~ **video** CD-video, laser(skyf)video.

cease *n.* staking; *without* ~ sonder ophou, onophoudelik, ononderbroke. **cease** *ww.* ophou, op 'n end kom, eindig, tot 'n einde kom, ten einde loop; beëindig, staak; ~ *(from) doing s.t.* met iets ophou/uitskei; ~ *fire* die vuur staak; ~ *fire!* staak vuur!. ~**-fire** skietstilstand, vuurstaking. **cease·less** onophoudelik, onafgebroke, ononderbroke, onverpoos, nimmereindigend, knaend. **cease·less·ly** sonder ophou, nimmereindigend. **cease·less·ness** aanhoudendheid.

ce·bid *(soöl.)* kapusyner(aap), rolaap.

Ce·ci·li·a *(heilige)* Cecilia.

ce·ci·ty *(vero., poët., liter.)* blindheid.

ce·cum →CAECUM.

ce·dar seder(boom); sederhout. **C~berg** *(geog.)* Sederberg. ~**wood** sederhout.

cede op-, afgee, afstand doen van, afstaan; oormaak, -dra, sedeer; toestaan, -stem. **ced·ent** *(jur.)* sedent.

ce·dil·la *(skryfteken)* cédille.

ceil plafonneer; 'n plafon insit; beklee *(muur)*.

ceil·ing plafon; maksimum; hoogtegrens, reikhoogte *(v. vliegtuig)*; wolkeplafon; ***fix*** *~s* plafonneer; ***flat*** ~ vlakplafon; ***hit the*** ~, *(infml.)* 'n kabaal maak/opskop, te kere (*of* tekere) gaan, baie kwaad word; ***put a*** ~ ***on*** *s.t.* 'n perk vir iets bepaal/stel. ~ **beam,** ~ **joist** plafonbalk. ~ **board** plafonplank. ~ **cornice** plafonkroonlys. ~ **fixer** plafonneerder. ~**-fixing** plafonnering, plafonneerwerk. ~ **light** kaplig *(in motor)*. ~ **price** topprys; maksimum prys. ~ **trap** plafonluik.

cein·ture *(Fr.)* seintuur, gordel.
cel·a·don *(keramiek)* seladon. ~ **(green)** grysgroen. **cel·a·don·ite** *(min.)* groenaarde, seladoniet.
cel·an·dine *(bot.)* speenkruid.
Cel·e·bes, Cel·e·bes *(geog.)* Celebes.
cel·e·brate vier; herdenk; verheerlik; ~ *one's birthday* verjaar; ~ *Christmas* Kersfees vier/hou; ~ *mass, (RK)* die mis bedien/opdra/selebreer; ~ *the new year* Nuwejaar hou. **cel·e·brant** selebrant, diensdoende priester. **cel·e·brat·ed** beroemd, vermaard, gevierd, algemeen bekend, veelbesproke; *be* ~ *as* ... as ... beroemd wees; *be* ~ *for* ... om/vir/weens ... beroemd wees. **cel·e·bra·tion** viering; feesviering; herdenking; verheerliking; fuif; *(i.d. mv.)* (fees)viering, feestelikheid, =hede; *s.t.* ***calls** for a* ~ iets moet gevier word; ***have/hold** a* ~ iets vier; ***in*** ~ ***of*** ... ter viering van ...; ~ *of **mass*** misdiens. **cel·e·bra·to·ry** feestelik, herdenkings=.
ce·leb·ri·ty =*ties* beroemdheid, beroemde/bekende/gevierde persoon, selebriteit; roem, beroemdheid, vermaardheid. ~ **concert** beroemdhedekonsert.
ce·ler·i·ac knolsel(d)ery.
ce·ler·i·ty spoed, snelheid, vinnigheid, vlugheid.
cel·e·ry sel(d)ery; *a head of* ~ 'n kop sel(d)ery. ~ **cabbage, Chinese cabbage** sel(d)erykool. ~ **salt** sel(d)erysout.
ce·les·ta, ce·leste *(mus.)* celesta.
Ce·les·ti·al *n., (arg., poët.)* Chinees, Sjinees. ~ **City** die Hemelstad. ~ **Empire** die Hemelse Ryk, China, Sjina.
ce·les·ti·al *n.* hemeling, hemelbewoner; *(i.d. mv.)* die gode. **ce·les·ti·al** *adj.* hemels, hemel=. ~ **body** hemelliggaam. ~ **chart,** ~ **map** hemel=, sterrekaart. ~ **equator** hemelewenaar. ~ **globe** hemelbol. ~ **hemisphere** hemelhalfrond. ~ **host** hemelheer. ~ **mechanics** fisiese sterrekunde, meganika van die hemel(ruim). ~ **pole** hemelpool. ~ **space** hemelruim.
Cel·es·tine *(monnik)* Celestyn(er); *(pous)* Celestinus.
ce·li·ac →COELIAC.
cel·i·ba·cy seksuele onthouding; selibaat, ongetroude/ongehude staat. **cel·i·bate** *n.* ongetroude. **cel·i·bate** *adj.* ongetroud, ongehuud; teen die huwelik.
cell sel; hokkie; vakkie; kluis; *dry* ~ droë element/sel. ~ **division** seldeling. ~ **fusion** selversmelting. ~ **lumen** selholte. ~ **nucleus** selkern. ~**phone, cellular (tele)phone** sel(tele)foon, sellulêre (tele)foon. ~ **wall** selmuur *(in gebou); (biol.)* selwand.
cel·lar *n.* kelder; wynkelder, =voorraad. **cel·lar** *ww.* in 'n kelder sit, kelder. ~ **flap** kelderluik. ~**man** =*men* kelderwerker. ~ **master** keldermeester. ~ **vault** keldergewelf.
cel·lar·age kelderruimte; kelderhuur.
cel·lar·er bottelier, keldermeester.
cel·lar·et likeurkeldertjie.
cel·lo =*los, (mus.)* tjello. **cel·list** tjellis, tjellospeler.
cel·lo·phane sellofaan, glaspapier.
cel·lo·tape →SELLOTAPE.
cel·lu= *komb.vorm* sellu=, sel=.
cel·lu·lar sellulêr, selvormig, sel=; ~ ***concrete*** selbeton; ~ ***fabric*** selstof; ~ ***radio*** sellulêre radio; ~ ***shirt*** nethemp; ~ ***(tele)phone*** →CELLPHONE; ~ ***tissue*** selweefsel.
cel·lu·late, =lat·ed sellulêr, sel=.
cel·lu·la·tion selvorming.
cel·lule selletjie.
cel·lu·lite selluliet.
cel·lu·li·tis weefselontsteking, sellulitis.
cel·lu·loid selluloïed; (rolprent)film; *commit to* ~ op film vaslê. ~ **collar** gomlastiekboordjie. ~ **idol** rolprentheld.
cel·lu·lose *n.* sellulose, selstof; gesuiwerde houtstof. **cel·lu·lose** *adj.*, **cel·lu·lous** sellulêr. **cellulose nitrate** sellulosenitraat, nitrosellulose.
ce·lo·si·a *(bot.)* hanekam.
Cel·si·us Celsius; *fifteen degrees* ~ (or *15°C* or *15 °C)* vyftien grade Celsius (*of* 15°C *of* 15 °C). ~ **scale** Celsiusskaal.
Celt, Kelt Kelt. **Celt·ic, Kelt·ic** *n., (taal)* Kelties. **Celtic, Kelt·ic** *adj.* Kelties; ~ *scholar* Keltoloog.
Celt·i·be·ri·an *n., (hist.)* Keltiberiër. **Celt·i·be·ri·an** *adj.* Keltiberies.
ce·ment *n.* sement; kit(middel), bindmiddel; *(fig.)* band. **ce·ment** *ww.* sementeer, hard/vas/stewig/één word; sementeer, met sement messel; met 'n bindmiddel verbind; met sement bestryk; hard(er) maak, versterk. ~ **gun** sementspuit. ~ **slab** sementblad. ~ **wash** sementstryksel.
ce·men·ta·tion, ce·ment·ing sementasie, sementering; verklewing.
cem·e·ter·y begraafplaas, kerkhof, dodeakker, godsakker.
ce·na·cle, coe·na·cle eetsaal; besprekingsgroep; literêre kring; *the C*~ die Bovertrek/Oppersaal.
ce·no·bite →COENOBITE.
cen·o·taph senotaaf, grafmonument.
Ce·no·zo·ic, Cae·no·zo·ic, Cai·no·zo·ic *n., (geol.): the* ~ die Kainosoïkum/Senosoïkum. **Ce·no·zo·ic, Cae·no·zo·ic, Cai·no·zo·ic** *adj.* Kainosoïes, Senosoïes.
cense bewierook.
cen·ser wierook=, reukvat; wierookdraer, =swaaier.
cen·sor *n.* sensor; keur=, sedemeester; *(hist.)* sensor; *(psig.)* sensor; *film* ~ film=, rolprentsensor. **cen·sor** *ww.:* ~ *s.t.* iets sensureer/sensor/sensoreer/keur (*of* aan sensuur onderwerp), sensuur oor/op iets uitoefen; *be strictly ~ed* onder streng(e) sensuur staan. **cen·sor·a·ble** sensurabel. **cen·so·ri·al** sensoragtig, soos 'n sensor. **cen·sor·ing** sensuur. **cen·so·ri·ous** vitterig, vol kritiek, alte krities. **cen·so·ri·ous·ness** vitterigheid, vittery. **cen·sor·ship** sensuur; *(amp)* sensorskap; ~ *of **books*** sensuur op boeke, boekesensuur; ***exercise*** ~ *over s.t.* sensuur op iets uitoefen, iets aan sensuur onderwerp; ***institute** a* ~ *of s.t.* sensuur op iets instel; ~ *of the **press*** perssensuur; ***strict/tight*** ~ streng(e) sensuur; ***subject** s.t. to* ~ iets aan sensuur onderwerp, sensuur op iets uitoefen; *be **subject** to* ~ aan sensuur onderworpe wees.
cen·sure *n.* afkeuring; berisping, teregwysing, vermaning; sensuur, veroordeling; *a motion of* ~ 'n mosie van afkeuring/sensuur. **cen·sure** *ww.* afkeur; berispe; sensureer, senseer; veroordeel; ~ *s.o. for s.t.* iem. oor iets berispe; ~ *s.o. for doing s.t.* iem. berispe omdat hy/sy iets gedoen het. **cen·sur·a·ble** afkeurenswaardig, laakbaar, berispelik; sensurabel.
cen·sus volkstelling, sensus; *take a* ~ *(of the population)* 'n volkstelling hou; *take a* ~ *of s.t.* 'n sensus van iets opneem. ~ **return** sensusopgawe. ~ **taker** sensusopnemer.
cent sent; ***American*** ~ dollarsent; *not care a red* ~, *(infml.)* geen (*of* nie 'n) flenter omgee nie; ***converted** to ~s* omgereken in/tot sente; ***fifty*** *~s* vyftig sent; *not **have** a (red)* ~, *(infml.)* geen (bloue) duit besit/hê nie; ***in*** *~s* in sente; ***per*** ~ →PER; *not **worth** a red* ~, *(infml.)* geen (bloue) duit werd nie.
cent=, cen·ti= *komb.vorm* sent=, senti=, honderd=; eeu=.
cen·tal *(gewigseenheid)* sentenaar.
cen·taur sentour, kentour, perdmens.
cen·ta·vo =*vos, (geldeenheid)* centavo.
cen·te·nar·i·an *n., (persoon)* honderdjarige. **cen·te·nar·i·an** *adj.* honderdjarig; eeufees=.
cen·te·nar·y, cen·ten·ni·al *n.* eeufees. **cen·te·nar·y, cen·ten·ni·al** *adj.* honderdjarig.
cen·ter, cen·ter·ing →CENTRE, CENTRING.
cen·tes·i·mal honderddelig, sentesimaal.
cen·tes·i·mo =*imos,* =*imi, (geldeenheid)* centesimo.
cen·ti·grade honderdgradig; *100 degrees* ~ 100 grade Celsius (*of* 100°C *of* 100 °C). ~ **thermometer** Celsiustermometer.
cen·ti·gram(me) sentigram.
cen·tile →PERCENTILE.
cen·ti·li·tre, *(Am.)* **cen·ti·li·ter** sentiliter.
cen·time *(geldeenheid), (Fr.)* centime, *(Belg.)* centiem.
cen·ti·me·tre, *(Am.)* **cen·ti·me·ter** sentimeter.
cen·ti·mo =*mos, (geldeenheid)* centimo.
cen·ti·pede honderdpoot, oorkruiper.
cent·ner *(gewigseenheid)* sentenaar.
cen·to =*tos* sento, kompilasiewerk.
cen·trage gewigsverdeling.
Cen·tral Midde(l)=, Sentraal=. ~ **Africa** Midde-, Sentraal-Afrika. ~ **African Republic** Sentraal-Afrikaanse Republiek. ~ **America** Middel-, Sentraal-Amerika. ~ **American** *n.* Middel-, Sentraal-Amerikaner. ~ **American** *adj.* Middel-, Sentraal-Amerikaans. ~ **Europe** Middel-, Sentraal-Europa. ~ **European** *n.* Middel-, Sentraal-Europeër. ~ **European** *adj.* Middel-, Sentraal-Europees.
cen·tral sentraal, middelste, midde(l)=; hoof=; ~ ***aisle*** middelpaadjie; ~ ***bank*** sentrale bank; ~ ***business district*** *(afk.: CBD),* sentrale sakegebied *(afk.: SSG);* ~ ***canal*** rugmurgkanaal; ~ ***figure*** hooffiguur; ~ ***government*** sentrale/nasionale regering; ~ ***heating*** sentrale verwarming; ~ ***idea*** kerngedagte; ~ ***locking,** (mot.)* sentrale sluiting; ~ ***nervous system*** sentrale senu(wee)stelsel; ~ ***processing unit,** (rek.)* sentrale verwerk(ings)eenheid; ~ ***reserve/reservation,** (Br.)* middelstrook *(v. snelweg);* ~ ***station*** hoofstasie; *be* ~ ***to*** ... die kern van ... wees. **cen·tral·i·sa·tion, =za·tion** sentralisasie; sametrekking. **cen·tral·ise, =ize** sentraliseer; sentreer; saamtrek. **cen·tral·is·er, =iz·er** sentreerder. **cen·tral·ism** sentralisme; sentralisasie. **cen· tral·ist** *n.* sentralis. **cen·tral·ist** *adj.*, **cen·tral·is·tic** sentralisties. **cen·tral·ly heat·ed** sentraal verwarm.
cen·tre, *(Am.)* **cen·ter** *n.* middel, middelpunt, sentrum; as, spil; hart; hoof; *(rugby)* senter; *(sokker)* middelvoor; ***at/in** the* ~ *of* ... in die middel van ...; ~ *of **attraction*** aantrekkingspunt; middelpunt van belangstelling; ***city*** ~, ~ *of a city* middestad, stadskern, binnestad; ***dead*** ~ presiese middelpunt; ~ *of **equilibrium*** ewewigspunt; ~ *of a **flower*** hartjie van 'n blom; ~ *of **gravity*** swaartepunt, aantrekkingspunt; ~ *of **infection*** besmettingsbron, =haard; ~ *of **mass*** massamiddelpunt; ~ *of **motion*** bewegingsdraaipunt; ~ *of **oscillation*** slingerpunt; ***out** of* ~ uitmiddelpuntig; ~ *of **perspective*** oogpunt; ***plumb*** ~ doodwaterpas; ~ *of **pressure*** drukmiddelpunt; ~ *of **rotation*** draaipunt, omwentelingspunt; *hold the* ~ *of the **stage*** alle belangstelling trek. **cen·tre,** *(Am.)* **cen·ter** *adj.* midde(l)=, middelste, sentraal. **cen·tre,** *(Am.)* **cen·ter** *ww.* in 'n middelpunt byeenkom/verenig; in die middel plaas/sit; na die middelpunt bring/stuur; die middelpunt bepaal; konsentreer; *(psig.)* sentreer; *(voetbal)* inskiet; *s.t. ~s **in/on/upon*** ... iets draai om ...; iets is gevestig op ...; ~ ***on/(a)round*** ... op ... toegespits wees. ~ **aisle** middelpaadjie. ~ **back** *(sokker, hokkie, ens.)* middelagterspeler. ~ **bit** senterboor. ~**board** middelswaard *(v. boot).* ~ **bolt** toringbout. ~ **drill** senterboor. ~**-fire** senterslag *(v. patroon).* ~**fold** (uitvou-)middelblad. ~**fold (girl)** middelbladmeisie *(v. tydskrif).* ~ **forward** *(sokker, hokkie, ens.)* middelvoor(speler). ~ **furrow** holvoor. ~ **gauge** sentermaat. ~ **gear** middelrat. ~ **half** middelskakel. ~ **left** middellinks. ~ **line** middellyn; hartlyn; middelstreep. ~ **party** *(pol.)* middelparty, party in die middel. ~**piece** middelstuk; tafelloper; plafonroos; passerskyfie. ~ **point** middelpunt. ~ **punch** kornael; met 'n kornael sentreer. ~ **spread** middeldubbelblad. ~ **spring** middelveer. ~ **square** sentreerhaak. ~ **three-quarter** *(rugby)* senter.
cen·tred *adj. & adv., (psig.)* gesentreer(d).
cen·tri=, cen·tro= *komb.vorm* middelpunt=, sentri=.
cen·tric, cen·tri·cal middelpuntig, sentraal.
cen·trif·u·gal, cen·trif·u·gal, cen·trif·u·gal middelpuntvliedend, sentrifugaal; ~ *force* middelpuntvliedende krag; ~ *pump* sentrifugale pomp.
cen·tri·fuge *n.* swaaimasjien; ontromer; wenteldroër; sentrifuge. **cen·tri·fuge** *ww.* uitswaai, sentrifugeer.
cen·tring, *(Am.)* **cen·ter·ing** sentrering; *(bouk.)* formeel *(v. boog/koepel).* ~ **screw** sentreerskroef.
cen·trip·e·tal, cen·trip·e·tal, cen·trip·e·tal middelpuntsoekend, sentripetaal; ~ *force* middelpuntsoekende krag.

cen·trist *(pol.)* gematigde, sentris.
cen·tro·cline *(geol.)* kom.
cen·troid swaartepunt.
cen·tro·sphere aantrekkingsfeer.
cen·tum: ~ **language** centum=, kentumtaal.
cen·tum·vir =*viri*, =*virs*, *(Lat., hist., jur.)* honderdman, centumvir.
cen·tu·ple *n.* honderdvoud. **cen·tu·ple** *adj.* honderdvoudig. **cen·tu·ple** *ww.* verhonderdvoudig.
cen·tu·ri·on *(mil., hist.)* hoofman oor honderd, honderdman, centurio.
cen·tu·ry honderd jaar, eeu; *(kr.)* honderdtal; *(mil., hist.)* centurie; ***centuries-old**, adj.* eeue oud *(pred.)*, eeue-ou(e) *(attr.)*; ***for** centuries* eeue lank; ***hit/make/ score** a ~, (kr.)* 'n honderdtal aanteken/behaal; ***over** the centuries* deur die eeue (heen); *at the **turn** of the ~* by die eeuwisseling. ~ **plant** *(Agave americana)* garingboom.
cephal= *komb.vorm* kop=, hoof=.
ceph·a·lal·gi·a hoofpyn.
ce·phal·ic hoof=, kop=, skedel=; ~ *index* skedelsyfer, =indeks; ~ *vein* hoofaar.
ceph·a·lo·pod *n., (soöl.)* koppotige, kefalo=, sefalopode. **ceph·a·lo·pod** *adj.* koppotig.
ceph·a·lo·thor·ax =*thoraxes*, =*thoraces* kopborsstuk.
Ce·phe·id *(astron.)* Cepheïed.
ce·ra·ceous wasagtig.
ce·ram·ic pottebakkers=, keramies; *ceramics* pottebakkerskuns; pottebakkery; erdewerk, keramiek. **cer·a·mist** pottebakker, keramis.
ce·rar·gy·rite *(min.)* horingsilwer, kerargiriet.
cer·a·sin *(chem.)* serasien.
ce·ras·tes *(slangsoort)* horingsman.
ce·rate vetsalf, waspleister.
Cer·ber·us *(Gr. mit.)* Kerberos, Cerberus, helhond; *give a sop to ~* die waghond/opsigter/baas/ens. paai, *(infml.)* 'n happie aan die helhond gee.
cer·car·i·a =*iae*, *(soöl.)* serkarie.
cer·cus *cerci*, *(soöl.)* anale aanhangsel.
cere *n.* wasvlies, =huid. **cere** *ww.* met was bedek; in 'n doodskleed wikkel. ~**cloth** wasdoek; graf=, lykdoek, doodskleed; altaarbekleedsel.
ce·re·al *n.* graan(soort), graangewas; *(i.d. mv.)* graan, grane; ontbytgraan, graankos; graanproduk. **ce·re·al** *adj.* graan=.
cer·e·bel·lum =*bellums*, =*bella* kleinharsings, serebellum.
cer·e·brum =*brums*, =*bra* grootharsings, serebrum. **cer·e·bral**, *(Am.)* **cer·e·bral** serebraal, harsing=, brein=; verstandelik, nugter, serebraal; ~ ***concussion*** harsingskudding; ~ ***cortex*** breinskors, harsingskors; ~ ***death*** serebrale dood; →BRAIN DEATH; ~ ***haemorrhage*** harsing=, breinbloeding; ~ ***hemisphere*** harsing=, breinhelfte; ~ ***meningitis*** harsingvliesontsteking; ~ ***palsy*** serebrale verlamming; ~ ***stroke*** beroerte. **cer·e·brate** (na)dink. **cer·e·bra·tion** breinwerking, =aktiwiteit, geesteswerksaamheid. **cer·e·bro·spi·nal** serebrospinaal; ~ *fluid* serebrospinale vog/vloeistof, harsing-rugmurg-vog; ~ *meningitis/fever* serebrospinale koors, harsingvlies-en-rugmurgvliesontsteking.
cere·ment →CERECLOTH.
cer·e·mo·ny plegtigheid, seremonie; vormlikheid; ***master** of ceremonies* seremoniemeester; ***perform** a ~* 'n plegtigheid verrig/voltrek; ***stand** on/upon ~* die afstand bewaar; formeel wees; *not **stand** on/upon ~* informeel wees; *do not **stand** upon ~!* maak jou tuis!; ***without** ~* informeel. **cer·e·mo·ni·al** *n.* plegtigheid; ritueel, ritus; seremonieel; seremoniaal, seremonieboek; *(i.d. mv.)* (plegtige) verrigtinge; *idle ~* ydele pligpleging. **cer·e·mo·ni·al** *adj.* seremonieel, plegtig, vormlik; ~ *art* kerklike kuns; ~ *dress* staatsiegewaad; ~ *salute* eresaluut. **cer·e·mo·ni·al·ly** seremonieel, plegtig. **cer·e·mo·ni·ous** vormlik, plegtig, statig, plegstatig, deftig.
ce·rise *n.* cerise, kersierooi. **ce·rise** *adj.* cerise, kersierooi. ~ **cloth** kersiestof.
ce·ri·um *(chem., simb.: Ce)* serium.
cero= *komb.vorm* was=, sero=, kero=.
ce·rog·ra·phy wasskilderwerk, sero=, kerografie.
Ce·ro·plas·tes scale wasdop=, wasskildluis.
ce·ro·plas·tics wasboetseerkuns, sero=, keroplastiek.
cert: *it's a dead ~, (sl.)* dis doodseker; dis een ding wat nie twee is nie.
cer·tain seker, vas, vasstaande; seker, gewis, stellig; oortuig; seker, bepaald, een of ander; *be ~ **about/of** s.t.* van iets seker/oortuig wees; op iets kan reken; *it is **absolutely** ~* dit is vas en seker; *be **dead** ~* doodseker wees; ~ ***death*** 'n gewisse dood; ***for** ~* vir seker, verseker, gewis, ongetwyfeld; ***hold** s.t. for ~* iets as seker beskou; van iets oortuig wees; *it **is** ~* dit staan vas; ***make** ~ of s.t.* jou van iets verseker/vergewis; ***make** ~ that ...* verseker (*of* sorg [dra]) dat ...; *a ~ **Mr Jones*** ene (*of* 'n sekere) mnr. Jones; *be ~ **that** ...* seker (*of* [daarvan] oortuig) wees dat ...; *one **thing** is ~* een ding staan vas; *s.o. is ~ **to** do s.t.* iem. sal iets beslis/stellig doen; *are **you** ~?* weet jy dit seker?. **cer·tain·ly** seker(lik), beslis, ongetwyfeld, vir seker, verseker, bepaald, gewis, stellig, vir vas, vervas; sweerlik; *it has **almost** ~ failed* dit het so goed as seker misluk; ***certainly!*** met plesier!, ja seker!; ***most** ~* wel deeglik, seer seker; ~ ***not*** volstrek nie. **cer·tain·ty** sekerheid; vastheid; gewisheid; *it is a **dead** ~* dit is vas en seker; ***for** a ~* vir seker, verseker, sonder (enige) twyfel, wis en seker, met sekerheid; *it **is** a ~ that ...* dit is seker dat ...
cer·tif·i·cate *n.* sertifikaat, bewys, getuigskrif; diploma; skriftelike verklaring; attestaat; *~ of **baptism, baptismal** ~* doopseel, =bewys; *~ of **competence*** bevoegdheidsertifikaat; *~ of **damage*** sertifikaat van beskadiging; *~ of **domicile*** domisiliebewys; *~ of **fitness*** geskiktheidsertifikaat; *~ of (church) **membership*** attestaat; *~ of **origin*** sertifikaat van herkoms/oorsprong; *~ of **registry*** seebrief. **cer·tif·i·cate** *ww.* 'n sertifikaat verleen, sertifiseer; diplomeer. **cer·ti·fi·ca·tion** verklaring, versekering, attestasie, sertifikasie, sertifisering; waarmerking; diplomering.
cer·ti·fy verseker, verklaar, getuig; waarmerk; sertifiseer, attesteer; diplomeer; *this is to ~ that ...* hiermee word verklaar/gesertifiseer dat ... **cer·ti·fi·a·ble** sertifiseerbaar; ~ *lunatic* klaarblyklike kranksinnige. **cer·ti·fied** gewaarmerk; erken(d); gediplomeer(d); verklaar(d); ~ ***cheque*** gewaarborgde/gemerkte tjek; ~ ***copy*** gewaarmerkte afskrif; ~ ***correct*** as juis gewaarmerk, vir korrek geteken; ~ ***lunatic*** kranksinnig verklaarde; ~ ***teacher*** gediplomeerde/opgeleide onderwyser(es).
cer·ti·tude sekerheid, oortuiging, gewisheid.
ce·ru·le·an hemelsblou.
ce·ru·men oorwas, =smeer.
ce·ruse, ce·ruse witlood. **ce·ru(s)·site** serussiet, witlooderts.
cer·ve·lat servelaat(wors).
cer·vi·cal servikaal, nek=, hals=; ~ ***cancer*** servikskanker, baarmoedernekkanker; ~ ***region*** nekstreek; ~ ***rib*** nekrib; ~ ***smear*** servikssmeer; ~ ***vertebra*** nekwerwel.
cer·vix =*vixes*, =*vices*, *(anat.)* serviks, nek, hals. ~ **uteri** *(Lat.)* uterusnek, =hals, baarmoedernek, =hals.
ce·si·um →CAESIUM.
cess[1] *n., (vero.)* belasting; skatting, syns. **cess** *ww.* belas.
cess[2] *(Ierse sl.)* geluk; *bad ~ to you!* mag die duiwel jou haal!.
cess[3]: ~**pipe** vuilpyp. ~**pit**, ~**pool** sink=, vuilput; geutput; *(fig.)* poel *(v. sonde ens.)*.
ces·sa·tion beëindiging, einde, staking, die ophou; *without ~* onophoudelik.
ces·sion *(jur.)* sessie, oordrag, oormaking. **ces·sion·ar·y** sessionaris, regverkrygende.
ces·tus[1], **ces·tos** *(mit.)* Venusgordel.
ces·tus[2], **caes·tus** =*tus(es)*, *(hist.)* boksyster, bokshandskoen.
Ce·ta·cea Walvisagtiges, Setaseë. **ce·ta·cean** *n.* walvisagtige, setasee; walvis. **ce·ta·cean**, **ce·ta·ceous** *adj.* walvisagtig.
ce·tane *(chem.)* setaan.
Ce·tshway·o *(SA hist.: koning v.d. Zoeloes)* Cetshwayo.
Cé·vennes: *the ~, (geog.)* die Cevenne.
Cey·lon *(vero.)* Ceylon; →SRI LANKA. ~ **rose** selonsroos, oleander.
Cey·lo·nese *n. & adj., (vero.)* Ceylonees; →SINHALESE *n. & adj.*.
cha, char *(Br. infml.)* tee.
Chab·lis, Chab·lis *(soms c~), (Fr., wynsoort)* chablis.
cha-cha(-cha) *n., (Sp. dans)* cha-cha(-cha). **cha-cha(-cha)** *ww.* cha-cha(-cha).
chac·ma *(Koi):* ~ **(baboon)** Kaapse bobbejaan.
cha·conne *(Fr., Sp., mus.)* chaconne.
Chad *(geog.)* Tsjad; *Lake ~* die Tsjadmeer.
chae·ta =*tae*, *(soöl.)* borselhaar. **chae·to·pod** borselwurm.
chafe *n.* skaafplek; *(arg.)* ergernis, ongeduld, wrok. **chafe** *ww.* vryf, vrywe, skuur, skaaf, skawe, deurskaaf, =skawe; irriteer; vererg wees, jou vererg; *~ at/under s.t.* oor iets ongeduldig/wrewel(r)ig raak; *~ at the bit* →BIT[1] *n.*.
chaf·er *(soöl.)* kewer.
chaff[1] *n.* kaf, strooi; bog, twak; waardelose ding; *separate the wheat from the ~* die kaf van die koring skei. ~ **barn** kafhok. ~ **cutter** kerfmasjien, =snyer. **chaff·y** kafagtig; niksbeduidend, prullerig.
chaff[2] *n.* spot(tery), gekskeerdery, tergery, plaery. **chaff** *ww.* terg, pla, spot, vir (die) gek hou; *~ s.o.* met iem. spot (*of* die gek skeer); *(SA infml.)* by iem. aanlê, met iem. flirt; *~ s.o. about s.t.* iem. oor iets pla/spot/terg.
chaff·er[1] *n.* plaer, spotter, gekskeerder, terggees.
chaf·fer[2] *ww.* afknibbel, (af)ding; *~ away* verkwansel.
chaf·finch *(orn.)* (Europese) vink, boekvink.
chaf·ing skawing. ~ **dish** konfoor, vuurtessie.
cha·grin, cha·grin *n.* ergernis, verergdheid; teleurstelling, verdriet, mishae; irritasie; *feel ~ at ...* oor ... teleurgestel(d) wees; *to s.o.'s ~ s.t. happened* iem. was teleurgestel(d) dat iets gebeur het. **cha·grin, cha·grin** *ww.* vererg, erg(er), kwaad maak; verdriet aandoen, bedroef, teleurstel. **cha·grined, cha·grined** vererg; teleurgestel(d), afgehaal; spytig.
chain *n.* ketting; reeks, aaneenskakeling; skering; *(i.d. mv.)* boeie, bande, kettings; *(i.d. mv.)* gevangenskap; ***break*** (or ***shake** off*) *one's ~s* die kettings verbreek; *~ of **command*** bevelsweg, =orde; *~ of **events*** reeks gebeurtenisse; *be **in** ~s* in kettings (*of* geketting) wees; *~ of **mountains*** bergreeks, =ketting; *~ of **office*** ampsketting; ***on** the ~* aan die ketting; ***put** s.o. in ~s* iem. in kettings slaan. **chain** *ww.* vasketting; kluister; *~ed **convict*** kettingganger; *~ s.o./s.t. **to** ...* iem./iets aan ... (vas)ketting; *be ~ed **to** ...* aan ... (vas)geketting wees; *~ s.o. **up*** iem. ketting. ~ **armour**, ~ **mail** maliekolder. ~ **axle** kettingas. ~ **bolt** kettinggrendel. ~ **bond** kettingverband. ~ **bracelet** skakel-armband. ~ **bridge** kettingbrug. ~ **cable** ankerketting. ~ **coupling** kettingkoppeling. ~ **dog** *(teg.)* kettingklou. ~ **drive** kettingaandrywing. ~**-driven** kettinggedrewe. ~ **edge** kettingrand. ~ **eye** kettingoog. ~ **gang** ploeg dwangarbeiders (in kettings), (ploeg) kettinggangers. ~ **gear** kettingwerk; kettingrat. ~ **grate** kettingrooster. ~ **haulage** kettinghyswerk. ~ **letter** kettingbrief. ~ **lightning** kettingweerlig, =blits, sigsagblits, gevurkte blits. ~**man** ~*men* landmetershulp, kettingdraer. ~ **pump** kettingpomp. ~ **reaction** kettingreaksie. ~ **rhyme** kettingrym. ~ **riveting** kettingklinkwerk. ~ **saw** kettingsaag. ~ **shackle** kettingharp. ~ **shot** *(mil., hist.)* kettingkoeël(s); kettingkoeëlskoot. ~ **sling** kettingstrop. ~ **smith** kettingsmid. ~**-smoke** *ww.* kettingrook, 'n kettingroker wees. ~ **smoker** kettingroker. ~**-smoking** kettingrokery. ~ **stitch** kettingsteek. ~ **store** kettingwinkel. ~ **twist** *(tekst.)* skakelgaring, =gare. ~ **vice** kettingskroef. ~ **weave** kettingbinding. ~ **wheel** kettingwiel; kettingrat. ~ **wrench** aapstert, kettingsleutel.
chain·age, chain·ing ketening; kettingmeting.
chair *n.* stoel; voorsitterstoel; voorsitter; leerstoel, professoraat; spreekgestoelte; (elektriese) stoel; spoor=

stoel; ***address*** *the* ~ die voorsitter aanspreek; ***appeal*** *to the* ~ jou op die voorsitter beroep; ***draw*** *up a* ~ 'n stoel nader trek; ***go*** *to the (electric)* ~ in die elektriese stoel tereggestel word; *be* ***in*** *the* ~ voorsit, presideer, as voorsitter optree, die voorsitterstoel beklee/inneem, die vergadering lei; ***Mr/Madam*** *C~(person)* Meneer/Mevrou die (*of* Geagte) Voorsitter; *the* ~ ***of*** *Afrikaans/etc.* die leerstoel vir Afrikaans/ens.; ***sit*** *on a* ~ op 'n stoel sit; ~ *of* ***state*** praalstoel; ***take*** *a* ~ gaan sit; 'n stoel neem; ***take*** *a* ~*!* gaan sit!, neem plaas!; ***take/fill*** *the* ~ voorsit, presideer, die voorsitterstoel inneem; ***tilt*** *a* ~ 'n stoel laat agteroor leun; ***vote*** *s.o. into the* ~ iem. tot voorsitter verkies. **chair** *ww.:* ~*ed* ***by*** ... onder voorsitterskap van ..., met ... as voorsitter; ~ *a* ***meeting*** voorsit oor (*of* as voorsitter optree van) 'n vergadering; ~ ***s.o.*** iem. op 'n stoel dra; ~ ***s.o.*** *off the field* iem. op die skouers van die veld dra. ~ **back** stoelrug, rugleuning; stoelkleedjie. ~ **bed** bedstoel. ~**borne** *(infml.)* kantoorgebonde, aan 'n lessenaar gekluister. ~ **bottom,** ~ **mat,** ~ **seat** stoelmat, =sitting. ~ **caning** stoelvlegtery; vlegwerk. ~ **cover** stoeloortreksel, =bekleedsel. ~ **leg** stoelpoot. ~ **lift** hysstoel. ~**man** =*men,* ~**person,** ~**woman** =*women* voorsitter; ~*'s address* voorsittersrede; ~*'s statement* voorsittersverslag. ~**manship,** ~**personship,** ~**womanship** voorsitterskap, presidium; *under the* ~ *of* ... onder voorsitterskap van ... ~**oplane** stoelmallemeule, =rondomtalie *(in pretpark).* ~ **plate** spoorstoelplaat. ~ **rail** stoellys.

chaise *(hist.: perdekarretjie)* sjees. ~ **longue** leuningsofa.

Cha·ka, Sha·ka *(SA hist.: Zoeloehoof)* Tsjaka.

cha·la·za =*zas,* =*zae, (soöl.)* haelsnoer; *(bot.)* eiervoet, vaatmerk, chalaza.

cha·la·zi·on =*zia, (patol.)* karkatjie.

Chal·ce·don, Chal·ce·don *(geog., hist.)* Chalcedon. **chal·ced·o·ny** =*nies, (min.)* chalcedoon, kalsedoon.

chal·co·cite *(min.)* chalkosiet.

chal·cog·ra·phy kopergraveerkuns.

chal·co·py·rite *(min.)* koperpiriet, chalkopiriet.

Chal·de·a, Chal·dae·a *(geog., hist.)* Chaldea. **Chal·de·an, Chal·dae·an, Chal·dee** *n.,* Chaldeër; *(taal)* Chaldeeus. **Chal·de·an, Chal·dae·an** *adj.* Chaldeeus.

chal·dron *(steenkoolmaat)* hoed.

cha·let, cha·let chalet; berghut; houthuis(ie); vakansiehuis(ie).

chal·ice *(hist.)* kelk; (nagmaals)beker, altaarkelk; miskelk; *(sl.)* daggapyp. **chal·iced** kelkvormig; in 'n kelk.

chal·i·co·sis =*coses, (patol.)* kiesel(stof)long.

chalk *n.* kryt; *be as alike/different as* ~ *and* ***cheese,*** *(infml.)* soos dag en nag (*of* hemelsbreed van mekaar) verskil; *by a* ***long*** ~*, (infml.)* verreweg, 'n hele ent; *not by a* ***long*** ~*, (infml.)* verreweg (*of* op verre na) nie; *a* ***(piece/stick of)*** ~ 'n (stuk) kryt; ~ *and* ***talk*** tradisionele onderrigmetodiek. **chalk** *ww.* met kryt merk/skryf/teken; *(verf)* verpoeier; ~ *s.t. out* iets skets/uitstippel; ~ *s.t. up, (lett.)* iets aanteken/opskryf/opskrywe; *(fig., infml.)* iets behaal *(sukses, oorwinning, ens.).* ~ **bed** krytlaag. ~**board** *(Am.)* = BLACKBOARD. ~ **box** krytdoos. ~ **deposit** krytafsetting. ~**down** kryt=, onderwysstaking, staking deur onderwysers. ~ **line** slaglyn, krytstreep. ~**pit** krytgroef, =gat. ~**stone** *(patol.)* jigbult, =knobbel. ~ **stripe** *(tekst.)* krytstreep, =strepie. ~**-striped** *(tekst.)* krytstreep=, met krytstrepe/=strepies. ~ **white** krytwit.

chalk·like krytagtig.

chalk·y krytagtig; jigknobbelagtig, vol jigbulte; ~ *white* krytwit; ~ *wool* krytwol. **chalk·i·ness** krytagtigheid.

chal·lenge *n.* uitdaging; aansporing, prikkel; *(jur.)* wraking, protes, eksepsie; aanroeping *(v. skildwag);* ***accept*** *a* ~ 'n uitdaging aanneem/aanvaar; ***fling*** *down a* ~ 'n uitdaging rig; ***issue*** *a* ~ *to s.o.* 'n uitdaging tot iem. rig; ***meet*** *a* ~ 'n uitdaging die hoof bied; ***peremptory*** ~ wraking sonder opgawe van rede; *be a* ~ ***to*** *s.o.* vir iem. 'n uitdaging wees; *a* ~ ***to*** *a fight* 'n uitdaging tot 'n geveg; ***uphold*** *a* ~*, (jur.)* 'n wraking toestaan. **chal·lenge** *ww.* uitdaag; betwis, in twyfel trek; aanspoor, prikkel; protes aanteken, wraak; aanveg; aanroep, halt roep; ~ *s.o. to a fight* iem. tot 'n geveg uitdaag. ~ **cup** uitdaag=, wisselbeker.

chal·lenge·a·ble betwisbaar, aanvegbaar; *(jur.)* wraakbaar.

chal·lenged *(euf.)* gestrem(d).

chal·leng·er uitdager. **Chal·leng·er** *(Am. pendeltuig)* Challenger.

chal·lie, chal·lis *(tekst.)* sjallie.

chal·on *(arg.)* deken, bedsprei; sjalon; →SHALLOON.

cha·lyb·e·ate staal=, ysterhoudend; ~ *spring* staalbron, =fontein, =bad; ~ *water* staalwater, ystersoutwater.

cham *(arg.)* khan; *great* ~ grootbaas, outokraat; →KHAN[1].

cham·ber *n.* kamer *(ook v. geweer); (arg.)* kamer=, nagpot; *(i.d. mv.)* kamers, kantoor; ***barristers'*** ~*s* advokatekamers; ~ *of* ***commerce*** kamer van koophandel, handels=, sakekamer; *C~ of* ***Deputies*** Kamer van Afgevaardigdes; ~ *of* ***horrors*** gruwelmuseum; gruwelkamer; ~ *of* ***industries*** kamer van nywerheid; *a* ***judge*** *in* ~*s* 'n regter op kamerhof; ***lower/upper*** ~ laer=/hoërhuis; ~ *of* ***mines*** kamer van mynwese; ~ *of* ***printing*** kamer van drukwerk; ~ *of* ***shipping*** kamer van skeepvaart. **cham·ber** *ww.* in 'n kamer sit/opsluit; van 'n kamer (*of* kamers) voorsien. ~ **acid** loodkamersuur. ~ **concert** kamerkonsert. ~ **court, motion court** kamerhof. ~**maid** kamermeisie, =bediende. ~ **orchestra** kamerorkes. ~ **pot** kamer=, nagpot. ~ **practice** konsultpraktyk. ~ **stool** stilletjie, stelletjie.

cham·bered vein kamer-aar.

cham·ber·lain kamerheer, =ling, =dienaar; *Lord C~* Lord-Kamerheer.

cham·bray *(tekst.)* chambray, kambrai.

cha·me·le·on verkleurmannetjie, trapsoetjies, =suutjies; *(fig.)* verkleurmannetjie, manteldraaier; *(fig.)* oorloper, tweegatjakkals. ~**-like** verkleurmannetjieagtig, soos 'n verkleurmannetjie.

cham·fer *n.* groef, gleuf, suilgroef; riggel; afkanting, skuinste. **cham·fer** *ww.* (uit)groef, kanneleer; afkant, afskuins. ~ **plane** afkantskaaf.

cham·fered gegroef; afgekant; ~ *tooth* afgekante tand.

cham·ois =*ois, (soöl.)* gems; *African* ~ klipspringer, klipbok. ~ **leather** seems=, wasleer; seem=, leerlap.

cham·o·mile →CAMOMILE.

champ[1] *n.* gekou; kougeluid. **champ** *ww.* kou, byt, knaag; ~ *at the bit* →BIT[1] *n.*.

champ[2] *n., (infml.)* kampioen; bobaas, (ou) haan, bielie; →CHAMPION.

Cham·pagne *(geog.)* Champagne.

cham·pagne sjampanje; sjampanje(kleur), strooikleur. ~ **breakfast** sjampanjeontbyt. ~**(-coloured)** sjampanje(kleurig), strooikleurig. ~ **socialist** limosien=, limousinesosialis. ~ **supper** sjampanje-ete. **cham·pagn·(e)y** vonkelend, bruisend, borrelend. **cham·pers** *(sl.)* sjampanje.

cham·paign *(Fr.)* vlakte, veld.

cham·pi·gnon *(Fr.)* sampioen.

cham·pi·on *n.* kampioen, baasvegter/=hardloper/ens.; ~ *of* ***champions*** grootkampioen; ***declare*** *s.o.* ~ →DECLARE; *be a* ~ ***of*** ... 'n kampvegter/voorvegter vir ... wees *(hervorming, vryheid, ens.);* ~*s don't* ***stay*** rissies bo peper, daar is altyd 'n meerdere. **cham·pi·on** =*n*=*, ww.* verdedig, opkom/pleit/veg vir, bepleit, voorstaan, steun.

cham·pi·on·ship kampioenskap; heerskappy; voorspraak, verdediging, bepleiting; *(i.d. mv.)* kampioenskapsbyeenkoms, =toernooi, =wedstryd; *decide the* ~*s* die kampioenskap beslis; *take part in the* ~*s* aan die kampioenskapsbyeenkoms deelneem. ~ **meeting** kampioenskapsbyeenkoms. ~ **tournament** kampioenskapstoernooi, =wedstryd.

chance *n.* kans, geleentheid; moontlikheid, waarskynlikheid; toeval, geluk, noodlot; *(kr.)* vangkans; ***accept*** *a* ~ van 'n kans gebruik maak; *is there* ***any*** ~ *whatever?* bestaan/is daar ook maar die geringste/minste kans?; *by* ***any*** ~ dalk, miskien; *the* ~*s* ***are*** *that* ... waarskynlik sal ...; ***by*** ~ per toeval, toevallig; *no* ***earthly*** ~*, (infml.)* geen kans hoegenaamd nie; *the* ~*s are* ***equal*** die kanse staan gelyk; *a* ***fair*** ~ 'n billike kans; *have a* ***fat*** ~*, (infml.)* nie 'n kat se (*of* die geringste/minste) kans hê nie; *s.o. has a* ***fighting*** ~ iem. het die regtig 'n kans as hy/sy hard probeer/werk/veg; ***game*** *of* ~ kans=, geluk=, waagspel; ***get*** *a* ~ 'n kans kry; *not have the* ***ghost*** *of a* ~ nie die geringste/minste (*of* die skyntjie van 'n) kans hê nie; ***give*** *s.o. a* ~ iem. 'n kans gee; *the* ~ ***is gone*** die kans is verlore; *stand a* ***good*** ~ 'n goeie kans hê; *s.o. stands a* ***good*** ~*, (ook)* iem. se kanse staan goed; *there is a* ***good*** ~ *of* ... heel/hoogs waarskynlik sal ...; ***have*** *a* ~ 'n kans hê; *not have a (snowball's)* ~ ***in hell,*** *(sl.)* nie 'n kat se (*of* die geringste/minste) kans hê nie, soveel kans as 'n wors in 'n hondehok hê; ~ *of* ***hitting*** trefkans; *be* ***in*** *with a* ~ 'n kans hê; ***jump/leap*** *at a/the* ~ 'n/die geleentheid/kans aangryp; ***leave*** *s.t. to* ~ iets aan die toeval oorlaat; *the* ~ *of a* ***lifetime*** 'n unieke geleentheid/kans, 'n kans wat nooit terugkeer (*of* iem. nooit weer kry) nie; *a* ***long/remote*** ~ 'n geringe kans; ***lose/miss*** *a* ~ 'n kans/geleentheid misloop/verspeel/versuim (*of* laat glip/verbygaan); *have an eye on the* ***main*** ~ eiebelang in die oog hou, op eie voordeel bedag wees, eie voordeel soek; *with an eye to the* ***main*** ~ met die oog op die grootste voordeel; *it is* ***mere/pure*** ~ dit is blote/skone/volslae toeval; *by the* ***merest*** ~ bloot per toeval; ***not*** *a* ~*!* (daar is) geen sprake van nie!; *the* ~*s* ***of*** ... die kanse op ..., die moontlikheid van ...; *an* ***off*** ~ 'n geringe kans; *on the* ***off*** ~ *(that ...)* vir geval ([dat] ...); ***on*** *the* ~ op goeie geluk af; *have an* ***outside*** ~ 'n heel/uiters geringe kans hê; *a* ***poor/slender/slim*** ~ 'n geringe kans/moontlikheid; *by* ***pure*** ~ doodtoevallig; *s.o.* ***runs*** *a* ~ *of being* ... dit is moontlik dat iem. ...; ***seize*** *on/upon a* ~ 'n kans waarneem; ***spoil/dish*** *s.o.'s* ~*s* iem. se kanse bederf; *have a* ***sporting*** ~ 'n kans hê; ***take*** *a* ~ dit (*of* 'n kans) waag; 'n risiko loop; ***take*** *a* ~*!* waag dit!; ***take*** ~*s* baie (*of* te veel) waag; ***take*** *one's* ~ die/'n kans waag; jou/'n kans afwag; ***take*** *no* (or *not* ***take*** *any)* ~*s* nie/niks waag nie; ~*s of* ***war*** oorlogskanse. **chance** *adj.* toevallig; ~ *customers* ongereelde klante. **chance** *ww.* toevallig gebeur; waag, riskeer; ~ ***it*** (or *one's* ***arm***) dit (*of* 'n kans) waag, 'n risiko neem, iets op genade doen; ***it*** ~*d that s.o.* ... toevallig het iem. ...; ~ ***on/upon*** ... toevallig op ... afkom, ... toevallig kry/raakloop, ... ontmoet/teëkom/teenkom; ~ ***to*** *do s.t.* iets toevallig doen. **chance·less** sonder ('n) kans; fout(e)loos, onberispelik *(spel ens.).* **chan·cer** *(infml.)* kansvatter, opportunis; waaghals, =hans, =gans, =haan. **chan·cy** gevaarlik, gewaag(d), onseker.

chan·cel koor(ruimte), altaar=, kanselruimte *(v. kerk).* ~ **screen** koorhek.

chan·cel·lor kanselier; *C~ of the Exchequer, (Br.)* minister van finansies; *C~ of the Duchy of Lancaster, (Br.)* minister ter beskikking. **chan·cel·ler·y** kanselary; kanselierskantoor; gesantskap. **chan·cel·lor·ship** kanselierskap. **chan·cer·y** kanselary; *court of* ~ kanselaryhof.

chan·cre *(patol.)* sjanker, veneriese seer. **chan·croid** sjankroïed, sagte sjanker.

chan·de·lier kroonkandelaar, =lig. ~ **lily** kandelaarblom, koningskandelaar.

chan·dler kersmaker; kersverkoper; leweransier; *(vero.)* kruidenier; *ship('s)* ~ skeepsleweransier.

change[1] *n.* verandering; oorgang; wysiging; omwenteling; ruil, verwisseling; wisselgeld; kleingeld; verkleding; oorstap(ping); ~ *of* ***address*** adresverandering; *a* ~ *for the* ***better*** 'n verbetering; ~*s and* ***chances*** lotgevalle; ~ *of* ***clothes/linen*** skoon klere/linne; *a* ~ ***has come*** *over s.o.* iem. het 'n verandering ondergaan; *bring about a* ***complete*** ~ *in s.t.* 'n ommekeer in iets teweegbring; ***effect*** *a* ~ 'n verandering aanbring; ***for*** *a* ~ vir die verandering, by wyse van verandering; *today we have fine weather* ***for*** *a* ~ vandag is dit weer mooi weer; ~ *of* ***fortune*** lotswisseling; ~ *of* ***front*** frontverandering; ***get no*** ~ *out of s.o., (infml.)* niks by iem. regkry nie; ***give*** *s.o.* ~ iem. kleingeld gee; ***give*** *s.o.* ~ *for a fifty-rand note* 'n vyftigrandnoot vir iem. kleinmaak; ~ *of* ***heart*** →HEART; *a* ~ *is as good as a* ***holiday*** verandering van spys(e) gee (nuwe) eetlus; ***introduce*** *a* ~ 'n verandering in=

stel; ***keep*** *the ~!* hou maar (die kleingeld)!; *~ of **life**, (infml.)* menopouse, lewensoorgang, oorgangsjare; ***make*** *~ for a note* 'n noot kleinmaak; ***make*** *~s to s.t.* iets verander; *it **makes** a ~* dit is 'n slag iets anders (*of* darem afwisseling); *~ of **meaning*** betekeniswysiging, -verandering; *~ of **name*** naamsverandering; *there is **no** ~ in s.t.* iets is onverander(d); ***political*** *~* hervorming; *a **radical** ~* 'n grondige verandering; ***ring*** *the ~s, (lett.)* beier; *(fig.)* ... afwissel; *give s.o. **short** ~* iem. te min kleingeld gee; ***small*** *~* kleingeld; *~ in a **team*** verspanning *(by trekdiere)*; *the ~ **to*** ... die oorgang tot ...; *~ of (*or *in the) **weather*** weersverandering, omslag in die weer; ***work*** *a ~* 'n verandering teweegbring; *a ~ for the **worse*** 'n agteruitgang/verslegting. **change** *ww.* verander, wysig; vervorm; (ver)ruil, omruil, (ver)wissel; afwissel; ver-, om-, oorspan *(trekdiere)*; vermaak *(klere)*; kleinmaak, kleingeld gee; jou verklee; oorstap, oorklim; *~ **back** into* ... weer 'n ... word; weer ... aantrek; *~ the **bed linen*** 'n bed skoon oortrek; *~ to a new **brand*** na 'n nuwe (handels)merk oorslaan; *~ one's **clothes*** jou verklee (*of* skoon aantrek); *~ **colour**,* *(ook)* bloos; verbleek; *~ one's **condition*** van lewenstaat verander, trou; *~ **course*** van koers verander; *~ the **date** to the 1st of May* die datum tot 1 Mei verander; *~ **down**, (mot.)* laer skakel, afrat; *~ **for** Ceres* oorstap vir Ceres; *~ **front*** van front/standpunt verander, omslaan, omswaai, draai; *~ **gear*** verrat, oorskakel, ratte wissel/verstel; *~ **hands*** verkoop/verhandel word, van eienaar verwissel, in ander hande oorgaan; *~ **horses** in midstream* →HORSE *n.*; *~ **into** ...,* *(ook)* na ... oorskakel *('n ander rat)*; *~ **into** s.t. else* in iets anders verander; in iets anders oorgaan; iets anders aantrek; *~ s.t. **into*** ... iets in ... verander; *~ one's **mind*** →MIND *n.*; *~ a **nappy*** 'n doek/luier omruil; *~ **out of** s.t.* iets uittrek *(vuil klere ens.)*; *~ **over** from ... to ...* van ... na ... oorslaan/oorskakel; *~ things **over*** dinge omruil; *~ **over/places*** plekke (om)ruil; van plek verwissel; *~ **party affiliation*** draai, oorstap; *~ things **round*** dinge omruil; *~ **sheets*** skoon lakens oortrek, lakens wissel; *~ **step*** die pas verander; *~ the **subject*** 'n (ander) wending aan die gesprek gee; van die onderwerp afstap; ***times*** *have ~d* die tye/wêreld het verander; *~ **to** ...* tot ... oorgaan; na ... oorslaan *('n ander taal ens.)*; *~ s.t. **to** ...* iets in ... verander; *~ **trains*** oorstap, oorklim; *~ one's **tune*** →TUNE *n.*; *~ one's **underclothes*** skoon onderklere aantrek; *~ **up**, (mot.)* hoër skakel, oprat. *~* **bowler** *(kr.)* wisselbouler. *~* **machine** kleingeldmasjien. *~***over** om-, oorskakeling *(na)*, oorgang *(tot)*; omdraai, wisseling van kante *(in spele)*. *~* **room** kleedkamer. *~* **wheel** wisselrat.

change² *n.: high ~* drukste beurstyd; *on ~* op die beurs; →EXCHANGE.

change·a·ble, change·ful veranderlik, wisselvallig, wispelturig, ongedurig, wisselend, onvas, loskop, ongestadig, onbestendig; wisselbaar; *~ fabric* kaatsstof; *~ weather* onseker/veranderlike/onbestendige weer. **change·a·bil·i·ty, change·a·ble·ness** veranderlikheid; wisselbaarheid; wispelturigheid.

changed *(ook)* herskape.

change·less onveranderlik.

change·ling wisselkind, omgeruilde kind.

chang·ing verandering, wysiging; vervorming; omruiling; afwisseling; verkleding; *~ of the guard* aflossing van die wag. *~* **gear** gangwissel. *~* **light** draailig. *~* **room** kleedkamer.

chan·nel *n.* kanaal, (water)loop, sloot; bed(ding); buis, groef, geut; *(rad.)* band, stasie; *(TV)* baan, kanaal; *~ of **communication*** kommunikasiekanaal; verbindingsweg, -kanaal; ***deep-water/ship/navigable/navigation*** *~* vaargeul, skeepvaartkanaal; *by/through **diplomatic** ~s* langs diplomatieke weg; *the **English** C~* die Engelse Kanaal; ***Mozambique*** *C~* Straat van Mosambiek; *through **official** ~s* langs die diensweg; *through the **usual** ~s* langs die gebruiklike weg. **chan·nel** *-ll-, ww.* kanale/slote grawe, deurgrawe; groef; kanaliseer; in kanale stuur/rig/lei; dirigeer; kanneleer; *~ s.t. off* iets aflei. **C~ coast** Kanaalkus. *~* **hop**, *~* **surf** *(TV)* van een kanaal na die ander oorskakel, voortdurend van kanaal verwissel. *~* **hopping**, *~* **surfing** *(TV)* TV-roelet/roulette. *~* **iron**, *~* **bar** U-yster. *~* **rail** groefspoor. *~* **steel** geutstaal, U-staal. **C~ Tunnel**, *(infml.)* **Chunnel, Eurotunnel** Kanaal-, Eurotonnel. *~* **width** *(rad.)* kanaalwydte, -breedte; *(geol.)* rifdikte.

chan·nel·ise, -ize in 'n kanaal stuur/rig/lei.

chan·nel·ler groefmaker; groefmasjien; skietbeitel.

chan·son *(Fr.)* chanson, Franse lied(jie); *~ de geste* chanson de geste, Oudfranse (*of* Ou Franse) epos/heldedig.

chant *n.* eenvoudige melodie/lied(jie); psalmodie; monotone gesang; cantus, eenstemmige sang; koraal(gesang); dreunsang *(v. sportondersteuners ens.)*; sangerige intonasie. **chant** *ww.* (op een toon) sing; psalmodieer; dreun-sing; sing-praat. **chant·er** sanger; voorsanger; koorsanger; melodiepyp *(v. doedelsak)*; *(vero., sl.)* boereverneuker, oneerlike perdekoper. **chan·teuse** *-teuses, (Fr.)* sangeres van gewilde liedjies. **chan·tey, chan·tie, chan·ty** →SHANTY¹. **chant·ing gos·hawk** *(orn.)*: *dark ~ ~* donker singvalk; *pale ~ ~* bleek singvalk. **chan·try chap·el** koorkapel.

chan·te·relle *(Fr., soort sampioen: Cantharellus cibarius)* dooierswam.

chan·ti·cleer *(poët., liter.)* kantekleer, haan, kraaier.

Chan·til·ly *(geog.)* Chantilly. *~* **cream** *(kookk.)* chantillyroom.

Cha·nu·kah, Ha·nuk·kah, Feast of Ded·i·ca·tion, Feast of Lights *(Hebr., Jud.)* Chanoeka, Fees van die Tempelwyding/Ligte.

cha·ol·o·gy *(fis.)* chaoskunde; →CHAOS THEORY. **cha·ol·o·gist** chaoskundige.

cha·os chaos, baaierd; verwarring, warboel; *in ~* in ('n) chaos. *~* **theory** chaosteorie. **cha·ot·ic** chaoties, verward, wanordelik.

chap¹ *n.* kêrel, vent, *(infml.)* ou; *old ~* jong!, ou maat/snaar!; *come on, old ~* kom, jong; *the old ~* die ou kêrel. *~***book** *(hist.)* ou volksboekie/traktaatjie. *~***man** *-men, (hist.)* smous, marskramer, venter.

chap² *n.* windbarsie, skeurtjie; *(i.d. mv.)* skurfte. **chap** *-pp-, ww.* bars; skeur. **chap·ped, chap·py** gebars(te), skurf, skurwe.

chap³ *n.* wang, kaak; lip; *lick one's ~s, (infml.)* jou lippe (af)lek. *~***fallen** verleë; ontmoedig; bekaf, terneergedruk, neerslagtig.

chap·a·re·jos *(Sp.)*, **chaps** *(Am.)* leer-, cowboybroek.

chap·ar·ral *(Am.)* dwergeikebos; kreupelbos, -hout, fynbos.

chape *(hist.)* skedegespe, lus; beslag(stuk); stootband *(aan bajonet)*.

chap·el kapel; kerkie; kapeldiens; drukkery; tak *(v. tipograwevakbond)*.

chap·er·on(e) *n.,* begeleier, begeleidster; reisvader, -moeder; kampvader, -moeder; *(i.d. mv.)* reisouers; *(vero., t.o.v. jong dame)* chaperone, *(in Spanje en Portugal)* duenna. **chap·er·on(e)** *ww.* begelei; chaperonneer. **chap·er·on·age** begeleiding; die chaperonneer.

chap·ess *(Br., infml.)* vroumens.

chap·i·ter *(argit.)* kapiteelkroon.

chap·lain kapelaan; veldprediker; *(RK)* aalmoesenier. **chap·lain·cy** kapelaanskap.

chap·let krans(ie); rosekrans; snoer; *(bouk.)* kranslysie.

chap·pie, chap·py kêreltjie.

chaps →CHAPAREJOS.

chap·stick *(Am.)* lipsalfstiffie.

chap·ter hoofstuk; (kerklike) kapittel; afdeling, tak; *~ of **accidents*** reeks (van) teenspoede; *~ of **architects*** kapittel van argitekte/boumeesters; ***close*** *a ~* 'n hoofstuk afsluit; 'n tydperk afsluit; ***dean*** *and ~* domkapittel; *to the **end** of the ~* tot op die end; *give/quote ~ and **verse** (for s.t.)* die presiese bronvermelding gee; *(fig.)* vers en kapittel (vir iets) noem, iets met vers en kapittel bewys. *~***house** kapittelhuis. **chap·ter·i·sa·tion, -za·tion** verdeling in hoofstukke. **chap·ter·ise, -ize** in hoofstukke verdeel.

char¹ *-rr-, ww.* (ver)brand, verkool, swart brand, karboniseer. **char·red** half verbrand.

char², charr *n., (igt.)* bergforel.

char³ →CHA.

char⁴ *n., (infml.)* huishulp, poetsvrou. **char** *-rr-, ww., (infml.)* skoonmaak, huiswerk doen, dagwerk (*of* los huiswerk) doen. *~***lady**, *~***woman** huishulp, -werker, poetsvrou, (huis)skoonmaker.

char·a·banc *(arg.)* toerbus, janplesier.

char·ac·ter karakter; aard, geaardheid, gesteldheid, wese; kenmerk, stempel; hoedanigheid, soort; *(biol.)* eienskap; letter(teken); getuigskrif; reputasie; persoonlikheid; rol; persoon(likheid), personasie, figuur *(in literatuur)*; ***chief/principal*** *~* hoofkarakter; ***full*** *of ~* karaktervol; ***give*** *s.o. a good ~* iem. 'n goeie getuigskrif gee; *of **good** ~* van goeie inbors/gedrag; ***in*** *~* in styl, op passende manier; *s.t. is **in** ~ for s.o.* iets is kenmerkend vir/van iem.; *s.t. is **out of** ~ for s.o.* iets is strydig met iem. se aard/karakter; *act **out of** ~* onnatuurlik optree; ***person*** *of ~* karaktervolle mens, mens uit een stuk; *a **shady** ~, (infml.)* 'n verdagte vent; *a **sinister** ~, (infml.)* 'n ongure vent; *without a **stain** on one's ~* met 'n onbevlekte karakter; ***strength*** *of ~* karaktervastheid; ***true*** *to ~* in ooreenstemming met iem. se karakter. **char·ac·ter** *ww., beskryf; (vero.)* skryf; druk; graveer; ingrif; teken. *~* **actor** karakterspeler. *~* **assassin** karakterskender. *~* **assassination** karakterskending. *~* **building**, *~* **training** karaktervorming. *~* **part**, *~* **role** karakterrol. *~* **reference** getuigskrif. *~* **set** *(rek.)* karakterstel, alfabet. *~* **sketch** karaktersketse; karakteristiek. *~* **space** *(rek.)* karakterspasie. *~* **string** *(rek.)* karakter-, tekenstring.

char·ac·ter·ise, -ize kensketse, kenmerk, tipeer, karakteriseer. **char·ac·ter·i·sa·tion, -za·tion** kensketsing, karakterisering; karaktertekening, -skildering, -beskrywing, -uitbeelding, mensbeelding.

char·ac·ter·is·tic *n.* kenmerk, eienskap, kenmerkende trek/eienskap, karaktertrek, kenteken, eienaardigheid, attribuut; aanwyser, indeks; *(wisk.)* wyser *(v. logaritme)*; *(elek.)* kenkromme. **char·ac·ter·is·tic** *adj.* karakteristiek, kenmerkend, karaktervol, kensketsend, tekenend; *~ feature* grondtrek; *~ line* kenlyn; *be ~ of ...* kenmerkend/kensketsend vir/van ... wees, karakteristiek van ... wees, ... kenmerk/kenskets/tipeer.

char·ac·ter·less karakterloos; van onbepaalde aard; gewoon, alledaags; sonder getuigskrif.

char·ac·ter·ol·o·gy karakterkunde.

cha·rade charade, lettergreep-, woordraaisel; belaglike voorstelling, bespotting, travestie.

Cha·ra·les *(bot.)* Kranswiere.

char·coal houtskool. *~-***burner** houtskoolbrander. *~-***burning** houtskoolbrandery. *~* **cooler** houtskoolkoelkas. *~* **drawing** houtskooltekening. *~* **grey** *n., ~-***grey** *adj.* donker-, swart-, houtskoolgrys. *~* **iron** houtskool-yster.

chard, Swiss chard, leaf beet, sea·kale beet blaar-, spinasie-, snybeet.

charge *n.* aanklag(te); beskuldiging, aantyging; lading, skoot; stormaanval, -loop; prys, koste; *(i.d. mv.)* (on)koste; *(i.d. mv.)* gelde; eis, vordering; taak, plig, las, opdrag; beheer, sorg, versorging; toevertroude, persoon aan iem. se sorg toevertrou; pleegkind, pupil; *(her.)* wapenfiguur; *no ~ for **admission*** toegang vry; *a ~ **against** an estate* 'n eis/vordering teen 'n boedel; ***answer*** *a ~* jou op 'n aanklag verantwoord; ***assistant*** *in ~* verantwoordelike assistent; ***at** s.o.'s ~* op iem. se koste, vir iem. se rekening; ***baton*** *~* →BATON; ***bayonet*** *at the ~* gevelde bayonet; ***bishop's*** *~* mandement, vermaanbrief, maanrede; ***bring/lay/lodge/prefer*** *a ~ against s.o.* 'n aanklag teen iem. indien/inbring (*of* aanhangig maak), iem. aankla/verkla; ***cavalry*** *~* →CAVALRY; *be a **direct** ~ upon ...* regstreeks ten laste van ... kom; ***drop*** *a ~* 'n aanklag terugtrek; ***face*** *a ~ of ...* van ... beskuldig staan, daarvan beskuldig word dat ...; op 'n aanklag van ... teregstaan; *at a **fixed** ~* teen/volgens 'n vaste tarief; *the ~ **for** doing s.t.* die koste om iets te doen; ***frame*** *a ~* 'n aanklag opstel; ***free*** *of* ~ gratis, kosteloos; ***give*** *s.o. in* ~ iem. aan die polisie oorgee; *be* ***in*** ~ die beheer hê; onder bewaking wees; *be* ***in*** ~ *of* ... die beheer oor ... hê/voer, met ... belas wees, toesig oor ... hê; vir ... verantwoordelik wees, aan die hoof van ... staan, baas oor ... wees; *be* ***in*** *the* ~ *of* ... onder die sorg (*of* onder bewaking/toesig) van ... wees; ***judge's*** ~ opsomming vir die jurie; ***lay*** *a* ~ 'n saak aangee, 'n aanklag indien; ***leave*** ... *in s.o.'s* ~ ... aan iem. se sorg toevertrou; ***level*** *a* ~ *against/at s.o.* iem. beskuldig, 'n aanklag teen iem. inbring; *there is* ***no*** ~ dit is verniet/gratis/kosteloos; ***officer*** *in* ~ diensdoende offisier; verantwoordelike amptenaar; ***on*** *a* ~ *of* ... op aanklag van ...; ***person*** *in* ~ persoon in bevel; diensdoende persoon; persoon ter plaatse; ***press*** *a* ~ met 'n aanklag deurgaan/volhou; ***put*** *s.o. in* ~ *of s.t.* die beheer oor iets aan iem. toevertrou; ***return*** *to the* ~ die aanval hernieu/hernu(we)/hervat/vervat; ***sister*** *in* ~ wagsuster; ***sound*** *the* ~ tot die aanval oproep; ***take*** ~ die beheer oorneem, die leisels in hande neem; ***take*** ~ *of* ... vir ... sorg; ... in hande neem; *a* ***trumped-up*** ~ 'n vals(e)/versonne aanklag; ***what's*** *the* ~? wat kos dit?. **charge** *ww.* laai; oplaai; belas; vul; beveel, gelas, opdra; vra, in rekening bring; bereken *(rente)*; aanval, bestorm, stormloop; opstorm; ~ *s.t.* ***against/to*** *s.o.('s account)* iets op iem. se rekening plaas/sit/skryf, iem. vir iets debiteer; ~ ***at*** *s.o./s.t.* iem./iets (be)storm/bevlieg/stormloop; ~ *R100* ***for*** *s.t.* R100 vir iets vra; ~ ***into*** ... teen ... bots; (by) ... instorm *('n kamer ens.)*; ~ *the* ***jury*** die jurie opdrag gee; ~ *s.t.* ***up*** iets op rekening skryf; iets laai *(battery)*; ~ *s.o.* ***with*** *s.t.* iem. van iets beskuldig; iem. van/weens iets aankla; iem. iets ten laste lê; iets aan iem. opdra/toevertrou, iem. met iets belas. ~ **account** →CREDIT ACCOUNT. ~ **capacity** laaivermoë. ~ **card** betaalkaart. ~**hand** ondervoorman. ~ **nurse** eerste verpleegster. ~ **office** aanklag-, klagte-, polisiekantoor. ~ **sheet** klagstaat.

charge·a·ble belasbaar; betigbaar; verantwoordelik; vorderbaar; wat ten laste kom; wat op rekening kan/moet geplaas word; *make s.t.* ~ *to s.o.'s account* iets op iem. se rekening plaas/sit; ~ *to* ... debiteerbaar teen ... **charge·a·bil·i·ty** belasbaarheid; verantwoordelikheid.

charged *adj.* aangekla, beskuldig; emosioneel *(persoon)*; gelade *(atmosfeer ens.)*; *(teg.)* gelaai; ~ *battery* gelaaide battery; *be* ~ *with emotion, (persoon)* baie emosioneel wees; *(situasie ens.)* emosioneel gelaai wees; *(stem)* tril van emosie; *be* ~ *with theft/etc.* aangekla wees van/weens (*of* beskuldig staan van) diefstal/ens.

char·gé d'af·faires *chargés d'affaires, (Fr.)* saakgelastigde.

charg·er[1] ryperd, oorlogsperd, strydros; offisiersperd; laaier; laaistel; laaimasjien; laaiplaat(jie).

charg·er[2] *(arg.)* vleisskottel.

charg·ing: ~ **crane** laaikraan. ~ **current** laaistroom. ~ **platform** laaiplatform.

char·i·ly, char·i·ness →CHARY.

char·i·ot strydwa, -kar; triomfwa, -kar, segekar; koets; voertuig. ~ **race** strydwa-(wed)ren, strydwa-re(i)sies.

char·i·ot·eer (strydwa)drywer, koetsier; *the C~, (astron.)* Auriga, die Koetsier.

cha·ris·ma charisma. **char·is·mat·ic** charismaties.

char·i·ta·ble vrygewig, mededeelsaam; liefdadig, weldadig; mensliewend, welwillend, barmhartig; ~ *deed/act* liefdewerk; ~ *society* liefdadigheidsvereniging, -genootskap. **char·i·ta·ble·ness** liefdadigheid; mededeelsaamheid. **char·i·ta·bly** vrygewig, mededeelsaam; liefdadig; sagkens.

char·i·ty liefde, menseliefde, mensliewendheid; welwillendheid, barmhartigheid; vrygewigheid, liefdadigheid, weldadigheid; aalmoes(e), liefdegawe; ***act*** *of* ~ liefdediens; ***ask*** *for* ~ 'n aalmoes (*of* aalmoese) vra; ~ *begins at* ***home*** die hemp is nader as die rok; wat die naaste lê, moet die swaarste weeg; eers eie, dan andermans kinders; ***live*** *on* ~ van aalmoese/liefdadigheid (*of* gunste en gawes) leef/lewe, genadebrood eet; *do s.t.* ***out of*** ~ iets uit barmhartigheid doen. ~ **concert** liefdadigheidskonsert. ~ **stamp** weldadigheidseël.

cha·ri·va·ri *(hist.)* lawaai, verwarde geraas; ketelmusiek.

char·la·dy →CHAR[4].

char·la·tan kwaksalwer, charlatan. **char·la·tan·ism, char·la·tan·ry** kwaksalwery, boerebedrog, charlatanerie.

Char·le·magne, Charles the Great *(hist.)* Karel die Grote.

Charles: ~ *the* ***Bald*** Karel die Kaalkop; ~ *the* ***Bold*** Karel die Stoute; ~ *the* ***Fat*** Karel die Dikke; ~ *the* ***Great*** →CHARLEMAGNE; ***King*** ~ koning Karel; ~ ***Martel*** Karel Martel; ~ *the* ***Simple*** Karel die Eenvoudige; ~ *the* ***Victorious*** Karel die Oorwinnaar; ~*'s* ***Wain****, (astron.)* die Groot Beer, die Wa; ~ *the* ***Wise*** Karel die Wyse.

charles·ton *(dans)* charleston.

char·ley horse *(Am. infml.)* (spier)kramp(e), spierpyn(e).

Char·lie[1], Char·ley *(Am. mil. sl.)* (lid van) die Viëtkong.

Char·lie[2] *(dwelmsl.)* kokaïen.

char·lie *(Br. infml.)* dom-, klipkop, pampoen(kop), mamparra; *feel/look a proper* ~ soos 'n dwaas/gek voel/lyk; *tail-end* ~ agteros.

char·lock *(bot.)* geel-, wildemosterd; *jointed* ~ ram(e)nas.

char·lotte russe *(kookk.)* charlotte russe.

charm *n.* bekoring, betowering; innemendheid, minsaamheid, aantreklikheid, bekoorlikheid, aanvalligheid, sjarme; gelukbringer(tjie), (geluks)hangertjie, amulet, talisman; toor-, towermiddel; towerspreuk; doepa; *(i.d. mv.)* skoonheid; *(i.d. mv. ook)* toorgoed; *ooze* (or *turn on the*) ~ oorloop van vriendelikheid; *work like a* ~*, (infml.)* perfek/uitstekend werk. **charm** *ww.* bekoor, betower; verheug, inneem; toor, tower; →CHARMED; *s.o. can* ~ *the birds out of the trees, (fig.)* iem. weet hoe om die heuningkwas te gebruik (*of* mense met sy/haar sjarme te oorrompel); ~ *s.t. from* (or *out of*) *s.o.* die heuningkwas gebruik om iets uit iem. te kry, iets met sjarme uit iem. kry. ~ **bracelet** geluksarmband. ~ **school** verfyn(ing)skool, etiketskool.

charmed: *have/lead a* ~ ***life*** 'n beskermengel hê, onder 'n gelukster gebore wees, 'n gelukskind wees; *I'm* ~ *to* ***meet*** *you!* aangename kennis!; *s.o. is* ~ ***with*** *s.t.* iets bekoor iem.; *I* ***would be*** ~ *to* ... dit sal my genoeë doen om te ...

charm·er toorder, towenaar, towenares; bekoorder, charmeur.

Char·meuse *(tekst.)* charmeuse, sjarmeuse.

charm·ing bekoorlik, betowerend, innemend, sjarmant, lieftallig, minsaam, aantreklik, lief; ~ *girl* sjarmante meisie; ~ *man* innemende man.

char·nel house *(hist.)* lyks-, dodehuis; beenderehuis.

Char·ol·(l)ais cat·tle charol(l)aisbeeste.

charr →CHAR[2].

chart *n.* (see)kaart; (weer)kaart; (sterre)kaart; tabel; grafiek; *(astrol.)* horoskoop; *the* ~*s, (infml., popmus.)* treffersparade, trefferlys. **chart** *ww.* karteer; 'n kaart maak van, op 'n kaart aangee; tabelleer, tabuleer; uitstip(pel); *(popliedjie)* die treffersparade/trefferlys bereik/haal, sy verskyning op die treffersparade/trefferlys maak; ~ *a course* 'n koers bepaal/vasstel. ~ **buster** *(infml.)* treffer(plaat/-CD). ~ **house,** ~ **room** kaartkamer. ~ **topper** toptreffer, nommer een op die treffersparade/trefferlys. ~**-topping** *adj. (attr.)*: ~ *album/etc.* album/ens. wat boaan (*of* nommer een op) die treffersparade/trefferlys is.

Char·ta →MAGNA.

char·ter *n.* charter(brief), stigtingsakte; grondwet, manifes; handves, oktrooi(brief), privilegie, vrybrief, oorkonde. **char·ter** *ww.* charter, oktrooieer, 'n charter/privilegie toestaan; (formeel) stig; bevoorreg; huur; bevrag; ~ *out* vervrag. ~ **flight** huurvlug. ~ **member** stigtingslid. ~ **party** vragkontrak, bevragtingskontrak, -ooreenkoms; skeepshuurder(s). ~ **plane** huurvliegtuig. ~ **service** huurdiens.

char·tered: ~ *accountant* geoktrooieerde rekenmeester; ~ *company* geoktrooieerde maatskappy.

char·ter·er (skeeps)bevragter; (skeeps)huurder.

Char·ter·house Kartuiserklooster; *(Br. skool)* Charterhouse.

char·ter·ing bevragting; huur *(v. skip/vliegtuig)*.

char·treuse *(likeur)* chartreuse.

char·tu·lar·y →CARTULARY.

char·y versigtig; ongeneë; spaarsaam, suinig, karig; *be* ~ *of doing s.t.* iets nie graag/maklik doen nie; ongeneë tot iets wees. **char·i·ly** *(w.g.)* versigtig; teësinnig. **char·i·ness** versigtigheid; spaarsaamheid.

Cha·ryb·dis *(Gr. mit.)* Charibdis.

chase[1] *n.* jag; jagveld; wild; jagstoet; jaagtog, agtervolging; *give* ~ *to s.o.* iem. agtervolg/-nasit/-naja(ag); *give up* (or *abandon*) *the* ~ die agtervolging laat vaar. **chase** *ww.* jag; ja(ag), naja(ag), agtervolg, (agter)nasit, agternaloop; skraap; ~ ***about/around*** rondhardloop; rondja(ag); ~ *s.o.* ***about/around*** iem. rondja(ag); ~ ***after*** *s.o.* agter iem. aanhardloop/aanja(ag); agter iem. aanloop; ~ *s.o.* ***away/off*** iem. wegja(ag); ~ *s.t.* ***down/up*** iets opspoor; ~ *the* ***dragon****, (sl.)* →DRAGON; ~ *s.o.* ***out*** iem. verdryf/verdrywe/verwilder/wegja(ag); ~ *s.o.* ***out*** *of* (or ***from***) ... iem. uit ... verdryf/verdrywe.

chase[2] *n.* groef, bedding, gleuf, voor(tjie); muurgleuf; vlug, mondstuk *(v. kanon)*. **chase** *ww.* graveer, siseleer; (uit)groef, (uit)keep. ~ **girdle** kanonring, -band. ~ **mortise joint** dryftapvoeg, leitapvoeg.

chase[3] *n., (druk.)* raam, vorm.

chased gegraveer(d); gedrewe; gesiseleer(d); ~ *work* gedrewe werk, dryfwerk.

chas·er[1] agtervolger, jaer; spoeldrank; *(Am. infml.)* vrouejagter; *(hist.)* jaagstuk, -kanon; jagter, jag-, vegvliegtuig; jag-, vegvlieënier; duikbootjaer. ~ **squadron** jageskader.

chas·er[2] draaibeitel; dryfbeitel.

chas·ing[1] agtervolging.

chas·ing[2] gravering; dryfwerk. ~ **chisel** dryfbeitel. ~ **hammer** dryfhamer. ~ **punch** graveeryster.

chasm kloof, afgrond, diepte.

chas·seur *(Fr., hist., mil.)* chasseur, jagter.

Cha(s)·sid, Ha(s)·sid -*sidim, (Hebr.)(lid v. Joodse sekte)* Chassideër. **Chas·(s)id·ism, Has·(s)id·ism** Chassidisme.

chas·sis *chassis* raamwerk; onderstel; *(rad.)* monteerplaat. ~ **frame** onderstelraam.

chaste kuis, rein; suiwer, gekuis. ~ **tree** kuisboom.

chas·ten ontmoedig; demoraliseer; temper; *(vero.)* kasty, tugtig; suiwer, louter; *feel* ~*ed* afgehaal voel. **chas·ten·ing** *(vero.)* kastyding.

chaste·ness kuisheid; suiwerheid.

chas·tise berispe, uittrap; *(vero.)* kasty, tugtig, straf, gesel. **chas·tise·ment** skrobbering; *(vero.)* kastyding, tugtiging, lyfstraf; *a* ~ *from heaven* 'n straf van die hemel. **chas·tis·ing** *(vero.)* kastydend.

chas·ti·ty kuisheid, reinheid; suiwerheid. ~ **belt** kuisheidsgordel.

chas·u·ble *(RK)* kasuifel, altaargewaad.

chat[1] *n.* gesels(ery), geselsie, praatjie; *have a* ~ 'n bietjie gesels. **chat** -*tt*-*, ww.* gesels, babbel; ~ *on* voortgesels; ~ *to/with s.o.* met iem. gesels; met iem. 'n praatjie maak; ~ *s.o. up, (infml.)* by iem. aanlê. ~**line** *(telekom.)* gesels-, kletslyn. ~ **show** *(rad., TV)* gesels-, kletsprogram. **chat·ter** →CHATTER. **chat·ti·ness** spraaksaamheid. **chat·ting** geselsery. **chat·ty** geselserig, spraaksaam; ~ *letter* geselsbrief.

chat[2] *n., (orn.)* tapuit; spekvreter; ***anteating*** ~ swartpiek; ***buffstreaked*** ~ bergklipwagter; ***familiar*** ~ gewone spekvreter, dagbreker(tjie); ***Karoo*** ~ karoospekvreter; ***mocking*** ~ dassievoël; ***mountain*** ~ bergwagter.

cha·teau, châ·teau -*teaux*, -*teaus* kasteel; herehuis, -woning, landhuis; ridderhofstede.

Cha·teau·bri·and *n., (Fr. kookk.: filetbiefstuk)* chateaubriand.

chat·e·laine *(hist.)* kasteel-, burgvrou; sleutelketting. ~ **bag** beueltassie.

cha·toy·ant *(w.g.)* katogig. **cha·toy·an·cy** katoog=kleurspeling.

chat·tel *(jur.)* besitting; *(i.d. mv.)* roerende goed/be=sittings, losgoed; *goods and ~s* hawe en goed. ~ **mort=gage** *(Am.)* losgoedverband.

chat·ter *n.* gebabbel, babbelry, geklets; gesnater. **chat=ter** *ww.* babbel, klets; kekkel, snater; aframmel, brab=bel; *(tande)* klappertand, ratel, klap; *(masjien)* klap=per. **~box, chat·ter·er** babbelaar, babbel=, klets=, kek=kelkous, babbel=, kekkelbek. **chat·ter·ing class·es** *(Br., infml., neerh.)* (uitgesproke) liberale intellektuele/intel=ligentsia.

chauf·fer, chau·fer konfoor, vuurbak.

chauf·feur, chauf·feur *n.* chauffeur, (motor)be=stuurder. **chauf·feur, chauf·feur** *ww.* chauffeer, bestuur. **~-driven car** motor met chauffeur/bestuur=der. ~ **service** chauffeur-motordiens.

chaul·moo·gra, chaul·mu·gra *(bot.):* ~ **ester** kal=moegra-ester. ~ **oil** kalmoegraolie.

chaunt, chaunt·er →CHANT, CHANTER.

chau·vin·ism chauvinisme, jingoïsme. **chau·vin·ist** *n.* chauvinis, jingo. **chau·vin·ist** *adj.*, **chau·vin·is·tic** chauvinisties, jingoïsties.

chaw *n., (dial., infml.)* pruimpie. **chaw** *ww.* kou; pruim; ~ *up* opdons, kafloop. ~ **bacon** *(neerh.)* gomtor, gaip.

cha·yo·te *(bot.: Sechium edule)* soe-soe.

cheap goedkoop; waardeloos; ***be ~er***, *(ook)* bespa=ring meebring; *s.t. **comes** ~* iets kom goedkoop uit; ***dirt** ~*, *(infml.)* spotgoedkoop; ***feel** ~* sleg/klein/afge=haal voel; ***get** s.t. ~* iets goedkoop kry; ***hold** s.t. ~* iets geringag/=skat/verag (*of* waardeloos ag); ***make** o.s. ~* jou status verlaag; jouself weggooi; ***on the** ~*, *(infml.)* goedkoop, vir 'n appel en 'n ei; *~ **swank*** windma=ker(y). **~-jack** *(infml.)* smous, penswinkelier. **~skate** *(infml.)* vrek, gierigaard.

cheap·en goedkoop maak/word; afslaan; (ver)klei=neer, neerhaal.

cheap·ie *n., (infml.)* billike kopie. **cheap·ie** *adj.* spot=goedkoop.

cheap·ness *n.* billikheid, lae prys(e); *(fig.)* minder=waardigheid; *(fig.)* vulgariteit, platvloersheid.

cheap·o *=os, n. & adj., (infml.)* →CHEAPIE.

cheat *n.* bedrieër, verneuker; bedrog, foppery, kul=lery, verneukery; *a regular ~* 'n aartsbedrieër. **cheat** *ww.* bedrieg, fop, kul, flous, verneuk, kierang; *~ at a **game*** skelm speel; *be ~ed **of** s.t.* iets nie gegun word nie; van iets beroof word; *~ **(on)** s.o.* iem. bedrieg (*of, infml.*) verneuk, ontrou aan iem. wees; *~ **s.o. out of** s.t.* iem. van iets beroof, iem. uit iets verneuk; *~ **s.o.**, (ook)* iem. om die bos lei/onderdeurspring; *~ the **time*** die tyd verdryf. **cheat·er** →CHEAT *n.*. **cheat=ing** bedrog, bedrieëry; gekul, kullery *(by kaartspel, in 'n eksamen)*; gekierang, verneukery *(by kaartspel)*.

Che·chen, Che·chen *=chen(s), n.* Tsjetsjeen. **Che=chen** *adj.* Tsjetsjeens. **Chech·nya, Che·chen Re·pub=lic** *(geog.)* Tsjetsjnja.

check[1] *n.* skaak(setting); stuiting, kering, inhouding, rem(ming), stopsetting; stuiter, keerder; *(meg.)* aan=slag; beletsel, belemmering, teen=, teëwerking; teen=slag, teen=, teëspoed; kontrole(ring), toets, vergely=king; bewys, waarmerk; windbarsie *(in verf)*; kors=bars *(in hout)*; *~s and **balances*** remme/wigte en teen=/teëwigte; ***check!*** reg!; *be **in** ~, (skaakspel)* skaak staan; *put s.o. **in** ~* iem. skaak sit; ***keep** s.o./s.t. **in** ~* iem./iets in toom hou; ***keep** s.o. in ~, (ook)* iem. aan bande lê; ***keep** a ~ **on** s.t.* iets (voortdurend) kontroleer; ***keep** a ~ on s.o.* iem. dophou; *~ (to the **king**)!* skaak (ko=ning)!; ***make** a ~ **on** s.t.* iets kontroleer/nagaan; ***meet** with a ~* 'n teenslag kry, jou kop stamp; *s.t. is a ~ **on** s.o.'s progress* iets belemmer iem. se vordering; ***put** a ~ on s.t.* iets beteuel/inhou; ***without** ~* ongehinderd. **check** *ww.* skaak sit/gee; keer, stuit; teëhou, terug=hou, rem, weerhou, wal gooi teen; inhou, in toom hou, matig, beteuel; stilstaan, stilhou; tot stilstand bring, in sy vaart stuit; vergelyk, kontroleer, nagaan, =sien, =reken, =tel, toets; windbarsies vorm; *~ **back*** na=gaan; *~ **in*** aankom; aanteken, inskryf/=skrywe, regis=treer; die kontrole bereik; na die vertrektoonbank gaan *(op 'n lughawe)*; *~ **into** a ...* in 'n ... opgeneem word *(hospitaal)*; as gas by 'n ... registreer *(hotel)*; *~ s.t. **off*** iets aftel; iets aftik; *~ **out*** vertrek; afteken; die kontrole verlaat; *~ **out** of the hotel* die hotel verlaat; *~ s.t. **(out) with** s.o.* iets met iem. uitklaar, by iem. vasstel of iets in orde is; iets in oorleg met iem. kontroleer; *it ~s **out with** ...* dit klop met ...; *~ s.t. **over*** iets nasien; *~ **through** s.t.* iets nagaan; *~ **up** s.t.* iets optel; iets toets/vergelyk/kontroleer/nagaan/verifieer; *~ **up on** s.o.* iem. se agtergrond nagaan; *~ **(up) on** s.t.* iets kontroleer/nagaan/nasien. ~ **action** rem(ming). ~ **analysis** her=haal=, kontroleanalise. ~ **ball** keerkoeël. ~ **bearing** kontrolepeiling. ~ **book** kontroleboek. ~ **box** *(rek.)* keuseblokkie. ~ **collar** wurgketting. **~-in** aankoms. **~-in counter** vertrektoonbank *(by lughawe)*. **~-in time** aanmeld(ings)tyd. ~ **key** loper. ~ **lever** aanslagklink. ~ **list** kontrole=, oorsiglys. **~mate** *n.* (skaak)mat. **~mate** *ww.* (skaak)mat sit; stuit, keer. ~ **nut** keer=, sluitmoer. **~out** (die) vertrek; betaalpunt *(in super=mark)*. **~out bag** winkelsak. ~ **plate** keerplaat. **~point** kontrolepunt; *C~ Charlie, (hist.)* Checkpoint Charlie. **~rail** *(spw.)* keerstaaf, slagreling. **~rein** binne=, op=sitleisel. **~room** *(Am.)* = LEFT-LUGGAGE OFFICE. ~ **sample** kontrolemonster. ~ **screw** stuit=, sluitskroef. ~ **taker** kontroleur. ~ **till** kasregister; kontrolelaai. **~up** vergelyking, kontrole; (roetine)ondersoek; in=speksie, toets; *give s.o. a ~* iem. deeglik (medies) on=dersoek; *have a ~* deeglik (medies) ondersoek word. ~ **valve** keerklep. ~ **word** kontrolewoord.

check[2] ruit; geruite stof, geruit, ruitjiesgoed. ~ **pat=tern** ruitpatroon.

check[3] *(Am.)* →CHEQUE.

check·a·ble kontroleerbaar.

checked geruit; *~ curtain/etc.* geruite gordyn/ens.; *~ pattern* ruitpatroon.

check·er[1] kontroleur, opsigter; nasiener; toetser; deur=, hekbewaarder; *(spw.)* laaimeester.

check·er[2] →CHEQUER.

check·er·board →CHEQUERBOARD, DRAUGHTBOARD.

check·ers *(SA townshipsl.)* plastiek(winkel)sak, plas=tiek(dra)sak.

check·ing kontrole, kontrolering. ~ **account** *(Am.)* tjekrekening.

Ched·dar (cheese) cheddar(kaas).

chedd·ite *(plofstof)* cheddiet.

chee-chee *(orn.)* pietjiekanarie.

cheek *n.* wang; astrantheid, parmantigheid, verme=telheid; onbeskaamdheid; koelbloedigheid; *of **all** the ~!, the ~ **of it!**, **what** (a) ~!* dis vir jou astrant=heid/skaamteloosheid/vermetelheid!; ***give** s.o. a lot of ~* baie astrant/parmantig teenoor iem. wees; ***have** the ~ to ...* die vermetelheid hê (*of* so vermetel wees) om te ...; *~ by **jowl*** dig bymekaar; wang aan wang; sy aan sy; *I **like** your ~!, (infml.)* wat verbeel jy jou?; *(I want) **none** of your ~!, (infml.)* moenie jou nek (vir my) dik maak nie!; *s.o.'s ~s have **sunk*** iem. se wange het ingeval (*of* hol geword); *~ **to** ~* wang aan wang; ***turn** the other ~* die ander wang aanbied. **cheek** *ww.* parmantig/astrant wees teenoor, (uit)tart. **~bone** wang=, jukbeen. ~ **pouch** wangsak, kies. ~ **tooth** kies=, agtertand. ~ **wool** wangwol.

-cheeked *komb.vorm* met ... wange, =wangig; *apple-~* met appelrooi wange; *round-~* met ronde wange, rondwangig.

cheek·y astrant, parmantig, onbeskaamd, brutaal, bek=kig; *be ~ to/with s.o.* parmantig teenoor iem. wees. **cheek·i·ly** astrant, parmantig. **cheek·i·ness** astrant=heid, parmantigheid.

cheep *n.* piep, gepiep. **cheep** *ww.* piep.

cheer *n.* stemming; pret, vreugde, vrolikheid, opge=ruimdheid, opgewektheid; bemoediging; toejuiging; onthaal; *(i.d. mv.)* toejuiging, applous, gejuig; *s.t. **brings** loud ~s from the crowd* iets kry luide toejui=ging van die skare; ***cheers!*** gesondheid!; ***Christmas** ~* Kerspret, =vreugde; ***good** ~* lekker kos; *be of **good** ~* opgeruimd (*of* vol moed) wees, moed hou; *be of **good** ~!* hou moed!; ***make** good ~* feesvier, pret maak; ***ragged** ~s* verspreide toejuiging; ***three** ~s* drie hoera's; ***to** the ~s of the crowd* onder toejuiging van die skare; ***what** ~?* hoe gaan dit?; ***words** of ~* bemoedigende woorde. **cheer** *ww.* bemoedig, opvrolik; toejuig, hoera roep/skree(u); *~ s.o. to the **echo/rafters*** iem. dawe=rend toejuig; *~ s.o. **on*** iem. aanmoedig/aanspoor; *~ **up*** moed skep; *~ **up!*** komaan!, kop op!, wees vrolik!; *~ s.o. **up*** iem. moed gee/inboesem/inpraat, iem. op=beur/opkikker/opvrolik (*of* vrolik stem). **~leader** rasie=, sangleier, dirigent; entoesiastiese/geesdriftige onder=steuner.

cheer·er hoeraroeper.

cheer·ful vrolik, opgewek, opgeruimd, bly, plesierig; *s.t. makes s.o. ~* iets stem iem. vrolik. **cheer·ful·ly, cheer·i·ly** vrolik, opgewek, opgeruimd, blymoedig; lus=tig. **cheer·ful·ness, cheer·i·ness** vrolikheid, opgewekt=heid, opgeruimdheid, blymoedigheid; lustigheid.

cheer·ing *n.* gejuig, hoerageroep, gejubel. **cheer=ing** *adj.* juigend; bemoedigend, verblydend, op=beurend.

cheer·io *tw.* tot siens, totsiens, tatta; gesondheid.

cheer·less troosteloos, moedeloos, neerslagtig; vreug=deloos, droewig, treurig; somber, ongesellig. **cheer=less·ness** troosteloosheid, moedeloosheid, neerslag=tigheid; vreugdeloosheid, droewigheid, treurigheid; somberheid, ongeselligheid.

cheer·ly *(arg., sk.)* lustig, met lus/moed; →CHEERFUL.

cheese *n.* kaas; ***green** ~* groen kaas; ***say** ~!* glimlag *(vir iem. voor kamera)*; ***soft** ~* smeerkaas; ***turn** into ~* verkaas. **cheese** *ww.: ~ it, (infml.)* skei uit (daar=mee)!, hou op (daarmee)!. ~ **agitator** kaasroerder. ~ **and wine party** kaas-en-wyn-party(tjie), -ont=haal. ~ **biscuit,** ~ **cracker** kaasbeskuitjie. **~board** kaasbord. **~burger** kaasburger. **~cake** kaaskoek, =tert; *(sl.)* prikkelfoto's. **~cloth** kaasdoek. ~ **colour** kaas=kleur. ~ **colour(ing)** kaaskleursel. ~ **cover** kaasstolp. ~ **curing** kaasryping, =rypmaak. ~ **cutter** kaasmes; (man)strooihoed. ~ **dish** kaasgereg. ~ **factory** kaas=fabriek. ~ **finger** kaasvinger. ~ **fly** kaasvlieg. ~ **head** *(teg.)* dikkop. **~-head screw** dikkopskroef. ~ **hoop,** ~ **mould** kaasvorm, =vat. ~ **maggot,** ~ **hopper,** ~ **skip=per** kaasmaaier. ~ **maker** kaasmaker. ~ **making** kaas=bereiding, =makery. **~-making industry** kaasbedryf, =makery. **~-making room** kaaskamer. ~ **milk** kaas=melk. ~ **mite** kaasmyt. **~monger** kaas=, suiwelhande=laar. ~ **mould** kaasvorm. ~ **nip** kaashappie. **~parer** *(infml.)* suinigaard, vrek. **~paring** *n.* kaaskorsie; sui=nigheid, inhaligheid, vrekkerigheid, krenterigheid. **~paring** *adj.* suinig, inhalig, vrekkerig, krenterig. ~ **press** kaaspers. ~ **puff** kaaspoffertjie. ~ **slicer** kaas=skaaf. ~ **spread** smeerkaas. ~ **straw** *(kookk.)* kaas=strooitjie. ~ **trier** kaasboor. ~ **twist** kaaskrul. ~ **vat, chessel** kaasvat, =bak, =vorm. ~ **weed** kiesieblaar.

cheesed off: *be ~ ~ with s.o./s.t., (sl.)* sat vir iem. (*of* van iets) wees, keelvol vir iem./iets wees.

chees·y kaasagtig; *(infml.)* goedkoop; *~ smile* wit glimlag, tandepastaglimlag.**chees·i·ness** kaasagtig=heid.

chee·tah jagluiperd.

chef *(<Fr.)* (hoof)kok, sjef, meesterkok. **~-d'oeuvre** *chefs-d'oeuvre* meesterstuk. **~'s cap** koksmus.

Che·gu·tu *(geog.)* Chegutu.

chei·li·tis *(patol.)* cheilitis, lipontsteking.

chei·los·chi·sis *(patol.)* cheiloskise, haaslip, lipspleet.

chei·ro= →CHIRO=.

Che·ka *(hist.: Rus. geheime polisie)* Tsjeka.

Che·k(h)ov *(Rus. skrywer)* Tsjechof.

che·la *=lae* knyper *(v. skaaldier)*.

che·late *n., (chem.)* chelaat. **che·la·tion** chelering, che=laatvorming.

che·lic·er·a *=erae* kloukaak, knyper *(v. spinnekop ens.)*.

Chel·sea *(geog.)* Chelsea. ~ **boot** chelseastewel. ~ **bun** *(kookk.)* chelseabolletjie.

chem·i·cal *n.* skeikundige stof, chemikalie; *fine ~* fyn=chemikalie; *heavy ~* swaarchemikalie. **chem·i·cal** *adj.* chemies, skeikundig; *~ **engineer*** chemiese in=

genieur; ~ ***engineering*** chemiese ingenieurswese; ~ ***reagent*** chemiese reagens; ~ ***warfare*** chemiese oorlogvoering; ~ ***weapon*** chemiese wapen. **chem·i·cal·ly** *adv.* chemies, langs chemiese weg.

che·mise *(soort onderkledingstuk)* chemise; slooprok. **chem·i·sette** chemisette, onderlyfie.

chem·ist skeikundige, chemikus; apteker; ***analytical*** ~ skeikundige; *one gets it **at** a ~'s* ('n) mens kry dit by 'n apteek; ***dispensing and photographic*** ~ apteker vir medisyne en fotodiens; *~'s **shop*** apteek. **chem·is·try** skeikunde, chemie.

chem·i·type, chem·i·ty·py chemitipie.

chem·o·ther·a·py chemoterapie. **chem·o·ther·a·peu·tic, -ti·cal** chemoterapeuties.

chem·o·tro·pism chemotropie.

chem·ur·gy chemurgie. **chem·ur·gic, -gi·cal** chemurgies.

che·ne·vix·ite *(min.)* chenevixiet.

che·nille fluweelkoord, chenille.

Che·nin Blanc *(ook c~ b~), (Fr., soort druif/wyn)* Chenin Blanc *(ook c~ b~)*.

cheong·sam *(Chin.)* sysliprok, spleetrok.

Che·ops, *(oorspr. naam)* **Khu·fu** *(hist.: Eg. koning)* Cheops, Choefoe.

cheque, *(Am.)* **check** tjek; *a **blank** ~, (lett.)* 'n blanko tjek; *give s.o. a **blank** ~, (infml.)* (aan) iem. vry(e) spel gee/laat; *the ~ **bounced,** (infml.)* die tjek is (deur die bank) geweier; ***by*** ~ per (*of* met 'n) tjek; ***cash*** *a* ~ 'n tjek wissel/kleinmaak; ***clear*** *a* ~ 'n tjek verklein; ***cross*** *a* ~ 'n tjek kruis; ***dishonour*** *a* ~ 'n tjek weier; ***draw*** *a* ~ 'n tjek trek; *a ~ **for** R1000* 'n tjek van/vir R1000; ***pay*** *by* ~ met 'n (*of* per) tjek betaal; ***present*** *a* ~ 'n tjek aanbied; ***stop*** *a* ~ 'n tjek keer; ***write*** *a* ~ 'n tjek uitskryf/-skrywe. **~book** tjekboek. **~book farmer** tjek(boek)boer. **~book journalism** *(neerh.)* tjekboekjoernalistiek. ~ **card** tjekkaart. ~ **guarantee** tjekwaarborg. ~ **stub** tjekteenblaadjie, -strokie.

cheq·uer, *(Am.)* **check·er** *n.* ruit; geruit; damsteen; *(i.d. mv.)* ruitpatroon; *(i.d. mv.)* dambordspel. **cheq·uer,** *(Am.)* **check·er** *ww.* ruit; skakeer. **~board** dambord. **cheq·uered** geruit; geskakeer(d); *(her.)* geskaak; ~ ***career*** veelbewoë loopbaan; ~ ***fabric/material*** geruit; ~ ***flag*** ruitvlag, geruite vlag.

cher·ish koester, troetel, versorg; bemin, liefhê; waardeer, op prys stel; ~ *a snake in one's bosom* 'n slang in jou boesem voed (*of* in/aan jou boesem koester).

Cher·no·byl *(geog.)* Tsjernobil.

Cher·o·kee *-kee(s)* Cherokee, Cherokese Indiaan; *(taal)* Cherokees.

che·root seroet.

cher·ry *-ries, n.* kersie; kersieboom; ***Cape*** ~ koeboebessie; *the ~ **on top,** (infml.)* die kersie op die koek; *get/have **two bites** (or a **second bite**) at the* ~ twee kanse (*of* nog 'n kans) kry. **cher·ry** *adj.* kersierooi, kersiekleurig. ~ **bob** *(kinderspel)* tweelingkersie. ~ **brandy** kersielikeur, -brandewyn. ~ **laurel** lourierkersie. ~ **orchard** kersieboord. **~-pick** *ww., (infml.)* die beste ... uitsoek *(aandele, aansoekers, ens.)*. ~ **picker** kersieplukker; *(teg.: hidrouliese hyskraan)* kraaines. ~ **pie** *(bot.)* sonsoekertjie, heliotroop; *(bot.)* lantana; *(kookk.)* kersietert. ~ **plum** *(bot.: Prunus cerasifera)* kersiepruim. ~ **stone** kersiepit. ~ **tomato** kersietamatie. ~ **tree** kersieboom. ~ **wood** kersiehout.

cher·so·nese skiereiland; *the Thracian C~* die (Thraciese) Chersonesos.

chert *(geol.)* chert, horingsteen.

cher·ub *-ubs, -ubim* gerub, gerubyn, engel(tjie). **che·ru·bic** engelagtig.

cher·vil *(bot.)* (tuin)kerwel.

cher·vo·nets, cher·vo·netz *(munt)* tsjerwonets.

Ches·a·peake Bay *(geog.)* Chesapeakebaai. ~ ~ **retriever** *(soort jaghond)* chesapeakebaai-retriever.

chess skaak(spel); *a game of ~* 'n spel skaak; *the game of ~* skaak, die skaakspel; *play ~* skaak speel. **~board** skaakbord. ~ **column** skaakrubriek. ~ **competition** skaakwedstryd. **~man** *-men,* ~ **piece** skaakstuk, -figuur. ~ **master** skaakmeester. ~ **move** skaakset. ~ **set** skaakstel. ~ **tournament** skaaktoernooi.

ches·sel kaasvat, -vorm; →CHEESE.

chest kis, kas, koffer; bors(kas); ~ *of **drawers*** laaikas; *get s.t. **off** one's ~, (infml.)* jou hart lug/uitstort, jou uitpraat; *have s.t. **on** one's ~, (infml.)* iets op die hart hê; ***puff*** (or ***throw out***) *one's* ~ jou bors uitstoot. ~ **cavity** borsholte. ~ **complaint,** ~ **trouble** borsaandoening. ~ **measurement** borsmaat, -omvang. **~-on-chest** dubbele hoë laaikas.

-chest·ed *komb.vorm* met 'n ... bors, -borstig, -bors, -bors-; *bare-~* kaalbors; *barrel-~ man* breëborsman; *flat-~* platborstig; *tight-~* benoud.

ches·ter·field lang jas; kanapee, groot rusbank.

chest·nut *n.* kastaiing; sweetvosperd; oorbekende grap; *pull the ~s out of the fire for s.o.* die kastaiings vir iem. uit die vuur krap. **chest·nut** *adj.* kastaiingbruin; goudbruin; sweetvos-. ~ **colour** kastaiingbruin. ~ **roan** bruin-, vosskimmel.

chest·y bors-; *(Am.)* verwaand; met las van die bors; *~ tone* borstoon.

che·val-de-frise *chevaux-de-frise, (Fr.), (hist.: soort versperring)* Friese/Spaanse ruiter; lys met penne/glasskerwe, ry skerp penne/glasskerwe *(op muur)*.

che·val glass groot draaispieël.

chev·a·lier ridder; *(hist.)* ruiter, berede soldaat; ridderlike/galante man; *~ of industry* geluksoeker, swendelaar.

chev·ron chevron, sjevron, moustreep, onderskeidingstreep; *(bouk.)* chevron, sjevron; *(her.)* keper. ~ **stitch** chevron-, sjevronsteek.

chev·y, chiv·y *n., (Br.)* jag; *(vero.)* (jag)roep.

chew *n.* kouery, gekou; kousel, koutjie; ~ *of tobacco* pruim(pie). **chew** *ww.* kou; pruim; bepeins, oordink; *~ **away*** wegvreet; *~ the **cud*** herkou; peins; *~ the **fat/rag,** (infml.)* klets; *~ s.t. **off*** iets afkou; *~ **on** s.t., (lett.)* aan iets kou; *~ **on/over/upon** s.t., (infml., fig.)* aan iets herkou, oor iets nadink/pieker *(iem. se woorde ens.)*; *~ s.o. **out,** (infml.)* iem. uittrap/uitvreet/berispe (*of* 'n skrobbering gee); *~ s.t. **up*** iets opkou/opvreet; iets stukkend trap; *be ~ed **up** about s.t., (infml.)* doodbenoud oor iets wees.

chew·ing gekou, kouery. ~ **gum** kougom. ~ **tobacco** pruimtabak.

chew·y taai (om te kou).

chi *(Gr. letter)* chi.

Chiang Kai-shek Tsjiang Kai-sjek.

chi·an·ti *(soms C~), (It., wynsoort)* chianti.

chi·a·ro·scu·ro *(skilderk.)* lig-en-donker, chiaroscuro.

chi·as·ma *-mas, -mata, (biol.)* kruising, kruisverbinding, chiasma.

chi·as·mus *-mi, (gram.)* kruising, kruisstelling, chiasme, chiasmus. **chi·as·tic** oorkruis-.

chi·as·to·lite *(min.)* kruissteen, holspaat, chiastoliet.

chi·bouk, chi·bouque Turkse langsteelpyp.

chic *n.* sjiekheid, elegansie. **chic** *adj.* sjiek, elegant, modieus.

chi·cane *n., (motorsport)* sperdraai; *(kaartspel, vero.)* hand sonder troewe; *(arg.)* foppery *ens.* →CHICANERY. **chi·cane** *adj., (vero.)* sonder troefkaarte. **chi·cane** *ww., (arg.)* fop, uitoorlê. **chi·can·er·y** foppery, kullery, streek, slim streke, regsverdraaiing; haarklowery; plaery, pestery, getreiter.

chi·chi opgetooi, opgesmuk; aanstellerig; verwyf(d); ultramodieus.

chick kuiken; kind; *(sl., neerh.)* stuk, meisie; →CHICKEN; *the ~s* die kleingoed. **~weed** muurkruid, sterremuur.

chick·a·bid·dy *-dies, (infml.)* hartlam(metjie), skatlam, skattebol.

chick·a·dee *(orn.: Parus* spp.*)* mees.

chick·en kuiken; (jong) hoender; hoendervleis; snuiter; *(sl.)* bangbroek; uitdaagspeletjie; ***count*** *one's ~s before they are hatched, (infml.)* die vel verkoop voor(dat) die beer geskiet is, die vleis braai voor die bok geskiet is, hoera/hoerê skree(u) voor jy oor die voortjie is; ***curried*** ~ kerriehoender; *~ **à la king,** (kookk.)* hoender à la koning; *be a **mere** ~, (infml.)* sommer 'n kuiken wees; *be **no** (spring) ~, (infml.)* nie meer nat agter die ore (*of* vandag se kind) wees nie, nie van gister (*of* meer so jonk) wees nie; ***play*** *~, (infml.)* bang-bang speel; ***pluck*** *a* ~ 'n hoender pluk; *the/s.o.'s ~s will come home to **roost*** iem. se sondes sal hom/haar inhaal, kierang/kierankies sal (uit)braai, iem. se vet sal braai. **chick·en** *adj.* vrekbang. **chick·en** *ww.: ~ out, (infml.)* kop uittrek (uit vrees); *~ out of s.t., (infml.)* kop uittrek uit iets. **~-and-egg** *(fig.)* hoender-en-eier- *(situasie ens.)*. ~ **breasted** smal-, spitsborstig. ~ **broth** hoendersop. **~burger** *(kookk.)* hoenderburger. ~ **cholera** hoendercholera, -kolera. ~ **coop** kuikenhok; hoenderhok. ~ **corn,** ~ **grass** *(Sorghum drummondii)* kuikenkos. ~ **curry** kerriehoender. ~ **farmer** hoenderboer. ~ **feed** hoender-, kuikenkos; klein geldjies; *that is just ~ ~, (infml.)* dit is maar 'n kleinigheid/brekfis/bakatel. ~ **grain** kuikensaad. ~ **grape** *(Vitis vulpina)* winterdruif. **~-hearted, ~-livered** kleinhartig; lafhartig. ~ **Kiev** *(kookk.)* hoender Kiëf. ~ **maize** kiepiemielies. ~ **Marengo** →MARENGO. ~ **mash** kuikenkos. ~ **mite** hoendermyt. ~ **parade** *(SA weermagsl.)* stompie-, skoonmaakparade. ~ **pie** hoenderpastei. ~ **piri-piri** *(kookk.)* piri-piri-hoender. **~pox** waterpokkies, -pokke. **C~ Run:** *join (or go on) the ~ ~, (SA, infml.)* die hasepad kies, na groener weivelde soek, na ander lande (*of* 'n ander land) uitwyk, uit Suid-Afrika padgee. **C~ Runner** *(SA, infml.)* land(s)verlater, wegholler. ~ **soup** hoendersop. ~ **wire** hoenderdraad.

chick·ling (vetch) peul-ertjie, Indiese ertjie.

chick·pea keker-ertjie.

chic·o·ry sigorei; *(groentesoort)* witlo(o)f, Brusselse lof.

chide *chided chided* or *chid chidden* berispe, knor, raas (met).

chief *n.* leier, aanvoerder, hoof, hoofman; baas; kaptein, (opper)hoof *(v. inboorlinge)*; *(her.)* skildhoof; ***commander*** *in* ~ →COMMANDER; ***editor*** *in* ~ →EDITOR; *~ of the **general staff*** hoof van die generale staf; ***paramount*** ~ →PARAMOUNT; *~ of **staff*** stafhoof; *~ of **state*** staatshoof. **chief** *adj. (attr.)* vernaamste, belangrikste, opperste, eerste, hoof-; ~ ***accountant*** hoofrekenmeester; ~ ***agent*** hoofagent; ~ ***character*** hoofkarakter; ~ ***clerk*** hoofklerk; ~ ***constable*** hoofkonstabel; ~ ***contents*** hoofinhoud; ~ ***dish*** hoofgereg; ~ ***engineer,*** *(alg.)* hoofingenieur; eerste masjinis *(op skip)*; hooftegnikus *(in lugmag)*; ~ ***executive*** hoofamptenaar, bestuurs-, bedryfshoof; president; ~ ***executive officer*** hoof(-) uitvoerende beampte; ~ ***justice*** hoofregter; ~ ***leader*** hoofleier; ~ ***mate*** eerste stuurman; ~ ***medical officer*** hoof(-) mediese beampte; ~ ***merit*** hoofverdienste; ~ ***minister*** hoofminister; ~ ***officer*** eerste offisier *(op skip)*; bootsman; ~ ***petty officer*** eerste onderoffisier *(op skip)*; eerste bootsman; ~ ***rabbi*** opperrabbyn; ~ ***requisite*** hoofvereiste; ~ ***secretary*** hoofsekretaris; ~ ***steward*** hoofkelner, -bediende; ~ ***witness*** hoofgetuie; ~ ***work*** magnum opus.

chief·dom leierskap; kapteinskap; kapteinsgebied.

chief·ly *adj.* kapteins-; *~ power* (opper)hoofskap, kapteinskap. **chief·ly** *adv.* hoofsaaklik, vernaamlik, veral, grotendeels.

chief·tain (opper)hoof, kaptein *(v. inboorlinge)*. **chief·tain·cy, chief·tain·ship** (opper)hoofskap, kapteinskap. **chief·tain·ry** (opper)hoofskap, kapteinskap; kapteinsgebied; kapteins.

chif·fon, chif·fon *(tekst.)* chiffon, sjiffon. ~ **cake** chiffon-, sjiffonkoek. ~ **tart** chiffon-, sjiffontert.

chif·fo(n)·nier buffetkassie, sierlaaikas.

chig·ger →CHIGOE.

chi·gnon *(Fr.)(soort haarrol of -knoop)* chignon.

chig·oe, chig·ger, jig·ger (flea), sand flea *(entom.)* sandvlooi.

chi·hua·hua *(soort hond)* chihuahua; *long-coat ~* langhaar-chihuahua; *smooth-coat ~* gladdehaar-chihuahua.

Chi·la·pa·la·pa *(Zim. mengeltaal)* Chilapalapa.

chil·blain(s) *(patol.)* winterhande; wintervoete.

child *children* kind; ***as*** *a ~ s.o. was ...* as kind was iem.

...; ***bear*** *~ren* kinders kry; *a ~* ***by*** *his first wife* 'n kind by sy eerste vrou; *the ~ is* ***father*** *to the man* so (die) kind, so (die) man; ***from*** *a ~* van jongs/kindsbeen/kindsdae/kleins af; *~ of the* ***imagination*** kind/vrug van die verbeelding; *any ~* ***knows*** *that* elke kind weet dit; *s.o. is a* ***mere*** (or ***only*** *a*) *~* iem. is nog maar 'n kind, iem. is sommer 'n kind (*of* 'n pure/skone kind); *be s.o.'s* ***only*** *~* iem. se enigste kind wees, al kind wees wat iem. het; *s.t. is (no) ~'s* ***play*** iets is (nie) kinderspeletjies (nie); ***raise/rear*** *~ren* kinders grootmaak; *~ren should be* ***seen*** *and not heard* kinders moet gesien maar nie gehoor word nie; *a* ***spoilt*** *~* 'n bedorwe kind; ***this*** *~, (Am.)* ekke; *an* ***unmanageable/unruly*** *~* 'n lastige/onhebbelike/weerspannige kind; *~ren* ***will be*** *~ren* kinders bly maar kinders; *be* ***with*** *~, (vero.)* swanger wees; *get s.o.* ***with*** *~, (vero.)* iem. swanger maak; *be great/heavy* ***with*** *~, (vero.)* hoog swanger wees. ~ **abuse** kindermishandeling. ~ **abuser** kindermishandelaar; *(seksueel)* kindermolesteerder. ~ **allowance** kinderkorting *(op inkomstebelasting)*. ~ **art** kinderkuns. ~ **battering** kindermishandeling. ~**-bearing** (kinder)baring; *of ~ age* van vrugbare/baarsame leeftyd. ~**bed** *(vero.)* kraambed; kraam. ~**bed fever** kraamkoors. ~**bed mortality** moedersterfte(syfer). ~ **benefit** *(Br.)* kindertoelaag, -toelae. ~**birth** bevalling, kindergeboorte; *die in ~* in die kraambed (*of* met die/'n bevalling) sterf. ~ **bride** kinderbruid. ~ **care** kindersorg. ~ **guidance clinic** kinderleidingkliniek. ~ **labour** kinderarbeid. ~ **life** kinderlewe. ~ **life protection** kindersorg, -beskerming. **C~line** *(noodlyn)* Kinderlyn. ~ **lock** kinderslot. ~ **mind** kindergees. ~ **minder** kinderoppasser, -versorger, dagmoeder. ~ **minding** kinderversorging. ~ **molestation** kindermolestering. ~ **molester** kindermolesteerder. ~ **murder** kindermoord. ~ **neglect** kinderverwaarlosing. ~ **portrait** kinderportret. ~ **prodigy** wonderkind. ~**proof,** ~**-resistant** kinderbestand, -veilig *(verpakking ens.)*. ~ **psychology** kindersielkunde. ~ **rearing** grootmaak van kinders. ~**'s dress,** ~**'s frock** kinderrokkie. ~**'s play** *(infml.)* kinderspeletjies. ~**'s portion** kinderporsie; *(jur.)* kindsdeel, -gedeelte. ~**('s) seat** kinderstoel(tjie). ~ **stealer** kinderdief. ~ **stealing** kinderroof. ~**'s voice** kinderstem. ~ **welfare** kindersorg, -welsyn. ~ **welfare officer** kindersorgbeampte. ~ **welfare society** kindersorgvereniging. ~**-wife** kind-vroutjie. ~**-woman** kind-vrou.

child·hood kinderjare, -tyd, kindsheid, kindsdae; ***early*** *~* kleintyd; ***from*** *~* van jongs/kindsbeen/kleins af; ***second*** *~* kindsheid; *be in one's* ***second*** *~* kinds wees.

child·ish kinderagtig; kinderlik; *~ prattle* kinderpraat; *~ talk* kinderpraatjies. **child·ish·ness** kinderagtigheid; kinderlikheid.

child·less kinderloos. **child·less·ness** kinderloosheid.

child·like kinderlik.

chil·dren's: ~ **act** kinderwet. ~ **books** kinderlektuur, -boeke. ~ **choir** kinderkoor. ~ **court** kinderhof. ~ **home** kinder(te)huis. ~ **newspaper** kinderkoerant. ~ **nurse** kindermeisie. ~ **park** speelpark. ~ **service** kinderdiens.

Chil·e *(geog.)* Chili. ~ **saltpetre,** ~ **nitre** *(chem.)* natriumnitraat, chilisalpeter.

Chil·e·an *n.* Chileen. **Chil·e·an** *adj.* Chileens.

chil·i →CHILLI.

chil·i·ad duisend(tal); duisend jaar. **chil·i·arch** *(hist.)* hoofman oor duisend. **chil·i·asm** chiliasme. **chil·i·ast** chilias, verwagter van die millennium (*of* duisendjarige ryk). **chil·i·as·tic** chiliasties.

chil·i·tis →CHEILITIS.

chill *n.* kilheid, kilte; koudheid; kou(e); verkilling; verkoue(ntheid); koelheid, onvriendelikheid; ***cast*** *a ~ over s.t.* iets demp; ***catch*** *a ~* koue vat, ('n) verkoue kry/opdoen; *feel a ~ down one's* ***spine*** yskoud word van iets; *s.t. sends a ~ down s.o.'s* ***spine*** iets gee iem. (die) koue rillings; *s.t.* ***takes*** *the ~ off* iets neem die ergste koue weg. **chill** *adj.* koud, kil; fris; koel, onverskillig; ontmoedigend. **chill** *ww.* kil/koud maak; koud word; verkil; koel, verkoel; ontmoedig, (ter)neerdruk, demp; *~ (out), (Am. sl.)* 'n blaaskans(ie) vat; ontspan; bedaar. ~ **factor** *(met.)* koelfaktor.

chilled: *be ~ to the* ***bone/marrow*** verkluim, (totaal) verkluim wees; *~* ***egg*** koel(kas)eier, verkoelde eier; *~* ***iron*** kilyster; *~* ***meat*** koel(kamer)vleis.

chill·er →SPINE-CHILLER.

chil·li, chil·i *-(l)ies* brandrissie. ~**bite** *(Mal. kookk.)* (brand)rissiehappie. ~ **con carne** *(Mex. kookk.)* chilli con carne. ~ **powder** rissiepoeier.

chill·ing *n.* verkilling; koeling. **chill·ing** *adj.* koel, kil, onhartlik; afskrikkend; ysingwekkend; *it makes ~ reading* 'n mens ys om dit te lees.

chil·ly kouerig, kil; koulik, verkluimerig; koel, onhartlik, kil. **chil·li·ness** kilheid, koelheid.

chi·mae·ra →CHIMERA.

chime[1], **chimb** *n.* rand, kim *(v. 'n vat/boot)*; →CHINE.

chime[2] *n.* klokke; *(ook i.d. mv.)* klokkespel; klok(ke)lied; deuntjie; dreun; ooreenstemming. **chime** *ww.* *(klokke)* lui, slaan, speel; klokke lui/bespeel; napraat, herhaal; *~ in* inval; in die rede val, tussenin praat; *~ (in) with s.t.* met iets. rym/strook/ooreenstem; by iets inpas. **chim·ing watch** slaghorlosie.

chi·me·ra, chi·mae·ra *(Gr. mit., dikw. C~: vuurspuwende monster)* chimera; drog-, droombeeld, hersenskim; paaiboelie; *(biol.)* entbaster, chimera. **chi·mer·i·cal** hersenskimmig, fantasties, chimeries.

chim·ney skoorsteen; lamppyp, -glas; opening, uitlaat; *the ~ has a good draught* die skoorsteen trek goed; *the smoke goes up the ~* die rook trek in die skoorsteen op; *outside ~* abbakaggel. ~ **arch** vuurherdboog. ~ **back** agterherd. ~ **base** skoorsteenvoet. ~ **bond** skoorsteenverband. ~ **breast** skoorsteenbors. ~ **cap(ping),** ~ **cowl,** ~ **hood,** ~ **jack** skoorsteenkap. ~ **corner** kaggelnis, -hoek(ie), hoekie van die haard. ~ **cricket** skoorsteendakkie. ~ **flue** rookkanaal, skoorsteenpyp. ~ **flue gas** rookgas, verbrandingsgas. ~ **grate** herdrooster. ~ **hat** keil, kaggelpyp(hoed). ~ **head** skoorsteenkop. ~ **hook,** ~ **lug** herdhaak. ~ **jack** skoorsteenkap; toringklimmer. ~ **jamb** herdwang. ~ **mouth,** ~ **throat** skoorsteensluk. ~**piece** kaggel; kaggelrak, skoorsteenmantel; *(skildery, versiersel)* skoorsteenstuk. ~**pot** skoorsteenpot, potbuis. ~**pot (hat)** keil, kaggelpyp(hoed). ~ **shaft** skoorsteenskag, -pyp. ~ **stack,** ~ **stalk** bundel-, fabrieksskoorsteen. ~ **sweep(er)** skoorsteenveër. ~ **tie** skoorsteenbint. ~ **trap** roetvanger.

chim·pan·zee, *(infml.)* **chimp** sjimpansee.

chin ken; ***double*** *~* →DOUBLE; ***keep*** *one's ~ up, (infml.)* moed hou; ***keep*** *your ~ up!, (infml.)* hou moed!; ***scrape*** *one's ~* jou skeer; ***stick*** *one's ~ out, (infml.)* moeilikheid soek; ***take*** *s.t. on the ~, (infml.)* iets moedig verdra; *s.o.* ***takes*** *it on the ~, (infml.)* iem. kry 'n mokerhou; *~* ***up!,*** *(infml.)* hou moed!; ***up to the*** *~, ~* ***deep,*** *(fig.)* tot aan die ken; tot oor die ore. ~ **beard** kenbaard. ~ **music** *(Am., infml.)* geklets, praatjies. ~ **rest** kenstut. ~ **strap** kenriem, -band, stormband. ~**wag** *n., (Br., infml.)* geklets; geskinder. ~**wag** *ww., (Br., infml.)* klets, gesels; skinder.

Chi·na China, Sjina; *the People's Republic of ~, Communist/Red ~, (geog.)* (die Volksrepubliek) China/Sjina, Kommunistiese/Rooi China/Sjina; *the Republic of ~, Nationalist ~, (geog.)* die Republiek China/Sjina, Nasionalistiese China/Sjina; *not for all the tea in ~* →TEA. ~ **aster** someraster. ~ **ink** Oos-Indiese ink. ~**man** *(arg., neerh.)* Chinees, Sjinees; *(dikw. c~, kr.)* kulbal. ~ **ribbon** Chinese/Sjinese lint. ~ **rose** Chinese/Sjinese roos. ~ **Sea** Chinese/Sjinese See; *East ~ ~* Oos-Chinese/Sjinese See; *South ~ ~* Suid-Chinese/Sjinese See. ~ **squash** muskus-, bisampampoen. ~ **syndrome** China-, Sjinasindroom. ~ **tea** Chinese/Sjinese tee. ~ **tree** seringboom. ~**town** Chinese/Sjinese buurt/wyk. ~ **white** *(dwelmsl.)* heroïen, H. **Chi·nee** *(vero., infml.)* Chinees, Sjinees. **Chi·nese** *n.* Chinees, Sjinees. **Chi·nese** *adj.* Chinees, Sjinees; *~* ***aster*** someraster; *~* ***block,*** *(mus.)* roffelblok; *~* ***boxes,*** *(mv.)* nes dose/dosies; *~* ***cabbage*** Chinese/Sjinese kool, selderykool; *~* ***checkers*** Chinese/Sjinese dambord; *~* ***cinnamon*** kassie; *~* ***cinnamon tree*** kassie(boom); *~* ***crested dog*** Chinese/Sjinese kuifkophond; *~* ***fish*** sneesvis; *~* ***gooseberry*** kiwivrug; *~* ***lantern*** Chinese/Sjinese lantern, papierlantern, lampion; *(bot.)* lampionplant, abutilon; *(bot.)* klapperbos, kiepkiepies, stuipebos(sie); *~* ***puzzle*** Chinese/Sjinese raaisel; *(fig.)* kopkrapper, probleemgeval, ingewikkelde/komplekse probleem; *~* ***restaurant*** Chinese/Sjinese restaurant/restourant; *~* ***wall,*** *(lett.)* Chinese/Sjinese muur; *(fig.)* Chinese/Sjinese muur, onoorkomelike struikelblok; *(ekon.)* skeidsmuur; *~* ***whispers,*** *(fluisterspeletjie)* telefoontjie; *~* ***white*** sinkwit, -oksied; *(dwelmsl.)* →CHINA WHITE.

chi·na[1] porselein; *(infml.)* vriend, tjom(mie), gabba. ~**berry** Chinese/Sjinese bessie; seringbessie. ~**berry (tree)** seringboom. ~ **cabinet,** ~ **closet,** ~ **cupboard** porseleinkas. ~ **clay** porseleinaarde, kaolien. ~ **flower** *(Adenandra* spp.*)* klipsissie, kommetjieteewater, betsie. ~ **shop** porseleinwinkel. ~**ware** porseleinware, -goed.

chi·na[2]**:** ~ **bark** kinabas. →CINCHONA.

chin·che·rin·chee →CHINKERINCHEE.

chin·chil·la chinchilla, tjintjilla, pels-, wolmuis; chinchilla/tjintjilla(-konyn); chinchilla/tjintjilla-kat; *(tekst.)* chinchilla, tjintjilla; chinchilla/tjintjilla-pels.

chin-chin *tw., (infml.)* alles van die beste, groete; gesondheid.

chine rugstring, rug; bergrug, rant; kloof; *~ of pork* rugstuk van vark. **chine** *ww.* middeldeur saag *(karkas)*. ~ **biltong** rugstring-, garingbiltong.

Chi·nese →CHINA.

Chin·hoy·i *(geog.)* Chinhoyi.

chink[1] *n.* spleet, bars, skrefie, opening, kier(tjie); *a ~ in s.o.'s armour, (fig.)* iem. se swak punt. **chink·y** vol krake.

chink[2] *n., (onom.)* geklingel, gerinkel. **chink** *ww.* klink, rinkel; laat klink/rinkel.

chink[3] *(SA infml.)* →CHINKERINCHEE.

Chink *(sl., neerh.)* Chinees, Sjinees.

chin·ke·rin·chee *(bot.)* (wit)viooltjie, tjienkerientjee.

chin·less: *be ~, (lett.)* kenloos wees, 'n klein kennetjie hê; *(fig.)* ruggraatloos/papbroek(er)ig/lamsakk(er)ig wees; *~ wonder, (Br., infml.)* (vooraanstaande) drel, nul op 'n kontrak.

chintz sis; *glazed ~* glanssis. **chintz·y** *-ier, -iest* sis-; *(fig.)* kitscherig, prullerig, goedkoop, vulgêr.

chip *n.* spaander, splint(er), skerf(ie), snipper; kap, hap, kepie, skaar; kraak, bars; speelmunt; *(rek., ook genoem* microchip, silicon chip*)* tjip, mikroskyfie, (silikon)vlokkie; *(i.d. mv.)* (slap)tjips, (aartappel)skyfies; *(i.d. mv.)* geld; *(i.d. mv.)* klipgruis; *be a ~ off the* ***old block,*** *(infml.)* 'n aardjie na sy vaartjie wees, die appel val nie ver/vêr van die boom nie; ***burn*** *to a ~, (kos ens.)* tot houtskool verbrand; ***not care*** *a ~* nie 'n (*of* geen/g'n) flenter omgee nie; ***cash*** *one's* (or ***hand in***) *one's ~s, (infml.)* lepel in die dak steek; ***chocolate*** *~* →CHOCOLATE; *when the ~s are* ***down,*** *(infml.)* as puntjie by paaltjie kom, wanneer die beslissing moet val; *(as)* ***dry*** *as a ~* kurk-, horingdroog; ***fish*** *and ~s* vis en tjips/skyfies; *s.o. has* ***had*** *his/her ~s, (infml.)* dis klaar(praat) met iem., dis klaar met kees, iem. is in sy/haar maai/peetjie (in), iem. se doppie het geklap; *be* ***in*** *the ~s, (Am., infml.)* sakke vol geld (*of* baie pitte) hê; ***(potato)*** *~* (aartappel)skyfie; *have a ~ on one's* ***shoulder,*** *(infml.)* 'n ou grief hê; liggeraak wees; ***stone*** *~* klipsplinter. **chip** *-pp-, ww.* (aan spaanders) sny/kap; afsplinter, afspring, afbreek; uitkeep, uithap, afskerf; in skyfies sny; kerf, (af)beitel, afkap; *(erdegoed)* happe/kepe kry, (laat) bars; *~* ***in,*** *(infml.)* in die rede val, tussenin praat; deelneem; bydra; *s.t. ~s* ***off*** iets breek af; *~ s.t.* ***off*** iets afbreek. ~ **axe** kapbyl(tjie). ~ **basket** *(kookk.)* skyfiemandjie; geweefde houtmandjie. ~**board** spaanderbord. ~ **card** *(rek.)* vlokkiekaart. ~ **carving** kerfwerk. ~ **guard** splinter-, gruisskerm. ~ **hat** spaanhoed; strooihoed. ~ **shop** vis-en-skyfie-/vis-en-tjipswinkel. ~ **shot** *(gholf)* kaphou(tjie). ~ **stone** betonklip, bougruis.

Chi·pin·ge *(geog.)* Chipinge.

chip·munk (Amerikaanse) eekhorinkie.

chip·o·la·ta *(It., Fr.)* pikante snoepworsie.

chipped keperig, vol kepe; *(koppie ens.)* met happe

(*of* 'n hap), afgeskerf; *(lem)* met skare; ~ *meat* kerf=, snippervleis.

chip·per *(Am. infml.)* opgewek, opgeruimd, vrolik, wakker, lewendig, hups.

chip·ping spaander, snipper; barsvorming; afsplitsing, afskilfering; *(i.d. mv. ook)* gruis. ~ **chisel** bikbeitel. ~ **hammer** bikhamer.

chip·py splinterig; *(infml.)* katterig, sleg gehumeur(d).

chi·ro= *komb.vorm* chiro=, hand=.

chi·rog·ra·phy handskrif, chirografie. **chi·ro·graph·ic** chirografies.

chi·ro·man·cy handkykery, =kykkuns, =lesery, chiromansie. **chi·ro·man·cer** handleser.

chi·rop·o·dy chiropodie, voet(heel)kunde, pedikuur, podiatrie. **chi·rop·o·dist** chiropodis, voet(heel)kundige, pedikuur, podiater, *(infml.)* voetdokter.

chi·ro·prac·tic *n.* chiropraktyk. **chi·ro·prac·tic** *adj.* chiropakties. **chi·ro·prac·tor** chiropraktisyn.

chi·rop·ter(·an) *(soöl.)* handvlerkige, =vleuelige, vlermuis.

chirp piep, tjilp, tjirp, kwetter; babbel. **chirp·y** vrolik, opgewek, opgeruimd.

chirr *(onom.)* tjir.

chir·rup *n.* getjilp, getjirp, gepiep. **chir·rup** *=ruped =ruping, ww.* tjilp, tjirp, piep, kwetter. **chir·rup·y** →CHIRPY.

chis·el *n.* beitel; *cold* ~ koubeitel; *hollow* ~ guts. **chis·el** *=ll=, ww.* (uit)beitel; (af)beitel, afkap; afsteek *(hout);* beeldhou; *(sl.)* fop, verneuk, bedot; ~ *s.o. out of s.t.* iem. van iets beroof. **chis·elled:** ~ *features* fyn besnede trekke. **chis·el·ler** beitelaar; *(sl.)* verneuker.

chit[1] *(skerts., neerh.)* kleintjie, snuiter; ~ *(of a girl)* meisietjie, bakvissie.

chit[2], **chit·ty** briefie; getuigskrif; skuldbewysie.

chit·chat babbelry, gebabbel; geselsery.

chi·tin *(biol.)* chitien. **chi·tin·ous** chitienagtig, chitien=.

chit·on *(hist.)* chitoon, tuniek; *(soöl.)* chitoon.

chit·ter·ling(s) varkdermpies, =binnegoed.

chit·ty →CHIT[2].

chiv·al·ry ridderlikheid; ridderskap; ridderwese; *age of* ~ riddertyd. **chiv·al·ric, chiv·al·rous** ridderlik.

chive(s) uiegras, snylof, =lowwe, grasui(e), snyblare.

Chi·vhu *(geog.)* Chivhu.

chiv·(v)y *n.* jag(tog); *(vero.)* jagkreet. **chiv·(v)y** *ww.* lastig val, pla; torring *(aan iem.);* ja(ag); jag; rondja(ag), =skarrel.

chlo·as·ma *=mata, (med.)* lewervlek(ke).

chlo·rine *(chem., simb.:* Cl*)* chloor. **chlo·ral** chloraal; ~ *hydrate* chloraalhidraat. **chlo·rate** chloraat. **chlor·dan(e)** chlorodaan. **chlo·ric** chloor=; ~ *acid* chloorsuur. **chlo·ride** chloried; ~ *of lime* chloorkalk, bleikpoeier. **chlo·rin·ate** chloreer; ~*d lime* chloorkalk, bleikpoeier; ~*d wool* chloorwol. **chlo·rin·a·tion** chlorering, chloorbehandeling. **chlo·rite** chloriet. **chlo·r(o)·a·cet·o·phe·none** traangas. **chlo·ro·fluo·ro·car·bon** *(afk.:* CFC*)* chloorfluoorkoolstof. **chlo·ro·form** *n.* chloroform; ~ *mask* chloroformmasker. **chlo·ro·form** *ww.* chloroformeer, met chloroform verdoof. **chlo·ro·form·ic** chloroform=; ~ *acid* chloormieresuur. **chlo·ro·gen·ic** chlorogeen=; ~ *acid* chlorogeensuur. **chlo·ro·my·ce·tin** chloormisetien. **chlo·ro·phyll** chlorofil, bladgroen. **chlo·ro·phyl·lose, =lous** bladgroenagtig; bladgroenhoudend. **chlo·ro·plast** bladgroenkorrel, =liggaampie, chloroplas(t). **chlo·ro·prene** chloorpreen. **chlo·ro·sis** *=roses, (patol., bot.)* chlorose, bleeksiekte, =sug. **chlo·rot·ic** chloroties, bleeksugtig. **chlo·rous:** ~ *acid* chlorigsuur. **chlor·prom·a·zine** chloorpromasien.

choc·a·hol·ic, choc·o·hol·ic *(infml.: sjokoladeverslaafde)* sjoko(ho)lis.

cho·cho *=chos* →CHAYOTE.

choc-ice *(Br.)* eskimoroomys.

chock *n.* wig; (boots)klamp; stop=, wielblok; vulstuk; *(mynw.)* stopstuk. **chock** *ww.* stop, vaslê, vassit. **~-a-block, ~-full** prop=, tjok=, stik=, stampvol, tot barstens (toe) vol, tjokke(n)blok. ~ **baulk** keerbalk. ~ **valve** afsluitklep, afsluiter.

choc·o·hol·ic →CHOCAHOLIC.

choc·o·late sjokolade; *a* **bar** *of* ~ 'n staaf/stafie sjokolade; *a* **box** *of* ~*s* 'n doos sjokolade; *a* **mug** *of hot* ~ 'n beker warm sjokolade; *a* **slab** *of* ~ 'n blok/plak sjokolade. ~ **bar** sjokoladestafie. ~ **biscuit** sjokoladekoekie. ~ **box** *n.* sjokoladedoos. **~-box** *adj. (attr.), (infml.)* prentjiemooi. ~ **(brown), ~-coloured** sjokoladebruin, =kleurig(e). ~ **cake** sjokoladekoek. ~ **chip** sjokoladebrokkie, =skilfer. ~ **chip cookie** koekie met sjokoladebrokkies/=skilfers. **~-flavoured** met 'n sjokoladegeur. ~ **fudge cake** sjokoladefudgekoek. ~ **mousse** *(kookk.)* sjokolademousse; *(fig.)* →MOUSSE. ~ **pudding** sjokoladepoeding. ~ **sauce** sjokoladesous. ~ **slab** blok/plak sjokolade, sjokoladeblok, =plak. ~ **soldier** sjokoladesoldaatjie; *(fig.)* soldaat wat nie wil veg nie.

choc·o·lat·(e)y sjokoladerig, sjokoladeagtig.

choice *n.* keuse, voorkeur; keusemoontlikheid, opsie; beste, fynste, keur, room *(van);* **at** ~ te kus en te keur, na (eie) keuse; *the* ~ *is* **between** *A and B* dit (*of* die keuse) lê tussen A en B; **by/for** ~ by voorkeur; **exercise** *a* ~ 'n keuse uitoefen; *be* **faced** *with the* ~ *to ...* voor die keuse staan om te ...; *the* ~ **falls** *on s.o.* die keuse val op iem.; *s.o. has* **first** ~ iem. het die eerste keuse, iem. kan/mag eerste kies; *s.o.'s* **first** ~ iem. se eerste keuse; *a* ~ **from** ... 'n keuse uit ...; *the* **girl/boy** *of my* ~ my uitverkorene; **have** *a* ~ 'n keuse hê; **have/take** *one's* ~ kies, 'n keuse doen/maak; **Hobson's** ~ →HOBSON; **make** *a* ~ 'n keuse doen/maak; *s.o. has* **no** ~ *but to ...* iem. kan nie anders nie (*of* daar bly vir iem. niks anders oor nie) as om te ...; *the ... of s.o.'s* ~ die ... van iem. se keuse (*of* wat iem. verkies); *do s.t. by/of one's* **own** ~ iets uit eie keuse doen; *it* **was** *s.o.'s* ~ iem. wou dit so gehad het; *a* **wide** ~ 'n ruim keuse; 'n groot verskeidenheid; *there is a* **wide** ~ *of ..., (ook)* daar is ... te kus en te keur (*of* 'n groot verskeidenheid [van] ... *of* baie ... om uit te kies); ~ *of* **words** woordekeus, woordkeuse. **choice** *adj. (attr.)* uitgelese, uitgesoekte, puik, keurige, keurfyn; ~ *butter* keurbotter; ~ *grade* keurgraad; ~ *wool* keurwol.

choir koor, sanggeselskap; *(bouk.)* koor(ruimte); ~ *of angels* engelekoor. **~boy** koorknaap. ~ **loft** koorgalery. **~master** koordirigent, =leier. **~mistress** koorleidster. ~ **school** koorskool. ~ **stall** koorbank; *(i.d. mv.)* koorgestoelte.

choke *n.* demper; *(mot.)* smoorder, smoorklep. **choke** *ww.* (ver)stik; (ver)wurg; versluk; smoor, demp; opstop, verstop; onderdruk; *(infml.)* doodgaan, sterf; *(sport, infml.)* stol, verstar raak *(in 'n groot wedstryd);* ~ *s.t.* **back** iets onderdruk; iets bedwing *(trane, woede, ens.);* ~ *to* **death** doodwurg, verwurg; ~ *s.t.* **down** iets afsluk/inwurg; iets onderdruk; ~ *s.o.* **off**, *(infml.)* iem. afsnou/stilmaak; iem. slegsê/inklim; ~ *s.t.* **off** iets afsny *(verskaffing v. brandstof ens.);* ~ **on** *s.t.* aan iets (ver)stik *(kos ens.);* iets nie kan uitkry nie *(woorde ens.); s.o.* ~*d* **on** *s.t., (ook)* iem. het hom/haar aan iets versluk; **s.o.** ~*d, (ook)* iem. se asem het weggeslaan; *the* **thought** *makes me* ~ die gedagte laat my keel toetrek; *be* ~*d* **up** →CHOKED; ~ **with** ... stik van ... *(woede, d. lag, ens.).* ~ **chain** wurgketting. ~ **coil** *(elek.)* smoorspoel. ~ **control** smoorklepsteller. **~damp** koolsuurgas, kool(stof)dioksied, stikdamp. ~ **pear** wurgpeer. ~ **potato** wurgpatat. ~ **screw** smoorskroef. ~ **valve** smoorklep.

choked *adj., (infml.): a* ~ **cry/sound** 'n gesmoorde/gedempte gil/geluid; *be/get all* ~ **up** heeltemal verstop wees/raak; *(infml.)* heeltemal oorstuur(s) wees/raak; *in a* ~ **voice** met 'n droë keel; *be* ~ **with** *laughter* stik van die lag, dik van die lag wees; *be* ~ **with** *refugees* deur/met vlugtelinge oorstroom wees; *be* ~ **with** *weeds* met onkruid oorgroei wees.

chok·er (ver)wurger; hoë boordjie; hoë kraag; halsdoek; stropdas; nousluitende halssnoer, strop(hals)snoer; smoorder. ~ **valve** smoorklep.

chok·(e)y[1] bedompig, verstikkend.

chok·(e)y[2] *=eys, =ies, (vero., infml.)* tjoekie, tronk.

chok·ing verstikking; (ver)wurging. ~ **coil** smoorspoel.

chok·ka tjokka.

cho·ko *=kos* →CHAYOTE.

chol=, chole= *komb.vorm* gal=, chol=, kol=, chole=, kole=.

chol·a·gogue *(med.)* gal(af)drywer.

cho·le·cal·cif·er·ol, vit·a·min D$_3$ chole=, kolekalsiferol, vitamien D$_3$.

chol·e·cys·ti·tis *(med.)* galblaasontsteking.

chol·e·li·thi·a·sis *(med.)* galsteensiekte.

chol·er *(arg.)* toorn, woede, kwaadheid. **chol·er·ic** driftig, opvlieënd, choleries, koleries.

chol·er·a *(med.)* cholera, kolera. **chol·er·ine** cholerien, kolerien, ligte cholera/kolera.

chol·e·re·tic *n.* galafdrywer. **chol·e·re·tic** *adj.* galafdrywend.

cho·les·ter·in *(vero.)* galvet, cholesterien, kolesterien; →CHOLESTEROL.

cho·les·ter·ol *(med.)* cholesterol, kolesterol; *a high/low level of* ~ 'n hoë/lae cholesterol=/kolesterolvlak. **~-free** cholesterol=, kolesterolvry. ~ **level** cholesterol=, kolesterolvlak.

cho·li·amb *(pros.)* hinkvers.

cho·line *(chem.)* cholien, kolien.

chom·mie *(SA infml.)* tjom(mie).

chomp, chump (hard) kou, byt, knaag.

chon·drin kraakbeenstof, chondrien.

chon·drite *(soort meteoriet)* chondriet.

chon·dro=, chon·dri=, chon·dr= *komb.vorm,* kraakbeen=, chondro=, chondri=, chondr=.

chon·drule *(min.)* chondrule.

choo-choo *(kindert.:* trein*)* tjoek-tjoek.

choose *chose chosen* kies, 'n keuse doen, uitkies, uitsoek; verkies; ~ *s.o.* **as** *a friend* iem. tot vriend kies; *do* **as** *you* ~*!* doen/maak soos jy verkies!; ~ **between** *... and ...* tussen ... en ... kies; **force** *s.o. to* ~ *between ... and ...* iem. voor die keuse stel tussen ... en ...; *there is* **little** (or **not much**) *to* ~ *between them* daar is min onderskeid tussen hulle, hulle skeel maar min (*of* nie veel nie); **many** *to* ~ *from* baie om uit te kies, 'n ruim keuse; *there is* **nothing** *to* ~ *between them* hulle is vinkel en koljander, die een is so goed/sleg soos die ander. **choos·er** keurder, persoon wat kies. **choos·y** uitsoekerig, kieskeurig. **chos·en** gekose, verkose, verkore; ~ *from among them* uit hul midde gekies; *the* ~ *one* die uitverkorene; ~ *people* uitverkore volk, (ver)bonds=, gunsvolk.

chop[1] *n.* kap, hou; slag; kaphou; stuk; ribbetjie, karmenaadjie, tjop; golfslag; *(sl.)* kos; *s.o. is* **for** *the* ~*, (infml.)* iem. gaan afgedank word; **get** *the* ~*, (infml.)* afgedank word; **give** *s.o. the* ~*, (infml.)* iem. afdank; **mutton** ~ skaaptjop, =rib(betjie); **pork** ~ varktjop, =rib(betjie); **small** ~ tjoppie. **chop** *=pp=, ww.* kap, kloof; kerf; →CHOPPED; ~ *s.t.* **back** iets wegkap; ~ *s.t.* **down** iets afkap/omkap; ~ *s.t.* **off** iets afkap; ~ *s.t.* **up** iets opkap/fynkap; iets stukkend kap; iets kerf. **~house** braairestaurant, =restourant; (goedkoop) eetplek. ~ **shop** *(sl.)* motorslaghuis.

chop[2] wang; kaak; lip; *lick one's* ~*s, (fig., infml.)* jou lippe (af)lek.

chop[3] *=pp=* weifel, van koers verander; *(arg.)* ruil; ~ *about/ around* veranderlik wees; ~ *and change* rondval, =spring, telkens van plan verander; ~ *logic* →LOGIC.

chop[4] *n.* tjap, (brand)merk, stempel; *first/second* ~ eerste/tweede klas; boonste/tweede kerf. **chop** *=pp=, ww.* tjap, stempel.

chop-chop *(sl.)* gou-gou, tjoeftjaf, tjop-tjop.

chop·ped: ~ *feed/straw* haksel; ~ *meat* gekapte vleis, fynvleis.

chop·per kapper; byl, vleis=, kapmes; kerfmes; kerfmasjien; *(infml.: helikopter; fiets/motorfiets met hoë stuur)* tjopper; *(Am. sl.)* masjiengeweer; *(i.d. mv. ook, sl.: [kuns]tande)* byters. **~-out** snyer *(in klerefabriek).*

chop·ping *n.* (die) kap. **chop·ping** *adj., (vero.)* flink, fris (gebou). ~ **block** vleis=, kap=, slagtersblok. ~ **board** snyplank. ~ **knife** kapmes.

chop·py met kort golfslag, woelig; ~ *sea* joppel=, jobbelsee.

chop·stick eetstokkie.

chop su·ey *(Chin. kookk.)* chop suey.

cho·ral *adj.* koor=; koraal=; ~ *music* koraalmusiek; ~ *society* koorvereniging; ~ *speaking* koorspraak. **cho·ral** *n.*, **cho·rale** *(mus.)* koraal. **cho·ral·ist** koorsanger.

chor-chor *(igt.: Pristipona benettii)* tjor-tjor; *red ~, (Pomadasys opercularis)* rooi-tjor-tjor.

chord¹ snaar; *(geom.)* koorde; *strike/touch the right ~, (fig.)* die regte snaar aanroer. **chor·di·tis** *(med.)* stem=bandontsteking.

chord² *(mus.)* akkoord; *common* ~ drieklank. **chord·al** akkoord= *(styl, struktuur, ens.)*.

chore (los) werkie, taak; *(i.d. mv. ook)* (daaglikse) huis=werk, ligte plaaswerk; *do one's ~s* die (daaglikse) huis=werk doen.

cho·re·a *(med.)* senu(wee)trekkings, chorea. ~ **minor** St. Vitusdans, Sydenham-chorea.

cho·ree, cho·re·us *chorei, (arg., pros.)* trogee; →TRO=CHEE.

cho·re·o·graph choreografeer; *~ed by* ... choreo=grafie deur ... **cho·re·og·ra·pher** choreograaf, dans=ontwerper. **cho·re·o·graph·ic** choreografies. **cho·re·og·ra·phy** choreografie.

cho·ric koor=; ~ *dance* reidans; ~ *song* rei(sang), koor=sang.

cho·rine koormeisie.

cho·ri·on *(soöl.)* vlok=, vrugvlies, buitenste eiervlies.

cho·ri·pet·al·ous *(bot.)* loskroonblarig, choripetaal.

cho·ri·phyl·lous *(bot.)* losblarig.

cho·ri·sep·a·lous *(bot.)* loskelkblarig, chorisepaal.

chor·is·ter koorsanger, =lid, koris; koorknaap. ~ **bird** lawaaimaker.

cho·ro·graph *(geog.)* chorograaf. **cho·rog·ra·pher** cho=rograaf, landskaptekenaar, land(skaps)beskrywer. **cho·ro·graph·ic**, =**graph·i·cal** chorografies. **cho·rog·ra·phy** chorografie, land(skaps)beskrywing.

chor·oid, cho·ri·oid *n.* (oog)vaatvlies. **chor·oid, cho·ri·oid** *adj.* vaatvlies=; ~ *coat/membrane* vaat=vlies.

chor·tle grinnik; *(baba)* keuwel; jou verkneukel.

cho·rus *n.* koor; rei *(in drama)*; refrein *(v. lied)*; *speak in* ~ in koor (*of* almal gelyktydig) praat. **cho·rus** =*rused* =*rusing, ww.* in koor sing/praat; in koor (na)sê; herhaal, beaam. ~ **girl** koormeisie. ~ **line** koorgesel=skap. ~**master** koormeester, =dirigent.

chos·en →CHOOSE.

chou *choux* roset; *(kookk.)* chou, soesie, poffer(tjie).

chough *(orn.)* steenkraai.

choux pas·try *(kookk.)* chouxdeeg.

Chow *(sl., neerh.)* Chinees, Sjinees. **chow** *(infml.)* kos; Chinese/Sjinese keeshond. **chow-chow** Chinese/Sji=nese keeshond; *(kookk.)* tjou-tjou.

chow·der visbredie; *clam* ~ mosselbredie.

chow mein *(Chin. kookk.)* chow mein.

chres·tom·a·thy =*thies, (vero.)* bloemlesing, chresto=matie.

chrism, chris·om chrisma, gewyde olie, salfolie. **chris·om** doopkleed, =rok; *(arg.)* doopkind.

Christ Christus; ***after*** ~ na Christus, anno Domini; ***before*** ~ voor Christus; ***brother in*** ~ broeder in Christus; ***image of*** ~ Christusbeeld. **Chris·ten·dom** Christenheid, =dom. **Chris·tian** *n.* Christen. **Chris·tian** *adj.* Christelik; ~ ***era*** Christelike jaartelling; ~ ***name*** voor=, doopnaam; ~ ***Science*** Christian Science; ~ ***Scientist*** Christian Scientist; ~ ***year*** kerklike jaar; jaar van die Christelike jaartelling, Gregoriaanse jaar. **Chris·tian·i·sa·tion**, =**za·tion** kerstening, bekering (tot die Christendom); verchristeliking. **Chris·tian·ise**, =**ize** kersten, (tot die Christendom) bekeer; verchristelik. **Chris·ti·an·i·ty** Christendom; Christenheid; Christe=like godsdiens; Christelikheid, Christenskap, Christen=wees; *the whole of* ~ die hele Christenheid, =dom. **Christ·less** Christusloos, sonder Christus. **Christ·like** Christelik, soos/van Christus. **Christ·o·cen·tric** Chris=tosentries. **Chris·to·log·i·cal** Christologies. **Chris·tol·o·gist** Christoloog. **Chris·tol·o·gy** Christologie.

Chris·ta·del·phi·an Christadelfiër, Thomasiet.

chris·ten doop.

chris·ten·ing doop. ~ **ceremony** doopplegtigheid. ~ **day** doopdag. ~ **ritual** doopformulier. ~ **robe** dooprok.

Christ·mas (die) Kersfees, *(w.g.)* Kersmis, *(sl.)* Kris=mis; *at* ~ met Kersfees; *celebrate* ~ Kersfees vier/hou; *merry ~!, a merry ~ to you!* geseënde/gelukkige Kers=fees!, geluk met die Kersfees!. ~ **anthem** Kersgesang. ~ **bells** Kersklokke; *(bot.) Sandersonia aurantiaca; (bot.)* rooi-essehout. ~**berry** *(Chironia baccifera)* bitter=bos(sie), aambeibos(sie); *(Passerina ericoides)* dronk=bessie. ~ **box** Kerspresent, =geskenk; Kersfooi(tjie). ~ **cake** Kers(fees)koek. ~ **cantata** Kerskantate. ~ **card** Kerskaart(jie). ~ **carol** Kerslied. ~ **celebra·tion(s)** Kersfees, =viering. ~ **cheer** Kerspret, =vreug=de. ~ **club** Kersfeesklub. ~ **cracker** Kers(fees)klap=per. ~ **crib** Kerskrip. ~ **Day** Kersdag. ~ **dinner** Kers=ete, =maal(tyd). ~ **disease** *(med.)* Christmassiekte. ~ **edition** Kersuitgawe. ~ **Eve** *(24 Des.)* Kersaand, Ou=kersaand, aand/dag voor Kersfees. ~ **fern** dolkvaring. ~ **flower** kersroos; hortensia, hortensie; *(Euanthis hye=malis)* winterakoniet; poinsettia. ~ **function** Kersge=selligheid, =funksie, =byeenkoms, =geleentheid. ~ **fund** Kersfonds. ~ **gift** Kersgeskenk, =present. ~ **greeting(s)** Kersgroet(e). ~ **hamper** Kersmandjie. ~ **holiday(s)** Kersvakansie. ~ **Island** *(geog.)* Kerseiland. ~ **mes·sage** Kersboodskap. ~ **morning** Kersmôre, =more, =oggend. ~ **number** Kersnommer, =uitgawe. ~ **party** Kersparty(tjie). ~ **present** Kersgeskenk, =present. ~ **pudding** Kerspoeding. ~ **rose** *(Helleborus niger)* kers=roos; *(Hydrangea* spp.*)* hortensia, hortensie, *(infml.)* krismisroos, =blom. ~ **season** Kerstyd. ~ **stamp** Kers=seël. ~ **stocking** Kerskous. ~**tide** Kerstyd. ~ **time** die Kerstyd. ~ **tree** Kersboom; *Kalahari* ~ ~ →SICKLE BUSH. ~ **week** Kersweek. ~ **wish(es)** Kerswens(e).

Chris·to·pher: ~ **Columbus** →COLUMBUS.

chro·ma kleurgehalte. **chro·mat·ic** chromaties, kleur=; ~ *scale* kleurskaal; *(mus.)* chromatiese toonleer; ~ *spectrum* kleurespektrum. **chro·mat·ics** kleureleer, chromatiek. **chro·ma·tin** chromatien. **chro·ma·tog·ra·phy** chromatografie.

chrome chroom. ~ **iron ore** chroomystererts, chro=miet. ~ **leather** chroomleer. ~ **spinel** chroomspinel, picotiet. ~ **steel** chroomstaal. ~ **yellow** chroomgeel.

chro·mi·an chromies.

chro·mic chroom=; ~ *acid* chroomsuur; ~ *gut* chroom=derm.

chro·mif·er·ous chroomdraend, =houdend.

chro·mite *(min.)* chromiet, chroomystererts.

chro·mi·tite *(min.)* chromitiet.

chro·mi·um *(chem., simb.:* Cr*)* chroom. ~**-plate** *ww.* verchroom. ~**-plated** verchroom(d). ~**-plating** ver=chroming, chroomvernikkeling.

chro·mo·lith·o·graph *(voorwerp)* kleursteendruk, litochroom, chromolitografie. **chro·mo·li·thog·ra·phy** *(proses)* kleursteendruk, kleur=, chromolitografie.

chro·mo·sen·si·tive kleurgevoelig.

chro·mo·some chromosoom, kernlis. **chro·mo·so·mal** chromosomaal, chromosoom=.

chron·ic chronies, kronies, langdurig, slepend; ~ *fa=tigue syndrome, (med., fml.:* myalgic encephalomyelitis, *afk.:* ME*)* chroniese-, kroniese-uitputtingsindroom, chroniese=, kroniesemoegheidsindroom, *(infml.)* yup=pie=, jappiegriep *(fml.:* mialgiese enkefalomiëlitis/en=sefalomiëlitis, *afk.:* ME*)*; ~ *fever* slepende koors.

chron·i·cle *n.* kroniek, jaarboek. **chron·i·cle** *ww.* boekstaaf, opteken, te boek stel. **chron·i·cler** kroniek=skrywer. **Chron·i·cles** *(OT)* Kronieke.

chron(o)= *komb.vorm* chron(o)=, kron(o)=, tyd=.

chron·o·bi·ol·o·gy chrono=, kronobiologie.

chron·o·graph chrono=, kronograaf. **chron·o·graph·ic** chrono=, kronografies.

chro·nol·o·gy chrono=, kronologie; tydrekenkunde, =rekening. **chron·o·log·i·cal** chrono=, kronologies, tyds=; *in ~ order* in tydsorde (*of* chrono=/kronolo=giese volgorde); ~ *table* tydtafel.

chro·nom·e·ter chrono=, kronometer, skeepshor=losie, tydmeter. **chro·nom·e·try** chrono=, kronometrie.

chron·o·scope chrono=, kronoskoop.

chrys·a·lis =*lises*, =*lides, (soöl.)* papie.

chry·san·the·mum krisant, winteraster, april(s)blom.

chryso=, **chrys**= *komb.vorm* chriso=, chris=, goud=.

chrys·o·ber·yl *(min.)* chrisoberil.

chrys·o·col·la *(min.)* chrisokolla.

chrys·o·lite *(min.)* chrisoliet, goudsteen, olivien, peri=doot.

chrys·o·phyll *(bot.)* chrisofil.

chrys·o·prase *(min.)* chrisopraas.

Chrys·os·tom *(Gr. patriarg)* Chrusostomos.

chrys·o·tile *(min.)* chrisotiel, serpentynasbes.

chtho·ni·an, chtho·nic chtonies, gtonies, onder=wêrelds.

chub *(igt.: Kyphosus* spp.*)* vetsak. **chub·by** mollig, rond=wangig, dik.

chuck¹ *n.* gooi; klop, tik; ***get the*** ~, *(infml.)* afgedank word; ***give*** *s.o.* ***the*** ~, *(infml.)* iem. afdank. **chuck** *ww., (infml.)* gooi, smyt; ~ *s.t.* ***away*** iets wegsmyt; ~ *s.o. under the* ***chin*** iem. onder die ken vat/tik; ~ *s.t.* ***down*** iets neersmyt; ~ ***it in*** ophou, uitskei; ~ ***it!*** skei uit (daarmee)!, hou op (daarmee)!; ~ *s.o./s.t.* ***off*** iem./iets afsmyt; ~ *s.o./s.t.* ***out*** iem./iets uitsmyt; ~ ***s.o.*** van iem. ontslae raak *('n kêrel ens.)*; ~ ***s.o. s.t.*** iets vir iem. gooi; ~ *in/up the* ***sponge*** →SPONGE *n.*; ~ ***s.t.***, *(ook)* ophou met iets *('n kursus ens.)*; ~ ***up***, *(Am.)* opgooi, vomeer; ~ *s.t.* ***up*** iets opgooi *(in die lug)*; iets laat vaar; uitskei met iets; iets opgee/opskop *(werk ens.)*. **chuck·er** gooier; *(spel)* malie; malieklip, tjoek. **chuck·er-out** uitsmyter. **chuck·ing** gooiery; *(kr.)* gooi-aksie.

chuck² *n.* klem, skroef; bus; kloukop; klemkopstuk, boorhouer, =bus, klembus *(v. boor)*; dikrib, armmans=rib. **chuck** *ww.* inbus; op die draaibank plaas. ~ **face** kloukopvlak. ~ **jaw** klou(kop)bek. ~ **key** klouplaat=sleutel. ~ **lathe** kopdraaibank. ~ **plate** klouplaat *(v. draaibank)*. ~ **ring** klouring; klembusring. ~ **steak** dik=ribskyf. ~ **wagon** kos=, voorradewa. ~ **work** kloukop=werk.

chuck³ *n., (vero.)* kloek *(v. hoender)*; hoender; *(arg.)* lief=ste, skat. **chuck** *ww.* aanspoor *('n perd)*. **chuck·ie** *(vkw.)* hoender; liefste, skat. →CLUCK.

chuck·le *n.* lag(gie), grinniklag; gekloek *(v. hen ens.)*. **chuck·le** *ww.* stilletjies (*of* in jou vuis) lag, grinnik; kloek *(soos 'n hen)*; ~ *over s.t.* jou verkneukel (*of* stille=tjies lag) oor iets.

chuck·le·head domkop, stommerik. **chuck·le·head·ed** dom, onnosel.

chuff *(stoomtrein)* tjoef-tjoef/tjoek(e)-tjoek/sakke-pak(ke) (loop/ry).

chuff·ed *adj. (pred.), (Br. infml.)* ingenome, in jou nop=pies/skik; *be ~ about/at/by s.t.* in jou noppies/skik met/oor iets wees; *look/feel ~ with o.s.* selfingenome (*of* in=genome met jouself) lyk/voel.

chug =*gg*=, *ww., (motorboot)* doek(e)-doek/poet-poet/toek-toek (vaar).

chuk·ka, chuk·ker *(polo)* tjakkar.

chum¹ *n.* maat, matie, vriend, kameraad; *be great ~s, (infml.)* groot maats wees. **chum** =*mm*=, *ww.* kamer=maats wees; ~ *up with s.o., (infml.)* met iem. maats/vriende maak. **chum·mi·ness** vriendskaplikheid, kameraadskap. **chum·my** vriendskaplik; familiêr; *be very ~, (infml.)* groot maats (*of* dik vriende) wees; *be ~ with s.o., (infml.)* met iem. maats wees.

chum² *(Am.)* (vis)aas.

chump stomp, blok; kop; stommerik, uilskuiken; *be/go off one's ~, (infml.)* (van lotjie) getik wees/raak. ~ **chop** kruistjop, =karmenaadjie, rugskyf.

chunk stuk, homp, brok. ~ **honey** stukheuning, stuk=ke heuning(koek). **chunk·y** bonkig; geset; klonterig; ~ *jam* stukkerige konfyt; ~ *wool* ekstra dik wol.

Chun·nel *n., (infml.)* →CHANNEL TUNNEL.

church kerk, godshuis; ***after/before*** ~ ná/voor die kerk/diens; ***at/in*** ~ in die kerk; ***attend*** ~ kerk toe gaan; ***enter/join the*** ~ in die (kerklike) bediening tree, pre=dikant word; *the* ***established*** ~ die staatskerk; ***go to*** ~ kerk toe gaan; ***join a*** ~ lidmaat van 'n kerk word;

leave the ~ uit die kerk gaan; *the C~ **militant*** die strydende kerk; ~ *is **over*** die kerk is uit; *the C~ **suffering*** die lydende kerk; *the C~ **triumphant*** die seëvierende kerk. **church** *ww.* kerk toe bring; *married but not ~ed* getroud maar nie gekerk nie. ~ **administrator** saakgelastigde. ~ **bell** kerkklok. ~ **clock** kerkhorlosie. ~ **council** kerkraad; *executive* ~ ~ moderatuur. ~ **doctrine** kerkleer. ~ **father** kerkvader. **~goer** kerkganger, =besoeker. **~going** kerkgaande, kerks, kerksgesind; kerkgang, =gaan; *not* ~ onkerks. ~ **government** kerkbestuur, =regering. ~ **hall** kerk=, gemeentesaal. ~ **law** kerkreg. ~ **magazine** kerkblad; kerklike tydskrif. **~man** *=men* kerkman; geestelike. ~ **member** gemeentelid. ~ **mouse** kerkmuis. **C~ of England** Anglikaanse Kerk. ~ **offices** kerkkantoor. **C~ of the Province (of SA)** Anglikaanse Kerk (in SA). **C~ of the Vow** Geloftekerk. ~ **ordinance** kerkorde. ~ **parade** kerkparade. ~ **secretariat** skribaat. ~ **secretary** skriba. ~ **service** kerkdiens. **C~ Slav(on)ic** →SLAV(ON)IC *n.*. **C~ Square** (die) Kerkplein. ~ **statute** kerkwet. ~ **text** Gotiese letter(s). **~warden** kerkopsiener, =voog; *(infml.)* langsteelpyp. **~woman** *=women* kerkvrou. **~yard** kerkhof, begraafplaas.

church·i·an·i·ty kerksheid, kerkisme.

church·i·fy verkerklik; *churchified, (ook)* kerkisties.

church·ism kerkisme.

church·ite *(min.)* churchiet.

church·less kerkloos.

church·y kerks(gesind), kerkisties. **church·i·ness** kerksheid, kerkisme.

churl suurknol, bitterbek; buffel, lummel, lomperd, misbaksel; *(arg.)* vrek, suinigaard; *(arg.)* plaaswerker. **churl·ish** nors, bot, suur, stuurs, bars, bitterbek; boers, kru, onbeskof; *(arg.)* gierig, suinig, inhalig. **churl·ish·ness** norsheid, botheid, suurheid, stuursheid; boersheid, kruheid, onbeskoftheid; *(arg.)* gierigheid, suinigheid, inhaligheid.

churn *n.* karring. **churn** *ww.* karring; omroer; bruis, kook; ~ *out s.t., (infml.)* iets by die groot maat produseer *(produk ens.)*; iets die een na die ander uitkarring/uitkraam *(liefdesverhale ens.)*; ~ *s.t. up* iets omwoel. ~ **dasher, ~staff** karringstok, =staf. **~drill** slagboor. **churning** gekarring; karringsel.

chut →TUT *tw.*.

chute stroomval, =versnelling; (gly)geut, glyplank, =gang, =kanaal, stortgeut; val=, vultregter; *(infml.)* valskerm; *sliding* ~ glybaan.

chut·ney blatjang.

chutz·pah, hutz·pah *(Jidd., infml.)* (koele/skaamtelose) vermetelheid.

chyle *(fisiol.)* chyl, melksap, limfvog, spyssap.

chyme *(fisiol.)* chym, spys=, maag=, voedselbry.

ci·bo·ri·um *=ria, (relig.)* hostiekissie, siborie; hostiekelk, siborie; *(bouk.)* baldakyn, ciborium.

ci·ca·da *=das, =dae,* **ci·ca·la** *=las, =le, (entom.)* son=, sing=, nuwejaars=, somerbesie, boomsingertjie, sonroepertjie, sikade.

cic·a·trice, cic·a·trix *=trices, (med., bot.)* litteken, wondmerk, nerf. **cic·a·tri·sa·tion, =za·tion** vergroeiing, littekenvorming. **cic·a·trise, =trize** vergroei, toegroei; 'n litteken vorm; genees, heel.

Cic·e·ro Cicero. **cic·e·ro·ne** *=nes, =ni* gids, cicerone. **Cic·e·ro·ni·an** Ciceroniaans.

ci·der, cy·der sider, appelwyn, gegiste appelsap. ~ **apple** siderappel. ~ **press** appelpers. ~ **vinegar** appelasyn.

cig *cigs,* **cig·gy** *=gies, (infml.)* = CIGARETTE.

ci·gar sigaar. ~ **band,** ~ **ring** sigaarbandjie. ~ **box** sigaarkissie, =doos. ~ **case** sigaarkoker. ~ **cutter** sigaarknipper. ~ **holder** sigaarhouer, =pypie. ~ **lighter** sigaaraansteker, =opsteker. **~-shaped** sigaarvormig.

cig·a·rette sigaret; *have a* ~ 'n sigaret rook/neem/kry; *light a* ~ 'n sigaret aansteek/opsteek; *a packet of ~s* 'n pakkie sigarette. ~ **case** sigaretkoker. ~ **end** (sigaret)stompie. ~ **holder** sigarethouer, =pypie. ~ **lighter** sigaretaansteker, =opsteker. ~ **paper** sigaretpapier.

cig·a·ril·lo *=los* sigaartjie.

cil·i·ar·y, cil·i·at·ed →CILIUM.

cil·ice haarstof; haar=, boetekleed.

Ci·li·ci·a *(geog., hist.)* Silisië. **Ci·li·ci·an** *n.* Silisiër. **Ci·li·ci·an** *adj.* Silisies; *the ~ Gates* die Silisiese Passe.

cil·i·um *cilia* ooghaar, wimper; *(soöl.)* tril=, sweep=, randhaar. **cil·i·ar·y** siliêr; wimperagtig; trilhaaragtig; ooghaar=, wimper=; trilhaar=, sweephaar=, randhaar=; ~ *body* straalliggaam; ~ *muscle* straalliggaam=, lensspier *(v. oog)*; ~ *process* siliêre proses. **cil·i·at·ed** gewimper(d); met tril=/sweep=/randhare.

Cim·bri·an *=brians, =bri, n., (lid v. Germ. stam)* Kimber; *(taal)* Kimbries. **Cim·bri·an, Cim·bric** *adj.* Kimbries.

ci·met·i·dine *(med.)* simetidien.

ci·mex *cimices, (entom.)* weeluis, wandluis.

Cim·me·ri·a *(Gr. mit.)* Kimmerië. **Cim·me·ri·an** *n.* Kimmeriër. **Cim·me·ri·an** *adj* Kimmeries.

cinch *n.* buikgord; houvas; sekerheid; *it's a ~, (Am. infml.)* dis wis en seker (*of* doodseker), dit staan vas; dis doodmaklik/kinderspeletjies. **cinch** *ww.* gord, vasbind; in 'n hoek keer.

cin·cho·na kinaboom. ~ **(bark)** kinabas. **cin·chon·ic:** ~ *acid* sinkoonsuur. **cin·cho·nine** sinkonien. **cin·chonism** kinavergiftiging.

cinc·ture *n., (poët., liter.)* gordel, band, ring, seintuur. **cinc·ture** *ww.* omgord(el); omgeef, omgewe; omring; *(bosb.)* ringeleer. **cinc·tur·ing** *(bosb.)* ringelering, omkeping.

cin·der sintel, uitgebrande steenkool, steenkoolas; kooltjie; *(i.d. mv. ook)* vulkaanslak; *be burnt to a* ~ verkool (*of* swart verbrand) wees. ~ **brick** sintelsteen. ~ **concrete** sintelbeton. ~ **frame** vonkvanger. ~ **notch** slakgat. ~ **path** sintelpad. ~ **sifter** steenkoolsif. ~ **track** as=, sintelbaan.

Cin·der·el·la Aspoester(tjie); *(fig.)* aspoester, stiefkind. ~ **dance** voornagbal; voornagdans.

cin·e *komb.vorm* rolprent=. ~ **camera** rolprentkamera. ~ **film** rolprentfilm. ~ **projector** rolprentprojektor.

cin·e·ast(e) fliek=, film=, rolprentliefhebber.

cin·e·ma bioskoop. ~ **complex** bioskoop=, rolprent=, rolprentteater=, fliekkompleks. **~goer** fliek=, bioskoopganger. **~-going:** *the ~ public* die fliekpubliek, fliek=, bioskoopgangers. ~ **operator** bioskoopmasjinis. **cin·e·ma·theque** *(rolprentversameling)* filmoteek; klein, intieme fliek/bioskoop; kunsfliekteater. **cin·e·mat·ic** film=, rolprent= *(tradisie ens.)*; filmies *(eksperiment, styl, ens.)*. **cin·e·mat·o·graph** *n., (hist.)* kinematograaf; bioskooptoestel; rolprentkamera. **cin·e·mat·o·graph** *ww., (hist.)* verfilm. **cin·e·ma·tog·ra·pher** kameraman; filmmaker. **cin·e·mat·o·graph·ic** kinematografies. **cin·e·ma·tog·ra·phy** filmkuns, kinematografie. **cin·e·plex** *(Am.)* bioskoop=, rolprent(teater)=, fliekkompleks.

cin·e·rar·i·a *(veldblom)* cineraria, asblom; *(potplant)* cineraria.

cin·e·rar·y as=. **ci·ner·e·al** askleurig; as=. **ci·ner·e·ous** askleurig; asagtig.

Cin·ga·lese →SIN(G)HALESE.

cin·na·bar *(min., chem.)* sinnaber; *(kleur)* vermiljoen. **cin·na·bar·ine** vermiljoenkleur(ig), vermiljoenrooi.

cin·na·mon kaneel; *ground* ~ fyn kaneel. ~ **bear** baribal. ~ **(brown), ~-coloured** kaneel(kleur), kaneel=, geelbruin. ~ **dove** kaneelduifie, lemoenduif. ~ **oil** kaneelolie; *Chinese* ~ ~ kassie-olie, Chinese/Sjinese kaneelolie. ~ **rose** kaneelroos. ~ **stick** pypkaneel. ~ **stone** →HESSONITE.

cinque die vyf *(in kaartspel ens.)*; *the C~ Ports, (hist., geog.)* die Vyf Hawens.

cinque·foil *(bot.)* vyfvingerkruid, ganserik, vyfblad; *(kuns)* vyfblaarpatroon.

ci·pher, cy·pher *n.* syferskrif, geheimskrif, kode; *(vero.)* syfer; *(vero.)* nul; monogram, naamsyfer; figurant; *in* ~ in geheimskrif/kode; *be a (mere)* ~ 'n (groot) nul wees. **ci·pher, cy·pher** *ww.* in geheimskrif stel; *(arg.)* syfer, reken, bereken; ~ *out* uitreken, bereken; *(orreltoon)* naklink. ~ **key** sleutel *(v. kode)*.

cir·ca *(Lat.)* circa, omstreeks.

Cir·cas·si·a *(geog.)* Cirkassië. **Cir·cas·si·an** *n.* Cirkassiër. **Cir·cas·si·an** *adj.* Cirkassies.

cir·cle *n.* sirkel, ring, kring; omtrek; sirkelgang, kringloop, sirkelloop; gordel; geselskap, groep, kring; *(perdesport)* kringrit; ~ *of **altitude*** hoogte=, vertikaalsirkel; ***argue** in a* ~ in 'n kring(etjie) redeneer; ***circumference** of a* ~ sirkelomtrek; ***(dress)*** ~ balkon *(in teater)*; ***form** a* ~ in 'n kring gaan staan/sit; *a (wide) ~ of **friends*** 'n (breë) vriendekring; *come **full*** ~ by die beginpunt terugkom, 'n kringloop voltooi; ***fundamental*** ~ grondsirkel; ***go** round in a* ~ in 'n kring loop; ***great** ~, (wisk.)* grootsirkel; *move in **high** ~s* in hoë kringe verkeer; ***in** a* ~ al in die rondte; ***in** s.o.'s* ~ in iem. se kring; ~ *of **latitude*** breedtesirkel; ~ *of **longitude*** lengtesirkel, middaglyn, meridiaan; ***run** round in ~s, (infml.)* rondskarrel, =val, dit druk hê; ***run** ~s round s.o., (infml.)* iem. ver/vêr oortref; ***small** ~, (wisk.)* kleinsirkel; *try to **square** the* ~ die onmoontlike probeer (doen); *a **vicious*** ~ 'n bose/noodlottige/skadelike kringloop. **cir·cle** *ww.* omsluit; omtrek; kringe maak, (om)sirkel, ronddraai, swenk; rondgaan; omsingel, omkring; ~ *(a)round* ronddraai. **cir·clet** sirkeltjie; band, ring. **cir·cling dis·ease** listerellose.

cir·clip borgring; klemring, =veer.

cir·co·therm ov·en waaieroond.

cir·cuit omtrek; baan, kring; omgang; sirkelgang; rond=, kringvlug; verkeerskring; draaikring *(v. voertuie)*; rondte; kringloop; ompad, omweg; (ren)baan; *(jur.)* rondgang; *(relig.)* ring; *(elek.)* (stroom)baan, (stroom)kring; *(telekom.)* lyn, verbinding; *(sport)* toernooireeks; *(sport)* toernooispelers; *(wisk.)* kring; netwerk; *the **Black** C~, (SA, hist., jur.)* die Swarte Ommegang/Rondgang; ***closed*** ~ geslote baan; *be **on** ~, (jur.)* by die rondgaande hof (*of* op rondgang) wees; ***short*** ~ kortsluiting. ~ **board** *(teg.)* stroombaanpaneel. ~ **breaker** uitskakelaar, stroom(ver)breker, =onderbreker, =afsluiter. ~ **closer** stroomsluiter. ~ **court** rondgaande hof. ~ **diagram** *(teg.)* kringdiagram. ~ **inspector** omgangsinspekteur. ~ **training** *(sport): do* ~ ~ 'n reeks oefeninge doen. **cir·cu·i·tous** onregstreeks, indirek, draai=, met draaie, met 'n ompad, wydlopig; omslagtig; ~ *road* ompad, omweg, draai. **cir·cu·i·tous·ly** met omweë (*of* 'n omweg/ompad). **cir·cuit·ry** *(elek.)* baanwerk.

cir·cu·lar *n.* omsendbrief. **cir·cu·lar** *adj.* (sirkel)rond, sirkel=, kringvormig, kring=, ring=, sirkel=; ~ ***arch*** sirkelboog; ~ ***canal*** ringkanaal; ~ ***course*** kringloop, sirkelgang, =loop; ~ ***current*** kringstroom; ~ ***hem*** sirkelsoom; ~ ***knit(ted) fabric*** rondbreistof; ~ ***knitting machine*** rondbreimasjien; ~ ***letter*** omsendbrief; ~ ***muscle*** kringspier; ~ ***needle*** omsteeknaald; ~ ***note*** omsendbrief; kredietbrief; ~ ***pitch*** tandsteek; ~ ***plane*** hobbelaar, hobbelskaaf; ~ ***railway*** ringbaan; ~ ***saw*** sirkel=, draaisaag; ~ ***skirt*** sirkelromp; ~ ***staircase*** wenteltrap; ~ ***ticket*** rondreiskaartjie; ~ ***tour*** rondreis; ~ ***trip*** rondvaart; rondrit; ~ ***wall*** ringmuur; ~ ***warrant*** reisbetaalorder. **cir·cu·lar·ise, =ize** rond maak; (laat) sirkuleer; 'n omsendbrief rig (aan). **cir·cu·lar·i·ty** sirkelvormigheid. **cir·cu·late** rondgaan, in omloop wees, sirkuleer; lanseer; rondstuur, omstuur, laat sirkuleer; rondstrooi, versprei, rondvertel, in omloop bring. **cir·cu·lat·ing** *(attr.)* rondgaande; ~ ***capital*** vlottende kapitaal; ~ ***decimal*** repeterende breuk, →RECURRING DECIMAL; ~ ***library*** leenbiblioteek; ~ ***medium*** betaal=, ruilmiddel; ~ ***pump*** sirkuleer=, kringlooppomp. **cir·cu·la·tion** sirkulasie, omloop, verspreiding; sirkulasie, getal verkoopte eksemplare *(v. 'n koerant)*; betaalmiddel(e); ~ *of the **blood*** bloedsomloop; *come **into*** ~ in omloop kom; ~ *of **matter*** stofwisseling; ~ *of **money*** geld(s)omloop; ***put** s.t. into* ~ iets in omloop bring. **cir·cu·la·tive** sirkulerend, sirkulasie=, omloop=. **cir·cu·la·tor** versprei(d)er. **cir·cu·la·to·ry** sirkulerend, sirkulasie=; bloedsomloop=; ~ *system* bloedsomloopstelsel.

cir·cum- *pref.* om=, rond=, *ens.*.

cir·cum·am·bi·ent *(poët., liter.)* omringend, omgewend, omkringend.

cir·cum·am·bu·late *(fml.)* om ... loop; *(fig.)* omseil.
cir·cum·ben·di·bus *(skerts.)* om-die-bos-draaiery.
cir·cum·cise besny.
cir·cum·ci·sion besnydenis; besnyding. ~ **school** besnydenisskool.
cir·cum·fer·ence omtrek; omvang; *two kilometres in* ~ twee kilometer in omtrek. **cir·cum·fer·en·tial** omtrek(s)=, ring=.
cir·cum·flex kappie, sametrekkingsteken, sirkumfleks.
cir·cum·flu·ence omstroming. **cir·cum·flu·ent, cir·cum·flu·ous** omstromend.
cir·cum·fuse *(arg.)* omgiet, oorgiet.
cir·cum·gy·rate *(w.g.)* ronddraai, wentel.
cir·cum·ja·cent *(arg.)* omliggend.
cir·cum·lit·to·ral *(w.g.)* strand=, langs die strand.
cir·cum·lo·cu·tion omskrywing; perifrase; omhaal van woorde, omslagtigheid; ontwyking, om-die-bos-draaiery. **cir·cum·lo·cu·tion·al, cir·cum·loc·u·to·ry** omskrywend; omslagtig; ontwykend.
cir·cum·nav·i·gate om ... seil, omseil, om/rondom ... vaar, omvaar. **cir·cum·nav·i·ga·tion** omvaring, omseiling; ~ *of the globe/world* vaart om die wêreld. **cir·cum·nav·i·ga·tor** omseiler, omvaarder.
cir·cum·nu·ta·tion *(bot.)* nutasie.
cir·cum·po·lar sirkumpolêr.
cir·cum·scribe begrens, insluit; afbaken, beperk; definieer; *(geom.)* omskryf, =skrywe; omkring, omsirkel; omgrens. **cir·cum·scrib·ed** beperk, omskrewe. **cir·cum·scrip·tion** omskrywing; randskrif, omskrif *(op munt)*; beperking; afbakening.
cir·cum·spect, cir·cum·spec·tive omsigtig, versigtig, behoedsaam, op jou hoede. **cir·cum·spec·tion** omsigtigheid, versigtigheid, behoedsaamheid; *act with* ~ omsigtig handel/optree. **cir·cum·spect·ly** omsigtig, versigtig, behoedsaam.
cir·cum·stance omstandigheid; feit; besonderheid; drukte, omstand, omhaal; ***according** to* ~*s* na (gelang van) omstandighede; na bevind van sake; ***aggravating*** ~*s* verswarende omstandighede; *be in **easy*** ~*s* gegoed/welgesteld wees; ***extenuating*** ~*s* versagtende omstandighede; *by **force** of* ~*s* deur die dwang van omstandighede, uit nooddwang; ***in/under** the* ~*s* in die omstandighede; *in/under **no*** ~*s* glad (en geheel) nie, hoegenaamd/volstrek nie, in/onder geen omstandighede nie; ***pomp** and* ~ prag en praal; *be in **reduced/straitened*** ~*s* in armoedige/behoeftige omstandighede verkeer; ***unforeseen*** ~*s* onvoorsiene omstandighede; ***without*** ~ sonder omslag/komplimente. **cir·cum·stanced** gesitueer, in 'n toestand verkerende. **cir·cum·stan·tial** bykomstig; omstandig, uitvoerig; ~ *evidence* omstandigheidsgetuienis, indirekte/onregstreekse getuienis, aanwysinge. **cir·cum·stan·ti·al·i·ty** omstandigheid, uitvoerigheid, breedvoerigheid; omslagtigheid, wydlopigheid. **cir·cum·stan·tial·ly** omstandig, uitvoerig, in besonderhede; noukeurig; toevallig; wat die omstandighede betref; deur omstandigheidsgetuienis. **cir·cumstan·ti·ate** (uit die omstandighede) bewys; uitvoerig beskryf/beskrywe.
cir·cum·val·late *ww., (poët., liter.)* omskans, omwal, omrand. **cir·cum·val·late** *adj.* omskans(te); *(anat.)* omwal(de). **cir·cum·val·la·tion** omwalling, wal, omskansing.
cir·cum·vent ontduik, ontwyk, omseil; uitoorlê, mislei; omsingel. **cir·cum·ven·tion** ontduiking; uitoorlegging, bedrog, misleiding.
cir·cum·vo·lute draai, kronkel; omslinger, omwentel. **cir·cum·vo·lu·tion** (om)wenteling; omslingering; kronkeling, draai.
cir·cus =*cuses* sirkus; *(hist.)* arena, strydperk; amfiteater; ronde plein. ~ **proprietor** sirkusbaas. ~ **rider** kunsryer.
cirque *(geog.)* kaar, keteldal, trogeinde.
cir·rate, cir·rose, cir·rous *(biol.)* rankend, (heg)=rankdraend; *(w.g.)* ingekrul, ingerol; →CIRRUS.
cir·rho·sis =*rhoses* verskrompeling, verharding, sirrose; ~ *of the liver* lewerskrompeling, =sirrose. **cir·rhot·ic** verskrompel(d), verhard, skrompel=, sirroties; ~ *kidney* skrompelnier; ~ *liver* skrompel=, muskaatneut=lewer.
cir·ri=, cir·ro= *komb.vorm* (heg)rank=, cirro=.
cir·rif·er·ous (heg)rankvormend, =draend.
cir·ri·form (heg)rankvormig, =agtig.
cir·ri·ped(e) *(soöl.)* seepok.
cir·ro·cu·mu·lus *(met.)* skaapwolkies, cirrocumulus.
cir·rose, cir·rous *(biol.)* →CIRRATE; *(met.)* van veerwolke, veerwolk=.
cir·ro·stra·tus *(met.)* sluierwolk(e), cirrostratus.
cir·rus *cirri, (met.)* veerwolk(e), cirrus; *(soöl.)* tentakel, voeldraad, vanghaar, filament; *(bot.)* rankie, blaar=, hegrank. ~**-shaped** rankvormig.
cis= *pref.* duskant.
cis·al·pine *(geog.)* Cisalpyns, suid van die Alpe; *C~ Gaul, (hist.)* Gallië suid van die Italiaanse Alpe.
cis·e·lure *(w.g.)* gravering, siselering.
Cis·kei: *the* ~ die Ciskei. **Cis·kei·an** Ciskeis.
cis·pa·dane *(geog.)* cispadaans, suid van die Porivier.
cis·sing *n.* kruip *(v. verf)*.
cis·sy, cis·si·fied →SISSY, SISSIFIED.
cist *(hist.)* kis(sie); *(argeol.)* sarkofaag, lykkis, dood(s)=kis.
Cis·ter·cian *n., (monnik)* Cisterciënser. **Cis·ter·cian** *adj.* Cisterciënsies, Cisterciënser=.
cis·tern waterbak; spoelbak; tenk, sisterne; vergaarbak. ~ **barometer** bakbarometer.
cis·ti·co·la *(orn.)* klopkloppie; tinktinkie.
cit·a·del sitadel, burg, vesting.
cite aanhaal, siteer; *(mil.)* eervol vermeld; *(jur.)* dagvaar, siteer; noem. **ci·ta·tion** aanhaling, sitaat; *(mil.)* eervolle vermelding; *(jur.)* dagvaarding, sitasie; onderskeiding; motivering *(vir onderskeiding)*. **ci·ta·to·ry** dagvaardend; ~ *letter* skriftelike dagvaarding.
cith·a·ra, kith·a·ra *(mus., hist.)* kitara.
cith·er(n), cit·tern *(mus., hist.)* sister.
ci·ti·fy verstedelik. **ci·ti·fied** *(ook)* steeds.
cit·i·zen burger; stadsbewoner, stedeling; inwoner; ~*'s **arrest*** burgerlike inhegtenisneming/arrestasie; ***John** C~* Jan Publiek, Jan Burger; ***second-class*** ~ →SECOND-CLASS *adj.*; ~ *of the **world*** wêreldburger. ~ **army** volksleër. ~ **force** burgermag, landweer. ~**-friendly** inwonervriendelik. ~**s' band radio** burger(band)radio, kletsradio. ~ **soldier** burgersoldaat.
cit·i·zen·ry burgery.
cit·i·zen·ship burgerskap, burgerreg. ~ **act** burgerskapswet.
cit·rate *n.* sitraat, sitroensuursout. **cit·rate** *ww.* sitreer. **cit·ra·tion** sitrasie, sitrering.
cit·rene *(chem.)* sitreen.
cit·ric sitroen=; ~ *acid* sitroensuur.
cit·rin →VITAMIN P.
cit·rine *n., (min.)* geelkwarts, sitrien. **cit·rine** *adj.* sitroenkleurig, sitroengeel.
ci·tri·nin *(chem.)* sitrinien.
cit·ron sitroen, siter. ~ **peel** sitroen=, siterskil. ~ **(tree)** sitroen=, siterboom. ~ **wood** sitroenhout. ~ **yellow** sitroengeel.
cit·ron·el·la *(bot.)* sitronella.
cit·rus sitrus. ~ **canker** sitruskanker. **C~ Exchange** Sitrusbeurs. ~ **fruit** sitrusvrug(te). ~ **thrips** sitrusblaaspootjie.
cit·tern →CITHER(N).
cit·y stad; *the* ~ *of **Cape Town*** die stad Kaapstad; *the **Eternal** C~, (Rome)* die Ewige Stad; ***free*** ~ vrye stad; *C~ of **God, Heavenly** C~* Godstad; ~ *of **refuge*** vrystad. ~ **boy** stadsjapie. ~**-bred child** stadskind. ~**-bred person** stadsmens, stedeling. ~ **centre** middestad, stadskern, binnestad. ~ **council** stadsraad. ~ **councillor** stadsraadslid. ~ **desk** *(joern.), (Br.)* ekonomiese redaksie; *(Am.)* stadsredaksie. ~ **dweller** stadsmens, =bewoner. ~ **editor** *(joern.), (Br.)* ekonomiese redakteur; *(Am.)* stadsredakteur. ~ **electrical engineer** elektrotegniese stadsingenieur. ~ **engineer** stadsingenieur. ~ **fathers** stadsvaders. ~ **gate** stadspoort. ~ **guard** stadswag. ~ **hall** *(gebou)* stadhuis; *(saal)* stadsaal. ~ **man** sakeman. ~ **manager** stadsbestuurder. ~ **park** stadspark. ~ **residence** stadswoning, =huis. ~**scape** stadsgesig, uitsig oor/op die/'n stad, stedelike landskap/panorama. ~ **slicker** *(infml.)* gladde/geslepe/listige kêrel, gladdejan; windmaker; wêreldse stadsbewoner, gesofistikeerde stadsmens. ~**-state** *(hist.)* stadstaat. ~ **treasurer** stadstesourier. ~ **ward** stadswyk.
cit·y·ward(s) stadwaarts.
cive →CHIVE(S).
civ·et *(soöl.)* sivet(kat); *(parfuumbasis)* sivet. ~ **bean** sewejaars=, goewerneurs=, hereboontjie. ~ **cat** sivetkat.
civ·ic *n.* →CIVIC(S) (ASSOCIATION/ORGANISATION). **civ·ic** *adj.* burgerlik, burger=; stads=, stedelik, munisipaal; ~ ***centre*** burger=, gemeenskapsentrum; ~ ***crest*** stadswapen; ~ ***duty*** burgerplig; ~ ***guard*** burgerwag; ~ ***lunch*** burgemeestersnoenmaal; ~ ***pride*** burgertrots; ~ ***reception*** burgemeestersonthaal; ~ ***rights*** burgerregte; ~ ***sense*** burgersin; ~ ***theatre*** stadskouburg. ~**-minded person** iem. met burgersin. **civics** burgerkunde, =leer. ~**(s) (association/organisation)** *(SA infml.)* burgervereniging, =organisasie, burgerlike vereniging/organisasie, civic, civic(s)=vereniging, civic(s)organisasie.
civ·il burgerlik, burger=; siviel; beleef(d), beskaaf(d); ~ ***action/case*** siviele aksie/geding/saak; ~ ***administration*** burgerlike bestuur; ~ ***authority*** burgerlike gesag; ~ ***authorities*** burgerlike owerheid; ~ ***aviation*** burgerlugvaart, burgerlike lugvaart; ~ ***calling*** nering/bedryf in die burgerlewe; ~ ***code*** burgerlike wetboek; ~ ***commissioner*** siviele kommissaris; ~ ***commotion*** onluste; ~ ***court*** siviele hof; burgerlike hof, burgerhof; ~ ***death*** verlies van burgerregte; ~ ***debtor*** siviele gyselaar; ~ ***defence/protection*** burgerlike beskerming, noodweer; ~ ***disobedience*** burgerlike ongehoorsaamheid; ~ ***disturbances*** burgerlike onluste; ~ ***engineer*** siviele ingenieur; ~ ***engineering*** siviele ingenieurswese; ~ ***imprisonment*** (siviele) gyseling; ~ ***jurisdiction*** burgerlike/siviele jurisdiksie; ~ ***law*** burgerlike/siviele reg, privaatreg; ~ ***liberty/liberties*** burgerlike vryheid; ~ ***life*** burgerlewe, burgerlike lewe; ~ ***list*** siviele lys; ~ ***manners*** hoflike/beleefde/beskaafde maniere; ~ ***marriage*** burgerlike huwelik; ~ ***power*** burgerlike gesag; ~ ***procedure*** siviele prosesreg; ~ ***process*** siviele proses(akte); ~ ***rights*** burgerlike regte, burgerregte; ~ ***servant*** staatsamptenaar, =beampte; ~ ***service*** staatsdiens; ~ ***war*** burgeroorlog; ~ ***year*** kalenderjaar.
ci·vil·ian *n.* burger, burgerlike (persoon). **ci·vil·ian** *adj.* burger=; ~ *clothes* burgerklere, =kleding, burgerdrag; ~ *population* burgerbevolking.
civ·i·lise, =lize beskaaf, beskaaf(d) maak. **civ·i·lised, =lized** beskaaf(d), verfynd; beleef(d), opgevoed; ~ *nation* kultuurvolk. **civ·i·li·sa·tion, =za·tion** beskawing; *a standard of* ~ 'n beskawingspeil.
ci·vil·i·ty =*ties* beleefdheid, hoflikheid; vriendelikheid; *(i.d. mv.)* gunste; *(i.d. mv.)* beleefdheidsbetuiginge.
civ·il·ly beleef(d).
civ·vy =*vies, (infml.)* burgerlike (persoon), burger, niemilitêre persoon; *in civvies* in burgerdrag/=klere. ~ **street:** *in* ~ ~ in die burgerlike/gewone lewe.
clab·ber *n., (Am.)* dikmelk. **clab·ber** *ww.* klont(er); ~*ed milk* dikmelk.
clack *n.* klik-klak *(v. hoëhakskoene ens.)*; klik, klap, geklepper; klaphoutjie, dansklepper; klep; *(arg.)* gebabbel, gekekkel, geklets. **clack** *ww.* klik-klak; klap, klepper; *(arg.)* babbel, kekkel, klets. ~ **valve** valklep.
clad geklee(d); →CLOTHE; *be scantily* ~ karig/skraps geklee(d) wees, min klere aanhê; armoedig geklee(d) wees, dun aangetrek wees. **clad·ding** bedekking, bekleedsel; bekleding.
clad·ode =*odes, (bot.)* kladode.
claim *n.* eis, reg, aanspraak; bewering, stelling; *(jur.)* regsvordering; kleim, afgepende myngrond; *(versek.)* (op)vordering, eis; ***abandon** a* ~ van 'n eis afsien; ***allow** a* ~ 'n eis handhaaf/toestaan; ***bring** a* ~ *against* ... 'n eis teen ... instel; ***enter** a* ~ 'n eis instel; *s.o.'s*

(main/chief/greatest) ~ *to* ***fame*** iem. se (enkele) grootste prestasie; *a* ~ ***for*** *damages* 'n eis om skadevergoeding; *a* ~ ***for/of*** *R5000* 'n eis van R5000; ***have*** *a* ~ *on/to* ... reg (*of* 'n aanspraak) op ... hê; ***lay*** ~ *to s.t.* op iets aanspraak maak; ***legal*** ~ regsvordering; vorderingsreg; *s.o.* ***makes*** *no* ~ *to be* ... iem. gee nie voor om ... te wees nie; iem. beweer nie dat hy/sy ... is nie; ***press*** *a* ~ op 'n eis aandring; ***prove*** *a* ~ 'n eis bewys; ***put*** *in a* ~ 'n eis indien; *a* ~ *in* ***reconvention*** 'n teeneis; ***stake*** *(out) a* ~ 'n kleim afpen; ***stake*** *(out) a* ~ *for/to s.t.* op iets aanspraak maak; ***turn*** *down a* ~ 'n eis afwys (*of* van die hand wys); ***waive*** *a* ~ van 'n eis afsien. **claim** *ww.* eis, opeis, (op)vorder, aanspraak maak op; voorgee, volhou, verklaar, beweer; pretendeer; ~ *s.t.* ***back*** iets terugeis; ~ *s.t.* ***from*** *s.o.* iets van iem. eis/vorder *(skadevergoeding, betaling, ens.)*; ~ ***that*** ... beweer dat ...; *s.o. ~s* ***to be the*** ... iem. beweer dat hy/sy die ... is. ~ **form** eisvorm. ~**holder** kleimhouer. ~ **jumper** kleimdief.

claim·a·ble opeisbaar, (op)vorderbaar, opvraagbaar.

claim·ant eiser; aanspraakmaker; pretendent; *be a* ~ *to s.t.* 'n aanspraakmaker op iets wees.

clair·au·di·ence helderhorendheid. **clair·au·di·ent** *n.* helderhorende. **clair·au·di·ent** *adj.* helderhorend.

clair·voy·ance heldersiendheid. **clair·voy·ant** *n. & adj.* heldersiende.

clam¹ *n.* gapermossel; gaapskulp; *shut up like a* ~, *(infml.)* tjoepstil bly/raak. **clam** *ww., (Am.)* mossels uitgrawe/versamel; ~ *up, (infml.)* tjoepstil bly/raak. ~**bake** *(Am.)* strandpiekniek (met geroosterde seekos); *(infml.)* makietie. ~ **chowder** mosselbredie.

clam² →CLAMP *n.*.

cla·mant lawaaierig, luidrugtig; *(fig.)* dringend.

clam·ber *n.* moeilike klim. **clam·ber** *ww.* klouter. **clam·ber·er** klouteraar.

clam·my klam, vogtig; klewerig *(hande)*; ~ *wool* kleefwol. **clam·mi·ness** klamheid, klammigheid, vogtigheid; klewerigheid.

clam·our, *(Am.)* **clam·or** *n.* lawaai, groot geraas; geroep, geskree(u), getier; herrie, kabaal; protes; luide aandrang; *the* ~ *for* ... die aandrang op ... **clam·our,** *(Am.)* **clam·or** *ww.* roep, skree(u), lawaai maak; ~ *against* ... teen ... protesteer; ~ *s.o. down* iem. oorskree(u); ~ *for* ... op ... aandring, om ... roep/skree(u); ~ *to* ... (daarop) aandring om te ... **clam·or·ous** lawaaierig, luidrugtig, skreeuerig, skreërig, raserig; dringend; uitbundig.

clamp *n.* klamp; klem; klemhaak; klemtang; klou; kram; skroefkas; spantang *(v. bankskroef)*; stelbeuel *(v. ploeg)*. **clamp** *ww.* (vas)klem, (vas)klamp; *(mot.)* met wielklampe (*of* 'n wielklamp) immobiliseer; las, versterk; ~ ***down*** streng optree, ingryp; ~ *s.t.* ***down*** iets vasklamp; ~ ***down*** *on* ... op ... toeslaan, ... vasvat, ... streng beperk; ~ ... ***on*** *s.t.* iets onder streng(e) ... plaas *(beheer ens.)*; ... op iets hef *(belasting ens.)*. ~ **bolt** klampbout. ~ **connection** klampverbinding, gespeverband. ~**down** vasklamping; onderdrukking, strawwe beperking; beperkende maatreëls; streng/besliste/kragtige optrede *(teen misdaad ens.)*.

clamp·ing: ~ **nut** klemmoer. ~ **screw** klampskroef.

clan clan, (familie)stam, stam-, familiegroep; *(antr.)* sibbe; kliek, kring, groep; klas, soort. ~**sman** -*men*, ~**swoman** -*women* stamgenoot, -lid.

clan·des·tine skelm, agterbaks, bedek, heimlik, ongeoorloof, klandestien; ~ *marriage* geheime huwelik. **clan·des·tine·ly** bedektelik, op bedekte/agterbakse wyse, tersluiks.

clang *n.* geskal, gegalm, gelui; gekletter; ~ *of arms* wapengekletter; ~ *of bells* klokgelui; ~ *of trumpets* trompetgeskal. **clang** *ww.* skal, lui, galm; kletter. **clang·er:** *drop a* ~, *(infml.)* 'n flater/blaps(ie) begaan/maak. **clang·our,** *(Am.)* **clang·or** geklank; gekletter; geskal. **clang·or·ous** klinkend, galmend, sketterend.

clank *n.* gerinkel, geklink, gerammel. **clank** *ww.* rinkel, klink, rammel, raas.

clan·nish stamvas; kliekerig; aaneengeslote. **clan·nish·ness** stamvastheid; kliekerigheid.

clan·ship familieband, stamgenootskap, partyverdeling; partygehegtheid.

Clan·wil·liam dai·sy, Clan·wil·liam yel·low·fish →DAISY, YELLOWFISH.

clap¹ *n.* klap, slag, knal. **clap** -*pp*-, *ww.* klap; toejuig; toeslaan; ~ *s.o. on the* ***back*** iem. op die rug klop; ~ ***eyes*** *on* ... →EYE *n.*; ~ *one's* ***hands*** →HAND *n.*; ~ ***on*** *s.t.* iets (haastig) aantrek/opsit; ~ ... ***on*** *s.t.* ... op iets hef *(belasting ens.)*; ~ *s.o. into* ***prison,*** *(infml.)* iem. in die tronk stop; ~ *on all* ***sails*** alle seile bysit; ~ ***spurs*** *to a horse* →SPUR *n.*. ~**board** waterslagplank. ~**trap** *(infml.)* effekbejag, mooipraatjies, kaf(praatjies), twak(praatjies), boerebedrog.

clap² *n., (patol., sl.: gonorrhoea)* druiper, klep.

clap·ped out *(pred.)*, **clap·ped-out** *(attr.)*, *(infml.)* doodmoeg, stokflou, pootuit, kapot, poegaai, pê, vodde; gehawend, voos, afgeleef, uitgedien(d) *(voertuig, vaartuig, geweer, ens.)*; vuisvoos *(bokser)*.

clap·per *n.* klepel; voëlverskrikker; klapper. **clap·per** *ww.* klepper. ~**claw** *ww., (arg.)* baklei, byt en krap, toetakel; uitskel. ~ **lark** *(orn.)* hoëveldklappertjie.

clap·ping handegeklap.

claque *(teat.)* claque, *(infml.)* klapkommando.

Clare: *Poor* ~, *(non)* Klaris.

clar·et klaret, rooi wyn, bordeaux(wyn); *tap s.o.'s* ~, *(infml.)* iem. bloedneus slaan. ~ **cup** rooiwynbole, -bola. ~-**coloured,** ~-**red** wynkleurig, wynrooi.

clar·i·fy ophelder, verduidelik; opklaar; helder word; helder maak, verhelder, suiwer; klaar *(botter)*. **clar·i·fi·ca·tion** opheldering, verduideliking; (op)klaring; verheldering, suiwering; afsakking, brei *(v. wyn)*; *process of* ~ suiweringsproses. **clar·i·fied:** ~ *butter* geklaarde botter. **clar·i·fi·er** verhelderaar, verhelderings-, suiweringsmiddel; melkreiniger; breimiddel *(vir wyn)*; *(teg.)* besinkbak. **clar·i·fy·ing** verhelderend, ophelderend. **clar·i·ty** helderheid, duidelikheid, klaarheid; suiwerheid; (beeld)skerpte.

clar·i·net klarinet. **clar·i·net·tist** klarinetspeler, klarinettis.

clar·i·on *(hist.: soort krygstrompet)* klaroen. ~ **call** klaroengeskal, -gesketter; *(fig.)* wekroep.

clash *n.* gekletter, geklank, gerammel; botsing, stryd, konflik, skermutseling; stamp; (teen)strydigheid; verskil; ~ *of arms* wapengekletter; ~ *of dates* saamval(ling)/sameval(ling) van datums; ~ *of interests* belangebotsing; ~ *of opinions* meningsverskil. **clash** *ww.* klink; kletter; bots; slaags raak; indruis; saamval; *two classes* ~ twee klasse val saam; *colours* ~ kleure vloek met/teen mekaar; ~ *with* ... met ... bots (*of* in botsing kom); teen ... bots; met ... in stryd wees, teen ... indruis; met ... saamval. **clash·ing** *n.* gekletter. **clash·ing** *adj.* teenstrydig, botsend.

clasp *n.* kram; klem; tang, knyper; knip; gespe; stormring *(v. geweer)*; slot *(v. boek)*; knipbeuel; handdruk; omhelsing. **clasp** *ww.* vashou, vasgryp, vasklem; omhels, (styf) teen jou vasdruk; vasmaak, vashaak, toegespe, (vas)gespe, (vas)klem, toeknip; ~ *s.o. in one's arms* iem. in jou arms druk; ~ *hands* mekaar die hand druk; ~ *one's hands* jou hande saamvou. ~-**headed nail** klampspyker. ~ **hook** klouhaak. ~ **knife** knipmes. ~ **lock** veerslot. ~ **nut** klemmoer.

clasp·er rank; buikpoot *(v. insek)*.

class *n.* klas; rang, stand; orde; gehalte; lesuur; kursus; ***attend/follow*** *~es* klasse/lesse bywoon, klas loop; *two ~es* ***clash*** twee klasse val saam; ***cut*** *~es, (infml.)* van klasse wegbly; *take a* ***first/second*** ~ in die eerste/tweede klas slaag; ***give/hold*** *~es* les(se) gee; ***have*** ~, *(infml.)* styl hê; ***in*** ~ in die klas; ***no*** ~, *(infml.)* laag, sleg, benede peil; *be in a* ~ *of one's/its* ***own*** onoortreflik (*of* die beste) wees; *not in the* ***same*** ~ nie van dieselfde gehalte nie; nie vergelykbaar nie; *the* ***upper*** *~(es)* die hoër stand(e); ~ *of* ***wool*** wolklas; *the* ***working*** *~(es)* die werker-/arbeiderstand. **class** *ww.* klassifiseer, indeel; klasseer, klas *(wol)*; *be ~ed among/with* ... onder ... ressorteer; ~ *s.o./s.t. as* ... iem./iets as ... beskou; *be ~ed as* ... as ... beskou/gereken word; ~ *s.o./s.t. with* ... iem./iets op een lyn met ... stel, iem./iets onder ... rangskik. ~ **action** *(jur.)* klas-aksie. ~ **book** klas-, skoolboek. ~-**conscious** klas(se)bewus. ~ **consciousness** klas(se)bewussyn, klas(se)bewustheid. ~ **distinction** klasseverskil, -onderskeid, standsverskil. ~ **domination** klasseoorheersing. ~ **feeling** klas(se)gevoel, -bewussyn. ~ **hours** skool-, lesure. ~ **list** klaslys. ~ **mark** klassyfer. ~ **master,** ~ **teacher** klasonderwyser. ~**mate** klasmaat. ~ **noun** soortnaam. ~ **prejudice** klassevooroordeel. ~**room** klaskamer, -lokaal, skoolkamer, -lokaal. ~**room teaching** klasonderwys. ~ **struggle,** ~ **war** klassestryd.

class·er klasseerder.

clas·sic *n.* klassieke werk/skrywer; klassikus; klassieke motor; *(i.d. mv., as studievak)* die klassieke; *the ~s* klassieke literatuur, die klassieke; klassieke tale; *professor of ~s* professor in die klassieke tale. **clas·sic** *adj.* klassiek. **clas·si·cal** klassiek. **clas·si·cal·ism, clas·si·cism** klassisisme; studie/kennis van die klassieke tale. **clas·si·cal·i·ty** klassisiteit. **clas·si·cist** klassikus. **clas·si·cis·tic** klassisisties.

clas·si·fy klassifiseer, indeel, rangskik; orden; groepeer. **clas·si·fi·a·ble** indeelbaar. **clas·si·fi·ca·tion** klassifikasie, indeling, rangskikking. **clas·si·fied** *adj. (attr.)*: ~ *ad(vertisement)* geklassifiseerde/klein advertensie, snuffeladvertensie; ~ *information, (mil., pol.)* geklassifiseerde inligting. **clas·si·fieds** *n. (mv.)* geklassifiseerde/klein advertensies, *(infml.)* snuffelgids. **clas·si·fi·er** klassifiseerder.

clas·sing klassifisering, klassifikasie; klas, klassering *(v. wol)*.

clas·sis *classes, (relig.)* klassis, (kerk)ring.

class·ism *n.* klassediskriminasie, klassisme. **class·ist** *n.* klassediskrimineerder, klassis. **class·ist** *adj.* klassediskriminerend, klassisties.

class·less sonder klasse, klas(se)loos.

class·y *(infml.)* deftig, elegant, sjiek; smaakvol, stylvol; puik, eersteklas, superieur. **class·i·ness** *(infml.)* deftigheid, elegansie; smaakvolheid, stylvolheid.

clas·tic *(geol., biol.)* klasties.

clat·ter *n.* gekletter, gerammel; getrappel, gestommel. **clat·ter** *ww.* kletter, rammel, klepper; trappel, stommel; ~ *down* afdonder.

clau·di·ca·tion *(patol.)* kreupelheid; *intermittent* ~ bloedvatvernouingskreupelheid.

clause artikel; klousule; paragraaf; bysin, sinsdeel; *under the* ~ kragtens/volgens die artikel/bepaling.

claus·tral →CLOISTRAL.

claus·tro·pho·bi·a engte-, noutevrees, kloustrofobie. **claus·tro·pho·bic, claus·tro·phobe** *n., (engtevreeslyer)* kloustrofoob. **claus·tro·pho·bic** *adj.* kloustrofobies.

cla·vate, clav·i·form *(biol.)* knots-, kolfvormig.

clave *(verl.t., arg.)* →CLEAVE².

clav·e·cin *(Fr.)*, **clav·i·cem·ba·lo** *(It.)*, *(mus.)* klavesimbel. **clav·e·cin·ist** klavesinis.

clav·i·chord *(mus.)* klavichord.

clav·i·cle -*cles*, **cla·vic·u·la** -*lae*, *(anat.)* sleutelbeen, klavikel.

cla·vier, cla·vier *(mus.)* klawerbordinstrument; klawer-, toetsbord.

cla·vis *(Lat., arg.)* sleutel.

claw *n.* klou, poot; knyper, haak; *cut/pare s.o.'s/s.t.'s ~s, (infml., fig.)* iem./iets onskadelik maak; *get one's ~s into s.o., (infml., fig.)* iem. in jou kloue kry; *show one's ~s, (infml., fig.)* jou tande wys. **claw** *ww.* klou, krap; ~ *back* (gedeeltelik) terugvorder *(d.m.v. belasting ens.)*; herwin *(geld, grond, ens.)*; goedmaak *(verliese)*; inhaal, uitwis *(agterstand, voorsprong)*; terugwen *(aanhangers ens.)*; van agter terugkom *(om 'n wedstryd te wen)*. ~-**and-ball foot** klou-en-koeël-poot *(v. meubelstuk)*. ~**back** terugvordering. ~ **bar** klouyster. ~ **bolt** kloubout. ~ **chisel,** ~ **tool** tandbeitel. ~ **clutch** kloukoppelaar. ~ **hammer** klouhamer, spykertrekker. ~-**hammer coat** swaelstertbaadjie. ~ **hatchet** kloubyl. ~ **mark** pootmerk; kloumerk; krapmerk. ~ **plate** tandplaat. ~ **spanner,** ~ **wrench** haaksleutel.

claw·ed met kloue/knypers; *Cape* ~ *frog/toad* platanna; ~ *otter* kleinotter.

clax·on →KLAXON.

clay klei, leem; dagha; *have feet of* ~ →FOOT. ~ **bed** kleilaag. ~ **brick** rousteen. ~ **fever** mok(poot) *(by perde).* ~**mation** kleianimasie. ~ **mill** kleimeul(e). ~ **modelling** kleiwerk. ~ **pigeon** kleiduif, piering, kleiteiken. ~ **pigeon shooting** piering=, kleiteikenskiet. ~ **pipe** klei=, erdepyp. ~ **pit** kleigat, =groef.

clay·ey, clay·ish kleiagtig, kleierig, klei=; taai; ~ *soil* klei=, turfgrond. **clay·ey·ness, clay·ish·ness** kleierigheid.

clay·more *(hist.)* slagswaard *(v. Skotse Hooglanders).* ~ **(mine)** *(Am. mil.)* personeel=, kwesmyn.

clean *n.* skoonmaak, reiniging; wassing; opruiming; *give s.t. a* ~ iets skoonmaak/reinig; iets was; iets opruim. **clean** *adj.* skoon *(klere ens.)*; skoon, ongebruik, nuut *(vel papier ens.)*; fout(e)loos *(toetsvlug ens.)*; rein *(kernwapen ens.)*; onbesoedel(d) *(lug ens.)*; onbesmet, infeksievry *(wond ens.)*; opreg, eerlik; fatsoenlik, sedig, kuis, rein, eerbaar; skoon *(grap)*; skoon, netjies, gekorrigeer(d) *(kopie ens.)*; heeltemal, volkome, volslae; sierlik, vloeiend *(lyne ens.)*; gestroomlyn *(vliegtuig ens.)*; *(sl.)* onskuldig; *(sl.)* dwelmvry; *(sk.)* met 'n goeie gesondheidspas; rein, ko(u)sjer *(kos)*; *(relig.)* rein, onbevlek; sindelik; suiwer; *a* ~ ***bill of health*** 'n gesondheidspas; 'n bewys van geskiktheid; *make a* ~ ***breast of (one's role in) s.t.*** (jou rol in) iets eerlik/ronduit beken, met die waarheid (oor jou betrokkenheid by iets) uitkom; ~ ***content,*** *(wolbedryf)* skoonopbrengs; ~ ***copy*** skoon/netjiese afskrif/kopie; *make a* ~ ***copy*** 'n skoon afskrif/kopie maak; *a* ~ ***fight*** 'n eerlike geveg; *show s.o. a* ~ *pair of* ***heels*** vir iem. weghardloop; skoon onder iem. uithardloop; *make a* ~ ***job*** *of s.t.* jou deeglik/keurig van iets kwyt *(taak ens.)*; *be as* ~ *as a new* ***pin*** soos 'n (splinter)nuwe sikspens lyk; ~ ***proof*** gekorrigeerde/skoon proef, revisie(proef); ~ ***receipt*** afdoende ontvangsbewys; *start with a* ~ ***sheet*** →SHEET *n.*; ***spotlessly*** ~ silwerskoon; *a* ~ ***sweep*** →SWEEP *n.*; *as* ~ *as a* ***whistle*** silwerskoon; ~ ***wool*** skoon wol; saadvry(e) wol. **clean** *adv.* skoon; totaal, heeltemal, geheel en al, glad; ~ ***bowl*** *s.o., (kr.)* iem. skoon (uit)boul; ***come*** ~, *(infml.)* met die waarheid uitkom, rondborstig vertel, (op)bieg; ~ ***gone*** skoonveld, baie weg; ***keep*** *s.t.* ~ iets skoon hou; ***lick*** *s.t.* ~ iets uit=/skoonlek; ~ ***off*** morsaf; ~ ***outdistance*** *s.o.* skoon vir iem. weghardloop, skoon onder iem. uithardloop, iem. ver/vêr agterlaat; ***wipe*** *s.t.* ~ iets skoonvee. **clean** *ww.* skoonmaak, reinig; suiwer; opruim, aan die kant maak; poets *(mes= se)*; ~ *s.t.* ***down*** iets afvee; ~ *s.t.* ***off*** iets afwas; iets afspoel; iets afvee; iets afvryf/=vrywe; iets verwyder/afhaal; ~ *s.t.* ***out*** iets skoonmaak/uitvee; iets leegmaak *('n laai ens.)*; ~ *s.o.* ***out,*** *(infml.)* iem. uitskud (*of* kaal agterlaat/uittrek), iem. rot en kaal steel; *s.o.* ~*s* ***up*** iem. was hom/haar; iem. ruim op; *(infml.)* iem. wen/vat alles; ~ *s.t.* ***up*** iets skoonmaak; iets opruim/opknap (*of* aan die kant maak); iets opvee; *(infml.)* iets suiwer van misdaad *('n stad ens.)*; ~ ***up*** *one's act* →ACT *n.*. ~**-cut** skerp omlyn(d); glad gesny, netjies. ~**-fingered** eerlik, onomgekoop. ~**-handed** eerlik, onbesmet, onberispelik. ~**-limbed** mooi gebou(d). ~**-lined** gestroomlyn(d). ~**-living** deugsaam, ordentlik, eerbaar, fatsoenlik, betaamlik; kuis, rein. ~**-looking person** iem. met 'n oop gesig. ~**out:** *give s.t. a* ~ iets skoonmaak. ~**-shaven** glad/kaal geskeer. ~**up** skoonmaak, reiniging, opruiming; *(Am. sl.)* groot slag, vinnige wins; *give o.s. a* ~ jou was; *give s.t. a* ~ iets skoonmaak.

clean·er skoonmaker, =maakster; reiniger, reinigings=, skoonmaakmiddel; *take s.o. to the* ~*s, (infml.)* iem. uitskud (*of* kaal agterlaat/uittrek); *white* ~ witsel.

clean·ing skoonmaak, reiniging. ~ **agent** skoonmaakmiddel, reinigingsmiddel. ~ **aperture** spuigat. ~ **lady,** ~ **woman** skoonmaker, =maakster. ~ **material** skoonmaakstof. ~ **rod** wisser(stok).

clean·ly *adj.* netjies, sindelik. **clean·ly** *adv.* skoon, netjies; suiwer; eerlik. **clean·li·ness** sindelikheid, reinheid; ~ *is next to godliness* 'n rein liggaam is die naaste aan 'n rein hart.

clean·ness skoonheid, sindelikheid; reinheid, onskuld.

cleanse skoonmaak; reinig; ontsondig; suiwer. **cleanser** skoonmaker; wasser; reinigingsmiddel; purgasie, purgeermiddel.

cleans·ing skoonmaak, reiniging; suiwering. ~ **agent** skoonmaakmiddel, reinigingsmiddel. ~ **cream** reinigingsroom. ~ **department** reinigingsdiens. ~ **fluid,** ~ **liquid** reinigingsvloeistof. ~ **lotion** reinigingsvloeiroom.

clear *n.: in* ~, *(boodskap)* in gewone taal, nie in kode nie; *be in the* ~ uit die (*of* vry van *of* sonder) skuld wees; nie verdink word nie; buite gevaar wees; niks hê om weg te steek nie. **clear** *adj.* helder; onbewolk; onbeneweld; oop, leeg; vry, onbeset; skerp *(beeld ens.)*; deursigtig *(water ens.)*; suiwer *(klank ens.)*; vlek(ke)=loos *(vel ens.)*; ondubbelsinnig; seker; duidelik, klaarblyklik, voor die hand liggend; oortuigend *(oorwinning ens.)*; rein, skoon *(gewete)*; onbelemmer(d); sonder skuld; netto *(inkomste)*; netto, skoon *(wins)*; onbelas; skoon *(oppervlak)*; *(perdespring)* fout(e)loos *(rond[t]e)*; *be* ~ ***about*** *s.t.* iets duidelik begryp; ***all*** ~*!* alles veilig!; voor vry!; vooruit (maar)!; *give the* ***all*** ~ die veiligheidsein gee; sê dit is veilig; *(as)* ~ *as a* ***bell*** klokhelder; *the* ***coast*** *is* ~ alles (is) veilig; die gevaar is verby; ***crystal*** ~, *(lett.)* kristalhelder; *(fig.)* glashelder; *as* ~ *as* ***day(light)*** so duidelik soos daglig (*of* die dag), so helder soos glas; *three* ~ ***days*** drie volle dae; ~ ***glass*** helder glas; ~ ***height*** vryhoogte; *as* ~ *as* ***mud,*** *(infml.)* so helder soos koffiemoer; *be* ~ ***of*** ... vry/suiwer van ... wees; buite bereik van ... wees; ~ ***pine*** skoon greinhout; ~ ***receipt*** afdoende ontvangsbewys; ~ ***sky*** helder lug/hemel; ~ ***soup*** helder sop; *s.o. will not,* ***that*** *is* ~ iem. wil nie, dis nou klaar; *it is* ~ ***that*** ... dit is duidelik dat ...; *s.o. is* ~ ***that*** ... iem. is seker dat ...; *is* ***that*** ~*?* is dit duidelik?; ~ ***type*** helder druk; ~ ***wool*** skoon wol; saadvry(e) wol. **clear** *adv.* duidelik, helder; volkome, heeltemal, totaal; skoon, glad; vry, los; opsy; *the tree* ***fell*** ~ *of the roof* die boom het weg van die dak geval; ***get*** ~ los raak; ***get*** ~ *about s.t.* oor iets tot klaarheid kom; ***get*** ~ *of s.t.* van iets ontslae raak; ***get*** *s.t.* ~ iets goed begryp; ***hang*** ~ vry hang; ***keep*** ~ uit die pad bly; ***keep*** ~ *of s.o.* uit iem. se pad bly; ***keep*** ~ *of ..., (ook)* sku wees vir ..., ... ontwyk; ***make*** *o.s.* ~ jou duidelik uitdruk; *do I* ***make*** *myself* ~*?, (ook)* is dit duidelik?; ***make*** *s.t.* ~ iets verduidelik/verhelder/verklaar/toelig; ***stand*** ~*!* gee pad!, uit die pad (uit)!; ***stand*** ~ *of s.t.* van iets wegstaan; ***stay*** ~ wegbly, daaruit bly; ***steer*** ~ *of* ... van ... wegbly *(iets)*; uit ... se pad (*of* buite bereik van ...) bly, ... ontwyk/vermy *(iem.)*. **clear** *ww.* skoonmaak; opruim; uitwis; leegmaak; suiwer; verduidelik, ophelder; verhelder; vryspreek; van blaam suiwer; afdek *(tafel)*; baan *('n weg)*; oorspring; langs/oorheen skeer/stryk/gaan; uitsteek bo; afbetaal, vereffen *(rekening)*; verreken *(tjek)*; inklaar, uitklaar *(skepe)*; weggaan, trap; ontruim; lig *(briewebus)*; ruim *(masjien)*; vrymaak *(lyn)*; afhandel *(oproep)*; herstel *(defek)*; uitverkoop; *(weer)* ooptrek, opklaar; ~ *the* ***air*** →AIR *n.*; ~ *s.t.* ***away*** iets opruim/wegruim; iets uit die weg ruim; iets opklaar; ~ *s.o. of a* ***charge*** iem. van 'n aanklag vryspreek; ~ *the decks* →DECK *n.*; ~ *one's* ***name/reputation*** jou van blaam suiwer; ~ ***off/out,*** *(infml.)* loop, trap, laat spat; ~ ***off/ out!,*** *(infml.)* trap!, skoert!, maak dat jy wegkom!, weg hier!; ~ *s.t.* ***off*** iets verwyder; iets afbetaal *(skuld)*; ~ *s.t.* ***out*** iets opruim/skoonmaak; iets leegmaak *(laai, huis, ens.)*; ~ *s.o.* ***out,*** *(infml.)* iem. platsak maak; ~ *R1000* ***profit*** R1000 skoon wins maak; ~ ***stocks*** voorraad opruim; ~ *a* ***street,*** *(fig.)* 'n straat skoonvee; ~ *one's* ***throat*** keelskoonmaak; ~ ***up,*** *(weer)* opklaar, ooptrek; *(probleme ens.)* verdwyn; *it is* ~*ing* ***up*** dit (*of* die lug/weer) trek oop (*of* klaar op); ~ *s.t.* ***up*** iets opruim; iets opklaar/verklaar/verduidelik *('n geheim ens.)*; ~ *s.t.* ***with*** *s.o.* iem. se goedkeuring vir iets kry. ~ **air turbulence** *(lugv.)* helderlugturbulensie. ~**-cut** skerp omlyn(d), duidelik afgebaken(d). ~**-headed** helder denkend, skerpsinnig, verstandig. ~**-sighted** insigryk; skerpsinnig, skerpsiende; vooruitsiende *(blik)*. ~**-sightedness** insigrykheid; skerpsinnigheid, skerpsiendheid; vooruitsiendheid. ~ **signal** klaarsein. ~ **starch** kleurlose stysel. ~**way** *(Br.)* stuk pad waarop motoriste nie mag stilhou nie.

clear·ance oop(gekapte) plek/kol, (uitgekapte) oopte *(in bos)*; opruiming *(v. 'n krotbuurt ens.)*; tussenruimte; deurgangshoogte; *(lugv.)* toestemming om te land (*of* op te styg); *(sk.)* verkeersklaring, =vergunning; (uit/in)=klaring *(v. goedere ens.)*; vereffening *(v. skuld)*; verrekening *(v. tjek ens.)*; opruiming, uitverkoping; *(sport)* skoonmaakwerk, verligtingskop; ontruiming *(v. plakkers ens.)*; opheldering, verheldering; vry=, grondhoogte *(v. voertuie)*; speling, speelruimte; goedkeuring, toestemming, vergunning; ~ *inward(s)* inklaring; ~ *outward(s)* uitklaring; *port of* ~ uitklaringshawe; inklaringshawe; ~ *with* ... goedkeuring deur ... ~ **angle** vryloophoek. ~ **card** klaringskaart. ~ **certificate** *(bankwese, doeane)* klaringsbewys; ontslagbewys; *(inkomstebelasting)* belastingbewys, kwytbrief; *(versek.)* skadekwitansie; *(motorbelasting)* lisensiebewys; terugbesorgingsbewys. ~ **fee** klaringskoste. ~ **fit** vrypassing. ~ **hole** vrypasgat. ~ **lamp** breedtelamp. ~ **price** uitverkoop=, uitverkopingsprys. ~ **sale** uitverkoping, opruim(ings)verkoping.

clear·ing oop(gekapte) plek/kol, (uitgekapte) oopte *(in bos)*; verrekening; opruiming; in=, uitklaring; verheldering; vrymaking *(v. verbindinge)*. ~ **agent** *(teg.)* verhelderingsmiddel; *(doeane)* klaringsagent. ~ **and forwarding agent** klarings-en-versendingsagent. ~ **bank** verrekeningsbank. ~ **chisel** stokbeitel. ~ **fee** klaringskoste; verrekengeld. ~ **house** klaringshuis *(v. inligting ens.)*; *(ekon.)* verrekeningshuis, =kantoor; *(fig.)* deurvoermark; infoteek. ~ **house statement** verrekeningstaat. ~ **shower** nabui.

clear·ly duidelik, helder; beslis, ongetwyfeld, klaarblyklik, kennelik; onteenseglik; *stand out* ~ duidelik afgeteken staan; *think* ~ helder dink; *be* ~ *wrong* dit klaarblyklik mis hê.

clear·ness helderheid, klaarheid, klaarte, duidelikheid; oopheid, onbelemmerdheid.

clear·sto·ry →CLERESTORY.

cleat *n.* wig; klamp; klem; klou; klos *(v. toue)*; greep *(v. bajonet)*. **cleat** *ww.* (vas)klamp; klos; ~*ed shoes* klampskoene. ~ **nail** klampspyker.

cleav·a·ble klief=, splits=, kloof=, splytbaar. **cleav·a·bil·i·ty** klief=, splits=, kloof=, splytbaarheid.

cleav·age skeiding, gespletenheid; skeur; *(infml.)* borsgleuf; *(fig.)* kloof, skeuring, breuk, verdeeldheid; splyting *(v. kristalle)*; *(embriol.)* kliewing; *(chem.)* splitsing *(v. peptiedketting ens.)*; *(geol.)* kliewing *(in gesteentes)*; *(geol.)* splyting *(in minerale ens.)*. ~ **plane** kloofvlak *(v. gesteentes ens.)*; splyt=, kliefvlak *(v. minerale ens.)*.

cleave[1] *cleaved cleaved; cleft cleft; clove cloven* kloof, splits, splyt, skei; klief, deursny, =kap; oopkloof.

cleave[2] *clave cleaved, (poët., liter.):* ~ *to* ... aan ... (vas)=kleef/(vas)klewe; aan ... vashou; aan ... getrou bly.

cleav·er klower; kloof=, slagters=, vleisbyl.

cleav·ers, cliv·ers *(bot.)* kleefkruid.

cleek *n., (Sk.)* gryp=, klouhaak; *(gholf, vero.)* klapstok, klik. **cleek** *ww., (Sk.)* gryp.

clef (toon)sleutel; *bass* ~ F-sleutel, bassleutel; *treble* ~ G-sleutel, diskantsleutel.

cleft *n.* bars, spleet, kloof; ~ *in a rock* klipskeur. **cleft** *adj.* gekloof; geklief; gesplyt, gesplete; ~ ***grafting*** spleetent(ing); ~ ***leaf*** gesplete blaar; ~ ***lip*** gesplete lip, haaslip; ~ ***palate*** gesplete verhemelte; ~ ***stick*** knypstok; *in a* ~ ***stick,*** *(fig.)* in die knyp.

cleg perde=, steek=, blindevlieg.

cleis·to·gam·ic, cleis·tog·a·mous *(bot.)* kleistogaam, met geslote bestuiwing.

clem·a·tis, clem·a·tis bosrank, bobbejaantou; *(Clematis vitalba)* klematis, lemoenklimop, hegbosdruif.

clem·ent genadig; sag. **clem·en·cy** genadigheid, goedertierenheid; begenadiging; sagtheid; *show* ~ genade betoon; ~ *of the weather* sagtheid van die weer.

Clem·ent *(pous, heilige)* Klemens, Clemens.

clem·en·tine *(soort nartjie)* clementine.

clench *n.* (ferm) greep; klem; klamp. **clench** *ww.* (vas)gryp, klem; (om)klink, ombuig; bal *(vuis)*; →CLINCH; ~ *one's teeth* op jou tande byt, jou tande op mekaar klem. **clench·er** →CLINCHER.

Cle·o·pa·tra Kleopatra, Cleopatra.
clep·sy·dra -dras, -drae, (hist.) waterklok, -uurwerk.
clere·sto·ry, (Am.) **clear·sto·ry** -ries, (bouk.) bobeuk.
cler·gy geestelikheid, geestelikes, geestelike stand, predikante; *without benefit of* ~ sonder kerklike sanksie. ~**man** -men geestelike, predikant, dominee, leraar; *call a* ~ 'n predikant beroep. ~**woman** -women dominees-, predikantsvrou; vroulike predikant; priesteres; non.
cler·ic *n.* geestelike. **cler·i·cal** *adj.* geestelik, klerikaal; klerklik; ~ ***collar*** priesterboordjie; ~ ***error*** skryffout, verskrywing; ~ ***garb*** die geestelike kleed; ~ ***party*** kerklike party; ~ ***staff*** kantoorpersoneel, administratiewe/klerklike personeel; ~ ***work*** kerkwerk, kerklike werk; kantoor-, skryfwerk, klerklike werk. **cler·i·cal·ism** klerikalisme. **cler·i·cal·ist** klerikaal. **cler·i·sy** intelligentsia, intellektuele, geleerdes.
cler·i·hew clerihew, onsinrympie.
clerk klerk; skriba; koster; griffier; opsigter; (arg.) geletterde, geleerde; ***articled*** ~ →ARTICLE *ww.*; ***chief*** ~ hoofklerk; ~ *of the* ***court*** klerk van die hof; ~ *in* ***holy orders*** geestelike; lekepriester; ***principal*** ~ eerste klerk; ~ *of* ***works*** bouklerk, werkopsigter, bouopsigter. **clerk·ly** klerklik; klerikaal; geleerd; skoonskryf-.
clev·er slim, intelligent, skrander; knap, bekwaam; handig, behendig; oulik; oorlams; (infml.) slu, geslepe; ***clever!*** slimjan!; *as* ~ *as they* ***come*** so slim as kan kom (*of* as kome kan); *a* ~ ***feat*** 'n kunsstuk; *no matter* ***how*** ~ *s.o. is* al is iem. (ook) hoe slim; ***not over*** ~ nie danig slim nie; *a* ~ ***retort*** 'n snedige antwoord; *s.o. is* ***too*** ~ *by half,* (infml.) iem. is glad te slim; slim vang sy baas. ~**-clever** (infml., neerh.) alte slim; wysneusig, beterweterig. **clev·er·ly** knap, oulik, slim; fyntjies. **clev·er·ness** slimheid, intelligensie, skranderheid; knapheid, bekwaamheid; handigheid, behendigheid, vernuftigheid; (infml.) sluheid, geslepenheid.
clev·is trekstang; (mot.) vurk. ~ **pin** vurkpen.
clew (sk.) skoothoring (v. seil); bol gare/garing/tou/ens.; (i.d. mv.) hangmattoue; (Gr. mit.) draad.
cli·ché cliché, gemeenplaas, afgesaagde (*of* holrug geryde) uitdrukking; (druk.) drukplaat, cliché. **cli·ché(')d** afgesaag(d), holrug (gery), clichématig, clichéerig, clichéagtig, vol clichés.
click *n.* klik; getik, geklik; klik(klank), klap-, suigklank; (ge)knip; aanslag (v. perd). **click** *ww.* tik, klik; knip; klap (m.d. tong); aanslaan; (infml.) skielik besef/weet; (rek.) klik (met muis); ~ *one's* ***heels*** jou hakke klap; *everything* ~*ed* ***into*** *place* dit het skielik vir iem. duidelik geword (*of* iem. het skielik besef) hoe dinge inmekaar sit/steek; *it's* ***just*** ~*ed* ek het dit, nou weet ek; *s.o. just didn't* ~ ***on*** dit het heeltemal by iem. verbygegaan; ***they*** ~*ed,* (infml.) hulle het dadelik van mekaar gehou (*of* van die begin af goed klaargekom *of* dadelik aanklank/aansluiting [by mekaar] gevind); ~ ***with*** *s.o.,* (infml.) dadelik van iem. hou, van die begin af goed met iem. klaarkom, dadelik aanklank/aansluiting by iem. vind. ~ **beetle** kniptor, springkewer. ~ **lock** knipslot. ~ **wheel** palrat.
click·er (skoenmakery) uitsnyer; (druk.) opmaker; (masj.) klikpal.
click·e·ty-clack, click·e·ty-click (onom.) klikklak.
cli·ent klant (v. winkel); kliënt (v. regskundige ens.); *see a* ~ 'n kliënt te woord staan (*of* ontvang). ~ **state** vasalstaat.
cli·en·tele, cli·en·tage klante, klandisie; kliënte, kliënteel; praktyk; gevolg, volgelinge.
cliff krans, rotswand; steilte. ~ **dweller** grotbewoner. ~**hanger** situasie/verhaal vol spanning en onsekerheid; *be a* ~ naelskraap wees. ~**hanging** *adj.* (attr.) uiters spannende, naelbyt-, naelkou-. ~ **swallow** familieswa(w)el.
cli·mac·ter·ic →CLIMAX.
cli·mate klimaat, weers-, luggesteldheid; lug-, hemelstreek. **cli·mat·ic** klimaties, klimaats-; ~ *zone* klimaatgordel, -streek, lugstreek. **cli·ma·tise, -tize** akklimatiseer, gewoond maak. **cli·ma·tog·ra·phy** klimatografie, klimaat(s)beskrywing. **cli·ma·tol·o·gist** klimatoloog, klimaatkundige. **cli·ma·tol·o·gy** klimatologie, klimaatkunde, leer van die luggesteldheid. **clime** (poët., liter.) streek, geweste.
cli·max -maxes, *n.* hoogtepunt, toppunt, klimaks; eindvorm; (ekol.) klimaks(gemeenskap/plantegroei); orgasme; ***bring*** *s.t. to a* ~ iets tot 'n klimaks/hoogtepunt voer; ***come to*** (or ***reach***) *a* ~ 'n klimaks/hoogtepunt bereik; ***work up*** *to a* ~ tot 'n klimaks/hoogtepunt styg. **cli·max** *ww.* 'n hoogtepunt bereik, kulmineer; tot 'n klimaks/hoogtepunt voer; 'n orgasme bereik. **cli·mac·ter·ic, cli·mac·ter·ic** *n.* kritieke stadium; krisis, hoogtepunt; menopouse, oorgangsleeftyd, klimakterium; (bot.) klimakterium. **cli·mac·ter·ic, cli·mac·ter·ic** *adj.* klimakteries; kritiek. **cli·mac·tic** kritiek, op 'n hoogtepunt/toppunt.
climb *n.* klim; styging; klim-, stygvlug; *angle of* ~ stygghoek; *be a stiff* ~ steil wees. **climb** *ww.* klim, klouter; styg; beklim, bestyg, opgaan, opklim; ~ ***after*** *s.o./s.t.* agter iem./iets aan klim; ~ ***down*** afklim; terugkrabbel, 'n toontjie laer sing; ~ ***in*** inklim; (met inspanning) inklouter; ~ ***into*** *a car* in 'n motor klim/klouter; ~ ***into*** (or ***out of***) *one's clothes* jou klere aan-/uittrek; ~ ***s.t.*** iets klim ('n berg, trap, ens.); in iets klim ('n boom ens.); ~ ***up*** *s.t.* teen iets opklim. ~**down** terugkrabbeling.
climb·a·ble beklimbaar.
climb·er klimmer, beklimmer; klouteraar; rank-, klim-, slingerplant; klimyster; ~*'s friend* steekbossie, doringbos; (social) ~ aansiensoeker, (fig.) klimvoël.
climb·ing *n.* die klim, klimming. **climb·ing** *adj.* klimmend. ~ **ability** klimvermoë. ~ **fish,** ~ **perch** klim-, kloutervis, klimbaars. ~ **frame** klim-, klouterraam. ~ **iron** klimspoor, -yster. ~ **plant** klim-, rankplant. ~ **rope** klimtou. ~ **rose** rank-, klimroos.
clime →CLIMATE.
clinch *n.* greep; die vasval; ombuiging; beklinking, beseëling; *be in a* ~, (boksers) mekaar vashou; (infml., geliefdes) mekaar omhels; *put a* ~ *on s.o.* iem. vasvat. **clinch** *ww.* (vas)gryp; vasval; (om)klink, ombuig; (vas)klink; beklink, beseël, die seël druk op. ~ **bolt** klinkbout. ~ **nail** klinknael.
clinched: ~ *nail* geklinkte spyker; ~ *and riveted* aarden naelvas.
clinch·er klinknael; afdoende antwoord, doodhou, -skoot. ~ **tyre** flensband.
cling *clung clung* vassit, aanhang, (aan)kleef, (aan)klewe, (vas)klem; ~ *like a bur(r)/leech/limpet* klou soos klitsgras, (vas)klou, vassit; ~ *to* ... aan ... vassit (grond aan vingers ens.); aan ... klou; aan ... vasklou (verouderde sienswyses ens.). ~**film,** ~**wrap** kleefplastiek. ~**fish** suigvis. ~**stone peach** vaspit-, taaipitperske.
cling·ing nousluitend; aanhanklik, hangerig, klouerig, liefies. ~ **ape** bosduiwel. ~ **root** klimwortel.
cling·y klewerig, klouerig. **cling·i·ness** kleweriheid; klewing (v. wol).
clin·ic kliniek. **clin·i·cal** klinies; ~ *history* siektegeskiedenis; ~ *picture* siektebeeld; ~ *thermometer* kliniese termometer, koorstermometer, koorspen(netjie). **cli·ni·cian** klinikus.
clink[1] *n.* getinkel, gerinkel. **clink** *ww.* tinkel, klink; aantik; rym; ~ *glasses* glase klink. ~**stone** (geol.) fonoliet.
clink[2] (infml.: tronk) tjoekie, hok; *in the* ~ agter (die) tralies, in die tjoekie.
clink·er klinker, verharde massa; sinter, sintel, slakke; (Am. sl.) flop, mislukking; (Am. sl.) flater, blaps; (Am. sl.) verkeerde noot. ~ **(brick)** klinkersteen. ~**-built** oornaats gebou. ~ **concrete** sinterbeton. **clink·er·ing** sintering.
clink·ing *n.* geklink. **clink·ing** *adj.* & *adv.,* (infml., vero.) eersteklas; rêrig, deksels.
cli·no·graph (landm.) klinograaf. **cli·no·graph·ic** klinografies. **cli·nom·e·ter** helling-, klinometer.
clin·ton·ite (min.) klintoniet, clintoniet.
clip[1] *n.* knipsel, skeersel, woloes; die skeer/knip, skering; klap, hou; snelheid, vaart; *at a fast* ~, (infml.) taamlik vinnig, met 'n taamlike vaart. **clip** -pp-, *ww.* afknip; snoei, top; besnoei; (infml.) klap, slaan; skeer; fnuik, kortwiek; weglaat (spraakklanke); afbyt (woorde); knot, knip (vlerk); (naaldw.) insny; ~ *s.t. off* iets afknip; ~ *s.t. out* iets uitknip. ~ **art** (rek.) illustrasiepakket. ~ **card** knipkaart(jie). ~ **joint** (sl.) skeerhok, nagklub/ens. met buitensporige pryse. **clip·ped** (ook) beknop; ~ ***accent*** afgebete aksent; ~ ***coin*** besnoeide munt; ~ ***hedge*** gesnoeide heining; ~ ***pronunciation*** kort/afgebete uitspraak;~ ***voice*** staccato-stem. **clip·per** (sk.) klipper; knipper; skeerder; snoeier; knip-, skeermasjien, skêr; (elek.) afsnyer, afkapper; vinnige perd/ens.; (infml.) doring, haan. **clip·pers, clips** (boom/draad/kaartjie[s]/nael/ens.)knipper; (haar)knipper. **clip·pie** (sl.) konduktrise. **clip·ping** *n.* die skeer; skeersel; uitknipsel; vag; afsnysel; (i.d. mv. ook) afval. **clip·ping** *adj.,* (infml.) uitstekend, 'n doring van 'n ...; *at a* ~ *pace,* (infml.) met 'n dolle vaart.
clip[2] *n.* knippie; knyper; klem, klou; tang; klemplaat; klemhaak; beuel; werwel; inlaaiplaatjie (v. geweer); *ammunition/bullet* ~ laaiplaatjie. **clip** -pp-, *ww.* (vas)klem, vasklou; (arg.) omhels; ~ *s.t. onto* ... iets aan ... vaspeld; iets met 'n knippie aan ... vasmaak. ~**board** knyperbord; (rek.) buffer(geheue). ~ **bolt** klembout. ~ **hooks** muishake. ~**-on** *adj.* aanknip- (blinding ens.).
clip-clop *n.* klikklak, geklop (v. perdepote ens.). **clip-clop** -pp-, *ww.* klikklak.
clique kliek, groep, faksie, koterie. **cli·quish, cli·qu(e)y** kliekerig, aanmekaarkoekerig, geslote. **cli·quish·ness** kliekerigheid.
clit·o·ris (anat.) klitoris, kittelaar.
cliv·ers →CLEAVERS.
clo·a·ca -cae, (soöl.) kloaak, kloaka, aarsopening; (arg.) riool, vullisgat; sinkput, slykpoel.
cloak *n.* (kort) mantel; omhulling, bedekking, laag; (fig.) dekmantel; *under the* ~ *of* ... onder die dekmantel van ... (geheimhouding ens.). **cloak** *ww.* die/'n mantel omsit; omhul; (be)dek, verberg, verhul. ~**-and-dagger play** spioenasiedrama. ~**room** kleedkamer; waskamer; bewaar-, bagasiekamer.
cloak·ing mantelstof.
clob·ber (sl.) moker, foeter; kafloop, kafdraf, op sy herrie gee, 'n groot pak (slae) gee, laat les opsê, opkeil; swaar tref; kortvat, vasvat, aan die pen laat ry.
cloche klokhoedjie; (glas/plastiek)kap.
clock[1] *n.* klok, horlosie, oorlosie; ***against*** *the* ~ in die grootste haas; ***around/round*** *the* ~ twaalf/24 uur aaneen (*of* per dag), dag en nag ononderbroke; *everything is done* ***by*** *the* ~ alles gaan volgens die klok; ***clean*** *s.o.'s* ~, (sl.) iem. behoorlik afransel/bykom/opdons; *the* ~ *is* ***fast*** die horlosie/oorlosie/klok is voor; *the* ~ ***gains*** die horlosie/oorlosie/klok loop voor; *the* ~ *does not* ***go*** die horlosie/oorlosie/klok loop nie; *the car has 20 000 kilometres* ***on*** *the* ~, (infml.) die motor het al 20 000 kilometer afgelê; ***put*** *a* ~ ***back*** 'n horlosie/oorlosie/klok agteruit stel; ***put/set/turn*** *the* ~ ***back*** die wys(t)ers terugdraai; (fig.) in die verlede leef/lewe; ***put*** *a* ~ ***forward/on*** 'n horlosie/oorlosie/klok vorentoe sit; ***read*** *the* ~ op die horlosie/oorlosie kyk, kyk hoe laat dit is; ***set*** *a* ~ 'n horlosie/oorlosie/klok stel; *the* ~ *is* ***slow*** die horlosie/oorlosie/klok is agter; *the* ~ ***strikes*** die klok/horlosie/oorlosie slaan; *ten/etc.* ***strokes*** *of the* ~ tien/ens. slae van die klok/horlosie/oorlosie; ***watch*** *the* ~ die horlosie/oorlosie dophou; net wag om op te hou (werk). **clock** *ww.* tyd meet; (Br. sl.) dophou; ~ ***in/on*** inklok; begin werk; ~ ***out/off*** uitklok; ophou werk; ~ ***six/etc. hours*** *for the marathon* die marat(h)on in ses/ens. uur aflê/hardloop; ~ ***s.o.*** (one), (Br. infml.) iem. 'n opstopper/oorveeg (*of* taai klap) gee; ~ *s.t.* ***up,*** (infml.) iets bereik (120 km/h ens.); iets aflê ('n afstand ens.); iets oploop (skuld ens.). ~ **card** loonkaart. ~**face** wys(t)erplaat. ~ **golf** (sport) klokgholf. ~ **hand** wys(t)er. ~**maker** horlosie-, oorlosiemaker. ~ **radio** wekkerradio, radiowekker. ~ **tower** kloktoring. ~**-watch** *ww.* met die een oog op die horlosie/oorlosie werk, net wag om op te hou (werk). ~**-watcher** horlosie-, oorlosieloerder, minuteteller. ~-

watching gedurige dophou van die horlosie/oorlosie. **~wise** kloksgewys(e), regs om; ~ *rotation* regsomdraaiing. **~work** ratwerk; klokwerk; meganiek; *like (*or *as regular as)* ~ so gereeld soos 'n klok; *go like* ~ seepglad verloop. **~work mechanism** veermeganisme. **~work train** opwentreintjie.

clock[2] *n., (vero.)* pyltjie *(op 'n kous).*

clock[3] *ww., (Sk.)* kloek; uitbroei *(eiers);* →CLUCK. **clocker, clock·ing hen** broeis hen.

clod klont, kluit, aardklomp; *(infml.)* dom=, klipkop, pampoen(kop), aap, bobbejaan, swaap; nekstuk *(v. beesvleis).* **clod** *=dd=, ww.* klont(er). **~hopper** lummel, lomperd; ghwar, japie, gawie; *(i.d. mv.: groot, swaar skoene)* kiste. **~hopping** lomp, grof. **~pate, ~pole, ~poll** dom=, klipkop, pampoen(kop), aap, bobbejaan, swaap.

clod·dish lomp, grof; torrerig; gevoelloos.

clod·dy klonterig, kluiterig.

clog *n.* blok (aan die been); hindernis; verstopping, belemmering; houtsoolskoen, klomp; *pop one's ~s* →POP *ww..* **clog** *=gg=, ww.* 'n blok aan die been bind, hinder, belemmer; teë=, teenhou, rem; verstop; verstop raak; ~ *up* verstop raak; vassit; *be/get all ~ged up* heeltemal verstop wees/raak. **~dance** klompedans.

clog·gy kluiterig, klonterig; klewerig, taai.

cloi·son·né *(Fr., beeldende kuns)* cloisonné.

clois·ter *n.* klooster; klooster=, kruisgang, suilegang, =galery; kloosterlewe, afsondering. **clois·ter** *ww.* in 'n klooster sit; opsluit, afsonder; *a ~ed life* 'n kluisenaarsbestaan/=lewe, 'n afgesonderde/beskutte/beskermde bestaan. ~ **vault** kloostergewelf.

clois·tral, claus·tral kloosteragtig, kloosterlik, klooster=; afgesonder(d); kleingeestig, kleinsielig, bekrompe.

clone *n., (biol., rek.)* kloon. **clone** *ww.* (ver)kloon. **clon·al** klonaal. **clon·ing** (ver)kloning, kloonvorming.

clonk *n.* klonk(geluid), klonk-klonk; *get a ~ on the head, (infml.)* 'n harde hou teen die kop kry. **clonk** *ww.* klonk; *(infml.)* moker, hard slaan.

clo·nus *=nuses, (med.)* klonus, kloniese kramp, herhalingskramp. **clon·ic** klonies.

cloop *(onom.)* klaps, floep, poef.

clop-clop →CLIP-CLOP.

close[1] *n.* keerom(straat); kerkterrein; speelterrein; binnehof, =plaas; omheinde ruimte; *cathedral* ~ domkerkterrein. **close** *adj.* naby, na; dig, gesluit, geslote, toe; kort *(haarsnit);* heg; innig, intiem; na *(familie);* getrou, noukeurig *(vertaling);* grondig, diepgaande, indringend; *(sokker ens.)* kort *(aangee);* bedompig, drukkend, broeiend *(atmosfeer ens.);* nousluitend, =passend *(mus ens.);* bedek, verborge, geheim; geheimsinnig, geheimhoudend, swygsaam; suinig, gierig, inhalig; beperk; skaars; afgesonder(d); verbode; ~ ***adviser*** intieme/vertroude raadgewer; ~ ***analysis*** fyn/indringende ontleding; ~ ***argument/reasoning*** klemmende redenering; ~ ***arrest*** geslote arres; ~ ***attention*** noukeurige/noulettende aandag; *it was a* ~ ***call*** dit was so hittete *(of* 'n noue ontkoming); ~ ***column/formation*** geslote kolonne; ~ ***combat/fighting*** handgemeen; ~ ***confinement*** geslote arres; beperkte (beweeg)ruimte; ingehoktheid; ~ ***contest*** gelyke stryd; *~(d)* ***corporation****, (Am.)* private maatskappy; *(SA)* beslote korporasie; geslote groep; ~ ***fertilisation/=zation*** selfbestuiwing; ~ ***finish*** gladde afwerking; kop-aan-kop-uitslag; *it is a* ~ ***fit*** dit is nog net nommer pas; dit gaan net in/deur; ~ ***friend*** boesemvriend; *(i.d. mv.)* dik/intieme vriende; ~ ***harmony****, (mus.)* digte harmonie; ~ ***observer*** noukeurige waarnemer; *in* ~ ***order*** in geslote orde/geledere; kort opmekaar; ~ ***prisoner*** streng bewaakte gevangene; ~ ***proximity*** onmiddellike nabyheid; *at* ~ ***quarters*** op kort afstand; van digby/naby; opmekaar; *come/get to* ~ ***quarters*** handgemeen/slaags raak; ~ ***questioning*** skerp ondervraging; *at* ~ ***range*** op kort afstand; op klein skoot(s)afstand; ~ ***reading*** noulettende lees; ~ ***relation/relative*** naverwant, naasbestaande; ~ ***resemblance*** sterk ooreenkoms; ~ ***season*** geslote jag; *~r* ***settlement*** digter nedersetting; *it was a* ~ ***shave/thing*** dit was so hittete/amper(tjies) *(of* 'n noue ontkoming); ~ ***siege*** digte insluiting/omsingeling; ~ ***support*** byderhandse steun; ~ ***texture*** fyn weefsel; *have* ~ ***ties*** *with s.o.* noue bande met iem. hê; *be in* ~ ***touch*** *with s.o.* in noue aanraking met iem. wees; ~ ***vote*** gelyke stemming; ~ ***weather*** broeierige/bedompige weer; ~ ***writing*** fyn skrif. **close** *adv.:* *~r* ***and*** *~r* al hoe nader; ~ ***behind*** kort agter; ~ ***by*** naby, digby, vlak by; byderhand; *~r* ***by*** naderby, digterby; ***come*** ~ *to* ... na aan ... kom; ***draw*** *~r* nader kom; ~ ***on/upon*** *(a hundred)* by/naby (die honderd), byna (honderd); ~ ***to*** ... naby *(of* na aan) ...; *from* ~ ***up*** van naby *(of* vlak by); *sail* ~ *to the* ***wind*** skerp seil. **~-cropped** kort/kaal geknip. **~-down** sluiting. **~-fisted** vrekkerig, suinig, inhalig, gierig; vashoudend. **~-fitting** nousluitend, =passend. **~-fought struggle** harde/taai stryd. **~-grained** digkorrelrig; fyn van draad. **~-harmony** *adj. (attr.):* ~ *singing* sang in digte harmonie; ~ *trio/etc.* trio/ens. wat in digte harmonie sing. **~-hauled** *(seil)* digby die wind, oor een boeg. **~-knit** heg. **~-mouthed** swygsaam. **~-order drill** dril in geslote orde. **~-run** naelskraaps, naelskraap=. **~-set:** ~ *eyes* oë wat naby mekaar sit; ~ *print* dig/kompak gesette (druk)letters. **~-shaven** glad geskeer. **~-stool** *(hist.)* stilletjie, stelletjie, kommode. **~-up** vlakby/digby opname/foto.

close[2] *n.* (af)sluiting, slot, einde; afloop; *(mus.)* slot; *(jur.)* sluiting *(v. pleitstukke);* ***at the*** ~ aan die einde/end; ***bring*** *s.t. to a* ~ iets tot 'n einde/end bring; *at the* ~ *of* ***business*** met sluitingstyd; by kantoorsluiting; by beurssluiting; *at the* ~ *of* ***day*** teen die aand; ***draw*** *to a* ~ ten einde loop; *at the* ~ *of* ***play*** met uitskeityd.

close *ww.* toemaak, sluit; afsluit, beëindig; afhandel; saamvoeg; toegaan; afloop, eindig, ten einde loop; akkordeer, ooreenkom; aanmekaarspring, slaags raak; ~ ***about/around/round*** ... ... omsluit; ~ *a* ***bargain*** 'n koop (af)sluit; ~ *the* ***breach*** in die bres tree; ~ *a* ***chapter*** 'n hoofstuk afsluit; 'n tydperk afsluit; ~ *the* ***door*** *on s.o./s.t.* →DOOR; ~ ***down*** sluit, toemaak; ~ *s.t.* ***down*** iets sluit/toemaak; iets verbied; ~ *one's* ***eyes*** jou oë sluit/toedruk *(vir iets);* jou oë bedek *(met jou hande);* ~ *a* ***gap*** 'n gaping oorbrug; ~ ***in*** nader kom; opskuif, =skuiwe; *(dae)* korter word; ~ *s.t.* ***in*** iets insluit; ~ ***in*** *on/upon s.o.* iem. omsingel; iem. omring; ~ *s.t.* ***off*** iets afsluit/versper *('n straat ens.);* iets afsper *('n gebied ens.);* ~ *with* ***prayer*** met gebed (af)sluit; ~ *(the)* ***ranks*** die geledere sluit; ~ ***up*** toegaan; verstop raak; ~ ***up*** *like a clam (*or *an oyster), (infml.)* tjoepstil bly/raak; ~ *s.t.* ***up*** iets toemaak; iets afsluit; ~ ***with*** *s.o.* met iem. handgemeen/slaags raak; 'n transaksie met iem. beklink.

closed gesluit, geslote, toe, dig; ~ ***book*** →BOOK *n.;* ~ ***car*** toe motor; ~ ***circuit*** geslote/toe baan, geslote (stroom)kring; ~ ***door****, (lett.)* toe deur; *(fig.)* geslote deur; *with* ~ ***eyes*** toe-oog, toe-oë, met toe oë; ~ ***face*** toe gesig *(v. skaap);* ~ ***mind*** geslote gemoed; ~ ***position*** geslote/toe stand; ~ ***season*** geslote seisoen; ~ ***session*** geslote sitting/sessie; ~ ***shop****, (vakbondwese)* geslote geledere; ~ ***space*** besloten ruimte; ***tightly*** ~ dig gesluit; bot=, pottoe, potdig; ~ ***user group****, (rek.)* geslote gebruikersgroep. **~-circuit battery** russtroombattery. **~-circuit television** kringtelevisie, geslotebaantelevisie. **~-end(ed) trust** geslote trust.

close·ly dig; eng, nou; streng, skerp, noukeurig; dig opmekaar; innig; ~ ***argued/reasoned*** logies beredeneer(d); *be* ~ ***bound*** *up with one another* ten nouste met mekaar saamhang; ~ ***connected*** eng verbonde; ***guard*** *s.o./s.t.* ~ iem./iets streng bewaak; ***listen*** ~ aandagtig/skerp/goed luister; ***look*** ~ *at* ... ... noukeurig beskou; ***look*** *more* ~ *at* ... ... nader *(of* van naderby) beskou; ~ ***packed*** dig opmekaar; ***question*** *s.o.* ~ iem. skerp ondervra; ~ ***related*** na/nou verwant. **~-woven fabric** digweefstof.

close·ness nabyheid; digtheid; nouheid; geslotenheid; innigheid; bedompigheid, s(w)oelheid, s(w)oelte, broeiendheid; agterhoudendheid; suinigheid; onsekerheid *(v. uitslag).*

clos·er *n.* sluiter, sluitsteen; sluiting.

clos·et *n., (Am.)* (inloop)kas, kabinet, bergruimte, bewaar=, bêrekamertjie; *(vero.)* kamertjie, kabinet, binnekamer; *(vero.)* privaat, gemak(huisie), toilet; *come out of the* ~ *, (fig.)* openlik daarvoor uitkom; uit die kas klim/kom, jou homoseksualiteit openbaar maak. **closet** *ww.* opsluit, afsonder; *be ~ed with s.o.* agter geslote deure met iem. praat, in die geheim met iem. beraadslaag. ~ **play** leesdrama. ~ **scholar** kamergeleerde.

clos·ing sluiting; afsluiting; genesing; sluitend. ~ **address,** ~ **speech** slotwoord, sluitingsrede. ~ **ceremony** (af)sluitingsplegtigheid, =seremonie. ~ **day,** ~ **date** sluitingsdag, =datum. ~ **dividend** slotdividend. **~-down** stopsetting, stillegging. **~-down sale** likwidasie-uitverkoping, sluitingsuitverkoping. ~ **hour,** ~ **time** sluitingsuur, =tyd. ~ **hymn** slot(ge)sang. ~ **price** slot=, sluitingsprys. ~ **ring** sluitring. ~ **scene** slottoneel. ~ **sentence** slotsin. ~ **stock** eindvoorraad. ~ **time** sluitingstyd, =uur, toemaaktyd; *(elek.)* sluittyd. ~ **voltage** sluitspanning. ~ **words** slotwoord(e).

clo·sure *n.* sluiting, stopsetting; sluitingsreg; debatsluiting; genesing *(v. wond); (meg.)* sluiter, sluiting. **clo·sure** *ww.* die sluiting(sreg) toepas.

clot *n.* klont, klodder; (bloed)stolsel, (bloed)klont; *(infml.)* aap, swaap, bobbejaan, mamparra, idioot. **clot** *=tt=, ww.* klont(er), klonte vorm; *(bloed)* dik word, stol, stulp; *~ted blood* gestolde bloed; *~ted/Devonshire cream* dik room, devonshireroom. **clot·ting** klont(er)ing, klontvorming; stolling; ~ *time* stollingstyd. **clot·tish** *(infml.)* dom, onnosel, toe, sotlik. **clot·ty** klonterig.

cloth weef=, kledingstof, materiaal; linne; doek, lap; kleed(jie); tafeldoek, =kleed; kleed, ampsgewaad *(v. geestelike); (sk.)* seilbaan; *(teat.)* gordyn; *a* ***bolt*** *of* ~ 'n rol (kleding)stof; ***bound*** *in* ~ in linneband; *cut one's* ***coat*** *according to one's* ~ →COAT *n.;* ***draw*** *the* ~ die tafeldoek afhaal; ~ *of* ***gold*** goudlaken; ***lay*** *the* ~ (die) tafel dek; *a* ***man*** *of the* ~ 'n geestelike; ~ *of* ***silver*** silwerlaken; ***the*** *~,* die geestelikheid/geestelikes *(of* geestelike stand). ~ **binding** linne=, stempelband. ~ **boards** linneomslag. ~ **bolt** stoflengte. **~bound** in linne gebind, linneband= *(boek).* ~ **cap** lap-pet. ~ **duster** stoflap, =doek. **~-eared** *(infml.)* hardhorend. ~ **glove** geweefde handskoen. ~ **hall** lakenhal. ~ **hat** laphoed. ~ **length** stuk=, stoflengte. ~ **merchant** handelaar in kledingstowwe. ~ **printing** patroondruk. ~ **width** stofbreedte. **~-yard** *(vero.)* el *(37 duim);* el-stok.

clothe klee, beklee; inklee; bedek; *be ~d in* ... in ... geklee(d) wees; ~ *s.t. in words* iets in woorde inklee, iets onder woorde bring; ~ *s.o. with powers* iem. met bevoegdhede beklee.

clothes klere, kleding; beddegoed; ~ *and* ***all*** met klere en al; *a* ***change*** *of* ~ skoon klere; 'n verkleding; ***change*** *one's* ~ jou skoon aantrek; jou verklee; ***get into*** *one's* ~ jou (klere) aantrek; ~ *make the* ***man****, (sprw.)* die vere maak die voël; *with one's* ~ ***off*** sonder jou klere; *have one's* ~ ***on*** jou klere aanhê; *with one's* ~ ***on*** in/met jou klere; *in* ***plain*** ~ in gewone drag/klere; ***put*** *one's* ~ *on* jou (klere) aantrek; ***spend*** *everything on* ~ alles aan jou lyf hang; ***take*** *one's* ~ *off* jou (klere) uittrek; ***wear*** ~ klere dra. ~ **bag** wasgoedsak. ~ **basket** linne=, wasgoedmandjie. ~ **brush** klereborsel. ~ **dryer,** ~ **drier** wasgoeddroër. ~ **hanger** klerehanger, skouertjie. **~horse** klerestander; *(infml.)* swierbol, modegek, fat, blinkmeneer. **~line** wasgoeddraad, =lyn. ~ **man:** *(old)* ~ ~ klerekoper. ~ **moth** kleremot. ~ **peg,** *(Am.)* **~pin** wasgoedpen(netjie), =knyper(tjie). ~ **post,** ~ **prop** wasgoedpaal. **~-press** klerekas. ~ **rack** klerestander; klererak. ~ **shop** klerewinkel. ~ **wringer** wringmasjien, wringer.

clo·thi·er kleremaker; klerehandelaar; handelaar in kledingstowwe.

cloth·ing kleding, klere, klerasie; bedekking; bekleding; inkleding; *an article of* ~ 'n kledingstuk. ~ **allowance** kleregeld, =toelaag, =toelae. ~ **fabric,** ~ **material** kledingstof. ~ **industry** klere=, klerasiebedryf. ~ **wool** klerewol; kaardwol *(i.d. Eng. stelsel).* ~ **worker** klerewerker.

cloud *n.* wolk; *a* ~ ***bursts*** 'n wolk breek; ***cast*** *a* ~ *on/upon s.t.* 'n skadu(wee) óp/oor iets gooi/werp; ***drop*** *from the ~s* uit die wolke val; wakker skrik, ontnugter raak; ***the*** *~s* ***gather*** die wolke pak saam, die lug trek toe; *have (*or *be with* or *go/walk round with) one's **head** in the ~s, **live** in the ~s, (fig.)* in die lug sweef/swewe, in illusies leef/lewe, onrealisties wees; verstrooid (*of* in 'n dwaal) wees; *be (up) **in** the ~s, (fig.)* in die wolke wees; *every ~ has a silver **lining*** geen kwaad sonder baat, by elke ongeluk 'n geluk, daar is altyd 'n geluk by 'n ongeluk, geen ongeluk nie of daar is 'n geluk by, agter die wolke skyn tog die son; *~ of **night*** nagtelike duister; *be on ~ **nine,** (infml.)* in die sewende hemel wees; *be **on** a ~, (fig., infml.)* in die wolke wees; *be **under** a ~* onder verdenking staan/wees; in onguns wees; *a ~ of **words*** 'n woordevloed. **cloud** *ww.* bewolk; oorskadu; verduister, benewel, vertroebel, verdonker; *s.o.'s face ~s **over*** iem. se gesig verdonker; *the sky ~s **over*** die lug trek toe, die wolke pak saam; *s.t. ~s the window **up*** iets laat die ruit aanwasem. ~ **bank** wolkbank. ~**burst** wolkbreuk. ~ **canopy** wolk(e)dak. ~**-capped** in wolke gehul. ~ **ceiling,** ~ **height** wolkhoogte. ~ **chamber** newelkamer. ~ **cover** wolkbedekking; bewolking(sgraad). ~**-cuckoo-land,** ~**land** droomland, =wêreld. ~ **formation** wolkformasie, wolkebou; wolkvorming. ~ **layer** wolk(e)laag. ~ **rack** wolk(e)stapel. ~**scape** wolkehemel, wolk(e)massa. ~ **veil** wolk(e)sluier. ~ **warbler** klopkloppie.

cloud·ed bewolk, betrokke; duister; somber, bedruk; troebel; *~ with uncertainty* in 'n wolk van onsekerheid.

cloud·ing a·gent troebelmiddel.

cloud·less wolk(e)loos, onbewolk, helder.

cloud·y bewolk; newelagtig, dyns(er)ig; wolkerig, troebel; duister, onduidelik; triest(er)ig, triets(er)ig, droewig, droefgeestig, ongelukkig; *~ wool* wisselkleurwol. **cloud·i·ness** bewolktheid, bewolkingsgraad; wolkerigheid, troebelheid; newelagtigheid, dyns(er)igheid; duisterheid, onduidelikheid; triest(er)igheid, triets(er)igheid, droewigheid, droefgeestigheid, ongelukkigheid.

clough *n., (dial.)* kloof, skeur, ravyn.

clout *n., (infml.)* hou, klap, opstopper; *(infml.)* (politieke) invloed/mag/gewig/slaankrag; *(teg.)* grootkopspyker; *(arg.)* doek, lap; *ne'er cast a ~ till May be out, (sprw.)* moenie jou wintersklere voor einde Mei wegpak nie; *have (a lot of) ~, (infml.)* (baie) invloed hê. **clout** *ww., (infml.)* klap, 'n hou/klap/opstopper gee, klits; *(teg.)* met grootkopspykers beslaan; *(arg.)* lap. ~ **nail** grootkopspyker.

clove[1] (kruie)naeltjieboom; (kruie)naeltjie. ~ **brandy** naeltjie(s)brandewyn. ~ **oil** naeltjie(s)olie. ~ **pink,** ~ **gillyflower** (gras)angelier.

clove[2] skyfie, huisie; *~ of garlic* knoffelhuisie.

clove[3]**:** ~ **hitch** kniehalterknoop, =slag, maswerkknoop.

clo·ven gesplete, gekloof; geklief; *~ foot* spleetvoet; *~ hoof* gesplete hoef; *the ~ hoof, (fig.)* die bokspoot; *show the ~ hoof, (fig.)* jou ware gedaante toon; die aap uit die mou laat. ~**-footed,** ~**-hoofed** met gesplete hoewe, twee=, spleethoewig; *(fig.)* duiwels, satanies.

clo·ver klawer; *be/live in ~, (infml.)* lekker leef/lewe, die vet(tigheid) van die aarde geniet. ~**leaf** *=leaves* klawerblaar. ~**leaf (intersection)** *(Am.)* klawerbrug, =kruising. ~**seed** klawersaad.

clown *n.* nar, hanswors; grapjas, grapmaker; maltrap, malkop; lomperd; dwaas, stommerik. **clown** *ww.: ~ (it)* gekskeer, die gek skeer. **clown·er·y, clown·ing** hansworst(t)ery, gekskeerdery, grapmakery, narrestreke; dwaasheid. **clown·ish** naragtig; potsierlik, komies; belaglik, verspot, dwaas, gek; lomp.

cloy oorlaai, oorversadig, (laat) walg; **cloy·ing** *(ook fig.)* soetlik, walglik soet, soetsappig, stroperig, sieklik. **cloy·ing·ness** soetlikheid, stroperigheid, soetsappigheid.

cloze test *(opv.)* sluit(ings)toets.

club *n.* knuppel, (knop)kierie, knots; gholfstok; klub, vereniging; *(i.d. mv., kaarte)* klawers; *(sk.)* seilspar; horrel=, klompvoet; *be in the (pudding) ~, (Br. infml.)* ('n baba/kind) verwag, in die ander tyd wees, kruiwa (*of* die mol) stoot; *(Indian) ~* (swaai)knots; *join the ~!, (infml.)* jy ook!. **club** *=bb=, ww.* (met 'n kierie/geweerkolf) (dood)slaan, doodknuppel; moker; *~ in* bydra, 'n bydrae lewer; *~ together* saammaak, =werk, =span *(om vir iets te betaal);* 'n klub vorm. ~ **bore** *(infml.)* Vervelige Fanie. ~ **class** *(lugv.)* besigheidsklas. ~ **easy** klubstoel. ~ **fellow** klubmaat. ~ **foot** horrel=, klompvoet. ~**-footed** met 'n horrel=/klompvoet. ~ **hammer** mokerhamer. ~ **hand** klomphand. ~ **head** *(gholf)* (stok)voet. ~**house** klubgebou. ~**land** klubbuurt; klubwêreld. ~ **law** vuisreg. ~ **length** *(gholf)* stoklengte. ~**man** klublid; gereelde klubbesoeker. ~ **member** klublid. ~ **moss** *(bot.)* wolfsklou, kolfmos. ~ **room** klubkamer. ~ **root** *(plantsiekte)* dikvoet(siekte), knopwortel. ~ **sandwich** klubtoebroodjie *(met drie of meer snye).* ~**-shaped** knuppel=, kolf=, knotsvormig.

club·(b)a·ble *(w.g.)* geskik *(vir lidmaatskap v. 'n klub);* gemoedelik, gesellig, vriendelik.

club·bed knots=, met 'n knop; knots=, knuppelvormig; *~ finger* knopvingers.

cluck *n.* kloek(geluid). **cluck** *ww.* kloek(-kloek). **cluck·ing** *(ook)* broeis.

clue leidraad, spoor, wenk, aanduiding, aanwysing; sleutel *(tot oplossing);* idee; *follow up a ~* die spoor volg; *s.o. hasn't (got) a ~ about s.t., (infml.)* iem. het geen benul (*of* nie die vaagste idee) van iets nie, iem. weet glad nie/niks (*of* verstaan geen snars) van iets nie; *hold the ~ to s.t.* die sleutel tot iets hou. **clue** *ww.: ~ s.o. in about s.t., (infml.)* iem. oor iets inlig, iem. van/met iets op (die) hoogte bring; *be ~d up about/on s.t., (infml.)* goed oor iets ingelig wees, weet wat aangaan. **clue·less** oningelig; dom, onnosel, *(infml.)* toe.

clum·ber (span·iel) *(soort hond)* clumberspaniël, =spanjoel.

clump *n.* bos, klomp; swaar voetval; dowwe slag; brok; klont, kluit *(grond ens.);* pol *(gras);* klos *(hare);* tros *(piesangs);* groep(ie) *(mense); (fisiol.)* klomp; dubbele/ekstra sool *(v. skoen); (infml.)* hou, opstopper; *~ of trees* klompie bome. **clump** *ww.* swaar loop/trap; klont(er); *(fisiol.)* verklomp; *(infml.)* moker, 'n hou/opstopper gee; *~ s.t. down* iets neerplak. **clump·ing** klontvorming; verklomping.

clum·sy lomp, onhandig, onbeholpe *(iem.);* onhanteerbaar *(iets);* lomp *(verskoning ens.);* onbeholpe *(antwoord ens.); clumsy!* (jou) mamparra!. **clum·si·ness** lompheid, onhandigheid, onbeholpenheid; onhanteerbaarheid.

Clu·ni·ac *n., (monnik)* Cluniacenser. **Clu·ni·ac** *adj.* Cluniacensies, Cluniacenser=.

clus·ter *n.* tros; bos(sie); groep(ie); hoop, hopie, klompie; kompleks; *(mil.)* tros *(bomme, myne, ens.); (astron.)* swerm, bondel, klos; *(ling.)* klankgroep, kluster; *(chem., statist.)* tros; *(mus.)* (toon)tros; *(bouk.)* bundel *(suile); ~ of jewels* juwelekrans(ie); *~ of mines, (mil.)* myntros; *~ of stars* sterswerm. **clus·ter** *ww.* 'n tros (*of* trosse) vorm; klompies maak; swerm; koek; (saam)tros; *~ (a)round ... ...* omring; *houses/etc. ~ed (a)round a church/etc.* huise/ens. rondom 'n kerk/ens.. ~ **bomb** trosbom. ~ **bug** groen stinkbesie. ~ **compound** *(chem.)* trosverbinding. ~ **disa** monnikskappie. ~ **fig** trosvy. ~ **gear** veelrat. ~ **houses** meent=, troshuise. ~ **housing** meent=, trosbehuising. ~ **pine,** ~ **fir** seeden. ~ **raisins** trosrosyne, =rosyntjies. ~ **sample** *(statist.)* trossteekproef. ~**-shaped** trosvormig. ~ **star** swermster.

clus·tered saamgetros, bondel=, bundelvormig, bondels=, bundelsgewys(e), gebondel(d), gebundel(d); *~ column/pillar* suilebundel, gekoppelde suil.

clutch[1] *n.* greep, gryp; klou; *(mot.)* koppelaar; koppeling; ***disengage** the ~* die koppelaar trap, ontkoppel; ***engage** the ~* die koppelaar los, inkoppel; ***fall into** s.o.'s ~es* in iem. se kloue beland; *be **in** the ~es of ...* in die greep/kloue van ... wees; *stay **out of** s.o.'s ~es* uit iem. se kloue bly. **clutch** *ww.* gryp, vat; vasgryp; krampagtig vashou; ruk; *~ at s.t.* na iets gryp; aan iets vasklou *(ook fig.); ~ at straws* →STRAW. ~ **bag** palmhandsak(kie). ~ **gear** koppelrat. ~ **pedal** koppelpedaal. ~ **pencil** drukpotlood. ~ **rod** koppelaarstang. ~ **shaft** koppelaaras. ~ **spring** koppelaarveer.

clutch[2] *n.* nes (vol) eiers; *(eiers, kuikens, ens.)* broeisel; *(mense)* groep, klomp, spul. **clutch** *ww.* uitbroei.

clut·ter *n.* rommel, warboel; wanorde; *(dial.)* geraas, lawaai, verwarring; *(radar)* sluiering, sluier(eggo's), steureggo's; *be in a ~, (kamer ens.)* deurmekaar wees. **clut·ter** *ww.* te vol maak; (op)vul; oorlaai; stommel; kletter, rammel, lawaai maak; *~ (up) a place* 'n plek vol rommel maak; 'n plek volprop/volstop. **clut·tered** *(ook)* rommelrig; *be ~ with ...* vol ... lê/staan/wees, met ... besaai(d) wees, 'n warboel van ... wees.

Clydes·dale clydesdale, (Skotse) trek=/werkperd.

clyp·e·us *clypei, (entom.)* kopskild.

clys·ter *(med., arg.)* →ENEMA.

Cnut →CANUTE.

co- *pref.* ko=, saam=, same=, naas=, mede=, mee=.

co·ac·cused medebeskuldigde, =beklaagde.

coach *n.* (toer)bus; koets, rytuig; poskoets; *(spw.)* passasiers=, spoorwa; breier, afrigter; opleier; studieleier; *drive a ~ and horses through s.t., (infml.)* iets maklik ontsenu *('n argument ens.);* iets maklik omseil *('n wet ens.).* **coach** *ww.* voorberei, oplei; brei, afrig, dril, oefen; (in 'n koets) ry; (in 'n koets) vervoer; *~ s.o. for/in s.t.* iem. vir/in iets afrig; iem. op iets voorberei; *~ s.o. to ...* iem. afrig om te ... ~ **box** bok; wa=, voorkis. ~**builder** wamaker, rytuigbouer, =maker. ~ **horse** koets=, kar=, trekperd. ~ **house** waen=, koetshuis. ~**load** →BUSLOAD. ~**man** *=men* koetsier. ~ **station** busstasie. ~ **tour** bustoer. ~ **trip** busrit; *(vir plesier)* busuitstappie. ~**work** bak=, koetswerk. ~**works** rytuigfabriek.

coach·ing koets ry; afrigting *(vir eksamens/sport).* ~ **stock** *(spw.)* passasierswaens.

co·act saamwerk, saam optree. **co·ac·tion** samewerking; wisselwerking; *(vero.)* dwang.

co·ad·ju·tor medewerker, helper, assistent. ~ **bishop** assistentbiskop.

co·a·gent helper, medewerker. **co·a·gen·cy** hulp, medewerking.

co·ag·u·late (laat) stol/stulp *(bloed);* (laat) vlok/skif/klodder/(saam)klont(er); dik maak; *(melk)* dik word, verdik, strem; *(chem.)* koaguleer. **co·ag·u·lant, co·ag·u·lat·ing a·gent** stolmiddel; uitvlok(kings)middel; stremstof; *(chem.)* koaguleermiddel, koagulant. **co·ag·u·la·tion** stolling; klont(er)ing; vlokking; skifting; stremming, verdikking; koagulasie, koagulering. **co·ag·u·lum** *=ula* stolsel, stremsel.

coak *(houtwerk)* taptand.

coal *n.* (steen)kool, kole; ***brown/wood** ~* bruinkool, ligniet; ***burn** ~* steenkool as brandstof gebruik; ***carry** ~s to Newcastle* water in/na die see dra, uile na At(h)ene bring/dra; ***hard** ~* antrasiet; ***haul** s.o. over the ~s* iem. oor die kole haal (*of* voor stok kry *of* die leviete voorlees *of* laat les opsê *of* berispe/roskam); ***heap** ~s of fire on s.o.'s head* vurige kole op iem. se hoof hoop, kwaad met goed vergeld; *a **live** ~* 'n vurige kool. **coal** *ww.* steenkool inneem/inlaai, bunker; van kole/steenkool voorsien; verkool. ~ **basin** steenkoolbekken. ~**-bearing** steenkoolhoudend. ~ **bed** steenkoollaag. ~**-black** pik=, git=, koolswart. ~ **box** steenkoolbak. ~ **bunker** steenkoolbunker, =ruim; (steen)koolhok. ~**-burning,** ~**-fired** met steenkool gestook, steenkoolstokend. ~**-burning ship** steenkoolstoker, koolstookskip. ~ **chute** koolstortgeut. ~ **cleaning** steenkoolsuiwering, =veredeling. ~ **cutter** steenkoolsaag. ~ **dust** steenkoolstof, =gruis. ~**face** blootgelegde steenkoollaag. ~**field** steenkoolveld. ~ **fire** (steen)koolvuur. ~ **gas** steenkool=, lig=, stadsgas. ~ **heaver** steenkooldraer. ~ **hold** steenkoolruim. ~ **hole** *(Br., infml.)* koolkelder. ~ **master,** ~ **owner** steenkoolmyneienaar. ~ **measures** *(mv.), (ook C~ M~)* steenkoolformasie *(ook S~).* ~ **meter** koolmeter. ~ **mine,** ~ **pit** steenkoolmyn. ~ **miner** steenkoolmynwerker. ~ **mining** steenkoolbedryf. ~ **oil** keroseen. ~ **pan** vuurtessie. ~ **scoop** steenkoolskop, =bak. ~ **scuttle** steenkoolbak, =emmer. ~ **seam** steenkoollaag. ~ **shed** steenkoolhok. ~ **shovel** steenkoolgraaf, =skop. ~ **smoke** steenkooldamp, =rook. ~ **stove** steenkoolstoof. ~ **strike** steenkoolstaking. ~ **tar** koolteer. ~ **tender** steenkoolwa, tender. ~ **tip** steenkoolstorter. ~ **tip truck** steenkoolwipwa, =wiptrok. ~ **tongs** steenkooltang. ~ **trimmer** steenkooltremmer. ~ **truck** steenkoolwa, =trok. ~ **tub** steenkoolkuip. ~ **vein** steenkoolaar, =laag. ~ **whipper** steenkoollaaier; steenkoolskepbak. ~**wood** koolhout. ~ **yard** steenkoolwerf.

coal·er steenkooldraer; steenkoolskip; steenkooltrein.

co·a·lesce saamgroei, ineengroei, vergroei; saamvloei, =smelt, verenig, koaliseer. **co·a·les·cence** saamgroei=ing, vergroeiing, vergroeidheid; samesmelting, =vloei=ing, vereniging. **co·a·les·cent** saamsmeltend, =vloei=end; saamgesmelt, vergroei(d).

coal·ing steenkoollaaiery. ~ **capacity** steenkoolruim=te. ~ **hook** steenkoollaaihaak. ~ **plant** steenkoollaai=toestel. ~ **station** steenkoolstasie.

co·a·li·tion koalisie, alliansie, vereniging, verbond, bondgenootskap; eenwording, samesmelting. **co·a·li·tion·ist** koalisionis.

coal·y, coal·ie *n.* steenkooldraer. **coal·y** *adj.* steen=koolagtig.

coam·ing *(sk.)* luikhoof, =rand *(op 'n skip)*; spoelboord, kuiprand *(op 'n boot)*; *(bouk.)* luiklys.

coarse grof, ru; platvloers, vulgêr, onbehoorlik; kru, onguur; skurf *(grap)*; minderwaardig, sleg, swak, van slegte gehalte/kwaliteit; ~ ***bread*** growwe brood, se=melbrood; ~ ***fodder*** ruvoer; ~ ***quick*** litjieskweek; ~ ***wool*** growwe wol. **~-grained** grofdradig, grof van draad *(hout)*; grofkorrelrig, grof van korrel; *(fig.)* grof, onbeskaaf(d).

coars·en vergrof. **coars·en·ing** vergrowwing.

coarse·ness grofheid, growwigheid, ruheid; platheid.

coast *n.* kus; *the ~ is **clear*** →CLEAR *adj.*; *just **off** the ~* baie naby die kus; ***on** the ~* aan/op die kus; *the **Wild** C~* die Wilde Kus. **coast** *ww., (motor)* vryloop; *(fietser)* vrywiel ry; rol, gly; (vry) dryf/drywe; teen die afdraand(e) afgly; langs die kus vaar; *(fig.)* luier; *~ along* ry sonder om te trap *(op 'n fiets)*; voortry son=der om petrol te gee *(met 'n motor)*; jou nie inspan nie; *~ to victory* op 'n drafstap wen. ~ **grass** hoen=derspoor. **~guard** kuswag. **~guardsman** kuswagter. **~line** kuslyn. ~ **rat** sandmol. ~ **road** kuspad.

coast·al kus=; ~ ***battery*** kusbattery; ~ ***belt*** kusstreek; ~ ***fortress*** seevesting; ~ ***lake*** strandmeer; ~ ***plot*** kus=erf; ~ ***road*** kusweg, =pad; ~ ***shipping/trade*** kus=vaart; ~ ***vessel*** kusvaarder.

coas·tel drywende hotel.

coast·er kusboot, =vaarder; kusbewoner; kraffiestaan=der; drupmatjie; (rodel)slee; tuimeltrein. ~ **brake** te=rugtraprem.

coast·ing trade kusvaart.

coast·wise langs die kus; *~ sea lane* (or *seaway*) kus=roete.

coat *n.* baadjie; jas; oorjas; laag *(stof, verf, ens.)*; vag, vel, pels, haarkleed, =bedekking *(v. dier)*; dekvlies, be=kleding, omhulsel, wand; aanpaksel; *~ of **arms*** wa=pen(skild), familiewapen; *cut one's ~ according to one's **cloth*** jou rieme na jou vel sny, die tering na die ne=ring sit, binne jou vermoë lewe/leef; *wear the **king's** ~* soldaat wees; *~ of **mail*** pantser, maliekolder; *~ of **paint*** laag verf, verflaag; ***put** on one's ~* jou baadjie/jas aantrek; ***remove*** (or ***take** off*) *one's ~* jou baadjie/jas uittrek; *~ **and skirt*** baadjiepak; ***trail** one's ~* uittar=tend/uitdagend wees, rusie/skoor soek; ***turn** one's ~* (na die vyand) oorloop. **coat** *ww.* beklee, (be)dek, oortrek; verf, 'n verflaag gee; bestryk. ~ **collar** jaskraag; baadjiekraag. ~ **dress** jasrok, =tabberd. ~ **hanger** klere=hanger. ~ **pocket** baadjiesak; jassak. ~ **rack** kapstok. ~ **shirt** toeknoophemp. ~ **stand** jasstaander. **~-tail** jas=pant; baadjiepant; *on s.o.'s ~s* met iem. se hulp.

coat·ed met die/'n baadjie/jas aan; gejas; omhul, be=klee(d), oorgetrek; aangeslaan *(tong)*; getint *(lens)*; be=stryk *(papier)*; *~ fabric* waterdigte stof; *be ~ with ...* met 'n laag ... bedek wees *(modder, stof, ens.)*; vol ... wees *(bloed ens.)*.

coat·ee, coat·ee *(Br.)* jakkie, kort baadjie; dames=baadjie.

co·a·ti *=tis,* **co·a·ti·mon·di, co·a·ti·mun·di** *=dis, (soöl.)* neusbeer.

coat·ing jasstof; laag; deklaag; kleed, bekleding, be=dekking; bestryking; aanpakking, aanpaksel. ~ **batter** dekbeslag. ~ **sauce** deksous.

coat·less sonder baadjie, in hempsmoue.

co·au·thor medeskrywer.

coax *ww.* flikflooi, soebat, pamperlang, vlei, mooi=praat; *~ s.o. into doing s.t.* iem. met mooipraat so ver/vêr kry om iets te doen; *~ s.t. from* (or *out of*) *s.o.* iets met mooipraat uit iem. kry. **coax·er** flikflooier, vleier. **coax·ing** *n.* flikflooiery, geflikflooi, gesoebat, vleiery, gevlei, mooipraatjies. **coax·ing** *adj.*, **coax·ing·ly** *adv.* flikflooiend, vleiend.

co·ax·i·al eenassig, koaksiaal; *~ cable* konsentriese/koaksiale kabel.

cob[1] *n.* mannetjieswaan, swaanmannetjie; poon; brood; (mielie)kop, =stronk; *corn on the ~* groenmielie(s); *the maize is forming ~s* die mielies kop. ~ **meal** stronk=meel. ~ **pipe** stronkpyp. ~ **worm** kopwurm.

cob[2] *n.* strooiklei, mengsel van klei en strooi. ~ **brick** strooisteen.

cob[3] *=bb=, ww.* slaan, pak gee; dors; breeksorteer; gooi.

co·balt *(chem., simb.: Co)* kobalt. ~ **bloom** kobaltblom. ~ **blue** kobaltblou. ~ **bomb** kobaltbom. ~ **glance** ko=baltglans, kobaltiet. ~ **green** kobaltgroen. ~ **yellow** kobaltgeel.

co·bal·tian kobalties.

co·bal·tine, co·bal·tite kobaltglans, kobaltiet.

cob·ble[1] *n.* kei, (ronde) klip, straatklip; *(i.d. mv. ook)* herd=, vuissteenkool. **cob·ble** *ww.* met keie (*of* ronde klippe) uitlê. ~ **ore** brok-erts. **~stone** kei(steen), straatklip, =kei.

cob·ble[2] *ww.* (saam)lap, saamflans; skoene lap; *~ to=gether* saamflans. **cob·bler** skoenmaker; *(soort mengel=drankie/vrugtetert)* cobbler; *~'s wax* skoenmakerspik.

co·bel·lig·er·ent medeoorlogvoerende.

cob·nut haselneut.

co·bra (de ca·pel·lo) koperkapel, kapel(slang), kobra; *brown ~* bruinkapel; *Cape/yellow ~* geelslang; *spectacled ~* brilslang.

cob·web *n.* spinnerak; *blow away the ~s* vars lug laat deurwaai; *~s in the brain* muisneste in die kop. **cob·web** *adj.* ragfyn; swak, yl. **cob·web** *=bb=, ww.* met spinnerakke oortrek; spinnerakke vorm. **cob·web·by** vol spinnerakke; vol haarklowery; (rag)fyn, spinne=rakagtig.

co·ca koka(plant).

co·caine kokaïen.

coc·cus *=ci* kokkus, koeëlbakterie, bolvormige bak=terie; deelvruggie. **coc·cid** dopluis. **coc·ci·di·o·sis** *=oses* koksidiose. **coc·coid** kokkusvormig.

coc·cyx *=cyges, =cyxes* stuit=, stertbeen, koksiks. **coc·cyg·e·al** stuit(been)=; *~ region* stuitstreek, stuitjie; *~ vertebra* stertwerwel.

Co·chin *(geog.)* Cochin; cochinhoender. ~ **China** *(hist.)* Cochin-China.

coch·i·neal, coch·i·neal *(entom.)* cochenille, kosje=niel, skarlakenluis.

coch·le·a *=leae, (anat.)* slak(ke)huis, koglea *(v.d. oor)*; *(bot.)* krulpeul. **coch·le·ar** slak(ke)huis=, kogleêr; spi=raalvormig.

cock[1] *n.* (hoender)haan; haan, mannetjie(s)(voël); mannetjie *(v. kreef, krap, ens.)*; afsluitkraan, afsluiter; weerhaan; *(taboesl.: penis)* voël; (gespanne) haan *(v. 'n geweer)*; *(Br. infml.)* (my/ou) maat; swaai na bo; op=waartse beweging; skewe hoedstand; opgeslane rand *(v. hoed)*; *(infml.)* kaf, twak, bog, nonsens, nonsies; *(vero.)* hanekraai; *that ~ won't **fight**, (infml.)* daardie vlieër gaan nie op nie; *live like **fighting** ~s, (infml.)* 'n koninklike lewe lei; *at **full** ~, (vuurwapen)* oorgehaal; *at **half** ~, (vuurwapen)* in die rus; *go off at **half** ~, (vuur=wapen)* ontydig afgaan; *(infml.)* deur voorbarigheid misluk; ***old** ~, (infml.)* ou kêrel; *be ~ of the **walk*** kaatjie van die baan (*of* haantjie die voorste) wees. **cock** *ww.* oorhaal *(geweer)*; *(fot.)* span, oorhaal *(sluiter)*; buig *(knie, pols, ens.)*; skuins hou; optrek; →COCKED; *~ (up) one's **ears*** jou ore spits; *~ one's **eye** at s.o.* vir iem. knipoog; *~ **a gun*** 'n geweer oorhaal; *~ one's **hat*** jou hoed skeef opsit; jou hoed opslaan; *~ **a marble*** 'n albaster op 'n (grond)hopie sit; *~ one's **nose*** jou neus optrek; *~ **a snook** at s.o.* →SNOOK[2]; *~ **up**, (sl.)* droog=maak, aanjaag, knoei, brou; *~ s.t. **up**, (sl.)* iets opmors/verbrou/verongeluk, 'n groot/mooi gemors van iets maak. **~-a-doodle-doo** koekelekoe. **~-a-hoop** uit=gelate, opgetoë, hoog in jou skik, in jou noppies; punt in die wind; hanerig, parmantig. **~-a-leekie, ~yleeky** preisop. **~-and-bull story** *(infml.)* lieg=, twak=storie. **~bird** haan, mannetjie(s)voël. **~chafer** *(en=tom.)* lentekewer. **~crow** hanekraai, dagbreek; *at ~* met hanekraai/dagbreek, douvoordag. **~eye** *(infml.)* skeeloog; uilskuiken. **~eyed** *(infml.)* skeel; krom, skeef; absurd, belaglik, gek, laf, simpel, verspot; hoender=kop, gekoring, getrek, aangeklam. **~fight** hanege=veg. **~fighting** hanevegtery. **~loft** bosolder. **~pit** stuurkajuit *(v. vliegtuig)*; sitruimte *(in kano/renmotor)*; *(sk.)* (stuur)kuip; *(sk., hist.)* siekeboeg; slagveld, veg=terrein; vegkamp *(vir hane)*. ~ **robin** rooiborsie. **~shy** *=shies, (Br., vero.)* kol, skyf; gooi; *(fig.)* mikpunt, doel=wit. ~ **sparrow** mossiemannetjie, mannetjiemossie; *(fig.)* (kapok)haantjie, hanerige kêreltjie. **~spur** hane=spoor. **~spur (grass)** *(Echinochloa crus-galli)* hane=poot(gras). **~spur (hawthorn)** *(Crataegus crus-galli)* hanespoor, =poot. **~sure** oorvol selfvertroue; selfin=genome, verwaand, arrogant. **~sureness** selfingeno=menheid, verwaandheid, arrogansie. **~teaser** *(vulg. sl., neerh.)* kulkoekie, tril=, trultreiteraar. **~up** *(sl.)* deur=mekaarspul, (groot) gemors, fiasko, (klaaglike) misoes; *(druk.)* hoë (begin)letter; *make a ~ of s.t.* iets opmors/verbrou/verongeluk, 'n groot/mooi gemors van iets maak.

cock[2] *n.* opper, wind=, graan=, hooihopie. **cock** *ww.* gerwe regop (*of* in hopies) sit, oppers maak.

cock·ade kokarde.

Cock·aigne, Cock·ayne *(Me. legende)* Kokanje, Luilekkerland.

cock·a·lo·rum haantjie, hanerige mannetjie/ens.; *high ~* groot kokkedoor; *high/hey/hay ~, (speletjie)* bok-bok-staan-styf.

cock·a·ma·mie *(Am. infml.)* belaglik, gek, laf, simpel, onsinnig *(idee ens.)*.

cock·a·tiel, cock·a·teel *(orn.)* kokketiel.

cock·a·too, cock·a·too *(orn.)* kaketoe(a).

cock·a·trice *(fabelmonster)* basilisk, slangdraak.

cock·boat, cock·le·boat (skeep)sloep, (skeeps)=bootjie.

cocked opgeslaan; oorgehaal; *~ hat* punthoed, steek, driekantige hoed; opgeslane hoed; *knock s.o. into a ~ hat, (infml.)* iem. oorskadu/uitstof (*of* na niks laat lyk nie); iem. opdons/vermorsel (*of* pap slaan).

Cock·er: *according to ~* volkome in die haak; volgens die vereistes.

cock·er[1] *n.* haangevegentoesias, =aanhanger; veghaan=boer; veghaanafrigter. ~ **(spaniel)** *(soort hond)* cock=erspanjoel, =spaniël, sniphond.

cock·er[2] *ww., (w.g.)* vertroetel, verwen.

cock·er·el jong haan(tjie).

cock·horse *n.* hobbelperd. **cock·horse** *adj.* hoog in die saal, uitgelate; hoogmoedig.

cock·ish hanerig.

cock·le[1] *n.* hart=, kammossel; mosselskulp; *warm the ~s of one's heart* jou hartsnare roer/aanraak. **~boat** →COCKBOAT. **~shell** mosselskulp; *(fig.)* klein bootjie.

cock·le[2] *n., (bot.)* koringblom, bolderik; brand *(in ko=ring)*; *(i.d. mv.)* aaltjiesgal *(in graan)*. **~bur** *(bot.)* kan=kerroos; *spiny ~* boetebossie.

cock·le[3] *n.* rimpel, plooi, vou, kreukel. **cock·le** *ww.* (laat) rimpel/plooi/vou/kreukel; *~d cloth/fabric* rimpel=stof.

cock·ney *(dikw. C~)* cockney; Cockney(aksent/dialek).

cock·roach kakkerlak, kokkerot.

cocks·comb, cox·comb hanekam; *(bot.: Celosia* spp.) hanekam; *(infml.)* wintie, ydeltuit. **cockscomb grass** kamgras.

cocks·foot *=foots, (bot.)* kropaar(gras), langblomgras.

cock·tail[1] skemerkelkie, mengeldrankie; (garnaal/kreef/vrugte/ens.)kelkie; *a (powerful) ~ of drugs* 'n (krag=tige) dwelmmengsel/=drankie/=konkoksie; *Molotov ~* petrol=, bottelbom. ~ **bar** drank=, mengbuffet; huis=buffet, skemerkroeg; skinkhoekie. ~ **cabinet** drank=kabinet. ~ **effect** mengeleffek. ~ **frock** skemertab=

berd. ~ **glass** skemerkelkie. ~ **hat** skemerhoed(jie). ~ **lounge** dameskroeg. ~ **mixer** drankmenger, kroegman, skinker; →COCKTAIL SHAKER. ~ **onion** snoepuitjie. ~ **party** skemer(kelk)party(tjie). ~ **sausage** snoepworsie. ~ **shaker,** ~ **mixer** mengfles. ~ **snack** snoephappie. ~ **stick** peusel-, snoepstokkie.

cock·tail[2] stompstert(perd); halfbloed([ren]perd/ens.); *(arg.)* parvenu. **(black)** ~ **ant** wipstert-, wipgatmier.

cock·tailed stompstert; stert-in-die-lug.

cock·y parmantig, astrant, bekkig, rammetjie-uitnek, hanerig, verwaand, eiewys. **cock·i·ness** parmantigheid, astrantheid, bekkigheid, hanerigheid, verwaandheid, eiewysheid.

co·co -*cos* klapperboom, kokospalm, -boom; klapper; →COCONUT. ~ **de mer** *(Fr.)* seeklapper, meerkokos, dubbele klapper. ~ **fibre,** ~ **matting** klapperhaar.

co·coa, ca·ca·o kakao. ~ **bean** kakaoboon. ~ **butter** kakaobotter.

co·co·nut klapper, kokosneut; *that accounts for the milk in the* ~ dan is dit die ding!. ~ **cake** klapperkoek. ~ **filling** klappervulsel. ~ **ice** klapperys. ~ **mat** klapperhaar-, kokosmat. ~ **milk** klapper-, kokosmelk. ~ **oil,** ~ **butter** kokos-, klapperolie. ~ **palm,** ~ **tree** kokospalm, -boom, klapperboom. ~ **pudding** klapperpoeding.

co·coon kokon *(ook fig.)*, papie(huisie). **co·coon** *ww.* 'n kokon vorm; toespin; *(Am., fig.)* jou in 'n kokon toespin, jou in 'n kokonbestaan terugtrek. **co·cooning** kokonbestaan; die toespin in 'n kokon.

co·co·pan *(mynw.)* koekepan, *(<Xh.)* ghollowan.

Co·cos Is·lands Kokoseilande.

co·cotte *(Fr.)*, *(kookk.)* cocotte; *(vero.)* cocotte, prostituut.

co·cred·i·tor medeskuldeiser.

coc·tion *(w.g.)* kokery.

cod[1] *cod(s), n., (igt.)* (Europese) kabeljou; *Cape* ~ Kaapse kabeljou; *dried* ~ klipvis. ~**-liver oil** lewertraan. ~ **roe** kabeljoukuit.

cod[2] *n., (vero.)* dop, (saad)peul, skil; *(vero., taboe)* balsak, skrotum, teelsak. ~ **end** sak *(v. treknet)*.

cod[3] -*dd-, ww., (Br. infml.)*: ~ *s.o.* iem. vir die gek hou, met iem. die gek skeer, iem. 'n poets bak (*of* 'n streep trek).

co·da *(mus.)* koda; *(ballet)* slottoneel.

cod·a·ble kodeerbaar. **cod·a·bil·i·ty** kodeerbaarheid.

co·da·mine *(chem.)* kodamien.

cod·dle *n.* troetelkind(jie). **cod·dle** *ww.* vertroetel, verwen, (op)piep, verpiep; *(kookk.)* wel *(eiers)*; ~*d egg* gewelde eier. **cod·dler** troetelaar.

code *n.* kode; seinkode; seinboek; stelsel; wetboek; reglement, (ongeskrewe) wet; gedragslyn, (stel gedrags)reëls, voorskrifte; *(telef., rek.)* kode; ~ *of **behaviour/conduct*** gedragskode; ***break*** *a* ~ 'n kode ontsyfer; ***civil*** ~ burgerlike wetboek; ***criminal/penal*** ~ wetboek van die strafreg; ~ *of **ethics*** etiese kode; ~ *of **honour*** erekode; ***in*** ~ in geheimskrif; ~ *of **morality*** sedewet(te); ***Morse*** ~ morsekode; ***Napoleonic*** *C*~, (Fr.) *C*~ *Napoléon* Code Napoléon. **code** *ww.* kodeer. ~ **book** kodeboek. ~ **breaker** kodeontsyferaar. ~ **language** geheimtaal. ~**name** kodenaam. ~ **number** kodenommer. ~**word** kodewoord.

co·debt·or medeskuldenaar.

co·de·fend·ant medeverweerder.

co·deine *(med.)* kodeïen.

cod·er kodeerder.

co·dex -*dices* kodeks.

cod·fish = COD[1].

codg·er *(infml.)* vent, kêrel, snaar, ou.

cod·i·cil *(jur.)* kodisil *(v. 'n testament)*; aanhangsel, byvoegsel, toevoegsel.

cod·i·fy kodifiseer. **cod·i·fi·ca·tion** kodifikasie, kodifisering. **cod·i·fi·er** kodifiseerder.

cod·ing kodering.

co·di·rec·tor mededirekteur.

cod·lin(g) (stoof)appel. ~ **moth** kodling-, appelmot.

co·do·nor medeskenker.

co·driv·er medebestuurder.

cods·wal·lop *(Br. sl.)* twak, snert, nonsens, nonsies.

co-ed *n., (Am. infml.)* meisie-, vrouestudent. **co-ed** *adj., (afk.)* →COEDUCATIONAL.

co·ed·it saam redigeer. **co·e·di·tion** saamdruk. **co·ed·i·tor** mederedakteur.

co·ed·u·ca·tion koëdukasie, ko-edukasie. **co·ed·u·ca·tion·al** gemeng; ~ *school* gemengde skool, koëd(ukasie)-, ko-ed(ukasie)skool.

co·ef·fi·cient *(wisk.)* koëffisiënt, ko-effisiënt; ~ *of **conduction*** geleidingskoëffisiënt, -ko-effisiënt; ~ *of **elasticity*** rekgetal; ~ *of **expansion*** uitsettingskoëffisiënt, -ko-effisiënt; ~ *of **self-induction*** →SELF-INDUCTANCE.

coe·la·canth *(igt.)* selakant.

coe·len·ter·ate holtedier.

coe·len·ter·on -*tera, (soöl.)* liggaamsholte, oerderm.

coe·li·ac, *(Am.)* **ce·li·ac** abdominaal, seliak-, buik(holte)-; ~ *artery* ingewandslagaar; ~ *disease* seliaksiekte, seliakie.

coe·lom, *(Am.)* **ce·lom** -*loms,* -*lomata, (soöl.)* rompholte, seloom.

coe·lu·ro·saur selurosourus.

coe·no·bite, ce·no·bite kloosterling, monnik.

co·en·ti·tled medegeregtig.

co·en·zyme *(biochem.)* koënsiem, ko-ensiem.

co·e·qual gelyk(waardig). **co·e·qual·i·ty** gelyk(waardig)heid.

co·erce dwing, forseer; afdwing; ~ *s.o. into doing s.t.* iem. dwing om iets te doen.**co·er·ci·ble** dwingbaar.

co·er·cion dwang; *means of* ~ dwangmiddel. **co·er·cive** dwingend, dwang-; ~ *measure* dwangmaatreël.

co·es·sen·tial *(teol.)* een in wese, met dieselfde eienskappe, van dieselfde aard.

co·e·ter·nal mede-ewig, in ewigheid bestaande met.

Coeur de Lion *(Fr., hist.)* Richard Leeu(e)hart.

co·e·val *n.* tydgenoot. **co·e·val** *adj.* ewe oud, van dieselfde ouderdom; van gelyke duur; *be* ~ *with ...* net so oud soos ... wees; met ... saamval; net so lank as ... duur.

co·ex·ec·u·tor mede-eksekuteur.

co·ex·ist gelyktydig bestaan; (vreedsaam *of* in vrede) saambestaan/-leef/-lewe (*of* langs/naas mekaar bestaan/leef/lewe). **co·ex·ist·ence** gelyktydige bestaan, gelyktydigheid; saam-, naasbestaan; *peaceful* ~ vreedsame saam-/naasbestaan. **co·ex·ist·ent** langs/naas mekaar bestaande; gelyktydig bestaande; *be peacefully* ~ vreedsaam (*of* in vrede) saambestaan/-leef/-lewe (*of* langs/naas mekaar bestaan/leef/lewe), in vreedsame naasbestaan leef/lewe.

co·ex·ten·sive van dieselfde/gelyke grootte/omvang/duur.

cof·fee koffie; ***black*** ~ swart koffie, koffie sonder melk; ***hard*** ~ uitgedopte koffie(bone); ***have*** *a (cup of)* ~ 'n (koppie) koffie drink; *may I **have** a cup of* ~? kan ek 'n koppie koffie kry?; ***Irish*** ~ Ierse koffie; *a **little*** ~ 'n slukkie koffie, 'n bietjie koffie(tjies); ***one*** ~ een koffie, koffie vir een; ***strong/weak*** ~ sterk/flou koffie; ***white*** ~ wit koffie, melkkoffie, koffie met melk. ~ **bag** koffiesak(kie). ~ **bar** koffiekroeg. ~ **bean** koffieboon, -pit. ~ **berry** koffiebessie. ~ **bibber** koffiepens. ~ **break** koffiepouse. ~ **cake** koffiekoek. ~**-coloured** koffiebruin. ~ **creamer** koffieverromer, -roompoeier. ~ **cup** koffiekoppie. ~ **essence,** ~ **extract** koffie-ekstrak. ~ **filter** koffiefilter, -filtreerder. ~ **grinder,** ~ **mill** koffiemeul(e). ~ **grounds** *(mv.)* koffiemoer. ~ **house** koffiehuis. ~ **klat(s)ch, kaffeeklatsch** *(Am.)* koffiegeselsie. ~ **ladle** koffiespaan. ~ **machine,** ~ **maker** koffiemasjien, -maker. ~ **mill** →COFFEE GRINDER. ~ **mould** koffievorm. ~ **pear** koffiepeer. ~ **percolator** sypelkan. ~**pot** koffiekan. ~ **roasting** koffiebrandery. ~ **room** koffiekamer. ~ **rust** koffieroes. ~ **shop** koffiewinkel; koffiehuis, -kroeg. ~ **stall** koffiekraam(pie), -stalletjie. ~ **stand** skinktafel. ~ **strainer** koffiesif(fie). ~ **table** koffietafel(tjie). ~**-table book** koffietafel-, grootformaat-, kykboek, ryklik geïllustreerde boek, pragwerk. ~ **whitener** koffiemelkpoeier.

cof·fer *n.* (geld)kis, geldkoffer; *(i.d. mv.)* skatkis, skatkamer; *(i.d. mv.)* fondse; *(bouk.)* koffer(paneel), kasset, versonke (plafon)paneel; ~*s of the state* staatskas. **cof·fer** *ww.* wegpak, (weg)bêre, opgaar; *(argit.)* kassetteer; ~*ed ceiling* gekassetteerde plafon. ~**(dam)** kis-, koffer-, skut-, afsluitdam. ~**fish** *(igt.)* koffervis. **cof·fret** kissie, koffertjie.

cof·fin *n.* (dood[s]/lyk[s])kis; (perde)hoef; *(infml.: onveilige vaar-/vliegtuig)* drywende/vlieënde dood(s)kis; *be a nail in s.o.'s* ~ →NAIL *n.*; *place s.o. in a* ~ iem. kis. **cof·fin** *ww.* kis, toespyker. ~ **bone** hoefbeen. ~ **nail** *(infml.)* sigaret.

co·found·er medestigter.

cog[1] *n.* kam, (rat)tand; kamrat; *(only) a* ~ *in the machine/wheel* (maar/net) 'n ratjie in die masjien; *a vital* ~ 'n belangrike deel. **cog** -*gg-, ww.* van tande/kamme voorsien; rem; →COGGED; COGGING. ~ **railway,** ~**way** *(Am.)* = RACK RAILWAY. ~**wheel** kamrat; tandwiel, vertande wiel.

cog[2] -*gg-, ww.* kul, verneuk, kierang; verswaar, vervals *(dobbelstene)*.

co·gent oortuigend, gegrond, afdoende, (bewys)kragtig, steekhoudend. **co·gen·cy** oortuigingskrag, bewyskrag, afdoendheid.

cogged getand; ~ *joint* inlaatvoeg, tandlas; ~ *wheel* kam-, tandrat, getande wiel.

cog·ging vertanding; getandheid.

cog·i·tate *(fml., skerts.)* (goed) deurdink, nadink (oor), oordink, oorweeg, bepeins; mymer, peins. **cog·i·ta·tion** nadenke, oordenking, oorweging, bepeinsing; mymering. **cog·i·ta·tive** peinsend.

cog·nac konjak, fransbrandewyn.

cog·nate *n., (jur.)* bloedverwant. **cog·nate** *adj.* verwant *(v. moederskant)*; ~ *object, (gram.)* innerlike objek. **cog·na·tion** verwantskap.

cog·nise, -ize *(fml.)* waarneem, opmerk, gewaar; bewus word van; ken, kennis hê van. **cog·ni·sa·ble, -zable** waarneembaar; kenbaar; *(jur.)* beregbaar. **cog·ni·sance, -zance** waarneming; kennis, kennisname; *(jur.)* jurisdiksie, (regs)gebied; *(her.)* kenteken; *take* ~ *of s.t.* van iets kennis neem. **cog·ni·sant, -zant:** *be* ~ *of s.t.* van iets weet (*of* kennis dra *of* bewus wees), oor iets ingelig (*of* met iets bekend) wees. **cog·ni·tion** kennis, bewustheid, bewussyn, kognisie; waarneming, persepsie, begrip. **cog·ni·tive** bewussyns-, ken-. **cog·nos·ci·ble** kenbaar.

cog·no·men -*nomens,* -*nomina* familienaam, van; naam, bynaam.

co·gno·scen·te -*scenti, (It.)* kenner, ingeligte.

co·guar·di·an medevoog, toesiende voog.

co·hab·it (as man en vrou) saamleef/-lewe/-woon/-bly, kohabiteer; (politieke) mag deel. **co·hab·it·ant, co·hab·it·ee, co·hab·it·er** saamwoner, -blyer; saamwoon-, saamblyman; saamwoon-, saamblyvrou; (politieke) magsdeler. **co·hab·i·ta·tion** (die) saamleef/-lewe (as man en vrou), saamwonery, -blyery, -lewery, kohabitasie; (politieke) magsdeling.

co·heir, *(vr.)* **co·heir·ess** mede-erfgenaam, *(vr.)* mede-erfgename.

co·here saamkleef, -klewe; (logies) saamhang. **co·her·ence** samehang, verband, koherensie, saamhorigheidsgevoel. **co·her·ent** samehangend, duidelik, saamhorig; ~ *coke* kleefkooks. **co·her·er** *(fis.)* koherer. **co·he·sion** samehang, verband; saamklewing, verklewing; kohesie; saamhorigheid; samespel. **co·he·sive** samehangend; saamklewend, koherent, kohesie-; ~ *coke* kleefkooks.

co·hort *(hist., mil.)* kohort; (krygs)bende; skare, menigte, horde; *(statist.)* kohort.

coif mus(sie), kap(pie); hooftooisel; *nun's* ~ nonnekap. **coif·feur** haarkapper, -snyer, barbier. **coif·fure** kapsel; haartooi(sel).

coign, coigne *(bouk.)* wig; hoek; buitehoek; ~ *of vantage* geskikte/gunstige stelling/uitkykpos. ~ **stone** hoekklip.

coil[1] *n.* draai, bog, kronkel(ing), spiraal; rol; (haar)lok; wrong; winding; klos, induksieklos, -rol, -spoel; ~ *of* *hair* bolla, haarwrong, kondee; ~ *of wire* rol draad. **coil** *ww.* opdraai, oprol; slinger, kronkel, krul; *~ed hair* kondee; ~ *s.t. up* iets oprol; *the snake ~s (itself) up* die slang krul hom op. **~-like** krullerig. **~-shanked cultivator** krulstertskoffel, varkstert(skoffel). ~ **spring** spiraalveer.

coil² *n., (arg., dial.)* verwarring; *this mortal* ~ die aardse beslommerings/beslommernisse.

coin *n.* munt(stuk), geld(stuk); geldsoort; ***flip/spin** a* ~ 'n munt opgooi/opskiet; *the **other side** of the* ~ die keersy; *pay s.o. in his/her **own*** (or *in the **same***) ~ iem. met dieselfde/gelyke munt betaal; ~ *of the **realm*** binnelandse munt; ***strike** ~s* munte slaan. **coin** *ww.* munt, slaan *(geld)*; versin, uitdink; maak, skep, smee; ~ *it (in), (infml.)* geld soos bossies/water verdien; *to ~ a phrase* om dit nou maar so te stel. ~ **box** muntbus. ~ **collection** muntversameling. ~ **collector** muntversamelaar. ~ **mould** muntvorm. **~-op** *n., (infml.)* wasoutomaat, selfhelpwassery. **~-op(erated)** *adj.* munt-. **~-shaped** muntvormig. ~ **slot screw** gleuf(kop)skroef.

coin·age munte; geldmunting; munt(stelsel), muntwese; geldsoort, -stelsel; versinsel, uitvindsel, maaksel; vinding; nuwe woord, neologisme, nuutskepping; ~ *of the brain* verbeelding; hersenskim.

co·in·cide saamval; ooreenstem; *s.t. ~s with* ... iets val met ... saam; iets stem met ... ooreen. **co·in·ci·dence** samevalling; sametreffing; ooreenstemming; sameloop *(v. omstandighede)*; toeval(ligheid); *by a* ~ deur 'n sameloop van omstandighede; *it is mere/pure* ~ dit is blote/skone/volslae toeval. **co·in·ci·dent** samevallend; ooreenstemmend; gelyktydig. **co·in·ci·dent·al** toevallig; gelyktydig; ooreenstemmend; *it is purely* ~ dit is blote/skone/volslae toeval. **co·in·ci·dent·al·ly, co·in·ci·dent·ly** toevallig(erwyse).

co·in·cumb·ent medeleraar.

coin·er munter; *(hist.)* valsmunter; taalsmid.

coin·ing munting; *(hist.)* valsmuntery; smeding *(v. woorde)*. ~ **press** muntpers.

co·in·stan·ta·ne·ous gelyktydig.

Coin·treau *(handelsnaam: lemoenlikeur)* Cointreau.

coir klapperhaar. ~ **matting** klapperhaarmatwerk. ~ **mattress** klapperhaarmatras.

co·i·tus, co·i·tion geslagtelike/seksuele gemeenskap/omgang/verkeer, geslagsgemeenskap, koïtus. **co·i·tus in·ter·rup·tus, o·nan·ism** coitus interruptus, onanie, saadstorting buite die vagina.

Coke *(handelsnaam, afk.)* = COCA-COLA.

coke¹ *n.* kooks. **coke** *ww.* verkooks. ~ **oven** kooksoond.

coke² *(dwelmsl.: kokaïen)* koka.

cok·ing verkooksing. ~ **coal** kookssteenkool, -kole. ~ **plant** kooksaanleg, -installasie, kooksery.

col *(geol.)* nek, hoogpas.

co·la, ko·la kolaboom. ~ **nut,** ~ **seed** kolaneut.

col·an·der, cul·len·der vergiettes.

col·can·non *(kookk.)* Ierse aartappel-en-kool-gereg.

col·chi·cine *(chem.)* kolgisien.

cold *n.* koue; verkoue; *have a **bad/heavy/nasty/severe*** ~ ('n) swaar (*of* 'n nare) verkoue hê, vrot wees van die verkoue; *the **bitter/intense/severe*** ~ die bitter/kwaai koue; ***catch** (a)* ~ koue vat/opdoen; ***catch/contract/get** a* ~ koue vat, ('n) verkoue kry/opdoen, verkoue raak; *the **common*** ~ verkoue; *three/etc. **degrees** of* ~ drie/ens. grade onder vriespunt; ***die** of* ~ verkluim; ***have** a* ~ verkoue wees, ('n) verkoue hê; *come **in from*** (or ***out of***) *the* ~ weer in tel wees; ***leave** s.o. out in the* ~ iem. veron(t)agsaam/verbygaan, geen notisie van iem. neem nie; iem. uitsluit; iem. aan sy/haar lot oorlaat; *s.o. was **left** out in the ~, (ook)* iem. moes maar toesien; *be **numb** with* ~ styf/verkluim/dom wees van (die) koue; ***nurse** a* ~ 'n verkoue dokter; ***pick up** a* ~ ('n) verkoue kry/opdoen; *the **piercing*** ~ die deurdringende/nypende/snerpende/snydende koue; ***quake/shake/shiver** with* ~ beef/bewe/bibber/ril/rittel van (die) koue; *have a **slight*** ~ effens/effe(ntjies) verkoue wees; ***suffer** from a* ~ ('n) verkoue hê; bars van die verkoue; ***take** a* ~ koue vat. **cold** *adj.* koud *(pred.)*, koue *(attr.)*, koud-, koue-, koel-; *(sl.)* bewusteloos; onhartlik; liefdeloos; ***be*** ~ koud wees; koud kry; ***bitterly*** ~ bitter/snerpend koud; *in* ~ ***blood*** koelbloedig, ewe goedsmoeds; *s.o.'s **blood** ran* ~ dit het iem. laat ys; *(as)* ~ *as **charity*** ongevoelig; onvriendelik; ***feel*** ~ koud kry; ***get/go*** ~ koud word; *as* ~ *as **ice*** yskoud; *s.t. **leaves** s.o.* ~, *(fig.)* iets laat iem. koud/onbewoë; *in the* ~ ***light** of day* nugter beskou; *be* ~ ***to** s.o.* iem. koud/koel behandel; *throw* ~ ***water** on a plan* die demper op 'n plan sit, koue water op 'n plan gooi. **cold** *adv.:* ~ ***sober*** doodnugter; *that **stopped** s.o.* ~ dit het iem. in sy/haar vier spore laat vassteek. **~-blooded** koudbloedig *(diere)*; *(fig.)* koelbloedig, onverskillig, ongevoelig, hardvogtig, wreed, harteloos, genadeloos, meedoënloos; *(infml.)* koulik; ~ *horse* kouebloedperd. **~-bloodedly** koelbloedig. **~-bloodedness** koudbloedigheid; *(fig.)* koelbloedigheid. **C~ Bokkeveld** Koue Bokkeveld. **C~ Bokkeveld heath** bokkeveldsheide, wit Worcesterse heide. ~ **box** koelhouer, -boks. ~ **chisel** koubeitel. ~ **comfort** skrale troos. ~ **compress** kou(e)waterkompres. ~ **cream** koelpommade. ~ **cuts** *(mv.)* kouevleisskywe, gesnyde koue vleis. ~ **deck** *n., (Am. sl.)* gedokterde pak (kaarte). **~-deck** *ww., (Am. sl.)* (iem.) met 'n gedokterde pak (kaarte) kul/verneuk. **~-drawn** koudgetrokke. ~ **drink** koeldrank. ~ **duck** wyn-en-sjampanje-mengeldrankie. ~ **feet** *(mv.): get* ~ ~, *(fig.)* bang word, kleinkoppie trek, knypstert (*of* in die knyp) raak. ~ **fish** *(fig.: kil mens)* koue vis. ~ **frame** *(tuinb.)* kweekkas. ~ **front** *(met.)* kouefront. **~-hearted** koud, ongevoelig. ~ **lime** maer kalk. ~ **meats** *(mv.)* kouevleissoorte. ~ **perspiration** angssweet. ~ **pig** *n.* beker koue water *(om wakker te maak)*. **~-pig** *ww.* natgooi. ~ **print:** *in* ~ ~ swart op wit. **~-roll** *ww., (metal.)* koudwals. **~-rolled steel** koudgewalste staal. ~ **saw** kousaag. **~-sawn** koudgesaag. ~ **shivers** kouekoors. **~-short** *(metal.)* koudbros, -breukig. **~-shortness** *(metal.)* koudbrosheid, -breukigheid. ~ **shoulder** *n.: give s.o. the* ~ ~ →SHOULDER *n.*. **~-shoulder** *ww.* die rug toekeer, veron(t)agsaam, met die nek aankyk, links laat lê. ~ **snap,** ~ **spell** *(met.)* skielike koue. ~ **sore** *(patol.)* koorsblaar. ~ **spring** koue bron/fontein. ~ **start** *(rek.)* koudaansit. ~ **steel** bajonet. ~ **storage** koelbewaring. ~ **storage plant** koelinrigting, -installasie. ~ **storage space** koelruimte. ~ **storage works** koelinrigting. ~ **store** koelkamers, -pakhuis. ~ **sweat** angssweet. ~ **turkey** *(fig.)* naakte/onverbloemde waarheid; *(dwelmsl.)* skielike onthouding van alle dwelms, radikale ontwenningskuur; hewige onttrekkingsimptome; *come off drugs* ~ ~ 'n radikale ontwenningskuur ondergaan; *go through* ~ ~ hewige onttrekkingsimptome ervaar; *talk* ~ ~ *about s.t.* iets nugter bespreek. ~ **war** koue oorlog, gewapende vrede. ~ **warrior** kouekryger. **~-water cure** kou(e)waterkuur. **~-water starch** kou(e)waterstysel, rou stysel. ~ **wave** *(met.)* kouegolf; *(haarkappery)* koudgolwing.

cold·ish kouerig. **cold·ly** *(fig.)* koel. **cold·ness** koue, koudheid; koelheid, onhartlikheid, ongevoeligheid.

cole *(w.g.)* kool; seekool. **~seed** koolsaad. **~slaw** koolslaai.

Cole·brook pig kolbroekvark.

co·le·ga·tee mede-erfgenaam.

Col·e·op·ter·a Skildvlerkiges, -vleueliges, Coleoptera. **col·e·op·ter·an** *n.* kewer, skildvlerkige, -vleuelige. **col·e·op·ter·an, col·e·op·ter·ous** *adj.* skildvlerkig, -vleuelig.

co·le·us -uses, *(bot.)* josefskleed.

co·li·bri *(orn.)* kolibrie.

col·ic, co·li·tis →COLON.

col·i·se·um, col·os·se·um colosseum, coliseum, kolosseum, koliseum; amfiteater; *(Am.)* groot stadion/skouburg; *the Colosseum* die Colosseum/Coliseum/Kolosseum/Koliseum *(in Rome)*.

col·lab·o·rate saam-, meewerk; ~ *with s.o.* met iem. saamwerk; met iem. heul *(d. vyand ens.)*. **col·lab·o·ra·tion** same-, medewerking; *in* ~ *with* ... saam (*of* in samewerking) met ..., met (die) mede-/samewerking van ...; in oorleg met ... **col·lab·o·ra·tor** medewerker; kollaborateur *(m.d. vyand)*.

col·lage *(Fr.)* collage; plakskildery.

col·la·gen *(biol.)* kollageen, lymstof.

col·lapse *n.* in(een)storting, ineensakking; val, ondergang; insinking; mislukking, fiasko; *(med.)* kollaps *(v. 'n orgaan ens.)*. **col·lapse** *ww.* in(mekaar)val, in duie stort, ineensak, in(mekaar)sak, in(een)stort; opvou, opvoubaar wees, ineen-, inmekaarvou; oorweldig word, knak, knik; misluk; *(gebak)* platval, neerslaan; ~ *like a house of cards* soos 'n kaartehuis inmekaar tuimel; ~ *under* ... onder ... meegee. **col·lap·sar** *(astron.)* swartgat, -kuil. **col·laps·i·ble** (op)voubaar; ~ *boat* vouskuit; ~ *gate* vouhek; ~ *target* klapskyf.

col·lar *n.* kraag; boordjie; halsband; ring, band; bandom, bantom; *(masj.)* kraag, skouer; *(bot.)* wortelnek; borsplaat, haam *(v. kartuig)*; ~ *of a **borehole*** bek/kraag van 'n boorgat; ***grab/seize** s.o. by the* ~ iem. aan die kraag pak; *get **hot** under the ~, (infml.)* ergerlik/onthuts/omgekrap/verontwaardig raak; ***pull** against the* ~ hard/opdraand werk; ***put** on a* ~ 'n boordjie omsit; ~ *of a **shaft*** skagbek; kraag van 'n skag; ***turn up** one's* ~ jou kraag opslaan. **col·lar** *ww.* by die nek vat, aan die kraag beetkry; *(infml.)* aankeer, voorkeer, vastrek, vang; *(infml.)* bydam, voorkeer; *(infml.)* vaslê, gaps, skaai; *(kookk.)* oprol *(vleis)*. ~ **band** kraagband. ~ **beam** hanebalk. ~ **bearing** kraaglaer. **~bone** sleutelbeen. ~ **plate** kraagplaat. ~ **ring** kraagring. ~ **stud** boordjieknoop, halsknopie. ~ **tie** bindhout. ~ **work** harde/opdraande werk.

col·lared met 'n kraag/boordjie om, kraag-; ~ *herring* rolmops; ~ *meat* rolvleis; ~ *pipe* kraagpyp.

col·lar·et(te) kragie; boordjie.

col·late noukeurig vergelyk, kollasioneer; insorteer; *(relig.)* in 'n kerklike amp benoem; *(jur.)* inbring. **col·la·ting se·quence** insorteerorde. **col·la·tion** vergelyking, kollasionering; ligte/koue maal; *(jur.)* inbring, kollasie; ~ *of debts* skuldverrekening. **col·la·tor, col·la·tor** kollator, vergelyker; *(rek.)* insorteerder.

col·lat·er·al *n.* bloedverwant in die sylinie, tweedegraadse bloedverwant, kollateraal; (saaklike) onderpand. **col·lat·er·al** *adj.* sydelings; ewewydig, parallel; aanvullend, bykomend, by-; kollateraal, sy-; ~ ***branch*** sytak; ~ ***circulation*** kollaterale/bykomende bloedsomloop; ~ ***course*** byvak; ~ ***damage,** (mil., euf.)* indirekte skade; ~ ***facts*** sydelingse feite; ~ ***line*** sylyn, -linie, kollaterale lyn; ~ ***security*** (saaklike) onderpand, bykomende/aanvullende sekuriteit. **col·lat·er·al·ly** sydelings, sy aan sy.

col·league kollega, amps-, vak-, partygenoot.

col·lect¹ *ww.* versamel, bymekaarmaak, opgaar, byeenbring, vergaar, vergader; byeenkom, bymekaarkom, vergader; insamel, inneem, kollekteer; in-, invorder *(skulde)*; afhaal, ophaal; *(vero.)* aflei, besluit; ~ *a horse* 'n perd regruk; ~ *o.s.* bedaar, jou beheers/regruk, tot jou positiewe kom; ~ *a parcel* 'n pakkie afhaal. ~ **call** kollekteeroproep.

col·lect² *n., (Chr.)* kort (voor)gebed, kollekte.

col·lect·a·ble, col·lect·i·ble *n.* versamelstuk. **col·lect·a·ble, col·lect·i·ble** *adj.* versamelbaar.

col·lec·ta·ne·a versameling van uittreksels, collectanea, bloemlesing, versamel-, mengelwerk.

col·lect·ed *(ook)* kalm, bedaard, beheers; *cool, calm and* ~ →COOL *adj.*; ~ *works* versamelde werke. **col·lect·ed·ly** bedaard(weg). **col·lect·ed·ness** bedaardheid, selfbeheersing.

col·lect·ing versamelend. ~ **agency** invorderingsagentskap. ~ **bank** invorderingsbank. ~ **box** kollektebus; botaniseertrommel. ~ **depot,** ~ **point** versameldepot, -punt. ~ **fees** invorderingsgelde. ~ **van** afhaalwa. ~ **wire** opvangdraad.

col·lec·tion versameling, kolleksie; insameling *(v. gelde/bydraes)*; kollekte *(i.d. kerk)*; inning, invordering; bundel; ophoping; afsetting; ***charge** of* ~ koste van invordering; *a* ~ *of **coins*** 'n versameling munte, 'n muntversameling; *a **motley*** ~ *of* ... 'n bont(e) versameling (van) ...; ***send for*** ~ ter invordering stuur *('n wissel ens.)*; laat haal *(goedere ens.)*; ***take up** a* ~ 'n kollekte hou/opneem; *the* ~ ***will now be taken up*** die liefdegawes/kollekte sal nou ingesamel word *(i.d. kerk)*. ~

bag kollektesakkie. ~ **box** kollektebus. ~ **fees** invorderingsgelde. ~ **plate** kollektebord.

col·lec·tive *n.* gemeenskaplike/gesamentlike onderneming; gemeenskapsplaas; produksiegemeenskap; groep, gemeenskap; vergadering; *(ling.)* versamelwoord, kollektief. **col·lec·tive** *adj.* versamelend; gesamentlik, gemeenskaplik, kollektief, verenig, versamel=; ~ ***bargaining*** gesamentlike/gemeenskaplike/kollektiewe bedinging, gemeenskaplike oorleg; ~ ***farm*** gemeenskapsplaas, *(Isr.)* kibboets, *(Rus.)* kolchos; ~ ***fruit*** saam=/samegestelde vrug; ~ ***noun*** versamelwoord, kollektief; ~ ***work*** versamelwerk. **col·lec·tive·ly** gesamentlik. **col·lec·tive·ness** kollektiwiteit. **col·lec·ti·vise, =vize** kollektiviseer, kollektief maak, tot kollektiewe besit maak. **col·lec·tiv·ism** kollektivisme. **col·lec·tiv·ist** *n.* kollektivis. **col·lec·tiv·ist, col·lec·tiv·is·tic** *adj.* kollektivisties. **col·lec·tiv·i·ty** gemeenskap; gemeenskaplikheid, geheel; kollektiwiteit.

col·lec·tor versamelaar *(v. kunswerke ens.)*; kollektant, kollekteerder *(v. geldelike bydraes)*; invorderaar *(v. skuld ens.)*; ontvanger, gaarder *(v. belastings)*; ontvanger *(v. doeaneregte en -gelde)*; insamelaar; kaartjiesknipper; hekman; ligter *(v. muntbus)*; *(elek.)* kollektor; *~'s item/piece* versamelstuk.

col·leen, col·leen *(Iers)* meisie, no(o)i; Ierse meisie/vrou.

col·lege kollege; raad, genootskap; ~ *of agriculture* landboukollege; *electoral* ~ kieskollege. ~ **cap** studentepet, =baret. ~ **cloth** kollegestof. ~ **days** studentedae. ~ **life** studentelewe. ~ **pudding** kollegepoeding. **col·le·gi·al** kollegiaal, kollege=. **col·le·gi·al·i·ty** kollegialiteit. **col·le·gi·an** lid van 'n kollege, kollegelid. **col·le·gi·ate** kollege=; ingelyf, geïnkorporeer(d), korporasie=; ~ *church* kollegiale kerk; ~ *humour* studentehumor, studentikose grappigheid.

col·len·chy·ma *(bot.)* kollenchiem.

col·let *(juweelmontering)* kollet; *(meg.ing.)* klem=, splitkraag; *(teg.)* ashals, spantang, ringas.

col·lide bots, teen mekaar bots/hardloop/vasloop/stamp/vasry/ens., in botsing kom; →COLLISION; ~ ***head on,*** *(motors ens.)* kop aan/teen kop (*of* reg van voor) bots; *their* ***interests*** ~ hulle belange bots (met mekaar); ~ ***with*** *a pedestrian* 'n voetganger raak ry; ~ ***with*** *s.t.* teen iets bots/hardloop/vasloop/vasry *('n muur ens.)*.

col·lie kollie, Skotse herdershond; ***bearded*** ~ baardkollie; ***border*** ~ borderkollie; ***rough*** ~ ruharige kollie; ***smooth*** ~ gladdehaarkollie.

col·li·er steenkoolgrawer, =mynwerker; steenkoolskip; matroos op 'n steenkoolskip. **col·lier·y** steenkoolmyn.

col·li·gate *(chem.)* saambind, verbind. **col·li·ga·tive** saambindend.

col·li·mate kollimeer, viseer, peil, in 'n lyn stel. **col·li·ma·tion** kollimasie, peiling; peillyn. **col·li·ma·tor** kollimator, peiler.

col·lin·e·ar saamlynig, op een reguit lyn.

col·lin·gual: *be* ~ dieselfde taal praat.

col·li·quate *(w.g.)* smelt, vervloei. **col·li·qua·tion** *(med.)* smelting, vervloeiing.

col·li·sion botsing; →COLLIDE; *be* ***in*** ~ bots; ***slight*** ~ botsinkie; *be in* (or *come into*) ~ ***with*** *s.o.* met iem. bots; *be in* (or *come into*) ~ ***with*** *s.t.* teen iets bots. ~ **course:** *be on a* ~ ~ op 'n botsing afstuur.

col·lo·cate plaas, rangskik, orden, groepeer. **col·lo·ca·tion** plasing, rangskikking, ordening, groepering; *(ling.)* kollokasie, teksverband.

col·lo·di·on, col·lo·di·um *(chem.)* kollodion, kollodium. ~ **cotton** kollodion=, kollodium=, skietkatoen.

col·logue *(arg., dial.)* saamspan, 'n komplot smee.

col·loid *(chem., med.)* kolloïed, gom=, lymstof. ~ **chemistry** kolloïedchemie.

col·loi·dal *(chem., med.)* kolloïdaal, lymagtig, klewerig.

col·lop *(dial.)* skyfie/stukkie vleis.

col·lo·quy =*quies, (fml.)* gesprek; dialoog, samespraak; onderhoud. **col·lo·qui·al** informeel, gemeensaam, familiaar, familiêr, omgangs=; ~ *language/speech* gesels=, omgangs=, spreektaal; *in* ~ *language* in die omgangstaal. **col·lo·qui·al·ism** alledaagse/gemeensame uitdrukking, spreektaaluitdrukking, geselstaalterm. **col·lo·qui·al·ly** in die volksmond/omgangstaal. **col·lo·qui·um** =*quiums,* =*quia* colloquium, kollokwium; akademiese konferensie/seminaar.

col·lo·type *(druk.)* ligdruk(proses), fototipie; ligdruk.

col·lude saamspan, saamsweer, kop in een mus wees, heul, onderhands saamwerk; ~ *with* ... met ... heul/saamspan. **col·lu·sion** sameswering, samespanning, komplot, heulery, geheime samewerking/verstandhouding, kollusie; ~ *between* ... heulery/samespanning tussen ...; *be in* ~ *with* ... met ... heul/saamspan. **col·lu·sive** bedrieglik, heimlik, onderhands, kollusief; ~ *dealings* samespanning; onderhandse/heimlike transaksies.

col·lu·vi·um =*viums, via, (geol.)* kolluvium. **col·lu·vi·al** kolluviaal.

col·ly =*lies, n., (arg., dial.)* swartsel, roet. **col·ly** *ww.* swart maak.

col·lyr·i·um =*lyria,* =*lyriums* oogwater.

col·ly·wob·bles *(infml., skerts.)* maagkrampe; maagwerkings; *get/have the* ~, *(infml.)* dit op jou senuwees kry/hê.

col·o·bus (mon·key) kolobus(aap), stomp-aap.

col·o·cynth *(bot.)* kolokwint, bitter=, gifappel.

Co·logne *(geog.)* Keulen; *inhabitant of* ~ Keulenaar; *(of)* ~ Keuls. ~ **dialect** Keuls. ~ **earth** Keulse aarde. ~ **water** →COLOGNE. ~ **yellow** keulsgeel.

co·logne, Co·logne wa·ter, eau de Co·logne laventel, reukwater, eau-de-cologne, Keulse water.

Co·lom·bi·a *(geog.)* Colombia. **Co·lom·bi·an** *n.* Colombiaan. **Co·lom·bi·an** *adj.* Colombiaans.

co·lon[1] =*lons* dubbelpunt.

co·lon[2] =*lons,* =*la, (anat.)* dik=, kartelderm, kolon. **col·ic** koliek; ~ *pains* buikkramp. **co·li·tis** dikdermontsteking, kolitis. **co·lon·ic ir·ri·ga·tion** dermspoeling. **co·los·to·my** kolostomie. **co·lot·o·my** kolotomie.

co·lon[3] *(hist.)* (Franse) kolonis.

co·lón =*lon(e)s, (S.Am. munt)* colon.

colo·nel kolonel. **colo·nel·cy, colo·nel·ship** kolonelskap, kolonelsrang, rang van kolonel.

Co·lo·ni·al *n., (hist.)* Kolonialer, Kaaplander; iem. uit die Britse kolonies. **Co·lo·ni·al** *adj., (hist.):* ~ *Office* (Britse) ministerie van kolonies; departement van binnelandse sake *(in kolonies)*; ~ *Secretary* (Britse) minister van kolonies; minister van binnelandse sake *(in kolonies)*.

co·lo·ni·al *n.* kolonis; man uit die kolonies. **co·lo·ni·al** *adj.* koloniaal; ~ *produce* koloniale ware. **co·lo·ni·al·ism** kolonialisme. **co·lo·ni·al·ist** *n.* kolonialis. **co·lo·ni·al·ist, co·lo·ni·al·is·tic** *adj.* kolonialisties.

col·o·nise, =nize koloniseer. **col·o·ni·sa·tion, =za·tion** kolonisasie. **col·o·nis·er, =niz·er** koloniseerder, kolonis.

col·o·nist kolonis, volksplanter.

col·on·nade kolonnade, suilegang. **col·on·nad·ed** met 'n kolonnade/suilegang.

col·o·ny kolonie; volksplanting, nedersetting; *(biol.)* gemeenskap. ~ **weaver** versamelvoël.

col·o·phon *(druk.)* eindtitel, kolofon; *from title page to* ~ van die eerste tot die laaste bladsy.

co·loph·o·ny =*nies,* **col·o·pho·ni·um** =*ums, (chem.)* kolofonium, geelharpuis.

col·o·quin·ti·da →COLOCYNTH.

Col·o·ra·do bee·tle aartappelkewer.

col·o·ra·tu·ra *(mus.)* koloratuur. ~ **soprano** koloratuursopraan. **col·or·a·ture** koloratuur.

col·or·if·ic kleurryk; kleurgewend.

col·or·im·e·ter *(chem., fis.)* kleur=, kolorimeter.

Co·los·sae *(geog., hist.)* Kolosse. **Co·los·sian** *n.* Kolossenser. **Co·los·sian** *adj.* Kolossies. **Co·los·sians** *(Bybelboek)* Kolossense.

co·los·sal kolossaal, reusagtig, tamaai.

col·os·se·um →COLISEUM.

co·los·sus =*si,* =*suses* kolos, reus; bul; gevaarte; *the C~ of Rhodes* die Colossus van Rhodos/Rhodus.

co·los·to·my →COLON[2].

co·los·trum bies(melk), voormelk, kolostrum; eerste moedersmelk, kolostrum.

col·our, *(Am.)* **col·or** *n.* kleur, tint; verf(stof); kleurstof, kleursel; pigment; gelaatskleur; (hoeveelheid) drukink; *(mus.)* (toon/klank)kleur, timbre; skilderagtigheid; lewendigheid; skyn, voorwendsel, dekmantel; *(Am.)* goudkorrel; vaandel; aard, soort; ***add/give/lend*** ~ *to* ... kleur aan ... verleen; 'n skyn van waarheid aan ... gee *('n verhaal ens.)*; *that takes on* ***added*** ~, *(fig.)* dit verander die prentjie; ***advancing*** ~ voorkleur; *a* ***blaze*** *of* ~ 'n kleureprag/=gloed; *paint in* ***bright*** *~s, (fig.)* 'n rooskleurige prentjie skets/skilder; *s.o.* ***changes*** ~ iem. bloos; iem. verbleek; *s.t.* ***changes*** ~ iets verwissel van kleur; iets verskiet; *the ~s* ***clash*** die kleure vloek met/teen mekaar; ***colours*** kleure; nasionale vlag; vlaghysing; vaandel, banier; kenteken; kleurbaadjie(s); ***complementary*** *~s* aanvullende/komplementêre kleure; *a* ***dash*** *of* ~ 'n kleurspatsel, 'n spatsel kleur; ***desert*** *the ~s* die vaandel/party/ens. verlaat; op die vlug slaan; *put* ***false*** *~s upon* ... ... in 'n verkeerde/vals[e] lig plaas/stel; *sail under* ***false*** *~s* onder 'n valse vlag vaar; *a* ***fast*** ~ 'n vaste kleur; *with* ***flying*** *~s* met vlieënde vaandels, seëvierend; *in* ***full*** ~ in volle kleur; ***gain*** ~ kleur kry; *have a* ***high*** ~, *(iem.)* rooi in die gesig wees; ***in*** ~ in kleur(e); ***join*** *the ~s* by die leër/vloot/lugmag aansluit; ***lose*** ~ bleek word, verbleek; *nail one's ~s to the* ***mast*** 'n besliste standpunt inneem, pal staan (vir 'n beginsel), voet by stuk hou, vastrap, tot die bitter(e) einde veg; *we must nail our ~s to the* ***mast*** ons moet oorwin of sneuwel; *see the* ~ *of s.o.'s* ***money,*** *(fig.)* bewyse sien dat iem. kan betaal; *give* ***no*** ~ *for* ... geen aanleiding tot ... gee nie; ***oath*** *on the ~s* vaandeleed; *be* ***off*** ~, *(infml.)* van stryk (af) wees; kaduks/olik/ongesteld wees; *feel* ***off*** ~, *(infml.)* nie lekker voel nie; ***play*** *of ~s* kleurespel; ***primary*** ~ primêre/fundamentele kleur; *(verf)* grondkleur; ***principal*** ~ hoofkleur; ***receding*** ~ wykkleur, wykende kleur; ***secondary*** ~ sekondêre kleur; *a* ***shade*** *of* ~ 'n kleurskakering; ~ *of the* ***skin*** velkleur, huid(s)=kleur; ***stick*** *to one's ~s* voet by stuk hou; ***strike*** *one's ~s* die vlag stryk; ***take*** *one's* ~ *from* ... onder die invloed van ... staan; *a* ***touch*** *of* ~ 'n bietjie kleur; ***trooping*** *the ~(s)* vaandelparade; *show* (or *come out in*) *one's* ***true*** *~(s)* kleur beken, jou kleur(e) wys, jou in jou ware gedaante toon; *see ... in its* ***true*** *~s* ... in sy ware lig sien; ***turn*** ~ bloos; ***under*** ~ *of* ... onder die skyn/voorwendsel van ...; ***what*** ~ *is the ...?, what is the ...'s ~?* watter kleur het die ...?, wat is die ... se kleur?. **col·our,** *(Am.)* **col·or** *ww.* kleur, verf; inkleur; kleur verleen; vermom, verdraai; oordryf; vlei; bloos; ~ *s.t. (in)* iets inkleur; ~ *(up)* bloos. ~ **atlas** kleurkaart. ~ **bar** kleurslagboom. **~-blind** kleurblind. ~ **box** verf=, skilderdoos. ~ **card** kleur(e)monster. ~ **chart** kleurkaart. ~ **coat** kleurlaag. ~ **code** *n.* kleurkode. **~-code** *ww.* volgens kleur kodeer. **~-coder** kleurkodeerder. **~-consciousness** kleurbewustheid. ~ **consultant** kleuradviseur. ~ **disc** kleurskyf. ~ **dispersion** kleurskifting. ~ **effect** kleureffek. **~-enhance** *ww.* →COLOURISE. **~fast** kleureg, =vas. **~fastness** kleuregtheid, =vastheid. ~ **film** kleurfilm; kleur(rol)prent. ~ **filter** *(fot.)* kleurfilter. ~ **harmony** kleureharmonie. ~ **index** kleursyfer. ~ **intensity** kleurdiepte. ~ **line** kleurskeidslyn. **~man** verfhandelaar; *artist's* ~ palethandelaar. ~ **matcher** kleurpasser. ~ **party** vlaghysers, vaandelwag. ~ **photograph** kleurfoto. ~ **photography** kleurfotografie. ~ **plate** kleurplaat. ~ **prejudice** kleurvooroordeel. ~ **print** kleurafdruk. ~ **printing** kleurdruk. ~ **range,** ~ **scale** kleur(e)=reeks, kleur(e)skaal. ~ **scheme** kleurskema. ~ **screen** kleurfilter. ~ **sense** kleurgevoel. ~ **separation** kleurskeiding. ~ **sergeant** vaandelsersant. ~ **slide** kleurskyfie. ~ **spectrum** kleur(e)spektrum. ~ **supplement** kleurbylaag, =bylae. ~ **television,** ~ **TV** kleurtelevisie, kleur-TV. ~ **tone** kleurtoon. ~ **value** kleurwaarde. ~ **wash** *n.* kleurkalk. **~wash** *ww.* met kleurkalk skilder/verf. **~way** *(Br.)* kleurskema.

col·our·a·ble aanneemlik, geloofwaardig; geveins, vals, oneg.

col·our·a·tion, col·or·a·tion kleur(ing), kleurgewing; koloriet.

Col·oured -*oured(s), n., (vero., dikw. neerh.)* Kleurling. **Col·oured** *adj.: ~ people, (vero., dikw. neerh.)* Kleurlinge.

col·oured *n., (dikw. C~)* bruin mens. **col·oured** *adj.* geverf, gekleur(d); getint; aangedik, opgesier; *~ person/man/woman* bruin mens/man/vrou.

-col·oured, *(Am.)* **-col·ored** *komb.vorm* -kleurig; *red-~* rooi; *straw-~* strooikleurig.

col·our·ful kleurryk, kleurig, fleurig. **col·our·ful·ness** kleurigheid.

col·our·ing kleuring, die kleur; verf(stof), kleur(stof), kleursel; koloriet; skakering, tint; gelaatskleur; toon; vals(e) skyn. ~ **agent** kleurmiddel. ~ **book** inkleurboek. ~ **matter** kleursel, kleurstof.

col·our·ise, -**ize,** *(Am.)* **col·or·ize** (elektronies/rekenaarmatig) kleur *(ou swart-wit rolprent).* **col·our·i·sa·tion,** -**za·tion,** *(Am.)* **col·or·i·za·tion** (elektroniese/rekenaarmatige) kleuring.

col·our·ist koloris. **col·our·is·tic** koloristies.

col·our·less, *(Am.)* **col·or·less** kleurloos *(water ens.)*; bleek *(wange ens.)*; vaal, saai, vervelig, vervelend, oninteressant; neutraal, objektief, onpartydig.

col·por·teur, col·por·teur kolporteur, boekesmous. **col·por·tage, col·por·tage** kolportasie.

col·po·scope *(med.)* skedespieël, kolposkoop.

colt hingsvul, jong hings; beginner, groentjie, nuweling; *(sport)* junior speler. ~ **foal** hingsvul. **colt·ish** soos 'n jong perd; speels, uitgelate, lewendig.

col·ter →COULTER.

colts·foot *(bot.)* hoefblad.

col·u·brine slangagtig.

col·um·bar·i·um -*ia* duiwehok; kolumbarium, urnkelder; *(bouk.)* balknis.

co·lum·bate *(chem., vero.)* →NIOBATE.

Co·lum·bi·a: *British ~* Brits-Columbië; *District of ~* Distrik Columbia. ~ **University** Universiteit Columbia.

Co·lum·bi·an *n.* Columbiaan. **Co·lum·bi·an** *adj.* Columbiaans.

Col·um·bine *(karakter in commedia dell'arte)* Colombine; *Cape ~, (geog.)* Kaap Columbine.

col·um·bine *(bot.)* akelei, vyfduifies, arendklou, Duitse suring.

co·lum·bite *(min., vero.)* columbiet, kolumbiet; →NIOBITE.

co·lum·bi·um *(vero.)* →NIOBIUM.

Co·lum·bus[1] *(geog.)* Columbus.

Co·lum·bus[2]**:** *Christopher ~, (1451-1506)* Christophorus Columbus.

co·lu·mel·la -*lae, (biol.)* suiltjie.

col·umn suil, pilaar, kolom; *(mil.)* kolonne, (leër)afdeling; rubriek; kolom *(v. bladsy)*; *(bot.)* suil; *(anat.)* suil, kolom, pyler, string; ***clustered*** ~ suilebundel; ***dorsal/spinal*** ~ ruggraat, werwelsuil; ***geological*** ~ normaalprofiel; ***water*** ~ →WATER. ~ **bolt** pilaarbout.

co·lum·nar pilaar-, kolom-, suilvormig; *~ epithelium* suil-epiteel; *~ structure* suilbou, -struktuur.

col·umn·ist rubriekskrywer.

co·lure, co·lure *(astron.)* kolure.

co·ly -*lies, (orn.)* muisvoël.

col·za →RAPE[2].

co·ma[1] -*mas* koma, diep bewusteloosheid; *be in a ~* in 'n koma wees; *fall/go/lapse into a ~* in 'n koma raak. **co·ma·tose** diep bewusteloos, komateus; lomerig, slaperig.

co·ma[2] -*mae, (astron.)* koma, newelkring *(v. komeet)*; *(bot.)* kuif, pluimpie *(v. saad)*; *(bot.)* kruin *(v. boom)*; *(opt.)* koma, beeldfout.

co·ma·tose →COMA[1].

comb *n.* kam; (heuning)koek; *cut s.o.'s ~, (fig.)* iem. se vlerke knip *(of* stertvere pluk), iem. mak maak. **comb** *ww.* kam; skei, skif, sif; fynkam, deursoek, afsoek; *~ s.t.* ***off*** iets afkam; *~ s.t.* ***out*** iets uitkam *(hare, iets uit die hare, ens.)*; iets afskei; iets uitsoek; iets verwyder; *~* ***through*** *s.t.* iets deurkam *(hare)*; iets deurkam *(of* noukeurig deurgaan) *(lêers, boek, ens.)*; iets deursnuffel *(winkel ens.)*; *~ s.t.* ***up*** iets opkam. ~ **honey** koekheuning.

com·bat *n.* geveg, stryd, kamp; ***armed*** *~* gewapende stryd; *the ~* ***between*** ... die geveg/stryd tussen ...; ***break off*** *~* die geveg staak; *go* ***into*** *~* gaan veg, in die geveg tree; *be* ***ready*** *for ~* vir die geveg oorgehaal wees; ***in single*** *~* in 'n tweegeveg; ***unarmed*** *~* ongewapende stryd. **com·bat, com·bat** *ww.* stry/veg teen, bestry, bekamp. ~ **dress** vegtenue. ~ **fatigue** oorlogsmoegheid, -tamheid. ~ **general** veggeneraal. ~ **jacket** kamoefleerbaadjie. ~ **mission** veldtog, krygstog. ~ **troops** strydende troepe. ~ **zone** gevegsone, -strook.

com·bat·ant *n.* stryder, vegter, strydende, kombattant. **com·bat·ant** *adj.* strydend.

com·ba·tive stryd-, veglustig, bakleierig, skoorsoekerig. **com·ba·tive·ness** strydlus(tigheid), veglus.

comb(e) →COOMB(E).

combed: *~ yarn* kamgaring.

comb·er kammer; kam(masjien); krulgolf.

com·bi *(afk. v.* combination) kombi; →KOMBI.

com·bi·na·tion verbinding, samestelling, vereniging, samesnoering, kombinasie; kombinering; samespel; samespanning; *(chem.)* verbinding; *(Br.)* motorfiets met syspan/sywaentjie; *(i.d. mv.)* frokkie-, hempbroek; *~ of colours* samestelling van kleure; *in ~ with ...* saam/tesame met ... ~ **cal(l)ipers** kombinasiepasser. ~ **lock** kombinasie-, kode-, letterslot. ~ **pump** kombinasiepomp. ~ **yarn** saam-/samegestelde garing/gare.

com·bi·na·tive, com·bi·na·to·ry kombinatories.

com·bine *n.* kombinasie, sindikaat, trust, kartel; *(landb.)* →COMBINE (HARVESTER). **com·bine** *ww.* kombineer, verbind, verenig, meng, saamvoeg; saamsnoer; saamwerk, saamspan; *(chem.)* verbind; *~d carbon, (chem.)* gebinde koolstof; *~d effort* gesamentlike poging; *~d operations, (mil.)* gesamentlike operasies; *C~d Services* Weermag; *~ with ...* met ... meng; met ... saammaak/-span; *~d with ...* saam/tesame/gepaard met ... ~ **(harvester)** *(landb.)* stroper, snydorsmasjien, oesdorser, oesdorsmasjien.

comb·ing (die) kam; kamming; uitkamsel(s). ~ **mill** kammery. ~ **process** kamproses. ~ **skin** kamwolvel. ~ **waste** uitkamsels. ~ **wool** kamwol.

com·bin·ing form *(ling.)* kombinasievorm.

com·bo -*bos, (mus., infml.)* combo, klein jazz-ensemble.

com·bret·um *(bot.)* hardekool; kierieklapper.

com·bus·ti·ble *n.* brandstof, brandbare stof. **com·bus·ti·ble** *adj.* brandbaar, ontvlambaar; prikkelbaar, liggeraak, opvlieënd, kort van draad, vurig, driftig. **com·bus·ti·bil·i·ty** brandbaarheid, ontvlambaarheid.

com·bus·tion verbranding; ontbranding; *slow ~* langsame verbranding, smeulbranding; *spontaneous ~* selfontbranding. ~ **chamber** verbrandingskamer. ~ **engine** verbrandingsenjin; *internal ~ ~* binnebrandenjin, -masjien, -motor. ~ **stove:** *slow ~ ~* smeulstoof.

come *came come* kom; aankom; saamkom; verskyn; gebeur, plaasvind; voortvloei; opkom, byval; reik; beskikbaar/verkry(g)baar wees; wees; word; begin, aanbreek; *(sl., vulg.)* kom, ('n) orgasme bereik; *~, ~!* kom, kom!; *how did it ~* ***about?*** hoe het dit gebeur?; *s.t. ~s* ***about*** iets gebeur *(of* vind plaas); iets draai *(of* verander van rigting) *(skip, wind, ens.)*; *~* ***across*** *as ... ...* lyk/voorkom; *~* ***across*** *as a ...* na 'n ... lyk; *~* ***across*** *s.o.* iem. raakloop/teëkom/teenkom; *~* ***across*** *s.t.* op iets afkom, iets raakloop/teëkom/teenkom; *~* ***across*** *with s.t., (Am. infml.)* met iets te voorskyn kom; iets betaal/oorhandig/verskaf; *s.t. ~s* ***across*** iets vind ingang *(of* slaan in); *it came* ***across*** *s.o.'s mind* dit het iem. bygeval *(of* te binne geskiet); *~* ***after*** *s.o., (ruimte)* agter iem. wees; *(tyd)* ná iem. wees; iem. agtervolg; *B ~s* ***after*** *C* B kom na C; *~* ***again?,*** *(infml.)* ekskuus?; *~ of* ***age*** mondig word; *~ to an* ***agreement*** 'n ooreenkoms tref/aangaan; *~* ***alive*** lewend(ig) word; *~* ***along*** saamkom; vorder; *~* ***along!*** maak gou!; toe nou!; komaan!; *are you coming* ***(along)?*** kom jy (saam)?; *~* ***along/on*** *nicely, (iem.)* mooi beter word; *(iets)* goed vorder; *s.o. ~s* ***along*** *with s.t.* iem. kom met iets aangesit; *it will not ~* ***amiss*** dit sal goed te/van pas kom; *~* ***apart*** uitmekaar val, stukkend raak; *as ...* ***as*** *they ~* so ... as kan kom; *take things* ***as*** *they ~* koffie drink soos die kan hom skink, sake aanvaar soos hulle kom; *~* ***at*** *... ...* bykom *(of* in die hande kry); ... (be)storm/aanval; *~* ***at*** *s.t., (ook)* iets agterkom *(d. waarheid ens.)*; *~* ***away*** losgaan; *~* ***away*** *from ...* van ... losgaan; *~* ***away*** *with ...* met ... weggaan; *~* ***back*** terugkom; weer kom; weer in die mode kom; weer beter speel/vertoon; *~* ***back*** *at s.o.* iem. antwoord; *~* ***back*** *strongly, (d. mark ens.)* goed herstel; *~* ***back*** *to s.t.* op iets terugkom; *s.t. ~s* ***back*** *to s.o.* iem. onthou iets, iets skiet iem. te binne; ***be*** *coming* aan die kom wees; in aantog wees; *s.t. ~s* ***before*** *s.t. else* iets gaan iets anders vooraf; *the* ***best*** *is yet to ~* die beste lê nog voor; *~* ***between*** *two people* verwydering tussen twee mense bring; twee mense skei; twee mense uitmekaar maak *(as hulle baklei)*; *~ to* ***blows*** slaags/handgemeen raak; *~* ***by*** verbykom; *~* ***by*** *s.t.* aan iets kom, iets in die hande kry; iets opdoen; *a* ***change*** *has ~ over s.o.* iem. het 'n verandering ondergaan; *~* ***cheap/expensive*** goedkoop/duur uitkom; *two years ~* ***Christmas*** eerskomende Kersfees sal dit twee jaar wees; *~* ***clean,*** *(infml.)* met die waarheid uitkom, rondborstig vertel, (op)bieg; *~* ***close/near*** *to doing s.t.* iets amper/byna doen; ***coming?*** kom jy?; ***coming!*** ek kom!; *~ to a* ***decision*** →DECISION; ***do*** *~!* kom gerus!; *~* ***down*** afkom; neerdaal, neerstryk; *(reën ens.)* neerstort, -giet; *(pryse ens.)* daal; *~* ***down*** *in the world* agteruitgaan in die lewe; *~* ***down*** *on/upon s.o.* iem. straf; met iem. raas, iem. berispe/inklim/uittrap; *~* ***down*** *on/upon s.o. like a pile/ton of bricks, (infml.)* op iem. afklim, iem. verskriklik uittrap; ***down*** *to ...* op ... neerkom; *~* ***down*** *with measles* masels kry; ***easy/lightly*** *~,* ***easy/lightly*** *go* erfgeld is swerfgeld; so gewonne, so geronne; *~ to an* ***end*** eindig; *~ to a dead* ***end*** doodloop; *~ to one's* ***feet*** opstaan, orent kom; *~* ***first*** →FIRST; *~* ***for*** *... ...* kom haal; kom om te ...; *~ into* ***force*** in werking tree, van krag word; *~* ***forth*** uitkom, te voorskyn kom; *~* ***forward*** vorentoe *(of* na vore) kom; jou aanbied; jou aanmeld; *~* ***forward*** *with s.t.* met iets (te voorskyn) kom *('n voorstel ens.)*; *~* ***from*** *...* van ... kom; van ... afstam; *where is the ... to ~* ***from?*** waar moet die ... vandaan kom? *(geld ens.)*; *~ and* ***go*** kom en gaan; *not know whether one is coming or* ***going*** nie weet hoe jy dit het nie; *have s.o. coming and* ***going*** iem. in die knyp hê; iem. hulpeloos *(of* sonder verweer) hê; *s.o.'s* ***got*** (or *s.o.* ***has***) *it coming, (infml.)* dit sal iem. se verdiende loon wees, iem. verdien dit; *~ to* ***grief*** →GRIEF; *~ to* ***hand*** →HAND *n.*; ***have*** *s.o. ~* iem. laat kom, sorg dat iem. kom; *~ to a* ***head*** →HEAD *n.*; *~* ***here!*** kom hier!; *just ~* ***here!*** kom ('n) bietjie hier!; *~* ***home*** huis toe kom; *s.t. ~s* ***home*** *to s.o.* iets dring tot iem. deur, iem. word van iets bewus; ***how*** *~?* hoe so?; hoekom?; *~* ***in*** in-, binnekom; aankom; eindig, die wedloop voltooi; verkies word; in die mode kom; te pas kom; *(gety)* opkom; *~* ***in!*** kom in!, (kom) binne!; *do ~* ***in!*** kom gerus in/binne!; *~* ***in*** *for ... ...* kry/ondergaan *(straf ens.)*; ... trek *(aandag ens.)*; ... uitlok *(kritiek ens.)*; ... op die hals haal; *~* ***in*** *handy/useful* nuttig wees; goed te/van pas kom; *~* ***in*** *three colours etc.* in drie kleure ens. verkry(g)baar wees.; *~* ***in*** *on s.t.* 'n aandeel in iets kry; *~* ***in*** *third/etc.* in die derde/ens. plek eindig; *this is where ... ~s* ***in*** dit is waar ... te pas kom; *where does s.o. ~* ***in?*** wat is iem. se rol?; *where do I ~* ***in?*** wat is my aandeel?; watter voordeel het dit vir my?; *~* ***into*** *s.t.* iets kry/ontvang *('n erfenis, geld, ens.)*; iets erf; *where does the* ***joke*** *~ in?* waar sit die grap?, wat is (nou) snaaks daaraan?; ***keep*** *coming* steeds kom, aanhou (met) kom; *~ to* ***know*** *... ...* te wete kom; ... leer ken; *~ to* ***light*** aan die lig *(of* vorendag *of* voor die dag) kom; *~/fall into* ***line*** *with ...* →LINE *n.*; *~ to* ***lose*** *s.t.* iets kwytraak; *coming,* ***madam/sir!*** dadelik, mevrou/meneer!; *~ what* ***may*** wat ook al gebeur; laat kom wat wil; *s.t. ~s* ***naturally*** *(to s.o.)* iets kom vanself; iets is iem. aangebore; *~* ***near*** nader (kom); *~ to s.o.'s* ***notice*** onder iem. se aandag kom; *~* ***now!*** kom, kom!; *~* ***of*** *...* van ... afstam; *nothing will ~* ***of*** *it* daar sal niks van kom nie; *nothing* *ever came **of** it* daar het nooit iets van gekom nie; *what came **of** it?* wat het daarvan geword?; wat was die uiteinde?; ~ ***off*** wegkom; losgaan, los raak; afbreek; afgaan; afgee; afval; plaasvind; slaag, geluk, suksesvol wees; *when does the match ~ **off?*** wanneer is die wedstryd?; *the play is coming **off*** die toneelstuk se speelvak word beëindig; *the play came **off** after a week* die toneelstuk se speelvak is ná 'n week beëindig; ~ ***off** badly/lightly* sleg/lig(gies) daarvan afkom; ~ ***off** it!, (infml.)* sak, Sarel!; ~ ***off** worst* die onderspit delf; ~ ***on*** agternakom; vooruitkom; opkom, vooruitgaan, verbeter; *(onweer)* opkom; aan die orde kom; op die toneel verskyn; *('n hofsaak)* voorkom; *(kr.)* ingespan word *('n bouler)*; ~ ***on!*** komaan!; *s.o. ~s **on** strongly/etc.* iem. maak 'n kragtige/ens. indruk; ~ ***on** (strongly) to s.o., (infml.)* by iem. aanlê, iem. probeer verlei; ~ ***on/upon*** ... op ... afkom; →***across;*** ~ ***out*** uitkom; uitkom, te voorskyn kom; aan die lig kom, blyk; *('n boek)* verskyn; uitwerk; staak; sy/haar debuut maak; ~ ***out** against* ... jou teen ... uitspreek/verklaar, beswaar maak teen ...; *it ~s **out** at* ... dit kom op ... te staan; ~ ***out** for* ... jou ten gunste van ... uitspreek/verklaar, jou by ... skaar; ~ ***out** of s.t.* uit iets kom; iets oorleef/-lewe; ~ ***out** (of the closet), (fig.)* uit die kas klim, jou homoseksualiteit openbaar maak; ~ ***out** with s.t.* met iets uitkom, met iets vorendag (*of* voor die dag *of* te voorskyn) kom *(d. waarheid ens.)*; iets erken; ~ ***over*** oorkom; oorloop; kom kuier; ~ ***over!*** kom hiernatoe!; ~ ***over** queer/etc.* 'n nare/ens. gevoel kry; *what has ~ **over** him/her?* wat makeer hom/haar?, wat het in hom/haar gevaar?; *s.o. is coming **over*** iem. kom hierheen/hiernatoe; iem. kom besoek my/ons; ~ ***into one's own*** →OWN; ~ *to **pass*** geskied, gebeur; *when it ~s to the **pinch/point/push*** as puntjie by paaltjie kom, as die nood aan die man kom; ~ *into **power*** →POWER *n.*; ~ *(out)* ***right*** regkom, in orde kom; ~ ***round*** aangaan, aanloop, *(iem.)* besoek; van opvatting verander; bykom, jou bewussyn herwin; *when Christmas/etc. ~s **round** again* wanneer dit weer Kersfees/ens. is; ~ ***round** to a view* tot 'n sienswyse oorgehaal word; ~ *as a **shock/surprise*** 'n skok/verrassing wees; *it has ~ to **stay*** dit sal bly; *s.o. has ~ to **stay** with us* iem. kuier/woon by ons; ~ *to a **stop*** stilhou; ~ ***the*** ... wanneer die ... kom; *if you ~ to **think** of it* as jy daaroor nadink, eintlik; ~ ***through*** deurkom; aan die verwagting voldoen; ~ ***through** with s.t.* met iets te voorskyn kom; iets betaal/oorhandig/verskaf; *in **time** to* ~ mettertyd; ~ ***to*** bykom *(uit 'n floute)*; *it came **to*** ... dit het op ... uitgeloop/uitgedraai; *it ~s **to** eight/etc.* die getal kom op ag(t)/ens. te staan; *there are eight/etc. **to*** ~ daar kom nog ag(t)/ens., daar moet nog ag(t)/ens. wees; *it/that is still **to*** ~ dit kom nog (*of* lê nog voor); *things **to*** ~ toekomstige dinge, die toekoms; *for some time* (or *a month/year/etc.*) ***to*** ~ nog 'n hele tyd, nog 'n (*of* die volgende) maand/jaar/ens.; ~ ***to** o.s.* bykom; jou selfbeheersing herwin/terugkry; tot besinning kom; ~ ***to** a place* by/op 'n plek aankom; *s.o. came to realise that* ... iem. het begin besef (*of* het naderhand tot die besef gekom) dat ...; *s.t. came **to** play an increasingly bigger role* iets het 'n al groter rol begin speel; *s.t. ~s **to** s.o.* iets val iem. te beurt; *what are we* (or *is the world) coming **to?*** waar gaan/moet dit heen?, wat word van die wêreld?; *if it ~s **to** that* as dit so ver/vêr kom; *it ~s **to** this* dit kom hierop neer; *when it ~s **to*** ... wat ... betref, as dit by ... kom; ~ ***together*** byeenkom, saamkom, vergader; ~ ***true*** uitkom, verwesen(t)lik/bewaarheid/waar word; ~ ***under/within*** ... onder ... ressorteer/val; ~ ***undone*** losraak, losgaan; ~ ***up,** (plantjies)* opkom; ter sprake kom; opgebring word; *coming **up!**, (infml.)* dit kom!; ~ ***up** against s.t.* jou teen iets vasloop; *(infml.)* met iets te doen/make kry; *it is coming **up** for ..., (infml.)* dit word tyd vir ...; *it is coming **up** for/to eight/etc. o'clock, (infml.)* dit is amper/byna ag(t)uur/ens., dit sal nou-nou ag(t)uur/ens. wees; *coming **up** next is* ... nou volg ...; ~ ***up** to* ... kom/reik tot by ... *(iem. se middel ens.)*; aan ... voldoen *(verwagtinge ens.)*; ~ ***up** to s.o.* na iem. toe kom; ~ ***up** with s.o.* iem. inhaal; ~ ***up** with s.t.* met iets (te voorskyn) kom; iets aan die hand doen *('n oplossing)*; *s.t. has ~ **up*** iets het voorgeval; *s.t. ~s **up** on the 4th/etc.* iets vind op die 4de/ens. plaas; iets dien op die 4de/ens. *('n hofsaak)*; ~ ***with** s.o.* met iem. saamkom; iem. vergesel. **~-and-go** die kom en gaan, heen-en-weer-geloop; inkrimping en uitsetting. **~-at-able** bereikbaar, toeganklik, bekombaar, bykombaar; verkry(g)baar. **~back** terugkeer, herverskyning, herstel, herlewing, oplewing; terugslagskaap; terugslagwol; *make/stage a* ~ terugkeer *(n.d. kryt, span, politiek, ens.)*, weer jou plek volstaan. **~down** vernedering, agteruitgang. **~-hither** *adj.* verlokkend, koket. **~-on** *n., (sl.)* lokmiddel, lokaas; *give s.o. the* ~ by iem. aanlê/vlerksleep (*of* flikkers gooi). **~-to-bed** *adj.: have ~ eyes, (infml.)* slaapkameroë hê. **~uppance** *(sl.): get one's* ~ jou verdiende loon kry.

com·e·do *-dos, dones, (patol.)* swartkoppie.

com·e·dy *-dies* komedie, bly-, komediespel; *low* ~ klug(spel); ~ *of manners* sedeblyspel. **co·me·di·an** komediant, blyspelakteur; komediant, grapmaker; blyspel-, komedieskrywer; *low* ~ klugspeler. **co·med·ic** komedie- *(film, fliek, rol, styl, ens.)*; komies *(spanning, lyftaal, verhaal, ens.)*. **co·me·di·enne** blyspelaktrise, komediante. **com·e·dist** blyspel-, komedieskrywer.

come·ly aantreklik, bevallig; *(arg.)* gepas, paslik, passend. **come·li·ness** aantreklikheid, mooiheid, bevalligheid; *(arg.)* gepastheid, paslikheid.

com·er aankomeling; *all ~s* almal; *take on all ~s* almal uitdaag; *the first* ~ die een wat (die) eerste kom; die eerste die beste.

co·mes·ti·ble *(fml., skerts.)* iets eetbaars; *(i.d. mv.)* eetware, eetgoed.

com·et komeet. **com·e·tar·y, co·met·ic** komeetagtig, komeet-.

com·fit *(vero.)* versuikerde neut/amandel/ens..

com·fort *n.* troos, vertroosting; gerustheid; verligting; gerusstelling; bemoediging; gemak, gerief, behaaglikheid; voldoening; welgesteldheid; *(i.d. mv.)* geriewe; *(vero.)* trooster, steun, hulp; *too **close** for* ~ glad te naby; *be **cold*** ~ ('n) skrale troos wees; ***creature** ~s* →CREATURE; ***in*** ~ op jou gemak; *in the ~ **of*** ... in die gemak van ...; *live **in*** ~ dit gerieflik hê, welgesteld wees; *it is a ~ to **know** that* ... dit is gerusstellend om te weet dat ...; *be the ~ **of*** ... die troos van ... wees; ***seek** ~ **in*** ... troos by/in ... soek; ***take** ~ **from/in*** ... troos uit ... put, jou daaraan troos dat ...; *be a ~ **to** s.o.* iem. troos; iem. se troos wees. **com·fort** *ww.* troos, vertroos, opbeur, bemoedig, opkikker; gerusstel. ~ **zone** gemaksone.

com·fort·a·ble gemaklik, gerieflik; aangenaam, behaaglik, genoeglik; komfortabel; ***be/feel*** ~ op jou gemak (*of* behaaglik) voel; *this is a ~ **chair*** dié stoel sit lekker; *make a ~ **living*** goed lewe, 'n goeie bestaan maak; ~ ***majority*** aanmerklike meerderheid; ***make** s.o.* ~ iem. gemaklik laat lê/sit; iem. op sy/haar gemak sit/stel (*of* laat voel); ***make** o.s.* ~ jou tuis maak; *the **patient** is more* ~ die pasiënt voel beter. **com·fort·a·bly** gemaklik, gerieflik; *be ~ **off*** welgesteld wees, goed/warmpies daarin sit, dit goed/breed hê, goed af (*of* daaraan toe) wees; *win* ~ maklik wen.

com·fort·er trooster; vertrooster; fopspeen; trooskombersie; *(vero.)* (wol)serp; *(Am.)* donskombers, kwilt; *the C~* die Trooster.

com·fort·ing (ver)troostend, troosryk; opbeurend; aangenaam, behaaglik; gemoedelik; *a ~ thought* 'n gerusstellende gedagte.

com·fort·less troosteloos, somber; ongerieflik, sonder geriewe.

com·frey *(bot.)* smeerwortel.

com·fy *(infml.)* gemaklik, knus, lekker, gesellig.

com·ic *n.* grapmaker, komiek; →COMIC (BOOK); COMIC STRIP. **com·ic** *adj.* komies, snaaks, koddig, grappig, humoristies. ~ **(book)** strokies(prent)boek, strokiesverhaalboek. ~ **opera** komiese opera. ~ **relief** komiese afwisseling. ~ **strip** strokiesprent, -verhaal, prentverhaal.

com·i·cal komieklik, komies, snaaks, koddig, grappig. **com·i·cal·ness** komieklikheid, koddigheid, grapp(er)igheid.

Com·in·form *(hist.)* Kominform.

com·ing *n.* koms, verskyning; ~ *of **age*** mondigwording; mondigheid, meerderjarigheid; *~(s) and **going(s)*** kom en gaan; *s.o.'s ~s and **goings*** iem. se doen en late; ~ ***over*** oorkoms; ***second*** ~ wederkoms. **com·ing** *adj. (attr.)* komend; aanstaande; toekomstig; aan die kom; *~/waxing **moon*** groeiende/wassende maan; *this ~ **Saturday/etc.*** (die) eerskomende Saterdag/ens.; ***up** and* ~ veelbelowend; *the ~ **week*** volgende (*of* die komende) week. **~-out** amptelike bekendstelling aan die publiek; debuut; eerste optrede; verskyning; ~ *ball* debutantebal; ~ *novel* debuutroman.

co·min·is·ter medeleraar.

Com·in·tern, Kom·in·tern *(hist.)* Komintern.

com·i·ty *(fml.)* beleefdheid, hoflikheid, vriendelikheid, respek; ~ *of nations* internasionale hoflikheid, erkenning van mekaar se wette en gebruike; statery, volkery; *admit ... to the ~ of nations* ... in die statery/volkery opneem.

com·ma komma; *in inverted ~s* tussen aanhalingstekens.

com·mand *n.* bevel, gebod, las(gewing), opdrag; meesterskap, beheersing; beskikking; aanvoering, bevelvoering; leërleiding; bevelsgebied, kommandement; troepe, manskappe; skip onder 'n offisier se bevel; *(rek.)* bevel, opdrag; *(Br.)* koninklike uitnodiging; *do s.t. **at/by** s.o.'s* ~ iets op iem. se bevel doen; *have ... **at** one's* ~ ... ter (*of* tot jou) beskikking hê; *(I'm) **at** your ~!* tot u diens!; *the **chain** of* ~ die bevelsorde/-weg; ***execute** a* ~ 'n bevel uitvoer; *an **express*** ~ 'n uitdruklike bevel; *s.o.'s ~ of **him-/herself,** (arg.)* iem. se selfbeheersing; *be **in** ~ of* ... die bevel oor ... voer; aan die hoof van ... staan; ~ *of a **language*** beheersing van 'n taal, taalbeheersing, -vaardigheid, -vermoë; *have (a) good ~ of a **language*** 'n taal (goed) beheers; ***obey** a* ~ 'n bevel gehoorsaam; ***observe** a* ~ 'n bevel nakom; ***on*** ~ op bevel; ***put** s.o. in* ~ die bevel aan iem. opdra; ***second** in* ~ onderbevelvoerder, -bevelhebber; ***take** ~ of* ... die bevel oor ... oorneem; ***under** the ~ of* ... onder aanvoering/bevel van ...; *a **word** of* ~ 'n bevel. **com·mand** *ww.* beveel, gebied, bevel gee, gelas, kommandeer, aansê; aanvoer, die bevel voer oor; beheers; beskik oor; 'n uitsig hê op/oor, uitkyk op; afdwing; *(mil.)* bestryk; *the fleet ~s the **beach*** die vloot beheers die strand; ~ *a high **price*** 'n hoë prys behaal; ~ *a **sale*** aftrek vind; ***yours** to* ~ u dienswillige. ~ **channel** bevelsweg. ~ **economy** bevelsekonomie, gereglementeerde (*of* sentraal beheerde) ekonomie. ~ **field** *(rek.)* opdragveld. ~ **language** *(rek.)* opdragtaal. ~ **line** *(rek.)* opdragreël. ~ **module** *(ruimtev.)* beheermodule. ~ **performance** opdragaanbieding; opdraguitvoering. ~ **post** bevelspos.

com·man·dant, com·man·dant kommandant; bevelvoerder, -hebber.

com·man·deer kommandeer. **com·man·deer·ing** kommandering.

com·mand·er bevelvoerder, -hebber, kommandant, aanvoerder; gesagvoerder *(op vliegtuig, in handelsvloot)*; *(rang)* kommandeur; posbevelhebber; ~ *of a knightly order* kommandeur in 'n ridderorde. ~ **in chief** opperbevelvoerder, -hebber. **com·mand·er·ship** kommandeurskap.

com·mand·ing bevelvoerend; bevelend; beheersend; indrukwekkend, imponerend; waardig, statig; ~ ***feature*** beheersende terreinvorm; ~ ***officer*** bevelvoerder; ~ ***presence*** imponerende gestalte; *a ~ **view** of* ... 'n weidse uitsig oor ...

com·mand·ment gebod; *the First/Second/etc. C~* die Eerste/Tweede/ens. Gebod; *the Ten C~s* die Tien Gebooie; *transgress a* ~ 'n gebod oortree.

com·man·do *-do(e)s* kommando; kommandosoldaat; *commando(e)s* kommando's; kommandotroepe.

com·mem →COMMEMORATION.

com·mem·o·rate gedenk, herdenk, vier. **com·mem·o·ra·ble** gedenkwaardig. **com·mem·o·ra·tive** gedenk-, herinnerings-; ~ *medal* gedenkpenning; ~ *plaque/tablet* gedenkplaat.

com·mem·o·ra·tion herdenking, gedenking, viering; *day of ~* = COMMEMORATION DAY; *in ~ of* ... ter herinnering aan, ter (na)gedagtenis aan/van ... *(iem.)*; ter herinnering aan, ter herdenking aan/van ... *('n gebeurtenis)*. ~ **day** gedenkdag, herdenking(sdag). ~ **speech** gedagtenisrede.

com·mence *(fml.)* begin; open; aan die gang sit *('n geding ens.); (wet)* in werking tree; aanvoor. **com·mence·ment** begin, aanvang; inwerkingtreding *(v. wet); (Am.)* gradeplegtigheid. **com·menc·ing** beginnende; ~ *on* ... met ingang van ...; ~ *salary* begin=, aanvang=salaris.

com·mend aanbeveel; toevertrou; prys, loof; ~ *me to* ..., *(arg.)* sê groetnis (*of* gee my groete) aan ... **com·mend·a·ble** aanbevelens=, prysens=, lofwaardig, loflik. **com·men·da·tion** aanbeveling; lof(prysing); huldiging(swoord); eervolle vermelding; *king's/queen's* ~ koninklike vermelding; *letter of* ~ lofbrief, aanbevelingsbrief. **com·men·da·to·ry** aanbevelend, prysend, aanbevelings=. **com·mend·ed:** *highly* ~ eervolle vermelding *(op 'n tentoonstelling)*; *be highly* ~ eervol vermeld word.

com·men·sal *(biol.)* kommensaal; *(w.g.)* tafelgenoot. **com·men·sal·ism** *(biol.)* kommensalisme; *(w.g.)* tafelgemeenskap.

com·men·su·ra·ble *(wisk.)* onderling meetbaar; eweredig; vergelykbaar; *be* ~ *to/with* ... met ... vergelykbaar wees. **com·men·su·rate** eweredig; ooreenstemmend, ooreenkomstig; gepas *(salaris ens.)*; *be* ~ *with* ... aan ... gelyk wees; met ... ooreenstem; by ... pas.

com·ment *n.* opmerking, aanmerking, kommentaar; aantekening, toeligting, kanttekening; verduideliking, verklaring, uitleg(ging); ***invite*** ~ aanmerkings uitlok; ***make*** ~*s on* ... opmerkings oor ... maak; kommentaar op ... lewer; ***no*** ~ geen kommentaar; ***offer*** ~*s* kommentaar lewer; ~ *is **superfluous!*** kommentaar oorbodig!. **com·ment** *ww.* opmerk, aanmerk, opmerkings/aanmerkings maak, kommentaar lewer, kritiseer; aantekeninge maak, toelig; jou mening gee, reageer; verklaar; ~ *on/upon s.t.* kommentaar op iets lewer; 'n opmerking oor iets maak; *s.o. refused to* ~, *(ook)* iem. wou niks sê nie. **com·men·tar·y** =*ies* kommentaar; verklaring, uitleg; eksegese *(v.d. Bybel)*; opmerking(s); aantekening(e); ~ *on* ... kommentaar op ...; *running* ~ *on* ... lopende kommentaar oor ... **com·men·tate** verslag doen/gee; uitsaai; kommentaar lewer; ~ *on* ... van ... verslag doen/gee; ... bespreek/behandel/verduidelik. **com·men·ta·tor** *(rad., TV)* kommentator, verslaggewer, uitsaaier; verklaarder, uitlêer; kommentaarskrywer.

com·merce handel; (handels)verkeer; omgang, gemeenskap; *chamber of* ~ kamer van koophandel; *world of* ~ handelswêreld.

com·mer·cial *n., (rad., TV)* handels=, reklameflits. **com·mer·cial** *adj.* kommersieel, handels=, handeldrywend; bedryfs=; ru, ongesuiwer(d); ~ ***advance*** handelsvoorskot; ~ ***affair/matter*** handelsaangeleentheid, =kwessie; ~ ***agreement*** handelsooreenkoms; ~ ***alliance*** handelsverbond; ~ ***arithmetic*** handelsrekene, =rekenkunde; ~ ***art*** handels=, reklamekuns; ~ ***artist*** handels=, reklamekunstenaar; ~ ***bank*** handelsbank; ~ ***banking*** handelsbankbedryf, =bankwese; ~ ***bounty*** handelspremie; ~ ***break*** reklamepouse; ~ ***career*** handelsloopbaan; ~ ***claims*** handelsvorderinge; ~ ***class*** handelstand; ~ ***college*** handelskollege, =skool; ~ ***connections*** handelsvriende, =kennisse; ~ ***convention*** handelsooreenkoms, =konvensie; ~ *letter of **credit*** handelskredietbrief; ~ ***credit house*** handelskrediethuis; ~ ***credit instruments*** handelskredietstukke; ~ ***directory*** handelsgids, =adresboek; ~ ***economy*** handelsekonomie; markekonomie; ~ ***education*** handelsonderwys, =opleiding; ~ ***empire*** handelsryk; ~ ***English*** Handelsengels; ~ ***enterprise*** handelsaak, handelsonderneming; ~ ***establishment*** handelshuis; ~ ***exchange*** handelsbeurs; ~ ***geography*** ekonomiese aardrykskunde/geografie; ~ ***hazard*** handelsrisiko; ~ ***instrument*** handelsinstrument; ~ ***intercourse*** handelsverkeer; ~ ***interest*** handelsbelang; ~ ***language*** handelstaal; ~ ***law*** handelsreg; ~ ***paper*** handelspapier; handelskoerant, =blad; ~ ***pattern*** gekoopte patroon; ~ ***photographer*** handelsfotograaf; ~ ***principle*** handelsbeginsel; ~ ***products*** handelsware; ~ ***prohibition*** handelsverbod; ~ ***quantities*** lonende hoeveelhede; ~ ***relations*** handelsbetrekkinge; ~ ***review*** handelsoorsig; *on a* ~ ***scale*** vir die handel; ~ ***school*** handelskool; ~ ***spirit*** handelsgees, kommersialisme; ~ ***trade*** die handel; ~ ***traffic*** handelsverkeer; ~ ***training*** handelsopleiding, =onderwys; ~ ***traveller*** handelsreisiger; ~ ***treaty*** handelsverdrag; ~ ***undertaking*** handelsaak, handelsonderneming; ~ ***usage*** handelsgebruik; ~ ***vehicle*** handelsvoertuig; ~ ***world*** handelswêreld, =gemeenskap.

com·mer·cial·ese handelstaal, =jargon; advertensietaal.

com·mer·cial·ise, =ize kommersialiseer. **com·mer·cial·i·sa·tion, =za·tion** kommersialisasie, kommersialisering.

com·mer·cial·ism handelsgees, kommersialisme.

com·mer·cial·ly kommersieel, in/vir die handel.

com·mère *(Fr.)* seremoniemeesteres; (vroulike) kommentator; →COMPÈRE.

Com·mie *(infml., neerh.)* Rooie, Kommunis.

com·mi·na·tion bedreiging met Gods toorn; *(Angl. Kerk)* voorlesing van die strafgerig van God *(op Aswoensdag)*; boetliturgie. **com·min·a·to·ry** *(w.g.)* (be)dreigend, dreig=; straf=; wraaksugtig.

com·min·gle *(poët., liter.)* (ver)meng.

com·mi·nute *(teg.)* verdeel, verklein; verpoeier; *(patol.)* versplinter, verbrysel, vergruis; ~*d fracture* splinterbreuk. **com·mi·nu·tion** verdeling, verkleining; verpoeiering; versplintering, verbryseling, vergruising.

com·mis·er·ate medelye hê/toon, meeleef, =lewe, meelewing betuig; bekla, bejammer; ~ *with s.o.* medelye met iem. hê/toon. **com·mis·er·a·tion** medely(d)e, meegevoel, deelneming, deernis; beklaging, bejammering.

com·mis·sar·y =*ies* afgevaardigde, ge(vol)magtigde, kommissaris; *(Am., mil.)* koskommandant; *(Am.)* voorraaddepot; *(Am.)* kantien, snoep=, peuselkroeg. **com·mis·sar, com·mis·sar** *(Rus., hist.)* kommissaris. **com·mis·sar·i·at** kommissariaat *(i.d. voormalige USSR ens.)*; *(mil.)* (krygs)kommissariaat; voedselvoorraad, provisie.

com·mis·sion *n.* opdrag; volmag; *(mil.)* (akte van) kommissie *(vir offisier)*; *(mil.)* offisierskap, offisiersrang, =waardigheid; kommissie; sending; die pleeg *(v. sonde)*; bedryf, diens, gebruik; ***act of*** ~, *(jur.)* handeling, daad; ***bank*** ~ bankkommissie; ***give*** *the* ~ *for s.t. to s.o.* die opdrag vir iets aan iem. gee; ***hold*** *a* ~ offisiersrang hê/beklee; *be* ***in*** ~ in bedryf/diens/gebruik wees; *(skip)* seewaardig wees; *put s.t.* ***in/into*** ~ iets in gebruik neem, iets in bedryf/diens stel; ~ *of* ***inquiry*** kommissie van ondersoek; ***on*** ~ (or *a* ~ *basis)* teen/vir kommissie, op kommissiegrondslag; *be **out of*** ~ buite bedryf/diens/gebruik wees; *(skip)* onseewaardig wees; buite werking (*of* onklaar) wees, nie werk/funksioneer nie; *put s.t. **out of*** ~ iets buite werking stel; ***sin of*** ~ daadsonde; ***undertake*** *a* ~ 'n opdrag aanneem. **com·mis·sion** *ww.* opdra, opdrag gee, belas; magtig, volmag gee; tot skeepskaptein benoem; tot offisier verhef; in diens stel *(skip)*; in gebruik neem, in bedryf/diens stel; in bedryf wees; bestel, 'n bestelling plaas vir; *be* ~*ed by s.o. to* ... van iem. opdrag kry/ontvang om te ...; ~*ed officer* (kommissie)offisier; ~*ed rank* offisiersrang; ~ *s.o. to do s.t.* iem. opdrag gee om iets te doen. ~ **agent** kommissieagent. **com·mis·sion·aire** *(Br.)* portier, deurwag(ter); opsigter, opsiener. **com·mis·sion·er** kommissaris, ge(vol)magtigde, gelastigde; (vaste) regeringsverteenwoordiger; kommissielid; *High C*~ Hoë Kommissaris; ~ *of oaths* kommissaris van ede; ~*-general, (commissioners-general)* kommissaris-generaal. **com·mis·sion·er·ship** kommissarisskap, kommissariaat; opsienersamp. **com·mis·sion·ing** ingebruikneming; benoeming tot offisier.

com·mis·sure *(anat.)* naat, voeg; verenigingslyn.

com·mit =*tt*= toevertrou, toewys; begaan, pleeg *(misdaad)*; verwys, kommitteer; verbind; ~ *s.o.* ***for*** *sentence* iem. vir vonnis verwys; ~ *s.o.* ***for*** *trial* iem. ter strafsitting verwys; ~ ***murder*** moord pleeg; ~ *o.s.* ***on*** *s.t.* jou mening oor iets gee/uitspreek; 'n standpunt oor iets inneem; ~ ***o.s.*** jou verbind/kompromitteer; ~ ***perjury*** valse getuienis aflê, meineed pleeg; ~ ***suicide*** selfmoord pleeg; ~ ... ***to*** *the care of s.o.* ... aan iem. se sorg toevertrou, ... in iem. se sorg plaas; ~ ***to*** *the earth* ter aarde bestel, begrawe; ~ *o.s.* ***to*** ... jou verbind tot ...; dit op jou neem om te ...; ~ *o.s.* ***to*** *expenditure* uitgawes aangaan; ~ *s.o.* ***to*** *an institution* iem. na 'n inrigting verwys; ~ *s.o.* ***to*** *prison* iem. tot gevangenisstraf veroordeel; ~ *s.t.* ***to*** *memory* iets van buite (*of* uit die kop) leer, iets memoriseer; ~ *s.t.* ***to*** *paper* iets neerskryf/=skrywe/opskryf/=skrywe (*of* op skrif stel).

com·mit·ment toevertrouing; verbintenis, belofte, onderneming; verpligting; betrokkenheid; verwysing; inhegtenisneming; veroordeling *(tot gevangenisstraf)*; die opneem in 'n inrigting/ens.; pleging, die pleeg *(v. 'n misdaad)*; oordrag; *literature of* ~ verbonde literatuur; *make a* ~ jou verbind; 'n verpligting aangaan; *s.o.'s* ~ *to* ... iem. se gebondenheid aan ...; iem. se verbondenheid tot ... *('n saak ens.)*; iem. se betrokkenheid by ...

com·mit·tal belofte, onderneming, verbintenis; verwysing; (bevel tot) inhegtenisneming; teraardebestelling. ~ **warrant** lasbrief tot inhegtenisneming.

com·mit·ted: *a* ~ *Communist/etc.* 'n oortuigde Kommunis/ens.; *a* ~ *writer/etc.* 'n toegewyde skrywer/ens.; *be* ~ *to s.t.* aan iets gebonde wees *('n beleid ens.)*; tot iets verbonde wees, iets met oorgawe dien *('n saak ens.)*.

com·mit·tee komitee; bestuur *(v. vereniging, klub)*; *(Br., jur.)* kurator; ***be/serve/sit*** *on a* ~ in 'n komitee dien; ***be/serve/sit*** *on the (executive)* ~ *of a society* bestuurslid van 'n vereniging wees, in die bestuur van 'n vereniging dien/sit; ~ *on a* ***bill*** komitee insake 'n wetsontwerp; ***go into*** ~ in komitee gaan; ***Joint*** *C*~ *on* ... Gesamentlike Komitee oor ...; ***Portfolio*** *C*~ *on* ... Portefeuljekomitee oor ...; ***Select*** *C*~ *on* ... Gekose Komitee oor ...; ***sit in*** ~ agter/met geslote deure (*of* in komitee) sit; ***standing*** ~ staande/vaste komitee; *C*~ *of* ***Supply****, (Br.)* Begrotingskomitee; *C*~ *of* ***Ways and Means****, (Br.)* Belastingkomitee, Middelekomitee. ~**man**, ~**woman** bestuurslid. ~ **meeting** komiteevergadering; bestuursvergadering. ~ **room** bestuurs=, komiteekamer, vergaderlokaal.

com·mix *(arg.)* (ver)meng. **com·mix·ture** mengsel; vermenging.

com·mode laaikas; *(hist.)* kommode, nagstoel, stilletjie, stelletjie.

com·mod·i·fy as gebruiksartikel beskou/behandel, kommodifiseer. **com·mod·i·fi·ca·tion** kommodifisering.

com·mo·di·ous *(fml.)* ruim; *(arg.)* gerieflik. **com·mo·di·ous·ness** ruimheid.

com·mod·i·ty =*ties* (handels/verbruiks)artikel; primêre produk, basisproduk, kommoditeit; grondstof; *(vero.)* gerief; *(i.d. mv. ook)* (handels)goedere/ware, verbruik(er)sgoedere, koopware, verbruiksware; *agricultural* ~ landbouproduk. ~ **price index** kommoditeitsprysindeks. ~ **prices** kommoditeitspryse; grondstofpryse; goedere=, warepryse.

com·mo·dore kommodoor.

com·mon *n.* meent, gemeenskapsgrond; *(jur.)* gebruiksreg; (die) gewone; (die) gemene; *(Br. infml.)* gesonde verstand; ***above*** *the* ~ bo die gemiddeld(e); *have s.t.* ***in*** ~ iets gemeen hê; *they have much* ***in*** ~ *(with each other)* hulle het baie (met mekaar) gemeen; ***in*** ~ ***with*** ... net soos (in die geval van) ...; ***out of*** *the* ~ buitengewoon, ongewoon; *nothing **out of** the* ~ niks besonders nie. **com·mon** *adj.* gemeenskaplik; openbaar, publiek; gewoon, alledaags; algemeen, gebruiklik; algemeen bekend; geldend, heersend *(mening)*; *(neerh.)* onverfyn(d), boers, platvloers, vulgêr, ordinêr, laag, sleg; volop, talryk, veel/algemeen voorkomend; gemeenslagtig; ~ ***assault*** gewone aanranding; ~ ***bit*** spitsboor; ~ ***boundary*** tussengrens, gemeenskaplike grens; ~ ***brick*** pleistersteen; ~ ***bud*** gemengde knop; ~ ***carrier*** vragryer, karweier; *it is* ~

cause between the parties die partye stem daaroor saam; *it is ~ **cause** that ...* almal stem saam dat ...; *make ~ **cause** with ...* gemene saak met ... maak; *~ **chord**, (mus.)* drieklank; *~ **cold*** gewone verkoue; *the **commonest** ...* die mees voorkomende (*of* volopste) ...; *by ~ **consent*** eenparig, algemeen; *~ **crier*** stadsomroeper; *in ~ **decency*** ordentlikheidshalwe; *~ **denominator*** gemeenskaplike eienskap/kenmerk; *(wisk.)* gemene/gemeenskaplike noemer; *~ **divisor/factor*** gemene deler; *C~ **Era*** Christelike jaartelling/tydperk; *~ **estate*** gemeenskaplike boedel; *~ **factor*** →COMMON DIVISOR; *in ~ **fairness*** billikheidshalwe, bloot uit billikheid; *~ **fraction*** gewone breuk; *~ or **garden**, (infml.)* doodgewoon, alledaags; *~ or **garden** variety, (infml.)* huis-, tuin- en kombuissoort; *~ **gender*** gemene geslag; *of ~ **gender*** gemeen-, gelykslagtig; *~ **ground**, (fig.)* gemeenskaplike terrein; *be on ~ **ground**, (fig.)* dit eens wees, saamstem; *that is ~ **ground*** daaroor bestaan geen verskil nie; *the ~ **herd*** die groot massa; *~ **honesty*** gewone eerlikheid; *it is ~ **knowledge*** dit is algemeen bekend, almal weet dit; *~ **law*** gemene reg; *~ **lime*** ongebluste kalk; *the ~ **man*** die gewone mens (*of* man op straat *of* deursneemens), Jan Alleman; *~ **market*** gemeenskapsmark; *the C~ **Market**, (hist.)* die Gemeenskapsmark; →EUROPEAN COMMUNITY; *~ **measure*** →COMMON TIME; *~ **multiple*** gemene veelvoud; *~ **name*** gewone/alledaagse naam; *(biol.)* volksnaam; *~ **noun*** soortnaam; *in ~ **parlance*** →PARLANCE; *~ **pigeon*** maanduif; *~ **property*** gemeengoed; gemeenskaplike eiendom; *s.t. is **quite** ~* iets is doodgewoon; iets kom dikwels voor; *~ **reed*** vaarlands-, fluitjiesriet; *~ **roll*** gemeenskaplike (kiesers)lys; *~ **room**, (Br.)* geselskamer; personeelkamer; *~ **salt*** kombuissout; *~ **seal*** amptelike seël *(v. 'n korporasie ens.); (soöl.)* gewone seehond; *~ **sense*** (gesonde) verstand; →COMMON-SENSE; COMMONSENSICAL; *~ **soldier*** manskap, gewone soldaat; *~ **stock*** gewone aandele; *~ **time**, (mus.)* enkelvoudige tydmaat; *s.t. is ~ **to** ... and ...* ... en ... het iets (met mekaar) gemeen; *have the ~ **touch*** (ge)maklik/vlot in die omgang wees; *be in ~ **use*** gebruiklik (*of* algemeen in gebruik/swang) wees; *not be in ~ **use**, (ook)* weinig gebruiklik wees *('n woord ens.)*; *~ **wool*** gemene wol. **~-law** *adj. (attr.): ~ husband* houman *(infml.)*, gemeenregtelike man *(jur.)*; *~ marriage* gemeenregtelike huwelik; *~ wife* houvrou *(infml.)*, gemeenregtelike vrou *(jur.)*. **~-sense** *adj. (attr.): ~ approach* verstandige/nugter benadering. **~weal** *(arg.)* algemene welsyn. **~wealth** gemenebes; republiek; ryk; statebond; *C~ of Australia* Australiese Gemenebes; *the C~ (of Nations)* die Statebond.

com·mon·age weireg; dorpsveld; dorpsgrond; meent; gemeenskaplike grond(besit); die burgery (*of* [gewone] volk *of* gewone mense).

com·mon·al·i·ty *-ties* gemeenskaplikheid; gewoonheid, algemeenheid, alledaagsheid; *the ~* die burgery (*of* [gewone] volk *of* gewone mense).

com·mon·al·ty *-ties: the ~* die burgery (*of* [gewone] volk *of* gewone mense); die burgerstand; die gemeenskap.

com·mon·er burger, nieadellike.

com·mon·ly gewoonlik, mees(t)al, deurgaans; in die wandel; *~ used* gebruiklik.

com·mon·ness gewoonheid, algemeenheid, alledaagsheid; platvloersheid, ordinêrheid; vulgariteit.

com·mon·place *n.* gemeenplaas, alledaagse gesegde; treffende aanhaling. **com·mon·place** *adj.* gewoon, alledaags; afgesaag, gemeenplasig. **~ book** ekserpteboek. **com·mon·place·ness** alledaagsheid; afgesaagdheid, gemeenplasigheid.

com·mons *(hist.)* burgerstand; *(hist.)* burgery, (gewone) volk, gewone mense; *(arg.)* rantsoen, voedsel, kos; *on short ~* op halfrantsoen (*of* halwe rantsoen); *the (House of) C~* die (Britse) Laerhuis.

com·mon·sen·si·cal, com·mon·sen·si·ble verstandig, nugter.

com·mo·tion beroering, opskudding, gedoente, petalje, geskarrel, drukte, ophef, woeling; onrus; oproer; (ge)roesemoes, rumoer, lawaai, bohaai, herrie, kabaal; *civil ~* oproer; *in ~* in rep en roer.

com·move *(arg.)* verontrus; 'n opskudding veroorsaak; oprui; ontroer.

com·mu·nal gemeenskaplik; kommunaal, dorps-, gemeenskaps-; kommune-; *~ **council*** gemeenskapsraad; *~ **customs**, (ook)* stamgewoontes; *~ **development*** gemeenskapsbou; *~ **sense*** saam-, samehorigheidsgevoel; *~ **spirit*** groepsgees. **com·mu·nal·ise, -ize** in besit van die gemeenskap stel. **com·mu·nal·ism** (leer van) plaaslike selfbestuur, kommunalisme. **com·mu·nal·i·ty** gemeenskaplikheid. **com·mu·nal·ly** gesamentlik.

com·mune¹ *n.* kommune, woongemeenskap; munisipaliteit; *(hist.)* kommune; *the Paris C~, (hist.)* die Paryse Kommune. **com·mu·nard** kommunelid. **Com·mu·nard** *(hist.)* lid/ondersteuner van die Paryse Kommune.

com·mune² *ww.* (siels)gemeenskap hê *(met)*; in noue aanraking wees *(met)*; gevoelens/gedagtes uitwissel; *(Am.)* (die) Nagmaal gebruik; *~ with God* met God verkeer; *~ with nature* jou één voel met die natuur.

com·mu·ni·ca·ble mededeelbaar, kommunikeerbaar; mededeelsaam; oordraagbaar *(siekte)*. **com·mu·ni·ca·bil·i·ty** mededeelbaarheid, kommunikeerbaarheid; oordraagbaarheid.

com·mu·ni·cant *n.* Nagmaal(s)ganger; belydende lidmaat; belydende (kerk)lid; *(arg.)* informant. **com·mu·ni·cant** *adj.* belydend.

com·mu·ni·cate meedeel, bekend maak, oordra, deurgee; kommunikeer; jou uitdruk; oordra *(siekte)*; oorsein; die Nagmaal bedien; (die)Nagmaal gebruik, aan die Nagmaal deelneem; in verbinding wees/staan; in verbinding tree; *(kamers)* ineenloop; *~ with s.o.* met iem. in verbinding staan/wees (*of* in aanraking wees); met iem. in verbinding tree (*of* in aanraking kom); met iem. oorleg pleeg; met iem. kommunikeer, tot iem. deurdring.

com·mu·ni·cat·ing door tussendeur, verbindingsdeur.

com·mu·ni·ca·tion kommunikasie; mededeling, boodskap, berig; gesprek; gedagtewisseling, begrip, omgang, gemeenskap; verbinding, kontak; verkeer; verkeersweg; aansluiting; *(i.d. mv. ook)* verkeer, verbinding(s), verbindingsmiddele, -lyne, -weë; ***address** all ~s to the secretary* rig alle stukke aan die sekretaris; ***cut** ~s* die verbindings afsny; ***evil** ~s corrupt good manners* kwade samesprekinge bederf die goeie sedes; *be **in** ~ with s.o.* met iem. in verbinding staan/wees (*of* in aanraking wees); ***line** of ~* verkeersweg, verbindingsweg, -middel; ***line** of ~s* verbindingslinie; ***means** of ~* verbindings-, verkeersmiddel(e); *~s of a **society*** mededelinge van 'n genootskap. **~ breakdown** kommunikasiebreuk. **~ cord** noodrem. **~ gap** kommunikasiegaping. **~ problem** kommunikasieprobleem. **~ skills** kommunikasievaardighede. **~s package** kommunikasiepakket. **~s satellite** kommunikasiesatelliet. **~s software** kommunikasieprogrammatuur, -sagteware. **~s technology** kommunikasietegnologie. **~ studies** kommunikasiekunde, -leer. **~ system** verkeersnet. **~ trench** verbindingsloot.

com·mu·ni·ca·tive mededeelsaam, spraaksaam.

com·mu·ni·ca·tor mededeler, segsman; noodrem; *(telegr.)* sleutel.

com·mun·ion deelneming; gemeenskap, omgang, verbondenheid, intieme gesprek, noue kontak; gemeenskaplikheid; aandeel; *(dikw. C~ of Holy C~), (Prot.)* Nagmaal, *(RK)* kommunie; ***give** (Holy) C~* die Nagmaal bedien; ***hold** ~ with o.s.* diep nadink; ***partake** of (Holy) C~* (die) Nagmaal gebruik, aan die Nagmaal deelneem; *the ~ of the **saints*** die gemeenskap van die heiliges. **~ cup** Nagmaal(s)beker. **~ service** Nagmaal(s)diens. **~ wine** Nagmaal(s)wyn.

com·mu·ni·qué *(Fr.)* communiqué, (amptelike) mededeling.

com·mun·ism *(leerstelsel met hl.)* kommunisme. **com·mun·i·sa·tion, -za·tion** kommunisering; onderwerping aan die kommunisme. **com·mun·ise, -ize** tot gemeenskaplike besit maak, kommuniseer; kommunisties maak. **com·mun·ist** *n., (partylid met hl.)* kommunis. **com·mun·ist, com·mu·nis·tic** *adj.* kommunisties; *C~ China* →CHINA.

com·mu·ni·ty *-ties* gemeenskap, maatskappy, samelewing; gemeente; sielsgemeenskap; ooreenkoms, gemeenskaplikheid; *(ekol.)* gemeenskap; *~ of **faith*** geloofsgemeenskap; *~ of **interests*** gemeenskaplike belange; gemeenskaplikheid van belange; *the ~ at **large*** die hele volk; *~ of **nations*** volkeregemeenskap; *be married in ~ of **property*** in gemeenskap van goed(ere) getroud wees; ***sense** of ~* gemeenskapsgevoel. **~ antenna television** →CABLE TELEVISION. **~ architect** gemeenskapsargitek. **~ architecture** gemeenskapsargitektuur. **~ centre** gemeenskapsentrum. **~ charge** *(Br.)* = POLL TAX. **~ chest** gemeenskapskas. **~ council** gemeenskapsraad. **~ development** gemeenskapsontwikkeling, -bou. **~ leader** gemeenskapsleier. **~ medicine** gemeenskapsgeneeskunde. **~ policeman, ~ police officer** gemeenskapspolisiëringsbeampte. **~ policing** gemeenskapspolisiëring. **~ politics** gemeenskapspolitiek. **~ relations** *(mv.)* gemeenskapsverhoudinge, -verhoudings. **~ service** *(jur.)* gemeenskapsdiens. **~ singing** massa-, samesang, gesamentlike sang. **~ spirit** gemeenskapsgevoel. **~ tax** gemeenskapsbelasting. **~ worker** gemeenskapswerker.

com·mute pendel, daagliks bus/trein ry; verander, verwissel, vervang; *(jur.)* versag *(straf)*; afkoop, in kontant omsit *('n polis ens.)*; *(wisk.)* kommuteer; *~ between ... and ...* tussen ... en ... pendel; *~ s.t. into ...* iets tot ... verander; iets in ... omsit. **com·mut·a·ble** verander-, verwissel-, vervangbaar; afkoopbaar; *(plek)* binne pendelafstand. **com·mu·ta·tion** verandering, verwisseling, vervanging; omsetting; versagting *(v. straf)*; afkoping, die afkoop; afkoopsom; *(teg.)* kommutasie, stroomwisseling. **commutation ticket** *(Am.)* seisoenkaartjie. **com·mu·ta·tive, com·mu·ta·tive** vervangbaar, verwisselbaar; verwisselend; (plaas)vervangend; *(wisk.)* kommutatief. **com·mu·ta·tor** *(elek.)* kommutator, (stroom)wisselaar. **com·mut·er** pendelaar; dagpassasier, -reisiger; seisoenkaarthouer *(op trein)*. **com·mut·ing** pendel; pendelverkeer; *hate ~* dit haat om te pendel; *increased ~ levels* verhoogde pendelverkeer; *~ service* pendeldiens.

Com·o·ro: *the ~s, the ~ Islands, (geog.)* die Comore (*of* Comoro-eilande). **Com·o·ri·an** *n.* Comoraan. **Com·o·ri·an** *adj.* Comoraans.

comp *n., (infml.)* setter; begeleier; begeleiding; kompetisie. **comp** *ww., (infml.)* set; begelei.

com·pact¹ *n.* ooreenkoms, verdrag, kontrak.

com·pact² *adj.* dig, kompak; saamgepers; stewig, vas; bondig, beknop, gedronge; aaneengeslote; *(wisk.)* kompak; *~ **concrete*** verdigte beton; *~ **dictionary*** beknopte woordeboek; *~ **disc*** laserskyf, -plaat, kompakte skyf, CD; *~ **disc player*** laser(skyf)-, laser(plaat)-, kompakteskyfspeler, CD-speler. **com·pact** *ww.* saampers, verdig; aaneensluit; stewig maak; verhard *(pad)*; beknop maak, opsom, verkort; *(arg.)* saamstel. **com·pact** *n.* poeierdosie; *(Am.)* middelslagmotor. **com·pac·tion** verdigting, kompaksie. **com·pact·ness** digtheid, kompaktheid; stewigheid; bondigheid, beknoptheid, gedrongenheid.

com·pa·nies act maatskappyewet.

com·pan·ion¹ *n.* metgesel, maat, kameraad, makker, deelgenoot; *(hist.)* geselskapsdame; *(een v. twee bybehorende eksemplare)* pendant; handboek, gids; *(hist.)* lid van die laagste rang van 'n ridderorde; *(astron.)* metgesel; *~ in arms* wapenbroe(de)r, strydgenoot, -makker; *be a good ~, (ook)* goeie geselskap wees. **com·pan·ion** *adj. (attr.)* bybehorend; *~ picture* pendant, teen-, teëhanger; *~ piece* teen-, teëstuk; *~ volume* bybehorende (boek)deel; *the ~ volume to ...* die (boek)deel wat by ... hoort. **com·pan·ion** *ww., (fml.)* vergesel; omgaan (met).

com·pan·ion² *n., (sk.)* kapluik; kampanje(trap), kajuittrap. **~ ladder** kampanjeleer. **~way** kampanje-, kajuittrap.

com·pan·ion·a·ble gesellig; kameraadskaplik. **com·pan·ion·a·ble·ness** gesellligheid.

com·pan·ion·ate *(fml.)*: ~ *marriage* proefhuwelik. **com·pan·ion·less** onvergesel(d), alleen. **com·pan·ion·ship** kameraadskap; geselskap.

com·pa·ny -*nies, n.* geselskap; groep; troep; besoeker(s), gas(te); maatskappy, firma, onderneming; deelgenootskap; (toneel)geselskap; *(mil.)* kompanie; *(sk.)* bemanning; *(hist.)* gilde; *be* ***bad*** ~ slegte geselskap (*of* ongesellig) wees; *get into* ***bad*** ~ in slegte geselskap beland; ***bear*** *s.o.* ~, *(arg.)* iem. vergesel (*of* geselskap hou); *the* ***Dutch East India*** *C*~ die Verenigde Oos-Indiese Kompanjie, VOC; ***establish/float/form*** *a* ~ 'n maatskappy stig/oprig; *the C~'s* ***Garden*** die Kompanjiestuin; *be* ***good*** ~ goeie geselskap (*of* gesellig) wees; *be in* ***good*** ~ in goeie geselskap wees; ***have*** ~ gaste/mense hê; geselskap hê; *I/we* ***have*** ~, *(ook)* hier is mense; ***in*** ~ in geselskap; ***in the*** ~ *of* ... in die geselskap van (*of* saam met) ...; ***keep*** *s.o.* ~ iem. geselskap hou; ***keep*** ~ *with s.o.* met iem. uitgaan; in iem. se geselskap verkeer, met iem. omgaan; ***know*** *s.o. by the* ~ *he/she keeps* iem. aan sy/haar vriende ken; ***part*** ~ *with s.o.* van iem. afskeid neem; *they* ***parted*** ~ hulle het geskei (*of* uitmekaar gegaan); *be* ***pleasant*** ~ aangename geselskap wees; *be* ***poor*** ~ ongesellig wees; ***present*** ~ *excepted/excluded* die aanwesiges uitgesonder; ***request*** *the* ~ *of s.o.* iem. uitnooi; *for ~'s* ***sake*** vir die gesellingheid; ***ship's*** ~ opvarendes; *in C*~ ***times*** in Kompanjiestyd; ***two's*** ~, *three's none* (*or a crowd*) twee is 'n paar, drie onpaar. **com·pa·ny** *ww., (arg., poët., liter.)* omgaan *(met)*; vergesel. ~ **car** maatskappymotor. ~ **commander** *(mil.)* kompaniebevelvoerder. ~ **director** maatskappydirekteur. ~ **law** *(jur.)* maatskappyereg. ~ **lawyer** maatskappyprokureur. ~ **loyalty** maatskappylojaliteit. ~ **man** toegewyde/lojale lid van die/'n maatskappy. ~ **policy** maatskappybeleid. ~ **secretary** maatskappysekretaris. ~ **sergeant major** *(mil.)* kompanie-sersant-majoor. ~ **time** werktyd.

com·pare *n.*: *beyond/past/without* ~ weergaloos, sonder weerga, onvergelyklik. **com·pare** *ww.* vergelyk; vergelyk word; *(ling.)* die trappe van vergelyking noem/vorm van; vergelykbaar wees, die vergelyking kan deurstaan; ~ *X* ***and*** *Y* X en Y vergelyk; ***how*** *do they* ~? wat is die verskil tussen hulle?; ~ ***notes*** →NOTE *n.*; ~ *X* ***to/with*** *Y* X met Y vergelyk; *(as)* ~*d* ***to/with*** ... in vergelyking met (*of* vergeleke met/by) ...; *not to be* ~*d* ***to/with*** ... nie met ... te vergelyk nie; *s.t.* ~*s* ***with*** *the best* iets is gelyk aan (*of* staan gelyk met) die beste; *s.o. cannot* (*or does not*) ~ ***with*** ... iem. speel tweede viool by ..., iem. kan nie vir ... kers vashou (*of* kan nie in ... se skadu[wee] staan) nie; ~ *favourably* ***with*** ... gunstig by ... afsteek; ~ *poorly/unfavourably* ***with*** ... sleg by ... afsteek. **com·par·a·ble**: *be* ~ *to/with* ... met ... vergelykbaar wees; *not be* ~ *to/with* ... nie met ... te vergelyk wees nie. **com·pa·ra·bly** vergelykbaar. **com·par·a·tive** *n.* vergrotende trap. **com·par·a·tive** *adj.* vergelykend; betreklik; ~ *degree* vergrotende trap; ~ *law/philology/religion/etc.* vergelykende regswetenskap/taalkunde/godsdienswetenskap/ens; ~ *return/statement* vergelykingstaat. **com·par·a·tive·ly** betreklik, relatief; vergelykenderwys(e); ~ *speaking* relatief/betreklik gesproke. **com·par·i·son** vergelyking; ***bear/stand*** ~ *with* ... die vergelyking met ... deurstaan; ***beyond*** *(all)* (*or* ***out of*** *all* or ***without***) ~ nie te vergelyk nie, onvergelyklik; ***by/in*** ~ vergelykenderwys(e); ***degrees*** *of* ~ trappe van vergelyking; ***draw*** *a* ~ *between* ... 'n vergelyking tussen ... maak/tref/trek; ***in*** ~ *with* ... in vergelyking met (*of* vergeleke met/by) ...; *there is* ***no*** ~ *between them* hulle is nie te vergelyk nie; ~*s are* ***odious*** vergelykings is uit die bose; *a* ***standard*** *of* ~ 'n vergelykingsbasis/vergelykingsnorm.

com·part·ment afdeling; vak(kie), hok(kie); kompartement *(v. trein)*. **com·part·men·tal·i·sa·tion**, -**za·tion** afhokking; onderverdeling, opdeling. **com·part·men·tal·ise**, -**ize** afhok, in hokke/hokkies verdeel; in aparte ruimtes verdeel; onderverdeel, opdeel.

com·pass *n.* kompas; passer; *(fig.)* bestek; *(fig.)* gebied, grens, bereik, sfeer, omtrek; *(mus.)* omvang *(v. 'n stem ens.)*; ***beam*** ~*es* stok-, stangpasser; *be* ***beyond/within*** *the* ~ *of* ... buite/binne die bestek van ... wees; buite/binne die bereik van ... wees; ***bow*** ~*es* nulpasser; ***box*** *the* ~ die 32 windrigtings opnoem; *(fig.)* omspring, omswaai, bol(le)makiesie slaan; ***cal(l)iper*** ~*es* krom-, meetpasser; ***dividing*** ~*es* verdeel-, steekpasser; *in a* ***narrow*** ~ in 'n klein bestek; *a* ***pair*** *of* ~*es* 'n passer; *two* ***pairs*** *of* ~*es* twee passers; ***points*** *of the* ~ kompas-, windrigtings, kompas-, hemel-, windstreke; ***set*** *the* ~ die kompas inpeil; ***spherical*** ~*es* holpasser; ***spring*** ~*es* veerpasser. **com·pass** *ww., (fml.)* omvat, insluit; omgeef, omgewe, omsirkel, omsingel; omraam; begryp; verstaan, snap; bewerkstellig, teweegbring, tot stand bring, regkry, bereik, aanrig, veroorsaak; *(arg.)* beraam. ~ **bearing** kompaspeiling. ~ **box,** ~ **case** kompastrommel. ~ **card** kompaskaart, windroos. ~ **correction** kompasverstelling, -korreksie. ~ **course** kompaskoers. ~ **deflection** kompasuitslag. ~ **deviation** kompasafwyking. ~ **error** kompasfout, -miswysing. ~ **face** kompasplaat. ~ **needle** kompas-, magneetnaald. ~ **plane** hobbelaar, hobbelskaaf. ~ **point** passerpunt; kompasstreek. ~ **reading** kompasstand. ~ **rose** wind-, kompasroos. ~ **saw** stoot-, steeksaag. ~ **window** kompasglas; halfmaan-erker.

com·pass·a·ble *(fml.)* doenlik, bereikbaar.

com·pas·sion medely(d)e, deernis, ontferming, erbarming, jammerhartigheid, barmhartigheid, medeдoë, deelneming; *have* ~ *for/on* ... deernis met ... hê; jou oor ... ontferm; 'n hart vir ... hê *(d. armes ens.)*. ~ **fatigue** empatie-uitputting.

com·pas·sion·ate *adj.* jammerhartig, barmhartig, medelydend, deernisvol; *on* ~ *grounds* om menslikheidsredes; ~ *leave* menslikheids-, deernisverlof.

com·pat·i·ble mengbaar; kombineerbaar; verbindbaar; aanpasbaar; *(rek., wisk., log.)* versoenbaar; *(med., chem., fis.)* verenigbaar; *(bot.)* kruisbaar; *(bot.)* selfbevrugtend; ~ ***assumptions*** versoenbare aannames; ***be*** ~, *(mense)* by mekaar pas; *(kleure, meubels)* saamgaan; ~ ***colour television*** aanpaskleurtelevisie; ~ ***materials*** saamvoegbare stowwe; *a* ***salary*** ~ *with the requirements of the job* 'n salaris wat ooreenstem/strook met (*of* pas by) die vereistes van die werk; *be* ~ ***with*** ... by ... inpas; goed by ... inskakel; jou by ... kan aanpas; met ... oor die weg kan kom; met ... versoenbaar wees. **com·pat·i·bil·i·ty** mengbaarheid; kombineerbaarheid; verbindbaarheid; aanpasbaarheid; versoenbaarheid; verenigbaarheid; kruisbaarheid.

com·pat·ri·ot landgenoot, volksgenoot; kollega.

com·peer *(fml.)* gelyke, portuur, eweknie; *(arg.)* gesel, kameraad, maat.

com·pel -*ll-* dwing, verplig, noodsaak, noop; afdwing; onderwerp; *be* ~*led to* ... moet (*of* genoodsaak/verplig wees om te) ...; *feel* ~*led to* ... genoodsaak/verplig voel om te ...; *s.t.* ~*s s.o. to* ... iets noop/verplig iem. om te ...; ~ *s.t. (from s.o.)* iets (van iem.) afdwing *(bewondering, eerbied, ens.)*. **com·pel·la·ble** (af)dwingbaar; verplig; ~ *witness, (jur.)* verpligbare getuie. **com·pel·ling** meesleurend, meeslepend, pakkend, boeiend, fassinerend; dwingend, gebiedend; oortuigend. **com·pel·ling·ly**: *present one's case* ~ jou saak oortuigend stel.

com·pen·di·um -*diums*, -*dia* samevatting, kortbegrip, kompendium; samestelling; versameling; stel. **com·pen·di·ous** beknop, bondig, saaklik; ryk aan inhoud.

com·pen·sate vergoed, goedmaak, vereffen, *(jur.)* skadeloos stel; opweeg teen, as teen-/teëwig dien; kompenseer; ~ *for s.t.* vir iets kompenseer; iets goedmaak; teen iets opweeg, 'n teen-/teëwig teen/vir iets vorm/wees; ~ *s.o. for s.t.* iem. vir iets vergoed; *be awarded R5000 to* ~ *for the damage* R5000 aan skadevergoeding ontvang. **com·pen·sat·ing** vergoedend; ~ ***current*** kompensasiestroom; ~ ***error*** balanserende fout, teenfout; ~ ***pendulum*** kompensasieslinger; ~ ***valve*** kompenseerklep. **com·pen·sa·tion** (skade)vergoeding; vereffening; skadeloosstelling; kompensasie; *get* ~ *from s.o.* vergoeding van iem. ontvang. **compensation pendulum** kompensasieslinger. **com·pen·sa·tion·al, com·pen·sa·to·ry** vergoedings-, vergoedend, skadeloosstellend; kompenserend, kompensatories; versoenend. **com·pen·sa·tor** vergoeder, skadeloossteller; kompensator, kompenseerder. **compensator valve** kompenseerklep.

com·père *n.* aanbieder, gasheer, aankondiger, seremoniemeester; →COMMÈRE. **com·père** *ww.* aanbied; as aanbieder/gasheer/aankondiger/seremoniemeester optree, die aanbieder/seremoniemeester wees.

com·pete meeding, wedywer; konkurreer; ~ ***against*** *s.o.* teen iem. meeding; ~ ***with*** *s.o. for s.t.* met iem. om iets meeding/wedywer; ~ ***with*** *s.o. in s.t.* met iem. in iets meeding/kompeteer. **com·pe·ti·tion** mededinging, wedywering; konkurrensie; kompetisie; wedstryd; teenstand; mededinger(s); ***face*** ~ mededinging hê; ***in*** ~ ***with*** ... in mededinging met ...; ***organise*** *a* ~ 'n wedstryd uitskryf/-skrywe; ***severe/stiff*** ~ skerp/sterk/strawwe mededinging. **com·pet·i·tive** mededingend, konkurrerend; vergelykend; ~ ***examination*** vergelykende eksamen; *be* ***highly*** ~ hoogs mededingend wees; ~ ***prices*** mededingende pryse; *more* ~ ***price*** laer prys; ~ ***spirit*** wedywer; prestasiegerigtheid. **com·pet·i·tor** mededinger, konkurrent; deelnemer.

com·pe·tent bevoeg, bekwaam; bedrewe, vaardig; voldoende, toereikend, geskik; geldig, geoorloof; *(jur.)* regsbevoeg, kompetent; *be* ~ *to* ... by magte wees om te ...; *be* ~ *for s.o. to* ... mag ..., bevoeg/geoorloof wees (*of* binne jou bevoegdheid wees *of* jou vrystaan) om te ... **com·pe·tence** bevoegdheid, bekwaamheid; bedrewenheid, vaardigheid; toereikendheid, geskiktheid; toelaatbaarheid, geldigheid; *(vero.)* inkomste, middele van bestaan, goed gegoedheid, welgesteldheid. **com·pe·ten·cy** -*cies, (jur.)* (regs)bevoegdheid, kompetensie. **competency certificate** geskiktheidsertifikaat, geskiktheidsbewys.

com·pile saamstel, opstel, kompileer; versamel, bymekaarmaak; *(kr.)* opstapel *(lopies)*; *(rek.)* kompileer, vertaal; ~ *a list* 'n lys opstel; ~ *a score* 'n telling opstel. **com·pi·la·tion** samestelling, kompilasie; versameling. **com·pil·er** samesteller, opsteller; versamelaar; *(rek.)* kompileer-, vertaalprogram, kompileerder, vertaler.

com·pla·cent (self)voldaan, selfingenome, selfgenoegsaam, tevrede; oorgerus. **com·pla·cen·cy** -*cencies*, **com·pla·cence** -*cences* selfvoldoening, -voldaanheid, -ingenomenheid, -genoegsaamheid; welgevalle, genot; (oor)gerustheid; *regard ... with* ~ ... onbekommerd gadeslaan.

com·plain kla; ~ *about/of s.t.* oor iets kla; ~ ***bitterly/endlessly*** steen en been kla; *(I)* ***can't*** ~, *(infml.)* (ek) kan nie kla nie; ~ ***of*** *a headache* oor/van hoofpyn kla; ~ ***to*** *s.o.* by iem. kla; jou nood by iem. kla; ***words*** ~*ed of, (jur.)* gewraakte woorde. **com·plain·ant** klaer; *female* ~ klaagster. **com·plain·er** klaer. **com·plaint** klag(te), grief; aanklag(te); kwaal, aandoening, ongesteldheid; *go to s.o. with one's* ~*s* ***about*** *s.t. to s.o.* by iem. oor iets gaan kla; ***file/lay/lodge/make*** *a* ~ 'n klag indien/inlewer, kla; ***lay/lodge*** *a* ~ *against s.o. with the police* 'n aanklag teen iem. by die polisie indien, iem. by die polisie verkla; ***letter*** *of* ~ klagbrief; ***no*** ~*s, (infml.)* (ek) kan nie kla nie, niks te kla nie. **complaint(s) book** klagteboek.

com·plai·sant inskiklik, tegemoetkomend, toegeeflik, toeskietlik; gedienstig, dienswillig, bereidwillig, hulpvaardig; beleef(d); eerbiedig. **com·plai·sance** inskiklikheid, tegemoetkomendheid, toegeeflikheid, toeskietlikheid; beleefdheid; gedienstigheid, dienswilligheid, bereidwilligheid, hulpvaardigheid; beleefdheid; eerbied, ontsag.

com·pla·nar →COPLANAR.

com·ple·ment *n.* aanvulling, toevoeging, toevoegsel, aanvulsel; voltooiing, afronding; komplement(êre kleur); volle getal; volledige stel/reeks; vereiste hoeveelheid; getalsterkte; (goedgekeurde) sterkte/bemanning *(v. 'n skip)*; *(gram.: naamwoordstuk; bepaling)* komplement; *(wisk., rek., log., mus., immunol.)* komplement. **com·ple·ment** *ww.* aanvul, voltallig maak; afrond, kompleteer. **com·ple·men·tal** aanvullend, komplementerend. **com·ple·men·ta·ry** aanvullend, aanvullings-, komplementêr; ~ ***angle*** komplementêre hoek, aanvullingshoek; ~ ***colours*** komplementêre kleure, aanvullingskleure; ~ ***medicine*** aanvullende/alternatiewe geneeskunde; *be* ~ ***to*** ... aanvullend by ... wees, ... aanvul.

com·plete *adj.* volledig, voltallig, kompleet; vol; volkome, volmaak; volwaardig; klaar, afgerond, voltooi(d), gereed; volslae, algeheel, absoluut, totaal, heel; volleerd; *(arg.)* vaardig, bedrewe, ervare; ~ ***change,*** *(ook)* ommekeer; ~ ***faith*** onbepaalde vertroue; *a* ~ ***hundred*** die volle honderd; *the* ~ ***programme*** die volledige program; ~ ***stranger*** wildvreemde; ~ ***uniform*** volle uniform; ~ ***with*** ... met ... daarby, ... ingesloten; *a room* ~ ***with*** *furniture* 'n volledig gemeubileerde kamer; *the* ~ ***works*** *of Shakespeare/etc.* die versamelde werke van Shakespeare/ens.. **com·plete** *ww.* voltooi, afhandel; afrond, klaarmaak; uitvoer; aanvul, volledig/voltallig maak; invul; ~ *an* ***apprenticeship*** (or *a* ***course***) 'n vakleerlingskap/kursus deurloop; *s.o. has ~d his/her* ***education,*** *(ook)* iem. is volleerd; ~ *a* ***form/questionnaire*** 'n vorm/vraelys invul; ~ *a* ***sentence*** 'n vonnis uitdien; ~ *one's* ***studies*** afstudeer. **com·plete·ly** heeltemal, totaal, absoluut, skoon, geheel en al, deur en deur, ten volle, kompleet; *be* ~ *devoid of truth* →DEVOID. **com·plete·ness** volledigheid; volmaaktheid, kompleetheid, volkomenheid; *for the sake of* ~ volledigheidshalwe. **com·ple·tion** voltooiing, afwerking, voleindiging, vervollediging; aanvulling; invulling; *be* ***nearing*** ~ (sy) voltooiing nader; ***on*** ~ ***of*** ... by (die) voltooiing van ... **com·ple·tive** aanvullend.

com·plex *n.* geheel, samestel, saam-/samegestelde geheel, kompleks; (geboue)kompleks; *(psig.)* kompleks; *have a* ~ *about s.t.* 'n kompleks oor iets hê. **com·plex** *adj.* ingewikkeld, gekompliseer(d), kompleks; saam-, samegestel(d); ~ *fraction, (wisk.)* saam-/samegestelde breuk; ~ *sentence, (gram.)* saam-/samegestelde sin. **com·plex·i·ty** *-ties* ingewikkeldheid, gekompliseerdheid, kompleksiteit; saam-, samegesteldheid.

com·plex·ion (gelaats)kleur, vel-, huidkleur; aansien, voorkoms; *(fig.)* gesteldheid, aard, geaardheid; *put a (completely) different* (or *a [whole] new*) ~ *on s.t.* iets in 'n (heel) ander lig stel, 'n (heel) ander kleur aan iets gee; *political* ~ politieke kleur. **com·plex·ioned** ... van kleur; *dark-~* donkerkleurig, met 'n donker (gelaats)kleur. **com·plex·ion·less** bleek, kleurloos.

com·pli·ance, com·pli·ant →COMPLY.

com·pli·cate *ww.* ingewikkeld(er) maak, bemoeilik, kompliseer, verwikkel; in die war stuur. **com·pli·cate** *adj., (biol.)* toegevou(d), oorlangs gevou(d). **com·pli·ca·cy** *-cies* →COMPLEXITY. **com·pli·cat·ed** ingewikkeld, verwikkeld, verstrengel, gekompliseer(d), kompleks; saam-, samegestel(d); ~ *fracture, (med.)* saam-/samegestelde breuk. **com·pli·ca·tion** ingewikkeldheid; verwikkeling; (onvoorsiene) moeilikheid/probleem; verwarring; *(med.)* komplikasie, bykomende siekte.

com·plic·i·ty medepligtigheid, aandadigheid; *s.o.'s* ~ *in s.t.* iem. se medepligtigheid/aandadigheid aan iets.

com·pli·ment *n.* kompliment, pluimpie, vleiende opmerking; gelukwens; *(i.d. mv. ook)* komplimente, groete; ***angle/fish*** *for ~s* na komplimente vis/hengel, komplimente uitlok; *a* ***backhanded*** ~ 'n dubbelsinnige kompliment; ***pay*** *s.o. a* ~ *(on s.t.)* iem. (met iets) gelukwens/komplimenteer; ***return*** *the* ~ die beleefdheid beantwoord; *~s of the* ***season*** feesgroete; ***take*** *s.t. as a* ~ iets as 'n kompliment beskou; *s.o. knows how to* ***turn*** *a* ~ iem. kan 'n goeie kompliment maak; ***with*** *my ~s* met my komplimente; ***with*** *the author's ~s* van die skrywer; ***with*** *the publisher's ~s* met die komplimente van die uitgewer. **com·pli·ment** *ww.* gelukwens; 'n kompliment maak; komplimenteer; 'n geskenk aanbied; ~ *s.o.* ***on*** *s.t.* iem. met iets gelukwens/komplimenteer. **com·pli·men·ta·ry** gelukwensend; groetend; hoflik, vleiend; gratis; ~ ***banquet*** eremaaltyd; ~ ***copy*** gratis/komplimentêre eksemplaar; ~ ***ticket*** gratis/komplimentêre kaartjie, present-, vrykaartjie.

com·plin(e) *(RK)* komplete, (liturgiese) aandgebed.

com·ply inwillig, toegee; *refuse to* ~ weier om saam te werk; ~ *with* ... aan ... voldoen (*of* gehoor gee), ... nakom, jou by ... neerlê (*of* aan ... onderwerp); in/tot ... toestem; ... toestaan, aan ... gevolg gee *(versoek ens.)*. **com·pli·ance, com·pli·an·cy** inskiklikheid, toegewendheid, toegeeflikheid; inwilliging, gehoorgewing, instemming; onderdanigheid, onderworpenheid; *(fis.)* meegewendheid; *(geluidsleer)* soepelheid; *in* ~ *with* ... ingevolge/ooreenkomstig ...; ter voldoening aan ...; ~ *with* ..., *(ook)* die nakoming van ... **com·pli·ant** inskiklik, toegewend, toegeeflik, tegemoetkomend; onderdanig, onderworpe.

com·po·nent *n.* bestanddeel; onderdeel; samestellende deel, komponent. **com·po·nent** *adj.* samestellend; ~ *part* onderdeel, integrerende deel.

com·port *(fml.)* jou gedra, optree; ~ *with* ..., *(arg.)* met ... strook/ooreenstem, in ooreenstemming met ... wees, by ... pas; ~ *o.s. with dignity* jou waardig gedra. **com·port·ment** gedrag, optrede, handel(s)wyse; houding.

com·pose saamstel, opstel, maak, skep; saamvoeg; orden; vorm, uitmaak; skryf *(literêre/musikale werk)*; komponeer, toonset; rangskik; bedaar, kalmeer; tot bedaring bring, gerusstel, sus; *(druk.)* set; ~ *a difference, (arg.)* 'n geskil besleg/bylê; ~ *o.s.* bedaar; *be ~d of* ... uit ... bestaan; *a letter ~d in English* 'n brief in Engels gestel. **com·posed** kalm, rustig, bedaard, besadig. **com·pos·ed·ly** kalm, rustig, bedaard. **com·pos·ed·ness** kalmte, rustigheid, bedaardheid. **com·pos·er** *(mus.)* komponis, toondigter, -setter; samesteller; skrywer; (letter)setter.

com·pos·ing (die) set, setwerk, lettersettery; (die) komponeer, komponering. ~ **frame** setraam. ~ **machine** setmasjien. ~ **stick** set-, letterhaak.

Com·pos·i·tae *(bot.)* Komposiete.

com·po·site *n.* samestelling, mengsel; *(bot.)* komposiet. **com·po·site** *adj.* saam-, samegestel(d); gemeng(d); *(bot.)* saam-, samegesteldblommig; ~ ***carriage*** gemengde spoorwa; ~ ***construction*** mengbou; ~ ***flower*** saam-/samegestelde blom; ~ ***number*** deelbare getal. **com·po·si·tion** samestelling, konstruksie, komposisie; mengsel; kunsstof; kunswerk; toonsetting, komposisie, musiekstuk; opstel, essay; verhandeling; *(druk.)* (die) set, setwerk; *(ling.)* die vorming van samestellings; *(jur.)* akkoord, skikking, vergelyk, ooreenkoms; *(jur.)* afkoopsom; *(chem.)* samestelling; *(arg.)* aard, geaardheid; *art of* ~ stilistiek; *perform a* ~ 'n (musiek)stuk uitvoer/voordra. **composition exercise** styloefening. **com·po·si·tion·al** komposisie-. **com·pos·i·tor** (letter)setter; vormopmaker; *hand* ~ handsetter; *machine* ~ masjiensetter.

com·pos men·tis *adj. (pred.), (Lat.)* compos mentis, by jou volle verstand; *not be quite* ~ ~, *(infml.)* jou kop werk nie lekker nie, 'n skroef los hê; nie heeltemal by wees nie.

com·pos·si·ble *(w.g.)* tegelyk moontlik; ~ *with* bestaanbaar met.

com·post *n., (tuinb.)* kompos; *(w.g.)* mengsel. **com·post** *ww.* kompos maak, tot kompos verwerk; met kompos verryk.

com·po·sure kalmte, rustigheid, bedaardheid; selfbeheersing.

com·po·ta·tion *(w.g.)* (die) saamdrink, fuif.

com·pote *(Fr.)* gestoofde vrugte; ingelegde vrugte, compote.

com·pound[1] *n.* verbinding; mengsel; *(gram.)* samestelling, kompositum; *chemical ~s* skeikundige/chemiese verbindings. **com·pound** *adj.* saam-, samegestel(d). **com·pound** *ww.* verbind; saamstel, meng; berei; vergroot, vermeerder; vererger, verhewig; *(fin.)* rente op rente dra; *(fin.)* 'n akkoord aangaan/tref, 'n ooreenkoms aangaan/bereik/tref/sluit, 'n skikking/vergelyk tref, tot 'n skikking/vergelyk kom *(met skuldeisers)*; *(jur.)* skik, afkoop; *(jur.)* in der minne skik; *ignorance ~ed* ***by*** *arrogance* onkunde vererger deur hoogmoed; *~ing* ***cost*** mengkoste; ~ *a* ***debt*** 'n skuld verminder kry; *~ing of* ***debts*** skikking met skuldeisers; ~ *with the* ***devil*** 'n akkoord met die duiwel maak; ~ ***interest*** saam-/samegestelde rente bereken; ~ *an* ***offence*** 'n misdryf afkoop; *~ed* ***oil*** saam-/samegestelde olie; ~ *for sins* sondes afkoop. ~ **addition** optelling met ongelyke breuke. ~ **beam** saam-/samegestelde balk. ~ **cal(l)ipers** kombinasiepasser. ~ **eye** veelvlakkige/saam-/samegestelde oog, faset-oog. ~ **fraction** saam-/samegestelde breuk. ~ **fracture** oop breuk/fraktuur. ~ **interest** rente op rente, saam-/samegestelde rente. ~ **leaf** (diep)verdeelde blaar. ~ **magnet** bladmagneet. ~ **pendulum** fisiese/saam-/samegestelde slinger. ~ **roof** saam-/samegestelde dak; wolfentdak. ~ **sentence** neweskikkende volsin, saam-/samegestelde sin. ~ **word** samestelling.

com·pound[2] *n.* mynkamp; kampong. ~ **cattle** mynslagvee.

com·pre·hend begryp, verstaan, vat; bevat, omvat, beslaan, behels, insluit. **com·pre·hen·si·bil·i·ty** verstaanbaarheid, begryplikheid. **com·pre·hen·si·ble** begryplik, verstaanbaar, bevatlik. **com·pre·hen·sion** verstand, begrip; omvang, bereik; *s.t. is* ***above/beyond*** (or ***passes***) *s.o.'s* ~ iets is iem. oor (*of* vir iem. te hoog *of* bo iem. se begrip/verstand), iets gaan iem. se verstand te bowe (*of* is bo[kant] iem. se vuurmaakplek); *it* ***passes*** *all* ~ dit gaan ('n) mens se verstand te bowe. **comprehension test** begripstoets. **com·pre·hen·sive** (al/alles/veel)omvattend, volledig, uitgebrei(d), uitvoerig, omvangryk; *(arg.)* begrips-, verstands-. **com·pre·hen·sive·ness** (al/alles/veel)omvattendheid, volledigheid, uitgebreidheid, uitvoerigheid, omvangrykheid.

com·press *n.* klamverband, kompres; omslag; skroefpers. **com·press** *ww.* saamdruk, saampers; saamvat; verdig *(gas)*.

com·pressed saamgedruk, (saam)gepers; *(bot.)* afgeplat; ~ *air* druk-, perslug; ~ *gas* drukgas; ~ *yeast* saamgeperste suurdeeg. ~**-air brake** lugrem. ~**-air starter** lugdrukaansitter.

com·press·i·ble saamdrukbaar, -persbaar; verdigbaar. **com·press·i·bil·i·ty** saamdrukbaarheid, -persbaarheid; verdigbaarheid; saam-, samevatbaarheid.

com·pres·sion druk, drukking; samedrukking, -persing; verdigting, kompressie; bondigheid. ~ **beam** drukbalk. ~ **chamber** kompressiekamer. ~ **leg** *(lugv.)* veerstyl. ~ **pump** perspomp. ~ **reinforcement** drukwapening. ~ **rod** drukstang. ~ **strain** drukvervorming. ~ **strength** (saam)druksterkte, drukvastheid, weerstand teen samedrukking. ~ **stress** drukspanning. ~ **stroke** kompressieslag. ~ **valve** kompressieklep. ~ **wood** pershout.

com·pres·sive saamdrukkend, -persend; ~ ***force*** drukkrag; ~ ***strain*** drukvervorming; ~ ***strength*** druksterkte; ~ ***stress*** drukspanning.

com·pres·sor kompressor, (lug)verdigter; perspomp; perser, persmasjien; *(anat.)* saamdrukker, saamdrukkende spier; *(med.)* afklemmer; *(med.)* drukverband; *(rek.)* saamperser; *air* ~ lugperspomp.

com·prise bevat, omvat, behels, insluit; beslaan; bestaan uit; vorm, uitmaak. **com·pris·al** insluiting.

com·pro·mise *n.* skikking, vergelyk, ooreenkoms, kompromis, tussenoplossing; midde(l)weg; *come to* (or *reach* or *arrive at* or *work out*) *a* ~ 'n vergelyk tref. **com·pro·mise** *ww.* skik, 'n vergelyk tref, tot 'n skikking/vergelyk kom, 'n kompromis (*of* kompromisse) aangaan/maak/sluit, 'n tussenoplossing vind, gee en neem, toegee; tegemoetkom; deur 'n kompromis oplos/bylê, in der minne skik; kompromitteer, in verleentheid bring/stel; onder verdenking plaas/bring; in gevaar stel; ~ *o.s.* jou kompromitteer/blootstel; ~ *with* ... 'n kompromis met ... aangaan/maak/sluit. **com·pro·mis·er** skeidsregter; skipperaar. **com·pro·mis·ing** kompromitterend *(situasie, foto's, ens.)*.

comp·trol·ler *(w.g.)* kontroleur; tesourier; →CONTROLLER; ~ *of the household* kontroleur van die hofhouding.

com·pul·sion dwang, verpligting, gedwongenheid; dwanghandeling, kompulsie; *under* ~ onder dwang; *be under no* ~ *to do s.t.* nie (*of* deur niemand) gedwing word om iets te doen nie.

com·pul·sive dwingend; gedwonge; dwang-; kompulsief; onweerstaanbaar; uiters boeiend; ~ ***behaviour***

kompulsiewe gedrag; ~ ***drinker*** gewoontedrinker; ~ ***eater*** kosslaaf, =verslaafde; ~ ***eating*** eetsug; ~ ***idea*** dwangbeeld, =voorstelling; ~ ***neurosis*** dwangneurose; ~ ***shopper*** kompulsiewe koper, inkopieslaaf.

com·pul·so·ry gedwonge, verplig, verpligtend; ~ ***edu= cation*** skool=, leerplig, verpligte onderwys; ~ ***labour*** dwangarbeid; *(hist.)* gedwonge arbeid/diens, herediens; ~ ***(military) service*** diensplig; ~ ***school attendance*** verpligte skoolbesoek; ~ ***subject*** verpligte vak; ~ ***vot= ing*** stemdwang.

com·punc·tion skuldgevoel, gewetenskwelling, be= rou, wroeging, selfverwyt; (gewetens)beswaar, onge= maklike gevoel; *have no ~ about doing s.t., do s.t. with= out (the slightest) ~* (dit) nie ontsien om iets te doen nie, iets sonder enige skuldgevoel doen. **com·punc= tious** berouvol.

com·pur·ga·tor *(jur., hist.)* eedhelper.

com·put·a·ble berekenbaar.

com·pu·ta·tion berekening, bepaling; skatting, ra= ming; rekenaarverwerking; *mathematical ~* wiskun= dige bewerking. **com·pu·ta·tion·al** reken=, bereke= nings=; rekenaar=; ~ *error* rekenfout; ~ *linguistics* re= kenaarlinguistiek, =taalkunde.

com·pute bereken, uitreken, bepaal; skat, raam.

com·put·er rekenaar, dataverwerker, rekenmasjien, =outomaat, komper; *(pers.)* rekenaar, berekenaar; skat= ter. ~ **age** rekenaareeu. ~**-aided,** ~**-assisted** *(attr.)* rekenaargesteunde; *~-aided design* rekenaargesteunde ontwerp. ~**-based** *(attr.)* rekenaargebaseerde, =gegron= de *(stelsel ens.)*. ~**-controlled** *(attr.)* rekenaarbeheerde *(program ens.)*. ~ **crime** rekenaarmisdaad. ~ **dating** maatsoekery per rekenaar. ~**-dating agency/bureau** rekenaar-maatsoekagentskap, elektroniese ontmoe= tingsagentskap. ~**-designed** rekenaarmatig ontwerp. ~ **freak** *(infml.)* rekenaarfoendie. ~**-friendly** reke= naarvriendelik. ~ **game** rekenaarspeletjie. ~ **graphics** rekenaargrafika. ~ **language** rekenaartaal. ~ **literacy, computeracy** rekenaargeletterdheid, =vaardigheid, =vertroudheid, =bevoegdheid. ~ **literate, computerate** rekenaargeletterd, =vaardig. ~ **monitoring** rekenaar= monitering. ~ **network** rekenaarnetwerk. ~**-operated** rekenaar= *(stelsel ens.)*. ~ **operator** rekenaaroperateur, =bediener. ~ **peripheral** randeenheid. ~ **printout** re= kenaardrukstuk. ~ **program** rekenaarprogram. ~ **pro= grammer** rekenaarprogrammeerder, =programmeur. ~**-readable** rekenaar=, masjienleesbaar. ~ **science** re= kenaarkunde, =wetenskap. ~ **scientist** rekenaarkun= dige, =wetenskaplike. ~ **search** rekenaarsoektog. ~ **skills** *(mv.)* rekenaarvaardighede. ~**speak** rekenaar= jargon. ~ **studies** rekenaarwetenskap, =kunde. ~ **type= setting** rekenaarsetwerk. ~ **virus** rekenaarvirus.

com·put·er·a·cy *(infml.)* →COMPUTER LITERACY.

com·put·er·ate *(infml.)* →COMPUTER LITERATE.

com·put·er·ese *(infml., neerh.)* rekenaarjargon, =brab= beltaal.

com·put·er·ise, -ize rekenariseer; *~d axial tomo= graphy, (med.)* gerekenariseerde aksiale tomografie. **com·put·er·i·sa·tion, -za·tion** rekenarisering.

com·put·ing *n.* rekenaarwetenskap, =kunde; bereke= ning; *be in ~* met rekenaars werk, in die rekenaar= bedryf wees. **com·put·ing** *adj.* reken=, berekenings=; rekenaar=. ~ **centre** reken(aar)sentrum. ~ **scale** bere= kening=, rekenskaal. ~ **store** werkgeheue. ~ **time** re= ken=, berekeningstyd.

com·rade maat, makker, kameraad; *(Marxisme, dikw. C~)* kameraad; *(SA)* comrade; ~ *in arms* wapen= broe(de)r, strydgenoot, =makker, medestryder; *C~s' Marathon, (SA)* Comradesmarat(h)on. **com·rade·ly** kameraadskaplik. **com·rade·ship** kameraadskap(lik= heid); ~ *in arms* wapenbroederskap.

com·sat *(infml.)* komsat, kommunikasiesatelliet.

Com·so·mol →KOMSOMOL.

con[1] *n., (infml.)* →CONFIDENCE TRICK. **con** =*nn*=, *ww.* bedrieg, (ver)kul, verneuk, inloop. ~ **man** *(infml.)* swendelaar, bedrieër. ~ **trick** *(infml.)* kullery, swen= delary.

con[2] *n.: pro(s) and ~(s)* →PRO.

con[3] *n., (sl.)* →CONVICT *n.*.

con[4], *(Am.)* **conn** *n., (sk.)* kommandobrug. **con,** *(Am.)* **conn** *ww.* lei, die koers aangee; uitkyk; →CONNING.

con[5] =*nn*=, *ww., (arg.)* (noukeurig) bestudeer, aan= dagtig lees; ~ *by rote* uit die kop (*of* van buite) leer.

con[6] *prep., (It.)* met; ~ *brio/moto/etc., (mus.)* con brio/ moto/ens., met geesdrif/beweging/ens..

co·na·tion *(filos., psig.)* strewe, wil, konasie; motivering. **con·a·tive** konatief, wils=.

con·cat·e·nate *ww., (fml., teg.)* aaneenskakel. **con= cat·e·nate, con·cat·e·nat·ed** *adj.* aaneenge= skakel(d), kettingvormig, in 'n ry. **con·cat·e·na·tion** aaneenskakeling.

con·cave *n.* holte; gewelf. **con·cave** *adj.* hol, hol= rond, konkaaf; ~ *joint* hol voeg; ~ *polygon* inspringende veelhoek. **con·cave** *ww., (w.g.)* uithol. **con·cav·i·ty** holte, holheid, holrondheid, konkawiteit. **con·cav·o-con·cave** dubbelhol, dubbel=, bikonkaaf. **con·cav·o-con·vex** holbol, holrond-bolrond, konkaaf-konveks; ~ *lens* hol lens; ~ *mirror* hol spieël, brandspieël.

con·ceal verberg, versteek, wegsteek; bedek, verswyg, verbloem, geheim hou; verdoesel; maskeer; *~ed **driveway/entrance*** onsigbare/versteekte inrit/oprit/ ingang; ~ *s.t. **from** s.o.* iets vir iem. wegsteek (*of* ge= heim hou); *~ed **heating*** skuilverwarming; *~ed **hood*** versteekte kap; *~ed **lighting*** skuilverligting; ~ ***o.s.*** wegkruip, skuil; *~ed **road*** onsigbare/versteekte (in= draai)pad; *~ed **tubing*** bedekte pype. **con·ceal·er** verbloemer, geheimhouer. **con·ceal·ment** verber= ging; verswyging, verbloeming, geheimhouding; ver= borgenheid; verdoeseling; ~ *of birth* geheimhouding van geboorte; *place of ~* skuil=, wegkruipplek.

con·cede erken, toegee; afstaan, opgee, prysgee; oor= gee, swig, die handdoek ingooi; ~ *defeat* erken dat jy verloor het; *it is generally ~d that ...* daar word alge= meen erken dat ...; ~ *s.t. to s.o.* iets aan iem. (*of* iem. iets) toegee; ~ *victory* die stryd gewonne gee.

con·ceit verwaandheid, ydelheid, hoogmoed, eiewaan, selfingenomenheid, selfvoldaanheid; *(lettk.)* verge= sogte vergelyking; *(lettk.)* gekunstelde beeldspraak/ metafoor; *(arg.)* kwinkslag; *(arg.)* gril, gier; *(arg.)* ver= beelding; *(arg.)* idee, ingewing, blink gedagte, inval; *be **bursting** with ~* opgevreet wees van eiewaan; *be **full** of ~* verwaand (*of* vol verbeeldings) wees; *have a **good** ~ of o.s., (arg.)* vol selfvertroue wees; *be **out** of ~ with ..., (arg.)* ontevrede met ... wees. **con·ceit·ed** verwaand, ydel, hoogmoedig, selfingenome, selfvol= daan, aanstellerig, eiewys, wysneusig; *be ~* jou iets ver= beel, verwaand wees. **con·ceit·ed·ness** verwaand= heid, ydelheid, hoogmoed, eiewaan, selfingenomen= heid, selfvoldaanheid.

con·ceive jou voorstel; konsipieer, bedink, uitdink; verstaan, begryp; dink, glo, meen, droom; ontwik= kel, vorm, kry; swanger word/raak; *(w.g.)* verwoord, in woorde uitdruk; ~ *an idea* op 'n gedagte/idee kom, 'n ingewing kry; *be ~d, (kind)* verwek word; *be ~d in sin* in sonde ontvang (en gebore) word; *~d in plain terms, (w.g.)* in eenvoudige taal uitgedruk; ~ *of s.t.* aan iets dink; iets bedink, 'n begrip/denkbeeld van iets vorm; jou iets voorstel; ~ *of s.o./s.t. as ...* jou iem./ iets as ... voorstel. **con·ceiv·a·ble** denkbaar, moont= lik. **con·ceiv·a·bly** moontlik; begryplikerwys(e).

con·cel·e·brate *(RK)* saam opdra, konselebreer.

con·cen·trate *n.* konsentraat; kragvoer, pitkos. **con= cen·trate** *ww.* saamtrek, konsentreer; indamp; in= dik; saambring; bymekaartrek *(troepe)*; versterk; ~ *on s.t.* al jou aandag aan iets gee/skenk/wy; jou op iets toelê/toespits, op iets konsentreer. **con·cen·trat·ed** gekonsentreer(d), onverdun(d); intens; intensief; sterk, kragtig, krag=; versadig; ~ ***charge,*** *(springstof)* gebalde lading; ~ ***feed*** kragvoer; ~ ***fire*** konsentrasievuur, ge= konsentreerde vuur; ~ ***grape juice*** ingedikte drui= wesap; ~ ***load*** puntbelasting. **con·cen·tra·tion** kon= sentrasie, aandag; konsentrasie, sametrekking; opho= ping; sterkte *(v. oplossing ens.)*; indamping; indik= king. **concentration camp** konsentrasiekamp. **con= cen·tra·tor** konsentrator, konsentreerder.

con·cen·tre, *(Am.)* **con·cen·ter** verenig; konsen= treer. **con·cen·tric** konsentries, gelyk=, eenmiddelpun= tig. **con·cen·tric·i·ty** konsentrisiteit.

con·cept konsep, begrip, idee, gedagte, voorstelling, denkbeeld; beginsel; *a new ~ **in** the cosmetics industry/ etc.* 'n nuwe konsep in die grimeerbedryf/ens.; *a new ~ **in** driving* 'n nuwe benadering tot motorbestuur; *s.o.'s ~ **of** good and evil* iem. se begrip van goed en kwaad; *the basic ~s **of** mathematics* die basiese begin= sels van wiskunde; *the ~ **of** trade unionism* die vak= bondgedagte/=idee; *s.o.'s ~ **of** the world* iem. se wêreld= beskouing. **con·cep·tion** begrip, voorstelling, opvat= ting, konsepsie, beskouing, denkbeeld; bevrugting; *not have the remotest ~ of what s.o. means* nie die flouste/ geringste/minste/vaagste begrip/benul/idee hê van wat iem. bedoel nie. **con·cep·tion·al** konsepsioneel. **con= cep·tive** ontvanklik; begrips=, bevattings=. **con·cep= tu·al** begrips=, voorstellings=, konseptueel. **con·cep·tu= al·i·sa·tion, -za·tion** *(handeling, resultaat)* konseptua= lisasie; *(handeling)* konseptualisering. **con·cep·tu·al= ise, -ize** konseptualiseer, 'n konsep/idee (*of* konsepte/ idees) vorm; 'n beeld/konsep van ... vorm, jou 'n voor= stelling van ... maak. **con·cep·tu·al·ism** konseptua= lisme. **con·cep·tu·al·ly** konseptueel.

con·cep·ta·cle *(bot.)* vrugholte.

con·cern *n.* saak, aangeleentheid, geval; aandeel, be= lang; besorgdheid, sorg, kommer, bekommernis, ongerustheid; saak, firma, onderneming; *(infml.)* ding; *s.o.'s ~ **about/over** s.t.* iem. se bekommernis/besorgd= heid oor iets; *s.t. **arouses/causes** ~* iets baar/wek sorg, iets wek kommer; *it gives **cause** for ~ that ...* dit wek kommer/sorg (*of* baar sorg) dat ...; *with **deep** ~* met groot belangstelling/besorgdheid; ***feel** ~ for s.o.* oor iem. bekommerd voel; medely(d)e met iem. hê; *a **going** ~* 'n lopende saak; *it is **no** ~ of his/hers* dit is nie sy/haar saak nie, dit gaan hom/haar nie aan nie; *s.t. is of **no** ~ to s.o.* iets is vir iem. van geen belang nie; *s.t. is **of** ~ to s.o.* iets is vir iem. van belang; *a **paying** ~* 'n betalende/lonende saak; ***voice** ~* bekommernis/be= sorgdheid uitspreek; *the **whole** ~* die hele gedoen= te/affêre; *s.o.'s ~ is **with** ...* dit gaan by iem. om ... **con·cern** *ww.* betref, aangaan, geld, raak, traak; *don't **let** that ~ you* moenie daaroor bekommerd wees nie, maak jou geen sorge daaroor nie; *to whom it **may** ~* aan wie dit mag aangaan; heil die leser; *s.t. does **not** ~ s.o.* iets gaan iem. nie aan nie, iets raak iem. nie; iets het nie op iem. betrekking nie; ~ *o.s. **with** ...* jou met ... bemoei, jou met ... inlaat; jou oor ... bekommer.

con·cerned betrokke, gemoeid; besorg, bekommerd, ongerus, begaan; *be ~ **about/at/over** ...* begaan/be= kommerd/besorg oor ... wees; ***all** (those) ~* alle be= langhebbendes/betrokkenes; *a ~ **face*** 'n besorgde ge= sig; *as **far** as I'm ~* wat my aangaan/betref; *as **far** as this is ~* wat dit betref; *be ~ **in** s.t.* by/in iets betrokke wees; *the **person/thing** ~* die betrokke persoon/ding; *be ~ **with** ...* by ... belang hê, daarby belang hê om te ...; met ... besig/doenig wees. **con·cern·ed·ly** met kom= mer. **con·cern·ed·ness** besorgdheid, kommer, onge= rustheid. **con·cern·ing** rakende, aangaande, betref= fende, met betrekking tot, in verband met, omtrent, oor. **con·cern·ment** *(w.g.)* saak, aangeleentheid; be= sorgdheid, ongerustheid; *(arg.)* belang.

con·cert *n.* konsert, musiekuitvoering; *(fml.)* ooreen= stemming, samewerking; ***give** a ~* 'n konsert gee/hou; ***in** ~* gesamentlik; *act **in** ~* gesamentlik optree; *the Three Tenors **in** ~* 'n optrede van die Drie Tenore, die Drie Tenore-konsert; ***in** ~ with ...* in oorleg/same= werking met ...; *work **in** ~* saamwerk. **con·cert** *ww., (fml.)* saamwerk, ooreenkom; verenig saamsnoer. ~**goer** konsertganger, =besoeker. ~ **grand** *(grootste vleuelkla= vier)* konsertvleuel. ~ **hall** konsertsaal, =gebou. ~**master** *(Am.)* konsertmeester, orkesleier. ~ **overture** konsert= ouverture. ~ **party** konsertgroep; *(effektebeurs)* steun= party *(by bestuursuitkoop ens.)*. ~ **performer** konsert= kunstenaar. ~ **pianist** konsertpianis. ~ **pitch** konsert= stemming; *be at ~ ~, (fig.)* in die grootste gereedheid wees. ~ **tour** konsertreis.

con·cer·tan·te *adj., (It., mus.)* konsertant, concer= tante; *sinfonia ~* konsertante simfonie, sinfonia con= certante.

con·cert·ed gesamentlik, gekombineer(d); ~ *action* gesamentlike optrede; *make a ~ attempt/effort* 'n bewuste/daadwerklike/doelgerigte poging aanwend.
con·cer·ti·na konsertina, *(infml.)* trekorrel, *(infml.)* krismiswurm, *(infml.)* donkielonge; *(bot.: Crassula* spp.*)* sosaties. **con·cer·ti·na** *ww.* konsertina.
con·cer·ti·no *-nos, -ni, (dim.), (It., mus.)* concertino.
con·cer·tise, -tize *(w.g.)* konserteer, 'n konsert gee/hou; in/by 'n konsert optree.
con·cer·to *-tos, -ti, (It., mus.)* konsert, concerto; *play a ~* 'n konsert speel.
con·ces·sion toegewing, tegemoetkoming; bewilliging; begunstiging; vergunning; korting; konsessie; *as a ~ to s.o.* by wyse van toegewing/tegemoetkoming aan iem.; *make a ~ to s.o.* 'n toegewing aan iem. doen, iem. tegemoetkom. ~ **fare** konsessiereisgeld. ~ **ticket** konsessiekaartjie.
con·ces·sion·aire, con·ces·sion·er, con·ces·sion·ar·y *n.* konsessiehouer, konsessionaris. **con·ces·sion·ar·y** *adj.* konsessie=.
con·ces·sive toegewend, toegeeflik; *(gram.)* konsessief.
conch *conch(e)s, (soöl.: Strombus* spp.*)* skulpdier; kinkhoring; trompetskulp; *(argit.)* skulpdak. **con·cha** *-chae, (anat., soöl.)* (oor)skulp; neusskulp. **con·chif·er·ous** skulpdraend. **conch·i·form** skulpvormig. **con·choid** *(wisk.)* kongoïed, konkoïed, skulpkromme. **con·choi·dal** *(min.)* skulpvormig; *(min., wisk.)* kongoïdaal, konkoïdaal. **con·cho·log·i·cal** kongologies, konkologies, konkiliologies, skulpkundig. **con·chol·o·gist** kongoloog, konkoloog, konkilioloog, skulpkundige. **con·chol·o·gy** kongologie, konkologie, konkiliologie, skulpkunde.
con·chie, con·chy *-chies, (Br. infml., afk.)* = CONSCIENTIOUS OBJECTOR.
con·ci·erge *-erges, (Fr.)* portier, deurwagter; gebouopsigter.
con·cil·i·ate tot bedaring bring, kalmeer, sus, paai; oorhaal; *(arg.)* versoen, in ooreenstemming bring. **con·cil·i·a·tion** versoening, bemiddeling, vreedsame beslegting van 'n geskil, konsiliasie; *Council for C~, Mediation and Arbitration* Raad vir Versoening, Bemiddeling en Arbitrasie. **con·cil·i·a·tor** bemiddelaar, vredestigter, versoener. **con·cil·i·a·to·ri·ness** tegemoetkomendheid. **con·cil·i·a·to·ry, con·cil·i·a·tive** versoenend, bemiddelend; tegemoetkomend, versoeningsgesind.
con·cin·ni·ty *(w.g.)* sierlikheid, elegansie, ewewigtigheid, harmonie.
con·cise beknop, bondig, saaklik, skerp omlyn(d), kort, kernagtig; ~ *dictionary* kernwoordeboek, beknopte woordeboek. **con·cise·ness** bondigheid, saaklikheid. **con·ci·sion** beknoptheid, bondigheid, kernagtigheid; *(vero.)* verminking, besnyding.
con·clave beslote vergadering; *(RK)* konklaaf; *(RK)* kardinaalsvergadering; *in ~* in geheime sitting.
con·clude eindig, ten einde loop, sluit, ophou, afloop; beëindig; afsluit, afhandel; aflei; beslis, tot die gevolgtrekking/slotsom kom/geraak; sluit, aangaan *(verdrag, ooreenkoms, kontrak, ens.)*; *~ s.t. from ...* iets uit ... aflei/opmaak; ~ *peace* vrede sluit; *to be ~d* slot volg. **con·clud·ing:** ~ *sentence* slotsin; ~ *words* slotwoord(e). **con·clu·sion** slot, afloop, einde, end; slotwoord; *(jur., log.)* gevolgtrekking, slotsom, bevinding, besluit, oordeel, konklusie; ***arrive at*** (or ***come to*** or ***reach***) *a ~* tot 'n gevolgtrekking/slotsom kom/geraak; ***at the ~ of ...*** aan die einde/end/slot van ...; ***draw a ~ from s.t.*** 'n afleiding/gevolgtrekking uit iets maak; *a **foregone** ~* 'n uitgemaakte saak, 'n voldonge feit; ***in** ~* ten slotte/besluite, ter afsluiting; *an **inescapable** ~* 'n onafwysbare gevolgtrekking; ***jump** to a ~* (or *~s)* 'n voorbarige gevolgtrekking maak, 'n oorhaastige oordeel vorm, oorhaastige gevolgtrekkings maak; *a ~ of **law*** 'n regsbevinding; ***try** ~s with s.o., (arg., fml.)* met iem. kragte meet. **con·clu·sive** afdoende, oortuigend, onweerlegbaar; *~ proof* afdoende/onomstootlike/onweerlegbare/sprekende bewys. **con·clu·sive·ness** afdoendheid, bewyskrag.

con·coct saamflans; brou, meng, berei; smee, beraam, versin, uitdink, uitbroei; fabriseer; *~ed story* versinsel. **con·coc·tion** mengelmoes, brousel; versinsel.
con·com·i·tant *n., (fml.)* byverskynsel, begeleidende verskynsel. **con·com·i·tant** *adj., (fml.)* begeleidend, samegaande; bygaande; saamlopend; bykomend, bykomstig; ~ *circumstances* daarmee gepaardgaande omstandighede. **con·com·i·tance, con·com·i·tan·cy** (die) saamgaan/saamval, koëksistensie, ko-eksistensie; *(RK)* konkomitansie, medeaanwesigheid.
con·cord *(fml.)* harmonie, eendrag, eensgesindheid, goeie verstandhouding; ooreenstemming; verdrag, ooreenkoms; *(mus.)* konsonant; *(gram.)* kongruensie; *rules of ~* kongruensiereëls. **con·cord·ance** ooreenstemming; harmonie, eendrag(tigheid), eensgesindheid; konkordansie; *in ~ with ...* volgens (*of* in ooreenstemming met) ...; *a ~ of/to the Bible* 'n konkordansie op/van die Bybel. **con·cord·ant** ooreenstemmend, gelykluidend, konkordant; harmonies; eensgesind; harmonieus. **con·cor·dat** verdrag, ooreenkoms; konkordaat *(m.d. Pous)*.
con·course toeloop, menigte, massa, samedromming; samekoms, byeenkoms; sameloop; plein; (wandel)hal; (ver)samelplek.
con·cres·cence *(biol.)* saam=, samegroeiing; vergroeiing. **con·cres·cent** saamgroeiend.
con·crete *n., (bouk., fis.)* beton; *prestressed/reinforced ~* →PRESTRESSED, REINFORCED; *the ~* die konkrete.
con·crete *adj.* konkreet, tasbaar; vergroei(d), vas, hard; ~ *noun* konkrete selfstandige naamwoord; ~ *number* benoemde/konkrete getal. **con·crete** *ww.* met beton bedek; stol, verdik, verhard; verwerklik, konkretiseer. ~ **jungle** betonoerwoud. ~ **mixer** betonmenger. ~ **nail** muurspyker. ~ **paint** sementverf. ~ **stone** betonklip, bougruis. **con·cre·tion** samegroeiing, verdikking, stolling, verharding, vergroeiing; klont; beliggaming, verwerkliking, konkretisering; *(min.)* konkresie; *(patol.)* steen, verstening, vergroeiing, konkresie. **con·cre·tise, -tize** konkretiseer.
con·cu·bine *(hist.)* konkubine, by=, houvrou, bywyf. **con·cu·bi·nage** konkubinaat.
con·cu·pis·cence *(fml.)* seksuele begeerte, wellus; genotsug, wêreldse begeerte. **con·cu·pis·cent** wellustig, vleeslik, sin(ne)lik, wulps; begerig; genotsugtig.
con·cur *-rr-* instem, saamstem, dit eens wees; meewerk; saamval, parallel loop; ooreenstem; *(w.g.)* saamloop; *~ **in** s.t.* met iets saamstem (*of* akkoord gaan); *~ in a **judg(e)ment*** met 'n uitspraak saamstem, 'n uitspraak onderskryf/-skrywe; *~ **to** do s.t.* daartoe bydra om iets te doen; *~ **with** s.o.* met iem. saamstem (*of* akkoord gaan). **con·cur·rence** instemming; konsensus, eenstemmigheid, eensgesindheid; meewerking; die saamval, samevalling, samekoms; ooreenstemming; *(geom.)* snypunt; *s.o.'s ~ **in** s.t.* iem. se instemming met iets; ***in ~ with*** *...* saam met ...; ***with** the ~ **of** ...* met die instemming van ... **con·cur·rent** *n.* bydraende faktor. **con·cur·rent** *adj.* gelyktydig (bestaande), samevallend, gelyklopend, parallel lopend; samewerkend, meewerkend, gesamentlik; gemeenskaplik; ewewydig; instemmend; eenstemmig; ~ ***creditor*** algemene/gewone/konkurrente skuldeiser, skuldeiser sonder bevoorregting; *~ **jurisdiction*** gelyklopende jurisdiksie; *~ **lines**, (geom.)* lyne deur een/'n punt; *~ **sentences**, (jur.)* gelyklopende vonnisse; *~ **with** ...* saam met ... **con·cur·rent·ly** gelyktydig; in samewerking; metdien; *run ~* saamval; *the sentences run ~* die vonnisse is gelyklopend.
con·cuss harsingskudding gee; *(fig.)* skok, ruk, hewig ontstel; *be ~ed* aan harsingskudding ly. **con·cus·sion** harsingskudding, konkussie; skok, slag, stamp; botsing; *suffer from ~* aan harsingskudding ly.
con·demn veroordeel; (sterk) afkeur, verwerp; (ver)doem; *~ s.o. to **death*** iem. ter dood veroordeel; *~ a **house*** 'n huis onbewoonbaar verklaar; *~ s.o. to **imprisonment*** iem. tot gevangenis-/tronkstraf veroordeel/vonnis; *~ s.t. **utterly*** iets ten seerste veroordeel. **con·demn·a·ble** laakbaar, afkeurenswaardig, verwerplik. **con·dem·na·tion** veroordeling; afkeuring, verwerping; doemvonnis. **con·dem·na·to·ry** veroordelend; afkeurend; verdoemend. **con·demned** veroordeel(d); afgekeur(d); ~ ***cell*** dodesel; ~ ***man/woman*** veroordeelde; ~ ***prisoner*** gevonniste. **con·demn·er** veroordelaar.
con·dense kondenseer, verdik, verdig; vloeibaar maak; saampers; saamvat, verkort. **con·dens·a·ble, con·dens·i·ble** kondenseerbaar, verdigbaar. **con·den·sate** *n.* kondensaat. **con·den·sa·tion** verdigting; saampersing; samevatting, verkorting; kondensasie, kondensering; *point of ~* verdigtingspunt. **con·densed** gekondenseer(d); verdik; saamgevat, verkort; *(druk.)* smal *(letter)*; ~ *milk* gekondenseerde melk, kondens=, blikkiesmelk.
con·dens·er kondensator, verdikker; (ver)koeler; vervloeier; *(stoom)* verdigter, kondensor; *(elek.)* kondensator; *(geol., opt.)* kondensor; *(elek.)* kapasitor. ~ **charge** *(rad.)* kondensatorlading. ~ **lens** kondensor=, versamellens. ~ **microphone** kapasitormikrofoon. ~ **motor** kondensatormotor. **con·dens·er·y** blikkiesmelkfabriek.
con·dens·ing: ~ **agent** kondenseermiddel. ~ **coil** koelpyp, -slang. ~ **surface** kondenseeroppervlak.
con·de·scend neerbuig; jou verwerdig; jou verneder/verlaag; afdaal; *~ to ...* so goed/vriendelik wees om te ...; jou verwerdig om te ...; *~ to s.o.* tot iem. afdaal. **con·de·scend·ing** neerbuigend, minagtend, aanmatigend, hooghartig, meewarig; *be ~ towards s.o.* iem. neerbuigend behandel. **con·de·scen·sion** neerbuigendheid, (neerbuigende) vriendelikheid, minagting, aanmatiging, hooghartigheid, meewarigheid; afdaling.
con·dign *(fml.)* (wel)verdien(d); ~ *punishment* verdiende loon, welverdiende straf.
con·di·ment smaakmiddel, spesery.
con·di·tion *n.* toestand, staat, gesteldheid, kondisie; *(i.d. mv.)* toestand(e), omstandighede; voorwaarde, voorbehoud, stipulasie; *(med.)* siekte, kwaal, aandoening; voggehalte *(v. wol)*; *(arg.)* stand, status, rang; ***accept** the ~s* die voorwaardes aanvaar; ***change** one's ~* van lewenstaat verander, trou; *~s **are favourable** for ...* die toestand is gunstig vir ...; ***impose/make** ~s* voorwaardes stel; ***in** a **good/bad** ~* in 'n goeie/slegte toestand; ***in** good/bad ~, (ook)* in goeie/slegte kondisie; *be **in** no ~ to ...* nie geskik (*of* in staat) wees om te ... nie; *be **in** the pink of ~* perdfris wees, in blakende gesondheid/welstand verkeer, 'n toonbeeld van gesondheid wees; *s.o. is **in** a serious ~, s.o.'s ~ is serious* iem. verkeer in 'n bedenklike toestand, iem. se toestand is bedenklik; ***make** it a ~ that ...* as voorwaarde stel dat ...; *~s **of** employment* diens=, werk(s)=, arbeidsvoorwaardes; *~s **of** sale* verkoop(s)voorwaarde; ***on no** ~* glad (en geheel) nie; nooit; in/onder geen omstandighede nie; ***on** ~ that ...* op voorwaarde dat ..., mits ...; ***on one** ~, that ...* op één voorwaarde, dat ...; ***on this** ~* op dié voorwaarde; *be **out of** ~* nie fiks wees nie; *~ **precedent*** opskortende voorwaarde; ***satisfy** the ~s* aan die vereistes/voorwaardes voldoen; *be **subject** to ~s* aan voorwaardes onderhewig wees; ***under** these ~s* in dié omstandighede; ***weather** ~s* weersomstandighede; die weersgesteldheid. **con·di·tion** *ww., (psig.)* kondisioneer; opknap *(hare)*; versorg; afrig, dresseer, op peil bring; gewoond maak *(aan)*, voorberei *(op)*; bepaal, vasstel, afhanklik maak van; *(arg.)* voorwaardes stel. **con·di·tion·al** *n., (gram.)* voorwaardelike/kondisionele wys(e). **con·di·tion·al** *adj.* voorwaardelik, kondisioneel; ~ ***mood**, (gram.)* voorwaardelik wys(e); *~ **on/upon** ...* op voorwaarde dat ...; *make s.t. ~ **on/upon** ...* iets van ... afhanklik maak; *~ **selling*** koppelverkoop. **con·di·tioned** *(psig.)* gekondisioneer(d); *be ~ **by** ...* deur ... bepaal word; *~ **reflex**, (psig.)* gekondisioneerde/aangeleerde refleks; *~ **response**, (psig.)* gekondisioneerde reaksie/respons; *be/become ~ **to** s.t.* aan iets gewoond wees/raak; *look **well** ~, (dier)* goed versorg lyk. **con·di·tion·er** opknapper. **con·di·tion·ing** *(psig.)* kondisionering; →AIR CONDITIONING.

con·do -dos, *(Am. infml.)* = CONDOMINIUM.

con·dole: ~ *with s.o.* medely(d)e met iem. betoon/betuig, deelneming aan/teenoor (*of* simpatie met) iem. betuig, met iem. simpatiseer. **con·do·la·to·ry** meelewend, van deelneming/roubeklag, om deelneming te betuig; ~ *letter* brief van meegevoel/medely(d)e/simpatie, troosbrief. **con·do·lence, con·dole·ment** medely(d)e, deelneming, simpatie; betuiging van meegevoel; roubeklag *express ~s in s.o.'s* ***bereavement*** deelneming betuig met iem. se verlies; ***convey/express/offer*** *one's sincere ~s (to s.o.) on the death of* ... jou innige deelneming (aan/teenoor iem.) betuig met die dood van ...; ***letter*** *of* ~ brief van meegevoel/medely(d)e/simpatie, troosbrief; ***motion/vote*** *of* ~ *with s.o.* mosie van roubeklag teenoor iem..

con·dom kondoom.

con·do·min·i·um -ums kondominium; *(Am.)* deel(titel)gebou, deel(titel)blok; deeltitelwoonstel, -eenheid.

con·done vergeef, vergewe, verskoon, deur die vingers sien, oorsien, kondoneer; goedmaak. **con·don·a·ble** verskoonbaar. **con·do·na·tion** vergewing, vergif(fe)nis, verskoning, kondonasie; kwytskelding; versoening; ~ *of break in service* kondonasie van diensonderbreking.

con·dor *(orn.)* kondor.

con·dot·tie·re -ri, *(It., hist.)* bendeleier, -aanvoerder, condottiere.

con·duce: ~ *to(wards)* ..., *(fml.)* tot ... bydra, 'n bydrae tot ... lewer, ... bevorder, strek tot ... **con·du·cive:** *s.t. is* ~ *to* ... iets is vir ... bevorderlik, iets dra tot ... by.

con·duct *n.* gedrag, optrede; houding; lewenswyse; bestuur, beheer; behandeling; geleiding *(v. warmte ens.)*; ***bad/good*** ~ slegte/goeie gedrag; *s.o.'s* ***exemplary*** ~ iem. se voorbeeldige gedrag; *in the* ~ *of* ***life*** in die handel en wandel; *a* ***line*** *of* ~ 'n gedragslyn; ~ *of a* ***meeting*** leiding van 'n vergadering; ***safe*** ~ →SAFE; ***shameful*** ~ skandelike gedrag; *s.o.'s* ~ ***to(wards)*** *s.o.* iem. se gedrag teenoor iem.. **con·duct** *ww.* gedra; bestuur; lei, aanvoer *('n aanval ens.)*; rondlei, geleide doen *(iem.)*; (be)dryf, (be)drywe *('n onderneming ens.)*; doen, verrig; uitvoer *('n proefneming, eksperiment, ens.)*; voer *('n briefwisseling)*; afneem *('n eksamen)*; instel *('n ondersoek)*; dirigeer *('n orkes)*; gelei *(warmte ens.)*; aflei *(weerlig)*; *s.t. is ~ed by* ... iets staan onder (die) leiding van ...; ~ *o.s.* ... jou ... gedra *(voorbeeldig, skandelik, ens.)*; *~ed tour* begeleide toer. ~ **money** *(jur.)* reisgeld *(vir 'n getuie)*, getuiegeld.

con·duct·ance *(fis.)* konduktansie; *specific* ~ gelei(dings)vermoë, konduktiwiteit.

con·duct·i·ble geleibaar; geleidend.

con·duct·ing: ~ **bundle** geleidings-, vaatbundel. ~ **cable** gelei(dings)kabel. ~ **officer** gelei-offisier. ~ **properties** gelei-eienskappe, geleidingseienskappe. ~ **sheath** geleidingskede. ~ **tissue** geleidingsweefsel. ~ **wire** geleidraad.

con·duc·tion geleiding, konduksie.

con·duc·tive geleidend. **con·duc·tiv·i·ty** *(fis.)* gelei(dings)vermoë, konduktiwiteit; ~ *of heat* warmtegeleiding; *specific* ~ gelei(dings)vermoë, konduktiwiteit.

con·duc·tor kondukteur; dirigent; kapelmeester *(v. kerkmusici)*; gids; leier, aanvoerder, bestuurder; *(fis.)* geleier; *(elek.)* geleidraad; weerligafleier; *assistant* ~ hulpdirigent; *bad/good* ~ *of heat* slegte/goeie warmtegeleier; ~*'s stick/wand* dirigeerstok.

con·duit (afvoer/toevoer)kanaal; afvoerbuis, -pyp; toevoerbuis, -pyp; pyp(leiding); *(elek.)* leipyp; deurlaat *(v. sluis)*; riool(afvoer)pyp. ~ **pipe** leipyp, leidings-, gelei-, geleierbuis. ~ **system** leipypnet, -stelsel.

con·du·pli·cate *(bot.)* oorlangs (*of* in die lengte) toegevou.

con·dyle *(anat.)* gewrigsknobbel.

Con·dy's crys·tals condykristalle, kaliumpermanganaat.

cone *n.* keël, kegel, konus; tregter; keël-, kegelbessie; →CONIC; ***baker's*** ~*s* bakkerstrooisel; ***female/ovulate*** ~, *(bot.)* saadkeël, -kegel; ***ice-cream*** ~ roomyshoring, -horinkie; ***pine*** ~ dennebol. **cone** *ww.* keël-/kegelvormig maak; *(boom)* keëls/kegels dra; ~ *off* met keëls/kegels afsluit *(baan v. snelweg)*. ~ **bearing** keël-, kegellaer. ~**-bearing** keël-, kegeldraend. ~ **drawing** keël-, kegelafdunning. ~**-shaped** keël-, kegelvormig.

co·ney →CONY.

con·fab -bb-, *(infml.)* →CONFABULATE; CONFABULATION.

con·fab·u·late *(fml.)* gesels, praat; met mekaar oorlê (*of* oorleg pleeg); *(psig.)* konfabuleer, verhale versin. **con·fab·u·la·tion** geselsery, gepraat, gepratery; onderhoud, samespreking, oorleg(pleging); *(psig.: [d. vertel v.] versinsels om geheuegapings te oorbrug)* konfabulasie.

con·fect berei; saamstel; vervaardig. **con·fec·tion** bereiding; (die) aanmaak; vervaardiging; soetigheid(jie); soetgoed; lekkers, lekkergoed; (fyn)gebak; *(vero.)* stylvolle/modieuse kledingstuk; *(infml.)* fieterjasie, tierlantyntjie, foefie; *(med.)* versoete middel. **con·fec·tion·ar·y** *adj.* banket-; lekkergoed-. **con·fec·tion·er** banket-, koek-, soet-, fyn-, suikerbakker; lekkergoedmaker; ~*'s cream* bakkersroom; ~*'s shop* lekkergoedwinkel. **con·fec·tion·er·y** (fyn/soet)gebak; banketbakkersware; soetgoed; lekkers, lekkergoed; lekkergoedwinkel; banketbakkery.

con·fed·er·a·cy verbond; (state)bond; konfederasie; komplot, sameswering. **con·fed·er·al** konfederaal. **con·fed·er·ate** *n.* bondgenoot; lidstaat; samesweerder; medepligtige. **con·fed·er·ate** *adj.* verbonde, bond(s)-. **con·fed·er·ate** *ww.* 'n konfederasie vorm, konfedereer; jou by 'n konfederasie aansluit; 'n verbond/bondgenootskap sluit; saamspan. **con·fed·e·ra·tion** bondgenootskap, (state)bond, verbond, konfederasie; ~ *of labour/trades* vakverbond, arbeidskonfederasie; →TRADE(S) UNION FEDERATION.

con·fer -rr- toeken, verleen, skenk, uitreik; bewys; beraadslaag, onderhandel, oorleg pleeg, gedagtes uitwissel, konfereer; ~ *s.t.* ***on*** *s.o.* iets aan iem. toeken *('n graad ens.)*; ~ *an honour* ***on*** *s.o.* iem. 'n eer bewys; 'n ereteken aan iem. toeken; ~ *an order* ***on*** *s.o.* iem. dekoreer; ~ ***together*** (met mekaar) beraadslaag; ~ ***with*** *s.o. (on/about s.t.)* met iem. (oor iets) beraadslaag (*of* oorleg pleeg). **con·fer·(r)ee** konferensie-, kongresganger, kongreslid; vereerde; gedekoreerde; gegradueerde, graduandus. **con·fer·ence** konferensie, vergadering, byeenkoms; kongres; samespreking, bespreking, beraadslaging, onderhoud; *(relig.)* sinode; *(Am., sport)* kompetisie, liga, klas; ***at*** *a* ~ op 'n konferensie; ***convene*** *a* ~ 'n konferensie belê; ***hold*** *a* ~ *on s.t.* 'n konferensie oor iets hou; *be* ***in*** ~ in 'n konferensie/vergadering wees; *be* ***in*** ~ ***with*** *s.o.* met iem. in konferensie wees. **conference hall** vergadersaal. **conference room** vergaderlokaal. **con·fer·enc·ing** *(telekom.)* (die hou van) telekonferensies. **con·fer·ment, con·fer·ral** verlening, toekenning.

con·fess erken, toegee; beken, bely *(skuld)*; bieg; iem. se bieg afneem; *I* ***have to*** (or ***must***) ~ *that* ... ek moet sê dat ...; ~ ***sins*** →SIN *n.*; ~ ***to*** *s.o.* aan iem. bieg; ~ *s.t.* ***to*** *s.o.* iets teenoor iem. beken. **con·fes·sant** *(relig.)* biegteling. **con·fessed** *(ook)* erkende. **con·fess·ed·ly** soos bekend is; onteenseglik; volgens eie bekentenis. **con·fes·sion** erkenning, toegewing; bekenning; (skuld)belydenis, bekentenis; ontboeseming; *(relig.)* bieg; *(relig.)* geloofsbelydenis, konfessie; *(relig., w.g.)* kerkgenootskap; ***Augsburg*** *C*~ Augsburgse Geloofsbelydenis/Konfessie; ***extract*** *a* ~ *from s.o.* 'n bekentenis van iem. afpers; ~ *of* ***faith*** geloofsbelydenis; ***go*** *to* ~ gaan bieg; ~ *of* ***guilt*** skuldbekentenis; ***make*** *a* ~ 'n bekentenis aflê/doen; ***on*** *s.o.'s* ***own*** ~ soos iem. self erken/toegee. **con·fes·sion·al** *n.* biegstoel; bieg; biegboek. **con·fes·sion·al** *adj.* belydend, konfessioneel, belydenis-; bieg-; ~ ***box/chair/stall*** biegstoel; ~ ***novel*** biegroman; ~ ***poetry*** belydenispoësie. **con·fes·sion·ar·y** bieg-. **con·fes·sor** biegvader; belyer; geloofsgetuie; biegteling; *Edward the C*~ Eduard die Belyer.

con·fet·ti *(It.)* confetti, konfetti, (bruid)strooisel.

con·fi·dant(e) vertroueling, vertroude, vertrouenspersoon, boesemvriend, -vriendin.

con·fide toevertrou; vertroulik (*of* in vertroue) meedeel; ~ *in s.o.* iem. in jou vertroue neem; jou hart by iem. uitstort; ~ *s.t. to s.o.* iem. iets vertroulik sê/meedeel; ~ *s.o./s.t. to* ..., *(vero.)* iem./iets aan (die sorg van) ... toevertrou. **con·fid·ing** *adj.*, **con·fid·ing·ly** *adv.* vertrouend, vol vertroue.

con·fi·dence vertroue; selfvertroue; geloof, sekerheid, gerustheid; vrymoedigheid; vertroulikheid, geheim(pie), vertroulike mededeling; ***betrayed*** ~ geskonde vertroue; ***create*** ~ vertroue wek; ***gain/win*** *s.o.'s* ~ iem. se vertroue wen; ***in*** ~ vertroulik, in vertroue; *be* ***in*** *s.o.'s* ~ iem. se vertroue geniet; *have/place* ~ ***in*** *s.o./s.t.* vertroue in iem./iets hê/stel; *inspire* ~ ***in*** *s.o.* vertroue by iem. inboesem; *restore* ~ ***in*** ... die vertroue in ... herstel; *s.o.'s* ~ ***in*** ... *is shaken* iem. se vertroue in ... is geskok; ***in strict*** ~, *strictly* ***in*** ~ streng vertroulik; *tell s.o. s.t.* ***in*** ~ iem. iets vertroulik sê; *take s.o.* ***into*** *one's* ~ iem. in jou vertroue neem; *a* ***matter/question*** *of* ~ 'n vertrouensaak/vertrouenskwessie; *a* ***vote*** *of* ~ 'n mosie van vertroue; *a* ***vote*** *of no* ~ 'n mosie van wantroue. ~ **man,** ~ **trickster** →CON MAN. ~ **trick** kullery, swendelary.

con·fi·dent vol vertroue; selfversekerd, vol selfvertroue; (dood)seker, (vas) oortuig; vrymoedig; hoopvol; *be* ~ *of success* (daarvan) oortuig wees dat jy (*of* 'n onderneming/ens.) sal slaag; *be* ~ *that* ... (daarvan) oortuig wees (*of* vas glo *of* vol vertroue wees) dat ... **con·fi·dent·ly** met vrymoedigheid/gerustheid.

con·fi·den·tial vertroulik, konfidensieel; vertroud, vertrouens-; geheim; ~ *agent/representative* vertrouenspersoon; ~ *clerk* vertrouensklerk; *strictly* ~ streng vertroulik. **con·fi·den·ti·al·i·ty** vertroulikheid. **con·fi·den·ti·al·ly** in vertroue, vertroulik; *tell s.o.* ~ *that* ... iem. in vertroue meedeel dat ...

con·fig·u·ra·tion groepering; gedaante, gestalte, vorm; ruimtelike bou/struktuur; gesteldheid; *(rek.)* samestelling, konfigurasie; *(chem., fis., psig.)* konfigurasie; *(astron.)* stand, konfigurasie. **con·fig·ure** vorm gee aan, vorm.

con·fine *n.* grens; gebied, terrein; uiterste; oorgang; *(i.d. mv. ook)* grensgebied; *to the utmost ~s of the earth* tot aan die uiterstes van die aarde; *within the ~s of* ... binne die grense van ... **con·fine** *ww.* beperk, begrens; bepaal; insluit; inperk; inhok; opsluit; kluister; ***be*** ~*d*, *(vero.)* 'n bevalling hê; *be ~d* ***to*** *barracks* in kasernearres wees; *be ~d* ***to*** *bed* in die bed moet bly, bedlêend wees; ~ *o.s.* ***to*** ... jou by ... bepaal *(d. onderwerp ens.)*; ~ *s.t.* ***to*** ... iets tot ... beperk. **con·fined** *adj.* beperk, knap, beknop, eng, nou *(ruimte)*; beklemmend, benouend *(atmosfeer)*.

con·fine·ment beperking; opsluiting, gevangenskap; *(vero.)* bevalling; *be (kept)* ***in*** *close* ~ in 'n beperkte ruimte aangehou word; in geslote arres wees; *be held/kept/placed/put* ***in*** *solitary* ~ in eensame opsluiting (*of* alleenopsluiting) wees (*of* aangehou/geplaas word); *place/put s.o.* ***in*** ~ iem. (laat) opsluit; ~ ***to*** *barracks/camp/quarters* (or *one's room*) kaserne-/kamp-/kwartier-/kamerarres. ~ **fees** *(vero.)* bevallingskoste.

con·firm bevestig, staaf, beaam; bekragtig; versterk, onderskryf; goedkeur; aanneem *(as lidmaat)*; →CONFIRMED; ~ *the* ***minutes*** →MINUTE[1]; ~ *the* ***news*** die berig bevestig; ~ *s.t.* ***on oath*** →OATH; ~ *an* ***opinion*** 'n mening versterk/bevestig.

con·firm·and katkisant, aannemeling, geloofsleerling.

con·fir·ma·tion bevestiging, beaming; bekragtiging; versterking; goedkeuring; aanneming; *in* ~ *of s.t.* ter bevestiging van iets; ~ *of/for s.t.* bevestiging van iets; *subject to s.o.'s* ~ behoudens bevestiging/bekragtiging deur iem.. ~ **candidate** katkisant, aannemeling. ~ **class** katkisasieklas. ~ **lesson** katkisasieles. ~ **service** voorstellingsdiens.

con·firm·a·tive, con·firm·a·to·ry bevestigend; bekragtigend; versterkend.

con·firmed *(attr.)* besliste; geswore; oortuigde; verstokte; bevestigde *(bespreking ens.)*; chroniese *(siekte, invalide, ens.)*; ~ *bachelor* verstokte oujongkêrel/vrygesel; ~ *credit*, *(fin.)* bevestigde krediet; ~ *drunkard* verstokte suiplap.

con·firm·ing bank bevestigingsbank.

con·fis·cate beslag lê op, in beslag neem, konfiskeer; verbeurd verklaar; afneem. **con·fis·ca·ble** verbeurbaar, verbeurdverklaarbaar, konfiskeerbaar. **con·fis·ca·tion** verbeurdverklaring, inbeslagneming, beslaglegging, konfiskasie; *the ~ of s.t.* die beslaglegging op iets. **con·fis·ca·tor** beslaglegger, konfiskeerder. **con·fis·ca·to·ry** konfiskerend; *~ tax* onteieningsbelasting.

con·fla·gra·tion verwoestende brand, vlammesee.

con·flate saamsmelt. **con·fla·tion** samesmelting.

con·flict *n.* stryd, worsteling, geveg, botsing, onenigheid, konflik(situasie); teenstrydigheid; *be **in** ~, (verklarings ens.)* teenstrydig wees, teen mekaar indruis, strydig (*of* in stryd) met mekaar wees; ***in** ~ **with** ...* strydig (*of* in stryd) met ...; ***in** direct ~ **with** ...* lynreg in stryd met ...; *live **in** ~ **with** s.o.* in onvrede met iem. leef/lewe; ***inner** ~* (innerlike) tweestryd; *come **into** ~ (with each other)* (met mekaar) bots; *come **into** ~ with ...* met ... bots *(d. gereg ens.)*; *~ **of** interest(s)* botsing van belange, belangebotsing; *~ **of** laws* strydigheid van regsbeginsels; internasionale privaatreg. **con·flict** *ww., (belange ens.)* bots; *(w.g.)* stry, worstel; *~ **with** ...* met ... bots (*of* in stryd wees), strydig met ... wees; teen ... indruis. *~* **resolution** konflikoplossing, geskilbeslegting.

con·flict·ing teenstrydig, botsend *(belange ens.)*; strydend *(partye ens.)*.

con·flic·tion teenstrydigheid, botsing.

con·flu·ence, con·flux samevloeiing, sameloop *(v. riviere)*; toeloop *(v. mense)*; sameloop *(v. omstandighede ens.)*; versmelting *(v. markte ens.)*; samesmelting *(v. partye ens.)*. **con·flu·ent** *n.* bystroom; systroom. **con·flu·ent** *adj.* saamvloeiend; meewerkend; *~ fruit* saam=/ samegestelde vrug.

con·form konformeer; *~ to ...* aan ... voldoen, ... nakom; met ... ooreenkom, volgens ... wees; jou na ... skik, jou by ... aanpas; *~ing to ...*, *(ook)* in ooreenstemming met (*of* ooreenkomstig) ... **con·form·a·ble** ooreenkomstig, ooreenkomend, vormgetrou; passend; gehoorsaam, onderdanig, gewillig, inskiklik; *(geol.)* konkordant; *(wisk.)* vermenigvuldigbaar; *~ to ...* ooreenkomstig (*of* in ooreenstemming met) ... **con·form·ance** →CONFORMITY. **con·for·ma·tion** vorm, bou, struktuur; bouvorm; aanpassing, konformasie. **con·form·ism** meelopery. **con·form·ist** *n.* konformis, meeloper, jabroer. **con·form·ist** *adj.* konformisties. **con·form·i·ty, con·form·ance** ooreenkoms, gelykvormigheid, konformiteit; ooreenstemming; inskiklikheid, onderwerping, meegaandheid; nalewing, nakoming; *in ~ with ...* ooreenkomstig (*of* in ooreenstemming met) ...

con·found dronkslaan, verbyster, verbluf laat staan; verwar, verward maak; verydel, fnuik; verslaan *(vyand)*; *~ it/you/etc.!, (vero.)* vervlaks!, verbrands!. **con·found·ed** in die war, oorbluf, dronkgeslaan; *(infml., vero.)* vervlakste, dekselse, verbrande. **con·found·ed·ly** *(infml., vero.)* vreeslik, ontsettend; vervlaks, deksels, verbrands.

con·fra·ter·ni·ty broederskap; bende.

con·frère kollega, medelid.

con·front konfronteer; teenoor mekaar (te) staan (kom); die hoof bied; teenoor (mekaar) stel, vergelyk; bymekaarbring; *be ~ed by s.o.* deur iem. gekonfronteer word; *be ready to ~ s.o.* vir iem. oorgehaal wees; *~ s.o. with ...* iem. met ... konfronteer, iem. voor ... stel; *be ~ed with ...* met ... te kampe hê, teenoor/voor ... staan, voor ... te staan kom *('n probleem ens.)*. **con·fron·ta·tion** konfrontasie; teenoorstelling; *(vero.)* vergelyking; *the ~ between ... and ...* die konfrontasie tussen ... en ...; *s.o.'s ~ with ...* iem. se konfrontasie met ...

Con·fu·cius Confucius, Konfusius, Koeng-foe-tse. **Con·fu·cian** *n.* Confuciaan, Konfusiaan. **Con·fu·cian** *adj.* Confuciaans, Konfusiaans. **Con·fu·cian·ism** Confucianisme, Konfusianisme.

con·fuse verwar, verward maak; verbyster; beduiwel, deurmekaar maak; *~ the issue* die saak vertroebel; *~ s.o. with s.o. else* iem. met iem. anders verwar, iem. vir iem. anders aansien; *~ s.t. with s.t. else* iets met iets anders verwar. **con·fused** verwar(d), deurmekaar; verbyster(d), dronkgeslaan, oorbluf, onthuts, verbouereerd; wanordelik, deurmekaar; *be/become/get ~* verward (*of* in die war) wees/raak, deur die wind wees; onthuts wees/raak. **con·fus·ed·ly** verward, deurmekaar. **con·fus·ed·ness** verwardheid, verwarring. **con·fus·ing** verwarrend. **con·fu·sion** verwarring, deurmekaarheid; verbystering, verbouereerdheid, ontsteltenis, ontreddering; *(psig.)* verwardheid; warboel, harwar, wanorde, deurmekaarspul, roesemoes; ***cause/create** ~* verwarring stig; ***in** ~* in die war, in 'n warboel, onderstebo; *be covered **in** ~* skaamrooi van verleentheid (*of* heeltemal verleë) wees; *be **in** a state of ~* in 'n harwar wees; *throw s.o. **into** ~* iem. (heeltemal) verwar; *throw s.t. **into** ~* iets (heeltemal) deurmekaarkrap (*of* onderstebo keer *of* in die war stuur); *~ **of** ideas* begripsverwarring; *~ **of** identity* persoonsverwarring; *~ **of** names* naamsverwarring; *~ **of** tongues* spraakverwarring; *~ **reigned*** groot verwarring (*of* 'n volslae warboel) het geheers; pandemonium het geheers.

con·fute *(fml.)* weerlê. **con·fut·a·ble** weerlegbaar. **con·fu·ta·tion** weerlegging.

con·ga =*gas, n., (S.Am. dans)* conga. **con·ga** =*gaed,* =*ga'd, ww.* conga, die conga dans.

con·gé *(Fr.)* congé; *(w.g.)* verlof (om te vertrek), paspoort; *give s.o. his/her ~, (infml.)* iem. sy/haar ontslag/trekpas gee.

con·geal (be)vries; stol, dik/styf word; saamklont(er); hard word, verdik, verhard. **con·geal·ing point** stolpunt; vriespunt. **con·ge·la·tion** bevriesing; stolling, verstywing; verdikking, verharding; bevrore massa; verdikte/verharde massa.

con·gee →CONJEE.

con·ge·ner, con·ge·ner *n.* verwant, ras=, soortgenoot. **con·ge·ner·ic** gelyksoortig, =slagtig. **con·gen·er·ous** gelyksoortig; van dieselfde soort; *(spiere)* saamwerkend.

con·gen·ial geesverwant, simpatiek; passend, geskik; prettig; *become ~* ontdooi; *~ spirit* geesverwant. **con·ge·ni·al·i·ty** geesverwantskap, sielsverwantskap, simpatie; geskiktheid.

con·gen·i·tal aangebore, erflik, oorgeërf, kongenitaal; *~ defect* aangebore gebrek; *~ syphilis* kongenitale/ aangebore sifilis. **con·gen·i·tal·ly** van geboorte af.

con·ger (eel) seepaling, meeraal.

con·ge·ries *(ekv. of mv.)* versameling, op(een)hoping, hoop, massa.

con·gest op(een)hoop, saamhoop; verstop; verstop raak; strem; oorlaai; bloedaandrang veroorsaak; saamdring. **con·gest·ed** opgehoop, saamgedring; oorlaai, oorvol; verstop; bloedryk, geswel; lydende aan kongestie. **con·ges·tion** op(een)hoping, samehoping; opstopping, verstopping; stremming; kongestie; stuwing; *(telef.)* oorlading; drukte, gewoel; *~ (of the blood)* (bloed)stuwing, bloedaandrang; *~ of the stomach* goormaag; *~ of traffic* verkeersop(een)hoping.

con·glo·bate, con·globe *ww., (w.g.)* bolvormig maak; bolvormig word. **con·glo·bate** *adj., (w.g.)* bolvormig, (bol)rond; →GLOBULAR.

con·glom·er·ate *n.* opeenhoping, samehoping; saamklont(er)ing; *(geol., ekon.)* konglomeraat; *auriferous ~* banket, goudhoudende konglomeraat. **con·glom·er·ate** *adj.* saamgepak, opgebol; saam=, samegestel(d). **con·glom·er·ate** *ww.* opeenhoop, saamklont(er), konglomereer. **con·glom·er·a·tion** versameling, op(een)hoping, ongelyksoortige mengsel, massa; konglomerasie.

con·glu·ti·nate saamkleef, =klewe; saamlym; vaskleef, =klewe. **con·glu·ti·na·tion** saamklewing; vasklewing; aaneenlymsel.

Con·go *(geog.)* Kongo; *Belgian ~, (1908-60)* Belgiese Kongo; *Democratic Republic of ~, (sedert 1997)* Demokratiese Republiek Kongo; *~ Free State, (1885-1908)* Kongo-Vrystaat; *~-Kinshasha, (1960-71)* Kongo-Kinshasha; →ZAÏRE. **Con·go·lese** *n. & adj.* Kongolees.

con·grat·u·late gelukwens, felisiteer; *~ s.o. on/upon s.t.* iem. met iets gelukwens. **con·grat·u·la·tion** gelukwensing; *congratulations!* geluk, hoor!, veels geluk!; *~s on ...!* (veels) geluk met ...! *(jou verjaar[s]dag, d. geboorte v. jou baba, ens.)*. **con·grat·u·la·to·ry** gelukwensend, gelukwensings=; *~ telegram* telegram van gelukwensing.

con·gre·gate *ww.* versamel, vergader, byeenkom; saamdrom; byeenbring. **con·gre·gat·ed** *adj.* versamel(d); saamgehok. **con·gre·gant** (Joodse) gemeentelid. **con·gre·ga·tion** vergadering; versameling; gemeente; kongregasie; *C~ of the Holy Office, C~ for the Doctrine of the Faith, (RK)* Kongregasie van die Heilige Offisie; *C~ of Propaganda, Congregatio de Propaganda Fide, (RK)* Kongregasie vir die Voortplanting van die Geloof; *C~ of the (Sacred) Rites, (RK)* Kongregasie van die Heilige Rites. **con·gre·ga·tion·al** gemeentelik, gemeente=; *C~ Church* Independente/Kongregasionalistiese Kerk. **Con·gre·ga·tion·al·ism** Kongregasionalisme. **con·gre·ga·tion·al·ism** presbiterianisme. **Con·gre·ga·tion·al·ist** *n.* Independent, Kongregasionalis. **Con·gre·ga·tion·al·ist** *adj.* Independent, Kongregasionalisties.

con·gress *n.* kongres, byeenkoms, vergadering; geslagsomgang, seksuele/geslagtelike verkeer; *annual ~* jaarlikse kongres. **con·gress** *ww.* vergader; kongres hou. **C~man** =*men*, **C~woman** =*women* Kongreslid, lid van die (Amerikaanse) kongres, Amerikaanse parlementslid.

con·gres·sion·al kongres=.

con·gru·ence, con·gru·en·cy ooreenstemming, ooreenkoms; saam=, samevalling; bestaanbaarheid *(met)*; *(gram.)* kongruensie. **con·gru·ent** ooreenstemmend; saam=, samevallend; passend; bestaanbaar *(met)*; *(wisk.)* gelyk en gelykvormig; kongruent. **con·gru·i·ty** gepastheid; ooreenstemming; kongruensie. **con·gru·ous** gelyk(vormig); ooreenstemmend; passend, gepas.

con·ic *(wisk.)* keël=, kegelvormig, konies; →CONE; *~ section* keël=, kegelsne(d)e. **con·i·cal** keël=, kegelvormig, konies; tregtervormig; *~ cap* puntmus. **co·nic·i·ty** keël=, kegelskuinste, konisiteit. **con·ics** keël=, kegel(snee/snede)leer.

co·nid·i·um =*dia, (bot.)* somerspoor, konidie. **co·nid·i·o·phore** lugspoordraer, konidiofoor. **co·nid·i·o·spore** lug=, konidiospoor.

con·i·fer keël=, kegeldraende plant, naaldboom, konifeer. **co·nif·er·ous** keël=, kegeldraend; *~ forest* naaldbos; *~ tree* naaldboom, konifeer. **co·ni·form** keël=, kegelvormig.

con·jec·ture *n.* gissing, veronderstelling; konjektuur; *be based on ~* op gissings berus; *be mere ~* blote gissing wees. **con·jec·ture** *ww.* gis, veronderstel, vermoed. **con·jec·tur·al** gegis, veronderstel(d); konjekturaal.

con·jee, con·gee *(Tamil)* ryswater.

con·join *(fml.)* aansluit; saamsluit, verenig, verbind. **con·joint** aangeslote; verenig, gemeenskaplik, verbonde; toegevoeg. **con·joint·ly** gemeenskaplik; tesame, in vereniging met, gesamentlik.

con·ju·gal egtelik, huweliks=; *~ **bliss/felicity/happiness*** huweliksgeluk; *~ **fidelity*** huwelikstrou; *~ **infidelity*** huweliksontrou; *~ **rights*** huweliksregte. **con·ju·gal·i·ty** huwelikstaat.

con·ju·gate *ww., (gram.)* vervoeg; saamsmelt, ineenvloei, een word; toevoeg; konjugeer. **con·ju·gate, con·ju·gat·ed** *adj.* verbonde; verwant; saamgevoeg; ooreenkomstig; toegevoeg; gepaar(d), parig, gekonjugeer(d); *~ axis* neweas; *~ to ...* aan ... toegevoeg. **con·ju·gat·ing tube** konjugasiebuis. **con·ju·ga·tion** *(gram.)* vervoeging; verbinding, saam=, samevoeging; versmelting; konjugering, konjugasie. **con·ju·ga·tion·al** vervoegings=. **con·ju·ga·tion ca·nal** konjugasiebuis.

con·junct *n., (log.)* konjunktiewe stelling; *(w.g.)* by=, toevoegsel; metgesel. **con·junct** *adj.* saamgevoeg, verenig, meewerkend; toegevoeg; *~ mines* gekoppelde myne. **con·junc·tion** verbinding, vereniging; *(gram.)* voegwoord; *(astron.)* konjunksie; *in ~ with ...* saam/ tesame met ...; in oorleg/samewerking met ..., met (die) medewerking/samewerking van ... **con·junc**=

tion·al voegwoordelik. **con·junc·tive** *n.* aanvoegende/konjunktiewe wys(e); bindwoord. **con·junc·tive** *adj.* (ver)bindend, aanvoegend; verbindings=; konjunktief; ~ *tissue* grondweefsel. **con·junc·ture** tydsgewrig, sameloop van omstandighede, krisis, konjunktuur.

con·junc·ti·va =*vas*, =*vae, (anat.)* (oog)bindvlies. **con·junc·ti·vi·tis** bindvliesontsteking, konjunktivitis.

con·jure besweer; oproep, te voorskyn roep; toor, goël, oë verblind; ~ *s.t. away* iets wegtoor; ~ *s.t. up* iets oproep; iets soos met 'n towerslag te voorskyn bring; *s.t. to* ~ *with* iets wat wonders verrig *('n naam ens.)*. **con·ju·ra·tion** beswering; smeekbede; toordery; toorwoord. **con·jur·er, con·jur·or** towenaar; goëlaar, kulkunstenaar; *be no* ~ ook nie die wysheid in pag hê nie. **con·jur·ing** goël=, kulkuns, goëlery; ~ *trick* goëltoer(tjie).

conk[1] *n., (Br. sl.)* neus (soos 'n voorgewel); hou op die neus (*of* oor die kop). **conk** *ww.:* ~ *s.o.* iem. op die neus (*of* oor die kop) slaan.

conk[2] *ww.:* ~ *out, (infml.), (masjien ens.)* die gees gee, onklaar raak, gaan staan, vrek; *(iem.)* omkap.

conk·er *(Br.)* wildekastaiing; *(i.d. mv. ook)* kinderspel met wildekastaiings.

conn →CON[4].

con·nate aan=, ingebore; *(biol.)* verenig; *(biol.)* vergroei(d); *(geol.)* gelyktydig ingeslote, konnaat.

con·nect verbind, saamvoeg; in verband bring; in verbinding tree; *(telekom., spw.)* aansluit; (aan)skakel, (in)skakel; koppel; konnekteer; ~ *s.t.* ***to*** ... iets aan ... verbind; ~ ***up*** verbind, aansluit, koppel, konnekteer; *s.t.* ~*s* ***with*** ... iets sluit by ... aan. **con·nect·ed** verbind, verbonde; samehangend; aaneengeskakel(d); aaneengeslote; *be* ***closely*** ~ eng verbonde wees; *s.t. is* ***closely*** ~ *with* ... iets staan in noue verband met ...; *not be* ***remotely*** ~ nie die geringste verband met mekaar hê nie; *be* ***well*** ~ invloedryke familie/vriende hê, tot 'n invloedryke kring behoort; *be* ~ ***with*** ... by/in ... betrokke wees; met ... verbonde wees; met ... verband hou (*of* in verband staan *of* saamhang); aan/met ... verwant wees.

con·nect·ing verbindend, verbindings=, koppel=. ~ **arm** koppelarm. ~ **bolt, coupling bolt** koppelbout. ~ **door** tussendeur, verbindingsdeur. ~ **flight** aansluitings=, verbindings=, koppelvlug. ~ **line** verbindingslyn. ~ **link** verbindingskakel; koppelskakel. ~ **main** hoofToevoerdraad; verbindingslyn. ~ **passage** verbindingsgang. ~ **piece** verbindingstuk. ~ **road** verbindingspad. ~ **rod** verbindingstang; koppelstang; suier=, dryfstang; trekstang. ~ **terminal** verbindingsklem. ~ **wire** verbindings=, sluitingsdraad. ~ **word** verbindingswoord.

con·nec·tion, *(Br.)* **con·nex·ion** verbinding; verband; verbondenheid; aansluiting; koppeling; (in)skakeling; verbindingstuk; verbindingsklem; *(dwelmsl.)* dwelmsmous; *(weermagsl.)* tjom(mie), broer, vriend; *(w.g.)* (geslags)gemeenskap; samehang; betrekking; klandisie; praktyk; konneksie; *(elek.)* stopkontak; *the* ~ ***between*** *two things* die verbinding tussen twee dinge; die verband tussen twee dinge; ***connections*** (bloed)verwante; familiebetrekkinge; kennisse; konneksies, relasies; ***hot-water*** ~ warmwaterleiding; ***in*** ~ ***with*** ... in verband met ..., met betrekking tot ...; na aanleiding van ...; ~ *in* ***parallel*** newe=, parallelskakeling; *in* ***this/that*** ~ in hierdie/daardie verband, in verband hiermee/daarmee.

con·nec·tive *n.* verbindingswoord; *(bot.)* helmbindsel. **con·nec·tive** *adj.* verbindend, saambindend, bind=; ~ *tissue, (med.)* bindweefsel. **con·nec·tiv·i·ty** *n.* orde van samehang; *(rek.)* aansluitbaarheid, konnektiwiteit. **con·nec·tiv·i·ty** *adj., (rek.)* verbindings=, koppel=, aansluit=.

con·nec·tor verbinder. ~ **box** koppelingskas. ~ **link** koppelskakel. ~ **rod** koppelstang.

con·ner *(vero.)* keurmeester.

con·ning *(sk.)* bevelvoering; →CON[4]. ~ **bridge** kommandobrug. ~ **orders** leiorders, roerkommando's. ~ **tower** uitkyk=, kommandotoring.

con·nive: ~ *at s.t.* iets oogluikend toelaat, iets deur die vingers sien, die oë vir iets sluit; ~ *with s.o.* met iem. saamspeel *(om iets onwettigs te doen)*. **con·niv·ance** oogluiking, oogluikende toelating; ~ *at s.t.* oogluikende toelating van iets. **con·niv·ent** *(biol.)* saamneigend.

con·nois·seur kenner, fynproewer, connoisseur; *a* ~ *of* ... 'n kenner van ..., 'n ...kenner *(kuns, wyn, ens.)*.

con·note beteken; bybetekenis hê, tegelyk beteken; inbegryp wees, insluit. **con·no·ta·tion** betekenis, sin; bybetekenis; begripsinhoud; intensiewe betekenis; inhoudsbepaling; konnotasie. **con·no·ta·tive** *(ling.)* konnotatief, by=; ~ *meaning* bybetekenis, konnotatiewe betekenis.

con·nu·bi·al *(liter., poët.)* egtelik, huweliks=. **con·nu·bi·al·i·ty** huwelikstaat; gedrag van getroudes.

co·noid *n.* konoïed. **co·noid, co·noi·dal** *adj.* konoïdaal, konies, keël=, kegelvormig.

con·quer verower, oorwin, verslaan, baasraak; seëvier; onderwerp, oorweldig, inneem; ~ *Table Mountain* Tafelberg oorwin/baasraak. **con·quer·a·ble** oorwinlik. **con·quered** oorwonne; ~ *person* oorwonnene. **con·quer·ing** seëvierend, triomfant(e)lik. **con·quer·or** oorwinnaar, veroweraar; oorweldiger; *(William) the C*~ (Willem) die Veroweraar. **con·quest** oorwinning; verowering; onderwerping; wins, buit; *make a* ~ *of s.o./s.t.* iem./iets verower; *war of* ~ veroweringsoorlog.

con·quis·ta·dor =*dor(e)s, (Sp., hist.)* veroweraar.

con·san·guin·e·ous (bloed)verwant; stamverwant; ~ *breeding* inteelt. **con·san·guin·i·ty** bloedverwantskap; stamverwantskap.

con·science gewete, konsensie; *in* ***all*** ~ met 'n geruste gewete; werklik waar, regtig; *s.o. cannot do s.t. in* ***all*** ~ iem. kan iets onmoontlik nie doen nie; *a* ***bad/guilty*** ~ 'n slegte/skuldige gewete; *a* ***clean/clear/good*** (or *an* ***easy***) ~ 'n geruste/rein/rustige/skoon gewete; *obey the* ***dictates*** *of one's* ~ die stem van jou gewete gehoorsaam; *s.o. has a* ***guilty*** ~ iem. se gewete kwel/pla hom/haar; *make s.t. a* ***matter*** *of* ~ van iets 'n gewetensaak maak; *have s.t.* ***on*** *one's* ~ iets op jou gewete hê; ***pangs/pricks/qualms/stings*** *of* ~ gewetensangs, =wroeging; *s.o.'s* ~ ***pricks/smites/stings*** *him/her* iem. se gewete kla hom/haar aan (*of* kwel/pla hom/haar); *the* ***promptings*** *of s.o.'s* ~ die stem van iem. se gewete; *for* ~*(')* ***sake*** gewetenshalwe; ***salve/soothe*** *one's* ~ jou gewete sus; ***search*** *one's* ~ jou gewete ondersoek; *a* ***tender*** ~ 'n teer gewete; *have a* ***twinge*** *of* ~ gewetenswroeging hê. ~ **clause** gewetensbepaling, =klousule. ~ **money** gewetensgeld. ~**-smitten,** ~**-stricken,** ~**-struck** met gewetenskwelinge/=wroeging, deur die gewete gekwel.

con·science·less gewete(n)loos. **con·science·less·ness** gewete(n)loosheid.

con·sci·en·tious nougeset, konsensieus, plig(s)getrou; *on* ~ *grounds* gewetenshalwe; ~ *objection* gewetensbeswaar; diensweiering *(op gewetensgronde)*; ~ *objector* diensweieraar *(gewetenshalwe)*, gewetensbeswaarde. **con·sci·en·tious·ly** nougeset, plig(s)getrou, konsensieus; in gemoede, volgens eer en gewete. **con·sci·en·tious·ness** nougesetheid, plig(s)getrouheid.

con·scious (wel)bewus; *be* ~ ***of*** ... van ... bewus wees; ***politically*** ~ politiek bewus/georiënteer; *be* ~ ***that*** ... bewus wees dat ... **con·scious·ly** (wel)bewus; opsetlik.

-con·scious *komb.vorm* =bewus; *self-*~ selfbewus; *be weight-*~ jou gewig/figuur dophou, figuurbewus wees.

con·scious·ness bewustheid; bewussyn; ***lose*** ~ jou bewussyn verloor, flou word; *s.o.'s* ~ ***of/that*** ... iem. se bewustheid van/dat ...; ~ *of* ***power*** mags=, kragsbesef; ***recover/regain*** ~ bykom, jou bewussyn herwin; ***stream*** *of* ~ bewussynstroom; ~ *of* ***vocation*** roepingsbesef. ~ **raising** *n.* bewussynsverruiming. ~**-raising** *adj.* bewussynsverruimend.

con·scribe *(w.g.)* beperk; opkommandeer. **con·script** *n.* dienspligtige, opgekommandeerde. **con·script** *adj.* ingeskrewe; opgekommandeer, dienspligtig; ~ *fathers, (liter.)* senatore, patres conscripti. **con·script** *ww.* opkommandeer, tot krygsdiens oproep/verplig. **con·scrip·tion** opkommandering; diensplig, krygsplig, konskripsie, verpligte krygsdiens.

con·se·crate heilig, wy; toewy; inseën, konsekreer; inwy *(gebou)*; ~ *one's life to* ... jou lewe aan ... (toe)wy. **con·se·crat·ed** heilig, gewyd, toegewy; ~ *oil* chrisma; ~ *wafer* hostie. **con·se·cra·tion** wyding; toewyding; inseëning.

con·se·cu·tion (logiese) volgorde; loop, vervolg; gevolg; samehang. **con·sec·u·tive** opeenvolgend; gevolgaanduidend; deurlopend; ~ *number* volgnommer. **con·sec·u·tive·ly** agtereen(volgens), opeenvolgend, ná/agter mekaar, aanmekaar.

con·se·nes·cence *(w.g.)* ouderdomsverval.

con·sen·sus (wils)ooreenstemming, konsensus; ~ *of opinion* eenstemmigheid; *reach* ~ *on s.t.* ooreenstemming oor iets bereik. **con·sen·su·al** konsensueel, uit ooreenkoms.

con·sent *n.* instemming, toestemming, inwilliging, goedvinde; ***age*** *of* ~ toestemmingsouderdom, =leeftyd; ***by*** *(mutual)* ~ met wedersydse goedvinde/instemming; *by* ***common*** (or *with* ***one***) ~ eenparig, eenstemmig, met algemene instemming; *by* ***common*** ~ *s.o. is* ... almal stem saam dat iem. ... is; ***document*** *of* ~ toestemmingsakte; ***give*** *one's* ~ *to s.t.* toestemming tot iets gee; ***government*** *by* ~ *of the governed* regering met goedvinde van die geregeerdes; ***judg(e)ment*** *by* ~ vonnis by toestemming; *withold one's* ~ *to a* ***marriage*** 'n huwelik skut/stuit; ***silence*** *gives* ~ wie swyg, stem toe; *s.o.'s* ***tacit*** ~ iem. se stilswyende in=/toestemming; ***without*** *s.o.'s* ~ sonder iem. se toestemming. **con·sent** *ww.* instem, toestem, toestaan, inwillig; ~ *to s.t.* iets goedkeur, tot iets toestem; ~ *to do s.t.* instem/inwillig om iets te doen; ~ *to s.o. doing s.t.* inwillig (*of* [jou] toestemming gee) dat iem. iets doen. ~ **judg(e)ment** vonnis by toestemming.

con·sen·ta·ne·ous *(w.g.)* ooreenstemmend; passend; eenparig. **con·sen·ta·ne·i·ty, con·sen·ta·ne·ous·ness** ooreenstemming; gepastheid; eenparigheid.

con·sen·tient *(arg.)* ooreenstemmend; instemmend, toestemmend.

con·se·quence gevolg, uitwerking; nasleep, voortvloeisel; uitvloeisel, konsekwensie; gevolgtrekking; belang(rikheid), gewig, betekenis; *(vero.)* gewig, invloed; ***as a*** ~ ... gevolglik ...; ***bear/face/suffer/take*** *the* ~*s of* ... die gevolge van ... aanvaar/dra, ly wat op ... volg, die wrange vrugte van ... pluk; ***damn*** *the* ~*s!* laat (daarvan) kom wat wil!; ***in*** ~ gevolglik; ***in*** ~ *of* ... as gevolg (*of* ten gevolge) van ...; *have* ***incalculable*** ~*s* onafsienbare gevolge hê; *be of* ***little*** ~ van min belang wees; *a* ***man/woman*** *of* ~, *(vero.)* 'n man/vrou van aansien/gesag/gewig/invloed; *be of* ***no*** ~ nie op ... aankom nie, nie saak maak nie, bysaak wees, geen rol speel nie; onbelangrik/onbeduidend wees, van geen belang wees nie; ***regardful*** *of the* ~*s* met inagneming/inagname van die gevolge; ***regardless*** *of the* ~*s* sonder inagneming/inagname van die gevolge; ***weigh*** *the* ~*s* die gevolge oordink/oorweeg. **con·se·quent** *n.* gevolg; *(log.)* gevolgsin; *(wisk.)* sluitterm. **con·se·quent** *adj.* gevolglik, daarop/daaruit volgende; *(geol.)* konsekwent *(rivier ens.)*; *(arg.)* logies, konsekwent; ~ *on/upon* ... as gevolg (*of* ten gevolge) van ..., voortspruitende uit ... **con·se·quen·tial** gevolglik, daarop/daaruit volgende; daaruit ontstaande; belangrik, gewigtig, betekenisvol; ~ *damage* voortvloeiende skade. **con·se·quent·ly** gevolglik, derhalwe, as gevolg daarvan, daarom, dus; sodoende.

con·serv·an·cy raad van toesig; bewaring, beskerming.

con·ser·va·tion bewaring, behoud, beskerming, instandhouding, konservasie; preservasie, preservering; ~ *of* ***energy*** behoud van energie, energiebehoud; ~ *of* ***heat*** warmte=, hittebehoud; ~ *of* ***mass*** behoud van massa, massabehoud; ~ *of* ***matter*** behoud van materie, materiebehoud; ~ *of* ***nature*** natuurbewaring; ***soil*** ~ grondbewaring. ~ **area** bewaringsgebied, bewarea. ~ **dam** opgaardam. ~ **farming** bewaringsboerdery. **con·ser·va·tion·ist** omgewingsbewaarder; natuurbewaarder; bewaringsgesinde.

con·serv·a·tism konserwatisme, behoudendheid; behoudsug; *(pol., C~)* Konserwatisme.

con·serv·a·tive *n.* preserveermiddel; konserwatief, behoudende (mens); *(pol., C~)* Konserwatief, lid van die Konserwatiewe Party. **con·serv·a·tive** *adj.* behoudend, konserwatief, behoudensgesind; ~ ***dentistry*** konserwatiewe/konserverende tandheelkunde; ~ ***dress*** stemmige drag; ~ ***estimate*** konserwatiewe raming, raming aan die lae kant; ~ ***figures*** konserwatiewe syfers, syfers aan die lae kant; *C~* ***Party*** Konserwatiewe Party; ~ ***treatment,*** *(med.)* konserwatiewe behandeling. **con·serv·a·tive·ly** versigtig; konserwatief, op behoudende/konserwatiewe wyse; ~ *dressed* stemmig geklee(d). **con·serv·a·tive·ness** →CONSERVATISM.

con·serv·a·toire konservatorium, musiekskool.

con·ser·va·tor, con·ser·va·tor bewaarder, opsiener, konservator; ~ *of forests, forest* ~ bosbewaarder.

con·serv·a·to·ry glashuis, broeikas, -huis; konservatorium, musiekskool.

con·serve *n.* konserf, ingelegde/ingemaakte vrugte. **con·serve** *ww.* behou; bewaar, in stand hou, konserveer; bespaar *(water, elektrisiteit, ens.)*; spaar *(jou kragte ens.)*; inlê, inmaak *(vrugte)*.

con·sid·er beskou; oordink, oorweeg; in ag neem, rekening hou met, in aanmerking neem; in gedagte hou; ontsien; meen, van mening wees, ag, beskou; →CONSIDERED; ~ *s.t.* ***carefully*** iets sorgvuldig oorweeg; ~ *s.t.* ***favourably*** iets gunstig/simpatiek oorweeg; ~ *s.t.* ***fully*** iets deurdink; ~ *s.t.* ***necessary*** iets nodig/noodsaaklik ag. **con·sid·er·a·ble** aansienlik, aanmerklik, beduidend; *be away (for) a ~ time* geruime tyd weg wees. **con·sid·er·a·bly** aansienlik, aanmerklik, heelwat. **con·sid·er·ate** bedagsaam, hoflik, vriendelik, diskreet; sorgsaam, versigtig, omsigtig, behoedsaam. **con·sid·er·ate·ness** bedagsaamheid, hoflikheid, vriendelikheid, diskresie. **con·sid·er·a·tion** beskouing, oorweging, oordenking; oorleg; vergoeding, beloning, teenprestasie; sorgsaamheid, versigtigheid, omsigtigheid; *(arg.)* betekenis, gewig, aansien; *(fin.)* storting; *after* ***careful*** ~ na sorgvuldige oorweging; *after* ***due*** ~ na behoorlike oorweging; *give s.t.* (or *take s.t. into*) ***favourable*** ~ iets gunstig oorweeg; ***for*** *a* ~ teen betaling; om 'n beloning; *submit s.t.* ***for*** *s.o.'s* ~ iem. iets in/ter oorweging gee; *on* ***further*** ~ by nader(e) (*of* na verder[e]/vêrder[e]) oorweging; ***give*** ~ *to s.t.* iets oorweeg (*of* in oorweging neem); ***have/show*** ~ *for s.o.* bedagsaam wees teenoor iem.; ***in*** ~ *of* ... as vergoeding/teenprestasie vir ...; ter wille van (*of* met die oog op) ...; ***leave*** *s.t. out of* ~ iets buite bespreking laat; *on* ***no*** ~ volstrek (*of* in/onder geen omstandighede) nie; ***out*** *of* ~ *for* ... uit agting vir ...; ***take*** *s.t. into* ~ iets in aanmerking neem; ***taking*** *everything into* ~ alles in aanmerking/ag geneem/genome; *it is* ***under*** ~ dit word oorweeg (*of* is in oorweging); ***valuable*** ~ geld(s)waardige teenprestasie. **con·sid·ered:** ***all*** *things* ~ alles in aanmerking/ag geneem/genome; ***be*** ~ ... vir ... deurgaan; as ... beskou word; *be* ~ ***for*** *s.t.* vir iets in aanmerking kom; *whatever is* ~ ***necessary*** wat ook al nodig geag word; ~ ***opinion*** weloorwoë mening. **con·sid·er·ing** aangesien; ~ *that* ... gesien (*of* gelet op die feit *of* in aanmerking geneem/genome) dat ...; *s.o. did well,* ~ iem. het, alles in aanmerking geneem/genome, goed gevaar.

con·sign toevertrou; oorlewer, oordra; (af)stuur, versend, oorstuur; ~*ed* ***goods*** afgestuurde goedere; ~ *s.o./s.t.* ***to*** ... iem./iets aan ... toevertrou; ~ *s.t.* ***to*** *oblivion* →OBLIVION; ~ *s.t. to writing* →WRITING. **con·sig·na·tion** *(w.g.)* oordrag; toesending; *to the ~ of* ... aan die adres van ... **con·sign·ee** ontvanger, geadresseerde.

con·sign·ment oordrag, oorlewering; afsending; (be)sending; *on* ~ in besending. ~ **account** besendingsrekening. ~ **note** vragbrief.

con·sign·or, con·sign·er afsender, versender.

con·sist: ~ *in* ... in ... bestaan; ~ *of* ... uit ... bestaan; ~ *with* ..., *(arg.)* →BE CONSISTENT WITH ... **con·sis·ten·cy** -*cies*, **con·sis·tence** -*tences* digtheid, vastheid, lywigheid; dikte; egaligheid; *(wisk.)* niestrydigheid; *(fis.)* konsistensie; lywigheid *(v. vloeistof)*; bestandheid *(v. tekstuur)*; ooreenstemming, verenigbaarheid; konsekwensie; beginsel-, koersvastheid, reglynigheid. **con·sis·tent** konsekwent; beginselvas, koersvas; egalig; *(wisk.)* niestrydig; volgehoue, aanhoudend, gereeld; ~ *failure* gereelde weiering *(v. masjien)*; *the two things are (not)* ~ die twee dinge strook/klop (nie) met mekaar (nie); *be ~ with* ... met ... rym/strook (*of* in ooreenstemming wees). **con·sis·tent·ly** konsekwent; beginselvas, koersvas; egalig; aanhoudend.

con·sis·to·ry kerkraad; konsistorie. **con·sis·to·ri·al** konsistoriaal, kerkraads-.

con·so·ci·ate konsosieer. **con·so·ci·a·tion** konsosiasie. **con·so·ci·a·tion·al** konsosiatief. **con·so·ci·a·tion·a·lism** konsosialisme.

con·so·la·tion troos, vertroosting, opbeuring, gerusstelling; →CONSOLE²; *the only* ~ die enigste (*of* al) troos; *be a poor* ~ ('n) skrale troos wees. ~ **prize** troosprys. ~ **race** verloorderswedloop.

con·sole¹ *n.* stut, konsole; speeltafel *(v. orrel)*. ~ **table** konsoletafeltjie.

con·sole² *ww.* (ver)troos, opbeur; ~ *o.s. with s.t.* jou aan/met iets troos. **con·sol·a·ble** troosbaar. **con·sol·a·to·ry** troostend, troos-. **con·sol·ing** troostend; ~ *word* trooswoord.

con·sol·i·date vas/hard word; vasslaan; uitbou; verstewig, versterk, bevestig; verenig; konsolideer. **con·sol·i·da·tion** bevestiging, versterking; verstewiging, bestendiging; verdigting; vasslaan *(v. grond)*; samesmelting; konsolidasie, konsolidering.

con·sols *(Br., sametr. v.* consolidated annuities*)* gekonsolideerde staatskuldbewyse, consols.

con·som·mé, con·som·mé consommé, helder sop.

con·so·nant *n.* medeklinker, konsonant. **con·so·nant** *adj.* gelykluidend, ooreenstemmend, ooreenkomstig. **con·so·nance, con·so·nan·cy** gelykluidendheid, ooreenstemming; eenstemmigheid; verenigbaarheid; harmonie; konsonansie; *in ~ with* ... in ooreenstemming met (*of* ooreenkomstig) ... **con·so·nan·tal** konsonantaal.

con·sort *n.* gade; gemaal, gemalin; medegenoot; metgesel; *(mus.)* consort, instrumentale ensemble; *(sk.)* gelei-, konvooiskip, konvooivaarder; *broken ~, (mus.)* gebroke consort, ensemble met instrumente van verskillende families; *in ~ with* ... saam/tesame met ...; *prince* ~ prins-gemaal. **con·sort** *ww.* vergesel, begelei; ~ *with* ... met ... omgaan/verkeer; *(arg.)* met ... ooreenkom/klaarkom; *(arg.)* met ... ooreenstem/harmonieer, by ... pas. **con·sor·ti·um** -*tia* konsortium *(v. banke ens.)*; *(jur.)* konsortium *(in 'n huweliksverhouding)*.

con·spe·cif·ic *(biol.)* gelyksoortig.

con·spec·tus oorsig, (algemene) kyk.

con·spic·u·ous opvallend, opmerklik, opsigtig, opsigtelik, duidelik sigbaar; uitblinkend; *be ~ by one's* ***absence*** skitter deur jou afwesigheid; ~ ***gallantry*** uitnemende dapperheid; ***make*** *o.s.* ~ (die) aandag trek, indruk probeer maak; jou op die voorgrond dring; *s.o. does not* ***wish*** *to be* ~ iem. wil nie opval nie. **con·spic·u·ous·ness** opvallendheid; opsigtigheid.

con·spire saamsweer, -span; saamwerk; ~ *against s.o.* teen iem. saamsweer; ~ *with s.o.* met iem. saamsweer. **con·spir·a·cy** sameswering, komplot; samespanning; ~ *of silence* doodswygkomplot, sameswering om iets dood te swyg. **con·spir·a·tor** samesweerder. **con·spir·a·to·ri·al** sameswering(s)-.

con·sta·ble konstabel, polisiebeampte, polisieman; *(hist.)* slotvoog; *C~ of France, (hist.)* Connétable van Frankryk; *outrun the ~, (fig.)* in die skuld raak. **con·stab·u·lar·y** polisie(mag).

Con·stance *(geog.)* Konstanz; *Council of* ~ Konsilie van Konstanz; *Lake of* ~ Bodenmeer.

con·stant *n., (wisk.)* konstante; onveranderlike waarde. **con·stant** *adj.* voortdurend, aanhoudend, ononderbroke, gedurig; gestadig; onveranderlik, konstant; lojaal, (ge)trou; standvastig; egalig, bestendig; *be ~ companions* gedurig bymekaar wees; ~ *spring* standhoudende fontein. **con·stan·cy** standvastigheid; bestendigheid; trou. **con·stant·ly** voortdurend, aanmekaar, aanhoudend, gedurig, onophoudelik, onafgebroke, die hele tyd, heeltyd, steeds, deurentyd; egalig, bestendig.

Con·stan·tine *(keiser)* Konstantyn. **Con·stan·tine** *(geog.)* Constantine. **Con·stan·ti·no·ple** *(hist.)* Konstantinopel; →ISTANBUL. **Con·stan·ti·no·pol·i·tan** *n.* Konstantinopolitaan. **Con·stan·ti·no·pol·i·tan** *adj.* Konstantinopolitaans.

con·stel·late *ww.* 'n konstellasie/sterrebeeld vorm; *(poët., liter.)* bymekaarkom, byeenkom, vergader, versamel. **con·stel·late** *adj.* tot 'n sterrebeeld gevorm. **con·stel·la·tion** sterrebeeld, konstellasie, gesternte; *the ~ of Orion/etc.* die sterrebeeld Orion/ens., die sterrebeeld van die Jagter/ens.; ~ *of states* konstellasie van state.

con·ster·nate versteld laat staan, ontstel, onthuts. **con·ster·nat·ed** verslae, ontsteld, onthuts. **con·ster·na·tion** ontsteltenis, verslaen(t)heid, konsternasie, ontsetting; ~ ***about*** ... ontsteltenis oor ...; ***cause*** ~ ontsteltenis veroorsaak; *be* ***filled*** *with* ~ ontsteld wees; ***to*** *s.o.'s* ~ tot iem. se ontsteltenis.

con·sti·pate hardlywig maak, verstop, konstipeer. **con·sti·pat·ed** verstop, hardlywig. **con·sti·pa·tion** verstopping, verstoptheid, hardlywigheid, konstipasie.

con·sti·tute saamstel, vorm, uitmaak; geld as; aanstel, benoem; stig, oprig, konstitueer; *the ~d authorities* die gestelde magte; ~ *o.s. judge* jou tot regter verhef, jou veroorloof om 'n oordeel te vel; ~ *an offence* 'n misdryf/misdaad uitmaak. **con·stit·u·en·cy** kiesafdeling; kiesdistrik; kiesers. **con·stit·u·ent** *n.* bestanddeel, samestellende deel; kieser; lasgewer. **con·stit·u·ent** *adj.* samestellend; konstituerend; ~ ***assembly*** grondwetgewende/konstituerende vergadering; ~ ***local authorities*** konstituerende plaaslike owerhede; ~ ***part*** bestanddeel; ~ ***parts*** *of a sentence* sinsdele, -stukke; ~ ***parts*** *of water* dele waaruit water bestaan; ~ ***power*** konstituerende mag; ~ ***state*** deelstaat, federale eenheid. **con·sti·tu·ter, con·sti·tu·tor** samesteller; aansteller; konstitueerder.

con·sti·tu·tion samestelling; inrigting; stigting, oprigting, konstituering; (liggaams)gestel, -gesteldheid; staatsvorm, -inrigting, -reëling; grondwet; konstitusie; *(hist.)* reglement; *(hist.)* statuut, statute; *written* ~ geskrewe grondwet. ~ **(amendment) bill** (wysigings)wetsontwerp op die grondwet.

con·sti·tu·tion·al *n., (vero.)* gesondheidswandeling. **con·sti·tu·tion·al** *adj.* gestels-, aangebore, ingebore; grondwetlik; (grond)wettig, konstitusioneel; *C~* ***Court,*** *(SA)* Konstitusionele Hof; ~ ***development*** grondwetlike ontwikkeling; ~ ***law*** staatsreg; ~ ***lawyer*** staatsregsgeleerde; *by ~* ***methods*** met wettige middele, langs wettige weg; ~ ***state*** regstaat; ~ ***system*** staatsvorm. **con·sti·tu·tion·al·ise, -ize** konstitusioneel/grondwettig maak. **con·sti·tu·tion·al·ism** konstitusionalisme; (die aanhang van) grondwettige regering. **con·sti·tu·tion·al·ist** konstitusionalis, aanhanger van die grondwet. **con·sti·tu·tion·al·i·ty** grondwettigheid. **con·sti·tu·tive** samestellend; wesenlik, essensieel; wetgewend; konstitutief.

con·strain dwing; weerhou, bedwing; verplig, noodsaak; vashou; *(poët., liter.)* gevange hou, opsluit. **con·strained** *(ook)* verplig, gedwonge; begrens; onnatuurlik; *feel ~ to* ... genoop/verplig voel om ... **con·straint** dwang; gedwongenheid; begrensing, beperking; gestremdheid, stremming; opsluiting; *exercise/show ~* jou bedwing/inhou; *the ~s on s.t.* die beperkings op iets; *act under ~* onder dwang handel.

con·strict toetrek, toedruk, saamtrek, vernou, insnoer, ingord, inryg, beknel, inperk, beperk; saampers. **con·stric·tion** saamtrekking; saampersing; vernouing; insnoering; beknelling, benoudheid, engheid.

con·stric·tor *(soöl.)* konstriktor(slang), wurgslang *(med.)* saamperser, saamtrekker, snoerder, vernouer; *boa* ~ luislang, boakonstriktor. ~ **(muscle)** *(anat.)* saamtrek-, kring-, sluitspier; vernouspier, vernouer *(v.d. iris)*.

con·stringe *(w.g.)* saamdruk, =trek, toetrek; laat saamtrek. **con·strin·gent** *(w.g.)* saamtrekkend, vernouend.

con·struct *n.* bousel, konstruksie; konsep, idee, denkbeeld; *(psig., sosiol.)* konstruk. **con·struct** *ww.* saamstel, saamvoeg; maak, bou, opstel, oprig, optrek; timmer; *(wisk.)* teken; konstrueer.

con·struc·tion samestelling; bou, oprigting, opstelling; bouwerk, bouery; uitvoering *(v. bouwerk)*; aanleg, maaksel; gebou; verklaring; vertolking, opvatting, uitleg; sinsbou; woordvoeging; konstruksie; *(geom.)* werkstuk, konstruksieprobleem; ~ *of a* ***figure,*** *(geom.)* teken(ing) van 'n figuur; ***put*** *a* ~ *on s.t.* iets vertolk, 'n uitleg/vertolking aan iets gee, 'n betekenis aan iets heg; ***put*** *a bad/good/wrong* ~ *on s.t.* iets sleg/goed/verkeerd opneem/opvat; ***strict*** ~ streng(e) uitleg; *be* ***under*** (or ***in*** *[the] course* or ***in*** *the process of*) ~ in aanbou wees. ~ **company** boumaatskappy. ~ **engineer** konstruksie-, bou-ingenieur. ~ **industry** boubedryf.

con·struc·tion·al boukundig, bou=; ~ *steel* boustaal.

con·struc·tive opbouend; boukundig, bou=; afgelei(d); afleibaar, konstruktief; ~ ***criticism*** opbouende kritiek; ***desert*** *~ly, (jur.)* by afleiding/toedigting verlaat; ~ ***desertion,*** *(jur.)* afgeleide/toegedigte verlating; ~ ***engagement*** konstruktiewe betrokkenheid.

con·struc·tor samesteller; oprigter; maker, vervaardiger; bouer, konstrukteur.

con·strue uitlê, verklaar; vertolk, interpreteer, opvat; verbind; konstrueer; *(vero.)* ontleed; *(vero.)* vir ontleding vatbaar wees; ~ *s.t. as* ... iets as ... vertolk; ~ *from* ... uit ... aflei; *s.t. is ~d with ..., (gram.)* iets verbind met (*of* neem) ...

con·sub·stan·ti·ate *(Chr.)* in een stof verenig. **con·sub·stan·tial** eenstoflik, van dieselfde wese. **con·sub·stan·ti·a·tion** konsubstansiasie.

con·sue·tude *(Sk.)* gebruik, gewoonte(reg); omgang. **con·sue·tu·di·nar·y** gebruiklik, gewoonte=; ~ *law* gewoontereg.

con·sul konsul. ~ **general** *consuls general* konsul-generaal.

con·su·lar konsulêr.

con·su·late konsulaat; konsulskap. ~ **general** *consulates general* konsulaat-generaal.

con·sul·ship konsulskap.

con·sult *n., (w.g.)* raadpleging, beraadslaging, konsult. **con·sult** *ww.* beraadslaag, konfereer; raadpleeg, spreek *(dokter)*; *(regsgeleerde)* konsulteer *(met 'n kliënt)*; ruggespraak hou met *(landgenote ens.)*; in aanmerking neem; ~ *a book* 'n boek raadpleeg/naslaan; ~ *s.o.* iem. raadpleeg, iem. se raad vra; ~ *together* raad hou; ~ *with s.o.* met iem. oorleg pleeg. **con·sul·ta** *(It., Sp., Port.)* consulta, (raads)vergadering. **con·sul·tan·cy** konsultasiediens; konsultasiewerk; konsultasiefirma, =maatskappy; konsultasieburo; konsultantskap. **con·sult·ant** raadpleger, konsultant; raadgewer, raadsman, adviseur; konsulent; konsulterende geneesheer; ~ *register* konsultregister. **con·sul·ta·tion** beraadslaging, raadpleging, oorleg(pleging); konsultasie; *in* ~ *with* ... in oorleg met ...; *joint* ~ gemeenskaplike oorleg. **consultation fee** konsultgeld. **con·sul·ta·tive** raadplegend, beraadslagend, konsulterend, adviserend; ~ *council* adviesraad. **con·sul·ta·to·ry** →CONSULTATIVE. **con·sul·tee** raadsman, raadgewer. **con·sult·er** raadpleger, konsultant. **con·sult·ing** raadgewend; raadplegend; ~ *engineer* konsultingenieur, raadgewende ingenieur; ~ *hours* spreekure; ~ *room* spreekkamer.

con·sum·a·ble *adj.* verteerbaar; verbruikbaar; verbruiks=; ~ *capital goods* verbruikbare kapitaalgoedere; ~ *goods* →CONSUMER GOODS. **con·sum·a·bles** *n. (mv.)* →CONSUMER GOODS.

con·sume verteer; verbruik, opgebruik; verslind, verorber, opeet; vernietig; verkwis, vermors; uitteer; *be ~d by fire* verbrand wees/word; *be ~d with* ... deur/van ... verteer wees *(afguns ens.)*; van ... vergaan *(hoogmoed ens.)*.

con·sum·er verbruiker, gebruiker. ~ **boycott** verbruikersboikot. **C~ Council** Verbruikersraad. ~ **credit** verbruikerskrediet. ~ **demand** verbruikersvraag. ~ **durable** duursame verbruik(er)sartikel; *(i.d. mv.)* duursame verbruik(er)sgoedere. ~**-friendly** verbruikersvriendelik. ~ **goods** verbruik(er)sgoedere. ~ **price index** *(afk.:* CPI*)* verbruikersprysindeks *(afk.:* VPI*)*. ~ **protection** verbruikersbeskerming. ~ **research** verbruikersnavorsing. ~ **resistance** verbruikers=, kopersweerstand. **~s' co(-)operation, ~s' co(-)operative (society)** verbruikskoöperasie, =ko-operasie. ~ **society** verbruikersgemeenskap. ~ **spending** verbruiksbesteding.

con·sum·er·ism verbruikersdruk; verbruikerswese; verbruiksgeoriënteerde benadering.

con·sum·er·ist *n.* verbruikerskampvegter; verbruikersgesinde. **con·sum·er·ist** *adj.* verbruiker= *(samelewing ens.)*; verbruikers= *(etiek, kultuur, ens.)*.

con·sum·ing *adj. (attr.)* brandende *(begeerte)*; onblusbare, gloeiende *(geesdrif)*; verterende *(hartstog, passie)*; intense, vurige *(belangstelling)*; verterende, grens=(e)lose *(ambisie)*; koop= *(krag)*; verbruiks= *(eenheid, toestel)*; verbruikers= *(publiek)*; verbruikende *(land)*.

con·sum·mate, con·sum·mate *adj.* volkome; volslae; volleerd; ~ *rogue/scoundrel* deurtrapte skurk, aartsskurk; ~ *taste* onberispelike smaak. **con·sum·mate** *ww.* voltrek, volvoer, uitvoer, voltooi; ~ *a marriage* 'n huwelik volvoer. **con·sum·ma·tion** voltooiing, volvoering, voltrekking; einddoel, hoogste doel; slot; volmaaktheid, toppunt; ~ *of marriage* volvoering van die huwelik. **con·sum·ma·tive, con·sum·ma·to·ry** voltooiend, vervullend.

con·sump·tion vertering, verbruik; *(vero.)* (long)tering; ***article*** *of* ~ verbruiksartikel; ***galloping*** *~, (vero.)* galoptering, vlieënde tering; *for* ***human*** ~ vir menslike gebruik; ~ *of* ***power*** kragverbruik; *be* ***unfit*** *for human* ~ oneetbaar wees. **con·sump·tive** *n., (vero.)* teringlyer, longlyer. **con·sump·tive** *adj.* verterend; verterings=; *(vero.)* teringagtig, tuberkuleus; ~ *co(-)operation* verbruikskoöperasie, =ko-operasie; ~ *use* verbruik.

con·tact *n.* aanraking, raking; voeling; verbinding; kontak; kontakpersoon; tussenpersoon; ***angle*** *of* ~ aanrakingshoek; ***break*** *~, (elek.)* kontak verbreek; ***come*** *into* ~ *with* ... met ... in aanraking kom; ***establish/make*** ~ *with* ... met ... in aanraking/voeling kom, met ... aanraking/voeling kry, met iem. kontak maak; ***establish/make*** *~s* kontakte maak/opbou; ***have*** (or *be* ***in***) ~ *with s.o.* met iem. in aanraking wees; ***lose*** ~ *with s.o.* voeling met iem. verloor, buite/uit voeling raak met iem.; ***make*** *~, (elek.)* kontak maak; *be* ***out*** *of* ~ *(with ...)* buite/uit voeling (met ...) wees; ***point*** *of ~, (elek.)* kontakpunt; *(wisk.)* raakpunt; *find a* ***point*** *of* ~ 'n aanknopingspunt vind. **con·tact, con·tact** *ww.* nader, in aanraking bring/kom met, voeling kry met. ~**-breaker** uitskakelaar, stroom(ver)breker, =onderbreker. ~ **flight** *(lugv.)* vlug met grondsig; grondnavigasie. ~ **lens** kontaklens. ~ **man** tussenman. ~ **mine** trap=, kontakmyn. ~ **plug** kontakprop. ~ **point** *(elek.)* kontakpunt. ~ **print** kontakafdruk. ~ **reef** kontakrif. ~ **situation** kontaksituasie. ~ **sport** kontaksport. ~ **spring** kontakbron, =fontein; kontakveer. ~ **surface** aanrakingsvlak, raakoppervlak; kontakvlak. ~ **wire** stroom=, kontakdraad.

con·ta·gion aansteking, kontakbesmetting; *(lett. & fig.)* aansteeklikheid; *(vero.)* aansteeklike siekte; *(fig.)* verderf. **con·ta·gious** aansteeklik, oordraagbaar, besmetlik deur aanraking; ~ *abortion, (veearts.)* besmetlike misgeboorte, brucellose. **con·ta·gious·ness** aansteeklikheid.

con·tain inhou, bevat, insluit, inhê; in toom hou, bedwing, stuit, in bedwang hou; ~ *o.s.* jou inhou.

con·tained beheers, ingehoue, kalm, rustig; ~ *angle* ingeslote hoek; *s.t. is* ~ *in* ... iets is in ... begrepe/vervat.

con·tain·er houer, bevatter; bak, blik, boks, doos, bus, potjie; laaikis. ~ **crane** houerkraan. ~ **port** houerhawe. ~ **ship** houerskip, kisvragskip.

con·tain·er·ise, =ize behouer. **con·tain·er·i·sa·tion, =za·tion** houervervoer, =verskeping, (laai)kisvervoer, =verskeping.

con·tain·ment insluiting; indamming; stuiting; *(fis.)* inperking *(v. radioaktiewe materiaal)*. ~ **building** inperkgebou. ~ **dome** inperkkoepel.

con·tam·i·nate besoedel, verontreinig, bevlek, besmet, bederf, kontamineer; verpes; ~ *(with gas)* begas. **con·tam·i·nant** kontaminant, smetstof, besmetter. **con·tam·i·na·tion** besoedeling, besmetting, kontaminasie, verontreiniging; woordvermenging, kontaminasie; begassing. **con·tam·i·na·tive** besmetlik.

con·tan·go =*gos, (fin.)* verleng(ings)geld, prolongasie(geld), laatleweringsgeld; lokoverlies, verlies op lokoprys; →BACKWARDATION.

Con·té, con·té-cray·on conté(kryt).

con·temn *(arg.)* verag, minag, smaad. **con·temn·er** *(arg.)* veragter, smader.

con·tem·plate beskou; aanskou; oorweeg, (be)peins, oorpeins; beoog; van plan wees; verwag; ~ *marriage* aan trou dink. **con·tem·plat·ed** *(ook)* oorwoë, voorgenome, beraamde; ~ *marriage* voorgenome huwelik. **con·tem·pla·tion** beskouing; oorpeinsing; oorweging; bedoeling; bespiegeling; *be deep in* ~ in gedagtes verdiep/versonke wees. **con·tem·pla·tive, con·tem·pla·tive** *n.* peinser; *(med.)* inbeelder. **con·tem·pla·tive, con·tem·pla·tive** *adj.* beskouend, beskoulik; peinsend, nadenkend, kontemplatief. **con·tem·pla·tive·ness** nadenkendheid. **con·tem·pla·tor** beskouer, peinser, mymeraar.

con·tem·po·ra·ne·i·ty gelyktydigheid; eietydsheid. **con·tem·po·ra·ne·ous** gelyktydig; van dieselfde tyd; ~ *with* ... uit dieselfde tyd as ...; net so oud soos ... **con·tem·po·ra·ne·ous·ness** →CONTEMPORANEITY.

con·tem·po·rar·y *n.* tydgenoot. **con·tem·po·rar·y** *adj.* van ons/dié tyd, hedendaags; destyds(e); eietyds, aktueel; tydgenootlik; van dieselfde tyd/leeftyd; kontemporêr; ~ *music will be performed* hedendaagse musiek sal uitgevoer word; ~ *writer* eietydse/hedendaagse skrywer; eietydse/destydse skrywer, skrywer van daardie tyd. **con·tem·po·rise, =rize** gelyktydig maak, laat saamval.

con·tempt veragting, minagting; versmading; ***beneath*** ~ benede kritiek; *s.o.'s (deep/intense)* ~ ***for*** ... iem. se (diep[e]) minagting/veragting vir ...; *have the greatest* ~ ***for*** *s.o./s.t.* iem./iets met die grootste minagting bejeën; *hold s.o./s.t.* ***in*** ~ iem./iets minag/verag, minagting vir iem./iets voel; *bring s.t.* ***into*** ~ iets 'n slegte naam gee, iets in minagting bring; ~ ***of*** *court/Parliament/etc.* minagting van die hof/Parlement/ens.; ~ ***of*** *death* doodsveragting; *treat s.o./s.t.* ***with*** ~ iem./iets met minagting behandel. **con·tempt·i·bil·i·ty** veragtelikheid. **con·tempt·i·ble** veragtelik. **con·temp·tu·ous** minagtend, smalend, veragtend; honend, veragtelik; parmantig; *be* ~ *of s.t.* iets minag/verag. **con·temp·tu·ous·ness** veragting, minagting.

con·tend stry, worstel; twis; wedywer; betoog, aanvoer, beweer; ~ *against s.o. for s.t.* teen iem. stry om iets; *have s.o. to* ~ *with* met iem. te doen/make hê; *have s.t. to* ~ *with* met iets te kampe hê. **con·tend·er** stryder, vegter; *be a* ~ *for s.t.* 'n mededinger om iets wees; 'n aanspraakmaker op iets wees. **con·tend·ing** *adj. (attr.)* teenstrydige *(gevoelens)*; ~ *parties* strydende partye; *(jur.)* gedingvoerende partye, gedingvoerders. **con·ten·tion** twis; stryd; bewering, betoog; argument, standpunt; *a/the bone of* ~ 'n/die twisappel; *s.o.'s* ~ *is that* ... iem. betoog/beweer (*of* hou vol) dat ... **con·ten·tious** twissiek, twissoekerig, stryerig, kyfagtig; betwisbaar, betwyfelbaar, aanvegbaar, kontensieus; strydwekkend, omstrede; netelig; ~ *matter* twispunt(e), omstrede saak/sake. **con·ten·tious·ness** aanvegbaarheid; stryerigheid.

con·tent[1] inhoud(sgrootte); inhoudsmaat; gehalte; ***alcohol*** ~ alkoholgehalte; ***contents,*** *(mv.)* inhoud; omvang; ***(cubical)*** ~ kubieke inhoud; ***local*** ~ eie komponente/inhoud; ***semantic*** ~ begripsinhoud; ***sugar*** ~ suikergehalte, =inhoud; ***table*** *of ~s* inhoudsopgawe.

con·tent[2] *n.* tevredenheid, voldaanheid, voldoening; *(Br., parl.)* ja-stem, tevredene; *to one's heart's* ~ na hartelus. **con·tent** *adj.* tevrede, voldaan, vergenoeg; *not ~, (Br., parl.)* nie tevrede; *be perfectly/quite* ~ doodtevrede wees; *be* ~ *with s.t.* met iets tevrede wees; iets vir lief neem; met iets genoeë neem. **con·tent**

ww. tevrede stel, bevredig; ~ *o.s. with* ... volstaan met ...; jou vergenoeg met ... **con·tent·ed** tevrede, voldaan, vergenoeg. **con·tent·ed·ness** tevredenheid, voldaanheid, vergenoegdheid. **con·tent·ment** tevredenheid, voldaanheid.

con·ten·tion, con·ten·tious(·ness) →CONTEND.

con·ter·mi·nous, con·ter·mi·nal, co·ter·mi·nous (aan)grensend; samevallend; ~ ***sides,*** *(geom.)* saamkomende sye; ~ ***with/to*** ... grensend(e) aan ...; ~ ***with*** ... samevallend met ...

con·test *n.* geskil, stryd; wedstryd, kragmeting; *a **close*** ~ 'n gelyke stryd; *the* ~ ***for*** *s.t.* die stryd om iets *(kampioenskap ens.); **join** in a* ~ aan 'n wedstryd deelneem; *it's **no*** ~ dis 'n ongelyke stryd. **con·test** *ww.* bestry, beveg, betwis; stry *(om);* wedywer *(om);* ~ *an election* aan 'n verkiesing deelneem; ~ *a seat* 'n setel betwis. **con·test·a·ble** betwisbaar, aanvegbaar, twyfelagtig, onuitgemaak, omstrede. **con·test·ant** stryder, strydende; deelnemer, mededinger; bestryder, beswaarmaker. **con·tes·ta·tion** *(fml.)* stryd, stryery, bestryding, twis, verset, teenstand, geskil; bewering. **con·test·ed:** ~ *seat* betwiste/omstrede setel.

con·text (teks)verband, samehang, konteks; *it appears **from** the* ~ dit blyk uit die samehang/verband; ***in*** ~ in (sy/hul) verband; ***in** the* ~ *of* ... teen die agtergrond van ...; ***out** of* ~ buite (die) verband; ***take** s.t. out of its* ~ iets uit (sy/hul) verband ruk; *in **this*** ~ in hierdie verband; teen hierdie agtergrond. **con·tex·tu·al** kontekstueel, konteksgebonde. **con·tex·tu·al·ise, -ize** kontekstualiseer, in (die/'n) konteks plaas. **con·tex·ture** sameweefsel; weefsel; samestelling, bou.

con·tig·u·ous aangrensend, aanliggend, rakend; digby, naburig; volgend; ~ *angle, (wisk.)* aangrensende hoek; *s.t. is* ~ *to* ... iets grens aan ... **con·ti·gu·i·ty** aanraking, nabyheid, aangrensing, naburigheid; samehang.

con·ti·nent[1] *n.* vasteland, wêrelddeel, kontinent; *on the* ~ op die vasteland; *the C~* die (Europese) Vasteland. **con·ti·nen·tal** *n.* vastelander, bewoner van die/'n vasteland; *not care a* ~, *(infml.)* geen duit/duiwel omgee nie. **Con·ti·nen·tal** *n.* Vastelander, bewoner van die (Europese) Vasteland. **con·ti·nen·tal** *adj.* vastelands, kontinentaal; ~ ***breakfast*** kontinentale/ligte ontbyt; ~ ***climate*** landklimaat, vastelandse klimaat; ~ ***divide,*** *(dikw. C~ D~)* kontinentale waterskeiding *(i.d. N.Am. Rotsgebergte);* ~ ***drift*** kontinentskuiwing, -swerwing, vastelandskuiwing, -swerwing; ~ ***shelf*** vastelandsplat, kontinentale plat. **Con·ti·nen·tal** *adj., (v. Europa)* Vastelands; ~ *system* die Kontinentale stelsel.

con·ti·nent[2] *adj.* matig, onthoudend; kuis; *(fisiol.)* kontinent. **con·ti·nence** matigheid; kuisheid, onthouding; selfbeheersing.

con·tin·gen·cy toevalligheid; gebeurlikheid; toeval, gebeurtenis; onvoorsiene uitgawe; *in a certain* ~ in sekere omstandighede; *in this* ~ as dit sou gebeur. ~ **fee** gebeurlikheidsgeld. ~ **fund** gebeurlikheidsfonds. ~ **plan** gebeurlikheidsplan, plan vir die wis en die onwis. ~ **reserve fund** gebeurlikheidsreserwefonds.

con·tin·gent *n.* afdeling, kontingent; aandeel, bydrae, kwota. **con·tin·gent** *adj.* gebeurlik, onseker; toevallig; bykomstig, bykomend; afhanklik; voorwaardelik; gebeurlik, moontlik; rakend; ~ ***claim*** moontlike/voorwaardelike eis; ~ ***debt*** moontlike skuld; ~ ***liabilities*** gebeurlike verpligtinge/laste, voorwaardelike laste/aanspreeklikheid; *s.t. is* ~ ***on/upon*** ... iets hang van ... af, iets is van ... afhanklik; ~ ***on/upon*** ..., *(ook)* behoudens *(of* afgesien van) ...; ~ ***payment*** voorwaardelike betaling; ~ ***services*** bykomstige dienste.

con·tin·u·al gedurig, (dikwels) herhaal(d), aanhoudend, voortdurend, onophoudelik, gestadig. **con·tin·u·al·ly** voortdurend, onophoudelik, gedurig, altyddeur, deurentyd, heeldag, pal, alewig, heeltyd, aanhou(dend), gedurig(deur).

con·tin·u·ance duur; voortdurendheid; voortduring; voortsetting; verblyf.

con·tin·u·ant *(fonet.)* duurklank, glyer; *(wisk.)* kontinuant.

con·tin·u·a·tion voortsetting, vervolg; voortgang, volhouding; voortduring; verlenging; *(fin.)* voortsetting, prolongasie; *(jur.)* verlenging, voortsetting, kontinuasie. ~ **classes** voortgesette onderwys. ~ **committee** voortsettingskomitee. ~ **education** voortsettingsonderwys. ~ **list** vervolglys. ~ **page** vervolgbladsy. ~ **school** herhaling-, voortsettingskool. ~ **sheet** vervolgblad.

con·tin·ue aanhou, volhou; voortduur; vervolg, vervat, opvat, verder/vêrder voer, voortsit; voortgaan; volhard; (laat) bly; verleng; kontinueer; ~ *in English* oorslaan in/na Engels; ~ *one's studies* jou studie voortsit, verder/vêrder studeer; ~ *with* ... deurgaan met ...

con·tin·ued voortdurende, aanhoudende, onafgebroke, volgehoue, voortgesette, gedurige, vervolg-; *to **be*** ~ word vervolg; ~ ***division*** herhaalde/voortgesette deling; ~ ***fraction*** kettingbreuk; ~ ***product*** gedurige/meervoudige produk; ~ ***proportion*** gedurige eweredigheid.

con·tin·u·ing *adj. (attr.)* volgehoue *(beheer, beraadslaging, diskriminasie, kommer, ens.);* voortgesette *(opleiding, veldtog, ens.);* voortdurende *(druk ens.);* voortslepende *(probleem ens.);* aanhoudende *(onenigheid ens.);* voortgaande *(debat ens.).*

con·ti·nu·i·ty samehang, verband, aaneenskakeling; gelykmatigheid, deurlopendheid, onafgebrokenheid; kontinuïteit. ~ **announcer** kontinuïteitsomroeper.

con·tin·u·o *-os, (It., mus.)* continuo.

con·tin·u·ous onafgebroke, ononderbroke, deurlopend, aaneenlopend, volgehoue, voortdurend; aaneengeslote; *(wet.)* kontinu; ~ ***aspect,*** *(gram.)* →PROGRESSIVE ASPECT; ~ ***assessment*** deurlopende evaluasie/beoordeling; ~ ***credit*** deurlopende krediet; ~ ***current*** gelykstroom; ~ ***hinge*** klavierskarnier; ~ ***paper/stationery*** kettingpapier, aaneenlopende papier; ~ ***press*** deurstoot. **con·tin·u·ous·ly** aaneen, heeltyd, strykdeur, eenstryk, deurlopend, sonder ophou, onafgebroke.

con·tin·u·um *-tinua, -tinuums, (Lat.)* kontinuum.

con·tort verdraai, verwring; kronkel. **con·tort·ed** verdraai(d), verwronge; gekronkel(d), opgerol. **con·tor·tion** verdraaiing, verwringing; kronkeling; *(i.d. mv. ook)* bogte. **con·tor·tion·ist** kontorsionis, lyfvlegter, -knoper; (woord)verdraaier.

con·tour *n.* omtrek; hoogte-, kontoerlyn; kontoer; kontoerwal. **con·tour** *ww.* met hoogtelyne merk; *('n pad)* om 'n heuwel aanlê; kontoer. ~ **feather** omtrek-, kontoer-, dekveer. ~ **line** omtreklyn; hoogte-, kontoerlyn; isohips. ~ **map** kontoer-, hoogtekaart.

con·tour·ing kontoerwalle aanlê; kontoerploeëry; gelykmaking, nivellering, normalisering.

con·tra teen, contra. **Con·tra** *(Sp., hist.: Nicaraguaanse guerrilla)* Contra(rebel).

con·tra·band *n.* kontrabande, smokkelgoed(ere), smokkelware; sluik-, smokkelhandel. **con·tra·band** *adj.* verbode, smokkel-. ~ **goods** smokkelgoed(ere), sluikgoed(ere). ~ **trade** smokkelhandel.

con·tra·band·ist smokkelaar, smokkel-, sluikhandelaar.

con·tra·bass *(mus.)* kontrabas, basviool.

con·tra·bas·soon *(mus.)* kontrafagot.

con·tra·cep·tion voorbehoeding, gebruik van voorbehoedmiddels, voorkoming van swangerskap, kontrasepsie. **con·tra·cep·tive** *n.* voorbehoedmiddel (teen swangerskap). **con·tra·cep·tive** *adj.* voorbehoedend.

con·tract *n.* ooreenkoms, kontrak; verbintenis; ***abandon** a* ~ uit 'n kontrak terugtree; ***according** to* ~ volgens kontrak; ***appoint** s.o. on* ~ iem. op kontrak aanstel; ***award** a* ~ *to* ... 'n kontrak aan ... toeken; *be a **breach** of* ~ kontrakbreuk wees; *be a **breach** of service* ~ diensverbreking wees; ***by/on/under*** ~ op kontrak; kontraktueel; ***cancel/terminate** a* ~ 'n kontrak opsê; ***carry out*** (or ***execute***) *a* ~ 'n kontrak uitvoer; ***conclude*** (or ***enter into***) *a* ~ 'n kontrak aangaan/sluit; ***give/put out** on/to* ~ kontrakteer, op kontrak uitgee, aanbestee; ***make** a* ~ 'n kontrak aangaan/sluit; ~ *of **service*** dienskontrak; *the* ~ ***terminates*** die kontrak loop af; ***win** a* ~ 'n kontrak kry. **con·tract** *ww.* ooreenkom, kontrakteer; 'n kontrak aangaan/sluit; (in)krimp, saamtrek, bymekaartrek; ~ ***bedsores*** jou deurlê; ~ ***debts*** skuld(e) maak; ***done** and ~ed* gedaan en ooreengekom; ~ *a **habit*** →HABIT; ~ *an **illness*** (or *a **disease***) 'n siekte opdoen/kry; ~ ***in*** inkontrakteer; ~ *a **marriage*** 'n huwelik sluit/aangaan; ~ ***out** of s.t., (ook)* jou aan iets onttrek. ~ **bridge** kontrakbrug. ~ **killer** huur-, kontrakmoordenaar. ~ **price** kontrakprys. ~ **work** aanneemwerk.

con·tract·ed *(ook)* saamgetrek; verkort; beknop; bekrompe.

con·tract·i·ble saamtrekbaar; krimpbaar. **con·tract·i·bil·i·ty** saamtrekbaarheid.

con·trac·tile *(biol., fisiol.)* saamtrekbaar, krimpbaar. **con·trac·til·i·ty** saamtrekbaarheid, krimpbaarheid.

con·tract·ing: ***capable** of* ~ handelingsbevoeg; *(high)* ~ ***parties** to* ... (hoë) kontrakterende partye by ...; ~ ***wool*** kontrakwol.

con·trac·tion saam-, sametrekking, krimping; vernouing; verkorting; sluiting; kontraksie; ~ *of a habit* vorming van 'n gewoonte. ~ **crack** krimpskeur. ~ **joint** krimpvoeg.

con·trac·tor kontraktant; kontrakteur, aannemer; aanbesteder; ondernemer; leweransier; saamtrek-, sluitspier; *building* ~ bouaannemer; ~ *to* ... kontraktant vir/van ...; leweransier aan ...

con·trac·tu·al kontraktueel, kontrak-; ~ *capacity/competence* handelingsbevoegdheid; *having* (or *being of*) ~ *capacity/competence* handelingsbevoeg. **con·trac·tu·al·ly** kontraktueel.

con·tra·dict weerspreek; teenspreek, ontken; teë-, teenpraat; opstry; ~ *o.s.* jouself teenspreek, met jouself in teenspraak kom, bonttrap. **con·tra·dic·tion** weerspreking; teenspraak; teë-, teenpratery; teenstrydigheid; *I can say without fear of* ~ *that* ... ons/almal stem tog saam dat ..., niemand kan dit betwyfel/betwis nie dat ...; ~ *in terms* selfweerspreking. **con·tra·dic·tious, con·tra·dic·tive** (op)stryerig, twissiek. **con·tra·dic·tor** teen-, teëprater. **con·tra·dic·to·ry** *n.* ontkenning. **con·tra·dic·to·ry** *adj.* teenstrydig; ontkennend; (op)stryerig; ~ *to* ... strydig met ...

con·tra·dis·tin·guish onderskei (deur teenstelling). **con·tra·dis·tinc·tion** teenstelling; *in* ~ *to* ... in teenstelling met ...

con·tra·fa·got·to *-gotti* →CONTRABASSOON.

con·tra·flow *(Br.)* (tydelike) tweerigtingverkeer *(op 'n snelweg).*

con·trail *(Am.)* dampstreep, -spoor, kondensasiestreep, -spoor *(v. straalvliegtuig).*

con·tra·in·di·cate *(med.)* as 'n teenaanduiding dien, 'n teenaanduiding wees. **con·tra·in·di·cant, con·tra·in·di·ca·tion** teenaanduiding.

con·tral·to *-tos, -ti, (ook, in koorverband)* **al·to** *-tos, (mus.)* kontralto, alt.

con·tra·po·lar·i·sa·tion, -za·tion teenpolarisasie.

con·tra·posed *(log.)* teenaangestel(d). **con·tra·po·si·tion** teenstelling, teenoorstelling.

con·trap·tion toestel, inrigting, vinding, uitvindsel, *(infml.)* affêring, prakseersel.

con·tra·pun·tal *(mus.)* kontrapuntaal.

con·tra·ry teenoorgestelde, teendeel; ***on** the* ~ daarenteen; inteendeel; *anything **to** the* ~ *notwithstanding* ondanks strydige bepalinge; *evidence **to** the* ~ bewys van die teendeel, teenbewys; *message **to** the* ~ teenberig; *rumours **to** the* ~ teenoorgestelde gerugte; *unless I am informed **to** the* ~ tensy ek teenberig kry. **con·tra·ry** *adj.* teenoorgestel(d); ~ ***order*** teenbevel; ~ ***wind*** teenwind. **con·tra·ry** *adj.* dwars(trekkerig), dwarskoppig, verkeerd, befoeterd, weerbarstig, stroomop, moeilik, eiewys. **con·tra·ry** *adv.:* ~ **to** ... teen *(of* in stryd met *of* strydig met) ... *(goeie sedes ens.);* in teenstelling met ...; ~ ***to** expectation* onverhoop, teen die verwagting in. **con·tra·ri·ant** teengestel(d). **con·tra·ri·e·ty** *(log.)* teenstrydigheid; teenstand, teengesteldheid; teenwerking. **con·tra·ri·ness** koppigheid, eiewysheid, dwars(trekkerig)heid, weerbarstigheid, befoeterdheid. **con·tra·ri·ous** *(arg.)* →CONTRARY *adj.*.

con·tra·ri·wise, con·tra·ri·wise daarteenoor, inteendeel; omgekeerd, in omgekeerde rigting.

con·trast *n.* teenstelling, kontras; ***as** a ~ to this* as teenstelling hiermee; *the ~ **between** A and B* die kontras/teenstelling tussen A en B; *in **direct** ~ to/with* ... in lynregte teenstelling met ...; *a **harsh/sharp/stark/startling** ~* 'n skerp teenstelling/kontras; ***in** ~ to/with* ... in teenstelling/kontras met ...; *be **in** ~ to/with* ... 'n teenstelling/kontras met ... vorm. **con·trast** *ww.* stel teenoor, vergelyk; teenoor mekaar stel; verskil; *~ favourably/poorly/unfavourably with* ... gunstig/sleg by ... afsteek; *~ with* ... 'n teenstelling met ... vorm. **con·trast·ed:** *as ~ with* ... in teenstelling met ... **contrast·ing** *adj. (attr.)* verskillende, uiteenlopende *(opvattings, menings); ~ colour* kontrasterende/teenstellende kleur, kontraskleur. **con·tras·tive** kontrasterend; *(ling.)* kontrastief.

con·tra·val·la·tion *(hist., mil.)* teenskans.

con·tra·vene oortree; betwis; strydig (*of* in stryd) wees met, indruis teen. **con·tra·ven·tion** oortreding; *in ~ of* ... in stryd met ...; *be in ~ of* ... met ... in stryd wees, strydig met ... wees, teen ... indruis.

con·tre·temps *=temps* teenslag, teenspoed, haakplek; *(infml.)* rusie, dispuut, onenigheid.

con·trib·ute bydra; meewerk; *~ to(wards)* ... tot ... bydra; tot ... meewerk *(mislukking, welslae, ens.)*. **con·tri·bu·tion** bydrae; insending, kontribusie; medewerking; *(arg.)* skatting; *lay under ~, (hist.)* skatting laat betaal; laat betaal/opdok; *make a ~ to* ... 'n bydrae tot ... lewer; *small ~* bydraetjie. **con·trib·u·tor** bydraer; insender, medewerker *(v. blad ens.)*; donateur. **con·trib·u·to·ry** bydraend, meewerkend; *~ cause* medeoorsaak, aanleidende oorsaak; sekondêre oorsaak; *~ factor* bykomende faktor; *~ negligence* medeoorsaaklikheid; meewerkende nalatigheid; *~ value* draende waarde.

con·trite, con·trite berouvol, boetvaardig, verslae. **con·trite·ness, con·trite·ness, con·tri·tion** berou, (gewetens)wroeging.

con·trive regkry; prakseer; bewerkstellig; *(vero.)* bedink, uitvind, versin; *~ to do s.t.* dit regkry (*of* 'n plan maak) om iets te doen. **con·trived** *(ook)* uitgedag, (ver)gesog, gewronge, kunsmatig, geforseer(d). **con·triv·ance** bedenksel, versinsel; uitvindsel; plan, streek, lis; toestel, middel. **con·triv·er** uitvinder, uitdinker, plan(ne)maker; *be a good ~* vol oorleg wees.

con·trol *n.* beheer *(oor)*, bestuur *(van)*; mag; toesig, opsig; beheerstheid; beheersing, bedwang, beteueling; aanvoering, leiding; reëling *(v. verkeer ens.)*; beskerming *(v. plante ens.)*; bestryding *(v. plae)*; verstelling, bediening *(v. masjien)*; bedieningsmiddel, stel=, stuurmiddel; roer *(v. vliegtuig)*; *(lugv.)* verkeer(s)toring; vergelyking, kontrole; *(i.d. mv. ook)* beheermiddels; ***assume** ~* aan die roer kom, die bewind oorneem/aanvaar; ***at** the ~s* aan die stuur; ***get** ~ of s.t.* die beheer oor iets verkry; *be **in** ~* die beheer hê, die mag (in die hande) hê; *be **in** ~ of an office* 'n kantoor behartig; *be **in** ~ of the situation* die situasie beheers; *s.t. is **in** the ~ of s.o.* iets word deur iem. beheer; ***lose** ~ of s.t.* die beheer oor iets verloor; ***lose** ~ of o.s.* jou selfbeheersing verloor; *have ~ **of/over*** ... die beheer oor ... hê; *be **out of** ~* onkeerbaar/onbeheerbaar/handuit (*of* buite beheer) wees; stuurloos wees; *get/run **out of** ~* buite beheer raak; *exercise ~ **over** s.o./s.t.* beheer oor iem./iets uitoefen; kontrole oor iem./iets hou; *keep ~ **over** o.s.* kalm/bedaard bly; *~ of **pests*** bestryding van plae; ***take** ~* die leiding neem; ***take** ~ of s.t.* die beheer oor iets oorneem; die leiding van iets oorneem; ***tighten up** ~* strenger beheer/toesig uitoefen; *be **under** the ~ of* ... onder beheer van ... staan; onder kontrole van ... staan; *bring s.t. **under** ~* iets in bedwang bring, iets baasraak; *the fire is **under** ~* die brand is in bedwang; *keep s.o. **under** ~* iem. in toom hou; *keep s.t. **under** ~* iets in bedwang hou. **con·trol** *=ll=, ww.* beheers; bedwing, beteuel; reël *(verkeer)*; bestry *(plae)*; toesig hou; stel, bedien; nagaan; kontroleer; reguleer; *~ **o.s.*** jou inhou/bedwing/beheers, kalm bly; *~ **pests*** plae bestry; *~ **s.o.**, (ook)* agter iem. staan. *~* **board** beheerraad; kontrolebord. *~* **cabin** stuurkajuit. *~* **cable** stuurkabel. *~* **centre** beheersentrum. *~* **character** *(rek.)* beheerkarakter. *~* **column** stuurkolom. *~* **experiment** kontroleproef. *~* **gear** reëlinrigting. *~* **group** kontrolegroep. *~* **key** *(rek.)* beheertoets, *=*knoppie. *~* **knob** kontroleknop(pie) *(op TV ens.)*. *~* **lever** reëlarm, stuurhefboom, stuurstang; *(mot.)* wisselaar, wisselhefboom; kontrolehefboom. *~* **magistrate** beheerlanddros. *~* **panel** beheer=, kontrolepaneel. *~* **plane** *(lugv.)* stuurvlak. *~* **platform** kommandobrug; beheer=, kontroleplatform. *~* **point** beheer=, kontrolepunt; *(doeane)* beheerpos; verkeerspos; sluitpunt *(op paaie)*. *~* **post** beheer=, kommandopos. *~* **rod** reëlstang; wisselstang. *~* **room** sentrale; beheerkamer; verkeerskamer *(op vliegveld)*. *~* **seat** stuurstoel. *~* **shaft** stelstang. *~* **stick** stuurstok, stuurknuppel *(v. vliegtuig)*. *~* **theory** beheerteorie. *~* **tower** beheertoring. *~* **unit** *(rek.)* beheer=, kontrole-eenheid. *~* **valve** reëlklep.

con·trol·la·ble beheerbaar; bestuurbaar; beteuelbaar; narekenbaar; kontroleerbaar.

con·trolled beheers; beheer, gekontroleer; gereguleer; *~ **company/constitution*** beheerde maatskappy/grondwet; *~ **drug/substance*** wetlik beheerde medisyne/(genees)middel; *~ **price*** beheerde prys; *~ **study*** vergelykende studie; *~ **temperature*** gereguleerde temperatuur; *in a ~ **voice*** met 'n beheerste stem.

con·trol·ler beheerder; opsigter; kontroleur. *~***-general** *controllers-general* kontroleur-generaal.

con·trol·ling: *~* **company** beheermaatskappy. *~* **interest** beherende aandeel; meerderheidsbelang.

con·trol·ment *(arg.)* beheer; beheersing; bedwang.

con·tro·vert, con·tro·vert betwis, bestry, ontken, weerspreek; weerlê. **con·tro·ver·sial** polemies; twissiek; betwisbaar, aanvegbaar; omstrede, strydwekkend, kontroversieel, twis=; *~ correspondence* twisgeskryf, pennestryd; *~ figure* aanvegbare figuur; *~ point* verskilpunt; *~ question* twisvraag, *=*punt. **con·tro·ver·sial·ist** polemikus, strydvoerder, bestryder. **con·tro·ver·si·al·i·ty** aanvegbaarheid, omstredenheid, kontroversialiteit. **con·tro·ver·sy, con·tro·ver·sy** stryd(vraag), twispunt, geskil, kontroverse; twisgeskryf, polemiek; *a ~ about/over* ... 'n stryd oor ...; *arouse/cause* (or *stir up*) *~* omstredenheid veroorsaak; *engage* (or *be engaged*) *in ~* 'n polemiek voer. **con·tro·vert·i·ble** weerlegbaar; betwisbaar.

con·tu·ma·cious *(arg., jur.)* weerbarstig; hardkoppig. **con·tu·ma·cy** *(arg.)* weerbarstigheid; hardkoppigheid.

con·tu·me·li·a *(Lat., jur.)* contumelia. **con·tu·me·li·ous** *(arg.)* beskimpend, smadend, honend, beledigend. **con·tu·me·ly** *(arg.)* smaad, hoon, belediging, beskimping; skande.

con·tuse *(med.)* kneus. **con·tu·sion** kneusing, kneusplek.

co·nun·drum raaisel, strikvraag.

con·ur·ba·tion stedegroep, stedelike agglomerasie.

con·va·lesce aansterk, herstel, beter/gesond word. **con·va·les·cence** herstel(ling), hersteltyd, beterskap, genesing, aansterking. **con·va·les·cent** *n.* herstellende. **con·va·les·cent** *adj.* herstellend; *~ diet* opbouende dieet, dieet vir herstellendes; *~ home* herstel(lings)oord.

con·vec·tion geleiding; oordraging; stroming, konveksie. *~* **current** konveksiestroom. *~* **oven** konveksieoond.

con·vec·tor (heat·er) konvektor, konveksieverwarmer.

con·vene byeenroep, saamroep, uitskryf, belê, oproep; byeenkom, vergader. **con·ven·a·ble** oproepbaar, belegbaar *(vergadering)*. **con·ven·er, con·ven·or** saam=, sameroeper, oproeper, belêer. **con·ven·ing** oproepend, beleggend; *notice ~ a meeting* beskrywingsbrief.

con·ven·i·ence *n.* gerief, gemak; geskiktheid; voordeel; ***at** s.o.'s ~* wanneer dit iem. pas; *at your **earliest** ~* so spoedig moontlik, so gou (as) dit u/jou pas; ***for** the ~ of* ... vir die gemak/gerief van ...; *it is a **great** ~ to* ... dit is baie nuttig om te ...; ***public** ~* openbare toilet; *for the **sake** of ~, for ~([']) **sake*** gerief(likheid)shalwe. **con·ven·i·ence** *ww., (w.g.)* te pas kom. *~* **food** geriefskos, *=*voedsel. *~* **store** *(Am.)* geriefswinkel.

con·ven·i·ent gerieflik, gemaklik; geskik, geleë; byderhand, digby; *at a ~ time* te(r) geleëner/gelegener tyd; *s.t. is ~ to s.o.* iets pas iem.; *will it be ~ to you if* ...? sal dit jou pas as ...? **con·ven·i·ent·ly** gerieflik; geriefshalwe; *~ arranged, (ook)* oorsigtelik; *~ situated* gunstig geleë.

con·vent (nonne)klooster. *~* **cloth** kloosterstof. *~***-like** kloosteragtig. *~* **school** kloosterskool. **con·ven·tu·al** *n.* kloosterling. **con·ven·tu·al** *adj.* kloosterlik, klooster=; kloosteragtig.

con·ven·ti·cle *(hist.)* heimlike samekoms, geheime godsdiensoefening; konvent; sektekerkie; konventikel; (godsdienstige) kring.

con·ven·tion byeenkoms; konvensie, kongres; byeenroeping; ooreenkoms; gebruik, gewoonte, tradisie, konvensie; *claim in ~* hoofeis; *plaintiff in ~* eiser in konvensie. **con·ven·tion·al** konvensioneel, normaal, gewoon, gebruiklik; vormlik; *~ oven* gewone/konvensionele oond; *~ phrase* staande uitdrukking; *~ weapons* gewone/konvensionele wapens. **con·ven·tion·al·ise,** *=***ize** konvensioneel maak; stileer. **con·ven·tion·al·ism** konvensionalisme. **con·ven·tion·al·i·ty** vormlikheid.

con·verge (in een punt) saambring; *(lyne ens.)* saamkom, *=*loop, *=*val, ineenloop; saamstroom; *(wisk.)* konvergeer; *~ on* ... uit alle oorde na ... stroom; uit alle rigtings na ... saamloop. **con·ver·gence, con·ver·gen·cy** konvergensie, sameloop, ineenloping, samestroming. **con·ver·gent** saamlopend, naderend, konvergerend.

con·vers·a·ble onderhoudend; geskik in die omgang. **con·vers·a·ble·ness** geselligheid.

con·ver·sant: *~ with* ... bekend/vertroud met (*of* op [die] hoogte van) ...; bedrewe in ... **con·ver·sance** vertroudheid.

con·ver·sa·tion gesprek, konversasie, gesels(ery); diskoers; ***carnal** ~, (arg.)* geslagsomgang, geslagtelike omgang; ***carry on** a ~* 'n gesprek voer; *the ~ **drags*** die gesprek wil nie vlot nie; ***draw** s.o. into ~* iem. aan die praat kry; iem. by/in 'n gesprek betrek; ***drop** a ~* 'n gesprek afbreek; ***enter into** a ~ with s.o.* 'n gesprek met iem. aanknoop; ***have** a ~ with s.o.* 'n gesprek met iem. voer; ***in** ~ with* ... in gesprek met ...; *be **in** ~ with s.o.* met iem. aan die gesels wees; ***join** in a ~* aan 'n gesprek deelneem, saampraat; ***make** ~* iets kry om oor te gesels, die/'n gesprek aan die gang hou, praatjies maak; *a **private** ~* 'n vertroulike gesprek; ***run** out of ~* uitgesels raak; ***strike up** a ~* 'n gesprek aanknoop. *~* **lesson,** *~* **exercise** spreekoefening. *~* **lozenge** leeslekker. *~* **mode** *(rek.)* gesprek(s)modus. *~* **piece** gespreksonderwerp, *=*tema, geselsonderwerp; *(skilderk.)* geselskapstuk; *(teat.)* gesprekstuk. *~* **stopper** *(infml.)* dooddoener.

con·ver·sa·tion·al onderhoudend, gesellig, spraaksaam; gemeensaam, omgangs=, gesprek(s)=; *~ language/speech* gesprek=, gesels=, omgangstaal; *~ tone* gesprektoon. **con·ver·sa·tion·al·ist** geselser, gesprekvoerder, gesellige/onderhoudende prater.

con·ver·sa·zi·o·ne *=ones, =oni, (It.)* gesellige byeenkoms *(i.v.m. kuns, letterkunde, ens.)*.

con·verse[1] *n., (arg.)* gesprek; omgang. **con·verse** *ww.* praat, gesels; *~ with s.o.* met iem. praat/gesels.

con·verse[2] *n.* (die) omgekeerde, teenoorgestelde. **con·verse** *adj.* omgekeerd, teenoorgestel(d). **conversely** omgekeerd.

con·ver·sion omkering, omdraaiing; bekering; omvorming; omskakeling; oorskakeling; *(fin.)* omrekening, herleiding *(v. deviese ens.)*; inwisseling *(v. banknote, geld)*; omsetting, omruiling, omwisseling, konversie *(v. skuld, lenings, effekte, ens.)*; omskepping *(v. polis, pos, ens.)*; omsetting *(v. rekenaarkodes ens.)*; verwerking *(v. grondstowwe ens.)*; bewerking *(v. hout ens.)*; ombou(ing) *(v. voertuig ens.)*; afwerking *(v. kledingstowwe)*; *(elek.)* omsetting; *(jur.)* toe-eiening; *(rugby)* doelskop; *the ~ from ... into/to* ... die omskakeling/omskepping/

verandering van ... in/tot ...; die omsetting van ... in ...; die omrekening van ... in/tot ...; *the ~ from ... to ...* die bekering van ... tot ...; *theft by ~* diefstal deur toe-eiening. ~ **loan** omsettingslening. ~ **set** omboustel. ~ **table** omreken(ings)tafel, =tabel, omsettingstafel, =tabel, herleidingstafel, =tabel.

con·vert *n.* bekeerling, bekeerde; *a ~ to ...* 'n bekeerling tot ... **con·vert** *ww.* omsit, verander; omwissel; bekeer, tot bekering bring; bekeer word; ombou; omskep; omvorm; wissel *(geld)*; omreken; herlei; verduister, onwettig aanwend *(geld)*; *(tekst.)* afwerk; verwerk; *(rugby)* verdoel *('n drie)*; ***be ~ed*** bekeer word, tot bekering kom; *s.o.* ***failed*** *to ~, (sport)* die (doel)skop was mis; *~ s.t.* ***from*** *...* ***into/to*** ... iets van ... in/tot ... omskakel/omskep/verander; iets van ... in ... omreken *(geld, mate, ens.)*; *~* ***into*** *money* realiseer; *~ed* ***into/to*** *rands and cents* omgereken in rande en sente; ***preach*** *to the ~ed* vir die bekeerdes preek; *~ s.o.* ***to*** ... iem. tot ... bekeer.

con·vert·er, con·ver·tor omvormer, omsetter, omsitter; omrekenaar; omrekenmasjien; *(rad.)* mengtrap; omrekenboek, =tafel, =tabel; bekeerder. ~ **pump** omsitpomp. ~ **valve** *(rad.)* mengbuis.

con·vert·i·ble verwisselbaar; inwisselbaar; omkeerbaar; omrekenbaar; verstelbaar; omvormbaar; omsetbaar, omsitbaar; omruilbaar; veranderbaar; ~ ***bed*** opklapbed; ~ ***(car)*** wisselkap=, afslaankapmotor; ~ ***currency*** inwisselbare geldeenheid/valuta; ~ ***shares*** omsetbare/omsitbare aandele. **con·vert·i·bil·i·ty** verwisselbaarheid; inwisselbaarheid; omrekenbaarheid.

con·vex bol(rond), konveks; gewelf; ~ *surface* bolopperviak, konvekse oppervlak. **con·vex·i·ty** bol(rond)heid, konveksiteit, ronding. **con·vex·o-con·cave** bolhol, bolrond-holrond, konveks-konkaaf. **con·vex·o-con·vex** dubbelbol, bolkonveks, dubbelkonveks, bikonveks.

con·vey vervoer, (oor)dra, oorbring; aanry; karwei; meedeel, gee; sê, beteken; uitdruk, inhou; weergee, vertolk; oormaak; oordra, transporteer, oormaak *(eiendom)*; ~ ***greetings*** groete oorbring; ~ *the* ***impression*** die indruk wek, laat verstaan; *s.t. ~s* ***nothing*** *to s.o.* iets beteken/sê vir iem. niks; *~ s.t.* ***to*** *s.o.* iets aan iem. oordra. **con·vey·a·ble** vervoerbaar; oordraagbaar. **con·vey·ance** vervoer; vervoermiddel, ryding, rytuig; oordrag, transport; mededeling; *charges of ~* transportkoste; *deed of ~* transportakte, akte van transport, grondbrief, oordragakte, akte van oordrag, kaart en transport. **con·vey·anc·er** akte=, transportbesorger, transport- en verbanduitmaker. **con·vey·anc·ing** akte=, transportbesorging.

con·vey·er, con·vey·or oorbringer, transporteur; karweier, vervoerder; afvoerder, wegvoerder; vervoertoestel. ~ **(belt)** (ver)voerband, lopende band, laaiband.

con·vict *n.* (tronk)gevangene, prisonier, dwangarbeider, bandiet. **con·vict** *ww.* skuld bewys; skuldig bevind/verklaar, veroordeel; *(arg.)* oortuig; *~ s.o. of s.t.* iem. aan iets skuldig bevind *(diefstal ens.)*; *~ed person* veroordeelde. ~ **labour** dwang=, tronkarbeid. ~ **prison** strafgevangenis. ~ **settlement** strafkolonie, =kamp.

con·vic·tion skuldigbevinding, =verklaring, veroordeling; oortuiging, oortuigdheid; *be a pacifist/vegetarian/etc.* ***by*** *~* 'n oortuigde (*of* uit oortuiging 'n) pasifis/vegetariër/ens. wees; *s.t.* ***carries*** *~* iets oortuig; *have the* ***courage*** *of one's ~s* die moed van jou oortuiging hê; *be* ***open*** *to ~* vir oortuiging vatbaar wees; ***previous*** ~ vorige veroordeling; *be s.o.'s* ***profound/sincere*** *~* iem. se heilige oortuiging wees; *s.t.* ***strengthens*** *s.o.'s ~ that ...* iets sterk iem. in sy/haar oortuiging dat ...; ***strong*** *~s* 'n sterk oortuiging.

con·vic·tive oortuigend, afdoende.

con·vince oortuig; *be firmly ~d that ...* vas (daarvan) oortuig wees dat ...; *be ~d of s.t.* van iets oortuig wees; *~ s.o. of s.t.* iem. van iets oortuig. **con·vince·ment** *(vero.)* oortuiging, oortuigdheid. **con·vinc·i·ble** oortuigbaar. **con·vinc·ing** oortuigend, aanneemlik, geloofwaardig; afdoende *(bewys)*. **con·vinc·ing·ness** oortuigingskrag, oortuigendheid.

con·viv·i·al *adj.* feestelik, vrolik. **con·viv·i·al·i·ty** feestelikheid, vrolikheid; tafelvreugde, geselligheid.

con·voke byeenroep, belê, oproep, saamroep. **con·vo·ca·tion** belegging, byeenroeping; byeenkoms, vergadering; ring *(v. kerk)*; konvokasie; *C~ resolves* die Konvokasie besluit.

con·volve *(w.g.)* oprol, (op)draai. **con·vo·lute** *n., (w.g.)* kronkeling, winding. **con·vo·lute, con·vo·lut·ed** *adj.* kronkelend, gekronkel(d), geslinger(d), opgerol, slingerend, ineengerol, met windinge. **con·vo·lute** *ww., (w.g.)* oprol, ineenrol; slinger, ineenstrengel. **con·vo·lu·tion** winding, kronkeling, draai; oprolling, opdraaiing.

con·vol·vu·lus =*luses,* =*li, (bot.)* slingerblom, (purper)winde, eendagskoon, eendagmooi, trompetter(blom).

con·voy *n.* konvooi; geleide; gelei=, konvooiskip, konvooivaarder, konvooier; *sail in ~* in 'n konvooi vaar; *under ~ of ...* onder geleide van ... **con·voy** *ww.* ('n konvooi) begelei, konvooieer.

con·vulse skud; stuiptrekkings/krampe veroorsaak; skok, in beroering bring; *be ~d with laughter* skud/stik (*of* krom lê) van die lag. **con·vul·sant** *n.* stuipgif, =wekker. **con·vul·sant** *adj.* stuipwekkend. **con·vul·sion** rukking, skudding; spierkramp, krampaanval, stuip(trekking), trekking; skok, beroering; (aard)bewing; *be in ~s, (infml.)* skud/stik (*of* krom lê) van die lag. **con·vul·sion·ar·y** skokkend; krampagtig. **con·vul·sive** krampagtig, stuipagtig; vol beroering, veelbewoë, stuiptrekkend; ~ *laugh* kramplag; ~ *twitch* senutrekking.

co·ny =*nies,* **co·ney** =*neys* konyn(pels/bont); *(soöl., OT)* das(sie); *(soöl., Am.)* fluithaas. ~**catcher** *(vero.)* bedrieër. ~ **fur** konynpels, =bont.

coo *ww.* koer, kir; murmel; roekoek *(v. duif)*; *bill and ~, (ook)* vry, mekaar liefkoos. **coo** *tw.* genugtig, goeiste. **coo·ee, coo·ey** *tw.* joehoe. **coo·ing** gekoer, gekir, babageluide; gemurmel.

cook *n.* kok; *too many ~s spoil the broth* te veel koks bederf die bry. **cook** *ww.* kook, gaarmaak; opkook; stoof, stowe; ~ ***accounts*** rekenings vervals; ~ *the* ***books*** die boeke beknoei/manipuleer; *there are many ways to ~* ***eggs,*** *(fig.)* daar is meer as een manier om 'n kat dood te maak; *~ s.o.'s* ***goose*** →GOOSE; ***half*** *~ed* halfgaar; *~ed* ***starch*** gaar stysel, kookwaterstysel; *~ s.t.* ***up,*** *(infml.)* iets versin/fabriseer; ***what's*** *~ing?, (lett.)* wat is aan die kook?; *(fig.)* wat is aan die gang?. ~**book** *(Am.)* kookboek; →COOKERY BOOK. ~**-chill** *adj. (attr.)*: *~ food* gaar, verkoelde (*of* verkoelde klaargaar) kos. ~**-general** *(hist.)* kokbediende, algemene diensbode. ~**house** kookhuis, veldkombuis, skeepskombuis. ~**out** *(Am. infml.)* kampvuurete, =maal(tyd); braai(vleis), vleisbraai(ery). ~**room** skeepskombuis. ~**'s apron** koksvoorskoot. ~**'s cap** koksmus. ~**'s knife** koksmes. ~**'s mate** koksmaat. ~**stove** kookstoof. ~**ware** kookgerei, =gereedskap.

cooke·ite *(min.)* cookeïet.

cook·er koker; kooktoestel; kookpot, kookding; stoof; (veld)kombuis; stowevrug; vervalser.

cook·er·y kookkuns. ~ **book** kookboek, resepteboek. ~ **school** kookskool.

cook·ie *(Sk., Am.)* (droë) koekie; *(rek.)* koekie; *smart ~, (infml.)* slim kalant/ou/meisie/vrou/ens.; agtermekaar ou/kêrel/meisie/vrou/ens.; *s.o.'s a tough ~, (infml.)* iem. laat hom/haar nie sommer onderkry/ondersit nie; *that's the way the ~ crumbles, (infml.)* dit is nou maar die beloop (*of* eenmaal so), so gaan dit maar.

cook·ing (die) kook, kokery; kookkuns. ~ **apple** kook=, stoofappel. ~ **bag** baksak(kie); kooksak(kie). ~ **chocolate** kooksjokolade. ~ **fat** kook=, braaivet. ~ **gas** kookgas. ~ **hole,** ~ **pit** kookgat, =kuil. ~ **oil** kookolie, braaiolie. ~ **range** kookstoof. ~ **salt** growwe sout, kombuissout. ~ **screen** kookskerm. ~ **soda** koeksoda. ~ **spray** kossproei. ~ **stove** kookstoof. ~ **trench** kooksloot. ~ **utensils** kookgerei.

Cook Is·lands Cookeilande.

Cook's tour *(infml.)* blitstoer; blits=, kitsbesoek.

cool *n.* koelte; *(sl.)* kalmte, selfbeheersing; ***keep*** *one's ~, (infml.)* kalm bly, die kalmte bewaar; ***lose*** *one's ~, (infml.)* opgewonde/onbeheers raak; *~ of* ***night*** nagkoelte. **cool** *adj.* koel, fris, kouerig; bedaard, kalm, koelbloedig, ongeërg; onverskillig, lusteloos; flou; astrant; *(sl.)* kief, koel; *~,* ***calm*** *and collected* kalm en bedaard, rustig en beheers; ~ ***colours*** koel kleure; *as ~ as a* ***cucumber*** doodkalm, =bedaard, =luiters; *a ~* ***customer/hand*** 'n onversteurbare/onverstoorbare mens; *a ~* ***iron*** 'n lou strykyster; ***keep*** *~, (lett.)* koel bly; *(fig.)* kalm/bedaard bly; ***keep*** *s.t. ~* iets koel hou; *make a ~* ***million*** mooitjies 'n miljoen maak; *it is* ***pleasantly*** *~* dit is lekker koel; *be* ***quite*** *~ about s.t.* ewe ongeërg oor iets wees; *a ~* ***scent*** 'n flou reuk/spoor; ***that's*** *~!, (infml.)* dis wonderlik!. **cool** *adv.*: *play it ~, (infml.)* koelkop (*of* koel en kalm) bly; geen/g'n spier vertrek nie; 'n ongeërgde houding aanneem. **cool** *ww.* afkoel; (ver)koel; bekoel; verkil; ***allow*** *s.t. to ~* iets laat afkoel; ~ ***down*** afkoel *(lett. & fig.)*; bedaar; ~ ***down!*** bedaar!; *~ s.t.* ***down*** iets (ver)koel; iets koudlei *(perd ens.)*; *let s.t. ~* ***down*** iets laat afkoel; *s.t. ~s s.o.* ***down*** iets laat iem. bedaar, iets bring iem. tot bedaring; ~ *one's* ***heels*** sit en wag, op en af slenter; ~ ***it,*** *(infml.)* kalm/bedaard/rustig bly; ~ ***it!,*** *(infml.)* bly kalm!, bedaar!, moenie opgewonde raak nie!; ~ ***off*** afkoel *(lett. & fig.)*; bedaar. ~ **bag** koelsak, =tas. ~ **box** koelhouer, =boks. ~ **drink** koeldrank. ~**-headed** koel, nugter, bedaard, kalm, onversteurbaar, onverstoorbaar. ~**-headedness** nugterheid, bedaardheid, kalmte, onversteurbaarheid, onverstoorbaarheid. ~ **room** koelkamer.

cool·ant koelmiddel, afkoelingsmiddel. ~ **liquid** koelvloeistof. ~ **pump** koelpomp.

cool·er koeler; koelkas, =kis, =bak, =emmer; (af)koelrooster; verkoeler; watersak; *(infml.)* tjoekie; *(infml., rugby)* koelkas.

cool·ie, cool·y ongeskoolde werker; *(hist., neerh.)* koelie.

cool·ing (ver)koeling; verkoelend; afkoeling. ~ **agent** koelmiddel. ~ **chamber** koelkamer. ~ **chest** koelkas. ~ **fin,** ~ **rib,** ~ **vane** koelvin. ~ **hall** afkoelkamer. ~ **jacket** koelmantel. ~**-off** afkoeling; *there's been a distinct ~ (of interest)* die belangstelling het merkbaar afgeneem. ~**-off period** afkoel(ings)tydperk, =periode. ~ **plant** koel=, afkoelingsinstallasie. ~ **surface** afkoelingsoppervlak. ~ **system** koel=, afkoeling=, verkoelingstelsel. ~ **tower** koeltoring. ~ **tray** afkoel=, koekrakkie. ~ **unit** koeleenheid. ~ **water** koelwater.

cool·ly koel(tjies), koelbloedig, kalm(pies), ongeërg, (dood)bedaard, doodluiters.

cool·ness koelheid; koelbloedigheid, kalmte; stugheid.

cool·om·e·ter afkoelingsmeter.

coolth koelte, koelheid; *(infml.)* sjiekheid, modieusheid.

cool·y →COOLIE.

coom *(vero., dial.)* afval *(v. steenkool)*, steenkoolroet, =stof.

comb(e), comb(e) kom; kuskloof.

coon *(soöl., infml., afk.)* = RAC(C)OON; *(SA)* klops; *(neerh. sl.)* swarte; *(neerh. sl.)* skelm, skurk, skollie. ~ **band** klopsetroep. ~ **carnival** klopsekarnaval, =fees. ~**skin** beervel(mus). ~ **song** moppie, klopselied(jie).

coop *n.* fuik; (hoender)hok. **coop** *ww.* opsluit; *~ s.o. up* iem. inhok; *be ~ed up* ingehok wees.

co·op, co-op *(infml.)* koöp(erasie), ko-op(erasie), koöperatiewe/ko-operatiewe vereniging; koöp, ko-op, koöperasie=, ko-operasie(winkel), koöperatiewe/ko-operatiewe winkel.

coop·er *n.* kuiper, vatmaker; *(mengsel v. porterbier en stout)* half-om-half; *~'s bench* snybank. **coop·er** *ww.* kuip; inkuip; opknap; *~ed jointing* kuipersvoegwerk. **coop·er·age** kuipery, kuiperswerk, kuiperswinkel; kuipersloon. **coop·er·ing** kuiperswerk, =ambag.

co·op·er·ate, co-op·er·ate saamwerk, meewerk, saamspan; *(fig.)* saamspeel; *~ with s.o.* met iem. saamwerk. **co·op·er·a·tion, co-op·er·a·tion** samewerking, medewerking; saamwerk(maatskappy), koöperatiewe/ko-operatiewe maatskappy, koöperasie, ko-operasie; *give one's ~* jou samewerking gee/verleen, saamwerk; *in ~ with ...* met (die) medewerking/samewerking van (*of* in samewerking met) ...; *with the ~ of* ... met (die) medewerking/samewerking van ..., met ... se me=dewerking/samewerking. **co·op·er·a·tive, co-op·er=a·tive** *n.* koöperasie, ko-operasie, koöperatiewe/ko-operatiewe maatskappy/vereniging/winkel. **co·op·er·a=tive, co-op·er·a·tive** *adj.* koöperatief, ko-operatief; meewerkend; meegaande, tegemoetkomend, behulp=saam, hulpvaardig; saamwerkend, saamwerk=; *~ spirit* gees van samewerking; *~ store* koöperatiewe/ko-opera=tiewe winkel, koöperasie=, ko-operasiewinkel. **co·op·er=a·tive·ness, co-op·er·a·tive·ness** meegaandheid, be=hulpsaamheid, hulpvaardigheid, tegemoetkomend=heid. **co·op·er·a·tor, co-op·er·a·tor** medewerker, ko=öperateur, ko-operateur, koöperator, ko-operator.

co·opt, co-opt koöpteer, ko-opteer, tot medelid kies, assumeer; *with the right to ~* met reg van assumpsie. **co·op·ta·tion, co-op·ta·tion, co·op·tion, co-op·tion** koöpsie, ko-opsie, koöptasie, ko-optasie, koöptering, ko-optering.

co·or·di·nate, co-or·di·nate *n.* koördinaat, ko-ordinaat; *(mode)* pasmaat; *(i.d. mv.)* ensemble. **co·or=di·nate, co-or·di·nate** *adj.* gelyk, gelykwaardig; van dieselfde rang/orde/mag; newegeskik; gekoördi=neer(d), geko-ordineer(d). **co·or·di·nate, co-or=di·nate** *ww.* gelykstel; neweskik; saamsnoer, in on=derlinge verband bring/skik; koördineer, ko-ordineer; *~ A with B* A met B koördineer/ko-ordineer. **~ axes** koördinaat=, ko-ordinaatasse, assekruis, =paar. **~ pa=per** ruitjiespapier, geruite papier, grafiekpapier. **~ system** koördinaat=, ko-ordinaat=, koördinate=, ko-ordinatestelsel. **co·or·di·nat·ing, co-or·di·nat·ing** newe=skikkend; koördinerend, ko-ordinerend; *~ conjunc=tion* neweskikkende voegwoord. **co·or·di·na·tion, co-or·di·na·tion** gelykstelling; neweskikking; koördina=sie, ko-ordinasie. **co·or·di·na·tive, co-or·di·na·tive** ne=weskikkend; koördinerend, ko-ordinerend. **co·or·di=na·tor, co-or·di·na·tor** koördinator, ko-ordinator.

coot *(Eur., orn.)* (meer)koet; *(infml.)* uilskuiken, stom=merik; *African ~* bles=, wildehoender.

coot·ie *(Am. infml.)* lyfluis.

co-own·er *n.* mede-eienaar. **co-own·er·ship** *n.* mede-eienaarskap.

cop *n., (sl.)* polisieman, konstabel; inhegtenisneming, arrestasie; *it's a fair ~!* jy/julle het my!; ***not much*** *~* (maar) simpel/pateties/vrot(sig), nie te waffers nie, nie juis die moeite werd nie; *play ~s and* ***robbers*** po=lisie en diewe speel. **cop** =*pp*=, *ww., (sl.)* vang; vaslê, gaps, skaai; *~ s.o.* ***cheating*** iem. betrap dat hy/sy kie=rang; *~* ***hold of*** *s.t.* iets (vas)gryp; *~* ***it*** jou vasloop, teen=/teëspoed kry; in die pekel/moeilikheid sit/wees; *(straf kry)* braai, les opsê; gevang word; *(doodgaan)* die emmer skop, lepel in die dak steek, aftjop; *~ a* ***load*** *of this* hoor ('n) bietjie hier; *be ~ped* ***one*** *under the chin* 'n mokerhou onder die ken kry; *~* ***out*** *of s.t.* iets ont=duik, uit iets kop uittrek, jou uit iets loswikkel; iets omseil, van iets wegskram; *~ a* ***plea*** →PLEA; *~ s.o. for* ***speeding*** iem. vang oor hy/sy te vinnig ry. **~-out** *(sl.)* kopuittrekkery; ontwykingsaksie, =maneuver; uitvlug; terugdeinsing; wegskrammery. **~ shop** *(sl.)* polisie=kantoor.

co·pai·ba, co·pai·va: ~ (balsam) (balsem)kopiva, kopiva(balsem).

co·pal kopal, vernisharpuis.

co·part·ner deelgenoot, vennoot, medebelangheb=bende. **co·part·ner·ship** deelgenootskap, vennoot=skap, medeseggenskap.

cope[1] *ww.* wedywer, meeding; hanteer; bybly, byhou; *s.o. can't ~ (any longer)* alles is/raak/word te veel vir iem.; *~ with s.t.* iets baasraak, met iets klaarspeel (*of* raad weet), teen iets opgewasse wees; (aan) iets die hoof bied.

cope[2] *n.* mantel, kap; (muur)kap; bedekking; *(fig.)* uit=spansel, gewelf. **cope** *ww.* (af)dek, die/'n deklaag opsit; oorwelf. **~ level** deklaaghoogte. **~stone, cop=ing stone** dekklip, =stuk.

co·peck →KOPE(C)K.

Co·pen·ha·gen *n., (geog.)* Kopenhagen; *(kookk.)* Ko=penhaagse bolletjie. **Co·pen·ha·gen** *adj.* Kopenhaags.

cop·er (perde)koper, =smous, =handelaar.

Co·per·ni·cus *(sterrekundige, 1473-1543)* Coperni=cus, Kopernikus. **Co·per·ni·can** Copernicaans, Ko=pernikaans, van Copernicus/Kopernikus.

cop·i·er kopieerder, kopieermasjien; kopieerder, ko=piïs, afskrywer, naskrywer; oorskrywer; nabootser.

co·pi·lot medevlieënier, =loods.

cop·ing deklaag, =strook; oorhangende rand; bekro=ning, kroon, laaste afwerking. **~ brick** deksteen. **~ chisel** kloofbeitel. **~ punch** kloofpons. **~ saw** kur=we=, patroon=, figuursaag. **~ slab** dekblad. **~ stone** →COPESTONE. **~ tile** dekteël.

co·pi·ous volop, oorvloedig; uitvoerig; ryk. **co·pi·ous=ly** volop, ruim, oorvloedig; *~ illustrated* ryk(lik) geïl=lustreer(d). **co·pi·ous·ness** oorvloed(igheid); uit=voerigheid; rykdom, weelde.

co·pla·nar *(geom.)* saamvlakkig.

cop·per[1] *n., (chem., simb.: Cu)* koper; kopermunt, =geld; kookpot, =ketel; oulap, pennie; *(i.d. mv. ook)* ko=per(geld); *sheathe with ~* verkoper, met koper beklee. **cop·per** *adj.* koper=, van koper; koperrooi. **cop=per** *ww.* met koper bedek/beklee/beslaan; verkoper. **~ bar** koperstaaf. **~-bearing** koperhoudend. **~ beech** *(bot.)* rooi=, bruinbeuk. **C~ Belt** Koperstreek; *in/on the ~ ~* in die Koperstreek. **~ bit** soldeerbout. **~-bot=tomed** *adj.* koperboom=; *(fig.)* betroubaar; *(fig.)* solied; *(fin.)* kerngesond; *~* ***guarantees*** vaste waarborge; *~* ***safety*** absolute veiligheid; *~* ***security*** ware sekuri=teit; *a ~* ***sign*** *of* ... 'n besliste/seker teken van ... **~-clad, ~-sheathed** met koper beklee(d). **~-coated** met ko=per bedek. **~-coloured** koperkleurig. **~ compound** koperverbinding. **~ content** koperinhoud. **~ foil** blad=koper, koperfoelie. **~ founder** kopergieter. **~ foundry** kopergietery. **~ glance** *(min.)* koperglans, chalkosiet. **~head** mokassinslang. **~-(k)nob** *(infml.)* rooikop. **~leaf** koperblaar(boom). **~ lode** koperaar. **~ mill** koper=plettery. **~ mine** kopermyn. **~ nickel** *(metal.)* nikke=liet. **~ ore:** *red ~ ~* rooikopererts, kupriet. **~plate** *n.* koperplaat; koperblad; kopergravure; koperdruk. **~plate** *ww.* verkoper; 'n kopergravure maak. **~plate print(ing)** koperdiepdruk. **~plate (writing)** fyn/dui=delike skrif. **~plating** verkopering; kopergraveerwerk. **~ pyrites** *(chem.)* koperkies, chalkopiriet. **~smith** ko=perslaer, =smid. **~ sulphate** *(chem.)* kopersulfaat, blou=vitrioel. **~ uranite** *(min.)* koperuraniet, torberniet. **~ vein** koperaar. **~ware** kopergoed, =ware. **~ wire** ko=perdraad. **~works** kopergietery. **cop·per·y** koper=agtig.

cop·per[2] *n., (sl.)* polisieman, konstabel.

cop·per·as *(chem.)* koperas, koperrooi, groenvitrioel, ystersulfaat.

cop·pice *n.* kreupelbos; kreupelhout; ruigte. **cop=pice** *ww.* top *(boom).* **~ forest** stomplootbos. **~ growth** stomplootgewas. **~ shoot** stomp=, waterloot.

cop·ra kopra, gedroogde klapper.

co·pres·ence, co-pres·ence mede-aanwesigheid. **co·pres·ent, co-pres·ent** mede-aanwesig.

co·prin·ci·pal *n.* medehoof; *(jur.)* mededader. **co-prin·ci·pal** *adj.: ~ debtor* medehoofskuldenaar.

cop·ro= *komb.vorm* mis=, kopro=.

cop·ro·lite *(paleont.)* dreksteen, koproliet.

cop·ro·lith *(patol.)* koproliet.

cop·rol·o·gy koprologie, skatologie.

cop·roph·a·gy *(soöl., psig.: d. eet v. mis/ontlasting)* ko=profagie. **cop·roph·a·gan** misvreter, koprofaag; mis=kruier, =kewer. **cop·roph·a·gist** misvreter, koprofa=gis. **cop·roph·a·gous** misvretend.

cop·ro·phil·i·a *(psig.)* koprofilie.

copse kreupelbos; kreupelhout; ruigte.

Copt Kopt. **Cop·tic** *n. & adj.* Kopties.

cop·ter, 'cop·ter *(afk., infml.)* heli(kopter).

cop·u·la =*las*, =*lae* verbinding; koppelwoord; koppel=werkwoord; *(anat.)* koepel. **cop·u·late** verbind; paar, koppel, kopuleer. **cop·u·la·tion** verband; verbinding; paring, kopulasie, geslagsgemeenskap. **cop·u·la·tive** *n.* koppelwoord, verbindingswoord. **cop·u·la·tive** *adj.* verbindend; parend; *~ verb* koppelwerkwoord; *~ word* verbindings=, koppelwoord. **cop·u·la·to·ry** parend; *~ organ* paringsorgaan.

cop·y *n.* afskrif, kopie; afdruk; afgietsel; skryfvoorbeeld; nabootsing; naskildering; namaak; reproduksie; ek=semplaar *(v. boek)*; nommer *(v. tydskrif)*; kopie, manu=skrip; *a* ***certified*** *~* 'n gewaarmerkte afskrif; *make a* ***clear/fair*** *~ of s.t.* 'n netskrif van iets maak; *s.t. makes* ***good*** *~* iets maak 'n interessante berig uit; ***make*** *a ~ of s.t.* 'n afskrif/kopie van iets maak; ***rough*** *~* →ROUGH *adj.*. **cop·y** *ww.* kopieer, oorskryf, =skrywe; afteken, oorteken; naskilder; naskryf, =skrywe; na=boots, namaak; navolg, nadoen; afkyk, afloer, afskryf, =skrywe; oorneem; *~ from s.o.* by/van iem. afkyk/af=skryf/=skrywe *(i.d. skool)*; *~ out s.t.* iets oorskryf/=skry=we. **~board** *(fot.)* kopiebord. **~book** *n.* skoonskrif=boek; *blot one's ~, (infml.)* jou naam bederf, 'n flater begaan/maak. **~book** *adj. (attr.)* volmaakte, fout(e)=lose; *(vero.)* afgesaagde, holrug geryde, clichéagtige; gewone, alledaagse; onoorspronklike; *make a ~ land=ing* 'n fout(e)lose/volmaakte landing (*of* 'n landing so uit die boek [uit]) doen/uitvoer; *~ maxims/morals* skoolse wysheid/=hede; *~ writing* skoonskrif. **~cat** na-aper. **~ desk** *(joern.): spend three years on the ~ ~* drie jaar lank subwerk doen. **~-edit** *(joern.)* redigeer, persklaar maak. **~ editor** subredakteur, persklaarma=ker. **~hold** *(Br., hist.)* erfpag. **~holder** *(druk.)* kopie=houer; *(Br., hist.)* erfpagter. **~-protected** *(rek.)* kopieer=bestand *(programmatuur ens.)*. **~ protection** kopiebe=skerming. **~reader** *(Am.)* →COPY EDITOR. **~right** *n.* kopiereg, outeursreg; *the ~ in s.t.* die kopiereg van iets; *s.t. is out of ~* iets is kopiereg=/outeursregvry. **~right** *ww.* kopiereg/outeursreg voorbehou. **~righted** deur die kopiereg beskerm. **~ taster** kopiekeurder. **~ typist** kopieertikster. **~writer** kopieskrywer. **~ work** kopieer=werk.

cop·y·ing kopieerwerk, vermenigvuldiging. **~ fee** ko=piegeld. **~ ink** kopieerink. **~ machine** kopieerma=sjien. **~ pencil** inkpotlood. **~ press** kopieerpers, =toe=stel.

cop·y·ist afskrywer, oorskrywer; kopiïs, kopieerder.

coq au vin *(Fr., kookk.)* coq au vin.

co·quet =*tt*=, *ww.* koketteer. **co·quet·ry, co·quet·tish=ness** kokettery, koketteerdery, koketterie. **co·quette** *n.* koket; *(orn.)* kolibrie. **co·quet·tish** koketterig, ko=ket(agtig).

co·qui (par·tridge) swempie(patrys).

cor *tw.* hene, hete.

cor·a·cle mandjieboot.

cor·a·coid *n., (anat.)* kraaibekbeen. **cor·a·coid** *adj.* kraaibekvormig.

cor·al *n.* koraal; koraal(kleur); *red ~* bloedkoraal. **cor·al** *adj.* koraalrooi, koraalkleurig. **~ bells** koraal=bos. **~-coloured** koraal(kleurig), koraalrooi. **~ creep=er** *(Microloma tenuifolium)* bokhorinkies, kannetjies. **~ island** koraaleiland. **~ lily** koraallelie. **~ necklace** koraalhalssnoer. **~ plant** (Franse) purgeerneut. **~ polyp** koraalpoliep, =diertjie. **~ red** koraalrooi. **~ reef** ko=raalrif. **~root** *(Corallorhiza* spp.*)* koraalwortel. **C~ Sea** die Koraalsee. **~ snake** (Amerikaanse) koraalslang. **~ stitch** Duitse knoopsteek. **~ tree** *(Erythrina* spp.*)* koraalboom.

cor·al·ene *(chem.)* koraleen.

cor·al·li·form koraalvormig.

cor·al·lin(e) *(chem.)* korallien.

cor·al·line *n.* koraalmos; koraaldier(tjie). **cor·al·line** *adj.* koralyn, koraalagtig, koraal=; koraalrooi, koraal=kleurig.

cor·al·lite koraliet, koraalverstening, =fossiel.

cor·al·loid koraalagtig.

cor an·glais *cors anglais, (Fr., mus.)* cor anglais, Engelse horing, althobo.

cor·beil *(argit.)* skanskorf.

cor·bel *(bouk.)* korbeel, karbeel; kraagsteen. **cor=belled house** korbeelhuis. **cor·bel·ling** korbeelwerk.

cor·bie *(Sk.)* raaf. **~-step** geweltrap. **~(-step) gable** trapgewel.

cord *n.* tou, lyn, koord; string, snoer; rib; ferweel; *(i.d.*

mv. ook, infml.) ferweelbroek; ***spinal*** ~ rugmurg; ***umbilical*** ~ naelstring; ***vocal*** *~s* stembande; ~ *of* ***wood*** vaam/vadem hout. **cord** *ww.* (vas)bind, tou omsit; →CORDED. ~ **leaf** olifantsriet, kanet. ~ **stitch** koordsteek. ~ **weave** koordbinding. ~**wood** vaamhout. ~ **yarn** koordgaring, -gare.

cord·age tou-, takelwerk.

cord·ate *(biol.)* hartvormig.

cord·ed met tou(e) om; gerib; ~ *fabric* koordstof; ~ *ribbon* koordlint; ~ *velvet* koordfluweel.

cor·di·al *n.* hartversterking, versterkende medisyne; vrugtestroop, -drank, stroop-, geurdrank. **cor·di·al** *adj.* hartlik, gul; hartsterkend; hartgrondig; ~ *reception* warm(e) ontvangs. **cor·di·al·i·ty** hartlikheid, gulhartigheid; hartgrondigheid; *lack of* ~ stugheid. **cor·di·al·ly** hartlik, vriendelik; hartgrondig. **cor·di·form** hartvormig.

cor·di·er·ite *(min.)* cordieriet, kordiëriet, dichroïet, ioliet.

cor·dil·le·ra *(Sp.)* cordillera, bergreeks; *the C~s* die Cordilleras *(i.d. Amerikas)*.

cord·ing foot koordvoetjie, koorddrukvoet.

cord·ite *(plofstof)* kordiet, toutjieskruit.

cord·less koordloos *(telefoon ens.)*.

Cór·do·ba *(geog.: stad in Argentinië)* Córdoba. **Cór·do·ba, Cor·do·va** *(geog.: stad in Sp.)* Córdoba, Cordova. **Cor·do·van** *n.* Corduaan. **Cor·do·van** *adj.* Corduaans. **cor·do·van** fyn bokleer; Spaanse/Corduaanse leer.

cor·don *n.* kordon, kring, ring, ketting; (orde)band, lint; *form/throw a ~ (a)round ...* 'n kordon om ... span/trek/vorm/slaan, ... afsluit; **cor·don** *ww.: ~ s.t. off* iets afsluit, 'n kordon om iets span/trek/vorm/slaan. ~ **bleu** *(Fr.)* eersterangse kok. ~ **sanitaire** *(Fr.)* kwarantynlyn; isolasiekordon; buffersone, kring bufferstate.

cor·don·net kordonnet. ~ **stitch** kordonnetsteek, oorhandse voorsteek. ~ **yarn** kordonnetgaring, -gare.

Cor·do·va, Cor·do·van, cor·do·van, →CÓRDOBA.

cor·du·roy ferweel, koord-, riffelferweel; knuppelhout; *(hist.)* knuppelbestrating; *(i.d. mv.)* ferweelbroek. **cor·du·roy** *ww., (hist.)* met knuppels bestraat. ~ **road** *(hist.)* boomstampad.

core *n.* kern, pit, binne(n)ste *(v. vrug)*; klokhuis *(v. appel/peer/kweper/ens.)*; *(fig.)* kern, essensie, wese; *(fig.)* middelpunt, sentrum, hart, siel; *(elek.)* kern, aar *(v. kabel)*; *(geol., mynw., rek.)* kern; *(fis.)* hart *(v. reaktor)*, pit *(v. kerndeeltjie)*, romp *(v. atoomkern)*; *(houtw.)* kern; ***at*** *the ~, (ook)* van binne; *the* ***hard*** ~ die harde kern; ***healthy*** *to the ~* kerngesond; ***to*** *the ~* deur en deur, in merg/murg en been; *get* ***to*** *the ~ of the matter* tot die kern (van die saak) deurdring. **core** *ww.* pit(te)/binne(n)ste uithaal, klokhuis verwyder, ontklok, ontkern. ~ **bar** kernspil. ~ **flush** kernverbruining *(v. 'n appel)*. ~ **(memory)** *(rek.)* kerngeheue. ~ **sample** kernmonster. ~ **time** kerntyd *(by skiktyd)*.

co·re·li·gion·ist geloofsgenoot.

cor·er vrugteboor, pitboor; (grond)boor.

co-re·spond·ent *(jur.)* medegedaagde, -respondent, -verweerder. **co-re·spon·si·ble** *(jur.)* mede-aanspreeklik, medeverantwoordelik, -pligtig.

corf *corves* mandjie, korf.

Cor·fu *(geog.)* Corfu.

cor·gi: *(Welsh)* ~ corgi, Walliese herdershond.

co·ri·a·ceous →CORIUM.

co·ri·an·der koljander. ~ **seed** koljander(saad).

cor·ing ontkerning.

Cor·inth *(geog.)* Korinte. **Co·rin·thi·an** *n.* Korintiër; *(i.d. mv., NT)* Korintiërs. **Co·rin·thi·an** *adj.* Korinties.

Cor·i·o·la·nus *(hist., Rom. genl.)* Koriolanus, Coriolanus.

co·ri·um *-ria, (anat.)* korium, egte vel, leerhuid. **co·ri·a·ceous, co·ri·ous** leeragtig.

cork *n., (stofnaam)* kurk; (kurk)prop; dobber; *put a ~ in a bottle* 'n prop op 'n bottel sit. **cork** *ww.* toekurk, die/'n prop opsit; stop; *~ s.t. up* iets toeprop/kurk *('n bottel ens.)*; iets opkrop *(gevoelens ens.)*. ~ **jacket** reddingsbaadjie. ~ **oak** kurkeik. ~ **slab** kurkblad. ~ **tile** kurkteël. ~**-tipped** *(sigaret[te])* met kurkmondstukke *(of* 'n kurkmondstuk). ~ **tree** kurkboom, -eik. ~**wood** pimpernel; kanniedood(boom); balsaboom.

cork·age kurk-, propgeld.

corked toegekurk; met 'n kurksmaak.

cork·er *(infml.)* doodskoot, dronkslaan-argument; spekleuen; ('n) tamaaie/kolossale, ('n) bielie; prageksemplaar.

cork·ing *(Br. sl.)* fantasties, wonderlik, bak(gat).

cork·like kurkagtig.

cork·screw *n.* kurktrekker. **cork·screw** *adj.* spiraalvormig, wentel-, draai-. **cork·screw** *ww.* slinger, draai; met 'n draai uittrek; (uit)wurm, krul. ~ **curl** *(infml.)* kurktrekker. ~ **fabric** kurktrekkerstof. ~ **stairs** wenteltrap.

cork·y kurkagtig; met 'n kurksmaak; *(infml.)* lewendig, ligsinnig; ~ *scab* bruinskurf(siekte) *(by aartappels)*. **cork·i·ness** kurkagtigheid.

corm (gerokte) knol, kormus, stingelvoet, -knol. ~ **rot** stingelknolvrot.

cor·mo·phyte stingelplant.

cor·mo·rant *(orn.)* duiker, kormorant, kormoraan, seeraaf; ***bank*** ~ bankduiker; ***Cape*** ~ trekduiker; ***crowned*** ~ kuifkopduiker; ***reed*** ~ rietduiker.

corn[1] *n.* korrel; graan; koring; *(Am.)* whisky; melodrama, sentimentaliteit, banaliteit; ~ *on the cob* groenmielies; *(Indian)* ~ mielies. **corn** *ww.* insout, pekel; →CORNED. ~ **brandy** koringbrandewyn. ~ **bread** *(Am.)* mieliemeelbrood. ~ **chandler,** ~ **dealer,** ~ **factor,** ~ **merchant,** ~ **trader** graanhandelaar. ~ **chips** *(mv.)* mielieskyfies, -tjips. ~ **circle** →CROP CIRCLE. ~**cob** mieliekop, -stronk. ~**cob pipe** *(Am.)* (mielie)stronkpyp. ~**cockle** *(bot.)* koringroos. ~**-coloured** strooikleurig, strooigeel. ~**crake** *(orn.)* kwartelkoning. ~ **exchange** graan-, koringbeurs. ~**field** koringland. ~**flakes** mielie-, graanvlokkies; *(dwelmsl.: fensiklidien)* PCP. ~**flour** mielieblom. ~**flower** koringblom. ~**flower (blue)** *n. & adj.* koring(blom)blou. ~ **growing** koringbou. ~**husk(s)** *(Am.)* mielieblare. ~**husker,** ~ **sheller** *(Am.)* mielieafmaker. ~**loft** graansolder. ~**meal** mieliemeel; *(Sk.)* hawermeel. ~ **oil** mielieolie. ~ **pone** *(Am.)* mieliebrood. ~ **poppy** klaproos. ~ **salad** *(bot.)* veldslaai. ~ **sheaf** koringgerf. ~ **shock** graangerf; koringgerf. ~ **silk** *(Am.)* mieliebaard. ~ **stack** koring-, graanmied. ~**stalk** graanhalm, -stingel. ~**starch** *(Am.)* mielieblom. ~ **stubble** koringstoppel(s). ~ **syrup** *(Am.)* mieliestroop. ~ **weevil** kalander. ~ **whisky** mieliewhisky.

corn[2] *n.* liddoring; *step/tread on s.o.'s ~s, (infml.)* op iem. se tone trap, iem. te na kom, iem. aanstoot gee; *don't tread on s.o.'s ~s, (infml.)* tone trap is rusie soek. ~ **plaster** liddoringpleister.

cor·ne·a *-neas, -neae, (anat.)* horingvlies, kornea. **cor·ne·al** korneaal, van die horingvlies.

corned: ~ *beef, corn beef* sout(bees)vleis, blikkiesvleis; ~ *brisket of beef* soutbeesbors.

cor·nel·i·an *(min.)* kornalyn, karneool.

cor·ne·ous *(fml.)* horingagtig.

cor·ner *n.* hoek, hoekie; *(han.)* opkoopspekulasie, opkoping; *(ekon.)* monopolie; *(hokkie)* hoekhou; *(sokker)* hoekskop; *(just)* ***(a)round*** *the ~* om die hoek/draai; *(fig.)* net agter die bult; op hande, aanstaande, sommer hier; ***at/on*** *the ~* op die hoek; ***cut*** *a ~, (lett.)* 'n draai te kort vat; *(fig., infml.)* werk afskeep; ***drive*** *s.o. into a ~* iem. vaskeer, iem. in 'n hoek dryf/drywe/ja(ag); *the four ~s of the* ***earth*** die uithoeke van die aarde; *the ~ of the* ***eye*** die ooghoek; *out of the ~ of one's* ***eye*** uit die hoek van jou oog; *have a ~* ***in/on*** *s.t.* die monopolie van iets hê; *the ~ of the* ***mouth*** die mondhoek; *out of the ~ of one's* ***mouth*** uit die hoek van jou mond; *in some* ***odd*** ~ êrens in 'n hoek; ***take*** *a ~* 'n draai vat, om 'n draai gaan; *be in a* ***tight*** ~ in die knyp/noute wees/sit; ***turn*** *a ~* om 'n hoek gaan/kom; *s.o. has* ***turned*** *the ~, (infml.)* iem. is buite gevaar *(of* oor die ergste *of* oor die hond se rug/stert), iem. het die ergste agter hom/haar; ***within*** *the four ~s of ...* binne die perke van ... *(d. wet ens.)*. **cor·ner** *ww.* vaskeer, vaspen, in 'n hoek dryf/ja(ag)/(vas)keer; in die hoek sit; om die hoek ry, draai; opkoop *(effekte, basiese grondstowwe, ens.)*; monopoliseer *('n mark)*; *be ~ed* jou vasloop, vasgekeer wees. ~ **boy** *(Iers)* straatloper, leeglêer. ~ **cabinet** hoekkas. ~ **chair** hoekstoel. ~ **chisel** hoekbeitel. ~ **cupboard** hoekkas. ~ **flag** *(sport)* hoekvlag. ~ **house** hoekhuis. ~ **joint** hoeklas; hoekvoeg. ~ **kick** hoekskop. ~**man** *(boks, stoei)* helper. ~**piece** hoekbeslag. ~ **post** hoekpaal; hoekstander; hoekstyl. ~ **shop** winkel op die hoek, hoekwinkel. ~ **stay** hoekstut. ~**stone** hoeksteen. ~ **table** hoektafel; tafel in die hoek. ~ **tooth** haaktand *(v. 'n perd)*.

-cor·nered *komb.vorm* -hoekig; *three-~* driehoekig.

cor·ner·ing om 'n hoek ry.

cor·ner·wise, cor·ner·ways oorhoeks, hoeksgewys(e).

cor·net[1] *(mus.)* kornet; (keëlvormige) kardoes; (room-ys)horing/horinkie. ~ **play·er, cor·net·(t)ist** kornettis, kornetspeler.

cor·net[2] *(hist., mil.)* kornet, standaarddraer; kornetmus; ~ *of horse, (hist., mil.)* kornet.

cor·nett *-netti, -netts, (mus., hist.)* houtkornet.

cor·nice kroon-, gewellys. ~ **plane** kraalskaaf, kroonlysskaaf.

cor·niche (road), cor·niche (road) kus-uitsigpad.

cor·ni·fi·ca·tion verhoorning.

cor·ni·fied verhoring(de).

Cor·nish *n., (taal)* Cornies, Kornies. **Cor·nish** *adj.* Cornies, Kornies. ~**man** *-men* Cornwallieser. ~ **pasty** Corniese/Korniese pasteitjie. **Corn·wall** *(geog.)* Cornwallis.

cor·nu *-nua, (Lat., anat.)* horing, kornu, horingagtige/horingvormige uitsteeksel/uitgroeisel. **cor·nute, cor·nut·ed** gehoring, horing-; horingvormig; gespoor(d).

cor·nu·co·pi·a horing van oorvloed; roomhoring, -horinkie, roomdoppie.

corn·y[1] graanagtig; vol graan; *(sl.)* laf, verspot, kinderagtig; naïef, boers; slap/goedkoop sentimenteel; afgesaag, ouderwets.

corn·y[2] liddoringagtig; vol liddorings.

co·rol·la blomkroon. **cor·ol·lar·y** *n.* afleiding, gevolgtrekking; gevolg, uitvloeisel; aanvulling. **cor·ol·lar·y** *adj.* bykomstig, korollêr. **cor·ol·late, cor·ol·lat·ed** gekroon(d), kroondraend.

Cor·o·man·del Coast *(geog.)* Koromandelkus. **c~ wood, c~ ebony** koromandelhout.

co·ro·na *-nas, -nae* ligkroon; (lig)krans, stralekrans; *(bot.)* bykroon; mineraalkrans; *(astron.)* kring, korona. **C~ Australis** Corona Australis, die Suiderkroon. **C~ Borealis** Corona Borealis, die Noorderkroon.

co·ro·nach *(Sk., Iers)* lyksang.

cor·o·nal *n.* hoofband, kroon, krans. **cor·o·nal** *adj.* kroon-.

cor·o·nar·y kroon-, krans-; koronêr; ~ ***artery*** kroon-, kransslagaar; ~ ***occlusion*** koronêre afsluiting; ~ ***thrombosis*** koronêre trombose, kroonslagaartrombose, -verstopping; ~ ***vein*** kroon-, kransaar.

cor·o·na·tion kroning. ~ **oath** kroningseed. ~ **robes** *(mv.)* kroningsgewade.

cor·o·ner lykskouer. ~**'s inquest** (geregtelike) lykskouing.

cor·o·net kroon(tjie); krans; hoef-, voetkroon *(v. perd)*; *(bot.)* bykroon.

cor·po·cra·cy korporatiewe burokrasie, korpokrasie. **cor·po·crat** korporatiewe burokraat, korpokraat. **cor·po·crat·ic** korpokraties.

cor·po·ral[1] *n.* korporaal. **cor·po·ral** *adj.* liggaamlik, lyflik, lyf-, liggaams-; ~ *punishment* lyfstraf. **cor·po·ral·i·ty,** *-ties, (w.g.)* stoflikheid, liggaamlikheid; liggaam; *(i.d. mv. ook)* liggaamlike behoeftes. **cor·po·ral·ship** korporaalskap, korporaalsrang.

cor·po·ral[2]**, cor·po·ra·le** *(relig.)* korporaal, altaardoek.

cor·po·rate verbonde, verenig; met regspersoonlikheid; ~ ***body*** regspersoon, korporatiewe/regspersoonlike liggaam, liggaam met regspersoonlikheid; *in a ~ **capacity*** as regspersoon (*of* korporatiewe/regspersoonlike liggaam); *in its ~ **capacity*** handelend as regspersoon (*of* as korporatiewe/regspersoonlike liggaam); *~ **hospitality*** korporatiewe gasvryheid; *~ **identity/image*** korporatiewe beeld/identiteit, maatskappybeeld; *~ **inspection*** paneelinspeksie *(v. 'n skool); ~ **member*** korporatiewe lid; volle/stemgeregtigde lid; maatskappylid; *~ **membership*** korporatiewe/institusionele lidmaatskap; *~ **name*** korporatiewe naam; *~ **raider,** (fin.)* korporatiewe stroper; *~ **state*** korporatistiese staat; *~ **venturing,** (fin.)* verskaffing/voorsiening van waagkapitaal, waagkapitaalfinansiering, =finansiëring.

cor·po·ra·tion korporasie, regspersoon; liggaam, bestuur; *(infml., vero.)* boepens, magie, vaatjie; *(municipal)* ~ stadsbestuur, munisipale bestuur. ~ **tax** maatskappybelasting.

cor·po·ra·tise, =tize *ww.* korporatiseer *(staatsbedryf, regeringsonderneming, ens.)*. **cor·po·rat·ism** korporatisme. **cor·po·rat·ist** korporatisties. **cor·po·ra·tive** korporatief, korporasie=. **cor·po·ra·tor** korporasielid, korporator.

cor·po·re·al liggaamlik, lyflik; stoflik; tasbaar; *~ presence* lyflike aanwesigheid. **cor·po·re·al·i·ty** lyflikheid, liggaamlikheid; stoflikheid.

cor·po·sant →SAINT ELMO'S FIRE.

corps *corps* korps, afdeling; *~ **de ballet*** corps de ballet, balletkorps; ***diplomatic** ~, ~ **diplomatique*** diplomatieke korps; *~ of **engineers*** (die) genie; *~ of **marines*** marinierskorps; *~ of **mechanics*** korps werktuigkundiges; *~ of **officers*** offisierskorps; *~ of **signals*** seinerskorps.

corpse lyk, dooie liggaam, kadawer. ~ **candle** dwaallig, kerkhoflig.

cor·pu·lent swaar=, diklywig, vet, geset. **cor·pu·lence, cor·pu·len·cy** (swaar)lywigheid, vetheid, gesetheid.

cor·pus *=pora, (Lat.)* liggaam, korpus; versameling, corpus. ~ **callosum** *(anat.)* harsingbalk. ~ **cavernosum** *(anat.)* swelliggaam. **C~ Christi** *(RK)* Sakramentsdag. ~ **delicti** *(jur.)* corpus delicti. **C~ Juris** Corpus Juris. ~ **luteum** *(anat.)* geelliggaam.

cor·pus·cle liggaampie; stofdeeltjie; *blood ~* bloedsel, =liggaampie. **cor·pus·cu·lar** uit stofdeeltjies bestaande, korpuskulêr.

cor·ral *n., (Am.)* (vee)kraal; (perde)kamp; laer; vangkamp. **cor·ral** *=ll=, ww., (Am.)* kraal, aankeer, in die kraal ja(ag)/sit; kamp maak, laer trek; inpalm.

cor·ra·sion *(geol.)* afskuring, wegskuring, wegslyping, afslyping *(deur water)*; slypwerking *(v. wind)*; uitholling *(deur rivier)*.

cor·rect *adj.* reg, juis, korrek, in orde; noukeurig, presies, net(jies); *~ fit* nommer pas; *~ pronunciation* suiwer uitspraak. **cor·rect** *ww.* verbeter, nasien, nakyk, oorkyk, korrigeer; berispe, teregwys, bestraf; straf, tug(tig); reghelp; neutraliseer, 'n teenwig vorm. **cor·rect·a·ble, =i·ble** verbeterbaar, wysigbaar. **cor·rect·ed:** *~ essay* nagesiene opstel; *I stand ~* ek erken my fout, ek het my vergis. **cor·rect·ing flu·id** vloeibare uitwisser. **cor·rec·tion** verbetering, korreksie, regstelling; berisping, teregwysing; tugtiging; *house of ~* verbeter(ings)gestig, verbeterhuis; *make a ~* 'n verbetering/korreksie aanbring; *means of ~* tugmiddel; *I speak under ~* ek praat onder korreksie. **cor·rec·tion·al** korreksioneel; *~ facility, (Am.)* korrektiewe instelling/inrigting, gevangenis. **cor·rect·i·tude** korrektheid *(veral v. gedrag)*. **cor·rec·tive** *n.* korrektief, middel tot verbetering. **cor·rec·tive** *adj.* verbeterend, korrektief. **cor·rect·ly** korrek, juis; na regte; tereg. **cor·rect·ness** juistheid, noukeurigheid, korrektheid, suiwerheid. **cor·rec·tor** verbeteraar; nasiener, korrektor; berisper.

cor·re·late *n.* korrelaat, wederkerige betrekking. **cor·re·late** *ww.* in korrelasie (*of* wederkerige betrekking) staan; in korrelasie (*of* wederkerige betrekking) bring/stel, korreleer; *~ s.t. with s.t. else* iets met iets anders korreleer. **cor·re·late, cor·re·lat·ed** gekorreleer(d); korrelatief. **cor·re·la·tion** korrelasie, wederkerige betrekking, verband, onderlinge afhanklikheid; *establish a ~ between things* 'n korrelasie/verband tussen dinge vind. **cor·rel·a·tive** *n.* korrelaat. **cor·rel·a·tive** *adj.* korrelatief, in wederkerige betrekking, wedersyds betreklik.

cor·re·spond korrespondeer, 'n briefwisseling voer, skryf; *~ to ... aan ...* beantwoord, met ... klop (*of* in ooreenstemming wees); *~ with s.o. about s.t.* met iem. oor iets korrespondeer (*of* 'n briefwisseling oor iets voer); *~ with s.t.* met iets ooreenkom/ooreenslaan/ooreenstem/klop/rym; met iets saamval; by iets aansluit.

cor·re·spond·ence ooreenkoms, ooreenstemming; briefwisseling, briefskrywery, korrespondensie; *carry on* (or *conduct*) *a ~* 'n briefwisseling voer. ~ **card** korrespondensiekaart. ~ **college,** ~ **school** korrespondensiekollege, =skool. ~ **column** *(joern.)* briewekolom, =rubriek. ~ **course** korrespondensiekursus.

cor·re·spond·ent *n.* briefskrywer, korrespondent; beriggewer; medewerker *(v. blad)*; insender. **cor·re·spond·ent** *adj.* korresponderend, ooreenkomstig.

cor·re·spond·ing ooreenkomstig, ooreenstemmend; gelykstaande; korresponderend. ~ **angle** gelykstaande/ooreenkomstige hoek. ~ **member** korresponderende/buitelandse lid. ~ **sides** ooreenkomstige sye.

cor·ri·da *(Sp.)* stier=, bulgeveg.

cor·ri·dor gang, korridor; deurgang. ~ **disease** korridorsiekte. ~ **rug** gangmat. ~ **train** gangtrein, deurlooptrein.

cor·rie →CIRQUE.

cor·ri·gen·dum *=genda* verbetering. **cor·ri·gi·ble** verbeterbaar; vatbaar vir verbetering, gedwee, mak.

cor·rob·o·rate bevestig, staaf, beaam; bekragtig, versterk. **cor·rob·o·rant** *(arg.)* versterkend *(medisyne)*; bevestigend. **cor·rob·o·ra·tion** bevestiging, stawing, beaming; bekragtiging, versterking. **cor·rob·o·ra·tive** bevestigend, stawend.

cor·rode invreet (in), aanvreet, inbyt; wegvreet; aantas; verroes; vergaan; korrodeer; *~d battery* weggevrete battery. **cor·rod·i·ble, cor·ros·i·ble** (ver)roesbaar, korrodeerbaar.

cor·ro·sion wegvreting; invreting; verroesting; korrosie. **~-resistant, ~-resisting** korrosie=, roesbestand.

cor·ro·sive *n.* bytmiddel, =stof. **cor·ro·sive** *adj.* wegvretend, (skerp) bytend, korroderend; *~ acid* bytende suur; *~ action* vreetwerking; *~ sublimate* kwiksublimaat, kwikchloried.

cor·ru·gate *adj.* gerimpel(d), rimpel(r)ig, gekreukel(d). **cor·ru·gate** *ww.* riffel, golf; rimpel, frons. **cor·ru·gat·ed** gegolf, geriffel(d); gerimpel(d); gerib; golf=, riffel=; *~ **asbestos*** riffelasbes; *~ **brow*** gefronste voorhoof; *~ **cardboard*** riffelbord, =karton; *~ **iron*** gegolfde yster, golf=, riffelyster, sink; *~ **iron house*** sinkhuis; *~ **iron roof*** sinkdak, golfysterdak; *~ **iron roofing*** gegolfde dakyster; *~ **paper*** riffelpapier; *~ **road*** riffelpad, sinkplaatpad; *~ **section*** geriffelde gedeelte; riffelprofiel; *~ **section of road*** stuk sinkplaatpad; *~ **sheet*** gegolfde plaat; sinkplaat; *~ **spring*** riffelveer. **cor·ru·ga·tion** riffel; rimpel; rimpeling, golwing; *(i.d. mv. ook)* sinkplaat *(op pad)*.

cor·rupt *adj.* bedorwe, verrot; verdorwe; omkoopbaar; omgekoop; oneg, verknoei(d); vervorm; korrup; *~ practice* wanpraktyk. **cor·rupt** *ww.* bederf; verlei; besmet; verknoei; verpes; omkoop, korrumpeer; *~ the mind* die gemoed verontreinig. **cor·rupt·er** bederwer, verleier; omkoper; *~ of language* taalbederwer. **cor·rupt·i·ble** bederfbaar, bederflik; aan bederf onderhewig; verganklik; omkoopbaar. **cor·rup·tion** bederf; bedorwenheid, verdorwenheid; verrotting; verbastering; verminking; omkoping; korrupsie, verwording; *~ of language* taalbederf; *~ of morals* sedebederf, =verbastering.

cor·sage, cor·sage lyfie, keurslyf; bors=, skouerruiker, corsage.

cor·sair, cor·sair *(arg.)* seerower, kaper.

cors(e)·let *(hist.)* (bors)harnas; borsstuk, korselet.

cor·set bors(t)rok, korset, keurslyf. **cor·set·ed** gebors(t)rok; *(fig.)* gebors(t)rok, in 'n dwangbuis (gedruk). **cor·se·teer, cor·se·tier** korsetmaker; korsethandelaar. **cor·se·tière** korsetverkoopster. **cor·set·ry** korsetwerk; korsetware, vorm=, postuurdrag.

Cor·si·ca *(geog.)* Korsika. **Cor·si·can** *n.* Korsikaan. **Cor·si·can** *adj.* Korsikaans.

cors·let →CORS(E)LET.

cor·tège, cor·tege stoet, gevolg; *funeral ~* lykstoet.

Cor·tes *(Sp.)* Cortes, Spaanse parlement.

Cor·tés *(Sp.)*, **Cor·tez** *(veroweraar, 1485-1547)* Cortés.

cor·tex *=tices* buitelaag, kors; *(anat., bot.)* skors, korteks; *(bot.)* bas. **cor·ti·cal** kortikaal, skors=; *~ bundle* skorsbundel; *~ layer* skorslaag; *~ tissue* skorsweefsel. **cor·ti·cate** *(bot.)* met bas/skors; skorsagtig. **cor·ti·ca·tion** skorsvorming.

cor·ti·sone *(biochem.)* kortisoon.

co·run·dum *(min.)* korund.

co·rus·cate *(poët., liter.)* flikker, skitter, vonkel.

cor·vée *(hist.)* herediens(te).

cor·vette *(sk.)* korvet.

cor·vine kraai=, raafagtig; raafkleurig. **Cor·vus** *(astron.)* Corvus, die Kraai.

cor·ymb *(bot.)* (blom)tuil, stingeltros. **cor·ym·bif·er·ous** tuildraend. **co·rym·bi·form** tuilvormig. **co·rym·bose, co·rym·bous** tuilagtig.

cor·y·phae·us *=phaei* korifee, koorleier *(i.d. antieke Gr. dramas)*; *(arg., liter.)* leier.

co·ry·za *(patol.)* neusverkoue, katar.

Cos *(geog.)* →KOS. **c~ (lettuce)** bindslaai, langblaarslaai.

(')cos *(infml.)* oor, omdat; →BECAUSE.

co·se·cant *(wisk.)* kosekans.

cosh *n.* knuppel. **cosh** *ww.* knuppel, met 'n knuppel slaan. ~ **boy** rampokker.

co-sig·na·to·ry medeondertekenaar. **co-sig·na·ture** medeondertekening.

co·si·ly, co·si·ness →COSY.

co·sine *(wisk.)* kosinus.

Cos·ma·ti: *the ~, (It. kunstenaars)* die Cosmate. ~ **work** Cosmatewerk.

cos·met·ic *n.* skoonheidsmiddel, kosmetiese middel, kosmetiek; *(i.d. mv.)* skoonheidsmiddels, kosmetiese middels, kosmetieke, *(infml.)* mooimaakgoed. **cos·met·ic** *adj.* kosmeties, skoonheids=; *~ surgeon* plastiese chirurg/sjirurg; *~ surgery* plastiese chirurgie/sjirurgie. **cos·me·ti·cian** skoonheids(des)kundige, kosmeti(ku)s.

cos·mic →COSMOS.

cos·mo *komb.vorm* kosmo=, wêreld=.

cos·mo·chem·is·try kosmochemie.

cos·mog·o·ny skeppingsleer, kosmogonie. **cos·mog·o·nal, cos·mo·gon·ic, cos·mo·gon·i·cal** kosmogonies.

cos·mog·ra·phy wêreldbeskrywing, kosmografie. **cos·mog·ra·pher** wêreldbeskrywer, kosmograaf. **cos·mo·graph·ic, cos·mo·graph·i·cal** kosmografies.

cos·mol·o·gy kosmologie. **cos·mo·log·ic, cos·mo·log·i·cal** kosmologies. **cos·mol·o·gist** kosmoloog.

cos·mo·naut ruimtevaarder, =reisiger, =man, =vrou.

cos·mo·pol·i·tan *n.* kosmopoliet, wêreldburger. **cos·mo·pol·i·tan** *adj.* kosmopolities, wêreldburgerlik. **cos·mo·pol·i·tan·ism** wêreldburgerskap, kosmopolitisme. **cos·mop·o·lite** *(w.g.)* = COSMOPOLITAN.

cos·mo·ra·ma *(hist.)* (wêreld)kykspel, kykkas, =spel. **cos·mo·ram·ic** kykspelagtig.

cos·mos wêreldstelsel, heelal, kosmos; *(bot.)* nooientjie-in-die-gras, duiwel-in-die-bos, kosmos(blom). **cos·mic** kosmies, van die heelal; *~ radiation* kosmiese straling; *~ rays* kosmiese strale; *~ system* wêreldstelsel.

Cos·sack Kosak. ~ **choir,** ~ **chorus** Kosakkekoor. **c~ hat** kosakmus.

cos·set *n.* hanslam; liefling. **cos·set** *ww.* vertroetel, verwen, oppiep, verpiep. **cos·set·ing** (ver)troeteling.

cos·sie, coz·zie *(infml.)* swem=, baaibroek.

cost *n.* koste; prys; skade; *(i.d. mv. ook)* onkoste; *(i.d. mv., jur.)* gedingkoste, (hof)koste; ***adverse** ~s* koste van die teenparty; *at **all** ~s, at **any** ~* tot elke prys; al kos dit (ook) wat, ongeag die koste, kom wat wil, (laat dit) kos wat dit wil; ***at*** ~ teen kosprys; ***at** a ~ of* ... vir 'n bedrag van ...; ***at** the ~ of* ... ten koste van ...; ***bear** the ~* die koste dra; ***bill** of ~s* kosterekening, geregskoste; ***count** the ~* die nadele oorweeg; ***defray/meet** ~s* koste bestry; ***dismissed** with ~s* van die hand gewys met die koste; *at no **extra** ~* sonder bykomende/ekstra koste; *at **great/little** ~* met groot/geringe koste; *the ~(s) **involved** in s.t.* die koste wat aan iets verbonde is; *~ of **issue*** uitgiftekoste; *~ of **living*** lewenskoste, koste van lewensonderhoud; *(high) ~ of **living*** lewensduurte; ***prime** ~* direkte koste; primêre koste; *~(s) of **production*** produksiekoste; ***regardless** of ~* ongeag die koste; *the **running** ~s* die lopende koste; *~s of **suit*** gedingkoste, koste van die saak; ***tax** the ~s* die koste takseer; ***to** s.o.'s ~* tot iem. se nadeel/skade; *~ of **transfer*** oordragkoste; *at **what** ~?, (fig.)* tot watter prys?; ***with** ~s* met koste *(v. 'n hofsaak)*; *~ and **works** accountant* bedryfs-en-kosterekenmeester. **cost** *ww.* kos, te staan kom op; koste bereken, prys(e) vasstel; *~ a **bomb/packet*** (or *the **earth**), (infml.)* 'n fortuin kos; *~ s.o. **dear(ly)*** iem. duur te staan kom; *~ what it **may*** al kos dit (ook) wat, (laat dit) kos wat dit wil. ~ **accountancy** kosteberekening, kosprysberekening. ~ **accountant** kosterekenmeester. ~ **accounting** kosteberekening. ~**-benefit analysis** koste-voordeel-analise/ontleding. ~ **centre** kostesentrum. ~**-conscious** *(verbruiker)* prysbewus; *(bestuurder)* kostebewus. ~ **cutting** *n.* kostebesnoeiing. ~**-cutting** *adj.* kostebesparend, kostebesnoeiings=. ~**-effective** lonend, betalend, koste-effektief. ~**-effectiveness** lonendheid, betalendheid, koste-effektiwiteit. ~ **ledger** kostegrootboek. ~**-of-living** *adj. (attr.)* lewenskoste=, lewensduurte=; *~ allowance/bonus* lewenskostetoelaag, =toelae, lewensduurtetoelaag, =toelae; *~ index* lewenskoste-, lewensduurte-indeks. ~**-plus** *n.* koste-plus. ~**-plus** *adj. (attr.)* koste-plus-; *~ basis* koste-plus-basis; *~ price* koste-plus-prys; *~ pricing* koste-plus-prysbepaling, bepaling van die koste-plusprys(e). ~ **price** kosprys, koste; *manufacturer's ~ ~* fabrieksprys.

Cos·ta *(Sp.)*: ~ **Brava** *(geog.)* Costa Brava. ~ **del Sol** *(geog.)* Costa del Sol. ~ **Rica** *(geog.)* Costa Rica. ~ **Rican** *n.* Costa Ricaan/Ricaner. ~ **Rican** *adj.* Costa Ricaans.

cos·ta *=tae, (Lat.; anat., bot.)* kosta, rib. **cos·tal** kostaal, rib(be)=; *~ vein* voorrandaar *(v. 'n insek)*. **cos·tal-nerved** *(bot.)* ribnerwig; ribarig, gerib(d). **cos·tate** *(anat.)* gerib(d); *(bot.)* generf.

co-star *n.* medester, een van die hoofspelers; *be a/the ~* een van die hoofrolle (*of* die tweede hoofrol) speel/vertolk; *be ~s* die hoofrolle speel/vertolk. **co-star** *=rr=, ww.* (een van) die hoofrolle speel/vertolk; *~ring ... (and ...)* met ... (en ...) in die hoofrol(le); *the film ~s ... (and ...)* die film het ... in een van (*of* het ... en ... in) die hoofrolle; *~ with s.o. in a picture* iem. se medester in 'n (rol)prent wees.

cos·tard groot appel; *(arg., skerts.)* kop, knikker. **coster(mon·ger)** *(Br., w.g.)* vrugtesmous; straatventer.

Cos·ter·mans·ville *(vero.)* Costermansstad; →BUKAVU.

cost·ing kosteberekening, =bepaling. ~ **clerk** kosteberekeningsklerk.

cos·tive *(fml.)* hardlywig, verstop; suinig, vrekkig. **cos·tive·ness** hardlywigheid, verstopping; suinigheid.

cost·less kosteloos.

cost·ly duur; kosbaar. **cost·li·ness** duurheid, duurte; kosbaarheid.

cos·tume *n.* (klere)drag; klere, kleding, kledy; kostuum; *(mode, outyds)* baadjiepak, tweestuk. **cos·tume** *ww.* kostumeer, klee. ~ **ball** kostuumbal. ~ **jewellery** kleed=, kostuumjuwele. ~ **piece,** ~ **play** stuk in historiese drag, kostuumstuk. **cos·tum·er, cos·tum·i·er** kostumier.

co-sure·ty medeborg.

co·sy *n., (Br.)* hoekbank; *egg ~* eiermussie; *tea ~* teemus(sie). **co·sy** *adj.* behaaglik, gesellig, knus, gemoedelik; *(neerh.)* selfgenoegsaam, selfingenome, selfvoldaan; *(neerh.)* gerieflik *(reëling, transaksie, ens.)*.

co·sy *ww.: ~ s.o., (infml.)* iem. op sy/haar gemak sit/stel, iem. gemaklik (*of* op sy/haar gemak) laat voel; *~ up to ...* jou teen ... nestel/aanvly; jou by ... indring, in ... se guns probeer kom. **co·si·ly** behaaglik, knus(sies). **co·si·ness** geselligheid, knusheid, behaaglikheid.

cot[1] *n.* (kinder)bedjie, bababed; katel; *(Br.)* hospitaalbed; *(Am.)* kampbed(jie), veld=, voubed; *(sk., hist.)* hangmat. ~ **death** wiegiedood.

cot[2] *n.* hok; kraal(tjie); skuur; *(arg., poët., liter.)* kothuis, cottage. **cot** *=tt=, ww.* in die hok ja(ag), kraal.

co·tan·gent *(wisk.)* kotangens.

cote hok; kraal(tjie); skuur.

co·ten·ant medehuurder.

co·te·rie koterie, kliek, groep.

co·ter·mi·nous →CONTERMINOUS.

co·thurn, co·thurn *=thurns,* **co·thur·nus** *=thurni, (teat., w.g.)* koturn, toneellaars.

co·tid·al: *~ line* getylyn.

co·til·lion, co·til·lon *(18de-eeuse dans)* kotiljon(s); *(Am. dans)* kadriel; *(Am.)* bal.

co·to·ne·as·ter *(bot.)* dwergmispel.

cot·ta *(It., RK)* cotta, kort superplie.

cot·tage cottage, kothuis; hut; (land)huisie; buitehuis(ie); vakansiehuis(ie). ~ **cheese** maaskaas, suurmelk=, dikmelkkaas. ~ **hospital** huishospitaal. ~ **industry** tuisnywerheid, huisbedryf; huisvlyt. ~ **loaf** boerebrood. ~ **piano** pianino. ~ **pie** herders=, boere=, aartappelpastei. ~ **pudding** koekpoeding. ~ **roof** hanskapdak. ~ **weave** volksweefbinding.

cot·tag·er kothuisbewoner; landarbeider; *(Am.)* eienaar/huurder van 'n vakansiehuis(ie).

cot·ter[1] dwarsspy, sluitwig, =pen. ~ **bolt** spybout. ~ **(pin)** spy=, splitpen; dwarsspy. ~ **stud** spytaphout.

cot·ter[2]**, cot·tier, cot·tar** *(hist.)* bywoner.

cot·ton *n.* katoen; garing, gare; *a **reel** of ~* 'n rolletjie/tolletjie garing/gare; ***sewing** ~* naaigaring, =gare; ***stranded** ~* katoenborduurgaring, =gare; ***wild** ~* katoenbos, gansies. **cot·ton** *adj.* katoen=, van katoen. **cot·ton** *=ed =ing, ww., (vero., dial.)* aangetrokke voel tot, vriende maak; ooreenkom, saamtrek; *~ **on** to s.t., (infml.)* iets begryp/snap, agterkom wat iets is; iets begin gebruik/benut; *~ **to** s.o., (Am. infml.)* met iem. maats maak, van iem. hou; *~ **to** s.t., (Am. infml.)* iets goedvind; *~ **up** to s.o., (arg.)* toenadering tot iem. soek. ~ **bud** wattestokkie. ~ **cake** katoensaadkoek. ~ **candy** *(Am.)* = CANDYFLOSS. ~ **crop** katoenoes. ~ **flannel,** ~ **plush** flanelet, katoenflanel. ~ **gin** katoenpluismeul. ~ **grass** wolgras. ~ **grower** katoenboer. ~ **growing** katoenboerdery. ~ **mill** katoenfabriek. ~ **picker** katoenplukker. ~**-picking** *adj. (attr.), (Am. sl.)* bleddie, blerrie, vervlakste, vervloekste, dêm, flippen. ~ **plant** katoenplant. ~ **print** bedrukte/bont katoen. ~ **rust** katoenroes. ~**seed oil** katoenolie. ~ **spinner** katoenwewer. ~**tail** *(Am., soöl.)* katoenstertkonyn. ~ **thread** rugare, katoendraad. ~ **velvet** katoenfluweel. ~ **waste** afval=, poetskatoen. ~**wood** Amerikaanse populier. ~ **wool** watte; *wad of ~ ~* wattetjie. ~ **yarn** katoengaring, =gare.

cot·ton·y katoenagtig; mollig *(stem)*.

cot·y·la *=lae,* **cot·y·le** *=les, (bot.)* gewrigsholte; heuppot(jie). **cot·y·le·don** *(bot.)* kiemblaar, saad=, kiemlob, kotiel; *(anat.)* vlok. **cot·y·le·do·nous** *(bot.)* saadlobbig, kiembladig, =blarig. **cot·y·loid** *(anat.)* komvormig.

cou·cal *(orn.)* vleiloerie.

couch[1] *n.* rusbank, sofa; slaapbank; bed, siekbed; *(arg.)* lêplek. **couch** *ww.* uitdruk, inklee *(in woorde)*; *(poët., liter.)* neerlê, gaan lê; *(arg.)* laat sak, vel *(spiese)*; *~ s.o.'s eye, (hist.)* die staar van iem. se oog lig; *s.t. is ~ed in poetic(al)/etc. language* iets is in digterlike/ens. taal gegiet/geklee. ~ **potato** *(sl.)* TV-slaaf, kassiekneg, rusbanksitter, stoelpatat, sofapokkel.

couch[2] *n.*: ~ **(grass)** kweek(gras).

cou·chant *(her.)* liggend; hurkend.

cou·chette *(Fr., spw.)* slaapwa; slaapbank.

couch·ing *(borduurwerk)* hegting; hegwerk. ~ **stitch** hegsteek.

cou·gar poema, bergleeu.

cough *n.* hoes; kug; *have a bad ~* lelik/sleg hoes; *give a ~* hoes. **cough** *ww.* hoes; kug; *~ down a speech* 'n toespraak doodhoes; *~ s.t. out* iets uithoes; iets hoestende sê; *~ s.t. up* iets uithoes; iets opbring *(bloed ens.)*; *(infml.)* iets opdok *(geld ens.)*. ~ **drop** hoesklontjie. ~ **lozenge** hoeslekker. ~ **mixture,** ~ **remedy** hoesmiddel. ~**-relieving** hoesstillend. ~ **syrup** hoesstroop. ~ **tablet** hoespil.

cough·ing gehoes, hoesery; *have a fit/spasm of ~* 'n hoesbui hê. ~ **fit** hoesbui.

could kon; *I ~ not do it* ek kon dit nie doen nie; ek sou dit nie kan doen nie; →CAN[1] *ww.*. **couldn't** = COULD NOT.

cou·lisse sponning, gleufhout; *(teat.)* sy=, toneelskerm.

cou·lomb *(fis., simb.: C)* coulomb. **cou·lom·e·ter, cou·lomb·me·ter** coulombmeter.

coul·ter kouter, ploegmes, ploegyster; *rolling ~* kouterwiel.

coun·cil raad; raadsvergadering; konsilie; ***in** ~* in rade; *be **in** ~* kajuitraad hou; ***ministers'** ~, ~ of **ministers*** ministerraad; *be **on** a ~* in 'n raad dien/sit; *C~ of **Policy*** Politieke Raad; *C~ for **Scientific** and Industrial Research (afk.: CSIR)* Wetenskaplike en Nywerheidnavorsingsraad *(afk.: WNNR)*; *~ of **state*** staatsraad; *the C~ of **State**, (Ndl.)* die Raad van State; *~ of **war*** krygsraad; skeepsraad, kajuitraad. ~ **chamber** raadskamer, raadsaal. ~ **member** raadslid.

coun·cil·lor raadslid. **coun·cil·lor·ship** raadslidskap.

co-un·der·signed medeondergetekende.

coun·sel *n.* raad, raadgewing; plan; *(arg.)* beraadslaging; *(mv. counsel)* regsadviseur, advokaat; advokate; ***brief** ~* 'n advokaat kry (*of* opdrag gee); ***darken** ~, (arg.)* verwarring stig, 'n saak vertroebel; ***keep** one's own ~* jou mond hou, die stilswye bewaar, swyg; nie oor jou planne praat nie; *~ of **perfection*** (volmaakte maar) onuitvoerbare raad/advies; ***take** ~'s opinion* regsadvies (*of* regsgeleerde advies *of* 'n regsmening) inwin; ***take** ~ (together), (fml.)* (met mekaar) beraadslaag (*of* oorleg pleeg); ***take/hold** ~ with s.o. (about s.t.), (fml.)* met iem. (oor iets) beraadslaag (*of* oorleg pleeg); ***wiser** ~s have prevailed* hy/sy/hulle het hom/haar/hulle bedink. **coun·sel** *=ll=, ww.* raad gee, adviseer; (aan)raai; voorlig; *~ s.o. against s.t.* iem. afraai om iets te doen; *~ with s.t.* met iem. beraadslaag. **coun·sel·ling** voorligting, beraad; voorligtingsdiens. **coun·sel·lor** raadgewer, raadsman; voorligter; *(diplomaat)* kanselier; *~ of embassy* ambassaderaad.

count[1] *n.* tel, rekening; telling; (punt van) aanklag(te); *on **all** ~s* op al die aanklagte(s); ***beat** the ~* betyds regkom; *be **down** for the ~* uitgetel/uitgeslaan wees; ***keep** ~ of s.t.* iets tel; ***lose** ~ of ...* nie (meer) weet hoeveel ... nie; ***make/take** a ~ of s.t.* iets tel; *take **no** ~ of s.t., (w.g.)* geen ag op iets slaan (*of* geen rekening met iets hou) nie; *be **out** for the ~, (lett.)* uitgetel/uitgeslaan wees; *(fig., infml.)* poegaai wees; bewusteloos wees; diep slaap; ***take** the ~, (boks)* uitgetel word, bly lê; ***on that** ~, (ook)* op dié punt, in dié opsig. **count** *ww.* tel; optel; reken, ag; opneem *(stemme)*; tel, belangrik (*of* in tel) wees, geld, in aanmerking geneem word, meetel; *~ **again*** oortel; *s.t. ~s **against** s.o.* iets tel teen iem., iets is (vir iem.) 'n nadeel; *~ s.o. **among*** (or ***as** one of*) *one's friends* iem. onder jou vriende reken/tel; *s.t. **doesn't** ~* iets tel nie; *s.o. **doesn't** ~* iem. tel (*of* is nie in tel) nie; *~ s.t. **down*** iets aftel/uittel; *one can ~ it/them on one's **fingers*** →FINGER; *... ~s **for** much/little/nothing ...* tel/beteken baie/min (*of* is baie/min werd), ... tel/beteken niks (*of* is niks werd) nie; *it ~s **for** ten points* dit tel tien punte; *~ s.t. **in*** iets bytel/meereken/saamtel; *~ me **in!**, (infml.)* ek kom/speel saam!; ek sal ook ...!; *~ s.t. **off*** iets aftel; *~ **on/upon** ...* op ... reken/staatmaak; *~ s.o. **out*** iem. uittel; *(infml.)* iem. nie meetel nie; *~ s.t. **out*** iets aftel/uittel; *~ me **out!**, (infml.)* buiten my!, ek kom/speel nie saam nie!; ek sal nie ... nie!; *~ s.t. **up*** iets bymekaartel/optel; ***what** ~s is that ...* wat van belang is (*of* saak maak), is dat ... ~**down** aftelling. ~**out** uittelling; verdaging *(weens gebrek aan 'n kworum)*.

count² *n.* graaf. ~ **palatine** *(hist.)* paltsgraaf.

count·a·ble telbaar.

coun·te·nance *n.* gesig, gelaat; uitdrukking; self=beheersing; *(fml.)* steun, goedkeuring; ***change*** ~ van uitdrukking verander; verbleek; ***give/lend*** ~ *to s.t.* iets steun; ***keep*** *one's* ~ 'n ernstige gesig bewaar, jou lag (in)hou; ***keep*** *s.o. in* ~ iem. op sy gemak hou; ***put*** *s.o. out of* ~ iem. skaam/verleë maak, iem. van sy/haar stukke (af) bring. **coun·te·nance** *ww.* toelaat, sank=sioneer; begunstig, aanmoedig, steun.

count·er¹ *n.* blokkie, skyfie; speelmunt; ruilmiddel; teller; teller, telbuis; opnemer; toonbank; *pay **at** the* ~ by die toonbank betaal; ***Geiger*** ~ →GEIGER; ***over** the* ~ oor die toonbank; ***under** the* ~, *(infml.)* in die geheim, onder die tafel; onwettig. ~ **cheque** los tjek. ~ **clerk** toonbankklerk. ~ **jumper** *(infml., neerh., vero.)* winkelklerk. ~**top** *(Am.)* werk(s)vlak, =blad.

coun·ter² *n.* boeg, bors *(v. 'n perd);* teen(oor)ge=stelde; teen=, teëmaatreël; teen=, teëbevel; teen=, teëwig, teen=, teëvoeter; *(skermk.)* teenstoot; *(sk.)* wulf; hak=stuk, konterfoor *(v. 'n skoen).* **coun·ter** *adj.* teen=; teenoorgestel(d). **coun·ter** *ww.* teen=, teëwerk; teen=, teëstaan; jou verset teen; jou verweer; terugslaan, terugveg, 'n teen=/teëaanval doen/loods, met 'n teen=/teëaanval kom; 'n teen=/teëwig vorm *(vir);* antwoord; *(skermk.)* pareer, wegkeer en terugslaan; ~ *with* ... met ... antwoord. **coun·ter** *adv.* teen ... in, in die teenoorgestelde rigting; *run* ~ *to* ... ingaan/indruis teen (*of* in botsing kom met) ... **coun·ter**= *pref.* teen=, teë=, kontra=.

coun·ter·act teen=, teëwerk; ophef; verydel; wal gooi teen; teen=, teëgaan. **coun·ter·ac·tion** teen=, teëwer=king; opheffing; teen=, teëbeweging; *take* ~ teen=/teëmaatreëls neem/tref. **coun·ter·ac·tive** teen=, teë=werkend, teen=, teë=; ~ *measures* teen=, teëmaatreëls. **coun·ter·a·gent** teen=/teëwerkende krag.

coun·ter·arch *(bouk.)* kontraboog.

coun·ter·ar·gu·ment teenargument.

coun·ter·at·tack *n.* teen=, teëaanval. **coun·ter·at·tack** *ww.* 'n teen=/teëaanval doen/loods.

coun·ter·at·trac·tion kontra-attraksie, ander/mede=dingende attraksie.

coun·ter·bal·ance *n.* teen=, teë(ge)wig. **coun·ter·bal·ance** *ww.* opweeg teen, ophef, goedmaak, ba=lanseer.

coun·ter·bid teenbod.

coun·ter·blast teenverklaring.

coun·ter·bore *n.* teenboring; versinkboor. **coun·ter·bore** *ww.* teenboor.

coun·ter·brac·ing *(sk.)* teenverspanning.

coun·ter·charge teen=, teëbeskuldiging, teen=, teë=klag.

coun·ter·check rem; teen=, teëwerking; teen=, teë=wig; dubbele kontrole, kruiskontrole.

coun·ter·claim *n., (jur.)* teeneis, eis in rekonvensie. **coun·ter·claim** *ww., (jur.)* 'n teeneis instel.

coun·ter·clock·wise *adj. & adv., (Am.)* →ANTI=CLOCKWISE.

coun·ter·cul·ture teen=, kontrakultuur, alternatie=we kultuur. **coun·ter·cul·tur·ist** alternatieweling, lid van die teen=/kontrakultuur.

coun·ter·cy·cle *(ekon.)* antisiklus. **coun·ter·cy·cli·cal** antisiklies.

coun·ter·de·mand →COUNTERCLAIM.

coun·ter·dem·on·stra·tion teen=, teëbetoging.

coun·ter·drill teenboor.

coun·ter·en·try *(boekh.)* teeninskrywing, kontra-inskrywing, kontraboeking.

coun·ter·es·pi·o·nage kontra=, teenspioenasie.

coun·ter·ex·am·ple teenvoorbeeld.

coun·ter·feit *n.* namaaksel, namaak. **coun·ter·feit** *adj.* nagemaak, oneg, vals; *(arg.)* voorgewend. **coun·ter·feit** *ww.* namaak, naboots, vervals; *(arg.)* huigel; *(poët., liter.)* sterk lyk op. **coun·ter·feit·er** ver=valser, namaker; valsmunter. **coun·ter·feit·ing** nama=kery, vervalsing; valsmuntery.

coun·ter·fire voorbrand; teenbrand.

coun·ter·foil teenblad, =strokie; kontrolestrook, =strokie.

coun·ter·force *n., (mil.)* teenmag. **coun·ter·force** *adj. (attr.), (mil.)* teenmag=; ~ *attack/strike* teenmag=aanval; ~ *weapon* teenmagwapen.

coun·ter·fort *(bouk.)* (steun)beer, stut; steunmuur, konterfort.

coun·ter·glow teengloed, skemeringsboog.

coun·ter·hem sluitsoom.

coun·ter·in·di·ca·tion *(med.)* kontra-indikasie, kon=traïndikasie, teenaanduiding, =aanwysing.

coun·ter·in·sur·gen·cy *(mil.)* teeninsurgensie. ~ **measures** teeninsurgensiemaatreëls. **coun·ter·in·sur·gent** teeninsurgent, antiguerrillavegter, =stryder.

coun·ter·in·tel·li·gence kontraspioenasie, teenin=ligtingsdiens.

coun·ter·in·tu·i·tive teenintuïtief, wat teen die in=tuïsie indruis, intuïtief onaanneemlik.

coun·ter·ir·ri·tant *(med.)* teenprikkel; teenprikkel=middel.

coun·ter·mand *n.* teen=, teëbevel; afsegging; intrek=king *(v. 'n bestelling vir goedere ens.).* **coun·ter·mand** *ww.* herroep, terugtrek, intrek; afskryf, =skrywe; on=gedaan maak; afgelas, afsê; stopsit, staak *(betaling);* stop(sit), die betaling van ... stopsit *('n tjek);* intrek, kanselleer *('n bestelling vir goedere ens.);* ~ *an order* 'n teen=/teëbevel gee.

coun·ter·march *n., (mil.)* teen=, teëmars; *marches and ~es* heen-en-weer-marsjeerdery. **coun·ter·march** *ww., (mil.)* terugmarsjeer; 'n teen=/teëmars uitvoer.

coun·ter·mark kontramerk.

coun·ter·meas·ure teen=, teëmaatreël.

coun·ter·me·mo·ri·al *(int. reg)* kontramemorie.

coun·ter·mine *n., (mil.)* teen=, kontramyn; teen=, teë=lis. **coun·ter·mine** *ww., (mil.)* kontramineer, teen=, teëwerk, ondergrawe.

coun·ter·mis·sile teenmissiel.

coun·ter·mo·tion teen=, teëbeweging; teen=, teë=, kontravoorstel.

coun·ter·move teenset, =handeling. **coun·ter·move·ment** teen=, teëbeweging.

coun·ter·nut *(teg.)* teen=, sluitmoer.

coun·ter·ob·jec·tion teenbeswaar.

coun·ter·of·fen·sive *(mil.)* teenoffensief.

coun·ter·of·fer teenaanbod.

coun·ter·or·der kontraorder, teen=, teëbevel.

coun·ter·pane *(vero.)* deken, bedsprei.

coun·ter·part teenstuk; teen=, teëhanger, pendant; teen=, teëvoeter; teen=, teëstem; ewe=, teen=, teëbeeld; ampsgenoot, teenspeler; duplikaat, kopie; ekwivalent.

coun·ter·per·for·mance teenprestasie.

coun·ter·plea *(jur.)* repliek, teenpleidooi.

coun·ter·plot *n.* teen=, teëlis, teenkomplot. **coun·ter·plot** =*tt*=, *ww.* 'n teen=/teëlis smee; teen=, teëwerk, uitoorlê.

coun·ter·point *(mus.)* kontrapunt.

coun·ter·poise *n.* teen=, teëwig; ewewig. **coun·ter·poise** *ww.* 'n teen=/teëwig vorm/wees teen/vir, neu=traliseer; balanseer, in ewewig bring/hou; *(arg.)* opweeg teen.

coun·ter·poi·son teen=, teëgif.

coun·ter·pro·duc·tive teen=, kontraproduktief; on=sinnig, aweregs; *be* ~ die teenoorgestelde uitwerking hê; 'n teenreaksie uitlok.

coun·ter·proof teen=, teëbewys; *(druk.)* teenproef.

coun·ter·pro·po·sal teen=, teë=, kontravoorstel.

coun·ter·punch *(boks)* teenhou; *(druk.)* teenpons.

coun·ter·ques·tion wedervraag.

Coun·ter-Ref·or·ma·tion *(RK, hist.)* Teenhervor=ming, Kontrareformasie.

Coun·ter Re·mon·strant *(hist.)* Kontra-Remon=strant.

coun·ter-res·o·lu·tion teen=, teë=, kontravoorstel.

coun·ter-rev·o·lu·tion teen=, kontrarevolusie, =re=wolusie, teenomwenteling. **coun·ter-rev·o·lu·tion·ar·y** *n. & adj.* teen=, kontrarevolusionêr, =rewolusionêr.

coun·ter·scarp teenwal.

coun·ter·shaft tussenas.

coun·ter·sign *n.* kontramerk; *(arg.)* herkennings=, wagwoord; *(arg.)* geheime teken, herkenningsteken. **coun·ter·sign, coun·ter·sign** *ww.* medeonder=teken; (met jou handtekening) bekragtig. **coun·ter·sig·na·ture** medeondertekening.

coun·ter·sink *n.* versinking; versinkyster. **coun·ter·sink** =*sunk*/=*sank*, =*sunk*, *ww.* versink, inlaat. ~ **bit**, ~ **drill** versinkboor. **coun·ter·sink·ing** versinking. **coun·ter·sunk** versonke; ~ *head* versinkkop.

coun·ter·spy teenspioen.

coun·ter·stroke teenstoot, =set, =onderneming.

coun·ter·suit teenproses.

coun·ter·sun *(astron.)* by=, teenson, anthelium.

coun·ter·ten·or *(mus.)* kontra=, falsettenoor.

coun·ter·ter·ror·ism antiterrorisme, =terreur. **coun·ter·ter·ror·ist** *n.* antiterroris. **coun·ter·ter·ror·ist** *adj.* antiterroristies.

coun·ter·thrust teenstoot.

coun·ter·trade teen=, kontrahandel.

coun·ter·vail, coun·ter·vail opweeg teen; ~*ing duty* kompenserende reg.

coun·ter·val·ue teenwaarde.

coun·ter·wall teenmuur.

coun·ter·weigh →COUNTERBALANCE. **coun·ter·weight** teen=, teë(ge)wig, kontragewig.

coun·ter·work *n.* teenvesting. **coun·ter·work** *ww.* teen=, teëwerk, in die wiele ry, ongedaan maak.

coun·tess gravin.

count·ing telling, tellery; tellende; *not* ~ ... buiten ... ~ **frame** rekenbord, =raam, telraam. ~ **house** *(Br., hist.)* (bankiers)kantoor. ~**-out rhyme** uittel=, aftel=rympie. ~**-out shed** telhok.

count·less ontelbaar, talloos, onnoemlik, ongetel(d).

coun·tri·fied, coun·try·fied boers, agtervelds, groen; *become* ~ verboers.

coun·try *n.* land, vaderland; terrein, wêreld; land=streek; platteland, buitedistrikte; ***across*** ~ deur die veld; ***across** the* ~ oor die land (heen); oor die hele land; ***go** to the* ~, *(parl.)* 'n verkiesing uitskryf/=skrywe, die kiesers laat beslis, die Parlement ontbind; ***in** the* ~ in die land; op die platteland; ***jump/skip** the* ~, *(infml.)* uit die land dros/verdwyn/vlug; *so **many** coun=tries, so many customs* lands wys, lands eer; *the **old*** ~ die moederland; ~ *of **origin*** →ORIGIN; *this is **sheep*** ~ dis skaapwêreld dié; *a party **sweeps** the* ~ 'n party behaal 'n oorweldigende meerderheid in die land (*of* 'n wegholoorwinning); *in **this*** ~ hier te lande, in ons land; ***tramp** the* ~ die land platloop; ***up*** ~ na die binneland, landinwaarts; ***up** and down the* ~ oor die hele land. ~**-and-western music** country(musiek), country-en-western-musiek. ~**-born** op die platte=land gebore. ~**-bred** op die platteland getoë. ~ **bump=kin** plaasjapie, sandtrapper, boslanser. ~ **cheque** bui=tetjek. ~ **club** buiteklub. ~ **cousin** boerneef, =klong, =niggie, plaasnefie, =niggie, =japie. ~ **dance** kontra=, konterdans; boeredans. ~ **districts** platteland, bui=tedistrikte. ~ **dweller** plattelander. ~ **estate** landgoed. ~**folk** plattelanders, plattelandse mense; landgenote. ~ **gentleman** landheer, landgoedeienaar, landedel=man. ~ **gentry** *(mv.)* landadel. ~ **house** landhuis, buitewoning, =verblyf; landgoed. ~ **life** boere=, plaas=lewe. ~**man** landgenoot, landsman; plattelander, plaas=mens. ~ **music** country(musiek); boeremusiek. ~ **party** *(pol.)* boereparty, plattelandse party. ~ **people** plaas=, boeremense, plattelanders. ~ **residence** plattelandse woning, landhuis, buiteverblyf, =woning. ~ **road** plaas=pad. ~ **seat** landgoed, buiteverblyf. ~**side** platteland. ~ **sport(s)** boeresport. ~ **squire** landjonker. ~ **store** plaaswinkel, plattelandse winkel. ~ **town** plattelandse dorp; provinsiestad. ~ **village** plattelandse dorpie, boeredorp. ~**-wide** oor die hele land, land(s)wyd. ~**-wide tour** landsreis. ~**woman** vroulike landgenoot; boer(e)vrou, plattelandse vrou.

coun·ship graafskap, graaflikheid.
coun·ty *(Br.)* graafskap; *(Am.)* distrik; ~ *of London* graafskap Londen. ~ **borough** *(Br. hist.)* stad met die status van 'n graafskap. ~ **council** graafskapsraad. ~ **cricket** graafskapskrieket. ~ **seat** *(Am.)* distriks-hoofstad. ~ **town** *(Br.)* graafskapshoofstad.
coup *(Fr.)* slag, slim set; staatsgreep, coup; *pull off a* ~, *(infml.)* 'n slag slaan, 'n (groot) ding regkry; *stage a* ~ 'n staatsgreep uitvoer. ~ **de grâce** *coups de grâce* genadeslag, doodsteek. ~ **de main** *coups de main* verrassingsaanval; oorrompeling(saanval). ~ **d'état** *coups d'état* staatsgreep, coup d'état. ~ **de théâtre** *coups de théâtre* coup de théâtre. ~ **d'oeil** *coups d'oeil* oorsig; oogopslag, vlugtige blik.
cou·pé *(Fr., mot.)* koepee(model), tweedeur(motor); *(SA, spw.)* koepee; *(hist.)* geslote rytuigie.
cou·ple *n.* paar, tweetal; *(masj.)* koppel; spar(re)-paar, hanskap *(in dak)*; kragtepaar; *a married* ~ 'n egpaar (*of* getroude paar[tjie]); *a* ~ *of ...*, *(infml.)* 'n paar (*of* enkele) ... *(dae ens.)*; ~ *of forces* kragtekoppel. **cou·ple** *ww.* verbind, in verband bring; (vas)koppel; paar; ~ *s.t. on* iets aanhaak/aankoppel; ~ *s.t. together/up* iets vaskoppel; ~ *s.t. with ...* iets aan ... paar. **cou·pled** gekoppel(d); gepaar(d); ~ *circuit* gekoppelde kring; ~ *column* suilepaar; ~ *pulse* koppelpols; ~ *with ...* gepaard met ... **cou·ple·dom** paartjieskap. **cou·pler** koppelaar; koppeling; koppelketting. **cou·plet** koeplet, vers (van twee reëls).
cou·pling (aan)koppeling, verbinding; aansetting; kopulasie, paring; koppel-; ~ *of hands* handevat. ~ **bar** koggelstok *(in kartuie)*; koppelstang. ~ **bolt** koppelbout. ~ **disc** koppelskyf. ~ **hook** koppelhaak. ~ **member** koppelstuk. ~ **nut** koppelmoer. ~ **pin** koppelpen, kettingbout. ~ **rein** binneleisel. ~ **rod** koppelstok, -stang. ~ **shaft** koppelas. ~ **sock,** ~ **socket** koppelsok. ~ **spindle** koppelspil. ~ **strap,** ~ **thong** koppelriem.
cou·pon koepon; kaartjie.
cour·age moed, dapperheid, manhaftigheid; *have the* ~ *of one's **convictions*** die moed van jou oortuiging hê; *s.o.'s* ~ ***fails** him/her* iem. se moed begeef/begewe hom/haar; *take one's* ~ *in both **hands*** al jou moed bymekaarskraap; ***inspire** s.o. with* ~ iem. moed gee/inboesem/inpraat; ***keep** one's* ~ *up* moed hou; ***keep** your* ~ *up!* hou moed!; ***lose*** ~ moed verloor; ***lose** one's* ~, *(ook)* jou moed begeef/begewe jou; *s.o.'s* ~ ***oozes** away* iem. se moed begeef/begewe hom/haar (stadigaan); ***pick** up* ~ (weer) moed skep; ***pluck/muster/screw/summon** up one's* ~ jou moed bymekaarskraap; ***prove** s.o.'s* ~ iem. se moed op die proef stel; *s.o.'s* ~ *is rather **shaky*** iem. se moed is maar wankelbaar; ***take*** ~ moed skep/vat. **cou·ra·geous** moedig, dapper, manmoedig.
cour·gette, ba·by mar·row, zuc·chi·ni jong murgpampoentjie, vingerskorsie.
cou·ri·er koerier, boodskapper.
Cour·land, Kur·land *(geog.)* Koerland.
course *n.* loop, beloop, verloop, gang, vaart; (loop)-baan, koers, rigting; roete; (ren)baan; kursus, leergang; ry, reeks; handel(s)wyse, gedragslyn, optrede; laag *(stene)*; gang, gereg *(op spyskaart)*; loop *(v. rivier)*; *(i.d. mv. ook, w.g.)* maandstonde; ***adopt** a* ~ 'n weg inslaan; ***alter/change** (one's)* ~ van koers verander; 'n nuwe rigting inslaan; die bakens versit; ***chart** a* ~ 'n koers bepaal/vasstel; *a **dangerous*** ~ 'n gevaarlike rigting; ***in due*** ~ mettertyd, naderhand, op sy tyd, te(r) geleëner/gelegener tyd; ***evil** ~s, (w.g.)* slegte lewenswandel; ***follow** a* ~ 'n kursus volg; 'n gedragslyn/weg volg; ***golf*** ~ gholfbaan; ***in the*** ~ *of ...* tydens/gedurende (*of* in die loop van) ...; ***in*** ~ *of construction/erection* in aanbou; ***in the ordinary*** ~ *(of business/events)* gewoonlik; in gewone omstandighede, in die gewone gang/loop van sake; ***in the*** ~ *of time* mettertyd, met/na verloop van tyd, met die jare; ***keep** (to) one's* ~ koers hou; jou gang gaan; *as a **matter** of* ~ vanselfsprekend; *steer a **middle*** ~ 'n midde(l)weg kies; ***of*** ~ natuurlik; dit spreek vanself; soos jy weet; *a* ~ ***of** action* 'n handel(s)wyse/gedragslyn; *the* ~ ***of** events* die (ver)loop van sake/gebeurtenisse; ~ ***of** exchange* koersverloop; ~ ***of** instruction* leergang, -kursus; *the* ~ ***of** justice* die beloop/loop/verloop van die gereg; *impede/obstruct/pervert* (*or interfere with*) *the* ~ ***of** justice* die (ver)loop van die gereg belemmer/dwarsboom/verhinder/verydel; *the* ~ ***of** nature* die gewone (be)loop van sake/omstandighede; *the lower* ~ ***of** a river* die benedeloop van 'n rivier; *the upper* ~ ***of** a river* die boloop van 'n rivier; *a* ~ ***of** stretchers, (bouk.)* 'n streklaag; *a* ~ ***of** treatment* 'n kuur; *be **off*** ~ uit die koers wees; *be **on*** ~ koers hou; ***pursue** a* ~ 'n gedragslyn/weg volg; *allow things to* (*or let things*) ***run/take** their* ~ dinge/sake hul gang laat gaan; ***set** (a)* ~ *for ...* na ... stuur; jou ten doel stel om te ...; ***shape** a* ~ *for/to ...* na ... koers vat, die koers op ... rig, op ... aanstuur; ***stay** the* ~ byhou, bybly, enduit hou; (die vaart) volhou; ***take** a* ~ 'n kursus volg; 'n rigting inslaan/kies; *s.t. **takes** the usual* ~ iets het die gewone verloop; *the **wisest*** ~ *would be to ...* die verstandigste sou wees om te ... **course** *ww.* jag; snel; vloei, loop; laat hardloop; laag; *tears* ~ *down s.o.'s cheeks* trane stroom oor iem. se wange; ~*d stonework* gelaagde klipwerk. ~ **bet** baanweddenskap. ~ **betting** baanweddenskappe. **cours·er** re(i)siesperd, renperd; jaghond; loopvoël; *(orn.)* drawwertjie. **cours·ing** *(sport)* (haas/hase)jag met (wind)honde.
court *n.* hof; geregshof; hofsaal; regbank; hofhouding; baan; binnehof, -plein, -plaas; *(Byb.)* voorhof; ~ ***of appeal*** appèlhof, hof van appèl; ***appear** in* (*or before the*) ~ voorkom, voor die hof kom, in die hof verskyn; *the **ball** is in your* ~ →BALL; ~ *of **chancery*** kanselaryhof; ***circuit*** ~ rondgaande hof; ***contempt** of* ~ minagting van die hof; ***drag** s.o. into* ~ iem. hof toe (*of* voor die hof) sleep; *the* ~ ***finds** that ...* die hof bevind dat ...; ***in full*** ~ in die volle hof; ***go to*** ~ hof toe gaan, 'n saak maak, prosedeer, regstappe doen; *appeal to a **higher*** ~ na 'n hoër hof appelleer, jou op 'n hoër hof beroep, by 'n hoër hof in beroep gaan; ***hold/keep*** ~ oudiënsie hou; ~ *of **honour*** ereraad; ***in*** ~ in die hof; ~ *of **injustice*** skynhof; ~ *of **inquiry*** hof van ondersoek; ~ *of **justice*** geregshof; ***laugh** s.o. out of* ~ iem. uitlag; ~ *of **law**, law* ~ geregshof; ***motion*** ~ kamer-, mosiehof; *be **out** of* ~ geen saak hê nie; *be ruled **out** of* ~ summier afgewys word; in die ongelyk gestel word; *hit the ball **out** of the* ~, *(tennis)* die bal van die baan af slaan; ***pay*** ~ *to s.o.* iem. vlei, by iem. flikflooi; *(vero.)* iem. die hof maak; ***pay** into* →PAY *ww.*; ~ *of **record*** notulerende hof; ~ *of **review/revision*** hersieningshof, hof van hersiening; ***settle** s.t. out of* ~ iets (in der minne) skik; ***supreme*** ~ hooggeregshof; *(Am.)* appèlhof; ***take** s.o. to* ~ iem. voor die hof bring/daag. **court** *ww.*: ~ ***arrest*** arrestasie uitlok; ~ ***disaster*** →DISASTER; ~ ***s.o.*** iem. vlei, in iem. se guns probeer kom; *(vero.)* iem. die hof maak; ~ ***trouble*** moeilikheid soek. ~ **attendant** hofbediende. ~ **ball** hofbal. ~ **capital** hofstad. ~ **card** *(kaartspel)* prentkaart. ~ **case** hofsaak. ~ **circular** *(Br.)* paleisnuus. ~ **craft** hofkennis; baanvernuf. ~ **dance** hofdans. ~ **day** hofdag, sittingsdag. ~ **dress** hofkostuum, -drag, galakleding, groot tenue. ~ **fees** hofgeld. ~ **fool,** ~ **jester** hofnar. ~**house** geregshof, hofgebou; landdroskantoor. ~ **martial** *court martials, courts martial, n.* krygsraad, -hof. ~**-martial** *-ll-, ww.* voor 'n krygshof/-raad daag. ~ **mourning** hofrou. ~ **order** hofbevel. ~ **orderly** hofordonnans. ~ **physician** lyfarts. ~ **plaster** hegpleister. ~**room** hofsaal, (ge)regsaal. ~ **shoe** hofskoen. ~ **tennis** *(Am.)* →REAL TENNIS. ~**yard** binneplaas, -plein, -hof.
court-bouil·lon *n., (Fr., kookk.)* court-bouillon.
cour·te·ous beleef(d), hoflik, galant, wellewend. **cour·te·ous·ness** beleefdheid, hoflikheid, galanterie.
court·er *(vero.)* vryer.
cour·te·san, cour·te·zan *(poët., liter.: prostituut met kliënte in hoë kringe)* courtisane.
cour·te·sy hoflikheid, beleefdheid, galanterie; vriendelikheid; guns; ***by*** ~ uit hoflikheid, hoflikheidshalwe; ***(by)*** ~ *of ...* met vriendelike vergunning van ..., met dank aan (*of* toestemming van) ...; *be* ~ ***itself*** die beleefdheid self wees; ***out*** (*or **as a matter***) *of* ~ beleefdheidshalwe/hoflikheidshalwe; ***treat** s.o. with* ~ iem. beleef(d)/hoflik behandel; ***treat** s.o. with scant* ~ iem. met min/weinig beleefdheid/hoflikheid behandel; *with **unfailing*** ~ met volgehoue/onveranderlike beleefdheid/hoflikheid. ~ **bus** diensbus(sie). ~ **call,** ~ **visit** beleefdheidsbesoek. ~ **car** leen-, gastemotor. ~ **card** voorkeurkaart. ~ **light** *(mot.)* daklig(gie). ~ **title** beleefdheidstitel.
cour·ti·er howeling.
court·ing *(vero.)* vryery, hofmakery, vryers-; ~ *couple* vrypaar; ~ *days* vryersdae; *go* ~, *(ook)* gaan vlerksleep (by iem.).
court·ly hoflik, beleef(d); verfynd, elegant; onderdanig, nederig, kruiperig; ~ *love, (hist.)* hoofse liefde. **court·li·ness** hoflikheid, beleefdheid; verfyndheid, elegansie; onderdanigheid, nederigheid, kruiperigheid.
Cour·trai *(geog.)* Kortryk.
court·ship *(vero.)* hofmakery, vryery; ~ *display, (soöl.)* paringsdans.
cous·cous *(kookk.)* koeskoes.
cous·in neef; niggie; ~ ***Anne*** nig Anna; ***first/full/own*** ~, *(vero.)* ~ ***german*** oomskind, eie/volle neef/niggie; ***second*** ~ kleinneef, -niggie; ***third*** ~ agterkleinneef, -niggie. **cous·in·hood, cous·in·ship** neef-, nigskap; bloedverwantskap. **cous·in·ly** *adj.* (soos dié) van neefs/niggies.
couth *(skerts.)* beskaaf(d); welgemanierd; →UNCOUTH.
cou·ture *(Fr.)* modeontwerp, -makery. **cou·tu·ri·er** *(vr.: couturière)* modeontwerper, -maker.
cou·vade *(Fr., antr.)* couvade.
cou·vert *(Fr.)* gedekte plek, plekdekking *(aan tafel)*. ~ **charge** plekgeld *(by restaurant)*.
cove[1] *n.* kreek, inham, baaitjie; beskutte plek; *(argit.)* nis. **cove** *ww., (argit.)* welf. ~ **(moulding)** hol/konkawe lys. **cov·ing** welwing, welfsel.
cove[2] *n., (vero.)* drommel, vent, kêrel.
cov·en heksevergadering, dertiental (hekse).
cov·e·nant *n.* verbond, verdrag, ooreenkoms, akkoord; handves; gelofte; ***Ark** of the C*~ Verbondsark; ***Church** of the C*~ Geloftekerk; ***Day** of the C*~, *(SA, hist.)* Geloftedag; ***Festival** of the C*~ Geloftefees; ***God** of the C*~ Verbondsgod; ~ *of **grace*** genadeverbond; ***people** of the* ~ (ver)bondsvolk. **cov·e·nant** *ww.* ooreenkom, 'n verbond/verdrag sluit. ~ **theology** verbondsteologie.
Cov·en·try *(geog.)* Coventry; *send to* ~, *(fig.)* uitstoot, uit die maatskappy verban, dood verklaar.
cov·er *n.* dek, (be)dekking; deksel; dekstuk; oortrek(sel); buitebekleding, bekleedsel; huls, (om)hulsel; buiteband; sloop; buiteblad, (boek)omslag; koevert; skuilplek; ruigte; dekking; dekmantel, skyn; reserwe, dekkingsfonds; eetgerei, tafelgereedskap *(vir een)*; gedekte plek, plekdekking *(aan tafel)*; *(i.d. mv.)* beddegoed, komberse; *(i.d. mv., kr.)* dekveld; ***blow** s.o.'s* ~, *(infml.)* iem. se ware identiteit onthul; ***break*** ~ opspring, uit jou skuilplek/skuiling spring; ***deep** extra* ~, *(kr.)* diep ekstra dekpunt; ***drive** through the* ~*s, (kr.)* verby dekpunt slaan; ***from*** ~ ***to*** ~ van A tot Z, van voor tot agter *(v. 'n boek)*; ***glass*** ~ stolp; ***seek*** ~ dekking/skuiling soek; ***set** a* ~ 'n plek dek; ***set** a* ~ ***for two*** vir twee mense dek; ***short** extra* ~, *(kr.)* kort ekstra dekpunt; ***take*** ~ (gaan) skuil, dekking/skuiling soek; ***under*** ~ onder dak/dekking, beskut, verborge; bedektelik, stilletjies, in die geheim, heimlik; *keep s.t. **under*** ~ iets bedek; ***under*** ~ *of ...* onder bedekking/beskutting (*of* die sluier) van ... *(d. nag ens.)*; onder die dekmantel van ... *(vriendskap, mensliewendheid, ens.)*; ***under** plain* ~ in 'n gewone koevert; *under **separate*** ~ onder afsonderlike/aparte omslag. **cov·er** *ww.* dek, bedek, oordek, oortrek, toemaak, beklee; beskerm; beheers, bestryk; beslaan, hom uitstrek oor; insluit; aflê *(afstand)*; uitwis *(spoor)*; afwerk *(leerplan)*; wegsteek; geheim hou; omspin; aanlê op, onder die korrel hou; betaal; dek *(merrie)*; →COVERED; ~ *a wide **field*** 'n ruim(e) veld dek; ~ ***for** s.o.* iem. beskerm; ~ *the **ground*** die terrein/veld dek; ~ ***s.t. in*** iets toemaak; iets toegooi; ~ ***s.t. over*** iets toemaak; iets bedek; ~ *a*

period oor 'n tydperk strek; ~ *the **retreat/withdrawal*** die aftog/terugtog dek; ~ *one's **traces/tracks*** jou spore uitwis; ~ *s.t.* ***up*** iets toemaak; iets bedek; iets verberg/verbloem/verdoesel/wegsteek, iets geheim hou, iets toesmeer; ~ ***up for*** *s.o.* iem. beskerm; ~ *s.t.* ***with*** ... iets met ... bedek/toemaak; *the report ~s the **years** 1998 and 1999* die verslag gaan oor die jare 1998 en 1999. **~all** *(gew. mv., Am.)* oorpak. ~ **band** dekband. ~ **charge** plekgeld. ~ **crop** dekgewas. ~ **design** *(druk.)* bandontwerp. ~ **drawing** omslagtekening. ~ **drive** *(kr.)* dekpunthou, dryfhou verby dekpunt. ~ **girl** voorbladmeisie, =nooi. ~ **glass** dekglas. ~ **note** dekbrief. ~ **plate** dienbord; dekplaat. ~ **point** *(kr.)* dekpunt. ~ **price** omslag=, voorbladprys *(v. tydskrif, koerant, ens.)*. ~ **story** *(joern.)* voorbladstorie, =artikel; *(fig.)* voorwendsel; *(fig.)* dekmantel, rookskerm. ~ **strip** dekstrook. **~-up** *n.* verdoeseling, bedekking, verberging, wegstekery; verswyging; toesmeerdery, toesmering, geheimhouding. ~ **(version)** *(mus.)* ander groep/kunstenaar se liedjie; nuwe weergawe/uitvoering/bewerking *(v. bestaande nommer)*.

cov·er·age dekking; voorsiening; verslag; strekvermoë *(v. verf)*; *give a lot of ~ to s.t.* uitvoerig oor iets berig; *the ~ of an event* die beriggewing oor 'n gebeurtenis.

cov·er·ed: *be ~ **against** s.t.* teen iets verseker wees *(brand, ongeskiktheid, ens.)*; ~ ***cable*** omsponne kabel; ~ *by a **guarantee*** gewaarborg; ***keep*** *s.o.* ~ iem. onder skoot hou, 'n vuurwapen op iem. gerig hou; ~ *by **law*** in die wet voorsien; ~ ***trench,*** *(mil.)* gedekte sloot; oordekte/toe sloot; ~ ***wag(g)on*** tentwa; ~ ***way*** oordekte pad; *be (all)* ~ ***with*** ... vol ... wees, (die) ene ... wees *(bloed, modder, ens.)*; met/van ... oortrek wees *(blomme ens.)*; toe lê onder/van ... *(d. sneeu ens.)*.

cov·er·ing *n.* bedekking, bekleding; oortrek(sel), bekleedsel; (om)hulsel, huls; dekking. **cov·er·ing** *adj.* (be)dekkend; *letter ~ cheque* brief met tjek. ~ **action,** ~ **fight** dekkingsgeveg. ~ **board** dekplank. ~ **bond** dekkingsverband. ~ **fee** dekloon, =geld *(vir hings)*. ~ **fire** dekvuur. ~ **force,** ~ **troops** dekkingstroepe. ~ **letter** begeleidende brief. ~ **note** *(versek.)* sluitnota, voorlopige polis. ~ **strip** dekstrook.

cov·er·let deken, (bed)sprei; dekkleed, oortrek(sel).

cov·ert *n.* skuilplek; kreupelhout, bossies, boskasie, bosgasie; jagterstof; *(i.d. mv., orn.)* dekvere. **cov·ert** *adj.* bedek, geheim, skelm, onderlangs; *make ~ references* skimp. **cov·ert·ly** skelm(pies), onderlangs, agteraf, heimlik. **cov·er·ture** *(jur.)* huwelikstaat *(v. 'n vrou)*; *(w.g., poët., liter.)* bedekking, beskutting.

cov·et begeer, naja(ag); *~ed honour* veelbegeerde eer. **cov·et·ous** begerig; gierig, inhalig, hebsugtig; *be ~ of s.t.* iets begeer. **cov·et·ous·ness** begerigheid, gierigheid, inhaligheid, hebsug.

cov·ey vlug, broeisel *(patryse)*; swermpie; klompie, groepie, trop.

cow[1] *n.* koei *(v. bees e.a. groot soogdiere)*; bees; *(sl., neerh.)* vroumens, wyf; ~ *in **calf*** dragtige/besette koei, grootuierkoei; *till the ~s come **home,*** *(infml.)* tot die perde horings kry; ~ *in **milk*** melkkoei; *a **sacred** ~, (lett.)* 'n heilige bees; *(fig., infml.)* 'n heilige huisie; ***serve*** *a* ~ 'n koei dek. **~bell** koeiklok. **~berry** rooibos=, vosbessie. **~boy** *n., (Am.)* cowboy, veedrywer; *(infml.)* roekelose bestuurder, jaagduiwel; *(infml.)* knoeier, konkelaar; *(infml.)* uitbuiter; *play ~s and crooks/Indians* cowboys en crooks/Indiane speel. **~boy** *adj. (attr.)* roekelose, onverantwoordelike; gewete(n)lose. **~boy hat** cowboyhoed. ~ **cabbage** beeskool. ~ **calf** verskalf. **~catcher** *(Am.)* baanruimer *(vooraan lokomotief)*. ~ **dung** koei=, beesmis. **~fish** koeivis, oskop, seekoei, =varkie. **~girl** cowgirl. **~grass** rooi=, wildeklawer. **~hand** *(Am.)* beeswagter, cowboy. **~heel** beesklou(tjie); beessult. **~herd** beeswagter. **~hide** beesvel; sambok; spantou. ~ **hocks** aankaphakke. **~house** koeistal. **~lick** kroontjie *(in hare)*. **~man** *(Br.)* beeswagter; *(Am.)* beesboer. ~ **paddock,** ~ **pasture** koeikamp. ~ **parsley,** **~weed** wildekerwel. **~pat** bol (bees)mis, misbol; *dried ~* miskoek. **~pea** *(Vigna unguiculata)* swartbekboon(tjie). **~pox** (koei)pokkies, =pokke. **~puncher** *(Am., infml.)* = COWBOY. ~ **shark** koeihaai. **~shed** koeistal, =skuur. **~shot** veeghou. **~slip** *(bot. Primula elatior)* sleutelblom; *Cape ~* viooltjie, klipkalossie. **~'s milk** beesmelk. ~ **tail** beesstert; broekwol. ~ **town** *(Am.)* boeredorp.

cow[2] *ww.* bang maak; oordonder, oorbluf.

cow·a·bun·ga *tw., (Am. sl.)* haai, oe, sjoe, heng; hoera, hoerê, jippie.

cow·ard lafaard, bang=, papbroek; *be a bit of a ~, (infml.)* geen held wees nie. **cow·ard·ice** lafhartigheid. **cow·ard·li·ness** lafhartigheid, bangbroek(er)igheid. **cow·ard·ly** lafhartig; bangbroek(er)ig.

cow·er koes, hurk, kruip; ineenkrimp; ~ *away/back from* ... terugdeins van/vir ...; ~ *(down) under s.t.* (verskrik/vreesbevange) onder iets inkruip.

cowl kap; monnikskap, py; tussenkap *(v. motor)*; *(chimney)* ~ skoorsteenkap. ~ **neck** sjaalkraag.

cowl·ing kap, masjienkap; bekapping; huls, omhulsel.

co-work·er medewerker.

cow·rie, cow·ry kauri(slak), porseleinslak; kauri(skulp), porselein=, muntskulp.

cox →COXSWAIN. **cox·less** sonder stuurman.

cox·a =*ae, (anat.)* heup; heupgewrig. **cox·al·gi·a** heuppyn. **cox·i·tis** heupgewrigsontsteking.

cox·comb *(arg.)* windmaker, pronker. **cox·comb·ry** *(arg.)* windmakerigheid, windmakery, pronkery.

Cox·sack·ie vi·rus *(patol.)* coxsackie-virus.

cox·swain, cock·swain *n.* stuurman. **cox·swain** *ww.* ('n roeiboot) stuur.

cox·y = COCKY.

coy skaam, skamerig, bedees, skugter; preuts; *be ~ of* ... terughoudend/karig met ... wees. **coy·ly** skamerig, bedees, skugter. **coy·ness** skaamte, bedeesdheid, skugterheid.

coy·ote, coy·o·te prêriewolf.

coy·pu =*pu(s)* bewerrot, moerasbewer, nutria.

coz *(infml., arg., Am.)* →COUSIN.

coze babbel, gesels.

co·zen *(poët., liter.)* bedrieg, kul, fop; ~ *s.o. into ... doing s.t.* iem. ompraat/verlei om iets te doen; ~ *a profit out of* ... onbehoorlik wins uit ... maak. **coz·en·age** kullery, foppery, bedrog. **coz·en·er** bedrieër.

co·zy →COSY.

coz·zie *(infml.)* →COSSIE.

crab[1] *n.* krap; wen(as); *(i.d. mv.)* laagste gooi *(in 'n geluksspel)*; *the Crab, (astrol., astron.)* Cancer, die Kreef; ***catch*** *a ~, (roei)* 'n snoek vang; ***travelling*** ~ loopkat; ***turn*** *out ~s* 'n mislukking blyk, misluk. **crab** =*bb*=, *ww.,* sywaarts beweeg; *(lugv.)* skeel vlieg; krappe vang. ~ **grass** sterkpol, (jong)osgras. ~ **(louse)** platluis. ~ **pot** kreeffuik. **~'s eyes, jequerity/jequirity beans, love beans, lucky beans** *(bot.: Abrus precatorius)* minnie-minniesade, paternostertjies. **~-sidle** dwars loop. ~ **spider** krapspinnekop. ~ **winch** loopkat.

crab[2] *n.* iesegrim, suurpruim, =knol. **crab** =*bb*=, *ww.* krap, baklei; bekritiseer, uitmekaar trek; irriteer. **crab·bed** nors, suur, dwars, stuurs; opmekaar, onduidelik, moeilik leesbaar *(skrif)*; gewronge *(styl)*. **crab·bed·ness** norsheid, knorrigheid; onduidelikheid; gewrongenheid. **crab·by** nors, suur, dwars, stuurs; ~ *face* suur gesig.

crab (ap·ple) houtappel; *(fig.)* iesegrim, suurpruim, =knol.

crab·like soos 'n krap, krapagtig.

crack *n.* kraak; (ge)klap; skot; skeur, spleet, bars; hou; *(infml.)* kwinkslag; (snedige) aanmerking; haatlikheid, spot-antwoord; *(dial.)* gesels(ery); *(infml.)* probeerslag; duiwel, doring, bobaas, uithaler; inbreker; inbraak; *(dwelmsl.: kokaïenkristalle)* crack; *at the ~ of **dawn*** →DAWN *n.*; *the ~ of **doom*** die oordeelsdag; ***have*** *a ~ at s.t., (infml.)* iets ('n slag) probeer (doen); ***make*** *a ~, (infml.)* 'n kwinkslag (*of* 'n sarkastiese/snedige aanmerking) maak; ***paper/paste*** *over the ~s, (infml.)* die foute toesmeer; *give s.o. a fair ~ of the **whip*** →WHIP *n.*. **crack** *adj., (infml.)* kranig, windmaker(ig), puik, uithaler=, baas=, pronk=. **crack** *ww.* kraak; klap, knal; bars, splyt, opbreek, skeur, (oop)spring; binnedring; skaad; *(stem)* breek; ~ *a **bottle,*** *(infml.)* 'n bottel aanspreek/uitdrink; ~ *a **code*** 'n kode ontsyfer; ~ *a **crib*** →CRIB *n.*; ~ ***down*** *on* ..., *(infml.)* op ... toeslaan *(misdadigers ens.)*; in ... ingryp; ... hokslaan; ~ *a **joke*** 'n grap maak/vertel; ~ *s.t.* ***open*** iets oopkloof; ~ *a **safe*** 'n brandkas oopbreek; ~ ***up*** stukkend breek, verbrokkel, oopbars; uitmekaarval, uiteenval; ineenstort; *(infml.)* uitbars van die lag; ~ *s.o./s.t.* ***up,*** *(infml.)* iem./iets ophemel/opvysel; ~ *(it)* ***up,*** *(dwelmsl.)* crack rook; ~ *a/the **whip*** →WHIP *n.*. **~brained** *(infml.)* dwaas, getik, in die bol gepik, geklik, met 'n streep, snaaks; roekeloos; kranksinnig. ~ **degree** kraakstadium. **~down** ingryping, sterk optrede. **~head** *(dwelmsl.)* crack-verslaafde. ~ **house** *(dwelmsl.)* koop-en-rook, crack-smokkelhuis. **~pot** *n., (infml.)* dweper, getikte, maljan, malkop, gek, warkop. **~pot** *adj.* (van lotjie) getik, malkop. ~ **regiment** keurkorps. ~ **shot** baasskut. **~sman** =*men, (infml., vero.)* inbreker. **~up** uiteenbarsting, in(een)storting, debakel.

cracked gebars, gekraak; geskeur; *(infml.)* van jou verstand (af), (van lotjie) getik, (half) gek; *not be as good as one/it is ~ up to be, (infml.)* nie so goed wees as wat beweer word nie; ~ *wheat* gebreekte koring.

crack·er kraker; klapper; kraakbeskuitjie; krakeling; *(infml.)* leuen; *(infml.)* grootprater; *(nut)~* neutkraker. **~jack** *n.* uithaler, bobaas. **~jack** *adj.* puik, eersteklas.

crack·ers *adj.: be ~* (van lotjie) getik (*of* in die bol gepik) wees.

crack·ing barsvorming; kraking; geklap *(v. sweep)*; krakende; barstende; klappende, knallende; *get ~, (infml.)* aan die werk spring, aan die gang kom, wegval, opskud, baadjie uittrek. ~ **gas** kraakgas. ~ **pace** hewige vaart. ~ **process** kraakproses, kraking.

crack·le *n.* gekraak; geknetter. **crack·le** *ww.* kraak; knetter; *(keramiek)* krakeleer. **~ware** kraakporselein.

crack·ling gekraak, geknap(per); geknetter; swoerd, sooltjie, varkvel(letjie); krakeling; *(i.d. mv.)* kaiings. ~ **fire** knetterende vuur. ~ **noise** kraakgeluid, krakerige geluid.

crack·nel krakeling; swoerd.

crack·y barsterig; gekraak; krakerig; (van lotjie) getik, (half) gek.

Cra·cow *(geog.)* Krakau.

=**cra·cy** *komb.vorm* =krasie; *aristo~* aristokrasie; *demo~* demokrasie; *pluto~* plutokrasie, geldheerskappy, geldadel.

cra·dle *n.* wieg; bakermat; *(telef.)* mik; spalk, raamwerk; hangstelling, =steier; wiegsif; horing *(v. domkrag)*; slee *(op 'n skeepswerf)*; kombersboog, skutraam; *from the ~* van jongs (*of* die wieg) af; *from the ~ to the grave* van die wieg tot die graf; *the ~ of a nation* die bakermat van 'n volk. **cra·dle** *ww.* wieg; in die wieg lê; baker, koester; op sleepkraan neem. ~ **book** wieg(e)druk. ~ **cap** *(patol.)* melkkors. ~ **snatcher** *(infml., neerh.)* wiegie=, kuikendief, *(ouerige man met 'n jong vrou)* ou bok met 'n groen/jong blaar, *(ouerige vrou met 'n jong man)* ou blaar met 'n jong bok. **~song** wiegelied. **cra·dling** raamwerk, betimmering.

craft vak, ambag, vernuf; ambagskuns; nering; handwerk; *(mv.: craft)* vaar=, vliegtuig; handigheid, behendigheid; lis(tigheid), sluheid, slimheid, geslepenheid; bedrog; *the C~* die Vrymesselary; ***arts*** *and ~s* (kuns en) kunsvlyt; ***by*** ~ met lis; *the **gentle*** ~ die hengel=, visvangkuns; ***learn/master*** *a ~* 'n ambag leer; ***ply/practise*** *a ~* 'n ambag beoefen/uitoefen. **craft** *ww.* prakseer, bewerk. ~ **book** nutsboek. ~ **brother** *(hist.)* gildebroe(de)r, vakmaat. ~ **guild** handwerkgilde. ~ **union** vakunie, =bond. **~work** kunsvlyt, =handwerk, =ambag. **~worker** kunshandwerker.

crafts·man =*men* vakman, =arbeider, handwerks=, ambagsman. **crafts·man·ship** vakmanskap, handvaardigheid, vakkundigheid; bekwaamheid.

craft·y *adj.,* =**i·ly** *adv.* handig, slim, slu, listig, geslepe, oorlams, deurtrap. **craft·i·ness** listigheid, slimheid, slimstreke, sluheid, geslepenheid, arglistigheid, deurtraptheid.

crag krans, rots; steilte. **crags·man** =*men* rotsklimmer.

crag·gy, *(Am.)* **crag·ged** rotsagtig; steil; hoekig *(karakter, gesig).*

crake *(orn.)* riethaan; *corn~* kwartelkoning; *spotted ~* porseleinhoendertjie.

cram *-mm-* volstop; instop, inpomp; inswelg, gretig sluk; *(opv.)* blok; dril, intensief onderrig; *~ for an examination* vir 'n eksamen blok; *~ s.t. into ...* iets in ... (in)prop/(in)stop/(in)bondel; *~ up on s.t., (infml.)* haastig oor iets nalees. **~-full** stamp-, prop-, tjokvol. **crammed** stampvol; *~ cloth/fabric* rimpelstof; *~ goose* kropgans. **cram·mer** instopper; *(opv.)* inpomper, drilmeester; inpompkollege, -skool. **cram·ming** geblok, blokkery, inpompery. **cram·ming sys·tem** inpompstelsel.

cram·bo *-boes* rymspeletjie.

cramp *n.* kramp; kram, klamp; plaatklem; lynskroef; anker; beperking, belemmering; *get/have ~s* krampe kry/hê. **cramp** *ww.* kramp veroorsaak; belemmer, beperk, vasdruk, beklem; (vas)kram, klamp, klem; *~ s.o.'s style* iem. belemmer/strem. **~fish** drilvis. **~ (iron)** muuranker, kram, klemhaak, klamp.

cramped nou, opmekaar, vasgedruk, beknop, beklem; gewronge *(styl);* ineengedronge *(handskrif); be ~ for room/space* min ruimte hê, vasgedruk wees.

cram·pon hystang, (gryp)haak; borgnael; hegskyf; kram; ysspoor, crampon, klimyster, klouyster; *(bot.)* hegwortel, haak.

cran *(Sk.)* haringmaat.

cran·age (hys)kraangebruik; (hys)kraangeld.

cran·ber·ry *(bot.: Vaccinium spp.)* bosbessie. **~ sauce** bosbessiesous.

crane *n.* kraanvoël; *(hyswerktuig)* kraan; hewel, sifon; ***blue/Stanley*** *~* bloukraan(voël); ***crowned*** *~* mahem; ***wattled*** *~* belkraan(voël). **crane** *ww.* uitrek *(nek);* hewel; (met 'n hyskraan) oplig; *~ forward* jou nek rek. **~ driver** (hys)kraandrywer. **~ flower** →BIRD OF PARADISE (FLOWER). **~ fly** langpoot. **~ girder** kraanbalk. **~ jib** kraanarm. **cranes·bill** *(bot.: soort malva)* ooievaarsbek.

cra·ni·um *-niums, -nia* skedel(dak), harspan; kopbeen. **cra·ni·al** skedel-; *~ **cavity*** skedelholte; *~ **fracture*** skedelbreuk; *~ **index*** skedelindeks; *~ **nerve*** kop-, skedel-, harsingsenu(wee); *~ **vault*** gewelfde skedeldak. **cra·ni·og·ra·phy** skedelbeskrywing. **cra·ni·ol·o·gy** skedelleer, kraniologie. **cra·ni·om·e·ter** skedelmeter. **cra·ni·om·e·try** skedelmeting, kraniometrie. **cra·ni·os·co·py** skedelbeskouing, -ondersoek, kranioskopie.

crank[1] *n.* kruk; slinger, arm, handvatsel; *turn a ~* 'n slinger draai. **crank** *ww.* draai; *~ed **axle*** gekrukte as; *~ s.t. **out**, (infml.)* iets uitkraam/uitkarring; *~ **(up)**, (dwelmsl.)* jou inspuit *(met heroïen ens.); ~ **up** a car, (hist.)* 'n motor aanslinger; *~ **up** the pace/speed/tempo, (infml.)* die krane oopdraai, die pas versnel; *~ **up** the sound/volume, (infml.)* die klank/volume aandraai/oopdraai (*of* harder draai). **~ axle** krukas. **~ brace** swingelboor. **~case** krukkas. **~ handle** (aansit)slinger. **~pin** krukpen. **~rod** krukstang. **~shaft** krukas. **~ support** slingersteun.

crank[2] *n.* gril; *(infml.)* anderste(r)/eksentrieke entjie mens, rare/eienaardige/vreemde skepsel, malkop; *(Am., infml.)* korrelkop, knorpot, nukkebol; *(poët., liter.)* geestigheid. **crank·i·ness** *(infml.)* eksentrisiteit, andersgeit, malkop(pig)heid; *(Am. infml.)* knorrigheid, nukkerigheid, norsheid, stuursheid. **crank·y** *(infml.)* eksentriek, anders, malkop; *(Am. infml.)* befoeterd, knorrig, nukkerig, kwasterig, nors, suur; lendelam, wankelrig, onvas, onstabiel; buite werking; kronkelrig; *(dial.)* sieklik, swak.

crank·le *ww.* kronkel, draai, wring.

cran·ny skeur, bars, spleet, skreef, skrefie. **cran·nied** vol skeure.

crap[1] *n. (sl.), (vulg.: onsin)* stront, kak, twak, snert, kaf, strooi; *(taboe: ontlasting)* stront. **crap** *-pp-, ww., (sl., vulg.)* kak, skyt.

crap[2] *n., (Am.)* verloorgooi *(in dobbelsteenspel);* →CRAPS. **~shooter** dobbelsteenspeler.

crape *n.* krip, lanfer; rouband, roufloers; →CREPE. **crape** *ww.* krip/lanfer omsit, met lanfer beklee/bedek, omfloers. **~ myrtle** *(Lagerstroemia indica)* skubliesroos.

craps dobbelsteenspel; →CRAP[2].

crap·u·lence *(poët., liter.)* onmatigheid; mislikheid. **crap·u·lent, crap·u·lous** *(poët., liter.)* onmatig, dranklustig; mislik.

cra·que·lure *(skilderk., keramiek)* krakeluur.

crash[1] *n.* gekraak, geratel; geraas, lawaai; uitbarsting; botsing; ineenstorting; neerstorting; val; slag; debakel; pletter(ing); bankrotskap; *(rek.)* weiering, ineenstorting; *(dwelmsl.)* val. **crash** *adj.* bespoedig(de), verhaas(te), snel-, spoed-, versnel(de), haastig. **crash** *ww.* kraak, bars; rommel, donder; met 'n geraas beweeg; met 'n lawaai/geraas/gekraak val; krakend ineenstort; verbrysel, verpletter; neerstort; pletter; bots; bankrot gaan; bankrot maak; *(rek.)* weier, ineenstort; *~ **down*** neerstort; *~ **into** s.t.* in/teen iets bots/vasry; *~ **out**, (infml.)* aan die slaap raak; ('n dooie hou) slaap; omkap; *(sport)* sleg verloor; *~ **out of** a tournament/etc.* uit 'n toernooi/ens. geboender word; *~ a **party*** by 'n party(tjie) indring. **~ bar** val-, skermstaaf. **~ barrier** botsversperring. **~ boat** pletter-, hulpboot. **~ course** blits-, kits-, snel-, spoedkursus. **~ diet** kitsdieet. **~ dive** *n.* snelduik. **~-dive** *ww.* neerstort, na benede stort/duik, val, ondertoe (*of* na onder) tuimel. **~ helmet** valhelm. **~-helmeted** *adj. (attr.)* valhelmdraende *(rower ens.).* **~-land** 'n buiklanding doen. **~-landing** buiklanding. **~ pad** *(sl.)* slaapplek. **~ padding** botskussing. **~ programme** blits-, kits-, spoedprogram. **~ stop** *n.* pletterstop. **~ tackle** *n.* plettervat. **~ test** *n.* plettertoets. **~ van** pletterwa. **~worthiness** botsbestandheid. **~worthy** botsbestand.

crash[2] *n., (vero.)* groflinne; kreukelstof.

crash·ing: *be a ~ bore* 'n uiters vervelende vent/ens. (*of* 'n ou droë bokkom/bokkem) wees. **crash·ing·ly** *(infml.)* verskriklik, ontsaglik, ongelooflik, erg *(vervelig ens.);* alte, maar te *(duidelik).*

crass grof, erg, kras; *~ stupidity* absolute domheid/onnoselheid. **cras·si·tude, crass·ness** grofheid; stommiteit, stomheid; lompheid; krasheid.

cras·su·la *(bot.)* klipblom.

-crat *komb.vorm* -kraat; *aristo~* aristokraat; *demo~* demokraat; *techno~* tegnokraat. **-crat·ic, -crat·i·cal** *komb.vorm* -kraties.

cratch *(dial.)* voerkrip.

crate *n.* krat; groot mandjie; *(sl.)* ou kar/vliegtuig/ens.. **crate** *ww.* krat, in 'n krat pak.

cra·ter *n.* krater; tregter; mengbak. **cra·ter** *ww.* 'n krater vorm. **~ wall** kraterwand.

cra·vat halsdoek; voudas; krawat, vlinderdas. **cra·vat·ted** met 'n halsdoek/krawat aan.

crave *(vero.)* bid, smeek; *~ (after/for) s.t.* na iets hunker/smag/verlang. **crav·ing:** *have a ~ for s.t.* na iets hunker/smag/verlang, 'n begeerte/verlange/drang na (*of* behoefte aan *of* lus vir) iets hê.

cra·ven *n., (arg.)* lafaard. **cra·ven** *adj.* lafhartig. **cra·ven·ly** lafhartig.

craw *(vero.)* krop; *s.t. sticks in s.o.'s ~* iets steek iem. (dwars) in die krop.

craw·fish *-fish(es)*→CRAYFISH.

crawl[1] *n.* gekruip; sukkelgangetjie; gekriewel; *(swem)* kruipslag. **crawl** *ww.* kruip; voortsukkel, aansukkel; kriewelrig voel; krioel, wemel; wriemel; (die) kruipslag swem, kruipswem; *~ **before/to** s.o., (infml.)* voor iem. kruip; *~ **into** s.t.* in iets kruip; *~ **out of** s.t.* uit iets kruip; *~ **with** ...* van ... krioel/wemel.

crawl[2] *n.* (vis)kraal.

crawl·er kruiper; kruipbroekie, -pakkie; rolmat; ruspervoertuig. **~ lane** *(Br., mot.)* kruipbaan *(vir stadige voertuie).* **~ tractor** ruspertrekker.

crawl·y kruipend; kriewelrig.

cray·fish, *(Am.)* **craw·fish** *-fish(es)* rivier-, varswaterkreef; *(SA)* (see)kreef. **~ cocktail** kreefkelkie.

cray·on *n.* (teken)kryt, vetkryt; *coloured ~* kleurstif; *(wax) ~* waskryt. **cray·on** *ww.* 'n kryttekening maak van; skets. **~ (drawing)** kryttekening.

craze *n.* dwaasheid, gier, manie; mode(gril); kranksinnigheid; haarskeur; *a ~ for ...* 'n begeerte na (*of* gier vir) ...; *the latest ~* die nuutste gier. **craze** *ww.* gek maak; laat bars; barsies/skeurtjies maak *(in erdewerk);* gekraak wees, barsies hê; *(erts)* afskilfer; fynstamp. **crazed** gek, dol, mal, waansinnig, kranksinnig.

craz·ing barsvorming *(v. verf);* windbarsies. **~ mill** stampmeul(e).

cra·zy *(infml.)* gek, mal (in jou kop), van jou sinne beroof, (van lotjie) getik, van jou trollie/wysie af; kranksinnig, waansinnig; malkop, mallerig; dom, dwaas, simpel; *(arg.)* bouvallig; *(arg.)* lendelam; *be ~ **about** ..., (infml.)* gek wees na (*of* mal wees oor *of* dol wees op/oor) ...; *~ **art*** malkuns; *~ **bone,** (Am.)* = FUNNY BONE; ***drive** s.o. ~* iem. gek/mal maak; *~ **flying*** dolvlieëry; *~ **path*** hobbelpaadjie; *~ **paving*** lapplaveisel, plaveipaadjie, lapbestrating; *be **plumb** ~, (infml.)* stapelgek wees; *~ **quilt*** lappiesdeken. **cra·zi·ness** gekheid, kranksinnigheid, waansinnigheid; malligheid, domheid, dwaasheid, sotlikheid; *(arg.)* bouvalligheid; *(arg.)* lendelamheid.

creak *n.* gekraak, geknars, gepiep. **creak** *ww.* kraak, knars, kras, piep, skree(u), kners. **creak·i·ness** krakerigheid. **creak·ing:** *~ voice* kraakstem, krassende stem; *~ shoe* kraakskoen. **creak·y** krakerig, krakend; *~ voice* kraakstem.

cream *n.* room; crème; *(fig.)* room, (aller)beste, elite, keur; ***beat/whip/whisk*** *~* room klits/klop; *the ~ **of** the crop* die room van die oes; *the ~ **of** the French army* die elitesoldate van die Franse leër; *the ~ **of** the joke* die mooiste van die grap; *~ **of** lime* kalkmelk; *the ~ **of** a country's young athletic talent* 'n land se voorste jong atlete; *the ~ **of** the local talent* die room van die plaaslike talent; *the ~ **of** society* die elite (*of* crème de la crème); *~ **of** chicken/tomato soup* hoender-/tamatieroomsop; *~ **of** tartar* kremetart, wynsteen; ***pick/take** the ~* die room afskep; ***skim** off the ~ from ..., **skim** the ~ off ...* die room van ... afskep, die beste van ... neem *(d. kandidate ens.).* **cream** *adj.* roomkleurig, crème. **cream** *ww.* room; afroom; ontroom, afskep; room byvoeg; klop tot romerig *(botter en suiker ens.);* skuim; *~ off s.t., (fig.)* iets afskep; *~ off the best from ...* die room van ... afskep. **~ bun** roombolletjie. **~ cake** roomkoek; roomkoekie. **~ caramel** karamelroom(pie). **~ cheese** roomkaas. **~ colour** roomkleur. **~-coloured** roomkleurig. **~ cracker** cream cracker, kraakbeskuitjie. **~ gauge** roommeter. **~ horn** roomhorinkie. **~ jug** roombeker(tjie). **~laid paper** crème geribde papier. **~ of tartar tree** kremetart-, kalbas-, apebroodboom. **~ puff** roompoffer(tjie). **~ separator** room(af)skeier, roommasjien, ontromer. **~ sherry** crème-sjerrie. **~ soda** sodacrème. **~ tart(let)** roomtert(jie). **~ tea** tee en skons met room en konfyt. **~wove paper** geel velynpapier.

creamed room-; *~ potatoes* geroomde aartappels, roomaartappels.

cream·er roomlepel; roombeker(tjie); roomafskeier; (koffie)verromer.

cream·er·y botter-, suiwelfabriek; roomhuis. **~ butter** fabrieks-, romerybotter.

cream·like romerig; romig.

cream·y romerig, soos room; *(kleur)* romig. **cream·i·ness** romerigheid.

crease *n.* vou, plooi; voulyn; rimpel; *(kr.)* streep; *batsman's ~* kolfstreep; kolfkampie; *bowler's ~* boulstreep. **crease** *ww.* vou, plooi; rimpel, kreukel; *~ up with laughter* krul van die lag, lê soos jy lag, jou slap lag. **~proof** kreukelvry, -werend. **~-resistant** kreukeltraag.

creased *(ook)* met voulyne.

crease·less kreukelvry.

creas·y gekreukel(d), vol plooie; gerimpel(d).

cre·ate skep; in die lewe roep, in die wêreld bring; voortbring; (op)wek; veroorsaak; maak, benoem, kreëer; uit die niet te voorskyn bring; *~ **confidence***

→CONFIDENCE; ~ ***discord*** →DISCORD; ~ *an **impression*** →IMPRESSION; ~ *a **peer*** iem. tot lord verhef; ~ ***strife*** stryd wek, verdeeldheid bring. **cre·at·ed** geskape.

cre·a·tin(e) *(biochem.)* kreatien.

cre·a·tion skepping; die geskapene; skepping, werk; kreasie; benoeming, verheffing; ***act** of* ~ skeppingsdaad; ~ *of **capital*** kapitaalvorming; *it **licks** ~, (infml.)* dit oortref alles; *from the ~ of the **world*** van die grondlegging van die wêreld af. ~ **science** *(teol.)* skeppingsleer.

cre·a·tion·ism *(teol.: leer dat God alles uit niks geskep het)* kreasionisme, skeppingsleer; *(leer dat God elke siel afsonderlik geskep het)* kreasionisme, kreasianisme. **cre·a·tion·ist** kreasionis, aanhanger van die kreasionisme; kreasionis, kreasianis, aanhanger van die kreasionisme/kreasianisme.

cre·a·tive skeppend, vormend, kreatief; ~ ***ability*** skeppingsvermoë; ~ ***accountancy/accounting**, (euf.)* kreatiewe rekeningkunde; ***be** ~ of ..., (w.g.)* ... voortbring/skep; ~ ***impulse/urge*** skeppingsdrang, =drif; ~ ***power*** vormkrag, skeppingskrag; ~ ***work*** skeppingswerk; ~ ***writing*** skryfkuns, skeppingswerk, oorspronklike werk. **cre·a·tive·ness, cre·a·tiv·i·ty** skeppingskrag, skeppingsdrang, =vermoë, kreatiwiteit.

cre·a·tor skepper; ontwerper; maker; *the C~* die Skepper.

crea·ture skepsel; wese; kreatuur; mens; *(neerh.)* niksnuts; *(neerh.)* huurling, ondergeskikte; dier; dierasie, ondier; *we are ~s of **God*** ons is skepsele van God; ~ *of **habit*** gewoontemens; ***little*** ~ wesentjie, skepseltjie; ***the** ~, (infml.)* sterk drank, tiermelk. ~ **comforts** geriefies, materiële geriewe, stoflike genietinge, genietinge van die lewe.

crèche *(Fr.)* bewaarskool, crèche, kinderhawe, =bewaarplek; *(Am.)* Kerstablo.

cred *(afk., sl.)* krediet; geloofwaardigheid.

cred·al →CREED.

cre·dence geloof, vertroue; *give ~ to s.t.* iets glo, geloof aan iets heg; *letter of ~* geloofsbrief; *be unworthy of ~* ongeloofwaardig wees. ~ **(table)** *(RK)* kredenstafel. **cre·den·tial** *n.* diploma; sertifikaat; *(i.d. mv.)* geloofsbriewe; *(i.d. mv.)* getuigskrifte. **cre·den·tial** *adj.: ~ letters* geloofsbriewe. **cre·den·za** kredenskas; *(RK)* kredenstafel.

cred·i·bil·i·ty aanneemlikheid, geloofbaarheid, geloofwaardigheid. ~ **gap** waarheidskloof, ongeloofwaardigheid; vertrouenskrisis.

cred·i·ble aanneemlik, gelooflik, geloofbaar, geloofwaardig.

cred·it *n.* vertroue, geloof; reputasie, goeie naam, agting, aansien, gesag, erkenning; geloofwaardigheid; eer; *(uitstel v. betaling)* krediet; *(boekh.)* krediet, passiva; *(i.d. mv., filmk., TV, ens.)* erkenning; *s.t. **does** s.o. ~* iets strek iem. tot eer; ***extend** ~ to s.o.* krediet aan iem. verleen; ***get** ~ for ...* vir ... erkenning ontvang (*of* krediet kry); ***give** ~, (lett.)* krediet gee; ***give** s.o. ~ for s.t.* iem. eer/krediet gee vir iets, iem. iets as verdienste toereken; iem. tot iets in staat ag; ***give** ~ to s.t.* die geloofwaardigheid van iets versterk; *in **good** ~* kredietwaardig; ***letter** of ~* kredietbrief; *buy **on** ~* op krediet/rekening/skuld koop; ***records** to s.o.'s ~* rekords op iem. se naam; ~ *against **security*** krediet teen sekuriteit; ***take** (the) ~ for s.t.* die eer vir iets inoes; *s.t. is a ~ **to** s.o.* (or *is/redounds **to** s.o.'s ~*) iets doen iem. eer aan; *say s.t. **to** s.o.'s ~* iem. iets ter ere nagee; *there is R1000 **to** s.o.'s ~* daar staan R1000 in iem. se krediet; ***vote** ~s, (parl. ens.)* krediete bewillig. **cred·it** *ww.* glo; krediteer; toegee; ~ *an **account*** 'n rekening krediteer; ~ *s.t. **to** s.o.* iets aan iem. toeskryf/toeskrywe; ~ *s.o. **with** s.t.* iem. tot iets in staat ag, iets by iem. soek, iets van iem. verwag; iem. die eer van iets gee; iem. met iets krediteer *(geld)*. ~ **accommodation** kredietakkommodasie. ~ **account, charge account** kredietrekening. ~ **advice** →CREDIT NOTE. ~ **analysis** kredietanalise, =ontleding. ~ **arrangements** *(mv.)* kredietreëlings. ~ **association,** ~ **society,** ~ **union** kredietvereniging. ~ **balance** kredietsaldo, batige saldo. ~ **bank** kredietbank. ~ **basis** kredietbasis. ~ **bondsman** *(hist.)* skuldslaaf, pandeling. ~ **book** kredietboek. ~ **business** kredietbedryf; kredietsake. ~ **card** kredietkaart. ~ **ceiling** →CREDIT LIMIT. ~ **check** kredietwaardigheidskontrole, kontrole op kredietwaardigheid. ~ **contraction** kredietinkrimping. ~ **control** kredietbeheer. ~ **controller,** ~ **supervisor** kredietkontroleur. ~ **cooperative,** ~ **co-operative,** ~ **union** kredietkoöperasie, =ko-operasie. ~**-creating ability** kredietskeppende vermoë. ~ **creation** kredietskepping. ~ **curb** kredietbeperking, =inkorting. ~ **directive** kredietvoorskrif. ~ **entry** kredietinskrywing, =boeking. ~ **facilities** *(mv.)* kredietgeriewe, =fasiliteite. ~ **institution** kredietinstelling. ~ **instrument** kredietinstrument. ~ **items** *(mv.)* kredietposte. ~ **letter** kredietbrief. ~ **limit,** ~ **ceiling** kredietperk, =limiet, =plafon. ~ **manager** kredietbestuurder; →CREDIT CONTROLLER. ~ **note,** ~ **advice,** ~ **slip** kredietbrief, =nota. ~ **pressure** →CREDIT SQUEEZE. ~ **rating** bepaling van kredietwaardigheid; →CREDITWORTHINESS. ~ **(reference/reporting) agency** krediet(inligtings)buro, kredietagentskap. ~ **regulation** kredietreëling. ~ **report** kredietwaardigheidsverslag. ~ **restraint** kredietbeperking. ~ **sales** *(mv.)* kredietverkope, verkope op rekening, rekeningverkope. ~ **screening** kredietkeuring. ~ **side** kredietkant, =sy. ~ **slip** →CREDIT NOTE. ~ **society** →CREDIT ASSOCIATION. ~ **squeeze,** ~ **pressure** kredietdruk, druk op die krediet. ~ **standing,** ~ **status** →CREDITWORTHINESS. ~ **strain** kredietspanning. ~ **stringency** kredietskaarste. ~ **supervisor** →CREDIT CONTROLLER. ~ **terms** *(mv.)* kredietvoorwaardes. ~ **titles** *(mv., filmk., TV, ens.)* erkenning. ~ **union** →CREDIT ASSOCIATION, CREDIT COOPERATIVE. ~**worthiness,** ~ **rating,** ~ **standing,** ~ **status** kredietwaardigheid. ~**worthy** kredietwaardig.

cred·it·a·ble verdienstelik, eervol; fatsoenlik, agbaar; *s.t. is ~ to s.o.* iets strek iem. tot eer/lof.

cred·i·tor skuldeiser, krediteur; geldskieter; ~ *on mortgage* verbandskuldeiser; ~ *by priority* preferente krediteur/skuldeiser, voorkeurskuldeiser. ~ **account** krediteursrekening. ~ **country** krediteurland. ~**s' ledger** krediteuregrootboek. ~**s' list** krediteurslys. ~**s' meeting** krediteursvergadering, vergadering van skuldeisers.

cre·do =*dos* geloof, (geloofs)belydenis, credo.

cred·u·lous lig=, goedgelowig. **cre·du·li·ty** lig=, goedgelowigheid.

Cree *Cree(s), (lid v. Indiaanse volk)* Cree.

creed geloof, (geloofs)belydenis, geloofsformulier. **creed·al, cred·al** geloof(s)=, oortuiging(s)=.

creek kreek, inham, bog, baaitjie; loop, spruitjie; *be up the ~, (sl.)* in die knyp/pekel (*of* die/'n verknorsing) sit/wees.

creel vismandjie.

creep *n.* krieweling; *(Br.)* kruipgat *(in heining); (geol.)* oorkruiping; kruiping; uitsakking *(v. verf); (infml.)* onaangename vent; *s.t. gives s.o. the ~s, (infml.)* iets maak iem. kriewelrig; iets laat iem. ys (*of* hoendervel/=vleis kry/word), iets gee iem. hoendervel/=vleis. **creep** *crept crept, ww.* kruip, sluip; voortsukkel, aansukkel; kriewel; *(metale)* kruip; *(verf)* uitsak; *(plante)* rank; *(band)* klim; *(spil)* verskuif; *(motor)* stadig draai; dreg; *a feeling of **disappointment** crept over s.o.* 'n gevoel van teleurstelling het in iem. opgewel; *s.o.'s **flesh** ~s, s.t. makes s.o.'s **flesh** ~* →FLESH; ~ ***for** s.t.* dreg na iets; ~ ***in*** binnesluip; *(lett. & fig.)* insluip; *(lett.)* inkruip; ~ ***out*** uitkruip, uitsluip; *a **smile** crept over s.o.'s face* 'n glimlag het (stadig) oor iem. se gesig gesprei, iem. het stadig begin glimlag; ***tiredness** crept over s.o.* iem. is deur moegheid oorval, die moegheid het iem. oorval; ~ ***up** on s.o.* iem. bekruip; *s.t. ~s **up** on s.o.* iets kom ongemerk vir iem. nader. ~ **limit** kruipgrens. ~ **resistance** kruipweerstand, kruipvastheid. ~**-resistant** kruipvas.

creep·age kruipverlenging.

creep·er kruiper; kruip=, rank=, klimplant, klimop; *(kr.)* kruipbal; sluiper; dreg; rolmat.

creep·ing: ~ **barrage** golwende spervuur. ~ **eruption** velmol. ~ **paralysis** geleidelike verlamming. ~ **plant** →CREEPER.

creep·y kruipend; grillerig, griesel(r)ig. ~**-crawly** *n.* gogga. ~**-crawly** *adj.* kruipend.

creese →KRIS.

cre·mate veras, verbrand, kremeer. **cre·ma·tion** verassing, lykverbranding, kremasie. **cre·ma·tor** lykverbrander; lykoond; verbrandingsoond. **crem·a·to·ri·um** =*riums,* =*ria, (Am.)* **crem·a·to·ry** =*ries* krematorium.

crème *(Fr.)* room; crème; vla; ~ *caramel* crème caramel, karamelvla; ~ *de la crème* crème de la crème, elite; *the ~ de la crème of the dancers* die voorste dansers; ~ *de menthe* peperment(likeur).

cre·nate, cre·nat·ed *(biol.)* geskulp; gekartel(d). **cre·na·tion** karteling; gekarteldheid; *(anat.)* krimping.

cren·el, cre·nelle *(hist.)* kanteelkeep, skietgat. **cren·el·late,** *(Am.)* **cren·e·late** van kantele/skietgate voorsien, krenelleer. **cren·el·lat·ed,** *(Am.)* **cren·e·lat·ed** gekanteel(d); getand; *(bot.)* fyn geskulp; ~ *moulding* tandlys. **cren·el·la·tion,** *(Am.)* **cren·e·la·tion** kanteel; kantéling; getandheid.

cren·u·late, cren·u·lat·ed *(biol., teg.)* fyngekartel(d). **cren·u·la·tion** fynkarteling.

Cre·ole, cre·ole *n.* Kreool, kreool; Kreools, kreools. **Cre·ole, cre·ole** *adj.* Kreools, kreools. **cre·o·li·sa·tion,** =**za·tion** *(ling.)* kreolisering. **cre·o·lise,** =**lize** *(ling.)* kreoliseer. **cre·o·lism** *(ling.)* kreolisme.

cre·o·sol *(chem.)* kreosol.

cre·o·sote *n., (chem.)* kreosoot. **cre·o·sote** *ww.* kreosoteer.

crepe, crêpe, crape crêpe, kreip. **crepe/crêpe bandage** crêpe=, kreipverband. **crepe/crêpe de Chine** crêpe-de-chine, gekrinkelde sy. **crepe/crape myrtle** *(Lagerstroemia indica)* skubliesroos. **crepe/crêpe paper** krinkelpapier. **crepe/crêpe rubber** crêpe=, kreiprubber. **crepe/crêpe sole** speksool. **crêpe suzette** *crêpes suzettes* crêpe suzette, vlampannekoek. **crepe/crêpe wool** crêpe=, kreipwol.

crep·i·tate kraak, knetter, knapper. **crep·i·ta·tion** knettering; *(med.)* krepitus, knettering.

crê·pon *(tekst.)* krepon.

cre·pus·cu·lar skemer(ig), dof; half ontwikkel(d).

cre·scen·do =*dos,* =*di, n., (ook mus.)* crescendo, kressendo. **cre·scen·do** =*doing;* =*doed* =*doed, ww.* 'n crescendo/kressendo bereik, al hoe harder/intenser word, tot 'n klimaks opbou.

cres·cent *n.* groeiende/wassende maan; half=, sekelmaan; Turkse halfmaan; *(straat)* singel. **cres·cent** *adj.* groeiend; halfmaanvormig, halfmaan=; sekelvormig.

cre·sol *(chem.)* kresol.

cress bronkors, waterkers, bronslaai; →GARDEN CRESS, WATERCRESS.

cres·set *(hist.)* lig=, vuurbaken; fakkel.

crest *n.* kuif; kam; kruin; pluim; maanhare; top, (skuim)kop, (golf)kruin; kruinpunt; *(her.)* helmteken, wapen(skild); ~ *of a pass* pashoogte; *be/ride on the ~ of a/the wave, (fig.)* op die kruin/hoogtepunt van jou loopbaan/ens. wees, op die hoogtes wandel. **crest** *ww.* 'n kuif opsit; die top bereik; skuimkoppe vorm. ~**fallen** bekaf, koponderstebo, kop onderstebo (*of* voor die bors), sleepstert, terneergeslae, moedeloos. ~ **line** kruinlyn.

crest·ed met 'n kuif/pluim/kruin, gekuif, kuif=; gekam(d), kamdraend; met 'n wapen; ~ *crane* kuif(kop)kraanvoël; ~ *penguin* geelkuifpikkewyn; ~ *pipit, (orn.)* kuifkopkoestertjie.

Cre·ta·ceous *n., (geol.)* Kryt(tydperk). **Cre·ta·ceous** *adj., (geol.)* Kryt=. **cre·ta·ceous** krytagtig, kryt=; ~ *earth* krytaarde.

Crete *(geog.)* Kreta. **Cre·tan** *n.* Kretenser. **Cre·tan** *adj.* Kretensies, Kreties, van Kreta.

cret·in *(infml., neerh.)* idioot, moro(o)n, bobbejaan, pampoen/skaap(kop), dom ding; *(med., vero.)* kretin. **cret·in·ism** *(patol.)* kretinisme, skildkliergebrekkigheid, aangebore miksedeem. **cret·in·oid** *(patol.)* kretin=

agtig, kretinoïed. **cret·in·ous** *(patol.)* kretinagtig, kretineus.

cre·tonne, cre·tonne *(tekst.)* kreton.

cre·vasse diep skeur/spleet *(in aarde);* gletserskeur, -spleet. **crev·ice** smal skeur/spleet, bars.

crew[1] *n.* bemanning; *(infml., dikw. neerh.)* kliek, groep, span, bende, klub, geselskap; *~ and passengers* opvarendes; *ten ~* bemanning van tien. **crew** *ww.* as bemanningslid/spanlid werk; beman *(vaartuig).* ~ **cut** borselkop. ~**man** -*men* bemanningslid, spanlid, matroos, skepeling. ~ **member** bemanningslid, spanlid. ~ **neck** (nousluitende) ronde hals/nek. ~-**neck(ed):** *~ pullover/sweater* rondehals/rondenek-oortrektrui.

crew[2] *(verl. t.)* het gekraai; →CROW[2] *ww.*.

crew·el kroelgaring, -gare. ~ **needle** kroelnaald. ~ **stitch** kroelsteek. ~**(work)** kroel(borduur)werk. ~ **wool** kroelwol.

crib *n.* krip; stal; kinderbedjie; hutjie; *(infml.)* afkykwerk, plagiaat; sleutel(vertaling); stuthok *(in myn);* (balk)stapel; *crack a ~, (infml.)* by 'n huis inbreek; *Christmas ~* Kerskrip. **crib** -*bb*-, *ww., (infml.)* afkyk, afloer *(in 'n eksemen);* afskryf, -skrywe *(eksamenantwoorde ens.);* naskryf, -skrywe, plagiaat pleeg, plagieer; steel *(iem. se idees ens.); (arg.)* inperk, aan bande lê, kniehalter, belemmer; *(Br., vero.)* kla, brom, mopper; *~ from s.o.* by iem. afkyk/afloer *(in 'n eksamen).* ~-**biter** kripbyter. ~ **hunter** baantjiesoeker. ~**(work)** balkstapeling; kratraamwerk.

crib·bage, crib *(kaartspel)* cribbage.

crib·ber afskrywer, naskrywer.

crib·ri·form *(anat., bot.)* sifvorming, sifagtig.

crick *n.* styfheid; spit *(i.d. rug);* spierkramp; *~ in the neck* stywe nek. **crick** *ww.* verrek.

crick·et[1] kriek; langasemsprinkaan; *ground ~* koringkriek, dikpens.

crick·et[2] krieket; *it's/that's not ~* dis nie sportief/eerlik nie, so iets doen ('n) mens nie. ~ **bat** krieketkolf. ~ **field,** ~ **ground** krieketveld. ~ **match** krieketwedstryd. ~ **pitch** kolfblad. ~ **player** krieketspeler.

crick·et·er krieketspeler.

crick·et·ing krieket speel, krieketspel; krieketstof.

cri·coid *(anat.)* ringvormig; *~ (cartilage)* ringkraakbeen.

cri de coeur *cris de coeur, (Fr.)* kreet uit die hart.

cri·er skreeuer, skreër; *(hist.)* (stads/dorps)omroeper; *(jur.)* geregsbode.

cri·key *tw., (Br., infml.)* magtig, magtie, jene, hene, jitte, hete, hede.

crime *(gew. 'n swaar vergryp)* misdaad; *(neutraal)* misdryf; *(gew. 'n ligte vergryp)* oortreding; *(maatskaplike verskynsel)* misdaad, misdadigheid, misdade; *(infml.)* sonde; *(infml.)* skande; *(infml.)* groot jammerte; ***capital*** *~* halsmisdaad; ***commit*** *a ~* 'n misdaad pleeg; *the* ***incidence*** *of ~* misdaad, misdadigheid; *there has been a serious* ***increase*** *in ~* misdaad/misdade/misdadigheid het erg toegeneem; *the ~* ***of*** *theft/etc.* die misdaad van diefstal/ens.; *~ of* ***passion,*** (Fr.) *~* ***passionnel,*** *(mv.: crimes passionnels)* hartstogsmisdaad; *~ doesn't* ***pay*** misdaad is nie lonend nie; ***prevention*** *of ~* voorkoming van misdaad; *be* ***steeped*** *in ~* verstok/verhard wees in misdadigheid; ***take*** *to ~* 'n misdadiger word; *it is a ~* ***that*** *..., (infml.)* dit is skandalig dat ...; *it is a ~* ***to*** *...* dit is 'n misdaad om te ...; *it is a ~ the* ***way*** *..., (infml.)* dit is skandalig soos ... ~ **buster** *(sl.)* misdaadbestryder. ~ **busting** *(sl.)* misdaadbestryding. ~ **fiction** misdaadroman(s), -verhaal, -verhale. ~ **prevention** misdaadvoorkoming. ~ **rate** misdaadsyfer, kriminaliteit. ~ **sheet** strafregister. ~ **wave** vlaag van misdade/misdaad. ~ **writer** misdaadskrywer, skrywer van misdaadromans/-verhale.

Cri·me·a: *the ~, (geog.)* die Krim. **Cri·me·an** Krim-; *the ~ War* die Krimoorlog.

cri·men: ~ **injuria,** ~ **iniuria** *(SA, jur.)* crimen injuria/iniuria, persoonlikheidskending, -krenking.

crim·i·nal *n.* misdadiger, boef; *a* ***habitual*** *~* 'n gewoontemisdadiger; *a* ***hardened*** *~* 'n gewetenlose misdadiger. **crim·i·nal** *adj.* misdadig; *(jur.)* strafbaar; *(jur.)* strafregtelik, straf-, krimineel; ~ ***case*** strafsaak; ~ ***code*** strafwetboek; ~ ***connection/conversation,*** *(jur., vero.)* owerspel; ~ ***court*** strafhof; ~ ***intention/intent*** misdadige opset; ~ ***investigation department*** speurdiens; ~ ***jurisdiction*** strafregtelike bevoegdheid; ~ ***justice*** straf(regs)pleging; ~ ***law*** strafreg; ~ ***lawyer*** strafregkenner; ~ ***offence*** misdryf, strafbare oortreding; ~ ***procedure*** strafproses; *law of ~* ***procedure*** strafprosesreg; *C~* ***Procedure Act*** Strafproseswet; ~ ***proceedings*** strafsaak, -geding; ~ ***record*** strafregister; vorige oortredings; ~ ***session(s)*** strafsitting; ~ ***trial*** strafgeding; ~ ***tribunal*** strafgereg; ~ ***work,*** *(jur.)* strafwerk. **crim·i·nal·i·sat·ion, -za·tion** kriminalisering, strafbaarmaking. **crim·i·nal·ise, -ize** kriminaliseer, strafbaar maak. **crim·i·nal·ist** kriminalis. **crim·i·nal·i·ty** misdadigheid, kriminaliteit; ('n) misdaad. **crim·i·nal·ly** misdadig, op misdadige wyse.

crim·i·nate *(w.g.)* aankla, beskuldig; laak; inkrimineer. **crim·i·na·tion** *(w.g.)* beskuldiging; laking; skuldigmaking, inkriminering. **crim·i·na·tive** *(w.g.)* beskuldigend.

crim·i·nol·o·gy kriminologie, misdaadleer. **crim·i·no·log·ic, crim·i·no·log·i·cal** kriminologies. **crim·i·nol·o·gist** kriminoloog.

crimp[1] *n., (arg., neerh.)* ronselaar, sielverkoper; matrose-, soldatewerwer. **crimp** *ww.* ronsel, matrose/soldate werf.

crimp[2] *n.* karteling, weefkarteling. **crimp** *ww.* plooi, krinkel, rimpel; riffel, kartel; krul; friseer; buig; *(kookk.)* inkerf *(vis, vleis).* **crimped** *(argit.)* gewurg. **crimp·er** *(tekst.)* kartelmasjien; *(haarkappery)* krultang, -yster; *(sl.)* haarkapper, -kapster *(vr.); (metal.)* krimper, krimptang; *(kookk.)* kartelaar *(vir tertrand ens.).* **crimp·i·ness** gekrinkeldheid; karteling.

crimp·ing: ~ **iron** *(teg.)* riffeltang; wurgtang. ~ **machine** kartelmasjien.

crimp·lene *(tekst., handelsnaam)* crimplene, krimpelien.

crim·son *n.* karmosyn. **crim·son** *adj.* karmynrooi, karmosyn(rooi), hoogrooi; *turn ~* (hoog)rooi word, bloos. **crim·son** *ww.* (hoog)rooi word, bloos; karmosyn/hoogrooi verf. ~-**breasted shrike** *(orn.)* rooiborslaksman, -fiskaal.

cringe *n.* strykasie, buiging, gekruip. **cringe** *ww.* ineenkrimp, terugdeins; kruip, jou verneder; *~ before/to s.o.* voor iem. kruip; *s.t. makes s.o. ~, (infml.)* iets vervul iem. met weersin. **cring·ing** kruiperig, kruipend.

crin·gle *(sk.)* oog, ogie, ring.

cri·nite *(biol.)* behaar(d), harig.

crin·kle *n.* krinkel, rimpel, vou, kreukel. **crin·kle** *ww.* krinkel, rimpel, frommel, kreukel. ~-**cut** krinkelsnit- *(aartappelskyfies ens.).* **crin·kled** *(ook)* riffelrig; *~ paper* kreukel-, rimpel-, riffelpapier; *~ wool* krinkelwol. **crinkly** krinkelend, kreukelrig, rimpel(r)ig, verkreukel(d); *~ hair* kroes(erige) hare; *~ paper* rimpelpapier, geriffelde papier, riffelpapier; *~ skin, (sitrussiekte)* kraakskil.

cri·noid *n., (soöl.)* seelelie. **cri·noid** *adj.* lelievormig.

crin·o·line krinolien; *(hist.)* hoepelrok; *(hist., mil.)* torpedonet. **crin·o·lette** *(hist.)* krinolet *(v. 'n rok).*

cripes *tw., (vero. sl.)* jissie, jissem, jisla(a)ik, jirre; krismis (vader), (o) gits/gaats.

crip·ple *n., (arg. of neerh.)* kreupele, gebreklike, manke; verminkte; *(i.d. mv. ook)* beenverweking *(by beeste).* **crip·ple** *adj.* kreupel, kruppel, mank. **crip·ple** *ww.* kreupel/kruppel/gebreklik maak; vermink; *(fig.)* verlam; belemmer. ~ **care** kreupelsorg. **crip·pled:** *in a ~ state* ontredder(d); gebreklik, mank. **crip·ple·ness** kreupelheid, mankheid. **crip·pling** verlammend.

cris →KRIS.

cri·sis -*ses* krisis, keerpunt, wendingspunt; kritieke punt; ***avert*** *a ~* 'n krisis afweer/voorkom; ***cause*** *a ~* 'n krisis veroorsaak; *~ of* ***confidence*** vertrouenskrisis; *~ of* ***conscience*** gewetenskrisis; ***go/pass*** *through a ~* 'n krisis deurmaak; ***precipitate*** *a ~* 'n krisis verhaas; ***resolve*** *a ~* 'n krisis oplos/beëindig. ~ **centre** krisissentrum; *rape ~ ~* krisissentrum vir verkragtingslagoffers (*of* vir slagoffers van verkragting). ~ **management** krisisbestuur. ~ **theology** krisisteologie.

crisp *n.* brosheid; bros lekkers; swoerd; *potato ~* aartappelskyfie, -krul. **crisp** *adj.* krakerig, knapperend, krokant, bros; fris, opwekkend; lewendig, opgewek; beslis; pittig *(styl);* kroes; krullerig; gekrul(d), gekroes; *~ air* fris luggie. **crisp** *ww.* bros maak; *(arg.)* krul, golf. ~**bread** brosbrood. **cris·pate** *(bot.)* (om)gekrul(d), gerimpel(d), golwend. **cris·pa·tion** (om)krulling, golwing, gegolfdheid; sametrekking; huiwering; rimpeling. **crisp·en (up)** bros maak; bros word. **crisp·er** groentelaai *(v. koelkas).* **crisp·(i·)ness** brosheid; frisheid; lewendigheid; beslistheid; krullerigheid; kroeserigheid. **crisp·y** bros; lewendig; krullerig, kroeserig, gekroes.

Cris·pin *(heilige)* Krispyn, Crispinus.

criss·cross kriskras, deurmekaar, kruis en dwars. **criss·cross** *ww.* kriskras (*of* kruis en dwars) oor ... loop.

cris·to·bal·ite *(min.)* cristobaliet.

crit *n., (infml.)* krit, resensent, kritikus; krit, resensie, kritiek.

cri·te·ri·on -*ria,* -*rions* maatstaf, toets, standaard, kenmerk, kriterium; *apply a ~* 'n kriterium/maatstaf toepas/gebruik.

crit·ic kritikus, resensent, beoordelaar. **crit·i·cal** kritiek, haglik, sorglik, sorgwekkend, -barend, bedenklik, benard; krities, beoordelend; vitterig; ~ ***angle*** grenshoek; ***be*** *~* ***of*** *...* krities wees (teen)oor ...; kritiese staan teenoor ...; ***go*** *~* die kritieke punt bereik, aktief word; ~ ***limit*** breekgrens; ~ ***path,*** *(bedryfsekon.)* kritieke pad/roete, knelgang; ~ ***path analysis,*** *(bedryfsekon.)* kritiekepad-, kritiekeroete-, knelgangontleding; ~ ***point*** kritieke punt, breekpunt; ~ ***pressure*** kritieke druk; ~ ***situation*** kritieke toestand, krisistoestand; ~ ***speed*** kritieke snelheid; *be a ~* ***success*** gunstig deur die kritici ontvang/beoordeel word; ~ ***temperature*** kritieke temperatuur. **crit·i·cal·ly** kritiek; krities; *be ~ ill* dodelik siek wees, in 'n bedenklike/kritieke toestand wees; *be ~ important* van deurslaggewende/kardinale (*of* die uiterste) belang wees, van lewensbelang wees. **crit·ic·as·ter** kritikaster, vitter. **crit·i·cise, -cize** kritiseer, kritiek uitoefen, resenseer, beoordeel; afkeur, hekel. **crit·i·cism** kritiek; beoordeling, resensie, kritiek; aanmerking; punt van kritiek; *be* ***above/beyond*** *~* bo kritiek verhewe wees; ***come*** *in for a lot of ~* kwaai onder kritiek deurloop; ***constructive/destructive*** *~* opbouende/afbrekende kritiek; ***level*** *~ at ...* kritiek op ... uitoefen; *s.o.'s ~* ***of*** *...* iem. se kritiek op (*of* beoordeling van) ...; ***offer*** *~* kritiek uitoefen; *be* ***open*** *to ~* aanvegbaar wees *(iets);* na kritiek luister *(iem.);* ***scathing/stinging*** *~* snydende/vernietigende kritiek.

cri·tique *(Fr.)* (kuns)kritiek, resensie.

crit·ter *(Am., infml., dial.)* dierasie, kreatuur; →CREATURE.

croak *n.* gekwaak; gekras. **croak** *ww., (padda)* kwaak; *(voël)* kras, krys; *(iem.)* hees (*of* met 'n skor stem) fluister/sê/vra/ens.; *(sl.: doodgaan)* aftjop, lepel in die dak steek, bokveld toe gaan; *(sl.: doodmaak)* uit die weg ruim, na die ander wêreld help, bokveld toe stuur; *(arg.)* onheil voorspel. **croak·er** kwaker; krasser, kryser; *(igt.)* ombervis; brompot; *(arg.)* doemprofeet. **croaky** kwakend; krassend, krysend; skor, hees.

Cro·at Kroaat. **Cro·a·tia** *(geog.)* Kroasië. **Cro·a·tian** *n.* Kroaat; Kroatiese man/vrou. **Cro·a·tian** *adj.* Kroaties.

croc *(afk.)* →CROCODILE.

cro·chet *n.* hekelwerk; *double ~* kortbeen(tjie); *treble ~* langbeen(tjie). **cro·chet** *ww.* hekel. ~ **cotton** hekelgaring, -gare. ~ **hook,** ~ **needle** hekelpen, -naald. ~ **pattern** hekelpatroon. ~ **stitch** hekelsteek. ~ **work** hekelwerk.

cro·chet·ing hekelwerk. ~ **hook,** ~ **needle** hekelpen, -naald.

cro·cid·o·lite *(min.)* krosidoliet, blouasbes.

crock[1] *n.* erdepot, -kan, -kruik; potskerf. **crock·er·y** erdegoed, -werk, porselein-, breekware, breekgoed.

crock[2] *n., (infml.): an old ~, (iem.)* 'n ou knol/krok/sukkelaar; *(motor)* 'n ou rammelkas/tjor(rie). **crock** *ww.* breek; beseer, seermaak; ~ *up, (infml.)* kapot/pootuit raak; ~ *s.o. up, (infml.)* iem. kapot/pootuit maak. **crocked** *(infml.)* beseer; mankoliek(ig/erig); *(Am., infml.: dronk)* gekoring, getrek, hoenderkop.

crock·et *(argit.)* hogel, loofversiering.

croc·o·dile krokodil; krokodilleer; *(skoolkinders in gelid)* sleep, tou. ~ **clip** krokodil=, kaaimanklem. ~ **cloth** krokodilstof. ~ **(leather)** krokodilleer. ~ **tears** krokodiltrane; *weep* ~ ~ lang trane huil. **croc·o·dil·i·an** *(soöl.)* krokodilagtig.

cro·cus =*cuses* krokus, saffraanblom; kraai-uintjie.

Croe·sus *(hist.: ryk koning)* Croesus, Kreusus, Kroisos; rykaard, geldsak.

croft *(Br.)* stukkie grond, kamp, land; klein plasie. **croft·er** pagter, kleinboer.

crois·sant *(Fr.)* croissant.

crom·bec *(orn.)* krombek, stompstertjie.

crom·lech *(argeol.)* cromlech, dolmen.

crone ou wyf/heks.

cro·ny =*nies, (infml., dikw. neerh.)* pel (<*Eng.*), (boesem)=vriend, broer, boetie, makker, kameraad, kornuit.

crook *n.* haak; kromstaf; staf; bog, buiging; bedrieër, skelm; skurk, boef; *the* ~ *of the* ***arm*** die waai van die arm; *a* ***consummate*** ~ 'n deurtrapte skelm; *by* ***hook*** *or by* ~ →HOOK *n.*; ***shepherd's*** ~ herderstaf. **crook** *ww.* buig; *(SA, infml.)* bedrieg, fop, kul, verneuk. ~**back** *(arg.)* →HUNCHBACK. ~**neck (squash)** kromnekpampoen. ~ **stick** haakstok, =kierie.

crook·ed krom, gebuig, verdraai(d); geboë; skeef, oorhoeks, windskeef, mismaak; slinks, oneerlik. **crook·ed·ness** kromheid; skeefheid; oneerlikheid, skelmery, skurkery.

crook·er·y bedrieëry, kullery, verneukery.

croon *n.* (sagte) geneurie; sagte/lae stem/toon. **croon** *ww.* neurie, half neuriënd sing; sag(gies) sing. **croon·er** neurie=, sniksanger.

crop *n.* krop; keel; koumaag, pens *(v. voëls)*; handvatsel, steel; rysweep, peits; gewas, gesaaide, oes; drag, opbrengs; gelooide vel; knipsel; stompkop, kortgeknipte hare; *a* ***bumper*** ~ 'n buitengewoon ryk oes; *a* ***fine/good*** ~ 'n goeie oes; ***harvest/reap*** *a* ~ 'n oes maak/wen; 'n oes insamel; ***in/under*** ~ onder bebouing. **crop** =*pp*=, *ww.* (stomp) afsny; kort knip; afeet, afvreet; oes, pluk; *(gesaaide)* dra; bebou; ~ ***out*** uitkom, aan die oppervlak kom; ~ ***up*** opduik, vorendag (*of* voor die dag *of* op die lappe/proppe *of* ter sprake) kom. ~ **circle, corn circle** geheimsinnige sirkel in 'n landery/koringland. ~ **dusting** *(landb.)* gewasbespuiting, =bestuiwing; lugbespuiting, =bestuiwing. ~**-ear** stompoor, afoor. ~**-eared** stompoor=, afoor=; stompkop=. ~ **estimates** oesskatting. ~ **farming** saaiboerdery. ~**-full** *(lett. & fig.)* maagvol. ~ **grass** manna=, vinger=, kruisgras. ~**-headed** stompkop=. ~ **management practice** gewasbestuurspraktyk. ~ **rotation** wisselbou. ~ **weather station** landbouweerstasie.

crop·page bebouing.

cropped kort/stomp geknip/afgesny, stomp, kort, kaal; ~ *head* stomp=, borselkop.

crop·per knipper, skeerder; draer; kropduif; *come a* ~, *(infml.)* hard val, baken steek; 'n ongeluk oorkom; jou rieme styfloop; *be a good* ~, *(landb.)* 'n goeie draer wees, 'n goeie/ryk opbrengs gee.

crop·ping verbouing; oesinsameling. ~ **machine** afsnymasjien. ~ **waste** skeerafval.

crop·py stompkop.

cro·quet *n., (spel)* kroukie, croquet. **cro·quet** =*queted* =*queting, ww.* wegstamp, =slaan *(teenstander se bal)*.

cro·quette *(kookk.)* kroket(jie).

cro·sier, cro·zier biskop=, krom=, herderstaf.

cross *n.* kruis; kruishout; beproewing, teen=, teëspoed; (rasse)kruising; kruisproduk, kruising; tussending, baster; *(sl.)* verneukery; *everyone has to* ***bear*** *his own* ~ elkeen moet sy eie kruis dra; *be a* ~ ***between*** *... and ...* 'n kruising van ... en ... wees; *no* ~ *no* ***crown*** geen kroon sonder kruis, geen sukses sonder inspanning/moeite/opoffering nie; ***cut*** *s.t. on the* ~ iets op die skuinste knip/sny; ***make*** *a* ~ 'n kruisie trek/maak; ***nail*** *s.o. to the* ~ iem. aan die kruis slaan; ***on*** *the* ~ skuins, op die skuinste, oorhoeks; ~ ***pointed,*** *(her.)* spitskruis; *make the* ***sign*** *of the* ~ die kruisteken maak, 'n kruis maak/slaan; ***take*** *up one's* ~ geduldig ly; ***Way*** *of the C*~ kruisweg, =gang, lydensweg. **cross** *adj. & adv.* dwars, oorkruis; verkeerd; kwaad, boos; kwaai, nors; teen=; *as* ~ *as two sticks* so boos/kwaad soos 'n geitjie, so briesend soos 'n meerkat; *be* ~ *with s.o.* vir iem. kwaad/vies wees. **cross** *ww.* kruis; *(lyne)* sny; deurkruis; met 'n kruis(ie) merk; oorgaan, =steek *(pad, straat)*; oorloop, =stap; oortrek; dwarsboom, teenwerk, in die wiele ry; by mekaar verbygaan; kruisteel, baster; ~*ed* ***arms*** gevoude arms; ~ *by the* ***bridge*** *only* net met die brug oorsteek; ~ *a* ***cheque*** 'n tjek kruis; *a* ~*ed* ***cheque*** 'n gekruiste tjek; *grief/hate/etc.* ~*es s.o.'s* ***face*** hartseer/haat/ens. flits oor iem. se gesig; ~ *one's* ***fingers*** *(and touch wood), keep one's* ***fingers*** ~*ed* duim vashou; ~ *the* ***floor,*** *(parl.)* (na die ander kant) oorloop; ~ *my* ***heart*** *(and hope to die)* mag ek dood neerval (as dit nie waar is nie); ~ *one's* ***legs*** jou bene kruis (*of* oor mekaar slaan); *sit with* ~*ed* ***legs*** met gekruiste bene (*of* met jou bene gekruis/oorkruis *of* oor mekaar) sit; *have* ~*ed* ***lines,*** *(telekom.)* gekruiste lyne (*of* 'n verkeerde verbinding) hê; *have one's/the* ***lines/wires*** ~*ed, (fig.)* die ding/kat aan die stert beethê; *(twee mense)* by mekaar verbypraat, mekaar verkeerd verstaan; *be* ~*ed in* ***love*** ongelukkig in die liefde wees; *it* ~*ed my* ***mind*** dit het my bygeval (*of* te binne geskiet), dit het deur my gedagte gegaan; ~ *s.t.* ***off/out*** iets deurhaal/deurstreep/skrap/uitkrap, 'n streep deur iets trek; ~ ***o.s.*** die kruisteken maak, 'n kruis maak/slaan; ~ ***over*** oorgaan, =stap; oorvaar; ~ *s.o.'s* ***path*** iem. teen=/teëkom; iem. dwarsboom; *the* ***road*** ~*es the farm* die pad loop deur die plaas; ~ ***s.o.*** iem. dwarsboom; die/jou voet vir iem. dwars sit; ~ ***swords*** *with s.o.* →SWORD; ~ *an animal* (*or a plant*) ***with*** ... 'n dier/plant met ... kruis. ~**-accommodation** wisselruitery. ~ **action** *(jur.)* teeneis. ~ **aisle** *(vero.)* dwarsbeuk. ~ **appeal** teenappèl. ~**bar** dwarshout; dwarspaal, =balk, =lat; dwarsstang; nek=, draaghout *(v. kar)*; draer *(v. wa)*. ~**-barred** getralie(d). ~ **bat** *(kr.)* dwars kolf. ~**-bat shot** *(kr.)* dwarshou. ~**beam** dwars=, kruisbalk. ~**beams** *(ook)* balkwerk. ~ **bearer** dwarsdraer. ~ **bearing** *(sk.)* kruispeiling. ~ **bedding** *(geol.)* diagonale gelaagdheid. ~ **bench** dwarsbank. ~**-bencher** *(parl.)* dwarsbanker. ~**bill** *(orn.)* kruisbek. ~ **birth** *(med.)* dwarsligging. ~**bolt** kruisgrendel. ~ **bond** kruisverband. ~**bones** gekruiste (doods)beendere. ~**bow** kruis=, voetboog. ~**bowman** voetboogskutter. ~ **brace** kruisverspanstuk. ~ **bracing** kruisverspanning. ~**bred** gekruis, van gekruiste ras, kruisras=, gebaster, baster=. ~**bred wool** kruisraswol, basterwol. ~**breed** kruis; kruising, kruisras, gekruiste ras. ~**breeding** kruisteelt. ~**-buttock** *(stoei)* heupswaai. ~**-Channel** *adj. (attr.)* Kanaal=; ~ *ferry* Kanaalveer(boot); *make a* ~ *voyage* oor die Engelse Kanaal vaar. ~**check** *n.* dubbele kontrole. ~**check** *ww.* dubbel kontroleer, kruiskontroleer. ~ **compiler** *(rek.)* kruisvertaler. ~**-connection** dwarsverbinding. ~**-country** reg aan, reguit, oor heg en steg, deur die veld. ~**-country race** veldwedloop, heg-en-steg-wedloop. ~**-country run** veldloop. ~**-country runner** veldloper. ~**-country track** veldpad. ~**-country vehicle** veldvoertuig. ~**-court shot** *(tennis ens.)* dwarshou. ~**-cultural** kruis=, interkultureel. ~**-current** dwarsstroom, dwarsstroming. ~**cut** *n.* dwarssny; dwarsgang. ~**cut** *adj.* dwarsgesny, dwars=. ~**cut** *ww., (filmk.)* heen en weer sny. ~**cut(ting) chisel** ritsbeitel. ~**cut file** kruiskapvyl. ~**cut saw** dwars=, treksaag. ~**-dress** *ww., (man)* vroueklere dra; *(vrou)* mansklere dra. ~**-dresser** fopdosser, transvestiet. ~**-dressing** *(by mans)* fopdossery, transvest(is)isme, transvestie, die dra van vroueklere, om vroueklere te dra; *(by vroue)* kruiskleding, die dra van mansklere, om mansklere te dra. ~ **entry** *(boekh.)* teeninskrywing, kontra-inskrywing, kontraïnskrywing, kontraboeking. ~**-examination** *(jur.)* kruisondervraging, kruisverhoor; *conduct a* ~ 'n kruisverhoor waarneem; *under* ~ in/onder kruisverhoor. ~**-examine** uitvra; kruisvra, kruisvrae stel, in/onder kruisverhoor neem; ~ *s.o.* iem. in/onder kruisverhoor neem; *be* ~*d* 'n kruisverhoor ondergaan, aan 'n kruisverhoor onderwerp word, in/onder kruisverhoor geneem word. ~**-examiner** kruisvraer, ondervraer. ~**-eye** skeeloog. ~**-eyed** skeel. ~**-fade** *n., (rad., TV)* kruisdowing. ~**-fade** *ww.* kruisdoof. ~**-feathered hen** verkeerdeveerhoender. ~**-fertilisation, =zation** kruisbevrugting, xenogamie. ~**-fertilise, =lize** kruisbevrug. ~**-fibred** dwarsdradig. ~**-fibred wool** strengelwol. ~**-file** *(teg.)* voëltongvyl. ~**fire** kruisvuur. ~**fish** *(w.g.)* seester. ~**flower** kruisblom. ~ **flute** dwarsfluit. ~**-grain** kopshout. ~**-grained** dwarsdraads, =dradig, dwars van draad, teendraads; dwars, stuurs, nors. ~ **hairs** *(mv.)* kruisdraadjies. ~**-handle** kruk, krukhandvatsel. ~**hatch** kruisarseer, dubbel arseer. ~**hatching** (oor)kruisarsering, dubbele arsering. ~**head** *(teg.)* dwarsarm; draagstuk; kruisraam; kruiskop *(v. masjien)*. ~**head(ing)** *(druk.)* dwarshofie. ~**-index** *n.* kruisregister. ~**-index** *ww.* kruisverwysings maak. ~ **infection** *(med.)* kruisinfeksie, =besmetting. ~ **kick** *(sokker ens.)* dwarsskop. ~**-legged** (met die/jou) bene oorkruis (*of* oor mekaar), met gekruiste bene; met die/jou bene onder jou ingevou; kruisbeen. ~**-level** dwarswaterpas. ~**light** dwarslig, kruisbeligting; ander lig *(op 'n onderwerp)*. ~**line** dwarsstreep. ~**match** *ww., (med.)* kruistoets. ~**matching** *(med.)* kruistoets, =proef *(om verenigbaarheid v. bloed te bepaal)*. ~ **member** dwarsbalk. ~**over** *n.* oorgang; kruispunt; *(spw.)* wissel; *(genet.)* oorkruising; *(mus.)* oorkruising; *a jazz-to-disco* ~ 'n jazz-na-disko-oorkruising. ~**over** *adj.* oorgangs=; kruis=; *jazz-classical* ~ *album* album wat jazz met klassieke musiek kombineer; ~ *musician/singer/etc.* musikant/sanger/ens. wat die hande van verskillende style vat; ~ *network* oorgangsnet. ~ **pass** *n., (sokker ens.)* dwarsaangee. ~**-passage** dwarsgang. ~**patch** *(infml.)* dwars=, korrel=, kriewelkop, nukkebol, kruidjie-roer-my-nie. ~ **petition** teenpetisie. ~**piece** dwarsstuk. ~**-ply tyre** kruislaagband. ~**-pollinate** kruisbestuif. ~**-pollination** kruisbestuiwing. ~**-purpose** teenstrydigheid; misverstand; *be at* ~*s* mekaar misverstaan; mekaar in die wiele ry; *talk at* ~*s* nie oor dieselfde ding praat nie, by mekaar verbypraat. ~ **quarters** *(argit.)* kruisblom. ~**-question** *n.* kruisvraag. ~**-question** *ww.* kruisvrae stel, kruisvra, in/onder kruisverhoor neem. ~**-react** *(biochem.)* kruisreageer. ~ **reaction** *(biochem.)* kruisreaksie. ~**-refer** kruisverwys. ~**-reference** kruisverwysing. ~**road** dwars=, kruis=, uitdraaipad. ~**roads** padkruising; kruispaaie; *at the* ~, *(lett.)* by die dwars=/kruispad; *(fig.)* op die tweesprong; op die keerpunt. ~**-rut** knikspoor. ~**-saddle** mansaal. ~ **section** dwars(deur)snee, dwars(deur)snit; dwarsprofiel; *(fis.)* kansvlak. ~**-sectional** deursnee=. ~**-shaft** dwarsas. ~**-shaped** kruisvormig. ~**-spindle** T-spil. ~**-stitch** kruissteek. ~**-stitch faggoting** kruislassteek. ~ **street** dwarsstraat; kruisstraat. ~**-subsidisation, =zation** kruissubsidiëring. ~**-subsidise, =dize** kruissubsidieer. ~**-subsidy** kruissubsidie. ~**talk** *n., (telekom.)* steurspraak; *(Br.)* kwinkslag, gevatheid, spitsvondigheid. ~**tie** dwarsbint; *(Am.)* dwarslêer. ~**-town** *adj. & adv., (Am.)* dwarsdeur die stad; *a* ~ *bus* 'n bus wat dwarsdeur die stad loop. ~**trees** *(mv.), (sk.)* (dwars)saling. ~ **vault** kruisgewelf. ~**-voting** deurmekaar stemmery. ~**walk** voetoorgang. ~**way** dwarsweg, =pad. ~**ways** = CROSSWISE. ~**weave** kruisbinding. ~**wind** teenwind; dwars=, sywind. ~ **wires** kruisdrade; draadkruising. ~**wise** oorkruis, =dwars, gekruis, kruisgewys(e); oormekaar; dwars=; ~ *fold* dwarsvou. ~**word (puzzle)** blokkiesraaisel; *do a* ~ *(~)* 'n blokkiesraaisel invul.

cross·ing kruising; kruisteelt; kruispunt; oorgang; oortog, oorvaart; oorweg, oorrypad; (die) oorsteek; dwarspad, kruispad, =straat; *(spw.)* kruisstuk; verrekeningsmerk, kruising *(v. tjek)*; *level* ~ (spoor)oorweg; *pedestrian* ~ voetoorgang. ~ **attendant** oorgangwag. ~**over** oorgang; uitwisseling, uitruiling; oorkruising. ~**sweeper** straatveër.

cross·let kruisie.

cross·ness boosheid, kwaadheid; kwaaiigheid.

cros·sop·te·ryg·i·an *n.* kwasvinvis. **cros·sop·te·ryg·i·an** *adj.* kwasvin=.

cro·ta·lar·i·o·sis jaagsiekte, dampigheid *(by perde).*

cro·ta·lism styf=, stywesiekte.

crotch kruis *(v. liggaam/broek)*; mik, vurk *(in 'n boom).* ~**wood** blomhout.

crotch·et hakie; *(mus.)* kwartnoot; gril, gier, nuk. **crotch·e·teer** sonderling; nukkebol. **crotch·et·y** buie= rig, humeurig, moeilik, nukkerig; vol grille; wispel= turig.

cro·ton·al·de·hyde *(chem.)* krotonaldehied.

crouch *n.* gehurkte/bukkende houding. **crouch** *ww.* hurk, buk; kruip; koe(t)s. **crouch·ing** gehurk, gebuk= (kend).

croup kroep, wurgsiekte. **croup·y** kroepagtig.

croup(e) kruis *(v. perd)*; rug *(v. saal)*; *sloping* ~ hang= kruis *(v. skaap).*

crou·pi·er *(Fr.)* croupier, kroepier.

croute *(kookk.)* croute. **crou·ton** *(kookk.)* crouton, kro= ton.

crow[1] *n.* kraai; koevoet, breekyster; *the C~, (astron.)* die Kraai, Corvus; ***black*** ~ swartkraai; ***eat*** ~, *(Am., infml.)* nederig 'n fout erken; *as the ~ **flies*** in 'n reguit lyn, soos 'n/die voël vlieg; *have a ~ to **pick/pluck** with s.o., (infml.)* 'n appeltjie met iem. te skil hê; ***pied*** ~ →PIED; ***white*** ~, *(fig.)* wit raaf. ~**bar** koevoet, breek= yster. ~**berry** kraaiheide. ~**-bill** koeël=tang. ~**foot** *(bot., mv. =foots)* ranonkel; *(bot., mv. =foots)* botterblom; *(sk., mv. =feet)* spinnekop, hanepoot; *(mil., hist., mv. =foots)* voet=, hoefangel. ~**foot (grass)** hoenderspoor, natal= kweek. ~**'s foot** *=feet* kraaiplooitjie, =pootjie, =spoor= tjie, lagplooitjie *(i.d. ooghoek)*; kreukeltjie; *(naaldw.)* kraaipoot; *(masj.)* kraaipoot. ~**'s-nest** *(sk.)* kraaines; maskorf. ~ **step** geweltrap. ~**-step gable** trapgewel.

crow[2] *n.* gekraai. **crow** *crowed/crew crowed, ww.* kraai; babbel, brabbel; spog, viktorie kraai; *~ about/over s.t., (infml.)* oor iets spog; *~ over ..., (ook, infml.)* in ... be= hae skep *(iem. se teen=/teëspoed ens.).*

Crow *Crow(s), (lid v. Indiaanse volk)* Crow.

crowd *n.* menigte, skare, hoop, massa, klomp, spul; ge= drang, oploop, toeloop; ***disperse*** *a* ~ 'n skare uiteen= ja(ag); ***draw*** *a* ~ 'n skare lok; *an **enormous*** (or *a **vast***) ~ 'n yslike skare, 'n mag der menigte; ***follow*** (or ***go/move*** *with*) *the* ~ die stroom volg, met die stroom saamgaan; *a ~ **gathers*** mense drom saam; *they are a **nice** ~, (infml.)* hulle is 'n gawe klomp; *be just **one** of the* ~ in die massa verlore raak; *... would **pass** in a ~, (infml.)* ... kan gaan; *~s of **people*** 'n duisternis/ magdom (van) mense, 'n mensdom/mensemassa; ***rise*** (or ***raise*** *o.s.*) *above the ~, (fig.)* bo die massa uit= styg, jou bo die massa verhef; ***stand out*** *from the ~, (fig.)* bo die massa uitstyg; ***the*** ~ die massa/menigte; *get in with the **wrong** ~, (infml.)* in die verkeerde ge= selskap beland. **crowd** *ww.* (opeen)dring, druk, saam= dring, dam, drom, ophoop; vul; volprop; *many thoughts ~ **in** on/upon s.o.* baie gedagtes dring hulle aan iem. op; *~ **into** a place* 'n plek binnedring, in 'n plek saam= drom; *~ ... **into** a place* ... in 'n plek prop; *~ s.o. **out*** iem. uitdruk/verdring; *~ **round** ...* om ... saamdrom, ... toedam; *~ (on) **sail**, (sk.)* ekstra renseile span; *~ **through** ..., (w.g.)* deur ... druk/dring; *~ **together*** saamdrom, =pak. ~ **puller** *(infml.)* skarelokker; loket= treffer.

crowd·ed (stamp)vol, propvol, oorlaai, druk; saam= gedronge; *~ crop* gedronge stand; *be ~ to overflowing, ('n saal ens.)* stampvol wees.

crowd·ing swerming *(v. insekte).*

crown *n.* kroon; krans; kruin, top; kop; bol *(v. hoed)*; koepel; kruis *(v. anker)*; *(bot.)* wortelnek; kruin, kroon *(v. boom)*; *(munt)* kroon; *~ and **anchor**, (spel)* kroon en anker; ***imperial*** ~ keiserskroon; ***martyr's*** ~ mar= telaarskroon; ***royal*** ~ koningskroon; ***the*** *~, (jur.)* die kroon/staat; ***wear*** *the* ~ die kroon dra; ***win*** *the ~, (boks ens.)* die titel verower. **crown** *ww.* kroon; be= kroon; beloon; voltooi; *(dambordspel)* koning/dam maak; →CROWNED; *that ~s it **all**, (infml.)* dit sit die kroon daarop; *to ~ it **all**, (infml.)* om die naarheid te kroon, tot oormaat van ramp/ellende, wat die ergste is/was; *~ s.o. **king*** iem. tot koning kroon. ~ **burst** ster= breuk. ~ **colony** kroonkolonie. ~ **cork,** ~ **cap** blik=, botteldop; krimpdop(pie). ~ **council** kroonraad. ~ **driver** kruinryer. ~ **gall** *(plantsiekte)* kroongal. ~ **glass** kroonglas. ~ **jewels** kroonjuwele. ~ **knot** kruisknoop. ~ **land** kroongrond, staatsgrond. ~ **moulding** kroon= lys. ~ **nut** kruinmoer. ~**-of-thorns** *(seester: Acanthaster planci)* doringkroon. ~ **paper** kroonpapier. ~ **piece** *(bouk.; munt)* kroonstuk. ~ **presentation** *(verlosk.)* kruinligging. ~ **prince** kroonprins. ~ **princess** kroon= prinses. **C~ prosecutor** staatsaanklaer, kroonver= volger, publieke aanklaer *(in Engeland, Wallis en Kanada).* ~ **roast** *(kookk.)* kroonbraad. ~ **rot** *(plantsiekte)* kroonverrotting. ~ **rust** *(plantsiekte)* kroonroes. ~ **saw** kroon=, trommel=, silindersaag. ~ **size** kroonformaat. ~ **stone** topsteen. ~ **wheel** kroon=, skakelrat. ~ **wire** kruindraad. ~ **witness** kroongetuie, staatsgetuie.

crowned: ~ ***crane*** mahem(kraanvoël); ~ ***eagle*** kroon= arend; ~ ***partridge*** bospatrys; *s.o.'s efforts were ~ with **success*** iem. se pogings is met sukses bekroon.

crown·ing *n.* kroning; *(verlosk.)* kruinverskyning, kruingeboorte, kruining. **crown·ing** *adj. (attr.)* hoog= ste, grootste; ~ *event* glanspunt; ~ *folly* toppunt van dwaasheid; ~ *glory* hoogtepunt, toppunt, kroon; groot= ste trots; pronkstuk, sieraad.

cro·zier →CROSIER.

cru *(Fr., wynbou)* cru; →GRAND CRU.

cru·cial kritiek; deurslaggewend, beslissend; kruis=; *(anat.)* kruisvormig; *(sl.)* bak(gat), fantasties, won= derlik; *be ~ for/to ...* deurslaggewend (*of* van deur= slaggewende betekenis *of* uiters belangrik) vir ... wees; ~ *ligament, (anat.)* kruisband; ~ *test* vuurproef. **cru·cial·ly:** ~ *important* van deurslaggewende/kardinale (*of* die uiterste) belang; ~ *necessary* absoluut/dwingend/ uiters noodsaaklik; lewensnoodsaaklik.

cru·ci·ate kruisvormig.

cru·ci·ble smeltkroes, kroes(ie); *(druk.)* binnepot; vuur= proef. ~ **steel** kroesstaal. ~ **tongs** kroestang.

cru·ci·fer kruisdraer; kruisblom; kruisblommige plant. **Cru·cif·er·ae** Kruisblommiges. **cru·cif·er·ous** *(bot.)* kruisdraend; kruisblommig.

cru·ci·fix kruisbeeld, krusifiks, kruis; Christusbeeld. **cru·ci·fix·ion** kruisiging.

cru·ci·form kruisvormig; ~ *church* kruiskerk.

cru·ci·fy kruisig; kruis; *crucified (person)* gekruisigde, kruiseling.

cru·cite *(min.)* kruissteen, holspaat, chiastoliet.

cru·ci·ver·bal·ist blok(kies)raaiselliefhebber, =begees= terde, =slaaf, =verslaafde; blok(kies)raaiselopsteller.

cruck *(Br. bouk.)* kapstyl.

crud *n., (sl.)* morsigheid, smerigheid, vieslikheid, walg= likheid; koekerasie; aanpaksel; afsaksel; vuil; mors= pot, smeerlap, vark. **crud** *tw.* twak, kaf, bog, snert, strooi. **crud·dy** morsig, smerig, vieslik, walglik.

crude *n.* ruolie. **crude** *adj.* ru; rou; kru; grof; onbe= holpe; primitief, onafgewerk; groen; onsuiwer, onge= suiwer(d); ~ *birth rate* algemene geboortesyfer; ~ *iron* ruyster; ~ *oil* ruolie. ~**-oil engine** ruoliemasjien.

crude·ly ruweg; grof; rou; kru; primitief; ~ *assembled* saamgeflans; *express o.s. ~* jou lomp uitdruk; *to put it* ~ om dit kras te stel.

crude·ness, crud·i·ty ruheid; rouheid; kruheid; grofheid; onbeholpenheid; onsuiwerheid.

cru·di·tés *n. (mv.), (Fr., kookk.)* crudités.

cru·el wreed, wreedaardig, onmenslik, ongenadig, hardvogtig; ~ *blow* swaar/gevoelige slag; ~ *person* wreedaard; ~ *wind* nypende wind. **cruel·lie** *(infml., fig.)* 'n lae hou. **cru·el·ty** wreedheid, wreedaardigheid, onmenslikheid; ~ *to animals* dieremishandeling; *beauty without* ~ skoonheid sonder wreedheid; ~ *to ...* wreed= heid teenoor ... **cruelty-free** *(skoonheidsproduk ens.)* nie op diere getoets nie.

cru·et staander(tjie); kruikie, flessie; *(RK)* ampul, skink= kannetjie. ~ **(stand)** sout-en-peper-stel(letjie); olie- en-asyn-stel(letjie); kruiestel(letjie).

cruise *n.* bootvaart, =reis, plesiervaart, =reis, (rond)= vaart; skeeps=, boottog; *(vloot)* kruisvaart; *(lugv.)* kruis= vlug. **cruise** *ww., (iem.)* 'n boot/=plesierreis maak/ onderneem, op 'n plesiervaart gaan; *(vaartuig)* (rond)= vaar; *(voertuig, vliegtuig)* kruis; *(taxi ens.)* stadig rond= ry; *(infml., man)* op vrouejag wees. ~ **control** *(mot.)* (kruis)spoedreëlaar; (kruis)spoedreëling. ~ **liner,** ~ **ship** toerskip. ~ **missile** kruis(er)missiel.

cruis·er *(oorlogskip)* kruiser; plesierboot. ~**(weight)** *(boks)* ligswaargewig.

cruis·ing (die) kruis, kruisvaart. ~ **altitude,** ~ **level** *(lugv.)* kruishoogte. ~ **power** kruisvermoë. ~ **range** kruisafstand. ~ **speed** tog=, kruissnelheid; normale snelheid. ~ **yacht** *(sk.)* plesierjag.

crul·ler, krul·ler *(Am. kookk.)* kruller, wildebees= kaiing.

crumb *n.* krummel; brokkie; kriesel(tjie); *(binne[n]ste v. brood)* kruim; *(Am. sl.)* lae lak, (ou) sleg. **crumb** *ww.* krummel; paneer. ~ **brush** tafelborsel. ~ **cake** krum= melkoek. ~ **crust** krummelkors. ~ **scoop,** ~ **tray** ta= felskoppie.

crumbed: ~ *fish* gepaneerde vis; krummelvis; ~ *meat* krummelvleis.

crum·ble *ww.* (ver)krummel; afkrummel, inkrummel; (ver)brokkel, afbrokkel; ~ *away* wegbrokkel, afkal= we(r); ~ *off* afkrummel. **crum·ble** *n., (kookk.)* frum= melpoeding.

crum·bly, crumb·y *adj.* krummelrig, bros; ~ *mealie-meal porridge* krummel=, poetoepap. **crum·bly, crum·blie** *n., (sl.)* (ou) fossiel; →WRINKLIE. **crum·bli·ness, crumb·i·ness** krummelrigheid.

crumbs *tw.* jisla(a)ik, jissie, heng, maggies, magtie, ge= nugtig.

crum·horn, krumm·horn *(mus., hist.)* kromhoring.

crum·my, crumb·y *(infml.)* goor, vuil, aaklig, smerig, vieslik; goedkoop, vrotsig, nikswerd; oes, vrot, mislik, miserabel.

crump *n.* plof(geluid), dowwe knal/plof/slag. **crump** *ww.* plof, 'n plofgeluid maak, met 'n dowwe knal/plof/ slag val/tref/ontplof/ens..

crum·pet *(kookk.)* plaatkoekie, flappertjie; *(sl.)* flossies, (lekker) meisies; *(Br., arg., infml.)* klapperdop, harspan; *a piece of ~, (sl.)* flossie, lekker ding/meisie, (lekker) stuk.

crum·ple kreukel, opfrommel, (ver)frommel; verfom= faai, verfonkfaai, befomfaai, befonkfaai; *(gesig)* op 'n plooi trek; *(moed)* jou begeef/begewe; *(selfbeheersing ens.)* padgee, daarmee heen wees; *~d hair* deurme= kaar/verlêde hare, kraaines; ~ *up* kreukel; verskrom= pel; *(infml.)* ineenstort, inmekaar sak; *~ s.t. up* iets opfrommel/verfrommel. ~ **zone** *(mot.)* frommelsone.

crunch *n.* gekraak; gekners; *(infml.)* kritieke punt, be= slissende konfrontasie, krisis; *if/when it comes to the ~, (infml.)* as dit begin knyp (*of* by die nou draai kom), as puntjie by paaltjie (*of* die nood aan die man) kom; *now comes the* ~ nou kom dit daarop aan (*of* is dit hard teen hard). **crunch** *ww.* kraak, hard kou, kners, knars; *~ up* opknars *(koekie, wortel, ens.)*; knarsend verfrom= mel *(vullis ens.)*; *(gesig)* vertrek *(v. kommer ens.).* **crunch·ie, crunch·y** *n.* hawermout=, knapkoekie, knappertjie, skurwejantjie; *(SA sl., neerh.:Afrikaner)* Boer. **crunch·y** *adj.* korrelrig *(grondboontjiebotter)*; bros, krokant; kra= kerig, knarsend, knars(er)ig.

crup·per stertriem *(v. perd)*; kruis *(v. perd).*

cru·ral *(anat., soöl.)* been=, dy=; suil=, steel=; ~ *hernia* dybreuk; ~ *nerve* dysenu(wee).

cru·sade *n.* kruistog; kruisvaart; *a ~ against/for s.t.* 'n kruistog teen/vir iets; *conduct a* ~ 'n kruistog on= derneem/voer; *embark/go on a* ~ op 'n kruistog gaan. **cru·sade** *ww.* op 'n kruistog gaan; 'n kruistog voer/ onderneem; te velde trek; *~ against/for s.t.* 'n kruistog teen/vir iets voer. **cru·sad·er** kruisvaarder; stryder.

cruse *(arg.)* kruik; *widow's* ~ weduwee se kruik.

crush *n.* verplettering; gedrang; samedromming; *(infml.)* verliefdheid; (uit)geperste/uitgedrukte (vrugte)sap; drukgang; *be caught in a* ~ in 'n gedrang beland; *have a ~ on s.o., (infml.)* beenaf/smoorverlief op iem. wees. **crush** *ww.* plat=, fyndruk; onderdruk *('n opstand ens.)*;

verydel *(iem. se verwagtings ens.)*; afbreek *(iem. se selfvertroue)*; verpletter, vermorsel; breek, fynmaak, vergruis; vermaal; verbrysel; stamp; verkreukel; (uit)druk; *be ~ed to* ***death*** doodgedruk word; *~* ***in*** indruk; *~* ***into*** *a place* in 'n plek indruk; *~ ...* ***into*** *a place ...* in 'n plek indruk/inprop; *~ s.t.* ***out*** iets uitdruk/uitpers; *~ s.t.* ***out of*** *...* iets uit ... druk/pers; *~ s.t.* ***up*** iets fynmaak; iets saampers; iets opfrommel/verfrommel. ~ **bar** *(Br.)* teaterkroeg. ~ **barrier** skareversperring. ~ **hat** klaphoed, gibus. ~ **pen** drukgang. **~-resistant, ~-resisting** kreukelwerend.

crush·a·ble breekbaar; kreukelbaar.

crushed: *~* ***fracture*** splinterbreuk; *~* ***hide*** pletleer; *~* ***mealies/maize*** mieliegruis, gebreekte mielies; *~* ***velvet*** kreukelfluweel; *~* ***wheat*** stampkoring, gestampte koring. **~-wheat bread** grof-, growwebrood.

crush·er stamper; (klip)breker; prageksemplaar.

crush·ing *n.* brekery, (die) breek; vergruising; vermorseling. **crush·ing** *adj.* verpletterend, vernietigend; (ver)drukkend; *~* ***defeat*** verpletterende nederlaag; *~* ***reply/retort*** vernietigende antwoord, dooddoener. ~ **fracture** knypbreuk. ~ **mill** stampmeul. ~ **plant** ertsbrekery; klipbrekery, klipbreekinstallasie. ~ **station** ertsbrekery. ~ **strength** drukvastheid, druksterkte. ~ **test** vergruisingstoets, druktoets.

crust *n.* kors; korsie; roof; aanbrandsel; aanpaksel; aansetsel *(v. wyn)*; *(sl.)* onbeskaamdheid; *a ~ of* ***bread*** 'n broodkorsie; *the* ***earth's*** *~, the ~ of the* ***earth*** die aardkors; *be* ***off*** *one's ~, (infml.)* (van lotjie) getik wees; *the* ***upper*** *~* →UPPER *adj.*. **crust** *ww.* kors, 'n kors vorm/kry; aanbrand, aanbak. **crus·tal** *(geog.)* kors-; aardkors-. **crus·ta·tion** omkorsting. **crust·ed** gekors, omkors; verouderd, verroes; verstok. **crus·ti·fi·ca·tion** verkorsting. **crus·ti·form** korsvormig. **crus·ti·fy** verkors. **crust·i·ly** *(fig.)* bars, kortaf, bot. **crust·y** kors(t)erig; bars, kortaf, bot, nors, stuurs, dwars; bitsig, skerp, snedig; *~ fellow* suurknol.

Crus·ta·cea Skaaldiere, Krustaseë. **crus·ta·cean** -*ceans*, *n.* skaaldier, krustasee. **crus·ta·cean** *adj.* skaal(dier)-. **crus·ta·ceous** geskub, geskaal(d), skaal-; *(bot.)* korstig.

crutch *n.* kruk; steun(sel); dwarsstuk; kruis *(v. liggaam/broek)*; mik *(v. skaap)*; handvatsel *(v. graaf)*; →CROTCH; *go on* (or *walk with*) *~es* met/op krukke loop. **crutch** *ww., (Austr., NS)* mikskeer *(skaap)*. ~ **wool** mikwol.

Crux *(astron.)* Crux, die Suiderkruis.

crux *cruxes, cruces* kern, knoop, (groot) moeilikheid; *this is the ~ of the matter* dit is die kern van die saak, alles draai hierom.

cry *n.* skree(u), geskree(u), (ge)roep, kreet, gil; gehuil, geween; klag, bede, roepstem; (slag)kreet; geblaf; *~ of* ***alarm*** noodkreet; *~ of* ***despair/desperation*** wanhoopskreet; *~ of* ***distress*** angskreet, noodgeroep; *that is a* ***far*** *~ from ...* dit is nie naaste(n)by ... nie; dit is iets heeltemal anders as ...; *be in* ***full*** *~ after ...* ore in die nek agter ... aan wees; ***give/utter*** *a ~* 'n skree(u) gee, skree(u); *have a* ***good*** *~* jou uithuil; ***raise*** *a ~* 'n kreet aanhef; *a* ***sharp*** *~* 'n deurdringende gil; ***within*** *~* binne stembereik, beroepbaar; *great/much ~ and little* ***wool*** meer lawaai/geraas as wol, veel/groot lawaai/geraas/geskree(u) en/maar weinig wol. **cry** *ww.* roep, uitroep, skree(u); huil, ween, grens; krys; 'n keel opsit; blaf; *~* ***about*** *s.t.* oor iets huil; ***be*** *~ing* aan die huil wees; *~* ***bitterly*** (or *one's* ***eyes/heart out***) bitter(lik) (*of* lang trane *of* trane met tuite *of* groot huile) huil, jou doodhuil; *~* ***blue murder*** →MURDER *n.*; *~ s.t.* ***down****, (vero.)* iets (ver)kleineer/slegmaak/afbreek; *I felt* ***fit*** *to ~* ek kon sommer huil; *~* ***for*** *s.t.* om/oor iets huil; om iets roep/vra; *~* ***for*** *...* van ... huil *(vreugde ens.)*; *it cries (aloud) to (high)* ***heaven*** →HEAVEN; *~ for the* ***moon*** die onmoontlike verlang; *~* ***off*** *from s.t., (infml.)* kop uittrek uit iets, van iets afsien; *~* ***out*** uitroep, skree(u); *~* ***out*** *against s.t.* heftig teen iets protesteer, jou stem teen iets verhef; *~* ***out*** *for s.t.* om iets roep; *be ~ing* ***out*** *for s.t.* iets baie/dringend nodig (*of* broodnodig) hê; *for ~ing* ***out*** *loud!, (infml.)* nee, magtag(, man)!; my magtig!; deksels(, man)!; verbrands!, verduiwels!; *~* ***out*** *to s.o.* iem. toeroep; *~* ***over*** *s.t.* oor iets kla, iets betreur; ***start*** *~ing* aan die huil gaan; *~* ***stinking fish*** →STINKING; *~ s.t.* ***up*** iets ophemel/opvysel; *~* ***wolf*** →WOLF. **~baby** tjank-, skree(u)-, grensbalie, skree(u)bek.

cry·ing *n.* gehuil, geskree(u), gegrens; geskrei. **cry·ing** *adj. (attr.)* huilende, skreeuende; skreiende; ergerlike, tergende; *~* ***fit*** huilbui; *~* ***injustice*** skreiende onreg; *~* ***need*** dringende behoefte; *~* ***shame*** skreiende skande.

cry·o- *komb.vorm* krio-.

cry·o·bi·ol·o·gy kriobiologie.

cry·o·gen *(fis.)* kriogeen. **cry·o·gen·ic** kriogeen, kriogenies. **cry·o·gen·ics** kriogenie.

cry·o·lite *(chem., min.)* krioliet, yssteen.

cry·on·ics *(mv.), (fis., med.)* kriogenika, krionika.

cry·o·phil·ic *(biol.)* kriofiel, kriofilies.

cry·o·pre·serve kriobewaar. **cry·o·pres·er·va·tion** kriobewaring.

cry·o·pro·tec·tant kriobeskermer.

cry·o·stat *(chem., fis.)* kriostaat.

cry·o·sur·ger·y kriochirurgie, -sjirurgie.

cry·o·ther·a·py *(med.)* hipotermie, hipotermiese behandeling.

crypt kelder; grafkelder; kript(a) *(v. kerk)*, onderkerk, gewelfkelder; *(bot.)* voorhof; *(anat.)* klierholte. **cryp·tic** geheim(sinnig), raaiselagtig, duister, kripties. **cryp·ti·cal·ly** geheimsinnig, kripties.

cryp·to-Com·mun·ist kripto-Kommunis, geheime Kommunis.

cryp·to·gam *(bot.)* bedekbloeiende, sporeplant, kriptogaam. **cryp·to·gam·ic, cryp·tog·a·mous** *(bot.)* bedekbloeiend, kriptogaam.

cryp·to·gen·ic *(med.)* kriptogeen.

cryp·to·graph, cryp·to·gram berig/dokument/ens. in geheimskrif (*of* geheime skrif), kriptogram. **cryp·tog·ra·pher, cryp·tog·ra·phist, cryp·tol·o·gist** kriptograaf. **cryp·to·graph·ic, cryp·to·graph·i·cal** kriptografies. **cryp·tog·ra·phy** geheimskrif, kriptografie.

cryp·ton →KRYPTON.

crypt·or·chid *n., (med., veearts.)* kriptorgied; *(veearts.)* klophings; *(veearts.)* klopram.

crys·tal *n.* kristal; kristalklip; *Condy's ~s* kaliumpermanganaat. **crys·tal** *adj., (ook)* (kristal)helder. ~ **ball** kristalbol; *look into a ~ ~* die toekoms voorspel. ~ **clear** *(pred.), (lett.)* kristalhelder; *(fig.)* glashelder, sonneklaar. ~ **detector** *(rad.)* kristaldetektor. ~ **gazer** kristalkyker. **~-gazing** kristalkykery. ~ **healer** *(med.)* kristalgeneser, -heler. ~ **healing** *(med.)* kristalgenesing. ~ **lattice** kristalrooster, -tralie. ~ **meth** *(dwelmsl.)* →ICE. ~ **set** *(rad.)* kristalontvanger, -stel. ~ **structure** kristalbou, -struktuur. ~ **therapy** *(med.)* kristalterapie. ~ **treatment** *(med.)* kristalbehandeling. ~ **violet** *(chem., med.)* kristal-, gentiaanviolet.

crys·tal·like kristalagtig.

crys·tal·line kristalagtig; kristalvormig; kristal-; kristalhelder; kristallyn; *~ humour,* (Am.) *~ humor* lensvog; *~ lens* kristallens *(in oog)*; *~ system* kristalstelsel.

crys·tal·lise, -lize kristalliseer; vaste vorm aanneem; versuiker; *~ out* uitkristalliseer. **crys·tal·li·sa·tion, -za·tion** kristallisasie, kristallisering; versuikering; *water of ~* kristalwater, kristallisasiewater. **crys·tal·lised, -lized:** *~ fruit* versuikerde/geglaseerde vrugte; *~ honey* versuikerde heuning, sandsuiker; *~ view* gevestigde beskouing.

crys·tal·lite *(min.)* kristalliet.

crys·tal·log·ra·phy kristalkunde, kristallografie. **crys·tal·log·ra·pher** kristalkundige, kristallograaf. **crys·tal·lo·graph·ic, crys·tal·lo·graph·i·cal** kristallografies. kristalbeskrywing.

crys·tal·loid *n.* kristalloïed. **crys·tal·loid** *adj.* kristalagtig, kristalloïed. **crys·tal·loi·dal** kristalloïdaal.

crys·tal·lom·e·try kristallometrie.

csar·das, czar·das *(mv. dieselfde), (Hongaarse dans)* csardas.

CS gas traangas.

cte·noid *(biol.)* kamvormig, gekam(d), met getande rand, ktenoïed.

CT scan *(med.)* rekenaartomogram, CT-skandeerbeeld/aftasbeeld. **CT scan·ner** *(med.)* rekenaartomograaf, CT-skandeerder/aftaster. **CT scan·ning** *(med.)* rekenaartomografie, CT-skandering/aftasting.

cub *n.* welp, kleintjie, (klein) leeutjie/beertjie/jakkalsie/ens.; *(arg.)* snuiter, penkop. **cub** -*bb*-, *ww.* jong, kleintjies kry. ~ **(reporter)** leerlingverslaggewer. **C~ (Scout)** *(8-11 jr. oud)* Cub Scout, Padvindertjie.

Cu·ba *(geog.)* Kuba. **Cu·ban** *n.* Kubaan. **Cu·ban** *adj.* Kubaans; *~ heel* Kubaanse hak, blokhak *(v. skoen/stewel)*.

cub·age, cu·ba·ture inhoudsmeting, -bepaling, -berekening; kubieke inhoud.

cu·ban·ite *(min.)* kubaniet.

cub·by(hole) kamertjie; knus plekkie, knus/gesellige hoekie; hokkie, vak(kie); *(SA)* paneelkissie, -kassie, mossienes *(v. motor)*.

cube *n.* kubus; kubiekgetal, derde mag; dobbelsteen, blokkie; klontjie. **cube** *ww., (wisk.)* kubeer, tot die derde mag verhef; die (kubieke) inhoud bereken; *2 ~d is 8* 2 in die kubiek (*of* in die derde mag) is 8. ~ **root** kubiekwortel, derdemagswortel. **~-shaped** kubusvormig, kubies. ~ **sugar** klontsuiker.

cu·beb *(bot.: Piper cubeba)* sterkpeper.

cu·bic *adj.* kubiek; *(krist.)* isometries; heksa-edries, heksaëdries; ruimte-, inhouds-; *~* ***capacity/content*** kubieke inhoud, ruimte-inhoud; *~* ***equation*** kubieke vergelyking, derdemagsvergelyking; *~* ***measure*** ruimtemaat, inhoudsmaat, kubieke maat; *~* ***saltpetre*** chilisalpeter; *~* ***surface*** derdegraadsoppervlakte, oppervlakte van die derde graad; *~* ***ton,*** *(goudverkope ens.)* kubieke ton; *(sk.)* skeepston. **cu·bi·cal** kubies, kubusvormig.

cu·bi·cle (slaap/baai/aantrek/kleed)hokkie; afskorting; kamertjie; *changing ~* kleedhokkie.

cu·bi·form kubusvormig.

cub·ism kubisme. **cub·ist** *n.* kubis. **cub·ist** *adj.* kubisties.

cu·bit *(arg.)* ellemaat, voorarmslengte.

cuck·old *n., (neerh., vero.: bedroë eggenoot)* horingdraer. **cuck·old** *ww.* ... horings opsit (*of* bedrieg), aan ... ontrou wees *('n man)*.

cuck·oo *n.* koekoek; *(infml.)* uilskuiken, gek, stommerik; ***Diederik*** *~* diederikkie; ***emerald*** *~* mooimeisie; ***Klaas's*** *~* meitjie; ***red-chested*** *~* piet-my-vrou. **cuck·oo** *adj. (pred.), (infml.)* mal, gek, (van lotjie) getik, van jou wysie/trollie af. ~ **clock** koekoekhorlosie, -klok. ~ **falcon** koekoekvalk. ~ **finch** koekoekvink. **~flower** koekoeks-, pinksterblom; harlekyn, gevlekte orgidee. **~pint** (gevlekte) aronskelk. ~ **shrike** katakoeroe. ~ **spit** slangspoeg. **~-spit insect** skuimbesie. ~ **wasp,** ~ **fly** goudwesp.

cu·cul·late *(bot.)* kapvormig.

cu·cum·ber komkommer; *as cool as a ~* COOL *adj.*. ~ **tree** *(Magnolia acuminata; Averrhoa bilimbi)* komkommerboom; *(Kigelia africana)* kalbas-, wors-, komkommerboom.

cu·cur·bit kalbasplant; pampoengewas; *(chem.)* distilleerkolf.

cud herkousel, (her)koutjie; *chew the ~, (lett.)* herkou; *(fig., infml.)* herkou, nadink, besin.

cud·dle *n.* liefkosing, omhelsing, druk. **cud·dle** *ww.* liefkoos, omhels, druk, vry met; troetel; lepellê; *~ up* opgerol gaan lê; *~ up to s.o.* styf teen iem. lê/sit, jou teen iem. nestel; *they ~ up together* hulle lê/sit styf (*of* nestel hulle) teen mekaar. **cud·dle·some, cud·dly** snoesig, skattig; mollig; liefkoosbaar, troetelbaar.

cud·dy[1] eetkajuit; (muur)kas; kamertjie, hokkie.

cud·dy[2] *(Sk.)* donkie; *(fig.)* esel, bobbejaan, pampoen(kop), domkop.

cudg·el *n.* kierie, stok; knots, knuppel; *take up the ~s for ...* vir ... opkom (*of* in die bres tree *of* 'n lansie breek *of* die handskoen opneem), ... verdedig.

cudg·el -*ll*-, *ww.* afransel, onder die kierie kry, knuppel; ~ *one's brains* →BRAIN.

cue[1] *n.* wenk, aanwysing, vingerwysing, aanduiding, sleutel; rigsnoer; gedragslyn; *(teat.)* sein(woord); *give s.o. his/her* ~ iem. die sein(woord)/teken gee; *on* ~ net op die regte oomblik; *take one's* ~ *from s.o.*, *(infml.)* iem. se voorbeeld volg, maak soos iem. maak. **cue** *ww.:* ~ *s.o. in* iem. inwink *(orkeslid ens.)*; iem. die sein/teken gee. ~ **card** *(TV)* wenkkaart.

cue[2] *n.* biljartstok, keu; pruik-, haarstert; →QUEUE. **cue** *ww., (biljart, snoeker, ens.)* stoot *(bal)*. ~ **ball** stootbal. ~ **chalk** biljartkryt. ~ **tip** pomerans.

cue·ist *(w.g.)* biljartspeler.

cuff[1] *n.* mouboordjie, -omslag, mansjet; *(gew. i.d. mv., infml., afk. v.* handcuff*)* handboei; *off the* ~, *(infml.)* uit die vuis (uit), onvoorbereid, spontaan, impromptu; *on the* ~, *(infml.)* op rekening. ~**-leg panties** kraagbroekie. ~ **link** mansjetknoop.

cuff[2] *n.* klap, oorveeg, opstopper. **cuff** *ww.* klap, 'n oorveeg/opstopper gee.

cui·rass *(hist.)* (bors)harnas, kuras. **cui·ras·sier** *(hist.)* kurassier.

cui·sine *(Fr.)* kookkuns; kos.

cuisse, cuish *(hist.)* dyharnas.

cul-de-sac *culs-de-sac, (Fr.)* blinde steeg/straat, keerom-, doodloopstraat; doodlooppunt; *(anat.)* blinde sak.

cul·i·nar·y kombuis-, kook-, kulinêr; ~ *art* kookkuns; ~ *herbs* kombuis-, kookkruie.

cull *n.* uitvangskaap; uitskotdier, knol, prul; *(i.d. mv. ook)* uitskot, bog. **cull** *ww.* pluk; uitvang, uitdun, uitskakel, uitgooi.

cul·len·der →COLANDER.

cul·let breekglas, glasafval, afvalglas; glasstukkie, -skerfie.

cull·ing uitdunning, uitvangery, keuse; *(i.d. mv. ook)* uitskot.

cul·ly *n., (infml., w.g.)* vriend, maat; *(arg.)* domoor, uilskuiken. **cul·ly** *ww., (arg.)* kul, fop.

culm[1] *(arg.)* steenkoolstof.

culm[2] stingel, halm, stam. **cul·mif·er·ous** halmdraend.

cul·mi·nate die hoogtepunt bereik, kulmineer; ~ *in* ... op ... uitloop. **cul·mi·nant** hoogste; kulminerend. **cul·mi·nat·ing point** toppunt, kulminasiepunt. **cul·mi·na·tion** hoogtepunt, toppunt, kulminasie.

cu·lottes *(mv.)* broekrok.

cul·pa·ble skuldig, strafbaar, misdadig; nalatig, berispelik; toerekenbaar, strafbaar, strafwaardig *(daad)*; toerekenbaar, toerekeningsvatbaar, strafbaar *(dader)*; ~ *homicide* strafbare manslag, nalatige lewensberowing; ~ *inadvertence* toerekenbare/verwytbare nalatigheid; ~ *negligence* strafbare versuim. **cul·pa·bil·i·ty** skuldigheid, strafbaarheid, misdadigheid; toerekenbaarheid *(v. daad)*; toerekeningsvatbaarheid *(v. dader)*.

cul·prit skuldige, boosdoener, dader; beskuldigde.

cult *n., (relig., fig.)* kultus. **cult** *adj. (attr.)* kultus-; ~ *figure* kultusfiguur; ~ *movie* kultus(rol)prent, kultusfliek. **cul·tic** kulties.

cul·ti·vate bewerk; (aan)kweek, verbou, aanplant; ontwikkel, beskaaf, beoefen, kultiveer; omwerk; ghrop; skoffel, met die skoffelploeg bewerk; ~ *acquaintance/friendship* kennismaking/vriendskap soek. **cul·ti·va·bil·i·ty** beboubaarheid. **cul·ti·va·ble, cul·ti·vat·a·ble** ploegbaar, bewerkbaar, beboubaar *(grond)*; verboubaar *(gewas)*. **cul·ti·var** kultivar, kweekvariëteit. **cul·ti·vat·ed** ontwikkel(d), beskaaf(d), verfyn(d), welopgevoed *(mens)*; *(landb.)* bebou(d); ~ ***fields*** landerye, saailande; ~ ***pearl*** gekweekte pêrel; ~ ***plant*** kultuurplant; ~ ***variety*** kultuurvariëteit, gekweekte variëteit. **cul·ti·va·tion** bewerking, bebouing; verbouing, aanplanting; kultuur, teelt, teling, (aan)kweking; landerye; ontwikkeling, beskawing; *bring under* ~ ontgin; *land under* ~ bewerkte grond, grond onder die ploeg, bougrond. **cul·ti·va·tor** kweker, landbouer, verbouer; beoefenaar; beskawer; skoffelploeg, grondbreker; ghrop(per).

cul·trate, cul·tri·form mesvormig.

cul·tur·al kultureel, kultuur-, beskawings-, beskawend; ~ ***achievement*** kultuurprestasie; ~ ***attaché*** kultuurattaché; ~ ***history*** kultuurgeskiedenis; ~ ***history museum*** kultuurhistoriese museum; ~ ***icon***, *(James Dean, Marilyn Monroe, ens.)* kulturele iko(o)n; ~ ***life*** kultuurlewe, kulturele lewe; geesteslewe; ~ ***movement*** kultuurbeweging; ~ ***revolution*** kulturele revolusie/rewolusie, kultuurrevolusie, -rewolusie; ***C~ Revolution***, *(China, 1965-69)* Kulturele Revolusie/Rewolusie; ~ ***value*** kultuurwaarde; verbouingswaarde; ~ ***weapon*** →TRADITIONAL WEAPON.

cul·tu·ra·ti *n. (mv.)* kultuurmense, -persoonlikhede, -indoenas, -pouse.

cul·ture *n.* verbouing, bewerking; kweking, teling, teelt; plantjie; veredeling; beskawing, ontwikkeling; geesteslewe; kultuur; kultuurlewe; geletterdheid; *physical* ~ liggaamsopvoeding. **cul·ture** *ww., (biol.)* kweek *(kulture)*; met 'n kultuur ent. ~ **area** kultuurprovinsie. ~ **flask** kweekfles. ~ **gap** kultuurgaping, kulturele kloof. ~ **language** kultuurtaal. ~ **medium** kweekbodem, voedingsbodem *(in laboratorium)*. ~ **shock** kultuurskok. ~ **vulture** *(infml.)* kultuurvraat, -paap.

cul·tured bewerk; beskaaf(d), ontwikkel(d), geletterd; *(biol.)* gekweek; ~ ***buttermilk*** bereide karringmelk; ~ ***cream/milk*** aangesuurde room/melk; ~ ***man*** man van beskawing/kultuur, beskaafde/ontwikkelde/geleerde man; ~ ***pearl*** gekweekte pêrel.

cul·ver *(arg., poët., liter.)* bosduif.

cul·ver·in *(hist.)*, *(soort kanon)* veldslang; *(soort handgeweer)* roer, musket.

cul·vert duik(sloot), duiker; deurlaat *(v. sluis)*; *(elek.)* kabelkanaal.

cum *(Lat.)* saam met; *Max* ~ *suis* Max-hulle.

cum·bent *(w.g.)* agteroorleunend.

cum·ber *n., (arg.)* hindernis, struikelblok, beletsel, belemmering; las. **cum·ber** *ww., (vero.)* hinder, belemmer; (swaar) belas, oorlaai; ~ *the earth* die aarde nutteloos beslaan. **cum·ber·some, cum·brous** *(poët., liter.)* lastig, hinderlik; lomp, log, swaar; moeilik; omslagtig. **cum·brance** hindernis, struikelblok, beletsel, belemmering; las.

cu·mec *(fis., afk.* cubic metre per second*)* kumek.

cum·frey →COMFREY.

cum·in, cum·min komyn. ~ **liqueur** kummel.

cum·mer·bund kamarband.

cum·quat →KUMQUAT.

cu·mu·late *adj.* opgehoop, opgestapel(d). **cu·mu·late** *ww.* ophoop, opstapel; vermeerder, toeneem. **cu·mu·la·tion** ophoping, opstapeling; vermeerdering, toeneming. **cu·mu·la·tive** ophopend; bykomend; stapel-; kumulatief; ~ *index* bygewerkte register; ~ *preference/preferent/preferred share* kumulatiewe voorkeuraandeel, kumulatief-preferente aandeel.

cu·mu·lo·nim·bus -*bi*, -*buses, (met.)* donderwolk.

cu·mu·lus -*li*, *(met.)* stapelwolk, cumulus.

cu·ne·ate *(anat., bot.)* wigvormig; ~ *leaf* wigvormige blaar.

cu·nei·form *adj.* wigvormig; ~ *script* spyker-, wigskrif. **cu·nei·form** *n.* spyker-, wigskrif; *(anat.)* wigbeen *(in voet)*.

cun·ni·lin·gus, cun·ni·linc·tus *(Lat.)* cunnilingus, cunnilinctus, oraal-genitale intiemheid.

cun·ning *n.* slim(mig)heid, slimstreke, sluheid, listigheid, geslepenheid, deurtraptheid; vaardigheid, handigheid, bedrewenheid, bekwaamheid; *s.o.'s hand has lost its* ~ iem. het sy/haar handigheid verloor. **cun·ning** *adj.* slim, slu, skelm, listig, geslepe; vaardig, handig, bedrewe, bekwaam.

cunt *n., (taboesl.: vroulike geslagsdele)* poes; *(neerh.: vrou as seksobjek)* slet, tert, teef; *(neerh.: veragtelike persoon)* poephol.

cup *n.* koppie; beker; kelk(ie); kom(metjie); *(relig.)* (mis)kelk, (nagmaals)beker; lydensbeker, -kelk; dop; *(med., hist.)* suig-, kopglas; *(drank)* bole, bola; keël *(v. brassière)*; skepding; *a* ***bitter*** ~ 'n bitter beker; ***challenge*** ~ →CHALLENGE; ***half*** *a* ~ 'n halwe koppie *(of* halfkoppie); *be* ***in*** *one's* ~*s* aangeklam/gekoring/getrek/hoenderkop wees; *a* ~ ***of*** *coffee/etc.* 'n koppie koffie/ens.; *two* ~*s* ***of*** *coffee/etc.* twee koppies koffie/ens.; ~*s and* ***saucers*** koppies en pierings; teegoed; ~ *of* ***sorrow*** lydensbeker; ***take*** *the* ~ die beker wen; ***take*** *a* ~ *of coffee/tea* 'n koppie koffie/tee drink; *(not) be s.o.'s* ~ *of* ***tea*** →TEA. **cup** -*pp*-, *ww.* bak/hol trek; *(med., hist.)* bloedlaat, kop; *(gholf)* 'n grondskoot slaan; ~ *one's hands* jou hande bak maak/hou. ~**-and-ball joint** koeëlgewrig. ~ **barometer** bakbarometer. ~**bearer** skinker. ~**board** (rak)kas, breekgoed-, etens-, koskas; *built-in* ~ muurkas. ~**board love** baatsugtige liefde, brood-en-botter-liefde; *it is (a case of)* ~ ~ dis nie om die hondjie nie, maar om die halsbandjie. ~**board shelf** kasrak. ~**cake** kolwyntjie; vormkoekie. **C~ Final** *(Br. sokker)* bekereindstryd. **C~ Finalist** *(Br. sokker)* bekerfinalis. ~ **grease** dopsmeer. ~ **head** rondekop. ~ **holder** bekerhouer. ~ **hook** skroefhaak. ~ **joint** sokverbinding. ~ **match** bekerwedstryd. ~ **shake** *(houtwerk)* ringbars. ~**-shaped** kelkvormig; komvormig; dopvormig. ~ **tie** *(sport)* bekerwedstryd. ~ **valve** koniese klep. ~ **winner** bekerwenner.

cu·pel -*ll*- kupelleer *(silwer, goud)*. **cu·pel·la·tion** kupellering. **cu·pel·ling fur·nace** kupelleeroond.

cup·fer·ron *(chem.)* kupferron.

cup·ful -*fuls* koppie (vol).

Cu·pid *(Rom. god v.d. liefde)* Kupido, Cupido. **cu·pid** kupido('tjie), cupido('tjie), liefdesgodjie. **C~'s bow** *(klassieke handboog)* Kupidoboog; *(lyn v. bolip)* kupidoboog; **C~'s dart** liefdespyl.

cu·pid·i·ty begerigheid, hebsug, inhaligheid.

cu·po·la koepel(dak); geskuttoring, -koepel. ~ **(furnace)** vlam-, koepeloond.

cup·pa, cup·per *(Br. infml.)* koppie tee.

cup·ping *(med., hist.)* bloedlating. ~ **glass** suig-, kopglas.

cu·pram·mo·ni·um *(chem.)* kuprammonium.

cu·pre·ine *(chem.)* kupreïen.

cu·prene *(chem.)* kupreen.

cu·pre·ous *(chem.)* koperagtig, koper-.

cu·pric *(chem.)* koper-II-; ~ *acid* kopersuur; ~ *compound* kupriverbinding; ~ *oxide* koperoksied.

cu·prif·er·ous *(chem.)* koperhoudend, koper-.

cu·prite *(min.)* kupriet, rooikopererts.

cu·pro·nick·el *(metal.)* kopernikkel.

cu·prous *(chem.)* koper-I-; ~ *compound* kuproverbinding.

cu·pule *(bot.)* doppie, kupuul *(v. 'n akker ens.)*; *(soöl.)* suiertjie.

cur brak; *(fig.)* hond, vark, vuilgoed, skobbejak, skarminkel, skurk, smeerlap. **cur·rish** honds; snipperig, snouerig, bitsig; laag, gemeen, veragtelik.

cur·a·ble geneeslik, geneesbaar, heelbaar; herstelbaar.

cu·ra·çao *(likeur)* curaçao. **Cu·ra·çao** *(geog.)* Curaçao.

cu·ra·re, cu·ra·ri *(pylgif, spierverslapper)* kurare. **cu·ra·rine** *(chem., med.)* kurarien.

cu·rate (hulp)predikant. **cu·ra·cy** hulppredikersamp; gemeente.

cur·a·tive *n.* geneesmiddel. **cur·a·tive** *adj.* genesend; geneeskragtig; ~ *power* genees-, heelkrag.

cu·ra·tor opsigter; *(jur., Sk.)* voog; *(jur.)* kurator *(v. inrigting/fonds)*; ~ ***ad litem*** curator ad litem, kurator vir hofverrigtinge; ***assumed*** ~ geassumeerde kurator; ~ ***bonis*** curator bonis, kurator vir die goedere; ~ ***dative*** kurator datief; ~ ***nominate*** benoemde kurator.

cu·ra·to·ri·um *(opv.)* kuratorium.

cu·ra·tor·ship *(jur.)* kuratorskap; *under* ~ onder kuratele; *person under* ~ curandus.

cu·ra·trix -*trices, (jur.)* kuratrise.

curb *n.* rem, beteueling; →KERB; *keep/put a* ~ *on* ...

... bedwing (*of* in bedwang/toom hou); *ride (a horse) on the ~* ('n perd) op die stang ry. **curb** *ww.* inhou, intoom, aan bande lê, beteuel; bedwing, tem. ~ **(bit)** stremstang *(v. perd)*. ~ **(chain)** kenketting *(v. perd)*. ~ **roof** gebroke dak. ~**stone** *(Am.)* = KERBSTONE.

curb·ing beteueling; temming; →KERBING.

cur·cu·ma *(bot.)* borrie, kurkuma.

curd *n.* wrongel, kês; *~s and whey* dikmelk. **curd, cur·dle** *ww., (melk)* skif; *(bloed)* klont(er), stol, dik word, verstyf; *curdle one's blood* jou bloed laat stol; *curdled sky* karringmelklug. ~ **cheese** wrongelkaas. ~ **soap** dikmelkseep. ~ **test** wrongeltoets.

cur·dly, curd·y wrongelagtig; klonterig, dik; skiwwerig; *curdy butter* kasige botter; *curdy milk* geskifte melk.

cure *n.* (genees)middel; genesing; geneeswyse, kuur; *effect a ~, (iem., iets)* genees; *a ~ for ...* 'n middel teen ...; ~ *(of souls)* (siel[e])sorg. **cure** *ww.* genees, gesond maak, deurhaal; herstel, aansuiwer, verhelp; bewerk, berei, regmaak; droogmaak; ryp maak; (be)rook; (in)sout, pekel; inlê; verduursaam; vulkaniseer; verhard; (laat) verouder; nabehandel; ~ *s.o. of s.t.* iem. van iets genees; *time ~s sorrow* die tyd is die beste heelmeester; ~ *tobacco, (ook)* tabak (laat) sweet. ~**-all** panasee, wondermiddel, geneesal.

cured: ~ ***bacon*** bereide spek; ~ ***cheese*** beleë kaas; ~ ***ham*** gerookte ham; *be ~ **of** s.t.* van iets genees wees; ~ ***tobacco*** berookte tabak.

cure·less ongeneeslik, ongeneesbaar.

cur·er bewerker, bereider; droër; inlêer; insouter.

cu·ret(te) *n., (med.)* kuret, skraper, skraaplepel. **cu·ret(te)** *ww., (med.)* (uit)skraap, kuretteer. **cu·ret·tage, cu·ret·tage** *(med.)* (uit)skraping, kurettering, kurettasie; (baarmoeder)skraping.

cur·few aand=, nagklok; (aand)klokreël, klokreëling.

cu·ri·a *=riae, (Rom., hist.)* curia; *the C~, (RK)* die Kurie. **cu·ri·al** kuriaal.

cu·rie *(fis., radioaktiwiteitseenheid)* curie.

cu·rine *(chem.)* kurien.

cur·ing bewerking, bereiding; ryp(word)ing; insouting; nabehandeling *(v. sement)*; *the matter is past ~* die kalf is verdrink/versuip. ~ **shed** droogskuur.

cu·ri·o *=os* kuriositeit, rariteit, kunsvoorwerp.

cu·ri·o·sa *(mv.), (Lat.)* curiosa, kuriositeite.

cu·ri·os·i·ty nuuskierigheid; weetgierigheid; kuriosum; kuriositeit, merkwaardigheid, rariteit, seldsaamheid; ***burn with*** ~ brand van nuuskierigheid; ~ *killed the cat* van nuuskierigheid/uitvra is die tronk vol (en die kerk leeg); ***excite*** ~ nuuskierigheid wek; ***from*** (or ***out of***) ~ uit nuuskierigheid; *purely **out of*** ~ uit blote nuuskierigheid; ***satisfy** s.o.'s* ~ iem. se nuuskierigheid bevredig; ***whet** s.o.'s* ~ iem. baie nuuskierig maak. ~ **shop** rariteitewinkel.

cu·ri·ous nuuskierig; weetgierig, leergierig; snaaks, koddig; merkwaardig, seldsaam; *(vero.)* noukeurig; *be ~ about s.t.* nuuskierig oor iets wees; *be ~ to know* nuuskierig wees om te weet; *I would be ~ to know what ...* ek sou graag wil weet wat ... **cu·ri·ous·ly** nuuskierig; snaaks, koddig; merkwaardig; ~ *enough* eienaardig/snaaks/vreemd genoeg, merkwaardigerwys(e). **cu·ri·ous·ness** nuuskierigheid; weetgierigheid; merkwaardigheid, seldsaamheid.

cu·ri·um *(chem., simb.:* Cm*)* curium.

curl *n.* krul; (haar)lok. **curl** *ww.* krul, kronkel, draai, kring; indraai, krul *(hare)*; *(rook)* kringel; smalend optrek *(lip)*; ~ *up* opkrul, opdraai; inmekaar sak; dubbel vou; jou opkrul/oprol, ingerol gaan lê. ~ **disease** krulsiekte. ~**paper** *(haarkappery)* krulpapier.

curled: ~ *celery* krulseldery; ~ *endive* krulandyvie; *be ~ up* ingerol wees.

curl·er kruller; krulpen; *put hair in ~s* hare indraai.

cur·lew *(orn.)* (groot)wulp. ~ **sandpiper** krombekstrandloper.

cur·li·cue krul(letjie).

curl·i·ness krullerigheid.

curl·ing krulling; krullend, krul=; ysbal, Skotse ysspel. ~ **endive** krulandyvie. ~ **pin** krulpen. ~ **tongs,** ~ **iron(s)** krultang, =yster.

curl·y gekrul(d), krullerig; kroes, krul=; ~ *beard* krulbaard; ~ *head* krulkop, krullebol. ~**-coated retriever** *(soort hond)* krulhaarretriever. ~**-haired** krulharig, met krulle/krulhare, krulhaar=. ~**-headed** krulkop=.

cur·mudg·eon vrek, gierigaard, suinigaard; suurpruim, =knol; korrel=, dwarskop, nukkebol. **cur·mudg·eon·ly** vrekkerig, suing; suur, nors, nukkerig.

cur·rach, cur·(r)agh *(dial.)* mandjieboot.

cur·rant korent, korint; ***black***~ swart(aal)bessie; ***blue*** ~ bloutaaibos; ***dune*** ~ duinetaaibos; ***real wild*** ~ korente=, korintebos(sie); ***red***~, *(Ribes* sp.*)* rooialbessie; *(Rhus* sp.*)* bostaaibos; ***white*** ~ witaalbessie. ~ **bread,** ~ **loaf** korente=, korintebrood. ~ **bush:** *wild ~ ~, (Rhus* spp.*)* korente=, korintebos(sie). ~ **cake** korente=, korintekoek. ~ **pudding** korente=, korintepoeding.

cur·ren·cy geldeenheid; valuta; munt=, geldstelsel; ruilmiddel; betaalmiddel; duurte, geldigheidsduur *(v. 'n kontrak ens.)*; geldigheidsduur, =termyn *(v. 'n lisensie ens.)*; gebruiksduur *(v. banknote ens.)*; looptyd *(v. 'n lening ens.)*; omloop; gangbaarheid; *gain ~* in omloop kom *('n storie ens.)*; ingang vind; *give ~ to s.t.* iets versprei (*of* in omloop bring), aan iets rugbaarheid gee *('n storie ens.)*; *(system of)* ~ muntstelsel. ~ **appreciation** appresiasie van die geldeenheid. ~ **depreciation** depresiasie van die geldeenheid. ~ **note** →TREASURY NOTE. ~ **realignment** valutaherskikking.

cur·rent *n.* stroom; stroming; loop, koers; ***against** the* ~ stroomop; ***alternating*** ~, *(elek.)* wisselstroom; ***conduction** of* ~, *(elek.)* stroomgeleiding; ***direct*** ~, *(elek.)* gelykstroom; ***electric*** ~ elektriese stroom; ***ocean*** ~ seestroom, =stroming; ***with** the* ~ stroomaf. **current** *adj.* lopend; deurlopend; in omloop, gangbaar, geldend; huidige, hedendaags, teenswoordig; aangenome, algemeen; onafgehandel(d); ~ ***account*** lopende rekening; tjekrekening; ~ ***affairs*** aktuele sake, sake van die dag; ~ ***asset*** bedryfsbate; ~ ***expenditure*** lopende uitgawe(s); ~ ***fashion*** heersende mode; ~ ***history*** hedendaagse geskiedenis; *of* ~ ***interest*** van aktuele belang; ~ ***issue*** jongste uitgawe; ~ ***liabilities*** korttermynskuld, bedryfslaste; ~ ***market value*** huidige markwaarde; ~ ***price*** geldende (*of* [algemeen] heersende) prys; ~ ***revenue*** lopende inkomste; ~ ***season*** huidige seisoen; ~ ***value*** huidige waarde; (algemeen) heersende waarde; dagwaarde, waarde van die dag; ~ ***year*** lopende jaar. ~ **breaker** *(elek.)* stroom(onder)breker. ~ **carrier** *(elek.)* stroomdraer. ~**-carrying** *(elek.)* stroomdraend, =voerend. ~**-carrying capacity** *(elek.)* stroomdravermoë. ~ **chart** stroomkaart. ~ **collector** *(elek.)* stroomafnemer, =afvoerder. ~ **converter** *(elek.)* stroomomsetter. ~ **distributor** *(elek.)* stroomverdeler. ~ **reverser** *(elek.)* stroomomsteller.

cur·rent·ly tans, teenswoordig, deesdae, op die oomblik.

cur·ri·cle *(hist.)* ligte karretjie.

cur·ric·u·lum *=la* kurrikulum, leerplan. ~ **vitae** *curricula vitae, (afk.:* CV*)* curriculum vitae, (kriptiese) loopbaanbesonderhede, persoonlike besonderhede/gegewens en kwalifikasies.

Cur·rie Cup Curriebeker. ~ ~ **competition** Curriebekerkompetisie. ~ ~ **match** Curriebekerwedstryd.

cur·ried met kerrie; ~ ***chicken*** kerriehoender; ~ ***dish*** kerriekos, =gereg; ~ ***eggs*** kerrie-eiers; ~ ***fish*** kerrievis; ~ ***lamb*** kerrielamsvleis; ~ ***mince*** kerriemaalvleis.

cur·ri·er (leer)looier, breier.

cur·rish →CUR.

cur·ry[1] *n.* kerrie; ~ *and rice* kerrie-en-rys, kerrievleis met rys. **cur·ry** *ww.* kerrie, met kerrie berei/krui(e); →CURRIED. ~ **bunny, curried bunny** *(SA kookk.)* kerrievetkoek. ~ **dish** kerriekos, =gereg. ~ **(powder)** kerrie(poeier).

cur·ry[2] *ww.,* brei *(leer)*; *(Am.)* roskam *(perd)*; *(arg.)* vel, looi, afransel *(iem.)*; ~ *favour with s.o.* →FAVOUR *n.*. ~**comb** roskam.

curse *n.* vloek, vervloeking, vloekwoord, knoop, verwensing; straf, ramp; *(infml.: menstruasie)* ouma(tjie); ***call down** ~s **upon** s.o.* iem. vervloek, 'n vloek oor iem. uitspreek; *s.o. does not **care/give** a ~ about s.t., (infml.)* iem. gee geen (*of* nie 'n) flenter vir iets om nie, iets kan iem. niks skeel nie; ***have** the ~, (infml.: menstrueer)* ouma(tjie) hê, siek wees, vloei; ***lift** a ~ **from** ...* 'n vloek van ... verwyder; *be the ~ **of** ...* 'n vloek vir ... wees; ***put** a ~ **on/upon** s.o.* 'n vloek oor iem. uitspreek; *a ~ **rests** on/upon s.t.* daar rus 'n vloek op iets; *a **smothered** ~* 'n binnensmondse vloek; *s.t. is **under** a ~* daar rus 'n vloek op iets; ***utter** a ~* vloek. **curse** *ww.* vloek, swets; laster; vervloek, verwens; *~ it!, (infml., vero., euf.)* vervloeks!; *~ you!, (infml., vero., euf.)* jou vloek!. **curs·ed** *(infml., vero.)* vervloek(te), verpestelike, verpeste; *be ~ with ...* met ... gestraf/opgeskeep wees. **curs·er** vloeker, swetser.

cur·sive *n.* kursief; kursief=, skryfletter; kursief=, skuinsdruk, kursiewe druk; kursief=, skuinsskrif, lopende/kursiewe skrif. **cur·sive** *adj.* kursief, lopend; ~ *letter* kursief=, skryfletter.

cur·sor *(rek.)* loper, merker, wyser. ~ **key** loper=, merkertoets. ~ **position** loper=, merkerposisie.

cur·so·ri·al *(soöl.)* lopend, loop=; ~ *bird* loopvoël.

cur·so·ry vlugtig, haastig, oppervlakkig, terloops; kursories. **cur·so·ri·ly** vlugtig, terloops. **cur·so·ri·ness** vlugtigheid, haastigheid, oppervlakkigheid.

curt, curt·ly kortaf, bars, bot, stuurs, stug; bitsig, skerp, snedig. **curt·ness** kortafheid *ens.* *(→adj.)*.

cur·tail verkort, inkort, besnoei, bekrimp, bekort, beperk; ~ *s.o. of s.t., (arg.)* iem. iets ontsê (*of* van iets beroof). ~ **step** krultree, onderste tree *(v. trap)*.

cur·tail·ment inkorting, besnoeiing, beperking, inkrimping, bekorting, verkorting.

cur·tain *n.* gordyn; *(teat.)* skerm, gordyn; klappie *(v. 'n kar)*; ***behind** the ~s, (ook fig.)* agter die skerms; ***draw/pull** the ~s* die gordyne oop=/toetrek; ***draw** a ~ over s.t.* die gordyn oor iets laat val, iets laat rus, nie meer oor iets praat nie; *the ~ **drops/falls*** (or ***comes down***) die gordyn/skerm sak; ***drop/lower** the ~* die gordyn/skerm laat sak; *~ of **fire*** vuurgordyn; ***fire-proof*** ~ brandskerm; *be ~s **for** s.o., (infml.)* klaar(praat) met iem. (*of* iem. se einde) wees; ***hang** ~s* gordyne hang; ***lift** the ~, (fig.)* die sluier lig; ***put up** ~s* gordyne hang; ***raise** the ~* die gordyn/skerm optrek; ***ring up/down** the ~* die gordyn/skerm optrek (*of* laat sak); *the ~ **rises*** (or ***goes up***) die gordyn/skerm gaan op/oop. **cur·tain** *ww.* met gordyne behang; deur gordyne afskei; *~ s.t. off* 'n gordyn voor iets hang, iets met 'n gordyn afskerm. ~ **call** buiging; *get a ~ ~* (deur die gehoor *of* [met applous] na die verhoog) teruggeroep word; *take a ~ ~* agter die gordyn uittree en 'n/jou buiging maak, die gehoor se waardering met 'n buiging erken. ~ **fire** sper=, gordynvuur. ~ **hook** gordynhaak. ~ **lecture** *(vero.)* bedsermoen, gordynpreek, =predikasie. ~ **rail** gordynspoor. ~**-raiser** voorstuk, =spel; voorwedstryd. ~ **ring** gordynring. ~ **rod** gordynstok, =staaf, =stang. ~ **tape** gordynband. ~ **track** gordynspoor. ~ **wall** bekledingsmuur.

cur·tain·ing gordynstof.

cur·ti·lage erf, werf.

curt·s(e)y *=sies, =seys, n.* (knie)buiging, knieknik; *bob a ~ to s.o.* 'n kniebuiging/=knik voor iem. maak, voor iem. kniebuig. **curt·s(e)y** *ww.* 'n kniebuiging/=knik maak, kniebuig; ~ *to s.o.* 'n kniebuiging/=knik voor iem. maak, voor iem. kniebuig.

cur·va·ceous gerond, volrond, vol rondings; mollig.

cur·va·ture kromming; buiging; kurwatuur; *angle of ~* buigingshoek; *~ of the spine, spinal ~* rug(graat)verkromming.

curve *n.* boog; kromme, kurwe; grafiek; geboë lyn; ronding *(v. liggaam)*; welwing; draai, bog *(in pad)*; *the road **makes** a ~* die pad maak 'n draai; *have **nice** ~s* mooi rondings hê; ***plot** a ~* 'n kromme teken/trek; *a **sharp** ~* 'n kort draai. **curve** *ww.* buig, draai, 'n bog maak; *the road ~s sharply* die pad maak 'n kort draai; *it ~s to the left/right* dit draai links/regs. ~ **lead** *(spw.)* draaileispoor.

curved gekrom(d), krom; geboë, gerond; ~ *saw* kromsaag; ~ *seam* geronde naat.

cur·vet *n.* (boog)sprong *(v. perd)*. **cur·vet** -t(t)-, *ww.* bokspring.

cur·vi·form boogvormig.

cur·vi·lin·e·ar kromlynig.

curv·y vol draaie, kronkelend, kronkelrig, kronkel- *(pad ens.)*; *(infml.)* volrond, gerond *(figuur, vrou, ens.)*.

cus·cus[1] *(soöl.)* koeskoes, vlieënde vos.

cus·cus[2] *(bot.: Vetiveria zizanioides)* →KHUSKHUS. ~ **(grass), tambookie/tambuki grass** *(Cymbopogon* spp.*)* motwortel, akkerwanie, kuskus(gras); tamboekiegras.

cus·cus[3] *(kookk.)* →COUSCOUS.

cus·cu·ta *(bot.)* dodder.

cu·sec *(fis., afk.:* cubic foot per second*)* kusek; *ten ~s* tien kusek; *thousands of ~s* duisende kuseks.

cush *(infml.)* band *(v. biljarttafel)*.

cush·at *(orn., Sk.)* bos-, ringduif.

cu·shaw (squash) *(Am.)* muskus-, bisampampoen.

cush·ion *n.* (stoel)kussing, sitkussing; band *(v. biljarttafel)*; bolla; straal *(v. hoef)*; buffer; ~ *of air* lugkussing. **cush·ion** -ioned -ioning, *ww.* van kussings voorsien; *(biljart)* teen die band laat lê; in die doofpot stop; versag; smoor, demp. ~ **cover** kussingoortreksel. ~ **point** demppunt. ~ **tyre** kussingband.

cush·ion·ing *adj. (attr.)*: *have a ~ effect, (ook fig.)* as 'n kussing dien; *(mot.)* skokdemping lewer.

cush·y *(infml.)* sag, lekker, maklik; ~ *job* gerieflike/luilekker werk, maklike baantjie.

cusp punt; spits; keerpunt; horing *(v. maan)*; horingpunt; *(anat.)* (klep)slip; (tandkroon)knobbel. **cus·pate** spits. **cus·pid** oogtand *(by mens)*; slagtand *(by dier)*. **cus·pi·dal, cus·pi·date, cus·pi·dat·ed** spits, gepunt, (fyn)puntig; *cuspidate leaf* fynpuntige blaar.

cus·pi·dor *(Am.)* kwispedoor, spoegbak(kie).

cuss *n., (infml.)* vloek; skepsel, vent. **cuss** *ww., (sl.)* vloek; →CURSE. ~**word** vloekwoord.

cuss·ed *(infml.)* vervloek; ellendig; verkeerd, weerbarstig, bedonderd, befoeter(d); (dwars)koppig; →CURSED. **cuss·ed·ness** *(infml.)* dwarskoppigheid; befoeterdheid, verkeerdheid.

cus·tard vla. ~ **apple** *(Annona reticulata)* kaneelappel; *(Annona squamosa)* suikerappel; *wild ~ ~, (Annona senegalensis)* wildesuikerappel. ~**(-apple) tree** vlavrugboom. ~ **pie** vlatert. ~ **powder** vlapoeier. ~ **(sauce)** vla(sous). ~ **tart** vlatert.

cus·to·di·al: ~ *duties* versorgingspligte, pligte as voog; ~ *sentence* gevangenis-, tronkstraf.

cus·to·di·an bewaarder, opsigter; kurator *(v. museum)*; versorger *(v. kinders)*; *(skerts.)* doelwagter; *(skerts.)* paaltjiewagter. ~ **ant** wagtermier. **cus·to·di·an·ship** bewaring, kuratorskap.

cus·to·dy bewaring, bewaking; sorg; hegtenis; ***award/grant*** ~ *of a child to the father/mother* die toesig oor 'n kind aan die vader/moeder toeken; ***get*** ~ *of a child* die toesig oor 'n kind kry; ***in*** ~, *(jur.)* in bewaring/hegtenis/voorarres; *be **in/under** s.o.'s* ~ onder iem. se sorg/toesig wees; ***release*** *s.o. from* ~ iem. uit bewaring ontslaan/vrystel; ***remand*** *s.o. in* ~ iem. in voorarres/hegtenis hou/terugstuur; ***safe*** ~ →SAFE *adj.*; ***take*** *s.o. into* ~ iem. aanhou/arresteer, iem. gevange (*of* in hegtenis) neem; ***take*** *s.t. into* ~ iets in bewaring neem.

cus·tom gewoonte, gebruik, *(w.g.)* usansie; sede; klandisie, klante; ***according*** *to* ~ na/volgens gewoonte, volgens gebruik; ouder gewoonte, oudergewoonte; ***introduce*** *a* ~ 'n gewoonte invoer (*of* in swang bring); *a **long*** ~ 'n ou gebruik; ***make*** *a ~ of doing s.t.* jou aanwen om iets te doen. ~**-built** na/op bestelling gemaak/vervaardig. ~ **house** tolhuis, doeanekantoor. ~**-made** na/op bestelling gemaak/vervaardig; na/op maat gemaak, aangemeet. ~**-tailored suit** snyerspak, aangemete pak.

cus·tom·a·ble belasbaar.

cus·tom·ar·y gebruiklik, gewoon, gewoonte-; ~ *law* gewoontereg, ongeskrewe reg; *it is ~ to ...* dit is gebruik(lik) om te ...; ~ *union* gewoonteverbintenis. **cus·tom·ar·i·ly** gewoonlik, gebruiklik, in die reël.

cus·tom·er klant, koper; *a **nasty*** ~, *(infml.)* 'n nare vent; 'n gevaarlike kalant; *s.o. is a **slippery*** ~, *(infml.)* jy kry geen vat aan hom/haar nie; *a **tough*** ~, *(infml.)* 'n ruwe kalant, 'n tawwe tienie; *an **ugly*** ~, *(infml.)* 'n gevaarlike kalant, 'n derduiwel. ~**-friendly** kopersvriendelik, klant(e)vriendelik.

cus·tom·ise, -ize aanpas; ombou; pasmaak; na/volgens bestelling maak/vervaardig.

cus·toms doeane; doeanereg(te), in- en uitvoerreg(te), tol. ~ **agreement** doeane-, tolooreenkoms. ~ **area,** ~ **territory** doeane-, tolgebied. ~ **clearance** doeaneklaring. ~ **declaration** doeaneverklaring. ~ **dues** *(mv.)* doeanegelde. ~ **duty** doeanereg. ~ **house** doeanekantoor. ~ **inspection** doeaneondersoek, doeane-inspeksie. ~ **officer** doeanebeampte. ~ **tariff** doeanetarief. ~ **union** tolverbond, doeaneooreenkoms.

cus·tos -todes, *(Lat.)* kustode, bewaker.

cut *n.* sny; snywond; oop wond; kap; slag; hou; *(kr.)* kap-, kerfhou; raps; steek; keep; snee, snykant; aandeel; (afgesnyde) gedeelte *(v. plant)*; onderbreking; snysel, snit; snit, vorm, fatsoen; besuiniging, besnoeiing; verlaging, vermindering; uitlating, weglating, skrapping; stuk, snit, kapsel *(vleis)*; moot *(vis)*; afdruk; *(druk.)* cliché; sloot, uitgrawing, deurgrawing; string *(tabak)*; *be a ~ **above** ..., (infml.)* 'n entjie beter as ... wees; ***get*** *one's ~, (infml.)* jou deel kry; ***get*** (or *be **given***) *~s* houe/slae kry, houe toegedien word; *a ~ **in** s.o.'s salary* 'n verlaging van iem. se salaris; *not like the ~ of s.o.'s **jib*** →JIB[1]; ***late*** ~, *(kr.)* laat kap-/kerfhou; ***make*** *a ~ in s.t.* 'n sny in iets maak; ***make*** *~s in a play/etc.* dele/stukke uit 'n toneelstuk/ens. sny; *a ~ of **meat*** 'n stuk/snit vleis, 'n vleisstuk/-snit; ***middle*** ~ middelmoot; ***power*** ~, *(elek.)* stroomonderbreking; *a **short*** ~ 'n kortpad; *take a **short*** ~ kortpad kies; ***square*** ~, *(kr.)* regkaphou; *it is only a **superficial*** ~ dis maar net 'n skrapie; *in the ~ and **thrust** of the debate* in die hitte van die debat; *a ~ of **tobacco*** 'n string/hand tabak; *the **unkindest*** ~ die griewendste steek. **cut** *cuts cutting cut, ww.* sny; afsny; deursny; deursteek; kerf; kap; slaan; raps; steek; 'n hou gee; *(kr.)* 'n kap-/kerfhou speel/uitvoer; *(kr.)* kap, kerf *(bal)*; 'n sny-/kapwond kry; (af)steek *(sooie)*; besuinig; besnoei; weglaat, uitlaat; skrap; grief, seermaak; miskyk, negeer, oor die kop kyk *(iem.)*; verlaag, verminder, (be)snoei *(pryse ens.)*; knip, sny *(hare)*; afsny *(blomme)*; kap, saag *(hout)*; sny *(diamante)*; klief *(water)*; *(perd)* aanslaan; afneem, afvat, afhaal, afdek *(kaarte)*; ~ ***across*** *the veld* oor die veld steek, sommer deur die veld loop/ry; ~ ***across*** *a principle* teen 'n beginsel indruis, met 'n beginsel in stryd wees; ~ ***across*** *rights* op regte inbreuk maak; regte skend; ~ ***adrift*** *a boat* 'n boot se tou deurkap; ~ *s.o. **adrift*** iem. aan sy/haar lot oorlaat; ~ ***ahead*** *of s.o.* voor iem. inhardloop/inry/invaar; ~ *s.t. **away*** iets uitsny/wegsny; ~ ***back*** teruggaan; ~ ***back*** *(on) s.t.* iets besnoei *(fig.)*, iets verminder/inkrimp; ~ *s.t. **back*** iets snoei; iets afknot; ~ *s.t. to the **bone*** iets erg besnoei; *it ~s **both ways*** dit sny na twee kante; dit het sy voordele en nadele; dit bevoordeel geen kant nie, dit slaan na weerskante; dit geld vir albei kante; dis vatbaar vir tweërlei uitleg; ~ *the **cackle*** →CACKLE *n.*; ~ *a **caper*** (or ***capers***) →CAPER[1] *n.*; ~ *to the **chase**, (Am. infml.)* sê wat jy wil sê, tot die kern van die saak kom; ~ ***classes*** klasse versuim; ~ *s.o. **cold/dead*** maak (as)of jy iem. (glad) nie sien nie, iem. nie aankyk nie, iem. heeltemal negeer; ~ ***and come again!**, (infml.)* val maar weg!; ~ ***communications*** (or *a **railway***) verbindinge (*of* 'n spoorlyn) afsny; ~ *a **corner*** →CORNER *n.*; ***cut!*** trap!; *(filmk.)* sny!; ~ *for **deal**, (kaartspel)* trek vir uitgee; ~ *a **die*** 'n stempel sny; ~ *a **disc*** 'n plaat maak/sny; ~ *s.t. **down*** iets afkap; iets besnoei *(fig.)*, iets verminder; ~ *s.o. **down*** iem. neersabel; ~ ***down*** *on s.t.* iets besnoei *(fig.)*, iets inkrimp/verminder; ~ *a sorry **figure*** →FIGURE *n.*; ~ *it **fine*** dit presies afpas, amper/byna te lank wag (*of* laat wees); ~ *one's **finger*** jou vinger (raak)sny; ~ *... **from** s.t.* ... van iets afsny; ~ *s.o. **from** ...* iem. uit ... (weg)laat *('n testament ens.)*; ~ *the **ground** from under s.o.'s feet* →GROUND *n.*; ~ *s.t. in **half*** iets middeldeur sny; ~ *one's **head*** jou kop oopval/-stamp; 'n sny aan die kop kry; *s.t. ~s s.o. to the **heart*** →HEART; *it ~s no **ice*** →ICE *n.*; ~ ***in**, (elek.)* inskakel; *(infml.)* tussenin kom; *(iem.)* in die rede val; indring *(by 'n dans)*; ~ ***in** front of s.o.* voor iem. indraai/inskiet/inswaai/inswenk; ~ *s.o. **in** on s.t., (infml.)* iem. 'n aandeel in iets gee; ~ ***into*** *s.t.* 'n sny in iets maak; op iets inbreuk maak; iets onderbreek; ~ ***it**, (infml.)* dit regkry, slaag; die mas opkom; ~ ***keys*** sleutels maak; ~ *one's **knee*** jou knie stukkend val/stamp; ~ *the (Gordian) **knot*** →KNOT[1] *n.*; ~ *s.o./s.t. **loose*** iem./iets lossny; ~ *one's **loss(es)*** →LOSS; ~ *s.o. **off*** iem. onderskep; iem. onterf; ~ *s.t. **off*** iets afsny; iets afkap; iets afsit/afsluit *('n motor ens.)*; iets afsluit *(elektrisiteits-, watertoevoer)*; iets stopsit *('n toelae ens.)*; ~ *s.t. **open*** iets oopsny; iets oopkloof/-klowe; ~ ***out*** uitswaai, uitswenk; *('n motor)* gaan staan, staak; *(elek.)* uitskakel; ~ ***it out!**, (infml.)* skei uit (*of* hou op) (daarmee)!; ~ *s.o. **out**, (infml.)* iem. uitsit, iem. se hand in die as slaan, iem. se tee bitter maak *(by 'n meisie)*; ~ *s.o. **out** of ..., (infml.)* iem. uit ... weglaat *('n testament ens.)*; ~ *s.t. **out*** iets uitsny; iets uitknip/-sny *('n rok ens.)*; iets skrap; iets afsluit *('n motor ens.)*; *(infml.)* iets staak, met iets ophou; iets laat vaar; ~ *s.t. **out** of ...* iets uit ... knip/sny; iets uit ... uitsny/weglaat; ~ *for **partners**, (kaartspel)* trek vir maats; ~ *and **paste**, (rek.)* knip en plak; ~ *s.t. in/into **pieces*** →PIECE *n.*; ~ *... to **pieces*** →PIECE *n.*; ~ *and **run**, (infml.)* weghardloop, (die) rieme neerlê, laat spat, die spat neem/vat; ~ *s.o. **short*** iem. in die rede val; ~ *s.t. **short*** iets kort afsny; iets afbreek; iets inkort/bekort; *the child is ~ting (its) **teeth*** die kind se tande begin deurkom, die kind kry tande; ~ ***through*** *s.t.* deur iets sny; ~ *s.t. **through*** iets deursny; ~ *s.t. in **two*** iets in twee sny, iets deursny; ~ *s.t. **up*** iets in stukke sny; iets opsny; iets versnipper; ~ ***up*** *rough, (Br. infml.)* kwaad word, uitvaar, te kere (*of* tekere) gaan. **cut** *volt.dw.* gesny, gesnede; gekerf; *be ~ **away*** uitgesny/weggesny wees; ~ ***diamond*** gesnede/geslypte diamant; ~ *and **dried/dry**, (infml.)* kant en klaar; 'n uitgemaakte saak; ~ ***glass*** geslepe/geslypte glas; *be ~ **off** from ...* van ... afgesluit wees; *be ~ **off** in the prime of one's life* in die bloei van jou jare weggeruk word; *s.o. is ~ **off**, (telekom.)* iem. se verbinding is verbreek; *be ~ **out** for* (or *to be*) *...* vir ... uitgeknip wees, uitgeknip (*of* in die wieg gelê) wees om ... te wees, die regte lyf vir ... hê; *have one's work ~ **out** (for one)* →WORK *n.*; ~ ***pile*** pluispool, geknipte pool; *be/feel ~ **up** about s.t., (infml.)* gegrief/gekrenk/gekwets/ontsteld/seer/sleg voel oor iets; *be badly ~ **up** in an accident* kwaai snywonde opdoen in 'n ongeluk. ~**-and-thrust weapon** kap-en-steek-wapen. ~**away** swa(w)elstertbaadjie; snitdiagram, -model *(v. 'n enjin ens.)*; *(filmk.)* wegflitsskoot. ~**back** besnoeiing; insnoeiing, afknotting; inkrimping, verlaging, vermindering; teruggryping. ~ **flower** sny-, plukblom. ~**off** afsluiter; afsluiting. ~**off** *adj. (attr.)*: ~ *date* afsny-, afsluitdatum; ~ *point* afsnypunt; ~ *switch* afskakelaar. ~**out** knip-, snymodel; uitsnee; uitskakeling; stroom(ver)breker, -onderbreker, uitskakelaar; afsluiter *(v. motor ens.)*; knalopening. ~**-pile carpet** pluistapyt, tapyt met geknipte pool. ~ **plug** kerftabak. ~ **price** besnoeide (*of* sterk verlaagde) prys. ~**-price sale** uitverkoping teen besnoeide (*of* sterk verlaagde) pryse. ~**purse** *(arg.)* sakkeroller; grypdief. ~**-rate price** besnoeide (*of* sterk verlaagde) prys. ~**-sheet** *adj.* losvel-. ~ **stroke** *(kr.)* kap-, kerfhou. ~**-throat** *n.* lemskeermes; *(vero.)* moordenaar; *(vero.)* booswig, geweldenaar. ~**-throat** *adj. (attr.)* genadelose *(wêreld v. modes ens.)*; moordende *(mededinging ens.)*; gewete(n)lose *(vervaardigers ens.)*; ~ *razor* lemskeermes. ~**water** skeg *(v. skip)*; neus *(v. pilaar)*. ~**work** uitknipwerk. ~**work (embroidery)** knip(borduur)werk. ~**worm** mis-, snywurm.

cu·ta·ne·ous huid-; ~ ***disease*** huidsiekte; ~ ***eruption*** huiduitslag; ~ ***gland*** huid-, velklier; ~ ***membrane*** huidvlies; ~ ***muscle*** huidspier.

cute oulik, skatlik, skattig, lief; *(infml.)* oulik, slim, uitgeslape, geslepe, listig, slinks. **cut·ie, cut·ey, cut·ie-pie**

(infml.) (klein) poppie, oulike meisie(tjie), skattebol.

cu·ti·cle vlies(ie); opperhuid, bovel; selwand; naelriem, =velletjie; *(bot.)* nerf; vel(letjie) *(op vloeistof)*. **cu·tic·u·lar** kutikulêr.

cu·tin *(biochem.)* kutien, kurkstof. **cu·tin·i·sa·tion, =za·tion** verkurking, kurkstofvorming. **cu·tin·ise, =ize** verkurk.

cu·tis *=tises, =tes, (anat.)* onderhuid.

cut·lass *(hist.: soort swaard)* hartsvanger, kortelas.

cut·ler mes(se)maker, =fabrikant.

cut·ler·y mes(se)handel; messeware, =goed, tafelgerei, =gereedskap, eetgerei; snygereedskap.

cut·let kotelet; *fish* ~ visskyf; *lamb* ~ skaapkotelet; lamskotelet. ~ **frill** koteletfrilletjie, =tooisel.

cut·ter snyer; mes; lem; snymasjien; snybeitel; *(sk.)* kotter; kapper; slyper; *(sweiswerk)* straalpyp; *(i.d. mv. ook)* kniptang; *(milling)* ~ frees. ~ **bar** spil van boormasjien; beitelstaaf. ~**(-out)** stanser. ~**(-up)** opsnyer.

cut·ting *n.* snysel; snit; (uit)knipsel; uitgrawing, deurgrawing; steggie, stiggie, plantloot; *(i.d. mv. ook)* afval; *take ~s* steggies/stiggies maak *(om te plant)*. **cut·ting** *adj.* snydend; skerp, griewend, bytend, bitsig *(opmerking)*; ysig, skraal *(wind)*. ~ **action** snywerking. ~ **angle** snyhoek. ~ **board** kerfplank. ~ **circle** snysirkel. ~ **edge** snykant, skerp kant *(v. mes)*; *(fig.)* voorpunt, spits; *(fig.)* slaankrag *(v. aanval ens.)*; *(fig.)* skerpheid *(in stem ens.)*; *(fig.)* indringendheid, deurtastendheid *(v. beriggewing ens.)*; *be at the ~ ~ of s.t.* aan/op die voorpunt (*of* aan die spits) van iets wees; in die brandpunt van iets staan, die brandpunt van iets wees. ~ **face** snyvlak. ~ **iron** sny-yster. ~ **knife** kerfmes. ~ **machine** snymasjien. ~ **movement** snybeweging. ~**(-out) room** snyersvertrek; snysaal, =kamer. ~ **pattern** knippatroon. ~ **plane** snyvlak. ~ **spade** steekgraaf. ~ **table** snytafel. ~ **tool** snywerktuig; *(i.d. mv.)* snygereedskap.

cut·ting·ly snydend; skerp, bytend, bitsig; ysig, skraal.

cut·tle: ~**(bone)** inkvisskulp, seeskuim. ~**(fish)** inkvis, tjokka.

cut·ty *n.* stompie; *(kortsteelpyp)* neuswarmer(tjie). **cut·ty** *adj., (dial.)* kort, stomp.

cwm *(Wallies)* (berg)kom.

cy·an=, cy·an·o= *komb.vorm* siaan=, siano=.

cy·an·am·id(e) *(chem.)* siaanamied.

cy·an·ic *(chem.)* siaan=; ~ *acid* siaansuur.

cy·a·nid(e) *(chem.: gifstof)* sianied.

cy·a·nite, ky·a·nite *(min.)* kianiet, disteen.

cy·a·no·co·bal·a·min, vi·ta·min B$_{12}$ sianokobalamien, vitamien B$_{12}$.

cy·an·o·gen (gas) *(chem.: gifstof)* siaan(gas), sianogeen.

cy·a·no·sis *(patol.)* sianose, blousug, blousiekte. **cy·a·not·ic** sianoties, blou.

cy·ber= *komb.vorm* kuber=.

cy·ber·net·ics kubernetiek, kubernetika, stuurkunde. **cy·ber·net·ic** kuberneties, stuurkundig. **cy·ber·ne·ti·cian, cy·ber·net·i·cist** kubernetikus, stuurkundige.

cy·ber·pho·bi·a vrees vir rekenaars, rekenaarvrees.

cy·ber·punk *(soort wetenskapsverhaal)* kuberpunk; skrywer van kuberpunk, kuberpunkskrywer; *(rekenaarstelselindringer)* kuberkraker, =sluiper, =terroris.

cy·ber·space kuberruimte.

cy·borg *(wetenskap[s]fiksie)* kuborg, bioniese mens.

cy·cad *(bot.)* sikadee, broodboom.

Cyc·la·des *(geog.)* Siklade, Kuklades.

cy·cla·mate *(chem.)* siklamaat.

cy·cla·men *(bot.)* alpeviooltjie, siklaam, siklamen; siklaamkleur.

cy·cle *n.* fiets; kringloop; kring, ring; siklus; *exercise* ~ oefenfiets. **cy·cle** *ww.* 'n kringloop volbring; fiets, fietsry; ronddraai. ~ **lane** fietsbaan. ~ **race** fiets(wed)ren. ~ **(racing) track** fiets(ry)baan.

cy·clic, cy·cli·cal siklies, siklus=.

cy·cling fietsry; fietssport. ~ **race** fiets(wed)ren. ~ **tour,** ~ **trip** fietstog, =rit.

cy·clist fietsryer, fietser.

cy·cloid *n.* sikloïed. **cy·cloid, cy·cloi·dal** *adj.* sikloïed, sikloïdaal.

cy·clom·e·ter siklometer, siklus=, kilometerteller.

cy·clone sikloon, werwelstorm, tornado, kringstorm; laagdrukgebied. ~ **cellar** *(Am.)* sikloonskuiling. **cy·clon·ic** siklonaal, soos 'n werwelstorm.

cy·clo·nite *(chem.: plofstof)* heksogeen.

cy·clo·p(a)e·di·a *(arg.)* ensiklopedie.

Cy·clops *=clopses, =clopes, (Gr. mit.)* sikloop, eenoog. **cy·clops** *(tennis)* lynverklikker. **Cy·clo·pe·an, Cy·clo·pe·an** siklopies.

cy·clo·ra·ma siklorama.

cy·clo·style siklostilus; *(bouk.)* siklostyl, kringsuilehal. **cy·clo·styled** met 'n siklostilus gekopieer; *(bouk.)* siklostiel.

cy·clo·thy·mi·a *(psig., vero.: hewige gemoedswisseling)* siklotimie.

cy·clo·tron *(fis.)* siklotron.

cyg·net swaankuiken, jong swaan. **Cyg·nus** *(astron.)* die Swaan, Cygnus.

cyl·in·der silinder; rol; koker; *be firing on all (four) ~s* met/op volle krag werk, op al vier silinders loop; *(infml., fig.)* goed op dreef wees. ~ **arrangement** silinderskikking. ~ **barrel,** ~ **body** silinderromp. ~ **block** silinderblok. ~ **bore** silinderboring. ~ **capacity** silinderinhoud. ~ **casing,** ~ **jacket** silindermantel. ~ **head** silinderkop. ~ **head gasket** silinderkoppakstuk. ~ **lining** silindervoering. ~ **saw** silinder=, kroon=, trommelsaag. ~ **wall** silinderwand. ~ **watch** silinderhorlosie. **cy·lin·dric, cy·lin·dri·cal** silindries, silindervormig, rolrond.

cy·ma *=mas, =mae, (argit.)* ojief; *(bot.)* byskerm.

cym·bal simbaal. **cym·bal·er, cym·bal·eer, cym·bal·ist** simbalis, simbaalspeler.

cyme *(bot.)* byskerm. **cy·mif·er·ous** byskermdraend. **cy·mose, cy·mous** byskerm=.

cy·mo·graph →KYMOGRAPH.

Cym·ric →WELSH.

cyn·ic *n.* sinikus; *(C~, Gr. filosoof)* Sinikus. **cyn·ic** *adj.* sinies; *(C~, Gr. filos.)* Sinies. **cyn·i·cal** sinies; skerp. **cyn·i·cism** sinisme; *(C~, Gr. filos.)* Sinisme.

cy·no·pho·bi·a hondevrees.

cy·no·sure *(astron., w.g.)* poolster; *(fig.)* middelpunt van belangstelling/bewondering; *be the ~ of all eyes* almal se oë is op jou gevestig/gerig.

cy·pher →CIPHER.

cy·press *(bot.)* sipres; →MOUNTAIN CYPRESS.

Cy·prus *(geog.)* Ciprus, Siprus. **Cyp·ri·an** *n.: Saint ~* sint Ciprianus/Siprianus. **Cyp·ri·an** *adj.* Sipries, van Ciprus/Siprus. **Cyp·ri·ot(e)** *n., (bewoner)* Ciprioot, Siprioot; *(dial.)* Cipries, Sipries. **Cyp·ri·ot(e)** *adj.* Cipries, Sipries, van Ciprus/Siprus.

Cy·re·ne *(geog., hist.)* Cirene, Sirene. **Cyr·e·na·ic** *n.* Cireneër, Sireneër. **Cyr·e·na·ic** *adj.* Cirenees, Sirenees. **Cyr·e·na·i·ca** *(geog., hist.)* Cirenaïka, Sirenaïka.

Cyr·il: *Saint ~* sint Kurillos/Cyrillus. **Cy·ril·lic** *(Slawiese skrif)* Cyrillies.

Cy·rus *(hist.: Persiese heerser)* Cirus, Sirus, Kores.

cyst sak, sist, beursgeswel. **cys·tic** sisties; ~ *duct* galblaasbuis. **cys·ti·cer·cus** *=ci* blaaswurm, sistiserkus. **cys·tine** sistien. **cys·ti·tis** blaasontsteking, sistitis. **cys·to·scope** sistoskoop. **cys·tot·o·my** blaasoperasie.

cy·to= *komb.vorm* sel=, sito=.

cy·to·blast selkern.

cy·to·gen·e·sis selvorming, selontwikkeling.

cy·to·ge·net·ics sitogenetika.

cy·tol·o·gy selleer, sitologie.

cy·tol·y·sis selvervloeiing, sitolise, seloplossing.

cy·to·plasm selplasma.

cy·to·plast sitoplas(t).

cy·to·tox·in selgif, sitotoksien.

czar *etc.* →TSAR *ens.*

czar·das, csar·das *(dans)* csardas.

Czech *n.* Tsjeg; *(taal)* Tsjeggies. **Czech** *adj.* Tsjeggies; ~ *Republic, (geog.)* Tsjeggiese Republiek. **Czech·o·slo·vak, =slo·va·ki·an** *n.* Tsjeggo-Slowaak. **Czech·o·slo·vak, =slo·va·ki·an** *adj.* Tsjeggo-Slowaaks. **Czech·o·slo·vak·i·a** *(geog., vero.)* Tsjeggo-Slowakye; →CZECH REPUBLIC, SLOVAKIA.

Dd

d, D *d's, D's, Ds, (vierde letter v.d. alfabet)* d, D; Romeinse syfer 500; *little d* d'tjie; *small d* klein d. **D-day** *(hist.)* D-dag, invalsdag *(v.d. Geallieerdes in Normandië, 6 Jun. 1944); (ook)* dag van beslissende optrede.

da →DAD.

dab[1] *n.* tikkie; vlekkie, spatsel, titseltjie; depper; *(Br. sl.)* vingerafdruk. **dab** *-bb-, ww.* tik, aanraak; dep, bet, sag aandruk *(teen);* prik *(klipwerk);* skimmelverf; ~ ***at*** ... druk-druk aan ... *(hare/ens. met 'n handdoek/ens.);* ... dep *(wond);* ~ *s.t.* ***off*** iets afhaal/afneem/verwyder; ~ *s.t.* ***on*** iets aansmeer; ~ *s.t.* ***up*** iets opvee. **dab·ber** depper. **dab·bing** geprikte klipwerk; skimmelverfwerk.

dab[2] *n., (infml.)* doring, uithaler, baas(speler *ens.*). **dab** *adj., (infml.)* uithaler-, baas-; *be a ~ hand at* ... 'n ervare ... wees; knap/vernuftig met ... wees.

dab[3] *n., (igt.)* skar.

dab·ble spat, plas; besprinkel, bemors; ~ *in s.t.* iets uit (*of* as 'n) liefhebbery beoefen/doen; jou so 'n bietjie met iets besig hou (*of* besighou). **dab·bler** liefhebberaar, dilettant.

dab·chick *(orn.)* (Europese) duikertjie; *(Eur.)* dodaars; *Cape ~, (orn.)* dopertjie, dobbertjie, Kaapse duikertjie.

dabs *tw.* debs.

dace *dace(s), (igt.)* serpeling.

da·cha, da·tcha datsja, plattelandse huis *(in Rusland).*

dachs·hund dashond, worshond(jie).

Da·ci·a *(geog., hist.)* Dacië, Dasië. **Da·ci·an** *n.* Daciër, Dasiër. **Da·ci·an** *adj.* Dacies, Dasies.

da·cite *(geol.)* daciet.

da·coit (Indiese) struikrower. **da·coit·y** benderoof; struikrowery.

Da·cron *(handelsnaam)* Dacron.

dac·ry·o·ma *(med.)* druipoog.

dac·tyl daktiel. **dac·tyl·ic** daktilies. **dac·tyl·o·gram, dac·tyl·o·graph** vingerafdruk, daktilogram, -graaf. **dac·ty·loid** vingeragtig. **dac·ty·lol·o·gy** daktilologie, vingerspraak, -taal. **dac·ty·los·co·py** daktiloskopie; klassifikasie van vingerafdrukke.

dad, dad·dy *(infml.)* pa, paps; pappie, pa'tjie, papa'tjie, pappatjie; *Dad's Army* tuiswag; *the daddy of them all, (infml.)* die ergste/grootste van almal. **dad·da** →DAD. **daddy-long-legs** *(entom., infml.)* langpoot; langbeen-, langpoot-, basterspinnekop, hooiwa, janlangpoot.

Da·da, Da·da·ism *(kuns)* Dadaïsme, Dada. **Da·da·ist** Dadaïs.

da·do *-do(e)s, (binneargit.)* dado; *(bouk.)* sokkel *(v. suil).*

dae·dal *(liter.)* kunstig, vernuftig; ingewikkeld; labirinties.

dae·mon, dai·mon genius, gees, demon; →DEMON.

daf·fo·dil affodil, môrester(retjie), geel narsing.

daf·fy →DAFT.

daft *(infml.)* dwaas, mal, gek(lik), getik; *be ~ about ..., (infml.)* dol wees oor/op ... **daft·ie** domkop, pampoen(kop), mamparra. **daft·ness** dwaasheid, malheid, gek(lik)heid.

dag hangstuk. ~**lock** misklos *(aan skaap).*

da·ge·raad *(igt.)* da(g)eraad; *(igt.)* roman.

dag·ga[1] *(SA, infml.), (Cannabis* sp.) dagga, hennep; *red/wild ~* rooi-, wildedagga.

dag·ga[2] →DAGHA.

dag·ger dolk; *(druk.)* kruisie; *they are at ~s drawn* hulle staan op gespanne voet (met mekaar), hulle wil mekaar bevlieg; hulle is/lê (met mekaar) oorhoop(s) (*of* is hatig op mekaar *of* is soos vuur en water *of* leef/lewe in vyandskap met mekaar); *look ~s at s.o.* iem. vernietigend/woedend aankyk. ~**head** *(igt.)* da(g)eraad; *(igt.)* roman; →DAGERAAD.

da·gha, dag·ga *(SA, <Z.)* dagha *(vir messelwerk).*

da·go *-go(e)s, (infml., neerh.), (Spanjaard of Portugees)* olyfvreter; *(Italiaan)* spaghettivreter.

da·guerre·o·type *(hist., fot.)* daguerreotipe. **da·guerre·o·typ·y** daguerreotipie.

Dag·wood (sand·wich) *(Am.)* dagwood(toebroodjie), stapeltoebroodjie.

dahl·ia dahlia.

Da·ho·mey *(geog., hist.)* Dahomey; →BENIN.

Dáil (Éi·reann) (Ierse) Laerhuis.

dai·ly *n.* dagblad; *(infml., vero.)* werkvrou, skoonmaakster. **dai·ly** *adj. & adv.* daagliks, dag-; daagliks, aldag; heelda(a)gs; ~ ***balance*** dagbalans; dagsaldo; ~ ***dozen,*** *(vero.)* liggaamsoefeninge; ~ ***dress*** drarok; ~ ***labourer*** dagloner; ~ ***paper*** dagblad; ~ ***pay*** dagloon; ~ ***press*** dagbladpers; ~ ***rate*** daaglikse tempo; dagkoers; dagtarief; *three/etc.* ***times*** ~ drie/ens. maal/keer per (*of* op 'n) dag; ~ ***wage*** dagloon; ~ ***woman,*** *(vero.)* werkvrou, skoonmaakster. **~-paid employee/labourer/worker** dagloner.

dai·mon →DAEMON.

dain·ty *-ties, n.* lekkerny, delikatesse, snoepery; *(i.d. mv.)* snoepgoed. **dain·ty** *adj.* keurig, fyn, net(jies), sierlik; lekker; delikaat; teer; kieskeurig, lekkerbekkig. **dain·ti·ly** keurig, net(jies), fyn(tjies); kieskeurig; smaaklik. **dain·ti·ness** keurigheid, fynheid, netheid; kieskeurigheid.

dai·qui·ri *-ris, (mengeldrankie)* daiquiri.

dair·y melkery; suiwel-, melkboerdery; melkwinkel; melkkamer; melkvee. **D~ Board:** *the ~ ~* die Suiwelraad. ~ **breed** melkras. ~ **butter** (egte) botter. ~ **cattle** melkvee, -beeste, suiwelbeeste. ~ **cow** melkkoei. ~ **cream** (egte) room. ~ **farm** melkplaas, -boerdery, suiwelplaas. ~ **farmer** melk-, suiwelboer. ~ **farming** melk-, suiwelboerdery. **~-free** suiwelvry. ~ **herd** melkkudde. ~ **industry** suiwelbedryf. **~maid** *(arg.)* melkmeisie. **~man** *-men* melk-, suiwelboer. ~ **meal** suiwel-, koeimeel. ~ **produce** suiwelprodukte. ~ **product** suiwelproduk. ~ **ranching** veldmelkboerdery. **D~ Shorthorn** *(beesras)* melkkorthoring.

dair·y·ing melk-, suiwelboerdery; suiwelbereiding.

da·is, dais *daises* podium, verhoog; troonhemel, baldakyn.

dai·sy madeliefie; ma(r)griet(jie); gousblom; pragstuk; ***Barberton*** ~ Barbertonse madeliefie, rooigousblom, gerbera; ***Cape/rain*** ~ witbotterblom; ***Clanwilliam*** ~ harpuisbos; ***Michaelmas*** ~ sterblom, wildeaster, (soort) herfsaster; ***Namaqua(land)*** ~ Namakwalandse gousblom/madeliefie, namakwagousblom; ***oxeye*** ~ →OXEYE; ***push*** (or *be* ***pushing***) *up the daisies, (sl.: dood en begrawe wees)* onder die kluite wees, onder die sooie lê, ses voet onder die grond lê/wees; ***Shasta*** ~ shastamadeliefie. ~ **chain** *n.* string madeliefies; *(fig.)* ketting, reeks; *(gaysl.: groepseks)* klomppomp. **~-chain** *ww.* verbind, aaneenskakel, koppel, saamvoeg. **~cutter** sleepvoet(perd); *(kr.)* kruipbal. ~ **lawn** ma(r)grietgras, klawerkweek. **~wheel, printwheel** tik-, speekwiel. **~wheel printer** (tik)wieldrukker, speekwieldrukker.

dal *n.* →DHAL.

Da·lai La·ma: *the ~ ~* die Dalai Lama.

dale dal, vallei, kom, laagte; *up hill and down ~* oor hoogtes en deur laagtes. **dales·man** dalbewoner.

Dal·e·car·li·a *(geog.)* Dalekarlië. **Dal·e·car·li·an** *n.* Dalekarliër. **Dal·e·car·li·an** *adj.* Dalekarlies.

dal·ly dartel, speel; minnekoos; drentel, talm, draal, treusel; ~ ***away*** verbeusel *(tyd, geleenthede, ens.);* ~ ***over*** *s.t.* met iets talm, iets tydsaam doen; ~ ***with*** *s.t.* met iets speel; ~ ***with*** *s.o.* met iem. flankeer. **dal·li·ance** *(liter.)* gedartel; getalm; *(amorous) ~* flankeerdery, flankering. **dal·ly·ing** gedartel; gedrentel; getalm.

Dal·ma·tia *(geog.)* Dalmasië. **Dal·ma·tian** *n.* Dalmasiër; Dalmatiese hond. **Dal·ma·tian** *adj.* Dalmaties; *~ dog* Dalmatiese hond.

dal·mat·ic *n., (soort oorkleed)* dalmatiek.

dal·ton·ism daltonisme, (rooi-groen-)kleurblindheid.

dam[1] *n.* damwal; dam; *retaining ~* studam. **dam** *-mm-, ww.* opdam; stuit, keer; ~ *s.t. up, (fig.)* iets opkrop/onderdruk *(gevoelens ens.);* ~ *(up) a river* 'n rivier opdam, 'n dam in 'n rivier bou. ~ **scraper,** ~ **scoop** damskrop, -skraper, skraapblok. ~ **wall** damwal.

dam[2] *n., (veearts.)* moer, moeder.

dam·age *n.* skade, nadeel; kwaad; afbreuk; letsel; awery; onkoste, skadevergoeding; ***cause/do*** *great* (*or a lot of*) ~ groot/baie skade aanrig/doen; ***cause/do*** *s.o.* ~ iem. skade aandoen/berokken; iem. benadeel; ***cause/do*** *~ to* ... skade aan ... doen/aanrig/berokken; ***claim*** *~s* skadevergoeding eis; *a* ***claim*** *for ~s* 'n eis om skadevergoeding, 'n skadevergoedingseis; ***extensive*** ~ groot skade; *the* ***extent*** *of the* ~ die omvang van die skade; ***make good*** *the* ~ die skade vergoed; ***pay*** *~s* skadevergoeding betaal; ***suffer/sustain*** ~ skade ly; ***untold*** ~ onberekenbare skade; ***what's*** *the ~?, (infml.)* wat kos dit?. **dam·age** *ww.* beskadig; bederf; skaad, benadeel; skend; toetakel; ruïneer; *maritime life was ~d* die seelewe is geskaad. ~ **control** skadebeheer. ~ **limitation** skadebeperking.

dam·age·a·ble beskadigbaar.

dam·ag·ing *(ook)* skadelik; beledigend; beswarend; *~ evidence/fact* beswarende getuienis/feit.

Da·ma·ra *-ra(s), (lid v. volk; taal)* Damara. ~ **cattle** damarabeeste.

Dam·a·scene *n.* Damassener, Damaskener. **Dam·a·scene** *adj.* Damasseens. **dam·a·scene** *ww., (metal.)* damasseer.

Da·mas·cus Damaskus. ~ **blade** damassenerkling. ~ **steel, damask (steel)** damassener-, damasstaal.

dam·ask *n.* damas; damaskusrooi; damassering; →DAMASCUS STEEL. **dam·ask** *adj.* gedamasseer(d); ligrooi. **dam·ask** *ww.* damasseer; met 'n damaspatroon weef. ~ **linen** damaslinne. ~ **rose** damassener-, damas-, muskaatroos. ~ **silk** damassy. ~ **steel** →DAMASCUS STEEL.

dam·a·skeen →DAMASCENE.

dame *(hist.)* adellike dame; *(non)* suster; *(vero.)* dame; *(vero.)* vrou; *(Am., infml.)* vroumens, meisie(mens); *(hist.)* kosjuffrou; *(arg.)* huisvrou; *D~, (titel)* dame. ~ **school** *(hist.)* (klein)kinderskool.

dam·fool *n., (infml., vero.)* idioot, swaap, gek, sot. **dam·fool** *adj., (infml., vero.)* simpel, sotlik.

dam·mar dammar(hars).

dam·mit *tw., (infml., sametr. v.* damn it*)* demmit, dêm, vervlaks, vervloeks, verdomp; *as near as ~* so te sê, feitlik, so goed as, prakties.

damn *n.* vloek; *not care/give a ~, (infml.)* geen (*of* nie 'n) duiwel/flenter/snars omgee nie, vere voel, jou niks traak (*of* niks kan skeel nie); *not worth a ~, (infml.)* niks werd nie. **damn** *ww.* verdoem; veroordeel; benadeel; skend; afkeur; (ver)vloek; ~ *the* ***consequences*** laat (daarvan) kom wat wil; ~ *s.o./s.t. with* ***faint praise*** iem./iets met karige lof afmaak/veroordeel; ~ *the* ***fel-***

low!, (infml.) so 'n vervlakste/vervloekste vent; ~ *(it)!, (infml.)* vervlaks, vervloeks, verdomp!, demmit! *(infml.); as* ***near*** *as ~ it* →DAMMIT; ~ *you!, (infml.)* gaan/loop/vlieg na die duiwel. **dam·na·bil·i·ty** doemwaardigheid, verdoemlikheid; vloekwaardigheid. **dam·na·ble** verdoemlik, doemwaardig, verdoemenswaardig; vloekwaardig; vervloeks(te). **dam·na·ble·ness** →DAMNABILITY. **dam·na·tion** *n.* verdoemenis, ewige rampsaligheid; verdoeming; veroordeling, (sterk) afkeuring. **dam·na·tion** *tw.* vervloeks, verdomp; *what in ~ ...?, (infml.)* wat d(i)e drommel/duiwel ...?; ~ *take you!, (infml.)* gaan/loop/vlieg na die duiwel!. **dam·na·to·ry** verdoemend, veroordelend, (sterk) afkeurend. **damned** verdoem; veroordeel, afgekeur; vervloek, verdom; vermaledyde *(fml.)*; vervlaks, vervloeks; *I'll* ***be*** *~!, (infml.)* verdomp!; *I'll* ***be*** *~ if I do!, (infml.)* ek sal dit verdomp/verduiwels/vervlaks nie doen nie; *I'll* ***be*** *~ if I know, (infml.)* die duiwel/joos/josie alleen weet (dit); *a ~* ***lie*** 'n infame/vervlakste/vervloekste leuen; *(pretty) ~* ***quick,*** *(infml.)* deksels gou/vinnig, blitsig; *it's (just) one ~* ***thing*** *after another* hoe meer dae hoe meer dinge/neukery; *~* ***well*** *not, (infml.)* verdomp/vervlaks/vervloeks nie. **damned·est:** *do your ~!, (infml.)* doen wat jy wil/kan!; *do/try one's ~, (infml.)* jou (uiterste) bes doen, (alles) uithaal. **dam·ni·fy** beskadig, benadeel. **damn·ing** *n.* verdoeming. **damn·ing** *adj.* verdoemend; vervloekend; veroordelend; oortuigend, beswarend; ~ *evidence* verdoemende getuienis; *a ~ indictment* 'n vernietigende veroordeling, 'n verpletterende oordeel.

Dam·o·cles: *sword of ~* swaard van Damokles.

dam·o·sel, dam·o·zel *(arg.)* →DAMSEL.

damp *n.* vogtigheid, vog; myngas, stikgas; *(arg.)* neerslagtigheid, moedeloosheid. **damp** *adj.* vogtig, klam. **damp** *ww.* smoor, (uit)doof; demp, temper; ontmoedig, mismoedig/neerslagtig maak; besprinkel; bevog(tig), aanklam, klam maak; ~ *s.o.'s ardour/zeal* 'n demper op iem. plaas/sit; ~ *s.t. down* iets doof *('n vuur ens.)*; iets demp *(iem. se geesdrif ens.)*. **~course, ~-proof course** *(bouk.)* voglaag. **~-proof** *(bouk.)* vogwerend, -vry, -dig. **~-proofing** vogdigting. ~ **squib** *(Br.)* windeier, mislukking, misoes.

damp·en bevog(tig), aanklam, klam maak.

damp·er demper; teleurstelling; ontmoediging; pretbederwer; *(mus.)* (toon)demper; *(meg.)* skokbreker; bevogtiger; skuif *(in kaggelpyp)*; *(Austr.)* askoek; *put a ~ on s.o./s.t.* 'n demper op iem./iets plaas/sit; *roller ~* natroller. ~ **valve** dempklep.

damp·ish klammerig.

damp·ness vogtigheid, klam(mig)heid.

dam·sel *(arg., poët., liter.)* maagd, jonkvrou. **~fly** *(entom.)* waterjuffer.

dam·son damaspruim.

Dan *(OT)* Dan. **Dan·ite** Daniet.

Da·na·id -naides, *(Gr. mit.)* Danaïde.

dance *n.* dans; bal, dansparty; ~ *of* ***death,*** *(Me.)* dodedans; ***lead*** *the ~* voordans; ***lead*** *s.o. a (merry/pretty) ~, (infml.)* die wêreld vir iem. moeilik maak; ***open*** *the ~* die baan open. **dance** *ww.* dans; skoffel *(sl.)*; *(oë)* tintel; ~ ***about*** ronddans; ~ ***attendance*** *(up)on s.o.* →ATTENDANCE; ~ *to the* ***music*** op die musiek dans; ~ *(up)on* ***nothing*** lug trap, gehang word; ~ *to s.o.'s* ***tune*** na iem. se pype dans. ~ **band** dansorkes. ~ **card** balboekie. ~ **floor** dansvloer. **~hall** danssaal; *(Am. sl., euf.)* dodesel; galgkamer. ~ **instructor** dansafrigter, -onderwyser. ~ **master** →DANCING MASTER. ~ **mistress** dansmeesteres. ~ **partner** →DANCING PARTNER. ~ **rhythm** dansmaat, -ritme. ~ **room, dancing room** dans-, balsaal. ~ **school, dancing school** dansskool. ~ **shoe,** ~ **pump** →DANCING SHOE. ~ **step** danspas(sie). ~ **tune** danswysie.

danc·er danser; danseres; *leading ~* voordanser; *merry ~s, (ook)* noorderlig.

danc·ing *n.* (die) dans, gedans, dansery. **danc·ing** *adj.* dansend; dans-. ~ **couple** dansspaar. ~ **girl** dansmeisie; danseres. ~ **lesson** dansles. ~ **master, dance master** dansmeester. ~ **partner, dance partner** dansmaat. ~ **room** →DANCE ROOM. ~ **school** →DANCE SCHOOL. ~ **shoe,** ~ **pump** bal-, dansskoen.

dan·de·li·on perdeblom, molslaai.

dan·der *(infml.)* slegte bui/humeur, ergernis; *s.t. gets s.o.'s ~ up, (infml.)* iets maak iem. die hoenders/joos/josie in.

Dan·die Din·mont (ter·ri·er) Dandie Dinmont-terriër.

dan·di·fy opsmuk, optooi, optakel. **dan·di·fied** opgesmuk, opgetooi, opgetakel.

dan·dle (op die knie) wip/ry; (op die arms) wieg; troetel, verwen.

dan·druff skilfers.

dan·dy *n.* modegek; windmaker, fat; *(infml., vero.)* pragstuk. **dan·dy** *adj., (Am.)* windmakerig, spoggerig, fatterig; *(infml.)* keurig, netjies; heerlik, fyn. **~-brush** perdeborsel, *(dial.)* dennebros. ~ **roll(er)** *(druk.)* gaaswals.

dan·dy fe·ver →DENGUE (FEVER).

dan·dy·ism windmakerigheid, spoggerigheid, fatterigheid.

Dane Deen; Noorman; →DANISH; GREAT DANE. **~geld, ~gelt** *(hist.)* Denegeld; losgeld, -prys. **d~wort** wilde vlier.

dan·ger gevaar; onheil, dreiging, bedreiging; onraad; ~ ***ahead*** gevaar voor (*of* op die pad); *the ~ was* ***averted*** die gevaar is afgewend; *there is an* ***element*** *of ~ in it* dit hou gevaar in; *be* ***fraught*** *with ~* gevaarvol wees; *the* ***imminent*** *~ of ...* die naderende/dreigende gevaar van ...; *be in* ***imminent*** *~ of falling/etc.* dreig om te val/ens.; *be* ***in*** *~* in gevaar verkeer/wees; *be* ***in*** *~ of ...* gevaar loop om te ...; *it* ***involves*** *~* daar is gevaar aan verbonde; ***keep*** *out of ~* uit die gevaar bly; *be a ~ to* ***life and limb*** doods-/lewensgevaarlik wees; *be* ***out*** *of ~* buite gevaar wees; *it is a* ***public*** *~* dis 'n gevaar vir die publiek; ***put*** *s.o./s.t. in ~* iem./iets in gevaar stel; ***scent*** *~* die snuf van gevaar (in die neus) kry; *s.t. is a* ***source*** *of ~* iets hou gevaar in; ***stand*** *in ~ of ...* gevaar loop om te ...; *a ~* ***to*** *s.o./s.t.* 'n gevaar vir iem./iets; *s.o. can do s.t.* ***without*** *~* iem. kan iets veilig doen. ~ **area** →DANGER ZONE. ~ **line** gevaargrens. ~ **list:** *be on/off the ~ ~, (pasiënt)* in/buite (lewens)gevaar wees/verkeer; *(alg.)* op die gevaarlys (*of* van die gevaarlys af) wees. ~ **money,** ~ **pay** gevaargeld. ~ **point** gevaarpunt. ~ **signal** gevaar-, waarskuwingsein, gevaarteken, waarskuwingsteken. ~ **zone,** ~ **area** gevaarstreek, -gebied.

dan·ger·ous gevaarlik; gewaag(d); gevaarlik siek; ~ ***customer,*** *(infml.)* omgekrapte kêrel; ~ ***drug*** gevaarlike/verslawende middel/dwelm(middel); ***extremely*** ~ uiters gevaarlik; *be ~* ***to*** *... vir ...* gevaarlik wees; *it is ~* ***to*** *...* dit is gevaarlik om te ...; ***very*** ~ baie/hoogs gevaarlik. **dan·ger·ous·ly:** *live ~* met gevaar lewe.

dan·gle swaai, bengel, slinger; los hang; (laat) afhang; ~ *s.t. in front of* (or *before*) *s.o.* vir iem. iets in die vooruitsig stel, iem. met iets lok; *keep s.o. dangling, (infml.)* iem. aan die/'n lyntjie hou. **dan·gler** *(arg.)* naloper; slenteraar.

Dan·iel *(OT)* Daniël.

Dan·ish *n. & adj.* Deens; →DANE. ~ **blue (cheese)** Deense bloukaas. ~ **dog** = GREAT DANE. ~ **pastry** Deense (tert)deeg; Deense (fyn)gebak.

Dan·ite →DAN.

dank klam, vogtig, nat. **dank·ness** klamheid, vogtigheid, natheid.

danse ma·cabre *(Fr.)* danse macabre, dodedans.

dan·seur *(Fr.)* (manlike) balletdanser. **dan·seuse** *(Fr.)* balletdanseres.

Dan·te·an *n.* Dante-kenner. **Dan·te·an, Dan·tesque** *adj., (betreffende of i.d. styl v. Dante)* dantesk.

Dan·ube Donau. **Dan·u·bi·an** Donau-; ~ *countries* Donaulande.

Dan·zig *(D.)* →GDAŃSK.

dap -*pp*- instip; laat dobber; (laat) terugspring.

dap·per agtermekaar, net(jies), viets, windmakerig, swierig; lewendig.

dap·ple *n.* spikkel, vlek; skimmel(perd). **dap·ple** *ww.* (be)spikkel; vlek. **dap·ple(d)** geskimmel(d), gevlek; bont; gestippeld, bespikkeld; *(perd)* skimmel; *(bees, bok)* skilder; ~ *horse* skimmel(perd). **~-grey** *n., (perd)* appelskimmel. **~-grey** *adj.* appelblou, -grou, -grys, -skimmel.

dar·bies *(mv.), (Br., arg. sl.)* boeie.

dar·by *(bouk.)* stryktroffel. ~ **(float)** strykplank.

Dar·by and Joan *(mv.), (Br., dikw. skerts.)* verknogte ou egpaar, twee bejaarde duifies. ~ ~ ~ **Club** seniorburgerklub, klub vir senior burgers.

Dar·da·nelles: *the ~* die Dardanelle.

dare *n.* uitdaging; *do s.t. for a ~* iets doen omdat jy uitgedaag is. **dare** *ww.* durf, waag, die moed hê; aandurf; uitdaag; *(poët., liter.)* trotseer, (uit)tart; *~ (to)* ***do*** *s.t.* dit waag om iets te doen; die moed hê om iets te doen; *~ s.o. to* ***do*** *s.t.* iem. uitdaag om iets te doen; ***don't*** *you ~ ...!* waag dit net om te ...!; ***how*** *~ you ...?* hoe durf jy ...?; *I ~* ***say*** ... ek veronderstel (*of* neem aan) ...; natuurlik ...; waarskynlik ...; miskien/dalk (*of* [heel] moontlik) ...; *I ~* ***say!*** dit wil ek glo!. **~devil** *n.* waaghals, durfal. **~devil** *adj.* waaghalsig, roekeloos. **~devil(t)ry** waaghalsigheid, waaghalsery, waagmoed, stoutmoedigheid, dapperheid, roekeloosheid. **daren't** = DARE NOT. **~say** →DARE *ww.*. **dar·ing** *n.* durf, moed, waagmoed, gewaagdheid. **dar·ing** *adj.* waaghalsig, waagsaam; vermetel, astrant; gewaag(d); ~ *act* vermetele/gedurfde daad; ~ *deed/feat* waagstuk. **dar·ing·ly** met waagmoed, dapper.

dar·i·ole *(Fr. kookk.)* dariole.

Dar·jee·ling *(geog.)* Darjeeling; darjeeling(tee).

dark *n.* donker, donkerte; duister(nis); duisterheid; skaduwee; ***after*** *~* in die aand, na sononder; ***at*** *~* in die skemer(ing), met sononder; ***before*** *~* voor donker; ***grope*** *(about/around) in the ~, (fig.)* in die duister rondtas; ***in*** *the ~, (lett.)* in die donker; *(fig.)* in die duister; *(fig.)* in die geheim, agteraf; *be* ***in*** *the ~ about s.t.* in die duister wees/verkeer oor iets; *s.o. was completely* ***in*** *the ~ about it, (ook)* iem. het van geen sout of water geweet nie; ***keep*** *s.o. in the ~* iem. in die duister hou/laat, iem. onkundig hou; ***keep*** *s.o. in the ~ about s.t., (ook)* iets vir iem. dighou; *a* ***leap*** *in the ~* 'n sprong in die duister; *in the ~ of the* ***moon*** met donkermaan. **dark** *adj.* donker; duister, geheim(sinnig); nors; somber; onheilspellend; sleg, boos; onbekend; *(arg.)* onwetend; *it's* ***getting/growing*** *~* dit word donker; ***keep*** *s.t. ~* iets dighou (*of* geheim hou); *(as) ~ as* ***night/pitch*** so donker soos die nag, pik-, stikdonker; *the* ***outlook*** *is ~* dit lyk maar donker. **D~ Ages:** *the ~ ~* die Donker Middeleeue. ~ **blue** donkerblou, donker blou. **~-coloured** *(attr.)* donker(kleurige). **D~ Continent:** *the ~ ~, (hist.)* die Donker Vasteland. ~ **glasses** 'n donkerbril. **~-haired** met donker hare, donker. **~-haired person** donkerkop. ~ **horse** *(renperd, politikus, ens.)* buiteperd, onbekende faktor. ~ **lantern** diewelantern. ~ **matter** *(astron.)* donker materie. ~ **picture:** *paint a ~ ~ of s.t.* iets in somber kleure skilder. ~ **roast** donker brandgraad *(v. koffie)*. **~-roast coffee** donker gebrande koffie. **~room** *(fot.)* donkerkamer. ~ **side** donker kant; *(fig.)* skadusy. **~-skinned** donker(kleurig), soel. ~ **star** donker ster. ~ **suit** donker pak. ~ **weather** dreigende weer.

dark·en donker word; donker maak, verdonker, verduister; oorskadu; ~ *counsel, (arg.)* verwarring stig, 'n saak vertroebel; *~ s.o.'s door* →DOOR.

dark·ey, dark·ie →DARKY.

dark·ish donkerig, effens donker.

dar·kle *(arg., liter.)* donker word; wegkruip.

dark·ling *(poët., liter.)* in die donker; donker, duister.

dark·ly donker, duister, geheimsinnig, in die geheim; in die donker/duister; onheilspellend, dreigend; in duistere taal.

dark·ness donker(heid), donkerte, duister(nis); duisterheid, geheimsinnigheid; *under* ***cover*** *of ~* in die donker; *be* ***plunged*** *in/into ~* in duisternis gedompel wees/word; ~ ***sets*** *in* dit word donker; *in* ***thick*** *~* in digte/diepe duisternis; ***utter*** *~* volslae duisternis; *be* ***wrapped*** *in ~* in duisternis gehul wees.

dark·y, dark·ie -*ies*, **dark·ey** -*eys, (infml., neerh.)* swart mens, swarte.

dar·ling *n.* liefling, liefste, skat(jie), hartlam, hartjie, skatlam, soetlief; *mother's ~, (ook)* troetelkind, witbroodjie, mamma se seuntjie. **dar·ling** *adj.* liefste, geliefde, lieflings-, skatlik, skattig, dierbaar; *my ~ dear* my hartjie/liefie.

darn[1] *n.* stop(plek), stopsel. **darn** *ww.* stop, heelmaak; →DARNING.

darn[2] *tw., (infml., euf. v.* damn*): ~ (it [all])!* vervlaks!, deksels!, verbrands!, dessit!.

darn(ed) *adj., (infml., euf. v.* damn[ed]*)* vervlakste, dekselse; *(well,) I'll **be** ~ed!* my magtig!, nou toe nou!, wie sou dit nou kon glo/raai!; *~(ed)* ***cold*** verbrands koud; *~(ed)* ***thing!*** (so 'n) verbrande/dessitse ding!; *children say the ~edest **things*** kinders kom uit met die koddigste/verstommendste dinge; *~ed **well*** deksels goed; *I ~ed **well** won't do it* ek sal dit vervlaks nie doen nie.

dar·nel *(bot.: grassoort)* drabok.

darn·ing stopwerk; →DARN[1] *ww.*. ~ **egg,** ~ **mushroom** *(naaldw.)* stopeier. ~ **needle** stopnaald. ~ **stitch** stopsteek. ~ **thread,** ~ **cotton** stopgaring, -gare. ~ **wool** stopwol.

dart *n.* pyl; veerpyl; pylnaat; skielike beweging, (weg)spring, sprong; gooi, worp; *(i.d. mv.)* pylgooi; *make a ~ for s.t.* na iets toe pyl, op iets afpyl; *play ~s* pylgooi. **dart** *ww.* gooi, skiet; straal; wegspring, pyl; *~ a glance at ...* →GLANCE *n.; ~ to s.t.* na iets toe pyl, op iets afpyl. **~board** pylbord. ~ **gun** pylpistool.

dart·er (pyl)gooier; *(orn.)* slanghalsvoël.

dar·tle *(w.g.)* skiet, vonk, vonkel.

Dar·win·i·an, Dar·win·ist *n.* Darwinis. **Dar·win·i·an, Dar·win·ist, Dar·win·is·tic** *adj.* Darwinisties. **Dar·win·ism** Darwinisme.

Da·sein *(D., filos.)* Dasein, bestaan, eksistensie, in-die-wêreld-wees.

dash[1] *n.* (gedagte)streep, aandagstreep; slag, stoot; aanval; ren; *(Am., atl.)* naelloop; haal *(v. pen); (verf)* smeer; spatsel; tikkie, titseltjie; geklots *(v. golwe);* swier, bevalligheid; durf; vuur, lewendigheid, élan, onstuimigheid; kranigheid; ***cut** a ~, (infml.)* indruk maak, die aandag trek; uithang; ***make** a ~ (for it)* (die) rieme bêre/neerlê; ***make** a ~ at/for s.t.* op iets afpyl/afsnel, na iets toe pyl/storm; *a ~ **of** ...* 'n knypie ... *(peper ens.);* 'n skeut(jie) ... *(brandewyn ens.);* 'n tikkie ... *(humor, romantiek, ens.); a ~ of the **pen*** 'n streek/streep van die pen, 'n pennestreek/-streep; *the ~ of the **waves*** die golfslag. **dash** *ww.* kletter, klets; klots; gooi, smyt, slinger; slaan; bespat, besprinkel; hardloop, vlieg; *(fig.)* vernietig, verydel, laat skipbreuk ly, die bodem/boom inslaan; *~ **against** ...* teen ... bots; teen ... slaan; *be ~ed **against/onto** s.t.* teen/op iets geslinger word; *~ **away/off*** wegspring, -vlieg, -hardloop, jou uit die voete maak; haastig gaan/vertrek; *~ s.t. **away*** iets wegslaan; iets vernietig; iets haastig afvee *(trane ens.);* ***be** ~ed, (fig., iem.)* platgeslaan wees; *~ s.t. **down/off*** iets gou/haastig (neer)skryf/-skrywe/teken; *~ **for** s.t.* op iets afpyl/afsnel, na iets toe pyl; *~ s.t. to the **ground*** iets neergooi/-smyt; *(fig.)* iets heeltemal verydel *(iem. se hoop ens.); s.o.'s **hopes** were ~ed* iem. se verwagtings is verydel; *~ **out*** uitstorm, -vlieg; *~ to **pieces*** aan stukke spat, (fyn en) flenters breek; *~ **up*** aangestorm/aangesnel kom; *~ s.t. **with** ...* 'n bietjie/titseltjie/skeutjie ... by iets meng/voeg. **~board** *(mot.)* paneel-, instrumentebord; *(hist.)* spatbord. ~ **lamp** *(mot.)* paneellamp; *(hist.)* spatbordlamp. **~pot** *(meg.)* slagdemper.

dash[2] *tw., (Br., vero., infml., euf. v.* damn*): ~ it (all)!* deksels!, verbrands!, vervlaks!, dessit!.

dashed *adj., (infml., vero.)* deksels(e), vervlaks(te), verbrande; *(well,) I'll be ~!* my magtig!, nou toe nou!, wie sou dit nou kon glo/raai!; *I'm ~ if ...* verbrands of ek ...; *be ~ rude* lekker onbeskof wees; *be a ~ shame* 'n groot jammerte wees.

dash·ing swierig; voortvarend, onstuimig; lewendig.

das·sie *(soöl.)* das(sie); *(igt.)* dassie; *rock ~* klipdas(sie); *striped ~, (igt.)* wildeperd; *tree ~* boomdassie. ~ **rat** dassierot, klipmuis.

das·tard *(vero.)* lafaard. **das·tard·ly** *(vero.)* lafhartig; laag, gemeen.

da·ta *(mv.)* gegewens, data; →DATUM. ~ **bank** databank. **~base** databasis. **~base management system** databasisbestuurstelsel. **~bus,** ~ **highway** databus, datasnelweg. ~ **capture** datavaslegging. ~ **carrier** datadraer. ~ **communication** datakommunikasie. ~ **compression** datakompressie. **D~ Discman** *(handelsnaam)* laserboekleser. ~ **entry** datatoevoer; datavaslegging. ~ **file** datalêer. ~ **flow** datavloei. **~glove** datahandskoen. ~ **handling** datahantering. ~ **highway** →DATABUS. ~ **link** dataskakel. ~ **massage** datamanipulasie. ~ **mining** dataontginning. ~ **processing** dataverwerking. ~ **processor** dataverwerker. ~ **protection** databeveiliging, gegewensbeskerming. ~ **retrieval** dataherwinning. ~ **set** datastel, gegewensversameling. ~ **sheet** datablad, -vel. ~ **stream** datastroom. ~ **structure** datastruktuur. ~ **terminal** dataterminaal. ~ **traffic** dataverkeer. ~ **transfer** dataoordrag. ~ **transmission** dataversending. ~ **warehouse** datastoor.

dat·a·ble dateerbaar.

da·tcha →DACHA.

date[1] *n.* dadel. ~ **palm** dadelpalm. ~ **shell** seedadel.

date[2] *n.* datum; dato; dagtekening; jaar(tal); *(infml.)* afspraak; *(infml.)* ou, meisie, iemand met wie jy uitgaan; ***after** ~* ná dato; *it **bears** the date ...* dit is gedateer ...; *~ of **birth*** geboortedag, -datum; ***blind** ~* →BLIND DATE; ***change** the ~ to ...* die datum tot ... verander; *a **clash** of ~s* 'n saamval van datums; *~ of **death*** sterfdag, -datum; *at no **distant** ~* binne afsienbare tyd; ***due** ~* →DUE *adj.; at an **early** ~* binnekort, spoedig; *of **even** ~* van dieselfde datum; ***from** ~ of ...* vanaf datum van ...; ***have** a ~ with s.o., (infml.)* 'n afspraak met iem. hê; *~ of **issue*** datum van uitreiking, uitreikingsdatum *(v. voorraad ens.);* datum van uitgifte, uitgiftedatum *(v. aandele ens.); at a **later** ~* later (van tyd); ***make** a ~, (infml.)* 'n afspraak maak; *~ of **maturity*** vervaldag, -datum *(v. lening ens.);* uitkeer-, uitbetaal-, vervaldatum *(v. versekeringspolis); at three **months'** ~* drie maande ná dato; ***no** ~, (publikasie)* sonder jaartal; *be **out** of ~* ouderwets/verouderd wees, uit die mode/tyd wees; nie meer geldig wees nie; *go **out** of ~* verouder, uit die mode raak; *go **out** on a ~, (infml.)* met iem. uitgaan; *~ of **publication*** verskyningsdag, -datum; *of **recent** ~* met 'n onlangse datum; modern, nuut; *at **short** ~* op kort sig; *s.o.'s **steady** ~, (infml.)* iem. se meisie/no(o)i/kêrel/ou; ***to** ~ ...* tot op hede (*of* tot nou/vandag toe) ... *(was daar nog geen klagtes nie ens.); **under** ~ May 2* onder datum 2 Mei; *be **up** to ~* by wees *(met jou werk ens.);* modern/nuwerwets wees, op (die) hoogte van die tyd wees; *(boeke)* bygewerk/bygeskryf wees; *bring s.o. **up** to ~* iem. op (die) hoogte bring; *bring s.t. **up** to ~* iets tot op hede bywerk *(boeke ens.); keep **up** to ~* op (die) hoogte van sake (*of* ingelig) bly; byhou *(met jou werk ens.);* →UP-TO-DATE; *the ~ **was** 1910* die jaar(tal) was 1910; ***what** ~ is it (today)?* die hoeveelste is dit (vandag)?. **date** *ww.* dateer, dagteken; tydgebonde wees; die stempel van sy tyd dra, verouderd wees/raak; →DATED; DATING; *~ s.t. **forward*** iets later dateer; *s.t. ~s **from*** (*or* ***back to***) ... iets dagteken/dateer uit/van ...; *to ~ **from** ...* met ingang van ...; *~ **from** the time of ...* uit die tyd van ... stam; *~ **s.o.**, (infml.)* met iem. uitgaan; 'n verhouding met iem. hê; *~ s.t. **to** ...* iets tot ... terugvoer. **~line** *(joern.)* datering, datumreël. ~ **line** *(tip.)* datumreël; *(International) D~ L~, (geog.)* (Internasionale) Datumgrens/-lyn. ~ **mark** jaarmerk; datummerk. ~ **rape** afspraakverkragting. ~ **stamp** dag-, datumstempel.

dat·ed gedateer(d), onder datum; verouderd.

date·less ongedateer(d), onbepaald; eindeloos, onheuglik, uit die gryse verlede.

dat·er dateerder; stempelmasjien.

dat·ing datering; om uit te gaan; *~ from ...* met ingang van ...; uit die jaar ... ~ **agency** ontmoetings-, maatsoekagentskap.

da·tive *n. & adj., (gram.)* datief; *(jur.)* geregtelik aangestel; *executor ~* eksekuteur datief.

da·tum *data* gegewe, datum; stelmerk; uitgangspunt. ~ **level** stelpeil, -hoogte; uitgangspeil. ~ **line** nullyn, uitgangslyn, basis(lyn), stellyn, grens(lyn). ~ **point** aanvangs-, uitgangs-, basispunt.

daub *n.* smeer(sel), klad; skilderasie, kladwerk, -skildery; gooipleister; smeerlaag *(v. verf).* **daub** *ww.* besmeer; beklad; pleister aangooi; verf aansmeer, kladder; *be ~ed with ...* met ... besmeer(d) wees *(modder ens.);* met ... beplak wees *(verf ens).* **daub·er** kladder; kladskilder. **daub·ing** gesmeer, smeerdery; kladskildering; gooipleistering.

daube *(Fr. kookk.)* daube.

Dau·ga·va, West·ern Dvi·na *(rivier)* Daugawa, Duna, Westelike Dwina; →DVINA.

Dau·gav·pils *(geog.)* Daugawpils.

daugh·ter dogter; *~ of Eve* mensekind; Evasdogter. **~board** *(rek.)* dogterbord. ~ **cell** dogtersel. ~ **church** dogterkerk. **~-in-law** *daughters-in-law* skoondogter.

daugh·ter·hood dogterskap.

daugh·ter·ly dogterlik, soos dit 'n dogter betaam.

daunt verskrik, afskrik, uit die veld slaan; *be nothing ~ed* glad nie ontmoedig wees nie; onverskrokke wees, glad nie verskrik wees nie; *nothing ~ed, (ook)* sonder om jou te laat afskrik, onvervaard. **daunt·ing** afskrikwekkend *(taak);* angs-, skrikwekkend *(vooruitsig);* ontsagwekkend, gedug *(persoon).* **daunt·less** onverskrokke, onversaag, onvervaard. **daunt·less·ness** onverskrokkenheid, onversaagdheid, onvervaardheid.

dau·phin *(hist.)* (Franse) kroonprins, dauphin. **dau·phine, dau·phin·ess** *(hist.)* (Franse) kroonprinses, dauphine. **Dau·phi·né** *(geog., hist.)* Dauphiné.

dav·en·port *(Br.)* (klein) skryfburo; *(Am.)* slaapbank, bed-sofa, divan.

Da·vid *(hist.)* Dawid.

Da·vis Cup *(tennis)* Davisbeker; Davisbekerwedstryd.

dav·it *(sk.)* kraanbalk, davit; hysmasjien.

da·vy *(sl.)* erewoord, woord van eer; *on my ~* op my dawie/erewoord (*of* woord van eer); *take one's ~* (op jou dawie) sweer.

Da·vy Jones *(sk., infml.)* die bose seegees. ~ **~('s locker)** *(sk., infml.)* die (kabeljou)kelder, die bodem van die see; *go to ~ ~ ~* na die kelder/haaie gaan; *send s.o./s.t. to ~ ~ ~* iem./iets kelder (*of* na die kelder stuur).

Da·vy (lamp) *(hist.)* mynwerkerslamp.

daw *(arg., dial., poët.)* kerkkraai; →JACKDAW.

daw·dle draai, sloer, talm, draal; drentel, slenter, rondhang, leeglê, lanterfant(er); *~ away* verspil, verkwis, mors *(tyd).* **daw·dler** draaier, draaikous, sloerder, draler; drentelaar, slenteraar, leeglêer, lanterfanter. **daw·dling** gesloer, sloerdery, getalm, gedraal; gedrentel, drentelry, geslenter, rondhangery.

dawn *n.* sonsopgang, dagbreek, daeraad, daglumier, môreskemer(ing), môrelig; *(fig.)* daeraad, begin, aanbreek, aanvang, geboorte; ***at** ~* met/teen dagbreek/daglig, (met/teen) sonop; ***before** ~* voordag; *~ is **breaking*** die dag breek; *at the ~ of **civilisation*** in die daeraad van die beskawing; *at the **crack** of (or at **earliest**) ~* douvoordag; *from ~ till **dark*** van die oggend tot die aand, van vroeg tot laat; ***false** ~* skyndaeraad; *the ~ of a **new age/era*** die aanbreek/begin van 'n nuwe tydvak; *the ~ of **time*** die tyd van die eerste môrestond. **dawn** *ww.* lig word, daag; *(dag)* lumier, aanbreek; *(kleure)* deurslaan; *s.t. ~s (up)on s.o.* iets dring tot iem. deur (*of* word vir iem. duidelik); iets val iem. by; *it began to ~ (up)on s.o. that ...* iem. het begin besef (*of* dit het tot iem. begin deurdring) dat ... ~ **chorus** môre-, morelied *(v. voëls).* ~ **horse** oerperd. ~ **patrol** rooidag-, dagbreekpatrollie. ~ **pink** lumierroos. ~ **raid** dagbreekaanval; *(effektebeurs, sl.)* vroeë strooptog.

dawn·ing (die) aanbreek/daag, daeraad, daglumier, -lig, sonop, sonsopkoms.

day dag; ontvangdag; tyd; daglig; dagbreek; *so much **a/per** ~* soveel per dag; *~ **after** ~* dag vir/na dag;

after a ~ na 'n dag; *the* ~ ***after*** *(that)* die dag daarna/daarop, die volgende dag; ***against*** *the* ~ *when* ... met die oog op die tyd wanneer ...; *in this* ~ *and* ***age*** in vandag se dae; ***all*** (or *the* ***whole***) ~ *(long)*, ***all/throughout*** *the* ~ heeldag, die hele dag (deur); *today of* ***all*** ~*s* juis vandag, en dit nogal vandag; *you can come* ***any*** ~ jy kan kom watter dag jy wil; *it can happen* ***any*** ~ *now* dit kan nou elke dag gebeur; *s.o. will do s.t.* ***any*** ~ iem. sal iets sonder aarseling doen; *believe s.o.* ***any*** ~ iem. altyd glo; *on the* ***appointed*** ~ op die bestemde/vasgestelde dag; ***at*** ~ met/teen dagbreek; *the* ~ ***before*** die vorige dag, die dag tevore; *s.o. has seen* ***better*** ~*s* iem. het beter dae geken, iem. se tyd (*of* [beste] dae) is verby; *s.t. has seen* ***better*** ~*s* iets se beste dae is verby, iets is uitgedien(d); *hope for* ***better*** ~*s* hoop op beter dae; *the* ***big*** ~ die dag der dae; *not in (all) my* ***born*** ~*s* in my dag des lewens nie; *the* ~ ***breaks*** die dag breek, die rooidag kom uit; *it is* ***broad*** ~ dit is helder dag; ***by*** ~ bedags, oordag; ~ ***by*** ~ dag vir/na dag; ***by*** *the* ~ by die dag; ***call*** *it a* ~, *(infml.)* (met iets) ophou/uitskei; dit daarby laat, die byltjie daarby neerlê; ***carry/gain/win*** *the* ~ die oorwinning behaal; die slagveld behou; *in* ~*s to* ***come*** in die toekoms; ~*s of* ***demurrage,*** *(sk., jur.)* oorlêdae; ***during*** *the* ~ in/gedurende die dag; bedags, oordag; *to s.o.'s* ***dying*** ~ tot iem. se dood (toe); *it happened a few* ~*s* ***earlier*** dit het 'n paar dae tevore gebeur; *it's* ***early*** ~*s (yet)* dis nog te vroeg om te praat; *in s.o.'s* ***early*** ~*s* in iem. se jeug; *at the* ***end*** *of the* ~, *(lett.)* aan die einde van die dag; *(fig.)* op stuk van sake, per slot van rekening, op die ou end; *s.o. wants to* ***end*** *his/her* ~*s somewhere* iem. wil sy/haar laaste dae êrens slyt; ***every*** ~ elke dag; daagliks; by/met die dag; ***every*** *other/second* ~ al om die ander dag; ***every*** *three/etc.* ~*s* al om die derde/ens. dag; *better/worse* ***every*** ~ by die dag beter/erger; *the* ***evil*** ~ die kwade dag; *fall on/upon* ***evil*** ~*s* slegte tye beleef/belewe, agteruitgaan; *it will be an* ***evil*** ~ *when* ... dit sal 'n kwade dag wees wanneer ...; *sufficient unto the* ~ *is the* ***evil*** *thereof* elke dag het genoeg aan sy eie kwaad; *in a* ***few*** ~*s* oor 'n paar dae; *one* ***fine*** ~ op 'n goeie dag; ***for*** ~*s (on end)* dae (lank), dae aaneen; *this* ~ ***fortnight*** vandag oor veertien dae; ***from*** *this* ~ *forward* van vandag af (aan); ***from*** ~ *to* ~ van dag tot dag; ***gain*** *the* ~ →***carry/gain/win;*** *bid s.o. (a)* ***good*** ~ vir iem. goeiedag sê; *in the* ***good old*** ~*s* in die goeie ou dae/tyd; *D*~ *of* ***Goodwill,*** *(SA: 26 Des.)* Welwillendheidsdag; ~*s of* ***grace*** uitstel-, respytdae; ***high*** ~*s and holidays* feesdae en vakansiedae; ~ *of* ***humiliation*** dag van verootmoediging; ***in*** *the* ~ in/gedurende die dag; bedags, oordag; ***in*** *s.o.'s* ~ in iem. se lewe/tyd, op iem. se dag/dae; ***in*** *s.o.'s* ~ *he/she could/was* ... op iem. se dag/dae kon/was hy/sy ..., in iem. se tyd kon/was hy/sy ...; *do s.t.* ***in*** *a* ~ iets binne/in 'n dag doen; *s.t. will happen* ***in*** *ten/etc.* ~*s(' time)* iets sal oor tien/ens. dae gebeur; ~ ***in,*** ~ ***out*** dagin en daguit; *it just* ***isn't*** *s.o.'s* ~, *(infml.)* alles loop vandag vir iem. verkeerd; *a* ~*'s* ***journey*** 'n dagreis; *the* ***last*** ~*s* die laaste der dae; *it's (rather)* ***late*** *in the* ~, *(fig.)* dit is taamlik laat; *for the* ***length*** *of s.o.'s* ~*s* iem. se lewe lank; *the* ~*s are* ***lengthening*** die dae rek; *the* ***livelong*** ~ die ganse/hele dag, die hele liewe dag, die heeldag deur; *for many a* ***long*** ~ tot in lengte van dae; *s.o. looks fifty if he/she* ***looks*** *a* ~ iem. lyk minstens vyftig, iem. lyk nie 'n dag jonger as vyftig nie; ***lose*** *the* ~ die stryd verloor; ***make*** *s.o.'s* ~, *(infml.)* iem. bly maak; ***make*** *a* ~ *of it* die dag daar(mee)/hier(mee) deurbring; ***men/women*** *of the* ~ vooraanstaande manne/vroue; ~ *of* ***mourning*** roudag; ***name*** *the* ~ die dag bepaal/vasstel; *(infml.)* die troudag bepaal; ***news*** *of the* ~ nuus van die dag; *have a* ***nice*** ~*!* geniet die dag!, lekker dag!; ~ *and* ***night*** dag en nag; *by* ~ *and (by)* ***night*** dag en nag; *turn* ~ *into* ***night*** van die dag nag maak; *s.o.'s* ~*s are* ***numbered*** iem. se dae is getel; *have an* ***off*** ~ 'n dag af/vry hê, 'n af/vry(e) dag hê; *(infml.)* 'n slegte dag hê, nie goed voel nie; van stryk (af) wees; *in (the)* ~*s of* ***old,*** *in the* ***olden*** ~*s* in die ou dae/tyd, vanmelewe, vanslewe, in toeka se dae/tyd; **(*on*)** *the* ~ *after/before,* **(*on*)** *the following/next/previous* ~ die volgende/vorige dag, die dag daarna/daarop/vantevore; ***one*** ~, *(tydruimte)* een dag; eendag, eenmaal *(i.d. verlede/toekoms);* een dag, op 'n (sekere) dag; ***one*** *of these (fine)* ~*s* een van die (mooi) dae, binnekort; *from* ***one*** ~ *to another* (or *to the next*) skielik; *from* ~ ***one*** van die eerste dag (af); *s.t. is the* ***order*** *of the* ~ iets is aan die orde van die dag; *the* ***other*** ~ nou die dag, 'n paar dae gelede, 'n dag of wat gelede, onlangs; *every* ***other*** ~ →***every;*** *a hero/etc. of* ***our*** ~ 'n held/ens. van ons tyd; *the* ~ *is* ***ours*** die oorwinning is ons s'n; *the* ~ *has* ***passed*** *when* ... die tyd is verby dat ...; ***per*** ~ per (*of* by die) dag; ~ *of* ***prayer*** biddag; *at the* ***present*** ~ teenswoordig, deesdae, tans; ~ *of* ***publication*** verskyningsdag; *provide/save* (or *put away*) *s.t. for a* ***rainy*** ~ iets vir die kwade dag (*of* vir tye van nood) opsy sit, 'n appeltjie vir die dors bewaar; *the* ~ *of* ***reckoning*** die dag van afrekening; *D*~ *of* ***Reconciliation,*** *(SA: 16 Des.)* Versoeningsdag; ~ *of* ***remembrance*** gedenkdag; ***save*** *the* ~ die posisie red; *every* ***second*** ~ →***every;*** *s.o. will never* ***see*** *the* ~ iem. sal die dag nooit beleef/belewe nie; *s.o. has not* ***seen*** *s.o. for* ~*s* iem. het iem. in geen dae gesien nie; ***set*** *a* ~ 'n dag bepaal; ***some*** ~ eendag, eenmaal *(i.d. toekoms); (on)* ***some*** ~*s* party dae; ***some*** ~ *soon* een van die dae, binnekort; ***that'll*** *be the* ~*!* so nooit aste nimmer (*of* so nimmer aste nooit) nie!, nog so nooit!, (h)aikôna!, dit wil ek nog sien!; moenie glo nie!, wat wou!; bog met jou!; daar kom niks van nie!, daar kom dadels van!; dit sal iets aardigs wees!; ***these*** ~*s* in ons tyd/dae, deesdae, teenswoordig; ***this*** ~ hierdie dag; vandag; *at* ***this*** ~ teenswoordig; nou; *to* ***this*** ~ tot vandag toe, tot op hede (*of* die huidige dag); ***this*** ~ *week* vandag oor 'n week (*of* ag[t] dae); *in* ***those*** ~*s* in daardie dae, destyds; ***those*** *were the* ~*s!* dit was groot dae!; *one of* ***those*** ~*s*, *(infml.)* 'n dag waarop alles verkeerd loop; ***throughout*** *the* ~ →***all;*** *the time of* ~ die uur; *at this* ***time*** *of* ~ op hierdie tyd; nou nog; *not even give s.o. the* ***time*** *of* ~, *(infml.)* iem. nie eens groet nie; *not know the* ***time*** *of* ~, *(infml.)* maar dom wees; *pass the* ***time*** *of* ~ *with s.o., (infml.)* iem. groet, vir iem. goeiedag sê, 'n rukkie met iem. gesels; *so that's the* ***time*** *of* ~*!, (infml.)* is dit sulke tyd (*of* so laat)?, staan sake so?; ***to*** *the* ~ op die dag; *the* ~ *after* ***tomorrow*** oormôre, -more; *in a* ~ *or* ***two*** oor 'n dag of wat; *an* ***unlucky*** ~ 'n onheils-/ongeluksdag; *this* ***very*** ~ vandag nog; hierdie einste dag; *a year to the* ***very*** ~ presies (*of* op die kop) 'n jaar; *this* ~ ***week*** vandag oor 'n week; ***what*** ~ *is today?* wat is (dit) vandag?; *the whole* ~ *(long)* →***all;*** ***win*** *the* ~ →***carry/gain/win;*** ~*'s* ***work*** dagwerk, -taak; *it's all in a/the* ~*'s* ***work*** dis maar alles deel daarvan; *a good/tidy* ~*'s* ***work*** 'n goeie dag se werk; *the* ~ *before* ***yesterday*** eergister; *in s.o.'s* ***young*** ~*s* in iem. se jong jare/dae. ~ **bed** rusbed. ~ **blind** dagblind. ~ **blindness** dagblindheid. ~ **boarder** tafel(kos)ganger; (halwe) koskleerling. ~**book** *(boekh.)* dagboek, joernaal. ~**boy** dagleerling, -skolier. ~**break** dagbreek, rooidag, daglumier; *at* ~ →DAWN *n.*. ~**care** dagsorg. ~**(care) centre** dag(sorg)sentrum. ~**dream** *n.* dagdroom; lugkasteel. ~**dream** *ww.* dagdroom, mymer, dommel; lugkastele bou. ~**dreamer** dagdromer. ~**dreaming** dagdromery, mymering. ~ **dress** drarok. ~**fly** dagvlieg. ~ **hospital** daghospitaal. ~ **labourer** dagloner. ~**light** →DAYLIGHT. ~ **lily** daglelie. ~**long** dag lang(e), heelda(a)gse, heeldag-. ~**mare** dagmerrie. ~ **nurse** dagsuster. ~ **nursery** kinderbewaarskool, -plek, -sentrum, crèche. ~**-old** dag ou(e). ~ **position** dagstand. ~ **pupil** dagleerling, -skolier. ~ **return (ticket)** dagretoer(kaartjie). ~ **school** dagskool. ~ **shift** dagskof. ~**spring** *(poët.)* daeraad, daglumier. ~**star** dag-, môre-, morester; *(poët.)* son. ~ **suit** drapak. ~**time** dag; *in the* ~ bedags, oordag. ~**-to-**~ *(attr.)* daaglikse, alledaagse, gewone; *on a* ~ *basis* daagliks. ~ **trip** daguitstappie, -ekskursie. ~**-tripper** *(infml.)* dagtoeris. ~ **wear** dagklere, -drag.

Day·ak →DYAK.

Day-Glo *(handelsnaam),* **day·glo** neon- *(kleure, advertensies, ens.);* ~ *green/orange/yellow/etc.* neongroen, -oranje, -geel, ens.

day·light (son)lig, daglig; dagbreek; *(i.d. mv., infml.)* verstand, bewussyn; *in* ***broad*** ~ helder oordag; in die volle daglig; ***by*** ~ by daglig; *as* ***clear*** *as* ~ →CLEAR *adj.; in* ***full*** ~ in die volle daglig; *beat/knock the* ***(living)*** ~*s out of s.o., (infml.)* iem. goed opdons/opfoeter, iem. opdons tot by oom Daantjie in die kalwerhok; *scare the* ***(living)*** ~*s out of s.o., (infml.)* iem. die doodskrik op die lyf ja(ag); ***see*** ~ *for the first time, (ook)* die eerste lewenslig aanskou/sien; *s.o.* ***sees*** ~, *(fig.)* 'n lig gaan vir iem. op. ~ **robbery** openlike roof/bedrieëry/diefstal. ~ **(saving) time** somertyd.

Day·to·na Beach *(geog.)* Daytona Beach.

daze *n.* verbystering; bedwelming. **daze** *ww.* verbyster; bedwelm; verblind. **dazed, daz·ed·ly** verbyster(d); half bedwelm(d); deur die wind, verwilderd; verwese; suf. **daz·ed·ness** verbystering; bedwelming; verwesenheid; sufheid; verblinding.

daz·zle *n.* skerp skynsel. **daz·zle** *ww.* verblind; verbyster. ~ **gun** verblindingsgeweer. ~ **painting** skrilskildering. **daz·zling** verblindend, stralend, glansend, skitterend; ~ *smile* stralende glimlag.

DDT *afk.* DDT; →DICHLORODIPHENYLTRICHLOROETHANE.

de·ac·ces·sion uit die versameling onttrek (en verkoop).

dea·con diaken; geestelike; ~*'s wife* diakensvrou. **dea·con·ess** diakones. **dea·con·ry** diakensamp, diakenskap; diakonie, diakens. **dea·con·ship** diakensamp, diakenskap, diakonaat.

de·ac·tiv·ate onskadelik maak.

dead *n.* oorledene(s), die dooie(s), die dode, die afgestorwenes; *city of the* ~ dodestad; ***from*** *the* ~ uit die dood; ***in*** *the* ~ *of* ... in die middel van ... *(d. nag);* in die hartjie van ... *(d. winter);* ***raise*** *the* ~ die dooies opwek; vaste slapers wakker maak; ***raise*** *s.o. from the* ~ iem. uit die dood opwek; ***realm*** *of the* ~ doderyk; ***rise*** *from the* ~ uit die dood opstaan. **dead** *adj.* dood; afgestorwe; leweloos; doods; styf, dom *(vingers);* dof; onvrugbaar; totaal, volkome, volstrek; buite werking; *be* ***all but*** ~ op sterwe na dood wees; ~ ***bat,*** *(kr.)* slap kolf; ~ ***body*** lyk; *over my* ~ ***body*** so nooit aste nimmer (*of* so nimmer aste nooit) nie; ~ *and* ***buried/gone*** dood en begrawe; *(fig.)* uit en gedaan; *let the* ~ *past* ***bury*** *its dead* laat die verlede sy eie dooies begrawe; ~ ***certainty*** absolute/algehele/volkome sekerheid; *as* ~ *as the* ***dodo*** dood en begrawe; *(as)* ~ *as a* ***doornail*** (or *as* ***mutton***), *(infml.)* morsdood, so dood soos 'n mossie/klip; ***drop*** ~ dood neerval/neerslaan; ***drop*** ~*!, (infml.)* gaan/loop bars!; *be in a* ~ ***faint*** →FAINT *n.;* ***fall*** *(down)* ~ dood neerval/neerslaan; *a hundred are* ***feared*** ~ honderd is vermoedelik dood; *be* ***given up*** *for* ~ vir dood aangesien word, dood gewaan word; ***go*** ~ styf word; gaan staan; *s.o.'s foot/etc. has* ***gone*** ~ iem. se voet/ens. slaap; *as* ***good*** *as* ~ feitlik dood, op sterwe na dood; *s.o.* ***is*** ~, *(ook)* iem. is (daar)heen (*of* nie meer nie); *a* ~ ***language*** 'n dooie taal; ***leave*** *s.o. for* ~ iem. vir dood agterlaat; ***lie*** ~ dood lê; *be a* ~ ***man/woman*** 'n kind des doods wees; ~ ***men*** *tell no tales* die dooies klik nie; wat die dooie weet, word met hom begrawe; ***more*** ~ *than alive* lewendig-dood; *be* ~ *from the* ***neck*** *up* →NECK *n.;* ***play*** ~ maak asof jy dood is; ~ ***season*** slap tyd; komkommertyd; *s.o. wouldn't be* ***seen*** ~ ..., *(infml.)* iem. sou eerder sterf as om ..., iem. sou vir geen geld (ter wêreld) ... nie; ~ ***soldier/marine,*** *(infml.)* leë bottel; ~ ***sound*** dowwe geluid; ***stark/stone*** ~ morsdood; *come to a* ~ ***stop*** →STOP *n.; s.o. is* ***well*** ~ dit is maar goed dat iem. dood is; *be* ~ *to the* ***world*** vas aan die slaap wees; katswink/bewusteloos (*of* so uit soos 'n kers) wees. **dead** *adv.* volstrek, baie, erg, totaal; *be* ~ ***against*** ... heeltemal/onwrikbaar/sterk/vierkant teen ... gekant wees; ~ ***calm*** dood-, bladstil; doodkalm; ~ ***certain*** doodseker; ~ ***drunk*** smoor-, stom-, papdronk; ~ ***easy*** doodmaklik; ~ ***flat*** spieëlglad; volkome plat; ~ ***level*** waterpas; ~ ***right*** doodreg; *be* ~ ***sleepy*** dood van die vaak wees; ~ ***slow*** doodstadig; ***stop*** ~ →STOP *ww.;* ~ ***sure*** doodseker, so seker as wat; *be* ~ ***sure*** *that* ..., *(ook)* jou kop op 'n blok sit dat ...; ~ *on* ***target*** dood/vol in die kol; ~ ***tired*** doodmoeg, uitgeput, pootuit. ~**(-and)-alive** dooierig, lewendig-dood; ~ *fellow* jandooi. ~ **angle** blinde hoek. ~ **arm (disease)** streepvlek(siekte) *(in wingerd)*. ~**ball line** *(rugby)* doodlyn. ~**beat** *n., (infml.)* deugniet, niksnut(s); luilak, leeglêer, stoepsitter. ~ **beat** *adj. (pred.), (infml.)* doodmoeg, gedaan, pootuit, stokflou, uitgeput. ~**beat compass** aperiodiese kompas. ~ **bolt** slotgrendel. ~**-cat bounce** *(effektebeurs, infml.)* tydelike oplewing. ~ **centre** presiese middelpunt; dooie punt *(v. kruk)*; vaste senter *(v. draaibank)*. ~ **dog** *(bot.: Hydnora africana)* jakkalskos, kannip, bobbejaankos. ~ **door** blinde deur. ~ **duck** *(infml.)* doodgebore beleid/plan/projek/voorstel/ens.; *be a ~ ~* dood/gedoem/passé (*of* uit die mode) wees; gedoem wees om dood te loop; nie meer invloed/mag hê nie. ~ **earth** *(elek.)* volkome aarding. ~ **end** *n.* doodloopstraat(jie); doodloopspoor; blinde ent; *come to a ~ ~* doodloop. ~**-end** *adj.* doodlopend, doodloop-; *~ job* doodlooppos; ~ *kid* jong skollie. ~**eye** *(sk.)* juffer; *(Am.)* dodelike skut. ~ **face** *(argit.)* blinde gewel. ~ **fingers** *(mv.)* dom/verkluimde vingers. ~ **finish** mat afwerking. ~ **freight** dooie vrag. ~ **furrow** *(landb.)* strykvoor. ~ **gold** dowwe goud. ~ **ground** *(mynw.)* dooie grond. ~**head** *n.* dooie blomkop; *(infml.)* nikswerd, (ou) sleg, nul op 'n kontrak; *(infml.)* jandooi, jansalie, gevrekte ou (*of* entjie mens); *(infml.)* doffel, dikkop, mamparra; *(Am.)* houer van 'n komplimentêre kaartjie; *(Am.)* leë trein/vliegtuig/ens.; *(Am.)* halfversonke boomstomp; vaste kop *(v. draaibank)*; *(gietwerk)* verlore kop. ~**head** *ww.* dooie blomkoppe (van ...) afpluk/afsny. ~**heading** (die) afpluk van dooie blomkoppe. ~ **heat** gelykopstryd; *it was a ~ ~* dit was 'n gelykopstryd; hulle was gelyk (*of* kop aan kop). ~ **house** dodehuis. ~ **knot** dooie kwas. ~ **latch** nagslot. ~ **letter** dooie letter *(v.d. wet)*; onaflewerbare brief. ~ **letter box/drop** geheime posbus. ~ **letter office** kantoor vir onaflewerbare briewe. ~**light** *(sk.)* stormklap; dwaallig; vaste daklig. ~ **lime** doodgebrande kalk. ~**line** sper-, keerdatum; tydgrens, -limiet, termyn; *(druk.)* sak-, afsluittyd; *(sport)* doodlyn; *(lugv.)* krytstreep *(op 'n vliegveld)*; *give s.o. a ~* vir iem. 'n sperdatum/keerdatum/tydgrens stel; *meet a ~* 'n sperdatum/keerdatum/tydgrens haal/nakom; 'n sak-/afsluittyd haal *(by 'n koerant)*. ~ **load,** ~ **weight** rustende/statiese las. ~**lock** *n.* dooie punt; nagslot; *break a ~* 'n dooie punt baasraak/oplos; *negotiations have ended in* (or *reached a*) ~ onderhandelings het vasgedraai/vasgeval (*of* 'n dooie punt bereik *of* op 'n dooie punt beland/uitgeloop). ~**lock** *ww.: negotiations are ~ed* onderhandelings het vasgedraai/vasgeval (*of* 'n dooie punt bereik *of* op 'n dooie punt beland/uitgeloop). ~ **loss** *(infml.)* volslae/pure verlies; *be a ~ ~* regtig niks beteken. ~ **man's eye** ronde daklig; *(sk.)* juffer. ~ **man's handle** *(elek.)* dooiemanskruk. ~ **march** dode-, treurmars. ~ **office** lyk-, begrafnisdiens. ~**pan** onbewoë, strak, uitdrukkingloos; met 'n uitdrukkinglose gesig, sonder om 'n spier(tjie) te vertrek. ~ **point** dooie punt *(ook v. suier)*. ~ **reckoning** gisbestek. **D~ Sea** Dooie See. **D~ Sea Scrolls** *(mv.)* Dooie Seerolle. ~ **shot** baasskut, dodelike skut. ~**stock** plaastoerusting. ~ **water** dooie/stilstaande water; *(sk.)* kielwater, -sog. ~ **weight** dooiegewig; hindernis, blok aan die been; *(sk.)* dra-, laaivermoë; *(landb.)* dooi(e)gewig; *(ekon.)* dooie kapitaal/skuld; →DEAD LOAD. ~**-weight capacity/tonnage** *(sk.)* dooie tonnemaat. ~ **white** matwit; doodsbleek. ~ **window** blinde venster. ~**wood** *(lett. & fig.)* dooie hout; *(sk.)* vulhout; *cut out* (or *get rid of*) *the ~, (fig.)* die dooie hout uitkap/uitsny, van die dooie hout ontslae raak, van onproduktiewe werkers ens. ontslae raak. ~ **work** *(mynw.)* dooie werk.

dead·en verdoof; temper; dof maak, verdof; doof *(geluid)*; lusteloos maak; verstomp, afstomp.

dead·ly *adj. & adv.* dodelik; ~ ***dull*** doodvervelig, uiters vervelend, bra saai, doods, morsdood *(fig.)*; ~ ***earnest*** →EARNEST; ~ ***nightshade,*** *(bot.)* belladonna, dood-, dolkruid; ~ ***peril*** doods-, lewensgevaar; ~ ***quiet*** doodstil; ~ ***serious*** doodernstig, bitter/uiters/verskriklik ernstig; *a ~ **sin*** 'n doodsonde; *the seven ~ **sins*** die sewe hoofsondes. **dead·li·ness** dodelikheid; *(infml.)* doodsheid, saaiheid, verveligheid.

dead·ness doodsheid.

de·aer·ate ontlug. **de·aer·a·tion** ontlugting.

deaf *n.: the ~* die dowes. **deaf** *adj.* doof, gehoorgestremd; *(vero.)* pitloos, leeg *(neut)*; *(as) ~ as a **(door)post, stone*** ~ stokdoof, so doof soos 'n kwartel; *turn a ~ **ear** to s.t.* →EAR[1] *n.*; *a ~ **person*** 'n dowe/gehoorgestremde persoon; ***profoundly*** ~ heeltemal doof; *be ~ **to** ...* vir ... doof wees; *~ **with** the noise* doof van die geraas. ~ **aid** →HEARING AID. ~**-and-dumb** *(neerh.)* doofstom. ~**-and-dumb alphabet/language** →SIGN LANGUAGE. ~**-mute** *n., (neerh.)* doofstomme. ~**-mute** *adj., (neerh.)* doofstom; *a ~ person* 'n doofstom persoon. ~**-mutism** doofstomheid. ~ **school** skool vir dowes/gehoorgestremdes, doweskool.

deaf·en doof maak; verdoof. **deaf·en·ing** oorverdowend; *there was a ~ silence* 'n doodse stilte het geheers.

deaf·ness doofheid; *sham ~* jou doof hou.

deal[1] *n.* hoeveelheid, deel, gedeelte, klomp, boel; beurt *(om kaarte te gee)*; bedeling; akkoord; ooreenkoms, transaksie; slag; ***big** ~!, (infml.)* en wat daarvan!, dit beïndruk my nie, ek is nie beïndruk nie; *no **big** ~, (infml.)* niks besonders/watwonders nie; ***clinch/close*** (or ***wrap up***) *a ~ with s.o.* 'n transaksie met iem. beklink; ***cut/do/make/strike*** *a ~ with s.o.* 'n ooreenkoms met iem. aangaan; 'n transaksie met iem. aangaan; *a **fair/square** ~, (infml.)* 'n eerlike transaksie; billike/regverdige behandeling; *get a **fair/square** ~, (infml.)* billik/regverdig behandel word; *a **good/great** ~ (of)* baie, heelwat, 'n hele klomp; 'n goeie sluk uit die bottel; *have a **great** ~ to say about s.t.* die mond oor/van iets vol hê; *suffer a **great** ~* swaar ly; *travel a **great** ~* dikwels op reis gaan; ***it's** a ~!* akkoord!; *a **new** ~* 'n nuwe ooreenkoms; 'n nuwe bedeling; *a ~ **of** ...* heelwat ... *(oorreding ens.)*; *a **raw** ~, (infml.)* onbillike/gemene/onregverdige behandeling; *get/have a **raw** ~, (infml.)* onbillik/onregverdig/skurf behandel word; *a **square** ~* →***fair/square***; ***swing** a ~, (infml.)* 'n transaksie beklink; *the ~ **is with** ...* dit is ... se beurt om (die kaarte) uit te deel. **deal** *dealt dealt, ww.* deel, verdeel, toedeel, gee, toebring; sake doen, handel; uitdeel *(kaarte ens.)*; *~ **at/with** a shop* by 'n winkel koop/handel; *~ s.o. a **blow*** →BLOW[3]; *~ s.o. **in**, (infml.)* iem. laat deelneem, iem. 'n aandeel gee; *~ **in** s.t.* in iets handel (dryf/drywe); *~ s.t. **out** to s.o.* iets aan iem. uitdeel *(kaarte, straf, ens.)*; *~ **out** justice* regspreek; *~ **with** s.o.* iem. weghelp; met iem. afreken; *~ gently **with** s.o.* saggies/sagkens met iem. handel/werk, iem. sag(gies) aanpak; *~ kindly **with** s.o.* iem. vriendelik behandel; *~ **with** s.t.* iets afhandel; aandag aan iets gee; iets behandel *('n onderwerp ens.)*; *it ~s **with** ...* dit gaan/handel oor ...; *let me ~ **with** ...* ek sal met ... afreken *(iem.)*; laat ... aan my oor *(iets)*. **deal·er** handelaar; koopman; *(sl.)* dwelmhandelaar; (kaart)gewer, -geër, uitgeër; *double ~* →DOUBLE-DEALER; *plain ~* eerlike/opregte/rondborstige man. **deal·ing** (be)handeling, handel(s)wyse; omgang; transaksie; *double ~* →DOUBLE-DEALING; *have ~s with s.o.* met iem. sake doen; met iem. te doen hê; *plain ~* eerlikheid, opregtheid, rondborstigheid; suiwer handel(s)wyse, reguit manier *(v. sake doen)*.

deal[2] *n.* dennehout; greinhout; deel, plank. **deal** *adj.* greinhout-.

dean deken; dekaan *(aan universiteit)*; nestor *(onder kollegas)*; *~ and chapter* domkapittel. **dean·er·y** dekanaat; dekanie, dekenswoning. **dean·ship** dekenskap; dekaanskap.

dear *n.* skat, hartjie, liefste, liefling; *~ **knows,** (infml.)* goeiste/nugter weet; ***my** ~, (ook)* my dier(tjie); ***old** ~, (infml.)* ou mens/siel/vroutjie/tannie/oumatjie, liewe ding; ou ma/moeder; *..., **there's** a ~* wees nou 'n skat en ...; sal jy so gaaf wees om te ...?. **dear** *adj.* lief, dierbaar, skatlik; duur, kosbaar; *(aanspreekvorm)* beste, liewe; geagte; *a bad bargain is ~ at a **farthing*** goedkoop is duurkoop; ***hold** s.t. ~* waarde aan iets heg; *for ~ **life*** →LIFE; *~ **me!*** o/liewe aarde/hemel/land/vader!, goeiste (genade)!; *a ~ **one*** 'n geliefde; *D~ **Philip/etc.,** (in 'n brief)* Beste/Liewe Philip/ens.; *D~ **Sir/Madam,** (fml.)* Geagte Heer/Mevrou; *be very ~ **to** s.o.* vir iem. dierbaar wees. **dear** *tw.: oh ~!* o/liewe aarde/hemel/land/vader!. **D~ John letter** afsêbrief.

dear·est allerliefs(te); skatlam, geliefde; *our nearest and ~* ons dierbares.

dear·ie, dear·y *(infml., vnl. Br.)* liefste, skat, liefling; *(o) ~ me!* (o) hede/hene/jene/jitte/gits!.

dear·ly (baie) innig, teer; duur; *s.o.'s ~ **beloved** ...* iem. se dierbare/teerbeminde ...; *~ **beloved** brethren/sisters* geliefde broeders/susters; *~ **bought** ...* duur gekoopte ... *(vryheid ens.)*; *it **cost** s.o. ~* dit het iem. duur te staan gekom; ***love** s.o. ~* iem. innig liefhê; ***pay** ~ **for** s.t.* swaar vir iets boet; ***sell** one's life ~* jou lewe duur verkoop.

dear·ness dierbaarheid; duurte.

dearth skaarste, gebrek; *(vero.)* duurte; *a ~ **of** ...* 'n gebrek/skaarste aan ...

dear·y →DEARIE.

death (die) dood; sterfgeval; (die) afsterwe, oorly(d)e; ***after** ~* ná die dood; ***at** ~* met iem. se dood; ***at/on** the ~ of ...* by die dood van ...; ***be the** ~ of ...* die dood/ongeluk/val van ... veroorsaak; *s.o.'ll **be the** ~ of me!* iem. sal my nog in die graf bring!; *(infml.)* ek lag my dood vir iem.!; ***beat** s.o. to ~* iem. doodslaan; *be **beaten** to ~* doodgeslaan word; *be **bitten** to ~* doodgebyt word; ***bleed** to ~* jou doodbloei; ***bore** s.o. to ~* iem. dodelik verveel; *one man's ~ is another man's **breath*** die een se dood is die ander se brood; ***burn** s.o. to ~* iem. lewend verbrand; *~ **came** suddenly* die dood het skielik gekom; ***catch** one's ~* jou die dood op die lyf haal; *a **certain** ~* 'n gewisse dood; *s.o. faces **certain** ~* iem. staan voor 'n gewisse dood; ***condemn** s.o. to ~* iem. ter dood veroordeel; ***contempt** of ~* doodsveragting; *~ and **destruction*** dood en verderf(enis); ***dice/flirt** with ~* die dood trotseer; ***do** s.o. to ~* iem. doodmaak; ***do** s.t. to ~, (lett.)* iets doodmaak, iets van kant maak; *(fig.)* iets holrug ry; *be at ~'s **door*** vlak by die dood (*of* op die rand van die graf) wees; *s.o. was at ~'s **door*** iem. het by die dood omgedraai; ***drink** o.s. to ~* jou dooddrink; ***escape** ~* aan die dood ontkom/ontsnap, die dood vryspring; by die dood omdraai; *in the **face** of ~* met die dood voor oë; *put the **fear** of ~ into s.o.* iem. die doodskrik op die lyf ja(ag); ***feel/look** like ~ warmed up, (sl.)* halfdood voel/lyk; *s.o. **fell** (a hundred metres) to his/her ~* iem. het hom/haar (honderd meter ver/vêr) doodgeval; ***field** of ~* slagveld; ***fight** to the ~* tot die dood toe baklei/veg; ***flirt** with ~* →***dice/flirt***; ***flog** s.t. to ~* iets holrug ry; *s.o. **freezes** to ~* iem. verkluim; ***frighten** s.o. to ~* iem. hom morsdood (*of* [amper] dood) laat skrik, iem. die (*of* 'n groot) skrik op die lyf ja(ag); *hang/hold on (to s.t.) for/like **grim** ~* →GRIM; *s.o.'s **hour** of ~* iem. se sterfuur/sterwensuur; *be **in** at the ~ of ...* die einde/end van ... meemaak, die slot van ... sien; *escape from the **jaws** of ~* uit die kake van die dood ontsnap; ***jump** to one's ~* na jou dood spring; ***kick** s.o. to ~* iem. doodskop; *be **kicked** to ~* doodgeskop word; ***kiss** of ~* →KISS *n.*; *this is a matter of **life** and ~* →LIFE; *s.o. **met** his/her ~* iem. het aan sy/haar einde gekom; *the **pangs** of ~* die laaste stuiptrekkings; *be at the **point** of ~* op sterwe lê/wees, sterwend(e) wees; *(ook)* op jou laaste lê, tussen lewe en dood sweef/swewe; *be **punishable** by ~* met die dood strafbaar wees; ***put** s.o. to ~* iem. doodmaak (*of* om die lewe bring); iem. teregstel; ***ride** s.t. to ~, (infml.)* iets holrug ry, altyd weer op iets terugkom; ***scared** to ~* doodbang; ***sentence** s.o. to ~* iem. ter dood veroordeel; ***stab** s.o. to ~* iem. doodsteek; *as **sure** as ~* →SURE; *die a **thousand** ~s* duisend dode sterf/sterwe; ***tired** to ~* doodmoeg; ***to the** ~* tot die dood toe; tot in die dood; om/op lewe en dood; *~ **to the** dictator/etc.!* maak dood die diktator/ens.!; ***unto** ~* tot die dood (toe); ***war** to the ~* oorlog om/op lewe en dood; ***work** o.s. to ~* jou doodwerk; *s.t. is **worked** to ~, (infml.)* iets is holrug gery. ~**bed** sterfbed, dood(s)bed; *be on one's ~* sterwend wees. ~**bed repentance** berou ter elfder ure. ~ **beetle** doodskloppertjie. ~ **bell** doodsklok. ~ **benefit** *(versek.)* sterftevoordeel. ~**blow** *(ook* *fig.)* doodsteek, dood=, genade=, nekslag; *give s.t. the* ~ iets die doodsteek gee/toedien; *be the* ~ *to s.t.* die doodsteek vir iets wees. ~ **camp** uitwissings=, dodekamp. ~ **cap** →DEATH CUP. ~ **cell** dodesel. ~ **certificate** dood=, sterftesertifikaat. ~ **claim** sterfeis. ~ **cup,** ~ **cap** *(bot.:Amanita* sp.*)* duiwelsbrood, slangkos. ~-**dealing** dodelik. ~ **duty** *(jur., vero.)* sterfreg; →ESTATE DUTY. ~-**in-life** lewende dood. ~ **knell** doodsklok; uiteinde. ~ **mask** dodemasker. ~ **notice** doodsberig, =aankondiging; roubrief; *(jur.)* sterfkennis. ~ **penalty** doodstraf; *carry the* ~ ~ met die dood strafbaar wees. ~ **rate** sterftesyfer. ~ **rattle** doodsroggel. ~ **ray** dodelike straal. ~ **register** sterfregister. ~ **roll** dodelys; dodetal. ~ **row** *(Am.)* dodeselle; *be on* ~ ~ in die dodeselle (*of* in 'n dodesel) op teregstelling wag. ~ **sentence** doodsvonnis, doodstraf, terdoodveroordeling. ~**'s head** doodskop. ~**'s-head moth** doodskopmot, motby, bymot, duiwel(s)by. ~ **squad** moordbende. ~ **strain at risk** *(versek.)* sterfterisikolas. ~ **throes** doodstryd, sterwens=, doodsnood. ~ **toll** dodetal, aantal slagoffers. ~**trap** dodelike val, lewensgevaarlike plek. ~ **warrant** teregstellingsbevel, doodsvonnis; *sign one's (own)* ~ ~ jou eie graf grawe (*of* keel afsny *of* ondergang bewerk), 'n gat vir jouself grawe. ~**watch** dodewaak. ~**watch (beetle)** doodskloppertjie, kloptor, =kewer. ~ **wish** doodsverlange.

death·less onsterflik.

death·like doods; doodstil; doods=.

death·ly dodelik; doods; doods=. **death·li·ness** doodsheid; dodelikheid.

deb →DEBUTANTE.

de·ba·cle, dé·bâ·cle debakel, fiasko, volslae mislukking, (algehele) ineenstorting.

de·bag =gg=, *(Br. sl.):* ~ *s.o.* iem. se broek uittrek.

de·bar =rr= uitsluit, verhinder, belet; *be* ~*red from s.t.* van iets uitgesluit wees. **de·bar·ment** uitsluiting.

de·bark[1] ontbas, afbas. **de·bark·ing** ontbasting, afbasting.

de·bark[2] ontskeep; →DISEMBARK. **de·bar·ka·tion** ontskeping; →DISEMBARKATION.

de·base verlaag, verneder; vervals; verdierlik; ~*d style* ontaarde styl. **de·base·ment** verlaging, vernedering; vervalsing.

de·bat·a·ble betwisbaar, onuitgemaak, omstrede, aanvegbaar, kwestieus, twyfelagtig; vatbaar vir bespreking; *it is* ~ *whether* ... dit is 'n vraag of ...

de·bate *n.* debat, beraadslaging, bespreking, diskussie, stryery, redetwis, woordestryd, =wisseling; *a* ~ ***about/on*** *s.t.* 'n debat oor iets; *the* ~ *is* ***about/on*** ... die debat gaan oor ...; ***conduct*** *a* ~ 'n debat voer; *in the* ***cut*** *and thrust of the* ~ in die hitte van die debat; ***enter (into)*** *a* ~ tot 'n debat toetree, aan 'n debat deelneem; *be* ***open*** *to* ~ vatbaar wees vir bespreking; *take* ***part*** *in a* ~ aan 'n debat deelneem; *be* ***under*** ~ onder bespreking wees. **de·bate** *ww.* debatteer, beredeneer, bespreek, diskusseer; stry; beraadslaag; betwis; ~ *(about/on) s.t.* iets bespreek, oor iets debatteer; ~ *s.t. with s.o.* met iem. oor iets debatteer.

de·bat·er debatteerder, debatvoerder.

de·bat·ing: ~ **chamber** raadsaal. ~ **point** debatspunt. ~ **society** debatsvereniging.

de·bauch *n.* brassery, suipery; uitspattigheid; *sleep off a* ~ 'n roes uitslaap. **de·bauch** *ww.* jou te buite gaan; losbandig leef/lewe; bras; laat ontaard; korrumpeer; bederf, bederwe; *(vero.)* verlei *(vrou)*. **de·bauched** losbandig; ontaard; verdorwe. **deb·au·chee** brasser, suiper; losbol, wellusteling; verdorwene. **de·bauch·er·y** losbandigheid; brassery, suipery; uitspattigheid.

de·ben·ture: ~ **(bond)** obligasie, skuldbrief. ~ **holder** obligasie=, skuldbriefhouer. ~ **loan** obligasielening. ~ **stock** obligasies.

de·bil·i·tate verswak, aantas, aftakel; *(fig.)* verlam *(ekonomie)*. **de·bil·i·tat·ing** uitmergelend *(klimaat, siekte); (fig.)* verlammend *(skulde ens.)*. **de·bil·i·ta·tion** verswakking. **de·bil·i·ty** swakte, kragteloosheid, debiliteit.

deb·it *n.* debiet; *pass a* ~ debiteer, 'n debiet boek. **deb·it** *ww.* debiteer, in rekening bring; ~ *s.t. against* ... iets teen ... debiteer/boek. ~ **card** debietkaart. ~ **(entry)** debitering, debietinskrywing, =boeking. ~ **interest** debietrente. ~ **(item)** debietpos. ~ **note,** ~ **advice,** ~ **memo,** ~ **slip,** ~ **ticket** debietbewys, =briefie, =nota. ~ **(side), debtor side** debietkant.

deb·o·nair galant, sjarmant, innemend; joviaal, vrolik, opgewek, opgeruimd, hups; windmaker(ig).

de·bone →BONE *ww.*.

de·bosh *(arg.)* →DEBAUCH.

de·bouch uitmond, =loop; uitkom, sprei.

de·brezh·nev·i·sa·tion, =za·tion →DECOMMUNISATION.

de·brief *(mil.)* ondervra. **de·brief·ing (ses·sion)** ondervraging(sessie).

de·bris puin; brokstukke, oorblyfsels; wrakstukke; steengruis.

debt skuld; ***action*** *for (recovery of a)* ~ skuldvordering; ***bad*** ~ slegte skuld; ***bring*** *into* ~ in die skuld steek; ***cancel*** *a* ~ skuld delg; skuld kwytskeld; ***contract/incur*** (or ***run up***) ~*s* skuld maak/aangaan, jou in die skuld steek; ***discharge/repay/settle*** (or ***pay [off]***) *a* ~ skuld aflos/betaal/delg/vereffen; ***fall/get/go/run/slip*** *into* ~ in die skuld raak, in skuld verval; ***floating*** ~ vlottende skuld; ***funded*** ~ befondsde/befondste skuld; ***have*** ~*s* skuld hê; ~ *of* ***honour*** ereskuld; *be* ***in*** ~ in die skuld wees; *be deeply/greatly* ***in*** *s.o.'s* ~, *(fig.)* diep by iem. in die skuld staan/wees, baie/veel aan iem. verskuldig wees, iem. baie/veel verskuldig wees; *be up to one's/the ears/neck* ***in*** ~, *(infml.)* tot oor jou/die ore in (*of* hard/vrot van) die skuld wees, meer skuld hê as hare op jou kop, diep in die skuld wees; ***national*** ~ staatskuld; *a* ~ ***of*** ***R5000*** R5000 skuld; *be* ***out of*** ~ sonder skuld wees; ***place/put*** *s.o. in your* ~ iem. aan jou verplig; ***service*** *a* ~ delging en rente dek; ***settlement*** *of* ~ skuldaflossing, =delging, =vereffening. ~ **burden** skuld(e)las. ~ **collection agency** skuldinvorderingsagentskap, =buro. ~ **collector** skuldinvorderaar. ~ **counselling** skuldberading. ~ **counsellor** skuldberader. ~ **redemption** skulddelging. ~ **service** skulddiens, leningsdiens.

debt·or skuldenaar; debiteur. ~ **country,** ~ **nation** debiteurland. ~ **side** →DEBIT (SIDE). ~**s' ledger** debiteuregrootboek.

de·bug =gg=, *(rek.: [program]foute opspoor en regstel/uitskakel)* ontfout; afluisterapparatuur (*of* geheime mikrofone) uit ... verwyder; *(Am.)* ontluis, insektevry maak. **de·bug·ger** *(rek.)* ontfouter.

de·bunk *(infml.)* ontluister; ontmasker; blootstel; aan die kaak stel. **de·bunk·ing** ontluistering; ontmaskering; blootstelling.

de·bur(r) *(metal.)* afbaard; *(tekst.)* ontklits. **de·bur(r)·ing** afbaarding; ontklitsing.

de·but debuut, eerste optrede/verskyning; *make one's* ~ debuteer; 'n debuut maak. **deb·u·tant** *(ml.)* debutant. **deb·u·tante** *(vr.)* debutante.

dec·a= *pref.* tien=, deka=.

dec·ade, dec·ade dekade, tydperk van tien jaar; tiental, reeks van tien.

dec·a·dence verval, agteruitgang, verwording, dekadensie. **dec·a·dent** dekadent, in verval, verwordend, agteruitgaande.

de·caf *(afk., infml.)* kafeïenvrye koffie. **de·caf·fein·ate** ontkafeïneer. **de·caf·fein·at·ed** kafeïenvry.

dec·a·gon tienhoek, dekagoon. **de·cag·o·nal** tienhoekig.

dec·a·gram(me) dekagram.

dec·a·he·dron *(wisk.)* tienvlak, dekaëder. **dec·a·he·dral** tienvlakkig.

de·cal, de·cal, de·cal·co·ma·ni·a *(ontwerpkuns)* dekalkomanie.

dec·a·li·tre dekaliter.

Dec·a·logue Tien Gebooie, Dekaloog.

De·cam·er·on: *the* ~ die Decamerone *(v. Boccaccio)*.

dec·a·me·tre dekameter.

de·camp kamp opbreek; verkas, verdwyn, jou uit die voete maak.

de·cant (af)skink, afgiet; oorskink, =giet; *(chem.)* afgiet, dekanteer. **de·can·ta·tion** afgieting; oorgieting; *(chem.)* afgieting, dekantering. **de·cant·er** kraffie.

de·cap·i·tate onthoof; *(Am.)* (summier) afdank/ontslaan (*of* in die pad steek), iem. se kop laat rol; lamlê; fnuik, dwarsboom, kortwiek, verydel, ondermyn, in die wiele ry. **de·cap·i·tat·ed** afkop; onthoof; ~ *body* onthoofde liggaam/lyk; ~ *chicken* afkophoender; ~ *head* afgekapte kop. **de·cap·i·ta·tion** onthoofding.

dec·a·pod *n.* tienpotige (dier). **dec·a·pod, de·cap·o·dal, de·cap·o·dous** *adj.* tienpotig.

De·cap·o·lis: *the* ~, *(hist.: 'n bondgenootskap in Palestina)* die Dekapolis.

de·car·bon·ise, =ize ontkool. **de·car·bon·i·sa·tion, =za·tion** ontkoling.

dec·a·syl·la·ble tienlettergrepige reël. **dec·a·syl·lab·ic** tienlettergrepig, dekasillabies.

de·cath·lon *(atl.)* tienkamp, dekatlon. **de·cath·lete** tienkampatleet, tienkamper.

de·cay *n.* verval, agteruitgang, aftakeling, verwording; verrotting, ontbinding, verwering, bederf; wegsterwing; *(fis.)* (radioaktiewe) verval; *(ruimtev.)* hoogteverlies; *fall into* ~ verval, in verval raak; aftakel; *process of* ~ (ver)rottingsproses. **de·cay** *ww.* vergaan, verval, agteruitgaan, aftakel; ontbind, sleg word, verrot, vrot, bederf; wegsterf, =sterwe; *(fis.: radioaktiewe stowwe)* verval; *(ruimtev.)* hoogte verloor. **de·cayed** sleg, afgetakel(d), vervalle; verrot, vrot, bederf, bedorwe; aftands. **de·cay·ing** (ver)rottend; aftands.

Dec·can: *the* ~ *(plateau), (geog.)* die Dekkan(plato).

de·cease *n., (fml., jur.)* heengaan, oorly(d)e, afsterwe, dood. **de·cease** *ww., (arg.)* heengaan, sterf, sterwe. **de·ceased** *n.: the* ~ die oorledene(s)/(af)gestorwene(s). **de·ceased** *adj., (fml., jur.)* oorlede, ter siele (gegane), (af)gestorwe, wyle, ontslape; ~ *estate* bestorwe boedel.

de·ceit bedrog, misleiding, kullery; *be incapable of* ~ doodeerlik wees. **de·ceit·ful** bedrieglik, vals. **de·ceit·ful·ness** bedrieglikheid, valsheid.

de·ceive bedrieg, mislei, fop, kul; verlei; *if my ears/eyes do not* ~ *me* as ek reg hoor/sien, as ek my ore/oë kan glo; *be* ~*d into believing that* ... jou laat wysmaak dat ...; ~ *s.o. into thinking s.t.* iem. iets wysmaak (*of* laat glo). **de·ceiv·a·ble** bedriegbaar, maklik te bedrieg. **de·ceiv·er** bedrieër; verleier.

de·cel·er·ate vaart verminder; vertraag; verlangsaam. **de·cel·er·a·tion** vaartvermindering; vertraging; verlangsaming.

De·cem·ber Desember; *the month of* ~ Desembermaand. **De·cem·brist** Dekabris.

de·cem·vir =virs, =viri, *(hist.)* decemvir, tienman. **de·cem·vi·rate** tienmanskap, decemviraat.

de·cen·na·ry tienjarige tydperk, dekade. **de·cen·ni·al** tienjarig; tienjaarliks. **de·cen·ni·um** =niums, =nia dekade, tienjarige tydperk, desennium.

de·cent betaamlik, fatsoenlik, welvoeglik; ordentlik, behoorlik; vriendelik; *a* ~ *fellow/guy* 'n ordentlike kêrel/ou. **de·cen·cy** ordentlikheid, betaamlikheid, fatsoen(likheid), welvoeglikheid; menswaardigheid; *in* ***common*** ~ ordentlikheidshalwe; ***observe*** *the decencies* die fatsoen bewaar (*of* in ag neem); *for* ~*'s* ***sake*** ordentlikheidshalwe; *a* ***sense*** *of* ~ ordentlikheidsgevoel. **de·cent·ly** ordentlik; behoorlik.

de·cen·tral·ise, =ize desentraliseer. **de·cen·tral·i·sa·tion, =za·tion** desentralisasie.

de·cep·tion bedrog, misleiding, oëverblindery. **de·cep·tive** bedrieglik, misleidend; *appearances are often* ~ (die) skyn bedrieg; ~ *light* vals lig. **de·cep·tive·ness** bedrieglikheid.

de·chlo·rin·ate ontchloor, dechloreer. **de·chlo·rin·a·tion** ontchloring, dechlorering.

de·chris·tian·ise, =ize ontkersten. **de·chris·tian·i·sa·tion, =za·tion** ontkerstening.

dec·i= *pref.* desi=, tiende=.

dec·i·bel desibel; *two/many/several* ~*s* twee desibel, baie/etlike desibels.

de·cide besluit *(oor)*, uitmaak, beslis *(oor)*; oordeel, uit=

spraak doen; ~ ***against*** *s.o.* teen iem. uitspraak doen, teen (*of* ten nadele van) iem. beslis; ~ ***against*** *doing s.t.* besluit om iets nie te doen nie; ~ ***between*** *A and B* tussen A en B kies; ~ *a* ***case*** 'n hofsaak beslis/uitwys; ~ *in* ***favour*** *of* (or ***for***) ... ten gunste van ... beslis; ~ ***on*** *s.t.* oor iets besluit; tot/op (*of* ten gunste van) iets besluit; iets kies; *s.t. ~d* ***s.o.*** iets het iem. laat besluit (*of* het by iem. die deurslag gegee); *s.t. ~s s.o.* ***to do*** *s.t.* iets laat iem. besluit om iets te doen. **de·cid·ed** beslis, bepaald; nadruklik; vasbeslote; ~ *case, (jur.)* besliste saak, vonnis, gewysde. **de·cid·ed·ly** beslis, bepaald, stellig, sekerlik. **de·cid·er** beslisser; eind(wed)stryd, eindspel; deurslaggewende faktor. **de·cid·ing** *adj. (attr.)* beslissende; deurslaggewende; ~ *factor* deurslaggewende faktor; ~ *game* eind(wed)stryd, beslissende spel, eindspel; *(tennis)* beslissende pot.

de·cid·u·ous bladwisselend; afvallend; uitvallend; *(bot.)* sporelossend; verganklik; ~ *forest* loofbos, =woud; ~ *fruit* sagtevrugte; ~ *tooth* melktand.

dec·i·gram(me) desigram.

dec·i·li·tre desiliter.

dec·i·mal *n.* tiendelige/desimale breuk, desimaal. **dec·i·mal** *adj.* tientallig; tiendelig; desimaal; ~ ***comma*** desimaalkomma; *correct to three ~* ***places*** noukeurig tot drie desimale; ~ ***point*** desimaalpunt; ~ ***sign*** desimaalteken; ~ ***system*** desimale/tiendelige/tientallige stelsel. **dec·i·mal·ise, =ize** desimaliseer. **dec·i·mal·i·sa·tion, =za·tion** desimalisasie.

dec·i·mate uitdun, af=, wegmaai; *(hist.)* desimeer, een uit tien straf. **dec·i·ma·tion** desimering, uitdunning.

dec·i·me·tre desimeter.

dec·i·nor·mal *(chem.)* desinormaal, tiendenormaal.

de·ci·pher ontsyfer; ontraaisel. **de·ci·pher·a·ble** ontsyferbaar, leesbaar. **de·ci·pher·er** ontsyferaar. **de·ci·pher·ment** ontsyfering.

de·ci·sion beslissing, uitspraak, besluit; uitleg(ging), vertolking; uitslag; beslistheid; *a ~* ***about/on*** *s.t.* 'n besluit oor iets; *be* ***faced*** *with a ~* voor 'n beslissing staan; *a* ***firm*** *~* 'n vaste/definitiewe besluit; ***give*** *a ~* 'n beslissing gee; ***make/reach/take*** (or ***arrive at*** or ***come to***) *a ~* 'n besluit/beslissing neem, tot 'n beslissing/besluit kom/geraak; *a* ***man/woman*** *of ~* 'n besliste man/vrou; ***uphold*** *a ~* 'n uitspraak bekragtig/bevestig. ~ **maker** besluitnemer; beleidsbepaler. ~ **making** *n.* besluitneming, =vorming; beleidsbepaling. ~**-making** *adj. (attr.)* besluitnemings= *(proses, liggaam, mag, struktuur, ens.)*; ~ *ability* besluitnemingsbevoegdheid, =vermoë, bevoegdheid/vermoë om besluite te (kan) neem. ~ **tree** beslissingsboom. **de·ci·sive** beslissend, afdoende; beslis; deurtastend; deurslaggewend; ~ *factor* deurslag; *be ~ of ...* vir ... beslissend wees; ~ *victory* beslissende oorwinning. **de·ci·sive·ness** beslistheid, afdoendheid.

deck *n.* dek; *(mus.)* →TAPE DECK; ~ *of* ***cards*** stel/pak kaarte; ***clear*** *the ~s* jou slaggereed maak; ***go up*** *on ~* aan dek gaan; ***hit*** *the ~, (infml.)* plat neerval; ***on*** *~* op (die) dek, aan dek; ***under*** *~* onderdeks. **deck** *ww.* dek, bedek; klee, tooi, uitdos; ~ *o.s.* ***out*** jou uitdos/uitvat; ~ *s.t.* ***out*** iets tooi/versier; *be ~ed* ***out*** *in ...* met ... versier wees; in ... uitgedos/uitgevat wees; ~ ***s.o.,*** *(infml.)* iem. platslaan (*of* plat slaan); *be ~ed* ***with*** ... met ... versier wees *(vlae ens.)*. ~ **boy** dekjonge. ~ **cargo,** ~ **load** deklading, =las. ~ **chair** dek=, seilstoel. ~ **hand** dekkneg, =matroos, =manskap. ~**house** dek=, stuurhuis. ~ **light** deklig; daklig, =venster. ~ **quoits** skyfgooi. ~ **tennis** dek=, ringtennis.

deck·er dekkneg.

-deck·er *komb.vorm* =dekker; *double-~* dubbel=, tweedekker; *single-~* eendekker.

deck·le *n.:* ~ **(edge)** skeprand *(v. handpapier)*; rurand *(v. masjienpapier)*. ~**-edged** skeprand=, met 'n skeprand *(pred.)*; rurand=, met 'n rurand *(pred.)*. ~ **(frame)** skepraam.

de·claim voordra, opsê, deklameer; uitroep, uitvaar, fulmineer. **de·claim·er** deklameerder; skreeuer, uitvaarder. **dec·la·ma·tion** voordrag, deklamasie; redevoering; heftige toespraak. **de·clam·a·to·ry** deklamatories, retories, hoogdrawend, geswolle.

de·clare verklaar; *(siviele prosesreg)* deklareer; aankondig; afkondig, uitroep, bekend maak; aangee, verklaar *(by doeane)*; *(kaartspel)* roep, troef maak; uitskryf *(verkiesing)*; *(kr.)* die beurt sluit, (die beurt gesluit) verklaar; ~ ***against/for*** ... jou teen (*of* ten gunste van) ... verklaar/uitspreek; ~ *s.o.* ***champion*** (or *the* ***winner***) iem. tot kampioen (*of* die wenner) uitroep; ~ *s.o. (duly)* ***elected*** →ELECT *ww.*; ~ *a state of* ***emergency*** →EMERGENCY; ~ *s.t.* ***forfeit*** iets verbeurd verklaar; ***well, I*** *~!* grote genade!; ~ *an* ***innings*** *closed, (kr.)* 'n beurt gesluit verklaar; ~ *s.t.* ***null and void*** iets nietig verklaar; ~ ***o.s.*** jou standpunt stel; sê wat jy gaan doen; ***solemnly*** *~ that* ... plegtig verklaar dat ...; ~ ***that*** ... verklaar dat ...; ~ *s.o./s.t.* ***unfit*** iem./iets afkeur; ~ ***war*** *on a country* teen 'n land oorlog verklaar, 'n land die oorlog aansê. **de·clar·a·ble** verklaarbaar. **de·clar·ant** *(jur.)* verklaarder, deklarant. **dec·la·ra·tion** verklaring; aankondiging; bekendmaking; *(siviele prosesreg)* deklarasie; *(kr.)* beurtsluiting; *D~ of* ***Independence*** Onafhanklikheidsverklaring; ~ *of* ***love*** liefdesverklaring; ***make*** *a ~* verklaar; ~ *of the* ***poll*** (or ***election results***) (amptelike) bekendmaking van die verkiesingsuitslag; ~ *of* ***war*** oorlogsverklaring. **de·clar·a·tive, de·clar·a·to·ry** verklarend; ophelderend; *declaratory order* verklarende bevel; uitwysingsbevel *(by insolvensie)*; verklaring van regte. **de·clared** *(ook)* openlik, uitgesproke; ~ *intention* uitgesproke voorneme; ~ *policy* uitgesproke beleid. **de·clar·ed·ly** openlik, soos erken/toegegee word, onbewimpeld. **de·clar·er** verklaarder; aankondiger; *(brug)* troefmaker.

de·class verlaag; deklasseer. **dé·clas·sé** *(Fr.)* gedeklasseer(d). **de·clas·si·fy** van die lys verwyder; deklassifiseer, vrystel, openbaar maak *(geheime dokumente ens.)*. **de·clas·si·fi·ca·tion** deklassifikasie *(v. inligting)*.

de·clen·sion afwyking; agteruitgang, verval; *(gram.)* verbuiging, deklinasie. **de·clen·sion·al** verbuigings=.

dec·li·na·tion afbuiging; afwyking *(v. kompas)*; verbuiging; deklinasie *(v. ster)*; *angle of ~* deklinasiehoek, hoek van afwyking. ~ **circle** uur=, deklinasiesirkel.

de·cline *n.* verval, agteruitgang, kwyning, aftakeling, neergang; nadae; afname, daling, vermindering; afdraand(e), helling; ***fall/go*** *into a ~* (begin te) kwyn, wegkwyn, in verval raak; ~ *of* ***life*** lewensaand; *be* ***on*** *the ~* agteruitgaan, op die afdraand(e) (*of* op die afdraande pad *of* in verval) wees; *the ~ in the* ***price*** *of gold* die daling van die goudprys. **de·cline** *ww.* (beleef[d]) weier, bedank vir, van die hand wys, afwys *(aanbod ens.)*; afneem, daal, sak, verminder, taan; agteruitgaan, (weg)kwyn, verval, in verval raak; afhel, afhang, afdraand(e) loop; buig, laat hang; afsak, (neer)sink; ten einde loop; *(gram.)* verbuig; ~ *to do s.t.* weier om iets te doen. **de·clin·a·ble** (ver)buigbaar. **dec·li·nate** afgebuig, oorhangend.

de·clin·ing afnemend; *in s.o.'s ~ years* op iem. se oudag, op hoë/gevorderde leeftyd, in die aand van iem. se lewe, in iem. se lewensaand.

dec·li·nom·e·ter afwykingsmeter.

de·cliv·i·ty afdraand(e), helling, glooiing, afgang.

de·clutch *(mot.)* ontkoppel, uittrap, uitskakel.

de·coct *(arg.)* afkook. **de·coc·tion** *(farm.)* afkooksel, aftreksel.

de·code ontsyfer, dekodeer. **de·cod·a·ble** ontsyferbaar, dekodeerbaar. **de·cod·er** dekodeerder.

de·coke ontkool.

de·col·late, de·col·late, de·col·late splits, skei *(kettingpapier)*; *(arg.)* onthoof. **de·col·la·tion** splitsing, skeiding; *(arg.)* onthoofding. **de·col·la·tor** splits=, skeimasjien.

dé·col·le·té, dé·col·le·tée *adj., (Fr.)* gedekolleteer(d), met die/'n lae hals(lyn). **dé·colle·té, dé·colle·tage** *n., (Fr.)* décolleté, decolletage, lae hals(lyn).

de·col·o·nise, =nize dekoloniseer. **de·col·o·ni·sa·tion, =za·tion** dekolonisasie, dekolonisering.

de·col·our, de·col·or·ise, =ize verkleur; ontkleur. **de·col·or·a·tion, de·col·or·i·sa·tion, =za·tion** verkleuring; ontkleuring.

de·com·mis·sion buite diens stel.

de·com·mu·nise, =nize van die kommunisme bevry. **de·com·mu·ni·sa·tion, =za·tion** die aftakeling van die kommunisme.

de·com·pose oplos, ontleed; ontbind, verrot, vergaan, tot ontbinding oorgaan; *~d body* ontbinde/ontbonde lyk. **de·com·po·site** *n. & adj.* →DECOMPOUND. **de·com·po·si·tion** ontleding; ontbinding, verrotting, rotting(sproses); dubbele samestelling; *in an advanced state of ~* in 'n gevorderde staat van ontbinding.

de·com·pound *n.* dubbele samestelling. **de·com·pound** *adj.* dubbel saam=/samegestel(d). **de·com·pound** *ww., (vero.)* dubbel saamstel; ontleed, ontbind.

de·com·press die druk verlig, ontlas.

de·com·pres·sion drukverligting, dekompressie. ~ **chamber** dekompressiekamer. ~ **sickness** dekompressie=, borrel=, caisson=, duikersiekte.

de·con·gest·ant *(med.)* ontstu(wings)middel. **de·con·ges·tion** dekongestie.

de·con·se·crate sekulariseer. **de·con·se·cra·tion** sekularisasie.

de·con·struct dekonstrueer. **de·con·struct·i·ble** dekonstrueerbaar. **de·con·struc·tion** dekonstruksie. **de·con·struc·tion·ism** dekonstruksiekritiek; dekonstruksietegniek. **de·con·struc·tion·ist** *n.* dekonstrueerder, eksponent van die dekonstruksietegniek; dekonstruksiekritikus; dekonstruksiedenker. **de·con·struc·tion·ist** *adj.* dekonstruksie=. **de·con·struc·tor** dekonstrueerder, eksponent van die dekonstruksietegniek.

de·con·tam·i·nate ontsmet; ontgas. **de·con·tam·i·na·tion** ontsmetting; ontgassing.

de·con·tex·tu·al·ise, =ize dekontekstualiseer, buite konteks behandel/ondersoek. **de·con·tex·tu·al·i·sa·tion, =za·tion** dekontekstualisasie, dekontekstualisering. **de·con·tex·tu·al·ised, =ized** gedekontekstualiseer(d).

de·con·trol *n.* onttrekking aan (*of* beëindiging van) beheer. **de·con·trol** *=ll=, ww.* vry=, losmaak; aan beheer onttrek.

dé·cor dekor.

dec·o·rate versier, verfraai; tooi; garneer *(gereg)*; verf, uitskilder *(huis ens.)*; met muurpapier bedek/behang/(be)plak/versier, met plakpapier bedek/behang/versier; dekoreer *(soldaat ens., vir dapperheid ens.)*; ~ *s.t. with* ... iets met ... versier. **dec·o·ra·tion** versiering, verfraaiing; sieraad, versiersel, tooisel; garnering; garneersel; onderskeiding, orde(teken), ereteken; *(fis., mil.)* dekorasie; *interior ~* binnehuisversiering, binne(huis)argitektuur. **dec·o·ra·tive** versierend, dekoratief, sier=, versierings=; ~ ***art*** sierkuns; ~ ***running stitch*** siervoorsteek; ~ ***stitch*** siersteek; ~ ***stitchery*** versiersteke; siersteekwerk. **dec·o·ra·tive·ness** dekoratiwiteit. **dec·o·ra·tor** versierder; huisskilder, verwer; plakker, behanger; *(mil.)* dekorateur; *interior ~* binnehuisversierder, binne(huis)argitek.

dec·o·rous betaamlik, fatsoenlik, welvoeglik, gepas; deftig. **de·co·rum** betaamlikheid, fatsoen(likheid), welvoeglikheid, gepastheid; goeie maniere, dekorum; *be a stickler for ~* baie op jou fatsoen gesteld wees.

de·cor·ti·cate *ww.* ontbas, afbas; ontvesel; afskil; pel; *(med.)* dekortiseer. **de·cor·ti·cate, de·cor·ti·cat·ed** *adj.* ontbas, afgebas; afgeskil(d); gedop, gepel(d). **de·cor·ti·ca·tion** ontbasting, afbasting; ontveseling; afskilling; pellery; *(med.)* dekortikasie. **de·cor·ti·ca·tor** pelmasjien.

de·cou·page *(Fr.)* découpage(-werk); découpage(-artikel); *(filmk.)* découpage, sny, redigering.

de·cou·ple ontkoppel. **de·cou·pling** ontkoppeling.

de·coy, de·coy *n.* lokaas, lokmiddel; *(fig.)* lokvoël; val, strik, valstrik. **de·coy** *ww.* (ver)lok; in die val lok. ~ **duck** lokeend; *(fig.)* lokvoël.

de·crease *n.* vermindering, afname, afneming, daling, verlaging; afslag; ~ *of capital* kapitaalvermindering; *the ~ in ...* die daling van ...; die vermindering/afname van ...; *be on the ~* aan die afneem/daal wees. **de·crease** *ww.* verminder, minder/kleiner word, afneem, daal; laat afneem/daal, verminder, verklein, verlaag; ~ *by ...* met ... afneem/daal; *s.t. ~s from ... to ...*

iets neem van ... af (*of* daal van ...) tot ...; *decreasing moon* afnemende/afgaande maan. **de·creas·ing·ly** al (hoe) minder; *become ~ unpopular* al hoe ongewilder (*of* toenemend ongewild) raak/word.

de·cree *n.* verordening, bevel, besluit, dekreet; uitvaardiging; gebod; raadsbesluit; *govern by ~* by dekreet regeer; *issue/promulgate a ~* 'n dekreet/verordening uitvaardig. **de·cree** *ww.* verorden, bepaal, beveel, dekreteer; ~ *that ...* verorden dat ... ~ **nisi** *(jur.)* bevel nisi. **de·cre·tal** pouslike dekreet.

dec·re·ment vermindering, verlies, afname, dekrement.

de·crep·it vervalle, lendelam, gebreklik, afgetakel(d); afgeleef, aftands, kaduks, mankoliek, uitgeleef, bouvallig. **de·crep·i·tate** *(chem.)* dekrepiteer, (laat) uitknetter. **de·crep·i·tude** verval, afgeleefdheid, gebreklikheid, vervallenheid.

de·cres·cent afnemend.

de·crim·i·nal·ise, -ize dekriminaliseer *(dwelmgebruik, prostitusie, plakkery, ens.).* **de·crim·i·nal·i·sa·tion, -za·tion** dekriminalisering; dekriminalisasie.

de·cry (ver)kleineer, afkam, afkraak, neerhaal; openlik afkeur; uitkryt; ~ *s.o./s.t. as ...* iem./iets uitmaak vir ... **de·cri·al** (ver)kleinering, afkamming; openlike afkeuring; uitkryting. **de·cri·er** afkraker; uitkryter; lasteraar.

de·cu·bi·tus ul·cer *(med.)* bedseer.

de·cum·bent *(bot.)* neerliggend, kruipend.

de·cu·ple *n.* tienvoud. **de·cu·ple** *adj.* tienvoudig. **de·cu·ple** *ww.* vertienvoudig.

de·cus·sate *ww.* oorkruis sny, kruis. **de·cus·sate, de·cus·sat·ed** *adj.* kruis(e)lings, oorkruis, kruisgewys(e). **de·cus·sa·tion** kruising, snyding.

ded·i·cate (toe)wy, opdra; *~d **computer*** toegewyde rekenaar, enkeldoelrekenaar; *~d **man*** toegewyde man; *~d **memory**, (rek.)* toegewyde geheue, enkeldoelgeheue; *~ a book **to** s.o.* 'n boek aan iem. opdra; *~ o.s. **to** s.t.* jou aan iets wy. **ded·i·ca·tee** iem. aan wie iets opgedra is. **ded·i·ca·tion** wyding; inwyding; toewyding; toegewydheid; opdrag *(v. boek).* **ded·i·ca·tor** toewyer. **ded·i·ca·to·ry** toewydend, inwydings-, opdrag(s)-; ~ *sermon* inwydingsrede.

de·duce aflei, 'n gevolgtrekking maak; herlei; nagaan; ~ *s.t. from ...* iets uit/van ... aflei. **de·duc·i·ble** afleibaar; herleibaar.

de·duct aftrek *(van);* onttrek *(aan);* ~ *s.t. from ...* iets van ... aftrek; *after ~ing expenses* ná aftrek van onkoste. **de·duct·i·ble** aftrekbaar.

de·duc·tion aftrek(king); vermindering, afslag, korting; gevolgtrekking, slotsom; herleiding; *(log.)* deduksie; *after ~ of expenses* ná aftrek van onkoste. ~ **formula** herleidingsformule.

de·duc·tive deduktief.

dee *(letter)* d; D-vormige ring.

deed daad, handeling; verrigting; *(jur.)* dokument, akte; →TITLE DEED; *~ of **assignment*** akte van boedelafstand, bewys van boedeloorgawe; oordragbrief; *~ of **cession*** akte van sessie/afstand; *~ of **conveyance/transfer*** transport-, oordragakte, (kaart en) transport; *a **daring** ~* 'n waagstuk; ***execute** a ~* 'n akte verly; *~ of **foundation*** stigtingsakte; *~ of **gift*** skenkingsakte; *do a **good** ~* 'n goeie daad doen/verrig; *~ of **grant*** toekenningsakte; *~ of **hypothecation*** verbandakte; *~ of **lease*** huurkontrak, -akte; ***notarial** ~* notariële akte; *~ of **protest*** protesakte; ***registrar** of ~s* registrateur van aktes; *~ of **sale*** koopbrief, -akte, -kontrak; *~ of **servitude*** serwituutakte; *~ of **settlement*** skikkingsakte, -ooreenkoms; *~ of **transfer** →**conveyance/transfer**; ~ of **trust*** trustakte. ~ **box** aktetrommel. ~ **poll** eensydige verbintenis/akte. **~s office, ~s registry** akte(s)-, registrasiekantoor.

dee·jay *(infml.)* platejoggie.

deem *(fml.)* oordeel, van oordeel wees, dink, meen, vind; ag, beskou as, reken as/vir; *as s.o. ~s fit* soos iem. goeddink; *~ s.t. necessary* iets nodig ag; *~ed service* erkende diens; *~ing order* beskouingsbevel.

deep *n.* diepte; diep water; *the ~, (poët., liter.)* die see/oseaan; *on the ~, (poët., liter.)* op see. **deep** *adj.* diep *(water, slaap, stem, insig, ens.);* diepsinnig; grondig; geheimsinnig, duister, listig, geslepe; *go (in) off the ~ **end**, (infml.)* ontplof, in woede uitbars, rasend/woedend word, woed, raas, skel, tekere (*of* te kere) gaan; *go/dive/jump in at the ~ **end**, (infml.)* 'n sprong in die duister waag; *be thrown in at the ~ **end**, (infml.)* aan/by die diep kant ingegooi word; *with ~ **regret*** →REGRET *n.; a ~ **one**, (sl.)* 'n geslepe vent; *a ~ **sigh*** →SIGH *n.; in ~ **thought*** →THOUGHT *n.; **three/etc.*** ~ drie/ens. agter mekaar; *~ **water(s)*** →WATER *n.*. **deep** *adv.* diep, swaar; ~ ***down*** (onder) in die diepte; in sy diepste wese; *a ~ **drawn** sigh* 'n diep sug; ***drink** ~* →DRINK *ww.; ~ into the **night*** tot diep in die nag; ***still waters** run ~* →WATER *n.;* ~ **blue** diep-, hoogblou. ~ **breathing** diep asemhaling. **~-dish pie** *(kookk.)* diepbak-, enkelkorspastei. ~ **drawing** *n., (metal.)* die dieptrek. **~-drawing** *adj. (attr.), (metal.)* dieptrek- *(plaat, staal, ens.);* ~ *dredger* baggerboot vir diep plekke. ~ **extra cover** *(kr.)* diep ekstra dekpunt. ~ **field** *(kr.)* diepveld. ~ **fine leg** *(kr.)* diep skerpby. **~-freeze** diepvries; in die (diep)vrieskas/diepvries sit; *(fig., infml.)* op die lange baan skuif/skuiwe, in die diepvries sit. ~ **freeze(r)** (diep)vrieskas, diepvries; *(fig., infml.)* lange baan, diepvries. **~-fried** diepgebraai. **~-frozen** diepbevrore, diepvries-; ~ *foods* diepvrieskos, -voedsel. **~-fry** diepbraai. **~-frying** diep(vet)braai. ~ **green** diepgroen. ~ **kiss** tongsoen. **~-laid** fyn uitgedink. ~ **learning** grondige geleerdheid. **~-level mine** diep myn. **~-level mining** dieptemynbou. ~ **mourning** swaar rou; *be in ~ ~* swaar in die rou wees. ~ **platteland** afgeleë platteland. **~-rooted** ingewortel(d), diepgewortel(d). **~-rootedness** gewortelheid. ~ **sea** *n.* diep see; diepsee; volle see. **~-sea** *adj. (attr.):* ~ *deposit* diepseeafsetting; ~ *diver* diepseeduiker; ~ *fishing* seevissery; ~ *lead* dieplood; ~ *vessel* oseaanskip, -boot. **~-seated** diepgewortel(d); diepliggend; ingeanker(d); ~ *rock* dieptegesteente. **~-set** diepliggend. ~ **six** *n., (Am. sl.)* uitwissing, vernietiging; (see/water)dood; (see)begrafnis; (see/water)graf. **~-six** *ww., (Am. sl.)* uitwis, vernietig, tot niet maak; oorboord gooi; ter see begrawe; 'n see-/watergraf vind. **D~ South** *(geog.)* Diep Suide. ~ **space** die buitenste ruimte; →OUTER SPACE. ~ **square leg** *(kr.)* diep regby. ~ **structure** *(ling.)* dieptestruktuur. ~ **therapy** *(med.)* diepteterapie, diepbestraling. ~ **throat** *(infml.)* anonieme/geheime (inligtings)bron. **~-water channel** vaargeul.

deep·en verdiep; diep maak, uitdiep; diep(er) word; donker(der) word; verinnerlik; versterk, vererger; ~ *(in)to ...* oorgaan in ...; *the mystery ~s* die geheim/raaisel raak/word al (hoe) duisterder/tergender. **deep·en·ing** *(attr.)* groeiende *(kennis, kommer, liefde);* hegter wordende *(vriendskap);* stygende *(angs, spanning);* groter wordende *(krisis, verskille);* verergerende, erger wordende *(resessie);* dieper wordende *(verdeeldheid);* toenemende *(tekort);* verdonkerende *(kleure); ~ mystery* geheim/raaisel wat al (hoe) duisterder/tergender raak/word.

deep·ie *(infml.)* driedimensionele film/(rol)prent.

deep·ly diep; innig; ernstig; ~ ***afflicted*** swaar beproef/getref; diep bedroef; ~ ***divided*** skerp verdeel(d); ~ *in **love*** smoorverlief; ~ ***read*** goed belese.

deep·most diepste.

deep·ness *(lett. & fig.)* diepte; breedte, wydte *(v. rand ens.);* diepsinnigheid *(v. iem., betoog, ens.);* grootte *(v. verligting, belangstelling, ens.).*

deer *deer(s)* hert, takbok. **~hound** jagwindhond. ~ **lick** brakplek. ~ **park** hertekamp. **~skin** hertevel. **~stalker** herte-, takbokjagter. **~stalker (hat)** jagpet, klaphoed.

de-es·ca·late deëskaleer, de-eskaleer, afskaal *(gewapende stryd ens.).* **de-es·ca·la·tion** deëskalasie, de-eskalasie, afskaling.

def *adj., (sl.)* beslis, definitief; bak, bakgat, wonderlik, fantasties.

de·face skend, beskadig, ontsier, vermink; uitwis, deurhaal; rojeer *(seël);* onleesbaar maak; *~d document* geskonde dokument. **de·face·ment** skending, beskadiging, ontsiering, verminking; uitwissing, deurhaling; rojering; onleesbaarmaking.

de fac·to *(Lat.)* de facto, in werklikheid.

de·fal·cate *(fml.)* verduistering pleeg; verduister *(geld).* **de·fal·ca·tion** verduistering. **de·fal·ca·tor** verduisteraar.

de·fame *(jur.)* belaster, in diskrediet bring, in sy/haar eer aantas. **def·a·ma·tion** belastering, laster; naamskending. **de·fam·a·to·ry** lasterlik, naamskendend; ~ *letter* lasterlike brief. **de·fam·er** lasteraar, naamskender.

de·fat -*tt*- ontvet.

de·fault *n.* afwesigheid; versuim, nienakoming; wanbetaling; wanprestasie; nieverskyning, verstek *(jur.);* gebrek, gemis; wanprestasie; *let ... go **by** ~* ... laat verbygaan, nie van ... gebruik maak nie; *(jur.)* ... by verstek laat gaan, ... onverdedig laat deurgaan *('n saak); judg(e)ment **by** ~* verstekvonnis; *win **by** ~, (sport)* by verstek wen; *be **in** ~* jou aan wanbetaling skuldig maak, jou (betalings)verpligtinge nie nakom nie; ***in** ~ of ...* by gebrek aan ...; *(jur.)* by afwesigheid/ontstentenis van ...; *be **in** ~ of appearance, (jur.)* in verstek wees, versuim om te verskyn; ***in** ~ of payment* by wanbetaling; *party **in** ~* versuimende party. **de·fault** *ww.* ontbreek, afwesig wees; nalaat, versuim, in gebreke bly, verpligtinge nie nakom nie; in verstek wees; nie verskyn nie; by verstek veroordeel; *~ing debtor* wanbetaler. ~ **judg(e)ment** verstekvonnis.

de·fault·er wanbetaler, gestrafte, oortreder; afwesige, nieopgedaagde, versuimer, nalater, wanpresteerder.

de·fea·sance *(jur.)* nietigverklaring.

de·fea·si·ble *(jur.)* vernietigbaar.

de·feat *n.* ne(d)erlaag; omverwerping, omvêrwerping; verydeling; vernietiging; ***accept/acknowledge/admit/concede*** *~* dit (*of* die stryd) gewonne gee; *a **crushing** ~* 'n verpletterende ne(d)erlaag; ***inflict** a ~ on s.o.* iem. 'n ne(d)erlaag toedien; *s.o.'s ~ **of** his/her opponent* iem. se oorwinning oor sy/haar teenstander; *an **outright** ~* 'n volkome ne(d)erlaag; ***stand** ~* 'n ne(d)erlaag dra; ***suffer** a ~ (at s.o.'s hands)* 'n ne(d)erlaag (teen iem.) ly, die onderspit (teen iem.) delf, (deur iem.) geklop/verslaan word; (deur iem.) oorwin word; ***take** a ~* 'n ne(d)erlaag aanvaar. **de·feat** *ww.* verslaan, oorwin, klop, wen, die/'n oorwinning behaal oor, die/'n ne(d)erlaag toedien; afslaan *(aanval);* verydel; vernietig, tot niet maak, te niet doen; verwerp *(voorstel); ~ ends of **justice*** die (ver)loop van die gereg belemmer/dwarsboom/verhinder/verydel; *~ing the ends of **justice*** regsverydeling; *~ the **law*** die wet ontduik, die reg verydel; *~ the **object/purpose** (of the exercise)* die doel verydel; nie sinvol wees nie, nie sin hê nie. **de·feat·ed** verslaan, oorwonne; ~ *enemy* verslane vyand. **de·feat·ism** défaitisme, pessimisme. **de·feat·ist** *n.* défaitis, pessimis, touopgooier. **de·feat·ist** *adj.* défaitisties, pessimisties.

def·e·cate (jou) ontlas; suiwer. **def·e·ca·tion** ontlasting, stoelgang; suiwering.

de·fect, de·fect *n.* gebrek, fout; tekort(koming), defek, mankement; *a congenital ~* 'n aangebore gebrek; *s.t. has a glaring ~* daar is groot fout met iets. **de·fect** *ww.* afval, afvallig word; *~ from ... van ...* wegbreek *('n party ens.);* uit ... uitwyk *('n land ens.); ~ to ... na ...* oorloop. **de·fec·tion** afval, ontrou, afvalligheid, oorlopery. **de·fec·tive** gebrekkig, onklaar, onvolkome, defek; foutief; *(gram.)* defektief; ~ *eye colour* onkleur; ~ *speech* spraakgebrek. **de·fec·tive·ness** gebrekkigheid, onvolkomenheid. **de·fec·tor** oorloper, afvallige.

de·fence, *(Am.)* **de·fense** verdediging, teenstand; beskerming; afweer; verweer; verdedigingswerk, bolwerk; keerwerk; *(i.d. mv. ook)* verdedigingswerke; verdedigingsmiddele; *s.t. is a ~ **against** ...* iets bied beskerming teen ...; ***come** to s.o.'s ~* iem. verdedig; ***counsel** for the ~* advokaat vir die verdediging; *~ in **depth**, (mil.)* verdediging in die diepte; ***in** ~ of ...* ter verdediging van ...; *say s.t. **in** s.o.'s ~* iets ter verdediging van iem. sê; ***means** of ~* (ver)weermiddel; ***national** ~, ~ of the **country*** landsverdediging; ***put***

***up** a ~* jou verdedig/verweer; *in a **state** of ~* in staat van verdediging. ~ **force** weermag, verdedigingsmag. ~ **mechanism** verweerreaksie. ~ **plea** verweerskrif. ~ **unit** →SELF-DEFENCE UNIT.

de·fence·less weerloos; onbeskerm(d); *be ~ against* ... weerloos teen ... wees. **de·fence·less·ness** weerloosheid; onbeskermdheid.

de·fend verdedig; goedpraat, voorstaan, opkom vir; teenstand bied; jou verweer; beskerm *(teen)*, bewaar *(vir)*; behoed; *~ o.s.* jou verdedig/verweer; *(jur.)* jou eie verdediging/verweer behartig; *~ s.o.* vir iem. opkom/uitkom; *~ s.o./s.t. against* ... iem./iets teen ... verdedig. **de·fend·ant** *(jur.)* verweerder; gedagvaarde; *appear for the ~* vir die verweerder verskyn. **de·fend·er** verdediger; *(sport)* verdediger, agterspeler; *D~ of the Faith* Verdediger/Beskermer van die Geloof. **de·fen·si·bil·i·ty** verdedigbaarheid, hou(d)baarheid; verdedigbaarheid, weerbaarheid. **de·fen·si·ble** verdedigbaar, hou(d)baar; verdedigbaar, weerbaar. **de·fen·sive** *n.* defensief; verdedigende optrede; *on the ~* verdedigend/defensief ingestel; in die verdediging; *be/act/go on the ~* verdedig, 'n verdedigende houding aanneem, verdedigend optree, aan die verdedig wees. **de·fen·sive** *adj.* verdedigend, beskermend, defensief, verdedigings-; *~ **alliance*** defensiewe verbond; *~ **war*** verdedigingsoorlog; *~ **weapon*** verdedigingswapen; *~ **works*** verdedigingswerke, skanse, verskansings.

de·fen·es·trate *(fml., skerts.)* by 'n venster uitgooi. **de·fen·es·tra·tion** (die) uitgooi by 'n venster.

de·fer[1] -rr- uitstel, verskuif, verskuiwe; oorhou; ophou, vertraag; verdaag, agterhou, opskort; talm, draai. **de·fer·ment** uitstel; verdaging. **de·ferred** uitgestel(d); *~ **annuity*** uitgestelde jaargeld; *~ **compensation*** uitgestelde vergoeding; *~ **fracture*** onvoltooide breuk; *~ **pay*** agtergehoue/teruggehoue salaris/besoldiging; uitgestelde pensioen; *~ **payment*** uitgestelde betaling; agterskot; *~ **payment system*** afbetaal-, afbetalingstelsel, paaiementstelsel; *~ **rate*** uitsteltarief; *~ **share*** uitgestelde aandeel; *~ **shock**, (med.)* vertraagde skok; *~ **taxation*** uitgestelde belasting.

de·fer[2] -rr-: *~ to s.o.* iem. eerbiedig; iem. in ag neem; *~ to s.o.'s wishes* jou by iem. se wense neerlê, jou aan iem. se wense onderwerp, iem. se wense eerbiedig. **def·er·ence** eerbied, ontsag, respek; onderwerping, inskiklikheid; *in (or out of) ~ to* ... uit agting/eerbied vir ...; *pay/show ~ to s.o.* agting/eerbied aan iem. betoon, die kroon bo/op iem. se hoof hou; *with all due ~ to* ... met alle verskuldigde agting/eerbied vir ... **def·er·ent** *n.* gelei(d)er. **def·er·ent** *adj.* afvoerend, afvoer-; geleidend. **def·er·en·tial** eerbiedig, respekvol.

de·fer·ves·cence *(med.)* koorsafname, -daling.

de·fi·ance, de·fi·ant →DEFY.

de·fi·cien·cy gebrek, leemte, tekort, defek, onvolmaaktheid; onvolwaardigheid; *make up (or remedy/supply) a ~* 'n leemte/tekort aanvul, 'n leemte vul; *nutritional ~* voedingstekort; *a ~ of* ... 'n gebrek/tekort aan ... *(kalsium ens.)*. ~ **disease** tekort-, gebreksiekte. ~ **symptom** gebreksverskynsel.

de·fi·cient gebrekkig, ontoereikend; ontbrekend; onvolledig; onvolwaardig; *s.o. is ~ in* ... dit ontbreek iem. aan ... *(moed ens.)*; iem. kom iets kort (*of* skiet iets te kort [*of* tekort]) *(ervaring ens.)*; *s.t. is ~ in* ... iets is arm aan ... *(stikstof ens.)*; *mentally ~* →MENTALLY.

def·i·cit tekort; nadelige saldo; agterstand; *make up a ~* 'n tekort aanvul; *wipe out a ~* 'n tekort goedmaak; 'n agterstand inhaal. ~ **budgeting** begroting vir 'n tekort. ~ **financing** finansiering deur begrotingstekorte. ~ **spending** begrotingstekortbesteding.

de·file[1] *ww.* bevuil, besmet, besoedel; (ver)ontreinig; ontheilig, ontwy, skend; *(arg.)* onteer *('n vrou)*. **de·file·ment** bevuiling, besmetting, besoedeling; (ver)ontreiniging; ontheiliging, ontwyding, skending; *(arg.)* ontering.

de·file[2] *n.* kloof, poort, (berg)engte, noute; *(mil.)* defileermars, défilé. **de·file** *ww., (arg., mil.)* defileer, in (enkel)gelid (verby)marsjeer. **def·i·lade** *(mil.)* vuurmasker, defilement.

de·fine bepaal, omskryf, omskrywe; verklaar, duidelik maak; kenmerk; afbaken, begrens, omlyn; definieer, presiseer; *sharply ~d* skerp omlyn(d). **de·fin·a·ble** bepaalbaar, omskryfbaar, definieerbaar. **def·i·nite** bepaald, afgebaken(d), duidelik omskrewe, presies, noukeurig, stellig; *~ article, (gram.)* bepalende lidwoord; *have no ~ plans* geen vaste/bepaalde planne hê nie. **def·i·nite·ly** beslis, bepaald, stellig, vir vas/seker, definitief, positief, uitdruklik; *say ~* met sekerheid sê. **def·i·nite·ness** bepaaldheid, stelligheid. **def·i·ni·tion** bepaling, omskrywing, definisie; woordverklaring, -bepaling; afbakening; duidelikheid; *by ~* uiteraard, op grond van die definisie; *(high) ~* (beeld)skerpte. **de·fin·i·tive** bepalend, beslissend, finaal, afdoende, eind-, definitief; *~ edition* definitiewe uitgawe.

def·la·grate *(chem.)* opvlam; uitbrand. **def·la·gra·tion** opvlamming; uitbranding.

de·flate afblaas, lug uitlaat; *(ekon.)* defleer, deflasie bewerk, inflasie stopsit; *~d tyre* pap band, lekband. **de·fla·tion** (die) afblaas, uitlating; *(ekon.)* deflasie. **de·fla·tion·ar·y** *(ekon.)* deflasionisties, deflasionêr.

de·flect afbuig, afkeer, wegbuig; afskram; aflei; deflekteer; afwyk; *~ from s.t.* van iets afskram; *~ s.t. from* ... iets van ... laat afskram; *~ s.o. from* ... iem. van ... laat afwyk; *~ing plate* keerplaat. **de·flect·ed** *(ook, bot.)* neergebuig; *the bullet was ~* die koeël het weggeskram. **de·flec·tion, de·flex·ion** (af)buiging, wegbuiging, afwyking; uitwyking; (straal)breking; uitslag; defleksie; *angle of ~* afwykingshoek; *compass ~* kompasuitslag. **de·flec·tor** straalbreker; keerskot, terugslagplaat; vonkvanger. **de·flex** *(teg.)* afbuig, uitbuig. **de·flex·ure** sywaartse buiging.

de·floc·cu·late *(chem.)* ontvlok, deflokkuleer. **de·floc·cu·la·tion** ontvlokking, deflokkulasie, deflokkulering.

de·flo·rate *ww., (bot.)* ontblom; →DEFLOWER. **de·flo·rate** *adj.* uitgeblom. **def·lo·ra·tion** ontmaagding, ontering, deflorasie.

de·flow·er *(vero., poët., liter.)* ontmaagd, onteer, defloreer; ontsier; van blomme stroop.

de·fo·li·ate *ww.* ontblaar. **de·fo·li·ate, de·fo·li·at·ed** *adj.* blaarloos, ontblaar(d). **de·fo·li·ant** *n.* ontblaar-, ontblaringsmiddel. **de·fo·li·a·tion** ontblaring, blaarverlies, blareval.

de·for·est ontbos, bome wegkap/uithaal. **de·for·es·ta·tion** ontbossing, bosuitroeiing.

de·form vervorm, misvorm, mismaak, skend, ontsier. **de·form·a·ble** vervormbaar. **de·for·ma·tion** misvorming, vervorming; misvormdheid, mismaaktheid; verminking; vormverandering; deformasie. **de·formed** misvorm(d), vervorm(d); mismaak, gebreklik, wanstaltig, wanskape, misskape, gedrogtelik; verwronge *(gesig)*. **de·form·i·ty** misvormdheid, misvorming; mismaaktheid, gebreklikheid, wanstaltigheid; (wan)gedrog.

de·fraud bedrieg, te kort doen, beroof; *~ s.o. of s.t.* iem. van iets beroof. **de·fraud·ment, de·frau·da·tion** bedrog. **de·fraud·er** bedrieër.

de·fray bestry, dek, dra *(koste)*; betaal *(uitgawes)*. **de·fray·al, de·fray·ment** bestryding, dekking *(v. koste)*; betaling *(v. uitgawes)*.

de·frock afsit *(as geestelike)*; van die/sy (priester)amp onthef.

de·frost ontvries, ontys; ontdooi *(voedsel)*. **de·frost·er** ontvriestoestel. **de·frost·ing** ontvriesing.

deft behendig, (knap)handig, knap, vaardig, flink; *s.o. is ~ at doing s.t.* iem. kan iets goed doen; *be ~ with* ... behendig/handig/knap/vaardig met ... wees. **deft·ness** behendigheid, (knap)handigheid, vaardigheid.

de·funct *adj.* verouderd; tot niet, verdwene, nie meer bestaande; uitgedien(d), in onbruik; oorlede, gestorwe, dood; *~ company* ontbinde/vervalle maatskappy; *~ mine* geslote/uitgediende/uitgewerkte myn

de·fuse onskadelik maak/stel, ontlont *(bom)*; *(fig.)* ontlont *(konflik, situasie, spanning, ens.)*.

de·fy trotseer, (uit)tart, uitdaag, spot *(met)*; *~ description* alle beskrywing te bowe gaan, onbeskryflik wees. **de·fi·ance** uitdaging, uittarting, trotsering; miskenning; oortreding; *set s.t. at ~* openlike minagting vir iets toon; *in ~ of* ... ondanks/ongeag (*of* ten spyte van) ...; in stryd met ...; met minagting vir ... **de·fi·ant** uitdagend, (uit)tartend; wantrouig. **de·fi·er** trotseerder; uitdager, uittarter.

de·gauss *(elektron.; hist., mil., sk.)* ontmagnetiseer, demagnetiseer.

de·gen·er·ate *n.* ontaarde, gedegenereerde. **de·gen·er·ate** *adj.* ontaard, versleg, verworde, gedegenereer(d). **de·gen·er·ate** *ww.* ontaard, versleg, verword, agteruitgaan, degenereer; *~ into* ... in ... ontaard. **de·gen·er·a·cy** ontaarding. **de·gen·er·a·tion** agteruitgang, verval, ontaarding, verwording, degenerasie, verslegting, verwildering; *fatty ~* vervetting, vetsug. **de·gen·er·a·tive** degeneratief; *~ disease* degenerasiesiekte.

de·germ kiemvry maak; ontkiem, ontkern; *~ed meal* ontkiemde/ontkernde meel. **de·ger·mi·nate** ontkern, ontkiem; *~d maize* ontkernde mielies. **de·ger·mi·na·tion** ontkerning.

de·glam·o(u)r·ise, -ize ontluister. **de·glam·o(u)r·i·sa·tion, -za·tion** ontluistering.

de·glu·ti·nate ontlym; deglutineer. **de·glu·ti·na·tion** ontlyming, deglutinasie, deglutinering.

de·glu·ti·tion *(teg.)* (die) sluk, (in)slukking, wegsluk(king), inswelging.

de·gra·da·ble degradeerbaar; afbreekbaar. **de·gra·da·bil·i·ty** degradeerbaarheid; afbreekbaarheid.

deg·ra·da·tion verlaging, vernedering; agteruitgang, ontaarding, verslegting, verwording; *(geol., RK)* degradasie; *(chem.)* afbreking; *(fis.)* degradering.

de·grade verlaag, verneder; degradeer; in rang/status verlaag; verswak; verdun; verminder; *(geol.)* erodeer; *(chem.)* afbreek. **de·grad·ed** *(ook)* versonke. **de·grad·ing** vernederend, verlagend.

de·grease ontvet.

de·gree graad; trap; *(arg.)* klas, rang, stand; ***BA** ~* B.A.-graad, graad B.A.; ***by** ~s* trapsgewys(e), langsamerhand, geleidelik, gaandeweg, algaande; *10/etc. ~s **C*** 10/ens. grade C; *the **comparative** ~, (gram.)* die vergrotende trap; *~s of **comparison**, (gram.)* trappe van vergelyking; ***confer** a ~ on/upon s.o.* 'n graad aan iem. toeken; *~s of **consanguinity*** grade van bloedverwantskap; *~ of **curvature**, (wisk.)* krommingsgraad; ***do** a ~* vir 'n graad studeer; ***doctor's** ~* doktorsgraad, graad van doktor; *~ of **freedom**, (fis., chem., statist.)* vryheidsgraad; ***get/take** a ~* gradueer, 'n graad behaal/kry/verwerf; *~ of **hardness*** hardheidsgraad; *of **high** ~, (arg.)* van hoë stand; *to the **highest** ~* in die hoogste mate; ***honorary** ~* eregraad; *a ~ **in** history/etc.* 'n graad in (die) geskiedenis/ens.; *to the **last/nth** ~* in die hoogste graad; uiters; *~ of **latitude**, (geog.)* breedtegraad; *~ of **longitude**, (geog.)* lengtegraad; *the **positive** ~, (gram.)* die stellende trap; *~ of **purity*** suiwerheidsgraad; ***read/study/work** for a ~* vir 'n graad studeer/werk; *~ of **saturation*** versadigingsgraad; ***study** for a ~ →**read/study/work**; to **such** a ~ that* ... dermate/soseer dat ...; *the **superlative** ~, (gram.)* die oortreffende trap; ***take** a ~ →**get/take**; give s.o. the **third** ~* →THIRD *adj.*; ***to** a ~, **to** a certain (or some) ~* in sekere mate, tot (op) sekere hoogte; *in **varying** ~s* in meerdere of mindere mate; *to **what** ~* ... in watter mate ...; ***work** for a ~ →**read/study/work**.* ~ **day** gradedag. ~ **minute** boogminuut. ~ **scale** gradeskaal. ~ **second** boogsekonde. ~ **sheet** gradevel. ~ **square** gradevierkant.

de·gum ontgom. **degum·ming** ontgomming.

de·gust, de·gus·tate *(w.g.)* (met aandag) proe. **de·gus·ta·tion** (die) proe.

de·hisce *(saaddop, wond, ens.)* oopbars, oopspring. **de·his·cence** oopbarsting, oopspringing, oopsplitsing; gaping, skeur. **de·his·cent** oopbarstend, oopspringend; *~ fruit* splitvrug.

de·horn horings verwyder/afsaag, onthoring; *~ed cattle* onthoringde beeste; poenskoppe, poenskopbeeste. **de·horn·er** onthoorner. **de·horn·ing** onthoorning.

de·hu·man·ise, -ize ontmens, verdierlik, tot 'n dier

maak. **de·hu·man·i·sa·tion, -za·tion** ontmens(lik)ing, verdierliking.

de·hu·mid·i·fy ontvog(tig). **de·hu·mid·i·fi·ca·tion** ontvogt(ig)ing. **de·hu·mid·i·fi·er** ontvogt(ig)er.

de·husk (uit)dop; (af)dop, pel; ~ *maize* mielies afmaak.

de·hy·drate ontwater, water onttrek, dehidreer, anhidreer. **de·hy·drat·ed** gedehidreer; uitgedroog *(persoon, vel)*; ~ *lime* gebrande/ongebluste kalk; ~ *milk* melkpoeier; ~ *vegetables* gedroogde groente. **de·hy·dra·tion** ontwatering, wateronttrekking, dehidrasie, dehidrering. **de·hy·dra·tor** dehidreerder, ontwater(ings)toestel, ontwateraar.

de·hy·dro·gen·ate, de·hy·dro·gen·ise, -ize *(chem.)* dehidrogeneer. **de·hy·dro·ge·na·tion, de·hy·dro·gen·i·sa·tion, -za·tion** dehidrogenering, dehidrogenasie.

de·ice ontys. **de·ic·er** *(lugv.)* ontyser, ysbestryder; ontyser, ysbestrydingsmiddel.

de·i·cide godsmoord; godsmoordenaar.

deic·tic →DEIXIS.

de·i·fy vergoddelik; verafgo(o)d, aanbid, vereer. **de·i·fi·ca·tion** vergoddeliking; verafgoding, aanbidding, verering. **de·i·fi·er** vergoder. **de·i·form** goddelik van gedaante.

deign: ~ *to* ... jou verwerdig om te ...

de·in·dex deïndekseer, de-indekseer. **de·in·dex·a·tion** deïndeksering, de-indeksering.

de·in·dus·tri·al·ise, -ize deïndustrialiseer, de-industrialiseer. **de·in·dus·tri·al·i·sa·tion, -za·tion** deïndustrialisasie, de-industrialisasie, deïndustrialisering, de-industrialisering.

de·in·sti·tu·tion·al·ise, -ize deïnstitusionaliseer, de-institusionaliseer. **de·in·sti·tu·tion·al·i·sa·tion, -za·tion** deïnstitusionalisering, de-institusionalisering.

de·ism deïsme. **de·ist** *n.* deïs. **de·ist, de·ist·ic, de·is·ti·cal** *adj.* deïsties. **de·i·ty** godheid; goddelikheid.

deix·is *(ling.)* deiksis. **deic·tic** aanwysend, deikties.

dé·jà vu *(Fr.)*: ~ ~ *(experience)* déjà-vu(-gevoel/ervaring), illusie van bekendheid, paramnesie.

de·ject neerslagtig maak, ontmoedig. **de·jec·ta** *(mv.)*, *(med.)* uitwerpsels. **de·ject·ed** neerslagtig, terneergedruk, bedruk, swaarmoedig, mismoedig, mistroostig, bekaf, triestig, troosteloos, verslae, hangkop. **de·ject·ed·ly** koponderstebo, kop onderstebo. **de·jec·tion** neerslagtigheid, terneergedruktheid, bedruktheid, swaarmoedigheid, mismoedigheid, mistroostigheid, moedeloosheid, verslaen(t)heid; *(med.)* ontlasting.

de ju·re *(Lat.)* de jure, van regsweë.

dek·a- →DECA-.

dek·ko *-kos, (Br., infml.)* kykie; *have a* ~ *at s.t.* na iets kyk.

de·la·bi·al·ise, -ize *(fonet.)* ontrond. **de·la·bi·al·i·sa·tion, -za·tion** ontronding.

Del·a·go·a Bay Delagoabaai. ~ ~ **railway** Oosterlyn.

de·laine wolmoeselien, delaine.

de·late *(vero.)* aankla, beskuldig; verkla, aangee; verklik. **de·la·tion** aanklag(te), aantyging, beskuldiging; verklikking. **de·la·tor** aanklaer, beskuldiger; verklikker.

de·lay *n.* vertraging, uitstel; oponthoud, versuim; respyt; afstel; gesloer, sloerdery, getalm, draaiery; ***brook** no* ~, *(fml.)* geen uitstel duld nie; ***have** a* ~ opgehou word; ~ ***in** answering* vertraging met die antwoord; ***without*** ~ dadelik, onmiddellik, onverwyld, sonder uitstel/versuim. **de·lay** *ww.* vertraag, uitstel; hinder, teen-, teëwerk; versuim, draai, talm; ***don't*** ~*!* moenie wag nie!, doen dit dadelik!; ~*ed **foliation*** vertraagde bot; ~ *s.o./s.t.* ***for*** *days/hours* iem./iets dae/ure (lank) vertraag; *all is not **lost** that is* ~*ed* uitstel is nie afstel nie. ~ **action, delayed action** vertraagde werking; →DELAYING ACTION. ~**-switched** met vertraagde deurskakeling.

de·layed-ac·tion *adj. (attr.)* met vertraagde werking; tyd-; ~ ***bomb*** tydbom; ~ ***detonator*** talmspringdoppie; ~ ***fuse*** buis met vertraagde werking; ~ ***shutter release***, *(fot.)* vertragingsluiterontspanner.

de·lay·ing: ~ **action** vertragings-, vertraagaksie; *(mil.)* vertragingsgeveg; →DELAY ACTION. ~ **tactics** vertragingstaktiek.

de·lec·ta·ble genoeglik; verruklik. **de·lec·ta·tion** *(fml., skerts.)* genoeë, genot; verrukking; *for s.o.'s* ~ vir iem. se plesier, om iem. te plesier.

del·e·gate *n.* afgevaardigde, gemagtigde, gedelegeerde, gedeputeerde, deputaat; *House of D~s, (SA, hist.)* Raad van Afgevaardigdes. **del·e·gate** *ww.* afvaardig; magtig, opdra; oordra; delegeer, kommitteer; ~ *s.t. to s.o.* iets aan iem. oorlaat/opdra. **del·e·ga·cy** afvaardiging; afgevaardigdes; volmag; magsoordrag. **del·e·gat·ed** afgevaardig; gedelegeer(d); ~ *powers* gedelegeerde magte. **del·e·ga·tion** afvaardiging; magtiging; opdrag; afgevaardigdes, gemagtigdes, gekommitteerdes; delegasie, deputasie; ~ *of powers* oordrag van bevoegdhede.

de·lete skrap, deurhaal, deurstreep, doodtrek, uitwis, rojeer; ~ *s.t. from* ... iets uit ... skrap. ~ **key** *(rek.)* skrap-, uitwistoets. **de·le·tion** skrapping, deurhaling, uitwissing, rojering.

del·e·te·ri·ous skadelik, nadelig; verwoestend, verderflik.

delft, delft·ware Delftse erdewerk; *Delft porcelain* Delftse porselein, Delftse blou.

Del·hi *(geog.)* Delhi; →NEW DELHI, OLD DELHI. ~ **belly** *(sl.: diarree)* loopmaag, omgekrapte maag.

del·i *-is, (afk., infml.)* = DELICATESSEN.

De·li·an Delies.

de·lib·er·ate *ww.* beraadslaag, oorleg pleeg, kajuitraad hou, delibereer; oorweeg, bedink; ~ *about/on/over s.t.* oor iets nadink, iets oorweeg; ~ *about/on/over s.t. with s.o.* met iem. oor iets beraadslaag (*of* oorleg pleeg). **de·lib·er·ate** *adj.* doelbewus, opsetlik, voorbedag; (wel)oorwoë; bedaard, besadig; tydsaam; vasberade; ~ *lie* doelbewuste/opsetlike leuen; ~ *purpose* vooropgesette doel. **de·lib·er·ate·ly** doelbewus, opsetlik, met voorbedagte rade; godsmoeds; met oorleg; tydsaam, op jou gemak. **de·lib·er·ate·ness** opsetlikheid; voorbedagtheid; doelbewustheid; kalmte, beradenheid; tydsaamheid. **de·lib·er·a·tion** oorweging, raadpleging, beraad(slaging), oorleg; opset; deliberasie; *after **careful/due*** ~ ná sorgvuldige oorweging/oorleg; *take **into*** ~ in beraad neem; *after **much*** ~ ná 'n lang gewik en geweeg; *come **under*** ~ onder bespreking kom; ***with*** ~ doelbewus, opsetlik, met voorbedagte rade; godsmoeds; met oorleg. **de·lib·er·a·tive** beraadslagend; ~ *body* beraadslagende liggaam, beraad(sliggaam); ~ *vote* gewone stem.

del·i·cate fyn, subtiel, delikaat; gedemp, sag; teer, tinger(ig), tenger(ig), broos, swak, delikaat; gevoelig *(instrument ens.)*; fyngevoelig; taktvol; netelig, lastig; lekker; ~ ***balance*** fyn balans, haglike ewewig; ~ ***(hand)writing*** fyn (hand)skrif; ~ ***health*** swak/brose gesondheid; ~ ***instrument*** gevoelige instrument; ~ ***matter*** netelige saak; ~ ***skin*** fyn vel. **del·i·ca·cy** fynheid, subtiliteit, delikaatheid; gedemptheid, sagtheid; teerheid, tinger(ig)heid, tenger(ig)heid, broosheid, swakheid, delikaatheid; gevoeligheid *(v. instrument ens.)*; fyngevoeligheid, verfyndheid, fynsinnigheid; takt; neteligheid, lastigheid; lekkerny, versnapering, snoepery; *(i.d. mv. ook)* fynkos, delikatesses. **del·i·cate·ly:** *tread* ~ omsigtig te werk gaan. **del·i·ca·tes·sen** fynkos-, delikatessewinkel; fynkos, delikatesses.

de·li·cious heerlik, verruklik, kostelik, lekker, smaaklik; ~ *monster* brood-, geraamteplant. **de·li·cious·ness** verruklikheid; lekkerte.

de·lict, de·lict *(jur.)* onregmatige daad, delik, misdaad, misdryf, vergryp; *law of* ~ deliktereg, reg op onregmatige dade.

de·light *n.* genot, genoeë, behae, lus, verrukking; opgetoënheid; *take* ~ *in s.t.* iets geniet, in iets behae skep, jou in iets verlekker/verlustig; *to s.o.'s* ~ tot iem. se vreugde. **de·light** *ww.* genot/genoeë verskaf; verbly, behaag, verheug; vermaak; ~ *in s.t.* iets geniet, in iets behae skep, jou in iets verlekker/verlustig. **de·light·ed** ingenome, opgetoë, verruk; *be **absolutely*** ~ baie bly (*of* in die wolke) wees; *be* ~ *to **accept** an invitation* 'n uitnodiging graag (*of* met graagte) aanvaar; ~ *to **meet** you!* aangename kennis!, bly om (jou/u) te ontmoet!; *I **shall** be* ~*!* met die grootste plesier!, met groot genoeë!; *I **shall** be* ~ *to* ... ek sal met die grootste plesier/genoeë ...; *be* ~ ***with*** *s.t.* (hoogs) ingenome met iets wees, opgetoë/verruk oor iets wees. **de·light·ful** genoeglik, heerlik, verruklik, genotvol, genotryk, salig. **de·light·ful·ness** genoeglikheid, lieflikheid, verruklikheid.

De·li·lah *(OT)* Delila; *(fig.: verleidster)* (verraderlike/verleidelike) delila.

de·lim·it, de·lim·i·tate afbaken, aflyn, die grense reël, delimiteer.

de·lim·i·ta·tion afbakening, grensreëling. ~ **commission** afbakeningskommissie.

de·lim·it·er *(rek.)* skei(dings)teken, begrenser.

de·lin·e·ate afbeeld, teken, skets; ontwerp; skilder. **de·lin·e·a·tion** afbeelding, tekening, skets; karakterisering, uitbeelding; ontwerping. **de·lin·e·a·tor** afbeelder, tekenaar, skilder.

de·lin·quent *n.* (wets)oortreder, delinkwent; misdadiger; skuldige; *juvenile* ~ jeugdige oortreder/misdadiger, jeugmisdadiger. **de·lin·quent** *adj.* misdadig; skuldig; *(arg.)* nalatig, pligvergete. **de·lin·quen·cy** vergryp, oortreding; misdaad; misdadigheid; misdadige gedrag; *(arg.)* (pligs)versuim, nalatigheid; *juvenile* ~ jeugmisdaad; jeugmisdadigheid.

del·i·quesce smelt, vloeibaar word, wegsmelt, vervloei, water trek. **del·i·ques·cence** vervloeiing, watertrekking. **del·i·ques·cent** (self)vervloeiend, watertrekkend.

de·lir·i·ous ylend, ylhoofdig, deurmekaar; waansinnig; opgetoë, verruk; ***be*** ~ yl, deurmekaar praat; ~ ***fever*** ylende koors; *be* ~ *with **joy*** dol van blydskap (*of* in ekstase) wees. **de·lir·i·ous·ly:** ~ *happy* dolgelukkig.

de·lir·i·um *-iums, -ia* ylhoofdigheid, yling, ylende koors, delirium; waansin, raserny. ~ **tremens** dronkmanswaansin, dronkenskapsdelirium, *(infml.)* horries, *(Lat.)* delirium tremens.

de·list *(effektebeurs)* denoteer.

de·liv·er bevry; *(ook verlosk.)* verlos; uitlewer; oorgee; (af)lewer, afgee; oorhandig; red; voordra; ~ *a **blow*** 'n hou slaan; ~ *s.o.* ***from*** *s.t., (vero., skerts.)* iem. van iets bevry/verlos; ~ *us **from** the evil one, (NT)* verlos ons van die Bose; ~ *the **goods*** →GOODS; ~ ***judg(e)ment*** uitspraak doen/gee/lewer; ~ *a **lecture*** →LECTURE *n.*; ~ *o.s.* ***of*** *s.t.* iets kwytraak *('n opinie, stelling)*; iets hou/afsteek/lewer *('n toespraak)*; iets maak *('n bewering, opmerking)*; *be* ~*ed **of** a child* geboorte (*of* die lewe) aan 'n kind skenk; ~ *a **speech*** 'n toespraak hou/afsteek/lewer; ***stand** and* ~*!* jou geld of jou lewe!; ~ *s.t.* ***to*** *s.o.* iets by iem. aflewer; ~ *an **ultimatum*** 'n ultimatum stel; ~ *o.s.* ***up*** *to* ... jou aan ... oorgee; ~ *s.o./s.t.* ***up*** *to* ... iem./iets aan ... afgee/oorhandig; iem. aan ... uitlewer. **de·liv·er·a·ble** aflewerbaar; lewerbaar *(bate ens.)*. **de·liv·er·ance** bevryding, uitredding, verlossing; uitspraak; uitlating; *s.o.'s* ~ *from s.t.* iem. se verlossing van iets, iem. se (uit)redding uit iets. **de·liv·er·er** bevry(d)er, (uit)redder, verlosser; afleweraar; leweraar; leweransier.

de·liv·er·y aflewering *(v. goedere, pakkies, ens.)*; lewering *(v. aandele ens.)*; bestelling; bevalling, geboorte, verlossing; toespraak, redevoering; voordrag; spreektrant; sangstyl; oordrag, oorgawe; besorging, oorhandiging; verlossing, bevryding, redding; *(tennis)* afslaan; *(kr.)* (boul)aksie; *(kr.)* aflewering, (geboulde) bal; afvoer *(v. pomp)*; *on* ~ by aflewering; *take* ~ lewering aanvaar/aanneem; *take* ~ *of s.t.* iets in ontvangs neem. ~ **bicycle** afleweringsfiets. ~ **man** afleweraar. ~ **note** afleweringsbrief. ~ **order** afleweringsopdrag; volgbrief(ie). ~ **pipe** toevoerpyp; perspyp *(v. pomp)*. ~ **room** kraamkamer. ~ **service** aflewer(ings)diens. ~ **time** lewer(ings)tyd. ~ **van** afleweringswa, -voertuig.

dell *(poët., liter.)* dal, valleitjie.

de·louse ontluis.

Del·phi *(geog.)* Delfi, Delphi. **Del·phi·an, Del·phic**

Delfies, Delphies; duister, raaiselagtig; *Delphic oracle* orakel van Delfi/Delphi.

del·phin·i·um -*ums, (bot.)* (pronk)ridderspoor.

del·ta -*tas* delta. ~ **ray** *(fis.)* deltastraal. ~ **rhythm,** ~ **wave** *(fisiol.)* deltagolf. ~ **wing** deltavlerk; deltavlerkvliegtuig.

del·ta·fi·ca·tion deltavorming.

del·ta·ic, del·tic deltavormig; delta-, van 'n delta; deltaïes, soos 'n delta.

del·toid *adj.* driehoekig, deltavormig, deltoïed. ~ **(muscle)** deltoïed(spier), driehoek-, deltaspier.

del·toi·dal deltavormig; deltaïes, soos 'n delta.

de·lude mislei, fop, flous; om die bos lei, op 'n dwaalspoor bring; bedrieg; verlei; begogel; ~ *o.s.* ***about*** *s.t.* jou deur iets laat mislei; ~ *s.o.* ***into*** ... iem. daartoe verlei om ...; iem. so ver/vêr kry om ...; ~ *o.s.* ***into*** *believing/thinking (that)* ..., ~ *o.s.* ***that*** ... jouself wysmaak dat ...; ~ *s.o.* ***with*** *s.t.* iem. met iets mislei. **de·lu·sion** misleiding; bedrog; misvatting, dwaling; waan(denkbeeld/idee/voorstelling), valse voorstelling; *(psig.)* delusie; begogeling; ~*s of* ***grandeur*** grootheids-, hoogmoedswaan; ~*s of* ***persecution,*** *(psig.)* vervolgingswaan; ~*s of* ***reference,*** *(psig.)* betrekkingswaan; *be/labour* ***under*** *the* ~ *that* ... in die waan verkeer/wees dat ...; onder die indruk verkeer/wees dat ... **de·lu·sion·al, de·lu·sive, de·lu·so·ry** verleidend, misleidend, bedrieglik; waan-.

de·luge *n.* oorstroming; wolkbreuk, stortbui, reënvloed; sondvloed; stortvloed *(ook fig.)*; *a* ~ *of* ... 'n stortvloed ...; *the D~, (Byb.)* die sondvloed. **de·luge** *ww.* oorstroom; oorstelp, oorlaai, oorstroom, toegooi; *be ~d with/by* ... toegegooi word onder *(of* oorval word deur) ... *(briewe, oproepe, ens.)*.

de·lus·tre ontglans.

de luxe →LUXE.

delve grawe, delf, delwe, dolf, dolwe; ~ *among* ... onder ... grawe; ~ *into* ... in ... grawe; jou in ... verdiep.

de·mag·net·ise, -ize ontmagnetiseer, demagnetiseer. **de·mag·net·i·sa·tion, -za·tion** ontmagnetisasie, ontmagnetisering, demagnetisasie, demagnetisering. **de·mag·net·is·er, -iz·er** ont-, demagnetiseerder.

dem·a·gogue opsweper, opruier, demagoog. **dem·a·gog·ic, dem·a·gog·i·cal** demagogies. **dem·a·gogu·er·y, dem·a·gog·y** opswepery, opruiery, opruiing, demagogie.

de·mand *n.* eis, vereiste; (aan)vraag; aandrang; aanskrywing, vordering; ***final*** ~ laaste/finale aanmaning; *the* ~ ***for*** *s.t.* die vraag na *(of* aanvraag na/vir) iets; die behoefte aan iets; *s.o. is* ***in*** ~ iem. is gewild *(of* in tel); *s.t. is (much)* ***in*** ~, *s.t. is* ***in*** *(great)* ~ daar is baie aanvraag na iets, daar is 'n groot (aan)vraag na iets, iets geniet/kry/vind (goeie) aftrek; ***letter*** *of* ~ aanmaning, aanskrywing, eisbrief; betalingsaanmaning, maan-, aanmaningsbrief; ***make*** *a* ~ 'n eis stel; ***make*** ~*s (up)on* ... eise aan ... stel; ***meet/supply*** *a* ~ aan 'n aanvraag voldoen; ***on*** ~ op aanvraag; ***payable*** *on* ~ betaalbaar op aanvraag; *by* ***popular*** ~ op algemene aandrang; *by* ***public*** ~ op aandrang van die publiek; ***supply*** *and* ~ vraag en aanbod. **de·mand** *ww.* eis, opeis; verg, vereis; (op)vorder, verlang, vra; aandring op; daarop aandring/staan; *s.t.* ~*s* ... ***from*** *s.o.* iets verg ... van iem. *(inspanning ens.)*; ~ *s.t.* ***from/of*** ... iets van ... vereis/verg/verlang; ~ *payment* ***from/of*** *s.o./s.t.* iem. aanskryf, betaling van iets eis; ~ *too much* ***from/of*** *s.o.* te veel van iem. verg. ~ **draft** sig-, vertoonwissel. ~ **management** vraagbestuur. ~ **note** aanmaning; aanvraagpromesse, sigpromesse. ~ **notice** (betalings)aanmaning, maan-, aanmaningsbrief.

de·mand·a·ble (op)eisbaar, (op)vorderbaar.

de·mand·ant eiser, (op)vorderaar.

de·mand·er (aan)vraer; eiser, (op)vorderaar.

de·mand·ing *(ook)* veeleisend.

de·mar·cate afbaken, demarkeer, aflyn. **de·mar·ca·tion** afbakening; grens; *(line of)* ~ grenslyn, skeid(ing)slyn.

dé·marche *(Fr.)* démarche; *make a* ~ 'n démarche doen.

de·mark →DEMARCATE.

de·ma·te·ri·al·ise, -ize onstoflik word; onstoflik maak; verdwyn.

de·mean¹ verneder; skaad, in onguns bring; ~ *o.s.* jou verlaag.

de·mean²: ~ *o.s., (arg.)* jou gedra. **de·mean·our** gedrag, houding, handel(s)wyse.

de·ment *(w.g.)* gek/kranksinnig/waansinnig maak. **de·ment·ed** gek, kranksinnig, waansinnig, buite jou sinne; *become* ~ van jou kop/verstand af raak.

de·men·tia *(med.)* swaksinnigheid, demensie; *(minder juis)* kranksinnigheid. ~ **praecox** *(arg.)* →SCHIZOPHRENIA.

dem·e·rar·a (sug·ar) demerarasuiker, bruin (riet)suiker.

de·mer·it onverdienstelikheid; tekortkoming, fout, gebrek. **de·mer·i·tor·i·ous** onverdienstelik, afkeurenswaardig.

de·mer·sal *(biol.)* bodem-; ~ *fish* bodemvis.

de·mersed *(bot.)* onder water.

de·mesne eiendom; gebied; landgoed; domein; *royal* ~ kroongrond; *state* ~ staatsgrond.

dem·i- *pref.* half-.

dem·i-glace *(Fr., kookk.)* demi-glace.

dem·i·god halfgod.

dem·i·john karba, korf-, mandjiefles.

de·mil·i·ta·rise, -rize demilitariseer; verburgerlik. **de·mil·i·ta·ri·sa·tion, -za·tion** demilitarisasie, demilitarisering; verburgerliking. **de·mil·i·ta·rised, -rized** verburgerlikte; ~ *zone* gedemilitariseerde gebied.

dem·i·monde *(Fr., hist.)* demi-monde, (die wêreld van) los(bandige) vroue, vroue met/van los(se) sedes; periferie, randfigure. **dem·i·mon·daine** demi-mondaine, vrou met/van los(se) sedes, losbandige/promiskue vrou.

dem·i·re·lief halfreliëf, halfverhewe werk; *in* ~ halfverhewe.

de·mise *n.* verydeling *(v. iem. se hoop, verwagtings)*; *(euf., fml., jur.)* dood, afsterwe, heengaan, oorly(d)e *(v. iem.)*; end, einde, ondergang *(v. firma, party, koerant, ens.)*; bemaking, nalating; (titel/gesags)oordrag. **de·mise** *ww.* bemaak, nalaat; oorerf *(titel, gesag)*; oordra, afstaan, afstand doen van *(titel, gesag)*.

dem·i-sec *(Fr.)* halfdroog *(wyn)*.

dem·i·sem·i·qua·ver *(mus.)* twee-en-dertigste(-)noot.

de·mist ontwasem. **de·mist·er** ontwasemmiddel, ontwasemer.

de·mit -*tt-, (arg.)* bedank uit *('n pos ens.)*; neerlê *('n amp)*; ontslaan, afdank. **de·mis·sion** bedanking; neerlegging; ontslag, afdanking; demissie *(v. predikant)*.

dem·i·tasse *(Fr.)* (klein) koffiekoppie; klein koppie koffie.

dem·i·urge *(filos.)* skepper, demiurg.

dem·i·veg *n.* semivegetariër. **dem·i·veg** *adj.* semivegetaries.

dem·o -*os, n., (infml., afk.:* demonstration*)* demo(nstrasie)band, -plaat; *(Am.)* demo-artikel, demonstrasieartikel, demo(nstrasie)model. **dem·o** *adj. (attr.)* demo(nstrasie)-; ~ *tape* demo(nstrasie)band. **dem·o** *ww.* demonstreer; →DEMONSTRATE.

de·mob -*bb-* →DEMOBILISE.

de·mo·bil·ise, -ize *(mil)* demobiliseer, ontbind *(bataljon ens.)*; *(infml.)* ontslaan, afdank *(offisiere ens.)*. **de·mo·bil·i·sa·tion, -za·tion** demobilisasie, ontbinding; ontslag, afdanking.

de·moc·ra·cy demokrasie, volksregering, -heerskappy. **dem·o·crat** demokraat. **dem·o·crat·ic** demokraties; *D~ Party* Demokratiese Party. **de·moc·ra·ti·sa·tion, -za·tion** demokratisering. **de·moc·ra·tise, -tize** demokratiseer.

de·mo·dec·tic mange, de·mo·dex infection haarsak(kie)skurfte.

de·mog·ra·phy demografie. **de·mog·ra·pher, de·mog·ra·phist** demograaf. **de·mo·graph·ic, de·mo·graph·i·cal** demografies.

de·mol·ish afbreek, sloop *(gebou, muur, ens.)*; verniel, vermorsel, vernietig *(rugbyspan ens.)*; weerlê, omver-, omvêrwerp *(argument, teorie, ens.)*; *(infml.)* verorber, verslind *(kos)*. **de·mol·ish·er** afbreker; sloper; ~*'s ball* sloopkoeël.

dem·o·li·tion afbreking, sloping; *(mil.)* vernietiging *(deur/van bomme ens.)*; vernieling, vermorseling, vernietiging; weerlegging, omver-, omvêrwerping; verorbering. ~ **ball** sloopkoeël. ~ **charge** vernielingslading. ~ **contractor** slopingskontrakteur. ~ **derby** *(Am.)* stampwedren. ~ **order** sloop-, slopingsbevel; *(mil.)* vernielingsbevel. ~ **work** sloop-, slopingswerk.

de·mon bose gees, demo(o)n, duiwel; genius; →DAEMON; *a* ~ *for work, (infml.)* 'n werkesel, 'n duiwel om te werk; *be a* ~ *for work, (infml., ook)* werk soos 'n besetene/esel. ~ **bowler** *(kr.)* skrik-, hellebouler.

de·mon·e·tise, -tize ontmunt, buite omloop stel, demonetiseer. **de·mon·e·ti·sa·tion, -za·tion** ontmunting, demonetisasie, demonetisering.

de·mo·ni·ac *n.* besetene. **de·mo·ni·ac, de·mo·ni·a·cal** *adj.* demonies, besete, duiwels; ~ *energy* woeste energie.

de·mon·ic demonies, besete, duiwels; geïnspireer(d), besiel(d).

de·mon·ism duiwel(s)geloof, demonisme.

de·mon·ol·a·try duiwelaanbidding, -verering.

de·mon·ol·o·gy demoneleer, demonologie, geesteleer.

dem·on·strate aantoon, bewys; wys, (ver)toon, laat blyk; uitlê, verklaar, verduidelik; demonstreer, 'n demonstrasie gee van; betoog, 'n betoging hou; ~ *against* ... teen ... betoog; *a ~d need* 'n bewese behoefte; ~ *s.t. to s.o.* iets aan iem. toon. **de·mon·stra·ble** bewysbaar, aantoonbaar; onloënbaar. **dem·on·stra·tion** bewys; vertoning; uiting; verklaring; demonstrasie, manifestasie; betoging; *give a* ~ *of s.t.* iets vertoon; *hold/stage a* ~ 'n betoging hou. **de·mon·stra·tive** *n.* aanwysende woord; aanwysende voornaamwoord. **de·mon·stra·tive** *adj.* bewysend; aantonend; menings/gevoelens openbarend; demonstratief; *(gram.)* aanwysend; ~ *geometry* deduktiewe meetkunde; *be* ~ *of s.t.* iets (aan)toon/bewys. **de·mon·stra·tor** betoger; (laboratorium)assistent; demonstrateur; demonstrant, demonstreerder.

de·mor·al·ise, -ize demoraliseer, ontmoedig; bederf; afstomp; in die war stuur, van stryk (af) bring. **de·mor·al·i·sa·tion, -za·tion** demoralisasie, ontmoediging; (sedelike) bederf, verwording. **de·mor·al·is·ing, -iz·ing** ontmoedigend, demoraliserend, verpletterend, teleurstellend; *s.t. is* ~ *to s.o.* iets is vir iem. demoraliserend, iets werk demoraliserend op iem. in, iets ontmoedig iem..

de·mote terugsit, degradeer, (in rang) verlaag, demoveer. **de·mo·tion** terugsetting, degradering, degradasie, verlaging (in rang), demosie.

de·mot·ic volks-, omgangs-, alledaags; demoties.

de·mul·cent *n., (med.)* stilmiddel, versagtingsmiddel, versagtende middel. **de·mul·cent** *adj.* versagtend, lenigend. **de·mul·sion** versagting.

de·mur *n.* beswaar, bedenking; *without* ~ sonder teenspraak. **de·mur** -*rr-, ww.* beswaar maak, pruttel; bedenkings/besware hê, teen-, teëstribbel; ~ *at s.t.* bedenkings/besware teen iets opper. **de·mur·ra·ble** aanvegbaar, betwisbaar. **de·mur·rer** beswaar, eksepsie; beswaarmaker.

de·mure sedig, stemmig, ingetoë, besadig, terughoudend; preuts. **de·mure·ly:** *s.o. sits there so* ~ iem. sit daar so heilig. **de·mure·ness** sedigheid, stemmigheid, ingetoënheid; preutsheid.

de·mur·rage *(jur., sk.)* lêkoste, (oor)lê-, staangeld.

de·my -*mies, (papiergrootte)* demi.

de·mys·ti·fy demistifiseer, die mistiek wegneem van, ontsluier, ophelder, ontraaisel. **de·mys·ti·fi·ca·tion** demistifikasie, ontsluiering, opheldering, ontraaiseling.

de·my·thol·o·gise, -gize ontmitologiseer. **de·my·thol·o·gi·sa·tion, -za·tion** ontmitologisering.

den lêplek *(v. 'n dier); (infml.)* nes, hool; hok; (studeer)kamertjie; *(in vangspeletjies)* bof; ***gambling*** ~ dobbelnes; ~ *of **iniquity*** nes van ongeregtigheid; ~ *of **robbers*** rowersnes; ~ *of **thieves*** diewenes; ~ *of **vice*** huis van sonde/ontug.

de·na·ry *n.* tiental. **de·na·ry** *adj.* tientallig.

de·na·tion·al·ise, -ize denasionaliseer. **de·na·tion·al·i·sa·tion, -za·tion** denasionalisasie, denasionalisering.

de·nat·u·ral·ise, -ize denaturaliseer, sy/haar burgerskap ontneem; onnatuurlik maak; *(infml.)* dokter *(wyn ens.)*. **de·nat·u·ral·i·sa·tion, -za·tion** denaturalisasie.

de·na·ture *(chem., fis.)* denatureer; vervals; van karakter laat verander, sy karakter ontneem; *(infml.)* dokter *(wyn ens.)*. **de·na·tur·a·tion** denaturering. **de·na·tured** gedenatureer(d).

de·na·zi·fy denazifiseer, van Nazi(ï)sme (*of* die Nazi-ideologie) suiwer/bevry. **de·na·zi·fi·ca·tion** denazifikasie, denazifisering.

den·drite *(min.)* dendriet, boomsteen; *(chem.)* dendriet, naaldstruktuur; *(fisiol., ook genoem* dendron*)* dendriet, (neuro)dendron, senuspriet. **den·drit·ic, den·drit·i·cal** dendrities, naaldvormig.

den·dro-, den·dri-, dendr- *komb.vorm* dendro-, dendri-, dendr-, boom-.

den·dro·gram boomdiagram, dendrogram.

den·droid, den·droi·dal dendroïed, boomvormig.

den·drol·ite dendroliet.

den·drol·o·gy dendrologie, boomkunde.

den·dron →DENDRITE.

de·ne·ga·tion ontkenning.

den·gue (fe·ver) knokkel-, breekbeen-, beenbreekkoors, driedaagse koors, driedaekoors, dengue(koors), uitslagkoors.

de·ni·a·bil·i·ty, de·ni·a·ble, de·ni·al, de·ni·er →DENY.

den·ier *(munt)* denier; draaddikte, denier.

den·i·grate (ver)kleineer, slegmaak, afkam, afkraak, verguis, denigreer; *(w.g.)* swartsmeer, beswadder, belaster, beklad. **den·i·gra·tion** swartsmeerdery, beklad-ding. **den·i·gra·tor** verguiser.

den·im denim.

de·ni·tri·fy *(chem.)* denitrifiseer. **de·ni·tri·fi·ca·tion** denitrifikasie, denitrifisering.

den·i·zen *n., (fml., skerts.)* bewoner, inwoner; burger; inheemse dier/plant; ingeburgerde woord. **den·i·zen** *ww., (w.g.)* inburger, vestig, plant; burgerreg verleen. **den·i·za·tion** inburgering.

Den·mark *(geog.)* Denemarke; *s.t. is rotten in the state of* ~, *(fig., uit Shakespeare se* Hamlet*)* iets is nie pluis nie, daar's (*of* daar is) 'n (groot) skroef los.

de·nom·i·nate aandui; betitel, noem, benoem. **de·nom·i·na·tion** naam, benaming, naamgewing; betiteling; soort, klas; bedrag, waarde, som, grootheid; kerkverband, -genootskap; denominasie; waardesoort; meeteenheid; *(religious)* ~ kerkverband. **de·nom·i·na·tion·al** konfessioneel, kerklik; sektaries, sekte-; ~ *education* kerklike/sektariese onderwys; ~ *school* kerkskool. **de·nom·i·na·tive** *n.* denominatief. **de·nom·i·na·tive** *adj.* benoemend, naamgewend; *(werkwoord)* van 'n nomen afgelei, denominatief. **de·nom·i·na·tor** gemeenskaplike kenmerk; *(wisk.)* noemer; *common* ~ →COMMON *adj.*; *fractions with different* ~*s* ongelyknamige breuke; *fractions with the same* ~ gelyknamige breuke; *reduce to the same* ~ gelyknamig maak.

de·note aandui, aanwys, bepaal; beteken; te kenne gee; die omvang bepaal. **de·no·ta·tion** aanduiding, aanwysing; betekenis, bepaling; omvangsbepaling; *(filos., ling.)* denotasie. **de·no·ta·tive** aanduidend.

de·noue·ment, *(Fr.)* **dé·noue·ment** ontknoping, dénouement.

de·nounce (sterk) afkeur, veroordeel; betig, kapittel, uitvaar teen; aan die kaak stel; aankla, beskuldig; kennis gee van die beëindiging van, opsê *(verdrag ens.)*; *(vero.)* verketter; *(vero.)* voorspel; ~ *s.o. as a* ... iem. vir 'n ... uitmaak; iem. as 'n ... aan die kaak stel; iem. as 'n ... brandmerk. **de·nounce·ment** afkeuring, veroordeling; aanklag(te), beskuldiging; opsegging. **de·nounc·er** veroordelaar; betigter; aanklaer.

de no·vo *(Lat.)* de novo, van voor af.

dense dig; saamgepak; dig bevolk, digbevolk; *(fig.)* kompak, gedronge *(styl ens.)*; *(infml.)* toe, dom, stompsinnig, traag van begrip; *(chem., fis.)* dig; ~ *fog* dik mis; ~ *ignorance* growwe onkunde; ~ *vegetation* digte plantegroei. **dense·ly** dig; ~ *populated/wooded* dig bevolk/bebos, digbevolk, -bebos. **dense·ness** digtheid; domheid, stompsinnigheid. **den·sim·e·ter** *(fis.)* densimeter, digtheidsmeter. **den·si·tom·e·ter** *(fot.)* digtheidsmeter. **den·si·ty** digtheid, densiteit; domheid, stompsinnigheid; ~ *of population* bevolkingsdigtheid; *uniform* ~ egalige digtheid.

dent *n.* duik; *make a* ~ *in s.t., (lett.)* 'n duik in iets maak; *(fig., infml.)* met iets vorder *(werk ens.)*. **dent** *ww.* (in)duik. ~ **mealie,** ~ **maize** perdetandmielie, duik(pit)mielie.

den·tal *n., (fonet.)* dentaal, dentale konsonant/medeklinker, tandletter, -klank. **den·tal** *adj.* dentaal, tand-; tandheelkundig; ~ ***abscess*** tandabses; ~ ***association*** tandheelkundige vereniging; ~ ***care*** tand(e)sorg, tand(e)versorging; ~ ***caries/decay*** tandbederf, -kariës; ~ ***chair*** tandartsstoel, tandoperasiestoel; ~ ***clinic*** tandekliniek; ~ ***dam,*** *(sl.)* mondkondoom *(by orale seks)*; ~ ***floss*** tandevlos, tandgaring, -gare; ~ ***forceps*** tand-, kiestang; ~ ***hygiene*** mondhigiëne; ~ ***hygienist*** mondhigiënis; ~ ***mechanic*** tandtegnikus, tandemaker; ~ ***nerve*** tandsenu(wee); ~ ***plate*** verhemelteplaat, tand(e)plaat; ~ ***pulp*** tandmurg; ~ ***surgeon*** tandheelkundige, tandarts.

den·ta·ry met tande; dentaal, tand-.

den·tate, den·tat·ed getand. **den·ta·tion** getandheid.

den·ti-, dent- *komb.vorm* tand(e)-.

Den·ti·care *(Am.)* tand(e)sorg.

den·ti·cle *(soöl.)* tandjie; tandagtige uitsteeksel.

den·tic·u·late, den·tic·u·lat·ed fyn getand. **den·tic·u·la·tion** fyngetandheid.

den·ti·form tandvormig.

den·ti·frice tandepoeier; tandepasta.

den·til *(bouk.)* kalfstand.

den·tine, *(Am.)* **den·tin** tandbeen, -ivoor.

den·tist tandarts, tandheelkundige, *(infml.)* tandedokter. **den·tis·try** tandheelkunde.

den·ti·tion tandformasie, -stelsel; gebit; tandekry.

den·toid dentoïed, tandagtig.

den·ture *(gew. i.d. mv.)* kunsgebit, (stel) kunstande (*of* vals tande); *(w.g.)* gebit, stel tande, tandwerk.

de·nu·clear·ise, -ize kernwapens verwyder *(uit)*. **de·nu·clear·i·sa·tion, -za·tion** verwydering van kernwapens *(uit)*.

de·nude ontbloot, blootlê, kaal maak; beroof; uittrap *(veld)*; *(geol.)* denudeer; ~ *s.t. of* ... iets van ... ontbloot; iets van ... beroof; iets ... ontneem; *be ~d of* ... sonder ... wees. **den·u·da·tion** ontbloting, blootlegging; ontbossing; *(geol.)* denudasie.

de·nun·ci·ate →DENOUNCE. **de·nun·ci·a·tion** aanklag(te); veroordeling; uitskellery; spotrede; beëindiging *(v. verdrag)*; *a ringing* ~ 'n klinkende veroordeling. **de·nun·ci·a·tive** →DENUNCIATORY. **de·nun·ci·a·tor** →DENOUNCER. **de·nun·ci·a·to·ry** afkeurend, veroordelend.

Den·ver: ~ **boot,** ~ **shoe** *(sl.)* →WHEEL CLAMP.

de·ny ontken; verloën; weerspreek *(gerug)*; ontsê; weier; ~ *s.t. **absolutely/categorically/emphatically/flatly/vehemently*** iets heeltemal/heftig/kategories (*of* ten stelligste/sterkste) ontken; ~ *s.o. **access** to s.t.* iem. toegang tot iets weier; *it **cannot** be denied that* ... dit is onteenseglik dat ...; ~ *a **charge*** 'n beskuldiging ontken; *there is **no** ~ing that* ... dit is onteenseglik so dat ...; ~ ***o.s.*** jouself verloën, selfverloëning aan die dag lê; ~ ***o.s.*** *s.t.* jou iets ontsê, sonder iets klaarkom; ~ ***s.o.*** *s.t.* iem. iets ontsê. **de·ni·a·bil·i·ty** negeerbaarheid; ontkenbaarheid. **de·ni·a·ble** negeerbaar; ontkenbaar. **de·ni·al** ontkenning; weerspreking; weiering; ontsegging; (ver)loëning; *a flat* ~ 'n volstrekte ontkenning; *a* ~ *of* ... 'n ontkenning van ... *(skuld ens.)*; 'n miskenning van ... *(d. reg)*; 'n verloëning van ... *(God)*. **de·ni·er** ontkenner.

de·o·dand *(jur., hist.)* godsgif.

de·o·dar *(bot.)* himalaja-seder.

de·o·dor·ant *n.* reukweerder, reukweermiddel, deodorant; reuk-, stankverdrywer; lugverfrisser. **de·o·dor·ant** *adj.* reukverwyderend, -verdrywend, -werend, -bestrydend; stankverwyderend, -verdrywend. **de·o·dor·i·sa·tion, -za·tion** reukwering, ontreuking; ontstanking. **de·o·dor·ise, -ize** reukloos maak, ontreuk, reuk verdryf/verdrywe; ontstank. **de·o·dor·is·er, -iz·er** →DEODORANT *n.*. **de·o·dor·is·ing, -iz·ing** reukwerend.

de·on·tol·o·gy deontologie, pligsleer; etiek, sedeleer.

De·o vo·len·te *(Lat.)* so die Here wil.

de·ox·i·dise, -dize *(chem.)* deoksideer, suurstof onttrek *(aan)*.

de·ox·y·gen·ate, de·ox·y·gen·ise, -ize deoksigeneer. **de·ox·y·gen·a·tion, de·ox·y·gen·i·sa·tion, -za·tion** deoksigenering, deoksigenasie, suurstofonttrekking.

de·ox·y·ri·bo·nu·cle·ic ac·id *(afk.:* DNA*)* deoksiribonukleïensuur *(afk.:* DNS*)*.

de·part vertrek; weggaan, heengaan; *(skip)* afvaar; ~ ***for*** ... na ... vertrek/afreis; ~ ***from*** ... van ... vertrek *('n plek)*; van ... afwyk *('n plan ens.)*; van ... afstap *(d. goudstandaard)*; ~ *(from) this **life*** die tydelike met die ewige verwissel, sterf, sterwe, ontslaap. **de·part·ed** *n., (euf.)* oorledene(s); *the (dear)* ~ die (af)gestorwene(s). **de·part·ed** *adj., (euf.)* oorlede, ontslape; vergange.

de·part·ment departement, afdeling, tak; gebied; werkkring; *the* ~ *of **education/etc.**, the **education/etc.*** ~ die departement van onderwys/ens.; ~ *of **state*** staatsdepartement; *the D~ of **State**, the **State** D~* die (Amerikaanse) departement van buitelandse sake. ~ **store** afdelingswinkel, handelshuis.

de·part·men·tal afdelings-, departementeel, departements-; ~ *chief/head* departementshoof. **de·part·men·ta·lise, -lize** departementaliseer. **de·part·men·tal·ism** departementalisering, departementalisasie. **de·part·men·tal·ly** van departementsweë.

de·par·ture vertrek; afvaart *(v. skip)*, afvlug *(v. vliegtuig)*; *(euf.)* heengaan, oorly(d)e; afskeid; afwyking; ~ *from the **gold standard*** afstapping van die goudstandaard; ***new*** ~ nuwe rigting, nuwigheid; *make a **new*** ~ 'n nuwe koers/rigting inslaan; ***point** of* ~ uitgangspunt; begin-, vertrekpunt; uitvaartspunt *(v. koeël)*; *be on the **point** of* ~ op vertrek staan, op die punt staan om te gaan/vertrek; ***take** one's* ~ vertrek; *the **time** of* ~ die vertrektyd; ***(up)on** s.o.'s* ~ by iem. se vertrek. ~ **counter** vertrektoonbank *(op lughawe)*. ~ **gate** vertrekhek, -uitgang. ~ **hall,** ~ **lounge** vertreksaal. ~ **signal** vertreksein. ~ **time** vertrektyd.

de·pas·ture *(Br.)* laat wei; bewei; wei; afwei.

de·pau·per·ise, -ize *(w.g.)* uit armoede ophef, op die been help.

de·pend *ww.* afhang *(van)*; reken *(op)*, staatmaak *(op)*, afgaan *(op)*; ***everything** ~s on s.o.* alles draai om iem.; ~ *on one's own **resources*** op eie kragte steun; ***that** (all) ~s* dit hang heeltemal daarvan af; ~ ***(up)on*** ... op ... staatmaak/reken, jou op ... verlaat; van ... afhanklik wees; *~ing **(up)on*** ... na gelang (*of* afhangend[e]) van ...; volgens ...; as ... dit toelaat *(d. weer)*; ~ ***(up)on*** *s.o. for s.t.* op iem. reken/staatmaak om iets te verskaf; ~ ***(up)on*** *s.o. to do s.t.* op iem. staatmaak om iets te doen; *it ~s **(up)on*** ... dit hang van ... af; *s.o./s.t. will* ..., ~ ***(up)on** it* iem./sal ..., so seker as wat; *you can* ~ ***(up)on** it* jy kan daarvan seker wees (*of* jou daarop verlaat); *you can* ~ ***(up)on*** *s.o./s.t.*, *(ook)* jy kan op iem./iets peil trek.

de·pend·a·ble betroubaar, vertroubaar; ~ *person, (ook)* staatmaker. **de·pend·a·bil·i·ty** betroubaarheid.

de·pend·ant, de·pend·ent *n.* afhanklike; ondergeskikte; →DEPENDENT *adj.*.

de·pend·en·cy, de·pend·an·cy afhanklike staat, besitting, dependensie; *(psig.)* afhanklikheid; onderhorigheid, ondergeskiktheid; bygebou. ~ **culture** *(neerh.)* afhanklikheidskultuur.

de·pend·ent *adj.* afhanklik; onderhorig; ondergeskik; →DEPENDANT *n.;* ~ *clause, (gram.)* afhanklike bysin; *be **mutually*** ~ van mekaar afhanklik wees; op mekaar aangewese wees; *be* ~ ***(up)on*** ... van ... afhanklik wees; op ... aangewese wees; *be* ~ ***(up)on*** *s.o., (ook)* iem. na die oë kyk. **de·pend·ence** afhanklikheid, onderhorigheid; vertroue; toevlug.

de·per·son·al·ise, -ize ontpersoonlik. **de·per·son·al·i·sa·tion, -za·tion** ontpersoonliking.

de·pict uitbeeld, weergee, voorstel, skilder, skets, teken, afbeeld, beskryf, beskrywe. **de·pict·ed** afgebeeld. **de·pic·tion** uitbeelding, voorstelling, beskrywing, skildering, afbeelding.

dep·i·late onthaar, haaraf maak, afhaar. **dep·i·la·tion** ontharing, kaalheid. **dep·i·la·tor, de·pil·a·to·ry** *n.* ontharings-, haarverwyderingsmiddel, haarafmaker. **de·pil·a·to·ry** *adj.* ontharend.

de·plete leegmaak, ledig; uitput; uitdun; verminder. **de·plet·ed** leeg; uitgedun(d); *with* ~ *ranks* met uitgedunde geledere. **de·ple·tion** lediging, leegmaking; uitputting; uitdunning; vermindering.

de·plore betreur; bekla, bejammer. **de·plor·a·ble** beklaens-, betreurens-, bejammerenswaardig, jammerlik.

de·ploy ontplooi; laat ontplooi; aanwend, benut; ~ *troops* troepe laat ontplooi; *the troops ~ed* die troepe het hulle ontplooi. **de·ploy·ment** ontplooiing *(v. troepe ens.);* aanwending, benutting *(v. personeel ens.).*

de·plume ontveer, pluk; *depluming itch* hoenderbrandsiekte.

de·po·lar·ise, -ize depolariseer; losskud; ontwrig. **de·po·lar·i·sa·tion, -za·tion** depolarisasie, depolarisering. **de·po·lar·is·er, -iz·er** depolarisator.

de·po·lit·i·cise, -cize depolitiseer.

de·po·nent *n., (gram.)* deponens; *(jur.)* verklaarder, deponent. **de·po·nent** *adj.:* ~ *verb* deponens.

de·pop·u·late ontvolk; agteruitgaan in bevolking. **de·pop·u·la·tion** ontvolking.

de·port uitsit, deporteer, verban, wegvoer; ~ *s.o. from a country* iem. uit 'n land sit/deporteer; ~ *o.s., (arg.)* jou gedra. **de·port·a·ble** met uitsetting strafbaar, deporteerbaar. **de·por·ta·tion** uitsetting, deportasie, verbanning, wegvoering. **de·por·tee** gedeporteerde, banneling. **de·port·ment** houding; gedrag, maniere, optrede.

de·pose afsit; onttroon *(vors); (jur.)* getuig, getuienis aflê, onder eed verklaar, deponeer. **de·pos·al** afsetting; →DEPOSITION.

de·pos·it *n.* deposito, storting, inleg(geld), inlae; kontantbetaling, -storting; deposito, aanvanklike/eerste betaling; bewaargewing *(v. kosbaarhede);* waarborgsom; afsaksel, afsetsel, besinksel; aanpaksel *(in stoomketel ens.); (geol.)* afsetting; *(elektrolise)* neerslag; *(sweiswerk)* neersmeltsel; ***form*** *a* ~ 'n neerslag/afsetsel vorm; ***make*** *a* ~ geld deponeer, 'n deposito inbetaal, 'n storting doen; ***mineral*** ~ mineraalafsetting; ***on*** ~ op deposito; ***pay*** (or ***put down***) *a* ~ *on s.t.* 'n deposito vir iets betaal. **de·pos·it** *ww.* neersit, neerlê; deponeer, stort, inlê *(geld in 'n bank ens.);* in bewaring gee *(kosbaarhede);* agterlaat; afsak, besink; *(stoomketel ens.)* aanpak; *(geol.)* afset; *(elektrolise)* neerslaan; ~ *money into an account* geld in 'n rekening deponeer; ~ *s.t. with s.o.* iets by iem. in bewaring gee. ~ **account** depositorekening. ~ **bank** depositobank, handelsbank. ~ **book** depositoboek(ie); spaarboek(ie). ~ **receipt,** ~ **slip** stortingsbewys, inlegbewys(strokie), inlegstrokie. **~-taking institution** depositonemende instelling.

de·pos·i·tar·y bewaarder, depositaris; bewaarplek.

de·pos·i·tee deposito-ontvanger, depositaris.

dep·o·si·tion afsetting *(v. ampsdraer);* onttroning; *(jur.)* (beëdigde) verklaring, deposisie; kruisafneming; *(chem., geol.)* afsetting; *make a* ~, *(jur.)* 'n verklaring aflê; *take a* ~, *(jur.)* 'n verklaring afneem.

de·pos·i·tor deponeerder, deposant, storter, deposteur; bewaargewer.

de·pos·i·to·ry bewaarplek, -plaas; opslagplaas, -plek; →DEPOSITARY.

de·pot voorraadmagasyn, opslagplaas, -plek, depot; stapelplaas, bêre-, bewaarplek; skuur; (hoof)kwartier; *(mil.)* drilkamp; *(Am.)* stasie. ~ **fat** vetreserwe. ~ **ship** moederskip.

de·prave laat versleg *(iem.);* bederf *(sedes).* **dep·ra·va·tion** ontaarding, bederf, verslegting. **de·praved** versleg, ontaard; verdorwe, verworde; ~ *appetite* versteurde eetlus *(by diere).* **de·prav·i·ty** verdorwenheid, verwording; ontaarding; onsedelikheid, sedeloosheid, sedebederf, perversiteit.

dep·re·cate afkeur, veroordeel; (ver)kleineer, afkam, afkraak; *(arg.)* afbid, (deur smeek/bid) probeer afwend/keer. **dep·re·cat·ing, dep·re·ca·tive** afkeurend; verontskuldigend. **dep·re·ca·tion** afkeuring, protes; (ver)kleinering, geringskatting; *(arg.)* afbidding, smeekbede. **dep·re·ca·to·ry** afkeurend; verontskuldigend.

de·pre·ci·ate in waarde verminder, agteruitgaan, depresieer; minag, geringag, geringskat, slegmaak, afkam, afkraak, (ver)kleineer.

de·pre·ci·a·tion waardevermindering, -daling, agteruitgang, depresiasie; afskrywing; minagting, (ver)kleinering, geringskatting. ~ **account** afskrywingsrekening. ~ **allowance** afskrywingsreserwe; voorsiening vir afskrywing; voorsiening vir waardevermindering. ~ **fund** afskrywingsfonds. ~ **reserve** afskrywingsreserwe; reserwe vir waardevermindering.

de·pre·ci·a·to·ry minagtend, neerhalend, (ver)kleinerend, geringskattend; waardeverminderend.

dep·re·date *(arg.)* plunder, roof; verwoes. **dep·re·da·tion** plundering, roof; verwoesting. **dep·re·da·tor** *(arg.)* plunderaar.

de·press neerslagtig maak, terneerdruk, ontmoedig, deprimeer; verslap; verlaag; domp *(ligte);* afdruk, indruk, neerdruk; *(vero.)* onderdruk, onderwerp. **de·pres·sant** *n.* depressiewe middel, depressant, onderdrukmiddel; deprimeermiddel; kalmeermiddel. **de·pres·sant** *adj.* depressief; kalmerend. **de·pressed** neerslagtig, terneergedruk, bedruk, bekaf; ingedruk, ingeduik; ~ *area* noodlydende gebied, depressiegebied; vervalle gebied; ~ *classes* onderdrukte klasse; parias; ~ *fracture* duikbreuk, ingeduikte breuk. **de·press·ing** neerdrukkend, ontmoedigend, deprimerend. **de·pres·sion** neerslagtigheid, terneergedruktheid, bedruktheid, mismoed, swartgalligheid, depressie; *(ekon.)* depressie; (neer)drukking, daling, druk; verslapping, slapte; duik, induiking; *(geog.)* laagte, holte, terreininsinking, grondversakking, knik, duik, kom; *(met.)* lae druk; *(met.)* laagdrukgebied; ***angle*** *of* ~ depressie-, domphoek; ~ *of **freezing point*** vriespuntverlaging; *the **(Great)** D~, (hist., ekon.)* die (Groot) Depressie; ~ *(of the **horison**)* kimduiking; ~ *of **melting point*** smeltpuntverlaging; ~ *of **order*** orderverlaging; *in a **state** of* ~ in 'n terneergedrukte stemming. **de·pres·sive** neerdrukkend, deprimerend; depressief, neerslagtig, bedruk.

de·pres·sor afdrukker, neerdrukker; aftrekker; spatel. ~ **(muscle)** neerdrukspier.

de·pres·sur·ise, -ize die druk verlaag van; *should the cabin become ~d* sou die druk in die kajuit verlaag, sou die vliegtuig kajuitdruk verloor.

de·prive beroof, ontneem; ontrief; ontbloot *(van);* onthef *(van); (arg.)* afsit; ~ *o.s. of* ... jou ... ontsê; jou van ... onthou; ~ *s.o. of s.t.* iem. van iets beroof, iem. iets ontsê. **dep·ri·va·tion** berowing, ontneming; verlies, gemis; veragtering; verwaarlosing; *(arg.)* afsetting. **de·prived** *adj., (ook)* veragter(d); ~ *child* verwaarloosde kind; *be* ~ *of* ... sonder (*of* verstoke van) ... wees *(voorregte).* **de·prived** *n.: the* ~, *(fig.)* die onterfdes.

de·pro·claim deproklameer. **de·proc·la·ma·tion** deproklamasie.

de·pro·gramme, *(Am.)* **de·pro·gram** deprogrammeer *(sektelid ens.).*

depth diepte; diepgang; diepsinnigheid; geslepenheid; donkerte; ***arrange*** *s.t. in* ~ iets in die diepte opstel; ***at*** *a* ~ *of 100 metres* op 'n diepte van 100 meter; ~ *of **field**, (fot.)* velddiepte; ~ *of **focus**, (fot.)* fokusdiepte; *do s.t. **in*** ~ iets deeglik/grondig doen; *a study/etc.* ***in*** ~ 'n deeglike/grondige studie/ens.; *be 100 metres **in*** ~ 100 meter diep wees; ***in*** *the* ~ *of* ... in die hartjie van ... *(d. winter);* in die middel van ... *(d. nag);* ***in*** *the ~s of* ... in die diepste ... *(wanhoop ens.); be/get **out of*** (or ***beyond***) *one's* ~ in diep water wees/raak; op glibberige terrein beweeg/verkeer/wees, jou op glibberige terrein begeef/begewe; *s.o. is (getting)* ***out of*** *his/her* ~, *(ook)* dit is/raak nou bo(kant) iem. se vuurmaakplek; ***plumb*** *the ~s of* ... die diepste/ergste ... deurmaak *(ellende, wanhoop, ens.);* ... volkome deurgrond; die laagtepunt van ... uitmaak. ~ **bomb** dieptebom. ~ **charge** dieptelading. ~ **gauge** dieptemaat. ~ **psychology** dieptesielkunde, -psigologie. ~ **sounder** diep(te)lood, dieptepeiler.

dep·u·rate suiwer. **dep·u·ra·tion** suiwering. **dep·u·ra·tive** *n.* suiweringsmiddel. **dep·u·ra·tive** *adj.* suiwerend. **dep·u·ra·tor** suiweraar.

de·pute afvaardig; magtig; oordra, delegeer; ~ *s.o. to do s.t.* iem. afvaardig om iets te doen. **dep·u·ta·tion** afvaardiging, deputasie; deputaatskap; volmag; *see a* ~ 'n afvaardiging te woord staan (*of* ontvang); *send a* ~ *to* ... 'n afvaardiging na ... stuur. **dep·u·tise, -tize** waarneem, as plaasvervanger optree; vervang *(iem.);* ~ *for s.o.* vir iem. instaan/waarneem, as plaasvervanger van iem. optree.

dep·u·ty adjunk; plaasvervanger, waarnemer; gemagtigde, verteenwoordiger; afgevaardigde, deputaat, gedeputeerde; *(parl.)* afgevaardigde; *(Fr. parl.)* kamerlid; *Chamber of Deputies* Kamer van Afgevaardigdes. ~ **chairman** ondervoorsitter; tweede voorsitter. ~ **commissioner** adjunkkommissaris. ~ **governor** onder-, visegoewerneur; visepresident *(v. bank).* ~ **leader** onderleier. ~ **mayor** onderburgemeester. ~ **minister** adjunkminister. ~ **premier** adjunkpremier. ~ **sheriff** onderbalju. ~ **speaker** adjunkspeaker.

de·rac·i·nate ontwortel; uitroei, verdelg. **de·rac·i·na·tion** ontworteling; uitroeiing, verdelging.

de·rail laat ontspoor; ontspoor; *the train was ~ed* die trein het ontspoor (*of* van die spoor geloop). **de·rail·ment** ontsporing.

de·range van sy/haar sinne beroof, van sy/haar kop/verstand af laat raak; verwar, verward maak (*of* laat raak), deurmekaarmaak, ontwrig, ontredder; *(arg.)* steur, lastig val, moeite veroorsaak, ontrief. **de·ranged** van jou sinne beroof, van jou kop/verstand af, (geestelik) versteur(d), waansinnig; in die war. **de·range·ment** versteurdheid, waansin(nigheid), sielsiekte; verwarring, ontreddering, wanorde; ontwrigting; *mental* ~ geestelike versteurdheid, geestesteuring, -storing, sinsverwarring.

de·rate van belasting onthef, minder belas.

Der·by derby, perdewedren; wedren; (voetbal)wedstryd; kompetisie; *(d~, Am.)* bolhoed(jie), hardebolkeil(tjie); *local* ~ plaaslike (voetbal)wedstryd; *the* ~, *(perdewedren in Epsom, Engeland)* die Derby.

de·reg·is·ter (van die/'n lys) skrap, *(iem. se)* registrasie intrek; jou registrasie (laat) intrek. **de·reg·is·tra·tion** skrapping.

de·reg·u·late dereguleer. **de·reg·u·la·tion** deregulering, deregulasie.

der·e·lict *n.* verstoteling, verstotene, uitgeworpene, verworpene, verworpeling; hawelose, daklose; (drywende) wrak, verlate skip. **der·e·lict** *adj.* verwaarloos, vervalle, bouvallig; verlate; *(Am.)* nalatig; ~ *land* verlate grond. **der·e·lic·tion** verwaarlosing, vervallenheid, bouvalligheid; verlating, agterlating; versaking; ~ *(of duty), (Am.)* nalatigheid, plig(s)versuim, -versaking.

de·re·strict die/'n (spoed/snelheids)beperking ophef. **de·re·strict·ed** sonder (spoed/snelheids)beperkings.

de·ride bespot, uitlag, die spot dryf met, hoon, uitkoggel, smaad. **de·ri·sion** spot, bespotting, hoon; gespot, gehoon; veragting; ***arouse/provoke*** ~ spot uitlok/(ver)wek; ***bring*** *s.o. into* ~ iem. belaglik/bespotlik maak; ***have/hold*** *s.o. in ~, (arg.)* met iem. die spot dryf/drywe; *be an* ***object*** *of ~* bespot word, 'n (voorwerp van) spot wees. **de·ri·sive** spottend, honend, vermakerig. **de·ri·so·ry** bespotlik, belaglik, verspot; spottend, honend, vermakerig.

de·rive: *~ from ...* uit ... ontstaan/spruit; van ... afstam; aan ... ontleen wees; *~ benefit from ...* →BENEFIT *n.; ~ s.t. from ...* iets uit ... put; iets aan ... ontleen; iets van ... kry; iets van ... aflei; *be ~d from ...* van ... afkomstig wees. **de·riv·a·ble** afleibaar. **der·i·va·tion** afleiding; herleiding; herkoms; afstamming, afkoms; derivasie. **de·riv·a·tive** *n.* afgeleide woord; afleisel, afleiding; *(gram.)* derivatief; *(wisk.)* afgeleide; *(chem.)* derivaat. **de·riv·a·tive** *adj.* afgelei(d), derivatief; afleidend; nabootsend.

derm, der·ma onderhuid, ware huid, dermis. **der·mal** huid-, vel-.

der·ma·tal·gi·a *(med.)* vel-, huidpyn.

der·ma·ti·tis vel-, huidontsteking, dermatitis.

der·ma(·to)- *komb.vorm* derma(to)-, vel-, huid-.

der·ma·tol·o·gy huidsiekteleer, dermatologie. **der·ma·to·log·i·cal** dermatologies. **der·ma·tol·o·gist** huidarts, dermatoloog.

der·ma·to·my·co·sis huidskimmelsiekte, dermatomikose.

der·ma·to·sis vel-, huidsiekte, dermatose.

der·mis →DERM(A).

der·mo·lith *(geol.)* velsteen.

der·o·gate *(fml.)* minag, geringskat, geringag, (ver)kleineer; verswak, inkort, gedeeltelik ophef; *~ from s.t.* aan iets afbreuk doen, iets aantas/skaad; op iets inbreuk maak; van iets afwyk. **der·o·ga·tion** minagting, geringskatting, (ver)kleinering; afbreuk, aantasting; inbreuk; afwyking; *(jur.)* afbreuk aan regskrag; *(jur.)* beperking, inkorting, gedeeltelike opheffing, derogasie. **de·rog·a·tive** →DEROGATORY. **de·rog·a·to·ri·ly** (ver)kleinerend, op (ver)kleinerende wyse. **de·rog·a·to·ry** benadelend; (ver)kleinerend, afkammend, neerhalend; *~ remark* neerhalende aanmerking.

der·rick hysbalk; laaiboom; laaibok, (dirk)kraan; boortoring. *~* **crane** galgkraan.

der·ring-do *(arg., liter., skerts.)* stoutmoedigheid, waaghalsery.

der·(r)in·ger sakpistool.

derv *(Br., akr.: diesel engine road vehicle)* dieselolie.

der·vish derwisj, bedelmonnik.

de·sal·i·nate, de·sal·i·nise, -nize uitvars; ontsout.

de·sal·i·na·tion, de·sal·i·ni·sa·tion, -za·tion uitvarsing; ontsouting. *~* **plant** ontsoutingsaanleg.

de·salt = DESALINATE.

des·a·pa·re·ci·do *-dos, (Sp.)* vermiste.

de·sat·u·rate *(chem.)* desatureer, ontsadig. **de·sat·u·ra·tion** *(chem.)* desaturering, ontsadiging.

de·scale ontkalk.

des·cant *n., (arg., poët., liter.)* lied, melodie, wysie; *(arg., poët., liter.)* uitweiding; *(mus., ook* discant*)* diskant; (diskant)sopraan. **des·cant** *ww.* uitwei; *(mus., ook* discant*)* 'n diskant sing/speel; *~ (up)on s.t.* oor iets uitwei, by iets stilstaan. *~* **recorder, discant recorder, soprano recorder** sopraanblokfluit.

de·scend *(iem.)* afgaan, afkom, ondertoe gaan/kom, afdaal, afstap ondertoe, afry ondertoe; *(iem.)* afklim, afstyg *(v. perd); (vliegtuig)* daal; *(voertuig)* afry; *(pad)* na onder loop; *(terrein ens.)* afhel, skuins afloop; *(son, maan)* ondergaan; *(stilte ens.)* neerdaal; *~* ***from*** *heaven (or the sky)* uit die hemel neerdaal; *be ~ed* ***from*** *...* van ... afstam, uit ... stam/(ont)spruit; *~* ***to*** *... tot ...* (af)daal; jou tot ... verlaag; *~* ***(up)on*** *... op ...* afkom; op ... toesak; ... oorval. **de·scend·ant** afstammeling, nakomeling, afkomeling, telg, nasaat; *(i.d. mv. ook)* nakroos, nageslag; *collateral ~* afstammeling in die sylinie. **de·scend·er** af-, neerdaler; *(druk.)* ondersteel *(v. letter); (druk.)* ondersteel-, stertletter. **de·scend·i·ble, de·scend·a·ble** *(jur.)* oorerfbaar, vererfbaar. **de·scent** (af)daling, afstyging, afsakking; afkoms, herkoms, afstamming; helling, afdraand(e); pad na onder; val; oorval; landing; (in)sinking, verval; vererwing; *~ from the Cross* kruisafneming; *trace s.o.'s ~* iem. se stamboom terugvoer.

de·school ontskool.

de·scribe beskryf, beskrywe; omskryf, omskrywe; bestempel, aandui, noem; teken; *~ s.o./s.t.* ***as*** *a ...* iem./iets 'n ... noem; iem./iets as 'n ... bestempel; *~ s.t.* ***as*** *satisfactory/etc.* sê dat iets bevredigend/ens. is; *~ o.s.* ***as*** *a ...* jou vir 'n ... uitgee, jouself 'n ... noem; *~ a* ***circle*** 'n sirkel maak; *~ s.t. in* ***detail*** iets haarfyn beskryf/beskrywe. **de·scrib·a·ble** beskryfbaar, te beskrywe. **de·scrip·tion** beskrywing; omskrywing; aanduiding; soort, slag; ***answer*** *to a ~* met 'n beskrywing klop/ooreenkom, aan 'n beskrywing beantwoord; *no ... of* ***any*** *~* geen ... hoegenaamd nie, hoegenaamd geen ... nie; ***beggar/defy*** *(or be* ***beyond****) ~* onbeskryflik wees, alle beskrywing tart (*of* te bowe gaan); *boats/etc. of* ***every*** *~* allerhande soorte bote/ens.; ***give*** *a ~ of s.o./s.t.* iem./iets beskryf/beskrywe, 'n beskrywing van iem./iets gee; *s.o.* ***of that*** *~* so iemand; *give a* ***vivid*** *~ of ...* 'n aanskoulike beskrywing van ... gee, ... met geur en kleur beskryf/beskrywe. **de·scrip·tive** beskrywend, tekenend; *be ~ of s.t.* iets beskryf/beskrywe. **de·scrip·ti·vism** *(filos.)* deskriptivisme. **de·scrip·ti·vist** *n.* deskriptivis. **de·scrip·ti·vist** *adj.* deskriptivisties.

de·scry *(poët., liter.)* gewaar, bespeur, opmerk, onderskei, sien; ontdek, agterkom, vasstel.

des·e·crate ontheilig, ontwy, skend. **des·e·cra·tion** ontheiliging, heiligskennis, ontwyding. **des·e·cra·tor, des·e·cra·ter** ontwyer, ontheiliger.

de·seg·re·gate desegregeer, integreer. **de·seg·re·ga·tion** desegregasie, integrasie.

de·se·lect *(Br., pol.)* nie herkies nie; *(rek.)* deaktiveer *(opsie)*.

de·sen·si·tise, -tize ongevoelig maak, desensifiseer, desensiteer, desensibiliseer. **de·sen·si·ti·sa·tion, -za·tion** ongevoeligmaking, desensifisering, desensitasie, desensitering, desensibilisasie, desensibilisering.

de·sert[1] *n.* verdienste; *(i.d. mv.)* verdiende loon; *(i.d. mv.)* verdienste; *according to s.o.'s ~s* na iem. se verdienste; *get/receive one's just ~s* jou verdiende loon kry/ontvang.

des·ert[2] *n.* woestyn; woesteny, wildernis. **des·ert** *adj. (attr.)* verlate, onbewoonde, woeste; dor. *~* **boots** *(mv.)* suèdestewels. *~* **island** verlate/onbewoonde eiland. *~* **pavement** *(geol.)* woestynvloer. *~* **plant** woestynplant. *~* **rat** *(soöl.)* woestynrot; *(infml.: Br. soldaat in N.Afr. in WO II)* woestynrot. *~* **rose** woestynroos. *~* **spray** *(Cadaba aphylla)* swartstorm. *~* **tract** woesteny.

de·sert[3] *ww.* verlaat; in die steek laat, versaak; wegloop, dros, deserteer; *~ to the enemy* (na die vyand) oorloop. **de·sert·ed** verlate, eensaam; *~ streets* leë/verlate strate; *~ wife* verlate vrou. **de·sert·er** droster, wegloper; oorloper, deserteur, afvallige. **de·ser·tion** verlating; verlatenheid; afval, afvalligheid, versaking, (die) in die steek laat; drostery, drossery, weglopery, desersie; *~ to the enemy* oorlopery (na die vyand); *malicious ~* kwaadwillige verlating; *~ of service* diensverlating.

de·ser·tic woestynagtig; verlate.

de·sert·i·fi·ca·tion verwoestyning, woestynvorming.

de·serve verdien; *~ better of s.o.* iets beters van iem. verdien; *richly ~ s.t.* iets volkome verdien; *~ well of ..., (fml.)* verdien om goed deur ... behandel te word, iets goeds van ... kan verwag; ... is jou dank verskuldig. **de·served:** *richly ~* volkome verdien(d). **de·serv·ed·ly** tereg; na verdienste. **de·serv·ing** verdienstelik; waardig; *be ~ of s.t.* iets verdien; iets waardig wees.

de·sex →DESEXUALISE.

de·sex·u·al·ise, -ize ontseks, deseksualiseer; kastreer, steriliseer, regmaak *(euf.)*, dokter *(euf.)*. **de·sex·u·al·i·sa·tion, -za·tion** deseksualisering; kastrasie, sterilisasie.

des·ha·bille, dis·ha·bille: *in ~* karig/skamel/skraps geklee(d)/aangetrek.

des·ic·cate (uit)droog; ontwater; opdroog; uitdor; droogmaak. **des·ic·cant** *n.* ontwateringsmiddel, opdroog-, uitdroog-, droog(maak)middel. **des·ic·cant** *adj.* opdrogend; uitdrogend. **des·ic·ca·ted** droog, ontwater(d); uitgedroog; *(fig.)* futloos, sonder energie/dryfkrag/geesdrif; *~ coconut* droë klapper. **des·ic·ca·tion** (op)droging; uitdroging, desikkasie. **des·ic·ca·tor** uitdroër, desikkator; droogtoestel.

de·sid·er·ate *(arg.)* verlang (na), begeer, mis. **de·sid·er·a·tive** *n. & adj.* desideratief. **de·sid·er·a·tum** *-ata* vereiste, desideratum, wat verlang word; leemte.

de·sign *n.* plan, ontwerp; fatsoen, vorm; patroon; vormgewing; *(skilderkuns)* komposisie; ontwerpkuns; opset; oogmerk, doel; *it was more by* ***accident*** *than by ~* →ACCIDENT; ***(art of)*** *~* ontwerpkuns; ***book*** *~* boekontwerp, -versorging; ***by*** *~* met opset, opsetlik, moedswillig; ***by*** *accident or ~* per ongeluk of met opset; ***have*** *~s on ...* die oog op ... hê; iets teen ... in die mou hê/voer (*of* in die skild voer); ***industrial*** *~* →INDUSTRIAL. **de·sign** *ww.* ontwerp, skets; bestem, bedoel; beoog, van plan wees; *be ~ed for ...* vir ... bedoel wees; *be ~ed to ...* bedoel wees om te ... **des·ig·nate** *ww.* uitwys, aanwys, onderskei; benoem; bestem; *~ s.o. as ...* iem. as ... aanwys; iem. tot ... benoem; *~ s.t. as ...* iets tot ... verklaar; iets vir ... bestem. **des·ig·nate** *adj.* aangewese; *president ~* aangewese president. **des·ig·na·tion** benoeming; aanwysing; bestemming; betiteling, benaming, naam. **des·ig·na·to·ry** aanwysend. **de·sign·ed·ly** met opset, opsetlik, voorbedagtelik. **de·sign·er** *n.* ontwerper; konstrukteur; ontwerptekenaar; konkelaar. **de·sign·er** *adj. (attr.)* ontwerper(s)-; *~ drug* ontwerpersdwelm(middel); *~ jeans* ontwerpersjeans; *~ stubble* ontwerperstoppels, ontwerpersdonsies, sorgvuldig gekweekte stoppelbaard. **de·sign·ing** *(ook)* slu, arglistig, intrigerend.

de·sip·i·ence *(w.g.)* dwaasheid.

de·sire *n.* begeerte, wens, verlange, sug; versoek; begeerlikheid; (vleeslike) lus; ***cherish*** *a ~* 'n begeerte koester; ***express*** *a ~* 'n wens uitspreek (*of* te kenne gee); *a* ***fervent*** *~ for ...* 'n brandende begeerte na ...; *a ~* ***for*** *...* 'n begeerte/verlange na ...; 'n sug na ...; 'n wens om ...; ***gratify*** *s.o.'s ~* iem. se begeerte/lus bevredig; ***kindle*** *the ~ in s.o. to ...* die begeerte by iem. opwek om te ...; *~ to* ***please*** begeerte om te behaag; *a ~* ***to*** *do s.t.* 'n begeerte om iets te doen. **de·sire** *ww.* begeer, verlang, wens; *(arg.)* versoek, vra; ***as*** *~d* na wens(e); *all that* ***can*** *be ~d* alles wat ('n) mens kan verlang; ***if*** *~d* indien verkies; ***leave*** *much (or a lot or a great deal or nothing) to be ~d* baie/veel/niks te wense oorlaat; *the* ***number*** *~d, (telef.)* die verlangde nommer; *~* ***to*** *do s.t.* iets graag wil doen. **de·sir·a·bil·i·ty** wenslikheid, begeerlikheid, gewenstheid. **de·sir·a·ble** begeerlik, wenslik, gewens, verkieslik. **de·sir·ous** *(fml.)* begerig, verlangend; gretig; *be ~ of ...* begeer/verlang (*of* begerig/gretig wees) om ...

de·sist *(fml.)* ophou; *~ from ...* ophou (met) ..., daarvan afsien om ..., ... staak.

desk lessenaar, skryftafel; skoolbank; toonbank; kateder; kantoor, afdeling; *(mus.)* staander; *news ~* nuuskantoor; *pay at the ~* by die kas betaal; *sports ~* sportkantoor. *~-***bound** kantoorgebonde, aan 'n lessenaar gekluister. *~* **calendar,** *~* **diary** tafelkalender. *~* **clerk** *(Am.)* ontvangsklerk. *~* **diary** →DESK CALENDAR. *~* **dictionary** handwoordeboek. *~* **job** kantoorwerk. *~* **lamp** lessenaarlamp. *~* **organiser** lessenaarstel. *~* **pad** skryfmat. *~***top** lessenaarblad; tafelrekenaar. *~***top computer** tafelrekenaar *~***top publisher** lessenaarsetter. *~***top publishing** *(afk.: DTP)* lessenaarsetwerk, voordrukwerk. *~***top publishing software** programmatuur/sagteware vir lessenaarsetwerk. *~***top publishing system** lessenaarsetstelsel. *~* **work** administratiewe werk.

des·man *-mans, (soöl.)* watermol.

des·o·late *adj.* eensaam, verlate; verwaarloos, vervalle; troosteloos, bedroef; wanhopig; desolaat; *~ tract* woesteny. **des·o·late** *ww.* verwoes; ontvolk; troosteloos agterlaat. **des·o·late·ness** doodsheid, verlatenheid, woestheid. **des·o·la·tion** verlatenheid; verwaarlosing; vertwyfeling, wanhoop, troosteloosheid; verwoesting. **des·o·la·tor** verwoester; ongeluk.

de·sose *(chem.)* desose, desoksisuiker.

de·spair *n.* wanhoop, vertwyfeling; *in **black** ~* in diepe wanhoop; ***drive/reduce** s.o. to ~, **fill** s.o. with ~* iem. tot wanhoop bring/dryf/drywe; ***in** ~* in/uit wanhoop; *be **in** ~* wanhopig wees; *be the ~ **of** s.o.* iem. wanhopig maak. **de·spair** *ww.* wanhoop, in vertwyfeling raak, moed opgee; *~ of s.t.* aan iets wanhoop; alle hoop op iets opgee. **de·spair·ing** wanhopig, desperaat.

des·patch →DISPATCH.

des·pe·ra·do -do(e)s woesteling, desperado.

des·per·ate wanhopig, radeloos, hopeloos, vertwyfeld, tot die uiterste gedryf; desperaat; haglik, benard; roekeloos, woes; verskriklik; gewaag(d); *be ~ for s.t.* wanhopig op iets wag *(hulp ens.)*; *a ~ shortage* 'n nypende tekort. **des·per·ate·ly** hopeloos; verskriklik, vreeslik, ontsettend; *~ in love* smoorverlief; *need s.t. ~* iets uiters dringend nodig hê; *try ~* wanhopige pogings aanwend. **des·per·a·tion** wanhoop, vertwyfeling, radeloosheid; *act of ~* wanhoopsdaad; *in ~* in/uit wanhoop.

des·pise verag, verfoei, verafsku; versmaai. **des·pic·a·ble, des·pic·a·ble** veragtelik, gemeen, laag. **de·spis·er** veragter, versmader. **de·spis·ing** *adj.*, **-ly** *adv.* minagtend, honend, smalend, neerhalend.

de·spite *prep.* ondanks, ongeag, nieteenstaande, ten spyte van, in weerwil van. **de·spite** *n., (arg., poët., liter.)* ergernis, gekrenktheid, beledigde eergevoel; *(in) ~ of ..., (arg.)* ten spyte (*of* in weerwil) van ..., ondanks/ongeag/nieteenstaande ... **de·spite·ful** *(arg., poët., liter.)* haatlik, boosaardig, nydig.

de·spoil plunder, beroof. **de·spo·li·a·tion** plundering, berowing.

de·spond *n., (arg.)* wanhoop, moedeloosheid, vertwyfeling. **de·spond** *ww., (arg.)* wanhoop, moed verloor, tou opgooi. **de·spond·ence, de·spond·en·cy** wanhoop, vertwyfeling, radeloosheid, moedeloosheid, verslaen(t)heid; neerslagtigheid, terneergedruktheid. **de·spond·ent** wanhopig, moedeloos, vertwyfeld, radeloos, verslae; neerslagtig, terneergedruk, mismoedig, swartgallig, bekaf; *be ~ about/over s.t.* moedeloos oor iets wees.

des·pot despoot, tiran, alleenheerser. **des·pot·ic** despoties, eiemagtig, heerssugtig. **des·pot·ism** despotisme, tirannie, dwingelandy.

des·pu·mate, des·pu·mate afskuim.

des·qua·mate afskilfer; laat afskilfer. **des·qua·ma·tion** afskilfering, vervelling.

des res *(Br., infml.)* gesogte woning/(woon)huis.

des·sert nagereg, dessert, poeding. *~* **apple** dessertappel. *~* **fork** dessertvurk, klein vurk(ie). *~* **knife** dessertmes, klein mes(sie). *~* **plate** dessert-, poedingbord. *~***spoon** dessert-, poedinglepel. *~***spoonful** dessertlepel (vol). *~* **wine** dessertwyn.

de·sta·bi·lise, -lize destabiliseer *(regering ens.)*. **de·sta·bi·li·sa·tion, -za·tion** destabilisasie, destabilisering.

de-Sta·lin·i·sa·tion, -za·tion destalinisering.

de·starch ontstysel.

des·tine (voor)bestem, bedoel. **des·ti·na·tion** (plek van) bestemming, destinasie; lot; *port of ~* bestemmingshawe. **des·tined** (voor)bestem(d); voorbeskik, gedestineer(d); *be ~ for ...* vir ... bestem(d) wees; vir ... in die wieg gelê wees; *s.o./s.t. was ~ to ...* iem./iets was voorbestem(d) om te ..., iem./iets sou ... **des·ti·ny** lot, lotsbestemming, (voor)bestemming, voorland; bestiering, beskikking; (die) noodlot; *the **Destinies*** die skikgodinne; ***fulfil** one's ~* jou roeping vervul; *a **man/woman** of ~* 'n man/vrou met 'n roeping, 'n beskikte/voorbestemde man/vrou, 'n geroepe man/vrou, 'n geroepene; *it is s.o.'s ~ **to** be/do s.t.* dit (*of* die lot) is iem. beskore om iets te wees/doen.

des·ti·tute behoeftig, nooddruftig; brand-, doodarm; *(vero.)* verlate; *be ~ of ...* sonder ... wees; geen ... hê nie; 'n gebrek aan ... hê. **des·ti·tu·tion** armoede, behoeftigheid, nooddruf; *(w.g.)* gebrek, tekort.

de·stroy vernietig *(dokumente, wapens, iem. se loopbaan, ens.)*; verwoes *(iem. se lewe ens., plantegroei/ens. in 'n brand)*; tot niet maak *(werkgeleenthede ens.)*; afbreek *(iem. se selfvertroue)*; knak *(iem.)*; uitwis, uitdelg *(volk ens.)*; verniel *(tempel ens.)*; van kant maak *(beseerde dier ens.)*. **de·stroy·er** vernieler; verwoester, verdelger; *(sk.)* torpedojaer.

de·struct *n., (ruimtev.)* vernietiging. **de·struct** *ww.* vernietig. *~* **mechanism** vernietigingsmeganisme.

de·struc·tion verwoesting *(v. tempel ens.)*; vernieling; vernietiging; verderf, ondergang; ***cause** ~* verwoesting aanrig; ***lead** to the ~ of ...* tot die ondergang van ... lei; *a **road** to ~* 'n heillose weg; *the **total/utter** ~ of ...* die algehele verwoesting van ...; ***wanton** ~* moedswillige vernieling; ***work** of ~* vernielingswerk. **de·struct·i·ble** vernielbaar, vernietigbaar, verwoesbaar. **de·struc·tive** verwoestend, vernielend, vernietigend, afbrekend, destruktief; vernielsugtig; dodelik; *~ criticism* afbrekende kritiek; *~ distillation, (chem.)* afbrekende distillasie/distillering; *be ~ of s.t.* iets verniel/verwoes. **de·struc·tive·ness** vernielsug; skadelikheid. **de·struc·tor** verbrander, verbrandingsoond; vernietigingstoestel.

des·u·e·tude, des·ue·tude verval, onbruik; *fall into ~* in onbruik raak.

de·sul·phur·ise, -ize ontswa(w)el.

des·ul·to·ry onsamehangend, stelselloos, lukraak, ongereeld, rond en bont, van die hak op die tak; *~ fire* los geweervuur.

de·tach losmaak, afsonder; afhaak; uitstuur. **de·tach·a·ble** afneembaar, afhaalbaar, los; *~ booklet* losmaakboekie; *~ motor* aanhangmotor. **de·tached** los, losliggend; losgemaak; objektief, onbevange; ongeïnteresseer(d), afsydig; afgetrokke; *become ~ from ...* van ... los raak; *~ house* los-/vrystaande huis; *take a ~ view of s.t.* iets objektief beskou. **de·tach·ment** losmaking; losheid; selfstandigheid; objektiwiteit, onbevangenheid; ongeïnteresseerdheid, afsydigheid, afstand; afgetrokkenheid; afdeling.

de·tail *n.* besonderheid, kleinigheid, detail; ***full** ~s* volledige/alle/uitvoerige besonderhede; *for **further** ~s* vir nader(e) besonderhede; ***go** into ~(s)* in besonderhede tree; *in **great** ~* tot in besonderhede; *in **greater** ~* meer in besonderhede; ***in** ~* uitvoerig, (tot) in besonderhede, haarfyn, gedetailleer(d), omstandig, punt vir punt; *tell s.t. **in** ~* iets haarfyn vertel; *be a **matter** of ~* van ondergeskikte belang wees; *a **mere/minor** ~* 'n bysaak/kleinigheid, 'n ondergeskikte punt; ***small** ~* finesse; *in the **smallest** ~* (tot) in die kleinste/fynste besonderhede. **de·tail, de·tail** *ww.* omstandig/uitvoerig meedeel; detailleer; opsom; spesiaal bestem, afsonder, aanwys, aansê. *~* **drawing** detailtekening. **de·tailed** uitvoerig, gedetailleerd, in besonderhede; *~ account* omstandige relaas; gespesifiseerde rekening; *... need not be ~ here ...* hoef hier nie nader behandel te word nie.

de·tain aanhou, gevange hou; laat skoolsit; agterhou; terughou; ophou, vertraag; *(vero.)* weerhou; *(vero.)* onthou; →DETENTION; *~ed goods* teruggehoue goedere; *~ s.o. in conversation* iem. aan die praat hou; *~ s.o. in custody* iem. in hegtenis hou; *~ s.o. without trial* iem. sonder verhoor aanhou. **de·tain·ee** aangehoudene. **de·tain·er** agterhouding; onwettige besit; gevangehouding; bevel tot gevangehouding; vashouer.

de·tas·sel -ll- ontpluim.

de·tect ontdek, vind, kry, opspoor; bespeur, agterkom, gewaar; vasstel; *(masj.)* verklik; *(elek.)* demoduleer; *(kernfis.)* waarneem. **de·tect·a·ble, de·tect·i·ble** opspoorbaar; bespeurbaar, te gewaar; *(elek.)* demoduleerbaar. **de·tec·tion** ontdekking, opsporing; bespeuring; vasstelling; speurwerk; *(masj.)* verklikking; *(elek.)* demodulasie; *(kernfis.)* waarneming; *escape ~* nie ontdek word nie; *the ~ of ...* die opspoor van ... *(bedrog ens.)*.

de·tec·tive *n.* speurder; *private ~* privaat/private speurder. **de·tec·tive** *adj.* speurend, speur(ders)-. *~* **agency** speuragentskap. *~* **constable** speurderkonstabel, speurkonstabel. *~* **department** speur(ders)afdeling, speurdiens. *~* **mind** speursin. *~* **novel** speurroman. *~* **sergeant** speurder-sersant, speursersant. *~* **story** speurverhaal. *~* **warrant officer** speur-adjudant-offisier. *~* **work** speurwerk.

de·tec·tor aanwyser; *(masj.)* verklikker; *(rad.)* detektor. **de·tec·tor·ist:** *(metal) ~, (iem. wat met 'n metaalverklikker munte ens. soek)* metaalspeurder.

de·tent *(meg.)* knip, klink, drukker; stuitpen, -bout, stuiter.

dé·tente *(Fr., int. pol.)* détente, ontspanning.

de·ten·tion aanhouding, gevangehouding, detensie; skoolsit; oponthoud, vertraging; agterhouding; terughouding; (onwettige) onthouding; →DETAIN; *~ (in custody)* voorarres; *be (held/kept) in ~* aangehou word, in aanhouding/voorarres wees; *place of ~* aanhoudingsplek, plek van bewaring. *~* **barracks** detensiekaserne. *~* **centre** aanhoudingsentrum. *~* **work** strafwerk.

de·ter -rr- terughou, weerhou, afskrik, keer; *~ s.o. from s.t.* (*or from doing s.t.*) iem. van iets afskrik (*of* daarvan afskrik om iets te doen); *be ~red by s.t. from doing s.t.* deur iets daarvan afgeskrik word om iets te doen; *s.o. won't be ~red* iem. sal hom/haar nie laat afskrik nie. **de·ter·ment** afskrikking; ontmoediging; afskrikmiddel. **de·ter·rence** afskrikking; afskrikmiddel. **de·ter·rent** *n.* afskrikmiddel; *s.t. acts as a ~* iets dien as afskrikmiddel (*of* het 'n afskrikkende uitwerking). **de·ter·rent** *adj.* afskrikkend.

de·terge *(w.g.)* skoonmaak, reinig, suiwer. **de·ter·gence, de·ter·gen·cy** reiniging, suiwering. **de·ter·gent** *n.* wasmiddel, skoonmaakmiddel, reinigingsmiddel, reiniger. **de·ter·gent** *adj.* reinigend, suiwerend.

de·te·ri·o·rate versleg, agteruitgaan, vererger, slegter word; ontaard, verword, degenereer, veragter; erger/slegter maak, bederf, skaad. **de·te·ri·o·ra·tion** versleg- ting, agteruitgang; ontaarding, verwording, degenerasie; bederf.

de·ter·mine bepaal, vasstel, determineer; besluit, beslis, uitmaak; vaslê; rigting gee; beëindig; *~ to do s.t., (fml.)* besluit (*of* jou voorneem) om iets te doen; *s.t. ~s s.o. to do s.t., (fml.)* iets laat iem. besluit om iets te doen. **de·ter·mi·na·ble** bepaalbaar. **de·ter·mi·nant** *n.* determinant, beslissende faktor. **de·ter·mi·nant** *adj.* bepalend, beslissend, deurslaggewend. **de·ter·mi·nate** bepaal(d), afgebaken(d), duidelik, afdoende, beslis, definitief. **de·ter·mi·na·tion** bepaling, beslissing; beslistheid, vasberadenheid; vaste voorneme; beëindiging, end; afloop; uitspraak; vasstelling; *steely ~* stale vasberadenheid/wilskrag; *s.o.'s ~ to do s.t.* iem. se vaste voorneme om iets te doen; *~ of s.t.* die bepaling/vasstelling van iets. **de·ter·mi·na·tive** *n.* bepalende faktor; *(gram.)* →DETERMINER. **de·ter·mi·na·tive** *adj.* bepalend; karakteriserend; beslissend, afdoende. **de·ter·mined** vasberade, vasbeslote, gedetermineer(d), resoluut; met mening; *be ~* beslis/vasberade wees *(v. aard)*; *s.t. is largely ~ by ...* iets word tot groot hoogte deur ... bepaal; *be ~ to do s.t.* vasbeslote wees om iets te doen. **de·ter·min·er** *(ook gram.)* bepaler. **de·ter·min·ing** bepalend, beslissend. **de·ter·min·ism** *(filos.)* determinisme, noodwendigheidsleer. **de·ter·min·ist** *n., (filos.)* determinis. **de·ter·min·ist, de·ter·min·is·tic** *adj., (filos.)* deterministies.

de·ter·rent →DETER.

de·ter·sion *(w.g.)* reiniging, suiwering. **de·ter·sive** *n. & adj., (w.g.)* →DETERGENT.

de·test verfoei, verafsku, verag; haat; *~ s.o., (ook)* iem. nie kan veel nie; *~ s.t., (ook)* die pes (*of* 'n broertjie dood) aan iets hê. **de·test·a·ble** verfoeilik, afskuwelik, veragtelik. **de·test·a·ble·ness** verfoeilikheid, afskuwelikheid, veragtelikheid. **de·tes·ta·tion** verfoeiing, afsku.

de·throne onttroon, afsit. **de·throne·ment** onttroning, afsetting.

det·o·nate ontplof, knal; laat ontplof; aftrap *(myn)*. **det·o·nat·ing:** *~ gas* knalgas; *~ powder* knalpoeier; slagkruit. **det·o·na·tion** ontploffing, knal.

det·o·na·tor slag-, knaldoppie; knalpatroon. *~* **cap** knaldoppie, slaghoedjie. *~* **signal** *(spw.)* knalsein.

de·tor·sion *(soöl.)* detorsie.

de·tour *n.* omweg, ompad; omleiding; verlegging; uitweiding; ~ *ahead, (padteken)* verlegging voor; *make a* ~ (met) 'n ompad/omweg gaan/loop/ry; omloop, (met) 'n draai loop. **de·tour** *ww.* omlei.

de·tox *n., (infml., afk.:* detoxification*)* detoksifisering, detoksifikasie *(v. alkohol-/dwelmverslaafde).* **de·tox** *ww., (infml., afk.:* detoxify*)* detoksifiseer. ~ **(tank)** *(infml.)* detoksifikasiekliniek, -sentrum, -eenheid.

de·tox·i·cate = DETOXIFY. **de·tox·i·cant** *n.* = DETOXIFIER. **de·tox·i·cant** *adj.* ontgiftend. **de·tox·i·ca·tion** = DETOXIFICATION.

de·tox·i·fi·ca·tion ontgift(ig)ing. ~ **centre** detoksifikasie-, rehabilitasiesentrum *(vir alkohol-/dwelmverslaafdes).*

de·tox·i·fy ontgiftig. **de·tox·i·fi·er** ontgif(tings)middel.

de·tract aftrek, onttrek; te kort doen *(aan),* (ver)kleineer; ~ *from s.t.* aan iets afbreuk doen; *this does not* ~ *from the fact that* ... dit verander nie *(of* doen niks af aan) die feit dat ... nie; *it* ~*s nothing from* ... dit doen niks aan ... af nie. **de·trac·tion** (ver)kleinering, bekladding, belastering. **de·trac·tive** (ver)kleinerend, lasterend. **de·trac·tor** lasteraar, kwaadprater.

de·train aflaai; afklim, afstap, uitstap *(v.d. trein).*

de·trib·al·ise, -ize ontstam, losmaak uit stamverband. **de·trib·a·li·sa·tion, -za·tion** ontstamming, losmaking uit die stamverband.

det·ri·ment nadeel, benadeling, skade; *to the* ~ *of* ... tot nadeel/skade van ...; *without* ~ *to* ... sonder om ... te benadeel. **det·ri·men·tal** nadelig, skadelik; *be* ~ *to* ... vir ... nadelig/skadelik wees, nadelig werk op ...

de·tri·tus (klip)puin, (gesteente)gruis; brokstukke, oorblyfsels; detritus, afslytsel. **de·tri·tal** puin-, gruis-; detritus-. **de·trit·ed** afgeslyt. **de·tri·tion** afslyting.

de trop *adj. (pred.), (Fr.)* te veel, oorbodig, oortollig; ongewens, nie welkom nie, in die pad.

deuce[1] *(tennis)* gelykop; *(kaartspel ens.)* twee.

deuce[2] *(infml., euf.)* duiwel, drommel, joos; →DEVIL; ~ *alone **knows*** die drommel/duiwel/joos/josie alleen weet; *a* ~ ***of** a ..., (vero.)* 'n verskriklike ...; *there will be the* ~ *to **pay*** daar sal perde/oorlog wees, die poppe sal dans; ***play** the* ~ *with s.t.* iets in die war stuur; 'n gemors van iets maak; iets ruïneer; ~ ***take** it!* verduiwels!; ***what/where/who*** *the* ~ ...? wat/waar/wie d(i)e drommel/duiwel ...? **deu·ced** *(infml., vero.)* deksels, verbrands, vervlaks, verduiwels.

de·us ex mach·i·na *n., (Lat.; teat., fig.)* deus ex machina, ongemotiveerde ingryping/oplossing, onverwagte ontknoping, redding uit 'n onverwagte oord.

deu·ter·ag·o·nist *(teat.)* tweede speler.

deu·ter·ic *(geol.)* deuteries; ~ *acid, (chem.)* deuteriensuur.

deu·ter·i·um *(chem., simb.:* D *of* ^{2}H*)* deuterium, swaar waterstof.

deu·ter(·o)- *komb.vorm* deuter-, tweede.

deu·ter·on *(chem.)* deuteron, deuton.

Deu·ter·on·o·my *(OT)* Deuteronomium.

Deutsch·mark, Deut·sche Mark *(afk.:* DM*)* Duitse mark.

de·val·ue, de·val·u·ate devalueer, die waarde van ... verlaag; devalueer, in waarde verminder; van sy waarde beroof; sy waarde verloor; (die waarde van ...) geringskat. **de·val·u·a·tion** devaluasie, waardevermindering.

dev·as·tate verwoes, vernietig, ruïneer; ruk, skok, platslaan. **dev·as·tat·ing** rampspoedig, noodlottig, katastrofaal, vernietigend, skrikwekkend *(gevolge);* vernietigend, verwoestend, katastrofaal *(uitwerking);* verpletterend *(nuus, slag);* verwoestend *(stormwind, vloed);* onherstelbaar *(verlies); (fig., infml.)* onweerstaanbaar (aantreklik), (absoluut) verruklik, asemrowend (mooi); ~ *criticism* vernietigende kritiek. **dev·as·tat·ing·ly:** ~ ***attractive/handsome*** onweerstaanbaar aantreklik; ~ ***beautiful*** asemrowend/ongelooflik mooi, absoluut verruklik, beeldskoon; ~ ***effective*** dodelik effektief; ~ ***funny*** skree(u)snaaks; ~ ***simple*** doodeenvoudig. **dev·as·ta·tion** verwoesting, vernietiging; *cause* ~ verwoesting aanrig; *the total/utter* ~ *of s.t.* die algehele verwoesting van iets. **dev·as·ta·tor** verwoester, vernieler.

de·vel·op ontwikkel; uitbou; groei, (jou) ontwikkel; ontstaan; onthul, ontvou, aan die dag lê; ontgin; ontsluit; ontplooi; ontluik; ***allow** things to* ~, ***let** things* ~ sake hul(le) loop laat neem; ~ *an **argument*** 'n redenering ontplooi; ~ *a **cold*** ('n) verkoue kry/opdoen; ~ ***engine trouble*** enjinprobleme ontwikkel; ~ ***from*** ... uit ... ontstaan; uit ... ontwikkel; ~ *a **headache*** hoofpyn kry; ~ *an **idea*** 'n gedagte uitwerk; ~ ***into*** ... tot ... ontwikkel, 'n ... word; ~ ***measles*** masels kry/opdoen; ~ *a **tendency*** 'n neiging toon. **de·vel·oped** ontwikkeld; ~ *sheep* plooiskaap. **de·vel·op·er** ontwikkelaar; ontginner; nuwe myn.

de·vel·op·ing *adj. (attr.)* ontwikkelende *(ekonomie, mark, fetus, ens.);* oplaaiende *(krisis, storm, ens.).* ~ **agent** *(fot.)* ontwikkelmiddel. ~ **bath** *(fot.)* ontwikkelbad. ~ **country** ontwikkelingsland, ontwikkelende land. ~ **tank** *(fot.)* ontwikkeltenk. ~ **tray** ontwikkelingsbak. ~ **world** ontwikkelende wêreld, Derde Wêreld.

de·vel·op·ment ontwikkeling; gebeurtenis; uitbouing; ontvouing; *(mynw.)* ontsluiting(swerk); uitbreiding; ontginning; opgang; bebouing; *await* ~*s* 'n afwagtende houding aanneem; *housing* ~ nuwe woonbuurt; *spiritual* ~ geestelike vorming. ~ **aid** ontwikkelingshulp. ~ **area** ontwikkelingsgebied. ~ **company** ontwikkelingsmaatskappy. ~ **costs** ontginnings-, eksploitasiekoste; ontwikkelingskoste; uitbreidingskoste.

de·vel·op·men·tal ontwikkelings-.

de·verb·al, de·verb·a·tive *n. & adj., (gram.)* deverbatief.

de·vi·ate *n. & adj.* = DEVIANT. **de·vi·ate** *ww.* afwyk, afdwaal; laat afwyk, afbring *(van);* uitwyk; ~ *from* ... van ... afwyk. **de·vi·ance** afwykende gedrag; *(statist.)* afwyking. **de·vi·an·cy** afwykende gedrag. **de·vi·ant** *n.* afwykende, afwykeling. **de·vi·ant** *adj.* afwykend; *mentally* ~ verstandelik afwykend. **de·vi·a·tion** afwyking; verlegging *(v. spoor, pad);* koersafwyking; ~ *of the compass/needle* kompas-, naaldafwyking; *a* ~ *from* ... 'n afwyking van ...; *mental* ~ verstandsafwyking. **de·vi·a·tion·ism** *(pol.)* afwyking van die (party se) beleid; afvalligheid. **de·vi·a·tion·ist** *(pol.)* andersdenkende, afvallige, dissident. **de·vi·a·tor** afwyker.

de·vice toestel, apparaat, instrument, inrigting; (uit)vinding, uitvindsel; *(euf.)* (plof)toestel, bom; gedagte; plan, oogmerk; middel; lis; patroon, ontwerp; *(rek.)* toestel, eenheid; leuse, motto; sinspreuk; wapenspreuk, devies; →DEVISE; *leave s.o. to his/her own* ~*s* iem. aan sy/haar lot oorlaat; iem. aan hom-/haarself oorlaat, iem. sy/haar eie gang laat gaan, iem. laat vaar; *nuclear* ~ kerntoestel.

dev·il *n.* duiwel; bose gees; barbaar, monster, skurk; satanskind, duiwelskind; derduiwel; blikskottel, blikslaer; rakker, klits, vabond, ondeug; drommel; *(fig.)* vuur; kruiekos; houtskroefsnyer; (vuur)konka; loodgietersvuurpot; *(tekst.)* skeurwolf; sandstorm; *(infml., vero.)* handlanger, assistent; →DEVIL'S; ***be** a* ~*!, (infml.)* waag dit!, komaan!; ***between** the* ~ *and the deep blue sea, (infml.)* tussen twee vure *(of* hamer en aambeeld *of* hang en wurg); *the **blue*** ~*s, (infml.)* neerslagtigheid, terneergedruktheid; ***bring** out the* ~ *in s.o.* iem. roekeloos/moedswillig maak *(of* laat raak/word); *the* ~ *and his **dam*** die duiwel en sy moer; *the* ~ *is in the **detail*** dis die klein jakkalsies wat die wingerde verniel; *give the* ~ *his **due*** die duiwel gee wat hom toekom; ***go** to the* ~, *(infml.)* te gronde gaan; ***go** to the* ~*!* loop vlieg/vrek!, gaan bars *(of* blaas doppies)!, loop na jou peetjie!, te hel met jou!; *the* ~ *finds work for idle **hands*** ledigheid is die duiwel se oorkussing; ~ *take the **hindmost**, (infml.)* red jouself as jy kan; *the* ~ *was **in** s.o.* die duiwel het in iem. gevaar; *the* ~ ***incarnate*** →INCARNATE; ***like** the* ~, *(infml.)* soos 'n besetene, (as)of die duiwel agter jou is; *a* ~ ***of** a ..., (infml.)* 'n enorme/geweldige/ontsettende ... *(probleem ens.);* 'n helse/allamintige/allemintige ... *(lawaai, uitval, ens.);* 'n knaende ... *(laspos); have a* ~ ***of** a job/time to* ... jou doodsukkel om ..., jou morsdood *(of* jou as af) sukkel om ...; *there will be the* ~ *to **pay**, (infml.)* daar sal perde/oorlog wees, die poppe sal dans; ***play** the* ~ *with s.t., (infml.)* iets in die war stuur; 'n gemors van iets maak; iets ruïneer; *(the) **poor*** ~*!, (infml.)* (die) arme drommel/ou/vent/skepsel/swernoot!; *be **possessed** by the* ~ deur die duiwel besete wees; ***printer's*** ~, *(hist.)* leerlingdrukker; *(infml.)* drukkersduiwel; *the* ~ *on two **sticks**, (spel)* diabolo; ***sup** with the* ~ met die duiwel omgaan; *he who **sups** with the* ~ *should have a long spoon* sorg altyd dat jy 'n slag om die arm hou; *the* ~ ***take** you!, (infml., w.g.)* die duiwel haal jou!; ***talk/speak*** *of the* ~*(, and he is bound to appear), (infml.)* praat van die duiwel(, dan trap jy op sy stert); *be in a* ~ *of a **temper*** d(i)e duiwel in wees; ***the** D*~, *(teol.)* die Duiwel, Satan; *be the **very*** ~ *to ..., (infml.)* baie moeilik wees om te ...; ***what/where/who*** *the* ~ ...?, *(infml.)* wat/waar/wie d(i)e drommel/duiwel ...? **dev·il** *-ll-, ww.* sterk krui(e), →DEVILLED; *(Am.)* pla, kwel, treiter, lastig val; *(tekst.)* skeur; *(infml., vero.)* as assistent werk *(in 'n regspraktyk ens.); (infml., vero.)* sleurwerk doen. ~**-dodger** *(arg., skerts.)* duiwelbedrieër, hemeldragonder. ~**fish** *-fish(es)* duiwelvis, seeduiwel, horingrog; seekat. ~**-in-a-bush** *(bot.: Nigella damascena)* duiwel-in-die-bos, vinkelblom. ~**-may-care** onverskillig, roekeloos; traak-my-nieagtig, ongeërg. ~ **ray** *(igt.)* duiwelvis, -rog, seeduiwel, horingrog. ~**s-on-horseback** *(kookk.)* duiwelruitertjies, pruimedant-en-spekvleis-rolletjies (op roosterbrood). ~ **worship** duiwelaanbidding, Satanisme. ~ **worshipper** duiwelaanbidder, Satanis.

dev·il·ish duiwels, hels, uit die bose; geweldig, verskriklik, vreeslik, ontsettend; ~ *work* satanswerk.

dev·illed *(kookk.)* sterk gekrui(de) *(niertjies ens.).*

dev·il·ment kattekwaad, kwajongstreke, ondeundheid, grap; guitigheid, onnutsigheid; *full of* ~ vol kwajongstreke; *out of* ~ uit kattekwaad, vir die grap; uit onnutsigheid.

dev·il·ry, dev·il·try duiwelsheid; boosheid, slegtheid, wreedheid; kwajongstreke, tergerigheid; roekeloosheid; duiwelskunste, toordery.

dev·il's: ~ **advocate** duiwelsadvokaat; afkammer, vitter. ~ **bedpost** klawervier. ~ **bit (scabious)** *(bot.: Succisa pratensis)* blouknoop. ~ **claw** *(bot.: Harpagophytum procumbens)* duiwelsklou. ~ **dirt,** ~ **dung** *(bot.: Ferula assafoetida)* duiwelsdrek. ~ **dozen** dertien. ~ **dust** *(tekst.)* wolpoeier. ~ **egg** stinkswam. ~ **food cake** *(Am.)* donker sjokoladekoek. ~ **grass** kweek(gras), renosterkweek. ~ **grip** *(infml., med.)* duiwelsgreep, Bornholmsiekte. ~ **gut** landmetersketting, meetketting; *(bot.)* duiwelsnaaigaring, -gare, warkruid. ~ **snuff-box** *(bot.)* duiwel-, bobbejaansnuif, stuifswam. ~ **tattoo** →TATTOO[2]. ~ **thorn** duwweltjies, duwweltjiedoring, môrester.

dev·il·try →DEVILRY.

de·vi·ous skelm, agterbaks, onderduims, slinks, slu; bedrieglik, vals, misleidend; slingerend, slinger-, kronkelend, kronkel-; afgeleë, afgesonder(d); omslagtig, wydlopig; *by a* ~ *route* met 'n ompad/omweg. **de·vi·ous·ness** agterbaksheid, onderduimsheid, slinksheid, sluheid; bedrieglikheid, valsheid, misleiding.

de·vise *n., (jur.)* bemaking, erflating. **de·vise** *ww.* bedink, uitdink, versin, beraam, prakseer; ontwerp, opstel; *(jur.)* bemaak *(vasgoed);* ~ *means* middele soek; ~ *plots* planne smee. **dev·i·see** *(jur.)* legataris. **de·vis·er** uitdinker, versinner, planmaker. **de·vi·sor** *(jur.)* bemaker, erflater.

de·vi·tal·ise, -ize verswak, van lewe/krag beroof; onskadelik maak. **de·vi·tal·i·sa·tion, -za·tion** verswakking.

de·vit·ri·fy *(chem.)* ontglas, devitrifiseer. **de·vit·ri·fi·ca·tion** ontglasing, devitrifikasie.

de·voice, de·vo·cal·ise, -ize *(fonet.)* stemloos maak.

de·void: *be* ~ *of* ... sonder ... wees; van ... ontdaan wees *(sentiment ens.); be* ~ *of emotion* emosieloos *(of* sonder emosie) wees; *be completely* ~ *of truth* van alle waarheid ontbloot wees.

de·voir *(Fr., arg.)* plig; *pay one's ~s* die verskuldigde eer bewys.

dev·o·lu·tion afwenteling, devolusie, dewolusie *(v. mag, gesag); (jur.)* oordrag; *(jur.)* oorgang; *(jur.)* oorerwing; *(biol.)* degenerasie; →DEVOLVE. **dev·o·lu·tion·ist** devolusionis, dewolusionis.

de·volve afwentel *(op);* oordra, delegeer *(aan);* neerkom *(op); ~ on/upon/to s.o.* deur iem. oorgeneem word; *(jur.)* op iem. oorgaan, aan iem. toeval.

Dev·on Devon. **De·vo·ni·an** *n.* inwoner van Devonshire; *(geol.)* Devoon. **De·vo·ni·an** *adj.* van Devonshire; *(geol.)* Devoon-.

dev·on·port →DAVENPORT.

Dev·on·shire cream →CLOTTED CREAM.

de·vote (toe)wy, bestee, skenk; *(arg.)* verdoem, vervloek; *~ attention to s.t.* aandag aan iets bestee/skenk/wy; 'n studie van iets maak; *~ one's life to s.t.* jou lewe aan iets (toe)wy; *~ o.s. to ...* jou aan ... (toe)wy; *~ time to ...* tyd aan ... bestee. **de·vot·ed:** *be ~ to ...* aan ... toegewy wees; aan ... verknog/geheg wees; aan ... (ge)trou wees. **de·vot·ed·ness** toegewydheid, gehegtheid, verknogtheid, toewyding. **dev·o·tee** aanbidder, aanhanger; dweper, yweraar; liefhebber; *a ~ of ...* 'n aanhanger van ...; 'n liefhebber van ... **de·vo·tion** toewyding; verknogtheid, gehegtheid; verering; godsvrug, vroomheid; *(i.d. mv. ook)* gebede, godsdiens(oefening); *with doglike ~* met slaafse gehoorsaamheid; *~ to duty* pligsbetragting; *s.o.'s ~ to ...* iem. se toewyding aan ...; iem. se gehegtheid aan ...; iem. se verering van ... **de·vo·tion·al** vroom, godsdienstig; *~ literature* stigtelike/gewyde lektuur; *~ songs* geestelike/gewyde liedere. **de·vo·tion·al·ist** kerkganger; voorbidder.

de·vour verslind, verorber, opvreet; *(vuur ens.)* verteer; verniel; *be ~ed by jealousy* deur jaloesie verteer word; *~ s.o. with one's eyes* iem. met jou oë verslind. **de·vour·ing** verslindend, gulsig, gretig; *~ passion* verterende hartstog.

de·vout vroom, diep godsdienstig, godvrugtig, kerks; eerbiedig, plegtig, stigtelik; opreg, hartlik; *a ~ Buddhist/Catholic/Christian/etc.* 'n toegewyde Boeddhis/Katoliek/Christen/ens.; *a ~ly religious family/etc.* 'n diep godsdienstige gesin/ens.. **de·vout·ness** vroomheid, godsvrug; eerbied(igheid).

dew *n.* dou; *be wet/heavy with ~* nat van die dou (*of* [water]nat gedou) wees. **dew** *ww.* dou; *perspiration ~ed s.o.'s face* die sweet het op iem. se gesig gepêrel; *be ~ed with tears* nat van die trane wees, van die trane blink. **~berry** doubraam. **~claw** byklou *(v. dier).* **~drop** doudruppel. **~fall:** *there was a heavy ~ last night* dit het oornag swaar gedou. **~ point** doupunt. **~ pond** *(Br.)* vlak dammetjie. **~ track** douspoor. **~ worm** *(Am.)* erdwurm.

Dew·ar flask *(chem.)* dewarfles, isoleer-, vakuumfles.

de·wa·ter ontwater; water uitpomp. **de·wa·ter·ing** ontwatering.

de·wax ontwas.

dew·i·ness douerigheid.

dew·lap keel-, kalwervel, wam. **~ wool** keelwol.

de·wool ontwol, bloot. **de·wool·ling** velbloting.

de·worm ontwurm, van wurms bevry. **de·worm·ing** ontwurming.

dew·y douerig; bedou, nat gedou. **~-eyed** met glansende oë; sentimenteel.

dex·ter regs, regter-. **dex·ter·i·ty** (knap)handigheid, behendigheid, vaardigheid; ratsheid; regshandigheid; *manual ~* handvaardigheid. **dex·ter·ous, dex·trous** (knap)handig, behendig, (hand)vaardig; rats; regs(handig). **dex·tral** *n.* regshandige *(persoon).* **dex·tral** *adj.* regter-.

dex·trin(e) *(biochem.)* dekstrien, kuns-, styselgom.

dex·trose *(biochem.)* dekstrose, druiwesuiker.

dey *(hist.: titel v.d. heerser v. Algiers)* dei.

dhal, dal, dholl *(bot.)* duif-ertjie, duiweboon(tjie), d(h)alboontjie; *(Ind. kookk.)* d(h)al.

dhow *(Arab., sk.)* dau.

d(h)ur·rie *(Hindi): ~* **(rug)** doeriemat, -tapyt.

di·a·base *(Br., geol.)* diabaas.

di·a·be·tes suikersiekte, diabetes. **di·a·bet·ic** *n.* diabetikus, lyer aan suikersiekte. **di·a·bet·ic** *adj.* diabeties, suikersiekte-.

di·a·bol·ic, di·a·bol·i·cal duiwels, hels, diabolies, satanies; wreed, boos, gemeen, sleg.

di·a·bol·i·cal *(infml.)* verskriklik, ontsettend, afgryslik, aaklig.

di·ab·o·lise, -lize *(arg.)* 'n duiwel maak van; duiwels maak.

di·ab·o·lism duiwelskunste, toordery; duiwelaanbidding, -verering, diabolisme; duiwelsheid, duiwelagtigheid. **di·ab·o·list** duiwel(s)aanbidder, -vereerder, Satanis.

di·ab·o·lo *(spel)* diabolo.

di·ac·e·tate *(chem.)* diasetaat.

di·a·chron·ic, di·ach·ro·nous diachronies, diakronies, diachroon, diakroon.

di·ac·o·nate *(relig.)* diakonaat.

di·a·cous·tics diafonie.

di·a·crit·ic *n.* onderskeidingsteken, diakritiese teken. **di·a·crit·ic, di·a·crit·i·cal** *adj.* onderskeidings-; onderskeidend, diakrities.

di·a·dem diadeem, kroon; (koninklike) heerskappy.

di·aer·e·sis, *(Am.)* **di·er·e·sis** *-eses* deelteken, trema, diërese, di-erese; *(pros.)* diërese, di-erese.

di·ag·no·sis *-noses, (med.)* diagnose, siektebepaling; *(biol.)* diagnose; *(fig.)* diagnose, bevinding; *make a ~* 'n diagnose maak. **di·ag·nose** diagnoseer, 'n diagnose maak; bepaal, vasstel; bevind; *~ an illness as ...* 'n siekte as ... diagnoseer. **di·ag·nos·tic** *n.* simptoom; kenmerk, verskynsel; *(i.d. mv. ook)* diagnostiek. **di·ag·nos·tic** *adj.* diagnosties, diagnostiek-, kenmerkend. **di·ag·nos·ti·cian** diagnostikus.

di·ag·o·nal *n.* hoeklyn, diagonaal, oorhoekse lyn; *(druk.)* skuins-, dwarsstreep. **di·ag·o·nal** *adj.* diagonaal, oorhoeks; *~ **joint*** versteklas; *~ **rib*** kruisrib; *~ **scale*** transversaalskaal; *~ **stay*** dwarsstang; *~ **stitch*** skuinssteek. **di·ag·o·nal·ly** oorhoeks, diagonaal, oorkruis; *~ opposite* skuins oorkant/teenoor.

di·a·gram *n.* diagram, tekening, skets, grafiese/skematiese voorstelling; kaart; *(geom.)* diagram; ***draw** a ~* 'n diagram teken; *~ of **forces*** kragtediagram; *~ to **scale*** maatskets; *~ and **title deeds*** kaart en transport. **di·a·gram** *-mm-, ww.* diagrammaties voorstel. **di·a·gram·mat·ic** diagrammaties, skematies, grafies, deur middel van 'n skets.

di·a·graph diagraaf.

di·al *n.* wys(t)erplaat; *(telef.)* nommer-, skakelskyf; *(Br., infml.: gesig)* bakkies, tronie; *(sun)~* son(ne)wyser. **di·al** *-ll-, ww., (telef.)* skakel; meet; aanwys. **~ plate, ~ face** wyserplaat. **~ tone** *(Am.)* = DIALLING TONE. **~-up** *adj. (attr.), (rek.)* skakel-; *~ modem* skakelmodem.

di·a·lect dialek, streektaal, tongval. **~ atlas** taal-, dialekatlas. **~ word** streekwoord.

di·a·lec·tal dialekties, van 'n dialek; *~ geography* dialekgeografie.

di·a·lec·tic, di·a·lec·tics *n.* dialektiek, redeneerkunde. **di·a·lec·tic, di·a·lec·ti·cal** *adj.* logies, redekundig; dialekties; *dialectical materialism* dialektiese materialisme. **di·a·lec·ti·cian** dialektikus.

di·a·lec·tol·o·gy *(ling.)* dialekleer, -studie, dialektologie.

di·al·lage *(min.)* diallaag.

di·al·ling: *~* **code** skakelkode. *~* **tone** skakeltoon.

di·a·logue, *(Am.)* **di·a·log** dialoog, samespraak, tweespraak; gesprek(voering). **di·a·log·ic** dialogies, in dialoogvorm, in die vorm van 'n dialoog. **di·al·o·gist** dialoogskrywer.

di·a·lyse, *(Am.)* **di·a·lyze** dialiseer, skei. **di·al·y·sis** *-yses* dialise, skeiding. **di·a·lyt·ic** halfdeurdringbaar, dialities.

di·a·mag·net·ic diamagneties. **di·a·mag·net·ism** diamagnetisme.

di·a·man·té *-tés* diamanté; blinkerstof; blinkers.

di·am·e·ter middellyn, deursnee, -snit, diameter; *in ~* in deursnee/-snit. **di·am·e·tral** diametraal; *~ plane* diametraalvlak. **di·a·met·ric, di·a·met·ri·cal** diametraal; lynreg. **di·a·met·ri·cal·ly** diametraal; lynreg; *~ opposed to ...* lynreg in stryd (*of* in lynregte teenstelling) met ...

di·a·mond diamant; *(figuur, kaartspel)* ruit; *(bofbal)* vierkant; ***black** ~* swart diamant; steenkool; *it was (a case of) ~ **cut** ~, (fig.)* dit was hard teen hard; ***cut** ~s* diamante slyp; ***cutting** ~* glassnyer; *a **rough** ~, (lett. & fig.)* 'n ruwe diamant; ***set** s.t. with ~s* iets met diamante beset; ***split** a ~* 'n diamant kloof/klowe; *~s are **trumps**, (kaartspel)* ruite(ns) is troef; ***uncut** ~* ongesnede/ongesnyde diamant; ***unpolished** ~* ongeslypte diamant. **~-bearing** diamanthoudend. **~ cleaver** diamantboor; diamantklower. **~ cutter** diamantsnyer; diamant(be)werker. **~ cutting** diamantsnywerk; diamantbewerking. **~ digger** diamantdelwer. **~ diggings** diamantdelwery. **~ drill** diamantboor. **~ dust, ~ powder** diamantpoeier, fyn diamantgruis. **~ field** diamantveld. **~ grit** diamantgrint. **~ hunter** diamantsoeker. **~ industry** diamantbedryf. **~ jubilee** diamantjubileum, sestigjarige herdenking. **~ letter** diamantletter. **~ merchant** diamanthandelaar. **~ mesh wire** ruitjiesmaasdraad. **~ ore** diamantgrond. **~ pipe** diamantpyp. **~ polisher** diamantslyper. **~ saw** diamantsaag. **~ seeker:** *marine ~ ~* diamantvisser. **~ setter** diamantsetter. **~-shaped** ruitvormig. **~ stitch** ruitsteek. **~ wedding** diamantbruilof. **~ winning** diamantwinning. **~ worker** diamant(be)werker.

di·a·mon·dif·er·ous diamanthoudend.

di·an·drous *(bot.)* tweehelmig.

di·an·thus *-thuses* naelblom.

di·a·pa·son *(mus.)* diapason *(v. orrel);* stemomvang; toonomvang; (standaard)toonhoogte; stemvurk; oktaaf; sameklank, harmonie, melodie.

di·a·per *n., (Am.)* luier, (baba)doek; *(tekst.)* diëper, geruite/geblomde linne/katoen; ruitjiespatroon; blompatroon. **di·a·per** *ww., (Am.)* 'n luier/doek vir ... aansit; *(tekst.)* met figure weef. **~ pattern** blompatroon. **~ pavement** geblomde bestrating; mosaïekvloer. **~ rash** *(Am.)* luier-, doekuitslag.

di·aph·a·nous deurskynend, ligdeurlatend, diafaan. **di·aph·a·nous·ness, di·aph·a·ne·i·ty** *(w.g.)* ligdeurlatingsvermoë, deurskynendheid.

di·aph·o·ny *(mus.)* diafonie.

di·a·pho·re·sis *(med.)* diaforese, sweetafskeiding. **di·a·pho·ret·ic** *n.* diaforetikum, sweetmiddel. **di·a·pho·ret·ic** *adj.* diaforeties, sweetdrywend.

di·a·phragm *(anat.)* midde(l)rif, mantelvlies, diafragma; *(voorbehoeding)* (vaginale) diafragma, vaginale ring; *(teg.)* skeidingswand, tussenskot; *(geluidsleer)* membraan, trilplaat(jie); *(bot., chem., fot.)* diafragma.

di·aph·y·sis *-yses, (anat.)* beenskag, -pyp, diafise.

di·a·pos·i·tive *n., (fot.)* dia(positief), projeksieplaatjie, skuifie.

di·ar·chy, dy·ar·chy diargie, tweemanskap.

di·a·rise, di·a·rist →DIARY.

di·ar·rhoe·a, *(Am.)* **di·ar·rhe·a** diarree, buikloop, maagwerking; ***calf** ~* kalwerdiarree; ***infantile** ~* kinderdiarree; ***red** ~* (bloed)persie; ***verbal** ~* →VERBAL. **di·ar·rhoe·al,** *(Am.)* **di·ar·rhe·al, di·ar·rhoe·ic,** *(Am.)* **di·ar·rhe·ic** diarreaal, diarreïes.

di·ar·thro·sis *-throses, (anat.)* diartrose.

di·a·ry dagboek; dagverhaal; *keep a ~* 'n dagboek hou. **di·a·rise, -rize** in jou dagboek aanteken. **di·a·rist** dagboekskrywer.

di·a·scope diaskoop.

di·as·po·ra verstrooiing, diaspora; *the D~* die Jode in die verstrooiing.

di·a·spore *(min., bot.)* diaspoor.

di·a·stase *(biochem.)* diastase. **di·a·sta·sic** diastaties.

di·as·to·le *(fisiol.)* diastool, hartontspanning, verslappingsfase. **di·as·tol·ic** diastolies; *~ murmur* diastolegeruis.

di·a·ther·my, di·a·ther·mi·a *(med.)* diatermie. **di·a·ther·mic** diatermies, warmtedeurlatend.

di·a·tom *(biol.)* diatomee, kristalwier. ~ **ooze** diatomeëslib.

di·a·to·ma·ceous diatomeëhoudend, diatomeë=; ~ *earth* diatomeëaarde, diatomiet.

di·a·tom·ic *(chem.)* diatomies, diatoom; tweeatomig, divalent, tweewaardig.

di·at·o·mite *(geol.)* diatomiet, diatomeëaarde.

di·a·ton·ic *(mus.)* diatonies. **di·a·ton·i·cism** diatoniek.

di·a·tribe skerp/heftige/hewige aanval/kritiek, (lang) smaadrede, (vurige) spotrede.

dib[1] *n.* dolos; *(i.d. mv.)* klipspeel *(met dolosse); (i.d. mv., sl.: geld)* pitte, duite; *have first ~s on ..., (Am., infml.)* die eerste aanspraak op ... hê.

dib[2] *=bb=, ww.* →DAP.

di·ba·sic *(chem.)* tweebasies, dibasies; *(bot.)* dubbelbasies.

dib·ble *n.* plantstok, tuingrafie. **dib·ble** *ww.* gate maak *(met plantstok);* plant *(met plantstok).*

di·branch *(soöl.)* tweekiewige, =kieuige. **di·bran·chi·ate** tweekiewig, =kieuig.

di·bro·mide *(chem.)* dibromied.

dice *n. (mv.)* dobbelstene; blokkies; →DIE[2] *n.; the ~ are heavily **loaded** against s.o.* iem. het alles teen hom/haar, alles is teen iem.; *but **no** ~, (Am., infml.)* maar tevergeefs; ***no** ~!, (Am., infml.)* vergeet dit (maar)!, dit (sal nie) help nie!; ***roll/throw** the ~* dobbelstene gooi. **dice** *ww.* dobbel; in dobbelsteentjies/blokkies kerf/sny; *~ s.t. away* iets verdobbel; *~d potatoes/etc.* aartappelblokkies ens.; *~ with death* met die dood speel, met jou lewe dobbel/speel, die dood uitdaag/(uit)tart; *~ with s.o., (infml.)* teen iem. re(i)sies ja(ag). ~**box** dobbelbeker, =dosie.

dic·er dobbelaar.

dic·ey *(infml.)* onseker, riskant, moeilik.

di·chlo·ro·di·phen·yl·tri·chlo·ro·e·thane *(gifstof, afk.:* DDT*)* dichloordifenieltrichlooretaan.

di·chot·o·my tweeledigheid, gesplitstheid; tweedeling, splitsing in twee; *(filos., log.)* digotomie; *(bot.)* vurkvertakking, gaffelsplitsing; *(astron.)* halfmaan. **di·chot·o·mous** tweeledig; tweedelig; *(bot.)* gevurk, gegaffel(d), vurksgewys(e).

di·chro·ism dichroïsme. **di·chro·ic, di·chro·it·ic** dichroïes, tweekleurig. **di·chro·ite** *(min.)* dichroïet, ioliet, cordieriet.

di·chro·mate *(chem.)* dichromaat, bichromaat. **di·chro·mat·ic** dichromaties, tweekleurig.

dick[1] *(Br., sl.)* vent, ou; *(vulg. sl.: penis)* voël, draad, piel; *clever ~* slimjan, wysneus. ~**(head)** *(Br., vulg. sl.)* dom=, klipkop, pampoen(kop), mamparra; swernoot, wetter.

dick[2] *(Am., sl., vero.)* speurder.

dick[3] *(Am., sl.): take one's ~* sweer, plegtig beloof/belowe.

dick·ens *(infml., euf.)* drommel, duiwel; →DEVIL; *like the ~, (infml., vero.)* dat dit (so) klap, vir die vale(s); *play the ~ with s.t.* iets in die war stuur; 'n gemors van iets maak; iets ruïneer; *what/where/who the ~...?* wat/waar/wie d(i)e drommel/duiwel...?.

Dick·en·si·an *n.* Dickenskenner. **Dick·en·si·an** *adj.* Dickensiaans, wat (sterk) aan (Charles) Dickens herinner.

dick·er *n.* (nietige) winskopie; onderhandeling, bedinging; transaksie; ruil(handel), ruilery; *(hist.)* tiental. **dick·er** *ww.* onderhandel; kwansel; k(n)ibbel.

dick·(e)y[1] *=ies, =eys, n., (infml.)* borsie, beffie; donkiehings. ~**(bird)** *(infml., kindert.)* voëltjie; *not a ~, (infml.)* geen dooie woord nie. ~ **(bow)** *(Br., infml.)* strikdas. ~ **(seat)** *(vero.)* kattebak *(v. motor); (hist.)* agterbok *(v. koets).*

dick·(e)y[2] *adj., (Br., infml.)* pap(perig), swak(kerig), kaduks; gedaan; wankelrig, lendelam, mankoliek; ~ *heart* swak hart.

di·cot·y·le·don *(bot.)* tweesaadlobbige (plant), dikotiel. **di·cot·y·le·don·ous** tweesaadlobbig, dikotiel.

di·crot·ic, di·cro·tal *(fisiol.)* dikroties; ~ *pulse* tweeslagpols.

Dic·ta·phone *(handelsnaam)* diktafoon, dikteermasjien.

dic·tate *n.* voorskrif, bevel; *the ~s of ...* die stem van ... *(d. gewete);* die ingewing van ... *(d. hart).* **dic·tate** *ww.* dikteer, voorlees, voorsê; voorskryf, =skrywe, beveel, gebied; ingee; ~ *to s.o.* aan iem. dikteer *('n brief om te tik ens.);* (aan) iem. voorskryf/=skrywe. **dic·tat·ing ma·chine** dikteermasjien. **dic·ta·tion** diktaat, diktee; bevel, voorskrif; dwang; ingewing; *take (down) ~* diktaat opneem. **dic·ta·tor** diktator; onbeperkte heerser. **dic·ta·tor·i·al** diktatoriaal. **dic·ta·tor·ship** diktatorskap, diktatuur.

dic·tion taalgebruik, woordkeuse; segswyse, segging, voordrag; *(mus.)* diksie.

dic·tion·ar·y woordeboek; ***compile** a ~* 'n woordeboek opstel; ***consult** a ~* 'n woordeboek raadpleeg/naslaan; ***desk** ~* →DESK; ***look** s.t. **up** in a ~* iets in 'n woordeboek naslaan; *s.o. has **swallowed** a ~, (skerts.)* iem. het 'n woordeboek ingesluk (*of* is 'n wandelende woordeboek). ~**-maker** woordeboekmaker, leksikograaf.

Dic·to·graph *(handelsnaam)* diktograaf, luisterapparaat.

dic·tum *=tums, =ta* uitspraak; gesegde, spreuk, spreekwoord; *(jur.)* opmerking, uitlating, uiting, dictum, diktum.

did *(verl. t.): why s.o. acted **as** he/she ~* waarom iem. so opgetree het; *s.o. ~ **it!**, (ook)* iem. het dit (sowaar) reggekry!; ***more** than it ~ **before*** meer as voorheen; ***what** it ~ do, was ...* wat dit wel gedoen het, was ...; →DO[1] *ww.*.

di·dac·tic didakties, lerend, leer=; strekkings=; ~ *poem* leerdig. **di·dac·ti·cian** didaktikus. **di·dac·ti·cism** didaktiek. **di·dac·tics** didaktiek; onderwyskunde, pedagogie.

di·dap·per *(orn.)* duikertjie.

did·dle *(infml.)* inloop, kul, verneuk; knoei, konkel; uitoorlê, met 'n slap riem vang; *~ s.o. out of s.t.* iem. uit iets verneuk. **did·dler** skelm, bedrieër, swendelaar, verneuker, kuller.

did·ger·i·doo *(Austr., mus.)* didjeridoe.

didn't = DID NOT.

di·do *=do(e)s, (Am., infml.)* poets, grap; streek; bokkesprong, kaperjol.

di·dym·i·um *(chem.)* didimium.

die[1] *dying, ww.* sterf, sterwe, doodgaan, te sterwe kom, beswyk, omkom, wegval, die lewe laat, jou lewe aflê; *(dier, enjin, ens.)* vrek; →DYING; ~ ***a pauper**/etc.* as armlastige/ens. sterf/sterwe; *s.o.'s **annuity** ~s with him/her, (fin.)* iem. se lyfrente hou op by sy/haar dood; ~ ***away**, (klank, lawaai, musiek, ens.)* wegsterf, =sterwe; *(woede, storm, ens.)* bedaar; *(wind)* bedaar, gaan lê; *(lig, vuur)* doodgaan, uitgaan; *(geluid, applous, ens.)* vervaag; *(gees ens.)* wegkwyn; ~ ***back**, (bot.)* afsterf, =sterwe; ~ *in **battle*** sneuwel, val; ***be dying*** op sterwe lê/wees, aan die sterwe wees; *s.o. would ~ **before** ...* iem. sou eerder/liewer(s) sterf/sterwe as om te ...; ~ ***by** one's own hand, (fml., vero.)* die hand aan eie lewe slaan, selfmoord pleeg; ~ ***by** violence* deur geweld sterf/sterwe, 'n gewelddadige dood sterf/sterwe; *~ the **death**, (infml.), (klub ens.)* sy deure (vir goed) sluit; *(gerugte ens.)* end kry; ~ ***down*** wegsterf, =sterwe; verflou; bedaar; *s.o. would ~ **first/sooner*** iem. sou eerder/liewer(s) sterf/sterwe; *be dying **for** s.t.* na iets smag *('n sigaret ens.); be s.t. to ~ **for**, (infml.)* iem. sou wat wou gee vir iets; ongelooflik/manjifiek/verruklik wees; *~ **from** ...* aan ... sterf/sterwe/beswyk *(jou wonde ens.); s.o. ~s **hard*** iem. het 'n swaar doodstryd; *s.t. ~s **hard*** iets is (baie) taai (*of* moeilik om te laat vaar) *('n gewoonte ens.); the **hope** in s.o.'s heart ~d* iem. het alle moed opgegee; *~ **laughing**, (infml.)* jou doodlag; *I **nearly*** (or ***could have***) *~d when ...* ek het yskoud geword (*of* amper iets oorgekom) toe ...; ~ ***of** ...* aan ... sterf/sterwe *('n siekte);* van ... sterf/sterwe *(dors, honger, ouderdom, uitputting, ens.);* van ... doodgaan/omkom *(honger ens.);* ~ ***of** cold* verkluim; ~ ***of** embarrassment/fright/laughter/etc., (infml.)* jou doodskaam/=skrik/=lag/ens.; *s.o. ~d **of** ...* iem. is dood aan ... *(kanker, vigs, ens.);* ~ ***off*** afsterf, =sterwe; uitsterf, =sterwe; ~ ***on** s.o., (infml.)* voor iem. se oë sterf/sterwe; ~ ***out*** uitsterf, =sterwe; *s.o. would **rather** ~ than ...* iem. sou eerder/liewer(s) sterf/sterwe as om te ...; ***never say** ~!, (infml.)* hou (goeie) moed!, moenie moed verloor nie!, aanhou(er) wen!; ~ ***through** neglect/etc.* deur verwaarlosing/ens. sterf/sterwe; *be dying **to** do s.t.* iets dolgraag wil doen; ~ ***with** s.o.* saam met iem. graf toe gaan. ~**-away** *adj. (attr.)* (weg)kwynende, wegsterwende. ~**back** *(bot.)* afsterwing. ~**hard** kanniedood; bittereinder, onversoenlike, klipvreter.

die[2] *dice, n.* dobbelsteen, teerling; *(mv.:* dies*)* plint; stempel; matrys; snyblok; *(mynw.)* vyselkop; draadsnymoer; →DICE; *the ~ is **cast*** die teerling is gewerp; die koeël is deur die kerk; ***cut** a ~* 'n stempel sny; ***punch** and ~* stempel en snyplaat; ***(punching)** ~* snyblok; ***stock** and ~s* stok en snymoere; *(as) **straight** as a ~* pylreguit; so eerlik soos die dag (*of* soos goud). ~ **block** stempelblok. ~**-cast** *ww.* vormgiet. ~**-casting** vormgieting; matrysgieting; gietsel, vormgietstuk. ~ **cutting** stempelsny(ding). ~ **head** draadsnykop. ~ **maker** stempelmaker. ~ **(nut)** (draad)snymoer. ~ **plate** snyplaat. ~ **sinker** stempelsnyer. ~**-stamp** *ww.* in reliëf maak, bosseleer. ~**-stamping** stempeldrukwerk. ~ **steel** matrysstaal.

die·de·rik (cuck·oo) *(orn.)* diederik(ie).

diel·drin *(chem.)* dieldrien.

di·e·lec·tric *n.* diëlektrikum, di-elektrikum, isolerende stof. **di·e·lec·tric, di·e·lec·tri·cal** *adj.* diëlektries, di-elektries, isolerend.

di·ene *(chem.)* dieen.

di·er·e·sis →DIAERESIS.

die·sel *(infml.: brandstof, enjin, voertuig)* diesel. ~**-electric** *n.* diesel-elektriese lokomotief. ~**-electric** *adj.* diesel-elektries. ~ **engine,** ~ **motor** dieselenjin, =masjien, =motor. ~ **fuel,** ~ **oil** dieselbrandstof, =olie.

die·sel·ise, =ize dieseliseer *(enjin ens.).* **die·sel·i·sa·tion, =za·tion** dieselisasie, dieselisering.

di·et[1] *n.* dieet, eetvoorskrif; leefreël; ***be** on a ~* op dieet wees, 'n dieet volg; ***go** on a ~* op dieet gaan, 'n dieet begin volg; ***put** s.o. on a ~* iem. 'n dieet laat volg, iem. op dieet stel, vir iem. 'n dieet voorskryf/=skrywe; *be on a **spare** ~* skraal kos kry. **di·et** *adj. (attr.)* dieet= *(kaart, kundige, ens.);* laevet= *(jogurt, margarien, ens.);* suikervrye *(koeldrank ens.);* verslankings= *(klub, kliniek, groep, program, ens.); ~ pill* dieet=, verslankingspil. **di·et** *ww.* op dieet wees, 'n dieet volg; *(arg.)* eet; 'n dieet laat volg, op dieet stel, 'n dieet voorskryf/=skrywe; *(arg.)* voed, kos gee. **di·e·tar·y** *n.* dieet; rantsoen, porsie. **di·e·tar·y** *adj.* volgens voorskrif; dieet= *(aanvulling, voorskrifte, ens.);* voedsel= *(behoeftes, produk, tekort, ens.);* eet= *(gewoontes);* dieetkundig *(faktore ens.);* dieetmatig *(beheer ens.);* ~ ***education*** dieetkundige onderrig; ~ ***fibre, roughage*** rukos, =vesel, voedselvesel, growwigheid; ~ ***law*** rituele dieetvoorskrif; ~ ***value*** voedingswaarde. **di·e·tet·ic, di·e·tet·i·cal** dieetkundig, dieet=, voedings=, diëteties. **di·e·tet·ics** diëtetiek, dieetkunde; leefreëls; voedingsleer, sitiologie. **di·e·ti·cian, di·e·ti·tian** dieetkundige.

di·et[2] *n.* landdag; *(imperial) ~, (hist.)* ryksdag; *D~ of Worms* Ryksdag van Worms.

di·eth·yl *(chem.):* ~ **ether** diëtieleter, di-etieleter. ~**stilboestrol** diëtielstilbestrol, di-etielstilbestrol.

di·eth·yl·ene *(chem.)* diëtileen, di-etileen.

dif·fer (van mekaar) verskil; afwyk; van mening verskil; ~ ***about/on/over** s.t.* oor (*of* in verband met *of* met betrekking tot) iets verskil; ***agree** to ~* →AGREE; *I **beg** to ~* ek stem nie saam nie; ~ ***by** ...* met ... verskil; ~ ***from** s.o./s.t.* van iem./iets verskil, anders as iem./iets wees; ~ ***from/with** s.o.* met/van iem. verskil, nie met iem. saamstem nie; ~ ***in** appearance* verskillend lyk, in voorkoms verskil; ~ ***widely*** hemelsbreed verskil; baie verskillend wees; baie verskillende menings hê.

dif·fer·ence verskil, onderskeid; afwyking, ongelykheid; geskil, onenigheid, meningsverskil; koersverskil; prysverskil; *(her.)* breuk; ***adjust/resolve/settle** ~s* geskille besleg/bylê/skik (*of* uit die weg ruim); *two/*

etc. years' ~ *in their* ***ages*** die/'n ouderdomsverskil van twee/ens. jaar tussen hulle; *an* ***appreciable*** ~ 'n aansienlike verskil; *the* ~ ***between*** *A and B* die verskil tussen A en B; die geskil tussen A en B; ***have*** *a* ~ *with s.o. about/on/over s.t.* 'n verskil met iem. hê oor iets; *the* ~ ***in*** ... die verskil in ... *(voorkoms ens.); there is* ***little*** ~ daar is min verskil, dit skeel nie veel nie *(twee mate ens.);* ***make*** *a* ~ ('n) verskil maak; *s.t.* ***makes*** *all the* ~ iets is belangrik, iets verander die saak; *it* ***makes*** *a good deal of* ~ dit maak 'n aansienlike verskil; *it* ***makes*** *no* ~ dit maak geen verskil nie, dit verander die saak nie; *it* ***makes*** *no* ~ *(to me)* dit is vir my om't (*of* om 't/die) ewe; *a* ***marked*** ~ 'n duidelike onderskeid; ~ *of* ***opinion*** meningsverskil, verskil van mening, onenigheid; ***point*** *of* ~ verskilpunt; geskilpunt; *not* ***see*** *any* ~ geen verskil sien nie; ***sink*** ~*s* geskille laat vaar; ***split*** *the* ~ die verskil deel; ***what's*** *the* ~*?, (infml.)* wat maak dit saak?; *a ...* ***with*** *a* ~*, (infml.)* 'n (heel) besonderse ...; *a* ***world*** *of* ~ 'n hemelsbreë verskil/onderskeid. **dif·fer·enced** *(her.)* gebroke.

dif·fer·ent verskillend, anders; afwykend; uiteenlopend; ongelyk; ander; onderskeie; ongewoon, spesiaal; *be as* ~ ***as*** *chalk and cheese* →CHALK *n.; s.t. is* ***far*** ~ iets is glad/heel anders; *be* ~ ***from*** ... van ... verskil, anders as ... wees; *A is* ~ ***from*** *B, (ook)* A is verskillend van B; *be* ~ *in* ***kind*** andersoortig wees; *be* ***no*** ~ *from* ... maar net soos ... wees; *s.t. is* ***quite*** ~ iets is glad/heel anders; *A and B are* ***quite*** ~ A en B is heel(temal) verskillend. **dif·fer·ent·ly:** ~ *abled, (Am., euf.)* gestrem(d), spesiaal; →ABLED.

dif·fer·en·ti·a -*tiae, (log.)* onderskeidingsmerk, kenmerk.

dif·fer·en·tial *n., (meg.)* ewenaar; *(wisk.)* differensiaal; *(han.)* koersverskil; *port* ~ hawe(tarief)verskil. **dif·fer·en·tial** *adj.* differensieel; differensiaal-. ~ **calculus** *(wisk.)* differensiaalrekening. ~ **development** eiesoortige ontwikkeling. ~ **duties** differensiële regte. ~ **equation** *(wisk.)* differensiaalvergelyking. ~ **filler plug** *(mot.)* ewenaarvulprop. ~ **heating** wisselverhitting. ~ **rate** differensiële tarief. ~ **ratio** *(mot.)* agteras-, ewenaarverhouding.

dif·fer·en·ti·ate onderskeid maak, onderskei; verskil maak; voortrek, begunstig; uitmekaar hou, uitmekaarhou, differensieer; *(wisk.)* die afgeleide vind; ~ *between A and B* tussen A en B onderskei; A en B verskillend behandel. **dif·fer·en·ti·a·tion** onderskeiding; voortrekkery, begunstiging; differensiasie, differensiëring.

dif·fer·ing verskillend, uiteenlopend.

dif·fi·cult moeilik, ongemaklik, swaar, lastig, moeisaam; stroomop *(iem.);* ~ *of* ***access*** ontoeganklik, moeilik om te bereik; *find it* ~ *to* ***believe*** *that* ... dit beswaarlik kan glo dat ...; ~ ***breathing*** asemnood; *be* ~ *to* ***deal*** *with* stug wees; ***don't*** *be* ~ moenie so moeilik/(hard)koppig/stroomop wees nie; *s.t. is* ~ ***for*** *s.o.* iets is vir iem. moeilik; ***make*** *things* ~ *for s.o.* dit/sake vir iem. moeilik maak; *in a* ~ ***position/situation*** in 'n netelige posisie; *give s.o. a* ~ ***time*** iem. laat swaar kry, dit vir iem. moeilik maak; *have* (or *go through) a* ~ ***time*** dit hotagter hê/kry, swaar kry; ~ ***times*** swaar tye. **dif·fi·cul·ty** moeilikheid; hindernis, struikelblok; verleentheid, penarie; beswaar; swarigheid; beswaarlikheid, moeisaamheid; *difficulties* ***arise*** moeilikhede ontstaan (*of* doen hulle voor); ***find*** *o.s.* (or ***land***) *in difficulties* in die moeilikheid beland, in die nood raak; ***have*** ~ *in doing s.t.* swaar kry (*of* sukkel) om iets te doen, iets swaar doen *(praat ens.);* ***help*** *s.o. out of a* ~ iem. uit die moeilikheid help; *be in difficulties* in die moeilikheid/nood wees; dit ongemaklik hê; ***labour*** *under difficulties* swaar leef/lewe, met moeilikhede te kampe hê; ***land*** *s.o. in difficulties* iem. in die moeilikheid bring (*of* laat beland); *every* ***little*** ~ elke ou moeilikheidjie; ***make*** *difficulties* besware opper; *don't start* ***making*** *difficulties now, (ook)* moenie nou (kom) staan en lol nie; ***meet*** *with a* ~ moeilikheid ondervind; *it* ***presents*** *some* ~ dit gee moeite, dit lewer moeilikheid op; ***run*** *into difficulties* in die moeilikheid beland; die wind van voor kry; *s.o. will* ***run*** *into difficulties, (ook)* iem. sal sy/haar kop stamp; *do s.t.* ***with*** ~ iets met moeite doen, iets beswaarlik kan doen; ***without*** ~ sonder moeite.

dif·fi·dent bedees, skugter, skamerig, beskroomd, skroomvallig; *be* ~ *about doing s.t.* skroom om iets te doen. **dif·fi·dence** bedeesdheid, skugterheid, skamerigheid, beskroomdheid, skroomvalligheid, gebrek aan selfvertroue.

dif·flu·ent *(w.g.)* vervloeiend. **dif·flu·ence** *(w.g.)* vervloeiing.

dif·fract buig. **dif·frac·tion** straalbuiging, diffraksie.

dif·fuse *adj.* versprei(d), uitgesprei(d), verstrooi(d); los spreidend; wydlopig, langdradig, breedsprakig, omslagtig. **dif·fuse** *ww.* versprei, (uit)sprei, uitstraal, uitgiet; *(fis.)* diffundeer. **dif·fused** verspreid; verstrooi(d); ~ *light* gedempte lig, strooilig. **dif·fuse·ly** verspreid; wydlopig, breedsprakig, langdradig. **dif·fuse·ness** verspreidheid; wydlopigheid, langdradigheid, breedsprakigheid. **dif·fus·er, dif·fu·sor** spreier. **dif·fus·i·bil·i·ty** diffusievermoë. **dif·fus·i·ble** verspreibaar, diffunderend. **dif·fu·sion** verspreiding; uitstraling; verstrooiing; diffusie; gasvermenging; vloeistofmenging. **dif·fu·sive** uitspreidend, uitstrooiend; wydlopig, omslagtig.

dig *n.* stamp, stoot, steek; grawery, spittery; graaf-, spitwerk; grawery, uitgrawing; →DIGS; *a* ~ ***at*** *s.o., (infml.)* 'n steek vir iem.; *have a* ~ ***at*** *s.o., (infml.)* iem. 'n steek gee; ***give*** *s.o. a* ~ *(in the ribs)* iem. (in die ribb[e]s) pomp/por/stamp. **dig** *digging dug, ww.* grawe; spit; delf, delwe; snuffel; *(Am., sl.)* blok; *(infml.: hou van)* smaak (van); *(infml.: verstaan)* snap; ~ ***for*** *s.t.* na iets delf/delwe; na iets grawe; ~ *in one's* ***heels/toes*** vasskop, viervoet (*of* in jou vier spore) vassteek; ~ ***in,*** *(infml.)* weglê *(aan kos);* ~ *s.t.* ***in*** iets inspit; ~ *o.s.* ***in,*** *(lett. & fig.)* jou ingrawe; *(infml.)* jou stewig vestig, jou posisie verstewig; *be dug* ***in*** ingegrawe wees; ~ ***into*** *s.t., (infml.)* aan iets weglê *(kos);* iets ondersoek, in iets snuffel *('n moontlike skandaal ens.);* ~ *s.t.* ***out*** iets uitgrawe; iets uithol; iets aan die lig bring; iets oprakel; ~ *s.t.* ***over*** iets omspit/omwoel/opbreek *('n stuk grond);* ~ ***potatoes*** aartappels uithaal/uitgrawe; ~ *s.o. in the* ***ribs*** →RIB *n.;* ~ *s.t.* ***up,*** *(lett.)* iets opgrawe; iets omspit *('n stuk grond); (fig.)* iets uitgrawe; *(infml.)* iets bymekaarkry *(genoeg geld ens.).* **dig·ger** delwer; grawer; spitter; graaftoestel; ~*'s licence* delwerslisensie.

dig·a·my tweede huwelik.

di·gest *n.* versameling; opsomming, samevatting, oorsig, kortbegrip, uittreksel; keurblad. **di·gest** *ww.* verteer; verwerk, opneem; klassifiseer; opsom; *(arg.)* verdra. **di·gest·i·ble** verteerbaar. **di·ges·tion** spysvertering, digestie; verwerking; vertering; aftreksel; *have a good* ~ 'n goeie maag hê; *have the* ~ *of an ostrich, (infml.)* 'n volstruismaag hê. **di·ges·tive** digestief, spysverterings-; goed vir die spysvertering; ~ ***cavity*** (spys)verteringsholte; ~ ***juices*** spysverteringsappe; ~ ***organ*** spysverteringsorgaan; ~ ***system*** spysverteringstelsel; ~ ***tract*** spys(verterings)kanaal.

dig·ging grawery, graafwerk; graafplek; *(i.d. mv.)* delwery(e); *(Br., infml., vero.)* losies-, blyplek, kamer(s). ~ **stick** graaf-, skoffelstok.

dig·it vinger; toon; syfer *(benede 10);* vingerbreedte; *ten's* ~ tiensyfer. **dig·i·tate, dig·i·tat·ed** *(bot.)* handvormig; *(soöl.)* gevinger(d). **dig·i·ta·tion** *(biol.)* vingervorming. **dig·i·ti·grade** *(soöl.)* toonganger.

dig·i·tal *n., (skerts.)* vinger; *(mus.)* toets. **dig·i·tal** *adj.* vinger-; toon-; digitaal; ~ ***audio*** *broadcasting* digitale oudio-uitsending; ~ ***audio*** *tape* digitale oudioband; ~ ***clock*** syferklok, digitale klok; ~ ***compression*** digitale kompressie; vingerdrukking; ~ ***computer*** digitale rekenaar; ~ ***disc*** digitale plaat/skyf; ~ ***recording*** digitale opname; ~ ***watch*** syferhorlosie, digitale/elektroniese horlosie. **dig·i·tal·ly** *adv.* digitaal; ~ *recorded* digitaal opgeneem; ~ *remastered* digitaal heropgeneem.

dig·i·tal·in *(med.)* digitalien.

dig·i·tal·is *(bot.)* vingerhoedskruid, digitalis; *(med.)* digitalis.

dig·i·tal·ise, -ize[1] *(med.)* digitaliseer, met digitalis/digoksien behandel, digitalis/digoksien toedien. **dig·i·tal·i·sa·tion, -za·tion** digitalisasie, digitalisering, digitalisbehandeling, -toediening, digoksienbehandeling, -toediening.

dig·i·tal·ise, -ize[2] *(rek.)* →DIGITISE. **dig·i·tal·i·sa·tion, -za·tion** →DIGITISATION.

dig·it·ise, -ize *(rek.)* digitaliseer, versyfer. **dig·i·ti·sa·tion, -za·tion** digitalisering, versyfering. **dig·it·is·er, -iz·er** digitaliseerder, versyferaar.

di·glot *n.* tweetalige werk. **di·glot** *adj.* tweetalig.

dig·ni·fy vereer, adel; deftig maak, deftigheid verleen aan. **dig·ni·fied** waardig, deftig, statig, plegtig; verhewe.

dig·ni·tar·y (hoog)waardigheidsbekleër, hooggeplaaste.

dig·ni·ty waardigheid, deftigheid, statigheid; adel; amp; ***bear*** *o.s. with* ~ jou waardig gedra; *s.t. is* ***beneath*** *s.o.'s* ~ iets is benede iem. se waardigheid; ***human*** ~ menswaardigheid; ***lend*** ~ *to* ... waardigheid aan ... verleen; ***stand*** *on one's* ~ op jou waardigheid gesteld wees; deftig wees; *be* ***stripped*** *of one's* ~ van jou waardigheid ontdaan/ontdoen wees.

di·graph dubbele letter, digraaf.

di·gress afdwaal, afwyk; ~ *from* ... van ... afdwaal *('n onderwerp).* **di·gres·sion** afdwaling, afwyking, digressie. **di·gres·sive** wydlopig, omslagtig, geneig om af te dwaal.

digs *(mv.), (infml.)* kamer(s), losies-, blyplek.

di·gy·nous *(bot.)* tweestylig.

di·he·dral tweevlakkig; ~ *angle* tweevlakshoek, standhoek.

di·hy·dric *(chem.):* ~ *alcohol* diol.

di·io·dide *(chem.)* dijodied.

dike[1] →DYKE[1].

dike[2] →DYKE[2].

di·lac·er·ate *(w.g.)* verskeur, uiteenruk.

di·lap·i·date *(arg.)* verval, bouvallig word; verwaarloos, laat verval. **di·lap·i·dat·ed** vervalle, bouvallig, verwaarloos, gehawend, kaduks. **di·lap·i·da·tion** verval, bouvalligheid; verwaarlosing; vervallenheid; agteruitgang, waardevermindering; verkwisting; *be in a state of* ~, *(gebou)* vervalle (*of* in verval) wees.

di·late uitsit, swel; *(pupille)* verwyd, wyer word; laat uitsit/swel; (oop)rek, oopsper, dilateer *(blaasnek ens.);* verruim *(bloedvate);* ~ *(up)on s.t.* oor iets uitwei. **di·lat·a·bil·i·ty** rekbaarheid, uitsettingsvermoë. **di·lat·a·ble** uitrekbaar, uitsetbaar. **di·la·ta·tion** *(med., fisiol.)* uitsetting, rekking; volumeverandering, dilatasie; uitweiding, breedvoerige uiteensetting; ~ *and curettage, (med., afk.:* D and C*)* dilatasie en kurettasie *(afk.:* D en K*).* **di·la·tion, dil·a·ta·tion** uitsetting; *water of dilation, (geol.)* uitswellingswater. **di·la·tor** dilator, verwyder; dilator, rekspier. **dil·a·to·ri·ness** traagheid, langsaamheid; getalm, draaiery. **dil·a·to·ry** traag, langsaam, draaierig, talmend, uitstellerig.

dil·do(e) -*do(e)s* dildo, kunspenis.

di·lem·ma dilemma, verleentheid; *be in* (or *on the horns of) a* ~ voor 'n dilemma staan, in 'n dilemma wees.

dil·et·tante -*tantes,* -*tanti* dilettant, liefhebberaar. **dil·et·tan·tish, dil·et·tan·te·ish** dilettanterig, dilettanties, amateuragtig. **dil·et·tan·tism** dilettantisme.

dil·i·gent ywerig, fluks, vlytig, toegewy(d), arbeidsaam; op en wakker. **dil·i·gence** ywer, vlyt, toewyding, werkywer, arbeidsaamheid; spoed.

dill *(bot.)* dille. ~ **cucumber** dillekomkommer. ~ **pickles** *(mv.)* dillepiekels. ~ **water** vinkel-, dillewater.

dil·ly[1] *n., (Am., infml.)* merkwaardige mens/ding.

dil·ly[2] *adj., (Austr., infml., vero.)* dom; snaaks, laf.

dil·ly (bag) *(Austr.)* (rug)sak.

dil·ly-dal·ly *(infml.)* draai, talm, sloer; aarsel, weifel. **dil·ly-dal·ly·ing** gedraai, getalm, gesloer, uitstellery; aarseling, weifeling.

di·lo *(boomsoort: Calophyllum* sp.*)* domba.

di·lute *ww.* verdun *(melk, oplossing, ens.);* versag, temper *(kleur); (fig.)* verwater, verswak, verminder *(mag, idee, rol, ens.).* **di·lute** *adj.* verdun(d); verwater(d); flou, swak. **dil·u·ent, di·lut·ing a·gent** verdunner, verdunningsmiddel. **di·lu·tion** verdunning, verwatering; verdunde oplossing; ~ *of labour* indiensneming van ongeskooldes.

di·lu·vi·um *-via, (geol.)* diluvium; spoelgrond. **di·lu·vi·al** diluviaal, vloed-.

dim *adj.* skemerig, gedemp, halfdonker; dof, flou, vaag, swak, wasig; glansloos, mat *(kleur); (infml.)* dom, dof, toe; →DIMLY; ***grow*** ~ verswak; dof word; *the* ~ ***past*** die voortyd, die gryse verlede; *the* ***prospects*** *are* ~ die kanse is gering; *take a* ~ ***view*** *of s.t., (infml.)* nie veel van iets dink nie, maar min van iets dink. **dim** *-mm-, ww.* dof word, verduister; verdof, dof maak, benewel; vervaag; taan; demp, verdof *(ligte).* **~-out** verdoffing. ~ **switch** demp-, verdofskakelaar. **~wit** *(infml.)* pampoen(kop), skaap(kop), bobbejaan, mamparra. **~-witted** onnosel, dom, stompsinnig.

dime *(Am.)* tiensentstuk; *they are a* ~ *a dozen, (infml.)* jy kan hulle agter elke bos(sie) uitskop, hulle is volop; hulle is nie veel werd nie. ~ **novel** *(Am., vero.)* →PENNY DREADFUL.

di·men·sion afmeting, grootte, omvang, uitgebreidheid, dimensie. ~ **line** maatlyn.

di·men·sion·al dimensioneel, van die afmeting/dimensie; afmetings-; *third-~* van die derde dimensie; *three-~, (afk.:* 3-D*)* driedimensioneel.

dim·er·ous *(biol.)* tweeledig.

dim·e·ter *(pros.)* tweemaatsreël.

di·mid·i·ate *ww., (her.)* halveer. **di·mid·i·ate, di·mid·i·at·ed** *adj.* gehalveer.

di·min·ish verminder, minder word, verklein, kleiner word, inkrimp; afneem, verflou, verslap; inkort *(regte ens.);* ~ *by* ... met ... verminder; *law of ~ing returns* →LAW; *~ing piece* verloopstuk.

di·min·u·en·do *-dos, (It., mus.)* diminuendo, decrescendo.

dim·i·nu·tion vermindering, verlaging, verkleining, inkrimping; ~ *of rights* inkorting van regte.

di·min·u·tive *n.* verkleinwoord, verklein(ings)vorm, diminutief. **di·min·u·tive** *adj.* klein, fyn; nietig, gering; verminderend; miniatuur-; *(gram.)* diminutief, verklein(ings)-; ~ *form* verklein(ings)vorm; ~ *suffix/ending* verkleiningsuitgang.

dim·i·ty *(tekst.)* diemit.

dim·ly dof *(verlig);* dofweg *(sigbaar wees);* flouerig *(flikker, gloei, skyn, ens.);* vaagweg *(aanvoel, bewus wees v., weet, onthou, hoor, sien, uitmaak, ens.);* min of meer *(verstaan).*

dim·mer verdoffer; (reëlbare) smoorspoel. ~ **(switch)** demp-, verdofskakelaar.

dim·ming verdoffing, demping; vervaging.

dim·mish dowwerig.

dim·ness dofheid, skemer; flouheid.

di·mor·phism *(biol., chem.)* tweevormigheid, dimorfie. **di·mor·phic, di·mor·phous** tweevormig, dimorf.

dim·ple *n.* kuiltjie; ~ *in the cheek* wangkuiltjie; ~ *in the chin* kenkuiltjie. **dim·ple** *ww.* kuiltjies maak. **dim·pled** met kuiltjies.

din *n.* geraas, lawaai, rumoer, kabaal; *an infernal* ~ 'n onaardse/oorverdowende lawaai; *kick up* (or *make) a* ~ ('n) lawaai maak; *what a* ~ *there was!* dit was vir jou 'n lawaai!. **din** *-nn-, ww.* raas, lawaai, ('n) lawaai maak, rumoer; weergalm, weerklink; ~ *s.t. into s.o.('s head)* iets by iem. inhamer, iets oor en oor vir iem. sê.

di·nar *(geldeenheid)* dinar.

Di·nar·ic *(geog.):* ~ *Alps* Dinariese Alpe.

dine *(fml.)* eet, dineer; vir ete uitneem; op 'n dinee onthaal; ~ *with* ***Duke Humphrey,*** *(arg.)* die hond in die pot vind; ~ ***in*** tuis eet; ~ ***off/(up)on*** *s.t., (fml.)* iets eet, 'n maaltyd van iets maak; ~ ***out*** uiteet *(nie tuis nie);* ~ ***out*** *on ..., (infml.)* mense vergas op ... *(jou stories ens.); this* ***room*** *~s 20* in dié vertrek kan 20 aansit; ~ *and* ***wine*** *s.o.* →WINE *ww.*.

din·er eter; restaurant-, restourantganger; *(spw.)* eetsalon, -wa; *(Am.)* padkafee. **~-out** uiteter.

di·nette eethoekie.

ding[1] *ww.* klink, klingel; (eentonig) lui. **ding·ing** klingeling; (eentonige) gelui.

ding[2] *n., (Am., infml.)* duik, krap-, skraapmerk *(aan bakwerk v. motor ens.); (Sk., dial.)* hou *(teen d. kop).* **ding** *ww., (Am., infml.)* (in)duik; *(Sk.)* stamp; *(Sk.)* 'n hou gee.

ding-a-ling klingeling, tingeling; *(Am., infml.)* malkop.

ding·bat *(Am., Austr., infml.)* karakter, malkop, anderste(r)/eksentrieke entjie mens; domkop, bobbejaan, uilskuiken.

ding-dong tingeling, bim-bam; kling-klang. ~ **game** *(infml.)* op-en-af-wedstryd.

ding·es *-eses (SA),* **ding·us** *-uses (Am., SA), (infml.)* dinges, watsenaam.

din·ghy *-ghies* (roei)bootjie, (rubber)bootjie, sloep(ie), skuitjie, dinghie, jol(boot).

din·gle *(poët., liter., dial.)* dal, bosklofie.

din·go *-goes* dingo, (Australiese) wildehond.

ding·us →DINGES.

din·gy somber, triestig; vaal; vuilerig; ~ *wool* vuil wol. **din·gi·ness** somberheid; vaalheid; vuilerigheid.

din·ing eet. ~ **car** *(spw.)* eetwa, -salon. ~ **chair** eetkamerstoel. ~ **hall** eetsaal. ~ **room** eetkamer, -vertrek; eetsaal. ~ **table** eet(kamer)-, etenstafel.

dink[1] *n.* →DINKIE.

dink[2] *n., (tennis)* valhou(tjie).

dink·ie, dink·y *-ies, (infml., akr.:* double/dual income, no kids*)* dikkie *(akr.:* dubbele inkomste, kinderloos*).*

din·kum *adj., (Austr., infml.)* eg. **din·kum** *adv.* regtig, sowaar, njannies.

dink·y[1] →DINKIE.

dink·y[2] *-ies, (SA: botteltjie wyn met 'n skroefdop)* buksie.

dink·y[3] *(infml.), (Br.)* oulik, skatlik, liefies, aantreklik, snoesig, netjies; *(Am.)* petieterig, nietig, onbenullig.

din·ner hoofmaal(tyd); aandete; middagmaal, -ete; eetmaal, dinee; ***after/before*** ~ na/voor (die) aandete; ***at*** ~ met aandete/middagete; aan tafel; ***have/take*** ~ aandete/middagete geniet/nuttig; *we're* ***having*** ~ ons eet; ~ *is* ***served*** die ete/kos is/staan op (die) tafel, die ete is gereed. ~ **bell** etensklok. ~ **car** eetsalon. ~ **cloth** tafellaken, -doek. ~ **dance** dinee-dansparty. ~ **fork** eet-, tafelvurk, groot vurk. ~ **hour** etensuur. ~ **jacket** dinee-, aand-, stompstertbaadjie. ~ **knife** tafelmes. ~ **mat** tafel-, bordmatjie. ~ **pail** *(Am., vero.)* kosblik, -emmer(tjie); *hand in one's* ~ ~*, (infml.)* lepel in die dak steek. ~ **party** dinee; dinee-, eetgeselskap. ~ **plate** groot bord. ~ **roll** dineerolletjie. ~ **service,** ~ **set** eetservies. ~ **table** etenstafel. ~ **theater** *(Am.)* restaurant-, restourantteater. ~ **time** etenstyd; *at* ~ met etenstyd/aandete/middagete. ~ **wagon** dienwaentjie. **~ware** eetservies; eetgerei.

di·no·saur, di·no·sau·ri·an *n.* dinosourus; *(fig.)* (ou) fossiel, museumstuk. **di·no·sau·ri·an** *adj.* dinosourus-.

dint *n.* duik; *(arg.)* slag, hou; *by* ~ *of hard work* deur (middel van) harde werk, deur hard te werk. **dint** *ww.* (in)duik.

di·o·cese bisdom, biskoplike gebied, diosees. **di·oc·e·san** *n.* biskop; diosesaan. **di·oc·e·san** *adj.* bisdomlik, diosesaan, bisdoms-, biskops-.

Di·o·cle·tian *(Rom. keiser)* Diokletianus, Diocletianus.

di·ode *(elektron.)* diode.

di·(o)e·cious *(bot.)* tweehuisig.

di·ol *(chem.)* diol.

Di·o·me·des, Di·o·med(e) *(Gr. mit.)* Diomedes.

Di·o·ny·sus, Di·o·ny·sos *(Gr. mit.)* Dionusos, Dionusus. **Di·o·nys·i·an, Di·o·nys·i·ac** Dionisies.

di·op·tase *(min.)* dioptaas, kopersmarag.

di·op·tre, *(Am.)* **di·op·ter** *(opt.)* diopter, dioptrie, straalbrekingseenheid. **di·op·tric, di·op·tri·cal** dioptries, straalbrekings-. **di·op·trics** dioptriek, dioptrika, straalbrekingsleer.

di·o·ram·a diorama; *(hist.)* kykspel. **di·o·ram·ic** dioramies.

di·o·rite *(geol.)* dioriet.

Di·os·cu·ri *(mv.), (Gr. mit.)* Dioskure.

di·ox·an(e) *(chem.)* dioksaan.

di·ox·ide *(chem.)* dioksied.

di·ox·in *(chem.)* dioksien.

dip *n.* indompeling; duik, bad; natmakertjie; doopsous; (vee)dip; dipstof; skep, hand vol; duik, laagte; daling; (kim)duiking; helling, skuinste; *(astron.)* inklinasie; afwyking *(v. magnetiese naald);* knik; saluutstryking, vlagsaluut; vetkers; *(sl.)* sakkeroller; ***go for*** (or ***have/take***) *a* ~ gaan swem, in die water spring; ***go through*** *a* ~ deur 'n duik gaan; 'n daling beleef/belewe; ~ *of* ***horizon*** kimduiking; *a* ***lucky*** ~ 'n geluks-/verrassingspakkie; *a* ***slight*** ~ 'n laagtetjie; *the road* ***takes*** *a* ~ daar is 'n duik in die pad; *the profits* ***took*** *a* ~ die wins het gedaal. **dip** *-pp-, ww.* insteek; (in)dompel, (in)doop; dip *(vee);* neig, duik, sak; laat sak; afhel, skuins loop; domp, neerslaan *(ligte);* ~ ***below*** *the horizon, (son)* ondergaan, agter die horison verdwyn; ~ ***below*** *10°C, (temperatuur)* tot onder 10°C daal/sak; ~ *the* ***flag*** met die vlag salueer; ~ *s.t.* ***in/into*** ... iets in ... steek; iets in ... doop; ~ ***into*** *a book* 'n boek deurblaai; ~ ***into*** *the future* 'n blik in die toekoms werp; ~ ***into*** *one's savings/etc.* van jou spaargeld/ens. (begin) gebruik, jou spaargeld/ens. aanspreek; ~ ***into*** *a subject* vlugtig met 'n onderwerp kennis maak; ~ *one's* ***pen*** *in gall* jou pen in gal doop; ~ ***under*** *42 seconds* die rond(t)e/afstand/ens. in minder as 42 sekondes aflê. ~ **circle, inclinometer** inklinatorium, inklinasiekompas. ~ **needle** inklinasienaald. ~ **net** skepnet. ~ **plane** hellingsvlak. ~ **slope** duikhelling, laagvlakglooiing, laagvlakhang. **~stick** peilstok, -lat; oliepen(netjie); *(infml., neerh.)* domkop, bobbejaan, mamparra. ~ **switch** dompskakelaar.

di·pet·al·ous *(bot.)* tweekroonblarig, dipetaal.

di·phen·ic *(chem.):* ~ *acid* difeensuur.

diph·the·ri·a *(med.)* witseerkeel, difterie. **diph·ther·ic, diph·the·rit·ic, diph·the·ri·al** difteries.

diph·thong *(fonet.)* tweeklank, diftong. **diph·thon·gal** diftongies. **diph·thong·i·sa·tion, -za·tion** diftongering. **diph·thong·ise, -ize** diftongeer.

di·ple·gia *(med.)* dubbelsydige verlamming.

dip·loid *n., (genet.)* diploïed. **dip·loid, dip·loi·dic** *adj.* diploïed.

di·plo·ma diploma; oorkonde. **di·plo·ma·ed** gediplomeer(d). **dip·lo·mate** gediplomeerde.

di·plo·ma·cy diplomasie; oorleg, omsigtigheid, takt.

dip·lo·mat diplomaat; *(fig.)* diplomaat, diplomatiese/taktvolle mens/persoon. ~ **pudding** *(kookk.)* diplomaat-, likeurpoeding. ~ **sauce** *(kookk.)* diplomaatsous.

dip·lo·mat·ic diplomatiek; diplomaties, omsigtig, taktvol; ~ ***answer*** diplomatiese/omsigtige antwoord; ~ ***bag,*** (Am.) ~ ***pouch*** diplomatieke sak; ~ ***corps*** diplomatieke korps; ~ ***edition*** diplomatieke uitgawe; ~ ***immunity*** diplomatieke immuniteit/onskendbaarheid; ~ ***service*** diplomatieke diens. **dip·lo·mat·ics** oorkondeleer, diplomatiek.

di·plo·ma·tise, -tize *(w.g.)* diplomaties optree, diplomasie gebruik.

di·plo·ma·tist →DIPLOMAT.

di·plo·pi·a dubbelsiendheid.

dip·o·dy *(pros.)* dipodie.

di·pole *(fis.)* dipool.

dip·per *(orn.)* duiker; skep(ding), skepbeker(tjie); (vee)dipper; dip; *(arg., infml.)* wederdoper; *big* ~ →BIG. ~ **switch** dompskakelaar.

dip·ping daling; (in)dompeling; dippery. ~ **compass** inklinasiekompas. ~ **inspector** dipinspekteur, vee-inspekteur, skaapinspekteur. ~ **needle, dip needle** inklinasienaald. ~ **pen** diphok, -kraal, vanghok, -kraal. ~ **tank,** ~ **trough** dipbak, dip, dipgat.

dip·py *-pier -piest, adj., (sl.)* malkop, eksentriek, anderste(r), snaaks; mallerig; uitheems; simpel, laf, verspot; *be* ~ *about s.o./s.t.* gek/mal oor (*of* versot op) iem./iets wees; *deeply* ~ stapelgek; *go* ~ bossies (*of* van jou trollie/wysie af) raak.

dip·so *-sos, (infml.: alkoholis)* dronklap, suiplap, (kwaai) drinker, suiper.

dip·so·ma·ni·a dranksug, dipsomanie, alkoholisme. **dip·so·ma·ni·ac** *n.* dranksugtige, dipsomaan, alkoholis. **dip·so·ma·ni·ac, dip·so·ma·ni·a·cal** *adj.* dranksugtig.

Dip·ter·a *(entom.)* Tweevlerkiges, =vleueliges, Diptera. **dip·ter·an, dip·ter·on** *n.* tweevlerkige, =vleuelige. **dip·ter·an, dip·ter·ous** *adj.* tweevlerkig, =vleuelig.

dip·tych tweeluik, diptiek.

dire verskriklik, ontsettend, aaklig; nypend; ~ *necessity* droewe noodsaak; *in case of ~ need* in die uiterste geval. **dire·ful** verskriklik, ontsettend, aaklig. **dire·ful·ness** verskriklikheid, aakligheid.

di·rect *adj. & adv.* direk, reguit, regstreeks, onmiddellik; lynreg; reëlreg; uitdruklik; ronduit, reguit; ~ ***access, random access,*** *(rek.)* direkte/willekeurige toegang; ~ ***action*** direkte aksie; ~ ***address*** regstreekse aanspreking; *(rek.)* direkte adres; ~ ***answer*** direkte/reguit antwoord; ~ ***approach*** direkte benadering; ~ ***broadcasting*** *by satellite* regstreekse/direkte satellietuitsending; ~ ***broadcasting satellite*** regstreekse-uitsaaisatelliet; ~ ***contact*** regstreekse kontak; *in ~* ***contradiction*** *with* ... lynreg in stryd met ...; ~ ***coupling,*** *(elektron.)* direkte koppeling; ~ ***current,*** *(elek.)* gelykstroom; ~ ***debit*** direkte debiet; ~ ***descendant*** direkte/regstreekse afstammeling; ~ ***dialling*** direkte skakeling; ~ ***drive*** direkte/regstreekse aandrywing; ~ ***dye*** direkte/substantiewe kleurstof; ~ ***evidence,*** *(jur.)* direkte/regstreekse getuienis; ~ ***hit*** voltreffer; ~ ***injection,*** *(mot.)* direkte/regstreekse inspuiting; ~ ***input,*** *(rek.)* direkte/regstreekse invoer/toevoer; ~ ***labour,*** *(han.)* produksiewerkers; ~ ***lighting*** direkte verligting; ~ ***link*** regstreekse/direkte verband; direkte verbinding/aansluiting *(met 'n snelweg ens.)*; ~ ***mail*** poswerwing; ~ ***mail marketing*** direkte posbemarking; ~ ***marketing/selling*** direkte bemarking; ~ ***memory access,*** *(rek.)* direkte geheuetoegang; ~ ***method,*** *(opv.)* direkte metode; ~ ***object,*** *(gram.)* lydende/direkte voorwerp; *the ~* ***opposite*** presies die teenoorgestelde *(v. iem./iets)*; ~ ***proportion,*** *(wisk.)* direkte eweredigheid; ~ ***question*** reguit/direkte vraag; ~ ***quotation*** direkte aanhaling; ~ ***ray*** direkte straal; ~ ***reading*** direkte (af)lesing; ~ ***road*** regstreekse pad; ~ ***route*** direkte roete; ~ ***rule*** regstreekse regering; ~ ***selling*** →***marketing/selling;*** ~ ***speech,*** *(gram.)* direkte rede; ~ ***tax*** regstreekse/direkte belasting; ***travel*** ~ direk (*of* langs die direkte roete) reis. **di·rect** *ww.* bestuur, lei; stuur; reël; die rigting aangee; aanwysings gee; die pad beduie; verwys; gelas, beveel, opdrag gee; stel, rig *(kanon)*; adresseer, rig *(brief)*; dirigeer; regisseer *(toneelstuk, rolprent)*; afrig *(geselskap)*; voorlig *(jurie)*; bepaal *(deur testament)*; →DIRECTED; ~ *s.o.'s* ***attention*** *to* ... iem. se aandag op ... vestig, iem. op ... attent maak; ~ *one's* ***steps*** *to* ... →STEP *n.*; ~ *s.t.* ***to*** *s.o.* iets aan iem. adresseer/rig; ~ *s.o.* ***to*** *a place* iem. die pad na 'n plek beduie. **~-drive motor** asmotor. **~-driven** direk/regstreeks (aan)gedrewe *(draaitafel ens.)*. **~-injection** *adj., (mot.)* met direkte/regstreekse inspuiting. **~-reading galvanometer** galvanometer met direkte aflesing. **~-reading instrument** direkleesinstrument.

di·rect·ed: *be ~* ***against*** ... teen ... gerig wees; *be ~* ***at*** ... vir ... bedoel wees; *be ~* ***by*** ... onder regie van ... opgevoer word; onder leiding van ... staan; ~ ***quantity*** rigtingsgetal.

di·rect·ing: ~ *force* rigkrag; ~ *post* padwyser; ~ *principle* rigsnoer.

di·rec·tion besturing; bestuur, direksie; rigting, koers; leiding; *(teat.)* regie, spelleiding; aanwysing; verwysing; bevel, las(gewing), opdrag, order; voorskrif; *(vero.)* opskrif, adres; voorligting *(aan jurie)*; bepaling *(in testament)*; *s.t.* ***changes*** ~ iets verander van rigting; ***follow*** *the ~s* die aanwysings volg *(v. med. voorskrif ens.)*; ***in the*** ~ *of a place* in die rigting van 'n plek; ***keep*** ~ koers hou; ***lack*** *of* ~ koersloosheid; ***point*** *of* ~ rigtingspunt; *s.o.'s* ***sense*** *of* ~ iem. se rigtinggevoel/oriëntasievermoë; ***take a*** ~ 'n koers/rigting inslaan/kies; ***in that*** ~ in daardie rigting, soontoe; ***under*** *the ~ of* ... onder regie van ... *('n regisseur)*; onder leiding van ... *(iem.)*; *~s for* ***use*** gebruiksaanwysing. **~ finder** rigtingsoeker; *(rad.)* peiler. **~ finding** rigtingsbepaling, koersbepaling; radiopeiling. **~ indicator** rigtingwyser; *(lugv.)* koersaanwyser. **~ line** rigtingslyn.

di·rec·tion·al leidend, rigtinggewend, direktoraal; gerig, rigtings=; ~ *aerial* gerigte lugdraad; ~ *stability* koersvastheid; ~ *transmission* gerigte uitsending.

di·rec·tive *n.* riglyn, voorskrif, direktief; opdrag, bevel. **di·rec·tive** *adj. (attr.)* leidinggewende; rigtinggewende; *(teg.)* gerigte, rig=.

di·rect·ly *adv.* direk, regstreeks; onmiddellik, dadelik, terstond; aanstons; ~ *proportional* reg eweredig. **di·rect·ly** *voegw.* sodra, so gou as.

di·rect·ness direktheid; rondborstigheid, openhartigheid.

di·rec·tor direkteur, bestuurder, leier; spelleier, regisseur *(v. rolprent/toneelstuk)*; *board of ~s* direksie; *~s' report* direksieverslag. **~-general** *directors-general* direkteur-generaal.

di·rec·to·rate direkteurskap; direktoraat; direksie.

di·rec·tor·ship direkteurskap, direktoraat.

di·rec·to·ry *n.* adresboek; gids; *(RK)* voorskrifboek, direktorium, kartabel; *(rek.)* indeks, gids; *telephone* ~ telefoongids. **di·rec·to·ry** *adj.* besturend; aanwysend; raadgewend.

di·rec·trix =*trices, (geom.)* direktriks, riglyn.

dirge lyk=, treursang; klaagsang, =lied, elegie; droewige/treurige lied/musiek.

di·rig·i·ble *n.* lugskip, bestuurbare lugballon. **di·rig·i·ble** *adj.* (be)stuurbaar.

dirk dolk.

dirn·dl *(D.)* dirndl(rok). **~ (skirt)** dirndl(romp).

dirt vullis, vuilgoed, vuiligheid; modder, drek; slyk; *(Am.)* aarde, grond; *(infml.)* vuil praatjies; smerigheid; ***do*** *s.o.* ~, *(infml.)* iem. gemeen/smerig behandel; ***drag*** *the name of s.o./s.t. through the* ~ iem./iets se naam deur die modder sleep; ***eat*** ~, *(infml.)* in die stof kruip, beledigings sluk; ***fling/throw*** ~ met modder gooi; ***treat*** *s.o. like* ~ iem. soos drek/vuilgoed behandel. **~ bike** veldfiets. **~ bin** vullisblik, =bak, vuilgoedblik, =bak. **~ cheap** spotgoedkoop. **~ farmer** *(Am.)* kleinboer. **~ heap** vuilgoed=, vullis=, ashoop. **~ road** grondpad. **~ track** as=, sintelbaan. **~-track racing** asbaanjaery.

dirt·i·ness vuilheid, morsigheid, vervuiling; smerigheid.

dirt·y *adj.* vuil, smerig, morsig; gemeen, laag, liederlik, vieslik; *(fig.: met 'n sterk radioaktiewe neerslag)* vuil *(kernwapen)*; ***do*** *the ~ on s.o., (infml.)* iem. gemeen/smerig behandel; ~ ***dog,*** *(sl.,fig.)* lae lak/luis, (ou) sleg, uitvaagsel; *get the ~* ***end*** *of the stick, (infml.)* aan die kortste ent trek/wees; ~ ***look*** gryns, giftige/kwaai blik; *give s.o. a ~* ***look*** iem. giftig/lelik/skeef aankyk; ~ ***mind*** (die koester van) vuil/vuige gedagtes; ~ ***money*** swart geld; ~ ***old man,*** *(infml.)* vatterige ou man, vroetelpappie; ~ ***play*** vuil spel; *play a ~* ***trick*** *on s.o.* iem. 'n lelike/vuil streep trek, iem. 'n lelike poets bak; ~ ***tricks,*** *(mv.)* skelmstreke; ~ ***tricks campaign*** smeer=, lasterveldtog; ~ ***weather*** slegte/gure weer; ~ ***weekend*** skelm naweek; *go to ... for a ~* ***weekend*** ... toe gaan vir 'n stukkie stout; ~ ***white*** vuilwit; *consider federalism/etc. as a ~* ***word*** federalisme/ens. as 'n vloekwoord beskou; ~ ***work*** vuil werk; skelmstreke; *do s.o.'s ~* ***work,*** *(fig.)* iem. se vuil werk doen. **dirt·y** *ww.* vuilmaak, bevuil, besmeer; besoedel. **dirt·y·ish** vuilerig.

dis *adj. & ww.* →DIS(S).

di·sa disa; ***blue*** ~, *(Herschelia graminifolia)* bloudisa; ***cluster*** ~, *(Disa ferruginea)* monnikskappie; ***drip/mauve*** ~, *(Disa longicornu)* bloumoederkappie; ***red*** ~, *(Disa uniflora)* rooidisa, bakkiesblom.

dis·a·bil·i·ty onvermoë, ongeskiktheid, onbekwaamheid; gestremdheid; (liggaams)gebrek; regsonbevoegdheid; agterstelling; (wetlike) belemmering, diskwalifikasie. **~ grant, ~ allowance** ongeskiktheidstoelaag, =toelae. **~ pension** ongeskiktheidspensioen.

dis·a·ble ongeskik/onbekwaam maak; strem; ontredder; vermink; *(elektron.)* afskakel, afsit, buite werking stel, onbruikbaar maak; *(jur.)* die reg ontneem, diskwalifiseer; *(mil.)* buite geveg stel. **dis·a·bled** *adj.* gestrem(d); belemmer(d); ongeskik, onbekwaam, onbevoeg; vermink; buite werking, onbruikbaar; *(jur.)* gediskwalifiseer(d); *(mil.)* buite geveg gestel, onskadelik gemaak; ~ *parking* parkering vir gestremdes; ~ *person* gestremde persoon; ~ *toilet* toilet vir gestremdes. **dis·a·bled** *n., (mv.)*: *the ~* gestremdes; ongeskiktes. **dis·a·ble·ment** gestremdheid; ongeskiktheid; *permanent* ~ blywende ongeskiktheid.

dis·a·buse reghelp, ontnugter, uit die droom help; ~ *s.o.('s mind) of s.t.* iem. iets uit die kop praat, iem. van iets bevry; ~ *o.s.* (or *one's mind) of s.t.* iets uit jou kop sit, jou van iets bevry, van iets ontslae raak.

dis·ac·cord *n., (w.g.)* onenigheid. **dis·ac·cord** *ww., (arg.)* dit oneens wees/word.

dis·ad·vant·age *n.* nadeel; skade, verlies; skadusy; ***be at a*** ~ benadeel wees/word, sleg af wees; ***have*** *s.o. at a* ~ 'n voordeel bo iem. hê; ***labour*** *under a* ~ gekniehalter wees; met moeilike omstandighede te kampe hê; ***place/put*** *s.o. at a* ~ iem. benadeel; ***to*** *s.o.'s* ~ tot/in iem. se nadeel, tot nadeel (*of* ten nadele) van iem.. **dis·ad·vant·age** *ww.* benadeel, skaad. **dis·ad·van·taged** *adj.* agtergeblewe, agtergestel(d), veron(t)reg, benadeel(d); ~ *children* minder bevoorregte kinders; ~ *people* agtergeblewe/=gestelde mense. **dis·ad·van·ta·geous** nadelig, onvoordelig.

dis·af·fect *(w.g.)* vervreem; ontrou maak. **dis·af·fect·ed** ontevrede, misnoeg, onvergenoeg(d); afvallig, ontrou; vervreem(d). **dis·af·fec·tion** ontevredenheid, misnoegdheid, onvergenoegdheid; afvalligheid, ontrou.

dis·af·fil·i·ate ... se lidmaatskap beëindig/opsê; jou lidmaatskap beëindig/opsê, jou losmaak/onttrek; ~ *from* ... jou bande met ... verbreek.

dis·af·firm ontken; *(jur.)* omverwerp, omvêrwerp *(beslissing)*.

dis·af·for·est *(Br., jur.)* tot gewone grond verklaar *('n bosgebied)*; →DEFOREST. **dis·af·for·es·ta·tion** die verklaring van 'n bosgebied tot gewone grond; →DEFORESTATION.

dis·a·gree (van mening) verskil, nie saamstem nie; nie ooreenkom/ooreenstem/strook nie; rusie maak, 'n meningsverskil hê; nie akkordeer nie; ~ *with s.o. about/on/over s.t.* oor iets met/van iem. verskil, nie met iem. oor iets saamstem nie; ~ *with s.o., (ook)* dit met iem. oneens wees; *s.t. ~s with s.o.* iets akkordeer nie met iem. nie *('n soort kos, d. klimaat, ens.)*. **dis·a·gree·a·ble** onaangenaam; onbehaaglik; onvriendelik, onplesierig, nors, knorrig, humeurig. **dis·a·gree·ment** (menings)verskil; onenigheid, verdeeldheid, onmin, tweedrag, rusie; *a ~* ***about/over*** *s.t.* 'n meningsverskil oor iets; ~ ***among/between*** ... meningsverskil tussen ...; *there was* ***flat*** ~ daar was 'n volslae meningsverskil; *be* ***in*** ~ *with s.o.* nie met iem. saamstem nie.

dis·al·low weier, afwys, verwerp, nie toestaan nie, van die hand wys, ongeldig verklaar, skrap. **dis·al·low·ance** weiering; verwerping; ongeldigverklaring.

dis·am·big·u·ate ondubbelsinnig maak.

dis·an·nul =*ll*= →ANNUL.

dis·ap·pear verdwyn, wegraak, *(infml.)* voete kry; uitsterf, =sterwe; vergroei; *(vlekke ens.)* uitkom; *(infml.)* laat verdwyn *(iem., om politieke redes)*; *do a/the ~ing* ***act/trick,*** *(fig., infml.)* spoorloos/stilletjies/stil-stil (*of* soos 'n groot speld) verdwyn, ongemerk wegglip, jou ongemerk uit die voete maak; ~ *on the* ***sly*** soos 'n groot speld verdwyn; *the* ***sun*** *is ~ing* die son trek weg; *~ing* ***target*** valskyf; ***the*** *~ed (ones)* die vermistes, dié (*of* die mense) wat spoorloos verdwyn het; →DESAPARECIDO. **dis·ap·pear·ance** verdwyning, (die) wegraak.

dis·ap·point teleurstel; nie aan ... voldoen nie *(d. verwagtings)*; verydel *(iem. se hoop)*; laat misluk. **dis·ap·point·ed:** *be ~* ***at/with*** *s.t.* met/oor iets teleurgestel(d) wees; *be* ***bitterly/deeply/grievously*** ~ bitter/diep/ontsettend/uiters/verskriklik teleurgestel(d) wees;

be ~ in/with s.o. in/met iem. teleurgestel(d) wees; *be ~ **that** ...* teleurgestel(d) wees dat ... **dis·ap·point·ing** teleurstellend; *be ~* teleurstel, teleurstellend wees. **dis·ap·point·ing·ly** teleurstellend; tot iem. se teleurstelling; *a ~ small crowd* 'n teleurstellend klein skare. **dis·ap·point·ment** teleurstelling; verydeling; *s.o.'s **acute/deep*** ~ iem. se diepe teleurstelling; *s.o.'s ~ **at/over** s.t.* iem. se teleurstelling met/oor iets; ***quite** a ~* 'n hele teleurstelling; ***to** s.o.'s ~ s.t. did not happen* iem. was teleurgestel(d) dat iets nie gebeur het nie; *be a ~ **to** s.o.* vir iem. 'n teleurstelling wees.

dis·ap·pro·ba·tion afkeuring.

dis·ap·prove afkeur; nie saamstem nie; *~ of s.t.* teen iets wees, iets afkeur; *~ of s.o. doing s.t.* dit afkeur dat iem. iets doen. **dis·ap·prov·al** afkeuring, veroordeling; ***express** one's ~ of s.t.* jou afkeuring oor iets uitspreek; ***in** ~* afkeurend; *s.o.'s ~ **of** ...* iem. se afkeuring van ...; ***speak** with ~ of ...* afkeurend van ... praat. **dis·ap·prov·ing** *adj.*, **dis·ap·prov·ing·ly** *adv.* afkeurend.

dis·arm ontwapen; onskadelik maak/stel *(bom)*; weerloos maak; ontmantel; paai, gerusstel; *~ing smile* innemende glimlag. **dis·arm·a·ment** ontwapening.

dis·ar·range deurmekaar maak, verwar, in die war bring/stuur; omkrap. **dis·ar·ranged** deurmekaar, in wanorde, verwar(d), oorhoop(s). **dis·ar·range·ment** verwarring, wanorde.

dis·ar·ray *n.* wanorde, verwarring; ontwrigting; *in ~* in wanorde. **dis·ar·ray** *ww.* in wanorde dompel; *(arg.)* ontklee.

dis·ar·tic·u·late losraak; uitmekaar haal, uitmekaarhaal, losmaak; ontwrig.

dis·as·sem·ble uitmekaar haal, uitmekaarhaal *(masjien)*; afbreek, aftakel, sloop *(gebou)*.

dis·as·sim·i·late *(biol.)* afbou. **dis·as·sim·i·la·tion** *(biol.)* afbouing, afbreking.

dis·as·so·ci·ate →DISSOCIATE. **dis·as·so·ci·a·tion** →DISSOCIATION.

dis·as·ter ramp, ongeluk, rampspoed, onheil; *be a **blueprint** for ~* 'n resep vir 'n ramp wees; *s.t. will **bring** ~* iets sal rampspoedig wees; ***court** ~* roekeloos wees, 'n ramp oor jouself bring; *be **doomed** to ~* tot rampspoed gedoem wees; ***end in** ~* 'n tragiese einde hê; op 'n fiasko/ramp (*of* 'n volslae/totale mislukking) uitloop; *that would **mean** ~* dit sou 'n ramp meebring; ***meet with** ~* deur 'n ramp getref word; *a **natural** ~* 'n natuurramp; *it was a **near** ~* dit was amper/byna 'n ramp; *~ **overtook** s.o.* 'n ramp het iem. getref/oorgekom; *s.t. is a ~ **to** s.o.* iets is vir iem. 'n ramp. ~ **area** rampgebied; *be a (walking) ~ ~, (fig., infml.)* 'n ongeluksvoël/-kind wees; 'n ongeluk wees wat 'n plek soek om te gebeur. ~ **drought area** rampdroogtegebied. ~ **film,** ~ **movie** *(infml.)* rampfliek, -prent, -rolprent. ~ **fund** ramp-, steunfonds.

dis·as·trous noodlottig, rampspoedig, jammerlik; *s.t. is ~ to s.o.* iets is vir iem. rampspoedig.

dis·a·vow ontken, loën; verwerp, verstoot; wegstaan van. **dis·a·vow·al** ontkenning, loëning; verwerping, verstoting.

dis·band ontbind; afdank; uiteengaan. **dis·band·ment** ontbinding; afdanking.

dis·bar *-rr-*, *(jur.)* van die rol skrap; →DEBAR. **dis·bar·ment** *(jur.)* skrapping (van die rol).

dis·be·lieve nie glo nie; in twyfel trek. **dis·be·lief** ongeloof, ongelowigheid; *in ~* ongelowig; *s.o.'s ~ in s.t.* iem. se ongeloof aan iets. **dis·be·liev·er** ongelowige; loënaar.

dis·ben·e·fit *(Br.)* nadeel; skade, verlies, terugslag, teen-, teëspoed; ongerief, ongemak.

dis·branch takke verwyder.

dis·bud *-dd-* ontknop, knoppe uitbreek, uitknop. **dis·bud·ding** ontknopping.

dis·bur·den ontlas, van die/'n las verlig; verlos; lug; *~ one's mind* jou hart lug/uitstort.

dis·burse uitbetaal; betaal, uitkeer *(dividend)*; opdok. **dis·burse·ment** (uit)betaling, uitgawe; voorskot.

disc, *(Am.)* **disk** skyf; skyfie; *(sport)* diskus; *(vero.)* (grammofoon)plaat; (ploeg)skottel; →DISK; *cut a ~* 'n CD/plaat maak/sny; *press a ~* 'n CD/plaat druk; *a slipped disc* 'n verskuifde werwel. ~ **brake** skyfrem. ~ **camera** skyfkamera. ~ **harrow** skotteleg, rol-eg. ~ **jockey** platejoggie. **D~man** *(handelsnaam)* draagbare CD-speler/skyfspeler. ~ **plough** skottelploeg. ~ **saw** sirkelsaag. **~-shaped** kom-, skyfvormig. ~ **wheel** skottelwiel; skyfrat.

dis·calced kaalvoet, ongeskoei(d) *(nonne, monnike)*.

dis·cant *n. & adj.* →DESCANT.

dis·card *n.* weggooiding; *(i.d. mv.)* weggooigoed; *(i.d. mv.)* afval; *(i.d. mv.)* skroot; *(kaartspel)* weglêkaart; *in(to) the ~* op die ashoop. **dis·card** *ww.* weggooi, wegwerp; verwerp *(idee, vriende, ens.)*; uittrek *(jas ens.)*; *(lett. & fig.)* oorboord gooi; *(kaartspel)* weggooi, wegspeel. **dis·card·a·ble** weggooibaar. **dis·card·ed** *(ook)* verouder(d).

dis·car·nate *(w.g.)* onstoflik.

dis·cern onderskei, uitmaak, gewaar; *~ between good and evil* tussen goed en kwaad onderskei. **dis·cern·i·ble** *adj.*, **dis·cern·i·bly** *adv.* waarneembaar, sigbaar. **dis·cern·ing** skerpsinnig, skrander, vernuftig, oordeelkundig. **dis·cern·ment** skerpsinnigheid, oordeelkundigheid, (goeie) oordeel, insig, onderskeidingsvermoë; *show ~* (goeie) oordeel aan die dag lê.

dis·charge, dis·charge *n.* ontslane werker(s)/ens.; ontslag, afdanking, afbetaling *(v. 'n werknemer)*; ontslagbrief; vervulling, nakoming *(v. verpligtinge)*; vervulling, uitoefening *(v. pligte)*; ontheffing, kwyt(skeld)ing *(v. verpligtinge)*; ontskeping, lossing *(v. skeepsvrag)*; afvoer(ing), uitstorting, uitstroming, afvloei(ing); etter, vuil; die afvuur *(v. 'n wapen ens.)*; betaling, vereffening, delging *(v. skuld)*; *(jur.)* ontslag *(v. 'n beskuldigde)*; *(jur.)* opheffing *(v. 'n hofbevel)*; *(elek.)* ontlading; ***buy/purchase** one's ~* jou uitkoop; *~ of **duty*** pligsvervulling; *get an **honourable** ~* eervolle ontslag kry; ***letter** of ~* ontslagbrief. **dis·charge** *ww.* ontslaan *(pasiënt)*; afdank, ontslaan *(werknemer)*; *(geweer ens.)* afgaan, afgevuur word; *(iem.)* afvuur *(geweer)*; *(wond)* etter; *(wond)* afskei *(etter)*; uitlaai, aflaai, los *(vrag, passasiers)*; leegmaak *(tenkwa)*; afvoer *(vloeistof)*; uitstort, uitlaat; vervul, nakom *(verpligtinge)*; vervul, uitoefen *(pligte)*; betaal, delg, vereffen *(skuld)*; kwytskeld, onthef, vrystel *(skuldenaar)*; ontslaan *(beskuldigde)*; vrylaat *(gevangene)*; ophef *(hofbevel)*; vryspreek *(v. regsvervolging)*; onthef, vrystel *(grond v. 'n verband)*; *(elek.)* ontlaai; *(tekst.)* uitbleik *(kleurstof)*; *(bouk.)* die druk verdeel; *~ s.o. **from** ...* iem. uit ... ontslaan *(diens, d. hospitaal, ens.)*; *~ s.t. **from** ...* iets van ... aflaai; iets uit ... laat loop; *~ s.o. **honourably*** iem. eervol ontslaan; *~ s.t. **into** ...* iets in ... laai; iets in ... laat loop *(rioolvullis i.d. see ens.)*; *s.t. ~s **into** ...* iets mond uit in ...; *~d **patient*** ontslane pasiënt; *~ by **purchase*** uitkoop. ~ **cock** uitlaatkraan. ~ **current** ontladingstroom. ~ **pipe** uitlaat-, afvoerpyp. ~ **valve** uitlaatklep.

dis·charg·er *(elek.)* ontlaaier.

dis·charg·ing sluice afwateringsluis.

dis·ci·form →DISCOID.

dis·ci·ple dissipel, leerling, volgeling, navolger; *(relig.)* dissipel *(v. Jesus)*.

dis·ci·pline *n.* dissipline, tug; orde; gehoorsaamheid; selfbeheersing; dissipline, (studie)vak, studie-, vakrigting; (onderrig/opleiding)stelsel; tugtiging, straf; kastyding; *(relig.)* reglemente, reëls, wette; *(RK)* geselkoord; ***maintain** ~* dissipline (*of* die tug) handhaaf; ***military** ~* →MILITARY *adj.*; ***strict** ~* streng(e) dissipline/tug; *be **under** ~* onder tug/dissipline staan. **dis·ci·pline** *ww.* dissiplineer, tug(tig), straf; kastyd; dril, oefen; *~ o.s.* jou beheers, selfdissipline beoefen. **dis·ci·plined** gedissiplineer(d); beheers *(gedrag, emosies, ens.)*; *badly ~* ongedissiplineer(d); *well ~* gedissiplineer(d). **dis·ci·pli·nar·i·an** *n.* ordehouer, bewaarder van die tug/orde; tugmeester, dissiplineerder. **dis·ci·pli·nar·i·an** *adj.* →DISCIPLINARY. **dis·ci·pli·nar·y** dissiplinêr, tugoefenings-; *~ **action*** tugmaatreël(s); *take ~ **action*** tugmaatreëls neem; *~ **case/hearing*** tugsaak; *~ **code*** tugkode; *~ **measure*** tugmaatreël; *~ **step*** tugstap.

dis·claim ontken, verwerp; afwys, van die hand wys; weier; afstand doen van; loën, weerspreek, teenspreek. **dis·claim·er** ontkenning, verwerping; afwysing; weiering; (bewys van) afstand; weerspreking, teenspraak.

dis·close onthul, openbaar, bekend/openbaar maak, bekendmaak, aan die lig bring; blootlê *(dokumente ens.)*; *the indictment fails to ~ an offence* die akte van beskuldiging hou geen misdaad in nie. **dis·clo·sure** onthulling, openbaarmaking, bekendmaking; blootlegging; *make ~s about s.t.* onthullings oor/omtrent iets doen.

dis·co *-cos, (infml.)* disko; →DISCOTHEQUE. ~ **dancing** diskodans. **~-funk** *(mus.)* disko-funk. ~ **music** diskomusiek. **~phil(e)** diskofiel, plateversamelaar, -liefhebber.

dis·cob·o·lus *-oli, (hist.)* diskusgooier, skyfwerper; →DISCUS.

dis·coid, dis·coi·dal skyfvormig.

dis·col·our, *(Am.)* **dis·col·or** verkleur; vlek; verbleik; laat verkleur/verbleik. **dis·col·o(u)r·a·tion** verkleuring; (die) vlek; verbleiking. **dis·col·o(u)red** verkleur; gevlek; verbleik.

dis·com·bob·u·late *(skerts., hoofs. Am.)* omkrap, ontstel, onthuts.

dis·com·fit verleë maak, in verleentheid bring; verydel *(planne ens.)*; *(arg.)* verslaan. **dis·com·fi·ture** verleentheid; verydeling; *(arg.)* nederlaag.

dis·com·fort *n.* ongemak, ongerief; ongemaklikheid, onbehaaglikheid; onrus; *bear ~* ongemak/ongerief deurmaak/verduur; *cause ~* ongemak/ongerief veroorsaak; *suffer ~* ongemak/ongerief deurmaak/verduur. **dis·com·fort** *ww.* ongemaklik maak; onthuts, van stryk (af) bring, verbouereer, uit die veld slaan; ongerief veroorsaak. ~ **index** *(weerk.)* ongemaks-, onbehaaglikheidsindeks.

dis·com·mode *(fml.)* (ver)ontrief, las gee/veroorsaak, lastig val, hinder, pla.

dis·com·pose verontrus; ontstel, onthuts, ontstem; verbouereer, verbouereerd maak, van stryk (af) bring; verwar. **dis·com·po·sure** verontrusting; ontsteltenis, onthutsing; verbouereerdheid; verwarring.

dis·con·cert verbouereer, verbouereerd/verleë maak, van stryk (af) bring; onthuts; verwar, in die war stuur. **dis·con·cert·ed** verbouereerd, verleë, van stryk (af); onthuts, ontstem(d); verwar(d), in die war. **dis·con·cert·ing** ontstellend, onthutsend; verwarrend; onrusbarend. **dis·con·cert·ment** verbouereerdheid, verleentheid; onthutsing; verwarring.

dis·con·nect losmaak, ontkoppel, loskoppel; skei; afskakel; uitskakel; afhaak; *(telef.)* die verbinding verbreek; staak *(telefoondiens)*; *(elek.)* afsluit *(verbruiker)*; *~ s.t. from ...* iets van ... ontkoppel/loskoppel. **dis·con·nect·ed** losgemaak, los; onsamehangend; *they were ~* die verbinding tussen hulle is verbreek. **dis·con·nect·ed·ness** onsamehangendheid. **dis·con·nec·tion** ontkoppeling, loskoppeling; skeiding; uitskakeling; verbreking; afsluiting; onsamehangendheid.

dis·con·so·late troosteloos, ontroosbaar; mistroostig, droefgeestig, neerslagtig, terneergedruk; *be ~ about/at s.t.* troosteloos oor iets wees. **dis·con·so·late·ness** troosteloosheid, ontroosbaarheid; mistroostigheid, droefgeestigheid, neerslagtigheid.

dis·con·tent *n.* ontevredenheid, misnoeë, misnoegdheid; *s.o.'s ~ about/at/with s.t.* iem. se ontevredenheid oor iets; *fan (or stir up) ~* ontevredenheid aanblaas/aanwakker; *be seething with ~* gis van ontevredenheid. **dis·con·tent** *ww., (w.g.)* mishaag, ontevrede/misnoeg maak. **dis·con·tent(·ed)** ontevrede, misnoeg, onvergenoeg(d). **dis·con·tent·ment** ontevredenheid, onvergenoegdheid.

dis·con·tin·ue ophou, eindig; beëindig, staak, ophou/uitskei met, afsien van; opsê; opgee, ophef; afbreek; afskaf; nie meer verskyn (*of* gepubliseer/uitgegee word) nie; nie meer publiseer/uitgee nie, die publikasie van ... staak; *~ one's subscription to a newspaper/etc.* jou intekening op 'n koerant/ens. staak. **dis·con·tin·u·ance, dis·con·tin·u·a·tion** (die) ophou; beëindiging, staking; (die) opgee/opheffing; afbreking; afskaffing. **dis·con·ti·nu·i·ty** gaping; onderbreking; onreëlmatigheid; onsamehangendheid; *(wisk., geol.)* diskontinuïteit. **dis·con·tin·u·ous** onderbroke; onreëlmatig; afgebroke; onsamehangend; *(wisk.)* diskontinu.

dis·cord *n.* tweedrag, onmin, verdeeldheid, onenigheid, twis, haaksheid; wanklank, disharmonie; *(mus.)* dissonans(ie), dissonant; ~ ***among/between*** *people* onenigheid tussen mense; *the* ***apple*** *of* ~ die twisappel; ***create/sow*** (or ***stir up***) ~ kwaad/tweedrag stook, tweedrag saai, kwaad/onenigheid stig; ***fire*** *of* ~ twisvuur; ~ ***in*** *a family/party* onenigheid in 'n familie/party. **dis·cord** *ww., (arg.)* dit oneens wees, bots; disharmonieer. **dis·cord·ance** *(geol.)* diskordansie; (teen)strydigheid, afwyking, verskil, uiteenlopendheid; onenigheid, wrywing; wanklank, wangeluid, disharmonie. **dis·cord·ant** (teen)strydig, uiteenlopend, botsend, onenig; wanluidend, onharmonies, disharmonies, vals (klinkend); ~ *note* dissonant, wanklank.

dis·co·theque diskoteek; →DISCO.

dis·count *n.* afslag, korting; *(fin.)* diskonto *(by wissel);* ***allow/give*** *a* ~ *on the price of s.t.* korting op die prys van iets gee/toestaan; ***at*** *a* ~ met korting; *be* ***at*** *a* ~, *(lett., fin.)* onder pari wees; *(fig.)* in onguns wees, nie geag word nie; ***less*** *10%* ~ min 10% korting. **dis·count, dis·count** *ww.* (ver)diskonteer *(wissel ens.);* inwissel; *(han.)* afslaan, (in waarde) verminder, korting gee (op); afbreuk doen aan; verwag, voorsien; buite rekening laat; in twyfel trek, met 'n greintjie/korreltjie sout neem/opvat; onderskat; weerspreek. ~ **bank** diskontobank. ~ **broker** diskontomakelaar. ~ **house, discounting house** diskontohuis; afslag=, diskontowinkel. ~ **price** afslag=, diskontoprys. ~ **rate** *(han.)* kortingskoers; *(fin.)* diskontokoers; *(wins)* verdiskonteringskoers. ~ **shop** afslag=, diskontowinkel.

dis·count·a·ble (ver)diskonteerbaar; inwisselbaar.

dis·coun·te·nance *ww.* onthuts; van stryk (af) bring; in verleentheid bring; veroordeel, afkeur, jou afkeuring oor ... uitspreek; *be ~d* onthuts wees; geen aanhang vind nie.

dis·count·er diskonteerder, diskonteur.

dis·cour·age ontmoedig, afskrik, laat afsien van; afraai; teen=, teëgaan; keer, voorkom; *be ~d* ontmoedig/mismoedig/moedeloos wees; ~ *s.o. from doing s.t.* iem. afraai om iets te doen. **dis·cour·age·ment** ontmoediging; afrading; teen=, teëwerking; moedeloosheid, mismoedigheid. **dis·cour·ag·ing** *adj.*, **dis·cour·ag·ing·ly** *adv.* ontmoedigend.

dis·course, dis·course *n.* gesprek, onderhoud, diskoers; redevoering; preek; verhandeling; *(ling.)* (stuk) teks. **dis·course** *ww.* 'n gesprek voer, gedagtes wissel; 'n relaas gee *(van);* uitwei *(oor);* 'n voordrag hou; ~ *(up)on s.t.* iets bespreek/behandel, oor iets praat.

dis·cour·te·ous onbeleef(d), onhoflik, onbedagsaam, onmanierlik, onvriendelik; *be* ~ *to s.o.* onhoflik teenoor iem. wees. **dis·cour·te·sy** onbeleefdheid, onhoflikheid, onbedagsaamheid, onmanierlikheid, onvriendelikheid.

dis·cov·er ontdek, agterkom, uitvind, vasstel; te wete kom; aantref, vind; *(jur.)* blootlê *(dokumente); (arg.)* openbaar, onthul, aan die lig bring; ~ *check, (skaak)* ontmasker. **dis·cov·er·a·ble** te ontdek; vindbaar, sigbaar. **dis·cov·er·er** ontdekker; uitvinder. **dis·cov·er·y** ontdekking; openbaarmaking, onthulling; ontknoping; vonds; vinding; *(jur.)* blootlegging; *make a* ~ 'n ontdekking doen; *order of* ~, ~ *order, (jur.)* blootleggingsbevel.

dis·cred·it *n.* oneer, skande, diskrediet; ongeloof, wantroue, verdenking; ***bring*** ~ *on/upon/to s.o./s.t.*, ***bring*** *s.o./s.t. into* ~ iem./iets in die skande steek (*of* in diskrediet bring *of* diskrediteer); *be* ***in*** ~ in onguns wees; *s.t. is a* ~ ***to*** *s.o.* iets strek iem. tot oneer; *be a* ~ ***to*** *..., (ook)* die goeie naam van ... skaad. **dis·cred·it** *ww.* in die skande steek, diskrediteer, in diskrediet/onguns bring, oneer aandoen; in twyfel trek, betwyfel, nie glo nie; verdag maak, twyfel saai oor, die geloofwaardigheid aantas van. **dis·cred·it·a·ble** tot oneer strekkend, oneervol, oneerbaar; skandelik, verwerplik.

dis·creet oordeelkundig, versigtig, taktvol, diskreet, verstandig; onopvallend, gedemp; beskeie, ingetoë, stemmig.

dis·crep·an·cy teenstrydigheid, verskil, onverenigbaarheid, wanverhouding; diskrepansie, onderlinge afwyking. **dis·crep·ant** teenstrydig, onverenigbaar, uiteenlopend.

dis·crete afsonderlik, apart, onderskeie, individueel; onderbroke, niedeurlopend; *(statist.)* diskreet.

dis·cre·tion oordeelkundigheid, versigtigheid, takt, diskresie, oorleg; (goeie) oordeel, verstand, oordeels=, onderskeidingsvermoë; goeddunke, goedvinde, willekeur; ***act*** *with* ~ versigtig handel/optree; *the* ***age/ years*** *of* ~ die jare van onderskeid; ***at*** *the* ~ *of* ... na goeddunke van ...; ***at*** *s.o.'s* ~ na iem. se goeddunke; *s.t. is* ***at*** *s.o.'s* ~, *(ook)* iets berus by iem.; ***in*** *the* ~ *of the board* na goeddunke/goedvinde van die raad; *be/lie* ***in/within*** *s.o.'s* ~ by iem. berus, binne iem. se bevoegdheid wees; *at s.o.'s* ***sole*** ~ geheel na iem. se eie goeddunke; *be the* ***soul*** *of* ~ uiters diskreet wees, (die) ene diskresie wees; ***use*** *one's (own)* ~ na (eie) goeddunke handel; ~ *is the better part of* ***valour*** versigtigheid is die moeder van die wysheid; liewer(s) bang Jan as dooi(e) Jan; *go about s.t.* ***with*** ~ met oorleg te werk gaan. **dis·cre·tion·ar·y** na goeddunke/goedvinde/diskresie, willekeurig; diskresionêr; ~ *income* vrye/beskikbare inkomste; ~ *powers, (jur.)* magte van vrye oordeel, diskresionêre bevoegdhede/magte.

dis·crim·i·nate diskrimineer; onderskei; ~ *against s.o.* teen iem. diskrimineer, onderskeid maak ten koste van iem., iem. agterstel/benadeel; ~ *between* ... tussen ... onderskei; ~ *in favour of s.o.* onderskeid maak ten gunste van iem., iem. bevoordeel/voortrek. **dis·crim·i·nat·ing** onderskeidend; diskriminerend; oordeelkundig, met oorleg; kieskeurig *(smaak);* veeleisend; skerpsinnig; differensieel. **dis·crim·i·na·tion** diskriminasie; onderskeiding; onderskeidingsvermoë; oordeelkundigheid, begrip, verstand, (goeie) oordeel, deursig; *(power of)* ~ onderskeidingsvermoë, =gawe. **dis·crim·i·na·tive, dis·crim·i·na·to·ry** diskriminerend; onderskeid makend; ~ *power* onderskeidingsvermoë, =gawe.

dis·cur·sive wydlopig, breedvoerig, langdradig, omslagtig; breedsprakig; onsamehangend; *(filos., arg.)* diskursief, beredeneerd, logies. **dis·cur·sive·ness** wydlopigheid; breedsprakigheid; onsamehangendheid.

dis·cus =*cuses*, =*ci* diskus, (werp)skyf; *throwing the* ~ diskusgooi, skyfwerp. ~ **thrower** diskusgooier, skyfwerper.

dis·cuss bespreek, gesels/praat oor; beredeneer, uitpluis, diskusseer; behandel; *(skerts., vero.)* geniet *(maaltyd ens.); be* ***much/widely*** *~ed* baie bespreek word; *a* ***much/widely*** *~ed matter* 'n veelbesproke saak; ~ ***terms*** onderhandel; ~ *s.t.* ***with*** *s.o.* iets met iem. bespreek. **dis·cus·sant** gesprekslid, lid van die/'n besprekingsgroep. **dis·cuss·er** bespreker. **dis·cus·sion** bespreking, beredenering, diskussie; debat; ***come up*** *for* ~ ter sprake kom, *(fml.)* aan die orde kom; *be* ***down*** *for* ~ op die agenda wees; ***have/hold*** *a* ~ ***with*** *s.o.* 'n gesprek met iem. voer, gedagtes met iem. wissel, met iem. praat; ***have*** *~s, (ook)* samesprekings/ =kinge voer; *an* ***open*** ~ 'n oop gesprek; *be* ***under*** ~ aan die orde (*of* onder bespreking *of* ter sprake) wees.

dis·dain *n.* veragting, minagting, versmading, geringskatting; *have the greatest* ~ *for s.o./s.t.* iem./iets met die grootste minagting bejeën. **dis·dain** *ww.* verag, minag, versmaai; ~ *s.o.* iem. benede jou ag; ~ *to* ... jou nie verwerdig om te ... nie. **dis·dain·ful** minagtend, veragtelik, neerbuigend, neerhalend, smalend; *be* ~ *of s.t.* iets minag.

dis·ease siekte, kwaal; *a* ~ ***breaks out*** 'n siekte breek uit; ***catch/contract/get*** (or ***come down with***) *a* ~ 'n siekte kry/opdoen; ***catch*** *a* ~, *(ook)* aansteek, aangesteek word; ***catch*** *a* ~ *from s.o.* by iem. aansteek, deur iem. aangesteek word; *the* ***course*** *of a* ~ die siekteverloop; *a* ***debilitating*** ~, *an* ***emaciating*** ~ 'n uitmergelende siekte; ***mental*** ~ →MENTAL; *the* ***outbreak*** *of a* ~ die uitbreking van 'n siekte; *a* ~ ***spreads*** 'n siekte versprei; ***transmit*** *a* ~ 'n siekte oordra. ~ **carrier** kiem=, siektedraer. ~**-producing** siekteverwekkend.

dis·eased siek, sieklik, aangetas; bedorwe, besmet.

dis·em·bark ontskeep, aan land/wal sit; land, aan land/wal gaan/stap; ~ *from a ship* van 'n skip aan land/wal gaan/stap. **dis·em·bar·ka·tion** ontskeping, landing.

dis·em·bar·rass uithelp; uit die verleentheid help; bevry, verlos, ontlas *(van);* ~ *s.o. from s.t.* iem. van iets verlos. **dis·em·bar·rass·ment** uithelping; bevryding, verlossing.

dis·em·bod·y van die liggaam bevry, ontliggaam. **dis·em·bod·ied** onliggaamlik, liggaamloos, onstoflik; ~ *voice* spookstem, spookagtige stem. **dis·em·bod·i·ment** ontliggaming, bevryding van die liggaam; onliggaamlikheid, liggaamloosheid, onstoflikheid.

dis·em·bogue *(poët., liter.)* uitmond; uitstroom, uitvloei, leegloop.

dis·em·bos·om *(w.g.)* openbaar/bekend maak, onthul; ~ *o.s.* jou hart uitstort.

dis·em·bow·el =*ll*= die ingewande uithaal, *(w.g.)* ontwei.

dis·em·broil *(arg.)* ontwar, bevry, verlos.

dis·en·chant ontnugter, ontgogel; teleurstel; *be/become ~ed with* ... met ... teleurgestel(d) wees/raak. **dis·en·chant·ment** ontnugtering, ontgogeling, disillusie; teleurstelling.

dis·en·cum·ber bevry, verlos, ontlas.

dis·en·dow skenkings terugtrek; onteien *(kerklike besittings).*

dis·en·fran·chise, dis·fran·chise ontkieser, sy/haar stemreg ontneem; ontburger, sy/haar burgerregte ontneem. **dis·en·fran·chise·ment, dis·fran·chise·ment** ontkiesering, (die) ontneming van stemreg; ontburgering, (die) ontneming van burgerregte.

dis·en·gage losmaak; bevry, vrymaak; ontslaan; loskom, losraak; ontkoppel *(koppelaar);* uitskakel *(ratte); (mil.)* terugtrek; ~ *o.s. from* ... jou uit ... loswikkel. **dis·en·gaged** afsydig, terughoudend; vry, los(gemaak); ontslaan. **dis·en·gage·ment** bevryding, vrystelling; ontslag; onttrekking, uitwikkeling; vryheid, ongebondenheid, onafhanklikheid, ongedwongenheid; ontkoppeling; uitskakeling; *(mil.)* terugtrekking; *(arg.)* verbreking van die/'n/jou verlowing.

dis·en·tan·gle losmaak, bevry, vrymaak; loswerk; *(fig.)* ontwar, ontrafel, ontknoop, oplos; ~ *o.s. from* ... jou uit ... loswikkel. **dis·en·tan·gle·ment** losmaking; bevryding; ontwarring.

di·sep·a·lous *(bot.)* tweekelkblarig, disepaal.

dis·e·qui·lib·ri·um onewewigtigheid.

dis·es·tab·lish nie meer erken nie; sy amptelike status ontneem; van die staat skei; afstig; ophef, beëindig. **dis·es·tab·lish·ment** skeiding van kerk en staat; onttrekking van staatsteun; afstigting, afskeiding; opheffing.

di·seuse *(Fr., vr.)* voordraer, diseuse.

dis·fa·vour, *(Am.)* **dis·fa·vor** *n.* onguns, ongenade; teë=, teensin; ***fall into*** ~ *with s.o.* by iem. in onguns raak (*of* in ongenade val); *s.o. has* ***fallen into*** ~ ***with*** ..., *(ook)* iem. is uitgebak by ...; *be* ***in*** ~ ***with*** *s.o.* by iem. in onguns/ongenade wees; *regard/view* ... ***with*** ~ 'n ongunstige mening oor ... hê. **dis·fa·vour,** *(Am.)* **dis·fa·vor** *ww.* ongunstig beskou, nie begunstig nie, teen ... wees, 'n lae dunk van ... hê.

dis·fea·ture *(w.g.)* skend, ontsier, bederf, mismaak.

dis·fig·ure vermink, skend, ontsier, bederf, mismaak. **dis·fig·ure·ment, dis·fig·u·ra·tion** verminking, skending, ontsiering, mismaaktheid.

dis·for·est →DEFOREST. **dis·for·es·ta·tion** →DEFORESTATION.

dis·fran·chise →DISENFRANCHISE.

dis·frock →DEFROCK.

dis·func·tion →DYSFUNCTION.

dis·gorge uitbraak, opbring *(kos);* uitstort *(olie, water, ens.);* uitspoeg *(munte, pulp, ens.);* by ... laat uitbondel *(mense, diere);* (teë-/teensinnig) teruggee *(winste); (hengel)* verwyder *(haak); (mense, diere)* uitpeul, uitbondel.

dis·grace *n.* skande; skandvlek; onguns; oneer; ***bring** ~ on/upon s.o./s.t.* iem./iets in die skande steek; ***fall** into* ~ in onguns raak; skande maak, in die skande kom/raak; *be **in** ~ with s.o.* by iem. in ongenade wees; *be a ~ **to** s.o./s.t.* iem./iets in die skande steek; iem./iets tot oneer/skande strek. **dis·grace** *ww.* in die skande steek, tot skande maak, skande/oneer aandoen, onteer, verlaag; *be ~d* skande maak, in die skande kom/raak; in onguns raak, in ongenade val; *~ o.s.* skande maak, in die skande kom/raak; jou skandelik gedra. **dis·grace·ful** skandelik, skandalig, aanstootlik, afstootlik.

dis·grun·tled ontevrede, misnoeg, onvergenoeg(d), ongelukkig, teleurgestel(d), brommerig, knorrig, bitterbek; *be ~ at s.t.* oor iets ontevrede wees. **dis·grun·tle·ment** ontevredenheid, misnoegdheid, misnoeë, onvergenoegdheid.

dis·guise *n.* vermomming; voorwendsel, skyn, dekmantel, masker; *a **blessing** in ~* 'n bedekte seën; *be **in** ~* vermom wees; ***shed** (or **throw off**) a ~* 'n masker afwerp; *a **thin** ~* 'n skrale/swak vermomming. **dis·guise** *ww.* vermom, onherkenbaar maak; verdoesel, verberg, verbloem *(feite);* verdraai *(handskrif); ~ o.s.* jou vermom. **dis·guised:** *be ~ as a ...* as 'n ... vermom wees; *~ electricity* gebonde/verborge elektrisiteit; *be thinly ~* effens/effe(ntjies) vermom wees.

dis·gust *n.* afkeer, afsku, verafskuwing, walging, weersin, teë-, teensin, verfoeiing; verontwaardiging; *s.o.'s ~ **at/with** s.t.* iem se afkeer van (*of* walging van/vir *of* teë-/teensin in) iets; ***fill** s.o. with ~* iem. met afsku vervul; *s.o. left **in** ~* iem. was so vies dat hy/sy geloop het; ***to** s.o.'s ~ ...* tot iem. se walging het ...; tot iem. se ergernis het ...; *s.o.'s ~ **with** s.o. is so great that ...* jou so vir iem. walg dat ...; so vies vir iem. wees dat ... **dis·gust** *ww.* walg, teen die bors stuit; keel-/maag-/buikvol maak; *be ~ed at/by s.t.* van iets walg; oor/vir iets keel-/maag-/buikvol wees, oor iets ontevrede wees; *be ~ed with s.o.* jou vir iem. walg; vir iem. vies wees. **dis·gust·ed·ly** vol/met afkeer/afsku/walging/weersin; verontwaardig, met verontwaardiging. **dis·gust·ing** ergerlik, stuitend, stuitig, stuitlik, walglik, vieslik, weersinwekkend. **dis·gust·ing·ly** walglik, vieslik, weersinwekkend; *~ rich* stinkryk.

dish *n.* skottel; kom, bak(kie); gereg, dis; *(rad., TV)* skottel; *(infml.)* aantreklike/begeerlike man/vrou, iem. wat jou hart op galop sit; ***do/wash** the ~es* die skottelgoed was; *a **little** ~* 'n skotteltjie; 'n kommetjie/bakkie; 'n gereggie/dissie; *the **main** ~* die hoofgereg/-dis; ***prepare** a ~* 'n gereg berei/gaarmaak; *a **standing** ~* 'n vaste gereg/gang; ***wipe** ~es* skottelgoed afdroog. **dish** *ww.* skep; uithol; induik; komvormig maak; *(infml.)* bederf, ruïneer, verwoes; *(infml.)* klaarspeel met *(iem.); (Am., infml.) (oor iem./iets); ~ s.o.'s **chances**, (infml.)* iem. se kanse bederf; iem. se hand in die as slaan; *~ s.t. **out*** iets uitskep/opskep/opdien/opdis *(kos); (infml.)* iets uitdeel *(papiere, straf, kritiek, ens.); ~ s.t. **up*** iets opskep/uitskep/voorsit/opdien/opdis *(kos); (infml.)* iets opdis *(stories).* ~ **(aerial)**, ~ **(antenna)**, **satellite** ~ skottel(antenna/antenne), satellietskottel. **~cloth**, **~rag** vadoek, afdroogdoek. **~pan hands** *(Am., infml.)* skurwe hande. ~ **rack** droograk; skottelgoed-, borderak *(in skottelgoedwasser).* **~towel** *(Am., Sk.)* afdroogdoek. **~washer** skottelgoedwasser; skottelgoedwasmasjien. **~washer-proof** skottelgoedwasserbestand. **~water** skottelgoed-, opwaswater; *(as) dull as ~* →DULL; *taste of ~, (koffie, tee)* na skottelgoed-/kasaterwater smaak.

dis·ha·bille →DESHABILLE.

dis·har·mo·ny disharmonie, valsheid, wanklank, dissonansie; tweedrag, onenigheid, onmin. **dis·har·mo·ni·ous** onharmonies, wanklinkend, vals. **dis·har·mo·nise**, **-nize** disharmonieer, vals (laat) klink.

dis·heart·en ontmoedig; afskrik; *don't be ~ed!* hou moed!, moenie moed opgee/verloor (*of* moedeloos word/raak) nie!, hou die blink kant bo!. **dis·heart·en·ment** ontmoediging.

dished komvormig, gekom(d); konkaaf; *(infml.)* pootuit, gedaan, doodmoeg; verslaan, verslane.

dis·her·i·son onterwing; →DISINHERITANCE.

di·shev·el *-ll-* deurmekaar maak, verslons, verfomfaai *(hare, klere).* **di·shev·elled** verslons, slonserig, slordig, verpluk, verwaaid, onversorg, verfomfaai(d). **di·shev·el·ment** verslonstheid, slonserigheid, verwaaidheid, onversorgdheid.

dis·hon·est oneerlik; vals, onopreg; skelm. **dis·hon·es·ty** oneerlikheid; valsheid, onopregtheid; skelmheid.

dis·hon·our *n.* skande, oneer, skandvlek; *(fin.)* dishonorering *(v. wissel);* weiering *(v. tjek); bring ~ on/to s.o.* iem. in die skande steek, iem. tot skande strek. **dis·hon·our** *ww.* onteer, in die skande steek, skande bring oor, oneer aandoen; tot oneer/skande strek; *(fin.)* dishonoreer, nie honoreer nie *(wissel);* weier *(tjek);* nie nakom nie, (ver)breek *(belofte);* nie handhaaf/volg nie, nie by ... bly/hou nie *(beginsels); (arg.)* onteer, verkrag *(vrou); ~ed cheque* geweierde tjek. **dis·hon·our·a·ble** skandelik, laag, eerloos, oneervol, onwaardig; onterend; *~ discharge, (mil.)* oneervolle ontslag. **dis·hon·our·a·bly:** *act/behave ~* jou skandelik gedra; *be ~ discharged, (mil.)* oneervol ontslaan word; *be treated ~* onwaardig behandel word.

dis·horn →DEHORN. **dis·horn·ing** →DEHORNING.

dis·horse →UNHORSE.

dis·house *(w.g.)* uit die huis (*of* op straat) sit.

dish·y *-ier -iest, adj., (infml.)* baie aantreklik, begeerlik, sexy.

dis·il·lu·sion *n.* ontnugtering, ontgogeling, disillusie. **dis·il·lu·sion** *ww.* ontnugter, ontgogel, die/'n illusie ontneem, uit die droom help, disillusioneer; *(iem. se)* oë oopmaak; *be/become ~ed about/at/with s.t.* met/oor iets teleurgestel(d) wees/raak; *be/become ~ed with s.o.* met iem. teleurgestel(d) wees/raak. **dis·il·lu·sion·ment** ontnugtering, ontgogeling, disillusie.

dis·in·cen·tive ontmoediging, belemmering, hindernis; *act as (or be) a ~ to s.o. to ...* iem. ontmoedig (*of* geen aansporing vir iem. wees) om te ... (nie).

dis·in·cline: *~ s.o. for/from/to ...* iem. afkerig maak van (*of* teë-/teensin gee in) ... **dis·in·cli·na·tion** afkeer, teë-, teensin, ongeneentheid, ongeneigdheid; *~ for/from/to ...* ongeneentheid tot (*of* teë-/teensin in *of* afkerigheid van) ... **dis·in·clined** ongeneë, ongeneig; afkerig, teë-, teensinnig; *be ~ to do s.t.* ongeneë wees om iets te doen, nie lus hê/voel/wees om iets te doen nie.

dis·in·fect ontsmet, disinfekteer, suiwer. **dis·in·fect·ant** ontsmet(tings)middel, ontsmettingstof. **dis·in·fec·tion** ontsmetting, disinfeksie; ontluising. **dis·in·fec·tor** ontsmetter; ontsmettingstoestel.

dis·in·fla·tion *(ekon.)* disinflasie. **dis·in·fla·tion·ar·y** disinflasionisties, disinflasionêr.

dis·in·for·ma·tion disinformasie, bedrieglike/misleidende/verkeerde inligting.

dis·in·gen·u·ous oneerlik, onopreg, agterbaks, nie reguit nie. **dis·in·gen·u·ous·ness** oneerlikheid, onopregtheid, agterbaksheid.

dis·in·her·it onterf. **dis·in·her·i·tance** onterwing.

dis·in·te·grate verbrokkel, uitmekaar val, uitmekaarval, uiteenval, disintegreer; ontbind, vergaan, verweer; verval; oplos. **dis·in·te·gra·tion** verbrokkeling, uiteenvalling, ineenstorting, disintegrasie; ontbinding, verwering.

dis·in·ter *-rr-* opgrawe; *(fig.)* onthul, oopvlek, aan die lig bring. **dis·in·ter·ment** opgrawing; *(fig.)* onthulling, oopvlekking.

dis·in·ter·est *n.* belangeloosheid, gebrek aan belangstelling, onverskilligheid, apatie; onselfsugtigheid, onbaatsugtigheid; onpartydigheid. **dis·in·ter·est·ed** belangeloos, sonder belangstelling, onverskillig, ongeïnteresseerd; onselfsugtig, onbaatsugtig; onpartydig; →UNINTERESTED. **dis·in·ter·est·ed·ness** belangeloosheid, gebrek aan belangstelling, onverskilligheid; onselfsugtigheid, onbaatsugtigheid; onpartydigheid.

dis·in·ter·me·di·a·tion *(fin.: uitskakeling v. tussengangers)* disintermediasie.

dis·in·vest beleggings onttrek; disinvesteer; *~ from a country* beleggings aan 'n land onttrek. **dis·in·vest·ment** onttrekking van beleggings; disinvestering.

dis·join skei, losmaak; loskom, losraak.

dis·joint ontwrig *(planne ens.);* uit verband ruk; *(med.)* ontwrig. **dis·joint·ed** onsamehangend; *(med.)* ontwrig. **dis·joint·ed·ness** onsamehangendheid; *(med.)* ontwrigting.

dis·junct los, geskei(e), afsonderlik(e); *(entom.)* disjunk(te); *(mus.)* disjunk(te), sprongsgewys(e). **dis·junc·tion** skeiding, splitsing; afsonderlikheid, geskeidenheid; *(biol., log.)* disjunksie. **dis·junc·tive** skeidend, splitsend; *(gram.)* disjunktief, teenstellend; *(log.)* disjunktief.

disk *(rek.)* skyf; →DISC; *floppy ~* →DISKETTE; *have s.t. on ~* iets op ('n) skyf hê. ~ **capacity** skyfkapasiteit. ~ **drive** skyfaandrywer. ~ **file** skyflêer. ~ **operating system** skyfbedryfstelsel. ~ **pack** skyfpak. ~ **space** skyfspasie, -ruimte. ~ **store** skyfgeheue.

dis·kette *(rek.)* slapskyf, disket.

dis·like *n.* afkeer, teë-, teensin, hekel, renons, antipatie; *have a ~ of/for s.t.* 'n afkeer van iets hê, nie van iets hou nie, teë-/teensin in iets hê; *take a ~ to ...* teë-/teensin in (*of* 'n hekel aan *of* 'n renons in *of* 'n afkeer van) ... kry. **dis·like** *ww.* nie van hou nie, 'n afkeer hê van, 'n hekel hê aan, teë-/teensin hê in; *~ s.o. cordially* 'n hartgrondige hekel aan iem. hê.

dis·lo·cate verplaas, verskuif; verwyder; *(fig.)* ontwrig, ontredder, in die war stuur; *(med.)* ontwrig, uit lit val/ruk; *(med.)* verswik, verstuit; *~ one's collarbone* jou sleutelbeen ontwrig; *~d shoulder* ontwrigte skouer. **dis·lo·ca·tion** verplasing, verskuiwing; ontwrigting.

dis·lodge verdryf, verdrywe, uitdryf, uitdrywe, verja(ag); uit die saal lig; loswikkel; *(atl.)* afspring *(lat); ~ s.t. from ...* iets uit ... loswikkel; *~ s.o. from ...* iem. uit ... lig; iem. uit ... verdryf/verdrywe. **dis·lodg(e)·ment** verdrywing, verjaging; loswikkeling.

dis·loy·al ontrou, dislojaal, troueloos; *be ~ to ...* aan ... ontrou wees. **dis·loy·al·ty** ontrou(heid), dislojaliteit.

dis·mal naar, aaklig; droewig, treurig, weemoedig *(geluid, klank, ens.);* somber *(dag, einde, prentjie, ens.);* triest(er)ig, triets(er)ig *(dag, weer, ens.);* troosteloos, (ter)neerdrukkend *(omgewing, plek, ens.);* swak, patetiese, treurig, sukkelend, beroerd *(vertoning);* klaaglik, jammerlik, tragies *(mislukking).* **dis·mal·ly** treurig, bedroef(d), verdrietig; klaaglik, jammerlik *(misluk);* somber *(belig).*

dis·man·tle uitmekaar haal, uitmekaarhaal, demonteer; afbreek, sloop, aftakel, onttakel, ontmantel; ontbloot. **dis·man·tling** demontering; afbreking, sloping, aftakeling; ontbloting.

dis·mast ontmas.

dis·may *n.* ontsteltenis, onthutsing, onthutstheid; verbystering, verslaen(t)heid; moedeloosheid; *s.o.'s ~ **at** s.t.* iem. se ontsteltenis/onthutsing oor iets; ***express** ~ at s.t.* ontsteltenis oor iets lug; ***feel** ~* ontsteld/onthuts voel; *s.t. **fills** s.o. with ~* iets vervul iem. met ontsteltenis/onthutsing; *do s.t. **in** ~* ontsteld/onthuts iets doen; ***to** s.o.'s ~* tot iem. se ontsteltenis/onthutsing. **dis·may** *ww.* ontstel, onthuts, verbyster, verslae maak; ontmoedig. **dis·mayed** ontsteld, onthuts; verbyster(d), verslae; *be ~ at s.t.* oor iets ontsteld/onthuts/verslae wees.

dis·mem·ber (die) ledemate afskeur/afsny/afkap; verskeur; stukkend (*of* aan/in stukke) sny; verdeel, versnipper. **dis·mem·ber·ment** verskeuring; ledemaatverwydering; verdeling, versnippering.

dis·miss afdank, ontslaan, laat loop, in die pad steek; van 'n amp onthef, afsit; wegstuur, laat gaan; wegwuif; verwerp, van die tafel (af) vee; afmaak; laat vaar; veron(t)agsaam, nie op ... ag slaan nie; *(jur.)*

afwys, van die hand wys *(appèl ens.); (kr.)* uitboul, uithaal, uitkry, uitvang, terugstuur; *(mil.)* verdaag; ontbind; ***be ~ed*** ontslaan word; verdaag word; ***dismiss!***, *(mil.)* verdaag!; *be ~ed from **favour*** in onguns raak; *~ s.o. **from** ...* iem. uit ... ontslaan *(d. diens ens.); ~ s.t. from one's **mind*** iets uit jou kop/gedagtes sit. **dis·mis·sal** afdanking, ontslag; afsetting; (die) wegstuur; verwerping; veron(t)agsaming; *(jur.)* afwysing; (die) uitboul/uithaal/uitkry; *(mil.)* verdaging; ontbinding. **dis·miss·i·ble** afsitbaar. **dis·miss·ive** afwysend; neerhalend, minagtend, smalend; *be ~ of s.o./s.t., (fml.)* iem./iets geringag/geringskat; iem./iets minag, op iem./iets neersien; iem./iets misken; *with a ~ wave of his/her hand* met 'n afwysende handgebaar.

dis·mount afklim; *(gimn.)* afspring; afval; afgooi; uitmekaar haal, uitmekaarhaal, demonteer; *~ from s.t.* van iets afklim *('n fiets, perd, ens.)*. **dis·mount·ed** afgeklim; te voet, onberede.

Dis·ney *(Am. filmvervaardiger):* **~land** *(Am. pretpark)* Disneyland; *(fig.)* sprokies=, fantasiewêreld, kammaland. ~ **World:** *(Walt) ~ ~, (Am. pretpark)* (Walt) Disney World.

Dis·ney·esque Disneyagtig.

Dis·ney·fy disneyfiseer. **Dis·ney·fi·ca·tion** disneyfikasie.

dis·o·be·di·ent ongehoorsaam, stout, onnutsig; opstandig; *be ~ to ...* aan ... ongehoorsaam wees. **dis·o·be·di·ence** ongehoorsaamheid, stout(ig)heid, onnutsigheid; opstandigheid, verset; weiering, steeksheid *(v. perd); wilful ~, (ook)* diensweiering.

dis·o·bey ongehoorsaam wees aan, nie gehoorsaam nie, nie na ... luister nie *(iem.);* veron(t)agsaam *(bevel ens.);* oortree *(reël, wet).*

dis·o·blige teen ... se wense gaan; beledig; onbeleef(d) behandel; moeite/las gee. **dis·o·blig·ing** onbeleef(d), onvriendelik; onbehulpsaam, ontegemoetkomend, onwelwillend. **dis·o·blig·ing·ness** onbeleefdheid, onvriendelikheid; onbehulpsaamheid.

dis·or·der *n.* wanorde, warboel, deurmekaarspul, ordeloosheid; verwarring; roesemoes; wanordelikheid, oproer, opstootjie, rusversteuring, =verstoring; *(i.d. mv. ook)* onluste; kwaal, siekte, aandoening, ongesteldheid; *~s broke out* onluste het uitgebreek; *be in (a state of) ~* deurmekaar wees; *mental ~* →MENTAL. **dis·or·der** *ww.* verwar, verward maak, van stryk (af) bring; versteur. **dis·or·dered** deurmekaar *(hare ens.);* verwar(d), in die war, van stryk (af); (geestelik) versteurd; sieklik. **dis·or·der·ly** wanordelik, in 'n warboel, deurmekaar, onordelik; rumoerig; oproerig, wetteloos; *~ conduct, (jur.)* wanordelike gedrag; *~ house, (jur., arg.)* bordeel, huis van ontug; dobbelhuis.

dis·or·gan·ise, =ize ontwrig, ontredder, in wanorde dompel, in die war stuur, deurmekaar maak, disorganiseer. **dis·or·gan·ised, =ized** deurmekaar, chaoties, ordeloos; wanordelik *(mens, lewe);* onsistematies *(werker);* ongeorden(d) *(liasseerstelsel).* **dis·or·gan·i·sa·tion, =za·tion** wanorde, verwarring, ontreddering, ontwrigting, disorganisasie.

dis·o·ri·en·tate verwar, in verwarring bring, disoriënteer. **dis·o·ri·en·ta·tion** verwarring, verwardheid, disoriëntasie, rigtingloosheid.

dis·own verwerp, verloën, verstoot, nie meer wil ken nie, weier om te erken.

dis·par·age (ver)kleineer, afkam, afkraak, slegmaak, verneder, neerhaal; neersien op; in diskrediet bring, verdag maak; oneer aandoen. **dis·par·age·ment** (ver)kleinering, neerhaling, minagting, miskenning, vernedering, afkamming, afkraking. **dis·par·ag·ing** (ver)kleinerend, neerhalend, minagtend, vernederend; *~ remarks* lelike/afhalerige/neerhalende/beledigende aanmerkings.

dis·par·ate *adj.* ongelyk(soortig), uiteenlopend, disparaat. **dis·par·ate·ness** →DISPARITY. **dis·par·ates** *n. (mv.)* ongelyksoortighede, ongelyksoortige/onvergelykbare sake. **dis·par·i·ty** ongelykheid, ongelyksoortigheid, verskil, teenstrydigheid, uiteenlopendheid, verskeidenheid, dispariteit; *the ~ in age between A and B* die ouderdomsverskil tussen A en B.

dis·part *(arg.)* skei, uitmekaar maak/gaan; (ver)deel.

dis·pas·sion →DISPASSIONATENESS.

dis·pas·sion·ate emosieloos, koel, kalm, bedaard, besadig, onbewoë; onpartydig, objektief. **dis·pas·sion·ate·ness** emosieloosheid, besadigdheid, onbewoënheid; onpartydigheid, objektiwiteit.

dis·patch, des·patch *n.* versending, afsending, toesending; moord, die doodmaak; verrigting; haas, spoed; berig, rapport; amptelike verslag; *be **mentioned** in ~es* eervol vermeld word; *the **time** of ~* die tyd van afsending; *do s.t. with the **utmost** ~* iets met die meeste spoed doen; ***with** (all/great) ~* vinnig, spoedig, so gou (as) moontlik, onverwyld, sonder uitstel; met bekwame spoed. **dis·patch, des·patch** *ww.* versend; (weg)stuur, uitstuur, afstuur; afhandel, verrig; *(infml.)* wegsit, verslind, verorber; doodmaak, van kant maak, uit die weg ruim, bokveld toe stuur; *~ s.o. to ...* iem. na ... stuur; *~ s.t. to ...* iets na ... versend. ~ **book** versendingsboek. ~ **box,** ~ **case** aktetrommel; aktetas. ~ **note** versendings=, adviesbrief. ~ **rider** rapportryer. ~ **runner** boodskapper.

dis·patch·er, des·patch·er versender, afsender; versendingsbeampte; *(rek.)* skeduleerder.

dis·pel =*ll*= verdryf, verdrywe, wegja(ag); uit die weg ruim *(iem. se vrees).*

dis·pen·sa·ble verslapbaar, vrystelling toelatend; ontbeerlik, misbaar.

dis·pen·sa·ry (hospitaal)apteek; resepteerafdeling *(in apteek);* kliniek.

dis·pen·sa·tion uitdeling; bedeling; beskikking; bestel, stelsel; vrystelling, ontheffing, dispensasie.

dis·pense uitdeel *(drankies, gunste, straf, ens.);* uitreik, versprei; toedien *(straf);* gee *(raad);* lewer, verskaf; toepas, uitoefen; resepteer, berei *(medisyne); (ook)* uitgee *(medisyne); ~ s.o. **from** ...* iem. van ... onthef/vrystel; *~ **justice*** regspreek; *~ **with** ...* sonder ... klaarkom; van ... afsien; ... agterweë laat; *it ~s **with** ...* dit skakel ... uit, dit maak ... onnodig.

dis·pens·er houer; skyfiehouer; outomaat; uitdeler; bereider; aanbieder; beskikker *(oor);* bedeler; apteker, resepteur.

dis·pens·ing resepteerkunde; resepteing. ~ **chemist** apteker.

dis·peo·ple *(w.g.)* ontvolk.

di·sper·mous *(bot.)* tweesadig.

dis·per·sal verspreiding; verstrooiing. ~ **sale** finale uitverkoping.

dis·per·sant dispergeerder, dispergeer=, dispersiemiddel.

dis·perse versprei; uitmekaar ja(ag), uiteenja(ag); opbreek *(vergadering);* verstrooi; versprei, oral(s) bekend maak *(nuus ens.);* uitmekaar gaan, uiteengaan; *(troepe)* uitswerm; *(fis.)* dispergeer. **dis·per·sion** (ver)spreiding; verstrooiing; *(chem., fis., statist.)* dispersie; *(opt.)* kleurskifting; *the D~* die verstrooiing van die Jode; →DIASPORA. **dis·per·sive** verstrooiend.

dis·pir·it moedeloos/mismoedig maak, ontmoedig. **dis·pir·it·ed** moedeloos, mismoedig, ontmoedig, mistroostig, neerslagtig, terneergedruk. **dis·pir·it·ing** *adj.,* **dis·pir·it·ing·ly** *adv.* ontmoedigend.

dis·pit·e·ous *(arg.)* meedoënloos.

dis·place verskuif, verskuiwe; verplaas; vervang; verdring; ontwortel; *~d people/persons* ontworteldes, ontheemdes; uitgewekenes; *~d person* ontwortelde, ontheemde; uitgewekene.

dis·place·ment verskuiwing; verplasing; vervanging; ontworteling, ontheemding; ontheemdheid; uitwyking; *(chem., fis.)* verplasing; *(sk.)* waterverplasing; *angle of ~* slingerwydte; *100 tons ~* 100 ton waterverplasing. ~ **activity** *(psig., soöl.)* verplasingsaktiwiteit.

dis·play *n.* vertoning; uitstalling, tentoonstelling; vertoon; bewys, demonstrasie; *(tip.)* vertoonwerk; *(rek.)* (beeld)skerm; *(rek.)* (skerm)beeld, afbeelding; *(soöl.)* pronkery; *~ of **fireworks*** vuurwerk; ***give** a ~* 'n vertoning gee; *s.o.'s **love** of ~* iem. se vertoonsug; ***make** a (great) ~ of s.t.* 'n (groot) vertoon van iets maak, met iets te koop loop; *articles **on** ~* vertoonde artikels; *s.t. is **on** ~* iets word ten toon gestel; *~ of **power/force*** magsvertoon; ***window** ~* vensteruitstalling. **dis·play** *ww.* vertoon; uitstal, ten toon stel; openbaar, aan die dag lê; te koop loop met; *(tip.)* vertoonset; *(rek.)* vertoon; *(soöl.)* pronk. ~ **ad(vertisement)** sieradvertensie. ~ **advertising** sierreklame. ~ **artist** uitstalkunstenaar. ~ **cabinet,** ~ **case** (ver)toon=, uitstalkas. ~ **counter** glastoonbank. ~ **pack** uitstalpakket, =pakkie. ~ **sign** reklamebord; reklamelig. ~ **unit** *(rek.)* vertooneenheid. ~ **window** uitstalvenster.

dis·please mishaag, ontevrede maak, aanstoot gee, vererg, erger, irriteer, vies maak. **dis·pleased** ontevrede, misnoeg, ontstem(d), vies; *be ~ at s.t.* oor iets ontevrede/vies wees; *be ~ with s.o.* vir iem. vies wees. **dis·pleas·ing** onaangenaam. **dis·pleas·ure** misnoeë, misnoegdheid, mishae, ontevredenheid; *incur ~* in onguns raak; *incur s.o.'s ~* jou iem. se ongenoeë op die hals haal, iem. vies maak; *show one's ~ at ...* wys dat jy vies is oor ...

dis·port *n., (arg.)* vermaak, ontspanning, tydverdryf. **dis·port** *ww.: ~ o.s., (arg., skerts.)* kerjakker, baljaar, pret hê; jou vermaak/verlustig.

dis·pos·a·ble weggooibaar, weggooi=; beskikbaar; verkoopbaar, verhandelbaar, vervreembaar *(bate);* besteebaar *(inkomste); ~ nappies* weggooidoeke; *~ needle* weggooinaald; *~ syringe* weggooispuit(jie).

dis·pos·al die weggooi/uitgooi/verwydering; opruiming; verkoop, verhandeling, afset; vervreemding; afhandeling; plasing; ordening, rangskikking; reëling; beskikking; *be **at** one's ~* tot jou beskikking wees/staan; ***bomb** ~, ~ of **bombs*** bomopruiming, onskadelikstelling/opruiming van bomme; *be **for** ~* te koop wees; ***have** the ~ of ...* oor ... beskik, die beskikking oor ... hê; ***place** s.t. at s.o.'s ~* iets tot iem. se beskikking stel. ~ **site** stortplek, =terrein.

dis·pose gewillig maak; ontvanklik maak; stem, in 'n stemming bring; plaas, stel; laat staan; orden, rangskik, skik; reël, inrig; opstel *(troepe);* beskik; *man proposes, **God** ~s* die mens wik, maar God beskik; *~ **of** s.o./s.t.* iets weggooi/uitgooi/verwyder, van iets ontslae raak; iets onskadelik maak/stel *('n bom);* iets weerlê *('n argument ens.);* iets uitskakel *('n probleem ens.);* iets verhandel (*of* van die hand sit); iets vervreem *(eiendom ens.);* iets wegsit (*of* of na binne werk) *(kos);* iets afhandel; iets wegwerk; met iem. afreken, iem. kafdraf/kafloop/oorrompel (*of* die onderspit laat delf) *('n teenstander ens.);* iem. doodmaak (*of* uit die weg ruim); *s.t. ~s s.o. **to** do s.t.* iets maak iem. geneig (*of* bring iem. daartoe) om iets te doen. **dis·posed** gesind; geaard; geneig, geneë; *be ~ to ...* geneë/geneig wees om te ...; tot ... geneë/geneig wees; *be favourably/kindly/well ~ towards s.o./s.t.* iem./iets goedgesind (*of* goedgesind teenoor iem./iets) wees.

dis·po·si·tion stemming, gees, gesindheid, ingesteldheid, instelling, gemoedstoestand; geaardheid, aard, temperament; neiging; beskikking; *(i.d. mv.)* reëlings, planne, voorbereidsels; *(filos.)* disposisie; *(arg.)* plasing, rangskikking, ordening; *be of a cheerful/noisy/etc. ~* blymoedig/luidrugtig/ens. van aard/geaardheid wees; *testamentary ~* bemaking, testamentêre beskikking.

dis·pos·sess onteien, (die besit) ontneem, beroof, ontvreem; *(sport)* die bal by ... afneem; uitdryf, =drywe, verdryf, =drywe, wegja(ag); verlos, bevry *(v. 'n gees); ~ s.o. of s.t.* iets van iem. onteien; iem. van iets beroof; *s.o. has been ~ed of his/her land* iem. se grond is onteien, iem. is van sy/haar grond onteien. **dis·pos·ses·sion** onteiening, berowing, ontvreemding; uitdrywing, verdrywing. **dis·pos·ses·sor** ontnemer, ontvreemder.

dis·praise *n., (w.g.)* afkeuring, misprysing, laking; kritiek. **dis·praise** *ww., (arg.)* afkeur, misprys, laak; kritiseer.

dis·proof weerlegging, teenbewys; *in ~ of ...* ter weerlegging van ...; →DISPROVE.

dis·pro·por·tion wanverhouding; onewewedigheid, ongelykheid, disproporsie; afwyking. **dis·pro·por=**

tion·ate oneweredig, ongelyk, buite verhouding; *be ~ to* ... buite verhouding tot ... wees. **dis·pro·por·tioned** oneweredig, ongelyk; afwykend; sleg gebou/geproporsioneer(d).

dis·prove weerlê. **dis·prov·a·ble** weerlegbaar. →DISPROOF.

dis·pute *n.* woordestryd, twisgesprek, redetwis, kontroverse, dispuut, geskil; twis=, geskilpunt; stryery, rusie, onenigheid, onvrede, twis; redenasie, argument; *be **beyond** ~* onbetwisbaar (*of* buite kwessie) wees, buite twyfel staan; *be **in** ~* betwis word; *s.t. is not **in** ~* iets word nie betwis nie, iets staan buite twyfel; *the matter/point **in** ~* die geskilpunt, die saak waarom dit gaan; ***industrial** ~* arbeidsgeskil; *there is **room** for ~* daar is aanleiding tot onenigheid; ***settle** a ~* 'n geskil besleg/bylê/skik (*of* uit die weg ruim); ***without** ~* sonder twyfel, ongetwyfeld, ontwyfelbaar, onteenseglik. **dis·pute** *ww.* redetwis, disputeer, (be)redeneer, argumenteer; heftig bespreek; stry, twis, redekawel; in twyfel trek, betwis; 'n stryd voer oor; weerstand bied aan/teen. **dis·put·a·ble** aanvegbaar, betwisbaar, onseker. **dis·pu·tant, dis·pu·tant** (rede)twister; *(i.d. mv. ook)* strydende partye, disputante. **dis·pu·ta·tion** (ge)redetwis, woordestryd, dispuut, geskil; disputasie, akademiese debat. **dis·pu·ta·tious** twissiek, (op)stryerig, twissoekerig. **dis·put·ed** omstrede; *~ point* strydvraag.

dis·qual·i·fy ongeskik maak; ongeskik/onbevoeg verklaar; uitsluit, wegwys, afkeur; *(sport ens.)* diskwalifiseer; *s.t. disqualifies s.o. **for** a post* iets maak iem. ongeskik vir 'n pos; *~ s.o. **from** doing s.t.* iem. onbevoeg/ongeskik verklaar om iets te doen; *s.t. disqualifies s.o. **from** doing s.t.* iets maak iem. onbevoeg om iets te doen; *disqualified **person*** onbevoegde. **dis·qual·i·fi·ca·tion** ongeskiktheid, onbevoegdheid; onbevoegverklaring; uitsluiting, wegwysing, afkeuring; diskwalifikasie; *under a ~* onbevoeg.

dis·qui·et *n.* onrus, ongerustheid, verontrusting, besorgdheid. **dis·qui·et** *ww.* verontrus, ongerus maak. **dis·qui·et·ed** ongerus, verontrus. **dis·qui·et·ing** verontrustend, onrusbarend. **dis·qui·e·tude** →DISQUIET *n.*.

dis·qui·si·tion uiteensetting, verhandeling, vertoog; ondersoek.

dis·rate *(sk.)* verlaag, degradeer *(bemanningslid).*

dis·re·gard *n.* veron(t)agsaming, geringskatting, miskenning; *in **complete** ~ of* ... met volkome veron(t)agsaming van ...; *with a **fine** ~ for* ... met 'n hooghartige minagting vir ...; *s.o.'s ~ **for*** ... iem. se geringskatting van ... **dis·re·gard** *ww.* veron(t)agsaam, ignoreer, negeer, geen notisie van ... neem nie, geen ag op ... slaan nie, in die wind slaan; minag; *~ advice* advies/raad in die wind slaan.

dis·rel·ish *n., (arg.)* afkeer *(van),* teë=, teensin *(in).* **dis·rel·ish** *ww., (arg.)* 'n afkeer hê van, 'n teë=/teensin hê in, 'n hekel hê aan.

dis·re·mem·ber *(Am., infml.)* vergeet, nie onthou nie.

dis·re·pair bouvalligheid, verval; *fall into ~* verval, bouvallig word; *be in ~* vervalle/bouvallig wees.

dis·re·pute slegte naam, berugtheid, skande; diskrediet, oneer; *bring s.o./s.t. into ~* iem./iets 'n slegte naam gee (*of* in diskrediet/minagting bring *of* aan minagting blootstel); *fall into ~* 'n slegte naam/reputasie kry, berugtheid verwerf. **dis·rep·u·ta·ble** berug, sleg bekend staande; skandelik; onfatsoenlik; *~ character* ongure vent.

dis·re·spect *n.* oneerbiedigheid, gebrek aan respek, onbeleefdheid; *~ for/to* ... oneerbiedigheid teenoor/jeens ..., gebrek aan respek vir ...; *mean no ~* nie bedoel om oneerbiedig te wees nie; *show ~* oneerbiedig wees. **dis·re·spect** *ww., (Am., infml.)* oneerbiedig wees teenoor, nie respekteer nie; minag. **dis·re·spect·ful** oneerbiedig, onbeleef(d), eerbiedloos; *be ~ to* ... oneerbiedig teenoor ... wees.

dis·robe jou ontklee/uittrek; jou toga uittrek; ontklee, uittrek *(iem.); (fig.)* van gesag/ens. stroop.

dis·root ontwortel.

dis·rupt ontwrig; versteur; splits, verdeel, verskeur, uitmekaar skeur, uiteenskeur, skeur. **dis·rupt·er, dis·rupt·or** ontwrigter; versteurings=, steurdraad; verdeler, skeurder. **dis·rup·tion** ontwrigting; verdeeldheid, verskeurdheid, (ver)skeuring, uiteenskeuring, verbreking, uiteenspatting. **dis·rup·tive** ontwrigtend; versteurend; splits=, skeur(ings)=; *~ element* ontwrigter; rusversteurder, =verstoorder; moles=, oproermaker.

dis(s)[1] *ww., (Am. sl., afk. v.* disrespect*)* in die gesig vat, beledig, verneder.

dis(s)[2] *adj. (infml., w.g., afk. v.* disconnected*)* op die koffie, in sy kanon/peetjie (in), kapot, stukkend; (van lotjie) getik, in die bol gepik, nie reg wys nie. **dis(s)** *ww., (infml., w.g.)* opkoffie, opdons, konfoes.

dis·sat·is·fy teleurstel, nie tevrede stel nie, ontevrede maak; mishaag, nie aanstaan/geval nie. **dis·sat·is·fac·tion** ontevredenheid, misnoeë, misnoegdheid, onvergenoegdheid, onvoldaanheid; *express/show/voice ~ about/at/over/with s.t.* jou ontevredenheid/misnoeë met/oor iets te kenne gee; *deep ~* diepe/groot ontevredenheid. **dis·sat·is·fac·to·ry** onbevredigend. **dis·sat·is·fied** ontevrede, misnoeg, teleurgestel(d), onvergenoeg(d); *be ~ with* ... ontevrede met ... wees *(iem., iets),* ontevrede/misnoeg oor ... wees *(iets).*

dis·sect ontleed, dissekteer, stukkend (*of* in stukke) sny; *(fig.)* grondig ontleed, uitmekaar trek, uitmekaartrek. **dis·sect·ed** *(ook)* ingesny; *~ plateau* verkloofde plato.

dis·sect·ing: *~* **knife** ontleedmes. *~* **room** sny=, ontleed=, seksiekamer. *~* **table** ontleedtafel.

dis·sec·tion ontleding, seksie, disseksie; *(fig.)* ontleding, analise.

dis·sec·tor ontleder, dissektor.

dis·seise, dis·seize *(Br., jur.)* onregmatig/wederregtelik onteien.

dis·sem·ble huigel, veins, voorgee; wegsteek, verberg, verbloem *(gevoelens ens.).* **dis·sem·bler** huigelaar, veinser, geveinsde, veinsaard, tweegatjakkals, skynheilige.

dis·sem·i·nate versprei, verbrei, uitsaai, uitstrooi, rondstrooi, dissemineer; *~d sclerosis, (patol.)* verspreide/multipele sklerose. **dis·sem·i·na·tion** verspreiding, verbreiding, uitsaaiing, uitstrooiing, disseminasie. **dis·sem·i·na·tor** verspreider, verbreider.

dis·sent *n.* meningsverskil, verskil van mening; *(Chr., dikw. D~)* weiering om die leerstellings van die kerk te aanvaar; *(jur.)* afwykende uitspraak, minderheidsuitspraak; *(sport)* teen=, teëpratery. **dis·sent** *ww.* van mening verskil *(met);* afwyk *(van); (Chr.)* weier om die leerstellings van die kerk te aanvaar; *~ from s.o.'s opinion* 'n ander mening as iem. hê/huldig. **dis·sen·sion** tweedrag, onenigheid, verdeeldheid, tweespalt, partyskap; *sow (the seeds of) ~* (die saad van) tweedrag saai. **dis·sent·er** andersdenkende; afgeskeidene. **Dis·sent·er** *(Br., hist., Chr.)* Dissenter. **dis·sen·tient** *n.* andersdenkende; teen=, teëstemmer. **dis·sen·tient** *adj.* andersdenkend, afwykend; teen=, teëstemmend; *~ vote* →VOTE *n.*. **dis·sent·ing** afgeskeie; afwykend; andersdenkend; *~ judg(e)ment* afwykende uitspraak, minderheidsuitspraak.

dis·sep·i·ment *(biol.)* septum, skei(dings)wand, afskorting, tussenskot.

dis·ser·tate *(w.g.),* **dis·sert** *(arg.)* uitwei, 'n verhandeling/diskoers hou. **dis·ser·ta·tion** verhandeling, tesis; skripsie; *doctoral ~* (doktorale) proefskrif, dissertasie; *obtain a doctorate on/with a ~* op 'n proefskrif promoveer.

dis·serve *(arg.)* 'n ondiens bewys. **dis·ser·vice** ondiens; *do s.o. a ~* iem. 'n ondiens bewys; *a ~ to* ... 'n ondiens aan ...

dis·sev·er *(w.g.)* skei; verdeel.

dis·si·dent *n.* andersdenkende, afvallige, afgeskeidene, dissident. **dis·si·dent** *adj.* andersdenkend, afvallig; onenig. **dis·si·dence** afvalligheid; onenigheid, (menings)verskil, afwykende sienswyse.

dis·sim·i·lar ongelyk(soortig), verskillend, anders, uiteenlopend; *be ~ to* ... anders as ... wees, van ... verskil. **dis·sim·i·lar·i·ty** ongelyk(soortig)heid, verskil, andersheid. **dis·sim·i·la·tion** dissimilasie. **dis·si·mil·i·tude** *(fml.)* ongelyk(soortig)heid, verskil.

dis·sim·u·late huigel, veins, voorgee; wegsteek, verberg, verbloem. **dis·sim·u·lat·ed** *(elek.)* gebonde. **dis·sim·u·la·tion** huigelary, veinsery, geveinsdheid, voorwendsel; verbloeming. **dis·sim·u·la·tor** huigelaar, veinser.

dis·si·pate verdwyn; verdamp; oplos; uitmekaar gaan, uitmekaargaan, uiteengaan; verdryf, verdrywe, verja(ag), laat verdwyn; verspil, verkwis, vermors; verloor *(warmte).* **dis·si·pat·ed** *(ook)* losbandig; verlope. **dis·si·pa·tion** verdwyning; verdamping; oplossing; verdrywing, verjaging; verlies *(v. warmte);* verspilling, verkwisting, vermorsing; losbandigheid, uitspatting; pret(makery), plesierigheid, vermaaklikheid.

dis·so·ci·ate skei; losmaak; ontbind; isoleer; distansieer; *(chem.)* dissosieer; *~ o.s. from* ... jou van ... distansieer/losmaak, van ... wegstaan, ... nie onderskryf/=skrywe nie. **dis·so·ci·a·tion** skeiding; losmaking; ontbinding; *(chem., psig.)* dissosiasie; *~ from* ... distansiëring/losmaking van ...

dis·sol·u·ble ontbindbaar *(huwelik);* →SOLUBLE. **dis·sol·u·bil·i·ty** ontbindbaarheid; →SOLUBILITY.

dis·so·lute losbandig, onsedelik, sedeloos, ontugtig; ongebonde. **dis·so·lute·ness** losbandigheid, onsedelikheid, sedeloosheid; ongebondenheid.

dis·so·lu·tion oplossing; smelting; verdwyning; ontbinding *(v. 'n huwelik of d. Parlement);* opheffing; beëindiging; *(fml.)* einde, dood; agteruitgang, verval, verwording.

dis·solve oplos; smelt; verdwyn; *(vergadering)* uiteengaan; ontbind *('n huwelik, d. Parlement);* ophef; beëindig; *~d soap* opgeloste seep; *~ in(to) tears* in trane versmelt. **dis·solv·a·ble** oplosbaar; smeltbaar; ontbindbaar. **dis·sol·vent** *n., (w.g.)* oplosmiddel, oplosser; →SOLVENT. **dis·sol·vent** *adj.* oplossend; ontbindend. **dis·solv·ing:** *~ power* oplosvermoë; *~ tank* oplostenk.

dis·so·nant dissonant, onharmonieus, wanklinkend, onwelluidend, vals; *(fig.)* afwykend; strydig, botsend, onversoenbaar. **dis·so·nance** dissonansie, onwelluidendheid; wanklank, vals(e) klank, dissonant; onenigheid; strydigheid, onversoenbaarheid.

dis·suade afraai, ontmoedig, ompraat, oorreed, oorhaal, uit die kop praat; *~ s.o. from doing s.t.* iem. ompraat/oorreed om iets nie te doen nie. **dis·sua·sion** ontmoediging, oorreding, afraaiing. **dis·sua·sive** ontmoedigend, oorredend.

dis·syl·la·ble, dis·syl·lab·ic →DISYLLABLE, DISYLLABIC.

dis·taff spinstok; *(fig.)* vrouewerk. *~* **side** *(geneal.)* vroulike kant/linie; *on the ~ ~* van moederskant; aan die vroulike kant, in die vroulike linie.

dis·tal *adj., (anat.)* distaal.

dis·tance *n.* afstand, distansie; ent; verte, vêrte; tussenruimte; *(fig.)* afstand, terughoudendheid, koelheid; *the ~ **across*** die breedte; ***at** a ~* op 'n afstand; ***at** a ~ of 100/etc. metres from* ... 100/ens. meter van ...; ***beat** s.o. by a ~* iem. maklik uitstof; ***cover** a ~* 'n afstand aflê; ***disappear** into the ~* in die verte/vêrte verdwyn; ***from** a ~* uit die verte/vêrte; ***go** any ~* gaan so ver/vêr as iem. wil; niks (*of* geen moeite) ontsien nie; ***go/stay** the ~* enduit hou, volhard; ***in** the ~* in die verte/vêrte/verskiet; ***keep** one's ~* op 'n afstand bly, die afstand bewaar; ***keep** s.o. at a ~* iem. op 'n afstand hou; ***keep** your ~!* bly waar jy is!, bly daar!; *over **long** ~s* oor lang afstande; ***middle** ~* →MIDDLE *adj.; it is **no** ~ at all* dis sommer naby, dis glad nie ver/vêr nie; *a good ~ **off*** 'n taamlike ent weg; ***quite** a ~ from here* 'n hele ent hiervandaan; *a **short** ~* 'n kort afstand, 'n hanetreetjie; *within **shouting** ~* binne roepafstand; *within **speaking** ~* binne praatafstand; ***stay** the ~* →*go/stay; within **striking** ~* binne bereik; binne trefafstand; *it is within **walking** ~* dit is binne loopafstand, ('n) mens kan daarnatoe/soontoe loop. **dis·tance** *ww.* op 'n afstand hou/plaas; ver/vêr agterlaat, (ver/vêr) uitstof; *~ o.s. from* ... jou van ... distansieer/losmaak. *~* **event** lang=

afstandnommer; middelafstandnommer. ~ **learning** afstand(s)onderrig. ~ **runner** langafstandatleet; middelafstandatleet.

dis·tant ver, vêr, veraf, vêraf, ver/vêr weg, afgeleë, ver=, vêrgeleë, verwyder(d); ver/vêr uitmekaar; vaag; afsydig, kil, koel, terughoudend; *a ~ **cousin*** 'n verlangse/vêrlangse/verre neef/niggie; *at no ~ **date*** binne afsienbare tyd; *the ~ **future*** die verre toekoms; *bear a ~ **likeness** to ...* →LIKENESS; *a ~ **look*** 'n ver/vêr/starende blik/uitdrukking; *hear the ~ **sound** of waves breaking on the shore* die branders/golwe in die verte/vêrte op die strand hoor breek. **dis·tant·ly** ver(af), vêr(af), verwyderd; koel; *be ~ related* verlangs/vêrlangs familie/verwant wees.

dis·taste teë=, teensinnigheid; *s.o.'s ~ for ...* iem. se afkeer van (*of* teë=/teensin in) ... **dis·taste·ful** onsmaaklik *(fig.)*, aanstootlik; *s.t. is ~ to s.o.* iets is vir iem. onaangenaam, iem. het 'n afkeer van (*of* 'n teë=/teensin in) iets. **dis·taste·ful·ness** onsmaaklikheid *(fig.)*, aanstootlikheid.

dis·tem·per¹ *n.*, *(veearts.)* hondesiekte; *(arg.)* ongesteldheid, kwaal; *(arg.)* slegte humeur; *(arg.)* politieke onrus; *cat ~* maagdermontsteking (by katte). **dis·tem·per** *ww.*, *(arg.)* siek maak; in die war bring. **dis·tem·pered** verwar(d), in die war; (geestelik) versteurd; buierig, humeurig.

dis·tem·per² *n.* muurkalk, distemper, (kleur)witsel, kalkverf(stof), temperaverf. **dis·tem·per** *ww.* verf, wit, kalk *(met distemper)*. **dis·tem·per·ing** distemperwerk.

dis·tend uitsit, swel, rek; oopspalk, sper. **dis·tend·ed:** *~ nostrils* oopgesperde neusgate. **dis·ten·sion** uitsetting, (op)swelling, rekking; omvang.

dis·thene *(min.)* disteen, kianiet.

dis·tich *(pros.)* distigon, tweereëlige vers.

dis·til, *(Am.)* **dis·till** *-ll-* distilleer; stook; suiwer; afstook; afdruppel; *~ s.t. from ...*, *(lett.)* iets uit ... stook; *(fig.)* iets uit ... haal.

dis·til·late distillaat. ~ **fuel** dieselolie.

dis·til·la·tion distillasie, distillering; (die) stook, stoking.

dis·til·la·to·ry distilleer=; stook=.

dis·till·er distilleerder, distillateur, distilleertoestel, =ketel; stoker. **dis·till·er·y** distilleerdery; stokery.

dis·til·ling: ~ **flask** distilleerfles; fraksioneerkolf. ~ **wine** stookwyn.

dis·tinct duidelik, helder; beslis, bepaald, onmiskenbaar, kennelik; onderskeie, verskillend; afsonderlik, apart; *as ~ **from** ...* teenoor (*of* in teenstelling met *of* anders as) ...; *be ~ **from*** ... van ... verskil; *be ~ **from** each other* van mekaar verskil; *a ~ **improvement*** 'n besliste/duidelike verbetering; *on the ~ **understanding** that ...* op die uitdruklike voorwaarde dat ... **dis·tinc·tion** onderskeiding; onderskeid, verskil; kenmerk; vernaamheid, aansien, gedistingeerdheid; lof; ereteken; *an **air** of ~* 'n deftige indruk; 'n deftige voorkoms; ***confer** a ~ on/upon s.o.* 'n onderskeiding aan iem. toeken; *a ~ without a **difference*** 'n onbeduidende verskil; ***draw/make** a ~ between ...* 'n onderskeid tussen ... maak/tref; ***get** a ~ in a subject* 'n onderskeiding in 'n vak behaal; ***in** ~ to ...* teenoor (*of* in teenstelling met) ...; *a **mark** of ~* 'n onderskeidingsteken; *a **nice/subtle** ~* 'n fyn onderskeid; *a man/woman **of** ~* 'n man/vrou van aansien/betekenis; 'n vername man/vrou; *an artist/etc. **of** ~* 'n vooraanstaande/gerekende kunstenaar/ens.; *coffee/etc. **of** ~* koffie/ens. van puik gehalte; ***pass with** ~* met lof/onderskeiding slaag/deurkom; *a **sharp** ~* 'n skerp onderskeid; ***with** ~* met onderskeiding. **dis·tinc·tive** onderskeidend, kenmerkend; eiesoortig, apart, besonder(s); onderskeibaar; vernaam; *~ **mark*** kenteken, kenmerk; *~ **number*** onderskeidingsnommer; *be ~ **of** ...* kenmerkend vir/van ... wees. **dis·tinc·tive·ness** onderskeibaarheid; eiesoortigheid, eiendomlikheid, kenmerkendheid; vernaamheid. **dis·tinct·ly** duidelik, uitdruklik. **dis·tinct·ness** duidelikheid; afsonderlikheid, apartheid.

dis·tin·gué *(Fr.)* gedistingeer(d).

dis·tin·guish onderskei, onderken, die verskil sien/ken; onderskeid maak; uitmekaar hou, uitmekaarhou, uiteenhou; kenmerk, karakteriseer, kenteken; onderskei, sien, uitmaak; indeel; rangskik; *~ between ...* die onderskeid/verskil tussen ... ken; tussen ... onderskeid maak; ... uitmekaar hou (*of* uitmekaarhou/uiteenhou); *~ s.t. from ...* iets van ... onderskei; *~ o.s.* jou onderskei, naam maak. **dis·tin·guish·a·bil·i·ty, dis·tin·guish·a·ble·ness** onderskeibaarheid. **dis·tin·guish·a·ble** (her)kenbaar, onderskeibaar; *be ~ by ...* aan ... herkenbaar wees. **dis·tin·guished** gedistingeer(d); vernaam, vooraanstaande, gesiene, vermaard, van aansien/naam; hooggeplaas; beroemd, befaam(d); uitstekend, voortreflik, uitmuntend, uitnemend, hoogstaande; onderskeie; *be ~ **by** ...* om/vanweë/vir/weens ... bekend wees; *a ~ **career*** 'n voortreflike loopbaan; *~ **company*** uitgelese geselskap; *be ~ **for** ...* om/vanweë/vir/weens ... bekend wees; in ... uitmunt; *as ~ **from** ...* in teenstelling met ...; wat van ... onderskei moet word. **dis·tin·guish·ing** onderskeidend; kenmerkend, karakteristiek; *~ letter* kenletter.

dis·tort verwring, verdraai, vertrek; skeef=, kromtrek; *(fig.)* verwring, verdraai, verkeerd voorstel; *(elek.)* vervorm; *~ing mirror* drogspieël. **dis·tort·ed** verwronge, verdraai(d); misvorm(d); vervorm(d). **dis·tort·ed·ness** verwrongenheid, verdraaidheid. **dis·tor·tion** verwringing, verdraaiing, vertrekking; kromtrekking; verwrongenheid, verdraaidheid; misvormdheid; vervorming.

dis·tract aflei, aftrek *(aandag)*; verwar; verbyster; gek maak; *~ o.s.* jou vermaak (*of* besig hou), die tyd verdryf/verdrywe; *~ s.o. from s.t.* iem. se aandag van iets aflei. **dis·tract·ed** verwar(d), deurmekaar; verbyster(d); gek, radeloos. **dis·trac·tion** afleiding, ontspanning, vermaak; verwarring, verbystering; *drive s.o. to ~* iem. gek/radeloos maak; *love s.o. to ~* smoor=/dolverlief op iem. wees.

dis·train *(Br., jur.)* beslag lê op, in beslag neem. **dis·traint** beslag(legging), inbeslagneming.

dis·trait *(Fr.)* verstrooid.

dis·traught verontrus, besorg, ongerus, vertwyfeld, op hol, buite jouself; radeloos; *be ~ with ...* radeloos wees van ... *(angs ens.)*.

dis·tress *n.* angs, kommer, bekommernis, benoudheid; droefheid, verdriet; nood, ellende, teen=, teëspoed, rampspoed; nooddruf, armoede; *(jur.)* beslag(legging); *a **companion** in ~* lotgenoot; *a **cry** of ~* 'n angs=/noodkreet; *be in **dire/sore** ~* in groot nood verkeer/wees, lelik in die nood wees; *a **flag** of ~* 'n noodvlag; *be **in** ~* in nood verkeer/wees; ***relieve** ~* nood lenig. **dis·tress** *ww.* ontstel, onthuts, verontrus, beangs maak, met angs/kommer vervul; kwel; leed aandoen/berokken, verdriet aandoen; in die nood dompel, ellende bring oor; *(jur.)* beslag lê op. ~ **area** noodgebied. ~ **call** noodroep. ~ **flare** noodfakkel. ~ **gun** noodfakkel=, ligfakkelpistool. ~ **rocket** nood=, ligfakkel. ~ **signal** noodsein; noodberig.

dis·tressed ontsteld, onthuts, beangs, angstig, bekommerd; oorstuur(s), van stryk (af); bedroef, verdrietig; in die nood, behoeftig, armoedig, noodlydend, nooddruftig; *be ~ about s.t.* oor iets ontsteld wees; oor iets bedroef wees; *be deeply/profoundly ~* diep bedroef wees.

dis·tress·ing, dis·tress·ful ontstellend, onthutsend, verontrustend, onrusbarend, angswekkend, beangstigend; benoud, beangs, angstig; kwellend; ellendig, haglik, jammerlik, benard; rampspoedig; *distressing moment* pynlike oomblik.

dis·trib·ut·a·ble verdeelbaar; uitkeerbaar *(wins ens.)*.

dis·trib·u·tar·y rivierarm; verspreidingstroom.

dis·trib·ute uitdeel, (ver)deel; uitreik; uitgee; *(fin.)* uitkeer; besorg; versprei; verbrei; rangskik, orden, klassifiseer, indeel; *(druk., wisk.)* distribueer; *~ s.t. **among** ...* iets onder ... uitdeel; *~ the **ball,** (rugby)* die bal uitgee (*of* laat loop); die spel oopmaak; *~ a **dividend,** (fin.)* 'n dividend betaal/uitkeer; *~d **load*** verspreide las; *~ s.t. **to** ...* iets aan ... uitdeel.

dis·tri·bu·tion uitdeling, (ver)deling; uitreiking; uitkering; besorging; verspreiding; verbreiding, verbreidheid; indeling; *(statist.)* verdeling; *(jur., fis.)* distribusie; *~ of **dividends*** dividenduitkerings; *~ of **population*** bevolkingsdigtheid; *~ of **prizes*** prysuitdeling, =uitreiking; *~ of **profits*** winsuitkering. ~ **account** distribusierekening, verdelingsrekening. ~ **board** *(elek.)* verdeelbord. ~ **box** verdeelkas, splitsmof. ~ **cost,** ~ **expense** distribusie=, afsetkoste. ~ **network** verspreidingsnetwerk; *(elek.)* distribusie=, verdeelnet. ~ **rate** *(spw.)* distribusietarief. ~ **ratio** verdelingsverhouding. ~ **rights** verspreidingsregte. ~ **valve** *(mot.)* verdeelklep.

dis·trib·u·tive verdelend; indelend; *(gram.)* distributief; *~ **bargaining,** (arbeidsbetrekkinge)* verdelingsbedinging; *~ **justice*** verdelende regverdigheid; *~ **law,** (wisk., log.)* distributiewe wet; *~ **sex,** (Am., euf.)* vrye liefde/seks, rondslapery; *~/distributing **trade*** tussen=, distribusiehandel; *~ **worker*** werker in die handel.

dis·trib·u·tor verspreider; groothandelaar; tussenhandelaar; uitdeler, verdeler; *(mot.)* (stroom)verdeler; *(elek.)* hoofverdeelkabel; *(druk.)* distribueerder; *~ of the ball, (rugby)* uitgeër, oopmaker. ~ **brush** verdelerborsel. ~ **cam** verdelernok. ~ **cap,** ~ **top** verdelerdop. ~ **disc** verdeelskyf. ~ **head** verdelerkop, verdeelkop. ~ **tube** verdeelpyp, verdelerbuis.

dis·trict distrik; streek, gebied; omgewing; buurt, wyk; *magisterial ~* magistraats=, landdrosdistrik. ~ **attorney** *(Am.)* distriksprokureur. ~ **boundary** distriksgrens. ~ **court** distrikshof. ~ **manager** distriksbestuurder. ~ **nurse** distriksverpleegster. **D~ Six** *(SA)* Distrik Ses. ~ **surgeon** distriksgeneesheer, =dokter.

dis·trust *n.* wantroue, agterdog, argwaan, verdenking, twyfel; *regard s.t. with ~* iets met agterdog bejeën; *s.o.'s ~ of ...* iem. se wantroue in ... **dis·trust** *ww.* wantrou, met agterdog bejeën, geen vertroue in ... hê nie, verdink. **dis·trust·ful** agterdogtig, wantrouig, wantrouend, argwanend, vol argwaan; *be ~ of s.o./s.t.* iem./iets wantrou.

dis·turb steur, stoor, pla, hinder; versteur *(balans, rus, ens.)*; deurmekaar maak *(papiere ens.)*; in die war stuur; vertroebel *(fig.)*; ontstel, onthuts, ontstem, verontrus; skok; moeite doen. **dis·tur·bance** (ver)steuring, (ver)storing, steurnis, stoornis; vertroebeling *(fig.)*; besorgdheid, verontrusting; opskudding, beroering; rusverstoring, opstootjie, relletjie, oproerigheid; *(i.d. mv. ook)* onluste, oproer, onrus, wanordelikhede; *cause/create a ~* onrus veroorsaak, die rus versteur/verstoor, steurnis/stoornis maak/veroorsaak/verwek; *~ of the peace* rusverstoring, =versteuring. **dis·turbed** ontsteld, geskok; besorg, ongerus, gekwel; *(mentally) ~* (geestelik) versteurd; *~ night* rustelose nag; *~ person* versteurde. **dis·turb·er** verstoorder, versteurder; *~ of the peace* rusverstoorder, =versteurder, onrusstoker. **dis·turb·ing** steurend, storend, hinderlik; ontstellend, verontrustend, onrusbarend, kommerwekkend, sorgwekkend.

di·sul·phide *(chem.)* disulfied.

dis·un·ion skeiding. **dis·u·nite** skei, verdeel; van mekaar vervreem; geskei word. **dis·u·nit·ed** verdeeld, onenig. **dis·u·ni·ty** verdeeldheid, onenigheid, tweedrag, tweespalt.

dis·use *n.* onbruik; *fall into ~* in onbruik raak. **dis·use** *ww.* nie meer gebruik nie, ophou gebruik/toepas. **dis·used** *adj.* ongebruik *(grond, kaggel, kerk, ens.)*; wat in onbruik is (*of* geraak/verval het) *(aanloopbaan, mynskag, skool, fabriek, ens.)*; leeg(staande) *(gebou)*.

di·syl·la·ble tweelettergrepige woord. **di·syl·lab·ic** tweelettergrepig.

ditch *n.* sloot, voor; grag; *dig a ~* 'n sloot grawe; *the last ~* die laaste loopgraaf/skans; *die in the last ~* tot die bitter(e) einde volhard. **ditch** *ww.* 'n sloot (*of* slote) grawe; afwater, dreineer; *(infml.)* afsê, die trekpas gee *(kêrel, nooi)*; laat staan, los, verlaat *(man, vrou, motor, ens.)*; in die steek laat *(familie, vriende)*; laat loop, die trekpas gee, in die pad steek, afdank *(werknemer)*; laat vaar, afsien van, opgee *(plan, projek)*; wegsmyt, weggooi *(ou manuskrip, onnodige voorwerp); (Am., infml.)* ontglip *(polisie); (infml.)* 'n noodlanding op see (*of* die water) doen/maak/uitvoer. ~**board** slootplank. ~**water** slootwater, vuil water; *(as) dull as ~* →DULL.

ditch·er slootgrawer; graafmasjien.

dith·er *n.* aarseling, weifeling, geweifel; *in a ~, all of a ~* verbouereerd, senu(wee)agtig, op jou (*of* die ene) senuwees. **dith·er** *ww.* aarsel, weifel, besluiteloos wees; verbouereerd/senu(wee)agtig (*of* op jou senuwees *of* die ene senuwees) wees; bibber, beef, bewe, tril.

dith·y·ramb *(pros.)* (vurige) loflied, ditirambe. **dith·y·ram·bic** ditirambies, vurig, geesdriftig, uitbundig.

dit·sy *-sier -siest,* **dit·zy** *-zier -ziest, (Am. sl.)* anders, anderste(r), onkonvensioneel, eksentriek; loskop, verstrooid; malkop, maltrap, laf, verspot, stuitig; aanstellerig.

dit·ta·ny *(bot.)* essekruid.

dit·to *n.* ditto, dieselfde; van dieselfde; insgelyks; *(infml.)* duplikaat; *~ for me, (infml.)* vir my ook; *I say ~, (infml.)* ek stem saam. **dit·to** *ww.* naboots, nadoen; herhaal.

dit·ty liedjie, deuntjie, wysie. ~ **bag** matrosesak; vissersak; gereedskapsak. ~ **box** matrooskis; visserskis; gereedskapskis.

ditz *(Am. sl.)* anderste(r)/eksentrieke entjie mens; loskop; malkop, maltrap.

dit·zy →DITSY.

di·u·re·sis *-reses, (med.)* diurese. **di·u·ret·ic** *n.* diuretikum, urineermiddel, uriendrywer; ontwateringsmiddel. **di·u·ret·ic** *adj.* diureties, uriendrywend; ontwaterings-.

di·ur·nal daagliks, dag-; *~ **arc*** dagboog; *~ **butterfly*** dagvlinder; *~ **circle*** dagsirkel; *~ **flower*** dagbloeier; *~ **parallax*** dagparallaks.

div *(Persiese mit.)* bose gees.

di·va *-vas, -ve* diva, beroemde/gevierde (opera)sangeres.

di·va·gate *(w.g.)* afdwaal, uitwei, divageer; dwaal, swerf, swerwe. **di·va·ga·tion** afdwaling, uitweiding, divagasie; dwaling, omswerwing.

di·va·lent, di·va·lent, bi·va·lent, bi·va·lent *(chem.)* tweewaardig, divalent, bivalent. **di·va·lence, bi·va·lence** tweewaardigheid, divalensie, bivalensie.

Di·va·li →DIWALI.

di·van divan; sofa; *(vero.)* rookkamer, -vertrek; *(ook* diwan*)* (Islamitiese) regbank; *(ook* diwan*)* (Islamitiese) raadskamer/raadsaal; *(ook* diwan*)* (Islamitiese) ryksraad; *(ook* diwan*)* digbundel.

di·var·i·cate *ww.* vertak, vurk; uitsprei; afwyk. **di·var·i·cate** *adj.* vertak, gevurk; uitgesprei; afwykend.

dive *n.* duik; duikvlug; *(infml.)* berugte kroeg/klub; →DIVING; *make a ~* duik; *make a ~ for s.t.* na iets duik; na iets gryp; na iets toe vlieg; *take a ~, (infml.), (pryse ens.)* vinnig daal/sak; *(boks)* kastig/kam(s)tig platgeslaan/uitgeslaan word; *(sokker)* kastig/kam(s)tig neergevel word. **dive** *ww.* (in)duik, (in)dompel; insteek; jou verdiep *(in),* wegsak *(in); ~ **behind** s.t.* agter iets wegduik; *~ **for** s.t.* na iets duik; iets uitduik; na iets gryp; na iets toe vlieg; *~ **in*** induik; *(infml.)* weglê *(aan kos); ~ **into** s.t.* in iets duik *(water ens.);* vinnig in iets spring; *~ **into** one's pocket* haastig in jou sak voel; *~ **into** a subject* jou in 'n vak verdiep. ~**-bomb** *ww., (mil.)* duikbombardeer; *(voël)* afduik op; *(voël)* blerts op. ~ **bomber** duikbomwerper. ~**-bombing** duikbomwerping. ~ **pass** duikaangee.

div·er *(ook orn.)* duiker.

di·verge splits; *(fig.)* (van mekaar) afwyk/verskil; *(weë ens.)* skei, uitmekaar loop, uitmekaarloop, uiteenloop; *(wisk.)* divergeer; *~ from ..., (pad ens.)* uit ... uitdraai/wegdraai; *(benadering ens.)* van ... afwyk/verskil. **di·ver·gence, di·ver·gen·cy** splitsing; afwyking, verskil; skeiding, uiteenloping; divergensie. **di·ver·gent** uiteenlopend; afwykend, verskillend; *(wisk., psig.)* divergent.

di·vers *adj. (attr.), (arg., poët., liter.)* etlike, verskeie, diverse, verskillende.

di·verse, di·verse verskillend, uiteenlopend, ongelyk(soortig), divers, onderskeie; gevarieer(d). **di·ver·si·fi·ca·tion** *(han.)* diversifikasie; afwisseling, variasie; verandering, wysiging. **di·ver·si·fy** afwissel, varieer; verander, wysig; diversifiseer; *~ by/with ...* afwissel met ... **di·ver·sion** wegkering, wegwending; afwending; afleiding *(v.d. aandag);* (pad)verlegging; omleiding *(v. verkeer ens.);* uitwyking; afleiding, ontspanning, vermaak, tydverdryf, verstrooiing; *(mil.)* skynbeweging, afleidingsaanval; *create a ~* die aandag aflei; *do s.t. for ~* iets vir afleiding doen; *seek ~* afleiding soek. **di·ver·sion·ar·y** afleidend; *~ attack* afleidingsaanval; *~ landing* uitwyklanding. **di·ver·si·ty** verskil, uiteenlopendheid, ongelyk(soortig)heid; verskeidenheid, diversiteit, variasie; afwisseling; *~ of opinion* verskil van mening.

di·vert wegdraai, wegkeer, wegwend; afwend; aflei, aftrek *(aandag);* verlê *(rivier ens.);* omlei *(verkeer ens.);* laat uitwyk *(vliegtuig);* in 'n ander rigting stuur *(gesprek);* elders aanwend *(geld ens.);* vermaak, amuseer; *~ attention* die aandag aflei/aftrek; *~ s.t. from/to ...* iets van/na ... wegkeer; *~ water from a river* water uit 'n rivier lei; *~ed river* verlegde rivier. **di·vert·ing** *(ook)* vermaaklik, amusant.

di·ver·tic·u·lum *-ula, (anat.)* divertikel, uitstulping. **di·ver·tic·u·li·tis** *(med.)* divertikulitis, divertikelontsteking.

Di·ves *(NT)* die ryk man; *(poët., liter.)* rykaard.

di·vest ontklee, uittrek; onttrek *(aan);* beroof *(van); (jur.)* ontdoen *(van),* ontneem; *~ o.s. of s.t.* iets aflê, van iets afstand doen; iets uittrek *('n kledingstuk); ~ s.o. of s.t.* iem. van iets beroof; iem. iets ontneem; iem. se ... uittrek *('n kledingstuk); ~ s.t. of ...* iets van ... bevry; ... uit iets verwyder. **di·vest·i·ture, di·ves·ture, di·vest·ment** ontkleding, ontbloting; berowing; afstand; ontdoening; *(ekon.)* disinvestering.

di·vide *n.* waterskeiding; skeiding; skeidslyn; kloof. **di·vide** *ww.* (ver)deel; skei; sny, deurklief, splits; afbreek *(woord);* verdeeld raak; *~ s.t. **among/between** ...* iets onder/tussen ... verdeel; *~ **by** ..., (wisk.)* deur ... deel; *~ **into** ... in ...* deel; *~ s.t. **into** two/etc. parts* iets in twee/ens. dele verdeel; *2 and 5 ~ **into** 10, (wisk.)* 10 is deelbaar deur 2 en 5; *~ 5 **into** 25, (wisk.)* 5 in 25 (*of* 25 deur 5) deel; *~ an area **off*** 'n gebied afskei; *~ and **rule*** verdeel en heers; *~ s.t. **up*** iets verdeel; iets uitdeel; iets onderverdeel. **di·vid·ed** *(ook)* verdeeld, nie eensgesind nie; *be ~ **against** itself* onderling verdeeld wees; *be ~ **among(st)** themselves* onderling verdeeld wees; *a **deeply** ~ society* 'n verskeurde (*of* diep/skerp verdeelde) samelewing/gemeenskap; *be ~ **from** ...* van ... afgeskei wees; *~ **leaf*** verdeelde blaar; *be ~ **over** s.t.* verdeeld oor iets wees, nie eensgesind oor iets wees nie; *~ **petalled pelargonium**, (Pelargonium schizopetalum)* muishondbossie; *~ **skirt*** broekrok. **di·vid·ed·ness** verdeeldheid; gespletenheid. **di·vid·er** (ver)deler; (ver)deeltoestel; skeier *(v. battery); (pair of) ~s* verdeelpasser; *(room) ~* kamerverdeler, -skeiding; *spring ~s* veerpasser. **di·vid·ing:** *~ **compasses*** verdeelpasser; *~ **head*** verdeelkop; *~ **line*** skeids-, skeidingslyn; *~ **wall**, (bouk.)* skeidings-, skeidsmuur; skeimuur.

div·i·dend *(fin., versek.)* dividend; winsaandeel; *(insolvensie)* uitkering; bonus; deeltal; ***cum** ~* met dividend; ***declare** a ~* 'n dividend verklaar; ***ex** ~* sonder dividend; ***pass** a ~* 'n dividend oorslaan/passeer; ***pay/distribute** a ~, (lett.)* 'n dividend betaal/uitkeer; *s.t. **pays** ~s, (fig.)* iets werp vrugte af; *~s **receivable*** verhaalbare dividende. ~ **cover** dividenddekking. ~ **declaration** dividendverklaring. ~ **distribution** dividenduitkering. ~ **payment,** ~ **payout** dividendbetaling. ~ **policy** dividendbeleid. ~ **yield** dividendopbrengs.

div·i·na·tion voorgevoel, waarsêery, mantiek, waarsêerskuns; voorspelling; aanwysing; divinasie.

di·vin·a·tor, di·vin·er voorspeller, waarsêer; waarsegster; dolosgooier; wiggelaar, (aan)wyser; *water diviner* waterwyser, -soeker.

di·vine *n., (vero.)* geestelike, godgeleerde, teoloog; *the D~* God. **di·vine** *adj.* goddelik; godsdienstig; *(infml.)* hemels, verruklik, ongelooflik, fantasties, wonderlik; *~ **judg(e)ment*** →JUDG(E)MENT; *~ **messenger*** Godsgesant; *~ **office**, (RK, soms D~ O~)* brevier(gebede), getye; *~ **right** of kings, (hist.)* godgewilde koningskap; *by ~ **right*** by die grasie Gods; *~ **service*** godsdiens(oefening), kerkdiens. **di·vine** *ww.* 'n voorgevoel hê (van); gis, raai, vermoed; voorspel, profeteer; waarsê, wiggel; aanwys *(water);* opspoor *(olie ens.).*

div·ing duik(sport); duikery, duikwerk. ~ **beetle** duikkewer. ~ **bell** duik(er)klok. ~ **board** duik-, springplank. ~ **gear** duiktoerusting. ~ **goggles** duikbril. ~ **helmet** duikhelm. ~ **mask** duikmasker. ~ **rudder** hoogteroer. ~ **suit,** ~ **dress** duikpak.

di·vin·ing voorspellery; wiggelary; aanwysing. ~ **rod** waterstokkie, wiggelroede.

di·vin·i·ty *-ties* goddelikheid, godheid; god, goddelike wese, godheid; teologie, godgeleerdheid. ~ **(fudge)** *(Am. kookk.)* engelefudge.

di·vis·i·ble deelbaar; verdeelbaar; *9 is ~ by 3* 9 is deelbaar deur 3. **di·vis·i·bil·i·ty** deelbaarheid; verdeelbaarheid.

di·vi·sion (ver)deling; (op)splitsing; skaalverdeling; skeiding; vak(kie); grens; afdeling, seksie, tak, buro; *(parl.)* (hoofdelike) stemming; meningsverskil, verdeeldheid, onenigheid, tweedrag; *(wisk.)* deling; *(wisk.)* deelsomme; *(mil., bot.)* divisie; *(log.)* indeling; *(mus., hist.)* divisie; ***call** for a ~, (parl.)* (om) 'n hoofdelike stemming vra; *~ of an **estate*** boedelskeiding; *~ of **labour*** arbeids-, werkverdeling, verdeling van werk; ***long** ~, (wisk.)* langdeling; ***point** of ~* deelpunt, verdelingspunt; *~ without **remainder**, (wisk.)* opgaande deling; ***short** ~, (wisk.)* kortdeling; ***sign** of ~, (wisk.)* deelteken. ~ **bell** *(parl.)* stemklokkie. ~ **plate** verdeelskyf. ~ **sign** *(wisk.)* deelteken. ~ **sum** deelsom. ~ **wall** binne-, skei-, snymuur.

di·vi·sion·al deel-; afdelings-; *~ **boundary*** afdelingsgrens; *~ **council*** afdelingsraad; *~ **council office(s)*** afdelingsraadskantoor; *~ **headquarters**, (mil.)* divisiehoofkwartier.

di·vi·sive tweedrag/verdeeldheid/onenigheid saaiend, wat tweedrag/verdeeldheid/onenigheid saai, strydwekkend; verdelend; *(arg.)* onderskeidend.

di·vi·sor *(wisk.)* deler.

di·vorce *n.* egskeiding; huweliksontbinding, ontbinding van die/'n huwelik; skeiding; *file/sue for* (*or seek a*) *~* 'n egskeiding aanvra; *get a ~* skei, 'n egskeiding verkry. **di·vorce** *ww., (hof)* die/'n huwelik ontbind, egskeiding verleen; *(partye)* skei; ***be** ~d* skei, 'n egskeiding verkry; geskei wees; *~ o.s./s.t. **from** ..., (fig.)* jou/iets van ... losmaak; *~ s.o./s.t. **from** ..., (fig.)* iem./iets van ... (af)skei (*of* aan ... onttrek); *s.t. is ~d **from** reality* iets is ver/vêr van die werklikheid; *~ **s.o.*** van iem. skei; *they **were** ~d in 1997/etc.* hulle het/is in 1997/ens. geskei, hul(le) huwelik is in 1997/ens. ontbind. ~ **case,** ~ **suit** egskeidingsaak, egskeidingsproses. ~ **court** egskeidings-, skeihof. **di·vor·cee,** *(Fr., ml.)* **di·vor·cé,** *(Fr., vr.)* **di·vor·cée** geskeide man/vrou. **di·vorce·ment** *(vero.)* egskeiding; *bill of ~* skeibrief.

div·ot *(gholf)* sooitjie; *(Sk.)* sooi.

di·vulge onthul, openbaar, bekend/openbaar maak, bekendmaak; uitlap, verklap; *~ s.t. to s.o.* iets aan iem. onthul/openbaar. **di·vul·gence, di·vulge·ment** onthulling, openbaring.

div·vy *-vies, (infml.), (Br., afk. v.* dividend*)* dividend; *(Am.)* (aan)deel, porsie. **div·vy** *-vies -vying -vied, ww.: ~ (up)* verdeel.

Di·wa·li, Di·va·li *(Hindoefees v. ligte)* Diwali.

Dix·ie *(infml.)* die suidelike state van die VSA. ~**land** *(Am. mus.)* Dixieland(jazz).

dix·ie *-ies, (mil.)* pot, kastrol; ketel; kosblik.

di·zen *(arg.):* (op)tooi, opsmuk.

diz·zy *adj.* duiselig, dronk (in die kop), lighoofdig; verwar(d), verbyster(d); duiselingwekkend; *(infml.)* loskop; ***become/grow** ~* duiselig word, duisel; ***feel** ~* duiselig (*of* dronk [in die kop]) voel; *a ~ **height*** 'n duiselingwekkende hoogte; ***make** s.o. ~* iem. duiselig maak; iem. verbyster. **diz·zy** *ww.* duiselig/dronk maak, verbyster. **diz·zi·ness** duiseligheid, duiseling, dronkheid, lighoofdigheid, swymel.

djel·la·ba(h), jel·la·ba(h) *(Arab.)* djellaba, jellaba, kapmantel.

Dji·bou·ti, Ji·bou·ti *(geog.)* Djiboeti.

djinn →JINN.

DNA *(afk.:* deoxyribonucleic acid*)* DNA, DNS *(afk.:* deoksiribonukleïensuur*)*. ~ **fingerprint** genetiese vin=gerafdruk. ~ **fingerprinting** die neem van genetiese vingerafdrukke. ~ **virus** DNA-virus, DNS-virus.

Dnie·per *(rivier)* Dnjepr.

Dnie·ster *(rivier)* Dnjester.

do[1] *dos, do's, n., (infml.)* party(tjie), geselligheid, op=skop, byeenkoms; *(Br., arg., infml.)* bedrieëery, bedrog, kullery, gekul, swendelary; *~(')s and don'ts, (infml.)* moete/moets en moenies; *get a fair ~, (infml.)* reg=verdig behandel word. **do** *did done, ww.* doen, verrig, uitvoer; handel, optree, gedra; genoeg wees; maak *(ook 'n skildery, tekening, ens.)*; aan die kant maak *('n kamer ens.)*; opmaak *(gesig)*; doen *(hare)*; knip, vyl, verf *(naels)*; borsel *(tande, skoene)*; was *(skottelgoed)*; rangskik *(blomme)*; *(kookk.)* gaarmaak, kook, berei; op=voer *(toneelstuk)*; speel, die rol vertolk van *(Hamlet ens.)*; *(infml.)* naboots, nadoen, navolg; *(infml.)* ver=persoonlik, voorstel, uitbeeld; skryf *(resensie ens.)*; in=vul *(blokkiesraaisel)*; besoek, bekyk, besigtig *(land, stad, museum, ens.)*; →DID, DOING, DONE; *~ s.t.* **about** *a matter* iets aan 'n saak doen, werk maak van iets; *what can one ~* **about/with** *s.o.?* wat kan ('n) mens met iem. aanvang/maak?; *do it* **again** dit weer doen, weer so maak; *~ to others* **as** *you would have them do to you, ~ unto others* **as** *you would be done by* behan=del ander mense soos jy self behandel wil word, doen aan ander soos jy aan jou gedoen wil hê; *s.t. will ~* **as** ... iets kan as ... dien; *~* **away** *with o.s., (infml.)* selfmoord pleeg, jouself om die lewe bring, die hand aan (jou) eie lewe slaan; *~* **away** *with s.o., (infml.)* iem. uit die weg ruim (*of* van kant maak *of* na die ander wêreld help); *~* **away** *with s.t., (infml.)* iets afskaf, met iets wegdoen; iets laat vaar; van iets ontslae raak; iets weggooi; iets uitskakel; *~* **badly** sleg/swak vaar; sleg daarvan afkom; *~* **battle** →BATTLE *n.*; *~/try one's* **best** jou bes doen; *~* **better** beter presteer, ver=betering toon; beter vaar; iets beters lewer; aan die herstel wees; *~* **well/badly by** *s.o.* iem. goed/sleg be=handel; *~* **come** kom gerus; *~* **come in** kom gerus binne; *s.o. just* **could** *not ~ it* iem. kon dit glad/een=voudig nie doen nie; *s.t. does s.o.* **credit** →CREDIT *n.*; *~ s.t. to* **death** →DEATH; *what it* **did** *~, was* ... →DID; *~* **or die** oorwin of sterf/sterwe; buig of bars; **do!** ja, (doen dit) gerus!; *it* **doesn't** *~ to* ... dis nie goed om te ... nie; dit help nie om te ... nie; **I don't** *..., ~ you?* ek ... nie, en jy?; *you* **don't** *..., ~ you?* jy ... (mos) nie, nè (*of* of hoe)?; *you ~,* **don't** *you?* nie waar nie?; *~ s.o./s.t.* **down,** *(Br. infml.)* iem./iets afkraak/afkam/sleg=maak; iem. inloop; *have s.t.* **else** *to ~* iets anders te doen hê; *have to ~ s.t.* **else** iets anders moet doen; *~ s.o. in the* **eye** →EYE *n.*; *~* **for** *s.o., (infml.)* iem. se einde/ondergang beteken; *(Br.)* vir iem. huishou (*of* huiswerk doen); *s.t. will ~* **for** ... iets sal genoeg/vol=doende vir ... wees; iets sal vir ... deug (*of* geskik wees *of* goed genoeg wees); *what can I ~* **for** *you* (or, infml. *~ you* **for**)*?* waarmee kan ek (jou/u) help (*of, fml.* u van diens wees)?; *what does s.o. ~* **for** *...?* wat ge=bruik iem. as ...?; *Mozart/etc. doesn't ~ anything* **for** *me* Mozart/ens. laat my koud; *that jacket/etc. does noth=ing* **for** *him/her, (infml.)*, daardie baadjie/ens. pas hom/haar glad nie (*of* laat hom/haar na niks lyk nie); *that jacket/etc. does s.t.* **for** *him/her, (infml.)* daardie baad=jie/ens. pas hom/haar goed, hy/sy lyk (baie) mooi/goed in daardie baadjie/ens.; *~ s.t.* **for** ... iets vir ... doen; iets ter wille van ... doen; **get** *to ~ s.t.* (die) kans kry om iets te doen; **get** *s.o. to ~ s.t.* iem. iets laat doen; iem. beweeg/oorhaal om iets te doen; **go** *and/to ~ s.t.* iets gaan doen; *~* **good** →GOOD *n.*; *s.t. does s.o.* **good** iets doen iem. goed; *~ s.o.'s* **hair** →HAIR; *~* **harm** →HARM *n.*; *s.o.* **has** *to ~ s.t.* iem. moet iets doen, iem. is verplig om iets te doen; **have** *s.t. to ~* iets te doen hê; *~ you* **hear?** hoor jy?; *I ~* **hope** ... ek hoop regtig/werklik ...; **how** *~ you ~?* aan=gename kennis!, bly te kenne!; **I** *~* ja; *~ s.o.* **in,** *(sl.)* iem. van kant (*of* van die gras af) maak, iem. uit die weg ruim (*of* na die ander wêreld help); *~* **it,** *(infml.: seks hê)* dit doen; *that does* **it!** dis die laaste strooi!, dis te erg!; dis net reg!; *does* **it now?** regtig?; *don't I* **just!,** *(infml.)* dit sou ek dink!; *~* **justice** *to s.o./s.t.* →JUS=TICE; *~ 100* **kilometres** 100 kilometer aflê; *~ 140* **kilometres** *an hour* teen 140 kilometer per uur ry; *s.o. will not ~ s.t.* **lightly** iem. sal iets nie sommer doen nie; *s.o. can ~ as he/she* **likes** iem. kan doen (net) wat hy/sy wil; *~ what you* **like!** maak soos jy wil!; *there is* **little** (or **not much**) *(that) one can ~ about it* ('n) mens kan nie veel daaraan doen nie; **make** *s.o. ~ s.t.* iem. iets laat doen; iem. dwing om iets te doen; sorg dat iem. iets doen; **make** *s.t. ~* met iets sien kom klaar; iets vir lief neem; **make** *~ with* ... met ... klaar=kom/deurkom/regkom, ... as noodhulp gebruik; *no* **matter** *what you ~, I won't* ... al staan jy op jou kop, sal ek nie ... nie; *that's* **more** *than s.o. can ~* dit kan iem. nie nadoen nie; *what* **more** *can s.o. ~?* wat kan iem. nog doen?; *that/this will* **never** *~* so kan dit nie aangaan nie; *that will ~* **nicely** dit is net die ding; **not** *~ s.t.* iets nie doen nie; *s.o. does* **not** *swim/etc.* iem. swem/ens. nie; *please ~* **not** ... moet asseblief nie ... nie; *there is* **nothing** *one can ~ about it* ('n) mens kan niks daaraan doen nie, daar is niks aan te doen nie; *s.o. has* **nothing** *to ~* iem. het niks te doen nie; *that has* **nothing** *to ~ with it* dit het niks daar=mee te doen/make nie; *have* **nothing** *to ~ with s.o.* niks met iem. uit te waai hê nie; *~ a* **number** *on s.o.* →NUMBER; *~ s.t.* **out,** *(infml.)* iets versier/meubileer/opknap *('n vertrek ens.)*; iets skoonmaak/opruim (*of* aan die kant maak) *(kombuiskaste ens.)*; *~ s.o.* **out of** *s.t., (infml.)* iem. van iets beroof, iem. uit iets kul; iem. iets ontsê; *~ s.o.* **out of** *a large amount, (infml.)* iem. met 'n groot bedrag inloop; *~ s.o.* **over,** *(infml.)* iem. opdons; *~ s.t.* **over** iets oordoen; iets herhaal; *(infml.)* iets versier/meubileer/opknap; *~ as you* **please!** maak soos jy wil!; *you may* **safely** *~ it* jy kan dit veilig doen; *~ as* **I say,** *not as I ~* maak soos ek sê, nie soos ek maak nie; *~ s.o. a* **service** →SERVICE; *~ one's* **shop=ping** →SHOPPING; *one* **shouldn't** *~ it* ('n) mens be=hoort dit nie te doen nie; *~* **sums** →SUM *n.*; *it* **takes** *a ... to ~ that* net 'n ... kan dit doen, dit kan net 'n ... doen; *~* **tell** *me* sê/vertel my tog; *~* **time** →TIME *n.*; *~ s.t.* **to** *s.o.* iem. iets aandoen; ... *does s.t./things* **to** *s.o., (fig., infml.)* ... maak iets in iem. wakker; *you can't ~ that* **to** *me!* dit kan jy my nie aandoen nie!; *how could you ~ that* **to** *me?* hoe kon jy my so iets aan=doen?; *the only one* **to** *~ so* die enigste wat dit doen; die enigste wat dit gedoen het; *~* **(up),** *(Am. dwelm=sl.)* jou inspuit; dwelms gebruik; *~ o.s.* **up** jou mooi=maak; *~ s.o.* **up,** *(infml.)* iem. ruïneer, iem. se onder=gang veroorsaak; iem. opdons; *~ s.t.* **up** iets maak/toedraai *('n pakkie)*; iets herstel/regmaak *('n ou motor ens.)*; iets opknap/restoureer/versier *('n huis ens.)*; iets vasmaak *(knope ens.)*; iets opkam *(hare)*; *~ one's* **ut=most** uithaal; *s.o. cannot* **very well** *~ it* iem. kan dit nie bra/eintlik doen nie; *s.o.* **wants** *to ~ s.t.* iem. wil iets doen; *~* **well** goed vaar; (goed) presteer; goed speel/leer/werk; goeie werk doen; goed aangaan; voor=spoedig wees, vooruitgaan; goeie sake doen; verstan=dig/wys handel; *(diere, plante, ens.)* gedy, goed aard; *~* **well** *by s.o.* iem. goed behandel; *~* **well** *for o.s.* voorspoedig wees, vooruitgaan; *~ o.s.* **well** jouself nie afskeep nie, jou te goed doen; *~* **well** *out of s.t.* goeie wins uit iets maak; *s.o. would ~* **well** *to* ... iem. moet liewer(s) ..., dit sou verstandig van iem. wees om te ..., iem. sou verstandig optree deur te ...; *~ s.t.* **well** iets goed doen; **what** *am I to ~?* wat moet ek maak/doen?, wat staan my te doen?; **what** *does s.o. ~?* wat (*of* watse werk) doen iem.?; *not know* **what to** *~ with o.s.* opgeskeep wees met jouself, doodver=veeld wees, met jou siel onder die/jou arm rondloop; nie weet waar om jou kop in te steek nie, voel of jy in die aarde/grond kan wegsink; **what** *did you ~ to ...?* wat het jy/julle aan ... gedoen (*of* met ... aange=vang)?; **will** *~!, (infml.)* ja goed, ek sal; *it* **will** *~* dit sal gaan; *a ...* **will also** *~* 'n ... sal ook goed wees; *that* **will** (or *that'll*) *~* dis genoeg; *that* **will** (or *that'll*) *~!* hou (nou) op!, skei uit!, so nou!; *it/this/that* **will not** (or **won't**) *~* dit is (*of* dis) nie genoeg nie; dit is (*of* dis) nie goed genoeg nie, dit deug (*of* sal nie betaal/gaan) nie; *s.t.* **will not** (or **won't**) *~ for s.o.* iets is nie vir iem. geskik nie; *it has to ~* **with** ... dit het met ... te doen/make, dit hou met ... verband, dit staan met ... in verband; *s.o. has to ~* **with** *s.t.* iem. is by/in iets betrokke; *what has it got to ~* **with** *...?* wat het dit met ... te doen/make?; *s.o. could ~* **with** *s.t.* iem. het iets nodig *(geld, hulp, ens.)*; iets sal vir iem. welkom wees; iem. het/is/voel lus vir iets *('n drankie ens.)*; *s.t. could ~* **with** ... ... sou iets verbeter; *~* **without** daar=sonder klaarkom; *~* **without** *s.t.* sonder iets bly/klaar=kom/regkom; *s.o. can ~* **without** *..., (euf.)* iem. het ... nie nodig nie; *s.o. could ~* **worse** *than* ... iem. sou geen fout maak deur te ... nie; *~* **wrong** →WRONG *n.*; *~ 10/etc.* **years** 10/ens. jaar straf uitdien (*of* [in die tronk] sit); *~ it* **yourself** doen dit self. **~-gooder** humaniteitsdweper, filantroop. **~-it-yourself** *n.* self=doenwerk, =werkies, selfdoentake, =takies. **~-it-your=self** *adj.* doen-dit-self-, selfdoen=; *the ~* **craze** die selfdoengier/doen-dit-self-gier; *~* **fan** selfdoenen=toesias, =geesdriftige, =liefhebber; *~* **kit** selfdoenstel, doen-dit-self-stel; *~* **shop** selfdoenwinkel, doen-dit-self-winkel; *~* **set** selfmaakstel. **~-it-yourselfer** self=doener. **~-nothing** leeglêer, leegloper, luiaard. **~-or-die** *adj. (attr.)* alles-of-niks-; verbete.

do[2]**, doh** *(mus.)* do.

doat *(w.g.)* →DOTE.

dob·bin werk=, trekperd; karperd.

Do·ber·man(n) *=man(n)s,* **Do·ber·man(n) pin=scher** *=schers, (honderas)* dobermann(-pinscher).

do·bo lil·y brandlelie.

Do·bru·ja: *the ~, (geog.)* die Dobroedja.

doc *(infml., afk. v.* doctor*)* dok(ter); dok(tor). **D~ Martens** *(handelsnaam)* Doc Martens(skoene/stewels).

Do·ce·tism, Do·ce·tism *(Chr., hist.)* Dosetisme. **Do·cete, Do·ce·tist** *=cetae, =cetists* Doseet. **Do·ce·tic, Do·ce·tis·tic** Doseties.

doc·ile gedwee *(pred.)*, gedweë *(attr.)*, inskiklik, gewil=lig, gedienstig; onderdanig, onderworpe; mak; *(w.g.)* leersaam; *~* **horse** (half)dooie perd; *~* **wicket,** *(kr.)* dooie kolfblad. **do·cil·i·ty** gedweeheid, gedweënheid, inskiklikheid, gewilligheid, gedienstigheid; onderda=nigheid, onderworpenheid; *(w.g.)* leersaamheid.

dock[1] *n.* (skeeps)dok; *(spw.)* hok; →DOCKS; *dry ~* droogdok; *floating ~* dryfdok; *naval ~* marinewerf. **dock** *ww., (sk.)* dok, vasmeer, in die dok bring; *(skip, boot)* dok, vasmeer, aanlê; *(ruimtev.)* koppel; *(ruimte=skepe)* gekoppel word; *~ at a port* in 'n hawe vas=meer. ~ **charges,** ~ **dues,** ~ **duties** dok=, hawegeld, dokkoste. ~ **hand,** ~ **labourer,** ~ **worker** dokwerker. **~land** hawebuurt. ~ **master** dokmeester. **~side** *adj.* kaai=, hawe=. **~yard** (skeeps)werf.

dock[2] *(jur.)* beskuldigdebank; *in the ~* in die beskul=digdebank.

dock[3] *n.* stertpit; stompstert. **dock** *ww.* (kort/stomp) afsny/afkap *(stert)*; stompstert maak *(dier)*; inkort, aftrek/terughou (van) *(iem. se loon/salaris)*. **~-tailed** stompstert.

dock[4] *n., (bot.)* wildesuring, steenboksuring; tongblaar.

dock·age dok=, hawegeld, dokkoste; →DOCK[1].

docked stompstert; →DOCK[3].

dock·er dokwerker; →DOCK[1]; *~s' strike* dokstaking.

dock·et *n.* afleweringsbrief, =nota; bestelvorm; bewys=(stuk), sertifikaat; magtiging; vorm, brief(ie); etiket, kaartjie, strokie; *(jur.)* dossier; doeanekwitansie; kort inhoud, uittreksel; *(Am.)* agenda; **dock·et** *ww., (lett. & fig.)* etiketteer; merk, indeel, klassifiseer; 'n op=somming/samevatting/uittreksel maak; inskryf, =skry=we, opskryf, =skrywe *(in 'n boek/register)*; *(Am., jur.)* op die rol plaas.

dock·ing *(sk.)* (die) vasmeer; *(ruimtev.)* koppeling;

→DOCK[1]. ~ **bridge** dokbrug. ~ **latch** koppelknip. ~ **manoeuvre** koppelingsmaneuver.

docks: ~ **superintendent** dokmeester. →DOCK[1].

doc·tor *n.* dokter, geneesheer, arts, medikus; doktor, gepromoveerde; *(Am.)* tandarts, veearts; *(hengel)* kunsvlieg; *(infml.)* regmaker, hersteller; *(sl.)* (skeeps/kamp) kok; *(druk., papiermakery)* skraaplem; ***call (in)*** *a* ~ 'n dokter ontbied; ***consult/see*** *a* ~ 'n dokter raadpleeg/spreek, dokter toe (*of* na 'n dokter) gaan; *~'s* ***degree*** doktoraat, doktorsgraad; *get/take one's ~'s* ***degree*** promoveer; *examination for the ~'s* ***degree*** doktorale eksamen; *just what the ~* ***ordered,*** *(infml.)* die ware Jakob; *be under ~'s* ***orders*** onder doktersbehandeling wees; ***you're*** *the ~, (infml.)* dis jou besluit; dis jou saak. **doc·tor** *ww.* dokter, (medies) behandel; *(infml.)* praktiseer, as dokter werk; regmaak, opknap, regdokter; vervals; doepa *(renperd); (infml.: kastreer, steriliseer)* dokter, regmaak *(hond, kat, ens.).* **D~ Martens** →DOC MARTENS.

doc·tor·al doktoraal, doktors-.

doc·tor·ate doktoraat, doktorsgraad; *a ~ in history/ etc.* 'n doktoraat/doktorsgraad in geskiedenis/ens..

doc·tri·naire, doc·tri·nar·i·an *n.* doktrinêr, teoretikus, dogmatikus. **doc·tri·naire, doc·tri·nar·i·an** *adj.* doktrinêr, dogmaties, leerstellig; teoreties, onprakties.

doc·trine leerstelling, doktrine, leerstuk; dogma; leerstelsel; (geloofs)leer, lering; *~ of* ***descent*** afstammingsleer; ***Monroe*** ~ Monroeleer; ***preach*** *a* ~ 'n leer verkondig; ***reject*** *a* ~ 'n leer verwerp. **doc·tri·nal** leerstellig, doktrinêr; dogmaties; leer-; ~ ***dispute*** leertwis; ~ ***point*** geloofspunt; ~ ***theology*** dogmatiek.

doc·u·dra·ma dokudrama, dokumentêre drama.

doc·u·ment *n.* dokument, geskrif, (geskrewe) stuk; oorkonde; *(arg.)* bewysstuk; *draw up a ~* 'n stuk/ dokument opstel; *lodge a ~* 'n stuk indien/inlewer. **doc·u·ment** *ww.* dokumenteer; van dokumentasie voorsien; met bewysstukke staaf. **doc·u·men·ta·ry** *n.* dokumentêre boek/stuk/program/prent, dokumentêr. **doc·u·men·ta·ry** *adj.* dokumentêr, deur dokumente gestaaf, feitelik, op die werklikheid gebaseer; ~ *evidence* dokumentêre/skriftelike bewys; ~ *film* feitefilm, dokumentêre film/(rol)prent, dokumentêr. **doc·u·men·ta·tion** dokumentasie.

doc·u·tain·ment *(Am.)* dokumentêre vermaak.

dod·der[1] *ww.* strompel, waggel; beef, bewe, tril. **dod·der·er** *(neerh.)* sukkelaar; sufferd; aftandse man. **dod·der·ing, dod·der·y** *(neerh.)* bewerig, bewend, trillend; afgeleef, aftands; verswak, seniel, kinds.

dod·der[2] *n., (bot.)* duiwelsnaaigaring, -gare, warkruid, dodder, monniksbaard.

do·dec·a-: *komb.vorm* twaalf-, dodeka-.

do·dec·a·gon twaalfhoek, dodekagoon. **do·de·cag·o·nal** twaalfhoekig, -kantig, dodekagonaal.

do·dec·a·he·dron twaalfvlak, dodeka-eder, dodekaëder. **do·dec·a·he·dral** twaalfvlakkig, -sydig, dodeka-edries, dodekaëdries.

Do·dec·a·nese: *the ~, (geog.)* die Dodekanesos.

do·dec·a·phon·y *(mus.: twaalftoon-komposisietegniek)* dodekafonie. **do·dec·a·phon·ic** dodekafonies, twaalftonig, twaalftoon-.

dodge *n.* (sy)sprong, ontwykende beweging; ontduiking *(v. belasting);* uitweg, skuiwergat; (skelm)streek, slenter(slag), jakkalsdraai; truuk, foefie; variasie in die volgorde van die lui van klokke. **dodge** *ww.* koe(t)s; opsy spring; (weg)swenk, padgee (vir); (heen en weer) glip; verbyglip; wegskram van; ontwyk, vermy, ontduik *(vrae ens.);* vryspring; ontglip; uitoorlê. ~ ***behind*** *s.t.* agter iets wegduik; ~ ***between*** ... (heen en weer) tussen ... (deur)glip/deurhardloop; ~ ***in and out of*** *s.t.* in en uit ... duik; *(try to) ~ the* ***issue*** die vraag/probleem (probeer) vermy, uitvlugte soek, jakkalsdraaie gooi/loop/maak; ~ ***through*** *the traffic* deur die verkeer vleg. **Dodg·em** →BUMPER CAR. **dodg·er** ontduiker, ontwyker; skelm, jakkals; *(sk.)* weerskerm; *(arg.,Am.)* strooibiljet; *(dial.)* brood, kos; *tax ~* belastingontduiker. **dodg·y** *-ier -iest, (infml.)* gevaarlik, riskant, gewaag(d); glibberig, geslepe, skelm, slinks, slu *(iem.);* netelig *(situasie);* onbetroubaar *(motor ens.);* lendelam, wankelrig *(stoel ens.);* swak *(hart, knie, ens.);* lomp, onbeholpe *(vertaling);* wat veel te wense oorlaat, beroerd *(spelling ens.).*

do·do *-do(e)s* dodo; *(as) dead as a ~* so dood soos 'n mossie, morsdood; dood en begrawe.

doe takbokooi, hertooi, ree, hinde; wyfiehaas; wyfiekonyn. **~skin** hertevel; herteleer, hertsleer; *(tekst.)* hertstof.

doek *(Afr., infml.)* (kop)doek.

do·er dader, verrigter; doener, man van die daad.

doesn't = DOES NOT.

doest *(arg., 2de pers. ekv.)* →DO[1] *ww.*.

dof *(Afr., sl.)* dof, dig, toe, onnosel.

doff *(vero.)* afhaal, lig *(hoed);* uittrek *(klere).* **doff·er** *(tekst.)* doffer, afneemwals, kaardtrommel *(v. kaardmasjien); (persoon)* spoelafnemer.

dog *n.* hond; brak; reun; mannetjie *(v. diere v.d. hondefamilie); (teg.)* (gryp)klou, klem(haak); klink, pal *(v. masjien);* haan *(v. geweer); (infml., neerh.)* hond, vuilgoed, swernoot, sleg; *(sl., neerh.)* lelike vroumens; *(Am., infml.)* fiasko, misoes, gemors, snert, twak; herd-, vuur-, esyster, vuurbok; *~ and* ***bone,*** *(rymsl.)* telefoon; *~'s* ***breakfast/dinner,*** *(fig., infml.)* gemors, gebrou, knoeiery, knoeispul; *make a complete ~'s* ***breakfast*** *of s.t., (infml.)* 'n groot/mooi gemors van iets maak, iets heeltemal opmors/opdons/verfoes; ***call off*** *a ~* 'n hond wegroep; *not a ~'s* ***chance*** nie 'n kat se kans nie; *a* ***cunning/sly*** *~, (infml.)* 'n regte (ou) jakkals, 'n geslepe kalant, 'n groot skelm, 'n deurtrapte skurk; *every ~ has its* ***day*** elke hond kry sy dag, die onderste speek kom ook bo; ***die*** *like a ~* soos 'n hond vrek, 'n ellendige dood sterf; *be dressed/ done up like a ~'s* ***dinner,*** *(infml.)* soos 'n krismiskat uitgevat wees; *the* ***dirty*** *~, (infml.)* die skurk/vark; *it is (a case of) ~* ***eat*** *~* dit is almal teen almal; *~ doesn't* ***eat*** *~* kwaai honde byt mekaar nie, diewe besteel mekaar nie; ***go*** *to the ~s, (infml.)* versleg, jou aan die slegtigheid oorgee, te gronde gaan, na die hoenders/ haaie gaan; ***keep*** *a ~ and bark o.s., (fig.: jou werknemers se werk doen)* honde hou en self blaf; *help a* ***lame*** *~ over a stile* 'n swakkere (broeder) help; *if you* ***lie down*** *with ~s, you will get up with fleas* meng jou met die semels, dan vreet die varke jou (op); *lead a ~'s* ***life*** 'n hondelewe lei; *lead s.o. a ~'s* ***life,*** *(infml.)* (van) iem. hond maak; *there's* ***life*** *in the old ~ yet* iem. se blus/fut/gô is nog (lank) nie uit nie, iem. is nog heel hups vir sy/haar ouderdom, jy (*of* ['n] mens) kan hom/haar nog nie afskryf/-skrywe (*of* op die ashoop gooi) nie; ***little/small*** *~* hondjie; ***lucky*** *~!, (infml.)* gelukkige vent!; *s.o. is a* ***lucky*** *~, (infml.)* iem. is 'n gelukskind/-voël; ***(male)*** *~* reun(hond); *see a* ***man*** *about a ~* iets gaan doen; *(euf.: toilet toe gaan)* 'n draai(tjie) (gaan) loop; *be a ~ in the* ***manger*** ander niks gun nie, nie kan sien/verdra dat die son in 'n ander se water skyn nie, ander nie die bene gun wat jy self nie kan kou nie; *give a ~ a bad* ***name*** →NAME; *an old ~, (fig.)* 'n ou kalant; *a* ***pack*** *of ~s* 'n trop honde; ***put on*** *the ~, (Am., infml.)* jou aanstel, aanstellerig/grootdoenerig/windmakerig/ verwaand (*of* vol aanstellings) wees; *it's* ***raining*** *cats and ~s* dit reën paddas en platannas; ***set*** *a ~ on/ upon s.o.* 'n hond op iem. loslaat (*of* teen iem. aanhits); *it* ***shouldn't happen*** *to a ~* so iets sou ('n) mens jou ergste vyand nie toewens nie; *(as)* ***sick*** *as a ~* →SICK *adj.; let* ***sleeping*** *~s lie* moenie slapende honde wakker maak nie; *a* ***sly*** *~* →***cunning/sly;*** ***throw*** *s.o. to the ~s, (infml.)* iem. wegsmyt; *be (the)* ***top*** *~, (infml.)* bobaas wees; ***treat*** *s.o. like a ~, (infml.)* iem. soos 'n hond behandel, (van) iem. hond maak; *you can't teach an old ~ new* ***tricks*** ou gewoontes roes nie sommer nie; ***try*** *it on the ~, (infml.)* kyk of die hond dit sal eet; *be like a ~ with* ***two tails,*** *(infml.)* oorstelp (*of* buite jouself) van vreugde wees, uit jou vel spring; hoog(s) in jou skik wees; ***walk*** *a ~* met 'n hond gaan stap; 'n hond lei; *a ~ of* ***war*** 'n huursoldaat; *~s of* ***war,*** *(fig.)* aaklighede/gruwels van oorlog, oorlogsgruwels. **dog** *-gg-, ww.* agtervolg; met honde (*of* 'n hond) agtervolg; *be ~ged by* ... deur ... geteister word *(probleme ens.);* deur ... gery word *(d. ongeluk); ~ s.o.'s footsteps* iem. op die voet volg. ~ **anchor** haakanker. ~ **basket** hondemandjie. **~berry** lysterbessie; kornoelie(bessie). ~ **biscuit** hondebeskuit(jie). ~ **bite** hondebyt. ~ **box:** *be in the ~ ~, (infml.)* in onguns wees. ~ **breeder** hondeteler. ~ **breeding** hondeteelt, -teling. ~ **brier,** ~ **briar** →DOG ROSE. **~cart** ligte tweewiel-perdekar; hondekar. **~-catcher** hondevanger. ~ **clutch** kloukoppelaar, -koppeling. ~ **collar** (honde)halsband; *(infml.)* priestersboordjie; *(infml.)* nousluitende halssnoer. ~ **days** *(poët., liter.)* hondsdae. **~-drawn cart** hondekar(retjie). **~-ear, ~'s-ear** *n.* eselsoor *(in boek).* **~-ear** *ww.* omvou *(bladsye),* esels-/varkore maak. **~-eared** omgekrul(d), met esels-/varkore, beduimel(d); *~ fold, (bouk.)* varkoor. **~-earing** omkrulling. **~-eat-~** *adj. (attr.)* genadelose, gewete(n)lose, hardvogtige, meedoënlose, onmenslike, barbaarse. ~ **enclosure** hondekamp. **~-end** *(infml.)* (sigaret)stompie. **~face** *(Am., mil. sl., vero.)* voetsoldaat. ~ **fancier** hondekenner; hondeteler. **~fight** *(lett. & fig.)* hondegeveg; *(mil.)* luggeveg. **~fish** hondshaai, lui-, pen-, doring-, vinhaai. ~ **flea** hondevlooi. ~ **food** hondekos. ~ **fox** mannetjie(s)vos, -jakkals, jakkalsmannetjie. ~ **grass, ~'s grass** kweek(gras). ~ **grate** bokrooster. ~ **hair** hondehaar. ~ **handler** hondemeester, patrolliehondgeleier. ~ **head** hondekop. **~hole** krot. **~house** *(Am.)* hondehok, -huis; →KENNEL; *be in the ~, (infml.)* in onguns wees. **~-in-the-manger** *adj.* kleinlik, kleingeestig, kleinsielig. ~ **iron** vuurbok; klemhaak; haakyster. ~ **Latin** Potjies-, Kramerslatyn. ~ **lead** leitou, -riem *(vir hond).* **~leg** knik, skerp draai; skerp hoek; *describe a ~, (kuslyn, pad, ens.)* 'n knik (*of* skerp draai) maak. **~leg hole** *(gholf)* elmboogputjie. **~leg stair(case)** spil-, knaktrap. ~ **licence** hondelisensie. ~ **lover** hondeliefhebber, -vriend. ~ **nail** haakspyker. ~ **nut** kloumoer. ~ **paddle** →DOGGY PADDLE. ~ **plum** (rooi-)esse(n)hout. ~ **rose** honds-, haagroos. **~sbody** *(infml.)* hansie-my-kneg, handlanger, faktotum; slaaf, bediende; hierjy. **~'s-ear** →DOG-EAR *n..* ~ **set** spykertrekker. **~'s grass** →DOG GRASS. ~ **show** hondeskou. ~ **sled** hondeslee. **~'s letter** die *r.* ~ **spike** haak-, spoorspyker. **~s'-tail (grass)** *(Cynosurus* spp.*)* kamgras. **D~ Star:** *the ~ ~, (astron.)* die Hondster, Sirius. **~('s)-tooth check** →HOUND'S-TOOTH CHECK. **~'s-tooth (grass)** hondsgras. ~ **tag** honde(naam)plaatjie, halsbandplaatjie; *(Am., mil. sl.)* identiteitsplaatjie, ID-plaatjie. **~-tired** doodmoeg, so moeg soos 'n hond, pootuit. **~tooth** oog-, hoek-, slagtand; *(argit.)* wolfstand. ~ **track** honderenbaan. ~ **trainer** hondeafrigter. **~trot** honde-, sukkeldraffie. **~watch** *(sk.)* platvoetwag. **~wood** kornoelie.

doge *(It., hist.)* doge *(v. Venesië); D~s' Palace* Dogepaleis. **do·ga·res·sa** *(vrou v. doge)* dogaressa.

dog·ged hardnekkig, vashoudend, (honds)taai, vasberade; ~ (*or it's ~ as) does it* aanhou(er) wen; *~ persistence* taaie volharding. **dog·ged·ness** hardnekkigheid, vashoudendheid, hondstaaiheid.

Dog·ger Bank *(geog.)* Doggersbank.

dog·ger·el kreupelrym, rymelary, gerymel.

dog·gie →DOGGY.

dog·ging ham·mer spoorhamer.

dog·gish honds, hondagtig.

dog·go: *lie ~, (Br., infml., vero.)* doodstil lê, jou doodstil hou.

dog·gone *tw., (Am. sl.: euf. vir* God damn*)* verdomp, verbrands, vervlaks. **dog·gone(d)** *adj. (attr.)* verdomde, verbrande, vervlakste, vervloekste.

dog·gy, dog·gie *n., (kindert.)* hondjie, woefie, siebie. **dog·gy** *adj.* honde-; gek na honde; *a ~ person* 'n hondeliefhebber. ~ **bag** brak(kie)sak(kie) *(vir oorskietkos).* ~ **paddle, dog paddle** *n.* hondjieswem. **~-paddle, dog-paddle** *ww.* hondjieswem, soos 'n hondjie swem. ~ **wool** hondehaar(wol).

dog·like hondagtig, honds; *with ~ devotion* met slaafse gehoorsaamheid; *~ head* hondekop.

dog·ma -*mas*, -*mata* dogma, leerstelling, doktrine, leerstuk; *history of* ~ dogmageskiedenis. **dog·mat·ic, dog·mat·i·cal** leerstellig, dogmaties; aanmatigend, skoolmeesteragtig, doktrinêr, gelykhebberig. **dog·mat·ics** dogmatiek, geloofsleer. **dog·ma·tise, -tize** dogmatiseer; op skoolmeesteragtige toon beweer. **dog·ma·tis·er, -tiz·er** dogmatikus. **dog·ma·tism** dogmatisme, leerstelligheid. **dog·ma·tist** dogmatikus.

doh →DO[2].

doi·ly, doy·l(e)y -*lies*, -*leys* doilie, kraaldoekie.

do·ing *n.* werk, bedryf, doen en late; *(i.d. mv.)* gedoente; *(i.d. mv.)* doen en late; ***have** all the ~s for ...* alles hê wat vir ... nodig is, al die nodige vir ... hê; *it is all **his/her*** ~ dit is alles sy/haar werk; dit is alles sy/haar skuld; *it was **his/her** ~ that ...* dis sy/haar skuld dat ..., deur sy/haar toedoen het/was ...; *there is **no** ~ anything with him/her* ('n) mens kan niks met hom/haar aanvang/begin nie; *it is **none** of his/her* ~ hy/sy het geen aandeel daaraan gehad nie; dit is nie sy/haar skuld nie; ***nothing*** ~ →NOTHING; *be one's **own*** ~ jou eie skuld wees; *it **takes** some (or a lot of)* ~, *(infml.)* dis nie (sommer) enigiemand se werk nie, dit wil gedoen wees, dis nie maklik nie, dis geen kleinigheid nie; *it **wants*** ~, *(infml.)* dit moet gedoen word. **do·ing** *teenw. dw.: s.o. is not ~ **anything*** iem. doen niks; *s.o. does not **feel** like ~ s.t.* iem. sien teen iets op; *s.o. is ~ **nicely/well*** iem. vorder goed; dit gaan goed met iem.; ***what** are you ~ here/there?* wat maak jy hier/daar?; ***what** is ... ~ here?* wat maak ... hier?; ***what's** ~ here?, (infml.)* wat is hier aan die gang?.

doit *(arg.)* duit; kleinigheid, bakatel.

do·jo -*jos*, *(Jap.: leslokaal vir veg-/verweerkunste)* dojo.

dol *dols, (med.: eenheid vir d. meting v. pyn)* dol.

Dol·by *(handelsnaam)* Dolby. **Dol·by** *adj.* Dolby-. **Dol·by·ised** wat met Dolby geënkodeer is *(pred.)*.

dol·ce far nien·te *(It.)* salige niksdoen.

dol·drums neerslagtigheid; slapte; stiltegordel, windstiltestreek; *be in the* ~, *(fig.)* neerslagtig wees.

dole[1] *n., (infml.)* (werkloosheids)toelaag/toelae/uitkering; uitdeling; onderstandsgeld; *(vero.)* aalmoes; *(arg.)* lot; *be on the* ~ 'n werkloosheidstoelaag/-toelae kry. **dole** *ww.* uitdeel; karig/spaarsaam uitreik.

dole[2] *n., (arg., poët., liter.)* droefheid, smart, leed; klaaglied, jammerklag, weeklag, gejammer, geweeklaag. **dole·ful** droewig, treurig, hartseer; somber. **dole·ful·ness** droewigheid, treurigheid, hartseer; somberheid.

dol·er·ite *(min.)* doleriet, blou-, ysterklip.

dol·i·cho·ce·phal·ic, dol·i·cho·ceph·a·lous *(anat.)* langskedelig, doligokefaal, -sefaal.

doll *n.* (speel)pop; *(infml.)* meisie. **doll** *ww.: ~ o.s. up* jou uitdos/uitvat/opsmuk; *be ~ed up* uitgedos/uitgevat/opgesmuk wees. **~'s clothes** popgoed, -klere. **~'s house,** *(Am.)* **~house** pop(pe)huis; *(fig.: klein woonhuisie)* pophuis(ie).

dol·lar *(Am. ens.)* dollar; *(hist.)* daalder, daler; *the almighty* ~ die almagtige dollar; die geldgod, Mammon; *you can bet your bottom* ~ jy kan jou laaste sent wed, jy kan daarvan seker wees; *the 64 000 dollar question* →SIXTY. ~ **area** dollargebied. ~ **diplomacy** *(Am.)* dollardiplomasie. ~ **(exchange) rate** dollarkoers. ~ **gap** dollartekort. ~ **mark,** ~ **sign** *($)* dollarteken.

doll-like popperig, popagtig; *have a ~ beauty* popmooi wees.

dol·lop *(infml.)* klont; skep, hopie *(pap ens.)*; skeppie *(room ens.)*; *(lett. & fig.)* (goeie) skeut *(brandewyn, misterie, ens.)*.

dol·ly *n., (kindert.)* poppie; *(fot.)* trollie; *(mynb.)* dollie, skommelsif; *(mynb.)* mengspaan; *(mynb.)* ligte stamper; *(klinkwerk)* teenhouer; *(duikklopwerk)* kloplees; slagmus *(v. heipaal)*; *(bouk.)* rolwa; *(SA, visaas)* dollie; *(hist.)* (was)stamper. **dol·ly** *ww.* vertroetel; ~ *in, (filmk.)* nader beweeg; ~ *out, (filmk.)* terugbeweeg. ~ **(bird)** *(infml., vero.)* pop(lap), poppie, *(neerh.)* leëkoppie. ~ **(catch)** *(kr., infml.)* maklike vangkans/-skoot. ~ **tub** *(hist.)* wasbak, -balie. ~ **wheel** kantelwiel *(v. hyshok)*; *(mot.)* steunwiel.

dol·ma -*mas*, -*mades, (Turkse kookk.)* dolma.

dol·man -*mans, (kledingstuk)* dolman. ~ **sleeve** dolmanmou.

dol·men -*mens, (argeol.)* dolmen, megalitiese grafmonument.

dol·o·mite *(min.)* dolomiet, olifantsklip, jonasklip. **D~ Alps, D~s** *(geog.)* die Dolomiete. **dol·o·mit·ic** dolomities.

dol·os -*osse, (Afr.)* dolos *(by waarsêery; v. seewering)*. ~ **block** dolosblok.

do·lour *(poët., liter.)* smart, leed, pyn; *the Seven D~s of the Virgin* die Sewe Weë van Maria. **do·lor·ous** smartlik, pynlik, klaaglik; treurig, droewig.

dol·phin dolfyn; *(sk.)* aanlêpaal, meerstoel; *dusky* ~ Kaapse dolfyn. ~ **berth** aanlegsteier. ~ **bull** dolfynbul. ~ **calf** dolfynkalf. ~ **cow** dolfynkoei.

dol·phin·ar·i·um -*ia*, -*iums* dolfynpark, dolfinarium.

dolt domkop, pampoen(kop), skaap(kop), aap, bobbejaan, esel, swaap. **dolt·ish** dom, onnosel, traag van begrip. **dolt·ish·ness** domheid, swaapagtigheid, stompsinnigheid.

dom *(soms D~), (titel)* dom.

do·main domein; landgoed; gebied, streek; *(fig.)* gebied, sfeer, terrein; *(wisk.)* definisiegebied; *(wisk., fis.)* definisieversameling; *(rek.)* domein; *public* ~ staatsgrond.

dome dom, koepel; gewelf; dom *(v. lokomotief)*; skedel; *the D~ of the Rock* die Rotskoepel, Moskee van Omar. **~-shaped** koepelvormig; ~ *roof* koepeldak.

domed, dom·i·cal koepelvormig, gewelf, koepel-; *domed ceiling* gewelfde plafon; *domed church* koepelkerk; *domed forehead* ronde voorkop; ~ *roof* koepeldak; *domical vault* koepelgewelf.

domes·day →DOOMSDAY.

do·mes·tic *n.* huishulp, huishoudelike werker; *(infml.)* gesinskonflik, -bakleiery, -geskil, -onderonsie; *(Am.)* binnelandse produk. **do·mes·tic** *adj.* huislik, huishoudelik, huis-; binnelands, inlands; inheems; ~ ***affairs*** huislike sake; interne sake; binnelandse sake; ~ ***altar*** huisaltaar; ~ ***animal*** huisdier; ~ ***appliance*** huishoudelike toestel, huistoestel; ~ ***architecture*** woonhuisargitektuur; woningboukuns; ~ ***cat*** huiskat; ~ ***circumstances*** huislike omstandighede; ~ ***consumption*** binnelandse verbruik; tuisverbruik; ~ ***court,*** *(Br.)* gesinshof; ~ ***economy*** binnelandse ekonomie; huishoudkunde; ~ ***engineering*** huiswerktuigkunde; ~ ***life*** familielewe; ~ ***management*** huishou, huishouding; ~ ***partner(ship),*** *(Am.)* huisgenoot(skap); ~ ***product*** binnelandse produk; ~ ***relations*** gesinsbetrekkinge; ~ ***science,*** *(vero.)* huishoudkunde; →HOME ECONOMICS; ~ ***servant*** huisbediende; ~ ***staff*** huishoudelike personeel; ~ ***war*** binnelandse oorlog, burgeroorlog; ~ ***water supply*** drinkwatervoorsiening. **do·mes·ti·ca·ble** tembaar. **do·mes·ti·cate** mak maak, tem; beskaaf; huislik maak; inburger. **do·mes·ti·cat·ed:** ~ *animal* huisdier, mak dier; ~ *breed* mak ras; ~ *man, (infml.)* huislike man. **do·mes·ti·ca·tion** die mak maak, temming; inburgering. **do·mes·tic·i·ty** huislikheid; huislike lewe; *the domesticities* huis(houde)like sake; huislikheid.

dom·i·cal →DOMED.

dom·i·cile, dom·i·cil *n., (fml.)* woon-, bly-, verblyfplek, woning; *(jur.)* domisilie, wettige woonplek; *(han.)* hoofkantoor. **dom·i·cile, dom·i·cil·i·ate** *ww., (fml.)* jou vestig; woon, woonagtig wees; *(jur.)* domisilieer; *be ~d in ...* permanent in ... woon *(of* woonagtig/gevestig wees), in ... gedomisilieer(d) wees; jou hoofkantoor in ... hê. **dom·i·cil·i·ar·y** huis-, tuis-; *(jur.)* domisiliêr; ~ *care* tuisverpleging, -versorging; ~ *visit* huisbesoek.

dom·i·nate domineer, oorheers, die botoon voer; beheers; uitrys/uitstaan/uitsteek/uittroon bo; die belangrikste plek inneem, die/'n oorheersende invloed hê/uitoefen; ~ *(over) s.o.* iem. oorheers. **dom·i·nance** dominansie, oorheersing; oorwig; voorrang; dominante/oorheersende posisie. **dom·i·nant** *n., (genet., mus.)* dominant. **dom·i·nant** *adj.* (oor)heersend, dominerend, dominant, hoof-; ~ ***cause*** oorheersende/bepalende oorsaak; ~ ***chord,*** *(mus.)* dominantakkoord; ~ ***male*** dominante mannetjie *(by diere)*; ~ ***people/race,*** *(sosiol., vero.)* heersersvolk, -ras; ~ ***personality*** dominerende/oorheersende persoonlikheid; ~ ***reason*** hoofrede, vernaamste rede; ~ ***tenement,*** *(jur.)* heersende erf. **dom·i·nant·ly** oorwegend. **dom·i·na·tion** heerskappy, oorheersing; baasskap, dominansie; ~ *of/over people* heerskappy oor mense; *under foreign* ~ onder vreemde oorheersing. **dom·i·na·tor** beheerser. **dom·i·neer:** ~ *over s.o.* oor iem. baasspeel, iem. oorheers. **dom·i·neer·ing** baasspelerig, dominerend, heerssugtig.

Dom·i·nic *(heilige)* Dominicus.

Dom·i·ni·ca, Dom·i·ni·ca *(geog.)* Dominica.

do·min·i·cal van die Here; ~ *letter* Sondagsletter; ~ *prayer* die Onse Vader.

Do·min·i·can[1] *n., (monnik)* Dominikaan, Dominikaner. **Do·min·i·can** *adj.* Dominikaans.

Do·min·i·can[2] *n., (inwoner)* Dominikaan. **Do·min·i·can** *adj.* Dominikaans; *the D~ Republic* die Dominikaanse Republiek.

dom·i·nie *(Sk.)* onderwyser, skoolmeester; *(Am.)* dominee.

do·min·ion heerskappy, mag, gesag, seggenskap; (grond)gebied; *(hist.)* dominium, vrygewes; *(jur.)* →DOMINIUM; *the D~ of Canada/etc., (hist.)* die dominium Kanada/ens..

do·min·i·um *(jur.)* eiendom, eienaarskap, dominium.

dom·i·no -*noes* dominosteen(tjie); *(i.d. mv.)* domino(spel); *(hist.)* domino, kapmantel; *(hist.)* domino, oogmasker. ~ **effect** domino-effek, domino-uitwerking.

Do·mi·tian *(Rom. keiser)* Domitianus.

dom·pas *(SA, hist., infml.)* dompas.

Dom Ped·ro, Don Ped·ro *(SA: whisky-en-roomysdrankie)* Dom/Don Pedro; *(Am.: soort kaartspel)* Dom/Don Pedro.

dom·siek·te *(Afr., veearts.)* domsiekte.

Don *(rivier)* Don. ~ **Cossacks** Don-Kosakke.

don[1] *n., (Br.)* dosent; (Spaanse) edelman; *(D~, Sp. adellike titel)* don; *(infml.: hoof v. Mafiafamilie)* don. **don·nish** intellektueel, geleerd; pedanties.

don[2] -*nn*-, *ww.* aantrek *(jas ens.)*; opsit *(hoed)*.

do·nate skenk, gee *(geld, klere, ens. vir welsyn ens.)*; skenk *(bloed, liggaamsorgaan)*; wy, bestee, afstaan *(tyd aan iets)*; ~ *s.t. to s.o.* iets aan iem. skenk. **do·na·tion** skenking, donasie, bydrae, geskenk, gif; *deed of* ~, *(jur.)* skenkingsakte; *make a ~ to ...* 'n skenking aan ... doen. →DONEE, DONOR.

done gedoen, gedaan; gereed; klaar, afgehandel, voltooi(d); verby, op 'n end; gaar *(kos)*; *do unto others **as** you would be ~ by* →DO; *s.o.'s **been** ~, (infml.)* iem. is ingeloop; *it **can** be* ~ dit kan gedoen word; *s.t. **can't** be* ~ iets kan nie (gedoen word nie); ~ *and **contracted*** gedaan en ooreengekom; ***done!*** akkoord!, afgesproke!, goed!, top!; *be ~ **for,** (infml.)* klaar(praat) wees met jou; daarmee heen wees; oor die muur (*of* in jou kanon/peetjie [in]) wees; ***get** s.t.* ~ iets klaarkry; iets gedoen/gedaan kry; ***get** ~ with s.t.* met iets klaarmaak; 'n einde/end aan iets maak; *the work is not **getting*** ~ die werk kom nie klaar nie; ***half*** ~ halfklaar; halfgaar; *be **hard** ~ by* stief behandel word; *it **has** (got) to be* ~ dit moet (gedoen word); *s.t. **has** to be* ~ iets moet gedoen word; ***have** s.t.* ~ iets laat doen; *I suppose it will **have** to be* ~ dit sal seker maar moet; *his/her **having** ~ that* die feit dat hy/sy dit gedoen het; *be ~ **in,** (infml.)* doodmoeg/gedaan/pootuit wees; *s.o.'s ~ **it,** (ook)* iem. het dit (sowaar) reggekry; *s.o.'s gone and ~ **it*** iem. het alles gaan staan en bederf/beduiwel; *s.o.'s ~ **it** again, (infml.)* iem. het dit weer reggekry; iem. het dit (al) weer gedoen; *now you've ~ **it!*** dit kom daarvan!; *that's ~ **it!**, (infml.)* daar het jy dit (nou)!, dis nou 'n ding!; *the work **must** be* ~ die werk moet klaarkom; ***neatly*** ~ knap/handig gedaan; *it's (just) **not*** ~ dit doen ('n) mens nie; *it is **not** to be* ~ dit kan nie gedoen word nie; dit mag nie (gedoen word nie); *when all is **said** and* ~ →SAID; *the* ~ ***thing*** →THING; ~ *to a **turn**, (infml., kookk.)* goed/reg gaar, net lekker gaar; *what's* ~ *(is* ~, *and) cannot be **undone*** gedane sake het geen keer nie; *be* ~ ***up**, (gesig)* opgemaak wees; *(hare)* opgekam wees; *(pakkie)* toegedraai wees; *(ou motor ens.)* herstel/reggemaak wees; *(huis ens.)* opgeknap/gerestoureer/versier wees; *(knope ens.)* vas wees; *(infml.)* doodmoeg/gedaan/pootuit wees; ***well** ~!* mooi so!, knap gedaan!; *be **well** ~, (biefstuk)* goed gaar wees; *(eiers)* hard gebak wees; ***what** have you* ~ *now?* wat het jy nou weer aangevang?; ***what** have you* ~ *to ...?* wat het jy met ... aangevang? *(jou hare ens.)*; wat het jy ... aangedoen *(hom, haar, ens.)*; *be/have* ~ ***with** s.o./s.t.* klaar wees met iem./iets; *and have* ~ ***with** it* en laat dit daarby; *s.t. is* ~ ***with*** iets is gedaan/klaar; iets is afgehandel.

do·nee *(jur.)* ontvanger, begiftigde, donataris.

Do·nets *(rivier)* Donets. ~ **Basin** *(geog.)* Donetsbekken. **Do·netsk** *(stad)* Donetsk.

dong *n., (klokgeluid)* bam; *(Am. sl.: penis)* voël, draad, lat. **dong** *ww., (klok)* bam.

don·ga *(Ngu.)* donga, diep sloot, (droë) spoelsloot.

don·jon (kasteel/vesting)toring, donjon *(v. 'n Me. kasteel)*; →DUNGEON *n.*.

Don Ju·an *(lett.)* don Juan; *(fig.: vroueverleier)* Don Juan.

don·key esel, donkie; *(infml.)* stommerik, swaap, uilskuiken, domkop; *talk the hind leg off a* ~ →TALK *ww.*; *for* ~*'s years, (infml.)* (al) baie jare (lank), van toeka (se dae/tyd) af, al/reeds donkiejare (lank). ~ **(boiler)** hulp(stoom)ketel, donkieketel *(v. 'n skip ens.)*. ~ **bur(r)** donkieklits. ~ **derby** donkiere(i)sies, =wedren. ~ **drop** *(kr.)* stadige kort bal. ~ **engine** hulpenjin, donkie-enjin. ~ **jacket** *(Br.)* dik baadjie met 'n leer=/plastiekskouerstuk. ~**man** =*men, (sk.)* hulpmasjinis. ~ **pump** hulp(stoom)pomp, donkiepomp. ~**'s breakfast** *(sl.)* strooi=, kafmatras. ~ **work** donkiewerk, swaar werk.

do·nor skenker, gewer; donateur; weldoener. ~ **member** donateurlid.

Don Pe·dro →DOM PEDRO.

Don Qui·xo·te, Don Qui·xo·te *(romankarakter)* Don Quichot; *(fig.)* Don Quichot, windmeulbestormer.

don't *(sametr. v.* do not*)* moenie; ~ *I know it!* of ek dit nie weet nie!. **don't** *don'ts, n.* moenie, verbod. ~ **know** *n.* onsekere, twyfelaar, weifelaar; *(pol.)* draadsitter.

do·nut *(Am.)* →DOUGHNUT.

doo·dah, *(Am.)* **doo·dad** dinges, watsenaam, hoesenaam.

doo·dle *n.* krabbel, gekrabbel. **doo·dle** *ww.* krabbel, krabbels maak.

doo·dle·bug *(infml.), (Am.)* mierleeu(larwe); *(Am.)* wiggelroede, =stok, waterstokkie; *(Br., hist.)* V1-bom.

doo·lal·ly *(infml.)* (van lotjie) getik.

doo·lie *(<Hindi)* dra(ag)stoel.

doom *n.* lot; ondergang, verderf; onheil; *(arg.)* vonnis, oordeel; *the **crack/day** of* ~ die oordeelsdag, die Laaste Oordeel; ~ *and **gloom*** →GLOOM; ***go** to one's* ~ jou ondergang tegemoet gaan; ***meet** one's* ~ jou ondergang vind; ***seal** s.o.'s* ~ iem. se lot beseël; ***send** s.o. to his/her* ~ iem. sy/haar ondergang instuur. **doom** *ww.* veroordeel, vonnis, (ver)doem. ~**sayer** onheilsprofeet.

doomed *(ook)* rampsalig; verlore; *be* ~ *to ...* tot ... gedoem wees, ... is jou voorland *(mislukking, werkloosheid, ens.)*; jou lot wees om ... *(te misluk ens.)*.

doom palm →DOUM PALM.

dooms·day, domes·day *(soms D~)* oordeelsdag, die jongste dag; *till/until* ~, *(infml.)* 'n ewigheid, vir altyd; tot in die oneindige.

door deur; ingang; uitgang; ***answer** the* ~ (die deur) oopmaak, na die deur gaan, gaan kyk wie by die deur is; ***at** the* ~ by die deur; *three/etc.* ~*s **away*** drie/ens. huise verder/vêrder; *the **back*** ~ die agterdeur; *creep/get in by/through the **back*** ~, *(fig.)* by die agterdeur inglip/insluip; *leave a **back*** ~ *open, (fig.)* 'n skuiwergat laat; ***bang/close/shut** the* ~ *on s.o.* die deur in iem. se gesig toemaak; ***bang/close/shut** the* ~ *on s.t.* iets onmoontlik maak; *behind **closed*** ~*s* agter/met geslote deure; ***creaking*** ~*s hang the longest* krakende waens loop die langste; *never **darken** s.o.'s* ~ jou voet nie oor iem. se drumpel sit nie; *never **darken** my* ~ *again!* jy sit jou voete nie weer hier nie!; *be at **death's*** ~ →DEATH; *s.o. was at **death's*** ~ →DEATH; ***from*** ~ *to* ~ van huis tot huis; *the **front*** ~ die voordeur; ***kick** down/in a* ~ 'n deur uitskop *(of* stukkend skop); ***lay** s.t. at s.o.'s* ~ die skuld van iets op iem. pak *(of* by iem. soek *of* aan iem. gee), iem. iets verwyt *(of* ten laste lê *of* voor die kop gooi), iets voor iem. se kop gooi *(of* op iem. se brood smeer); *it **lies** at s.o.'s* ~ dit is iem. se skuld; ***next*** ~ *to ...* langsaan ...; *it is **next*** ~ *to the ..., (ook)* dit grens aan die ...; *all* ~*s are **open** to s.o.* alle deure staan vir iem. oop; *an **open*** ~ *may tempt a saint* die geleentheid maak die dief; *keep **open*** ~*s* gasvry wees; *leave the* ~ ***open** for s.o./s.t.* die deur vir iem./iets ooplaat; ***open** the* ~ *to ...* die deur vir ... oopmaak *(iem.; iets nadeligs)*; die weg tot ... baan *(iets voordeligs)*; ***out** of* ~*s* buite(kant), buitenshuis, in die buitelug *(of* ope lug); ***see** s.o. to the* ~ iem. uitlaat *(of* deur toe bring/neem); ***show** s.o. the* ~ iem. die deur wys *(lett. & fig.)*, iem. by die deur uitsit; ***shut** the* ~ *on s.o./s.t.* →**bang/close/shut**; ***slam** the* ~ *in s.o.'s face* die deur in iem. se gesig toeklap; *the* ~ ***slams*** die deur klap; *the* ~ *to **success*** die sleutel tot sukses/welslae; *s.o. should **sweep** before his/her own* ~ iem. moet voor sy/haar eie deur vee; ***throw** open the* ~ die deur oopmaak; die pad oopmaak, die weg voorberei, dit moontlik maak; ***turn** s.o. from one's* ~ iem. voor jou deur laat omdraai; ***walk** out of the* ~ by die deur uitstap; ***within*** ~*s* binnenshuis. ~**bell** deurklokkie. ~ **bolt** deurgrendel. ~ **button** deurknoppie. ~**case** deurraam, (buite)deurkosyn. ~ **check,** ~ **closer** deur(rem)sluiter. ~**frame** deurkosyn. ~ **furniture** deurbeslag. ~**handle,** ~**knob** deurknop, =handvatsel. ~**jamb** deurpos, =styl. ~**keeper,** ~**man** deurwagter, portier. ~**knob** →DOORHANDLE. ~**knocker** deurklopper. ~ **latch** deurklink, =knip. ~ **leaf** deurvleuel. ~**lock** deurslot. ~**man** →DOORKEEPER. ~**mat** deur=, voetmat; *(fig.)* vloerlap, voetveeg; *treat s.o. like a* ~ iem. soos 'n vloerlap behandel. ~ **money** toegang(sgeld), intreegeld. ~**nail** deurspyker; *as dead as a* ~ →DEAD *adj.*. ~**plate** naambord(jie), =plaat(jie). ~**post** deurpos, =styl; *(as) deaf as a* ~ DEAF *adj.*. ~**scraper** voetveër, =skraper. ~**sill** drumpel. ~**step** *n.,* drumpel; trappie; *(infml.: dik sny brood)* skaapwagtersny; *be on one's* ~, *(fig.)* (reg) voor jou deur wees, 'n hanetree(tjie)/klipgooi ver/vêr *(of* van jou huis/ens. af) wees. ~**step** *ww., (infml.), (han.)* van huis tot huis verkoop; *(pol.)* van huis tot huis stemme werf; ~ *s.o., (joern., neerh.)* voor iem. se huis uitkamp. ~**stop(per)** deurstuiter. ~**-to-door salesman** aanklopverkoper. ~**way** ingang, deuropening.

dop *(Afr., infml.: drankie; brandewyn)* dop. ~ **brandy** dopbrandewyn.

dope *n., (tekst.)* stroop; bymiddel *(by brandstof ens.)*; smeer, ghries; spanlak; *(infml.)* dwelm(middel); *(infml.)* dagga, boom; doepa *(by perde- en honderenne)*; *(infml.)* aap, bobbejaan, domkop, swaap; *(infml.)* (vertroulike) inligting; *give s.o. the* ~ *on s.t., (sl.)* iem. (vertroulike) inligting oor iets gee. **dope** *ww.* 'n bymiddel by ... voeg; smeer; verlak, met spanlak bestryk; bedwelm; dwelms gebruik; doepa, dokter *(renperd ens.)*; dokter *(kos, drankie)*; *(fig.)* vet om die oë smeer. ~ **addict,** ~ **fiend,** ~**head** *(infml.)* dwelmslaaf, =verslaafde. ~ **peddler** dwelmsmous. ~ **peddling** dwelmhandel. ~ **pusher** *(infml.)* dwelmsmous. **dop·er** dwelmslaaf; dwelmgebruiker. **dope·ster** *(Am., infml.)* voorspeller, kristalkyker *(t.o.v. sport, politiek, ens.)*. **dop·(e)y** =*ier* =*iest* benewel(d), dronkerig.

dop·pel·gäng·er *(D.)* dubbelganger.

Dop·pler ef·fect *(fis.)* Dopplereffek.

Do·ra·do *(astron.)* Dorado, die Swaardvis.

do·ra·do =*dos, (igt.)* dorade, goudmakriel.

dor (bee·tle) tor, kewer, (Europese) miskruier.

Dor·drecht, Dort *(geog.)* Dordrecht, Dordt; *Synod of Dort* Dordtse Sinode.

Do·ri·an *n.* Doriër. **Do·ri·an** *adj.* Dories.

Dor·ic *n., (dialek)* Dories. **Dor·ic** *adj.* Dories.

Dor·is[1] *(geog.)* Doris.

Dor·is[2] *(Gr. mit.)* Doris.

dorm *(infml.)* →DORMITORY.

dor·mant sluimerend, slapend; rustend, stil, onaktief; ongebruik; verborge, onsigbaar; latent; ~ ***company**, (ekon.)* rustende maatskappy; ***lie*** ~ stil lê; ongebruik lê; *(bot.)* dormant/latent/rustend wees; ~ ***partner*** stil(le)/rustende vennoot; ~ ***period/season*** slaap=, rustyd(perk); ~ ***treatment*** winterbehandeling; ~ ***volcano*** rustende vulkaan; ~ ***wood*** winter=, rushout. **dor·man·cy** slaap, rus; sluimerende/slapende/rustende toestand, slaap=, rustoestand; russtadium; tydelike onaktiwiteit; latensie.

Dor·mer *(skaapras)* dormer.

dor·mer (win·dow) soldervenster, dak(kamer)venster.

dor·mie →DORMY.

Dor·mi·tion: ~ *of the Blessed Virgin, (Ortodokse Kerk)* hemelvaart van Maria, Mariahemelvaart.

dor·mi·to·ry slaapsaal. ~ **suburb** slaapvoorstad. ~ **town** slaapdorp.

Dor·mo·bile *(handelsnaam)* woonbus.

dor·mouse =*mice* waaier=, bosstertmuis; *(Eur.)* relmuis; *black-and-white* ~ gemsbokmuis.

dor·my, dor·mie *adj. (pred.), (gholf): be* ~ *three/etc.* doedoe drie/ens. wees.

Dor·per *(skaapras)* dorper.

dor·sal *(anat., soöl., bot.)* dorsaal, rug=; ~ *artery* dorsale arterie; ~ *fin* rugvin; ~ *vertebra* rugwerwel; *(i.d. mv. ook)* kambeen *(v. 'n perd)*.

Dor·sian *(skaapras)* dorsie.

dor·si·ven·tral *(bot.)* tweekantig, dorsiventraal.

Dort →DORDRECHT.

dor·ter, dor·tour *(hist.)* slaapsaal, =vertrek *(in 'n klooster)*.

do·ry[1] *(igt.)* sonvis.

do·ry[2] *(Am.)* platboomskuit.

dose *n., (med., fis.)* dosis; *(fig.)* dosis, hoeveelheid; *(wynb.)* versoeting; *(infml., med.)* vuilsiekte; *a* ~ *of culture/humour/etc.* 'n dosis kultuur/humor/ens.; *a* ~ *of bad luck* 'n stuk(kie) teen=/teëspoed; *a* ~ *of radiation* 'n stralingsdosis; *like a* ~ *of salts, (infml.)* blitsvinnig, soos blits, blitsig, soos 'n vetgesmeerde blits *(of* 'n pyl uit 'n boog). **dose** *ww.* 'n dosis (in)gee, doseer, medisyne gee; meng; dokter; *(wynb.)* versoet; ~ *... with s.t.* ... met iets behandel; ... met iets meng; ... met iets dokter; ~ *o.s. with s.t.* iets drink/(in)neem *(vitamiene ens.)*. **dos·age** dosering; dosis. **dos·ing** dosering.

dosh *(Br., sl.: geld)* pitte.

doss *n., (Br., infml.)* bed, slaapplek. **doss** *ww.: ~ about/around, (infml.)* rondhang, =lê; ~ *down, (infml.)* slaap. ~**house,** *(Am.)* **flophouse** *(infml.)* nagskuiling *(vir haweloses)*.

dos·si·er dossier.

dost *(arg.): Thou* ~ U doen; →DO[1] *ww.*

Dos·to·(y)ev·sky, Dos·to·(y)ev·ski *(Rus. skrywer)* Dostojewski.

dot[1] *n., (ook mus., wisk., Morsekode)* punt; stippel(tjie), stip(pie), kol(letjie), puntjie; ~*s and **dashes*** punte en strepe; ~*, **dash**,* ~ kort, lank, kort *(by Morsekode)*; ***on** the* ~ presies op tyd, op die minuut; *twelve/etc. o'clock **on** the* ~ op die kop twaalfuur/ens.; *the **year*** ~ →YEAR. **dot** =*tt*=*, ww.* stippel; (be)spikkel; stip; puntjies opsit; *be* ~*ted **about*** →DOTTED; ~ *with **butter*** stip met botter, plaas/sit klontjies botter bo-op; ~ *the/one's **i's** and cross the/one's t's, (fig.)* die puntjies op die i's sit; ~ ***s.o.**, (Br., infml.)* iem. klap *(of* 'n hou/klap gee). ~ **ball** *(kr.)* nulbal. ~ **command** *(rek.)* puntbevel, =opdrag. ~**-matrix printer** *(rek.)* stippel=, matriksdrukker.

dot[2] *(Fr., arg.)* bruidskat. **do·ta·tion** skenking, dotasie.

dote *(arg.)* kinds/seniel wees; *begin to ~, (arg.)* kinds/seniel raak/word; *~ on/upon s.o.* gek oor (*of* versot op) iem. wees. **dot·age** kindsheid, seniliteit, versuftheid; versotheid; *be in one's ~* kinds wees. **do·tard** seniele ou man/vrou; sufferd. **dot·ing** *(attr.)* behepte, versotte *(ma ens.)*.

Do·than *(geog., OT)* Dotan.

dot·ted gestippel(d); bespikkel(d), gespikkel(d); *be ~ about* versprei(d) wees; *~ line* stippellyn; puntlyn; *sign on the ~ line, (infml.)* die/'n kontrak/ens. onderteken; *(fig.)* die voorwaardes/ens. onderskryf/onderskrywe/goedkeur, met die voorwaardes/ens. saamgaan/saamstem (*of* akkoord gaan); *be ~ with ... met ...* besaai(d) wees.

dot·ter·el, dot·trel *(orn.)* domkiewiet.

dot·ting wheel *(bouk.)* stippelwiel(etjie).

dot·tle, dot·tel pypmoer, tabakassies.

dot·ty *(infml.)* (van lotjie) getik, van jou trollie/wysie af, mallerig, eksentriek; *(infml.)* wankelend; bespikkel(d), gespikkel(d); *be ~ about ..., (infml.)* gek/mal oor (*of* versot op) ... wees. **dot·ti·ness** malleriheid, getiktheid.

Dou·ai *(geog.)* Douai.

Dou·ay: ~ **Bible,** ~ **Version** *(17e-eeuse Eng. Bybelvertaling)* Douaibybel, -vertaling.

dou·ble *n.* die/'n dubbele; *(whisky, brandewyn)* 'n dubbel; duplikaat, afskrif, kopie; dubbelganger, ewebeeld; eweknie, teen-, teëhanger; skim, spook(gestalte); *(teat.)* instaanspeler; *(teat.: vertolker v. 'n dubbele rol)* doebleerder, doublure; (kort/skerp) draai; *(fig.)* omkeer; *(brug)* doeblering; *(perdewedrenne)* koppel(toto); *(RK)* dubbel; *(mus.)* versierde herhaling; *(mil., ook* double time*)* looppas, vinnige marstempo; *(i.d. mv., tennis)* dubbelspel; →DOUBLE FAULT; *(pylgooi)* (gooi in die) dubbelring; ***at/on the ~*** gou, vinnig, haastig(-haastig), in aller yl; dadelik, onmiddellik, nou, op die daad; *(mil.)* in die looppas; ***boys'/girls'/men's/women's ~s, (tennis)*** seuns-/meisies-/mans-/vrouedubbelspel; ***mixed ~s, (tennis)*** gemengde dubbelspel; *~ or **quits*** dubbel of niks. **dou·ble** *adj.* dubbel; dubbel-, vir twee, tweepersoons-; dubbelsterk; dubbeldik; dubbel gevou; krom; tweevoudig, tweeledig; dubbelsinnig; oneerlik, vals, geveins, dubbelhartig; *(bot.)* dubbel; *(mus.)* dubbel- *(horing, orkes, pedaal, ens.)*; *(mus.)* kontra- *(bas ens.)*; *(mus.)* tweeling- *(klarinet ens.)*; *the ~ distance* die afstand heen en terug. **dou·ble** *adv.* dubbel; twee keer/maal soveel; in tweë/twees, in groepies van twee; saam, bymekaar; *be ~ the **amount/size/etc.** of ...* dubbel (*of* twee maal/keer) soveel (*of* so groot/ens.) as ... wees; *be **bent** ~ with pain* krom van die pyn wees; *~ as **big/large** as ...* dubbel (*of* twee maal/keer) so groot as ...; *~ as **bright** as ...* twee maal so helder as ...; ***cost** ~* twee keer/maal soveel kos; *it is ~ the **distance** between ... and ...* dit is dubbel (*of* twee maal/keer) so ver/vêr as tussen ... en ...; ***fold** s.t. ~* iets dubbel vou; *~ **four** is eight* twee maal vier is ag(t); ***ride** ~* agter mekaar ry; ***see** ~* dubbel sien; ***sleep** ~* bymekaar slaap, saam in een bed slaap. **dou·ble** *ww.* dubbel, verdubbel; doebleer; in die looppas marsjeer, die pas versnel; hardloop; omkrul; dubbel vou; omvou; omseil; omspring, terug(hard)loop; terugkaats; twyn; 'n dubbele amp vervul; *~ **as** ...* ook as ... dien; *~ **back*** omspring; *~ **back** s.t.* iets omvou/terugvou; *~ one's **fist*** vuis maak; *s.t. ~s **itself*** iets verdubbel hom; *~ **parts*** twee rolle speel; *~ **up*** iets deel *('n kamer ens.)*; *~ **up** in bed* twee-twee in 'n bed lê; *~ s.t. **up*** iets dubbel vou; iets verdubbel; *~ **up** there!, (mil.)* looppas daar!; *~ **up** with laughter* →LAUGHTER; *~ **up** with pain* ineenkrimp van (die) pyn; *~d **yarn*** twyngaring, -gare. **~-acting pump,** **~-action pump** tweeslag-, suigperspomp. ~ **action** dubbele beweging; natrek *(v. geweer)*. ~ **adaptor,** ~ **adapter** dubbelpasstuk. ~ **agent** dubbelagent, -spioen. ~ **album** *(mus.)* dubbele album. **~-banded sandgrouse** *(orn.)* dubbelbandsandpatrys. ~ **bar** *(mus.)* dubbelmaatstreep. ~ **barrel** dubbele loop. **~-barrelled** dubbelloop-, tweeloop-; *(fig.)* dubbelsinnig; *~ name* dubbele naam; *~ rifle* dubbelloop(geweer), tweeloop(geweer). ~ **bass,** *(Am.)* **bass viol** kontrabas, basviool. **~-bass player** kontrabas(speler). ~ **bassoon** kontrafagot. ~ **bed** dubbelbed. ~ **bend** S-draai. ~ **bill** tweeluik, dubbele program/vertoning. ~ **bind** dilemma; *(psig.)* dubbelbinding. **~-blind** *adj.* dubbelblind *(eksperiment, toets)*. ~ **bluff** dubbele bluf-spel. ~ **bogey** *n., (gholf)* twee oor syfer. **~-bogey** *ww., (gholf)* twee houe aan (baan)syfer afstaan (*of* oor syfer speel). ~ **boiler,** ~ **saucepan** dubbele kastrol/kookpot. ~ **bond** dubbelbinding. **~-book** *ww.* dubbel bespreek *(kamer ens.)*. **~-breasted** oorknoop- *(baadjie, pak, ens.)*. ~ **callipers,** *(Am.)* ~ **calipers** vierbeenpasser. ~ **carriageway** dubbelpad, -rybaan, tweelingpad. ~ **century** *(kr.)* dubbele honderdtal. ~ **check** *n.* dubbele kontrole. **~-check** *ww.* dubbel kontroleer, weer nagaan/toets; doodseker maak. ~ **chin** onderken, dubbele ken. ~ **column** *(druk.)* dubbele kolom; *(mil.)* dubbele kolonne. ~ **cream** *(kookk.)* dik room. ~ **crochet** kortbeen. **~-cross** *n.* bedrieëry, kullery, verneukery, misleiding. **~-cross** *ww.* bedrieg, kul, verneuk, mislei. **~-crosser** bedrieër, verneuker, swendelaar. ~ **dagger,** ~ **obelisk** *(druk.)* dubbeldolk. ~ **date** *n.* kwartet-afspraak. **~-date** *ww.* vier-vier uitgaan; twee afsprake maak; met twee ouens/meisies uitgaan. **~-dealer** bedrieër, verneuker; huigelaar, veinser, skynheilige, onopregte mens. **~-dealing** *n.* bedrieëry, bedrog, oneerlikheid; huigelary, valsheid, veinsery. **~-dealing** *adj.* bedrieglik, oneerlik; vals, geveins, onopreg, huigelagtig. **~-decker (bus),** **~-deck (bus)** verdiepingbus, dubbeldekker(bus), dubbeldekbus. **~-decker (sandwich),** **~-deck sandwich** *(infml.)* dubbeldek-, tweedektoebroodjie, tweedekker. **~-declutch** *ww., (mot.)* dubbel ontkoppel. ~ **density** *(rek.)* dubbeldigtheid. **~-density disk** *(rek.)* dubbeldigte skyf. **~-digit** *adj. (attr.)* dubbelsyfer-, tweesyfer-; *~ inflation* dubbelsyferinflasie. ~ **digits** *n. (mv.)* = DOUBLE FIGURES. **~-distilled** dubbel gedistilleer(d) *(water ens.)*. ~ **door** dubbele deur. ~ **door bolt** dubbelslaggrendel. ~ **Dutch** →DUTCH *n.*. **~-dyed** *(tekst.)* twee maal gekleur; *a ~ liberal* 'n liberaal in murg/merg en been, deur en deur 'n liberaal; *a ~ villain* 'n deurtrapte skurk, 'n regte (ou) jakkals, 'n groot skelm. ~ **eagle** *(her.)* tweekoparend; *(Am.)* twintigdollar-goudstuk; *(gholf: drie houe minder as syfer)* albatros. **~-edged** *(lett. & fig.)* tweesnydend, wat na twee kante (toe) sny; *~ sword* tweesnydende swaard. **~-engined** tweemotorig. ~ **entendre** *(Fr.)* dubbelsinnigheid. ~ **entry** *(boekh.)* dubbelboeking, -inskrywing; *accounting/bookkeeping by ~ ~* dubbele boekhouding. **~-entry** *adj. (attr.): ~ accounting/bookkeeping* dubbele boekhouding. ~ **exposure** *(fot.)* dubbelbeligting. **~-faced** dubbelkantig *(kleefstrook ens.)*; vals, geveins, onopreg, huigelagtig *(iem.)*; *~ clock/watch* klok/horlosie/oorlosie met twee wys(t)erplate; *~ fabric* alkantstof. ~ **fault** *(tennis)* dubbelfout. ~ **feature** dubbele program/vertoning. ~ **figures** *(mv.)* dubbele syfers; 'n bedrag/getal van twee syfers; *the inflation rate is into* (or *inflation has reached*) *~ ~* die inflasiekoers het dubbele syfers bereik (*of* is bo 10%). ~ **flat** *(mus.)* dubbelmol. ~ **floor** dubbele vloer. **~-fronted house** dubbelgewel-, tweegewelhuis. **~-furrow plough** tweevoorploeg. ~ **game:** *play a ~ ~* 'n dubbele rol speel. **~-glaze** *ww.* dubbele glas/ruite insit; *be ~d, (deure, vensters)* dubbele glas/ruite hê; *(hut, voertuig, ens.)* vensters met dubbelglas (*of* dubbele glas/ruite) hê, oor dubbele vensterglas (*of* vensters met dubbele glas/ruite) beskik. ~ **glazing** dubbelglas; dubbele beglasing; die insit van dubbele glas/ruite. **~-handed** met twee handvatsels; tweehandig; *~ saw* treksaag. **~-headed** tweekoppig *(monster ens.)*; *~ drum* tweesydige trom; *~ piston* tweekopsuier; *~ train* dubbelvoorspan(trein). **~-header** →DOUBLE BILL. **~-hearted** dubbelhartig, vals. ~ **helix** *(biochem.)* dubbele spiraal/heliks. ~ **iron** vouyster. ~ **jeopardy** *(Am., jur.)* dubbele blootstelling. **~-jointed** slaplittig. **~-jointedness** gewrigslapte, slaplittigheid. ~ **knitting** *n.* dubbelbreiwerk; dubbel(draad)breigaring, -gare. **~-knitting** *adj.: ~ wool* dubbeldraadwol; *~ yarn* dubbel(draad)breigaring, -gare. ~ **knot** dubbele knoop. ~ **knot stitch** dubbelknoopsteek. **~-leaded** *(druk.)* met reëlspasiëring. ~ **life** dubbele lewe/bestaan; *lead a ~ ~* 'n dubbele lewe lei (*of* bestaan voer). ~ **line** dubbelstreep. ~ **line spacing** *(tip.)* dubbele reëlspasiëring. ~ **lock** dubbele slot, nagslot. **~-lock** *ww.* twee keer/maal sluit. ~ **(march)** looppas. ~ **meaning** *n.* dubbelsinnigheid. **~-meaning** *adj.* dubbelsinnig. **~-minded** *(w.g.)* besluiteloos, wankelmoedig, onseker. ~ **negative** *(gram.)* dubbelnegatief, dubbele ontkenning. ~ **obelisk** →DOUBLE DAGGER. ~ **paddle** dubbelroeispaan. **~-park** *ww.* dubbel parkeer. **~-parking** dubbelparkering. ~ **play** *(bofbal)* tweekuns. ~ **pneumonia** dubbel(e)longontsteking. ~ **precision** *n., (rek.)* dubbele noukeurigheid. **~-precision** *adj. (attr.), (rek.)* dubbelnoukeurige. **~-quick** *adj.* blitsvinnig, blitsig; *in ~ time* in 'n japtrap/kits, gou-gou, baie gou, blitsvinnig, blitsig, soos die wind; *(mil.)* in vinnige marstempo, in die looppas. **~-quick** *adv.* nou, dadelik, onmiddellik, op die daad, gou(-gou). **~-refracting** *(opt.)* dubbelbrekend. ~ **refraction** *(opt.)* dubbelbreking. ~ **rhyme** dubbelrym. ~ **room** dubbelkamer. ~ **salt** *(chem.)* dubbelsout. ~ **saucepan** →DOUBLE BOILER. ~ **sharp** *(mus.)* dubbelkruis. **~-sided** dubbelsydig, dubbelkant-; *~ (adhesive) tape* dubbelkantkleefband; *~ disk, (rek.)* dubbelkantskyf. **~-space** *ww.* in/met dubbele spasiëring tik. ~ **spacing** dubbele spasiëring. **~speak,** ~ **talk** dubbelsinnigheid, -hede; dubbelsinnige opmerking(s)/taal(gebruik) *(v. politici ens.)*. ~ **spread** *(druk.)* dubbelblad. ~ **standard** dubbele standaard; *(muntwese)* dubbele standaard, bimetallisme; *apply ~ ~s* met twee mate meet, dubbele standaarde toepas. ~ **star** dubbel-, tweelingster. ~ **stop** *n., (mus.)* dubbelgreep. **~-stop** *ww., (mus.)* met 'n dubbelgreep speel. **~-storey(ed),** *(Am.)* **~-storied** *adj. (attr.)* (dubbel/twee)verdieping-; *~ house* (dubbel/twee)verdiepinghuis. ~ **strike** *n., (rek.)* dubbeldruk. ~ **take** *n.* vertraagde reaksie; *do a ~ ~* weer ('n keer/slag) kyk; 'n vertraagde reaksie hê; vir 'n oomblik verstom wees, dit dring nie dadelik tot jou deur nie; met 'n skok besef; verbaas reageer/opkyk, regop sit. ~ **talk** →DOUBLESPEAK. **~think** *([doelbewuste/onbewuste/perverse] aanvaarding v. teenstrydige beginsels)* dubbeldink, dubbeldenke. ~ **ticket** dubbelkaartjie. ~ **time,** *(ekon.)* dubbele betaling; *(mil.)* looppas, vinnige marstempo; *(mus.)* 'n tempo twee keer so vinnig as tevore; *beat ~ ~, (hart)* twee keer vinniger klop; *do s.t. in ~ ~* iets twee keer so vinnig doen; *get (paid) ~ ~* dubbele betaling kry/ontvang *(vir werk op Sondae ens.)*. **~-tongue** *ww., (mus.)* met dubbeltongslag speel. **~-tongued** dubbeltongig, huigelagtig, onopreg, vals. ~ **tonguing** *(mus.)* dubbeltongslag. ~ **tote** koppeltoto. ~ **track** *(spw.)* dubbelspoor. ~ **treble** *(hekel)* dubbelslagsteek. ~ **u** *(letter)* w. ~ **vision** dubbelvisie, -sig, -siendheid. ~ **V weld** X-sweislas. ~ **wedding** dubbele huwelik/troue. ~ **whammy** →WHAMMY. **~-yolked egg** dubbeldoor.

dou·ble·ness dubbelheid; dubbelhartigheid.

dou·bler verdubbelaar; *(tekst.)* twynmasjien.

dou·blet paar; een van 'n paar; *(ling.)* doeblet, (etimologiese) dubbelvorm; *(chem., fis.)* doeblet; *(hist.: soort mansbaadjie)* wambuis; *~ and hose* wambuis en pof-/kuitbroek.

dou·bling verdubbeling; *(tekst.)* twyning. ~ **machine** twynmasjien.

dou·bloon *(hist.: Sp. goue muntstuk)* dubloen.

dou·bly dubbel.

doubt *n.* twyfel, onsekerheid; aarseling, huiwering, weifeling; ongeloof; *(i.d. mv. ook)* bedenkings; *~ **about** ...* twyfel oor ...; twyfel aan ...; *give s.o. the **benefit** of the ~* iem. die voordeel van die twyfel gee; *be **beset** by ~s* deur twyfel oorval word; ***beyond** (a) ~* ongetwyfeld, sonder (enige) twyfel, verseker, vir seker, beslis; klaarblyklik; onteenseglik, onweerlegbaar; *be **beyond** (all) ~* buite (alle) twyfel staan; *place/put s.t. **beyond** ~* iets buite twyfel stel; ***cast/throw** ~(s) on/upon s.t.* iets in twyfel trek, twyfel oor iets opper;

twyfel oor iets wek; ***have*** *~s (about ...)* (oor ...) twyfel; *I **have** my ~s* ek is nie so seker nie, ek weet nie so bra/mooi nie, ek het my bedenkings; *be **in** ~* twyfel, onseker wees, in twyfel/onsekerheid verkeer/wees; *s.t. is **in** ~* iets is onseker/twyfelagtig *(d. uitslag ens.)*; ***no*** *~* ongetwyfeld; heel/hoogs waarskynlik; seker (maar); *have **no** ~s* nie twyfel nie; *I have **no** ~ of it* dit staan by my buite twyfel; *I have **no** ~ (but) that ...* ek is (daarvan) oortuig dat ...; *leave s.o. in **no** ~* iem. nie in twyfel laat nie; *there is **no** ~ about it* daar is geen twyfel aan nie, dit ly geen twyfel nie, daaraan val nie te twyfel nie, dit staan vas, dis wis en seker, dis een ding wat nie twee is nie, dis (nou) nie almiskie/altemit(s) nie, dis (nou) maar klaar; *be **open** to ~* aan twyfel onderhewig wees; ***plant*** *~* twyfel wek; *so as to **preclude** all ~* om alle twyfel uit te skakel; *s.t. **raises** ~s about ...* iets opper/wek twyfel oor ...; *a **reasonable** ~* gegronde twyfel; ***remove*** *all ~ as to s.t.* iets buite alle twyfel stel *(iem. se lojaliteit ens.)*; *all ~s were **resolved*** alle twyfel het verdwyn (*of* is weggeneem); *there is **room** for ~* daar is nog twyfel; *there is no **room** for ~* daar is geen twyfel meer nie; *there is no **room** for ~ that ...* sonder (enige) twyfel is/sal ...; *have **serious** ~s about s.t.* sterk aan iets twyfel; *without the **shadow** of a ~, without a **shadow** of ~* sonder die minste twyfel; ***throw*** *~(s) on/upon s.t.* →***cast/throw****; there is no ~ **whatever*** daar is hoegenaamd geen twyfel nie; ***when*** *in ~ ...* wanneer jy twyfel, ...; in geval van twyfel, ...; ***without*** *~* ongetwyfeld, sonder twyfel. **doubt** *ww.* twyfel, onseker wees; aarsel, huiwer, weifel; ongelowig wees; betwyfel, twyfel aan, nie glo/vertrou nie; *I ~ **it*** ek twyfel, ek betwyfel dit; *~ **s.o.*** aan iem. twyfel; *I don't ~ **that** ...* ek betwyfel nie dat (*of* twyfel nie of) ... nie; *~ **whether** ...* twyfel of ... **doubt·er** twyfelaar. **doubt·ful** twyfelagtig, onseker; onuitgemaak; weifelend; *be ~ about/of s.t.* oor iets twyfel; oor iets onseker wees; *it is ~ that ...* dit is te betwyfel of ...; *it is ~ whether ...* dit is onseker of ... **doubt·ful·ly** skepties, vol twyfel. **doubt·ing Thom·as** ongelowige Thomas. **doubt·less(·ly)** seker, waarskynlik; ongetwyfeld.

douche *n., (<Fr.), (med.)* uitspoeling, douche; *(med.)* spoelstelsel, douche; spuit; stortbad. **douche** *ww.* uitspoel.

dough deeg; *(sl.: geld)* pitte, blare, blink; *knead ~* deeg knie; *the ~ rises* die deeg rys. *~* **arm** deegarm *(v. toestel)*. *~***boy** kluitjie, maagbom; *(Am., infml.)* voet-, infanteriesoldaat, kanonvoer. *~* **mixer** deegmenger, kniemasjien. *~***nut,** *(Am.)* **donut** *n., (kookk.)* oliebol; *(teg.)* ringbuis; vloedversterker *(v. reaktor)*. *~***nut,** *(Am.)* **donut** *ww., (infml., pol.)* 'n kringetjie om ... vorm, om ... saamkoek/saamdrom *(parlementêre spreker ens.)*. *~***nut-shaped** ring-, kransvormig. **dough·y** degerig, deegagtig, kluitjierig; neergeslaan; taai, klewerig; pofferig, opgeblase *(gesig ens.)*.

dough·ty *(arg., skerts.)* dapper, moedig, onverskrokke, manhaftig; gedug; verbete *(vegter ens.)*; kranig *(stryder ens.)*; doelgerig, vasberade. **dough·ti·ness** dapperheid, moedigheid, onverskrokkenheid, manhaftigheid; gedugtheid; verbetenheid; kranigheid; doelgerigtheid, vasberadenheid.

Doug·las fir →OREGON PINE.

doum palm, doom palm doempalm.

dour stroef, stug, stuurs, onbuigsaam; somber.

dou·rine *(<Fr., veearts.)* slap-, heupsiekte.

dou·rou·cou·li Suid-Amerikaanse nagaap.

douse, dowse water gooi oor; benat; deurdrenk *(met)*, deurweek, papnat/sopnat maak; begiet *(met petrol)*; doodmaak, blus, doof *(vuur)*; afskakel, afsit *(lig)*; doodmaak *(kers)*; *(sk.)* stryk, laat sak, neerlaat *(seile)*.

dove *(orn.)* duif; *(pol.)* duif, vredeliewende (mens), →HAWK; *(fig.)* sagmoedige/sagaardige mens; *~ of peace* vredesduif. *~***cot(e)** duiwehok; *flutter (or cause a flutter among) the ~s* 'n knuppel in die hoenderhok gooi, opspraak (ver)wek, konsternasie (*of* 'n beroering) veroorsaak. *~* **(grey)** duifgrys. *~* **prion** walvisvoël.

dove·kie, dove·key *(orn.)* klein alk.

dove·tail *n.* swaelstert. **dove·tail** *ww.* met 'n swaelstert voeg, swaelstert; *(fig.)* inlas, inpas; aanmekaarlas; *s.t. ~s with ...* iets pas by ... in. *~* **joint** *(houtwerk)* swaelstertvoeg. *~* **plane** swaelstertskaaf. *~* **saw** swaelstertsaag. *~* **tenon** swaelsterttap.

dow·a·ger adellike weduwee, douairière *(Fr.)*; *(infml.)* aansienlike/deftige/statige dame; *queen ~* koninginweduwee. *~* **empress** keiserin-weduwee. *~***'s hump** *(med.)* weduweeskof.

dowd, dow·dy slons(kous), slodderkous. **dow·di·ness** vaalheid, kleurloosheid; onelegantheid, onvleiendheid, smaakloosheid, stylloosheid; onversorgdheid, slons(er)igheid. **dow·dy** vaal, kleurloos; onelegant, onvleiend, smaakloos, stylloos; onversorg, slons(er)ig.

dow·el *n., (skrynwerk)* tap(pen), pen. **dow·el** *-ll-, ww.* vaspen; tap. *~***(led) joint** penvoeg. *~* **pin** tap(pen), pen. *~* **screw** tapskroef.

dow·el·ling tapwerk; tapverbinding.

dow·er *n., (jur., Eng.)* genotsreg van die weduwee; *(arg.)* bruidskat, →DOWRY; gawe, talent. **dow·er** *ww., (arg.)* 'n bruidskat gee aan. *~* **house** *(Br.)* weduweehuis. **dow·er·less** *(jur., Eng.)* sonder genotsreg; *(arg.)* sonder bruidskat.

Dow Jones *n.: ~ ~* **index,** *~ ~* **average** *(Am. effektebeurs)* Dow Jones-indeks, Dow Jones-gemiddeld(e).

down[1] *n.* die afgaan; slegte/swak tyd *(i.d. ekonomie ens.)*; teenslag; *(infml.)* mismoed, swaarmoedigheid, depressie; *(infml.)* depressant, depressiewe middel, onderdrukmiddel; barbituraat; *have a ~ on s.o., (infml.)* 'n hekel aan iem. hê; 'n aksie teen iem. hê; 'n wrok teen iem. koester; *ups and ~s* →UP *n.*. **down** *adj. & adv.* afgaande; af, neer, ondertoe, na onder, afwaarts; afdraand; neerslagtig, bedruk, terneergedruk; omver, omvêr; *(rekenaar ens.)* af, buite werking; ***bend*** *~* →BEND *ww.*; ***bring/take*** *s.o. ~ a peg or two* →PEG *n.*; ***calm*** *~* →CALM *ww.*; ***come*** *~* →COME; ***count*** *s.t. ~* →COUNT[1] *ww.*; ***deep*** *~* (onder) in die diepte; in sy/haar diepste wese; ***down!****, (aan hond)* lê!; sit!; af!; *(aan mens)* lê plat!; val plat!; *be ~ in the **dumps/mouth*** bekaf/bedruk/neerslagtig wees, lyk of die honde jou kos afgevat het, jou ore/lip(pe) (laat) hang; ***fall*** *~* →FALL *ww.*; ***fall*** *face ~* →FACE *n.*; *the **figures** are ~ on last year* die syfers is laer as verlede jaar; *be ~ **for** s.t.* vir iets op die lys staan *('n bydrae, taak, ens.)*; ***further/lower*** *~* laer af; ***go*** *~* →GO *ww.*; *it suits s.o. ~ to the **ground*** →GROUND *n.*; *be ~ on one's **luck*** →LUCK; *be ~ **on** s.o., (infml.)* op iem. afklim/pik, iem. sleg behandel; *be **one/etc.** ~* een/ens. agter wees; *be ~ **and out*** uitgesak/gesonke wees; ***pay*** *~* →PAY *ww.*; *be ... **points** ~, (sport)* ... punte agter wees; *(beursindeks ens.)* ... punte laer wees; *be twenty/etc. **rands** ~* twintig/ens. rand kort wees; ***run*** *~* →RUN *ww.*; *~ **south*** in die suide; *settle ~ by the **stern*** →STERN *n.*; *~ **to** ...* tot ... (toe); ***up*** *and ~* op en af/neer; *s.t. is **well** ~* iets is heelwat minder (*of* het heelwat gedaal) *(d. wins ens.)*; *be ~ **with** s.t.* aan iets lê *('n siekte)*; *~ **with** ...!* weg met ...!. **down** *prep.* af; van ... af; langs/met ... af; onderin; *~ (the) **field*** veldaf; *go ~ a **mine*** in 'n myn afgaan; *~ (the) **river*** rivieraf, stroomaf, stroomafwaarts; laer af aan/langs die rivier; *sell s.o. ~ the **river*** →RIVER; *~ the **street*** →STREET. **down** *ww.* platslaan, neerslaan; neervel; neergooi; neertrek, plattrek; *(gholf)* inrol *(sethou)*; neerskiet *(vliegtuig)*; afgooi *(ruiter)*; neerlê; sink; *(son)* sak, ondergaan; *(infml.)* wegslaan, afsluk, in jou keel afgooi *(drie biere ens.)*; *~ tools* ophou (*of* uitskei met) werk; staak. *~***-and-out,** *(w.g.)* *~***-and-outer** *n.* mislukk(el)ing, sukkelaar, ellendeling, versonkene; hawelose, boemelaar, werklose. *~***-and-out** *(attr.)*, *~* **and out** *(pred.)*, *adj.* haweloos, armoedig, werkloos; slons(er)ig, onversorg; *(sport)* aan die verloorkant; katswink *(bokser)*. *~***-at-heel** *(attr.)*, *~* **at heel** *(pred.)*, *(Br.)* afgetrap *(skoen ens.)*; slordig, verslete, armsalig, toiingrig. *~***beat** *n., (mus.)* afslag. *~***beat** *adj., (infml.)* bedruk, neerslagtig, swartgallig, pessimisties, donker, somber; ontspanne. *~***-bow** *n., (mus.)* afstryk. *~***cast** terneergedruk, bedruk, neerslagtig, bekaf, mismoedig; *with ~ eyes* met neergeslane oë. *~***cast shaft** *(mynb.)* aftrekskag. *~***comer** daal-, valpyp *(v. hoogoond, rioolstelsel, ens.)*; geutpyp, reënwaterpyp, (water)afvoerpyp. *~* **current** *(met.)* daalstroom. *~***draught,** *(Am.)* *~***draft** afwaartse trek *(v. lug ens.)*. *~***fall** val, ondergang; stortbui, harde/swaar (reën)bui; *be s.o.'s ~* iem. se ondergang veroorsaak. *~***grade** *ww.* degradeer, (in rang) verlaag, demoveer; afgradeer, laer gradeer; (ver)kleineer. *~***grade** *n., (Am.)* afdraand(e), (afwaartse) helling; *s.o. is on the ~, (fig.)* iem. is op die afdraand(e), dit gaan afdraand met iem.. *~***hearted** mismoedig, moedeloos, ontmoedig, neerslagtig, mistroostig, bedruk, terneergedruk. *~***hill** *adj.* afdraand, afhellend, afwaarts; *~ road, (lett. & fig.)* afdraande pad. *~***hill** *adv.* afdraand, bergaf, bultaf, heuwelaf, ondertoe, na onder, afwaarts; *s.o. is going ~, (fig.)* iem. is op die afdraand(e), dit gaan afdraand met iem.; iem. versleg; iem. boer agteruit (*of* gaan die kreeftegang). *~***hill** *n.* afdraand(e), (afwaartse) helling. *~***load** *n., (rek.)* aflading. *~***load** *ww., (rek.)* aflaai. *~***market** *adj. & adv.* aan die onderkant van die mark; laerinkomste-; goedkoop; sonder aansien/status; *~ **area*** laerinkomstegebied; ***go*** *~* jou op die massamark toespits; *~ **house*** huis vir die laerinkomstegroep; *~ **product*** produk vir die massamark. *~***market** *ww.* jou op die massamark toespits. *~* **payment** deposito, aanvanklike/eerste betaling; kontantbetaling, -storting. *~***pipe** afvoer-, geutpyp. *~***play** *ww.* onderspeel, as onbelangrik afmaak, relativeer. *~***pour** stortbui, reënvlaag, stortreën, wolkbreuk. *~***right** *adj.* heeltemal, totaal, volkome, absoluut; volslae, opperste; *(arg.)* regaf; *a ~ **lie*** 'n flagrante/infame leuen; *~ **nonsense*** pure bog/onsin; *a ~ **shame*** 'n skreiende skande. *~***right** *adv.* eerlik(waar), werklik(waar), regtig(waar); gewoonweg, platweg; *~ honest* doodeerlik; *~ ugly* bepaald (*of* in een woord) lelik. *~***rightness** rondborstigheid. *~***river** *adj. & adv.* stroom-, rivieraf; *be ~ from ...* onder(kant) ... langs die rivier lê. *~***scale** *ww.* afskaal *(salarisse, projek, ens.)*. *~***shift** *n., (mot.)* afratting, laer skakeling; *(ekon.)* afswaai; afskaling, (die) vereenvoudiging van jou lewe/lewenstyl. *~***shift** *ww.* afrat, na 'n laer rat oorskakel; *(ekon.)* afswaai; *(iem.)* afskaal, briek aandraai, teen 'n stadiger pas draf, jou lewe/lewenstyl vereenvoudig. *~***shifter** afskaler, briekaandraaier. *~***side** skadu(wee)sy, skadu(wee)kant, nadelige aspekte/sy/kant; *(Am.)* onderkant; *(Am., fin.)* afwaartse neiging; *be on the ~* afwaarts neig. *~***size** *ww., (Am.)* afskaal, verklein. *~***sizing** *n., (Am.)* afskaling, verkleining. *~***slide** afglyding. *~***spout** *(Am.)* = DOWNPIPE. *~***stage** *n., (teat.)* voorverhoog, voorkant van die verhoog. *~***stage** *adj., (teat.)* voor (op die verhoog). *~***stage** *adv., (teat.)* vorentoe, na die voorkant (van die verhoog) toe. *~***stairs** *n.* grondverdieping, onderste verdieping. *~***stairs** *adj.* onderste, grond-; *~ room* kamer op die grond(verdieping). *~***stairs** *adv.* onder, benede; die trap af, ondertoe, na onder; op die grondverdieping (*of* onderste verdieping); *go ~* ondertoe gaan, (met) die trap afgaan; *throw s.o. ~* iem. die trap afgooi. *~***stream** *adj. & adv.* stroomaf, rivieraf, stroomafwaarts; laer af aan/langs die rivier; *~ products* verder verwerkte produkte. *~***stroke** neerhaal. *~***swing** *(ekon.)* afswaai(fase), daling, daalfase, afwaartse/dalende fase, neergang, inkrimpingsfase; *(gholf)* afswaai. *~***-the-line** *adj.* deur en deur; *a ~ union man* deur en deur 'n vakbondman, 'n vakbondman in murg/merg en been. *~***time** (stil)staantyd, manktyd *(v. masjien, rekenaar, ens.)*; ongebruikte/verlore/dooie tyd; *(fig., Am.)* ontspan-, uitspantyd. *~***-to-earth** nugter, prakties, realisties, met albei voete (plat) op die aarde; eenvoudig, aards, natuurlik, sonder pretensies, pretensieloos. *~* **tools** *n.* werkstaking, staking van werk. *~***town** *n., (Am.)* midde-, binnestad, stadskern. *~***town** *adj. & adv., (Am.)* stad toe; van/na die binne-/middestad; in die middestad; *go ~* (midde)stad toe gaan. *~* **train** afgaande trein. *~***trodden** *(fig.)* verdruk, onderdruk, vertrap, verkneg, gekneg; *(lett.)* platgetrap, vertrap. *~***turn** *(ekon.)* afswaai(fase), daling, insinking, daalfase, afwaartse/dalende fase, neergang, inkrimpingsfase. ~ **under** *n., (ook D~ U~), (infml.: Australië; Nieu-Seeland)* Doer Onder. ~ **under** *adv., (infml.: in/na Australië/Nieu-Seeland)* Doer Onder. ~**ward** →DOWNWARD. ~**wash** neerstroming. ~**wind** *adj. & adv.* windaf, met die wind van agter (*of* in die/jou rug), saam met die wind; onder(kant) die wind.

down² *n.* dons(ies), donshaartjies, veertjies; melkbaard. ~**proof** donsdig. ~ **quilt** donskombers, verekombers.

down³ *n., (arg.)* heuwel, bult, rug; (sand)duin; ~ **land(s)** *(Br.)* →DOWNS. **D~ wool** downwol.

down·er *(infml.)* depressant, depressiewe middel, onderdrukmiddel; barbituraat; demper; terneerdrukkende ervaring; *be on a ~, (infml.)* in die put sit, swaarmoedig/neerslagtig/terneergedruk wees; *(sportspan)* 'n reeks nederlae ly.

Down·ing Street *(Br.)* Downingstraat; *(infml.)* die (Britse) premier (*of* eerste minister); *(infml.)* die (Britse) regering.

downs *(Br., ook* downland[s]*)* rûens(veld); *(Austr.)* grasveld; *the battle of the Downs, (1639)* die (see)slag by Duins; *the North/South Downs* die noordelike/suidelike heuwelrug in Suid-Engeland.

Down's syn·drome *(med.)* Downsindroom, trisomie 21.

down·ward *adj.* afwaarts, hellend; *~ mobility, (sosiol.)* afwaartse mobiliteit. **down·ward, down·wards** *adv.* ondertoe, na onder, afwaarts; *from ... ~* van ... af, vanaf ...

down·y¹ heuwelagtig; duinagtig.

down·y² dons(er)ig; *(infml.)* skerp, slim, uitgeslape; *~ **beard*** melkbaard(jies); *~ **hair*** donshare; *~ **mildew*** donsskimmel, dons(er)ige skimmel; *~ **wool*** donswol; donshaar.

dow·ry bruidskat; gawe, talent.

dowse¹ →DOUSE.

dowse² aanwys *(water, metale)*. **dows·er** aanwyser, wiggelaar; waterwyser. **dows·ing** wiggelary; wateraanwysing. **dows·ing** *bep.: ~ rod* →DIVINING ROD.

dox·ol·o·gy *(relig.)* lofsang, lofprysing, doksologie.

dox·y¹ *(arg., skerts.)* geloof, (godsdienstige) opinie, leer.

dox·y² *(arg. sl.)* minnares; prostituut.

doy·en oudste, nestor, doyen; deken *(v. diplomate)*. **doy·enne** *(vr.)* doyenne.

doy·l(e)y →DOILY.

doze *n.* dutjie, sluimering. **doze** *ww.* dut, sluimer, dommel; *~ away* omdut; *~ off* indut, insluimer, indommel, aan die slaap raak. **doz·y** slaperig, loom, vakerig; *(Br., infml.)* dommerig.

doz·en dosyn; twaalftal; ***a*** *~ people/etc., (ook)* 'n stuk of twaalf mense/ens.; ***by** the ~* by die dosyn; *(fig., infml.: in groot getalle)* by (die) dosyne; *do one's **daily** ~, (infml.)* jou oggendoefeninge (*of* gereelde oefeninge) doen; *a **devil's/long** ~* dertien; ***half** a ~* 'n halfdosyn; 'n stuk of ses; *a ~ **of** champagne/etc.* twaalf bottels sjampanje/ens.; *~s **of** people/etc.* tientalle mense/ens.; *~s and ~s **of** books/etc.* hope (*of* 'n hele klomp/swetterjoel) boeke/ens.; *a **round** ~* 'n volle dosyn; ***two** ~ eggs* twee dosyn eiers.

drab¹ *adj.* vaal(bruin); grou; kleurloos, saai, vaal, eentonig, vervelig, doods. **drab** *n.* vaal(bruin); grou; *(i.d. mv.)* vaal vere *(v. volstruis)*. **drab·ness** vaalheid, vaalte; grouheid; kleurloosheid, saaiheid, vaalheid, eentonigheid, verveligheid, doodsheid.

drab² *n., (arg.)* slons(kous), slodderkous; slet, hoer, snol. **drab** *-bb-, ww., (arg.)* hoer(eer).

drab³ *n., (arg.): in dribs and ~s* →DRIB.

drab·ble besmeer, bespat.

drachm *(hist.: gewig)* dragme.

drach·ma *-mas, -mae, (geldeenheid)* dragme; *ten/etc. ~s* tien/ens. dragme; *many/several ~s* baie/etlike dragmes.

Dra·co·ni·an, Dra·con·ic *(soms d~)* drakonies.

draff *(poët., liter.)* draf *(in brouery)*; oorskiet, afval; moer.

draft *n.* skets, (ruwe) ontwerp, ruwe tekening, ontwerptekening, werk(s)tekening; konsep; *(rek.)* konsepmodus *(v. drukker)*; (bank)wissel; *(Am.)* oproep *(vir krygsdiens)*; *(mil.)* afdeling, detasjement; *(han.)* korting gegrond op gewig; *(Am.)* benoeming, kandidaatstelling; →DRAUGHT; *a **documentary** ~, (fin.)* 'n dokumentêre wissel; ***in** ~* in klad; ***make** a ~ of s.t.* iets in klad skryf/skrywe; *a **rough** ~* 'n ruwe ontwerp, 'n klad/skets. **draft** *ww.* skets, ontwerp; formuleer, (in konsepvorm) opstel; voorberei; konsipieer; *(Am.)* oproep *(vir militêre diens)*; *(mil.)* indeel, detasjeer, afsonder, afdeel; (uit)kies, selekteer; uitkeer *(skape)*; *(Am.)* kandidaat stel, (as kandidaat) benoem. ~ **act**, ~ **bill**, ~ **law** ontwerp-, konsepwet, wetskonsep, wetsvoorstel. ~ **letter** konsepbrief. ~ **ordinance** konsepordonnansie. ~ **resolution** beskrywingspunt. ~ **sheep** uitkeerskaap.

draft·ee *(Am.)* dienspligtige.

draft·er ontwerper; opsteller.

draft·ing: *~ pen* uitkeerkraal; *~ race* uitkeergang.

drafts·man *(jur.)* opsteller, ontwerper; *(Am.)* →DRAUGHTSMAN; *legal ~* wetsopsteller; **drafts·man·ship** opstelling; →DRAUGHTSMANSHIP.

drag *n.* die sleep/trek; lugweerstand; sleepweerstand; *(fig.)* blok aan die been, remskoen, hindernis, belemmering, beletsel; vertraging; *(teg., arg.)* remskoen; *(infml.)* vroueklere, -drag; *(infml.)* straat, pad; *(Br., infml., vero.)* motor, (motor)kar; *(hist.)* vierperdekoets; dreg, baggernet; →DRAG(NET); *(sk.)* dreg, gryphaak; *(sk.)* dryfanker; swaar slee; *(Am., infml.)* invloed; *(vos[se]jag)* sleepsel; ruikspoor *(v. jakkals)*; *(mus.)* trek; *(geol.)* sleur; *be a ~, (infml.)* 'n (groot) pyn wees, jou 'n pyn op die naarheid gee; (maar/bra) vervelig wees, 'n vervelige besigheid wees; *take a ~ on a cigarette/etc.* aan 'n sigaret/ens. trek/suig, 'n teug aan 'n sigaret/ens. trek; *a man in ~* 'n man in vroueklere/-drag. **drag** *-gg-, ww.* sleep, trek, sleur; dreg; eg; rem; sloer; vertraag; *(bouk.)* kam; *~ o.s. **along*** jou voortsleep; *~ an **anchor*** 'n anker sleep; *~ **at** s.t.* aan iets trek *(iem. se arm ens.)*; *→**on/at**; ~ s.o./s.t. **away*** iem./iets wegsleep; *~ **behind*** agterbly, -raak, uitsak; *~ s.o./s.t. **behind** one* iem./iets agter jou aan sleep; *the **brake** ~s* die rem sleep; *~ **by** →**on/by**; ~ s.t. **down*** iets afsleep; iets neertrek; *~ one's **feet**, (lett.)* sleepvoet loop; *~ one's **feet/heels**, (fig.)* (jou) voete sleep, traag (wees om te) reageer; *~ **for** ...* dreg na ...; *~ s.o./s.t. **in*** iem./iets insleep; iem./iets bysleep/byhaal; *~ s.o./s.t. **into** ...* iem./iets in ... sleep; *~ s.o. **off** to ...* iem. na ... saamsleep; *~ **on/at** a cigarette/etc.* aan 'n sigaret/ens. trek/suig, 'n teug aan 'n sigaret/ens. trek; *~ **on/by**, (onderhandelings ens.)* sloer, voortsleep; *(dae, ure, minute, tyd, ens.)* verbysleep, stadig omgaan/verbygaan; *~ s.t. **out*** iets uitsleep/uittrek; iets (uit)rek *('n debat ens.)*; *~ s.t. **out of** s.o.* iets uit iem. pers/torring/trek; *~ s.t. **up**, (infml.)* iets ophaal. ~ **anchor** sleep-, seeanker. ~ **artist** *(ml. verhoogkunstenaar wat in vroueklere optree)* fopdosser. ~ **car** →DRAGSTER. ~ **chain** remketting; *(mot.)* sleepketting. ~ **clause** sleepklousule. ~ **club** fopdosklub. ~ **coefficient** weerstandskoëffisiënt. ~ **fault** sleepfout. ~ **fold** *(geol.)* sleurplooi. ~ **(harrow)** *(landb.)* sleepeg. ~ **hook** gryp-, dreghaak. ~ **(hunt)** sleepjag. ~**line, guide rope** trektou *(v. 'n [lug]ballon)*. ~**line (crane/excavator)** sleepskrop. ~ **link** *(mot.)* koppelstang; stuurstang. ~**(net)** dreg-, sleep-, treknet. ~ **queen** fopdosser. ~ **(race)** versnel(wed)ren. ~ **racer** versneljaer; versnelmotor. ~ **racing** versnel(wed)renne. ~**rope** *(mil.)* sleeptou; trektou *(v. [lug]ballon)*. ~ **show** fopdosvertoning.

drag·gle nat/vuil maak/word, deur die modder sleep; *(arg.)* aansukkel, agterna sukkel. ~**tail** slodderkous.

dra·go·man *-mans, -men* tolk, gids, dragoman.

drag·on draak; *chase the ~, (sl.)* opium/heroïen rook. ~ **arum**, ~ **plant** *Dracunculus vulgaris*. ~**fly** naaldekoker. ~**'s blood** *(bot.)* rooi gom, drakebloed; →DRAGON TREE. ~**'s teeth** *(infml., mil., hist.)* draketande; *sow/plant ~ ~, (fig.: onmin veroorsaak)* draketande saai. ~ **tree** *(Dracaena draco)* drakebloedboom.

drag·on·et *(igt.)* drakie.

drag·on·nade *(hist.)* dragonnade.

dra·goon *n., (mil.)* dragonder. **dra·goon** *ww.* (laat) mishandel, vervolg, verdruk, vertrap; *~ s.o. into doing s.t.* iem. (hardhandig) dwing om iets te doen.

drag·ster versnelmotor.

drain *n., (ondergronds)* drein, riool; *(vir oppervlakwater)* dreineervoor, -sloot, afvoersloot; sugvoor, -sloot; afvoerpyp; geut; onttrekking; afvloei(ing); *(med.)* dreinerings-, dreineerbuis; *(elektron.)* afvoerder, dreineerder; *(fig.)* druk, las, belasting; *be **down** the ~, (infml.)* oor die muur (*of* in sy kanon/maai/peetjie [in]) wees; *go **down** the ~, (land ens.)* agteruitboer, (lelik) gly, te gronde gaan; *(gesinslewe ens.)* verbrokkel; *(omgewing ens.)* agteruitgaan, verval; *(harde werk ens.)* verlore (*of* tot niet) gaan; *pour/throw money **down** the ~* geld in die water gooi/smyt; ***French** ~* →FRENCH; ***land** ~* sugriool; sugvoor, -sloot; ***laugh** like a ~* →LAUGH; *be a (constant) ~ **on** ...* 'n groot gat in ... maak *(iem. se spaargeld ens.)*; baie/veel van ... verg *(iem. se kragte ens.)*. **drain** *ww.* afwater *(groente ens.)*; afgiet *(vet ens.)*; laat (af)vloei/uitloop; laat droogdrup *(skottelgoed)*; laat leegloop *(swembad ens.)*; aftap *(olie)*; afvoer *(stormwater ens.)*; drooglê *(grond)*; (af)vloei, uitloop; *(rivier)* dreineer *('n moeras ens.)*; *(med.)* dreineer *('n wond ens.)*; leegdrink, uitdrink *('n glas)*; uitput *(voorraad, reserwe, ens.)*; *~ **away*** wegvloei; *~ s.t. **away*** iets laat wegvloei; *the blood ~ed **from** s.o.'s face* iem. het verbleek; *all colour had ~ed **from** s.o.'s face* iem. was doodsbleek; *~ **into** ... in ...* uitloop/vloei; *~ed **of** (all) colour/emotion/energy* doodsbleek; energieloos, (heeltemal) sonder energie; sonder (enige) emosie, (heeltemal *of* geheel en al) emosieloos; *~ s.t. **off*** iets laat afvloei/uitloop; iets afgiet; *well ~ed **soil*** goed gedreineerde grond. ~**board** *(Am.)* →DRAINING BOARD. ~ **cock** aftapkraan. ~ **ditch** afvoersloot. ~ **hole** drein-, riool-, skuiwergat; *(mot.)* dreineergat. ~**pipe** rioolpyp; afvoer-, uitlooppyp; geutpyp; afwateringspyp; aftappyp. ~**pipe fiction** *(infml.)* vuilskrywery. ~**pipes**, ~**pipe trousers** *(infml.)* noupypbroek. ~ **plug** dreineerprop. ~ **valve** dreineerklep.

drain·age afwatering, drooglegging; afvoering; afvloei; dreinering; riolering; rioolstelsel. ~ **area**, ~ **basin** →CATCHMENT AREA. ~ **channel** dreineer-, afvoerkanaal. ~ **ditch** dreineer-, afvoersloot. ~ **tube** dreineringsbuis, -pyp(ie). ~ **well** dreineer-, dreineringsput, sinkput.

drain·er vergiettes; droograk, →DRAINING BOARD; droogglêer.

drain·ing afwatering; afgieting; aftapping; drooglegging; dreinering; uitputting; *~ off* afvloei(ing); afvoering. ~ **board, drainer** droogblad. ~ **pen** drupkraal, -hok *(vir gedipte vee)*.

drake¹ mannetjieseend, mannetjie-eend.

drake² *(hengelary)* (nagemaakte) eendagsvlieg.

Dra·kens·berg: ~ **(cheese)** drakensbergkaas. **Dra·kens·ber·ger** *(beesras)* drakensberger.

Dra·lon *(handelsnaam, tekst.)* Dralon.

dram *(eenheid v. gewig)* dragme; *(infml.)* sopie, sterkigheid(jie).

dra·ma (toneel)stuk, drama *(vir d. verhoog)*; hoorspel *(vir d. radio)*; toneelwerk, drama *(as genre)*; toneel-, dramakuns; tragedie, treurspel; *(infml.)* drama. ~ **critic** toneel-, teaterresensent, teater-, toneelkritikus. ~ **school** drama-, toneelskool. ~ **student** drama-, toneelstudent.

dra·ma·doc *(sl.)* →DOCUDRAMA.

dra·mat·ic dramaties, toneel-; *(fig.)* dramaties *(bergpieke, deurbraak, ontsnapping, redding, ens.)*; skielik *(toename)*; ingrypend *(toename, verandering, ens.)*; teatraal *(gebaar ens.)*; *(mus.)* dramaties *(bariton, koloratuur[sopraan], kontralto, sopraan, tenoor)*; *~ **art*** (die) toneelkuns; *~ **critic*** toneelkritikus; *~ **criticism*** toneelkritiek; *~ **irony*** tragiese ironie; *~ **monologue*** dramatiese monoloog; *~ **performance*** (toneel)opvoering; *~ **poet*** toneeldigter; *~ **society*** toneelvereniging. **dra·mat·i·cal·ly** op dramatiese wyse, opvallend, in opvallende mate, onverwags, treffend. **dra·mat·ics** dramatiek, toneelkuns; toneelspel; toneelspelery.

dram·a·tise, -tize dramatiseer, vir die verhoog (*of* tot 'n drama) verwerk; benadruk, onderstreep; dramatiseer, aandik. **dram·a·ti·sa·tion, -za·tion** *(lett. & fig.)* dramatisering; toneelbewerking.

dra·ma·tis per·so·nae *(mv.), (Lat., fml.)* dramatis personae, personasies *(in 'n toneelstuk).*

dram·a·tist, dram·a·tur·gist dramaturg, toneelskrywer, -skryfster, dramaskrywer, -skryfster.

dram·a·turg(e) dramaturg, toneelskrywer, -skryfster, dramaskrywer, -skryfster; literêre adviseur.

dram·a·tur·gy dramaturgie.

drape *n.* drapeersel; gordyn; drapering, (manier van) val. **drape** *ww.* drapeer *(ook fig.)*; toedraai *(in 'n kombers ens.)*; *(kleedstof)* (in [sagte] voue) val; beklee, oortrek; versier; omhang; ~ *one's arm around s.o.'s shoulders* jou arm om iem. se skouers sit/slaan; ~ *o.s. in s.t.* iets omhang, jou in iets klee.

drap·er *(vero.)* handelaar in tekstiel-/kleed-/kledingstowwe, klerasiehandelaar; tekstielstofhandelaar. **~'s (shop), drapery store** klere-, klerasiewinkel; tekstielstofwinkel.

drap·er·y kleedstof-, kledingstof-, klerasiehandel; kleed-, kledingstowwe, klerasie; tekstielstowwe; behangsel; drapering, draperie. ~ **store** →DRAPER'S (SHOP).

dras·tic *adj.*, **dras·ti·cal·ly** *adv.* drasties, ingrypend, radikaal, deurtastend, verreikend; kras, straf; ~ *measure* strawwe maatreël.

drat *tw., (infml.)*: ~ *the child!* so 'n vervlakste kind!; ~ *(it)!* vervlaks!. **drat·ted** vervlakste.

draught trek, luggie, tog; teug, sluk; dosis; tapsel; (vis)vangs, vistrek; spanvermoë; diepgang *(v. skip)*; dambordskyf, -stuk; *(i.d. mv.)* dambord(spel); *beer on* ~ bier uit die vat, vat-, tapbier; *the chimney has a good* ~ die skoorsteen trek goed; *feel the* ~, *(lett.)* die trek voel; *(fig.)* in die knyp sit/wees. ~ **animal** trekdier. ~ **beer** tap-, vatbier. ~**board** dambord. ~ **excluder** trekstrook. ~ **horse** trekperd. ~ **ox** trekos. ~ **pin** trekpen. ~ **pole** disselboom. ~**proof** trekvry. ~ **rein** buiteleisel. ~ **screen** trek-, kamerskerm. ~ **window** trekvenster.

draughts·man, *(Am.)* **drafts·man** (tegniese) tekenaar; dambordskyf, -stuk. **draughts·man·ship,** *(Am.)* **drafts·man·ship** tekenkuns.

draught·y trekkerig; ~ *hole* toggat. **draught·i·ness** trekkerigheid.

Dra·vid·i·an *n.* Dravidies, die Dravidiese taal; *(lid v. volk)* Dravida. **Dra·vid·i·an** *adj.* Dravidies.

draw *n.* (die) trek/sleep; die span *(v. 'n boog)*; vangs; *(fin.)* (ont)trekking; trekpleister; aantrekkingskrag; aantreklikheid, attraksie; loting; trekking *(v. lote)*; lootjie; lotery; *(perdewedrenne)* plekloting; gelykopuitslag; *(kr.)* onbesliste uitslag; gelyk(op)spel, *(w.g., skaak)* remise; gelyk(op)wedstryd; *(kr.)* onbesliste (wed)stryd; *(gholf)* linksswaaier *(v. regshandige speler)*, regsswaaier *(v. linkshandige speler)*; *(Am.)* voor(tjie), vlak sloot; teug *(aan 'n sigaret ens.)*; *(infml.)* dagga; *(papiervervaardiging)* spanning; ***beat*** *s.o. to the* ~ vóór iem. skiet; *(fig.)* iem. voorspring; ***end*** *in a* ~, *('n wedstryd ens.)* gelykop eindig; *(kr.)* onbeslis eindig; *the **luck** of the* ~ →LUCK; *s.o. is **quick** on the* ~, *(infml.)* iem. kan vinnig skiet, iem. is 'n snelskut; *(fig.)* iem. reageer vinnig; ***take*** *a* ~ *on a cigarette/etc.* aan 'n sigaret/ens. trek/suig, 'n teug aan 'n sigaret/ens. trek. **draw** *drew drawn, ww.* trek, sleep; wegtrek; uittrek; uitpluk, uithaal *(pistool ens.)*; trek *(tande, 'n kaart uit 'n pakkie, ens.)*; span *('n boog)*; optrek *(visnet)*; tap *(bier)*; put *(water)*; skep *(water uit 'n put ens.)*, kry *(water uit 'n pomp ens.)*; lok *('n skare)*; ontlok, uitlok *(applous, toejuiging)*; put *(troos uit iets)*; trek *('n streep)*; teken, skets; opstel *(dokument)*; intrek *(rook)*; *(skoorsteen)* trek *(goed ens.)*; (ont)trek *(geld)*; trek *('n tjek)*; verdien, trek *(rente)*; trek, ontvang *('n dividend)*; kry, ontvang *('n loon, salaris)*; *(teg.)* trek *(draad ens.)*; ingewande uithaal; *(sport)* gelykop speel; *(gholf)*, *(regshandige)* (te veel) na links slaan, *(linkshandige)* (te veel) na regs slaan; *(skip)* 'n diepgang hê van; *(seil)* bol staan; wel *(botter)*; →DRAWING; DRAWN; ~ ***ahead*** voor kom; verbygaan; ~ ***ahead*** *of s.o.* 'n voorsprong op iem. behaal/kry; ***allow*** *to* ~ laat trek *(tee)*; ~ ***alongside*** ... langs ... kom loop/ry; langs ... stilhou; ~ ***apart*** *(from one another)* van mekaar wegstaan; (van mekaar) vervreem(d) raak; ~ ***applause*** *from the crowd* applous van/aan die skare ontlok; ~ *s.o.* ***aside*** iem. opsy trek; ~ ***attention*** *to s.t.* →ATTENTION; ~ ***away*** terugdeins, terugtree; ~ ***away*** *from s.o.* 'n voorsprong op iem. behaal/kry; ~ ***back*** *from s.t.* vir iets terugdeins; ~ *a **bath*** →BATH[1] *n.*; ~ *a **blank*** →BLANK *n.*; ~ ***blood*** bloed laat loop; ~ *a **bow*** →BOW[2] *n.*; ~ *a deep **breath*** diep inasem, jou asem diep intrek; ~ *to a **close*** →CLOSE[2] *n.*; ~ ***closer*** nader kom; ~ *a **comparison*** 'n vergelyking maak/tref/trek; ~ *a **conclusion*** 'n afleiding/gevolgtrekking maak; ~ *s.o. into **conversation*** iem. aan die gesels/praat kry; ~ *s.o. into a **conversation*** iem. by/in 'n gesprek betrek; ~ *a **curtain*** 'n gordyn ooptrek/toetrek; ~ *s.t. **down*** iets aftrek; ~ *to an **end*** →END *n.*; ~ ***for*** *s.t.* vir iets lootjies trek; ~ *s.t. **forth*** iets uitlok; ~ *a **game*** gelykop speel; ~ ***in***, *(dae ens.)* korter word; *(trein)* aankom; ~ *s.t. **in*** iets intrek; ~ *s.o. **in*** iem. betrek; ~ ***inspiration*** *from* ... →INSPIRATION; ~ *s.o. **into** s.t.* iem. in iets betrek; ***let*** *s.t.* ~ iets laat trek *(tee ens.)*; ~ ***level*** kop aan kop kom; ~ *a/the **line*** →LINE *n.*; ~ ***lots*** lootjies trek, loot; ~ ***it mild!*** →MILD; ~ *from **nature*** na die natuur teken; ~ ***near*** nader kom, nader; ~ ***off*** verder/vêrder gaan, terugval; ~ *s.o. **off*** iem. weglei, iem. op 'n dwaalspoor lei; iem. wegneem; ~ *s.t. **off*** iets uittrek *(kouse ens.)*; iets aftap; ~ ***on*** nader (kom); ~ ***on*** *s.o.* iem. aanmoedig; van iem. gebruik maak; 'n vuurwapen op iem. rig; ~ ***on*** *s.o. (financially)* op iem. (se rekening) trek; ~ *a gun/knife/etc. **on** s.o.* 'n rewolwer/mes/ens. teen iem. uitpluk/uithaal; ~ ***on*** *s.t.* iets aantrek *(kouse ens.)*; iets aanspreek *(kapitaal ens.)*; *refuse to be* ~*n **on** s.t.* weier om op iets te reageer; ~ ***on/upon*** ... van ... gebruik maak *(iem. se kennis ens.)*; uit ... put *(bronne, ervaring, ens.)*; aan ... ontleen *(volksmusiek ens.)*; ~ ***out***, *(dae ens.)* langer word; *(trein)* vertrek; ~ *s.o. **out*** iem. laat praat/ontdooi; ~ *s.o. **out** about s.t.*, *(ook)* iem. aan die praat kry oor iets, iem. uitlok om oor iets te praat; ~ *s.t. **out*** iets (uit)rek; iets (ont)trek *(geld)*; ~ *s.t. **out** of* ... iets uit ... haal; ~ *s.t. **out** of s.o.* iets uit iem. kry; ~ ***over*** *(to the side of the road)* aan die kant van die pad ry; ~ *a **parallel** between* ... →PARALLEL; ~ *a **prize*** 'n prys trek; ~ *and **quarter** s.o.*, *(hist.)* iem. vierendeel, iem. (se lyk) in vier stukke kap (*of* met vier perde uitmekaar trek); ~ ***stumps,*** →STUMP *n.*; ~ *the **sword*** →SWORD; ~ *s.t. **tight*** iets vastrek, iets styf trek; ~ *s.t. **together*** iets saamtrek; ~ ***trumps*** →TRUMP[2] *n.*; ~ ***up*** stilhou *(met 'n voertuig)*; ~ *s.t. **up*** iets optrek; iets opstel *('n dokument, plan, ens.)*; ~ ***up*** *to s.o.* nader aan iem. kom; ~ ***up*** *with s.o.* iem. inhaal; ~ *o.s. **up*** jou oprig; ~ ***upon*** ... →***on/upon;*** *the ship* ~*s five/etc. metres (of **water**)* die skip het vyf/ens. meter diepgang; ~ ***with*** ... met ... gelykop speel. ~**back** beswaar, nadeel; gebrek, skadusy; vermindering; terugbetaling *(v. aksyns en invoerregte)*. ~**bar** koppel-, trekstang. ~ **bench** rekbank. ~ **bolt** trekbout. ~**bridge** ophaalbrug. ~**card,** *(Am.)* **drawing card** *(infml.)* trekpleister. ~ **file** trekvyl. ~ **frame** →DRAWING FRAME. ~**knife,** ~**shave** *(houtw.)* trekmes. ~**net** sleepnet. ~**shave** →DRAWKNIFE. ~ **sheet** (deur)treklaken. ~ **shutter** skuifluik. ~**string** (toe)trekkoord; (toe)trekveter. ~ **vice** spanskroef. ~ **well** waterput.

draw·ee betrokkene, betaler *(v. tjek, wissel)*; akseptant *(v. poswissel)*.

draw·er tekenaar; trekker *(v. tjek, wissel)*; laai; *(arg.)* (bier)tapper; ***chest*** *of* ~*s* laaikas; ***hewers*** *of wood and* ~*s of water* →HEWER; ***(pair*** *of)* ~*s, (vero. of skerts.)* (lang) onderbroek; broekie *(v. vrou)*; *the **top*** ~ die boonste laai; *out of the **top*** ~, *(fig., infml.)* van die boonste rak.

draw·ing tekening, skets; tekenwerk; *(as vak)* tekene; *(fin.)* trekking *(deur 'n vennoot ens.)*; uitloting *(v. effekte)*; *(teg.)* trekking *(v. erts, filamente, ens.)*; *(tekst.)* afdunning *(v. lonte)*; *(the **art** of)* ~ die tekenkuns; ***do/make*** *a* ~ 'n tekening maak; ***in*** (or ***out*** ***of***) ~ reg/verkeerd geteken; *take **lessons** in* ~ tekenlesse neem; *the* ~ *of **lots*** die trek van lootjies; ***mechanical*** ~ →MECHANICAL; ~ *and **quartering,** (hist.: martelmetode)* vierendeling. ~ **account** *(Am.)* trekkingsrekening *(v. 'n vennootskap ens.)*. ~ **action** trekwerking. ~ **board** tekenbord; *it is back to the* ~ ~, *(infml.)* daar moet oor (*of* van voor af) begin word; *s.t. is on the* ~ ~, *(infml.)* die planne vir iets word opgestel. ~ **card** *(Am.)* →DRAWCARD. ~ **chalk** tekenkryt. ~ **compass(es)** tekenpasser. ~ **frame, draw frame** *(tekst.)* afdunner, afdunmasjien. ~ **instruments** tekengereedskap, -instrumente. ~ **knife** →DRAWKNIFE. ~ **materials** tekenmateriaal, -gerei. ~ **office** tekenkantoor, -kamer, -afdeling. ~ **pen** tekenpen. ~ **pin** drukspyker(tjie), duimspyker, -drukker. ~ **power** aantrekkings-, trekkrag. ~ **requisites** tekenbenodigdhede. ~ **room** woon-, sitkamer, voorkamer, -huis, salon. ~**-room comedy** salonblyspel.

drawl *n.* dralende spraak (*of* manier van praat), dralerige stem(toon). **drawl** *ww.* dralend (*of* met 'n dralende/dralerige stem) praat, met 'n draalstem (*of* op dralerige wyse) sê.

drawn afgerem, afgemat, uitgemergel(d) *(iem.)*; gespanne, strak, stroef *(gesig)*; ~ ***butter*** gewelde botter; ~ ***glass*** getrokke glas; *a* ~ ***match*** 'n gelyk(op)wedstryd; *(kr.)* 'n onbesliste (wed)stryd; ~ ***metal*** getrokke metaal; *a* ~ ***sword*** 'n getrekte/ontblote swaard; ~ ***thread,*** *(brei)* getrekte draad; uitgetrekte draad; *feel* ~ ***to*** ... tot ... aangetrokke voel; ~ ***with*** *pain* vertrek van (die) pyn; ~ ***work,*** *(hoedemakery)* intrekwerk; *(borduur)* draadtrekwerk. ~**-fabric embroidery,** ~**-fabric work** saamtrekwerk. ~**-out** uitgerek. ~**-thread work** *(borduur)* draadtrekwerk.

dray[1] sleepwa; brouerswa. **dray·age** sleepgeld; sleeploon. ~**horse** trek-, werkperd. ~**man** -*men* sleper; brouerskoetsier.

dray[2] →DREY.

dread *n.* vrees, skrik, (doods)angs, afgryse; *(sl.)* Rasta(fariër); *(i.d. mv.)* →DREADLOCKS; *have a* ~ *of* ... dood(s)bang vir ... wees; *go/live in* ~ *of* ... 'n ewige vrees vir ... hê; *go/live in* ~ *of s.t. happening* 'n ewige vrees hê dat iets sal gebeur. **dread** *ww.* vrees; ys (vir); dood(s)bang wees vir; vreeslik opsien teen; ~ *doing* (or *to do*) *s.t.* dood(s)bang wees om iets te doen; *s.o.* ~*s to think of it* iem. wil nie daaraan dink nie, iem. ys as hy/sy daaraan dink; ~ *the day that* ... ys vir die dag dat ... **dread** *(liter.)*, **dread·ed** *adj. (attr.)* gevreesde; vreeslike, verskriklike, aaklige, afgryslike, afskuwelike; *(arg.)* imposante, ontsagwekkende. ~**locks, dreads** *(mv.)* Rastalokke. ~**nought,** ~**naught** *(hist.)* dreadnought, swaar slagskip; *(arg.)* dik jas; *(arg.)* vreeslose mens.

dread·ful verskriklik, vreeslik, ontsettend, baie erg; grusaam, afgryslik, aaklig *(moord, ongeluk, ens.)*; swak, vrot *(toneelstuk ens.)*; ~ *noise* goddelose lawaai.

dream *n.* droom; dwaal; droombeeld; ideaal, droom, fantasie, lugkasteel, hersenskim; illusie, waan; *be like a **bad*** ~ soos 'n nare droom wees; ***have*** *a* ~ 'n droom hê, droom; ***have*** *a* ~ ***about*** ... van ... droom; *s.t. goes/works **like** a* ~, *(infml.)* iets loop/ry/werk perfek/uitstekend; *be **lost** in* ~*s* droomverlore (*of* in drome versonke) wees; ***pleasant/sweet*** ~*s!* droom lekker!; *s.o.'s* ~ *comes **true*** iem. se droom word bewaarheid; *be beyond one's **wildest*** ~*s* jou stoutste/hoogste verwagtings oortref; *never in one's **wildest*** ~*s expect s.t.* nie in jou stoutste drome iets verwag nie. **dream** *dreamt dreamt; dreamed dreamed, ww.* droom; voorstellings vorm, droombeelde skep; lugkastele bou, illusies koester; ~ ***about/of*** *s.o./s.t.* van iem./iets droom; ~ ***away*** *one's days/etc.* jou dae/ens. omdroom; *s.o. would **never/not*** ~ *of* ... iem. sou nooit/nie daaraan dink om te ... nie; *s.o. could **not*** ~ *that* ... iem. kon nie droom (*of* kon hom/haar nie indink *of* het geen idee gehad) dat ... nie; ~ *s.t.* ***up*** iets uitdink/versin. ~**boat** *(infml.)* droomman. ~**land** droomland; feëland. ~ **reader** droomuitlêer. ~ **ticket** *(pol.)* droomspan, ideale spanmaats; droomgeleentheid, ideale geleentheid. ~**world** droomwêreld; sprokieswêreld, feëryk.

dream·er dromer; mymeraar.

dream·ing *n.* dromery, gedroom. **dream·ing** *adj.* dromend.

dream·less droomloos.

dream·like onwesenlik, droomagtig, droom=.

dream·ly dromerig; droom=. **dream·i·ly** dromerig, soos in 'n droom. **dream·i·ness** dromerigheid.

drear *(poët., liter.)* →DREARY.

drear·y somber, treurig; triest(er)ig, triets(er)ig, onplesierig; troosteloos; eentonig, vervelig, vervelend, saai, vaal, oninteressant, dooierig, doods; ongesellig. **drear·i·ness** somberheid, treurigheid; triest(er)igheid *ens.;* troosteloosheid; eentonigheid *ens.;* ongeselligheid; →*adj.*.

dredge[1] *n.* dreg, baggermasjien, =meul(e), moddermeul(e); baggerboot; baggernet. **dredge** *ww.* dreg, bagger; met 'n baggernet vis; ~ *s.t. up* iets (op)vis *(uit rivier, see);* iets ophaal *(herinnerings).*

dredge[2] *ww.* bestrooi, bestuif *(met meelblom ens.).*

dredg·er[1] baggerboot; baggermasjien, =meul(e); *(pers.)* baggeraar.

dredg·er[2] strooier, strooibus.

dredg·ing baggerwerk. ~ **machine** dreg, baggermasjien, =meul(e), moddermeul(e).

dree *(Sk., arg., liter.)* duld, verduur, verdra.

dregs *(mv.)* afsaksel, moer, residu, droesem, besinksel; oorblyfsel(s), res, oorskot, oorskiet; uitskot; *drain s.t. to the* ~ iets tot die droesem/bodem (toe) drink; *the* ~ *of society, (neerh.)* die skuim/uitskot/uitvaagsels van die gemeenskap/samelewing. **dreg·gy** moerderig; troebel.

drench *n.* stortbui; *(veearts.)* dosis. **drench** *ww.* deurdrenk, deurweek; papnat maak; *('n dier)* medisyne ingee; *be ~ed to the skin* pap=, druipnat (*of* deur en deur nat) wees; →SUN-DRENCHED.

Dres·den *(geog.)* Dresden. ~ **china** Saksiese porselein.

dress *n.* rok, tabberd; klere, kleding, kledy; (klere)=drag; tenue; gewaad; gedaante; ***evening/morning*** ~ →EVENING; MORNING; ***full*** ~ →FULL[1]; ***in a blue/etc.*** ~ in 'n blou/ens. rok; ***mess*** ~ →MESS; ***wear*** *a* ~ 'n rok dra/aanhê. **dress** *ww.* aantrek, klee; kostumeer; ander klere (*of* iets anders) aantrek, verklee; mooi aantrek, jou uitdos; versier, (op)tooi; kap *(hare);* bevlag, tooi *('n skip);* verbind, behandel *(wond); (kookk.)* skoonmaak *(pluimvee, vis);* bewerk *(karkas);* krap *(vark);* sous oor ... giet *(slaai);* mooi opdien *(kos);* bewerk, afwerk *(klip ens.);* poets *(gesmede stuk);* berei *(erts);* bemes *(grond);* met kompos verryk *(grond);* snoei *(boom, struik);* roskam *(perd);* brei *(vel, rieme); (mil.)* (laat) rig; ***be*** *~ing* jou aantrek; *a ~ed **chicken/ etc.*** 'n skoongemaakte/potklaar hoender; ~ *a horse **down*** 'n perd roskam; ~ *s.o.* ***down,*** *(infml.)* iem. roskam/skrobbeer, met iem. raas, iem. se kop (vir hom/haar) was, iem. slegsê, iem. (goed) die waarheid sê/vertel; *be **fully** ~ed* ten volle geklee(d) wees; ***get*** *~ed* jou aantrek; *be **immaculately** ~ed* ('n) mens kan hom/haar deur 'n ring trek; *be ~ed **in** white trousers/etc.* 'n wit broek/ens. aanhê; *be ~ed (up fit) to **kill**, be ~ed (up) to the **nines**, (infml.)* fyn uitgevat wees; *be ~ed* (***overall***), *(skip)* getooi wees; *be **properly** ~ed* behoorlik geklee(d) wees; *be **shabbily** ~ed* armoedig aangetrek/geklee(d) wees; *be **smartly** ~ed* deftig geklee(d) wees; *be all ~ed **up**, (infml.)* gestewel(d) en gespoor(d) wees; ~ ***up*** *for* ... jou netjies/deftig vir ... aantrek, jou vir ... uitvat; ~ *s.t. **up*** iets versier (*of* mooi voorstel); *(always)* ~ ***well*** altyd goed aangetrek wees (*of* goed geklee[d] gaan/wees); *be **well** ~ed* goed geklee(d) wees. ~ **allowance** kleretoelaag, =toelae, =geld. ~ **ball** galabal. ~ **circle** eerste balkon. ~ **coat** swa(w)elstertbaadjie; manel. ~ **collar** aandboordjie. ~ **designer** mode=, klereontwerper, modemaker, =maakster. ~ **designing** mode=, klereontwerp, modemakery. ~ **fabric** rok=, tabberdstof. ~ **form** paspop. ~ **hanger** klerehanger. ~ **length** roklengte; paklengte. ~ **linen** roklinne. ~**maker** kleremaker, =maakster, modemaker, =maakster; *~'s dummy* paspop; *~'s pin* kopspeld. ~**making** klere=, modemakery. ~ **material** rokstof, =materiaal, tabberdstof. ~ **parade** militêre parade; modeparade; *(teat.)* kostuuminspeksie. ~ **rehearsal** kleedrepetisie. ~ **ring** kostuumring. ~ **sense** kleresin. ~ **shield**, ~ **preserver** rokskerm *(teen sweetvlekke i.d. armholte).* ~ **shirt** bors=, aandhemp. ~ **stand** kostuumpop. ~ **suit** aandpak. ~ **uniform** groot tenue, galauniform.

dres·sage *(perdesport)* dressage, dressuur.

dress·er[1] kombuiskas; spensrak, =kas; *(Am.)* laaikas; *(Am.)* spieëltafel.

dress·er[2] modepop; *(teat.)* kleder, kleedster; kamermeisie, kamenier; *(teg.)* afwerker; *(teg.)* klopper, klophamer; *(med.)* (wond)verbinder; *be a flashy/sharp ~, (infml.)* altyd windmakerige klere dra.

dress·i·ness →DRESSY.

dress·ing (slaai)sous; *(Am.)* vulsel; (wond)verband, wonddekking, =verbinding, windsel; mis(stof); kompos; kunsmis; *(tekst.)* lym *(vir afwerking); (tekst.)* styfsel; *(teg.)* bewerking, afwerking *(v. klip ens.);* die brei *(v. leer);* aantrek(kery); kostumering; *put a ~ on a wound* 'n wond behandel/verbind. ~ **box** verbandkis. ~ **case** toilettassie, =dosie; verbandkis(sie). ~**-down** *(infml.)* teregwysing, skrobbering, kopwassery; loesing, (goeie) pak slae, afranseling; *give s.o. a ~, (infml.)* iem. roskam/skrobbeer, met iem. raas, iem. se kop (vir hom/haar) was, iem. slegsê, iem. (goed) die waarheid sê/vertel; *give s.o. the ~ of his/her life, (ook, infml.)* iem. so slegsê dat die see hom/haar nie kan afwas nie; *get a severe ~, (ook, infml.)* erg/lelik/sleg bygekom word. ~ **gown** kamerjas, =japon. ~ **material** verbandgoed. ~ **room** kleedkamer *(by 'n sportveld ens.);* aantrekkamer *(in 'n huis); (teat.)* verkleekamer. ~ **station** *(mil.)* verbandpos, =plek. ~ **table** spieël=, kleed=, toilettafel.

dress·y keurig, smaakvol *(klere);* elegant, deftig, sjiek, (fyn) uitgevat; spoggerig, windmakerig, pronkerig; ~ *woman* modepop. **dress·i·ness** windmakerigheid, pronkerigheid; oordadigheid.

drey, dray eekhoringnes.

drib *(arg.)* druppel; *in ~s and drabs, (infml.)* bietjie(s)-bietjie(s), druppels=, drupsgewys(e); klompies-klompies, klompiesgewys(e).

drib·ble *n.* stroompie; die gedruppel; (die) kwyl; *(fig.)* druppeltjie, bietjie; *(sport)* dribbel(werk). **drib·ble** *ww.* druppel; kwyl; *(sport)* dribbel. **drib·bler** kwyler; *(sport)* dribbelaar.

drib·let, drib·blet druppeltjie; *by/in ~s, (infml.)* bietjie(s)-bietjie(s), druppels=, drupsgewys(e); klompiesklompies, klompiesgewys(e).

dried gedroogde, droë; →DRY; ~ *fruit* gedroogde vrugte, droëvrugte; ~ *milk* melkpoeier; ~ *up* opgedroog, verskrompel(d).

dri·er *n.* →DRYER.

drift *n.* hoop *(blare ens.);* wal, hoop *(sneeu);* vlaag *(reën);* plaat *(blomme);* (op)drifsel; opeenhoping, massa; strekking, bedoeling, betekenis; neiging; beweging, ontwikkeling *(i.d. rigting v. sentralisasie ens.);* getalm, gesloer; weifeling; (koers)afwyking; stroming; *(oseanografie)* drif=, dryfstroom; *(sk.)* dryfvaart; gletserpuin; (myn)gang; *(SA)* drif, deurgang; *(teg.)* dryfyster; drif *(v. elektrone);* dwaling *(v. frekwensie); (ing.)* drywing; (die/'n) trek *(v.d. platteland ens.); (Br., hist.)* die aanja(ag) *(v. vee);* ***catch/get*** *the ~ of s.t., (infml.)* die bedoeling/betekenis van iets snap; *if I **catch/get** your ~, (infml.)* as ek jou reg verstaan; ***continental*** ~ →CONTINENTAL; ***policy*** *of* ~ laat-maar-loop-beleid. **drift** *ww.* dryf, drywe; *(blare, sand, ens.)* ophoop; *(gedagtes)* (af)dwaal; *(stemme ens.)* sweef, swewe; *(teg.)* indryf, =drywe *(met 'n dryfyster); (elektrone)* dryf, drywe; *(frekwensie)* dwaal; ~ ***about/around*** ronddobber, ronddryf, =drywe; ronddwaal, =dool; ~ ***apart,*** *(fig.)* (van mekaar) vervreem(d) raak; ~ ***ashore*** aanspoel; ~ ***away/off*** wegdryf, =drywe; geleidelik verdwyn; ~ *off **course*** van koers af raak; ***let*** *things* ~ sake hul (eie) gang laat gaan, Gods water oor Gods akker laat loop, dinge aan hul(le)self oorlaat; ~ ***off*** *(to sleep)* wegraak. ~ **anchor** = SEA ANCHOR. ~ **angle** drifhoek. ~ **hammer** dryfhamer. ~ **ice** dryfys. ~ **net** dryfnet. ~ **sand** dryf=, waai=, stuif=, swerfsand. ~**wood** dryf=, wrakhout; opdrifsels.

drift·age wrakgoed(ere); opdrifsels; afdrywing.

drift·er drywer; swerwer; dryfnetboot; *(soort seil)* spookganger.

drift·ing drywend; *(fig.)* ontredder(d); ~ *ice* dryfys; ~ *mine* drywende myn; ~ *snow* jagsneeu.

drill[1] *n.* boor; *(mil.)* dril(oefening); oefenmetode, oefeninge; *(infml.)* prosedure, werk(s)wyse, manier van doen, roetine; *know the ~, (infml.)* weet wat om te doen, die roetine ken; *what's the ~?, (infml.)* wat moet ('n) mens doen?. **drill** *ww.* boor; *(mil.)* dril, afrig; oefen; ~ ***for*** *oil/etc.* na olie/ens. boor; ~ *s.o. **in** s.t.* iem. in iets afrig; ~ *s.t. **into** s.o., (infml.)* iets by iem. inhamer; ~ ***pupils*** leerlinge dril *(vir 'n eksamen ens.).* ~ **bit** boor(yster). ~ **brace** (boor)omslag. ~ **ground** *(mil.)* drilveld, =terrein. ~ **hall** drilsaal. ~ **hole** boorgat. ~ **manual** drilhandboek, =reglement. ~**master** drilmeester, =instrukteur; →DRILL SERGEANT. ~ **plough** balans=, saaiploeg. ~ **press** staanboor. ~ **sergeant** drilsersant, sersant-instrukteur, drilmeester. ~ **squad** drilafdeling.

drill[2] *n., (landb.)* saaimasjien, (saai)voor, grippie; ry saailinge. **drill** *ww., (landb.)* in rye plant/saai, dril.

drill[3], **drill·ing** *n., (tekst.)* dril.

drill[4] *n., (soöl.: soort bobbejaan)* dril.

drill·er boorder; boorman; drilmeester; afrigter.

drill·ing (die) dril, drillery; (die) boor, boorwerk, boordery. ~ **machine** boormasjien. ~ **platform:** *(floating)* ~ ~ rigbooreiland. ~ **rig** boortoring; *(ter see)* booreiland.

dri·ly drogies, droog(weg); →DRY.

drink *n.* drank, voggies *(infml.);* sluk(kie); drankie, dop *(infml.),* sopie; *the **demon** of ~, (vero., poët., liter.)* die drankduiwel; *s.o./s.t. is enough to **drive** anyone to ~, (infml.)* iem./iets is genoeg om enigeen tot drank te dryf/drywe (*of* na die bottel te laat gryp); ***give*** *s.o. a ~ of water/etc.* iem. 'n bietjie/slukkie water/ens. gee; ***have*** *a* ~ iets drink, 'n drankie drink, 'n snapsie (*of, infml.* 'n dop) maak; *may I **have** a ~?* kan ek iets te drink(e) kry?; kan ek 'n slukkie kry?; ***in*** *a* ~ in 'n toestand van besopenheid; *join s.o. **in** a ~, have a ~ **with** s.o.* iets saam met iem. drink; *be **on** the ~, (vero.)* te veel drink; *the ~s are **on** me, (infml.)* ek betaal vir die drankies; *have a ~ **on** s.t.* op iets drink; *have a **quiet** ~* stilletjies/skelm(pies) drink; ***serve*** *~s* drankies skink; ***stand*** *~s* drankies (vir ander) bestel; ***stand*** *s.o. a ~* iem. op 'n drankie/glasie trakteer; *a **stiff** ~, (infml.)* 'n stywe dop; ***strong*** ~ sterk drank; ***take*** *to ~* begin drink, aan die drink raak; ***the*** *~, (sl.)* die see; *the **worse** for ~* besope, beskonke, onder die invloed (van drank). **drink** *drank drunk, ww.* drink; uitdrink, opdrink; *(diere)* suip; ~ *s.t. **away*** iets verdrink *(geld, smart, ens.);* ~ *o.s. to **death*** jou dooddrink; ~ ***deep*** stewig (*of* met groot/lang teue) drink; *(fig.)* diep delf; ~ ***deep*** *of s.t.* met groot/lang teue van iets drink; *(fig.)* iets indrink; ~ *s.t. **down/off*** iets wegsluk; ~ *and **drive*** drink en bestuur/ry, onder die invloed (van alkohol/drank) bestuur; ~ *to **excess*** te veel drink, aan drank verslaaf wees; *s.t. is not **fit** to ~* ('n) mens kan iets nie drink nie; ~ ***from*** (or ***out of***) *a cup/etc.* uit 'n koppie/ens. drink; *s.o. has **had** s.t. to ~* iem. het gedrink (*of* is aangeklam); ~ ***hard/heavily*** kwaai/straf/swaar drink, diep in die bottel kyk, kwaai stook; ~ *(to) s.o.'s **health*** op iem. se gesondheid drink; ~ *s.t. **in**, (fig.)* iets indrink/absorbeer; ~ ***like*** *a fish, (infml.)* drink/suip soos 'n vis; ~ *s.t. **neat*** iets skoon (*of* [net] so) drink; ~ *s.t. **off*** →***down/off;*** ~ ***out of*** *a cup/etc.* →***from;*** ~ *s.o. under **the table**, (infml.)* iem. onder die tafel (in) drink; ~ ***to*** *s.o./s.t.* op iem./iets drink; ~ *s.t. **up*** iets opdrink *(melk ens.); (plante)* iets opsuig *(water);* ~ ***up!*** drink dit leeg/

uit!; drink klaar!. **~-and-drive, ~-drive** *adj.* →DRINK-DRIVING *adj.*. **~-driving** *n.* dronkbestuur. **~-driving** *adj. (attr.)*: ~ ***campaign*** veldtog teen dronkbestuur; ~ ***conviction*** skuldigbevinding aan dronkbestuur; ~ ***offence*** dronkbestuursoortreding; *be convicted of a ~* ***offence*** aan dronkbestuur skuldig bevind word. **~ offering** drankoffer.

drink·a·ble *adj.* drinkbaar. **drink·a·bles** *n. (mv.)* drinkgoed, drank.

drink·er drinker; drinker, suiper, dronklap; *a hard/heavy ~* 'n kwaai/strawwe/swaar drinker.

drink·ing drinkery; (die) drink; ***excessive*** ~ oormatige drankgebruik, drankmisbruik; *s.o.'s* ***hard/heavy*** ~ iem. se kwaai/strawwe/swaar drinkery; ***stop*** ~ ophou drink, (die) drank (*of* die/jou drinkery) laat staan; ***take*** *to ~* begin drink, aan die drink raak. **~ bout** suip=, drinksessie, gesuip, gefuif; *go on a ~ ~* aan die drink/suip gaan/raak. **~ chocolate** drinksjokolade. **~ companion** drinkmaat, drinkebroer. **~ cup, ~ bowl** drinkbeker. **~ fountain** drinkfontein(tjie). **~ glass** drinkglas. **~ party** fuif=, drinkparty. **~ place** drinkplek, kroeg; suipplek *(vir diere)*. **~ problem** *(euf.)* drankprobleem. **~ song** drinklied. **~ straw** (koeldrank)strooitjie. **~ trough** suip=, drinktrog, suip=, drinkbak. **~ water** drinkwater *(vir mense)*; suipwater *(vir diere)*.

drip *n.* druppel; (ge)drup, gelek; *(med.)* (binneaarse) drup; *(med.)* indruppeling, (intraveneuse) infusie; *(bouk.)* druplys; drupbak; dakrand; dakdrup; druppyp; *(infml.)* (ou) drel, jellievis, moegoe, mugu; *be on a ~, (med.)* aan 'n drup gekoppel wees. **drip** *-pp-, ww.* drup; laat drup; druip; druppel; *~ down* afdrup(pel); *s.o. is ~ping with sweat* iem. is papnat gesweet, die sweet tap iem. af. **~ cock** drup=, lekkraan. **~ coffee** *(Am.)* filterkoffie. **~ coffeepot** (koffie)filtreerkan. **~ cup** lekbak. **~ disa** *(bot.)* bloumoederkappie. **~-drop** gedruppel. **~-dry** *ww.* droog drup; laat droog drup, nat ophang; *let s.t. ~* iets laat droog drup (*of* nat ophang). **~-dry** *adj. (attr.)* droogdrup=, drupdroog= *(hemp ens.)*. **~-feed** *ww., (med.)* binneaars voed, drupvoeding gee. **~ irrigation** drupbesproeiing. **~ moulding** *(bouk.)* druplys. **~ pan** →DRIPPING PAN. **~stone** *(argit.)* druplys; *(geol.)* druipsteen. **~ tray** drupbak *(vir potplante ens.)*.

drip·ping *n.* gedrup, gelek; afdruipsel; sagte vet, sous=, druip=, braaivet; *(i.d. mv.)* afdrupsel. **drip·ping** *adj.* druipend, druip=; *~ wet* pap=, druipnat. **~ eaves** drupdakrand. **~ jar** vetpot. **~ pan, drip pan** *(kookk.)* druippan.

drip·py *-pier -piest, adj., (infml.)* (mot)reënerig *(dag)*; vogtig *(klimaat)*; soetsappig, stroperig, (oordrewe) sentimenteel *(prent, roman, ens.)*; lusteloos *(iem.)*; *~ faucet, (Am.)* druppende kraan, kraan wat drup.

drive *n.* rit(jie); ryweg; oprit, oprylaan, inrypad; rylaan; *(psig.)* drif, drang; krag, ywer, energie, deursettingsvermoë, dryf=, daad=, stukrag; beweegrede; aksie, veldtog; kollekte, (geld)insameling; klopjag; *(mil.)* dryfjag, (groot) offensief, (groot) aanval; *(mot.)* aandrywing; *(rek.)* skyf(aan)drywer; *(sport)* hou; *(gholf)* dryfhou; *(mynb.)* myngang, =tonnel; ***go for*** (or ***take***) *a ~* ('n ent[jie]) gaan ry; ***have*** *the ~ to do s.t.* die deursettingsvermoë hê om iets te doen; *it's only an* ***hour's*** *~ from here* dis maar 'n uur se ry hiervandaan; ***launch*** *a ~ for funds* 'n fonds=/geldinsameling begin; *a ~* ***on*** *..., (mil.)* 'n opmars na ... *(Pretoria ens.)*; *a* ***scenic*** *~* →SCENIC; ***take*** *s.o. for a ~* met iem. gaan ry. **drive** *drove driven, ww.* ry; (motor) bestuur; vervoer; wegbring; chauffeer; dryf, drywe; *(teg., elektron.)* aandryf, =drywe; inslaan, indryf, =drywe *(spyker)*; boor *('n tonnel)*; *(sport)* dryf, drywe *(bal)*; *(sport)* 'n dryfhou slaan; (voort)dryf/drywe, aanja(ag) *(trop skape ens.)*; stuur *(perd ens.)*; *(fig.)* opdruk; →DRIVEN, DRIVING; ~ ***after*** *s.o./s.t.* agter iem./iets aanry; ~ ***along*** aanry; *wonder what s.o. is driving* ***at***, *(infml.)* wonder wat iem. bedoel; wonder wat iem. in die skild voer; ~ *s.o./s.t.* ***away/off*** iem./iets wegja(ag)/verdryf/verdrywe/verja(ag); *~ a crowd* ***back*** 'n skare terugdryf/=drywe; ~ *a hard* ***bargain*** →BARGAIN *n.*; ~ ***carefully*** versigtig ry; ~ ***carefully!*** ry versigtig!; ~ *s.o. into a* ***corner*** →CORNER *n.*; ~ *s.o.* ***crazy/mad*** (or *up the* ***wall***) iem. gek/rasend maak; ~ *s.o. to* ***despair*** →DESPAIR *n.*; ~ *o.s.* ***hard*** jou oorwerk; ~ *people* ***hard*** mense hard laat werk; ~ *s.o./s.t.* ***home*** →HOME *adv.*; ~ ***in*** inry; ~ *s.t.* ***in*** iets inja(ag) *(skape in 'n kraal ens.)*; iets inslaan *('n spyker in 'n muur ens.)*; ***let*** *~ at s.o., (infml.)* na iem. slaan; ~ *s.o.* ***mad*** →***crazy/mad***; ~ ***off*** wegry; ~ *s.o./s.t.* ***off*** →***away/off***; ~ ***on*** aanry; ~ *s.o./s.t.* ***on*** iem./iets aanja(ag); ~ ***o.s.*** self ry/bestuur; ~ *...* ***out*** ... uitja(ag)/uitboender *(iem.)*; ... verdryf/verdrywe *(vyand ens.)*; ... uitdryf/uitdrywe *(bose gees)*; ~ ***over*** *s.t.* oor iets ry; ~ ***over*** *to ...* oorry ... toe, na ... oorry; ~ *s.o.* ***over*** *to ...* iem. (per [*of* met die] motor) na ... wegbring; ~ ***past*** verbyry; ~ ***past*** *... by ...* verbyry; ~ ***through*** *... deur ...* ry; ~ *a nail* ***through*** *...* 'n spyker deur ... slaan; ~ ***up*** aangery kom; voor die deur stilhou; ~ *s.o. up the* ***wall*** →***crazy/mad***. **~ belt** dryfband. **~-by** *adj. (attr.)*: ~ *murder* verbyrymoord; ~ *gunman/shooter* verbyryskieter. **~-by (shooting)** verbyry(skiet)aanval, verbyryskiettog, verbyryskietery. **~ gear** *(mot.)* dryfwerk; dryfrat. **~-in** *adj. (attr.)* inry= *(bank ens.)*; *~ café* aanry=, inrykafee. **~-in (theatre/cinema)** inry(teater/bioskoop), *(infml.)* inry=, veldfliek. **~ shaft** dryfas. **~way** oprit, (op)rylaan; inrit; rybaan, =weg. **~-yourself car** huurmotor.

driv·el *n.* bog(praatjies), kaf(praatjies), twak(praatjies), geklets, kletspraatjies, lawwe praatjies, snert; kwyl. **driv·el** *-ll-, ww.* kaf/twak/snert praat/verkoop, bog/nonsens/onsin praat, klets; *(arg.)* kwyl. **driv·el·ler** kwyler, kwylbaard.

driv·en gedrewe; (aan)gedryf, (aan)gedrywe; *be ~ by s.t.* deur iets aangedryf/aangedrywe word *(elektrisiteit ens.)*; deur iets voortgedryf/voortgedrywe word *(passie ens.)*; *be ~ to do s.t.* daartoe gedryf/gedrywe word om iets te doen; *be ~ together* saamgedryf/saamgedrywe wees.

driv·er bestuurder, drywer, ryer *(v. motor)*; chauffeur; drywer *(v. vee, wa, ens.)*; masjinis, drywer *(v. trein)*; koetsier, leiselhouer; dryfwiel; dryfrat; *(elektron., rek., mot.)* (aan)drywer; *(gholf)* eenhout, dryfstok, drywer. **~ ant** rooimier, Afrikaanse swerfmier. **~'s cabin** stuurkajuit. **~'s licence** *(Am., SA)* rybewys, =lisensie, bestuurders=, bestuur(s)lisensie. **~'s seat** bestuursitplek, bestuurdersplek; *be in the ~ ~, (fig.)* die hef in die hand(e) hê, in beheer van sake wees. **~'s test** *(Am., SA)* bestuur(s)=, rybewystoets.

driv·ing (motor)bestuur, ryery; drywery; (die) ry/dryf/drywe; stuur; rykuns; dryfhoue slaan; *reckless ~* roekelose bestuur/motorbestuur/ryery. **driv·ing** *adj. (attr.)* dryf=; swiepende *(reën, sneeu)*; hewige *(sneeustorm)*; *~ clouds* vinnig bewegende wolke. **~ ace** bobaas(ren)jaer, top(ren)jaer. **~ axle** dryfas. **~ band** *(mil.)* geleiband. **~ belt** dryfband. **~ box** bok *(v. lokomotief)*. **~ cab(in)** stuurkajuit. **~ chain** (aan)dryfketting. **~ dog** *(mot.)* dryfklou. **~ force** *(lett. & fig.)* dryf=, stukrag. **~ gear** dryfrat; dryfwerk; dryfratwerk. **~ hammer** hoepel=, aantikhamer. **~ instructor** bestuur(s)instrukteur, ryinstrukteur. **~ iron** *(gholf)* dryf=, eenyster. **~ lesson** ryles, bestuur(s)les. **~ level** ryhoogte. **~ licence** rybewys, =lisensie, bestuurders=, bestuur(s)lisensie. **~ power** *(lett. & fig.)* dryf=, stukrag. **~ range** *(gholf)* oefenbof. **~ rein** leisel. **~ rod** dryf=, trekstang. **~ school** bestuurskool, (motor)ryskool. **~ seat** bestuursitplek, bestuurdersplek; *be in the ~ ~, (fig.)* die hef in die hand(e) hê, in beheer van sake wees. **~ shaft** dryfas. **~ spring** (aan)dryfveer. **~ test** bestuur(s)=, rybewystoets; *fail/pass a ~ ~* (nie) (in) 'n bestuur(s)=/rybewystoets slaag (nie); *take a ~ ~* 'n bestuur(s)=/rybewystoets aflê. **~ time** rytyd. **~ wheel** dryfwiel *(v. lokomotief)*. **~ whip** peits.

driz·zle *n.* mot=, stuif=, misreën. **driz·zle** *ww.* mot=, stuif=, misreën; neersif; *there is a drizzling rain* 'n (fyn) motreëntjie val (*of* sif/stuif neer). **driz·zly** motreënerig, druilerig.

Dr Mar·tens →DOC MARTENS.

drogue *(sk.)* water=, dryfanker; *(mil.)* (lug)sleepteiken, sleepskyf; *(lugv.)* stabilisasieskerm *(aan slang v. tenkvliegtuig)*; *(lugv.)* windkous, =sak; *(visvangs)* boei aan die end van 'n harpoenlyn. **~ (parachute)** *(lugv.)* remvalskerm *(agter vliegtuig)*; klein valskerm *(om grote uit te trek)*.

droll *adj.* koddig, snaaks, grappig, komieklik, potsierlik. **droll** *n., (arg.)* grapmaker, grapjas, hanswors. **droll** *ww., (arg.)* gekskeer. **droll·er·y** grapmakery, gekskeerdery, hansworst(t)ery; koddigheid, klugtigheid, komieklikheid. **droll·ness** koddigheid. **drol·ly** speels, ondeund, skalks, grappig.

drome →AERODROME.

drom·e·dar·y dromedaris, Arabiese/eenbultige kameel, eenbultkameel.

drone *n.* gegons, gezoem, gebrom, bromgeluid, gedreun; geronk *(v. masjien)*; eentonige gedreun *(v. iem.)*; eentonige spreker; bromtoon *(v. 'n musiekinstrument)*; *(mus.)* boerdon(pyp) *(v. 'n doedelsak)*; *(mus.)* boerdon(snaar) *(v. 'n sitar ens.)*; hommel(by), mannetjie(s)by, waterdraer; *(Br.)* neklêer; robotvliegtuig. **drone** *ww.* gons, zoem, brom, dreun; *(masjien)* ronk; sanik; →DRONING; *~ on* eindeloos voortduur; *(iem. [se stem])* voortdreun; *~ on about s.t.* vervelig oor iets voortpraat. **~ fly** brommer.

dron·go *-go(e)s, (orn.)* byevanger.

dron·ing: *~ voice* dreunstem. **~-sickness** jaagsiekte *(by skape)*.

drool *n.* kwyl. **drool** *ww., (baba, hond, ens.)* kwyl; *~ over s.o./s.t., (infml.)* oor iem./iets kwyl, gek wees na (*of* mal wees oor *of* dol wees oor/op) iem./iets.

droop *n.* die (laat) hang; slap houding; *(fig.)* mistroostigheid. **droop** *ww.* (af)hang, neerhang; *(skouers)* hang; *(blomkoppe, ooglede, ens.)* (slap) hang; *(blare ens.)* verlep hang; *(snor)* druip; *(iem.)* krom (*of* vooroor geboë) sit/staan; *(fig.: geesdrif ens.)* kwyn, verflou; *(iem.)* langgesig/mistroostig wees; laat sak *(jou kop ens.)*. **droop·ing:** *~ moustache* hang=, druipsnor; *~ shoulders* hangskouers. **droop·y** (af)hangend; slap, verlep, futloos, lusteloos; *~ expression* bekaf uitdrukking; *~ moustache* hang=, druipsnor.

drop *n.* druppel; snapsie, sopie, kleintjie; val, daling, vermindering; val *(v. 30 meter ens.)*; hoogteverskil; *(teat.)* skerm, doek, toneelgordyn; *(rugby)* skepskop; *(brug)* val; valdeur, =luik; galg; klontjie →ACID/COUGH/FRUIT DROP; oorbel; *(infml.)* aflewering; *(Am.)* pos=, briewebus; (posbus)gleuf; geheime (bêre)plek; *(only) a ~ in the* ***bucket/ocean*** (net) 'n druppel aan/in die emmer; *~* ***by*** *~* drup(pel)sgewys(e); ***every*** *~* ***counts*** alle bietjies help; ***get/have*** *the ~ on s.o., (infml.)* iem. onder skoot kry/hê; iem. voor wees; *at the ~ of a* ***hat*** op die daad, sonder meer, so gou soos nou, dadelik, onmiddellik; ***have*** *a ~, (infml.)* 'n kleintjie/snapsie maak, 'n ietsie/sopie drink; *the ~* ***in*** *...* die daling van ... *(pryse, d. temperatuur, ens.)*; ***like*** *one's/a ~ , (infml.)* lief vir jou/'n sopie wees; ***make*** *a ~* voorrade/ens. met valskerms (*of* per valskerm) afgooi; *s.o. has had a ~ too* ***much***, *(infml.)* iem. het te diep in die bottel gekyk; *a ~* ***of*** *water/etc.* 'n druppel water/ens.; 'n bietjie water/ens.; *a ~* ***of*** *something stronger, (infml.)* iets sterkers; *a* ***sharp*** *~* 'n skerp/skielike daling *(v. pryse ens.)*; *a* ***sheer*** *~* 'n ononderbroke val; *not touch a ~* glad nie (alkohol) drink nie, jou mond nie aan drank sit nie. **drop** *-pp-, ww.* drup(pel); laat val, afgooi; laat sak, neerlaat; *(rugby)* skepskop; werp *(kalf, lam, vul)*; *(infml.)* sluk *(pille, dwelms)*; val *(ook op jou knieë)*; afval; *(infml.)* omkap *(v. uitputting ens.)*; *(infml.)* omkap, dood neerslaan; *(infml.)* plat slaan, neervel; afhel; daal, sak, afneem; verminder, verlaag; *(wind)* gaan lê; laat vaar, opgee, afsien van, ophou met, staak; weglaat *(letter, woord, iem. uit 'n span, ens.)*; *(infml.)* laat staan, in die steek laat *(kêrel, meisie)*; *(jur.)* terugtrek *('n aanklag)*; afbreek *('n gesprek)*; staak, opgee *('n briefwisseling)*; aflaai *(iem.)*; aflewer, afgee *(iets)*; gooi *(iets in 'n posbus ens.)*; *(infml.)* (vinnig) verloor/uitgee *(geld)*; (neer)skiet, neertrek *(voël i.d. vlug)*; →DROPPED; ~ ***anchor*** →ANCHOR *n.*; ~ ***away*** afval; minder word; ~ ***back*** terugval; ~ *a* ***ball*** 'n bal laat val; *(rugby)* 'n bal skepskop; *(gholf)* 'n bal afgooi; ~ ***behind*** agterraak, agterbly; ~ *a* ***brick*** →BRICK *n.*; ~ ***by***, *(infml.)* by iem. aankom/aanloop/

aanry; ~ ***dead*** dood neerval/neerslaan; ~ ***dead!,*** *(sl.)* gaan/loop bars!; ~ ***down*** neerval; ~ *one's* ***eyes*** jou oë neerslaan; ~ ***from*** ... uit/van ... val; van ... daal; ~ *s.o.* ***from*** *a team* iem. uit 'n span weglaat; ~ *a* ***goal,*** *(rugby)* 'n skepskop behaal/oorklits/oorstuur; ~ *into a* ***habit*** →HABIT; ~ *a* ***hint*** →HINT *n.;* ~ *s.t. like a* ***hot potato*** →HOT POTATO; ~ *one's* ***h's,*** *(fonol.)* die h weglaat; ~ ***in,*** *(infml.)* inval; inloop; ~ ***in*** *on s.o., (infml.)* by iem. inloer/inloop/inval (*of* aangewaai kom); ~ ***it!,*** *(infml.)* hou op!, skei uit!; ***let*** *s.t.* ~, *(lett.)* iets laat val; *(fig., infml.)* iets laat val (*of* uitlaat); ~ *s.o. a* ***line*** →LINE *n.;* ~ ***off*** afval; afneem, minder word; *(infml.)* indut, insluimer, aan die slaap raak; ~ *s.o.* ***off,*** *(infml.)* iem. aflaai; ~ *s.t.* ***off,*** *(infml.)* iets aflewer/afgee *('n pakkie ens.);* ~ ***out*** uitval; *(infml.)* uitsak; ~ ***out of*** *s.t., (infml.)* jou aan iets onttrek *('n wedloop, d. samelewing, ens.);* iets (vroegtydig) verlaat *(d. skool ens.);* nie klaarmaak met iets nie *(skool, universiteit, ens.);* ~ ***out of*** *university, (ook)* jou studie staak, opskop; ~ *a* ***perpendicular*** *from a point, (wisk.)* 'n loodlyn uit 'n punt neerlaat; ~ *a* ***remark*** →REMARK *n.;* ~ *a* ***root,*** *(wisk.)* 'n wortel verduister; ~ ***something,*** *(lett.)* iets laat val; *(fig., infml.)* iets laat val (*of* uitlaat); ~ *a* ***subject*** van 'n onderwerp afstap, 'n onderwerp los; ~ ***to*** ... tot op ... val; tot ... daal; ~ *one's* ***voice*** jou stem laat sak, ('n bietjie) sagter praat. ~ **arch** sakboog. ~ **arm** stuurarm. ~ **ceiling** hangplafon. ~ **curtain** *(teat.)* slotgordyn. ~**-dead** *adj., (infml.)* asemrowend/ongelooflik (mooi), verruklik. ~ **fault** *(geol.)* afskuiwing. ~ **forge** valsmee. ~ **forging** valsmeewerk; valsmee=, vormsmeestuk. ~ **goal** *(rugby)* skepdoel. ~ **hammer** valhamer. ~ **handle** hingsel; laaihingsel. ~ **handlebar(s)** geboë stuur(stang). ~**head** *(Br.)* afslaankap/wisselkap(motor); ~ *coupé* afslaankapkoepee. ~ **kick** *(rugby)* skepskop; *(stoei)* volstruisskop. ~**-kicker** *(rugby)* skepskopper. ~ **leaf** *n.* (af)klap=, (op)klapblad. ~**-leaf** *adj. (attr.):* ~ *table* (op)klaptafel. ~ **ledge** *(bouk.)* druplys. ~ **letter** hangletter. ~**out** *(infml.)* uitsakker, opskopper *(aan 'n kollege ens.);* uitgesakte *(uit d. samelewing); (rugby)* inskop. ~ **pit** *(spw.)* herstel=, wielput. ~ **pit jack** putdomkrag. ~ **scene** *(teat.)* slotgordyn; slottoneel. ~ **scone** plaatskon. ~**seed (grass)** taaipol=, vleigras. ~ **shot** *(tennis)* valhou. ~ **shutter** valsluiter; valluik, =hortjies. ~**side** *n.* valkant *(v. bababed, trok, ens.).* ~**side** *adj. (attr.)* valkant=; ~ *crib* valkantbedjie; ~ *table* hangoortafel. ~ **tank** afgooitenk *(v. vliegtuig).* ~ **test** valtoets. ~ **window** valvenster. ~ **zone** *(mil.)* afgooistrook *(vir voorrade);* valskerm=, springstrook *(vir paratroepe).*

drop·let druppeltjie.

dropped: ~ *hip* hangheup; ~ *quarter* hangheup, =skouer *(v. dier);* ~ *shoulder* hangskouer *(v. mens).* ~**-shoulder sleeve** hangskouermou.

drop·per drupper, druppelaar; drup(pel)buisie, =flessie; *(SA)* spar, spanhout, vals paal(tjie) *(v. heining); (elek.)* hangdraad. ~ **bottle** drup(pel)bottel, =fles.

drop·ping: ~ **batter** drupbeslag. ~ **bottle** drup(pel)botteltjie, =flessie. ~ **funnel** druptregter.

drop·pings *(mv.)* kuttels, keutels, mis.

drop·sy *(patol., infml.)* watersug, watergeswel, →OEDEMA; *(veearts.)* buikwater(sug), waterpens; ~ *of the brain* hoofwatersug. **drop·si·cal** watersugtig.

dro·som·e·ter doumeter.

dro·soph·i·la vrugte=, asynvlieg(ie).

dross (metaal)skuim, droes; agterblyfsels; afval; moer, uitsaksel; onsuiwerheid; rommel. ~ **coal** stofsteenkool. ~ **of lead** loodas.

drought droogte; *the (Great) D~, (SA)* die Groot Droogte *(v. 1933); the ~ has been broken* die droogte is gebreek. ~ **distress relief** droogtenoodleniging. ~**-resistant,** ~**-resisting** droogtebestand; ~ *plant* droogte=, dorplant, dorslandplant; →XEROPHYTE. ~**-stricken** deur droogte geteister, droogtegeteister(d); ~ *district* droogtedistrik; ~ *stock* droogtevee. **drought·y** droog, droogte=.

drove trop, kudde *(vee);* menigte, skare, horde *(mense); leave in ~s, (infml.)* op 'n streep weggaan. **drov·er** veedrywer, =aanjaer; veesmous.

drown *(mens)* verdrink; *(dier, plant)* versuip; (laat) oorstroom; ***be/get*** *~ed, (mens)* verdrink; *(dier, plant)* versuip; *(dorp ens.)* oorstroom word; ~ ***(out)*** oordonder *(iem. se woorde ens.),* verdoof *('n geluid ens.),* oorstem *(d. geloei v.d. wind ens.),* doodskree(u) *('n spreker); look like a ~ed* ***rat*** soos 'n natgereënde hoender lyk; *~ed in* ***sleep*** in 'n diep slaap; dronk van die slaap; ~ *one's* ***sorrows*** *(in drink/liquor)* jou verdriet verdrink, jou sorge wegdrink; *be ~ed in* ***tears,*** *(gesig ens.)* nat van die trane wees; *(oë)* in die trane swem; *a ~ed* ***valley*** 'n verdronke vallei; ... ***was*** *~ed* ... het verdrink *(mens);* ... het versuip *(dier, plant);* ... is oorstroom *(vallei ens.).* **drown·ing** verdrinking; verdrinkende; ~ *man* drenkeling.

drowse *n.* sluimer(ing), halfslaap. **drowse** *ww.* sluimer, dut, dommel, slaperig (*of* [half] deur die slaap) wees.

drows·i·ness slaperigheid, lomerigheid.

drows·y slaperig, vaak, slaapdronk, (half) deur die slaap, lomerig, loom, sluimerig. ~**head** slaapkous, =kop.

drub =bb= slaan, pak/slae (*of* 'n pak slae *of* 'n loesing) gee; verpletter, 'n verpletterende ne(d)erlaag toedien, 'n wegholoorwinning behaal oor, afransel, kafloop, kafdraf; inhamer, indreun *(kennis, dissipline);* (op die grond) stamp; trommel; ~ *s.t. into s.o.* iets by iem. (*of* in iem. se kop) inhamer. **drub·bing** loesing, pak/drag slae, afranseling; *get/take a ~, (sport)* 'n groot loesing (*of* pak [slae]) kry, 'n verpletterende ne(d)erlaag ly; *give s.o. a ~, (sport)* iem. 'n groot loesing (*of* pak [slae]) gee, iem. 'n verpletterende ne(d)erlaag toedien, 'n wegholoorwinning oor iem. behaal.

drudge *n.* sloof, slaaf, werkesel, ploeteraar. **drudge** *ww., (arg.)* swoeg (en sweet), jou afsloof, sloof, slaaf, slawe. **drudg·er·y** sloof=, sleurwerk, sieldodende werk, gesloof, geswoeg; *life of ~* slawelewe.

drug *n.* geneesmiddel, medisyne, medikament; dwelm(middel), verdowings=, doofmiddel, dwelmstof, narkotikum, hallusinerende/stimulerende/verdowende middel; doepa *(infml.); a* ***habit-forming*** ~ 'n verslawende middel (*of* verslawings=/verslaafmiddel); ***hard*** ~ →HARD; *s.t. is a ~ on the* ***market*** daar is geen vraag na (*of* aanvraag na/vir) iets nie, iets kry geen aftrek nie, iets is onverhandelbaar/onverkoopbaar; *be* ***on*** (*or* ***take***) *~s* dwelm(middel)s gebruik; ***push*** *~s, (infml.)* met dwelm(middel)s smous; ***soft*** ~ →SOFT. **drug** =gg=, *ww.* bedwelm, bedwelm(d) maak; doepa *(kos, drank); (infml.)* dwelm(middel)s gebruik, jou vol dwelms spuit. ~ **abuse** dwelmmisbruik. ~ **addict,** ~ **fiend** dwelmslaaf, =verslaafde. ~ **addiction** dwelmverslawing, =verslaafdheid. ~ **bust** dwelmklopjag, =operasie; dwelmdeurbraak; *make a ~ ~* 'n dwelmklopjag uitvoer; 'n dwelmdeurbraak maak. ~ **buster** *(infml.)* dwelmjagter, =bestryder. ~ **dealer** dwelmhandelaar. ~ **habit** dwelmgewoonte. ~**lord** dwelmbaas, =baron, =koning. ~ **peddler,** ~ **pusher** dwelmsmous. ~ **peddling** dwelmsmokkelary, =smousery. ~ **ring** dwelmnet(werk). ~ **runner** dwelmkoerier, =draer. ~**(s) squad** dwelmeenheid, =afdeling, =(jag/bestryding/taak)span. ~**store** *(Am.)* apteek en kafee. ~ **taker,** ~ **user** dwelmgebruiker. ~ **taking** dwelmgebruik. ~ **traffic(king),** ~ **trade** dwelmhandel.

drug·get *(tekst.)* droget.

drug·gie *(infml.)* dwelmslaaf.

drug·gist *(Am.)* →PHARMACIST.

dru·id *(ook D~)* druïde, Keltiese priester. **dru·id·ic, dru·id·i·cal** *(ook D~)* druïdies. **dru·id·ism** *(ook D~)* druïdisme.

drum *n., (mus.)* trom(mel), drom, tamboer; *(teg.)* silinder, trommel *(v. masjien);* balie *(v. wasmasjien);* konka, drom, vat, blik *(petrol ens.);* tol *(vir kabels); (argit.)* tamboer *(v. suil); (argit.)* kelk *(v. kapiteel); (argit.)* koepelmuur; *(anat.)* trommelvlies, oortrom(mel); *(hist.)* (tee)party; ***bass*** ~ →BASS[1]; ***beat*** *the ~, (lett. & fig.)* (op) die tamboer/trom slaan; ***beat/bang/thump*** *the (big) ~(s) for s.o./s.t., (infml.)* (groot) lawaai oor (*of* 'n [groot] bohaai oor *of* 'n [groot] ophef van) iem./iets maak, vir iem./iets propaganda maak; *with ~s beating and* ***colours*** *flying* met vlieënde vaandels en slaande trom; *a ~* ***of*** *petrol/etc.* 'n konka/drom petrol/ens.; *a* ***roll*** *of ~s* 'n tromgeroffel. **drum** =mm=, *ww.* trommel, die trom/drom bespeel; trommel *(met jou vingers); (bloed)* klop, pols; *(houtkapper)* kap *(aan boomstam);* ~ *s.t.* ***into*** *s.o.('s head)* iets by iem. inhamer; ~ *s.o.* ***out*** *of* ... iem. uit ... skop; ~ ***up*** *business/trade* klante werf. ~**beat** trommelslag; getrommel, tromgeroffel. ~**-beating** getrommel. ~ **brake** *(mot.)* trommelrem. ~**fire** *(mil.)* trommel=, roffelvuur. ~**head** →DRUMHEAD. ~ **kit** *(mus.)* trom=, dromstel. ~ **major** tamboermajoor. ~ **majorette** tamboermeisie, trompoppie, tamboernooi, =nooientjie. ~ **roll** geroffel (van tromme), tromgeroffel. ~ **shaft** *(teg.)* trom(mel)as. ~ **sieve** trom(mel)sif. ~**skin** *(anat.)* trommelvlies. ~**stick** *(mus.)* trom=, dromstok; *(kookk.)* hoenderboudjie.

drum·head *(mus.)* trom(mel)vel; *(anat.)* trommelvlies, oortrom(mel); *(sk., hist.)* (gang)spilkop, trommelkop. ~ **(cabbage)** kappertjieskool. ~ **court-martial** *(mil.)* kolonnekrygsraad, standregtelike krygsraad/=hof, standreg. ~ **marriage** huwelik te velde. ~ **trial** (informele) summiere verhoor.

drum·mer trom=, dromspeler, trom=, dromslaner, trommelaar, tamboer(slaner); *(Am. infml.)* handelsreisiger. ~ **boy** tromslanertjie, tamboer(slaner)tjie, trommelaartjie.

drum·mie *(infml.)* trompoppie.

drum·ming getrommel.

drunk *n.* dronkie, beskonkene, besopene; drinker, suiper, dronklap; *(infml.)* suip=, drinksessie, gesuip, gefuif; *go on a ~, (infml.)* aan die drink/suip gaan/raak. **drunk** *adj.* dronk, beskonke, besope; *(as) ~* ***as*** *a fiddler/lord/skunk* so dronk soos 'n hoender/lord/matroos/vark, hoog in die takke; ***beastly/blind/dead/roaring/stinking*** ~ pap=, smoor=, stomdronk; ~ *and* ***disorderly*** dronk en oproerig; ***get*** ~ dronk word; ***get/make*** *s.o.* ~ iem. dronk maak; *get ~* ***on*** *s.t.* van iets dronk word; *be ~* ***with*** *joy* dol wees van blydskap/vreugde; *be ~* ***with*** *power* magsdronk wees. **drunk·ard** dronkaard, dronk=, suiplap; *a confirmed ~* 'n verstokte dronk=/suiplap. **drunk·en** dronk; besope, beskonke, gedrink; ~ ***brawl*** dronkmansbakleiery; ~ ***driving*** dronkbestuur; ~ ***party*** fuif=, drinkparty; *have a ~* ***party*** dronknes hou; ~ ***talk*** dronkmanspraatjies. **drunk·en·ness** dronkenskap, besopenheid, beskonkenheid.

drunk·om·e·ter *(Am.)* = BREATHALYSER.

drupe pit=, steenvrug. **dru·pel, drupe·let** pit=, steenvruggie; korrel.

Druse, Druze =(s), *(lid v. Islamitiese sekte)* Droes. **Dru·se·an,** =**si·an, Dru·ze·an,** =**zi·an** Droese=.

dry *drier driest, adj. & adv.* droog, dor; opgedroog; dors(tig); nugter; ongeërg; droog, gus, nie in die melk nie *(koei ens.);* droog, sonder botter *(brood);* droog *(sjerrie, wyn);* droog, vervelend, vervelig, saai, oninteressant *(boek ens.); (waar geen alkoholiese drank verkrygbaar is nie)* droog; *be (as) ~* ***as*** *a bone* kurkdroog/horingdroog/verdroog/verdor/uitgedor wees; dood/óp van die dors wees, doodgaan/sterf/sterwe/vergaan van die dors, jou tong kleef/sit aan jou verhemelte vas; *(as) ~* ***as*** *dust* kurk=, horingdroog, verdroog, verdor, uitgedor; dood=, stomvervelig, baie/erg/verskriklik vervelig; *(as) ~* ***as*** *tinder* kurk=, horingdroog, verdroog, verdor, uitgedor; *(as) ~* ***as*** *a whistle* kurkdroog; *s.o.* ***feels*** ~ iem. het/is dors, iem. se keel is droog; ***go*** *~, (ook 'n koei)* opdroog; ***keep*** ~ droog bly; ***keep*** *s.o./s.t.* ~ iem./iets droog hou; *be glad to be on ~* ***land*** *again* bly wees om weer op vaste grond te staan; ***run*** ~ opdroog; leeg raak, leegloop; droogloop, vasbrand. **dry** *ww., (verf ens.)* droog word; droogmaak *(hare ens.);* afdroog *(oë, skottelgoed, ens.);* afvee *(trane);* droog *(blomme, groente, vrugte, wors, ens.);* uitdroog *(beskuit ens.); (teat., infml.)* vashaak, die/jou woorde vergeet; ~ *o.s.* jou afdroog; ~ ***out*** uitdroog; droog word; van die drinkgewoonte/dranksug ontslae raak, 'n kuur teen dranksug ondergaan; ~ *s.t.* ***out*** iets uitdroog; iets laat droog word; ~ ***up*** opdroog; uitdor; *(rivier ens.)* droogloop; *(infml.)* stilbly; *(teat., infml.)* vashaak, die/jou woorde vergeet; ~

s.t. ***up*** iets afdroog/opdroog; ~ ***up!***, *(infml.)* bly stil!, hou jou mond!. **~asdust, ~-as-dust** *n., (fig., w.g.: saai, pedantiese mens)* droogstoppel. **~asdust, ~-as-dust** *adj., (fig., w.g.)* dor, saai, vervelig, oninteressant. ~ **battery** droë battery. ~ **bulb** droë bol *(v. termometer)*. ~ **cargo** droë vrag. ~ **cell** droë sel. **~-cell battery** droëselbattery, droë battery. **~-clean** *ww.* droogskoonmaak. **~-cleaner** droogskoonmaker. **~-cleaning** droogskoonmakery. **~-cleaning works** *(w.g.)* droogskoonmakery. ~ **cough** droë hoes. ~ **cow** droë koei, guskoei. **~-cure** *ww.* insout. ~ **distillation** droogdistillasie, =distillering. ~ **dock** droogdok. **~-earth system** *(sanitasie)* putstelsel. ~ **ewe** droë ooi, gusooi. **~-eyed** *adj.* met droë oë. ~ **farming, ~-land farming** droëlandboerdery. ~ **fly** *(hengelary)* kunsvlieg. **~-fly fishing** kunsvlieghengel. **~-fry** droogbraai. ~ **goods** *(mv.)* droë ware; *(Am.)* kleding- en tekstielstowwe. ~ **hole** onontginbare boorgat, droë/opgedroogde (gas/olie)put. ~ **humour** droë humor. ~ **ice** droëys, koolsuursneeu, vaste koolsuurgas. ~ **kiln** droogoond. ~ **land** droë land. **~-land farming** →DRY FARMING. ~ **matter** droë materie. ~ **measure** *(inhoudsmaat vir droë ware)* droë maat; graanmaat. ~ **milk** *(Am.)* poeiermelk. ~ **monsoon** oosmoeson. ~ **mounting** *(fot.)* droë montering. ~ **nurse** *n., (arg.: vrou wat 'n pasgebore baba m.d. bottel grootmaak)* baker; kindermeisie. **~-nurse** *ww., (arg.)* met die bottel grootmaak; kindermeisie speel vir. **~-packed concrete** stampbeton. ~ **painting** sandskilderwerk. ~ **plate** *(fot.)* droë plaat. ~ **point** droë etsnaald, droënaald; droënaaldets; droënaaldetskuns. ~ **riser** *(brandweer)* droë stygpyp. ~ **rot** houtvrot, droë molm *(in hout)*; droë verrotting/vrot *(v. plante)*; huisswam; *(fig.)* bederf, verrotting. ~ **run** *(mil.)* oefenvuur sonder skerp ammunisie; *(infml.)* repetisie; *(infml.)* (in)oefening, instudering. **~-salt** insout *(vis, velle, ens.)*. **~-salted** drooggesout. ~ **season** droë seisoen. ~ **shampoo** droë sjampoe. **~-shave** *ww.* droog skeer. **~-shaver** elektriese skeermes. **~-shod** droogvoets. ~ **spell** kort droogte, tydjie van droogte; *suffer a ~ ~, (fig.)* 'n insinking (*of* maer tyd) beleef/belewe. ~ **steam** droë stoom. **~-stone** *adj. (attr.)* stapel=; ~ *wall* stapelmuur. ~ **valley** droë vallei. **~wall** pleisterbord; stapelmuur. ~ **weight** drooggewig. ~ **well** wegsyferput; onontginbare boorgat, droë/opgedroogde (gas/olie)put. ~ **wine** droë wyn; ~ *red/white wine* droë rooi/wit wyn.

dry·ad *(Gr. mit.)* bos=, boomnimf, driade.

dry·er, dri·er *(fot. ens.)* droër; droogmasjien, =toestel; (haar)droër; (wasgoed)droër; droog=, uitdrogingsmiddel, uitdroër, sikkatief.

dry·ing *n.* droging; uitdroging; droogwording; afdroogwerk. **dry·ing** *adj. (attr.)* uitdrogende *(effek, wind, ens.)*; droog=. ~ **agent** droogmiddel. ~ **apparatus** droogtoestel. ~ **cupboard** droogkas. ~ **house** drooghuis. ~ **kiln** droogoond. ~ **loft** droogsolder. ~ **oven** droogoond. ~ **process** droogwordproses. ~ **rack** droograk. ~ **room** droogkamer. ~ **tower** droogtoring. ~ **tray** vrugtestellasie. ~ **tube** droogbuis. **~-up** opdroging; *do the* ~ afdroog.

dry·ly →DRILY.

dry·ness droogheid, dorheid; droogte; *(fig.)* verveligheid, saaiheid.

DTs *(mv.), (infml., afk. v.* delirium tremens*): get/have (an attack of) the* ~ die horries kry/hê.

du·al *n., (gram.)* tweevoud, dualis. **du·al** *adj.* tweeledig, =voudig, dubbel; tweetallig; duaal; ~ ***carriageway*** dubbelpad, =rybaan, tweelingpad; ~ ***control*** dubbele besturing; dubbelstuur; ~ ***monarchy*** dubbelmonargie; ~ ***number*** tweevoud; *(gram.)* dualis; ~ ***practice***, *(jur.)* dubbele praktyk. **~-barrel carburetter** tweekeelvergasser. **~-purpose** dubbeldoel=.

du·al·ism dualisme; tweeledigheid. **du·al·ist** *(filos.)* dualis. **du·al·is·tic** dualisties.

du·al·i·ty tweeledigheid, =voudigheid, dualiteit, tweeheid.

dub[1] =*bb*= noem; doop *(fig., infml.)*, die bynaam ... gee; insmeer *(leer)*; met leervet smeer, leervet aan ... smeer; →DUBBIN; dissel *(hout)*; ~ *s.o. (a)* ***knight*** iem. tot ridder slaan; ~ *s.o. Sir Paul/etc.* die titel sir Paul/ens. aan iem. toeken, iem. met die titel sir Paul/ens. vereer.

dub[2] *n.* oorklanking; *(mus.)* dub(-reggae). **dub** =*bb*=, *ww.* oorklank *(film, video)*; van 'n nuwe klankbaan voorsien *(film, video)*; redigeer *(klankbaan)*; heropneem, doebleer *(ou [plaat]opname)*; kopieer *(video-, klankopname)*; →DUBBER, DUBBING; ~ ***(in)*** inklank *(agtergrondgeraas, =geluide, byklanke, ens.)*; ~ *a German film* ***into*** *Afrikaans* 'n Duitse film/prent in Afrikaans oorklank; *~bed* ***version*** oorgeklankte opname.

dub[3] *n., (Am., infml.)* lomperd, lummel. **dub** *ww., (Am., infml., gholf)* verbrou *(hou ens.)*.

dub[4] *(Br., infml.)* opdok.

Du·bai *(geog.)* Dubai, Doebai.

dub·ber klankkopieerder.

dub·bin, dub·bing leervet, =smeer.

dub·bing oorklanking; (klankbaan)redigering; inklanking; doeblering; kopiëring.

du·bi·ous aarselend, weifelend, twyfelend; twyfelagtig, dubieus; onseker; onbetroubaar. **du·bi·e·ty** *(fml.)* onsekerheid, twyfel; twyfelagtigheid. **du·bi·ous·ness** aarseling, weifeling; twyfelagtigheid.

du·bi·ta·ble *(w.g.)* twyfelagtig; betwyfelbaar. **du·bi·ta·tion** *(fml.)* twyfel; aarseling, weifeling. **du·bi·ta·tive** *(fml.)* aarselend, weifelend, twyfelend.

du·cal hertoëlik, hertogs=.

duc·at *(hist.: muntstuk)* dukaat; *(i.d. mv., infml.)* geld.

duc·a·toon *(hist.: Ndl. muntstuk)* dukaton.

du·chesse *(Fr.)*: ~ **potatoes** *(kookk.)* duchesse-aartappels.

duch·y hertogdom; *grand* ~ groothertogdom. **duch·ess** hertogin; *grand* ~ groothertogin.

duck[1] *n.* eend; *(Br., infml.)* →DUCKY; *(kr.)* nul(letjie), eier; ***break*** *one's* ~, *(kr.)* jou eerste lopie aanteken; *a fine* ***day*** *for ~s* eendeweer; *be a* ***dead*** ~ →DEAD; *~s and* ***drakes***, *(speletjie)* koei en kalf/kalfie/kalwers (gooi), glyklip(pie); *play ~s and* ***drakes*** *with ..., make ~s and* ***drakes*** *of ..., (infml.)* met ... mooiweer speel *(iem. se goed/lewe)*; ... in die water gooi *(geld)*; *a* ***lame*** ~ 'n sukkelaar; 'n invalide; *(Am.)* iem. wat sy/haar amp binnekort moet ontruim; ***Muscovy*** ~ makou; *be* ***out*** *for a ~, (kr.)* uit wees vir 'n nul(letjie), vir 'n nul(letjie) uitgehaal word, 'n nul(letjie) aanteken/kry; *get all one's ~s in a* ***row***, *(Am., infml.)* jou sake mooi agtermekaar kry/hê; *a* ***sitting*** *~, (infml.)* 'n doodmaklike teiken; *can a ~* ***swim?*** ('n) mens hoef nie (*of* dit hoef jy nie) te vra nie; *take to s.t. like a ~ to* ***water*** dadelik in jou element met iets wees; *like* ***water off a ~'s back*** →WATER; ***white-faced*** ~ nonnetjie-eend; ***wild*** ~ wilde-eend. **~bill, ~-billed platypus** eendbek=, voëlbekdier. **~board** plankmat, staan=, werkplank. ~ **chick** eendekuiken. **~-egg blue** *n. & adj.* sagte blougroen. ~ **pond** eendedam. **~'s arse** *(infml., afk.:* DA*)* eendsterthaarstyl. **~('s) egg** eend(e)eier; *(kr.)* nul(letjie), eier. **~tail** *(fig., infml.: haarstyl of baldadige jong mens v.d. jare 50)* eendstert. **~weed, ~'s meat** *(bot.)* eendekroos, paddaslyk, =slym, =moes. ~ **wheat** reusekoring, Engelse koring.

duck[2] *n.* duik, buk, koe(t)s; **duck** *ww.* (in)duik, wegduik; indompel; (weg)koe(t)s, (weg)buk, onderduik; ontduik, ontwyk; ~ *into ...* in ... wegkoe(t)s; ~ *out of s.t., (infml.)* kop uittrek uit iets, iets ontduik/ontwyk.

duck[3] *n.* tentlinne, (katoen)seildoek; *(i.d. mv.)* seildoekpak, =broek.

duck[4] *(mil., hist.)* amfibiese voertuig.

duck·er eendeboer, =teler; duiker(tjie).

duck·ing indompeling; eendejag.

duck·ling eendjie, eendekuiken; jong eend; *ugly* ~ →UGLY.

duck·y, duck·ie, duck(s) *n., (Br., infml.)* skat(jie), skattie, hartjie, hartlam. **duck·y** *adj., (Am.)* skattig, skatlik, lieflik, bekoorlik.

duct buis, pyp; kanaal, gang, geleier, leiding; geut; *biliary* ~ galbuis. **duct·less** buisloos; ~ *gland* buislose/endokriene klier.

duc·tile *(metaalw.)* rekbaar; vervormbaar; smee(d)baar, pletbaar; taai; *(fig.)* inskiklik, gedwee *(pred.)*, gedweë *(attr.)*; ~ *steel* rekstaal. **duc·til·i·ty** rekbaarheid; vervormbaarheid; smee(d)baarheid, pletbaarheid; taaiheid; *(fig.)* inskiklikheid, gedweeheid, gedweëheid.

dud *n., (infml.)* prul(produk), misoes, nikswerd ding; misoes, nikswerd (mens); *(mil.)* dowwerd, blinde bom; *(i.d. mv., vero.)* klere; pak (klere); goeters; *put on one's ~s, (infml., vero.)* jou uitvat. **dud** *adj.* defek, onklaar; nutteloos, onbruikbaar; waardeloos *(tjek)*; (ver)vals *(munt, noot)*; prullerig, nikswerd, vrot(sig), swak.

dude *(Am., infml.)* ou, kêrel, vent; pierewaaier, swierbol, laventelhaan; stadsjapie. ~ **ranch** *(Am.)* vakansieplaas.

dudg·eon *(arg.)* geraaktheid, gekwetstheid; toorn, verontwaardiging, ergernis; *in high* ~ hoog die duiwel in, lelik omgekrap, briesend, smoorkwaad.

due *n.* wat iem. toekom, wat (aan) iem. verskuldig is; *(i.d. mv.)* skuld(e); regte, gelde; tol, belasting; *(Am.)* ledegeld; *get one's ~* kry wat jou toekom (*of* wat [aan] jou verskuldig is); jou verdiende loon kry; *give the devil his ~* die duiwel gee wat hom toekom; *give everyone his/her ~* elkeen/iedereen gee wat hom/haar toekom; reg aan elkeen laat geskied. **due** *adj.* betaalbaar; (ver)skuldig; verplig, vereis, nodig; passend, gepas, paslik, betaamlik, behoorlik; *the train/etc. is ~ (to arrive)* ***at*** *09:30* (*or* ***in*** *ten minutes)* die trein/ens. word om 09:30 (*of* oor tien minute) verwag, die trein/ens. moet om 09:30 (*of* oor tien minute) aankom; ***become/fall*** ~ verval, verstryk, betaalbaar word; *after ~* ***consideration*** →CONSIDERATION; *in ~* ***course*** →COURSE *n.*; ~ ***date*** vervaldag, =datum; betaaldag, =datum; gestelde dag; verwagte datum *(v. baba)*; ~ ***diligence*** omsigtigheidsondersoek; *the car is ~* ***for*** *a service* die motor moet versien word; *s.o. is ~* ***for*** *promotion* iem. is aan die beurt vir bevordering; *in ~* ***form*** *of law, (jur.)* met inagneming van (*of* ooreenkomstig) die regsvoorskrifte/regsvorme; *take ~* ***note*** *of ...* deeglik/goed kennis van ... neem; *with (all) ~* ***respect*** →RESPECT *n.*; ~ ***to*** *...* weens/vanweë ... *(d. droogte ens.)*; as gevolg van ... *(onkunde, druk verkeer, ens.)*; *s.o.'s death/etc. was ~* ***to*** *...* die oorsaak van iem. se dood/ens. was ..., ... was die oorsaak van iem. se dood/ens.; *it's ~* ***to*** *s.o. that ..., (iets positiefs)* dis aan iem. te danke dat ...; *(iets negatiefs)* dis aan iem. te wyte (*of* dis iem. se skuld) dat ...; *... is ~* ***to*** *Einstein/Newton/etc.* ... is aan Einstein/Newton/ens. toe te skryf/skrywe; *~* ***to*** *the fact that ...* omdat ...; *money which is ~* ***to*** *s.o.* geld/ens. wat iem. toekom; *the book is ~/scheduled* ***to be*** *published in October* die boek verskyn in Oktober (*of* word in Oktober gepubliseer). **due** *adv.* pal, reg, vlak; ~ *east* pal/reg oos.

du·el *n.* tweegeveg, =stryd, *(hist., fml., liter.)* duel; *challenge s.o. to a ~* iem. tot 'n tweegeveg/=stryd uitdaag; *fight a ~* 'n tweegeveg/=stryd voer/hê; *be fighting a ~* in 'n tweegeveg/=stryd gewikkel wees. **du·el** =*ll*=, *ww.* 'n tweegeveg/=stryd voer/hê. **du·el·list** *(hist.)* duellis.

du·en·na *(<Sp.)* duenna, goewernante; duenna, chaperone.

du·et *(komposisie)* duet; *(persone)* tweesang, duo; tweespraak; woordestryd; paar; ~ *for two pianos* vierhandige duet. **du·et·tist** duetsanger(es); duetspeler, =speelster.

duff[1] *n.* deeg; doekpoeding, jan-in-die-sak; *(Am., Sk.)* molm, verrottende blare; *be up the ~, (Br., infml.: swanger/verwagtend wees)* verwag, in die ander tyd (*of* op die paal) wees, kruiwa (*of* die mol) stoot; *get s.o. up the ~, (Br., infml.: iem. swanger maak)* iem. op die paal sit. ~ **(coal)** fyn(steen)kool, steenkoolgruis.

duff[2] *ww., (infml.)* vernuftig verander *(gesteelde goed)*; *(Austr.)* vee steel (en oorbrand *of* die brandmerk verander); *(gholf)* ploeg, 'n ploeghou speel; *(gholf)* verbrou *(hou)*; ~ *s.o. up, (Br., infml.)* iem. opdons/opfoeter. **duff** *adj., (Br., infml.)* nikswerd, nutteloos, vrot(sig), swak, sleg, pateties, treurig; op die koffie, in sy kanon/peetjie (in), kapot, stukkend; vals *(noot)*.

duff[3] *(Am., infml.)* bas, jis, stert, sitvlak, agterent, agterwêreld.

duf·fel, duf·fle *(tekst.)* duffel. **duf·fel bag** buissak. **duf·fel coat** duffelse baadjie.

duf·fer *(infml.)* pampoen(kop), skaap(kop), aap, swaap, mamparra; misoes, nikswerd, nul op 'n kontrak; sukkelaar; *(Austr.)* onproduktiewe myn; *(Austr.)* veedief.

duf·fle →DUFFEL.

dug[1] *(verl.t. & volt.dw.)* →DIG *ww.*.

dug[2] *n.* tepel, speen; uier; *(arg.)* (hang)bors.

du·gong -*gong(s), (soöl.)* doegong.

dug·out boomkano, -skuit, korjaal; ondergrondse skuiling; *(mil.)* skuilgat, loopgraaf; *(sport)* plaasvervangerbank; *(infml.)* heraangestelde beampte/werker/offisier/ens.; *sit in the ~, (sport)* op die plaasvervangerbank sit.

dui·ker -*ker(s), (Afr., soöl.)* duiker; ***blue*** ~ →BLUE; ***common/grey*** ~ duiker; ***female*** ~ duikerooi; ***male*** ~ duikerram; ***red*** ~ →RED.

duke *n.* hertog; *(i.d. mv., sl.)* vuiste; *grand* ~ groothertog. **duke** *ww.: ~ it out, (Am., infml.)* dit uitbaklei. **duke·dom** hertogdom.

dul·cet soet(klinkend). **dul·ci·fy** *(poët., liter.)* versoet, soet maak; versag; kalmeer, laat bedaar, stil, sus.

dul·ci·mer *(mus.)* dulsimer, hakkebord.

dull *adj.* vervelig, vervelend, saai, oninteressant, sieldodend, doods, eentonig; mistroostig, ontmoedig; lusteloos, dooierig; dof *(kleur, klank, pyn)*; gedemp *(geluid)*; mat *(glas)*; bewolk, betrokke; triest(er)ig, triets(er)ig, druilerig; stomp *(lem ens.)*; dom, nie slim nie, stadig/traag van begrip; *(han.)* stil, traag, lusteloos, flou, slap *(mark)*; *(arg.)* afgestomp, ongevoelig; *deadly ~, (as) ~ as dishwater/ditchwater, (infml.)* doods, morsdood, dood-, stomvervelig, baie/erg/verskriklik vervelig; ~ *of hearing* hardhorend; *never a ~ moment* jy verveel jou nooit, die onverwagte is altyd moontlik. **dull** *ww.* demp, verdof *(klank)*; demp *(plesier, pret, ens.)*; verstomp *(gees, gewaarwording, sintuie, ens.)*; afstomp *(iem., konsentrasie, sinne, ens.)*; verswak *(geheue, gesig, ens.)*; benewel *(denke)*; verdoof, stil *(pyn)*; laat verflou *(ywer ens.)*; vertroebel *(oordeel)*; laat verslap *(waaksaamheid ens.)*; stomp maak *(mes ens.)*. **~-eyed** *adj.* met dowwe/verlepte oë. **~-witted, ~-brained** onnosel, stadig/traag van begrip, stompsinnig, toe *(infml.)*.

dull·ard stommerik, sufferd.

dull·ing verstomping, afstomping.

dul(l)·ness verveligheid, saaiheid, doodsheid, eentonigheid; mistroostigheid; lusteloosheid, dooierigheid; dofheid; gedemptheid; bewolktheid; triest(er)igheid, triets(er)igheid; stompheid; domheid; *(han.)* stilte, traagheid, lusteloosheid, flouheid, slapte; *(arg.)* afgestomptheid, ongevoeligheid.

dul·ly dof *ens.*; →DULL *adj.*.

du·ly behoorlik, na behore, passend; stip, op tyd; dan ook; ~ *registered* behoorlik geregistreer; ~ *performed* na behore (*of* bevredigend) gedoen/uitgevoer; ~ *received* in goeie orde/toestand ontvang.

du·ma, dou·ma *(Rus.): the D~, (wetgewende liggaam)* die Doema.

dumb stom, sprakeloos, spraakloos; swygend; *(Am., SA)* dom; ***play*** ~ jou dom/onnosel hou; *be **struck** ~* dronkgeslaan wees, verstom staan; *be ~ **with** ...* sprakeloos/spraakloos wees van ... *(verbasing ens.)*. **~bell** *(gimn. ens.)* handgewig; *(infml.)* stommerik, sufferd. **~ blonde** *(infml., neerh.)* dom blondine, dowwe dolla. **~ show** gebarespel. **~struck** dronkgeslaan, sprakeloos, spraakloos, verstom, met stomheid geslaan. **~ terminal** *(rek.)* onintelligente terminaal. **~ waiter** koshyser(tjie); *(Br.)* draaistander; *(Br.)* dientafel(tjie). **~ well** afvalwaterput.

dumb·found, dum·found dronkslaan, verstom, verbluf, verbyster, stom verbaas, oorbluf. **dumb·found·ed·ness** verbystering, verbluftheid, stomme verbasing.

dumb·ness stomheid; *(Am., SA)* domheid.

dum·bo -*bos, (infml.)* domkop, pampoen(kop), skaap(kop), swaap.

dum-dum *(infml.)* domkop, pampoen(kop), skaap(kop), swaap.

dum·dum (bul·let) dum-dum(-koeël), loodpuntkoeël.

dum·found →DUMBFOUND.

dum·ka -*kas, -ky, (mus.)* doemka.

dum·my *n.* pop *(v. buikspreker ens.)*; *(naaldw.)* klere-, paspop; *(fig.)* strooipop, figurant; fopspeen; *(brug)* oop hand; *(brug)* blinde; ontwerpmodel; fopspeen, tiet *(vir 'n baba)*; druk(kers)-, formaat-, boekmodel; *(tip.)* proefbladsy; *(mil.)* vals patroon; *(rugby, sokker)* pypkan; *(rugby)* fopaangee; *(infml.)* domkop, uilskuiken; ***act the*** ~ die stomme speel; ***sell** s.o. a ~, (infml.), (rugby, sokker)* iem. pypkan; *(rugby)* iem. met 'n fopaangee flous/uitoorlê; ***tailor's*** ~ paspop. **dum·my** *ww., (rugby, sokker)* iem. pypkan; *(rugby)* iem. met 'n fopaangee flous/uitoorlê. **dum·my** *adj. (attr.)* namaak-; skyn-; nagemaakte, onegte, vals(e); opgestopte; ~ ***door*** blinde/vals deur; ~ ***joint**, (messelwerk)* skynvoeg; ~ ***run*** oefenlopie, repetisie; *(mil.)* skietoefening; ~ ***shaft**, (mot.)* monteeras.

dump *n., (ook* rubbish ~*)* vullis-, vuilgoedhoop; stortplek, -terrein; hoop afval/vullis; *(SA, ook* mine ~*)* mynhoop; *(mil.)* opslagpplek, -plaas, stapel(plek); *(infml.)* gat van 'n plek; *(rek.)* storting; *(rek.)* gestorte inligting. **dump** *ww.* stort, aflaai; neerplak, neergooi, neersmyt; weggooi; agterlaat, verlaat; *(infml.)* laat staan, los *(meisie, kêrel)*; *(han.)* dump *(goedere)*; stort *(kernafval ens.)*; *(rek.)* stort *(data)*; *(Austr., SA)* kragpers *(wol)*; *~ s.t. down ...* iets in ... afgooi; *~ s.o. off, (infml.)* iem. aflaai. **~ bin** uitstaleenheid; winskopieblik. **~cart** stort-, skots-, wipkar. **~ truck** →DUMPER (TRUCK).

dump·er storter. **~ (truck),** *(Am.)* **dump truck** stort(bak)vragmotor.

dump·i·ness →DUMPY *adj.*.

dump·ing *(han.)* dumping; storting *(v. radioaktiewe afval ens.)*; *(Austr., SA)* kragpersing *(v. wol)*; *no ~ (here)* geen stortplek. **~ duty** *(han.)* dumpingreg. **~ ground** stort(ings)terrein, stort(ings)plek; *(fig.)* aflaaiplek. **~ tariff** *(han.)* dumpingtarief.

dump·ish, dump·y *adj., (w.g.)* bedruk, bekaf; →DUMPS.

dump·ling *(kookk.)* kluitjie; *(infml.)* potjierol, pokkel.

dumps *(mv.), (infml.): be (down) in the ~* bedruk/bekaf/neerslagtig/terneergedruk wees, in die put sit.

dump·ster *(Am.)* stortbak.

dump·y[1] *n., (pers.)* potjierol, pokkel, buksie; kortlywige skaap/ens.; *(SA, infml.: bierbotteltjie)* buksie. **dump·y** -*ier -iest, adj.* plomp, kort en dik; kortlywig; ~ *level* bukswaterpas. **dump·i·ness** kortlywigheid; vormloosheid.

dump·y[2] →DUMPISH.

dun[1] *n., (arg.)* skuldeiser; aanmaning. **dun** -*nn-, ww.* maan, lastig val, opdruk, opskroef; *~ s.o. for payment* iem. aanskroef/opskroef (om te betaal). **dun·ning let·ter** aanmaningsbrief, maanbrief.

dun[2] *n.* vaal perd. **dun** *adj.* vaalbruin; donker, somber.

Dü·na·burg *(D., geog., hist.)* Dünaburg; →DAUGAVPILS.

dunce dom-, klipkop, pampoen(kop), skaap(kop), uilskuiken, stommerik.

Dun·dee *(geog.)* Dundee. **~ cake** *(Br. kookk.)* dundeekoek.

dun·der·head *(infml.)* domkop, uilskuiken, stommerik. **dun·der·head·ed** aartsdom, domonnosel, stompsinnig.

dune duin. **~ berry** skilpadbessie. **~ buggy** →BEACH BUGGY. **~land** duineveld. **~ mole:** *(Cape)* ~ ~ duin(e)mol.

dung *n.* mis. **dung** *ww., (intr.)* mis; *(tr.)* bemis; bemes. **~ beetle,** *(SA)* **~ roller** miskruier. **~ eater** misvreter. **~hill** mishoop. **~ lock** misklos.

dun·ga·ree growwe kaliko; *(i.d. mv.)* skouerbroek, oorbroek, -pak, werkbroek.

dun·geon *n.* kerker, onderaardse sel; →DONJON. **dun·geon** *ww., (poët., liter.)* kerker, opsluit. **~ air** kerkerlug.

dun·ite *(geol.)* duniet.

dunk doop *(beskuit/ens. in koffie/ens.)*; dompel *(iets in water)*; *(basketbal)* dompel. ~ **shot** *(basketbal)* dompelskoot.

Dun·kirk, *(Fr.)* **Dun·kerque** *n., (geog.)* Duinkerken; *(fig.)* duinkerk, ontruiming, terugtrekking, aftog; *(fig.)* duinkerk, nederlaag, mislukking. **Dun·kirk** *ww., (w.g.)* duinkerk, terugtrek, padgee. **Dun·kirk·er** Duinkerker.

dun·kop *(Afr., veearts.)* dunkop *(by perde/muile)*.

dun·nage *(sk.)* pakhout, stugoed, stumateriaal; *(infml.)* bagasie.

dun·no, dun·no *(sametr.), (sl.)* = (I) DO NOT KNOW.

dun·siek·te *(Afr., veearts.)* dunsiekte *(by veral perde)*.

du·o -*os, (mus.)* duo; *(mus.)* duet; *(infml.)* paar.

du·o- *(komb.vorm)* duo-.

du·o·dec·i·mal twaalftallig, duodesimaal.

du·o·dec·i·mo *(druk.)* duodesimo.

du·o·de·num -*denums, -dena, (anat.)* duodenum, twaalfvingerderm. **du·o·de·nal** duodenaal, van die twaalfvingerderm; ~ *ulcer* duodenumseer.

du·o·logue tweegesprek, tweespraak.

dupe *n.* slagoffer, dupe. **dupe** *ww.* bedrieg, mislei, fop, kul, verneuk, kierang. **dup·a·ble** bedriegbaar, misleibaar, liggelowig.

du·ple dubbel, tweeledig; ~ *time, (mus.)* tweeslagmaat.

du·plex *adj.* dubbel, tweeledig; dupleks. ~ **(apartment)** *(Am.),* ~ **(flat)** (dubbel)verdiepingwoonstel, tweevlakwoonstel, dupleks(woonstel). ~ **(house)** *(Am.)* →SEMIDETACHED (HOUSE). ~ **lock** tweelingslot. ~ **printing** dupleksdruk.

du·plex·i·ty dubbelheid.

du·pli·cate *n.* duplikaat, afskrif, kopie; tweede eksemplaar; *in ~* in tweevoud. **du·pli·cate** *adj.* dubbel, duplikaat-; gevou(d); ~ *test* duplikaattoets. **du·pli·cate** *ww.* verdubbel, dupliseer; kopieer, 'n kopie maak van. **du·pli·cat·ing** duplisering. **du·pli·ca·tion** verdubbeling, duplikasie. **du·pli·ca·tor, du·pli·cat·ing ma·chine** kopieertoestel.

du·plic·i·ty dubbelhartigheid, valsheid, onopregtheid, veinsery, duplisiteit; *(arg.)* dubbelheid.

du·ra·ble *adj.* duursaam, sterk; slytbestand; blywend *(vrede)*; bestendig *(iem.)*. **du·ra·bles, du·ra·ble goods** *(mv.):* duursame (verbruik[er]s)goedere. **du·ra·bil·i·ty** duursaamheid; blywendheid; bestendigheid.

du·ra ma·ter *(Lat., anat.: buitenste vlies wat d. brein en rugmurg omsluit)* dura mater.

du·ra·men *(bot.)* →HEARTWOOD.

du·rance *(arg.)* gevangenskap; *in ~ vile* agter slot en grendel, in gevangenskap.

du·ra·tion duur, voortduring; *for the ~ of ...* so lank ... duur, vir die duur van ...; *of long ~* langdurig; *of short ~* kortstondig.

Dur·ban *(geog.)* Durban. **~ poison** *(dwelmsl.)* Natalse dagga.

dur·bar *(hist.)* (Indiese) hofhouding; oudiënsie, vorstelike ontvangs/resepsie; ontvangslokaal.

Durbs *(geog., infml.)* = DURBAN.

dure *(arg.)* (voort)duur; voortgaan; hou.

du·ress (nood)dwang; bedreiging, vreesaanjaging; *(arg.)* gevangenskap; *(arg.)* vryheidsberowing; *under ~* onder dwang, gedwonge, nie uit vrye wil nie.

du·ri·an *(bot.: boom of sy vrug)* doerian.

dur·ing gedurende, tydens; ~ *the **meal*** onder die ete; ~ ***office hours*** in kantoortyd/-ure; ***sleep** ~ the sermon* onder die preek slaap.

dur·ra *(bot.: soort graansorghum)* doerra.

dur·rie →DHURRIE.

durst *(verl.t.), (arg.)* = DARED.

dusk skemer(ing), skemeraand, -donker, halfdonker, -duister, donkeraand; *at ~* met skemeraand, wanneer dit skemer word. **dusk·i·ness** halfdonker(te), skemer(ing), skemerdonker. **dusk·y** skemer(agtig), halfdonker, -duister, donkerig; ~ *complexion* donker gelaatskleur; ~ *dolphin* Kaapse dolfyn.

dust stof; poeier; stofwolk; *(poët., liter.)* stoflike oorskot; *(poët., liter.)* sterflike liggaam; grond; skoot van die aarde, graf; (die) afstof; *(fig., infml.)* stof, herrie, baan; iets waardeloos; *(infml., med.)* stoflong *(by myn-werkers)*; stofgoud; vullis; ***bite/kiss/lick** the ~, (infml.)* grond eet, in die sand/stof byt; *in a **cloud** of* ~ in 'n stofwolk; ***clouds** of* ~ stofwolke; *be **covered** with* ~ bestof (*of* toe onder die stof) wees; *throw ~ in s.o.'s **eyes**, (infml.)* iem. 'n rat voor die oë draai, sand in iem. se oë strooi, iem. sand in die oë strooi, iem. vet om die oë smeer; *shake the ~ off one's **feet**, (infml.)* die stof van jou voete skud; ***kick up*** (or ***raise***) *a lot of ~, (lett.)* baie stof maak; *(fig., infml.)* stof opja(ag)/opskop, 'n herrie/baan opskop; ***lay** the* ~ verhinder dat die stof opwaai/rondwaai; ***return** to* ~ tot stof terugkeer; *let the ~ **settle*** dinge eers laat bedaar; *when the ~ had **settled*** toe dinge eers bedaar het; ***trample** s.o. in the* ~ iem. in die stof vertrap; ***turn** to* ~ tot stof vergaan. **dust** *ww.* afstof, (stof) afvee/afborsel/afklop; bestuif, bestrooi *(met meelblom ens.)*; *~ s.o. **down**, (fig.)* iem. roskam (*of* voor stok kry *of* die leviete voorlees); *~ s.t. **down**, (met hand)* iets afklop; *(met borsel)* iets afborsel; *(met lap)* iets afstof; *~ s.o.'s **jacket*** →JACKET; *~ s.t. **off*** iets afstof; iets weer te voorskyn bring/haal; *~ s.o. **up**, (Am., infml.)* iem. bykom/toetakel. ~ **bath** sandbad *(v. voëls)*. ~**bin** vullisblik, =bak, asblik, vuilgoedblik. ~ **bowl** waaistofstreek. ~**brand** *(plantsiekte)* brand. ~**cart** *(Br.)* askar. ~ **cloud** stofwolk. ~ **coat,** *(Am.)* **duster** stofjas, ligte (oor)jas. ~ **content** stoflesing. ~ **cover** stofskerm, =deksel; →DUST JACKET; DUSTSHEET. ~ **devil** stof(d)warrel. ~ **exhauster** stofuitsuier. ~**-free** stofvry, sonder stof. ~ **gun** *(landb.)* stuifkop. ~ **jacket,** ~ **cover,** ~ **wrapper** stofomslag *(v. boek)*. ~**man** =*men* *(Br.)* vullisman, vullisverwyderaar, askarryer; *(fig.)* →SANDMAN. ~**pan** skoppie. ~**proof,** ~**-tight** stofdig. ~ **sampler** stoftoetser. ~**sheet,** ~ **cover** *(Br.)* stoflaken *(vir d. bedekking v. meubels)*. ~ **shot** donshael. ~ **storm** stofstorm. ~ **trap** stofnes. ~**-up** *(infml.)* bakleiery, vegtery; rusie, (ge)twis, stryery, gestry, onderonsie. ~ **wrapper** →DUST JACKET.

dust·er stoffer, stofdoek, =lap, afstoflap; stowwer, veër; bestuiwer, stuifpomp, =masjien; *blackboard ~* bordwisser. ~ **(coat)** ligte somerjas.

dust·i·ness →DUSTY.

dust·ing die afstof; bestuiwing; dun lagie; ruwe weer; loesing, pak slae. ~ **down** berisping, skrobbering, betigting. ~ **machine** stuifmasjien. ~ **powder** lyfpoeier; stuifpoeier.

dust·y stowwerig, bestof; droog, vervelig, vervelend; *~ answer* vae/ontwykende antwoord; *not so ~, (infml.)* nie so sleg nie; *~ road* stofpad. **dust·i·ness** stowwerigheid.

dutch *n., (Br., infml.): my old* ~ my ou beste.

Dutch *n.* Nederlands, Hollands; *that **beats** the ~, (fig.)* dis ongelooflik, ek kan dit nie glo nie; ***Cape*** ~ →CAPE; ***double** ~, (infml.)* koeterwaals, brabbeltaal, onverstaanbare taal, 'n gebrou; *it's all **double** ~ to s.o.* iem. verstaan geen/g'n (*of* nie 'n) snars daarvan nie, dis Grieks vir iem.; ***High** ~, (hist.)* Hooghollands; *(hist.)* Hoogduits; ***Low*** ~ Nederduits; ***the** ~, (mv.)* die Nederlanders/Hollanders; *(hist.)* die Afrikaners. **Dutch** *adj.* Nederlands, Hollands; ***Cape*** ~ →CAPE; *we **go*** ~ elkeen betaal vir homself/haarself; ***make/become/turn*** ~ →DUTCHIFY. ~ **auction** afslagveiling. ~ **barn** *(Br.)* oop skuur. ~ **cheese** Hollandse kaas; edam(kaas), edammer; maas=, suurmelk=, dikmelkkaas; weikaas. ~ **church(es)** *(SA, hist.)* Hollandse/Hollands-Afrikaanse kerk(e). ~ **comfort** skrale/skraal troos. ~ **courage** *(infml.)* jenewermoed. ~ **door** *(Am.)* bo-en-onder-deur. ~ **East India Company** *(hist., afk.: DEIC)* Nederlandse Oos-Indiese Kompanjie *(afk.: NOIK)*, Vereenighde Oostindische Compagnie *(Ndl., afk.: VOC)*. ~ **East Indies** *(geog., hist.)* Nederlands-Indië; →INDONESIA. ~ **gold,** ~ **leaf,** ~ **metal** klatergoud; juwelierspleet. ~ **grass** →COUCH (GRASS); PARA GRASS. ~ **heel** Hollandse hak. ~**man** =*men* Hollander, Nederlander; *(SA, neerh.)* Afrikaner; *if ..., (then) I'm a ~, (infml.)* as ..., (dan) wil ek my naam nie hê nie (*of* dan is my naam nie ... *[Jan Mol ens.]* nie); *s.o./s.t. will ..., or I'm a ~, (infml.)* iem./iets sal ..., so seker as twee maal twee vier is (*of* so seker as wat ek hier staan). ~**man's pipe** *(bot.: Aristolochia durior)* oupa-se-pyp. ~ **oven** *(hist.)* bakoond. ~ **Reformed Church** *(afk.: DRC)* Nederduitse Gereformeerde Kerk (in Suid-Afrika) *(afk.: NGK)*; Nederduitsch Hervormde Kerk (van Afrika) *(afk.: NHK)*. ~ **scholar** Neerlandikus. ~ **studies** Nederlandistiek. ~ **treat** *(infml.)* ete/ens. waarvoor elkeen vir homself/haarself betaal. ~ **uncle** *(infml.)* vermaner; *talk to s.o. like a ~ ~* iem. die leviete voorlees; (vir) iem. reguit sê wat jy dink.

dutch·i·fy *(dikw. D~)* verhollands, verdiets.

Dutch·ism Hollandisme, Nederlandisme.

du·te·ous *(fml. of arg.)* pligsgetrou; gehoorsaam, eerbiedig.

du·ti·a·ble belasbaar; aan invoerreg onderhewig.

du·ti·ful plig(s)getrou, dienswillig; gehoorsaam, eerbiedig; pligmatig; *pay s.o. a ~ visit* iem. uit pligpleging besoek. **du·ti·ful·ly** pligshalwe.

du·ty plig, verantwoordelikheid; verpligting; taak; funksie; diens; wag; *(han.)* belasting; reg →EXPORT/IMPORT DUTY; aksyns *(op tabak ens.)*; *(teg.)* werk=, diensverrigting; ***assume*** ~ diens aanvaar; ***attention** to* ~ pligsbetragting; *be in ~ **bound** to do s.t.* gebonde/verplig wees om iets te doen, iets pligshalwe moet doen; *beyond the **call** of* ~ bo en behalwe die plig; *~ **calls*** my plig roep my; ***come off*** ~ van diens (af) kom, van die werk af kom; ***devotion** to* ~ pligsbetragting, =getrouheid; ***dereliction** of* ~ pligsversuim; *the **discharge** of one's duties* jou diensverrigting, die nakoming/vervulling van jou pligte; ***discharge** one's duties* jou pligte vervul/nakom; *a **distasteful*** ~ 'n onaangename taak; ***do** one's* ~ jou plig doen/nakom/vervul; *s.t. can **do** ~ for ...* iets kan as ... dien (*of* gebruik word); ***fail** in one's* ~ jou plig versuim; ***go off*** ~ uitskei, van diens (af) gaan; *s.o. **has** a ~ to do s.t.* dit is iem. se plig om iets te doen; ***know** one's* ~ weet wat jou te doen staan; *in the **line** of* ~ pligshalwe, in die loop van iem. se pligte; ***neglect** one's* ~ jou plig versuim; *be **off*** ~ vry (van diens) wees, van diens (af) wees, los wees, buite diens wees, geen diens hê nie; *be **on*** ~ aan/op diens wees, werk, by die werk wees, diens doen; op wag wees, wag staan, wagstaan; ~ ***paid*** invoerreg betaal; invoerregte inklusief/ingesluit; →DUTY-PAID; ***pay** (excise/import) ~ on s.t.* aksynsreg/invoerreg op iets betaal; ***perform** a* ~ 'n plig nakom/vervul; *~ before **pleasure*** eers werk en dan speel; ***release** s.o. from* ~ iem. aflos; iem. vrygee; *be **remiss** in one's* ~ jou pligte verwaarloos; *a **sacred*** ~ 'n heilige plig; ***sense** of* ~ pligsgevoel, =besef; *never **swerve** an inch from one's* ~ nooit 'n duimbreed(te) van die weg van plig wyk nie; ***teach** s.o. his/her* ~ iem. tot sy/haar plig bring; *s.o.'s ~ **to/towards** ...* iem. se plig teenoor ...; *do a **turn** of* ~ 'n diensbeurt/=tyd hê. ~ **book** diensboek. ~**-bound** verplig, gebonde, pligshalwe. ~ **bus** diensbus. ~ **call** beleefdheidsbesoek. ~ **clerk** diensklerk. ~**-free** belastingvry; doeanevry *(invoer, toegang, pakket)*; vry(gestel) van reg *(invoergoedere)*; aksynsvry *(tabak ens.)*; *~ shop* belastingvrye winkel. ~ **list,** ~ **roster** diensrooster; *(mil.)* wagrooster. ~ **officer** diensoffisier. ~**-paid:** *~ contracts* kontrakte met betaalde invoerreg; *~ entry* inklaring met invoerreg betaal. ~ **room** dienskamer. ~ **roster** →DUTY LIST. ~ **stamp** belastingseël.

du·um·vir =*virs,* =*viri, (Rom. gesk.)* tweeman, duumvir. **du·um·vi·rate** tweemanskap, duumviraat.

du·vet duvet.

dux *duces, (Lat.)* dux, primus, topstudent. ~ **prize** dux-prys.

dux·elles *(Fr. kookk.)* duxelles.

Dvi·na *(rivier): Northern* ~ Noordelike Dwina; *Western* ~ →DAUGAVA.

Dvinsk *(Rus., geog., hist.)* Dwinsk; →DAUGAVPILS.

dwaal *n., (Afr., infml.): be in a* ~ in 'n dwaal wees.

dwarf *dwarfs, dwarves, n.* dwerg. **dwarf** *adj.* dwergagtig, miniatuur=, dwerg=. **dwarf** *ww.* verdwerg *(lett. & fig.)*; klein(er) maak, klein hou; in die skadu(wee) stel, klein laat lyk; in sy groei belemmer; klein(er) word, krimp, kwyn. ~ **bittern** *(orn.)* dwergreier. ~ **oak** dwergeik. ~ **pea** →CHICKPEA. ~ **rose** struikroos. ~ **willow** dwergwilg.

dwarf·ing verdwerging.

dwarf·ish dwergagtig, dwerg=.

dwarf·ism dwerggroei, dwergisme, verdwergdheid; dwergvorming.

dweeb *(Am. sl.)* bleeksiel.

dwell *dwelt dwelt; dwelled dwelled* woon; *~ (up)on s.t.* by iets stilstaan, oor iets uitwei, op iets nadruk lê; *s.o.'s eyes ~ (up)on s.t.* iem. se oë rus op iets. **dwell·er** bewoner, inwoner.

dwell·ing *(fml., liter.)* woning, woonhuis. ~ **house** *(vnl. jur.)* woonhuis, woning. ~ **place** *(fml.)* woon=, bly=, verblyfplek, woon=, verblyfplaas. ~ **unit** wooneenheid.

dwin·dle *(ook* dwindle away*)* afneem, verminder, minder word; (in)krimp, kleiner word; verflou; kwyn. **dwin·dling** *n.* afname *(in belangstelling, steun)*; verflouing *(v. belangstelling)*; kwyning, krimping *(v. gehore, getalle)*; kwyning *(v. daglig, kragte, gesondheid, aansien, voorrade, hulpbronne)*; inkrimping *(v. inkomste, gesag, invloed)*; verslapping, kwyning *(v. handel)*. **dwin·dling** *adj. (attr.)* afnemende; verflouende; kwynende, krimpende; inkrimpende; verslappende; tanende *(kragte, belangstelling, roem)*.

dy·ad *n.* tweetal, paar; *(wisk.)* diade; *(chem.)* diade, tweewaardige atoom/radikaal. **dy·ad, dy·ad·ic** *adj.* tweevoudig; *(chem.)* tweewaardig.

Dy·ak, Day·ak =*ak(s), n.* Dajak(ker). **Dy·ak, Day·ak** *adj.* Dajaks.

dy·ar·chy →DIARCHY.

dye *n.* kleurstof, kleursel; haarkleurstof; pigment; kleur, tint; *of the blackest/deepest* ~ van die ergste soort. **dye** *ww.* kleur, tint; laat kleur; *~ back* terugkleur *(hare)*. ~ **bath** kleurbad. ~**d-in-the-wool** *adj. (attr.), (fig.)* deurwinterde *(joernalis ens.)*; verstokte *(kommunis, tradisionalis, ens.)*; aarts= *(konserwatief ens.)*; deurtrapte *(skelm ens.)*; verkrampte *(idees ens.)*. ~ **pistol** kleurpistool. ~**stuff** kleurstof. ~**wood** verfhout. ~ **works** kleurstoffabriek.

dye·ing kleuring, kleurdery; kleurwerk. ~ **process** kleurproses.

dy·er kleurder.

dy·ing *n.* dood; *(fml.)* heengaan, oorly(d)e, (die) (af)sterwe. **dy·ing** *adj.* sterwend(e), sterwens=, sterf=, doods=, laaste; →DIE[1] *ww.*. ~ **bed** sterfbed. ~ **day** sterfdag. ~ **declaration** sterwensverklaring. ~ **hour** sterfuur, sterwensuur. ~ **oath** eed op die (*of* iem. se) sterfbed. ~ **wish** laaste wens, sterwenswens. ~ **word** laaste woord, sterfbedwoord.

dyke[1], dike *n.* dyk, (keer)wal; seewering; versperring, barrikade; *(geol.)* (eruptiewe) gang, intrusie=, rots=, gesteentegang; sloot, voor. **dyke, dike** *ww.* indyk, wal(le) gooi. ~ **burst** dykbreuk. ~ **fault** *(geol.)* gangverskuiwing. ~**grave** *(voorsitter v. 'n dykbestuur in Ndl.)* dykgraaf. **dik·ing** bedyking.

dyke[2], dike *n., (sl., neerh.: lesbiër)* lettie.

dy·nam·ic *adj.* dinamies; bewegings=, beweeg=; stu=; *~ force* stukrag; *~ pressure* studruk; *~ unit* krageenheid. **dy·nam·ics** *n., (meg.)* dinamika, kragteleer; *(alg.)* dinamiek, dryf=, stukrag; *(mus.)* dinamiek, toonsterkte.

dy·na·mise, =mize meer dinamies maak, 'n dinamieser ... daarstel/instel, groter/meer stukrag aan ... gee/verleen.

dy·na·mism dinamisme; dinamiek. **dy·na·mist** dinamis.

dy·na·mite *n.* dinamiet; *a stick of* ~ 'n dinamietkers. **dy·na·mite** *ww.* (met dinamiet) opblaas, met dinamiet losskiet/oopskiet/wegskiet/ens.. ~ **attack,** ~ **outrage** dinamietaanslag. ~ **cartridge** dinamietpatroon. ~ **charge** dinamietlading. ~ **fuse** dinamiet=, skietlont. ~ **stick** dinamietkers.

dy·na·mit·er dinamietskieter.

dy·na·mo =*mos* dinamo. ~ **attendant** dinamobediener. ~ **drive** dinamoaandrywing; dinamoaandrywer.

~electric(al) dinamo-elektries. **dy·na·mom·e·ter** dinamometer, kragmeter. **dy·na·mo·met·ric, dy·na·mo·met·ri·cal** dinamometries. **dy·na·mom·e·try** *(fis.)* kragmeting.

dyn·ast heerser, dinas. **dy·nas·tic, dy·nas·ti·cal** dinasties, stam=, erf=. **dyn·as·ty** vorstehuis, dinastie, regerende stamhuis.

dyne *(fis.)* dine, sentimetergram.

dys·en·ter·ic disenteries, buikloop=.

dys·en·ter·y *(med.)* disenterie; *(veearts.)* bloedpersie; →LAMB DYSENTERY. ~ **herb** naaldbossie.

dys·func·tion *(med.)* disfunksie; *(alg.)* wanfunksionering, abnormale werking; →MALFUNCTION.

dys·graph·i·a *(psig.: onvermoë om te skryf a.g.v. breinskade)* disgrafie.

dys·lex·i·a disleksie. **dys·lex·ic, dys·lec·tic** *n.* disleksielyer. **dys·lex·ic, dys·lec·tic** *n.* dislekties.

dys·men·or·rhoe·a, *(Am.)* **-rhe·a** *(med.)* dismenorree.

dys·pep·si·a, dys·pep·sy slegte spysvertering, dispepsie. **dys·pep·tic** *n.* lyer aan slegte spysvertering. **dys·pep·tic** *adj.* dispepties, lydende aan slegte spysvertering; *(fig.)* prikkelbaar, kriewelrig, knorrig, geïrriteerd.

dys·pha·si·a *(psig.: onvermoë om woorde en sinne te vorm)* disfasie.

dys·pla·si·a *(med.: enige groei-afwyking)* displasie. **dys·plas·tic** displasties.

dysp·noe·a, *(Am.)* **dysp·ne·a** dispnee, asemnood.

dys·pro·si·um *(chem., simb.: Dy)* disprosium.

dys·tro·phy, dys·tro·phi·a *(med.)* kwyning, distrofie. **dys·troph·ic** distrofies.

dys·u·ri·a *(med.)* disurie, pynlike urinering.

dy·tis·cid *(entom.)* swemtor, duikkewer.

dzig·ge·tai *-tais, (soort wilde-esel)* dziggetai.

Dzun·ga·ri·a, Zun·ga·ri·a →JUNGGAR PENDI.

Ee

e, E *e's, E's, Es, (vyfde letter v.d. alfabet)* e, E; *little e* e'tjie; *small e* klein e. **E flat** *(mus.)* E-mol. **E sharp** *(mus.)* E-kruis. **E-string** *(mus.)* kwintsnaar.

E *(afk.)*: **~-boat** motor-torpedoboot. **~-mail** →E-MAIL. **~ number** *(Br.)* E-nommer *(op voedselverpakkings)*.

each *adj. & pron.* elke, iedere; elk, elkeen, iedereen; stuk; *~ and **all*** almal (sonder onderskeid); *they **are**/**cost** R10 ~* hulle kos R10 elk/stuk; *in ~ **case*** in elke/iedere geval; *~ and **every** one* almal, die laaste een, 'n ieder en 'n elk, al wat leef en beef; *~ **of** them/us has ...* hulle/ons het elk(een) ...; *~ **one*** elkeen, iedereen; *~ **other*** mekaar; *they help/etc. ~ **other*** (or ***one another***) hulle help/ens. mekaar, die een help/ens. die ander; *with* (or *on top of*) *~ **other*** (or ***one another***) met/(bo-)op mekaar, die een met/(bo-)op die ander; *back a horse ~ **way*** na weerskante op 'n perd wed.

ea·ger[1] gretig, ywerig, geesdriftig, entoesiasties, vurig; begerig, verlangend; *an ~ **air**, (liter.)* 'n skraal/skerp luggie; *~ **beaver**, (infml., soms neerh.)* besige by(tjie), vlytige mier(tjie), skarrelaar; *be ~ as a **beaver*** baie ywerig wees; *listen to s.t. with ~ **ears*** met gespitste ore na iets luister; *~ to **fight*** stryd=, veglustig; *be ~ **for** s.t.* begerig/verlangend wees na iets, op iets belus wees; *be ~ **to** do s.t.* gretig wees (*of* lus hê/voel/wees) om iets te doen. **ea·ger·ly** gretig(lik), ywerig, geesdriftig, vurig=(lik). **ea·ger·ness** gretigheid, ywer(igheid), geesdrif, entoesiasme, vurigheid.

ea·ger[2] →EAGRE.

ea·gle arend, adelaar; *(gh.)* arend; *(Am., hist.)* tiendollar=stuk; *the E~, (astron.)* die Adelaar, Aquila; ***bald** ~* Amerikaanse adelaar; ***black/Verreaux's** ~* witkruis=arend, dassievanger; ***booted** ~* dwergarend; ***crowned** ~* kroonarend; ***double** ~, (Am., hist.)* twintigdollar=stuk; ***double(-headed)** ~* dubbele adelaar; ***golden/mountain** ~* goud=, steenarend; ***harrier** ~* uilarend; ***hawk** ~* hoenderjaer; ***martial** ~* breëkoparend; ***sea** ~* visarend; ***spotted** ~* gevlekte arend; ***tawny** ~* roof=, tjokarend, kouvoël; ***Wahlberg's** ~* bruinarend. **~ eye** arendsoog, =blik, adelaarsoog, =blik. **~-eyed, ~-sighted** met arendsoë/=oog; skerpsiende. **~ owl** ooruil; *spotted ~ ~* steenuil, gevlekte ooruil. **~ ray** *(igt.)* arends=, duiwelsrog. **ea·glet** jong arend, (klein) arendjie.

ea·gre, ea·ger vloedgolf.

ear[1] *n.* oor; buiteoor; gehoor; *(bouk.)* oor; *be **all** ~s* een en al (*of* [die] ene) ore wees, aandagtig luister; *s.o. couldn't **believe** his/her ~s* iem. kon sy/haar ore nie glo nie; *s.o.'s ~s get **blocked*** (or ***block up***) iem. se ore slaan toe; ***box** s.o.'s ~s* iem. 'n oorveeg/oorkonkel gee; *s.o.'s ~s are **burning**, (fig., infml.)* iem. se ore tuit; *s.o.'s ~s **buzz*** iem. se ore suis/tuit; *a **cauliflower** ~* →CAULIFLOWER; ***cock/strain** one's ~s* jou ore spits; *s.t. has **come** to s.o.'s ~s* iem. het iets gehoor (*of* te hore gekom), iets het iem. ter ore gekom; *be **deaf** in one ~* iem. se een oor is doof; *s.t. falls on **deaf** ~s* iets vind geen gehoor nie; *turn a **deaf** ~ to s.t., (fig.)* doof wees (*of* jou doof hou *of* jou ore sluit) vir iets, iets nie wil hoor nie; *s.t. **falls** about s.o.'s ~s* iets stort/val om iem. in duie; *the dog **flaps** its ~s* die hond skud sy ore; *send s.o. away/off with a **flea** in his/her ~* →FLEA; ***gain** s.o.'s ~* by iem. gehoor vind; ***give** ~* luister, gehoor gee; *it **grates** (up)on the ~* dit kras in (*of* pynig) ('n) mens se ore; *keep one's ~(s) (close) to the **ground*** jou ore oophou, sake fyn dop=hou, goed op (die) hoogte bly; *listen with **half** an ~* met 'n halwe oor luister; ***have** an ~ for ...* 'n oor/gevoel vir ... hê *(musiek ens.)*; ***have** s.o.'s ~* invloed by iem. hê; iem. luister aandagtig na jou; *over **head** and ~s* →HEAD *n.*; ***in** (at) one ~, out (at) the other* by die een oor in en by die ander oor uit; ***lend** an ~* luister, gehoor gee; ***lend** one's ~s to ...* jou ore aan ... (uit)leen; *be **out** on one's ~, (infml.)* uitgeskop (*of* in die pad gesteek) wees; ***pin back*** (or ***prick up***) *one's ~s, (infml.)* jou ore spits, aan=dagtig luister; ***play** by ~, (mus.)* op (die) gehoor (af) speel; ***play** it by ~, (infml.)* jou deur (die) omstandig=hede laat lei; op jou gevoel afgaan; improviseer; *s.o.'s ~s (go) **pop*** iem. se ore slaan toe; ***prick up** one's ~s* →***pin back***; *it is for your **private** ~* dis net vir jou be=doel, dit bly onder ons; ***pull** s.o.'s ~s* iem. se ore trek; *have a **quick** ~* 'n fyn/skerp oor hê; *s.o.'s ~s are **ringing/singing*** iem. se ore suis/tuit; ***set** people by the ~s* mense aan die stry maak, mense aanhits/aanmekaarsit; ***stop** one's ~s* jou ore toestop; ***strain** one's ~s* →***cock/strain***; *give s.o. a **thick** ~, (infml.)* iem. 'n oorkonkel/oorveeg gee; *be in s.t. **up** to one's/the ~s, (infml.)* (met) pens en pootjies by/in iets betrokke wees; *be **up** to one's/the ~s in debt* →DEBT; *be **up** to one's/the ~s in work* →WORK *n.*; *still **wet** behind the ~s* nog nat agter die ore, nog nie droog agter die ore nie; ***whisper** s.t. in s.o.'s ~* iets in iem. se oor fluister. **~ache** oorpyn. **~-bashing** *(infml.)*: *get an ~* uitgetrap/kortgevat (*of* oor die kole gehaal) word; *give s.o. an ~* iem. uittrap/kort=vat (*of* die leviete voorlees). **~-bone, ~-ossicle** gehoor=, oorbeentjie. **~bud** oor=, wattestokkie. **~ canker** *(vee=arts.)* oor(ver)swering, ekseem van die oor. **~clip** *([aan=knip-]oorring/oorbel)* oorknippie. **~ defenders** *(mv.)* oorskutte. **~drop** oorbel, =krabbetjie, =hanger(tjie); *(i.d. mv., med.)* oordruppels. **~drum** trommelvlies, oor=trommel. **~flap, ~lap** oorklap(pie). **~-guard** oorskut. **~ lobe** oorlel. **~mark** *n.* oormerk; eiendomsmerk; *(fig.)* kenmerk, stempel. **~mark** *ww.* (spesiaal) bestem, oor=merk, aanwys; afsonder; reserveer, opsy sit *(geld ens.)*; (oor)merk *(vee ens.)*; *~ s.t. for ...* iets vir ... bestem; *be ~ed for ...* vir ... bestem(d) wees. **~muff** oorskut. **~ nose and throat** *adj. (attr.)* oor-neus-en-keel-; *~ ~ ~ specialist* oor-neus-en-keel-spesialis. **~phone** oor=foon; (ge)hoorbuis, (ge)hoorstuk; *(telef.)* kopstuk. **~pick(er)** oorlepel(tjie). **~piece** oorstuk; veer *(v. bril)*. **~ piercing** die maak/prik van gaatjies in die ore. **~-piercing, ~-splitting** *adj.* oorverdowend, =verskeurend. **~plug** oorpluisie, =prop(pie). **~ protector** →EARFLAP. **~ring** oorbel, =ring, =krabbetjie. **~ringed** *adj.* met (die) oor=belle/=ringe; met die/'n oorbel/=ring. **~ shell** *(soöl.)* per=lemoen, *(infml.)* klipkous. **~shot** hoorafstand, ge=hoor(s)afstand *out of ~* buite hoorafstand; *within ~* binne hoor=/roepafstand. **~ tag** oorplaatjie. **~ training** gehooroefening. **~ trumpet** (ge)hoorpyp, =buis. **~wax** oorwas. **~wig** *n., (entom.)* oorkruiper. **~wig** *=gg=, ww., (infml.)* afluister; *(arg.)* bewerk, bekonkel. **~witness** *(Am.)* oorgetuie.

ear[2] *n.* aar; kop; ***come** into ~* in die aar kom; *~ of **maize*** mieliekop; ***shoot** ~s* in die aar skiet; *~ of **wheat*** ko=ringaar. **ear** *ww.* in die aar kom/skiet. **~ rot** *(plant=siekte)* kopvrot.

eared *adj.* geoor(d); met ore; *~ **seal*** oorrob; seeleeu.

-eared *komb.vorm* =oor=, met ... ore; *long-/short-~* lang=oor=/kortoor=, met lang/kort ore; *long-~ owl* langoor=uil.

ear·ful *(infml.)*: *get an ~* uitgetrap/kortgevat (*of* oor die kole gehaal) word; *give s.o. an ~, (infml.)* iem. uittrap/kortvat (*of* [goed] die waarheid sê/vertel *of* die leviete voorlees).

earl graaf. **E~ Grey (tea)** *(Chin. tee met bergamotolie gegeur)* Earl Grey(tee). **~ marshall** opperseremonie=meester.

earl·dom graafskap.

ear·less sonder ore; *~ cup* afoorkoppie.

ear·li·ness vroegte.

ear·ly vroeg, vroeë; vroegtydig, betyds; spoedig; te vroeg; aanvanklik, aanvangs=; *E~ **American** furniture/etc.* Vroeë Amerikaanse meubels/ens.; *~ **answer/reply*** spoedige antwoord; *as ~ **as** last year/etc.* reeds ver=lede jaar/ens.; *as ~ **as** 1800/etc.* reeds in 1800/ens.; *an E~ **Baroque** church/etc.* 'n Vroeë Barokkerk/ens., 'n kerk/ens. uit die Vroeë Barok; *E~ **Christian** architec=ture/etc.* Vroeë Christelike argitektuur/ens.; *it's ~ **closing*** (or ***~-closing day***) *today, (Br.)* die winkels sluit vandag vroeg (*of* maak vandag vroeg toe); *at your ear=liest **convenience*** so spoedig moontlik; *at an ~ **date*** spoedig; *in the ~ **days** of the war/etc.* aan die begin van die oorlog/ens., in die eerste oorlogsdae/ens.; *it's ~ **days** yet* dis nog vroeg, dis nog te vroeg om te sê, dis te gou om te praat; ***earlier*** vroeër, eerder; *at the **earliest*** op die/sy vroegste; *be brought to an ~ **grave*** voor jou tyd (*of* ontydig *of* 'n ontydige/vroeë dood) sterf/sterwe; *an **hour** ~* 'n uur te vroeg (*of* voor die tyd); *in the ~ **hours*** in die vroeë oggendure; *in s.o.'s ~ **life*** in iem. se jeug (*of* jong dae); *by ~ **light*** met dagbreek; *~ **man*** die oermens; *E~ **Modern English*** Vroeë Moderne Engels; *~ **morning*** vroeg in die oggend; vroeë oggend; *~ in the **morning*** vroegdag, =oggend, =môre, =more; *have an ~ **night*** vroeg gaan slaap/inkruip, vroeg bed toe gaan; *~ **on*** vroeërig, vroegerig, al vroeg; in die be=gin, aanvanklik; *the ~ **part*** die begin; *~ **peach*** vroeë perske; *as ~ as **possible*** so vroeg/spoedig moontlik; *~ **rain**, (ook)* ploegreën; ***rather** ~* vroeërig, vroegerig; *be **rather** ~* 'n bietjie vroeg wees; *E~ **Renaissance** art/etc.* Vroeë Renaissancekuns/ens., kuns/ens. uit die Vroeë Renaissance; *~ **reply*** →***answer/reply***; ***rise** ~* vroeg opstaan; *~ **settlers*** eerste/ou koloniste; *~ **solution*** spoedige oplossing; *~ **summer*** vroeë somer; *in the ~ **summer*** in die voorsomer; *the ~ **thirties/etc.*** die vroeë dertigerjare/ens.; *be in one's ~ **thirties/etc.*** iets oor dertig/ens. wees; *~ **years*** jeugjare; *~ **youth*** prille jeug. **~ bird, ~ riser** vroegopstaner, doutrapper; *the early bird catches the worm* →BIRD. **~-flowering** *adj., (bot.)* vroeg, wat vroeg blom. **~ leaver** vroeë skool=verlater. **~ mass** vroegmis. **~ music** *n.* vroeë musiek. **~-music** *adj.* vroeëmusiek=; *~ ensemble* vroeëmusiek=ensemble. **~ retirement** vroeë aftrede/aftreding; *take ~ ~* vroeg aftree. **~ warning** vroeë waarskuwing *(v. missielaanval ens.)*. **~ warning aircraft** radarvliegtuig. **~ warning system** vroeëwaarskuwingstelsel.

ear·ly·ish vroeërig, vroegerig.

earn *ww.* verdien; verwerf, besorg; *~ed income* verdien=de inkomste; *pay as you ~* →PAY *ww.*. **earn·er** verdie=ner; *a nice little ~, (Br., sl.)* 'n stewige inkomstetjie; 'n ekstra (*of* lekker bykomende) inkomstetjie; 'n lekker geldmakertjie, 'n (klein) goudmyntjie. **earn·ing pow·er** verdienvermoë. **earn·ings** *(mv.)* inkomste, verdiens=te; *~ before interest, taxation, depreciation and amortis=ation, (ekon., akr.:* EBITDA, Ebitda*)* inkomste/ver=dienste voor rente, belasting, depresiasie/waardever=mindering en amortisasie.

ear·nest[1] *n.* erns; *in **deadly** ~* in dodelike erns; *be in **deadly** ~* doodernstig wees; *in (**good/great/real**) ~* in (alle) erns; met mening; *be **in** ~* dit (regtig/werklik) meen; *s.o. is **in** ~ about s.t.* iets is iem. se erns. **ear·nest** *adj.* ernstig; ywerig, geesdriftig, entoesiasties; dringend. **ear·nest·ly** ernstig; ywerig; sonder gekskeer, in erns. **ear·nest·ness** erns, ernstigheid.

ear·nest[2] *n.* voorsmaak, aanduiding, belofte. **~ (money)** *(jur.)* hand=, bindgeld, handgif, godspenning.

earth *n., (as planeet soms met hl.)* aarde; wêreld, mens=dom; *(poët., liter.)* ondermaanse; grond, aarde; gat, lê=plek *(v. wilde dier)*; *(elek.)* aarding, aardleiding, =verbin=

ding, =sluiting; *bring s.o.* ***back/down*** *to* ~ iem. na die werklikheid laat terugkeer; *come* ***back/down*** *to* ~ na die werklikheid terugkeer; ontnugter word; *in the* ***bowels*** *of the* ~ diep onder die grond, in die skoot van die aarde; ***commit*** *s.o. to the* ~ iem. ter aarde bestel, iem. begrawe; *to the utmost* ***confines*** *of the* ~ tot die uiterstes van die aarde; *the four* ***corners*** *of the* ~ die uithoeke van die aarde; ***cost*** *the* ~, *(infml.)* 'n fortuin kos, baie duur wees; ***cumber*** *the* ~ die aarde nutteloos beslaan; *be* ***down*** *to* ~ nugter/realisties wees; *wipe people from the* ***face*** *of the* ~ mense uitdelg/uitwis; *six* ***feet*** *of* ~ *make all men equal* die graf maak almal gelyk; ***go*** *to* ~, *('n wilde dier)* in 'n gat kruip, *('n voortvlugtige)* êrens gaan wegkruip/skuil; ***on*** ~ op die aarde; ter wêreld; ***on*** *God's* ~ op Gods aarde; *how* ***on*** ~?, *(infml.)* hoe op aarde (*of* in hemelsnaam)?; *nothing* ***on*** ~ niks ter wêreld; *like nothing* ***on*** ~, *(ook, infml.)* sleg, glad nie goed nie; *feel like nothing* ***on*** ~, *(infml.)* miserabel/verskriklik voel; *look like nothing* ***on*** ~, *(infml.)* lyk soos wie weet wat; *what* ***on*** ~? wat op (dees) aarde (*of* in hemelsnaam)?; ***orbit*** *of the* ~ →ORBIT *n.*; ***pay*** *the* ~ *for s.t., (infml.)* 'n fortuin vir iets betaal; ***promise*** *s.o. the* ~, *(infml.)* iem. goue berge beloof/belowe; ***run*** ... *to* ~ ... in 'n gat ja(ag); ... na 'n lang soektog vind; ... in die hande kry. **earth** *ww., (elek.)* aard; *(jag)* in sy gat ja(ag); *(gejagte dier)* in sy gat kruip; met grond bedek; *(vero.)* begrawe; ~ *s.t. up* iets operd. ~ **bank** grondwal. ~**born** *(poët.)* aards, sterflik. ~**bound** aardgebonde; aardgerig; *on its* ~ *journey* op pad terug aarde toe. ~ **cable** aardkabel. ~ **circuit** aardkring. ~ **closet** droë toilet/latrine. ~ **(colour)** aardverfstof; aardkleur. ~ **connection** *(elek.)* aardverbinding. ~ **current** aardstroom. ~ **dam** gronddam. ~**fall** grondverskuiwing, =storting. ~**fast** aardvas. ~ **fault** *(elek.)* aardsluiting; *(geol.)* aardfout. ~ **fissure** aardspleet. ~ **flea** →SPRINGTAIL. ~ **floor** grond=, kleivloer. ~ **hunger** grondhonger. ~ **lead** aardleiding. ~ **leakage** *(elek.)* aardlek(kasie). ~**light** →EARTHSHINE. ~**man** =*men, (wetenskap[s]fiksie)* aardman; →EARTHWOMAN. ~ **mother** moederaarde; *(mit.)* aardgodin; *(fig.)* aartsmoeder. ~ **mover** laaigraaf. ~ **moving** *n.* grondverplasing. ~-**moving** *adj. (attr.)* grondverskuiwings=; ~ *equipment/machinery/machines* grondverskuiwingstoerusting, =masjinerie, =masjiene, grondwerktuie; ~ *work* grondverskuiwingswerk. ~**nut** aardneut; *(Br.)* grondboontjie. ~ **pig** →AARDVARK. ~ **pillar** *(geol.)* grondpilaar. ~ **plate** *(elek.)* aard(ings)plaat. ~**quake** aardbewing. ~ **return circuit** *(elek.)* aardterugleiding. ~ **return system** *(elek.)* eenleierstelsel. ~**rise** aardopkoms, =opgang *(soos v.d. maan of uit 'n ruimtetuig gesien)*. ~ **road** grondpad. ~**'s axis** aardas. ~ **sciences** aardwetenskappe. ~**'s crust** aardkors. ~**shaking,** ~**shattering** *adj., (infml., fig.)* aardskuddend *(gebeurtenis, ontdekking, ens.)*. ~**shine,** ~**light** aardskyn, =lig. ~ **shock** aardskok. ~ **sign** aardeteken. ~-**slide** grondverskuiwing. ~**'s surface** aardbodem, aardoppervlak. ~ **station** aardstasie. ~ **terminal** *(elek.)* aardklem. ~ **tremor** aardtrilling, =skudding. ~ **wire** *(elek.)* aarddraad. ~**woman** =*women, (wetenskap[s]fiksie)* aardvrou; →EARTHMAN. ~**work** *(bouk., dikw. mv.)* grondwerk; wal; *(mil., hist.)* verskansing. ~**worm** erd=, reënwurm.

earthed *(elek.)* geaard.

earth·en grond=; erde=; ~ *floor* grond=, kleivloer. ~**ware** *n.* erdewerk, =goed; breekgoed. ~**ware** *adj.* erde=; ~ *pipe* erdepyp.

earth·i·ness →EARTHY.

earth·ing *(elek.)* aarding. ~ **chain** afleiketting. ~ **connection** aardverbinding.

earth·ling aardbewoner.

earth·ly aards, wêrelds, ondermaans; stoflik; aardsgesind; *no* ~ ***chance*** geen kans hoegenaamd (*of* ter wêreld) nie; *not* ***have/stand*** *an* ~ *(chance), (infml.)* nie 'n kat se kans hê nie; *no* ~ ***reason*** geen rede hoegenaamd (*of* op aarde) nie, absoluut geen rede nie; *of no* ~ ***use*** van geen nut hoegenaamd (*of* ter wêreld) nie. **earth·li·ness** aardsgesindheid.

earth·ward *adj.* aardewaarts. **earth·ward, earth·wards** *adv.* aardewaarts.

earth·y gronderig, aardagtig; grond=, aard=; aards; boers; *(arg.)* aardsgesind; ~ *taste* grondsmaak; ~ *wool* sandwol. **earth·i·ness** aardsheid; *(arg.)* aardsgesindheid.

ease *n.* gemak, gerief; gemaklikheid; behaaglikheid; welbehae; (siele)rus; ongedwongenheid; verligting; *be* ***at*** *(one's)* ~ op jou gemak wees; rustig wees; gemaklik wees; tuis voel/wees; hout=/perdgerus wees; *feel* ***at*** ~ op jou gemak voel; *ill* ***at*** ~ ongemaklik; ontuis; *feel ill* ***at*** ~, *(ook)* uit jou plek voel; *put/set s.o.* ***at*** ~ iem. gerusstel; iem. op sy/haar gemak sit/stel (*of* laat voel), iem. tuis laat voel; *put/set s.o.'s mind* ***at*** ~ iem. gerusstel; *stand* ***at*** ~!, *(mil.)* op die plek rus!; *a* ***life*** *of* ~ 'n luilekker lewe; ***take*** *one's* ~ jou gemak neem; ***with*** ~ (ge)maklik, speel-speel, op jou gemak; ***with*** *the greatest of* ~ dood(ge)maklik, fluit-fluit *(infml.)*, loshand(e) *(infml.)*, op jou (dooie) gemak. **ease** *ww.* verlig *(pyn, spanning, ens.)*, verligting gee van *(simptome ens.)*; versag, stil, draagliker maak *(pyn ens.)*; vergemaklik, makliker maak; gerusstel; makliker/draagliker word; *(verkeer)* minder word; verslap *(greep, monetêre beleid, ens.)*; *(mark, pryse, ens.)* daal; *(koerse, risiko's, ens.)* afneem; *(marksentiment ens.)* verflou; stadiger laat loop *(motor)*; *(sk.)* skiet gee, laat skiet, slapper/losser maak, vier *(tou)*; *(sk.)* laat opkom *(roer)*; ontspan *(vere)*; uittrap *(skoene)*; ~ ***away***, *(iem.)* stadig wegbeweeg/wegloop; *(motor ens.)* stadig wegtrek; *(spanning)* wegsypel; ~ ***back*** *on the throttle* die petrolpedaal laat skiet; ~ ***down*** vaart verminder; ~ ***down*** *s.t.* versigtig teen iets afklim/ens.; ~ *s.t.* ***in***, *(naaldw.)* iets skotig insit/inwerk; ~ ***into*** ... versigtig in ... klim/sak/ens. *('n bad water ens.)*; geleidelik in ... oorgaan *(somer in herfs ens.)*; ... geleidelik/gaandeweg/stadigaan (*of* met verdrag) onder die knie kry *(werk ens.)*; geleidelik aan ... gewoond raak; ~ ***off/up***, *(iem.)* ontspan, rustiger word, nie so hard werk nie; *(iets)* afneem, verminder, kleiner/minder word, verslap, verflou, draagliker word; ~ ***off/up*** *on s.o.* minder druk op iem. uitoefen; minder streng teenoor iem. wees; ~ *s.t.* ***off*** iets versigtig afhaal; iets versigtig uittrek; iets laat skiet; ~ ***out*** *a rope* 'n tou laat skiet (*of* skiet gee *of* uitvier); ~ *s.o.* ***out of*** ... iem. uit ... skuif. ~-**loving** gemaksugtig.

ease·ful *(poët., liter.)* rustig, stil, kalm; gemaksugtig, luilekker.

ea·sel (skilders)esel. ~ **painting** eselskildery.

ease·ment *(jur.)* (pad)serwituut; *(poët., liter.)* verligting.

eas·er *(mynb.)* hulpgat.

eas·i·ly moeiteloos, sonder moeite/inspanning, fluit-fluit, speel-speel; maklik; gemaklik, op jou gemak; verreweg; ongetwyfeld, sonder twyfel, beslis, gewis; waarskynlik; →EASY; *s.o. is not to be caught so* ~ iem. laat hom/haar nie sommer vang nie; ~ *a thousand people/etc.* goed/ruim duisend mense/ens..

eas·i·ness maklikheid; gerustheid.

eas·ing verslapping.

east *n., adj. & adv.* ooste; oostelik; ooste=; ooswaarts; oos; ~ ***by*** *north/south* oos ten noorde/suide; ***due*** ~ reg oos; *the* ***East*** die Ooste; *the* ***Far*** *E*~ die Verre-Ooste; ***from*** *the* ~ uit die ooste; van die ooste(kant); *the wind is* ***from/in*** *the* ~ die wind is oos; ***go*** ~ na die ooste gaan; ooswaarts gaan; ***in*** *the* ~ in die ooste; *the* ***Middle*** *E*~ die Midde-Ooste; *the* ***Near*** *E*~ die Nabye-Ooste; *(to the)* ~ ***of*** ... oos (*of* ten ooste) van ...; ***to*** *the* ~ ooswaarts; na die ooste. **E~ Africa** Oos-Afrika. **E~ African** *n.* Oos-Afrikaan. **E~ African** *adj.* Oos-Afrikaans. **E~ Anglia** Oos-Anglië. **E~ Berlin** *(geog., hist.)* Oos-Berlyn. **E~ Berliner** *(hist.: inwoner v. Oos-Berlyn)* Oos-Berlyner. ~**bound** ooswaarts. ~ **coast** ooskus. **E~ Coast fever** ooskuskoors. **E~ End** Ooseinde. **E~ German** *n., (hist.)* Oos-Duitser. **E~ German** *adj., (hist.)* Oos-Duits. **E~ Germany** *(geog., hist.)* Oos-Duitsland, →GERMANY. **E~ Griqualand** Griekwaland-Oos. **E~ India Company** *(hist.)* Oos-Indiese Kompanjie. **E~ Indiaman** *(hist.: 'n handelskip)* Oos-Indiëvaarder, Oosvaarder. **E~ Indian** Oos-Indiër; Oos-Indies. **E~ Indies:** *the* ~ ~, *(d. eilande v. SO-Asië)* Oos-Indië; *(ook* E~ India, *arg.: SO-Asië i.d. alg.)* Oos-Indië. **E~ London** Oos-Londen. ~-**northeast** *n., (afk.:* ENE*)* oosnoordooste *(afk.:* ONO*)*. ~-**northeast** *adj.* oosnoordoostelik, oosnoordooste=. ~-**northeast** *adv.* oosnoordoos. ~ **pier** oospier. **E~ Prussia** Oos-Pruise. **E~ Prussian** Oos-Pruis; Oos-Pruisies. **E~ Rand:** *the* ~ ~ die Oos-Rand. ~ **side** oostekant. ~-**southeast** *n., (afk.:* ESE*)* oossuidooste *(afk.:* OSO*)*. ~-**southeast** *adj.* oossuidoostelik, oossuidooste=. ~-**southeast** *adv.* oossuidoos. ~ **wind** oostewind.

East·er Paasfees, Pase; *at* ~ met/gedurende Pase. ~ **bunny** paashaas, =hasie. ~ **Day** Paassondag. ~ **egg** paaseier. ~ **Eve** Saterdag voor Pase. ~ **festival** Paasfees. ~ **holidays** Paasvakansie. ~ **Island, Rapa Nui** *(geog.)* Paaseiland. ~ **Islander** Paaseilander. ~ **lily** maartlelie, belladonnalelie. ~ **loaf** *(Chr.)* paasbrood. ~ **message** Paasboodskap. ~ **Monday** Paasmaandag. ~ **stamp** paasseël. ~ **Sunday** Paassondag. ~**tide,** ~**time** Pase, die Paasdae/Paastyd; *at* ~ in die Paastyd, met Pase.

east·er·ly oostelik.

East·ern *n.* Oosterling; lid van die Griekse Kerk. **East·ern** *adj.* Oostelik; Oos=; *the* ~ *front* die Oos(ter)front; *the* ~ *line* die Oosterlyn. ~ **bloc** *(hist.: 1989-1991)* Oosblok. ~ **Cape** *(SA)* Oos-Kaap. ~ **Europe** *(geog.)* Oos-Europa. ~ **European** *n.* Oos-Europeër. ~ **European** *adj.* Oos-Europees. ~ **Province:** *the* ~ ~, *(SA, infml.: geog., rugbyspan)* die Oostelike Provinsie. ~ **Standard Time** *(afk.:* EST*)* oostelike standaardtyd *(afk.:* OST*)*.

east·ern *adj.* oostelik, ooster=, oos=; ~ ***border/boundary/frontier*** oos(ter)grens; ~ ***horizon*** oosterkim; ~ ***longitude*** oosterlengte; ~ ***side*** oostekant. **east·ern·most** oostelikste, mees oostelike.

East·ern·er *(soms e~)* Oosterling.

east·ing *(sk., kartogr.)* oostermeting; oostelike rigting.

east·ward *adj.* ooswaarts. **east·ward, east·wards** *adv.* ooswaarts.

eas·y maklik, eenvoudig; gemaklik, moeiteloos, vlot; rustig, kalm, stil, ontspanne; gerus; pynloos; buigsaam; inskiklik, meegaande, toegeeflik, toegewend; ongedwonge, natuurlik; gerieflik, gemaklik; behaaglik; ~ *of* ***access*** →ACCESS *n.*; *(as)* ~ ***as*** *ABC/anything/lying/pie/winking* (or *falling off a log*), *(infml.)* doodmaklik, doodeenvoudig, kinderspeletjies, so maklik soos brood en botter (*of* koek eet); *be in* ~ ***circumstances*** →CIRCUMSTANCE; ~ ***come,*** ~ *go* so gewonne, so geronne; ***dead*** ~ doodmaklik; ~ ***does it!***, *(infml.)* versigtig!; saggies!; stadig (oor die klippe)!; *be* ~ *on the* ***eye***, *(infml.)* iets vir die oog wees; *be an* ~ ***first*** →FIRST *n.*; *it is* ~ ***for*** *s.o. to* ... iem. kan maklik ...; ***go*** ~ →GO *ww.*; ***honours*** ~ gelykop; *(kaartspel)* honneurs gelyk; ***I'm*** ~, *(infml.)* dis vir my om't (*of* om 't/die) ewe (wat besluit word); *be an* ~ ***lay***, *(taboesl.)* →LAY[1] *n.*; ***make*** *s.t. easier* iets vergemaklik; ~ ***in mind*** onbesorg; *make one's* ***mind*** ~ jou gerusstel; *the easiest* ***of*** *kicks/etc.* 'n doodmaklike skop/ens.; ***quite*** ~ doodmaklik; *easier* ***said*** *than done* makliker gesê as gedaan; *by/in* ~ ***stages*** →STAGE *n.*; ***stand*** ~!, *(mil.)* staan in rus!; ***take*** *s.t.* ~ iets rustig (*of* op jou gemak) doen; ***take*** *it* ~! kalm nou!, kalmeer!, bedaar!, moenie jou so opwen nie!; wag, wag!; *a woman of* ~ ***virtue*** →VIRTUE. ~-**care** *adj. (attr.)* minsorg=, wat min sorg verg; ~ *garment* minsorgkledingstuk, kledingstuk wat min sorg verg. ~ **chair** leun=, gemak=, leuning=, armstoel. ~ **conscience** rustige gewete. ~ **curve** wye draai. ~ **death** sagte dood. ~ **game,** ~ **mark,** ~ **meat** *(infml.)* maklike prooi/teiken, gewillige slagoffer. ~-**going** gemaklik, gemoedelik, ontspanne, rustig, bedaard; verdraagsaam, inskiklik, meegaande; met 'n gemaklike gang. ~ **listening** verstrooiings=, lekkerluister=, jenewermusiek. ~-**listening** *adj. (attr.)* lekkerluister= *(liedjie ens.)*. ~ **manner** ontspanne/rustige gedrag/houding/optrede (*of* manier van doen); *in an* ~ ~ op 'n ontspanne/rustige manier. ~ **market** willige mark; flou/kalm/stil mark. ~ **money** vinnige geld(jie); *(han.)* geredelik (*of* goedkoop en maklik) verkry(g)bare geld. ~ **option** maklike uitweg. ~-**paced** maklik *(kolfblad, gholfbaan)*. ~-**peasy** *(Br., infml.)* doodeenvoudig, doodmaklik, verspot maklik, kinderspeletjies. ~ **rider** *(Am., sl.)* goeie minnaar; kitaar, ghi=

taar. ~ **street** *(soms E~ S~, infml.): be on ~ ~* dit goed hê, goed daaraan toe wees, daar goed/warmpies in sit, jou niks hoef te ontsê nie.

eat *ate eaten, ww.* eet; *(dier)* vreet; →EATS; *~ s.o.* ***alive*** *(infml.)* gou-gou met iem. klaarspeel; iem. vermorsel; *~ without* ***appetite*** langtand (*of* met lang tande) eet; *~ s.t.* ***away*** iets wegvreet; *~ like a* ***bird*** →BIRD; *s.t. is* ***good*** *to ~* iets is lekker/smaaklik; *~ out of s.o.'s* ***hand*** uit iem. se hand eet, gedwee wees; *then I'll ~ my* ***hat*** →HAT *n.;* ***have*** *s.t. to ~* iets te ete hê, iets hê om te eet; iets (*of* 'n stukkie) eet; *~ one's* ***head*** *off* jou doodeet; *~ one's* ***heart*** *out* jou verknies; van hartseer vergaan; *~* ***heartily*** smaaklik eet; *~ like a* ***horse*** →HORSE; *~ s.o. out of* ***house*** *and home, (infml.)* iem. die ore van die kop af (*of* rot en kaal) eet; *~* ***Indian/etc.*** Indiese/ens. kos eet; *~* ***into*** *s.t.* in iets invreet; 'n hap in iets maak *(spaargeld ens.)*; op iets inteer *(reserwes ens.)*; *~* ***of*** *s.t.* aan/van iets eet; *~ s.t.* ***off*** iets afeet; iets afvreet; *~* ***off*** *a plate* uit/van 'n bord eet; *~* ***out*** uiteet *(nie tuis nie)*; *~ o.s.* ***sick*** jou teë-eet; ***something*** *is ~ing s.o.* iets hinder (*of* knaag aan) iem; *~* ***sparingly*** matig eet; *~ s.t.* ***up*** iets opeet; iets verslind *(kilometers ens.)*; iets opgebruik *(spaargeld ens.)*; *be ~en* ***up*** *with* ... deur/ van ... verteer wees *(hoogmoed ens.)*; ***what's*** *~ing him/ her/you?, (infml.)* wat hinder (*of* knaag aan) hom/haar/ jou?; *~ one's* ***words*** →WORD *n.*. **~-by date** vervaldatum.

eat·a·ble *adj.* eetbaar. **eat·a·bles** *n. (mv.)* eetgoed, =ware.

eat·er eter; *a hearty ~* 'n stewige eter.

eat·er·y =*ies, (infml.)* eetplek.

eat·ing (die) eet; ete, kos, voedsel; *good ~* lekker (om te eet), smaaklik; lekker ete(s)/kos; *the fish/etc. is good ~* dit is 'n goeie eetvis/ens.. ~ **apple** eet=, tafelappel. ~ **disorder** eetversteuring, =steurnis, =afwyking, =kwaal. ~ **grape** tafeldruif. ~ **house,** ~ **place** eetplek. ~ **potato** eet=, tafelaartappel.

eats *n. (mv.)* eet=, peuselgoed; eetware.

eau *(Fr.):* ~ **de Cologne** eau-de-cologne, oliekolonie *(infml.)*, laventel, Keulse water. ~ **de Javelle** →JAVEL(LE) WATER. ~ **de Nil** Nylgroen. ~ **de toilette** *eaux de toilette* eau de toilette, reukwater. ~ **de vie** *eaux de vie* brandewyn.

eaves dakrand, =lys, =drup, (dak)oorhang.

eaves·drop afluister, luistervink speel; *~ on s.o.* iem. afluister. **eaves·drop·per** luistervink, afluisteraar. **eaves·drop·ping** afluistery.

ebb *n.* eb, laagwater, laaggety, lae gety; *the ~ and flow* die eb en vloed; *be at a low ~, (fig.)* op 'n lae peil/vlak wees; in verval wees; *(iem.)* in die put sit. **ebb** *ww.* eb *(ook fig.)*; afneem, wegvloei; verval, agteruitgaan; *~* ***away*** wegvloei; afloop; *(geesdrif ens.)* afneem; *~ and* ***flow*** daal en styg; *~ing* ***tide*** aflopende/afgaande gety; *the* ***tide*** *~s* die gety verloop. ~ **stream** ebstroom. ~ **tide** eb(gety), aflopende gety.

E·ben·e·zer *(geog., OT)* Eben-Haeser.

eb·on *n. & adj., (liter., poët.)* →EBONY.

eb·on·ite →VULCANITE.

eb·on·y *n.* ebbehout(boom); ebbehout; (ebbehout)swart. **eb·on·y** *adj.* ebbehout=, van ebbehout; (diep)donker, swartbruin, (ebbehout)swart. **eb·on·ise,** =**ize** soos ebbehout maak/kleur, swartbeits.

e·bri·e·ty *(w.g.)* dronkenskap, beskonkenheid. **e·bri·ous** *(w.g.)* dronk, beskonke.

e·bul·lient uitbundig, sprankelend, uitgelate; lewendig, opgewek, vrolik; *(poët., liter.* of *arg.)* kokend, bruisend, borrelend, opwellend. **e·bul·lience** uitbundigheid, uitgelatenheid; lewendigheid; *(poët., liter.* of *arg.)* opbruising, opborreling. **e·bul·li·tion** *(teg.* of *arg.)* koking, opborreling; *(fig.)* opwelling, opbruising; uitbarsting.

e·bur·na·tion *(med.)* beenverharding, =verdigting.

e·bur·ne·an ivoor(kleurig).

é·car·té *(Fr., kaartspel, ballet)* écarté.

ec·bol·ic *n., (med.)* afdrywingsmiddel. **ec·bol·ic** *adj.* afdrywend.

ec·ce *tw., (Lat.): E~ Homo, (NT, Joh. 19:5)* Dit is die mens! *(NAB)*, Dáár is die mens! *(OAB)*. **E~ Homo** *(skildery/ beeldhouwerk v. Jesus m.d. doringkroon)* Ecce Homo.

ec·cen·tric *n.* sonderling, eksentriek, eksentrieke karakter/mens; *(teg.)* eksentriek. **ec·cen·tric** *adj.* sonderling, eksentriek, onkonvensioneel, anders, snaaks, buitenissig; *(teg.)* eksentriek=, eksentries, uitmiddelpuntig; *~ bolt* eksentriekbout; *~ circle* eksentriese sirkel; *~ disc* eksentriekskyf. **ec·cen·tri·cal·ly** eksentries. **ec·cen·tric·i·ty** sonderlingheid, eksentrisiteit, eienaardigheid; *(teg.)* eksentrisiteit, uitmiddelpuntigheid.

Ec·cles *(geog.)* Eccles. ~ **cake** *(Br. kookk.)* eccleskoek.

ec·cle·si·ast prediker; *the E~* die Prediker, Salomo *(v.d. OT)*.

Ec·cle·si·as·tes *(OT)* (die boek) Prediker. **ec·cle·si·as·tic** *n.* geestelike, predikant, (kerk)leraar. **ec·cle·si·as·tic, ec·cle·si·as·ti·cal** *adj.* kerklik, kerk=, geestelik, ekklesiasties; *ecclesiastical discipline* kerktug; *ecclesiastical history* kerkgeskiedenis; *ecclesiastical law* kerkreg. **ec·cle·si·as·ti·cism** kerkisme. **ec·cle·si·ol·o·gy** kerkleer, ekklesiologie; kerkboukuns.

ec·dy·sis =*dyses, (soöl.)* vervelling. **ec·dy·si·ast** *(skerts.)* ontkleedanseres.

ech·e·lon *n., (mil., fis.)* echelon, esjelon; *the higher/ upper ~s, (fig.)* die hoër range. **ech·e·lon** =*loned, ww.* echelonneer, esjelonneer, in echelons/esjelons opstel/verdeel (*of* laat marsjeer).

e·chid·na mierystervark.

e·chi·nus see-egel, seekastaiing, see-eier; *(bouk.)* eierlys. **ech·i·nate, ech·i·nat·ed** stekelhuidig. **ech·i·nite** eginiet, versteende seekastaiing. **e·chi·no·coc·cus** =*cocci* blaaswurm. **e·chi·no·derm** stekelhuidige. **E·chi·no·der·ma·ta,** =**der·ma·ta** Stekelhuidiges. **e·chi·noid** seekastaiing.

Ech·o *(Gr. mit.)* Echo, Eggo.

ech·o =*oes, n.* eggo, weerklank, weergalm, nagalm; eggo, herhaling; eggo, nabootsing; spoor, oorblyfsel; eggo, na-aper, nabootser; *(radar)* eggo(-impuls); *(digk.)* eggo; *(mus.)* eggo, weerklank; *(mus.)* eggowerk; *(TV)* eggo, dubbel=, spookbeeld; *(datakomm.)* eggo; *applaud/cheer s.o. to the ~* iem. dawerend toejuig; *find an ~ in s.t.* in iets weerklank vind. **ech·o** =*oed, ww.* weerklink, weerkaats, weergalm, naklink; terugkaats; weergee, herhaal, napraat; nagalm; jou aansluit by, tot jou eie maak *(woorde)*; *~ with* ... van ... weergalm/weerklink. **~cardiography** *(med.)* eggokardiografie. ~ **chamber** eggokamer. **~lalia** *n., (psig.)* eggolalie. **~lalic** *adj., (psig.)* eggolalies. **~location** eggo-oriëntasie. ~ **organ** *(mus.)* eggowerk. **~praxia, ~praxis** *(psig.)* eggopraksie. ~ **sounder** eggolood, =soeker, =peiler. ~ **sounding** eggopeiling. ~ **verse** eggo(ge)dig.

ech·o·ism klanknabootsing.

echo·vi·rus, ECHO vi·rus *n., (med., akr.:* enteric cytopathogenic human orphan*)* echovirus, ECHO-virus.

é·clair *(<Fr., kookk.)* éclair.

ec·lamp·si·a *(patol.)* eklampsie, kraamstuipe. **ec·lamp·tic** eklampties.

é·clat *(Fr.)* glans, luister, éclat; (groot) vertoon; aansien; byval.

ec·lec·tic *n.* eklektikus; *(gh.)* uitkiestelling. **ec·lec·tic** *adj.* eklekties. **ec·lec·ti·cism** eklektisisme.

e·clipse *n.* verduistering, eklips; *be in ~, (d. son ens.)* verduister wees; *(iem.)* op die agtergrond raak; *~ of the moon, lunar ~* maansverduistering; *~ of the sun, solar ~* sonsverduistering. **e·clipse** *ww.* verduister, eklipseer; *(poët., liter.)* verdonker; oorskadu, in die skadu stel, oortref, uitblink bo. **e·clip·tic** *n., (astron.: [snydingl] v.d. vlak v.d. aarde se baan om d. son)* ekliptika. **e·clip·tic** *adj.* eklipties.

ec·logue herders(ge)dig, ekloge; idille.

ec·o= *komb.vorm* eko=, omgewings=.

ec·o·ca·tas·tro·phe, ec·o·dis·as·ter ekologiese ramp/katastrofe, omgewings=, ekoramp, omgewings=, ekokatastrofe.

ec·o·cide *n.* ekosabotasie, omgewingsvernietiging, =verwoesting. **ec·o·cid·al** *adj.* omgewingskadelik, omgewingsvernietigend.

ec·o·cli·mate ekoklimaat.

ec·o·dis·as·ter →ECOCATASTROPHE.

ec·o·freak, ec·o·nut *(neerh. sl.)* omgewingsbetottelde.

ec·o·friend·ly eko=, omgewingsvriendelik.

ec·o·la·bel eko-etiket. **ec·o·la·bel·ling** eko-etikettering.

e·col·o·gy ekologie, omgewingsleer, bionomie. **e·co·log·i·cal, e·co·log·ic** ekologies, bionomies; *~ footprint* ekologiese letsel. **e·col·o·gist** ekoloog.

e·con·o·met·rics ekonometrie. **e·con·o·met·ric, e·con·o·met·ri·cal** ekonometries. **e·con·o·me·tri·cian** ekonometrikus.

ec·o·nom·ic ekonomies; lonend, winsgewend, voordelig; nuttig, bruikbaar; *(infml.)* goedkoop; *~* ***indicator*** ekonomiese aanwyser; *~* ***migrant,*** *(Derdewêreldmens wat sy heil i.d. Eerste Wêreld soek)* ekonomiese emigrant; *~* ***refugee*** ekonomiese vlugteling; *~* ***warfare*** ekonomiese oorlogvoering. **e·co·nom·i·cal** ekonomies; spaarsaam; doelmatig; lonend, winsgewend, voordelig; *~ style* beknopte styl. **e·co·nom·i·cal·ly** spaarsaam, op spaarsame wyse; voordelig; in ekonomiese opsig; *~ important* van ekonomiese belang; skadelik *(landbouplae ens.)*.

e·co·nom·ics ekonomie; *home ~* huishoudkunde.

e·con·o·mise, =**mize** besuinig, geld spaar, spaarsaam/suinig te werk gaan, versober; *~ on s.t.* op iets besuinig. **e·con·o·mis·er,** =**miz·er** (be)spaarder.

e·con·o·mist ekonoom; spaarsame mens.

e·con·o·my ekonomie; spaarsaamheid; besparing, besuiniging; doelmatigheid; inrigting, stelsel; ***domestic*** *~* binnelandse ekonomie; ***national*** *~* landsekonomie, nasionale ekonomie; ***political*** *~, (vero.)* staatshuishoudkunde, →ECONOMICS; *for* ***reasons*** *of ~* spaarsaamheidshalwe, om te bespaar; *~ of* ***scale*** skaalbesparing; *~ of* ***scope*** omvang=, bestekbesparing. ~ **class** ekonomiese klas, toeristeklas. ~ **drive** besparings=, besuinigings=, besnoeiingsveldtog; *have an ~ ~* 'n besparings=/besuinigings=/besnoeiingsveldtog onderneem. ~ **pack** spaarpak. ~ **run** besparingsrit, =wedren. ~ **size** *n.* ekonomiese grootte. **~-size** *adj.* van ekonomiese grootte; *an ~ bottle of shampoo* 'n bottel sjampoe van ekonomiese grootte; *an ~ packet of fruit* 'n spaarpak vrugte.

ec·o·nut →ECOFREAK.

ec·o·pho·bi·a ekofobie.

ec·o·phys·i·ol·o·gy ekofisiologie.

ec·o·raid·er *(Am.)* ekokryger, omgewingsaktivis, =kampvegter.

ec·o·spe·cies *(mv.)* ekospesie.

ec·o·sphere ekosfeer.

ec·o·sys·tem ekosisteem.

ec·o·tone ekotoon. **ec·o·ton·al** ekotonies.

Ec·o·to·pi·a Ekotopie.

ec·o·tour·ism ekotoerisme. **ec·o·tour·ist** ekotoeris.

ec·o·tox·ic ekotoksies. **ec·o·tox·i·col·o·gist** ekotoksikoloog. **ec·o·tox·i·col·o·gy** ekotoksikologie.

ec·o·type ekotipe. **ec·o·typ·ic** *adj.*, **ec·o·typ·i·cal·ly** *adv.* ekotipies.

ec·ru ecru, (ongebleikte) linnekleur, dofgeel, grysgeel.

ec·sta·sy ekstase, vervoering, verrukking, opgetoënheid; *(dikw. E~, dwelmsl.: metileendioksimetamfetamien)* ecstacy, die groot E, MDMA, Adam; *be in ecstasies over* ... oor ... in ekstase/vervoering wees; *go into ecstasies over* ... oor ... in ekstase/vervoering raak. **ec·sta·sise,** =**size** *(w.g.)* in ekstase/vervoering bring. **ec·stat·ic** verruk, in ekstase/vervoering, ekstaties, opgetoë; *be ~ about s.t.* in ekstase/vervoering oor iets wees.

ec·to·derm ektoderm. **ec·to·der·mal, ec·to·der·mic** ektodermies.

ec·to·morph ektomorf. **ec·to·mor·phic** ektomorf(ies).

ec·top·ic *(biol., med.)* ektopies; *~ pregnancy* ektopiese/ buitebaarmoederlike swangerskap.

ec·to·plasm *(biol.)* ektoplasma.

ec·type afdruk, kopie.

ecu, ECU =*(s), (akr.:* European Currency Unit*)* ecu.

Ec·ua·dor *(geog.)* Ecuador. **Ec·ua·do·ran, Ec·ua·do·ri·an** *n.* Ecuadoriaan. **Ec·ua·do·ran, Ec·ua·do·ri·an** *adj.* Ecuadoriaans.

ec·u·men·ic, ec·u·men·i·cal *(Chr.)* ekumenies; *(w.g.)* algemeen, universeel, ekumenies. **ec·u·men·ism, ec·u·men·i·cism, ec·u·men·i·cal·ism** ekumenisme. **e·cu·men·ic·i·ty** ekumenisiteit.

ec·ze·ma *(patol.)* ekseem.

e·da·cious *(w.g., skerts.)* gulsig, vraatsugtig. **e·dac·i·ty** gulsigheid, vraatsug.

E·dam *(geog.)* Edam. ~ **(cheese)** edam(kaas).

Ed·da Edda; *the Elder/Poetic ~, (ON gedigte)* die ou(ere)/poëtiese Edda (*of* Saemundar-Edda *of* Edda van Saemund die Wyse); *the Younger/Prose ~, (ON sages)* die jongere Edda (*of* prosa-Edda *of* Snorra-Edda).

ed·dy *n.* maal=, draaikolkie, maling/draaiing (in die water); (d)warrel=, werwelwind; dwarrelende (*of* 'n [d]warreling van) kapok/lug/mis/stof; *(fig.)* maalkolk, =stroom. **ed·dy** *ww.* maal, draai, (d)warrel, kolk, werwel. ~ **current** *(elek.)* werwelstroom.

e·del·weiss *(bot.: Leontopodium alpinum)* edelweiss.

e·de·ma *(Am.)* →OEDEMA.

E·den *(OT)* Eden; *(fig.)* paradys, lushof; *(fig.)* geluksaligheid; *the Garden of ~, (OT)* die tuin van Eden. **E·den·ic** *adj.* paradyslik, paradysagtig; ~ *garden* paradystuin.

e·den·tate *n., (soöl.)* tand(e)lose dier. **e·den·tate, e·den·tu·lous** *adj.* tand(e)loos.

edge *n.* kant, rand; sy; grens; soom; rif *(v. 'n bergrug)*; kam *(v. 'n golf)*; snykant, skerp kant, snee, snede; snee *(v. boek)*; *(geom.)* kant, rib; skerpte *(ook fig.)*; voordeel; *be on the ~ of one's* ***chair/seat****, (fig.)* op die punt van jou stoel sit; *keep s.o. on the ~ of his/her* ***chair/seat****, (fig.)* iem. op die punt van sy/haar stoel hou; ***give*** *an ~ to s.t.* iets skerp maak (*of* slyp); iets opwek *(aptyt ens.)*; *be at the* ***leading*** *~ of ...* aan die spits (*of* aan/op die voorpunt) van ... wees *(navorsing ens.)*; ***on*** *the ~ of ...* op die kant van ...; op die rand van ...; aan die rand van ...; *be* ***on*** *~* senu(wee)agtig wees, dit op jou senuwees hê; *be* ***on*** *the ~ of doing s.t.* op die punt staan/wees om iets te doen; *have an/the ~* ***on/over*** *s.o.* 'n voorsprong op (*of* 'n voordeel bo) iem. hê, iem. voor wees; *have a slight ~* ***on/over*** *s.o.* 'n geringe voorsprong op (*of* 'n geringe voordeel bo) iem. hê, iem. effens/effe(ntjies) voor wees; ***put*** *an ~ on s.t.* iets skerp maak (*of* slyp); *the ~ of the* ***sword****, (OT)* die skerpte van die swaard; ***take*** *the ~ off s.t.* iets wegneem *(d. ergste koue ens.)*; iets versag *(pyn ens.)*; iets stil *(d. ergste honger ens.)*; iets ontsenu *('n argument)*; *s.t. sets one's* ***teeth*** ***on*** *~* iets dring/gaan/sny deur murg/merg en been (*of* laat jou gril); *get/receive the rough/sharp ~ of s.o.'s* ***tongue*** →TONGUE *n.*; *give s.o. the rough/sharp ~ of one's* ***tongue*** →TONGUE *n.*; *have an ~ to one's* ***voice*** 'n klankie in jou stem hê. **edge** *ww.* afrand, omrand; omboor; omwerk; omsoom; afkant; skerp maak, slyp; (stadig/versigtig) beweeg/kruip; dring, druk; skuif, skuiwe; skuins beweeg; ~ ***away/off*** wegskuif(el), wegskuiwe; ~ *a* ***ball/catch*** *to ..., (kr.)* 'n bal van die rand van die kolf na ... speel, randjie bykry en die bal in ... se hande speel (*of* deur ... [uit]gevang word *of* aan ... 'n vangkans/=skoot bied); ~ ***in*** indruk; ~ ***in a word*** 'n woord tussenin kry; ~ ***into*** ... in ... indring, ... binnedring; ~ *s.t.* ***off*** iets afrand; ~ *s.o.* ***on*** iem. aanhits/aanspoor; ~ *s.o.* ***out*** iem. uitskuif/uitskuiwe; iem. net-net klop; ~ ***up*** *to s.o.* nader na iem. skuif(el)/skuiwe. ~ **cutter** randsnyer. ~ **finish** randafwerking. ~ **grain** langshout. ~ **plane** randskaaf. ~ **tool** snywerktuig. ~ **weapon** snywapen.

edged skerp (geslyp); (af)gekant; ~ *tool* snywerktuig; *(i.d. mv.)* snygereedskap; *play with ~ tools* →PLAY WITH FIRE; *s.t. ~ with ...* iets met 'n rand van ...

-edged *komb.vorm* met 'n ... kant, =kantig; met 'n ... rand; *blue-~* met 'n blou rand; *double-~, two-~, (lett.)* met twee snykante, *(lett. & fig.)* tweesnydend; *rough-~* met 'n ongelyke/oneffe rand; *sharp-~* skerp *(mes, omlyning, ens.)*; skerpkantig, met 'n skerp kant *(meubelstuk ens.)*.

edg·er kantsnyer; kantsaag; snywerktuig.

edge·ways, *(Am.)* **edge·wise** op sy kant, skuins; *get a word in ~* 'n woord tussenin kry.

edg·ing rand(jie); soom; omboorsel; randstuk; randafwerking; versiering, sierrand. ~ **shears** snoeiskêr. ~ **tool** *(glaswerk)* randsnyer.

edg·y senu(wee)agtig, op jou senuwees, gespanne; prikkelbaar; skerp, kantig; skerp omlyn(d). **edg·i·ness** senu(wee)agtigheid.

ed·i·ble *n.* iets eetbaars; *(i.d. mv.)* eetgoed, eetware. **ed·i·ble** *adj.* eetbaar; ~ *fat* spysvet; ~ *oil* tafelolie. **ed·i·bil·i·ty** eetbaarheid.

e·dict edik, bevelskrif, verordening, dekreet, plakkaat. **e·dic·tal** verordenend, deur 'n bevelskrif, ediktaal; ~ *citation, (jur.)* ediktale dagvaarding/sitasie.

ed·i·fice gebou, bouwerk, bousel.

ed·i·fy *(fml.)* stig, geestelik opbou. **ed·i·fi·ca·tion** stigting, opbouing, lering; *for the ~ of ...* tot stigting van ... **ed·i·fy·ing** stigtelik, opbouend, verheffend.

Ed·in·burgh *(geog.)* Edinburg. ~ **degree** Edinburgse graad. ~ **rock,** ~ **fancies** sorbetlekkers.

E·dir·ne *(geog.)* Edirne; →ADRIANOPLE.

ed·it *n., (infml): give a book a final ~* 'n boek persklaar maak. **ed·it** bewerk, redigeer; persklaar maak; versorg; *~ed by ...* onder redaksie van (*of* geredigeer deur) ...; *~ s.t. out* iets skrap; iets uitsny *(uit 'n film/band/ens.)*. **ed·it·a·ble** *(rek.)* redigeerbaar. **ed·it·ing** redaksie(werk), redigering.

e·di·tion uitgawe, druk, edisie; ***first*** *~* eerste uitgawe *(v. 'n boek)*; *~* ***de luxe*** praguitgawe, =band; ***paperback*** *~* sagteband=, slapbanduitgawe; *be a* ***second*** *~ of s.o.* op 'n haar na iem. lyk, die ewebeeld van iem. wees, uitgeknip iem. (*of* iem. uitgeknip) wees, soos twee druppels water na mekaar lyk; *the* ***Sunday*** *~ of a newspaper* die Sondaguitgawe van 'n koerant; *the book is in its* ***third*** *~* die boek beleef/belewe sy derde uitgawe.

ed·i·tor (hoof)redakteur; bewerker; medewerker; *(rek.)* redigeerder; *financial ~* finansiële medewerker/redakteur; *full-screen ~, (rek.)* volskermredigeerder; *line ~, (rek.)* reëlredigeerder. ~ **in chief** hoofredakteur.

ed·i·to·ri·al *n.* hoofartikel; *lead ~* eerste hoofartikel. **ed·i·to·ri·al** *adj.* van die redaksie, redaksioneel; van die redaksie/redakteur; ~ ***board/committee*** redaksiekommissie; ~ ***staff*** redaksie(personeel); *on the ~* ***staff*** in/by die redaksie; *the ~* ***we*** die redaksionele meervoud. **ed·i·to·ri·a·list** hoofartikelskrywer. **ed·i·to·ri·al·ly** redaksioneel.

ed·i·tor·ship (hoof)redakteurskap; leiding; bewerking; redaksie; *under the ~ of ...* onder redaksie van ...

E·dom·ite *(OT)* Edomiet. **E·dom·it·ish** Edomities.

ed·u·cate opvoed, oplei, leer, onderrig, onderwys; voorlig; laat leer; opvoed, grootmaak, vorm, ontwikkel; skool, oefen, afrig; *s.o. was ~d at Grahamstown/etc.* iem. het in/op Grahamstad/ens. skoolgegaan. **ed·u·ca·bil·i·ty** opvoedbaarheid. **ed·u·ca·ble** opvoedbaar, op te voed; ontvanklik. **ed·u·cat·ed** opgevoed, ontwikkeld, geleerd; ~ *guess* ingeligte raai(skoot). **ed·u·ca·tive** opvoedend, opbouend, leersaam, vormend. **ed·u·ca·tor** opvoeder, opvoedkundige, onderwyser.

ed·u·ca·tion opvoeding, opleiding; onderwys, onderrig; ontwikkeling; opvoedkunde; voorligting; ***adult*** *~* →ADULT; ***classical*** *~* klassieke opleiding; ***classroom*** *~* klassikale onderrig; ***commercial*** *~* handelsopleiding, =onderrig; *s.o. has had a* ***good*** *~* iem. het ver/vêr geleer; ***professor*** *of ~* professor in die opvoedkunde; ***(theory*** *of) ~* opvoedkunde, onderwyskunde; ***visual*** *~* aanskouingsonderrig. ~ **department** departement van onderwys. ~**speak, ed·u·ca·tion·ese** *(neerh.)* jargon van onderwyskundiges, opvoedkundige/pedagogiese jargon.

ed·u·ca·tion·al opvoedkundig, onderwys=, opvoedings=, skool=; ~ ***appliances/equipment*** leermiddels, =middele; ~ ***book*** skoolboek; ~ ***drama*** opvoedkundige drama; ~ ***film*** leerfilm; ~ ***journal*** onderwysblad; ~ ***matters*** skoolsake; ~ ***psychology*** opvoedkundige sielkunde/psigologie; ~ ***publisher*** uitgewer van skoolboeke, skoolboekuitgewer; ~ ***system*** onderwysstelsel; ~ ***tour*** skoolreis; studiereis. **ed·u·ca·tion·(al·)ist** opvoedkundige, onderwyskundige, pedagoog. **ed·u·ca·tion·al·ly** in opvoedkundige opsig, op opvoedkundige gebied; ~ *subnormal* leergestrem(d).

e·duce *(fml.)* aflei; te voorskyn (*of* aan die lig *of* voor die dag *of* vorendag) bring; oproep; kom met *(nuwe aanklagte[s] ens.)*. **e·du·ci·ble** afleibaar, af te lei; aan die lig (*of* te voorskyn) te bring; oproepbaar.

e·duc·tion afleiding, gevolgtrekking; *(teg.)* uitlating; afvoer(ing); uitstroming, uitvloeiing. ~ **pipe** uitlaat(pyp), afvoerpyp.

e·dul·co·rate *(w.g.)* versag; suiwer; ontsuur, versoet; ontsout.

e·du·tain·ment opvoedkundige vermaak, opvoedvermaak.

Ed·ward Eduard. **Ed·war·di·an** *n.* iem. uit die tyd van koning Eduard. **Ed·war·di·an** *adj.* Eduardiaans, Edwardiaans *(styl, woning, ens.)*.

eel *(igt.)* paling; *freshwater ~* paling; *marine ~* seepaling. **~basket, ~pot, ~trap** palingfuik. **~worm** aal(tjie), aalwurm. **~worm disease** *(plantsiekte)* aaltjiesiekte, knopwortel, vrotpootjie. **eel·y** palingagtig; glad.

e'er →EVER.

ee·rie, ee·ry onheilspellend, angswekkend, benouend, spookagtig, griesel(r)ig, grillerig. **ee·ri·ly** onheilspellend. **ee·ri·ness** griesel(r)igheid.

ef *efs, (d. letter f)* ef.

eff *(sl., euf. afk. v.* fuck*): ~ and blind* vloek en skel; *~ off!* loop!, trap!, skoert!, maak dat jy wegkom!, kry jou ry!. **eff·er** vloek=, vuilbek, swetser. **eff·ing** *n., (sl.)* gevloek, vloekery, geswets, swetsery. **eff·ing** *adj. & adv., (sl.)* dêm, vervloeks, vervlaks, blerrie, bleddie, blessit, flippen.

ef·face uitwis; uitvee, doodvee; laat verdwyn; *~ the memory of s.t.* iets uit jou geheue ban/wis; *~ o.s.* jou terugtrek (*of* op die agtergrond hou), op die agtergrond bly. **ef·face·a·ble** uitwisbaar. **ef·face·ment** uitwissing; terugtrekking.

ef·fect *n.* uitwerking, effek; werking; gevolg, resultaat, uitslag; indruk; effekbejag; invloed; trefkrag; strekking; *(i.d. mv.)* eiendom, besittings, goed(ere), vermoë; *(i.d. mv., jur.)* losgoed, los besittings; *(i.d. mv., rad.)* byklanke; *have an* ***adverse*** (or *a* ***bad****) ~ (up)on ...* ... aantas; ... benadeel, vir ... nadelig wees; ... ongunstig beïnvloed; ***bring/carry/put*** *s.t. into ~,* ***give*** *~ to s.t.* iets uitvoer (*of* ten uitvoer bring), aan iets uitvoering gee; ***cause*** *and ~* oorsaak en gevolg; ***come/go*** *into ~* in werking tree, van krag word; ***Doppler*** *~* →DOPPLER; *do s.t.* ***for*** *~* iets doen om indruk te maak, iets uit effekbejag doen; *be calculated* ***for*** *~* op effek bereken wees; ***household*** *~s* →HOUSEHOLD; ***in*** *~* in werklikheid, eintlik, prakties; *be* ***in*** *~* van krag (*of* in werking wees); *s.t. has* ***no*** *~* iets werk nie; iets is sonder uitwerking; iets is nutteloos/(te)vergeefs; *be of* ***no*** *~* ongeldig wees; kragteloos wees; *to* ***no*** *~* (te)vergeefs, sonder uitwerking; *have an ~* ***on*** *...* op ... 'n uitwerking hê; *the ~(s)* ***on*** *...* die uitwerking op ..., die gevolg(e) vir ...; ***side*** *~* →SIDE; ***suffer*** *no ill ~s* niks *(van iets)* oorkom nie; ***take*** *~, ('n wet ens.)* in werking tree, van krag word; 'n uitwerking hê; *(medisyne ens.)* werk; *allow s.t. to* ***take*** *~* iets laat deurwerk; *to* ***good/great/bad*** *~* met goeie/slegte gevolg; ***to*** *the ~ that ...* ten effekte dat ...; *or words* ***to that*** *~* of iets in dier voege, of woorde te dien effekte (*of* met dié/daardie strekking); ***with*** *~ from ...* met ingang van ...; *begin* ***with*** *immediate ~* dadelik in werking tree, dadelik van krag word; *be suspended/etc.* ***with*** *immediate ~* dadelik ingaande geskors/ens. word; ***with*** *striped/etc. ~s* met 'n streepmotief/ens.. **ef·fect** *ww.* bewerkstellig, bewerk, teweegbring, teweeg bring, veroorsaak; in werking stel; uitvoer, ten uitvoer bring, verwesen(t)lik, bereik, tot stand bring; ~ *an* ***arrangement*** 'n skikking tref; ~ *a* ***change*** 'n verandering aanbring; ~ *a* ***cure*** genesing bring; ~ *an* ***entrance*** ingaan, toegang verkry; ~ *an* ***escape*** ontvlug, 'n ontvlugting bewerkstellig; ~ *an* ***insurance*** 'n versekering aangaan/sluit; ~ *a* ***loan*** 'n lening aangaan; ~ *a* ***sale*** 'n verkoop sluit, 'n verkoop tot stand bring; ~ *a* ***saving*** bespaar, 'n besparing bewerkstellig. **ef·fec·tive** *n., (mil.)* effektiewe (soldaat), strydbare manskap; effektiewe sterkte, effektief *(v.d. leër)*. **ef·fec·tive** *adj.* effektief, doeltreffend, doelmatig; afdoende; bekwaam, geskik; werkend, werk=

dadig; treffend, raak; werklik, wesen(t)lik; ~ ***date*** effektiewe datum, datum van inwerkingtreding, intreedatum; *become ~ **from** ...* met ingang van ... van krag word (*of* in werking tree); ~ ***interpretation,*** *(jur.)* doelmatige uitleg; ***make*** *s.t.* ~ iets van krag maak *('n ooreenkoms ens.)*; ~ ***member*** werkende/aktiewe lid; ~ ***range*** draagwydte *(v. 'n wapen)*; meetbereik, =bestek *(v. 'n meetinstrument)*; ~ ***soldier*** effektiewe soldaat, strydbare manskap; ~ ***strength,*** *(mil.)* effektiewe sterkte, effektief; ~ ***work*** nuttige werk/arbeid. **ef·fec·tive·ly:** ~ *in charge* prakties in beheer. **ef·fec·tive·ness** doeltreffendheid, doelmatigheid, effektiwiteit; uitwerking, uitslag; werkverrigting; krag. **ef·fec·tu·al** doeltreffend, suksesvol, effektief, afdoende; van krag, bindend. **ef·fec·tu·al·ly** op doeltreffende/geslaagde wyse, met sukses. **ef·fec·tu·ate** *(fml.)* bewerkstellig, bewerk, teweegbring, teweeg bring, veroorsaak; uitvoer, ten uitvoer bring, verwesen(t)lik, bereik, tot stand bring. **ef·fec·tu·a·tion** *(fml.)* bewerkstelliging; uitvoering, totstandbrenging.

ef·fem·i·nate *(neerh.)* verwyf(d), sag, onmanlik *(man)*; meisieagtig, meisierig *(seun)*; oninspirerend *(stuk werk ens.)*. **ef·fem·i·na·cy** verwyfdheid, onmanlikheid; meisieagtigheid.

ef·fen·di *(<Turks)* effendi.

eff·er →EFF.

ef·fer·ent *(fisiol.)* efferent, wegvoerend, afvoerend; ~ *duct* afvoerbuis.

ef·fer·vesce (op)bruis, (op)borrel; gis; werk; *(fig.)* bruis, opgewek/vrolik/uitgelate wees. **ef·fer·ves·cence** (op)bruising, (op)borreling; gisting; werking; *(fig.)* bruising, lewendigheid, uitgelatenheid. **ef·fer·ves·cent** *n.* bruispoeier. **ef·fer·ves·cent** *adj.* (op)bruisend, (op)borrelend; gistend; werkend; *(fig.)* bruisend, lewendig, uitgelate; ~ *drink* bruisdrank(ie); ~ *tablet* bruistablet; ~ *wine* bruiswyn.

ef·fete slap, (ver)swak, kragteloos, futloos, afgeleef; oorverfyn(d) *(wetgewing ens.)*; verwyf(d) *(jong man)*; *(bot., soöl.)* steriel, onvrugbaar.

ef·fi·ca·cious *(fml.)* effektief, doeltreffend, doelmatig; afdoende; werkend *(toestand ens.)*; werksaam, *(w.g.)* probaat *(middel ens.)*. **ef·fi·ca·cy, ef·fi·ca·cious·ness** effektiwiteit, doeltreffendheid *ens.*; werksaamheid *ens.*.

ef·fi·cien·cy doeltreffendheid, doelmatigheid, effektiwiteit; bekwaamheid, bevoegdheid, vaardigheid, bedrewenheid, behendigheid, geskiktheid; flinkheid, fluksheid; produktiwiteit; prestasievermoë; nuttigheid, waarde, nuttigheidswaarde; krag; werkdadigheid *(v. 'n middel)*; *(meg., elek.)* rendement; *(filos.)* effisiënsie; *(mil.)* strydbaarheid *(v. troepe)*; *mechanical ~* meganiese rendement. ~ **bonus** prestasiebonus. ~ **curve** doeltreffendheidskromme. ~ **plan** doeltreffendheids=, rasionalisasieplan. **ef·fi·cient** doeltreffend, doelmatig; bekwaam, bevoeg, knap, vaardig, bedrewe, behendig, geskik; flink, fluks; produktief; *(filos.)* effisiënt; *(mil.)* strydbaar.

ef·fi·gy beeld, afbeelding, beeltenis, afbeeldsel, effigie; *burn/hang s.o. in ~* 'n beeld van iem. verbrand/ophang, iem. simbolies verbrand/ophang.

eff·ing →EFF.

ef·flo·resce *(chem.)* effloresseer; *(soute)* kristalliseer; *(mure ens.)* uitslaan; ontluik, bloei. **ef·flo·res·cence** *(chem.)* efflorressensie; uitslag, skimmel *(op mure)*; *(med.)* veluitslag; ontluiking, bloei(tyd). **ef·flo·res·cent** *(chem.)* effloresserend; skimmel, vol uitslag; ontluikend, bloeiend.

ef·flu·ent *n.* afval=, rioolwater; afloop=, uitloop=, oorloopwater; syrivier, uitloop, vertakking; uitvloeisel. **ef·flu·ent** *adj.* uitstromend, uitlopend, uitvloeiend; ~ *ray* uitvloeiende straal; ~ *water* uitvloeiwater; afvalwater. **ef·flu·ence, ef·flux** uitvloeisel; uitstroming, uitvloeiing.

ef·flu·vi·um =*via*, =*viums* damp, uitdamping, uitwaseming, effluvium; onwelriekende afskeiding; onwelriekende walm; (slegte) reuk.

ef·flux →EFFLUENCE. **ef·flux·ion** *(jur.)* verloop *(v. tyd)*.

ef·fort poging, probeerslag; moeite; inspanning; *(ook, i.d. mv.)* ywer; prestasie; *(teg.)* krag; mag *(v. 'n hefboom)*; hyskrag *(v. 'n katrol)*; ***by*** *s.o.'s own ~s* deur iem. se eie inspanning; *s.t.* ***costs*** *s.o. an ~* iets kos iem. moeite; *make **every** ~* hard probeer, jou (uiterste) bes *(of* alles moontlik) doen; *make **every possible** ~, **spare** no ~, be **unsparing** in one's ~s* geen moeite ontsien/spaar nie; ***make*** *an ~* 'n poging aanwend, probeer, jou inspan; ***make*** *a frantic ~* 'n wanhopige poging aanwend; ***put*** *a lot of ~ into s.t.* hard aan iets werk, jou werklik vir iets inspan, baie moeite met iets doen; *the **sustained** ~* die onafgebroke inspanning; *it is an ~ **to** ...* dit is/kos moeite *(of* dit kos inspanning) om te ...; ***unsparing*** *~s* →UNSPARING. **ef·fort·less** maklik, met gemak, sonder inspanning/moeite.

ef·front·er·y vermetelheid, voorbarigheid, (dom)astrantheid, parmantigheid, skaamteloosheid, onbeskaamdheid; *bare-faced ~* skaamtelose vermetelheid; *have the ~ to do s.t.* die vermetelheid hê om iets te doen.

ef·ful·gence *(poët., liter.)* glans, skittering. **ef·ful·gent** glansend, stralend, skitterend.

ef·fuse *ww.* uitgiet, uitstort; versprei; afskei; uitstraal *(ook fig.)*; uitstroom, uitvloei, uitsypel, uitsyfer; opgewende raak *(oor iets)*. **ef·fuse** *adj., (bot.)* oopgesprei(d); versprei(d), uitgesprei(d); uitgebrei(d). **ef·fu·sion** uitgieting, uitstorting; ontsnapping; uitstroming, uitvloeiing, uitsypeling, uitsyfering; *(med.)* effusie; ontboeseming. **ef·fu·sive** oordadig, oordrewe; uitbundig, uitgelate; rojaal; (oordrewe) hartlik; woordryk; *(geol.)* effusie=, uitvloeiings= *(gesteentes ens.)*. **ef·fu·sive·ness** oordadigheid, oordrewenheid; uitbundigheid, uitgelatenheid; (oordrewe) hartlikheid; woordrykheid.

eft *(dial. of arg.)* molg, watersal(a)mander.

e·gad *tw., (arg.)* sowaar, jou waarlik; goeie/liewe hemel.

e·gal·i·tar·i·an *n.* gelykmaker, egalis, egalitariër. **e·gal·i·tar·i·an** *adj.* gelykheids=, gelykmakend, egalisties, egalitêr. **e·gal·i·tar·i·an·ism** egalisme, egalitarisme.

egg[1] *n.* eier; *a **bad** ~, (lett.)* 'n vrot eier; *(infml., outyds)* 'n niksnut(s)/deugniet; *have/put all one's ~s in one **basket**, (fig.)* al jou eiers in een mandjie hê/pak/plaas/sit, al jou geld op een kaart hê/sit; ***beat*** *~s* eiers klits/klop; *a **clutch** of ~s* 'n broeisel eiers; *have* (or *be left with*) *~ on* (or *all over*) *one's **face**, (infml.)* met pap op die/jou gesig sit, 'n belaglike figuur slaan, jou belaglik maak; *a **good** ~, (infml., outyds)* 'n goeie siel; ***in*** *the ~* in die dop; in die kiem, in 'n vroeë stadium; ***lay*** *an ~, (lett.)* 'n eier lê; *(Am., infml.: misluk)* 'n windeier lê; flop; ***shell*** *~s* eiers afdop; *teach one's grandmother to **suck** ~s, (infml.)* die eier wil slimmer/wyser wees as die hen; *(as) **sure** as ~s is/are ~s* →SURE; ***tread/walk*** *on ~s, (fig.)* op eiers loop, versigtig trap, ligloop, in/op jou pasoppens wees; *you cannot **unscramble** ~s* gedane sake het geen/g'n keer nie. **egg** *ww., (kookk.)* met geklitste eier bestryk, in geklitste eier doop; *(Am., infml.)* met eiers bestook/gooi; eiers versamel. ~ **and dart/tongue/anchor** *(bouk.)* eierlys. ~**-and-spoon race** eier-in-die-lepel-wedloop. ~**beater** eierklitser; *(Am., infml.: helikopter)* heli, kopter, tjopper; *(infml.: afgeleefde motor)* (ou) tjor(rie)/rammelkas/skedonk. ~ **box** eierhouer(tjie), =doos, =dosie. ~ **cell** eier=, saadsel. ~ **coddler** eierweller. ~ **cosy** eiermussie. ~ **cup** eierkelkie. ~ **custard** *(kookk.)* eiervla. ~ **cutter** →EGG SLICER. ~ **dance** eierdans. ~ **dish** eiergereg. ~ **flip** →EGGNOG. ~ **foo yong/yoong/yung,** ~ **fu yung** *(Chin. kookk.)* eiers foe jong/joeng. ~ **gatherer** eierraper. ~ **glass** →EGG TIMER. ~**head** *(infml.)* slimjan, =kop, intellektueel. ~ **layer** eierlêer. ~ **lifter** eierspaan. ~ **moulding** eierlys. ~**nog,** ~ **flip** eierbrandewyn, advokaat. ~**plant** →AUBERGINE. ~ **pouch** eiersak. ~ **powder** eierpoeier. ~ **pulp** eierpulp. ~ **roll** *(Chin. kookk.)* →SPRING ROLL. ~ **sac** eiersak(kie). ~ **sauce** *(kookk.)* eiersous. ~**s Benedict** *(kookk.)* benediktuseiers. ~ **separator** eierskeier. ~**-shaped** eiervormig, ovaal. ~**shell** eierdop. ~**shell china** kraakporselein. ~ **slice** eierspaan. ~ **slicer,** ~ **cutter** eiersnyer. ~**s mayonnaise** *(kookk.)* mayonnaise-eiers. ~ **spoon** eierlepel(tjie). ~ **stand,** ~ **rack** eierstander(tjie), =stelletjie, =rakkie. ~ **timer,** ~ **glass** sandloper(tjie). ~ **tooth** eiertand *(by voëls en reptiele)*. ~ **tray** eierlaai, =rakkie. ~ **tube** lêbuis. ~ **whisk,** ~ **whip** eierklopper. ~ **white** eierwit; *two ~ ~s* wit van twee eiers. ~ **yolk** dooier, door.

egg[2] *ww.*: ~ *s.o. on* iem. aanhits/aanpor/opsteek, agter/aan iem. sit *(om iets te doen)*.

e·glan·du·lar, e·glan·du·lose klierloos.

eg·lan·tine →SWEETBRIAR.

e·go =*gos* ego, ek, self; ekheid, eie ek; *boost/feed one's ~* jou ego streel, jou eiedunk verhoog. ~ **ideal** *(psig.)* ego-ideaal. ~ **identity** *(psig.)* ego-identiteit. ~ **psychology** egopsigologie, =sielkunde. ~ **trip** selfverheerliking; *be on an ~ ~, (infml.)* met selfverheerliking besig wees.

e·go·cen·tric egosentries, selfgerig, in jouself opgaande. **e·go·cen·tric·i·ty** egosentrisiteit.

e·go·ism egoïsme, selfsug, selfliefde. **e·go·ist** egoïs, egosentriese/egoïstiese/(eie-)ekkerige/selfbehepte mens, selfsugtige (mens); selfingenome/selfvoldane/verwaande mens; *(etiek)* egoïs. **e·go·is·tic, e·go·is·ti·cal** egoïsties, selfsugtig.

E·go·li, e·Go·li *(Z.: Johannesburg)* Goudstad.

e·go·ma·ni·a uiterste selfsug; sieklike egoïsme. **e·go·ma·ni·ac** sieklike egoïs.

e·go·tism selfingenomenheid, selfvoldaanheid, eiedunk, eiewaan, eieliefde, egotisme. **e·go·tist** selfingenome/selfvoldane/verwaande mens; egoïs, egosentriese/egoïstiese/(eie-)ekkerige/selfbehepte mens, selfsugtige (mens). **e·go·tis·tic, e·go·tis·ti·cal** selfingenome, selfvoldaan, verwaand, egotisties; egosentries, egoïsties, (eie-)ekkerig, selfbehep, selfsugtig.

e·gre·gious grof, kolossaal *(fout)*; skandelik *(gedrag)*; flagrant, infaam *(leuen)*; verregaande *(vermetelheid ens.)*; skokkend, ongehoord *(stelling ens.)*; allerverskrikliks *(skeltaal ens.)*; *(arg.)* uitmuntend, uitnemend; ~ *fool* opperste dwaas.

e·gress *(fml.)* uitgang. **e·gres·sion** uitgang, uittog.

e·gret *(orn.)* egret, kuifreier; *(pluim)* →AIGRET(TE). ~ **heron** egretreier.

E·gypt Egipte; *the land of ~, (OT)* Egipteland. **E·gyp·tian** *n.* Egiptenaar. **E·gyp·tian** *adj.* Egipties; ~ *goose* kolgans. **E·gyp·to·log·i·cal** Egiptologies. **E·gyp·tol·o·gist** Egiptoloog. **E·gyp·tol·o·gy** Egiptologie.

eh *tw.* hè?; nè?.

Eid *(Arab.: fees)*: ~ **(ul-Adha)** *(Moslemfees v. opoffering)* Eid(-oel-Adha). ~ **(ul-Fitr)** *(Moslemfees na afloop v. Ramadan)* Eid(-oel-Fiter), Labarang.

ei·der: ~ **(down)** eiderdons. ~**down** dons=, verekombers. ~ **(duck)** eider=, donseend.

ei·det·ic *adj.*, **ei·det·i·cal·ly** *adv., (psig.)* eideties.

ei·do·lon =*dolons*, =*dola* spookbeeld, skim.

Eif·fel Tow·er Eiffeltoring *(in Parys, Fr.)*.

eight ag(t); *the ~ on the left, (trekos)* die hot-op-ag(t); *have one over the ~, (Br., infml.)* te veel drink; *piece of ~, (hist. munt)* Spaanse mat. ~**-day** *(attr.)* ag(t)daagse *(toer ens.)*. ~**-dimensional** ag(t)dimensioneel. ~**fold** ag(t)voudig. ~**-hour** *(attr.)* ag(t)uur=, ag(t)urige; ~ *day* ag(t)uurdag, ag(t)urige werkdag. ~ **hours** ag(t) uur. ~ **hundred,** ~ **thousand,** ~ **million** ag(t) honderd/duisend/miljoen, ag(t)honderd, ag(t)duisend, ag(t)miljoen. ~ **hundred/thousand and first** ag(t)honderd/ag(t)duisend en eerste, ag(t)honderd/ag(t)duisend-en-eerste. ~ **hundred/thousand and one** ag(t)honderd/ag(t)duisend en een, ag(t)honderd/ag(t)duisend-en-een. ~ **hundredth,** ~ **thousandth,** ~ **millionth** ag(t)honderdste, ag(t)duisendste, ag(t)miljoenste. ~ **hundred thousand** ag(t)honderdduisend, ag(t)honderd duisend. ~ **hundred thousandth** ag(t)honderdduisendste. ~ **hundred thousandths** ag(t) honderdduisendstes. ~ **hundredths,** ~ **thousandths,** ~ **millionths** ag(t) honderdstes/duisendstes/miljoenstes. ~ **o'clock** ag(t)uur. ~**-panel(led) ball** ag(t)pantbal. ~**-sided** ag(t)kantig, =hoekig. ~**-year-old** *n.* ag(t)jarige. ~**-year-old** *adj. (attr.)* ag(t)jarige, ag(t) jaar oue.

eight·een agtien. ~**-carat gold** agtienkaraatgoud. ~ **hundred** agtien honderd, agtienhonderd. ~ **hundreds:** *the ~ ~* die jare agtienhonderd *(of* agtien honderd), die negentiende eeu. ~**pence** *(hist.)* daalder.

eight·eenth agtiende; ~ *century* agtiende eeu. ~**-century** agtiende-eeus.

eighth ag(t)ste; *an/one ~ of an inch/etc.* 'n ag(t)ste duim/ens.; *~ wonder of the world* ag(t)ste wêreldwonder. ~ **century** ag(t)ste eeu. ~-**century** ag(t)ste-eeus. ~**man** *(SA, rugby)* ag(t)steman.

eighth·ly ten ag(t)ste, in die ag(t)ste plek.

eight·i·eth tagtigste.

eight·y tagtig; *be in one's eighties* in die tagtig (*of* in jou tagtigerjare) wees; *it happened in the eighties/Eighties* dit het in die tagtigerjare (*of* in die jare tagtig) gebeur. ~-**first** een en tagtigste, een-en-tagtigste. ~**fold** tagtigvoudig. ~-**year-old (man/woman/etc.)** tagtigjarige (man/vrou/ens.).

ein·stein·i·um *(chem., simb.: Es)* einsteinium.

Ei·re *(Gaelies, geog.)* Ierland.

ei·ren·ic →IRENIC. **ei·ren·i·con, i·ren·i·con** *(fml.)* vredesvoorstel.

eis·tedd·fod -*fods*, -*fodau, (wedstryd in digkuns, sang, dans en musiek)* eisteddfod.

ei·ther *bep. & pron.* die een of die ander (een), een van die twee, een van beide; albei; *in ~ **case*** in albei gevalle; *at ~ **end*** op (enig)een van die twee (*of* op een van beide) hoeke; *in ~ **hand*** in die een of die ander hand, in een van beide hande; *I don't know ~ (**of** them)* ek ken geeneen van die twee nie; *~ **of** them may go* een van hulle (twee) mag gaan *(maar nie albei nie)*; *~ **of** them is suitable* hulle is albei geskik; ***on** ~ side* aan die een of die ander kant; aan albei kante, aan weerskant(e); wedersyds; *~ **view** is tenable* albei opvattings is houdbaar; *the result can go ~ **way*** enige kant kan wen; die twee moontlikhede is ewe sterk. **ei·ther** *adv. & voegw.* of; ook; hetsy; ***I don't** know ~* ek weet ook nie; *~ come in **or** go* kom in of loop; *~ A **or** B* óf A óf B; *not **that*** ~ ook (nie) dit nie.

e·jac·u·late *ww., (man, manlike dier)* ejakuleer, saad/semen stort; *(vero.)* uitroep. **e·jac·u·late** *n.* ejakulaat, saadstorting. **e·jac·u·la·tion** ejakulasie, saadstorting; uitroep, kreet. **e·jac·u·la·tor·y** uitstortend, uitwerpings-; uitroepend; *~ duct* saadbuis; *~ prayer* skietgebed(jie).

e·ject uitgooi, uitsmyt, uitwerp; uitsit, uitskop; uitskiet; afgee; verdryf, verdrywe; *~ s.o. from a place* iem. uit 'n plek sit/smyt. ~ **button** uitskietknop(pie).

e·jec·tion uitwerping, uitgooi; uitsetting; (die) uitskiet; ejeksie. ~ **seat, ejector seat** uitskietstoel.

e·ject·ment *(jur.)* uitsetting. ~ **order** uitsettingsbevel.

e·jec·tor uitskopper; uitsitter; uitwerper; uitskuiwer, uitstoter. ~ **seat** →EJECTION SEAT.

eke[1] *ww., (arg.)* aanvul, rek; *~ out an existence* (or *a livelihood/living*) op 'n manier (*of* met moeite) 'n bestaan maak; *~ out food/etc.* langer met kos/ens. uitkom; *~ out one's income by doing extra work* jou inkomste aanvul deur ekstra werk te doen.

eke[2] *adv., (arg.)* ook, eweneens; bowendien.

e·kis·tics ekistika, ekistiek, nedersettingsleer. **e·kis·tic, e·kis·ti·cal** ekisties, nedersettings-. **e·kis·ti·cian** ekistikus, nedersettingskundige.

el[1] *els, (d. letter l)* el.

el[2] = ELEVATED RAILWAY.

e·lab·o·rate *adj.* uitvoerig; uitgebreid; grondig, (fyn) uitgewerk; fyn afgewerk; in die puntjies; omslagtig; ingewikkeld; oordadig, opgesmuk. **e·lab·o·rate** *ww.* (in besonderhede) uitwerk; uitbou; (verder) uitwei, in besonderhede tree; verwerk; voortbring, te voorskyn bring; *~ s.t. into ...* iets tot ... verwerk; *~ (up)on s.t.* oor iets uitwei. **e·lab·o·rate·ness** uitvoerigheid; afwerking. **e·lab·o·ra·tion** uitwerking; bewerking, verwerking; uitbouing.

E·lam·ite *(hist.)* Elamiet.

é·lan *(Fr.)* élan, geesdrif, besieldheid, vuur.

e·land -*land(s), (soöl.)* eland.

e·lapse verstryk, verbygaan, verloop. **e·lapsed** verstreke.

e·las·mo·saur elasmosourus.

e·las·tic *n.* rek, elastiek; gomlastiek. **e·las·tic** *adj.* rekbaar, elasties; veerkragtig; *~ **band*** →RUBBER BAND; *~ **bandage*** rekverband; *~ **conscience*** rekbare/ruim gewete; *~ **force*** spankrag; *~ **limit*** rekgrens, elastisiteitsgrens; *~ **sticking plaster*** rekpleister; *~ **stocking*** rekkous; *~ **tissue*** rekweefsel. **e·las·tic·i·ty** rek(baarheid), elastisiteit; veerkrag(tigheid); *coefficient of ~* rekgetal; *~ of shape* vormveerkrag, vervormingsveerkrag.

e·las·tin *(biochem.)* elastien.

E·las·to·plast *(handelsnaam)* heg-, kleefpleister.

e·late in vervoering bring; verheug. **e·lat·ed** verheug, oorstelp van vreugde, in die wolke, verruk, in ekstase, ekstaties, in jou noppies, opgetoë; opgewonde, uitgelate; *(arg.)* trots; *(arg.)* triomfant(e)lik; *be ~ at ...* verheug/verruk (*of* in die wolke *of* in ekstase *of* in jou noppies) oor ... wees. **e·la·tion** (groot) vreugde/blydskap, ekstase, verrukking, opgetoënheid, verheuging; opgewondenheid, uitgelatenheid; *(arg.)* (gevoel van) trots.

El·ba *(geog.)* Elba.

El·ber·ta peach elbertaperske.

el·bow *n.* elmboog; bog, kromming; knie *(v. masjien)*; ***at** one's ~* byderhand; *be **at** s.o.'s ~* aan iem. se sy wees; ***bend/lift** one's ~, (infml.: drink)* in die bottel kyk; ***out** at ~(s)* verslete; verflenter(d), gehawend, toiingrig, verslons; ***rub** ~s with ... met ...* omgaan; *be **up** to one's/the ~s in work* →WORK *n.*. **el·bow** *ww.* stoot, dring, druk; *~ s.o. **aside*** iem. opsy stoot; *~ s.o. **out*** iem. uitstoot; *~ one's way **through** ...* 'n pad deur ... druk; jou weg deur ... baan. ~ **bender** *(Br., sl.)* iem. wat graag in die bottel kyk, groot drinker. ~ **chair** →ARMCHAIR. ~ **connection** elmboogverbinding. ~ **fitting** elmboog(stuk). ~ **grease** *(infml.)* poetswerk; kragsinspanning; spierkrag. ~ **pad** *(sport)* elmboogskut. ~ **patch** elmboogskut *(op mou v. kledingstuk)*. ~ **rest** →ARMREST. ~ **room** *(infml.)* bewegingsvryheid, (beweeg)ruimte, speelruimte; *give s.o. ~ ~* iem. ruim baan gee. ~ **sleeve** elmboog(s)mou.

El·brus: *(Mount) ~* die Elbroes(berg) *(in Rusland)*.

El·burz Moun·tains Elboers(berge) *(in Iran)*.

eld *(arg. of poët., liter.)* ouderdom; vergange se dae, die ou tyd; oudheid.

el·der[1] *n.* ouderling; ouere; *my ~s* mense ouer as ek; *~s of the tribe* oudstes van die stam. **el·der** *adj.* ouer; oudste *(v. twee broers/susters)*; *~ hand, (kaartspel)* voorhand; *~ statesman* afgetrede staatsman, ringkop, oukop; *the ~ of the two* die oudste van die twee. **el·der·ly** bejaard; ouerig, taamlik oud, aan die ou kant; *a home for the ~* 'n ouetehuis. **el·der·ship** ouderlingskap. **el·dest** oudste *(v. drie of meer broers/susters)*.

el·der[2] *n., (bot.)* vlierboom. ~**berry** vlierbessie.

El Do·ra·do, el·do·ra·do -*dos* eldorado, paradys, land van oorvloed; goudland.

el·dritch, el·drich *(poët., Sk.)* vreemd; griesel(r)ig, grillerig, spookagtig; boaards.

e·lect *n.* uitverkorene; gekosene; *the ~* die uitverkorenes *(v. God)*. **e·lect** *adj. (pred.)* gekose; uitgesoek; *(Chr.)* uitverkore; *bride ~* aanstaande bruid; *chairperson ~* aangewese voorsitter, voorsitter vir die volgende termyn; *president ~* pas gekose president. **e·lect** *ww.* kies, uitkies, verkies; besluit; *(Chr.)* uitverkies; *~ s.o. (as) **chairperson/etc.*** iem. tot voorsitter/ens. (ver)kies; ***declare** s.o. (duly) ~ed* iem. (behoorlik) verkose verklaar; *~ed **dictator*** verkose diktator; *the **newly** ~ed president/etc.* die pas verkose president/ens.; *~ **to** do s.t.* besluit om iets te doen; verkies om iets te doen; *~ s.o. **to** a council* (or *an office etc.*) iem. in 'n raad/amp/ens. (ver)kies.

e·lect·a·ble (ver)kiesbaar. **e·lect·a·bil·i·ty** (ver)kiesbaarheid.

e·lec·tion kiesing, verkiesing, eleksie; keuse; ***at/in** the ~(s)* by die verkiesing; ***call** an ~* 'n verkiesing uitskryf/uitskrywe; ***carry** an ~* 'n verkiesing wen; ***contest** an ~* aan 'n verkiesing deelneem; *an **early** ~* 'n spoedige verkiesing; ***fight** an ~* 'n verkiesing(stryd) voer; *a **general** ~* 'n algemene verkiesing; ***hold** an ~* 'n verkiesing hou; ***lose/win** an ~* 'n verkiesing verloor/wen; ***make** o.s. available for ~, **seek** ~* jou verkiesbaar stel; *s.o.'s ~ **to** ...* iem. se verkiesing in ... *('n raad, amp, ens.)*; *an **unopposed** ~* 'n onbetwiste verkiesing. ~ **agent** verkiesingsagent. ~ **campaign** verkiesingsveldtog. ~ **commissioner** verkiesingskommissaris. ~ **contest** verkiesingstryd. ~ **cry** verkiesingskreet, -leuse. ~ **day** stemdag, verkiesingsdag; *on ~ ~* op die stemdag. ~ **fever** verkiesingskoors. ~ **fund** verkiesingsfonds. ~ **mandate** verkiesingsmandaat. ~ **manifesto** verkiesingsmanifes. ~ **monitoring** verkiesingsmonitering. ~ **platform** verkiesingsplatform. ~ **process** verkiesingsproses. ~ **result** verkiesingsuitslag. ~ **system** kiesstelsel.

e·lec·tion·eer *n.* verkiesingsvegter; stemwerwer. **e·lec·tion·eer** *ww.* 'n verkiesingstryd voer; stemme werf. **e·lec·tion·eer·ing** stem(me)werwery; verkiesingspropaganda.

e·lec·tive (ver)kiesend; verkose, gekose; kies-, verkiesings-; keur-; *(Am.)* fakultatief; *~ **affinity*** keurverwantskap; *~ **assembly*** kiesvergadering; *on an ~ **basis*** deur (ver)kiesing; *~ **body*** verkose liggaam; kieskollege.

e·lec·tor kieser, stem-, kiesgeregtigde; *(hist.)* keurvors; →GREAT ELECTOR. **e·lec·tor·al** kies-; kiesers-; *(hist.)* keurvorstelik, elektoraal; *~ **act*** kieswet; *~ **circle*** kieskring; *~ **college*** kieskollege; *~ **district*** stemdistrik; *~ **division*** kiesafdeling; *~ **law*** kieswet; *~ **list*** kieserslys; *~ **office*** verkiesingskantoor; *~ **officer*** kiesbeampte, verkiesingsbeampte; *~ **prince(ss)**, (hist.)* keurprins(es); *~ **quota*** kieskwota; *~ **reform*** kiesregher-vorming; *~ **ward*** kieswyk. **e·lec·tor·ate** kiesers; kieserskorps; *(hist.)* keurvorstedom.

E·lec·tra *(Gr. mit.)* Elektra. ~ **complex** *(psig.)* Elektra-, vaderkompleks.

e·lec·tric elektries; *~ **arc*** vlam-, ligboog; *~ **blanket*** elektriese kombers; *~ **blue*** staalblou; *~ **bulb*** gloeilamp(ie); *~ **chair**, (vnl. in Am.)* elektriese stoel; *~ **charge*** elektriese lading; *~ **circuit*** stroomkring; *~ **cooker*** elektriese stoof; *~ **current*** elektriese stroom; *~ **eel**, (igt.)* sidderaal; *~ **eye*** →PHOTOCELL; *~ **fence*** elektriese/geëlektrifiseerde heining; *~ **field*** elektriese veld; *~ **fire*** (elektriese) verwarmer; *~ **fuse*** (elektriese) sekering; elektriese lont; *~ **guitar*** elektriese kitaar/ghitaar; *~ **heater*** elektriese verwarmer; *~ **jar*** Leidse fles; *~ **light*** elektriese lig; *~ **motor*** elektriese motor, elektromotor; *~ **organ**, (mus.)* elektriese orrel; *(mus.)* elektroniese orrel; *(igt.)* elektriese orgaan; *~ **plant*** elektriese aanleg; *~ **plug*** krag-, kontakprop; *~ **ray, torpedo ray**, (igt.)* drilvis, sidder-, tril-, beefrog; *~ **razor/shaver*** elektriese skeermes; *~ **shock*** elektriese skok, elektroskok; *~ **shock therapy*** →ELECTROCONVULSIVE THERAPY; *~ **socket*** (kontak)sok, steeksok; *~ **storm*** weerligstorm; *~ **torch*** (elektriese) flitslig.

e·lec·tri·cal elektries, elektrisiteits-; *~ **engineer*** elektrotegniese/elektriese ingenieur, elektro-ingenieur; elektrotegnikus; *~ **engineering*** elektrotegniese/elektriese ingenieurswese; elektrotegniek; *~ **shock*** elektriese skok; *~ **wireman*** elektrotegniese draadwerker. **e·lec·tri·cal·ly** elektries; *~ operated* elektries; *~ powered/driven* elektries (aangedrewe).

e·lec·tri·cian elektrisiën, elektrotegnikus.

e·lec·tric·i·ty elektrisiteit; *cut off the ~* die elektrisiteit afsluit; *generate ~* elektrisiteit opwek. ~ **account**, ~ **bill** elektrisiteitsrekening. ~ **meter** elektrisiteitsmeter. **E~ Supply Commission** *(akr.: ESKOM, Eskom)* Elektrisiteitsvoorsieningskommissie *(akr.: ESKOM, Eskom)*.

e·lec·tri·fy elektrifiseer *(heining, spoorlyn, ens.)*; elektriseer, skok; verstom, verbyster; met opwinding/geesdrif vervul. **e·lec·tri·fi·ca·tion** elektrifikasie, elektrifisering; elektrisering. **e·lec·tri·fy·ing** gelade, elektries gelaai *(atmosfeer)*; sensasioneel *(vertoning ens.)*; uitmuntend *(uitvoering ens.)*; fenomenaal *(effek, musiek, pianis, ens.)*; verbysterend, verstommend *(spoed, vaart)*.

e·lec·tro- *komb.vorm* elektro-.

e·lec·tro·a·cous·tic elektroakoesties.

e·lec·tro·a·nal·y·sis *(chem.)* elektroanalise. **e·lec·tro·an·a·lyt·ic, e·lec·tro·an·a·lyt·i·cal** elektroanalities.

e·lec·tro·bi·ol·o·gy elektrobiologie.

e·lec·tro·car·di·o·gram *(afk.: ECG)* elektrokardiogram.

e·lec·tro·car·di·o·graph *(afk.: ECG)* elektrokardiograaf. **e·lec·tro·car·di·og·ra·phy** elektrokardiografie.

e·lec·tro·chem·is·try elektrochemie. **e·lec·tro·chem·i·cal** elektrochemies.

e·lec·tro·co·ag·u·la·tion *(med.)* elektrokoagulasie, elektrokoagulering.

e·lec·tro·con·vul·sive: *~/electroshock (or electric shock) therapy, (med.)* elektrokonvulsiewe terapie, elektroskokterapie, elektrieseskokterapie.

e·lec·tro·cute doodskok; elektries teregstel. **e·lec·tro·cu·tion** elektrokusie.

e·lec·trode elektrode.

e·lec·tro·di·al·y·sis *(chem.)* elektrodialise.

e·lec·tro·dy·nam·ics elektrodinamika.

e·lec·tro·en·ceph·a·lo·gram *(afk.:* EEG*)* elektroenkefalogram, -ensefalogram.

e·lec·tro·en·ceph·a·lo·graph *(afk.:* EEG*)* elektroenkefalograaf, -ensefalograaf.

e·lec·tro·gild·ing galvaniese vergulding.

e·lec·trog·ra·phy galvaniese etsing.

e·lec·tro·ki·net·ic *adj., (chem.)* elektrokineties. **e·lec·tro·ki·net·ics** *n.* elektrokinetika, -kinetiek.

e·lec·tro·less stroomloos.

e·lec·tro·lier elektriese (kroon)kandelaar.

e·lec·trol·o·gy elektrisiteitsleer.

e·lec·tro·lyse elektroliseer. **e·lec·trol·y·sis** *-yses* elektrolise.

e·lec·tro·lyte *(fis.)* elektroliet; batterysuur. **e·lec·tro·lyt·ic** elektrolities; *~ deposit* galvaniese neerslag.

e·lec·tro·mag·net elektromagneet. **e·lec·tro·mag·net·ic** elektromagneties; *~ **radiation*** elektromagnetiese straling; *~ **smog*** elektromagnetiese besoedeling; *~ **spectrum*** elektromagnetiese spektrum; *~ **unit*** elektromagnetiese eenheid; *~ **wave*** elektromagnetiese golf. **e·lec·tro·mag·net·ism** elektromagnetisme.

e·lec·tro·me·chan·i·cal elektromeganies; elektries; *~ brush/device/etc.* elektriese borsel/toestel/ens.; *~ refrigeration* elektromeganiese koeling.

e·lec·tro·med·i·cal elektromedies.

e·lec·tro·met·al·lur·gy →ELECTROTYPY.

e·lec·trom·e·ter elektrometer. **e·lec·tro·met·ric** elektrometries.

e·lec·tro·mo·tive elektromotories; *~ force, (fis., afk.:* EMF*)* elektromotoriese krag *(afk.:* EMK*); back ~ force* teenspanning.

e·lec·tro·mo·tor *n.* elektromotor; elektriese motor. **e·lec·tro·mo·tor** *adj.* elektromotories.

e·lec·tro·my·og·ra·phy *(med.)* elektromiografie.

e·lec·tron elektron. *~* **beam** elektronebundel. *~* **gun** *(fis.)* elektronekanon. *~* **lens** elektronelens. *~* **microscope** elektronemikroskoop. *~* **multiplier** elektronevermenigvuldiger. *~* **optics** elektroneoptika. *~* **pair** elektronepaar. *~* **stream** elektronestroom. *~* **tube** *(fis.)* elektronebuis. *~***volt** *(fis.)* elektronvolt.

e·lec·tro·neg·a·tive *(chem.)* elektronegatief. **e·lec·tro·neg·a·tiv·i·ty** *(chem.)* elektronegatiwiteit.

e·lec·tron·ic elektronies; *~ **banking, e-banking*** elektroniese bankwese; elektroniese banksake; *~ **banking services*** elektroniese bankdienste; *~ **brain**, (infml.)* blikbrein; *~ **business, e-business*** elektroniese sake/besigheid, e-sake/besigheid; *~ **commerce, e-commerce*** elektroniese handel, e-handel; *~ **computer*** elektroniese rekenaar; *~ **cottage*** elektronies toegeruste huis *(ver v.d. stad af)*; *~ **flash**, (fot.)* elektroniese flits; *~ **funds transfer** at point of sale, (akr.:* EFTPOS*)* elektroniese fondsoorplasing by verkoop(s)punt; *~ **keyboard*** elektroniese toetsbord; *~ **mail*** elektroniese pos, →E-MAIL; *~ **mailbox*** elektroniese posbus; *~ **office*** elektroniese kantoor; *~ **orbit*** elektronebaan; *~ **organ**, (mus.)* elektroniese orrel; *~ **point of sale**, (akr.:* EPOS*)* elektroniese verkoop(s)punt; *~ **publishing*** elektroniese publikasie; *~ **surveillance*** elektroniese monitering; elektroniese waarneming; *~ **surveillance system*** elektroniese waarnemingstelsel; *~ **tablet**, (rek.)* elektroniese tablet; *~ **text*** elektroniese teks; *~ **typewriter*** elektroniese tikmasjien; *~ **warfare**, (mil.)* elektroniese oorlogvoering.

e·lec·tron·ics elektronika.

e·lec·tro·phile *(chem.)* elektrofiel. **e·lec·tro·phil·ic** elektrofilies.

e·lec·tro·pho·re·sis *(chem., fis.)* elektroforese.

e·lec·troph·o·rus *(fis.)* elektrofoor.

e·lec·tro·plate *n.* elektrolitiese beslag; pleet(werk). **e·lec·tro·plate** *ww.* elektrolities beslaan, elektroplateer, verpleet. **e·lec·tro·plat·ed** verpleet; *~ ware* pleet(werk). **e·lec·tro·plat·er** elektroplateerder, verpleter. **e·lec·tro·plat·ing** elektrolitiese oortrekking, elektroplateerwerk, -platering, verpleting, pleetwerk.

e·lec·tro·pos·i·tive *adj.,* **-tively** *adv., (chem., fis.)* elektropositief. **e·lec·tro·pos·i·tiv·i·ty** elektropositiwiteit.

e·lec·tro·scope *(fis.)* elektroskoop.

e·lec·tro·shock *(med.)* elektroskok. *~* **therapy** →ELECTROCONVULSIVE THERAPY.

e·lec·tro·stat·ic *(fis.)* elektrostaties. **e·lec·tro·stat·ics** elektrostatika.

e·lec·tro·stric·tion elektrostriksie, -vernouing. **e·lec·tro·stric·tive** elektrostriktief.

e·lec·tro·sur·ger·y elektrochirurgie, -sjirurgie. **e·lec·tro·sur·gi·cal** elektrochirurgies, -sjirurgies.

e·lec·tro·syn·the·sis *(chem.)* elektrosintese.

e·lec·tro·tech·nol·o·gy, e·lec·tro·tech·nics elektrotegnologie, elektrotegnika, -tegniek. **e·lec·tro·tech·ni·cal** elektrotegnies. **e·lec·tro·tech·ni·cian** elektrotegnikus.

e·lec·tro·ther·a·peu·tics, e·lec·tro·ther·a·py elektroterapie.

e·lec·tro·ther·mal, e·lec·tro·ther·mic *(fis.)* elektrotermies.

e·lec·tro·type *n.* elektrotipie. **e·lec·tro·type** *ww.* elektrotipeer. *~* **(plate)** galvano. **e·lec·tro·typy** elektrotipie, elektro-, galvanoplastiek.

e·lec·tro·va·lence, e·lec·tro·va·len·cy *(chem.)* elektrovalensie.

e·lec·trum *(metal.)* elektrum.

e·lec·tu·ar·y *(med., arg.)* lekstroop, stroopmengsel.

el·ee·mos·y·nar·y *(fml.)* liefdadigheids-, liefdadig; aalmoes-; van liefdadigheid/aalmoese afhanklik.

el·e·gant elegant, deftig, smaakvol, fyn, grasieus, sierlik, swierig; slim, vernuftig, vindingryk; *~ grasshopper* stinksprinkaan; *an ~ solution to a complex problem* 'n slim oplossing van/vir 'n gekompliseerde vraagstuk. **el·e·gance, el·e·gan·cy** elegansie, sierlikheid, verfyndheid, grasie, swier.

el·e·gy elegie, rou-, treurdig; klaaglied, treur-, klaagsang. **el·e·gi·ac** elegies; *~ poem* treurdig, elegie. **el·e·gi·acs** elegiese verse. **el·e·gise, -gize** 'n treurdig skryf/skrywe (oor/op); weeklaag. **el·e·gist** treur(sang)digter.

el·e·ment *(chem., elek., wisk., ens.)* element; bestanddeel; grondstof; beginsel; *(i.d. mv. ook)* (grond)beginsels; *be in one's ~* in jou element wees; *be out of one's ~* soos 'n vis op droë grond wees, nie in jou element wees nie; *an ~ of truth* →TRUTH. **el·e·men·tal** *n., (w.g.)* spookgestalte, natuurgees. **el·e·men·tal** *adj.* elementêr, fundamenteel, wesen(t)lik, essensieel; oorspronklik, primêr, primitief; natuur-; *(chem.)* element-. **el·e·men·tal·ism** elementalisme. **el·e·men·ta·ry** elementêr, eenvoudig, maklik; inleidend, aanvangs-, begin(ners)-, basis-; *(chem., fis., wisk.)* elementêr; *~ education* aanvangsonderwys; *~ particle, (fis.)* elementêre deeltjie; *~ school, (Am., hist.)* laerskool, laer skool.

e·len·chus *-lenchi, (log.)* logiese weerlegging; sillogistiese weerlegging. **e·lenc·tic** weerleggend, elenkties.

el·e·phant olifant; ***African** ~* afrikaolifant; ***bull** ~* olifantbul; ***cow** ~* olifantkoei; ***Indian** ~* Indiese olifant; *have the **memory** of an ~, (sprw.) an ~ **never** forgets* 'n geheue soos 'n olifant (*of* 'n olifantgeheue) hê; ***pink** ~s* →PINK[1]; ***white** ~* →WHITE. *~* **bull** olifantbul. *~* **cow** olifantkoei. *~* **disease** globidiose *(by beeste)*. *~* **ear, ~'s-ear** *(bot.), (Colocasia* spp.*)* olifantsoor, taro; *(Eriospermum capense)* olifantsoor, bobbejaanoor. *~* **fish, elephant-snout fish** josef, doodskop. *~* **foot, ~'s-foot** *(bot.)* olifantspoot, skilpad. *~* **grass, ~'s-grass** olifantsgras. *~* **gun** olifantgeweer. *~* **hunter** olifantjagter. *~* **seal** seeolifant. *~***('s)-ear fern** begoniavaring, skeefblaarvaring. *~***'s-food** *(bot.)* spekboom. *~* **shrew** klaasneus. *~***(-skin) disease** olifantvelsiekte, besnoitiose. *~***'s trunk** olifantslurp. *~***'s-trunk** *(bot.: Pachypodium namaquanum)* halfmens. *~* **tusk** olifantstand.

el·e·phan·ti·a·sis olifantsiekte, elefantiase.

el·e·phan·tine olifantagtig; lomp, log; *an ~ memory* 'n geheue soos 'n olifant, 'n olifantgeheue.

El·eu·sin·i·an Eleusinies; *~ mysteries* Eleusiniese misterieë.

e·leu·ther·o- *komb.vorm* aleutero-. *~***mania** *(maniese vryheidsdrif)* eleuteromanie. *~***phobia** *(sieklike vrees vir vryheid)* eleuterofobie.

el·e·vate oplig, ophef; verhef, ophef, veredel; vergroot, vermeerder, laat styg; verhoog *('n kanon se loop ens.); (priester)* ophef *(hostie); ~ s.o. to ...* iem. tot ... verhef. **el·e·vat·ed** verhewe; hoog geleë; *(infml.: effens dronk)* aangeklam; *~ motorway, (Br.)* oorhoofse snelweg; *~ railway/railroad* lugspoor(weg). **el·e·vat·ing** (gees/hart)verheffend.

el·e·va·tion opheffing; verheffing, veredeling; vergroting, vermeerdering, verhoging; verhewenheid; hoogte; hoogte bo seespieël; visierhoogte *(v. geskut);* elevasie(hoek), hoogtehoek *(v. 'n kanon); (ballet)* sprong; vertikale projeksie; (vertikale) aansig; opheffing *(v.d. hostie); end ~* agteraansig; *front ~* vooraansig; *side ~* syaansig. *~* **angle** hoogte-, elevasiehoek.

el·e·va·tor (hys)kraan, hystoestel; ligter; *(Am.)* hyser, hysbak; *(lugv.)* hoogteroer *(v. vliegtuig); grain ~* graansuier. *~* **(muscle)** hefspier.

e·lev·en elf; *(sport)* elftal, span; *~ hours* elf uur. *~* **o'-clock** elfuur.

e·lev·ens·es *(Br., infml.)* elfuurtjie, voormiddagtee.

e·lev·enth elfde; *the ~ century* die elfde eeu; *at the ~ hour* ter elfder ure, op die laaste oomblik. *~***-century** *adj.* elfde-eeus.

elf *elves* elf(ie), feetjie. *~***lock** gekoekte haarlok; *(i.d. mv.)* deurmekaar/wilde bos hare, kraaines. *~***-struck** getoor, betower, beheks.

elf·in elfagtig, feeagtig, elwe-.

elf·ish elfagtig, elwe-; plaerig, plaagsiek, ondeund.

elf(t) *(Afr., igt.)* elf. →SHAD.

El Gî·za, Gî·za *(geog.)* El Gîza, Gîza.

E·li *(OT)* Eli.

e·lic·it ontlok, uitlok; onthul, aan die lig bring; veroorsaak, teweegbring, teweeg bring, verwek, opwek; *~ s.t. from s.o.* iets uit iem. kry *('n antwoord, inligting, reaksie, ens.);* iets aan/van iem. ontlok *(teenkanting, verwyte, ens.)*.

e·lide *(fonet.)* weglaat, uitlaat, elideer; saamtrek. **e·li·sion** *(fonet.)* weglating, uitlating, elisie; sametrekking.

el·i·gi·ble (ver)kiesbaar; benoembaar; beroepbaar *(predikant);* verkieslik, wenslik; geskik, paslik, passend; *an ~ bachelor/spinster* 'n gesogte vrygesel(lin), 'n begeerlike/gesogte losloper; *the retiring directors are ~ and offer themselves for re-election* die aftredende direkteure is en stel hulle herkiesbaar; *be ~ for ...* vir ... in aanmerking kom *('n amp);* op/tot ... geregtig wees *('n pensioen ens.)*. **el·i·gi·bil·i·ty** (ver)kiesbaarheid; benoembaarheid; beroepbaarheid; wenslikheid; paslikheid.

E·li·jah *(OT)* Elia.

E·lim *(geog., OT)* Elim. *~* **heath** *(bot.)* belletjie(s)-, elimheide.

e·lim·i·nate verwyder, uitskakel; uitdun; uitsif; wegwerk *(agterstand);* tersyde laat/stel, buite beskouing laat; elimineer, uit die weg ruim, van kant maak, vermoor; *(sport)* uitskakel; *(wisk.)* elimineer; *(chem.)* elimineer, uitskakel; *(fisiol.)* uitskei *(gifstowwe/ens. uit d. liggaam); ~ s.o. from ...* iem. uit ... uitskakel; *~ s.t. from ...* iets uit ... uitskakel; iets uit ... uitskakel. **e·lim·i·nat·ing:** *~ contest* uitdun(wed)stryd; *~ match* uitdunwedstryd; uitdungeveg. **e·lim·i·na·tion** verwydering, uitskakeling; uitdunning; uitsifting; wegwerking; *(wisk., chem.)* eliminasie, eliminering; *(fisiol.)* uitskeiding; *by* *a process of* ~ deur 'n proses van eliminasie/uitskakeling, deur 'n eliminasieproses/uitskakelingsproses.

ELINT *(akr.:* electronic intelligence*)* ELINT.

E·lis·a·beth·ville *(geog., vero.)* Elisabethstad; →LUBUMBASHI.

E·li·sha *(OT)* Elisa.

e·li·sion →ELIDE.

e·lite, *(Fr.)* **é·lite** elite, keur, die beste(s); bolaag *(v.d. samelewing)*. ~ **corps** keurkorps. ~ **forces** keurtroepe, uithalersoldate. ~ **troops** keurtroepe. **e·lit·ism** elitisme. **e·lit·ist** *n.* elitis. **e·lit·ist** *adj.* elitisties, elitêr.

e·lix·ir elikser, wondermiddel, panasee; goudelikser; afkooksel, aftreksel, tinktuur; kern, wese, essensie, kwintessens; ~ *of life* lewenselikser.

E·liz·a·beth Elisabet(h). **E·liz·a·be·than** *n.* Elisabethaan. **E·liz·a·be·than** *adj.* Elisabethaans.

elk *elk(s)* elk, Europese/Amerikaanse eland; *(Am.)* wapiti(hert), Amerikaanse elk; elandsleer. ~**hound** elandhond.

ell[1] *(hist.: lengtemaat v. ong. 45 dm.)* el; *many* (or *thousands/etc. of*) ~*s* baie/duisende/ens. elle; *give s.o. an inch and he/she will take an* ~ gee iem. 'n vinger en hy/sy neem die hele hand; *two/etc.* ~*s* twee el.

ell[2] elmboog *(v. pyp)*; vleuel *(v. gebou)*.

El·lice Is·lands *(geog., vero.)* Ellice-eilande; →TUVALU.

el·lipse *(wisk.)* ellips. **el·lip·sis** *-lipses, (gram.)* ellips, weg-, uitlating; *(druk.: drie stippels)* beletselteken. **el·lip·so·graph** *(geom.)* ellipsograaf. **el·lip·soid** *n., (geom.)* ellipsoïed. **el·lip·soid, el·lip·soi·dal** *adj.* ellipsoïdaal. **el·lip·tic, el·lip·ti·cal** ellipties, ellipsvormig, ovaal; ellipties, onvolledig; kripties; omslagtig; ~ *sentence* elliptiese/onvolledige sin.

El·lis Is·land *(Am., geog.)* Elliseiland.

elm iep([e]hout), olm(hout). ~ **(tree)** iep([e]boom), olm(boom).

El·mo: *St.* ~*'s fire* →SAINT.

El Ni·ño *(Sp., met.)* El Niño.

el·o·cu·tion voordrag-, spreekkuns, elokusie; spreekles, -onderrig; diksie, voordrag, segging. ~ **contest** voordragwedstryd.

el·o·cu·tion·ar·y voordrag-.

el·o·cu·tion·ist elokusionis, voordraer, voordragkunstenaar, deklamator; spraakonderwyser.

E·lo·him, E·lo·him *(Hebr.: God, gode)* Elohim.

e·lon·gate verleng, langer maak, (uit)rek. **e·lon·gat·ed** langwerpig; verleng; slank; ~ *hole* langwerpige gat.

e·lon·ga·tion verlenging; (uit)rekking; afstand; langgerekheid; *(astron.)* elongasie; *permanent* ~ verrekking. ~ **stage** pypstadium; *the grain has reached the* ~ ~ die graan/gesaaides kom in die pyp.

e·lope *(minnaars)* wegloop *(vnl. om te gaan trou)*; *eloping couple* weglooppaar(tjie); ~ *with s.o.* met iem. wegloop. **e·lope·ment** weglopery. **e·lop·er** wegloper.

el·o·quent welsprekend, *(w.g.)* welbespraak; veelseggend; *be* ~ *of* ... van ... getuig; op ... dui. **el·o·quence** welsprekendheid, *(w.g.)* welbespraaktheid.

el·pee *(vero.)* langspeelplaat.

El Sal·va·dor *(geog.)* El Salvador.

else anders; ***anyone*** ~ (enig)iemand anders, enige ander persoon; ***anyone*** ~*?* nog iemand?; ***anything*** ~ iets anders; ***anything*** ~*?* nog iets?; ***everybody*** ~ al die ander; ***everything*** ~ al die ander, alle ander dinge; die res; ***how*** ~ *can s.o. do it?* hoe kan iem. dit anders doen?; ***no one*** ~ niemand meer nie; *want* ***nothing*** ~ verder niks wil hê nie; ***or*** ~ ... anders ...; ***somewhere*** ~ elders, êrens anders; *that is* ***s.t.*** ~ dit is iets anders; *(infml.)* dit is iets besonders; ***who*** ~*?* wie anders?; *you and* ***who*** ~*?* jy en wie nog?. ~**where** elders, êrens anders.

El·si·nore *(geog.)* Helsingør.

e·lu·ci·date ophelder, verhelder, verduidelik, verklaar, toelig, uitlê. **e·lu·ci·da·tion** opheldering, verheldering, verduideliking, toeligting, uitleg. **e·lu·ci·da·tive** ophelderend. **e·lu·ci·da·tor** verklaarder, uitlêer, toeligter. **e·lu·ci·da·to·ry** ophelderend, verhelderend, verklarend, toeligtend.

e·lude ontwyk; ontduik *(verantwoordelikheid, d. wet, ens.)*; ontglip, ontsnap aan *(agtervolgers ens.)*; *(slaap ens.)* jou ontwyk; *(naam ens.)* jou ontgaan; ~ *comprehension* die verstand te bowe gaan. **e·lu·sion** ontwyking; ontduiking; ontvlugting. **e·lu·sive** ontwykend; ontduikend; glibberig, moeilik om te vang (*of* vas te trek); ongrypbaar; moeilik definieerbaar, moeilik om te definieer/omskryf/omskrywe; moeilik (om) te bepaal; moeilik (om) te begryp; moeilik om te vind; moeilik om te onthou; misleidend. **e·lu·sive·ness** ontwykendheid; glibberigheid; *(ook)* slimstreke. **e·lu·so·ry** ontwykend; moeilik (om) te begryp; misleidend.

e·lu·tri·a·tion *(chem.)* elutriasie, elutriëring.

el·ver *(igt.)* jong paling.

elv·ish →ELFISH.

E·ly·sée: *the* ~ *(Palace), (ampswoning v.d. Fr. president)* die Elysée(paleis).

E·ly·si·um *(Gr. mit.)* Elisium, hemel, paradys; *(fig.)* hemel op aarde, hemelse plek, paradys. **E·ly·sian** Elisies; geluksalig, hemels; *the* ~ *Fields* die Elisiese Velde, Elisium.

el·y·tron, el·y·trum *-ytra, (entom.)* elitron, vlerk-, dekskild, dekvlerk.

em *(d. letter m)* em; *(druk.)* em. ~ **dash** *(druk.)* em-, kaslyn.

'em *pron., (infml.)* = THEM.

e·ma·ci·ate *(w.g.)* vermaer, maer maak, uitteer; uitmergel. **e·ma·ci·at·ed** vermaer, uitgeteer, vervalle. **e·ma·ci·a·tion** vermaering, uittering; uitmergeling.

e-mail, E-mail, e·mail *(afk. v.* electronic mail*)* e-pos, E-pos. ~ **address** *(rek.)* e-pos-, E-posadres.

em·a·nate uitstraal, uitstuur; uitstroom, uitvloei; uitwasem; afgee; ~ *from* ... van ... (af) kom (*of* afkomstig wees); van ... uitgaan; uit ... voortvloei. **em·a·na·tion** uitstraling; uitstroming, uitvloeiing; uitwaseming; uitvloeisel, gevolg, resultaat; *(chem., filos., relig.)* emanasie.

e·man·ci·pate vrystel, vrylaat; bevry; gelykstel (voor die wet), emansipeer *(vroue ens.)*; vrymaak *(slaaf)*; *(jur.)* emansipeer, ontvoog, van voogdyskap vrystel; *(jur.)* mondig/meerderjarig verklaar. **e·man·ci·pat·ed** vry(gelaat); geëmansipeer(d); modern, nuwerwets. **e·man·ci·pa·tion** vrystelling, vrylating; bevryding, vryverklaring; emansipasie; vrywording; *(jur.)* ontvoogding; mondigwording, -verklaring; selfstandigheid; meerderjarigheid. **e·man·ci·pa·tor** vrymaker, bevry(d)er.

E·man·u·el →IMMANUEL.

e·mar·gi·nate, e·mar·gi·nat·ed *(bot.)* uitgerand *(blaar)*; *(soöl.)* vlak gevurk *(vin)*.

e·mas·cu·late ontman, kastreer, regmaak, kapater; *(fig.)* verswak, ontkrag, verarm, verslap; *(fig.)* verwater *(plan, voorstel, wetsontwerp)*; *(bot.)* emaskuleer. **e·mas·cu·late, e·mas·cu·lat·ed** ontman(d), gekastreer(d); *(fig.)* kragteloos, slap, flou; *(fig.)* verwater(d). **e·mas·cu·la·tion** ontmanning, kastrasie; verswakking, ontkragting, verarming.

em·balm balsem. **em·balm·ing, em·balm·ment** balseming.

em·bank indyk, afdam, inwal. **em·bank·ment** indyking, afdamming; wal, dyk, kaai; *(railway)* ~ spoorwal.

em·bar·go *-goes* verbod, embargo; uitvoerverbod; invoerverbod; *(hist.)* verbod op vreemde skeepsverkeer; *(arg.)* hindernis, belemmering, beletsel, beperking; ***impose/lay/place/put*** *an* ~ *on s.t.* 'n verbod op iets lê/plaas; ***lift/remove*** *the* ~ *from* ... die verbod op ... ophef; *s.t. is* ***under*** ~ iets is verbode *(invoer ens.)*; *s.t. is* ***under*** ~ *until* ... iets mag nie voor ... vrygestel word nie *('n verslag ens.)*. **em·bar·go** *-goed, ww.* 'n verbod lê/plaas op, verbied; beslag lê op, in beslag neem.

em·bark *(lugv., sk.)* aan boord gaan; *(sk.)* skeepgaan, jou inskeep; *(lugv., sk.)* aan boord neem (*of* laat gaan); *(sk.)* inskeep; ~ *for* ... per skip na ... vertrek; ~ *(up)on s.t.* iets onderneem/aanpak, jou in iets begeef/begewe. **em·bar·ka·tion** inskeping; onderneming, aanpakking *(van)*.

em·bar·rass in verleentheid bring, verleë/ongemaklik maak, embarrasseer; *(arg.)* hinder, belemmer, strem; *(arg.)* bemoeilik. **em·bar·rassed** verleë, bedremmeld, beteuterd; *(arg.)* belas, bemoeilik; *feel* ~ *about s.t.* oor iets verleë voel; *be* ~ *by s.t.* deur iets in verleentheid gebring wees, oor iets verleë wees; weens iets in 'n finansiële/geldelike verknorsing sit. **em·bar·rass·ing** beskamend, pynlik, lastig; ***find*** *s.t.* ~ oor iets in verleentheid wees; *be in an* ~ ***position*** in verleentheid wees, jou in 'n pynlike situasie bevind; jou in 'n penarie bevind, in die/'n verknorsing sit; *s.t. is* ~ ***to*** *s.o.* iets is vir iem. 'n verleentheid, iets bring iem. in verleentheid; ***vague,*** ~ *and bad in law* →VAGUE. **em·bar·rass·ment** verleentheid; bron/oorsaak van verleentheid; oormaat; ***financial*** ~ geldnood, finansiële/geldelike verknorsing; *be* ***flushed*** *with* ~ skaamrooi wees; ~ *of* ***riches*** oormaat van rykdom; *s.t. is an* ~ ***to*** *s.o.* iets bring iem. in verleentheid, iets is vir iem. 'n verleentheid.

em·bas·sy ambassade; ambassadeurswoning; *(hist.)* afvaardiging.

em·bat·tle *(arg.)* in slagorde opstel, vir die stryd gereed maak, op die stryd voorberei; versterk, fortifiseer; kanteel, van kantele voorsien. **em·bat·tled** slaggereed; beleër(d), omsingel; *(bouk.)* versterk, gefortifiseer(d); *(her.)* gekanteel(d); ~ *president/etc.* beleërde president/ens.; ~ *wall* vesting-, kanteelmuur. **em·bat·tle·ment** →BATTLEMENT.

em·bay 'n baai/inham vorm; in die/'n baai dryf/drywe/vaskeer; omsluit. **em·bayed** bogtig; in die/'n baai vasgekeer; ~ *coast* baai-, inhamkus; ~ *outline* bogtige omlyning.

Emb·den goose emdenergans.

em·bed, im·bed *-dd-* vaslê, vassit, veranker; omsluit, omring, omgeef, omgewe; *(gram.)* inbed; *(rek.)* vaslê; ~*ded command, (rek.)* vasgelegde opdrag; *be* ~*ded in* ... in ... vassit; in ... vasgelê wees *(d. grondwet, 'n gedig, ens.)*; in ... veranker wees *(d. onderbewussyn ens.)*; in ... gegrif wees *(jou geheue)*.

em·bel·lish versier, verfraai, (op)tooi, opsmuk; ~ *s.t. with* ... iets met ... versier. **em·bel·lish·ment** versiering, verfraaiing, optooiing, (op)tooisel; *without* ~ sonder opsmuk.

em·ber (stuk) gloeiende kool; *(i.d. mv.)* gloeiende kole, warm as, smeulende vuur; *fan the* ~*s* die vuur aanblaas/aanwakker.

Em·ber days *(Chr.)* vasdae.

em·bez·zle verduister *(geld)*. **em·bez·zle·ment** verduistering. **em·bez·zler** verduisteraar.

em·bit·ter verbitter, bitter maak *(iem.)*; vergal *(iem. se lewe)*. **em·bit·tered** verbitter(d). **em·bit·ter·ment** verbittering, verbitterdheid.

em·bla·zon *(her.)* blasoeneer; ryklik versier; uitbasuin, ophemel, prys; *be* ~*ed across the front pages* op die voorblaaie pryk (*of* uitgebasuin word); ~*ed with* ... met ... daarop aangebring/geskilder/uitgebeeld. **em·bla·zon·ment** *(her.)* blasoen; verheerliking, lofuiting.

em·blem embleem, sinnebeeld, simbool. **em·blem·at·ic, em·blem·at·i·cal** emblematies, sinnebeeldig, simbolies; *be* ~ *of s.t.* iets versinnebeeld/simboliseer, as simbool van iets dien. **em·blem·a·tise, -tize** versinnebeeld, simboliseer, as simbool dien van.

em·bod·y beliggaam, verpersoonlik; vergestalt; omvat, insluit; inlyf, opneem; *be embodied in* ... in ... beliggaam wees. **em·bod·i·ment** beliggaming, verpersoonliking.

em·bog *-gg-* in 'n moeras (laat) vasval/wegsink.

em·bold·en *(fml.)* aanmoedig, aanspoor; verstout; *feel* ~*ed* die stoute skoene aantrek; *I am* ~*ed to* ... ek verstout my om ...

em·bo·lism *(med.)* embolisme, bloedvatverstopping. **em·bo·lus** *-boli* embolus, (bloed)klont, klontjie vetselle, lugborrel.

em·bon·point *(Fr., euf.: gesetheid)* embonpoint.

em·bos·om *(poët., liter.)* omhels, omarm; omsluit, omring, omgeef, omgewe; beskut.

em·boss bosseleer, in reliëf aanbring/maak; dryf-

(werk maak), gedrewe werk maak; siseleer. **em·boss·ed** gebosseleer(d); gedrewe; verhewe; ~ ***cheque*** gebosseleerde tjek; ~ ***letter*** reliëfletter; ~ ***printing*** reliëfdruk, verhewe druk, hoogdruk; ~ ***stamp*** reliëfseël; ~ ***work*** →EMBOSSING. **em·boss·ing** bosselering, bosseleerwerk; dryfwerk; reliëf=, hoogdruk, verhewe druk. **em·boss·ment** bosseleerwerk, reliëf(werk); dryfwerk, gedrewe werk; verhewenheid.

em·bou·chure *(Fr., mus.)* mondstuk *(v. 'n blaasinstrument);* mond(ing) *(v. 'n rivier);* mond *(v. 'n kanon ens.).*

em·bow·er *(poët., liter.)* omsoom, omsluit, omring; toeplant; beskut; *be ~ed in trees* deur bome omsoom word.

em·brace *n.* omhelsing, omarming. **em·brace** *ww.* omhels, omarm, in jou arms (toe)vou/vashou; aanneem, aanvaar, omhels *(fig.);* aangryp; bevat, behels, inhou, insluit, omvat; ~ ***a faith*** 'n geloof aanneem; ~ *an* ***offer*** 'n aanbod (met ope arms) aanneem; *the* ***offer*** *~s ...* die aanbod behels/omvat ...; ~ *an* ***opportunity*** 'n geleentheid aangryp, 'n kans waarneem; ~ *a* ***party*** tot 'n party toetree.

em·branch·ment vertakking.

em·bran·gle *(w.g.)* verwar; verstrik.

em·bra·sure skietgat; afskuinsing; vensterbank.

em·bro·cate *(w.g.)* insmeer, invryf, invrywe. **em·bro·ca·tion** smeer=, vryfmiddel, smeer=, invryfgoed.

em·broi·der *(lett. & fig.)* borduur; *(fig.)* aandik, oordryf, oordrywe; *~ed insertion* borduurinsetsel; *~ed lace* borduurkant. **em·broi·der·er** borduurder.

em·broi·der·y borduurwerk; borduurkuns; borduursel; *(fig.)* borduurdery, geborduur. ~ **canvas** borduurgaas. ~ **frame** borduurraam. ~ **scissors** borduurskêr. ~ **stitch** borduursteek. ~ **thread** borduurgaring, =gare, =draad.

em·broil (in 'n stryd) verwikkel; *(arg.)* verwar; ~ *s.o. in s.t.* iem. by/in iets betrek/insleep/intrek; *become ~ed in s.t.* in iets ingesleep/ingetrek word (*of* verwikkel/ betrokke raak). **em·broil·ment** verwikkeling; twis, geskil, onenigheid, rusie; (die) insleep.

em·bry·o =*os* vrug, (vrug)kiem, embrio, kiemplantjie; *in* ~ in die kiem/dop, in wording. ~ **sac** embrio=, kiemsak.

em·bry·ol·o·gy embriologie, ontwikkelingsleer. **em·bry·ol·o·gist** embrioloog.

em·bry·on·ic embrionaal; in wording.

em·bry·ot·o·my *(med.)* embriotomie.

em·bui·a →IMBUIA.

em·bus =*ss*=, *(mil.)* instap *(fml.),* inklim, opklim, in/op die/'n bus klim.

em·cee *n., (Am., infml., afk. v.* master of ceremonies*)* seremoniemeester. **em·cee** =*ceed, ww., (infml.)* as seremoniemeester optree (vir).

e·mend verbeter, korrigeer, emendeer *(teks ens.).* **e·men·da·tion** verbetering, korreksie, emendasie. **e·men·da·tor** verbeteraar, korrigeerder. **e·men·da·to·ry** verbeterend, korrigerend, emenderend.

em·er·ald *n.* smarag. **em·er·ald** *adj.* smarag(groen), smaragkleurig; smarag= *(hanger, ring, ens.).* ~ **cuckoo** mooimeisie. ~ **green** smaraggroen. **E~ Isle** *(poët.: Ierland)* die Smarageiland.

e·merge verskyn, te voorskyn kom, opdoem; opkom, uitkom, bo kom; verrys; blyk; opduik, ontstaan, vorendag (*of* voor die dag *of* aan die lig) kom; ~ *from* (or *out of) s.t.* uit iets verskyn (*of* te voorskyn kom). **e·mer·gence** verskyning, tevoorskynkoming, =treding; verrysing; sigbaarwording; *(bot.)* uitgroeiing, uitwas; *angle of* ~ uittredingshoek. **e·mer·gent** opkomend; verrysend; net sigbaar; voortkomend.

e·mer·gen·cy nood(geval), noodtoestand, =situasie, dringende geval; onvoorsiene gebeurtenis/omstandigheid; *declare/proclaim a state of* ~ 'n noodtoestand afkondig/uitroep; *in an* (or *in case of)* ~ in geval van nood, in 'n noodgeval; desnoods. ~ **act** noodwet. ~ **brake** noodrem; handrem. ~ **debate** spoeddebat. ~ **door** nood=, branddeur. ~ **exit** nooduitgang. ~ **expenses** onvoorsiene uitgawe(s). ~ **landing** noodlanding. ~ **law** noodwet. ~ **lighting** noodverligting, =ligtoestel. ~ **measure** noodmaatreël. ~ **meeting** spoedvergadering. ~ **number** noodnommer. ~ **operation** noodoperasie. ~ **personnel** noodhulppersoneel. ~ **power** noodmag, =bevoegdheid. ~ **regulation** noodregulasie. ~ **relief** noodleniging. ~ **service** nooddiens. ~ **session** spoedsitting; noodsitting. ~ **shaft** noodskag. ~ **stairs** brand=, noodtrap. ~ **station** noodhulppos. ~ **stop** *(mot.)* noodstop; *make an ~ ~* 'n noodstop maak. ~ **tank** reservetenk. ~ **ward** ongevallesaal, =afdeling.

e·mer·gi·cen·ter *(Am., handelsnaam)* noodkliniek.

e·mer·i·tus rustend, emeritus.

em·er·ods *(OT, AV)* geswelle *(OAB).*

e·mer·sion verskyning, sigbaarwording; *(astron.)* (her)verskyning.

em·er·y amaril, skuur=, polyssteen. ~ **bag** amarilpoeiersakkie. ~ **board,** ~ **file** amarilvyl. ~ **cloth** amarildoek, skuurlinne, =katoen. ~ **dust,** ~ **powder** amarilpoeier. ~ **paper** amarilpapier. ~ **stick** amarilstok. ~ **wheel** amarilskyf; slypskyf.

em·e·sis =*eses, (med.)* emese, vomering, braking. **e·met·ic** *n.* emetikum, braakmiddel, vomitief. **e·met·ic** *adj.* emeties, braakbevorderend, braak=.

em·i·grate emigreer, die land verlaat, uitwyk, verhuis, trek; ~ *from a country (to another country)* uit 'n land (na 'n ander land) emigreer. **em·i·grant** *n.* emigrant, landverhuiser, uitgewekene, trekker. **em·i·grant** *adj.* emigrerend, uitgeweke, verhuisend, trek=. **em·i·gra·tion** emigrasie, landverhuising. **é·mi·gré** *(Fr.)* uitgewekene, émigré.

em·i·nence hoë aansien; voortreflikheid, uitmuntendheid, uitstekendheid; vooraanstaande/gesiene/vermaarde persoon, persoon van aansien; *(fml. of poët., liter.)* heuwel, hoogte, verhewenheid; *(anat.)* eminensie, uitsteeksel; *His/Your E~, (RC)* Sy/U Eminensie.

é·mi·nence grise *éminences grises, (Fr.: invloedryke persoon agter d. skerms)* éminence grise.

em·i·nent gesiene, vermaard, befaam(d), hoog aangeskrewe, van aansien, eminent; uitstekend, voortreflik, hoogstaande, uitmuntend, uitnemend; hoog, verhewe; *E~ Persons Group, (SA pol., 1986, afk.:* EPG*)* Statebondsafvaardiging, Statebondsending. **em·i·nent·ly** hoogs, besonder, by uitstek.

e·mir emir. **e·mir·ate** emiraat.

em·is·sar·y afgesant; tussenpersoon, onderhandelaar; geheime gesant; spioen.

e·mis·sion uitsending; uitstorting; uitstraling *(v. lig ens.);* vrystelling, vrylating *(v. energie, gas, chemikalieë, ens.);* uitlating *(v. swaeldioksied ens.);* afskeiding *(v. vloeistof);* storting *(v. semen); (fin.)* uitgifte; *(fis.)* emissie; ~ *of light* liguitstraling.

e·mis·sive uitstralend. **em·is·siv·i·ty** stralingsvermoë.

e·mit uitgee; uitstort; uitstraal *(lig ens.);* vrystel *(energie, gas, ens.);* uitlaat *(swaeldioksied ens.);* afskei *(vloeistof);* afgee *(reuk ens.);* uitblaas *(rook);* stort *(semen);* voortbring *(klank ens.);* uit(er) *('n geluid ens.);* opbreek *(wind);* ~ *sparks* vonke spat.

Em·man·u·el →IMMANUEL.

Em·men·t(h)al(·er) (cheese) emmental(er)(kaas).

em·mer *(bot.: Triticum dicoccum)* emmer(koring).

em·met *(Br., arg. of dial.)* mier.

Em·my =*mys, (Am. TV-toekenning)* Emmy. ~ **award** Emmytoekenning.

e·mol·lient *n.* versag(tings)middel, versagter, versagtende middel. **e·mol·lient** *adj.* versagtend, versag(tings)=; kalmerend.

e·mol·u·ment *(fml.)* besoldiging, vergoeding, verdienste, salaris, honorarium; *(i.d. mv.)* byverdienste, emolumente.

e·mote emosioneel/teatraal optree, emosie uitstraal.

e·mo·tion emosie, aandoening, gevoel, ontroering, bewoënheid, gemoedsaandoening; *s.o.'s voice is shaking/ trembling with* ~ iem. se stem beef/bewe van aandoening; *stir/whip up ~s* die gemoedere/gevoelens opsweep (*of* gaande maak); *with* ~ met gevoel. **e·mo·tion·less** gevoelloos, ongevoelig, emosieloos *(iem.);* uitdrukkingloos *(gesig);* kil *(stem).*

e·mo·tion·al emosioneel, gevoelig; ontroer(d), aangedaan, bewoë; (ont)roerend, aandoenlik; gevoels=, gemoeds=; ~ ***appeal*** emosionele pleidooi; emosionele aantrekkingskrag; ~ ***blackmail*** emosionele afpersing/afdreiging; ~ ***content*** gevoelswaarde; ~ ***deprivation*** emosionele verwaarlosing; ~ ***disturbance*** emosionele versteuring; ~ ***involvement*** emosionele betrokkenheid; ~ ***life*** gevoels=, gemoedslewe; *get ~ over s.t.* emosioneel oor iets raak; ~ ***security*** gerustheid, gemoedsrus; gemoedsekerheid; ~ ***state*** emosionele toestand; ~ ***value*** gevoelswaarde. **e·mo·tion·al·ism** emosionaliteit, gevoelsuitstorting, gevoelsvertoon; oorgevoeligheid. **e·mo·tion·al·i·ty** emosionaliteit, gevoeligheid. **e·mo·tion·al·ly** ontroer(d), met ontroering/aandoening.

e·mo·tive emotief, gemoeds=, gevoels=; (ont)roerend, aandoenlik; gevoelig.

em·pan·el, im·pan·el =*ll*=, *(jur.)* op die jurielys plaas; ~ *a jury* 'n jurie saamstel.

em·pa·thy empatie, invoeling. **em·pa·thet·ic, em·path·ic** empaties, invoelend. **em·pa·thise, =thize** empatie hê *(met),* jou invoel *(in).*

em·per·or keiser. **E~ Concerto** Keiserkonsert. ~ **moth** pouoogmot. ~ **penguin** keiserpikkewyn. **em·per·or·ship** keiserskap.

em·pha·sis =*phases* klem, nadruk, beklemtoning; klemtoon, aksent; *lay/place/put the ~ on s.t.* iets beklemtoon, klem/nadruk op iets lê. **em·pha·sise, =size** beklemtoon, klem/nadruk lê op, aksentueer; onderstreep *(fig.);* laat uitkom, na vore bring; vooropstel. **em·phat·ic** nadruklik, uitdruklik, emfaties; ~ *form* nadruksvorm. **em·phat·i·cal·ly** nadruklik, met klem/nadruk; ~ *not* volstrek nie.

em·phy·se·ma *(patol.)* emfiseem.

em·phy·teu·sis =*teuses, (jur.)* erfpagreg.

em·pire (keiser)ryk, imperium; wêreldryk; (ryks)gebied; (opper)heerskappy, (opper)mag; sakeryk; *(fig.)* koninkryk; *the* ***(British)*** *E~* die Empire, die Britse Ryk; *the E~ of the* ***East*** die Oos-Romeinse Ryk; *the* ***(Holy Roman)*** *E~, (hist.)* die Heilige Romeinse Ryk; *the* ***Second*** *E~, (Fr. gesk.: 1852-1870)* die Keiserryk van Napoleon III; ***the*** *E~, (Fr. gesk.: 1804-1815)* die Keiserryk van Napoleon Bonaparte. **Em·pire** *adj. (attr.), (rakende d. Br. Ryk)* Empire=; empire=; ~ *line* empirelyn *(v. rok);* ~ *style, (neoklassieke styl)* empirestyl *(v. meubels ens.).* ~ **builder** *(fig., infml.)* iem. wat sy/haar eie (klein) koninkrykie (op)bou. **~-building** *n., (fig.)* heerssug(tigheid). **~-building** *adj., (fig.)* heerssugtig. **E~ City** *(Am.)* (die stad) New York. **E~ State** *(Am.)* die staat New York; *~ ~ of the South, (Am., infml.)* Georgia. **E~ State Building** *(Am.)* Empire State-gebou.

em·pir·ic *n., (arg.)* empirikus; kwaksalwer. **em·pir·i·cal, em·pir·ic** *adj.* empiries, proefondervindelik, op ervaring gegrond; *empirical formula, (chem.)* empiriese formule; *empirical psychologist* empiriese sielkundige/psigoloog. **em·pir·i·cism** *(filos.)* ervaringsleer, empirisme, empirie. **em·pir·i·cist** empirikus, empiris. **em·pir·ics** ervaringsleer.

em·place plaas, stel. **em·place·ment** plasing, stelling; terrein, grond; *(mil.)* geskutskans; *(geol.)* inplasing; *gun* ~ kanonskans.

em·plane *(lugv.)* instap, aan boord gaan; inlaai.

em·ploy *n.* diens; *be in s.o.'s* ~ in iem. se diens wees, by iem. in diens wees, by/vir iem. werk. **em·ploy** *ww.* in diens hê, werk verskaf aan; aanstel, in diens neem, werk gee, emplojeer; besig hou, besighou; gebruik, aanwend, benut, inspan; ~ *every* ***means*** →MEANS; *be ~ed* ***on*** *s.t.* met iets besig wees; ~ ***o.s.*** jou besig hou; ~ *one's* ***time*** jou tyd bestee; *be ~ed* ***with*** *..., (iem.)* in diens van ... (*of* by ... in diens) wees, by/vir ... werk. **em·ploy·a·ble** geskik vir werk, aanstelbaar; bruikbaar. **em·ploy·ee, em·ploy·ee** werknemer, werker, beampte. **em·ploy·er** werkgewer, baas, ondernemer, opdraggewer.

em·ploy·ment diens, werk, beroep, vak, bedryf, besigheid, werkkring; werkgeleentheid; werkverskaffing; aanstelling, indiensneming, =plasing; gebruik, aanwending, benutting; besteding; ***avenue*** *of* ~ werk=

geleentheid; ~ *of* ***capital*** aanwending van kapitaal; *the* ~ *of force* die gebruik van geweld; ***full*** ~ →FULL; ~ *of* ***funds*** aanwending van fondse; *be* ***out*** *of* ~ sonder werk wees; *throw s.o.* ***out*** *of* ~ iem. werkloos maak, *(infml.)* iem. op straat gooi; ***place*** *of* ~ werkplek; *have* ***regular*** ~ vaste werk (*of* 'n vaste verdienste) hê; ***sheltered*** ~ beskutte arbeid/werk. ~ **agency** werkverskaffings-, arbeidsagentskap. ~ **bureau** werkverskaffings-, arbeidsburo. **E~ Equity Act** *(SA)* Wet op Diensbillikheid. ~ **opportunity** werkgeleentheid.

em·poi·son *(arg.)* vergiftig.

em·pol·der →IMPOLDER.

em·po·ri·um -*riums*, -*ria* groot afdelingswinkel; *(arg.)* handelsentrum, handelsplek; *(arg.)* markplek.

em·pow·er magtig, volmag gee; bemagtig, in staat stel. **em·pow·ered** gevolmagtig. **em·pow·er·ment** bemagtiging.

em·press keiserin, vorstin.

em·prise *(arg.)* (avontuurlike) onderneming, avontuur; ridderlikheid.

emp·ti·ness leegheid, leegte; betekenisloosheid, niksseggendheid, holheid, ydelheid.

emp·ty *adj.* leeg; onbewoon(d), verlate, leeg(staande); *(fig.)* betekenisloos, niksseggend, hol, ydel; oop *(sitplek)*; *(wisk.)* leeg; ***become*** ~ leegloop; *an* ~ ***gesture*** 'n hol(le) gebaar; ~ ***of*** ... sonder (*of* ontbloot van) ...; ~ ***returns*** leë houers; ~ ***set,*** *(wisk.)* leë versameling; *(on) an* ~ ***stomach*** →STOMACH *n.*; ~ ***talk*** →TALK *n.*; *an* ~ ***threat*** 'n hol(le) dreigement; ~ ***word,*** *(gram.)* grammatiese woord, vormwoord; ~ ***words*** hol(le) woorde. **emp·ty** *ww.* leegmaak, *(poët., liter.)* ledig; laat leegloop; uitgooi, uitgiet, uitstort; leegdrink, *(poët., liter.)* ledig; *(rivier)* uitloop, uitmond; *(plek)* leeg word/raak, leegloop; *s.t. emptied its contents across the floor* iets het sy inhoud oor die vloer uitgestort; *the river empties (itself) into the sea* die rivier loop/mond in die see uit; ~ *(out) a bag onto the ground* 'n sak op die grond leegmaak. **emp·ty** -*ties*, *(infml.)* leë bottel/houer/ens.. ~ **calories** *(mv.)* leë kalorieë. ~**-handed** met leë hande. ~**-headed** onnosel, dom, stompsinnig, leeghoofdig. ~ **nest** *(lett. & fig.)* leë nes. ~ **nest syndrome** *(psig.)* leënessindroom.

em·pur·ple purper verf/kleur.

em·py·e·ma -*mata*, -*mas*, *(med.)* empieem.

em·py·re·an *n., (arg.)* hoogste hemel; *(poët., liter.)* hemel, uitspansel, firmament. **em·py·re·an, em·py·re·al** *adj.* van die hoogste hemel; hemels.

Ems *(geog.)* Ems; *(rivier)* Eems.

e·mu *(orn.)* emoe.

em·u·late (probeer) ewenaar; nastreef, nastrewe; navolg, nadoen; naboots; wedywer met; *(rek.)* naboots, emuleer. **em·u·la·tion** ewenaring; nastrewing; navolging; nabootsing; wedywer(ing). **em·u·la·tive** wedywerend. **em·u·la·tor** nastrewer; navolger; mededinger; *(rek.)* nabootser, emulator, emuleerder. **em·u·lous** *(fml.)* (ywerig) nastrewend; mededingend, wedywerend; *(arg.)* naywerig, jaloers, afgunstig.

e·mul·gent *n., (med.)* emulgeermiddel. **e·mul·gent** *adj.* emulgerend.

e·mul·si·fy emulgeer, emulsifiseer, (tot) 'n emulsie maak. **e·mul·si·fi·a·ble** *adj.* emulgeerbaar. **e·mul·si·fi·ca·tion** emulgering, emulsievorming. **e·mul·si·fied** geëmulgeer(d). **e·mul·si·fi·er, e·mul·si·fy·ing a·gent** emulgeerder, emulgeermiddel, emulgent.

e·mul·sion emulsie. ~ **paint** emulsieverf.

e·mul·soid *(chem.)* emulsoïed.

e·munc·to·ry *adj., (anat.)* uitskeidend, uitskeidings-; afvoerend, afvoer-. **e·munc·to·ry** *n.* uitskeidingsorgaan; afvoerbuis.

en *(d. letter n)* en; *(druk.)* en. ~ **dash** *(druk.)* enlyn, halwe kaslyn.

en·a·ble in staat stel; die geleentheid bied/gee; die bevoegdheid gee/verleen; *(rek.)* in werking stel, aan die gang sit, aktiveer; ~ *s.o. to do s.t.* iem. in staat stel om iets te doen; dit vir iem. moontlik maak om iets te doen; iem. die geleentheid bied/gee om iets te doen; iem. die bevoegdheid gee/verleen om iets te doen; *enabling act, (jur.)* magtigingswet, magtigende wet.

en·act verorden, voorskryf, voorskrywe, by wet bepaal; uitvaardig *(wet)*; vasstel, bepaal; beskik; opvoer *(toneelstuk)*; speel *(rol)*; *(drama ens.)* hom afspeel; *~ing clause, (jur.)* nadere bepaling; *~ing section, (jur.)* uitvoerende artikel *(v. 'n wet)*. **en·act·ment** verordening, wetsbepaling, -voorskrif; vasstelling, bepaling.

e·nam·el *n.* emalje, *(infml.)* enemmel, erd; emalje, glasuur *(v. 'n tand)*; emaljeverf; emaljewerk; *the* ~ *chips* die erd spring. **e·nam·el** -*ll*-, *ww.* emaljeer, *(infml.)* enemmel, vererd. ~ **paint** emaljeverf. ~**ware, enamelled ware** emaljeware. ~**work, enamelled work** emaljewerk.

e·nam·el·ler, e·nam·el·list emaljeerder.

e·nam·el·ling emaljelaag; emaljeversiering; emaljekuns; emaljewerk.

en·am·our, *(Am.)* **en·am·or** verlief maak; bekoor; *be ~ed of/with s.o.* op iem. verlief wees; *be ~ed of/with s.t.* deur iets bekoor wees.

en·an·ti·o- *komb.vorm* enantio-.

en·an·ti·o·blas·tic, en·an·ti·o·blas·tous *(bot.)* enantioblasties.

en·an·ti·o·morph enantiomorf, enantiomorfe vorm. **en·an·ti·o·mor·phic, en·an·ti·o·mor·phous** enantiomorf. **en·an·ti·o·morph·ism** enantiomorfie.

e·na·tion *(bot.)* uitgroeisel. ~ **mosaic virus** rasperblaarvirus.

en bloc *(Fr.)* en bloc, in sy geheel, (almal) tesame, gesamentlik.

en·cage *(poët., liter.)* inhok; opsluit, in 'n hok (*of* op hok) sit.

en·camp kamp opslaan, laer trek; kampeer. **en·camp·ment** kamp, laer; kampering.

en·cap·su·late, in·cap·su·late inkapsel; *(fig.)* vasvang; saamvat, opsom; *s.t. is ~d in* ... iets word deur ... saamgevat/opgesom. **en·cap·su·la·tion** inkapseling; vasvanging; samevatting, opsomming. **en·cap·sule** = ENCAPSULATE.

en·case, in·case toemaak, insluit, inwikkel; oortrek, beklee; omhul; toespyker; *be ~d in* ... in ... gehul wees.

en·cash *(Br., fml.)* inkasseer, in kontant omsit, te gelde maak, verkontant; wissel *(tjek)*. **en·cash·ment** inkassering, tegeldemaking; wisseling.

en·caus·tic *n.* brandskilderkuns, wasskilderkuns, enkoustiek; brandskildering, wasskildering. **en·caus·tic** *adj.* ingebrand, enkousties; ~ *tile* brandkleurteël.

en·ceinte *n., (arg.)* ringmuur, -wal; ommuurde vesting. **en·ceinte** *adj., (arg.)* swanger.

en·ceph·a·li·tis *(med.)* harsingontsteking, enkefalitis, ensefalitis.

en·ceph·a·lo- *komb.vorm* enkefalo-, ensefalo-, harsing-.

en·ceph·a·lo·gram *(med.)* enkefalogram, ensefalogram.

en·ceph·a·log·ra·phy *(med.)* enkefalografie, ensefalografie. **en·ceph·a·lo·graph** enkefalograaf, ensefalograaf.

en·ceph·a·lo·my·e·li·tis *(med.)* enkefalomiëlitis, ensefalomiëlitis.

en·ceph·a·lon -*ala*, *(anat.)* harsings, brein. **en·ce·phal·ic** harsing-.

en·chain *(poët., liter.)* vasketting, boei, kluister.

en·chant betower, bekoor, verruk, in verrukking bring; toor. **en·chant·ed** betower(d), bekoor(d), verruk; tower-; *be* ~ *with* ... deur ... bekoor/betower wees/word. **en·chant·er** towenaar; bekoorder. **en·chant·ing** betowerend, bekorend, verruklik. **en·chant·ment** betowering, bekoring, opgetoënheid, verrukking; *lend* ~ *to* ... bekoring aan ... verleen. **en·chant·ress** towenares; bekoorster; verleidelike vrou, verleidster.

en·chi·la·da *(Mex. kookk.)* enchilada.

en·ci·pher kodeer.

en·cir·cle omring, omgeef, omgewe, omsluit; omkring; insluit; *(mil.)* omsingel; toepak, toestaan; *be ~d by/with* ... deur ... omring wees *(bome ens.)*; *be ~d by the enemy* deur die vyand omsingel wees. **en·cir·cle·ment** omringing, omsluiting; omkringing; insluiting; *(mil.)* omsingeling. **en·cir·cling** omringend, omsluitend; insluitend; ~ *movement, (mil.)* omsingelingsmaneuver.

en·clasp *(fml.)* omhels; omklem.

en·clave *n.* enklave, enklawe, ingeslote grondgebied. **en·clave** *ww.* (geheel) insluit.

en·clit·ic *n., (ling.)* enklitiese woord, enklitikum, aanhangsel. **en·clit·ic** *adj.* enklities. **en·cli·sis** -*clises* enklise.

en·close, in·close insluit, omring; omhul; omhein; omtuin; afkamp, inkamp; inperk; afsonder; insluit, aanheg, byvoeg, invoeg; ~ *s.t. in/with a letter* iets by 'n brief aanheg/insluit. **en·closed, in·closed** geslote, toe; ingeslote, aangehegte; ~ *fuse* ingeslote/omhulde sekering; *the* ~ *letter* bygaande/ingeslote brief. **en·clos·ing, in·clos·ing:** ~ *wall* ringmuur.

en·clo·sure, in·clo·sure insluiting, omringing; omhulling; (om)heining; omheinde deel/plek; omtuining; afsluiting; kamp; hok; ingeslote/bygaande stuk, insluitsel, invoegsel; bylaag, bylae; *members'* ~ ledelokaal. ~ **wall** skermmuur.

en·code (en)kodeer, in kode skryf/skrywe. **en·cod·er** (en)kodeerder.

en·co·mi·um -*miums*, -*mia*, *(fml.)* lofuiting, -rede, -spraak; lofsang, -lied. **en·co·mi·as·tic** lowend, prysend.

en·com·pass omring, omgeef, omgewe, omsluit; insluit; omvat, bevat. **en·com·pass·ment** omringing, omsluiting; insluiting; omvatting.

en·core *tw.* encore, nog, nog 'n keer, weer. **en·core** *n.* toegif; geroep om 'n toegif; *give an* ~ 'n toegif sing/speel. **en·core** *ww.* terugroep; roep om 'n toegif.

en·coun·ter *n.* (onverwagte) ontmoeting; geveg, botsing; *have an* ~ *with* ... 'n ontmoeting met ... hê; 'n botsing/geveg/skermutseling met ... hê. **en·coun·ter** *ww.* tref, teëkom, teenkom, raakloop, ontmoet; slaags raak met; ~ *opposition* teenstand ondervind; ~ *s.o.* op iem. afkom, iem. raakloop (*of* op die lyf loop); ~ *s.t.* voor iets te staan kom, met iets gekonfronteer word, iets die hoof moet bied *(probleme, 'n krisis, ens.)*; aan iets blootgestel word *(versoeking ens.)*. ~ **group** ontmoetingsgroep.

en·cour·age aanmoedig, aanspoor; moed inpraat, bemoedig; kweek, aanwakker; bevorder, aanhelp; ~ *s.o. to* ... iem. aanmoedig om te ... **en·cour·age·ment** aanmoediging, aansporing; bemoediging; aanwakkering; *as an* ~ ter aanmoediging; *s.o. doesn't need much* ~ iem. laat nie op hom/haar wag (*of* is nie links) nie; *a word of* ~ 'n bietjie aanmoediging. **en·cour·ag·er** aanmoediger. **en·cour·ag·ing** bemoedigend; aanmoedigend, aansporend.

en·croach inbreuk maak; oortree, die grense oorskry; indring; ~ *(up)on s.t.* op iets oortree *(grond ens.)*; op iets inbreuk maak, iets aantas *(regte ens.)*; op iets beslag lê *(iem. se tyd)*. **en·croach·ment** inbreuk; oortreding, oorskryding; indringing; aantasting; aanmatiging.

en croûte *adj., (Fr. kookk.: in 'n tertkors)* en croûte.

en·crust, in·crust omkors, bekors, toekors, aankors; aanpak, 'n kors vorm; inlê. **en·crust·a·tion, in·crust·a·tion** kors; aanpaksel, aanslag; om-, be-, toe-, aankorsting; korsvorming; bekleding, belegging; ingelegde werk; ingewortelde gewoonte; roof, brandsiekte. **en·crust·ment** kors, omkorsting, korsaanpaksel.

en·cum·ber, in·cum·ber hinder, belemmer, bemoeilik; belaai, belas; *(fin.)* beswaar, belas; *be ~ed by s.t.* deur iets belemmer word; *~ed property, (fin.)* beswaarde eiendom; ~ *s.o. with s.t.* iem. met iets belas; *s.o. is ~ed with s.t.* iets is iem. tot las. **en·cum·brance, in·cum·brance** hindernis, belemmering, bemoeiliking; las; *(fin.)* beswaring, verband, hipoteek; *be an* ~ *to s.o.* iem. tot las wees.

en·cyc·li·cal *n., (RK)* ensikliek, pouslike sendbrief. **en·cyc·li·cal** *adj.* rondgaande, algemeen; ~ *letter* omsendbrief; ensikliek, pouslike sendbrief.

en·cy·clo·p(a)e·di·a ensiklopedie; *a walking* ~ 'n wandelende ensiklopedie. **en·cy·clo·p(a)e·dic** ensiklopedies; algemeen wetenskaplik; omvattend, veel=sydig; ~ *knowledge* veelomvattende kennis. **en·cy·clo·p(a)e·dist** ensiklopedis, ensiklopediemaker.

en·cyst *(biol.)* inkapsel, omkors, ensisteer. **en·cys·ta·tion, en·cyst·ment** inkapseling, omkorsting.

end *n.* end, einde; slot; uiteinde; voleinding *(v.d. wêreld)*; einde, dood; vernietiging; ent *(konkrete betekenis)*; punt; stompie *(v. kers, sigaret)*; kant, deel; *(sport)* helfte; doel, oogmerk; ***achieve*** *one's* ~ jou doel bereik; *~s and* ***aims*** oogmerke; ***at*** *the ~ of ...* aan die einde/end van ...; ***at*** *the ~ of January* einde Januarie, aan die einde/end van Januarie; *s.t. is* ***at*** *an* ~ iets is op 'n end, iets het ten einde geloop; iets is gedaan; iets is uit *('n verhouding)*; *come to a* ***bad*** *~, (iem., iets)* 'n nare uiteinde hê; *(iem.)* 'n nare dood sterf/sterwe; *to the* ***bitter*** ~ tot die bitter(e) einde (toe); ***bring*** *s.t. to an* ~ iets afsluit/beëindig; iets stopsit; ***by*** *the ~ of the year/etc.* teen die einde/end van die jaar/ens.; ***come*** *to an* ~ eindig; ('n) end kry, op 'n end kom; ten einde loop; doodloop; *(iem. se geduld ens.)* opraak; *all things* ***come*** *to an* ~ aan alles kom 'n einde/end; *at the ~ of the* ***day,*** *(lett.)* aan die einde/end van die dag; *(fig.)* op stuk van sake, per slot van rekening, in laaste instansie, op die ou end; *come to a* ***dead*** *~, ('n straat)* doodloop; *(onderhandelings ens.)* 'n dooie punt bereik; *go off the* ***deep*** *~, (infml.)* woedend word, tekere *(of* te kere) gaan, lostrek, uitpak; *be thrown in at the* ***deep*** ~ sommer dadelik moeilike werk moet doen; ***draw*** *to an* ~ ten einde loop; einde/end se kant toe gaan/staan; *at* ***either*** ~ →EITHER *bep. & pron.*; *at the* ***far*** *~ of ...* anderkant ...; ***gain*** *one's ~s* jou doel bereik; ***in*** *the* ~ op die ou end; uiteindelik; ten slotte; op stuk van sake, per slot van rekening; op die duur; *s.t. is an ~* ***in itself*** iets is 'n doel op sigself; *defeat the ~s of* ***justice*** die regsbedeling verydel; ***keep*** *one's ~ up, (infml.)* jou man staan, (die stryd) volhou; *be at a* ***loose*** ~ niks te doen hê nie, ledig wees, opgeskeep wees met jouself, geen raad met jou tyd weet nie, met jou siel onder jou arm rondloop; sonder vaste werk wees; ***loose*** *~s* onafgehandelde sake; *the* ***lower/upper*** *~ of ...* die onderent/bo-ent van ... *(d. straat ens.)*; ***make*** *an ~ of s.t.* iets stopsit, 'n einde/end aan iets maak; *the ~ of a* ***matter*** die einde van 'n saak; *the ~ justifies the* ***means*** die doel heilig die middele; *be a* ***means*** *to an* ~ 'n middel tot 'n doel wees; *make (both) ~s* ***meet*** uitkom/regkom met wat jy het, die tering na die nering sit; *s.o. cannot make (both) ~s* ***meet*** iem. kom nie uit nie, iem. kan nie uitkom nie; *find it hard to make (both) ~s* ***meet*** dit nie breed hê nie; *struggle to make (both) ~s* ***meet*** meet en pas; ***meet*** *one's* ~ aan jou einde kom; ***near*** *the* ~ naby die einde/end, (hier) teen die einde/end; *enjoy o.s.* ***no*** *~, (infml.)* dit geweldig geniet, dit gate uit geniet; ***no*** *~ of ..., (infml.)* geweldig/eindeloos baie ..., 'n mag der menigte ...; ***no*** *~ of a ..., (infml.)* 'n fantastiese ...; *think* ***no*** *~ of s.o., (infml.)* 'n hoë dunk van iem. hê; *there is* ***no*** *~ to it* daar is/kom geen einde/end aan nie; *there is* ***no*** *~ to s.o.* iem. is sonder einde/end; *there is* ***no*** *~ to s.o.'s ...* daar is geen einde/end aan iem. se ... nie; *the ~ is* ***not yet*** dit is nog nie die einde/end nie; nog is het einde niet; *the ~* ***of*** *...* die einde/end van ... *('n pad, lied, ens.)*; die punt/ent van ... *('n tou, stok, ens.)*; *... will be the ~* ***of me!,*** *(infml.)* ... maak my (nog) klaar!; *~* ***on*** in die lengte, met die kop/voorkant/agterkant na vore; *collide ~* ***on*** kop aan/teen kop bots; ***on*** *~* orent; agtermekaar; *for days/etc.* ***on*** *~* dae/ens. aaneen/aanmekaar; *s.t. makes s.o.'s hair stand* ***on*** ~ iets laat iem. se hare rys; *place/stand s.t.* ***on*** ~ iets regop sit *(of* laat staan), iets staanmaak; ***private*** *~s* persoonlike oogmerke; ***put*** *an ~ to s.t.* 'n einde/end aan iets maak; paal en perk aan iets stel; ***put*** *an ~ to s.o.* iem. om die lewe bring; *be on the* ***receiving*** *~ of s.t.* die een wees wat die gevolge moet dra *(of* die klappe moet verduur); ***secure*** *one's ~s* jou doel bereik; *not* ***see*** *the ~ to s.t.* nie die einde/end van iets sien nie; ***serve*** *one's own ~s* jou eie planne bevorder; *come to (or meet [with]) a* ***sticky*** *~, (infml.)* 'n nare dood sterf/sterwe; 'n nare uiteinde hê; *this is the ~ of the* ***street*** hier hou die straat op; *be at the ~ of one's* ***tether*** →TETHER; *to* ***that*** ~ met dié doel; *and* ***that's*** *the ~ of it!* en daarmee (is dit) uit en gedaan!, en daarmee basta!; *s.t. is* ***the*** *(absolute) ~, (infml.)* iets is uiters power/swak; ***till*** *the* ~ tot die einde/end (toe); *~* ***to*** *~* kop aan kop; ***toward(s)*** *the* ~ teen die einde/end; *beat an opponent all ~s* ***up,*** *(infml.)* 'n teenstander behoorlik/deeglik kafloop/uitstof *(of* pens en pootjies klop); *at the* ***very*** ~ op die allerlaaste; *have an ~* ***in view*** 'n doel najaag/beoog; *with that ~* ***in view*** met dié doel, te dien einde; *to* ***what*** *~?* met watter doel?, waarvoor?; *be* ***without*** ~ sonder einde/end wees; *be at one's* ***wits'*** *~* →WIT[1] *n.*; ***world*** *without* ~ tot in (alle) ewigheid; ***wrong*** *~ up* onderstebo. **end** *ww.* ophou, eindig, end, op 'n einde/end kom, afloop; beëindig, 'n einde/end maak aan, ophou met; sluit; aan jou einde/end kom, sterf, sterwe; doodmaak; *~* ***disastrously*** noodlottig verloop; *~* ***in*** *... op ...* uitgaan; op ... uitloop/uitdraai; *~* ***in*** *a point* in 'n punt uitloop; *~* ***in*** *a row* op 'n rusie uitloop; *the word ~s* ***in*** *a vowel* die woord gaan op 'n klinker uit *(of* eindig met 'n klinker); *~* ***it*** *(all), (infml.)* 'n einde maak aan alles, selfmoord pleeg; *~ s.t.* ***off*** iets afsluit; *(naaldw.)* iets afend; *~* ***up*** *as s.t.* (op die ou end) iets word; *~* ***up*** *by doing s.t.* uiteindelik iets doen; op die ou end iets doen; *~* ***up*** *somewhere* êrens beland/teregkom; *~* ***up*** *with ...* op die ou end met ... sit; *all's well that ~s* ***well*** →WELL[2] *adj.*; *the* ***year*** *~ing March 31* die jaar eindigende 31 Maart *(toekomstig)*; die jaar geëindig 31 Maart. **~-all** →BE-ALL. ~ **artery** *(anat.)* endarterie, =slagaar. ~ **clip** spanklem. ~ **consumer** eindverbruiker. ~ **gable** sygewel. **~game** *(skaak)* eindspel. ~ **grain** kop(s)vlak, kopshout, endhout. **E~ key** *(rek.)* end=, eindetoets. ~ **line** *(sport)* eindlyn *(v. baan, veld)*; slotreël *(v. teks)*. **~note** eindnota *(a.d. einde v. 'n hfst./boek)*. **~paper, ~leaf** (vaste) skutblad *(v. boek)*. ~ **post** entpaal; entstyl. ~ **product** eindproduk. ~ **result** eindresultaat. ~ **stitch** eindsteek. ~ **stress** slotklem. ~ **tile** randpan; randteël. **~-tipper, ~-tipping lorry/truck** wipvragmotor, wipwa. ~ **user** *(han., rek.)* eindgebruiker. **~-user** *adj.*: *~ certificate* eindgebruikersertifikaat.

en·dan·ger in gevaar bring/stel, bedreig, aan gevaar blootstel; *~ed species* bedreigde/verdwynende/uitsterwende spesie. **en·dan·ger·ment** blootstelling aan gevaar, bedreiging.

en·dear bemin(d)/gelief(d) maak; *~ o.s. to s.o.* jou by iem. bemin(d)/gelief(d) maak; *s.t. ~s s.o. to s.o. else* iets maak iem. by iem. anders bemin(d)/gelief(d). **en·dear·ing** lief; innemend; ~ *name* troetelnaam. **en·dear·ment** bemindmaking; gehegtheid; liewigheid; innemendheid; liefkosing; *term of* ~ troetelnaam, =woord.

en·deav·our *n.* poging; inspanning; onderneming; strewe; *it is s.o.'s constant ~ to ...* iem. streef/strewe steeds daarna om ...; *make every ~ to do s.t.* alles in die werk stel *(of* jou beywer/inspan) om iets te doen. **en·deav·our** *ww.* probeer, poog, 'n poging aanwend; jou beywer/inspan, ywer; streef, strewe; *~ to do s.t.* iets probeer doen; (daarna) streef/strewe om iets te doen. ~ **society** strewersvereniging.

en·dec·a·gon →HENDECAGON.

en·dem·ic *n.* endemiese/inheemse siekte, endemie; endemiese/inheemse plant; endemiese/inheemse dier. **en·dem·ic** *adj.* endemies, inheems, plekgebonde; *be ~ in/to an area* endemies in 'n gebied wees.

end·ing slot, afloop; uitgang; (uit)einde; *(skaak)* eindspel; *s.t. has a happy ~* iets het 'n gelukkige afloop.

en·dive andyvie; *curly ~* krulandyvie; *French/Belgian ~* witlo(o)f.

end·less eindeloos, oneindig, ewig, sonder einde/end; alewig, onophoudelik, voortdurend, nimmereindigend; onafsienbaar; ontelbaar, talloos; ~ ***belt*** ringband; ~ ***chain*** ringketting; ~ ***saw*** band=, lintsaag; ~ ***screw*** wurmskroef. **end·less·ly** eindeloos, aanmekaar, aaneen, aanhoudend, onophoudelik; *complain ~* steen en been kla.

end·long oorlangs, in die lengte.

end·most agterste, laaste, verste, vêrste, (een) op die punt.

en·do- *komb.vorm* binne=, endo=.

en·do·car·di·um *(anat.)* endokardium, binnevlies van die hart, binne(n)ste hartvlies.

en·do·carp *(bot.: binne[n]ste laag v.d. vrugwand)* endokarp. **en·do·car·pal, en·do·car·pic** endokarp(ies).

en·do·crine *(fisiol.)* endokrien, buisloos. **en·do·cri·nol·o·gist** endokrinoloog. **en·do·cri·nol·o·gy** endokrinologie.

en·do·derm *(soöl., embriol.)* endoderm. **en·do·der·mal, en·do·der·mic** endodermaal. **en·do·der·mis** endodermis.

en·dog·a·my *(antr.)* endogamie; *(bot.)* selfbestuiwing. **en·dog·a·mous** *(antr.)* endogaam; *(bot.)* selfbestuiwend.

en·do·gen·ic *(geol.)* endogeen.

en·dog·e·nous endogeen; *(biol.)* endogeen, wat aan die binnekant ontstaan, inwendig uitgroeiend.

en·do·lymph *(anat.)* endolimf, labirintvog.

en·do·me·tri·um *=tria, (anat.)* endometrium, baarmoederslymvlies. **en·do·me·tri·al** endometriaal, baarmoeder(slym)vlies=.

en·do·morph *n., (fisiol.)* endomorf. **en·do·mor·phic** *adj.* endomorf. **en·do·mor·phism** *(geol.)* endomorfisme.

en·do·par·a·site inwendige parasiet.

en·dor·phin *(biochem.)* endorfien.

en·dorse, in·dorse bevestig, beaam, bekragtig; goedkeur, onderskryf, =skrywe, (onder)steun; saamstem met; endosseer *(rybewys)*; endosseer, rugteken *(tjek, wissel)*; afteken *(loonstrokie ens.)*; 'n aantekening maak op *('n dokument)*; oormaak, oordra; *~ s.o. out, (SA, hist.)* iem. wegwys *('n swart mens)*. **en·dor·see, in·dor·see** begunstigde, geëndosseerde; gemagtigde. **en·dorse·ment, in·dorse·ment** bevestiging, bekragtiging; goedkeuring, onderskrywing, steun, ondersteuning; endossement, rugtekening; aantekening, byskrif; oormaking, oordrag. **en·dors·er, in·dors·er** endossant, endosseerder, rugtekenaar; onderskrywer. **en·dors·ing, in·dors·ing** endossering.

en·dos·mo·sis *(biol.)* endosmose.

en·do·sperm *(bot.)* kiemwit, endosperm.

en·do·the·li·um *(anat.)* endoteel.

en·dow skenk/gee (aan), skenkings *(of* 'n skenking) doen aan; begiftig; steun, subsidieer; bemaak/vermaak (aan); toerus; *~ s.o. with s.t.* iets aan iem. skenk, iem. iets gee; *be ~ed with s.t.* met iets bedeel(d)/begaaf(d) wees. **en·dow·er** skenker; *(fig.)* onderskrywer.

en·dow·ment skenking, donasie; begiftiging; bemaking, vermaking, legaat; gawe, talent, aanleg. ~ **fund** skenkingsfonds. ~ **insurance** uitkeerversekering. ~ **policy** uitkeer(versekerings)polis, termynpolis.

en·drin *(insek[te]gif)* endrien.

en·due, in·due *(poët., liter.)* voorsien *(van)*, beklee *(met)*; *(vero.)* aantrek, klee.

en·dur·ance uithou(dings)vermoë, weerstand(svermoë); volharding; verduring; geduld, verdraagsaamheid, lydsaamheid; duur; duursaamheid; *(lugv.)* houtyd; *be beyond/past (one's) ~* ondraaglik/onuithou(d)baar wees; *s.o.'s powers of ~* iem. se uithou(dings)vermoë. ~ **limit** uithou=, verdurings=, vermoeidheidsgrens. ~ **race** *(motorsport)* uithou(wed)ren; *(atl.)* uithouwedloop. ~ **strength** duurvastheid. ~ **test** uithou=, duurtoets.

en·dure verdra, verduur, uithou, uitstaan, duld, veel; ondergaan, deurmaak, deurstaan, ly; duur, bly bestaan, in stand bly. **en·dur·a·ble** draaglik, uitstaanbaar. **en·dur·ing** blywend, durend, duursaam.

en·dur·o uithou(wed)ren.

end·ways, end·wise op sy kant; met die punt/ent vorentoe; oorlangs, in die lengte; punt aan/teen punt.

en·e·ma *=mas, =mata, (med.)* enema, klisma, lawement; *administer an ~* 'n enema/klisma/lawement toedien. ~ **syringe** enema=, klisma=, lawementspuit.

en·e·my *=mies, n.* vyand; ***how goes the*** *~?, (vero., infml.)* wat sê die horlosie?, hoe laat is dit?; ***make*** *enemies* (vir jou) vyande maak; *s.t.* ***makes*** *s.o. enemies* iets maak vir iem. vyande; ***make*** *an ~ of s.o.* iem. tot jou vyand maak; *s.o.'s* ***mortal*** ~ iem. se doodsvyand; *be an ~* ***of/to*** *s.o.* 'n vyand van iem. wees, iem. se vyand wees; *be a* ***public*** *~ (or an ~ of the* ***people****)* staatsgevaarlik *(of* 'n volksvyand) wees; *be **sworn** enemies* geswore/volslae vyande wees; *be one's own **worst*** ~ jouself (die grootste) skade aandoen, jouself (*of* jou eie saak) die meeste skaad, jou eie ondergang bewerk, in jou eie son staan.

en·e·my *bep.* vyandelike, vyands=; ~ ***alien*** vyandsvreemdeling; ~ ***country*** vyandsland; ~ ***forces*** vyandelike troepe, vyandige magte; ~ ***property*** vyandseiendom; ~ ***ships*** vyandelike skepe.

en·er·get·ic energiek, vol energie, lewenskragtig, flink, fluks, lewendig, (op en) wakker; kragdadig, (daad)kragtig; deurtastend; *(fis.)* energeties. **en·er·get·i·cal·ly** kragtig, met krag; met klem. **en·er·get·ics** energetiek, energetika.

en·er·gise, =gize aktiveer, stimuleer, aanwakker; energie gee, versterk, kragtig maak; *(elek.)* bekrag. **en·er·gis·er, =giz·er** energiewekker, =gewer.

en·er·gy energie, (lewens)krag, vitaliteit, fut, ywer(igheid), fluksheid; daad=, dryfkrag, deursettingsvermoë; kragdadigheid; deurtastendheid; werksaamheid; werkvermoë, =krag, arbeidsvermoë; *(chem., fis.)* energie; *in a burst of* ~ met kragtige inspanning; ***conservation** of* ~ →CONSERVATION; ***conserve** one's* ~ jou kragte spaar; ***consumption** of* ~ energieverbruik; ***devote** one's ~/energies to s.t.* jou kragte aan iets wy; ***kinetic/potential/radiant*** ~ →KINETIC, POTENTIAL, RADIANT *adj.*; *s.t. **saps** s.o.'s* ~ iets ondermyn/sloop iem. se kragte; *do s.t. with **unflagging*** ~ iets met onvermoeide ywer doen. ~ **conservation** energiebesparing. ~ **consumption** energieverbruik. ~ **crisis** energiekrisis. ~ **gap** energietekort; *(fis.)* energiegaping. ~**-giving** energiegewend; ~ *food* kragkos. ~ **saving** *n.* energiebesparing. ~**-saving** *adj.* energiebesparend. ~ **supplies** *(mv.)* energievoorrade. ~ **supply** *(geen mv.)* energievoorsiening.

en·er·vate uitmergel, verswak, futloos/kragteloos maak, energieloos laat. **en·er·vat·ing** uitmergelend *(klimaat, siekte)*. **en·er·va·tion** uitmergeling, verswakking, uitputting.

en·face beskryf, beskrywe; bedruk; bestempel.

en·fant ter·ri·ble *enfants terribles, (Fr.)* enfant terrible.

en·fee·ble verswak, uitput, kragteloos maak. **en·fee·ble·ment** verswakking, uitputting.

en·fet·ter *(poët., liter.)* boei, in boeie slaan, vasketting.

en·fi·lade *n.* reeks vertrekke; *(mil.)* dwarsvuur, enfilade. **en·fi·lade** *ww., (mil.)* onder dwarsvuur neem, enfileer. ~ **(fire)** dwarsvuur, enfileervuur.

en·fold toevou, omhul; omarm; plooi, vou.

en·force afdwing, toepas *(besluit, wet, ens.)*; oplê *(swye ens.)*; dwing tot *(gehoorsaamheid, betaling, ens.)*; deurdryf, deurdrywe *(plan, proses, ens.)*; *(vero.)* versterk, beklemtoon; krag sit by *('n argument ens.)*; ~ *the law* die wet (streng) toepas/uitvoer/handhaaf; ~ *s.t. rigorously* iets streng toepas *('n reël ens.)*. **en·force·a·bil·i·ty** afdwingbaarheid, toepasbaarheid, uitvoerbaarheid. **en·force·a·ble** afdwingbaar, toepasbaar, uitvoerbaar; ~ *by law* regtens afdwingbaar. **en·forced** gedwonge. **en·force·ment** afdwinging, toepassing, uitvoering, handhawing *(v. 'n wet)*; dwang.

en·frame raam, inlys.

en·fran·chise stemreg/kiesreg gee/verleen aan; *(hist.)* vrystel, vrymaak *(slaaf)*. **en·fran·chised** stemgeregtig. **en·fran·chise·ment** verlening van stemreg/kiesreg; vrystelling.

En·ga·dine: *the ~, (geog.)* die Engadin.

en·gage in beslag neem; inskakel *(ratte)*; los, inkoppel *(koppelaar)*; *(ratte)* vang; aanstel, in diens neem, aanneem, huur *(werkers)*; beloof, belowe, jou woord gee, onderneem, jou verbind *(om iets te doen)*; *(skermkuns)* die degens kruis; *(rugby)* sak; *(mil.)* aanval, slaags raak (*of* in 'n stryd betrokke/gewikkel[d] raak) met, beskiet, bestook *(vyandige magte)*; *(mil.)* insit *(troepe)*; *(vero.)* bespreek *('n kamer ens.)*; ***be*** *~d* 'n afspraak hê; besig wees; nie te spreke wees nie; *(telefoon)* beset wees; ***be** ~d (to be married) (to s.o.)* (aan/met iem.) verloof wees; ***become/get*** *~d* verloof raak; *~ **for** s.t., (vero.)* beloof/belowe/onderneem om iets te doen; vir iets instaan; vir iets verantwoordelik wees; iets waarborg; ~ ***in** s.t.* iets doen *(navorsing ens.)*; aan iets deelneem *(sport ens)*; jou met iets inlaat, jou in iets begeef/begewe, meedoen aan iets; *be ~d **in** s.t.* by/in iets betrokke wees; met iets besig/doenig wees, iets aan die doen wees, jou met iets besig hou; ~ *s.o. **in** s.t.* iem. by/in iets betrek *('n gesprek ens.)*; *be **otherwise** ~d* iets anders te doen hê; 'n ander afspraak hê; *~d **tone,** (telekom.)* besettoon; ~ ***with*** ... by/in ... betrokke (*of* met ... gemoeid) raak.

en·gage·ment verlowing; afspraak; verbintenis, ooreenkoms, belofte; betrokkenheid; aanstelling, indiensneming; (werk)opdrag *(aan kunstenaar)*; konsertopdrag; betrekking; besigheid; *(i.d. mv.)* (geldelike/finansiële) verpligtings; inskakeling *(v. ratte)*; inkoppeling *(v. koppelaar)*; *(mil.)* geveg, slag, skermutseling; beskieting, bestoking *(v.d. vyand)*; inset *(v. troepe)*; *(skermkuns)* wering; ***break** (off) an* ~ 'n verlowing (ver)breek/uitmaak; ***break** off an ~, (mil.)* 'n geveg afbreek/staak; *the ~ is **off*** die verlowing is uit/af; *have a **previous/prior*** ~ reeds 'n (ander) afspraak hê; ***speaking*** ~ →SPEAKING; ***terminate** an* ~ 'n (diens)kontrak beëindig; *be **under** an ~ (to ...)* gebonde (teenoor ...) wees; ***without*** ~ vryblywend. ~ **ring** verloofring. ~**s diary** afspraakboek(ie).

en·gag·ing innemend, aanvallig, aantreklik, sjarmant. ~ **spring** *(mot.)* inskakelveer.

en garde *tw., (Fr., skermkuns)* en garde, gereed.

en·gen·der *(fml.)* veroorsaak, meebring; *(arg.)* verwek, voortbring.

en·gine *n.* enjin, masjien; motor; lokomotief; *(fig.)* instrument, middel, werktuig, meganisme; ***cut** the* ~ die motor afsit; ~ *of **destruction*** verniel(ingswerk)tuig; *the ~ **failed*** die motor het gaan staan (*of* het geweier); ***fire*** ~ →FIRE; ***locomotive/railway*** ~ lokomotief; ***motor/search/steam*** ~ →MOTOR, SEARCH, STEAM; ~ *of **war*** oorlogsmasjien, =werktuig. **en·gine** *ww.* van 'n masjien (*of* masjiene) voorsien. ~ **block** enjinblok. ~ **breakdown** masjienonklaarraking(s); motordefek; →ENGINE TROUBLE. ~ **driver** masjinis *(v. lokomotief)*; masjienbediener. ~ **factory** enjinfabriek. ~ **failure** enjin=, masjienweiering; lokomotiefweiering. ~ **fault** enjin=, masjienfout; motordefek. ~ **fitter** enjin=, masjienmonteur. ~ **house** loko(motief)loods; enjin=, masjienkamer; brandweerstasie. ~**man** =*men* masjinis; *(i.d. mv. ook)* lokomotiefpersoneel. ~**manship** masjinistekuns. ~ **oil** enjinolie. ~ **power** enjin=, masjienkrag; motorkrag. ~ **room** enjin=, masjienkamer. ~ **shed** loko(motief)loods. ~ **trouble** enjin=, masjienmoeilikheid, enjinteenspoed, =teëspoed; motormoeilikheid; *develop ~, (masjien)* onklaar raak.

-en·gined *komb.vorm* =motorig; *twin-~* tweemotorig.

en·gi·neer *n.* ingenieur *(met universiteitsgraad)*; masjienbouer; meganikus, werktuigkundige; *(lugv.)* tegnikus; *(sk.)* masjinis; *(Am.)* masjinis *(v. lokomotief)*; *(fig.)* brein, vader; *(mil.)* genieoffisier; *(mil.)* geniesoldaat; *(i.d. mv.)* genietroepe, die genie(wapen); *chief/civil/electrical/marine/mechanical/military* ~ →CHIEF, CIVIL, ELECTRICAL, MARINE, MECHANICAL, MILITARY; *irrigation* ~ besproeiingsingenieur. **en·gi·neer** *ww.* ontwerp en bou; ontwikkel; bewerkstellig, teweegbring, teweeg bring, aanlê, tot stand bring, laat plaasvind, gedaan kry; uitvoer, verrig; op tou (*of* aan die gang) sit; manipuleer *(gene, plante, ens.)*. ~ **corps** geniekorps, die genie. ~ **draughtsman** masjientekenaar. ~**-in-chief** opperingenieur. ~ **officer** *(mil.)* genieoffisier; *(sk.)* offisier-masjinis; *(lugv.)* offisier-tegnikus; offisier-ingenieur.

en·gi·neer·ing ingenieurswese; ingenieurswerk; ingenieurswetenskap; masjienbou; masjienbedryf; metaalbedryf; masjienwerk, werktuigboukunde; *(mil.)* genie(werk); ontwikkeling; totstandbrenging; manipulasie; *civil/electrical/mechanical/military* ~ →CIVIL, ELECTRICAL, MECHANICAL, MILITARY. ~ **draughtsman** masjientekenaar. ~ **drawing** masjientekening. ~ **faculty** fakulteit (van) ingenieurswese, ingenieursfakulteit. ~ **industry** masjienbou(bedryf). ~ **science** ingenieurswetenskap. ~ **shop** konstruksiewinkel. ~ **(trade) union** metaalwerkersbond. ~ **worker** metaalwerker. ~ **works** masjienfabriek, =werkplaas, metaalfabriek, =werkplaas.

en·gine·ry masjinerie; ratwerk.

en·gird·le, en·gird *(poët., liter.)* omring; omgord.

Eng·land *(geog.)* Engeland.

Eng·lish *n.* Engels; ***in*** ~ in/op Engels; ***the King's/Queen's*** ~ Standaardengels; ***Middle/Modern/Old*** ~ →MIDDLE, MODERN, OLD; *tell s.o. s.t. in **plain*** ~, *(infml.)* iem. iets onomwonde (*of* in duidelike taal *of* in pront/plat Afrikaans) sê; ***the*** ~ die Engelse. **Eng·lish** *adj.* Engels. **Eng·lish** *ww., (arg.)* in Engels vertaal; verengels. ~ **breakfast** Engelse ontbyt *(met spek en eiers)*. ~ **Canadian** *n.* Engelssprekende Kanadees; *(taal)* Kanadese Engels. ~ **Canadian** *adj.* Engels-Kanadees. ~ **Channel:** *the (~)* ~ die (Engelse) Kanaal. ~ **English** *n.* Engelse Engels. ~ **horn** *(mus.)* Engelse horing, cor anglais, althobo. ~**-language newspaper** Engelstalige/Engelse koerant. ~**man** =*men* Engelsman; *(igt.)* engelsman; *little* ~ Engelsman(ne)tjie. ~ **master** Engelsonderwyser, Engelse onderwyser. ~**-medium school** Engelstalige skool, skool met Engels as voertaal, Engelsmediumskool. ~ **opening** *(skaak)* Engelse opening. ~ **setter** *(soort hond)* Engelse setter. ~ **speaker** Engelssprekende. ~**-speaking** Engelssprekend; *the* ~ die Engelssprekendes. ~ **springer spaniel** →SPRINGER SPANIEL. ~ **studies** Anglistiek. ~ **teacher** Engelsonderwyser, Engelse onderwyser. ~**woman** =*women* Engelse vrou.

Eng·lish·ness Engelsheid.

en·gorge *(rivier ens.)* (uit)swel, te vol word; jou ooreet; *(bosluis, vlooi, ens.)* hom volsuig; *(aar ens.)* met bloed/ens. gevul word; met bloed/ens. vul, bloed/ens. in ... laat stroom/vloei; volprop, =stop; oorvul; ~ *o.s. on s.t.* jou aan iets ooreet. **en·gorged** volgesuig; bloedryk. **en·gorge·ment** (uit)swelling; volsuiging; volpropping, =stopping; oorvulling.

en·graft, in·graft = GRAFT[1] *ww.*.

en·grail *(her.)* (uit)skulp, kartel, inkeep. **en·grailed** geskulp.

en·grain →INGRAIN.

en·gram *(psig.)* engram, geheuespoor.

en·grave graveer, insny, inkerf; siseleer; (in)grif, (in)prent; *be ~d in/on s.o.'s memory* →MEMORY; *~d stone* gesnede klip. **en·grav·er** graveur, graveerder; stempelsnyer. **en·grav·ing** graveerkuns; graveerwerk; plaat, gravure.

en·gross (iem. se aandag) boei; met groot, duidelike letters (oor)skryf/(oor)skrywe/kopieer; *(jur.)* grosseer *(dokument)*; *(arg.)* opkoop; *(arg.)* monopoliseer *(handel)*; *s.t. ~es s.o.'s **attention*** iets neem iem. se aandag in beslag; *be ~ed **in** s.t.* in iets verdiep wees; deur iets geboei wees; van iets vervul wees; *become ~ed **in** s.t.* in iets verdiep raak. **en·gross·ing** boeiend. **en·gross·ment** *(jur.)* grosse, gewaarmerkte afskrif; verdieptheid; vergroting; *(arg.)* opkoping; *(arg.)* monopolisering.

en·gulf, in·gulf verswelg, verslind; insluk; *be ~ed by s.t.* deur iets verswelg wees *(rook, water, ens.)*; toe wees onder iets *(sneeu, stof, werk, ens.)*; deur iets geteister word *(oorlog, skandale, ens.)*; deur iets oorval word *(paniek ens.)*; van iets bevange wees *(angs)*; *be ~ed in flames* in 'n vlammesee (*of* 'n see van vlamme) staan.

en·hance verhoog, verhef, versterk, vergroot, vermeerder; *be ~d by* ... deur ... versterk word; deur ... verhoog word; *~d keyboard, (rek.: met 101 toetse)* uitgebreide toetsbord; *~d value* verhoogde waarde. **en·hance·ment** verhoging, verheffing, versterking, vermeerdering.

en·har·mon·ic *(mus.)* enharmonies.

e·nig·ma raaisel, enigma. **en·ig·mat·ic, en·ig·mat·i·cal** raaiselagtig, geheimsinnig, duister. **e·nig·ma·tise, =tize** raaiselagtig maak.

en·isle *(poët., liter.)* tot 'n eiland maak; op 'n eiland sit; afsonder, isoleer.

en·jamb(e)·ment *(pros.: d. oorloop v. 'n sin v.d. een versreël n.d. volgende)* enjambement.

en·join gelas, beveel, opdrag gee, aansê; voorskryf, voorskrywe; eis, aandring op; op die hart druk; ~ *s.o. from doing s.t., (jur.)* iem. (per interdik) belet/verbied om iets te doen.

en·joy geniet, vir jou lekker wees, plesier hê aan (*of* vind in), behae skep in; dit geniet, daarvan hou; ondervind, ervaar; hê, besit; ***how did you ~ the party?*** het jy die partytjie geniet?, was dit 'n lekker partytjie?, hoe was die partytjie?, hoe het jy die partytjie gevind?; *~ s.t. **immensely/tremendously*** iets geweldig (*of* gate uit) geniet; *~ **o.s.*** iets geniet, dit geniet, pret/plesier hê; *~ doing **s.t.*** dit geniet (*of* dis vir jou lekker) om iets te doen. **en·joy·able** aangenaam, lekker, genotvol, prettig. **en·joy·ment** plesier, pret, vreugde, genot, lekkerte, behae, genieting, aangenaamheid; *get plenty of ~ from s.t.* iets baie geniet.

En·kel·doorn *(geog., vero.)* →CHIVHU.

en·kin·dle laat ontvlam, opwek; aanblaas, aanstook; *(poët., liter.)* aansteek, aan die brand steek.

en·lace *(poët., liter.)* omstrengel, omvat, (om)snoer; verstrengel, inmekaar-, ineenstrengel.

en·large vergroot, groter maak, uitbrei, vermeerder; *(fot.)* vergroot; groei, vergroot, groter word, uitsit, uitdy; verruim, verwyd, wyer maak; *~ (up)on s.t.* oor iets uitwei. **en·larged:** *~ edition* vermeerderde uitgawe; *~ portrait* vergrote portret, vergroting. **en·large·ment** vergroting, vergrote foto; uitweiding. **en·larg·er** *(fot.)* vergroter, vergrotingstoestel.

en·light·en inlig, op (die) hoogte bring; *(fig.)* verlig; *(poët.)* lig werp op; *~ s.o. about/on s.t.* iem. oor iets inlig, vir iem. lig op iets werp. **en·light·ened** verlig. **en·light·en·ing** insiggewend; leersaam. **en·light·en·ment** opheldering; inligting; verligting; geestelike lig; ontwikkeling; *the E~, (hist.,filos.)* die Verligting; →AUFKLÄRUNG.

en·link *(w.g.)* verbind, koppel, aaneenskakel.

en·list in diens neem, inskryf, inskrywe, werf *(rekrute, soldate)*; werf *(medewerkers, steun, ens.)*; inroep *(hulp)*; wek, win *(simpatie)*; verkry *(iem. se dienste)*; lugmag/weermag toe gaan, by die lugmag/weermag aansluit; *~ in ...* by ... aansluit *(d. lugmag/weermag ens.)*; aan ... deelneem *('n projek ens.)*. **en·list·ed:** *~ man, (Am.)* manskap, gewone soldaat; *~ recruit* ingeskrewe rekruut. **en·list·ment** indiensneming, inskrywing, werwing; aansluiting; deelname.

en·liv·en verlewendig, opwek, nuwe lewe blaas in; opvrolik, opkikker, vervrolik. **en·liv·en·ment** verlewendiging; opvroliking.

en masse *(Fr.)* en masse, in sy geheel, almal saam/tesame, soos een man.

en·mesh, in·mesh, im·mesh verstrik, vaswikkel, verwikkel; *be/become ~ed in s.t.* in iets verstrik wees/raak.

en·mi·ty vyandigheid, vyandskap; kwaaivriendskap; vete; *~ against/towards s.o.* vyandigheid teenoor iem.; *bear s.o. no ~* iem. nie vyandiggesind wees nie; *incur s.o.'s ~* jou iem. se vyandskap op die hals haal.

en·ne·ad *(w.g.)* negetal.

en·ne·a·gon →NONAGON.

en·no·ble veredel, adel, verhef; in/tot die adelstand verhef; *labour ~s* arbeid adel. **en·no·ble·ment** veredeling; verheffing in/tot die adelstand.

en·nui verveling.

E·noch *(OT)* Henog.

e·nol·o·gy *(Am.)* →OENOLOGY.

e·nor·mous enorm, yslik, ontsaglik, tamaai, kolossaal, geweldig (groot); ontsettend. **e·nor·mi·ty** afgryslikheid, gruwelikheid, afskuwelikheid; enormiteit, yslikheid; enorme omvang; gruwel(daad). **e·nor·mous·ly** geweldig, ontsettend, ontsaglik, vreeslik, verskriklik. **e·nor·mous·ness** ontsaglikheid, yslikheid.

e·nough genoeg; genoegsaam, toereikend, voldoende; taamlik; *a **big** ~ quantity* 'n genoegsame/toereikende hoeveelheid; *a **big/strong/etc.** ~ container* 'n houer wat groot/sterk/ens. genoeg is; ***cry** ~* jou oorgee; tou opgooi, die stryd opgee (*of* gewonne gee); ***fair** ~* →FAIR² *adj.*; *~ is as good as a **feast*** genoeg is oorvloed, tevredenheid is beter as 'n erfenis, te veel is ongesond; *have ~ money/time/etc. **for*** (or ***to do***) *s.t.* genoeg geld/tyd/ens. vir iets hê (*of* om iets te doen); *be ~ **to go on with*** vir eers (*of* voorlopig) genoeg wees; *s.o. has **had** ~ (of it)* iem. het genoeg (daarvan) gehad; *~ **is** ~* genoeg is genoeg; ***more** than ~* oorgenoeg, meer as genoeg; *s.o. has had **more** than ~ of s.o. else* iem. is (keel)vol (*of* tot hier toe vol) vir iem. anders; *be ~ **of** a fool/etc. to ...* dom/ens. genoeg wees om ...; *~ **said*** meer hoef ('n) mens nie te sê nie; *a **small** ~ sum* darem maar 'n klein sommetjie; *~ and to **spare*** meer as genoeg; ***strangely** ~, s.o. did not ...* vreemd genoeg, iem. het nie ...; *and **sure** ~ ...* →SURE *adv.*; ***that's** ~!* so nou!, dis nou genoeg!; basta nou!; *it's ~ **to** make one cry/etc.* dit is om van te huil/ens.; ***true** ~* volkome juis; dis ook weer waar; *s.o. is **ugly/etc.** ~* iem. is taamlik/nogal lelik/ens..

e·nounce *(fml.)* uitspreek; verklaar, verkondig.

e·now *(arg.)* →ENOUGH.

en pas·sant *(Fr.)* en passant, in die verbygaan, terloops.

en·quire, en·quir·y →INQUIRE, INQUIRY.

en·rage woedend/briesend/ontstoke/smoorkwaad maak, vertoorn; *be ~d at/by/over s.t.* woedend/ontstoke/briesend/smoorkwaad/siedend oor iets wees.

en·rap·ture verruk, in vervoering bring. **en·rap·tured** verruk, in vervoering; *be ~ at/by/with s.t.* oor iets verruk (*of* in vervoering) wees.

en·rich verryk, ryk(er) maak *(iem.)*; verryk *(iem. se lewe, kos, grond, erts, uraan, ens.)*; uitbrei *(versameling ens.)*; versier *(met juwele ens.)*; waardevoller maak, die kwaliteit verhoog van. **en·rich·er** verryker. **en·rich·ment** verryking; uitbreiding; versiering.

en·robe *(fml.)* klee; hul; uitdos.

en·rol, (Am.) en·roll *-ll-* inskryf, inskrywe; aansluit by *(d. weermag ens.)*; inlyf *(by 'n groep ens.)*; werf *(lede ens.)*; *(w.g.)* oprol, toedraai; *(jur., hist.)* ter rolle plaas; vaslê, te boek stel; *(arg.)* inboek, registreer, in die/'n register (in)skryf/(in)skrywe; *~ for s.t.* (jou) vir iets inskryf/inskrywe, jou vir iets laat inskryf/inskrywe *('n kursus ens.)*. **en·rol·ler** inskrywer.

en·rol·ment, (Am.) en·roll·ment inskrywing; aansluiting; inlywing; werwing; registrasie; ingeskrewenes; aantal inskrywings/leerlinge/studente; dokumentasie. *~* **form** lidmaatskapsvorm.

en route *(Fr.)* en route, onderweg, op pad.

ens *entia, (filos.)* = ENTITY.

en·san·guine *(poët., liter.)* met bloed bevlek. **en·san·guined** bebloed, bloedbevlek, bloedig.

en·sconce: *~ o.s. in s.t.* jou behaaglik in iets nestel; jou in iets verskans; *be ~d in s.t.* in iets verskans/verskuil wees; in iets beskut/geborge wees, veilig in iets wees.

en·sem·ble *(Fr.), (mus., teat.)* ensemble, groep, geselskap; samesang; geheel; stel; pakkie, baadjiepak, ensemble. *~* **playing** samespel. *~* **singing** samesang.

en·sete Abessynse piesang.

en·shrine, in·shrine bewaar, opberg; vaslê; *be ~d in ... in ...* bewaar wees *(d. geheue ens.)*; in ... vasgelê wees *(wetgewing ens.)*.

en·shroud *(poët., liter.)* verberg, bedek, omhul.

en·si·form *(bot.)* swaardvormig.

en·sign vlag, vaandel, banier, standaard; nasionale vlag; *(arg.)* simbool, teken, embleem; *(hist., mil.)* vaandrig; *(hist., mil.)* vaandeldraer. *~* **armorial** wapenskild.

en·si·lage *n.* →SILAGE. **en·si·lage** *ww.* →ENSILE.

en·sile, en·sile inkuil, in 'n silo vergaar *(voer)*.

en·slave (ver)kneg, verslaaf, tot slaaf maak, onderwerp; verslaaf; *be ~d to s.t.* aan iets verslaaf wees *(drank ens.)*. **en·slave·ment** (ver)knegting, verslawing, onderwerping; slawerny; verslaafdheid; verslawing *(aan drank ens.)*. **en·slav·er** verslawer, verknegter; bekoorster, verleidster.

en·snare, in·snare verstrik, (in 'n strik) vang, in 'n val lok; *(fig.)* in jou nette vang, in jou mag kry *(iem.)*; *be/become ~d in a traffic jam* in 'n verkeersknoop vassit (*of* vasgekeer wees); in 'n verkeersknoop vasval. **en·snare·ment** verstrikking.

en·soul, in·soul besiel, 'n siel gee aan (*of* blaas in).

en·sphere, in·sphere *(poët., liter.)* omring, omvat, omsluit, omgeef, omgewe; bolvormig maak.

en·sue volg, voortvloei; *(vero.)* najaag; *death ~d* die dood het ingetree/gevolg; *s.t. ~s from ...* iets volg (*of* vloei voort) uit ... **en·su·ing** daaropvolgend(e); gevolglike.

en suite *adj. & adv., (Fr.): with an ~ ~ bathroom, with (a) bathroom ~ ~* met sy eie badkamer, met 'n en suite-badkamer.

en·sure, (Am.) in·sure verseker; verseker van; besorg (aan); waarborg; beveilig, veilig maak; *~ against ...* beveilig teen ...; beskerm teen ...; vrywaar teen ...; *~ that ...* verseker/toesien (*of* sorg [dra]) dat ...

en·swathe *(poët., liter.)* inwikkel, toedraai.

en·tab·la·ture *(argit.)* entablement *(v. 'n tempel ens.)*.

en·ta·ble·ment platform *(bokant d. voetstuk v. 'n standbeeld)*.

en·tail *n., (Br., jur.)* belasting met fideikommis; erfopvolging; onvervreem(d)bare erfgoed. **en·tail** *ww.* meebring, tot gevolg hê; behels; noodsaak; *(Br., jur.)* met fideikommis belas, fideikommis/onvervreem(d)baar maak; *~ed state* majoraat. **en·tail·ment** belasting met fideikommis; gevolg, uitvloeisel.

en·tan·gle verstrik, vervleg; kompliseer, verwikkel; verwar; *be/become/get ~d in/with s.t.* in iets verstrik wees/raak *(plastieksakke, skuld, intriges, besonderhede, ens.)*; in iets (bly) vassit *(iem. se hare ens.)*; *be/become ~d with s.o.* met iem. deurmekaar wees/raak. **en·tan·gle·ment** verstrikking; vervlegting; verwikkeling; versperring.

en·tel·e·chy *(filos.)* entelegie; vormkrag; doeloorsaak.

en·tente *(Fr.)* entente, vriendskapsverdrag; entente, bondgenote.

en·ter inkom, binnekom, intree, binnetree; *(teat.)* opkom; ingaan, binnegaan; inloop, binneloop; klim in/op, inklim by *('n bus, trein)*; *(skip ens.)* invaar, binnevaar *('n hawe)*; binnedring, indring; toetree tot, jou begeef/begewe in, betrokke raak by/in *('n oorlog)*; betree *('n perseel ens.)*; betree, toetree tot *(d. mark, politiek, ens.)*; bereik, betree, binnegaan *('n fase)*; deelneem aan *('n kompetisie ens.)*; lid word van *('n verbond ens.)*; toelaat as lid; (jou) inskryf/inskrywe (*of* jou laat inskryf/inskrywe) vir *('n kursus, wedloop, wedstryd, ens.)*; aanteken, opteken, inskryf, inskrywe, opskryf, opskrywe *(in 'n boek ens.)*; inskryf, inskrywe *('n span/ens. vir 'n toernooi/ens.)*; instuur *('n resep/ens. vir 'n bakkompetisie/ens.)*; invul *(jou naam ens.)*; *(mus.: 'n stem ens.)* intree; *(rek.)* intik *(opdrag ens.)*, invoer *(gegewens ens.)*; *(boekh.)* boek, inskryf, inskrywe *('n bedrag)*; aanteken, boek, noteer *('n bestelling)*; *(mil.)* binneruk, -marsjeer; *(jur.)* aanteken *('n pleit, verskyning, ens.)*; *~ s.t. **against/to** ...* iets op rekening van ... boek/skryf/skrywe; *~ the **army*** by die leër aansluit, soldaat word, in militêre diens tree; ***break** and ~* inbreek; *~ the **church*** →CHURCH; *~ **for** s.t.* (jou) vir iets inskryf/inskrywe, jou vir iets laat inskryf/inskrywe; aan iets deelneem; *~ **Hamlet/etc.**, (teat.)* Hamlet/ens. op; *the thought never ~ed s.o.'s **head/mind*** die gedagte het nooit by iem. opgekom (*of* iem. het nooit daaraan gedink) nie; *~ **into** s.t.* iets aanknoop *('n gesprek, verhouding, onderhandelings, ens.)*; iets aangaan/sluit *('n kontrak, ooreenkoms, ens.)*; aan iets deelneem *('n debat ens.)*; deel van iets uitmaak *('n vraag, planne, ens.)*; iets behandel *('n onderwerp ens.)*; op iets ingaan *('n saak, besonderhede, ens.)*; jou in iets begeef/begewe *('n situasie ens.)*; *~ **into** occupation of s.t., (jur.)* van iets besit neem, iets in besit neem; *s.o. ~ed the **navy*** iem. is vloot toe (*of* het matroos geword); *~ **on/upon** s.t.,* iets begin *('n nuwe lewe/loopbaan ens.)*; iets aanpak *('n taak ens.)*; iets binnegaan/betree *('n nuwe tydperk ens.)*; op iets verskyn *(d. toneel)*; op iets ingaan *('n onderwerp, besonderhede, ens.)*; *(fml.)* iets aanvaar *(pligte ens.)*; ***pay** as you ~* betaal by instap; *~ a **protest** against ...* →PROTEST *n.*; *~ **school*** begin skoolgaan; *s.o. ~ed **university** in 1998* iem. is in 1998 universiteit toe; *~ **up** s.t.* iets inskryf/inskrywe/opskryf/opskrywe/aanteken; *~ **up** the books* die boeke bywerk/bywerk/bybou. **E~ key** *(rek.)* doentoets.

en·ter·ic ingewands-, derm-; *~ canal* dermkanaal; *~ fever* →TYPHOID FEVER.

en·ter·i·tis *(med.)* enteritis, ingewands-, dermontsteking.

en·ter·o-, en·ter- *komb.vorm* derm=, ingewands=, enter(o)=.

en·ter·o·coel *(anat.)* enteroseel, buikholte.

en·ter·o·hep·a·ti·tis *(veearts.)* enterohepatitis, swartkop *(by kalkoene)*.

en·ter·on =*tera* spys(verterings)kanaal, dermkanaal.

en·ter·o·ste·no·sis *(med.)* enterostenose, dermvernouing.

en·ter·ot·o·my *(med.)* derminsnyding, enterotomie.

en·ter·o·tox·ae·mi·a, *(Am.)* **=tox·e·mi·a** *(veearts.)* enterotoksemie, bloednier.

en·ter·prise onderneming, projek; ondernemingsgees, ondernemingsin, inisiatief; (sake)onderneming, saak, firma; *free/private* ~ →FREE, PRIVATE *adj.*; *show* ~ ondernemingsgees aan die dag lê. ~ **culture** entrepreneurs=, ondernemerskultuur. ~ **zone** ondernemingsone.

en·ter·pris·ing ondernemend. **en·ter·pris·ing·ly** *adv.*: *s.o. very ~ started his/her own business* iem. het vol ondernemingsgees sy/haar eie besigheid/saak begin.

en·ter·tain vermaak, trakteer, amuseer, onderhou; besig hou; onthaal, ontvang *(gaste)*; oorweeg, in oorweging neem *('n aanbod, versoek, ens.)*; hê, koester, in jou omdra *(negatiewe gedagtes, wrok, ens.)*; ~ *s.o. at/to dinner* iem. op 'n aandete onthaal; ~ *the hope that* ... die hoop koester dat...; ~ *a lot* dikwels (gaste/mense) onthaal, baie partytjies gee; ~ *s.o. with s.t.* iem. met iets vermaak; iem. op iets vergas. **en·ter·tain·er** vermaaklikheidskunstenaar, verhoogkunstenaar, vermaker; goëlaar; gasheer, =vrou, onthaler. **en·ter·tain·ing** *adj.* vermaaklik, amusant, onderhoudend.

en·ter·tain·ment vermaak, plesier; vermaaklikheid; opvoering, uitvoering; die vermaaklikheidswêreld/=bedryf; onthaal, ontvangs; *art of* ~ verhoogkuns; *provide ~ for s.o.* iem. vermaak bied; *to s.o.'s* ~ tot iem. se vermaak. ~ **allowance** onthaaltoelaag, =toelae, =geld. ~ **tax** vermaaklikheidsbelasting. ~ **value** vermaaklikheidswaarde.

en·thral, *(Am.)* **en·thrall** =*ll*= boei, betower, fassineer; *(arg.)* verslaaf, tot slaaf maak, onderwerp. **en·thrall·ing** opwindend, spannend *(wedstryd ens.)*; boeiend, pakkend *(verhaal ens.)*. **en·thral·ment,** *(Am.)* **en·thrall·ment** betowering, bekoring; *(arg.)* verslawing.

en·throne op die troon plaas/sit, tot die troon verhef *(koning)*; inhuldig *(biskop)*; *(fig.)* kroon. **en·throne·ment** troonsbestyging, verheffing tot die troon; inhuldiging.

en·thuse geesdriftig wees, in ekstase raak, dweep; geesdriftig maak; ~ *about/over s.t.* oor iets geesdriftig wees, hoog oor/van iets opgee, met iets dweep. **en·thu·si·asm** geesdrif, entoesiasme, ywer, besieling; groot belangstelling, passie, liefde; *s.o.'s* ~ ***about/for*** *s.t.* iem. se geesdrif vir iets; ***arouse*** ~ *for s.t.* geesdrif vir iets wek; ***extravagant*** ~ dwepery; *s.t.* ***fills*** *s.o. with* ~ iets maak iem. geesdriftig; ***kill*** *s.o.'s* ~ iem. se gees blus. **en·thu·si·ast** geesdriftige, bewonderaar, entoesias, liefhebber, yweraar; *(arg., neerh.)* dweper, fanatikus; *sporting* ~ sportliefhebber. **en·thu·si·as·tic** geesdriftig, entoesiasties, ywerig; *become/get ~ about/over s.t.* geesdriftig oor iets raak/word.

en·tice (ver)lok, verlei, in versoeking bring; oorhaal; ~ *s.o. away from* ... iem. van ... weglok; iem. van ... afrokkel *('n werkgewer ens.)*. **en·tice·ment** verleiding, verlokking, versoeking; lokmiddel. **en·tic·er** verlokker, verleier. **en·tic·ing** *adj.*, **en·tic·ing·ly** *adv.* aanloklik, verleidelik, verloklik. **en·tic·ing·ness** aanloklikheid, verleidelikheid, verloklikheid.

en·tire *(attr.)* hele; *(attr.)* absolute, totale, volkome, algehele, volledige; heel, onbeskadig, ongeskonde; onverdeeld; *be in* ~ ***agreement*** *with s.o.* volkome/volmondig (*of* geheel en al) met iem. saamstem, dit volkome met iem. eens wees; *have s.o.'s* ~ ***confidence*** iem. se volle vertroue geniet; *the* ~ ***day*** heeldag, die hele dag; *an* ~ ***fortnight*** 'n volle twee weke (*of* veertien dae); ~ ***horse,*** *(ongekastreerde reunperd)* hings; ~ ***leaf,*** *(bot.)* gaafrandige blaar; ***remain*** ~ ongeskonde bly; *the* ~ ***staff/etc.*** die hele (*of* al die) personeel/ens.; *have s.o.'s* ~ ***support*** iem. se volle/volmondige/onvoorwaardelike steun hê/geniet. **en·tire·ly** heeltemal, totaal, volkome, volslae, geheel en al. **en·tire·ness** ongeskondenheid; volledigheid. **en·tire·ty** geheel, totaliteit; volledigheid; *in its* ~ in sy geheel.

en·ti·tle betitel, noem; *an* ***article/etc.*** *~d* "..." 'n artikel/ens. onder die opskrif "..."; *a* ***book/etc.*** *~d* "..." 'n boek/ens. getitel(d) (*of* met die titel) "..."; *be ~d* ***to*** *s.t.* op/tot iets geregtig wees, reg/aanspraak op iets hê; ~ *s.o.* ***to*** *s.t.* iem. reg/aanspraak op iets gee, iem. op iets geregtig maak; *be ~d* ***to do*** *s.t.* die reg hê (*of* [daarop] geregtig wees) om iets te doen; *be fully ~d* ***to do*** *s.t.* dis (*of* dit is) jou goeie reg om iets te doen. **en·ti·tle·ment** reg *(op inligting, onderrig, ens.)*; aanspraak *(op vergoeding, oortydbetaling, ens.)*.

en·ti·ty entiteit, eenheid, geheel; bestaan, wese.

en·tomb begrawe, ter aarde bestel; as graf(kelder) dien vir, die graf wees van; inkerker; *(sand ens.)* toeval *(iem.)*; *be ~ed in ..., (iem.)* in ... begrawe wees *(modder ens.)*; *(d. siel)* in ... ingekerker wees *(d. liggaam)*. **en·tomb·ment** teraardebestelling; graflegging.

en·to·mo- *komb.vorm* entomo=, insek(te)=.

en·to·mol·o·gy insektekunde, insekteleer, entomologie. **en·to·mo·log·i·cal** insektekundig, entomologies. **en·to·mol·o·gist** insektekundige, =kenner, entomoloog.

en·to·moph·a·gous insekte-etend.

en·to·moph·i·ly *(bot.)* entomofilie, insekbestuiwing. **en·to·moph·i·lous** entomofiel, insekliewend *(blom, plant)*.

en·to·phyte *(bot.)* entofiet.

en·tou·rage, en·tou·rage *(<Fr.)* gevolg, entourage; hofstoet; omgewing.

en·to·zo·on, en·to·zo·an =*zoa, (soöl.)* entosoön.

en·tr'acte *(mus., teat.)* pouse; tussenbedryf, tussenspel.

en·trails *(mv.)* ingewande, binnegoed, derms, gedermte; binneste *(v.d. aarde)*.

en·train[1] op die trein klim, instap; op die trein laai/sit. **en·train·ment** die instap/inlaai in 'n trein.

en·train[2] *(chem., fis.)* saamsleep, meesleep, meesleur. **en·train·ment** samesleping, meesleping, meesleuring.

en·tram·mel =*ll*=, *(poët., liter.)* hinder, belemmer.

en·trance[1] *n.* ingang; portaal; binnekoms, intrede; opkoms; verskyning *(op d. verhoog, toneel, ens.)*; intog; invaart; toegang; toelating; aanvaarding *(v. 'n amp)*; ***effect*** *an* ~ ingaan, toegang verkry; ***force*** *an* ~ met geweld indring; ~ ***into/upon*** *office* ampsaanvaarding; ***make*** *an/one's* ~ inkom, binnekom; ***no*** ~ geen toegang; *gain* ~ ***to*** *s.t.* toegang tot iets (ver)kry *('n gebou ens.)*; toelating tot iets (ver)kry *('n eksamen, universiteit, ens.)*. ~ **door** buitedeur, ingangsdeur. ~ **examination** toelatingseksamen, admissie(-eksamen). ~ **(fee)** toegang(sgeld), toegangsprys; inskrywings=, inskryf=, intree=, toetredingsgeld. ~ **form** toelatingsvorm. ~ **hall** (voor/ingangs)portaal, voorhal. ~ **platform** inklimplatform. ~ **qualifications** *(mv.)* toelatingsvereistes. ~ **requirement** toelatingsvereiste. ~ **ticket** toegangskaart(jie). ~ **wound** ingangswond.

en·trance[2] *ww.* verruk, in verrukking/vervoering bring, vervoer; betower; *be ~d at/by/with ...* oor ... verruk (*of* in vervoering) wees, deur ... meegesleep wees. **en·trance·ment** verrukking, vervoering. **en·tranc·ing** verruklik.

en·trant inkomeling, inkommer; deelnemer, inskrywer; ingeskrewene; insender; toetreder *(tot d. mark ens.)*; nuweling, beginner, nuwe lid/werknemer/ens..

en·trap =*pp*= (in 'n val) vang, in 'n val lok, verstrik, betrap; *be/become ~ped in s.t.* in iets vassit; in iets vasgevang raak *('n bose kringloop ens.)*; verstrik raak in *('n verhouding, 'n web v. verraad, ens.)*; ~ *s.o.* iem. in jou nette vang. **en·trap·ment** vangs; verstrikking.

en·treat, in·treat smeek, soebat, pleit by *(iem.)*; 'n dringende versoek rig *(om hulp/ens. aan iem.)*; *(arg.)* behandel. **en·treat·ing·ly, in·treat·ing·ly** smekend.

en·treat·y (smeek)bede, dringende versoek; smeking, gesmeek.

en·tre·côte *(Fr., kookk.)* lendeskyf, ribfilet.

en·trée *(Fr.), (kookk.)* tussen=, middelgereg, entree; *(kookk.)* voorgereg, entree; *(kookk.)* hoofgereg, entree; (reg van) toegang; *have* ~ *into* ... toegang tot ... hê.

en·tre·mets *(Fr., kookk.)* tussengereg; bygereg; (soet) nagereg.

en·trench, in·trench verskans, beveilig *(regte ens.)*; *(mil.)* ingrawe, verskans; *~ed habits/ideas/etc.* (ou) gevestigde gewoontes/idees/ens.; *be ~ed in s.t.* in iets verskans wees *('n grondwet ens.)*; in iets veranker wees *('n politieke stelsel ens.)*; in iets ingegrawe wees *('n span, provinsie, ens.)*; (diep) in iets ingewortel wees *(d. gemeenskap, psige, ens.)*; ~ *(up)on s.t., (arg.)* op iets inbreuk maak. **en·trench·ment, in·trench·ment** verskansing, beveiliging; verskansing, ingrawing; skans; loopgraafstelsel, netwerk van loopgrawe; ~ *(up)on s.t., (arg.)* inbreuk op iets.

en·tre·pôt *(Fr.)* entrepôt.

en·tre·pre·neur ondernemer, entrepreneur; promotor; impresario; bemiddelaar, tussenpersoon; *~'s remuneration* ondernemersloon. **en·tre·pre·neur·i·al** ondernemers=; ~ *reward* ondernemersloon; ~ *risk* ondernemersrisiko. **en·tre·pre·neur·ship** ondernemerskap.

en·tre·sol *(Fr.)* = MEZZANINE.

en·tro·pi·on *(med.)* entropion, ooglidindraaiing.

en·tro·py *(fis., rek., statist.; fig.)* entropie.

en·trust, in·trust toevertrou; opdra; ~ *s.t. to s.o.*, ~ *s.o. with s.t.* iets aan iem. toevertrou; iem. met iets belas; iets aan iem. oorlaat. **en·trust·ment, in·trust·ment** toevertrouing.

en·try binnekoms, intrede; intog; invaart, binnevaart; betreding *(v. 'n perseel ens.)*; ingang, toegang; toegangshek; toetrede *(tot d. mark, oorlog, ens.)*; *(mus.)* intrede *(v. stemme ens.)*; *(teat.)* opkoms; aantekening, optekening; inskrywing; deelnemer; insending; aantal deelnemers; deelname; *(sk.)* kliewing; *(boekh.)* inskrywing, boeking, (geboekte) pos; *(doeane)* inklaring; *(dial.)* gang, steeg; ***bill*** *of* ~ →BILL[1] *n.*; ***double*** ~ →DOUBLE; *s.o.'s* ~ ***into*** ... iem. se binnekoms in ... *('n vertrek ens.)*; iem. se intog in ... *('n stad ens.)*; iem. se toetrede tot ... *(d. stryd, 'n groep, ens.)*; *an* ~ *in the* ***ledger*** 'n inskrywing/pos in die grootboek; ***no*** ~ geen toegang; *there were five entries for the* ***race*** daar was vyf inskrywings vir (*of* deelnemers aan) die wedloop/wedren; ***special*** ~ →SPECIAL. ~ **fee** →ENTRANCE (FEE). ~ **form** inskrywingsvorm. ~ **money** toegangsgeld. ~ **permit** toegangspermit. ~**phone** *(Br.)* deurfoon. ~ **visa** toegangsvisum. ~**way** *(Am.)* ingang.

en·try·ism *(pol.)* Trojaanseperdstrategie. **en·try·ist** *n.* Trojaanse perd. **en·try·ist** *adj.* Trojaanseperd=.

en·twine, in·twine deurvleg, omstrengel, verweef, vervleg, omsnoer.

e·nu·cle·ate *ww., (biol.)* ontkern; *(med.)* enukleër, (heel) uithaal, (heeltemal) verwyder; *(arg.)* ophelder. **e·nu·cle·ate** *adj., (biol.)* kernloos, ontkern(d).

E num·ber →E.

e·nu·mer·ate opnoem, opgee; opsom; (op)tel. **e·nu·mer·a·tion** opnoeming; opsomming; optelling. **e·nu·mer·a·tive** opsommend. **e·nu·mer·a·tor** (op)teller; sensusopnemer.

e·nun·ci·ate (duidelik) uitspreek; (duidelik) formuleer/uiteensit; uitdruk, (weer)gee; verkondig, bekend maak, bekendmaak. **e·nun·ci·a·tion** uitspraak; stelling; formulering, uiteensetting; weergawe; verkondiging, bekendmaking.

en·ure: ~ *to the benefit of ..., (jur.)* aan ... toekom; →INURE.

en·u·re·sis *(med.)* enurese, onwillekeurige blaaslediging/urinering.

en·vel·op omhul, hul (in), toewikkel, omwikkel, inwikkel; *(mil.)* omsingel; ~ *s.o./s.t. in* ... iem./iets in ... hul; iem./iets in ... toewikkel; ~ *s.o. in one's arms* iem. in jou arms toevou; *be ~ed in flames/mist/etc.* in vlamme/mis/ens. gehul wees; *be ~ed in mystery* in ('n waas van) geheimsinnigheid gehul wees. **en·vel·op·ment** omhulling, toewikkeling; bekleding; omsingeling.

en·ve·lope *n.* koevert; omslag; (om)hulsel *(v. 'n buis, komeet, lugballon, ens.)*; ballon *(v. 'n elektriese lig)*; man=

tel *(v. koeël ens.);* dop *(v. 'n virus); (bot.)* (blom)kelk; *(bot.)* (blom)kroon; *(wisk.)* omsluitings=, omhullings=kromme; *push the (edge of the) ~, (fig., infml.)* die grense verskuif/verskuiwe/versit.

en·ven·om vergiftig; verbitter, vergal.

en·vi·a·ble, en·vi·er, en·vi·ous(·ness) →ENVY.

en·vi·ron *ww., (fml.)* omgeef, omgewe, omring. **en·vi·rons** *n. (mv.)* omgewing; omstreke, omtrek, buurt; buitewyke; voorstede.

en·vi·ron·ment omgewing; leefwêreld; milieu; omstandighede; ***family*** ~ gesins=, familieomstandighede; ***home*** ~ huislike omstandighede; ***metropolitan*** ~ metropolitaanse omgewing; ***minister** for the* ~ minister van omgewingsake; ***nurturing*** ~ koesterende omgewing; ***physical*** ~ fisiese omgewing; ***working*** ~ werk(s)omgewing; ***working-class*** ~ werkersklasomgewing. **~-conscious(ness)** omgewingsbewus(theid). **~-friendly** omgewingsvriendelik.

en·vi·ron·men·tal omgewings=, van die omgewing; ~ ***damage/harm*** omgewingskade, skade aan die omgewing; ~ ***defacement*** omgewingskending; ~ ***education/studies*** omgewingsleer; ~ ***labelling*** omgewingsetikettering; ~ ***pollution*** omgewingsbesoedeling; ~ ***services,*** *(mv.)* omgewingsdienste. **en·vi·ron·men·tal·ly:** ~ ***aware*** omgewingsbewus; ~ ***beneficial/friendly/sound*** omgewingsvriendelik; ~ ***damaging*** skadelik vir die omgewing; ~ ***sensitive*** omgewingsensitief *(geografiese gebied ens.).*

en·vi·ron·men·tal·ism *(psig.)* omgewingsdeterminisme. **en·vi·ron·men·tal·ist** omgewingskundige, =kenner; omgewingsbewaarder; omgewingsbewuste, =aktivis; *(psig.)* omgewingsdeterminis.

en·vis·age voorsien, verwag, in die vooruitsig stel; beoog; oorweeg; visualiseer, jou voorstel, jou indink, jou voor die gees roep; *(arg.)* onder die oë sien.

en·vi·sion voorsien, verwag, in die vooruitsig stel; visualiseer, jou voorstel. **en·vi·sioned** *(ook)* voorgenome.

en·voy (af)gesant, verteenwoordiger; ~ *extraordinary* buitengewone gesant.

en·vy *n.* jaloesie, afguns, nyd, naywer, jaloersheid, afgunstigheid; voorwerp van afguns; *be full of (or filled with)* ~ ***at*** *s.t.* vol afguns oor iets wees; ***arouse*** (or ***stir up***) ~ afguns/jaloesie/naywer/nyd (op)wek; *be **consumed/green*** (or ***eaten up***) *with* ~ deur afguns/jaloesie verteer wees, die geel baadjie/pak aanhê; *s.o.'s* ~ ***of*** ... iem. se afguns op ...; *s.o.'s ... is the* ~ ***of*** *all* almal beny iem. sy/haar (*of* almal is jaloers op iem. se) ...; *do s.t. **out of*** ~ iets uit afguns doen; ***to** the* ~ ***of*** ... tot nyd van ... **en·vy** *ww.* beny, jaloers/afgunstig/nydig wees op. **en·vi·a·ble** benydenswaardig, begerenswaardig, benybaar. **en·vi·er** benyer. **en·vi·ous** jaloers, afgunstig, nydig, naywerig; *be* ~ *of* ... op ... jaloers/afgunstig wees; *be* ~ *of s.o. because of s.t.* iem. iets beny; *with* ~ *eyes* met lede oë. **en·vi·ous·ness** →ENVY.

en·womb *(arg. of poët., liter.)* in die skoot dra/vorm; omhul.

en·wrap, in·wrap =*pp*= toedraai; omhul, toewikkel, omwikkel, inwikkel; *be ~ped in conversation* diep in gesprek wees; *be ~ped in darkness/fog/etc.* in donkerte/mis/ens. gehul wees.

en·wreathe, in·wreathe *(poët., liter.)* bekrans; omvleg.

En·zed *(Austr., NS, infml.)* Nieu-Seeland; Nieu-Seelander. **En·zed·der** Nieu-Seelander.

en·zo·ot·ic *n.* onsoösie, onsoötiese/endemiese (diere)siekte. **en·zo·ot·ic** *adj., (veearts.)* ensoöties, endemies, plaaslik; ~ *hepatitis* ensoötiese hepatitis, sinkdal=, slenkdalkoors.

en·zyme *(biochem.)* ensiem. **en·zy·ma·tic, en·zy·mic** ensimaties. **en·zy·mol·o·gy** ensimologie.

eo·an *(w.g.)* van die ooste/daeraad; dagbreek=.

E·o·cene *n., (geol.)* Eoseen. **E·o·cene** *adj.* Eoseens, Eoseen=.

e·o·lith *(argeol.)* eoliet. **E·o·lith·ic** *n.* Eolitikum, Vroeë Steentyd. **E·o·lith·ic** *adj.* Eolities.

e·on *(Am.)* →AEON.

ep·au·lette, *(Am.)* **ep·au·let** epoulet, skouerbelegsel.

é·pée *(Fr.)* skermdegen.

e·pen·the·sis =*theses, (ling.)* epentese. **ep·en·thet·ic** ingelas, epenteties.

e·pergne dekoratiewe/ornamentele middelstuk *(v. 'n tafel).*

e·phah *(OT: eenheidsmaat)* efa.

e·phebe, e·phebe *(mil., hist.: dienspligtige)* efebe *(b.d. ou Grieke).*

e·phed·rin(e), e·phed·rin(e) *(med.)* efedrien.

e·phem·er·a =*as,* =*ae,* **e·phem·er·id** =*ids,* **e·phem·er·op·ter·an** =*ans, (entom.)* eendagsvlieg; →EPHEMERON. **e·phem·er·a** *(mv.), (dinge v. verbygaande waarde wat versamelstukke geword het)* efemera.

e·phem·er·al kortstondig, verbygaande, van verbygaande aard, van korte duur, kort van duur, verganklik, nieblywend, efemeer, efemeries; eenda(a)gs; ~ *fever* drieda(a)gse siekte; ~ *spring* opslagbron.

e·phem·er·is =*erides, (astron., astrol.)* sterrekundige tabel.

e·phem·er·on =*erons,* =*era* iets kortstondigs (*of* van verbygaande aard), kortstondige verskynsel, →EPHEMERA *(mv.); (entom.)* eendagsvlieg.

E·phem·er·op·ter·a *(entom.)* Eendagsvlieë.

E·phe·sian *n.* Efesiër; *(Epistle to the) ~s, (NT)* (Sendbrief aan die) Efesiërs. **E·phe·sian** *adj.* Efesies. **Eph·e·sus** *(geog., hist.)* Efese.

eph·od *(OT)* efod, skouerkleed.

E·phra·im *(OT)* Efraim. **E·phra·im·ite** Efraimiet.

ep·ic *n.* epos, heldedig, epiese/verhalende gedig; epiese/verhalende digkuns/digwerk; epiese drama/roman/(rol)prent/verhaal/werk/ens.; *(infml.)* epiese stryd; *(infml.)* uitgerekte affêre/saak/stryd/proses/ens.. **ep·ic, ep·i·cal** *adj.* epies, verhalend; heroïes, heroïek, heldhaftig; *epic poem* epos, heldedig, epiese/verhalende gedig.

ep·i·ca·lyx =*lyxes,* =*lyces, (bot.)* bykelk.

ep·i·can·thus, ep·i·can·thic fold *(anat.)* epikantus, epikantiese (vel)vou, ooghoekplooi, mongoleplooi *(v.d. ooglid).*

ep·i·car·di·um =*dia, (anat.)* epikardium, hartsakvoering.

ep·i·cene gemeenslagtig, halfslagtig, hermafrodities, uniseks=; geslag(s)loos, sonder geslagskenmerke; verwyf(d), onmanlik.

ep·i·cen·tre episentrum, aardbewingshaard; *(fig.)* middel=, brandpunt.

ep·i·cle·sis =*cleses, (Chr.)* epiklese.

ep·i·cri·sis =*crises, (patol.: tweede/aanvullende krisis)* epikrisis.

ep·i·cure fynproewer, gourmet, gastronoom, lekkerbek, smulpaap, epikuris. **ep·i·cu·re·an** *n.* epikuris, genotsoeker. **ep·i·cu·re·an** *adj.* epikur(ist)ies, hedonisties, genotsugtig, genotsoekend; swelgend; sin(ne)lik; fynproewers= *(fees ens.).* **ep·i·cur·ism** epikurisme, genotsug; sin(ne)likheid.

Ep·i·cu·re·an *n., (filos.)* Epikureër, Epikuris. **Ep·i·cu·re·an** *adj.* Epikur(ist)ies, Epikureïes. **Ep·i·cu·re·an·ism** Epikurisme.

ep·i·cy·cle *(geom.)* bysirkel, episirkel; *(astron.)* episiklus. **ep·i·cy·clic, ep·i·cy·cli·cal** episiklies. **ep·i·cy·cloid** episikloïed. **ep·i·cy·cloid·al** episikloïdaal.

ep·i·dem·ic *n., (med.)* epidemie; *(fig.: korrupsie ens.)* epidemie, plaag; *(fig.)* vlaag *(misdaad ens.).* **ep·i·dem·ic** *adj.* epidemies. **ep·i·de·mic·i·ty** epidemisiteit.

ep·i·de·mi·ol·o·gy epidemiologie. **ep·i·de·mi·o·log·i·cal** epidemiologies. **ep·i·de·mi·ol·o·gist** epidemioloog.

ep·i·der·mis *(anat., soöl., bot.)* epidermis, opperhuid. **ep·i·der·mal, ep·i·der·mic** epidermaal, epidermies, opperhuid=.

ep·i·di·a·scope epidiaskoop.

ep·i·do·site *(geol.)* epidosiet.

ep·i·dote *(min.)* epidoot.

e·pi·du·ral *n., (med.)* epiduraal. **e·pi·du·ral, ex·tra·du·ral** *adj.* epiduraal, ekstraduraal, buiteduraal; *epidural anaesthesia* epidurale anestesie.

ep·i·gas·tri·um =*tria, (anat.)* epigastrium, bobuik, maagkrop.

ep·i·ge·al, ep·i·ge·an, ep·i·ge·ous *(bot.)* epigeaal, epigeïes, bogronds.

ep·i·gene *(geol.)* epigeen.

ep·i·gen·e·sis *(biol.)* epigenese. **ep·i·ge·net·ic** epigeneties.

ep·i·glot·tis =*tises,* =*tides, (anat.)* epiglottis, keel=, strotklep, sluk. **ep·i·glot·tal, ep·i·glot·tic** epiglotties.

ep·i·gon(e) =*gones,* =*goni, (w.g.)* epigoon.

ep·i·gram epigram, puntdig; epigram, pittige gesegde, kernspreuk. **ep·i·gram·mat·ic** epigrammaties *(vers ens.);* pittig, gevat. **ep·i·gram·ma·tise, -tize** epigramme maak/skep/skryf/skrywe. **ep·i·gram·ma·tist** punt=, epigramdigter, epigramskrywer, epigrammatis.

ep·i·graph epigraaf, inskripsie *(op 'n monument ens.);* epigraaf, aanhaling, motto *(a.d. begin v. 'n boek, hoofstuk, ens.).*

ep·i·late *(w.g.)* onthaar. **ep·i·la·tion** ontharing. **ep·i·la·tor** onthaarder.

ep·i·lep·sy epilepsie, vallende siekte. **ep·i·lep·tic** *n.* epileptikus. **ep·i·lep·tic** *adj.* epilepties; ~ *fit* (epileptiese) toeval.

ep·i·logue epiloog, naskrif, nawoord, narede *(a.d. einde v. 'n boek);* epiloog, slotrede *(a.d. einde v. 'n toneelstuk); (teat.)* voordraer van die/'n epiloog; *(mus.)* epiloog, naspel, koda; *(rad., TV)* laataandoordenking. **e·pil·o·gist** *(teat.)* voordraer van die/'n epiloog.

ep·i·neph·rin(e) *(Am., biochem.)* bynierstof, adrenalien.

e·pi·pet·al·ous *(bot.)* kroonstandig, epipetaal.

E·piph·a·ny *(Chr.)* Epifanie, openbaring van Christus as God; Epifanie, Driekoninge(dag/fees) *(op 6 Jan.).* **e·piph·a·ny** goddelike openbaring/verskyning; skielike insig/besef, plotselinge wete.

e·piph·y·sis =*yses, (anat.: uiteinde v. 'n lang been)* epifise, skag(groei)punt. ~ **(cerebri)** *(teg.)* →PINEAL BODY/GLAND.

ep·i·phyte *(bot.)* epifiet, lugplant. **ep·i·phyt·ic** epifities.

E·pi·rus *(geog.)* Epirus.

e·pis·co·pa·cy biskoplike regering; bisdom; →EPISCOPATE. **e·pis·co·pal** biskoplik, episkopaal(s); *E~ Church* Anglikaanse/Episkopaalse/Episkopale Kerk *(in Skotland en d. VSA).* **e·pis·co·pa·li·an** *n.* episkopaal, aanhanger/voorstander van die biskoplike stelsel; *(E~)* Anglikaan, Episkopaal, lid van die/'n Anglikaanse/Episkopaalse/Episkopale Kerk. **e·pis·co·pa·li·an** *adj.* biskoplik, episkopaal(s); *(E~)* Anglikaans, Episkopaal(s). **e·pis·co·pate** biskopsamp; biskopskap; biskoplike waardigheid; biskoplike ampstermyn; *the* ~ die episkopaat/biskoppe.

ep·i·scope episkoop.

ep·i·sep·al·ous *(bot.)* kelkstandig, episepaal.

ep·i·si·ot·o·my =*mies, (med.)* episiotomie, skedesnit.

ep·i·sode episode, voorval, (belangrike) gebeurtenis; episode, aflewering *(v. 'n vervolgverhaal);* episode *(tuss. twee koorsange v. 'n Gr. tragedie); (mus.)* episode *(v. 'n fuga ens.); ~s from life* grepe uit die lewe. **ep·i·sod·ic, ep·i·sod·i·cal** episodies.

ep·i·sperm *(bot.)* episperm, saadhuid.

e·pis·ta·sis *(med., genet.)* epistase.

ep·i·stax·is *(med.)* neusbloeding, epistakse.

ep·is·tem·ic *(filos.)* epistemies.

e·pis·te·mol·o·gy epistemologie, ken(nis)leer, ken(nis)teorie; wetenskapsleer. **e·pis·te·mo·log·i·cal** epistemologies, ken(nis)teoreties. **e·pis·te·mol·o·gist** epistemoloog.

e·pis·tle *(fml. of skerts.)* brief, epistel; *(E~, NT)* Sendbrief. **e·pis·to·lar·y** brief=; ~ *greetings* skriftelike groete; ~ *novel* roman in briefvorm; ~ *style* briefstyl.

ep·i·style →ARCHITRAVE.

ep·i·taph grafskrif.

ep·i·tha·la·mi·um, ep·i·tha·la·mi·on =*mia* bruilofslied, huweliksgedig.

ep·i·the·li·um -*liums*, -*lia*, *(anat.)* epiteel, dekweefsel. **ep·i·the·li·al** epiteel-; ~ *cell* epiteelsel; ~ *layer* epiteellaag; ~ *tissue* epiteel(weefsel), dekweefsel.

ep·i·thet bynaam, epiteton; onvleiende naam/etiket; skel(d)naam.

e·pit·o·me beliggaming, verpersoonliking, personifikasie, epitoom, epitomee; opsomming, samevatting, kortbegrip; uittreksel; *the* ~ *of* ... die beliggaming/verpersoonliking van ...; die toppunt van ... **e·pit·o·mise,** -**mize** beliggaam, verpersoonlik; die volmaakte voorbeeld wees van; *(arg.)* saamvat, opsom, verkort; *(arg.)* ekserpeer, 'n uittreksel maak uit.

ep·i·vag·i·ni·tis *(veearts.)* epivaginitis, aansteeklike steriliteit.

ep·i·zo·on -*zoa*, *(soöl.)* episoön, huidparasiet, uitwendige parasiet. **ep·i·zo·ic** *(biol.)* episoïes. **ep·i·zo·ot·ic** *n.*, *(veearts.)* episoötiese siekte, episoötie. **ep·i·zo·ot·ic** *adj.*, *(veearts.)* episoöties; ~ *panophthalmia* uitpeuloog.

ep·och tydperk, tydvak, epog; keerpunt, mylpaal; gedenkwaardige dag/gebeurtenis; *(geol.)* tydvak, epog; *(astron.)* tydstip, epog. ~-**making** epogmakend.

ep·och·al epogaal; gewigtig, van groot belang/betekenis, buitengewoon belangrik, epogmakend; baanbrekend.

ep·ode *(Gr. pros.)* epode.

ep·o·nym eponiem, vernoemde; eponiem, naamgewer; *Caesar Augustus is the* ~ *of the month of August* die maand Augustus is genoem/vernoem na (*of* kry sy naam van) keiser Augustus. **e·pon·y·mous,** *(w.g.)* **ep·o·nym·ic** eponimies, naamgewend, titel-; gelyknamig; vernoemd; ~ *hero(ine)* gelyknamige held(in), eponiem; ~ *part/role* titelrol.

ep·o·pee, ep·o·poe·ia heldedig, epos, *(w.g.)* epopee; heldepoësie, epiese poësie.

ep·os heldepoësie, epiese poësie; epos, heldedig, epiese/verhalende gedig.

ep·ox·y, ep·ox·y res·in *n.* epoksihars. **ep·ox·y** -*ies* -*ied*, *ww.* met epoksihars behandel; met epoksigom heg.

ep·si·lon, ep·si·lon *(5de letter v.d. Gr. alfabet)* epsilon.

Ep·som salts Engelse sout, epsom-, bittersout.

Ep·stein-Barr vi·rus *(med., afk:* EBV*)* Epstein-Barr-virus.

eq·ua·ble *adj.*, **eq·ua·bly** *adv.* gelykmatig, ewewigtig, flegmaties *(mens, geaardheid, temperament, ens.)*; gelykmatig *(klimaat, temperatuur, ens.)*; egalig *(beweging, vloei, ens.)*. **eq·ua·bil·i·ty, eq·ua·ble·ness** gelykmatigheid, ewewigtigheid; egaligheid.

e·qual *n.* gelyke, portuur, eweknie, weerga; *s.o. is without (or has no)* ~ iem. het geen gelyke nie, iem. se gelyke bestaan nie, iem. is sonder gelyke/weerga; niemand kan iem. dit nadoen nie; *be the* ~ *of s.o.* iem. se gelyke wees; teen iem. opgewasse wees. **e·qual** *adj.* gelyk; gelykwaardig; gelykstaande; ewe groot; *all (other) things* ***being*** ~ as alle (ander) faktore gelyk is, alles (*of* alle ander faktore) gelyk synde; in (origens) gelyke omstandighede; *with* ~ ***ease*** net so (*of* ewe) maklik, met ewe veel gemak; *be* ~ *to the* ***honour*** die eer waardig wees; *be* ~ ***in** length* ewe lank wees; ~ ***language rights*** taalgelykheid; ~ ***laws*** eenvormige wette; ~ ***opportunities*** gelyke geleenthede; ~ ***opportunities employer*** werkgewer met 'n beleid van gelyke geleenthede, gelykegeleentheidwerkgewer; ~ ***pay*** *(for* ~ *work)* gelyke betaling (vir gelyke werk), dieselfde vergoeding/loon/salaris (vir dieselfde werk *of* vir mans en vroue[ns]); ~ ***rights*** gelyke regte, gelykgeregtigdheid; *with* ~ ***rights*** gelykgeregtig; *have four* ~ ***sides*** vier ewe lang sye hê; *on* ~ ***terms*** op gelyke voet; *feel* ~ ***to** s.t.* vir iets kans sien; *s.o. is* ~ ***to** s.o. else* iem. staan gelyk met iem. anders; *s.o. is* ~ ***to** s.t.* iem. is tot iets in staat; iem. is vir iets opgewasse/geskik *('n taak ens.)*; iem. is teen iets opgewasse *(d. omstandighede ens.)*; *s.t. is* ~ ***to** s.t. else* iets is gelyk aan iets anders; *be* ~ ***in value** to* ... aan/met ... gelykwaardig wees; *the **voting** was* ~ →VOTING. **e·qual** -*ll*-, *ww.* gelyk wees aan; ewenaar; gelykstaan met *(afpersing, moord, verkragting, ens.)*; ***eight** times two* ~*s sixteen* ag(t) maal twee is sestien; ~ *s.o.* ***in** intelligence/etc.* (net) so intelligent/ens. soos iem. wees, iem. ewenaar wat intelligensie/ens. betref; ***nothing*** ~*s* ... niks kom by ... nie *(d. strande v. ons land ens.)*; ***x*** ~*s 100* x is gelyk aan 100. ~**(s) sign** (is-)gelyk-aan-teken.

e·qual·i·sa·tion, -**za·tion** gelykmaking; gelykstelling. ~ **fund** gelykmakingsfonds.

e·qual·ise, -**ize** gelykmaak; gelykstel; gelyk word; ewenaar; *(elektron.)* effen; *(sport)* die gelykmaker aanteken/behaal/kry, met die gelykmaker antwoord. **e·qual·is·er,** -**iz·er** *(ook sport)* gelykmaker; *(elektron.)* effenaar; *(Am. sl.: skietding)* (klapper)yster. **e·qual·is·ing,** -**iz·ing**: ~ ***amplifier*** korreksieversterker; ~ ***battery*** buffer-, kompensasiebattery; ~ ***charge,*** *(elek.)* (ver)effeningslading; ~ ***goal,*** *(sport)* gelykmaker, gelykmakende doel; ~ ***spring,*** *(mot.)* effeningsveer. **e·qual·i·tar·i·an** →EGALITARIAN.

e·qual·i·ty gelykheid; gelykwaardigheid; gelykstelling; ***achieve/attain*** ~ *with* ... gelykheid met ... bereik/verkry; ~ *before the **law*** regsgelykheid; *have* ~ *of **opportunity*** gelyke geleenthede hê; ~ *of **votes*** staking van stemme; *be on an* ~ ***with*** ... op gelyke voet (*of* op voet van gelykheid) met ... wees; van dieselfde gehalte as ... wees. **E~ State** *(Am., geog.)* Wyoming.

e·qual·ly ewe, net so *(belangrik ens.)*; in gelyke mate *(toeneem ens.)*; in dieselfde mate *(afstoot ens.)*; eenders, op dieselfde manier/wyse *(behandel ens.)*; gelykop *(verdeel ens.)*; regverdig *(behandel, verdeel, ens.)*; *(met voegwoordelike funksie)* eweneens, ewe-eens, insgelyks.

e·qua·nim·i·ty gelykmoedigheid; onverstoordheid, onversteurdheid; gelatenheid; *with* ~ onverstoor(d), onversteur(d); gelate. **e·quan·i·mous** gelykmoedig; kalm, bedaard; gelate.

e·quate: ~ *s.t. to/with s.t. else* iets met iets anders gelykstel. **e·quat·ed** gelykstaande.

e·qua·tion gelykstelling; gelykmaking; *(wisk., fis.)* vergelyking; *an* ~ *of the first/second/etc. **degree*** 'n vergelyking van die eerste/tweede/ens. graad; ***personal*** ~ persoonlike element, individuele afwyking; ***solve** an* ~ 'n vergelyking oplos; ~ *of **time,** (astron.)* tydvereffening.

e·qua·tor ewenaar, ekwator.

e·qua·to·ri·al *adj.* ekwatoriaal, ewenaars-; ~ *telescope* ekwatoriaal-, ewenaarsteleskoop. **e·qua·to·ri·al** *n.*, *(astron.)* ekwatoriaal(teleskoop), ewenaarsteleskoop. **E~ Guinea** *(geog.)* Ekwatoriaal-Guinee.

eq·uer·ry, eq·uer·ry *(Br.)* adjudant *(i.d. koninklike huishouding)*; *(hist.)* koningsruiter; *(hist.)* (opper)stalmeester.

e·ques·tri·an *n.* (perde)ruiter; kunsruiter. **e·ques·tri·an** *adj.* ruiterlik, ruiter-, ry-; ridder-; ~ *statue* ruiter(stand)beeld. **e·ques·tri·an·ism** ruiter-, rykuns.

eq·ui- *komb.vorm* ekwi-, gelyk-, ewe-.

e·qui·an·gu·lar gelykhoekig.

Eq·ui·dae *(soöl.)* Ekwides, Perdagtiges. **eq·uid** ekwide.

e·qui·dis·tant ewe ver/vêr, op gelyke afstand; ~ *chart* afstandsgelyke kaart; ~ *from* ... ewe ver/vêr van ... (af).

e·qui·gran·u·lar *(min.)* gelykkorrelrig *(gesteente ens.)*.

e·qui·lat·er·al *n.*, *(geom.)* gelyksydige figuur. **e·qui·lat·er·al** *adj.* gelyksydig *(driehoek ens.)*.

e·qui·lib·ri·um ewewig, balans, ekwilibrium; ***disturb/upset*** *the* ~ die ewewig versteur/verstoor; ~ *of **forces*** kragte-ewewig; *be **in*** ~ in ewewig wees; ***stable*** ~ bestendige/stabiele/vaste ewewig. **e·qui·li·brate, e·quil·i·brate** in ewewig bring/hou, balanseer, ekwilibreer; in ewewig wees/bly, balanseer. **e·qui·li·bra·tion** ewewig; balansering. **e·qui·lib·ri·ous** ewewigtig. **e·quil·i·brist** *(arg.)* ekwilibris, ewewigskunstenaar; koorddanser.

e·quine *n.* perd(agtige). **e·quine** *adj.* perdagtig, perde-; ~ *influenza* perdegriep.

e·qui·nox *(astron.)* nagewening, dag-en-nag-ewening; nageweningspunt. **e·qui·noc·tial** *n.* hemelewenaar, -ekwator. **e·qui·noc·tial** *adj.* ewenings-, ewenags-, nagewenings-, ekwinoksiaal; ~ ***circle/line*** hemelewenaar, -ekwator; ~ ***gale*** ekwinoksiale storm; ~ ***point*** nageweningspunt; ~ ***time*** eweningstyd, tropiese tyd.

e·quip -*pp*- toerus; uitrus; beman; uitdos; bewapen; *be well* ~*ped **for** s.t.* goed vir iets toegerus wees; ~ *s.o. **for** s.t.* iem. vir iets toerus; *be* ~*ped **with*** ... met ... toegerus wees; ~ *s.o. **with** s.t.* iem. met iets toerus, iem. van iets voorsien. **eq·ui·page** *(arg.)* toerusting, benodig(d)hede; *(hist.: rytuig met perde, toebehore en livreiknegte)* ekwipasie.

e·quip·ment toerusting, uitrusting, benodig(d)hede; gereedskap; mondering; *(rek.)* apparatuur, hardeware; *(mil.)* bewapening; *(mil.)* wapens, geskut; *electrical* ~ elektriese ware; *intellectual* ~ verstandelike vermoë(ns); *office* ~ →OFFICE; ~ *for war* krygs-, oorlogstoerusting. ~ **store** uitrus(tings)winkel.

e·qui·poise *n.* ewewig; teen-, teëwig. **e·qui·poise** *ww.* in ewewig hou; 'n teen-/teëwig vorm; in spanning hou.

e·qui·pol·lent *(arg.)* gelykwaardig, gelykgeldig. **e·qui·pol·lence** gelykwaardigheid, gelykgeldigheid.

e·qui·pon·der·ate balanseer, (met mekaar) in ewewig bring; opweeg teen; 'n teen-/teëwig vorm vir. **e·qui·pon·der·ance** gelykwigtigheid. **e·qui·pon·der·ant** ewe-, gelykwigtig, van gelyke gewig.

e·qui·po·ten·tial *(fis.)* ekwipotensiaal.

Eq·ui·se·ta·ce·ae *(bot.)* Perdestertagtiges.

eq·ui·ta·ble billik, regverdig, onpartydig; ~ *assignments, (jur.)* billike oordrag *(v. eiendom)*.

eq·ui·ta·tion *(fml.)* ruiterskap, ruiter-, rykuns.

eq·ui·ty -*ties* billikheid, regverdigheid, onpartydigheid; billikheidsreg; *(i.d. mv.)* (gewone) aandele, ekwiteite; *in* ~ billikerwys(e), billikheidshalwe; *shareholders'* ~ aandeelhouersekwiteit. ~ **capital** aandelekapitaal, ekwiteitskapitaal. ~-**linked pension scheme** pensioenskema gekoppel aan gewone aandele, ekwiteitsgekoppelde pensioenskema. ~ **shares,** *(Am.)* ~ **stock** (gewone) aandele, ekwiteite.

e·quiv·a·lence gelykwaardigheid, gelykheid, ekwivalensie.

e·quiv·a·lent *n.* ekwivalent; teenwaarde, kontra-, teenprestasie; *be the* ~ *of* ... die ekwivalent van ... wees. **e·quiv·a·lent** *adj.* gelyk(waardig), gelykstaande, ekwivalent; ~ *to* ... gelykstaande met (*of* gelyk aan *of* soveel as) ...; *(doing) that is* ~ *to* ... dit is soveel as om te ... ~ **(weight)** *(chem.)* ekwivalent(e massa).

e·quiv·o·cal dubbelsinnig; tweeslagtig; verdag, twyfelagtig, dubieus; *be* ~ *about s.t.* oor iets onduidelik wees. **e·quiv·o·cal·i·ty, e·quiv·o·cal·ness** dubbelsinnigheid; tweeslagtigheid. **e·quiv·o·cate** ontwykend antwoord; uitvlugte soek; die waarheid ontduik; dubbelsinnig praat; met/uit twee monde praat; los en vas praat. **e·quiv·o·ca·tion** dubbelsinnigheid, dubbelpratery; uitvlug; kluitjie. **e·quiv·o·ca·tor** dubbelprater, dubbeltong; veinser. **eq·ui·voque, eq·ui·voke** dubbelsinnigheid; woordspeling.

e·ra tydperk, era, tydvak; jaartelling, tydrekening; *(geol.)* hooftydperk; *the Christian* ~ die Christelike jaartelling/tydrekening; *the end of an* ~ die einde/end van 'n era/tydperk/tydvak.

e·ra·di·ate, e·ra·di·a·tion *(w.g.)* →RADIATE, RADIATION.

e·rad·i·cate (met wortel en tak) uitroei *(onkruid, geweld, korrupsie, ens.)*, uitwis *(d. verlede, skuld, sonde, ens.)*, uitdelg, verdelg *('n volk, jou vyande, ens.)*. **e·rad·i·ca·ble** uitroeibaar, uitwisbaar. **e·rad·i·ca·tion** uitroeiing, uitwissing, uitdelging, verdelging. **e·rad·i·ca·tor** uitroeier, verdelger.

e·rase uitvee; skrap, uitkrap, deurhaal; *(rek.)* uitwis *(gegewens ens.)*; uitwis, vernietig; doodmaak, uit die weg ruim, van kant (*of* van die gras af) maak; ~ *s.t. from one's mind* iets uit jou gedagtes wis. **e·ras·a·ble** uitwisbaar. **e·ras·er** uitveër, wisser; *blackboard* ~ bordwisser. **e·ra·sure** skrapping, deurhaling; uitwissing.

er·bi·um *(chem., simb:* Er*)* erbium.

ere *prep. & voegw., (arg. of poët., liter.)* voor; voordat, alvorens, aleer; ~ *long* →ERELONG; ~ *now* tot dusver, tot nou/nog toe; ~ *then* tot dan (toe). **ere·long, ere long** *(arg. of poët., liter.)* kort voor lank, weldra, eerlank, eerlang, binnekort, spoedig. **ere·while(s)** *(arg.)* eertyds, vroeër, voorheen.

E·rech·the·um, E·rech·thei·on, E·rech·thei·on *(Gr. tempel)* Erechtheum, Erechtheion, Eregteion.

e·rect *adj.* regop, orent; penorent, kiertsregop, penregop, kersregop; regopstaande; ongeboë; loodreg; styf, hard, opgehewe *(penis, klitoris, tepel).* **e·rect** *ww.* oprig, bou, optrek *(gebou, muur, ens.);* oprig *(standbeeld);* opstel *(padblokkades ens.);* opslaan *(kamp ens.);* stig, vestig, tot stand bring; ~ *a bridge across a river* 'n brug oor 'n rivier slaan; ~ *a fence around s.t.* 'n heining om iets span; ~ *into ...* tot ... verhef/maak. **e·rec·tive** oprigtend. **e·rect·ness** regop houding; loodregtheid; styfheid.

e·rec·tile erektiel, oprigbaar, opswelbaar; ~ *body* swelliggaam *(v.d. penis en klitoris);* ~ *dysfunction* erektiele disfunksie; ~ *tissue* erektiele weefsel, oprigweefsel.

e·rec·tion oprigting, die bou/optrek; opstelling; die opslaan; stigting, vestiging; gebou; *(fisiol.)* ereksie, opswelling, verstywing; *be in (the) course of* ~, *('n gebou)* in aanbou wees.

e·rec·tor, e·rect·er oprigter; monteur; opsteller; *steel* ~ staalmonteur. ~ **(muscle)** erektor, oprigter, oprigspier.

er·e·mite, er·e·mit·ic →HERMIT, HERMITIC.

e·rep·sin *(biochem.)* erepsien.

erf *erfs, erven, (SA)* erf.

erg[1] *ergs, areg* duinewoestyn, erg.

erg[2] *(fis.: eenheid v. arbeid/energie)* erg. **er·gom·e·ter** ergometer. **er·go·nom·ic** *adj.* ergonomies. **er·go·nom·ics** *n. (mv.)* ergonomie. **er·gon·o·mist** ergonoom.

er·go *(Lat.)* dus, derhalwe, ergo.

er·go·pho·bi·a *(skerts.)* ergofobie, werkskuheid.

er·gos·ter·ol *(biochem.)* ergosterol.

er·got brand *(in graan); (swam v.d. geslag* Claviceps*)* moederkoring, ergot; *(veearts.)* vethorinkie, swelvrat *(a.d. koot v. 'n perd).* **er·got·ism** ergotisme, moederkoring=, ergotvergiftiging, kriebelsiekte.

er·i·ca *(bot.)* erika, (egte) heide. **Er·i·ca·ce·ae** Erikaseë, Ericaceae.

E·rid·a·nus *(astron.)* Eridanus.

E·rie: *Lake* ~, *(geog.)* Eriemeer.

Er·in *(geog.; arg. of poët., liter.)* Ierland.

er·i·nose *(plantsiekte)* knoppiesblaar, erinose.

E·rin·y·es *(mv.), (Gr. mit.: wraakgodinne)* Erinië; →FURY.

er·i·om·e·ter wol=, eriometer.

Er·i·tre·a *(geog.)* Eritrea. **Er·i·tre·an** *n.* Eritreër. **Er·i·tre·an** *adj.* Eritrees.

Er·len·mey·er flask *(chem.)* erlenmeyerfles.

erl·king *(D. mit.)* elwekoning.

er·mine =*mine(s), (soöl.)* hermelyn; hermelyn(pels). ~ **(moth)** hermelynmot.

ern(e) *(poët., liter.)* seearend.

e·rode wegvreet, erodeer; uitkalwe(r), uithol; verspoel, wegspoel; verweer; verwaai; uitskuur; *(fig.)* invreet op *(inkomste, winste, ens.);* aftakel *(iem. se gees, selfbeeld, weerstand, ens.);* wegvreet *(iem. se verstand ens.);* verwater *(grondwet ens.).*

e·rog·e·nous, er·o·gen·ic erogeen.

Er·os *(Gr. mit.: god v. liefde)* Eros; *(psig.)* eros; *(by uitbr.)* geslagsdrif, libido.

e·ro·sion erosie, wegvreting; uitkalwing, uitholling; verspoeling, wegspoeling; verwering; uitskuring; (af)slyting; uitbranding; ***dental*** ~ tandslyting; ***marine*** ~ brandingserosie; ***water*** ~ verspoeling; ***wind*** ~ winderosie. ~ **cycle** erosieverloop, =siklus. **e·ro·sive** wegvretend; uithollend; wegspoelend; verwerend, eroderend.

e·rot·ic *n.* erotikus; *(w.g.)* minnedig. **e·rot·ic, e·rot·i·cal** *adj.* eroties, (seksueel) prikkelend, liefde(s)=. **e·rot·i·ca** *n. (mv.)* erotika, erotiese kuns/literatuur. **e·rot·i·cism, er·o·tism** erotisisme, erotisme; seksuele begeerte/opwinding; erotiek. **e·ro·to·ma·ni·a** *(psig.)* erotomanie, hiperseksualiteit; erotomanie, verliefdheidswaansin. **e·ro·to·ma·ni·ac** erotomaan.

err 'n fout maak/begaan, fouteer; jou misgis/vergis, dwaal; sondig, dwaal; *to* ~ *is human* dis *(of* dit is) menslik om 'n fout *(of* foute) te maak, 'n mens bly maar 'n mens; 'n perd struikel met vier voete, wat van 'n mens met twee?; ~ *on the side of caution/etc.* (liewer) te versigtig/ens. wees.

er·rand boodskap; opdrag; *(arg.)* doel; *run (or go on)* ~*s (for s.o.)* boodskappe (vir iem.) doen/dra; *send s.o. on an* ~ iem. met 'n boodskap uitstuur. ~ **boy** *(vero.)* boodskapper, bode.

er·rant *(fml. of skerts.)* sondig, onheilig; *(arg. of poët., liter.)* dwalend, swerwend, dolend; *knight* ~ dolende ridder; ~ *worm, (soöl.)* dwaalwurm. **er·rant·ry** ronddwalery, rondswerwery, ronddolery; dolende ridderskap.

er·rat·ic onreëlmatig *(asemhaling, hartslae, besoeke, ens.),* ongereeld *(betalings, eetgewoontes, ure, ens.),* ongelyk *(begeleiding, kwaliteit, toegang, ens.),* wisselvallig *(diens, resultate, emosies, stemmings, ens.),* wisselend *(klimaatstoestande, weersomstandighede, gevoelens, ens.),* veranderlik *(koste ens.);* wispelturig *(pers., gedrag, besluite, proses, ens.);* swerwend, swerf=; ~ *shooting* bontskietery. ~ **(block)** *(geol.)* swerfblok. ~ **(boulder)** *(geol.)* swerfsteen.

er·rat·i·cal·ly her- en derwaarts; bont.

er·ra·tum =*rata, (<Lat.)* (druk)fout, erratum; skryffout; *(i.d. mv. ook)* lys drukfoute, errata.

er·ro·ne·ous verkeerd, foutief, onjuis; ~ *doctrine* dwaalleer; ~ *notion/idea* waan(denkbeeld), dwaling, dwaalbegrip. **er·ro·ne·ous·ly** verkeerdelik, ten onregte; per abuis. **er·ro·ne·ous·ness** onjuistheid.

er·ror fout; dwaling, vergissing, mistasting, misgissing; onjuistheid; vergryp; sonde; *(teg.)* afwyking, fout; ***commit an*** ~ →***make/commit; correct an*** ~ 'n fout verbeter; *an* ~ ***crept in*** daar het 'n fout ingesluip; *an* ~ *of **fact*** 'n feitefout; *(jur.)* 'n feitedwaling; ***fall into*** ~ mistas, in 'n dwaling verval; *a **gross*** ~ 'n growwe fout; *a **human*** ~ 'n menslike fout; *be **in*** ~ jou vergis, dit mis hê, mistas; *do s.t. **in*** ~ iets per abuis doen; iets verkeerdelik *(of* ten onregte) doen; *commit an* ~ *of **judg(e)ment*** →JUDG(E)MENT; *an* ~ *of **law*** 'n regsdwaling; ***be liable to*** ~ feilbaar wees; ***make/commit*** *an* ~ 'n fout maak/begaan; ***margin*** *of* ~ →MARGIN *n.; an* ~ *of **observation*** 'n waarnemingsfout; ~*s and **omissions** excepted, (afk.:* E & OE*)* foute en weglatings uitgesonder(d) *(afk.:* FWU*),* behoudens foute en weglatings *(afk.:* BFW*); realise/see the* ~ *of one's **ways*** jou dwaling besef/insien. ~ **message** *(rek.)* foutboodskap.

er·satz *n., (D.)* ersatz, substituut, surrogaat. **er·satz** *adj.* ersatz=, kunsmatig, oneg; vals, onopreg, geveins *(emosies ens.);* ~ *coffee* ersatzkoffie.

Erse *n. & adj.* Skots-Gaelies; Iers-Gaelies.

erst, erst·while *adv., (arg.)* eertyds, vroeër, weleer. **erst·while** *adj. (attr.)* voormalige, eertydse.

er·u·bes·cent *(w.g.)* blo(e)send (rooi). **er·u·bes·cence** blos.

e·ruct, e·ruc·tate *(fml.)* 'n wind opbreek, oprisp, erukteer; *(vulkaan)* uitbars. **e·ruc·ta·tion** *(fml.)* wind, oprisping, eruktasie; uitbarsting.

er·u·dite erudiet, (hoog)geleerd; belese. **er·u·di·tion** (grondige) geleerdheid, uitgebreide kennis, erudisie; belesenheid.

e·rupt *(vulkaan)* uitbars, vuur spoeg; *(geweld, lawaai, ens.)* uitbreek, losbars; *(kolle, puisies, ens.)* uitslaan *(op d. vel); (tande)* uitkom, deurkom; ~ *into chaos* in ('n) chaos ontaard; ~ *in laughter* uitbars van die lag. **e·rup·tion** uitbarsting, erupsie; die uitbreek/losbars; (vel/huid)uitslag; die uitkom/deurkom *(v. tande);* uitbreking *(v. cholera, bek-en-klou-seer, ens.); angry* ~*s* woedeuitbarstings; *skin* ~ vel=, huiduitslag. **e·rup·tive** (uit)barstend; uitslaande, vol uitslag; opvlieënd; *(geol.)* eruptief, stol=, stollings=; ~ *rock* stolrots, stollingsgesteente, eruptiewe gesteente.

erv·en *(mv.)* →ERF.

er·y·sip·e·las *(med.)* erisipelas, (wond)roos, belroos; *(veearts.)* vleksiekte *(by varke).*

er·y·the·ma *(med.)* eriteem, huidrooiheid.

er·y·thrae·mi·a *(med.)* eritremie.

e·ryth·rite *(min.)* eritriet, kobaltblom.

e·ryth·ro-, e·rythr- *komb.vorm* eritro=, eritr=, rooi=.

e·ryth·ro·cyte, red (blood) cell, red cor·pus·cle *(fisiol.)* eritrosiet, rooibloedsel, rooibloedliggaampie.

E·sau *(OT)* Esau.

es·ca·drille *(Fr.)* lugeskader, eskadrielje.

es·ca·lade *(hist., mil.: beklimming met [storm]lere)* eskalade.

es·ca·late *(oorlog ens.)* verhewig, eskaleer; *(geweld, eise, probleme, ens.)* toeneem; *(spanning)* oplaai, styg; *(pryse)* (vinnig) styg, die hoogte inskiet, opskiet, eskaleer; *(koste)* toeneem, oploop, eskaleer; opjaag, (skerp) laat styg, laat eskaleer *(pryse);* vererger, vergroot *(probleme);* ~ *into ...* ontwikkel/uitbrei/verhewig tot ... *('n oorlog ens.);* ~ *one's attack on s.t.* jou aanval op iets verskerp.

es·ca·la·tion verhoging, aanpassing *(v. pryse);* ontwikkeling, uitbreiding, verhewiging *(tot);* oplaaiing, styging; toename, oploping, eskalasie; verergering; *the* ~ *in/of ...* die eskalasie van ... ~ **clause** →ESCALATOR CLAUSE.

es·ca·la·tor roltrap. ~ **clause, escalation clause** eskalasieklousule, aanpassingsklousule *(in 'n kontrak).*

es·ca·lope *n., (Fr. kookk.)* skyfie, escalope; ~ *de veau* kalfskyfie.

es·cap·a·ble ontkombaar.

es·ca·pade, es·ca·pade eskapade; *(i.d. mv. ook)* kattekwaad, kwajong=, malkopstreke. *amorous/romantic/sexual* ~*s* amoreuse/romantiese/seksuele eskapades; ~*s in bed* bed/katel-eskapades.

es·cape *n.* ontsnapping, ontvlugting, ontkoming; ontsnappingsmiddel; lek, lekplek, lekkasie; verlies *(v. stoom);* verwilderde plant; verwilderde hond/kat/ens.; ***cut off*** *s.o.'s* ~ iem. voorkeer; *s.o.'s* ~ ***from*** ... iem. se ontsnapping aan ... *(d. dood ens.);* iem. se ontvlugting uit ... *(gevangenskap ens.); an* ~ ***from*** *prison* 'n uitbraak; *hard work is s.o.'s* ~ ***from*** *worry* deur harde werk vergeet/verdryf/verdrywe iem. sy/haar sorge; *an* ~ ***from*** (or ***out of***) *reality* 'n ontvlugting uit die werklikheid; ***make*** *(good) one's* ~ (dit regkry om te) ontsnap, wegkom; *have a **narrow*** ~ ternouernood ontsnap/ontkom; *it was a **narrow*** ~ dit was 'n noue ontkoming; *there is **no*** ~ daar is geen uitweg nie; ***way*** *of* ~ manier om te ontsnap; ontsnap(pings)roete. **es·cape** *ww.* ontsnap, ontvlug, ontkom, vrykom; *(vloeistof)* uitloop; *(straal water ens.)* uitspuit; *(gas, hitte)* ontsnap; *('n sug ens.)* ontglip *(iem. se lippe);* jou ontgaan; vryspring, ontkom aan *(d. dood); (plant)* verwilder; *s.t. has* ~*d s.o.'s **attention*** →ATTENTION; *s.o. narrowly* ~*d **death*** iem. het die dood net-net vrygespring *(of* het net-net aan die dood ontkom); iem. was amper/byna dood, iem. het by die dood omgedraai; ~ ***from*** ... uit ... ontsnap; aan ... ontkom; ... ontduik; *his/her **name*** ~*s me* sy/haar naam het my ontgaan; ~ ***notice/observation*** nie opgemerk *(of* raakgesien) word nie, on(op)gemerk bly/verbygaan, die aandag ontglip, (aan) die aandag ontsnap; ~ *by the **skin** of one's teeth, (infml.)* ternouernood ontkom; ~ ***unhurt*** ongedeerd daarvan afkom; ~ ***with*** ... met ... daarvan afkom *(ligte beserings ens.);* ~ ***with*** *one's life* lewendig daarvan afkom; *the **word*** ~*d me* die woord het my ontval/ontglip. ~ **artist** →ESCAPOLOGIST. ~ **attempt,** ~ **bid** ontsnap(pings)poging, poging om te ontsnap. ~ **chute** noodgeut, =glybaan, ontsnapgeut *(v. vliegtuig).* ~ **clause** voorbehouds=, onttrekkingsbepaling *(in 'n kontrak).* ~ **cock** afblaaskraan. ~ **door** nooduitgang. ~ **gas** uitlaatgas. ~ **hatch** noodluik *(v. duikboot, skip, vliegtuig); (fig.)* uitweg, uitvlug; *(fig.)* skuiwergat. ~ **hole** uitlaat(gat). ~ **key** *(rek.)* ontsnaptoets. ~ **pipe** nooduitlaatpyp. ~ **plan** ontsnap(pings)plan; noodplan. ~**-proof** *adj.* ontsnapbestand. ~ **road** noodpad *(v. renbaan).* ~ **route** ontsnap(pings)roete. ~ **shaft** noodskag. ~ **valve** veiligheids=, uitlaatklep. ~ **velocity** *(ruimtev.)* ontsnapsnelheid. ~ **wheel** skakelrat *(in 'n klok, horlosie).*

es·ca·pee, es·cap·er ontsnapte (gevangene/bandiet), ontvlugter, ontsnappeling, ontsnapper, uitbreker.

es·cape·ment skakelrat, gang, échappement *(in 'n klok, horlosie);* échappement *(in 'n klavier); (teg.)* uitlaatklep, veiligheidsklep; *(teg.)* oorloopkanaal.

es·cap·er →ESCAPEE.

es·cap·ism (lewens)ontvlugting, (wêreld)ontvlugting. **es·cap·ist** *n.* (wêreld)ontvlugter. **es·cap·ist** *adj.* ontvlugtings=; ~ *literature* ontvlugtingsliteratuur.

es·ca·pol·o·gist, es·cape art·ist boeiekoning.
es·car·got *(Fr. kookk.)* escargot, (eetbare) slak.
es·ca·role *(Am.)* volhartandyvie.
es·carp *(mil.)* binnewal, eskarp *(v. 'n vesting).*
es·carp·ment platorand, eskarp; steil helling/hang, kranswand. ~ **mountain** kransberg.
es·char *(med.)* eskar, roof, kors *(op 'n brandwond ens.).* **es·cha·rot·ic** *n.* bytmiddel. **es·cha·rot·ic** *adj.* eskaroties, roof-, korsvormend, wat 'n roof/kors veroorsaak; bytend.
es·cha·tol·o·gy eskatologie, leer van die laaste dinge. **es·cha·to·log·i·cal** eskatologies. **es·cha·tol·o·gist** eskatoloog.
es·cheat *n., (Br., jur., hist.)* toevalling, terugvalling, reversie *(v. eiendom a.d. staat of aan 'n leenheer);* terugvallende eiendom. **es·cheat** *ww., (grond)* toeval *(a.d. staat);* verbeurd verklaar, konfiskeer, beslag lê op, in beslag neem.
es·chew vermy *(geweld, konfrontasie, ens.);* wegbly van *(d. politiek ens.);* jou weerhou van *(kommentaar, geweld, ens.);* ontwyk *(vrae ens.);* sku wees vir *(intimiteit ens.);* wegbly *(of* jou onthou) van *(alkohol ens.).*
esch·schol(t)·zia *(bot.)* eschschol(t)zia.
Es·co·ri·al, Es·cu·ri·al: *the ~, (Sp. hist. gebouekompleks)* die Eskoriaal/Eskuriaal.
es·cort *n.* geleide, vrygeleide, eskort; begeleier; metgesel; *(euf.)* gesellin, geselskapsdame; *under armed/military ~* onder gewapende/militêre geleide; *under ~ of ...* onder bewaking van ... **es·cort** *ww.* begelei, vergesel, *(fml.)* geleide doen; *(mil.)* (vry)geleide doen, *(w.g.)* eskorteer; *be ~ed by ...* deur ... begelei word; onder geleide van ... wees; *~ s.o. in* iem. binnelei; *~ s.o. to ...* iem. na ... begelei/vergesel *(d. deur ens.).* ~ **agency** gesellinklub. ~ **party** geleide, eskort. ~ **vessel** *(sk.)* gelei-, konvooiskip.
e·scribe *(wisk.)* aanskryf, aanskrywe. **e·scribed** *(wisk.)* aangeskrewe; *~ circle* aansirkel, aangeskrewe sirkel.
es·cri·toire *(Fr.)* (skryf)lessenaar(tjie).
es·cu·lent *(fml.)* eetbaar.
es·cutch·eon wapen(skild); wapenbord; spieël *(v. 'n skip);* melkspieël *(v. 'n koei).* ~ **(plate)** beslag *(v. 'n sleutelgat, deurhandvatsel, ens.);* sleutelgatplaatjie.
Es·fa·han →ISFAHAN.
es·ker, es·kar *(geol.)* esker, smeltwaterrug.
Es·ki·mo *-mo(s), (antr., argeol.)* Eskimo; →IN(N)UIT. ~ **dog** eskimohond. ~ **pie** eskimoroomys.
e·soph·a·gus *(Am.)* →OESOPHAGUS.
es·o·ter·ic esoteries, vir die ingewydes/deskundiges; diepsinnig; duister, verborge, geheim, obskuur; *(med.)* esoteries, inwendig ontstaan.
es·pace·ment *(landb.)* plantafstand, spasiëring.
es·pa·drille *(Fr.: seilskoen met tousool)* espadrille.
es·pa·gnole *(Fr.):* ~ **(sauce)** Spaanse sous, bruinsous.
es·pal·ier leiboom; latwerk.
es·par·to (grass) *(bot.)* esparto(gras), Spaanse gras, (h)alfagras, draadgras.
es·pe·cial *(attr.)* besondere *(behoefte, betekenis, ens.);* bepaalde *(vaardigheid ens.);* spesiale *(guns ens.);* buitengewone *(belangstelling ens.);* →SPECIAL; *in ~* in die besonder, veral; *take ~ care to ...* besondere moeite doen om ...; veral versigtig wees om ... **es·pe·cial·ly** veral, in die besonder, vernaamlik, besonder(lik), met name, insonderheid; spesiaal; →SPECIALLY.
Es·pe·ran·to *(kunsmatige wêreldtaal)* Esperanto. **Es·pe·ran·tist** Esperantis.
es·pi·al *(arg.)* bespieding; →ESPY.
es·pi·o·nage spioenasie, bespieding, verspieding; *industrial ~* →INDUSTRIAL.
es·pla·nade promenade, esplanade, wandelweg *(langs d. see);* voorplein, esplanade *(v. 'n fort ens.).*
es·pouse omhels *(fig.),* voorstaan, (onder)steun, aanneem, party kies vir; *(arg.)* laat trou; *(arg.)* trou met; *(arg.)* verloof raak aan. **es·pous·al** omhelsing *(fig.),* steun; *(arg.)* verlowing; *(arg.)* bruilof, huwelik(sfees).
es·pres·so, ex·pres·so *-sos* espresso(koffie), stoomkoffie; espressomasjien, -maker, koffiestomer; espressokroeg.
es·prit *(Fr.)* gees; geestigheid; *~ de corps* kollegialiteit, kameraadskap(sgees), saam-, samehorigheidsgevoel, korpsgees.
es·py *(poët., liter.)* opmerk, raaksien, in die oog kry; gewaar, bespeur. **es·pi·er** bespieder.
Es·qui·line: *the ~, (geog.: hoogste v.d. 7 heuwels waarop Rome gebou is)* die Eskwilyn.
Es·qui·mau *-maux, -mau(s), (arg. spelling)* →ESKIMO.
es·quire *(afk.: esq.), (Br., E~)* die Weledele Heer; *(Am.)* regter; *(hist.)* skildknaap, wapendraer; *(hist.)* landheer; *A. Brown, Esquire* die Weledele Heer A. Brown.
ess *esses, (d. letter s)* es; S-vorm; S-vormige voorwerp.
es·say *n.* opstel, (kort) verhandeling; *(lettk.)* essay; skripsie, werkstuk; *(fml.)* poging; *(fml.)* toets, proef; *(filat.)* proefontwerp *(v. 'n seël); an ~ about/on ...* 'n opstel oor ...; *(lettk.)* 'n essay oor ... **es·say** *ww., (fml.)* 'n poging aanwend/doen, poog, trag, probeer; beproef, op die proef stel, toets; *(min.)* →ASSAY *ww.; ~ a smile* 'n poging aanwend om te glimlag. **es·say·ist** *(lettk.)* essayis.
es·sence wese, kern, essensie; aftreksel, ekstrak, essens; geursel; parfuum, reukwater, lekkerruikgoed, reukwerk; ***in*** *~* in wese, wesen(t)lik; *~ of **life*** lewensessens; *~ of **meat*** vleisekstrak; *s.o. is the ~ **of** ...* iem. is 'n toonbeeld van ... *(deugsaamheid, selfvertroue, ens.);* iem. is die ... self *(rustigheid, vriendelikheid, ens.); the ~ **of** ...* die wesen(t)like van ... *('n saak, probleem, ens.);* die toppunt van ... *(geluk, plesier, vreugde, ens.); ... is **of** the ~* alles hang van ... af, ... is van wesen(t)like belang *(innovering, spoed, tyd, ens.);* ***vanilla*** *~* vanieljegeursel. **es·senced** geparfumeer(d).
Es·sene, Es·sene *(hist.: Joodse sektariër)* Esseër, Esseen. **Es·se·ni·an, Es·sen·ic** Esseens.
es·sen·tial *n., (gew. mv.)* noodsaaklikheid, (noodsaaklike) vereiste; hoofsaak, essensie, wese, die wesen(t)like/onontbeerlike/essensiële; *the ~s* die hoofsake/hooftrekke; *the bare ~s* die allernodigste (dinge/goed). **es·sen·tial** *adj.* noodsaaklik, onontbeerlik, onmisbaar, broodnodig, essensieel; van wesen(t)like belang, werklik belangrik, wesen(t)lik, werklik; gebiedend, verpligtend; *~ **amino acid*** essensiële/noodsaaklike aminosuur; *~ **difference*** wesensverskil; *an ~ **error*** 'n wesen(t)like dwaling; *~ **fatty acid*** essensiële/noodsaaklike vetsuur; *~ **features*** wesenstrekke; *be ~ **for/to** ...* vir ... noodsaaklik/onontbeerlik/onmisbaar wees; *~ **hypertension**, (med.)* essensiële hipertensie; *~ **oil*** essensiële/eteriese/vlugtige olie. **es·sen·ti·al·i·ty** noodsaaklikheid; wesen(t)likheid; wesen(t)like eienskap; hoofsaak, wese. **es·sen·tial·ly** hoofsaaklik, wesen(t)lik, in wese/hoofsaak.
es·sen·wood *(bot.)* esse(n)hout.
es·sex·ite *(geol.)* essexiet.
es·so·nite →HESSONITE.
es·tab·lish begin *(onderneming, saak, ens.),* stig *(kerk, korporasie, maatskappy, organisasie, buurtwag, ens.);* op die been bring *(beweging, leër, ens.);* vestig *(stelsel, kultuur, stabiliteit, nasionale park, ens.);* tot stand bring, skep *(samelewing, sinergie, ens.);* bewerkstellig *(versoening, gesonde verhoudings, ens.);* vorm *(regering ens.);* instel *(pos, prys, reël, ens.);* invoer *(regulasie, wet, ens.);* aanknoop *(betrekkinge);* opstel, saamstel *(lys);* vasstel *(iem. se identiteit, d. waarheid, wat skort, ens.);* staaf *(bewering, feit, teorie, ens.); ~ o.s. **as** a lawyer/etc.* jou as prokureur/ens. vestig; ***become*** *~ed* gevestig raak; posvat; ingeburger raak; *~ed **church*** staatskerk; *~ **contact with** ...* →CONTACT *n.; ~ed **custom*** gevestigde/ingeburgerde gebruik; *an ~ed **fact*** 'n bewese/vasstaande feit; *~ed **laws*** bestaande wette; *~ed **pastures*** aangeplante weiding; *~ed **practice*** vaste gewoonte; *~ a **precedent*** 'n presedent skep; *~ed **reputation*** gevestigde reputasie; *~ed **staff*** vaste personeel; *~ed **truth*** uitgemaakte waarheid; *~ed **unreliability/value/etc.*** bewese onbetroubaarheid/waarde/ens.. **es·tab·lish·ment** stigting; vestiging; die opbou *(v. 'n ware demokrasie, 'n nuwe beeld, ens.);* skepping; instelling; invoering; aanknoping; vasstelling; stawing; bedryf; (sake)onderneming, firma, (handel)saak, handelshuis; aanleg; inrigting, instelling, instansie, liggaam; gestig; nedersetting; huishouding; personeel; personeelsterkte, diensstaat; *(mil.)* (getal)sterkte, mag; *fixed ~* vaste personeelsterkte/diensstaat; *the E~* die establishment *(of* gevestigde orde *of* heersende bestel); *~ of Union, (hist.)* totstandkoming van die Unie.
es·tate eiendom, terrein, stuk grond; eiendomsontwikkeling; landgoed; *(SA)* (wyn)landgoed; plantasie; grondbesit, vasgoed; eiendom, besit, vermoë; boedel; nalatenskap; *(vero.)* rang, stand, klas; *(arg. of poët., liter.)* toestand, staat; ***administer** an ~* →ADMINISTER; ***deceased** ~* →DECEASED; ***division/partition** of an ~* boedelskeiding; *the **fourth** ~* →FOURTH; *be of **high** ~* van hoë rang/stand wees; ***housing** ~* →HOUSING; ***industrial** ~* →INDUSTRIAL; *~ of **matrimony*** huwelikstaat; ***real** ~* →REAL; ***surrender** one's ~* boedel oorgee; *the **three** ~s (of the realm), (Br., pol.: d. geestelike lords, d. wêreldlike lords en d. laerhuis)* die drie stande (van die ryk). ~ **agent** eiendomsagent. ~ **car** *(Br.)* stasiewa; →STATION WAGON. ~ **duty** boedelbelasting. ~ **fee** boedelgelde. ~ **wine** landgoedwyn.
es·teem *n.* agting, waardering, respek; aansien; hoogagting, hoogskatting; *s.o. is **held** in high/low ~* daar is hoë/weinig agting vir iem.; *be **highly** ~ed, (iets)* hoog gewaardeer word; *(iem.)* hoë agting geniet; ***hold** s.o. in (high) ~* iem. (hoog)ag, (hoë) agting vir iem. hê; *s.t. **lowers** s.o. in s.o. else's ~* iets laat iem. in iem. anders se agting daal; *your ~ed **paper*** u veelgelese blad; *an ~ed **person*** 'n gesiene persoon; ***rise/sink** in ~* in aansien styg/daal; *be **worthy** of ~* agtenswaardig wees. **es·teem** *ww.* hoogag, hoogskat, waardeer, respekteer; *(fml.)* ag, beskou as.
es·ter *(chem.)* ester. **es·ter·i·fi·ca·tion** estervorming, verestering, esterifikasie. **es·ter·i·fy** verester.
Es·ther *(OT)* Ester.
es·thete →AESTHETE.
Es·tho·ni·a, Es·tho·ni·an →ESTONIA, ESTONIAN.
es·ti·ma·ble agtenswaardig, agbaar; *(w.g.)* (be)raambaar, skatbaar.
es·ti·mate *n.* skatting, raming, waardering; koste(be)raming, begroting, prysopgawe; geskatte waarde; oordeel; ***at a rough** ~* na ruwe skatting, na/volgens gissing; ***at a moderate** ~* na matige skatting; ***form/make** an ~* 'n raming maak; *s.o.'s ~ **of** s.t.* iem. se skatting van iets; iem. se beoordeling van iets; ***pass/vote** the ~s* die begroting aanneem; *a **rough** ~* 'n ruwe skatting. **es·ti·mate** *ww.* skat, (be)raam; bepaal, vasstel, takseer *(skade ens.);* reken, dink, meen; ***an** ~d ...* ongeveer ..., na (be)raming *(of* na/volgens skatting) ..., 'n geraamde/geskatte ... *(80 000 vlugtelinge, R350 miljoen, ens.);* ***at an** ~d cost of ...* teen/vir 'n geraamde bedrag van ...; *~ s.t. **at** (or **to be**) ...* iets op ... raam/skat *(R10 miljoen ens.); s.t. **cannot** be ~d* iets kan nie bereken word nie *(verliese ens.); ~d **completion/delivery date*** verwagte voltooiings-/afleweringsdatum; *~ **how many** will take part* skat hoeveel gaan deelneem; ***how much** do you ~ ... will cost?* hoeveel dink/reken jy sal ... kos?; *~ **that** ...* reken/skat dat ...; *~d **time of arrival**, (lugv., sk., afk.: ETA)* verwagte aankomstyd; *seventy/etc. (people) were ~d **to be** injured/etc.* na (be)raming *(of* na/volgens skatting) is sewentig/ens. (mense) beseer/ens.; *~ one's chances of success **to be** very low* reken jou kanse op sukses is maar skraal; *~d **value*** geraamde/geskatte waarde. **es·ti·ma·tion** skatting, (be)raming; bepaling, vasstelling, taksering; (hoog)agting, hoogskatting, waardering; mening, oordeel, opinie; *in s.o.'s ~* na/volgens iem. se oordeel/mening; *hold s.o. in ~* iem. (hoog)ag, agting vir iem. hê; *rise (or go up) in s.o.'s ~* in iem. se agting styg; *sink (or go down or lower o.s.) in s.o.'s ~* in iem. se agting daal. **es·ti·ma·tor** skatter; kosterekenaar, prysberekenaar, -beramer.
es·ti·val *etc.* →AESTIVAL.
Es·to·ni·a, Es·tho·ni·a *(geog.)* Estland. **Es·to·ni·an, Es·tho·ni·an** *n.* Est, Estlander. **Es·to·ni·an, Es·tho·ni·an** *adj.* Estnies, Estlands.
es·top *-pp-, (jur.)* onder estoppel plaas; *(arg.)* belet; *be ~ped from ...* onder estoppel wees om te ... **es·top·pel** *(jur.)* estoppel, teruggangsverbod.

es·trade verhoog, podium, estrade.

es·trange vervreem; *be ~d, (twee mense)* (van mekaar) vervreem(d) wees; *be/become ~d from s.o.* van iem. vervreem(d) wees/raak; *~ s.o. from ...* iem. van ... vervreem; *~d husband/wife/couple* vervreemde man/vrou/ egpaar/paartjie. **es·trange·ment** vervreemding, verwydering; *the ~ between two persons* die vervreemding/ verwydering tussen twee mense; *s.o.'s ~ from s.o. else* iem. se vervreemding van iem. anders.

es·treat *n., (jur.)* afskrif; uittreksel. **es·treat** *ww.* verbeurd verklaar; oplê; 'n afskrif maak van. **es·treat·ment** verbeurdverklaring *(v. borggeld)*; oplegging *(v. 'n boete)*; tenuitvoerlegging *(v. 'n borgakte)*.

es·tu·ar·y (breë) riviermond(ing), tregtermond(ing), estuarium. **es·tu·ar·i·al, es·tu·a·rine** estuaries; *estuarine crocodile* soutwaterkrokodil.

e·su·ri·ent *(arg. of skerts.)* hongerig; gulsig; begerig.

e·ta *(7de letter v.d. Gr. alfabet)* eta.

et cet·er·a, et·cet·er·a *(afk.:* etc.*)* ensovoort(s) *(afk.:* ens.*)*, en so meer *(afk.:*e.s.m.*)*. **et·cet·er·as** *n. (mv.)* ekstras, ekstratjies.

etch *ww.* ets *('n afbeelding/ens. op 'n koperplaat/ens.)*; *(suur ens.)* (weg)ets, wegvreet; *be ~ed against the sky* teen die lug afgeëts staan; *be ~ed in/on s.o.'s memory* →MEMORY; *~ed-out fabric* →BURNT-OUT/BURNED-OUT FABRIC. ~ **test, etching test** etstoets.

etch·ant etsmiddel.

etch·er etser.

etch·ing ets; etswerk. ~ **needle** etsnaald. ~ **test** →ETCH TEST.

e·ter·nal *n.: the E~* die Ewige (God). **e·ter·nal** *adj.* ewig(durend), altyddurend; *(infml.)* voortdurend, eindeloos, onophoudelik, knaend, nimmereindigend; *the E~ City, (Rome)* die ewige stad; *~ **damnation/death*** ewige rampsaligheid/dood; ***hope** springs ~ (in the human breast)* →HOPE *n.*; *~ **life, life** ~* die ewige lewe; *be called to one's ~ **rest*** die ewige rus ingaan; *you'll have my ~ **thanks/gratitude*** ek sal jou ewig dankbaar bly; *be caught/trapped* (or *become embroiled/involved) in an ~ **triangle,** (fig.)* in 'n liefdesdriehoek vasgevang wees (*of* betrokke/verstrengel raak). **e·ter·nal·ise, -ize** verewig. **e·ter·nal·ly** ewig; *(infml.)* (al)ewig, gedurig, voortdurend, onophoudelik, knaend, nimmereindigend; *be ~ grateful to s.o. for s.t.* iem. ewig dankbaar wees vir iets; *love s.o. ~* iem. altyd liefhê. **e·ter·nise, -nize** →ETERNALISE.

e·ter·ni·ty *-ties* ewigheid; *(teol.)* die ewige lewe; *(i.d. mv.)* ewige waarhede; *(euf.: dood)* ewigheid, ander wêreld; *seem an ~* soos 'n ewigheid voel; *for/to (all) ~* tot in (alle/der) ewigheid; *from here to ~* van nou/vandag af tot in (alle) ewigheid; *send s.o. to ~* iem. die ewigheid instuur (*of* na die ander wêreld help). ~ **ring** ring met edelstene rondom.

e·text *(afk.)* →ELECTRONIC TEXT.

eth·ane *(chem.)* etaan. **eth·a·nol** *(chem.)* etanol, etielalkohol.

eth·ene →ETHYLENE.

e·ther *(chem.)* eter; *(chem.)* diëtieleter, di-etieleter; *(ook* aether, *poët., liter.)* hemel(ruim), lugruim, bolug; *(infml., rad.)* lug, eter; *(ook* aether, *fis., arg.)* eter; *across the ~, (infml.)* oor die lug/eter/radio. **e·the·re·al** eteries; lugtig; hemels, onaards; *(chem.)* eteries; *~ oil* eteriese/vlugtige olie; *~ salt* eteriese sout; *~ solution* eteroplossing. **e·the·re·al·ise, -ize** eteriseer; vervlugtig; vergeestelik. **e·ther·i·fi·ca·tion** eterifisering, etervorming, veretering. **e·ther·i·fy, e·ther·i·fy** *(chem.)* eterifiseer, vereter. **e·ther·ise, -ize** *(hist.)* eteriseer, eter gee, met eter onder narkose sit.

eth·ic *n.* etiek; etos; *(i.d. mv.)* moraliteit, gedragsnorme, etiek; *(i.d. mv.)* etiek, sedeleer; *a matter of ~s* 'n morele/etiese kwessie, 'n kwessie van moraliteit/etiek. **eth·ic** *adj., (w.g.)* →ETHICAL. **eth·i·cal** eties, moreel, sedelik; eties, sedekundig; moreel reg/korrek; *(med.)* (slegs) op voorskrif verkry(g)baar; *~ dative* etiese datief; *~ drug* voorskrifmedisyne; *~ investment* etiese belegging; *~ issue* morele/etiese kwessie. **eth·i·cist** etikus.

E·thi·o·pi·a *(geog.)* Et(h)iopië. **E·thi·o·pi·an** *n.* Et(h)iopiër. **E·thi·o·pi·an** *adj.* Et(h)iopies.

eth·narch *(hist.)* etnarg, provinsiehoof, streek(s)hoof, goewerneur.

eth·nic, eth·ni·cal etnies, volkekundig; etnies, volks-; *(arg.)* heidens; *~ **Albanians/etc.*** etniese Albanese/ ens.; *~ **cleansing,** (euf.)* etniese suiwering; *~ **clothes/ look*** etniese klere/voorkoms; *~ **dance*** volksdans; *~ **food*** inheemse/tradisionele kos; *~ **German,** (hist.)* Volksduitser; *~ **group*** volksgroep, etniese groep; *~ **minority*** etniese minderheid; *~ **music*** etniese musiek; *~ **violence*** etniese geweld. **eth·nic·i·ty** etnisiteit.

eth·no- *komb.vorm* etno-, volks-.

eth·no·bot·a·ny etnobotanie, volksplantkunde.

eth·no·cen·tric *adj.*, **eth·no·cen·tri·cal·ly** *adv.* etnosentries. **eth·no·cen·tric·i·ty, eth·no·cen·trism** etnosentrisme.

eth·no·cide etniese uitwissing.

eth·nog·e·ny etnogenie.

eth·nog·ra·phy etnografie, beskrywende volkekunde, volksbeskrywing. **eth·nog·ra·pher** etnograaf, volksbeskrywer.

eth·nol·o·gy etnologie, (vergelykende) volkekunde. **eth·no·log·ic, eth·no·log·i·cal** etnologies, volkekundig. **eth·nol·o·gist** volkekundige, etnoloog.

eth·no·meth·od·ol·o·gy etnometodologie, -metodiek. **eth·no·meth·od·o·log·i·cal** etnometodologies.

eth·no·mu·si·col·o·gy etnomusikologie. **eth·no·mu·si·co·log·i·cal** etnomusikologies. **eth·no·mu·si·col·o·gist** etnomusikoloog.

e·thol·o·gy *(biol.)* etologie, gedragstudie; studie van dierlike gedrag(spatrone). **eth·o·log·i·cal** *adj.*, **eth·o·log·i·cal·ly** *adv.* etologies. **e·thol·o·gist** etoloog.

e·thos etos, ingesteldheid; (morele) waardes; (kulturele/sosiale) opvattings; tydsgees; volksaard.

eth·yl *(chem.)* etiel. ~ **acetate** etielasetaat, asyneter. ~ **alcohol** etielalkohol, etanol. ~ **chloride** etielchloried, chlooretaan, chlooretiel. **eth·yl·ene, eth·ene** etileen, eteen.

e·ti·o·late *(bot.)* etioleer; verbleik; verbleek, bleek word; verswak, swakker word; laat verbleik, bleek maak; bleek laat lyk. **e·ti·o·la·tion** etiolering; verbleking.

e·ti·ol·o·gy *(Am.)* →AETIOLOGY.

et·i·quette, et·i·quette etiket, gedragskode, -voorskrifte, -reëls; *~ at table* tafeletiket; *rules of ~* gedragsvoorskrifte, -reëls.

Et·na: *(Mount) ~, (geog.)* (die berg) Etna.

et·na *(arg.)* spiritusstofie.

E·ton *(geog.)* Eton. ~ **collar** etonkraag. ~ **crop** *(hist. haarmode)* etonsnit, stoppelsnit. **E·to·ni·an** *n.* (oud)-leerling van Eton (Kollege); *Old ~* oudleerling van Eton (Kollege). **E·to·ni·an** *adj.* van Eton, Eton-.

E·to·sha: ~ **Game Reserve** Etoshawildpark, -wildreservaat, -wildtuin, Etosha Wildpark/Wildreservaat/ Wildtuin. ~ **Pan** Etoshapan, Etosha Pan.

E·tru·ri·a *(geog., hist.)* Etrurië. **E·trus·can, E·tru·ri·an** *n.* Etrusker, Etruriër; Etruskies, Etruries, die Etruskiese/Etruriese taal. **E·trus·can, E·tru·ri·an** *adj.* Etruskies, Etruries.

é·tude, é·tude *(mus.)* etude, studie.

é·tui *(Fr., vero.)* dosie, houertjie, étui.

et·y·mol·o·gy etimologie, woordafleikunde; etimologie, (woord)afleiding, woordherkoms, herkoms (*of* [historiese] oorsprong) van die/'n woord (*of* woorde). **et·y·mo·log·i·cal** etimologies. **et·y·mol·o·gise, -gize** etimologiseer. **et·y·mol·o·gist** etimoloog.

et·y·mon *-ymons, -yma, (ling.)* grond-, stamwoord, etimon; grondbetekenis, etimon.

Eu·boe·a *(geog.)* Eubea. **Eu·boe·an** *n.* Eubeër. **Eu·boe·an, Eu·bo·ic** *adj.* Eubeïes.

eu·ca·lyp·tus, eu·ca·lypt *-lyptuses, -lypti, -lypts, (bot.)* eukaliptus, bloekom-, blougomboom, Australiese gomboom. ~ **(oil)** bloekom-, eukaliptusolie.

Eu·cha·rist *(Prot.)* Nagmaal; *(RK)* Eucharistie, Heilige Sakrament van die Altaar; Nagmaal, Nagmaal(s)-diens; Nagmaal(s)brood, *(RK)* hostie; brood en wyn, tekens; *administer/give the ~ to s.o.* (die) Nagmaal aan iem. (*of* iem. met [die] Nagmaal) bedien; *celebrate the ~* (die) Nagmaal vier; *give/receive the ~* die tekens (*of* die brood en wyn) uitdeel/ontvang; *take the ~* (die) Nagmaal gebruik, aan die Nagmaal deelneem. **Eu·cha·ris·tic, Eu·cha·ris·ti·cal** Eucharisties *(kongres ens.)*; Nagmaal(s)- *(diens ens.)*.

eu·chre *n., (Am. kaartspel)* joeker. **eu·chre** *ww., (Am., infml.)* flous, fop, uitoorlê, om die bos lei, met 'n slenter vang; inloop, kul, verneuk; *~ s.o. out of s.t.* iem. uit iets verneuk.

Eu·clid *(Gr. wiskundige)* Euklides; die werke van Euklides. **Eu·clid·e·an, Eu·clid·i·an** Euklidies; *~ geometry* Euklidiese meetkunde.

eu·d(a)e·mon·ism *(filos.)* eudemonisme, geluksaligheidsleer.

eu·di·om·e·ter *(chem.)* eudiometer, gasburet, gasmeetbuis.

Eu·ga·ne·an Hills Euganese Heuwels *(in Italië)*.

Eu·gène *(prins v. Savoje, 1663-1736)* Eugène, Eugenius.

eu·gen·ics *n. (mv.)* eugenetiek, eugenese, eugenetika, rasverbetering(sleer). **eu·gen·ic** *adj.* eugeneties. **eu·gen·ist, eu·gen·i·cist** *n.* eugenetikus.

Eu·gé·nie *(vrou v. Napoleon III, 1826-1920)* Eugénie.

eu·lo·gy lofprysing, lofrede, lofspraak, lof(uiting); grafrede, huldigingswoord; *deliver a ~ on ...* 'n lofrede oor/ op ... lewer. **eu·lo·gise, -gize** loof, prys, die lof besing van, 'n lofrede lewer oor/op. **eu·lo·gist** lofredenaar. **eu·lo·gis·tic** lowend, prysend.

Eu·men·i·des *(mv.), (Gr. mit., euf.)* Eumenides; →FURY.

eu·nuch eunug, ontmande, gekastreerde man *(in 'n harem ens.)*; *(infml.)* tandelose (*of* [geestelik] impotente) mens/ens.; *a political ~, (infml.)* 'n tandelose/ impotente politikus.

eu·pep·tic met 'n goeie spysvertering; goed vir die spysvertering.

eu·phe·mism eufemisme, verbloeming, verbloemende/versagtende woord/uitdrukking. **eu·phe·mise, -mize** eufemisties praat, eufemismes (*of* 'n eufemisme *of* verbloemende/versagtende taal) gebruik, eufemiseer; eufemisties praat oor, eufemismes (*of* 'n eufemisme) gebruik vir, eufemisties uitdruk. **eu·phe·mist·ic** eufemisties, verbloemend, versagtend.

eu·pho·ny welluidendheid, eufonie; klankverandering *(t.w.v. uitspraakvergemakliking)*. **eu·phon·ic, eu·pho·ni·ous** welluidend, soetklinkend, eufonies. **eu·pho·nise, -nize** welluidend maak, mooi laat klink. **eu·pho·ni·um** *(mus.)* eufonium, tenoortuba.

eu·phor·bi·a *(bot.)* melkbos; naboom; noorsdoring; vingerpol.

eu·pho·ri·a eufori e, (gevoel van) behaaglikheid/welbehae/geluksaligheid, geluksgevoel; euforie, oordrewe geluksgevoel. **eu·phor·ic** eufories.

eu·phra·sy →EYEBRIGHT.

Eu·phra·tes Eufraat(rivier).

eu·phu·ism *(fml.)* bloemrykheid; bloemryke taal/ woorde/retoriek, eufuïsme.

Eur·a·sia *(geog.)* Eurasië. **Eur·a·sian** *n.* Eurasiër. **Eur·a·sian** *adj.* Eurasies. **Eur·a·si·at·ic** Eurasiaties.

eu·re·ka *tw.* eureka, ek het dit (gevind).

eu·rhyth·my, *(Am.)* **eu·ryth·my** euritmie. **eu·rhyth·mic,** *(Am.)* **eu·ryth·mic** *adj.* euritmies. **eu·rhyth·mics,** *(Am.)* **eu·ryth·mics** *n. (mv.)* euritmiek, ritmiese gimnastiek.

eu·ro *(enkele Eur. geldeenheid)* euro.

Eu·ro- *komb.vorm* Euro-.

Eu·ro·bab·ble *n.* →EUROSPEAK.

Eu·ro·bond *(soms e~)* Euro-obligasie.

Eu·ro·cen·tric Eurosentries. **Eu·ro·cen·tric·i·ty, Eu·ro·cen·trism** Eurosentrisme.

Eu·ro·cheque *(soms e~)* Eurotjek.

Eu·ro·com·mun·ism Eurokommunisme. **Eu·ro·com·mun·ist** Eurokommunis.

Eu·ro·crat *(infml., neerh.)* Eurokraat. **Eu·roc·ra·cy**

(soms e~) Eurokrasie. **Eu·ro·crat·ic** *(soms e~)* Eurokraties.

Eu·ro·cur·ren·cy *(soms e~)* Eurovaluta.

Eu·ro·dol·lar Eurodollar.

Eu·ro·mar·ket, Eu·ro·mart *(soms e~)* Euromark.

Eu·ro·mis·sile *(mil.)* Euromissiel.

Eu·ro MP *(infml.)* Euro-LP, Europarlementslid.

Eu·ro·par·lia·ment Europarlement. **Eu·ro·par·lia·men·tar·i·an** Europarlementariër. **Eu·ro·par·lia·men·ta·ry** Europarlementêr.

Eu·rope Europa; *(Br.)* Europese Unie; *(Br.)* die vasteland van Europa; *join* ~ lid van die Europese Unie word. **Eu·ro·pe·an** *n.* Europeër; Europeanis; blanke. **Eu·ro·pe·an** *adj.* Europees; ~ ***bison*** oeros; ~ ***Common Market*** Europese Gemeenskapsmark; ~ ***Community,*** *(afk.:* EC*, vero., sien* European Union*)* Europese Gemeenskap *(afk.:* EG*)*; ~ ***Court of Justice*** Europese Geregshof; ~ ***Currency Unit,*** *(vero., afk.:* ECU*)* Europese Geldeenheid; ~ ***Economic Community,*** *(afk.:* EEC*)* Europese Ekonomiese Gemeenskap *(afk.:* EEG*)*; ~ ***Free Trade Association,*** *(afk.:* EFTA, Efta*)* Europese Vryhandelsvereniging; ~ ***Monetary System,*** *(afk.:* EMS*)* Europese Monetêre Stelsel; ~ ***Parliament*** Europese Parlement; ~ ***plan,*** *(Am., hotelbedryf)* kamer sonder etes/maaltye; →AMERICAN PLAN; ~ ***Union*** Europese Unie. **Eu·ro·pe·an·i·sa·tion, -za·tion** vereuropesing. **Eu·ro·pe·an·ise, -ize** vereuropees. **Eu·ro·pe·an·ism** Europeanisme. **Eu·ro·pe·an·ist** Europeanis.

eu·ro·pi·um *(chem., simb.:* Eu*)* europium.

Eu·ro·po·cen·tric Eurosentries. **Eu·ro·po·cen·tric·i·ty, Eu·ro·po·cen·trism** Eurosentrisme.

Eu·ro·scep·tic *n.* Euroskeptikus.

Eu·ro·speak *n.* Eurojargon.

Eu·ro·tun·nel →CHANNEL TUNNEL.

Eu·ro·vi·sion *(TV)* Eurovisie. ~ **Song Contest** Eurovisiesangfees.

Eu·ryd·i·ce *(Gr. mit.)* Euridike, Eurudikê, *(Lat.)* Eurydice.

eu·ryth·my *(Am.)* →EURHYTHMY.

Eu·sta·chian tube *(anat.)* buis van Eustachius, Eustachiusbuis, Eustachiaanse buis, oor-keel-buis, keel-oor-buis.

eu·tha·na·si·a genadedood, pynlose/sagte dood, eutanasie.

eux·e·nite *(min.)* eukseniet.

Eux·ine (Sea) Swart See.

e·vac·u·ant *n.* lakseer-, purgeermiddel, purgasie, laksatief. **e·vac·u·ant** *adj.* purgerend, lakseer-, purgeer-.

e·vac·u·ate ontruim *(gebou, gebied, ens.)*; evakueer, in/na veiligheid bring/neem *(mense)*; *(mil.)* afvoer *(gewondes/ens. na 'n hospitaal/ens.)*; *(troepe ens.)* verlaat, terugtrek uit *('n land ens.)*; *(teg.)* leegmaak, leegpomp *('n dam ens.)*; uitpomp *(water ens.)*; laat uitloop *(water ens.)*; *(fig.)* beroof, berowe, ontneem; ~ *one's* ***bladder/bowels*** urineer, jou blaas ledig; ontlas, opelyf hê, 'n stoelgang hê; ~ *the* ***bladder/bowels*** die blaas/dikderm ledig; ~ *s.o.* ***from*** *a place* iem. uit 'n plek verwyder; ~ *s.o.* ***of*** *s.t.* iem. van iets beroof/berowe, iem. iets ontneem; ~ *s.t.* ***of*** *significance* iets sy betekenis ontneem (*of* van sy betekenis stroop).

e·vac·u·a·tion ontruiming; evakuasie; afvoer(ing); *(mil.)* terugtrekking; lediging; ontlasting, stoelgang. ~ **slide** *(lugv.)* noodgeut.

e·vac·u·ee geëvakueerde; *(i.d. mv.)* geëvakueerdes, mense wat in/na veiligheid gebring/geneem is. ~ **camp** veiligheidskamp.

e·vade ontwyk *(vraag, iem., iem. se oë, ens.)*; ontduik *(skuldeisers, verantwoordelikheid, ens.)*; versuim *(plig)*; omseil *(probleem, sanksies, vraag, wet, ens.)*; vermy, wegskram van *(onderwerp, woord, kwessies, ens.)*; ontkom aan *(ellende, oordeel, ens.)*; ontsnap aan *(beproewing, eis, onsekerheid, ens.)*; →EVASION; ~ *description* alle beskrywing te bowe gaan; ~ *(paying) taxes* belasting ontduik.

e·vag·i·nate *(biol., fisiol.)* uitstulp, uitpeul; omdop. **e·vag·i·na·tion** uitstulping.

e·val·u·ate die waarde bepaal van *('n eiendom ens.)*; die belang bepaal van *(faktore ens.)*; beoordeel *(beleid, lewensvatbaarheid, meriete, ens.)*; evalueer *(resultate, produk, aanbod, ens.)*; bereken *(risiko ens.)*; raam, skat *(verlies ens.)*; bepaal, takseer *(skade ens.)*; besyfer *(finansiële implikasies ens.)*. **e·val·u·a·tion** waardebepaling; beoordeling; evaluasie; berekening; raming, skatting; bepaling, taksering; besyfering. **e·val·u·a·tive** waardebepalend.

ev·a·nesce *(poët., liter.)* verdwyn, wegraak; wegsterf, -sterwe; verbygaan, vervliet; vervaag; verdamp. **ev·a·nes·cence** verganklikheid, kortstondigheid, vlugtigheid. **ev·a·nes·cent** verdwynend; wegsterwend; verbygaande, vervlietend, verganklik; vervagend; vlugtig; kortstondig; oneindig klein.

e·van·gel *(arg.)* evangelie(woord), Christelike leer; leer(stelling), doktrine; *(Am.)* evangelis. **e·van·gel·i·cal** *n.* evangeliesgesinde; *(E~)* Evangelies-, Luthersgesinde. **e·van·gel·i·cal, e·van·gel·ic** *adj.* evangelies, evangelie-. **e·van·gel·i·cal·ism** evangeliesgesindheid; die Evangeliese leer. **e·van·gel·i·sa·tion, -za·tion** evangelisasie. **e·van·gel·ise, -ize** evangeliseer, die evangelie verkondig aan, tot die Christendom bekeer; die evangelie verkondig. **e·van·gel·ism** evangelisasie, verkondiging van die evangelie, evangelieprediking. **e·van·gel·ist** evangelis. **e·van·gel·is·tic** evangelisties. **e·van·gel·is·tics** evangelistiek.

e·van·ish *(poët.)* in die niet verdwyn; vervliet.

e·vap·o·ra·ble verdampbaar.

e·vap·o·rate *(vloeistof)* verdamp; *(reuk, geur, skuim, ens.)* verslaan; *(sous ens.)* wegkook; *(asem ens.)* uitwasem; *(sap ens.)* uitdamp; *(frustrasies, goeie luim, probleme, ens.)* verdamp; *(gevaar, verwagtinge, ens.)* (in die niet) verdwyn; *(droom, mite, skaduwee, ens.)* vervlieg; *(beeld, opgewondenheid, woorde, ens.)* vervlugtig; ~ *down* indamp; ~*d milk* ingedampte melk.

e·vap·o·rat·ing verdampend; verdamp(ings)-; indamp-. ~ **dish** indampbakkie. ~ **temperature** verdampingstemperatuur.

e·vap·o·ra·tion verdamping; uitwaseming; uitdamping; verdwyning; vervlieging; vervlugtiging; indamping; damp. ~ **gauge** verdampingsmeter.

e·vap·o·ra·tiv·i·ty verdampingsvermoë.

e·vap·o·ra·tor verdamper; verdamp(ings)toestel. ~ **coil** verdampspoel.

e·vap·o·rim·e·ter, e·vap·o·rom·e·ter verdampingsmeter.

e·va·sion ontwyking; ontduiking; omseiling; vermyding; uitvlug; →EVADE. **e·va·sive** ontwykend; ontduikend; vermydend; vaag; vol uitvlugte; ~ *action/manoeuvre* ontwykingsmaneuver; *take ~ action* uitwyk; *(renmotor, vliegtuig, ens.)* 'n ontwykingsmaneuver uitvoer; *(mil.)* (kontak met) die vyand vermy. **e·va·sive·ness** ontwykendheid; vaagheid.

Eve *(OT)* Eva; *daughter of* ~ Evasdogter, vrou.

eve vooraand; *(poët., liter.)* aand; →CHRISTMAS EVE, NEW YEAR'S EVE; *on the ~ of ...* (op) die dag voor ...; (op) die aand voor (*of* op die vooraand van) ... *(iem. se verjaar[s]dag ens.)*; *(fig.)* vlak voor ... *(d. eindeksamen ens.)*, aan die vooraand van ... *('n oorlog, d. 21ste eeu, ens.)*.

e·vec·tion *(astron.)* afwyking *(v.d. maan)*.

e·ven[1] *adj.* gelyk, glad, plat, effe, vlak; egalig; eenvormig; reëlmatig; kalm, bedaard, gelykmatig, gelykmoedig; ewewigtig; kiets; ewe, deur twee deelbaar *(getal)*; *an ~* ***chance*** 'n gelyke (*of* ewe groot) kans; *of ~* ***date*** van dieselfde datum; ***get*** *~ with s.o.* met iem. afreken, iem. laat boet, iem. in/met gelyke munt terugbetaal; *be on an ~* ***keel*** →KEEL[1] *n.*; *~* ***money*** gelykop-weddenskap; *~ and* ***odd*** *numbers* ewe en onewe getalle; *~* ***odds*** vyftigpersentkans, gelyke (*of* ewe groot) kans, kruis of munt; *have an ~* ***temper*** →TEMPER *n.*. **e·ven** *adv.* selfs, al; ook; eens, eers; *~* ***as*** ... net soos ...; onderwyl ...; *an ~* ***better*** *way to* ... selfs 'n beter manier om te ...; ***break*** ~ →BREAK *ww.*; *s.o.* ***cannot*** *~* ... iem. kan nie eens/eers ... nie; *~ a* ***child*** *can do it* selfs 'n kind kan dit doen; *s.o.* ***did*** *not ~ look/etc.* iem. het nie eens/eers gekyk/ens. nie; *~* ***if*** *it is ...* al is dit ...; selfs as dit ... is; *~* ***more*** (selfs) nog meer; ***not*** ~ ... selfs nie ... nie; nie eens/eers ... nie; *~* ***now*** (selfs) nou nog; op hierdie oomblik; *~* ***so*** selfs dan; nogtans, nietemin, desnieteenstaande; *~* ***then*** (selfs) toe al; *~* ***though*** ... al (*of* selfs as) ... **e·ven** *ww.* gelykmaak *(grond ens.)*; gelykop maak *(telling)*; gelyk/glad word; *~ s.t.* ***off*** iets gelykmaak; *s.t. ~s* ***off*** iets word gelyk; *~ s.t.* ***out*** iets gelykmaak; iets uitstryk; iets versprei; *s.t. ~s* ***out*** iets word gelyk; *~* ***up*** *the score* die telling gelykop maak. **~-aged** ewe oud. **~-grained** gelykkorrelrig *(gesteente, tekstuur, ens.)*; gelykdraads, -dradig *(hout)*. **~-handed** onpartydig, neutraal, objektief; ewewigtig, gebalanseer(d). **~minded** gelykmoedig, kalm, ewewigtig. **~-numbered** eenders genommer; met 'n ewe getal. **~-steven(s)** *(infml.)* kiets; gelykop. **~-tempered** gelykmatig, kalm, rustig, bedaard.

e·ven[2] *n., (arg. of poët., liter.)* aand; vooraand; →EVE, EVENING; *at* ~ teen die aand; saans; *this* ~ vanaand. **~song** *(Angl. Kerk)* aanddiens; *(RK)* vesper; *(arg.)* aand. **~tide** *(arg. of poët., liter.)* aandstond, aanduur; *at* ~ teen die aand; saans. **~tide home** *(euf.)* tehuis vir bejaardes (*of* senior burgers).

eve·ning aand; ***all*** ~ die hele aand, heelaand; ***during*** *the* ~ in die loop van die aand; ***good*** *~!* (goeie)naand!; ***in*** *the* ~ in die aand; saans; ***make*** *an ~ of it* die hele aand daar(mee)/hier(mee) deurbring; *a* ***musical*** ~ 'n musiekaand; ***of*** *an* ~ →OF; ***on*** *an ~* ***like this*** op 'n aand soos dié/vanaand; ***on*** *the ~ of the 21st* op die aand van die 21ste; *s.t. happened* ***one*** ~ iets het een aand (*of* op 'n [sekere] aand) gebeur; ***this*** ~ vanaand; ***throughout*** (or ***all through***) *the* ~ die hele aand, heelaand; ***tomorrow*** ~ môreaand; ***toward(s)*** ~ teen die aand (se kant); ***yesterday*** ~ gisteraand. ~ **bag** aandsakkie. ~ **class** aandklas; aandles. ~ **dress** aanddrag, aandklere; aandrok, -tabberd *(v. 'n vrou)*; aandpak *(v. 'n man)*; *(mil.)* aandtenue. ~ **flower** *(Hesperantha* spp.*)* aandblom. ~ **frock/gown** aandrok, -tabberd. ~ **glow** aandgloed, -rooi, -skyn. ~ **lesson** aandles. ~ **meal** aandete. ~ **(news)paper** aandblad, -koerant. ~ **prayer** aandgebed. ~ **prayers** aandgodsdiens, boekevat. ~ **primrose** nagblom; nagkers. ~ **primrose oil** nagblomolie. ~ **shift** aandskof. ~ **shirt** aandhemp; borshemp. ~ **sky** aandlug, -hemel. ~ **star** aandster.

e·ven·ly gelyk, glad, effe; egalig, gelykmatig; reëlmatig; kalm, rustig, bedaard; gelykop *(verdeel ens.)*; *say s.t.* ~ iets rustig/bedaard sê.

e·ven·ness gelykheid, gladheid, platheid, effenheid; egaligheid; eenvormigheid; reëlmatigheid; kalmte, bedaardheid, gelykmatigheid, gelykmoedigheid; ewewigtigheid; onpartydigheid.

e·vens *n. (mv.)*: *bet at ~* 'n gelykop-weddenskap plaas. **e·vens** *adj.*: *a better than ~ chance* meer as 'n (*of* 'n beter/groter as) gelyke kans; *be ~ favourite to win* 'n gelyke (*of* ewe groot) kans hê om te wen.

e·vent gebeurtenis; voorval; geval; uitslag; geleentheid, okkasie; *(sport)* nommer *(op 'n program ens.)*; *(fis.)* gebeurtenis; ***after*** *the* ~ agterna; *it is easy to be wise* ***after*** *the* ~ dis maklik om nou/agterna te praat; ***at all*** *~s* in elk/alle geval; *a* ***chain/train*** *of ~s* 'n reeks (van) gebeure/gebeurtenisse; *the* ***course/trend*** *of ~s* die verloop/gang/loop van sake; *let ~s take their* ***course*** sake maar laat loop; *a* ***happy*** ~ 'n blye/heuglike gebeurtenis; ***in any*** ~ in elk/alle geval; ***in either*** ~ in albei gevalle; ***in*** *the (ultimate)* ~ uiteindelik, op die ou end, ten slotte, toe tog; ***in the*** *~ of ...* in geval van ... *(brand, dood, oorlog, ens.)*; ***in the*** *~ that ...* ingeval (*of* vir geval) ... *(iets gebeur ens.)*; indien ... *(iem. iets verloor ens.)*; ***mark*** *an* ~ 'n gebeurtenis gedenk/vier; *do s.t. to* ***mark*** *an* ~ iets doen na aanleiding (*of* ter ere) van 'n gebeurtenis; ***pull off*** *an* ~ 'n geleentheid laat slaag; ***quite*** *an* ~ 'n hele gebeurtenis; 'n groot geleentheid/okkasie; ***world*** *~s* wêreldgebeure, -gebeurtenisse. ~ **horizon** *(astron.)* gebeurtenishorison.

e·vent·ful (veel)bewoë, gebeurtenisvol, ervaringryk; merkwaardig; belangrik, gewigtig; vol wederwaardighede.

e·vent·ing *(perdesport)* driefasekompetisie, die driefase. **e·vent·er** driefaseperd; driefaseruiter.

e·vent·less kalm, stil, rustig.

e·ven·tu·al *(attr.)* uiteindelike *(gevolg, beslissing, ens.)*, eindelike *(uitslag, uitvloeisel, ens.)*; slot=, eind=. **e·ven·tu·al·i·ty** gebeurlikheid, moontlikheid, moontlike gebeurtenis, eventualiteit. **e·ven·tu·al·ly** (uit)eindelik, oplaas, einde ten laaste, ten lange laaste, ten slotte.

e·ven·tu·ate *(fml.)* gebeur, plaasvind, geskied; afloop; uitloop, uitdraai *(op)*; *~ from* ... ontstaan/(voort)spruit/voortvloei uit ...; *~ in* ... op ... uitloop, ... tot gevolg hê.

ev·er altyd, altoos, immer, ewig, in lengte van dae; ooit; *~ **after*** daarna, van toe (*of* daardie tyd) af, sedertdien; *~ and **again*** (of, arg. *~ and **anon***) by wyle, van tyd tot tyd, af en toe, (so) nou en dan; *as ... **as** ~* so ... as ooit; *as well **as** ~ s.o. could, (w.g.)* so goed as (wat) iem. maar kon; ***best*** ~ allerbeste; ***biggest*** ~ allergrootste, die grootste van almal (*of* tot dusver); ***did/have*** *you ~?, (infml.)* nou toe nou!, bid jou aan!, kan jy nou meer!, reken (net/nou)!; ***first*** ~ allereerste; ***for*** ~ vir ewig/goed *(weggaan, verdwyn)*; vir altyd *(aanhou)*; altyd, (vir) ewig *(liefhê)*; altyd *(onthou)*; →FOREVER; ***for*** *(~ and) aye* →AYE²; ***for*** *~ **and** ~* vir ewig en altyd, tot in (alle/der) ewigheid; ***for*** *~ and a day* vir ewig en altyd; 'n ewigheid; *go on **for** ~* altyd so bly; vir altyd duur; *(neerh.)* 'n ewigheid (*of* vir altyd) aanhou/duur/voortduur; *the Boks **for** ~!* lank lewe die Bokke!; ***hardly*** ~ amper/byna (*of* so goed as) nooit; ***if*** *~ s.t. happens* as iets ooit gebeur; *a ... **if** ~ there was one* 'n opperste ... *(gek, introvert, ens.)*, 'n ... van die eerste water *(opportunis, wipplankstryd, ens.)*; *~ **nearer*** steeds nader; ***never*** ~ →NEVER; ***not*** ~ nooit nie; nog nooit nie; ***scarcely*** ~ amper/byna (*of* so goed as) nooit; *~ **since*** sedertdien, van toe af; *be ~ **so** ..., (infml.)* baie/erg/hoogs/ontsettend/uiters/verskriklik/vreeslik ... wees *(verveeld ens.)*; ***~ so far away**, (infml.)* baie ver/vêr weg *(wees)*; wie weet waar *(hoor)*; *~ **so many** ..., (infml.)* wie weet hoeveel ... *(gevalle ens.)*; al hoeveel ... *(maal ens.)*; *s.o. wants to do s.t. ~ **so much**, (infml.)* iem. wil iets dolgraag doen; *thank you ~ **so much*** →THANK; *~ **so much easier/etc.**, (infml.)* oneindig makliker/ens.; ***who*** ~ wie ook (al); wat ooit; wat nog ooit; ***who*** *~ would have ...?* wie sou ooit ...? *(gedink het ens.)*; *the **worst** fire ~* die grootste brand bekend; die grootste brand van alle tye; ***Yours*** ~ (or *E~ **yours***), *Tom* Groete (*of* Beste/Hartlike/Vriendelike groete), Tom. **~bearing grape** floridadruif. **~-changing** steeds wisselend. **~green** immergroen, bladhoudend, groenblywend, altydgroen. **~-increasing** steeds toenemend/stygend. **~lasting** *n., (poët., liter.)* ewigheid; *(bot., ook:* everlasting flower*)* sewejaartjie, strooiblom(metjie), immortelle; *(tekst.)* skoeistof; *Cape ~* witsewejaartjie; *from ~ to ~* van ewigheid tot ewigheid; *strawberry ~* rooisewejaartjie. **~lasting** *adj.* ewig *(God/Vader, koninkryk, lig, verbond)*; blywend *(redding, roem)*; onsterflik, onverganklik *(eer)*; onverwelkbaar *(blom)*; on(ver)slytbaar *(motorbande ens.)*; eindeloos, ewigdurend, nimmereindigend, onophoudelik, knaend *(gesanik, getwis, klagtes, ens.)*; *~ **destruction**, (NT)* ewige verdoemenis; *~ **life, life** ~* ewige lewe; *I have loved you with an ~ **love*** ek het jou nog altyd liefgehad; *~ **pea*** meerjarige pronkertjie. **~lastingly** gedurig, alewig, voortdurend, aanmekaar, onophoudelik, sonder ophou. **~-loving:** *your ~ husband/wife* jou liefhebbende man/vrou. **~more** altyd; voortdurend; *for ~* vir ewig/altyd. **~sharp** skerpblywend.

Ev·er·est *(fig.)* hoogtepunt, toppunt, kruin, klimaks; berg *(fig.)*, stapel, hoop; *(Mount) ~, (geog.)* (die berg) Everest.

ev·er·glade *(Am.)* moerasland; *the E~s, (geog.)* die Everglades; *E~s National Park* Everglades Nasionale Park.

e·vert *(biol., fisiol.)* omdop, omkeer, omstulp. **e·ver·sion** omdopping, omkering, omstulping.

eve·ry elke, iedere, al(le); *~ **bit*** →BIT¹ *n.*; *in ~ **case*** →CASE¹ *n.*; *~ **day/hour/year*** →DAY, HOUR, YEAR; *there's ~ **hope** that ...* daar is/bestaan 'n (baie) goeie kans dat ...; *~ **little** helps* alle bietjies help; *~ **now** and again/then, ~ so **often*** (so) nou en dan, (so) af en toe, (so) van tyd tot tyd; *~ **one** of them* elkeen van hulle; *each and ~ **one*** →EACH; *be given ~ **opportunity*** alle kanse kry; *s.o. has ~ **reason** to ...* →REASON *n.*; *have ~ **right** to ...* →RIGHT *n.*; *~ **second** person* elke tweede mens/persoon; *~ **single** one (of them)* almal (*of* die laaste een) (van hulle); *one/etc. out of ~ **ten/etc.*** een/ens. uit elke tien/ens.; *s.o.'s ~ **thought*** →THOUGHT *n.*; *~ (single) **time*** →TIME *n.*; *have ~ **trust** in s.o.* iem. ten volle vertrou, die volste vertroue in iem. hê; *in ~ **way*** →WAY; *~ which **way*** →WAY; *with ~ good **wish*** met alle goeie wense; *hang on s.o.'s ~ **word*** aan iem. se lippe hang. **~body** →EVERYONE. **~day** *(attr.)* daaglikse *(behoefte, gebruik, lewe, taak, ens.)*, alledaagse *(ding, klere, lewe, ens.)*; gewone *(mense ens.)*; *in ~ language* in die omgangstaal. **E~man** *(Me. moraliteitspel)* Elckerlyc; *(dikw. e~)* die gewone mens (*of* man op straat *of* deursneemens), Jan Alleman. **~one, ~body** almal, elkeen, iedereen; *~ else* al die ander; *it's not ~ who can ...* elkeen kan nie ... nie; *~ is/was ...* almal is/was ... **~thing** alles; *... **and** ~, (infml.)* ... en sulke dinge; *~ **but** ...* alles behalwe ...; *~ **electrical/etc.*** al wat elektries/ens. is; *~ **else*** die res, al die ander (dinge/goed); *~ **possible*** al die moontlike, al wat moontlik is/was; *~ **relevant*** al(les) wat ter sake is; ***something** of ~* iets van alles; *~ **that** ...* alles wat ... **~way** op alle moontlike maniere; in alle opsigte; volkome, heeltemal. **~where** oral(s), alom, allerweë; alkante; *come from ~* van oraloor kom; *~ one goes/looks/etc.* oral(s) waar ('n) mens (*of* waar ['n] mens ook al) gaan/kyk/ens..

e·vict uitsit; afsit; *(d.m.v. 'n sterker regstitel)* geregtelik terugneem, uitwin; *~ s.o. from ...* iem. uit ... sit *('n huis, gebou, kantoor)*; iem. van ... afsit *('n plaas, erf, perseel)*. **e·vic·tion** uitsetting; afsetting; uitwinning. **e·vic·tor** uitsetter.

ev·i·dent duidelik, sigbaar, klaarblyklik, voor die hand liggend; *it is ~ that ...* dit lê voor die hand dat ... **ev·i·dence** *n.* bewys *(ook jur.)*; *(jur.)* bewystuk(ke), bewysmateriaal; *(jur.)* getuienis; *(jur.)* bewyslewering; *(jur.)* bewysvoering; teken(s), aanduiding(s), blyk(e) *(v. iets)*; ***adduce*** ~ getuienis aanbied/aanvoer; ***admit*** *s.t. in ~* iets as getuienis toelaat; *give ~ **against** s.o.* teen iem. getuig; ***bear/show*** *~ of s.t.* van iets getuig; tekens van iets toon; ***bear*** *~ that ...* (daarvan) bewys lewer dat ...; ***call*** *s.o. in ~* iem. as getuie oproep; *~ **in chief*** hoofgetuienis; ***circumstantial*** ~ →CIRCUMSTANTIAL; ***conclusive*** ~ afdoende/beslissende getuienis; ***corroborative*** ~ bevestigende/stawende getuienis; ***damaging*** ~ →DAMAGING; ***documentary*** ~ →DOCUMENTARY; ***furnish*** *~ of s.t.* bewys van iets lewer; ***give*** ~ getuienis aflê/gee/lewer, getuig; ***give*** *~ for s.o.* vir iem. getuig; ***give*** *~ of s.t.* tekens van iets toon; blyk(e) van iets gee; van iets getuig; ***hear*** ~ getuienis aanhoor; *be **in** ~* sigbaar (*of* te sien) wees; aanwesig wees; opval; *be much **in** ~* die aandag trek, op die voorgrond wees; ***law** of ~* →LAW; ***lead*** ~ getuienis aanvoer/aanbied/lei; *there is no ~ **of** ...* daar is geen bewyse van ... nie *(nalatigheid, botsende belange, ens.)*; daar is geen tekens van ... nie *(deflasie, 'n inbraak, ens.)*; daar is geen aanduidings van ... nie *('n hartaanval ens.)*; ***on the** ~ of ...* op grond van ...; ***produce*** ~ bewys lewer/verskaf; ***say/state** in ~ that ...* getuig dat ...; *not the **slightest*** (or *a **scintilla** of*) ~ geen sweempie (*of* hoegenaamd geen) bewys nie; ***statement** of ~* getuieverklaring; ***take** s.o.'s ~* iem. se getuienis afneem; ***taking** of ~* getuieverhoor; ***tender*** ~ getuienis aanbied; *there is no ~ **that** ...* daar is geen getuienis dat ... nie *(iem. aangeval is ens.)*; daar is geen tekens dat ... nie *(by 'n gebou ingebreek is ens.)*; daar is geen aanduidings (*of* niks dui daarop) dat ... nie *(inflasie gaan afplat ens.)*; ***turn** Queen's/King's ~* (Br.), ***turn** state's ~* (Am.), (gevrywaarde) staatsgetuie word; *the **weight** of the ~* die oorwig van die getuienis. **ev·i·dence** *ww.* getuig van, bewys; blyk(e) gee van, tekens toon van, dui op, aantoon. **ev·i·den·tial** bewysend, bewysgewend, bewyslewerend, bewys=. **ev·i·dent·ly** klaarblyklik; blykbaar.

e·vil *n.* sonde, kwaad, boosheid, die bose, die slegte; euwel; onheil; *(arg.)* kwaal, siekte; ***brew*** ~ onheil stig; ***deliver** us from ~, (NT)* verlos ons van die Bose; *choose the **lesser** of two ~s* die minste van twee euwels/kwade kies; *a **necessary** ~* 'n noodsaaklike euwel/kwaad; *the **root** of all ~* die wortel van alle kwaad; ***see** no ~, hear no ~, speak no ~* niks verkeerd sien, hoor of sê nie; ***social*** ~ maatskaplike euwel; ***speak*** *~ of s.o.* sleg van iem. praat, iem. belaster/beskinder. **e·vil** *adj.* sleg, kwaad, boos; *it will be an ~ **day** when ...* dit sal 'n kwade dag wees wanneer ...; *fall on/upon ~ **days*** slegte tye beleef/belewe, in swaar tye leef/lewe, baie swaar kry, noustrop trek, met teen=/teëspoed te kampe hê; *the ~ **eye*** die bose oog; *an ~ **genius*** 'n bose gees; *in an ~ **hour**, (poët., liter.)* in 'n onsalige oomblik; *~ **intent*** kwaadwilligheid; *with ~ **intent*** met bose/kwade bedoelings, met bose opset; *the E~ **One**, (arg.)* die Bose; *a/an ... of ~ **repute*** 'n berugte ..., 'n ... met 'n slegte reputasie; *an ~ **tongue*** 'n lastertong, 'n skinderbek. **~doer** boos=, kwaaddoener. **~doing** sonde; misdadigheid. **~-minded** kwaaddenkend; van slegte/gemene inbors, boosaardig. **~-smelling** onwelriekend, sleg ruikend, stinkend. **~-speaking** *n.* kwaadpratery, kwaadsprekery, skindery; laster. **~-speaking** *adj.* lasterend, kwaadsprekend; lasterlik. **~ worker** *(w.g.)* kwaadstigter; boosdoener, goddelose.

e·vil·ly sleg, boos, kwaad; ten kwade; nadelig; *~ disposed* kwaadgesind.

e·vil·ness verkeerdheid; boosheid, slegtheid; sondigheid.

e·vince *(fml.)* openbaar, aan die dag lê; (aan)toon.

ev·i·rate *(arg.)* ontman, kastreer; *(fig.)* verswak.

e·vis·cer·ate *(fml.)* die ingewande verwyder/uithaal; *(chir.)* die inhoud van die oogbal/=bol/ens. verwyder; *(fig.)* ontkrag, van sy krag beroof/berowe, verswak.

e·voke oproep *(herinnerings, geeste, ens.)*; uitlok *(bewondering, reaksie, ens.)*; (op)wek *(simpatie ens.)*; wek *(verbasing ens.)*; veroorsaak, sorg vir *(opskudding ens.)*; (ver)wek *(opspraak ens.)*; ontlok *(emosies, geweld, 'n antwoord, ens.)*; te voorskyn roep *(uit d. dood)*. **ev·o·ca·tion** oproeping; uitlokking; opwekking; veroorsaking; verwekking; ontlokking. **e·voc·a·tive** stemmingsvol, evokatief; *s.t. is ~ of ...* iets herinner ('n) mens aan ..., iets laat ('n) mens aan ... dink.

ev·o·lute, ev·o·lute curve *n., (wisk.)* evoluut, ewoluut. **ev·o·lute** *adj., (biol.)* evoluut, ewoluut, teruggedraai.

ev·o·lu·tion evolusie, ewolusie; wording, wordings=, ontstaansgeskiedenis *(v. 'n land, taal, ens.)*; ontwikkelingsgang *(v.d. ekonomie ens.)*; ontwikkeling; ontvouing, ontplooiing; draai, swenking; *(chem.)* ontwikkeling; *(mil.)* (taktiese) maneuver, evolusie, ewolusie; *(wisk., vero.)* worteltrekking. *~* **theory, theory of** *~* evolusie=, ewolusieleer, evolusie=, ewolusieteorie.

ev·o·lu·tion·al, ev·o·lu·tion·ar·y, ev·o·lu·tive evolusie=, ewolusie=, ontwikkelings=.

ev·o·lu·tion·ist evolusionis, ewolusionis. **ev·o·lu·tion·ism** evolusionisme, ewolusionisme; evolusie=, ewolusieleer. **ev·o·lu·tion·is·tic** evolusionisties, ewolusionisties.

e·volve ontwikkel, ontplooi, ontvou, groei, geleidelik ontstaan; *(bakterie, organisme, fauna, ens.)* evolueer, ewolueer; uitwerk *('n nuwe strategie ens.)*; uitdink *('n projek ens.)*; *(chem.)* afgee *(gas, warmte)*; *(wisk., vero.)* trek *(wortel)*; *s.t. ~s out of ...* iets ontwikkel uit ...

e·vul·sion *(w.g.)* uitrukking; uittrekking; uitskeuring.

ewe (skaap)ooi; *~ with lamb* suip=, lammerooi; *maiden ~* wisselooi. **~ lamb** ooilam. **~ neck** ooinek, U-nek, hol nek *(by honde, perde, ens.)*. **~('s-milk) cheese** skaap(melk)kaas.

ew·er lampetbeker, =kan, gorlet(beker); (water)beker.

ex¹ *prep., (Lat.)* van; (van)uit; sonder; *~ **cathedra**, (RK)* ex cathedra, gesaghebbend, bindend; *(pej.)* uit die hoogte, outoritêr; *~ **dividend*** ex dividend, sonder dividend; *~ **gratia*** ex gratia, onverplig; *~ **gratia payment*** ex gratia-betaling, betaling ex gratia, welwillendheidsbetaling; *~ **London/etc.*** van Londen/ens. (af); *~ **officio*** ex officio, ampshalwe; *~ **officio member*** ex officio-lid, lid ex officio, lid ampshalwe; *~ **parte*** ex parte, eensydig; *~ **parte statement*** ex parteverklaring, verklaring ex parte, eensydige verklaring. **~-factory** *adj.* fabrieks=; ~ *price* fabrieksprys.

ex² *exes, n., (d. letter x)* eks.

ex³ *n., (infml.: gewese man/vrou/ens.)* eks.

ex- *pref.* oud=, eks=, gewese, voormalige. **~-burgher** *(hist.)* oudstryder. **~-chairman** oudvoorsitter. **~-commandant, ~-commander** oudkommandant. **~-convict** oudgevangene. **~-mayor** oudburgemeester. **~-officer** oudoffisier. **~-official** oudamptenaar. **~-president** oud=president, ekspresident. **~-scholar** oudleerling. **~-serviceman** oudsoldaat, oudgediende. **~-soldier** oud=soldaat, oudstryder, oudgediende. **~-student** oud=student, alumnus. **~-wife** gewese vrou, eksvrou.

ex·ac·er·bate vererger, erger maak *(pyn, siekte, spanning, toestand, ens.)*; verskerp *(pogings ens.)*; irriteer, kwaad maak, ontstig, vererg *(iem.)*. **ex·ac·er·bat·ing** verergerend; irriterend, ontstigtend. **ex·ac·er·ba·tion** verergering; opvlamming *(v. siekte)*; irritasie, ergernis.

ex·act *adj.* presies, noukeurig, nougeset, juis, (dood)=reg, akkuraat; eksak; *the* ~ ***amount/sum*** die presiese bedrag; ~ ***definition*** presisering; *at that* ~ ***moment*** presies op daardie oomblik; *be the* ~ ***opposite*** *of s.t.* presies die teenoorgestelde van iets wees; ~ ***replica*** getroue weergawe; *the* ~ ***same*** *..., (infml.)* presies die=selfde ...; ~ ***sciences*** eksakte wetenskappe; *what is the* ~ ***time?*** hoe laat is dit presies?; *the* ~ ***time and place*** die presiese tyd en plek; *those were s.o.'s* ~ ***words*** dis presies wat iem. gesê het. **ex·act** *ww., (fml.)* vorder *(belasting ens.)*; verg, eis, verlang; opeis *(voorregte, vergoeding, gelyke behandeling, ens.)*; afdwing *(respek, verandering, ens.)*; ~ *s.t. from s.o.* iets van iem. verg; iets van iem. opeis; iets uit iem. kry *(geld ens.)*; ~ *revenge/vengeance from s.o.* op iem. wraak neem/uitoefen. **ex·act·er** →EXACTOR. **ex·act·ing** veeleisend *(persoon, beroep, taak, ens.)*; streng *(standaarde ens.)*; uiters moeilik *(omstandighede ens.)*. **ex·ac·tion** *(fml.)* vordering; eis; opeising; afdwinging. **ex·ac·ti·tude, ex·act·ness** presiesheid, noukeurigheid, nougesetheid, juistheid, akkuraatheid, eksaktheid. **ex·act·ly** presies, juis, net; noukeurig; ***exactly!*** presies!, net so!, juistement!; *s.o. looks* ~ ***like*** *s.o. else* iem. lyk op 'n druppel na iem. anders; ***not*** ~ nie juis/eintlik nie; ~ ***nothing*** heelte=mal niks; ~ ***right*** doodreg; ***what*** ~ *do you mean?* wat bedoel jy presies (*of* nou eintlik)?. **ex·act·ness** →EXACTITUDE. **ex·ac·tor** (op)vorderaar, (op)eiser; afdreiger.

ex·ag·ger·ate oordryf, oordrywe, aandik, vergroot, opblaas; ~ *s.t. greatly/grossly* iets erg oordryf/oordrywe. **ex·ag·ger·at·ed** oordrewe, aangedik; *be greatly/grossly* ~ erg oordrewe wees. **ex·ag·ger·at·ed·ly** oordrewe, op oordrewe wyse, op 'n oordrewe manier. **ex·ag·ger·a·tion** oordrywing, vergroting; oordrewenheid. **ex·ag·ger·a·tive** oordrywend; oordrewe. **ex·ag·ger·a·tor** oordrywer, spekskieter.

ex·alt verhef; loof, prys, verheerlik, grootmaak, ophemel, opvysel, roem; verdiep, intenser maak *('n kleur)*; ~ *s.o. to ...* iem. tot ... verhef; ~ *s.o. to the skies* iem. hemelhoog prys. **ex·al·ta·tion** verheffing; verheerliking; vervoering, verrukking, blydskap; geestesvervoering; verskerping; verdieping; *E~ of the Cross, (RK: fees op 14 Sept.)* Kruisverheffing. **ex·alt·ed** verhewe; in vervoering, opgetoë, verruk. **ex·alt·ing** hartverheffend.

ex·am *(afk.)* →EXAMINATION.

ex·am·i·na·tion *(opv.)* eksamen; eksaminering; *(ook med.)* ondersoek; inspeksie; visentering, deursoeking; *(jur.)* ondervraging, verhoor; ***conduct*** *an* ~ 'n eksamen afneem; ***cram*** *for an* ~ →CRAM; ***fail*** *(in) an* ~ →FAIL *ww.*; ***go in*** *for an* ~ jou vir 'n eksamen aanmeld/inskryf/inskrywe; *the* ~ ***in*** *a subject* die eksamen in 'n vak; *an* ~ ***into*** *...* 'n ondersoek na ...; *a* ***medical*** ~ 'n mediese ondersoek/keuring; *an* ~ ***of*** *...* 'n ondersoek van ...; ***on*** ~ by ondersoek; ***on*** *closer* ~ by nader ondersoek; *an* ***oral*** ~ 'n mondelinge eksamen; ***pass*** *an* ~ →PASS *ww.*; *a* ***postmortem*** ~ 'n lykskouing (*of* nadoodse ondersoek *of* outopsie); ***set*** *an* ~ 'n eksamen afneem; *a* ***stiff*** ~, *(infml.)* 'n moeilike/swaar eksamen; ***take*** (or ***sit for***) *an* ~ ('n) eksamen aflê/doen/skryf/skrywe; *be* ***under*** ~, *(iem., iets)* ondersoek word; *(d. lot/toekoms v. iets)* nog nie beslis wees nie; ***undergo*** *an* ~ geëksamineer word; ondersoek word; ***write*** *an* ~ ('n) eksamen skryf/skrywe; *a* ***written*** ~ 'n skriftelike eksamen. ~ **book** eksamenskrif, antwoord(e)=boek. ~ **fee** eksamengeld. **~-in-chief** *(jur.)* hoofondervraging. ~ **paper** vraestel; eksamenskrif; *mark* ~*s* eksamenskrifte nasien. ~ **results** eksamenuitslag, =uitslae.

ex·am·ine *(ook med.)* ondersoek; toets, kontroleer, nagaan, nasien; keur; bekyk, beskou, inspekteer; visenteer, deursoek; *(opv.)* eksamineer; *(jur.)* ondervra, verhoor; ~ *s.t.* ***closely*** iets noukeurig ondersoek (*of* onder die loep neem); iets op die keper beskou; ***have*** *s.t.* ~*d* iets laat ondersoek; *s.o. should* (or *ought/needs to) have his/her* ***head*** ~*d, (infml.)* iem. moet sy/haar kop laat lees; ~ *s.o.* ***in*** *s.t.* iem. in iets eksamineer; ~ ***into*** *s.t.* iets ondersoek. **ex·am·in·ee** (eksamen)kandidaat. **ex·am·in·er** eksaminator; ondersoeker; kontroleur; keurder; inspekteur; visenteerder; toetsbeampte; ondervraer.

ex·am·ple *n.* voorbeeld; monster; model; eksemplaar; toonbeeld; *a* ***bad/good*** ~ 'n slegte/goeie voorbeeld; ***beyond/without*** ~ weergaloos, sonder gelyke/weerga, ongeëwenaard, onoortreflik; ***follow*** *an/s.o.'s* ~ 'n (*of* iem. se) voorbeeld volg; *an* ~ *worth* ***following*** 'n navolgenswaardige voorbeeld; ***for*** ~ byvoorbeeld; ***make*** *an* ~ *of s.o.* iem. so straf dat dit ander sal afskrik, iem. tot afskrikkende voorbeeld stel; ~ *is better than* ***precept,*** *(sprw.)* woorde wek, (maar) voorbeelde trek; *a* ***prime*** ~ →PRIME *adj.*; *s.t.* ***serves*** *as an* ~ *to s.o.* iets is vir iem. 'n voorbeeld, iets strek iem. tot voorbeeld; ***set*** *an* ~ 'n voorbeeld stel/wees; *a* ***shining*** ~ →SHINING *adj.*; *a* ***splendid*** ~ →SPLENDID; ***take*** ~ *by s.o.* iem. tot voorbeeld neem; *by* ***way*** *of* ~ as (*of* by wyse van) voorbeeld. **ex·am·ple** *ww.* met voorbeelde (*of* 'n voorbeeld) toelig; as voorbeeld dien van.

ex·an·i·mate *(w.g.)* leweloos, sielloos, ontsiel(d); neerslagtig.

ex·arch *(hist., relig.)* eksarg. **ex·ar·chate** *(hist., geog.)* eksargaat.

ex·as·per·ate *ww.* vertoorn, (baie) kwaad maak, die harnas in ja(ag), vererg; (vreeslik/verskriklik) irriteer; tart, treiter. **ex·as·per·ate** *adj., (bot.)* ru, met 'n ruwe oppervlak. **ex·as·per·at·ed** vies, vererg, omgekrap, ergerlik; geïrriteer(d); *be* ~ *at/by s.t.* vies/vererg/omgekrap/ergerlik oor iets wees; geïrriteerd oor iets wees; *become/get* ~ *with s.o./s.t.* jou vir iem./iets vererg. **ex·as·per·at·ing** ergerlik; onhebbelik; onuitstaanbaar. **ex·as·per·at·ing·ly:** *be* ~ *slow* pynlik stadig wees; *be* ~ *stupid* ongeloorlik dom (*of* bitter onnosel) wees. **ex·as·per·a·tion** ergernis, ergerlikheid, wrewel, toorn, gegriefdheid, gesteurdheid; wanhoop, vertwyfeling, radeloosheid; *in* ~ van ergernis; uit radeloosheid.

Ex·cal·i·bur *(towerswaard v.d. legendariese koning Arthur)* Excalibur.

ex·ca·vate uitgrawe *(grond, gruis, ens.)*; opgrawe *(artefakte, antieke stad, ens.)*; *(fml.)* grawe, uithol *('n sloot, ruimte, ens.)*; *(w.g.)* uitdiep *(feite, implikasies, ens.)*; ~ *a dam* 'n dam skraap; ~*d soil* uitgegrawe grond. **ex·ca·va·tion** uitgrawing; opgrawing; uitholling; gat, holte; *(i.d. mv.)* graafwerk; opgrawings. **ex·ca·va·tor** uitgrawer; opgrawer; uitholler; (uit)graafmasjien, masjiengraaf, meganiese graaf.

ex·ceed oortref, meer wees as *(R10 miljoen ens.)*; oorskry *('n begroting, alle perke, ens.)*; te bowe gaan *(alle begrip ens.)*; oortref *(alle verwagtings)*; oorstyg *(beperkings, natuurlike aanleg, ens.)*; *(rivier)* oorstroom *(sy walle)*; ~ *one's powers* jou bevoegdheid oorskry, buite jou bevoegdheid optree; ~ *the speed limit* die snelheidsperk oorskry/oortree. **ex·ceed·ing·ly** uiters *(moeilik, ingewikkeld, onaangenaam, klein, ens.)*, erg *(gespanne, vervelig, ens.)*, hoogs *(mededingend, suksesvol, ens.)*, rêrig *(mooi, snaaks, ens.)*, pynlik *(stadig ens.)*, geweldig *(beïndruk, geskok, ens.)*, buitengewoon *(warm, nederig, naïef, ens.)*, uitermate *(goed, energiek, ens.)*.

ex·cel *-ll-* uitblink, uitmunt, skitter, jou onderskei; oortref; ~ *as a ...* as ... skitter *(veldwerker ens.)*; 'n uitstekende/voortreflike/uitmuntende/skitterende ... wees *(kok ens.)*; jou onderskei as ... *(wetenskaplike ens.)*; ~ *at/in s.t.* in iets uitblink/uitmunt, uitmuntend in iets presteer; ~ *o.s.* jouself oortref. **ex·cel·lence** voortreflikheid, uitmuntendheid; uitmuntende eienskap, deug; *par* ~, *(Fr.)* by uitstek/uitnemendheid. **ex·cel·len·cy** *(titel)* eksellensie; *(arg.)* voortreflikheid; ***His/Her*** *E*~ Sy/Haar Eksellensie; ***Their*** *Excellencies* Hul(le) Eksellensies; ***Your*** *E*~ (U) Eksellensie. **ex·cel·lent** uitstekend, uitmuntend, puik, skitterend, voortreflik, meesterlik, uitnemend; *an* ~ *opportunity* 'n gulde geleentheid.

ex·cel·si·or *(Lat.)* excelsior, (steeds) hoër.

ex·cen·tric, ex·cen·tral *(bot.)* eksentries, abaksiaal. **ex·cen·tric·i·ty** eksentrisiteit.

ex·cept *ww., (fml.)* uitsluit, uitsonder, buite beskouing laat; *... not* ~*ed* ... nie uitgesonder nie, met inbegrip van ...; *present company* ~*ed* die aanwesiges uitgesonder; ~ *s.o. from s.t.* iem. van iets uitsluit; ~ *to s.t., (w.g.)* teen iets beswaar maak. **ex·cept** *prep.* behalwe, buiten, afgesien van, met uitsondering van, uitgesonder(d), buite en behalwe; ***all*** *came* ~ *him/her* almal het gekom behalwe hy/sy; *it happened to* ***everybody*** ~ *him/her* dit het met almal behalwe/buiten hom/haar gebeur; ~ ***for*** *...* behalwe/buiten (*of* met uitsondering van) ...; ~ ***for*** *that* afgesien daarvan, behalwe wat dit betref; *all* ~ ***one/etc.*** almal op een/ens. na. **ex·cept** *voegw.* maar, egter; *(arg.)* tensy; ~ *(for the fact) that ...* behalwe (vir die feit) dat ...; *s.t. is quite good/etc.,* ~ *that ...* iets is nogal goed/mooi/ens., maar ... **ex·cept·ing** *prep., (fml.)* buiten, behalwe, met uitsondering van, afgesien van; *not* ~ *...* met inbegrip van ..., ... nie uitgesonder nie. **ex·cept·ing** *voegw., (arg.)* tensy. **ex·cep·tion** uitsondering; beswaar; *(jur.)* eksepsie; ***as*** *an* ~ by (wyse van) uitsondering; ***make*** *an* ~ 'n uitsondering maak; *an* ~ *to the* ***rule*** 'n uitsondering op die reël; *the* ~ *proves the* ***rule*** die uitsondering bevestig die reël; ***sustain*** *an* ~, *(jur.)* 'n beswaar laat geld, 'n eksepsie handhaaf; ***take*** ~ *to s.t.* teen iets beswaar maak; aan iets aanstoot neem, iem. iets kwalik neem; *(jur.)* teen iets eksepsie aanteken/opwerp; *by* ***way*** *of* ~ by (wyse van) uitsondering; ***with*** *the* ~ *of ...* met uitsondering van ..., ... uitgesonder(d), buiten ...; ***with*** *the* ~ *of ten/etc.* op tien/ens. na; ***without*** ~ sonder uitsondering/onderskeid, voor die voet, deur die bank. **ex·cep·tion·a·ble** *(fml.)* aanvegbaar, betwisbaar; aanstootlik, verwerplik, laakbaar. **ex·cep·tion·al** uitsonderlik, buitengewoon, ongewoon, besonder; uitstekend, uitmuntend, puik, skitterend, voortreflik; ~ *case* uitsonderlike geval, uitsonderingsgeval. **ex·cep·tion·al·i·ty** uitsonderlikheid, ongewoonheid. **ex·cep·tion·al·ly** by (wyse van) uitsondering; buitengewoon, besonder(lik).

ex·cerpt *n.* uittreksel, ekserp; aanhaling; stuk(kie), fragment, greep, grepie, (kort) gedeelte; *make an* ~ *from s.t.* 'n uittreksel uit iets maak; *play an* ~ *from ...* 'n uittreksel/stuk(kie)/fragment/greep/grepie (*of* kort gedeelte) uit ... (voor)speel. **ex·cerpt** *ww.* 'n uittreksel maak, ekserpeer; aanhaal; ~ *from ...* uittreksels (*of* 'n uittreksel) uit ... maak. **ex·cerp·tor** ekserpeerder.

ex·cess, ex·cess *n.* oormaat; oorvloed; oordaad; oorskot, surplus, res; saldo; buitensporigheid, onmatigheid; uitspatting; oorskryding; *(i.d. mv.)* gruwele, gruweldade, gewelddadighede *(v. oorlog ens.)*; ~ *of* ***births*** *over deaths* geboorte-oorskot; ***commit*** (or *be* ***guilty of***) ~*es* jou te buite gaan; gruweldade pleeg, aan gruweldade skuldig wees; ***in*** ~ in oormaat; oormatig; ***in*** ~ *of ...* meer as (*of* bo) ...; *an* ~ ***of*** *...* 'n oormaat (van) ... *(inligting, vitamiene, ens.)*; 'n oorvloed (van) ... *(kos, liefde, ens.)*; te veel ... *(ywer ens.)*; ***sexual*** ~*es* seksuele losbandigheid/uitspattighede; *carry s.t.* ***to*** ~ iets oordryf/oordrywe; *eat/drink* ***to*** ~ oormatig eet/drink, jou te buite gaan; ~ *on the/a vote, (parl.)* oorskryding van die/'n (begrotings)pos. **ex·cess, ex·cess** *adj. (attr.)* ekstra, oortollige; oor=. **ex·cess** *ww.* afskaf *(poste ens.)*; ontslaan *(werknemers)*; ontslae raak van *(toerusting ens.)*. ~ **amount** oorskotbedrag. ~ **baggage,** ~ **luggage** oortollige bagasie, oorgewigbagasie; *(infml., fig.)* oortollige bagasie, ballas. ~ **charge** toeslag. ~ **depot** *(spw.)* skutloods. ~ **expenditure,** ~ **spending** oorbesteding, ooruitgawe. ~ **fare** bybetaling, toeslag *(op 'n reiskaartjie, vlug, ens.)*. ~ **freight,** ~ **load** ekstra vrag, oorvrag. ~ **payment** oorbetaling; *(versek.)* bybetaling. ~ **pressure** oordruk, drukoormaat. ~ **profit(s)** oorwins. ~ **weight** oorgewig.

ex·ces·sive oordrewe *(emosies, ywer, ens.)*; buitensporig *(gedrag, magte, prys, wins, ens.)*; oordadig *(liefde, respek, ens.)*; oormatig *(alkoholgebruik, bloeding, ens.)*; uitermatig *(energie, geweld, ens.)*; uitbundig *(vrolikheid, jolyt, ens.)*; uitspattig *(lewenstyl, smaak, ens.)*; mateloos *(frustrasie, verdriet, ens.)*; ~ ***charge,*** *(elek.)* oorlading; ~ ***drinking*** drankmisbruik; ~ ***modesty*** oorbeskeidenheid. **ex·ces·sive·ly** uiters, uitermate, buitensporig, oordrewe. **ex·ces·sive·ness** oordrewenheid; buitensporigheid; oordadigheid; oormatigheid; mateloosheid.

ex·change *n.* ruil(ing), omruiling, uitruiling, verruiling; ruilery; wisseling, omwisseling, uitwisseling; woordewisseling, rusie; gesprek, gedagtewisseling; ruilverkeer; ruil=, wisselhandel; wisselkoers; valuta; teenwaarde; bankkommissie; beurs; beurs(gebou); (telefoon)sentrale; *an* ***angry*** (or *a* ***bitter/heated***) ~ *(of words)* 'n skerp woordewisseling; ***arbitration*** *of* ~ →ARBITRATION; ***bank*** *of* ~ wisselbank; *an* ~ ***between*** ... 'n woordewisseling tussen ...; ***bill*** *of* ~ →BILL[1] *n.*; ***foreign*** ~ →FOREIGN; ~ *of* ***ideas/thoughts/notes*** gedagtewisseling; ***in*** ~ *for* ... in ruil vir ...; *a* ***medium*** *of* ~ 'n ruilmiddel; ***officer*** *on* ~ →OFFICER; ***par*** *of* ~ →EXCHANGE-RATE PARITY; ***rate*** *of* ~ = EXCHANGE RATE; ***telephone*** ~ telefoonsentrale. **ex·change** *ww.* (om)ruil, uitruil, verruil; wissel, verwissel, omwissel, uitwissel; ~ ***blows*** →BLOW[3]; ~ *s.t.* ***for*** ... iets vir ... ruil; iets vir ... verruil; iets vir ... inwissel/uitwissel; iets deur ... vervang; ~ ***shots*** →SHOT[1] *n.*; ~ ***views*** →VIEW *n.*; ~ *seats* ***with*** *s.o.* plekke met iem. (om)ruil; ~ ***words*** *with s.o.* woorde met iem. wissel, met iem. gesels; ~ *angry* ***words*** *with s.o.* 'n woordewisseling met iem. hê. ~ **bank** wisselbank. ~ **broker** wisselmakelaar; valuta=, deviesemakelaar. ~ **control** valuta=, deviesebeheer. ~ **(copy)** ruilnommer, =eksemplaar. ~ **list** (wissel)koerslys; beurs=, noteringslys. ~ **market** valutamark. ~ **medium** ruilmiddel. ~ **office** wisselkantoor; uitwisselkantoor, verrekeningskantoor. ~ **rate** wisselkoers; *(han.)* ruilvoet, ruilverhouding . **~-rate parity** wisselkoerspariteit. ~ **student** uitruilstudent. ~ **value** ruilwaarde; koerswaarde. ~ **visit** uitruilbesoek. ~ **yard** *(spw.)* wisselterrein.

ex·change·a·ble omruilbaar, uitruilbaar, (ver)ruilbaar *(goedere)*; inwisselbaar, omwisselbaar, uitwisselbaar *(effekte ens.)*. **ex·change·a·bil·i·ty** omruilbaarheid, uitruilbaarheid, (ver)ruilbaarheid; inwisselbaarheid, omwisselbaarheid, uitwisselbaarheid.

ex·chang·er (uit)ruiler; →HEAT EXCHANGER.

ex·cheq·uer skatkis, staatskas, fiskus *(v. 'n land)*; *Chancellor of the E~* Britse minister van finansies. ~ **bill** skatkiswissel, =bewys, =biljet. ~ **bond** *(Am.)* skatkisobligasie.

ex·cip·i·ent *(med.)* eksipiënt, bindmiddel, =stof.

ex·cis·a·ble aksynspligtig, aksynsbaar, onderhewig/onderworpe aan aksyns.

ex·cise, ex·cise[1] *n.* aksyns. **ex·cise** *ww.* aksyns laat betaal, met aksyns belas. ~ **duty** aksynsreg. ~ **office** aksynskantoor. ~ **officer** aksynsbeampte. ~ **(tax)** aksyns(belasting).

ex·cise[2] *ww.* skrap, uitwis, weglaat *(reël, teks, ens.)*; *(chir.)* uitsny, wegsny, verwyder *(gewas, orgaan, ens.)*. **ex·ci·sion** skrapping, uitwissing, weglating; uitsnyding, wegsnyding, verwydering, eksisie.

ex·cite opgewonde maak; *(seksueel)* prikkel, stimuleer; wek *(belangstelling, agterdog, jaloesie, ens.)*; opwek *(gevoelens ens.)*; uitlok *(reaksies ens.)*; gaande maak *(d. verbeelding ens.)*; begin, ontketen, laat ontstaan *('n rebellie ens.)*; *(chem., fis., elek.)* opwek; →EXCITED. **ex·cit·a·bil·i·ty** prikkelbaarheid, liggeraaktheid; emosionaliteit. **ex·cit·a·ble** prikkelbaar, liggeraak; emosioneel, wat gou opgewerk raak. **ex·ci·tant** *n.* stimulant, opwekker, prikkel(middel), opwek=, stimuleermiddel. **ex·ci·tant** *adj.* opwindend, prikkelend; opwekkend. **ex·ci·ta·tion** *(fis., fisiol., elek., elektron.)* opwekking; *(fisiol.)* prikkel(ings)toestand, eksitasie; aktivering; *(seksueel)* prikkeling, stimulasie, opwekking. **ex·ci·ta·to·ry** *(fisiol.)* prikkelend, prikkel=, prikkeling(s)=, eksitasie=. **ex·cit·ed** opgewonde, uitgelate, opgetoë, gaande; *be ~ about s.t.* opgewonde oor iets wees; in jou skik/noppies met iets wees; *become/get ~ about s.t.* opgewonde oor iets raak/word; jou oor iets opwen (*of* druk maak); *don't get ~!* bly kalm!. **ex·cite·ment** opwinding, opgewondenheid; spanning; roes *(v. 'n oorwinning ens.)*; drukte; *(seksueel)* prikkeling, stimulasie, opwekking; *the ~ about/over s.t.* die opgewondenheid/opwinding oor iets; *quiver with ~* tintel van opwinding. **ex·cit·er** opwekker. **ex·cit·ing** opwindend; spannend *(verhaal, kykstof, wedstryd, avontuur, ens.)*; spanningsvol *(oomblik, situasie, dag, tyd, ens.)*; *(seksueel)* prikkelend, stimulerend, opwekkend.

ex·claim uitroep; ~ *at s.t.* jubelend/opgewonde/spontaan/verbaas/ens. uitroep oor iets.

ex·cla·ma·tion uitroep, kreet, skree(u), roep. ~ **mark,** *(Am.)* ~ **point** uitroepteken.

ex·clam·a·to·ry uitroepend; luid; uitroep=; ~ *sentence, (gram.)* uitroepsin.

ex·clave eksklave, eksklawe; →ENCLAVE.

ex·clude uitsluit; uitskakel *(moontlikheid, twyfel, ens.)*; uithou *(uit 'n saak ens.)*; nie toelaat nie, wegwys; buite beskouing/rekening laat, nie in ag neem nie; ~ *s.o. from s.t.* iem. van iets uitsluit. **ex·clud·ing** *prep.* met uitsondering van, uitgesonder(d). **ex·clu·sion** uitsluiting; uitskakeling; wegwysing; *to the ~ of* ... met uitsluiting van ... **ex·clu·sive** uitsluitend; nie inbegrepe nie; geslote *(vergadering ens.)*; uitsluitlik *(doel, prerogatief, voorreg, ens.)*; eksklusief *(eetplek, klub, winkel, woonbuurt, onderhoud, dekking, ens.)*; deftig, sjiek; kieskeurig, uitsoekerig; afgeslote, afsydig *(gemeenskap ens.)*; enigste *(bedinger, handelaar, vervoermiddel, ens.)*; ~ ***agency*** alleenagentskap; ~ ***agent*** alleenagent, enigste agent; ~ ***line,*** *(telef.)* enkelvoudige aansluiting; ***mutually*** ~ onverenigbaar; ~ ***of*** ... sonder (*of* met uitsluiting van) ... *(BTW, rente, ens.)*; ~ ***right*** alleenreg, uitsluitende reg; *s.t. is ~* ***to*** ... iets is net/uitsluitend/uitsluitlik by ... te koop/kry/vind; iets kom net by ... voor. **ex·clu·sive·ly** uitsluitend, uitsluitlik *(op iets staatmaak ens.)*; slegs, net *(vir iets gebruik ens.)*; eksklusief *(vir iets ontwikkel wees ens.)*. **ex·clu·sive·ness, ex·clu·siv·i·ty** uitsluitlikheid; eksklusiwiteit; afgeslotenheid, afsydigheid. **ex·clu·siv·ism** eksklusivisme, kliekerigheid, uitsluiting.

Ex·co *(afk. v.* Executive Committee/Council*)* Uitvoerende Komitee/Raad *(afk.:* UK, UR*)*.

ex·cog·i·tate *(fml.)* uitdink, bedink, beraam, versin, prakseer. **ex·cog·i·ta·tion** bedenksel, versinning, plan, vinding.

ex·com·mu·ni·cate in die (kerklike) ban doen, uit die kerk ban, ekskommunikeer. **ex·com·mu·ni·ca·tion** (kerklike) ban, ekskommunikasie. **ex·com·mu·ni·ca·tive, ex·com·mu·ni·ca·to·ry** ban=.

ex·co·ri·ate *(med.)* ontvel; velaf skuur; afskuur, afskaaf, =skawe; *(fml.)* kritiseer, veroordeel, striem. **ex·co·ri·a·tion** ontvelling; afskuring, afskawing; skaafplek, =wond; kritiek, veroordeling.

ex·cre·ment uitwerpsel(s), ontlasting, uitskeiding; drek; uitvaagsels *(v.d. gemeenskap)*. **ex·cre·men·tal** ontlasting(s)=, uitskeiding(s)=, uitwerpsel=, van die uitwerpsels; drek=, drekkerig *(gehalte ens.)*; ~ *disease* ontlastingsiekte; ~ *function* ontlastings=, uitskeidingsfunksie; ~ *habits* ontlastinggewoontes; ~ *movie* drekfliek.

ex·cres·cence uitgroeisel; *(fig.)* uitwas *(v. 'n ideologie)*. **ex·cres·cent** uitgroeiend; oortollig.

ex·crete uitskei, afskei; (jou) ontlas, ekskreteer. **ex·cre·ta** *n. (mv.)* uitskeidings, afskeidings, uitwerpsels, ekskreta, ekskresies, fekalieë; uitskeidingsprodukte; drek. **ex·cre·tion** uitskeiding, afskeiding, ekskresie, ekskreet; uitskeidingsproduk. **ex·cre·tive, ex·cre·to·ry** uitskeidend, afskeidend, uitskeiding(s)=, afskeiding(s)=; ~ *duct, (fisiol.)* afvoerbuis.

ex·cru·ci·ate *(w.g.)* martel, folter, pynig. **ex·cru·ci·at·ing** ondraaglik, verskriklik, vreeslik, folterend *(pyn)*; pynigend *(proses, aanraking, ens.)*; martelend *(ure, dae, maande, jare, onsekerheid, spanning, ens.)*, martel= *(dood ens.)*. **ex·cru·ci·at·ing·ly** uiters *(aaklig, pynlik, swak, vernederend, ens.)*; ontsettend *(banaal, seer, ens.)*; verskriklik, vreeslik *(hartseer, moeg, ongemaklik, sleg, vervelig, ens.)*; bitter *(moeilik, seer, warm, ens.)*; ~ *funny* skree(u)snaaks.

ex·cul·pate *(fml.)* verontskuldig, vryspreek, van blaam onthef; ~ *o.s.* die skuld van jou afskuif/=skuiwe; ~ *s.o. from s.t.* iem. van iets vryspreek *('n beskuldiging ens.)*. **ex·cul·pa·tion** verontskuldiging, vryspraak, ontheffing van blaam. **ex·cul·pa·to·ry** verontskuldigend, verskonend.

ex·curse *(w.g.)* uitwei; uitstappies (*of* 'n uitstappie) doen/maak/onderneem. **ex·cur·sive** *(fml.)* uitweidend; wydlopig; onsamehangend.

ex·cur·sion uitstappie, ekskursie, plesiertog(gie); *(teg.)* uitslag; *(fis.)* uitwyking; *(arg.)* afdwaling, afwyking; *go on an ~* 'n uitstappie doen/maak/onderneem. ~ **fare** vakansie=, ekskursietarief. ~ **steamer** plesierboot. ~ **ticket** vakansie=, ekskursiekaartjie. ~ **train** vakansie=, plesiertrein.

ex·cur·sion·ist dagtoeris.

ex·cuse *n.* verskoning, ekskuus; verontskuldiging, ekskuus; uitvlug, voorwendsel, skuiwergat; *(Am.)* siekbrief(ie); doktersbrief(ie); *a* ***feeble/flimsy/lame/paltry/poor/sorry/thin/weak*** ~ 'n flou(erige)/swak(kerige)/power(e) verskoning/ekskuus; *try to* ***find*** *~s* verskonings soek; *an* ~ ***for*** *a ..., (infml.)* 'n patetiese/vrotsige/beroerde ...; *make a* ***thousand and one*** *~s* allerhande verskonings hê; *a* ***valid*** ~ 'n geldige verskoning/ekskuus; *by* ***way*** *of* ~ ter verskoning. **ex·cuse** *ww.* verskoon; verontskuldig; vergeef, vergewe; oorsien, oor die hoof (*of* deur die vingers) sien *(iem. se tekortkomings ens.)*; vrystel *(v. 'n eksamen ens.)*; kwytskeld, vryskeld *(v. betaling, belasting, ens.)*; ***ask/beg*** *to be ~d* vra om verskoon te word; (om) verskoning vra; ***can/may*** *I be ~d?* kan/mag ek maar gaan?; kan/mag ek maar opstaan (*of* die tafel verlaat)?; *(euf.: versoek om toilet toe te gaan)* kan/mag ek (maar) die kamer verlaat?; ~ *o.s.* ***for*** *being late* verskoning maak dat jy laat is, verskoning maak vir jou laat kom; ~ *me* ***for*** *being late,* ~ *my late arrival* jammer dat ek laat is, jammer ek is laat; ~ *me* ***for*** *living!* ekskuus dat ek leef/lewe/asemhaal!; ~ *s.o.* ***for*** *s.t.* iem. iets verskoon; *s.o. can/could be ~d* ***for*** ... dis (*of* dit is) vergeeflik dat iem. ..., ('n) mens kan iem. nie verkwalik (*of* kwalik neem) dat hy/sy ... nie; ~ *s.o.* ***from*** *s.t.* iem. van iets vrystel; ~ ***me!*** ekskuus!, verskoon my!; ***nothing*** *can ~ such* (or *that kind of) behaviour/etc.* sulke gedrag/ens. is onvergeeflik/onverskoonbaar; ~ ***o.s.*** vra om verskoon te word; (om) verskoning vra; ***you*** *are ~d, (aan kinders)* jy/julle kan (maar) gaan; jy/julle kan maar opstaan (*of* die tafel verlaat). **ex·cus·a·ble** vergeeflik, verskoonbaar. **ex·cus·a·to·ry** verontskuldigend.

ex·cuss *(jur.)* uitwin. **ex·cus·sion** voorreg van uitwinning.

ex·di·rec·to·ry *adj., (Br.)* →UNLISTED.

ex·e·at *(Br.)* verlof (om afwesig te wees); verlofpermit; *(RK)* ekskardinasieverlof *(v. 'n priester)*.

ex·e·crate verafsku, verfoei; *(arg.)* vervloek. **ex·e·cra·ble** afskuwelik, verfoeilik; aaklig, verskriklik, treurig, vrot. **ex·e·cra·ble·ness** afskuwelikheid, verfoeilikheid. **ex·e·cra·tion** afsku, afkeer; verafskuwing, verfoeiing; gruwel; *(arg.)* vervloeking. **ex·e·cra·tive, ex·e·cra·to·ry** verafskuwend, verfoeiend; veragtelik, haatlik; *(arg.)* vervloekend, vloek=.

ex·e·cute uitvoer *('n plan, bestelling, bevel, hofbevel, vonnis, ens.)*; uitvoering gee aan, ten uitvoer bring *('n beleid, belofte, ens.)*; verrig *(funksie, taak, ens.)*; nakom *('n kontrak)*; skep *(kunswerke ens.)*; maak *(borduursels ens.)*; uitvoer *(danspassies ens.)*; uitvoer, speel, vertolk *(musiek)*; *(jur.)* verly *('n akte, dokument, testament)*; *(jur.)* ten uitvoer lê *('n vonnis, lasbrief, hofbevel)*; *(jur.)* uitwin, eksekuteer *(skuldenaar)*; *(jur.)* teregstel, iem. se doodsvonnis (*of* die doodsvonnis van iem.) voltrek; ~ *s.o. by (a) firing squad* iem. fusilleer. **ex·e·cut·a·ble** uitvoerbaar; *(jur.)* eksekutabel, vatbaar vir eksekusie *(eien=*

dom ens.). **ex·ec·u·tant** uitvoerder; *(mus.)* uitvoerende kunstenaar, vertolker. **ex·e·cu·tion** uitvoering; tenuitvoerbrenging; verrigting; nakoming; skepping; *(mus.)* spel, vertolking; *(jur.)* verlyding; *(jur.)* tenuitvoerlegging; *(jur.)* uitwinning, eksekusie; *(jur.)* teregstelling, voltrekking van iem. se doodsvonnis; ***do*** ~ slagting aanrig; slagoffers maak; *in the* ~ *of one's* ***duty*** in die uitvoering van jou plig; ***put*** *s.t. into* ~ iets uitvoer, aan iets uitvoering gee, iets in werking stel; ***sale*** *in* ~, *(jur.)* geregtelike verkoping, uitwinnings=, eksekusieverkoping; ***writ*** *of* ~, *(jur.)* lasbrief vir eksekusie/uitwinning. **ex·e·cu·tion·er** beul, laksman.

ex·ec·u·tive *n.* bestuursbeampte, =amptenaar *(v. 'n onderneming);* uitvoerende beampte/amptenaar *(v. 'n bedryfsvereniging ens.);* dagbestuur, uitvoerende bestuur; bestuurskomitee; *(aangaande raadsbesluite)* uitvoerende komitee; uitvoerende gesag/mag *(v.d. staat).* **ex·ec·u·tive** *adj.* uitvoerend, uitvoerings=; bestuurs=; ~ ***authority*** uitvoerende gesag/mag *(v.d. staat);* uitvoerende owerheid; ~ ***body*** uitvoerende liggaam; ***business*** ~ →BUSINESS; ***chief*** ~ →CHIEF *adj.;* ~ ***clemency*** begenadiging deur die owerheid; ~ ***committee*** uitvoerende komitee; dagbestuur, uitvoerende bestuur; *E~* ***Council*** Uitvoerende Raad; ~ ***director*** uitvoerende direkteur; ~ ***function*** uitvoerende funksie; ~ ***officer*** bestuursbeampte, =amptenaar *(v. 'n onderneming);* uitvoerende beampte/amptenaar *(v. 'n bedryfsvereniging ens.); (vloot)* uitvoerende offisier. ~ **burnout** bestuurstamheid, =uitputting. ~ **desk** direkteurslessenaar. ~ **flu** *(chroniese-/kroniese-uitputtingsindroom, chroniese-/kroniesemoegheidsindroom)* yuppie=, jappiegriep. ~ **jet** privaat/private straler/straalvliegtuig. ~ **suite** hoofbestuursuite. ~ **toys** *(mv.)* ontwerperspeelgoed.

ex·ec·u·tor *(jur.)* eksekuteur, boedeladministrateur; uitvoerder *(v. 'n beleid ens.);* voltrekker *(v. 'n projek ens.); board of ~s* →BOARD *n.;* ~ *dative* eksekuteur datief; ~ *testamentary* eksekuteur testamentêr. **ex·ec·u·to·ri·al** eksekutoriaal, eksekuteurs=. **ex·ec·u·tor·ship** eksekuteurskap. **ex·ec·u·trix** *=trices, =trixes, (jur.)* eksekutrise.

ex·e·ge·sis *=geses* Skrif=, Bybelverklaring, eksegese; teksverklaring, =interpretasie, eksegese; uitlegkunde. **ex·e·gete, ex·e·ge·tist** Bybel=, Skrifverklaarder, eksegeet; teksverklaarder, eksegeet, uitlêer. **ex·e·get·ic, ex·e·get·i·cal** *adj.* verklarend, eksegeties, uitlegkundig. **ex·e·get·ics** *n.* eksegetiek, eksegeseleer.

ex·em·plar model, voorbeeld; toonbeeld; tipe; parallel, analogon. **ex·em·pla·ri·ness** voorbeeldigheid. **ex·em·pla·ry** voorbeeldig; tot voorbeeld/waarskuwing strekkend; ~ *conduct* voorbeeldige gedrag; ~ *damages, (jur.)* bestraffende skadevergoeding; ~ *punishment* afskrikkende straf.

ex·em·ple: *par* ~ →PAR.

ex·em·pli·fy as voorbeeld dien; beliggaam; (met voorbeelde *of* met 'n voorbeeld) toelig, illustreer; *(jur.)* 'n gewaarmerkte afskrif maak van. **ex·em·pli·fi·ca·tion** voorbeeld, illustrasie; toeligting (met voorbeelde); *(jur.)* gewaarmerkte afskrif.

ex·em·plum *=empla, (Lat.)* eksempel.

ex·empt *n.* vrygestelde. **ex·empt** *adj.* vrygestel, onthef; *be* ~ *from s.t.* van iets vrygestel wees *(belasting ens.).* **ex·empt** *ww.* vrystel, onthef, vryskeld; ~ *s.o. from s.t.* iem. van iets vrystel; *draw the ~ing number* vryloot. **ex·emp·tive** vrystellend, ontheffend.

ex·emp·tion vrystelling, ontheffing; ~ *from taxation* vrystelling van belasting, onbelasbaarheid. ~ **certificate** vrystellingsbewys.

ex·en·ter·ate *(chir.)* verwyder *(oogbal, ingewande).*

ex·e·qua·tur amptelike erkenning, eksekwatur *(v. 'n konsul); (RK)* eksekwatur.

ex·e·quies *(mv.), (RK)* eksekwieë, begrafnisplegtighede.

ex·er·cis·a·ble uitoefenbaar, uitvoerbaar.

ex·er·cise *n.* oefening; werkstuk, (praktiese) oefening, taak, opdrag; *(mil., dikw. mv.)* militêre oefening, maneuver, wapenoefening, dril; *(Am., gew. mv.)* seremonie; uitoefening, gebruik, toepassing, aanwending; *the* ***aim/object*** *of the* ~ *is ...* die oogmerk/doel daarmee is ...; ***do*** *~s* oefeninge doen; ***get enough*** ~ genoeg oefening kry; ***hard/stiff/strenuous/vigorous*** ~ strawwe oefening; *by the* ~ ***of*** *one's imagination/etc.* deur jou verbeelding/ens. te gebruik; ***physical*** ~ →PHYSICAL; ***religious*** ~ godsdiensoefening. **ex·er·cise** *ww.* uitoefen, gebruik, toepas, aanwend, beoefen; laat geld *(jou invloed ens.);* oefen, (liggaams)oefeninge doen; oefening gee (*of* laat kry) *('n hond); (mil.)* dril; verontrus; omkrap, onthuts; pla; ~ ***care*** →CARE *n.;* ~ ***patience*** geduld beoefen/gebruik; ~ ***powers*** bevoegdhede uitoefen; ~ *a* ***right*** 'n reg uitoefen. ~ **bicycle,** ~ **bike,** ~ **cycle** oefenfiets. ~ **book** oefeningboek; (skool)skrif, skryfboek. ~ **yard** oefenterrein.

ex·er·cis·er oefentoestel; oefenaar.

ex·er·ci·ta·tion *(w.g.)* →EXERCISE *n.*.

Ex·er·cy·cle *(handelsnaam)* →EXERCISE BICYCLE.

ex·ert uitoefen, aanwend; ~ *influence* invloed uitoefen; ~ *o.s.* jou inspan, jou bes doen, (alles) uithaal; moeite doen; alles in die werk stel. **ex·er·tion** (krags)inspanning, kragtige poging; uitoefening, aanwending.

ex·e·unt *(Lat., teat.)* af; →EXIT *ww.;* ~ *omnes* almal af.

ex·fo·li·ate afskilfer, afblaar, afskaal; *(bot.)* eksfolieer; (af)skuur, skrop, vryf, vrywe. **ex·fo·li·a·tion** afskilfering, afblaring, afskaling; eksfoliasie; afskuring. **ex·fo·li·a·tive** afskilferend.

ex·hale uitasem; uitblaas; uitwasem, uitdamp; ontsnap; afgee. **ex·ha·la·tion** uitaseming; uitblasing; uitwaseming, uitdamping, verdamping, ekshalasie; wasem, damp.

ex·haust *n.* uitlaatstowwe; uitlaatgasse; uitlaat(pyp) *(v. 'n motor);* afvoerpyp. **ex·haust** *ww.* uitput, afmat *(iem.);* uitput *(onderwerp, voorraad, reserwe, ens.);* opgebruik *(energie, geld, verlof, ens.);* leegmaak, ledig; uitpomp; uitsuig *(lug ens.);* uitlaat *(gas, stoom, ens.).* ~ **air** uitlaatlug, ou lug. ~ **box** uitlaathulsel *(v. 'n turbine ens.).* ~ **brake** uitlaatrem. ~ **cowl** afvoerkap. ~ **fan** suigwaaier, uitlaatwaaier. ~ **flame** uitlaatvlam. ~ **fumes** uitlaatgasse. ~ **gas** uitlaatgas. ~ **pipe** uitlaat(pyp). ~ **port** uitlaatpoort. ~ **steam** uitlaatstoom. ~ **stroke** uitlaatslag. ~ **system** uitlaatstelsel. ~ **valve** uitlaatklep; afblaasklep. ~ **vent** uitlaatgat.

ex·haust·ed uitgeput, gedaan, doodmoeg, kapot, afgemat, pootuit, afgerem; op(gebruik); uitverkoop *(voorraad);* lugleeg.

ex·haust·i·ble uitputbaar, uitputlik.

ex·haust·ing uitputtend, vermoeiend; *s.o. is* ~ *company* (*or to be with*) iem. is baie vermoeiend (*of* 'n [baie] vermoeiende mens).

ex·haus·tion uitputting, afmatting, uitmergeling; afgematheid, uitgeputheid; *work s.t. to* ~ iets oorjaag *('n masjien ens.).*

ex·haus·tive diepgaande, volledig, grondig, al(les)omvattend, veelomvattend, uitvoerig; uitputtend.

ex·haust·less onuitputlik.

ex·hib·it *n.* (ver)toonstuk; uitstalling; insending; *(Am.)* tentoonstelling; *(jur.)* bewysstuk. **ex·hib·it** *ww.* vertoon, ten toon stel, uitstal *(skilderye ens.);* instuur *(na 'n tentoonstelling);* aan die dag lê *(verantwoordelikheid ens.);* openbaar, blyk(e) gee van *('n talent ens.);* toon *(simptome, tekens, ens.);* ~ *a charge* 'n klag indien/inbring. **ex·hib·i·tor** vertoner, tentoonsteller; insender, deelnemer *(by 'n tentoonstelling).*

ex·hi·bi·tion tentoonstelling, uitstalling *(v. skilderye ens.);* vertoning *(v. ratsheid ens.);* demonstrasie *(v. liefde ens.);* vertoon *(v. mag ens.); (Br.)* studiebeurs, stipendium; ***at an*** ~ op 'n tentoonstelling; ***make an*** ~ *of o.s.* jou belaglik/bespotlik maak; *s.t. is* ***on*** ~ iets word ten toon gestel; ***put on*** (*or* ***stage***) *an* ~ 'n tentoonstelling hou. ~ **battle** spieël=, skyngeveg. ~ **flight** demonstrasie=, vertoonvlug. ~ **jump** vertoonsprong. ~ **match** vertoonwedstryd.

ex·hi·bi·tion·er *(Br.)* beurshouer.

ex·hi·bi·tion·ism ekshibisionisme, (self)ontblotingsdrang; selfvertoon, aanstellery, aanstellerigheid, aanstellings. **ex·hi·bi·tion·ist** ekshibisionis, ontbloter.

ex·hil·a·rate opvrolik, opbeur, opkikker; verfris. **ex·hil·a·rat·ed** opgeruimd, opgewek; verfris; *feel* ~ opgeruimd/opgewek voel, in 'n feestelike stemming wees. **ex·hil·a·rat·ing,** *(w.g.)* **ex·hil·a·rant** opwekkend, opbeurend, verkwikkende, verkwiklik; stimulerend; verfrissend. **ex·hil·a·ra·tion** opgewektheid, vreugde, blydskap; opbeuring, opvroliking; stimulering; frisheid.

ex·hort oproep, 'n dringende oproep doen; aanmoedig, aanspoor; (aan)maan, vermaan, waarsku; dringend versoek, pleit; ~ *s.o. to do his/her duty* iem. sy/haar plig voorhou. **ex·hor·ta·tion** oproep, beroep, versoek, appèl; aanmoediging, aansporing; aanmaning, vermaning. **ex·hor·ta·tive, ex·hor·ta·to·ry** vermanend; aansporend.

ex·hume opgrawe *('n lyk); (fig.)* opdiep. **ex·hu·ma·tion** opgrawing; *(fig.)* opdieping.

ex·i·gent *(fml.)* veeleisend; streng *(eise, standaarde, ens.);* dringend; *in/under the most* ~ *of circumstances* in die uiterste omstandighede. **ex·i·gen·cy, ex·i·gen·cy, ex·i·gence** nood; dringende behoefte; dringendheid; *(i.d. mv.)* eise, vereistes; dringende omstandighede; *in an* ~ in 'n noodgeval, in geval van nood; *a matter of* ~ 'n dringende aangeleentheid; *a motion of* ~ 'n spoedmosie, 'n dringende mosie. **ex·i·gi·ble** opeisbaar, opvorderbaar.

ex·ig·u·ous *(fml.)* klein *(ruimte ens.);* gering, karig *(inkomste ens.);* onbeduidend *(bedrag ens.).* **ex·i·gu·i·ty** kleinheid; geringheid, karigheid; onbeduidendheid.

ex·ile *n.* ballingskap; verbanning; balling, banneling, uitgewekene; *the* ~ *to* ***Babylon,*** *(Byb.)* die Babiloniese ballingskap; *be* ***in*** ~ in ballingskap wees/verkeer; *live* ***in*** ~ in ballingskap leef/lewe; *go* ***into*** ~ in ballingskap gaan; *send s.o.* ***into*** ~ iem. verban. **ex·ile** *ww.* verban; ~ *s.o. from ... to ...* iem. uit ... na ... verban. **ex·iled** *adj. (attr.)* uitgeweke, verbanne *(koning ens.).*

ex·il·i·ty *(vero.)* dunheid, skraalheid; tingerigheid, tengerigheid, fynheid; verfyning.

ex·ine →EXTINE.

ex·ist bestaan, wees; bestaan, voorkom; (oor)leef, (oor)lewe, (voort)bestaan; ***allow*** *s.t. to* ~ iets laat voortbestaan, iets duld; ***continue*** *to* ~ voortbestaan; steeds voorkom; ~ ***on*** *s.t.* van iets bestaan/leef/lewe. **ex·ist·ence** (lewens)bestaan; bestaanswyse; voorkoms; lewe; entiteit; *(filos., wisk.)* eksistensie; *a* ***carefree*** ~ 'n onbekommerde lewe; ***eke out*** *an* ~ op 'n manier 'n bestaan maak; *be* ***in*** ~ bestaan; *the best* ***in*** ~ die beste wat daar is; *the only one* ***in*** ~ die enigste wat daar is; *call* ***into*** ~ in aansyn roep; *come* ***into*** ~ ontstaan; *go* ***out of*** ~ ophou bestaan; verdwyn; *lead a* ***precarious*** ~ 'n sukkelbestaan (*of* 'n armoedige/armsalige bestaan) voer. **ex·is·tent** *(fml.)* bestaande; lewend; aktueel; voorhande; *be* ~ bestaan. **ex·is·ten·tial** eksistensieel, bestaans=; ~ *philosophy* eksistensiefilosofie. **ex·is·ten·tial·ism** *(filos.)* eksistensialisme. **ex·is·ten·tial·ist** *n.* eksistensialis. **ex·is·ten·tial·ist** *adj.* eksistensialisties. **ex·ist·ing** *adj. (attr.)* huidige *(aandeelhouers, wette, ens.).*

ex·it *n.* uitgang; vertrek; afrit *(v. 'n snelweg ens.); (teat.)* afgang *(v. 'n akteur); (poët., liter.)* heengaan, oorly(d)e, dood; *(brug ens.)* uitgangskaart; *make a hasty* ~ haastig/inderhaas vertrek; *make one's* ~ vertrek; uitgaan; *(fig.)* van die toneel verdwyn; *(teat.)* afgaan *(v.d. verhoog af).* **ex·it** *ww.* uitgaan; uitkom; verlaat; *(fig.)* van die toneel verdwyn; *(teat.)* afgaan *(v.d. verhoog af); (poët., liter.)* sterf, sterwe, doodgaan; *(rek.)* uitgaan; ~ *Hamlet/ens., (teat., regieaanwysing)* Hamlet/ens. af. ~ **line** *(teat.)* afgaanreël. ~ **permit,** ~ **visa** vertrekpermit, =visum. ~ **poll** uitgangspeiling. ~ **visa** →EXIT PERMIT. ~ **wound** uitgangswond.

ex li·bris *n.* ex libris, boekmerk, =teken.

ex·o= *komb.vorm* ekso=.

ex·o·bi·ol·o·gy ruimtebiologie.

Ex·o·cet (mis·sile) *(handelsnaam)* Exocet(missiel).

Ex·o·dus *(OT), (NAB)* Eksodus, *(OAB)* Exodus. **ex·o·dus** uittog, eksodus; *the* ~ *from ...* die uittog uit ...; *quite an* ~ 'n hele uittog.

ex·og·a·my *(antr.: huwelik buite d. stam)* eksogamie; *(biol.)* eksogamie, vreemdbevrugting. **ex·o·gam·ic, ex·og·a·mous** eksogaam.

ex·o·gen *(bot., vero.)* eksogeen.

ex·o·ge·net·ic *(med.: wat 'n uitwendige oorsaak het)* eksogeneties.

ex·o·gen·ic *(geol.: wat v. buite af op d. aardkors inwerk)* eksogeen.

ex·og·e·nous *(biol., geol., psig.: v. uitwendige oorsprong)* eksogeen.

ex·on·er·ate vryspreek, verontskuldig; onthef, vrystel; ~ *s.o. from s.t.* iem. van iets onthef *(blaam, verantwoordelikheid, ens.)*; iem. van iets vryspreek *(betrokkenheid by korrupsie ens.)*. **ex·on·er·a·tion** vryspraak, verontskuldiging; ontheffing, vrystelling.

ex·oph·thal·mos, ex·oph·thal·mus, ex·oph·thal·mi·a, (oc·u·lar) prop·to·sis *(med.: abnormale uitpeuling v.d. oë)* eksoftalmos, eksoftalmus, (okulêre) proptose.

ex·or·bi·tant buitensporig, verregaande, oordrewe. **ex·or·bi·tance, ex·or·bi·tan·cy** buitensporigheid, oordrewenheid.

ex·or·cise, -cize uitdryf, uitdrywe, besweer *(bose gees ens.)*; *(fig.)* uitban *(woord ens.)*; uitwis *(fout ens.)*; oplos *(chaos, probleem, ens.)*; breek *(spanning ens.)*. **ex·or·cism** (duiwel/geeste)beswering, duiwel-, geestebanning, duiweluitdrywing, -uitdrywery, eksorsisme. **ex·or·cist** (duiwel/geeste)besweerder, duiweluitdrywer, duiwel-, geestebanner.

ex·or·di·um *-diums, -dia, (Lat., fml.)* aanhef, inleiding, eksordium. **ex·or·di·al** inleidend.

ex·o·skel·e·ton *(soöl.)* huidskelet, uitwendige skelet, eksoskelet.

ex·os·mo·sis *(biol.)* eksosmose.

ex·o·sphere *(astron.)* eksosfeer.

ex·o·spore *(bot.)* eksospoor. **ex·o·spo·ri·um** *-sporia* eksosporium, eksien.

ex·os·to·sis *-toses, (med.)* eksostose.

ex·o·ter·ic *(fml.)* vir oningewydes, populêr, eksoteries.

ex·o·ther·mic *(chem.)* eksotermies, warmte(ver)wekkend.

ex·ot·ic *n.* uitheemse plant/dier, eksoot. **ex·ot·ic** *adj.* uitheems, vreemd, eksoties; ~ *dancer* ontkleedanseres; buikdanseres. **ex·ot·i·ca** *n. (mv.)* eksotika. **ex·ot·i·cism** eksotisme.

ex·pand uitsit, (op)swel, uitdy, (in omvang) toeneem; uitbrei; ontwikkel, (uit)groei; *(blomknop ens.)* oopgaan, ontvou, ontluik; *(iem.)* ontdooi, los raak; *(sektes ens.)* opbloei; laat uitsit/(op)swel, (in omvang) laat toeneem; uitsprei; (uit)rek; uitbou *('n maatskappy ens.)*; verruim *(jou kennis, gees, ens.)*; uitwerk *('n formule ens.)*; ~ ***into*** ... tot ... ontwikkel/(uit)groei; ~ *s.t.* ***into*** ... iets tot ... uitbrei; iets tot ... uitbou; ~ ***on/upon*** *s.t.* oor iets uitwei, iets aanvul. **ex·pand·a·ble** uitsetbaar, (uit)rekbaar, verlengbaar; *(han.)* uitbreibaar. **ex·pand·ed:** ~ ***metal*** plaatgaas; ~ ***plastic*** skuimplastiek; ~ ***polystyrene*** uitgedyde polistireen. **ex·pand·ing** *(ook)* rekbaar, elasties; ~ ***bullet*** uitsitkoeël; ~ ***plug*** uitdyprop; ~ ***suitcase*** verstelbare reistas/koffer; ~ ***universe*** uitdyende heelal.

ex·pand·er uitbrei(d)er; uitdyer. ~ **spring** uitdyveer.

ex·panse uitgestrektheid, oppervlakte; *a vast* ~ *of grass/sand/water* 'n eindelose grasvlakte/sandvlakte/watervlak; *a wing* ~ *of 50 cm* 'n vlerkspan van 50 cm.

ex·pan·si·ble uitsetbaar, (uit)rekbaar. **ex·pan·si·bil·i·ty** uitsetbaarheid; spankrag, uitsettingskrag, -vermoë.

ex·pan·sion uitbreiding; uitsetting, uitdying, toename; ontwikkeling, groei; opbloei; uitspreiding; uitbouing; verruiming; uitgestrektheid; ekspansie; *(wisk.)* ontwikkeling; *coefficient of* ~ uitsettingskoëffisiënt; ~ *of power* magsuitbreiding. ~ **bit** uitsitboor; verstelboor. ~ **board,** ~ **card** *(rek.)* uitbreidingsbord, -kaart. ~ **slot** *(rek.)* uitbreidingsgleuf. ~ **valve** uitsit-, uitsettings-, ekspansieklep.

ex·pan·sion·ar·y uitbreidings-, ekspansief.

ex·pan·sion·ism ekspansionisme, ekspansiepolitiek. **ex·pan·sion·ist** *n.* ekspansionis. **ex·pan·sion·ist** *adj.* ekspansionisties.

ex·pan·sive uitgestrek, uitgebrei(d); omvattend, uitgebrei(d); ruim, groot; openhartig, mededeelsaam; hartlik; uitbreidend; toenemend; uitdyend; rekbaar; uitsetbaar; ~ *delusion* verhewenheidswaan; ~ *force* spankrag, uitsettingskrag, -vermoë; ~ *way of life* oordadige lewenswyse. **ex·pan·sive·ness** uitgestrektheid, uitgebreidheid; omvattendheid; open(hartig)heid, mededeelsaamheid; hartlikheid; uitsettingsvermoë; verhewenheidswaan. **ex·pan·siv·i·ty** uitsetting; uitsetbaarheid, uitsettingsvermoë; open(hartig)heid, mededeelsaamheid; hartlikheid.

ex·pat *n. & adj., (infml. afk.)* = EXPATRIATE.

ex·pa·ti·ate *(w.g.)* (rond)dwaal; ~ *on/upon s.t.* (breedvoerig) oor iets uitwei, 'n lang betoog oor iets hou. **ex·pa·ti·a·tion** uitweiding, uitvoerige uiteensetting, lang betoog. **ex·pa·ti·a·to·ry** uitvoerig, breedvoerig, wydlopig, omslagtig.

ex·pat·ri·ate *n.* uitgewekene; balling. **ex·pat·ri·ate** *adj.* uitgeweke. **ex·pat·ri·ate** *ww.* uitwyk, die/jou land verlaat, ekspatrieer; jou burgerskap opgee; uitsit, uit die land sit, verban, ekspatrieer. **ex·pa·tri·a·tion** uitwyking, ekspatriasie; verbanning, ekspatriasie.

ex·pect verwag; vermoed, meen, dink; *be ~ing (a* ***baby/child****)* ('n baba/kind) verwag, swanger wees; *be* ***half*** *~ing s.t.* iets (so) half verwag (*of* te wagte wees); ***not*** *~ s.t.* iets nie verwag nie; nie op iets reken nie; nie op iets voorberei(d) wees nie; *s.o. is* ***not*** *~ed before/until* ... iem. word eers ... verwag; *s.o. is* ***not*** *~ed until after* ... iem. word eers ná ... verwag; *s.o. is* ***not*** *~ed to* ... iem. sal waarskynlik nie ... nie; iem. hoef nie te ... nie; *it is ~ed* ***of*** *s.o. to* ... van iem. word verwag om te ...; *~ s.t.* ***of/from*** *s.o.* iets van iem. verwag/verg/vereis/verlang; *~ too much* ***of/from*** *s.o.* te veel van iem. verwag/vra/verg; *I/we shall not ~ you till I/we* ***see*** *you* kom sodra (*of* so gou) jy kan; *~ me when you* ***see*** *me* ek (sal) kom sodra (*of* so gou) ek kan; *I ~* ***so*** ek reken/skat so; *I don't ~* ***so*** ek dink/glo nie so nie; *be ~ing* ***s.o./s.t.*** iem./iets verwag (*of* te wagte wees); ~ ***that*** *s.o. will* ... verwag/vermoed/dink dat iem. sal ...; *it is ~ed* ***that*** ... daar word verwag dat ...; *it is ~ed* ***that*** *it will* ... na verwagting sal dit ...; *~ s.o.* ***to*** ... van iem. verwag om ..., vereis dat iem. sal ...; verwag dat iem. sal ...; daarop reken dat iem. sal ...; *s.o. is ~ed* ***to*** *win/etc.* daar word verwag dat iem. sal wen/ens.; *~ s.t.* ***to*** *happen* verwag dat iets sal gebeur; *it is* ***to be*** *~ed* dit is te verwag(te), ('n) mens kan dit te wagte wees. **ex·pect·a·ble** te verwag(te), te wagte. **ex·pec·tan·cy, ex·pec·tance** verwagting, (voor)uitsig, hoop; afwagting; toekomstige besit; *an air (or a mood/sense) of ~* 'n gees/gevoel van afwagting; *an estate in ~* 'n landgoed in die verskiet; die toekomstige besit van 'n landgoed; *life expectancy* →LIFE; *a look of ~ in s.o.'s eyes* 'n glinstering van hoop in iem. se oë. **ex·pec·tant** *n., (arg.)* verwagter; kandidaat, aanspraakmaker. **ex·pec·tant** *adj.* hoopvol, vol verwagting(s)/afwagting, afwagtend; verwagtend; *(attr.)* aanstaande, toekomstige; *an ~* ***crowd*** 'n afwagtende skare; *~* ***faces*** gesigte vol afwagting; *an ~* ***heart*** 'n hart vol verwagting; ~ ***longing*** hoopvolle verlange; *an ~* ***mother*** 'n aanstaande moeder, 'n swanger vrou. **ex·pec·tant·ly** hoopvol, vol verwagting, in afwagting; gespanne. **ex·pec·ta·tion** verwagting, (voor)uitsig, hoop; afwagting; ***against*** (or ***contrary to***) *(all) ~(s)* teen die/alle verwagting (in); ***beyond*** *(all) ~(s)* bo (alle) verwagting; ***come/live up to*** (or ***meet***) *s.o.'s ~s* aan iem. se verwagting(s) voldoen/beantwoord; ***exceed/surpass*** *all (one's) ~s* alle (*of* al jou) verwagtings oortref; ***fall short of*** (or ***not come/live up to***) *(s.o.'s) ~s* nie aan die (*of* iem. se) verwagting(s) voldoen/beantwoord nie; ***full of*** ~ vol verwagting; *have/cherish* ***great/high*** *~s for s.o./s.t.* groot/hoë verwagtings van iem./iets hê/koester; *~s are at a* ***high pitch*** die verwagtings loop hoog (*of* is hooggespan); ***in*** *~ of* ... in afwagting van ...; ***in the*** *~* ***that*** ... in die verwagting dat ...; *~* ***of life*** lewensverwagting, verwagte/gemiddelde lewensduur; ***raise*** *~s* verwagtings wek. **ex·pect·ed·ly** volgens verwagting.

ex·pec·to·rate *(fml.)* (uit)spoeg, (uit)spuug, (uit)spu; ophoes; *expectorating prohibited* spu verbode. **ex·pec·to·rant** *(med.)* ekspektorant, slymafdrywer. **ex·pec·to·ra·tion** ekspektorasie, die ophoes van fluim/fleim/sputum/slym; (opgehoesde/opgehoeste) fluim/fleim/sputum/slym.

ex·pe·di·ent *n.* hulp-, redmiddel, uitweg, uitvlug, uitkoms(te). **ex·pe·di·ent** *adj.* gerieflik; voordelig; gepas; doelmatig; aangewese; wenslik, raadsaam, gerade; *find/think it ~ to do s.t.* dit gerade/raadsaam ag/vind om iets te doen. **ex·pe·di·ence, ex·pe·di·en·cy** gerief; voordeel; gepastheid; doelmatigheid; wenslikheid, raadsaamheid.

ex·pe·dite bevorder, aanhelp, voorthelp; bespoedig, verhaas, versnel; ~ *a matter* 'n saak vinnig (*of* met bekwame spoed) afhandel. **ex·pe·di·tious** vinnig (en doeltreffend), vlug, snel; pront *(antwoord, hantering v. 'n saak, ens.)*; glad, vlot; ~ *action* vinnige/vlugge/snel(le) optrede. **ex·pe·di·tious·ly** vinnig, spoedig, so gou (as) (*of* so spoedig) moontlik, onverwyld; met bekwame spoed.

ex·pe·di·tion ekspedisie, tog; ekspedisiegangers; *(mil.)* ekspedisie, veldtog, krygstog; plesiertog; onderneming; *(fml.)* spoed, haas, vaart; prontheid; verhaasting, bespoediging; *go on (or undertake) an ~* 'n tog maak/onderneem; 'n ekspedisie onderneem; *with (all/great) ~* vinnig, spoedig, so gou (as) (*of* so spoedig) moontlik, onverwyld; met bekwame spoed. **ex·pe·di·tion·ar·y** ekspedisie-; ~ *force(s)* ekspedisiemag, -troepe.

ex·pel *-ll-* uitsit, skors, uitskop, uitgooi; verban; verdryf, verdrywe, uitdryf, uitdrywe, uitstoot, uitstuur, uitja(ag); uitstoot *(asem ens.)*; uitskei, uitwerp *(afvalstowwe ens.)*; afdryf, afdrywe *(ongebore baba ens.)*; *~ s.o. from a country* iem. uit 'n land verban/sit/skop/gooi/stuur/ja(ag); *~ s.o. from school* iem. uit die skool sit/skors/skop; *~ s.o. from society* iem. uit die gemeenskap (ver)dryf/(ver)drywe/jaag, iem. uit die samelewing stoot/werp, iem. sosiaal verstoot/uitwerp. **ex·pel·lant, ex·pel·lent** *(med.)* afdryfmiddel, afdrywende middel; wurmmiddel, wurmafdrywer, -verdrywer. **ex·pel·lee** banneling, uitgeworpene.

ex·pend bestee, uitgee, spandeer; (op)gebruik, verbruik, uitput; *~ s.t. on* ... iets aan ... bestee; *~ effort on s.t.* moeite vir iets doen.

ex·pend·a·ble ontbeerlik, misbaar, vervangbaar, onbelangrik, waardeloos; opofferbaar; verbruikbaar; ~ *item* verbruik(er)sartikel, verbruikbare artikel; *(i.d. mv.)* verbruik(er)sgoedere, verbruikbare goedere. **ex·pend·a·bil·i·ty** ontbeerlikheid, misbaarheid, vervangbaarheid, onbelangrikheid, waardeloosheid; opofferbaarheid; verbruikbaarheid.

ex·pen·di·ture uitgawe(s), (on)koste; verbruik; besteding; *~ of energy* energieverbruik; *~ on* ... uitgawe aan ... ~ **receipt** uitgawekwitansie.

ex·pense uitgawe(s), (on)koste; prys; ***at any*** ~ teen elke prys; ***at*** *government (or the public) ~* op staatskoste; ***at*** *great ~* met groot koste, ten duurste; ***at no*** *extra ~* sonder bykomende/ekstra koste; ***at the*** *~ of* ... op koste van ...; *(fig.)* ten koste van ...; ***at one's own*** *~* op eie koste; ***at*** *s.o.'s ~* op iem. se koste; *(fig.)* ten koste van iem.; *a joke* ***at*** *s.o.'s ~* 'n grap ten koste van iem.; ***cover*** *~s* (on)koste dek; ***curb/curtail*** (or ***cut down [on]*** or ***reduce***) *~s* uitgawes/koste besnoei/verminder; ***defray*** *~s* (on)koste bestry; ***go*** *to the ~ of doing s.t.* die koste aangaan om iets te doen; ***go*** *to great ~* groot (on)koste aangaan/maak/oploop; ***incidental*** *~s* onvoorsiene uitgawe(s); ***incur*** (or ***run up***) *~s* (on)koste aangaan/maak, koste laat oploop; ***meet*** *~s* (on)koste bestry; ***out-of-pocket*** *~s* →OUT-OF-POCKET; ***put*** *s.o. to the ~ of doing s.t.* iem. die koste laat aangaan om iets te doen; ***spare*** *no ~* geen (on)koste ontsien nie. ~ **account** (on)kosterekening; uitgawerekening.

ex·pen·sive duur, kosbaar; *be ~* duur wees, baie (geld) kos. **ex·pen·sive·ly** duur; *~ priced* duur. **ex·pen·sive·ness** duurte, duurheid, kosbaarheid.

ex·pe·ri·ence *n.* ondervinding, ervaring, wedervaring; belewenis; belewing; praktyk; bevinding; ***acquire/gain/gather/get*** ~ ondervinding kry/opdoen; ***by/from*** ~ deur/uit ervaring/ondervinding; *know* ***by/from*** ~ uit ervaring/ondervinding weet; *learn* ***by/from*** ~ deur/uit ervaring/ondervinding leer; *~ teaches (or is the teacher/mistress of)* ***fools,*** *(sprw.)* deur skade en skande word ('n) mens wys; *s.o. can speak* ***from*** *~* iem. kan uit ondervinding praat; *have ~* ***in*** ... ervaring/ondervinding in ... hê; *in my* ~ ... so ver/vêr ek weet ...; ~ *of **life*** lewenservaring; *the* ~ *of a **lifetime*** 'n eenmalige ondervinding; *s.o.* ***of*** ~ iem. met ervaring/ondervinding, 'n ervare persoon; *s.o. has had no* ~ ***of*** *s.t.* iem. het iets nog nooit beleef/belewe/ervaar/ondervind nie; iem. het iets nog nooit gedoen nie; *have broad/extensive/wide* ~ ***of*** *s.t.* baie/groot/uitgebreide ervaring van iets hê; *a **rewarding*** ~ 'n lonende ondervinding; ~ *is the best **teacher,*** ~ *is the father/ mother of **wisdom,** (sprw.)* ondervinding is die beste leermeester. **ex·pe·ri·ence** *ww.* ondervind, ervaar, beleef, belewe, ondergaan, deurmaak, meemaak; aanvoel, gewaarword. **ex·pe·ri·enced** *adj.* ervare, bedrewe, kundig, geoefen(d), geroetineer(d); *be* ~ *in s.t.* in iets ervare wees. **ex·pe·ri·en·tial** ervarings=, empiries, proefondervindelik.

ex·per·i·ment *n.* proef(neming), eksperiment; proberslag; *as an* ~ by wyse van proefneming, as eksperiment; *by* ~ proefondervindelik, eksperimenteel; *carry out (or conduct/do/perform/run) an* ~ 'n proef(neming)/eksperiment doen/uitvoer. **ex·per·i·ment** *ww.* eksperimenteer, 'n proef(neming)/eksperiment (*of* proefnemings/proewe/eksperimente) doen/uitvoer, 'n proef (*of* proewe) neem; ~ *(up)on* ... op ... eksperimenteer, proewe/toetse op ... doen; ~ *with s.t.* iets probeer (*of* op die proef stel), met iets eksperimenteer. **ex·per·i·men·tal** eksperimenteel, proefondervindelik, proef=, verkennend; empiries, ervarings=; ~ ***aircraft*** proefvliegtuig; ~ ***animal*** proefdier; ~ ***chemistry*** eksperimentele chemie/skeikunde; ~ ***farm*** proefplaas; ~ ***flight*** proefvlug; ~ ***philosophy*** eksperimentele filosofie/wysbegeerte; ~ ***plant*** proefaanleg; ~ ***plot*** proefakker, =perseel; ~ ***stage*** proefstadium; ~ ***station*** proefstasie; ~ ***subject*** proefpersoon. **ex·per·i·men·tal·ist** eksperimenteerder, proefnemer; empirikus. **ex·per·i·men·tal·ly** eksperimenteel, proefondervindelik, by wyse van proefneming, as eksperiment, deur middel van proewe. **ex·per·i·men·ta·tion** proefneming(s). **ex·per·i·ment·er** eksperimenteerder, proefnemer.

ex·pert *n.* deskundige, kenner, gesaghebbende, ekspert, vakkundige; *an* ~ *at/in/on s.t.* 'n deskundige oor (*of* op die gebied van) iets. **ex·pert** *adj.* deskundig, (vak)kundig; bedrewe, ervare, bekwaam, knap, vaardig; geoefen(d), geroetineer(d); *be* ~ ***at/in/on*** *s.t.* kundig (*of* 'n deskundige) oor (*of* op die gebied van) iets wees; *be* ~ ***at/in*** *s.t., (ook)* in iets bedrewe wees; ~ ***evidence,*** *(jur.)* deskundige getuienis; ~ ***knowledge*** deskundigheid; ~ ***shot*** baasskut; *the* ~ ***touch*** die meesterhand; ~ ***witness,*** *(jur.)* deskundige getuie. ~ **system** *(rek.)* ekspert=, kennisstelsel.

ex·per·tise, ex·pert·ness deskundigheid, (vak)kundigheid; vakkennis; bedrewenheid, ervarenheid, bekwaamheid, knapheid, vernuf, vaardigheid, vakmanskap; geroetineerdheid; *s.o.'s* ~ *at/in/on s.t.* iem. se kundigheid oor iets; *s.o.'s* ~ *at/in s.t., (ook)* iem. se bedrewenheid in iets. **ex·per·tise, =tize** *ww., (w.g.)* (deskundig) keur; 'n deskundige mening/oordeel gee *(oor).*

ex·pert·ly deskundig, vakkundig; bedrewe, met groot bedrewenheid, ervare, bekwaam, (knap)handig, vaardig; meesterlik.

ex·pi·ate boet/vergoed (*of* boete/vergoeding doen) vir, (weer) goedmaak. **ex·pi·a·tion** boete(doening), vergoeding; versoening; *in* ~ *of* ... as boete(doening) vir ...; as versoening vir ... *(sondes).* **ex·pi·a·to·ry** boetend, boete=, as boete; versoenend, versoenings=; ~ *death* soendood; ~ *sacrifice* soenoffer.

ex·pire *(kaartjie, paspoort, ens.)* verval; *(kontrak ens.)* verval, verstryk, eindig; *(iem. se lewe, 'n fase, ens.)* afloop; *(teg.)* uitasem *(lug ens.); (poët., liter.)* sterf, sterwe, die lewe laat, jou laaste asem uitblaas. **ex·pi·ra·tion** verval(tyd); verstryking; afloop; uitaseming; *(w.g.)* dood, einde, laaste asemteug/asemtog. **ex·pir·a·to·ry** uitasemend, uitasemings=. **ex·pired** verstreke *(huurtermyn, tyd, ens.);* vervalle *(kontrak ens.);* ~ *air* uitgeasemde lug.

ex·pi·ry verval; verstryking, einde; afloop; *(arg.)* dood, einde; →EXPIRE. ~ **date** vervaldatum, =dag, verstrykingsdatum.

ex·plain verduidelik, duidelik maak; redes gee vir *('n beslissing, besluite, ens.);* verklaar, verantwoord, regverdig *(gedrag, optrede, ens.);* verklaar, uiteensit, toelig *(standpunt ens.);* uitlê *(Bybel[tekste] ens.);* ophelder *('n saak ens.);* ~ *s..t **away*** iets wegredeneer/wegpraat/goedpraat; *the matter is **difficult** to* ~ dit is moeilik om die saak te verduidelik; *what happened is **difficult** to* ~ wat gebeur het, is moeilik verklaarbaar; *be **easy** to* ~ maklik wees om te verklaar; ***how*** *do you* ~ *that?* hoe verklaar jy dit?; ~ ***o.s.*** verduidelik wat jy bedoel; jou optrede verduidelik; ***that*** *~s it!* dis die verklaring!; ~ *s.t. **to** s.o.* iets aan iem. verduidelik; iem. iets aan die verstand bring. **ex·plain·a·ble** verklaarbaar. **ex·plain·er** verklaarder, uitlêer. **ex·pla·na·tion** verduideliking; verklaring, uiteensetting, toeligting; uitleg; opheldering; ***come to*** *an* ~ 'n verklaring vind; *(vero.)* tot 'n vergelyk kom, 'n ooreenkoms aangaan/bereik/tref/sluit; ***give*** *an* ~ *of* ... 'n verduideliking van ... gee, ... verduidelik; ***give*** *an* ~ *for/of s.t., (ook)* 'n verklaring van/vir iets gee; ***in*** ~ *of* ... ter verduideliking van ...; ter verklaring van ...; ~ *of a **mystery*** verklaring vir 'n geheim; *an* ~ ***of***..., *(ook)* 'n uiteensetting van ... **ex·plan·a·to·ry** verklarend, verduidelikend; ophelderend; ~ *dictionary* verklarende woordeboek.

ex·ple·tive *n.* vloek(woord), kragwoord, =term; *(gram.)* stopwoord. **ex·ple·tive, ex·ple·to·ry** *adj., (gram.)* aanvullend, aanvullings=, stop=.

ex·pli·cate *(fml.)* verklaar, verduidelik, uitlê; uiteensit *(beginsels ens.);* formuleer *('n hipotese ens.);* ontwikkel *('n idee ens.);* ontleed *('n roman, gedig, ens.).* **ex·pli·ca·ble, ex·pli·ca·ble** verklaarbaar. **ex·pli·ca·tion** verklaring, verduideliking; uiteensetting; ontleding *(v. 'n roman, gedig, ens.).* **ex·pli·ca·tive, ex·pli·ca·to·ry** verklarend; verhelderend.

ex·plic·it uitdruklik, duidelik, bepaald, beslis *(opdrag, voorwaarde, ens.);* presies, noukeurig, uitvoerig, gedetailleerd *(beskrywing ens.);* uitgesproke *(voorneme, wens, ens.);* openhartig *(mens, onderhoud, ens.);* eksplisiet *(sekstoneel ens.).* **ex·plic·it·ly** uitdruklik *ens.* (→EXPLICIT); *mention s.o.* ~ iem. by name noem.

ex·plode ontplof, afgaan, (in die lug) spring; laat ontplof/afgaan, tot ontploffing bring, opblaas, in die lug laat spring; (oop)bars; laat (oop)bars; ontplof, in woede uitbars; *(bevolking)* ontplof; *(onrus ens.)* losbars; *(verkope ens.)* die hoogte inskiet, vinnig styg; vernietig *('n mite ens.);* die nek inslaan *('n gerug ens.);* omverwerp, omvêrwerp *('n teorie ens.);* ~ ***into*** ... in ... ontaard *(oproer, geweld, ens.);* ~ ***into*** *flight, (voël)* (skielik) opvlieg; ~ ***into*** *life* lewe kry; ~ ***into/with*** *laughter* uitbars van die lag; ~ *a **mine*** 'n myn aftrap (*of* laat ontplof); ~ ***with*** *anger/fury/rage* in woede uitbars. **ex·plod·ed** *adj.:* ~ *theory* uitgediende/verouderde teorie; ~ *view, (teg.)* plofbeeld, oopgevlekte beeld, uitskuifaansig. **ex·plod·er** plofstof=, springstofwerker; ontsteker; ontstekingslading.

ex·ploit *n.* prestasie, kordaatstuk; heldedaad; krygsdaad, wapenfeit. **ex·ploit** *ww.* uitbuit, eksploiteer, uitsuig ; ontgin, bewerk, winsgewend maak; benut, gebruik (maak van). **ex·ploit·a·ble** ontginbaar. **ex·ploi·ta·tion** uitbuiting, uitbuitery, eksploitasie, uitsuiging, uitsuiery; ontginning, bewerking; benutting, gebruik(making). **ex·ploit·a·tive, ex·ploit·ive** uitbuitend, eksploiterend; ontginnings=; plunderend. **ex·ploit·er** uitbuiter, uitsuier, ekploiteerder; ontginner, bewerker.

ex·plore verken, *(heimlik)* verspied, *(w.g.)* eksploreer *('n gebied, omgewing, ens.);* ondersoek, ondersoek instel/doen na *(moontlikhede ens.);* bestudeer, (deeglik/noukeurig) bekyk *('n kwessie ens.);* navors *('n storie ens.);* naspoor *(iem. se herkoms ens.); (med.)* ondersoek *(iem. se liggaam);* sondeer *('n wond);* ~ *for gold/etc.* na goud/ens. soek. **ex·plo·ra·tion** verkenning; ontdekkings=, verkenningsreis, ekspedisie, eksplorasie; ondersoek(ing); bestudering; navorsing; nasporing. **ex·plor·a·to·ry, ex·plor·a·tive** ondersoekend, verkennend, ontdekkings=, verkennings=, oriënterend, voorbereidend, proef=; ~ ***course*** voorbereidende kursus, oriënteringskursus; ~ ***expedition*** ontdekkings=, verkenningsreis; ~ ***operation,*** *(med.)* proefoperasie; ~ ***talks*** verkennende gesprekke; ~ ***work,*** *(mynb.)* eksplorasiewerk. **ex·plor·er** ontdekkingsreisiger, ontdekker; ondersoeker; *(med.)* sonde, peiler, peilstif; *polar* ~ poolreisiger. **ex·plor·ing:** ~ *trip* ontdekkingstog.

ex·plo·sion ontploffing; uitbarsting; slag, knal. ~ **chamber** *(mot.)* ontstekingskamer; *(elek.)* bluskamer. ~ **hazard** ontploffingsgevaar. **~-proof** ontploffings=, plofvry, ontploffings=, plofvas. ~ **welding** plofsweising.

ex·plo·sive *n.* plof=, springstof, plofmiddel, ontplofbare stof; *(fonet.)* plofklank, ploffer, (eks)plosief; *high* ~ brisant(stof), brisante springstof; brisantbom. **ex·plo·sive** *adj.* plof=, ontploffings=, spring=, knal=; (ont)plofbaar; opvlieënd, kortgebaker(d), kortgebaken(d), kortgebonde; enorm *(groei, toename, bevolkingsaanwas, ens.); (fonet.)* (eks)plosief; ~ ***cartridge*** spring=, skietpatroon; ~ ***charge*** spring(stof)lading; ~ ***consonant,*** *(fonet.)* plofklank, ploffer, (eks)plosief; ~ ***cotton*** skietkatoen; ~ ***device*** ploftoestel; ~ ***distance*** slagwydte; ~ ***force*** plofkrag, ontploffingskrag; ~ ***forming*** plofvorming; ~ ***gas*** plofgas; ~ ***gelatin(e)*** springgelatien; ~ ***mixture*** plofmengsel; ~ ***oil*** springolie, nitrogliserien; ~ ***rivet*** plofnael; ~ ***shell*** springgranaat; ~ ***signal*** plof=, knalsein; ~ ***situation*** plofbare situasie/toestand/omstandighede; ~ ***substance*** plof=, springstof, plofmiddel, ontplofbare stof; ~ ***temper*** opvlieëndheid, kortgebakerdheid, kortgebondenheid, kwaai/opvlieënde/vreeslike humeur.

ex·po =*pos, (afk. v.* exposition*)* ekspo.

ex·po·nent vertolker, eksponent *(v. Mozart ens.);* verteenwoordiger, draer; toonbeeld, voorbeeld; beeld, beliggaming; uiteensetter, verklaarder; *(wisk.)* magsaanwyser, eksponent; ~ *of a theory* pleitbesorger vir 'n teorie. **ex·po·nen·tial** *n., (wisk.)* eksponensiaal(funksie). **ex·po·nen·tial** *adj.* eksponensiaal, eksponensieel; ~ *function, (wisk.)* eksponensiaal(funksie), eksponensiale funksie; ~ *growth* eksponensiële groei/toename.

ex·port *n.* uitvoer(handel), eksport; uitvoerartikel; *(i.d. mv.)* uitvoer, uitvoergoedere, =ware, =artikels; *imports and ~s* in- en uitvoer; *prohibition of* ~ uitvoerverbod. **ex·port** *ww.* uitvoer; ~ *s.t. to another country* iets na 'n ander land uitvoer. ~ **duty** uitvoerreg, =belasting. ~ **trade** uitvoerhandel.

ex·port·a·ble uitvoerbaar.

ex·por·ta·tion uitvoer.

ex·port·er uitvoerder.

ex·pose blootlê, eksponeer; sigbaar maak; blootstel; ontbloot; onthul, openbaar (maak), bekend maak, bekendmaak, aan die lig bring, oopvlek; aan die kaak stel, ontmasker, eksponeer; *(fot.)* belig; ten toon stel, uitstal, vertoon; *(vero.)* te vondeling lê *(kind);* ~ *s.o. **as** a* ... iem. as 'n ... aan die kaak stel; ~ *a **conspiracy*** 'n sameswering oopvlek; ~ *one's **life*** jou lewe bloot= stel/waag; ~ ***o.s.*** jou ontbloot; ~ *s.t. for **sale*** iets te koop uitstal; ~ *o.s./s.o. **to** s.t.* jou/iem. aan iets blootstel *(gevaar ens.).* **ex·po·sé** *(Fr.)* uiteensetting; onthulling. **ex·posed** onbeskut, blootgestel; weerloos; oop, onbedek; sigbaar; ~ ***face,*** *(teg.)* sigvlak; ~ ***flank*** ongedekte flank; *be* ~ ***to*** ... na ... oop wees *(d. ooste, weste, ens.);* aan ... blootgestel wees *(gevaar, wind, weer, ens.);* ~ ***tubing*** oop pype. **ex·po·sure** blootlegging; sigbaarmaking; blootstelling; ontbloting; onthulling, openbaarmaking, bekendmaking; publisiteit; ontmaskering; *(fot.)* beligting; *(fot.)* beligtingstyd; *(fot.)* opname; tentoonstelling, uitstalling; ligging; uitsig; *(vero.)* tevondelinglegging *(v. 'n kind); suffer **from*** ~ aan blootstelling ly; ***indecent*** ~ (onbetaamlike) ontbloting, ekshibisionisme; ~ ***meter,*** *(fot.)* ligmeter; ***natural*** ~ →NATURAL *adj.; **die of*** ~ aan blootstelling sterf/sterwe; verkluim, van koue sterf/sterwe; *have a **southern/ etc.*** ~ suid/ens. kyk/wys, op die suide/ens. uitkyk; ~ ***to*** ... blootstelling aan ...

ex·po·si·tion uitleg, uiteensetting; kommentaar; tentoonstelling, ekspo; *(mus.)* uiteensetting, eksposisie; *(lettk.)* uiteensetting, eksposisie, protasis; *(RK)* ekspo=

sisie, vertoning *(v.d. sakrament); (arg.)* blootlegging. **ex·pos·i·tive, ex·pos·i·to·ry** verklarend, verduidelikend. **ex·pos·i·tor** uitlêer, verklaarder; kommentator.

ex·pos·tu·late *(fml.)* protes aanteken, beswaar/kapsie maak *(teen iets)*; jou misnoeë uitspreek (*of* te kenne gee) *(met/oor iets)*; misnoeg opmerk/sê; teregwys, vermaan; ~ *with s.o. about/on s.t.* iem. oor iets teregwys/berispe/vermaan/aanpraat/kapittel; jou misnoeë met/oor iets teenoor iem. uitspreek (*of* te kenne gee). **ex·pos·tu·la·tion** teenkanting, beswaar, protes; misnoeë, ontevredenheid; vermaning.

ex·pound uiteensit, 'n uiteensetting gee van, behandel, uitlê, verklaar, verduidelik; (uitvoerig) toelig; vertolk; ~ *on s.t.* op iets ingaan *('n besluit ens.)*. **ex·pound·er** verklaarder, uitlêer; toeligter; vertolker.

ex·press[1] *ww.* uitspreek *(dank, oortuiging, verbasing, waardering, ens.)*; uitspreek, gee *(mening, oordeel, ens.)*; uitspreek, te kenne gee *('n wens)*; betuig *(dank, leedwese, meegevoel, simpatie, ens.)*; toon *(berou, minagting, ens.)*; te kenne gee *(ontevredenheid, spyt, verbasing, ens.)*; lug *(gevoelens, ontsteltenis, ens.)*; uiting/uitdrukking gee aan, verwoord *(emosies, frustrasies, woede, ens.)*; weergee *(tydsgees ens.)*; uiter, uit *(woorde ens.)*; uitdruk *(gedagtes, sap, ens.)*; vertolk *(gevoelens ens.)*; *s.t. is ~ed* ***as*** ... iets word as ... uitgedruk; ~ ***itself,*** *(ook)* tot uiting kom; ~ ***o.s.*** *badly/well* jou sleg/goed uitdruk; ~ *one's* ***readiness/willingness*** *to do s.t.* jou bereid verklaar om iets te doen; ***words*** *can't ~ how s.o. feels* woorde kan nie beskryf/beskrywe hoe iem. voel nie. **ex·press** *adj. (attr.)* uitdruklike *(opdrag, versoek, wens, ens.)*; uitgesproke *(voorneme); (arg.)* presiese. **ex·pressed** uitgedruk, uitgesproke; ~ *wish* uitdruklike wens. **ex·press·i·ble** uitdrukbaar, verwoordbaar. **ex·pres·sive** uitdrukkingsvol, vol uitdrukking *(gesig, oë, ens.)*; beeldend *(taal, vermoë, ens.)*; betekenisvol, veelseggend *(gebaar ens.)*; sprekend *(stilte ens.)*; ekspressief *(lyne v. 'n tekening ens.)*; *be ~ of s.t.* aan iets uitdrukking gee. **ex·pres·siv·i·ty, ex·pres·sive·ness** uitdrukkingsvolheid; seggingskrag, uitdrukkingsvermoë. **ex·press·ly** uitdruklik, met soveel woorde; spesiaal, juis, net, met opset.

ex·press[2] *n.* sneltrein; spoedpos(diens); *(mil.)* snelvuurgeweer; *(jag)* grootkaliber(jag)geweer; *by* ~ per spoedpos; per snelbode; per sneltrein. **ex·press** *adj. (attr.)* snel-, spoed-. **ex·press** *adv.* per spoedpos; per sneltrein. **ex·press** *ww.* per spoedpos/snelldiens stuur. ~ **delivery** spoed-, snelaflewering. ~ **delivery,** ~ **post** spoedpos. ~ **delivery service** spoedaflewer(ings)diens, snelaflewer(ings)diens. ~ **freight** spoed-, snelvrag. ~ **goods** spoedstukke, -artikels, -goedere. ~ **letter** spoedbrief. ~ **lift** snelhyser, -hysbak. ~ **messenger** snelbode. ~ **rifle** *(mil.)* snelvuurgeweer; *(jag)* grootkaliber(jag)geweer. ~ **service** spoed-, snel-, kitsdiens. ~ **traffic** snelverkeer. ~ **train** sneltrein. ~**way** snelweg.

ex·pres·sion uitdrukking *(v. teleurstelling/ens. [op iem. se gesig])*; uitdrukking, segswyse, spreekwyse; uiting, verwoording *(v. emosies ens.)*; uitpersing, ekspressie *(v. olie ens.)*; *be* ***beyond*** ~ onuitspreeklik wees; ~ ***of feeling*** gevoelsuiting; *s.t.* ***finds*** ~ ***in*** ... iets kom in ... tot uiting/uitdrukking, iets vind in ... uiting/uitdrukking; ***freedom*** *of* ~ vrye meningsuiting; ~ ***of friendship*** vriendskapsbetuiging; ***give*** ~ *to s.t.* aan iets uiting/uitdrukking gee; ***lack*** *of* ~ uitdrukkingloosheid; wesenloosheid; ~ *of* ***opinion*** meningsuiting; ***power*** *of* ~ uitdrukkingsvermoë, seggingskrag; ***(proverbial)*** ~ (spreekwoordelike) uitdrukking, gesegde, spreekwoord, spreuk; *a* ***vacant*** ~ 'n wesenlose uitdrukking *(op iem. se gesig)*; ~ *of the* ***will of the people*** uiting van die volkswil; ***without*** ~ sonder uitdrukking, uitdrukkingloos; wesenloos. **ex·pres·sion·al** uitdrukkings-, ekspressie-. **ex·pres·sion·ism** *(kuns, mus.)* ekspressionisme. **ex·pres·sion·ist** *n.* ekspressionis. **ex·pres·sion·ist, ex·pres·sion·is·tic** *adj.* ekspressionisties. **ex·pres·sion·less** uitdrukkingloos, sonder uitdrukking; wesenloos; niksseggend; toonloos.

ex·pres·so →ESPRESSO.

ex·pro·bra·tion *(arg.)* verwyt.

ex·pro·pri·ate *(fml. of jur.)* onteien; *s.o.'s land has been ~d* iem. se grond is onteien, iem. is van sy/haar grond onteien. **ex·pro·pri·a·tion** onteiening.

ex·pulse *(vero.)* →EXPEL.

ex·pul·sion uitsetting, skorsing; verbanning; verdrywing, uitdrywing, verjaging; uitstoting *(v. asem ens.)*; uitskeiding, uitwerping *(v. afvalstowwe ens.)*; afdrywing *(v. 'n ongebore baba ens.)*; *s.o.'s ~ from* ... iem. se uitsetting uit ... ~ **fuse** uitskopsekering. ~ **order** uitsettingsbevel.

ex·pul·sive ekspulsief, verdrywend, uitdrywend; uitstotend; uitskeidings-; afdrywend.

ex·punge *(fml.)* verwyder; skrap, uitwis, uitvee, doodtrek; weglaat; ~ *s.t. from* ... iets uit ... verwyder *('n databasis ens.)*; iets uit ... skrap *('n gedig, verslag, ens.)*; iets uit ... wis *('n rekordboek, jou herinnering, ens.)*; iets uit ... weglaat *('n woord uit 'n titel ens.)*. **ex·punc·tion** verwydering; skrapping, uitwissing; weglating.

ex·pur·gate suiwer, kuis, ekspurgeer *(boek ens.)*; *~d edition* gesuiwerde/gekuiste uitgawe. **ex·pur·ga·tion** suiwering. **ex·pur·ga·tor** suiweraar. **ex·pur·ga·to·ry** suiwerend, kuisend.

ex·qui·site, ex·qui·site *n., (vero.)* modegek; ydeltuit, windmaker. **ex·qui·site, ex·qui·site** *adj.* fyn, voortreflik *(smaak, vakmanskap, ens.)*; keurig *(kos, kunswerk, vrou, ens.)*; uitgelese *(kok ens.)*; lieflik, verruklik *(melodie, uitsig, ens.)*; *(liter.)* louter, puur *(plesier ens.)*; intens, hewig, ondraaglik, skerp *(pyn ens.)*.

ex·san·gui·nate *(med., w.g.)* uitbloei, bloed aftap van. **ex·san·gui·na·tion** bloedaftapping; bloedvervanging, -oortapping. **ex·san·guine, ex·san·gui·nous** bloedloos; bloedarm, anemies; *(fig.)* flou, futloos.

ex·scind afsny; uitsny; wegsny; *(fig.)* skrap.

ex·sert *(biol.)* uitstoot, laat uitsteek.

ex·sic·cate (uit)droog, laat droog word; verdroog; opdroog; uitdor. **ex·sic·cant** *(w.g.)* droogmiddel, uitdrogingsmiddel, uitdroër. **ex·sic·ca·tion** (uit)droging; verdroging; opdroging.

ex·so·lu·tion *(geol.)* ontmenging.

ex·stip·u·late, es·tip·u·late *(bot.)* steunblaarloos.

ex·tant, ex·tant (nog) bestaande, oorgeblewe; oorlewend; voorhande; ~ *animal species* nie-uitgestorwe diersoorte; *be* ~ (nog) bestaan; voorhande wees; *an* ~ *manuscript/etc.* 'n manuskrip/ens. wat behoue gebly het (*of* nie verlore gegaan het nie).

ex·tem·po·rar·y, ex·tem·po·ra·ne·ous onvoorbereid, uit die vuis, spontaan; geïmproviseer(d). **ex·tem·po·re** *adj. & adv.* onvoorbereid, uit die vuis, spontaan. **ex·tem·po·ri·sa·tion, -za·tion** improvisasie. **ex·tem·po·rise, -rize** uit die vuis praat; onvoorbereid sing/speel/ens., improviseer. **ex·tem·po·ris·er, -riz·er** improvisator, improviseerder.

ex·tend vergroot, groter maak *(huis ens.)*; uitbrei *(gebied, grense, invloed, woordeskat, ens.)*; verleng *(spoorlyn, tydperk, verlof, ens.)*; (uit)rek, langer maak; deurtrek *(streep)*; uitrek *(ondersoek, proses, ens.)*; uittrek *(skuifleer, teleskoop, ens.)*; verbreed *(front)*; verskuif *(datum)*; uitstrek *(arms, bene, ens.)*; uitsteek *(hand)*; span *('n kabel ens.)*; uitsprei *(vlerke)*; (laat) versprei *(troepe)*; rig *('n uitnodiging)*; verleen, bied *(hulp)*; betoon, bewys *(vriendskap)*; aanbied *(raad)*; verleen *(krediet)*; *(roete ens.)* strek *(35 km ens.)*; *(koue/warm weer ens.)* voortduur; *(boekh.)* oordra *(syfers ens.)*; *~ed* ***family*** grootfamilie, familiegroep; ~ ***for*** *months/etc.* maande/ens. lank duur; *a road/etc. ~s* ***from*** ... *to* ... 'n pad/ens. lei van ... na ...; *a season/etc. ~s* ***from*** ... *to* ... 'n seisoen duur van ... tot ...; *be* ***fully*** *~ed* ten volle uitgerek wees; lank uitgestrek wees; ten volle in beslag geneem wees; ~ *a* ***helping hand*** →HELPING; *~ed* ***order,*** *(mil.)* verspreide orde; ~ ***o.s.*** jou inspan; ~ ***o.s.*** *on s.t.* jou op iets uitstrek; ~ ***o.s.*** *to the utmost* al jou kragte inspan, alles uithaal; *s.t. ~s* ***over*** ... iets strek oor ...; iets *('n brug)* loop oor ... *('n rivier ens.)*; *~ed* ***powers*** uitgebreide bevoegdhede; *~ed* ***river*** verlengde rivier; *s.t. ~s* ***to*** ... iets reik tot (aan) ...; iets is op ... van toepassing, iets slaan op (*of* geld vir) ...; ~ *s.t.* ***to*** ... iets *('n kontrak ens.)* tot ... verleng; iets *('n pad ens.)* na ... verleng; iets *(gesag ens.)* tot ... uitbrei; ~ *s.t.* ***to*** *s.o.* iets aan iem. verleen *(hulp, krediet, ens.)*; iets aan/tot iem. rig *('n uitnodiging ens.)*; iets aan/teenoor iem. betoon, iets aan iem. bewys *(vriendskap ens.)*; iets aan iem. bewys/verleen *(gasvryheid ens.)*; iem. iets aanbied *(raad ens.)*; ~ *a warm welcome* ***to*** *s.o.* →WELCOME *n.*; ~ *a word of thanks* ***to*** *s.o.* 'n dankwoord (*of* 'n woord[jie] van dank) tot iem. rig. **ex·tend·a·bil·i·ty, ex·tend·i·bil·i·ty, ex·ten·si·bil·i·ty, ex·ten·si·ble·ness** uitbreibaarheid; verlengbaarheid; (uit)rekbaarheid; verskuifbaarheid. **ex·tend·a·ble, ex·tend·i·ble, ex·ten·si·ble, ex·ten·sile** uitbreibaar; verlengbaar; (uit)rekbaar; verskuifbaar; kan vergroot word. **ex·tend·er** *(verf)* aanvuller.

ex·ten·sion aanbousel, toevoeging, nuwe gedeelte, aangeboude/uitgeboude deel *(v. 'n gebou ens.)*; verlengstuk; vergroting; uitbreiding; verlenging; (uit)rekking; verbreding; verskuiwing; (uit)strekking; verspreiding; verlening; betoning; uitstel *(v. betaling ens.)*; uitsteltyd, -periode; *(rek.)* uitgang, agtervoegsel, suffiks, stertjie; *(elek.)* verleng(ings)kabel, verlengleiding; *(telef.)* bylyn; uittreklengte *(v. 'n kamera ens.)*; uitgestrektheid, uitgebreidheid *(v. 'n gebied ens.)*; omvang *(v. iem. se sukses ens.)*; reikwydte *(v.d. menslike gees ens.)*; *(ballet)* ekstensie, hoë (been)strekking; *grant an* ~ uitstel verleen; *telephone* ~ bylyn. ~ **bandage** rekverband. ~ **cable,** ~ **lead** *(elek.)* verleng(ings)kabel, verlengleiding. ~ **cord** verlengkoord. ~ **course** uitbreidingskursus. ~ **door** verleng-, voudeur. ~ **flash** *(fot.)* afstandflits. ~ **gate** vouhek. ~ **ladder** skuifleer. ~ **lead** →EXTENSION CABLE. ~ **lecture** buitelesing. ~ **office** *(landb.)* voorligtingskantoor. ~ **officer** *(landb.)* voorligtingsbeampte. ~ **piece** verlengstuk, verlenging. ~ **ring** *(fot.)* verlengring. ~ **rod** verlengstaaf, -stang. ~ **rule(r)** skuifliniaal. ~ **service** *(landb.)* voorligtingsdiens. ~ **table** uittrek-, (uit)skuiftafel. ~ **telescope** skuifteleskoop. ~ **trestle** skuifbok. ~ **tube** *(fot.)* verlengbuis; *(teg.)* verlengpyp *(v. 'n stofsuier)*.

ex·ten·sive uitgestrek, groot, uitgebreid *(gebied ens.)*; omvattend, omvangryk *(versameling ens.)*; aansienlik *(skade ens.)*; grootskaals *(soektog, ontbossing, ens.)*; diepgaande *(belangstelling, studie, ens.)*; grondig *(kennis ens.)*; wyd *(magte ens.)*; op groot skaal, ekstensief *(boerdery ens.)*; *make ~ use of s.t.* ruim (*of* op groot skaal) van iets gebruik maak. **ex·ten·sive·ly** aansienlik *(beskadig ens.)*; grondig *(verander ens.)*; wyd *(adverteer, lees, ens.)*; uitvoerig *(skryf ens.)*; baie *(reis ens.)*; op groot skaal *(boer ens.)*; ~ *illustrated* ryk(lik) geïllustreer(d); *use s.t.* ~ ruim (*of* op groot skaal) van iets gebruik maak. **ex·ten·sive·ness** uitgestrektheid, uitgebreidheid; omvang(rykheid), omvattendheid; grondigheid; wydheid.

ex·ten·so: *in ~, (Lat.)* breedvoerig, uitvoerig, volledig.

ex·ten·sor (mus·cle) strekspier.

ex·tent omvang, grootte; uitgestrektheid, uitgebreidheid; reikwydte; mate; *the full ~ of* ... die volle omvang van ...; *100 hectares/etc.* ***in*** ~ 100 hektaar/ens. groot; ***to*** *a great/large* ~ in groot/hoë mate, grotendeels, grootliks, vir 'n groot deel; ***to*** *a greater or lesser* ~ in meerdere of mindere mate; ***to*** *the ~ of* ... ten bedrae (*of* ter waarde) van ... *(R1000 ens.)*; ***to*** *the ~ of s.o.'s power* met alles wat iem. het; ***to*** *some (or a certain)* ~ in sekere mate; tot (op) sekere hoogte; ***to*** *such an ~ that* ... dermate dat ...; soseer dat ...; ***to*** *that* ~ in dié mate, in sover/sovêr/soverre; ***to*** *the ~ that* ... in die mate dat ...; ***to*** *what* ~ ... in watter mate (*of* in hoever/hoevêr/hoeverre) ...

ex·ten·u·ate versag; verminder, verklein; goedpraat, vergoe(i)lik, verontskuldig. **ex·ten·u·at·ing** versagtend; verminderend, verkleinend; ~ *circumstances* versagtende omstandighede. **ex·ten·u·a·tion** versagting; vermindering, verkleining; verontskuldiging, vergoe(i)liking; *in ~ of* ... ter verontskuldiging van ... **ex·ten·u·a·to·ry** versagtend; verskonend, vergoe(i)likend.

ex·te·ri·or *n.* buitekant; eksterieur; uiterlik(e) *(v. iem.)*; uitwendige (deel); *(filmk.)* buiteopname. **ex·te·ri·or**

adj. buitenste, buitekants(t)e, aan die buitekant, buite=; van buite; uitwendig; uiterlik; ~ ***angle*** buitehoek; ~ ***appearance*** uiterlike voorkoms; ~ ***finish*** buiteafwerking; ~ ***noise*** geraas/lawaai van buite; ~ ***paint*** buiteverf; *for* ~ ***use,*** *(verf ens.)* vir buitegebruik; *(gesondheidsproduk ens.)* vir uitwendige gebruik; ~ ***wall*** buitemuur. **ex·te·ri·or·ise, =ize** *(chir.)* eksterioreer, tydelik uit die liggaam haal; *(psig.)* eksternaliseer. **ex·te·ri·or·i·ty** uiterlikheid.

ex·ter·mi·nate uitwis, uitroei *('n spesie ens.)*; verdelg *('n vyand, d. mensdom, ens.)*; vernietig *(ideale ens.)*. **ex·ter·mi·na·tion** uitwissing, uitroeiing; verdelging; *war of* ~ verdelgingsoorlog. **ex·ter·mi·na·tor** uitroeier; verdelger; doder; uitroeimiddel. **ex·ter·mi·na·to·ry** uitwissend; verdelgend, verdelgings=; vernietigend; ~ *war* verdelgingsoorlog.

ex·ter·nal *adj.* buitenste, buitekants(t)e, buite=; *(anat.)* uitwendig; uiterlik *(voorkoms ens.)*; van buite *(druk ens.)*; ekstern *(eksamen, oorsaak, ens.)*; buitelands; *(rek.)* ekstern; ~ ***affairs*** buitelandse sake; ~ ***auditor*** buiteouditeur; ~ ***brake*** buiterem; ~ ***dimensions*** buiteafmetings; ~ ***ear*** buiteoor, uitwendige oor; ~ ***memory,*** *(rek.)* eksterne geheue; ~ ***mould,*** *(geol.)* buiteafdruk; ~ ***student*** eksterne student; *for* ~ ***use*** vir uitwendige gebruik; *the* ~ ***world*** die wêreld buite ons; die eksterne wêreld. **ex·ter·nal·i·sa·tion, =za·tion** veruiterliking; *(psig.)* eksternalisering. **ex·ter·nal·ise, =ize** veruiterlik, uiterlike vorm gee aan; *(psig.)* eksternaliseer. **ex·ter·nal·ly** uitwendig; na buite; van buite; buite(ns)lands; ekstern *(eksamineer ens.)*. **ex·ter·nals** *n. (mv.)* uiterlikhede; bykomstighede; bysake.

ex·ter·ri·to·ri·al →EXTRATERRITORIAL.

ex·tinct uitgestorwe; wat nie meer bestaan nie, nie meer bestaande (nie); afgeskaf; uitgewerk, uitgedoof *(vulkaan)*; dood *(sigaar ens.)*; uit *(vuur ens.)*; verouder(d), in onbruik *(woord ens.)*; uitgedien(d) *(idee, wet, ens.)*; ***become*** ~ uitsterf, uitsterwe; ~ ***cigar/etc.*** dooie sigaar/ens.; ***life was*** ~ die dood het (al) ingetree; ~ ***species*** uitgestorwe spesie; ~ ***volcano*** uitgewerkte/uitgedoofde vulkaan. **ex·tinc·tion** uitwissing, uitroeiing; uitdelging; uitsterwing; vernietiging *(v. hoop ens.)*; ondergang *(v. 'n orkes ens.)*; vereffening, delging, afbetaling *(v. skuld)*; *be threatened by/with complete* ~ deur algehele/totale uitwissing bedreig (*of* in die gesig gestaar) word.

ex·tine, ex·ine *(bot.)* eksien.

ex·tin·guish blus, doodmaak *(vuur)*; blus *(brand)*; (uit)doof, doodmaak, doodblaas, uitblaas *(kers)*; afskakel, afsit *(lig)*; vernietig, beëindig, 'n einde maak aan *(iem. se hoop ens.)*; uitwis *(armoede ens.)*; stilmaak, laat swyg, tot swye bring *(iem.)*; vereffen, delg, afbetaal *(skuld)*; *(jur.)* nietig verklaar, ophef *('n bepaling ens.)*; afskaf *(regte ens.)*.

ex·tin·guish·a·ble blusbaar; vernietigbaar.

ex·tin·guish·er (brand)blusser, blustoestel; domper *(vir kerse)*; doofpot *(vir kole)*.

ex·tin·guish·ing: ~ **appliance** blustoestel.

ex·tir·pate (met wortel en tak) uitroei, uitwis; verdelg; *(med.)* (chirurgies/sjirurgies) verwyder, uitsny. **ex·tir·pa·tion** uitroeiing, uitwissing; verdelging; *(med.)* (chirurgiese/sjirurgiese) verwydering, uitsnyding. **ex·tir·pa·tor** uitroeier; verdelger; vernietiger.

ex·tol =ll= (hemelhoog) prys, loof, ophemel, besing, verkondig, die loftrompet laat skal oor, verheerlik, roem; ~ *the merits/virtues of ...* die voortreflikhede/deugde van ... besing/verkondig. **ex·tol·ler** verheerliker, besinger, verkondiger, lofredenaar. **ex·tol·ment** verheerliking, ophemeling, besinging.

ex·tort afpers; afdreig; afdwing; ~ *s.t. from s.o.* iets van iem. afpers *(geld ens.)*; iets van iem. afdreig/afdwing, iem. dwing om iets te verklap *('n geheim ens.)*. **ex·tor·tion** afpersing; afdreiging; afdwinging. **ex·tor·tion·ate, ex·tor·tion·ar·y, ex·tor·tive** buitensporig (hoog); afpersend, afpersings=; afdreigend, afdreigings=; afdwingend, dwang=; ~ *price* buitensporige (*of* buitensporig hoë) prys. **ex·tor·tion·er, ex·tor·tion·ist** afperser; afdreiger; afdwinger; uitbuiter.

ex·tra *n.* ekstra(tjie), bykomstigheid, iets bykomstigs; toegif; *(filmk., teat.)* ekstra, figurant; *(kr.)* ekstra (lopie); *(joern.)* ekstra, (buitengewone/ekstra/spesiale) uitgawe; *be an* ~, *(ook)* nie by die prys ingesluit wees nie; *no* ~*s*, *(ook)* geen bykomende koste nie, alles inbegrepe. **ex·tra** *adj. & adv.* ekstra, bykomend, aanvullend, addisioneel; ekstra, besonder, buitengewoon, spesiaal; ~ ***clever/etc.*** buitengewoon slim/ens.; *at no* ~ ***cost/expense*** sonder bykomende/ekstra koste; ~ ***cover,*** *(kr.)* ekstra dekpunt; ~ ***dry*** ekstra droog *(vonkelwyn ens.)*; ~ ***earnings*** byverdienste; *an* ~ ***kilogram/etc.*** 'n kilogram/ens. ekstra; ~ ***large*** ekstra groot; ~ ***payment*** bybetaling; ~ ***special*** heel besonder(s); ~ ***time,*** *(sport)* ekstra tyd; ~ ***virgin*** ekstra suiwer *(olyfolie)*.

ex·tra- *pref.* buite=, ekstra=.

ex·tract *n.* uittreksel, gedeelte, fragment, passasie; ekstrak, aftreksel, afkooksel, konsentraat; ~ *of beef* vleisekstrak. **ex·tract** *ww.* (uit)trek *(tand ens.)*; uithaal; onttrek *(suurstof uit d. lug ens.)*; ontgin *(delfstowwe ens.)*; ekstraheer *(olie uit saad ens.)*; uitloog *(fosfor ens.)*; uitdruk, uitpers *(sap)*; kry, dwing *(inligting, 'n bekentenis, d. waarheid, ens. [uit iem.])*; 'n uittreksel maak; *(wisk.)* trek *('n wortel)*; ~ *s.t. by* ***boiling*** iets uitkook; ~ *a cork/etc.* ***from*** *a bottle/etc.* 'n prop/ens. uit 'n bottel/ens. trek; ~ *juice* ***from*** *an orange/etc.* sap uit 'n lemoen/ens. druk/pers; ~ *o.s.* ***from*** *s.o.'s arms* jou uit iem. se arms losmaak; ~ *sounds* ***from*** *an instrument* klanke uit 'n instrument haal/kry/voortbring; ~ *s.t.* ***from*** *one's pocket/etc.* iets uit jou sak/ens. haal; ~*ed* ***honey*** slingerheuning. ~ **wool** ekstrakwol.

ex·trac·tion (uit)trekking, die trek; onttrekking; ontginning, winning; uitloging; ekstraksie; uitpersing; afkoms, herkoms, afstamming, geboorte; *of French/etc.* ~ van Franse/ens. afkoms/afstamming; ~ *of ore* ertswinning; ~ *of roots, (wisk.)* worteltrekking. ~ **fan, extractor fan** suigwaaier.

ex·trac·tive *n.* ekstraktief, geëkstraheerde stof, ekstraksiestof. **ex·trac·tive** *adj.* uittrekkend, ekstraktief, uittrek(kings)=, ekstraksie=; uittrekbaar; ekstraheerbaar; ~ *industry* ekstraktiewe bedryf, natuurprodukte-industrie; ~ *metallurgy* ekstraksiemetallurgie.

ex·trac·tor (uit)trekker; ekstraheerder; uitsuier; suigwaaier; tang; *juice* ~ versapper, vrugtepers. ~ **fan, extraction fan** suigwaaier. ~ **ventilator** suigventilator.

ex·tra·cur·ric·u·lar buiteskools, buitekurrikulêr; buite-universitêr, buitekurrikulêr.

ex·tra·dite uitlewer; uitgelewer kry, die uitlewering bewerkstellig; ~ *s.o. to ...* iem. aan ... uitlewer. **ex·tra·dit·a·ble** uitlewerbaar; ~ *offence* uitleweringsmisdaad, misdaad wat tot uitlewering aanleiding kan gee.

ex·tra·di·tion uitlewering. ~ **act,** ~ **law** uitleweringswet. ~ **proceedings:** *take* ~ ~ uitlewering aanvra; stappe doen tot uitlewering. ~ **treaty** uitleweringsverdrag.

ex·tra·du·ral *adj.* →EPIDURAL *adj.*.

ex·tra·ju·di·cial buitegeregtelik *(ondersoek ens.)*; buite die hof *(pred.)*; *reach an* ~ *settlement* 'n skikking buite die hof bereik.

ex·tra·le·gal buitewetlik.

ex·tra·mar·i·tal buite-egtelik; ~ *affair* buite-egtelike verhouding.

ex·tra·mun·dane buitewêreldlik, boaards, buite ons wêreld (*of* die heelal) geleë.

ex·tra·mu·ral buitemuurs; buiteskools; buite=; buite die stadsmure/stadsgrense; ~ *lecture* buitelesing; ~ *student* buitemuurse student. **ex·tra·mu·ral·ly** buitemuurs; buite (om).

ex·tra·ne·ous ontoepaslik, nie ter sake nie, irrelevant; onbeduidend, onbelangrik; ekstern, van buite; vreemd *(voorwerp ens.)*; ~ *information/etc.* ontoepaslike/nietersaaklike/irrelevante inligting/ens.; *that is an* ~ *matter* dit hoort nie hier tuis nie, dit is 'n ander saak; ~ *sounds* bygeluide; geluide van buite.

ex·tra·nu·cle·ar *(biol.)* buitekernig.

ex·traor·di·nar·y =*ies, n.* buitengewone pos *(v. 'n balans/rekening)*. **ex·traor·di·nar·y** *adj.* buitengewoon, besonder, uitsonderlik; ongewoon, seldsaam, vreemd, sonderling; spesiaal, ekstra; ***ambassador/envoy/etc.*** ~ buitengewone ambassadeur/(af)gesant/ens.; ~ ***general meeting,*** *(afk.:* EGM*)* buitengewone algemene vergadering; ***Government Gazette*** *E*~ Buitengewone Staatskoerant; ***how*** ~*!* hoe vreemd!. **ex·traor·di·nar·i·ly** buitengewoon, besonder, uiters, hoogs. **ex·traor·di·nar·i·ness** buitengewoonheid, uitsonderlikheid; ongewoonheid, seldsaamheid, vreemdheid.

ex·tra·par·lia·men·ta·ry *adj.* buiteparlementêr.

ex·trap·o·late *(ook wisk.)* ekstrapoleer; ~ *from ...* uit ... ekstrapoleer. **ex·trap·o·la·tion** ekstrapolering, ekstrapolasie.

ex·tra·sen·so·ry buitesintuiglik; ~ *perception* buitesintuiglike waarneming.

ex·tra·stat·u·to·ry buitewetlik, ekstrastatutêr.

ex·tra·ter·res·tri·al *n., (afk.:* ET*)* ruimtewese, buiteaardse wese. **ex·tra·ter·res·tri·al** *adj.* buiteaards; ~ *life* lewe in die hemelruim.

ex·tra·ter·ri·to·ri·al, ex·ter·ri·to·ri·al eksterritoriaal. **ex·tra·ter·ri·to·ri·al·i·ty** eksterritorialiteit.

ex·tra·u·ter·ine *(fisiol.)* buitebaarmoederlik, ekstrauterien, ektopies.

ex·trav·a·gant spandabel, verkwistend, verspillend; kwistig *(gebruik, hand, ens.)*; oordadig, uitspattig *(fees, leefwyse, partytjie, kleredrag, ens.)*; buitensporig *(prys, eis, vereiste, maniere, ens.)*; oordrewe *(lof, ywer, ens.)*; mateloos *(geesdrif ens.)*; weelderig, luuksueus *(huis, hotel, klere, ens.)*; oorvloedig *(gebruik, lewe, ruimte, ens.)*; grensloos *(genade ens.)*; rojaal *(tyd ens.)*; duur *(smaak)*; *be* ~ *with s.t.* spandabel wees met iets *(geld ens.)*; vrygewig wees met iets *(lof ens.)*. **ex·trav·a·gance** spandabelheid, verkwisting, verspilling; verspilsug; kwistigheid; oordaad, oordadigheid, uitspattigheid, uitspatting; buitensporigheid; oordrewenheid; mateloosheid; weelde, luukse; oorvloed. **ex·trav·a·gant·ly** oordadig, in oordaad/weelde, weelderig, spandabel *(leef)*; uitspattig *(aantrek, jou gedra)*; kwistig *(gebruik)*; buitensporig *(duur)*; oordrewe *(hartlik)*; uitermate *(liefderik)*; weelderig *(gemeubileer)*; kwistig, ryklik *(versier)*; *she rather* ~ *bought herself a silk blouse* sy het haar die luukse/weelde van 'n sybloes(e) veroorloof; *spend money* ~ geld kwistig/oordadig uitgee/bestee. **ex·trav·a·gan·za** extravaganza.

ex·trav·a·sate *(patol.)* laat uitsypel/uitsyfer *(bloed ens.)*; *(geol.)* uitstort, uitspu(ug) *(lawa)*. **ex·trav·a·sa·tion** uitsypeling, uitsyfering; uitstorting; ~ *of blood* bloeduitstorting.

ex·tra·ve·hic·u·lar *adj., (ruimtev.)* buite die ruimteskip; geskik vir gebruik buite die ruimteskip; ~ *activity* aktiwiteite buite die ruimteskip (*of* wat buite die ruimteskip plaasvind).

ex·tra·ver·sion, ex·tra·vert →EXTROVERSION, EXTROVERT.

ex·treme *n.* uiterste; uiterste geval; *(log.)* ekstreem; *(wisk.)* ekstreem, uiterste waarde; ***at the other*** ~ aan die teenoorgestelde kant; *go* ***from*** *one* ~ *to the other* van die een uiterste na die ander gaan, van die een uiterste in die ander verval; *be ...* ***in the*** ~, *(gunstig of ongunstig)* uiters ... wees, *(gunstig)* ... in die hoogste mate wees, *(ongunstig)* ... in die ergste graad wees; ~*s* ***meet,*** *(sprw.)* uiterstes raak mekaar; *go to the* ***other*** ~ tot die ander uiterste oorgaan, in die ander uiterste verval; *carry s.t.* ***to*** *an* ~ iets op die spits dryf/drywe; *be driven* ***to*** ~*s* tot die uiterste (toe) gedryf word; *go* ***to*** ~*s* tot die uiterste gaan, tot uiterstes oorgaan, in uiterstes verval; *push s.t.* ***to*** ~*s* iets op die spits dryf/drywe. **ex·treme** *adj.* kras, verregaande; uitermatig, oordadig, oordrewe; drasties, uiters streng *(maatreëls ens.)*; radikaal *(idees, politieke beweging, ens.)*; ekstremisties *(in jou benadering ens.)*; *(attr.)* uiterste *(dringendheid, eenvoud, geval, grens, straf, ens.)*; uiterste, grootste *(gevaar)*; grootste *(armoede, behae, verbasing, ens.)*; diepste *(dankbaarheid ens.)*; grofste *(minagting ens.)*; duurste *(prys)*; verste, vêrste *(punt ens.)*; ***be*** ~ tot uiterstes gaan; *at/on the* ~ ***left/right*** heel links/regs; *(pol.)* ver=, vêr=, ultralinks *of* ver=, vêr=, ultraregs; ~ ***necessity*** nooddwang; *the* ~ ***opposite*** presies/net/heeltemal die teenoorgestelde; *be* ~ ***opposites*** radikaal (van mekaar) verskil; absolute teenoorgesteldes wees; ~ ***unction,*** *(RK, vero.)* heilige/laaste oliesel. **ex·treme·ly** uiters, erg, verskriklik, vreeslik, hoogs, geweldig, buitengewoon, uitermate, byster, aller=; ~ *cold, (ook)* bitter(lik)/snerpend/ysig koud; ~ *dangerous circumstances/ etc.* allergevaarlikste omstandighede/ens.. **ex·trem·is** *(Lat.)* →IN EXTREMIS. **ex·trem·ism** *n.* ekstremisme. **ex·trem·ist** *n., (neerh.)* ekstremis, radikaal, ultra, vuurvreter, heethoof. **ex·trem·ist** *adj.* ekstremisties, radikaal. **ex·trem·i·ty** uiteinde, eindpunt, uiterste; *(i.d. mv.)* hande en voete; *(i.d. mv.)* vingers en tone; rouheid, gruwelikheid, brutaliteit *(v. geweld);* koelbloedigheid *(v. 'n voorstel ens.);* radikaliteit *(v. iem. se woorde ens.);* (uiterste) nood; *(arg.)* uiterste maatreëls; *be* ***at*** *the ~ of depression* heeltemal neerslagtig wees, jou in die diepste/ergste depressie bevind, tot die dood toe swartgallig wees; *be* ***at*** *the ~ of weakness* op jou uiterste lê; ***in*** *the last* ~ in die uiterste geval; *the* ***southern/etc.*** *~ of a continent/etc.* die suidelikste/ens. (*of* mees suidelike/ens.) punt van 'n vasteland/ens.; *drive s.o.* ***to*** *extremities* iem. tot die uiterste (toe) dryf.

ex·tri·cate bevry, losmaak; bevry, red; ontwar; ~ *o.s. from ...* jou uit ... bevry/wikkel, jou van ... losmaak; ~ *s.o. from s.t.* iem. uit iets bevry/red; ~ *s.t. from ...* iets uit ... trek/wikkel; iets uit ... losmaak/loswoel. **ex·tri·ca·ble** ontwarbaar; redbaar, verlosbaar, te red. **ex·tri·ca·tion** bevryding, redding, verlossing; ontwarring.

ex·trin·sic bykomstig, toevallig, nie wesen(t)lik nie, irrelevant; uitwendig, van buite (af), buite=; uiterlik; *(fisiol.)* ekstrinsiek *(oogspier ens.);* ~ *factor, (vitamien B_{12})* ekstrinsieke faktor; ~ *value* ekstrinsieke waarde.

ex·trorse *(bot., soöl.)* buitewaarts, na buite (gerig); omgedop.

ex·tro·vert, ex·tra·vert *n.* ekstrovert. **ex·tro·vert, ex·tra·vert, ex·tro·vert·ed, ex·tra·vert·ed** *adj.* ekstrovert, na buite lewend. **ex·tro·vert, ex·tra·vert** *ww.* uiting gee aan *(gedagtes ens.).* **ex·tro·ver·sion, ex·tra·ver·sion** *(psig.)* ekstroversie; *(patol.)* ekstroversie, omdopping.

ex·trude uitstoot *(lawa);* uitdruk, uitpers *(metaal);* deurdruk *(plastiek);* →PROTRUDE; *~d metal* uitgedrukte metaal. **ex·trud·er** uitperser, uitpersmasjien.

ex·tru·sion uitstoting; uitpersing; *(geol.)* ekstrusie, uitvloeiing. ~ **press** uitpersmasjien.

ex·tru·sive uitpersend; *(geol.)* ekstrusief, ekstrusie=, uitvloeiings=.

ex·u·ber·ant uitbundig, uitgelate; lewenslustig; oordrewe, oordadig, oorvloedig, kwistig; welig, weelderig. **ex·u·ber·ance** uitbundigheid, uitgelatenheid; lewenslus; oordaad, oorvloed; weligheid, weelderigheid. **ex·u·ber·ate** *(w.g.)* uitbundig/uitgelate wees; oordadig/oorvloedig wees, oorvloei; welig groei; ~ *in ...* oorloop van ... *(blydskap ens.).*

ex·ude afgee *(reuk, vog, ens.);* afskei *(sweet ens.);* uitskei *(vloeistof); (fig.)* uitstraal *(selfvertroue ens.); s.t. ~s from ...* iets *('n reuk ens.)* word deur ... afgegee; iets *(sweet ens.)* word deur ... afgeskei; iets *(vloeistof)* word deur ... uitgeskei; iets *(bloed ens.)* vloei uit ...; iets *(koue sweet)* slaan op ... uit; iets *(selfvertroue ens.)* straal uit ... **ex·u·date, ex·u·da·tion** afskeiding; uitskeiding; uitvloeisel; sweet; *(med., bot., entom.)* eksudaat. **ex·u·da·tive** afskeidings=; uitskeidings=; uitswetend, (uit)sweet=.

ex·ult *(fml.)* juig, jubel; verheug (*of* dol van blydskap) wees; ~ ***at/in*** *s.t.* oor iets juig/jubel, iets toejuig; jou in iets verheug, oor iets verheug (*of* dol van blydskap oor iets) wees; ~ ***in*** *God* (or *the Lord*) oor God juig, in die Here jubel; ~ ***over*** *s.t.* oor iets juig/jubel; jou in iets verlustig, in iets behae skep. **ex·ul·tant** juigend, jubelend, verheug, triomfant(e)lik, triomferend, uitbundig, uitgelate, opgetoë. **ex·ul·ta·tion, ex·ul·tance, ex·ul·tan·cy** gejuig, gejubel, jubeling, juiging, triomfant(e)likheid, uitbundigheid, uitgelatenheid, opgetoënheid. **ex·ult·ing·ly** juigend, jubelend, triomfant(e)lik, uitbundig, uitgelate, opgetoë.

ex·ur·ban *(Am.)* buitestedelik *(gebied, ontwikkeling, ens.).*

ex·u·vi·ate *(soöl.)* vervel; afgooi, afwerp *(vel, skulp, ens.).* **ex·u·vi·ae** *n. (mv.)* vervelsels; afwerpsels. **ex·u·vi·a·tion** vervelling; afwerping.

ey·as =*asses* jong valk.

eye *n.* oog, kyker; blik, kyk; opening, ring(etjie); oog *(v. 'n naald, kamera, ens.);* ogie *(waarin 'n hakie gehaak word);* lus, oog *(in 'n tou, koord, ens.);* gat *(in 'n meulsteen); (i.d. mv.)* gate *(in kaas);* steelgat *(v. 'n hamer); (bouk.)* ronde venster; oogvlek *(op d. vlerk v. 'n pou ens.);* oog, ogie *(v. 'n aartappel); (bot.)* oog, ogie, knop; oog, middelpunt *(v. 'n storm ens.);* spierbundel *(v. vleis); (SA)* oog *(v. 'n fontein); (SA)* oog, fontein; *s.o.'s ~s are* ***alight*** *with ...* iem. se oë straal van ... *(vreugde ens.); be* ***all*** *~s, (infml.)* een en al oë wees, fyn oplet; ***avert*** *one's ~s* wegkyk; *not* ***bat*** *an* ~ →BAT[3]; *look at s.o. with a* ***beady*** ~ iem. vorsend aankyk; ***before/under*** (or ***in front of***) *s.o.'s (very) ~s* (vlak) voor/onder iem. se oë, (reg/vlak) onder/voor iem. se neus; *not be able to* ***believe*** *one's ~s* jou oë nie kan glo nie; *s.o.'s ~s are* ***bigger*** *than his/her stomach/belly* iem. se oë is groter as sy/haar maag; *give s.o. a* ***black*** *~,* ***black*** *s.o.'s ~* iem. blouoog slaan; *s.o.'s ~s* ***blaze*** iem. se oë skiet vlamme *(v. woede);* ***bleary*** *~s* pap oë; *turn a* ***blind*** *~* (or ***close/ shut*** *one's ~s) to s.t., (fig.)* jou oë vir iets sluit/toedruk/toemaak, iets deur die vingers sien, iets oogluikend toelaat, iets kastig nie sien nie; ***by*** ~ met die oog; ***cast down*** (or ***drop/lower***) *one's ~s* jou oë neerslaan; ***cast/ glance*** *an ~* (or *one's ~[s]*) *at/over s.t.,* ***pass/run*** *an ~* (or *one's ~[s]*) *over s.t.* iets vlugtig bekyk, gou na iets kyk, jou oë oor iets laat gaan/gly; ***catch*** *s.o.'s ~, (infml.)* iem. se aandag trek; *s.t.* ***catches*** (or ***leaps to***) *the ~, (infml.)* iets tref die oog (*of* trek die aandag *of* val op *of* spring/val in die oog); ***clap/lay/set*** *~s on ...* ... sien, ... te sien (*of* onder oë *of* in die oog) kry; *I haven't* ***clapped/laid/set*** *~s on ... (yet)* ek het ... (nog) nie met 'n oog gesien nie; ***close/shut*** *one's ~s* jou oë toemaak; jou oë toeknyp; jou oë (met jou hande) bedek; ***close/ shut*** *one's ~s to s.t.* →***blind;*** *s.o. can do s.t. with his/her ~s* ***closed/shut*** iem. kan iets toeoog/toeoë (*of* met toe oë *of* in sy/haar slaap) doen; *the* ***corner*** *of the/one's ~* →CORNER *n.;* ***cry/weep*** *one's ~s out* jou doodhuil, bitter(lik) huil; *the ~ of the* ***day,*** *(fig.)* die oog van die dag, die son; ***do*** *s.o. in the ~, (infml.)* iem. 'n rat voor die oë draai (*of* vet om die oë smeer *of* sand in die oë strooi); ***drop*** *one's ~s* →***cast down;*** *be* ***easy*** *on the ~, (infml.)* iets vir die oog wees; *as* ***far*** *as the ~ can see/ reach* so ver/vêr as ('n) mens kan sien (*of* die oog reik); ***fasten/fix*** *one's ~s on/upon ...* jou oë op ... vestig; ***feast*** *one's ~s on ...* jou aan ... verkyk, jou in ... verlustig; ***feed*** *the/one's ~s* die/jou oë laat wei; ***fix*** *one's ~s on/ upon s.t.* →FIX *ww.; an ~* ***for*** *an ~ and a tooth for a tooth, (Eks. 21:24)* 'n oog vir 'n oog, 'n tand vir 'n tand; *have an ~* (or *a good/sharp/etc. ~*) ***for*** *s.t.* 'n (goeie/ skerp/ens.) oog vir iets hê; *only have ~s* ***for*** *...* net vir ... oë hê; *~s* ***front!,*** *(mil.)* oë front!; ***get*** *one's ~ in, (mil., skietsport)* jou inskiet, ingeskiet raak; *(tennis ens.)* jou inspeel, ingespeel raak; ***give*** *s.o. the (glad) ~, (infml.)* vir iem. knipoog; ***glance*** *an ~* (or *one's ~[s]*) *at/over s.t.* →***cast;*** *a* ***gleam*** *in s.o.'s ~* 'n glinstering in iem. se oog; ***greet*** *the/one's ~* →***meet;*** *with* ***half*** *an ~* met 'n halwe oog; *have ~s in the back of one's* ***head,*** *(fig.)* oë van voor en van agter hê, alles sien, niks mis nie, altyd presies weet wat aan die gang is; *s.o. wouldn't know ... if it* ***hit*** *him/her in the ~* (or *between the ~s*), *(infml.)* iem. sal ... nie eien/herken nie, al struikel hy/ sy daaroor; ***hook*** *and ~, (naaldw.)* hakie en ogie; ***in*** *the ~s of ...* in die oë van (*of* volgens) ... *(d. gereg, wêreld, ens.);* voor *(d. wet); look on/upon s.o./s.t. with* ***jaundiced*** *~s* →JAUNDICED; ***keep*** *an ~* (or *a sharp/watchful ~*) *on s.o./s.t., (infml.)* 'n (noulettende/streng) ogie/oog oor iem./iets hou; iem./iets (fyn/goed/noukeurig) dophou, die/'n oog (*of* 'n [fyn] ogie) op iem./iets hou, iem./iets (goed/noukeurig) in die oog hou; ***keep*** *one's ~ on the ball* jou oë op die bal hou, op die bal konsentreer; *(fig.)* by die hoofsaak bly/hou; ***keep*** *one's ~s and ears open* jou oë en ore oophou; ***keep*** *an ~* (or *one's ~s*) *open/out for ...* jou oë vir ... oophou, op die uitkyk na ... wees; ***keep*** *one's ~s peeled/skinned for ..., (infml.)* jou oë wyd (*of* [baie] goed) vir ... oophou; ***lay*** *~s on ...* →***clap;*** *s.t.* ***leaps to*** *the ~* →***catches;*** *~* ***left!,*** *(mil.)* oë links!; ***lift (up)*** (or ***raise***) *one's ~s* opkyk, jou oë opslaan/ophef; ***look*** *s.o. (full/squarely/ straight) in the ~(s)* iem. (reg[uit]/vas/waterpas) in die oë kyk; ***lose*** *an ~* 'n oog verloor; ***lower*** *one's ~s* →***cast down;*** ***make*** *~s at s.o.* vir iem. knipoog (*of* ogies maak); *no ~ like the ~ of the* ***master,*** *the ~ of the* ***master*** *makes the horse fat, (sprw.)* die oog van die meester maak die perd vet; ***measure*** *s.o. with one's ~s* iem. van bo tot onder bekyk; ***meet*** *s.o.'s ~(s)* iem. in die oë kyk, iem. se blik beantwoord; ***meet/greet*** *the/one's ~(s)* te sien wees; sigbaar word, voor die/jou oë verskyn; *there is more to it than* ***meets*** *the ~, (infml.)* daar sit/skuil/steek meer agter (as wat jy dink); *a dreadful/etc. sight* ***met/greeted*** *s.o.'s ~(s)* 'n aaklige/ens. gesig het iem. begroet, iem. is met 'n aaklige/ens. gesig begroet; ***mind*** *your ~!* pas op!, oppas!; *in the/one's* ***mind's*** ~ in die/jou verbeelding, voor die/jou geestesoog; ***my*** *~!,* (of, vero.) *all my ~ (and Betty Martin)!* bog!, twak!, onsin!; *it's all* ***my*** *~, (infml.)* dis sommer bog/stories; *with the* ***naked*** ~ met die blote oog; ***narrow*** *one's ~s,* ***screw*** *one's ~s up* jou oë op 'n skrefie trek; *the ~ of the* ***night,*** *(fig.)* die oog van die nag, die maan; *~s and* ***no*** *~s* siende blind; *have an/one's ~* ***on*** *s.o.* 'n ogie op iem. hê; *have an ~* ***on*** *s.t.* 'n ogie (*of* die oog) op iets hê, iets in die oog hê; *be* ***one*** (or *a* ***shot***) *in the ~ for s.o.* 'n klap in die gesig vir iem. wees; 'n gevoelige slag vir iem. wees; 'n bitter pil vir iem. wees; *give/land s.o.* ***one*** *in the ~, (infml.)* iem. 'n hou op die oog gee; iem. 'n hou/klap gee; *with* ***one*** *~ on the clock/etc.* met een oog op die horlosie/oorlosie/ ens.; ***open*** *one's ~s* jou oë oopmaak; ***open*** *s.o.'s ~s to s.t.* iem. se oë vir iets oopmaak, iem. iets laat insien; *do* (or *go into*) *s.t. with one's ~s* ***open*** iets oogsoog/oopoë (*of* met oop oë) doen/aanpak; *make s.o.* ***open*** *his/ her ~s* iem. sy/haar oë laat oopmaak; *see s.t. with one's* ***own*** *~s* iets met jou eie oë (*of* self) sien; ***pass*** *an ~* (or *one's ~[s]*) *over s.t.* →***cast;*** *s.o.'s ~s nearly* ***popped out*** *(of his/her head), s.o.'s ~s* ***popped*** *with amazement, (infml.)* iem. se oë het amper/byna uitgeval, iem. se oë het (groot) gerek van verbasing, iem. was stomverbaas, iem. kon sy/haar oë amper/byna nie glo nie; ***private*** ~ →PRIVATE *adj.; be in the* ***public*** ~ →PUBLIC *adj.;* ***put out*** *s.o.'s ~s* iem. se oë uitsteek; *have a* ***quick*** ~ 'n skerp oog hê; ***raise*** *one's ~s* →***lift (up);*** *s.t.* ***reeled*** *before s.o.'s ~s* →REEL[2] *ww.;* ***rest*** *one's ~s on s.t.* jou oë op iets laat rus; *~s* ***right!,*** *(mil.)* oë regs!; *s.o.'s ~s are* ***riveted*** *on s.t.* →RIVET *ww.; have a* ***roving*** ~ →ROVING[1] *adj.;* ***rub*** *one's ~s* →RUB *ww.;* ***run*** *an ~* (or *one's ~[s]*) *over s.t.* →***cast;*** ***run*** *one's ~s down a page* 'n bladsy vinnig deurgaan; *s.o.'s ~s are* ***running*** iem. se oë traan; *s.o.'s ~s* ***sank*** →SINK *ww.;* ***scratch*** *s.o.'s ~s out* iem. se oë uitkrap; ***screw*** *one's ~s up* →***narrow;*** *they* ***see*** *~ to ~* hulle is dit (heeltemal) (met mekaar) eens, hulle stem saam, hulle dink eenders/eners, hulle sien dinge in dieselfde lig; ***see*** *~ to ~ with s.o. on s.t.* dit (heeltemal) met iem. oor iets eens wees, met iem. oor iets saamstem, iem. se mening oor iets deel, dieselfde oor iets dink (*of* dieselfde kyk op iets hê) as iem.; *what the ~ doesn't* ***see,*** *the heart doesn't grieve over, (sprw.)* wat die oog nie sien nie, deer die hart nie (*of* sal die hart nie deer/seermaak *of* oor treur nie); ***set*** *~s on ...* →***clap;*** *have* ***sharp*** *~s* skerp oë hê; *have a* ***sharp*** *~ for s.t.* →***for;*** ***shifty*** *~s* →SHIFTY; *s.o.'s ~s are* ***shining*** iem. se oë skitter; *s.o. can do s.t. with his/her ~s* ***shut,*** *(infml.)* iets is vir iem. kinderspeletjies, iem. kan iets met die grootste gemak doen; ***shut*** *one's ~s (to s.t.)* →***close;*** *a* ***sight*** *for sore ~s* →SIGHT; *keep one's ~s* ***skinned*** *for ...* →***keep;*** ***something*** *for the ~s, (infml.)* iets vir die oog; *look s.o.* ***squarely/straight*** *in the ~(s)* →***look;*** *the ~ of a* ***storm,*** *(met.)* die oog van 'n storm, die stormkern; ***strain*** *one's ~s* jou oë ooreis; *the* ***tail*** *of the ~* →TAIL[1] *n.;* ***take*** *one's ~s off s.t.* van iets wegkyk; *s.o. couldn't* ***take*** *his/her ~s off ...* iem. kon sy/ haar oë nie van ... afhou nie; ***through*** *s.o.'s ~s* deur iem. se oë, uit iem. se oogpunt; *have an ~* ***to*** *...* jou oë op ... rig *(d. toekoms ens.);* ***to the*** ~ op die oog (af); *with the* ***unaided*** ~ met die blote oog; ***under*** *s.o.'s (very) ~s* →***before;*** ***under*** *the watchful ~ of ...* onder die waaksame oog van ...; *be* ***up to*** *the/one's ~s, (infml.)* tot oor die/jou ore in die werk sit/wees, onder die werk toegegooi wees; *not* ***use*** *one's ~s* teen jou ooglede/

oogvelle vaskyk; *use your ~s!* het jy nie oë in jou kop nie?; *a* ***vigilant*** ~ →VIGILANT; *s.o.'s ~s are* ***watering*** iem. se oë traan; ***weep*** *one's ~s out* →***cry;*** *the ~ of the* ***wind,*** *the* ***wind's*** ~ die rigting waaruit die wind waai; *in(to) the ~ of the* ***wind,*** *in(to) the* ***wind's*** ~ teen die wind (in), windop; ***wipe*** *one's ~s* jou trane afvee/afdroog; jou oë uitvee; ***wipe*** *s.o.'s ~, (ook, infml.)* iem. voorspring (*of* die loef afsteek); ***with*** *an ~ to s.t.* met die oog op iets; ***with*** *an ~ to doing s.t.* met die gedagte om iets te doen; ***with*** *a critical/jealous/etc.* ~ krities, jaloers, *ens.; view* (*or look at/on/upon) s.o./s.t.* ***with*** *a friendly* ~ iem. vriendelik/welwillend aankyk; goedgesind/simpatiekgesind teenoor iem./iets wees. **eye** *eyed, ey(e)ing, ww.* bekyk, aankyk, kyk na, aanskou, beskou; *~ s.o. up (and down)* iem. (op en af) bekyk, jou oë oor iem. laat wei. **~ball** oogbal, =bol; *discuss s.t. ~ to ~* iets van aangesig tot aangesig bespreek; *meet s.o. ~ to ~* iem. van aangesig tot aangesig ontmoet, direk teenoor iem. te staan kom. **~bank** oog=, oëbank. **~bath** oogbad; oogkelkie. **~black** →MASCARA. **~ bolt** oogbout. **~bright, euphrasy** *(bot.)* oëtroos, eufrasie. **~brow** wenkbrou; ***pluck*** *one's ~s* jou wenkbroue uitdun; ***raise*** *one's ~s* (or *an ~*) skeef/verbaas opkyk; *cause* ***raised*** *~s* die oë laat rek, mense laat skeef opkyk; *be* ***up to*** *one's/the ~s in work* →WORK *n.*. **~brow pencil** wenkbroupotlood. **~ care** oogsorg, =versorging. **~-catcher** oogtreffer. **~-catching** opvallend, treffend. **~ contact** oogkontak. **~cup** *(Am.)* →EYEBATH. **~ drop** *(arg. of poët.)* traan; *(i.d. mv., med.)* oogdruppels. **~ flap** oogklap. **~ fold** oogvou. **~ful** →EYEFUL. **~glass** oogglas, monokel; *(i.d. mv., Am.)* bril; oogglas, =lens, =stuk, okulêr. **~ guard, ~ protector, ~shade, ~ shield** oogskerm; oogklap(pie). **~hole** loergat, =gaatjie, kykgat, =gaatjie; oog, ogie, ring(etjie); oogkas, =holte. **~ language** oogtaal. **~lash** ooghaar, wimper; *(biol., anat.)* cilium. **~-legible** met die blote oog leesbaar, wat met die blote oog gelees kan word. **~ level** *n.* ooghoogte. **~-level** *adj. (attr.)* ooghoë *(oond ens.).* **~lid** ooglid; *not bat an ~* →BAT[3]; *flutter one's ~s* met jou oë knipper; *hang on by the/one's ~s, (infml.)* verbete vasklou. **~liner** oogomlyner. **~ lotion** oogwasmiddel. **~ memory** ooggeheue, visuele geheue. **~-opener** *(infml.)* openbaring; verrassing; ontnugtering; *s.t. is an ~ to s.o., (infml.)* iets is vir iem. 'n openbaring, iets gee iem. (glad) 'n ander kyk op sake. **~-opening** verrassend; ontnugterend. **~ operation** oogoperasie. **~ patch** oogklap. **~ pencil** oogpotlood. **~piece** oogglas, =lens, =stuk, okulêr. **~pit** oogkas, =holte. **~ rhyme** skynrym. **~ screw** *(teg.)* oogskroef(ie). **~shade** →EYE GUARD. **~ shadow** oogskadu(wee). **~shot** gesig, gesigsveld, oogafstand; *beyond (or out of) ~* uit sig, uit die gesig/oog; *in/within ~* in sig, in die gesig, sigbaar. **~sight** gesig, gesigsvermoë, sienskrag; *have bad/good ~* slegte/goeie oë hê; *s.o.'s ~ is failing* iem. se oë gee in; *lose one's ~* jou gesig verloor, blind word. **~ slit** *(anat.)* oogspleet; kykgleuf *(v. 'n helm, tronkdeur, ens.).* **~ socket** oogkas, =holte. **~sore** doring in die oog, steen des aanstoots, gedrog, onooglikheid, misbaksel. **~spot** *(soöl., plantsiektekunde)* oogvlek. **~stalk** *(soöl.)* oogspriet. **~strain** oogspanning, =vermoeidheid, =vermoeienis, =ooreising. **~ test** oogtoets, =ondersoek. **~tooth** oog=, hoektand *(v. 'n mens)*; oog=, slagtand *(v. 'n dier); cut one's eyeteeth, (lett.)* oogtande kry; *(fig., infml.)* ervaring opdoen, wyser word; *s.o. would give his/her eyeteeth for ..., (infml.)* iem. sou wát wou gee vir ... **~wash** oogwater; *(infml.)* bog(praatjies), kaf(praatjies), twak(praatjies), snert, praatjies vir die vaak. **~water** *(poët., liter.)* trane. **~witness** ooggetuie; *be an ~ of/to s.t.* ooggetuie van iets wees.

-eyed *komb.vorm* =oog=, =ogig, met ... oog/oë; *green-~* groenoog=, groenogig, met groen oë; *one-~* eenoog=, eenogig, met een oog.

eye·ful *(infml.)* goeie kyk(ie); lus vir die oog, skoonheid; ***get*** *an ~ of dust/water/etc.* stof/water/ens. in die oog kry; ***get*** *an ~ of this/that!, (infml.)* kyk ('n) bietjie hier/daar!; ***get*** *(quite) an ~ of ..., (infml.)* heelwat van ... te sien(e) kry; *be* ***quite*** *an ~, (infml.)* nogal iets vir die oog wees, iets wees om na te kyk.

eye·less oogloos, sonder oë; blind.

eye·let (veter)ogie, (veter)gaatjie; ryggaatjie; (veter)ringetjie; *(borduur)* ogie; loergaatjie. **~ embroidery** ogiesborduurwerk; ogiesborduursel. **~ hole** geknipte ogie. **~ stitch** driesy-ogiesteek. **~ trimming** ogiestooisel.

Eye·tie *(neerh. sl.: Italianer)* spaghettivreter.

eyot →AIT.

eyre *(hist., jur.)* rondgang; rondgaande hof.

ey·rie, *(Am.)* **aer·ie** arendsnes; roofvoëlnes; broeisel (arendskuikens/roofvoëlkuikens), jong arende/roofvoëls; *(fig.: hooggeleë huis/vesting/ens.)* arendsnes; *(arg.)* kroos.

E·ze·ki·el *(OT)* Esegiël.

Ez·ra *(OT)* Esra.

Ff

f, F *f's, F's, Fs, (sesde letter v.d. alfabet)* f, F; *little ~* f'ie; *small ~* klein f. **F flat** *(mus.)* F-mol. **f-number, f number** *(fot.)* f-getal. **F sharp** *(mus.)* F-kruis. **f-word** *(soms F~, euf. vir* fuck*), the ~* die f-woord.

fa →FAH.

fab *(Br., infml., afk. v.* fabulous*)* fantasties, wonderlik.

Fa·bi·an, Fa·bi·an·ist *n.* Fabianis; lid van die Fabian Society. **Fa·bi·an** *adj.: ~ tactics* vertragingstaktiek.

fa·ble *n.* fabel, sprokie; verdigsel, versinsel, leuen; mite; legende; mites; legendes; *land of ~* sprokiesland, =wêreld. **fa·ble** *ww., (arg.)* fabels vertel; fantaseer; verhale opdis. **fa·bled** legendaries; befaam(d); fabelagtig. **fa·bler** fantas; versinner. **fab·u·list** fabeldigter; versinner. **fab·u·lous** ongelooflik; legendaries; *(infml.)* fantasties, wonderlik; fabelagtig. **fab·u·lous·ness** fabelagtigheid.

fab·ric (weef)stof, tekstiel(stof), kledingstof, materiaal; doek; *(i.d. mv.)* weefgoedere; raamwerk; konstruksie, struktuur, bou, samestel; *(grondk.)* maaksel; *(fig.)* stelsel; *the social ~* →SOCIAL *adj.*. **~ composition** *(tekst.)* stofinhoud. **~ fibre** tekstielvesel. **~ shop** materiaalwinkel. **~ softener** materiaalversagter, =versagmiddel.

fab·ri·cate bedink, uitdink, versin, uit die/jou duim suig, fabriseer; vervaardig, maak, fabriseer; bou; saamstel; *~d story* versinsel, verdigsel, 'n storie wat iem. uit sy/haar duim gesuig het. **fab·ri·ca·tion** versinsel, verdigsel, fabrikasie, duimsuiery; vervaardiging; samestelling.

fa·çade *(Fr.)*, **fa·cade** voorkant, vooraansig, fasade; (voor)gewel; *(fig.)* skyn, front, fasade.

face *n.* gesig, aangesig, gelaat; (gesigs)uitdrukking; voorkoms, uiterlik(e); aansien; aangesig, aanskyn; *(infml., vero.)* vermetelheid, astrantheid, vrypostigheid, skaamteloosheid, onbeskaamdheid; oppervlak; *(geom.)* sy *(v. 'n simpleks ens.)*; *(geom.)* vlak *(v. 'n figuur)*; hang, wand *(v. 'n berg)*; gesig *(v.d. maan)*; voorkant, vooraansig, fasade *(v. 'n gebou)*; (buite)vlak, voorvlak *(v. 'n muur, steen, ens.)*; wys(t)erplaat *(v. 'n horlosie)*; regte kant *(v. 'n speelkaart)*; *(naaldw.)* regte kant, regkant; kop, kruis, bokant, voorkant *(v. 'n munt)*; wang *(v. 'n byl)*; slaanvlak *(v. 'n hamer)*; voorkant *(v. 'n bytel)*; sool *(v. 'n skaaf)*; kop *(v. 'n draaibank)*; bors *(v. 'n saagtand)*; baan *(v. 'n aambeeld)*; vlak *(v. 'n kristal)*; *(mynb.)* →COALFACE, STOPE FACE, WORKING FACE; *(tip.)* →TYPEFACE; *the ~ of the **anvil*** die aambeeldbaan; *the ~ of the **arch*** die boogvlak; *till you are **blue** in the ~* →BLUE *adj.*; ***blush** all over one's ~* tot agter jou ore (toe) bloos; *s.o.'s ~ **brightens*** (or ***lights up***) iem. se gesig verhelder (*of* helder op); ***bury** one's ~ in one's hands* jou gesig in jou hande verberg; ***cram/stuff** one's ~ with cookies/etc., (infml.)* jou mond vol koekies/ens. prop/stop; ***do*** (or ***make up***) *one's ~, **put** one's ~ on, (infml.: jou grimeer)* jou (gesig) opmaak, jou mooimaak; *~ **down(wards)*** op jou gesig, (plat) op jou maag; met die voorkant na onder; *(kaartspel, naaldw.)* met die regte kant na onder; *the ~ of the **earth*** die (oppervlak van die) aarde, die aardbodem; *disappear/vanish off/from the ~ of the **earth*** spoorloos (*of* soos 'n groot speld) verdwyn; *be wiped off/from the ~ of the **earth*** uitgewis/uitgeroei/uitgedelg/verdelg word; ***fall** ~ down* op jou gesig val; ***fall** flat on one's ~, (lett.)* plat op jou gesig val; *(fig., infml.)* (lelik) op jou neus kyk, bedroë daarvan afkom, met pap op die/jou gesig sit, klaaglik misluk; ***feed** one's ~, (sl.)* weglê (aan die kos), die/jou kos na binne werk; *s.o.'s ~ **fell*** iem. het 'n lang gesig getrek; iem. het verslae gelyk; ***fly** in the ~ of ...* teen ... indruis, lynreg teen ... ingaan; ... tart/trotseer; ***grind** the ~s of the poor* →GRIND *ww.*; *the ~ of the **hammer*** die slaanvlak/hamervlak; ***have** the ~ to do s.t., (vero.)* die astrantheid/onbeskaamdheid/vermetelheid hê (*of* so astrant/onbeskaam(d)/vermetel wees) om iets te doen; ***hit** s.o. right in the ~* iem. vol in die gesig tref; *(fig.)* iem. soos 'n voorhamerhou tref, met skok tot iem. deurdring; *keep one's ~ **impassive*** →***straight***; ***in** (the) ~ of ...* in die aangesig van ..., met ... voor oë *(d. dood ens.)*; teenoor ...; ondanks/ongeag (*of* ten spyte van) ...; met die oog op ...; *laugh **in** s.o.'s ~* iem. uitlag; *slam the door **in** s.o.'s ~* die deur voor iem. se neus toeklap; *the ~ of the **lathe*** die draaibankkop; ***laugh** on the other/wrong side of one's ~* →LAUGH *ww.*; *have one's ~ **lifted*** jou gesig laat ontrimpel, 'n ontrimpeling(soperasie)/gesig(s)ontrimpeling(soperasie) ondergaan; ***look** facts in the ~* →FACT; ***look** s.o. (full/squarely/straight) in the ~* iem. (reg[uit]/vas/waterpas) in die oë kyk; *seek the ~ of the **Lord**, (Byb.)* die aangesig van die Here soek; ***lose** ~* aansien verloor, in die skande gesteek word; *a **loss** of ~* 'n verlies van aansien, 'n vernedering; ***make/pull** a ~* (or *~s*) *at s.o.* vir iem. skewebek/gesig(te) trek; ***make/pull*** (or ***put on***) *a long/etc. ~* 'n lang/ens. gesig trek; ***make/pull*** (or ***put on***) *a serious ~* jou gesig op 'n ernstige plooi trek; ***make up** one's ~* →***do***; *get **off** one's ~, (infml.)* gekoring/geswa(w)el(d)/getrek/hoenderkop raak; ***on** the ~ of it* op die oog (af), oënskynlik; oppervlakkig beskou; ***pull** a ~* (or *~s*) *at s.o.* →***make***; ***put** one's ~ on* →***do***; ***put** a brave/bold/good ~ on it* jou daarin skik, maak (as)of jy nie omgee nie; ***put** a different/new ~ on s.t.* iets in 'n ander lig stel, 'n ander kleur aan iets gee, iets verander; ***put** on a long/etc. ~* →***make***; *s.o.'s ~ is **red**, s.o. is **red** in the ~* iem. bloos van skaamte; ***save** (one's) ~* jou aansien red; ***screw** one's ~ up* jou gesig vertrek (*of* op 'n plooi trek); ***see** by s.o.'s ~ that ...* aan iem. se gesig sien dat ...; *with a **set** ~* met 'n strak gesig; ***set** one's ~ against s.t.* iets sterk opponeer, jou teen iets kant/verset; ***show** one's ~* opdaag, verskyn, jou (gesig) laat sien; *s.o. will never **show** his/her ~ there again* iem. sal nooit weer daar kom (*of* sy/haar voete nooit weer daar sit) nie; ***shut** your ~!* →SHUT *ww.*; ***smash** s.o.'s ~ in, (infml.)* iem. pap/flenters/voos slaan; *be **smiling** all over one's ~* van oor tot oor glimlag; *with a **solemn** ~* met 'n ernstige gesig; ***stare** s.o. in the ~* →STARE *ww.*; *keep a **straight** ~, keep one's ~ **impassive*** geen/g'n spier vertrek nie, jou gesig bly strak, niks verraai nie, ernstig bly; *s.o. could hardly keep a **straight** ~* iem. kon sy/haar lag skaars hou; ***stuff** one's ~ with cookies/etc.* →***cram***; *with the **sun** in one's ~* met die son in jou oë; ***throw** s.t. back in s.o.'s ~, (fig.)* iem. stank vir dank vir iets gee; *a ~ like* (or *as black as*) ***thunder*** →THUNDER *n.*; ***to** s.o.'s ~* in iem. se gesig *(iets sê)*; *~ **to** ~* van aangesig tot aangesig; onder vier oë; *be ~ **to** ~ with s.t.* voor iets staan; *come* (or *be brought*) *~ **to** ~ with s.t.* voor iets te staan kom, met iets gekonfronteer word *(armoede ens.)*; *come ~ **to** ~ with the fact that ...* voor die feit staan dat ...; *meet s.o. ~ **to** ~* iem. persoonlik (*of* van aangesig tot aangesig) ontmoet; →FACE-TO-FACE; *have **two** ~s* 'n janusgesig hê, met/uit twee monde praat; *an **unlined** ~* 'n ongerimpelde gesig; *~ **up(wards)*** met die/jou gesig na bo, (plat) op jou rug; *(naaldw.)* met die regte kant na bo; *(kaartspel)* oop, met die regte kant na bo; *the ~ of the **wall*** die muurvlak; ***wear** a long/etc. ~* met 'n lang/ens. gesig sit/rondloop; ***wipe** one's ~* jou gesig afvee; *s.o.'s ~ **worked*** iem. se gesig het getrek; *s.t. is **written** all over* (or *across/in/on*) *s.o.'s ~* iets staan op iem. se gesig te lees *(vrees ens.)*; *make a **wry** ~* →WRY. **face** *ww.* met jou gesig na ... lê/sit/staan, kyk na *(d. ingang, kamera, muur, ens.)*; (jou gesig) draai na; in die oë kyk; *(aan tafel)* sit teenoor; kyk, wys, uitkyk op, 'n uitsig hê op; onder (die) oë sien *(feite, d. waarheid ens.)*; *('n uitdaging, vonnis, ens.)* jou in die gesig staar; staan (*of* te staan kom) voor *('n uitdaging ens.)*; trotseer, die hoof bied *(gevaar ens.)*; aanvaar, dra *(gevolge)*; *(kr.)* slag bied *(teen 'n draaibouler ens.)*; *(teg.)* beklee *(met beton, hout, klipwerk, metaal, ens.)*; *(teg.)* (uit)straat, met klippe uitlê; *(bouk.)* afwerk, vlak *(mure)*; omdraai *(speelkaart)*; *(naaldw.)* belê, 'n belegsel insit; *~ **about**, (Am., mil.)* regsomkeer; *~ **away** from ...* met jou rug na ... sit/staan, wegkyk van ...; *('n huis ens.)* met sy rug na ... staan, wegkyk van ...; *s.o. **can't** ~ ...* iem. kan ... nie aanskou nie; ... is vir iem. (een) te veel, iem. sien nie vir ... kans nie; *~ a **charge** of ...* →CHARGE *n.*; *a ~d **collar/etc.*** 'n kraag/ens. met 'n belegsel; *~ a lot of **criticism*** kwaai onder kritiek deurloop; *~ s.o. **down*** iem. oorbluf (*of* uit die veld slaan); *~ (to[wards] the) **east/etc.**, ('n huis ens.)* oos/ens. kyk/wys, op die ooste/ens. uitkyk; *s.o. won't ~ up to the **fact** that ...* iem. wil nie aanvaar/weet dat ... nie; *~ (the) **facts*** die feite onder (die) oë sien; *~ **forward*** vorentoe kyk/wys; ***let's** ~ it, (infml.)* laat ons (nou/maar) eerlik wees, kom ons wees (nou/maar) eerlik; *~ the **music*** →MUSIC; *~ **onto** ...* op ... uitkyk *('n park ens.)*; *~d **opening**, (naaldw.)* belegselslip; *~ s.t. **out*** iets deurstaan; die gevolge van iets dra; *the picture/etc. facing **page** 15/etc.* die afbeelding/ens. teenoor bladsy 15/ens.; *be **ready** to ~ s.o.* vir iem. oorgehaal wees; ***right about** ~!, (mil.)* regsomkeer!; *~ **round*** jou omdraai; *~ **up to** s.t.* iets onder (die) oë sien *(d. waarheid ens.)*; *~ the **wall*** jou gesig na die muur draai; *(skildery ens.)* na die muur gedraai wees; *a ~d **wall*** 'n voorwerkmuur; *please ~ this **way*** kyk asseblief hiernatoe; *~ s.t. **with** steel* iets verstaal; *be ~d **with** s.t.* voor iets staan (*of* te staan kom), met iets te doen/make kry *('n keuse, probleem, ens.)*. **~-ache** *(sl.)* suurpruim, =knol, =gesig; *(med., arg.: neuralgie)* gesigspyn. **~ angle** vlakhoek. **~-bone** →CHEEKBONE. **~ brick** siersteen. **~ card** prentkaart. **~ cloth** waslap. **~ cream** gesig(s)room. **~ dimension** vlakafmeting. **~-down** →FACE-OFF. **~ edge, ~ side** werkkant *(v. hout)*; *(bouk.)* gevlakte rand. **~ flannel** *(Br.)* waslap. **~ fungus** *(skerts.)* baard(jies). **~ guard** gesigskerm, =skut, masker. **~ hammer** vlakhamer. **~ joint** voorvlak=, messelvoeg. **~lift** ontrimpeling(soperasie), gesig(s)ontrimpeling(soperasie), verjongingsoperasie, gesig(s)kuur; *(fig.)* opknapping(sprogram), gesig(s)kuur; *(fig.)* vernuwing, verjonging; *get a ~* opgeknap/vernuwe word, 'n nuwe aanskyn/voorkoms kry; *give s.t. a ~* iets opknap/vernuwe (*of* 'n nuwe aanskyn/voorkoms gee); *have a ~* jou gesig laat ontrimpel, 'n ontrimpeling(soperasie)/gesigsontrimpeling(soperasie) ondergaan. **~ mask** gesig(s)masker; gesigpap. **~ massage** gesigmassering. **~ moulder** *(teg.)* profielmaker. **~-off, ~down** *n., (fig.)* konfrontasie. **~ pack** gesigpap. **~ paint** gesigverf. **~piece** masker *(v. 'n asemhalingstoestel ens.)*. **~plate** *(meg.)* kopplaat; vlakskyf *(v. 'n draaibank)*; *(telef.)* stempelplaat; skerm(plaat) *(v. 'n katodestraalbuis)*. **~ powder** gesig(s)poeier. **~-saver** aansienredder. **~-saving** *adj. (attr.)* aansienreddende *(attr.)*, om jou aansien te red *(pred.)*, sonder verlies van aansien *(pred.)*. **~ side** →FACE EDGE. **~ stone** voorwerkklip. **~-to-~** *adj. (attr.)* persoonlike *(attr.)*, van aangesig tot aangesig *(pred.)*; direkte *(konfrontasie)*; *a ~ meeting* 'n persoonlike ontmoeting, 'n ontmoeting van aangesig tot aangesig. **~ towel** gesighanddoek. **~ value** sigwaarde, nominale waarde *(v. 'n muntstuk ens.)*; *accept/take s.t. at ~ ~* iets sommer aanneem/

aanvaar/glo. ~ **wall** voormuur. ~**work** *(bouk.)* skoonwerk.

-faced *komb.vorm: baby-~* met die/'n babagesig; *red-~* rooigesig, rooi in die gesig, (bloed)rooi van skaamte, skaamrooi; rooigesig= *(man, vrou, baba, ens.); s.o. was stiff-~ with defiance* iem. se strak/stroewe gesig het van minagting gespreek/getuig.

face·less gesigloos, naamloos, anoniem *(burokrate ens.);* karakterloos *(gebou ens.);* sonder 'n gesig.

fac·er *(Br., infml.)* klap (in die gesig); nekslag, doodhou; gelol, lastigheid, neukery, dilemma.

fac·et *n.* faset, (slyp)vlak *(v. 'n edelsteen);* kant, sy, aspek, faset *(v. 'n saak).* **fac·et** *ww.* fasetteer, in fasette slyp. **fac·et·ed** gefasetteer(d), in vlakkies geslyp.

fa·ce·ti·ae *(mv.), (Lat.), (vero.)* pornografie, pornografiese literatuur; eroties-satiriese werke; *(arg.)* grappe, grappies, geestighede.

fa·ce·tious, =**ly** spottend, spotterig, met bytende spot, met misplaaste humor, amper/byna honend. **fa·ce·tious·ness** bytende spot, misplaaste humor, stekelrige grappie(s).

fa·ci·a →FASCIA.

fa·cial *n.* gesig(s)behandeling; gesig(s)massering. **fa·cial** *adj.* gesig(s)=, gelaats=, van die gesig *(pred.);* ~ ***angle*** gesigs=, gelaatshoek; ~ ***artery*** gesigslagaar; ~ ***expression*** gesig(s)uitdrukking, gelaatsuitdrukking; ~ ***features*** gelaatstrekke; ~ ***hair*** gesig(s)hare; ~ ***injury*** gesigbesering, =wond; ~ ***massage*** gesig(s)massering; ~ ***muscle*** gesig=, gelaatspier; ~ ***nerve*** gesigsenu(wee); ~ ***paralysis*** gesig(s)verlamming, gelaatsverlamming; ~ ***tissue*** gesig(s)weefsel; sneesdoekie, snesie; ~ ***treatment*** gesig(s)behandeling.

fac·ile oppervlakkig, bolangs, sonder diepgang; simplisties; maklik, gemaklik, moeiteloos; glad, vlot; vloeiend; *(arg.)* inskiklik, meegaande, fasiel. **fa·cil·i·tate** vergemaklik, makliker maak, verlig; bevorder, voorthelp, fasiliteer. **fa·cil·i·ta·tion** vergemakliking, verligting; bevordering, fasilitering. **fa·cil·i·ta·tor** gespreksleier; katalisator *(fig.);* fasiliteerder. **fa·cil·i·ty** gerief, fasiliteit; inrigting, instelling; geleentheid; maklikheid, gemak(likheid); vaardigheid, behendigheid, bedrewenheid, vernuf; vlotheid; aanleg, gebou; (militêre) basis; *(gew. i.d. mv.)* toilet.

fac·ile prin·ceps *(Lat.)* klaarblyklike leier.

fac·ing *n., (naaldw.)* belegsel, teenstrook; sierbelegsel; *(teg.)* bekleding; (boonste) laag, dek=, buitelaag; voorkant; *(bouk.)* voorwerk. **fac·ing** *adj. (attr.)* teenoorstaande; →FACE *ww..* ~ **brick** siersteen. ~ **hammer** vlakhamer. ~ **points** *(spw.)* inry=, puntwissel(s). ~ **stone** voorwerkklip.

fac·sim·i·le faksimilee, reproduksie, duplikaat; →FAX.

fact feit, waarheid, sekerheid; werklikheid; *(jur.)* daad; *the **(actual)** ~s* die ware/werklike feite/toedrag; *in **actual** ~* in werklikheid; ***after/before** the ~, (jur.)* ná/voor die daad; *that does not **alter** the ~ that ...* dit neem nie weg dat ... nie; *the **bald/bare/brutal/hard/stark** ~s* die naakte feite; *the ~s of the **case*** die toedrag van sake; ***distinguish/separate** ~ from fiction* tussen waarheid en verdigsel onderskei; ***establish** a ~* 'n feit vasstel/konstateer; *it is an **established** ~* dit is 'n vasstaande feit; ***face** ~s, look ~s in the **face*** feite (*of* die werklikheid) onder (die) oë sien; ***fact!*** sowaar!; *~s and **figures**, (infml.)* feite en syfers, al die besonderhede/details; *s.t. **fits** the ~s* →FIT[1] *ww.; the **hard** ~s* →***bald; in** (point of)* ~ in werklikheid, inderdaad, eintlik, trouens, om die waarheid te sê; *it **is** a ~* dit staan vas; *it **is** a ~ that ...* dit is so dat ...; *the ~ **is that** ...* eintlik ...; ***is that a ~?*** regtig?, sowaar?; ***know** s.t. for a ~* iets seker (*of* met sekerheid) weet; *it is a ~ of **life*** dis 'n onomstootlike/onweerlegbare feit, dit is nou eenmaal so, *(infml.)* dis 'n feit soos 'n koei; *tell/teach s.o. the ~s of **life**, (infml., euf.)* iem. vertel waar baba(tjie)s vandaan kom, iem. van die bytjies en die blommetjies vertel; *the ~ of the **matter** is that ...* die waarheid is dat ...; *a **matter** of ~* 'n feit; 'n kwessie van feite; *as a **matter** of ~* in werklikheid, eintlik, inderdaad, trouens, om die waarheid te sê; as iets doodgewoons; *the **mere** ~* die blote feit; *in **point** of ~* →***in**; a **question** of ~* 'n feitevraag; ***recognise** ~s* feite erken; *the ~ **remains** that ...* dit bly 'n feit (*of* staan vas) dat ..., feit is dat ...; *in **sober** ~* →SOBER; *the ~s **speak** for themselves* die feite spreek vanself (*of* sê alles); *the **stark** ~s* →***bald; stick** to the ~s* by die feite bly, jou aan die feite hou; *the/a **stone-cold** ~* →STONE-COLD; ***that's** a ~* daaroor bestaan daar geen twyfel nie, dis (nou) maar klaar (*of* nie altemit[s] nie); *a **vital** ~* →VITAL. ~**-finding** *n.* feiteondersoek, die versameling van feite. ~**-finding** *adj. (attr.)* feite=; *~ commission* feitekommissie; *~ mission/trip* feitesending, =verkenningstog. ~ **sheet** feitestaat.

fac·tion[1] faksie, groep, druk=, splintergroep; interne onenigheid, groepkonflik, partyskap; *(pol.)* (interne) partystryd, stryd binne die party, partytwis. ~ **fight** stamgeveg; *(pol.)* (interne) partystryd, stryd binne die party, partytwis.

fac·tion[2] *(op feite gebaseerde fiksie)* faksie.

fac·tion·al[1], **fac·tion·ar·y** partysugtig, faksie=, party=; *factional conflict* partykonflik; *factional goals* partysugtige doelwitte; *factional leader* faksieleier.

fac·tion·al[2] fakties *(drama ens.).*

fac·tious, =**ly** partysugtig, kliekerig; opruiend, opstokend; tweedragtig. **fac·tious·ness** partysug, kliekerigheid; tweedrag, onenigheid.

fac·ti·tious kunsmatig, vals, gemaak, oneg, gekunsteld. **fac·ti·tious·ness** kunsmatigheid, valsheid, gemaaktheid, onegtheid, gekunsteldheid.

fac·ti·tive *(gram.)* faktitief.

fac·toid skynfeit.

fac·tor *n.* faktor, feit, omstandigheid, element; *(biol., wisk., biochem.)* faktor; *(han.)* (handels)agent, (sake)verteenwoordiger, saakgelastigde; *(fin., jur.)* faktor *(b.d. oorname v. kredietrisiko's); (Sk.)* rentmeester; ***common** ~* →COMMON DIVISOR; ***contributing** ~* bydraende faktor; ***critical/crucial/deciding/determining/key** ~* deurslaggewende/beslissende/kritieke faktor; ***prime** ~* vernaamste faktor, hooffaktor; *(wisk.)* priemfaktor; *~ of **safety**, (teg.)* veiligheidsfaktor; →WIND-CHILL FACTOR. **fac·tor** *ww.* →FACTORISE. ~ **8,** ~ **VIII,** ~ **eight** *(med.: bloedstollingsfaktor)* faktor 8/VIII/ag(t).

fac·tor·a·ble *(wisk.)* faktoriseerbaar, ontbindbaar/splitsbaar in faktore.

fac·tor·age kommissie(loon).

fac·to·ri·al *n., (wisk.)* fakulteit. **fac·to·ri·al** *adj. (attr.)* fakulteits=; *~ function* fakulteitsfunksie; *~ n, (wisk.)* n-fakulteit.

fac·tor·ise, =ize *(wisk.)* faktoriseer, in faktore ontbind/splits. **fac·tor·i·sa·tion, =za·tion** faktorisasie, faktorisering, ontbinding/splitsing in faktore.

fac·to·ry =*ries* fabriek, werkplaas; *(hist.)* handelstasie, faktory. ~ **farm** groot=, sakeboerdery. ~ **farming** groot=, sakeboerdery. ~**-fresh** vars uit die fabriek. ~ **hand,** ~ **labourer** fabriekswerker, =arbeider. ~ **inspector** fabrieksinspekteur. ~**-made** masjinaal vervaardig, fabriekmatig, fabrieks=; *~ shoes* winkelskoene. ~ **owner** fabrieksbaas, =eienaar. ~ **price** fabrieksprys. ~ **reject(s)** fabrieksuitskot. ~ **ship** fabriekskip. ~ **shop** fabriekswinkel. ~ **site** fabrieksterrein; *(argeol.)* werkterrein. ~ **trawler** fabriekstreiler. ~ **work** fabriekswerk. ~ **worker** fabriekswerker, =arbeider.

fac·to·tum =*tums* faktotum, hansie-my-kneg, handlanger.

fac·tu·al feitelik, feite=, fakties; werklik; saaklik.

fac·ture *(w.g., kuns, mus.)* bou, samestelling, faktuur; vakmanskap.

fac·ul·ta·tive fakultatief, opsioneel, nieverplig; vrywillig; *(versek.)* fakultatief *(klousule ens.); (biol.)* fakultatief *(parasiet ens.).*

fac·ul·ty =*ties* (verstandelike) vermoë, geestesvermoë; aanleg, gawe, talent; *(opv.)* fakulteit; verlof, vergunning, toestemming; *(RK)* bevoegdheid, volmag; *(vero.)* beroepsgroep; *~ of **arts*** fakulteit van (die) lettere, fakulteit lettere; *~ of **commerce*** handelsfakulteit; *~ of **law*** fakulteit van regsgeleerdheid, regsfakulteit; ***(mental) faculties*** (verstandelike) vermoëns, geestesvermoëns; *be in **possession** of all one's faculties* by jou sinne (*of* volle verstand) wees; ***reasoning** ~* redeneervermoë; *~ of **speech*** spraakvermoë; *~ of **thought/thinking*** denkvermoë. ~ **psychology** vermoënspsigologie. ~ **tax** belasting na vermoë. ~ **theory** betaalvermoënsteorie; *~ ~ of taxation* teorie van die belastingbetaalvermoë.

FA Cup *(Br., sokker)* FA Cup-kompetisie; *(trofee)* FA Cup.

fad *(infml.)* manie; gril, gier; *~s and fancies* nukke en grille. **fad·dish, fad·dy** vol fiemies/fieterjasies/grille/giere, kieskeurig. **fad·dist** modegek, =behepte.

fade *n.* →FADING *n..* **fade** *ww.* verbleik, verkleur, verskiet; verlep, verwelk; *(fig.)* verdof, verflou, kwyn, taan, afneem, verbleek; *(klank)* wegsterf, =sterwe; *(rad.)* verdof; uitsak; ~ ***away*** vervaag; wegkwyn; *(geluid ens.)* wegraak; ***hopes** ~* die hoop vervlugtig; *~ s.t. **in**, (rad., TV, filmk.)* iets indoof; →FADE-IN; ~ ***out*** van die toneel verdwyn; *(geluid ens.)* wegsterf, =sterwe; *~ s.t. **out**, (rad., TV, filmk.)* iets uitdoof; →FADE-OUT; ~ ***up**, (rad., TV, filmk.)* versterk, laat swel *(klank);* geleidelik laat verskyn, opdoof *(beeld).* ~**-in** *n., (rad., TV, filmk.)* indowing. ~**-out** *n.* verdwyning, wegsterwing; *(rad. TV, filmk.)* uitdowing.

fad·ed verbleik(te), verkleur(de) *(materiaal ens.);* verlep(te), verwelk(te) *(blomme ens.).*

fade·less kleurvas, =houdend, =eg, onverkleurbaar, onverbleikbaar; onverwelklik.

fad·ing *n.* verbleiking, verkleuring; verwelking; verdwyning, afname, verdoffing, verdowwing; wegsterwing. **fad·ing** *adj.* verwelkend *ens.;* →FADE *ww.; ~ light* kwynende lig.

fa·do =*dos, (Port., mus.)* fado.

fae·ces, *(Am.)* **fe·ces** *(mv.)* ontlasting, uitwerpsels, drek, fekalieë; *(teg.)* moer, afsaksel, besinksel. **fae·cal,** *(Am.)* **fe·cal** fekaal, ontlastings=.

fa·er·ie, fa·er·y *n., (arg. of poët., liter.)* sprokieswêreld, =land, feëland, =ryk, feërie; fee(tjie). **fa·er·ie, fa·er·y** *adj.* feeagtig, feëriek.

Faer·oe Is·lands →FAROE ISLANDS.

faff *(Br., infml.): ~ about/around* rondpeuter, =karring.

fag[1] *n., (infml.)* geswoeg, gesloof, moeite, las; groentjie; *be too much of a ~, (infml.)* te veel moeite wees. **fag** =*gg*=, *ww.* sloof, swoeg; *(infml.)* vermoei, uitput, afmat, aftob; vuil werkies doen; *~ **for** s.o., (Br., infml.)* iem. se slafie wees; *s.t. ~s s.o. **out*** iets mat iem. af, iets put iem. uit; *be/feel ~ged **out*** afgemat/uitgeput/pootuit/pê/doodmoeg wees/voel.

fag[2] *n., (Br., sl.)* sigaret. ~ **end** *(Br., infml.)* stompie *(v. 'n sigaret);* stert(jie); uiteinde, laaste stukkie; stertkant *(v. 'n storie ens.);* rafelkant; timp *(v. 'n tou);* oorskiet, restant.

fag[3] *n., (Am., neerh. sl., afk. v. faggot[2])* moffie, poefter.

fag·got[1], *(Am.)* **fag·ot** *n.* bondel/drag hout; pakket ysterstawe; plaksteen, =klip; *(Br. kookk.)* lewerfrikkadel; bos(sie) *(kruie ens.).* **fag·got,** *(Am.)* **fag·ot** =*t*=, *ww.* bondel, bondel, in bosse bind, in hopies/dragte maak. **fag·got·ed,** *(Am.)* **fag·ot·ed** gebondel; *~ iron* gelaste yster.

fag·got[2] *n., (Am., neerh. sl.)* moffie, poefter.

fag·got·ing, *(Am.)* **fag·ot·ing** *(borduurwerk)* sierlaswerk; bondeltrekwerk. ~ **stitch** sierlassteek, insetsteek.

Fa·gin *(karakter in Dickens se* Oliver Twist*)* diewemeester; dief; sakkeroller, grypdief.

fah, fa *(mus.)* fa.

fah-fee, fa-fi *(SA dobbelspel)* fahfee.

Fahr·en·heit Fahrenheit; *80° (or eighty degrees) ~, (afk.: 80°F of 80 °F)* 80° (*of* tagtig grade) Fahrenheit. ~ **scale** Fahrenheit(temperatuur)skaal.

fa·ience, fa·ïence faïence, geglasuurde erdewerk; tinglasuur(werk).

fail *n., (opv.)* druippunt; *without ~* (vir) seker, stellig. **fail** *ww.* faal; versuim, nalaat, in gebreke bly; te kort skiet, kortkom, ontbreek; misluk, deur die mat val, misloop; in die steek laat; onklaar raak; onderbreek; *(masjien)* weier; sak, dop, druip, nie slaag/deurkom nie; laat sak/dop/druip; bankrot gaan/raak/speel; *(lig)* afneem, flouer word, uitgaan; *~ of its **aim*** misluk; *~ to*

answer die antwoord skuldig bly; ~ *to **attend** a meeting* 'n vergadering versuim; ***brakes*** ~ remme weier; *one **cannot** ~ to see that* ... 'n mens kan nie anders nie as insien dat ...; ~ *to **come**, (ook)* agterweë bly, uitbly; ~ *to **comply*** weier; *s.o.'s **courage/nerve** ~ed him/her* iem. se moed het hom/haar begeef/begewe; ~ ***dismally/miserably*** klaaglik misluk; sak soos 'n baksteen *(in 'n eksamen)*; ~ *to **do** s.t.* iets nie kan doen nie; iets nie doen nie, versuim om iets te doen; ~ *in one's **duty*** jou plig versuim; *the **engine** ~ed* die motor het gaan staan (*of* geweier); ~ *(in) an **exam(ination)*** (in) 'n eksamen sak/dop/druip; ~ *s.o. in an **exam(ination)*** iem. (in) 'n eksamen laat sak/dop/druip; *s.o.'s **eyesight** is failing* iem. se oë gee in; *s.o. ~ed to **find** s.t.* iem. kon iets nie kry/vind nie; ***just*** ~ net-net misluk; *don't ~ to let me **know*** moenie versuim om my te laat weet nie; *I have never **known** it to* ~ so ver/vêr ek weet, het dit nog altyd geslaag/gewerk; ~ *to **materialise*** agterweë bly; ***never*** ~ *to* ... nooit nalaat om te ... nie *(iem. te besoek ens.)*; ~ ***s.o.*** iem. in die steek laat; iem. laat sak/dop/druip *(in 'n eksamen)*; ***time*** *~s s.o.* die tyd ontbreek iem.; ~ ***to*** ... in gebreke bly om te ...; nalaat om te ...; *the **wind** ~ed* die wind het gaan lê; *the **wind** ~ed us* die wind het ons in die steek gelaat; ***words*** *~ me* ek kan geen woorde vind nie. **~-safe** *adj.* veilig, betroubaar *(metode ens.)*; faalvry *(stelsel, program, ens.)*.

failed *adj. (attr.)*: mislukte *(staatsgreep, skrywer, onderneming, ens.)*; onklaar *(enjin ens.)*; ~ *candidate* druipeling; ~ *state* staat wat nie meer 'n staat is nie, staatlose staat.

fail·ing *n.* gebrek, swak(heid), tekortkoming. **fail·ing** *adj.* ontbrekend; agteruitgaande; ~ *subject* hoofvak; sak=, druipvak. **fail·ing** *prep.* by gebrek(e) (*of*, *fml.* by ontstentenis) van; ~ *him/her/whom* ... as hy/sy nie kan/wil nie ...; ~ *which* ... as dit nie moontlik is nie ...; anders (*of* so nie *of* by gebreke waarvan) ...

faille *(Fr.), (tekst.)* falie.

fail·ure mislukking; terugslag, teenslag; fiasko, misoes; mislukking, misoes, nikswerd (mens); druipeling *(in 'n eksamen)*; versuim, nalating; onvermoë; gebrek, gemis, tekort; tekortkoming, fout, defek; weiering *(v. 'n masjien, wapen, ens.)*; *(meg.)* onklaarraking; *(elek.)* onderbreking; breuk *(by metale)*; *(med.)* versaking *(v. 'n orgaan)*; ondergang, bankrotskap *(v. 'n maatskappy)*; ~ *to **attend*** versuim, wegbly, nieverskyning; ~ *to **attend** school* skoolversuim; ***complete*** ~ algehele/totale misoes; ***crop*** ~ misoes, mislukte oes; ***end/result*** *in* ~ op 'n mislukking uitloop; ~ *of **justice*** onreg; *there has been a ~ of **justice*** reg het nie geskied nie; ***kidney*** ~ nierversaking; *s.o.'s ~ **to*** ... iem. se versuim om te ...; iem. se onvermoë om te ...; ~ *to **pay*** wanbetaling, niebetaling, versuim om te betaal.

fain *(arg.)* gewillig; graag; *I would ~ have gone* ek sou graag gegaan het; *I was ~ to* ... ek was verplig om ..., ek moes wel ...

fai·né·ant *n., (arg.)* leeglêer, niksnut(s). **fai·né·ant** *adj.* ledig, lui, laks.

faint *n.* floute; →FEINTS; *be in a dead* ~ totaal bewusteloos wees; *fall in a* ~ flou val/word. **faint** *adj.* flou, swak; dof, onduidelik, vaag; skemeragtig; *a ~ **clue/idea*** 'n vae/flou(e) idee; *not have the ~est **(clue/idea)*** nie die flouste/minste/vaagste benul hê nie, glad nie weet nie; ***grow*** ~ flou word; dof word; *(geluid)* wegsterf, =sterwe; *a ~ **heart**, (fig.)* 'n lafaard/wankelmoedige; ~ ***hope*** swak hoop; *be ~ with **hunger*** flou wees van die honger; *a ~ **voice*** 'n swak stem. **faint** *ww.* flou val/word, bewusteloos raak, jou bewussyn verloor, wegraak; *(arg. of poët.)* moedeloos word, moed verloor, tou opgooi. **~-hearted** lafhartig, papbroek(er)ig, bangbroek(er)ig, bangerig, flouhartig; skugter, sku, skamerig, bedees. **~-heartedness** lafhartigheid, papbroek(er)igheid, bangbroek(er)igheid, bangerigheid; skugterheid, skuheid, skamerigheid, bedeesdheid.

faint·ing flouvallery. ~ **fit** floute.

faint·ly flou(erig); dof(weg); swakkies; ~ *ridiculous* effentjies verspot; *smile* ~ effens glimlag.

faint·ness flouheid, swakte; dofheid, onduidelikheid, vaagheid; bangheid.

fair[1] *n.* skou; kermis; (jaar)mark, (jaar)beurs; *antique* ~ antiekbeurs; *trade* ~ handelskou; *world* ~ wêreldskou, =tentoonstelling. ~ **booth**, ~ **stall** skoustalletjie, =kraampie; kermisstalletjie, =kraampie. **~ground** kermisterrein, =veld.

fair[2] *n., (arg.)* skoonheid, pragtige vrou; *the* ~, *(arg.)* die skone geslag; *through ~ and foul* deur dik en dun. **fair** *adj.* regverdig, redelik, billik; eerlik, opreg; regmatig; onpartydig, onbevange; blond, lig *(hare)*; taamlik goed; skaflik; suiwer, skoon, rein; *(arg.)* mooi, fraai; ***all's*** *~ in love and war* in die liefde en in oorlog is alles geoorloof; ~ ***enough!***, *(infml.)* dis nie onredelik nie!; nou goed!, goed/reg (so)!, (dis) gaaf (*of* in die haak)!; ***fair's*** ~, *(infml.)* wat reg is, is reg; *a ~ **field** and no favour* almal is gelyk; *it is **hardly*** ~ dit is nie eintlik/juis billik nie; *be **less** than* ~ nie heeltemal billik wees nie; *by* ~ ***means*** op 'n eerlike manier/wyse, deur eerlike metodes; *by ~ **means** or foul* op eerlike of oneerlike manier, buig of bars, tot elke prys, hoe ook al; ~ *to **middling*** nie te sleg nie, so-so, tussen die boom en die bas; *it is **only** ~ to say* ... dis nie meer as billik nie om te sê ..., billikheidshalwe moet gesê word ...; ***to be*** ~ ... billikheidshalwe ...; *the **weather** is* ~ dit is mooi weer; ~ *or foul **weather*** mooi of slegte weer; weer of geen weer nie. **fair** *adv.* eerlik; beleef(d); *(arg.)* mooi, fraai; *it **bids*** ~ *to* ... →BID *ww.*; ***play*** ~ eerlik speel; eerlik/billik handel; *be **set*** ~, *(met.)* bestendig wees; ~ *and **square*** eerlik, reguit; reg. ~ **catch** *(kr. ens.)* skoon vanghou; *(rugby)* skoonvang. ~ **copy** juiste afskrif/kopie; *make a* ~ ~ *of a letter/etc.* 'n brief/ens. netjies en korrek oorskryf/=skrywe/oortik. ~ **dealing** eerlikheid, billikheid. ~ **drawing** skoon tekening. ~ **edge** afwerkkant, =rand. ~ **face** *(messelwerk)* skoonvlak. ~ **game** *(fig.)* maklike prooi *(vir kritiek ens.)*; *(lett., arg.)* wild waarop gejag mag word. **~-haired** blond, vaalhaar=; met ligte hare. **~lead(er)** *(sk.)* tou=, draad(ge)leiding. **~-minded** regverdig, eerlik, opreg, redelik, billik; onpartydig, onbevooroordeeld. **~-mindedness** regverdigheid, eerlikheid, opregtheid, redelikheid, billikheid(sgevoel); onpartydigheid, onbevooroordeeldheid. ~ **play** eerlike/skoon spel; *that is not* ~ ~ dit is nie eerlik nie; dit is kierang; *s.o. wants to see* ~ ~ iem. wil sien dat billikheid geskied. ~ **price** billike/redelike prys. **~-seeming** skynskoon. ~ **sex:** *the ~(er)* ~, *(vero. of skerts.)* die skone geslag. **~-sized** groterig, taamlik groot. **~-weather friend** vriend in voorspoed, skynvriend.

fair·ing: *undercarriage* ~ wielklap *(v. 'n vliegtuig)*.

fair·ish middelmatig, redelik, gangbaar; taamlik lig/blond; →FAIR *adj.*.

Fair Isle *(geog.)* Fair Isle; *(breiwerk)* fairisle; ~ ~ *sweater* fairisle-trui.

fair·ly regverdig, billik; redelikerwys(e); taamlik, nogal, redelik, betreklik; behoorlik; openlik, prontuit; heeltemal, totaal, glad; *be ~ **beside** o.s.* iem. kon glad/sommer uit sy/haar vel spring; ~ ***big/large*** groterig, taamlik groot; ***hit** a ball* ~ 'n bal raak/skoon slaan; ~ ***soon*** binnekort; ~ ***well*** taamlik/betreklik goed, redelik (goed).

fair·ness regverdigheid, billikheid, redelikheid; eerlikheid; blondheid *(v. hare)*; ligtheid *(v. vel)*; mooiheid *(v.d. weer)*; *in (all)* ~ billikheidshalwe, om billik te wees; *in common* ~ bloot uit billikheid.

fair·way *(gholf)* skoonveld; *(sk.)* vaarwater; *(sk.)* vaargeul. ~ **buoy** vaarwaterboei.

fair·y =*ies, n.* fee(tjie), towerfee(tjie); *(infml., neerh.: homoseksueel)* feetjie, moffie, poefter; *be **away** with the fairies* in 'n ander wêreld wees; *the fairies are **baking**, (gesê as dit reën terwyl d. son skyn)* jakkals trou met wolf se vrou; ***good*** ~ goeie fee/gees; ***little*** ~ feetjie; ***wicked*** ~ bose fee; towerheks. **fair·y** *adj.* feeagtig, feëriek, toweragtig, tower=. ~ **bell** grasblom, =klokkie. ~ **cake** feëkoekie. ~ **circle**, ~ **ring** heksekring. ~ **cycle** kinderfiets(ie). **~floss** *(Austr.)* = CANDYFLOSS. ~ **godmother** goeie fee, towertante. **~land** sprokieswêreld, sprokies=, kamma=, feë=, towerland, feëryk. **~land world** sprokieswêreld, feëland. ~ **lights** *(mv.)* veelkleurige liggies *(aan Kersboom ens.)*. ~ **queen** feëkoningin. ~ **ring** fee=, elwering; *(bot.)* heksekring. ~ **tale**, ~ **story** sprokie; (lieg)storie, versinsel. **~-tale setting** sprokiesagtige agtergrond.

fair·y·like feeagtig, feëriek, sprokiesagtig.

fait *(Fr.): au* ~ →AU FAIT; ~ *accompli* voldonge feit.

faith geloof; vertroue; trou, getrouheid; belofte, (ere)=woord; *an act of* ~ 'n geloofsdaad; *in **bad*** ~ te kwader trou; ***breach** of* ~ →BREACH *n.*; ***break*** ~ *with s.o.* jou woord teenoor iem. (ver)breek; *a **childlike*** ~ 'n kinderlike geloof; ***confession** of* ~ geloofsbelydenis; ***embrace** a* ~ 'n geloof aanneem; *in (all) **good*** ~ te goeder trou; ***have*** ~ *in* ... geloof/vertroue in ... hê; ***have/put implicit*** ~ *in* ... volkome vertroue in ... hê, 'n blinde geloof in ... hê/stel; ***keep*** ~ *with s.o.* teenoor iem. woord hou, 'n belofte teenoor iem. hou/nakom; *accept s.t. **on*** ~ iets op gesag aanneem/aanvaar; ***pin** one's* ~ *on* ... volle vertroue in ... stel, ... geheel en al vertrou, op ... staatmaak; ***put** one's* ~ *in* ... jou vertroue op ... vestig; *s.o.'s* ~ *in ... is **shaken*** iem. se vertroue in ... is geskok; *s.o.'s **unshakeable*** ~ *in* ... iem. se onwrikbare vertroue in ... ~ **cure** geloofsgenesing. ~ **healer** geloofsgeneser. ~ **healing** geloofsgenesing.

faith·ful *n. (mv.)*: *the* ~ die gelowiges; die getroues. **faith·ful** *adj.* (ge)trou; gelowig; *a ~ rendering of* ... 'n getroue weergawe van ...; *be ~ to* ... (ge)trou wees aan ...; *be ~ to one's trust* plig(s)getrou wees. **faith·ful·ly** (ge)trou; eerlik, opreg, met die hand op die hart *(belowe, belofte)*; *yours* ~ (dienswillig/hoogagtend *of* met agting) die uwe. **faith·ful·ness** trou, getrouheid; gelowigheid; *s.o.'s ~ to* ... iem. se trou aan ...

faith·less ontrou, troueloos; onbetroubaar; ongelowig, afvallig. **faith·less·ness** ontrou, trouelooosheid; onbetroubaarheid; ongelowigheid.

fake[1] *n.* namaaksel, vervalsing; bedrieër; voorwendsel, truuk, foefie, slenter(slag), bedrog, lis. **fake, faked** *adj.* nagemaak, (ver)vals, oneg, namaak=, fop=; bedrieglik, voorgewend, skyn=. **fake** *ww.* namaak, vervals; veins, voorgee, maak (as)of. **fak·er** vervalser; bedrieër.

fake[2] *n., (sk.)* slag *(v. 'n tou)*. **fake** *ww., (sk.)* opdraai, oprol.

fa·kir, fa·kir fakir, bedelmonnik.

fa·la·fel, fe·la·fel *(kookk.)* falafel, felafel.

Fa·lange *(hist.: Sp. Fascistiese beweging)* Falange. **Fa·lang·ism** Falangisme. **Fa·lan·gist** Falangis.

fal·ba·la falbala, skulprand, geplooide strook *(op 'n kledingstuk)*.

fal·cate, fal·cat·ed, fal·ci·form *adj., (biol.)* sekelvormig.

fal·chion *(hist.)* kromswaard.

fal·con valk; wyfievalk *(by valkeniers)*; *(hist., mil.)* falkoen, veldkanon; *pygmy/pigmy* ~ dwergvalkie. **fal·con·er** valkenier. **fal·con·et** *(orn.)* dwergvalk; *(hist., mil.)* valkenet, falkonet, veldkanonnetjie. **fal·con·ry** valkejag.

fal·de·ral, fol·de·rol tierlantyntjie, snuistery; onsin, nonsens, nonsies.

fald·stool biskopstoel sonder rugleuning.

Falk·land: ~ **Islander** Falklandeilander. ~ **Islands, Falklands** Falklandeilande.

fall *n.* val; daling; instorting; ondergang; afneming; *(Am.)* herfs, najaar; afdraand(e), helling; waterval; reënval; oorslag *(v. 'n kraag)*; *have a **bad/nasty*** ~ lelik val; ***break*** *a* ~ 'n val breek; ~ *of **hanging**, (mynb.)* dakstorting; ***head/ride** for a* ~ moeilikheid soek; onverstandig/onverskillig/roekeloos te werk gaan; op pad na die verderf(enis) wees; jou ondergang tegemoet gaan; *the/a* ~ *of **lambs*** die/'n lammeroes; *the F~ (of **Man**), (teol.)* die sondeval; ***point** of* ~ valpunt; *the **rise** and* ~ *of* ... →RISE *n.*; *the/a* ~ *of **rock*** die/'n rotsstorting; *a **sharp*** ~ 'n skerp/skielike daling *(v. pryse ens.)*; ***take*** *a* ~ val, neerslaan; ***take** the* ~ *for s.t., (Am., infml.)* die skuld vir iets kry, die/'n sondebok vir iets gemaak word; ***try** a* ~ *with s.o.* met iem. stoei; *(lett. & fig.)* met iem. worstel. **fall** *fell fallen, ww.* val, (neer)stort; daal, sink, sak; *(pryse)* daal; *(regering)* val; *(lammers)* kom aan; *(barometer, weerglas)* daal, sak, val; *(wind)* gaan lê, bedaar;

(soldaat) val, sneuwel; *(koek)* toeslaan; *(kr.: paaltjies)* val, spat, kantel; →FALLEN, FALLING; ~ ***about*** *(laughing), (infml.)* krul van die lag, lê soos jy lag, jou siek/slap lag; ~ ***among*** *bad company* in slegte geselskap beland; ~ ***among*** *thieves* onder diewe verval/beland; ~ ***apart*** (or ***to pieces***), *(iets)* uitmekaar val, uiteenval, stukkend val; *(iem.)* ineenstort; ~ ***asleep*** →ASLEEP; ~ ***astern*** *of s.o.* →ASTERN; ~ ***away,*** *(voorstel ens.)* verval; ~ ***away*** *to ...* hel (*of* skuins loop) na ...; daal tot ...; ~ ***back*** agteroor val; *(mil.)* wyk, terugtrek; *(pryse ens.)* daal, sak; ~ ***back*** *on/upon* ... jou toevlug tot ... neem; van ... gebruik maak; jou met ... behelp; *have to* ~ ***back*** *on/upon* ... op ... aangewese wees; *have nothing to* ~ ***back*** *on/upon* niks hê om op terug te val (*of* jou aan die gang te hou) nie, geen voorraad/reserwe hê nie; niks anders kan doen nie; ~ *in* ***battle*** →BATTLE *n.;* ~ ***behind*** agterraak, agterbly; ~ ***behind*** *with s.t.* met iets agterraak (*of* agterstallig raak) *(paaiemente ens.);* ~ ***below*** ... laer as (*of* tot onder) ... daal; ~ *(down)* ***dead*** →DEAD *adj.;* ~ ***down*** (neer)val, neerslaan; neerstort; omval; afval; *(infml.)* misluk; ~ ***down*** *a precipice* by 'n krans afval; ~ ***down*** *on the job, (infml.)* die werk nie gedoen kry nie; ~ ***due*** verval; verstryk; moet betaal word, betaalbaar wees *(op 15 Augustus ens.); s.o.'s* ***eyes*** *fell* iem. het sy/haar oë neergeslaan; ~ *flat on one's* ***face*** →FACE *n.; s.o.'s* ***face*** *fell* →FACE *n.;* ~ ***flat*** plat val *(lett.);* neerslaan; *(infml.)* misluk, nie inslaan nie; ~ ***for*** *s.o. (in a big way), (infml.)* beenaf/(smoor)verlief op iem. raak, tot oor jou ore op iem. verlief raak, baie tot iem. aangetrokke voel; ~ ***for*** *s.t. (hook, line and sinker), (infml.)* iets (sommer) aanvaar/glo/sluk, iets vir soetkoek opeet; ~ ***foul*** *of* ... →FOUL *adv.;* ~ ***from*** *grace* →GRACE *n.;* ~ ***from*** *power* →POWER *n.;* ~ ***heavily*** hard val; ~ ***ill*** siek word; ~ ***in*** inval; instort; afkalwe(r); verval; *(mil.)* aantree; ~ ***in*** *alongside/beside s.o.* langs iem. gaan loop; ~ *the soldiers* ***in*** die soldate laat aantree; ~ ***in*** *one's way* op jou pad kom; ~ ***in*** *with s.o.* iem. raakloop, iem. teëkom/teenkom; jou by iem. skaar; ~ ***in*** *with s.t.* met iets instem/saamgaan (*of* akkoord gaan); ~ ***in*** *with a decision* jou by 'n besluit neerlê, jou na 'n besluit skik; ~ ***in(to)*** *s.t.* in iets val *('n gat, water, ens.);* ~ ***into*** *conversation (with s.o.)* 'n gesprek (met iem.) aanknoop, (met iem.) in 'n gesprek betrokke raak; ~ ***into*** *debt/misery* in skuld/ellende verval; ~ ***into*** *disfavour with s.o.* →DISFAVOUR *n.;* ~ ***into*** *disrepair* →DISREPAIR; ~ ***into*** *disuse* →DISUSE *n.;* ~ ***into*** *error* →ERROR; ~ ***into*** *a habit* →HABIT; ~ ***into*** *line (with s.t.)* →LINE[1] *n.;* ~ ***into*** *oblivion* →OBLIVION; ~ ***into*** *three/etc. parts, ('n preek ens.)* uit drie dele bestaan; ~ ***into*** *a rage* →RAGE *n.;* ~ ***into*** *the sea, ('n rivier)* in die see loop/val; ~ ***into*** *a trap* →TRAP *n.;* ***let*** *s.t.* ~ →LET *ww.;* ~ ***like*** *a log* soos 'n os neerslaan; ~ *in (or out of)* ***love*** *with s.o.* →LOVE *n.;* ~ ***off*** afval; agteruitgaan; afneem, verminder; verslap; afvallig word; ~ ***off*** *a ladder/etc.* van 'n leer/ens. (af)val; *it fell* ***off*** *the back of a lorry, (Br. infml.)* →LORRY; ~ ***on*** *one's knees* op jou knieë val; *the accent ~s* ***on*** *the first syllable* die klem(toon) val op die eerste lettergreep; ~ ***on/upon*** ..., *(Kersfees ens.)* val op ... *('n Vrydag ens.);* ... aanval *(d. vyand ens.);* ... oorrompel/oorval; op ... neerkom; ... tref; ... verslind *(kos ens.);* ~ ***on/upon*** *bad times* teenspoed/teëspoed kry; ~ ***on/upon*** *evil days* slegte tye beleef/belewe, agteruitgaan; ~ ***out,*** *(lett.)* uitval; *(mil.)* uittree, uit die gelid tree, die formasie verlaat; *the way it fell* ***out*** die afloop; ~ ***out*** *with s.o.* met iem. rusie/stry/onenigheid kry, 'n uitval met iem. hê; ~ ***out*** *of favour with s.o.* →FAVOUR *n.;* ~ ***outside*** ... buite (die perke van) ... val; ~ ***over*** omval; ~ ***over*** *backwards, (lett.)* agteroor val; *(fig., infml.)* oorgretig wees; ~ ***over*** *each other* oor mekaar val; *(infml.)* mekaar flikflooi; ~ ***over*** *o.s.* oor jou eie voete val/struikel; *(infml.)* oor jou voete val, oorgretig wees *(om iets te doen);* ~ ***over*** *s.t.* oor iets val; ~ ***overboard*** →OVERBOARD; ~ *(a)* ***prey*** *to* ... →PREY *n.;* ~ ***short*** kortkom, te kort skiet; opraak; ~ ***short*** *of s.t.* nie aan iets beantwoord/voldoen nie; iets nie behaal nie; ~ ***silent*** →SILENT; ~ ***through,*** *(lett.)* deurval; *(fig.)* deur die mat val, nie deurgaan nie; misluk; ~ ***to*** begin *(huil ens.);* wegval *(aan kos);* aanmekaarspring, slaags raak; ~ ***to!*** val maar weg!; ~ ***to*** *s.o., (eiendom ens.)* iem. ten deel val; *it fell* ***to*** *s.o.* ***to*** *do s.t., (fml.)* die verantwoordelikheid het op iem. (se skouers) geval om iets te doen; *s.o. fell (a hundred metres)* ***to*** *his/her death* →DEATH; ~ ***to*** *the enemy, (stad ens.)* in die hande van die vyand (*of* in die vyand se hande) val; deur die vyand ingeneem word; ~ ***to*** *the ground* →GROUND *n.; s.t. ~s* ***to*** *the lot of s.o.* →LOT *n.;* ~ ***to*** *pieces* →***apart;*** ~ ***to*** *the State* aan die staat verval; ~ ***to*** *the temptation* →TEMPTATION; ~ ***to*** *work* →WORK *n.;* ~ ***together*** saamval; ~ ***under*** *the spell of* ... →SPELL[1] *n.; s.t. ~s* ***under*** ... iets val/ressorteer onder ...; iets behoort tot ...; ~ ***upon*** ... →***on/upon;*** ~ *(a)* ***victim*** *to* ... →VICTIM; ~ ***within*** ... binne (die perke van) ... val. **~-back** *n.* toevlug; uitvlug, uitweg; iets waarop ('n) mens kan terugval; noodgeld; noodvoorraad. **~-back** *adj. (attr.):* ~ *job* werk waarop iem. kan terugval; ~ *pay* oorbruggingsgeld; ~ *position* uitvlug, uitweg. ~ **guy** *(Am., sl.)* sondebok; slagoffer. ~ **line** *(geol.)* vallyn; *(skisport)* natuurlike roete tussen twee punte op 'n helling. **~-off** *n.* vermindering; afname, insakking, agteruitgang. **~out** *n.* afval(stowwe); neerslag; *(infml.)* newe-effek; nadraai, nasleep, reperkussie; *radioactive* ~ radioaktiewe neerslag. **~out shelter** atoombunker, -skuilkelder. **~-trap** valluik, -deur. ~ **wind** daal-, valwind; *(Am.)* herfswind.

fal·la·cy wan-, dwaalbegrip; denkfout, valse redenering; drogrede; dwaling, onjuistheid; bedrieglikheid. **fal·la·cious** misleidend, bedrieglik; vals, skyn-; verkeerd, foutief; ~ *argument* drogrede, vals(e) redenering.

fal·lal snuistery; tierlantyntjie, versiersel(tjie), sieraad.

fall·en *adj. (attr.), (teol.)* sondige, verdorwe; *(mil.)* gevalle, gesneuwelde *(held ens.); (vero.)* gevalle, onkuis(e), ontugtige *(vrou); a* ~ *angel* 'n gevalle engel; ~ *arches* platvoete.

fal·li·ble feilbaar, onvolmaak. **fal·li·bil·i·ty** feilbaarheid, onvolmaaktheid.

fall·ing *n.* val. **fall·ing** *adj.* vallend; dalend. ~ **barometer,** ~ **glass** dalende barometer/(weer)glas. ~ **door** valdeur. ~ **hair** uitvallende hare. ~ **leaf** vallende/dooie blaar, herfsblaar; *(lugv.)* blaar-, dwarrelvlug. **~-off** vermindering, agteruitgang. **~-out** uitval, rusie. ~ **plate** valplaat. ~ **sickness** *(vero.)* vallende siekte; →EPILEPSY. ~ **star** *(infml.: meteoor)* vallende/verskietende ster, skietster. ~ **tide** vallende/afgaande gety. ~ **weight test** valtoets.

Fal·lo·pi·an Fallopiaans, Fallopies; ~ *tube, (anat.)* eierleier, Fallopiusbuis.

fal·low[1] *n.* braak(land), onbeboude/onbewerkte land; ouland. **fal·low** *adj.* braak, onbebou, onbewerk; ~ *field/land* braakland, onbeboude/onbewerkte land; ouland; *lie* ~ braak lê. **fal·low** *ww.* braak, omploeg; *~ing time* braaktyd.

fal·low[2] *adj.* vaal(bruin), vaalgeel, geelbruin; bleek; ~ *deer* damhert.

false *adj.* vals, bedrieglik, leuenagtig; ontrou, troueloos; verkeerd, onwaar; onjuis; oneg; geveins; *s.t.* ***rings*** ~ iets klink vals/oneg/onopreg; *be* ~ ***to*** ... aan ... ontrou wees; ***true*** *or* ~ waar of onwaar. **false, false·ly** *adv.* vals(lik); troueloos; *if my memory does not play me false,* ... →MEMORY; *swear falsely* vals sweer. ~ **alarm** vals alarm. ~ **axis** *(bot.)* skynas. ~ **bark** *(bot.)* skynbas. **F~ Bay** *(geog.)* Valsbaai. ~ **bedding** *(geol.)* diagonale gelaagdheid, kriskrasgelaagdheid. ~ **bottom** dubbele/vals bodem. ~ **card** *(brug)* misleidende kaart. ~ **ceiling** vals/verlaagde plafon. ~ **coin** vals munt. ~ **colours** *(mv.)* →COLOUR *n..* ~ **conception** *(med.)* skynswangerskap. ~ **dawn** skyndaeraad. ~ **doctrine** dwaalleer. ~ **door** vals deur. ~ **face** vals(e) gesig; mombakkies. ~ **foot** skynvoet. ~ **friendship** geveinsde vriendskap. ~ **fruit** skynvrug. ~ **hair** vals hare. **~-hearted** vals. ~ **heath** valsheide. ~ **hem** stootkant, -band. ~ **idea,** ~ **notion** dwaalbegrip, waan(denkbeeld), wanbegrip, misvatting, verkeerde opvatting. ~ **imprisonment** wederregtelike vryheidsberowing/-ontneming. ~ **karree** basterkaree. ~ **move,** ~ **step** misstap; *make a* ~ *move, take a* ~ *step, (lett.)* mis trap; *(fig.)* skeeftrap, 'n misstap begaan, 'n taktiese flater/fout begaan/maak, 'n dom/dwase ding doen/aanvang. ~ **nose** vals neus, wasneus. ~ **note** vals/onsuiwer noot; *sound/strike a* ~ ~, *(fig.)* 'n verkeerde toon aanslaan. ~ **notion** →FALSE IDEA. ~ **oath,** ~ **swearing** meineed. ~ **peace** skynvrede. ~ **position** skewe posisie. ~ **pretences** vals(e) voorwendsels. ~ **pride** vals(e) trots. ~ **prophet** vals(e) profeet. ~ **rib** vals rib. ~ **scent** dwaalspoor. ~ **show** skynvertoon. ~ **start** verkeerde begin; *(sport)* ongelyke wegspring; *make a* ~ ~ verkeerd begin; *(sport)* ongelyk (*of* te gou) wegspring. ~ **step** →FALSE MOVE. ~ **swearing** →FALSE OATH. ~ **teeth** vals tande, kunstande, -gebit, *(infml.)* winkeltande. ~ **topaz** *(min.)* geelkwarts, sitrien. **~work** *(bouk.)* stutwerk, tydelike ondersteuning; bekisting; formeel *(waarop 'n gewelf ens. gemessel word).*

false·hood leuenagtigheid, onbetroubaarheid; leuen, onwaarheid; leuens; bedrog.

false·ness valsheid.

fal·set·to *-tos, (mus.)* falset(stem), kopstem; falset, manlike alt.

fal·sies *(mv.), (infml.)* kunsborsies; vals ooghare/wimpers.

fal·si·fy vervals; verkeerd voorstel; verdraai *(d. waarheid);* teleurstel *(verwagtings);* loënstraf *(vrese).* **fal·si·fi·a·ble** vervalsbaar; weerlegbaar. **fal·si·fi·ca·tion** vervalsing; bewys van valsheid; ~ *of hopes* teleurstelling. **fal·si·fi·er** vervalser.

fal·si·tas *(Lat., jur.: bedrog en vervalsing)* falsitas, falsiteit.

fal·si·ty valsheid; leuen, onwaarheid; *(jur.)* falsiteit.

fal·ter *ww.* aarsel, huiwer, weifel; stamel, stotter, hakkel; strompel, struikel; wankel. **fal·ter·ing** *adj.,* **fal·ter·ing·ly** *adv.* aarselend, weifelend; stamelend, stotterend; strompelend, struikelend; wankelend, onvas.

fame roem, vermaardheid, bekendheid, faam, befaamdheid, vermaardheid; (goeie) naam, reputasie; ***achieve/get*** ~ roem verwerf; ***evil*** ~ berugtheid, slegte naam; ~ *and* ***fortune*** roem en rykdom; ***ill*** ~ →ILL FAME; *people* ***of*** *local/etc.* ~ plaaslike/ens. beroemdhede; ***undying*** ~ onsterflike roem; *be* ***unknown*** *to* ~ onberoemd wees. **famed** beroemd, bekend, befaam(d), vermaard, gevierd; *be* ~ *for* ... om/vir/weens ... beroemd wees; *be* ~ *to be* ... as ... beskou (*of* as/vir ... gereken) word, vir ... deurgaan. **fa·mous** beroemd, (wel)bekend, befaam(d), vermaard, gevierd; glorieryk *(oorwinning ens.); (infml.)* fantasties, skitterend; *become* ~ roem verwerf, opgang maak; *be* ~ *for* ... om/vir/weens ... beroemd wees; ~ *last words!, (skerts.)* sê jy!; dit wil ek nog sien!. **fa·mous·ly** fantasties, wonderlik, skitterend, uitstekend; *get along/on* ~ *with s.o.* lekker met iem. klaarkom, besonder goed met iem. oor die weg kom.

fa·mil·i·al familiaal, familie-; oorerflik; →FAMILY; ~ *baldness/etc.* familiale kaalhoofdigheid/ens.; ~ *disease* oorerflike siekte; ~ *trait* familietrek, familie-eienskap.

fa·mil·i·ar *n.* vertroude, vertroueling; (huis)vriend; gedienstige; gedienstige gees; bose gees. **fa·mil·i·ar** *adj.* (goed) bekend; gemeensaam, familiêr; vertroud; gewoon, gebruiklik, alledaags; eie, tuis, vrypostig; ~ ***chat,*** *(orn.)* spekvreter, dagbrekertjie; ~ ***(friend)*** intieme vriend, boesemvriend; *be on* ~ ***ground*** op vertroude terrein wees; ~ ***language*** omgangstaal; *s.o./s.t.* ***looks/seems*** ~ iem./iets kom bekend voor; ***sound*** ~ bekend klink; ~ ***spirit*** gedienstige gees; *be* ~ ***with*** *s.o.* gemeensaam/familiêr met iem. omgaan; *be* ~ ***with*** *s.t.* iets goed ken; met iets vertroud wees; *make o.s.* ~ ***with*** *s.t.* met iets vertroud raak. **fa·mil·iar·i·sa·tion, -za·tion** die vertroud maak/raak; *be responsible for the* ~ *of s.o. with s.t.* verantwoordelik daarvoor wees om iem. met iets vertroud te maak. **fa·mil·iar·ise, -ize** vertroud maak, gemeensaam maak; ~ *o.s. with s.t.* jou met iets vertroud maak. **fa·mil·i·ar·i·ty** vertroudheid; bekendheid; gemeensaamheid; familiariteit; *(infml., dikw. neerh.)* eieheid; ~ *breeds contempt, (sprw.)* goed bekend, sleg geëerd; *s.o.'s* ~ *with s.t.* iem. se vertroudheid met iets. **fa·mil·i·ar·ly** vertroulik.

fam·i·ly (huis)gesin; familie; geslag; afkoms; groep, stel; ***extended*** ~ →EXTEND; *be of* ***good*** ~ uit 'n goeie familie kom; ***have*** *a* ~ *(of two/etc.)* (twee/ens.) kinders hê; *s.o.'s* ***immediate*** ~ iem. se naaste familie; ***join*** *one's* ~ jou by jou gesin voeg; *a* ***member*** *of the* ~ 'n familielid; ~ *of nations* statery, volkegemeenskap, gemeenskap van volke; *raise a* ~ kinders (*of* 'n gesin) grootmaak; *it runs in the* ~ dit is 'n familietrek, dit sit in die familie; *start a* ~ met 'n gesin begin. ~ **affair** familie-aangeleentheid. ~ **allowance** gesinstoelaag, =toelae. ~ **arms** →FAMILY (COAT OF) ARMS. ~ **Bible** Familie=, Huisbybel. ~ **budget** gesinsbegroting. ~ **butcher** (algemene) slagter. ~ **car** gesinsmotor. ~ **care** gesinsorg. ~ **celebration** gesinsfees. ~ **circle** familie=kring. ~ **(coat of) arms** familiewapen. ~ **complaint** familiekwaal. ~ **court** gesinshof. **F~ Day** Gesinsdag. ~ **doctor** huisdokter, =arts. ~ **failing** familiekwaal. ~ **feeling** familiesin. ~ **feud** familietwis. ~ **friend** huis=vriend. ~ **gathering** familiebyeenkoms, onderonsie. ~ **head** gesinshoof. ~ **hour** *(Am., TV)* gesins(tyd)=gleuf, gesins(kyk)tyd. ~ **jewels** *(mv.), (infml.: ml. geslagsorgane)* kroonjuwele, anatomiese bates, gereed=skap, trots; *(infml.)* geheime skandes. ~ **law** familiereg. ~ **life** gesins=, familielewe. ~ **likeness** familietrek, =gelykenis. ~ **man** gesinsman, huislike man. ~ **member** gesinslid, lid van die gesin. ~ **name** van, familie=naam; stamnaam; *(bot.)* familienaam; *uphold the* ~ ~ die familie se naam hoog hou. ~ **planning** gesins=, ge=boortebeplanning. ~ **resemblance** familietrek. ~ **skeleton** *(skerts.)* familiegeheim. ~ **therapy** *(psig.)* ge=sinsterapie. ~ **tie** familieband, verwantskapsband. ~ **tree** stamboom, =lys, geslag(s)register, genealogie. ~ **way:** *be in the* ~ ~, *(infml.: swanger/verwagtend wees)* verwag, in die ander tyd wees; *put s.o. in the* ~ ~, *(infml.)* iem. swanger maak. ~ **welfare** gesinsorg. ~ **worship** huisgodsdiens, boekevat.

fam·ine hongersnood; gebrek, nood; *die of* ~ van honger doodgaan/omkom/sterf/sterwe, 'n hongerdood sterf/sterwe; *house* ~ woningnood; *water* ~ waternood, =skaarste. ~ **fever** vlektifus. ~ **price** krisisprys, bui=tensporige prys.

fam·ish *(arg.)* verhonger, honger ly, uitgehonger wees; uithonger, laat honger ly; *be* ~*ed*/~*ing* baie (*of* vaal van die) honger wees, vergaan/doodgaan (*of* dood wees) van die honger; *be* ~*ing for s.t., (infml.)* na iets smag *(kos, water, liggaamskontak, ens.)*.

fa·mous, fa·mous·ly →FAME.

fam·u·lus =*uli, (hist.)* dienaar, famulus.

fan[1] *n.* waaier; *(landb.)* wan(meul[e]/masjien); *(landb.)* wanmandjie; windvaan *(v. 'n windmeul[e])*; skroef=(blad); *when the guano/pawpaw/pudding/spaghetti (*or *proverbial stuff* etc.*) hits the* ~, *(euf.)* wanneer die drek/papaja/pôpô/vruggie/ens. die waaier tref; *the shit will hit the* ~, *(taboesl.)* die kak/stront gaan spat, daar kom kak in die land, dit sal 'n kakspul afgee; *unfurl a* ~ 'n waaier uitsprei. **fan** =*nn*=, *ww.* koel waai; waai; *(asem)* blaas; *(hare, rok, ens.)* waaier; *(fig.)* aanblaas, aanstook, aanwakker *(haat, ontevredenheid, ens.)*; ~ *the embers* →EMBER; ~ *the flames* →FLAME *n.*; ~ *out* uitwaaier, oopwaaier; uitswerm. ~ **belt** waaierband. ~ **blade** waaiervlerk, =blad. ~**-cooled** waaierverkoel. ~ **cowl** waaierkap. ~ **dance** waaierdans. ~ **dancer** waaier=danseres. ~**fold paper** konsertina=, valvoupapier. ~ **heater** waai(er)verwarmer. ~**jet** →TURBOFAN. ~**light** bolig; →SKYLIGHT. ~**-nerved** waaiernerwig. ~ **palm** *(bot.)* waaierpalm. ~ **scoop** waaierskoep. ~ **shaft** lug=skag. ~**-shaped** waaiervormig. ~**tail** waaierstert; pou=stert(duif); *(hoed)* suidwester. ~**-tailed** met die/'n waai=erstert, waaierstert=; poustert=, met die/'n poustert. ~ **tracery** waaierloofwerk. ~ **vault** *(argit.)* waaierge=welf. ~ **window** waaiervenster.

fan[2] *n.* bewonderaar, liefhebber, entoesias, dweper; *film* ~ →FILM. ~ **club** bewonderaarsklub. ~ **mail** bewonde=raarspos.

Fan·a·ga·lo, Fan·a·ka·lo *(SA)* Fanagalô, Fanakalô.

fa·nat·ic fanatikus, dweper, dweepsugtige, yweraar. **fa·nat·ic, fa·nat·i·cal** fanaties, fanatiek, dweepsugtig, dweepsiek, dweperig. **fa·nat·i·cise, =cize** dweep; dweep=siek maak. **fa·nat·i·cism** fanatisme, dweepsug, dwe=pery.

fan·cied verbeelde, vermeende, ingebeelde; gelief=koosde, lieflings=; ~ *horse* gunsteling(perd).

fan·ci·er liefhebber, entoesias; kweker; teler.

fan·ci·ful vergesog, vêrgesog, onprakties, onrealisties; fantasties, denkbeeldig, onwerklik; verbeeldingryk, fantasievol; vol tierlantyntjies/fieterjasies; vol grille/giere/fieterjasies, kieskeurig.

fan·cy *n.* verbeelding(skrag), fantasie; inbeelding, waan; gier, inval, luim, gril; (voor)liefde, neiging, lus, sin, sinnigheid; smaak, liefhebbery; *s.t. **catches/takes/tickles** s.o.'s* ~ iets val in iem. se smaak, iets trek iem. aan, iem. hou baie van iets; *a **flight** of* ~ →FLIGHT *n.*; ... *is **not** s.o.'s* ~ iem. het nie veel erg aan ... nie; *a **passing*** ~ 'n tydelike gril; *get a **sudden** ~ to do s.t.* 'n gier kry om iets te doen; ***take** a ~ to* ... 'n voor=liefde vir ... ontwikkel; baie van ... begin hou; ***the*** ~, *(vero.)* die (boks)liefhebbers; die bokssport. **fan·cy** *ww.* jou verbeel; jou voorstel; dink, meen, glo; inge=nome wees met, hou van; glo aan, veel verwag van; kweek; teel; ~ ***o.s.*** jou nogal wat verbeel, 'n hoë dunk van jouself hê; ~ ***o.s.** as a speaker/etc.* jou verbeel jy is 'n goeie spreker/ens.; *(just)* ~ ***that!*** verbeel jou!, stel jou voor!, reken (nou net)!, nou toe nou!. **fan·cy** *adj.* fantasie=, fantasties, oordrewe; luuks, mode=, kuns=; spoggerig, windmaker(ig). ~ **bread** sierbrood. ~ **cloth** sierstof. ~ **dog** sierhond. ~ **dress** fantasiekostuum; *in* ~ ~ gekostumeer(d), in fantasiekostuum. ~**(-dress) ball** kostuumbal, gekostumeerde bal. ~ **fair** liefdadig=heidskermis. ~ **fold** siervou. ~**-free** ongebonde, onver=lief; *s.o. is still* ~ iem. se hart is nog vry. ~ **goods** snuis=terye, tierlantyntjies, geskenkartikels, fantasiegoed(ere), =ware. ~ **man** *(infml., dikw. neerh.)* minnaar, vryer; *(arg.)* koppelaar. ~ **manners** aanstellerige maniertjies. ~ **name** mode=, boeknaam. ~ **paper** sierpapier. ~ **piece** *(Br.)* →FANCY WOMAN. ~ **pigeon** sierduif. ~ **price** af=settersprys; fantastiese/buitensporige prys. ~ **skating** kunsskaats(ry). ~ **weave** sierbinding. ~ **woman** *(infml., dikw. neerh.)* minnares; prostituut. ~**work** sierwerk. ~ **yoke** sierskouerstuk.

fan·dan·gle *(arg.)* tierlantyntjie; onsin, dwaasheid.

fan·dan·go =*go(e)s, (Sp. dans)* fandango; *(fig.)* harla=boerla, sirkus; *(fig.)* krismiskoek.

fane *(arg. of poët.)* tempel; heiligdom.

fan·fare (trompet)geskal, fanfare; *(fig.)* fanfare, groot ophef. **fan·far·o·nade** *(w.g.)* grootpratery, windmakery; fanfare.

fang *n.* slag=, hoek=, oogtand; (gif)tand *(v. slang)*; tand=wortel; klou, haak. ~ **bolt** hakkelbout. **fanged** met slag=/hoek=/oogtande; geklou(d), getand. **fang·less** sonder slagtande, tandeloos.

fan·like waaieragtig; waaiersgewys(e).

fan·ny *(vulg. sl.: vr. genitalieë)* doos, dosie, koek(ie), pad=datjie; *(Am., infml)* bas, jis, sitvlak, stert, agterent, ag=terwêreld, alie. ~ **belt,** ~ **pack** *(Am. sl.)* →BUM BAG.

fan·ny ad·ams *(soms F~ A~), (vero., infml., Br., sk.)* blikkiesvleis; *sweet* ~ ~, *sweet f.a./FA* absoluut/hoege=naamd/toetentaal (*of* net mooi) niks (nie); *know sweet* ~ ~ *about s.t.* soveel van iets weet as 'n kat van saf=fraan (*of* as die man in die maan).

fan·tab·u·lous *(infml.)* fantasties, ongelooflik, won=derlik.

fan·ta·si·a, fan·ta·si·a *(mus.)* fantasia, fantasie.

fan·ta·sise, =size fantaseer. **fan·ta·sist** fantas.

fan·tast *(arg. of Am.)* dromer, fantas.

fan·tas·tic denkbeeldig, hersenskimmig; fantasties; grillig, sonderling. **fan·tas·ti·cal·i·ty, fan·tas·ti·cal·ness** denkbeeldigheid; grilligheid, hersenskimmigheid; gril.

fan·ta·sy, phan·ta·sy =*sies* fantasie, verbeeldings=krag; gril; waanbeeld, =voorstelling.

fan·wise waaiersgewys(e).

fan·zine bewonderaarstydskrif.

far *adj. & adv.* ver, vêr, afgeleë, verwyderd; ver/vêr (weg); verreweg; baie, veel, gans, heel; diep; →FARTHER; *as* ~ ***as*** ... tot by ... *(d. stad ens.)*, tot op/by ... *(d. dorp, plaas, ens.)*, tot aan/by ... *(d. rivier, grens, ens.)*; *as* ~ ***as** I am concerned* wat my (aan)betref/aangaan; *as/so* ~ ***as** s.o. knows* so ver/vêr (as) iem. weet; *as/so* (or *in so*) ~ ***as*** ... in sover/sovêr/soverre ..., namate ...; *from as* ~ ***as*** ... tot/selfs van/uit ...; *travel as* ~ ***as** one can reach by car/etc.* so ver/vêr reis as wat ('n) mens per motor/ens. kan kom; *as* ~ *south/etc.* ***as*** ... suid/ens. tot ...; ~ ***away*** veraf, vêraf, ver/vêr weg; afgeleë, (ver/vêr) verwyder(d); ~ *and **away** the best/etc.* →***by***; *as* ~ ***back** as the 17th century etc.* reeds in die sewentiende eeu ens.; ~ ***better*** baie/veel/stukke beter; *the best/etc.* ***by*** ~, ***by*** ~ (or ~ *and **away**) the best/etc.* verreweg die beste/ens.; *not the best/etc.* ***by*** ~ lank (*of* op verre na) nie die beste nie; *that is a* ~ ***cry** from* ... →CRY *n.*; ~ ***different*** gans/heel anders; *in the* ~ ***distance*** ver/vêr weg; *at the* ~ ***end** of* ... →END *n.*; *it could be heard **ever** so* ~ *(away)* dit kon (wie weet) waar gehoor word; ***from*** ~ van ver/vêr (af/weg); ~ ***from** doing it, s.o.* ... plaas/pleks dat iem. dit doen, het hy/sy ..., pleks (*of* in plaas van) dit te doen, het iem. ...; ~ ***from** encouraging/etc. him/her, I* ... ek het hom/haar nie aangemoedig/ens. nie, inteendeel, ek het ...; *be* ~ ***from** enough/etc.* lank nie (*of* nie naaste[n]by) genoeg/ens. wees nie; ~ ***from** it* verre daarvan(daan), inteendeel, glad/hoegenaamd nie; *be* ~ ***from** saying that* ... glad nie beweer (*of* ver/vêr daarvan wees om te sê) dat ...; *be* ~ ***from** well/etc.* alles behalwe gesond/ens. wees; ~ *be it **from/for** me to* ... dis verre van my om te ...; ***go** so* ~ *as to* ..., *(fig.)* so ver/vêr gaan (as/soos) om te ..., nie huiwer/skroom om te ... nie, selfs ...; ***go** that* ~ so ver/vêr gaan; ***go** too* ~, *(lett.)* te ver/vêr gaan; *(fig.)* dit/dinge/sake/ens. te ver/vêr dryf/drywe/voer; *s.o. will **go*** ~ iem. sal dit ver/vêr bring; *this/that is as* ~ *as s.o. can **go,** (lett.)* iem. kan nie verder/vêrder gaan nie; *(fig.)* iem. kan nie meer aanbied/doen/toe=gee nie; *s.t. will **go*** ~ *to* ... iets sal baie help (*of* baie daartoe bydra) om te ...; *as* ~ *as it **goes*** op sigself; *be* ~ ***gone,** (infml.)* beskadig/gehawend/verslete wees; ver/vêr gevorder(d) wees; besope/gekoring/getrek (*of* ver/vêr heen *of* hoog in die takke) wees; doodsiek (*of* naby jou einde) wees; *so* ~, *so **good*** tot so ver/vêr goed (*of* gaan/stryk dit), tot dusver/dusvêr gaan dit goed; ***how*** ~, *(lett.)* hoe ver/vêr; *(fig.)* in hoever/hoevêr/hoe=verre; ***how** ~ are you going?* tot waar gaan jy/u?; ***how** ~ have you got (with the work)?* hoe ver/vêr is jy (met die werk)?; ~ ***into** the night* tot diep in die nag; ~ ***more*** →MORE; ~ *and **near*** wyd en syd, oral(s); *from* ~ *and **near/wide*** van heinde en ver/vêr/verre; ~ ***off*** ver, vêr, veraf, vêraf, ver/vêr weg, afgeleë, vergeleë, vêr=geleë; *be* ~ ***out,** (iem.)* dit glad mis/verkeerd hê; *(iets)* vergesog/vêrgesog wees; *('n plek)* ver/vêr weg (*of* afge=leë) wees; *(infml.)* uitstekend/wonderlik/fantasties/on=gelooflik wees; *(idees ens.)* eienaardig/vreemd/snaaks/anderste(r)/eksentriek wees; *(klere ens.)* uitheems wees; *not be* ~ ***out,** ('n raaiskoot)* nie sleg (*of* ver/vêr mis/verkeerd *of* ver/vêr van die kol [af]) wees nie; *on the* ~ ***side** of the river/etc.* →SIDE *n.*; ***so*** ~ *as s.o. knows* →***as***; *in **so*** ~ *as* ... →***as***; ***so*** ~ so ver/vêr; tot sover/sovêr/dusver/dusvêr/hiertoe, tot nou/nog toe; ***thus*** ~ →THUS; ~ ***too little*** →LITTLE; ~ ***vision*** versien=, vêrsienver=moë; ~ *and **wide*** wyd en syd; in breë kring; *from* ~ *and **wide*** →***near/wide***. ~**away** *adj. (attr.)* afgeleë; ~ *look* afwesige/dromerige/starende blik. **F~ East** *n.: the* ~ ~ die Verre-Ooste. **F~ Eastern** *adj.* Verre-Oosters. ~**-famed** wydvermaard. ~**-fetched** vergesog, vêrgesog. ~**-fetchedness** vergesogtheid, vêrgesogt=heid. ~**-flung** wydgestrek. **F~ North** *n.: the* ~ ~ die Verre-Noorde. **F~ Northern** *adj.* Verre-Noord-; ~ ~ *Gauteng/etc.* Verre-Noord-Gauteng/ens.. ~**-off** *adj.* veraf, vêraf, ver/vêr weg; afgeleë, (ver/vêr) verwyder(d); vervloë, vergange *(dae ens.)*. ~**-reaching** ver=, vêrreik=end; ver=, vêrstrekkend. ~**-seeing** *(fig.)* ver=, vêrsien=de, vooruitsiende. ~**-seeingness** *(fig.)* ver=, vêrsiend=heid, vooruitsiendheid. ~**-sighted** *(lett. & fig.)* ver=, vêrsiende. ~**-sightedness** *(lett. & fig.)* ver=, vêrsiend=heid; *(fig.)* vooruitsiendheid. ~ **West** *n.: the* ~ ~ die Weste van die VSA, die Verre-Weste. **F~ Western** *adj.* Verre-Westelik. **F~ Wester(ner)** *(Am.)* inwoner van die Verre-Weste, Verre-Westerling.

far·ad *(fis., simb.: F)* farad. **far·a·da·ic, fa·rad·ic** faradies. **far·a·di·sa·tion, =za·tion** faradisasie, faradisering. **far·a·dise, =dize** faradiseer. **far·a·dism** *(med.)* faradisme.

farce *(teat. & fig.)* klug(spel); →FORCEMEAT. **far·ci·cal** klugtig; belaglik, potsierlik. **far·ci·cal·i·ty, far·ci·cal·ness** klugtigheid; belaglikheid, potsierlikheid.

far·cy *(veearts.)* (perde)droes, veldroes.

far·del *(arg.)* las, pak, drag.

fare *n.* reis=, rygeld; vliegprys, =tarief; vaartprys, =tarief; vrag(prys/tarief); passasier *(v. 'n taxi ens.)*; kos, ge=regte; *all ~s please!* kaartjies asseblief!; *bill of ~* →BILL[1] *n.*. **fare** *ww.* vaar; *(arg.)* afloop, uitval; *(arg.)* gaan, reis, ry; *(arg.)* eet; ***how** did you ~?* hoe het jy gevaar?, hoe het dit gegaan?; *~ **ill/badly*** sleg/swak vaar; teen=/teëspoed kry, sleg daarvan afkom, dit sleg tref; *~ **well*** goed vaar; gelukkig wees, dit goed tref; *~ you **well**!* dit gaan jou/u goed!; *~ thee **well**!, (vero.)* dit gaan u goed!.

fare·well *n.* vaarwel, afskeid; afskeidsgroet; *bid/say ~ to ...* van ... afskeid neem, (aan/vir) ... vaarwel sê; *give s.o. a ~* vir iem. 'n afskeid hou; *in ~* ten/tot afskeid. **fare·well** *tw.* vaarwel, tot (weer)siens, tot=siens. ~ **dinner** afskeidsete, =dinee, =maal. ~ **speech** afskeidstoespraak, =rede. **F~ Symphony** Afskeidsim=fonie.

fa·ri·na meel(blom); *(bot.)* stuifmeel; *(arg.)* stysel. **far·i·na·ceous** melerig; meel=; styselagtig, =houdend; ~ *food* meelvoedsel; styselkos. **far·i·nose** melerig, vol meel.

farm *n.* (boere)plaas, boerdery; *small ~* (klein)hoewe. **farm** *ww.* boer; bewerk, bebou *(lande)*; boer met, aan=hou *(beeste ens.)*; *~ ... out to s.o.* ... (buite) deur iem. laat doen, ... aan iem. subkontrakteer/uitbestee *(werk)*; ... in iem. se sorg plaas, ... aan iem. se sorg toever=trou *(kinders)*; *(hist.)* ... aan iem. verpag *(grond, belas=tings, ens.)*. ~ **animal** plaasdier. ~ **buildings** opstal. ~ **butter** plaasbotter. ~ **colony** *(jur.)* boerderykolonie. **~hand** plaaswerker, =arbeider. **~house** plaashuis, boerewoning. ~ **labour** plaaswerkers, =arbeiders; plaas=werk, =arbeid. ~ **labourer** plaaswerker, =arbeider. ~ **lad** boer(e)seun, =klong. **~land** (land)bougrond. **~lands** landerye. ~ **life** plaaslewe, boerelewe. ~ **manure** kraal=, stalmis. ~ **prison** plaastronk. ~ **remedy** boereraat. ~ **school** plaasskool. ~ **stall** padstal(letjie). **~stead** op=stal. ~ **wife** boer(e)vrou. ~ **wool** werfwol. **~yard** (plaas)=werf.

farm·er boer, landbouer; teler *(v. vis)*; *(hist.)* pagter; *~'s cooperative/co-operative* landboukoöperasie; *~'s wife* boer(e)vrou; *working ~* plaasboer.

farm·ing landbou, boerdery; *~ of animals* veeteelt, =boerdery; *~ of crops* graanbou, =boerdery, saaiboer=dery; *go into ~* gaan boer, boer word. ~ **community** landbou=, boeregemeenskap. ~ **interests** landbou=, boerdery=, boerebelange. ~ **population** boerebevol=king.

far·o *(kaartspel)* faro.

Far·oe Is·lands, Faer·oe Is·lands, Far·oes, Faer·oes Faroëreilande, Faroëse Eilande, Skaap=eilande. **Far·o·ese, Faer·o·ese** *n.* Faroër(eilander); *(taal)* Faroëes. **Far·o·ese, Faer·o·ese** *adj.* Faroëes.

fa·rouche stug, sku, skamerig; wild.

Fa·rouk *(hist.: koning v. Egipte)* Faroek.

far·ra·go =*go(e)s* brousel, mengelmoes, allegaartjie. **far·rag·i·nous** gemeng, deurmekaar.

far·ri·er *(Br.)* hoefsmid; veearts. **far·ri·er·y** (hoef)=smidswinkel, hoefsmedery; hoefsmidsambag.

far·row *n.* werpsel varkies. **far·row** *ww.* (klein) varkies kry, werp, jong.

fart *n., (vulg.)* poep, wind; *(neerh.: veragtelike mens)* poephol, twak. **fart** *ww., (vulg.)* poep, 'n wind laat; *~ about/around, (sl.)* rondhang, rondlê; gekskeer, mal streke uithaal, laf/verspot *(of* vol dinge) wees; rond=peuter, =karring; poer-poer, tyd mors.

far·ther, far·ther·most →FURTHER, FURTHERMOST.

far·thing *(hist.)* oortjie, duit; *not a brass ~, (infml.)* geen *(of* nie 'n) (blou[e]) duit nie; *not care a brass ~, (infml.)* geen *(of* nie 'n) flenter/snars *(of* blou(e)/dooie duit) omgee nie, vere voel; *it does not matter a brass ~, (infml.)* dit maak geen snars *(of* [blou(e)] duit) verskil nie.

far·thin·gale *(hist.)* hoepelrok, fardegalyn.

fas·ces *(mv.), (hist.)* bylbundel.

fa(s)·ci·a =*ciae*, =*cias* gordel, band; streep; *(bouk.)* fas=cia, skeilys, fassie; *(anat.)* band, peesblad, =vleis, fassie. ~ **board** naambord; instrumentebord; fassie=, geutplank. **fas·ci·ate, fas·ci·at·ed** *(bot.)* vergroei(d), saamgegroei(d), inmekaargegroei(d); afgeplat; *(soöl.)* gestreep.

fas·ci·cle, fas·ci·cule bundeltjie, bondeltjie, bossie; string; bundel, deel, aflewering *(v. 'n boek, tydskrif, ens.)*; *(anat.)* string. **fas·ci·cled, fas·cic·u·lar, fas·cic·u·late, fas·cic·u·lat·ed** bundelvormig, bundelsgewys(e), ge=bundel(d). **fas·cic·u·la·tion** *(biol.)* bundelvorming.

fas·ci·nate boei, bekoor, betower, fassineer; *(arg.: 'n slang ens.)* fikseer, hipnotiseer *(m.d. oë)*; *s.o. is ~d by s.t.* iem. word deur iets geboei, iets boei iem.. **fas·ci·nat·ing** boeiend, bekorend, betowerend, fassinerend; aantreklik. **fas·ci·na·tion** bekoring, betowering; ge=boeidheid; *s.t. has a ~ for s.o.* iem. word deur iets ge=boei, iets boei iem., iets het 'n aantrekkingskrag vir iem.; *s.o.'s ~ with s.t.* iem. se aangetrokkenheid tot iets. **fas·ci·na·tor** fassinerende mens/ding; bekoorder, be=koorster; *(w.g.)* kantkopdoek, gehekelde kopdoek.

fas·cine bondel pype/stokke, bos takke/latte. ~ **dwel·ling** paalwoning. ~ **road** latpad.

Fas·cism *(pol.)* Fascisme. **Fas·cist** *n.* Fascis. **Fas·cist, Fas·cis·tic** *adj.* Fascisties.

fash *n., (Sk.)* moeite, omslag. **fash** *ww.* moeite doen, omslag maak.

fash·ion *n.* mode, drag; wyse, manier; patroon; fat=soen, vorm; trant, snit *(v. klere)*; ***after** the Paris/etc. ~* volgens die Paryse/ens. mode; *do s.t. **after/in** a ~* iets op 'n manier *(of* so-so) doen; ***become** the ~, **come into** ~* mode word, in die mode kom/raak; *what ~ **dictates*** wat die mode voorskryf/=skrywe; ***follow** a ~* 'n mode volg; *in the **height** of ~* hoog in die mode, na/volgens die nuutste mode; *be **in** ~* in die mode wees; *in the **latest** ~* na/volgens die nuutste mode; ***lead/set** the ~* die mode/toon aangee; *be **out of** ~* uit die mode *(of* oudmodies/ouderwets) wees; uit die ou(e) doos wees; *go **out of** ~* uit die mode raak. **fash·ion** *ww.* vorm, fatsoeneer; boetseer, modelleer; vou, buig; *~ s.t. after ...* iets na die voorbeeld van ... maak; *fully ~ed* gepasweef(de). ~ **board** glansbordpapier. **~-con·scious** modebewus. ~ **designer** modeontwerper. ~ **house** modewinkel. **~-mad** liewer dood as uit die mode. ~ **magazine** modeblad, =tydskrif. **~monger** modegek. ~ **parade** modeparade, =skou. ~ **plate** mode=plaat; modepop, =gek. ~ **sheet** modeplaat. ~ **shop, ~ store** modewinkel. ~ **show** modevertoning, =skou; modeuitstalling. ~ **victim** *(infml.)* modeslaaf.

fash·ion·a·ble in/na die mode, nieumodies, modieus; deftig, sjiek; vernaam; *~ **complaint*** modesiekte; *~ **district*** fyn woonbuurt; ***very** ~* hoog in die mode; *~ **word*** modewoord; *the ~ **world*** die groot wêreld.

fash·ioned gefatsoeneer.

fash·ion·ing fatsoenering.

fash·ion·is·ta *(infml.)* modeslawe, =mense, =gekke, =kommando, =beheptes, =poue.

Fa·sho·da *(geog., vero.)* Fasjoda; →KODOK.

fast[1] *adj.* vinnig, snel, vlug; vas, stewig; blywend; kleur=vas, =houdend, waseg; los(bandig); →FASTNESS; *the **door** is ~, (poët., liter.)* die deur is toe; ***make** s.t. ~* iets vasmaak/vasbind; *pull a ~ **one** on s.o., (infml.)* iem. be=drieg/kul/mislei *(of* om die bos lei *of* 'n rat voor die oë draai *of* knolle vir sitroene verkoop); *s.o.'s **watch** is five/etc. minutes ~* iem. se horlosie/oorlosie is vyf/ens. minute voor; *be a ~ **worker*** vinnig werk; *(fig.)* geen gras onder jou voete laat groei nie, nie op jou laat wag nie. **fast** *adv.* vinnig, snel; vas, ferm; diep; styf; *~ **by** ..., (arg.)* digby *(of* vlak by) ...; *~ and **furious*** baie/ge=weldig vinnig, in/teen 'n geweldige tempo, met/teen ('n) dolle vaart; lewendig en opwindend; *the ~est **grow·ing/etc.** ...* die ... wat die vinnigste groei/ens.; ***play** ~ and loose (with s.o.)* →PLAY *ww.*; *s.t. is **shut*** ~ iets is styf toe; ***sleep*** ~ vas slaap; ***stand*** ~ →STAND *ww.*. **~back** *(mot.)* vloeirug. ~ **bowler** *(kr.)* snelbouler. **~-breeder (reactor)** snelkweekreaktor, snelkweker. ~ **colour** vaste kleur. ~ **court** *(sport)* harde/vinnige baan. **~-dyed** kleur=vas, =houdend, waseg. ~ **food** *n.* kitskos. **~-food** *adj. (attr.)* kitskos= *(bedryf, groep, kafee, ens.)*; *(infml.)* kits= *(seks, versekering, ens.)*; *(infml.)* onmiddellike, oomblik=like *(bevrediging ens.)*; *~ restaurant* kitskosrestaurant, =restourant. ~ **forward** *n.* sneloproltoets. **~-forward** *ww.* snel/vinnig oprol *(band)*. ~ **friends** dik vriende. ~ **friendship** hegte/troue vriendskap. ~ **girl** *(neerh.)* los meisie, flerrie. ~ **ice** vaste ys. ~ **lane** vinnige baan, regter(ry)baan *(vir snelverkeer)*; *life in the ~ ~, (fig.)* die gejaagde lewe; die gejaag na sukses; *live life in the ~ ~, (fig.)* op volle toere leef/lewe. ~ **life** los(bandige) lewe. ~ **motion** *(filmk.)* versnelde beweging. **~-moving** vin=nig, snel; spannend, met 'n vinnige tempo *(rolprent, wedstryd, ens.)*; vinnig bewegende *(voertuig ens.)*. ~ **talk** *n., (sl.)* slimpraatjies. **~-talk** *ww., (Am., sl.) ~ s.o. into doing s.t.* iem. met slimpraatjies oorhaal/omhaal/om=praat/oorreed om iets te doen. ~ **talker** *(sl.)* gladde=bek. ~ **time** *(Am., sl.)* somertyd. ~ **track** *n., (fig.)* kort=pad *(na bo)*; dolle vaart *(na nêrens)*; *live on the ~ ~* op volle toere leef/lewe; *put s.t. on the ~ ~* die pas van iets versnel. **~-track** *ww.: ~ s.o.* iem. vinnig bevorder *(of* boontoe trek); *~ s.t.* iets bespoedig; iets deurja(ag); voorrang aan iets gee/verleen. **~-track** *adj.* hoogvlieënd. ~ **tracker** *(ambisieuse persoon)* hoogvlieër. ~ **traffic** snelverkeer. ~ **train** sneltrein, vinnige trein. ~ **woman** *(neerh.)* los vrou.

fast[2] *n.* vas; vastyd; *break one's ~* ophou vas; *observe a ~* vas; *well over the ~!* mag die vas u wel bekom!. **fast** *ww.* vas, sonder kos (en water) bly. **fast·er** vaster, vas=tende, iem. wat vas.

fas·ten vasmaak, toemaak; vasbind, =draai, =knoop, toebind; speld; bevestig; vestig *(op)*; vassit; vas=/toe=gemaak word; *the dress ~s at the **back*** die rok kom agter toe; *~ s.t. **(down)*** iets vasmaak/toemaak; *~ **in*** toesluit; *~ **off*** vasknoop; afheg; *~ a broach **on** a blouse* 'n bors=speld aan 'n bloes(e) steek/vasspeld *(of* op 'n bloes[e] speld); *~ **on** an idea* dit in die/jou kop kry; *~ one's eyes **on** s.o.* jou oë/hoop op iem. vestig; *~ a lock **on/to** a door* 'n slot op 'n deur aanbring; *~ **on/upon** s.o., (fig.)* iem. uitkies/uitsoek, die keuse op iem. laat val; *~ the blame/charge **on/upon** s.o.* iem. die skuld gee, die skuld op iem. pak; *~ **on/upon** s.t.* iets aangryp; iets uitlig, jou op iets toespits; *~ one's attention/hopes **on/upon** s.t.* jou aandag/hoop op iets vestig. *~ **onto*** (or ***on to***) *s.o.* jou aan iem. opdring; *~ **onto*** (or ***on to***) *s.t.* jou op iets toe=spits; *~ sheets of **paper** (together) with a pin* velle papier aanmekaarspeld *(of* met 'n speld aan mekaar vassteek); *~ a **quarrel** upon s.o., (arg.)* met iem. rusie maak/soek; *~ s.t. **to** ...* iets aan ... vasmaak; *~ s.t. **together*** iets saambind/=knoop/=heg; *~ s.t. **up*** iets toe=/vasbind; iets toeknoop; *~ s.t. **up** with string* iets met lyn vasbind; *~ **upon** s.o./s.t.* →**on/upon**. **fas·ten·er** vasmaker; sluiter, sluiting; vashouer, vasmaakmiddel; hegstuk; knip, haak, knyper; drukknoop; *zip ~* →ZIP. **fas·ten·ing** sluiting, vashegting; sluiter, vasmaker; vashouer; hegstuk; band; knip, haak; knoop.

fas·tid·i·ous kieskeurig, uitsoekerig; puntene(u)rig, nousiende, neusoptrekkerig; lekkerbekkig; veeleisend; *be ~ about s.t.* op iets kieskeurig wees, kieskeurig wees wat iets (aan)betref. **fas·tid·i·ous·ness** kieskeurigheid, uitsoekerigheid; nousiendheid; presiesheid; punte=ne(u)righeid.

fast·ness vesting; bastion, bolwerk; stewigheid; vast=heid; *(arg.)* snelheid, vinnigheid; *~ to (sun)light* kleur=, ligvastheid.

fat *n., (anat., kookk., chem.)* vet; ***chew** the ~* →CHEW *ww.*; *the ~ is in the **fire*** daar's perde, die gort is gaar, die duiwel is los, die poppe (is aan die) dans; *live off/on the ~ of the **land*** die vet(tigheid) van die aarde ge=niet; ***run** to ~* tot vetheid geneig wees. **fat** *adj.* vet; dik; ryk; vrugbaar; *have a ~ **chance*** →CHANCE *n.*; ***cut** it ~* dit dik oplê; ***get/grow** ~* dik/vet word; *~ **guts**, (neerh.)* vet pens; *(iem.)* vetsak, dikkerd, potjierol; *can't you get it into your ~ **head**?, (infml.)* kan jy dit nie in jou klapperdop kry nie?; *a ~ **job**, (infml.)* 'n vet baan=tjie; *a ~ **lot** you care!, (infml., iron.)* asof jy omgee!; *a ~ **lot** he/she knows!, (infml., iron.)* wat weet hy/sy (nou)?; *a ~ **lot of good** you are!, (infml., iron.)* jy's 'n groot hulp!; *a ~ **lot of good** that would do you!, (infml., iron.)* dit sal jou niks help/baat nie, jy sal niks daarmee be=reik nie, (en) wat sal dit jou in die sak bring?; *a ~ **part**, (teat.)* 'n dankbare rol; *as ~ as a **pig*** so vet soos 'n vark. **fat** =*tt*=, *ww.* vet maak, (vet)mes; vet word; *kill the ~ted calf* die gemeste kalf slag; *~ted pig* slagvark. ~ **acid**

→FATTY ACID. ~ **cat** *(infml., neerh.)* geld=, kapitaalvraat, geiljan, blinklyf, kripstaner. ~ **farm** *(infml., Am.)* verslankingsoord, =plaas. ~**-free** vetvry. ~ **gland** vetklier. ~**head** *(infml., neerh.)* domkop, stommerik, uilskuiken; *(igt.)* vetkop. ~**headed** dom, onnosel, stompsinnig. ~**headedness** domheid. ~ **lime** vetkalk. ~ **mouse** *(soöl.)* vetmuis. ~**-soluble** in vet oplosbaar. ~**stock** *(Br.)* slagvee. ~**-tailed sheep** vetstert(skaap).

Fa·tah: *Al* ~ →AL FATAH.

fa·tal, fa·tal·ism →FATE.

Fa·ta Mor·ga·na *(It.)* fata morgana, lugspieëling, opgeefsel.

fate lot, (lots)bestemming; *(pej.)* noodlot; bestiering; dood, einde; voorland; ***bemoan** one's* ~ jou lot betreur; *a community sharing a **common*** ~ 'n lotsgemeenskap; ***decide** s.o.'s* ~ iem. se lot beslis; *the **Fates**, (Gr. & Rom. mit.)* die skikgodinne; *it **is*** ~ dit is 'n bestiering; *it **is** s.o.'s ~ to be/do s.t.* dit (*of* die lot) is iem. beskore om iets te wees/doen; ***leave** s.o. to his/her* ~ iem. aan sy/haar lot oorlaat; ***reconcile/resign** o.s. to one's* ~ in jou lot berus, jou aan jou lot onderwerp; *s.o.'s ~ is **sealed*** iem. se lot is beseël/beslis; *s.t. **seals** s.o.'s* ~ iets beseël/beslis iem. se lot; ***struggle** against* ~ teen die noodlot veg; *as **sure** as* ~ →SURE; ***tempt*** ~ die noodlot/gevaar trotseer, roekeloos wees. **fa·tal** noodlottig; dodelik; onherstelbaar; onvermydelik; beslissend, groot; ongelukkig; heilloos, rampsalig; fataal; ~ ***casualty*** noodlottig beseerde/gewonde; *a ~ **day*** 'n onheilsdag; *the ~ **shears**, (liter.)* die skêr van die noodlot; *the F~ **Sisters**, (Gr. mit.)* die skikgodinne; *the ~ **stroke*** die genadeslag; *be ~ **to** ...* vir ... noodlottig wees; vir ... dodelik wees; *a ~ **wound*** 'n dodelike wond. **fa·tal·ism** fatalisme. **fa·tal·ist** fatalis. **fa·tal·is·tic** fatalisties. **fa·tal·i·ty** noodlot; dodelike ongeluk; onheil, ramp; noodlottigheid; fataliteit; *cause fatalities* sterftes veroorsaak; *there were many fatalities* daar was baie dooies. **fa·tal·ly** noodlottig, dodelik *(gewond); be ~ attracted to s.o./s.t.* noodlottig tot iem./iets aangetrokke voel/wees; *be ~ ill* doodsiek wees; *be ~ mistaken/wrong* jou lelik misgis/misreken/vergis. **fat·ed** bestem(d), voorbeskik; (tot ondergang) gedoem. **fate·ful** noodlottig; (nood)lotswanger; gewigtig, beslissend; profeties; *a ~ day* 'n noodlotsdag. **fate·ful·ness** noodlottigheid.

Fa·ther Vader; *the **Heavenly*** ~ die Hemelse Vader; *the **Holy*** ~ die Heilige Vader, die Pous; *the ~ of **lies*** die vader van die leuen, Satan; ***Our*** ~ Onse Vader. ~ **Christmas** Kersvader, *(infml.)* Vader Krismis. ~**'s Day** Vadersdag. ~ **Time** Vader Tyd.

fa·ther *n.* pa, vader; pater, priester; oudste, nestor; *~s of the **church*** kerkvaders; *~s of the **city*** stadsvaders, vroede vaders; *be **gathered** to one's ~s, (fig.)* sterf, sterwe; ***like*** *~, like son* ('n) aardjie na sy vaartjie, die appel val nie ver/vêr van die boom nie; *the ~ and **mother** of a ..., (infml.)* 'n verskriklike ...; *on the ~'s **side*** aan/van vaderskant; *the **wish** is ~ to the thought* →WISH *n.*. **fa·ther** *ww.* verwek, in die lewe roep; teel; vader staan *(vir)*; verantwoordelik wees *(vir)*; aanneem *(as kind); ~ s.t. (up)on s.o.* iem. iets in die skoene skuif/skuiwe, beweer dat iem. die vader van iets is, iets aan iem. toeskryf/toeskrywe. ~ **complex** *(psig.)* vaderkompleks. ~ **confessor** biegvader. ~ **figure** vaderfiguur. ~**-in-law** *fathers-in-law* skoonpa, =vader. ~**land** vaderland.

fa·ther·hood vaderskap.

fa·ther·less vaderloos.

fa·ther·ly vaderlik; ~ *hand* vaderhand.

fa·ther·ship vaderskap.

fath·om *n.* vaam, vadem; *two ~s* twee vaam/vadem. **fath·om** *ww.* deurgrond, peil *(betekenis ens.)*; peil *(diepte v. water); ~ s.t. out* agter iets kom, iets verklaar. ~ **line** diep=, peillood.

fath·om·a·ble peilbaar, deurgrondbaar.

fath·om·age vaam=, vademmaat; vaam=, vademloon.

fath·om·less peilloos, bodemloos; onpeilbaar, ondeurgrondelik.

fa·tid·ic, fa·tid·i·cal *(w.g.)* profeties.

fat·i·g(u)a·ble vatbaar vir vermoeiing. **fat·i·g(u)a·bil·i·ty** vatbaarheid vir vermoeiing.

fa·tigue *n.* vermoeienis; uitputting, afmatting; moegheid, afgematheid, vermoeidheid, vermoeiing; materiaalverswakking, vermoeidheid, tamheid *(ook v. metale); (i.d. mv., mil.)* kampdiens, korvee; *(i.d. mv., mil.)* diens=, werktroep, werkpeloton, korveespan; *(i.d. mv., mil.)* werk=, korveedrag. **fa·tigue** *ww.* vermoei, afmat, uitput. ~ **cap** korveepet. ~ **clothes,** ~ **dress** werk=, korveeklere, werk=, korveedrag. ~ **company** straf=, korveekompanie. ~ **drill** strafdril. ~ **duty,** ~ **work** kampdiens, korvee. ~ **limit** vermoeidheidsgrens. ~ **party** diens=, werktroep, werkpeloton, korveespan. ~ **test** uitputtingstoets, vermoeienistoets.

fa·tigu·ing vermoeiend, afmattend, uitputtend, moeisaam.

fat·less vetvry.

fat·like vetagtig.

fat·ling vetmaakdier; gemeste dier; vetlam; vetkalf.

fat·ness vetheid, dikheid, gesetheid, (swaar)lywigheid; dikte, grootte, omvang; *(fig.)* vetheid, vrugbaarheid *(v. land)*.

fat·so =*so(e)s, (sl., neerh.)* vettie, vetsak, potjierol, vaatjie.

fat·ten vet maak, (vet)mes; vet word; ~ *(up)on s.t.* op iets teer; ~ *(up) an animal* 'n dier vet voer. **fat·ten·ing** vetmakend, wat vet maak, vetmaak=; *chocolate/etc. is* ~ sjokolade/ens. maak vet; ~ *food* kos wat vet maak, vetmaakkos; *it is less* ~ dit maak minder vet.

fat·tish vetterig, taamlik vet; vetagtig; ~ *tumour* vetgeswel.

fat·tism *(diskriminasie/vooroordeel teen vet mense)* vettisme. **fat·tist** *n.* vettis. **fat·tist** *adj.* vettisties.

fat·ty =*ties, n., (infml.)* vet=, diksak, dikkerd, vaatjie, potjierol. **fat·ty** *adj.* vetterig, vet(agtig); ~ ***acid**, (chem.)* vetsuur; ~ ***degeneration**, (patol.)* vetsug, vervetting; ~ *(degeneration of the) **heart*** hartvervetting; ~ ***oil*** →FIXED OIL; ~ ***tissue*** vetweefsel; ~ ***wool*** vetterige wol. **fat·ti·ness** vetterigheid.

fat·u·ous dom, dwaas, laf, verspot, onsinnig, onnosel; sinloos, betekenisloos. **fa·tu·i·ty, fat·u·ous·ness** dwaasheid, lafheid, onsinnigheid; sinloosheid, betekenisloosheid.

fat·wa(h) *n., (Arab.: dekreet v. 'n Moslem-leier)* fatwa; *(fig., skerts.)* doodsvonnis; *declare/proclaim a ~ against* (or *impose a ~ on) s.o.* 'n fatwa oor iem. uitspreek/uitroep; *issue a ~* 'n fatwa uitreik/uitvaardig; *lift/rescind/reverse a ~* 'n fatwa herroep/ophef/terugtrek. **fat·wa(h)** =*wa'd, ww.* met vergelding/wraakneming dreig; met die dood dreig.

fau·ces *(mv.), (anat.)* keel(holte); *(bot.)* keel; *(bouk.)* gang. **fau·cal, fau·cial** *(anat., fonet.)* keel=; ~ *sound* keelklank.

fau·cet tapkraan(tjie); pypsok; *(Am.)* kraan. ~ **pipe** sokpyp.

faugh *tw.* sies, ga, foei.

fault *n.* gebrek, defek, tekortkoming; fout, oortreding, misstap; *(tennis ens.)* fout; skuld; *(geol.)* verskuiwing, breuk; *(telekom.)* steuring; *be **at*** ~ verkeerd van jou wees, nie reg van jou wees nie; dit mis hê; defek wees; *be **blind** to s.o.'s ~s* blind wees vir iem. se gebreke; ***confess** a* ~ skuld beken; ***find** ~ with ...* aanmerkings maak op (*of* kapsie maak teen *of* vit op) ..., ... afkeur; beswaar hê teen ...; *have no ~ to **find** with s.t.* niks teen iets hê nie, niks op iets aan te merk hê nie; *there is no ~ to **find** with that* daarteen kan ('n) mens geen beswaar hê nie; *the ~ **lies** with s.o.* dit is iem. se fout/skuld; *the ~ **lies** with s.t.* die fout skuil by iets; *through **no** ~ of one's own* buite/sonder jou (eie) toedoen, nie deur jou skuld nie; *it was **not** his/her ~* dit was nie sy/haar skuld nie, hy/sy kon dit nie help nie, hy/sy kon nie daarvoor; *it is **not** his/her ~ that ..., (ook)* dit is nie sy/haar skuld (*of* hy/sy kon nie daarvoor) dat ... nie; *it is s.o.'s **own*** ~ dit is iem. se eie skuld, iem. het dit aan hom=/haarself te wyte; *be **s.o.'s*** ~ iem. se skuld wees; *be ... **to** a* ~ uiters/uitermate (*of* deur en deur) ... wees; oordrewe/(al)te ... wees. **fault** *ww.* aanmerkings maak op, kritiseer, afkeur, vit op; beswaar hê (*of* kapsie maak) teen; berispe, (be)straf; verwyt, kwalik neem; op 'n fout betrap; *(sport)* strafpunt(e) toeken; *(geol.)* verskuif, verskuiwe; *(arg.)* fouteer, 'n fout begaan. ~**-finder** vitter, haarklower, foutsoeker, =vinder. ~**-finding** *n.* vittery, haarklowery, foutsoekery, =vindery. ~**-finding** *adj.* vitterig, krities, vol kritiek. ~ **line** *(geol.)* verskuiwingslyn. ~ **plane** *(geol.)* verskuiwingsvlak. ~ **wool** foutwol.

fault·ing fout(e); fout(e) maak; *(geol.)* verskuiwing.

fault·less feilloos, fout(e)loos, volmaak; onberispelik, onbesproke, vlekkeloos, smet(te)loos.

fault·y defek, onklaar; verkeerd, foutief, fout=; gebrekkig, onvolmaak; onsuiwer *(uitspraak); ~ cast* feilgietsel. **fault·i·ness** verkeerdheid, onjuistheid; gebrekkigheid.

faun *(Rom. mit.)* faun, sater, bos=, veldgod.

fau·na =*nas*, =*nae* fauna, dierewêreld.

Faun·tle·roy: *(Little Lord) ~, (goedgemanierde kêreltjie)* soetseun; *(uitgedoste kêreltjie)* Jantjie Laventel. ~ **suit,** ~ **costume** *(fluweelpak met kantkraag)* fauntleroypak.

Faust·i·an Fausties.

Fau·vism *(skilderkuns)* Fauvisme.

faux pas *faux pas, (Fr.)* faux pas, blaps, flater, fout, stommiteit; *commit/make a ~* ~ 'n blaps/flater begaan/maak, 'n stommiteit begaan/aanvang.

fave *n., (sl., afk. v. favourite)* gunsteling, liefling. **fave** *adj.* geliefkoosde, lieflings=.

fa·vism *(med.)* fabisme, favisme, bonesiekte.

fa·vour, *(Am.)* **fa·vor** *n.* goedkeuring, byval, instemming; steun, ondersteuning, beskerming, hulp; voorkeur, partydigheid, voortrekkery; begunstiging, bevoordeling; guns(bewys); vriendskap; genoeë, plesier; aandenking, presentjie; *(arg.)* lint; *(arg.)* roset, kokar(de); *(arg.)* verlof, toestemming; *(Br., vero.)* (geëerde) skrywe, brief; *(arg.)* voorkoms; *do s.t. **as** a ~ to s.o.* iets uit vriendskap vir iem. doen; ***ask** a ~ of s.o.* iem. 'n guns vra; ***by** (kind) ~ of ...* met (vriendelike) tussenkoms van ...; ***by** your ~, (vero., fml.)* met u verlof; ***curry** ~ with s.o.* by iem. witvoetjie soek, in iem. se guns probeer kom; ***distribute** ~s* gunste (en gawes) uitdeel; ***do** s.o. a ~* iem. 'n guns bewys, iem. 'n plesier doen, vir iem. 'n klip uit die pad rol; ***fall** from ~* in onguns raak; ***fall** out of ~ with s.o.* iem. se guns verloor, by iem. in onguns raak; *without **fear** or ~* →FEAR *n.*; ***find** ~ with s.o.* in iem. se guns kom; *s.t. **finds** ~ with s.o.* iets vind by iem. byval; iets val in iem se smaak; *s.t. **goes** in s.o.'s ~* iets verloop ten gunste van iem.; *be in **high*** ~ hoog in die guns staan; ***in** ~ of ...* ten gunste van ...; ten behoewe/voordele (*of* tot die voordeel) van ...; *be **in** ~ of it* daarvóór (*of* ten gunste daarvan) wees; *be **in** ~ of s.t., (ook)* vir iets voel; ***in** s.o.'s ~* ten gunste van iem.; in/tot iem. se voordeel; *that is s.t. **in** s.o.'s ~, (ook)* dit strek iem. tot voordeel; *be **in** ~ with s.o.* iem. se guns geniet, by iem. in die guns staan; *those **in** ~ of the motion* die wat ten gunste van die voorstel is; ***look** with ~ (up)on s.t.* iets goedkeur (*of* gunstig gesind wees); ***lose*** ~ in onguns (*of* uitgebak) raak; ***lose** s.o.'s ~, (ook)* iem. se guns verloor; *be **out of** ~ with s.o.* by iem. in onguns wees; *be **restored** to ~* in die guns herstel wees; ***return** s.o.'s* ~ iem. 'n wederdiens bewys; ***show** s.o. a* ~ iem. 'n guns bewys; ***under** ~ of the night, (fml., w.g.)* onder beskerming van die nag; ***vote** in ~ of s.t.* vir (*of* ten gunste van) iets stem; *be **whole-heartedly** in ~ of s.t.* (met) hart en siel vir iets wees; ***win** s.o.'s* ~ iem. se guns verwerf/wen. **fa·vour,** *(Am.)* **fa·vor** *ww.* gunstig gesind wees teenoor, hou (*of* ten gunste wees) van; voorstaan; begunstig, bevoordeel, bevoorreg; voortrek; steun, bevorder, aanmoedig; versigtig wees met; nie jou volle gewig op ... plaas nie *('n seer been ens.); (infml.)* lyk na/op; *~ s.o. with s.t.* iem. iets gee/toestaan/verleen; iem. met iets begunstig/vereer. ~**-currying** gunsbejag.

fa·vour·a·ble, *(Am.)* **fa·vor·a·ble** gunstig; veelbelowend; positief; toestemmend; goedgesind; bevorderlik; ~ ***balance*** batige/gunstige/voordelige saldo; ~ ***vote*** stem(ming) voor, aanname; *if the **weather** is* ~ as die weer gunstig is (*of* saamspeel); ~ ***witness*** verligtende getuie. **fa·vour·a·ble·ness,** *(Am.)* **fa·vor·a·ble·ness** gunstigheid; *the ~ of s.o.'s reply/report* iem. se positiewe antwoord/verslag. **fa·vour·a·bly,** *(Am.)* **fa·vor·a·bly** gunstig; goedgesind; *consider* ~ gunstig/simpatiek oorweeg; *react* ~ gunstig reageer; gunstig antwoord.

fa·voured begunstig; bevoorreg; bedeel(d); uitsiende; →ILL-FAVOURED; *most ~ nation* →MOST; *be ~ with ...* met ... begunstig wees; met ... bedeel(d) wees.

fa·vour·er begunstiger, bevorderaar.

fa·vour·ite, *(Am.)* **fa·vor·ite** *n.* gunsteling, liefling, witbroodjie, troetelkind; uitverkorene; protégé; gunstelingperd; *the hot/strong ~, (infml.)* die groot/sterk gunsteling, die waarskynlike wenner. **fa·vour·ite,** *(Am.)* **fa·vor·ite** *adj.* geliefkoos(de), begunstig(de), lieflings-, voorkeur-; *~ son* lieflingseun, uitverkore seun; *(Am. pol.)* tuisstaatkandidaat *(vir d. presidentskap); (Am. pol.)* kompromiskandidaat; *~ subject* lieflingsvak; *(ook* favourite topic*)* lieflingsonderwerp, geliefkoosde onderwerp, stokperdjie. **fa·vour·it·ism,** *(Am.)* **fa·vor·it·ism** voortrekkery, gunsbetoon, begunstiging, partydigheid.

fawn[1] *n.* jong hert/ree(bok). **fawn** *adj.* vaal-, reebruin. **fawn** *ww.* lam; *~ing season* lam(mer)tyd.

fawn[2] *ww., (iem.)* kruip, kruiperig wees, witvoetjie soek, flikflooi; *('n hond)* (beklek en) stertswaai; *~ (up)on s.o.* by iem. flikflooi (*of* witvoetjie soek). **fawn·er** kruiper, witvoetjiesoeker, vleier. **fawn·ing** kruiperig, witvoetjiesoekerig *(persoon)*; stertswaaiend *(hond)*.

fax[1] *n., (toestel)* faks(masjien), telefaks, faksimileemasjien; *(berig)* faks, telefaks, faksimilee; *send s.t. by ~* iets (deur)faks (*of* per [tele]faks stuur). **fax** *ww.* faks, deurfaks, per (tele)faks stuur; *~ s.t. back* iets terugfaks; *~ s.o. back* iem. per (tele)faks antwoord; *~ s.t. (to s.o.)* iets (aan/vir iem.) faks, iets per (tele)faks (aan iem.) stuur. *~* **board,** *~* **card** faksbord, -kaart. *~* **machine** faks(masjien), telefaks, faksimileemasjien. *~* **message** faksboodskap. *~* **number** faksnommer, telefaksnommer.

fax[2] *n., (infml.)* feite.

fax·a·ble *adj.* kan gefaks word, faksbaar.

fax·ee ontvanger (van die/'n faks).

fax·er afsender (van die/'n faks).

fax·ing die stuur van fakse, faksversending.

fay *(poët., liter.)* fee.

fay·al·ite *(min.)* fayaliet.

faze *(infml.)* van stryk (af) bring.

fe·al·ty *(hist.)* trou; leenpligtigheid, leenmanstrou; *oath of ~* leeneed; eed van trou.

fear *n.* vrees; angs; *be* ***assailed*** *by ~s that ...* oorval word deur die vrees dat ...; ***bodily*** *~* vrees vir letsel; *be* ***devoid of*** (or ***without***) *~* sonder vrees wees; ***dispel*** (or *lay to* ***rest***) *s.o.'s ~s* iem. se vrees uit die weg ruim; *without ~ or* ***favour*** sonder aansien des persoons (*of* van [die] persoon), heeltemal onpartydig; ***for*** *~ of ...* uit vrees vir ...; ***for*** *~ that ...* uit vrees dat ... *(iets sal gebeur)*; ***from*** *~* uit vrees; ***groundless*** *~* ongegronde vrees; *be* ***in*** *~* angstig/bang/beangs/bevrees wees; *go* ***in*** *~ of ...* vir ... bang wees; *go* ***in*** *~ of one's life* vir jou lewe vrees; *inspire ~* ***in*** *s.o.* vrees by iem. inboesem; *be* ***in*** *mortal ~* in doodsangs verkeer/wees; *put s.o.* ***in*** *~ of s.t.* iem. vir iets bang maak; *not* ***know*** *(the meaning of) ~, be a* ***stranger*** *to ~* geen bang haar op jou kop hê nie, daar is geen bang haar op jou kop nie, nie weet wat dit is om bang te wees nie, geen vrees ken nie; *a* ***night*** *of ~* 'n angsnag; *there's* ***no*** *~ of it happening* moenie bang wees (dat dit sal gebeur) nie, daar is geen gevaar (dat dit sal gebeur) nie, dit sal eenvoudig nie gebeur nie; ***no*** *~!, (infml.)* moenie glo nie!, watwo(u)!; *~* ***of*** *heights* hoogtevrees; *~* ***of*** *people* mensevrees; *~* ***of*** *water* vrees vir water; ***register*** *~* vrees toon, met angs reageer; ***shake/tremble*** *with ~* van angs beef/bewe/bibber; *be a* ***stranger*** *to ~* →***know; strike*** *~ into s.o.('s heart)* vrees by iem. inboesem, iem. (se hart) met vrees vervul; *there is a ~* ***that*** ... die vrees bestaan dat ...; *in/with ~ and* ***trembling*** met vrees/vrese en bewing. **fear** *ww.* vrees, bang wees (vir), vrees koester; *hundreds are ~ed* ***dead*** honderde is vermoedelik dood; *~* ***for*** *s.o.'s life* vir iem. se lewe vrees (*of* bevrees wees); *~* ***for*** *s.o.'s safety* oor iem. se veiligheid bekommerd wees; *~* ***God*** God vrees (*of* voor oë hou); ***never*** *~!, (infml.)* moenie bang wees (dat dit sal gebeur) nie!, daar is geen gevaar (dat dit sal gebeur) nie!; moenie glo nie!; *have* ***nothing*** *to ~ from ...* niks van ... te vrees hê nie; *s.o./s.t. is ~ed* ***to be*** ... daar word gevrees dat iem./iets ... is; *fools rush in where angels ~ to* ***tread*** →FOOL[1] *n.*. *~*-**stricken** beangs, angsbevange, vreesbevange, verskrik.

fear·ful bang, bevrees, vreesagtig, angstig; verskriklik, vreeslik, afgryslik *(ongeluk ens.)*; *(infml.)* groot, aaklig, verskriklik, liederlik *(gemors ens.)*; *be ~ of ...* vir ... bang/bevrees wees; *be ~ that ...* bang/bevrees wees dat ... **fear·ful·ly** vreesbevange.

fear·less onbevrees, onverskrokke, moedig. **fear·less·ness** onbevreesdheid, onverskrokkenheid, moed.

fear·some skrikwekkend, vreeslik, angswekkend.

fea·si·bil·i·ty uitvoerbaarheid, haalbaarheid, doenlikheid, moontlikheid. *~* **study** uitvoerbaarheid-, haalbaarheid-, doenlikheidstudie, uitvoerbaarheids-, haalbaarheidsondersoek.

fea·si·ble uitvoerbaar, haalbaar, doenlik, moontlik, prakties; bereikbaar. **fea·si·bly:** *if it can ~ be done* as dit haalbaar (*of* prakties moontlik) is; *it can't ~ be done* dis nie haalbaar nie, dis prakties onmoontlik.

feast *n.* fees; (fees)maal, onthaal; smulparty; gasmaal; ***enough*** *is as good as a ~* →ENOUGH; *a ~* ***for*** *the eyes* 'n lus vir die oë; *F~* ***of*** *Dedication/Lights, (Jud.)* →CHANUKAH; *F~* ***of*** *Lanterns, (Hind.)* →DIWALI; *~* ***of*** *reason* intellektuele fees; *F~* ***of*** *Tabernacles, (Jud.)* →SUCCOTH; *F~* ***of*** *Weeks, (Jud.)* →SHAVUOT. **feast** *ww.* feesvier; smul; fuif; vergas, onthaal, trakteer; *~ on/upon s.t.* (heerlik) aan iets smul; *~ one's eyes on ...* →EYE *n.*. *~* **day** feesdag. **feast·er** feesvierder; smuller; fuiwer.

feat kordaatstuk, prestasie; kuns, toer; ***accomplish*** *an outstanding ~* 'n besondere prestasie behaal; *a ~ of* ***arms*** →ARMS; *perform a* ***daring*** *~* 'n waagstuk aanvang/onderneem; *that is* ***quite*** *a ~!* dit wil gedoen wees!.

feath·er *n.* veer; *(i.d. mv.)* vere(dos/drag/kleed); pluim; kuif; *(teg.)* leispy; *(teg.)* vin *(v. 'n buiteband)*; *(teg.)* kloofwig; krakie, vlek *(in 'n edelsteen)*; *be* ***birds*** *of a ~* →BIRD; *fine ~s make fine* ***birds*** die vere maak die voël, die klere maak die man; *s.t. is a ~ in s.o.'s* ***cap*** iets is 'n pluimpie vir iem.; ***cast/throw*** *~s* verveer; *be in* ***fine/high*** *~* in feesstemming wees; *make the ~s* ***fly,*** *(infml.)* die hare laat waai; *a ~ in a* ***hat,*** *(lett.)* 'n veer op 'n hoed; *you could have* ***knocked*** *me down/over with a ~, (infml.)* jy kon my omgeblaas het, ek was skoon verstom/dronkgeslaan; *(as)* ***light*** *as a ~* →LIGHT[2] *adj.;* ***ruffle*** *s.o.'s ~s* →RUFFLE *ww.;* ***singe*** *one's ~s, (infml.)* jou vingers verbrand; ***throw*** *~s* →***cast/throw; white*** *~* →WHITE. **feath·er** *ww.* veer; beveer; met vere versier/voer/vul/dek; vere afskiet; *(lugv.)* die (lug)skroef in die vaanstand bring; *~ one's (own) nest, (idm.)* jou (eie) sak(ke) vul, jou (ongeoorloof) verryk; *~ an oar* 'n roeispaan plat draai/hou, (die water) skeer. *~* **bed** *n.* vere-, veerbed, bulsak. *~***bed** *-dd-, ww., (fig.)* vertroetel, in watte toedraai; oortollige personeel aanhou; met subsidies vertroetel. *~***bedding** *n.* werkbeskerming deur produksie-inkorting/oorbemanning; vertroeteling met subsidies. *~* **boa** *(mode)* vereboa. *~***brain,** *~***head** sufferd, pampoen(kop), leeghoof. *~***brained,** *~***headed** dom, onnosel, leeghoofdig. *~* **cloth** veerstof. *~* **duster** veer-, verestoffer, -besempie. *~***edge** tapse ent; spits ent. *~***edged shoe, knocked-up shoe** aankapyster *(v. 'n perd)*. *~* **edging** *(teg.)* wegranding. *~*-**footed fowl** veerpoot(hoender). *~* **joint** veerlas; veervoeg; *(geol.)* veernaat. *~*-**light** veerlig. *~* **lure** lokveer. *~* **market** veremark. *~* **mattress** bulsak. *~* **pillow** vere-, veerkussing. *~***stitch** veersteek. *~***way** geleigleuf, -groef. *~***weight** veergewig; nietige persoon.

feath·ered geveer(d); gepluim; beveer(d); *~* ***engine*** motor in die vaanstand; *~* ***freight*** pluimvrag; *~* ***oars*** plat spane; *~* ***pitch/position*** vaanstand *(van 'n lugskroef)*.

feath·er·ing vere(dos/drag/kleed); bevering; veerbekleedsel; *(argit.)* loofsierwerk.

feath·er·like veervormig, -agtig.

feath·er·y geveer(d); veeragtig; veervormig; veer-; *~ wool* veerwol.

fea·ture *n.* (hoof)kenmerk, (hoof)trek, (hoof)eienskap, wesenstrek; verskynsel; (gelaats)trek; *(ling.)* onderskeidende eienskap/kenmerk; hoofnommer, glanspunt; terreinvorm, -voorwerp, -punt, -baken; ***facial*** *~s* gelaatstrekke; ***physical*** *~s* →PHYSICAL; *s.o.'s only* ***redeeming*** *~* →REDEEMING; ***salient*** *~s* →SALIENT; ***special*** *~, (joern.)* spesiale artikel. **fea·ture** *ww.* spog met; kenmerk, gekenmerk word deur; vertoon; 'n belangrike onderdeel wees; 'n belangrike rol speel, 'n belangrike plek inneem; in die hoofrol hê; prominensie gee/verleen aan; op die voorgrond bring; (dikwels) voorkom; *~d player* hoofspeler; *featuring X* met X in die hoofrol. *~* **article,** *~* **story** glansartikel. *~* **film** hoof-, speelprent. *~*-**length** *adj., (filmk.)* wat so lank soos 'n hoof-/speelprent is, van hoof-/speelprentlengte. *~* **programme** *(rad.)* hoor-, klankbeeld, glansprogram. *~***s editor** artikelredakteur. *~* **story** →FEATURE ARTICLE. *~* **writer** artikelskrywer.

-fea·tured *komb.vorm* met ... gelaatstrekke; *fine-/heavy-~* met fyn/growwe gelaatstrekke.

fea·ture·less eentonig, saai, sonder bepaalde kenmerke.

feb·rile koorsig, koors-; *(fig.)* koorsagtig. **feb·ri·fa·cient** *(med.)* koorswekmiddel. **fe·brif·u·gal, fe·bri·fu·gal, feb·ri·fuge** *adj.* koors(ver)drywend. **feb·ri·fuge** *n.* koorsweerder, koorswerende middel, koorsmiddel.

Feb·ru·ar·y Februarie; *the month of ~* Februarie(maand).

fe·ces, fe·cal →FAECES, FAECAL.

feck·less flou, futloos, swak, dooierig; nutteloos; onverantwoordelik.

fec·u·lent moerderig, troebel, vuil, morsig.

fe·cund *(lett. & fig.)* vrugbaar. **fe·cun·date** *(arg.)* bevrug; *(poët., liter.)* vrugbaar maak. **fe·cun·da·tion** bevrugting. **fe·cun·di·ty** vrugbaarheid.

fed[1] *n., (Am., infml., dikw. F~)* FBI-agent.

fed[2] *(verl.t. & volt.dw.)* →FEED *ww.*.

fe·da·yee *-yeen, (Arab., soms F~)* (Arabiese) guerrilla(vegter/stryder); anti-Israeliese guerrilla(vegter/stryder).

Fed·er·al *n., (Am.)* FBI-agent; *(hist.)* Federalis. **Fed·er·al** *adj.* Federaal. *~* **Bureau of Investigation** *(Am., afk.: FBI)* (Amerikaanse) Federale Speurdiens. *~* **Government** Federale Regering *(v. Australië ens.)*. *~* **Republic of Germany** *(geog., hist.)* Federale Republiek van Duitsland, Duitse Bondsrepubliek; →WEST GERMANY. *~* **Reserve** *(Am.)* Federale Reserwebank.

fed·er·al federaal, federatief, bonds-; verbonds-; *~ republic* bondsrepubliek; *~ state* bondstaat; *~ theology* verbondsteologie. **fed·er·al·ise, -ize** verenig, 'n bond sluit; federaliseer, desentraliseer. **fed·er·al·ism** federalisme. **fed·er·al·ist** federalis.

fed·er·ate *ww.* federeer; 'n verbond sluit. **fed·er·ate, fed·er·at·ed** *adj.* gefedereer(d), verbonde, federatief; *~ state* deelstaat. **fed·er·a·tion** bondstaat, statebond; verbond, federasie; *~ of labour/trades* (or *trade unions*), *labour ~* vakverbond. **fed·er·a·tive** verbonde, federatief, bonds-; *~ state* bondstaat.

fe·do·ra duik-, gleufhoed.

fed up *(pred.)* dik, vies, sat; *be ~ ~ to the gills* (or *[back] teeth*) *(with s.o./s.t.), (infml.)* keelvol/maagvol/buikvol (*of* siek en sat) (vir iem./iets) wees.

fee *n.* vergoeding, honorarium; loon; *(i.d. mv.)* gelde, fooi *(v. 'n dokter, advokaat, ens.)*; bedrag; staankoste; *(hist.)* leen(goed), leenbesit; ***admission*** *~* toegangsgeld, -prys; ***advocate's/barrister's/counsel's*** *~s* advokaatsgelde, -fooi; ***attorney's*** *~s* prokureursgelde, -fooi; ***charge*** *a ~* 'n koste hef; ***doctor's*** *~s* doktersgelde, -fooi; ***entry*** *~* →ENTRANCE (FEE); ***examination*** *~* →EXAMINATION; ***green*** *~* →GREEN; ***hold*** *in ~ (simple), (Br., jur.)* in volle eiendom besit; ***in*** *~ to ..., (hist., jur.)* leenroerig aan ...; ***legal*** *~s* regskoste; *~s of* ***office,*** *(jur.)* leges; ***school*** *~s* →SCHOOL[1]; ***what*** *is your ~* (or *are your ~s*)? wat sal dit kos?; ***without*** *~ or reward* sonder enige vergoeding. **fee** *fee'd/feed feeing, ww., (w.g.)* honoreer, vergoed, betaal. *~* **list** advokaatsrekening, fooilys.

fee·ble *adj.* swak, pap, kragteloos, lamlendig; sleg; flou *(grap, verskoning, ens.)*; swak *(lig, stem, verskoning, ens.)*;

swak, halfhartig *(poging);* verpot; *a ~ fellow* 'n vrotsige kêrel. **~-minded, ~-witted** dom, onnosel, dwaas, simpel, stompsinnig; besluiteloos; *(vero.)* swaksinnig. **~-mindedness** domheid, onnoselheid, dwaasheid; besluiteloosheid; *(vero.)* swaksinnigheid.

fee·ble·ness swakheid, kragteloosheid, lamlendigheid; slegtigheid; flouheid.

fee·bly *adv.* →FEEBLE *adj.*.

feed *n.* voeding *(v. 'n baba ens.); (infml.)* kos; (vee)voer, dierevoer, groenvoer; *(teg.)* toevoer; *(teat., infml.: souffleur)* voorsêer; *be off one's ~, (infml.)* nie eetlus hê nie, sleg eet. **feed** *fed fed, ww.* voer, laat eet *('n kind ens.);* borsvoed, laat drink *('n baba);* kos gee *(diere, plante, mense);* voed, kos gee/verskaf aan; genoeg kos wees vir; eet, weglê; laat wei *(jou oë);* stimuleer, aanwakker; *(rek., teg.)* voer; stook *(vuur); (rugby ens.)* aangee, laat loop *(bal); (teat., infml.: souffleer)* voorsê; *~ s.t.* ***back*** iets terugvoer; *~ s.t.* ***down,*** *(vee)* iets afwei/afvreet *(gras ens.); ~ s.t.* ***into*** *a machine/etc.* iets in 'n masjien/ens. invoer; *~* ***on*** *s.t., (pers.)* iets eet; *(dier)* iets vreet; *(lett. & fig.)* van iets leef/lewe; *~ an animal* ***on*** ... 'n dier met ... voer; *~* ***out of*** *s.o.'s hand* uit iem. se hand eet; *be* ***scantily*** *fed* karig gevoed wees; *~ information/etc.* ***to*** *s.o., ~ s.o.* ***with*** *information/etc.* iem. met inligting/ens. voer; *~ animals* ***up*** diere vet maak/voer; ***well*** *fed* →WELL[1]. **~back** *n.:* terugvoer(ing), reaksie; *(rad.)* terugkoppeling; *negative/positive ~* negatiewe/positiewe terugvoer(ing)/reaksie; *(rad.)* negatiewe/positiewe terugkoppeling. **~bag** voersak; *(Am.)* voer-, bek-, vreetsak *(v. perd); put on the ~, (infml.)* weglê aan die kos. **~ belt** voerband. **~box** voerbak. **~ grain** voergraan. **~ hole** voergat. **~ hopper** voer-, laaitregter. **~ line** *(elek.)* toevoerlyn. **~ mechanism** voerder, (toe)voermeganisme. **~ passage** voergang. **~ phosphate** voerfosfaat. **~ pipe** *(watertegnol.)* toevoerpyp; *(mot.)* voerpyp. **~ pump** toevoerpomp. **~ roll(er)** voerrol. **~stock** voerstof. **~stuff(s)** (vee)voer. **~ system** toevoerstelsel. **~ tank** voertenk. **~water** voedingswater; toevoerwater *(v. 'n lokomotief).*

feed·er eter; vreter; voeder; voerder; voerbak *(vir voëls, diere); (Br.)* (baba)bottel; *(Br.)* borslap(pie); sytak, spruit; toevoerpad; *(spw.)* sylyn; toevoerkanaal, voedingskanaal; *(elek., mynb.)* voerder; *(teg.)* (toe)voermeganisme; *coarse/gross ~* vraat. **~ cattle** voerbeeste, vetmaakbeeste. **~ line** (toe)voerlyn. **~liner** toevoerlugdiens. **~ road** toevoerpad. **~ service** toevoerdiens.

feed·ing voeding. **~ bottle** bababottel. **~ cake** veekoek. **~ cup** tuitkoppie. **~ ground** weiveld. **~ paddock, ~ pen** voerhok, -kraal. **~ place** loopplek. **~ scheme** voedingskema. **~ time** voertyd *(in dieretuin ens.); (fig., skerts.)* etenstyd; *~!* kos is op die tafel!, julle/jy kan kom eet!. **~ trough** voerbak.

fee(-fi)-faw-fum *tw.* griep-grap-grou.

feel *n.* gevoel; aanvoeling; *get the ~ of s.t.* met iets vertroud raak, aan iets gewoond raak; *be soft/etc. to the ~* sag/ens. voel. **feel** *felt felt, ww.* voel; bevoel, betas; aanvoel, die indruk kry; meen, dink, vind, voel; ondervind, ervaar, voel; *~* ***about/around*** rondtas; rondsoek *(in 'n laai ens.); ~* ***for*** ... na ... soek/voel; *~* ***for*** *s.o., (ook)* meegevoel met iem. hê; *s.t. ~s* ***hard/soft/etc.*** iets voel hard/sag/ens.; ***how*** *do you ~ about it?* wat is jou mening daaroor?; *I ~* ***like*** *a* ... ek het/is/voel lus vir 'n ...; *~* ***like*** *doing s.t.* lus hê/voel/wees om iets te doen; *not ~* ***like*** *it* nie lus hê/voel/wees daarvoor nie, nie daarna voel nie, nie in die stemming daarvoor wees nie; *it ~s* ***like*** ... dit voel na ...; *I know what it ~s* ***like,*** *(ook)* ek ken daardie gevoel; *~* ***out*** *of it, (infml.)* nie op jou gemak *(of* in jou element) voel nie; *~ s.o.* ***out,*** *(Am., infml.)* iem. aan die tand voel; *~* ***small*** →SMALL *adv.; ~ out of* ***sorts*** →SORT *n.; ~* ***strongly*** *about it* sterk daaroor voel, besliste menings/oortuigings daaroor hê; jou dit erg aantrek; *s.o. ~s* ***that*** ... iem. dink dat ...; *it is felt* ***that*** ... daar word gevoel dat ...; *it is widely felt* ***that*** ... baie mense meen dat ...; *~ s.o.* ***up,*** *(infml.)* iem. betas; *~* ***up to*** *s.t.* vir iets kans sien; jou vir iets opgewasse *(of* jou tot iets in staat) voel; *do you ~* ***up to it?*** sien jy daarvoor kans?; *~ one's* ***way,*** *(lett.)* voel-voel loop; *(fig.)* versigtig/voel-voel te werk gaan; *(fig.)* die terrein verken; *(fig.)* jou voelhorings uitsteek; *~* ***well*** goed voel; gesond voel. **feel·er** *(biol.)* voeler, voelhoring, (voel)spriet, voel-, tasorgaan, taster; *put/throw out ~s* (or *a ~*), *(fig.)* voelers uitsteek, die gevoel(ens) toets, iem. oor iets pols. **feel·ing** *n.* gevoel; *(i.d. mv.)* gevoelens, gemoedere; gevoeligheid; gewaarwording, sensasie, besef; gevoel, indruk; vermoede; gedagte, mening, beskouing, opvatting, siening; gevoel(sin), tassin; *have strong ~s* ***about/on*** *s.t.* →***strong;*** ***arouse*** *~s* die gemoedere gaande maak *(of* in beweging bring); ***arouse*** *~* ***against*** (or *in favour of) s.o./s.t.* teen/vir iem./iets stemming maak; *~s were* ***aroused*** die gemoedere was gaande *(of* het in beweging gekom); ***bad/ill*** *~* bitterheid, wrok; ***bottle up*** (or ***repress***) *one's ~s* jou gevoelens opkrop/onderdruk; ***express/relieve/vent*** *one's ~s* uiting aan jou gevoelens gee, (aan) jou gevoelens lug gee, jou gemoed/gevoelens/hart lug; *the* ***general*** *~* die algemene mening; ***good*** *~* welwillendheid, goedgesindheid; *a ~ of* ***guilt*** 'n skuldgevoel; *have a* ***gut*** *~ that* ... →GUT *adj.;* ***harbour*** *~s of jealousy/etc.* gevoelens van jaloesie/ens. koester; *no* ***hard*** *~s!* →HARD FEELINGS; ***have*** *a ~ that* ... (so) 'n gevoel hê dat ...; ***hide/mask*** *one's ~s* jou gevoelens wegsteek/verberg; ***hurt*** *s.o.'s ~s* iem. krenk/kwets/grief/seermaak, op iem. se tone trap; ***ill*** *~* →***bad/ill;*** *have no ~* ***in*** *one's legs/etc.* geen gevoel in jou bene/ens. hê nie; *have* ***mixed*** *~s about s.t.* gemengde gevoelens oor iets hê; *with* ***mixed*** *~s* met gemengde gevoelens; *a* ***nasty*** *~* 'n nare/onaangename gevoel; *with a ~* ***of*** ... met 'n gevoel van ... *(verligting ens.);* ***pent-up*** *~s* opgekropte/onderdrukte gevoelens; ***relieve*** *one's ~s* →***express/relieve/vent;*** ***repress*** *one's ~s* →***bottle up;*** *~s* ***run high*** die gevoelens/gemoedere loop hoog; ***share*** *the ~* die gevoel onderskryf/onderskrywe; *have a* ***sinking*** *~* 'n bang (voor)gevoel hê; *have a* ***sneaking*** *~ that* ... 'n nare vermoede/spesmaas hê (of aan jou broek [se naat] voel) dat ...; ***spare*** *s.o.'s ~s* iem. se gevoelens ontsien; *if s.o. had a* ***spark*** *of ~ left* as iem. nog 'n greintjie gevoel gehad het; ***stir/whip up*** *~s* die gemoedere opsweep; *have* ***strong*** *~s about/on s.t.* sterk oor iets voel, besliste menings/oortuigings oor iets hê; *have no* ***strong*** *~s either way* dit is vir jou om't *(of* om 't/die) ewe; *an* ***uneasy*** *~* 'n onrustige gevoel; ***vent*** *one's ~s* →***express/relieve/vent;*** ***with*** *~* gevoelvol. **feel·ing** *adj.* gevoelig, emosioneel; voelend, denkend; gevoelvol, vol uitdrukking; met oorgawe; meelewend, vol simpatie, medelydend. **feel·ing·ly** met gevoel, gevoelvol.

feet *n. (mv.)* →FOOT *n.*.

feign *(fml.)* voorgee, maak (as)of; veins, huigel; uitdink, bedink, versin, opdis *('n verskoning ens.);* namaak, naboots, na-aap *(iem. se lag ens.); ~ illness/etc.* jou siek/ens. hou; *~ indifference* maak (as)of *(of* voorgee dat) jy nie omgee nie, jou onverskillig hou/voordoen; *~ sleep/etc.* kamma/ka(m)stig/kamtig slaap, maak (as)of jy slaap. **feigned** voorgewend, ka(m)stig, kamtig, geveins, gefingeer(d); aangeplak; *a ~ attack* 'n skynaanval; *a ~ smile* 'n aangeplakte glimlag. **feigned·ly** kamma, ka(m)stig, kamtig, kwansuis. **feign·er** valsaard.

feint[1] *n., (boks ens.)* skynhou; skynbeweging; *(mil., ook* feint attack*)* skynaanval, afleidingsaanval; voorwendsel. **feint** *ww.* skynhoue slaan; 'n skynbeweging maak/uitvoer; 'n skynaanval/afleidingsaanval doen/uitvoer; liemaak.

feint[2], **feint-ruled** *adj., (druk.)* met waterlyne (gelinieer[d]); *feint line* waterlyn.

feints, faints *(mv.)* voorloop, naloop *(b.d. distillering v. whisky).*

feist·y *-ier -iest, (infml.)* lewendig, energiek; uitgelate, uitbundig, opgewonde; *(Am.)* liggeraak, fyngevoelig, kort van draad, prikkelbaar, opvlieënd.

fe·la·fel →FALAFEL.

fel(d)·spar *(min.)* veldspaat. **fel(d)·spath·ic** veldspaties.

fe·lic·i·ty geluk; geluksaligheid; toepaslikheid, raakheid, treffendheid. **fe·lic·i·tate** *(fml.)* gelukwens, felisiteer *(met).* **fe·lic·i·ta·tion** *(fml.)* gelukwens(ing), felisitasie. **fe·lic·i·tous** toepaslik, raak, treffend, goed gekose, gelukkig *(woorde ens.);* gunstig *(eienskap ens.).*

fe·line, fe·lid *n., (soöl.)* katagtige, lid van die kattegeslag. **fe·line** *adj.* katagtig; katte-. **fe·li·cide** *(w.g.)* katmoord.

fell[1] *n.* houtkapsel. **fell** *ww.* vel, afkap *('n boom);* neervel, plat/onderstebo slaan *(iem.); (fig.)* platslaan *(iem.); (naaldw.)* plat stik *('n naat).* **fel·ler** houtkapper. →FELLING.

fell[2] *n., (Br.)* berg, heuwel; *(Br.)* hoogland, heideveld.

fell[3] *adj., (poët., liter.)* wreed, verwoestend, verpletterend, fel; *in/at one ~ swoop* met/op een slag, alles ineens.

fell[4] *n., (arg.)* vag, pels, haarkleed; vel, huid; *~ of hair* boskasie, bosgasie. **~monger** velhandelaar; velbloter. **~mongering** velhandel; velbloting. **~mongery** velblotery.

fel·la(h) *(sl.)* →FELLOW

fel·lah *-lahs, -lahin, -laheen, (Arab.: landbouer, boer)* fella(h).

fel·la·ti·o, fel·la·tion *(<Lat., vorm v. orale seks)* fellatio, fellasie.

fel·ler *(sl.)* →FELLOW.

fel·ling kap(pery); afkapping; *(i.d. mv.)* hakhout. **~ axe** houtkappersbyl. **~ saw** boomsaag, geboë saag.

fel·loe *-loes,* **fel·ly** *-lies* velling *(v. 'n wiel).*

fel·low *n.* kêrel, ou, lat, vent; kêrel, ou, vriend; maat; tydgenoot, jaargenoot, studiegenoot; lid, genoot, fellow, socius *(v. 'n genootskap/kollege);* beurshouer; gelyke, weerga, eweknie; ***a*** *~ can't ..., (infml.)* ('n) mens kan nie ...; *come on,* ***old*** *~* kom, man/jong *(of* ou maat); *the* ***poor*** *~, (infml.)* die arme kêrel/vent; *a* ***sorry*** *~, (infml.)* 'n treurige vent; *an* ***unsavoury*** *~, (infml.)* 'n ongure vent. **fel·low** *adj. (attr.)* mede-; *~* ***artist*** medekunstenaar, kunsvriend; *~* ***believer*** medegelowige, geloofsgenoot; *~* ***citizen*** medeburger; stadgenoot; *~* ***countryman/-woman*** landgenoot, volksgenoot; *~* ***creature*** medemens, medeskepsel; *~* ***culprit*** medeskuldige; *~* ***feeling*** meegevoel, medely(d)e, simpatie; saam-, samehorigheidsgevoel; *~* ***fighter*** medestryder, strydgenoot; *~* ***man,*** *~* ***human (being)*** medemens, naaste; *~* ***member*** medelid; *~* ***passenger*** medereisiger, reisgenoot; *~* ***prisoner*** medegevangene; *~* ***soldier*** kameraad, medestryder, -soldaat, wapenbroer, -broeder, strydgenoot, krygsmakker; *~* ***South African*** mede-Suid-Afrikaner; *~* ***student*** medestudent; *~* ***subject*** medeonderdaan; *~* ***sufferer*** broe(de)r/suster in die verdrukking, deelgenoot in skade/lyding/ens.; medeslagoffer; lotgenoot; *~* ***townsman/-woman*** stadgenoot; dorpsgenoot; *~* ***traveller*** reisgenoot, medereisiger; *(fig.)* meeloper, simpatisant *(v.d. Kommunistiese Party ens.); ~* ***tribesman/-woman*** stamgenoot; *~* ***worker*** medewerker, kollega; medearbeider.

fel·low·ship kameraadskap(likheid), vriendskap(likheid); omgang, gemeenskap, geselskap; genootskap, geselskap; verbond; broederskap; fellowship, lidmaatskap *(v. 'n kollege);* (navorsings)beurs, stipendium; *the right hand of ~* die broederhand; *the ~ of the Holy Spirit, (teol.)* die gemeenskap van die Heilige Gees.

fel·ly →FELLOE.

fel·on[1] *n., (jur., vero.)* misdadiger; skurk. **fel·on** *adj., (arg.)* misdadig; snood, wreed. **fe·lo·ni·ous** *(jur.)* misdadig; snood, skurkagtig. **fel·o·ny** (ernstige) misdaad/misdryf.

fel·on[2] *n., (arg.)* →WHITLOW.

fel·site *(min.)* felsiet.

fel·spar →FELDSPAR.

felt[1] *n.* vilt; *roofing ~* dakvilt. **felt** *ww.* vilt, tot vilt maak; met vilt voer; vervilt; saamkleef, -klewe; →FELTED. **~ board** viltbord. **~ hat** vilthoed. **~(-tip[ped]) pen** viltpen.

felt[2] *(verl.t. & volt.dw.)* →FEEL *ww.*.

felt·ed vervilt; viltagtig; vilt-; *~ yarn* viltgaring, -gare.

felt·ing vervilting.

felt·like, felt·y viltagtig.

fe·luc·ca *(sk.)* feloek.

fel·wort *(bot.)* bitterwortel.

fe·male *n.* vrou, vroulike persoon, *(neerh.)* vroumens; *(soöl.)* wyfie; *(bot.)* vroulike plant. **fe·male** *adj.* vroulik; vroue-; wyfie-. **~ baboon** bobbejaanwyfie, wyfiebobbejaan. ~ **bend** *(teg.)* moerdraadbuigstuk. ~ **chameleon** verkleurmannetjiewyfie. ~ **character** *(lettk.)* vrouefiguur. ~ **contact** *(elek.)* sokkontak. ~ **die** *(teg.)* hol stempel. ~ **dog** teef. ~ **duck** wyfie-eend. ~ **elephant** olifantkoei. ~ **impersonator** *(teat.)* vrouenabootser. ~ **leg** stilstaande been *(v. 'n passer)*. ~ **part** *(mot.)* oorpasstuk; *(bot.)* vroulike deel; *(i.d. mv., anat.)* vrouedele; *(ook* female role, *teat.)* vrouerol. ~ **plug** *(elek.)* sok(prop). ~ **screw** *(teg.)* moer. ~ **slave** slavin. ~ **suffrage** vrouestemreg. ~ **thread** *(teg.)* moer=, binnedraad.

fe·male·ness vroulikheid.

fem·ic *(geol.)* femies.

fem·i·nal *(arg.)* vroulik. **fem·i·nal·i·ty** vroulikheid, vroulike aard/geaardheid/eienskap.

fem·i·nine *n.: the* ~ die vroulike geslag; *(gram.)* die vroulik, die vroulike vorm. **fem·i·nine** *adj.* vroulik; verwyf(d); meisieagtig, meisierig; vroue=; ~ ***gender*** vroulike geslag; ~ ***name*** vrouenaam, meisie(s)naam; ~ ***reason/logic,*** *(neerh., skerts.)* vrouelogika; ~ ***rhyme*** vroulike/slepende rym. **fem·i·nin·i·ty,** *(arg.)* **fem·i·ne·i·ty** vroulikheid; verwyfdheid; meisieagtigheid; vroue(ns), die vroulike geslag. **fem·i·ni·sa·tion, =za·tion** vervrouliking. **fem·i·nise, =nize** vervroulik; meisieagtig/verwyf(d) maak; meisieagtig/verwyf(d) raak. **fem·i·nism** feminisme. **fem·i·nist** feminis.

femme fa·tale *femmes fatales, (Fr.)* femme fatale, fatale vrou.

fem·o·ral *adj., (anat.)* dy=; ~ *artery* dyslagaar; ~ *hernia* dybreuk; ~ *nerve* dysenu(wee).

fe·mur *=murs, =mora* dybeen.

fen moeras(land), *(w.g.)* ven; →FENNY; *the Fens, (geog.)* die Fens *(in Cambridgeshire)*. **~-fire** dwaallig; →WILL-O'-THE-WISP.

fence *n.* (om)heining, draad, skutting; *(perdesport)* hindernis; heg *(by vossejag)*; *(houtw.)* leier; *(teg.)* beskermplaat, keerblok *(v. 'n saag ens.)*; *(infml.)* handelaar in gesteelde goed(ere); skerm(kuns); *(arg.)* verdediging; ***jump*** *a* ~ oor 'n draad/heining spring; ***mend*** *(one's)* ~*s (with s.o.), (fig.)* vrede (met iem.) maak, bande (met iem.) herstel, verskille (met iem.) bylê; ***rush*** *one's* ~*s* oorhaastig handel; *come down on one* ***side*** *of the* ~*, (fig.)* kant kies; *be/stand on the other/same* ***side*** *of the* ~*, (fig.)* aan die ander *(of* dieselfde) kant van die draad wees/staan; ***sit*** *on the* ~*, (fig.)* op die draad sit, nie kant kies nie; ***take*** *a* ~ oor 'n draad/heining/hindernis spring; *(infml.)* 'n hindernis te bowe kom. **fence** *ww.* omhein; draad span; beskerm, beskut; afweer, weghou; *(sport)* skerm; *(perd ens.)* oor ... spring; *(fig.)* belemmer, kniehalter; *(infml.)* gesteelde goed ontvang en/of daarmee handel dryf/drywe; ~ *s.t.* ***against/from*** ... iets teen ... beskerm/beskut; ~ *s.t.* ***in*** iets omhein/toespan/inkamp; ~ *s.o.* ***in,*** *(infml.)* iem. inperk/belemmer/kniehalter *(of* aan bande lê); *be* ~*d* ***in*** *by restrictions* deur beperkings gekniehalter word; ~ *s.t.* ***off*** iets afkamp/toekamp; ~ ***with*** ... met ... skerm; ... ontwyk. ~ **erecter,** ~ **erector** heiningoprigter, draadspanner. ~ **season,** ~ **time** geslote jagtyd. **~-sitter** draadsitter. **~-sitting** draadsittery, besluiteloosheid. ~ **strainer** draadtrekker. ~ **wire** omheiningsdraad.

fence·less oop, onomhein(d), nie omhein nie; *(vero. of liter.)* onbeskut, weerloos.

fenc·er draadspanner; *(sport)* skermer; *(perd)* springer.

fenc·ing omheining; grensheining; draadspannery; skerm(kuns); *(fig.)* geskerm. ~ **act** *(jur.)* omheiningswet. ~ **foil** floret. ~ **master** skermmeester. ~ **pad** borsleer. ~ **pole** heiningpaal, omheiningspaal. ~ **post** hoek=, heiningpaal, omheiningspaal. ~ **sabre** skermsabel. ~ **standard** ysterpaal. ~ **sword** degen. ~ **wire** heiningdraad, omheiningsdraad.

fend (ver)weer, verdedig; wegkeer, afweer; ~ *for o.s.* vir jouself sorg, alleen klaarkom, self die mas opkom, self sien om die mas op te kom; ~ *s.o./s.t. off* iets afkeer/afweer/wegkeer *('n hou ens.)*; iets afweer *('n aanval ens.)*; iets van jou lyf afhou *('n hond ens.)*; iem. wegstoot; iets ontwyk *(vrae ens.)*.

fend·er kaggelrand; skut(yster); skutplank; stamphout; stamptou; (af)stoter; *(sk.)* skutbord; *(Am., mot.)* modderskerm. ~ **beam** stamp=, skutbalk. ~ **bender** *(Am., sl.)* klein (motor)ongelukkie, (ligte) stampie. ~ **board** skutplank, =bord. ~ **pile** skutpaal. ~ **wall** herdskutmuur.

fe·nes·tra *=trae, (Lat., anat., soöl.)* fenestra, opening, gaatjie; *(med.)* opening, perforasie; *(argit.)* (buite)venster(tjie). **fe·nes·trate, fe·nes·trate, fe·nes·trat·ed, fe·nes·trat·ed** met openinge/fenestrae; gevenster(d), venster=.

fe·nes·tra·tion bevenstering, vensterverdeling. ~ **operation** *(chir.)* vensteroperasie.

fenks, finks walvisspekafval.

fen·nec (fox) fennek, woestynjakkals, =vos; *Cape fennec* bakoorjakkals.

fen·nel *(bot.)* vinkel. ~ **flower** duiwel-in-die-bos, juffertjie-in-die-groen, vinkelblom. ~ **oil** vinkelolie.

fen·ny moerassig, moerasagtig

fent *(Br., dial.)* spleet; gleuf; slip, split *(in 'n kledingstuk)*; res=, oorskietlap(pie); *(tekst.)* afsnystuk.

fen·u·greek *(bot.)* fenegriek, Griekse hooi.

feoff *(hist.)* leen(goed); →FIEF. **feoff·ee** leenman. **feoff·er, feof·for** leenheer. **feoff·ment** leen, belening.

fe·ral[1], fe·rine wild *(plant, dier)*; dierlik; woes.

fe·ral[2] *(arg.)* dodelik; begrafnis=, graf=; somber.

fer de lance *fers de lance, fer de lances, (Fr., soöl.: groot giftige slang)* fer de lance.

fer·e·to·ry *(RK)* relikwieëkis(sie); (relikwieë)kapel; (lyk)baar.

fe·ri·al *(Chr.)* weekdaags, week(s)dag=.

fer·ment *n.* onrus, beroering, oproerigheid, opstandigheid; gisting(sproses); *(arg.)* gisstof, =middel, ferment, ensiem; *be in a* ~ in beroering wees. **fer·ment** *ww.* gis, fermenteer; broei, sweet; laat gis/fermenteer; aanblaas, aanwakker, (ver)wek *(ontevredenheid)*; saai *(onrus, tweedrag)*; stig, stook *(kwaad)*; *the beer is* ~*ing* die bier werk. **fer·ment·a·ble** gisbaar, fermenteerbaar.

fer·men·ta·tion gisting, fermentasie; *(arg.)* onrus, beroering. ~ **chemistry** gistingskeikunde, fermentasiechemie, simurgie.

fer·ment·a·tive gistend; gis=, gistings=.

fer·ment·ing *n.* gisting. **fer·ment·ing** *adj.* gistend. ~ **tank,** ~ **vat** giskuip, =vat.

fer·mi·um *(chem., simb.:* Fm*)* fermium.

fern varing. **fern·er·y** varinghuis, =kwekery. **fern·y** varingagtig; met varings begroei.

fe·ro·cious *adj.,* **fe·ro·cious·ly** *adv.* wild, ru, woes; barbaars, wreed, boosaardig; verwoed; hewig, heftig, fel, skerp. **fe·ro·cious·ness, fe·roc·i·ty** wildheid, woestheid; barbaarsheid, wreedheid; hewigheid, heftigheid, felheid.

fer·rate *(chem.)* ferraat. **fer·re·ous** ysteragtig, yster=; ysterhoudend.

fer·rel →FER(R)ULE.

fer·ret[1] *n., (soöl.)* fret; *(fig.)* speurhond; soektog. **fer·ret** *ww.* met frette jag; ~ *about/around* rondsnuffel; ~ *for s.t.* iets probeer uitvis; ~ *s.t. out* iets uitsnuffel; iets uitvis *('n geheim ens.)*. **fer·ret·er** snuffelaar.

fer·ret[2] *n.* floretband, =lint.

fer·ri- *komb.vorm, (chem.)* ferri=.

fer·ri·age *(arg.)* pontvervoer; pontgeld; →FERRY.

fer·ric yster=, ferri=; ~ *acid* ystersuur; ~ *chloride* ferrichloried, ystertrichloried; ~ *oxide* ysteroksied.

fer·ri·com·pound *(chem.)* ferriverbinding.

fer·rif·er·ous ysterhoudend.

Fer·ris wheel Ferriswiel, groot wiel *(in pretpark ens.)*.

fer·rite *(chem.)* ferriet.

fer·ro- *komb.vorm* ferro=, yster=.

fer·ro·al·loy ferro=, ysterlegering.

fer·ro·chrome *(metal.)* ferrochroom.

fer·ro·con·crete gewapende beton.

fer·ro·glass glasbeton.

fer·ro·mag·net·ic *(fis.)* ferromagneties. **fer·ro·mag·net·ism** ferromagnetisme.

fer·ro·man·ga·nese ferromangaan.

fer·ro·type *(fot.)* ferrotipie, metaalfoto.

fer·rous *(chem.)* ferro=, yster=; ysterhoudend; ~ *sulphate* ystersulfaat; →COPPERAS.

fer·ru·gi·nous ysteragtig, yster=; ysterhoudend; roesrooi, roeskleurig; ~ *earth* ysteraarde; ~ *sand/water/etc.* ysterhoudende sand/water/ens.. **fer·ru·gi·na·tion** verystering.

fer·(r)ule, fer·rel *(teg.)* beslag(ring), ringbeslag, beslagdop; noodring *(om 'n stok ens.)*; bajonetring; afstand(s)ring; *(distance)* ~ afstand(s)pyp.

fer·ry *n.* pont, veerboot. **fer·ry** *ww.* vervoer, karwei, ry; ~ *s.o./s.t. across a river* iem./iets per veerboot oor 'n rivier vervoer; ~ *children to and from* (or *back and forth to) school* kinders skool toe en terug *(of* heen en weer skool toe) karwei. **~boat** veerboot, pontboot, =skuit. ~ **bridge** pontbrug. ~ **flight** oorbringvlug. **~man,** *=men* pont=, veerman, pontmeester, veerbootskipper; pontwagter; pontbaas. ~ **service** veer=, pontdiens.

fer·tile vrugbaar *(eier, saad, vrou, debat, nukleêre materiaal, ens.)*; ryk *(verbeelding)*; produktief *(skrywer)*; ~ *element/etc., (fis.)* vrugbare element/ens.; ~ *soil* vrugbare/geil grond; *(fig.)* voedingsbodem *(v. 'n demokrasie ens.)*; *F~ Crescent, (geog.)* Vrugbare Halfmaan.

fer·ti·lise, =lize bevrug; vrugbaar maak; bemes. **fer·ti·li·sa·tion, =za·tion** bevrugting; vrugbaarmaking; bemesting. **fer·ti·lis·er, =liz·er** kunsmis, mes=, misstof; bevrugter.

fer·til·i·ty vrugbaarheid; geilheid. ~ **drug** vrugbaarheidsmiddel. ~ **symbol** vrugbaarheidsimbool.

fer·ule *(hist.)* plak, platriem, tugroede, ferula *(om leerlinge mee te slaan)*; →FER(R)ULE.

fer·vent, fer·vid hartstogtelik *(aanhanger, liefhebber)*; vurig *(bewonderaar, gebed, toespraak)*; hartstogtelik, vurig, gloeiend *(liefde)*; brandend *(begeerte)*; vurig, intens *(verlange)*; hewig, diepgewortel, hartgrondig *(afkeer)*; innig *(wens, hoop)*; verterend *(haat)*; *in a* ~ *tone of voice* met 'n driftige stem. **fer·ven·cy** hartstog, drif, vurigheid; gloed; intensiteit; hewigheid; innigheid; ywer. **fer·vour,** *(Am.)* **fer·vor** ywer, (gees)drif, vuur, vurigheid; innigheid; *with* ~ met vuur *(praat ens.)*.

Fès, Fez *(stad)* Fes.

fes·cue (grass) swenkgras.

fess(e) *(her.)* (dwars)balk, faas.

fes·tal *(arg.)* feestelik, fees=.

fes·ter *n.* sweer, (etterende/lopende) seer. **fes·ter** *ww.* etter, loop, dra; sweer; verrot; *(fig.)* knaag, vreet; *(iem.)* krepeer *(i.d. tronk ens.)*; *the finger is* ~*ing* daar het kwaad in die vinger gekom; ~*ing sore* etterende/lopende seer; *(fig.)* kanker.

fes·ti·val *n.* fees, feestelikheid; feesdag; kerklike feesdag; feesviering; *F~ of the Covenant* →COVENANT; *Edinburgh/etc. F~* Edinburgfees ens.; ~ *of song/etc.* sangfees *ens.*. **fes·ti·val** *adj.* feestelik; fees=.

fes·tive feestelik, fees=; ~ *board* feesmaal; ~ *season* feestyd, =dae. **fes·tiv·i·ty** feestelikheid; feesvreugde; *(i.d. mv.)* feesviering; *(i.d. mv.)* feesverrigtinge.

fes·toon *n.* festoen, gierlande, guirlande, loofwerk, (blom/blaar/lint)slinger. **fes·toon** *ww.* festoeneer, met festoene/loofwerk versier; *be* ~*ed with* ... met ... behang wees.

fest·schrift *=schriften, =schrifts, (D.)* fees=, huldigingsbundel, Festschrift.

fetch[1] *n.* lengte *(v. 'n golf)*; stryklengte *(v.d. wind oor golwe)*; *(teg.)* slag *(v. 'n masjien)*; (die) haal; *(arg.)* slenter(slag), lis, truuk; *a long* ~*, (infml.)* 'n lang sit. **fetch** *ww.* gaan haal; bring; laat kom; haal, behaal *('n prys)*; gee *('n hou, klap)*; *(vero.)* genot/genoeë verskaf; *(arg.)* trek, voortbring *(trane)*; *(arg.)* laat loop *(bloed)*; *(arg.)* slaak *('n sug)*; *(arg.)* intrek *(asem)*; ~ ***back*** terughaal; ~ *s.o. a* ***box*** *on the ear, (infml.)* iem. 'n oorveeg gee; ~ *and* ***carry*** *for s.o.* vir iem. heen en weer draf, iem. se handlanger wees; ~ *s.o.* ***from*** *the station/etc.* iem. by die stasie/ens. afhaal; ***go*** *and* ~ *s.t.* iets gaan haal; ~ *s.o.* ***round*** iem. bybring; ~ ***up*** bykom; tot stilstand kom; *(infml.)* opbring, opgooi, vomeer; *(Am.)* grootmaak *(kinders)*; ~ ***up*** *somewhere, (infml.)* êrens opdaag; êrens beland. **fetch·er** haler. **fetch·ing** mooi, aantreklik, oulik, aanvallig; innemend *(glimlag)*.

fetch² *n., (Br., arg.)* dubbelganger, ewebeeld.

fête *n.* kermis, basaar; *(Am.)* fees; *(relig.)* naamdag *(v. 'n heilige); garden ~,* (Fr.) *~ champêtre* buite=, tuinfees. **fête** *ww.* (feestelik) onthaal; huldig; kermis/basaar hou; *a much ~d photographer/etc.* 'n gevierde foto=graaf/ens.. ~ **day** feesdag; *(relig.)* naamdag *(v. 'n heilige).*

fe·tid, foe·tid stinkend, onwelriekend.

fet·ish, fet·ich fetisj, afgod; obsessie, beheptheid, fiksasie; *make a ~ of s.t.* van iets 'n afgod maak, iets oordryf/oordrywe. **fet·ish·ism** fetisjisme. **fet·ish·ist** fetisjis. **fet·ish·is·tic** fetisjisties.

fet·lock vetlok, muis *(bokant d. hoef v. 'n perd);* muis=hare *(v. 'n clydesdale-perd ens.).* ~ **(joint)** kootgewrig, koeël.

fe(t)·ta (cheese) feta(kaas).

fet·ter *n.* ketting, (voet)boei; *(fig.)* belemmering, blok aan die been; *be in ~s* in boeie wees; *(fig.)* 'n blok aan die been hê, gekniehalter (*of* aan bande gelê) wees. **fet·ter** *ww.* boei, (vas)ketting, (vas)bind; *(fig.)* knie=halter, aan bande lê, belemmer, hinder.

fet·ti·cus veldslaai.

fet·tle *n.* toestand, kondisie; *be in fine/good ~* in 'n puik/goeie toestand/kondisie wees; topfiks (*of* baie fiks) wees; op jou stukke wees. **fet·tle** *ww.* afrand *(giet=stukke);* lap *(oonde);* skoonmaak; skuur; poets; *(Br., dial.)* voorberei, gereed maak; verbeter, herstel, opknap, regmaak.

fet·tu(c)·ci·ne, fet·tu·ci·ni *(It. kookk.)* fettuccine.

fe·tus, foe·tus =*tuses* fetus, (ongebore) vrug. **fe·tal, foe·tal** vrug=, fetaal; *~ envelope/membrane* vrugvlies.

feud¹ *n.* vete, vyandskap, twis, onmin, onvrede; fami=lietwis. **feud** *ww.* twis, veg, 'n vete voer. →FEUDIST¹.

feud², feod *n., (jur., hist.)* leen; leengoed. **feu·dal** feodaal, leenregtelik, leen=; *~ **estate/holding*** leen=(goed); *~ **law*** leenreg; *~ **lord*** leenheer; *~ **prince*** leen=vors; *~ **system*** leenstelsel, feodale stelsel; *~ **tenant*** leenman; *~ **tenure*** leen. **feu·dal·ism** leenstelsel, feo=dale stelsel, feodalisme. **feu·dal·i·ty** *(arg.)* feodaliteit; leenstelsel; leen(goed). **feu·da·to·ry** *n., (jur., hist.)* leen=man. **feu·da·to·ry** *adj.* leenpligtig; feodaal, leen=. →FEU=DIST².

feu de joie *feux de joie, (mil.)* saluutskote, vreugde=vuur.

feud·ist¹ *(Am.)* twister, twistende.

feud·ist² leenregkenner.

feuil·le·ton *(Fr., joern.)* feuilleton.

fe·ver *n.* koors, koorsigheid; *(fig.)* koors, koorsagtig=heid, (groot) opgewondenheid, onrus; *be down with ~* met koors in die bed lê; *have a high ~* hoë koors hê. **fe·ver** *ww., (arg.)* koorsig maak. ~ **attack** koorsaan=val. ~ **belt** koorsstreek; koorsgord. ~ **blister** koors=blaar. ~ **bush** koorsbos. ~ **chart** koorsgrafiek, tempe=ratuurlys. ~ **heat** koorshitte; hoogtepunt, klimaks. ~ **hospital** koors=, isolasiehospitaal. ~ **patient** koorslyer. ~ **pitch:** *at ~ ~* op kookpunt; *rise to ~ ~* tot kookpunt styg. ~-**ridden** deur koors geteister. ~ **trap** koorsnes, =broeiplek. ~ **tree** *(Acacia xanthophloea)* koorsboom; *forest ~ ~, (Anthocleista grandiflora)* grootblaarboom.

fe·vered koorsig, gloeiend van koors *(wange ens.);* koorsagtig *(opwinding ens.).*

fe·ver·few *(bot.)* koors=, moederkruid.

fe·ver·ish *(lett.)* koorsig; *(fig.)* koorsagtig. **fe·ver·ish=ness** koorsigheid; koorsagtigheid.

fe·ver·ous *(arg.)* koorsig, koors=; koorsagtig; orustig, ongedurig.

few min, weinig; ***a*** *~* 'n paar, enkele, enige; *a ~ days/etc. **ago*** 'n paar dae/ens. gelede; *~ **if any*** min/weinig of geen; *as ~ **as** five/etc.* maar net vyf/ens.; ***every*** *~ days/etc.* elke paar dae/ens.; *~ **and far** between* seld=saam, skaars, dun gesaai; *s.o.'s visits to ... are ~ and **far** between* iem. besoek ... maar selde; ***a good*** *~, (infml.)* 'n hele paar, heelparty; *s.o. has **had** a ~, (infml.)* iem. het 'n paar kappe gemaak, iem. is effens/effe(ntjies) aangeklam; ***just a*** *~* net 'n paar; ***not a*** *~* 'n hele paar, heelparty; ***only a*** *~* net 'n paar, baie min; *~ **people/ etc.*** min mense/ens.; *a ~ **people/etc.*** 'n paar mense/ens.; ***precious*** *~, (infml.)* bedroef/bitter min; ***quite a*** *~* 'n hele paar, heelparty; ***some*** *~* 'n aantal/klompie; 'n paar, enkele, enige; *be ~er **than** ...* minder as ... wees; *no ~er **than** ...* nie minder as ... nie; ***the*** *~* die min/weiniges; die minderheid; *there are **very** ~ ...* daar is baie min ...; ***very*** *~ **indeed*** bedroef/bitter min; ***what*** *~ ... s.o. **has*** die paar ... wat iem. het. **few·ness** klein/geringe aantal/getal; seldsaamheid, skaarsheid.

fey onwêrelds, vaag; heldersiende; visioenêr, sieners=; *(Sk.)* bestem om gou te sterf, (ten dode) gedoem.

fez *fezzes* fes, kofia.

Fez →FÈS.

fi·an·cé *(ml.),* **fi·an·cée** *(vr.)* verloofde, aanstaande (man/vrou).

fi·as·co =*cos* fiasko, mislukking.

fi·at magtiging, goedkeuring, fiat; *(jur.)* bevel, veror=dening, fiat; *(liter.)* besluit, beslissing. ~ **money,** ~ **cur=rency** *(Am.)* ongedekte geld, fiat-geld.

fib *n.* leuentjie, kluitjie, storie; *tell ~s* spekskiet, jok, kluitjies bak. **fib** =*bb*=, *ww.* spekskiet, jok, kluitjies bak. **fib·ber** spekskieter, jokker.

fi·bre, *(Am.)* **fi·ber** *(ook anat.)* vesel; veselstof; draad; *(fig.)* karakter, aard; *(dieetk.)* ruvesel, rukos, ruvoedsel, growwigheid; ***animal/vegetable*** *~s* dierlike/plant=aardige veselstowwe; ***artificial/synthetic*** *~* kunsvesel; *with every ~ of one's **being,** (fig.)* met jou hele wese, met elke vesel van jou liggaam; *to the very ~ of one's **being*** tot in jou siel; ***moral*** *~* innerlike krag, ruggraat, pit; *have no **moral** ~* ruggraatloos wees; ***muscle*** *~* spiervesel. ~**board** veselbord, =plank. ~**glass** veselglas. ~ **optics** *(mv., fungeer as ekv.)* veseloptika, =optiek. ~-**tip,** ~-**tip(ped) pen** viltpen. ~-**yielding plant** vesel=, spinplant.

fi·bril =*brils,* **fi·bril·la** =*lae, (teg.)* veseltjie; *(biol.)* fibril, wortelhaar, =draad. **fi·bril·lar, fi·bril·lar, fi·bril·lar·y, fib·ril·late, fib·ril·lat·ed, fi·bril·lose** veselagtig, vesel=(r)ig, fibrillêr, met fibrille, vesel=. **fib·ril·late** *([hart]=spier)* fibrilleer; *(vesel)* fibrilleer, vervesel. **fi·bril·la·tion** vesel(r)igheid; fibrillasie.

fi·brin *(biochem.)* fibrien, veselstof. **fi·brin·o·gen** fibri=nogeen.

fi·bro= *komb.vorm* fibro=, vesel=.

fi·broid *n.* fibroom, veselgewas. **fi·broid** *adj.* vesel=agtig, vesel(r)ig.

fi·bro·in *(biochem.)* fibroïen.

fi·bro·ma =*mas,* =*mata, (med.)* fibroom, veselgewas.

fi·bro·sis =*broses, (med.)* fibrose, bindweefselvermeer=dering. **fi·brot·ic** fibroties.

fi·bro·si·tis *(med.)* fibrositis, bindweefselontsteking.

fi·brous veselagtig, vesel(r)ig, vesel, fibreus, draderig; *~ **gypsum*** vesel=, straalgips; *~ **layer*** vesellaag; *~ **plas=ter*** veselpleister; *~ **root*** haarwortel; *~ **tissue*** bind=weefsel.

fib·ster →FIBBER.

fib·u·la =*lae,* =*las, (anat.)* kuitbeen, fibula; *(argeol.)* speld, fibula.

fi·celle toukleurig.

fiche →MICROFICHE.

fi·chu *(<Fr.)* sjaal, skouerdoek, fichu; halsdoek(ie), fichu.

fick·le wispelturig, veranderlik, wisselvallig, onbesten=dig, onstandvastig, grillig, vol grille; *~ fortune* wan=kele geluk. **fick·le·ness** wispelturigheid, veranderlik=heid, wisselvalligheid, onbestendigheid.

fic·tile erde=, klei=; pottebakkers=; kniebaar, knee(d)=baar, vormbaar; *~ art* pottebakkerskuns, keramiek.

fic·tion romans, verhale, verhalende literatuur, roman=literatuur, fiksie, verbeeldingswerk(e); verdigsel, ver=sinsel, storie, onwaarheid, fiksie; ***art** of ~* verhaal=, vertel=, romankuns, fiksie; ***legal*** *~* regsfiksie; ***light*** *~* ligte leesstof, ontspanningsleesstof, =lektuur; ***roman=tic*** *~* liefdesverhale; ***work** of ~* prosawerk. ~ **section** verhaal=, roman=, fiksieafdeling. ~ **writer** roman=, prosa=, fiksieskrywer.

fic·tion·al roman=, fiksie=, verbeeldings=; denkbeeldig, fiktief, versonne, verdig; *~ character* romanfiguur.

fic·tion·ist *(w.g.)* romanskrywer.

fic·ti·tious denkbeeldig, fiktief, versonne, verdig; vals; oneg, nagemaak, namaak=; skyn=; voorgewend; *~ asset* skynbate, fiktiewe bate; *~ charge* skynlading; *~ instru=ment, (ekon.)* fiktiewe instrument. **fic·ti·tious·ness** denkbeeldigheid, versonnenheid; onegtheid.

fic·tive *(w.g.)* denkbeeldig, fiktief, verbeeldings=; skep=pend; *~ instrument* →FICTITIOUS INSTRUMENT.

fid *(sk.)* keëlprop; slothout, =yster, =pen; splitshout, =priem.

fid·dle *n., (infml.)* viool; *(Br., infml.)* knoeiery; *(infml.)* gesukkel; *(sk.)* slingerlat; *have a **face** as long as a ~, (infml.)* 'n lang/suur gesig hê; *play **first** ~, (infml.)* eerste viool speel, die lakens uitdeel; *(as) **fit** as a ~* perd=fris, so reg soos 'n roer, so gesond soos 'n vis in die water; *feel (as) **fit** as a ~, (ook)* pure perd voel; ***hang up** one's ~ when one comes home* jou vrolikheid op die stoep laat (staan); *play **second** ~ (to s.o.), (infml.)* tweede viool (by iem.) speel, in die skadu(wee) (van iem.) staan. **fid·dle** *ww., (infml.)* vroetel; *(infml.)* peuter; *(Br., infml.)* brou/knoei met, manipuleer *(syfers ens.); (infml.)* viool speel; →FIDDLING; *~ about/around* rond=vroetel, =peuter; *~ with s.t.* aan/met iets peuter, met iets lol. ~ **block** *(sk.)* vioolblok. ~ **bow** strykstok. ~ **case** vioolkis. ~-**de-dee,** ~**de(e)dee** *tw., (vero.)* bog, twak, kaf. ~ **drill** drilboor. ~-**faddle** *n.* beuselagtighede; on=sin; gepeuter. ~-**faddle** *ww.* rondvroetel, =peuter, =ploeter. ~ **fish** vioolvis; →GUITARFISH. ~**stick** *(infml.)* strykstok. ~**sticks** *tw.* (ag,) bog/twak/kaf. ~**wood** *(Ci=tharexylum* spp.) vioolhout.

fid·dler *(infml.)* vioolspeler, =stryker; peuteraar; *(Br., infml.)* bedrieër, swendelaar, verneuker, knoeier, kuller. ~ **(crab)** vioolspelerkrap.

fid·dley stokersluik *(v. 'n stoomskip).*

fid·dling *n.* vioolspelery; peutery, gepeuter. **fid·dling** *adj.* onbenullig, beuselagtig; *~ work* peuterwerk.

fid·dly =*dlier* =*dliest* moeilik, lastig, ingewikkeld; klein, fyn; met fieterjasies.

fi·dei·com·mis·sary *n., (jur.)* fideikommissaris, =com=missarius, verwagter. **fi·dei·com·mis·sary** *adj.* fi=deikommissêr. **fi·dei·com·mis·sum** =*missa* fideikom=mis, =commissum, erfstelling oor die hand. **fi·dei=com·mit·tens** = SETTLOR.

fi·del·i·ty trou, getrouheid, lojaliteit; getrouheid, pre=sisie; *high ~* →HIGH FIDELITY. ~ **assurance,** ~ **insur=ance** waarborgversekering, getrouheidsversekering. ~ **bond** waarborgakte. ~ **certificate** waarborgserti=fikaat. ~ **fund** getrouheidsfonds. ~ **guarantee** getrou=heidswaarborg. ~ **guarantee fund** getrouheidswaar=borgfonds. ~ **guard** veiligheidswag.

fidg·et *n.* woelige/rustelose/onrustige mens, woelwa=ter; *(i.d. mv. ook)* kriewels; *have the ~s* miere hê, nie stil kan sit nie, rusteloos/onrustig wees. **fidg·et** *ww.* kriewel, woel, miere hê, rondwurm, rusteloos/onrus=tig wees; vroetel; rusteloos raak/word; *~ with s.t.* senu=(wee)agtig met iets speel. **fidg·et·i·ness, fidg·et·ing** rusteloosheid, onrustigheid, woeligheid. **fidg·et·y** woe=lig, rusteloos, onrustig, vol miere, kriewelrig; *be ~* miere hê.

fid·i·bus =*bus(es), (D., vero.)* fidibus, opsteekpapiertjie.

fi·du·ci·ar·y *n.* trustee; vertrouenspersoon; *(jur.)* fidu=ciarius, beswaarde, fidusiêre erfgenaam. **fi·du·ci·ar·y** *adj.* fidusiêr, vertrouens=.

fie *tw. (arg. of skerts.)* foei, sies.

fief, feoff *(hist.)* leen, leengoed.

field *n.* veld; land; akker; vlakte; speelveld, =terrein; *(arg.)* veld(slag); (vak)gebied, terrein; *(rek., ling., psig., sport)* veld; *(kr.)* veldwerker; *(algebra)* liggaam; ***big*** *~* groot deelname; ***(cultivated)*** *~s* landerye; ***enclosed*** *~* kamp; ***a good*** *~* goeie mededinging; ***gravitational*** *~* →GRAVITATIONAL; ***hold/keep** the ~* standhou, pal staan; ***in** the ~* in die veld; te velde; *work **in** the ~s* op die lande/landerye werk; ***in** the ~ of science/etc.* op na=tuurwetenskaplike/ens. gebied/terrein, op die gebied van die natuurwetenskappe/ens.; ***lead** the ~* aan/op die voorpunt wees; ***magnetic*** *~* →MAGNETIC FIELD; ***mealie*** *~* mielieland; *~ **of** activity* →ACTIVITY; *~ **of** attention* aandagsveld; *~ **of** battle* slagveld, oorlogsveld, gevegsterrein; *~ **of** consciousness* bewussynsveld; *~ **of***

earth, (elek.) aardveld; ~ *of fire* skootsveld; ~ *of experience* ervaringswêreld; ~ *of force, (fis.)* kragveld; ~ *of honour* veld van eer; ~ *of operations* operasieveld; ~ *of play, playing* ~ speelveld; ~ *of reference* verwysingsveld; ~ *of study* studierigting, -veld, vakgebied; ~ *of visibility* sigbaarheidsveld; ~ *of vision/view, visual* ~ gesigsveld; ***play** the ~, (infml.)* rondwei; rondslaap; ***take** the* ~ uittrek, optrek, te velde trek; op kommando gaan; op die veld stap; *(kr.)* gaan veldwerk doen; ***the** ~, (sport)* die spelers; *(atl.)* die deelnemers; *(perdewedrenne)* die inskrywings; *cover a **wide** ~* 'n groot/ruim gebied/veld dek; ***win** the ~* (die slag) wen. **field** *ww., (kr., bofbal)* keer-/veldwerk doen; keer, vang, vat *(bal);* in die veld stoot/stuur *(span);* op die veld bring *(speler); (pol.)* stel *(kandidate); (mil.)* ontplooi *(manne); (fig.)* trotseer *(vrae ens.).* ~ **allowance** veldtoelaag, -toelae. ~ **ambulance** veldambulans. ~ **army** veldleër. ~ **artillery,** ~ **ordnance** veldartillerie, -geskut. ~ **base** *(mil.)* veldbasis. ~ **battery** *(mil.)* veldbattery. ~ **bean** boerboon(tjie). ~ **bed** veldbed. ~ **book** *(landm.)* veldboek. ~ **boot** stewel. ~ **censor** *(mil.)* sensor te velde. ~ **cornet** *(SA, hist.)* veldkornet. ~ **cornetcy** *(SA, hist.)* veldkornetskap. ~**craft** veldkuns, -kennis. ~ **crop** *(landb.)* veld-, oesgewas. ~ **day** groot/geil dag, galadag; *(mil.)* maneuver-, velddag, wapenskou(ings)dag; *(Am.)* sportdag; *(landb.)* velddag; *have a ~ ~, make a ~ ~ of it, (infml.)* verjaar, baljaar, 'n geil dag beleef/belewe. ~ **dressing** *(mil., med.)* veld-, noodverband. ~ **event** *(atl.)* veldnommer. ~ **experiment** veldproef. ~**fare** *(orn.)* kramsvoël. ~ **force** *(mil.)* veldmag. ~ **forge** *(mil.)* veldsmedery; smidswa. ~ **general** *(mil.)* veggeneraal. ~ **glasses** *(mv.)* verkyker, vêrkyker. ~ **goal** *(basketbal)* baandoel. ~ **grey** veldgrys, -grou. ~ **guide** veldgids. ~ **gun** *(mil.)* veldkanon; *(i.d. mv.)* veldgeskut, -artillerie, -kanonne. ~ **hockey** *(Am.)* = HOCKEY. ~ **hospital** veldhospitaal. ~ **husbandry** akkerbou, agronomie. ~ **ice** drywende ysveld(e). ~ **inspection** *(mil.)* veldinspeksie; *(landb.)* keuring op die land. ~ **kit** velduitrusting. ~ **lens** veldlens. ~ **magnet** veldmagneet. ~ **manager** buitebestuurder; *(landb.)* veldbestuurder. ~ **marshal** *(mil.)* veldmaarskalk. ~ **marshal's baton** veldmaarskalkstaf. ~ **mouse** veldmuis; *striped ~ ~* streepmuis. ~ **officer** *(mil.)* hoofoffisier. ~ **operations** *(mil.)* krygsverrigtinge, veldoperasies. ~ **pea** grouertjie. ~**piece** →FIELD GUN. ~ **preacher** veldprediker. ~ **pumpkin** selonspampoen. ~ **rank** *(mil.)* hoofoffisiersrang. ~ **representative** buiteverteenwoordiger. ~ **research** veldnavorsing. ~ **salad** veldslaai. ~**sman** *(kr.)* veldwerker. ~ **sports** veldsport, jag en visvang(s). ~ **squadron** *(mil.)* veldeskadron. ~ **staff** buitepersoneel. ~ **strength** *(fis., rad., TV)* veldsterkte. ~ **study** veldnavorsing, praktiese navorsing; veldstudie. ~ **test** *n.* praktiese toets. ~**-test** *ww.* in die praktyk toets, aan praktiese toetse/toetsing onderwerp. ~ **theory** *(fis.)* veldteorie. ~ **tile** sponsteël. ~ **training** *(mil.)* gevegsopleiding, veld(diens)opleiding. ~ **trial** *(dikw. mv.)* praktiese toets; *(mot.)* veldtoets. ~ **trip** veldwerktoer. ~ **winding** *(elek.)* veldwikkeling. ~**work** veldwerk *(deur 'n navorser ens.); (landb.)* landarbeid; *(mil., w.g.)* veldskans. ~**worker** veldwerker; landarbeider.

field·er *(kr.)* veldwerker.

field·ing *(kr.)* veld-, keerwerk; *(rugby)* vangwerk, posisionele spel; *ground ~* grondveldwerk.

fiend bose gees, duiwel, satan; wreedaard, woestaard, woesteling; besetene, maniak; vabond, klits; *(infml.)* fanatikus; *the F~, (arg.)* die Bose. **fiend·ish** duiwels, duiwelagtig, demonies; boos, gemeen, venynig; wreed; besete; *(infml.)* verduiwels moeilik. **fiend·ish·ness** duiwelagtigheid, boosaardigheid, helsheid.

fierce woes, wild; wreed(aardig); verbete; fel, hewig, heftig, skerp; driftig, vurig, verwoed; ontsettend, vreeslik, verskriklik; geweldig; onstuimig; ~ *dog* kwaai hond. **fierce·ly** woes; wreed; fel, hewig, heftig. **fierce·ness** woestheid, wildheid; wreed(aardig)heid; verbetenheid; felheid, hewigheid; driftigheid, vurigheid, verwoedheid; onstuimigheid.

fi·er·i fa·ci·as *(Lat., jur.)* dwangbevel, bevelskrif.

fier·y brandend, vlammend; vurig, driftig, opvlieënd; ontplofbaar *(krag ens.);* skerp, branderig *(sous ens.);* →FIRE; ~ ***cross*** vuurkruis; ~ ***death*** vlammedood; ~ ***mine*** gasmyn, ontvlambare myn; ~ ***red*** vuurrooi; *have a ~ **temper*** opvlieënd wees. **fier·i·ness** vurigheid, driftigheid, opvlieëndheid.

fi·es·ta *(Sp.)* fiësta, fees, feestelikheid.

fife *n., (mus., mil.)* dwarsfluit. **fife** *ww., (arg.)* die dwarsfluit (be)speel. **fif·er** fluitspeler.

fif·teen vyftien; vyftiental, rugbyspan. **fif·teen·er** *(w.g.)* versreël van 15 lettergrepe.

fif·teenth vyftiende; *the ~ century* die vyftiende eeu. ~**-century** *adj.* vyftiende-eeus.

fifth *n.* vyfde; *(mus.)* kwint, vyfde; *(mot.)* vyfde rat. **fifth** *adj. & adv.* vyfde; *F~ **Avenue*** Vyfde Laan, Vyfdelaan; *the ~ **most** popular/etc. ...* op vier na die gewildste/ens. ...; *smite s.o. under the ~ **rib,** (OT, AV)* iem. in die onderlyf steek; *F~ **Street*** Vyfde Straat, Vyfdestraat; *a ~ **wheel** to the coach* 'n vyfde wiel aan die wa, 'n orige jukskei. **F~ Amendment** *(Am.)* Vyfde Amendement; *invoke/plead/take the ~ (~)* jou op die Vyfde Amendement beroep *(om selfinkriminasie te voorkom).* ~**-century** →EIGHTH. ~ **column** vyfde kolonne. ~ **columnist** vyfdekolonner. ~ **gear** vyfde rat. ~ **generation** *(rek.)* vyfde geslag. ~**-generation** *adj., (rek.)* vyfdegeslag-; ~ *computer* vyfdegeslagrekenaar. ~**-largest** op vier na die grootste, vyfdegrootste. ~**-rate** vyfderangs.

fifth·ly in die vyfde plek, ten vyfde, vyfdens.

fif·ti·eth vyftigste.

fif·ty vyftig; *be in one's fifties* in jou vyftigerjare (*of* in die vyftig) wees; *the fifties/Fifties, (1950-59)* die vyftigerjare, die jare vyftig. ~**-fifty** *adj. & adv., (infml.)* gelyk; gelykop, om die helfte, helfte-helfte; *on a ~ **basis*** gelykop, om die helfte; *have/stand a ~ **chance** of winning/etc.* 'n gelyke kans (*of* 'n vyftigpersentkans) hê om te wen/ens.; *(the) **chances** are ~ that ...* daar is 'n gelyke kans dat ...; ***go** ~ with s.o. on s.t.* iets gelykop met iem. deel, iets om die helfte verdeel; helfte-helfte vir iets betaal. ~**-fifty weave** ewebinding.

fif·ty·fold vyftigvoud(ig).

fig[1] *n.* vy; vyeboom; *s.o. doesn't care/give a ~ for s.t., (infml.)* iem. gee geen (*of* nie 'n) flenter/snars vir iets om nie, iets kan iem. geen (*of* nie 'n) blou(e)/dooie duit skeel nie, iem. gee geen (*of* nie 'n) blou(e)/dooie duit vir iets om nie, iem. voel vere vir iets; *a ~ for ...!* na die maan met ...!. ~ **jam** vyekonfyt. ~ **leaf** vyeblaar. ~ **leather** smeervye. ~ **preserve** heelvyekonfyt. ~ **tree** vyeboom. ~**wort** *(bot.)* helmkruid; speenkruid.

fig[2] *n., (infml.): be in fine/good/bad ~* (nie) op jou stukke wees (nie); in 'n goeie/slegte toestand wees; *be in full ~* uitgedos/uitgevat wees; in volle mondering wees. **fig** *-gg-, ww., (arg.)* uitdos, uitvat; *~ a horse out/up* 'n perd opkikker.

fight *n.* geveg; bakleiery, vegparty; boksgeveg, -wedstryd; stryd, worsteling; rusie, twis; veg-, strydlus; weerstand; *the ~ **against** ...* die stryd teen ... *(misdaad ens.); it is a ~ to the **finish*** daar sal enduit gebaklei word; *be **full** of ~* veg-/strydlustig wees, vol veglus wees; ***give up** the ~* die stryd opgee (*of* laat vaar); *fight the **good** ~* die goeie stryd stry; ***have** a ~ with s.o.* met iem. baklei; met iem. rusie maak; *there is ~ **in** s.o. yet* iem. kan hom/haar nog goed teësit/teensit/weer; ***join** the ~* saamveg; ***pick** a ~* rusie soek; ***put up** a ~* teen-/teëstand bied; ***put up** a brave/good ~* dapper weerstand bied, nie die stryd maklik gewonne gee nie, goeie veggees toon, nie gaan lê nie, moedig/goed terugveg; ***show** ~* veglustig wees, tande wys; jou verset/teë-/teensit, jou man staan; *s.o. is **spoiling** for a ~* iem. (se hande) jeuk om te baklei, iem. is daarop uit om rusie te soek, iem. is veglustig (*of* in 'n strydlustige stemming); *a **stand-up** ~* 'n hewige bakleiery; *a **stiff** ~* 'n hewige geveg; ***throw** a ~, (infml.)* 'n (boks)geveg weggooi (*of* opsetlik verloor). **fight** *fought fought, ww.* baklei (met); veg; spook; voer *('n oorlog, stryd);* laat veg *(hane ens.);* stry, baklei, rusie maak; bestry *('n brand ens.);* beveg *(rassisme ens.);* bekamp *(misdaad ens.);* boks/veg (teen); ~ *an **action*** →ACTION; ~ ***against** ...* teen ... veg *('n vyand, siekte, ongeregtigheid, lomerigheid, trane, ens.);* ~ ***back*** jou teë-/teensit/(ver)weer, terugslaan, teen-/teëstand/weerstand bied; ~ ***back** one's tears* jou trane inhou/wegsluk, teen die trane veg; ~ *a **battle,** ~ one's own **battles*** →BATTLE *n.;* ***be** ~ing, (ook)* slaags wees; ~ *s.t. **down*** iets bedwing/onderdruk; ~ *a **duel*** →DUEL *n.;* ***eager** to ~* →EAGER[1]; ~ *an **election*** →ELECTION; ~ ***for** s.t.* vir iets stry/veg; ~ ***like** one possessed* soos 'n besetene/rasende veg; ~ ***like** a tiger* baklei/veg soos 'n tier; ~ ***like** a Trojan* soos 'n held/leeu veg; ~ *s.t. **off*** iets afweer/afslaan *('n aanval ens.);* iets afskud *('n verkoue);* ~ ***on*** die oorlog/stryd voortsit (*of* verder/vêrder voer), deur-, voortveg; voortbaklei, verder/vêrder baklei; voortboks, verder/vêrder boks; ~ *it **out*** dit uitbaklei/uitspook/uitveg; ~ *a **seat*** →SEAT *n.;* ~ ***shy** of s.t.* iets (probeer) ontduik/ontwyk, op 'n afstand van iets bly; ~ ***s.o.*** teen iem. veg; ~ ***s.t.*** teen iets veg; teen iets stry *(versoeking ens.);* ***start** ~ing, (ook)* aanmekaarspring; ~ *one's **way*** →WAY; ~ ***windmills*** →WINDMILL *n.;* ~ ***with** s.o. over s.t.* met iem. oor iets baklei/veg; *s.o. fought **with** the Irish/etc.* iem. het vir die Iere/ens. (*of* aan Ierse/ens. kant) geveg. ~**back** *n.* weerstand; teenaanval.

fight·er vegter, kryger, krygs-, vegsman; stryder; bokser, bakleier, vuisvegter; vegter, iemand wat nie gaan lê nie; rusiemaker, bakleier. ~ **(aircraft/plane)** vegvliegtuig, vegter. ~**-bomber** *(mil., lugv.)* veg(ter)bomwerper, jagbomwerper. ~ **cover** *(mil., lugv.)* vegtersbeskerming. ~ **escort** *(mil., lugv.)* veggeleide, vegtersbegeleiding. ~ **pilot** veg-, jagvlieënier. ~ **reconnaissance** *(mil., lugv.)* veg-, jagverkenning. ~ **squadron** veg(ter)-, jag(ter)eskader.

fight·ing *n.* vegtery, geveg; bakleiery; spokery; stryd; bevegting; bekamping. **fight·ing** *adj. & adv.* vegtend, strydend; strydbaar; veglustig; opruiend; veg-, stryd-; *have* (or *be in with*) *a ~ **chance** of succeeding/etc.* 'n vegterskans hê om te slaag/ens.; *be ~ **drunk*** dronk en driftig wees; *be ~ **fit*** perdfris (*of* fiks en fluks) wees; topfiks wees; veggereed wees; *be ~ **mad,** (infml.)* rasend (van woede) wees, woedend/briesend/smoorkwaad wees; *be in a ~ **mood*** veglustig (*of* lus vir baklei) wees; *have a lot of ~ **spirit*** groot veggees hê; ~ ***talk/words,** (infml.)* opruiende praatjies/woorde; *be in ~ **trim*** →TRIM *n.*. ~ **arms** dienswapens. ~ **cock** veg-, kemphaan. ~ **forces,** ~ **troops** veg-, fronttroepe, strydende troepe, strydmag. ~ **formation** vegformasie. ~ **front** gevegsfront. ~ **fund** strydkas, -fonds. ~ **line** gevegs-, veglinie. ~ **man** krygs-, vegsman, stryder; strydbare man. ~ **men** gevegstroepe. ~ **pilot** oorlogsvlieënier. ~ **power** vegvermoë. ~ **quality** gevegs-, veghoedanigheid. ~ **services** weermag(sdele). ~ **strength** oorlogsterkte. ~ **unit** gevegs-, vegeenheid.

fig·ment versinsel, verdigsel; fiksie; hersenskim; *a ~ of the/one's imagination* 'n hersenskim, pure verbeelding; *it's all a ~ of s.o.'s imagination* dis pure (*of* dit bestaan net in iem. se) verbeelding.

fig·u·ra·tion versiering, ornamentasie; *(mus.: stereotiepe motiewe/patrone)* figurasie; allegoriese voorstelling; vorm, kontoer; vormbepaling.

fig·ur·a·tive figuurlik, oordragtelik *(betekenis, sin, ens.);* beeldryk, beeldend *(taal ens.);* simbolies, sinnebeeldig, emblematies; figuratief *(kunswerk); a ~ expression* 'n figuurlike uitdrukking; ~ *language* beeldspraak. **fig·ur·a·tive·ly** figuurlik.

fig·ure *n.* syfer; *(i.d. mv.)* syfers, statistiek; bedrag, prys; figuur, postuur, lyf; gedaante, gestalte; beeld; figuur, persoonlikheid, bekende persoon; figuur, diagram, afbeelding; patroon; motief; (dans/skaats)figuur; *(mus., wisk., log.)* figuur; vlam *(in hout); s.o. is good **at** ~s* iem. kan goed reken; ***cut** a ... ~* 'n ... figuur slaan *(armsalige, goeie, treurige, ens.);* ***double** ~s* →DOUBLE FIGURES; *the ~s are **down** on last year* die syfers is laer as verlede jaar; *a **fine** ~ of a man* 'n mooi geboude man; 'n rysige gestalte; ***five/etc.** ~s* 'n bedrag/getal van vyf/ens. syfers; *a ~ of **fun*** 'n voorwerp van spot/bespotting, 'n uil onder die kraaie; *a **high/low** ~* 'n hoë/lae prys; ***keep** one's ~* jou figuur behou, slank bly; ***lose** one's ~* gewig aansit/optel, lyf aansit/kry, dik/vet word; *a ~ of **peace*** 'n vredesimbool; *a **public** ~* 'n bekende persoon; ***put** a ~ on s.t.* 'n prys aan iets heg, die waarde van iets bepaal; *a **round** ~* 'n ronde syfer; ***significant** ~s* sprekende syfers; *a **slim** ~* 'n slank(e) figuur; *~ of **speech*** stylfiguur; *reach **three** ~s* die honderd bereik; *a **trim** ~* 'n vietse lyfie; ***worry** about one's ~* jou figuur/gewig dophou. **fig·ure** *ww.* voorkom, figureer; 'n rol speel; prominent wees; (uit)reken; somme maak; *(Am., infml.)* dink, meen, glo; *(Am., infml.)* reken, skat; sin hê, logies *(of* te begrype) wees, voor die hand lê, vanself spreek; afbeeld; versier; *(mus.)* besyfer; →FIGURED; *~ **as** ... as ...* figureer/optree, die rol van ... vervul, as ... verskyn; ... voorstel; *s.o. ~s **in** s.t.* iem. speel 'n rol in iets; iem. kom in iets voor; ***it/that** ~s, (infml.)* dis te begrype, dit lê voor die hand *(of* spreek vanself); *~ **on** doing s.t.* meen/reken dat jy iets sal doen; *~ s.t. **out**, (infml.)* iets uitreken; iets uitsyfer; iets oplos; iets uitredeneer; iets snap/verstaan; *~ **out** at ...* op ... uitkom; *~ **prominently/strongly*** 'n belangrike rol speel, prominent wees; *~ s.t. **up*** iets optel *(syfers)*; *~ in a **will*** in 'n testament voorkom. **~-conscious** figuurbewus. **~head** strooipop, figurant, skynhoof; *(sk.)* boeg=, skeg=, stewebeeld. **~ (of) eight** *n., (Am., lugv., sierskaats, kunsry)* ag(t). **~-(of-)eight** *adj.* ag(t)=; *~ knot* ag(t)knoop; *~ stitch, (borduur)* ag(t)steek. **~ skater** sier=, kunsskaatser. **~ skating** sier=, kunsskaats. **~ stone** beeldsteen, Chinese/Sjinese speksteen. **~ work** syferwerk.

fig·ured versier(d); geblom(d); patroon=; gevlam(d) *(hout)*; *(mus.)* besyfer(d); *(mus.)* gefigureer(d); *~ **bass**, (mus.)* besyferde bas; *~ **chorale*** gefigureerde koraal; *~ **cloth/fabric*** patroonstof; *~ **glass*** figuurglas.

fig·ure·less sonder figuur/gestalte.

fig·u·rine beeldjie.

Fi·ji, Fi·ji *(geog.)* Fidji. **Fi·ji·an** *n., (lid v. volk)* Fidjiaan; *(taal)* Fidjiaans. **Fi·ji·an** *adj.* Fidjiaans. **~ Islander** Fidji-eilander. **~ Islands** Fidji-eilande.

fil·a·gree →FILIGREE.

fil·a·ment veseltjie, (fyn) draad, filament; *(elek.)* gloeidraad(jie); *(bot.)* helmdraad. **~ battery** gloeidraadbattery. **~ current** gloei(draad)stroom. **~ lamp** gloei(draad)lamp. **~ tension, ~ voltage** *(rad.)* gloei(draad)spanning.

fil·a·men·ta·ry, fil·a·men·tous draderig, vesel(r)ig, draadvormig, draad=.

fil·a·ment·ed gedraad.

fil·a·men·tous →FILAMENTARY.

fil·a·ri·a·sis, fil·a·ri·a·sis *(med.)* filariase, draadwurmsiekte.

fil·a·ture syspinnery.

fil·bert haselneutboom; haselneut.

filch *(infml.: steel)* gaps, vaslê, vat, skaai.

file¹ *n.* lêer, omslag; dossier; *(rek.)* lêer; ry, tou; *(mil.)* gelid; *(mil.)* twee *(by dril)*; *(skaak)* ry; ***in** ~* in/op 'n ry, op 'n streep, agter mekaar; *(mil.)* in gelid; *stand **in** ~* toustaan, in/op 'n ry *(of* agter mekaar) staan; *(mil.)* in gelid staan; ***in** Indian/single ~* een-een (agter mekaar), op 'n streep; *(mil.)* in enkelgelid *(of* enkele gelid); *have s.t. **on** ~* iets in/op 'n lêer hê/aanhou; *have/keep a ~ **on** ...* 'n lêer oor ... hê/aanhou; *the **rank** and ~* →RANK *n.*. **file** *ww.* liasseer, in 'n lêer/omslag plaas/sit; rangskik; *(jur.)* indien, inlewer; *(joern.)* deurstuur, instuur, deurfaks, infaks, deurbel, inbel; in/op 'n ry *(of* agter mekaar) loop; *(mil.)* in gelid marsjeer; →FILING¹; *~ s.t. **away*** iets liasseer; *~ a **complaint*** →COMPLAINT; *~ **in*** inmarsjeer; *~ **off*** afmarsjeer; *~ **on*** aantree; *~ **out*** uitmarsjeer; *~ **past*** verbymarsjeer, defileer. **~ card** liasseerkaart(jie). **~ closer** *(mil.)* gelidsluiter. **~ copy** lêer=, argiefafskrif. **~ cover** lêeromslag. **~ management** *(rek.)* lêerbestuur, =beheer. **~name** *(rek.)* lêernaam. **~ protection** *(rek.)* lêerbeveiliging, =beskutting. **~ server** *(rek.)* lêerbediener.

file² *n.* vyl; *(infml., vero.)* jakkals, geslepe/slinkse kalant. **file** *ww.* vyl; →FILER, FILING²; *~ s.t. **away*** iets wegvyl; *~ s.t. **down*** iets gladvyl; *~ s.t. **off*** iets afvyl. **~ body** vylskag. **~ card** *(teg.)* vylborsel. **~ dust** vylsels. **~fish** *(igt.)* vylvis. **~ snake** vylslang. **~ tang** vylangel, =doring.

fil·e·mot *(arg.)* geelbruin.

fil·er vyler.

fi·let *(Fr.)* filet, ontbeende vleisstuk, →FILLET; filet(net); filet(kant). **~ lace** filetkant.

fil·i·al *(fml.)* kinderlik, filiaal; *~ cell, (biol.)* dogtersel; *~ love* ouerliefde, kinderlike liefde; *~ piety* kinderlike piëteit. **fil·i·a·tion** kindskap; afstamming, verwantskap, filiasie; (onder)afdeling, tak.

fil·i·beg, phil·i·beg, fil·a·beg, phil·a·beg *(Sk., arg.)* kilt, (Skotse) rokkie.

fil·i·bus·ter *n., (parl.)* obstruksie, vertragingstaktiek *(deur lang redevoerings)*; *(ook* filibusterer*)* obstruksionis; *(hist.)* militêre avonturier, vrybuiter, kaper. **fil·i·bus·ter** *ww., (parl.)* obstruksie pleeg, obstruksionisties/obstruktief optree/wees; deur obstruksie dwarsboom/vertraag *(wetgewing ens.)*; *(hist.)* vrybuit, kaap. **fil·i·bus·ter·ing** *(parl.)* obstruksionisme.

fil·i·form *(biol.)* draadvormig, draad=.

fil·i·gree, fil·a·gree *(silwer- of gouddraadwerk)* filigraan(werk).

fil·ing¹ liassering, liasseerwerk. **~ cabinet** liasseerkabinet, =kas. **~ clerk** liasseerklerk. **~ system** liasseerstelsel. **~ tray** liasseermandjie.

fil·ing² vylwerk; *(i.d. mv.)* vylsels. **~ block** vylblok.

Fil·i·pi·no =*nos, n.* Filippyner; →PHILIPPINES. **Fil·i·pi·no, Phil·ip·pine** *adj.* Filippyns.

fill *n.* vulling; vulsel; ***drink** one's ~* jou vol drink; ***eat** one's ~* jou vol eet, jou versadig; *the dog/etc. **has eaten** his ~* die hond/ens. is dik gevreet; *s.o. **has had** his/her ~ of ...* iem. is dik/keelvol/sat vir ..., iem. het genoeg van ... gehad *(iem., iets)*; ... hang iem. by die keel uit *(iets)*; ***have had** one's ~* versadig wees, jou honger is gestil; jou dors is geles; ***look** one's ~* jou sat kyk; *a ~ **of** petrol* 'n vol tenk petrol; *a ~ **of** tobacco* 'n stop tabak; ***weep** one's ~* jou (lekker) uithuil. **fill** *ww.* volmaak, (op)vul; vol raak/word; stop *('n pyp, tand)*; *(kookk.)* stop *('n hoender ens.)*; toegooi *('n gat)*; (aan)vul, voorsien in *('n leemte)*; vul *('n vakature)*; vervul, beset *('n rol)*; beklee *('n pos)*; beslaan *(twee verdiepings, drie bladsye, ens.)*; *(seile)* bol *(v.d. wind)*; *(wind)* vul *(seile)*; *(Am.)* uitvoer *('n bestelling)*; *(Am.)* berei *('n voorskrif)*; →FILLING; *~ the **bill*** →BILL¹ *n.*; *a ~ed **bomb*** 'n gelaaide/gevulde bom; *~ s.t. to the **brim*** →BRIM *n.*; *~ **in** for s.o.* vir iem. instaan/optree, iem. se plek neem; *~ s.t. **in*** iets invul *('n vorm ens.)*; iets opvul/toemaak; iets toegooi *('n gat)*; *~ s.o. **in** on s.t., (infml.)* iem. van/met iets op (die) hoogte bring; *~ed **milk*** verrykte melk; *~ a **need*** →NEED *n.*; *s.o. ~s **out*** iem. word dikker/voller; *~ s.t. **out*** iets uitbrei; iets voltooi; iets aanvul; *(Am.)* iets invul *('n vorm ens.)*; *s.t. ~s **up*** iets word vol; *~ s.t. **up*** iets volmaak *('n tenk ens.)*; iets byskink/byvul *('n glas ens.)*; iets invul *('n vorm ens.)*; iets toegooi *('n gat)*; iets toestop *('n opening)*; *~ **(up)** time* die tyd omkry/vul; *~ (her) **up**, please!, (infml.)* skink vol, asseblief! *('n glas)*; maak vol, asseblief! *('n tenk)*; *the dish/etc. is **very filling*** die gereg/ens. maak jou *(of* ['n] mens) gou vol; *be ~ed **with** the Holy Spirit, (Chr.)* met die Heilige Gees vervul wees/word; *be ~ed **with** melancholy/etc.* met weemoed/ens. vervul wees; *be ~ed **with** sand/etc.* vol sand/ens. wees; *~ **with** tears, (oë)* vol trane skiet/word. **~-in** *n.* plaasvervanger, stoplap, invaller. **~-up** *n.* (op)vulling; *give s.o. a ~* iem. se glas hervul *(of* weer [op]vul/volmaak *of* weer tot bo vul).

fill·er vuller; vulsel; vulstof; *(verf)* (vul)stryksel, plamuur(sel); vulstuk; tregter; (blad)vuller, stopper, stoplap *(in 'n koerant ens.)*; stopwoord, (verbale) stoplap. **~ cap** vuldop. **~ coat** *(verf)* stryksellaag. **~ hole** vulgat. **~ joist** vullingbalk. **~ piece** vulstuk.

fil·let *n.* ontbeende vleisstuk, filet; (vis)moot(jie); haar=, hare=, kop=, hoofband; strook, band; rand; lat; *(argit.)* skeilys *(v. suile en profiele)*; *(bouk.)* hoeklas; filet, sierlyn *(op d. band v. 'n boek)*; filetstempel *(om sierlyne mee te maak)*; *(her.)* dwarsbalk; *~ of **beef*** beesfilet, beeshaas; *~ of **fish*** vismoot(jie); *~ of **pork*** varkfilet; *~ of **veal*** kalfsfilet. **fil·let** *ww.* ontbeen; ontgraat; fileer, in filette sny; in mote/mootjies sny; omlys, 'n rand maak om; *~ed head* gleufkop *(v. 'n skroef)*; *~ed joint* sponninglas. **~ cross** *(her.)* streepkruis. **~ end** filetkant *(v. 'n varkboud ens.)*. **~ steak** filetskyf. **~ weld** hoeksweislas.

fill·ing (op)vulling; vulsel; vulstof; stopmiddel; stopsel *(in tande)*; *(kookk.)* vulsel *(v. 'n toebroodjie ens.)*; opvulwerk; springlading *(v. 'n bom ens.)*; die vul(ling) *(v. 'n leemte, vakature, ens.)*; *(Am., tekst.)* inslag. **~ cap** vuldop. **~ hole** vulgat. **~-in piece** vulstuk. **~ knife** plamuurmes. **~ material** vulsel, vulstof. **~ station** vulstasie. **~ stitch** vulsteek.

fil·lip *n.* aansporing, aanmoediging, hupstoot(jie); prikkel; *(arg.)* tik(kie) *(m.d. vinger)*; *give s.o. a ~* iem. aanspoor/aanmoedig *(of* 'n hupstoot[jie] gee); *be/give/provide a ~ to ...* gunstig op ... inwerk, 'n hupstoot aan ... gee *(d. ekonomie, mark, ens.)*. **fil·lip** *ww.* aanspoor, aanmoedig, 'n hupstoot(jie) gee; prikkel; opfris, opskerp *(d. geheue)*; slaan, 'n hou gee *(op d. neus ens.)*; *(arg.)* tik, 'n tikkie gee *(m.d. vinger[nael])*.

fil·lis·ter *(houtw.)* ruitsponning; *side ~* boorskaaf. **~ head** gleufkop *(v. 'n skroef)*. **~-head screw** gleufkopskroef. **~ (plane)** sponningskaaf.

fil·ly merrievul; jong merrie; *(infml., vero.)* maltrap, lewendige/dartelende jong meisie.

film *n.* film *(vir 'n kamera)*; vlies, velletjie; waas, newel, sluier; (dun) lagie, aanpaksel; *(arg.)* (dun) draadjie *(sy ens.)*; (rol)prent, (speel)film, fliek; *(i.d. mv. ook)* rolprent=, filmbedryf, filmwese; ***feature** ~* →FEATURE; ***make** a ~* 'n (rol)prent maak/vervaardig; *a ~ **of** ...* 'n (dun) lagie ... *(stof, sweet, ys, ens.)*; ***shoot** a ~, (infml.)* 'n (rol)prent skiet. **film** *ww.* verfilm, 'n (rol)prent van ... maak *('n verhaal ens.)*; verfilm kan word; met 'n vlies/waas/laag bedek word; *~ over/up, (spieël, glas, ens.)* aanslaan; *(oë)* wasig word/raak. **~ actor, ~ actress** rolprentakteur, =aktrise. **~ archives** film=, rolprentargief. **~ badge** filmwapen. **~ buff** film=, fliekkenner, film=, fliekfundi, =foendi(e). **~ camera** film=, rolprentkamera. **~ cartoon** tekenprent. **~ censor** film=, rolprentsensor. **~ clip** uittreksel uit 'n film/rolprent, film=, rolprentuittreksel; filmklem, =knip. **~craft** film=, rolprentkuns. **~ crew** kameraspan. **~ director** film=, rolprentregisseur. **~ editor** rolprent=, filmredigeerder. **~ fan** fliekvlooi, fliek=, film=, rolprentliefhebber. **~fest, ~ festival** filmfees. **~goer** fliek=, bioskoopganger, bioskoopbesoeker. **~ industry** rolprent=, filmbedryf. **~ library** filmoteek. **~ maker** film=, rolprentmaker, film=, rolprentvervaardiger. **~ noir** *(Fr.: somber[e] rolprent met 'n siniese aanslag)* film noir. **~ producer** produksieleier. **~ projector** film=, rolprentprojektor. **~ rights** filmregte. **~ script** draaiboek. **~ set** film=, rolprentstel. **~set** *ww., (Br., druk.)* fotoset. **~setter** *(Br., druk.)* fotosetter. **~setting** *(Br., druk.)* fotoset(werk). **~ show** rolprent=, filmvertoning. **~ speed** filmspoed. **~ star** rolprentster. **~ strip** filmstrook. **~ test** →SCREEN TEST. **~ unit** filmafdeling. **~ version** verfilming, film=, rolprentweergawe, film=, rolprentbewerking.

film·a·ble verfilmbaar.

film·dom film=, rolprentwêreld.

film·ic filmies.

film·ing verfilming; filmwese.

film·let rolprentjie, filmpie.

film·og·ra·phy filmografie.

film·y dun, deursigtig, ragfyn *(materiaal ens.)*; wasig *(oë)*; newel(r)ig *(wolk ens.)*; vliesagtig *(vlerk ens.)*. **film·i·ness** deursigtigheid; wasigheid.

fi·lo, phyl·lo *(kookk.)* fillo. **~ pastry** *(soort Gr. blaardeeg)* fillodeeg.

Fi·lo·fax *(handelsnaam)* dagbeplanner.

fil·o·plume *(orn.)* haarveer.

fil·o·selle *(borduurwerk)* filosel, vlos=, floretsy.

fil·ter *n.* filter, filtreerder; filtermondstuk *(v. 'n sigaret)*; *(geluidsleer)* (akoestiese) filter; *(fot.)* (kleur/lig)filter; *(rad.)* (frekwensie)filter; *(rek.)* filter; *air ~* →AIR; *domestic ~* huisfilter. **fil·ter** *ww.* filtreer; suiwer; deursyg; (deur)syfer, (deur)sypel; (deur)sif; →FILTRATE; *~ **back**, (vlugtelinge ens.)* geleidelik/langsamerhand/stadigaan terugkeer; *~ **in**, (bydraes ens.)* drupsgewys(e) in=/binnekom; *(lig ens.)* deurskemer; *~ **out**, (nuus ens.)* uitlek, drupsgewys(e)/geleidelik bekend word; *~ s.t. **out*** iets uitfiltreer *(onsuiwerhede ens.)*; *~ **through**, (water ens.)* deursyfer, =sypel; *(nuus ens.)* uitlek; *(lig ens.)* deurskemer. **~ bed** filtreerlaag. **~ cloth** filtreerdoek. **~ coffeepot** (koffie)filtreerkan. **~ material** filtreer=

stof. ~ **paper** filtreerpapier. ~ **pump** filtreerpomp. ~ **tip** filtermondstuk *(v. 'n sigaret)*. ~**-tipped** met 'n filtermondstuk.

fil·ter·ing filtrering. ~ **apparatus** filtreerder, filtreertoestel. ~ **cloth** filtreerdoek. ~ **medium** filtreermiddel.

filth vullis, vuilgoed, smerigheid, drek, vieslike/smerige gemors/goed; vieslike/smerige toestand(e); vieslikhede, drek, vieslike/smerige/vuil taal; vieslike foto's/kuns/ens., smerige feite/gedagtes/storie(s)/ens.. **filth·i·ness** vuilheid, smerigheid, morsigheid. **filth·y** vuil, smerig, morsig, liederlik; *you ~ **beast!*** jou gemene bees!, jou lae lak!; ~ ***lucre*** →LUCRE; ***render*** ~, *(fml., w.g.)* vervuil; ~ ***weather*** hondeweer, slegte/guur/gure/onguur/ongure weer.

fil·trate *n.* filtraat. **fil·trate** *ww.* filtreer. **fil·tra·tion** filtrasie; filtrering.

fi·lum *fila, (anat.)* draad(jie).

fim·bri·ate, fim·bri·at·ed *(biol.)* fraiingagtig, met fraiings; *(her.)* met 'n smal rand.

fin vin; paddavoet *(v. 'n duiker)*. ~**foot** *(orn.)* watertrapper. ~ **ray** vinstraal. ~ **whale,** ~**back (whale)** vinvis, (gewone) vinwalvis.

fi·na·gle *(infml.)* knoei, konkel, oneerlike metodes gebruik, agterbaks te werk gaan; inloop, kul, bedrieg. **fi·na·gler** knoeier, konkelaar; jakkals, kuller, bedrieër.

fi·nal *n.* eind(wed)stryd; *(i.d. mv., sport)* eindronde; *(i.d. mv., opv.)* eindeksamen; *(mus.)* finalis, slottoon; *reach* (or *go through to) the ~(s), (sport)* tot die eindstryd/-ronde deurdring; *take/sit/do one's ~s* jou eindeksamen aflê. **fi·nal** *adj.* laaste, finaal, slot-, eind-; beslissend, deurslaggewend, finaal; afdoende; doelaanwysend; doel-; ~ ***account*** eindrekening; ~ ***act*** slotbedryf; *in the ~ **analysis*** →ANALYSIS; ~ ***audit*** eindoudit; ~ ***balance*** eindsaldo, slotbalans; ~ ***chapter*** slothoofstuk; ~ ***chord*** slotakkoord; ~ ***clause,** (gram.)* doelaanwysende bysin; ~ ***consonant*** slotkonsonant, -medeklinker; ~ ***d*** slot-d; ~ ***decision*** finale besluit, eindbeslissing; ~ ***demand*** laaste/finale aanmaning; ~ ***discretion*** finale seggenskap; ~ ***dividend*** slotdividend; ~ ***examination*** eindeksamen; *have a ~ **fling*** →FLING *n.*; ~ ***payment*** finale/laaste betaling, slotbetaling; agterskot *(by koöperasie)*; ~ ***product*** eindproduk; ~ ***race*** eindloop; *in the ~ **reckoning*** →RECKONING; ~ ***result*** einduitslag; eindresultaat; ~ ***rhyme*** slotrym; ~ ***round*** eindronde; *have the ~ **say*** →SAY *n.*; ~ ***score*** eindtelling; ~ ***settlement*** finale vereffening; ~ ***stage*** eindstadium; ~ ***state*** eindtoestand; *and **that's** ~!* en daarmee basta!; ~ ***velocity*** eindsnelheid; ~ ***whistle*** eindfluitjie. ~**-year student** finalejaarstudent, eindstudent, student in die finale jaar.

fi·na·le slot, finale; *(mus.)* slottoneel, finale *(v. 'n opera)*; *(mus.)* slotbeweging, -deel, laaste beweging/deel, finale *(v. 'n sonate, simfonie, ens.)*.

fi·nal·ise, -ize afhandel, afsluit, voltooi, klaarmaak, finaliseer; afrond, afwerk. **fi·nal·i·sa·tion, -za·tion** afhandeling, afsluiting, voltooiing, finalisering; afronding, afwerking.

fi·nal·ist finalis, einddeelnemer, -neemster; finalis, eindstrydspeler, eindstryder; kandidaat in die eindeksamen.

fi·nal·i·ty finaliteit, onvermydelikheid, onontkombaarheid *(v.d. dood ens.)*; beslistheid; finaliteit, uitsluitsel, finale beslissing/besluit; eindoplossing; slot, einde, end; doelmatigheid, afdoendheid; eindpunt; *reach ~* tot 'n beslissing kom, uitsluitsel kry; 'n eindoplossing vind; *('n plan ens.)* sy finale vorm kry.

fi·nal·ly (uit)eindelik, oplaas, einde(lik) ten (*of* ten einde) laaste; op die ou end; ten slotte/laaste; vir die laaste maal/keer; vir goed.

fi·nance, fi·nance *n.* finansies; geld-, finansiewese; finansiering; geldelike beheer; *(i.d. mv.)* finansies, geld, (geld)middele; *(i.d. mv.)* fondse; *(i.d. mv.)* geldsake, finansiële sake; *minister of ~* minister van finansies. **fi·nance, fi·nance** *ww.* finansie(e)r, geld/kapitaal verskaf vir; finansieel/geldelik steun; bestry *(koste ens.)*; geld beheer. **F~ Act** Finansiewet. ~ **bill** *(parl.)* geldwetsontwerp; *(parl.)* middelewetsontwerp; *(bankw.)* finansieringswissel. ~ **capital** finansieringskapitaal. ~ **charge** finansieringskoste. ~ **committee** geldsake-, finansieringskomitee. ~ **company** finansieringsmaatskappy. ~**-cum-holding company** finansierings- en beheermaatskappy. ~ **department** finansiële afdeling, afdeling finansies; finansieringsafdeling. ~ **director** finansiële direkteur. ~ **house** finansieringsmaatskappy, -onderneming.

fi·nan·cial finansieel, geldelik, geld-; ~ ***accommodation*** finansiële akkommodasie; ~ ***accounting*** finansiële rekeningkunde; ~ ***administration*** finansiële bestuur/beheer/administrasie; ~ ***adviser*** finansiële raadgewer/adviseur; ~ ***affairs*** geldsake, finansiële sake; ~ ***agent*** finansiële agent; ~ ***agreement*** finansiële akkoord; ~ ***aid*** finansiële bystand/hulp, finansiële/geldelike steun; ~ ***backing*** finansiële steun; ~ ***capacity*** finansiële vermoë; ~ ***capital*** finansiële kapitaal, geldkapitaal; ~ ***centre*** finansiële sentrum; ~ ***charges*** finansiële koste; ~ ***column,** (joern.)* finansiële rubriek; ~ ***community*** finansiële gemeenskap; ~ ***corporation*** finansiële korporasie; ~ ***crash*** finansiële ineenstorting; ~ ***difficulty/distress/straits/trouble*** geldelike/finansiële moeilikheid/nood, geldnood; ~ ***director*** finansiële direkteur; ~ ***district*** finansiële buurt; ~ ***economics*** finansiële ekonomie; ~ ***economies*** finansiële besparings; ~ ***executive*** finansiële bestuurder; ~ ***fabric*** finansiële struktuur; ~ ***futures*** finansiële termynkontrak; ~ ***house*** finansiële instelling; ~ ***incentive*** finansiële aansporing/prikkel; ~ ***index*** finansiële indeks; ~ ***injection*** finansiële inspuiting; ~ ***institution*** finansiële instelling; ~ ***interest*** geldelike/finansiële belang; ~ ***intermediary*** finansiële tussenganger/bemiddelaar; ~ ***lease*** finansiële bruikhuurkontrak; ~ ***leasing*** finansiële bruikhuur; ~ ***leverage*** hefboomfinansiering; ~ ***machinery*** finansiële apparaat; ~ ***market*** finansiële mark; ~ ***means*** finansiële/geldelike middele, geldmiddele; ~ ***model*** finansiële model; ~ ***modelling*** finansiële modellering; ~ ***muscle*** kapitaalkrag; ~ ***news*** finansiële nuus; ~ ***planning*** finansiële beplanning; ~ ***planning department*** afdeling finansiële beplanning; ~ ***pressure*** finansiële druk; ~ ***proviso*** finansiële voorbehoud; ~ ***rand,** (vero.)* finansiële rand; ~ ***ratio*** finansiële verhouding; finansiële verhoudingsgetal; ~ ***reconstruction*** finansiële rekonstruksie; ~ ***records*** finansiële rekords/stukke; ~ ***regime*** finansiële bestel; ~ ***reorganisation*** finansiële reorganisasie; ~ ***report*** finansiële verslag; finansiële berig; ~ ***reserve*** finansiële reserwe; ~ ***resources*** finansiële/geldelike middele, geldmiddele; finansiële hulpbronne; ~ ***returns*** finansiële opgawes; finansiële opbrengs; ~ ***section,** (joern.)* finansiële bladsye; ~ ***sector*** finansiële sektor; ~ ***services industry*** finansiële diensbedryf; ~ ***solidity/soundness*** finansiële soliditeit/stewigheid; ~ ***standard*** finansiële norm/standaard; ~ ***standing*** kredietwaardigheid; ~ ***statement*** finansiële staat/verslag; *annual ~ **statement*** jaarstaat; ~ ***status*** finansiële status; ~ ***strength*** finansiële krag; ~ ***stress*** finansiële spanning; ~ ***stringency*** →STRINGENCY; ~ ***support*** finansiële steun; ~ ***supremacy*** finansiële heerskappy/oppermag; ~ ***world*** finansiële wêreld/kringe/gemeenskap, geldwêreld, -kringe; ~ ***worries*** finansiële sorge, geldsorge; ~ ***year*** boekjaar, finansiële jaar, bedryfsjaar; ~ ***yield*** finansiële opbrengs. **fi·nan·cial·ly** finansieel; *be ~ disastrous* 'n finansiële fiasko wees; *be ~ sound* finansieel gesond wees. **fi·nan·cials** *n. (mv.)* finansiële aandele.

fi·nan·cier *n.* finansier, geldskieter. **fi·nan·cier** *ww.* finansie(e)r; bedrieg, swendel.

fi·nanc·ing, fi·nanc·ing finansiering.

finch *(orn.)* vink; *redheaded ~* rooikopvink; *scalyfeathered ~* baardmannetjie. ~**lark:** *chestnutbacked ~* rooiruglewerik; *greybacked ~* grysruglewerik; *blackeared ~* swartoorlewerik; →MELBA FINCH, QUAIL FINCH.

find *n.* vonds; ontdekking; vangs; *make a ~* 'n vonds doen/maak. **find** *found found, ww.* vind, kry, ontdek, afkom op; aantref, raakloop, kry; voorkom; ontdek, agterkom, uitvind; vasstel; merk; ag, vind *(iets redelik ens.)*; *(jur.)* bevind *(dat aantygings lasterlik is ens.)*; terugkry; tref *(doel)*; →FINDING, FOUND¹; *the court ~s **against** s.o.* die hof doen teen iem. uitspraak (*of* stel iem. in die ongelyk); *one does not ~ it **among** the Greeks/etc.* by die Grieke/ens. tref ('n) mens dit nie aan nie (*of* kom dit nie voor nie); *take things **as** one ~s them* sake vir lief neem; ~ ***bail*** →BAIL¹ *n.*; *s.t. is to **be** found somewhere* iets is êrens te vind; *s.t./s.o. was nowhere to **be** found* (or *not to be found anywhere)* iets/iem. was nêrens te vind nie; *s.o. ~s it **difficult** to ...* dis (*of* dit is) vir iem. swaar om te ... *(praat ens.)*; *s.o. ~s s.t. **difficult/etc.*** iem. vind iets moeilik/ens.; *s.t. ~s **expression** in ...* →EXPRESSION; ~ ***fault** with ...* →FAULT *n.*; ~ ***favour** with s.o.* →FAVOUR *n.*; ~ *one's **feet/legs*** →FOOT, LEG *n.*; *the court ~s **for** s.o.* die hof doen uitspraak ten gunste van iem. (*of* stel iem. in die gelyk *of* gee iem. gelyk); ~ *s.o. **guilty** of s.t.* →GUILTY; *s.o. could not ~ it in his/her **heart** to ...* →HEART; ~ *s.o. at **home*** →HOME *n.*; *these plants/etc. are found **in** the tropics/etc.* dié plante/ens. kom in die trope/ens. voor; ~ *o.s. **in** a difficult situation* jou in 'n netelige situasie bevind; ~ *s.o. **in** clothes/etc., (vero.)* iem. van klere/ens. voorsien; ~ *o.s. **in** a minority* →MINORITY; ~ *it **necessary** to ...* →NECESSARY *adj.*; ~ ***o.s.*** regkom; tot jouself/selfkennis kom, jouself vind; in jou eie koste voorsien; ~ ***o.s.** somewhere* jou êrens bevind (*of* kom kry); ~ *s.t. **out*** iets uitvind/ontdek/agterkom, agter iets kom, iets te wete kom; iets verneem; iets vasstel; *s.o. will ~ **out** his/her mistake* →MISTAKE; ~ *s.o. **out*** iem. betrap; iem. opspoor; iem. nie tuis kry/tref nie; ~ *one's **own** books/etc., (ook)* self vir (die aanskaf van) jou boeke/ens. sorg; ~ *a **root,** (wisk.)* →ROOT *n.*; *it has been found **that** ...* dit het geblyk dat ...; *s.o. couldn't ~ his/her **tongue*** →TONGUE *n.*; ~ ***vent*** uiting vind.

find·a·ble vindbaar; opsoekbaar.

find·er vinder; soeker *(v. 'n kamera/teleskoop)*; *~s keepers (losers weepers), (infml.)* optelgoed is hougoed/vatgoed/jakkalskos/jakkalspis.

fin de siè·cle *n., (Fr.)* fin de siècle, einde van die (19de) eeu. **fin-de-siè·cle** *adj.* fin de siècle-; laat negentiende-eeus; dekadent.

find·ing vonds, ontdekking; die vind; *(jur.)* bevinding, uitspraak; *(i.d. mv., Am.)* materiaal en gereedskap; ~ *of roots* (or *a/the root)* →ROOT *n.*; *~s keepings* →FINDERS KEEPERS. ~ **aid** vindmiddel. ~ **list** treflys.

fine¹ *adj. & adv.* (baie) goed, voortreflik, puik, eersteklas, eersterangs, gaaf; agtermekaar *(boer, kêrel, ens.)*; hoëgehalte-; edel; mooi, pragtig, oulik, fraai; heerlik, lekker *(vakansie ens.)*; beskaaf(d), verfyn(d), keurig *(maniere)*; in orde, in die haak; mooi *(dag, weer, ens.)*; indrukwekkend; *(iron.)* mooi *(woorde ens.)*; dun *(draad ens.)*; fyn *(hare ens.)*; skerp *(punt; intellek, verstand; ens.)*; fyn *(sout; werk; onderskeid; ens.)*; suiwer; →FINES; *(as) ~ **as** gossamer* ragfyn; *it's/that's ~ **by** me* ek het niks daarteen nie; ~ *and **dandy!**, (infml.)* goed!; *one ~ **day*** →DAY; *with a ~ **disregard** for ...* →DISREGARD *n.*; *be **doing** ~* lekker voel; goed vaar; goed vooruitgaan; *a ~ **ear*** 'n fyn gehoor; *have a ~ **ear** for music/etc.* 'n fyn oor vir musiek/ens. hê; ~ ***feathers** make fine birds* →FEATHER *n.*; *s.o. **feels/is** ~* iem. voel gesond/goed/lekker; dit gaan goed met iem.; *the ~st **hour*** die grootste oomblik *(v. iem. se lewe ens.)*; ***I'm** ~* dit gaan goed (met my), dit gaan eersteklas; *the ~r **points*** →POINT *n.*; ~ ***rain*** motreën; *a ~ **sight*** 'n mooi gesig; *be ~ **sounding*** mooiklinkend wees; *a ~ **specimen*** 'n pragseksemplaar; ~ ***talk*** mooipraatjies; *you're a ~ one to **talk,** (iron.)* wie's (*of* wie is) jy om te praat?; ***that's** ~!* dis gaaf!; *that's all **very** ~* dis alles goed en wel; *s.t. is ~ **with** s.o.* iets is in orde wat iem. (aan)betref. **fine** *ww.* brei *(wyn)*; suiwer (maak), helder maak, verhelder; laat afsak; suiwer/helder word; afsak; ~ *s.t. away/down/off* iets afslyp/wegwerk (*of* dun[ner] maak); iets verfyn (*of* fyner maak). ~ **adjustment** fyn instelling, fynstelling; fynstelskroef. ~ **art** (fyn) kuns, fyner kunsies, slag; *have/get s.t. down to a ~ ~* iets tot 'n fyn kuns ontwikkel, die kuns bemeester om iets te doen, die fyner kunsies van iets ken/verstaan, in die kuns van iets gekonfyt wees, 'n/die slag hê (*of* net weet hoe) om iets te doen. ~ **art(s)** (die) skone/beeldende kuns(te). ~**-draw** *ww.* dun uitrek *(draad ens.)*; *(naaldw.)* onsigbaar stop/las. ~**-drawn** *adj.* fyn, skerp, subtiel *(onderskeid ens.)*; spits *(gesig)*; dun uitgerek *(draad ens.)*;

(naaldw.) onsigbaar gestop/gelas. ~ **gold** fyngoud, suiwer goud; *22 carats* ~ ~ 22 karaat fyngoud (*of* suiwer goud); ~ ~ *bars* stawe fyngoud (*of* suiwer goud). ~-**grain** *adj. (attr.)* fynkorrel= *(film, ontwikkelaar, ens.)*. ~-**grained** fyndradig, met die/'n fyn tekstuur *(hout)*; fynkorrelrig *(gesteente, grond, ens.)*; *(metal.)* fyn gegrein; *(fig.)* fyn *(ontleding ens.)*. ~ **leg** *(kr.)* skerpby. ~ **ounce** fynons; *60 million* ~ ~*s of gold* 60 miljoen fynons goud. ~ **print** fyn/klein druk. ~ **shot** donshael. ~-**sounding** *adj. (attr.)* mooiklinkende *(woorde ens.)*. ~**spun** *(tekst.)* fyn; *(fig.)* oorverfyn(d), te subtiel, onprakties; ~ *yarn* fynspingaring, =gare. ~-**tooth(ed) comb** fynkam; *go over s.t. with a* ~ ~ iets fynkam; iets grondig ondersoek. ~-**tune** *ww.* fyn/noukeurig instel/instem *(radio)*; skerp instel *(TV)*; fyn/presies/suiwer instel *(motor ens.)*; *(fig.)* skaaf/skawe aan, verfyn *(beleid ens.)*. ~ **weighing** fynweging. ~ **weight** fyngewig. ~ **wool** fynwol. ~ **writing** goeie/knap/puik skryfwerk; mooiskrywery.

fine² *n.* boete; ***in*** ~ kortom, in/met een woord; ten slotte, ter afsluiting; ***incur** a* ~ →INCUR; ***levy** a ~ on s.o.* →LEVY *ww.*; ***pay** a* ~ 'n boete betaal. **fine** *ww.* beboet; ~ *s.o. R500* iem. met R500 beboet, iem. 'n boete van R500 oplê. **fin(e)·a·ble** beboetbaar, strafbaar (met 'n boete).

fine·ly fyn; ~ *chiselled features* fyn besnede (gelaats)trekke; ~ *produced book* bibliofiele uitgawe; ~ *strung* fyn besnaar(d).

fine·ness voortreflikheid; edelheid; mooiheid, fraaiheid; beskaafdheid, verfyndheid; indrukwekkendheid; dunheid; fynheid; fynte *(v. weefsel)*; skerpte; suiwerheid; gehalte *(v. munte)*; goudgehalte; silwergehalte.

fin·er·y¹ swierige drag/klere/uniforms/ens.; tooisels; swierigheid, elegansie.

fin·er·y² *(hist.)* affineeroond, =herd; →REFINERY.

fines *n. (mv.), (mynb.)* fyngoed; fyn erts/steenkool; fyn gruis.

fines herbes *(mv.), (Fr., kookk.:fyn kruie)* fines herbes.

fi·nesse *n.* subtiliteit, fynigheid; keurigheid; finesse, takt, sensitiwiteit; vernuf; *(kaartspel)* snit. **fi·nesse** *ww.* sensitief (*of* met finesse) hanteer; toesmeer, verdoesel; *(kaartspel)* sny; ~ *s.t. away* iets toesmeer/verdoesel; ~ *s.o. into s.t.* iem. subtiel (*of* deur slimmigheid) tot iets beweeg.

fin·ger *n.* vinger; *work one's ~s to the **bone**, (infml.)* jou afsloof; *~'s **breadth*** →FINGERBREADTH; ***burn** one's ~s, get one's ~s **burnt**, (fig.)* jou vingers verbrand; *one can **count** it/them on your ~s* (or *on the ~s of one hand*) ('n) mens kan dit/hulle op jou vingers (*of* op die vingers van jou een hand) tel; ***cross** one's ~s (and touch wood), keep one's ~s **crossed**, (infml.)* duim vashou; *have s.t. at one's ~s' **ends*** →FINGERTIP; *s.o. will have to **get/pull** his/her ~ out, (Br., infml.)* iem. sal sy/haar hande uit die moue moet steek (*of* hom/haar moet roer); *have **green** ~s* →GREEN; *s.o.'s ~s **itch** to do s.t., (infml.)* iem. se hande jeuk om iets te doen; *not **lay** a ~ on s.o.* nie aan iem. raak nie; *s.o. cannot **lay/put** his/her ~ on it* iem. kan nie sy/haar vinger daarop lê (*of* presies aantoon wat dit is) nie; *not **lift/raise/stir** a ~ to ...* geen vinger verroer/uitsteek om te ... nie; *have **light** ~s, (infml.: geneig wees om te steel)* lang vingers hê; *s.o. has more wisdom in his/her **little** ~ than s.o. else in his/her whole body* iem. het meer verstand in sy/haar pinkie as iem. anders in sy/haar hele lyf; *have a ~ in the **pie**, (infml.)* by/in die saak betrokke wees, 'n hand in die pot/spel hê; *have a ~ in every **pie**, (infml.)* die/'n hand in alles hê; ***point** the ~ (of scorn) at s.o.* met die vinger na iem. wys, iem. beskuldig; *s.o. will have to **pull** his/her ~ out* →***get/pull;*** *keep one's ~ on the **pulse*** op (die) hoogte bly; ***put** the ~ on s.o., (infml.)* iem. aangee/verklap/verklik *(b.d. polisie)*; *s.o. cannot **put** his/her ~ on it* →***lay/put;*** *not **raise** a ~ to ...* →***lift/raise/stir;*** ***run** one's ~s over s.t.* jou vingers oor iets laat gly; *let s.t. **slip** through one's ~s* iets deur jou vingers laat glip, iets laat verbygaan *('n geleentheid ens.)*; ***snap** one's ~s* (met) jou vingers klap; ***snap** one's ~s at s.o.* iem. minagtend/onverskillig behandel; *not **stir** a ~ to ...* →***lift/raise/stir;*** *s.o. is all (~s and) **thumbs**, s.o.'s ~s are all **thumbs**, (infml.)* iem. se hande staan verkeerd, iem. is onhandig; *two ~s of **tobacco*** twee vinger tabak; ***twist/wind/wrap** s.o. round one's (little)* ~ iem. om jou vinger/pinkie draai, iem. na jou pype laat dans, iem. in die sak hê; ***wag** one's* ~ jou vinger dreigend ophou; ***wind/wrap** s.o. round one's (little)* ~ →***twist/wind/wrap.*** **fin·ger** *ww.* betas, bevoel, met jou vingers aan ... raak/voel; *(mus.)* (met jou vingers) (be)speel; *(infml.)* steel, gaps, vaslê; *(Am., infml.)* verklap, verklik; *(Am.)* kies. ~ **alphabet,** ~ **language** vingertaal, =spraak. ~ **biscuit** vingerbeskuitjie, suikerbroodvinger. ~**board** *(mus.)* greepbord *(v. 'n viool ens.)*; *(Am.)* klawer=, toetsbord *(v. 'n klavier)*. ~ **bowl,** ~ **glass** vingerbakkie, =kom(metjie). ~**breadth,** ~**'s breadth** vingerbreedte. ~ **end** vingerpunt, =top. ~ **exercise** vingeroefening. ~ **food** vingerhappies. ~ **grass** vinger=, kruis=, mannagras, hoenderspoor. ~ **guard** vingerskerm. ~ **hole** vingergaatjie. ~ **hooks** *(spel)* vingertrek. ~ **language** →FINGER ALPHABET. ~**licking,** ~**lickin'** *adj. & adv., (Am., infml.):* ~ *(good)* smullekker, vingerleklekker, watertandlekker. ~**mark** vingermerk. ~**nail** vingernael; *hang on by one's ~s* krampagtig vasklou/vashou. ~ **nut** handmoer. ~ **paint** *n.* vingerverf. ~-**paint** *ww.* vingerverf, met vingerverf skilder. ~ **painting** vingerverf; vingerverfskildery, vingerverftekening. ~**pick** *n., (mus.)* vingerplektrum. ~**pick** *ww., (mus.)* met die/jou vingers pluk; ~ *a guitar* 'n kitaar/ghitaar se snare met die/jou vingers pluk. ~**plate** deurplaat. ~ **pointer** beskuldiger, aanklaer. ~ **pointing** *n.* verwyte, beskuldigings, aanklagte. ~-**pointing** *adj.* verwytend, beskuldigend. ~**post** weg=, padwyser. ~**print** *n.* vingerafdruk; vingermerk; *(fig.)* spoor; *take s.o.'s ~s* iem. se vingerafdrukke neem. ~**print** *ww.:* ~ *s.o.* iem. se vingerafdrukke neem. ~ **puppet** vingerpop(pie). ~**stall** vingerhoed(jie). ~ **supper** vingermaal. ~**tip** vingerpunt, =top; vingerhoed(jie); *have s.t. at one's ~s* iets deur en deur (*of* op jou duimpie) ken; iets byderhand/gereed hê *(veral inligting)*; *to one's ~s* deur en deur, in murg/merg en been, in hart en niere, aarts=; heeltemal, volkome, in alle opsigte. ~**tip control** (ge)maklike beheer. ~ **wave** *n., (haarkappery)* vingergolf.

-fin·gered *komb.vorm* met ... vingers, =gevinger(d), =vingerig; *blue-~* met blou vingers, blougevinger(d); *long-~* met lang vingers, langgevinger(d); *nine-~* met nege vingers, negevingerig.

fin·ger·ing bevoeling, betasting; *(mus.)* vingersetting. ~ **(yarn)** *(vero.)* gladbreiwol, =garing, =gare.

fin·ger·less vingerloos, sonder vingers.

fin·ger·ling jong vissie; vingerling.

Fin·go =*go(s), (SA, lid v. 'n stam)* Fingo. **Fin·go·land** Fingoland.

fin·i·al *(argit.)* spitsversiering; punt=, entversiering.

fin·ick·y, fin·i·cal, fin·ick·ing puntene(u)rig, kieskeurig; peuterig, vol fiemies; gekunsteld, gemaak, oordrewe; *a finicky job* 'n peuterige werkie. **fin·ick·i·ness, fin·i·cal·i·ty, fin·i·cal·ness** puntene(u)righeid, kieskeurigheid *(v. iem.)*; fiemies, vitterigheid, lekkerbekkigheid *(oor kos)*; puntene(u)righeid, *(ook)* haarklowery *(oor taal ens.)*; peuterigheid *(v. werkie)*.

fin·is einde, end, slot.

fin·ish *n.* einde, end, slot; afhandeling, afronding, afwerking; polering; glans; dekverf; laaste laag; afskerping; afhegting; e(i)ndstreep, wenpaal; *a **close*** ~ 'n gladde afwerking; 'n kop-aan-kop-uitslag; ***fight** to the* ~ enduit baklei/veg; dit uitspook/uitveg; *be **in at** the* ~ die end/einde meemaak. **fin·ish** *ww.* klaarmaak, klaarkry, voltooi, afhandel, beëindig, 'n einde maak aan; afrond, afwerk, die laaste hand lê aan; opgebruik; opeet; uitdrink, opdrink; leegmaak; afheg; ophou, eindig, klaarkom, tot 'n einde kom; uitskei; beland; doodmaak; ~ ***first/etc.**, (sport)* eerste/ens. eindig, eerste/ens. oor die wenstreep ja(ag)/nael; ~ *s.t. **off*** iets klaarmaak; iets afhandel; iets opgebruik/opeet/opdrink; iets afmaak (*of* van kant maak); ~ *s.o./s.t. **off**, (ook)* iem./iets die doodsteek/genadeslag gee/toedien; ~ ***off/up** with ...* met ... eindig. **fin·ish** *adj.:* ~*(ed) and klaar, (SA, infml.)* finish en klaar, en daarmee basta (*of* uit en gedaan). ~ **line** eindstreep.

fin·ished voltooi(d), afgehandel, klaar; afgerond, afgewerk; (goed) versorg; verby; verlore; pootuit, uitgeput, gedaan; klaar, op(gebruik); markklaar, =gereed; ***everything** is* (or *it's all*) ~ *between them* dis alles uit tussen hulle; *be **half*** ~ halfklaar wees; ~ *and **klaar*** →FINISH *adj.*; ~ ***preparation*** bewerkte preparaat; ~ ***product*** eind=, klaarproduk, voltooide/afgewerkte produk; *be **quite*** ~ heeltemal klaar wees; ***s.o.** is* ~ iem. is klaar; dis klaar(praat) met iem., iem. se dae is getel; *be/have ~ **with** s.o.* niks meer met iem. te doen wil hê nie, klaar wees met iem.; *I'm not* (or *I haven't*) ~ ***with** you yet!* ek sal jou nog kry!; *be/have ~ **with** s.t.* met iets klaar wees, iets afgehandel hê *(werk ens.)*; iets nie meer nodig hê nie.

fin·ish·er voltooier; afwerker; doodsteek, genadeslag; *F~ of our faith, (Chr. teol.)* Voleinder van die geloof.

fin·ish·ing *n.* voltooiing; afwerking; voleindiging; *(i.d. mv., teg.)* skrynwerk. **fin·ish·ing** *adj.* laaste, finale. ~ **agent** afwerkmiddel. ~ **coat** bolaag, laaste laag. ~ **layer** afwerklaag. ~ **line** wen=, eindstreep. ~ **post** wenpaal. ~ **school** afrondingskool. ~ **stroke** genadeslag, doodsteek; wenhou; →FINISHING TOUCH. ~ **time** uitskei=, ophoutyd. ~ **tools** afwerkgereedskap. ~ **touch,** ~ **stroke** laaste hand; *add/apply/give/put the finishing touches/strokes to s.t.* die laaste hand aan iets lê, iets finaal afrond/afwerk. ~ **varnish** glansvernis.

fi·nite beperk, begrens; *(gram.)* persoons=, finiet; *(fis., wisk.)* eindig; ~ *series/etc., (fis., wisk.)* eindige reeks/ens.; ~ *verb, (gram.)* persoonsvorm van die werkwoord, finiete werkwoord. **fi·nite·ness, fin·i·tude** beperktheid, begrensdheid; eindigheid.

fink *n., (Am., infml.)* boggher, bokker, bliksem, blikslaer, donder; (ver)klikker, verklapper, informant; *(vero.)* onderkruiper, stakingbreker. **fink** *ww.* verklik.

Fin·land *(geog.)* Finland. **Fin·land·er** Fin. **Fin·land·i·sa·tion,** =**za·tion** finlandisering. **Fin·land·ise,** =**ize** finlandiseer.

fin·less vinloos, sonder vinne.

fin·like vinvormig, soos 'n vin.

Finn Fin. **Finn·ish** *n., (taal)* Fins. **Finn·ish** *adj.* Fins. **Fin·no-U·gri·an, Fin·no-U·gric** *(ling.)* Fins-Oegries.

fin·nan: ~ **haddock,** ~ **haddie** gerookte skelvis.

finned gevin, met 'n vin (*of* vinne).

fin·ner vin(wal)vis.

fin·ny gevin, met 'n vin (*of* vinne); vinagtig, vinvormig; *(poët., liter.)* visryk.

fiord →FJORD.

fir *(ook* fir tree*)* den(neboom), spar(boom); *(ook* fir wood*)* dennehout. ~ **cone** dennebol. ~ **needle** dennenaald. ~ **nut** dennepit(jie).

fire *n.* vuur *(in 'n kaggel ens.)*; brand *(v. 'n gebou ens.)*; vuur, vurigheid, ywer, geesdrif, entoesiasme; hartstog, drif; *(poët., liter.)* vuur, gloed, lig, glans; vuur, skietery *(v. 'n vuurwapen)*; *(Br.)* (elektriese) verwarmer, (gas)verwarmer; ***answer** the enemy's* ~ na die vyand terugskiet, die vyand se vuur beantwoord; ***attract/draw*** ~ onder skoot kom; *a **ball** of ~, (lett.)* 'n vuurbol; *(fig., infml.)* 'n deurdrywer/voorslag; *great **balls** of ~!* grote/goeie Griet/genade!, hygend (hert)!, liewe land!, my/goeie/liewe hemel/genugtig!, jisla(a)ik!; ***bank** a* ~ 'n vuur opbank; ***baptism** of* ~ →BAPTISM; *have ~ in one's **belly**, (infml.)* op en wakker wees; ~ *and **brimstone*** vuur en swa(w)el, hel en verdoemenis; ***catch*** ~ vlam/vuur vat, aan die brand raak/slaan; ***cease*** ~ die vuur staak; ***cease*** ~*!* staak vuur!; *be **consumed** by* ~ →CONSUME; *the ~ is under **control*** →CONTROL *n.*; ***draw*** ~ →***attract/draw;*** *the house was **gutted** by* ~ →GUT *ww.*; ***hang*** ~, *(fig.)* draai, sloer, talm; te lank duur; nog hangend(e) wees; ***hold** one's* ~ jou vuur terughou; jou kans afwag; ***hold** your ~!* moenie skiet nie!; *keep the **home** ~s burning* die pot aan die kook hou; ***lay** a* ~ 'n vuur aanpak/aanlê; ***light** a* ~ 'n vuur aansteek; ('n) vuur maak; *the (Great) F~ of **London**, (hist.)* die (Groot) Londense Brand; ***make** a* ~ ('n) vuur maak; *be **on*** ~, *(iets)* aan die brand wees; *be **on** ~ about s.t., (iem.)* vuur en vlam (*of* geesdriftig/opgewonde) oor iets wees; ***open** ~ on ...* na/op ... begin skiet, op ... losbrand/lostrek; ***open*** *~, (ook)* die vuur open; *an* ***ordeal*** *by ~* →ORDEAL; *the ~ is* ***out*** die vuur is dood/uit; die brand is geblus; ***play*** *with ~* met vuur speel; ***pull*** *s.t. out of the ~* 'n verlore saak red; ***put out*** *a ~* 'n vuur doodmaak/blus/doof; 'n brand blus; *a* ***roaring*** *~* 'n knetterende vuur; ***set*** *~ to s.t.,* ***set*** *s.t. on ~* iets aan die brand steek; *(there's) no* ***smoke*** *without ~* →SMOKE *n.;* ***start*** *a ~* ('n) vuur maak; 'n brand veroorsaak, brand stig; ***strike*** *~ from ...* vuur uit ... slaan; ***take*** *~* vlam vat, aan die brand raak/slaan; *be between* ***two*** *~s* tussen twee vure sit, van twee kante bedreig word; *be/come* ***under*** *~, (lett. & fig.)* onder skoot/vuur wees/kom; *go through ~ and* ***water*** *for s.o.* vir iem. deur die vuur loop. **fire** *ww.* (af)vuur, (af)skiet, losbrand; laat ontplof *(ploftoestel ens.)*; laat ontvlam *(kole ens.)*; *(geweer)* afgaan, skiet; *(ploftoestel ens.)* ontplof; *(infml.)* afdank, in die pad steek, laat loop, die trekpas gee; *(teg.)* stook *('n ketel ens.)*; *(enjin)* vat; *(brandstof)* ontsteek, ontbrand; aanspoor, aanwakker, aanvuur; prikkel, aangryp, (sterk) spreek tot *(d. verbeelding)*; opwek *(begeerte)*; bak *(erdewerk, bakstene, ens.)*; laat rooi word, laat gloei; *(arg.)* aansteek, aan die brand steek; *~* ***at*** *...* na/op ... skiet; *~ questions* ***at*** *s.o.* iem. met vrae bestook; *~* ***away,*** *(infml.)* lostrek, losbrand; *~* ***away!,*** *(infml.)* trek/brand maar los!; ***be*** *~d, (infml.)* afgedank (*of* in die pad gesteek) word, die trekpas kry; *~ a* ***broadside*** *at s.o.* →BROADSIDE; *~ s.t.* ***off*** iets (af)skiet/aftrek/(af)vuur *('n skoot)*; iets afsteek *('n toespraak)*; iets haastig weg=/afstuur *('n brief)*; iets kwytraak *('n opmerking ens.)*. ~ **alarm** brandalarm. ~ **appliance** (brand)blusser, blustoestel. ~**arm** vuurwapen; *discharge a ~* 'n vuurwapen afvuur; *point a ~ at s.o.* 'n vuurwapen op iem. rig. ~ **axe** brandbyl. ~**back** agterherd. ~**ball** vuurbol; *(astron.)* vuurbol, bolied; *(weerk.)* bolblits; *(hist., mil.)* brand=, vuurkoeël; *(fig.)* bondel energie ~**-balloon** warmlugballon. ~ **bar** roosterstaaf. ~ **beater** brandslaner. ~ **belt** brandstrook, =baan, voorbrand; *(mil.)* vuurgordel. ~**bomb** brandbom. ~**box** vuurkis, vlamkas *(v. 'n lokomotief)*. ~**brand** brandende stuk hout; *(fig.)* onrusstoker; *(fig.)* vuurvreter, heethoof, wildewragtig. ~**break** brandstrook, =baan, =pad, voorbrand. ~**-breathing** vuurspu(w)end. ~**brick** vuurvaste steen. ~ **brigade** brandweer. ~ **brush** kaggelbesempie, =borsel. ~ **bucket,** ~ **pail** brand=, blusemmer. ~**bug** *(infml.)* brandstigter. ~ **call** brandalarm. ~ **chief** brandweerhoof. ~ **clay** vuurklei, vuurvaste klei. ~ **cock** brandkraan. ~ **control** brandbeheer; *(mil.)* vuurleiding. ~**cracker** klapper. ~ **cross** vuurkruis. ~**crowned bishop** *(orn.)* vuurkopvink. ~**-cured** vuur(ge)droog. ~ **curing** vuurdroging. ~ **curtain** brandskerm *(in 'n teater)*; *(mil.)* vuurgordyn. ~ **damage** brandskade. ~**-damaged** deur brand beskadig. ~**damp** *(mynw.)* myngas, metaanlugmengsel, stikgas. ~ **density** vuurdigtheid. ~ **department** *(Am.)* = FIRE BRIGADE. ~**dog** herd=, kaggel=, vuuryster, vuurbok. ~ **door** branddeur. ~ **drill** brand(weer)oefening, brand(blus)dril. ~**-eater** vuureter *(in 'n sirkus)*; *(fig., vero.)* vuur=, ystervreter. ~ **engine** brandweerwa. ~ **equipment** blustoerusting. ~ **escape** brand=, noodtrap; brand=, nooduitgang; brandleer. ~ **exit** brand=, nooduitgang; brand=, nooddeur. ~ **extinguisher** (brand)blusser, blustoestel; (brand)blusmiddel. ~**fighter** brandslaner, =bestryder; brandweerman. ~**fighting** brandblussing, =bestryding. ~ **flue** vlampyp. ~**fly** vuurvlieg(ie); →GLOW-WORM. ~ **god** vuurgod. ~ **grate** herdrooster. ~**guard** vuurskerm; *(bosb.)* brandwag; *(Am.)* voorbrand. ~ **hazard** brandgevaar. ~ **hose** brandslang. ~**house** *(Am.)* = FIRE STATION. ~ **hydrant** brandkraan. ~ **installation** stookaanleg. ~ **insurance** brandversekering. ~ **irons** *(mv.)* vuurherd=, kaggelstel, kaggelgereedskap, kaggel=, herd=, vuur(herd)ysters. ~ **ladder** brandleer. ~ **lane** *(mil.)* skietgang. ~**light** vuurgloed, =skynsel. ~**lighter** vuurmaker, aansteker. ~ **lily** *(bot.)* vuurlelie; brandlelie. ~**lock** *(hist.)* vuursteenslot; pangeweer, ou sanna, vuursteengeweer, snaphaan. ~**man** =*men* brandweerman; stoker *(v. 'n lokomotief/stoomskip)*. ~**master** *(Sk.)* brandweerhoof. ~**-new** splinternuut. ~ **office** brandversekeringsmaatskappy. ~ **officer** brandweeroffisier. ~ **opal** vuuropaal. ~ **partition** brandskot, =afskorting. ~ **passage** brandgang. ~ **path** brandpad. ~**place** kaggel, vuurherd; vuurmaakplek. ~**plug** *(Am.)* = FIRE HYDRANT. ~ **policy** brand(versekerings)polis. ~**pot** vuurkonka. ~ **power** *(mil.)* vuurvermoë, =krag. ~ **precautions** *(mv.)* brandvoorsorg. ~**proof** *adj.* vuur=, brandvas, vuur=, brandbestand, brandvry; *~ ceiling* brandsolder; *~ door* branddeur; *~ wall* brandmuur, vuurvaste muur. ~**proof** *ww.* vuurvas/brandvas/vuurbestand/brandbestand/brandvry maak. ~**proofed wood** vuurvaste/brandvaste/brandvrye hout. ~**proofing** vuurvaste/brandvaste/vuurbestande/brandbestande/brandvrye materiaal. ~**proofness** vuurvastheid, vuur=, brandbestandheid. ~ **protection** brandbeveiliging. ~ **pump** brandspuit, =pomp. ~ **raiser** brandstigter. ~ **raising** brandstigting. ~ **rake** vuurhark. ~ **resistance** vuurvastheid, vuur=, brandbestandheid. ~**-resistant,** ~**-resisting** vuur=, brandvas, vuur=, brandbestand, brandvry. ~ **risk** brandgevaar. ~ **screen** vuur=, kaggel=, herdskerm; brandskot, =skerm; *(bosb.)* voorbrand; *(mil.)* vuursluier, =skerm. ~ **sentry** *(bosb.)* brandwag. ~ **ship** *(sk., hist.)* brander, vuurskip. ~ **shovel** (steen)kool=, koleskop; (steen)kool=, kole=, stookgraaf *(v. 'n lokomotief)*. ~**side** →FIRESIDE. ~ **siren** brandsirene. ~ **station** brandweer(stasie); brandpos *(op 'n skip ens.)*. ~**stone** vuurvaste klip/steen; vuurklip, =steen; stoofsteen. ~**storm** vuurstorm. ~**-swept** deur brand verniel. ~ **test** brandtoets. ~**thorn** *(bot.)* vuurdoring. ~ **tongs** vuur=, smidstang. ~ **tower** vuurtoring; uitkyktoring; brandskag. ~**trap** brandval. ~ **truck** *(Am.)* = FIRE ENGINE. ~ **tube** *(teg.)* vlampyp, =buis. ~ **walker** vuurloper. ~ **walking** vuurlopery. ~**wall** *(ook rek.)* brandmuur; *(mot.)* brandskot. ~ **warden** *(SA)* brandbeampte; *(Am.)* brandwag. ~ **watch** *(bosb.)* brandwag. ~ **watcher** *(mil.)* brandwag. ~ **watching** brandwag staan. ~**water** *(infml.: alkohol)* vuurwater, tiermelk. ~**wood** vuurmaak=, brandhout. ~**work** vuurwerk. ~**work display** vuurwerkvertoning. ~**works** vuurwerk; *(fig.)* drama; *(fig.)* woede-uitbarsting. ~ **worship** vuuraanbidding. ~ **worshipper** vuuraanbidder.

fire·less sonder vuur; *~ cooker* kunskooktoestel; hooikis.

fir·er vuurmaker; stoker; skutter.

fire·side *n.* kaggel, vuurherd; huislike lewe, gesinslewe, tuiste; *(fig.: familiekring)* huis en haard; *at/by the ~* voor die kaggel; *at/by one's own ~* by jou eie huis. **fire·side** *adj. (attr.)* intieme; gesellige, huislike, knus(se); *~ book* lekkerleesboek; *~ chair* gemak=, leunstoel; *~ chat* intieme geselsie.

fir·ing die aan die brand steek; (geweer)vuur, skietery, geskiet; afskieting, afvuring, die (af)vuur/(af)skiet; *(infml.)* afdanking, ontslag, uitskop; *(teg.)* stoking *(v. 'n ketel ens.)*; ontsteking, ontbranding *(v. brandstof)*; *(erdewerk)* oonddroging; brandhout, vuurmaakgoed; brandstof. ~ **battery** *(elek.)* onstekingsbattery; *(mil.)* gevegsbattery. ~ **iron** vuuryster; *(med.)* brandyster. ~ **line** *(mil.)* vuurlinie; *be in the ~ ~* in die vuurlinie wees, aangeval word. ~ **party** vuurpeloton; skietspan. ~ **pin** slagpen. ~ **squad** vuurpeloton; *execute s.o. by (a) ~ ~* →EXECUTE. ~ **stroke** kragslag. ~ **tools** stookysters, =gereedskap.

fir·kin *(hist.)* vaatjie; *(Br. maateenheid)* firkin.

firm[1] *adj. & adv.* vas, hard, solied; heg; ferm, stewig, styf *(handdruk)*; stewige, sterk *(ken)*; beslis, ferm, kragtig *(optrede)*; vas, definitief *(besluit)*; vasstaande *(beginsels, feite, indruk, ens.)*; *(han.)* bestendig, stabiel *(mark, pryse, ens.)*; standvastig, vasberade, onwrikbaar, onwankelbaar; onversetlik; trou; →FIRMLY, FIRMNESS; *be ~* ***friends*** →FRIEND; *a ~* ***friendship*** →FRIENDSHIP; *have a ~* ***grip*** *on ...* →GRIP *n.; be on ~* ***ground*** op vaste grond wees; *with a ~* ***hand*** →HAND *n.; take a ~* ***line*** →LINE[1] *n.; ~* ***news*** vasstaande berig; *~* ***offer*** vaste aanbod; *~* ***opinion*** gevestigde beskouing; *the* ***plans*** *are still ~* die planne staan nog vas; ***remain/stand*** *~* vasstaan, pal staan, voet by stuk hou; *(as) ~ as a* ***rock*** rotsvas, onwrikbaar soos 'n rots, so vas soos 'n klipsteen; *be ~* ***with*** *s.o.* beslis teenoor iem. optree. **firm** *ww.* vasstamp; styf/hard word; stewiger word; verstewig; *~ up* vas(ter) word; *(pryse ens.)* bestendig word. ~**ware** *(rek.)* fermware, fermatuur, harde programmatuur.

firm[2] *n.* firma, saak, (sake)onderneming; span *(dokters en assistente)*.

fir·ma·ment *(poët., liter.)* uitspansel, hemel, (hemel)gewelf, firmament; *in the ~* aan die hemel.

fir·man, fir·man =*mans* ferman, skriftelike bevel; vergunning; pas.

fir·mer: ~ **(chisel)** fermoor(beitel), steekbeitel. ~ **(gouge)** gutsbeitel. ~ **tools** beitelgereedskap.

firm·ly vas; stewig; beslis, ferm; definitief, vir vas; →FIRM[1] *adj. & adv.; ~ based* vasstaande.

firm·ness vastheid; hegtheid; stewigheid; beslistheid, fermheid; bestendigheid, stabiliteit; standvastigheid, vasberadenheid, onwrikbaarheid, onwankelbaarheid; onversetlikheid; *give ~ to s.t* iets verstewig.

firn, né·vé *(geol.)* korrelsneeu, névé.

First: ~ **Avenue,** ~ **Street** Eerstelaan, =straat, Eerste Laan/Straat. ~ **Sea Lord** →SEA LORD. ~ **World:** *the ~ ~* die Eerste Wêreld; *a ~ ~ country* 'n Eerstewêreldland, 'n ontwikkelde land.

first *n.* die eerste; eerste plek; eerste klas; eerste uitgawe; begin; ***a*** *~* 'n nuwigheid; *... is* ***a*** *~ for s.o.* dit is die eerste keer dat iem. ...; ***at*** *~* eers, aanvanklik, in die begin; *be an* ***easy*** *~* maklik wen; *the ~* ***ever*** die allereerste; *~ of* ***exchange,*** *(fin.)* prima(wissel), oorspronklike wissel; ***from*** *the (very) ~* van die begin af, uit die staanspoor (uit), van die staanspoor (af); *from ~ to* ***last*** van (die) begin tot (die) end/einde; *be the ~* ***to*** *do s.t.* die eerste wees wat iets doen; die eerste wees wat iets gedoen het; *be the ~* ***to*** *come* (die) eerste daar wees; *be the ~* ***to*** *die* die eerste wees wat sterf/sterwe; *be the ~* ***to*** *go* die eerste wees wat gaan; die eerste wees wat sterf/sterwe. **first** *adj. & adv.* eerste; vroegste; voorste, vernaamste; eerstegraads, puik; eers, aanvanklik, in die begin, eerste; vir eers, vereers; eerder, liewer(s); *~ of* ***all*** allereers, in die eerste plek/plaas, vir eers, vereers, ten eerste; *at ~* ***blush*** →BLUSH *n.;* ***come*** *~* eerste staan/wees *(in 'n klas)*; eerste daar wees; eerste eindig; (die) eerste wees, wen; *~* ***come*** *~ served* eerste by die meul maal eerste (*of* eerste kom, eerste maal *of* dis elke mens se gouigheid); ***come in*** *~* eerste wees *(in 'n wedloop ens.)*; *the ~* ***comer*** →COMER; *s.t.* ***comes*** *~ with s.o.* iets is/staan by iem. eerste, iets staan by iem. nommer een, iets gaan by iem. voor/bo alles, iets geniet voorrang/voorkeur by iem., iets weeg by iem. die swaarste; *my family/work/etc.* ***comes*** *~* my gesin/werk/ens. eerste (*of* [gaan] bo/voor alles); *s.o. has to* ***do*** *s.t. ~* iem. moet eers iets doen; *~ and* ***foremost*** allereers, in die eerste plek/plaas; *be of the ~* ***importance*** →IMPORTANCE; *be ~ and* ***last*** *a ...* deur en deur 'n ... wees; *in the ~* ***place*** →PLACE *n.;* ***place/put*** *s.t. ~* iets vooropstel; *at ~* ***sight*** →SIGHT *n.;* ***strike*** *~* eerste slaan; *the ~* ***thing*** die eerste van alles; *do s.t. ~* ***thing in the morning*** iets in die oggend heel eerste doen; iets môre/more heel eerste doen; *not know the ~* ***thing*** *about s.t.* nie die flouste/vaagste benul van iets hê nie; *~* ***things*** *~* wat die swaarste is, moet die swaarste weeg; die belangrikste dinge moet eerste staan; *the* ***very*** *~ ...* die allereerste (*of* heel eerste) ...; *s.o.* ***would*** *die/etc. ~* iem. sou eerder/liewer(s) sterf/sterwe/ens.. ~ **aid** eerstehulp; noodhulp. ~**-aid box** noodhulpkis(sie), =kas(sie). ~ **aider** eerstehulpman, =vrou. ~**-aid kit** noodhulpkissie; noodhulptoerusting; noodhulpstel. ~**-aid post,** ~**-aid station** noodhulppos. ~ **base** *(bofbal)* eerste rus; *not get to ~ ~ with s.o./s.t., (Am., infml., fig.)* nie/geen hond haaraf (*of* geen vordering) met iem./iets maak nie, niks met iem./iets bereik/regkry (*of* uitgerig kry) nie. ~**born** *n.* eersgeborene, oudste kind. ~**born** *adj.* eersgebore. ~ **choice** voorkeur. ~ **class** *n.* eerste klas; *pass (in the) ~ ~* (in die) eerste klas slaag. ~**-class** *adj.* eersteklas, =rangs, =graads, prima, uitstekend, uitmuntend, uitnemend; *~ compartment* eersteklaskompartement; *~ power* eerstenangse/groot moondheid. ~ **class** *adv.: travel ~ ~* (in die) eerste klas reis. ~ **coat** grondlaag. ~ **cost** aanvangskoste; oprigtingskoste; installeringskoste. ~ **cousin** eie/volle neef/niggie. ~**-day cover** *(filat.)* eerstedagkoevert. ~**-degree**

adj. (attr.): ~ *burn* eerstegraadse brandwond; ~ *murder, (Am., jur.)* voorbedagte (*of* vooraf beplande) moord, moord met voorbedagte rade (*of* sonder versagtende omstandighede). ~ **dying** *(jur.)* eerssterwende. ~ **edition** eerste uitgawe *(v. 'n boek)*. ~ **finger** wys-, voorvinger. ~**-foot,** ~**-footer** *n., (Sk.)* eerste besoeker/(kuier)gas van die nuwe jaar. ~**-foot** *ww., (Sk.)* die eerste besoeker/(kuier)gas van die nuwe jaar wees. ~ **fruit(s)** eerstelinge (van die oes); eerste resultate. ~ **gear** →GEAR. ~ **generation** *(rek.)* eerste geslag. ~**-generation computer** eerstegeslagrekenaar. ~**-grade** eerstegraads, -rangs; ~ *clerk* eerstegraadklerk. ~ **hand** *n.*: *at* ~ ~ direk, uit die eerste hand. ~**-hand** *adj.* eerstehands; direk, uit die eerste hand; ~ *experience* persoonlike ervaring/ondervinding. ~**-in-first-out** *adj.*: ~ *method of inventory valuation* eerste-in-eerste-uitmetode van voorraadwaardasie/-waardering. ~ **lady** *(Am., dikw.* F~ L~*)* presidentsvrou; goewerneursvrou; burgemeestersvrou; *the* ~ ~ *of jazz/etc.* die koningin van jazz/ens.. ~ **language** eerste taal, moedertaal. ~ **lieutenant** eerste luitenant. ~ **light:** *at* ~ ~ met dagbreek/daglumier. ~ **love** eerste liefde. ~ **mate** *(sk.)* eerste stuurman, opperstuurman. ~**-mentioned,** ~**-named** eersgenoemde. ~ **name** voor-, doop-, noemnaam; *call s.o. by his/her* ~ ~, *be on first-name terms with s.o.* iem. op sy/haar voornaam noem. ~ **night** première, eerste opvoering/uitvoering. ~**-nighter** premièreganger. ~ **offence** eerste oortreding. ~ **offender** eerste oortreder. ~ **officer** eerste offisier. ~ **part** *(jur.)*: *party of the* ~ ~ eersgenoemde party. ~**-past-the-post system** *(pol.)* meerderheidsbeginsel. ~ **person** *n.* eerste persoon; *novel written in the* ~ ~ ek-roman, eerstepersoonsroman, roman in die ek-vorm/eerstepersoonsvorm; ~ ~ *singular, (gram.)* eerste persoon enkelvoud. ~**-person** *adj.* ek-, eerstepersoons- *(vertelling, verteller, perspektief, ens.)*. ~ **principles** grondbeginsels. ~ **quarter** eerste kwartier; *(her.)* vrykwartier. ~**-rate** eersteklas, -rangs, -graads, prima, uitstekend, uitmuntend, uitnemend. ~**-rater** bobaas. ~ **reading** *(parl.)* eerste lesing *(v. 'n wetsontwerp)*. ~ **refusal** voorkoopreg. ~ **secretary** eerste sekretaris. ~ **slip** *(kr.)* eerste glip. ~**-strike** *adj. (attr.), (mil.)* eersteaanvals-; ~ *capability* eersteaanvalsvermoë; ~ *weapon* eersteaanvalswapen. ~ **term** *(wisk.)* beginterm, eerste term. ~**-time** *adj. (attr.)*: ~ *buyer* eerste(keer)koper; ~ *voter* iem. wat (vir) die eerste keer/maal stem. ~**-timer** *n.* eerste(keer)koper; iem. wat (vir) die eerste keer/maal ... ~ **vice president** eerste ondervoorsitter. ~ **violin** *(mus.)* eerste viool. ~ **watch** *(sk.: 20:00-24:00)* eerste wag. ~**-year** eerstejaar(s)-; ~ *student* eerstejaar(student).

first·ling *(arg.)* eersteling.

first·ly eerstens, ten eerste, vir eers, vereers, in die eerste plek/plaas.

firth, frith see-arm; riviermond.

fisc *(Rom., hist.; Sk., ook:* fisk*)* skatkis, staatskas, fiskus.

fis·cal *n., (jur.)* fiskaal. **fis·cal** *adj.* fiskaal, belasting(s)-, skatkis-; ~ *agent* skatkisagent; ~ *drag, (ekon.)* fiskale sleuring, inflasiebelasting, belasting deur inflasie; ~ *policy* fiskale beleid; ~ *year* begrotingsjaar *(v.d. owerheid); (Am.)* →FINANCIAL YEAR. ~ **(shrike)** *(orn.)* (jan)fiskaal, (fiskaal)laksman, tweedood, kanariebyter.

fish[1] *fish(es), n.* vis; *(infml.)* torpedo; *s.o. is a **big** ~, (infml.)* iem. is 'n groot kokkedoor; ~ *and **chips*** vis en (aartappel)skyfies/tjips; ***drink** like a* ~ →DRINK *ww.*; ***feed** the fishes, (infml.)* die visse kos gee, seesiek wees; verdrink; *the **Fishes**, (astrol.)* die Visse, Pisces; *neither* ~ *nor **flesh** (nor good red herring)* (nóg) vis nóg vlees; *make* ~ *of one and **flesh/fowl** of another* almal nie oor een kam skeer nie, met twee mate meet; *have other* ~ *to **fry*** ander sake (van meer belang) hê om te doen (*of* om op te let); iets anders te doen (*of* in die oog) hê; *a pretty **kettle** of* ~, *(infml.)* 'n mooi spul/lollery; 'n breekspul; *that's a pretty **kettle** of* ~*!, (ook, infml.)* daar's (vir jou) 'n ding!; ***lots of*** ~ baie vis; ***many*** ~ baie visse; ***play** a* ~ →PLAY *ww.*; *(the) **poor** ~!, (infml.)* (die) arme drommel/ou/vent/skepsel!; *a **queer** ~, (infml.)* 'n rare/eienaardige/vreemde skepsel (*of* 'n snaakse entjie mens); *the* ~ *are **running*** die vis loop; *there are as good* ~ *in the **sea** as ever came out of it (vero.), there are plenty more* ~ *in the **sea**, (fig.)* daar's (*of* daar is) (nog) baie visse in die see; *cry **stinking*** ~ →STINKING; *be like a* ~ *out of **water*** soos 'n vis op droë grond wees, uit jou element wees. **fish** *ww.* vis, visvang; hengel; afvis, bevis *(waters)*; ~ ***for*** *s.t., (lett.)* iets vang *(snoek ens.)*; *(fig.)* iets soek, na iets hengel *('n kompliment ens.)*; na iets vis *(inligting ens.)*; ~ *s.t. **out*** iets opvis *(uit d. water)*; iets uitvis *(geheime)*; iets opdiep *(feite)*; ~ ***out** the sea* die see leeg vang; *rivers/seas/sharks/etc. are being* ~*ed **out*** riviere/seë/haaie/ens. word/raak uitgevis; ~ *s.t. **up*** iets opvis. ~**-and-chip shop** vis-en-skyfie-winkel, viskafee. ~ **ball** visfrikkadel, -koekie. ~ **bladder,** ~ **sound** vis-, swemblaas. ~**bone** (vis)graat. ~**bowl** visbak, -kom. ~ **cake** visfrikkadel, -koekie. ~ **carver** visdienmes, groot vismes. ~ **club** klopper, viskierie, -knuppel. ~ **course** visgereg. ~ **culture** visteelt. ~ **culturist** visteler. ~ **curer** vissouter, -roker. ~ **cutlet** visskyf. ~ **dish** visskottel; visgereg. ~ **eagle** visarend; *vulturine* ~ ~ witaasvoël. ~**eye lens** *(fot.)* visooglens. ~ **farm** vistelery. ~ **farmer** visteler. ~ **farming** visteelt. ~ **fillet** vismootjie. ~ **finger,** *(Am.)* ~ **stick** *(kookk.)* visvinger. ~ **fork** visvurk. ~ **glue** vislym. ~ **hatchery** visbroeiery. ~ **hawk** visvalk. ~**-hook** vishoek, -haak. ~ **horn** vishoring. ~ **jaw** visbek. ~ **kettle** viskastrol. ~ **knife** vismes. ~ **ladder** visleer. ~**line** →FISHING LINE. ~**-liver oil** vislewerolie. ~ **market** vismark. ~**meal** vismeel. ~**monger** visverkoper, -handelaar. ~ **moth** vismot, papiervarkie, silwermot, silwervis(sie). ~**net, fishing net** visnet. ~**net stockings** *(mv.)* visnetkouse. ~ **oil** visolie, traan. ~ **paste** vissmeer. ~ **plate** visbord. ~ **pond** visdam(metjie), -vywer. ~ **pot** visfuik. ~ **roe** (vis)kuit. ~ **scale** visskub. ~ **server** visskep, -spaan. ~ **set** visstel. ~**skin disease** (vis)skub-, visvelsiekte, igtiose. ~ **slice** *(Br.)* groot vismes; visskep, -spaan. ~ **spear** visspies. ~ **stick** *(Am.)* →FISH FINGER. ~ **story** *(Am.: ongeloofwaardige verhaal)* wolhaarstorie. ~**tail** visstert; swa(w)elstert. ~ **tank** vistenk. ~ **trap** (vis)fuik. ~ **turner** panspaan. ~**wife** visvrou; *(fig.)* viswyf.

fish[2] *n.* las, klamp; spalklas; *(sk.)* spalkhout, -plaat; *(speletjies)* blokkie, skyfie. **fish** *ww.* las, klamp; *(sk.)* spalk; ~*ed joint* spalklas. ~ **bolt** las-, spalkbout. ~ **joint** spalklas. ~**plate** *(spw.)* spalk-, lasplaat; bindplaat. ~ **screw** spalk-, lasskroef.

fish·er *(vero.)* visser; *(soöl.)* vismarter; vismarterpels; *a* ~ *of men, ('n evangelis)* 'n visser van mense. ~**folk** vissers.

fish·er·man *-men* visser. ~**'s bend** vissersteek, seeslag. ~**'s cottage** vissershuisie. ~**'s knot** vissersknoop.

fish·er·y visbedryf, vissery(bedryf), vissersbedryf; vistelery; visplek, -grond; visreg.

fish·i·ness →FISHY.

fish·ing hengel(sport), hengelary, visvang; visvangs, vissery; visplek; visreg; *go* ~ gaan visvang/hengel; ~ *with hook and line* hoekvissery. ~ **boat** vissersboot, visserskuit, visskuit. ~ **expedition** vistog; *(infml.)* uitvissery, snuffeltog. ~ **fleet** vissersvloot. ~ **fly** *(hengel)* kunsvlieg. ~ **gear,** ~ **tackle** hengel-, visgerei, hengel-, visgereedskap. ~ **ground(s)** visgrond. ~ **harbour** vis(sers)hawe. ~ **industry** visbedryf, vissery(bedryf), vissersbedryf. ~ **line, fishline** vislyn. ~ **net** →FISHNET. ~ **owl** visuil. ~ **port** vis(sers)hawe. ~ **rights** *(mv.)* visvangregte. ~ **rod** vis-, hengelstok. ~ **smack** vissersboot, visserskuit, visskuit. ~ **spider** visvanger-spinnekop. ~ **story** →FISH STORY. ~ **tackle** →FISHING GEAR. ~ **vessel** vis(sers)vaartuig. ~ **village** vissersdorp. ~ **zone** visvangsone.

fish-like visagtig.

fish·y visryk; visagtig, vis-; *(infml.)* verdag, twyfelagtig; *a* ~ *eye* 'n dowwe/uitdrukkinglose oog, 'n skelvisoog; *... smells a bit* ~, *there's something* ~ *about ..., (infml.)* ... lyk bra verdag, alles is (*of* daar's iets) nie pluis met ... nie, daar kleef 'n reukie aan ...; *there's (*or *there is) something* ~ *going on, (infml.)* daar's (*of* daar is) 'n slang in die gras, alles/iets is nie pluis nie. **fish·i·ness** visagtigheid; twyfelagtigheid.

fisk *(Sk., arg.)* →FISC.

fis·sile, fis·sion·a·ble *(fis., geol., mynb.)* kloofbaar, splytbaar. **fis·sil·i·ty** kloofbaarheid, splytbaarheid.

fis·sion splitsing, deling; *(biol.)* (sel)deling; *(fis.)* splyting, splitsing, klowing; *(fig.)* klowing. ~ **fungus** splytswam.

fis·sion·a·ble →FISSILE.

fis·sip·a·rous *(biol.)* splitsvermeerderend.

fis·si·ped *(soöl.)* spleethoewig.

fis·sure *n.* bars, skeur, kraak; kloof, spleet, reet; groef; naat. **fis·sure** *ww.* splyt, kloof. **fis·sured** gesplete, gekloof.

fist *n.* vuis; *(infml.)* poot, (lelike) handskrif; *tackle s.o. with **bare** ~s* iem. met die kaal vuis bydam; ***double/clench** one's* ~ jou vuis bal, vuis maak; ~*s **fly*** vuishoue val, (die) vuiste klap, (die) appels waai, daar word vuisgeslaan (*of* appels uitgedeel); *an **iron** ~ in a velvet glove, (fig.)* →IRON; ***make** a good* ~ *at/of ..., (infml.)* 'n knap/agtermekaar/kranige (*of* 'n doring van 'n) ... wees; ***put up** one's* ~*s* reg staan om te baklei/boks; ***shake** one's* ~ *at s.o.* vir iem. vuis maak/wys, jou vuis vir iem. wys; *hit/thump the **table** with one's* ~ met jou vuis op die tafel slaan; ***use/wield** one's* ~*s* vuis inlê. **fist** *ww.* (met die vuis) slaan/stamp. ~ **fight** vuisgeveg, -slanery. ~ **fighting** vuisslanery.

fist·ful hand vol.

fist·ic boks-, boksers-; vuis-; ~ *art* bokskuns.

fist·i·cuffs vuisgeveg, -slanery; boksery.

fis·tu·la *-las, -lae, (med.)* fistel; (spuit)buis. **fis·tu·lar, fis·tu·lous** fistuleus, fistel-; buisvormig, pypvormig.

fit[1] *n.* passing, (die) sit; snit; *it is a **close*** ~ dit gaan net in/deur, dit is nog net nommerpas (*of* nommer pas), dit gaan nog net; *be a **good*** ~, *(kledingstuk)* goed pas/sit; *be a **perfect*** ~ (net) nommerpas (*of* nommer pas) wees; *be a **tight*** ~ skaars kan in; *(kledingstuk)* knap/nou sit/pas, span. **fit** *adj. & adv.* passend, gepas, paslik; geskik; in staat, bekwaam; behoorlik; bruikbaar, dienlik, doelmatig, dienstig, agtermekaar; weerbaar, strydbaar; liggaamlik geskik; fiks *(in sport)*; gehard; *a man* ~ *to bear **arms*** 'n weerbare man; ~ ***behaviour*** gepaste/behoorlike gedrag; *I felt* ~ *to **cry*** ek kon sommer huil; ***deem*** ~ *to ...* →***see/think/deem***; ***feel*** ~ gesond/lekker voel; *(as)* ~ *as a **fiddle*** →FIDDLE *n.*; *be **fighting*** ~ →FIGHTING *adj. & adv.*; *be* ~ ***for*** ... vir ... geskik wees; vir ... deug; vir ... opgewasse wees *('n taak)*; ~ *and **healthy*** kerngesond; ***keep*** ~ fiks/gesond bly; *be dressed up* ~ *to **kill*** →DRESS *ww.*; *s.o. **looks*** ~ iem. lyk fiks; iem. sien daar gesond uit; *a* ~ *and **proper*** ... 'n geskikte ...; die aangewese/regte ...; ***see/think/deem*** ~ *to ...* dit goed/gepas/raadsaam ag/dink/vind om te ...; *act as one **sees/thinks*** ~ na (eie) goeddunke handel. **fit** *-tt-, ww.* pas, goed sit; aanpas; aanbring, aansit; (in)pas, insit; monteer; uitrus, inrig; voorsien, verskaf; geskik/passend wees; ooreenkom/ooreenstem met; pasmaak, laat pas; geskik maak, bekwaam; klop, strook; ~ *the **bill*** →BILL[1] *n.*; *the **cap*** ~*s* →CAP *n.*; *s.t.* ~*s the **facts*** iets strook met die feite; ~ *like a **glove*** →GLOVE *n.*; ~ ***in with*** ... by ... aangepas wees; by ... pas; in ... pas; met ... klop/strook; *s.t.* ~*s **in with the whole scheme of*** ... iets pas in die kader van ...; ~ *s.t. **in a wall*** iets inmessel/-bou; ~ *s.t. **in with*** ... iets met ... in ooreenstemming bring; *s.t.* ~*s **into*** ... iets pas in ...; ~ *s.t. **into*** ... iets in ... inpas; ~ *s.t. **on*** iets aanpas; iets aansit; ~ *s.o. **out*** iem. toe-/uitrus; ~ ***together*** inmekaar pas, inmekaarpas; *that's how it all* ~*s **together*** dis hoe die saak inmekaarsit/-steek (*of* inmekaar sit/steek); ~ *things **together*** dinge inmekaarpas/-sit/ineenvoeg (*of* inmekaar pas/sit); ~ *s.o. **up**, (Br., infml.)* iem. valslik betrek/inkrimineer; 'n strik/lokval vir iem. stel; ~ *s.t. **up*** iets monteer/opstel; iets inrig; ~ *s.o. **up** with s.t., (infml.)* iem. van iets voorsien, iem. met iets toerus, iets aan iem. verskaf. ~**-up** *n., (Br., infml.)* strik, (lok)val.

fit[2] *n.* toeval, skielike aanval; beroerte; bui, nuk; vlaag; *(i.d. mv.)* stuipe; *in a* ~ *of **anger*** →ANGER *n.*; *an **apoplectic*** ~ →APOPLECTIC; *have a* ~ *of the **blues*** →BLUES; *have a* ~ *of **coughing*** →COUGHING; *a* ~ *of **energy*** 'n werkbui; ***give** s.o. a* ~, *(infml.)* iem. die skrik op die lyf ja(ag) (*of* die bewerasie laat kry); iem. die piep (*of* die [aap/bobbejaan]stuipe) gee, iem. rasend maak (*of* lelik omkrap *of* laat ontplof); *s.o. nearly* ***had*** *a ~, (infml.)* iem. wou kleintjies (*of* [die] stuipe) kry; ***have*** *a ~* stuipe (*of* 'n toeval) kry; *s.o. will* ***have*** *a ~, (infml.)* iem. sal kleintjies (*of* [die] stuipe) kry; *be* ***in*** *~s* krom lê van die lag, onbedaarlik lag; ***in*** *a ~ of ...* in 'n bevlieging van ... *(woede ens.); go* ***into*** *~s* stuipe (*of* 'n toeval) kry; iets oorkom, (die) stuipe kry; *in a ~ of* ***pique*** →PIQUE *n.; be* ***seized*** *with a ~* stuipe (*of* 'n toeval) kry; *by/in ~s and* ***starts*** met rukke/horte en stote; *be* ***subject*** *to ~s* las van toevalle hê, aan toevalle onderhewig wees; ***throw*** *a ~, (infml.)* (die) stuipe kry. **fit·ful** ongereeld, wisselvallig, sporadies; onbestendig, veranderlik, ongestadig; (af)wisselend; onderbroke, onrustig *(slaap)*. **fit·ful·ly** ongereeld, met rukke/horte en stote; onrustig.

fit[3], fytte *n., (arg.)* vers *(v. 'n gedig/lied)*.

fitch *(vero.),* **fitch·ew** *(arg.)* →POLECAT.

fit·ly passend, geskik, behoorlik.

fit·ment onderdeel; meubelstuk; toerusting, uitrusting; *(i.d. mv.)* muurmeublement, =meubelment, ingeboude meublement/meubelment; toebehore; onderdele.

fit·ness gepastheid; geskiktheid; bruikbaarheid; betaamlikheid; fiksheid, geoefendheid; *~ for war* strydbaarheid.

fit·ted *(attr.)* ingeboude *(kas ens.)*; *~ bolt* pasbout; *fully ~ office/etc.* volledig uitgeruste kantoor/ens.; *~ sheet* paslaken.

fit·ter toeruster, uitruster; smid; loodgieter; passer, monteur; bandwerker; aanlêer; *~ and turner* passer en draaier, monteurdraaier. **~'s hammer** bankhamer.

fit·ting *n.* passing, (die) pas; (die) aanpas; (die) aanbring/aansit; (die) insit; (die) pasmaak; passtuk; (sluit)stuk; hulpstuk; montuur; *(i.d. mv.)* muurmeublement, =meubelment, (ingeboude) meublement/meubelment; (vaste) toerusting, uitrusting; by=, toebehore, benodig(d)hede; beslag; onderdele; hang-en-sluit-werk; *~s and fixtures* los en vaste toebehore, binne-inrigting. **fit·ting** *adj.* gepas, paslik, van pas, behoorlik, betaamlik; passend; aanpassend; *it is ~ that ...* dit is gepas/paslik dat ... **~ cubicle** aanpashokkie. **~ line** paslyn. **~ room** (aan)paskamer. **~ shop** monteerwinkel, =werkplaas, montasiewinkel, =werkplaas.

fit·ting·ly paslik, behoorlik, na behore, op gepaste wyse.

five vyf; →FIVES; ***bunch*** *of ~s, (Br., infml.)* vuis; opstopper, (vuis)hou; *~* ***hours*** vyf uur; *~* ***o'clock*** vyfuur; ***take*** *~, (infml.)* ('n) bietjie rus (*of* asemskep), 'n blaaskans(ie) geniet/neem/vat; ***wear*** *~s* nommer vyf dra. **~-and-dime (store), ~-and-ten(-cent store)** *(Am.)* goedkoopwinkel. **~-a-side** *(sport)* vyfmansokker. **~-day week** werkweek van vyf dae, vyfdag(werk)week, vyfdaagse (werk)week. **~-finger** *(bot.)* vyfvingerkruid; (soort) seester; *(igt.)* witstompneus. **~-finger exercise** *(mus.)* vyfvingeroefening; *(fig.)* kinderspeletjies. **~-finger grass** vyfvingerkruid. **~-gaited horse, ~-gaiter** vyfganggloper, =perd, vyfganger. **~ hundred/thousand/million/etc.** →EIGHT. **~-meter line** *(rugby)* vyfmeterlyn. **~-o'clock shadow** middagbaard, vyfuurstoppels. **~pin bowling, ~pins** vyfkegelspel. **~-power treaty** vyfmoondheidverdrag. **~-rand coin** vyfrandmunt. **~-sided** vyfsydig; vyfkantig. **~-speed** *adj. (attr.)* vyfgang=, vyfspoed=; *~ gearbox* vyfgang=, vyfspoedratkas. **~-star** *adj. (attr.)* vyfster=, topklas=; *~ hotel* vyfsterhotel. **~ stones** *(speletjie)* klip-klip. **~-volume** *adj. (attr.)* vyfdelige. **~-year** *adj. (attr.)* vyfjarige *(bestaan ens.)*, vyfjaar= *(kontrak, plan, ens.)*.

five·fold vyfvoudig; vyfledig.

fiv·er *(infml.), (Br.)* vyfpondnoot; *(Am.)* vyfdollarnoot.

fives fives, kaatsspel, kamertennis. **~ court** kaatsbaan.

fix *n.* moeilikheid, verknorsing, knyp, penarie, dikkedensie; knoeispul, knoeiery; posisie=, plekbepaling; *(dwelmsl.)* regmaker; *be* ***in*** *a ~, (infml.)* in die knyp/moeilikheid/nood (*of* die/'n verknorsing *of* 'n penarie) sit/wees; *now we're* ***in*** *a ~, (infml.)* nou is goeie raad duur; *get (o.s.)* ***in(to)*** *a ~, (infml.)* in die knyp/moeilikheid/nood (*of* die/'n verknorsing) beland/kom; *there is no* ***quick*** *~ for ..., (infml.)* daar is geen kitsoplossing vir ... nie. **fix** *ww.* vasmaak, =sit, =heg, bevestig; vasspyker; bind; aanbring, monteer; bepaal, vasstel, vaslê; reël, regkry; beslis; 'n keuse doen; styf/dik word; afreken met; fikseer; *(infml.: kastreer)* regmaak, dokter *('n dier)*; *~ one's* ***attention*** *(up)on ...* →ATTENTION; *~ a* ***date*** 'n datum bepaal; *~ s.t.* ***down*** iets vasmaak/=sit/=heg; iets vasspyker; *~ one's* ***eyes*** *on/upon s.t.* jou oë op iets vestig; *~ ... with one's* ***eyes*** ... aanstaar; *~ a* ***match*** 'n wedstryd beknoei, die uitslag van 'n wedstryd vir omkoopgeld laat swaai; *~ s.t. in/on one's* ***memory*** iets in jou geheue prent; *~* ***on*** *s.o.* op iem. pik, iem uitsoek; *~* ***on/upon*** *s.t.* iets kies/vasstel/bepaal, oor iets besluit *('n datum ens.)*; *~ s.t.* ***together*** iets aanmekaarsit/=heg; iets aanmekaarspyker; *~ s.t.* ***up*** iets regmaak/opknap (*of* in orde bring); iets skik; iets inrig; iets reël; *~ s.o.* ***up****, (infml.)* iem. huisves/herberg (*of* onderdak gee); *~ s.o.* ***up*** *with s.t., (infml.)* iem. aan iets help; iem. van iets voorsien; *~ it/things* ***up*** *with s.o., (infml.)* dit/sake met iem. reël.

fix·ate fikseer. **fix·at·ed** gefikseer. **fix·a·tion** bepaling, vasstelling, vaslegging; verdikking, stolling, binding; fiksasie, fiksering; *~ of prices* prysvasstelling. **fix·a·tive** *n.* hegmiddel; fikseermiddel, fiksatief. **fix·a·tive** *adj.* klewend; fikserend.

fixed vas; vasgestel(d); vasstaande; bepaald; standvastig; onbeweeglik; onbuigsaam, strak; gereël; gevestig; geset; *(chem.)* gebonde; *(jur.)* onroerend, spykervas; *how are you ~* ***for*** *money/etc.?, (infml.)* het jy genoeg geld/ens.?; *be ~* ***in*** vasgesit/ingeklem wees; *be ~* ***up****, (infml.)* geholpe wees; *s.o. is* ***well*** *~, (infml.)* iem. is goed af (*of* sit daar goed in). **~ address:** *with no ~ ~* sonder vaste adres. **~ balloon** kabelballon. **~ bath** ingemesselde bad. **~ bayonets:** *with ~ ~* met gevelde bajonet. **~ beam** vaste balk. **~ body** vaste liggaam. **~ brush** vaste borsel. **~ capital** vaste kapitaal. **~ carbon** *(chem.)* vaste koolstof. **~ charge** vaste tarief. **~ deposit** vaste deposito. **~ duty** vaste (invoer)reg. **~ engine** vaste enjin, standenjin. **~ establishment** vaste personeelsterkte/diensstaat. **~ focus** *(fot.)* vaste fokus. **~ gaze** star(re) blik. **~ idea** vaste idee; idée fixe. **~ income** vaste inkomste. **~-interest bearing** *adj.* met vaste rente. **~ light** vaste lig; vaste venster. **~ nitrogen** *(chem.)* gebonde stikstof. **~ oil** *(chem.)* nievlugtige olie. **~ point** vaste punt; uitgangspunt; rigpunt, vasgestelde punt; vaste pos *(v. 'n konstabel)*. **~ property** vasgoed, onroerende goed, vaste eiendom. **~ property profits tax** winsbelasting op vasgoed. **~ proportions:** *law of ~ ~* wet van vaste verhoudinge. **~ star** *(astron.)* vaste ster. **~-time call** afspraakoproep. **~-wing aircraft** vastevlerkvliegtuig.

fix·ed·ly vas; star, stip, strak; *gaze/look/stare ~ at ...* star/stip/strak na ... staar/tuur/kyk, ... aanstaar/aantuur.

fix·ed·ness vastheid; hegtheid; starheid, strakheid, onbuigbaarheid.

fix·er vasmaker; opknapper; beredderaar; tussenganger; *(fot.)* fikseerder, fikseermiddel.

fix·ing (die) vasmaak; vasstelling, vaslegging, bepaling; bewerkstelliging; hegstuk; fiksering; *(i.d. mv.)* toebehore, uitrusting; toestelle, apparate; meubels; bevestigingstukke, hegstukke; *~ of position* posisie=, plekbepaling. **~ bath** *(fot.)* fikseerbad. **~ fillet** *(teg.)* heglat, =strook. **~ lug** *(teg.)* hegoor, =klou. **~ screw** heg=, bevestigingskroef. **~ wire** binddraad.

fix·i·ty vastheid; onveranderlikheid; starheid; duursaamheid.

fix·ture vaste ding; vaste toebehoorsel, spykervaste voorwerp; hegstuk; vaste instelling; vastigheid; gereelde besoeker; (vasgestelde) datum; afspraak; wedstryd(bepaling); speelbeurt, speel=, wedstryddatum; *(i.d. mv.)* vaste toebehore/toebehoorsels/uitrusting; *list of ~s* datumlys, program (van wedstryde/toesprake/ens.); speel=, wedstrydlys.

fizz *n.* gebruis, bruising, borreling, geborrel, (die) bruis/borrel; gesis; *(infml.)* vonkel=, bruis=, skuimwyn, sjampanje. **fizz** *ww.* bruis, borrel; sis; *~ up* opbruis, opborrel. **fiz·zle** *n.* gesis; *(infml.)* mislukking, fiasko. **fiz·zle** *ww.* sis, saggies bruis, sputter; *~ out* doodloop; op niks uitloop. **fiz·zy** bruisend, bruis=; skuimend, bruisend *(wyn)*; skuimerig, borrelend; *~ drink* bruisdrank.

fjord, fiord *(geog.)* fjord. **~ shoreline** fjordekus.

flaai·taal, fly·taal *(SA, townshipsl.)* flaaitaal.

flab *(infml., neerh.)* vetrolle(tjies), vetjies; *fight the ~, (skerts.)* 'n stryd teen die vetrolle(tjies)/vetjies voer, van die oortollige vetrolle(tjies)/vetjies ontslae (probeer) raak, die vetrolle(tjies)/vetjies (probeer) afskud. **flab·bi·ness** slapheid; pap(perig)heid; lamsakkigheid, vrotsigheid; flouheid. **flab·by** =*bier* =*biest* slap(perig) *(spiere, maag, ens.)*; pap(perig) *(groente)*; pap(perig), slap(perig), lamsakkig, vrotsig, futloos *(iem.)*; sleg, swak, vrotsig, lomp *(toespraak)*; swak *(intrige)*; slap *(styl)*; flou *(verskoning, argument)*.

flab·ber·gast *(infml.)* dronkslaan, uit die veld slaan, verstom, verbyster, oorbluf, verbluf, verbaas. **flab·ber·gast·ed** dronkgeslaan, uit die veld geslaan, verstom, oorbluf, verbluf, verslae, verbaas, oopmond. **flab·ber·gast·ing** *adj. (pred.), (infml.)* ongelooflik, verbasend, verstommend.

fla·bel·lum *(biol.)* =*bella*, waaier. **fla·bel·late** waaieragtig. **fla·bel·li·form** waaiervormig.

flac·cid slap, pap(perig), sag, buigsaam; verwelk, verlep; *(fig.)* futloos, lusteloos. **flac·cid·i·ty** slapheid, pap(perig)heid.

flack[1] *n., (Am., infml.)* skakelbeampte; mediawoordvoerder, persbeampte.

flack[2] *n.* →FLAK.

flag[1] *n.* vlag, vaandel; ***dip*** *the ~* met die vlag salueer; ***dress*** *s.t. with ~s* iets bevlag *('n skip ens.)*; ***fly*** *a ~* 'n vlag laat wapper/waai; 'n vlag hys; *keep the ~* ***flying*** die stryd voortsit, volhard; *go down with all ~s* ***flying*** met eer ondergaan; ***hoist/raise*** *(or* ***put/run up****) a ~* 'n vlag hys; ***lower/strike*** *(or* ***haul/take down****) a ~* 'n vlag stryk; *~* ***of*** *convenience, (sk.)* dienstigheidsvlag; *~* ***of*** *distress* noodvlag; *~* ***of*** *truce* wit vlag, vredesvlag; onderhandelingsvlag; parlementêre vlag; *~* ***of*** *victory* oorwinnings=, segevlag; ***show*** *the ~, (vlootskepe in vreemde hawens)* 'n amptelike besoek bring; ***unfurl*** *a ~* 'n vlag ontplooi (*of* laat wapper); ***wear*** *a ~* 'n vlag voer; *hoist the* ***white*** *~* die wit vlag opsteek, (jou) oorgee. **flag** =*gg*=, *ww.* vlag; bevlag, met vlae versier; (met vlae) sein; met 'n vlaggie merk *('n bl. ens.)*; *(fig.)* die aandag vestig op; *(grensregter)* sy/haar vlag uitsteek/lig/opsteek (*of* omhoog hou); *~ down a taxi/etc.* 'n taxi/ens. voorkeer, (aan/vir) 'n taxi beduie/wys om stil te hou. **~ captain** vlagkaptein. **F~ Day** *(Am.: 14 Junie)* Vlagdag. **~ day** *(Br.)* kollektedag. **~ deck** vlagdek. **~ lieutenant** vlagluitenant, admiraalsadjudant. **~ list** lys van vlagoffisiere. **~man** *(sport)* grensregter, *(infml.)* vlagman; baan=, spoorwagter; vlagseiner. **~ officer** vlagoffisier, =voerder. **~pole** vlagpaal, =stok; *run s.t. up the ~ (to see who salutes)* kyk watse reaksie iets sal uitlok. **~ rank** vlagoffisiersrang. **~ship** *(lett.)* vlagskip, admiraalskip; *(fig.)* vlagskip, pronkstuk. **~-showing** vlagvertoon. **~ sign(al)** vlagsein. **~ signaller** vlagseiner. **~-signalling** vlagseinwerk, vlaespraak. **~staff** vlagpaal, =stok. **~ station** spoorweghalte. **~-waver** *(infml.)* vlagswaaier, jingo. **~-waving** *(infml.)* vlagswaaiery.

flag[2] *n.* plaveiklip; lensskerm *(v. 'n TV-kamera)*. **flag** =*gg*=, *ww.* plavei, (met klippe) uitlê, (uit)straat; *~ged path* klippaadjie. **~ pavement** klipplaveisel. **~stone** plaveiklip.

flag[3] =*gg*=, *ww.* afhang, slap hang; sak, sink; verslap, verflou, kwyn.

flag[4] *n., (bot.)* flap, iris, lisblom; *sweet ~* kalmoes.

flag·el·late *n., (sööl.)* sweepdiertjie. **flag·el·late** *ww.* gesel. **flag·el·late, flag·el·lat·ed** *adj.* sweephaar=, met sweephare; geseldraend; *~ cell* sweephaarsel. **flag·el·lant** *n.* (self)kasty(d)er, (self)geselaar; *(hist.)* geselbroeder, =monnik, flagellant. **flag·el·lant** *adj.* kastydend, geselend. **flag·el·la·tion** (self)kastyding, (self)geseling.

fla·gel·lum =*gella, (biol.)* sweephaar, flagel(lum); *(bot.)* uitloper. **fla·gel·li·form** sweep=, flagelvormig.

flag·eo·let[1] *(mus.), (soort snawelfluit)* flageolet; flageolet, fluitregister *(v. 'n orrel)*. **~ flute** flageoletfluit.

flag·eo·let[2] *(bot.)* flageolet(boon).

flag·ging¹ klipplaveiwerk; (klip)plaveisel, plaveiklippe.

flag·ging² verslapping, verflouing, kwyning.

fla·gi·tious misdadig, skurkagtig, boos(aardig); gemeen, laag. **fla·gi·tious·ness** misdadigheid; gemeenheid.

flag·on skinkkan, flakon, (buik)fles.

fla·grant verregaande, skreiend, blatant, flagrant; opvallend, ooglopend, klaarblyklik; openlik, skaamteloos, onbeskaamd; gruwelik. **fla·gran·cy** verregaandheid, blatantheid, (die) flagrante; opvallendheid; openlikheid, skaamteloosheid. **fla·grant·ly** blatant, openlik; klaarblyklik, duidelik; skaamteloos, onbeskaamd *(flankeer)*; gruwelik *(beledig)*; ooglopend *(veron[t]agsaam)*; skreiend *(onregverdig)*; flagrant *(verstoot)*.

fla·gran·te de·lic·to: *in ~ ~, (Lat., jur)* op heter daad.

flail *n. (landb.)* (dors)vleël, dorsstok; *(teg.)* swaaimes *(aan 'n masjien)*; *(mil., hist.)* slaanketting. **flail** *ww.* wild/woes swaai/slaan (met); afransel, toetakel, bydam, bykom; *(landb.)* dors; *~ about* rondslaan, (wild/woes) met die arms swaai; rondspook; *~ at ...* slaan na ... ~ **tank** *(mil.)* mynslaantenk.

flair aanleg, flair; *have a ~ for s.t.* aanleg vir iets hê, vir iets aangelê wees; 'n (goeie) neus vir iets hê.

flak, flack lugafweer(vuur); lugafweergeskut; *(infml.)* teen-, teëkanting; ***get*** (or ***come in for***) *a lot of ~, (fig.)* kwaai onder skoot/vuur kom (*of* goed deurloop) oor iets; ***give*** *s.o. a lot of ~ for s.t., (fig.)* iem. dit oor iets laat ontgeld, iem. goed voor stok kry (*of* lelik laat les opsê) oor iets; ***pick up*** (or ***run into***) *~, (lett.)* lugafweervuur teëkom/teenkom; *(fig., infml.)* teen-/teëkanting kry; ***take*** *the ~ for s.t., (fig.)* deurloop (*of* onder skoot/vuur kom) oor iets. ~ **gun** lugafweerkanon. ~ **jacket** koeëlvaste baadjie.

flake¹ *n.* skilfer, snysel, brokkie, stukkie; vlok; skub, blaadjie, plaatjie; laag; vonk; gestreepte angelier; *(Am., infml.)* malkop, anderste(r)/eksentrieke entjie mens, rare/eienaardige/vreemde skepsel; *(Am., sl.: kokaïen)* koka. **flake** *ww.* skilfer; vlok; pluis, skoonmaak *(vis)*; →FLAKING, FLAKY; *~d* ***almonds*** amandelvlokkies; *~* ***off*** afskilfer, opskilfer; *~* ***out,*** *(infml.)* omkap, flou val; omval van uitputting; aan die slaap raak. ~ **white** suiwer loodwit.

flake² *n.* rak; steier; platformpie.

flak·ing (af)skilfering; vlokking.

flak·y skilferig; vlokk(er)ig; skubagtig; *(Am., infml.)* malkop, mallerig, (van lotjie) getik, anderste(r), snaaks(erig), eksentriek; *~ pastry* blaardeeg, -kors. **flak·i·ness** afskilfering; vlokk(er)igheid; skubagtigheid.

flam *(dial.)* foppery, bedrog.

flam·bé *(Fr., kookk.)* vlam-; *banana ~* vlampiesang.

flam·beau *-beaus, -beaux, (Fr.)* fakkel; groot kandelaar.

flam·boy·ant *n., (bot.)* flambojant. **flam·boy·ant** *adj.* flambojant, uitspattig, oordadig, weelderig, swierig, skouspelagtig; vertonerig, grootdoenerig; fel, kleurryk, kakelbont; ryklik versier; bloemryk; gevlam(d), vlammend; *~ structure* vlamstruktuur; *~ style* bloemryke styl; *(argit.)* flambojant-, vlamstyl. **flam·boy·ance, flam·boy·an·cy** prag *(v. kleur)*; swierigheid *(v. kleredrag)*; skouspelagtigheid *(v. verekleed)*; vertonerigheid, grootdoenerigheid *(v. gebaar)*; oordadigheid, weelderigheid *(v. lewenstyl)*; praal, vertoon, glans(rykheid).

flame *n.* vlam; hitte; vuur; ***burst*** *into ~s* in vlamme uitbars/slaan; ***fan*** *the ~s* die vuur aanblaas/aanwakker; *(fig.)* olie op/in die vuur gooi; ***fan*** *the ~s of hatred* haat aanblaas; ***fan*** *the ~s of s.o.'s jealousy* iem. se jaloesie opwek; ***fan*** *the ~s of passion* gevoelens laat opwel, emosies aanwakker, die gemoedere laat opvlam (*of* laat hoog loop); ***fan*** *the ~s of resentment* wrewel laat oplaai; *add* ***fuel*** *to the ~s, (fig.)* olie op/in die vuur gooi; ***go up*** *in ~s* in vlamme opgaan, verbrand; ***be in*** *~s* in vlamme staan; *a* ***naked*** *~* 'n oop vlam; *an* ***old*** *~ of s.o., (infml.)* 'n ou kêrel/nooi/stuk van iem.; *a* ***sea*** *of ~s* 'n vlammesee, 'n see van vlamme; ***smother*** *the ~s* die vlamme smoor. **flame** *ww.* brand; vlam, skitter, blink; gloei; opvlam, ontvlam; aan die brand steek; *(kookk.)* vlam *('n gereg)*; met vlamme sein; uitgloei, uitbrand; *~ up* opvlam, ontvlam; opstuif, opvlieg *(in woede)*, uitbars, woedend word; *(vuur, haat, woede, ens.)* oplaai. ~ **bush** vuurbos(sie), brandendebos. ~ **cleaning** afbranding. ~ **colour** vlamkleur. ~-**coloured** vlamkleurig. ~ **creeper** vlamklimop. ~-**cut** *(ing.)* snybrand. ~ **cutter** snybrander. ~**flower** vuurpyl, druifaalwyn. ~ **lily** vuurlelie. ~-**projector** →FLAMETHROWER. ~**proof** vlamdig, plofvry *(motor)*; brandvry *(draad, kabel)*; vlamdig *(masjien, skakelaar, telefoon)*. ~-**resistant** brandtraag. ~-**thrower,** ~-**projector** vlamwerper. ~-**throwing tank** vlam(werper)tenk. ~ **tracer** spoorverligter. ~ **trap** vlamvanger. ~ **tree** vlamboom.

flamed gevlam(d).

fla·men·co *-cos, (Sp.)* flamenco/flamenko(musiek); flamenco/flamenko(dans).

flam·ing *n.* opvlamming; *~ of surfaces* skroeiing. **flam·ing** *adj. (attr.)* vlammende, skroeiende, gloeiende; vuurrooi *(wange)*; hewige *(rusie)*; bruisende, onblusbare, weergalose *(geesdrif)*; intense, brandende, vurige *(liefde)*; regte *(laspos)*; dekselse, vervlakste *(ding ens.)*; *be* ***absolutely*** *~, be in a ~* ***temper*** briesend/rasend/smoorkwaad/woedend (*of* buite jouself [van woede]) wees, kook (van woede); *you ~* ***idiot!,*** *(infml.)* jou simpel(e) sot!; *~* ***poppy,*** *(bot.)* vlampapawer; *it's a ~* ***waste*** *of time* dis pure tydmors. **flam·ing** *adv.: too ~* ***idle/lazy*** te verbrands lui; *~* ***red*** vuurrooi; *who does s.o. ~* ***well*** *think he/she is?* wie d(i)e duiwel (*of* wie op aarde) dink iem. is hy/sy?.

fla·min·go *-go(e)s* flamink. ~ **flower,** ~ **plant** flamingoplant, anthurium.

flam·ma·ble brandbaar, (ont)vlambaar. **flam·ma·bil·i·ty** (ont)vlambaarheid, brandbaarheid.

flan randtert, flan; randkoek, flan. ~ **tin** rand-, flanpan.

Flan·ders *n.* Vlaandere. **Flan·ders** *adj.* Vlaams. ~ **poppy** klaproos.

flange *n.* flens, rand; kraag *(v. 'n pyp)*. **flange** *ww.* (om)flens. **flanged** geflens(de/te), omflens(de/te), gerand(e), flens-; *~ coupling* flenskoppeling; *~ hole* kraaggat. **flang·ing** (om)flensing.

flank *n.* flank, sy; lies; kant; vleuel; hang *(v. 'n berg)*; ***on the*** *~* op die flank; ***thick*** *~* diklies *(v. 'n bees)*; ***thin*** *~* dunlies *(v. 'n bees)*; ***turn*** *the ~ of an army* 'n leërmag omtrek. **flank** *ww.* flankeer; *(mil.)* in die flank aanval/bedreig; *~ed by ...* met ... (aan) weerskante. ~ **attack** syaanval. ~ **fire** flankvuur, vuur uit die flank(e). ~ **(forward)** *(rugby)* flank(voorspeler), kantman. ~ **guard** *(mil.)* flankdekking. ~ **wool** lieswol.

flank·er *(rugby)* flank(voorspeler), kantman; *(mil.)* vleuelfort.

flan·nel flanel, flennie; *(i.d. mv.)* flanelonderklere; *(i.d. mv.)* flanelbroek; *grey ~s* kamstofbroek. ~**board,** ~**graph** flenniebord. ~ **cake** roosterkoek. ~ **dance** informele dansparty. ~ **trousers** flanelbroek.

flan·nel·ette flanelet, katoenflanel.

flan·nel·ly flanelagtig.

flap *n.* klap, slag; pant; klep; lel(letjie); lappie; luik, deksel; oorslag *(v. 'n koevert ens.)*; klap *(v. 'n boek, tent, ens.)*; *(lugv.)* (vlerk)klap; (afhangende) rand *(v. 'n hoed)*; slip *(v. 'n jas)*; geklap(wiek) *(v. vlerke)*; *(infml.)* konsternasie, geskarrel, opskudding; ***back*** *~* agterklap *(v. 'n boek)*; *there is a* ***big/great/terrific*** *~ (on) about/over s.t., (infml.)* daar is 'n groot opskudding oor iets; ***front*** *~* voorklap *(v. 'n boek)*; *be* ***in*** *a ~, (infml.)* opgewonde/paniekerig/verbouereerd wees; *get* ***into*** *a ~, (infml.)* opgewonde/paniekerig/verbouereerd raak. **flap** *-pp-, ww.* flap(per), klap(per), fladder, slaan, waai; *(hond ens.)* flap, skud *(sy ore)*; *(voël)* klap *(sy vlerke)*; *~ away, (voël)* wegvlieg. ~**doodle** *(Am., infml.)* twak, kaf, bog, snert, onsin. ~-**eared** met hangore, hangoor-. ~ **hinge** klapskarnier. ~**jack** flappertjie, plaatkoekie; *(Am.)* pannekoek; (sak)poeierdosie, flapdosie. ~ **pocket** klapsak. ~ **seat** klapstoel. ~ **table** klaptafel. ~ **tile** sluitpan. ~ **trousers** klapbroek. ~ **valve** skarnierklep. ~ **window** tuimelvenster.

flap·pet lark *(orn.: Mirafra rufocinnamomea)* laeveldklappertjie.

flare *n.* flikkering, geflikker, geflakker; gloed, vlam; (lig)fakkel; skitterlig; ligbaken; buiging, ronding; *(fot.)* vlam, kaatsvlek; oorhang *(v. 'n boeg)*; *(i.d. mv., infml.)* klokpypbroek. **flare** *ww.* flikker, flakker; opvlam, gloei; opbuig; uitsit; uitbol, bol staan; (uit)klok; oopsper; *~ up* opvlam; opstuif, opvlieg *(in woede)*, uitbars, woedend word, vlam vat. ~ **bomb** fakkel-, ligbom. ~ **light** ligbol; observasielig. ~ **path** fakkelbaan. ~ **pistol** fakkel-, ligpistool. ~ **signal** fakkelsein. ~-**up** opflikkering; opvlamming; uitbarsting, opstuiwing.

flared *adj. (attr.)* klok-; *~ skirt* klokromp; *~ trousers* klokpypbroek.

flash *n.* flikkering, skittering; flits, straal, skig; vlam, blits; pronkerigheid, opsigtigheid; *(mil.)* kleurlappie; stroom, golf; vlaag; ***in/like*** *a ~* in 'n kits/oogwenk/oogwink, blitsvinnig; *a ~* ***of*** *hope* 'n flikkering van hoop; *a ~* ***of*** *lightning* 'n blits, 'n weerlig-/bliksemstraal; *a ~* ***in the pan,*** *(fig.)* 'n gelukskoot/-slag; 'n eenmalige sukses/treffer; 'n eendagsvlieg; *a ~* ***of wit*** 'n kwinkslag/geestigheid; 'n sprankeling van (die) gees. **flash** *adj. (infml.)* spoggerig, pronkerig, windmaker(ig); vals, nagemaak; skielik, plotseling; *(arg.)* diewe-; *(arg.)* huigel-; *(arg.)* onsedelik. **flash** *ww.* flikker, vonkel, skitter, glinster; flits, skiet; opvlam; uitsprei; stroom; *(teg.)* voeë dek; *(infml.)* jou ontbloot; *~* ***back*** terugflits; *~* ***by/past*** verbyflits; *s.o.'s eyes ~ed* ***fire*** iem. se oë het vonke geskiet; *~ a* ***lantern*** met 'n lantern lig; *~ a* ***message*** 'n boodskap sein; *~* ***past*** →***by/past;*** *s.o. ~ed a* ***smile*** iem. se gesig het met 'n glimlag opgehelder; *~ a* ***smile*** *at s.o.* vir iem. glimlag; *it ~ed* ***upon*** *s.o.* dit het iem. te binne geskiet. ~**back** terugflits. ~**bulb** *(fot.)* flitsgloeilamp. ~ **burn** stralingsbrandwond. ~-**butt welding** flitsstuiksweising; flitsstuiksweiswerk. ~ **card** flitskaart. ~**cube** *(fot.)* flitsblokkie. ~-**dry** *adj.* winddroog. ~ **flood** kitsvloed, skielike/plotselinge oorstroming/vloed. ~-**freeze** *ww.* snelbevries *(kos ens.)*. ~ **gun** *(fot.)* flitstoestel. ~**light** *(fot.)* flits(lamp); flikkerlig; *(Am.)* flits(lig), →TORCH; *~ advertisement* ligreklame, ligletters. ~ **message** flitsberig. ~**over** vonksprong. ~ **photography** flitsfotografie. ~ **point, flashing point** vlampunt; *(chem.)* flitspunt. ~ **powder** *(fot.)* flitspoeier.

flash·er *(mot.)* flikkerlig; *(infml.: ekshibisionis)* ontbloter, broekaftrekker.

flash·ing *n. & adj.* skittering; geflikker, gevonkel; lood-, dak-, geutlap; voeglood; oorslaglas; flikkerend; skitterend; flitsend; *~ light* flikkerlig, flitslig; *~ point* vlampunt; *(chem.)* flitspunt.

flash·y pronkerig, spoggerig, vertonerig, grootdoenerig, windmaker(ig); fel, kleurryk, kakelbont. **flash·i·ness** pronkerigheid *ens.*.

flask *(ook chem., fis.)* fles; veld-, heupfles; vakuumfles; mandjiefles; *(hist.)* kruitbus, -fles; *conical ~, (chem.)* koniese fles. **flask·et** flessie; lang, plat mandjie.

flat¹ *n.* plat kant; (hand)palm; afplatting; gelykte, vlakte; *(gew. i.d. mv.)* laagte; *(mus.)* mol(teken); *(teat.)* skerm; *(infml.)* pap band; *(sk.)* platboomvaartuig; *(Am.)* laehakskoen; *the ~ of the hand* die handpalm; *on the ~* op die gelykte. **flat** *adj. & adv.* glad; gelyk; plat; vlak; saai, vaal, eentonig, oninteressant; laf, smaakloos; flou, futloos, lusteloos, pap; onbesiel(d); platvloers *(styl)*; verslaan, sonder vonkel *(bruisdrankie ens.)*; pap *(battery, band)*; afgeloop *(battery)*; mat, glansloos *(verf, vernis)*; dof *(skakering)*; vlak, sonder kontras *(foto ens.)*; *(han.)* flou, traag, stil *(mark ens.)*; *(attr., han.)* eenvormige *(prys ens.)*; *(attr., han.)* vaste *(loon, tarief, ens.)*; volstrek, absoluut, volkome; reguit, onverbloem(d), onomwonde; *(mus.)* mol; *(mus.)* te laag; *(mus.)* vals; toonloos *(stem)*; →FLATLY; ***A*** *~, (mus.)* A-mol; ***A*** *~ major/minor, (mus.)* A-mol majeur/mineur; *s.o. has fallen ~ on his/her* ***back,*** *lie ~ on one's* ***back*** →BACK *n.*; *~* ***broke*** →BROKE²; *~* ***calm*** (volstrekte) windstilte; ***dead*** *~* →DEAD *adv.*; *a ~* ***denial*** →DENIAL; ***go*** *~, (bier)* verslaan; *('n band, battery)* pap word; ***in*** *ten seconds ~* in net/presies tien sekondes; *a ~* ***lie*** →LIE¹ *n.*; *~* ***out,*** *(infml.)* op/in/met volle vaart, (op/teen) volspoed; met/op volle krag; dat dit so kraak; oop en toe *(hardloop)*; *(as) ~ as a* ***pancake*** →PANCAKE; ***prices*** *are ~* die mark is flou/traag/stil; *a ~* ***refusal*** →REFUSAL; ***sing*** *~* vals sing; *s.t.* ***tastes*** *~* iets smaak flou; *and* ***that's*** *~!, (infml.)* en daarmee (is dit) uit en gedaan!, en daarmee basta!. **flat** -*tt*- *ww., (arg.)* plat maak; plet. ~ **angle** gestrekte hoek. ~ **arch** plat boog. ~**-bed lorry** platbaklorrie, -vragmotor. ~**-bed press** platpers. ~ **beer** verslaande bier. ~**-bit drill** platboor. ~**boat,** ~**-bottomed boat** platboomskuit. ~ **bottom** plat boom. ~**-bottom drill** teenboor. ~**-bottomed** platboom-. ~ **candlestick** blaker. ~**car** *(Am., spw.)* plat goederewa. ~ **carving** *(bouk.)* vlakreliëf. ~ **ceiling** vlak plafon. ~**-chested** *(pred.)* met plat borste, *(attr.)* platbors-. ~ **chisel** vlakbeitel. ~ **coat** grondlaag *(verf); (bouk.)* stryksellaag. ~ **collar** plat kraag. ~ **colour** dowwe kleur; gelykmatige kleur. ~ **cost** direkte koste. ~**crown** *(bot.: Albizia adianthifolia)* platkroon(boom). ~ **event** *(atl.)* baannommer. ~ **file** platvyl. ~**fish** platvis. ~ **foot** *(voet met 'n gesakte boog)* platvoet. ~**foot** -*foots*, -*feet, (infml., vero.: polisieman)* (plat)poot. ~**-footed** platvoet-; *catch s.o.* ~, *(infml.)* iem. onkant/onklaar/onverhoeds/onvoorbereid betrap/vang; ~ *forwards, (rugby)* lomp voorspelers; ~ *style* platvloerse styl. ~ **glassware** plaatglas. ~ **gutter** vierkantgeut. ~ **hand:** *with the* ~ ~ met die plat hand. ~**-heeled shoe** plat skoen, laehakskoen. ~**iron** *(hist.)* stryk-, parsyster. ~ **joint** vlakvoeg; *(geol.)* plaat naat. ~ **knot** platknoop. ~**land** vlakte, gelykte. ~**-leaved** plat-, breedblarig. ~**-nosed** plat-, stompneus, met die/'n plat/stomp neus. ~**-nose pliers** platbektang. ~**-out gallop** volle galop. ~ **pliers** plattang. ~ **race** *(perdesport)* platbaan(wed)ren. ~ **racing** *(perdesport)* platbaan(wed)renne *(sonder hindernisse).* ~ **rate** eenvormige/uniforme tarief; vaste tarief. ~ **rib** plat-, dunrib *(v. 'n bees).* ~ **roof** plat dak. ~**-roofed house** platdakhuis. ~ **skylight** plat dakvenster. ~ **spin** plat tolvlug; *go into a* ~ ~, *(infml.)* die kluts kwytraak. ~ **surface** gelyk oppervlak; mat verf. ~ **tint** effe kleur. ~**top** *(haarstyl)* plat geskeerde borselkop; *(Am., infml.)* vliegdekskip; ~ *desk* skryftafel, plat skryfburo. ~**-topped hill/mountain** tafelkop, -berg. ~ **trajectory** gestrekte/vlak koeëlbaan. ~ **trowel** spatel. ~ **truck** plat vragwa/lorrie; plat goederewa/trok. ~ **tyre** pap band, lekband. ~**ware** *(Am.)* borde; messegoed. ~**worm** platwurm.

flat² *n.,* woonstel; *a block of* ~*s* 'n woonstelgebou/woonstelblok. ~ **building** woonstelgebou, woonstelblok. ~**-dweller** woonstelbewoner. ~**-hunting** woonstelsoekery; *be* ~ (na) 'n woonstel soek; *go* ~ gaan woonstel soek, na woonstelle gaan kyk. ~**land** woonstelbuurt. ~**mate** woonstelmaat.

flat·let woonstelletjie.

flat·ly plat; heeltemal, heftig, kategories, ten stelligste/sterkste *(ontken);* botweg, vasberade, beslis *(weier);* prontuit *(stel);* uitdrukkingloos *(sê);* reëlreg *(in stryd met iets); (fot.)* vlak *(verlig).*

flat·ness platheid; gelykheid, effenheid; saaiheid, vaalheid, eentonigheid, verveligheid; *ens.* →FLAT¹ *adj. & adv..*

flat·ten plat/gelyk maak; plat slaan; neerslaan; plet; afplat; plat/gelyk word; verslaan; ~ *out* gelyk/plat word; ~ *s.t. out* iets gelykmaak; iets glad stryk; iets plat hamer/slaan. **flat·tened** *(ook)* afgeplat. **flat·ten·ing** (die) plat maak/slaan; pletwerk; afplatting.

flat·ter¹ *ww.* vlei, die heuningkwas gebruik; streel; *be/feel* ~*ed at/by* ... deur ... gevlei voel; ~ *o.s. that one* ... jou verbeel jy ...; *s.t.* ~*s s.o.* iets vlei iem. *('n hoed, foto, ens.).* **flat·ter·er** vleier, flikflooier, mooiprater. **flat·ter·ing** vleiend *(klere ens.);* ~ *words* vleiende/strelende woorde, vleitaal. **flat·ter·y** vleiery, gevlei, vleitaal, mooipraatjies; ~ *will get you nowhere* vleitaal sal jou niks help nie; *be susceptible to* ~ vir vleiery vatbaar wees.

flat·ter² *n.* plethamer.

flat·ting (die) plat maak; pletwerk; (die) mat maak; mat verf. ~ **hammer** plethamer. ~ **mill** pletmeul; pletery.

flat·tish platterig; papperig.

fla·tus -*tuses* (maag/buik)wind. **flat·u·lence** winderigheid, opgeblaasdheid, flatulensie; opgeblasenheid, verwaandheid. **flat·u·lent** opgeblaas, winderig, flatulent; opgeblase, verwaand.

flat·ways, flat·wise plat, op die (plat) kant.

flaunch·ing skoorsteenafskuinsing.

flaunt *n.* gewapper, vertoon. **flaunt** *ww.* pronk/spog (met); paradeer, vertoon; te koop loop (met); wapper, wuif; ~ *s.t. in front of s.o.* voor iem. met iets pronk/spog; ~ *o.s.* pronk, spog. **flaunt·ing·ly, flaunt·y** spoggerig, windmaker(ig); opdringerig; opsigtig.

flau·tist, *(Am.)* **flu·tist** fluitspeler, -blaser, fluitis.

fla·ves·cent gelerig; geelwordend, vergelend.

fla·vor·ous geurig.

fla·vour *n.* smaak; geur, aroma; bysmaak; *be the* ~ *of the month/week/year, (infml.)* die jongste/nuutste gier/gril/mode wees; baie gewild *(of* die in ding) wees; *a sharp* ~ 'n skerp geur. **fla·vour** *ww.* geur, krui(e); smaaklik maak; 'n smaak/geur gee; *be* ***highly*** ~*ed* sterk gekrui(e) wees; ~ *s.t.* ***with*** ... iets met ... geur; *be* ~*ed* ***with*** ... met ... gegeur wees; 'n smaak van ... hê; ~*ed* ***with*** ..., *(ook)* met 'n smaak van ... ~ **fruit** geurvrug.

fla·vour·ing geursel; smakie; smaakmiddel; krui(d)ery.

fla·vour·less smaakloos; geurloos.

fla·vour·some smaaklik; geurig.

flaw¹ *n., (poët., liter.)* vlaag, rukwind.

flaw² *n.* bars, skeur; fout, gebrek, leemte, defek; swak plek; gles *(in 'n diamant); (geol.)* (dwars)skeurverskuiwing. **flaw** *ww.* bars, skeur; bederf. **flawed** gebrekkig, defek. **flaw·less** sonder gebrek; onberispelik; foutvry; vlekkeloos, smet(te)loos; ~ *diamond* gleslose diamant.

flax *(bot.)* vlas; *(Linum africanum)* wildevlas; *blue/wild* ~, *(Heliophila* sp.*)* sporrie. ~ **culture,** ~ **growing** vlasbou, -boerdery. ~**seed** lyn-, vlassaad. ~**weed** vlaskruid.

flax·en vlas-, van vlas; vlaskleurig, ligblond; ~ *yarn* vlasdraad, -garing, -gare. ~**-haired** vlasblond, vaalhaar-.

flay afslag, afstroop, (die) vel aftrek, vil; afskil; vlek *(vis); (fig.)* roskam, kap, oor die kole haal, voor stok kry; *(fig.)* afpers; ~ *the bowling, (kr.)* die balle rondmoker; ~ *s.o. alive, (infml., fig.)* iem. vermorsel. ~**flint** *(vero.)* gierigaard, vrek, bloedsuier.

flay·er afslagter; afskiller; afkammer.

flay·ing knife slagmes.

flea vlooi; *come away with a* ~ *in the ear, (infml.)* droëbek daarvan afkom; *send s.o. away/off with a* ~ *in the/his/her ear, (infml.)* iem. droëbek huis toe stuur, iem. afjak; *be infested with* ~*s, ('n plek)* van die vlooie vervuil wees; *('n dier)* krioel/wemel van vlooie. ~**bag** *(infml.), (slordige mens)* slons(kous), slodderkous, sloerie, slof; *(dier vol vlooie)* vlooisak; hool, gopserige hotel/ens.; slaapsak. ~**bane,** ~**wort** *(bot.)* vlooikruid. ~ **beetle** *(entom.)* vlooikewertjie, erdvlooi. ~**bite** vlooibyt; (rooi) vlekkie, spikkel; bakatel, kleinigheid. ~**-bitten** vol vlooibyte; rooi gespikkel(d). ~ **circus** vlooisirkus. ~ **collar** vlooiband. ~ **market** vlooimark. ~**pit** *(infml., neerh.), (bioskoop)* vlooifliek; *(teat.)* vlooines.

fleam lanset, vlym; *(teg.)* tandhoek *(v. 'n saag).*

flèche torinkie. **fle·chette** *(mil.)* pylkoeël.

fleck *n.* vlek; sproet; spikkel; stippie, stippeltjie. **fleck, fleck·er** *ww.* vlek; stippel. **flecked** gespikkel(d); gestippel(d); gevlek; ~ *cloth* vlekstof; *be* ~ *with* ... met ... bespikkel(d) wees; met ... besaai(d) wees; met ... bespat wees. **fleck·less** vlekloos.

flec·tion →FLEXION.

fledge veer, beveer; (alle) vere kry; grootmaak *(voëltjies); (fully)* ~*d* uitgegroei(d), volgroei(d), volwasse. **fledg(e)·ling** jong voël; *(fig.)* kuiken, groentjie, beginner.

flee *fled fled* (weg)vlug, op die vlug slaan, die wyk neem; ontvlug; ontwyk; vermy; ~ *(from) a country* uit 'n land vlug; ~ *from s.o.* vir iem. vlug; ~ *to safety* in/na veiligheid vlug.

fleece *n.* vag; vlies; vliesstof; skeersel; bossiekop; *the Golden F*~ →GOLDEN. **fleece** *ww.* skeer *('n skaap); (infml.)* bedrieg, kul, verneuk; *(infml.: te veel laat betaal)* die vel oor die ore trek, pluk, kaalmaak; *be* ~*d* daar kaal van afkom; ~*d fabric* pluisstof, donserige stof; *be* ~*d with clouds* oortrek met/van wolke wees; ~ *s.o., (ook)* iem. melk. ~ **clouds** vlieswolke, -wolkies. ~ **line** vagklas. ~ **rot** wolbederf. ~ **wool** vagwol; skeerwol.

flee·cy vliesagtig; wollerig; vlokk(er)ig; ~ *clouds* vlieswolke, -wolkies.

fleer *(arg.)* spotlag, gryns.

fleet¹ *n.* vloot, seemag. ~ **admiral** vlootadmiraal. ~ **air arm** vlootlugmag.

fleet² *adj., (poët., liter.)* rats, vinnig, vlug, snel; vlugtig; kortstondig, verganklik; ~ *of foot* →FLEET-FOOTED. **fleet** *ww., (poët., liter.)* flits; verbysnel. ~**-footed** vlugvoetig, rats, vinnig.

fleet³ *(dial.)* inham; stroompie. **F**~ **Street** *(Br.)* Fleetstraat; *(fig.)* die (Britse) pers.

fleet⁴ *adj. & adv., (dial.)* vlak *(water).*

fleet·ing vlugtig *(blik);* vlietend, kortstondig *(oomblik ens.);* snellend, (vinnig/snel) verbygaande; *a* ~ *impression* 'n oombliklike indruk; *time is* ~ die tyd snel verby. **fleet·ing·ly** vlugtig; *smile* ~ effens glimlag. **fleet·ing·ness** kortstondigheid, verganklikheid.

fleet·ness ratsheid, vinnigheid, vlugheid.

Flem·ing Vlaming. **Flem·ish** *n., (dialek)* Vlaams; Vlaamse perd; *the* ~ die Vlaminge. **Flem·ish** *adj.* Vlaams; *become/turn* ~ vervlaams; ~ *bond, (bouk.)* Vlaamse verband; ~ *knot* ag(t)knoop; *make/turn* ~ vervlaams.

flense, flench, flinch flens, afslag; opsny, stukkend sny *(vnl. walvisse).* **flensed, flenched** geflens(de). **flens·er, flench·er** flenser.

flesh *n.* vleis; vlees; ***after*** *the* ~ na die vlees; ***all*** ~ alle vlees/mense; ***become*** ~ mens word; *be more than* ~ *and* ***blood*** *can bear* meer wees as wat ('n) mens kan verdra; *s.o.'s own* ~ *and* ***blood*** iem. se eie vlees en bloed; *s.t. makes s.o.'s* ~ ***creep*** iets laat iem. hoendervel/-vleis kry *(of* laat iem. ys *of* laat iem. se hare regop staan); *s.o.'s* ~ ***creeps*** iem. kry/word hoendervel/-vleis, iem. ys; *the* ***desires*** *of the* ~ die vleeslike luste; ~ *of a* ***fruit*** vrugvlees; ***human*** ~ mensvleis; *the* ***ills*** *that* ~ *is heir to* menslike kwale; aardse sorge; ***in*** ~ goed in die vleis; ***in*** *the* ~ in lewende lywe; ***lose*** ~ maer word; ***mortify*** *the* ~ →MORTIFY; *claim/demand/want one's* ***pound*** *of* ~ →POUND¹; ***press*** *the* ~, *(Am., infml.: m.d. hand groet)* bladsteek, -skud; ***put*** *on* ~ vet/dik word; *the* ***sins*** *of the* ~ die sondes van die vlees; *go the* ***way*** *of all* ~ die weg van alle vlees gaan. **flesh** *ww., (jag)* bloed laat ruik/proe, se vleislus opwek/prikkel, lus maak vir vleis *('n jaghond, valk); (arg. of poët., liter.)* inwy (in bloedvergieting) *(troepe ens.); (arg. of poët., liter.)* in bloed doop *('n swaard, vir die eerste maal);* ontvlees; afskaaf, afskawe *(vel);* dik(ker)/vet(ter) word; ~ *out* dik(ker)/vet(ter) word; ~ *s.t. out* meer inhoud aan iets gee, iets versterk *('n argument ens.).* ~**brush** lyf-, masseerborsel. ~ **colour** vleeskleur. ~**-coloured** vleeskleurig. ~ **eater** vleiseter. ~**-eating** vleisetend. ~ **fly** brommer. ~**pots** *(dikw. neerh.)* vleispotte. ~**-pressing** *(Am., infml.)* bladstekery. ~ **side** vleiskant. ~ **tights** vleeskleurige spanbroek. ~ **tints** *(mv.)* vleeskleurige tinte. ~ **tooth** skeurtand. ~ **wound** vleiswond.

fleshed gevlees(de).

flesh·ing ontvlesing; (af)skraapsel; *(i.d. mv.)* vleeskleurige spanbroek. ~ **knife** stootmes.

flesh·less vermaer(d); liggaamloos.

flesh·ly vleeslik, sin(ne)lik. **flesh·li·ness** vleeslikheid, sin(ne)likheid.

flesh·y vlesig; dik, vet; sag, week. **flesh·i·ness** vlesigheid.

fletch *ww.* beveer *(pyl).* **fletch·er** pylmaker.

fleur-de-lis *fleurs-de-lis* (Franse) lelie.

flews *(mv.)* hanglippe *(v. 'n hond).*

flex *n.* (elektriese) koord/draad. **flex** *ww.* buig, rek, span, saamtrek; ~ *one's muscles, (fig.)* jou spiere bult, jou tande wys *(of* laat sien).

flex·i·ble buigbaar; buigsaam, plooibaar, soepel; lenig; slap; veerkragtig; inskiklik, meegaande; ~ ***conduit,*** *(elek.)* gorrelpyp; ~ ***cord*** buigsame koord; ~ ***coupling*** gewrigskoppeling; ~ ***drive*** buigsame/slap aandrywing; ~ ***hose*** buigsame/slap slang; ~ ***response*** buigsame reaksie; ~ ***rule*** buigsame liniaal; ~ ***support*** buigsame onderlaag; ~ ***thread*** ligleidraad. **flex·i·bil·i·ty** buigbaarheid; buigsaamheid; *ens..*

flex·ile *(arg.)* buigsaam, soepel; beweeglik.

flex·ion, flec·tion buiging; *(gram.)* verbuiging; uitbuiging; kromming, bog. **flex·ion·al, flec·tion·al** (ver)buigings=. **flex·ion·less, flec·tion·less** onverbuigbaar.

flex·(i·)time skik(werk)tyd, fleksietyd.

flex·or *(anat.)* buigspier.

flex·u·ous kronkelend, bogtig.

flex·ur·al *(anat., geol.)* buig=, buigings=; ~ *fold* buigingsplooi; ~ *strength* buigvastheid.

flex·ure buiging; deurbuiging; boog; *(bot.)* kromming, bog; *(geol.)* fleksuur. ~ **test** buigtoets.

flib·ber·ti·gib·bet kekkelbek; woelwater; loskop.

flic *(rek.)* animasielêer; *(Fr., infml.)* (Franse) konstabel.

flick¹ *n.* tik; raps(ie); klap; knip. **flick** *ww.* tik; piets; ~ *s.t.* ***away*** iets wegruk; iets wegja(ag)/wegslaan; ~ *s.t.* ***from/off*** ... iets van ... afslaan/aftik; iets van ... vee; ~ *s.t.* ***on*** iets aanskakel *('n lig ens.)*; *s.t.* ~*s* ***out*** iets skiet/wip uit; ~ ***through*** *a book* 'n boek (vinnig) deurblaai, (vinnig) deur 'n boek blaai. ~ **knife** spring=, veermes.

flick² *(sl.)* fliek; *the* ~*(s)* die fliek.

flick·er *n.* flikker, geflikker; gefladder, gewapper; trilling; opflikkering; *a* ~ *of hope* →HOPE *n.*; *the* ~*s*, *(sl.)* die fliek. **flick·er** *ww.* flikker; fladder, wapper; tril; ~ *out*, *('n kers ens.)* flikker en doodgaan; *(hoop ens.)* wegsterf, =sterwe.

fli·er →FLYER.

flight *n.* vlug; trek; vaart; loop; uittog; swerm; trop; vliegtog, vlug; *(lugmageenheid)* vlug, boogskoot; *(kr.)* vlug *(v. 'n bal)*; *(pluimbal)* pluim; ***altitude*** ~ →ALTITUDE; *a* ~ *of* ***fancy*** (or the ***imagination***) 'n verbeeldingsvlug; *be in the* ***first/top*** ~ *of* ... onder die belangrikste/eerste ... wees; *a* ~ *of* ***ideas*** 'n gedagtevlug; ***in*** ~, *(voël ens.)* in die vlug/vlieg; *be* ***in*** ~, *(vlugteling)* op loop *(of* die vlug) wees; *a* ***nonstop*** ~ →NONSTOP; ***put*** *s.o. to* ~ iem. op loop *(of* die vlug) ja(ag); *a* ***solo*** ~ →SOLO; *a* ~ *of* ***stairs*** 'n trap; *a* ~ *of* ***steps*** 'n trappie, treetjies; ***take*** *(to)* ~ vlug, op die vlug slaan; *the* ~ *of* ***time*** die loop van die tyd; *a ... in the* ***top*** ~ 'n ... van die eerste rang. **flight** *ww.* in die vlug/vlieg skiet; verskrik, op loop *(of* die vlug) ja(ag); (in troppe) vlieg; beveer *('n pyl)*; ~ *a ball*, *(kr.)* 'n bal lug gee; *a* ~*ed ball*, *(kr.)* 'n lugbal. ~ **attendant** vlugkelner. ~ **bag** skouersak. ~ **call** vlugroep *(v. 'n voël)*; vlugaankondiging *(by 'n lughawe)*. ~ **capital** vlugkapitaal. ~ **commander** vlugbevelvoerder. ~ **control** lugverkeersleiding; *(i.d. mv.)* stuurmiddels. ~ **controller** lugverkeersleier, lugverkeerbeheerder. ~ **crew** lugbemanning, vliegpersoneel. ~ **deck** vliegdek, landingsdek. ~ **engineer** boordingenieur, =tegnikus. ~ **feather** *(orn.)* slagveer, =pen. ~ **instruction** vliegles, =onderrig. ~ **instructor** vlieginstrukteur. ~ **level** vlieghoogte. ~ **lieutenant** vlugluitenant. ~ **mechanic** boordwerktuigkundige. ~ **number** vlugnommer. ~ **officer** vlugoffisier. ~ **path** vliegbaan *(v. 'n vliegtuig)*; vlug(baan) *(v. 'n bom)*. ~ **pattern** vliegbeeld. ~ **plan** *(lugv.)* vlugplan. ~ **recorder** *(ook* black box) vlugopnemer. ~ **sergeant** vlugsersant. ~ **simulator** vlugnabootser. ~ **strip** landings=, stygbaan. ~ **test** *n.* toetsvlug. ~**-test** *ww.* toetsvlieg. ~ **time** vliegtyd; swermtyd *(v. bye)*. ~ **trial** proefvlug.

flight·less (wat) nie kan vlieg nie; ~ *bird* loopvoël.

flight·y ligsinnig; loskop; wispelturig, veranderlik, onbestendig; vol giere/grille/nukke/snare; getik; koketterig. **flight·i·ness** ligsinnigheid; wispelturigheid; koketterigheid.

flim·flam *n.*, *(infml.)* onsin; foppery; bedrog. **flim·flam** =mm=, *ww.* fop; bedrieg.

flim·sy *n.* dun papier, deurslagpapier; deurslagkopie. **flim·sy** *adj.* lig; dun; sleg; swak; flou; niksbeduidend, onbenullig, beuselagtig; oppervlakkig; gebrekkig; skraal; ~ *excuse* flou ekskuus/verskoning. **flim·si·ly** lig; dun *(aangetrek)*; sleg *(verpak)*; swak *(gebou, gemaak)*; haastig *(saamgeflans)*; *a* ~ *bound book* 'n swak gebonde boek. **flim·si·ness** dunheid; swakheid; oppervlakkigheid.

flinch¹ terugdeins, =wyk, wegskram; aarsel; krimp; ~ *from s.t.* vir/van iets terugdeins; *without* ~*ing* sonder weifeling; sonder om 'n spier(tjie) te (ver)roer/(ver)trek.

flinch² →FLENSE.

flin·ders *(w.g.)* flenters, stukkies, splinters, toiings.

fling *n.* gooi; probeerslag; sprong; *(Sk.)* (volks)dans; *(infml.)* (kortstondige) affair, affairtjie; *have a* ***final*** ~ vir oulaas nog die lewe geniet *(of* pret hê); *at* ***full*** ~ op/in/met volle vaart, (op/teen) volspoed; ***give*** *s.t. a* ~, ***have*** *a* ~ *at s.t.* iets ('n slag) probeer (doen); ***have*** *one's* ~ jou uitleef/=lewe, die lewe geniet, rinkink, pierewaai; losbandig leef/lewe. **fling** *flung flung*, *ww.* gooi, werp, smyt, dons, slinger; swaai; vlieg, storm; skop en spring; klap, slaan; keil; ~ *s.t.* ***at*** *s.o.* iets na iem. gooi; iem. met iets gooi; ~ *s.t.* ***away*** iets weggooi/=smyt; *(fig.)* iets (ver)mors/verkwis/verspil *(geld, tyd, ens.)*; ~ ***back*** *one's head* jou kop agteroor gooi; ~ *s.t.* ***down*** iets neergooi/=smyt; iets afgooi/=smyt; ~ *s.t. to the* ***ground*** iets op die grond neergooi/=smyt, iets teen die grond gooi/smyt; ~ *s.t.* ***in*** *s.o.'s teeth* →TOOTH *n.*; ~ *s.o./s.t.* ***in/on/over*** *the* ... iem./iets in/op/oor die ... gooi/smyt; ~ *o.s.* ***into*** *s.t.* jou in iets werp *('n onderneming, iem. se arms, ens.)*; ~ *s.o.* ***into*** *prison* iem. in die tronk gooi/smyt/stop; ~ ... ***off*** ... uitpluk *('n baadjie, klere, ens.)*; ... wegstoot *('n aanvaller ens.)*; ... afskud *('n agtervolger)*; ~ *a door* ***open*** 'n deur oopgooi/=smyt; ~ ***out*** *of a room* 'n kamer uitstorm, uit 'n kamer storm; ~ *s.o.* ***out*** iem. uitgooi/=boender; ~ *s.t.* ***to*** iets toegooi/=klap/=smyt *('n deur ens.)*; ~ *one's arms* ***up*** *in horror* jou arms van afsku/afgryse in die lug gooi. **fling·er** gooier; werper.

flint vuursteen, =klip, flint; *a face like* ~ 'n onversetlike gesig; *a heart of* ~ 'n hart van klip; ~ *and steel* vuurslag; *wring water from a* ~ bloed uit 'n klip tap. ~ **corn** →FLINT MAIZE. ~ **glass** lood=, flintglas. ~ **gun** *(hist.)* pangeweer. ~**hearted** hardvogtig, hard van hart, harteloos. ~**lock** *(hist.)* vuursteenslot. ~**lock (musket)** *(hist.)* snaphaan, pangeweer, vuursteengeweer, steenslotgeweer, flintroer, =geweer, vuurklipgeweer, ou sanna. ~ **maize,** ~ **mealie** blinkpit=, rondepitmielie. ~ **paper** vuursteenpapier. ~ **steel** vuurstaal. ~**stone** vuursteen, =klip. ~**wort** *(bot.)* akoniet, wolfswortel, wolwekruid.

flint·like klip(steen)hard.

flint·y klip(steen)hard; hard van hart, hardvogtig; vuursteenagtig.

flip *n.* skoot, tik, raps, piets; vliegtoggie; salto, bol(le)makiesie; eierbrandewyn, advokaat. **flip** =pp=, *ww.* (op)skiet; tik, raps, piets; (met die vingers) knip; *(sl.)* woedend/opgewonde word; ~ *one's* ***lid***, *(infml.)* woedend word; ~ *s.t.* ***off*** iets aftik *(sigaret-as ens.)*; ~ ***over*** omkantel; ~ *s.t.* ***over*** iets omdraai/omkeer; ~ ***through*** *a book* 'n boek (vinnig) deurblaai, (vinnig) deur 'n boek blaai. ~ **chart** blaaibord. ~**-flop** *n.*, *(soort sandaal)* plakkie; *(Am.)* agteroorsalto; *(infml.)* om(me)keer, om(me)swaai, bol(le)makiesie; *(elektron.)* wipkring; ~**-flop** *ww.* klap-klap loop; *(Am., infml.)* 'n regsomkeer maak, bol(le)makiesie slaan, van deuntjie/standpunt verander, omswaai. ~ **side** keersy, B-kant *(v. 'n grammofoonplaat)*; *(fig.)* keersy, ander kant/sy. ~ **top** (op)klap=, wipdeksel. ~**-top** *adj. (attr.)*: ~ *pack/etc.* pakkie/ens. met 'n (op)klap=/wipdeksel; ~ *table* klaptafel.

flip·pant ligsinnig, onverskillig, onbesonne. **flip·pan·cy** ligsinnigheid, onverskilligheid, onbesonnenheid.

flip·per swempoot, =voet, paddavoet, vinpoot; *(kr.)* glybal. **flip·per·ty-flop·per·ty** klap-klap; swaai-swaai.

flip·ping *adj. (attr.)*, *(Br., infml.)* dekselse, flippen, vervlakste; ~ ***hell!*** liewe hel!; *it's* ~ ***impossible!*** dis godsonmoontlik!; ~ ***rubbish*** spul gemors; *be a* ~ ***waste*** *of time* pure tydmors wees. **flip·ping** *adv.* deksels, flippen, vervlaks; ~ *cold* vrek koud.

flirt *n.* flirt, koket, flankeerder; wip, swaai, ruk. **flirt** *ww.* flirt(eer), flankeer, koketteer; skiet, piets, tik, wip; fladder; ~ *with s.o.* met iem. flirt(eer); ~ *with the idea to* ... daaraan dink om te ... **flir·ta·tion, flirt·ing** flirtasie, geflirt, flankeerdery, geflankeer, koketteerdery, koketterie, ligte vryery. **flir·ta·tious, flirt·ish, flirt·y** koketterig, flirterend; vatterig; klouerig.

flit *n.* gefladder; trek, verhuising; *do a (moonlight)* ~, *(infml.)* met die noorderson vertrek; *s.o. has done a (moonlight)* ~, *(ook, infml.)* iem. is skoonveld. **flit** =tt=, *ww.* sweef, swewe, fladder, vlieg; *(dial.)* (weg)trek, verhuis; *(Br., infml.)* (stil-stil) verdwyn, jou (ongemerk) uit die voete maak; *(infml.)* wegloop.

flitch *n.* skyf, stuk; moot; *(houtw.)* skaalbalk; *(dial.)* syspek. **flitch** *ww.* in skywe/mote sny, moot *('n vis)*. ~**(ed) beam** versterkte balk. ~ **(plate)** versterkplaat *(in 'n balk)*.

flit·ter *n.* fladderaar; rondtrekker. **flit·ter** *ww.* fladder. ~**mouse** *(vero.)* vlermuis.

fliv·ver *(Am., infml., vero.)* (ou) tjor(rie)/rammelkas/skedonk.

float *n.* (die) drywe; dryfsel; (hout)vlot; dobber; boei; vlotter, drywer *(in 'n tenk; v. 'n vliegboot)*; lug=, swemblaas; dryfliggaam; sierwa, *(<Eng.)* vlot; los kontant; koeldrank met roomys; voetlig; skepbord; stryk=, vryfplank *(v. 'n messelaar)*; enkelkapvyl; *(geol.)* swerfstuk, los stuk. **float** *ww.* dryf, drywe, vlot, dobber; *(ook 'n geldeenheid)* sweef, swewe; spoel; laat dryf/drywe; drywend hou; (laat) oorstroom; aan die gang sit, in werking stel, lanseer; te water laat; na vore kom met *('n idee ens.)*; in omloop bring, rondvertel, rondstrooi *(stories ens.)*; laat sweef/swewe *('n geldeenheid)*; stig, oprig *('n maatskappy)*; uitskryf, =skrywe *('n lening)*; stryk *(pleister)*; flotteer *(erts ens.)*; ~ ***about/around/round***, *(gerug)* in omloop wees, rondlê; *(iem.)* rondloop, ronddwaal, rondswerf, =swerwe, ronddool; *(iets)* rondswerf, =swerwe, rondlê; ~ ***away/off*** wegdryf, =drywe; wegsweef, =swewe. ~ ***into*** *one's mind* by jou opkom, in jou gees opduik; ~ ***into*** *a room/etc.* 'n kamer/ens. binnesweef *(of* ingesweef kom); ~ ***on*** *to the beach* op die strand uitspoel. ~**board** skepbord *(v. 'n waterwiel)*. ~ **chamber** dobbervaatjie; *(mot.)* vlotterkamer. ~ **gauge** vlotter. ~ **level** vlotterhoogte. ~ **mineral** swerfmineraal. ~ **ore** swerferts. ~**plane** vliegboot. ~**stone** *(geol.)* dryfsteen; *(bouk.)* vryfsteen. ~ **valve** vlotterklep.

float·a·ble vlotbaar. **float·a·bil·i·ty** dryfvermoë.

float·age →FLOTAGE.

float·a·tion →FLOTATION.

floa·tel →FLOTEL.

float·er vlotter; *(bouk.)* strykplank; sekuriteitsfonds. ~ **insurance** kontrakversekering. ~ **valve** vlotterklep.

float·ing *n.* (die) drywe *ens.*; stigting; afstryking; afstryklaag *(v. pleister)*; swewing *(v. wisselkoerse)*. **float·ing** *adj.* dryf=, drywend; los, vry; swerf=; vlottend. ~ **anchor** vry anker, dryfanker. ~ **assets** *(fin.)* vlottende bates. ~ **axle** *(meg.)* vry as. ~ **battery** *(elek.)* bufferbattery, effeningsbattery; *(mil.)* drywende battery. ~ **beacon** dryfbaken. ~ **bridge** vlot=, dryf=, skip=, pontonbrug. ~ **bush** *(meg.)* losbus. ~ **capital** vlottende kapitaal. ~ **crane** drywende kraan, dryf=, pontonkraan. ~ **cup** wisselbeker. ~ **currency** swewende valuta. ~ **debt** vlottende skuld. ~ **dock** drywende dok, dryfdok. ~ **foundation** vlotfondament. ~ **goods** seilende goedere. ~ **island** *(geog., kookk.)* drywende eiland. ~ **kidney** swerfnier, wandelende nier. ~ **light** ligskip; ligboei. ~ **mine** *(mil.)* dryfmyn, drywende myn. ~ **(oil) rig** booreiland. ~ **piston** *(meg.)* vry suier. ~ **point** *(rek.)* wissel=, dryfpunt. ~ **policy** kontrakpolis, vlottende polis. ~ **population** vlottende bevolking. ~ **rate (of exchange)** swewende (wissel)koers. ~ **rib** los rib, sweefrib. ~ **staff** skeeps=, vaartuigpersoneel. ~ **trophy** wisseltrofee. ~ **vote** onafhanklike/vlottende stemme. ~ **wick** oliepit.

floc·cus *flocci* vlok, bossie; dons; stertkwas. **floc·cose** *(hoofs. bot.)* vlokk(er)ig, gevlok; wollerig, dons(er)ig, watteagtig, pluisagtig. **floc·cu·lant** vlokmiddel. **floc·cu·late** (uit)vlok, flokkuleer. **floc·cu·la·tion** (uit)vlokking. **floc·cule** vlok(kie). **floc·cu·lence, floc·cu·len·cy** vlokk(er)igheid. **floc·cu·lent** vlokk(er)ig, vlokagtig. **floc·cu·lus** *flocculi*, *(ook anat.)* (klein) vlokkie; *(astron.)* gloeiende kol.

flock¹ *n.* vlok, bossie, pluisie; *(i.d. mv.)* vlokwol; (tekstiel)afval; vlokk(er)ige neerslag; *(wool)* ~ wolvlokkie. ~ **mattress** wolmatras. ~ **(wall)paper** vlok(muur)papier. ~ **wool** vlokwol.

flock² *n.* trop, kudde; swerm; skare; gemeente, kudde; *come in* ~*s* trop-trop kom; in swerms kom; *a* ~ *of* ... 'n trop ... *(skape, boerbokke, ens.)*; 'n swerm ... *(voëls)*. **flock** *ww.* byeenkom, saamkom, =drom, =stroom; ~ ***after*** *s.o.* agter iem. aanloop, iem. agternaloop/volg; ~ ***in*** instroom; ~ ***out*** uitstroom; ~ ***to*** ... na ... toe stroom; ~ ***together*** saamdrom. ~ **ram** trop=, kudde=ram. ~ **wool** kuddewol.

flock·y[1] vlokk(er)ig.

flock·y[2] kuddeagtig.

floe (ice) dryfys, (ys)skots.

flog =*gg*= slaan, pak/slae (*of* 'n loesing *of* 'n pak slae) gee, afransel, (uit)looi, moker; gesel; *(infml.: verkoop)* verkwansel, smous met; *(seil)* klap *(i.d. wind)*; *(Br., infml.)* swoeg, ploeter, sweet, spook; ~ *a dead horse* →HORSE *n.*; ~ *s.t. to death, (infml.)* iets holrug ry; ~ *s.t. in* iets inklop/=moker; ~ *s.t. out* iets uitklop/=moker. **flog·ging** pak (slae), afranseling, loesing; lyfstraf, geseling.

flong *(druk.)* matrys; matryspapier.

flood *n.* vloed; stroom; oorstroming; stortvloed; sondvloed; *(i.d. mv. ook)* watersnood; *the river is* ***in*** ~ die rivier is vol (*of* kom af *of* stroom oor sy walle *of* lê kant en wal); *throw a* ~ *of* ***light*** *(up)on s.t., (fig.)* iets in helder daglig stel; ***stem*** *the* ~ die water keer; *a* ~ *of* ***tears*** 'n see van trane, 'n tranevloed; ***the*** *F~, (OT)* die Sondvloed. **flood** *ww.* oorstroom, onder water sit; vol (laat) loop; natlei; vul, volmaak; vloei; oorvloei; versuip; ~ *the* ***carburettor*** →CARBURETTOR; ~ ***in****, (lett. & fig.)* instroom; *people are ~ing* ***into*** ... mense stroom ... binne; ~ *s.t.* ***out*** iets oorstroom *('n huis ens.)*; *be ~ed* ***out*** deur die oorstroming/water dakloos gelaat (*of* uit jou huis geja[ag]) word. ~ **control** vloedregulering. ~ **disaster** vloedramp. ~**gate** sluis(deur); *open the ~s, (fig.)* die sluise ooptrek. ~ **icing** inloopversiersel. ~ **irrigation** vloedbesproeiing. ~ **lamp** →FLOODLIGHT. ~ **level** vloedhoogte. ~**light** spreilig. ~ **lighting** spreiverligting. ~**lit** onder spreilig. ~**mark** vloedlyn. ~**plain** vloedvlakte. ~ **tide** vloedgety. ~**water(s)** vloedwater.

flood·ing oorstroming; onderwatersetting; *(psig.)* oorstimulering, =stimulasie; *(koekversiering)* inloopwerk.

floor *n.* vloer, bodem; buik *(v. wa, boot, ens.)*; verdieping, vlak, vloer; →THRESHING FLOOR; ***cross*** *the ~, (parl.)* (na die ander kant) oorloop; *the* ***first*** ~ die eerste verdieping/vlak/vloer; *(Am.)* die grondverdieping/=vlak/=vloer; *a motion* ***from*** *the* ~ 'n voorstel uit die vergadering; *the* ***ground*** ~ die onderste verdieping/vlak/vloer, die grondverdieping/=vlak/=vloer; *on the* ***ground*** ~ onder, gelykvloers, op die grondverdieping/=vlak/=vloer; *get in on the* ***ground*** *~, (infml., fin.)* oorspronklike aandele verkry; *(fig.)* in alle voorregte deel; ***have*** *the* ~ die woord hê/voer; *be* ***holding*** *the* ~ aan die woord wees; ***mop/wipe*** *the* ~ die vloer mop/dweil; ***mop/wipe*** *the ~ with s.o., (infml.)* iem. kafloop/platloop/(uit)looi/afransel, van iem. fyngoed maak; *the ~ of the* ***pelvis****, (anat.)* die bekkenbodem; ***take*** *the* ~ aan die woord kom; gaan dans; *on the* ***top*** ~ op die boonste verdieping/vlak/vloer. **floor** *ww.* 'n vloer (*of* vloere) insit, uitvloer, bevloer; *(infml.)* plat slaan, platslaan; *(infml.)* neergooi, op die grond (neer)gooi, teen die grond gooi; *(infml.)* dronkslaan; *(infml.)* uitoorlê; *be ~ed, (ook boks)* harpuis ruik. ~ **area** vloeroppervlakte. ~ **bearer** moerbalk. ~**board** vloerplank; buikplank; dekplank *(v. 'n brug)*. ~ **bread** asbrood. ~ **casing** vloerbekisting. ~**cloth** vloerlap, dweil; seildoek. ~ **duty** saaldiens *(in 'n hospitaal)*. ~ **exercise** *(gimn.)* vloeroefening. ~ **guide** deurbaan. ~ **lamp** staan=, skemerlamp. ~ **leader** parlementêre leier. ~ **level** vloerhoogte. ~ **manager** *(han.)* vloerbestuurder; *(TV)* verhoogbestuurder. ~ **mat** (vloer)mat. ~ **plan** vloerplan. ~ **plate** vloerplaat. ~ **polish** vloerwaks, =politoer. ~ **polisher** vloerpoleerder, =vrywer. ~ **price** steunprys, minimum prys. ~ **rug** (vloer)mat. ~ **show** kabaret. ~ **slab** vloerblad. ~ **slat** vloerlat. ~ **space** vloerruimte. ~ **stain** vloerbeits. ~ **tile** vloerteël. ~**walker** *(Am., han.)* →FLOOR MANAGER.

floor·er platslaanhou, uitklophou; kopskoot; dronkslaanvraag; ontstellende tyding.

floor·ing vloer; vloerplanke; bevloering; vloermateriaal; (brug)dekmateriaal. ~ **board** vloerplank; buikplank; brugdekplank.

floo·zy, floo·zie, floo·sie *(infml.)* flerrie, los/wulpse meisie.

flop *n.* plof, bons; *(infml.)* fiasko, misoes, mislukking, flop; *a complete/total* ~ 'n volslae mislukking, 'n reuseflop, 'n dawerende/totale flop, heeltemal 'n flop. **flop** =*pp*=, *ww.* swaai, slinger; plof, bons; *(fig.)* misluk, op 'n misoes uitloop; ~ *about/around* rondslof; rondspartel; ~ *down* neerplof. **flop** *tw.* flap, boems, pardoems. ~**house** →DOSSHOUSE. ~**proof** flatervry.

flop·py slap, pap(perig); ~ ***(disk)****, (rek.)* slapskyf, floppie, disket; ~ ***ears*** flapore; ~ ***hat*** slaprandhoed, flap=, laphoed.

flo·ra =*ras*, =*rae* flora, plante(wêreld), plantegroei, vegetasie. **flo·ral** blom(me)=, van blomme; geblom(d); ~ ***axis*** blomas; ~ ***border*** blom(me)rand; ~ ***envelope*** blomdek, =hulsel; ~ ***fête*** blom(me)fees; ~ ***leaf*** blomblaar; skutblaar, braktee; ~ ***material*** geblomde materiaal/stof; ~ ***offering/tribute*** blomoffer, blomhuldeblyk; ~ ***tributes****, (ook)* (begrafnis)kranse; ~ ***zone*** blom(me)streek.

Flor·ence *(geog.)* Florence. **Flor·en·tine** *n.* Florentyn. **Flor·en·tine** *adj.* Florentyns. **flor·en·tine** *n.* florentyn, Florentynse sy.

flo·res·cence bloei; bloei=, blomtyd; opbloei(ing).

flo·ret blommetjie. ~ **silk** floretsy(garing/gare), vlossy.

flo·ri·at·ed, flo·re·at·ed *(argit.)* geblom(d).

flo·ri·bun·da =*das* floribunda(roos). ~ **rose** floribundaroos.

flo·ri·cul·ture blom(me)kwekery. **flo·ri·cul·tur·al** blomkweek=, bloemiste=. **flo·ri·cul·tur·ist** blom(me)kweker, bloemis.

flor·id blo(e)send, hoogrooi *(gelaatskleur)*; bloemryk *(taal ens.)*; (oordrewe) sierlik, swierig; *(arg.)* blomryk, →FLOWERY. **flo·rid·i·ty, flor·id·ness** hoogrooi kleur; bloemrykheid; swierigheid; blomrykheid.

Flor·i·da *(geog.)* Florida. ~ **grape** floridadruif. ~ **grass** Transvaalse kweek(gras), floridagras. ~ **moss** oumansbaard, Spaanse mos.

flo·rif·er·ous blomdraend, blommend; blomryk.

flo·ri·le·gi·um =*legia*, =*legiums* bloemlesing.

flor·in *(hist.)* floryn; *(hist.)* tweesjielingstuk; *Dutch* ~ gulde.

flo·rist bloemis; blom(me)kweker; blom(me)kenner. **flo·ris·try** bloemistery.

flo·ris·tic *adj.* floristies, die flora betreffende. **flo·ris·tics** *n.*, *(fungeer as ekv.)* floristiek.

flos·cule *(bot.)* blommetjie. **flos·cu·lar, flos·cu·lous** *(bot.)* samegesteldblommig; met (pypvormige) blommetjies.

floss *n.* vlos; dons; donsvere *(v. 'n volstruis)*; *(afk. v. dental floss)* tandevlos, tandgare, =garing; *embroidery* ~ borduurvlos. **floss** *ww.* vlos, tandevlos gebruik; ~ *one's teeth* jou tande vlos. ~**flower** ageratum. ~ **silk** vlossy, floretsy.

floss·y vlossig, dons(er)ig.

flo·tage, float·age opdrifsels; wrakgoed, uitspoelgoed; strandreg; dryfvermoë; totale aantal skepe; bodeel *(v. 'n skip)*.

flo·ta·tion, float·a·tion stigting, oprigting *(v. 'n maatskappy)*; uitgifte; flottasie, flottering *(v. erts)*; *centre of* ~ dryf(middel)punt. ~ **expense** emissiekoste *(v. effekte)*; oprigtings=, stigtingskoste. ~ **gear** vlot=, dryfuitrusting; dryweronderstel *(v. 'n vliegtuig)*. ~ **process** bodryf=, flotteerproses, flotteringsproses.

flo·tel, floa·tel vlotel, drywende hotel.

flo·til·la flottielje; vlootjie.

flot·sam dryf=, wrakgoed, wrakhout, opspoelsel(s), uitspoelsel(s), opdrifsels; oesterkuit, =saad; ~ *and jetsam* wrakhout en uitskot, strandgoed, seedrifsel; *(fig.)* skuim.

flounce[1] *n.* ruk, swaai, plof. **flounce** *ww.* strompel, spartel, stamp, plof, struikel; ~ *out of a room* 'n kamer uitstorm.

flounce[2] *n.* (ingerygde) val, volant *(aan 'n kledingstuk ens.)*. **flounce** *ww.* 'n val (*of* valle) aansit.

floun·der[1] *n.*, *(igt.)* bot, platvis.

floun·der[2] *ww.* strompel, spartel, ploeter, worstel; (rond)swalk; sukkel, kleitrap, in die war raak; ~ *about/around* rondspartel. **floun·der·ing** gestrompel; gesukkel, gespartel, kleitrappery.

flour meel(blom), koek=, fynmeel; broodmeel. ~ **bag** meelsak. ~ **beetle** meelkewer. ~ **bin** meelkis; meelblik, =trommel. ~ **bomb** meelbom. ~**box,** ~**dredger** meelstrooier, =sif. ~ **cake** meelkoek. ~**mill** koringmeul(e). ~ **paste** meelpap. ~ **poultice** meelpap. ~ **sieve,** ~ **sifter** meelsif. ~ **wheat** broodkoring.

flour·ish *n.* bloei; versiersel; bloemryke uitdrukking, stylblom; *(fig.)* krul; trek *(v. 'n pen)*; swierige swaai; geskal, fanfare; *a* ~ *of trumpets* 'n trompetgeskal/gesketter; *do s.t. with a* ~ iets spoggerig/swierig doen. **flour·ish** *ww.* bloei, gedy, floreer, welig groei; leef, lewe; krulle maak, met sierletters skryf; bloemryke taal gebruik; wuif, swaai met, spog met; ~ *like the green bay* tot groot bloei kom; ~*ed letter* krulletter. **flour·ish·ing** florerend, bloeiend.

flour·y melerig; meelagtig; vol meel; ~ *potato* blusaartappel, melerige aartappel; *become ~, (aartappels)* blus.

flout veron(t)agsaam, negeer, in die wind slaan; *(arg.)* bespot, beledig, hoon, met veragting behandel.

flow *n.* vloei(ing), loop; stroom, stroming; toevloed; golwing; oorstroming; *the* ***ebb*** *and* ~ →EBB *n.*; ***go*** *with the ~, (fig.)* met die stroom/gety saam=/meegaan, saam met die swerm vlieg; *a* ~ *of* ***ideas/thoughts*** 'n gedagtestroom; ***rate*** *of* ~ →RATE[1] *n.*; *a* ~ *of* ***spirits*** opgewektheid, goedgehumeurdheid; *a* ***steady*** ~ *of* ... 'n voortdurende stroom ...; ***stop*** *the* ~ die stroom keer; ***stop*** *the* ~ *(of blood)* die bloed stelp; ***tidal*** ~ →TIDAL. **flow** *ww.* vloei; stroom; wapper, golf; spoel; →FLOWING; *a* ***country/land*** *~ing with milk and honey* →MILK *n.*; ~ ***east/etc.****, ('n rivier)* ooswaarts/ens. stroom/vloei; ***ebb*** *and* ~ →EBB *ww.*; ~ ***from*** ... uit ... (voort)spruit/voortvloei; ~ ***into*** *the sea, ('n rivier)* in die see loop; ~ ***off*** afloop, afvloei, wegvloei; ~ ***over*** oorloop, oorvloei; *the river has* ***stopped*** *~ing* die rivier het gaan staan; ~ ***together*** saamvloei. ~ **chart,** ~ **diagram,** ~ **sheet** vloei=, stroomkaart, vloei=, stroomdiagram, stroomplan. ~ **control** vloeireëling. ~ **control valve** vloeireëlklep. ~ **line** vloeilyn. ~**meter** stroom=, vloeimeter, verbruiksmeter. ~ **pipe** vloeipyp. ~ **rate** stroomsnelheid. ~ **sheet** verloopkaart.

flow·er *n.* blom; bloei; fleur; bloeisel; *be in the* ~ *of one's* ***age*** in jou fleur wees; *a* ***bunch*** *of ~s* →BUNCH *n.*; *a* ***cut*** ~ 'n sny=/plukblom; ***diurnal*** ~ →DIURNAL; ***fresh*** *~s* vars blomme; ***gather*** *~s* blomme pluk; *be* ***in*** ~ blom, in die blom wees, in bloei staan; *the* ~ *of* ***life*** die bloei/fleur van die lewe; ***say*** *it with ~s* sê dit met blomme; *a* ~ *of* ***speech*** 'n stylblom(metjie); *~s of* ***sulphur****, (chem.)* blomswa(w)el; *a* ***wild*** ~ 'n veldblom. **flow·er** *ww.* bloei, blom; laat blom. ~ **arrangement** blom(me)rangskikking. ~**bed** blombedding, =akker(tjie). ~ **bud** (blom)knop, bloeisel. ~ **bulb** blombol. ~ **children,** ~ **people** *(infml., hist.: hippies)* blommekinders. ~**-de-luce** *flowers-de-luce, (arg.)* →FLEUR-DE-LIS. ~ **garden** blomtuin. ~ **girl** blommemeisie; blommeverkoopster. ~ **grower** blom(me)kweker, =boer. ~ **growing** blom(me)kwekery, =boerdery. ~ **head** blomhofie. ~ **lover** blom(me)liefhebber. ~ **market** blommemark. ~ **people** →FLOWER CHILDREN. ~ **piece** blomstuk. ~**pot** blompot. ~ **power** *(infml., hist.)* blommekrag. ~ **seller** blommeverkoper, =verkoopster. ~ **shop** blom(me)winkel. ~ **show** blommetentoonstelling, blommeskou. ~ **spice** blomspesery. ~ **spider** krapspinnekop. ~ **spike** blomaar. ~ **stalk** blomsteel. ~ **stand** blom(me)staander; blom(me)tafel. ~ **vase** blompot, blom(me)vaas.

flow·er·age bloeisels; blommeskat; *(w.g.)* bloei.

flow·ered *adj.* geblom(d).

flow·er·er bloeier; *late* ~ nabloeier.

flow·er·et blommetjie.

flow·er·ing *n.*, *(fig.)* opbloei, bloei(tyd). **flow·er·ing** *adj.* bloeiend; blom=, sier=. ~ **orange pekoe tea** oranjepekko-tippe. ~ **peach** blom=, sierperske. ~ **period** blomduur. ~ **plant** blom=, saadplant, spermatofiet. ~ **plum** blom=, sierpruim. ~ **quince** blom=, sierkweper. ~ **rush** swaneblom. ~ **time** bloei=, blomtyd. ~ **tree** blomboom.

flow·er·y *(lett.)* blomryk; *(fig.)* bloemryk; blom=. **flow·er·i·ness** *(lett.)* blomrykheid; *(fig.)* bloemrykheid.

flow·ing *n.* vloei. **flow·ing** *adj.* vloeiend; stromend; lopend; golwend; ~ ***beard*** golwende baard; ~ ***hair*** fladderende hare; ~ ***style*** vloeiende/vlot styl; ~ ***water*** lopende water. **~-in** invloeiing, instroming.

flown *(volt.dw.)* gevlieg; →FLY[2] *ww.*.

flu *(infml.)* →INFLUENZA.

flub *-bb-, (Am., infml.)* droogmaak; verbrou, verknoei.

fluc·tu·ate skommel, op en af gaan, wissel, varieer, fluktueer; *fluctuating prices* skommelende pryse. **fluc·tu·a·tion** skommeling, geskommel, wisseling, fluktuasie; afwyking; *daily* ~ daggang, -verloop.

flue[1] *n.* (rook)kanaal, (rook)gang, skoorsteen-, rookpyp; vlam-, vuurpyp, vuurgang; (skoorsteen)gang, -pyp; lugkoker, -pyp; windpyp. ~ **brush** skoorsteenbesem. ~ **chamber** uitlaatkamer. **~-cured** berook; ~ *tobacco* oonddroog tabak. **~-curing** beroking; oonddroging. ~ **dust** skoorsteen-, rookgangstof. ~ **gas** rookgas. ~ **passage** vuurgang, -buis. ~ **pipe** labiaalpyp *(v. 'n orrel)*. ~ **tube** vlampyp.

flue[2] *n.* dons, pluisies.

flue[3], flew *n., (soort visnet)* flou.

flu·ent vloeiend; glad, vlot; vaardig; welbespraak; onvas, veranderlik; *be a ~ speaker* wel ter tale wees; *be ~ in Xhosa/etc.* vloeiend/vlot Xhosa/ens. praat. **flu·en·cy** vloeiendheid, gladheid, vlotheid; gemak, vaardigheid; welbespraaktheid.

fluff *n.* dons(ie), pluisie, vlokkie; *(infml.)* sleg gekende rol; *a little bit of ~* 'n donsigheidjie; *(infml.)* 'n oulike katjie/nooientjie; *give off ~* pluis. **fluff** *ww.* dons(er)ig maak; pluis; verknoei, verhaspel *('n rol)*; *~ s.t. out* iets uitkam/uitborsel *(of* laat uitstaan); *('n voël)* opblaas *(sy vere)*; *~ s.t. up* iets oppof *('n kussing ens.)*. ~ **louse** donsluis. **~tail** vleikuiken.

fluff·y dons(er)ig, donsagtig, dons-; pluiserig; *make ~* pluis; *~ wool* pluiswol. **fluff·i·ness** dons(er)igheid.

flu·gel·horn *(D., mus.)* flügelhorn.

flu·id *n.* vloeistof; vog; fluïde; fluïdum. **flu·id** *adj.* vloeibaar; onvas, veranderlik, wisselend, beweeglik, fluïed, onbestendig. ~ **drive** hidrouliese aandrywing. ~ **mechanics** vloeistofmeganika. ~ **ounce** *(Br.)* vloeistofons. ~ **pressure** vloeistofdruk. ~ **resistance** vloeistofweerstand. ~ **state** fluïdum.

flu·id·i·fy vloeibaar maak.

flu·id·i·ty vloeibaarheid, fluïditeit.

fluke[1] *n.* ankerblad, -hand, klou; stertvin *(v. 'n walvis)*; kop, punt *(v. 'n lans, harpoen, ens.)*; nieraartappel.

fluke[2] *n.* gelukskoot, -slag, (gelukkige) toeval, meevaller, buitekansie, stom geluk; *by a ~, (infml.)* per geluk, soos die geluk dit wou hê; per/by toeval. **fluke** *ww.* geluk hê; 'n gelukskoot skiet; 'n gelukslag slaan. **fluk·i·ness** geluk, toevalligheid. **fluk·y, fluk·ey** gelukkig, geluk-, toevallig.

fluke[3] *(dial. of Am.)* bot; platvis; *liver ~* lewerslak, -wurm. **~worm** slak-, suigwurm.

flume waterloop, leigeut; glybaan; *irrigation ~* leigeut.

flum·mer·y *(infml.)* vleitaal, komplimentjies, flikflooiery; onsin, twak, snert; pap, bry, blanc-mange.

flum·mox *(infml.)* dronkslaan, uit die veld slaan.

flump neerplof; neersmyt.

flung *(verl.t. & verl.dw.)* →FLING *ww.*.

flunk *(infml., Am.)* misluk; druip, dop, sak *([in] 'n eksamen)*; laat druip/dop/sak *('n eksamenkandidaat)*.

flun·key, flun·ky *(neerh.)* livreikneg, lakei; (in)kruiper, lekker; kalfakter. **flun·key·ism, flun·ky·ism** kruipery, lekkery; kalfakterdom.

flu·or →FLUORSPAR.

flu·o·resce fluoresseer. **flu·o·res·cence** fluoressensie. **flu·o·res·cent** fluoresserend; ~ ***lamp*** fluoorlamp, fluoresseerlamp; ~ ***lighting*** fluoor-, glimverligting; ~ ***paint*** glim-, fluoorverf; ~ ***screen*** deurligtingskerm.

fluor·i·date fluorideer. **fluor·i·da·tion** fluoridasie, fluoridering.

flu·o·ride fluoried.

fluor·i·nate fluorineer. **fluor·i·na·tion** fluorinasie, fluorinering.

flu·o·rin(e) *(chem., simb.: F)* fluoor.

flu·o·ro- *komb.vorm* fluoor-.

flu·o·ro·car·bon fluoorkoolstof.

flu·o·ro·plas·tic fluoorplastiek.

fluor·o·scope fluoroskoop.

flu·or·spar, flu·or, (Am.) flu·o·rite vloeispaat, fluoriet.

flur·ry *n.* (wind)vlaag; (skielike) bui; drukte, gejaagdheid, opwinding; opflikkering, oplewing; sparteling; *a ~ of **blows*** 'n reën/hael(bui) van houe; ***in** a ~* windverwaai(d); *a ~ (of **snow**)* 'n sneeuvlaag. **flur·ry** *ww.* verbouereer, verwar, verbouereerd/senu(wee)agtig/verward maak, van stryk (af) bring. **flur·ried** verbouereerd, verwar(d), in die war, senu(wee)agtig, van stryk (af), gespanne, opgewonde; gejaag(d); *get ~* verbouereerd raak.

flush[1] *n.* stroom, golf; (deur)spoeling, uitspoeling; toe-, oorvloed; roes, blydskap; uitbotting, uitloopsels, jong gras, opslag; gloed; blos; koorsbui; (opgejaagde) swerm *(voëls)*; *hot ~es* warm gloede; *in the (first) ~ of ...* in die roes van ... *(d. oorwinning ens.)*; in die fleur van ... *(iem. se lewe)*; *a ~ of pleasure* 'n opwelling van vreugde. **flush** *ww.* uitborrel, uitspuit; deurspoel, (uit)spoel; onder water sit, (laat) oorstroom; oorstroom, natlei; (laat) uitloop; uitbot, uitspruit; gloei, 'n kleur kry, bloos; die bloed na die wange ja(ag), 'n kleur laat kry, laat bloos; aanmoedig, oormoedig maak; opskrik, opja(ag) *(voëls)*; *~ s.t. away/down* iets wegspoel; *~ s.t. out* iets uitspoel; iets op-/uitja(ag). ~ **lavatory,** ~ **toilet** spoeltoilet, -latrine. ~ **sanitation** spoelriolering. ~ **valve** spoelklep.

flush[2] *adj. (gew. pred)* vol, boorde(ns)vol; *(infml.)* volop voorsien; gelyk *(met)*; glad; vlak; gelykvlakkig; ~ ***against** the wall/etc.* vas teen die muur/ens.; *a ~ **deck*** 'n gladde dek; *a ~ **joint*** 'n vlakvoeg; ~ ***left/right**, (druk.)* gelyk links/regs; *a ~ **lock*** 'n vlakslot; *a ~ **rivet*** 'n vlakklinknael; ~ ***riveting*** vlakklinkwerk; *be ~ **with** s.t.* gelyk met iets wees *(d. muur ens.)*; *be ~ **with** money, (infml.)* 'n stywe/vol beurs(ie) hê; kwistig met geld wees. **flush** *ww.* opvul, gelyk maak *(met)*.

flush[3] *n., (kaartspel)* suite; *straight ~* volgsuite.

flush·a·ble spoelbaar.

flushed blosend, bloesend; bloedryk; verhit; *~ with ...* in die roes van ... *(d. oorwinning ens.)*; rooi van ... *(skaamte, woede, ens.)*; uitgelate van ... *(blydskap ens.)*.

Flush·ing *(geog.)* Vlissingen.

flush·ing (uit)spoeling; *(i.d. mv. ook)* spoelsels. ~ **cistern** stortbak.

flus·ter *n.* gejaagdheid, woeligheid; verbouereerdheid, opwinding, agitasie. **flus·ter** *ww.* verbouereer, verwar, deurmekaar/verbouereerd/verward maak, oorbluf, van stryk (af) bring; dronk maak; heen en weer draf; woel; woelig wees, ongedurig wees. **flus·tered** gejaag(d), deurmekaar, verbouereerd, van stryk (af), windverwaai(d); *get ~* verbouereerd *(of* van stryk [af]) raak.

flute *n.* fluit; fluitspeler, -blaser, fluitis; gleuf, suilgroef, (sier)groef; pypplooi; *German ~* →GERMAN. **flute** *ww.* fluit (speel), fluitspeel, fluit blaas, fluitblaas; groewe maak, kanneleer, (uit)groef; pypplooie maak. ~ **player** fluitspeler, -blaser, fluitis. ~ **playing** fluitspel. ~ **(stop)** fluitregister.

flut·ed groef-, gegroef; gerib; geriffel(d); ~ ***column*** gegroefde suil; ~ ***funnel*** gleuftregter; ~ ***glass*** geribde glas; ~ ***roller*** groefrol.

flut·ing groef(werk), groewing, groefversiering, ribbe. ~ **plane** groef-, rondskaaf.

flu·tist *(Am.)* →FLAUTIST.

flut·ter *n.* gefladder, fladdering; gejaagdheid, opwinding; bewerasie, siddering; beroering; agitasie; ***cause** a ~* ligte opspraak (ver)wek; *cause a ~ among the dovecot(e)s* →DOVECOT(E); ***have** a ~, (infml.)* iets op 'n weddenskap waag; *be **in** a ~* die bewerasie hê, opgewonde wees; ***put** s.o. in a ~* iem. die bewerasie gee, iem. opgewonde maak. **flut·ter** *ww.* fladder; beef, bewe, tril; *(pols)* onreëlmatig klop; *(kers)* flikker; swaai; wapper; laat wapper; gejaag(d) maak, verbouereerd maak; *~ **about*** rondfladder; *~ **about** s.t.* om iets fladder; *~ the **dovecot(e)s*** →DOVECOT(E); *~ one's **eyelids*** →EYELID.

flut·y, flut·ey fluit-, soos 'n fluit.

flu·vi·al, flu·vi·a·tile *(geol.)* rivier-.

flu·vi·ol·o·gy stroomkunde.

flu·vi·om·e·ter stroommeter.

flux *n.* vloeiing; vloed; bloeding; buikloop; fluksie; vloei-, smeltmiddel; soldeersel; kragstroom; *(magnetiese)* stroom, stroming; wisseling; *(fis.)* fluks; *state of ~* toestand van onvastheid/veranderlikheid. **flux** *ww.* vloei; vloeibaar maak, smelt; versmelt.

flux·ing a·gent smeltmiddel.

flux·ion *(w.g.)* vloeiing; verandering; *(wisk., vero.)* fluksie; *method of ~s, (wisk., vero.)* fluksierekening, differensiaalrekening. **flux·ion·al** veranderlik; ongestadig; *(wisk., vero.)* differensiaal, die differensiaalrekening betreffende.

fly[1] *n.* vlieg; *(hengel)* kunsvlieg; *s.o. would not **harm/hurt** a ~* iem. sal geen vlieg kwaad (aan)doen nie; *there are no flies on s.o., (infml.)* iem. is nie onder 'n kalkoen uitgebroei nie; *a ~ in the **ointment*** 'n vlieg in die salf; *I would like to be a ~ on the **wall*** ek sou graag om die hoekie wou loer *(of* wou hoor wat daar gesê word); *s.o. is a ~ on the **wheel*** iem. se invloed is nul. ~ **agaric,** ~ **amanita** vlieëswam. **~bane** *(bot.)* vlieëbos; vlieëgif; vlieëswam. **~blow** vliegeier, maaier. **~blown** (deur maaiers) bederf; vol maaiers, bedorwe; besoedel(d); uitgedien(d), verouderd. **~catcher** *(bot., orn.)* vlieëvanger; *(orn.)* bontrokkie; *Cape ~* bosbontrokkie. **~-fish** met kunsvlieë hengel. **~-fisher(man)** kunsvlieghengelaar. **~-fishing** kunsvlieghengel. **~flap** →FLY SWAT(TER). **~paper** vlieëpapier. ~ **poison** vlieëgif. **~proof** vlieë-, vliegdig, vlieë-, vliegvry. **~screen** vlieëgaas, -skerm. **~speck, ~spot** vlieëvuil. ~ **spray** vlieë(spuit)middel. ~ **swat(ter)** vlieëplak, -slaner. **~trap** vlieëvanger. ~ **veil** vlieësluier. **~weight** vlieggewig. **~weight boxing champion** vlieggewigbokskampioen. **~whisk** vlieëwaaier, -plak.

fly[2] *n.* gulp; tentklap, -deur; vlagsoom; vlaglengte; wapperkant *(v. 'n vlag)*; onrus *(v. 'n horlosie)*; vliegwiel; kompasroos; windwyser; *(wewery)* skietspoel; *(Br., hist.)* eenperd(e)kar; *(i.d. mv., teat.)* kap; *the flies* die kap *(in 'n skouburg)*; *your ~ is open* jou gulp is oop, daar's as op jou skoen, jou staldeur staan oop. **fly** *flew flown, ww.* vlieg; *(tyd)* vervlieg; (laat) nael; weghardloop; waai, wapper; voer, laat waai *('n vlag)*; *(arg.)* vlug; *~ an **aeroplane*** 'n vliegtuig loods/vlieg; *~ **against** s.t.* teen iets vasvlieg; *~ **SA Airways*** per *(of* met die) SA Lugdiens vlieg; *~ **apart*** uiteenvlieg; *~ to **arms*** →ARMS; *~ **at** s.o.* iem. aanval/invlieg; *~ **away*** wegvlieg; *~ **blind**, (lugv.)* blind *(of* met instrumente) vlieg; *~ a **country**, (arg.)* uit 'n land vlug; *~ **danger**, (arg.)* gevaar ontwyk/ontvlug; *~ in the **face** of ...* →FACE *n.*; ***fists*** *~* →FIST *n.*; *~ the red **flag*** die rooi vlag hys; *~ at higher **game*** iets beters nastreef/nastrewe; *~ **goods/passengers*** goedere/passasiers per vliegtuig vervoer; *~ off the **handle**, (infml.)* opvlieg, opstuif, vlam vat, woedend word; *~ **high**, (infml.)* 'n hoë vlug neem; *~ **in*** per vliegtuig *(of* op die lughawe) aankom; *~ a **kite*** →KITE *n.*; ***let** ~, (infml.)* afhaak, lostrek; ***let** ~ at s.o.* afhaak en iem. slaan; *make **money** ~* geld laat rol; *I **must** ~* ek moet weg wees; *~ **off*** wegvlieg; wegsnel; *(vonke)* afspat; *~ **open*** oopspring, -vlieg; *~ **out*** uitvlieg; per vliegtuig vertrek; losbars; *~ **over*** oorvlieg; *~ into a **passion*** →PASSION; *~ **past**, (vliegtuig, voël, tyd)* verbyvlieg; *~ **past** s.o./s.t.* verby iem./iets vlieg, by iem./iets verbyvlieg; *~ to **pieces*** uiteenvlieg; ***send** s.o./s.t. flying* →FLYING *adj.*; *make **sparks** ~* die vonke laat spat; *~ **through** the air, (bal, klip, pyl, ens.)* deur die lug trek; *~ s.o./s.t. **to** ...* iem./iets na ... vlieg; *~ **up*** opvlieg, opstuif *(in woede)*. **~away** ligsinnig. **~away collar** wegstaanboordjie. **~away tie** loshangende das. **~boat** *(hist.)* vlieboot, fluit(skip). ~ **button** gulp(s)knoop. **~by** *-bys, (ruimtev.)* verbyvlug. **~-by-night** *n., (infml.)* naglopor, naguil; wegloper. **~-by-night** *adj., (infml.)* onbetroubaar; *~ company* swendelmaatskappy. **~-by-wire** *(lugv.)* elektroniese/gerekenariseerde vliegbeheerstelsel. **~-drive** *n.* vlieg-en-bestuur-vakansie. ~**-drive** *adj. (attr.)* vlieg-en-bestuur- *(pakket, vakansie, ens.).* ~ **(edge)** *(her.)* wapperkant. ~ **gallery** *(teat.)* kapgalery. ~ **half** *(rugby)* losskakel. ~ **kick** *n.* noodskop. ~**leaf** skut=, dekblad *(v. 'n boek);* los blad *(in 'n tafel).* ~**man** =*men* koetsier; *(teat.)* trekman. ~ **nut** vleuelmoer. ~**over (bridge)** oorbrug, oorwegbrug, kruis(ings)brug. ~**-past** defileervlug, verbyvlug. ~**post** *ww.* plakkate op ongemagtigde plekke plak/aanbring/vertoon; met ongemagtigde plakkate beplak. ~**posting** die plak/aanbring/vertoon van plakkate op ongemagtigde plekke. ~ **press** skroefpers. ~**sheet** strooibiljet, vlugskrif, traktaatjie. ~ **shuttle** skietspoel. ~**-tipping** *(Br.)* ongemagtigde storting *(v. vuilgoed ens.).* ~ **title** *(druk.)* Franse titel. ~ **waste** donsafval. ~**wheel** vliegwiel; dryfwiel; onrus *(v. 'n horlosie).*

fly[3] *adj., (Br., infml.)* oulik, oorlams; slim, geslepe; ~ *cop, (Am., sl.)* polisieman/speurder in burgerdrag (*of* gewone klere). ~**taal** →FLAAITAAL.

fly·er, fli·er vlieër; vlieënier; sneltrein; snelseiler, sneller; jaer; vlugteling; ver=, vêrsprong; vliegwiel; paralleltree *(v. 'n trap);* strooibiljet, vlugskrif; *(Am.)* risiko, waagstuk; *get a* ~, *(atl.)* blitsig wegspring; *take a* ~ 'n reusesprong maak; plat neerslaan; *(Am.)* 'n risiko loop, 'n waagstuk aangaan; *(infml.)* dobbel, waag.

fly·ing *n.* (die) vlieg; vliegwese, vlieëry; vliegkuns; vervlieging; ~ *in formation* formasievlug(te). **fly·ing** *adj.* vlieënd; vlugtig; ***knock/send*** *s.o.* ~ iem. slaan/stamp dat hy/sy dáár lê/trek (*of* so trek/waai), iem. omstamp (*of* onderstebo loop/stamp); *s.o. is **knocked/sent*** ~, *(ook)* iem. waai soos 'n lap (*of* 'n vrot vel); ~ ***metal/etc.*** spattende skerwe/ens.; ***send*** *s.t.* ~ iets uitmekaar laat spat. ~ **accident** vliegongeluk. ~ **base** vliegbasis. ~ **bedstead** vlieënde katel. ~ **boat** vliegboot. ~ **bomb** vlieënde bom. ~ **boxcar** *(infml.)* transportvliegtuig, vliegwa. ~ **bridge** noodbrug; vlieënde brug *(op 'n skip);* gierbrug. ~ **buttress** steunboog. ~ **camp** vliegkamp. ~ **club** vliegklub. ~ **coffin** *(infml.: onveilige vliegtuig)* vlieënde dood(s)kis, dood(s)kis met vlerke. ~ **colours** *(mv.): with* ~ ~ met vlieënde vaandels; seëvierend. ~ **column** vlieënde kolonne. ~ **conditions** vliegweer, =omstandighede. ~ **corps** vliegkorps, lugmag; snelkorps. ~ **crew** vlieg=, boordpersoneel, vliegtuigbemanning. ~ **deck** landings=, vliegdek. ~ **display** vliegvertoning. ~ **doctor** vlieënde dokter. ~ **dog** vampiervlermuis. **F~ Dutchman** *(spookskip)* Vlieënde Hollander. ~ **experience** vliegervaring, =ondervinding. ~ **field** vliegveld. ~ **fish** vlieënde vis. ~ **fox** kalong, vlieënde hond, vrugtevlermuis. ~ **gang** snelspan. ~ **ground** vliegveld, =terrein. ~ **hour** vlieguur. ~ **instruction** vliegles, =onderrig. ~ **instructor** vlieginstrukteur. ~ **jenny** *(Am.)* mallemeule. ~ **jump** aanloopsprong. ~ **kit** vlieguitrusting. ~ **lesson** vliegles. ~ **locust** treksprinkaan. ~ **machine** vliegmasjien. ~ **officer** vliegoffisier. ~ **operations** lugoperasies, vliegondernemings. ~ **pickets** *(mv.)* mobiele stakers. ~ **range** vliegbereik, =lengte. ~ **saucer** vlieënde piering. ~ **scaffold** vliegsteier. ~ **school** vliegskool. ~ **sense** vliegգevoel, lugsin. ~ **sheet** strooibiljet, vlugskrif, traktaatjie. ~ **shuttle** skietspoel. ~ **speed** vliegsnelheid. ~ **squad** blitspatrollie, snelafdeling. ~ **squadron** vlieënde eskader. ~ **start** aanloopwegspring; sterk voorsprong; *get off to a* ~ ~ vinnig wegspring; blitsig begin met 'n voorsprong. ~ **station** vliegstasie. ~ **stress** vlieënierspanning. ~ **stunt,** ~ **trick** kunsvlug, =vliegfiguur. ~ **suit** vliegpak, vlieënierspak. ~ **tackle** *(rugby, Am. voetbal)* duik(dood)vat, duiklaagvat. ~ **time** vliegtyd, vliegduur *(v. 'n vliegtuig);* vlugtyd *(v. 'n projektiel).* ~ **trapeze** sweefstok. ~ **trot** harde draf. ~ **visit** blitsbesoek, vlugtige besoek; *pay a* ~ ~ *to ...* 'n blitsbesoek aan ... bring. ~ **weather** vliegweer.

f-num·ber *n.* →F.

foal *n.* vul(letjie); *drop/throw a* ~ 'n vul werp, vul; *in/with* ~ dik met vul, dragtig, grootuier. **foal** *ww.* vul, 'n vul werp.

foam *n.* skuim. **foam** *ww.* skuim; bruis; ~ *at the mouth* skuimbek; ~ *up* skuim. ~**back(ed) fabric** skuimrugstof. ~ **bath** skuimbad. ~ **concrete** skuimbeton. ~ **extinguisher** skuimblusser. ~**flower** skuimblom. ~ **mattress** skuimrubbermatras. ~ **plastic** skuimplastiek. ~ **rubber** skuimrubber.

foamed *adj.* skuim=; ~ *slag, (bouk.)* skuimslak.

foam·y skuimend, vol skuim.

fob[1] *n.* horlosiesakkie. ~ **(chain)** horlosieketting, =band.

fob[2] *n., (arg.)* kullery, slenter. **fob** =*bb*=, *ww., (arg.)* fop, flous, kul; ~ *off a request* 'n versoek afwimpel/afsê/afwys; ~ *s.o. off* iem. met 'n kluitjie in die riet stuur; ~ *s.t. off on(to) s.o.,* ~ *s.o. off with s.t.* iets aan iem. afsmeer.

fo·cal fokaal, brandpunt(s)=. ~ **distance,** ~ **length** brandpuntafstand. ~ **plane** beeld=, instelvlak; brandvlak *(v. 'n lens).* ~ **point** brandpunt, fokus; *s.t. is the* ~ ~ *of s.o.'s life* iets is die middelpunt van iem. se lewe, iem. se hele lewe draai om iets.

fo·cal·ise, -ize →FOCUS *ww..* **fo·cal·i·sa·tion, -za·tion** instelling.

fo'c'sle →FORECASTLE.

fo·cus *focuses, foci, n.* brandpunt, fokus; *be **in*** ~ in fokus (*of* skerp gestel) wees; *bring s.t. **into*** ~ die kamera op iets instel; *s.t. comes **into*** ~ iets kom duidelik in beeld; *be **out of*** ~ uit fokus (*of* sleg ingestel *of* onskerp) wees. **fo·cus** =*s(s)*=, *ww.* instel, konsentreer; skerp stel; skerpstel, skerp instel, fokus(seer), op een punt saamtrek/verenig; saamval; toespits *(op);* ~ *on s.t.* op iets fokus(seer); die kamera op iets instel; ~ *(one's attention) (up)on ...* jou aandag op ... toespits.

fo·cus·(s)ing glass *(fot.)* fokusvergrootglas.

fod·der *n.* (vee)voer. **fod·der** *ww.* voer (gee). ~ **crop** voergewas. ~ **grass** hooi=, voergras. ~ **plant** voerplant. ~ **tree** voerboom.

foe *(fml. of poët., liter.)* vyand. ~**man** =*men* vyand.

foe·fie slide, foof(·fy) slide *(SA, infml.)* foefieslaaid.

foe·tal, foe·tid, foe·tus →FETAL, FETID, FETUS.

fog[1] *n.* mis, newel; sluier, waas; ***dense/thick*** ~ digte/dik mis; *be **in a*** ~, *(infml.)* die kluts kwyt wees, nie vorentoe/vooruit of agtertoe/agteruit weet nie; *the* ~ ***lifts*** die mis trek oop/weg; *be **wrapped** in* ~ toe wees onder die mis. **fog** =*gg*=, *ww.* mis; mistig maak; in 'n newel/mis hul; benewel; in die war bring, deurmekaar maak; versluier, wasig maak; *(fot.)* sluier; *be* ~*ged* benewel(d) wees; die kluts kwyt wees; in die duister tas, die spoor byster wees; ~ *up/over, (ruit, spieël, bril, ens.)* toewasem, toegewasem (*of* vol wasem) raak, aanslaan, aangeslaan raak. ~ **bank** misbank. ~ **belt** misstreek, =gordel. ~**bound** deur mis vasgekeer; deur mis vertraag; in mis gehul, deur mis omring/oordek. ~**bow** newelring. ~ **flying** misweervlieëry. ~**horn** mishoring; *a voice like a* ~, *(infml.)* 'n dreunstem, 'n dreunerige/deurdringende/skel stem. ~ **lamp,** ~ **light** *(mot.)* mislamp, =lig. ~ **landing** misweerlanding. ~ **signal** missein, =sinjaal. ~ **veil** missluier.

fog[2] *n.* nagras.

fo·gey =*geys,* **fo·gy** =*gies: old* ~ remskoen, ouderwetse/konserwatiewe persoon. **fo·g(e)y·ism** ouderwetsheid, konserwatisme.

fog·ging wasemvorming, aanslag *(op glas).*

fog·gy mistig, newelagtig; vaag, onduidelik; benewel(d); *not have the foggiest (idea/notion), (infml.)* geen (*of* nie die flouste/minste/vaagste) benul hê nie, glad nie weet nie. **fog·gi·ness** wasigheid, mistigheid.

fo·gy →FOGEY.

foi·ble swak(heid), swak punt, tekortkoming; voorpunt *(v. 'n swaard).*

foie gras *(Fr.)* →PÂTÉ DE FOIE GRAS.

foil[1] *n.* blad; bladmetaal, foelie; kwiklaag, =verf, foeliesel, =laag *(v. 'n spieël);* blaarpatroon; teen=, teëstelling, agtergrond; *gold/tin* ~ →GOLD, TIN; *be a* ~ *to ...* 'n teen=/teëstelling/kontras met ... vorm. **foil** *ww.* (ver)foelie; afsit, uitbring.

foil[2] *n., (jag)* (wild)spoor; *(arg.)* verydeling. **foil** *ww.* van die spoor lei; uitoorlê, uit die veld slaan; *(arg.)* fnuik *(iem.); (arg.)* in die war stuur, verydel *(iets).*

foil[3] *n.* floret. ~ **fencing** skerm met die floret.

foi·son *(arg. of poët)* oorvloed.

foist *ww.:* ~ *s.o./s.t. **in*** iem./iets insmokkel; ~ *s.t. **off on*** *s.o.* iets aan iem. afsmeer; iets (aan) iem. toedig; ~ *o.s.* *(up)on s.o.* jou aan iem. opdring; ~ *s.t. (up)on s.o.* iets op iem. afskuif/=skuiwe.

fold[1] *n.* vou; plooi; rimpel; riffel; kreukel; hoek *(in berge);* terreinplooi, =rug; ~ *of the skin* vel=, huidplooi. **fold** *ww.* vou; omvou; ombuig; (om)klap, opklap; plooi; ~ *one's **arms*** die/jou arms oormekaar vou; *with* ~*ed **arms*** met die/jou arms oormekaar (gevou); ~ *one's **arms** about/around s.o.,* ~ *s.o. in one's **arms*** iem. omhels (*of* in jou arms toevou); ~ *s.t. **away*** iets (op/toe)=vou; ~ *s.t. **back*** iets opklap/terugvou; *s.t.* ~*s **back/down*** iets klap op/af; ~ *s.t. **down*** iets afklap; ~ *one's **hands*** die/jou hande vou; *with* ~*ed **hands*** met gevoude hande, met die/jou hande in die/jou skoot; *s.t.* ~*s **in*** iets vou in; ~ *s.t. **in*** iets invou; ~ ***out*** uit=, oopvou; *s.t.* ~*s **over*** iets slaan oor; ~ *s.t. **over*** iets oorslaan; *s.t.* ~*s **together*** iets vou op/saam/toe; ~ *s.t. **together*** iets op=/saam=/toevou; ~ ***up,*** *(lett.)* opvou; *(fig., infml.)* misluk, bankrot raak, tot 'n end kom, in duie stort/val; ~ *s.t. **up*** iets opvou. ~**away,** ~**up** *adj. (attr.)* opvoubare, toevoubare, vou= *(stoel ens.).* ~**(ed) mountain** *(geol.)* plooiingsberg; *(range of)* ~ ~*s* plooiingsgebergte. ~**out** *n.* uitvoublad *(in 'n boek/tydskrif).* ~**out** *adj. (attr.)* uitvoubare, oopvoubare, uitvou=. ~**up** →FOLDAWAY.

fold[2] *n.* kraal; hok; kudde; skoot *(v.d. kerk); leave the* ~, *(fig.)* die skoot van die/jou kerk/familie/ens. verlaat; *return to the* ~, *(fig.)* na die skoot van die/jou kerk/familie/ens. terugkeer; *welcome s.o. back into the* ~ iem. in die skoot van die/sy/haar kerk/familie/ens. terugverwelkom.

fold·a·ble voubaar.

fold·er omslag; *(rek.)* gids; *(Am.)* voublad, =blaadjie, =pamflet, =biljet; vouer, voumasjien; voubeen; vougleuf *(v. 'n naaimasjien); (i.d. mv. ook)* knypbril.

fol·de·rol →FALDERAL.

fold·ing *n.* vouing; plooiing; twyning. **fold·ing** *adj.* voubaar, vou=; opklapbaar. ~ **arm** vouarm. ~ **bed** vou=, klapbed. ~ **bedstead** voukatel. ~ **(bi)cycle** voufiets. ~ **boat** vouboot, =skuit. ~ **camera** klapkamera. ~ **chair** voustoel; (op)klapstoel. ~ **door(s)** voudeur, oopslaandeur. ~ **hood** voukap, afslaankap. ~ **ladder** vouleer. ~ **leg** voupoot. ~ **machine** voumasjien. ~ **mirror** vouspieël. ~ **money** *(infml.)* papiergeld. ~ **rule** voumeetstok. ~ **screen** vouskerm. ~ **seat** klapbank. ~ **sight** klapvisier. ~ **strength** vousterkte *(v. papier).* ~ **table** klaptafel. ~ **wedges** wigpaar. ~ **wing** vouvlerk.

fo·li·a·ceous blaarvormig, blaaragtig; ~ *moss* bladmos.

fo·li·age blare(drag), blaredak, lower, loof, lommer, gebladerte. ~ **leaf** loofblaar. ~ **plant** loof=, blaarplant. ~ **tree** loof=, lowerboom.

fo·li·al, fo·li·ar blaar=, blad=.

fo·li·ate *ww.* blaar, blare vorm; skilfer; (ver)foelie; plet; folieer, nommer *(blaaie).* **fo·li·ate** *adj., (bot.)* bladig, blarig. **fo·li·at·ed** *(bot.)* blaar=, bladvormig; *(geol.)* bladig, blarig; gelamineer(d); *(argit.)* blaar=, loofversier(d); ~ *capital* sierkapiteel. **fo·li·a·tion** blaarvorming; *(bot.)* blaarligging, =plooiing; bot; *(geol.)* bladigheid; *(druk.)* foliëring; *(bouk.)* blaarversiering; skilfering; (die) verfoelie; pletwerk; *delayed* ~ vertraagde bot.

fo·lic ac·id *(biochem.)* foliensuur.

fo·li·o =*os, n.* folio; foliovel; foliant. **fo·li·o** *adj.* folio=. **fo·li·ole** blaartjie. **fo·li·ose** *(bot.)* digblarig.

folk *folk(s), (infml.)* mense; volk; *(infml.)* folk(musiek); *(i.d. mv.: folks, infml.)* familie, gesin, ouers; *old* ~*(s)* ou mense, oumense; *young* ~*(s)* jong mense, jongmense; jong=, kleinspan. ~ **art** volkskuns. ~ **character** volkse aard. ~ **custom** volksgewoonte. ~ **dance** volksdans. ~ **dancer** volksdanser; volkspeler. ~ **dances** volksdanse; volkspele. ~ **dancing** volksdanse. ~ **etymology** volksetimologie. ~ **hero** volksheld. ~**lore** volkskunde, volkswetenskap; folklore, volksoorlewerings. ~**lorist** beoefenaar van die volkskunde, volkskundige, folkloris. ~ **medicine** volksgeneeskunde. ~ **memory** volksoorlewering, mondeling(s)e oorlewering. ~ **migration** volksverhuising. ~ **music** volksmusiek; *(modern)* folkmusiek. ~ **opera** volksopera. ~ **rock** *n., (mus.)* folkrock. ~**-rock** *adj. (attr.)* folkrock= *(groep, liefhebber, ens.).* ~ **rocker** folkrocker. ~ **singer** sanger(es) van volks=

liedjies; *(modern)* folksanger(es). ~ **singing** die sing van volksliedjies; *(modern)* folksang. ~ **song** volkslied(jie); *(modern)* folklied(jie). ~ **tale,** ~ **story** volksverhaal, volk=sprokie. ~**ways** *(mv., sosiol.)* volksgewoontes, =gebruike, tradisionele lewenswyse. ~ **weave** grof geweefde stof.

folk·sy volks, populêr; gesellig. **folk·si·ness** volksheid.

fol·li·cle *(anat.)* sakkie, follikel, (klier)blasie; lugblasie; kokon; *(bot.)* kokervrug; *Graafian ~s, (anat.)* Graaf se fol=likels; *hair* ~ haarsakkie. **fol·lic·u·lar** follikulêr, follikel=.

fol·low volg; volg op, kom ná; naloop, navolg; opvolg; agterna kom/loop, agteraan gaan; agtervolg; nagaan; natrek; begryp; aanhang; uitoefen; ***as** ~s* as/soos volg; ***do** you ~ (me)?* begryp/volg jy my?; *~ an/s.o.'s **example*** →EXAMPLE *n.*; *~ a **fashion*** →FASHION *n.*; *~ in s.o.'s **footsteps*** →FOOTSTEP; *if you ~?* volg/begryp jy?; *~ one's (own) **mind*** →MIND *n.*; *that does **not** ~* dit volg nie (daaruit nie), dit wil nie (*of* is nie te) sê nie; *~ **on,** (kr.)* opvolg, 'n opvolgbeurt kry; *(druk.)* deurloop; *s.t. ~s **on/upon** s.t. else* iets volg op iets anders; *~ s.t. **out*** iets opvolg/uitvoer; iets deurvoer; *~ a **profession*** →PROFES=SION; *~ the **sea*** →SEA; *~ **suit*** dieselfde doen, ook so maak, die voorbeeld volg; *(kaartspel)* kleur beken; *not ~ **suit,** (kaartspel)* troef/kleur versaak; *it ~s **that** ...* daaruit volg dat ...; *it does not ~ **that** ...* dit wil nie sê (*of* beteken nie) dat ... nie; *~ **through,** (gholf)* deur=swaai; *~ s.t. **through*** iets deurvoer, met iets deurgaan; *letter/etc. **to** ~* brief/ens. volg; *would you like anything **to** ~?* wil u nog iets hê?; *~ (up) a **trail*** 'n spoor volg, spoorsny; *~ s.t. **up*** iets verder/vêrder voer, iets voort=sit; werk van iets maak; iets nagaan *(leidrade ens.)*; iets benut *('n voorsprong ens.)*; *~ s.t. **up** with s.t. else* iets op iets anders laat volg; *it ~ed in the **wake** of ...* →WAKE[2]. ~**-my-leader** *(spel)* maak-soos-ek, navolgertjie. ~**-on** *n., (kr.)* opvolgbeurt. ~**-through** *n., (sport)* deurhou, =stoot, =swaai. ~**-up** *n.* voortsetting(swerk); nabehan=deling. ~**-up** *adj.*: *~ **advertising*** opvolgreklame; *~ **care,** (med.)* nasorg; *~ **interview*** tweede onderhoud; *~ **letter*** opvolgbrief, tweede brief.

fol·low·er volger, volgeling, ondersteuner, aanhanger; naloper, navolger; trawant; geesverwant; meeloper; *(arg.)* vryer *(v. 'n diensmeisie)*. ~ **aircraft** volgvliegtuig. ~ **spring** volgveer.

fol·low·ing *n.* aanhang, gevolg, volgelinge. **fol·low·ing** *adj.* volgende; navolgende, onderstaande; *~ on ...* na aanleiding van ... ~ **distance** volgafstand. ~ **wind** rug=, meewind, wind van agter.

fol·ly dwaasheid, gek(kig)heid, stommiteit, sotheid; *the crowning/supreme* (or *height of*) ~ die grootste/opperste (*of* toppunt van) dwaasheid.

fo·ment aanwakker, aanblaas, aanhits, aanstook, kweek; versterk; *(med., arg.)* fomenteer, met warm kompresse behandel; *~ discord* die vuur van twis/tweedrag aan=blaas. **fo·men·ta·tion** aanstoking; *(med., arg.)* fomen=tasie, behandeling met warm kompresse, warmtebe=handeling. **fo·ment·er** aanstoker, aanblaser.

fond verlief; liefhebbend; *s.o.'s ~est **desire*** iem. se vu=rigste begeerte (*of* liefste wens); *~ **hope*** ydele hoop; *be ~ **of** ...* baie van ... hou, lief wees vir ..., erg wees oor ...; *be ~ of laughing/etc., (ook)* lief wees om te lag/ens.; *be ~ **of** s.o., (ook)* aan iem. geheg wees; *your ~ **parents*** jou liefhebbende ouers; *be **very** ~ of ...* versot wees op ..., gek wees na ... **fond·ly** liefderik, vol liefde; innig, vurig; *~ imagine that ...* jou waarlik verbeel dat ... **fond=ness** liefde, teerheid, innigheid; geneentheid, gehegt=heid; *~ for ...* versotheid op ...

fon·dant *(kookk.)* fondant.

fon·dle troetel, liefkoos, streel; *~ with ...* speel met ...

fon·due *(kookk.)* fondue.

font[1] doopvont, =bak; wywaterbakkie; oliebakkie *(v. 'n lamp)*; *present at the ~* ten doop bring. **font·al** bron=, eerste; doop=.

font[2] →FOUNT[2].

fon·ta·nelle, *(Am.)* **fon·ta·nel** *(anat.)* skedelputjie, fontanel.

food voedsel, kos, ete; voeding; voer; stof; *(i.d. mv.)* voedsel=, kosware, voedsel=, kossoorte; *be ~ **for** powder, (idm.)* kanonvoer wees; *s.t. gives s.o. ~ **for** thought* iets gee iem. stof tot nadenke; *be **off** one's ~* sleg eet, geen eetlus hê nie; ***peck/pick** at* (or *toy with*) *one's ~* net aan jou kos proe, langtand (*of* met lang tande) eet, aan jou kos peusel; ***rich** ~* ryk kos; ***solid** ~* vaste kos; ***tuck** into one's ~* wegval/weglê/smul aan jou kos. ~ **additive** voedselbymiddel, =additief. ~ **ball** kosbal. ~ **chain** *(ekol.)* voedselketting. ~ **chemistry** voedselchemie, =skeikunde. ~ **cycle,** ~ **web** voedselweb. ~ **fish** eet=, tafelvis. ~ **fruit** voedselvrug. ~ **grain** broodgraan. ~ **irradiation** voedselbestraling. ~ **parcel** kospakkie, voedselpakket. ~ **poisoning** voedselvergiftiging. ~ **pro=cessing** voedselverwerking. ~ **processor** voedselver=werker. ~ **rash** voedseluitslag. ~ **rationing** kos=, voed=selrantsoenering. ~ **scarcity** kos=, voedselskaarste. ~ **shop** →FOOD STORE. ~ **stamp** *(Am.)* koskaart, =koe=pon. ~ **storage** voedselbewaring. ~ **store,** ~ **shop** koswinkel. ~**stuff** voedingstof, voedingsmiddel; *(i.d. mv.)* eetware, =goed, voedingsmiddele, voedingstow=we, lewensmiddele. ~ **supply, supplies** voedsel=, kos=voorraad, eetware, proviand, provisie. ~ **taster** voor=proeër, =proewer. ~ **technology** voedseltegnologie. ~ **trough** voerbak. ~ **value** voedingswaarde. ~ **warmer** voedselverwarmer. ~ **web** →FOOD CYCLE.

food·a·hol·ic, food·o·hol·ic kosslaaf, =verslaafde.

food·ie, food·y *(infml.)* smulpaap, lekkerbek, fyn=proewer.

foof(·fy) slide →FOEFIE SLIDE.

fool[1] *n.* dwaas, gek, idioot, sot, aap, bobbejaan, uilskui=ken; *(hist.)* grapmaker, nar; ***be a** ~ to do s.t.* gek wees om iets te doen; *don't **be a** ~!* moenie so dwaas wees nie!; *be a **bit** of a ~, (infml.)* maar dommerig wees; ***court** ~* →COURT; *an **egregious** ~* 'n opperste dwaas; *be ~ **enough** to ...* so dwaas wees om te ...; *an **infernal** ~, (infml.)* 'n vervlakste gek; ***like** a ~ s.o. did it* iem. was so dwaas (*of* dwaas genoeg) om dit te doen; ***look** a ~* soos 'n dwaas/gek lyk, 'n dwase vertoning maak; ***make** a ~ of o.s.* jou belaglik/bespotlik maak, 'n kra=ter van jou maak *(infml.)*; ***make** a ~ of s.o.* iem. belag=lik maak; iem. vir die gek hou; *(the) **more** ~ s.o. for doing it* des te dommer van iem. om dit te doen, dat iem. so dom kan wees om dit te doen; *be **no/nobody's** ~* nie onder 'n kalkoen/uil uitgebroei wees nie, ouer as twaalf wees, jou nie laat kul nie, geen swaap wees nie; *s.o. is a ~ **not** to ...* dit is dwaas van iem. om nie te ... nie; *(there's) no ~ like an **old** ~* hoe ouer gek hoe groter gek; *be a ~ for one's **pains*** stank vir dank kry; ***play** the ~* gekskeer, die gek skeer; ***play** the ~ with s.o.* met iem. gekskeer (*of* die gek skeer), iem. vir die gek hou; *a **regular** ~, (infml.)* 'n regte swaap; *~s **rush** in where angels fear to tread* 'n dwaas storm in waar 'n wyse huiwer; ***suffer** ~s gladly* geduld hê met dom=heid; *s.o. does not **suffer** ~s gladly* iem. kan 'n dwaas nie veel (*of* het geen geduld met domheid) nie; ***take** s.o. for a ~* iem. vir 'n gek aansien; *an **utter** ~* 'n op=perste dwaas/gek; *the **veriest** ~ knows that, (arg.)* die grootste swaap weet dit; ***what** a ~ s.o. is!* wat 'n gek is iem. tog!. **fool** *adj., (Am., infml.)* dom, onnosel, sim=pel, besimpeld, mal. **fool** *ww.* gekskeer, die gek skeer, korswil, grappies maak; vir die gek hou; be=drieg, kul; fop, flous, vang, om die bos lei, bedot; wys=maak; *~ **about/around,** (infml.)* rondspeel, rond=peuter; *~ **around** with s.t., (infml.)* met iets speel; *~ **around** with s.o., (infml.)* met iem. flirt; *~ s.t. **away*** iets verbeusel *(d. tyd ens.)*; iets verkwis *(geld ens.)*; *I/we **had** him/her ~ed* hy/sy het dit regtig geglo; *~ s.o. **into** believing s.t.* iem. iets wysmaak; *~ s.o. **into** buying s.t.* iem. 'n gat in die kop praat om iets te koop; *~ s.o. **out** of s.t.* iem. uit iets fop. ~**proof** peutervry, bedryfseker; onvernielbaar, onbreekbaar, (byna) bestand teen alles; onfeilbaar, waterdig *(plan ens.)*; *be ~, (ook)* jou niks laat wysmaak nie. ~**'s bauble** *(soort marionet)* marot. ~**scap** folio(papier), foliovel. ~**'s cap,** ~**scap** narre=kap, sotskap. ~**'s errand:** *send s.o. on a ~ ~* iem. vir niks (*of* die gek) laat gaan/loop/ry. ~**'s gold** (yster)piriet. ~**'s mate** *(skaak)* gekke=, narremat. ~**'s paradise** gekkeparadys, droomland, =wêreld; *live in a ~ ~* in 'n gekkeparadys (*of* in illusies) leef/lewe.

fool[2] *(Br., kookk.)* vrugtevla, skuimnagereg; *gooseberry ~* appelliefievla.

fool·er·y gekskeerdery, lawwigheid, aapstreke, gek=kerny; dwaasheid, gekheid.

fool·har·dy onverskillig, roekeloos, waaghalsig. **fool=har·di·ness** onverskilligheid, roekeloosheid, waag=halsery, vermetelheid.

fool·ing gekskeerdery, malligheid.

fool·ish dwaas, dom, onwys, onverstandig, gek, mal; belaglik, stuitig, verspot, geklik, absurd, simpel, besim=peld; verleë, skaapagtig *(glimlag)*. **fool·ish·ly** dwaaslik, soos 'n dwaas/gek; belaglik, verspot, geklik *(jou gedra)*; verleë, skaapagtig *(glimlag)*.

foot *feet, n.* voet; poot; hoef; kloutjie; voetstuk; *(pros.)* (vers)voet; *(mil., hist.)* voetvolk, infanterie; *(lengte=maat, mv.:* foot *of* feet*)* voet; *(mv.:* foots*)* moer, afsak=sel; ***at** the ~ of the ...* onderaan (*of* onder aan) die ... *(bladsy ens.)*; by die onderent/voetenent van die ... *(bed)*; aan die voet van ... *(d. berg ens.)*; *sit **at** s.o.'s feet* aan iem. se voete sit; *calf/foal/lamb **at** ~* suipkalf, =vul, =lam, ongespeende kalf/vul/lam; *put one's **best** ~ for=ward* jou beste beentjie/voet(jie) voorsit; *a **body** of ~, (mil., hist.)* 'n afdeling voetvolk; *have a ~ in both **camps*** nie kant kies nie; ***Cape** ~* Kaapse voet; ***carry** s.o. off his/her feet* iem. se voete onder hom/haar uitslaan, iem. meesleep; *have feet of **clay,** (idm.)* voete van klei hê; *get **cold** feet, (infml.)* kleinkoppie trek, bang word, in die knyp raak; *have **cold** feet, (infml.)* bang wees; ***come/get** to one's feet* opstaan, orent kom; ***cubic** ~* kubieke voet; *get/have a ~ in the **door*** 'n voet in die stiebeuel kry/hê; ***drag** one's feet* →DRAG *ww*; ***English** ~* Engelse voet; ***fall/land** on one's feet* op jou voete teregkom; ***find** one's feet* op die been kom; regkom, op dreef/stryk kom; touwys/tuis raak *(met iets)*; *(with one's) feet **first/fore=most*** voete eerste/vooruit; grafwaarts; *sit at the feet of **Gamaliel*** →GAMALIEL; ***get** on one's feet* opstaan (om te praat); aan die gang kom; op die been kom, regkom; ***get** to one's feet* →***come/get;*** *have one ~ in the **grave,** (infml., dikw. skerts.)* op die rand van die graf staan, een been/voet in die graf hê; *have/keep both/one's feet (set/planted firmly/squarely) on the **ground*** vierkant op die aarde wees; ***help** s.o. to his/her feet* iem. ophelp; *have **itchy** feet, (infml.)* swerflustig wees; ***jump/spring** to one's feet* opspring; ***keep** (on) one's feet* staande (*of* op die been) bly; *s.o.'s feet are **killing** him/her, (infml.)* iem. se voete moor hom/haar; ***know** the length of s.o.'s ~, (idm.)* iem. se swakhede ken; iem. kan baasraak; ***land** on one's feet* →***fall/land;*** *have two **left** feet, (infml.)* lomp wees; *be **light** on one's feet* ligvoet(ig)/rats wees; *... **my** ~!, (infml.)* ... se voet!; *walk s.o. **off** his/her feet* iem. disnis/flou/gedaan/kis loop; *go **on** ~* te voet (*of, infml.,* met dapper en stapper) gaan, loop, stap; *be **on** one's feet* (op jou bene) staan; (weer) gesond wees; 'n ver=dienste hê; *be **on** one's feet the whole day* die hele dag op jou bene staan; *be **out** on one's feet, (infml.)* pootuit wees; *(boks of fig.)* uit op jou voete wees; *on his/her **own** feet* op sy/haar eie bene; *the **patter** of feet* die getrippel van voete; ***put** one's ~ down, (infml.)* ferm optree; in=gryp; ***put** one's ~ down on s.t., (fig.)* 'n einde/end aan iets maak; ***put** one's ~ in it* (or *one's mouth*), *(infml.)* jou mond verbypraat, 'n flater/blaps begaan/maak, 'n stel aftrap; ***put** one's feet up, (infml.)* jou voete laat rus; ***put/set** s.o. on his/her feet* iem. op die been help (*of* reg=ruk); *be **quick/swift** of ~* rats (op jou bene/voete) wees, vlugvoetig wees; ***raise** s.o. to his/her feet* iem. laat op=staan; ***regain** one's feet* weer op die been kom; *get off on the **right** ~, (infml.)* 'n goeie begin maak; ***rise** to one's feet* opstaan; ***run** s.o. off his/her feet* iem. onder=stebo loop; *be **run/rushed** off one's feet, (infml.)* skaars kan grondvat, verskriklik besig wees, dit verskriklik druk hê; ***scrape** one's feet* met jou voete skuif/skuiwe; ***set** ~ ashore* voet aan wal sit; ***set** ~ in ... in ...* voet aan wal sit; ***set** ~ on the moon/etc.* die maan/ens. betree; ***set** s.o. on his/her feet* →***put/set; set** s.t. on ~, (arg.)* iets op tou (*of* aan die gang) sit *('n beweging, veldtog, ens.)*; *I will not **set** ~ there again* ek sal my voete nie weer daar sit nie, jy kry my nie weer daar nie; ***shuffle** one's feet* skuifel met jou voete, met jou voete heen en weer skuif/skuiwe; ***spring** to one's feet* →***jump/spring; square*** ~ vierkante voet; ***stand** on one's own (two) feet* op jou eie bene staan, onafhanklik wees; *without **stirring** a*

~ sonder om 'n voet te versit; *on one's **stocking(ed)** feet* op jou kouse, op kousvoete; ***sweep** s.o. off his/her feet* iem. meesleur/oorrompel/oorweldig; ***think** on one's feet* vinnig (*of* uit die vuis) dink; ***throw** o.s. at s.o.'s feet* voor iem. voetval (*of* 'n voetval doen); ***tread** ... under ~ ...* onderdruk (*of* onder die duim hou); *be **unsteady** on one's feet* onvas op jou voete wees; hoog trap; die straat meet; *catch s.o. on the **wrong** ~, (infml.)* iem. betrap, iem. onkant/onklaar/onverhoeds/onvoorbereid betrap/vang; *get/start off on the **wrong** ~, (infml.)* uit die staanspoor mistrap (*of* mis trap), verkeerd begin; *not put a ~ **wrong*** geen (enkele) fout begaan/maak nie, geen (enkele) misstap doen nie, geen verkeerde stap doen nie, nêrens mistas nie. **foot** *ww.* loop, stap, te voet gaan; 'n voet aanbrei; *(arg.)* huppel, dans; *~ the **bill** →BILL[1] n.; ~ **it**, (infml.)* voetslaan, loop, stap; *(arg.)* skoffel, dans. **~-and-mouth (disease)** *(veearts.)* bek-en-klou(-seer). ~ **barracks** *(mil., hist.)* infanteriekaserne. **~bath** voetbad. **~board** tree-, staan-, voetplank. **~boy** page, livreiknegie. ~ **brake** voetrem. **~bridge** voet(gangers)brug. **~-candle** *(fis.)* voetkers. ~ **control** voetstuur. ~ **cut** *(bouk.)* visbek. ~ **dragging** *n., (fig.)* voetslepery, trae reaksie. **~-dragging** *adj. (attr.), (fig.)* voetslepende, trae. **~fall** (geluid van [iem. se]) voetstappe. ~ **fault** *(tennis ens.)* voet-, trapfout. **~gear** →FOOTWEAR. ~ **gout** *(med.)* voet-, toonjig, pootjie *(infml.)*, podagra *(fml.)*. ~ **guard** voetskerm; *(Br., mil.: F~ G~s)* infanteriegarde, garde te voet. **~hill** voorheuwel, uitloper. **~hold** staan-, vastrapplek; steunpunt, basis; *keep one's ~* jou staande hou; *get a ~* vaste voet kry. ~ **lathe** trapdraaibank. ~ **lever** pedaal. **~light** voetlig; *the ~s, (ook)* die toneel. ~ **loom** trapgetou. **~loose** vry, ongebonde, loslopend; *be ~ and fancy-free* vry en ongebonde wees, so vry soos 'n voël in die lug wees, met niks en niemand rekening hoef te hou nie. ~ **louse** voetluis. **~man** *-men* livrei-, huisknieg, lakei; *(mil., hist.)* infanteris. **~mark** voetspoor; voetafdruk. ~ **measure** duimstok. **~muff** voetsak. **~note** voetnoot. **~pace** looppas; podium; *(RK)* predella; *at a ~* stapvoets. **~pad** *(hist.)* struikrower. ~ **passenger** voetganger, stapper, wandelaar. **~path** voetpad; sypad, -paadjie. ~ **patrol** voetpatrollie. ~ **piece** voetstuk; wentelstuk *(v. 'n pyp)*. **~plate** *(spw.)* tree-, voetplank, staanbord, voet-, stookplaat. **~plate staff** *(spw.)* lokopersoneel. **~-pound** *(fis.)* voetpond. **~print** (voet)spoor, voetafdruk; grondvlak; *(rek.)* staanoppervlakte *(v. 'n toestel)*. ~ **pump** voetpomp. **~race** wedloop, hardloopwedstryd. **~rest** voetrus; voetbank(ie), -stoel(tjie). ~ **rot** *(veearts.)* vrotpootjie, sweerklou; *(bot.)* stamvrot; vrotpootjie *(by uie)*. ~ **rule** duim-, maatstok. **~scraper** voetskraper. ~ **screw** *(landm.)* voetskroef, (voet)stelskroef. **~slog** voetslaan. **~slogger** stapper, voetslaner. **~slogging** (die) voetslaan. ~ **soldier** voetsoldaat, infanteris; *(i.d. mv. ook)* voetvolk. **~sore** *adj.* seervoet, voetseer, deurgeloop, met seer/pynlike voete; *(diere)* seerpoot, -voet, poot-, voetseer. **~soreness** voetseer *(by mense, diere)*, pootseer *(by diere)*. **~stalk** blaar-, blomsteel(tjie), stingel(tjie). **~stall** (vroue)stiebeuel; voet(stuk) *(v. 'n pilaar)*. **~step** voetstap; (voet)spoor; trap(pie), tree(plaat); *dog s.o.'s ~s* iem. op die voet volg; *follow/tread in s.o.'s ~s* in iem. se voetspore stap/volg. **~stone** hoeksteen; voetsteen *(op 'n graf)*. **~stool** voetbank(ie), -stoel(tjie). ~ **stove** (voet)stofie. **~wall** *(geol.)* vloer. **~warmer** voetverwarmer, -stofie. **~way** voetpad; sypad, -paadjie; looppad, -paadjie. **~wear** skoene, skoeisel. **~work** voetwerk. **~worn** seervoet, voetseer, deurgeloop, met seer/pynlike voete.

foot·age filmmateriaal; (stuk) film; voetmaat; voetlengte, lengte in voete; voetafstand; plankvoet; voetloon, -geld, betaling per voet.

foot·ball voetbal; →ASSOCIATION FOOTBALL. ~ **boot** sokker-, voetbalskoen. ~ **field**, ~ **ground** voetbalveld. ~ **hooligan** sokker-, voetbalboef. ~ **hooliganism** sokker-, voetbalboewery. ~ **match** voetbalwedstryd. ~ **pitch** sokker-, voetbalveld. ~ **player** voetbalspeler. ~ **pools** *(mv.)* sokkerlotery; *do the ~ ~* sokkerweddenskappe aangaan, geld op die uitslae van sokkerwedstryde verwed; *have a win on the ~ ~* geld in die sokkerlotery wen/losslaan.

foot·ball·er voetbalspeler.

-foot·ed *komb.vorm* met ... voete, -voetig; ***bare~*** kaalvoet, met kaal voete; ***flat-~*** met plat voete, platvoet-; ***four-~*** viervoetig; ***heavy-~*** log; ***large-/small-~*** met groot/klein voete; ***nimble-~*** ligvoetig.

foot·er *(druk.)* voetskrif; *(Br., infml.)* sokker; *(arg.)* stapper.

-foot·er *komb.vorm* -voeter; *six-~* sesvoeter.

foot·ing staan-, vastrapplek; steunpunt; voet; voetstuk; *(w.g.)* intreegeld; *on an **equal** ~* op gelyke voet; ***gain** a ~* vaste voet kry; *be on a **loose** ~* op losse skroewe staan; ***miss** one's ~* mis trap; ***pay** one's ~, (w.g.)* intreegeld betaal; ***regain** one's ~* weer op die been kom; *on a **war** ~* op oorlogsvoet (*of* voet van oorlog). ~ **beam** voetbalk. ~ **course** *(bouk.)* voetlaag. ~ **stone** voetklip; fondamentklip.

foo·tle *n., (Br., w.g.)* dwaasheid, gekheid, onsin. **foo·tle** *ww., (Br., infml.)* gekskeer; ligsinnig wees; peuter. **foot·ling** *(Br., infml.)* beuselagtig, nietig, niksbeduidend, onbeduidend, onbenullig, onbelangrik.

foot·less sonder voete; lomp; ongegrond.

foot·sie: *play ~ with s.o., (infml., lett.)* met iem. voetjie-voetjie speel; *(fig.)* skelmpies met iem. saamwerk.

foo yong, foo yoong, foo yung, fu yung *(Chin. kookk.)* foe jong/joeng.

foo·zle *n., (infml.)* knoeiwerk; *(gh.)* verbroude hou, ploeghou. **foo·zle** *ww.* verknoei; verbrou. **foo·zler** knoeier.

fop modegek, fat; windmaker, pronker. **fop·per·y** fatterigheid; windmakerigheid. **fop·pish** fatterig; windmaker(ig), pronkerig. **fop·pish·ness** fatterigheid; windmakerigheid.

for *prep.* vir; om; weens; in plaas van; ten behoewe van; namens; ten gunste van; wat ... betref; ondanks; gedurende; *~ the **advancement** of science* →ADVANCEMENT; *be **all** ~ s.t.* heeltemal ten gunste van iets wees; *once (and) ~ **all*** →ONCE; *~ **all** ...* ondanks ...; al het ...; al is ...; nieteenstaande ...; *~ **all** s.o. knows* →KNOW *ww.; ~ **all** that* (en) tog, nogtans, nietemin; ondanks dit alles, desondanks, desnieteenstaande, darem; ***appear** ~ s.o.* →APPEAR; ***as** ~ X* wat X (aan)betref; ***ask** ~ s.o./s.t.* →ASK; ***ask** ~ trouble* →TROUBLE *n.; **be** ~ s.t.* vir (*of* ten gunste van) iets wees; *what's ~ **breakfast/lunch/supper/dinner?*** wat is daar te ete?; ***but/except** (or if it hadn't **been** or **were** it not or if it **wasn't**) ~ s.o.* sonder iem. (se toedoen), as iem. nie daar was (*of* gehelp het) nie; ***care** ~ ...* →CARE *ww.; ~ **certain*** →CERTAIN; *~ a **change*** →CHANGE[1] *n.; **choose** A ~ B* A i.p.v. B (*of* A in B se plek) kies; *~ **convenience(')** sake* →CONVENIENCE *n.; ~ **days/hours/months/years** (and days/hours/months/years)* dae/ure/maande/jare lank; *be somewhere ~ **days/hours/months/years*** al dae/ure/maande/jare lank iewers wees; *~ five/etc. **days/hours/minutes/weeks/months/years*** vyf/ens. dae/uur/minute/weke/maande/jaar lank; *go ~ five/etc. **days/hours/minutes/weeks/months/years*** vir vyf/ens. dae/uur/minute/weke/maande/jaar gaan; *I haven't seen him/her ~ **days/months/years*** ek het hom/haar in geen dae/maande/jare gesien nie; *leave s.o. ~ **dead*** →DEAD *adj.; ~ **devilment*** →OUT OF DEVILMENT; *be ~ **doing** s.t.* iets wil doen; *~ **example*** →EXAMPLE; *an **eye** ~ an eye and a tooth for a tooth* →EYE *n.; be **famous/notorious** ~ ...* →FAMOUS, NOTORIOUS; *~ **fear** of ...* →FEAR *n.; be **fit** ~ ...* →FIT[1] *adj. & adv.; it is **getting on** ~ for two/etc. o'clock* →GET; ***go** ~ ...* →GO *ww.; ~ **God's** sake* →GOD; *~ s.o.'s own **good*** →GOOD *n.; ~ **goodness'** sake* →GOODNESS; ***head** ~ ...* →HEAD *ww.; not be able to **hear** ~ the noise* vanweë/weens die lawaai nie kan hoor nie; *~ **hire*** →HIRE *n.; **hope** ~ the best* →BEST *n.; ~ **information*** →INFORMATION; *s.o. is ~ **it*** iem. is daarvoor (*of* ten gunste daarvan); *(infml.)* iem. ry aan die pen, iem. sal bars, iem. se doppie gaan klap; *jump ~ **joy*** →JOY; *~ 50 **kilometers*** 50 kilometer (ver/vêr); ***know** s.o./s.t. ~ ...* →KNOW *ww.; **leave** ~ ...* →LEAVE[2] *ww.; ~ **life*** →LIFE; *not ~ **long*** →LONG[1] *n.; **long** ~ ...* →LONG[2] *ww.; ~ **love** of ...* →LOVE *n.; **make** ~ ...* →MAKE *ww.; **mistake** s.o./s.t. ~ ...* →MISTAKE *ww.; ~ a **moment*** →MOMENT; *executed ~ **murder*** weens moord tereggestel; *it is **not** ~ s.o. to ...* iem. kan nie ... nie; *~ **nothing*** →NOTHING; *~ **now*** →NOW; ***now** ~ a drink/etc.* (en) nou 'n drankie/ens.; ***oh** ~ ...!* as ek maar ... gehad het!; *~ **once*** →ONCE *adv.; ~ **one** thing ...* →THING; *I ~ **one*** →ONE; ***over** to X ~ the news* nou sal X die nuus lees; *~ one's **pains*** →PAIN *n.; ~ my **part*** →PART *n.; **pay** ~ s.t.* →PAY *ww.; **pray** ~ s.o.* →PRAY; *~ the **present*** →PRESENT *n.; ~ the **preservation** of ...* →PRESERVATION; *be **pressed** ~ ...* →PRESSED; *~ the **prevention** of ...* →PREVENTION; ***rand** ~ rand* →RAND; *be **ready** ~ ...* →READY *adj.; ~ a **reason*** →REASON *n.; **reprimand** s.o. ~ s.t.* →REPRIMAND *ww.; ~ the **rest*** →REST[2] *n.; there is much to be **said** ~ ...* →MUCH; *~ **sale*** →SALE; *it/that is ~ s.o. to **say*** →SAY *ww.; s.o. could not **see** the road ~ dust* →SEE[1] *ww.; **see** ~ yourself* →SEE[1] *ww.; be **selected** ~ ...* →SELECT *ww.; **sell** s.t. ~ R500/etc.* →SELL *ww.; **send** ~ s.o.* →SEND; *~ **shame*** →SHAME *n.; **sign** ~ s.o.* →SIGN *ww.; **study** ~ a degree* →STUDY *ww.; be too sweet/etc. ~ s.o.'s **taste*** →TASTE *n.; ~ a **time*** →TIME *n.; ~ him/her **to** have done it is impossible* hy/sy kan dit onmoontlik gedoen het; *~ him/her **to** say so, is ...* dat hy/sy dit sê, is ...; *it is ~ him/her **to** ...* dit berus by hom/haar om te ..., hy/sy moet besluit of ...; dit is sy/haar beurt om te ...; *go ~ a **walk*** →WALK *n.; ~ **want** of ...* →WANT *n.; s.o. **wants** ~ nothing* →WANT *ww.; **word** ~ word* →WORD *n.; not ~ (all) the **world*** →WORLD; *that's ... ~ **you*** so is ... nou (maar) eenmaal; dis nou ...!. **for** *voegw., (poët., liter.)* want, omdat, aangesien, omrede.

for·age *n.* (vee)voer. **for·age** *ww.* wei, vreet; voer/kos soek; snuffel; *(mil.)* stroop, plunder, roof; *(arg.)* van voedsel voorsien; *~ for s.t.* iets soek. ~ **bag** voersak. ~ **cap** *(mil.)* kwartier-, veldmus. ~ **crop**, ~ **plant** voergewas. ~ **cutter** voerkerwer.

for·ag·er voer-, kossoeker; snuffelaar; *(mil.)* plunderaar. **for·ag·ing ant** →SAFARI ANT.

fo·ra·men *-ramina, -ramens, (anat.)* opening, gat.

for·as·much *(arg. of jur.): ~ as* aangesien, nademaal.

for·ay roof-, strooptog, inval; *go on (or make) a ~* 'n strooptog onderneem/uitvoer; *s.o.'s ~ into s.t.* iem. se poging om aan iets mee te doen.

forb *(bot.)* forb.

for·bad(e) *(verl.t.)* →FORBID.

for·bear[1] *-bore -borne, ww., (poët., liter. of fml.)* afsien van; nalaat, jou daarvan weerhou om te; *(arg.)* verdra, verduur, duld, veel. **for·bear·ance** verdraagsaamheid, toegewendheid, toegeeflikheid, geduld; onthouding; *~ is no acquittance* uitstel is nog nie afstel nie. **for·bear·ing** verdraagsaam, toegeeflik, toegewend.

for·bear[2] *n.* →FOREBEAR.

for·bid *-dd-, -bad(e) -bidden* belet, verbied; *~ the **banns*** →BANNS; ***God/Heaven** ~* God (*of* die hemel) behoede, mag God (dit) verhoed, die hemel behoed/bewaar ons; *~ s.o. the **house*** iem. die huis belet/ontsê; ***space** ~s s.o. to ...* die ruimte laat iem. nie toe om te ... nie; *~ s.o. **to** do s.t.* iem. belet/verbied om iets te doen. **for·bid·den** verbode, ongeoorloof; *it is ~ to do s.t.* dit is verbode om iets te doen. **for·bid·ding** onheilspellend, dreigend, afskrikwekkend, ysingwekkend, huiweringwekkend; somber; onherbergsaam; onaanloklik; droef, droewig, sleg *(vooruitsig)*; streng, kwaai *(iem.)*.

force[1] *n.* krag; mag, gesag; geweld; slaankrag; dwang; noodsaak; gewig, oortuigingskrag; *(i.d. mv.)* kragte; *(i.d. mv.)* strydkragte, weermag; ***add** ~ to s.t.* krag by iets sit *('n argument ens.)*; ***armed** ~(s)* →ARMED; *by ~ of **arms*** →ARMS; *~ of **attraction*** aantrekkingskrag; ***by** (main) ~* met geweld; ***by** ~ of ...* deur middel van ...; uit krag van ...; ***chemical** ~* skeikundige bindingsvermoë, chemiese affiniteit; *by ~ of **circumstances*** →CIRCUMSTANCE; ***come into** ~* in werking tree, van krag word; ***electromotive** ~* →ELECTROMOTIVE; ***equilibrium** of ~s* →EQUILIBRIUM; *be of **full** ~ and effect* ten volle van krag wees; *~ of **gravity*** →GRAVITY; *the ~ of **habit*** →HABIT; *~ of **impact*** trefkrag; *be **in** ~* geldig (*of* van krag *of* in werking) wees; ***in** (full/great) ~* in groot getalle; *meet the enemy **in** ~, (mil.)* teen sterk vyandelike kragte stuit; *make a reconnaissance **in** ~,* *(mil.)* 'n sterk verkenningstroep uitstuur; *be **in** great ~* op jou stukke wees; *they are **joining** ~s (with one another)* hulle snoer hul kragte saam, hulle werk/span (met mekaar) saam, hulle reik mekaar die hand; *by ~ of **law*** onder regsdwang, by krag van wet; *have the ~ of **law*** regskrag hê, regsgeldig wees; ***legal** ~* regskrag; ***line** of ~* →LINE[1] *n.; ~ **majeure**, (Fr., jur.)* oormag; *s.o. is a **major/powerful** ~ in ...* iem. het baie invloed (*of* is baie invloedryk) in ...; ***military** ~* →MILITARY *adj.; ~ of **nature*** natuurkrag; *be of **no** ~ and effect* van nul en gener waarde wees; *~ of **penetration*** indringingskrag; ***physical** ~* →PHYSICAL; *~ of **projection*** dryfkrag *(v. 'n projektiel)*; ***put** s.t. into ~* iets in werking stel (*of* van krag maak); ***raise** a ~* 'n (krygs)mag op die been bring; ***resort** to ~* geweld gebruik; *by **sheer** ~* deur brute krag/geweld; *a **sinister** ~* 'n duistere mag; *s.o. is a **spent** ~* dis klaar met iem., iem. is uitgedien(d)/afgetakel, iem. se tyd is verby; ***the** ~, (soms F~, infml.)* die polisie(mag); ***triangle** of ~s* →TRIANGLE; ***use** ~* geweld gebruik; *~ of **will*** wilskrag. **force** *ww.* dwing, verplig, noodsaak, forseer; afdwing; deurdryf, =drywe; oopbreek *('n deur)*; oopskiet *('n brandkas)*; *(tuinb.)* forseer, vervroeg, trek, in 'n broeikas kweek; *~ an **analogy*** 'n vergelyking te ver/vêr deurvoer; *~ ... **back*** ... terugdryf, =drywe *(d. vyand ens.)*; ... terugdwing *(iem., 'n land, ens.)*; ... bedwing *(trane)*; *~ the **bidding*** die bieëry opdryf/opdrywe; *~ a **crossing*** 'n oorgang oopveg/afdwing; *~ s.t. **down*** iets met geweld afsluk; iets ondertoe dwing *('n geldeenheid ens.)*; iets neerdwing (*of* grond toe dwing *of* dwing om te land) *('n vliegtuig ens.)*; *~ an **entrance*** met geweld toegang (ver)kry; *~ a **gap*** deurbreek, 'n deurbraak forseer/bewerkstellig, 'n bres slaan; *~ s.o.'s **hand*** →HAND *n.; ~ the **issue*** →ISSUE *n.; ~ a **lock*** 'n slot forseer; *~ s.t. **off*** iets met geweld afbreek; *be ~d **off** the land, (ook)* uitboer; *~ a car **off** the road* 'n motor van die pad afdwing; *~ o.s. **on/upon** s.o.* jou aan iem. opdring/opdwing; *~ s.t. **on/upon** s.o.* iets aan iem. opdwing; *~ s.t. **open*** iets oopdwing; iets oopbreek; *~ s.t. **out*** iets uitstamp *('n ruit ens.)*; *~ s.o. **out*** iem. uitboender; *~ s.o./s.t. **out of** ...* iem./iets uit ... stoot, iem./iets met moeite uit ... kry; *~ s.t. **out of** s.o.* iets van iem. afpers; *~ the **pace*** hard aanja(ag), die pas forseer; *~ a **smile*** →SMILE *n.; ~ **tears** from s.o.* →TEAR[2] *n.; s.o. is/feels ~d **to** ...* iem. is/voel genoodsaak/verplig om te ...; *~ s.t. **up*** iets opdruk; iets opja(ag)/opstoot/opdryf/opdrywe *(d. prys ens.)*; *~ one's **voice*** jou stem forseer/ooreis; *~ one's **way** into a place* met geweld toegang tot 'n plek (ver)kry; *~ one's **way** through ...* jou/'n weg (met geweld) deur ... baan. ~ **feed** *n., (teg.)* druktoevoer. ~-**feed** *ww.* dwing om te eet, met dwang voer; *~ s.o. s.t., (fig.)* iets in iem. se keel afdruk *(morele beginsels ens.)*. ~ **pump** perspomp.

force[2] *n., (N.Eng.)* waterval.

force[3] *ww., (kookk.)* stop, vul. ~**meat, farce(meat)** vleisvulsel.

forced gedwonge, onnatuurlik, gemaak, gekunsteld; *~ **descent*** dwanglanding; *~ **feeding*** dwangvoeding; *~ **labour*** dwangarbeid; *~ **landing*** noodlanding; *~ **loan*** verpligte/gedwonge lening, dwanglening; *~ **lubrication*** druksmering; *~ **march*** geforseerde mars, noodmars; gedwonge tog; *~ **marriage*** gedwonge huwelik; *~ **move**, (skaak)* dwangset; *~ **resettlement/relocation*** gedwonge hervestiging; *~ **respiration*** moeilike asemhaling; *~ **smile*** gedwonge glimlag.

force·ful kragtig, sterk; kragdadig; vurig. **force·ful·ly** kragtig *(uitspreek)*; kragdadig *(verwyder)*; sterk *(jou uitdruk)*; vurig *(praat, skryf, redeneer)*. **force·ful·ness** kragdadigheid.

for·ceps =*ceps*, =*cipes* tang, trekker; knyper; ***dental** ~* kiestang; ***dressing** ~* verbandtang; ***obstetric** ~* verlostang; ***swab** ~* deppertang.

for·ci·ble gewelddadig, kragdadig, kragtig; indrukwekkend, treffend; *~ **restraint*** vryheidsberowing. **for·ci·bly** met geweld, gewelddadig; indrukwekkend, treffend, pakkend.

forc·ing *n.* dwang, forsering; *(tuinb.)* vervroeging. **forc·ing** *adj.* dwingend; deurdrywend; *~ **batsman*** aggressiewe kolwer. ~ **bag** spuitsakkie. ~ **frame** broeibak. ~ **house** broeikas. ~ **plant** trekplant.

ford *n.* drif, deurkomplek *(in 'n rivier)*. **ford** *ww.* deurwaad, deurloop; (by die/'n drif) deurgaan/deurry/oorgaan. **ford·a·ble** deurwaadbaar, oorgaanbaar, deurgaanbaar. **ford·a·ble·ness** deurwaadbaarheid.

for·do, fore·do *(arg.)* doodmaak, vernietig, uitwis; uitput.

fore *n.* voorpunt; boeg; voorgrond; *be to the ~* op die voorgrond wees; byderhand wees; *bring s.t. to the ~* iets na vore bring, op iets wys, iets beklemtoon; *come to the ~* na vore (*of* op die voorgrond) kom/tree, te voorskyn tree, naam maak. **fore** *adj.* voorste, voor=. **fore** *adv. & prep.* voor; vooraan; by; *fore!, (gh.)* (pas op) voor!; *~ and aft* voor en agter.

fore= *komb.vorm* voor=. ~-**and-aft** *adj. (attr.), (sk.)* langsskeepse *(stabiliteit ens.)*. ~-**and-after** *n., (sk.)* snytuig; *(sk.)* gaffelskoener; pet met 'n voor- en agterklep. ~**arm** →FOREARM[1], FOREARM[2]. ~**bear, forbear** voorvader, voorsaat. ~**bode** *ww., (arg. of poët., liter.)* voorspel; 'n voorgevoel hê. ~**boding** voorspelling; voorgevoel; voorspooksel. ~**brain** voorbrein. ~**cabin** *(sk.)* voorkajuit. ~**caddie,** ~**caddy** *(gh.)* voorjoggie. ~**cast** →FORECAST. ~**castle, fo'c's'le, fo'c'sle** *(sk.)* voorkasteel. ~**close** uitsluit *(van)*; afsluit; verhinder; vooruit beslis/uitmaak; *~ a mortgage* 'n verband oproep/opsê. ~**closure** uitsluiting; verhindering; opsegging, oproeping *(v. 'n verband)*. ~**court** voorhof, voorplein; *(tennis)* voorbaan. ~**deck** voordek. ~**do** →FORDO. ~**doom** doem; *be ~ed to ...* tot ... gedoem wees. ~-**edge** voorsnee *(v.d. bladsye v. 'n boek)*. ~**father** voorvader, voorsaat; *(i.d. mv.)* voorouers. ~**finger** voor=, wysvinger. ~**foot** =*feet* voorpoot, =voet; *(sk.)* voorstewe. ~**front** voorgrond, voorpunt, spits, front, voorste gelid/geledere, voorhoede; voorgewel; voorkant; *be in the ~* vooraan wees; op die voorgrond (*of* aan/op die voorpunt *of* aan die spits) wees; *in the ~ of the movement* in die voorste geledere van die beweging. ~**gather, forgather** *(fml.)* bymekaarkom, byeenkom, vergader, versamel. ~**gift** *Br.* huurpremie. ~**go** →FORGO, FOREGO[2]. ~**ground** →FOREGROUND. ~**gut** *(anat., soöl.)* voorderm. ~**hand** →FOREHAND. ~**head** voorkop, =hoof. ~**hold** *(sk.)* voorruim. ~**hoof** voorhoef. ~**horse** voorperd. ~**judge** vooraf/vooruit veroordeel, vooraf/vooruit oordeel oor. ~**know** =*knew* =*known* vooruit weet; voorsien. ~**knowledge** voorkennis, voorwete(ndheid); *have ~ of s.t.* iets vooruit weet. ~**knuckle** voorskenkelbeen. ~**land** landpunt, =tong; voorland. ~**leg** voorbeen, =poot. ~**limb** voorlid, =ledemaat. ~**lock** →FORELOCK[1], FORELOCK[2]. ~**loin** beste lendestuk. ~**man** =*men* voorman; *(farm)* ~ (plaas)opsigter. ~**mast** *(sk.)* voormas. ~**milk** bies(melk), voormelk; eerste moedersmelk. ~**most** voorste; belangrikste, mees vooraanstaande; *first and ~* allereers, in die eerste plek/plaas; *fall head ~* vooroor val; *hind part ~* agterstevoor. ~**name** voor=, doopnaam. ~**noon** →FORENOON. ~**ordain** voorbestem, voorbeskik. ~**ordination** voorbeskikking, voorbestemming. ~**part** eerste/voorste gedeelte; voorstuk; voorent. ~**paw** voorpoot. ~**peak** *(sk.)* voorpiek. ~**plane** *(houtw.)* voorloper, voorreiskaaf. ~**play** (liefdes)voorspel. ~**quarter** voorkwart *(v. 'n geslagte dier)*; *(i.d. mv.)* voorlyf *(v. 'n perd ens.)*. ~**rib** voorrib. ~**run** =*ran* =*run, (poët., liter.)* voorafgaan; voorspel; die/'n voorloper wees (van). ~**runner** voorloper; voorteken, voorbode. ~**said** *(w.g.)* →AFOREMENTIONED. ~**sail** *(sk.)* voorseil, fok(seil). ~**see** =*saw* =*seen* voorsien, vooruitsien, bedag wees op, verwag. ~**seeable** voorspelbaar, voorsienbaar, te voorsien/verwagte; *in the ~ future* binne afsienbare tyd. ~**shadow** (voor)spel, die voorbode wees van, aankondig, voorafskadu, dui op. ~**shadowing** voorafskaduwing. ~**sheet** *(sk.)* voorskoot *(v. 'n voorseil)*; *(i.d. mv., sk.)* voorboot. ~**ship** voorskip. ~**shock** voorbewing, =skok *(v. 'n aardbewing)*. ~**shore** strandgebied, voor=, vloedstrand. ~**shorten** (perspektiwies) verkort; in die verkorting (*of* in perspektief) teken; *~ed view* verkorte uitsig. ~**shortening** (perspektiwiese) verkorting. ~**show** =*showed* =*shown, (arg.)* voorspel. ~**sight** versiendheid, vêrsiendheid, vooruitsiendheid, versiende/vêrsiende/vooruitsiende blik; toekomsbeplanning, voorsorg, oorleg; korrel *(v. 'n geweer)*; *(landm.)* voorpeiling, vooruitlesing. ~**skin** *(anat.)* voorhuid. ~**slope** voorhelling. ~**spent** →FORSPENT. ~**stall** voorspring, voor wees; vooruitloop, antisipeer; voorkom, verhinder, belemmer, fnuik, in die kiem smoor, in die wiele ry, 'n stokkie steek voor; *(hist.)* (vooruit) opkoop. ~**stay** *(sk.)* voor=, fokstag. ~**stomach** voormaag. ~**taste** →FORETASTE. ~**tell** =*told* =*told* (voor)spel, voorsê, profeteer, wiggel; 'n voorbode wees van. ~**thought** voorsorg, oorleg; voorbedagtheid. ~**time** *(vero.)* voortyd, ou tyd. ~**token** voorbode, voorteken. ~**tooth** =*teeth* voor=, snytand. ~**top** *(sk.)* voormars. ~-**udder** vooruier. ~**warn** vooraf waarsku; *~ed is forearmed* voorkennis maak voorsorg. ~**wing** *(entom.)* voorvlerk. ~**woman** =*women* voorvrou. ~**word** voorwoord, woord vooraf, inleiding.

fore·arm[1] *n.* voor=, onderarm.

fore·arm[2] *ww.* vooruit bewapen.

fore·cast *n.* voorspelling, voorbeskouing; raming; prognose; *make a ~ about s.t.* 'n voorspelling oor iets doen/maak. **fore·cast** =*cast* =*cast;* =*casted* =*casted, ww.* voorspel; raam; *~ that ...* voorspel dat ... ~ **chart** weerkaart. **fore·cast·er** voorspeller.

fore·go[1] *ww.* →FORGO.

fore·go[2] =*went* =*gone, ww., (arg.)* voorgaan. **fore·go·er** voorganger. **fore·go·ing** voor(af)gaande; voor(ge)noemde, voor(ge)melde. **fore·gone, fore·gone**: *a ~ conclusion* 'n uitgemaakte saak.

fore·ground voorgrond; *in the ~* op die voorgrond. ~ **music** voorgrondmusiek.

fore·hand *n., (tennis ens.)* voorarmhou; voorarmspel; voorlyf *(v. 'n perd)*. **fore·hand** *adj.* voorarm=. ~ **drive** voorarmdryfhou. ~ **play** voorarmspel. ~ **shot,** ~ **stroke** voorarmhou.

for·eign buitelands, uitlands, uitheems; vreemd; *s.t. is ~ to s.o.* iets is vreemd aan iem.; *be ~ to the subject* nie ter sake wees nie, niks met die saak te doen/make hê nie. ~ **affairs** *(mv.)* buitelandse sake/aangeleenthede. ~ **agent** *(spioenasie)* buitelandse agent; *(han. ens.)* buitelandse verteenwoordiger. ~ **aid** buitelandse hulp, hulp uit die buiteland; hulp aan die buiteland. ~ **body,** ~ **object** vreemde voorwerp. ~ **commentator** buitelandse kommentator. ~ **correspondent** *(joern.)* buitelandse korrespondent. ~ **country** buiteland; *in ~ countries* in die buiteland. ~ **currency** buitelandse/vreemde betaalmiddele/betaalmiddels/valuta, deviese. ~ **editor** *(joern.)* buitelandse redakteur; redakteur buiteland. ~ **exchange** buitelandse/vreemde valuta/betaalmiddele/betaalmiddels, deviese. ~ **exchange holdings** buitelandse valutabesit, voorraad buitelandse valuta, deviesebesit, =voorraad. ~ **exchange market** valuta=, deviesemark. ~ **language** *n.* vreemde taal. ~-**language** *adj.: ~ newspaper/broadcast* buitelandse koerant/uitsending; *~ teaching* vreemdetaalonderrig. ~ **legion** vreemde(linge)legioen. ~ **matter** vreemde stof. ~ **minister,** ~ **secretary** *(dikw. met hll.)* minister van buitelandse sake. ~ **ministry,** ~ **office** *(dikw. met hll.)* ministerie van buitelandse sake. ~-**owned** *adj.* in buitelandse/vreemde besit; *~ securities* effekte in vreemde besit; *~ subsidiary* filiaal in buitelandse besit. ~ **parts** vreemde lande; *in ~* in die vreemde. ~ **policy** buitelandse beleid. ~ **relations** buitelandse betrekkinge. ~ **secretary** →FOREIGN MINISTER. ~ **service** *(Am.)* = DIPLOMATIC SERVICE.

for·eign·er buitelander, uitlander, vreemde(ling).

fore·lock[1] *n.* voorhare, voorlok, kuif; maantop, kuif *(v. 'n perd)*; *take time by the ~, (poët., liter.)* die geleentheid aangryp, die kans waarneem.

fore·lock[2] *n.* sluitspy; sluitwig; luns(pen); stokspy *(v. 'n anker)*. **fore·lock** *ww.* 'n sluitspy insteek.

fore·noon *(Am. of sk.)* voormiddag; *in the ~* voor die middag, in die oggend. ~ **watch** *(8:00-12:00)* voormiddagwag.

fo·ren·sic forensies, geregtelik, juridies, regs=; *~ investigation* geregtelike/forensiese ondersoek; *~ medicine* geregtelike geneeskunde.

for·est *n.* woud, (hout)bos; *~ of masts* masbos; *a thick ~* 'n digte bos. **for·est** *ww.* bebos. ~ **climate** woudklimaat. ~ **conservancy** bosbewaring. ~ **conservator**

bosbewaarder. ~ **cover** bosbedekking. ~ **crop** bosopstand, -oes. ~ **dweller** bos-, woudbewoner. ~ **economics** bosbeheerleer, bosekonomie. ~ **fever tree** *(Anthocleista grandiflora)* boskoors-, grootblaarboom. ~ **fire** bosbrand. ~ **fly** perdevlieg. ~ **green** sipres-, woudgroen. ~ **management** bosbestuur. ~ **mouse** bosmuis; *coastal* ~ ~ kusmuis. ~ **officer** bosbeampte. ~ **reserve** bosreservaat. ~ **right,** ~ **servitude** bosgebruiksreg, bosserwituut. ~ **road** bospad; houtafvoerweg. ~ **service** boswese. ~ **stand** bosopstand. ~ **warden** boswagter. ~ **weaver** *(orn.)* bosmusikant, boswewer.

for·est·al bos-, betreffende die boswese.

for·es·ta·tion bebossing, bosaanplanting.

for·est·ed bebos.

for·est·er bosbouer; bosopsigter, -wagter; *(arg.)* bosbewoner; *(arg.)* wouddier; *(soöl.)* groot kangaroe.

for·est·ry bosbou, boswese; bosbedryf; bosboukunde; boswêreld.

fore·taste *n.* voorsmaak, voorsmakie. **fore·taste** *ww.* vooraf proe; 'n voorsmaak/voorsmakie hê/kry van.

for·ev·er *n., (infml.)* ewigheid; *the traffic lights take ~ to change* dit duur 'n ewigheid voor(dat) die verkeersligte oorslaan; *it takes s.o. ~ to get dressed* dit kos iem. 'n ewigheid om aangetrek te kom (*of* om aan te trek). **for·ev·er, for ev·er** *adv.* vir ewig/goed *(weggaan, verdwyn);* vir altyd *(aanhou);* altyd, (vir) ewig *(liefhê);* altyd *(onthou);* gedurig, alewig, ewig en altyd *(twis);* aanmekaar, aanhoudend, onophoudelik *(pla);* altyd, immer *(vriendelik);* voortdurend *(verander); go on ~* altyd so bly; *(neerh.)* 'n ewigheid (*of* vir altyd) aanhou/duur/voortduur. **for ev·er·more, for·ev·er more,** *(Am.)* **for·ev·er·more** vir ewig/altyd.

for·feit *n.* boete, geldstraf; (onder)pand; polfyntjie *(by speletjies); (i.d. mv.)* pandspel; verbeuring *(v. 'n reg ens.); (fig.)* die prys wat jy moet betaal; *declare s.t.* ~ →DECLARE; *s.o.'s life was (the)* ~ iem. se lewe was in pand; iem. het dit met sy/haar lewe geboet; *play ~s* pandspeel, pand speel. **for·feit** *ww.* verbeur, inboet, moet prysgee; verbeurd verklaar; *~ one's word* jou woord skend. ~ **clause** verbeuringsbeding. ~ **money** roukoop.

for·fei·ture verbeuring; verbeurdverklaring; verlies; boete.

for·fend *(arg.)* verhoed; *(ook, Am., forefend)* beskerm, beveilig.

for·gath·er →FOREGATHER.

for·gave →FORGIVE.

forge[1] *n.* smedery, smidswinkel; smidsoond; smeltoond. **forge** *ww.* smee; pers; versin, bedink; namaak, vervals; *~d* ***cheque*** vervalste tjek; *~d* ***iron*** smeeyster; *~ s.t.* ***on*** iets aansmee; *~d* ***part*** smeestuk, gesmede stuk; *~d* ***steel*** smeestaal; *~ ...* ***together*** ... saamsmee; *~ and* ***utter*** vervals en uitgee. ~ **bellows** smidsblaasbalk. ~ **coal** smeekole, smidskole. ~ **furnace** smeeoond. ~ **hammer** smeehamer, smidshamer. ~ **machine** smeemasjien. ~**man** *-men* smid, smeder. ~ **scale** →HAMMER SCALE. ~ **weld** *n.* smeelas. ~**-weld** *ww.* smeelas, aaneen-, aanmekaarsmee.

forge[2] *ww.* beur, (met moeite) vooruitkom; *~ ahead* vorentoe beur, vooruitstreef, -strewe, vooruitkom, voor-uitgaan.

forge·a·ble smee(d)baar; vervalsbaar, namaakbaar. **forge·a·bil·i·ty** smee(d)baarheid; namaakbaarheid.

for·ger smid, smeder; vervalser, namaker; versinner.

for·ger·y vervalsing; die namaak; vals handtekening; vervalste dokument; namaaksel; *~ and uttering, (jur.)* vervalsing en uitgifte.

for·get *-tt-, forgot forgotten* vergeet; verleer, afleer; ~ ***(about)*** *s.t.* iets vergeet; *~ all* ***about*** *it* die hele ding vergeet; *s.o. had better ~* ***about*** *s.t.* iem. moet maar van iets afsien; *s.o. can ~* ***about*** *s.t.* iem. kan iets maar laat staan (*of* uit sy/haar kop sit); *one is* ***apt*** *to ~ it* ('n) mens vergeet dit maklik/lig; ***be*** *forgotten* vergete wees; ***clean/completely*** *~ s.t.* iets skoon/heeltemal vergeet; ***don't*** *~ to ...!* moenie vergeet om te ... nie!; ~ ***it!*** niks daarvan nie!, sit dit uit jou kop!; dis niks (nie)!, nie te danke!; *and don't you ~* ***it!*** en onthou dit goed!; *I ~ (or have forgotten) his/her* ***name*** ek kan nie op sy/haar naam kom nie, ek het sy/haar naam vergeet; ***not*** *~ting that ...* bygesê dat ...; *the forgotten* ***one*** die vergetene/vergeteling; ~ ***o.s.*** jou selfbeheersing verloor; ~ ***that*** ... vergeet dat ...; ~ ***to*** ... vergeet om te ... **~-me-not** *(bot.: Myosotis* spp.) vergeet-my-nietjie; *(Cape)* ~, *(Anchusa capensis)* ostong, ystergras.

for·get·ful vergeetagtig, verstrooi(d); kort van gedagte; *be ~ of s.t.* iets vergeet; nalatig wees wat iets betref; *be ~ of one's duty* jou plig versuim; *~ person* vergeetal, vergeetagtige mens/persoon. **for·get·ful·ness** vergeetagtigheid, verstrooidheid; nalatigheid.

for·get·ta·ble vergeetbaar.

forg·ing smeewerk; smeestuk, smeesel; smeding; vervalsing. ~ **hammer** smeehamer. ~ **shop** smedery.

for·give *-gave -given* vergeef, vergewe; kwytskeld *(skuld); ~ s.o. for doing s.t.* iem. vergeef/vergewe dat hy/sy iets gedoen het; *~ and forget* vergewe en vergeet; *~ s.o. s.t.* iem. iets vergeef/vergewe. **for·giv·a·ble** vergeeflik. **for·give·ness** vergif(fe)nis, vergewing; vergewensgesindheid; kwytskelding; *ask/beg s.o.'s ~* iem. om vergif(fe)nis/vergewing vra/smeek. **for·giv·ing** vergewensgesind. **for·giv·ing·ness** vergewensgesindheid.

for·go *-went -gone* afsien van, ontbeer, opgee, jou ontsê, afstand doen van.

for·got·ten →FORGET.

fork *n.* vurk; gaffel; mik; tak, vertakking; *~ of a bicycle* vurk van 'n fiets; *front ~* voortang *(v. 'n wa); garden ~* spitvurk; *~ in the road* tweesprong, padvertakking. **fork** *ww.* met 'n vurk steek/werk/gooi/dra; skei, splits, vertak; *~ s.t. out/up, (infml.)* iets opdok *(geld, 'n bedrag); s.o. will have to ~ out/up R1000/etc., (ook, infml.)* dit is R1000/ens. aan iem. se kwas; *~ s.t. over* iets (met 'n vurk) omspit *('n bedding ens.); (infml., Am.)* iets opdok *(geld, 'n bedrag).* **~ball** *(bofbal)* vurkbal. **~lift** vurkkraan. **~lift (truck)** vurkhyswa. ~ **lunch(eon)** vurkmiddagete. ~ **rod** vurkstang. ~ **spanner,** ~ **wrench** vurksleutel. ~ **supper** vurkaandete. **~-tongued** met 'n gesplete tong.

forked gesplits, gesplete, gesplyt; gaffelvormig; getak, mikvormig, gevurk; ~ ***end*** vurkent, gevurkte ent; ~ ***joint*** vurklas; ~ ***lightning*** takweerlig, sigsagblits, gevurkte blits; ~ ***plough*** gaffelploeg; ~ ***rest*** dooie rusvurk; ~ ***stick*** mikstok.

for·lorn verlate, verlore; hopeloos; wanhopig, moedverlore, troosteloos; ellendig; *~ hope* floue hoop; wanhoopspoging, wanhopige onderneming; hopelose saak; *(mil., vero.)* stormtroep.

form *n.* vorm, fatsoen; gedaante, gestalte; orde; formasie; opstelling; formaliteit; bank; klas; kondisie; drukvorm; *(Br.)* lêplek *(v. 'n haas); ~ of* ***address*** aanspreekvorm; *~ of* ***application, application*** *~* aansoekvorm; *be* ***bad*** *~* ongemanierd/onfyn wees; ***change*** *of ~* gedaante(ver)wisseling, -verandering; ***complete*** (or ***fill in*** or, Am., ***fill out****) a ~* 'n vorm invul; *~ and* ***content*** vorm en inhoud; ***(due)*** *~ of law* regsvorm; ***in due*** *~* behoorlik, ooreenkomstig die voorskrifte; ***in due*** *~ of law* met inagneming van die regsvorme; *~ of* ***faith*** geloofsvorm; *s.t. is* ***good*** *~* iets is goeie maniere (*of* fatsoenlik); *~ of* ***government*** regerings-, staats-, bestuursvorm; *the* ***human*** *~* die menslike gestalte; ***be in*** *(good/great) ~* (goed) op stryk/dreef wees; op jou stukke wees; ***in the*** *~ of ...* in die vorm/gedaante van ...; ***judge*** *... on ~ ...* na prestasie oordeel; *a* ***matter*** *of ~* 'n blote formaliteit; *as a* ***matter*** *of ~, for ~'s* ***sake*** vir die vorm/fatsoen, fatsoen(likheid)shalwe; *be* ***off*** *(or* ***out of****) ~* van stryk (af) wees, nie op dreef wees nie; ***(outward)*** *~* gestalte; *~ of* ***proxy*** volmagvorm; *of the* ***same*** *~* gelykvormig; ***sixth/etc.*** *~, (opv., Br.)* sesde/ens. klas; ***strike*** *~* op stryk/dreef kom; ***take*** *~* vorm aanneem; *s.t. will* ***take*** *the ~ of a ...* iets sal 'n ... wees; *be at the* ***top*** *of one's ~* (so reg) op jou stukke wees; *run* ***true*** *to ~* bestendig/konsekwent wees; *~ of* ***words*** bewoording, uitdrukkingswyse. **form** *ww.* vorm; maak; fatsoeneer; formeer; set; kweek; oprig, stig; in gelid stel, rangskik; *~ into* ***ears, (graangewas)*** in die aar skiet; *~* ***fours!****, (mil.)* met viere!; *~ a* ***habit*** →HABIT; *~ an* ***idea*** *of s.t.* →IDEA; *~ an* ***impression*** →IMPRESSION; *~ s.t.* ***into*** *...* iets in/tot ... vorm; *~ (a)* ***part*** *of s.t.* →PART *n.; ~ a* ***resolution*** →RESOLUTION; *~* ***ties*** *with ...* →TIE *n.; ~* ***up****, (soldate ens.)* aantree; *~* ***up*** *the platoon* die peloton opstel (*of* laat aantree). **~board** *(psig.)* vormbord. ~ **criticism** vormgeskiedenis *(v.d. Byb.).* ~ **drag** *(lugv.)* vormweerstand. ~ **feed** *n., (rek.)* papier-, vormvoer. **~fitting** gefatsoeneer(d). ~ **history** →FORM CRITICISM. ~ **letter** standaardbrief. ~ **master** *(opv., Br.)* klasonderwyser. ~ **mate** *(opv., Br.)* klasmaat. ~ **mistress** *(opv., Br.)* klasonderwyseres. **~-retaining** vormvas. ~ **room** *(opv., Br.)* klaskamer. ~ **word** →FUNCTION WORD. **~work** bekisting.

for·mal *n., (Am.)* aandrok; formele geleentheid. **for·mal** *adj.* formeel, deftig, plegtig; amptelik; vormlik, styf; uiterlik; vorm-; beleefdheids-; *~ attitude* stywe houding; *~ defect* vormgebrek; *~ dress* aandklere; *in a ~ tone* op afgemete toon. **for·mal·ly** *adv.* formeel *(uitnooi, ontken; geklee[d], opgelei);* plegtig *(aantree, herdenk);* amptelik *(meedeel; verloof); (nie hartlik nie)* styf, konvensioneel *(optree); (tuin ens.)* formeel, geometries *(uitgelê).*

for·mal·de·hyde *(chem.)* formaldehied, metanaal.

for·ma·lin *(chem.)* formalien.

for·mal·ise, -ize vorm gee aan; formaliseer, wettig; stileer.

for·mal·ism formalisme, vormdiens, vormlikheid. **for·mal·ist** formalis, vormdienaar. **for·mal·is·tic** formalisties, vormlik.

for·mal·i·ty formaliteit; uiterlike vorm; vormlikheid; afgemetenheid; seremonie.

for·mant *(fonet.)* formant.

for·mat *n., (grootte)* formaat *(v. 'n blad, boek); (rad., TV)* struktuur *(v. 'n program); (rek.)* formaat. **for·mat** *ww., (rek.)* formateer.

for·ma·tion vorming; ontstaan, wording; formasie; samestelling, struktuur; rangskikking; stigting, oprigting; opstelling *(by dril);* draaggrond, padbed; *~ in* ***depth*** opstelling in die diepte; ***geological*** *~* geologiese formasie; *~ of* ***ground*** terrein(gesteldheid); *~ in* ***line*** opstelling in linie, linieformasie; ***point*** *of ~* formasie-, opstellingspunt *(by dril).* ~ **dance** formasiedans. ~ **dancing** formasiedans. ~ **flight** formasievlug.

form·a·tive *n., (gram.)* vormelement, formans. **form·a·tive** *adj.* vormend, vormings-; formanties; *~ period/stage* wordingstyd; *~ years* vormings-, wordingsjare.

forme *(druk.)* drukvorm.

for·mer[1] *adj.* vroeër(e), vorige, gewese, voormalige, eertydse, oud-; *in ~ days* (in) vroeër jare; *in ~ times* vroeër, in vorige tye. **for·mer** *pron.: the ~* eersgenoemde, eersgemelde *(v. twee).* **for·mer·ly** vroeër, voorheen, (van)tevore, van ouds, weleer, eertyds, vanmelewe; *~ and nowadays* toe en tans, van ouds en tans.

form·er[2] *n.* vormer, formeerder, skepper; formateur; vormblok; gietvorm. ~ **(chisel)** *(vero.)* →FIRMER.

for·mic miere-. ~ **acid** miere-, metanoësuur. **for·mi·ca·tion** jeuking, krieweling.

For·mi·ca *(handelsnaam)* Formica.

for·mi·da·ble, for·mi·da·ble gedug, ontsagwekkend; formidabel, indrukwekkend, imponerend, ontsaglik. **for·mi·da·bil·i·ty, for·mi·da·ble·ness** gedugtheid; formidabelheid, indrukwekkendheid.

form·ing vorming; formering. ~ **tongs** vormtang. ~ **tool** vormwerktuig; profielbeitel.

form·less vormloos, ongevorm(d); sonder struktuur. **form·less·ness** vormloosheid.

For·mo·sa *(geog., hist.)* Formosa; →TAIWAN. **For·mo·san** *n.* Formosaan. **For·mo·san** *adj.* Formosaans.

for·mu·la *-lae, -las, (chem., wisk., ens.)* formule; voorskrif, resep; melkformule *(vir 'n baba).* **for·mu·la·rise, -rize** *(w.g.)* →FORMULATE. **for·mu·lar·y** *n., (relig.)* formulier; *(relig.)* formulierboek; *(med.)* formularium, voorskrifversameling; formuleversameling, versameling formules. **for·mu·lar·y** *adj.* voorgeskrewe, vasgestel; formule-. **for·mu·late** formuleer, stel, bewoord, onder woorde bring; opstel; saamstel. **for·mu·la·tion** formulering. **for·mu·lise, -lize** *(w.g.)* →FORMULATE.

for·mu·lism formulisme, gehegtheid aan formules. **for·mu·list** formulis, aanhanger van formules.

for·ni·cate[1] *ww., (fml. of skerts.)* egbreuk/owerspel pleeg; ontug pleeg, hoereer. **for·ni·ca·tion** egbreuk, owerspel; ontug, hoerery. **for·ni·ca·tor** egbreker, owerspelige; ontugtige, hoereerder.

for·ni·cate[2], **for·ni·cat·ed** *adj., (biol.)* gewelf, boogvormig; *(bot.)* geskub.

for·nix *-nices, (anat.)* gewelf.

for·rad·er *(Br., skerts.): get no ~* nie vorder/vooruitkom nie; →FORWARDER *adj. & adv.*.

for·sake *-sook -saken, (poët., liter.)* verlaat, in die steek laat, begeef, begewe; versaak. **for·sak·en** verlate. **for·sak·en·ness** verlatenheid. **for·sak·ing** verlating; versaking.

for·sooth *(arg. of skerts., dikw. iron.)* waarlik, voorwaar, sowaar, inderdaad, warempel; nou eintlik.

for·spent, fore·spent *(arg.)* uitgeput, afgemat.

for·swear *-swore -sworn, (fml.)* afsweer; afsien van; sonder ... bly; *~ o.s.* meineed pleeg, vals sweer. **for·sworn** meinedig; afgesweer.

for·syth·i·a *(bot.)* forsythia.

fort fort, vesting; *hold the ~* na alles omsien *(d. huishouding, kantoor, ens.)*. **F~ Knox** *(Am., mil.: staafgoudbewaarplek)* Fort Knox; *be like ~ ~, (huis ens.)* soos 'n tronk (*of* Fort Knox) lyk. **F~ Lamy** →NDJAMENA.

for·ta·lice *(mil., vero.)* fortjie, vestinkie.

for·te[1] *n., (<Fr.)* sterk kant/sy/punt, sterkte, forte; agterste helfte *(v. 'n swaardlem)*.

for·te[2] *adj. & adv., (<It., mus., simb.: f)* forte, hard. **~ piano** *(mus., simb.: fp)* forte piano, hard en onmiddellik sag.

forth *(hoofs. arg.)* voortaan, ... af (aan); uit, na buite; voort; vooruit, voorwaarts; te voorskyn; voorts, verder, vêrder; ***back and*** *~* heen en weer, voor- en agteruit; ***bring*** *s.t. ~* →BRING; ***cast*** *s.t. ~* →CAST *ww.;* ***come*** *~* →COME; ***hold*** *~ (on s.t.)* →HOLD *ww.;* ***sail*** *~* uitvaar, -seil; *and **so** ~* ensovoort(s), en so meer, en wat dies meer sy; *from this **time** ~* van nou af (aan), voortaan.

forth·com·ing naderende, aanstaande, op hande; toekomstig; tegemoetkomend; ***be*** *~* daar/voorhande/beskikbaar (*of* ter beskikking) wees; ***no news is*** *~* daar kom (nog) geen berig nie; ***nothing was*** *~* daar het niks gekom nie; *~ **personality*** innemende/aanvallige/spraaksame/tegemoetkomende/ekstroverte persoonlikheid.

forth·right *adj.* reguit, rondborstig; openhartig, onomwonde. **forth·right, forth·right·ly** *adv.* reguit, ronduit, rondborstig; openhartig, onomwonde; dadelik, onmiddellik. **forth·right·ness** rondborstigheid; openhartigheidheid.

forth·with dadelik, onmiddellik, onverwyld, sonder versuim, terstond, summier, op die daad.

for·ties →FORTY.

for·ti·eth veertigste; →EIGHTH.

for·ti·fy versterk, verstewig; verskans, omskans, fortifiseer; bevestig; aanmoedig, sterk; fortifiseer, versterk *(wyn)*. **for·ti·fi·a·ble** versterkbaar. **for·ti·fi·ca·tion** versterking; vesting, verskansing, vestingwerk, vestingbou, fort, verdedigingswerke; versterkingskuns; fortifikasie; fortifisering *(v. wyn); science of ~* versterkingskuns. **for·ti·fied** versterk, gefortifiseer(d); *~ area* versterkte gebied; *~ town* vestingstad, versterkte stad; *~ wine* gefortifiseerde wyn. **for·ti·tude** (siel)sterkte, sielskrag, lewensmoed; standvastigheid, vasberadenheid.

for·tis·si·mo *(It., mus., simb.: ff)* fortissimo, baie hard.

fort·night twee weke, veertien dae; *a ~'s holiday* twee weke vakansie, 'n veertiendaagse vakansie; *today ~* vandag oor veertien dae. **fort·night·ly** tweeweekliks, veertiendaags; elke veertien dae.

FOR·TRAN, For·tran *(rek.: programmeringstaal)* FORTRAN, Fortran.

for·tress vesting, fort; vestingstad, versterkte stad; *(fig.)* toevlugsoord, skuilplek, bolwerk; *carry/seize a ~* 'n vesting (in)neem (*of* in besit neem). **~ engineering** vestingboukunde.

for·tu·i·tous toevallig; *(infml.)* gelukkig. **for·tu·i·tism** *(filos.)* toevalsleer. **for·tu·i·tist** aanhanger van die toevalsleer. **for·tu·i·tous·ness** toevalligheid. **for·tu·i·ty** toeval; toevalligheid.

For·tu·na *(Rom. mit.: geluksgodin)* Fortuna.

for·tu·nate gelukkig, geseën(d); goed, voorspoedig; gunstig; *be ~, (ook)* dit gelukkig/goed tref; *consider/think o.s. ~ to ...* jou gelukkig ag om te ... **for·tu·nate·ly** gelukkig, per geluk.

for·tune *n.* geluk; kans; voorspoed; lot, bestemming; lotgeval; fortuin, vermoë, rykdom; toekoms; *(i.d. mv.)* wedervarings, wederwaardighede; *(i.d. mv.)* lewenslot; ***amass*** *a ~* 'n fortuin maak; ***come into*** *a ~* 'n fortuin erf; ***cost*** *a (small) ~, (infml.)* 'n plaas se geld/prys (*of* [amper/byna] 'n fortuin) kos; *~'s **favourite*** gelukskind, -voël; *~ **favours** s.o.* die geluk loop iem. agterna; *~ **favours** the bold/brave, (sprw.)* wie waag, die wen; *the **goddess** of ~* die geluksgodin; ***good*** *~* 'n geluk(slag); *be s.o.'s **good** ~* iem. se geluk wees; *by **good** ~* gelukkig, per geluk; *have the **good** ~ to ...* gelukkig genoeg wees om te ...; *s.o. had the **good** ~ to ..., (ook)* iem. het die geluk gehad om te ...; ***lose/make*** *a ~* 'n fortuin verloor/maak; ***marry*** *a ~* ryk trou; ***seek*** *one's ~* jou fortuin soek; *a **small** ~, (infml.)* 'n fortuintjie (*of* klein fortuin); *~ **smiles** (up)on s.o.* die geluk lag iem. toe (*of* begunstig iem.); ***soldier*** *of ~* →SOLDIER *n.;* ***tell*** *~s* die toekoms voorspel, waarsê; ***tell*** *s.o.'s ~* iem. se toekoms voorspel; *(infml.)* iem. roskam/skrobbeer, iem. (goed) die les lees; ***try*** *one's ~* 'n kans waag, jou geluk beproef; *the ~s of **war*** die lotgevalle (*of* onvoorspelbare gevolge) van oorlog; *a turn of ~'s **wheel*** 'n wending van die noodlot; *be **worth** a (small) ~, (infml.)* (amper/byna) 'n fortuin werd wees. **for·tune** *ww., (arg.)* gebeur; *~ upon ...* ... aantref/raakloop. **~ cookie** *(Am. kookk.)* fortuin-, gelukskoekie. **~ hunter, ~ seeker** fortuin-, geluksoeker. **~ hunting, ~ seeking** fortuin-, geluksoekery. **~ teller** waarsêer, -segster, toekomsleser, -voorspeller. **~ telling** waarsêery, toekomslesery, voorspellery.

for·ty veertig; →EIGHT; *be in one's **forties*** in die veertig wees, in jou veertigerjare wees; *the **forties**, (ook F~: 1940-49)* die veertigerjare, die jare veertig; *be **over** ~* oor die veertig wees; *the **roaring** forties* →ROARING *adj. & adv.; have ~ **winks**, (infml.)* 'n uiltjie knip, 'n dutjie/slapie maak/vang, ('n bietjie) dut. **~-niner** *(Am., hist.)* goudgrawer, -soeker.

fo·rum *-rums* forum; *(Am.)* regbank; *(mv.: fora, Rom., hist.)* forum, openbare plein, plek van samekoms, markplein.

for·ward *n., (sport)* voorspeler; *(i.d. mv., rugby)* ag(t)tal, voorhoede, voorspelers; *~s and futures, (fin.)* vooruit- en termynkontrakte. **for·ward** *adj.* voorwaarts; voorste; *(attr.)* vooruit- *(beplanning ens.)*; parmantig, astrant, voorbarig, vrypostig, voor op die wa; voortvarend; aanmatigend; gevorder(d); vooruitstrewend, liberaal, modern; vroeg(ryp); *~ **gear*** vorentoerat; *~ **journey*** heenreis; *~ **line**, (rugby)* ag(t)tal, voorhoede, voorspelers; *~ **market**, (ekon.)* termynmark; *~ **movement*** voorwaartse beweging, beweging vorentoe; *~ **pass**, (rugby)* vorentoeaangee, aangee vorentoe; *~ **play**, (rugby)* voorspel; *~ **price*** termynprys; *a **step** ~* →STEP *n.; ~ **stroke*** heenslag. **for·ward, for·wards** *adv.* vooruit, vorentoe, na vore, voorwaarts; vooroor; ***bend*** *~* vooroor buig/sit; ***carriage*** *~, (han.)* te betale vrag, verskuldigde vraggeld, vraggeld by lewering; ***come*** *~* vorentoe (*of* na vore) kom; ***date*** *s.t. ~* →DATE[2] *ww.; from this **day** ~* van vandag af (aan); ***fall*** *~* vooroor val; ***incline*** *~* vooroor hel; ***look*** *~* →LOOK *ww.; ~ **march!*** voorwaarts mars!; *~ **of** ...* voor ..., by ... verby; ***pass*** *s.t. ~* →PASS *ww.;* ***play*** *~, (rugby)* vorentoe speel; ***put*** *o.s./s.t. ~* →PUT. **for·ward** *ww.* vooruithelp, bevorder; bespoedig; versend, deurstuur, aanstuur; *~ s.t. to s.o.* iets vir iem. aanstuur. **~-looking** vooruitstrewend.

for·ward·er *n.* versender, afsender; bevorderaar. **for·ward·er** *adj. & adv.* vooruit, vorentoe; *get ~* vorder, vooruitkom, opskud, opskiet.

for·ward·ing versending, afsending, toesending; bevordering. **~ address** nastuuradres. **~ agency** versendingsagentskap, versenders. **~ agent** versendingsagent, versender. **~ charges** versendingskoste. **~ instructions** *(mv.)* versendingsinstruksies *(vir goedere);* aanstuurinstruksies *(vir pos)*. **~ office** versendingskantoor. **~ site** laaiterrein, afsendingsterrein.

for·ward·ness parmantigheid, astrantheid, voorbarigheid, vrypostigheid; voortvarendheid; vooruitstrewendheid; vroegtydigheid.

for·wards →FORWARD *adv.*.

for·wea·ried, for·worn *(arg.)* uitgeput.

Fos·bur·y flop *(atl.)* fosburystyl.

foss(e) *(argeol.)* grag, sloot.

fos·sick *(Austr., infml.)* snuffel, soek; rondpeuter; prospekteer.

fos·sil *n., (geol. of neerh.)* fossiel. **fos·sil** *bep., (geol.)* fossiel-, versteende; *(fig., neerh.)* verkrampte, verstokte, verstarde. **~ fish** vissteen. **~ fuel** fossielbrandstof. **~ impression** fossielafdruk. **~ plant** fossielplant, versteende/gefossileerde plant. **~ topography** fossieletopografie.

fos·sil·if·er·ous *(geol.)* fossielhoudend.

fos·sil·ise, -ize fossileer, versteen; *(fig.)* (laat) verstar/versteen. **fos·sil·i·sa·tion, -za·tion** fossilering, verstening; *(fig.)* verstarring, verstening. **fos·sil·ised, -ized** *(paleont. of fig.)* versteen(d) *(dier, taalvorm);* uitgedien(d) *(gebruike);* onbuigsaam, onversetlik, verstok *(iem.); ~ bureaucrat* uitgedroogde burokraat; *~ remains* fossiele.

fos·sil·ist fossielkenner.

fos·so·ri·al *(soöl.)* graaf-, grawe-.

fos·ter koester, versorg, oppas, voed; kweek; bevorder; aanwakker, aanmoedig; as pleegkind versorg, soos 'n eie kind grootmaak; *~ s.o. out* iem. in/onder pleegsorg plaas. **~ brother** pleegbroer. **~ care** pleegsorg. **~ child** pleegkind. **~ daughter** pleegdogter. **~ ewe** suipooi. **~ family** pleeggesin. **~ father** pleegvader. **~ home** pleeghuis. **~ mother** pleegmoeder; soogma, -moeder, soogster, voedster; kunsmoeder, broeikas. **~ parent** pleegouer. **~ sister** pleegsuster. **~ son** pleegseun.

fos·ter·age pleegsorg; koestering, versorging, voeding; bevordering.

fos·ter·er bevorderaar, beskermer; pleegheer.

fos·ter·ling *(w.g.)* →FOSTER CHILD.

fou·gade, fou·gasse *(Fr., mil.)* slingermyn.

fought *(verl.t. & volt.dw.)* →FIGHT *ww.*.

foul *n.* vuil spel; vuil hou; *commit a ~* vuil speel; *through fair and ~* deur dik en dun. **foul** *adj.* vuil, smerig, morsig; troebel; stink(end); walglik, aaklig, verskriklik; gemeen, laag, naar; obseen, vulgêr; laakbaar; skandelik, onbehoorlik; onklaar. **foul** *adv.* vuil; *fall/run ~ of ...* met ... bots (*of* in botsing kom *of* deurmekaar raak *of* slaags raak) *(d. gereg ens.); hit ~* 'n ongeoorloofde hou slaan; *play ~* vuil speel. **foul** *ww.* vuil word; vuil maak, bevuil, besoedel; besmeer; onteer; onklaar raak; belemmer; onklaar laat raak; bots met; vang; versper; *be/get ~ed, (tou ens.)* onklaar raak; *(sport)* gestraf word *(vir onkantspel ens.); (sport)* op ontoelaatbare wyse gestuit word; *~ one's own nest* →NEST *n.; ~ up, (toue ens.)* in die war raak; *~ s.t. up, (infml.)* iets opmors/verknoei; iets bevuil. **~ air** bedorwe/stink lug. **~ anchor** onklaar anker. **~ berth** slegte aanlêplek. **~ blow** lae/gemene hou. **~ bottom** vuil (skeeps)bodem. **~ brood** *(bakteriesiekte v. byelarwes)* vuilbroeisel, Europese jongbysiekte, broedpes. **~ deed** gemene/lae daad. **~ drain** vuil riool. **~ ground** slegte/beroerde (see)bodem. **~ language** vuil/liederlike taal. **~ means** ongeoorloofde middele. **~-mouthed, ~-spoken, ~-tongued** vuilbekkig, -praterig. **~-mouthed person** vuilbek, -prater. **~ play** gemeenheid, vuil/gemene spel; bose opset; kwaadwilligheid; misdaad; moord; *~ ~ is not suspected* geen misdaad word vermoed nie. **~-smelling** onwelriekend. **~ soil** besoedelde/bevuilde grond. **~ tide** ongunstige gety. **~-up** *n.* gemors; verwarring. **~ water** besoedelde water. **~ weather** slegte/goor weer. **~ wind** teenwind.

fou·lard, fou·lard *(Fr., tekst.)* foulard.

foul·er *(sport)* fouterende speler.

foul·ing bevuiling, besoedeling; belemmering; vuil; vuil spel; (die) onklaar raak. ~ **point** versperringspunt. ~ **shot** uitbrandskoot.

foul·ly op skandelike/lae/gemene/valse/verraderlike manier.

foul·ness vuil(ig)heid, smerigheid; skandelikheid; valsheid, oneerlikheid, gemeenheid.

fou·mart →POLECAT.

found[1] *adj. (volt.dw.)* gevind; →FIND *ww.; all ~* alles inbegrepe/vry; met kos en inwoning; *facts ~ proved* bewese bevonde feite.

found[2] *ww.* grondves, stig, oprig, vestig, in die lewe roep; fundeer; →ILL-FOUNDED, WELL FOUNDED; *s.t. was ~ed in 1910/etc.* iets is in 1910/ens. gestig *(stad, firma, ens.); be ~ed in justice* op geregtigheid gegrond wees; *~ jurisdiction* jurisdiksie vestig; *~ s.t. (up)on ...* iets op ... grond/baseer.

found[3] *ww., (metal.)* giet; smelt.

foun·da·tion fondament, fondasie *(v. 'n gebou); (fig.)* grondslag, grond; grondbeginsel; stigting, oprigting, grondvesting; fonds; beurs; stigting *(om 'n fonds te beheer); (i.d. mv. ook)* grondveste; ***deed** of ~* stigtingsakte; *a **firm/secure** ~* 'n vaste/hegte fondament; 'n vaste/hegte grondslag *(v. 'n verhouding ens.); **lay** a ~* 'n fondament lê; ***lay** the ~ of ...* die grondslag van/vir ... lê; *have **no** ~, be **without** ~* ongegrond *(of* sonder grond) wees. ~ **course** basiskursus *(op univ. ens.).* ~ **(cream)** onderlaag(room). ~ **garment** vormkledingstuk. ~ **garments** basis-, vorm-, postuurdrag. ~ **herd** beginkudde. ~ **member** stigtings-, stigterslid. ~ **pattern** grondpatroon. ~ **seed** moedersaad. ~ **stock** aanleg-, stamvee. ~ **stone** fondamentsteen; hoeksteen; fondamentklip.

foun·der[1] *n.* stigter, oprigter, grondlegger, -lêer. ~ **member** stigtings-, stigterslid. **~'s/~s' day** stigtersdag. **~s' share** stigters-, oprigtersaandeel.

foun·der[2] *n.* (metaal)gieter.

foun·der[3] *n., (veearts.)* →LAMINITIS. **foun·der** *ww. (skip)* sink, vergaan, vol water loop; *(fig.)* misluk, skipbreuk ly, deur die mat val; in(mekaar)sak, in(mekaar)val, in(een)stort; bly steek; *(perd)* struikel en val; *(perd)* kreupel word, laminitis kry; *(gh.)* begrawe.

found·ing[1] stigting, oprigting, grondvesting. ~ **father** stigter, oprigter, grondlegger, -lêer.

found·ing[2] gieting.

found·ling vondeling, optelkind.

foun·dry (metaal)gietery; smeltery. **~man** -men (metaal)gieter. ~ **pit** gietkuil. ~ **sand** gietsand.

fount[1] *(poët., liter.)* bron(aar), fontein, skatkamer; oorsprong; *~ of knowledge* bron van kennis.

fount[2], *(Am.)* **font** *(druk.)* stel drukletters, lettersoort, -tipe.

foun·tain fontein; drinkfontein(tjie); *(fig.)* bron, oorsprong; *(poët., liter. of SA)* springfontein; oliebak; *~ of bliss* heilbron; *~ of grace* genadebron. ~ **grass** pronkgras. **~head** fontein, oog *(v. 'n rivier); (fig.)* bron, bronaar, oorsprong. ~ **pen** vulpen.

four *telw.* vier; *(kr.)* vier, grenshou; *(i.d. mv., rolbal)* vierspel; ***half past** ~* halfvyf; ***hit** a ~, (kr.)* 'n vier/grenshou slaan; ***hit** s.o. for ~, **hit** a ~ off s.o., (kr.)* 'n vier/grenshou teen/van iem. *(of* van iem. se boulwerk) slaan; *go **on** all ~s* kruip, hande-viervoet *(of* op hande en voete) loop; *~ **times*** vier maal/keer. **~-axled** vieras-. **~-ball** *(gh.)* vierbal(spel). **~-bladed** vierblad-; met vier lemme. **~-by-four** *(infml.: vierwielaangedrewe voertuig)* viertrek(voertuig), vier-by-vier. **~-celled** viersellig. **~-channel** *adj.* vierkanaal- *(band, stereo).* **~-colour printing** vierkleurdruk. **~-cornered** vierhoekig; *~ figure* vierhoek. ~ **corners** vier hoeke; kruispad; *(bot.: Grewia occidentalis)* kruisbessie; *within the ~ ~ of the constitution* binne die perke van die grondwet; *the ~ ~ of the earth* die uithoeke van die aarde. **~-cycle engine** viersiagenjin. **~-day, ~ days'** vierdaags. **~-dimensional** vierdimensioneel. **~-door** met vier deure, vierdeur-. **~-engined** viermotorig. **~-eyes** *(infml., neerh.: brildraer)* (ou) brilletjies; *Pete F~* Piet Brilletjies. **~-figure** *adj. (attr.)* van vier syfers *(pred.),* viersyfer- *(getal);* in vier desimale *(pred.),* vierdesimalige *(logaritme, tafel, ens.).* **~-flusher** *(Am., sl.)* swendelaar. **~-footed** viervoetig; *~ animal* viervoeter. **~-furrow plough** vierskaarploeg. **~-gun** met vier kanonne; *~ battery* vierstukbattery. **~-handed** vierhandig, met vier hande; *(mus.)* vierhandig, vir twee spelers; *(kaartspel)* vir vier spelers. ~ **hours** vier uur. ~ **hundred/thousand/million/etc.** →EIGHT. **~-in-hand** vierspan; *drive ~* met vier perde/ muile ry. **~-leaf/~-leaved clover** vierklawer, klawervier. **~-leaved rose** vierblaarroos. **~-legged** viervoetig. **~legs:** *Old F~, (igt., SA, infml.)* die selakant. **~-letter word** taboewoord. **~-master** *(sk.)* viermaster. **~ o'clock** vieruur; *(bot.)* →MARVEL OF PERU. **~-panel ball** vierpantbal. **~-part** *(mus.)* vierstemmig. **~pence** *(Br.)* vier pennies. **~-phase** vierfasig. **~-ply** met vier lae, vierlaag-; vierdraad-; *~ wool* vierdraadwol. **~-poster (bed)** ledekant *(met vier style),* vierstyl-, kap-, hemelbed. **~-power conference** viermoondhedekonferensie. **~score** *(arg.)* tagtig. **~-seater** vierpersoonskar. ~ **sisters heath** viersustersheide. **~-speed gearbox** viergangratkas. **~square** vierkantig *(gebou, struktuur);* rotsvas, standvastig, onwrikbaar; beginselvas, eerbaar; *a ~ man* 'n man uit een stuk. **~-star** *adj. (attr.)* vierster-; *~ hotel* viersterhotel. **~-stroke engine** vierslagenjin. **~-volume** vierdelig. **~-way** *adj. (gew. attr.): ~ crossing/stop* vierrigtingkruising, -stopstraat. **~-wheel** *adj. (attr.)* vierwiel-, vierwielige, met vier wiele *(pred.); ~ drive* vierwielaandrywing. **~-wheeled** vierwielig, vierwiel-. **~-wheeler** vierwielrytuig, vierwieler. **~-year** vierjarig.

four·fold viervoudig, -dubbel.

four·some vierstuks; viertal; *(gh.)* beurtspel.

four·teen, four·teen veertien. ~ **hundred/etc.** →EIGHTEEN.

four·teenth, four·teenth veertiende; *~ century* veertiende eeu. **~-century** veertiende-eeus.

fourth vierde, kwart; vierde *(in volgorde); the F~ of July, (Am.)* Onafhanklikheidsdag. **~-century** →EIGHTH. ~ **dimension** vierde dimensie. ~ **estate** *(soms F~ E~): the ~ ~* die pers. ~ **generation** *n., (rek.)* vierde geslag. **~-generation** *adj. (attr.), (rek.)* vierdegeslag-; *~ computer* vierdegeslagrekenaar. ~ **hand** *(kaartspel)* vierde speler. **~-rate** vierderangs. **F~ World:** *the ~ ~, (d. wêreld se armste onderontwikkelde lande)* die Vierde Wêreld. **F~ World country** Vierdewêreldland.

fourth·ly in die vierde plek, ten vierde, vierdens.

fowl *fowl(s), n.* hoender; haan; (wilde) voël, (jag)voël; hoendervleis; *(i.d. mv.)* hoenders, pluimvee; *pluck a ~* 'n hoender pluk. **fowl** *ww.* voëls jag/skiet; voëls vang. ~ **cholera** hoenderpasteurellose, -cholera, -kolera. ~ **giblets** hoenderafval. ~ **house** hoenderhok, -huis. ~ **manure** hoendermis. ~ **pasteurellosis** hoenderpasteurellose. ~ **perch** hoenderstellasie. ~ **pest,** ~ **plague** hoenderpes. ~ **pox** *(veearts.)* hoenderpokke, -pokkies. ~ **run** hoenderkamp(ie). ~ **tick** tampan, hoenderbosluis. ~ **typhoid** hoendertifus.

fowl·er voëlvanger; voëljagter.

fowl·ing voëljag. ~ **piece** haelgeweer.

fox *fox(es), n.* jakkals, vos; jakkalspels; *(infml.)* jakkals, skelm; *(Am., sl.)* lekker ding/kat/stuk; ***bat-eared** ~* →BAT-EARED; ***Cape** ~* →CAPE; ***flying** ~* →FLYING; *~ and **geese,** (spel)* wolf en skaap; *set the ~ to keep the **geese,** (sprw.)* wolf skaapwagter maak. **fox** *ww., (infml.)* dronkslaan; flous, fop, kul, bedrieg; *(papier ens.)* vlek, vlekke kry; (laat) vlek *(papier ens.); (vero.)* skelm wees, jakkalsstreke uithaal; *(arg.)* dronk maak. **~bane** wolfswortel. ~ **brush** jakkalsstert. ~ **fur** jakkalspels. **~glove** *(bot.: Digitalis* spp.) vingerhoedjie(s). ~ **grape** jakkals-, aarbeidruif. **~hole** *(mil.)* skuilgat. **~hound** jakkalshond. **~-hunter** jakkalsjagter, vos(se)jagter. **~-hunt(ing)** jakkalsjag, vos(se)jag. **~tail** →FOXTAIL. ~ **terrier** foksterriër. **~trot** *n.* drafstap *(v. 'n perd); (dans)* jakkalsdraf. **~trot** *-tt-, ww.* die jakkalsdraf dans. ~ **wedge** tapsplytwig.

foxed vlekkerig *(ou boek ens.); (arg., infml.: dronk)* hoenderkop, hoog in die takke.

fox·tail *(stert v. 'n jakkals; soort gras)* jakkalsstert. ~ **saw** swaelstertsaag. ~ **wedge** tapsplytwig.

fox·y jakkalsagtig, jakkals-; *(infml.)* slu, geslepe; rooibruin; gevlek, vlekkerig *(papier ens.); (wyn)* met 'n muskusgeur; *(Am., infml.: sensueel)* lekker; *~ lady* sekskat(jie), lekker ding/kat/stuk, kwaadkat; *~ oats* vermufte hawer.

foy·er voorportaal, -hal, -saal, foyer.

Fra *(It.)* fra, frater, broeder; *~ Angelico* Fra Angelico.

fra·cas *-cas,* (Am.) *-cases* rusie, bakleiery, vegparty, relletjie, opstootjie, moles, botsing; *it led to a ~* dit het 'n moles afgegee.

frac·tion *(wisk.)* breuk; fraksie, fragment, stukkie, deeltjie, (klein) deel/gedeelte, breukdeel; brok(stuk), (klein) onderdeel; fraksie, bietjie; *(chem.)* fraksie; *a ~ **better/etc.*** effens *(of* 'n bietjie/fraksie/ietsie) beter/ens.; ***compound/continued** ~* →COMPOUND, CONTINUED; ***decimal** ~, (wisk.)* desimaalbreuk, desimale breuk; *~s with different **denominators*** ongelykmatige breuke; ***improper** ~, (wisk.)* onegte breuk; *by a ~ **of** a millimetre (or an inch)* met 'n haarbreedte; *a ~ **of** a second* 'n fraksie/breukdeel van 'n sekonde; *for a ~ **of** a second* (net) 'n oomblik lank; *in a ~ **of** a second* in 'n oogwenk/ oogwink/ommesientjie; ***proper/simple** ~* →PROPER, SIMPLE; ***the** F~, (Chr.)* die breek van die brood; ***vulgar** ~* →VULGAR. ~ **collector** fraksieopvanger.

frac·tion·al gebroke, breukvormig, fraksioneel, breuk-; in dele, gefraksioneer(d); *~ **distillation*** gefraksioneerde distillasie; *~ **number*** gebroke getal; *~ **part*** onderdeel, gedeelte, stukkie; *~ **sterilisation*** onderbroke sterilisasie; *~ **top dressing*** periodieke kopbemesting. **frac·tion·al·ly** effens, in geringe mate, 'n ietsie.

frac·tion·ate *(teg.)* fraksioneer; opbreek. **frac·tion·at·ing flask** *(chem.)* fraksioneerfles. **frac·tion·a·tion** fraksionering, (af)skeiding; opbreking; *~ of sulphur* skeiding van swa(w)el.

frac·tion·ise, -ize verdeel, opbreek, breuke maak van.

frac·tious weerspannig, weerbarstig, dwarskoppig, opstandig; onhebbelik, ongehoorsaam; onregeerbaar, onbedwingbaar.

frac·tur·al breuk-.

frac·ture *n.* breuk; fraktuur; *compound ~* oop breuk; *~ of a joint* gewrigsbreuk. **frac·ture** *ww.* breek, bars, skeur; splyt; *~d skull* skedelbreuk. ~ **cleavage** breukkliewing. ~ **face** breukvlak. ~ **plane** breekvlak. ~ **zone** breek-, breuksone.

frac·tur·ing breking; breukvorming.

fraen·u·lum, fren·u·lum *(dim.)* →FRAENUM.

frae·num, fre·num *-na, (anat.)* frenum; slymvliesplooi; *~ of the tongue* tongriem.

frag·ile teer, tinger(ig), tenger(ig), swak, broos; bros, breekbaar.

fra·gil·i·ty teerheid, tinger(ig)heid, tenger(ig)heid, broosheid; brosheid, breekbaarheid. ~ **test** breekbaarheidstoets.

frag·ment *n.* fragment, (brok)stuk, brok, deel, skerf, flenter; *the ~s flew* die skerwe het gewaai. **frag·ment** *ww.* in stukkies breek, fragmenteer, versplinter. **frag·men·tal** *(geol.)* klasties. **frag·men·tar·y** onvolledig, fragmentaries. **frag·ment·ed** gefragmenteer(d), versnipper, verbrokkel; onsamehangend.

frag·men·ta·tion versplintering, fragmentering, fragmentasie; verskerwing, skerfbreking. ~ **bomb** splinterbom. ~ **test** verskerwingstoets.

fra·grant geurig, welriekend, lekkerruik-. **fra·grance, fra·gran·cy** geur, geurigheid, welriekendheid; reukwater.

frail[1] *n.: the ~* die verswaktes. **frail** *adj.* teer, tinger(ig), tenger(ig), swak, broos; pieperig, verpiep; verganklik *(lewe, geluk);* swak *(karakter, ekonomie, ens.);* gering *(hoop);* flou *(verskoning); (arg., euf.)* onkuis; *~ health* swak gesondheid; *mentally ~* verstandelik verswak. ~ **care** die versorging van verswaktes. ~ **care centre,** ~ **care unit** (sorg)sentrum/(sorg)eenheid vir verswaktes.

frail[2] *n.* (riet)mandjie.

frail·ness, frail·ty teerheid, tinger(ig)heid, tenger(ig)heid, swakheid, broosheid; pieperigheid; brosheid; verganklikheid; swak; geringheid; flouheid.

fraise *(teg.)* frees, uitboorsaag, ruimer; *(hist.)* frees, plooikraag; *(hist., mil)* palissade, skanspale.

fram·boe·sia, *(Am.)* **fram·be·sia** →YAWS.

frame *n.* raam *(v. 'n skildery, venster, fiets, bril, ens.)*; kosyn *(v. 'n deur)*; omlysting, lys; liggaam, lyf, gestel, gestalte, (liggaams)bou, postuur; gebeente, geraamte, skelet; (tuin)raam; (borduur/brei)raam; (weef)stoel; *(arg. of poët., liter.)* kader; agtergrond; *(arg. of poët., liter.)* struktuur, samestelling, vorm, plan, skema, ontwerp, opset; raamwerk; verwysingsraamwerk; verband, konteks; (gemoed)stemming; *(filmk.)* (eenraam)beeld, raampie; prentjie *(v. 'n strokiesverhaal ens.)*; *(driehoek by snoeker)* raam(pie); pot (snoeker); *(Am., afk.)* →FRAME-UP; ~ *of a house* geraamte van 'n huis; ~ *of mind* (gemoed)stemming; ~ *of reference* verwysingsraamwerk; *(wisk.)* asse-, verwysingstelsel. **frame** *ww.* raam, in 'n raam sit *('n foto ens.)*; omraam *(uitsig, iem. se gesig, ens.)*; omrand *('n grasperk ens.)*; in 'n raamwerk plaas *('n bedding ens.)*; omlys *(deure, vensters, ens.)*; formuleer *('n antwoord ens.)*; opstel, ontwerp, bedink, uitdink *('n plan ens.)*; skep *('n stelsel ens.)*; *(arg.)* maak, vervaardig, bou, oprig; ~ *a charge* →CHARGE *n.*; ~ *s.o.*, *(infml.)* iem. valslik betrek/inkrimineer, vals(e) beskuldigings teen iem. inbring; 'n strik/lokval vir iem. stel. ~ **aerial** raamantenna, -antenne. ~ **construction** skeletbou; vakwerkbou. ~ **height** deur-, lateihoogte. ~ **house** raamwerkhuis. ~ **loom** raamgetou. ~**maker** raammaker. ~ **plough** raamploeg. ~ **saw** raamsaag; kromsaag; spansaag. ~ **shears** spanskêr. ~ **sight** raamvisier. ~-**up** *(infml.)* valstrik, sameswering, komplot, vals(e) aanklag/beskuldiging, lis. ~**work** raam(werk), geraamte, skelet; omlysting, lys; stellasie, timmerasie; vakwerk; kader; struktuur, plan, skema, opset; bou *(v. 'n roman)*; *within the* ~ *of* ... binne die kader van ...

framed geraam(d), omlys, gelys; ~ ***bridge*** vakwerkbrug; ~ ***building*** vakwerkgebou; skeletgebou; ~ ***charge*** bekonkelde/versinde aanklag; ~ ***gable*** raamwerkgewel.

frame·less raamloos.

fram·er ontwerper, opsteller; maker, vormer, vervaardiger; ramer, raammaker.

fram·ing raam(werk); raming; omlysting; ~ *of joists* balklaag; ~ *of a roof* dakbekapping, kapwerk; ~ *of timber* timmerwerk. ~ **chisel** tapbeitel. ~ **timber** timmerasie.

franc *(geldeenheid)* frank; *two ~s* twee frank.

France *(geog.)* Frankryk.

fran·chise *n., (han.)* bedryfsreg, franchise *(om 'n tak v. 'n kettinggroep te bedryf)*; vervaardigingsreg *(om 'n buitelandse produk plaaslik te maak)*; konsessie *(om 'n gebied/ens. te ontgin)*; *(pol.)* stem-, kiesreg; *grant the ~ to* ... die stemreg aan ... verleen; *hold the ~ for s.t.* die agentskap/verspreidingsreg vir iets hê; *universal ~* algemene stemreg. **fran·chise** *ww.* 'n franchiselisensie toeken aan; 'n konsessie toeken aan. ~ **agency** eksklusiewe agentskap. ~ **agreement** bedryfsregooreenkoms, franchise-ooreenkoms; konsessieooreenkoms. ~ **holder** →FRANCHISEE.

fran·chi·see, fran·chise hold·er bedryfsreghouer, franchise-houer; konsessiehouer.

fran·chi·ser, fran·chi·sor bedryfsreggewer, franchise-gewer; konsessiegewer.

Fran·cis: *King ~* koning Frans; *Saint ~ of Assisi* sint Franciskus/Fransiskus van Assisi.

Fran·cis·can *n.* Franciskaan, Fransiskaan, Franciskaner, Fransiskaner. **Fran·cis·can** *adj.* Franciskaans, Fransiskaans; *~ order* Franciskane-/Fransiskaneorde, Franciskaner-, Fransiskanerorde.

fran·ci·um *(chem., simb.: Fr)* frankium.

fran·co *(han.)* franko.

Fran·co- *komb.vorm* Frans-.

Fran·co-Ger·man *adj.* Frans-Duits.

fran·co·lin *(orn.)* fisant; →SPURFOWL; *Cape/Natal ~* Kaapse/Natalse fisant; *crested ~* bospatrys.

Fran·co·ni·a *(geog., hist.)* Franke(land). **Fran·co·ni·an** *n.* Frank; *(taal)* Frankies. **Fran·co·ni·an** *adj.* Frankies.

Fran·co·phil(e) *n., (soms f~)* Fransgesinde, Frankofiel. **Fran·co·phil(e)** *adj.* Fransgesind, Frankofiel, Gallofiel. **Fran·co·phil·i·a** Fransgesindheid, Frankofilie, Gallofilie.

Fran·co·phobe *n., (soms f~)* Gallofoob. **Fran·co·phobe** *adj.* anti-Frans. **Fran·co·pho·bi·a** Gallofobie.

Fran·co·phone Franstalig, -sprekend; ~ *states* Franstalige/-sprekende state.

franc-ti·reur *francs-tireurs, (Fr.)* vryskut(ter), guerrillastryder, franc-tireur.

fran·gi·ble *(fml.)* breekbaar. **fran·gi·bil·i·ty** breekbaarheid.

fran·gi·pan·i *(bot.)* frangipani; frangipaniparfuum; *red/white/yellow ~* rooi-, wit-, geelfrangipani. **fran·gi·pane** *(kookk.)* amandelkoekie, frangipani.

Frang·lais *(Fr.-Eng. mengeltaal)* Frangels, Frengels.

Frank *(hist., stamlid)* Frank. **Frank·ish** *n., (taal)* Frankies. **Frank·ish** *adj.* Frankies.

frank[1] *adj.* openhartig, eerlik, opreg, reguit, rondborstig, onbewimpeld, ruiterlik; *be ~ with s.o. about s.t.* teenoor iem. openhartig wees oor iets. **frank·ly** reguit, ronduit, rondborstig, sonder doekies omdraai, sonder om doekies om te draai, openhartig, onverbloem(d), onomwonde; *(quite) ~* om die waarheid te sê, eerlik gesê; *~, I don't believe it* ronduit gesê, ek glo dit nie. **frank·ness** openhartigheid, opregtheid, eerlikheid, rondborstigheid, vrymoedigheid.

frank[2] *n.* frankeertekening; frankeerbrief. **frank** *ww.* frankeer; oor die weg help; verniet vervoer. **frank·ing ma·chine** frankeermasjien.

Fran·ken·stein *(karakter in gelyknamige roman v. Mary Shelley)* Frankenstein; *(fig.)* frankenstein. ~**('s monster)** *(fig.)* frankenstein(monster). **Fran·ken·stein·i·an** frankensteins.

Frank·furt *(D.)*, **Frank·fort** *(Eng., w.g.)*, *(geog.)* Frankfurt. **frank·furt·er, frank·fort·er** frankfurter, frankfurtworsie; knakwors(ie). ~ **sausage** Frankfurtse wors.

frank·in·cense, o·lib·a·num wierook.

frank·lin *(hist.)* vry(e) grondeienaar/-besitter.

Fransch·hoek heath *(bot.)* franschhoek-, washeide.

frans·mad·am *(igt.: Boopsoidea inornata)* fransmadam.

fran·tic gek, rasend, waansinnig, buite jouself, frenetiеs; ~ *effort* verwoede/wanhopige/koorsagtige/frenetiese poging. **fran·ti·cal·ly, fran·tic·ly** wanhopig *(om hulp roep, na iets soek)*; koorsagtig *(rondhardloop)*; heftig *(protesteer)*; stormagtig *(toejuig)*; *the shops are ~ **busy*** dit gaan uiters dol in die winkels; ***gesticulate*** *~* wilde gebare maak; ***try*** *~* koorsagtig probeer, verwoede/wanhopige/frenetiese pogings aanwend; *be ~ **worried** about* ... jou doodbekommer oor ..., rasend van angs oor ... wees.

frap *-pp-, (sk.)* vasknoop, vaswoel; vassjor.

frap·pé *n., (Fr.: likeur/ens. op ysbrokkies)* frappé. **frap·pé** *adj. (pred.)* yskoud, verkil.

frass insektemis, larwe-uitwerpsels; boorsel(s), knaagsel(s), wurmboorsel(s).

fra·te *frati, (It.)* frater, broeder, monnik.

fra·ter[1] *(Lat.)* frater, broeder, monnik.

fra·ter[2] *(Lat., hist.)* eetsaal, refter *(in 'n klooster)*.

fra·ter·nal *n.* onderlinge hulpvereniging; *ministers' ~* predikante-broederkring. **fra·ter·nal** *adj.* broederlik, kollegiaal; ~ ***bond*** broederband; ~ ***feud/quarrel*** broedertwis; ~ ***greetings*** broedergroete; ~ ***society*** broederbond; ~ ***twins*** gewone/twee-eiige tweeling.

frat·er·nise, -nize verbroeder; verbroeder raak; ~ *with s.o.* met iem. verbroeder, broederlik/kameraadskaplik met iem. omgaan. **frat·er·ni·sa·tion, -za·tion** verbroedering.

fra·ter·ni·ty broederlikheid, kollegialiteit; broederskap; gilde, gemeenskap; studentegilde, -korps.

frat·ri·cide broedermoord; broedermoordenaar. **frat·ri·cid·al** broedermoord-, broedermoordenaars-.

fraud bedrog, bedrieëry, bedrieglikheid; bedrieër; mislukking, niksnut(s); *commit ~* bedrog pleeg; *~ on the public* bedrog jeens/teenoor die publiek; *pious ~* bedrog om beswil, eerlike bedrog. ~ **squad** bedrogeenheid, -afdeling, -span.

fraud·ster bedrieër, swendelaar.

fraud·u·lent bedrieglik, oneerlik; ~ *conversion* wederregtelike toe-eiening. **fraud·u·lence, fraud·u·len·cy** bedrog; bedrieglikheid. **fraud·u·lent·ly** op bedrieglike wyse, bedrieglik, deur bedrog.

fraught *(infml.)* gespanne, senu(wee)agtig, snaarstyf; *(infml.)* angstig, beangs, vervaard, verskrik; *(arg.)* belaai; *be ~ with* ... vol ... wees *(gevaar ens.)*; *be ~ with meaning* betekenisvol wees; *be ~ with suspense* spanningsvol wees.

Fräu·lein *-lein(s), (D.)* jong Duitse dame, Fräulein.

fraus *(Lat., jur.)* fraus, bedrog; *pia ~* vroom/vrome bedrog.

fray[1] *n.* stryd, geveg, bakleiery, vegparty; rusie, twis, bakleiery; *be eager for the ~* strydlustig wees; *enter/join the ~* jou in die stryd werp, tot die stryd toetree, in die kryt klim; *be ready for the ~* strydvaardig (*of* reg/gereed vir die stryd) wees.

fray[2] *n.* skaafplek. **fray** *ww.* rafel, (ver)slyt, (af)skaaf, (af)skawe; ~ *(out)* uitrafel. **frayed** uitgerafel(d), rafelrig, toiingrig, afgedra; *~ edge* rafelkant, -rand; *~ temper* slegte humeur. **fray·ing** rafeling.

fraz·zle flenter; *beat s.o. to a ~* iem. pap/voos slaan, iem. goed opdons, iem. opdons tot by oom Daantjie in die kalwerhok; *be burnt to a ~, (vleis ens.)* verkool (*of* tot houtskool verbrand) wees; *(sonbaaier)* gaar gebrand (*of* erg/lelik verbrand) wees; *be worn to a ~, (iem.)* gedaan/klaar/kapot/uitgemergel(d)/uitgeput wees; *(iem. se senuwwees)* gedaan/klaar/kapot/op wees; *(kledingstuk ens.)* verslete/gedaan/klaar/kapot wees.

freak *n., (ook:* freak of nature*)* (natuur)frats, misbaksel, (wan)gedrog, monster, monstruositeit; *(misvormde plant)* misgewas; *(uitsonderlike/abnormale verskynsel)* gril, frats; *(iem. wat seksueel afwykend is)* misbaksel, pervert; *(infml.)* eksentriek(e mens), sonderling; *(infml.)* fanatikus, maniak, entoesias; *(dwelmsl.)* slaaf, verslaafde; *(sl.)* hippie; ***acid*** *~* →ACID; *~ of **fashion*** modegril; ***film/movie*** *~* →MOVIE FREAK; ***health*** *~* →HEALTH. **freak** *adj. (attr.)* onverwagde, onverwagte, frats-; abnormale; ~ *accident* fratsongeluk; ~ *storm* fratsstorm; ~ *weather* fratsweer. **freak** *ww.: ~ (out), (infml.)* die horries kry, histeries raak, jou selfbeheersing (*of* [jou] kop) verloor; vrees-/paniek-/angsbevange raak; die piep (*of* die [aap/bobbejaan]stuipe) kry, ontplof; hewig ontstel(d) raak, jou hewig onstel; *~ out (on drugs)* 'n dwelmhel(levaart) deurmaak, 'n dwelmnagmerrie hê; *~ s.o. out* iem. die horries gee (*of* histeries maak *of* [sy/haar] kop laat verloor); iem. die piep (*of* die [aap/bobbejaan]stuipe) gee, iem. rasend maak (*of* lelik omkrap *of* laat ontplof); iem. hewig ontstel. ~-**out** *n.* dwelmhel(levaart), dwelmnagmerrie; horries; piep, (aap/bobbejaan)stuipe. ~ **show** fratsskou, -vertoning.

freaked *(arg.)* bont gevlek/gestreep.

freak·ish grillig, wispelturig, vol giere/nukke/fratse. **freak·ish·ness** grilligheid, wispelturigheid.

freak·y *-ier -iest, (sl.)* grillerig, griesel(r)ig, aaklig; bisar, vreemd, eienaardig, snaaks.

freck·le *n.* sproet; vlek; *(perskes)* sproetsiekte. **freck·le** *ww.* sproete gee/maak; vol sproete word; vlek, stippel. ~ **face** sproetgesig.

freck·led, freck·ly vol sproete, besproet, sproeterig; gevlek, gespikkel(d); *~ face* sproetgesig; *~ nose* sproetneus.

Fred·er·ick: *~ I, ~ Barbarossa* Frederik I, Frederik Barbarossa/Rooibaard; *~ II, ~ the Great* Frederik II, Frederik die Grote.

free *freer freest, adj. & adv.* vry; los, ongedwonge; loshangend; ontkoppel(d), los; vrymoedig; vrypostig, astrant; gratis, kosteloos, vry, verniet; gul, vrygewig, rojaal; beskikbaar; onbeset; *(metal.)* gedeë; *(not) be a ~ **agent*** →AGENT; *(as) ~ as **air*** so vry soos 'n voël in die lug, volkome vry; *~ on **board*** vry aan boord, boordvry; *~ of **charge*** gratis, kosteloos; *make s.o. ~ of the **city*** ereburgerskap aan iem. toeken; *be ~ to **confess*** bereid wees om te erken; *get a **day** ~* 'n dag vry kry; *~ and **easy*** informeel en ontspanne; los, ongedwonge; ongeërg; familiêr, familiaar; *be ~ **from** s.t.*

van iets vry wees *(siekte ens.)*; sonder iets wees *(kommer ens.)*; van iets ontslae wees; ~ ***from*** *artificial additives* →ADDITIVE; ~ ***from*** *care* onbesorg, onbekommerd, kommerloos, sonder sorge; ~ ***from*** *vibration* trillingvry; ***get*** *s.t. (for)* ~ iets verniet/gratis kry; ***go*** ~ vrygelaat word; vry rondloop; ***make*** ~ *with s.t.* met iets vryhede neem, iets op 'n ongeoorloofde manier gebruik; ~ *on* ***rail*** vry op spoor; ***range*** ~ in die veld wei; *give* ~ ***rein*** *to ...* →REIN *n.*; ***set*** *s.o.* ~ iem. vrystel/vrylaat, iem. op vrye voet(e) (*of* in vryheid) stel; iem. bevry; *be* ~ ***to*** *do s.t.* iets kan doen, jou vrystaan om iets te doen; *feel* ~ ***to*** *do s.t.* die vrymoedigheid hê om iets te doen; *feel* ~ ***to*** *do it!* doen dit gerus!; ***win*** ~ loskom, =raak; *be* ~ ***with*** *s.t.* vrygewig met iets wees; kwistig/rojaal met iets wees; *be much too* ~ ***with*** *s.t.* glad te kontant wees met iets *(raad ens.)*. **free** *ww.* vrymaak, =sit, bevry, los; vrystel, in vryheid stel; los=, vrylaat; losmaak; verlos; *(enjin)* vryloop; ~ *o.s. from s.t.* jou van iets vrymaak; ~ *s.o. from s.t.* iem. van iets bevry. ~ **association** *(psig.)* vrye assosiasie. ~**base** *n., (dwelmsl.: chemies gesuiwerde kokaïenkonsentraat)* kokaïenkristalle. ~**base** *ww., (dwelmsl.)* kokaïen(kristalle) rook; kokaïen (chemies) suiwer. ~**board** vryboord. ~**booter** vrybuiter. ~**booting** vrybuitery. ~**born** vrygebore. **F~ Church:** *the* ~ ~ die Nonkonformistiese Kerk; *the* ~ ~ *(of Scotland)* die Onafhanklike Kerk (van Skotland). ~ **city** vry(e) stad. ~ **election** vrye verkiesing. ~ **electron** *(fis.)* vry/ongebonde elektron. ~ **end** vry ent; speelent, speeleinde *(v. 'n veer)*. ~ **energy** vrye energie. ~ **enterprise** vrye ondernemerskap/ekonomie, bedryfsvryheid. ~ **entrance** gratis/vry toegang. ~ **fall** *n.* vryval. ~-**fall** *ww.* vry val. ~-**fall formation** vryvalformasie. **F~fone** *(Br., handelsnaam), call s.o. on* ~ *at ...* iem. tolvry by ... bel/skakel. ~-**for-all,** ~ **fight** *(infml.)* handgemeen, algemene bakleiery. ~ **gift** geskenk. ~ **hand** *n.: give/allow s.o. a* ~ ~ iem. die vrye hand (*of* carte blanche) gee. ~**hand** *adj. & adv.: draw* ~ met/uit die (vry[e]) hand teken; ~ *drawing/sketch* tekening/skets met/uit die (vry[e]) hand, vryhandtekening, =skets, ruwe tekening/skets. ~-**handed** vrygewig, rojaal, ruimhartig. ~ **hit** *(hokkie)* vryhou, =slaan. ~**hold** →FREEHOLD. ~ **house** *(Br.)* onafhanklike kroeg. ~ **issue** kostelose/gratis uitreiking/uitgifte. ~ **kick** *(voetbal)* vryskop. ~ **labour** ongeorganiseerde arbeid; vrye arbeid/arbeiders. ~**lance** *n.* vryskut(werker); *(pol.)* onafhanklike; *(hist.)* huursoldaat. ~**lance** *adj.* vryskut= *(joernalis ens.)*. ~**lance** *ww.* vryskutwerk doen, as vryskut werk. ~**lancer** vryskut(werker). ~**lancing** vryskutwerk. ~ **list** gratislys. ~-**living** vrylewend. ~**load** *ww., (infml.)* teer; ~ *on s.o.* op iem. teer, op iem. se nek lê, uit iem. se sak leef/lewe. ~**loader** *(infml.)* neklêer, parasiet. ~ **love** vrye liefde. ~ **lover** losbol. ~**man** vrye, vrygeborene; burger; ereburger; erelid. ~ **market** vrye mark. ~-**market system** vryemarkstelsel. **F~mason** Vrymesselaar. ~**masonry** vrymesselary; kameraadskap, samehorigheid(sgevoel); *F~* die Vrymesselary. ~ **pardon** grasie, kwytskelding van straf. ~ **pass** vrypas, vrykaartjie. ~**phone** →FREEFONE. ~ **play:** *give* ~ ~ *to s.o./s.t.* iem./iets sy/haar vrye loop laat neem. ~ **port** vryhawe. **F~post** *(handelsnaam)* Vrypos. ~ **quarters** gratis verblyf. ~ **radical** *(fis.)* vry/onversadigde radikaal. ~-**range** *adj. (attr.)* plaas=; ~ *chickens/hens* plaas=, skrophoenders; ~ *eggs* plaaseiers. ~ **sample** gratis monster. ~ **school** *(hist.)* vry/kostelose skool. ~ **skating** vryskaats. ~ **speech** vryheid van spraak/meningsuiting, (die reg van) die vrye woord; ~ **speed** onbelaste spoed. ~-**spoken** openhartig, reguit, rondborstig. ~**standing** vrystaande; ~ *exercise* vrystaanoefening. ~ **state** vry(e) staat; *(F~ S~)* Vrystaat; *the F~ S~, (SA)* die Vrystaat; *the Congo F~ S~, (hist.)* die Kongo-Vrystaat; *the Irish F~ S~, (hist.)* die Ierse Vrystaat. **F~ State** *adj.* Vrystaats. **F~ Stater** Vrystater. ~**stone** makklip, arduin, hardsteen; sandsteen, =klip; lospit. ~**stone (peach)** lospit(perske). ~**style** *(swem)* vryslag. ~**style wrestling** rofstoei. ~-**swimming** vryswemmend. ~**thinker** vrydenker, vrygees. ~**thinking,** ~ **thought** *n.* vrydenkery, vrygeestigheid. ~**thinking** *adj.* vrydenkend. ~ **ticket** gratis/vry kaartjie. ~ **trade** vryhandel *(sonder invoerregte)*; vry/onbelemmerde handel. ~ **trade area** vryhandelsgebied. ~-**trader** vryhandelaar, vryhandelsman. ~ **translation** vry(e) vertaling. ~ **verse** vry(e) vers. ~ **vote** *(pol.)* vrye stemming. ~ **way:** *give* ~ ~ padgee. ~**way** snelweg, grootpad, deurpad, =weg. ~**wheel** *adv.* vrywiel; *ride* ~ vrywiel ry. ~**wheel** *ww.* vrywiel ry; vryloop. ~**wheeling** *(ook)* loslopend, ongebonde. ~ **will** wilsvryheid, die vrye wil; *of one's own* ~ ~ vrywillig, uit eie beweging, uit eie/vrye wil, vanself. **F~ World:** *the* ~ ~, *(hist.: niekommunistiese lande)* die Vrye Wêreld.

-free *komb.vorm* =vry; *lead-~* loodvry; *tax-~* belastingvry.

free·bie *n., (infml.: gratis geskenk)* iets gratis/verniet, pasella(tjie). **free·bie** *adj.* pasella, gratis, vry.

freed·man =*men, (hist.)* vrygemaakte (slaaf), vrygelatene.

free·dom vryheid; onafhanklikheid, ongebondenheid; vrydom; gemak; vrymoedigheid; *(arg.)* vrypostigheid; *(arg.)* rondborstigheid; *the* ***Four*** *F~s, (lys basiese menseregte geformuleer deur pres. F.D. Roosevelt in 1941)* die Vier Vryhede; ~ ***from*** *s.t.* vryheid van iets; ***gain*** *one's* ~ jou vryheid verkry/verwerf; ***love of*** ~ vryheidsliefde; ~ ***of*** *assembly* reg van vergadering; ~ ***of*** *association* reg van vereniging, verenigingsreg; ~ ***of*** *a city* ereburgerskap *(v. 'n stad)*; vrydom van 'n stad *(vir d. vloot ens.)*; vrye toegang tot 'n stad; ~ ***of*** *conscience* gewetensvryheid; *have the* ~ ***of*** *the house* (in 'n huis) kom en gaan soos jy wil; ~ ***of*** *movement* bewegingsvryheid, vryheid van beweging; ~ ***of*** *the press* persvryheid; ~ ***of*** *religion/worship, religious* ~ godsdiensvryheid, vryheid van godsdiens/aanbidding; ~ ***of*** *the seas* vryheid van die seë; ~ ***of*** *speech* vryheid van spraak/meningsuiting, (die reg van) die vrye woord; ~ ***of*** *thought* vryheid van denke; *s.o. has the* ~ ***to*** *do s.t.* dit staan iem. vry om iets te doen. **F~ Charter** Vryheidsmanifes. ~ **fighter** vryheidsvegter. ~-**loving** vryheidliewend.

free·hold *(jur.)* (onvervreembare) eiendom; volle/vrye besit; eiendomsreg. ~ **farm** eiendomsplaas. ~ **land** eiendomsgrond. ~ **right** eiendomsreg.

free·hold·er eienaar, besitter *(v. 'n eiendom)*.

free·ly vry, vry(e)lik; vrywillig, uit vrye wil; openlik, geredelik, openhartig; volop, ruim(skoots); rojaal; *bleed* ~ erg bloei.

free·mar·tin *(onvrugbare verskalf)* kween, trassie(kalf).

free·ness ongedwongenheid, vrymoedigheid; vrypostigheid; vrygewigheid; openhartigheid.

free·si·a *(bot.)* kammetjie, freesia.

freeze *n.* bevriesing, blokkering, opskorting; *(afk.)* →FREEZE FRAME; *(infml., weerk.)* vriesweer; ryp. **freeze** *froze frozen, ww., (vloeistof)* vries, verys; bevries *(kos ens.)*; *(waterpype ens.)* toevries, vasvries; *(mens, dier)* verkluim, baie koud kry; *(weerk.)* ryp; *(weerk.)* laat verkluim *(mens, dier)*; *(weerk.)* laat vries *(d. wêreld ens.)*; *(iem., iem. se glimlag/uitdrukking/ens.)* verstar; blokkeer *('n eis ens.)*; inperk *(krediet ens.)*; opskort *(betaling, skuld, ens.)*; stopsit *(vervaardiging ens.)*; vaspen *(pryse, lone, ens.)*; *(elektrode ens.)* vassmelt; *(metal., geol.)* stol; ***be*** *freezing* verkluim, baie koud kry; *(hande ens.)* yskoud wees; *enough to* ~ *the* ***blood*** *in one's veins* →BLOOD *n.*; ~ *(to* ***death****)* verkluim, doodvries; ~ ***in*** vasys; ~ ***off*** afvries; ~ ***on to*** *..., (infml.)* aan ... vasklou; ~ *s.o.* ***out****, (infml.)* iem. uitstoot/=werk; ~ ***over*** toeys, toevries; ~ *s.o.'s* ***powers*** iem. se bevoegdhede opskort; ~ *in one's* ***tracks*** botstil gaan staan; ~ ***up*** verys; toevries; *(fig., infml.)* kil word; *(iem., iem. se uitdrukking/ens.)* verstar; *(iem. se stem)* stok. ~-**dried** droogbevrore. ~-**dry** droogbevries. ~ **frame** *n., (filmk., TV)* beeldstuiter; beeldstuiting. ~-**frame** *ww., (filmk.)* op 'n beeld van ... stol. ~-**up** *n., (infml.)* snerpende/ysige koue, vriesweer; *(Am.)* toevriesing/verysing van mere en riviere; *during the* ~ *a lot of birds perish* terwyl die mere en riviere toegevries/verys is, verkluim baie voëls.

freez·er vrieskas, diepvries; vriesvak; vriesmasjien.

freez·ing *n.* bevriesing; verysing. **freez·ing** *adj.* yskoud, ysig. ~ **agent** vriesmiddel. ~ **apparatus** ys=, vriestoestel. ~ **compartment** vriesvak. ~ **level** vrieshoogte. ~ **machine** ysmasjien. ~ **mixture** vriesmengsel. ~ **plant** vriesaanleg. ~ **point:** *six/etc. degrees above/below* ~ ~ ses/ens. grade bo/onder vriespunt. ~ **rain** vriesreën.

freight *n.* lading, (skeeps)vrag; *(fig.)* vrag; vrag(geld); vrag(prys); vragstukke; vragvervoer; (skeeps)vervoer; skeepshuur. **freight** *ww.* versend *(vrag)*; bevrag, laai; huur, vervrag, charter *('n skip)*; *be ~ed with ..., (fig.)* met ... belaai wees; onder ... gebuk gaan. ~ **agent** vragagent. ~**liner** houertrein. ~ **plane** vragvliegtuig. ~ **rate** vragtarief. ~ **ton** ruimteton; *(lading v. 'n skip)* skeepston. ~-**ton mileage** vragtonafstand. ~ **train** *(Am.)* goedere=, vragtrein.

freight·age vrag, vragvervoer; skeepshuur; vragprys; bevragting.

freight·er vragskip, =vaarder; skeepshuurder; bevragter, vragvaarder; vervragter; versender; vragvliegtuig.

freight·ing bevragting, belading; vervragting.

French *n., (taal)* Frans; *(if you'll)* ***excuse/pardon*** *my* ~, *(infml.)* met permissie gesê; verskoon my taalgebruik; *what is the* ~ ***for*** *"hat"?* wat is "hoed" in Frans?; ***the*** ~, *(ekv.: ~man, ~woman)* die Franse. **French** *adj.* Frans; *go* ~ verfrans. ~ **artichoke** →GLOBE ARTICHOKE. ~ **bean** snyboon(tjie); nierboon(tjie). ~ **bread,** ~ **loaf** Franse brood. ~ **bulldog** Franse bulhond. ~ **Cameroons** *(mv.): the* ~ ~, *(geog., hist.)* Frans-Kameroen. ~ **Canada** *(geog.)* Frans-Kanada. ~ **Canadian** *n.* Frans-Kanadees; *(taal)* Kanadese Frans. ~-**Canadian** *adj.* Frans-Kanadees. ~ **chalk** kleremakers=, snyerskryt; speksteen, talk; speksteenpoeier. ~ **cricket** Franse krieket. ~ **curve** tekenkromme. ~ **doors** *(mv.)* dubbele glas=/vensterdeur. ~ **drain** stapel=, sypel=, put=, klipriool, dreineerput, sinksloot. ~ **dressing** *(kookk.)* Franse slaaisous. ~ **endive** witlo(o)f. ~ **fried potatoes** *(fml.)*, ~ **fries** *(Am.)*, *(mv.)* aartappelskyfies; →CHIP *n.*. ~ **Guiana** *(geog.)* Frans-Guiana. ~ **Guianese,** ~ **Guianan** *n. & adj.* Frans-Guianees. ~ **horn** *(mus.)* (Franse) horing, waldhoring *(<D.)*. ~ **kiss** *n.* tongsoen. ~-**kiss** *ww.* tongsoen, 'n tongsoen gee/kry. ~ **knickers** damesbroekie met wye pype. ~ **knots** Franse knopies. ~-**language,** ~-**medium** *adj.* Franstalig. ~ **leave:** *take* ~ ~, *(infml., vero.)* dros, met die noorderson (*of* met stille trom) vertrek. ~ **letter** *(infml.: kondoom)* effie, reënjassie. ~ **loaf** →FRENCH BREAD. ~**man** =*men* Fransman; *little* ~ Fransmannetjie. ~ **mustard** Franse mosterd. ~ **pleat,** ~ **roll** *(haarstyl)* Franse rol. ~ **polish** *n.* (skel)lakpolitoer. ~-**polish** *ww.* lakpolitoer. ~-**polisher** lakpoleerder; lakvernisser. ~ **Revolution:** *the* ~ ~, *(hist.: 1789-99)* die Franse Revolusie/Rewolusie. ~ **roll** →FRENCH PLEAT. ~ **roof** gebroke saaldak. ~ **scalloping** Franse skulpwerk. ~ **seam** rolnaat. ~-**speaking** Franssprekend. ~ **stick (bread)** Franse stokbrood. ~ **toast** Franse braai=/roosterbrood. ~ **vermouth** droë vermoet. ~ **white** silwer=, franswit. ~ **windows** *(mv., Br.)* →FRENCH DOORS. ~**woman** =*women* Franse vrou.

French·i·fy =*fies* =*fying* =*fied, ww., (gew. neerh.)* verfrans; *a Frenchified version/etc.* 'n verfranste/verfransde weergawe/ens.. **French·i·fi·ca·tion** verfransing.

French·y *n., (infml., hoofs. neerh.)* Fransman; Franse vrou; *(Kan.)* Frans-Kanadees. **French·y** *adj.* Frans(erig).

fre·net·ic *adj.*, **fre·net·i·cal·ly** *adv.* rasend, dol, woes, waansinnig, freneties, fanatiek.

fre·num →FRAENUM.

fren·zy *n.* waansin, dolheid, raserny; *in a* ~ *of ...* dol van ... *(blydskap ens.)*; in 'n vlaag van ... *(wanhoop ens.)*; waansinnig van ... *(haat ens.)*; *work an audience up to a* ~ 'n gehoor rasend maak. **fren·zied** waansinnig, rasend, dol, koorsagtig; uit jou vel.

fre·quen·cy herhalendheid, herhaling; veelvuldigheid; snelheid *(v. 'n pols ens.)*; trillingsgetal; frekwensie. ~ **band** frekwensieband. ~ **changer** *(rad.)* frekwensieomsetter. ~ **control** frekwensiereëling, =beheer, =kontrole; frekwensiereëlaar. ~ **curve** *(statist.)* frekwensiekromme. ~ **diagram** *(statist.)* frekwensiediagram. ~ **distortion** *(rad.)* frekwensievervorming. ~ **distribution** *(statist.)* frekwensieverdeling. ~ **modulation** *(rad., afk.: FM)* frekwensiemodulasie. ~ **range** frekwensiebestek.

fre·quent *adj.* gereeld, reëlmatig, herhaald, gedurig,

frekwent; veelvuldig, talryk, baie. **fre·quent** *ww., (fml.)* dikwels/druk besoek, boer (*of* baie/dikwels kom) by; ~ *s.o.'s house* iem. se drumpel platloop/deurtrap (*of* hol trap). **fre·quen·ta·tion** herhaalde/veelvuldige besoek. **fre·quen·ta·tive** *n., (gram.)* herhalingswerkwoord, frekwentatiewe werkwoord, frekwentatief. **fre·quen·ta·tive** *adj.* herhalend, frekwentatief, iteratief. **fre·quent·ed** druk besoek. **fre·quent·er** besoeker, habitué. **fre·quent·ly** dikwels, baiekeer, baiemaal, kort-kort, herhaaldelik, menigmaal.

fres·co =*co(e)s, n.* fresko(tegniek); fresko(skildery), muurskildery. **fres·coed** *adj.* in/al fresco *(It.)*; op vars, nat kalk/pleister geskilder.

fresh *n.* vroegte; frisheid; *(Shakesp.)* stroom(pie). **fresh** *adj.* nuut *(begin, getuienis, hoofstuk, poging, probleem, aankomeling, grond, ens.)*; vars *(botter, brood, eier, groente, ens.)*; *(pred.)* fris, fleurig, lewendig, lewenslustig, op en wakker, fiks *(iem.)*; helder *([gelaats]kleur)*; onervare, groen; nat *(verf)*; vars, soet *(water)*; →FRESHWATER; fris *(bries)*; koel, nogal koud *(oggend ens.)*; *(infml.)* (te) eie/familiêr/familiaar (*of* voor op die wa); *(infml.)* kontant, vrypostig, parmantig, rammetjie-uitnek; *(infml.)* flirterig; →FRESHLY; ~ ***air*** →AIR *n.; (as)* ~ ***as a daisy*** lekker uitgerus; lewendig; *(as)* ~ ***as** paint* vonkelnuut; ~ ***fodder*** groenvoer; *be* ~ ***from*** *..., (iem.)* pas terug van ... wees; *be* ~ ***from** the oven, (brood ens.)* oondvars (*of* vars uit die oond) wees; *be* ~ ***from/off** the press, ('n boek)* vars van die pers wees; ~ ***horses*** vars perde; voorspanning; wisselspan; ***keep*** ~ goedhou; *be* ~ *in the* ***memory*** vars in die geheue wees; ~ ***milk*** vars melk; soetmelk; *s.o. is* ~ ***out of** university/etc.* iem. is pas uit die universiteit/ens. (*of* het pas aan die universiteit/ens. afgestudeer *of* het pas die universiteit/ens. verlaat); ***perfectly*** ~ neutvars; ~ ***rocks*** onverweerde/vars gesteentes; ~ ***student*** groene, groentjie; ~ ***weather*** koel/fris weer; *a* ~ ***wind*** 'n fris (*of* taamlik sterk) wind; *be/get* ~ ***with** s.o., (infml.)* (te) eie/familiêr/familiaar (*of* voor op die wa) met iem. wees/raak; kontant/vrypostig/parmantig/rammetjie-uitnek teenoor iem. wees/raak; iem. nie met rus kan laat nie; flirterig met iem. wees/raak. **~-air:** ~ *inlet* luginlaat; ~ *shot, (gh.)* mis=, windhou. **~-baked** warm uit die oond. **~-caught** pas gevang. **~man** =*men* →FRESHER. **~manship** groentyd. **~-milk distributor** varsmelkverspreider, =verkoper, =leweraar. **~-milk producer** varsmelkprodusent. **~-shaven** pas geskeer. **~woman** =*women* →FRESHER.

fresh·en opfris, verfris; vars maak, ververs, vervars; uitvars; *(wind)* fris word, opsteek; ~ *up* jou opfris; ~ *s.t. up* iets opfris.

fresh·er =*ers,* **fresh·man** =*men,* **fresh·wom·an** =*women, (infml.)* eerstejaar(student), eerstejaartjie, groentjie, nuweling; *(gh.)* mis=, windhou.

fresh·et soetwaterstroom(pie); vloed(water), oorstroming.

fresh·ly pas, nou kort; opnuut; met nuwe moed; fris; ~ *baked* warm uit die oond; *a* ~ *mown lawn* 'n pas gesnyde grasperk.

fresh·ness frisheid; varsheid; oorspronklikheid; astrantheid.

fresh·wa·ter: ~ **fish** soetwater=, varswater=, riviervis. ~ **pump** soetwater=, varswaterpomp. ~ **springer** harder, springer.

fret[1] *n.* ongerustheid, kommer, kwelling, ontsteltenis, paniek; ergernis; *be/get in a* ~, *(infml.)* in 'n toestand wees/raak, angstig wees/raak/word. **fret** =*tt*=, *ww.* knies, jou bekommer; erger, vererg, prikkel, hinder; in=, wegvreet; knaag aan; kanker aan; kou, byt *(op 'n stang)*; *(golfies)* kabbel; ~ *and fume* kook van ergernis/woede, raas en blaas; ~ *away/out one's life* jou doodknies. **fret·ful, fret·ty** brommerig, knorrig, iesegrimmig, prikkelbaar; kniesering. **fret·ting** bekommernis, kommer; geknies.

fret[2] *n.* (figuur)saagwerk, uitgesaagde werk; Griekse rand, vlegrand; *(her.)* fret. **fret** =*tt*=, *ww.* uitsaag; figuursaag; versier met sny- of gedrewe werk; ruit, skakeer; →FRETTED. ~ **cutting** fynsaagwerk. ~ **saw** figuur=, fynsaag. **~work** figuursaag=, fynsaagwerk; snywerk; Griekse randwerk.

fret[3] *n., (mus.)* drukpunt.

fret·ted *adj.* versier met sny- of gedrewe werk.

Freud·i·an *n.* Freudiaan. **Freud·i·an** *adj.* Freudiaans; ~ *slip* Freudiaanse glips. **Freud·i·an·ism** Freudianisme.

fri·a·ble bros, krummelrig, brokkelrig; verpoeierbaar. **fri·a·bil·i·ty** brosheid, krummelrigheid, brokkelrigheid.

fri·ar monnik, klooster=, ordebroeder; →AUSTIN/BLACK/GREY/WHITE FRIAR; *F~ Minor, (mv.:* Friars Minor*)* Minderbroeder, Franciskaan, Fransiskaan, Franciskaner, Fransiskaner. **~'s balsam** kloosterbalsem, bensoëbalsem. **~'s cap** *(bot.)* monnikskap, akoniet, wolfswortel, wolwekruid. **~'s cowl** monnikskap; *(bot.)* gevlekte aronskelk. **~'s lantern** dwaallig; →WILL-O'-THE-WISP.

fri·ar·y monnikeklooster.

frib *(Austr.)* naknipsel *(v. wol)*.

frib·ble *n., (infml.)* ligsinnige, stuitige knaap/meisie/ens.; beuselagtigheid, kleinigheid. **frib·ble** *ww.* speel, ligsinnig/stuitig wees.

Fri·bourg *(Fr.),* **Frei·burg** *(D), (geog.)* Freiburg *(in Switserland)*.

fric·an·deau =*deaus,* =*deaux,* **fri·can·do** =*does, (kookk.)* fricandeau.

fric·as·see, fric·as·see *n., (kookk.)* frikassee; fyn stowevleis. **fric·as·see, fric·as·see** *ww.* frikassee maak (van), frikasseer.

fric·a·tive *n., (fonet.)* frikatief, skuurklank, skuringsklank. **fric·a·tive** *adj.* frikatief, skurend, skuur=, skurings=.

fric·tion wrywing, friksie; skuring; *angle of* ~ wrywingshoek; *area of* ~ wryfvlak, wrywingsvlak. ~ **clutch** wryfkoppelaar. ~ **drive** wryfaandrywing. ~ **part** wryfdeel. ~ **plate** wryfplaat. ~ **spring** wryfveer. ~ **surface** wrywings=, wryfvlak. ~ **tape** isoleerband. **~-tight** hand=, wryfvas. ~ **washing** wryfwassing.

fric·tion·al wrywings=; ~ ***angle*** wrywingshoek; ~ ***disc*** wrywingskyf; ~ ***electricity*** wrywingselektrisiteit; ~ ***force*** wrywingskrag; ~ ***nut*** klemmoer; ~ ***part*** wryfdeel; ~ ***resistance/drag*** wrywingsweerstand; ~ ***surface*** wrywingsvlak.

fric·tion·less wrywingsvry, sonder wrywing; *(fig.)* glad.

Fri·day *n.* Vrydag; *Good* ~ Goeie Vrydag; *(on)* ~*s* (op) Vrydag, Vrydae. **Fri·day** *adj.* Vrydagse. ~ **afternoon** Vrydag(na)middag. ~ **edition** Vrydagse uitgawe. ~ **evening,** ~ **night** Vrydagaand. ~ **morning** Vrydagmôre, =more, =oggend. ~ **night** Vrydagnag; Vrydagaand.

fridge *(infml.)* →REFRIGERATOR. **~-freezer** ys-vrieskas, koel-vrieskas.

fried gebraai; gebak; →FRY[1] *ww.;* ~ *bread* braaibrood, gebraaide brood; ~ *egg* gebakte eier; ~ *fish* gebakte/gebraaide vis, braaivis. **~-fish shop** bakviswinkel.

friend vriend; vriendin; maat; *(F~)* Kwaker; *be **bad*** ~*s* kwaaivriende wees; ***be*** ~*s* vriende/bevriend wees; ***become*** ~*s* bevriend raak; *be the **best** of* ~*s* die grootste vriende wees; *have a* ~ *at **court*** 'n invloedryke vriend hê; *be **fast/firm*** ~*s* dik vriende (*of* baie bevriend) wees; ***gain/make/win*** ~*s* vriende maak/wen; *be **great*** ~*s* groot/dik vriende (*of* groot maats) wees; *an **intimate*** ~ 'n boesemvriend (*of* intieme vriend); ***keep** one's* ~*s* jou vriende behou; ***kiss** and be* ~*s* →KISS *ww.;* ***make*** ~*s* bevriend raak, vriende maak; ***make** many* ~*s* baie vriende maak; ***make** a* ~ *of s.o.* iem. tot jou vriend maak; ***make*** ~*s with s.o.* met iem. bevriend raak (*of* vriende/maats maak), vriendskap met iem. aanknoop/sluit; ***make*** ~*s again with s.o.* weer vriende word met iem., met iem. versoen(d) raak; *a* ~ *in **need*** 'n vriend in nood; *a* ~ *in **need** is a* ~ *indeed* in die nood leer ('n) mens jou vriende ken; *be **no*** ~ *to one* geen vriend van jou wees nie; *a* ~ ***of*** ... 'n vriend van ...; *F~s **of** the Earth* Vriende van die Aarde; *Society **of** F~s* Kwakers; ***part*** ~*s* as (goeie) vriende uitmekaar gaan; ***see** a* ~ 'n vriend besoek/opsoek; *be **sworn*** ~*s* boesemvriende wees; ***win*** ~*s* →***gain/make/win;*** *be* ~*s **with** s.o.* met iem. bevriend wees.

friend·less vriendeloos, sonder vriende. **friend·less·ness** vriendeloosheid.

friend·li·ness minsaamheid, welwillendheid, minlikheid; *s.o. is* ~ *itself* iem. is die vriendelikheid self.

friend·ly =*lies, n., (sport)* vriendskaplike wedstryd. **friend·ly** *adj.* vriendelik, gaaf, minsaam; welwillend, goedgesind; bevriend; vriendskaplik, vriendskaps=; *(mil.)* eie; bondgenoots=; ~ ***countries*** bevriende lande; *make a* ~ ***gesture/overture*** die hand van vriendskap uitsteek; ~ ***match*** vriendskaplike wedstryd; ~ ***relations*** vriendskaplike betrekkinge, vriendskapsbetrekkinge; *do s.o. a* ~ ***service*** iem. 'n vriendediens bewys/doen; ~ ***state*** bevriende staat; *be* ~ ***to(wards)*** *s.o.* vriendelik met/teenoor iem. wees; *be* ~ ***with*** *s.o.* vriendskaplik met iem. omgaan; *become* ~ ***with*** *s.o.* met iem. bevriend raak (*of* vriende/maats maak). ~ **fire:** *be killed by* ~ ~, *(mil.)* deur (een van) jou eie makkers doodgeskiet word. **F~ Islands** →TONGA. ~ **society** *(Br.)* onderlinge hulpvereniging, bystandsvereniging. ~ **troops** eie troepe; bondgenootstroepe.

-friend·ly *komb.vorm* =vriendelik; *environment-*~ omgewingsvriendelik; *user-*~ gebruik(er)svriendelik.

friend·ship vriendskap, vriendskaplikheid; ***cultivate*** *a* ~ kennismaking/vriendskap soek; *a **fast/firm*** ~ 'n hegte/troue vriendskap; ***in*** ~ uit vriendskap; ***strike up*** *a* ~ *with s.o.* 'n vriendskap met iem. aanknoop.

fri·er →FRYER.

Frie·sian[1] *n.* fries(bees). **Frie·sian** *adj.* fries=; ~ *bull/calf/cattle/cow/heifer* friesbul, =kalf, =beeste, =koei, =vers.

Frie·sian[2] →FRISIAN.

Fries·land[1] *(geog.)* Friesland.

Fries·land[2] *(SA)* fries(bees). ~ **bull** friesbul. ~ **calf** frieskalf. ~ **cattle** friesbeeste. ~ **cow** frieskoei. ~ **heifer** friesvers.

frieze[1] fries; friesrand *(v. plakpapier)*. ~ **moulding** frieslys.

frieze[2] *(tekst.)* fries.

frig·ate *(mil., sk.)* fregat. ~ **bird** fregatvoël; *(Fregata minor)* roofduiker.

frig·ging *adj., (vulg. sl., euf. vir* fucking*)* bleddie, blerrie, dêm, blessit(se), donderse, flippen.

fright *n.* skrik; angs; *(infml.)* voëlverskrikker, spook; lelikerd; *get a **big*** ~ groot skrik; *give s.o. a **big*** ~ iem. groot/lelik laat skrik; ***escape** with a* ~ met 'n skrik daarvan afkom; ***get/have** a* ~ skrik, 'n skrik kry; ***give** s.o. a* ~ iem. laat skrik; iem. skrikmaak; *be **in** a* ~ bang wees, in die nood wees; *get the* ~ *of one's **life*** groot skrik, jou doodskrik; *give s.o. the* ~ *of his/her **life*** iem. groot laat skrik, iem. die (*of* 'n groot) skrik op die lyf ja(ag); ***look** a* ~, *(infml.)* soos 'n voëlverskrikker lyk; *turn **pale** with* ~ jou asvaal skrik; *be **paralysed/petrified** with* ~ jou (boeg)lam skrik, (boeg)lam geskrik wees; ***put** s.o. in a* ~ →***give; recover** from a* ~ van 'n skrik herstel; ***take*** ~ *at s.t.* vir iets skrik; vir iets bang word. **fright** *ww., (arg. of poët.)* skrikmaak, afskrik, oorbluf. **fright·en** skrikmaak, verskrik, laat skrik, bang praat, bangmaak; bang word; ~ *s.o. **away/off*** iem. afskrik/wegja(ag)/verwilder, iem. op loop ja(ag); *s.o./s.t.* ~*s s.o. **to death*** iem./iets laat iem. hom/haar doodskrik; *not* ~ ***easily*** nie vir koue pampoen skrik nie; ~ *s.o. out of his/her **senses/wits*** iem. die doodskrik op die lyf ja(ag). **fright·ened** verskrik, bang, in die nood; vervaard; skrikkerig; *be **badly*** ~ baie bang wees; *be* ~ ***by*** ... vir ... skrik; *be* ~ *to **death*** jou doodskrik; *not be* ~ ***easily*** nie vir koue pampoen skrik nie; *be* ~ ***into** selling* jou so laat bangmaak dat jy verkoop; *be* ~ ***of*** ... vir ... bang wees; *be* ~ *out of one's **senses/wits*** jou (boeg)lam/kapot (*of* oor 'n mik) skrik, so bang wees dat jy iets kan oorkom. **fright·en·ing** ontsettend, angs=, skrikwekkend. **fright·ful** verskriklik, vreeslik; afskuwelik, skrikwekkend, yslik, skokkend, vrees=, skrikaanjaend. **fright·ful·ly** vreeslik, verskriklik; yslik, ontsettend. **fright·ful·ness** verskriklikheid, afskuwelikheid; skrikaanjaging.

frig·id (ys)koud; ysig; kil, koel; onvriendelik; styf; lusteloos; vervelig; ~ *zone* poolstreek. **fri·gid·i·ty, frig·id·ness** koudheid, koelheid, kilheid.

frill *n.* valletjie, geplooide strook; kraag; *(fig.)* versierinkie, tierlantyntjie; oortolligheid, oortollige luukse; derm=

vlies; *(i.d. mv. ook)* aanstellery, aanstellings; *~s and furbelows* tierlantyntjies; *put on ~s* jou aanstel, vol fiemies/aanstellings wees. **frill** *ww.* plooi, valletjies maak. **frill·e·ry** valletjies en plooitjies, versierinkies, tierlantyntjies; fiemies. **frill·y** vol plooitjies/valletjies.

fringe *n.* rand; soom; buitekant; selfkant; omtrek; fraiing; gordyntjie(kop); maanhare; *the lunatic ~* die mal randeiers; *on the ~(s) of ...* aan die rand van ... **fringe** *ww.* met fraiings afwerk; (om)soom, afgrens; omrand; uitrafel. ~ **benefit** byvoordeel, bykomende voordeel. ~ **festival** rand-, rimpelfees. ~ **figure** randfiguur. ~ **group** randgroep. ~ **line** strandlyn. ~ **medicine** randgeneeskunde. ~ **phenomenon** randverskynsel. ~ **theatre** randteater.

fringed uitgerafel(d); *~ head* gordyntjiekop; *~ with ...* met fraiings van ...; met ... omring/omsoom.

fring·ing rand, soom; omranding; fraiing(werk); rafelwerk. ~ **forest** galerybos. ~ **reef** kus-, strandrif.

frip·per·y tierlantyntjies, versiersel(s), tooisel(s), snuistery(e).

Fris·bee *(handelsnaam)* frisbee.

Fris·co *(Am., infml.)* San Francisco.

fri·sette, fri·zette voorkopkrulletjies, krulgordyntjie.

Fri·sia *(geog., hist.)* Friesland. **Fri·sian, Frie·sian** *n., (inwoner of taal)* Fries. **Fri·sian, Frie·sian** *adj.* Fries; *the Frisian Islands* die Wadde-eilande; *the ~ language* Fries, die Friese taal.

frisk *n.* visentering; darteling, sprong; pretjie; gier. **frisk** *ww., (polisiebeampte ens.)* visenteer *('n verdagte ens.)*; huppel, dartel, (bok)spring; agteropskop; rinkink; *(dier)* kwispel *(sy stert)*. **frisk·i·ness** lewendigheid, uitgelatenheid. **frisk·y** lewendig, uitgelate, huppelrig, speels.

frisk·et *(druk.)* frisket.

fris·son *(Fr.)* (koue) rilling.

frit, fritt *n., (glasvervaardiging, keramiek)* frit. **frit, fritt** *-tt-, ww.* gedeeltelik smelt; gloei. **frit·ting** gedeeltelike smelting.

frit fly frit-, koringvlieg.

frith →FIRTH.

frit·il·lar·y *-ies, (bot.: Fritillaria imperialis)* keiserskroon; *(bot.: Fritillaria meleagris)* kiewietsblom, kiewieteiertjies; *(entom.)* perlemoen-, perlemoervlinder.

fritt →FRIT.

frit·ter[1] *ww., (arg.)* (ver)snipper; *~ s.t. away* iets verspil/verkwis *(tyd ens.)*.

frit·ter[2] *n.* poffertjie, koekie; vrugtepannekoek; *pumpkin ~* pampoenkoekie.

Fritz *(Br., infml., vero.: Duitser)* Mof.

friv·o·lous ligsinnig, oppervlakkig, onbesonne; nietig, onbelangrik, onbenullig, beuselagtig; *~ and vexatious, (jur.)* beuselagtig en ergerlik. **fri·vol·i·ty, friv·o·lous·ness** ligsinnigheid; beuselagtigheid; leë vermaak; ydeltuitery.

frizz *n.* kroesing, gekroes; kroeshare, -kop. **frizz** *ww.* krul, kroes maak. **friz·zi·ness, friz·zli·ness** kroesheid.

friz·zle[1] *n.* kroeshare, -kop; verkeerdeveerhoender. **friz·zle** *ww.* krul, kroes maak. **friz·zy, friz·zly** kroes(erig); *~ hair* kroes hare; *~ head* kroes-, bossiekop.

friz·zle[2] *ww.* sis; spat; borrel; sissend bak/braai; sputter *(i.d. pan)*.

fro: *to and ~* heen en weer.

frock rok *(v. 'n vrou/meisie)*; toga; py, monnikskleed; manel. ~ **coat** manel. **~-coated** in manel(pak).

frog[1] padda; *(neerh., F~: Fransman)* padda-eter; *(teg.)* verbandholte *(tussen bakstene)*; *a ~ croaks* 'n padda kwaak; *have a ~ in one's/the throat, (infml.)* 'n padda in die keel hê, hees praat/wees. ~ **cheese** *(bot.)* bobbejaansnuif. **~eater** *(neerh.: Fransman)* padda-eter. **~fish** seeduiwel. **~hopper** *(entom.)* skuimbesie, slangspoeg. ~ **kick** *(swem)* paddaskop *(by borsslag)*. **~man** *-men* paddaman. **~march** *ww.* dra-mars; voortstoot; *~ s.o. to ...* iem. (van agter af) beetpak/vasgryp en na ... toe dwing. **~spawn** *(ook kookk., infml.: tapioka, sago)* padda-eiers.

frog[2] hanger *(vir 'n sabel)*. ~ **(fastener)** sierlus(sie), knooplus *(op 'n uniform)*. **frogged** met knooplusse.

frog[3] (horing)straal *(in 'n perdehoef)*.

frog[4] *(spw.)* kruis-, hart-, puntstuk; ploeglyf, pot; skroefgleuf *(v. 'n skaaf)*. ~ **plough** neusploeg. ~ **screw** stelskroef.

frog·gy *n.* paddatjie; *(neerh., F~: Fransman)* padda-eter. **frog·gy** *adj.* vol paddas, paddaryk; *(neerh.)* Frans.

frol·ic *-ics, n.* vrolikheid, vermaak, pret, plesiertjie; fuif(party). **frol·ic** *-licking; -licked -licked, ww.* pret maak; skerts, korswel, korswil; jakker, dartel, rondspring. **frol·ic·some, frol·ick·y** vrolik, plesierig, uitgelate, speels, spelerig, baldadig, dartelend.

from van, vandaan, (van)uit; van ... af; uit; vanaf; volgens; van(dat); *~* ***Amsterdam/etc.*** uit Amsterdam/ens., van Amsterdam/ens. (af); *~ an/that* ***angle*** →ANGLE[1] *n.;* ***apart*** *~ ...* →APART; ***as*** *~ ...* →AS[2]; *be* ***back*** *~ the war* →BACK *adv.;* *~ the* ***beginning*** →BEGINNING; *~* ***being*** *attacked, he/she became the attacker* in plaas van die aangevallene te wees, het hy/sy die aanvaller geword; *~ a* ***child*** →CHILD; *~* ***curiosity*** →CURIOSITY; ***dating*** *~ ...* →DATING; ***dig*** *gravel ~ a pit* gruis uit 'n gat grawe; ***drink*** *~ a cup/etc.* →DRINK *ww.; with* ***effect*** *~ ...* →EFFECT *n.; s.o. can speak ~* ***experience*** →EXPERIENCE *n.; be* ***far*** *~ saying that ...* →FAR *adj. & adv.; ~* ***fear*** →FEAR *n.; ~* ***habit*** →HABIT *n.; ~ on* ***high*** →HIGH *n.; ~ an early* ***hour*** →HOUR; *ten/etc.* ***kilometres*** *~ the end* tien/ens. kilometer van die end/einde af; *ten/etc.* ***kilometres*** *~ town* tien/ens. kilometer uit die dorp; *(judging) ~ s.o.'s* ***looks*** →LOOK *n.; two/etc.* ***metres*** *~ each other* twee/ens. meter uit mekaar; *paint ~* ***nature*** →NATURE; ***negotiate*** *~ (a position of) strength* →NEGOTIATE; *be* ***obtainable*** *~ ...* →OBTAINABLE; ***order*** *s.t. ~ ...* →ORDER *ww.; ~* ***out*** *(of)* ... vanuit ..., uit ... (uit); ***refrain*** *~ doing s.t.* →REFRAIN[2]; *~* ***school*** van die skool (af); uit die skool; ***straight*** *~ the horse's mouth* →HORSE *n.; give it to s.o.* ***straight*** *~ the shoulder* →SHOULDER *n.;* ***suffer*** *~ s.t.* →SUFFER; *~ ...* ***to*** *...*, *(betreffende plekke)* van ... tot ...; van ... tot aan/by ...; van ... na ... *(reis ens.)*; *~ Dad/etc.* ***to*** *Linda/etc.* van Pa/ens. aan Linda/ens.; *decrease/increase from ...* ***to*** *...* van ... tot ... verminder/vermeerder; van ... tot ... daal/styg; van ... tot ... afneem/toeneem; *work ~ nine* ***to*** *five (o'clock)* van nege(-uur) tot vyf(uur) werk; ***translate*** *s.t. ~ one language into another* →TRANSLATE; *~* ***under*** *one's glasses/spectacles* onder jou bril uit; *pull the rug (out) ~* ***under*** *s.t.* (or *s.o.['s feet])* →RUG *n.;~* ***what*** *s.o. says* volgens wat iem. sê; ***win*** *s.t. ~ s.o.* →WIN *ww.*.

frond (loof)blaar; varingblaar; palmblaar.

front *n.* voorkant, vooraansig; front, voorgewel *(v. 'n gebou)*; voorste deel/gedeelte *(v. 'n voertuig ens.)*; bors *(v. 'n kledingstuk)*; beffie, borsie, borsstuk(kie); voorpant; *(infml.)* boesem *(v. 'n vrou)*; kraag *(v. 'n skaap)*; randkant; wal, oewer, strand; promenade, wandelweg; →SEAFRONT, WATERFRONT; *(met., mil., pol.)* front; →COLD FRONT, WARM FRONT; skyn; dekmantel, rookskerm; astrantheid; *(arg.)* (aan)gesig; *(arg.)* voorhoof, -kop; *it's* ***all/just*** *a ~* dis alles/pure skyn; ***at*** *the ~* aan die voorkant; *(mil.)* aan die front; ***at*** *the ~ of ...* aan die voorkant van ...; voor ...; voorin (*of* voor in) ...; *put a* ***bold*** *~ on it* 'n onverskrokke houding aanneem; *keep up* (or *put on* or *show/present) a* ***brave/bold*** *~* jou dapper hou/gedra, moedig probeer lyk/wees; *preserve a* ***calm*** *~* uiterlik kalm bly; ***change*** *~* van front/standpunt verander, omslaan, omswaai, draai; *a* ***change*** *of ~* 'n om(me)swaai/frontverandering (*of* verandering van standpunt); ***down*** *one's ~* op jou bors; oor jou bors (af); *be a ~* ***for*** *s.t.* as dekmantel vir iets dien; *second* ***from*** *the ~* naasvoor; ***have*** *the ~ to ...* so astrant wees om ...; *be* ***in*** *~* voor wees, aan/op die voorpunt wees; *be right* ***in*** *~* heel voor wees; *be right* ***in*** *~ of ...* reg voor ... wees; ***in*** *~ of ...* voor ... *(d. huis staan 'n motor ens.)*; *in the ~ of ...* voorin (*of* voor in) ... *(d. huis is 'n leë kamer ens.)*; *do s.t.* ***in*** *~ of s.o.* iets voor iem. doen; *look* ***in*** *~ of o.s.* voor jou kyk; *on the* ***domestic/home*** *~* aan die tuisfront; *on the wages/etc.* ~ wat lone/ens. (aan)betref; ***on a wide*** *~* aan/oor 'n breë front; ***put up*** *a ~* die skyn bewaar/red; *~ and* ***rear*** voor en agter; *come* ***to*** *the ~* vorentoe kom; na vore kom, opgang maak, op die voorgrond tree; *go* ***to*** *the ~* vorentoe gaan; *(mil.)* na die front gaan; *turn* ***to*** *the ~, (mil.)* front maak; *a* ***united*** *~* 'n verenigde front. **front** *adj. & adv.* voorste, voor-; *up ~* →UPFRONT *adj. & adv.*. **front** *ww.* uitkyk op; teenoor ... lê/staan, voor ... staan/wees; *(arg.)* konfronteer; beklee *(met marmer ens.)*; aan die hoof staan van *('n organisasie)*; lei *('n orkes)*; die hoofsanger wees van *('n popgroep)*; aanbied *('n radio-, TV-program)*; *(mil)* (laat) front maak; *~ for ...* as spreekbuis vir ... dien; as dekmantel/rookskerm vir ... dien; *the house ~s on(to)/towards/upon ...* die huis kyk op ... uit; *~ed with stone/etc.* met die voorkant van klip/ens.. ~ **aspect** vooraansig, -gewel. ~ **axle** vooras. ~ **bench** *(parl.)* voorbank; *(i.d. mv.)* voorgestoelte. **~bencher** *(parl.)* voorbanker. ~ **door** voor-, huis-, buite-, straatdeur. ~ **elevation** vooraansig. ~ **end** *n.* voorkant; voorstel. **~-end** *adj.* voor-; vooruit betaalbaar; *~ loader* laaigraaf; *~ loading, (han.)* voorbetaling *(v. 'n lening ens.)*; *~ processor, (rek.)* voorverwerker. ~ **gable** voorgewel. ~ **lamp** voorlamp. ~ **leg** voorpoot. ~ **line** *n., (mil.)* frontlinie, -lyn, voorste lyn, gevegsfront, veglinie; *in the ~ ~ of s.t., (fig.)* aan die voorpunt van iets. **~line** *adj. (attr.)* leidende, toonaangewende, voorste, invloedryke; belangrikste; *~ states* frontliniestate; *~ troops* fronttroepe. ~ **loader** voorlaai(was)masjien, voorlaaier; →TOP LOADER. ~ **man** *(infml.)* fasademan. ~ **matter** voorwerk *(v. 'n boek)*. ~ **money** voorskot; vooruitbetaling. ~ **organisation** frontorganisasie. ~ **page** *n.* voorblad. **~-page** *adj. (attr.)* voorblad-; *~ article* voorbladartikel, artikel op die voorblad; *~ news* voorbladnuus. ~ **rank** voorry, eerste/voorste gelid/ry; *in the ~ ~, (ook)* van die eerste rang. ~ **ranker** vooraanstaande; *(rugby)* voorryman, -speler. ~ **room** voorkamer, voorste kamer, voorhuis. ~ **row** voorste ry, voorry. ~ **runner** voorloper. ~ **seat** voorbank; *in the ~ ~s* in die voorgestoelte. ~ **sight** korrel *(v. 'n geweer)*. ~ **suspension** voorvering. ~ **tooth** voortand. ~ **tyre, (Am.)** ~ **tire** voorband. ~ **view** voor-, frontaansig, fasade. ~ **wheel** voorwiel. **~-wheel drive** *n.* voorwielaandrywing. **~-wheel-drive** *adj. (attr.)* voorwielaangedrewe. ~ **window** voorvenster. ~ **yard** voorplein.

front·age front, voorkant; voorbreedte; frontbreedte.

fron·tal *n.* altaardoek, frontaal; *(bouk.)* fronton; voorgewel; voorkant. **fron·tal** *adj.* frontaal, voor-; front-; *~* ***aspect*** vooraansig; *~* ***attack*** frontaanval; *~* ***development*** kraagplooie *(v. 'n skaap)*; *~* ***lobe/nerve/muscle, (anat.)*** frontale kwab/senuwee/spier.

fron·tier, fron·tier grens; skeiding; ***land*** *~* landgrens; ***on the*** *~* aan die grens; op die voorposte; ***open*** *a new ~, (fig.)* 'n nuwe terrein ontgin, nuwe grond braak; ***political*** *~* lands-, staatsgrens. ~ **dispute** grensgeskil. ~ **guard** grenswag; grenswagter. ~ **history** grensboeregeskiedenis. ~ **post** grenspos. **~sman** *-men*, **~swoman** *-women* grensbewoner; baanbreker. ~ **spirit** baanbrekersgees, pioniers-, voorpostegees. ~ **troops** grenstroepe. ~ **village** grensdorp. ~ **war** grensoorlog.

fron·tis·piece titelplaat, -prent *(v. 'n boek)*; *(bouk.)* voorgewel; *(bouk.)* fronton.

front·less sonder front; onbeskaamd.

front·let altaardoek; (voor)kop *(v. 'n voël ens.)*; *(vero.)* kopband; *(Jud.)* gebedsriem.

front·ward(s) *adv.* vorentoe, voorwaarts; vorentoe gerig; na die front.

frost *n.* ryp; →HOARFROST; yskors *(in 'n koelkas)*; *(fig.)* kilheid, afstandelikheid; *(Br., infml., vero.)* mislukking, fiasko; *be* ***covered*** *with ~* wit geryp wees; *two/etc.* ***degrees*** *of ~* twee/ens. grade onder vriespunt; *there has been a* ***heavy*** *~* dit het swaar geryp; *a* ***heavy/severe/killing*** *~* kwaai/strawwe/skerp ryp; *be* ***killed*** *by ~* doodryp. **frost** *ww.* ryp; doodryp; dof/mat maak *(glas)*; *(Am.)* versier *('n koek)*; grys/vroegoud maak. **~bite** vriesbrand. **~bitten** bevries, bevrore. **~bound** vasgevries, vasgeys. **~fish** kalkvis. ~ **flower** ysblom. **~-free** rypvry. **~-hardy** rypbestand. ~ **line** vriesdiepte, -grens. **~proof** rypvas. ~ **shake** rypbars. **~work** ryp, ysblomme; koekversiering; matwerk.

frost·ed deur ryp beskadig; *become ~* aanslaan; *~ glass* mat-, ysglas; *be ~ over* toegeys wees.

frost·ing bevriesing; versiering *(v. 'n koek);* versiersel, versiersuiker.

frost·less rypvry.

frost·y ryperig; wit van die ryp; (ys)koud, ysig *(nag ens.);* kil, ysig *(iem. se blik ens.);* onvriendelik *(verwelkoming ens.); ~ weather* vriesweer. **frost·i·ly** yskoud; *(fig.)* kil, koel, onvriendelik. **frost·i·ness** ryp(erigheid); *(fig.)* kilheid, koudheid.

froth *n.* skuim; kaf, onsin. **froth** *ww.* skuim; bruis; *~ at the mouth* skuimbek; *s.o. was ~ing at the mouth* skuim het op iem. se mond gestaan. ~ **blower** *(Br., skerts.)* bierdrinker.

froth·ing skuiming. ~ **power** skuimvermoë.

froth·y skuimerig; vol valletjies en plooitjies; oppervlakkig, waardeloos.

frou-frou *(onom.)* sirp-sirp, geruis, geritsel.

fro·ward *(arg.)* weerspannig, dwars(koppig).

frown *n.* frons, rimpel; afkeurende blik. **frown** *ww.* frons, jou voorkop op 'n plooi trek, nors kyk; *~ at s.o.* vir iem. frons; iem. suur aankyk; *~ s.o. down* iem. so aanfrons dat hy/sy stilbly, iem. die swye oplê; *~ (up)on s.t.* iets afkeur. **frown·ing** *adj.* fronsend; kwaai, nors, streng, stuurs, suur *(gesig, voorkoms);* afkeurend; *(fig.)* dreigend, onheilspellend, skrikwekkend.

frowst *n., (Br., infml.)* bedompige lug; bedompigheid. **frowst** *ww.* (sit en) broei. **frowst·i·ness** bedompigheid, onfrisheid, mufheid. **frowst·y** muf, benoud, bedompig.

frow·zy, frou·zy, frow·sy slordig, vuil(erig); muf, goor, bedompig; *~ wool* verweerde wol.

fro·zen bevries, bevrore; yskoud; ysig; verys; *~ **account*** geblokkeerde rekening; ***be** ~ (to the bone/marrow)* verkluim, (totaal) verkluim wees; *~ **credit*** bevrore krediet; *~ **egg*** vrieseier; *~ **in/up*** vasgeys; *~ **meat*** bevrore vleis; *~ **money*** geblokkeerde geld; *~ **ocean*** yssee; *~ **ore*** vasgegroeide/vasklewende erts; *~ **over*** toegeys; *~ **zone*** poolstreek.

fruc·ted *(her.)* vrugdraend.

fruc·ti·fy *(fml.)* vrugte dra, fruktifieer, fruktifiseer; vrug dra; vrugbaar maak, bemes; bevrug; op iets uitloop. **fruc·tif·er·ous** vrugdraend. **fruc·ti·fi·ca·tion** vrugvorming; bevrugting; vrugliggaam.

fruc·tose *(chem.)* fruktose, vrugtesuiker, levulose.

fruc·tu·ous *(fml.)* vrugdraend; vol vrugte, vrugryk.

fru·gal spaarsaam, suinig; matig; voordelig; *a ~ meal* 'n sober/karige maal. **fru·gal·i·ty** spaarsaamheid; matigheid; voordeligheid.

fru·giv·o·rous vrugetend, vrugte-etend.

fruit *n.* vrug, vrugte; *(Am., sl., neerh.: manlike homoseksueel)* moffie, poefter; ***bear** ~* vrugte dra; *the **bitter** ~s of ..., (fig.)* die wrange vrugte van ...; ***first** ~(s)* →FIRST; ***forbidden** ~* verbode vrugte; *the ~s of one's **labour*** die vrugte van jou arbeid; ***old** ~, (Br., sl., vero.)* ou kêrel; ***reap** the ~s* die vrugte pluk; die gevolge dra; *a **tree** is known by its ~* aan die vrugte ken ('n) mens die boom. **fruit** *ww.* vrugte dra; vrugte laat dra. ~ **bar** (droë)vrugtestafie. ~ **basket** vrugtemandjie. ~ **bat** vrugtevlermuis. ~**-bearing** vrugdraend. ~ **beetle** vrugtetor. ~ **blight** vrugteskroeisiekte. ~ **bowl** vrugtebak. ~ **bud** vrugknop. ~ **butter** vrugtebotter. ~**cake** vrugtekoek; *(sl.)* eksentriek, eienaardige/anderste(r)/rare skepsel *(of* entjie mens), iem. wat van sy/haar trollie/wysie af is *(of* 'n skroef los het); *as nutty as a ~* so mal soos 'n haas, stapelgek. ~ **chutney** vrugteblatjang. ~ **cocktail** mengelvrugte, vrugtekelkie. ~ **cordial** vrugtedrank, -stroop. ~ **cup** vrugtekelk(ie). ~ **dish** vrugtebak. ~ **drink** vrugtedrank(ie). ~ **drop** vrugteklontjie. ~ **farm** vrugteplaas. ~ **farmer,** ~ **grower** vrugteboer, -kweker. ~ **farming,** ~ **growing** vrugteboerdery, -kwekery, -teelt. ~ **fly** vrugtevlieg. ~ **fork** vrugtevurk(ie). ~**-growing** vrugteboerdery, -kwekery, -teelt. ~ **gum** vrugtegommetjie. ~ **halves** vrugtehelftes. ~ **honey** vrugteheuning. ~ **inspector** vrugte-inspekteur. ~ **jar** vrugtefles. ~ **juice** vrugtesap. ~ **knife** vrugtemes(sie). ~ **leather** vrugtesmeer. ~ **liqueur** vrugtelikeur. ~ **loaf** vrugtebrood. ~ **lunch** vrugtemaal(tyd). ~ **machine** dobbeloutomaat, spykertafel. ~ **packer** vrugtepakker. ~ **piece** *(kuns)* vrugstuk, vrugtestillewe. ~ **pulp** vrugtemoes, -pulp. ~ **purée** vrugtemoes. ~ **rot** vrugtevrot, -verrotting, -bederf. ~ **salad** vrugteslaai. ~ **salt** vrugtesout, bruispoeier. ~ **scale** vrugskub. ~ **season** vrugtetyd. ~ **setting** speentyd. ~ **shop** vrugtewinkel. ~ **spot** vrugtevlek. ~ **stalk** vrugsteel, -stingel. ~ **stall** vrugtestal(letjie), -kraampie. ~ **stand** vrugteskottel; vrugtestalletjie. ~ **sugar** →FRUCTOSE. ~ **technology** vrugtetegnologie. ~ **tray** vrugtestellasie; vrugtekissie. ~ **tree** vrugteboom. ~ **wall** vrugwand; opleimuur. ~**wood** vrugtehout; blomtakkies.

fruit·age *(arg. of poët., liter.)* vrugte; opbrengs.

fruit·ar·i·an *n.* vrugte-eter. **fruit·ar·i·an** *adj.* vrugte-etend.

fruit·er vrugteboer; vrugteboom, vrugdraende boom.

fruit·er·er *(hoofs. Br.)* vrugtehandelaar; *~'s shop* vrugtewinkel.

fruit·ful vrugbaar. **fruit·ful·ness** vrugbaarheid.

fruit·ing vrugvorming, -setting. ~ **body** *(bot.)* vrugliggaam.

fru·i·tion rypheid; genot; verwerkliking; *(fig.)* vrug(te); *bring s.t. to ~* iets verwerklik; *s.t. comes to ~* iets word verwerklik *(of* kom tot rypheid).

fruit·less sonder vrugte; *(fig.)* vrugteloos, nutteloos, vergeefs. **fruit·less·ness** vrugteloosheid.

fruit·y vrugte-; smaaklik; pittig; *~ taste* vrugtesmaak; *~ wine* wyn met 'n vrugtegeur.

fru·men·ty, fur·me(n)·ty, fur·mi·ty *(Br.)* koringpap.

frump slons(kous), slodderkous, -pot, slof(kous), sloerie. **frump·ish, frump·y** slonserig, verslons, onversorg, slordig; smaakloos, stylloos, onelegant.

frus·trate *ww.* verydel, dwarsboom, fnuik, kortwiek, in die wiele ry, omvergooi, omvêrgooi; frustreer; *~ s.o.'s hopes* iem. se hoop verydel *(of* die bodem inslaan). **frus·trat·ed** gedwarsboom, verydel(d), gefnuik, gefrustreer(d). **frus·trat·ing** *adj.,* **frus·trat·ing·ly** *adv.* frustrerend. **frus·tra·tion** verydeling, dwarsboming, fnuiking, verhindering; frustrasie, teleurstelling, vertwyfeling.

frus·tum *-tums, -ta, (argit.)* tamboer *(v. 'n suil); ~ of a cone, (geom.)* keël-, kegelstomp, afgeknotte keël/kegel; *~ of a sphere, (geom.)* bolskyf.

fru·tang *(bot.: Romulea* spp.) froetang, knikker(tjie).

fru·tex *-tices* struik; bos(sie). **fru·ti·cose** struikvormig; struikagtig.

fry[1] *n.* braaigereg, gebraaide gereg; *(Br.)* (gebraaide) harslag; *(Am.)* (vleis)braai(ery); *(i.d. mv., Am.)* (aartappel)skyfies, (slap)tjips; *fish ~* visbraai(ery); *lamb's ~* lamslewer (en niertjies). **fry** *ww.* braai; bak; *(Am., sl.)* elektries teregstel; in die/'n elektriese stoel sterf, elektries tereggestel word; *(Am., sl.: straf)* braai, laat les opsê; →FRIED, FRYER, FRYING; *~ **eggs*** eiers bak; *have other **fish** to ~* →FISH[1] *n.; ~ **out*** uitbraai; *~ in the **sun*** in die son braai; *~ **well*** uitbak. ~ **pan** *(Am.)* →FRYING PAN. ~**-up** *n., (Br., infml., kookk.)* braaikos.

fry[2] *n.* teelvis; klein vissies; gebroedsel; kleingoed; *small ~, (infml.)* van min(der) belang; *(onbelangrike mens[e] ens.)* klein vissie(s) (in 'n groot dam); kleintjies, kleingoed, kleinspan.

fry·er, fri·er braaier; (braai)pan; bakvis; *(Am.)* braaikuiken, (jong) braaihoender.

fry·ing (die) braai, braaiery. ~ **basket** braaimandjie. ~ **fat** braaivet. ~ **pan** braai-, bakpan; *jump out of the ~ ~ into the fire* van die wal in die sloot beland.

fub·sy *(Br., infml.)* kort en dik; vet; *~ foot* doekvoet.

fuch·sia *(bot.)* fuchsia, foksia; *wild ~* witolyf, ouhout.

fuch·sin(e) *(kleurstof)* fuchsien, magenta, roosanilienhidrochloried.

fuchs·ite *(min.)* fuchsiet.

fuck *n., (taboesl.)* naai, steek, pomp; *not care/give a ~ (about s.o./s.t.)* fokkol/boggherol/bokkerol vir iem./iets omgee, nie 'n fok/hel/moer (vir iem./iets) omgee nie; *be a good ~, (iem.)* 'n lekker stuk *(of* goed in die bed) wees. **fuck** *ww., (taboesl.: seks hê)* naai, steek, stoot; →FUCKED; *~ **about/around*** rondfok, -neuk; *~ **off!*** fokkof(, man)!, (gaan/vlieg in) jou moer(, man)!, te hel met jou(, man)!; *~ **this/that!*** fok/boggher/bokker dit!, te hel hiermee/daarmee!; *~ s.o./s.t. **up*** iem./iets opfok/opneuk; *don't ~ **with** me!* moenie met my neuk nie!; *~ **you!*** fok jou!, (gaan/vlieg in) jou moer(, man)!, jou gat(, man)!. **fuck** *tw., (taboesl.)* fok, bliksem, dêm, demmit, dêmmit; *~ it!* fokkit!, demmit!, dêmmit!. ~**-all** *n., (taboesl.)* fokkol, boggherol, bokkerol. ~**-up** *n., (taboesl.)* fokkop, boggherop, bokkerop, helse gemors.

fucked *(vulg. sl.), (uitgeput)* poegaai, pê; *(iem., iets)* in sy moer (in), gefok.

fuck·er *n., (taboesl.)* fokker, boggher, bokker, bliksem, donder, wetter, swernoot.

fuck·ing *n., (taboesl.)* naaiery, genaai. **fuck·ing** *adj. (attr.)* fokken, bleddie, blerrie, dêm, blessit(se), donderse, flippen, verdomde. **fuck·ing** *adv.* fokken, bleddie, blerrie, dêm, blessit, donders, flippen, verdomp.

fu·cus *fuci, (bot.)* (soort) bruin seewier.

fud·dle *n.* versuftheid, beneweldheid, beneweling, bedwelming, waas; *be in a ~* (ver)suf/benewel(d) *(of* in 'n waas) wees. **fud·dle** *ww.* versuf, benewel. **fud·dled** (ver)suf, benewel(d), in 'n waas.

fud·dy-dud·dy *n., (infml.)* (regte) ou agter-die-klip. **fud·dy-dud·dy** *adj.* agter die klip, oudoos, outyds, ouderwets.

fudge *n., (kookk.)* fudge; geknoei, knoeiery, gekonkel, konkelry, konkelary; laat berig/nuus *(in 'n koerant).* **fudge** *ww.* nie oop kaarte oor ... speel nie; versuiker *('n situasie ens.);* dokter, (be)kook, plooi, knoei/konkel met, vervals *(data ens.).* **fudge** *tw., (vero.)* bog, kaf, twak.

Fue·gi·an *n.* Vuurlander. **Fue·gi·an** *adj.* Vuurlands. →TIERRA DEL FUEGO.

fu·el *n.* brandstof; vuurmaakgoed; voedsel; *add ~ to the fire/flames, (fig.)* olie in/op die vuur gooi; *the car is heavy on ~* die motor gebruik baie brandstof; *wood ~* brandhout. **fu·el** *-ll-, ww.* van brandstof voorsien; brandstof inneem; stook, aan die gang hou *('n vuur);* laat oplaai *(wrewel);* aanblaas, aanstook, aanwakker *(anargie, ontevredenheid, vyandskap, ens.); ~ up* brandstof inneem. ~ **capacity** brandstofinhoud. ~ **cell** brandstofsel. ~ **cock** brandstofkraan. ~ **consumption** brandstofverbruik. ~ **economiser, -mizer** brandstofspaarder. ~ **economy** brandstofbesparing. ~ **element** brandstofelement. ~ **feed** brandstoftoevoer. ~ **gas** stookgas. ~ **gauge** brandstofmeter. ~ **head** brandstofdrukhoogte. ~ **injection** brandstofinspuiting. ~ **oil** brand(stof)olie, oliebrandstof, stookolie; *(residual) ~ ~* stook-, brandolie. ~ **pressure** brandstofdruk. ~ **pump** brandstofpomp. ~ **rod** brandstofstaaf. ~ **supply** brandstoftoevoer. ~ **system** brandstofleiding, -stelsel. ~ **tank** brandstoftenk. ~ **tanker** brandstofwa; brandstofskip.

fug *(Br., infml.)* bedompigheid, mufheid, benoudheid. **fug·gy** bedompig, muf, benoud.

fu·ga →FUGUE.

fu·ga·cious *(poët., liter.)* vlugtig, kortstondig, verganklik, verbygaande, vervlietend; *(bot.)* vroegverwelkend; *(bot.)* vroegafvallend. **fu·gac·i·ty** *(poët., liter.)* vlugtigheid, kortstondigheid, vergankliheid; *(chem.)* fugasiteit.

fu·gi·tive *n.* vlugteling; wegloper, droster; *a ~ from justice* (or *the law/police*) 'n voortvlugtige. **fu·gi·tive** *adj.* voortvlugtig; vlugtig, verbygaande, kortstondig; veranderlik, onbestendig; *~ colour* verbleikende/verskietende kleur, onvaste kleur; *~ constituent* vlugtige bestanddeel; *~ dye* onvaste kleurstof.

fu·gle·man *-men, (hist.)* vleuelman; *(fig.)* leier, woordvoerder, organiseerder.

fugue *n., (mus.)* fuga; *(psig.)* fuga, swerfsiekte. **fugue** *fuguing; fugued fugued, ww.* 'n fuga komponeer. **fu·gal** fuga-. **fu·gu·ist** fugakomponis.

Fu·ji: Mount Fu·ji, Fu·ji·ya·ma, Fu·ji-san (die) Foedjiberg, die berg Foedji, Foedjijama.

fu·ji silk foedji-sy.

ful·crum *-crums, -cra* steun-, draagpunt; draaipunt, spilkop; *(biol.)* steunorgaan; *(bot.)* fulkrum.

ful·fil, *(Am.)* **ful·fill** *-ll-* verwesen(t)lik, verwerklik, uitvoer, deurvoer; vervul; voldoen aan *(vereistes, voorwaardes, ens.)*; voorsien in, beantwoord aan *('n behoefte ens.)*; nakom *('n belofte)*; *(arg.)* voltooi, volbring, volvoer, ten uitvoer bring; *be fulfilled* vervul word, in vervulling gaan. **ful·fill·ing** bevredigend *(werk ens.)*. **ful·fil·ment,** *(Am.)* **ful·fill·ment** verwesen(t)liking, uitvoering; vervulling; volbrenging, volbringing, volvoering.

ful·gent *(poët., liter.)* skitterend, blinkend, glansend. **ful·gen·cy** skittering, glans.

ful·gu·rate *(med.)* elektrochirurgies/-sjirurgies behandel; *(poët., liter.)* flits, vonkel; (laat) spat *(vonke)*; *fulgurating pains, (med.)* skietende pyne, skietpyne. **ful·gu·rant** *(poët., liter.)* flitsend, vonkelend, skitterend. **ful·gu·ra·tion** *(med.)* fulgurasie, chirurgiese/sjirurgiese diatermie, elektrochirurgie, -sjirurgie; *(poët., liter.)* vonkeling, skittering, glans. **ful·gu·rite** *(geol.)* fulguriet, bliksem-, weerligbuis. **ful·gu·rous** *(poët., liter.)* flitsend, vonkelend, skitterend.

fu·lig·i·nous *(poët., liter.)* roeterig, roetagtig, -kleurig, donker.

full[1] *n.* volheid; hoogtepunt; *be **at** the ~, (arg.)* vol (*of* op sy hoogtepunt) wees; ***in*** *~* ten volle, volledig, in sy geheel; voluit; ***live** to the ~* jou uitleef; *write one's **name** in ~* jou naam voluit skryf; ***past** the ~, (arg.)* die hoogtepunt verby, aan die afgaan; *I cannot **tell** you the ~ of it* ek kan jou nie alle besonderhede (*of* die hele omvang *of* alles daarvan) vertel nie; ***to** the ~* ten volle, voluit, geheel en al. **full** *adj.* vol; volledig; volwaardig; voltallig; breedvoerig; gevul; *turn s.t. to ~ **account*** die volste/beste gebruik van iets maak; *be ~ of **beans*** →BEAN; *a ~ **beard*** 'n volbaard; *(at) ~ **blast*** →BLAST *n.*; *in ~ **bloom*** →BLOOM[1] *n.*; *~ to the **brim*** →BRIM *n.*; *in ~ **colour*** →COLOUR *n.*; *in ~ **court*** →COURT *n.*; *be in ~ **cry** after ...* →CRY *n.*; *s.o.'s **cup** is ~, (fig.)* iem. se maat is vol; *a ~ **day*** 'n vol/druk dag; 'n volle/hele dag; *in ~ **daylight*** →DAYLIGHT; *~ **details*** →DETAIL *n.*; *in ~ **gallop*** op 'n harde galop; *(for) a ~ **hour*** →HOUR; *a ~ **hundred*** 'n volle honderdtal; *at ~ **length*** →LENGTH *n.*; *a ~ **member*** 'n volle lid; *the **moon** is ~* die maan is vol; *s.o.'s ~ **name*** →NAME *n.*; *be ~ **of** ...* vol ... wees *(water ens.)*; vol van ... wees *(d. nuus, 'n onderwerp, ens.)*; *be ~ **of** o.s.* jou (nogal) wat verbeel; *the ~ **orchestra*** die volle orkes; *be ~ to **overflowing,** ('n bad, glas, ens.)* oorvol (*of* tot oorlopens toe vol) wees; *('n dam ens.)* kant en wal lê; *('n saal ens.)* stampvol wees; *give/state ~ **particulars*** →PARTICULAR *n.*; *on ~ **pay*** →PAY *n.*; *be very ~ on a **point*** baie volledig op 'n punt wees; *~ **powers*** volmag; *exchange ~ **powers*** volmagte uitwissel; *pay ~ **price*** die volle prys betaal; *a ~ **programme*** 'n vol/besette program; *the ~ **programme,** the **programme** in ~* die volledige program; *~ **ripeness*** volrypheid; *in/under ~ **sail*** →SAIL *n.*; *at ~ **strength*** →STRENGTH; *~ **stroke*** volle slag; *~ **subscription*** volle intekengeld *(vir 'n tydskrif ens.)*; voltekening, volskrywing *(v. effekte-uitgifte ens.)*; *be in ~ **supply*** volop wees; *~ **supply level*** oorloopvlak *(v. 'n dam ens.)*; *the ~ **team*** die volledige span; *a ~ **university*** 'n volwaardige universiteit; *be ~ **up*** heeltemal beset/vol wees, stampvol wees; *(infml.)* dik/versadig wees; *be ~ **up** with work* oorlaai wees met werk; *~ **value*** volle waarde *(v. 'n bate, vir jou geld kry/ontvang, ens.)*; *in ~ **view** (of ...)* oop en bloot (voor ...); *be ~ of **vitality*** vol lewenslus wees; *a ~ **year*** 'n volle/ronde jaar; *be ~ of **years*** →YEAR. **full** *adv.* vol, ruim, heeltemal, ten volle, baie; *look s.o. ~ in the **face*** iem. reg in die gesig/oë kyk; *s.t. caught/hit/struck s.o. ~ in the **face*** iets het iem. reg in die/sy/haar gesig getref, iem. het iets reg in die/sy/haar gesig gekry; *~ **fain,** (arg.)* baie graag; *have one's **hands** ~* →HAND *n.*; *be ~ **light*** al heeltemal lig wees; *~ **many** a ..., (poët., liter.)* menige ...; *~ **out*** met alle/volle mag/krag; *~ **ripe*** volryp, heeltemal ryp; *a ~ **twenty/etc.** years/etc.* ruim (*of* 'n volle) twintig/ens. jaar/ens.; *know ~ **well** that ...* →KNOW *ww.*. **full** *ww.* vul, vol maak; laat bol staan; plooi, saamtrek. **~ age** mondigheid; *of ~ ~* mondig, meerderjarig. **~back** *(sport)* heelagter. **~ blood** *n.* volbloed(perd/ens.). **~-blooded** *adj. (attr.)* volbloed-, opregte, opreg geteelde *(perd ens.)*; *(fig.)* volbloed- *(aksieprent ens.)*; aarts- *(kommunis ens.)*. **~-bloodedness** volbloedigheid. **~-blown** in volle bloei, volgroei(d); uitgegroei(d); volslae, volwaardig; *~ AIDS/Aids* →AIDS. **~ board** volle losies. **~-bodied** stewig, swaarlywig, geset; *~ currency* volwaardige munt(e); *~ wine* lywige/vol/swaar wyn. **~-bore, ~-calibre** *(attr.)* grootkaliber- *(geweer ens.)*. **~-bottomed** *('n skip)* met 'n groot laairuimte; lang *(pruik)*. **~ brother** eie/volle broer. **~ colonel** volle kolonel. **~ cousin** eie/volle neef/niggie. **~-cream:** *~ cheese* volroom-, volvetkaas; *~ milk* vol(room)melk, volvetmelk; *~ sherry* volsoet sjerrie. **~ dress** *n.* aandklere; seremoniële drag; *(mil.)* groot tenue, gala-uniform. **~-dress** *adj.* ten volle geklee(d); volledig; *~ debate* formele debat; *~ rehearsal* kleedrepetisie, proefopvoering; *~ uniform* groot tenue, gala-uniform. **~ employment** volledige werkgeleentheid, volle indiensname. **~ face** *n.* volle gesig/gelaat. **~-faced** *adj.* met 'n vol gesig; reg van voor. **~-fashioned** gepasweef. **~-fed** dik gevreet. **~ finish** alkantafwerking. **~-flavoured** volgeurig, pittig *(tabak)*. **~-fledged** *(Am.)* →FULLY-FLEDGED. **~ flood:** *be in ~ ~, (rivier)* baie vol wees, baie sterk loop, sy walle oorstroom, kant en wal loop/vloei/wees; *(iem.)* behoorlik/goed/lekker/mooi op dreef wees. **~ frontal** *n., (infml.)* iem. in sy/haar volle manlike/vroulike naaktheid, foto/ens. van iem. in al sy/haar (*of* in sy/haar volle) naakte glorie, foto/ens. wat alles wys. **~-frontal** *adj. (attr.), (infml.)* wat alles wys *(pred.)*; hewige *(aanval, kritiek)*; *confront s.o. with ~ interrogations about s.t.* iem. oor iets kruisvra (*of* onder kruisverhoor neem); *~ male nudity* 'n man in al sy (*of* in sy volle) naakte glorie; *~ photograph* foto wat alles wys, naakfoto wat reg van voor geneem is. **~ general** volle generaal. **~-grown** volgroei(d), uitgegroei(d), volwasse. **~ house** *(teat. ens.)* vol saal. **~-length** *adj. (attr.)* volledige, onverkorte, van volle lengte *(pred.)*, vollengte- *(ballet, rolprent, ens.)*; vollengte- *(foto, portret, spieël, ens.)*; lang *(aandrok, gordyne, ens.)*. **~ marks** *(mv.)* volpunte; *give s.o. ~ ~ for s.t., (infml.)* iem. tien uit tien vir iets gee. **~ monty** *(infml.): the ~ ~* die hele boksemdais/boksendais; poedelnaaktheid; *do/go the ~ ~* al jou klere (*of* jou poedelkaal/-naak) uittrek, van alles ontslae raak, alles wys; *go the ~ ~, (ook)* alles uithaal, enduit volhard, niks ontsien nie. **~ moon** volmaan. **~-mouthed** volbek- *(skaap ens.)*; *(iem.)* met die/'n groot mond; luid(rugtig), hard; breed *(glimlag)*; *give s.o. a ~ kiss* iem. vol op die mond soen. **~ nelson** →NELSON (HOLD). **~-page advertisement** volbladadvertensie. **~ point** →FULL STOP. **~ professor** volle professor. **~-rigged** *(sk.)* ten volle getuig; *~ ship, (ook)* driemaster. **~-scale** *adj. (attr.)* volskaal- *(model ens.)*; volledige, omvattende *(hersiening ens.)*; van volle omvang *(pred)*, volskaalse, algehele *(oorlog, staking, ens.)*; volslae *(anargie ens.)*. **~ score** *(mus.)* groot-, volpartituur. **~-screen editor** *(rek.)* →EDITOR. **~ sister** eie/volle suster. **~ size** *n.* ware grootte. **~-sized** *adj.* van volle grootte; uitgevreet. **~-skirted** met 'n wye romp. **~ speed, ~ steam:** *~ ~ **ahead*** volstoom (*of* met/op volle krag) vorentoe; *go/proceed ~ ~ **ahead*** volstoom voortgaan (*of* aan die gang wees); *it is ~ ~ **ahead** with ...* dit is volstoom voort met ...; ***(at)** ~ ~* in/met volle vaart, volstoom, met volle stoom, met alle/volle krag. **~ stop, ~ point** *(leesteken)* punt; *come to a full stop* botstil (gaan) staan; heeltemal stilhou; heeltemal ophou; *I'm not going, full stop!* ek gaan nie, en daarmee basta (*of* [is dit] uit en gedaan)!. **~-throated** uit volle bors. **~ time** *n., (sport)* einde van die/'n wedstryd, uitskeityd; *at ~ ~* aan die einde van die wedstryd, toe die eindfluitjie blaas, met uitskeityd. **~-time** *adj. & adv.* heeltyds, voltyds; eind- *(telling)*. **~-timer** heeltydse/voltydse student/werker/ens. **~ toss** *(kr.)* volbal.

full[2] *ww.* vol; *~ed fabric* volstof. **ful·ler** (laken)volder, -voller; volhamer; *~'s earth* volders-, vollersaarde, volaarde, bleikaarde, Brusselse aarde.

full·ing volling. **~ machine** volmasjien. **~ mill** vollery, voldery. **~ stock** volhamer.

full·ness, ful·ness volheid; volledigheid; uitvoerigheid; volte; *from the ~ of the heart the mouth speaks* →HEART; *in the ~ of time* (uit)eindelik, oplaas, einde ten laaste; mettertyd, op die duur.

ful·ly volkome *(begryp, oortuig)*; volledig *(tevrede)*; heeltemal *(herstel)*; heelhartig *(saamstem)*; terdeë *(v. iets bewus wees)*; vol, ten volle *(bespreek wees)*; ten volle *(geklee[d] wees)*; *~ **40** years/etc. ago* goed/minstens (*of* 'n volle) 40 jaar/ens. gelede; *~ **40%** of the poor/etc.* goed/minstens (*of* 'n hele) 40% van die armes/ens.; *~ **automatic*** ten volle outomaties, voloutomaties; *~ **charged/loaded*** volgelaai; *~ **fashioned*** →FASHION *ww.*; *~ **intended*** vas voorgenome; *be ~ **justified*** →JUSTIFIED; *~ **matured*** volryp; ***more** ~* meer in besonderhede; *explain s.t. **more** ~* iets nader toelig; *~ **paid*** ten volle betaal; volgestort *(aandele ens.)*; *~ **paid-up shares*** →PAID-UP; *a ~ **qualified** doctor/etc.* 'n afgestudeerde (*of* volledig opgeleide) dokter/ens.; *be ~ **subscribed*** →SUBSCRIBE. **~-fledged,** *(Am.)* **full-fledged** ten volle beveer(d) *(voël)*; volledig; volgroei(d), uitgegroei(d); volleerd; volslae, volwaardig.

ful·mar (pet·rel) *(orn.)* Noordse stormvoël.

ful·mi·nate *n., (chem.)* fulminaat, knal(suur)sout; *~ of copper* koperfulminaat; *~ of mercury* knalkwik. **ful·mi·nate** *ww.* uitvaar, skel, tier; *(arg. of poët., liter.: donderweer ens.)* bulder, weerklink, klap, knal; *(chem.)* fulmineer; *~ against ...* heftig/hewig teen ... uitvaar, op ... skel. **ful·mi·nant, ful·mi·nat·ing** skellend, tierend; bulderend, weerklinkend, knallend; *(chem.)* knal-; *(med.)* fulminerend, skielik/vinnig en ernstig *(siekte)*; *fulminating **cap*** knaldoppie; *fulminating/fulminant **consumption,** (med.)* galoptering, vlieënde tering; *fulminating **explosive*** knalstof; *fulminating **gas*** knalgas; *fulminating **gold,** (chem.)* knalgoud; *fulminating **mercury,** (chem.)* knalkwik; *fulminating **silver,** (chem.)* knalsilwer. **ful·mi·na·tion** uitbarsting; knal; fulminasie. **ful·mi·na·to·ry** skellend, tierend; bulderend, weerklinkend, knallend. **ful·mine** *(arg. of poët., liter.)* →FULMINATE *ww.*. **ful·min·ic** *(chem.)* knal-; *~ acid* knalsuur.

ful·ness →FULLNESS.

ful·some oordrewe; stroperig; *(arg.)* walglik. **ful·some·ness** oordrewenheid; stroperigheid; *(arg.)* walglikheid.

ful·vous geelbruin, bruingeel, taankleurig.

Fu Man·chu mous·tache *(dun, lang druipsnor)* Fu Manchu-snor, riempiesnor.

fu·ma·role, fu·me·role fumarole, rookgat, dampbron *(v. 'n vulkaan)*.

fum·ble *n.* getas; verbroude vangskoot, bottervat; lomp/onhandige poging. **fum·ble** *ww.* tas; onhandig wees; *~ **about/around*** rondtas, -voel; *~ a **ball,** (sport)* na 'n bal tas, 'n bal mis vang/vat (*of* laat val *of* uit jou hande laat glip), 'n vangskoot verbrou; *~ **for** s.t.* na iets tas/(voel-)voel/rondvoel; *~ **for** words* na woorde soek, oor jou woorde struikel, hakkel, stamel; *~ s.t. **from** ...* sukkel om iets uit ... te kry; *~ **with** a lock* sukkel om 'n slot oop te sluit. **fum·bler** lomperd, onhandige (mens).

fume *n.* damp, walm, (uit)wasem(ing); gas(walm); rook(walm); stank; *(fig.)* woedebui; *in a ~* woedend, briesend; *sleep off the ~s* 'n roes uitslaap; *~s of wine* wyndampe. **fume** *ww.* damp, walm, uitwasem; rook; uitrook; berook *(hout)*; briesend/rasend/smoorkwaad/woedend (*of* buite jouself [van woede]) wees, kook (van woede), skuimbek; *(lett. & fig.)* bewierook; →FUMING; *~ at s.t.* briesend/rasend/smoorkwaad/woedend oor iets wees; *~ and fret* kook van ongeduld; *~d oak* berookte eikehout. **~ cupboard** rookkas.

fu·mi·gate berook, uitrook, uitgas, ontsmet, fumigeer. **fu·mi·gant** uitrook-, berokingsmiddel. **fu·mi·ga·tor** beroker, fumigeerder; berokingstoestel.

fu·mi·ga·tion beroking, uitroking, ontsmetting (deur rook), fumigasie. **~ chamber** berokings-, gaskamer. **~ period** berokingsduur.

fum·ing rokend; dampend; woedend; *be ~ with impatience* brand van ongeduld; *~ sulphuric acid* rokende swa(w)elsuur.

fu·mi·to·ry *(bot.: Fumaria spp.)* duiwekerwel, duiwel(s)-kerwel.

fun *n.* pret, plesier(igheid), vermaak, jolyt, pretmakery; grap, aardigheid, lekkerte; skertsery; *now the ~ **begins/starts,** (infml.)* nou gaan die poppe dans (*of* die pret begin); *a **figure** of ~* 'n lagwekkende/komiese/komieklike figuur; ***for** ~, just **for** the ~ of it* (net) vir die aardigheid/grap/pret/lekkerte; *s.o.'s not doing it* ***for*** *the* ~ *of it* iem. doen dit nie vir sy/haar plesier nie; ~ *and* ***games,*** *(infml.)* pret en plesier/jolyt; *s.o. is* ***(good)*** ~ iem. is vermaaklik (*of* goeie/lekker geselskap); ***good/great*** (or ***lots of***) ~ baie pret; ***have*** ~ pret hê/maak, plesier hê; *do s.t.* ***in*** ~ iets vir die aardigheid/grap/lekkerte doen; *it* ***is*** ~ *to* ... dit is lekker/prettig om te ...; ***join*** *in the* ~ saam pret maak; ***make*** ~ *of* (or ***poke*** ~ *at*) *s.o.* met iem. gekskeer/spot (*of* die gek skeer *of* die spot dryf/drywe *of* die draak steek), iem. bespot, iem. vir die gek hou; *it's* ***no*** ~ *working on the night shift, (infml.)* dis nie 'n grap om nagskof te werk nie; *have* ***rare*** ~ die grootste pret hê; *now we'll* ***see*** *some* ~, *(infml.)* nou gaan die poppe dans (*of* die pret begin); *that* ***sounds*** *like* ~ dit klink goed; ***spoil*** *the* ~ die pret bederf. **fun** *adj. (attr.), (infml.)* lekker, jolige, vrolike, plesierige *(mens, aand, partytjie);* lekker, prettige *(idee, speletjie);* ougat, kostelike *(hoed); have a* ~ *time at a party* 'n partytjie gate uit geniet. **fun** *-nn-, ww., (infml., hoofs.Am.)* grappies/pret maak, skerts. **~fair** pretpark; kermis. **~-filled** prettig, vol pret. **~-loving** vrolik, jolig, opgewek, plesierig. ~ **run** pretdraf.

fu·nam·bu·list koorddanser, -loper, (span)draadloper.

func·tion *n.* funksie, funksionering, werking, (werk)verrigting; werk, taak, rol, plig; amp, pos, hoedanigheid; *(rek., wisk., chem., ling.)* funksie; onthaal, geleentheid, byeenkoms, geselligheid, samekoms, feestelikheid, plegtigheid; ***in*** ~ in funksie; ***mathematical*** ~ wiskundige funksie; ~ *of an* ***official*** amptenaar se funksie; ***perform*** *a* ~ 'n funksie uitoefen/waarneem; 'n amp vervul. **func·tion** *ww.* werk, werk verrig, funksioneer, loop; fungeer, optree, dien, diens doen; ~ *as* ... as ... fungeer/dien/optree. ~ **key** *(rek.)* funksietoets. ~ **word** *(ling.)* funksiewoord.

func·tion·al funksioneel, doelmatig, bruikbaar; werkings-; formeel; amptelik, amps-; funksie-; ~ *disease* funksionele siekte. **func·tion·al·ism** funksionalisme; nuwe saaklikheid.

func·tion·ar·y beampte, amptenaar, ampsbekleder, -bekleër, -draer, funksionaris; titularis.

func·tion·ing *n.* werking, (werk)verrigting, funksionering; fungering. **func·tion·ing** *adj.* werkend, funksionerend; fungerend.

func·tion·less funksieloos, sonder funksie.

fund *n.* fonds; *(i.d. mv.)* geld(middele), kapitaal, kontant, fondse; voorraad; bron *(v. inligting);* skat *(v. kennis); be* ***in*** *~s* goed by kas wees, genoeg geld hê; hard van die geld wees; *a* ***lack/shortage*** *of ~s* 'n gebrek aan geld/kontant/middele; *be* ***pressed*** *for* (or *short of*) *~s* knap van geld wees, geld kort(kom), in geldnood wees, geldgebrek hê; ***public*** *~s* →PUBLIC *adj.;* ***raise*** *~s* geld insamel; *~s are always* ***short*** dit haper altyd aan geld; ***strengthen*** *the ~s* die fondse/kas styf; *s.t.* ***swells*** *the ~s* iets styf die fondse/kas. **fund** *ww.* finansie(e)r, befonds, finansieel steun, (die) geld verskaf vir *('n projek ens.);* konsolideer *(skuld ens.);* in 'n fonds belê; in (staats)effekte belê; →FUNDING; *~ed debt* gekonsolideerde skuld. **~raiser** fonds-, geldinsamelaar. **~-raising** fonds-, geldinsameling.

fun·da·ment fondament; *(fml. of skerts.)* agterstel, agterwêreld, agterstewe, sitvlak. **fun·da·men·tal** *n.* grondslag, (grond)beginsel, basis; *(i.d. mv.)* grondbeginsels, basiese dinge; *~s of faith* die grondstellinge van die geloof; *get down to ~s* tot op die bodem kom. **fun·da·men·tal** *adj.* fundamenteel, essensieel, grondliggend, wesen(t)lik, grond-, basis-; ~ ***axiom/proposition*** grondstelling; ~ ***character*** grondeienskap; ~ ***chord*** grondakkoord; ~ ***law*** grondwet; ~ ***mistake*** grondfout; ~ ***note*** grondnoot; ~ ***principle*** grondbeginsel; ~ ***rule*** grondreël; ~ ***theorem,*** *(wisk.)* hoofeienskap; *be* ~ ***to*** *s.t.* aan iets ten grondslag lê; ~ ***tone*** grondtoon; ~ ***truth*** grondwaarheid; ~ ***unit*** grondeenheid. **fun·da·men·tal·ism** fundamentalisme. **fun·da·men·tal·ist** *n.* fundamentalis. **fun·da·men·tal·ist** *adj.* fundamentalisties. **fun·da·men·tal·ly** in beginsel, in wese, in die grond, eintlik.

fun·da·trix *-trices, (entom.)* stammoeder.

fun·di *-dis, (SA, infml.: kenner, deskundige)* foendi(e), fundi.

fun·die *(infml., afk. v. fundamentalist), (relig.)* fundamentalis; *(ook fundi, fundy, radikale lid v.d. Groen Party)* Groen ekstremis.

fund·ing finansiering, finansiëring, befondsing; konsolidering *(v. skuld ens.).* ~ **agreement** befondsingsooreenkoms.

fun·dy *-dies* →FUNDIE.

fu·ne·bri·al *(w.g.)* →FUNEREAL.

fu·ner·al *n.* begrafnis; *(arg. of poët., liter.)* begrafnis-, lyk-, roustoet; *(infml.)* indaba; *at a* ~ by/op 'n begrafnis; *that's his/her* ~, *(infml.)* dis sy/haar indaba. **fu·ner·al** *adj. (attr.)* begrafnis-; lyk-. ~ **carriage** lykswa, doodswa. ~ **ceremony** teraardebestelling, begrafnisplegtigheid. ~ **chapel** begrafnis-, lykkapel. ~ **contractor,** ~ **director,** ~ **furnisher** lykbesorger, begrafnisondernemer. ~ **hatchment** roubord. ~ **home** →FUNERAL PARLOUR. ~ **honours** laaste eer. ~ **march** dode-, treurmars. ~ **oration** graf-, lykrede. ~ **parlour,** *(Am.)* ~ **parlor,** *(Am.)* ~ **home** begrafnisonderneming. ~ **pile,** ~ **pyre** brand-, lykstapel. ~ **procession,** ~ **train** begrafnis-, lyk-, roustoet. ~ **sermon** begrafnisrede. ~ **service** rou-, begrafnisdiens. ~ **urn** urne, lykbus, askruik.

fu·ner·ar·y begrafnis-; lyk-; ~ *urn* lykbus.

fu·ne·re·al begrafnis-, graf-, lyk-, dode-, treur-; somber, droewig; *a* ~ *expression* 'n begrafnisgesig; *a* ~ *voice* 'n grafstem.

fun·gi·ble *(jur.)* vervangbaar, vervangings-.

fun·gus *fungi, funguses* fungus, swam, paddastoel; skimmel. **fun·gal** swamagtig, swam-; skimmel-; ~ *disease* swamsiekte; ~ *rot, (Botrytis cinerea)* vaalvrot. **fun·gi·cid·al** swamdodend. **fun·gi·cide** swamdoder. **fun·gi·form** swamvormig; ~ *papilla* swampapil. **fun·goid** fungoïed, swamagtig; skimmelagtig. **fun·gous** swamagtig; skimmelagtig, skimmel-; ~ *growth* skimmelplant.

fu·ni·cle *(bot.)* string. **fu·nic·u·lar** draad-, kabel-; funikulêr. **fu·nic·u·lar (rail·way)** kabelspoor(weg), sweefspoor; tandratspoor.

fu·nis *(anat.)* naelstring.

funk[1] *n., (hoofs. Br., infml.)* bang(ig)heid, vrees, angs; *(Am.)* depressie; *(vero.)* bangbroek; *get the ~s* bang word; paniekerig/paniekbevange raak; *be in a (blue) ~, have the (blue) ~s* doodbang/beangs wees, lelik in die nood wees, so bang/benoud wees dat jou broekspype beef/bewe, die aap-/apiestuipe kry, die papelellekoors hê; paniekerig/paniekbevange wees; *s.t. puts s.o. into a (blue)* ~ iets laat iem. se broekspype beef/bewe (*of* gee iem. die aap-/apiestuipe/papelellekoors). **funk** *ww.* bang wees, kleinkoppie trek; terugdeins vir; wegskram van; bang maak; *s.o. ~ed it* iem. het kleinkoppie getrek. **~hole** skuilgat, wegkruipplek; uitvlug. ~ **money** vlugkapitaal.

funk[2] *(mus.)* funk.

funk·y[1] *(infml.)* funky, aards; *(sl.)* gevoelvol, sielvol; *(sl.)* kief, hip, koel, mal, uitheems, baie oorspronklik; *(sl.)* anders, anderste(r), eksentriek, onkonvensioneel, ongewoon; *(Am.)* stink(end), goor; *(Am.)* stinkerig, muwwerig.

funk·y[2] *(Br., arg., infml.)* bang, lafhartig; skrikkerig, lugtig, vreesagtig.

fun·nel tregter; skoorsteen *(v. 'n skip);* lug-, rookpyp; slurp. ~ **cloud** tregterwolk. **~-shaped** tregtervormig. ~ **spider** tregterspinnekop.

fun·ni·ly: ~ *enough* snaaks/vreemd genoeg, merkwaardigerwys(e).

fun·ni·ness snaaksheid, koddigheid, grappigheid, komieklikheid, vermaaklikheid; vreemdheid, eienaardigheid.

fun·ny[1] *n.* grap(pie); *(i.d. mv., Am., infml.)* strokies(prente); strokiesblad *(in 'n koerant).* **fun·ny** *adj.* snaaks, koddig, grappig, komieklik, vermaaklik, komies, klugtig, lagwekkend; vreemd, eienaardig; *it is* ***excruciatingly/screamingly*** ~ dit is skree(u)snaaks (*of* ontsettend snaaks *of* om jou dood/slap te lag); ***feel*** ~, *(infml.)* aardig voel; *have a* ~ ***feeling*** *that* ... 'n nare vermoede/spesmaas hê (*of* aan jou broek [se naat] voel) dat ...; *a* ~ ***one,*** *(iem.)* 'n snaaksie; *s.t.* ***seems*** ~ *to s.o.* iets is vir iem. snaaks; ***something*** ~ *is going on, (infml.)* iets is nie pluis nie; *are you* ***trying*** *to be* ~? probeer jy 'n grap maak?; *be too* ~ *for* ***words*** skree(u)snaaks wees. ~ **bone** *(infml.)* kielie-, skok-, elmboog-, eina-, telefoon-, verneuk-, gonna-, gottabeentjie, swernootjie; *jostle/tickle* (or *work on*) *the/one's* ~ ~ die/jou lagspiere kielie/prikkel. ~ **business** *(infml.)* kullery, gekul, knoeiery, geknoei, konkel(a)ry, gekonkel, bedrieëry, bedrog, verneukery. ~ **farm** *(infml., neerh.: sielsieke-inrigting)* groendakkies, malhuis, gestig. ~ **ha-ha** *adj., (infml.)* snaaks, grapp(er)ig, komieklik; *"He's a funny guy." "Do you mean* ~ ~ *or funny peculiar?"* "Hy's 'n snaakse ou." "Bedoel jy snaaks soos in ha-ha of snaaks soos in eienaardig?". ~ **man** grapjas, grapmaker, hanswors, komediant. ~ **money** *(infml.)* speelgeld; vervalste geld; swart geld; *be in the realms of* ~ ~, *(huispryse ens.)* belaglik (hoog) wees. ~ **paper** *(Am., infml.)* strokiesblad; strokiesbylaag, -bylae. ~ **peculiar** *adj., (infml.)* snaaks, eienaardig, vreemd, raar; →FUNNY HA-HA.

fun·ny[2] *n., (soort roeiboot)* skif.

fur *n.* pels, bont; pelsmantel, bontmantel; pels-, bontkraag; velletjie; sagte hare, wol; aanpaksel, aanslag; beslag *(op d. tong);* kim *(op wyn);* ketelsteen, ketelaanslag; beleglat; ***dress*** ~ vel brei; *make the* ~ ***fly,*** *(infml.)* die hare laat waai, die poppe laat dans; *then the* ~ *began to* ***fly,*** *(infml.)* toe was die poppe aan die dans; *the* ~ *will* ***fly,*** *(infml.)* daar sal hare waai, daar sal perde wees, die poppe sal dans; *the* ~ *is* ***flying,*** *(infml.)* die hare waai, die poppe (is aan die) dans. **fur** *-rr-, ww.* met pels/bont voer/beklee; *('n ketel, d. tong)* aanpak, aanslaan; skoonmaak *('n ketel);* ~ *up, ('n ketel, d. tong)* aanpak; →FURRED. **~-bearing animal** pelsdier. ~ **cap** pels-, velmus. ~ **cape** skouerpels. ~ **cloak** pels-, bontmantel. ~ **coat** pels-, bontjas. ~ **fabric** pelsstof. ~ **felt** haarvilt. ~ **game** haarwild. ~ **seal** pelsrob.

fur·be·low *n.* geplooide strook; falbala; *frills and ~s* tierlantyntjies. **fur·be·low** *ww., (poët., liter.)* stroke opsit; versier, optooi.

fur·bish: ~ *s.t., (arg.)* iets oppoets/blinkvryf/blinkvrywe *('n swaard ens.);* ~ *s.t. up* iets opknap/skoonmaak; iets restoureer *('n gebou ens.).*

fur·cate *ww.* splits, vertak; aftak; afdraai. **fur·cate, fur·cat·ed** *adj.* gevurk, gesplits, gesplete, vertak, gaffelvormig. **fur·ca·tion** vertakking; aftakking.

fur·cu·la *-lae, (soöl.)* vurkbeentjie.

fur·fur *-fures* skilfers. **fur·fu·ra·ceous** *(bot., med.)* skilfer(agt)ig, skubbig, gekors.

fur·fur·al, fur·fur·al·de·hyde *(chem.)* furfuraal, furfuraldehied.

fu·ri·ous woedend, briesend (kwaad), rasend, die hoenders/josie/joos in; verwoed; woes, onstuimig, wild; →FURY; *be* ~ ***at*** ... woedend/briesend (*of* die hoenders/josie/joos in) wees oor ...; ***fast*** *and* ~ →FAST[1] *adv.; give one ~ly to* ***think*** jou (*of* ['n] mens) hard laat dink (*of* hard aan die dink sit); *be* ~ ***with*** *s.o.* vir iem. woedend (kwaad) (*of* die hoenders/josie/joos in) wees.

furl opvou, oprol; afslaan *(sambreel);* toevou *(waaier ens.);* oprol, inbind, inslaan *(seil); (blare ens.)* opkrul, toevou.

fur·long *(lengtemaat)* furlong; *two ~s* twee furlong(s).

fur·lough *n.* verlof; *(Am.)* tydelike ontslag; *be on* ~ met/op verlof wees. **fur·lough** *ww.* verlof gee/toestaan, met verlof laat gaan; *(Am.)* tydelik ontslaan.

fur·me(n)·ty →FRUMENTY.

fur·nace *n.* (smelt)oond, hoogoond; stookoond; smeltkroes; vuurherd; *be tried in the* ~, *(fig.)* deur die smeltkroes gaan. **fur·nace** *ww., (teg.)* verhit. ~ **gases** oondgasse. **~man** *-men* (smelt)oondstoker. ~ **oil** brand(stof)olie, oliebrandstof, stookolie.

fur·nish meubileer; inrig, uitrus, toerus; verskaf, lewer, voorsien; verstrek, gee; *~ed in good taste* met goeie smaak gemeubileer; ~ *proof* bewys lewer; *be ~ed with* ... met ... gemeubileer wees; van ... voorsien wees. **fur·nish·er** meubelhandelaar; meubelmaker; leweransier.

fur·nish·ing meubilering; versiering; versiersel; *(i.d. mv.)* (a)meublement, meubelment; *(i.d. mv.)* uitrusting, toebehore, toebehoorsels, bybehore; *home/soft ~s* meubel=, stoffeerstowwe. ~ **fabric** meubelstof.

fur·ni·ture meubels, huisraad, (a)meublement, meubelment; inhoud; toebehore, toebehoorsels, bybehore; beslag, montering; *a piece of ~* 'n meubelstuk; *a suite/set of ~* 'n (sit)kamerstel, (a)meublement, meubelment. ~ **beetle** meubelkewer. ~ **covering,** ~ **fabric** meubelstof. ~ **polish** meubelwaks, =politoer. ~ **polisher** meubelpoleerder. ~ **removal** meubelvervoer. ~ **remover** (meubel)verhuiser. ~ **van** meubel(vervoer)=wa, verhuiswa.

fu·rore, *(Am.)* **fu·ror** opskudding, furore; (groot) opspraak; (groot) ontevredenheid/verontwaardiging/misnoeë; (luide) protes, (groot) teen=/teëkanting; *(arg.)* groot byval/opgang; *cause/create a ~* 'n opskudding veroorsaak; (groot) opspraak (ver)wek; groot ontevredenheid veroorsaak, (groot) misnoeë/verontwaardiging ontlok/wek.

furred (dig) behaar(d); *a ~ kettle/tongue* 'n aangeslane/aangeslaande/aangepakte ketel/tong; *be ~ up, ('n ketel, d. tong, ens.)* aangepak wees.

fur·ri·er pelsenier, pelsmaker, pels=, bontwerker; pels=, bonthandelaar. **fur·ri·er·y** pels=, bontwerk, peltery; pels=, bonthandel.

fur·row *n.* (lei)voor, (lei)sloot; groef; skroefgang; rimpel; riffel; *draw the first ~* aanvoor; *plough a lonely ~* eensaam deur die lewe gaan; alleen staan/loop, 'n alleenloper wees, op eie houtjie te werk gaan. **fur·row** *ww.* ploeg; slote/vore maak; groef, rimpel; riffel. ~ **slice** ploegwalletjie, rystergrond. ~ **wheel** wurgwiel.

fur·rowed gegroef; gefrons; gerimpel(d).

fur·row·y sloterig; rimpel(r)ig; geriffel(d); gegroef.

fur·ry met pels/bont gevoer, pels=, bont=; wollerig; *(d. tong ens.)* aangepak, aangeslaan.

fur·ther *adj.* verder, vêrder, meer afgeleë/verwyder(d); nader; meer; *on ~ **consideration*** →CONSIDERATION; *for ~ **details*** →DETAIL *n.*; *~ **information*** nader(e)/verder(e)/vêrder(e) inligting; *~ **investigation*** nader(e) ondersoek; *till/until ~ **notice*** →NOTICE *n.*; *until ~ **orders*** →ORDER *n.*; *require ~ **particulars*** →PARTICULAR *n.*; *~ **proceedings*** verdere/vêrdere verrigtinge. **fur·ther** *adv.* verder, vêrder; voorts, vervolgens; buitendien, bowendien; boonop; *~ **along*** verder/vêrder op; *~ **and** ~* al hoe verder; ***anything** ~?* nog iets?; *~ **from** ...* verder/vêrder van ...; *nothing is ~ **from** my mind!* →MIND *n.*; ***go** ~ and fare worse* beter soek en slegter kry; *it is **much** ~* dit is nog 'n hele ent (verder/vêrder); *it is not **much** ~* dit is nie meer ver/vêr nie; ***no** ~* niks verder/vêrder nie; *~ **on*** verder/vêrder (op/vorentoe/weg), hoër op; later; vervolgens; *~ **to** ..., (fml.)* met verwysing na ...; in aansluiting by ... *(my brief ens.)*. **fur·ther** *ww.* bevorder, voorthelp, (onder)=steun, in die hand werk. ~ **education** voortgesette/naskoolse onderwys. **F~ India** *(geog.)* Agter-Indië.

fur·ther·ance bevordering, steun, ondersteuning; *in (or for the) ~ of ...* ter bevordering van ...

fur·ther·er bevorderaar, ondersteuner.

fur·ther·more verder, vêrder; boonop; buitendien, bowendien; voorts, vervolgens.

fur·ther·most verste, vêrste; mees afgeleë; uiterste.

fur·thest verste, vêrste; uiterste; *at ~* op sy hoogste, uiterlik.

fur·tive heimlik, tersluiks, steels, steelsgewys(e); skelm=(agtig), onderduims, agterbaks; *steal a ~ glance at s.o.* skelmpies/steels na iem. kyk. **fur·tive·ly** skelmpies, stilletjies, onderlangs, tersluiks, agteraf. **fur·tive·ness** heimlikheid; skelm(agtig)heid, onderduimsheid, agterbaksheid.

fu·run·cle *(patol.)* bloedvint, pits(w)eer, furunkel. **fu·run·cu·lar** bloedvintagtig, bloedvint=.

Fu·ry *(Gr. mit.)* Furie, Wraakgodin; *(i.d. mv.)* Furieë, Furies, Wraakgodinne; *the Spanish ~* die Spaanse Furie.

fu·ry =*ries* woede, raserny, drif, toorn; tierwyfie, hellepeeg, feeks; →FURIOUS; *in a ~* woedend; *fly into a ~* ontplof, die aap=/bobbejaanstuipe kry, in woede uitbars, rasend/woedend word; *like ~, (infml.)* verwoed, besete, soos 'n besetene; *(werk ens.)* dat dit (so) gons/klap/kraak; *(hardloop)* (as)of die duiwel agter jou (aan) is, soos (['n] vetgesmeerde) blits.

furze →GORSE.

fus·cous *(teg. of poët., liter.)* donker, somber.

fuse *n.* lont, ontsteker *(v. plofstof)*; buis *(v. ammunisie)*; *(elek.)* sekering, sekerings=, smeltdraad(jie); ***blow** a ~* 'n sekering laat uitbrand; *(infml.)* ontplof, in woede uitbars, rasend/woedend word; *(infml.)* jou selfbeheersing (*of* [jou] kop) verloor; *the ~ has/is **blown*** die sekering is uitgebrand (*of* het gesmelt); *s.o. has a **short** ~, s.o.'s ~ is **short**, (infml.)* iem. het 'n kort lont, iem. se lont is kort, iem. is driftig/kortgebaker(d)/opvlieënd (*of* kort van draad *of* gou op sy/haar perdjie); ***time** a ~* 'n lont reël/stel. **fuse** *ww., (twee of meer dinge)* (laat) saamsmelt/verenig; *(metale, stemme, ens.)* (laat) ineensmelt/versmelt; *(sekering)* (laat) smelt; *(gloeilamp ens.)* (laat) uitbrand/uitblaas; *(molekules)* kondenseer; van 'n lont voorsien; van 'n buis voorsien; *(elek.)* van sekering voorsien; →FUSIBLE, FUSING; *~d hole* gelaaide gat. ~ **board** sekeringsbord. ~ **box** sekeringskas(sie), =kis(sie). ~ **mallet** buishamer. ~ **pin** slagpen. ~ **plug** sekeringsprop, propsekering; buisprop. ~ **setting** *(mil.)* tempering. ~ **shaft** buissteel. ~ **wire** sekerings=, smeltdraad(jie).

fu·see, *(Am.)* **fu·zee** kettingspil, snekrat *(in 'n horlosie)*; wind=, wasvuurhoutjie, aansteekstok.

fu·se·lage romp *(v. 'n vliegtuig)*.

fu·sel (oil) foesel(olie).

fu·si·ble smeltbaar, smelt=. **fu·si·bil·i·ty** smeltbaarheid.

fu·si·form *(bot., soöl.)* spoel=, spilvormig.

fu·sil *(hist.)* (ligte) pangeweer/snaphaan, roer. **fu·si·lier,** *(Am.)* **fu·si·leer** *(hist.)* fusillier, musketier. **fu·sil·lade** *n.* fusillade, geweervuur, salvo. **fu·sil·lade** *ww., (arg.)* beskiet, bestook; doodskiet.

fus·ing burn·er snybrander.

fu·sion samesmelting, vereniging; ineensmelting, versmelting; ineenvloeiing, samevloeiing; koalisie *(v. pol. partye)*; *(fis.)* fusie (→NUCLEAR FUSION); smelting; *(mus.)* fusion; kondensasie, kondensering *(v. molekules)*. ~ **bomb** smeltbom. ~ **cell** verbindingsel. ~ **heat** smelt(ings)hitte, =warmte. ~ **point** smeltpunt. ~ **test** smelttoets. ~ **welding** smeltsweising.

fu·sion·ist koalisieman; *(mus.)* fusionliefhebber, =aanhanger.

fuss *n.* ophef, gedoe, gedoente, drukte, gewerskaf, geskarrel; bohaai, herrie, lawaai, protes, beswaar, omhaal; *make (or kick/put up) a ~ about/over s.t., (infml.)* 'n bohaai/herrie/lawaai oor iets opskop/maak, stof oor iets opskop/opja(ag); *make a ~ of/over s.o.* 'n ophef van iem. maak. **fuss** *ww.* karring, neul, sanik; tekere (*of* te kere) gaan, tekeregaan; 'n ophef maak; peuter; *~ about* rondpeuter; senu(wee)agtig rondloop; *~ about s.t.* oor iets karring; *~ over s.o.* 'n ophef van iem. maak. **~pot,** *(Am.)* **~budget, fusser** *(infml.)* iem. wat vol fiemies/draadwerk is, fiemiesrige/puntene(u)rige mens; neul=, sanik=, lolpot, neul=, seurkous, saniker.

fussed *(Br., infml.)* senu(wee)agtig, gespanne; *not be ~* vir jou om't (*of* om 't/die) ewe wees.

fuss·er →FUSSPOT.

fuss·y kieskeurig, puntene(u)rig, uitsoekerig, vol fiemies, vitterig; nougeset, presies, veeleisend; oordrewe/oordadig (versier), opgesmuk; *be ~ about one's appearance* presies op jou voorkoms wees; *be ~ about detail* pynlik noukeurig/presies wees. **fuss·i·ness** kieskeurigheid, puntene(u)righeid; nougesetheid, presiesheid; oordrewenheid, oordadigheid.

fus·tian *n., (tekst.)* bombasyn, fustein; bombasme, hoogdrawendheid, hoogdrawende taal. **fus·tian** *adj.* van bombasyn; bombasties.

fus·tic fustiek(hout), Wes-Indiese geelhout; *(geel verfstof)* fustien.

fus·ti·gate *(arg.)* pak gee, afransel, (uit)looi. **fus·ti·ga·tion** loesing, pak slae.

fu·thark, fu·tharc, fu·thorc, fu·thork rune-alfabet.

fu·tile (te)vergeefs, nutteloos, vrugteloos, futiel; sinloos, betekenisloos, sonder sin/betekenis; nietig, onbeduidend, onbenullig, niksbeduidend, beuselagtig. **fu·tile·ly** (te)tevergeefs, verniet, vrugteloos. **fu·til·i·ty** vrugteloosheid, nutteloosheid, futiliteit, (te)vergeefsheid; sinloosheid; nietigheid, onbenulligheid, beuselagtigheid.

fu·ton *(Jap.: soort matras)* futon.

fu·ture *n.* toekoms; vervolg; *(gram.)* futurum, toekomende tyd; →FUTURES; *a **bright/rosy** ~* 'n rooskleurige toekoms; *a **dark** ~* 'n duister toekoms; *in the **distant** ~* in die verre toekoms; *provide **for** the ~* vir die toekoms/oudag voorsiening/voorsorg maak; *in the **foreseeable** ~* binne afsienbare tyd; ***have** a ~* 'n toekoms hê, goeie vooruitsigte hê; *not know what the ~ **holds** (or **has in store**)* nie weet wat die toekoms inhou (*of* sal bring/oplewer) nie; *in the **immediate** ~* in die naaste toekoms; ***in** ~* voortaan, in die vervolg, van nou af; ***in** the ~* in die toekoms; ***in** the near ~* in die nabye toekoms; ***look into** the ~* 'n blik in die toekoms werp; *there's **no** ~ in it* dit het geen toekoms nie; *a **picture** of the ~* 'n toekomsbeeld; ***read** (or **see into**) the ~* die toekoms voorspel, in die toekoms sien; *the ~ is s.o.'s* die toekoms staan vir iem. oop; ***stake** one's ~ on s.t.* jou toekoms aan iets waag; *take **thought** for the ~* vir die toekoms sorg. **fu·ture** *adj.* toekomstig; aanstaande; toekomend; *~ shock* toekomsskok; *~ tense* toekomende tyd; *his/her ~ wife/husband* sy/haar aanstaande (vrou/man).

fu·tures *(mv.), (fin.)* termynkontrakte; *dealing in ~* termynhandel. ~ **market** termynmark. ~ **price** termynprys. ~ **research** toekomsnavorsing.

fu·tur·ism futurisme. **fu·tur·ist** *n.* futuris. **fu·tur·ist, fu·tur·is·tic** *adj.* futuristies.

fu·tu·ri·ty toekoms, toekomstigheid; hiernamaals. ~ **race,** ~ **stakes** *(perdewedrenne)* toekomswedren.

fu·tur·ol·o·gy futurologie, toekomskunde. **fu·tu·rol·o·gist** futuroloog, toekomskundige.

fu yung →FOO YONG.

fuze →FUSE.

fu·zee →FUSEE.

fuzz[1] dons; pluis. **~ball** stuifswam, stuif=, bobbejaansnuif. **~box** *(mus.)* fuzzbox. ~ **word** wollerige woord.

fuzz[2] *(sl.)* polisie.

fuzz·i·ness dons(er)igheid; pluiserigheid; rafelrigheid; kroes(erig)heid; vaagheid, onduidelikheid, wa=s(er)igheid; newelagtigheid, beneweldheid, verwardheid.

fuzz·y dons(er)ig; pluiserig; rafelrig; kroes(erig) *(hare)*; vaag, onduidelik, was(er)ig, onskerp; newelagtig, benewel(d), verward *(denke)*; newel=; *~ fabric* pluiserige stof; *~ logic, (rek.)* vae logika; *~ set, (wisk.)* newelversameling. **~-wuzzy** *(arg., infml., neerh.)* kroeskop.

fyl·fot *(w.g.)* swastika, hakekruis.

fyn·bos *(Afr., bot.)* fynbos.

fytte →FIT[3].

G g

G *G's, Gs, (sewende letter v.d. alfabet)* G; *(Am., sl.)* duisend dollar. **~3** *n., (afk. v.* Group of Three: *Duitsland, Japan en d.VSA)* G3. **~3** *adj. (attr.)* G3-. **~5** *-s, (SA, mil.)* G5; *(geen mv., afk. v.* Group of Five: *Brittanje, Duitsland, Frankryk, Japan en d.VSA)* G5. **~5** *adj. (attr.)* G5-; *~ countries* G5-lande; *~ gun* G5-kanon. **~7** *n., (afk. v.* Group of Seven: *Brittanje, Duitsland, Frankryk, Italië, Japan, Kanada en d.VSA)* G7. **~7** *adj. (attr.)* G7-. **~10** *n., (afk. v.* Group of Ten: *België, Brittanje, Frankryk, Italië, Japan, Kanada, Nederland, Swede, d.VSA en Duitsland)* G10. **~10** *adj. (attr.)* G10-. **~77** *n., (afk. v.* Group of Seventy Seven: *ontwikkelende lande v.d. wêreld)* G77. **~77** *adj. (attr.)* G77-. **~-clamp** G-klamp. **~ flat** *(mus.)* G-mol. **~-force** *(fis.)* swaartekrag. **~-man** *~-men, (Am., infml.)* FBI-agent; *(Iers)* politieke speurder. **~ sharp** *(mus.)* G-kruis. **~ spot** *(anat., infml.)* G-kol. **~-string** G-snaar; *(infml., soms skerts./neerh.)* deurtrekker, stertriem, genadelap(pie); *Bach's Air on a ~* Bach se Air op 'n G-snaar. **~-suit, anti-~ suit** *(lugv.)* G-pak, anti-G-pak.

g *g's, (sewende letter v.d. alfabet)* g; *little ~* g'tjie; *small ~* klein g.

gab *n., (infml.)* gebabbel, geklets; *have the gift of the ~* glad wees met die bek/mond, 'n gladde bek/mond hê; *stop your ~* hou op met jou gebabbel. **gab** *-bb-, ww.* babbel, klets. **gab·by** *(infml.)* praterig, kletserig.

gab·ar·dine, gab·ar·dine, gab·er·dine, gab·er·dine *(tekst.)* gabardien; *(hist.)* opperkleed, kaftan.

gab·ble *n.* gebabbel, gekekkel, geklets, gesnater; gemompel, gebrom; gesnater *(v. ganse)*. **gab·ble** *ww.* babbel, kekkel, klets; mompel, brom; aframmel *(gebed, gedig)*; *(ganse)* snater. **gab·bler** babbelaar, kekkelbek, babbel-, kletskous.

gab·bro *-bros, (geol.)* gabbro. **gab·broid·al** gabbroïdaal.

ga·belle *(hist.)* soutaksyns.

gab·er·dine →GABARDINE.

ga·bi·on skanskorf. **ga·bi·on·(n)ade** korfskans.

ga·ble gewel; geweltop, -spits. **~ cross** gewelkruis. **~ end** gewelent. **~ moulding** gewellys. **~ roof** saaldak. **~ window** gewelvenster.

ga·bled met gewels, gewel-; *~ house* gewelhuis.

Ga·bon *(geog.)* Gaboen. **Gab·o·nese** *n. & adj.* Gaboenees.

ga·boon vi·per *(soort slang)* gaboenadder, skoenlapperadder.

Ga·bri·el *(Byb.)* Gabriël.

ga·by *(arg. of dial.)* swaap, uilskuiken, domkop.

Gad *(OT)* Gad. **Gad·ite** Gadiet.

gad[1] *tw., (arg., euf. vir* God*)* gits, ga(a)ts, hemel; *by ~!, (infml.)* wil jy glo!, wraggies!, wragtie!.

gad[2] *n.: on the ~, (arg.)* aan die slenter, op stap, aan die rondrits/-flankeer. **gad** *-dd-, ww., (infml.)* slenter, (rond)jakker; *~ about/around* rondjakker, rondrits, rinkink; *~ding about* rondjakkery, -ritsery, gerinkink. **gad·a·bout** *(infml.)* slenteraar, rondloper, uithuisige. **gad·ding** uithuisigheid.

gad[3] *n., (mynb.)* stok; splytwig; prikyster, prikbeitel. **~fly** blinde-, perdevlieg; *(fig.)* laspos.

Ga·da·ra *(geog., hist.)* Gadara. **Gad·a·rene** *n.* Gadarener. **Gad·a·rene** *adj.* Gadareens; *~ pigs/swine, (NT)* Gadareense varke/swyne.

gadg·et toestelletjie, apparaatjie, masjientjie, uitvindsel, geriefie, hulpmiddel, affêrinkie. **gadg·et·ry** allerlei masjientjies/affêrinkies/goetertjies.

gad·o·lin·i·um *(chem., simb.: Gd)* gadolinium. **gad·o·lin·ite** gadoliniet.

ga·droon, go·droon *n., (versiersel op silwerware ens.)* godron. **ga·droon** *ww.* godronneer.

gad·zooks *tw., (arg.)* genugtig(heid).

Gae·a, Gai·a, Ge *(Gr. mit.: godin v.d. aarde)* Gaia, Ge; →GAIA.

Gael Skotse/Ierse Kelt. **Gael·ic** *n. & adj.* Gaelies; *~ coffee* →IRISH COFFEE.

gaff[1] *n.* vishaak; visspies; gaffel *(v. 'n skip)*. **gaff** *ww.* haak, spies *('n vis)*. **~-topsail** gaf(fel)topseil.

gaff[2] *n.: blow the ~, (infml.)* die aap uit die mou laat, klik, die geheim verklap; *blow the ~ on s.o., (infml.)* iem. verklik/verraai.

gaff[3] *n., (teat., mus., w.g. sl.)* tingeltangel, goedkoop variété(teater).

gaff[4] *ww., (w.g. sl.)* inloop, verneuk, (ver)kul, bedrieg, mislei, om die bos lei.

gaffe *(Fr.)* blaps, flater, stommiteit; *make a ~* 'n blaps/flater begaan/maak.

gaf·fer oubaas, oubasie, outoppie; *(infml., hoofs. Br.)* voorman; *(TV, filmk.)* hoofbeligter.

gag[1] *n.* prop (in die mond); *(med.)* mondklem; knewelstang; *(parl.)* sluiting. **gag** *-gg-, ww., (lett.)* die mond toestop; *(fig.)* muilband, die mond snoer; die sluiting toepas; 'n knewelstang aansit; (ver)stik; braakbewegings *(of* 'n braakbeweging) maak; *~ s.o.* iets in iem. se mond prop; *~ me with a spoon!, (Am., sl.)* slaan my dood!, nooit!. **~ bit** knewelstang *(vir perde)*. **~ law** *(infml.)* hou-jou-bek-wet. **~ rein** knewelteuels.

gag[2] *n., (infml.)* kwinkslag, sêding; grap; kunsie; *(teat.)* ingelaste woorde; *(i.d. mv.)* sêgoed; *that's an old ~* dis 'n ou storie/grap/liedjie/laai. **gag** *ww.* grappe maak; inlas *(woorde ens., in 'n akteursrol)*. **~man** *-men* grapskrywer; komediant. **gag·ster** grapskrywer; komediant; poetsbakker.

gag[3] *n., (vero. sl.)* leuen, bedrog. **gag** *ww.* fop, bedrieg.

ga·ga *(infml.)* kêns, kens, kinds, seniel; *go ~, (infml.)* kêns/kens/kinds raak.

gage[1] *n., (arg.)* (onder)pand; uitdaging, handskoen. **gage** *ww., (arg.)* verpand; insit, op die spel plaas/sit.

gage[2] *n. & ww.* →GAUGE *n. & ww.*.

gag·gle *n.* gesnater; klompie ganse; *(infml.)* wanordelike/oproerige mense. **gag·gle** *ww., (ganse)* snater.

Gai·a: *~* **hypothesis,** *~* **theory** Gaiahipotese, -teorie; →GAEA.

gai·e·ty vrolikheid, joligheid, jolyt, blymoed(igheid); pret, plesier, vermaak; fleurigheid, kleurigheid; *add to the ~ of nations* die wêreld aan die lag maak.

gai·ly vrolik, opgewek, opgeruimd, vreugdevol; lustig.

gain[1] *n.* wins, voordeel, profyt; gewin; baat; (prys)styging; aanwins; vordering; voorsprong; *to die is ~, (NT)* om te sterwe, is vir my wins; *with an eye to ~* met 'n winsoogmerk/-motief; *s.o.'s **ill-gotten** ~s* iem. se onregmatige winste; *a ~ **in** ...* 'n toename in ...; *one man's ~ is another man's **loss*** die een se dood is die ander se brood; ***love of** ~* baatsug, winsug, sug na gewin; ***not for** ~* sonder winsbejag/-oogmerk/-motief; *no **pain,** no ~* →PAIN *n.*; *for **personal** ~* vir eie gewin; *~ **in weight*** gewigstoename. **gain** *ww.* wen; wins maak, voordeel trek; verwerf, (ver)kry, verdien; bereik, behaal; vorder, vooruitkom; *~ an **advantage*** 'n voordeel behaal; *~ nothing **by** s.t.* iets bring (vir) jou niks in die sak nie; niks deur/met iets wen nie, niks met iets baat/bereik nie; *what does s.o. ~ **by** that?* wat bereik iem. daarmee?, wat wen iem. daardeur/daarmee?; *the **clock** ~s* →CLOCK[1] *n.*; *~ s.o.'s **confidence*** iem. se vertroue wen; *~ **currency*** in omloop kom, gebruiklik raak; *~ **the day*** die oorwinning behaal; *~ s.o.'s **ear*** gehoor vind by iem.; *~ **friends*** vriende maak; *~ **ground*** →GROUND[1] *n.*; *~ **height*** klim, styg; *~ an **impression*** 'n indruk kry/opdoen; *~ **in** ...* aan ... wen *(aansien ens.)*; in ... toeneem *(gewig ens.)*; *~ one's **object*** die/jou doel bereik; *~ **on/upon** s.o.* iem. begin inhaal; 'n voorsprong op iem. behaal/kry; *~ a metre **on/upon** s.o.* 'n meter op iem. wen *(in 'n wedloop)*; ***stand to** ~ by s.t.* wins van iets kan verwag; *~ **strength*** →STRENGTH; *~ **time*** tyd wen; *~ **the upper hand*** die oorhand kry; *~ **the victory/mastery*** wen; *~ **many votes*** baie stemme kry/trek; *~ **weight*** →WEIGHT. **~ sharing** winsdeling.

gain[2] *n., (timmerwerk)* dra(ag)keep.

gain·a·ble bereikbaar, behaalbaar.

gain·er wenner; geslaagde, gelukkige; voordeeltrekker.

gain·ful voordelig; inhalig. **gain·ful·ly** voordelig; *~ employed* in besoldigde diens, teen vergoeding werksaam.

gain·ings *n.* wins(te).

gain·less onvoordelig.

gain·say *-said -said, (fml.)* teen-, teëspreek, weerspreek, ontken. **gain·say·er** ontkenner, weerspreker, teen-, teëspreker; teen-, teëstander.

(')gainst *prep., (poët., liter.)* = AGAINST.

gait gang, stap, loop.

gai·ter stofkamas, oorkous, slobkous; *(mil.)* kort kamas; (motor)kous, binnesool *(v. 'n band)* kous *(v. 'n masjien)*. **gai·tered** met oorkouse/ens. aan.

gal *(Am., sl.)* →GIRL.

ga·la gala, fees(telikheid). **~ day** fees-, galadag. **~ dress** feesgewaad, galakleding. **~ night** gala-aand. **~ occasion** feesgeleentheid. **~ performance** galaopvoering.

ga·la·bi·(y)a *(Arab.)* kabaai.

ga·lac·tic *(astron.)* melk-; melkweg-.

ga·lac·tite *(edelsteen)* melksteen.

gal·ac·tom·e·ter melkmeter.

ga·lac·to·phore *(anat.)* melkbuis.

ga·lac·tose *(biochem.)* galaktose, melksuiker.

ga·la·go *-gos* →BUSHBABY.

ga·lah *(Austr., orn.)* galakaketoe(a); *(Austr., sl.)* pampoen(kop), skaap(kop), dom-, klipkop, mamparra, swaap.

Gal·a·had *(fig.)* ridder(like man), galante/ware heer; *Sir ~* sir Galahad *(v.d. Arturlegende)*.

gal·an·tine *(kookk.)* galantien, vleisrol.

ga·lan·ty show *(hist.)* skimmespel.

Ga·lá·pa·gos Is·lands *n. (mv.), (geog.)* Galápagos-eilande.

gal·a·te·a *(tekst.)* galatea, gestreepte katoenstof.

Ga·la·tia *(hist., geog.)* Galasië. **Ga·la·tian** *n.* Galasiër, Galaat; *(i.d. mv., Bybelboek)* Galasiërs. **Ga·la·tian** *adj.* Galaties.

gal·a·vant →GALLIVANT.

gal·ax·y *(astron.)* galaksie, galaktika, sterrestelsel; *(fig.)* uitgelese/deurlugtige geselskap; skittering; *the G~ (or Milky Way)* die Melkweg.

gale storm; stormwind. **~ force** stormsterkte. **~-force wind** stormsterk wind. **~ warning** stormwaarskuwing.

ga·le·a *(bot., soöl.)* helm. **ga·le·ate, ga·le·at·ed** helmdraend, gehelm(d); helmvormig.

Ga·le·ka·land *(SA, geog.)* Galekaland.

Ga·len *(Gr. geneesheer, 129-199)* Galenus. **ga·len·i·cals** *n. (mv.)* aangemaakte medisynes.

ga·le·na, ga·le·nite *(min.)* loodglans, swa(w)el=lood, galeniet.

Ga·li·ci·a *(geog.)* Galicië. **Ga·li·ci·an** *n.* Galiciër. **Ga·li·ci·an** *adj.* Galicies.

Gal·i·lee *(geog.)* Galilea; *Sea of ~/Tiberias, Lake of Gennesaret* See van Galilea/Tiberias, Gennesaret=meer. **Gal·i·lae·an, Gal·i·le·an** *n.* Galileër. **Gal·i·lae·an, Gal·i·le·an** *adj.* Galilees.

gal·i·lee voorportaal, kapel.

Gal·i·le·o: *~ Galilei, (It. wetenskaplike en sterrekun=dige, 1564–1642)* Galileo Galilei. **Gal·i·le·an** *adj.* van Galilei.

gal·in·gale, gal·an·gal *(bot.: Alpinia galanga)* gal=gant.

gal·i·ot, gal·li·ot *(hist., sk.)* galjoot.

gal·i·pot, gal·li·pot dennegom, =hars.

gal·joen =*joen, (Afr., igt.)* galjoen; *bastard ~* snoek=galjoen.

gall[1] *n., (infml.)* vermetelheid, aanmatiging, onbeskaamd=heid, astrantheid; bitterheid; *(fisiol., vero.)* gal (→BILE); *have the ~ to ..., (infml.)* die vermetelheid hê om te ...; *dip one's pen in ~, (fig.)* jou pen in gal/gif doop; *~ and wormwood* gal en alsem. ~ **bladder** galblaas. ~**sick=ness** *(veearts.)* galsiekte. ~**stone** galsteen.

gall[2] *n.* skaafplek; saalpuis, =seer; kaal plek; kwelling, seer plek. **gall** *ww.* skaaf, skawe, skuur; deurry *(perd)*; seermaak, grief; kwel; verbitter; vergal. **gall·ing** erger=lik; bitter, griewend; kwetsend; *~ fire* moorddadige vuur.

gall[3] *n.* galappel, galneut; →GALLIC. ~**fly** galvlieg. ~**(nut)** galneut, =appel. ~ **oak** galeik. ~ **wasp** galwesp.

gal·lam·siek·te *(Afr.)* →LAMSIEKTE.

gal·lant *adj.* dapper; fier, trots; galant, hoflik, ridder=lik; *(arg.)* statig, swierig; *make a ~ stand* jou dapper verset. **gal·lant, gal·lant** *n., (arg.)* galante kêrel; windmaker; minnaar; *play the ~* jou lyf wolhaar hou. **gal·lant** *ww., (arg.)* die galant uithang, swier; vry, flirt; begelei, vergesel. **gal·lant·ry** dapperheid, kranig=heid; galanterie, hoflikheid, hoofsheid; minnary, liefde=sake; *conspicuous ~* uitnemende dapperheid.

gal·late *(chem.)* gallaat.

gal·le·ass, gal·li·ass *(sk., hist.)* galjas.

gal·le·on *(sk., hist.)* galjoen.

gal·le·ri·a winkelgalery, =gang, =arkade.

gal·ler·y galery; *(teat.)* toeskouers; gang *(in 'n myn)*; (kuns)museum; skyfgat; →PRESS GALLERY; *play to the ~* goedkoop applous (*of* massa-applous) soek, ge=wildheid/populariteit soek, windmaker(ig) speel; *the ~, (teat., ook gh.)* die toeskouers; *upper ~, (teat.)* engele=bak. ~ **forest** galerybos. ~ **girder** galeryleuning.

gal·let *(bouk.)* klipsplinter. **gal·let·ing, gar·ret·ing** splintstopwerk.

gal·ley =*leys, (druk.)* setplank, setselpan, galei; *(sk.)* sloep; *(sk., hist.)* galei; *(cook's) ~* skeepskombuis. ~ **boy** koksmaat, koksjonge, kokshulp. ~ **(proof)** strook=, ga=leiproef. ~ **slave** galeislaaf; *(infml.)* slaaf, werkesel. ~ **worm** (soort) duisendpoot.

gal·ley-west *adv., (Am., infml.): knock s.o. ~* iem. disnis (*of* buite weste) slaan; iem. uit die veld slaan; *that's knocked all our arrangements ~* dit het al ons reëlings deurmekaargekrap/omvergegooi/omvêrgegooi.

gal·liard *(hist., dans)* gaillarde.

gal·li·ass →GALLEASS.

Gal·lic Gallies; Frans. **Gal·li·cise,** =**cize** verfrans. **Gal·li·cism** Gallisisme. **Gal·li·ma·ni·a** Gallomanie, Fransgesindheid.

gal·lic ac·id *(chem.)* gallussuur; →GALLATE.

Gal·li·can *n.* Gallikaan. **Gal·li·can** *adj.* Gallikaans. **Gal·li·can·ism** *(RK, hist.)* Gallikanisme.

gal·li·gas·kins, gal·ly·gas·kins *(Br., hist.)* sambal=broek; beenbekleding.

gal·li·mau·fry mengelmoes, tjou-tjou.

Gal·li·nae, Gal·li·na·ceae *(orn.)* Hoenderagtiges. **gal·li·na·ceous** hoenderagtig, hoender=.

gal·li·nule *(orn.): lesser ~* kleinkoningriethaan; *purple ~* grootkoningriethaan.

gal·li·ot →GALIOT.

gal·li·pot[1] *(hist.)* salfpot(jie); pilledraaier.

gal·li·pot[2] →GALIPOT.

gal·li·um *(chem., simb.: Ga)* gallium.

gal·li·vant, gal·a·vant *(infml.)* rondflenter, =rits, =jakker, =jol, rinkink; kattemaai, pierewaai. **gal·li·vant=er** rondloper, =ritser, pretjagter, rinkinker, joller.

Gal·lo= *komb.vorm* Gallo=, Frans=.

Gal·lo·ma·ni·ac *n.* Gallomaan, Fransgesinde. **Gal=lo·ma·ni·ac** *adj.* Fransgesind.

gal·lon *(Br., Am.)* gelling, gallon; *two/etc. ~s a day* twee/ens. gelling(s)/gallon per (*of* op 'n) dag; *a ~ of water/etc.* 'n gelling/gallon water/ens.

gal·loon *(versiersel op klere/meubels)* galon, boorband, boorsel.

gal·lop *n.* galop; *at a ~* in (*of* op 'n) galop; *put a horse into ~* 'n perd op 'n galop trek; *strike into a ~* begin galop. **gal·lop** *ww.* galop, galoppeer; →GALLOP=ING; *~ through a book, (infml.)* deur 'n boek vlieg; *~ through/over ...* deur/oor ... ja(ag).

gal·lo·pade →GALOP.

gal·lop·er galoppeerder; *(mil., hist.)* ordonnans(of=fisier). ~ **(gun)** *(mil., hist.)* (ligte) veldkanon.

Gal·lo·phil(e) *n.* Gallofiel, Fransgesinde. **Gal·lo=phil(e)** *adj.* Gallofiel, Fransgesind.

Gal·lo·phobe *n.* Fransehater. **Gal·lo·phobe** *adj.* Fransehatend. **Gal·lo·pho·bi·a** Gallofobie, Fransevrees, =haat.

gal·lop·ing galopperend; *~ consumption, (patol.)* vlieënde tering, *(infml.)* galoptering; *~ inflation* on=keerbare inflasie, wegholinflasie.

gal·lo·tan·nic ac·id galneutolie, =suur.

Gal·lo·way *(geog.)* Galloway; galloway(bees); gallo=way(ponie).

gal·lows galg; *die on the ~* aan die galg sterf/sterwe; *have the ~ in one's face* neerslagtig lyk. ~ **bird** *(infml.: iem. wat d. galg verdien)* galgkos, =aas. ~ **face** galge=tronie. ~ **humour** galgehumor. ~ **tree** galg(paal/stut).

Gal·lup Poll *(Am.: handelsnaam)* Gallup-opname, meningsopname, =peiling.

gal·op, gal·(l)o·pade *n., (hist., dans)* galop(dans), galoppade. **gal·op, gal·(l)o·pade** *ww.* die galop dans.

gal·o·pade →GALOP.

ga·lore *adj. (pred.)* volop, in oorvloed; *money ~* geld soos bossies, volop geld.

ga·losh·es, go·losh·es *n. (mv.)* rubber=, water=stewels, oorskoene.

ga·lumph *(infml.)* (rond)struikel/strompel, stommel; dartel, rondspring, bokspring.

gal·van·ic, gal·van·i·cal galvanies.

gal·va·nise, =**nize** galvaniseer; versink; skielik in beweging bring; *~d iron, (bouk.)* sink(plaat), gegal=vaniseerde yster; *~d iron house* sinkhuis; *~d iron roof* sinkdak; *~d sheet* sinkplaat, versinkte plaat; *~d wire* gegalvaniseerde draad, bloudraad. **gal·va·ni·sa·tion,** =**za·tion** galvanisasie, galvanisering; versinking.

gal·va·nism *(hist., elek.)* galvanisme; *(med.)* galva=nisme.

gal·va·no= *komb.vorm* galvano=.

gal·va·nog·ra·phy galvanografie.

gal·va·nom·e·ter galvanometer, swakstroommeter.

gal·va·no·plas·tic *adj.* galvanoplasties. **gal·va·no=plas·tics** *n.* galvanoplastiek, elektrotipie. **gal·va·no=plas·ty** galvanoplastiek.

gal·va·no·scope, gal·va·no·scope galvanoskoop, stroomaanwyser.

gam *(sl.)* (mens se) been.

Ga·ma·liel *(Byb.)* Gamaliël; *sit at the feet of ~, (idm.)* aan die voete van Gamaliël sit.

gam·ba →VIOLA DA GAMBA.

gam·ba·do =*do(e)s,* **gam·bade** =*bades, (dressage)* →CURVET *n.*; bokkesprong.

Gam·bi·a: *(the) ~, (geog.)* Gambië; *the River ~* die Gambia(rivier). **Gam·bi·an** *n.* Gambiër. **Gam·bi·an** *adj.* Gambies.

gam·bit *(skaak)* gambiet; gambietloper; gambiet=opening.

gam·ble *n.* kans=, dobbelspel; waagstuk; *it's a ~* dis 'n waagstuk. **gam·ble** *ww.* dobbel, speel; vir geld speel; waag; *~ s.t. away* iets verspeel; *~ on s.t.* met iets 'n kans waag; *~ on the fact that ...* die kans waag dat ...

gam·bler dobbelaar; *a confirmed ~* 'n verstokte dob=belaar.

gam·ble·some *(w.g.)* versot op (*of* geneig tot) dob=bel.

gam·bling dobbel(a)ry, dobbel; *~ on the* ***exchange*** windhandel; *a* ***passion*** *for ~* dobbelsug; ***take*** *to ~* aan die dobbel raak. ~ **debt** dobbelskuld. ~ **den,** ~ **hell** dobbelnes, =plek. ~ **house** dobbelhuis, =nes, =plek. ~ **machine** dobbelmasjien. ~ **table** speel=, dobbel=tafel.

gam·boge geelgom; oranjegeel.

gam·bol *n.* bokkesprong, huppeling, sprong. **gam=bol** =*ll*=, *ww.* bokspring, baljaar, huppel, dartel; *~ for joy* rondspring van vreugde.

gam·brel hak(skeen)=, spring=, spronggewrig *(v. 'n dier)*; slagters=, karkashaak. ~ **(roof)** gebroke saal=dak.

game[1] *n.* spel, spel(l)etjie; *(kaartspel, biljart)* pot; wedstryd; grap; wild; wild(s)vleis; *~* ***all,*** *(tennis ens.)* gelykop; ***beat s.o. at his/her own ~,*** *(fig.)* iem. op sy/haar eie terrein (*of* met sy/haar eie wapens) verslaan; *a ~ of* ***billiards*** 'n pot(jie)/party(tjie) biljart; *the ~ is not worth the candle, (infml.)* die kool is die sous nie werd nie; *a ~ of* ***chance/hazard*** 'n kans=/gelukspel; *a ~ of* ***chess*** 'n spel skaak; *play a* ***dangerous*** *~, (fig.)* 'n gevaarlike spel speel; *play a* ***double*** *~* vals speel; dubbelhartig handel; ***draw*** *a ~, (sport)* gelyk=op speel; ***easy*** *~* →EASY; ***fair*** *~* →FAIR; *that is* ***for=bidden*** *~* dit is verbode wild; *(infml.)* hou jou hande daar(van) af; ***give*** *the ~ away, (infml.)* die aap uit die mou laat, met die (hele) mandjie patats uitkom, die geheim uitblaker/uitlap/verklap, alles uitblaker; *have/play a* ***good*** *~* lekker speel, 'n lekker wedstryd speel; goed speel; *have the ~ in one's* ***hands*** die wedstryd is klaar gewen; *a* ***hard*** *~* 'n taai wedstryd; ***have*** *a ~* 'n potjie speel; *it's all* ***in*** (or *[all]* ***part*** *of) the ~, (infml.)* dit hoort daarby; *still be* ***in*** *the ~* nog 'n kans hê (om te wen), nog kan wen; *so that's his/her* ***little*** *~!* dan is dit sy/haar plannetjie!; ***lose/win*** *the ~* die wed=stryd verloor/wen; *play a* ***losing*** *~* aan die verloor=kant wees, geen kans hê (om te wen) nie; ***make*** *a ~ of it* die spel speel; ***make*** *~ of s.o.* met iem. gekskeer (*of* die gek skeer), iem. vir die gek hou; *... is the* ***name*** *of the ~* →NAME *n.*; ***none*** *of your ~s!* moenie streke (probeer) aanvang/uithaal nie!; *that's* ***not*** *the ~* dit is nie billik/eerlik nie; *be* ***off*** *one's ~* van stryk (af) wees; *the* ***Olympic*** *G~s* →OLYMPIC *adj.*; *be* ***on*** *one's ~* op stryk wees; *go (or be [out])* ***on*** *the ~, (hoofs. Br., sl.)* jou lyf (gaan) verkoop, 'n prostituut wees, as prosti=tuut werk; *the ~ is* ***on*** die spel het begin; die wed=stryd sal plaasvind; *it's (all)* ***part*** *of the ~* →***in; play*** *~s with s.o., (gew. neerh.)* iem. vir die gek hou, met iem. (speletjies) speel; ***play*** *the ~* eerlik speel; eerlik/reg handel/optree; ***play*** *the ~!* moenie kierang nie!; *not* ***play*** *the ~* nie mooi/reg maak nie, nie reg handel/optree nie; *two can* ***play*** *at that ~* daardie speletjie kan ek ook speel, dit kan ek ook doen; ***play*** *s.o.'s ~* in iem. se kaarte speel; ***raise*** *~* wild opja(ag); *the* ***rules*** *of a ~* die spelreëls; *a ~ of* ***skill*** 'n vernuf=/behendig=heidspel; *a ~ of* ***swans*** 'n trop swane; ***throw*** *a ~, (infml.)* 'n wedstryd (opsetlik) weggooi; *the ~ is* ***up*** die saak is verlore, dis 'n verlore saak; iem. se doppie het geklap; *a* ***vital*** *~* 'n beslissende/deurslaggewende wedstryd; *play a* ***waiting*** *~* →WAITING *adj.*; ***what*** *is his/her (little) ~?* wat het/voer hy/sy in die mou?, wat voer hy/sy in die skild?, watse plannetjies is dit met hom/haar?; ***what*** *is the ~?* hoe staan die spel?; ***know what*** *the ~ is, (infml.: besef wat gaande is)* weet hoe laat dit is; ***win*** *the ~* →***lose/win; it's your*** *~* jy't gewen.

game *adj.* moedig; veglustig, strydvaardig; sportief; →GAMELY, GAMENESS; *be ~ for s.t.* vir iets bereid/klaar (*of* te vinde) wees, vir iets kans sien, iets aandurf; *die ~* dapper/moedig sterf/sterwe. **game** *ww.* speel, dobbel; →GAMING; *~ s.t. away* iets verspeel. ~ **animal** wilddier. ~ **auction** wildveiling. ~ **bag** jagterstas, bladsak. ~ **biltong** wildsbiltong. ~ **bird** wildvoël. ~ **birds** *(mv.)* voëlwild. ~**cock** veghaan. ~ **farm,** ~ **ranch** wildplaas. ~ **fish** sportvis, blinklyf; *big ~ ~* grootvis. ~ **fisherman** sportvisser; *big ~ ~* grootvishengelaar. ~ **fishing** sportvissery; *big ~ ~* grootvisjag, =hengelary. ~**fowl** veghoender. ~**keeper** jagopsigter, =opsiener, wildopsigter, =opsiener. ~ **law** *(dikw. i.d. mv.)* skiet=, jagwet. ~ **licence** jaglisensie. ~ **park** wildpark. ~ **paste** wild(s)vleissmeer. ~ **pie** wild(s)=pastei. ~ **pit** val=, vangkuil. ~ **plan** *(sport)* wedstrydplan; *(fig.)* strategie. ~ **point** *(tennis)* spelpunt. ~**proof fence** wildheining. ~ **ranch** →GAME FARM. ~ **ranger** wildwagter. ~ **reserve** wildpark, =reservaat, wildtuin. ~**s console** *(rek.)* speletjieskonsole. ~ **show** (TV-)=speletjie(s)program. ~**s master** sportonderwyser; spelleier. ~**s mistress** sportonderwyseres; spelleidster. ~**s port** *(rek.)* spelpoort. ~**s software** *(rek.)* programmatuur/sagteware vir rekenaarspeletjies. ~ **stalking** sluipjag. ~**(s) theory, theory of ~s** spelteorie. ~ **track** wildpad. ~ **warden** wildbewaarder.

game² *adj.* lam, mank, kreupel, kruppel.

game·ly moedig; sportief; *fight ~, (ook)* kwaai spook.

game·ness gewilligheid, gereedheid, bereidheid; durf; sportiwiteit.

games·man·ship *(infml.)* onsportiwiteit, kullery, slimmigheid, slimstreke, skelmgeid.

game·some dartel(end), speelsiek, spelerig.

game·ster dobbelaar, speler.

gam·e·tan·gi·um =*gia, (biol.)* gametesakkie.

gam·ete, gam·ete *(biol.)* gameet, geslagsel. ~ **intrafallopian transfer** *(med.: kunsmatige bevrugting, afk.:* GIFT*)* intrafallopiese gameetoordrag.

ga·me·to·phore *(biol.)* gameetdraer.

ga·me·to·phyte *(biol.)* gametofiet, geslagtelike plant.

gam·ey, gam·y *(wild[s]vleis)* geurig, pikant, met 'n krakie; wildryk; *(infml.)* lewenslustig; kordaat, dapper, moedig; vol gees; *(hoofs. Am., infml.)* kru, onfatsoenlik.

gam·ing dobbel(a)ry, gedobbel; weddery. ~ **house** dobbelhuis, =plek. ~ **machine** dobbelmasjien. ~ **money** speelgeld. ~ **table** speel=, dobbeltafel.

gam·ma *(3de letter v.d. Gr. alfabet)* gamma. ~ **globulin** *(patol.)* gammaglobulien. ~ **radiation** gammabestraling. ~ **ray** gammastraal.

gam·ma·di·on gammadion; hakekruis, swastika.

gam·mer *(hoofs. Br., arg.)* ou tannie, moedertjie.

gam·mon¹ *n.* agterkwart *(v. 'n vark)*; (gerookte) ham; onderspek. **gam·mon** *ww.* rook *(ham)*.

gam·mon² *n.* (dubbele) oorwinning in backgammon. **gam·mon** *ww.* 'n (dubbele) oorwinning in backgammon behaal.

gam·mon³ *n., (Br., infml., vero.)* foppery, bedrog; onsin. **gam·mon** *ww.* fop, kul. **gam·mon** *tw.* onsin.

gam·mon⁴ *ww., (sk.)* vasknoop, =woel.

gam·my *(Br., sl.)* →GAME² *adj.*.

gam·o·gen·e·sis geslagtelike voortplanting.

gamp *(Br., infml., vero.)* sambreel.

gam·ut serie, reeks, register; *(mus.)* toonleer, gamma; toonskaal, =omvang, scala; *run the (whole) ~ of ...* alle moontlike ... deurloop/deurmaak/ens.; *the whole ~ of crime/etc.* alle denkbare misdade/ens..

gam·y →GAMEY.

gan·der mannetjie(s)gans, gansmannetjie; *(infml.)* stommerik; *(infml.)* kyk(ie); *have/take a ~, (infml.)* ('n) bietjie kyk/loer.

gang¹ *n.* trop, bende; (werk)span; stel *(werktuie)*; *~ of* ***criminals*** misdadigersbende; *~ of* ***robbers*** rowerbende; *~ of* ***thieves*** diewebende; ***work*** *~* (werk)span. **gang** *ww.* 'n bende vorm; *~ up* gemene saak maak; saamspan; *~ up against/on s.o.* teen iem. saamspan. ~**bang,** ~**shag** *n., (taboesl.)* groepverkragting; groepseks; bendeverkragting. ~**bang** *ww., (taboesl.)* groepseks hê; *be ~ed* deur 'n bende (*of* 'n groep mans) verkrag word; *~ s.o.* iem. om die beurt (*of* [die] een na die ander) verkrag. ~**board** loopplank, loopbrug, valreep; gangboord. ~ **boss** voorman. ~**buster** lid van die/'n bendetaakspan; *go ~s, (Am., sl.)* klopdisselboom (*of* voor die wind) gaan; *like ~s, (Am., sl.)* vir die/'n vale, dat dit (so) klap, soos nog iets. ~**land** bendegebied; rampokkerbuurt; bendewese, boewewêreld. ~ **master** spanbaas. ~**plank** loopplank, =brug; valreep. ~**plough** dubbelvoor=, tweevoor=, tweeskaarploeg. ~ **rape** bende=, groepverkragting. ~**-rape** *ww.: be ~d* deur 'n bende (*of* 'n groep mans) verkrag word; *~ s.o.* iem. om die beurt (*of* [die] een na die ander) verkrag. ~ **saw** (meervoudige) raamsaag. ~**shag** →GANGBANG *n.*. ~ **war** bendeoorlog. ~**way** paadjie, deurloop; (loop)gang, deurgang; loopplank, =brug; gangboord, landingsbrug; valreep; *~, please!* gee pad (voor), asseblief!. ~**way seat** gangbank.

gang² *ww., (Sk.)* gaan, loop; *~ agley* misloop, skeefloop; *~ one's gait* jou gang gaan.

gange *(hengel)* toedraai, omwikkel, vaswoel.

gang·er *(Br.)* spanbaas, voorman; opsigter; *(sk.)* ganger. ~**'s cottage** spanbaas/voorman se huisie; opsigtershuisie.

Gan·ges *(geog.)* Ganges. **Gan·get·ic:** *~ Plain* Gangesvlakte.

gan·gling lomp, slungelagtig; *~ fellow* langderm, slungel.

gan·gli·on =*glia,* =*glions, (anat.)* ganglion, senu(wee)=knoop, peesknoop; limfknoop; *(fig.)* middelpunt, uitstraalpunt.

gan·grene *n., (med.)* gangreen, brand, *(infml.)* kouevuur; *(fig.)* kanker; *gas ~* gasgangreen, gasbrand. **gan·grene** *ww.* kouevuur (laat) kry. **gan·gre·nous** gangreneus, deur kouevuur aangetas; *(fig.)* kanker=.

gang·ster rampokker, bendelid, rower. **gang·ster·dom** (die) rampokkers. **gang·ster·ish** rampokkeragtig. **gang·ster·ism** rampokkery, bendewese.

gangue, gang *(mynb.)* gangsteen, =erts, =massa, rifsteen, aarsteen. ~ **ore** gangerts.

gang·way →GANG¹ *n.*.

gan·is·ter, gan·nis·ter *(mynb.)* korrelkwarts, ganister.

gan·ja *(dwelmsl.: dagga)* ganja, boom.

gan·net *(orn.)* malgas; *(Sula bassana)* jan-van-gent; *(Br., sl.: gulsige pers.)* aasvoël, vraat, vreetsak; *Cape ~* witmalgas.

gan·try (kraan)stellasie; steierwerk, (brug)steier/stellasie; kraanbaan; kruierbrug, rybrug; seinbrug; onderstel. ~ **crane** bokkraan.

Gan·y·mede *(Gr. mit.)* Ganumedes; skinker, bekerkneg.

gaol *n. & ww.* →JAIL *n. & ww.*. **gaol·er** →JAILER.

gap opening, gat; (lug)spleet; bres; kloof, pas; leemte, gaping; hiaat *(in kennis)*; brug *(v. 'n vonk ens.)*; verskil; →GAPPY; ***bridge/close*** *a ~* 'n gaping oorbrug; *a ~ in* ***s.o.'s education*** 'n leemte in iem. se opvoeding; ***fill*** *a ~* 'n leemte (aan)vul, in 'n leemte voorsien; ***stop*** *a ~* 'n gat stop/vul; ***take*** *the ~, (sport, infml.)* deur die gaping glip/skiet/sny; *(SA, infml.)* die land verlaat, (uit Suid-Afrika) padgee. ~**-toothed** haasbek; ooptand.

gape *n.* gaap; skeur, gat; *the ~s* gaapbui; *(veearts.)* gaap(wurm)siekte. **gape** *ww.* gaap; ooprek, oopspalk; *~* ***at*** *s.o./s.t.* iem./iets aangaap; *~* ***at*** *..., (ook)* jou aan ... vergaap; *~* ***open*** gaap, oopstaan; ***I simply*** *~d* my mond het oopgehang (van verbasing). **gap·er** aangaper; gaper. **gap·ing wound** gapende wond.

gap·py gaterig; gebrekkig.

gar, gar·fish geep(vis).

ga·rage, gar·age *n., (privaat)* garage, motorhuis; *(kommersieel)* garage, motorhawe. **ga·rage, gar·age** *ww.* in die/'n garage/motorhuis sit/(in)trek; in die/'n garage/motorhuis los/bêre; garage toe neem/vat, na 'n motorhawe neem. ~ **band** *(mus.)* garageorkes, garagegroep. ~ **sale** motorhuis=, garageverkoping, rommelverkoping in jou/'n motorhuis/garage.

gar·ag·ing bergplek *(vir motors)*.

ga·ram ma·sa·la *n., (Ind. kookk.)* garam masala.

garb *n.* kleding, (klere)drag, gewaad; inkleding. **garb** *ww.* klee, aantrek, uitdos; inklee.

gar·bage vuil(goed), vullis; (kombuis)afval; *(infml., fig.: onsin)* kaf, twak, snert, bog, strooi, nonsens, nonsies; *(rek., fig.: korrupte/nuttelose/ongeldige data)* rommel, gemors; *~ in, ~ out, (rek., infml.)* gemors in, gemors uit; *talk a load of ~* 'n spul kaf/twak/snert praat/verkoop. ~ **bag** →REFUSE BAG. ~ **bin,** ~ **can** *(Am.)* →DUSTBIN. ~ **collection,** ~ **removal** vullisverwydering; *(rek.)* opruiming, rommelverwydering. ~ **collector,** ~ **man** vullis=, vuilgoedman, vullis=, vuilgoedverwyderaar. ~ **compactor** vullis=, vuilgoedpers. ~ **disposal** afval=, vullisverwerking. ~ **disposal unit,** ~ **disposer** afvalmeul(e), =verwerker. ~ **dump** vullishoop, vuilgoedhoop. ~ **man** →GARBAGE COLLECTOR. ~ **removal** →GARBAGE COLLECTION. ~ **truck,** ~ **wagon** vulliswa, vuilgoedwa.

gar·ble vermink, verdraai; verbrou, verhaspel; *(w.g.)* sif, uitsoek. **gar·bled** *adj.* deurmekaar, onsamehangend; vermink, verdraai(d); *~ information, (rek.)* deurmekaar/verdraaide inligting.

gar·board *(sk.)* gaarboord, kielgang. ~ **(strake),** ~ **plank** gaarboordgang.

gar·çon *(Fr.)* kelner; portier.

gar·da =*dai, (Iers)* polisieman; *G~ Síochána* Ierse polisiemag.

gar·dant →GUARDANT.

gar·den *n.* tuin; hof *(v. Eden)*; *a* ***beer/tea*** *~* →BEER, TEA; ***common*** *or ~ (variety)* →COMMON *adj.*; ***everything*** *in the ~ is lovely* alles is rooskleurig; ***everything*** *in the ~ is lovely again, (ook)* die Kaap is weer Hollands; ***National Botanic*** *G~s* Nasionale Botaniese Tuine; *~ of* ***remembrance*** gedenktuin. **gar·den** *ww.* tuinmaak, tuinier; kweek. ~ **bean** boerboon(tjie); tuin=, stam=, groenboon(tjie). ~ **bed** (tuin)=bedding, beddinkie, akker(tjie). ~ **bug** stinkbesie. ~ **centre** tuin(bou)sentrum. ~ **city** tuinstad. **G~ Colony:** *the ~ ~, (SA, hist.: Natal)* die Tuinkolonie. ~ **cress** peperkers, =kruid, bitterkruid, tuinkers. ~ **fête** tuinfees. ~ **flat** tuinwoonstel. ~ **fork** tuin=, spitvurk. ~ **frame** broeibak. ~ **gnome** tuinkabouter. ~ **hose** tuinslang, =spuit. ~ **house** tuinhuisie. ~ **mould** teel=, tuinaarde, humus. ~ **party** tuinparty(tjie). ~ **path** tuinpaadjie; *lead s.o. up the ~ ~, (infml.)* iem. om die bos (*of* aan die neus) lei, iem. kul. ~ **pea** tuin-, groen-, dop-ert(jie). ~ **pink** gras=, pluisangelier. ~ **planning** tuinontwerp, =aanleg. ~ **plant** tuinplant. ~ **plot** tuinakker, stuk tuingrond. **G~ Route:** *the ~ ~, (SA)* die Tuinroete. ~ **seat** tuinbank. ~ **shears** heining=, tuinskêr. ~ **shed** tuinhuisie, =skuur(tjie). ~ **snail** tuinslak. ~ **soil** tuingrond, =aarde. ~ **spider** tuinspinnekop. **G~ State:** *the ~ ~, (Am.: New Jersey)* die Tuinstaat. ~ **stuff** tuingewasse, =plante. ~ **warbler** *(orn.)* tuinfluiter.

gar·den·er tuinier; tuinman; tuinwerker.

gar·de·ni·a *(bot.)* katjiepiering.

gar·den·ing tuinmaak, tuinmakery; *go in for ~* jou op tuinmaak toelê.

gare·fowl *(orn.)* groot alk.

gar·fish =*fish(es),* **gar** *gar(s)* geep(vis).

gar·gan·tu·an *(soms G~)* kolossaal, enorm.

gar·get *(veearts.)* uierontsteking, mastitis.

gar·gle *n.* gorrelmiddel. **gar·gle** *ww.* gorrel.

gar·goyle (dak)spuier, drakekop(spuier).

ga·ri·al →GAVIAL.

gar·i·bal·di bis·cuit *(Br. kookk.)* garibaldikoekie.

Ga·riep *(Khoi)* Gariep. ~ **Dam** *(voorheen* Hendrik Verwoerddam*)* Gariepdam. ~ **(River)** Gariep(rivier); →ORANGE (RIVER).

gar·ish kakelbont, skree(u)bont *(kledingstuk)*; skel, skril, skreeuend *(kleure)*; verblindend *(lig)*. **gar·ish·ness** skelheid, felheid *(v. kleur/lig)*; opsigtelikheid *(v. 'n kakelbont kledingstuk)*.

gar·land *n.* krans; sierkrans; slinger, gierlande, *(Fr.)*

guirlande; segekrans; *(argit.)* loofwerk; *(arg.)* bloemlesing. **gar·land** *ww.* omkrans, bekrans.

gar·lic knoffel; *wild ~, (Tulbaghia* spp.*)* wildeknoffel. ~ **bread** knoffelbrood. ~ **butter** knoffelbotter. ~ **polony** knoffelpolonie. ~ **press** knoffelpers, -drukker, -kneuser. ~ **salt** knoffelsout. ~ **sauce** knoffelsous.

gar·lick·y *adj.* knoffelagtig *(geur, reuk, smaak); ~ breath* knoffelasem; *s.o.'s got ~ breath* iem. se asem ruik na knoffel; *~ food* knoffelagtige kos, kos met 'n skerp knoffelgeur/-smaak.

gar·ment kledingstuk, stuk klere; kleding, gewaad. ~ **hanger** klerehanger. ~ **worker** klerewerker.

gar·ment·ed geklee(d).

garn *tw., (sl.)* loop jy, bog man, watse nonsens.

gar·ner *n., (arg.)* (graan)skuur; →GRANARY. **gar·ner** *ww.* inwin, verkry *(inligting ens.); (arg.)* versamel, bêre, bewaar.

gar·net *(min.)* granaat(steen), karbonkel. ~ **paper** skuurpapier.

gar·net·if·er·ous granaathoudend.

gar·nish *n.* garnering, versiering, garneersel. **gar·nish** *ww.* garneer, versier; uitrus; stoffeer; *~ s.t. with ...* iets met ... versier. **gar·nish·er** versierder; stoffeerder; loonbeslaglegger. **gar·nish·ing** garnering; *(fig.)* opsmukking *(v. styl/verhaal)*. **gar·nish·ment, gar·ni·ture** garnituur; versiering; bybehore; beslag; stoffering.

gar·nish·ee *n., (jur.)* beslagskuldenaar. **gar·nish·ee** *ww.* loonbeslag neem teen. ~ **order** skuldbeslagorder.

gar·ret solder-, dakkamer. ~ **stairs** soldertrap. ~ **window** solder-, dakvenster.

gar·re·teer *(arg.)* solderbewoner; pennelekker.

gar·rick *(igt.: Lichia amia)* leervis.

gar·ri·son *n., (mil.)* garnisoen, besetting, bemanning; *without a ~* onbeset. **gar·ri·son** *ww.* garnisoen lê in, beset; in garnisoen lê; in garnisoen stuur. ~ **artillery** vestingartillerie. ~ **battery** battery artillerie. ~ **city,** ~ **town** garnisoenstad. ~ **ordnance** vestinggeskut.

gar·(r)otte, *(Am.)* **gar·rote** *n.* verwurging; wurgstok; *(hist.)* wurgberowing. **gar·(r)otte,** *(Am.)* **gar·rote** *ww.* (ver)wurg; *(hist.)* wurgberoof. **gar·rot·ter** wurger; *(hist.)* wurgrower.

gar·ru·lous spraaksaam, praterig, praatsiek. **gar·ru·lous·ly:** *talk/chat ~* babbel, kekkel, klets. **gar·ru·lous·ness, gar·ru·li·ty** spraaksaamheid, babbelsug, praatsiekheid.

gar·ry·ow·en *(rugby)* hoë skop.

gar·ter *n.* kousband; (kous)rek; *the Order of the G~* →ORDER *n.*. **gar·ter** *ww.* 'n kousband omsit; tot ridder van die Kousband slaan. ~ **snake** kousbandslang, kousbandjie. ~ **stitch** reksteek.

garth *(arg.)* agterplaas, werf; kamp; hok.

gas *gases, n.* gas; *(Am.)* brandstof, petrol; wind, bluf(fery); *be a ~, (infml.)* fantasties/wonderlik/ongelooflik wees; skree(u)snaaks wees; *step on the ~, (infml.)* vet gee, die lepel intrap, voet in die hoek sit. **gas** *-ss-, ww.* gas, met gas behandel; vergas, deur/met gas verstik/vergiftig; 'n gasaanval doen op; *(battery)* kook; windmaak, bluf, grootpraat; klets; →GASSED, GASSING; *~ o.s./s.o.* jouself/iem. vergas; *~ up, (Am., infml.)* volmaak *(brandstoftenk)*. ~**bag** gassak; *(infml.)* windsak, windlawaai, wintie, grootbek, grootprater. ~ **braai,** ~ **barbecue** gasbraaier. ~ **bracket** gasarm(pie). ~ **burner** gaspit, -brander. ~ **canister** gasfles. ~ **chamber** gaskamer. ~ **chromatography** *(chem.)* gaschromatografie. ~ **coal** gaskole, -steenkool. ~ **coke** gaskooks. ~ **constant** *(chem.)* gaskonstante. ~ **cooker** gasstoof. ~**-cooled reactor** gasverkoelde reaktor. ~ **cylinder** gassilinder. ~ **decontamination** gasontsmetting. ~ **detector** *(mynb.)* gasverklikker, metanometer. ~ **engine** gasenjin. ~**field** gasveld. ~ **fire** gasverwarmer. ~**-fired** *adj.* gas-; *~ heating* gasverwarming. ~ **fitter** gasaanlêer, gasmonteur. ~ **fitting** gasaanleg; *(i.d. mv.)* gastoebehore. ~ **fixtures** *(mv.)* vaste gastoebehore. ~ **fumes** *(mv.)* gasdamp(e). ~ **gangrene** *(med.)* gasbrand, gasgangreen, kwaadaardige edeem. ~ **guzzler** *(Am., sl.: onekonomiese voertuig)* petrolvreter, -vraat. ~ **heater** gasverwarmer. ~ **helmet** gasmasker. ~**holder** gashouer. ~ **house** gasfabriek. ~ **jet** gasvlam, -pit. ~ **lamp** gaslamp. ~**light** gaslig; gasvlam, -pit. ~ **lighter** gasaansteker. ~ **line** gasleiding. ~**-liquid chromatography** *(chem.)* gasvloeistof-chromatografie. ~**-lit** met gaslampe. ~ **main** hoofgasleiding. ~**man** *-men* gasman. ~ **mantle** gloei-, gaskousie. ~ **mask** gasmasker. ~ **meter** gasmeter. ~ **oven** gasoond; gaskamer. ~ **pedal** *(Am.)* petrol-, brandstofpedaal. ~**-permeable lens** *(soort kontaklens)* gasdeurdringbare lens. ~ **pipe** gaspyp, -buis. ~ **pistol** gaspistool. ~**proof** gasdig. ~ **range,** ~ **stove** gasstoof, -stel. ~ **ring** gasring. ~ **station** *(Am.)* vulstasie. ~ **supply** gastoevoer, gasvoorsiening. ~ **tank** *(Am.)* petrol-, brandstoftenk *(v. 'n motor ens.)*. ~ **tap** gaskraan. ~ **tar** koolteer. ~ **thermometer** gastermometer. ~**tight** gasdig. ~ **turbine** gasturbine. ~ **warfare** gasoorlog. ~**works** gasfabriek.

Gas·con *n.* Gaskonjer, Gascogner. **Gas·con** *adj.* Gaskons, Gascognies. **gas·con·ade** *n., (w.g.)* windmakery, bluffery. **gas·con·ade** *ww.* grootpraat. **Gas·co·ny,** *(Fr.)* **Gas·cogne** *(geog, hist.)* Gaskonje, Gascogne.

gas·e·i·ty *(w.g.)* gasagtigheid.

gas·e·lier →GASOLIER.

gas·e·ous gasagtig, gas-; *~ envelope* gasomhulsel, gasvormige omhulsel; *~ mass* gasmassa; *~ tension* gasdruk. **gas·e·ous·ness** gasagtigheid.

gash *n.* sny, hou, keep; *(geol.)* skeurgaping. **gash** *ww.* sny, 'n hou gee, 'n keep gee.

gas·i·form gasvormig.

gas·i·fy in gas verander, vergas. **gas·i·fi·ca·tion** gasvorming, vergassing.

gas·ket pakstuk, pakking(stuk), pakplaat, voering, vulsel; *(sk.)* (ra)bindsel, seising; *s.o. blew a ~, (lett.)* iem. se motor se pakstuk het deurgeblaas; *(fig., infml.)* iem. het (van woede) ontplof. ~ **ring** pak(king)ring.

gas·kin skenkel, broek *(v. 'n perd)*.

gas·o·hol alkoholpetrol, petrol-, brandstofalkohol.

gas·o·lier, gas·e·lier gaskroon, -lugter.

gas·o·line, gas·o·lene *(Am.)* petrol.

gas·om·e·ter gashouer; gasburet.

gasp *n.* snak, hyging, asemtog; snik; ***give a ~*** snak, hyg; *the **last** ~, (ook fig.)* die doodsnik *(of* laaste snik/ asemtog); *be at one's **last** ~* uitgeput wees; aan die sterf/sterwe wees. **gasp** *ww.* hyg, snak *(na asem)*; oopmond *(of* met 'n oop mond) staan; *~ **at** s.t.* oor iets verstom staan; *~ **away/out** life* die doodsnik gee, die laaste asem uitblaas; *~ **for** breath* na asem hyg/snak; ***make** s.o. ~* iem. se asem laat wegslaan; *~ s.t. **out*** iets met moeite uitbring. **gasp·er** *(Br., vero., sl.)* (goedkoop) sigaret. **gasp·ing** hygend, snakkend; verbluf, verstom, stomverbaas.

gassed gassiek, deur gas vergiftig/aangetas; deur gas verstik, vergas; begas.

gas·sing gasbehandeling; begassing; gasvergiftiging, -bedwelming; vergassing; skroeiing; *(infml.)* klets(ery), geklets; bluf, windmakery, grootpratery.

gas·sy gasagtig, gas-; *(infml.)* blufferig, windmaker(ig).

gas·ter·o·pod →GASTROPOD.

gas·tric maag-, buik-, gastries; *~ **analysis*** maagsapontleding; *~ **complaint*** maagkwaal, -aandoening; *~ **disease*** maagkwaal, -siekte; *~ **fever*** maagkoors; *~ **flu/influenza*** maaggriep; *~ **gland*** maagklier; *~ **juice*** maagsap; *~ **nerve*** maagsenuwee; *~ **patient*** maaglyer; *~ **region*** maagstreek; *~ **trouble*** maagaandoening; *~ **ulcer*** maagseer.

gas·tri·tis maag(slymvlies)ontsteking, gastritis.

gas·tro- *komb.vorm* gastro-, maag(derm)-.

gas·tro·cele maagbreuk, gastroseel.

gas·tro·en·ter·ic maagderm-.

gas·tro·en·ter·i·tis maagdermontsteking, gastroënteritis, gastro-enteritis.

gas·tro·en·ter·ol·o·gy gastroënterologie, gastro-enterologie, maagdermsiektekunde. **gas·tro·en·ter·ol·o·gist** gastroënteroloog, gastro-enteroloog, maagdermspesialis.

gas·tro·in·tes·ti·nal maagderm-; *~ tract* spysverteringskanaal, maagdermkanaal.

gas·tro·je·ju·nal gastrojejunaal.

gas·tro·lav·age maagspoeling.

gas·tro·lith *(soöl., med.)* maagsteen, gastroliet.

gas·trol·o·gy maagsiektekunde, gastrologie; gastronomie, hoëre kookkuns. **gas·trol·o·gist** maagdokter.

gas·tron·o·my gastronomie, hoëre kookkuns; eetkuns, lekkerbekkery. **gas·tro·nome, gas·tron·o·mer, gas·tron·o·mist** gastronoom; lekkerbek, smulpaap. **gas·tro·nom·ic, gas·tro·nom·i·cal** gastronomies.

gas·trop·a·thy *(med.)* gastropatie, maagsiekte, -aandoening.

gas·tro·pod *n., (soöl.)* buikpotige; *Gastropoda* Buikpotiges. **gas·tro·pod, gas·trop·o·dous** *adj.* buikpotig.

gas·tro·scope maagkyker, -spieël. **gas·tros·co·py** gastroskopie.

gas·trot·o·my *(med.)* maagoperasie, gastrotomie.

gat[1] *(Am., sl.)* rewolwer.

gat[2] *(verl.t.), (arg.)* →GET *ww.*.

gate *n.* hek; poort; ingang; sluiting; sluis; toegangsgeld(e), hekgeld; opkoms, bywoning; publiek, toeskouers; *at the ~s of the city* by die poorte van die stad; *~ of hell* hel(le)poort. **gate** *ww., (Br., opv.)* hok, hokstraf gee; →GATING. ~**-crash:** *~ a party* by 'n party(tjie) indring. ~**-crasher** ongenooide gas; (sosiale) indringer. ~**-crashing** indringery. ~ **end** *(mynb.)* werkfrontkant. ~**fold** uitvoublad *(in 'n boek/ tydskrif)*. ~**house** hekhuisie; poortkamer. ~**keeper** hekwagter, portier, poortwagter; oorwegwagter. ~**leg(ged) table** klap-, voupoot-, afslaan-, opslaan-, hangoortafel. ~ **money** toegangsgeld(e), hekgeld. ~**post** hekpaal; *between you and me and the ~, (infml.)* (net) onder ons (gesê), onder ons meisies. ~ **valve** sluisklep. ~**way** poort; hek(opening); ingang; *~ to ..., (fig.)* poort/ingang tot ...

gâ·teau *-teaux,* **ga·teau** *-teaus, (Fr. kookk.)* gâteau; *chocolate ~* sjokoladegâteau, sjokoladeroomkoek.

Gath *(OT)* Gat; *tell it not in ~, (idm.: moenie jou vyande dit laat hoor nie)* verkondig/vertel dit nie in Gat nie.

gath·er *n.* rygplooitjie, intrekplooitjie. **gath·er** *ww.* byeenkom, saamkom; versamel, vergader, byeenbring; opraap, optel; pluk; oes; verneem, verstaan, aflei; inryg, intrek, (in)plooi; bymekaarvat *(rok)*; terugkrimp; optrek *(bene)*; *~ **breath*** asemskep; *the **clouds** ~* die wolke pak saam, die lug trek toe; *as **far** as I can ~* sover/sovêr *(of* so ver/vêr) ek kan nagaan; *be ~ed to one's **fathers**, (vero.: sterf)* tot jou vadere versamel word; *~ **flowers*** blomme pluk; *~ o.s. **for** s.t.* (jou) klaarmaak *(of* gereed maak) vir iets *('n reis ens.)*; *~ **from** ... that ...* uit ... aflei/opmaak dat ...; *~ the **harvest*** oes, die oes insamel; *~ **head*** →HEAD *n.*; *~ s.t. **in*** iets inoes; *~ **momentum*** vaart kry; *~ **o.s.** (together)* jou selfbeheersing herwin, jou regruk; *~ **round** ...* om ... saamkom; *the **sore** ~s* die seer sweer; *~ **speed*** →SPEED *n.*; *~ing **storm*** komende/oplaaiende storm; *~ **strength*** →STRENGTH; ***tears** ~ in s.o.'s eyes* trane wel in iem. se oë op; *~ o.s. **to** ...* (jou) klaarmaak *(of* gereed maak) om te ... *(spring ens.)*; *~ **together,** (onoorg.)* saamkom, byeenkom, bymekaarkom, versamel, vergader; *~ ... **together*** ... bymekaarmaak *(boeke, papiere, besittings)*; *... bymekaarkry (kinders ens.)*; *~ s.t. **up*** iets optel; iets optrek; iets bymekaarmaak; *~ **way**, (sk.)* vaart kry. **gath·ered:** *~ skirt* ingerygde romp; *~ wool* optelwol. **gath·er·er** vergaarder; insamelaar; versamelaar; →HUNTER-GATHERER.

gath·er·ing *n.* byeenkoms, vergadering, samekoms; samesyn; insameling; inwinning; sweer; intrek-, rygplooitjies; plooiing; terugkrimping. ~ **stitch** inrygsteek.

gat·ing hokstraf.

Gat·so *-sos, n.:* ~ **(camera)** gatsokamera. ~ **meter** gatsometer.

gauche onhandig, lomp, links, taktloos. **gauche·ness, gau·che·rie** onhandigheid, lompheid, linksheid, taktloosheid.

gau·cho *-chos, (S.Am. cowboy)* gaucho.

gaud *(arg.)* sieraad, (ver)siersel, snuistery; prul; *(i.d. mv. ook)* prag, praal, (ydele) vertoon.

gaud·y (baie) bont, kakelbont, veelkleurig; spoggerig, opsigtelik, opgesmuk. **gaud·i·ness** bontheid; spoggerigheid, opsigtelikheid.

gauf·fer, gauf·fer·er, gauf·fer·ing →GOFFER, GOFFERER, GOFFERING.

gauge *n.* maat, standaard; maat-, meetstok; pasmaat; meter; meet-, maatglas; aantoner; peilstok; kruishout; sjabloon; ykmaat; *(spw.)* spoorwydte, -breedte; kaliber; hoogtemeter; breedtemeter; diktemeter; manometer; stroommeter; reënmeter; nommer; dikte *(v. draad, papier, ens.)*; digtheid; fynheidsgraad; diepgang *(v. 'n skip)*; *(tekst.)* steek; ***broad*** *~, (spw.)* breë spoor; ***(master)*** ~ ykmaat; ***narrow*** *~, (spw.)* smal spoor; ***take the*** *~ of ...* die maat van ... neem, ... meet/opneem. **gauge** *ww.* meet, afmeet, opmeet; peil; toets; yk; bepaal; skat; opneem; takseer. ~ **cock** peilkraan. ~ **glass** peilglas. ~ **length** maatlengte. ~ **pin** leipen. ~ **plate** maatplaat. ~ **pointer** meterwyser. ~ **rod** meet-, maatstok. ~ **saw** stelsaag. ~ **tap** peilkraan. ~ **washer** wydtewasser, -waster. ~ **wheel** stelwiel.

gauge·a·ble peilbaar, meetbaar.

gauged gemeet; gepeil; geskat; ~ ***arch*** pasboog; ~ ***brick*** pasboogsteen; ~ ***length*** maatlengte; ~ ***plaster*** gipspleister.

gaug·er peiler; meter; yker; *~'s fee* ykloon.

gaug·ing skatting; meting; peiling; afmeet; aanmaak; maatmenging; *(pleister)* gipsmenging; *(stene)* pasmaak. ~ **board** aanmaakblad. ~ **box** maatkas. ~ **flag** peilvlag. ~ **office** ykkantoor. ~ **plaster** gipspleister. ~ **rod** peilstok. ~ **station** meetstasie. ~ **weir** meetsluis.

Gaul *(geog, hist.)* Gallië; *(inwoner)* Galliër; *(skerts.)* Fransman. **Gaul·ic, Gaul·ish** Gallies. **Gaull·ist** *n.* Gaullis. **Gaull·ist** *adj.* Gaullisties.

gault *(geol.)* kleibedding.

gaunt maer, skraal, uitgeteer, vervalle, hol; naar, aaklig, grimmig. **gaunt·ness** maerte, skraalte; grimmigheid.

gaunt·let[1] kaphandskoen, handkap; *pick/take up the ~, (fig.)* die handskoen opneem, die uitdaging aanneem/aanvaar; *throw down the ~ to s.o., (fig.)* iem. uitdaag. ~ **cuff** kapmansjet.

gaunt·let[2]**:** *run the ~* in die spervuur wees, deurloop, gehekel word; *(hist.)* deur die spitsroede gaan/loop, onder die gesel kom.

gaup →GAWP.

gauss *gauss(es), (fis., magnetisme)* gauss.

Gauss·i·an dis·tri·bu·tion →NORMAL DISTRIBUTION.

Gau·teng *(So. & Tsw., geog.), (voorheen PWV-gebied)* Gauteng; *(stad: Johannesburg)* Gauteng, Goudstad.

gauze gaas; wasigheid, dyns(er)igheid. ~ **wire** gaasdraad. **gauz·y** gaasagtig, gasig; dyns(er)ig.

gave *(verl.t.)* het gegee; *the day Thou ~st, (arg.)* die dag wat U geskenk het.

gav·el *n.* (voorsitters)hamer; (afslaers)hamer; klophamer. **gav·el** *-ll-, ww.* met die/'n (voorsitters)hamer klop.

ga·vi·al, ga·ri·al, gha·ri·al *(soöl.: soort krokodil)* gaviaal, gawiaal.

ga·vot(te) *(Fr. dans)* gavotte.

gawk *n.* lomperd, lummel, slungel. **gawk** *ww.* onnosel kyk; *~ at s.o./s.t.* iem./iets aangaap. **gawk·er** aangaper. **gawk·i·ness, gawk·ish·ness** lompheid, onbeholpenheid, onhandigheid. **gawk·y, gawk·ish** beskimmel(d), verleë, lomp.

gawp, gaup *(Br., sl.)* onnosel kyk; *~ at s.o./s.t.* iem./iets aangaap.

gay *n., (homoseksueel)* gay. **gay** *adj., (homoseksueel)* gay; *(vero.)* vrolik, uitgelate, plesierig, opgewek, jolig; lughartig; lustig; lig, los; *(vero.)* fleurig, kleurig; →GAIETY, GAILY, GAYNESS; *go ~, (vero.)* vrolik word. ~ **basher** gay-treiteraar. ~**-bashing** gay-treitering. ~ **lib(eration)** gayregte(beweging). ~**(-plumaged)** kleurig.

ga·yal *-yal(s), (soöl.: Ind. bees)* gajaal.

gay·ness *(homoseksualiteit)* gayheid; *~ of colours* kleurigheid.

Ga·za *(geog.)* Gaza. ~ **Strip** Gazastrook.

Ga·za·land *(geog.)* Gazaland.

ga·za·nia gousblom.

Gaz·an·ku·lu *(SA, geog., hist.)* Gazankulu.

gaze *n.* (starende) blik. **gaze** *ww.* staar, strak kyk, tuur; *~ about/around* rondkyk, om jou kyk; *~ (fixedly) at ...* star/stip/strak na ... staar/kyk, ... aanstaar; *~ (up)on ...* ... aanskou.

ga·ze·bo *-bo(e)s* somerhuisie, tuinhuisie.

ga·zelle *-zelle(s), (soort wildsbok)* gasel.

ga·zette *n.* koerant; gaset; *government ~* staatskoerant, -blad, offisiële koerant; *provincial ~* provinsiale (staats)koerant. **ga·zette** *ww.* in die staatsblad plaas; bekend maak, aankondig, afkondig, proklameer; aanstel; bevorder. **gaz·et·teer** aardrykskundige woordeboek; *(arg.)* joernalis.

gaz·pa·cho *-chos, (Sp., kookk.)* gazpacho.

ga·zump *(Br., infml.): ~ s.o.* iem. inloop *(deur d. prys v. die/'n huis/ens. ná aanvaarding v.d. verkoopsaanbod te verhoog)*.

Gca·le·ka·land →GALEKALAND.

Gdańsk, *(D.)* **Dan·zig** *(geog.)* Gdansk.

Ge *(Gr. mit.)* →GAEA.

gean *(bot.: Prunus avium)* soetkersie.

gear *n.* tandrat(te); rat; ratwerk; gang, versnelling *(v. 'n motor)*; *(infml.)* goed, uitrusting; *(infml.)* tuig; trekgoed; *(infml.)* klere, klerasie; *(infml.)* gerei, gereedskap; *(infml.)* toestel, inrigting; ***change*** *~(s),* ***shift*** *~s* ratte wissel/verstel, oorskakel, verrat; ***first*** *~, (mot.)* eerste/laagste rat/versnelling; ***in*** *~, (versnellingsratte)* in rat, ingeskakel, ingekam; *put/throw a car* ***into*** *~* 'n motor se rat inskakel; ***out of*** *~, (versnellingsratte)* uit rat, uitgeskakel; *throw s.t.* ***out of*** *~* iets in die war stuur; *throw a car* ***out of*** *~* 'n motor se rat uit-/losskakel; ***in top*** *~* in die hoogste rat/versnelling. **gear** *ww.* inspan; van (tand)ratte voorsien; (tand)ratte insit; ineengryp, inskakel; vertand; ~ ***down*** afrat, (na 'n laer rat/versnelling) terugskakel; *be ~ed* ***for*** *...* op ... gerig wees *('n bepaalde mark ens.)*; vir ... ingerig wees *(uitvoer ens.)*; *be ~ed* ***(in)to/with*** *..., (teg.)* by/met ... ingeskakel wees, by ... aangepas wees, in ... pas; *be ~ed to ..., (fig.)* op ... ingestel wees *('n gewapende stryd, iem. se behoeftes, ens.)*; *be ~ed* ***towards*** *...* op ... toegespits wees *(rehabilitasie ens.)*; daarop bereken wees om ... *('n goue medalje te wen ens.)*; *~* ***up*** oprat, (na 'n hoër rat/versnelling) opskakel; *be ~ed* ***up*** gereed wees; *be ~ing* ***up*** *for ...* jou vir ... gereed maak. ~**box** *(mot.)* ratkas; kettingbeskermer, kettingplaat *(v. 'n fiets)*. ~**box case,** ~ **case,** ~ **casing,** ~ **housing** rat(om)hulsel. ~ **change,** ~ **changing** gang-, ratwisseling. ~ **lever** rathefboom, (rat)wisselaar, ratstang. ~ **ratio** ratverhouding. ~**shift** *(Am.)* →GEAR LEVER. ~ **shifter** ratskuiwer. ~**wheel** (tand)rat, kamrat.

gear·ing oorbringwerk, ratwerk; skakeling, koppeling. ~ **(ratio)** *(fin.)* hefboomverhouding, -koëffisiënt.

geck·o *-o(e)s* gekko, boomgeitjie, nagakkedis.

gee[1]**, gee whiz** *tw., (infml.)* jisla(a)ik, heng, maggies, gits, gonna, goeiste.

gee[2]**, gee up** *tw., (aan perd ens.)* hup, kom; →GEE-GEE. **gee** *ww., (infml.): ~ s.o./s.t. up* iem./iets aanja(ag)/aanpor/aanspoor; *be (all) ~d up* opgewonde/opgehits wees.

gee-gee *(Br., infml.)* perd(jie); *play (or put some money on) the ~s, (sl.)* die perde speel, 'n geldjie op die perde *(of* iets op die perdjies) sit.

geek *(Am., sl.)* bleeksiel; japie; ghwar, misgewas; sleg, vrotterd, sukkelaar, mislukkeling; *(hist.)* gruwelvermaker *(by 'n karnaval ens.)*; *a computer ~* 'n rekenaarbleeksiel/-slimkop.

geel·bek *-bek, (Afr., igt.)* geelbek.

geese *(mv.)* →GOOSE.

gee·zer *(infml.: man): old ~* oubaIlie, outoppie.

ge·filt·e fish, ge·füll·te fish *(Jidd. kookk.)* gevulde vis; gestoofde viskoekies.

Gei·ger(-Mül·ler) count·er *(kernfis.)* geiger(-müller-)teller/telbuis.

gei·sha *-sha(s), (Jap.)* geisja.

gel[1] *n.* jel, selei.

gel[2]**, jell** *-ll-, ww.* stol, styf word, verjel; vaste vorm kry; *(idees ens.)* vorm aanneem/kry, gestalte kry; *(mense)* goed saamspeel/saamwerk, jel.

gel·a·tin(e) gelatien. **ge·lat·i·nise, -nize** gelatineer. **ge·lat·i·nous** gelatienagtig, gelatineus, seleiagtig; ~ *tissue* seleiweefsel.

ge·la·tion bevriesing; *(chem.)* jelvorming.

geld *gelded gelded, gelt gelt* sny, kastreer *(perde ens.)*; kapater *(bokke)*; →GELT. **geld·er** snyer, kastreerder. **geld·ing** (die) sny; reun(perd); gesnyde dier.

Gel·der·land →GUELDERLAND.

gel·id yskoud. **ge·lid·i·ty** ysige koue.

gel·ig·nite *(plofstof)* geligniet.

gelt *adj., (arg. of dial.)* gesny; *~ pig* burg(vark).

gem *n.* edelsteen; juweel, kleinood; →GEM(M)OLOGY, GEMMY; *set a ~* 'n steen monteer/set. **gem** *-mm-, ww.* (met edelstene) versier. ~ **cutter** steensnyer. ~ **diamond** sierdiamant. ~ **squash** lemoenpampoen(tjie). ~**stone** juweel-, (half)edel-, siersteen.

gem·i·nate *adj.* dubbel, tweeling-. **gem·i·nate** *ww.* verdubbel; paar, twee-twee opstel. **gem·i·na·tion** verdubbeling, geminasie.

Gem·i·ni *(astrol.)* Gemini, Tweeling.

gem·ma *-mae, (biol.)* gemma. **gem·mate** *adj., (biol.)* bladknoppig, met knoppe. **gem·mate** *ww., (biol.)* knoppe kry; deur knopvorming voortplant. **gem·ma·tion** *(biol.)* knopvorming, gemmasie. **gem·mif·er·ous** *(biol.)* knopdraend; *(min.)* ryk aan edelstene, edelsteendraend. **gem·mi·par·i·ty** *(biol.)* gemmiparie, knopvorming. **gem·mip·a·rous** *(biol.)* deur knopvorming voortplantend. **gem·mule** *(biol.)* knoppie, kiempie.

gem·(m)ol·o·gy (sier)steenkunde, edelsteenkunde, gemmologie. **gem·(m)ol·o·gist** steenkundige, gemmoloog.

gem·my edelsteenagtig, edelsteen-.

gems·bok *-bok(s),* **gems·buck** *-buck(s), (<Afr.)* gemsbok.

gen *n., (Br., sl.)* gegewens, inligting; *give s.o. the ~ about/on s.t.* iem. van inligting oor iets voorsien. **gen** *-nn-, ww., (Br., sl.): ~ up about/on s.t.* inligting oor iets inwin; *~ s.o. up about/on s.t.* iem. van inligting oor iets voorsien.

gen·darme gendarme, polisiesoldaat.

gen·der *n., (ook gram.)* geslag; geslagtelikheid. **gender** *ww., (arg.)* voortbring. ~ **awareness** geslagsbewustheid. ~ **bender** *(infml.)* geslagflagger. ~ **equality** geslagsgelykheid. ~ **gap** geslagsgaping. ~ **issues** geslag(telikheid)skwessies. ~ **sensitivity** geslag(telikheid)sgevoeligheid.

gen·der·less *(gram.)* geslag(s)loos.

gene *(biol.)* geen, erf(likheids)faktor, erflikheidsbepaler. ~ **bank** gene-, geenbank. ~ **pool** gene-, geenpoel. ~ **therapy** geenterapie.

ge·ne·al·o·gy familiekunde, genealogie; afstamming, stamboom, geslag(s)register. **ge·ne·a·log·i·cal** genealogies, geslagkundig, geslags-, stam-; *~ tree/register* geslag(s)-, stamboom, geslags-, stamlys, geslag(s)register. **ge·ne·al·o·gist** geslagkundige, genealoog.

ge·ne·col·o·gy genekologie; →ECOLOGY. **ge·ne·co·log·i·cal** genekologies.

gen·er·a *(mv.)* →GENUS.

gen·er·al *n.* generaal; veldheer; *(arg.)* enigste bediende; *the ~, (arg.)* die massa (*of* groot publiek); *(i.d. mv., w.g.)* beginsels; *in ~* oor/in die algemeen, oor die geheel, in die reël. **gen·er·al** *adj.* algemeen; gewoon; universeel; hoof=; totaal=; ~ ***agent*** hoofagent; ~ ***anaesthetic, (med.)*** algemene anestesie/narkose; ***G~ Assembly*** Algemene Vergadering *(v.d. VN)*; ~ ***average, (sk., versek.)*** gemene awery; ~ ***bank*** algemene bank; ~ ***cargo*** stukgoedere; ~ ***committee*** breë bestuur; ~ ***confession, (relig.)*** algemene belydenis; ~ ***dealer*** winkelier, algemene handelaar; ~ ***delivery, (Am.)*** = POSTE RESTANTE; ~ ***editor*** hoofredakteur; ~ ***effect*** totaaleffek; ~ ***election*** parlementsverkiesing, algemene verkiesing; ~ ***expenses*** diverse uitgawes; ~ ***headquarters, (fungeer as ekv. of mv.)*** groot hoofkwartier; ~ ***hospital*** algemene hospitaal; ~ ***impression*** totaalindruk, globale indruk; ~ ***knowledge*** algemene kennis; *... is ~* ***knowledge*** dis algemeen bekend (*of* almal weet) dat ...; ~ ***manager*** hoofbestuurder; *(annual)* ~ ***meeting*** (algemene) jaarvergadering; ~ ***office*** algemene kantoor; ~ ***officer*** opperoffisier; ~ ***officer commanding*** bevelvoerende generaal; *mention in ~* ***orders, (mil.)*** by dagorder vermeld; ~ ***pass*** algemene toegangskaart; ~ ***picture*** totaalbeeld; ~ ***post office*** hoofposkantoor; die poswese; ~ ***practice, (med.)*** algemene praktyk; ~ ***practitioner*** huisdokter, algemene praktisyn; *the ~* ***public*** die groot/gewone publiek, die gemeenskap; ~ ***purposes committee*** komitee vir algemene sake; ~ ***reader*** gemiddelde leser, deursneeleser; ~ ***rule*** algemene reël; *as a ~* ***rule*** oor/in die algemeen, oor die geheel, in die reël; *the ~* ***run of affairs*** die gewone loop van sake; ~ ***sales tax, (afk.:*** GST*)* algemene verkoopbelasting *(afk.:* AVB*)*; →VALUE-ADDED TAX; ~ ***secretary*** hoofsekretaris; ~ ***servant*** algemene werker; *(arg.)* enigste bediende, bediende alleen; ~ ***staff, (mil.)*** generale staf; ~ ***store*** (algemene) winkel; ~ ***strike*** algemene staking; ~ ***supervision*** oppertoesig; *in ~* ***terms*** →TERM *n.*; *as a ~* ***thing*** oor/in die algemeen; ~ ***tour*** landsreis; ~ ***view*** (breë) oorsig; *in a ~* ***way*** oor/in die algemeen. **gen·er·al** *=ll=, ww., (w.g.)* bevel voer oor; (as generaal) aanvoer; kommandeer. **~-purpose** *adj. (attr.)* meerdoelige *(voertuig ens.)*.

gen·er·al·ise, =ize saamvat; algemeen maak; veralgemeen; generaliseer. **gen·er·al·i·sa·tion, =za·tion** veralgemening; generalisasie, generalisering.

gen·er·al·is·si·mo *=mos, (It., mil.)* opperbevelhebber, generalissimus, hoofgeneraal.

gen·er·al·ist generalis, algemene deskundige, veelsydige geleerde; algemene praktisyn.

gen·er·al·i·ty algemeenheid; vaagheid; *(arg.)* gros, groot meerderheid; *the G~, (Fr., hist.)* die Generaliteit; die Generaliteitslande.

gen·er·al·ly gewoonlik, in die reël, oor/in die algemeen, oor die geheel, deur die bank; algemeen; ~ *available* oral(s) verkry(g)baar; ~ *speaking* oor/in die algemeen, in die reël, deurgaans.

gen·er·al·ship aanvoering, leiding; beleid; krygskuns, veldheerstalent, strategie; generaalskap, aanvoerderskap; generaalsrang.

gen·er·ate voortbring, in die lewe roep, verwek, genereer; teel; veroorsaak; ontwikkel; opwek.

gen·er·at·ing: ~ **plant** krag=, ontwikkelinginstallasie. ~ **station** kragstasie.

gen·er·a·tion voortbrenging, teling; voortplanting; veroorsaking; ontwikkeling; opwekking; geslag, generasie, menseleeftyd; gelid; *to the* ***fourth/etc.*** ~ tot in die vierde/ens. geslag; *from ~* ***to*** *~* van geslag tot geslag; ~ *of* ***vipers*** addergebroedsel, =geslag. ~ **gap** generasiegaping, =kloof.

gen·er·a·tive voortbrengend; vrugbaar; generatief; telings=, teel=; geslags=; ~ ***cell*** geslagsel; ~ ***duct*** teelbuis; ~ ***grammar*** generatiewe taalkunde; ~ ***nucleus*** geslagskern; ~ ***organ*** geslagsorgaan.

gen·er·a·tor voortbrenger; opwektoestel, opwekker; ontwikkelaar, generator; dinamo; stoomketel.

ge·ner·ic generies; algemeen; geslags=; ~ ***advertising*** algemene reklame; ~ ***character*** geslagskenmerk; ~ ***hybrid*** geslagsbaster; ~ ***medicine*** generiese medisyne; ~ ***name*** algemene naam; *(biol.)* geslags=, genusnaam; *(alg.)* soortnaam. **ge·ner·i·cal·ly** generies; algemeen.

gen·er·ous vrygewig, mild(dadig), rojaal, gul(hartig); oorvloedig; ruim(hartig), onbekrompe; edel=, grootmoedig. **gen·er·os·i·ty** vrygewigheid, mild(dadig)heid, rojaliteit, gulhartigheid; edelmoedigheid. **gen·er·ous·ly** gul=, ruimhartig *(gee)*; rojaal *(skenk)*; mild(elik), ruimskoots *(bydra)*; ryklik *(beloon)*; ruimskoots *(betaal, voorsiening maak)*; goedgunstig *(instem)*; edelmoedig *(vergeef)*; *(klere)* ruim *(gesny)*; *('n boek)* ryklik *(geïllustreer)*.

Gen·e·sis *(OT)* Genesis. **gen·e·sis** ontstaan, genese; oorsprong; wording; wordingsgeskiedenis; ontstaansgeskiedenis; evolusie, ewolusie.

gen·et, ge·nette muske(l)jaat(kat).

ge·net·ic *adj.* geneties, wordings=; ~ ***affinity*** geslagsverwantskap; ~ ***code*** genetiese kode; ~ ***combination*** erfsamestelling; ~ ***counselling*** genetiese voorligting; ~ ***engineering*** genetiese ingryping/manipulasie; ~ ***fingerprint*** genetiese vingerafdruk; ~ ***fingerprinting/profiling*** genetiese identifikasie; ~ ***mother*** genetiese moeder; →BIRTH MOTHER; ~ ***profile*** genetiese profiel; ~ ***profiling*** →***fingerprinting/profiling***.

ge·net·i·cal·ly geneties; ~ *engineered/programmed* geneties gemanipuleer(d)/geprogrammeer(d); ~ *modified food, (afk.:* GM food*)* geneties aangepaste/gemanipuleerde voedsel *(afk.:* GA/GM voedsel*)*.

ge·net·i·cist genetikus.

ge·net·ics *n. (fungeer as ekv.)* genetika, erflikheidsleer; wordingsleer.

gen·e·trix → GENITOR.

ge·nette → GENET.

Ge·ne·va *(geog.)* Genève *(in Switserland)*; Geneva *(i.d. Vrystaat)*; *(of) ~* Geneefs; *(Lake) ~* Meer van Genève. ~ **Convention** Geneefse Konvensie.

Ge·ne·van *n.* inwoner/burger van Genève. **Ge·ne·van** *adj.* Geneefs.

ge·ne·ver, *(poët., liter.)* **ge·ne·va** jenewer; →GIN[1].

Gen·e·viève: *Saint ~* die Heilige Genoveva.

Gen·ghis Khan, Jen·ghis Khan, Jin·ghis Khan Djengis/Djingis Khan.

gen·ial[1] gemoedelik, vriendelik, hartlik, joviaal; opgeruimd, lewendig, vrolik, opgewek; lekker, aangenaam; *(w.g.)* huweliks=, geslags=; *(poët., liter.)* aangenaam, mild, sag *(d. weer)*; *(poët., liter.)* vrugbaar, groeisaam. **ge·ni·al·i·ty, ge·ni·al·ness** vriendelikheid, hartlikheid, jovialiteit; opgewektheid.

ge·ni·al[2] *(w.g., anat.)* ken=, van die ken.

ge·nic·u·late, ge·nic·u·lat·ed *(biol.)* gebuig, geknik, knievormig, knie=.

ge·nie *=nii* gees, genius *(in sprokies)*; *(Arab. mit.)* →JINN.

ge·nis·ta *(bot.)* brem(struik).

gen·i·tal *adj.* geslagtelik, geslags=, teel=; ~ ***fold*** oergeslagsplooi; ~ ***gland*** geslagsklier; ~ ***organ*** geslagsorgaan, teeldeel; ~ ***orifice*** geslagsopening. **gen·i·tals,** *(fml. of teg.)* **gen·i·ta·li·a** *n. (mv.)* geslagsdele, =organe, teeldele, genitalieë.

gen·i·tive *n., (gram.)* genitief. **gen·i·tive** *adj.* genitief=; ~ *case* genitiefnaamval, =kasus; ~ *form* genitiefvorm. **gen·i·ti·val** genitiefs=.

gen·i·tor *(w.g.)* (biologiese) vader, verwekker. **gen·e·trix, gen·i·trix** *=trices, (vr., w.g.)* moeder.

gen·ius *geniuses, genii* genius; genie; aanleg; vernuf; gees; *(Rom. mit.)* beskermgees, =engel; *(i.d. mv.:* genii*)* geeste, geniusse, genii; *(i.d. mv.:* geniuses*)* genieë; *an* ***evil*** *~* →EVIL *adj.*; *one of the* ***greatest*** *~es of our time* een van die grootste genieë/vernufte van ons tyd; ***have*** *a ~ for ...* 'n besondere gawe vir ... hê; die gawe hê om te ...; *the ~ of a* ***language*** die taalaard/=eie; ~ ***loci,*** *(Lat.)* die gees van 'n plek; *a* ***stroke*** *of ~* 'n geniale set.

Gen·nes·a·ret: *Lake of ~* →SEA OF GALILEE.

Gen·o·a *(geog.)* Genua. ~ **cake** genuakoek.

gen·o·cide volksmoord, volkslagting, rassemoord; groepsmoord; menseslagting.

Gen·o·ese, Gen·o·vese *n., (inwoner v. Genua)* Genuees. **Gen·o·ese, Gen·o·vese** *adj.* Genuees.

ge·nom(e) *(biol.)* genoom.

gen·o·type *(genet.)* genotipe, geslagstipe.

gen·re genre, soort. ~ **painter** genreskilder. ~ **painting** genreskildering; genrestuk.

gent *(infml., afk. v.* gentleman*)*: *"ladies and ~s", (infml.)* "dames en here"; *~s' outfitter* mansuitruster; *the G~s* die manstoilet.

gen·teel fatsoenlik, deftig, beskaaf(d); lieftallig. **gen·teel·ism** prudisme, eufemisme. **gen·teel·ly** fatsoenlik, beskaaf(d), verfyn(d); sjarmant, elegant, sjiek, grasieus; beleef(d); *(neerh.)* geaffekteerd, aanstellerig. **gen·teel·ness** fatsoenlikheid.

gen·tian *(bot.)* gentiaan; *wild ~* aambei=, bitterbos. ~ **blue** *n.*, **~-blue** *adj.* gentiaanblou. ~ **violet** gentiaan=, kristalviolet.

gen·tile *n., (dikw. G~)* nie-Jood, onbesnedene, Christen; heiden. **gen·tile** *adj., (dikw. G~)* nie-Joods, onbesnede, Christelik; heidens; volks=; ~ *name, (ook)* stamnaam. **gen·tile·dom** nie-Jode, onbesnedenes. **gen·til·i·ty** afkoms, stand; fatsoen(likheid), deftigheid; *shabby ~* armoedige deftigheid, fatsoenlike armoede.

gen·tle[1] *adj.* sag; lief, saggeaard, sagmoedig, vriendelik, sagsinnig, sagaardig; kalm, bedaard, mak; *(arg.)* edel, adellik; →GENTLY; ~ ***birth,*** *(arg.)* fatsoenlike afkoms, deftige stand; *a ~* ***breeze*** 'n ligte/sagte bries; *the ~* ***craft*** die hengelkuns; ~ ***reader,*** *(outyds)* welwillende leser *(i.d. voorwoord v. boeke)*; *the ~(r)* ***sex,*** *(vero. of skerts.: d. vrou)* die skone geslag, die swakke(re) geslag/vat; *a ~* ***slope*** 'n skotige opdraand(e)/afdraand(e), 'n sagte helling. **gen·tle** *n., (arg.)* welgeborene; *(i.d. mv.)* hoëlui. **gen·tle** *ww.* mak maak, tem, dresseer; versag. **~folk(s)** *(arg.)* deftige/vername mense.

gen·tle[2] *n., (hengel)* maaieraas.

gen·tle·hood *(arg.)* rang, stand, afkoms, goeie geboorte.

gen·tle·man *=men* heer; meneer; gentleman, *(vero. of skerts)* jentel=, jintelman; *you're a* ***fine*** *~!, (infml.)* jy is 'n mooi meneer!; ~ *of* ***fortune*** avonturier; *~ at* ***large*** gegoede heer; *be/become a ~ of* ***leisure*** →LEISURE; *the* ***Old*** *G~, (skerts.: d. duiwel)* die Josie, Bokbaard; *~ of the* ***road,*** *(hist., euf.)* struikrower; *~ in* ***waiting*** kamerheer. **~-at-arms** *(Br.)* koninklike lyfwag. **~-farmer** hereboer. **~'s agreement, gentlemen's agreement** akkoord, eerbare verstandhouding, stilswyende ooreenkoms. **~'s gentleman** herekneg, lyfbediende. **~'s residence** herehuis, =woning; *(hist.)* patrisiërshuis. **~'s wear** mansklere, =kleding. ~ **usher** kamerheer.

gen·tle·man·ly, gen·tle·man·like soos 'n heer; fatsoenlik, deftig. **gen·tle·man·li·ness** ordentlikheid, manierlikheid, beleefdheid, opgevoedheid; *show your ~* toon dat jy 'n heer is.

gen·tle·ness sagtheid, sagaardigheid, saggeaardheid, sagmoedigheid.

gen·tle·wom·an *=women, (arg.)* dame. **gen·tle·wom·an·li·ness** *(arg.)* dameskap, fynheid van maniere/inbors. **gen·tle·wom·an·ly, =like** *(arg.)* soos 'n dame; deftig; fatsoenlik.

gen·tly sag, saggies, sagkens, suutjies, soetjies; stadig-aan.

gen·too *=toos, (soms G~, arg.)* Hindoe.

gen·tri·fy *(Br.)* gentrifiseer *('n woonbuurt)*. **gen·tri·fi·ca·tion** gentrifikasie, buurtopknapping/=verfraaiing.

gen·try *(Br.)* burgery, (mense van) goeie/deftige stand; *the ~ at the office, (infml., neerh.)* die klomp/spul daar op kantoor.

gen·u *=ua, (Lat., anat.)* knie. **gen·u·al** knie=. **gen·u·flect** (die knie) buig, 'n kniebuiging maak. **gen·u·flec·tion, =flex·ion** kniebuiging, knieval.

gen·u·ine eg, suiwer, onvervals, outentiek; waseg; opreg, ongeveins, eerlik, eg, waar, werklik. **gen·u·ine·ly** werklik, opreg, eg. **gen·u·ine·ness** egtheid; wasegtheid; opregtheid, ongeveinsdheid, eerlikheid.

ge·nus *genera, (biol.)* geslag, genus; *(alg.)* soort, klas. ~ **name** geslags=, genusnaam.

ge·o·cen·tric geosentries.

ge·o·chem·is·try geochemie. **ge·o·chem·i·cal** geochemies.

ge·o·chro·nol·o·gy *(geol.)* geochronologie, =kronologie.

ge·ode *(geol.)* geode, kristalholte.

ge·o·des·ic *(geom.)* geodesies; →GEODETIC; ~ *dome* koepelwoning.

ge·od·e·sy *(geog.)* aardmeetkunde, geodesie. **ge·od·e·sist** aardmeetkundige, geodeet. **ge·o·det·ic** aardmeetkundig, geodeties.

ge·o·dy·nam·ics *n. (fungeer as ekv.)* geodinamika, aardkragteleer.

ge·og·no·sy *(hist.)* geognosie. **ge·og·nost** geognos. **ge·og·nos·tic, ge·og·nos·ti·cal** geognosties.

ge·og·ra·phy aardrykskunde, geografie; aard(ryks)=beskrywing; ***commercial*** ~ handelsaardrykskunde; *show s.o. the ~ of the* ***house****, (infml.)* iem. die huis wys, iem. wys waar alles is; iem. wys waar die badkamer is; ***physical*** ~ natuurkundige/fisiese aardrykskunde; ***political*** ~ staatkundige/politieke aardrykskunde. **ge·og·ra·pher** aardrykskundige, geograaf. **ge·o·graph·i·cal, ge·o·graph·ic** aardrykskundig, geografies; ~ *mile* (Engelse) seemyl; ~ *north* ware/geografiese noorde.

ge·oid geoïed. **ge·oid·al** geoïdaal.

ge·ol·o·gy geologie. **ge·o·log·i·cal, ge·o·log·ic** geologies; ~ *age* aardtydperk; ~ *survey* geologiese opname. **ge·ol·o·gise, =gize** geologiseer. **ge·ol·o·gist, ge·ol·o·ger** geoloog.

ge·o·mag·ne·tism aardmagnetisme. **ge·o·mag·net·ic** aardmagneties.

ge·o·man·cy waarsêery.

ge·om·e·ter meetkundige; *(entom.)* landmeter(wurm), spanruspe(r), spanner; →GEOMETRID.

ge·o·met·ric meetkundig, geometries. ~ **mean** meetkundige gemiddeld(e). ~ **progression** meetkundige reeks. ~ **tortoise** *(soöl.)* suurpootjie.

ge·o·met·ri·cal meetkundig, geometries; ~ *drawing* lyntekening; *do ~ drawing* reglynig teken.

ge·om·e·trid moth spanruspe(r)mot.

ge·om·e·try meetkunde, geometrie; *plane* ~ vlakmeetkunde, planimetrie; *solid* ~ stereometrie. **ge·om·e·tri·cian** meetkundige; →GEOMETER.

ge·o·mor·phol·o·gy *(geol.)* geomorfologie.

ge·oph·a·gy, ge·o·pha·gia, ge·oph·a·gism grondlus, grondetery, geofagie. **ge·oph·a·gist** geofaag, grondeter.

ge·o·phys·ics *n. (fungeer as ekv.)* geofisika. **ge·o·phys·i·cal** geofisies. **ge·o·phys·i·cist** geofisikus.

ge·o·phyte *(bot.)* geofiet.

ge·o·pol·i·tics *n. (fungeer as ekv.)* geopolitiek. **ge·o·po·lit·i·cal** geopolities.

ge·o·pon·ics *n. (fungeer as ekv.)* landboukunde. **ge·o·pon·ic, ge·o·pon·i·cal** landboukundig.

ge·o·ra·ma *(w.g.)* georama.

George *(geog.)* George; *by ~!, (tw., vero.)* so wraggies!, so by my kool!; *Saint* ~ sint Joris. ~ **lily** berglelie.

geor·gette *(tekst.)* georgette.

Geor·gia *(geog.)* Georgië *(in Rus.)*; Georgia *(in Am.)*; *South ~, (eiland)* Suid-Georgië. **Geor·gian** *n.* Georgiër; Georgiaan; *(taal)* Georgies. **Geor·gian** *adj., (argit. ens.)* Georgiaans, van die Georges; van koning Georg V; Georgies, van Georgië; van Georgia. **Geor·gi·na** *(rivier)* Georgina.

geor·gic *n.* landelike gedig; *the G~s, (poët. verhandeling v. Vergilius)* die Georgica. **geor·gic** *adj., (poët., liter.)* landelik.

ge·o·sci·ence geowetenskap(pe).

ge·o·sphere geosfeer.

ge·o·stat·ic *adj.* geostaties. **ge·o·stat·ics** *n. (fungeer as ekv.), (fis.)* geostatika.

ge·o·sta·tion·ar·y geostasionêr *(satelliet)*.

ge·o·stroph·ic *(met.)* geostrofies.

ge·o·syn·chro·nous geosinchronies, =sinkronies, geosinchroon, =sinkroon *(satelliet)*.

ge·o·therm *(geol.)* geoterm.

ge·o·ther·mal, ge·o·ther·mic *(geol.)* geotermies; ~ *energy* geotermiese energie. **ge·o·ther·mom·e·ter** geotermometer.

ge·ot·ro·pism, ge·ot·ro·py *(bot.)* geotropie. **ge·o·trop·ic** geotropies, geotroop.

ge·ra·ni·um *(bot.)* malva, geranium, (gekweekte) pelargonium; *true ~, Geranium incanum.*

ger·bil, ger·bille nagmuis, springhaasmuis; woestynmuis; *lesser* ~ dunstertspringhaasmuis.

ger·e·nuk *(<Somali)* girafgasel, Waller se gasel.

ger·fal·con → GYRFALCON.

ger·i·at·ric *n.* geriatriese pasiënt; ou mens, oumens, grysaard, gryskop; *(neerh.)* seniele/kindse ou mens *(of* oumens); *(i.d. mv., ook med.)* geriatrie, studie van ouderdomsiektes/=kwale; gerontologie, ouderdomsorgleer; ouderdomsgeneeskunde. **ger·i·at·ric** *adj.* geriatries, ouderdomsgeneeskundig. **ger·i·a·tri·cian, ger·i·at·rist** geriater, spesialis vir ouderdomsiektes/=kwale.

germ *n.* kiem; vrug=, saadkiem. **germ** *ww., (fig.)* (ont)=kiem. ~ **carrier** kiem=, basildraer. ~ **cell** kiemsel. ~**free** kiemvry. ~ **line** *(biol.)* kiemlyn. ~ **meal** kiemmeel. ~ **plasm** *(biol.)* kiemplasma. ~ **pore** kiemporie. ~ **warfare** bakteriologiese oorlogvoering.

Ger·man *n.* Duitser; *(taal)* Duits; ***High*** ~ Hoogduits; ***Low*** ~ Nederduits; Platduits; ***Middle*** ~ Middelduits; ***Middle High*** ~ Middelhoogduits. **Ger·man** *adj.* Duits; ~ *teacher/master* Duitse onderwyser, Duitsonderwyser. ~ **Confederation:** *the ~ ~, (hist.)* die Duitse Bond. ~ **Democratic Republic** *(fml., hist.: Oos-Duitsland)* Duitse Demokratiese Republiek. ~ **flute** (dwars)fluit. ~ **gold** juwelierspleet. ~ **jackplane** skropskaaf. ~**-language** *adj.* Duitstalig. ~ **measles** Duitse masels, *(teg.)* rubella, *(w.g.)* rooihond. ~ **Ocean:** *the ~ ~, (hist.)* →THE NORTH SEA. ~ **print** *(tekst.)* Duitse sis. ~ **sausage** braaiwors; Mettwurst *(D.)*, metwors. ~ **shepherd (dog)** (Duitse) herdershond, Duitse skaaphond, wolfhond. ~ **silver** nieu=, nikkelsilwer, argentaan, witkoper, Duitse/Berlynse silwer. ~ **(South-)West** *(hist.)* Duits-Wes, Duits-Suidwes. ~**-speaking** Duitssprekend; ~ *Switzerland* Duitssprekende Switserland. ~ **text** *(druk.)* Gotiese letter.

ger·man →COUSIN GERMAN.

ger·man·der *(bot.)* manderkruid, gamander.

ger·mane (nou) verwant *(aan)*; in betrekking staande *(tot)*; ~ *to the issue* ter sake.

Ger·ma·ni·a *(geog., hist.)* Germanië.

Ger·man·ic *n., (taal)* Germaans; *(i.d. mv.)* Germanistiek. **Ger·man·ic** *adj.* Germaans; Duits; ~ *philology* Germanistiek *(ook g~)*; ~ *scholar* Germanis *(ook g~)*; ~ *tribes* Germaanse stamme, Germane.

Ger·man·ise, =ize germaniseer, verduits. **Ger·man·i·sa·tion, =zation** germanisering, verduitsing.

Ger·man·ism Germanisme *(ook g~)*. **Ger·man·ist** Germanis *(ook g~)*. **Ger·man·is·tic** Germanisties *(ook g~)*.

ger·ma·nite *(min.)* germaniet.

ger·ma·ni·um *(chem., simb.: Ge)* germanium.

Ger·man·o·phil(e) *n.* Duitsgesinde. **Ger·man·o·phil(e)** *adj.* Duitsgesind.

Ger·ma·ny Duitsland; *Federal Republic of ~* →FEDERAL *adj.*.

ger·men =*mens,* =*mina, (biol.)* vrugbeginsel, ovarium.

ger·mi·cide kiemdoder, kiemdodende middel, ontsmet(tings)middel. **ger·mi·cid·al** kiemdodend, ontsmettend.

ger·mi·nal in die kiem aanwesig; kiem=; ~ *cell* kiemsel; ~ *layer, (fisiol.)* kiemlaag; *(embriol.)* kiemblad.

ger·mi·nate (laat) ontkiem/ontspruit/uitloop; (laat) dra/voortbring. **ger·mi·na·tion** ontkieming, groei, kiemvorming. **ger·mi·na·tive, ger·min·a·ble** ontkiembaar.

ger·mon *(igt.)* albakoor.

germ·ule kiempie.

ger·ont-, ger·on·to- *komb.vorm* geront(o)=.

ge·ron·tal, ge·ron·tic ouderdoms=.

ger·on·toc·ra·cy oumanneregering, gerontokrasie. **ge·ron·to·crat·ic** gerontokraties.

ger·on·tol·o·gy gerontologie, studie van ouderdomsverskynsels. **ger·on·to·log·i·cal** gerontologies. **ger·on·tol·o·gist** gerontoloog, kenner van ouderdomsverskynsels.

ger·on·to·ther·a·py gerontoterapie, ouderdomsbehandeling. **ger·on·to·ther·a·peu·tic** gerontoterapeuties.

ger·ry·man·der *n.* verkiesings=, eleksiegeknoei, afbakeningsknoeiery. **ger·ry·man·der** *ww.* beknoei, oneerlik afbaken *(kiesdistrikte)*. **ger·ry·man·der·er** afbakeningsknoeier.

ger·und *(gram.)* gerundium. ~ **grinder** Latynonderwyser, Latynse onderwyser; skoolvos. **ge·run·dive** *(Lat. gram.)* gerundivum.

ges·so =*sos* gipspasta, =grondlaag; gipsmengsel.

ge·stalt *(ook G~, D., psig.)* gestalt. ~ **psychology** gestaltsielkunde.

Ge·sta·po *(hist.: geheime staatspolisie in Nazi-Duitsland): the* ~ die Gestapo.

ges·tate swanger wees *(van)*.

ges·ta·tion swangerskap, dragtigheid, *(w.g.)* gestasie. ~ **period** swangerskapsduur; dra(ag)tyd, dragtigheids=, gestasieperiode.

ges·ta·to·ri·al draag=; ~ *chair* (pouslike) draagstoel.

ges·tic·u·late gebare maak, beduie, met die/jou hande praat. **ges·tic·u·la·tion** gebaar, gebarespel, =taal. **ges·tic·u·la·tive, ges·tic·u·la·to·ry** gebarend, gestikulerend.

ges·ture *n., (ook fig.)* gebaar, beweging (met die hand/arm); *an empty* ~ →EMPTY *adj.*; *make a* ~ 'n gebaar maak. **ges·ture** *ww.* gebare (*of* 'n gebaar) maak; (met gebare) beduie. ~ **language** gebaretaal.

get *got got(ten), ww.* (ver)kry, verwerf, behaal, in die hande kry; aanskaf; opdoen; vang, in 'n hoek ja(ag); van kant maak; (gaan) haal; ontvang, verdien; hê; word, raak; maak; vaslê; vastrek; (raak) skiet, (dood)=skiet; →GOT; *s.o. ~s* ***about*** iem. kom van plek tot plek; iem. (kan) loop; iem. reis heelwat rond; *s.t. ~s* ***about/abroad*** iets raak/word rugbaar; ~ ***above*** *o.s.* jou te veel aanmatig; jou slimmer/vernamer hou as wat jy is; ~ ***abreast*** *of ...* naas/langs/teenoor ... kom; op dieselfde vlak as ... kom; op (die) hoogte van/met ... kom; ~ ***across*** *s.t.* oor iets (heen) kom; ~ *s.t.* ***across to*** *s.o.* iets by iem. ingang laat vind, iem. iets aan die verstand bring, iem. van iets oortuig; ~ *an* ***advantage*** →ADVANTAGE *n.*; ~ ***advice*** →ADVICE; ~ *s.t.* ***afloat*** iets vlot maak/kry *('n boot ens.)*; ~ ***after*** *s.o.* iem. agtervolg, agter iem. aanja(ag), agter iem. aan wees; ~ ***ahead*** voor kom; voorloop; vooruitgaan, vorentoe boer, vooruitboer; ~ ***ahead*** *of s.o.* iem. agterlaat; ~ ***along*** vooruitkom, oor die weg kom; ~ ***along!****, (infml.)* loop!, maak dat jy wegkom!; ~ ***along*** *(with you)!, (infml.)* ag loop!, loop jy!, jou voet (in 'n visblik)!, nou praat jy kaf!; ~ ***along/on*** *with s.o.* met iem. oor die weg kom, goed met iem. klaarkom, met iem. regkom; ~ ***along/on*** *famously with s.o.* lekker met iem. oor die weg kom; *they* ~ ***along/on*** *like a house on fire, (infml.)* hulle kom baie goed oor die weg (*of* is groot maats); *they don't* ~ ***along/on*** *(with each other)* hulle stryk nie (met mekaar nie), hulle kom nie goed klaar nie; ~ ***along/on*** *without s.t.* sonder iets klaarkom; *s.o. ~s* ***around*** iem. gaan baie rond; *s.t. ~s* ***around*** iets raak bekend; *s.o. ~s* ***around/round*** *to s.t.* iem. kom by iets (uit), iem. kom so ver/vêr om iets te doen, iem. kan aandag aan iets gee; *s.o. could not* ~ ***around/round*** *to (doing) it* iem. kon nie daarby (uit)kom (*of* sy/haar draai[e] kry) nie; ~ ***at*** *s.o.* iem. in die hande kry; *(infml.)* iem. te lyf gaan; iem. pla/terg, iem. vir die gek hou; iem. oorhaal/omkoop; ~ ***at*** *s.t.* iets bykom; iets in die hande kry; ~ ***at*** *the truth* →TRUTH; *what s.o. is ~ting* ***at*** wat iem. wil sê;

~ ***away*** wegkom; ontsnap, wegkom; vryspring; ~ ***away!***, *(infml.)* maak dat jy wegkom!, weg is jy!, loop!, trap!; *s.o. could not* ~ ***away*** iem. is verhinder om te gaan/kom; ~ *s.t.* ***away*** iets wegkry; *one cannot* ~ ***away*** *(or there is no ~ting* ***away****) from it* dit is nou (maar) eenmaal so; ('n) mens kan dit nie wegredeneer nie; ~ ***away*** *from it all* 'n slag behoorlik wegbreek; ~ ***away*** *from old ideas* ou begrippe laat vaar; ~ ***away*** *(with you)!, (ook, infml.)* loop slaap!; ~ ***away*** *with s.t.* iets wegdra; iets regkry, iets slinks gedaan kry, met iets deurglip; ~ ***away*** *with it* ongestraf/skotvry bly, skotvry daar-van afkom; ~ ***away*** *with (blue) murder* →MURDER *n.*; ~ ***back*** terugkom; ~ *s.t.* ***back*** iets terugkry; ~ ***back at*** (or *one's own* ***back on*** or ***even with****) s.o., (infml.)* met iem. afreken, iem. met dieselfde/gelyke munt betaal, op iem. (weer)wraak neem; ~ ***back to*** *s.o. on s.t.* na iem. toe terugkom oor iets; ~ *s.o.'s* ***back up*** →BACK *n.*; ~ ***behind*** *s.o.* iem. steun; ~ ***behind*** *s.t.* agter iets gaan staan/wegkruip; agterkom/vasstel wat agter iets sit/skuil/steek; ~ ***behind*** *with s.t.* met iets agterraak; ~ ***beyond*** ... verder/vêrder kom/gaan as ..., dit verder/vêrder bring as ...; ~ ***breakfast/lunch/ etc.*** ontbyt/middagete/ens. (voor)berei/maak; ~ *one's arm/etc.* ***broken*** jou arm/ens. breek, 'n gebreekte arm/ ens. opdoen; ~ ***by*** verbykom; die toets deurstaan; ~ ***by*** *on s.t.* met iets uitkom; ~ ***by*** *s.t.* iets vryspring/ ontsnap; ~ ***by*** *with s.t.* met iets deurkom/klaarkom; ~ ***clear*** los raak; ~ *a* ***cold*** →COLD *n.*; *it is ~ting* ***dark/etc.*** dit word donker/ens.; ~ *a* ***disease*** →DISEASE; ~ ***done*** *with s.t.* klaarmaak met iets; 'n einde maak aan iets; ~ ***down*** afklim; onder kom; *(Am., infml.: energiek dans)* jou litte wikkel, dit uitkap; ~ *s.t.* ***down*** iets afhaal; iets onder kry; iets neerskryf/-skrywe, iets op papier kry; iets inkry *(kos, drank)*; *s.t. ~s s.o.* ***down*** iets maak iem. bedruk/neerslagtig; iets maak iem. moedeloos, iets ontmoedig iem.; ~ ***down*** *to it* aan die werk spring; ~ ***down*** *to it!* spring aan die werk!, alle grappies op 'n stokkie!; ~ ***down*** *to business* →BUSINESS; ~ ***down*** *to doing s.t.* iets begin doen; ~ ***even with*** *s.o.* →***back at***; ~ ***fame*** →FAME; ~ *on/to one's* ***feet*** →FOOT *n.*; *what do you* ~ ***for*** *it?* hoeveel kry jy daarvoor?; ~ *a day* ***free*** →FREE *adj. & adv.*; ~ *s.t.* ***from*** ... iets van ... kry; ~ ***going*** →GO *ww.*; *play* ***hard*** *to* ~ →HARD *adj. & adv.*; ~ *s.t. into s.o.'s* ***head*** →HEAD *n.*; ~ *s.t. by* ***heart*** →HEART; ~ *a* ***hiding*** →HIDING[1]; ~ ***hold*** *of s.t.* iets beetkry; ~ ***home*** tuis-kom, by die huis kom; *(infml.)* die doel bereik; ~ ***in*** inkom; inklim, instap; *(infml.)* verkies word; ~ *s.o.* ***in*** iem. laat kom *(om te help)*; ~ *s.t.* ***in*** iets inkry; iets insamel *(d. oes ens.)*; ~ *a blow* ***in*** →BLOW[3] *n.*; ~ *one's eye/hand* ***in*** →EYE *n.*, HAND *n.*; ~ ***in*** *on s.t., (infml.)* by/in iets betrokke raak; ~ ***in*** *with s.o., (infml.)* op goeie voet met iem. kom; ~ ***into*** *s.t.* in iets kom; in iets klim *('n motor ens.)*; iets aantrek *(klere, skoene)*; in iets kom/beland *(d. moeilikheid ens.)*; by/in iets betrokke raak; iets begin doen, aan iets begin deelneem *(aktiwiteit, sport, stokperdjie)*; ~ ***into*** *trouble* →TROUBLE *n.*; *s.o. ~s* ***it****, (infml.)* iem. loop deur, iem. word be-rispe/gestraf; *do you* ~ ***it?*** snap jy dit?; ***it*** *~s me when ..., (infml.)* ek vererg my so wanneer ...; ~ ***knowledge*** *of s.t.* →KNOWLEDGE; ~ *what one is* ***looking for****, (infml., iron.)* jou verdiende loon kry; ~ ***married*** →MARRIED; *s.o.'ll* ~ ***nowhere near*** *it* →NEAR *adv.*; ~ *on s.o.'s* ***nerves*** →NERVE *n.*; *s.o. did* ***not*** ~ *s.t.* iem. het iets nie gekry nie; ~ ***nowhere*** →NOWHERE; ~ ***off*** afklim; ontsnap; vrykom; afkry, vry kry; wegspring; *(Am., sl.: 'n orgasme hê/kry)* kom; ~ ***off*** *lightly* lig (daar-van) afkom; ~ ***off*** *on ..., (Am., infml.)* plesier uit ... kry, plesier in ... vind; opgewonde/gaande (*of* in ek-stase/vervoering) oor ... raak; deur ... geprikkel word; ~ ***off*** *on the right foot* →FOOT *n.*; ~ ***off*** *to a bad/good start* →START *n.*; ~ ***off*** *s.t.* van iets afklim; van iets loskom; van iets afstap *('n onderwerp)*; ~ *s.t.* ***off*** iets afkry; iets wegstuur *('n brief ens.)*; ~ ***off*** *the ground* opstyg; *(fig.)* aan die gang kom, op dreef kom; *tell s.o. where to* ~ ***off****, (infml.)* iem. op sy/haar plek sit, iem. in die bek ruk; iem. sê om hom/haar met sy/haar eie sake te bemoei; ~ ***off*** *with a caution* →CAUTION *n.*; ~ ***off*** *with s.o., (infml.)* 'n seksuele verhouding met iem. hê; 'n (liefdes)verhouding met iem. aan-knoop; ~ ***on*** opklim; vooruitgaan, vorder, vordering maak; vooruitkom; *I must be ~ting* ***on*** ek moet ver-der/vêrder; ~ ***on*** *with s.o.* →***along/on;*** *they don't* ~ ***on*** *(with each other)* →***along/on;*** ~ ***on*** *with s.t.* vorder (*of* vooruitgang maak) met iets; *let s.o.* ~ ***on*** *with s.t.* iem. toelaat om iets te doen; ~ ***on*** *without s.t.* →***along/ on;*** *how are you ~ting* ***on?*** hoe gaan dit met jou?; hoe vorder jy?; *how did you* ~ ***on?****, (ook)* hoe het dit (met jou) gegaan?; *it is ~ting* ***on*** *for six/etc. o'clock* dit gaan/ staan (na) sesuur/ens. se kant toe, dit is naby sesuur/ ens.; *s.o. is ~ting* ***on*** *for sixty/etc.* iem. staan sestig/ens. se kant toe; ~ ***on*** *(in years)* ouer word; *s.o. is ~ting* ***on*** *in years* iem. word oud, iem. staan (na die) ou kant toe *(infml.)*, iem. is nie vandag se kind nie; *I'll* ~ *right* ***on*** *it, (infml.)* ek doen dit sommer nou; ~ *it* ***on****, (Am., sl., euf.)* seks hê, liefde maak, saamslaap, kafoefel; ~ *it* ***on*** *with s.o., (Am., sl., euf.)* by iem. slaap, met iem. bed toe gaan (*of* seks hê); ~ *s.t.* ***on*** *s.o., (infml.)* iets teen iem. te wete kom; ~ ***onto*** (or ***on to****) s.o., (infml.)* met iem. praat (*of* in verbinding tree); op iem. se spoor kom; agterkom dat iem. knoei; van iem. (se bestaan/ teenwoordigheid) bewus word; ~ ***onto*** (or ***on to****) s.t.* op iets klim; *(ook, infml.)* iets agterkom; ~ ***out*** uitkom; uitklim; *(nuus)* uitlek, rugbaar word; ~ ***out*** *on the wrong side of the bed* met die verkeerde voet uit die bed klim; ~ *s.t.* ***out*** iets uithaal; iets uitkry; iets uiter *(woorde, 'n geluid)*; iets uitgee/uitreik *('n publikasie ens.)*; *be* ***out*** *to* ~ *s.o.* agter iem. aan wees, agter iem. lê; ~ ***out*** *(of here)!, (infml.)* maak dat jy wegkom!, skoert!, trap!; ~ ***out of*** *here!, (ook, infml.)* ag twak!, onsin!, nou praat jy sommer kaf!; ~ ***out of*** *s.t.* uit iets klim *(d. bad, 'n motor, ens.)*; aan iets ontsnap; jou uit iets loswikkel; ~ ***out of*** *bed* →BED *n.*; ~ ***out of*** *one's depth* →DEPTH; ~ ***out of*** *hand* →HAND *n.*; ~ *s.t.* ***out of*** *s.o.* iets uit iem. kry; ~ ***over*** *s.t.* oor iets kom; oor iets klim; iets te bowe kom *(moeilikheid ens.)*; iets oorwin *(senuweeagtigheid ens.)*; van iets herstel *(siekte, trauma, ens.)*; berusting vind; *I can't* ~ ***over*** *it* ek kan dit net nie begryp nie, dit gaan my verstand te bowe (*of* slaan my dronk); ~ *s.t.* ***over*** iets inhamer, iets in-gang laat vind; ~ *it* ***over*** *with* iets agter die rug kry (*of* te bowe kom); ~ ***past*** *s.t.* by iets verbykom; ~ *the* ***point*** iets snap; ~ ***ready*** →READY *adj. & adv.*; ~ ***rid*** *of ...* →RID; ~ *s.o.* ***right*** iem. reg begryp/verstaan; ~ *s.t.* ***right*** iets reg doen; iets reg begryp/verstaan; ~ *s.o.* ***round****, (infml.)* iem. ompraat; ~ ***round*** *s.t.* om iets kom; by iets verbykom; iets omseil; *s.o. ~s* ***round*** *to s.t.* →***around/round;*** *s.o. could not* ~ ***round*** *to (doing) it* →***around/round;*** ~ ***runs*** →RUN *n.*; ~ ***set!*** →SET[2] *adj.*; ~ ***somewhere*** êrens kom; *(infml.)* iets be-reik, opgang maak; ~ *a* ***start*** *on s.o.* →START *n.*; ~ ***talking*** aan die gesels raak; ~ ***there*** daar aankom; *(infml.)* dit haal; slaag, die doel bereik; dit snap; ~ ***through****, (ook telef.)* deurkom; ~ ***through*** *s.t.* deur iets kom; iets klaarkry *(werk ens.)*; iets (op)gebruik; ~ *s.t.* ***through*** iets deurkry *(ook 'n wetsontwerp)*; ~ ***through*** *to s.o., (ook)* iem. iets aan die verstand bring; ~ ***through*** *with s.t.* iets klaarkry; ~ ***to*** ... by ... (uit)kom; ... bereik; *s.t. ~s* ***to*** *s.o., (infml.)* iets gryp iem. aan; iets het 'n uitwerking op iem.; iets begin iem. pla/irriteer; ~ ***to*** *do s.t.* iets gedaan kry; so ver/vêr kom (*of* 'n kans kry) om iets te doen; *not* ~ ***to*** *do s.t., (ook)* nie jou draai(e) kry nie; ~ *s.o.* ***to*** *do s.t.* iem. iets laat doen; iem. be-weeg/oorhaal (*of* so ver/vêr kry) om iets te doen; ~ ***to*** *know s.o.* →KNOW *ww.*; ~ ***to*** *like ...* →LIKE[2] *ww.*; ~ ***together*** saamkom, byeenkom; ~ *it* ***together****, (infml.)* dit regkry; dit goed doen; beheer oor jou lewe verkry; by mekaar uitkom; ~ *people/things* ***together*** mense/dinge byeenbring/bymekaarbring; ~ ***under*** *s.t.* onder iets inkom; ~ ***under way*** →WAY *n.*; ~ ***up*** opstaan; ~ *s.o.* ***up*** iem. laat opstaan; ~ *s.t.* ***up*** iets opkry *(êrens)*; iets bo kry; iets regop kry; iets maak; iets reël/organiseer; ~ ***up*** *s.t.* op iets kom; teen iets uitkom *('n berg ens.)*; ~ ***up to*** *s.t., (infml.)* iets aan-vang; ~ ***up to*** *tricks* →TRICK *n.*; ~ ***up with*** *s.o.* iem. inhaal; ~ ***well*** →WELL[2] *adj.*; ~ ***wet*** →WET *adj.*; ***where*** *did you* ~ *that?, (infml.)* waar kom jy daaraan?; ~ ***wind*** *of s.t.* →WIND[1] *n*; ~ *s.o.* ***with*** *child* →CHILD; ~ *a* ***word*** *in (edgeways)* →WORD *n.*; ~ *the* ***worst*** *of it* →WORST *n.*; ~ *s.o.* ***wrong*** →WRONG *adj. & adv.*; ~ *two* ***years*** (or *[a fine of]* ***R500****)* twee jaar (*of* R500 boete) kry; ***you*** ~ ... *there* ('n) mens kry ... daar; *I'll* ~ ***you!****, (infml.)* ek sal jou nog kry!. **~-at-able** *(infml.)* bykombaar; →GETTABLE. **~away** *n., (infml.)* ont-snapping; wegbreekvakansie, uitvlug(gie); uitspan-plek; *make* ***a/one's*** ~ ontsnap, (weg)vlug; *make an* ***early*** ~ vroeg in die pad val; *make a* ***poor*** ~*, (renjaer)* swak wegspring. **~away** *adj. (attr.)*: ~ *car* ont-snap(pings)-, ontvlugtingsmotor. **~-out** *n., (infml.)* uitvlug, uitweg; *as ... as all* ~*, (Am., infml.)* so ... soos nog iets. **~-rich-quick** *adj. (attr.)* kitsrykword- *(skema ens.)*. **~-together** *(infml.)* (gesellige) byeen-koms. **~-together occasion** saamtrekgeleentheid. **~-up** *n., (infml.)* skepping, mondering, uitrusting; samestelling. **~-up-and-go** *n., (infml.)* fut, woema, ywer, dryfkrag, energie. **~-well card** word-gou-ge-sond-kaartjie.

Geth·se̲m·a·ne *(NT)* Getsemane *(NAB)*, Getsémané *(OAB)*.

ge̲t·(t)a·ble verkry(g)baar; bereikbaar.

ge̲w·gaw tierlantyntjie, snuistery, prul.

Ge·wü̲rz·tra·mi·ner *(druifsoort, wyn)* gewürztra-miner.

ge̲y·ser spuitbron, geiser; warmwatersilinder, geiser, badketel.

gha̲ap, nga̲ap *(SA, bot.)* ghaap.

Gha̲·na *(geog.)* Ghana. **Gha̲·na̲·ian, Gha̲·ni·an** *n.* Gha-nees. **Gha·na̲·ian, Gha̲·ni·an, Gha·ne̲se** *adj.* Gha-nees.

gha̲·ri·al →GAVIAL.

gha̲st·ly aaklig, afgryslik, yslik, naar; ysingwekkend; spookagtig; doodsbleek. **gha̲st·li·ness** aakligheid, af-gryslikheid, yslikheid; spookagtigheid.

ghat *(<Hindi)* bergreeks; bergpas.

gha̲z·al, ga̲z·al, gha̲z·el *(<Arab., pros.)* ghasel, gasal.

ghee, ghi *(Ind. kookk.: verhelderde botter)* ghi.

Ghent *(geog.)* Gent; *(of)* ~ Gents; *native of* ~ Gen-tenaar.

ghe̲r·kin agurkie.

ghe̲t·to -to(e)s ghetto, agter-, krotbuurt; *(hist.)* ghetto, Jodebuurt. ~ **blaster,** ~ **box** *(infml.: groot draagbare klankstelsel)* blêrboks, brul-, galm(toe)stel.

ghe̲t·to·ise, -ize ghettoïseer; *(fig.)* inhok, inperk, aan bande lê. **ghet·to·i·sa̲·tion, -za̲·tion** ghettovorming; ghettoïsering.

Ghi̲b·el·line *n., (hist.: lid v. 'n pol. faksie)* Ghibellyn. **Ghi̲b·el·line** *adj.* Ghibellyns.

ghi̲l·lie →GILLIE.

ghost *n.* spook, gees; skim; skaduwee; sweem; *(TV)* dubbel-, spookbeeld; *(infml.)* spook(amptenaar); *not a* ~ *of a* ***chance*** nie die geringste/minste kans nie; *be a* ~ *of one's* ***former self*** nie 'n skim/skadu(wee) wees van wat jy was nie; ***give up*** *the* ~ die gees gee, die/jou laaste asem uitblaas, sterf, sterwe, doodgaan; *the* ***Holy G~****, (Chr.)* die Heilige Gees; *not have a* ~ *of an* ***idea*** nie die vaagste benul hê nie; ***lay*** *a* ~ 'n gees besweer; ***raise*** *a* ~ 'n gees oproep; *s.o.'s* ~ ***walks*** *there* iem. spook daar. **ghost** *ww.* spookskryf, -skrywe, onder 'n ander se naam skryf/skrywe; sweef, swewe, gly, moeiteloos vaar; (rond)spook. **~buster** *(infml.)* geestebesweerder. ~ **frog** *(Heleophryne spp.)* spook-padda. ~ **image** *(fot.)* newe-, dubbelbeeld. ~ **story** spookverhaal, -storie. ~ **town** spookdorp. ~ **train** spooktrein *(in 'n pretpark)*. ~ **word** spookwoord *(wat net in 'n naslaanwerk voorkom)*. **~write** *ww.* spook-skryf, -skrywe, onder 'n ander se naam skryf/skrywe. **~writer** *(skrywer onder 'n ander se naam)* spook-, skimskrywer.

gho̲st·ing *(TV)* dubbel-, spookbeelde.

gho̲st·like spookagtig.

gho̲st·ly spookagtig, spook-; *(arg.)* geestelik; ~ ***adviser****, (arg.)* geestelike raadgewer; ~ ***apparition*** spook-gedaante, -gestalte, -verskynsel; ~ ***hour*** spookuur; ~ ***weapons****, (arg.)* geestelike wapens.

ghoul lykverslinder; lykrower; grafskender; monster. **ghoul·ish** monsteragtig.

ghyll →GILL² *n.*.

GI *gis, gi's, n., (Am., infml., afk. v.* General Issue*)* Amerikaanse soldaat. **GI** *adj. (attr.)* soldate-, leër-; *~ bride* oorlogsbruid; *~ Joe, (gewone soldaat)* troep(ie).

gi·ant *n., (mil.)* reus; *(iem. wat buitengewoon groot is)* reus, goliat; *(iem. wat op sy/haar terrein uittroon)* kolos. **gi·ant** *adj.* reusagtig, reuse-. ~ **killer** *(fig.)* leeutemmer. **G~ Mountains** Reusegebergte. ~ **panda** reusepanda, bamboesbeer. ~ **petrel** →PETREL. ~ **protea** *(Protea cynaroides)* groot protea, reusesuikerbos. ~ **race** reusegeslag. ~**'s grave** *(argeol., infml.)* hun(n)ebed, megalitiese graf. ~**-size(d)** *adj.* reusagtig, reuse-. ~ **slalom** *(ski)* reuseslalom. ~**('s) stride** *(gimn.)* sweefmeul(e). ~ **stride,** ~ **step** *(fig.)* reuseskrede. ~ **zonure** →GIRDLED LIZARD.

gi·ant·ess reusin, vrouereus, reusvrou.

gi·ant·ism reusegroei, gigantisme; →GIGANTISM.

gi·ant·like reusagtig.

gia·our *(<Turks, arg., neerh.: nie-Moslem, Christen)* ongelowige, ketter.

Gib *(geog., infml.)* Gibraltar.

gib *(teg.)* teenspy; *~ and cotter* teen- en dwarsspy. ~ **head,** ~**-head(ed) key** neusspy.

gib·ber¹ *ww.* brabbel, brabbel-/wartaal praat; *~ with cold* klappertand. **gib·ber·ish** gebrou, brabbeltaal, kromtaal, koeterwaals, wartaal.

gib·ber² *n., (Austr.)* (groot) klip, rots(blok), rolblok.

gib·ber·el·lin *('n planthormoon)* gibberellien. **gib·ber·el·lic ac·id** gibberelliensuur.

gib·bet *n., (hist.)* galg; galgdood; *(teg.)* kraanarm, -balk. **gib·bet** *ww.* (op)hang; aan die kaak stel.

gib·bon *(soöl.)* langarmaap, gibbon.

gib·bous bol; uitpeulend; bulterig; geboggel(d), boggelrig, boggelagtig; *~ moon* bolmaan. **gib·bos·i·ty** bolheid, geswollenheid; uitpeuling; bulterigheid; bult; boggel; boggelagtigheid.

gibe¹, jibe *n.* spot(terny), skimp, spottende opmerking. **gibe, jibe** *ww.* spot, skimp, (uit)koggel. **gib·er, jib·er** spotter, skimper. **gib·ing·ly, jib·ing·ly** spottend, skimpend, skimpenderwys(e).

gibe² *ww.* →GYBE.

Gib·e·on *(geog., hist.)* Gibeon. **Gib·e·on·ite** Gibeoniet.

gib·lets *n. (mv.)* voëlafval, pluimveeafval; *(i.d. ekv.)* (eetbare) inwendige orgaan.

Gi·bral·tar *(geog.)* Gibraltar. **Gi·bral·tar·i·an** *n. & adj.* Gibraltarees.

gi·bus -*buses* klaphoed, gibus.

gid *(veearts.)* draai-, dronksiekte.

gid·dy *adj.* duiselig, dronk, naar; duiselingwekkend; opgewonde; ligsinnig; wispelturig; *s.o. **feels*** ~ iem. se kop draai/maal; ***get/grow*** ~ duisel, duiselig word; *play the ~ **goat,** (vero.)* dwaas/ligsinnig wees; gekskeer, die gek skeer. **gid·dy** *ww.* duiselig maak; duiselig word. **gid·di·ness** duiseligheid, dronkheid; swymel; opgewondenheid; ligsinnigheid; wispelturigheid.

Gid·e·on *(OT)* Gideon; *the ~s, (Bybelverspreidingsgroep)* die Gideons. ~ **Bible** Gideonsbybel.

gif·blaar *(Afr., bot.)* gifblaar.

gift *n.* gif, gawe, geskenk, skenking; gawe, vermoë, talent; *a **deed** of ~* 'n skenkingsakte; *have the ~ of the **gab*** wel ter tale wees; *I wouldn't **have** it as a ~, (pej.)* ek wil dit nie present hê nie; ***have** a ~ for ...* 'n aanleg vir ... hê, vir ... aangelê wees; ***have** s.t. in one's ~* iets te gee hê, oor iets beskik; ***make** s.o. a ~ of s.t.* iets aan iem. skenk; *the ~ of **tongues*** die gawe om in vreemde tale te praat. **gift** *ww.* begiftig, beskenk; present gee; 'n gawe skenk. ~ **book** present-, geskenkboek. ~ **box,** ~ **pack** geskenkpak(kie), -doos. ~ **horse** *(fig.)* gegewe perd, geskenk; *don't look a ~ ~ in the mouth, (sprw.)* moenie 'n gegewe perd in die bek kyk nie. ~ **shop** geskenkwinkel. ~ **tax** geskenkbelasting, belasting op geskenke. ~ **token,** ~ **voucher** geskenkbewys, presentbewys. ~ **wrap,** ~ **wrapping** *n.* geskenkpapier. ~**wrap** *ww.* in/met geskenkpapier toedraai.

gift·ed begaaf(d), talentvol; geniaal; begiftig; *be ~ with ...* met ... begaaf(d) wees. **gift·ed·ness** begaafdheid, talent.

gig¹ *(hoofs. hist.)* eenperd(e)kar, sjees; *(sk.)* giek, sloep. ~ **lamp** karlamp; *(i.d. mv., vero. sl.)* bril. ~ **(mill)** *(tekst.)* pluismasjien, pluiser.

gig² visspies, harpoen.

gig³ *n., (mus., infml.)* optrede; *(Am.)* jop(pie) *(<Eng.),* werk(ie). **gig** *ww., (mus.)* optree.

gi·ga- *komb.vorm, (alg.: faktor v. 10^9; rek.: faktor v. 2^{30})* giga-. ~**byte** *(rek.)* gigagreep. ~**flops** *(rek., afk. v.* floating-point operations per second*)* gigawops *(afk. v.* wisselpuntoperasies per sekonde*)*. ~**hertz** gigahertz.

gi·gan·tic reusagtig, reuse-, kolossaal; *~ task* reusearbeid, reusagtige taak.

gi·gan·tism, gi·gan·tism *(biol., bot., med.)* gigantisme.

gig·gle *n.* gegiggel; *do s.t. for a ~, (infml.)* iets vir die grap/pret doen; *have the ~s* die lagsiekte hê. **gig·gle** *ww.* giggel. **gig·gly** giggelrig. **gig·let, gig·lot** *(vero.)* giggelende meisie.

gig·o·lo -*los, (dikw. neerh.: betaalde minnaar/metgesel v. 'n ouer vrou)* gigolo, houman, bedjonker; *(vero.)* betaalde/gehuurde dansmaat.

gig·saw →JIGSAW.

gigue *(mus., dans)* gigue.

Gi·la mon·ster *(soöl.)* gila-akkedis, gilamonster.

Gil·ber·ti·an *(i.d. styl v. W.S. Gilbert, 1836-1911)* klugtig, paradoksaal.

Gil·bert Is·lands Gilberteilande.

gild¹ *n.* →GUILD.

gild² *gilded gilded, gilt gilt, ww.* verguld; oortrek met goud; *~ the pill* die pil verguld. **gild·ed:** *~ bronze* goudbrons; *~ youth* rykmanskinders. **gild·ing** verguldsel; vergulding.

gild·er vergulder. ~**'s knife** verguldmes.

Gil·e·ad *(OT)* Gilead; *balm of ~, (bot.)* balsem van Gilead.

Giles *(heilige, 7 n.C.)* Gilles.

gill¹ *n.* kieu *(mv.: kieue),* kief *(mv.: kiewe);* bel(letjie), lel(letjie); kaak; *be rosy about the ~s* blosend lyk; *go white about the ~s* wit word van die skrik. **gill** *ww.* skoonmaak, kaak *(vis).* ~ **chamber** kieu-, kiefholte. ~ **cleft,** ~ **split** kieu-, kiefspleet. ~ **cover,** ~ **flap** kieu-, kiefdeksel.

gill², ghyll *n., (dial.)* kloof; bergstroom.

gill³ *n., (eenheidsmaat)* gill, kwartpint.

gil·lie, ghil·lie, gil·ly *(Sk.)* visjog(gie), aasjoggie; *(hist.)* agterryer, handlanger.

gil·ly·flow·er, gil·li·flow·er angelier, naelblom; *(stock) ~* vilet; *(wall) ~* muurblom.

gilt¹ *n.* verguldsel; skyn; *the ~ is off the gingerbread, (infml.)* die nuwigheid/aardigheid is daarvan af. **gilt** *adj.* verguld, oortrek/oorgeblaas met goud. ~ **edge** goudrand; goudsnee *(v. 'n boek).* ~**-edged** *(boek)* verguld op snee; *(kaartjie)* goudgerand. ~**-edged securities** prima effekte. ~ **frame** vergulde raam/lys.

gilt² *n.* jong sog.

gim·bal(s) kompasbeuel.

gim·crack *n.* snuistery, tierlantyntjie, prul. **gimcrack** *adj.* prullerig.

gim·let frik(ke)boor, swikboor; fret(boor); handboor. ~ **bit** omslagswikboor. ~ **eye** deurborende oog.

gim·me *(sl.: sametr. v.* give me*)* gee my.

gim·mer *(Sk.)* jong ooi. ~ **lamb,** ~ **hog** (ongeskeerde) ooilam.

gim·mick *(infml.)* foefie, truuk, slenter, kunsie, kunsgreep; middeltjie, slimmigheid; geheime toestelletjie. **gim·mick·ry** foefies, truuks; slimmighede. **gim·mick·y** foefierig.

gimp, guimp, gymp gimp, omboorsel; sydraad. ~ **pin,** ~ **tack** gimp-, koordspyker.

gin¹ *n.* jenewer. ~ **mill** *(Am., infml.)* drinkplek, lae kroeg. ~ **palace** *(neerh., vero.)* spogkroeg, drankhuis. ~ **rummy** *(kaartspel)* gin rummy. ~ **shop** *(arg.)* (jenewer)kroeg, drinkplek.

gin² *n.* pluismeul(e), pluis-, suiwermasjien; net, strik, val, wip; *(sk.)* gyn, katrol, wen(as); *(teg.)* duiwel, wolf; →GINNER, GINNING. **gin** -*nn*-, *ww.* suiwer; pluis; ontsaad; vang; verstrik. ~ **block** hysblok. ~ **wheel** wielkatrol.

gin·gel·ly →GINGILI.

gin·ger *n.* gemmer; vuur; gemmerkleur; rooikop; fut, moed. **gin·ger** *adj.* rooiharig, rooikop-; *~ cat* voskat. **gin·ger** *ww.* met gemmer krui; *~ s.o. up* iem. opkikker; *~ s.t. up* iets verlewendig. ~ **ale** gemmerlim. ~ **beer** gemmerbier. ~ **brandy** gemmerbrandewyn. ~**bread** *n.* gemmerbrood, -koek; peperkoek. ~**bread** *adj.* prullerig, vol tierlantyntjies. ~**bread man** gemmerbroodmannetjie. ~ **essence** gemmeressens. ~ **group** *(hoofs. Br. pol.)* drukgroep. ~ **liqueur** gemmerlikeur. ~ **nut** gemmerkoekie. ~ **pop** gemmerbier. ~ **snap** gemmerbeskuitjie. ~ **wine** gemmerwyn.

gin·ger·ade *(Br.)* gemmerbier.

gin·ger·ly versigtig, behoedsaam, ligvoets. **gin·ger·li·ness** versigtigheid, behoedsaamheid.

gin·ger·y gemmeragtig.

ging·ham *(tekst.)* gingang, geruite katoen, ruitjiesgoed.

gin·gi·li, gin·gel·ly *(Ind. kookk.)* sesamolie; *(bot.)* sesamkruid, vlasdodder.

gin·gi·val *(med.)* tandvleis-. **gin·gi·vi·tis** tandvleisontsteking.

gin·gly·mus -*glymi,* **gin·gly·mus joint** *(anat.)* skarniergewrig.

gink *(hoofs. Am., sl., ietwat neerh.)* kêrel, vent.

gink·go -*goes,* **ging·ko** -*koes, (bot.)* ginkgo(boom).

ginn →JINN.

gin·ner pluiser. **gin·ner·y** pluismeul(e).

gin·ning pluisery. ~ **machine** pluismeul(e), pluismasjien.

gi·nor·mous *(infml.)* enorm, kolossaal, reusagtig, tamaai, yslik.

gin·seng *(bot.)* djinseng, ginseng(wortel).

gip·po -*pos* →GYPPO².

gip·py -*pies, n., (sl., neerh.)* Egiptenaar; Egiptiese soldaat; Egiptiese sigaret; sigeuner(in). **gip·py** *adj.* Egipties. ~ **tummy** *(Br., infml.: diarree)* loopmaag, omgekrapte maag.

gip·sy →GYPSY.

gi·raffe -*raffe(s)* kameelperd. ~ **bull/calf/cow** kameelperdbul, -kalf, -koei.

gir·an·dole armkandelaar, girandool; oorhanger; draaivuurwerk; springfontein.

gir·a·sol(e), gir·o·sol *(min.)* girasol, vuuropaal, maansteen.

gird¹ *girded girded, girt girt, (hoofs. poët., liter.)* gord, omgord, opgord; aangord; bewapen, wapen, sterk; *(arg.)* omring, omvang; omsingel, insluit; →GIRDER, GIRDLE¹; *~ o.s. (up) for the **fight,** (fig.)* jou vir die stryd aangord; *~ (up) the **loins,** (idm., ret., skerts.)* die lendene omgord; *~ s.t. **on,** (arg.)* iets aangord *('n swaard ens.); be girt **round** (with s.t.), (arg.)* (met iets) omgord wees.

gird² *(arg.): ~ at s.o.* spot met *(of* skimp op) iem..

gird·er dwars-, draag-, steunbalk; lêer, metaalbalk. ~ **bridge** balk-, lêerbrug.

gir·dle¹ *n.* (vroue)gordel; rekgordel; *(Byb.)* lyfdoek, (broek)gord; oorgord; buikgord(el), buikriem; middel; *~ of chastity* kuisheidsgordel. **gir·dle** *ww.* omsluit; omgord; ring *('n boom); ~ s.t. about/around/in, (poët., liter.)* iets omgord/omsluit. ~**d lizard,** ~**-tailed lizard, zonure** gordelakkedis; *giant girdled lizard, giant zonure, sungazer* reuse-gordelakkedis, ouvolk, sonkyker, skurwejantjie.

gir·dle² *n., (Sk., dial.)* →GRIDDLE.

girl meisie; dogter; *(infml.: geliefde)* nooi(entjie), meisie, vriendin; *(vero., neerh.)* diensmeisie, vroulike bediende; ***best*** ~, *(oorspr. Am.)* gunstelingmeisie, =vriendin, nooi; *a **chit/slip** of a* ~, *(ietwat neerh.)* 'n klein/jong/skraal meisietjie; *a **little*** ~ 'n meisietjie/dogtertjie; ***old*** ~ oudleerling, =skolier, =student; *(infml.)* ounooi; hartjie; *a **plain*** ~, *(neerh.)* 'n onaansienlike meisie, 'n vaal (ou) meisietjie; *a **sweet*** ~ 'n liewe meisie; ***the*** *~s* die meisies, die (jong) dames; die skones; *a **young*** ~ 'n dogter. ~ **chaser** meisie(s)gek. ~-**child** meisiekind. ~ **Friday** kantoormeisie. ~**friend** vriendin, meisie, nooi, *(infml.)* aster. **G~ Guide** Girl Guide, Padvindster. ~**s' choir** meisie(s)koor. **G~ Scout** *(Am.)* Padvindster. ~**s' doubles** meisiesdubbelspel. ~**'s dress** meisie(s)rok. ~**s' high school** hoërmeisieskool, hoër meisieskool. ~**s' hostel** meisie(s)koshuis. ~**'s name** meisie(s)naam. ~**s' school** meisieskool. ~**s' singles** meisiesenkelspel. ~**s' story** meisie(s)verhaal. ~-**struck** met die/jou kop vol muisneste.

girl·hood meisie(s)jare, meisieskap; meisies.

girl·ie, girl·y *adj., (infml., dikw. neerh.)* meisie(s)= *(boek, fliek, ens.)*; meisierig *(man)*; prikkel= *(foto, blad, tydskrif, ens.)*; ~ *show* prikkelpop-revue. **girl·ie, girl·y** *n.* meisietjie, nooientjie, poppie.

girl·ish meisieagtig; ~ *voice* meisiestem. **girl·ish·ness** meisieagtigheid.

gi·ro =*ros* giro.

Gi·ron·din, Gi·ron·dist *n., (hist.)* Girondyn. **Gi·ron·din, Gi·ron·dist** *adj.* Girondyns.

gir·o·sol →GIRASOL(E).

girt[1] *n.* →GIRTH.

girt[2] *adj.: be ~ with ...* met/deur ... omring wees; →GIRD[1].

girth *n.* buikgord(el), buikriem; omvang, omtrek; maagomvang; borsmaat, =omvang *(v. 'n perd)*; *up to the* ~ tot by die saalklappe. **girth** *ww., (arg.)* omvang, insluit; (om)gord; meet *(omvang)*.

gis·mo →GIZMO.

gist hoofsaak, kern, hoofinhoud.

git *(Br., sl., neerh.)* aap, bobbejaan, mamparra; blikskottel, swernoot, lae lak, wetter.

give *n.* (die) meegee, skot. **give** *gave given, ww.* gee; aangee; verskaf, verstrek, verleen; meegee, knak, breek; versak, insak; *('n tou)* skiet; →GAVE, GIVEN; ~ *o.s. **airs*** →AIR *n.*; ~ *s.t. **along/with** ...* iets met ... saamgee; ~ *... **away** ...* weggee; ... afgee *('n bruid)*; ... uitdeel *(pryse)*; ... uitlap/verraai/verklap/verklik *(geheime)*; ~ *o.s. **away*** die aap uit die mou laat, jouself verraai; *not ~ o.s. **away**, (ook)* niks laat merk nie; ~ ***away** the (whole) show* die boel verklap, met die hele mandjie patats uitkom, alles uitblaker; die aap uit die mou laat; ~ *s.t. **back** to s.o.* iets aan iem. teruggee; *I was given to **believe/understand** that ...* →GIVEN; ~ ***birth** to ...* →BIRTH; ~ *a horse a **breather*** →BREATHER; ~ *s.o. in **charge*** →CHARGE *n.*; ~ ***chase** to s.o.* →CHASE[1] *n.*; ~ *out on **contract*** →CONTRACT *n.*; ~ *a **cry*** →CRY *n.*; ~ *a **decision*** →DECISION; ~ *one's **due*** →DUE *n.*; ~ ***ear*** →EAR[1] *n.*; ~ ***expression** to s.t.* →EXPRESSION; ~ ***forth** s.t.* iets afgee; iets uit(er); iets uitstrooi; ~ *as **good** as one gets* jou man staan; ~ ***ground*** →GROUND[1] *n.*; *~/lend s.o. a **hand*** →HAND *n.*; ~ *s.o. the glad **hand*** →GLAD; ~ *an **impression*** →IMPRESSION; ~ ***in*** opgee, kopgee, tou opgooi; *(hart ens.)* swakker word, gaan staan, nie meer wil nie; ~ *s.t. **in*** iets indien/inlewer; ~ ***it** to s.o., (infml.)* iem. opdons/inklim/peper; ~ *a **jump*** →JUMP *n.*; ~ *at the **knees*** deursak/swik (by die knieë); ~ *a **lecture*** →LECTURE *n.*; ~ ***lessons*** →LESSON *n.*; ~ *the **lie** to s.t.* →LIE[1] *n.*; ~ *s.o. a **lift*** →LIFT *n.*; ~ *s.o. a **look*** →LOOK *n.*; ~ *s.o. in **marriage*** →MARRIAGE; ~ *s.o. a piece of one's **mind*** →MIND *n.*; ~ *s.t. a **miss*** →MISS[1] *n.*; ~ *one's **name*** →NAME *n.*; ~ *s.t. **off*** iets afgee *(rook, 'n reuk, ens.)*; ~ ***offence** to s.o.* →OFFENCE; ~ ***onto*** (or ***on to***) *...* op ... uitkom/uitloop; op ... uitsien; ~ *s.o. an **opportunity** to ...* →OPPORTUNITY; ~ ***out*** beswyk, dit opgee; *(suiker, water, ens.)* opraak; *(water)* opdroog; ~ *o.s. **out** as ...* deurgaan (*of* jou uitgee) vir ...; ~ *s.o. **out**, (kr.)* iem. uitgee, beslis dat iem. uit is; ~ *s.t. **out*** iets uitgee, iets bekend maak; iets afgee/uitstraal; iets uitdeel; ~ ***out** on s.o.* iem. in die steek laat; ~ *s.t. **over*** iets opgee; iets oorhandig; ~ *full **particulars*** →PARTICULAR *n.*; ~ ***place** to ...* →PLACE *n.*; ~ *s.o. s.t. as a **present*** →PRESENT[3]; ~ *a **recital*** →RECITAL; ~ ***rise** to ...* →RISE *n.*; ~ *and **take*** gee en neem; ~ *or **take** a hundred/etc., (infml.)* min of meer ('n) honderd/ens., ('n) honderd/ens. meer of minder; ~ *a **talk*** →TALK *n.*; ~ *a **thought** to ...* →THOUGHT *n.*; ~ *s.t. **to** s.o.* iets aan/vir iem. gee; ~ ***trouble*** →TROUBLE *n.*; ~ ***up*** (dit) opgee; ~ *s.t. **up*** iets afgee; iets afstaan; iets afskaf; iets laat staan/vaar, van iets afsien; ~ ***up** everything* alles laat vaar; ~ ***up** hope* →HOPE *n.*; ~ ***up** on s.o., (infml.)* geen hoop vir iem. hê nie; ~ ***up** smoking* ophou rook, rook laat staan; ~ ***up** the ghost* →GHOST *n.*; ~ ***up** the struggle* →STRUGGLE *n.*; *you can ~ it **up**!* jy kan maar gaan slaap!; ~ *o.s. **up** to ...* jou aan ... oorgee *(d. polisie ens.)*; ~ ***way*** →WAY *n.*; ~ *s.o. **what** for* →WHAT; ***what** ~s?, (infml.)* wat is aan die gang?; *I **will** ~ him/her that, (ook)* ek gee hom/haar dit ter ere na; *s.o. would ~ the **world** to ...* →WORLD. ~**away** *n.* geskenk, present, pasella; winskopie; *s.t. is a dead ~, (infml.)* iets verraai alles. ~**away** *adj.: at a ~ price* spotgoedkoop.

giv·en gegee; gegewe, bepaalde; *I was ~ to **believe/understand** that ..., (fml.)* ek is te verstaan gegee dat ...; ~ ***name**, (hoofs. Am.)* voor=, doopnaam; *any ~ **number*** enige willekeurige getal; *be ~ **over** to ...* aan ... verslaaf wees; *be ~ **to** ...* tot ... geneig wees; *be ~ **to** swearing/etc.* lief wees om te vloek/ens.; *it was not ~ **to** s.o. to ...* dit was nie vir iem. beskore/weggelê om te ... nie; *be ~ **up** for dead* vir dood aangesien word.

giv·er gewer, skenker.

Gî·za →EL GÎZA.

giz·mo, gis·mo =*mos, (sl.)* kontrepsie *(<Eng.)*, af=fêrinkie, toestelletjie.

giz·zard hoendermagie; kou=, spiermaag, pens; krop; *it sticks in s.o.'s ~, (infml.)* dit steek iem. (dwars) in die krop, iem. kan dit nie kleinkry/verkrop nie.

gla·brous *(bot., anat.)* glad, kaal.

gla·cé *adj.* geglaseer(d). **gla·cé** *glacéing; glacéed glacéed, ww.* glaseer, verglans. ~ **fruit(s)** geglaseerde vrugte, glasuurvrugte. ~ **icing** glasuur, glaseersel. ~ **kid**, ~ **leather** glansleer. ~ **ribbon** glanslint, geglansde lint.

gla·cial *n., (geol.)* ystyd. **gla·cial** *adj.* ysig; *(geol.)* glasiaal, ysgletser=; ~ ***deposit*** gletserafsetting; ~ ***epoch/period*** ystyd; ~ ***ice*** gletserys; ~ ***lake*** gletsermeer; ~ ***striae**, (geol.)* gletserskrape. ~ **acetic acid** *(chem.)* ys=asynsuur.

gla·ci·ate verys, bevries; vergletser. **gla·ci·at·ed** met ys bedek; bevrore, bevries; vergletser(d); met spore uit die ystyd. **gla·ci·a·tion** ysvorming, bevriesing; gletserwerking; gletservorming; vergletsering.

glac·ier gletser. ~ **ice** gletserys. ~ **lake** gletsermeer.

glac·i·ol·o·gy gletserkunde, glasiologie.

gla·cis =*cis(es)* helling, glooiing; *(mil.)* glacis.

glad bly, opgewek, opgeruimd, vrolik, verheug; →GLADLY, GLADNESS; *be ~ **about/of** s.t.* oor iets bly wees; *give s.o. the ~ **hand**, (dikw. iron./neerh.)* iem. (oor)vriendelik (*of* [oordrewe] hartlik) groet/verwelkom; *be **right** ~* regtig bly wees; ***I shall** be ~, (ook, fml.)* u sal my 'n genoeë doen; ***I shall** be ~ to do it* ek sal dit graag (*of* met genoeë) doen; *s.o. is ~ **that** ...* dit verheug iem. dat ...; *s.o. will be only too ~ **to** do s.t., (ook)* iem. sal iets maar alte graag doen. ~ **eye** knipogie; *give s.o. the ~ ~, (infml.)* vir iem. knipoog. ~-**hand** *ww., (Am., dikw. neerh./iron.)* (oor)vriendelik (*of* [oordrewe] hartlik) groet/verwelkom. ~ **rags** *n. (mv.), (infml.)* beste toiings. ~ **tidings** *n. (mv.)* heuglike nuus.

glad·den verbly, bly maak, verheug; opvrolik, opbeur.

glade oop/kaal plek *(in 'n bos)*.

glad·i·a·tor swaardvegter, gladiator. **glad·i·a·to·ri·al** gladiatories; ~ *combat* gladiator(e)geveg.

glad·i·o·lus =*oli*, =*olus(es), (bot.)* pypie, swaardlelie, gladiool, gladiolus.

glad·ly graag, met graagte, met blydskap/genoeë.

glad·ness blydskap, opgewektheid, vreug(de), blymoedigheid, vrolikheid, verheuging.

glad·some *(arg.)* →GLAD.

Glad·stone bag reistas, *(fml., w.g.)* valies.

glair *n.* eierwit; (eiwit)lym. **glair** *ww.* eierwit aansmeer/byvoeg. **glair·y, glair·e·ous** eiwitagtig; eiwithoudend.

glaive *(poët., liter.)* →SWORD.

glam *adj., (afk., infml.)* →GLAMOROUS. **glam** *ww.: ~ o.s. up, (infml.)* jou opdollie.

glam·our, *(Am.)* **glam·or** *n.* verloklikheid, aanloklikheid, aantreklikheid, verleidelikheid; skittering, skitterskyn, glans; *(arg.)* begoëling, betowering, bekoring, bekoorlikheid; *cast a ~ over s.o., (arg.)* iem. betower/begoël/bekoor. **glam·our** *ww., (arg.)* betower, bekoor, verlok. ~ **boy** *(infml., dikw. neerh.)* swierbol, laventelhaan, pronker. ~ **girl** *(infml., dikw. neerh.)* glans=, prag=, pronkmeisie.

glam·o(u)r·ous glansend, bekorend, bekoorlik, betowerend, skittermooi, romanties; verleidelik, verloklik, verloklik. **glam·o(u)r·ize**, =**ize** romantiseer.

glance[1] *n.* blik, oogopslag; skramhou; *(kr.)* afkeerhou; *(poët., liter.)* flikkering, skynsel; glans; ***at a** ~* met een oogopslag; ***dart** a ~ **at** ...* 'n blik op ... werp (*of* na ... skiet); ***at first** ~* met die eerste oogopslag/blik, op die eerste gesig; *a **quick/transient** ~* 'n vlugtige blik; ***steal** a ~ **at** ...* skelmpies/steels na ... kyk; ***throw** a ~ backward(s)* vinnig omkyk. **glance** *ww.* 'n blik werp, vlugtig kyk; flikker, skitter; ~ ***at** ...* 'n blik op ... werp (*of* na ... skiet); vlugtig na ... kyk, na ... loer; ... sydelings aankyk; ... deurblaai *('n boek ens.)*; ~ *one's **eye** over s.t.* die/jou oog oor iets laat gaan/gly; ~ ***off** (s.t.)* (van iets) afskram; ~ ***over/through** s.t.* iets vlugtig deurkyk; ~ ***round*** vlugtig rondkyk. **glanc·ing** *adj.*, **glanc·ing·ly** *adv.* vlugtig, terloops; sydelings, skrams.

glance[2] *n., (min.)* glanserts. ~ **coal** glanssteenkool, glanskole, antrasiet. ~ **cobalt** kobaltiet. ~ **copper** koperglans, chalkosiet.

gland[1] klier. **glan·di·form** *(med.)* kliervormig. **glan·du·lar** klieragtig, klier=; ~ ***duct*** klierbuis; ~ ***fever*** klierkoors; ~ ***functions*** klierwerking; ~ ***tissue*** klierweefsel; ~ ***tumour*** kliergewas. **glan·dule** kliertjie. **glan·du·lous** klieragtig, klier=.

gland[2] *(meg.)* (pakkings)drukstuk. ~ **nut** druk(stuk)=moer. ~ **sleeve** druk(stuk)huls.

glan·ders *n. (fungeer as ekv.), (veearts.)* droes. **glan·dered, glan·der·ous** droesig, met droes besmet.

glan·dif·er·ous *(bot.)* akkerdraend.

glan·di·form akker=, eikelvormig.

glans *glandes, (<Lat.), (anat.)* glans; klier; kliervormige liggaam. ~ **clitoris** glans, kop van die klitoris. ~ **penis** glans, kop van die penis.

glare *n.* woeste blik; skittering, fel(le) lig, (skerp) skynsel; vuurgloed; skelheid; skreeuende prag. **glare** *ww.* aangluur *(iem.)*; flikker, fel skyn; skerp afsteek; ~ *at s.o.* iem. kwaad/woedend/woes aankyk/aanstaar, iem. met die oë steek. ~-**proof** skynselwerend.

glar·ing verblindend, fel; skreeuend; flagrant; skril; woes, vurig; ~ ***contrast*** skrille teen=/teëstelling; ~ ***injustice*** skreiende onreg; ~ ***light*** skerp/fel(le) lig; ~ ***mistake*** flater, opvallende/skreeuende fout; ~ ***red*** knalrooi. **glar·ing·ly** verblindend, fel, skreeuend; ~ ***bright*** skel; ***contrast** ~ **with** ...* skerp met ... kontrasteer, 'n skerp kontras/teen=/teëstelling met ... vorm; *be ~ **obvious*** soos 'n paal bo water staan, voor die hand liggend (*of* so duidelik soos daglig) wees, voor die hand lê.

glar·y verblindend; skreeuend.

Glas·gow *(geog.)* Glasgow; →GLASWEGIAN.

glas·nost *(Rus.)* glasnost, openheid, deursigtigheid.

glass *n.* glas; spieël; ver=, vêrkyker; weerglas, venster; ruit; sopie; *(i.d. mv.)* bril; ***armoured*** ~ pantserglas; ***clink/touch** ~es* glase klink; ***cut*** ~ geslypte glas; ***dark** ~es* 'n donkerbril (*of* donker bril); ***drain/empty** a ~* 'n glas uitdrink; *a ~ **of** water/etc.* 'n glas water/ens.; *two ~es **of** water/etc.* twee glase water/ens.; ***over** a ~ **of** wine/etc.* oor/by 'n glas(ie) wyn/ens.; *a **pair** of ~es* 'n bril; ***raise** a ~ **to** s.o.* op iem. (se gesondheid) drink; *a **tall*** ~ 'n lang glas; ***under*** ~ onder glas; agter glas; *s.o. **wears** ~es* iem. dra ('n) bril, iem. bril; *a **(weather)*** ~ 'n (weer)glas. **glass** *adj.* glas=; *people/those who live* *in ~ houses shouldn't throw stones* mense wat in glashuise woon, moenie met klippe gooi nie. **glass** *ww.* glas/ruite insit; glas voorsit; glasig maak; weerspieël; *~ s.t. in* iets met glas toemaak; glas voor iets sit; *~ed veranda(h)* glasstoep, =veranda. ~ **bead** glaspêrel, =kraal, =kraletjie. ~ **bell** (glas)stolp. ~ **beveller** glasslyper. ~**-blower** glasblaser. ~**-blowing** glasblasery. ~ **bowl** glasbak. ~ **brick** glassteen. ~ **case** glaskas. ~ **ceiling** *(infml., fig.)* glasplafon. ~ **cloth** afdroogdoek. ~ **cover** stolp, stulp. ~ **cover slip** dekglas. ~ **culture** broeikaskwekery. ~ **cutter** glassnyer, =slyper. ~ **diamond** snydiamant. ~ **dust** glaspoeier. ~ **eye** glasoog; *(veearts.)* glasoog *(by perde)*. ~**-eye** *(orn., vero.)* →BLEATING WARBLER. ~ **fibre** glasvesel. ~ **gall** glasgal. ~ **grinder** glasslyper. ~**house** glashuis; broeikas, =huis; glasblasery, glasfabriek; glaswinkel; *(infml.)* soldatetronk. ~**-making** glasbereiding. ~ **metal** frit, glasspys, =spesie, =massa, =mengsel. ~ **painting** glasskildery. ~ **paper** skuur=, glaspapier. ~ **sand** glassand. ~ **shot** *(fot.)* glasskoot. ~ **silk** glaswol. ~ **slipper** glasskoentjie. ~ **soap** glas(blaser)seep. ~ **splinter** glasskerf. ~ **stainer** brandskilder. ~ **staining** brandskilderwerk. ~ **tear** glastraan. ~ **towel** afdroogdoek. ~**ware** glasgoed, =werk, glasware. ~ **wool** glaswol. ~**work** glaswerk. ~**-worker** glaswerker. ~**works** glasfabriek. ~**wort** *(bot.)* loogkruid.

glass·ful =*fuls* glas (vol); *a ~ of milk* 'n glas melk.

glass·like glasagtig.

glass·y glasig, glaserig, glasagtig; hialien; glas=; spieëlglad; koel, kil; *a ~ response* 'n onvriendelike reaksie. **glass·i·ness** glas(er)igheid, glasagtigheid; kilheid, starheid *(v. iem. se blik)*.

Glas·we·gian *n.* inwoner van Glasgow, Glasgower. **Glaswegian** *adj.* uit/van Glasgow, Glasgows.

glau·ber·ite *(min.)* glauberiet.

Glau·ber('s) salt *(chem.)* glaubersout.

glau·co·ma *(med.)* groenstaar, gloukoom.

glau·co·nite *(min.)* gloukoniet, groenaarde, =sand, berggroen.

glau·cous *(teg. of poët., liter.)* grysgroen, seegroen, grysblou; *(bot.)* met 'n waslaag bedek.

glaze *n.* glans; *(kookk.)* glaseersel, verglanssel; glasuur *(by keramiek)*; glasuurglans; glasige blik. **glaze** *ww.* glas/ruite insit; glas voorsit; verglans; verglaas; glasuur *(erdewerk)*; glaseer, versuiker *(voedsel)*; glad maak, polys, glans; *(oë)* glasig word. *~ s.t. in* iets met glas toemaak; glas voor iets sit; *~ over, (iem. se oë ens.)* glasig word. ~ **ice** ysryp, ysel. ~ **kiln** verglaasoond.

glazed glas=; verglans; verglaas, geglasuur(d); geglans, geglaseer(d); glasig; blink, glansend; *~ **bookcase*** boekrak met glasdeure; *~ **brick*** glasuursteen; *~ **cabinet*** glaskas; *~ **chintz*** glanssis; *~ **cotton*** glanskatoen; *~ **door*** glaspaneeldeur, glaswerkdeur; *~ **earthenware*** geglasuurde erdewerk; *~ **frost*** ysryp, ysel; *~ **fruit*** glansvrugte, verglansde/verglanste vrug(te); *~ **hat*** oliehoed; *~ **paper*** glanspapier; *~ **pudding*** geglaseerde poeding; *~ **tile*** glasuurteël; *~ **window*** venster met glas; *~ **yarn*** glansgare, =garing.

glaze·ment glasuursel.

glaz·er verglaser; glasuurder; polyster; polysskyf, amarilskyf.

gla·zier glasmaker, =vervaardiger; glaswerker, glasenier; ruitwerker; *is your father a ~?* groot lantern weinig lig!. ~**'s chisel,** ~**'s knife** stopmes. ~**'s lead** vensterlood. ~**'s point** ruitspykertjie. ~**'s putty** stopverf.

glaz·ing verglaassel, glasuur; (die) glad maak; vensterglas; glaswerk; beglasing; glasuring. ~ **compound** stopmengsel. ~ **rubber** ruitrubber. ~ **wheel** polysskyf.

glaz·y glasagtig, glasig; glimmend, blink.

gleam *n.* straal, skyn, flikkering; *a ~ of hope* →A FLASH OF HOPE; *a ~ of humour* 'n sprankie humor. **gleam** *ww.* straal, skyn; glim, flikker, blink, glans; skemer. **gleam·ing** glansend, glimmend; *~ white* kraakwit. **gleam·y** skynend, glansend.

glean nalees; versamel; *(hist.)* optel, byeenraap *(oesreste)*; *~ s.t. from ...* iets uit ... haal; iets van ... verneem. **glean·er** versamelaar. **glean·ing** versameling; *(i.d. mv.)* oesreste; *(i.d. mv., fig.)* (moeisaam) versamelde feite/gegewens/inligting, sameraapsel(s).

glebe *(arg.)* grond, land. ~ **(land)** *(Br., hist.)* pastoriegrond.

glee blydskap, vrolikheid, opgetoënheid; rondsang. ~ **club** sangtroep, =vereniging.

glee·ful bly, verblyd, vrolik, opgetoë.

gleet *(med.)* vloeiing, vogafskeiding, etter. **gleet·y** etterig.

glen dal, vallei, laagte.

glen·gar·ry =*ries:* ~ **(bonnet)** *(Sk., soort hoed)* glengarry.

gle·noid cav·i·ty *(anat.)* gewrigskom.

gley, glei *(grysblou kleigrond)* glei, gley.

gli·a·din *(biochem.)* gliadien.

glib glad van tong, vloeiend, rederyk, vlot; glad, gelyk; los; *~ talk* slimpraatjies; *~ tongue* gladde tong. **glib·ly** glad, vlot; los; oppervlakkig. **glib·ness** gladheid, vlotheid; oppervlakkigheid.

glide *n.* (die) gly, skuiwe; *(fonet.)* oorgang(sklank); *(mus.)* glissando; sweefvlug; *(kr.)* →GLANCE *n.*. **glide** *ww.* gly; skuif, skuiwe; seil, sweef, swewe; sluip, kruip; oorgaan; sweef(vlieg); *~ **across*** oorseil; *~ a **ball**, (kr.)* 'n bal afkeer; *~ **down*** afgly; afsweef, afswewe; *~ **off** s.t.* van iets afgly. ~ **pad** *(rek.)* glymat. ~ **path** sweefbaan.

glid·er sweef(vlieg)tuig, motorlose vliegtuig. ~ **flying** sweef(vlieg). ~ **pilot** swewer, sweefvlieër. ~ **site** sweefveld.

glid·ing gly; sweef; sweefsport, sweef(vlieg), sweefkuns. ~ **club** sweefklub. ~ **flight** sweefvlug. ~ **pilot** swewer, sweefvlieër. ~ **plane** glyvlak. ~ **site** sweefveld.

glim *(arg. sl.)* lig; kers; lantern; *douse the ~* die kers/lantern doodmaak/doodblaas.

glim·mer, glim·mer·ing *n.* skynsel, glinstering, flikkering; *(fig.)* straaltjie; glimp; vae begrip/vermoede; *a ~ of hope* 'n sprankie/sweempie (van) hoop, 'n ligpuntjie; *not have a ~ of understanding about s.t.* geen (*of* nie die flouste/geringste/minste/vaagste) benul van iets hê nie. **glim·mer** *ww.* (flou) skyn, glinster, glim, flikker, skemer; *~ through* deurskemer.

glimpse *n.* glimp; vlugtige blik, kykie; ***catch/get** a ~ of ...* 'n glimp van ... sien, ... vlugtig (*of* met 'n skimp) sien, ... skrams (raak)sien; 'n vlugtige blik op ... kry; *I **haven't caught** a ~ of ...* ek het ... met geen oog (*of* nie met 'n oog) gesien nie; *~s of **history*** kykies in die geskiedenis; *the ~s of the **moon**, (arg.)* maanligtonele; *a ~ of the **obvious*** 'n waarheid soos 'n koei. **glimpse** *ww.* skrams (raak)sien, 'n glimp sien van, met 'n skimp sien; *(poët., liter.)* skemer, gloor.

glint *n.* glinstering, skynsel, flonkering, flikkering; flits. **glint** *ww.* glinster, blink.

glis·sade *n.* gly; *(ballet)* glypas. **glis·sade** *ww.* gly.

glis·san·do =*sandi,* =*sandos, (mus.)* glissando.

glis·ten glinster, blink, glans; *~ with ...* van ... glinster.

glis·ter *(poët., liter.)* skitter, glinster, vonkel.

glitch *n., (infml.)* (tegniese) probleempie/haakplekkie; (tegniese) storing/steuring.

glit·ter *n.* skittering, glinstering, vonkeling, flonkering, glans. **glit·ter** *ww.* skitter, glinster, vonkel, flonker, flikker, straal; *~ with ...* van ... skitter. **glit·ter·ing** skitterend, glinsterend, vonkelend *(juwele, oë, ens.)*; glansryk, luisterryk *(geleentheid, loopbaan, ens.)*; roemryk, vermaard, beroemd *(pers.)*. **glit·ter·y** skitterend, glinsterend, vonkelend *(juwele, oë, ens.)*.

glit·te·ra·ti *n. (mv.), (infml.)* glansmense, stralerkliek, gala-aanders, blinkvinke.

glitz, glitz·i·ness glans, swier(igheid), spoggerigheid. **glitz·y** =*ier* =*iest, adj.,* **glitz·i·ly** *adv.* glansryk, swierig, spoggerig, pronkerig.

gloam·ing *(poët., liter.)* skemer(ing), skemerte.

gloat lekker kry; *~ over s.t.* jou in iets verlekker/verlustig/verkneukel. **gloat·ing** leedvermaak. **gloat·ing·ly** met verlustiging; leedvermakerig.

glob *(infml.)* (sagte) bol.

glob·al wêreld= *(oorlog, politiek, vrede, ens.)*; wêreldwyd, oor die hele wêreld (verspreid[d]); algemeen, allesomvattend, universeel, globaal; wêreldomvattend *(belange)*; *~ **ban*** algehele verbod; *~ **figure*** totaalbedrag, =syfer; *on a ~ **scale*** op ('n) wêreldskaal; *take a ~ **view** of s.t.* iets globaal (*of* in sy geheel) beskou. ~ **music** →WORLD MUSIC. ~ **search** *(rek.)* algemene/omvattende soektog. ~ **variable** *(rek.)* globale veranderlike. ~ **village** wêrelddorp(ie), neutedorp, dwergwêreld, aardgehuggie. ~ **warming** *(met.)* aardverwarming.

glob·al·i·sa·tion, -za·tion globalisering, globalisasie.

glob·al·ly wêreldwyd; algemeen, universeel, globaal.

glo·bate bolvormig, bolrond.

globe *n.* bol; aardbol; oogbol; gloeilamp; glaskap *(v. 'n lamp)*; (vis)kom; ***all over** the ~* oor die hele wêreld; ***astral/celestial** ~* hemelbol; ***terrestrial** ~* aardbol, aarde. **globe** *ww.* tot 'n bol vorm. ~ **artichoke, French artichoke** egte artisjok. ~ **cyathula** rondeklits. ~**fish** →PUFFER(FISH). ~ **lightning** bolblits. ~ **thistle** artisjok. ~**trotter** wêreldreisiger, =toeris. ~**trotting** *n.* om die wêreld plat te reis. ~**trotting** *adj. (attr.)* wêreldreisende *(rugbykommentator ens.)*; *(beeld ens.)* van 'n wêreldreisiger *(pred.)*; wêreld= *(reis ens.)*. ~ **valve** koeëlklep.

glo·bin *(biochem.)* globien; →HAEMOGLOBIN.

glo·boid, glo·bose, glo·bous bolvormig. **glo·bos·i·ty** bolvormigheid.

glob·u·lar bolvormig, rond, bolrond. **glob·u·lar·i·ty** bolvormigheid.

glob·ule bolletjie; druppeltjie; pilletjie; koeëltjie. **glob·u·lous** bolvormig, rond, bolrond; globuleus.

glob·u·lin *(biochem.)* globulien.

glock·en·spiel *(mus.: slaginstrument)* glockenspiel.

glogg *(<Sweeds: warm gekruide alkoholiese drankie)* glögg.

glom·er·ate bol=, gebondel(d); *(bot.)* skynhoofdig. **glom·er·a·tion** opeenhoping *(tot 'n bol)*.

glom·er·ule =*ules,* **glo·mer·u·lus** =*uli, (anat.)* kluweltjie, vaat=, nierliggaampie; *(bot.)* skynhofie.

gloom *n.* donkerte, donkerheid, duisternis; skemer(ing); somberheid; *~ and doom, doom and ~* wanhoop, mismoed, vertwyfeling, swartgalligheid, pessimisme. **gloom** *ww.* donker/somber kyk; donker lyk/word; versomber. ~**-and-doomster** doemprofeet.

gloom·y (half)donker, duister; mistroostig, swaarmoedig, neerslagtig, triest(er)ig, triets(er)ig, somber, droefgeestig, melancholies, melankolies; betrokke; *take a ~ view of things* iets swart insien. **gloom·i·ness** donkerheid, duisternis; mistroostigheid, swaarmoedigheid, somberheid, droefgeestigheid, melancholie, melankolie, triestigheid, trietsigheid.

Glo·ri·a *(Chr., mus.)* Gloria, lofsang.

glo·ri·a stralekrans.

glo·ri·fy verheerlik, groot maak; prys, ophemel, loof. **glo·ri·fi·ca·tion** verheerliking; ophemeling. **glo·ri·fied** *adj. (attr.)* pretensieuse, verheerlikte; weinig meer (*of* skaars/nouliks beter/groter/ens.) as.

glo·ri·ole →HALO.

glo·ri·ous glorie=, roem=, glansryk, glorie=; skitterend, pragtig; heerlik; *(infml.)* dronk; *~ fun* vet pret; *a ~ holiday* 'n heerlike/salige vakansie; *a ~ season, (sport)* 'n skitterende seisoen.

glo·ry *n.* glorie; roem, eer; heerlikheid; trots; stralekrans; ligkring; *~ **be!**, (infml.)* dank die hemel!, die hemel sy dank!; wil jy nou meer!; ***cover** o.s. in ~* jou met roem oorlaai; ***gain/win** ~* roem verwerf; *~ **to God*** eer aan God, *(vero.)* ere sy God; ***in all its** ~* in sy volle glorie; *be **in** one's ~, (infml.)* in jou kanon/peetjie (in) wees, dis klaar(praat) met jou; ***send** s.o. to his/her ~, (infml.)* iem. bokveld toe stuur (*of* na die ander wêreld help). **glo·ry** *ww.* roem dra; koning kraai; *~ **in** s.t.* trots wees op iets, jou op iets beroem; bly/verheug wees oor iets, jou in/oor iets verheug; *(pej.)* jou in iets verlekker, leedvermakerig wees. ~ **hole** *(infml.)* rommelkamer; *(infml.)* rommelkas; *(Am.)* ertsgroef. ~ **lily** boslelie.

gloss¹ *n.* glans; skyn; misleidende uiterlike; klatergoud *(fig.); (ook* gloss paint*)* glansverf; →LIP GLOSS; *s.t. loses its ~* iets verloor sy glans; *take the ~ off s.t.* iets van sy glans beroof. **gloss** *ww.* laat glans, blink maak, poets; verglans; *~ over s.t.* iets verbloem/verdoesel/ toesmeer/goedpraat, 'n skyntjie aan iets gee.

gloss² *n.* glos, kanttekening; wanvoorstelling, ver=draaiing. **gloss** *ww.* glosseer, kommentarieer, aante=keninge/verklaringe maak by; aanmerkinge maak; ver=keerd uitlê, verdraai, wegredeneer. **glos·sa·tor** *(hoofs. hist.)* kommentator, glosseskrywer.

glos·sal *(anat., w.g.)* tong=.

glos·sa·ry glossarium; woordelys. **glos·sar·i·al** ver=klarend. **glos·sa·rist** woordelysmaker, =opsteller.

glos·si·tis *(med.)* tongontsteking.

glos·so·la·li·a *(d. gawe om in vreemde tale te praat)* glossolalie.

glos·sol·o·gy *(vero.)* vergelykende taalkunde; termi=nologie.

glos·so·pha·ryn·ge·al nerve tong-keelholte-senu= (wee).

gloss·y glansend, glanserig, blink; skoonklinkend; *~ **coal*** blinksteenkool, blinkkole; *~ **magazine*** glans=tydskrif; *~ **print*** glansdruk; glansfoto; *~ **starling*** glansspreeu; *~ **wool*** glanswol. **gloss·i·ness** glans, glansendheid, blinkheid.

glot·tis *=tises, =tides, (anat.)* glottis, stemspleet. **glot·tal** *(attr.)* glottale, glottis=, stemspleet=, stemband=; *~ catch/plosive/stop, (fonet.)* glottale sluitklank, stemband=klapper.

glove *n.* handskoen; ***fit** like a ~* nommerpas *(of* nom=mer pas) wees, pas of dit aangegiet is; *the ~s are **off*** hulle pak mekaar met mening, die stryd begin, nou's daar geen keer meer nie; ***take** off the ~s, (lett.)* die handskoene uittrek; iem./mekaar met die kaal vuis pak; *(fig.)* iem./mekaar met mening pak; ***take** up the ~* die handskoen opneem, 'n uitdaging aanvaar; ***throw** down the ~ to s.o.* iem. die handskoen toewerp, iem. uitdaag; *handle/tackle ... **without** ~s ...* hard/streng aanpak. **glove** *ww.* handskoene aansit; van hand=skoene voorsien; →GLOVED. *~* **box** paneelkassie *(v. 'n motor); (kernfis.)* handskoenkas. *~* **compartment** paneelkassie, bêrehokkie *(v. 'n motor).* *~* **puppet** hand=(skoen)pop.

gloved gehandskoen, met handskoene aan.

glov·er handskoenmaker; handskoenverkoper. *~***'s wool** looiwol.

glow *n.* gloed; vuur; rooi kleur; skynsel; blosende kleur; *be in a ~, (fig.)* gloei, gloeiend wees. **glow** *ww.* gloei; brand; smeul; skyn, straal; →GLOWING *adj.; ~ with ...* brand/gloei van ...; *keep on ~ing* nagloei. *~* **lamp** gloeilamp. *~***-worm** glimwurm(pie), ligkewer; →FIREFLY.

glow·er dreigend/nors kyk; *~ at s.o.* iem. aangluur *(of* kwaad aankyk). **glow·er·ing** *adj.*, **glow·er·ing·ly** *adv.* stuurs, stug, stroef, nors, kwaai; somber, donker, duis=ter, swart; dreigend, onheilspellend.

glow·ing *adj.* gloeiend; vurig; lewendig, kleurryk, gloed=vol.

glox·in·i·a *(bot.: Sinningia* spp.*)* gloksinia.

gloze *(arg.)* bewimpel, vergoe(i)lik; mooipraat, soet broodjies bak, vlei; →GLOSS¹ *ww.*.

glu·cin·i·um →BERYLLIUM.

glu·cose glukose, bloedsuiker; styselstroop. **glu·co·su·ri·a** →GLYCOSURIA.

glue *n.* lym, gom; *liquid ~* koue lym. **glue** *glu(e)ing, ww.* lym; (vas)plak; vasdruk teen; *~ s.t. on* iets opplak; iets vaslym; *~ things together* dinge aanmekaarplak/ =lym/vasplak/=lym. *~* **pot** lym=, gompot. *~***-sniffer** gom=snuiwer. *~***-sniffing** die snuif van gom, gomsnuiwery, gomsnuiwing. *~* **stick** gomstiffie. *~* **wash** *n.* lymwater. *~***-wash** *ww.* met lymwater was. *~* **water** lymwater.

glued: *s.o.'s **ear** was ~ to the keyhole* iem. het sy/haar oor styf teen die sleutelgat gehou; *s.o.'s **eyes** were ~ to ...* iem. se oë was strak op ... gerig/gevestig, iem. kon sy/haar oë nie van ... afhou nie; *keep one's **eyes** ~ to the road/etc.* die pad/ens. strak dophou, nie van die pad/ens. af wegkyk nie; *stay ~ to s.o.'s **side*** deuren=tyd *(of* die hele tyd) aan iem. se sy bly; *as if/though ~ to the **spot*** asof aan die grond vasgenael; *s.o. was ~ to the **TV*** iem. het vasgenael voor die TV gesit, iem. het aandagtig *(of* met gespanne/toegespitste aandag) (na die) TV (ge)sit en kyk.

glue·y *gluier gluiest* lymerig, lymagtig; klewerig.

gluh·wein, glüh·wein *(warm gekruide rooi wyn)* glühwein.

glum bekaf, bedruk, mismoedig, terneergedruk; stuurs. **glum·ness** bedruktheid, mismoedigheid; stuursheid.

glume *(bot.)* kelkkaffie; graandoppie.

glut *n.* versadiging, oorlading, oorvoering, verstop=ping; →GLUTTON; *there is a ~ of ...* daar is 'n oor=vloed van ... **glut** *=tt=, ww.* volprop, oorlaai; ver=sadig; oorvoer *(d. mark)*; met wellus laat wei *(d. oë); ~ the market with ...* die mark met ... oorvoer *(aar=tappels ens.)*.

glu·ta·mate *(biochem.)* glutamaat. **glu·tam·ic:** *~ acid* glutamiensuur. **glu·ta·mine** *(biochem.)* glutamien.

glu·ten *(biochem.)* gluten, been=, graanlym. *~***-free** glutenvry.

glu·te·us, glu·te·us *glutei, (anat.)* boudspier. **glu·te·al** boud=; *~ muscle* boudspier.

glu·ti·nous klewerig, klewend; lymerig, lymagtig, glu=tineus.

glut·ton vraat, gulsigaard; *(soöl.)* →WOLVERINE; *make a ~ of o.s.* jou doodeet; *be a ~ for punishment, (infml.)* 'n smartvraat wees; jou doodwerk; *a ~ for work, (infml.)* 'n werkesel. **glut·ton·ise, =ize** vreet, gulsig eet (en drink). **glut·ton·ous, glut·ton·ish** gulsig, vraatsug=tig, vraatsig, vraterig. **glut·ton·y** gulsigheid, vraatsug(tig=heid), vraatsigheid.

glyc·er·ol, glyc·er·in(e) *(chem.)* gliserol, gliserien.

gly·cine *(biochem.)* glikokol.

gly·co·gen *(biochem.)* glukogeen, glikogeen, dierlike stysel, dier(e)stysel.

gly·col *(chem.)* (etileen)glikol; →DIOL.

gly·cose *(vero.)* glikose (→GLUCOSE); monosakkaried. **gly·co·side** *(biochem.)* glikosied. **gly·co·su·ri·a, glu·co·su·ri·a** *(med.: aanwesigheid v. te veel suiker i.d. urien)* glikosurie, glukosurie.

glyph *(argeol.)* glief; *(argit.)* gleuf.

gly·phog·ra·phy glifografie.

glyp·tic *adj.* glipties. **glyp·tics** *n. (fungeer as ekv.)*, **glyp·tog·ra·phy** gliptiek, steengravering, steensnykuns, glip=tografie.

G-man →G.

gnarl¹ *n.* knoe(t)s, kwas. **gnarled, gnarl·y** knoetserig, knoesterig, vergroei(d), kwasterig. **gnarled·ness** knoet=serigheid, knoesterigheid, vergroeidheid.

gnarl², gnar *ww., (vero.)* grom, knor, brom.

gnash kners; *~ one's teeth* (op) jou tande kners.

gnat muggie; *strain at a ~ and swallow a camel, (sprw.)* die muggie uitsif/uitskep en die kameel insluk; *strain at ~s* oor kleinighede val, haarkloof, =klowe, hare kloof/klowe, vit. *~* **weight** muggiegewig.

gnaw *gnawed gnawed/gnawn* knabbel, knaag; wegvreet, verteer; *~ **at** s.t.* aan iets knaag; *s.t. ~s **at** s.o., (fig.)* iets knaag/vreet aan iem.; *~ **away** at s.t.* aan iets bly knaag; in iets invreet; *~ s.t. **off*** iets afknaag; *~ s.t. **through*** iets deurknaag. **gnaw·er** knaagdier; (af)knouer, bulle=bak, boelie. **gnaw·ing** *adj.*, **gnaw·ing·ly** *adv.* knaend; *~ doubt* vretende onsekerheid/twyfel; *gnawing hunger* knaende/intense honger.

gneiss *(geol.)* gneis.

gnoc·chi *n. (mv.), (It. kookk.)* gnocchi.

gnome¹ lyf=, sinspreuk, leuse, gnome. **gno·mic, gno·mi·cal** gnomies, spreuk=.

gnome² aardmannetjie, kabouter, dwergie, gnoom; *(infml., neerh.)* (invloedryke) finansier/bankier, geld=magnaat; *the ~s of Zürich* die groot Switserse bankiers. **gnom·ish** dwergagtig, dwerg=.

gno·mon gnomon; son(ne)wys(t)erpen.

gno·sis *gnoses* gnosis, godsdienstige waarheidskennis. **gnos·tic, gnos·ti·cal** gnosties.

Gnos·tic *n.* Gnostikus. **Gnos·tic** *adj.* Gnosties. **Gnos·ti·cism** Gnostisisme; Gnostiek.

gnu *gnu(s)* wildebees; *brindled ~* →BLUE WILDEBEES(T); *white-tailed ~* →BLACK WILDEBEES(T).

go *goes, n., (infml.)* (die) gaan; (die) wegspring; beurt; gang, vaart; energie, fluksheid, lewenslus, animo, fut; dryf=, daad=, stukrag, deursettingsvermoë; porsie; *it's **all** the ~, (Br., infml., vero.)* dis hoog in die mode; *be **full** of ~, (infml.)* vol energie/lewenslus/woema wees; ***give** s.t. a ~, **have** a ~ at s.t., (infml.)* iets ('n slag) probeer (doen); ***give** it a ~!* probeer dit!; *s.o. **had** two goes* iem. het twee maal probeer; ***have** a ~ at s.o., (hoofs. Br., infml.)* iem. inklim/invlieg; ***make** a ~ of s.t., (infml.)* sukses met iets behaal; *it was a **near** ~* →NEAR *adj.; have **no** ~, (infml.)* sonder fut/gô wees; *it's **no** ~* →NO *adv.; be **on the** ~, (infml.)* aan die gang wees; druk besig wees; *at **one** ~* op een slag; in een klap; *a **rum** ~* →RUM² *adj.; from the **word** ~, (infml.)* uit die staanspoor (uit), van die staanspoor (af). **go** *went gone, ww.* gaan; loop; wandel; reis; vertrek; wegspring; vooruitgaan, goed gaan; stryk; weggaan, verdwyn; val; reik; instort, in duie stort; waai *(fig., infml.)*; geld, geldig/gangbaar wees; maak; word; bly; →GOING, GONE; *~ **about*** rondgaan; rondloop; rondreis; (met) 'n ompad/omweg gaan/loop/ry; *('n gerug ens.)* die rond(t)e doen; *(sk.)* van koers verander; *~ **about** s.t.* iets aan=pak; met iets besig wees; *show s.o. how to ~ **about** it* iem. wys hoe om te werk te gaan; *~ **about** visiting* rondkuier; *~ **about** with s.o.* jou met iem. ophou; *~ **abroad*** →ABROAD; *~ **across** s.t.* iets oorsteek; *~ **across** to s.t.* na iets aan die oorkant gaan; *~ **after** s.o.* iem. (agter)volg/agternasit; *~ **after** s.t.* iets nastreef/=strewe/ naja(ag); *~ **against** s.t.* teen iets ingaan; *s.t. goes **against** s.o.* iets loop vir iem. ongunstig/sleg af; *every=thing goes **against** s.o.* alles loop vir iem. verkeerd; *~ **ahead*** →AHEAD; *there goes the **alarm/bell/etc.*** daar gaan/lui die wekker/klok/ens.; *~ **all out** for* (or *to do*) *s.t.* →ALL OUT *adv.; ~ it **alone*** →ALONE *adj. & adv.; ~ **along*** saamgaan; *as one goes **along*** algaande; *~ **along with** ...* met ... saamstem *(of* akkoord gaan); *~ **along with** s.o.* met iem. saamgaan; *~ **along with** s.t., (ook)* vir iets te vinde wees; *it goes **along with** ...* dit maak deel van ... uit; dit hoort by ...; *~ **and** do s.t.* iets gaan doen; *~ **and** wash your hands!* gaan/loop was jou hande!; *~ **around/round*** rondgaan; rond=loop; rondreis; *('n gerug ens.)* die rond(t)e doen; *~ **around/round** with s.o.* jou met iem. ophou; ***as** actors/etc. ~ (nowadays)* in vergelyking met die gewone/ge=middelde akteur/ens., soos akteurs/ens. teenswoordig is; *s.o. is good **as** cooks/etc. ~* iem. is nogal nie 'n swak kok/ens. nie; ***as** s.o. goes* in/onder die loop/ry, terwyl iem. loop/ry; *~ **ashore*** →ASHORE; *~ **aside*** opsy gaan; *~ **astray*** →ASTRAY; *~ **at** s.o.* iem. te lyf gaan; iem. inklim/invlieg; *~ **at** s.t.* iets aanpak; *~ straight **at** it* met die deur in die huis val; *~ **away*** weggaan, ver=trek; op wittebrood vertrek; *~ **back*** teruggaan, =keer; terugtrek; agteruitgaan; *~ **back** on s.t.* iets nie nakom *(of* gestand doen) nie *('n belofte ens.); it goes **back** to the ... century* dit kan tot die ... eeu teruggevoer word; dit dagteken uit/van die ... eeu; dit het sy oorsprong in die ... eeu; *~ **bad*** →BAD *adj.; ~ **badly*** sleg gaan, mis=luk; *~ **bail** for s.o.* →BAIL¹ *n.; ~ **bankrupt*** →BANKRUPT *adj.; ~ to the **bar**, (jur.)* tot die balie toegelaat word, advokaat word; *go **barefoot*** kaalvoet loop; *~ to **bed*** →BED *n.; ~ **before** s.o./s.t.* →BEFORE *adv.; ~ one **bet=ter*** →ONE *n., pron. & adj.; ~ **between** ... and ...* tussen ... en ... deurgaan; tussen ... en ... pas; *~ **beyond** ...* →BEYOND *adv.; ~ **blind*** →BLIND *adj.; ~ to the **bot=tom*** →BOTTOM *n.; ~ **bust*** →BUST *adj.; ~ **by*** verby=gaan; *~ **by** ...* by ... verbygaan; ... verbysteek; *as the years ~ **by*** met die jare; *~ **by/(up)on** s.t.* op iets (af)gaan, volgens iets oordeel/redeneer; *nothing to ~ **by/(up)on*** niks waarop ('n) mens kan (af)gaan nie; *have nothing to ~ **by/(up)on*** geen aanduiding hê nie; geen leidraad hê nie; geen vastigheid hê nie; *have some=thing to ~ **by/(up)on*** 'n aanduiding hê; 'n leidraad hê; *~ **click*** klik maak, 'n klikgeluid maak, klik sê; *the **clock** does not ~* die horlosie/oorlosie/klok loop nie; *the **clock** goes well* die horlosie/oorlosie/klok loop goed; *~ to **do** s.t.* iets gaan doen; *~ to the **dogs*** →DOG *n.; ~ **down*** afgaan; daal; sink; (neer)val, neerstort; ver=

loor; *(d. son ens.)* ondergaan; agteruitgaan; *(Br., infml.: tronk toe gaan)* in die tjoekie (*of* agter die tralies) beland/sit/wees, hok toe gaan; *(Am., infml.)* gebeur; ~ ***down** a mine* in 'n myn afgaan; ~ ***down** as ...* as ... beskou/aanvaar word; ~ ***down** like ninepins* holderstebolder val; ~ ***down** on one's knees* op jou knieë val; *s.o. goes **down** to a blow* iem. word deur 'n hou plat geslaan; ~ ***down** well* inslaan, ingang/byval vind; *how s.t. goes **down** with s.o.* hoe iets deur iem. aanvaar word; *that won't ~ **down** with me!* moenie daarmee by my aankom nie!, dit maak jy my nie wys nie!; ~ ***down** with measles/etc.* masels/ens. kry, aan masels/ens. siek word; *s.o. is going **downhill*** →DOWNHILL *adv.*; ~ ***easy*** stadig gaan, dit kalm vat; ~ ***easy** on s.t.* spaarsaam werk met iets; ~ ***easy** on s.o.* iem. sagkens behandel; ~ *through three/etc. **editions*** 'n derde/ens. druk beleef; ~ *to great **expense*** →EXPENSE; ~ *to **extremes*** →EXTREME *n.*; ~ *so **far** as to ...*, ~ *too **far**, etc.* →FAR *adj. & adv.*; ~ ***fast*** vinnig loop/ry; ~ ***figure!**, (Am., infml.)* verbeel jou!; ~ *up in **flames*** →FLAME *n.*; ~ ***for** ...* ... gaan haal; gaan om te ...; as/vir ... tel (*of* gereken word); vir ... gaan (*of* verkoop word); vir ... geld; van ... waar wees; vir ... gaan *(weke, maande, ens.)*; *(infml.)* van ... hou; ... bydam (*of* te lyf gaan) *(iem.)*; ... inklim/invlieg *(iem.)*; *all ~ **for** ..., (ook)* almal sak op ... toe; ~ ***for** it!* spring daarvoor!; *it goes **for** nothing* dit tel nie, dit baat niks; *have ... going **for** one* ... hê wat in jou guns tel; ~ ***for** one another* mekaar in die hare vlieg (*of* slegsê *of* die kop was *of* [goed] die waarheid sê/vertel); ~ *straight **for** s.o.* iem. trompop loop; ~ ***for** a picnic* piekniek (gaan) hou; ~ ***for** a ride/drive* 'n entjie gaan ry; ~ ***for** a swim/etc.* gaan swem/ens.; ~ ***forth*** uittrek; afgekondig word; ~ ***forward*** vorentoe gaan; ~ ***further** and fare worse* →FURTHER *adv.*; ***get** going* aan die gang kom; op dreef kom/raak; vertrek; ***get** s.t. going* (*or* *to* ~) iets aan die gang kry/sit *('n enjin ens.)*; ***get** s.t. going, (ook)* iets op tou sit; ***go!*** trap!, weg!; ***going, going, gone!*** vir die eerste, die tweede, die laaste keer/maal!; ~ ***halves** (with s.o.)* →HALF *n.*; ~ ***hand** in hand* saamgaan, gepaard gaan *(met)*; *it will ~ **hard*** dit sal moeilik/swaar gaan; *s.o. **has** to ~* iem. moet gaan; ***I have** to ~ now* ek moet nou gaan; *success goes to s.o.'s **head*** die sukses sit iem. se kop op hol; *the wine goes to s.o.'s **head*** die wyn gaan na iem. se kop toe; *s.o.'s **hearing/sight** is going* iem. se gehoor/gesig gaan agteruit (*of* word sleg), iem. is aan die doof/blind word; ***here** goes!, (infml.)* daar gaat hy/jy!; vooruit!; ***here** we ~ again!, (infml.)* dis weer sulke tyd!; ~ ***home*** →HOME *adv.*; ***how** is it going* (or, infml., *goes it)?* hoe gaan dit?, hoe staan sake?; hoe gaan dit daarmee?; ~ ***hungry*** honger ly, sonder kos bly; ~ ***in*** ingaan; *(kr.)* gaan kolf; ~ ***in** for s.t.* jou op iets toelê, jou aan iets toewy; aan iets deelneem *(sport ens.)*; met iets boer *(beeste, mielies, ens.)*; ~ ***in** for an examination* ('n) eksamen doen/aflê; jou aanmeld vir 'n eksamen; ~ ***in** for farming* (gaan) boer, boer word, jou op boerdery toelê; leer boer; ~ ***in** for (the) law* in die regte studeer; ~ ***into** ...* in ... ingaan; ... binnegaan *('n kamer ens.)*; op ... ingaan; ... *goes **into** s.t., (ook)* ... word aan iets bestee *(baie geld, inspanning, ens.)*; ~ ***into** detail* in besonderhede tree; ~ ***into** hysterics* histeries word, 'n senu(wee)aanval kry; ~ ***into** mourning* in die rou gaan; ~ ***into** s.t. thoroughly* deeglik op iets ingaan; ~ ***it**, (infml.)* alles uithaal, alle kragte inspan; (laat) nael; tekere (*of* te kere) gaan, tekeregaan; ~ ***it!*** vooruit!; toe nou!; *so **it** goes* so gaan dit; ***keep** (...) going* →KEEP *ww.*; ***let*** ~ (laat) los, loslaat; lostrek; jou nie inhou nie; *don't **let** ~!* hou vas!; ***let** me ~!* los my!, laat my los!; laat my gaan/loop!; ***let** o.s. ~* die rem losdraai, jou laat gaan, jou nie inhou nie; jou gevoelens lug; nie/geen doekies omdraai nie; jou verwaarloos; ***let** s.o. ~* iem. vrylaat, iem. laat loop; iem. (uit sy/haar werk) ontslaan, iem. laat loop; ***let** us ~!* kom/laat ons gaan/loop/ry!; laat ons (toe om te) gaan!; ***let** ~ of s.t.* iets los(laat), iets (laat) los; ***let** it ~ at that* dit daarby laat; *the **letter** goes like this* die brief lui so (*of* soos volg); *s.t. goes **like** a bomb/dream, (infml.)* iets loop/ry uitstekend; ~ ***like** clockwork* seepglad verloop; *the tune goes **like** this* die wysie gaan so; ~ ***like** the wind* (so vinnig) soos die wind gaan; ~ ***mad*** mal word; *(Am.)* baie kwaad word; ~ *to **meet** s.o.* iem. gaan afhaal *(b.d. lughawe, stasie, ens.)*; iem. tegemoetgaan; ... ***must*** ~ ... moet weg; ... moet verkoop word; ... ***must** ~!* weg met ...!, ... moet weg!; ~ ***naked*** kaal/naak/nakend loop; ~ *by the **name** of ...* →NAME *n.*; *not ~ **near** s.o.* iem. ontwyk, nie in iem. se nabyheid kom nie; *s.t. is **not** going* iets loop nie *('n trein, horlosie, ens.)*; *here goes **nothing**, (infml.)* mog 't treffe, kom ons kyk maar wat gebeur (*of* hoop maar vir die beste *of* hou maar duim vas); ~ ***off*** weggaan; wegloop; wegspring; heengaan, sterf, sterwe; verdwyn; wegraak; agteruitgaan, afgaan, swak word, insink; *(ligte)* uitgaan, doodgaan; *(elektrisiteit)* afgesluit word; *(kos)* sleg word; *(melk)* suur word; *('n geweer)* afgaan; *('n bom)* ontplof; *('n wekker)* lui; bewusteloos word; aan die slaap raak; flou val; ***off** we ~!, (infml.)* weg is ons!; ***off** you ~!, (infml.)* weg is jy!; *s.t. goes **off** well* iets verloop goed; iets loop glad/goed/vlot van stapel; ~ ***off** s.t.* van iets afstap *('n onderwerp, d. goudstandaard, ens.)*; *(infml.)* nie meer van iets hou (*of* in iets belang stel) nie; ~ ***off** one's head* van jou verstand (af) raak; ~ ***off** the road* van die pad af loop/raak; ~ ***off** with s.o.* saam met iem. weggaan; ~ ***off** with s.t., (infml.)* iets wegdra; ~ ***on*** aanhou, voortgaan, verder/vêrder gaan; voortduur; aan die gang wees; *('n lig)* aangaan; *(elektrisiteit)* aangeskakel word; *(teat.)* opkom; *(d. tyd)* verbygaan; *(kr.)* gaan boul; *(infml.)* tekere (*of* te kere) gaan, tekeregaan, uitvaar; ~ ***on!*** gaan voort!; *(infml.)* jy speel!; ag loop!; nou toe nou!; sowaar?; skei uit!; *s.t. is going **on*** iets is aan die gang; *there is not much to ~ **on*** daar is min om op af te gaan; ~ ***on** about s.t., (infml.)* oor iets bly sanik; oor iets tekere gaan (*of* te kere gaan *of* tekeregaan); ~ ***on** at s.o., (infml.)* teen iem. uitvaar; *be going **on** (for) sixty* sestig se kant toe staan; *be sixteen going **on** (for) seventeen* amper/byna sewentien wees; *it's going **on** (for) six o'clock* dis amper/byna sesuur; *it's been going **on** (for) a long time* dis al lank aan die gang; *it cannot ~ **on** forever* dit kan nie vir altyd duur nie; *don't ~ **on** like that!, (infml.)* moenie so tekere gaan (*of* te kere gaan *of* tekeregaan) nie!; *it/things cannot ~ **on** like this (any longer), this can't ~ **on*** so kan dit nie aanhou/langer nie; ~ ***on** an outing* →OUTING; ~ ***on** the pill/etc.* die pil/ens. begin gebruik; ~ ***on** strike* begin staak; ~ ***on** a trip* →TRIP *n.*; ~ ***on** with s.t.* met iets aanhou/voortgaan; *be enough/sufficient to go* (*or* *to be going*) ***on** with* voorlopig/vereers (*of* vir eers) genoeg/voldoende wees; ***one, two, three, ~!*** een, twee, drie, weg!; ~ ***out*** uitgaan; buite(n)toe gaan; *('n vuur, lig, ens.)* doodgaan, uitgaan; uittrek; uit die mode raak; in onbruik raak; *(d. gety)* afgaan, afloop; heengaan; ~ ***out** like a light, (infml.)* dadelik aan die slaap raak; bewusteloos raak van 'n hou; *s.o.'s heart goes **out** to s.o.* →HEART; ~ ***out** with s.o.* met iem. uitgaan; ~ ***over*** omval, omslaan; ~ ***over** to ...* na ... oorgaan/oorstap *('n ander party ens.)*; na ... oorskakel *('n ander uitsaaier ens.)*; *s.t. goes **over** big (with s.o.)* iets is baie gewild (by iem.); iets maak 'n groot indruk (op iem.); ~ ***over** well* goed ontvang word, inslaan, ingang vind; ~ ***over** s.t.* iets nagaan/nalees/nasien; iets ondersoek; oor iets val; iets repeteer *('n rol)*; iets haastig aan die kant maak *('n kamer)*; ~ ***past*** verbygaan; ~ ***phut*** →PHUT; ~ *to **pieces*** →PIECE *n.*; ~ ***places*** →PLACE *n.*; ~ *straight to the **point*** →POINT *n.*; ~ ***pop*** →POP *adv.*; *it goes to **prove/show** that ...* dit wys net (*of* toon *of* dien om te bewys) dat ...; ~ ***public*** →PUBLIC *adj.*; ***ready, steady, ~!*** →READY *adj. & adv.*; ~ *on **record*** →RECORD *n.*; ~ ***red*** →RED *adj.*; ~ ***round*** omgaan; beweeg, draai; (met) 'n ompad/omweg gaan/loop/ry; genoeg wees; ~ ***round*** →***around/round***; *a **rule** to ~ by* →RULE *n.*; *as the **saying** goes, it goes without **saying*** →SAYING; *what s.o. **says** goes* →SAY; ~ *to **sea*** →SEA; ***set** s.t. going* →SET[1] *ww.*; ~ ***short*** kortkom; ~ ***slow** (with s.t.)* →SLOW *adv.*; ~ *on the **spree*** →SPREE *n.*; ~ *on the **stage*** →STAGE *n.*; ~ ***steady** (with s.o.)* →STEADY *adj. & adv.*; *the **story** goes that ...* →STORY; ~ ***straight*** →STRAIGHT *adv.*; ~ *on the **streets*** →STREET; ~ (*or* *be going*) ***strong*** goeie vordering maak; *still going **strong*** nog flink/fluks (aan die gang), nog goed op stryk; ~ ***swimming/etc.*** gaan swem/ens.; ~ ***swimmingly*** →SWIMMINGLY; *as the **term** goes* →TERM *n.*; ***there** goes the ...* daar bars/breek/skeur/ens. die ...; daar stort/tuimel die ... ineen *(muur ens.)*; ***there** he/she goes!* daar trek hy/sy!; ***there** ... goes again* die ... tog! *(kind ens.)*; daar is ... al weer op sy/haar stokperdjie; *who goes **there?*** wie's daar?; ~ ***through*** deurgaan; slaag; *(wetsontwerp ens.)* aangeneem/goedgekeur word; ~ ***through** s.t.* deur iets gaan; iets deursoek; iets nasien/ondersoek; iets beleef/belewe/deurmaak/deurleef/-lewe/deurstaan; iets deurbring *(geld)*; iets opgebruik; ~ ***through** with s.t.* met iets voortgaan/deurgaan; iets uitvoer/deursit; *s.o. is going **to** do s.t.* iem. gaan iets doen; iem. is van plan om iets te doen; iem. staan op die punt om iets te doen; ~ ***to** cricket/etc.* krieket/ens. gaan speel; (na) krieket/ens. gaan kyk; ~ ***to** Durban/etc.* na Durban/ens. gaan, Durban/ens. toe gaan; *the money goes **to** ...* die geld word aan ... nagelaat; die geld word vir ... gebruik; *the prize goes **to** ...* die prys word aan ... toegeken; *the road goes **to** ...* die pad lei/loop na ...; ~ ***to** it!* aan die werk!; ~ ***to** s.o. for s.t.* by iem. om iets aanklop; ~ ***to** ... with s.o.* met iem. saamgaan na ...; *food **to** ~, (Am.)* wegneemkos; *s.o. is **to** ~* iem. sal gaan; iem. moet gaan; *where is s.o. **to** ~?* waar moet iem. heen?; *there are ... kilometres/exams/etc. **to** ~* daar lê nog ... kilometer/eksamens/ens. voor; *there are ... minutes **to** ~* daar is (nog) ... minute oor; *two are finished with one **to** ~* twee is klaar en een kom nog; ... *and ...* ~ ***together*** ... en ... kom saam voor; ... en ... pas (goed) by mekaar; ~ *well **together*** goed saamgaan; ~ *on **trial*** →TRIAL; ~ *to the **trouble** of ...* →TROUBLE *n.*; ~ ***unanswered*** →UNANSWERED; ~ ***under*** ondergaan, te gronde gaan; *('n skip)* sink; *(iem., 'n firma)* bankrot gaan/raak; ~ ***unpunished*** →UNPUNISHED; ~ ***up*** opgaan, boontoe gaan; *(pryse, d. temperatuur, ens.)*; opgaan, styg; ontplof; gebou word; *barricades ~ **up*** versperrings word opgerig; ~ ***upon** s.t.* →***by/(up)on***; ~ *to **war*** →WAR *n.*; ~ *the **way** of all flesh* →FLESH *n.*; *it goes a long **way*** →WAY *n.*; ~ *one's own (sweet) **way*** →WAY *n.*; *go **well*** →WELL[1] *adv.*; ~ ***with** s.o.* met iem. saamgaan; ~ ***with** s.t.* met iets gepaardgaan; met iets ooreenstem/strook; by iets pas; met iets instem/saamgaan; ~ ***in with** s.o. on s.t.* iets saam met iem. aanpak; ~ ***without*** daarsonder bly/klaarkom; ~ ***without** s.t.* sonder iets bly/klaarkom; ~ *to **work*** →WORK *n.*; ~ ***wrong*** 'n fout begaan/maak, mistas; *(masjinerie ens.)* onklaar raak; verdwaal; verlei word, op die verkeerde pad beland, die verkeerde weg inslaan/volg; *if s.t. goes **wrong*** as iets skeef/verkeerd loop; *things are going **wrong*** dit/sake loop skeef/verkeerd; *you can't ~ **wrong** with it* jy kan daarop staatmaak; *you can't ~ **wrong** if you do that* jy sal g'n fout maak nie. **~-ahead** *n.*: *get/give the ~* toestemming/verlof kry/gee om te begin (*of* voort te gaan *of* iets te doen). **~-ahead** *adj.* wakker, ondernemend, vooruitstrewend. **~-as-you-please** *adj. (attr.)* luilekker, laat-maar-waai-; vry, ongebonde. **~-(a)way bird** *(SA)* →GREY LOURIE. **~-between** tussenganger, -persoon, bemiddelaar; onderhandelaar; huweliksmakelaar. **~-by** *(infml., vero.)*: *give s.o. the ~* iem. verbygaan, iem. nie (wil) raaksien nie; *give s.t. the ~* iets negeer (*of* links laat lê). **~-cart** →GO-KART. **~-devil** *(Am., hoofs. hist.)* glybaktoestel; valgewig, pypskraper, outomatiese skraper. **~-getter** *(infml.)* voorslag, deurdrywer, (energieke) doener, iem. (*of* 'n mens) wat dinge laat gebeur. **~-getting** *adj.* deurdrywend, woelig, energiek. **~-~ dancer, ~-~ girl** wikkeldanseres. **~-~ dancing** wikkeldans. **~-~ girl** →GO-GO DANCER. **~-home-fish** witstompneus. **~-kart, ~-cart** *(klein renmotor)* knor-, snortjor. **~-off** wegspringslag; *at the first ~* sommer by die wegspring, uit die staanspoor. **~-slow (strike)** sloerstaking.

Go·a *(geog.)* Goa. **Go·an, Go·an·ese** *n. & adj.* Goanees.

goad *n.* prikkel. **goad** *ww.* prikkel, aanspoor, aanpor, dryf, drywe; ~ *s.o. into doing s.t.* iem. daartoe dryf/drywe om iets te doen; ~ *s.o. on* iem. aandryf/-drywe/aanpor.

goaf dakpuin *(in 'n myn)*; afvalvulling; uitgemynde deel. ~ **edge** puinrand.

goal *n.* doel; doelpunt; doelwit; *(sport)* doel; wen-, eindpaal; *achieve/attain/reach a* ~ 'n doel bereik; ***keep*** ~ die/jou doel verdedig; doelwagter wees; ***kick*** *a* ~ 'n doel skop; ***score*** *a* ~ 'n doel aanteken; ***set*** *o.s. a* ~ jou iets ten doel stel. **goal** *ww., (sokker)* 'n doel skop; *(rugby)* verdoel *('n drie).* ~ **area** doelgebied. ~**keeper** doelwagter. ~ **kick** doelskop. ~ **kicker** *(sokker)* doelskopper; *(rugby)* stelskopper. ~ **kicking** stelskop(pery), stelskopwerk; doelskop(pery). ~ **line** *(sport)* doellyn. ~**mouth** *(sokker, hokkie, ens.)* doelbek, bek van die doel. ~**post** doelpaal; *move/shift the ~s, (fig., infml.)* die doelpale verskuif, die spelreëls verander/wysig, nuwe voorwaardes stel. ~ **shooter** doelskopper. ~**tender** *(Am., yshokkie)* doelwagter.

goal·ie *(infml.)* doelwagter.

goal·less *adj. (gew. attr.)* doelloos, sonder dat 'n doel aangeteken is; ~ *draw* doellose gelykopuitslag; *end in a ~ draw* gelykop eindig sonder dat 'n doel aangeteken is, doelloos gelykop eindig.

goat bok; *a* ***castrated*** ~ 'n (bok)kapater; *s.t.* ***gets*** *s.o.'s ~, (infml.)* iets maak iem. vies (*of* die hoenders in); *play the* ***giddy*** *~, (infml.)* dwaas/ligsinnig wees; gekskeer, die gek skeer; ***the G~***, *(astrol., astron.)* die Steenbok, Capricornus. ~**herd** bokwagter. ~ **moth** houtboordermot. ~ **owl** →GOATSUCKER. ~ **pox** bokpokkies. ~**'s bane** *(bot.)* akoniet. ~**'s beard** bokbaard. ~**sbeard**, ~**'s-beard** *(Usnea* spp.*)* bok(s)baard. ~**'s-beard (grass)** *(Tragus koelerioides)* kruipgras, olifantskweek. ~**'s dung** bokmis. ~**'s foot** bokspoot. ~**'s-foot** *(bot.)* bokspoot(jie). ~**skin** bokvel. ~**skin leather** bokleer. ~**('s) meat** bokvleis. ~**'s milk** bokmelk. ~**'s milk cheese** bokmelkkaas. ~**'s-rue** *(bot.)* galigaan. ~**sucker** *(Am., orn.)* →NIGHTJAR. ~**'s wool** bokwol, -haar. ~ **willow** waterwilg(er), palmwilg(er).

goat·ee bok-, kenbaard(jie).

goat·ish bokagtig.

goat·ling bokkie, jong bok.

gob[1] *n., (infml.)* klont, bol; slym, spoeg, flegma, fleim, fluim. **gob** *-bb-, ww.* spoeg, spu(ug).

gob[2] *n., (Br., sl., neerh.: mond)* bek, smoel; *shut your ~!* hou jou bek/smoel!. ~**smack** *ww., (Br., sl.)* dronkslaan, uit die veld slaan, stomslaan, verstom. ~**smacked** *adj., (Br., sl.)* dronkgeslaan, uit die veld geslaan, spraakeloos, stomgeslaan, stomverbaas. ~**stopper** *(Br.)* yslike suiglekker.

gob[3] *n.* dakpuin *(in 'n myn)*; steenkoolafval. ~ **fire** puinvuur.

gob[4] *n., (Am., infml., vero.)* matroos.

gob·bet stuk (rou vleis), brok.

gob·ble[1] *ww.* vreet, gulsig/haastig eet/sluk, inlaai, eers sluk en dan kou; ~ *s.t. down/up* iets opvreet/verslind/wegslaan/inslurp; ~ *s.t. up, (ook)* iets insluk *('n firma ens.)*. **gob·ble** *n., (gh.)* slukskoot. **gob·bler** gulsigaard, vraat.

gob·ble[2] *ww., (kalkoen)* klok. **gob·bler** kalkoen(mannetjie).

gob·ble·de·gook, gob·ble·dy·gook gebrabbel, brabbeltaal, koeterwaals, (burokratiese) wartaal.

Go·be·lin *(Fr.)*: ~ **(tapestry)** gobelin(tapisserie). ~ **stitch** *(naaldw.)* gobelinsteek.

Go·bi Des·ert *(geog.)* Gobiwoestyn.

gob·let bokaal; (drink)beker; wynglas. ~ **cell** bekersel.

gob·lin spook; bose gees, aardgees; kabouter(mannetjie). ~ **shark** kabouterhaai.

go·by *-by, -bies, (igt.)* dikkop.

God God; *~'s acre, (liter.)* godsakker, kerkhof; ***act*** *of ~* →ACT *n.*; ~ ***Almighty*** God Almagtig, die Allerhoogste/Opperwese; ~ ***bless/damn/help*** *s.o.* God seën/verdoem/help iem.; ~ ***bless*** ***my soul!*** wel alla-/allewêreld!; my alla-/allemagtig!; *~'s* ***blessing*** Gods seën, die seën van God; ***by*** ~ so waar as God; ***fear*** ~ God vrees (*of* voor oë hou); ~ ***forbid*** →FORBID; ***from*** ~ van Hoërhand; *think one is ~'s* ***gift*** *to ...* jou verbeel jy is net wat ... nodig het; ~ ***grant*** God gee; *so* ***help*** *me* ~ so help my God (Almagtig); *after ~'s* ***image*** na die beeld van God; *as ~ is my* ***judge*** so waar as God, dis die reine waarheid; ~ ***knows!*** God weet dit!; die Vader (alleen) weet!; *in ~* ***knows*** *how many places* op wie weet hoeveel plekke; *the* ***Lord*** ~ die Here God; *a* ***man/woman*** *of* ~ 'n Godsman/-vrou; 'n geestelike; *in ~'s* ***name****, in the* ***name*** *of* ~ in Gods naam, in die naam van God; ***please*** ~ so God (*of* die Here) wil, as dit God behaag; *with ~ all things are* ***possible*** alles is moontlik by God; *for ~'s* ***sake*** om godswil/hemelswil, in hemelsnaam; ~ ***Save*** *the Queen/King, (Br. volkslied)* God Save the Queen/King; ***thank*** ~ Goddank, God (*of* die gode) sy dank; ***trust in*** ~ op God vertrou; *~'s* ***truth*** →TRUTH; ***under*** ~ naas God; met Gods hulp; ~ ***willing*** so God (*of* die Here) wil, met die hulp van die Here, as dit Gods wil is; *I will, ~* ***willing****, ...,* (*ook*) ek sal, so lank lewe, ...; ***with*** ~ by die Here, in die Here ontslape; ***without*** ~ Godloos. ~**-awful** *(ook g~, infml.)* (gods)gruwelik, allervreesliks, allerverskrikliks, afgryslik, aaklig. ~**-fearing** godvresend, -vrugtig. ~**-forgotten** godvergete. ~**-given** godgegewe. ~**head** *(soms g~)* godheid, goddelikheid; *the ~* God, die Opperwese. ~**slot** *(Br., infml., rad., TV)* godsdiens(tyd)gleuf. ~**speed** *n.: bid/wish s.o.* ~ iem. 'n goeie reis toewens. ~**speed** *tw., (vero.)* mag die Here met jou wees.

god god, afgod; *in the* ***lap*** *of the ~s* in die hand/skoot van die gode; ~ *of* ***love*** liefdegod, god van die liefde; ***make*** *a ~ of s.t.* van iets 'n afgod maak; *a* ***sight*** *for the ~s* 'n kostelike gesig, 'n gesig om jou hart aan op te haal; ***the*** *~s* die engelebak *(in 'n teater)*; ~ *of* ***war*** oorlogs-, krygsgod; ***ye*** *~s (and little fishes)!, (infml.)* grote Griet!, goeie genugtig(heid)!. ~**-awful** →GOD-AWFUL. ~**child** peetkind. ~**dam(n)**, ~**damned** *(afk. v.* God damn*) adj. & adv., (infml.)* verdomp; *(attr.)* verdomde. ~**daughter** peetdogter. ~**father** *n.* peetoom, -pa, -vader; Mafiabaas. ~**father** *ww.* peet staan vir, jou naam gee aan. ~**father offer** *(infml.)* aanbod wat jy nie kan weier (*of* wat nie geweier kan word) nie. ~**-fearing** →GOD-FEARING. ~**forsaken** *(soms G~)* godverlate; godvergete. ~**head** →GODHEAD. ~**-king** god-koning. ~**mother** peettante, -ma, -moeder. ~**parent** peetouer, doopgetuie. ~**send** godsgawe, gelukslag, onverwagte geluk; uitredding, meevaller, uitkoms. ~**son** peetseun.

god·dess godin.

go·det klokstuk.

go·de·tia *(bot.)* godetia.

god·less goddeloos; ongelowig; Godloos.

god·like goddelik; Godgelyk.

god·ly godvresend, vroom, godvrugtig, godsalig. **god·li·ness** godvresendheid, godsvrug; *cleanliness is next to ~* →CLEANLINESS.

go·down *(<Maleis)* winkel; pakhuis.

god·wit *(orn.)* griet.

goef *n.: go for a ~, (SA, sl.: gaan swem)* gaan ghoef. **goef** *ww., (SA, sl.: swem)* ghoef.

go·er (hard)loper; *comers and ~s* die komende en die gaande.

goes *(3de pers. ekv.)* →GO *ww.*.

goe·thite *(min.)* goethiet, ysterhidraat.

go·fer *(Am., sl.)* bode.

gof·fer, gauf·fer *n.* plooier; strykang, pypyster, plooiyster; pypplooi; plooiing. **gof·fer, gauf·fer** *ww.* pypplooie maak; golfstryk, golfpers. **gof·fered, gauf·fered** *(ook)* netvormig. **gof·fer·er, gauf·fer·er** plooier.

gof·fer·ing, gauf·fer·ing plooiing; plooisel. ~ **iron,** ~ **tongs** stryktang, pypyster, (pyp)plooi-yster.

Gog *(Byb.)* Gog; ~ *and Magog* die Gog en (die) Magog.

gog·gle *ww.* jou oë rol; skeef kyk; skeel kyk, oormekaar kyk; *(oë)* uitpeul, vooruitsteek; ~ *at ..., (infml.)* ... aangaap. ~**box** *(sl. vir televisie)* kykkas. ~**-eyed** met (uit)peuloë.

gog·gles *n. (mv.)* stof-, skerm-, motorbril; oogklappe; *(veearts.)* draai-, dronk-, malkopsiekte.

gog·let, gurg·let, gug·let gorletbeker.

go·ing *n.* (die) gaan/ry/(hard)loop; toestand van die pad/grond; →GO *ww.*; *the ~ is* ***good*** daar is goeie vordering; dit gaan voor die wind; die pad/baan is goed; *while the ~ is* ***good*** so lank daar kans is; terwyl die geleentheid daar is; *make* ***good*** ~ goeie vordering maak; ***hard*** ~ →HARD; *s.t. is* ***heavy*** ~ iets laat ('n) mens swaar kry; iets is vervelig *('n boek ens.)*; *it is* ***rough/tough*** ~ dit is moeilik (*of* gaan broekskeur); *be* ***slow*** ~ stadig gaan. **go·ing** *adj.* gaande; bestaande; *the best ...* ~ die beste ... wat daar is; *a ~ concern* 'n gevestigde/lopende saak, 'n saak in bedryf; *there is/are ...* ~ daar is ... (beskikbaar *of* te kry). ~**-away dress** (bruids)reisrok. ~ **out** (die) uitgaan/uitganery. ~**-over** *-s-over, (infml.)* ondersoek; loesing; skrobbering; *give s.o. a* ~ iem. deursoek; iem. afransel; iem. slegsê; *give s.t. a* ~ iets goed deurkyk/nagaan. ~**s-on** *(infml.)* gedoente(s), affêre, kaskenades.

goi·tre, *(Am.)* **goi·ter** *(patol.)* goiter, skildkliergeswel, -vergroting, kropgeswel. **goi·trous** skildklieragtig.

Go·lan Heights *n. (mv.), (geog.)* Golanhoogland.

gold *n., (metal., chem., simb.: Au)* goud; geld, rykdom; goudkleur; *(i.d. mv.)* goud(myn)aandele; *all that* ***glitters*** *is not* ~ dis nie alles goud wat blink nie, skyn bedrieg; *be as* ***good*** *as* ~ so goed/lief wees as kan kom; *('n kind)* stroopsoet wees; *have a* ***heart*** *of* ~ 'n hart van goud hê; *be* ***off*** *~, (fin.)* van die goudstandaard af wees; *be* ***on*** *~, (fin.)* die goudstandaard hê; *be worth one's* ***weight*** *in* ~ jou gewig in goud werd wees; *s.t. is worth its* ***weight*** *in* ~ iets is (sy gewig in) goud werd. **gold** *adj.* goue, goud-; goudkleurig. ~ **accumulating countries** goudophopende lande. ~ **acquisitions** goudaanwinste. ~ **alloy** goudmengsel, -legering. ~ **amalgam** goudamalgaam. ~ **and foreign exchange holdings** goud- en valutabesit. ~ **bar** goudstaaf. ~**-bearing** goudhoudend. ~**-beater** goudsla(n)er, goudpletter. ~**-beater's skin** goudsla(n)ersvlies. ~ **bloc** *(fin., hist.)* goudblok. ~**-bloc countries** *(fin., hist.)* goudbloklande. ~ **bond** *(Am.)* goudobligasie. ~ **braid** goudgalon, -koord. ~**-braided** met goudgalon. ~ **brick** goudstaaf; *(infml.)* klatergoud; *(Am., infml.)* lyfwegsteker. ~ **brocade** goudbrokaat. ~ **bronze** goudbrons. ~ **bullion** staafgoud. ~ **bullion standard** *(fin., hist.)* goudkernstandaard. ~ **card** goue (krediet)kaart. ~ **circulation standard** *(fin., hist.)* goudmuntstandaard. ~ **cloth** goudlaken. **G~ Coast** *(geog., vero.)* Goudkus; →GHANA. ~**-coloured** goudkleurig. ~ **content,** ~ **grade** goudinhoud, -gehalte. ~ **cover** gouddekking. ~ **cover ratio** gouddekkingsverhouding. ~**-digger** goudgrawer; *(infml.)* fortuinsoekster. ~**-diggings** gouddelwery. ~ **disc** goue plaat. ~ **dishoarding** goudontpotting. ~ **drain** goudafvloeiing. ~ **dust** stofgoud. ~ **embargo** goudinvoer-, gouduitvoerverbod. ~ **exchange standard** *(fin., hist.)* goudwisselstandaard. ~ **fever** goudkoors. ~ **field** goudveld. ~**finch** distelvink. ~**fish** goudvis(sie). ~**fish bowl** goudvisbak; *(fig.)* glaskas; *like being/living in a ~ ~, (fig.: geen privaatheid hê nie)* soos om in 'n glaskas te sit/woon; ~ ~ *of publicity* glaskas van publisiteit. ~ **foil** bladgoud, goudblad. ~ **franc** goudfrank. ~ **holding(s)** goudbesit. ~ **inflow,** ~ **influx** goudinstroming. ~ **lace** goudgalon, -koord. ~ **lacquer** goudlak. ~**-lacquered** goudverlak. ~ **leaf** goudblad, (fyn) bladgoud. ~ **lettering** gouddruk; vergulde letters. ~ **litharge** goudskuim. ~ **loan** goudlening. ~ **lode** *(mynb.)* goudaar. ~ **medal** goue medalje. ~ **medallist** houer van 'n goue medalje. ~**-medal product** goudbekroonde produk. ~ **migration** goudbeweging. ~ **mine** goudmyn. ~ **miner** goudmynwerker. ~ **mining** goudmynwese. ~**-mining share** goud(myn)aandeel. ~ **nugget** goudklont, -klomp. ~ **ore** gouderts. ~ **ore reserves** voorraad gouderts. ~ **outflow** goudafvloeiing. ~ **outlay** afgifte aan goud. ~ **paint** goudverf. ~ **par currency** *(fin., hist.)* goudgekoppelde geld. ~ **parity** goudpariteit. ~ **plate** *n.* goudwerk; goudservies. ~**-plate** *ww.* verguld. ~**-plated** verguld, met goud oorgeblaas. ~ **price adjustment account** goudprysaansuiweringsrekening. ~ **producer** goudprodusent. **G~ Producers' Committee** Komitee van Goudprodusente. ~ **production** goudopbrengs. ~ **rate of exchange** *(fin., hist.)* goudwisselkoers. ~ **redemption** aflossing in goud. ~ **reef** goudrif. ~ **reserve** goudreserwe. ~ **rush** goudjag, -stormloop. ~ **seeker** goudsoeker. ~ **settlements** vereffening in goud. ~ **size** goudplaneersel. ~ **slimes** goudslyk. ~**smith** goudsmid. ~ **standard** *(fin., hist.)* goudstandaard. **G~ Stick** *(soms g~ s~, Br.)* goue staf; stafdraer. ~ **strike**

goudvonds. ~ **thread,** ~ **wire** gouddraad. ~**-tipped** goudgepunt; *(sigaret)* met 'n vergulde mondstuk. ~ **vein** *(mynb.)* goudaar. ~ **working** goudbewerking; goudgrawery. ~ **yield** goudopbrengs.

gold·en goue; gulde; goud=; goudkleurig. ~ **age** goue/gulde eeu; *the G~ A~* die Goue Eeu. ~ **anniversary,** ~ **jubilee** halfeeufees, goue jubileum. ~ **autumn shower** *(bot.)* sterretjies. ~ **bishop** goudgeelvink. ~ **brown** goudbruin. **G~ Bull:** *the* ~ ~ die Goue Bul. ~ **calf** goue kalf. **G~ City** *(soms g~ c~): the* ~ ~ die Goudstad; →EGOLI. **G~ Delicious** *(appelvariëteit)* Golden Delicious(-appel). ~ **disc** →GOLD DISC. ~ **eagle** steenarend. **G~ Fleece:** *the* ~ ~, *(Gr. mit.)* die Goue/Gulde Vlies; *Knight of the* ~ ~ Vliesridder. ~ **Gate** *(geog.,VSA en SA)* Golden Gate. ~ **Gate Bridge** Golden Gate-brug *(v. San Francisco).* ~ **girl** pragmeisie. ~ **hair** goue/goudblonde/helderblonde hare. ~ **hamster** goudhamster. ~ **handcuffs** *n. (mv.), (infml.: byvoordele wat 'n werknemer aan 'n mpy. bind)* goue (hand)boeie. ~ **handshake** *(infml.: groot uitkering/gratifikasie by ontslag)* goue handdruk. ~ **hello** *(infml.: groot indienstredingsbetaling)* goue verwelkoming. **G~ Horde:** *the* ~ ~, *(hist.)* die Goue Horde. **G~ Horn:** *the* ~ ~, *(geog.)* die Goue Horing. ~ **jubilee** →GOLDEN ANNIVERSARY. ~ **labrador** goue labrador. ~ **mean** goue/gulde middeweg. ~ **mole** gouemol. ~ **number** gulde getal. ~ **oldie** *(infml.)* goue oue, ou gunsteling, immergroen/tyd(e)lose treffer; onsterflike melodie. ~ **opinions:** *earn/win* ~ ~ hoë guns/lof verwerf. ~ **opportunity** gulde geleentheid. ~ **oriole:** *European* ~ ~ Europese wielewaal. ~ **parachute** *(infml.: direkteursvergoeding by voortydige diensbeëindiging)* goue valskerm. ~ **pheasant** goudfisant. ~ **pudding** strooppoeding. ~ **rain** *(bot.: Laburnum spp.)* gouereën. ~ **rat** witstertrot. ~ **red** goudrooi. ~ **retriever** *(soort jaghond)* golden retriever. ~**rod** goudroede, gulderoede. ~ **roman** *(igt.)* papegaaivis. ~ **rose** *(RK)* goue roos. ~ **rule:** *the* ~ ~ die gulde reël. ~ **section** gulde sne(d)e. ~ **shower** *(bot.), (Pyrostegia venusta)* vuur-op-die-dak; *(Laburnum anagyroides)* gouereën. ~ **State** *(geog., infml.: Kalifornië)* Goue Staat. ~ **syrup** gouestroop. ~ **triangle** *(opiumproduserende gebied in SO.Asië)* goue driehoek. ~ **wedding** goue bruilof. ~ **willow** goudwilg(er).

gold·i·locks botterblom; ranonkel; *(Little) G~* Goue Lokkies.

golf *n.* gholf. **golf** *ww.* gholf speel; →GOLFING *n..* ~ **bag** gholfsak. ~ **ball** *(sport)* gholfbal; *(tik)* gholfbal *(v. 'n elektriese tikmasjien).* ~ **buggy,** ~ **cart** gholfkarretjie. ~ **club** gholfklub; gholfstok. ~ **course,** ~ **links** gholfbaan. ~ **widow** *(skerts.)* gholfweduwee.

golf·er gholfspeler.

golf·ing *n.: go* (or *be out*) ~ gaan gholf speel. **golf·ing** *adj. (attr.)* gholf=; ~ *friends* gholfmaats.

Gol·go·tha *(NT)* Golgota.

Go·li·ath *(OT)* Goliat. **g~ beetle** goliatkewer.

gol·li·wog(g) golliwog.

gol·ly[1] *n. (Br., afk., infml.)* →GOLLIWOG(G).

gol·ly[2] *tw., (infml., vero.): (by)* ~*!* hemel!, hene!, jene!, hete!, hede!, jete!, goeiste!; wraggies!, wragtie!.

go·losh·es →GALOSHES.

gom·been *bep., (Ier.)* woekerende, woeker=. ~**-man** *-men* woekeraar.

gom·bo →GUMBO.

Go·mor·rah, Go·mor·rha *(OT)* Gomorra.

go·nad *(fisiol., soöl.)* gonade, voortplantings=, geslags=, teelklier.

go·nag·ra *(med.)* gonagra, kniejig.

go·nal·gia *(med.)* gonalgie, kniepyn.

gon·ar·thri·tis →GONITIS.

gon·do·la gondel. ~ **(chair)** gondelstoel.

gon·do·lier gondelier; ~*'s song* gondellied.

Gond·wa·na(·land) *(geol.: oervasteland)* Gondwana(land).

gone weg; *it's all* ~ dis alles op; ~ ***away*** weg; ***be*** ~ weg wees; ***be*** ~*!* maak dat jy wegkom!, trap!; *what has* ~ ***before*** wat tevore gebeur het; *days/times* ~ ***by*** vervloë dae/tye; *the* ***chance*** *is* ~ die kans is verby/verlore; ***clean*** ~ →CLEAN *adv.; now you've* ~ *and* ***done*** *it* daar het jy dit nou; nou het jy jou vasgeloop; dit kom daarvan; *what has s.o.* ~ *and* ***done*** *now?, (infml.)* wat het iem. nou gaan staan en doen/aanvang?; *it's* ~ ***eight/etc.*** dit is oor ag(t); *it's just* ~ ***eight/etc.*** dit was pas ag(t)uur; *be* ***far*** ~ →FAR *adj. & adv.; s.o. has* ~ ***home*** iem. is huis toe, iem. het huis toe gegaan; *be* ***long*** ~, *(infml.)* lankal weg wees; *he is a* ~ ***man,*** *(infml.)* dis klaar(praat) met hom; *be six* ***months*** ~ *(with child), (infml.)* ses maande heen/swanger wees; *be* ~ ***on*** *s.o., (infml.)* smoorverlief/beenaf op iem. wees; *it is* ***past*** *and* ~ dit is klaar verby, dit behoort tot die verlede; *be* ~ ***quickly,*** *(iem.)* gou weg wees; *(pyn ens.)* gou oor wees. **gon·er** *(infml.): s.o. is a* ~, *(infml.)* dis klaar(praat)/uit met iem., dis klaar met kees, iem. is verlore, iem. se twak is nat, iem. is in sy/haar maai/peetjie.

gon·fa·lon (kerk)banier, gonfalon. **gon·fa·lon·ier** vaandeldraer; *(hist.)* magistraat.

gong *n.* ghong; bel *(v. 'n trem ens.)*; harp *(v. 'n horlosie)*; *(Br. mil. sl.)* medalje, dekorasie; *(sl.)* sirene; *(Am. dwelmsl.: opium)* oupa; *beat/hit the* ~, *kick the* ~ *(around), (Am. dwelmsl.)* oupa rook. **gong** *ww.* ghong; die ghong slaan; die sirene laat loei *(om 'n verkeersoortreder te laat stop).* **gong·er** *(Am. dwelmsl.)* oupa; oupapyp. **gong·er·ine** oupapyp.

go·ni·om·e·ter hoek=, goniometer. **go·ni·o·met·ric, go·ni·o·met·ri·cal** goniometries. **go·ni·om·e·try** hoekmeting, goniometrie.

go·ni·tis kniegewrigsontsteking, gonitis.

gon·na *ww., (Am., sl.)* = GOING TO.

gon·or·rhoe·a, *(Am.)* **gon·or·rhe·a** *(med.)* gonorree, druiper.

gon·zo *adj., (hoofs. Am., sl.)* oordrewe, voortvarend, moedswillig, stroomop, eksentriek, onkonvensioneel; gek, mal, simpel, besimpeld.

goo *(infml.)* klewerige massa. **goo·ey** *gooier gooiest* klewerig, klouerig, taai.

goo·ber (pea) grondboontjie; →PEANUT.

good *n.* (die) goeie, nut, voordeel, baat; welsyn; →GOODS; *the* ~ *and the* ***bad*** die goeie en die slegte; ***bring out*** *the* ~ *in s.o.* die goeie uit iem. haal; *no* ~ ***will come*** *of it* daar rus geen seën op nie; ***do*** ~ goed doen, weldoen; *it will* ***do*** *s.o.* ~ dit sal iem. goed doen; *it won't* ***do*** *any* ~ dit sal niks help/baat nie; ***much*** ~ ***may it do you,*** *(gew. iron.)* mag jy daarvan plesier hê; ***do*** ~ *to others* aan ander goed doen; ~ *and* ***evil*** goed en kwaad; ***return*** ~ *for* ***evil*** kwaad met goed vergeld; ***for*** ~ *(and all)* vir altyd/goed; eens en vir altyd; ***for the*** ~ ten goede; ***for the*** ~ *of ...* vir die beswil van ...; tot voordeel (*of* ten voordele) van ...; *a* ***power for*** ~ 'n mag ten goede; 'n aanwins; *for* ~ *or* ***ill,*** *(liter.)* ongeag die gevolge; *s.o. is* ***no*** ~ iem. is 'n niksnut(s) (*of* niks werd [nie]); *it is* ***no*** ~, *it is* ***not much*** ~ dit baat/help niks, dit is nutteloos; *for s.o.'s* ***own*** ~ vir iem. se eie beswil, in iem. se eie belang; *s.t. does s.o. a* ***power*** *of* ~ iets doen iem. baie goed; *be* ***some*** ~ iets beteken; ***something*** ~ iets goeds; *be R100/etc.* ***to the*** ~ R100/ens. oorhê; R100/ens. wen; *it is (all)* ***to the*** ~ dit werk (mee) ten goede, dit is voordelig; *be* ***up*** *to no* ~, *(infml.)* met kattekwaad besig wees, kwajongstreke uitvoer; bose planne hê, iets in die skild voer, iets in die mou hê/voer; ***what*** *is the* ~ *of it?* wat baat/help dit?; watter nut het dit?; ***what*** ~ ***will*** *it do?* watter nut sal dit hê?. **good** *better best, adj. & adv.* goed; bekwaam, geskik; gaaf; eg; soet, gehoorsaam; gesond; *be* ~ ***and*** *angry* regtig kwaad wees, smoorkwaad/briesend/woedend (*of* hoog die hoenders in) wees; *s.t. is* ~ ***and*** *hard/etc.* iets is lekker/mooi hard/ens.; *it was raining* ~ ***and*** *hard* dit het gestortreën (*of* behoorlik gesous/gegiet), die reën het neergegiet/neergestort; *hit the ball* ~ ***and*** *hard/proper* die bal lekker/deksels hard slaan (*of* behoorlik looi *of* 'n allemintige/harde/vernietigende hou gee); *that is* ***as*** ~ *as any* dit is heeltemal goed genoeg; *A is* ***as*** ~ *as B* A en B is ewe goed; A is (net) so goed as B; ***as*** ~ *as dead* op sterwe na dood; *as* ~ ***as*** *gold* so goed/lief as kan kom; *('n kind)* stroopsoet; *s.o. is* ***as*** ~ *as his/her word* iem. hou woord, iem. doen sy/haar woord gestand; ***as*** ~ *as the next person* so goed as wie ook al; *give* ***as*** ~ *as one gets, (infml.)* jou man staan, jou goed verdedig; *s.o.* ***as*** ~ *as told me ..., (infml.)* iem. het feitlik met soveel woorde gesê ...; *s.o. is* ~ ***at*** *...* iem. kan goed ... *(swem, teken, ens.)*; iem. speel goed (*of* munt uit in) ... *(tennis ens.)*; iem. is goed/knap (*of* munt uit) in ... *(tale, wiskunde, ens.)*; iem. speel goed as ... *(senter, heelagter, ens.)*; ***be*** ~ goed wees; *('n kind)* soet wees; goed smaak; ***be*** *so* ~ *as to ...* wees so goed en (*of* om te) ...; *be in s.o.'s* ~ ***books*** →BOOK *n. my* ~ ***brother/etc.,*** *(ook iron.)* my liewe broer/ens.; ~ *to* ***eat*** lekker, smaaklik; *s.t. is* ~ ***eating*** iets is smaaklik; ~ ***enough*** goed genoeg; *be* ~ ***enough*** *to ...* wees so goed en (*of* om te) ...; ***fairly*** ~ taamlik goed; redelik; ***far from*** ~ lank nie goed nie; *be* ~ *to a* ***fault,*** *(iem.)* doodgoed wees; *a* ~ ***fellow/girl*** 'n gawe kêrel/meisie; *s.t. is* ~ ***for*** *s.o.* iets is goed/heilsaam vir iem.; *be* ~ ***for*** *s.t.* vir iets deug; *the tyres are* ~ ***for*** *another ... kilometres* die buitebande kan nog ... kilometer hou; ~ ***for/on*** *you!, (infml.)* mooi skoot/so!; ~ ***gracious!*** →GRACIOUS; ***have*** *it* ~ goed af (*of* daaraan toe) wees, goed daarin sit, daar goed in sit; *be in* ~ ***heart*** goeie moed hê; *the rule* ***holds*** ~ die reël is van toepassing; *s.o.'s* ~ ***intentions*** iem. se goeie voornemens (*of* welmenendheid); ***jolly*** ~ →JOLLY *adv.; s.t.* ***keeps*** ~ iets bly vars; *it is a* ~ *three/etc.* ***kilometres*** *from ...* dit is 'n goeie (*of* goed) drie/ens. kilometer van ... (af); *a* ~ ***life*** 'n goeie lewe; *the* ~ ***life*** die lekker lewe; *have a* ~ ***look*** *at s.t.* →LOOK *n.;* ~ ***luck*** →LUCK *n.;* ***make*** ~ *the damage/loss* skade vergoed, 'n verlies goedmaak; ***make*** ~ *a promise/threat* 'n belofte hou/nakom (*of* gestand doen); 'n dreigement uitvoer; ***make*** ~ *one's escape* daarin slaag om te ontsnap (*of* weg te kom); ***make*** *a* ~ *teacher/etc.* 'n knap onderwyser/ens. wees, deug vir onderwyser/ens.; *a* ***mighty*** ~ *..., (infml.)* 'n uitstekende (*of* baie goeie) ...; *have a* ~ ***mind*** *to do s.t.* →MIND *n.; throw* ~ ***money*** *after bad* →MONEY; ***not*** *all that* ~ glad nie so waffers/watwonders nie; ***not*** *nearly as* ~ *as ...* nie half so goed as ... nie; ***not*** *so* ~ nie te/danig goed nie; *s.o. is* ~ *for* ***nothing*** iem. deug vir niks; ***nothing*** *but* ~ niks as goeds nie; *be* ***nothing*** *like as* ~ lank nie so goed wees nie; *a* ~ ***one*** 'n goeie; *the* ~ ***ones*** die goeies; *take s.t. in* ~ ***part*** →PART *n.; s.o. is a* ~ ***person*** iem. is 'n goeie/waardevolle persoon; iem. is 'n goeie mens; iem. is heeltemal kredietwaardig; ***rather*** ~ nogal goed; *a* ~ ***road*** 'n goeie/mooi pad; *your* ~ ***self,*** *(fml.)* u(, geagte heer/mevrou); ***smell*** ~ lekker ruik; ***something*** ~ iets goeds; *get hold of* ***something*** ~ iets goeds beetkry; *be a* ~ ***sort*** →SORT *n.; be in* ~ ***spirits*** →SPIRIT *n.;* ***taste*** ~ goed smaak; ***that's/there's*** *a* ~ *...!, (infml., iron.)* toe nou!; *a* ~ ***thing*** →THING; *have a* ~ ***time*** →TIME *n.; s.o. is* ~ ***to*** *s.o.* iem. is vir iem. goed; *it is* ~ ***to*** *...* dit is goed om te ...; *be* ***too*** ~ *for s.o., (ook)* te sterk vir iem. wees; *too* ~ *to be* ***true*** te goed om te glo, te mooi om waar te wees; *do s.o. a* ~ ***turn*** →TURN *n.;* ***very*** ~ baie goed, uitmuntend, uitstekend; ***very*** ~*!* mooi so!, knap gedaan!; (nou) goed!, goed dan!, in orde!; toe (dan) maar!; *a* ~ ***way*** *off* 'n hele ent ver/vêr/weg; ~ ***wine*** *needs no bush* →WINE *n.;* ~ ***wishes*** goeie wense; *say a* ~ ***word*** *for s.o.* →WORD *n.;* ~ ***work!*** →WORK *n..* **G~ Book:** *the* ~ ~ die Bybel. ~ **breeding** hoflikheid, beskaafdheid, goeie maniere, fatsoenlikheid, wellewendheid. ~**bye** *tw.* tot siens, totsiens, tatta, gaan jou goed, goed gaan; *kiss s.o.* ~ →KISS *ww.; say* ~ vaarwel/dag sê, dagsê, afskeid neem. ~ **day** *tw.:* ~ ~ *(to you)!* tot siens!, totsiens!; goeiedag!, dagsê!. ~ **debt** inbare skuld. ~ **evening** *tw.:* ~ ~ *(to you)!* goeienaand!, naandsê!. ~ **faith** goeie trou; *in* ~ ~ te goeder trou. ~ **feeling** goedgesindheid *(tuss. mense).* ~ **fellowship** kameraadskap. ~ **form** goeie maniere, fatsoenlikheid, ordentlikheid. ~**-for-nothing** *n.* niksnut(s), deugniet. ~**-for-nothing** *adj.* nikswerd, nutteloos. **G~ Friday** Goeie Vrydag. ~**-hearted** goedhartig. ~**-heartedness** goedhartigheid, goedgesindheid. ~ **humour** goeie bui/luim/stemming; goedgehumeurdheid, goedaardigheid, opgeruimdheid. ~**-humoured** goedgeluim(d), goedgehumeur(d), vriendelik. ~**-humouredly** in goeie luim, goedgehumeur(d), vriendelik. ~ **living** lewenskuns. ~**-looker** mooi mens, pragstuk. ~**-looking** mooi, aansienlik.

~ **looks** *n. (mv.)* mooi gesig, mooiheid, skoonheid, aansienlikheid. **G~ Lord:** *the* ~ ~ die liewe Heer/Here (*of* Liewenheer). ~**man** -*men, (hoofs. Sk., arg.)* paterfamilias, gesinshoof; eggenoot, man. ~ **manners** goeie maniere. ~ **morning** *tw.:* ~ ~ *(to you)!* goeiemôre!, môresê!. ~**-mouthed** *('n perd)* sag in die bek. ~ **nature** goeie geaardheid; goedaardigheid, goedhartigheid, goedgeaardheid, vriendelikheid; gemoedelikheid, opgewektheid. ~**-natured** goedaardig, goedhartig, goedgeaard, goedig, vriendelik, toeskietlik, inskiklik; gemoedelik, opgewek, opgeruimd. ~**-neighbourliness** goeie buurskap. **G~ News Bible** Good News-Bybel. ~ **night** *tw.* goeienag; *say* ~ ~ nagsê, nag sê. ~ **offices** *n. (mv.)* bemiddeling, goeie dienste; *through the* ~ ~ *of ...* deur (die vriendelike) bemiddeling (*of* goeie dienste) van ... ~ **people:** *the* ~ ~ die feë. ~ **Samaritan** *(NT; fig.)* barmhartige Samaritaan. ~ **sense** verstandigheid, gesonde verstand. ~ **shepherd** *(NT: Jesus): the* ~ ~ die goeie herder. ~**-sized** groterig, van aansienlike grootte. ~ **temper** goeie humeur/luim, goedgehumeurdheid. ~**-tempered** goedgehumeurd, goedhartig, goedig. ~**-time** *adj. (attr.):* ~ *Charlie/Charley* plesiersoeker, losbol; ~ *girl* plesiersoekster, loskop nooi/dolla/meisie, flerrie. ~**wife** *(hoofs. Sk., arg.)* huisvrou. ~**will** welwillendheid, toegeneentheid; goedgesindheid, goedwilligheid, hartlikheid; naamwaarde, klandisie(waarde); *s.o.'s* ~ *to/towards ...* iem. se welwillendheid teenoor ...; ~ *towards men* in die mense 'n welbehae. ~**will visit** welwillendheidsbesoek. ~ **works** *n. (mv.)* goeie werke, liefdadigheid, liefde(s)diens, barmhartigheidsdiens.

good·i·ness liewigheid; (skyn)vroomheid.

good·ish goeterig, nie sleg nie, taamlik (goed); *(getal)* groterig.

good·ly taamlik groot/baie; *(arg.)* aansienlik, fraai, mooi. **good·li·ness** *(arg.)* fraaiheid, mooiheid.

good·ness *n.* goedheid; geskiktheid, bekwaamheid; deugdelikheid, voortreflikheid; smaaklikheid; voedsaamheid, (voedings)krag; deug; ***have the*** ~ ***to ...*** wees tog so goed (*of* asseblief so vriendelik) om te ... **good·ness** *tw., (euf. vir God)* genugtig!, goeiste!, liewe hemel!; ~ ***(gracious)*** *(me)!, (oh)* ***(my)*** ~*!, (infml.)* (o) (my) goeiste!, (goeie) genade!, (liewe) hemel(tjie)!, (o) vaderland!; o hede/hene/hete/jene/jete!; ~ ***knows,*** *(infml.)* die Vader/hemel weet; nugter weet, (dit mag die) joos weet; *for* ~*'* ***sake*** om hemelswil, in hemelsnaam, om liefdeswil; ***thank*** ~ dank die hemel/Vader, die hemel sy dank; ***I wish*** *to* ~ *(that) ...* ek hoop van harte (dat) ...

goods *n. (mv.)* goed, goedere, vraggoed, ware; goedere-, vragtrein; *s.o.'s* ~ *and* ***chattels*** iem. se hawe en goed; ***deliver*** *the* ~*, (infml., fig.)* (die gewenste) resultate behaal/bereik/toon; jou belofte(s) nakom; doen wat van jou verwag word, jou kant bring; ***household*** ~ huisraad; *think s.o. is* ***the*** ~*, (infml., vero.)* dink iem. is watwonders; ***to*** ~ *(supplied)* aan bestelling, aan (gelewerde) goedere. ~ **agent** goedere-, produkteagent. ~ **lift** goederehyser. ~ **office** goederekantoor. ~ **shed** goedereloods. ~ **station** goederestasie. ~ **traffic** goederevervoer, -verkeer, vragvervoer. ~ **train** goedere-, vragtrein. ~ **van** (goedere)kondukteurswa. ~ **yard** goedereterrein.

good·y¹ *n., (infml.)* goeie ou *(in 'n boek ens.)*; *(i.d. mv. ook)* lekkernye, snoepgoed, lekkers. **good·y** *tw.* hoera, hoerê, jippie, lekker; ~, ~ *gumdrops!* hiep, hiep hoera!. **good·y** *adj.* soetsappig, stroopsoet. ~**-goody** *n.* heilige boontjie, brawe Hendrik, mamma se (soet) kindjie. ~**-goody** *adj.* soetsappig, stroopsoet.

good·y² *(arg. of liter.)* moedertjie, vroutjie, tannie.

goof *n., (Am., infml.)* uilskuiken, stommerik. **goof** *ww., (infml.)* 'n bok skiet *(fig.)*, 'n flater/blaps maak, 'n stommiteit begaan; droogmaak; ~ *about/around* gekskeer, die gek skeer, mal streke uithaal, laf/verspot wees; *be* ~*ed, (SA, dwelmsl.)* gerook wees; ~ *off* leeglê, lyf wegsteek, lood swaai; rondhang, -lê, -drentel, -slenter; ~ *up* 'n flater/blaps/fout maak. ~**ball** *(Am., sl.)* pampoen(kop), skaap(kop), dom-, klipkop, mamparra, swaap.

goof·y verspot; dwaas; onnosel.

goog·ly *(kr.)* goëlbal.

gook *(Am., neerh.)* koelie.

goon *(sl.)* domkop; *(Am., infml.)* gehuurde bullebak/sterkman.

goos·an·der -*der(s), (Am.)* **com·mon mer·gan·ser** *(orn.)* groot saagbek; →MERGANSER.

goose *geese* gans; *(infml.)* uilskuiken, swaap; *(mv. gooses)* parsyster; *s.o. cannot say* ***boo*** *to a* ~*, (infml.)* iem. kan nie boe of ba sê nie; *s.o. looks as if he/she cannot say* ***boo*** *to a* ~*, (infml.)* iem. lyk of hy/sy nie pruim kan sê nie; ***cook*** *s.o.'s* ~ *(for him/her), (infml.)* iem. se planne verydel, 'n stok in iem. se wiel steek; ***cook*** *one's* ~*, (infml.)* jouself ophang *(fig.)*; *s.o.'s* ~ *is* ***cooked,*** *(infml.)* dis klaar(praat) met iem.; ***Egyptian*** ~ kolgans; ***kill*** *the* ~ *that lays the golden eggs* die gans/hen slag wat die goue eiers lê; ***pygmy*** ~ dwerggans; *what is* ***sauce*** *for the* ~ *is sauce for the gander* dis peper en koljander, die een is soos die ander; wat geld vir die een, geld ook vir die ander; ***spurwing*** ~ wildemakou; *all s.o.'s geese are* ***swans*** iem. sien sy/haar uile vir valke aan, iem. se eie goed is altyd beter as 'n ander s'n; ***wild*** ~ wildegans; *a* ***wild*** ~ *never laid a tame egg* 'n randeier broei nooit 'n gesonde kuiken uit nie. ~ **barnacle** eend(e)mossel. ~**-beaked whale** soetwaterdolfyn. ~ **bumps,** ~ **flesh,** ~ **pimples,** ~ **skin** *(fig.)* hoendervel, -vleis; *get (or come out in)* ~ ~ hoendervel/-vleis kry/word; *have* ~ ~ hoendervel/-vleis hê. ~ **egg** *(lett.)* ganseier; *(Am., infml)* nul. ~**-eye pattern** voëloogpatroon. ~ **file** gansemars. ~ **flesh** gansvleis; *(fig.)* →GOOSE BUMPS. ~**foot** *(bot.)* ganspoot; misbredie, gansvoet, melde, varkbossie. ~**grass** brongras. ~**herd** ganswagter. ~ **liver pie** ganslewerpastei. ~**neck** gansnek; *(buis)* swanehals. ~ **pen** ganshok. ~ **pimples** →GOOSE BUMPS. ~ **quill** gansveer; veerpen. ~ **rump** hangkruis *(by skape)*. ~ **skin** gansvel; *(fig.)* →GOOSE BUMPS. ~ **step** *(mil.)* parade-, steekpas. ~**-step** -*pp-, ww.* in paradepas marsjeer.

goose·ber·ry *(bot., Eur.)* kruisbessie; *Cape* ~ appelliefie, pompe(l)moer; *Chinese* ~ kiwibessie; *play* ~*, (Br., infml.)* derdemannetjie speel. ~ **fool** *(kookk.)* appelliefievla. ~**-leaved pelargonium** rooistingelhoutbas, rooirabas(sam).

goos·ey, goos·y *n.* gansie; uilskuiken, swaap. **goos·ey, goos·y** *adj.* gansagtig; dom, onnosel, simpel; hoendervel, -vleis; *(Am., infml.)* kielierig.

go·pher¹ *(soöl.)* grondeekhoring.

go·pher² *(bot.)* goferboom. ~ **wood** goferhout *(gebr. vir d. maak v.d. ark)*.

go·ra(h), gou·ra *(<Khoikhoi, 'n mus.instr.)* ghoera.

gor·bli·mey *tw., (Br., sl., euf.: God blind me)* jisla(a)ik; verdomp, verduiwels, vervlaks.

Gor·di·an *n.* Gordianus. **Gor·di·an** *adj.* Gordiaans; *cut the* ~ *knot, (fig., <Gr. legende)* die Gordiaanse knoop deurhak.

gore¹ *n.* dooi(e)bloed, (gestolde) bloed. **go·ry** -*rier* -*riest, adj.* bloederig *(wond, boek, film, verhaal)*; bloedig *(slag, operasie)*; bloedbevlek *(hande)*; bloedbesmeer(d) *(wapen)*; *(fig.)* onaangenaam, aaklig, naar, afgryslik, afskuwelik, grusaam.

gore² *ww.* deurboor, spies; stoot, (met die horings) wond, gaffel.

gore³ *n.* pantjie, (skuins toelopende) baan, *(w.g.)* geer *(v. 'n rok, tent, ens.)*. **gore** *ww.* bane insit, *(w.g.)* geer; ~*d crown* pantjiesbol, gegeerde bol.

gorge *n.* kloof, ravyn; ingeslukte kos; *(arg.)* keel; *(arg.)* strot; *s.t. makes s.o.'s* ~ *rise, s.o.'s* ~ *rises at s.t.* iets walg iem., iem. walg van iets. **gorge** *ww.* verslind, wegsluk; volprop, -stop; ~ *(o.s.)* jou ooreet/oorvreet, van jou maag 'n afgod maak; ~ *o.s. on ...* jou bekoms (*of* te barste) eet aan ...; *be* ~*d with ...* oorversadig wees van ... **gorg·ing** vretery.

gor·geous pragtig, skitterend; *(infml.)* heerlik. **gor·geous·ly** pragtig, lieflik, verruklik, wonderlik, fantasties, manjifiek. **gor·geous·ness** prag.

gor·get *(hist.)* sierkraag *(v. 'n kledingstuk)*; *(hist.)* halskraag *(v. 'n harnas)*; *(hist.)* halsstuk *(v. 'n nonnekap)*; kraag *(v. 'n voël ens.)*.

Gor·gon *(Gr. mit.)* Gorgo; *the* ~*s* die Gorgone.

Gor·gon·zo·la (cheese) *(It.)* gorgonzola(kaas).

go·ril·la gorilla. **go·ril·la-like, go·ril·li·an, go·ril·line, go·ril·loid** gorillaägtig, gorilla-agtig.

Go·ring·hai·qua *(hist., lid v. 'n Khoe-Khoense stam)* Goringhaikwa, Kaapman.

Gor·ki, Gor·ky *(skrywer)* Gorki; *(geog., hist.)* Gorki (→NIZHNI NOVGOROD).

gor·mand·ise, -**ize** →GOURMANDISE.

gorm·less *(infml.)* dom, onnosel; dwaas.

gorse, furze *(bot.)* (steek)brem, skerpioenkruid.

gosh *tw., (infml., ook [Am.] euf. vir God): (by)* ~*!* gits!, ga(a)ts!; ***oh*** ~*!* o gotta(tjie); ~*,* ***some people!*** party mense darem!.

gos·hawk *(orn.)* sperwer, singvalk; *African* ~ Afrikaanse sperwer; *chanting* ~ singvalk; *Gabar* ~ witkruissperwer, kleinsingvalk.

Go·shen *(geog., hist.)* Gosen.

gos·let dwerggans.

gos·ling ganskuiken, gansie, jong gansie.

gos·pel evangelie, evangeliewoord; leer; ***the four*** ***G~s*** die vier Evangelies; ***Full*** *G~ Church* Volle Evangeliekerk; ***preach*** *the* ~ die evangelie predik; ***propagation*** *of the* ~ evangelisering, evangelieverspreiding; ***take*** *s.t. as/for* ~ iets vir evangelie aanneem. ~ **(music)** gospel(musiek). ~ **oath** eed op die Bybel; *take one's* ~ ~ hoog en laag sweer. ~ **singer** gospelsanger. ~ **song** gospellied(jie). ~ **truth** heilige waarheid; evangeliewaarheid; reine waarheid; *it's* ~ ~ so waar as ek leef.

gos·pel·ler, *(Am.)* **gos·pel·er** evangelieprediker; voorleser; *hot* ~ ywerige bekeerder.

gos·sa·mer herfsdraad, spinnerak; fyn gaas; *fine as* ~ ragfyn. **gos·sa·mer·y** spinnerak-, ragfyn. ~ **fabric** ragfyn stof.

gos·san *(geol., mynb.)* ysterhoed.

gos·sip *n.* (skinder)stories, geskinder, skinder-, kletspraatjies, skindery; gebabbel, babbel(a)ry; skinderbek, -tong; babbelaar, kletskous, praatjiesmaker; nuusdraer; *(arg.)* vriend(in); ***listen*** ***to*** ~ jou ore uitleen; ***(malicious)*** ~ skinderpraatjies, geskinder; ***peddle/spread*** ~ skinder, stories rondvertel; *a* ***piece*** *of* ~ 'n skinderstorie. **gos·sip** *ww.* skinder, (skinder)stories vertel, klets, kekkel, kwaadpraat, praatjies maak; ~ *about s.o.* oor/van iem. skinder; ~ *a lot about s.o.* iem. beskinder, tafel oor iem. dek. ~ **column** skinder-, kletsrubriek. ~**monger** skinderbek, -tong.

gos·sip·er skinderbek, -tong.

gos·sip·ing geklets, gebabbel; *(kwaadwillig)* geskinder.

gos·sip·y kletserig, skinderbekkerig; skinder- *(blad, storie, styl, ens.)*; skinderend *(tannies ens.)*.

gos·soon *(Ier.)* knaap, seun.

got *(verl.t. & volt.dw.)* →GET *ww.; s.o. has been* ~ ***at,*** *(infml.)* iem. is (onbehoorlik) beïnvloed; *s.o.* ***has*** ~ *s.t.* iem. het iets; ~ ***it?*** het jy dit?; *(infml.)* snap jy dit?; *I've* ~ ***it!*** nou weet ek!; *you've* ~ ***s.t. there,*** *(fig.)* daar het jy iets beet; *s.o. has* ~ ***to*** ... iem. moet ...; *you've* ~ ***to*** ... jy moet ...; ('n) mens moet ...; ***where*** *have you* ~ *to?* waar het jy beland?, waar is jy?.

Goth *n., (hist., lid v. 'n Germ. stam)* Goot; *(neerh.)* vandaal, barbaar, buffel; *(ook g~, lid v. 'n subkultuur)* goot. ~ **(music)** *(ook g~)* Gotiese musiek *(ook g~)*.

Goth·en·burg, *(Sw.)* **Gö·te·borg** *(geog.)* Gotenburg, Göteborg.

Goth·ic *n., (taal)* Goties; Gotiese boukuns *(ook g~)*; Gotiese letter(soort) *(ook g~)*; *(Am.)* skreeflose letter(soort). **Goth·ic** *adj.* Goties; barbaars; spookagtig; ~ *arch* spitsboog; ~ *style* Gotiese styl *(ook g~)*; ~ *type* Gotiese letter(soort) *(ook g~)*.

got·ta *ww., (sametr., sl.)* = GOT TO.

gou·ache *(skilderk.)* gouache.

Gou·da *(geog.)* Gouda. ~ **(cheese)** gouda(kaas). ~ **ware** Goudse erdewerk.

gouge *n.* guts(beitel), holbeitel, uitholler. **gouge** *ww.* (uit)guts, uitbeitel, uithol; uitsteek; ~ *s.t. out* iets uitbeitel/uitguts/uithol *('n groef ens.)*; iets uitgrawe *(ystererts ens.)*; iets uitkrap *('n klip in 'n perd se hoef ens.)*; ~ *s.o.'s eyes out* iem. se oë uitsteek. ~ **bit** gutsboor.

gou·lash *(kookk.)* ghoelasj, vleisbredie.
Gouph →KOUP.
gourd kalbasplant; kalbas; pampoen; waatlemoen; kalbaskruik; *bitter* ~ karkoer.
Gou·rits *(geog., SA)* Gourits(rivier).
gour·mand, gor·mand smulpaap; lekkerbek; vraat, gulsigaard. **gour·mand·ise,** ‑**ize, gor·mand·ise,** ‑**ize** lekker/smaaklik eet, smul; *(mense)* gulsig eet, vreet. **gour·mand·is·er,** ‑**iz·er, gor·mand·is·er,** ‑**iz·er** = GOURMAND, GORMAND. **gour·mand·ism, gor·mand·ism** lekkerbekkery, lekkerbekkigheid, smullery.
gour·met fynproewer, lekkerbek, gastronoom.
gou·siek·te *(Afr., veearts.)* gousiekte.
goût *(Fr.)* (goeie) smaak; kunssin.
gout jig; →FOOT GOUT, PODAGRA; *(poët., liter.)* (groot) druppel; vlek. ~ **fly** graanvlieg; geelhalmvlieg. ~**weed,** ~**wort** jigwortel.
gout·y jigtig, jigagtig; ~ *geranium* sinkingsbossie.
gov·ern regeer; bestuur, beheer, lei; bepaal; beheers; *(gram.)* regeer; *be ~ed by ...* onder ... val. **gov·ern·a·ble** regeerbaar; gedwee, handelbaar. **gov·ern·ing** *adj. (attr.)* regerende; beherende *(owerheid); oorheersende (invloed, hartstog)*; geldende *(voorskrifte)*; ~ *body* beheerligaam; ~ *party* regerende party, regeringsparty; ~ *principle* rigsnoer.
gov·ern·ance regering, bewind; (staats)bestuur, beheer, leiding.
gov·er·ness goewernante, privaat/private onderwyseres.
gov·ern·ment regering, lands‑, staatsbestuur, bewind, staat, gesag, owerheid; bestuur, leiding, beheer; beheersing; *bring down* (or *topple*) *a* ~ 'n regering laat val (*of* tot 'n val bring); *form of* ~ staatsvorm, ‑inrigting, ‑reëling, regeringsvorm; *(science of)* ~ staatsleer. ~ **action** staatsoptrede. ~‑**appointed** deur die regering benoem, van staatsweë/regeringsweë benoem. ~ **backing** staatsteun. ~ **control** staatsbeheer. ~ **department** staatsdepartement. ~ **expenditure** staatsbesteding, ‑uitgawe. **G~ Gazette** Staatskoerant. ~ **grant** staatstoelaag, ‑toelae. **G~ House** *(hist.)* die Goewerneurswoning. ~ **intervention** staatsingryping, ‑inmenging, ‑bemoeiing. ~ **loan** staatslening. ~ **monopoly** staatsmonopolie. ~ **notice** regeringskennisgewing. ~ **official** staatsamptenaar. ~ **paper** staatspapier. ~ **pension** staatspensioen. ~ **property** staatseiendom. ~ **securities,** ~ **stock** staatseffekte. ~ **spending** staatsbesteding; staatsuitgawes. ~ **sugar** *(SA, hist.)* goewermentsuiker. ~ **surplus** staatsoorskot, staatsurplus. ~ **warehouse** staatsmagasyn, ‑pakhuis; doeanepakhuis, entrepot.
gov·ern·men·tal regerings‑, staats‑.
gov·er·nor goewerneur, regeerder, landvoog; bewindvoerder; goewerneur *(v. 'n Am. staat)*; president *(v. 'n sentrale bank)*; bestuurder; direkteur; hoofsipier *(v. 'n gevangenis)*; *(Br., infml.)* meneer, (ou)baas; *(teg.)* reëlaar; ~ *of a castle* slotvoog; ~ *in council* goewerneur-in-rade; *the* ~, *(ook)* die oubaas. ~ **general** *governors general, governor generals* goewerneur-generaal. ~‑**generalship** goewerneur-generaalskap. ~**'s lady,** ~**'s wife** goewerneursvrou.
gov·er·nor·ship goewerneurskap.
gow·an *(Sk., bot.)* ma(r)griet(jie), madeliefie.
gowk *(dial.)* koekoek; lomperd; gek.
gown *n.* (lang) aandrok; balrok; kleed; gewaad; (kamer)japon; (hospitaal/operasie)jurk; toga *(v. 'n akademikus ens.)*; talaar *(v. 'n Oosterse vors/priester)*. **gown** *ww.* klee; die toga omhang. ~**sman** akademikus; burger; regsgeleerde.
gowned (in toga/tabberd) geklee(d).
goy *goys, goyim, (Hebr., infml., neerh.)* goi, nie-Jood, Christen.
grab *n.* (die) gryp; grypery; vang(s), *(infml.)* skrapery; greep, handvatsel; grypbak; gryphaak; gryper, (vang)haak; *s.t. is up for ~s, (infml.)* iets is reg om gevat te word, iets kan opgeraap word; iets (lê en) wag om opgeëis te word; iets is te wen; iets is te koop; iets is daar om gevul te word; *make a* ~ *at ...* na ... gryp. **grab** ‑*bb*‑, *ww.* gryp; (beet)pak; *(infml.)* gaps *(iem. se sitplek ens.)*; *(infml.: arresteer)* vang, skraap; *(infml.)* gou kry *('n drankie ens.)*; *(rem, koppelaar)* gryp; *(infml.)* dink van; op jou vestig *(aandag)*; boei *(d. gehoor ens.)*; ~ *at ...* na ... gryp; *how does that ~ you?, (infml.)* wat dink jy daarvan?. ~ **bag** grabbelsak. ~ **bar** badgreep. ~ **bucket** graafemmer, grypbak. ~ **crane** grypkraan. ~ **sample** blinde steekproef/monster.
grab·ber gierigaard, gryperige/hebsugtige/inhalige mens, haai.
grab·bing: ~ **brake** gryprem. ~ **brake** grypkraan.
grab·ble gryp, grabbel; spartel.
grab·by gryperig, gierig, hebsugtig, inhalig; boeiend, pakkend *(rolprent ens.)*.
gra·ben ‑*ben(s)*, *(<D., geol.)* graben, slenk.
Grac·chus *(Rom., hist.: 'n tribuun, 163-133 v.C.)* Grakkus, Gracchus; *the Gracchi* die Grakkusse/Gracche.
grace *n.* guns, genade, welwillendheid; *(teol.)* genade; grasie; swier, bekoorlikheid; gepastheid, fatsoenlikheid; beleefdheid, ordentlikheid; uitstel, respyt; tafelgebed(jie); *(mus.)* versiering, ornament; *as an **act** of* ~ uit genade; *be full of **airs** and ~s* vol grille/nukke/fieterjasies wees, aanstellerig/geaffekteerd wees; *with **bad*** ~ met teen‑/teësin, teen‑, teësinnig, onwillig; (uiters) onvriendelik, op onhoflike wyse; *give s.o. a **day's*** ~ iem. 'n dag uitstel gee; ***days** of* ~ respyt‑, uitsteldae; ***fall** from* ~ in sonde verval; in ongenade val; *by the* ~ *of **God*** deur Gods genade; *King by the* ~ *of **God*** koning by die grasie Gods; *with **good*** ~ bereidwillig; (uiters) vriendelik, op hoflike wyse; *be in s.o.'s **good** ~s* in iem. se (*of* by iem. in die) guns staan/wees; *not be in s.o.'s **good** ~s* by iem. in ongenade wees; ***have** the* ~ *to ...* so beleef(d) (*of* ordentlik genoeg) wees om te ..., die ordentlikheid hê om te ...; ***period** of* ~ respyttyd; *s.o. has the **saving*** ~ *of humour/etc.* iem. se sin vir humor/ens. is sy/haar redding (*of* red hom/haar); ***say*** ~ die/'n seën vra, aan/oor tafel bid/dank, die/'n tafelgebed doen; ***state** of* ~ genadestaat; *the (Three) G~s, (Gr. mit.)* die (drie) Grasieë; *in the **year** of* ~ →YEAR; ***Your** G~, (adelstitel)* U Hoogheid; *(biskopstitel)* Hoogeerwaarde Heer. **grace** *ww.* sier, tot sieraad strek, 'n sieraad wees vir; vereer, eer aandoen; begunstig. ~ **cup** afskeidsbeker, laaste glas. ~ **note** *(mus.)* versieringsnoot.
grace·ful aanvallig, bekoorlik; sierlik, elegant, vlot, grasieus; innemend. **grace·ful·ly** sierlik; goedskiks. **grace·ful·ness** aanvalligheid; sierlikheid, grasie; innemendheid.
grace·less lomp; onfatsoenlik; onbeskaamd; goddeloos, bedorwe *(kind)*.
gra·cious genadig; innemend, minsaam; aangenaam; grasieus; welwillend; ~ *aid* goedwillige bystand; *good ~!, ~ me!, (infml.)* goeie genade!; liewe hemel(tjie)!; ~ ***living*** lewenskuns, lewenstyl, verfynde leefwyse, verfyndheid; deftige lewe. **gra·cious·ly** genadig(lik), goedgunstig(lik); op innemende manier. **gra·cious·ness** genadigheid, goedgunstigheid; welwillendheid; minsaamheid.
grad·a·bil·i·ty *(mot.)* klimvermoë.
gra·date gradeer; rangskik; skakeer. **gra·da·tion** gradering, gradasie; nuanse, nuansering; oorgang; indeling; opklimming; opvolging, volgorde; trap; *(i.d. mv. ook)* grade; *vowel* ~ klinker‑, vokaalwisseling, ablaut.
grade *n.* graad; trap; rang; klas, soort; gehalte; graadbees; *(univ.)* (prestasie)punt; helling, val; ***first*** ~, *(Am.)* graad een *(op skool)*; ***make** the* ~, *(infml.)* die paal haal, die pyp rook, die mas opkom, slaag, sukses behaal, die doel bereik; *s.o. cannot **make** the* ~ iem. sal nie die pyp rook nie; ***off*** ~ van helling af; ***on*** ~ op helling. **grade** *ww.* gradeer; klassifiseer; rangskik, sorteer, klasseer; uitsoek; skakeer; meng; oorgaan; gelykmaak; skraap, vorm *('n pad)*; gradeer, helling gee, geleidelik laat klim; ~ *down* afgradeer; ~ *up* veredel, opteel, opkruis; opskuif, ‑skuiwe. ~ **bull,** ~ **cattle,** ~ **cow** graadbul, ‑beeste, ‑koei. ~ **crossing** *(Am.)* = LEVEL CROSSING. ~ **level** hellingshoogte. ~ **levelling** hellinggewing; hellingbepaling. ~ **list** ranglys. ~ **school** *(Am.)* laerskool, laer skool. ~ **teacher** *(Am.)* laerskoolonderwyser(es). ~ **wheat** graadkoring.
grad·ed *(ook)* met 'n kunsmatige helling; ~ *player* gegradeerde speler.
grad·er gradeerder; klasseerder; sorteerder; sorteermasjien; (pad)skraper.
gra·di·ent skuinste, helling; hellingshoek, ‑verhouding; *(wisk., fis.)* gradiënt; *the ~ is 1 in 7* die helling is 1 op 7.
grad·ing gradering; sortering, klassering; afskuinsing; hellinggewing; hellingbepaling; waterpassing; plasing *(op 'n ranglys)*. ~ **list** ranglys. ~ **machine** gradeermasjien; hellinggewer; (pad)skraper. ~ **truck** skraperwa.
grad·u·al *n., (RK, mus.)* trap(ge)sang, graduaal. **grad·u·al** *adj.* trapsgewyse (opklimmend), geleidelik, met verdrag, gestadig, gradueel; langsaam. **grad·u·al·ism** leer van geleidelikheid, gradualisme. **grad·u·al·i·ty** geleidelikheid, gestadigheid. **grad·u·al·ly** trapsgewys(e), geleidelik, langsaam, langsamerhand, stadigaan, met verdrag, van trap tot trap, gaandeweg. **grad·u·al·ness** geleidelikheid, gestadigheid.
grad·u·and *(Br., opv.)* graduandus; →GRADUATE *n.*.
grad·u·ate *n.* gegradueerde, gepromoveerde; maat‑, meetglas. **grad·u·ate** *adj.* gegradueer(d). **grad·u·ate** *ww.* in trappe/grade deel; indeel; gradeer; afstudeer, 'n (akademiese) graad behaal, gradueer, promoveer; ~ *in languages/etc.* 'n graad in tale/ens. behaal/kry/verwerf; ~ *to ...* tot ... vorder. ~ **course** nagraadse kursus. ~ **diploma** graaddiploma. ~ **school** nagraadse skool. ~ **syllabus** leerplan vir gegradueerdes.
grad·u·at·ed met skaalverdeling; progressief; ~ *arch* graadboog; ~ *measure* maatglas, ‑beker; ~ *tax* progressiewe/opklimmende belasting.
grad·u·a·tion graduering, graduasie; graadverdeling; graadverlening; progressie. ~ **ceremony** gradeplegtigheid. ~ **day** grade‑, promosiedag.
grad·u·a·tor gradeerder; graadmeter.
Grae·cise, ‑**cize,** *(Am.)* **Gre·cise,** ‑**cize** gresiseer, vergrieks. **Grae·cism,** *(Am.)* **Gre·cism** Gresisme, Grekisme.
Grae·co-Ro·man, *(Am.)* **Gre·co-Ro·man** Grieks-Romeins.
graf·fi·ti *n. (mv.; ekv.* graffito*)* graffiti; *(argeol.)* muurinskripsie, muurskrif.
graft[1] *n., (bot.)* ent; oorentsel; *(chir.)* (weefsel)oorplanting; *a ~ takes* 'n ent groei. **graft** *ww.* ent; oorent; *(chir.)* oorplant; inweef; ~ *one variety of a plant on another* een variëteit van 'n plant op 'n ander ent; →GRAFTING. **graft·er** enter.
graft[2] *n., (infml.)* werk.
graft[3] *n., (infml.)* geknoei, knoeiery, omkopery; omkoopgeld; opbrengs van knoeiery/omkopery. **graft** *ww.* knoei. **graft·er** knoeier.
graft·ing entery, enting. ~ **knife** entmes. ~ **machine** entmasjien. ~ **stitch** maassteek. ~ **wax** entwas.
gra·ham *adj., (Am.)* volkoring‑; ~ *crackers* volkoringkraakbeskuitjies.
Gra·hams·town Grahamstad. ~ **man,** ~ **woman** Grahamstadter. ~ **wagon** Grahamstadter.
Grail →HOLY GRAIL.
grail *(arg.)* →GRADUAL *n.*.
grain[1] *n.* graan; (graan)korrel; korrel, grein; greintjie; weefsel; korrelbou; vesel *(v. vleis)*; draad *(v. klerestof)*; aar *(v. marmer)*; draad, vlam *(v. hout)*; nerf *(v. leer)*; *(arg.)* aard, natuur; *(hist.)* kleur; kleurstof; →GRAINLESS, GRAINY, GRANULE; ***across** the* ~ dwarsdraads; ***against** the* ~ teen die draad in; *s.t. goes **against** the* ~ *with s.o.* iets stuit iem. teen die bors, iets druis teen iem. se gevoel in; ~ *in **bulk*** stortgraan; *the paper/marble is **coarse** of* ~ die papier/marmer is grof van grein; ***dye** in* ~, *(hist.)* in grein verf; ***dyed** in the* ~ in die wol geverf; opperste, uiterste; ***in*** ~ van nature, in sy/haar binneste; opperste, eg, onverbeterlik; *take with a* ~ *of **salt*** met 'n korrel sout neem/opvat; *the* ~ *is **shooting*** die graan/gesaaides kom in die pyp; *a* ~ *of **truth*** 'n kern van waarheid; ***with** the* ~ regdraads,

met die draad; *the ~ of the **wood*** die draad van die hout. **grain** *ww.* korrel, korrelrig maak; *(konfyt)* korrelrig word, versuiker; haaraf maak; in die wol verf, diep verf; vlam, marmer, aar, greineer; *(leer)* (af)nerf; draadskilder, vlamskilder *(hout)*; →GRAINED, GRAINER, GRAINING. ~ **alcohol** etielalkohol. ~ **bag** streepsak. ~ **district** saaidistrik. ~ **elevator** graansuier. ~ **farmer** saai=, graanboer. ~ **food** pitkos. ~**sick** *(dier)* bevange (gevreet). ~ **side** nerfkant. ~ **stack** graanmied. ~ **weevil** kalander. ~ **wood** langshout.

grain[2] *n., (dial.)* vurktand; tak; mik; *(i.d. mv. ook)* visspies, harpoen.

grained: ~ *cloth* gemarmerde linne, ogiesgoed; ~ *honey* versuikerde heuning; ~ *wood* gevlamskilderde hout.

grain·er (marmer)skilder; greineerder.

grain·ing (die) vlam/marmer/greineer; vlamming, aring, marmering, greinering *(v. 'n oppervlak)*; korreling; afnerwing *(v. leer)*; draad=, vlamskildering *(v. hout)*; versuikering *(v. konfyt)*.

grain·less korrelloos.

grain·y korrelrig; geaar. **grain·i·ness** korrelrigheid; geaardheid.

gral·la·to·ri·al, gral·la·to·ry *(orn.)* steltpotig; ~ *bird* steltloper, steltvoël.

gram[1] dwergertjie, kekerertjie.

gram[2], **gramme** gram. ~ **atom,** ~**-atomic weight** *(chem., vero.)* gramatoom(gewig); →MOLE[4] *n.*. ~ **calorie** gramkalorie. ~ **equivalent** gramekwivalent. ~ **metre** grammeter. ~ **molecule,** ~**-molecular weight** *(chem., vero.)* grammolekuul, =molekule, grammolekulêre gewig; →MOLE[4] *n.*.

gram·a·ry(e) *(arg.)* toorkuns.

gra·mer·cy *tw., (arg.)* hartlik dank; goeie genugtig.

Gra·min·e·ae *(bot.)* die grasfamilie, Gramineë. **gra·min·e·ous, gra·min·a·ceous** *(bot.)* grasagtig, gras=. **gram·i·niv·o·rous** *(soöl.)* grasetend.

gram·ma·logue woordteken; eentekenwoord.

gram·mar grammatika, spraakkuns, =leer; (grond)beginsels; *bad* ~ foutiewe taal. ~ **(book)** grammatika(boek). ~ **school** *(Br.)* middelbare/sekondêre (staat)skool; *(hist.)* gimnasium; *(Am.)* laerskool, laer skool.

gram·mar·i·an grammatikus; taalkundige.

gram·mat·i·cal grammatikaal, grammaties; ~ *error* taalfout; ~ *exercise* taaloefening. **gram·mat·i·cal·i·ty** grammatikaliteit.

gramme →GRAM[2].

Gram·my =*mys,* =*mies, (Am., mus.)* Grammy(toekenning).

gram·o·phone *(vero.)* grammofoon, platespeler. ~ **record** grammofoonplaat.

gram·pus =*puses, (Grampus griseus)* rissodolfyn; *(Orcinus orca)* moordvis; *(Br., vero.)* blasende/hygende persoon.

gran →GRANNY.

gran·a·dil·la grenadella.

gran·a·ry graanskuur, =pakhuis, =solder, koringskuur, voorraadskuur.

Gran Ca·na·ria →GRAND CANARY.

grand[1] *n.* vleuel(klavier); *(infml.)* 1000 rand/dollar/pond; *do the ~, (w.g.)* pronk, windmaak, jou lyf grootman hou; *table* ~ tafelklavier, =piano. **grand** *adj.* groot; hoof=; groots; pragtig, mooi, fraai, goed; deftig; *in ~ condition* in uitstekende kondisie. **G~ Canal:** *the ~ ~* die Canale Grande *(in Venesië)*; die groot Kanaal *(in China)*. **G~ Canary,** *(Sp.)* **Gran Canaria** *(geog.)* Gran Canaria. **G~ Canyon** *(geog.)* Grand Canyon. ~ **challenge** groot uitdaagkompetisie. ~ **challenge cup** groot uitdaagbeker. ~ **cross** grootkruis. ~ **duchess** groothertogin. ~ **duchy,** ~ **dukedom** groothertogdom. ~ **duke** groothertog. ~ **finale** groot finale. ~ **inquisitor** grootinkwisiteur. ~ **jury** *(Am., jur.)* groot jurie. **G~ Lodge** *(Vrymesselary)* grootlosie. ~**master** grootmeester. **G~ Master** *(Vrymesselary)* grootmeester. ~ **mistake** kapitale fout. **G~ Mufti** grootmoefti. **G~ National** *(Br., hindernisren vir perde)* Grand National. ~ **old man** doyen, nestor. ~ **opera** (groot/ernstige) opera. ~ **piano** vleuel(klavier). ~ **ribbon** grootlint. ~ **slam** *(tennis ens.)* grand slam, vier/ens. grotes; *(brug)* groot kap; *(bofbal)* kolwer se droom. ~ **society** hoë/hoofse kringe. ~ **staircase** staatsietrap. ~**stand** *n.* groot paviljoen/pawiljoen. ~**stand** *adj. (attr.)*: ~ *finish* naelbyteinde, (uiters) spannende/opwindende einde; ~ *view of s.t.* onbelemmerde uitsig op iets. ~**stand** *ww., (neerh.)* op effekbejag uit wees, jou met effekbejag besig hou. ~ **total** groot=, eindtotaal. ~ **vizier** *(hist.)* grootvisier.

grand[2] *adj. (attr.), (Fr.)* groot. ~ **cru** *(wyn)* grand cru. **G~ Guignol** *(teat.)* Grand Guignol. ~ **mal** *(med.: swaar epilepsie)* grand mal. **G~ Prix** *Grands Prix, (motorwedren)* Grand Prix. **G~ Prix car** Grand Prix-motor.

grand= *komb.vorm* groot=. ~**aunt** →GREAT-AUNT. ~**child** =*children* kleinkind, kindskind. ~**dad** oupa. ~**daughter** kleindogter. ~**ma,** ~**ma(m)ma** *(infml.)* ouma; →GRANDMOTHER. ~**nephew** →GREAT-NEPHEW. ~**niece** →GREAT-NIECE. ~**pa,** ~**papa** *(infml.)* oupa; →GRANDFATHER. ~**parent** grootouer. ~**sire** *(arg.)* grootvader; voorvader. ~**son** kleinseun. ~**uncle** →GREAT-UNCLE.

gran·dam(e), gran·nam *(arg.)* ouma, ou vroutjie, ouetjie.

grande *adj. (attr.), (Fr.)* groot; ~ *dame* grande dame *(Fr.)*, koningin *(v.d. modewêreld ens.)*; ~ *passion* grande passion *(Fr.)*, hartstogtelike/onstuimige liefdesverhouding/affair.

Grande Co·more *(geog.)* Groot Comoro.

gran·dee *n., (Sp./Port. edelman)* grande, ryksgrote; *(fig.)* koning, prins, topfiguur, grootkop *(infml.)*.

gran·deur grootheid; grootsheid; vernaamheid; prag.

grand·fa·ther oupa, grootvader. ~ **chair** grootvaderstoel. ~ **clause** *(jur., infml.)* uitsonderingsklousule. ~ **clock** hoë staanklok/=horlosie/=oorlosie, staande kasklok.

grand·fa·ther·ly grootvaderlik.

gran·dil·o·quent hoogdrawend; grootpraterig, spoggerig. **gran·dil·o·quence** hoogdrawendheid; grootpraterigheid, spoggerigheid.

gran·di·ose groots, grootskeeps; spoggerig, grandioos. **gran·di·os·i·ty** grootskeepsheid, grootsheid; spoggerigheid, grandioosheid.

grand·ly pragtig; uit die hoogte; →GRAND[1] *adj.*.

grand·moth·er grootmoeder, ouma; *teach one's ~ to suck eggs, (infml.)* die eier wil slimmer/wyser wees as die hen, jou danig slim hou; *tell that to your ~* dit kan jy aan jou grootjie wysmaak. ~ **clock** klein staanklok/=horlosie/=oorlosie. **grand·moth·er·ly** grootmoederlik.

grand·ness prag (en praal), glans(rykheid), luister(rykheid), grootsheid, skouspelagtigheid, indrukwekkendheid, weidsheid; plegtigheid, plegstatigheid.

grange *(hoofs. Br.)* landhuis; opstal; *(arg.)* skuur.

grang·er·ise, =**ize** illustreer (met uitknipsels uit 'n ander boek).

gra·nif·er·ous korreldraend, korrel=.

gran·i·form korrelrig, korrelvormig.

gran·ite graniet. **gra·nit·ic, gran·it·oid** granities, granietagtig.

gra·niv·o·rous *(soöl.)* graan(vr)etend.

gran·ny, gran·nie =*nies, (infml.)* ouma, oumatjie. ~ **annexe** →GRANNY FLAT. ~ **bond** *(infml.)* ouma-obligasie. ~ **bonnet** *(bot.: Disperis capensis)* moederkappie. ~ **dress** *(ouderwetse rok)* oumarok. ~ **flat** tuin=, oumawoonstel. ~ **glasses** oumabrilletjie. ~ **knot** (ou)vrouensknoop. **G~ Smith** *(appelvariëteit)* Granny Smith(-appel).

gra·no·la *(Am., ontbytgraan)* granola.

gran·o·lith *(bouk.)* granoliet. **gran·o·lith·ic** granolities.

grant *n.* inwilliging, vergunning; toelaag, toelae; subsidie; bydrae; onderstandsgeld; toekenning; verlening; skenking; toewysing; konsessie; ***award/give/make a ~*** 'n toelaag/toelae toestaan/verleen; 'n toekenning doen; ***capitation*** ~ hoofdelike toelaag/toelae; ***crown*** ~ kroongrondbrief; ***study on a*** ~ met 'n beurs studeer.

grant *ww.* toestaan; vergun; veroorloof; skenk, verleen; toegee, toestem, erken; ***God*** ~ (mag) God gee; ***granted!*** reg genoeg!, dit gee ek toe; ~ *s.o. an **interview*** iem. te woord staan; ~ ***permission*** toestemming gee; ***take*** *s.o. for ~ed* jou min aan iem. steur, iem. oor die hoof sien, nie met iem. rekening hou nie; ***take*** *s.t. for ~ed* iets as vanselfsprekend aanneem/aanvaar/beskou, iets (sonder bewys) aanneem; iets veronderstel; iets as uitgemaak beskou; *I ~ you **that*** dit erken ek, dit gee ek toe; ~*ed **that** ...* toegegee dat ...; gestel dat ... ~**-aided** staatsondersteunde *(skool ens.)*. ~**-in-aid** *grants-in-aid* bydrae; subsidie; hulptoelaag, =toelae.

grant·a·ble vergunbaar, verleenbaar; toegeefbaar.

grant·ee *(jur.)* bevoordeelde, begunstigde, konsessionaris, ontvanger.

gran·tor, gran·tor *(jur.)* skenker, gewer, verlener, toekenner.

gran·u·lar korrelagtig, korrelrig, gekorrel(d), granulêr; ~ ***fertiliser/fertilizer*** korrelkunsmis; ~ ***honey*** korrelheuning, versuikerde heuning; ~ ***snow*** korrelsneeu; ~ ***structure*** korrelstruktuur; ~ ***texture*** korreltekstuur. **gran·u·lar·i·ty** korrelrigheid, korrelagtigheid.

gran·u·late korrel, korrels vorm, verkorrel, granuleer; vergruis; greineer; heel, gesond word, vasgroei; ~*d **meal*** krummel=, korrelmeel; ~*d **(white) sugar*** wit=, korrelsuiker, growwe suiker; ~ *d **yeast*** →YEAST; ~*d **zinc*** korrelsink, gegranuleerde sink.

gran·u·la·tion korreling, granulasie, granulering, greinering. ~ **tissue** *(fisiol.)* korrelweefsel, korrelvleis, nuwe vleis.

gran·ule korreltjie. **gran·u·lose, gran·u·lous** korrelrig, korrelagtig, granuleus.

gran·u·lite *(geol.)* granuliet. **gran·u·lit·ic** granulities.

gran·u·lo·cyte *(fisiol.)* korrelsel.

grape druif; druiwekorrel; druiwestok; *(i.d. mv., veearts.)* pêrelsug; →GRAPY; *a **bunch** of ~s* 'n tros druiwe, 'n druiwetros; ***small*** ~ druifie; ***sour** ~s, (lett. & fig.)* suur druiwe; *the **~s are sour**, (lett. & fig.)* die druiwe is suur; ***tread** ~s* druiwe trap. ~ **brandy** druiwebrandewyn. ~ **crusher** druiwepers. ~ **disease** wingerdsiekte. ~**fruit** pomelo, bitterlemoen. ~ **grower** druiweboer, =kweker. ~ **harvest** druiwe-oes. ~ **hyacinth** *(bot.)* druifhiasint. ~ **jam** druiwe=, korrelkonfyt. ~ **juice** druiwesap. ~ **piano** druiwestellasie. ~ **season** druiwetyd. ~**shot** skroot. ~**shot fire** skrootvuur, kartetsvuur. ~ **skin** druiwedop. ~ **stone** druiwepit. ~ **sugar** druiwesuiker. ~ **syrup** moskonfyt, =stroop. ~ **treader** druiwetrapper. ~ **variety** druifvariëteit. ~**vine** wingerd=, wyn=, druiwestok; *(infml.)* gerug, riemtelegram, bostelegraaf; *hear s.t. along/on/through the ~, (infml.)* iets per riemtelegram/bostelegraaf hoor; *by ~* van mond tot mond. ~**vine cutting** wingerdstokkie. ~ **vinegar** druiweasyn.

graph *n.* grafiese voorstelling, grafiek; kromme, kurwe; *draw a ~* 'n grafiek trek. **graph** *ww.* 'n kromme trek; met 'n grafiek voorstel. ~ **paper** ruitjiespapier, geruite papier, grafiekpapier. ~ **plotter, graphics plotter** *(rek.)* stipper, grafiektrekker.

graph·eme *(ling.)* skryf=, skrifteken, grafeem.

graph·ic *adj.* grafies; skrif=; teken=; aanskoulik, lewendig, beeldend, plasties; ~ ***art/work*** grafiese kuns/werk, grafiek; ~ ***granite*** skrifgraniet; ~ ***style*** beeldende/plastiese styl. ~ **arts** grafiese kunste. ~ **design** grafiese ontwerp(kuns). ~ **equalizer** *(rad.)* grafiekeffenaar. ~ **novel** grafiese roman.

graph·ics *n. (mv.)* grafika, grafiek. ~ **card** *(rek.)* grafikakaart. ~ **character** *(rek.)* grafiese karakter. ~ **plotter** →GRAPH PLOTTER. ~ **tablet** *(rek.)* grafikatablet.

graph·ite grafiet, potlood. **gra·phit·ic** grafities.

graph·ol·o·gy grafologie, handskrifkunde. **graph·o·log·i·cal** grafologies. **graph·ol·o·gist** grafoloog, handskrifkundige.

graph·o·spasm skryfkramp.

graph·o·type grafotipie; grafotiep.

-gra·phy *komb.vorm* -grafie; *biblio~* bibliografie; *photo~* fotografie.

grap·nel gooi-, werpanker; (enter)dreg, enterhaak.

grap·pa *(It.)* grappa, Italiaanse dopbrandewyn.

grap·ple *n.* haak; vanger; greep; vangtoestel; gryp-, dreghaak; worsteling. **grap·ple** *ww.* aanpak, beetpak; *(arg.)* vashaak; *~ with s.o.* met iem. worstel/stoei (*of* handgemeen raak); *~ with s.t.* met iets worstel, iets die hoof bied *('n probleem ens.)*. *~* **plant,** *~* **thorn** *(Harpagophytum procumbens)* klou-, sand-, rank-, haakdoring.

grap·pling hook, grap·pling i·ron gryphaak.

grap·y druifagtig, druif-.

grasp *n.* greep, houvas; vashouplek; bereik, mag; verstand, begrip; beheersing *(v. 'n vak)*; *s.t. is beyond/within s.o.'s ~* iets is buite/binne iem. se bereik/mag; *have a good ~ of a subject* 'n goeie begrip van 'n vak hê, 'n vak goed beheers; *get a good ~ on s.t.* iets goed beetkry, 'n goeie houvas aan/op iets kry; 'n goeie begrip van iets kry. **grasp** *ww.* gryp, vasgryp, vat, pak; verstaan, besef, begryp, vat; *~ at s.t.* na iets gryp; iets gretig aanneem; *~ the nettle* →NETTLE *n.*; *~ an opportunity* →OPPORTUNITY. **grasp·a·ble** grypbaar. **grasp·er** gryper; hebsugtige. **grasp·ing** grypend; inhalig, hebsugtig, suinig, snoep; *~ organ* gryporgaan. **grasp·ing·ness** inhaligheid, hebsug.

grass *n.* gras; weiveld; *(dwelmsl.)* boom, dagga; *(Br., sl.)* (polisie)informant, verklikker; →HORSETAIL (GRASS); *be* **at** *~* in die weiveld wees; *(infml.)* sonder werk sit; *(infml.)* met vakansie wees; *a* **blade** *of ~* 'n grashalm, 'n grassie; **cut** *the ~ from under s.o.'s feet* iem. beduiwel, iem. (se planne) kortwiek/fnuik; **go** *to ~*, *(dier)* gaan wei; *(infml.)* aftree, uittree, met pensioen gaan; *(bokser)* platgeslaan word, plat val; *the ~ is always* **greener** *on the other side of the fence*, *(sprw.)* die verste/vêrste gras is (altyd) die groenste; *not let the ~* **grow** *under one's feet* geen gras daaroor laat groei nie, nie lank wag nie; **keep** *off the ~!* bly van die gras af!, moenie op die gras loop nie!; *(fig., infml.)* moenie inmeng nie!; **put/send/turn** *... out to ~* ... die veld in (*of* op die [wei]veld) ja(ag) *('n kudde ens.)*; *(infml.)* ... pensioeneer (*of* oortollig verklaar) *(iem.)*; **send** *s.o. to ~*, *(infml.)* iem. platslaan; **tall** *~* hoë/lang gras; waaigras; **young** *~* opslag. **grass** *ww.* met gras beplant; op (die) bleik lê *(klere ens.)*; *(rugby)* plat-, neertrek *(opponent)*; aan land haal *(vis)*; *~ on s.o.*, *(Br., sl.)* iem. verklik, oor iem. klik, (op) iem. piemp; *be well ~ed* dig met gras begroei(d) wees. **~bird** grasvoël. *~* **border** grasrand. *~* **cloth** graslinne. *~* **court** grasbaan. *~* **cover** grasbedekking. *~* **fire** gras-, veldbrand. **~-green** grasgroen. **~-grown** met gras begroei. **~land** grasveld; *tall ~* langgrasveld. *~* **linen** graslinne. *~* **parakeet** *(Austr., orn.)* grasparkiet. *~* **plot** grasperk, -veld. *~* **roots** *n. (mv.)* gewone mense; gewone lede *(v. 'n pol. party)*; *go back to ~ ~* (weer) van die grond af begin. **~-roots** *adj. (attr.)* diepliggende, diepgaande; *~* **democracy** grondvlakdemokrasie; *at ~* **level** op grondvlak/voetsoolvlak; *~* **politics** politiek op kiesersvlak; *~* **support** breëvlakondersteuning, ondersteuning op grondvlak/voetsoolvlak. *~* **skirt** grasromp(ie) *(v. hoeladanseres)*. *~* **snake** grasslang; ringslang. *~* **stalk** grashalm. **~veld** grasveld. **~veld merino** grasveldmerino. *~* **verge** grasrand. *~* **whip** kapsekel. *~* **widow** grasweduwee. *~* **widower** graswewenaar.

grass·hop·per (gras/veld)sprinkaan; *(Am., mil. sl.)* ligte verkennings-/skakelvliegtuig; mengeldrankie van peperment- en sjokoladelikeur; *be knee-high to a ~*, *(infml.)* drie bakstene hoog wees. *~* **mind:** *have a ~ ~* geneig wees om gedagtespronge te maak, van die een onderwerp na die ander spring.

grass·y grasryk; grasagtig; gras-; *~ bell* grasblom, -klokkie; *~ plain* grasvlakte; *~ turf* grassooie. **grass·i·ness** grasrykheid; grasagtigheid.

grate[1] *n.* vuurherd; vuur-, vuurherd-, stoof-, herd-, kaggelrooster; traliewerk, rooster(werk); →GRATICULE, GRATING[1]. *~* **carrier** roosterstut. *~* **door, grated door** traliedeur.

grate[2] *ww.* rasper; kners, knars; kras; kraak; skuur; *s.t. ~s (up)on s.o.'s* **ears** iets pynig (*of* kras in) iem. se ore; *s.t. ~s on s.o.'s* **nerves** iets werk op iem. se senuwees; *~ one's* **teeth** (op) jou tande kners. **grat·ed** gerasper(d). **grat·er** rasper.

grate·ful dankbaar; erkentlik; *(arg.)* aangenaam, strelend; *(arg.)* weldadig; *be ~* **to** *s.o. for s.t.* iem. dankbaar wees vir iets; teenoor iem. erkentlik wees vir iets; *be* **truly** *~* opreg dankbaar wees; *~* **warmth** behaaglike warmte. **grate·ful·ly** met dank, dankbaar. **grate·ful·ness** dankbaarheid; erkentlikheid; *(arg.)* aangenaamheid.

grat·i·cule *(teg.)* graadnet *(v. 'n kaart)*; draadkruis, kruisdraad; rooster *(i.d. oogstuk v. 'n teleskoop ens.)*.

grat·i·fy bevredig, tevrede stel, voldoen, voldoening gee; verheug, genot verskaf, behaag; *(vero.)* vergoed, beloon, 'n vergoeding skenk. **grat·i·fi·ca·tion** bevrediging, voldoening; verheuging; streling *(v.d. sinne)*; *(vero.)* vergoeding, beloning, gratifikasie. **grat·i·fy·ing** *(ook)* bemoedigend; aangenaam, prettig.

gra·tin *(Fr., kookk.)*: *au ~* gegratineer. **grat·i·nate** gratineer.

grat·ing[1] *n.* traliewerk, rooster(werk).

grat·ing[2] *adj.* krassend, knarsend, krakend, skurend; onaangenaam, irriterend; *~ voice* krassende stem, kraakstem.

gra·tis gratis, verniet, kosteloos, vry.

grat·i·tude dankbaarheid; erkentlikheid; *convey s.o.'s ~* iem. se dank oorbring; *in ~ for ...* uit dankbaarheid vir ...; *a mark of ~* 'n blyk van erkentlikheid.

gra·tu·i·tous kosteloos, vry, gratis; ongevraag; ongegrond; ongemotiveer(d); onnodig, sinloos, nutteloos, nodeloos; *~ lie* leuen pure verniet, nodelose leuen. **gra·tu·i·tous·ly** verniet; ongevraag.

gra·tu·i·ty gratifikasie *(by aftrede ens.)*; *(fml.)* gif, geskenk; *(fml.)* fooi(tjie); *(vero.)* toelaag, toelae.

grat·u·la·to·ry gelukwensend; *~ letter* brief van gelukwensing.

gra·va·men -vamina, *(jur.)* grief; beswaar(skrif); hoofinhoud, kern, swaartepunt.

grave[1] *n.* graf, grafkuil; **beyond** *the ~* anderkant die graf; **dig** *one's own ~*, *(infml.)* jou eie graf grawe (*of* ondergang bewerk), self jou ondergang bewerk; **find** *a/the ~*, *(poët., liter.)* die dood vind; *have one* **foot** *in the ~*, *(infml.)* op die rand van (*of* met die een been/voet in) die graf staan; **rise** *from the ~* uit die dood opstaan; **sink** *into the ~* in die graf neerdaal; *make s.o.* **turn** *in his/her ~*, *(infml.)* iem. in sy/haar graf laat omdraai; *someone is* **walking** *over my ~*, *(infml.)* daar loop iemand oor my graf. *~* **clothes** doodskleed, -klere. **~digger** grafgrawer, -maker, doodgrawer. **~-mound** grafheuwel. *~* **robber** grafdief, -rower. **~side:** *at the ~* by die graf. **~stone** grafsteen, -serk. **~yard** kerkhof, begraafplaas, godsakker, dodeakker.

grave[2] *adj.* swaar, gewigtig, ernstig; belangrik; deftig, plegtig, statig; somber; swaar, diep *(toon)*; →GRAVITY; *~ accent*, *(fonet.)* dalende aksent, gravis(aksent); *(mus.)* swaar toonteken. **grave·ly:** *be ~ mistaken* jou lelik misgis.

grave[3] *graved graved/graven*, *ww.*, *(arg.)* grif, (uit)beitel, graveer; beeldsny; *(poët., liter.)* inprent *(i.d. geheue)*; →GRAVING[1], GRAVURE. **grav·en** gesnede, gebeeldhou; (in)gegrif, (in)gegraveer; ingeprent; *~ image*, *(hoofs. Byb.)* gesnede beeld. **grav·er** buryn, graveerstif, -naald, steekyster, radeernaald; *(arg.)* graveur, graveerder.

grave[4] *ww.*, *(hist., sk.)* skoon brand, skoonmaak *('n kiel)*; →GRAVING[2].

grav·el *n.* gruis, klipgruis; *(med.)* niergruis, graweel. **grav·el** *-ll-*, *ww.* gruis; *(Am., infml.)* irriteer, vies maak, omkrap; *(arg.)* verwar, dronkslaan, verleë maak. *~* **dump** gruishoop. *~* **pit** gruisgroef, -gat. *~* **road** gruispad. **~stone** spoelklip(pie); graweelsteen; ouklip. **~-voiced** met 'n skor stem. *~* **walk** gruispaadjie.

grav·elled gegruis(de/te); *~ road* gruispad.

grav·el·ly gruiserig, gruisagtig; gruishoudend; *~ voice* skor stem.

grav·id *(med.)* swanger; *(soöl.)* dragtig; *(koei, ooi, ens.)* grootuier; *(fig.)* swanger *(belofte ens.)*; *(boom ens.)* vol *(vrugte ens.)*. **gra·vid·i·ty** swangerskap.

gra·vim·e·ter swaarte-, gravimeter. **grav·i·met·ric** gravimetries; *~ analysis*, *(chem., fis.)* gewigsontleding, gravimetriese ontleding/analise.

grav·ing[1]: *~* **tool** graveernaald, graveerstif, graveeryster, steekyster.

grav·ing[2]: *~* **dock** droogdok, kalfaatdok.

grav·i·tate oorhel, aangetrek word; neig; *(fis.)* graviteer; *(mynb.)* sif *(diamante)*; *(arg.)* sink, sak; *~ to/towards ...* na ... beweeg; tot ... neig *(negatiwiteit ens.)*. **grav·i·ta·tion** aantrekking; afsakking; oorhelling; *(fis.)* gravitasie; swaartewerking; (die) sif *(v. diamante)*; *force of ~*, *(fis.)* swaarte-, gravitasiekrag; *law of ~*, *(fis.)* swaartekrag-, gravitasiekragwet. **grav·i·ta·tion·al** swaarte-, gravitasie-; *~ field* swaarte-, aantrekkings-, gravitasieveld; *~ force* swaarte-, gravitasiekrag.

grav·i·ty erns(tigheid); belangrikheid, gewig(tigheid); deftigheid; stemmigheid; gelykmatigheid; gevaarlikheid; swaarte; *centre of ~* swaartepunt; *(force of) ~*, *(fis.)* swaarte-, gravitasiekrag; *specific ~* relatiewe digtheid. *~* **catch** valknip. *~* **fault** *(geol.)* swaarteverskuiwing. *~* **feed** valtoevoer. *~* **field** swaarteveld. *~* **irrigation** leibesproeiing. *~* **meter** swaartemeter, gravimeter. *~* **mixer** valmenger. *~* **tank** valtoevoertenk. *~* **wind** gravitasiewind.

gra·vure *(druk.)* gravure; →PHOTOGRAVURE, ROTOGRAVURE.

gra·vy (vleis)sous; *(sl.: geld)* pitte, blare, malie *(<Z.)*. *~* **boat** souskom(metjie), souspotjie. *~* **ladle,** *~* **spoon** souslepel. *~* **train** *(infml.: bron v. buitensporige, maklike voordele)* soustrein, geldwa; *get/be on (or board/ride) the ~ ~* op die soustrein/geldwa klim/spring/sit/ry, 'n gerieflike/lekker baantjie kry/hê.

gray →GREY. **gray·ling** *-ling(s)*, *(igt.)* vlagsalm.

graze[1] *n.* skram; skramskoot; skaafplek. **graze** *ww.* (aan)raak, skrams raak, skram, rakelings verbygaan; skaaf, skawe, skuur; velaf skaaf/skawe.

graze[2] *ww.* wei; afvreet; laat wei; vee oppas; *(infml.)* (heeldag *of* die hele dag [deur]) peusel; *(TV)* van (die) een kanaal na die ander spring/oorskakel, TV-roelet/roulette speel; *(Am., infml.)* aan ongekoopte eetgoed peusel *(in 'n supermark ens.)*; →GRAZING; *put s.o. out to ~*, *(infml.)* iem. (die) halter afhaal. **graz·er** grasteter, weidier. **gra·zier** (slag)veeboer, vetweier.

graz·ing *n.* (die) wei; weiding; weiveld. **graz·ing** *adj.* grasetend. *~* **animal** dier wat wei. *~* **fee** wei-, staangeld. *~* **licence** weilisensie. *~* **paddock** weikamp. *~* **right(s)** weireg.

grease *n.* vet, olie; smout; vetterigheid, olierigheid; (wa)smeer; teer; smeer(sel), smeermiddel, ghries; *in (pride/prime of) ~* spekvet. **grease** *ww.* smeer; teer; olie; ghries; besmeer; omkoop; invet, vetsmeer; *~d* **lightning** vetgesmeerde blits; *like ~d* **lightning** soos die blits; *~ s.o.'s* **palm** →PALM[1] *n.*; *~ the* **wheels** *of ...*, *(fig.)* ... laat vlot (*of* glad laat loop) *(d. ekonomie, 'n stelsel, ens.)*. *~* **box** smeer-, ghriespot. *~* **cup** smeerdop. *~* **gun** smeerspuit. *~* **(heel)** *(veearts.)* mok(poot) *(by perde)*. *~* **mark** vetkol, -vlek. *~* **monkey** *(infml., neerh.: werktuigkundige)* oorpakman, mek(kie). *~* **nipple** smeernippel. **~paint** blanketsel, grimeersel. **~proof** vetdig; *~ paper* was-, vetpapier, vetvry(e) papier; botterpapier. *~* **rag** smeerlap. *~* **spot,** *~* **stain** vetkol, -vlek. *~* **trap** vetvanger, gansnek. *~* **wool** vetwol.

grease·less nievetterig, vetvry.

greas·er *(Br., infml.: werktuigkundige)* oorpakman, mek(kie); stoker *(op 'n skip)*; langhaarvent; *(Am., infml., neerh.)* Spaans-Amerikaner, Mexikaan, Meksikaan; *(infml.)* sagte landing *(v. 'n vliegtuig)*; *(Br., infml.)* inkruiper; *(teg.)* smeernippel, masjiensmeerder.

greas·y vet, vetterig; olierig, olieagtig; *(lett. & fig.)* glibberig; *~* **heel,** *(veearts.)* mok(poot) *(by perde)*; *~* **lustre** vetglans; *~* **pole** vet-, smeerpaal; *~* **spoon,** *(infml.)* oeserige kafee/eetplek; *~* **weather** dreigende weer; *~* **wool** vet-, sweetwol. **greas·i·ness** vetterigheid; olierigheid; glibberigheid.

great *n.* grote, vooraanstaande/prominente figuur, ster; *(i.d. mv., G~)* BA-eindeksamen *(a.d. Oxford-universiteit); one of boxing's **all-time** ~s* een van die grootste boksers van alle tye; *the ~s of **Hollywood*** die groot Hollywoodsterre; ***rock'n'roll** ~s* groot ruk-en-rol-treffers; ***the** ~, (mv.)* die grotes (*of* groot geeste *of* vooraanstaande/prominente figure). **great** *adj.* groot; tamaai; lang; dik; groots; *(infml.)* wonderlik, fantasties; *live to a ~ **age*** 'n hoë ouderdom bereik; *be ~ **at** s.t.* in iets uitblink/uitmunt; *a ~ **big** ..., (infml.)* 'n yslike ... *(klip ens.); ~ with **calf*** dik met kalf, dragtig; *the ~est **conceivable** ...* (or *... **conceivable***) die groots/ruims/hoogs denkbare ... *(vergoeding ens.); in ~ **detail*** tot in besonderhede; *in ~er **detail*** meer in besonderhede; *to a ~er or lesser **extent*** in meerdere of mindere mate; ***feel** ~, (infml.)* baie goed voel; *it **feels** ~, (infml.)* dis 'n heerlike gevoel; *they are ~ **friends*** hulle is groot maats (*of* groot/dik vriende); *a ~ **many** ...* 'n groot aantal/klomp ... *(mense ens.); make a ~ **noise*** baie raas, 'n groot lawaai/geraas maak; *the ~ **ones*** die grotes; *a ~ **painter/etc.*** 'n groot/beroemde skilder/ens.;*the ~er **part** of ...* die meeste (*of* grootste deel) van ...; *for the ~er **part*** grotendeels; *by far the ~er **part*** die oorgrote meerderheid, verreweg die meeste; *the ~est **possible** ...* (or *... **possible***) die groots/ruims moontlike ... *(toegewing ens.); ~ **Scott!*** →SCOTT; *s.o./s.t. is no ~ **shakes*** →SHAKE *n.; **that** would be ~, (infml.)* dit sou gaaf/heerlik wees; ***that's** ~!, (infml.)* pragtig!, prima!, (dis) mooi!; *a ~ **while** ago* 'n lang tyd/ruk gelede. **~-aunt, grandaunt** groottante, -tannie, oudtante. ~ **circle** grootsirkel. ~**coat** (oor)jas. **~-grandchild** agterkleinkind. **~-granddaughter** agterkleindogter. **~-grandfather** (oupa)grootjie, grootoupa, oorgrootvader. **~-grandmother** (ouma)grootjie, oorgrootmoeder. **~-grandnephew** agterkleinneef. **~-grandniece** agterkleinniggie. **~-grandparents** grootjies, oorgrootouers. **~-grandson** agterkleinseun. **~-great-grandchild** agteragterkleinkind. **~-great-grandfather** betoorgrootvader. **~-great-grandmother** betoorgrootmoeder. **~-great-grandparents** betoorgrootouers. ~ **gun** swaar/groot kanon. ~ **guns** *(ook)* grofgeskut. ~ **hall** aula, oula, groot saal; geselskapsaal *(in 'n herehuis)*. **~-hearted** grootmoedig; moedig. **~-heartedness** grootmoedigheid, -hartigheid, edelmoedigheid. **~-nephew, grandnephew** kleinneef. **~-niece, grandniece** kleinniggie. ~ **place** hoofkraal, -stat *(v. 'n opperhoof)*. ~ **power** groot moondheid. ~ **seal** grootseël. **~-uncle, granduncle** grootoom, oudoom.

Great: ~ **Barrier Reef:** *the ~ ~ ~, (geog.)* die Groot Barrière-rif. ~ **Bear:** *the ~ ~, (astron.)* die Groot Beer, Ursa Major. ~ **Bear Lake:** *(the) ~ ~ ~* die Groot Beremeer. ~ **Belt:** *the ~ ~, (geog.)* die Groot Belt. ~ **Britain** Groot-Brittanje. ~ **Dane** Deense hond. ~ **Divide** hoofwaterskeiding; kontinentale waterskeiding *(i.d. N.Am. Rotsgebergte); (fig.)* grens tussen lewe en dood; *cross the ~ ~* doodgaan, sterf, sterwe, heengaan, die ewige rus ingaan. ~ **Dog:** *the ~ ~, (astron.)* die Groot Hond, Canis Major. ~ **Elector:** *the ~ ~, (hist.)* die Groot Keurvors. ~ **Fire:** *the ~ ~ of London* →FIRE *n.*. ~ **Kar(r)oo:** *the ~ ~* →KAROO. ~ **Lakes:** *the ~ ~* die Groot Mere. ~ **Northern War** *(1700-21)* Noordse Oorlog. ~ **Salt Lake:** *(the) ~ ~ ~* die Groot Soutmeer. ~ **Seal:** *(Keeper of the) ~ ~* grootseëlbewaarder. ~ **Slave Lake:** *(the) ~ ~ ~* die Groot Slawemeer. ~ **Wall:** *the ~ ~ of China* die (Groot) Chinese/Sjinese Muur. ~ **War:** *the ~ ~, (1914-18)* die Eerste Wêreldoorlog.

Great·er: ~ **Antilles** →ANTILLES. ~ **Cape Town** Groter Kaapstad.

great·ly grootliks, hoog, in hoë mate, baie, besonder; *(arg.)* edel, op edele wyse; *increase ~* sterk toeneem; *be ~ mistaken* jou deerlik misgis; *suffer ~* swaar ly.

great·ness grootheid, hoogheid; grootte; edelheid, adel.

greave *n.* beenskut, skeenplaat.

greaves *n. (mv.)* kaiings; vetmoer, vetbesinksel.

grebe *(orn.)* dobbertjie, duikertjie; *(Eur.)* fuut.

Gre·cian *n.* Gresis, Grekis; Griek. **Gre·cian** *adj.* Grieks; *~ nose* Griekse neus.

Gre·cism →GRAECISM.

Gre·co-Ro·man →GRAECO-ROMAN.

Greece *(geog.)* Griekeland.

greed hebsug, lus, begeerte, begerigheid; gulsigheid; *s.o.'s ~ for money* iem. se geldgierigheid; *s.o.'s ~ for power* iem. se magsug. **greed·i·ly** gretig; gulsig. **greed·i·ness** gulsigheid; begerigheid, hebsug. **greed·y** gulsig; begerig, hebsugtig; *be ~ for ...* begerig wees na ...

Greek *n.* Griek; Grieks, die Griekse taal; ***Ancient** ~* Oudgrieks; *~ **meets** ~, (infml.)* bul teen bul, hard teen hard, jou portuur teë-/teenkom, teen mekaar opgewasse wees; *when ~ **meets** ~ then is/comes the tug of war* wanneer bul teen bul te staan kom, gee dit 'n woeste stryd af (*of* is die stryd die swaarste *of* spat die vonke); ***Modern** ~* Nieu-Grieks, Nuwe Grieks; *s.t. is (all) ~ **to** s.o., (infml.)* iets is Grieks (*of* te geleerd) vir iem.. **Greek** *adj.* Grieks. ~ **cross** Griekse kruis. ~ **god** *(fig.: aantreklike jong man)* Griekse god, adonis. ~ **Orthodox Church** Grieks-Ortodokse Kerk. ~ **scholar** Gresis, Grekis.

green *n.* groen; groenigheid; groen gras; groente; lowwe; loof, blare; grasveld, -perk, -kol; veld; rolbalveld, -perk; *(gh.)* setperk; jeug, fleur; *(pol., soms G~)* groene; *(i.d. mv.)* blaargroente, groenkos, moeskruid; *do you see any ~ in my **eye?*** lyk ek vir jou soos 'n uilskuiken?, ek is ouer as tien/twaalf; *the ~ and **gold**, (SA sport)* die groen en goud; ***the** G~s, (pol.)* die Groenes; ***through** the ~* oor die speelveld. **green** *adj.* groen; vars; fris, jong; groen, onervare; groen, eko-, ekologies, omgewings-; *s.o. is not as ~ as he/she is **cabbage-looking**, (infml.)* iem. is nie so dom soos hy/sy lyk nie (*of* so groen dat 'n koei hom/haar sal vreet nie); bietjie baard maar klipsteenhard; ***keep** the memory ~* die herinnering lewendig hou; *s.o.'s ~ **old age*** iem. se jeugdige/fleurige oudag; *a/the ~ **one*** 'n/die groene; *the ~ **ones*** die groenes; ***staring** ~* →STARING; ***turn** ~* groen word; ***vivid** ~* →VIVID. **green** *ww.* vergroen, groener maak, met bome en struike beplant *('n stad ens.)*; groenbewus maak *('n bedryf ens.)*; *(sl.)* fop, iets wysmaak, vir die gek hou *(iem.)*. ~**back** *(Am., infml.)* Amerikaanse banknoot. ~ **bacon** (gesoute) ongerookte spek. ~ **bean** groenboon(tjie); snyboon(tjie). ~ **belt** parkgordel *(om 'n stad)*. **G~ Berets** *(Am./Br., mil.)* Groen Barette. ~**blowfly** groenbrommer. ~ **brick** rousteen. ~ **bug** groenluis. ~ **card** *(int. motorversekeringsdokument; Am. verblyf-en-werk-permit)* groen kaart. ~ **channel** groen uitgang *(by 'n lughawe ens.)*. ~ **cheese** groen kaas; nuwe kaas; weikaas. ~ **coal** vars steenkool/kole. ~ **concrete** vars beton. ~ **crop(s)** groenvoer. ~ **drake** *(entom.)* eendagsvlieg. ~ **earth** groenaarde, gloukoniet, seladoniet. ~ **eye:** *the ~ ~* afguns, jaloesie. **~-eyed** groenogig, groenoog-; *(fig.)* jaloers, afgunstig; *the ~ monster* afguns, jaloesie. ~ **fee** *(gh.)* baangeld. ~**field** *adj. (attr.)* natuurlike groen *(terrein ens.); ~ development* braaklandontwikkeling. ~ **fig preserve** groenvyekonfyt. ~**finch** (Europese) groenvink. ~ **fingers:** *have ~ ~* 'n hand met 'n plant hê, 'n groeihand hê, 'n goeie/gesonde hand (in die tuin) hê. ~**fly** groen plantluis. ~ **fodder** groenvoer. ~**gage** groenpruim. ~ **grape** groen/onryp druif; *(soort)* groendruif. ~**grocer** *(hoofs. Br.)* (vrugte- en) groentehandelaar. ~**grocer's shop** groentewinkel. ~**grocery** (vrugte- en) groentehandel; groentewinkel. ~**heart (tree)** groenhoutboom. ~**heart (wood)** groenhout. ~ **heath** groenheide. ~ **hide** nat vel. ~**horn** nuweling, groentjie, beginner, melkmuil; *s.o. is no ~* iem. is ouer as twaalf, iem. is nie vandag se kind nie. ~**house** *n.* kweekhuis; droogkamer, -huis. ~**house** *adj. (attr.)* kweekhuis-, broeikas-; *~ effect* kweekhuis-, broeikaseffek; *~ gas* kweekhuisgas; *~ plant* (broei)kasplant. ~ **keeper** *(gh.)* baanopsigter; *(rolbal)* perkopsigter. ~ **label** →ECOLABEL. ~ **labelling** →ECOLABELLING. ~ **light:** *get/give the ~ ~* goedkeuring/toestemming/verlof (*of* die groen lig) kry/gee. ~ **lumber** groen hout. ~**mail** *n., (ekon., infml.)* safdreiging. ~**mail** *ww., (ekon., infml.)* safdreig. ~**mailer** *(ekon., infml.)* safdreiger. ~ **malt** koringuitloop. ~ **man** groen mannetjie *(v. 'n verkeerslig)*. ~ **manure** groenbemesting. ~ **manuring** groenbemesting. ~ **mealies** groenmielies. ~ **monkey disease, Marburg disease** *(med.)* groenaap-, Marburgsiekte. ~ **mortar** vars messelklei. **G~ Mountain State** *(Am.)* (die staat) Vermont. ~ **paper** *(dikw. G~ P~, parl.)* groenskrif. **G~ Party** *(pol.)* Groen Party. **G~peace** Greenpeace. ~ **peas** *(mv.)* groenertjies, -erte, dop-ertjies, -erte. ~ **pepper** groen soetrissie. ~ **pigeon** papegaaiduif. ~ **quartz** groenkwarts. ~ **revolution** groen revolusie/rewolusie. ~**room** *(teat.)* akteurskamer, artiestekamer. ~ **salad** blaarslaai; groen slaai. ~**sand** groensand. ~ **sandpiper** *(orn.)* witgatruiter. ~ **scale** groendopluis. ~**shank** *(orn.)* groenpootruiter. ~ **(sheep)skin** vars (skaap)vel. ~ **shield bug** groenstinkbesie. ~**sickness** *(patol.)* bleeksug, -siekte, chlorose. ~**stick (fracture)** buigbreuk, gebuigde breuk, knakbreuk. ~**stone** *(geol.)* groensteen. ~ **strip** parkruimte. ~**stuff(s)** (blaar)groente; groenigheid; groenvoer. ~**sward** *(arg. of poët., liter.)* groen gras, grasveld, -perk. ~ **table** biljarttafel; seeltafel. ~ **tea** groen tee. ~ **thumb** = GREEN FINGERS. ~ **vegetable(s)** blaargroente. ~ **vitriol** groenvitrioel. ~ **weight** gewig in onryp staat. ~**wood** woud, bosse. ~ **woodpecker** *(Eur., orn.: Picus viridis)* groenspeg. ~**yard** *(Br.)* skut.

green·er nuweling, groene, groentjie.

green·er·y groenigheid, loof, blare, groengoed.

green·ie *(infml., dikw. neerh.)* groene, bewaringsbetottelde.

green·ing groenappel; vergroening *(v. stede ens.)*; omgewingsrehabilitasie.

green·ish groenerig, groenagtig.

Green·land *n., (geog.)* Groenland. **Green·land** *adj.* Groenlands; *~ shark* Groenlandse haai, slaaphaai; *~ whale* Groenlandse walvis, baard(wal)vis. **Green·land·er** Groenlander.

green·ness groenheid.

green·some *(gh.)* kiesspel.

Green·wich (Mean) Time Greenwichtyd.

green·y →GREENISH.

greet[1] *ww.* groet, begroet, verwelkom; ontvang; →GREETING; *... ~s the eye ...* vertoon hom aan die blik/oog; *~ s.o. with cheers* iem. met toejuiging ontvang; *be ~ed with ...* met ... begroet word.

greet[2] *ww., (Sk. of arg.)* huil, ween.

greet·ing *n.* groet, begroeting; *(i.d. mv.)* groete, groetnis; ***convey** ~s* groete oorbring; ***return** a ~* teruggroet, 'n groet beantwoord; ***warm** ~s* hartlike groete; *by **way** of ~* as groet.

greetings *tw.* gegroet; dagsê. ~ **card,** *(Am.)* **greeting card** Kerskaart(jie); verjaar(s)dagkaart(jie); geleentheidskaart(jie). ~ **telegram** gelukwenstelegram.

gref·fi·er griffier.

gre·gar·i·ous gesellig; kudde-; groep(s)-; *~ animal* kuddedier; *~ behaviour* groep(s)gedrag; *~ instinct* kuddegevoel, kudde-instink; *~ stage* swermfase, saamtrekkingsfase *(v. sprinkane)*; →SWARM. **gre·gar·i·ous·ness** kuddegevoel, -sin, gemeenskapsgevoel.

Gre·go·ri·an Gregoriaans; *~ calendar* Gregoriaanse kalender; *~ chant, (mus.)* Gregoriaanse cantus, gelyksang.

Greg·o·ry *(heilige)* Gregorius; *(med., ook:* Gregory's mixture/powder*)* rabarberpoeier.

gre·mi·al *(RK)* (biskops)voorskoot.

grem·lin duiweltjie, tokkelos(sie), kobold; *(infml.)* fout, kinkel.

Gre·na·da *(geog.)* Grenada. **Gre·na·di·an** *n.* Grenadaan. **Gre·na·di·an** *adj.* Grenadaans, van Grenada.

gre·nade granaat. ~ **launcher** granaatwerper.

gren·a·dier *(mil.)* grenadier.

gren·a·dil·la →GRANADILLA.

gren·a·dine[1], **gren·a·dine** *('n vrugtestroop)* grenadien.

gren·a·dine[2] *(tekst.)* grenadien.

Gren·a·dines, Gren·a·dines: *the ~, (geog.)* die Grenadine.

gres·so·ri·al, gres·so·ri·ous *(soöl.)* loop=, stap=; ~ *bird* loopvoël.

Gret·el *(D.)* →HÄNSEL AND GRETEL.

grew *(verl.t.)* →GROW.

grey, *(Am.)* **gray** *n.* grys, grou; vaal; grys (klere); (blou)skimmel(perd). **grey,** *(Am.)* **gray** *adj.* grys, grou; vaal; ***become/grow*** ~ grys word, vergrys; *a* ~ ***day*** 'n bewolkte dag; ~ ***eyes*** grou/grys oë; *a* ~ ***horse*** 'n (blou)skimmelperd. **grey,** *(Am.)* **gray** *ww.* grys maak; dof maak; dof/grys word; *s.o. is ~ing* iem. word skimmel/grys. ~ **area** *(fig.)* grys gebied; kwynende gebied; *(SA, hist.)* gemengde woonbuurt. ~**back** →PIED CROW. ~**beard** *(skerts. of neerh.)* grysbaard, grysaard; *(arg.)* drankkruik. ~ **cells** →GREY MATTER. ~ **ear rot fungus** gryskopvrotswam. ~ **flannel** kam=stofbroek. **G~ Friar** *(RK)* Franciskaan, Fransiskaan, Franciskaner, Fransiskaner. ~ **goose** →GREYLAG (GOOSE). ~**-green** grysgroen. ~**-haired** grys, grys=harig. ~ **head** gryskop, grysaard. ~**-headed** grys, gryskop=; ~ *albatross* gryskopmalmok; ~ *bush shrike* spookvoël. ~ **heron** bloureier. ~**hound** windhond; *ocean* ~ →OCEAN. ~**lag (goose)** *(Anser anser)* wilde=gans. ~ **lourie** kwêvoël. ~ **mare:** *the* ~ ~ *is the better horse* →MARE[1]. ~ **market** grys mark. ~ **matter** *(anat.)* grysstof; *(fig., infml.)* harsings, verstand. ~ **mite** grysmyt. ~ **rat** →BROWN RAT. ~ **rhebuck** vaalribbok. ~ **shark** vaalhaai. ~ **squirrel** gryseekhoring. ~ **tit** *(orn.)* grysmees; *Southern* ~ ~, *(Parus afer)* piet-tjou-tjou-grysmees. ~**wacke** *(geol.)* grouwak. ~ **waxbill** *(orn.)* gryssysie. ~ **whale** gryswalvis. ~ **wild cat** →AFRICAN WILD CAT. ~ **wolf** →TIMBER WOLF.

grey·ish, *(Am.)* **gray·ish** grysagtig, grouagtig, gry=serig, grouerig; vaal, valerig; skimmelagtig, skim=melrig.

grey·ness, *(Am.)* **gray·ness** grysheid.

grid rooster; traliewerk; motorhek; raster; *(grafieke)* ruitenet; *(landm.)* koördinaatnet, ko-ordinaatnet; *(elek.)* net(werk); *(motorsport)* wegspringplek. ~ **gate** motorhek. ~**lock** *(Am.)* verkeersknoop, =op(een)ho=ping; *(fig.)* dooiepunt, dooie punt. ~ **map** ruitekaart. ~ **zone** ruitgebied.

grid·dle *n., (kookk.)* roosterplaat; *(mynb., hist.)* (erts)=sif. **grid·dle** *ww.* rooster, (op die rooster) braai; *(mynb., hist.)* sif. ~**bread,** ~**cake** flappertjie, soort plaatkoek(ie), roosterkoek. ~**scone** plaatskon.

gride *(poët., liter.)* kras, knars; *(vero.)* deurboor.

grid·i·ron (braai)rooster; skeepsrooster; *(mil.)* roos=ter; *(Am.)* voetbalveld; *(Am., infml.)* Amerikaanse voetbal; *be on the* ~ op hete kole sit. ~ **pendulum** rooster=, kompensasieslinger.

grief leed, droefheid, verdriet; smart; ***cause*** *s.o.* ~ iem. leed aandoen; ***come*** (or *be* ***brought****) to* ~ 'n ongeluk kry, verongeluk; skipbreuk ly; misluk; in die/'n ver=knorsing beland/kom; ***die*** *of* ~ van hartseer sterf/sterwe; ***good*** *~!, (infml.)* grote Griet!; *be* ***prostrate*** *with ~, be* ***prostrated*** *by/with* ~ gebroke wees van ver=driet; *in a* ***spasm*** *of* ~ in 'n opwelling van smart. ~**-stricken** bedroef.

grieve bedroef, droewig maak; verdriet/pyn aandoen; grief, krenk, kwets; rou, treur; ~ ***about/over*** ... oor ... treur (*of* bedroef wees); oor ... spyt wees; ~ ***for*** *s.o.* medelye met iem. hê; *s.t.* ~*s* ***s.o.*** iets spyt iem., iets doen iem. leed. **griev·ance** grief, ergernis, kren=king; beswaar; ***air/ventilate*** *a* ~ 'n grief lug; ***harbour/nurse*** *a* ~ ***against*** *s.o.* 'n grief teen iem. koester; *s.o.'s* ***sense*** *of* ~ iem. se gegriefdheid; iem. se gekwetstheid. **griev·ous** *(fml.)* ernstig; swaar, drukkend; pynlik, smartlik; griewend; *inflict* ~ *bodily harm, (jur.)* erns=tige letsel toedien. **griev·ous·ly** *(fml.)* ernstig; swaar; terdeë; ~ *disappointed* deerlik teleurgesteld.

grif·fin[1], grif·fon, gryph·on *(mit.)* griffioen, gryp=voël.

grif·fin[2] nuweling, groentjie.

grif·fon *(honderas)* griffon.

grift·er *(Am., sl.)* swendelaar.

grig *(dial.)* palinkie; kriek.

grill[1] *n.* rooster; roosteroond; roostervleis; braaivleis; braaigereg; *mixed* ~ allegaartjie. **grill** *ww.* rooster, (op die rooster) braai; bak, gaar braai, brand; *(infml.)* kruis=vra, uitvra; →GRILLED, GRILLER, GRILLING. ~**(room)** braairestaurant, =restourant; braai(gereg)kamer.

grill[2], grille sierrooster; skermrooster; traliewerk; traliehek.

gril·lage rooster. ~ **beam** roosterbalk.

grilled gebraai, gerooster(d); ~ *chicken* geroosterde hoender; ~ *meat* braaivleis; ~ *steak* roosterbiefstuk, roosterskyf.

grill·er rooster; roosteroond; roosteraar.

grill·ing *(infml.)* kruisvraery; *give s.o. a* ~ *about s.t.* iem. oor iets onder kruisverhoor neem. ~ **pan** roos=terpan.

grilse *grilse(s), (igt.)* jong salm.

grim nors, stug, strak, stroef, stuurs, bars; streng, hard=vogtig, onverbiddelik, onversetlik, meedoënloos; wreed; aaklig, afgryslik, naar, makaber; skrikwekkend, vrees=lik, verskriklik; *hang/hold on (to s.t.) for/like* ~ ***death*** krampagtig/verbete/vervaard/wanhopig (aan iets) vas=klou; ~ ***humour*** galgehumor, wrange humor; ~ ***idea*** grillige gedagte; ~ ***irony*** skrynende ironie; ~ ***reality*** harde/wrede werklikheid; *a* ~ ***scene/sight*** 'n aaklige gesig; ~ ***warning*** sombere waarskuwing. **grim·ly** nors, stug, strak, stroef; *laugh* ~ grynslag. **grim·ness** nors=heid, stugheid, stroefheid.

gri·mace, gri·mace *n.* skewebek, grimas; *make ~s* skewebek/gesigte trek. **gri·mace, gri·mace** *ww.* gryns, skewebek/gesigte trek; *s.o. ~s with pain* iem. se gesig vertrek van die pyn.

gri·mal·kin *(arg.)* ou kat; ou heks.

grime *n.* vuiligheid, vuilgoed; aanpaksel; roet. **grime** *ww.* vuil smeer, besmeer, betakel. **grim·y** vuil, smerig, besmeer(d), betakel(d), morsig; aangepak.

grin *n.* breë glimlag; gryns(lag), spottende glimlag, spotlag, grimlag; *wipe that* ~ *off your face!, (infml.)* daar's niks om oor te grinnik nie!. **grin** *ww.* breed glimlag; gryns, grinnik, grimlag; ~ *and* ***bear it*** uit=hou; ~ *like a* ***Cheshire cat*** ewig gryns; ~ ***from ear to ear*** breed (*of* van oor tot oor) glimlag.

grind *n.* (die) maal; slyp; draai; *(infml.)* geswoeg, ge=blok; *the daily ~, (infml.)* die alledaagse/daaglikse sleur/geswoeg; *be on the* ~ aan die swoeg wees. **grind** *ground ground, ww.* maal; fynmaak; kou; verbrysel, verplet=ter, vergruis, vertrap; *(fig.)* boor *(iem.)*; knars; skuur; slyp *(diamante)*; (in)slyp *(kleppe)*; (weg)slyp; draai; swoeg, blok; verdruk; →GROUND[2] *adj.*; ~ ***away*** *at s.t.* hard aan iets werk; *have an axe to* ~ →AXE *n.*; ~ *s.o.* ***down*** iem. verdruk; iem. uitmergel; ~ *s.t.* ***down*** iets fynmaal; ~ *the* ***faces*** *of the poor, (OT)* die hulpeloses verdruk, die ellendiges mishandel; ~ *to a* ***halt*** →HALT[1] *n.*; ~ ***on*** voortploeter, aan=, voortsukkel, voortswoeg, =worstel; *(winter, oorlog, ens.)* voortsleep; *(spreker)* voortrammel; ~ *an* ***organ*** 'n orrel draai; ~ *s.t.* ***out*** iets reëlmatig voortbring (*of* uitkraam); *(infml.: teësinnig uiter)* iets grom/uitwurg (*of* met tandegekners uitkry) *('n belofte, verskoning, ens.)*; ~*ing* ***poverty*** nypende armoede; ~ *one's* ***teeth*** (op) jou tande kners; ~ *s.t.* ***up*** iets fynmaal. ~**stone** slypsteen; *back to the* ~ weer aan die werk; *have/hold/keep one's nose to the* ~ aan die werk bly, sonder ophou werk; *hold/keep s.o.'s nose to the* ~ agter iem. staan, iem. hard laat werk.

grind·er meul(e); slyper; slypmasjien; kies(tand), maal=tand; meulsteen; swoeger, blokker. **grind·er·y** slypery; skoenmakersgereedskap.

grind·ing *n.* (die) maal, maalwerk, malery; slyping; slypwerk; knersing; *(i.d. mv.)* slypsels. ~ **lathe** slyp=bank. ~ **machine** slypmasjien. ~ **motion** maalbewe=ging. ~ **paste** slyppasta. ~ **stone** maalklip. ~ **surface** slypvlak. ~ **wheel** slypskyf.

grin·go =*gos, (Lat.Am., infml., neerh.: Engelssprekende uitlander)* gringo.

grip[1] *n.* (hand)greep; houvas, greep; hand; handrei=king; beheer, mag, meesterskap; vat; begrip; hand=vatsel, greep; knyper; klem; spanklou; klemlengte *(v. hout)*; (reis)tas, (reis)koffer, *(w.g., fml.)* valies; *be* ***at*** *~s with s.t.* met iets worstel; ***change*** *one's* ~ vervat; ***come/get*** *to ~s with s.t.* iets aanpak, met iets worstel; ***come/get*** *to ~s with s.o.* met iem. handgemeen raak; *have a* ***firm*** ~ ***on*** ... 'n sterk houvas op ... hê; *take a* ***firm*** ~ ***on*** *s.t.* iets vasvat/vasgryp; ***get*** *a* ~ ***on*** *s.t.* 'n houvas op iets kry; iets kleinkry; ***get*** *a* ~ ***on*** *o.s.* jou regruk; *have a* ***good*** ~ *of a subject* 'n goeie begrip van 'n vak hê, 'n vak goed beheers; *be* ***in*** *the* ~ *of* ... in die kloue van ... wees *('n skelm)*; deur ... geknel word *(droogte ens.)*; *the country is* ***in*** *the* ~ *of winter* die winter is nou behoorlik hier; ***lose*** *one's* ~ jou houvas verloor; die kluts kwytraak; ***relax/release*** *one's* ~ ***on*** *s.t.* iets loslaat; ***take*** *a* ~ ***on*** *o.s.* jou beheers; ***keep*** *a* ***tight*** ~ ***on*** *s.t.* iets stewig vashou; ***tighten*** *one's* ~ ***on*** *s.o.* meer druk op iem. uitoefen; ***tighten*** *one's* ~ ***on*** *s.t.* iets stywer/vaster vat. **grip** =*pp*=, *ww.* gryp, beet=pak, vasvat, vat; vasklem, (vas)klou; omvat, omsluit; *(motorbande)* vasbyt; *('n verhaal ens.)* boei; →GRIP=PER, GRIPPING; ~ *s.t. tightly* iets stewig/styf vashou.

grip[2] *n., (dial.)* voortjie, slootjie, grip(pie).

grip[3] *n.* →GRIPPE.

gripe *n., (infml.)* klag(te), grief, beswaar, gekla, ge=kerm, gemor; *(gew. i.d. mv.)* koliek, krampe; *(arg.)* pyn(iging); *(arg.)* greep, houvas; *be in s.o.'s ~, (arg.)* in iem. se mag wees. **gripe** *ww., (infml.)* kla, kerm; koliek gee; *(arg.)* seermaak, pynig; *(arg.)* gryp, pak, (vas)klou. ~ **water** *(med.)* krampwater *(vir babas)*.

grip·er klaer; *(arg.)* gryper; *(arg.)* afperser, woekeraar, uitsuier.

grip·ing knaend, snydend; kramp=; klouend; *(arg.)* in=halig.

grippe, grip *(<Fr., med., vero.)* griep.

grip·per gryper.

grip·ping pakkend, boeiend, spannend; ~ *tale* pak=kende/spannende verhaal. ~ **jaw** spanklou.

Gri·qua Griekwa. ~**land** Griekwaland. ~**land East/West** *n.* Griekwaland-Oos/Wes. ~**land East/West** *adj.* Griekwaland-Oos/Wes *(pred.)*, Griekwaland-Oosse/Wesse *(attr.)*.

gri·qua·land·ite *(min.)* griekwalandiet.

gris·e·ous gryserig, grysagtig; pêrelgrys.

gris·kin *(Br.)* maer varkvleis.

gris·ly aaklig, griesel(r)ig, grillerig, afgryslik, afsku=welik, vreeslik, grusaam. **gris·li·ness** aakligheid, af=skuwelikheid.

gris·on *(soöl.)* grison.

Gri·sons *(geog., Fr. vir* Graubünden*)*: *the* ~ Grou=bunderland.

grist[1] maalkoring, =graan; maalgoed; *that is* ~ *to/for one's/the mill* dit is water op jou meul (*of* koring vir die meul *of* botter op jou brood), daar sit voordeel in.

grist[2] *(hoofs. Sk.)* dikte *(v. tou, garing)*.

gris·tle kraak=, knarsbeen. **gris·tly** kraakbeenagtig.

grit *n.* gruis, klippertjies, grint; sand(erigheid); grint=steen; klipgruis; pit, fut, durf, energie, volharding; *(i.d. mv., kookk.)* (mielie)gruis; ***diamond*** ~ diamant=grint; ~ *in the eye* 'n stoffie in die oog; *have a* ***lot*** *of ~, (infml.)* hare op jou tande hê; *a* ***piece*** *of* ~ 'n klip=pie/sand(korrel)tjie. **grit** =*tt*=, *ww.* kners, knars, kraak; ~ *one's teeth* op jou tande byt; vasbyt, deurdruk. ~**blast** *n.* sandstraal, =spuit; sandstuiwing. ~**blast** *ww.* sand=spuit. ~**blasting** →SANDBLASTING. ~**stone** grintsteen, growwe sandklip.

grit·ter grintstrooier.

grit·ty grinterig, sanderig, krakerig; pittig; ~ *wool* sand=wol. **grit·ti·ness** grinterigheid, sanderigheid; pittig=heid.

griz·zle[1] *n.* sout-en-peper-hare. **griz·zle** *ww.* grys word; grys maak. **griz·zled** grys, sout-en-peper-kleurig. **griz·zly** *n.* grysbeer. **griz·zly** *adj.* grys, gryserig, grou, valerig; ~ *bear* (Noord-Amerikaanse) grysbeer.

griz·zle[2] *ww. (infml., hoofs. Br., 'n kind)* grens, kerm.

groan *n.* kreun, steun, gekerm; gekraak; *heave a* ~ 'n kreun uitstoot. **groan** *ww.* kreun, steun, kerm; sug *(onder)*; kraak; ~ *with* ... van (die) ... kreun *(pyn ens.)*. **groan·ing** *n.* gekreun, gesteun, gekerm. **groan·ing** *adj.*, **groan·ing·ly** *adv.* kreunend, steunend, ker=mend.

groat *n., (hist.)* ag(t)stuiwerstuk; *I don't care a ~, (arg.)* ek gee geen duit/flenter om nie, dit kan my min skeel. **groats** *n. (mv.)* gort.

Gro·bi·an teerputs, smeerpot; lomperd.

gro·cer kruidenier. **gro·cer·y** kruidenierswinkel; *(i.d. mv.)* kruideniersware.

grog *n.* grok. **grog** *-gg-, ww.* grok drink; skoon spoel. ~ **blossom** *(infml.)* jenewer-, drankneus, rooi neus.

grog·gy *(infml.)* onvas, slap in die bene; bewerig, dronkerig, half bedwelm(d), deurmekaar; *(arg.)* aangeklam.

grog·ram *(tekst.)* grofgrein.

groin lies; liesstuk; *(infml.)* geslagsdele; *(argit.)* graatrib, gewelfkruis; →GROYNE. ~ **arch** kruisboog. ~**(ed) vault** kruisgewelf.

grom·met, grum·met tou-oog, touring; blokstrop; kabelbeslag; skutbus; *(med.)* dreineringsbuisie, -pypie *(i.d. middeloor)*.

Gro·ning·en *(geog.)* Groningen; *inhabitant of* ~ Groninger; *of* ~ Gronings. ~ **dialect** Gronings.

groom *n.,* stal-, ry-, perdekneg; agterryer; *(infml.)* bruidegom; *(arg.)* seun, jong man, jongman; *(arg.)* oppasser, bediende; ~ *(in waiting), (Br.)* kamerheer. **groom** *ww.* roskam; opkam, versorg; oppas, bedien; voorberei, touwys maak, gereed maak, oplei *(vir)*; *be well ~ed* goed versorg wees; fyn uitgevat wees. ~**sman** *-men* strooijonker.

groom·ing roskam(mery); opkamming, (persoons)versorging; gereedmaking.

groove *n.* groef, gleuf, keep; sleur, sleurgang; *fall/get into a ~* in 'n groef raak; *in the ~, (infml.)* uitstekend; moeiteloos, met/vol vertroue; *(Am.)* in die mode. **groove** *ww.* (uit)groef, (uit)keep; 'n groef/gleuf/keep maak in; kanneleer. **grooved** gegroef(de), groef-; gegleuf(de); ~ *joint* omslaglas; ~ *pulley* groefkatrol; ~ *seam* omslagnaat.

groov·ing: ~ **chisel** groefbeitel. ~ **iron** groefskaafbeitel. ~ **plane** groefskaaf. ~ **saw** groefsaag.

groov·y *-ier -iest, adj.* gegroef; *(infml.)* bak, fantasties, wonderlik, ongelooflik, uitstekend.

grope (rond)tas, voel *(i.d. donker)*; voel-voel; ~ ***about*** rondtas; ~ ***for s.t.*** na iets tas; ~ ***s.o.***, *(infml.)* iem. betas/bevoel, vatterig raak met iem.; ~ *one's* ***way*** iets voel-voel doen. **grop·er** *(infml., neerh.)* vatterige kêrel/man(netjie) (*of* ou man *of* meisie/vrou), betaster. **grop·ing** *adj.* tastend, soekend. **grop·ing·ly** *adv.* tastend, soekend; voel-voel.

gros·grain *(tekst.)* koordsy. ~ **(ribbon)** koordlint.

gross *n., (mv.* gross*)* gros, 12 dosyn; *(mv.* grosses*)* die hele bedrag; die oorgrote meerderheid; *(infml.)* die bruto wins/inkomste/ens.; ***by the*** ~ by die groot maat; ***in (the)*** ~ op/in die gros, oor die algemeen; in massa; ***two/etc.*** ~ *of pens/etc.* twee/ens. gros penne/ens.. **gross** *ww.* 'n bruto wins maak; ~ *s.o. out, (Am., sl.)* iem. walg (*of* met walging/weersin/afkeer/afsku vervul). **gross** *adj.* grof; geil; groot, dik, vet; stomp; lomp; onbeskof; afstootlik, walglik; sin(ne)lik; bruto; ~ ***amount*** bruto bedrag; ~ ***earnings/income*** bruto inkomste/verdienste; ~ ***error*** growwe fout; ~ ***feeder*** vreter, vraat; ~ ***fixed investment*** bruto vaste investering; ~ ***habits*** afstootlike gewoontes; ~ ***income*** →***earnings/income*** ~ ***negligence*** growwe/verregaande nalatigheid; ~ ***revenue*** bruto inkomste; ~ ***sales*** bruto omset; ~ ***senses*** stomp/afgestompte sintuie; ~ ***sum*** bruto bedrag/som; ~ ***ton*** grootton; ~ ***vegetation*** geil plantegroei; ~ ***weight*** bruto gewig; ~ ***yield*** bruto opbrengs/rendement. ~ **domestic expenditure/spending** *(afk.:* GDE*)* bruto binnelandse besteding *(afk.:* BBB*)*. ~ **domestic product** *(afk.:* GDP*)* bruto binnelandse produk *(afk.:* BBP*)*. ~ **national product** *(afk.:* GNP*)* bruto nasionale produk *(afk.:* BNP*)*. ~**-out** *n., (Am., sl.)* goor/mislike/vieslike/walglike ding/mens/vent/ens.. ~**-out** *adj., (Am., sl.)* goor, mislik, vieslik, walglik.

gross·ly grof; erg; lomp; onbeskof; ~ *exaggerated* erg oordrewe.

gross·ness grofheid; lompheid; afstootlikheid.

gros·su·lar *(min.)* grossulaar.

grot →GROTTO.

gro·tesque *n.* grotesk; *(druk.)* skreeflose letter(soort), grotesk. **gro·tesque** *adj.* grotesk, grillig, verwronge; buitensporig, oordrewe; belaglik, absurd. **gro·tesque·ness, gro·tes·quer·ie** groteskheid, die groteske; buitensporigheid; belaglikheid.

grot·to *-to(e)s* grot, spelonk.

grot·ty *(Br., infml.)* goor, aaklig, horribaal; oes, vrot, mislik, ellendig.

grouch *n., (infml.)* gebrom; slegte bui, knorrigheid; brompot, bitterbek. **grouch** *ww., (infml.),* brom, mopper, mor, knor. **grouch·i·ness** buierigheid, nukkerigheid, knorrigheid, befoeterdheid. **grouch·y** brommerig, knorrig, buierig, befoeterd.

ground[1] *n.* grond, aarde; terrein, erf; bodem; grondslag, beginsel; beweegrede, -grond; ondergrond; agtergrond; grondtoon, -kleur; *(verf)* grondlaag; *(Am., elek.)* aardsluiting (→EARTH *n.*); *(i.d. mv.)* grond(e); *(i.d. mv.)* (koffie)moer; *(i.d. mv.)* afsaksel, besinksel; ***above*** ~, *(lett.)* bo die grond; *(fig.)* in die land van die lewendes; ***break*** ~ grond braak; begin grawe; aanvoor; ***break*** *(fresh/new)* ~ baanbrekers-/pionierswerk doen, nuwe terrein ontgin; ***bring ... to the*** ~ ... neertrek; ... grond toe bring; ***burn s.t. to the*** ~ iets afbrand; *s.t.* ***burns*** *to the* ~ iets brand af; ***common*** ~ →COMMON *adj.*; ***cover the*** ~ die terrein/veld dek; ***cover much*** (or *a lot of*) ~ 'n lang afstand aflê; 'n groot veld bestryk; veel omvat; *be on* ***dangerous*** ~ op gevaarlike terrein wees; *venture on* ***dangerous*** ~ jou op gevaarlike terrein begeef/begewe/waag; ***dash*** *s.t. to the* ~ →DASH[1] *ww.*; *it suits s.o.* ***down*** *to the* ~, *(infml.)* dit is so in iem. se kraal, dit is net so na iem. se sin, dit pas iem. uitstekend/volkome, dit pas iem. of dit vir hom/haar geknip is, dit kon iem. nie beter pas nie; ***fall*** *to the* ~ op die grond val; in duie stort/val, verongeluk; *have one's* ***feet*** *on the* ~ op die platte van jou voete staan; *cut the* ~ *from under s.o.'s* ***feet*** iem. se voete onder hom/haar uitslaan, iem. heeltemal/totaal dronkslaan; *be on* ***firm*** ~ →FIRM[1] *adj. & adv.*; ~*(s)* ***for*** ... grond vir ...; ***from*** *the* ~ ***up*** van onder af op; heeltemal, geheel en al; ***gain/make*** ~ veld wen, vooruitkom; ***gain*** ~ *(up)on s.o.* 'n voorsprong op iem. behaal/kry; ***get*** *off the* ~, *(lett.)* die lug ingaan; *(fig., infml.)* aan die gang kom, op dreef kom; ***get*** *s.t. off the* ~, *(infml.)* iets lanseer, iets aan die gang kry; ***give*** ~ padgee, wyk, toegee; die veld ruim; ***go*** *over the* ~ alles deurgaan; ***go*** *to* ~, *('n dier)* in 'n gat kruip; *(iem.)* onderduik; ***hold/keep/stand*** *one's* ~ jou man staan, standhou, vastrap; *on* ***humanitarian*** ~*s* uit menslikheid; ***in*** *one's* ~, *(kr.)* agter/binne jou streep; *on* ***insubstantial*** ~*s* op losse gronde; ***keep*** *one's* ~ →***hold/keep/stand; kiss*** *the* ~ →KISS *ww.*; ***leave*** *the* ~ opstyg; ***level*** *s.t. with the* ~ iets tot op die grond afbreek; iets met die grond gelykmaak; ***lose*** ~ agteruitgaan, veld verloor; ***make*** ~ →***gain/make; on*** *the* ~*(s)* ***of*** ... op grond van ...; ***on*** *the* ~*(s)* ***that*** ... op grond daarvan dat ...; ***out of*** *one's* ~, *(kr.)* buite(kant) jou streep; *be on one's* ***own*** ~, *(fig.)* op jou eie gebied wees; ***prepare*** *the* ~ aanvoorwerk doen; ***raze*** *s.t. to the* ~ iets tot op die grond afbreek; ***run*** *o.s. into the* ~, *(infml.)* jou gedaan/kapot/kis/oordraad/oorhoeks (*of* oor 'n mik) werk; ***run*** *s.o./s.t. to* ~ iem./iets opspoor; *be on* ***shaky*** ~, *(fig.)* geen grond/vastigheid onder jou voete hê nie; ***shift*** *one's* ~ van standpunt verander; dit oor 'n ander boeg gooi; ***solid*** ~ vaste grond/aarde; ***stand*** *one's* ~ →***hold/keep/stand***; *be* ***sure*** *of one's* ~ seker van jou saak wees; *on* ***sure*** ~ op vaste grond, op veilige terrein; *s.t.* ***sweeps*** *the* ~ iets sleep op die grond; *be* ***thick*** *on the* ~ volop (*of* dik gesaai) wees; *be* ***thin*** *on the* ~ dun gesaai wees, skaars wees; ***touch*** ~ grondvat; die grond raak; *(fig.)* vaste grond onder jou voete kry; tot iets konkreets kom. **ground** *ww.* grondves, stig; grond, baseer, fundeer; staaf; grondig inlei; op die grond sit; die grond klaarmaak; aflei, na die grond lei; grondvat, te lande kom; strand, grond raak, op die grond loop; aard; op die grond hou, hok; ~ *s.t. on ...* iets op ... grond/baseer; →GROUNDED. ~ **air** grondlug. ~ **angle** waarnemingshoek. ~ **attack** *(mil.)* aanval op grondteikens; aanval deur grondtroepe. ~**bait** *(hengel)* grondaas; *(fig.)* lokaas. ~ **bass** *(mus.)* grondbas, ostinaatbas, basso ostinato. ~ **beam** fondamentbalk. ~ **beetle** grondkewer. ~ **cable** *(Am., elek.)* aardkabel. ~ **clearance** ashoogte. ~ **coat** *(verf)* grondlaag. ~ **colour** grondkleur; grondverf. ~ **connection** *(Am., elek.)* aarding, aardverbinding. ~ **control** *(lugv.)* grondbeheer, -leiding, grondpersoneel. ~ **course** *(messelwerk)* siglaag. ~ **cover** plantedek, dekplant(e). ~ **crew** *(lugv.)* grondpersoneel. ~ **cricket** koringkriek, dikpens. ~ **effect** *(aërodinamika)* grondeffek. ~**floor** grondverdieping, -vloer, onderste verdieping; *on the* ~ ~ gelykvloers; *be/get in on the* ~ ~, *(infml.)* in alle voorregte deel, oorspronklike aandele verkry. ~**-floor price** ingangsprys. ~ **frost** bodemryp, bevrore grond. ~ **game** *(Br.)* kleinwild. ~ **gudgeon** modderkruiper. ~**hog** (Virginiese) marmot. ~ **hornbill** bromvoël. ~ **ice** grondys *(in grond)*; ankerys *(op 'n rivierbodem)*; bevrore grond. ~ **ivy** *(bot.)* hondsdraf. ~**keeper** →GROUNDSMAN. ~ **lead** *(Am., elek.)* aardleiding. ~ **level** grondvlak, -hoogte, bodemhoogte. ~ **mist** grondnewel, -wasem. ~**nut** *(Br.)* grondboontjie. ~**nut oil** grondboontjie(-)olie, grondboonolie. ~ **plan** plattegrond, grondplan, -tekening; opset. ~ **plate** *(spw.)* onderlêer; *(Am., elek.)* aard(ings)plaat; voetbalk *(v. 'n raamwerk)*. ~ **principle** grondbeginsel. ~ **rent** grondhuur. ~ **robin** *(orn.)* →BABBLER. ~ **rule** *(gew. mv.)* grondbeginsel, -reël; *(Am., bofbal)* veldreël; *(mil.)* terreinreël. ~ **sea** grondsee. ~**sheet** grondseil(tjie). ~**sill** drumpel; voetbalk. ~**sman** *-men* baan-, terreinopsigter. ~**speed** grondsnelheid. ~ **spider** grondspinnekop. ~ **squirrel** grondeekhoring; waaierstertmeerkat. ~ **staff** *(lugv.)* grondpersoneel; *(sport)* terreinpersoneel. ~ **stroke** *(tennis)* grondhou. ~ **support** grondsteun. ~ **survey** terreinmeting. ~**swell** grondsee, (grond)deining; *(fig.)* vloedgolf *(v. gevoelens ens.)*. ~ **tissue** grondweefsel, parenchimatiese weefsel. ~**-to-air missile** grond-lug-missiel. ~**-to-ground missile** grondmissiel. ~ **visibility** grondsig. ~**water** grondwater. ~**water level** grondwatervlak, -stand, -spieël. ~ **wind** bodemwind. ~ **wire** *(elek., Am.)* aarddraad, -geleiding, -verbinding. ~**work** grondslag, ondergrond; grondwerk; geraamte; spitwerk, voorbereidingswerk; *do the* ~ *for s.t.* die aanvoorwerk vir iets doen. ~ **zero** hiposentrum *(v. 'n kernbomontploffing)*; *(fig.)* beginpunt.

ground[2] *adj. (attr.)* gemaalde *(koffie)*; fyn *(kaneel, naeltjies, gemmer, neutmuskaat, ens.)*; geslypte *(vlak ens.)*; *be* ~ ***down*** *by ...* verpletter wees onder ...; ~ ***glass*** geskuurde/geslypte glas, slypglas; ~ ***lime*** gemaalde/fyn kalk; ~ ***meat*** maalvleis, gemaalde vleis; ~ ***rice*** rysmeel; ~ ***rock*** gemaalde rots.

ground·age *(Br.)* hawe-, ankergeld.

ground·ed gehok *(vliegtuie, bemanning)*; *(elek., Am.)* geaard; *all* ***planes*** *have been ~ed by bad weather* (or *the authorities*) alle vliegtuie is deur slegte weer (*of* die owerheid) gehok; ~ ***ship*** gestrande skip; *be* ***well*** ~ gegrond/gefundeer wees; *be* ***well*** ~ *in a subject* 'n goeie kennis van 'n vak hê, goed in 'n vak onderleg/onderlê wees.

ground·er *(bofbal)* grondbal.

ground·ing grondslag, basis; *(verf)* gronding; onderrig, skoling; *have a good ~ in ...* 'n goeie kennis van ... hê, goed in ... onderleg/onderlê wees.

ground·less ongegrond, sonder (enige) grond; *quite/utterly* ~ van alle grond ontbloot, uit die lug gegryp. **ground·less·ness** ongegrondheid; holheid.

ground·ling *(teat., hist.)* toeskouer op die goedkoop staanplek; *(infml., neerh.)* filistyn, kultuurbarbaar; *(igt.)* grondel(ing); *(bot.)* kruipplant.

ground·sel *(Senecio* spp.*)* kruiskruid.

group *n.* groep; ~ *of* ***buildings*** gebouekompleks; ~ *of* ***companies*** maatskappyegroep; ***in*** *~s* groepsgewys(e); ~ *of* ***islands*** eiland(e)groep; *a* ~ *of* ***people/etc.*** 'n groep mense/ens.. **group** *ww.* groepeer, groep; ~ *people/things together* mense/dinge bymekaarsit; mense/dinge oor een kam skeer. ~ **activity** groep(s)werk, -aktiwiteit. **G~ Areas Act** *(SA, hist.)* Wet op Groepsgebiede *(fml.)*, Groepsgebiedewet *(infml.)* ~ **captain** *(Br., RAF)* kolonel. ~ **discussion** groep(s)bespreking. ~ **dynamics** *(psig.)* groep(s)dinamika. ~ **insurance** groep(s)versekering. ~ **leader** groep(s)leier. ~ **practice** *(med.)* groep(s)praktyk. ~ **rights** *(mv.)* groep(s)regte. ~ **sex** groepseks. ~ **theory** groep(s)teorie. ~ **therapy** groep(s)terapie. ~**ware** *(rek.)* groep(s)ware, groep(s)programmatuur, groepsagteware.

group·age groepering; groep(s)vorming; samelading; ~ *service* groep(s)vragdiens; sameladingsdiens; ~ *system* groep(s)vragstelsel; sameladingstelsel.

group·ie *(infml.)* popgroepstertjie.

group·ing groepering; groep(s)vorming.

group·us·cule *(gew. neerh.)* (klein) splintergroep(ie).

grouse[1] *grouse, n.* korhoender.

grouse[2] *grouses, n.* grief, klag(te). **grouse** *ww.* brom, kla, mor, tjommel; ~ *about s.t., (infml.)* oor iets brom/tjommel/kla. **grous·er** kermkous, brompot, knorpot, korrelkop.

grout[1] *n.* voegbry, fyn pleisterklei. **grout** *ww.* toesmeer, dig pleister; voegbry aanbring, voeg. **grout·er** *(instr.)* bryvuller. **grout·ing** bryvulling.

grout[2] *ww.* (om)vroetel, (om)woel.

grouts *n. (mv.), (arg.)* droesem; →GROATS.

grove bos, klomp bome; boord; ruigte.

grov·el *-ll-, ww.* kruip, kruiperig/onderdanig wees/optree, jou verneder/verlaag; ~ *before s.o.* voor iem. kruip. **grov·el·ler** kruiper. **grov·el·ling** kruipend, kruiperig.

grow *grew grown* groei; laat groei; aangroei, aanwas, toeneem; kweek, verbou, aanplant, boer met *(aartappels ens.)*; laat groei, kweek *('n baard ens.)*; verbou word; →GROWN, GROWTH; ~ ***apart***, *(fig.)* van mekaar vervreem(d) raak; ~ ***away** from s.o.* van iem. vervreem(d) raak; ~ ***dark/light*** donker/lig word; *s.t. ~s into a **habit*** →HABIT *n.*; ~ ***in*** ingroei; ~ ***into*** ... tot ... (op)groei; ~ ***into one*** →***together;*** ~ *to **like** s.o.* mettertyd/naderhand van iem. hou; *s.t. ~s **on** s.o.* iets kry hoe langer hoe meer vat op iem., iets val hoe langer hoe meer in iem. se smaak, iets boei iem. hoe langer hoe meer; ~ *s.t. **out*** iets laat uitgroei *(hare ens.)*; ~ ***out of** s.t.* iets afleer *('n gewoonte)*; *s.t. ~s **out of** ...* iets spruit uit ... (voort), iets ontstaan uit ...; ~ ***rich/ etc.*** ryk/ens. word; ~ ***to*** ... ... word; tot ... aangroei; ~ ***together*** (or ***into one***) saamgroei, ineengroei, vasgroei; ~ ***up***, *(iem.)* grootword; ~ ***up!*** word groot!, moenie kinderagtig wees nie!; ~ ***up** on s.t.* met iets grootword *(melk ens.)*; *when you ~ **up**, (aan 'n kind gesê)* as/wanneer jy (eendag) groot is. ~**bag** *(Br.)* kweeksak.

grow·er kweker, teler, verbouer, boer; *it is a fast/slow ~, (tuinb.)* dit groei vinnig/stadig.

grow·ing *n.* (die) groei; (die) kweek/teel. ~ **pains** *(lett. & fig.)* groeipyne. ~ **point** groeipunt. ~ **season** groeiseisoen. ~ **weather** groeiweer.

growl *n.* knor; gebrom, gemor; gedreun. **growl** *ww.* knor, grom; brom, kla, mor, murmureer; snou; dreun. **growl·er** knorder; brompot, grompot; *(Kan.)* ysbergie; *(vero., infml.)* vierwielrytuig.

grown begroei(d); opgegroei(d), volwasse. ~-**up** *n.* grootmens, volwassene. ~-**up** *adj.* volwasse, opgegroei(d); opgeskote; uitgevreet *(sl.)*; *when you are ~, (aan 'n kind gesê)* as/wanneer jy (eendag) groot is.

growth groei, wasdom; ontwikkeling, vooruitgang; toename; opgang; (die) kweek; gewas, gesaaide; uitwas, gewas, geswel; groeisel; *of **foreign/etc.*** ~ van vreemde/ens. herkoms; *attain **full*** ~ volle wasdom bereik; ~ *of **population*** bevolkingsaanwas; *a **week's** ~ (of beard)* 'n week se baard. ~ **fund** groeifonds. ~ **hormone** groeihormoon. ~ **increase** aanwassing. ~ **point** groeipunt. ~ **rate** groeikoers. ~ **ring** →ANNUAL RING.

groyne, *(Am.)* **groin** wal, pier, waterkering.

groz·ing i·ron *(hist.)* gruisyster.

grub *n.* wurm, larwe, maaier; ploeteraar, sukkelaar; teerputs, smerige vent; *(infml.)* kos, eetgoed. **grub** *-bb-, ww.* grawe, opgrawe; (grond) skoonmaak; skarrel, vroetel; snuffel; uitsnuffel, opdiep; ploeter, swoeg, sukkel; eet; kos gee; ~ *s.t. **out*** iets uitgrawe; ~ *s.t. **up*** iets uittrek *(onkruid)*; iets uithaal *(aartappels, wurms, ens.)*; iets uitkap *('n heining, dooie boom, ens.)*; iets omwoel *(grond)*; *(fig.)* iets uitkrap/opdiep *(inligting ens.)*; ~ ***up** the past* in die verlede wroet. ~(**bing**) **hoe** skoffel, kapyster. ~ **saw** klip-, marmersaag. ~ **screw** skroeftap. ~**stake** *n., (infml.)* kapitaalaandeel. ~**stake** *ww.: ~ s.o., (infml.)* aan iem. voorrade verskaf in ruil vir 'n aandeel in die wins. **G~ Street** *n., (Br.)* prulskrywers; broodskrywers; prulskrywery; broodskrywery; prulwerk. **G~street** *adj. (attr.), (Br., soms g~)* prulagtige, prullerige, prul-.

grub·ber grawer; *(werktuig)* ghrop; *(kr.)* kruipbal. ~ **(kick)** *(rugby)* steekskop.

grub·by vol wurms/maaiers; smerig, morsig, vuil(erig). **grub·bi·ness** smerigheid, morsigheid.

grudge *n.* wrok, hekel, haat, afguns; *bear s.o. a ~, have a ~ against s.o.* 'n wrok teen iem. hê/koester; 'n aksie teen iem. hê; *pay off an old ~* 'n ou rekening vereffen *(fig.)*. **grudge** *ww.* misgun; ~ *o.s. nothing* jou niks ontsê nie; ~ *s.o. s.t.* iem. iets beny (*of* nie gun nie); ~ *the time (that)* ... spyt wees oor die tyd dat/wat ...

grudg·ing teensinnig, teësinnig. **grudg·ing·ly** teensinnig, teësinnig, met teensin/teësin, onwillig, skoorvoetend. **grudg·ing·ness** teensinnigheid, teësinnigheid.

gru·el *n.* meelpap; dun pap; *(arg.)* loesing, pak; opstopper; *give s.o. his/her ~, (arg.)* iem. 'n loesing gee; *have/get one's ~, (arg.)* 'n loesing kry. **gru·el** *-ll-, ww., (arg.)* 'n loesing gee. **gru·el·ling,** *(Am.)* **gru·el·ing** *n.* pak slae, loesing. **gru·el·ling,** *(Am.)* **gru·el·ing** *adj.* moordend, uitputtend, veeleisend, kwaai, straf.

grue·some aaklig, afskuwelik, afsigtelik, grusaam, ysingwekkend, griesel(r)ig. **grue·some·ness** aakligheid, afskuwelikheid, grusaamheid, griesel(r)igheid.

gruff nors, stuurs, bars, grof, stroef. **gruff·ish** norserig, stuurserig. **gruff·ness** norsheid, stuursheid, barsheid, stroefheid.

grum·ble *n.* gekla, gekerm, gebrom, gemor; gebrom, gegrom, geknor; gegor; gerommel, gedreun. **grum·ble** *ww.* kla, kerm, brom, mor, pruttel, mopper, tjommel; brom, grom, knor; gor; rommel, dreun; ~ *about/at/over s.t.* oor iets kla/mor/brom/tjommel. **grum·bler** brompot, brombeer, kermkous. **grum·bling** *adj.*, **grum·bling·ly** *adv.* klaend, klaerig, brommerig, brommend. **grum·bly** →GRUMBLING.

grume *(med., vero.)* (bloed)klont; fluim, fleim. **gru·mous, gru·mose** klonterig, klewerig.

grum·met →GROMMET.

grump brompot, knorpot, nukkebol. **grump·i·ness** norsheid, knorrigheid, brommerigheid, iesegrimmigheid. **grump·y, grump·ish** brommerig, nors, knorrig, iesegrimmig.

Grun·dy: *Mrs ~* "hulle", die mense; *what will Mrs ~ say?* wat sal die mense (daarvan) sê?. **Grun·dy·ism** konvensie, oordrewe fatsoenlikheid; kleingeestigheid, verkramptheid.

grunge *(Am., sl.)* vullis, vuilis, rommel, gemors; *(soort rockmus.)* grunge(musiek); *(modegier)* verkreukelde voorkoms. **grun·gy** *(Am., sl.)* vuil, smerig, morsig, vieslik, goor.

grunt *n.* (ge)snork; (ge)steun; (ge)knor, gegrom, gebrom; *(igt.)* knorvis; *(Am., mil. sl.)* infanteris, infanterie-, voetsoldaat. **grunt** *ww.* snork; steun; knor, grom, brom; gor-gor. **grunt·er** knorder; otjie; *(igt.: Pomadasys spp.)* knorder, *(infml.)* gor-gor. **grunt·ing** gesnork; gesteun; geknor, gegrom; gegor.

Grus *(astron.)* Grus, die Kraanvoël.

Gru·yère (cheese) gruyèrekaas.

gryph·on →GRIFFIN.

grys·bok *-bok,* **grys·buck** *-buck, (<Afr.)* grysbok.

G-suit →G.

gua·c(h)a·mo·le *(Mex. kookk.)* guacamole.

Gua·de·loupe *(geog.)* Guadeloupe. **Gua·de·loup·i·an** *n.* Guadelouper. **Gua·de·loup·i·an** *adj.* Guadeloups, van Guadeloupe.

guai·a·cum, guai·o·cum *(bot.)* pokhout, guajak(hout); guajakhars. **guai·a·col** *(chem.)* guajakol. **guai·ac (resin/gum)** guajakhars.

gua·na →IGUANA.

gua·na·co *-cos, (soöl.)* guanaco.

gua·nine *(biochem.)* guanien.

gua·no ghwano, guano, voëlmis. ~ **island** ghwano/guano-eiland.

gua·nyl *(biochem.)* guaniel.

guar guarboon(tjie).

guar·an·tee *n.* waarborg, garansie; onderpand; gewaarborgde, gegarandeerde, ontvanger van die/'n waarborg, waarborgontvanger; →GUARANTOR; *a ~ **against** s.t.* 'n waarborg teen iets; ***give** a ~* 'n waarborg gee; *make **good** a ~* 'n waarborg gestand doen; *a ~ **of** quality* 'n waarborg vir gehalte; *there is a ~ **on** s.t.* iets is gewaarborg; *s.t. is still **under** ~* iets is nog onder waarborg. **guar·an·tee** *ww.* waarborg, garandeer; borg, goed staan vir, instaan vir; vrywaar *(teen)*; ~ *s.t. against* ... iets teen ... waarborg. ~ **fund** waarborgfonds. ~ **insurance** waarborgversekering.

guar·an·teed gewaarborg; gevrywaar; *be ~ **against** s.t.* teen iets gevrywaar wees; *be ~ **for** a year* vir 'n jaar gewaarborg (*of* onder waarborg) wees; ~ ***price*** gewaarborgde prys; *be ~ **that*** ... seker (*of* daarvan oortuig) wees dat ...; *s.o. is ~ **to** do s.t.* iem. sal iets beslis/ongetwyfeld/verseker (*of* sonder twyfel *of* vir seker) doen; ~ ***wage*** gewaarborgde loon.

guar·an·tor borg, garant, waarborger, waarborggewer.

guar·an·ty waarborg, garansie. ~ **fund** →GUARANTEE FUND.

guard *n.* wag; skildwag, brandwag; lyfwag; *(spw.)* kondukteur; wagter, bewaker, oppasser; bewaking, beskerming, hoede; beveiliging; skerm, skut; stootplaat; leuning, reling; geleide; garde; *(i.d. mv. ook)* gardetroepe; *the **advance** ~* die voorhoede; *have one's ~ **down*** nie op jou hoede wees nie; ***drop/lower** one's ~* jou vuiste/swaard/ens. laat sak; jou waaksaamheid verslap; *a ~ of **honour*** 'n erewag; ***keep** ~ **over*** ... oor ... wag hou/staan, ... bewaak; ***mount** the ~* die wag opstel/uitsit; ***mount** ~ **over*** ... oor ... (gaan) wag staan; *the **National** G~* die Nasionale Garde; *be **off** one's ~* nie op jou hoede wees nie, nie oplet/oppas nie; *catch s.o. **off** (his/her) ~* iem. onverhoeds/onvoorbereid betrap; *the **officer** of the ~* die wagmeester; *the **old** ~* die ou garde; *be **on** ~, **stand** ~* (op) wag staan; *be **on** one's ~ **against*** ... op jou hoede (*of* in/op jou pasoppens) teen/vir ... wees, oppas/pasop vir ...; ***post** a ~* 'n wag opstel/uitsit; ***put** s.o. on his/her ~ **against** s.t.* iem. teen/vir iets op sy/haar hoede stel, iem. teen iets waarsku; ***put/throw** s.o. **off** his/her ~* iem. gerus maak; ***relieve** the ~* die wag aflos; ***slip** one's ~, ('n gevangene)* jou wag ontglip; ***stand** ~ **over*** ... oor ... wag staan; ***take*** ~ reg staan, in posisie gaan staan; *be **under** ~* onder bewaking wees. **guard** *ww.* bewaak, bewaar; beskerm, behoed; wag hou; oppas; op jou hoede wees; beskut; (af)skerm; ~ *against s.t.* teen iets waak; ~ *s.o./s.t. closely* iem./iets streng bewaak. ~ **boat** patrolleerboot, wagboot. ~ **book** *(Br.)* portefeulje, map; album; plakboek. ~ **cell** *(bot.)* sluit-sel. ~ **chain** veiligheidsketting. ~ **duties,** ~ **duty** wagdiens. ~**house** *(mil.)* waghuis. ~ **parade** wagparade. ~ **plate** skerm-, skutplaat. ~ **pole** skrampaal *(langs d. pad)*. ~ **post** wagpos. ~**rail** leuning, skutreling; sper-, skramreling; *(spw.)* veiligheidstaaf. ~**room** waglokaal; arreskamer, arrestantelokaal. ~ **ship** wagskip. ~**sman** *-men* gardesoldaat; gardeoffisier. ~**'s van** *(spw.)* kondukteurswa.

guar·dant, gar·dant *(her.)* aansiende.

guard·ed *(ook)* behoedsaam, versigtig; *take up a ~ **attitude*** 'n gereserveerde/versigtige houding aanneem; *be **closely** ~* streng bewaak word; *a **closely** ~ ...* 'n streng bewaakte ... *(geheim ens.)*; *be **heavily** ~* sterk bewaak word; *a **heavily** ~ ...* 'n sterk bewaakte ... *(gevangenis ens.)*. **guard·ed·ly** versigtig, omsigtig, behoedsaam; *be ~ optimistic* versigtig optimisties wees.

guard·i·an bewaker, wagter; bewaarder; oppasser, opsiener; beskermer; kurator; *(jur.)* voog; ***appoint** a ~ over s.o.* iem. onder kuratele stel; ***female** ~, (jur.)* voogdes; ***joint*** ~ medevoog; ~ *of the **poor*** arm(e)voog; ~ *of the **treasure*** skatbewaarder. ~ **angel** beskermengel, skutsengel; valskerm. **G~'s Fund** Voogdyfonds. ~ **spirit** geleigees.

guard·i·an·ship bewaking, beskerming, hoede; voogdy(skap); kuratorskap, kuratele; *remove s.o. from ~* iem. ontvoog.

guard·less onbeskerm(d), onbeskut; onbewaak.

guar·ri ghwarrie(bos), raasbessie. ~ **bush** *(Euclea undulata)* ghwarriebos. ~ **tea** ghwarrietee. ~ **(tree)** ghwarrie(boom). ~ **wood** ghwarriehout.

Gua·te·ma·la *(geog.)* Guatemala. **Gua·te·ma·lan** *n.* Guatemalaan. **Gua·te·ma·lan** *adj.* Guatemalaans.

gua·va koejawel; *(SA, sl.)* gat, alie, stert, sitvlak, agterwêreld, agterent; *come/slip on one's ~* 'n krater van jou(self) maak.

gu·ber·na·to·ri·al goewerneurs=; regeerders=.

gudg·eon[1] *(igt.)* grondel(ing); lokaas; *(arg. sl.)* uilskuiken.

gudg·eon[2] spil; ringhaak, oog; skarnieroog; *(sk.)* roeroog; *(masj.)* kruiskop. ~ **(pin)** verbindingspen; stoot=, kruk=, kruispen; *(mot.)* suierpen; *(masj.)* kruiskoppen; skarnierhaak.

Guel·der·land, Guel·ders *n., (geog.)* Gelderland; *inhabitant of ~* Geldersman. **Guel·ders** *adj.* Gelders. **guel·der rose** *(bot.)* sneeubal, balroos, Gelderse roos.

Guelph, Guelf *(It., hist., pol.)* Welf, Guelf. **Guelph·ic, Guelf·ic** Welfies, Guelfies.

guer·don *n., (arg.)* beloning, vergoeding. **guer·don** *ww.* beloon.

Guern·sey *(geog.)* Guernsey; *(g~)* dik wolhemp. ~ **cattle** guernseybeeste ~ **lily** nerina.

gue(r)·ril·la: ~ **(fighter)** guerrilla(vegter/stryder). ~ **war** guerrillaoorlog, =stryd.

guess *n.* gissing; raaiskoot, raaislag; *it's **anybody's** ~* dis heeltemal/hoogs onseker, dit kan niemand weet nie; ***at a (rough)** ~, **by** ~* na skatting; op goeie geluk (af); *an **educated** ~* 'n ingeligte raai(skoot); ***(have a)** ~!* raai, raai!; ***have/make** a ~* raai; ***hazard** a ~* →HAZARD *ww.; it was a **near** ~* dis amper/byna reg/raak geraai; *make a **rough** ~* min of meer skat; *make a **shrewd** ~* veilig raai; *a **wild** ~* 'n blinde raai(skoot); *make a **wild** ~* sommer blindweg raai; ***your** ~ is as good as mine* ons weet dit albei ewe min. **guess** *ww.* raai, gis; skat; *(infml.)* dink, glo, meen, vermoed; *~ **at** s.t.* oor iets raai; ***I** ~ ..., (infml.)* ek sou dink/reken ...; ***I** ~ (so), (infml.)* dis seker so, ja; ***keep** s.o. ~ing, (infml.)* iem. in die duister hou; *~ **right*** reg/raak raai; *~ **what?*** raai wat?; *~ **wrong*** mis/verkeerd raai. ~**work** raaiery, geraai, gissing; skatting.

guess·a·ble raaibaar.

guess·er raaier.

guess·ing raaiery. ~ **game** raaispel(etjie).

gues(s)·ti·mate *(infml.)* raaiskatting.

guest gas, kuiergas; loseergas; *(biol.)* parasiet; ***be my** ~!, (infml.)* gaan gerus voort!, gaan jou gang!; ***have** ~s* gaste hê; *a ~ **of honour*** 'n eregas; ***receive** ~s* gaste ontvang; *an **unbidden** ~* 'n ongenooide gas. ~ **appearance** gasoptrede; *make a ~ ~* as gas optree. ~ **artist** gaskunstenaar. ~ **book** gasteboek. ~ **conductor** gasdirigent, genooide/besoekende dirigent. ~ **farm** vakansieplaas. ~**house** gastehuis; rushuis. ~ **list** gastelys. ~ **night** gasteaand, bekendstellingsaand. ~ **performance** gasoptrede. ~ **room** gaste=, spaar=, vrykamer. ~ **speaker** gasspreker, geleentheidspreker, genooide/besoekende spreker. ~ **towel** gastehanddoek. ~ **worker** gasarbeider.

guff *(infml.)* twak, kaf, bog; *not take any ~ from s.o.* geen teë=/teenpratery van iem. duld (*of* wil hê) nie.

guf·faw *n.* bulderlag, luidrugtige lag, skaterlag, gebrul. **guf·faw** *ww.* brullend lag, brul, skater.

gug·let →GOGLET.

Gui·an·a, The Gui·an·as *(geog.)* Guiana; →GUYANA. **Gui·a·nese, Gui·an·an** *n.* Guianees. **Gui·a·nese, Gui·an·an** *adj.* Guianees.

guid *(Sk.)* goed.

guid·a·ble bestuurbaar; handelbaar; leibaar.

guid·ance leiding; bestuur; voorligting; rigsnoer; *for the ~ of ...* ter voorligting/inligting van ...; *give ~* voorligting gee; *under the ~ of ...* onder leiding van ...

guide *n.* gids; geleier; raadgewer; leidsman; reisgids; wegwyser; handboek, handleiding; rigsnoer; leiboom, =balk; leispoor, =staaf; *(meg.)* (ge)leier; regulator; *Girl G~* Girl Guide, Padvindster; *a ~ to ...* 'n reisgids van/vir ... *(Londen ens.)*; 'n handleiding by die studie van ... *(d. Russiese letterkunde ens.)*; 'n handleiding oor ... *(byeteelt ens.)*. **guide** *ww.* lei, die weg/pad wys, as gids dien; rondlei; deurloods; leiding gee; raad gee; voorlig; bestuur, stuur; rig; *be ~d **by** ...* deur ... gelei word; *~d **economy*** geleide ekonomie; *~d **lecture tour*** voorligtingstoer; *~d **missile*** geleide missiel; *~d **tour*** begeleide toer; begeleide besigtiging; rondleiding. ~**(book)** reisgids. ~ **box,** ~ **bush** leibus. ~ **card** leikaart. ~ **dog** gids=, geleide=, leihond. ~**line** riglyn; leistreep; *draw up* (or *lay down*) *~s for s.t.* riglyne vir iets aandui/aangee/bepaal. ~ **map** gidskaart. ~ **pin** leipen. ~ **plate** geleiplaat. ~**post** pad=, weg=, handwyser. ~ **rail** leireling; keerstaaf. ~ **ring** geleiring. ~ **rod** leistang. ~ **rope** stuurtou. ~ **screw** geleiskroef. ~ **stone** randblok. ~**way** geleibaan, =spoor, =groef; leisponning. ~ **wire** leidraad. ~ **word** *(druk.)* kenwoord, bladwagter.

guide·less sonder gids/leier; sonder leiding.

guid·ing *n.* leiding; padvindery *(vir meisies)*. **guid·ing** *adj.* rig=, lei=. ~ **line** leidraad. ~ **principle** rigsnoer. ~ **star** lei(d)ster. ~ **stick** skilderstok.

gui·don wimpel; ruitervlag; vaandeldraer.

guild, gild gilde. ~**hall** gildehuis; *(Br.)* stadhuis. **G~hall:** *the ~* die Gildesaal (*of* Londense stadsaal). ~**master** gildemeester.

guil·der, gul·den gulde; *ten ~s* tien gulde; *many ~s* baie gulde(n)s.

guile lis, slimheid; bedrog, arglistigheid. **guile·ful** listig, arglistig, vals. **guile·less** arg(e)loos, onskuldig, eerlik.

Guil·lain-Bar·ré syn·drome *(med.)* Guillain-Barrésindroom.

guil·le·mot *(orn.)* duik(er)hoender.

guil·loche vlegversiering.

guil·lo·tine *n.* valbyl, guillotine; snymasjien *(in 'n fabriek)*; *(med.)* val=, ringmes; *(parl.)* (debat)sluiting. **guil·lo·tine** *ww.* guillotineer, met die guillotine/valbyl onthoof; die sluiting toepas.

guilt skuld; *an **admission** of ~, (jur.)* 'n skulderkenning; *pay an **admission** of ~, (jur.)* 'n afkoopboete betaal; ***admit/confess** ~* skuld beken/bely; *a **confession** of ~* 'n skuldbekentenis; ***throw** the ~ **on** s.o. else* die skuld op iem. anders skuif/skuiwe. ~ **complex** *(psig.)* skuldgevoel.

guilt·less onskuldig; skuldeloos; *be ~ of s.t.* nie aan iets skuldig wees nie; *(w.g.)* nie met iets kennis gemaak het nie. **guilt·less·ness** onskuld(igheid).

guilt·y skuldig; strafbaar; misdadig; *as ~ **as sin*** doodskuldig; *a ~ **conscience*** 'n skuldige/slegte gewete; *s.o. has a ~ **conscience*** iem. se gewete pla hom/haar; ***find** s.o. ~ of s.t., (jur.)* iem. aan iets skuldig bevind; ***not** ~* onskuldig; *find s.o. **not** ~, (jur.)* iem. onskuldig bevind, iem. vryspreek; *be ~ **of** s.t.* aan iets skuldig wees; jou aan iets skuldig maak; *the ~ **person*** die skuldige; ***plead** ~, (jur.)* skuld erken, skuldig pleit; ***plead** not ~, (jur.)* skuld ontken, onskuldig pleit; *a **verdict** of ~, (jur.)* 'n skuldigbevinding. **guilt·i·ly** skuldbewus. **guilt·i·ness** skuldigheid.

Guin·ea *n., (geog.)* Guinee; *(vero.: muntstuk)* ghienie. **Guin·ea** *adj.* Guinees. ~**-Bissau** *(geog.)* Guinee-Bissau. ~ **corn** *(ook G~)* doerra. **g~ (fowl)** tarentaal(mannetjie), poelpetaat, =tater. **g~ hen** tarentaalwyfie. **g~ pig** malmokkie, marmotjie; *(fig.)* proefkonyn; *(infml.: simboliese aanstelling)* strooipop. ~ **worm** medinawurm.

Guin·e·an *n.* Guineër. **Guin·e·an** *adj.* Guinees.

gui·pure guipure(kant).

guise klere, kleding; masker; voorwendsel, dekmantel; voorkoms, gedaante; skyn; *in human/etc. ~* in mensegedaante/ens. (*of* menslike/ens. gedaante *of* die gedaante van 'n mens/ens.); *in the ~ of ...* in die gedaante van ... *('n swaan ens.)*; in die klere van ..., soos ... aangetrek/geklee(d) *('n hanswors ens.)*; *under the ~ of ...* onder die voorwendsel/dekmantel/skyn van ... *(vriendskap ens.)*.

gui·tar kitaar, ghitaar. ~**fish** kitaar=, ghitaar=, vioolvis, sandkruiper.

gui·tar·ist kitaarspeler, =speelster, ghitaarspeler, =speelster.

Gu·ja·rat *(geog.)* Goedjarat. **Gu·ja·ra·ti, Gu·je·ra·ti** *=tis, n., (lid v. 'n volk; taal)* Goedjarati. **Gu·ja·ra·ti, Gu·je·ra·ti** *adj.* Goedjarats.

Gu·lag *(<Rus., ook g~), (strafkampstelsel; politieke interneringskamp)* goelag; *(fig.)* tronk.

gu·lar *(anat., soöl.)* keel=; *~ pouch* keelsak; *~ tooth* keeltand.

gulch *(Am.)* kloof, diep sloot, donga.

gules *(her.)* rooi, keel.

gulf *n.* golf, baai; draaikolk; afgrond; kloof; *the G~* →PERSIAN GULF; *the G~ of Mexico* die Golf van Mexiko/Meksiko. **gulf** *ww.* oorstroom; verswelg. **G~ States** Golfstate. **G~ Stream** Golfstroom. **G~ War** *(1980-88: tuss. Iran en Irak; 1991: tuss. Irak en 'n VN-alliansie)* Golfoorlog. **G~ War syndrome** *(med.)* Golforlogsindroom.

gull[1] *n., (orn.)* (see)meeu. ~**-wing door** vleueldeur. ~**-winged** *adj.* vleueldeur= *(attr.)*, met vleueldeure *(pred.)*.

gull[2] *n., (arg.)* stommerik, uilskuiken, swaap, simpel vent. **gull** *ww.* kul, fop, bedot; *(iem. iets)* wysmaak, diets maak, op die mou speld; *~ s.o. out of s.t.* iets met 'n kullery uit iem. kry. **gul·li·bil·i·ty** liggelowigheid, onnoselheid, simpelheid. **gul·li·ble** liggelowig, simpel, onnosel, maklik om te fop.

gul·let sluk, sluktoestel; slukderm; keel(gat); *(mynb.)* rysloot. ~ **tooth** wolfstand *(v. 'n saag)*.

gul·ly[1], **gul·ley** *n.* kloof, klofie; (diep) sloot; grip(pie), geul; donga; sloep(ie) *(tuss. rotse)*; *(kr.)* gang(etjie); sloot(jie), voor(tjie); riool put; skraperpad, =sloot; spooruitgrawing. **gul·ly, gul·ley** *ww.* slote/slootjies maak (in), groef. ~ **drain** rioolpyp; rioolput. ~ **hole** rioolgat. ~ **trap** stankafsluiter, rioolsluis.

gul·ly[2] *n., (Sk.)* slagtersmes, slagmes.

gu·los·i·ty *(arg.)* vraatsug, gulsigheid.

gulp *n.* sluk, mond vol, teug; hap; *at a ~* in een teug/sluk/hap. **gulp** *ww.* sluk *(ook v. benoudheid ens.)*; *~ s.t. **back*** iets wegsluk *(trane)*; iets onderdruk *(snikke)*; *~ s.t. **down*** iets afsluk/wegsluk *(drank, kos)*; *~ **for** air* na asem snak; *~ s.t. **up**, (gulsig of fig.)* iets inswelg.

gum[1] *n.* gom; gomboom; drag *(v. oë)*. **gum** *=mm=, ww.* gom; plak; →GUMMED; *~ s.t. down* iets toeplak; *~ up the works, (infml.)* 'n stok in die wiel steek, alles bederf. **(~) ammoniac** ammoniakgom. ~ **arabic,** ~ **acacia** Arabiese gom, akasiagom. ~**boot** *(gew. mv.)* rubber=, gomlastiekstewel. ~**boot dance** *(SA)* rubber=, gomlastieksteweldans. **(~) copal** kopal(hars). ~**drop** gomlekker. ~ **elastic** gomlastiek. ~ **lac** gomlak. ~ **resin** gomhars. ~**shoe** (rubber)oorskoen; seilskoen; *(Am., infml.)* speurder. **(~) tragacanth** dragant(gom). ~**tree** gomboom; *American ~, sweet gum* amberboom, storaksboom; *be up a ~, (infml.)* in 'n hoek wees, in die/'n verknorsing (*of* die knyp *of* 'n penarie) wees/sit, met die hand(e) in die hare sit.

gum[2] *n., (dikw. mv.)* tandvleis. ~**boil** tandvleissweer, abses. ~**shield** mondskerm.

gum[3] *tw.: by ~!* gits!, deksels!.

gum·ba(-gum·ba) *(SA townshipsl.)* brasparty.

gum·bo, gom·bo *=bos, (Am.), (plant en peul)* okra; *(kookk.)* okrasop.

gum·ma *=mas, =mata, (med.)* gumma.

gummed gegom; *~ paper* kleefpapier; *~ tape* plaklint.

gum·mous, gum·mose *(w.g.)* gomagtig.

gum·my[1] gomagtig, gommerig, klewerig, taai; gom=; opgeswel, dik; *~ wool* taaiwol. **gum·mi·ness** gomagtigheid, klewerigheid.

gum·my[2] tandeloos; *~ sheep* stokou skaap.

gump·tion *(infml.)* oorleg, skranderheid, oulikheid, gesonde verstand; fut, ondernemingsgees, pit.

gun *n.* vuurwapen; geweer; kanon, veldstuk, stuk (geskut); *(Am., infml.)* →GUNMAN; spuit; →GUNNER, GUNNERY; *bring up one's* **big** *~s, (infml.)* jou sterk argumente/voorstanders te voorskyn bring; *a* **big/great** *~* 'n groot kanon; *(infml.)* 'n hoë meneer, 'n groot kokkedoor; **cock** *a ~* 'n geweer oorhaal; **discharge** *a ~* 'n geweer/rewolwer afvuur; **draw** *a ~* 'n rewolwer uitpluk; *go* **great** *~s, (infml.)* vinnig vorder; *a* **heavy** *~* 'n swaar kanon; **heavy** *~s* swaar geskut, grofgeskut; **jump** *the ~, (infml.)* te gou wegspring, die sein/teken voorspring; iem. voorspring; *at the* **point** *of a ~* →GUNPOINT; **point** *a ~ at s.o.* 'n geweer/rewolwer op iem. rig; **produce/pull** *a ~* 'n rewolwer uitpluk/uithaal; **pull** *a ~ on s.o.* 'n rewolwer op iem. rig; **reach** *for a ~* 'n geweer/rewolwer gryp; *the* **roar** *of ~s* kanongebulder; **serve** *the ~s* die geskut bedien; *a real* **son** *of a ~, (infml.)* 'n regte hierjy/skobbejak; **spike** *a ~* 'n kanon vernael; **spike** *s.o.'s ~s* iem. droogsit; vir iem. 'n stok in die wiel steek; **stand/stick** *to one's ~s, (infml.)* voet by stuk hou, nie kopgee nie; *as* **sure** *as a ~* →SURE *adv.*; **train** *a ~ (up)on ...* 'n kanon op ... rig; *the* **tube** *of the/a ~* die/'n geweerloop; die/'n kanonloop. **gun** *-nn-, ww.* skiet; kanonneer; jag; →GUNNING; *~ s.o.* **down** iem. neerskiet, iem. plat skiet; *~ an* **engine,** *(infml.)* 'n enjin (laat) ja(ag); *~* **for** *s.o., (infml.)* iem. vervolg; op iem. pik, die geringste kans gebruik om iem. te kritiseer; *~* **for** *s.t., (infml.)* iets naja(ag)/nastreef *(werk, toppos, ens.)*; **go** *~ning* gaan skiet. ~ **bag** geweer-, roerskoen. ~ **barrel** geweerloop; kanonloop; geskutloop. ~**battle** skietery, skietgeveg. ~**boat** kanonneerboot. ~**boat diplomacy** magspolitiek. ~ **body** kanonromp. ~ **carriage** kanonwa, (rydende) affuit. ~ **case** geweerkis, -kas. ~ **chest** wapenkis. ~**cotton** skietkatoen. ~ **crew** *(leër)* stuk(s)bediening; *(vloot)* geskutspan. ~ **deck** geskut-, batterydek. ~ **dog** jaghond. ~ **emplacement** kanonskans; kanonbedding, geskutstelling. ~**fight,** ~**play** skietgeveg, skietery, rewolwergeveg. ~**fire** kanon-, geskutvuur, artillerievuur; stukvuur *(uit een kanon)*. ~ **founder** geskutgieter. ~ **foundry** kanon-, geskutgietery. ~ **layer** kanonrigter, rigkanonnier. ~**lock** geweerslot; kanonslot. ~**maker** wapensmid, geweermaker. ~**man** *-men* gewapende man/rower/aanvaller; huurmoordenaar. ~**metal** geskutbrons, kanonspys, geskutmetaal. ~**metal (grey)** kanongrys. ~ **park** geskutwerf, -park. ~ **pit** geskutkuil. ~ **pocket** geweerskoen. ~**point:** *hold s.o. at ~* iem. met 'n vuurwapen aanhou. ~ **port** geskutpoort. ~**powder** →GUNPOWDER. ~**power** geskutvermoë, artilleriesterkte. ~ **rack** geweerrak. ~ **range** drag, draagwydte, skootsafstand. ~ **rod** laaistok. ~ **room** geweerkamer; wapenkamer; jonkersbak *(op 'n oorlogskip)*. ~**runner** geweersmokkelaar; wapensmokkelaar. ~**running** geweersmokkelary; wapensmokkelary. ~**ship** gewapende helikopter/vragvliegtuig/ens.. ~**shot** geweerskoot; kanonskoot; draagwydte, skootsafstand; *out of ~* onder skoot uit, buite skot; *within ~* onder skoot. ~**shot wound** koeël-, skietwond. ~**-shy** knal-, skootsku. ~**sight** visier, rigmiddel. ~ **site** geskut(op)stelling. ~**slinger** *(sl.)* →GUNMAN. ~**smith** wapensmid, geweermaker. ~ **stick** laaistok. ~**stock** geweerkolf, -laai. ~ **trap** stelroer, -geweer. ~ **turret** geskuttoring.

gunge *(infml.)* vuiligheid, smerigheid, gemors; klewerigheid; drek. **gun·gy** vuil, smerig, morsig; klewerig, taai.

gung-ho *(infml.)* voortvarend, (oordrewe) entoesiasties/geesdriftig, (oor)ywerig; hartstogtelik; veg-, strydlustig, militant.

gun·ite spuitsement.

gunk *(infml.)* bry.

gun·nel¹ *(igt.)* bottervis.

gun·nel² →GUNWALE.

gun·ner kanonnier, artilleris; (masjien)geweerskutter; boordskutter; boordkanonnier; *(vloot, hist.)* geskutmeester; jagter, skut.

gun·ner·y skiet-, geskutoefening; geskutvuur; skietkuns, -leer, artilleriewetenskap. ~ **range** artillerieskietbaan; *(lugmag)* boordskietbaan.

gun·ning geskutvuur; skietery; jag.

gun·ny *(hoofs. Am.)* goiing, sakgoed. ~ **sack** goiingsak.

gun·pow·der (bus)kruit; pulwer. ~ **charge** kruitlading. **G~ Plot** buskruitverraad. ~ **smoke** kruitdamp. ~ **train** kruitloop, -streep. ~ **trap** stelgeweer.

gun·ter *(sk.)* gunter(seil). ~ **rig** *(sk., hist.)* guntertuig. **G~'s chain** *(landm.)* gunterketting.

gun·wale, gun·nel *(sk.)* dolboord, boordwand.

gup·py *(igt.)* guppie.

gur·gi·ta·tion borreling, maling *(v. water)*.

gur·gle *n.* borreling, geklok; murmeling, gemurmel *(v. water)*; (ge)roggel. **gur·gle** *ww.* borrel, klok; *(water)* murmel; *(pyp)* reutel; roggel; gorrel; *(kindjie)* koer; *~ happily* keelgeluidjies maak.

gur·glet →GOGLET.

Gur·kha *-kha(s)* Goerk(h)a, Ghoerka.

gur·nard, gur·net *(igt.)* knorhaan.

gu·ru ghoeroe, leermeester, wyse man.

gush *n.* stroom, uitstroming; borreling; vlaag, bui; aanstellerigheid; dwepery. **gush** *ww.* (uit)stroom, (uit)spuit, oorborrel, gulp, guts; dweep, aanstellerig/gemaak/dweperig praat/handel; *~ about/over s.o.* met iem. dweep; *~ forth* uitstroom, uitspuit. **gush·er** dweper, dweepster; spuitbron, spuiter. **gush·y** *(infml.)* aanstellerig, oordrewe.

gus·set insetsel, versterkstuk; hoekverbinding, hoeksteun; knoopplaat; *triangular ~* driehoekstuk. ~ **heel** okselhak. ~ **piece** insetsel, versterkstuk; okselstuk. ~ **(plate)** hoek-, knoopplaat *(v. 'n brug)*; plaatanker *(v. 'n lokomotief)*. ~ **stay** hoeksteunplaat.

gus·set·ed met 'n insetsel/hoeksteun/ens..

gust¹ *n.* vlaag, ruk; bui; **in** *~s* in/met/by vlae; *~* **of** *anger* woedebui; woedeuitbarsting; *~* **of** *rain* reënvlaag; *~ (of wind)* (wind)vlaag, windstoot, (wind)ruk, val-, rukwind. **gust** *ww., (wind)* storm, hewig *(of* in/met vlae) waai. **gust·i·ness** buierigheid, onstuimigheid. **gust·ing** stoterig, rukkerig *(wind)*. **gust·y** winderig, buierig, vlaerig, rukkerig, onstuimig, stormagtig.

gust² *n., (arg.)* smaak. **gust** *ww., (arg.)* smaak, proe. **gus·ta·tion** *(fml.)* (die) proe, smaak. **gus·ta·to·ry, gus·ta·tive** *(fml.)* proe-, smaak-; *gustatory nerve* smaaksenu(wee). **gust·ie, gust·y** *(Sk.)* smaaklik.

gus·to lus, genot, smaak, animo, vuur; volbloedigheid; lewendigheid; *with ~* smaaklik; geesdriftig.

gut *n.* derm, dermkanaal; (derm)snaar; nou plek, noute, engte; *(i.d. mv.)* ingewande, pens; *(i.d. mv., infml.)* uithouvermoë, durf, moed; **blind** *~* blindederm; *have s.o.'s ~s for* **garters,** *(infml., skerts.)* iem. afslag, van iem. wors maak; **hate** *s.o.'s ~s, (infml.)* die pes aan iem. hê, iem. nie kan veel/verdra nie; **have** *~s, (infml.)* murg in jou pype hê; **have no** *~s* geen ruggraat/fut hê nie; **have the** *~s to do s.t., (infml.)* die moed hê om iets te doen; **work** *one's ~s out, (infml.)* jou gedaan/kapot/kis/oordraad/oorhoeks *(of* oor 'n mik) werk. **gut** *adj. (attr.), (infml.)* instinktiewe, instinkmatige, intuïtiewe; *have a ~* **feeling** *that ...* 'n kropgevoel *(of* 'n gevoel op die krop van jou maag) hê dat ..., dit aan jou bas voel *(of* dit aan jou broek se naat voel) dat ...; *~* **instinct** natuurlike instink; *~* **reaction** instinktiewe reaksie. **gut** *-tt-, ww.* skoonmaak, ingewande uithaal, oopvlek; leeghaal, verniel, plunder; →GUTTED *adj.*; *~ a book* 'n uittreksel van 'n boek maak; *the house was ~ted by fire* die huis het uitgebrand. ~ **scraper** vioolkrapper, -krasser. ~**-tie** *(veearts.)* knoopderm, reksiekte. ~ **wall** dermwand.

gut·less lamsakk(er)ig.

guts·y moedig.

gut·ta-per·cha *(<Mal., rubberagtige stof)* guttapertsja.

gut·tate *(biol.)* gevlek, gespikkel(d). **gut·ta·tion** *(bot.)* uitsweting.

gut·ted *adj., (Br., sl.)* klaar, pootuit, kapot, poegaai, pê, gedaan; beswaard, platgeslaan, doodongelukkig, in sak en as, verpletter.

gut·ter *n.* geut *(langs 'n dak)*; straatvoor, slootjie, voortjie; afloop; moddersloot; modder; *take a child out of the ~* 'n kind van die straat *(of* uit die modder) opraap.

gut·ter *ww.* groef, uithol, slootjies maak; stroom, vloei; *(kers)* afloop, druip; *(vlam)* wil-wil doodgaan. ~**man** *-men* straatsmous. ~ **paper** smeerblad. ~ **pipe** dakpyp. ~ **press** rioolpers, vuil pers. ~**snipe** *(neerh.)* straatkind; krotbewoner, gopsenaar, vodderaper. ~ **spout** spuier.

gut·ter·ing geute, geutwerk; afdrupsel, afloop *(v. 'n kers)*.

gut·tle *(w.g.)* vreet, gulsig eet.

gut·tur·al *n., (fonet.)* keelklank, gutturaal. **gut·tur·al** *adj.* gutturaal, keel-; *~ sound* keelgeluid; keelklank; *~ voice* keelstem. **gut·tur·al·ise,** *-ize* gutturaliseer, met 'n keelklank uitspreek.

guv, guv'nor *(Br., infml., afk. v.* governor) meneer.

guy¹ *n., (infml.)* kêrel, vent, ou; *(Br.)* Guy Fawkes-pop; *(Br.)* voëlverskrikker; *(i.d. mv.)* mense; *the* **bad** *~s and the* **good** *~s, (infml.)* die slegte ouens en die goeie ouens; *a nice* **bunch** *of ~s, (infml.)* 'n oulike klomp *(of* gawe spul) (mense); **hi** *~s!, (infml.)* hallo julle!, dag mense!; *a* **nice/regular** *~, (infml.)* 'n gawe kêrel/ou; *a* **tough** *~, (infml.)* 'n hardekoejawel; *a* **wise** *~, (infml.)* 'n wysneus. **guy** *ww.* as pop vertoon; verspot maak, bespot, gekskeer *(of* die gek skeer) met, uitkoggel, -lag; laat spat.

guy² *ww.* stuur *(met 'n tou)*; span, opslaan *(tentlyne)*. ~ **(rope)** *(sk.)* gei(tou); ankertou *(v. 'n radiomas ens.)*; stormlyn, -tou *(v. 'n tent)*; veiligheidstou; lei-, stuurtou.

Guy·a·na *(geog.)* Guyana; *(hist., tot 1966)* Brits-Guiana. **Guy·a·nese, Guy·an·an** *n.* Guyanees. **Guy·a·nese, Guy·an·an** *adj.* Guyanees.

guz·zle verorber, verslind, opvreet *(kos)*; (op)suip *(drank)*; vreet en suip, gulsig eet en drink, bras, swelg; *(fig.)* vreet, gebruik baie *(petrol ens.)*. **guz·zler** vraat; suiplap.

Gwe·ru *(geog.)* Gweru; *(hist., tot 1982)* Gwelo.

gybe, gibe, jibe *(sk.)* (laat) gyp, deur die wind (laat) swaai; *~ to port/starboard* na bakboord/stuurboord gyp.

gyle (bier)brousel; giskuip.

gym *(infml.: gymnasium, gymnastics)* gim. ~ **(bi)cycle, exercise bike** gim-, oefenfiets. ~ **shoes** gim-, oefenskoene, *(infml.)* tekkies. ~**slip,** ~ **tunic** springjurk.

gym·kha·na *-nas* sportfees, -byeenkoms, atletiekvertoning; perdesport(fees), gimkana; sportterrein.

gym·na·si·um *-nasiums, -nasia* gimnastiekskool; gimnastieksaal, -lokaal, -kamer; gimnasium; *pupil of a ~* gimnasias. **gym·nast** gimnas. **gym·nas·tic** *adj.* gimnasties, gimnastiek-; *~ mattress* springmatras. **gym·nas·tics** *n. (fungeer as ekv.)* gimnastiek; *hygienic/medical ~* heilgimnastiek; *mental/intellectual ~* harsinggimnastiek.

gym·no- *komb.vorm* gimno-, naak-.

gym·nos·o·phist gimnosofis, naakwysgeer, (Indiese) askeet.

gym·no·sperm *(bot.)* naaksadige, gimnosperm. **gym·no·sper·mous** naaksadig, gimnosperm.

gym·no·spore naakte spoor, gimnospoor.

gymp →GIMP.

gy·nae·ce·um →GYNOECIUM.

gy·nae·coc·ra·cy, *(Am.)* **gy·ne·coc·ra·cy, gy·nar·chy** vroueregering.

gy·nae·col·o·gy, *(Am.)* **gy·ne·col·o·gy** ginekologie. **gy·nae·co·log·ic, gy·nae·co·log·i·cal,** *(Am.)* **gy·ne·co·log·ic,** *(Am.)* **gy·ne·co·log·i·cal** ginekologies. **gy·nae·col·o·gist** *(Am.)* **gy·ne·col·o·gist** ginekoloog.

gy·nan·dry *(bot.)* helmstyligheid. **gy·nan·drous** helmstylig *(blom)*; twee-, dubbelslagtig *(mens, dier)*.

gy·nar·chy →GYNAECOCRACY.

gy·noe·ci·um *-cia,* **gy·nae·ce·um** *-cea, (Am.)* **gy·ne·ci·um** *-cia, (bot.)* stamper; *(hist.: gedeelte v. 'n huis vir vroue bestem)* gineseum, ginesium.

gyp¹ *n., (infml.)* swendelaar, bedrieër; dief. **gyp** *-pp-, ww.* beswendel, bedrieg, kul, bedot, verneuk; →GYPPO¹ *n. & ww.*.

gyp² *(infml.)* pyn, lyding; ongemak, ongerief; *s.t. gives s.o. ~* iets keil iem. op *(artritis ens.)*.

gyp³ *(Br.)* kamerbediende.

gyp·po¹ -*pos, n., (SA, sl.)* lyfwegsteker, loodswaaier; kullery, verneukery, bedrogspul. **gyp·po** *adj.* lui; vals, verknoei. **gyp·po** *ww.* (jou) lyf wegsteek, lood swaai; bekonkel; ~ *out of doing s.t.* jou uit iets losdraai/loswikkel; ~ *s.t.* iets bekonkel/verknoei (*of* skelm/slinks bekom/regkry).

gyp·po², gip·po -*pos, n., (infml., neerh.)* sigeuner(in).

gyp·soph·i·la *(bot.)* krytblom, gipskruid, duisendblom.

gyp·sum gips; *burnt* ~ gebrande gips, gipsaarde. **gyp·se·ous** gipsagtig, gips-. **gyp·sif·er·ous** gipshoudend.

gyp·sy, gip·sy *(dikw. G~)* sigeuner(in); sigeunertaal; *(losweg)* swerwer, bohemer; *(vero.)* rakkertjie, vabondjie. ~ **bonnet** groot kappie. ~ **cab** *(Am., infml.)* ongelisensieerde taxi/huurmotor. ~ **language** Sigeunertaal. ~ **moth** *(Lymantria dispar)* plakker. ~ **music** sigeunermusiek. ~ **rose** *(bot.)* speldekussinkie, skurfkruid, hen-en-kuikentjie. ~ **table** driepoottafeltjie.

gyp·sy·dom, gip·sy·dom, gyp·sy·hood, gip·sy·hood, gyp·sy·ism, gip·sy·ism Sigeunerdom; landlopery.

gyp·sy·ish, gip·sy·ish Sigeuneragtig.

gy·rate *adj.* kringvormig. **gy·rate** *ww.* draai; rondomtalie maak/draai, wiel(i)ewaai, ronddraai. **gy·ra·tion** draai, (rond)draaiing, tolling, (om)wenteling; kringloop, rotasie; *centre of* ~ draaipunt; *radius of* ~ traagheidstraal. **gy·ra·to·ry, gy·ra·to·ry** (rond)draaiend.

gyre *(poët., liter.)* draai.

gyr·fal·con, ger·fal·con giervalk.

gy·ro →GYROSCOPE.

gy·ro- *komb.vorm* giro-.

gy·ro·com·pass tolkompas, girokompas.

gy·ro·man·cy giromansie, waarsêery.

gy·rom·e·ter toereteller, girometer, slaeteller.

gy·ro·plane meulvliegtuig, girovliegtuig, outogiro.

gy·ro·scope giroskoop. **gy·ro·scop·ic** giroskopies.

gy·rose *(bot.)* golwend, gegolf, kronkelend.

gy·ro·stat·ic *adj.* girostaties. **gy·ro·stat·ics** *n. (fungeer as ekv.)* girostatika.

gy·rus *gyri, (anat.)* girus, winding, kronkeling *(op d. breinoppervlak)*.

gyve *n., (arg.)* (voet)boei, (voet)ketting. **gyve** *ww.* boei, ketting, vasbind.

H *H's, Hs, (ag[t]ste letter v.d. alfabet)* H; *(dwelmsl.: heroïen)* H. **~-bar** H-staaf. **~-beam** H-balk. **~-bomb** H-bom; →HYDROGEN BOMB. **~-bone** →AITCHBONE. **~-iron** H-yster.

h *h's, (ag[t]ste letter v.d. alfabet)* h; *drop one's ~'s* die h weglaat; *little ~* h'tjie; *small ~* klein h.

ha[1], hah *tw.* ha; →HA-HA[1].

ha[2] *ha's: hum and ~* →**HEM** AND HAW.

haar·der →HARDER.

Ha·bak·kuk *(OT)* Habakuk.

hab·er·dash·er kramer; *(Am.)* mansklerehandelaar. **hab·er·dash·er·y** kramery, kleinware; *(Am.)* mansklerasie; *(Am.)* mansklerehandel; *(Am.)* mansklerewinkel.

hab·er·geon *(hist.)* borsharnas, maliekolder.

hab·ile *(w.g.)* handig, rats.

ha·bil·i·ment *(arg.)* gewaad; mondering, uitrusting; *(i.d. mv.)* kleding.

ha·bil·i·tate *(Am.)* finansie(e)r; *(w.g.)* habiliteer, 'n privaatdosentskap verwerf. **ha·bil·i·ta·tion** habilitasie.

hab·it *n.* gewoonte, gebruik; sede; neiging; *(biol.)* habitus; *(arg.)* gesteldheid, uiterlik(e), voorkoms; *(arg.)* kleed; gewaad, kostuum, mondering, beroepsdrag; ***acquire/contract/form*** (or ***pick up*** or ***take to***) *a ~* 'n gewoonte aanleer/aankweek; *a (**bad**) ~* 'n (slegte) aanwen(d)sel, 'n hebbelikheid; *take to **bad** ~s* slegte gewoontes aanleer/aankweek; ***break*** *(o.s. of) a ~* 'n gewoonte afleer; ***by/from*** (or ***out of***) *~* uit gewoonte; ***by/from*** (or ***out of***) *force of ~*, ***by/from*** (or ***out of***) *sheer ~* uit pure gewoonte, deur/uit die mag van die gewoonte; ***contract*** *a ~* →***acquire/contract/form;*** *be a **creature** of ~* gewoontevas (*of* 'n gewoontemens) wees; ***drop/fall*** *into a ~* in 'n gewoonte verval/raak, 'n gewoonte aanleer/aankweek; *the **force** of ~* die mag van die gewoonte; ***form*** *a ~* →***acquire/contract/form;*** ***from*** *~* →***by/from;*** *of **full/corpulent/stout** ~, (arg.)* swaarlywig, geset; ***get*** *into the* (or ***make*** *a) ~ of doing s.t.* 'n gewoonte daarvan maak om iets te doen; (die gewoonte) aanleer om iets te doen; ***get out of*** (or ***lose***) *the ~ to ...* (die gewoonte) afleer om te ...; ***grow*** *out of a ~* 'n gewoonte afleer; *s.t. **grows** into a ~* iets word 'n gewoonte; *~ (of **growth**)* groeiwyse; ***have*** *a* (or ***be in*** *the) ~ of doing s.t.* gewoond wees (*of* die gewoonte hê *of* in die gewoonte wees) om iets te doen; *s.o. is not **in** the ~ of doing s.t.* dit is nie iem. se gewoonte om iets te doen nie; ***kick*** *a ~, (infml.)* 'n gewoonte afleer; *~ of **life*** lewensgewoonte; ***lose*** *the ~ to ...* →***get out of;*** ***make*** *a ~ of doing s.t.* →***get;*** ***master*** *a ~* die oorhand oor 'n gewoonte kry; *be a **matter** of ~* 'n gewoonte wees; *~ of **mind*** gewoonte; geestesgesteldheid; ***monk's*** *~* monnikskleed; ***out of*** *~* →***by;*** ***pick up*** *a ~* →***acquire/contract/form;*** *a **regular** ~* 'n vaste gewoonte; ***riding*** *~* rydrag, ruiterklere *(v. 'n vrou); ~ is **second nature*** gewoonte is 'n tweede natuur; *of **spare** ~, (arg.)* met 'n skraal voorkoms; *~ of **speech*** spraakgewoonte; ***take to*** *a ~* →***acquire/contract/form;*** *be a ~ **with** s.o.* 'n gewoonte van iem. wees. **hab·it** *ww., (arg.)* klee; *(arg.)* bewoon. **~ cloth** ruiterstof. **~-forming** verslawend, gewoontevormend; *a ~ drug* 'n verslawings-/verslaafmiddel (*of* gewoontevormende middel).

hab·it·a·ble bewoonbaar. **hab·it·a·bil·i·ty, hab·it·a·ble·ness** bewoonbaarheid.

hab·it·ant *(arg.)* →INHABITANT; *(hist.)* Frans-Kanadees.

hab·i·tat woonplek, woongebied, verblyf(plek); habitat, woongebied, natuurlike omgewing *(v. 'n plant/dier);* vindplek *(v. 'n plant);* houplek, -gebied *(v. 'n dier).*

hab·i·ta·tion bewoning; *(fml.)* woonplek, woning.

ha·bit·u·al gewoonte-; gebruiklik, gewoon; *~ **criminal*** gewoontemisdadiger; *~ **customer*** gereelde/vaste klant; *~ **drunkard*** gewoontedrinker; *~ **visitor*** gereelde besoeker/gas. **ha·bit·u·al·ly** uit gewoonte, gereeld, gewoonlik.

ha·bit·u·ate *(fml.)* gewoond raak; *~ o.s. to ...* gewoond raak aan ...; *~ s.o. to s.t.* iem. aan iets gewoond maak. **ha·bit·u·a·tion** (die) gewoond raak.

hab·i·tude *(w.g.)* gebruik, gewoonte; hebbelikheid, aanwen(d)sel; gesteldheid.

ha·bit·u·é habitué, inwoner, gereelde/vaste klant, gereelde besoeker/gas.

hab·i·tus *-tus, (med., psig., ens.)* groeivorm, habitus.

Habs·burg, Haps·burg *n., (geog.)* Habsburg; *(ook* Habsburger, Hapsburger*)* Habsburger; *house of ~* huis Habsburg, Habsburgse (vorste)huis. **Habs·burg, Haps·burg** *adj.* Habsburgs.

ha·chure *n., (kartogr.)* arseerlyn, arsering. **ha·chure** *ww.* arseer. **ha·chur·ing** arsering.

ha·ci·en·da *(Sp.Am.: groot landgoed, opstal)* hacienda.

hack[1] *n.* kap; sny, kerf; *(ook sport)* hou; *(sport)* skop; slag; pik, byl; *(infml., rek)* →HACKER, HACKING. **hack** *ww.* kap; kerf, keep; skop; kug, hoes; *(infml., rek)* knutsel; *s.o. **can't** ~ it, (Am., sl.)* iem. kan nie die mas opkom nie; *a ~ing **cough*** 'n droë hoes; *~ s.t. **down*** iets afkap/omkap; *~ **into** a mainframe/etc.* 'n hoof(raam)rekenaar/ens. binnedring, by 'n hoof(raam)rekenaar/ens. inbreek; *~ s.t. **off*** iets afkap; *~ s.t. **out*** iets uitkap/uitslaan; *~ s.t. **up*** iets opkap/fynkap; iets stukkend kap. **~-and-slash, ~'n'slash** *adj. (attr.)* bloed-en-derms-, skop-skiet-en-moker- *(speletjie, prent, ens.).* **~ file** mesvyl. **~log** kapblok. **~saw** yster-, metaalsaag.

hack[2] *n.* drawwer, ryperd; karperd; huurperd; (ou) knol; huurrytuig; knol-, prul-, broodskrywer; loonslaaf; *party ~* partykramer; *political ~* politikaster. **hack** *ww.* holrug/seerrug ry, afgesaag maak; perdry; met huurperde ry; *(Am., infml.)* 'n huurmotor/taxi bestuur; *~ing jacket/coat* rybaadjie. **~work** knol-, prul-, broodskrywery; donkiewerk. **~ writer** knol-, prul-, broodskrywer.

hack[3] *n.* stellasie, raamwerk.

hack·er *(infml), (rek.)* kuberkraker, rekenaarvandaal, -terroris, rekenaar-, stelselinbreker, stelselindringer; rekenaarfoendi(e), -fundi, -genie, -goëlaar; *(sport)* paloeka. **~-proof** *adj.* peutervry.

hack·er·dom kuberkrakers, rekenaarvandale, -terroriste, rekenaar-, stelselinbrekers, stelselindringers.

hack·er·y (Indiese) oskar.

hack·ette *(sl., gew. neerh.)* joernalissie, verslaggeefstertjie.

hack·ie *(Am., infml.)* huurmotor-, taxibestuurder.

hack·ing *(infml., rek.)* kuberkrakery, rekenaarvandalisme, -terrorisme, rekenaar-, stelselindringing, die binnedring van 'n rekenaarstelsel; knutseling.

hack·le[1] *n.* (vlas)hekel; (nek)vere; veervlieg; (veer)kwas; *(hengel)* kunsvlieg; *(i.d. mv.)* maanhare, nekhare; *get s.o.'s ~s up, raise s.o.'s ~s, make s.o.'s ~s rise* iem. se maanhare/nekhare laat rys, iem. die duiwel in maak; *s.o.'s ~s rise* iem. se maanhare/nekhare rys, iem. vererg hom/haar; *with one's ~s up* op jou agterpote/perdjie, veglustig, strydlustig. **hack·le** *ww.* hekel; veer.

hack·le[2] *ww., (w.g.)* kap, vermink; →HACK[1] *ww.*. **hack·ly** ongelyk, keperig, vol kepe, happerig, hakerig, hoekerig.

hack·ma·tack Amerikaanse lork(eboom).

hack·ney *n., (hist.)* ry-, karperd; drawwer, telganger; *(vero.)* sukkelaar, sloof. **hack·ney** *ww.* holrug/seerrug ry; *~ed* afgesaag, holrug gery, gemeenplasig. **~ cab, ~ carriage, ~ coach** *(hist.)* huurrytuig.

had *(verl.t. & volt.dw.)* →HAVE *ww.*.

had·dock *-dock(s)* (gerookte) skelvis.

hade *(geol.)* hellingskomplement.

ha·de·dah (i·bis) *(orn.)* hadeda.

Ha·des *(Gr. mit.)* Hades; *(infml.)* onderwêreld, hel; *go to ~, (infml.)* loop na die duiwel.

hadj, hadj·i →HAJJ, HAJJI.

hadn't *(sametr.)* = HAD NOT.

Ha·dri·an *(Rom. keiser)* Hadrianus; *~'s Wall* die Hadrianusmuur.

had·ro·saur, had·ro·sau·rus *(paleont.)* hadrosourus.

haec·ce·i·ty *(filos.)* ditheid.

hae·mal, *(Am.)* **he·mal** *(fisiol.)* bloed-.

hae·man·thus *(bot.)* bloedlelie.

hae·mat·ic, *(Am.)* **he·mat·ic** *(med.)* bloed-; *~ cyst* bloedsak, hematosist.

haem·a·tin, *(Am.)* **hem·a·tin** *(biochem.)* hematien.

haem·a·tite, *(Am.)* **hem·a·tite** *(min.)* hematiet. **haem·a·tit·ic,** *(Am.)* **hem·a·tit·ic** hematiethoudend.

haem·a·to·cele, *(Am.)* **hem·a·to·cele** *(med.)* bloedblaas, -gewas; bloedbreuk; hematoseel.

haem·a·tog·e·nous, *(Am.)* **hem·a·tog·e·nous** *(med.)* bloedvormend, hematogeen.

hae·ma·tol·o·gy, *(Am.)* **he·ma·tol·o·gy** bloedkunde, hematologie. **hae·ma·tol·o·gist,** *(Am.)* **he·ma·tol·o·gist** bloedkundige, hematoloog.

hae·ma·to·ma, *(Am.)* **he·ma·to·ma** *-tomas, -tomata, (med.)* bloedgewas, -geswel, hematoom.

hae·ma·tox·y·lin, *(Am.)* **he·ma·tox·y·lin** *(chem.)* bloedhout, hematoksilien.

hae·ma·tu·ri·a, *(Am.)* **he·ma·tu·ri·a** *(med.)* bloedwatering, rooiwater, hematurie, hematurese.

hae·mo-, hae·ma-, haem-, *(Am.)* **he·mo-, he·ma-, hem-** *komb.vorm* bloed-, hemo-, hema-.

hae·mo·coel, *(Am.)* **he·mo·coel** *(soöl.)* bloedliggaamsholte, hemoseel.

hae·mo·cy·a·nin, *(Am.)* **he·mo·cy·a·nin** *(biochem.)* hemosianien.

hae·mo·cyte, *(Am.)* **he·mo·cyte** hemosiet, bloedliggaampie.

hae·mo·glo·bin, *(Am.)* **he·mo·glo·bin** *(biochem.)* bloedkleurstof, hemoglobien.

hae·mol·y·sis, *(Am.)* **he·mol·y·sis** bloedafbraak, rooiselafbraak, hemolise. **hae·mo·lyt·ic,** *(Am.)* **he·mo·lyt·ic** *n.* rooiselvernietiger, hemolitikum. **hae·mo·lyt·ic,** *(Am.)* **he·mo·lyt·ic** *adj.* bloedafbrekend, hemolities; *~ disease of the newborn* hemolitiese siekte van pasgeborenes (*of* die pasgeborene).

hae·mo·phil·i·a, *(Am.)* **he·mo·phil·i·a** *(med.)* hemofilie, bloeiersiekte. **hae·mo·phil·i·ac,** *(Am.)* **he·mo·phil·i·ac** bloeier, hemofilielyer.

hae·mop·ty·sis, *(Am.)* **he·mop·ty·sis** *-tyses* bloedspuwing.

haem·or·rhage, *(Am.)* **hem·or·rhage** *n.* bloeding, bloedstorting, (bloed)vloeiing; *(fig.)* ernstige/swaar verlies, uitstroming. **haem·or·rhage,** *(Am.)* **hem·or·rhage** *ww., (med.)* bloei; *(fig.)* leegbloei, bleek bloei. **haem·or·rhag·ic,** *(Am.)* **hem·or·rhag·ic:** *~ fever* hemorragiese koors; *haemorrhagic septicaemia* (or, Am., *hemorrhagic septicemia*) pasteurellose.

haem·or·rhoid, *(Am.)* **hem·or·rhoid** *(gew. i.d. mv., med.)* aambei.

hae·mo·sta·sis, *(Am.)* **he·mo·sta·sis** -stases, *(med.)* bloedstelping. **hae·mo·stat,** *(Am.)* **he·mo·stat** hemostaat. **hae·mo·stat·ic,** *(Am.)* **he·mo·stat·ic** *n.* bloedstelpmiddel. **hae·mo·stat·ic,** *(Am.)* **he·mo·stat·ic** *adj.* bloedstelpend.

haff *(geog., w.g.)* haf. ~ **coast** haffekus.

haf·ni·um *(chem., simb.:* Hf*)* hafnium.

haft *n.* hef, handvatsel, greep. **haft** *ww.* 'n hef aansit.

hag heks; *(neerh.)* feeks, heks, helleveeg, (ou) wyf; lelike vroumens; →HAGGISH. ~**(fish)** *(igt.)* slymprik. ~-**ridden** beheks; gekwel(d), besete; deur 'n nagmerrie gery.

Hag·ga·i *(OT)* Haggai.

hag·gard *n.* ongetemde valk. **hag·gard** *adj.* vervalle, verwilderd, afgerem, holoog-, hologig; ~ *face* ingevalle gesig.

hag·gis *(Sk. kookk.)* harslag (met meelsous), haggis.

hag·gish hekserig, heksagtig.

hag·gle *n.* knibbel(a)ry, afdinging; rusie, getwis, kibbel(a)ry. **hag·gle** *ww.* (be)knibbel, afding, kwansel; twis, kibbel; ~ *about/over s.t. with s.o.* met iem. oor iets kibbel. **hag·gling** *n.* geknibbel, knibbel(a)ry, afdingery, gekwansel. **hag·gling** *adj.* knibbelrig.

hag·i·arch·y priesterregering, heiligeregering; orde/hiërargie van heiliges.

hag·i·oc·ra·cy heiligeregering.

Hag·i·og·ra·pha *(Byb.)* Hagiographa.

hag·i·og·ra·phy hagiografie, heiligelewens(beskrywing), geskiedenis van heiliges. **hag·i·og·raph·er, hag·i·og·ra·phist** hagiograaf, skrywer van heiligelewens.

Hague *n.: The* ~ Den Haag, 's-Gravenhage; *at the* ~ in Den Haag. **Hague** *adj.* Haags. ~ **Convention:** *the* ~ ~ die Haagse Konvensie. ~ **dialect** Haags.

hah →HA[1].

ha-ha[1], haw-haw *tw.* ha-ha, ka-ka; →HA[1]; *funny* ~ →FUNNY.

ha-ha[2], haw-haw blinde sloot.

Hai·duk, Hey·duck, Hei·duc *(<Hongaars, hist.: struikrower; livreikneg)* haidoek.

Hai·fa *(geog.)* Haifa.

hai·ku *haiku, (digk.)* haikoe.

hail[1] *n.* hael; haelbui; *a shower of* ~ 'n haelbui. **hail** *ww.* hael; ~ ***blows*** *on a door* aan/op/teen 'n deur hamer; ~ ***blows*** *on s.o.('s body)* iem. met houe (teen die lyf) peper; *the **blows** ~ed down on s.o.* die houe het op iem. neergereën; ~ ***curses*** *down on s.o.* iem. kliphard vervloek. ~ **belt** haelstreek, -strook. ~ **damage** haelskade. ~ **formation** haelvorming. ~ **insurance** haelversekering. ~**shot** hael, skroot; haelskoot. ~ **shower** haelbui. ~**stone** haelkorrel, -steen. ~**storm** haelstorm.

hail[2] *n.* groet, begroeting; verwelkoming; roep, aanroeping; *within* ~ binne roepafstand. **hail** *ww.* groet, begroet, verwelkom; toejuig; toeroep; (aan)roep, *(w.g.)* praai *('n skip)*; ~ *s.o./s.t. as ...* iem./iets as ... begroet; iem./iets as ... herken; ~*ing distance* roepafstand; *s.o. ~s from ...* iem. kom uit/van ..., iem. is uit/van ... afkomstig. **hail** *tw., (arg.)* heil, gegroet; *all* ~ wees gegroet; ~ *Mary, (RK)* wees gegroet, Maria; Ave Maria. ~-**fellow-well-met** familiêr, familiaar, eie, (oor)hartlik, skouerklopperig; joegaai-maats- *(benadering ens.)*; *be ~ with s.o.* familiêr/eie met iem. wees.

hail·er →LOUDHAILER.

Hai·nau(l)t, Hai·nau(l)t *(geog.)* Henegoue; *of* ~ Henegous.

hair haar; *(as mv.)* hare; ***against*** *the* ~ teen die draad in; *~'s **breadth*** →HAIR'S-BREADTH; *make s.o.'s ~ **curl**, (infml.)* iem. skok; *put ~ **in curlers*** hare indraai; ***cut*** *~* hare knip/skeer/sny; ***do*** *s.o.'s ~ (up)* iem. se hare doen/kap; *take a ~ **of the dog that bit one**, (infml.)* 'n regmakertjie drink, 'n sopie neem teen die haarpyn; ***get*** *in(to) s.o.'s ~, (infml.)* iem. irriteer/vererg; ***hang*** *by a* ~ →HANG *ww.; not **harm** a ~ on s.o.'s head* geen (*of* nie 'n) haar op iem. se hoof aanraak nie, iem. geen leed aandoen nie; *a **head** of* ~ 'n bos hare; ***keep*** *your ~ on!, (infml.)* moenie so kwaad word (*of* so vinnig op jou perdjie klim) nie!, bedaar!; ***let*** *one's ~ **down**, (lett.)* jou hare losmaak (*of* laat hang); *(fig., infml.)* jou bolla losmaak, losbreek, ongebonde/ongedwonge/uitgelate wees; ***make up*** *one's* ~ jou hare opmaak; ***part*** *one's ~ **in the middle*** jou hare (met 'n) middelpaadjie kam/dra; *not a ~ **out of place*** piekfyn; ***put*** *one's ~ **up*** jou hare opkam (*of* op dra); ***shed*** ~ verhaar; *have s.o. **by the short** ~s, (infml.)* iem. aan die hare hê, iem. in 'n hoek hê; ***split*** *~s* hare kloof/klowe, haarkloof, haarklowe; *make s.o.'s ~ **stand on end*** iem. se hare (te berge) laat rys (*of* orent/regop laat staan); ***stroke*** *s.o.'s* ~ iem. se hare streel, oor iem. se hare stryk; ***tear*** *one's ~ (out), (infml.)* jou hare uit jou kop trek *(v. spyt ens.)*; *s.o.'s ~ is **thinning*** iem. se hare word yl/min (*of* is aan die uitval); ***to** a* ~ op 'n haar(tjie), presies; ***tousled*** ~ deurmekaar hare; *not **turn** a* ~ geen spier(tjie) (ver)roer/(ver)trek nie, doodbedaard bly, doodluiters (*of* ewe ongeërg) wees; *without **turning** a* ~ sonder om 'n spier(tjie) te (ver)roer/(ver)trek. ~**ball** haarbal, herkoutjie. ~**band** haarband. ~ **bow** haarstrik. ~**brained** →HAREBRAINED. ~**brush** haarborsel. ~**bulb** haarbol. ~ **clip** haarknippie. ~ **clipper(s)** haarknipper. ~**cloth** haarstof, -doek. ~ **conditioner** haaropknapper. ~ **cord** haarkoord. ~**crack** haarbarsie. ~**cracking** haarbarsies. ~ **cream** haarroom. ~ **curler** haarkruller, krulpen. ~**cut** *n.* haarsny; haarsnit, -styl; *have a* ~ jou hare laat knip/skeer/sny; *s.o. needs a* ~ iem. moet sy/haar hare laat knip/sny. ~**cutter** haarsnyer; -knipper. ~**do** *-dos, (infml.)* haarstyl, kapsel. ~**dresser** (haar)kapper, haarsnyer. ~**dressing** haarkappery. ~**dressing salon** haarkap(per)salon, haarkappery. ~**dryer,** ~**drier** haardroër. ~ **dye** haarkleursel, -kleurstof. ~ **follicle** haarsakkie, -follikel. ~ **gel** haarjel. ~**grip** *(hoofs. Br.)* haarknippie. ~ **implant** haarinplanting. ~**knot** bolla. ~ **lacquer** →HAIRSPRAY. ~**line** haartou; *(druk.)* haarstreep, -strepie, haarlyn; haargrens *(op iem. se voorkop)*; ophaal(lyn) *(in handskrif)*; kruisdraad *(op 'n lens)*. ~**line crack** haarbars(ie). ~**line fracture** *(med.)* haarbreuk. ~ **lotion** haarmiddel. ~**net** haarnet. ~ **oil** haarolie. ~**pad** haarrol, los bolla. ~**piece** haarstuk. ~**pin** haarnaald. ~**pin bend** haarnaald(draai), perdeskoendraai; *there was a ~ ~ in the road* die pad het daar 'n haarnaald(draai)/perdeskoendraai gemaak. ~-**raiser** (g)rilverhaal, sensasiestorie. ~-**raising** sensasioneel, skokkend, skrikwekkend, skrikaanjaend, angswekkend. ~ **remover** haarverwyderaar, haarverwyderingsmiddel. ~ **restorer** haarmiddel. ~ **rinse** haarspoelmiddel. ~ **roller** haarkruller, krulpen. ~**'s-breadth** haarbreed(te); *escape by a* ~ naelskraap(s)/ternouernood ontsnap/ontkom; *s.o. missed another car by a* ~ dit was (so) op 'n haar na (*of* dit het 'n haar geskeel) of iem. het teen 'n ander motor gebots; *to a* ~ op 'n haar (na). ~ **shirt** haarhemp; boetekleed, -hemp. ~-**side** nerfkant. ~ **sieve** haarsif. ~ **slide** haarknip(pie). ~ **space** *(druk.)* eenpunt-, haarspasie. ~**splitter** haarklower, muggiesifter, semelknoper. ~**splitting** *n.* haarklowery, muggiesiftery. ~**splitting** *adj.* haarklowend. ~**spray** haarsproei. ~**spring** *(hor.)* onrus-, balans-, spiraalveer. ~ **stroke** ophaal(lyn). ~**style** haarstyl, kapsel, haarmode. ~**styling** haarstilering. ~**stylist** haarstilis. ~ **tint** haarkleur; haartint. ~ **tinting** haartinting. ~ **transplant** haaroorplanting. ~ **trigger** *n.* haarsneller. ~-**trigger** *adj. (attr.): have a ~ temper* kort van draad wees, 'n kort lont hê. ~ **wash** haarwasmiddel; hare was. ~**waver** haargolwer. ~**waving** haargolwing. ~**worm** haar-, draadwurm.

-haired *komb.vorm* -haar-, met ... hare, -harig; *a **curly** -~ girl* 'n krulkopmeisie/-dogter(tjie), 'n dogter(tjie)/meisie met krulhare (*of* krullerige hare); ***greasy*** -~ met olierige/vetterige hare; ***long*** -~ langhaar-, met lang hare, langharig; ***red*** -~ rooikop-, met rooi hare, rooiharig; ***short*** -~ korthaar-, met kort hare, kortharig.

hair·less haarloos, sonder hare, onbehaar(d), kaal. **hair·less·ness** haarloosheid.

hair·y -ier -iest harig, harerig, behaar(d); ruig; *(sl.)* skrik-, angswekkend, vreesaanjaend, ysingwekkend, senutergend; ~ ***bat*** langhaarvlermuis; ~ ***couch*** kwagakweek; ~ ***root*** pruikwortel; pruikwortelsiekte; ~ ***sheep*** steekhaarskaap; ~ ***vetch*** sandwiek; ~ ***worm*** harige wurm. **hair·i·ness** harigheid.

Hai·ti *(geog.)* Haiti, Haïti. **Hai·tian** *n.* Haitiaan, Haïtiaan; *(dialek)* Haitiaans, Haïtiaans. **Hai·tian** *adj.* Haitiaans, Haïtiaans.

hajj, hadj *(Arab.)* hadj, pelgrimstog *(na Mekka)*. **haj·ji, hadj·i, haj·i** hadjie, pelgrim.

ha·ka *(Maori)* haka.

hake *(igt.)* (Europese) stokvis.

ha·ke·a *(bot.)* hakea, naaldbos.

ha·lal, hal·lal *n., (Arab.)* halaal. **ha·lal, hal·lal** *adj.* halaal- *(slaghuis, gereg, ens.)*. **ha·lal, hal·lal** *ww.* halaal slag *('n dier)*.

ha·la·tion *(fot.)* ligkring(vorming), halasie.

ha·la·vah *(kookk.)* →HALVA(H).

hal·berd, hal·bert *(hist., mil.)* hellebaard. **hal·berdier** hellebaardier.

hal·cy·on *n., (Gr. mit.)* ysvoël; *(orn.: Halcyon* spp.*)* visvanger. **hal·cy·on** *adj., (poët., liter.)* kalm, vredig, gelukkig; ~ *days,* tyd van kalmte/geluk.

hale[1] *adj.* fris, gesond, sterk; ~ *and hearty* fris en gesond, pure perd, perdfris, kerngesond, nog flink.

hale[2] *ww., (arg.)* trek, sleep; ~ *s.o. into court* iem. voor die hof sleep.

half *halves, n.* helfte; halwe, halfie; *(voetbal)* skakel; *(sport)* halfgebied; ***a*** ~ 'n helfte; die helfte; ~ *an **apple*** 'n halwe appel; *the **better*** ~ die grootste helfte; die beste helfte; *s.o.'s **better** ~, (infml.)* iem. se wederhelf(te) (*of* ou beste); *your ~ is **better** than mine* jou helfte is beter as myne; *too clever/etc. **by*** ~ alte/danig (*of* gans te) slim/ens.; ***by** halves* om die helfte; vir die helfte; *do s.t **by** halves* iets (maar) half/swakkerig doen; *do nothing **by** halves* alles deeglik doen; ~ *a **chance**, (infml.)* die geringste kans; ***cry** halves, (vero.)* 'n deel (*of* die helfte) vra/eis; ~ *a **dozen*** 'n halfdosyn; ('n stuk of) ses; →HALF-DOZEN; ***give*** *s.o. ~ of ...* iem. die helfte van ... gee; ***go** halves (with s.o.), (infml)* iets gelykop (met iem.) deel; om die helfte werk; ~ *an **hour*** 'n halfuur; →HALF-HOUR; ***in*** ~ middeldeur; ***in** halves* in twee gelyke dele; *cut/tear s.t. **in*** ~ iets middeldeur (*of* in die helfte) sny/skeur; ~ *a **litre*** 'n halfliter, 'n halwe liter; ~ *a **loaf*** 'n halwe brood; ~ *a **loaf** is better than no bread* liewer 'n halwe eier as 'n leë dop, 'n halwe eier is beter as 'n leë dop, krummels is ook brood; *have ~ a **mind** to ...* →MIND *n.; ~ a **moment**!* →MOMENT; *that's **not** the ~ of it, (infml.)* dis (nog) nie al nie; ~ ***of*** ... die helfte van ...; ~ ***of** it is rotten/etc.* die helfte (daarvan) is vrot/ens.; ~ ***of** ten is five* die helfte van tien is vyf; ***one** and a* ~ →ONE; *see how the **other** ~ lives* →OTHER; *at ~ **the price*** vir/teen die helfte van die prys; ***reduce** s.t. by* ~ iets met die helfte verminder; ~ ***the*** ... die helfte van die ... **half** *adj. & adv.* half; *be ~ as **big** as ...* die helfte so groot as ... wees; ~ ***calf*** halfkalfsleer; ~ ***cloth*** halflinne; *s.t. is ~ **cooked/done*** iets is halfgaar; *s.t. is ~ **finished/done*** iets is halfklaar; ~ ***leather*** halfleer; *not ~ **like** s.t., (infml.)* net (mooi) niks van iets hou nie; *not ~ **look** a mess, (infml.)* vreeslik lyk; ~ *as **much*** half (*of* die helfte) soveel; ~ *as **much again*** die helfte meer, anderhalf (*of* een en 'n half) maal/keer soveel; ***not** ~, (infml.)* baie, nie ('n) bietjie nie; dit wil ek hê!; *(iron.)* glad/hoegenaamd nie, o nee!; ~ ***past** five* halfses; ~ ***share*** halwe aandeel; *not ~ **swear/etc.**, (infml.)* vloek/ens. dat dit 'n aardigheid is; ~ ***wish*** half wens. ~-**a-crown** →HALF-CROWN. ~-**and-half** om die helfte; *(drank)* half om half; half en half, so half. ~-**ape** halfaap. ~-**aum** halfaam. ~**back** *(rugby)* skakel. ~-**baked** halfgebak, halfgaar; *(infml.)* onbekook, onwys. ~-**baptise,** -**ize** *ww.* die nooddoop toedien. ~**beak** *(igt.)* naaldvis. ~**beam** halfbalk. ~-**binding** halfband; halfleer(band); halfbindwerk. ~-**blood** halfbloed; stiefbroer; stiefsuster. ~-**blooded** halfbloed-. ~-**blood wool** halfbloedwol. ~-**blown** half ontluik. ~-**board** *n., (Br.)* aandete, bed en ontbyt. ~-**board** *adj.* met aandete, bed en ontbyt (ingesluit). ~-**bond** halfsteenverband. ~-**boot** halwe kapstewel. ~-**bred** *adj., (neerh.)* baster-, halfbloed-; halfslagtig; ongeaard. ~-**bred wool** halfslagwol. **~-breed** *n., (neerh.)* baster, halfbloed. ~ **brick** halwe steen. **~-brick bond** halfsteenverband. **~-brick wall** halfsteenmuur. **~-brother** halfbroer. **~-caste** *n., (neerh.)* baster, halfbloed. **~-caste** *adj., (neerh.)* baster=, halfbloed=. ~ **cent** *(hist.)* halfsent. **~-century** half=eeu, halwe eeu; *(kr.)* vyftigtal. **~-circle** halfsirkel, halwe sirkel, halfmaan. **~-closed** halftoe, halfgeslote. **~-cock** *n.* rus; *at ~, (vuurwapen)* op (middel)rus, half oorgehaal; halfoop, half geopen; *go off at ~* ontydig afgaan; *(fig.)* deur voorbarigheid misluk. **~-cock** *ww.* half oorhaal. **~-cocked** half oorgehaal, op halwe spanning. **~collared kingfisher** blouvisvanger. ~ **column** halwe kolom; *(mil.)* halfkolonne. **~-cooked** *adj. (attr.)* halfgaar. **~-crown** *(hist.)* halfkroon. **~-cut** *(Br., infml.)* lekkerlyf, aangeklam, gekoring, getrek, geswael. **~-day** halfdag, halwe dag. **~-dead** halfdood. **~-deck** halfdek. ~ **dollar** halfdollarstuk; halwe dollar. **~-done** *adj. (attr.)* halfklaar. **~-door** onderdeur; bodeur. **~-dozen** halfdosyn; ('n stuk of) ses. **~-dressed** halfpad aangetrek. **~-empty** halfleeg. **~-face** profiel. **~-faced** in profiel. **~-fare** halfprys. **~-filled** halfvol. **~-finished** *adj. (attr.)* halfklaar; ~ *goods* half verwerkte goedere. **~-forgotten** halfvergete. **~-frame camera** halfraam=kamera. **~-frames** halfraambril. **~-full** halfvol. **~-grown** opgeskote, halfwasse. **~-hardy** *adj.* half=, semi=gehard *(plant)*. **~-hearted** halfhartig, nie van harte (*of* met volle oorgawe) nie, sonder oortuiging/oorgawe, halfslagtig; huiwerig, weifelend, aarselend; flou, lou; *a ~ attempt* →ATTEMPT *n.*. **~-hitch** *n.* halwe steek. **~-hitch** *ww.* 'n halwe steek maak. ~ **holiday** vry middag. **~-hose** *(arg.)* kuit=, knie=, halfkouse, sokkies. **~-hour** *n.* halfuur; *the clock chimes at the ~* die klok/horlosie/oorlosie slaan op die halfuur. **~-hour** *adj. (attr.)* van 'n halfuur *(pred.)*; *a ~ interval* 'n pouse van 'n halfuur; *be a ~ walk from ...* 'n halfuur se loop (*of* 'n halfuur te voet) van ... af wees. **~-hourly** elke halfuur, om die halfuur; van 'n halfuur, 'n halfuur durende. **~-inferior** *(bot.)* halfonderstandig. **~-jack** *(SA, infml.)* halfbottel(tjie), halfie iets. ~ **landing** tussen=trapportaal. **~-leather** *adj. (attr.)* halfleer=. **~-length** *n.* halflyfportret, kniestuk. **~-length** *adj.* halflang; halflyf=; ~ *portrait* kniestuk. **~-life (period)** *(kernfis.)* halveringstyd. **~-light** doflig; vals lig. ~ **line** *(wisk.)* halflyn, straal. **~-marathon** halfmarat(h)on. **~-mast** halfstok, halfmas; *fly at ~, fly ~ high, ('n vlag)* halfstok/halfmas hang; *a flag flying ~* 'n rouvlag. ~ **measure** *(dikw. i.d. mv.)* halwe/ontoereikende maatreël; kompromis. **~-mile** halfmyl, halwe myl. **~-miler** halfmyl=atleet, =loper. **~-minute** halfminuut, halwe minuut. **~-monthly** halfmaandeliks, tweeweekliks, elke (*of* al om die) twee weke (*of* veertien dae), veertiendaags. **~-moon** halfmaan, halwemaan. **~-moon spanner** halfmaansleutel. ~ **mourning** →MOURNING. **~-naked** halfkaal, halfnaak. ~ **nelson** →NELSON (HOLD). ~ **note** *(Am., mus.)* = MINIM. **~-open** halfoop. **~-pace** halwe tree; *(bouk.)* halwe bordes. **~-pay** halfloon; halfsalaris; *on ~* nieaktief. **~-pennyworth, ha'p'orth** *(Br., hist.)* 'n stuiwer s'n, vir 'n stuiwer; *(infml.)* 'n nietigheid; *spoil the ship for a ~ of tar, (infml.)* uit suinigheid die boel bederf; *a ~ of sugar* 'n stuiwer se suiker. **~-petticoat** halfonderrok. **~-pint** halfpint, halwe pint; *(infml.)* klein mensie. **~-price** halfprys. **~-price day** halfprysdag. ~ **relief** halfreliëf; →DEMIRELIEF. **~-rhyme** halfrym. **~-round** halfrond; ~ *bit* lepelboor; ~ *file* halfronde vyl; ~ *iron* halfmaanyster, halfronde yster. ~ **seas:** *be ~ over, (Br., infml.)* aangeklam/hoenderkop wees. **~-section** *(teg.)* halfdeursnee. **~-shadow** halfskadu(wee). **~-shrub** halfstruik. **~-sister** halfsuster. **~-size** *n.* halwe nommer *(v. klere)*. **~-size** *adj.* halfmaat= *(sitplek ens.)*. **~-slip** halfonderrok. **~-smile** glimlaggie, effense glimlag. **~-sole** (ver)halfsool. **~-sovereign** *(Br., hist.)* tiensjielingstuk. **~-speed** halwe snelheid/vaart; halwe krag. **~-sphere** halwe bol. **~-starved** half verhonger(d); halfdood/vaal van die honger. ~ **storey** solderverdieping. ~ **term, ~-term holiday** *(Br., opv.)* kort vakansie. **~-text** *(druk.)* middelslag, =soort. **~-timber(ed):** ~ *house* vakwerkhuis. **~-time** halwe tyd; *(sport)* rustyd, pouse; *at ~* met rustyd. **~-timer** halfdag=werker; halfdagleerling. **~-title** *(tip.)* Franse titel, korttitel. **~tone** *(mus.)* halwe toon; *(kleur)* halftint. **~tone (block)** *(druk.)* rasterblok. **~tone process** *(druk.)* rasterproses. **~-track** *n.* ruspe(r)aandrywing; halfruspe(r), halfruspe(r)(band)voertuig, halfkruip=bandvoertuig. **~-track(ed)** met kruipbande *(aan agterwiele)*. **~-track(ed) vehicle** halfruspe(r), halfruspe(r)=(band)voertuig, halfkruipbandvoertuig. **~-truth** halwe waarheid. ~ **volley** *(tennis)* skephou; *(sokker)* skep=skop; *(kr.)* ampervol bal. **~way** *adj. & adv.* halfpad, halfweg; ***at a ~ stage*** in 'n tussenstadium; ***meet s.o. ~, (fig.)*** iem. tegemoetkom; *be (well)* ***over*** *the ~ mark* (ver/vêr) oor halfpad wees; *be* ***past*** *the ~ stage* (al/reeds) oor halfpad wees; *the ~* ***point*** die halfpad=merk. **~way house** uitspanplek; aanloopplek; *(hist.)* verversingstasie; tussending, kompromis. **~way house prison** halfweggevangenis. **~way line** *(sport)* middel=lyn. **~-wild** halfwild. **~-window** Vlaamse venster. **~-wing** *(mil.)* halfvleuel. **~wit** *(infml.)* pampoen(kop), skaap(kop), bobbejaan, mamparra. **~witted** *(infml.)* dom, onnosel, dof, dig, toe, simpel, stadig/traag van begrip. **~-word** halwe woord. **~-worn** halfslyt. **~-wrought:** ~ *product* halffabrikaat. **~-year** halfjaar, semester. **~-yearly** halfjaarliks, sesmaandeliks.

half·ness halfheid.

hal·i·but *(igt.)* heilbot. ~ **liver oil** heilbottraan.

hal·i·dom *(arg.)* heiligheid; *by my ~* by my siel.

hal·i·eu·tic *adj., (w.g.)* vissery=, visvangs=. **hal·i·eu·tics** *n.* vissery, visvangs, viskuns, hengelkuns.

hal·ite *(min.)* haliet, klipsout.

hal·i·to·sis =*toses* slegte asem, halitose.

hall saal; (voor/ingangs)portaal; voorkamer, =huis; openbare gebou; *(Br.)* groot herehuis/=woning; *(Br.)* (studente)koshuis; *(Br.)* eetsaal; *(Am.)* gang; gildehuis; riddersaal *(v. 'n kasteel)*; ~ *of* ***columns*** suile=saal; ***entrance*** ~ (voor/ingangs)portaal; ~ *of* ***fame*** hel=desaal, eregalery; ~ *of* ***justice*** geregsaal; geregsgebou; ***servants'*** ~ bediende-eetvertrek; ***town*** ~ →TOWN. ~ **carpet** gangloper. ~ **church** hallekerk. **~mark** *n.* stempelmerk, waar(borg)merk, keurmerk, egtheid=stempel, keurstempel; kenmerk. **~mark** *ww.* stempel, waarmerk, yk. **~marked** gewaarmerk, eg. **~marking** stempeling, waarmerking. ~ **porter** portier. ~ **stand,** *(Am.)* ~ **tree** (staande) kapstok, hoede=, gangstaander. **~way** (voor/ingangs)portaal.

hal·lal →HALAL.

hal·le·lu·jah, hal·le·lu·iah, al·le·lu·ia halleluja.

Hal·ley's Com·et Halley se komeet.

hal·liard →HALYARD.

hal·lo →HELLO.

hal·loo *tw.* hallo, joehoe *(teenoor iem.)*; sa *(teenoor 'n hond)*. **hal·loo** =*looed* =*looing, ww.* (hallo/joehoe) roep; sa roep, aanhits *(honde op 'n jag)*; *don't ~ until you are out of the wood* moenie hoera skree voor jy oor die voortjie is nie.

hal·low heilig (verklaar), wy. **hal·lowed** *(ook)* godge=wyd.

Hal·low·een, Hal·low·e'en Allerheiligeaand.

hal·low·ing: ~ **ceremony** wydingsplegtigheid. ~ **introduction** votum.

Hal·low·mas(s) *(arg.)* Allerheilige(fees).

hal·lu·ci·nate hallusineer. **hal·lu·ci·na·tion** hallusi=nasie, sinsbedrog, waan(voorstelling). **hal·lu·ci·na·to·ry** hallusinasie=, waan=. **hal·lu·cin·o·gen** hallusinogeen. **hal·lu·cin·o·gen·ic** hallusinogeen, hallusinogenies, drogbeeldend. **hal·lu·ci·no·sis** *(psig.)* hallusinose, sins=bedrogherhaling.

halm →HAULM.

hal·ma *(bordspeletjie)* halma.

ha·lo =*lo(e)s, n.* ligkrans, =kring; oureool; stralekrans, heiligekrans; kring, sirkel; halo, nimbus. **ha·lo** =*loes* =*loed, ww.* omstraal, met 'n stralekrans omgeef/om=gewe; 'n (lig)kring vorm om.

hal·o- *komb.vorm* halo=, sout=.

hal·o·chrome halochroom. **hal·o·chro·mism** halo=chromie.

hal·o·gen *(chem.)* halogeen. **hal·o·ge·nate** halogeneer.

hal·oid *(chem.)* haloïed, soutagtig, sout=.

ha·lom·e·ter halometer.

hal·o·phile *(ekol.)* soutliewend, halofiel.

hal·o·phyte *(bot.)* soutplant, halofiet.

hal·o·scope haloskoop.

halt[1] *n.* halt, stilstand; halte, stopplek, stilhouplek; *(mil.)* haltplek, haltopstelling; halthouding; ***bring*** *s.t. to a ~* iets tot stilstand bring; ***call*** *(it) a ~* halt roep, stop, ophou, uitskei ***call*** *a ~ to s.t.* 'n end/einde aan iets maak, iets stopsit; ***come*** *to a ~* tot stilstand kom; ***grind*** *to a ~* tot stilstand knars. **halt** *ww.* stilhou, stilstaan, stop, tot stilstand kom; vassteek; tot stilstand bring, laat stilhou/stop; verhinder, keer, stop, stuit. **halt** *tw.* halt, stop. **~ing place** halte, stilhouplek, uitspanplek. ~ **line** stopstreep. ~ **sign** stopteken.

halt[2] *adj., (arg.)* kreupel, kruppel, mank. **halt** *ww., (arg.)* kreupel/kruppel/mank loop, hink; weifel; →HALTING; ~ *between two opinions* op twee gedagtes hink; *the conversation ~ed* die gesprek het gestok.

hal·ter *n.* halter; *(arg.)* galgtou, strop; *put the ~ round s.o.'s neck* iem. se nek in die strop sit. **hal·ter** *ww.* halter, 'n halter aansit *('n perd)*; (met 'n halter) vas=maak; *(arg.)* ophang. **~-break** *ww.* touwys maak, aan die halter leer *('n perd)*. **~(neck)** halternek, halterhals *(v. 'n kledingstuk)*. **~neck** *adj.* halternek=, halterhals=. ~ **strap** halterriem.

halt·ing *adj. (gew. attr.)* huiwerig, aarselend, weifelend, onseker; gebrekkig *(taalgebruik)*; ~ *steps* wankelende/wankelrige treetjies *(v. 'n peuter)*; ~ *verse* horterige verse; *speak in a ~ voice* hortend (*of* met 'n onvaste stem) praat. **halt·ing·ly** mank, kreupel(-kreupel), kruppel(-kruppel); staan-staan, steek-steek, stokkend; *speak French ~* gebrekkig Frans praat.

hal·va(h), ha·la·vah *(Mid.Oos. kookk.)* halwa.

halve halveer, (gelykop) deel; inlaat *('n lashout)*; ~ *with s.o.* om die helfte met iem. gaan; gelykop speel teen iem.; ~ *a hole, (infml., gh.)* 'n putjie gelyk(op) speel. **halv·ing** halvering.

hal·yard, hal·liard *(sk.)* vlag=, hystou.

ham[1] *n.* ham; *(infml.)* dy; kniekuil, =holte, =boog, waai van die been; (agterkant van die) dy; *(i.d. mv. ook)* dy en boud; *on one's ~s* op jou hurke. **~bone** skenkel=been. **~-fisted, ~-handed** *(infml.)* lomp, onhandig. ~ **sausage** metwors.

ham[2] *n.* amateuragtige toneelspeler, prulakteur; amateuragtige toneelspel; *(radio) ~, (infml.)* radioamateur. **ham** =*mm*=, *ww.: ~ up a part, (teat.)* 'n rol oorspeel. ~ **actor** prulakteur.

ham·a·dry·ad *(Gr. en Rom. mit.)* hamadriade, boom=nimf; →KING COBRA. **ham·a·dry·as** mantelbobbejaan.

Ham·as *(Arab., pol.: fundamentalistiese Islamitiese beweging in Palestina)* Hamas.

ha·mate *(anat.)* haakvormig; ~ *bone* haakbeentjie.

ham·ba *tw., (SA, <Ngu.)* loop; *(neerh.)* trap, skoert, voertsek; ~ *kahle* mooi loop.

Ham·burg *(geog.)* Hamburg.

Ham·burg·er Hamburger, inwoner van Hamburg. ~ **steak** →HAMBURGER.

ham·burg·er, beef·burg·er, burg·er ham=, bief=burger, frikkadel=, vleisbroodjie; *(Am.)* maalvleis; *(Am.)* frikkadel, vleiskoekie.

Ha·meln, Ham·e·lin *(geog.)* Hameln; *the pied piper of ~* die rottevanger van Hameln.

ha·mer·kop *(Afr., orn.: Scopus umbretta)* hamerkop.

hames halsjuk, haam *(v. 'n perdetuig)*.

Ham·ite Hamiet. **Ha·mit·ic** *(taalgroep)* Hamities.

ham·let gehug(gie), klein dorpie.

ham·mam, ham·mam Turkse badhuis.

ham·mer *n., (ook mus.)* hamer; haan *(v. 'n vuurwapen)*; *s.t.* ***comes/goes*** *under the ~* iets kom onder die hamer, iets word opgeveil; *the ~ and* ***sickle,*** *(kommunistiese kenteken)* die hamer en sekel; ***throw(ing)*** *the ~, (atl.)* hamergooi; *go at s.t. ~ and* ***tongs,*** *(infml.)* iets met (alle) mag/geweld (*of* met alle mag en krag) aanpak; *go for s.o. ~ and* ***tongs,*** *(infml.)* iem. verwoed aanval, iem. met die kaal vuis bydam; iem. trompop loop. **ham**=

mer *ww.* hamer; moker, slaan; smee; klop; afkam; *(op d. beurs)* skrap, diskwalifiseer; ~ ***at** facts* op feite hamer; ~ *away **at** s.t.* aan/op/teen iets hamer *('n deur ens.);* jou kop oor iets breek, aan iets swoeg; ~ *s.t. **down*** iets vasspyker; ~ *s.t. **down/in*** iets inhamer; ~ *s.t. **home*** iets heeltemal inslaan *('n spyker);* iets laat inslaan *('n argument); try to ~ it **home** to s.o. that ...* dit by iem. probeer inhamer/inprent/inskerp (*of* iem. dit aan die verstand probeer bring) dat ...; ~ *s.t. **into** s.o.('s head)* iets by iem. inhamer, iets in iem. se kop indreun; ~ ***on** s.t* op iets hamer; ~ *s.t. **out**, (lett.)* iets uitklop/uithamer/uitslaan; *(fig.)* iets (met groot moeite) uitwerk/ontsyfer/oplos/uitprakseer *('n plan, ooreenkoms, ens.).* ~ **beam** steekbalk. ~**blow** hamerslag, mokerhou. ~ **claw** hamerklou. ~**cloth** bokkleed *(v. 'n rytuig).* ~**dressed** *adj., (klip)* bekap *(met 'n hamer).* ~ **drill** hamerboor. ~ **eye** steelgat. ~ **face** hamerbaan, slaanvlak. ~**head** hamerkop, kop van 'n hamer; *(igt.: Sphyrna* spp.*)* hamerkophaai; *(orn.)* →HAMERKOP. ~**head key** vlinderspy. ~**head shark** →HAMMERHEAD. **H~klavier** Hammerklavier. ~**lock** *(stoei)* hamerslot(greep). ~**man** *-men* voorslaner; hamerwerker. ~ **mill** hamermeul(e). ~ **scale, forge scale** *(smeewerk)* hamerslag. ~**smith** ystersmid; voorslaner. ~ **spring** dekveer. ~**stone** hamerklip. ~**stroke** hamerslag. ~ **throw** *(atl.)* hamergooi. ~ **thrower** *(atl.)* hamergooier. ~**toe** *(anat.)* hamertoon. ~**-tone finish** tintklopafwerking.

ham·mer·ing gehamer; geklop; nederlaag, pak slae, groot pak; *(fig.)* loesing; diskwalifisering *(op d. beurs); take a ~, (infml.)* 'n loesing/pak (*of* pak slae) kry, 'n groot ne(d)erlaag ly; *(aandele ens.)* die wind van voor kry, dit kwaai ontgeld, ernstige/gevoelige/kwaai/swaar terugslae ly.

ham·mock hangmat; *swing a ~* 'n hangmat ophang. ~ **chair** seilstoel.

ham·per[1] *n.* (sluit)mandjie, pakmandjie; keldertjie *(vir drank);* geskenkpakkie; kospakkie; verskeidenheid.

ham·per[2] *ww.* hinder, belemmer, bemoeilik, dwarsboom, kortwiek, kniehalter.

ham·ster *(soöl.)* hamster.

ham·string *n., (anat.)* skenkelsening, sening van die agterdyspiere *(v. 'n mens);* knie-, haksening *(v. 'n perd).* **ham·string** *-strung -strung, ww.* die skenkelsening deursny; *(fig.)* verlam, kortwiek, kniehalter.

ham·u·lar *(biol.)* haakvormig.

hand *n., (ook in kaartspel)* hand; handbreedte; hand vol; (hand)skrif; handtekening; poot *(v. 'n aap);* voorpoot *(v. 'n viervoeter); (kookk.)* blad *(v. 'n vark);* tros *(piesangs);* wys(t)er *(v. 'n horlosie);* werker, werk(s)man, werkkrag; handlanger; manskap *(i.d. vloot); (tekst.)* aanvoeling; *(i.d. mv.)* personeel; *(i.d. mv.)* werk(s)mense, manne, arbeidskragte; *(i.d. mv.)* bemanning; ***accept** s.o.'s ~ (in marriage)* iem. die jawoord gee; ***all** ~s on deck* almal aan dek; ***ask** a woman's ~ (in marriage)* 'n vrou om haar hand vra; *s.t. is **at** ~* iets is byderhand *('n artikel, hulp, ens.);* iets is op hande, iets staan voor die deur, iets breek aan *('n gebeurtenis); s.t. is close/near **at** ~, (plek)* iets is baie naby; *(tyd)* iets is op hande, iets staan voor die deur; *be a bad ~ **at** s.t.* swak wees in/met iets; *be a dab ~ **at** ...* →DAB[2] *adj.; be a good ~ **at** s.t.* goed/knap/vernuftig wees in/met iets; handig wees met iets; *be a great ~ **at** s.t.* knap/vernuftig wees in/met iets; *be an old ~ **at** s.t.* →OLD HAND; *have s.t. **at** ~* iets gereed/byderhand hê; ***at** the ~s of ...* vanweë (*of* deur die toedoen van) ... *(ly, sterf, ens.); try one's ~ **at** s.t.* iets probeer doen, jou aan iets waag; *know a place like the **back** of one's ~* 'n plek deur en deur ken; ***balance/cash/money** in ~* beskikbare saldo/geld, saldo/kontant voorhande, kontantvoorraad, geld in die kas; *with one's **bare** ~s* met (jou) kaal hande; *stretch out **begging** ~s* jou hande bak hou/maak, met jou hande bak staan; *get a **big** ~, (infml.)* 'n warm applous kry; *give s.o. a **big** ~, (infml.)* lekker vir iem. hande klap, (vir) iem. geesdriftige/luide applous gee, iem. hartlik toejuig; ***bite** the ~ that feeds one* →BITE *ww.; **bring up** an animal by ~* 'n dier hans grootmaak; ***by** ~* met die hand, deur handearbeid; *(op 'n brief)* per (*of* met die) hand, per bode; *take s.o. **by** the ~* iem. aan/by die hand neem; iem. onder jou sorg neem; *a picture/etc. **by** the same ~* 'n skildery/ens. van dieselfde hand; ***cash** in ~* →***balance/cash/money**; s.t. **changes** ~s* iets word verkoop/verhandel, iets verander/verwissel van eienaar, iets gaan in ander hande oor; ***clap** one's ~s* (met) jou hande klap; ***clasp** one's ~s* jou hande saamvou; *they **clasp** ~s* hulle druk mekaar die hand; *s.o.'s ~s are **clean**, s.o. has **clean** ~s, (fig.)* iem. het nie/geen skuld nie, iem. was sy/haar hande in onskuld; *keep one's ~s **clean**, (fig.)* 'n eerlike mens bly; ***cup** one's ~s* jou hande bak hou/maak, met jou hande bak staan; ***die** at the ~s of ...* deur ... doodgemaak/gedood word; ***die** by one's own ~* jou hand aan jou eie lewe slaan; *win ~s **down**, (infml.)* fluit-fluit/loshand(e)/maklik wen; ***fall** into s.o.'s ~s* in iem. se hande val; *with a **firm** ~* beslis; *write a **firm** ~* 'n vaste handskrif hê, met 'n vaste hand skryf/skrywe; *at **first** ~* →FIRST HAND *n.; s.t. is increasing/progressing/etc. ~ over **fist*** iets neem hand oor hand toe; iets neem verbasend toe; *lose money ~ over **fist*** baie (*of* groot bedrae) geld verloor, geld vinnig verloor; *make money ~ over **fist*** geld soos bossies maak; *spend money ~ over **fist*** geld rondgooi (*of* laat rol); *with the **flat** ~* met die plat hand; *with **folded** ~s* met gevou(d)e hande, met die hande in die skoot; *sit with **folded** ~s, (ook)* met die hande oormekaar (*of* in die skoot) sit, niks doen nie; *serve (or wait [up]on) s.o. ~ and **foot*** iem. slaafs dien; *be tied ~ and **foot*** aan hande en voete gebind wees, magteloos wees; ***force** s.o.'s ~* iem. dwing/verplig om oop kaarte te speel; *give s.o. a **free** ~* (aan) iem. vry(e) spel laat/gee; *have a **free** ~* vry(e) spel hê; *have one's ~s **full*** jou hande vol hê, baie te doen hê, baie besig wees; ***get** one's ~ in* gewoond raak, op dreef/stryk kom; ***get** one's ~s on s.o./s.t.* iem./iets in die hande kry; ***give/lend** s.o. a ~* iem. help; →HELPING *adj.; **given** under s.o.'s ~ and seal* →***seal**; give s.o. the **glad** ~* →GLAD; *be ~ in **glove** with s.o.* kop in een mus met iem. wees, met iem. hand om die nek sit/wees; *hold a **good** ~* goeie kaarte hê; *be in **good** ~s* in goeie hande wees; *s.o. is **heavy** on the ~* iem. is swaarwigtig/vervelig (*of* swaar op die hand); *do s.t. with a **heavy** ~* iets hardhandig doen; *extend/give/lend a **helping** ~* →HELPING *adj.; with a **high** ~* eiegeregtig, eiemagtig; aanmatigend, willekeurig; *16/etc. ~s **high**, ('n perd ens.)* 16/ens. hand(e) hoog; ***hold** ~s* hande vat; hande/handjies vashou; ***hold** one's ~* 'n afwagtende houding aanneem, jou optrede terughou; ***hold out** one's ~ to s.o.* jou hand na iem. uitsteek/uitstrek, iem. die hand reik; *have s.o. in the **hollow** of one's ~* iem. volkome in jou mag hê; *to write an **illegible** ~* 'n onleesbare hand skryf/skrywe, 'n onleesbare handskrif hê, 'n poot hê; ***in** ~* in hande; onder hande; in voorbereiding; *the matter **in** ~* die betrokke/onderhawige saak; ***in** Kurdish/etc. ~s, **in** the ~s of the Kurds/etc.* in Koerdiese/ens. hande, in die Koerde/ens. se hande; *~ **in** ~, (lett.)* hand in hand; *s.t. goes ~ **in** ~ with ..., (fig.)* iets gaan saam met ..., iets gaan met ... gepaard, iets gaan hand aan hand met ...; *have a ~ **in** s.t.* 'n aandeel aan iets hê, die/'n hand in iets hê, 'n hand in die spel hê; *have s.t. **in** ~* met iets besig wees; iets behartig; *keep one's ~ **in*** in oefening bly, 'n vaardigheid onderhou; *take s.o. **in** ~* iem. onder jou sorg neem; iem. in toom hou; *take a ~ **in** s.t.* in iets ingryp; aan iets deelneem; met iets help; *take s.t. **in** ~* iets aanpak/onderneem; iets onder hande neem; *have s.t. well **in** ~* iets goed in/onder bedwang (*of* in jou mag) hê; *it is well **in** ~* daar word goed mee gevorder; *an **iron** ~ in a velvet glove* →IRON *adj.; **join** ~s* mekaar die hand gee; by mekaar aansluit; saamspan, saamwerk; ***kiss** ~s, **kiss** the ~* 'n handkus gee; *with a **lavish** ~* met 'n kwistige/milde hand, kwistig *(geskenke uitdeel ens.); take the **law** into one's own ~s* →LAW *n.; **lay** ~s (up)on o.s./s.o.* →LAY[1] *ww.; **laying** on of ~s* →LAYING *n.; **leave/put** the matter in s.o.'s ~s* die saak aan iem. oorlaat; jou op iem. verlaat; *the **left** ~ does not know what the right ~ is doing* die linkerhand weet nie wat die regterhand doen nie; ***lend** s.o. a ~* →***give/lend**; take one's **life** into one's ~s* jou lewe waag (*of* in gevaar stel); ***lift/raise** one's ~* jou hand lig/optel; ***lift** one's ~ against s.o.* →***raise/lift**; play a **lone** ~* jou eie spel speel, op jou eentjie werk; *the **long** ~* die lang wys(t)er *(v. 'n horlosie); s.t. was **made** by ~* iets is met die hand gemaak; ***money** in ~* →***balance/cash/money**; live from ~ to **mouth*** van die hand in die tand leef/lewe, 'n sukkelbestaan voer; *a **new** ~* 'n nuweling; *~s **off**!, keep your ~s **off** it!* (hou jou) hande tuis!; *take your ~s **off** me!* los my!, (hou jou) hande tuis!; *the matter is **off** s.o.'s ~s* iem. is klaar met die saak; iem. is van die las ontslae; *s.o. is an **old** ~, (ook)* iem. is lank in die land; *s.o. is **on** ~* iem. is aanwesig/teenwoordig; *s.t. is **on** ~* iets is in voorraad; iets is byderhand (*of* ter beskikking); iets is aan die gang; iets is op hande (*of* aan die kom); *have s.t. **on** one's ~s* met iets opgeskeep/opgesaal sit/wees; met iets te kampe hê *('n krisis ens.); have a task **on** ~* 'n taak voor jou hê; ***on** all ~s, **on** every ~* aan/van alle kante, in alle rigtings; *on the **one** ~* aan die een kant, enersyds; *have an **open** ~* 'n oop hand hê, gulhartig/mededeelsaam/rojaal/vrygewig wees; *on the **other** ~* aan die ander kant, andersyds, daarteenoor; *s.o.'s ~ is **out*** iem. is nie op dreef nie, iem. is die slag kwyt; ***out of** ~* uit die staanspoor; *be/get **out of** ~* handuit wees/ruk, hand uitruk, onregeerbaar wees/word; op loop wees/gaan; rumoerig wees/word; *draw **out of** ~* loshand (*of* uit die [vrye] hand) teken; *eat **out of** s.o.'s ~* →EAT *ww.; feed **out of** s.o.'s ~* →FEED *ww.; the matter is **out of** s.o.'s ~s* iem. is van die saak ontslae, iem. dra nie (meer) die verantwoordelikheid vir die saak nie; iem. kan niks (meer) aan die saak doen nie; *refuse s.t. **out of** ~* iets botweg/vierkant weier; *reject s.t. **out of** ~* iets sonder meer (*of* voor die voet) verwerp; *say/tell **out of** ~* uit die vuis (uit) sê; *shoot s.o./s.t. **out of** ~* iem./iets op die plek doodskiet; *s.o.'s **outstretched** ~* iem. se uitgestrekte hand; *~ **over** ~, (ook)* halsoorkop; ***overplay** one's ~* →OVERPLAY; *for one's **own** ~* op eie handjie/houtjie, vir/op eie rekening; ***pass** one's ~ over s.t.* jou hand oor iets stryk; ***play** into s.o.'s ~s* in iem. se kaarte speel, iem. se planne bevorder; *put one's ~ in one's **pocket**, (lett. & fig.)* jou hand in jou sak steek; geld spandeer; fluks bydra; ***put** s.t. in ~* iets aan die gang sit, iets aanpak, iets ter hand neem; ***put** the matter in s.o.'s ~s* →***leave/put**; **put out** one's ~* jou hand uitsteek; ***put up** (or **raise**) one's ~* jou hand opsteek; ***raise/lift** one's ~ against s.o.* jou hand teen iem. lig/optel; ***reach out** a ~* 'n hand uitsteek; *with **red** ~s* met bloedbevlekte hande; *be s.o.'s **right** ~* iem. se regterhand wees; ***rub** one's ~s* jou hande vryf/vrywe; ***rub** one's ~s with joy* jou verkneukel/verkneuter; *be in **safe** ~s* in veilige hande wees; *given under s.o.'s ~ and **seal**, (fml.)* deur iem. geteken en geseël/verseël; *at **second** ~* uit die tweede hand; *s.o. cannot **see** his/her ~ before his/her face* iem. kan nie sy/haar hand voor sy/haar oë sien nie *(weens donkerte); they **shake** ~s* hulle gee mekaar die hand, hulle groet mekaar met die hand; ***shake** ~s with s.o., **shake** s.o. by the ~, **shake** s.o.'s ~* iem. handgee, iem. die hand gee, iem. met die hand groet; ***shake** ~s!, (infml.)* vat so!; ***shake** ~s on s.t., (infml.)* iets met 'n handdruk beklink; *s.o.'s ~ **shakes*** iem. se hand beef/bewe; *the **short** ~* die kort wys(t)er *(v. 'n horlosie); **show** one's ~* jou kaarte laat sien; *vote by **show** of ~s* stem deur die opsteek van hande, stem deur hande op te steek; ***sit** on one's ~s, (infml.)* niks doen nie, met gevoude hande sit; *keep a **slack** ~* laks wees, sake hul eie gang laat gaan; ***squeeze** s.o.'s ~* iem. se hand druk; ***stay** s.o.'s ~* iem. keer/terughou; *a **steady** ~* 'n vaste hand; ***strengthen** s.o.'s ~(s)* iem. se hande sterk; *set one's ~ to the **task*** die werk aanpak, aan die werk spring, die hand aan die ploeg slaan; ***throw** in one's ~* tou opgooi, opgee, die saak gewonne gee; ***throw** up one's ~s* 'n wanhoopsgebaar maak; jou hande opsteek, *(infml.)* hen(d)sop; ***tie** s.o.'s ~s, (lett.)* iem. se hande vasbind; *(fig.)* iem. bind/beperk; *s.o.'s ~s are **tied**, (infml.)* iem. se hande is afgekap, iem. is magteloos; ***to** (one's) ~* kant en klaar; in gereedheid, ter beskikking; *come **to** ~* ontvang word, ter hand (*of* voor die hand) kom; *s.t. is **to** ~* iets is byderhand (*of* binne bereik); *~ **to** ~* van hand tot hand; ***turn** one's ~ to s.t.* iets aanpak; *s.o. can **turn** his/her ~ to anything* iem. se hande staan vir niks verkeerd nie, iem. is goed in/met alles wat hy/sy aanpak; *never do a ~'s **turn** (of work)* nooit 'n steek werk doen nie, nooit 'n steek doen/werk nie; *under s.o.'s ~, (fml.)* deur iem. onderteken; *~s **up!*** hande in die lug!, (steek jou/julle) hande op!, *(infml.)* hen(d)sop!; *with one's ~s **up*** met jou hande omhoog (*of* in die lug); *give s.o. a ~ **up*** iem. ophelp; iem. op die been help; *get/have the **upper** ~ of/over s.o.* die oorhand oor iem. kry/hê; *s.o. has to **wash** his/her ~s, (infml.)* iem. moet 'n draai(tjie) loop; ***wash** one's ~s of s.o.* jou aan iem. onttrek, jou hande van iem. aftrek; ***wash** one's ~s of s.t.* jou hande in onskuld omtrent iets was, geen verantwoordelikheid vir iets aanvaar nie, niks (meer) met iets te doen wil hê nie; *have a **weak** ~* slegte kaarte hê; ***win** s.o.'s ~* die jawoord kry; ***witness** the ~ of ..., (fml.)* getuie die handtekening van ...; ***work** in ~* werk onder hande; ***work** on ~* onvoltooide werk; *many ~s make light **work*** baie/vele hande maak ligte werk; ***wring** one's ~s* jou hande wring; ***wring** s.o.'s ~* iem. 'n stywe handdruk gee. **hand** *ww.* aangee, oorhandig, oorgee, afgee; *(sk.)* inneem, reef, inslaan *(seile)*; *~ s.t. **around/round*** iets rondgee/ronddien/rondbring; iets rond presenteer ~ *s.t. **back*** iets teruggee; *~ s.t. **down*** iets aangee; iets oorlewer *('n tradisie)*; iets lewer *('n uitspraak)*; *~ s.o. **down*** iem. afhelp; *~ s.t. **in** to s.o.* iets by iem. indien/ingee/inlewer; *~ s.o. **into*** (or ***out of***) *a car/etc.* iem. in 'n motor/ens. (in)help, iem. uit 'n motor/ens. (uit)help; *~ **it** to s.o., (infml.)* iem. dit ter ere nagee; dit teenoor iem. toegee; *~ s.o. **off*** iem. afstamp/afweer; *~ s.t. **on*** iets aangee; iets oorlewer *('n tradisie)*; *~ s.t. **out*** iets uitdeel/uitgee/versprei; iets gee *(raad)*; iets present/pasella gee; *~ s.o. **over*** iem. oorlewer/uitlewer; *~ s.t. **over*** iets oorhandig; iets oordra; iets oorgee/afgee; *~ s.t. **over** to ..., (ook)* iets aan ... prysgee; *~ s.t. **round** →**around/round**; ~ **s.o.** s.t., ~ s.t. **to** s.o.* iets aan iem. oorhandig; iets vir iem. aangee; *~ s.t. **up*** iets opgee/aangee; *~ s.o. **up*** iem. ophelp. ~ **ambulance** *(hist.)* wielbaar. ~ **attachment** handvatsel. ~ **axe** handbyl(tjie); handpik. ~**bag** *n.* handsak; handtas(sie), handkoffer; reistas(sie), reissak(kie). ~**bag** *ww., (Br., sl.)* met die/haar handsak bydam/bykom/toetakel; *(fig.)* blaker, bykom, bloots ry, voor stok kry, die leviete voorlees. ~**-baggage** handbagasie. ~**bagging** *(Br., sl.)* berisping, teregwysing, skrobbering, betigting. ~**ball** *(sport)* handbal. ~**barrow** stootwaentjie. ~ **basin** handwasbak. ~ **basket** handmandjie. ~**bell** handklok(kie) ~**bill** strooibiljet. ~**-blocked fabric** handdrukstof. ~**book** handboek(ie); reisgids, gids(boek); *~ for students* handleiding vir studente. ~**bow** handboog. ~ **brace** omslag. ~**brake** handrem. ~**breadth**, ~**'s-breadth** handbreedte. ~ **canter**, ~ **gallop** handgalop. ~**cart** stootkar(retjie). ~**clap** *n.* hand(e)geklap, handeklap; *give s.o. a slow ~, (gehoor)* stadig vir iem. hande klap; *start a slow ~* stadig begin hande klap. ~**clapping** hand(e)geklap. ~**clasp** →HANDSHAKE. ~ **controls** *(mot.)* handkontroles. ~**craft** →HANDICRAFT. ~**crafted** handgemaak. ~ **cream** handeroom. ~**cuff** *n.* (hand)boei. ~**cuff** *ww.* boei, in boeie slaan. ~**-dressing** handbehandeling, =toediening. ~ **drill** handboor. ~ **drive** handaandrywing. ~ **drum** handtrom. ~**feed** met die hand voer; hans (*of* met die hand) grootmaak. ~ **file** handvyl. ~**-filing vice** handskroef. ~**-finished** met die hand afgewerk. ~ **forge** draagbare smidsoond. ~ **gallop** handgalop. ~ **glass** handspieël; handvergrootglas. ~**grasp** houvas, (hand)greep; handdruk. ~ **grenade** handgranaat. ~**grip** houvas, (hand)greep; handdruk; handgreep *(v. 'n voorwerp)*. ~**gun** handwapen; pistool; rewolwer. ~**-held** *adj. (attr.)* hand=; *~ camera* handkamera; *~ microphone* handmikrofoon. ~**hold** (hand)greep; houvas, vatplek; vashouplek. ~**hole** handgat, =opening. ~**job** *(vulg. sl.): give s.o. a ~, (iem. m.d. hand bevredig)* iem. aftrek/vinger. ~**-knitted** met die hand gebrei *(pred.)*, handgebreide *(attr.)*. ~ **labour** handearbeid. ~ **lamp** handlamp. ~ **level** handwaterpas. ~**line** handtou, =lyn; strandlyn. ~**list** oorsiglys, naamlys. ~ **loom** handgetou. ~ **lotion** handevloeiroom. ~**-luggage** handbagasie. ~**made** met die hand gemaak, handgemaak(te), handwerk=; *~ articles* handwerk; *~ paper* handgemaakte papier. ~**maid(en)** *(arg.)* dienares, diensmaagd; *(fig., neerh.)* onderdaan, hansie-my-kneg. ~**-me-down** *(infml.)* fabriekspak; gebruikte klere. ~ **mill** handmeul(e). ~**-mirror** handspieël. ~**off** *(rugby)* afstamp. ~**-operated**, ~**-operating** hand=. ~ **organ** (draagbare) draaiorrel. ~**out** present, geskenk, pasella; aalmoes; inligtingstuk, traktaatjie; (pers)verklaring. ~**over** oordrag; oorhandiging. ~**-painted** uit/met die hand geskilder; *~ fabric* geskilderde (weef)stof. ~**-pick** uitsoek; met die hand sorteer/pluk. ~**-picked** *(ook)* uitgesoek, uitgelese; *~ men* uitsoekmanne, uitgelese manne, keurbende; *~ troops* keurtroepe, =bende. ~**post** handwyser, pad=, wegwyser. ~**press** handpers. ~**print** handafdruk; *(druk.)* handdruk. ~**-printed** met die hand gedruk; *~ fabric* handdrukstof. ~ **puppet** hand(skoen)pop. ~**rail** (hand)reling, leuning. ~**-raise** hans grootmaak. ~**reader** handkyker, =leser. ~**reading** handkykery, =lesery. ~**rest** handsteun, =leuning. ~ **sander** handskuurder. ~**saw** handsaag. ~ **screw** handskroef. ~**seat** handstoel. ~**set** *(telef.)* (ge)hoorbuis, =stuk. ~**shake** handdruk; *a **firm** ~* 'n ferm(e)/stewige/stywe handdruk; ***give** s.o. a ~* iem. 'n handdruk gee; *get a **golden** ~* 'n groot uittreepakket kry; *give s.o. a **golden** ~* iem. 'n groot uittreepakket gee. ~**shaking** handgeëry, groetery. ~ **signal** handsein. ~ **signalman** handseinwagter. ~**s-off** *adj. (attr.)* slap, laks(e), laat-maar-loop-, passiewe *(bestuurstyl ens.)*; outomatiese *(masjien ens.)*. ~**s-on** *adj. (attr.)* praktiese *(benadering, ervaring, opleiding, ens.)*; *a ~ manager* 'n bestuurder wat graag die leisels hou. ~ **specimen** handstuk, =monster. ~**spike** *(hist.)* handspaak; koevoet. ~**spring** *(gimn.)* handoorslag. ~**-spun yarn** handspingare, =garing. ~**stand** handstand; *do a ~* op jou hande staan. ~**strap** vashoustrop. ~**s-upper** *(infml.)* hen(d)sopper. ~**-to-hand:** *~ fight* handgemeen; geveg van man teen man; *~ movement* aangeebeweging. ~**-to-mouth** van die hand in die tand; *~ existence* haglike bestaan. ~**-tooled** handbewerk, met die hand bewerk. ~ **tools** handgereedskap. ~ **towel** handdoek(ie). ~ **vice** handskroef. ~**work** handearbeid, handewerk. ~**worked** handgemaak, =bewerk, met die hand gemaak/bewerk. ~**-woven** met die hand geweef. ~**wringing** *n.* handegewring. ~**wringing** *adj.* handewringend. ~**writing** (hand)skrif. ~**writing expert** skrifkundige. ~**written** met die hand geskryf/geskrywe, handgeskrewe.

hand·ed met hande; gehand; *right- or left-~* regs- of linkshandig. **hand·ed·ness** die besit van hande; gehandheid; *right- or left-~* regs- of linkshandigheid.

hand·er *(Br., dial.)* klap op die hand.

hand·ful hand(jie) vol; *a ~ of ...* 'n hand(jie) vol ...; *s.o. is a ~, (infml.)* iem. is 'n hand vol (*of* moeilik om te beheer).

hand·i·cap *n.* nadeel, belemmering, hindernis, struikelblok, blok aan die been, beletsel, *(infml.)* hendikep; gebrek; *(gh.)* voorgee, *(infml.)* hendikep; *overcome a ~* 'n gebrek te bowe kom. **hand·i·cap** *=pp=, ww.* benadeel, in 'n nadelige posisie stel, belemmer, hinder, kortwiek, strem, kniehalter, *(infml.)* hendikep; voorgee; terugsit, *(infml.)* hendikep; *be ~ed* gekniehalter/belemmer wees, 'n blok aan die been hê; gestrem(d) wees, 'n gebrek hê; *~ed person* gestremde, belemmerde; *~ed worker* werker met 'n gebrek. ~ **match** voorgeewedstryd. ~ **race** voorgee(wed)ren.

hand·i·cap·per voorgeër.

hand·i·craft handwerk, handvlyt; *(i.d. mv. ook)* kunsvlyt; handearbeid, handewerk, ambag. ~**sman** handwerksman, ambagsman.

hand·i·ly gunstig *(geleë)*; gerieflik *(naby)*; *be ~ placed, (sport ens.)* in 'n goeie/gunstige/sterk/mededingende posisie wees; *win ~, (Am.)* maklik/ver/vêr wen.

hand·i·ness handigheid; behendigheid.

hand·ing: *~ in* indiening, inlewering; *~ over* oorhandiging.

hand·i·work (hande)werk, maaksel.

hand·ker·chief sakdoek. ~ **sachet** sakdoeksakkie.

han·dle *n.* handvatsel, (hand)greep; steel; hingsel; (draai)kruk, slinger; knop; oor; hef; stuur; greep, vat; *(tekst.)* aanvoeling; *~ of the face, (infml.: neus)* voorgewel; *fly off the ~, (infml.)* →FLY[2] *ww.; have a ~ to one's name, (infml.)* 'n titel hê. **han·dle** *ww.* hanteer; aanraak; bedien *('n masjien, wapen, ens.)*; behandel; omgaan/werk met; aanpak, oplos, baasraak *('n probleem ens.)*; behartig *(iem. se belange ens.)*; beheer, bestuur, verantwoordelik wees vir; handel dryf/drywe in/met *(gesteelde goedere ens.)*; *the aircraft ~s beautifully* die vliegtuig is lieflik om te hanteer; *~ with care* hanteer versigtig; *~ s.o. firmly* iem. kortvat; *~ s.o. roughly* iem. afknou (*of* ru behandel). ~**bar(s)** handvatsel, stuur(stang) *(v. 'n fiets ens.)*. ~**bar grip** stuurhandvatsel. ~**bar moustache** weglêsnor.

han·dler hanteerder; handvatselmaker; pottebakker; afrigter; pikeur *(w.g.)*; →DOG HANDLER.

hand·less sonder hande, hand(e)loos.

han·dling hantering; hanteerdery; behandeling; bediening. ~ **appliance** hanteertoestel. ~ **charge(s)**, ~ **costs** hanteerkoste. ~ **code:** *the ~ ~* rugby.

han(d)·sel *n., (arg. of dial.)* nuwejaars=, verwelkomingsgeskenk *(by indienstreding ens.)*; handgeld. **han(d)·sel** *=ll=, ww.* 'n (nuwejaars)geskenk gee; handgeld gee; inwy; vir die eerste maal doen/probeer.

hand·some aantreklik, mooi, aansienlik; goed gebou *(dier)*; groot, rojaal, ruim, ryklik *(beloning ens.)*; aansienlik *(meerderheid ens.)*; puik, stewig *(oorwinning)*; met mooi proporsies *(gebou ens.)*; *~ is as ~ does, (sprw.)* die klere maak nie die man nie, mooi blyk is mooier as mooi lyk. **hand·some·ly:** ***pay off*** *~* baie/uiters lonend (*of* beslis die moeite werd) wees; *~ **proportioned**, (gebou, vertrek, ens.)* met mooi proporsies; *be ~ **rewarded** for s.t.* ryklik vir iets beloon word; ***win*** *~* 'n puik/stewige oorwinning behaal.

hand·y handig, behendig, vaardig; knaphandig, oorlams; gerieflik, gemaklik; geskik, nuttig; gereed; byderhand; →HANDILY, HANDINESS; ***come in*** *~* (goed) te/van pas kom; ***have*** *s.t. ~* iets byderhand hê; *be ~ **with** s.t.* handig met iets wees; *be ~ **with** one's fists* goed kan vuisslaan. ~**-dandy** *(kinderspel)* handraai, bewaar die knikkertjie. ~**man** *=men* nutsman, hansie-my-kneg, jan-van-alles, knaphand, faktotum, allesdoener.

hang *n.* hang; *not care/give a ~, (infml.)* geen flenter omgee nie; *get the ~ of s.t., (infml.)* die slag van iets kry, die slag kry om iets te doen; iets verstaan/snap, sien hoe iets inmekaarsit (*of* inmekaar sit), agter die kap van die byl kom. **hang** *hung hung; hanged hanged, ww.* hang; ophang; behang; plak *(papier aan 'n muur)*; →HANGING, HUNG *adj.*; *~ **about/around*** rondhang, =staan, =slenter; *~ **it all!**, (infml.)* verdomp!, vervlaks!, verduiwels!; *~ **back*** agterbly; aarsel; agteruitstaan, kop uittrek; agteraan kom; *you **be** ~ed!, (infml.)* loop na die maan (jy)!; *~ **behind*** agterbly; *~ **by a hair*** (or *a [single] thread*) aan 'n (dun) draadjie hang; *~ s.t. **down*** iets (laat) afhang; *~ **fire**, (vuurwapen)* kets, stadig afgaan; *(fig.)* vertraag word; jou optrede uitstel/terughou, wag; *~ s.t. **from** ...* iets aan ... ophang; *(you) **go** ~!, (infml.)* gaan/loop/vlieg na die duiwel!; *~ **one's head*** →HEAD *n.*; ***I'll** be ~ed if I do!, (infml.)* ek sal dit verdomp/vervlaks/verduiwels nie doen nie!; *~ **(on) in there**, (infml.)* vasbyt, nie tou opgooi nie; *~ **(on) in there!**, (infml.)* byt vas!, moenie tou opgooi nie!; *~ **loose*** loshang; *(sl.)* kalm bly, ontspan; *~ **off*** aarsel, agteruitgaan; *~ **on**, (infml.)* vashou; vasklou; aanhou, uithou; *(telef.)* aanbly, aanhou; *~ **on!**, (infml.)* hou vas!; wag ('n bietjie)!; *(telef.)* bly/hou aan!; *~ **on** to ..., (infml.)* aan ... vasklou; *~ **on** like grim death, (infml.)* om lewe en dood vasklou; *~ **on** a wall, ('n prent ens.)* aan/teen 'n muur hang; *~ **o.s.*** jou ophang; *~ **out**, (tong, hemp, ens.)* uithang; *(infml., iem.)* uithang, bly, woon; *(infml., iem.)* uithang, omgaan, jou ophou *(met)*; *let it all ~ **out**, (infml.: jou uitleef)* uitrafel, dit uitkap, jou bolla losmaak; *~ s.t. **out*** iets (buite) ophang *(wasgoed ens.)*; *s.t. ~s **over** s.o.'s head* →HEAD *n.*; *s.t. ~s **over** s.t., (fig.)* iets hang oor iets; *~ **a picture*** 'n skildery ophang; *the **picture** was ~* die skildery is opgehang; *~ **s.o.*** iem. ophang *(veroordeelde)*; ***s.o.** was ~ed, (veroordeelde)* iem. is opgehang; ***time** ~s heavy on s.o.'s hands* die tyd gaan vir iem. swaar verby (*of* verloop traag vir iem.); *~ **together*** saamhang; saamstaan, bymekaarstaan; *~ **tough**, (infml.)* vasbyt, uithou (en aanhou), nie tou opgooi nie; *~ **up**, (telef.)* aflui; ~

up on s.o. iem. afsny *(oor d. telef.)*; ~ *s.t.* ***up*** iets ophang; iets uitstel (*of* op die lange baan skuif/skuiwe); ~ ***(up)on*** *s.o.'s lips/words* aan iem. se lippe hang, iem. se woorde indrink; ~ ***you!***, *(infml.)* (gaan/loop) stik!.

hang *tw., (SA)* jisla(a)ik, jissie, heng, demmit, dêm(mit). **~dog** *n., (w.g.)* jakkals, skelm, deugniet, niksnut(s). **~dog** *adj. (attr.)*: *with a ~* ***air*** kop onderstebo, koponderstebo, met die stert tussen die bene; *a ~* ***face*** 'n bekaf gesig; *a ~* ***look*** 'n mistroostige voorkoms; 'n sondaarsgesig; *have a ~* ***look*** *about one* lyk soos 'n hond wat vet gesteel het. **~-glide** hang-, skerm-, vlerksweef. **~-glider** hang-, skerm-, vlerksweeftuig, sweefskerm. **~-glider (pilot)** hang-, skerm-, vlerksweewer. **~-gliding** hang-, skerm-, vlerksweef, hang-, skerm-, vlerksweewery. **~man** *-men* laksman, beul, skerpregter. **~man's noose** strop, galgtou. **~nail** skeurnael. **~-out** *(infml.)* blyplek; kuierplek, uithangplek; skuilplek. **~over** oorblyfsel; bab(b)elas, babelaas, babalaas, dikkop, haarpyn, kater; *s.t. is a ~ from ...* iets is 'n oorblyfsel van ...; *have a ~* bab(b)elas/babelaas/babalaas hê/wees. **~-up** *(infml.)* kwelling, (ligte) obsessie; *have a ~ about s.t., (infml.)* 'n obsessie oor iets hê.

hang·ar (vliegtuig)loods/skuur. **hang·ar·age** loodsgeriewe.

hang·berg·er, ham·burg·er *(igt.)* hangberger, hottentot(vis).

hanged *(volt.dw.)* →HANG *ww.*.

hang·er hanger; ophanger; klerehanger; hangstang; haak; *(hist.)* dolk. ~ **bolt** hang(er)bout. **~-on** aanhanger, agternaloper, agterryer, trawant; meeloper; afhanklike.

hang·ing *n.* (die) hang; behangsel; *(mynb.)* dak; →WALL HANGING; *a fall of ~* 'n dakstorting; *~ is too good for s.o.* vir iem. is die galg 'n te ligte straf. **hang·ing** *adj.* hangend, oorhangend, afhangend, hang-. ~ **basket** hangmandjie. ~ **bolt** hang(er)bout. ~ **bridge** hangbrug. ~ **committee** keurkomitee (vir skilderye). ~ **file** hanglêer. ~ **garden(s)** hangende tuin. ~ **glacier** hanggletser. ~ **gutter** hanggeut. ~ **indentation,** ~ **paragraph** *(druk.)* hangparagraaf. ~ **judge** meedoënlose regter. ~ **lie** *(gh.)* hanglê. ~ **matter** halssaak, kwessie van die galg. ~ **railway** sweefspoor, lugspoor(weg). ~ **sash** skuifraam. ~ **scaffold** hangsteier. ~ **steps** vrydraende trappies. ~ **valley** sweef(sy)dal. ~ **wall** hangmuur. **~-wall side** *(mynb.)* dakkant. ~ **wardrobe** hangkas.

hank string; *(tekst.: lengte-eenheid)* henk; *(sk.)* stagryer; ~ *of cord* rol koord; ~ *of wool* string wol; henk.

han·ker hunker, snak, (vurig) verlang; ~ *after/for s.t.* na iets hunker, iets begeer. **han·ker·ing** hunkering, sug, begeerte, verlange, drang; *a ~ after/for s.t.* 'n hunkering/begeerte na iets.

han·ky, han·kie *(infml.)* →HANDKERCHIEF.

han·ky-pan·ky *(infml., skerts.)* losbandigheid, dekadensie; flousery, foppery; *(arg.)* hokus-pokus, goëlery; *indulge in ~, (infml.)* die kat in die donker knyp.

Han·nah *(OT)* Hanna.

Han·o·ver *(geog.)* Hannover *(in Duitsland)*; Hanover *(in SA)*. **Han·o·ve·ri·an** *n.* Hannoveraan. **Han·o·ve·ri·an** *adj.* Hannoveraans.

Han·sard *(parl.)* die Hansard. **Han·sard·ise, -ize** die Hansard aanhaal, die Hansardverslag onder die neus vryf/vrywe.

Han·se, Han·sa *(hist.)* Hanse. **Han·se·at·ic** *n.* Hanseaat. **Han·se·at·ic** *adj.* Hanseaties, Hanse-; ~ *League* Hanseverbond.

Hän·sel *(D.)* Hansie; ~ *and Gretel, (kinderverhaal)* Hansie en Grietjie.

han·sel →HAN(D)SEL.

han·som (cab) *(hist., soms H~)* huurkar.

Ha·nuk·kah →CHANUKAH.

hap *n., (arg.)* lot, geluk, ongeluk, gebeurlikheid. **hap** *-pp-, ww., (arg.)* (toevallig) gebeur, geskied, uitval. **hap·less** ongelukkig; *the ~ Betty* die arme Bettie. **hap·ly** *(arg.)* miskien; toevallig(erwys[e]).

hap·haz·ard *n., (w.g.)* geluk, toeval; *at/by ~* lukraak, op goeie geluk (af). **hap·haz·ard** *adj.* lukraak, toevallig; wild. **hap·haz·ard·ly** lukraak, op goeie geluk (af); onverskillig.

hap·loid *n., (genet.)* haploïed. **hap·loid** *adj.* enkelkernig, haploïed.

ha'p'orth →HALFPENNYWORTH.

hap·pen gebeur, geskied, plaasvind, voorval; voorkom; verloop; ~ ***along*** toevallig daar aankom; ***as it*** (*or* ***it so***) *~ed he/she was there* hy/sy was toevallig daar; *that has* ***never*** *~ed to me* dit het my nog nooit oorgekom nie; ~ ***(up)on*** ... op ... afkom, ... raakloop/teëkom/teenkom; ***see*** *what ~s* kyk wat (daarvan) word; ***see*** *what ~s?* dit kom daarvan!; *it* ***so*** *~s that ...* toevallig het ...; *s.t. ~s* ***to*** *s.o.* iets kom iem. oor, iets gebeur met iem.; *s.o. ~s* ***to*** *do s.t.* iem. doen toevallig iets *(kyk op ens.)*; *things are going* ***to*** *~* die poppe gaan dans; ***what*** *has ~ed to him/her?* wat het hom/haar oorgekom?.

hap·pen·ing *n.* gebeurtenis, voorval; spektakel; gedoente. **hap·pen·ing** *adj., (infml.)* in, byderwets, nuwerwets, (baie) modern, jongste; lewendig, polsend.

hap·pen·stance, hap·pen·chance *(hoofs. Am.)* toeval(ligheid).

hap·pi·ly gelukkig, bly; vrolik, opgewek, opgeruimd; tevrede; gelukkig, per geluk; *live ~ ever after* daarna lank en gelukkig (saam) leef/lewe; ~ *worded* gelukkig bewoord/geformuleer.

hap·pi·ness geluk; blydskap, gelukkigheid; gelukstaat; gepastheid.

hap·py gelukkig, bly; vrolik, opgewek, opgeruimd; gepas, raak; *be ~* ***about*** *s.t.* van iets hou, met iets tevrede wees; oor iets gerus voel/wees; ~ ***birthday!*** geluk met jou/die verjaar(s)dag!; *be* ***blissfully/deliriously*** ~ oorgelukkig wees, oorstelp (*of* buite jouself) van vreugde wees; ~ ***Christmas!*** geseënde Kersfees!; *(as) ~ as the* ***day*** *is long, (as) ~ as a* ***lark/sandboy*** so vrolik soos 'n voëltjie, doodgelukkig; ~ ***landings!*** alles wat goed is!; ***make*** *s.o. ~* iem. bly maak; ~ ***New Year!*** gelukkige Nuwejaar!; *be ~* ***to do*** *s.t.* iets graag (*of* met genoeë) doen, bly wees om iets te kan doen; *s.o. will be only* ***too*** *~ to do s.t.* iem. sal iets maar alte graag doen; *be ~* ***with*** *s.t.* met iets tevrede wees; oor iets tevrede wees. ~ **clappies** *n. (mv.), (neerh. sl.)* lekkergelowiges. **~-clappy** *adj. (attr.)* sakkie-sakkie- *(kerk ens.)*. ~ **couple,** ~ **pair** *(bruidspaar)* gelukkige paartjie. ~ **day** *(troudag)* bly(e)/heuglike dag. ~ **dust** *(dwelmsl.: kokaïen)* koka. ~ **ending** gelukkige einde *(v. 'n storie ens.)*. ~ **event** *(geboortedag)* bly(e)/heuglike gebeurtenis. ~ **families** *(kaartspel)* kwartet(spel). **~-go-lucky** onbesorg; sorg(e)loos, onverskillig; lughartig; traak-(my-)nieagtig; lukraak, op goeie geluk (af), toevallig; *to be of the ~ kind* van die dons-maar-op-soort wees, 'n sieltjie sonder sorg wees. ~ **hour** skemerkelkuur. ~ **hunting ground** *(fig.)* sukses-, winsgebied; *(mit.)* ewige jagvelde, paradys. ~ **mean,** ~ **medium** goue/gulde middeweg. ~ **pair** →HAPPY COUPLE. ~ **phrase** raak/gepaste/gelukkige gesegde. ~ **pill** *(sl.)* opkikkertjie, gemoedsverligter.

-hap·py *komb.vorm: gold-~* goudsugtig; *trigger-~* skietlustig, snellermal.

Haps·burg →HABSBURG.

ha·ra-ki·ri, ha·ri-ka·ri *(<Jap., hist. of fig.)* harakiri, (rituele) selfmoord.

ha·rangue *n.* redevoering, vurige toespraak. **ha·rangue** *ww.* opsweep, vurig toespreek, aanspreek; 'n gloeiende toespraak afsteek.

Ha·ra·re *(geog.)* Harare.

har·ass, har·ass teister, treiter, lastig val, pla, versondig, kwel, steur; vermoei; *(mil.)* bestook *('n vyand)*; *~ing fire, (mil.)* kwelvuur. **har·assed, har·assed** oorspanne, oorstuur(s), op hol, onder (spannings)druk/druktespanning/stres. **har·ass·ment, har·ass·ment** teistering, treitering, kwelling; *sexual ~* seksuele teistering.

har·bin·ger *n.* voorloper, aankondiger; *(mil., hist.)* kwartiermaker. **har·bin·ger** *ww.* aanmeld, aankondig.

har·bour, *(Am.)* **har·bor** *n.* hawe; skuilplek; *(fig.)* toevlug(soord); *in ~* in die hawe; *put into a ~, (sk.)* 'n hawe binnevaar. **har·bour,** *(Am.)* **har·bor** *ww.* koester *(agterdog, 'n wrok, ens.)*; herberg, huisves, inneem; plek gee; toelaat; skuiling gee aan, skuilplek verleen aan; 'n tuiste bied aan; *(arg.)* aanlê, (vas)meer, anker *(in 'n hawe)*; *~ a thought* 'n gedagte in jou omdra. ~ **bar** hawebank. ~ **basin** basin, hawekom. ~ **board** haweraad. ~ **dues** hawegeld. ~ **engineer** haweboukundige, hawe-ingenieur. ~ **engineering** haweboukunde. ~ **entrance** hawemond. ~ **master** hawemeester. ~ **master's office** hawekantoor. ~ **officer** hawebeampte. ~ **watch** ankerwag. ~ **works** hawewerke.

har·bour·age, *(Am.)* **har·bor·age** hawe; toevlug(soord), skuilplek.

har·bour·less, *(Am.)* **har·bor·less** dakloos, sonder skuiling; sonder hawens.

hard *n.* vaste grond; harde/rybare deel van 'n strand; landingsplek; *(sl.)* hardepad, dwangarbeid, harde arbeid; *(vulg. sl.: ereksie)* horing, hout, styfte. **hard** *adj. & adv.* hard; styf, dik; dig; sterk, kragtig, taai; straf; hewig; fel; streng, kwaai; hardvogtig; seker, vasstaande *(feite, inligting, verpligtinge, ens.)*; eksak; *(fonet.)* skerp; moeilik, swaar, veeleisend; moeitevol; intensief, deeglik; onvermoeid; *(pol.)* ver-, vêr-, ultra- *(links, regs)*; *drive a ~* ***bargain*** →BARGAIN *n.*; ~ ***bargaining*** →BARGAINING; *it will* ***be/go*** *~* dit sal moeilik/swaar gaan; ~ ***by/upon*** ... digby ...; *be ~* ***done*** *by* stief behandel word; ingeloop word; ***drink*** ~ swaar drink; *the ~* ***facts*** →FACT; ~ *and* ***fast*** onbuigsaam; *a ~ and* ***fast*** *rule* 'n vaste/bindende reël; *play ~ to* ***get****, (infml.)* jou afsydig/koel/kil hou, maak asof jy nie belang stel (*of* belangstel) nie; ~ *of* ***hearing*** hardhorend; ~ ***hit*** swaar getref; *a ~* ***hit*** 'n mokerhou; *a ~* ***hitter*** 'n mokeraar/kragkolwer; *it* ***is*** *~ to ...* ('n) mens kan beswaarlik ...; *a ~* ***life*** 'n swaar lewe; ~ ***lines!****, (Br., infml.)* (dis) jammer!, my/alle simpatie!, dis erg!; *it's ~* ***lines*** dis jammer (*of* 'n jammerte); *it's ~* ***lines*** *on ...* ... tref dit sleg, dis hard/ongelukkig vir ...; *take a ~* ***look*** *at ...* ... noulettend bekyk; ***look*** *~ at ...* ... skerp aankyk; *(as) ~ as* ***nails****, (fig.)* klip(steen)hard, so taai soos 'n ratel; in uitstekende kondisie; *be ~* ***on*** *s.o.* iem. hard/streng/straf behandel; *don't be ~* ***on*** *s.o.* moenie kwaai met iem. wees nie; *be ~* ***on*** *s.t.* iets verniel, iets ru behandel; *s.t. is ~* ***on*** *s.o.* iets is vir iem. moeilik; *find s.t.* ***pretty*** *~, (infml.)* iets nogal moeilik vind; *be ~* ***put*** dit ongemaklik hê; *be ~* ***put*** ***to it*** swaar kry/leef/lewe; *the ship was ~ on the* ***rocks*** die skip was vas op die rotse; ***run*** ~ hard/vinnig hardloop; ~ ***set*** hard, vas; in die moeilikheid/nood; bebroeid; hongerig; *the car is ~* ***starting*** die kar vat swaar; *(as) ~ as* ***stone*** klip(steen)hard; ***study/try/work*** ~ hard studeer/probeer/werk; ***swallow*** ~ swaar sluk; *a ~* ***teacher*** 'n streng onderwyser; *be ~* ***up*** platsak wees, geldgebrek/geldnood hê, in geldnood wees; ~ ***up against*** ... styf teenaan ...; ~ ***upon*** ... kort agter ...; kort na ...; ~ ***usage*** ruwe werk; *a ~* ***wind*** 'n harde/kwaai wind; *a ~* ***winter*** 'n strawwe/harde/kwaai winter; *a ~* ***word*** 'n swaar/moeilike woord; ~ ***words****, (ook)* harde/kwaai/streng woorde; ~ ***work*** harde/swaar werk. **~-ass** *n., (Am., vulg. sl.)* hardegat, -koejawel, -kwas, -kop. **~-ass** *adj., (Am., vulg. sl.)* hardegat, -koejawel, -kwas, hardkoppig, hardegebak. **~back, ~cover** *n.* hardeband(boek); *in ~* in hardeband. **~back, ~bound, ~cover** *adj. (attr.)* hardeband- *(boek)*. **~bake** amandeltoffie. **~ball** *(Am.)* bofbal; *play ~, (infml., fig.)* kliphard/ongenaakbaar/onverbiddelik wees, hardvogtig/meedoënloos optree. **~-bitten** taai, hardekoejawel. **~board** veselbord, persplank, -plaat, hardebord. **~-boiled** *(lett.)* hardgekook; *(fig.)* hardekoejawel, hardgebak, sinies. **~bound** *adj. (attr.)* →HARDBACK *adj.*. **~-burnt brick** klinker(steen). ~ **case** *(infml.)* deugniet, niksnut(s), onverbeterlike; verstokte sondaar; *~ ~s make bad law* jammerte trek die reg skeef. ~ **cash** kontant(geld), klinkende munt. ~ **coffee** uitgedopte koffie. ~ **consonant** *(fonet.)* skerp medeklinker. ~ **copy** *(rek.)* drukstuk, uitdruk. **~core** *n., (rapmus.)* hardcore. ~ **core** *n.* verstokte kern, verkramptes, aartskonserwatiewes, reaksionêre, bittereinders, klipvreters; harde porno(grafie); harde puin *(v. 'n pad)*. **~-core** *adj. (gew. attr.)* verkramp, (aarts/ultra)-

konserwatief, behoudend; hardnekkig, halsstarrig, onversetlik, heftig, bitter, verbete; *a ~ criminal* 'n geharde misdadiger; *~ pornography* harde porno=grafie. ~ **court** *(tennis)* harde baan. ~**cover** →HARD=BACK. ~-**covered book** hardebandboek. ~ **currency** harde valuta. ~ **disk** *(rek.)* hardeskyf. ~ **disk drive** *(rek.)* hardeskyfaandrywer. ~-**drawn wire** hardge=trekte draad. ~ **drink** sterk drank, hardehout. ~ **drinker** drinkebroer, strawwe drinker; *s.o. is a ~ ~, (ook)* iem. kan goed stook. ~-**drinking** lief vir die bottel. ~ **drug** harde/afhanklikheidsvormende/verslawende dwelm(middel). ~-**earned** suur/swaar verdien(d). ~-**edged** skerp belyn(d). ~ **evidence** onweerlegbare/onomstootlike/onbetwisbare/vaste bewys(e). ~ **facts** vasstaande feite; nugter(e) feite. ~-**favoured**, ~-**featured** *(liter.)* lelik, met harde gelaatstrekke; hardvog=tig, streng. ~ **feelings** gegriefdheid, wrewel, teen=, teësin; *no ~ ~!, (infml.)* geen aanstoot bedoel nie!; geen aanstoot geneem nie!. ~ **fight** harde/hewige/taai geveg. ~ **finish** gladde afwerking. ~-**fisted** met goeie vuiste; suinig. ~-**fought** hard, fel, verbete *(stryd);* hewig *(geveg);* taai *(wedstryd, verkiesingstryd).* ~ **going:** *it is ~ ~* dit gaan swaar/broekskeur; *s.o. finds s.t. ~ ~* iets gee iem. opdraand(e). ~-**grained** hard-dradig. ~ **hat** *n.* harde hoed, veiligheidshelm *(v. 'n konstruksiewerker ens.);* valhoed *(v. 'n ruiter ens.);* bol=, dophoed(jie), hardebolhoed(jie), hardebolkeil=(tjie); *(Am., infml.)* konstruksie=, bouwerker; *(infml.)* verkrampte, (aarts/ultra)konserwatiewe, regs(gesind)e, reaksionêr. ~-**hat** *adj. (attr.)* hardehoed=; *~ area, (op 'n kennisgewing)* helms verpligtend. ~-**headed** prak=ties, nugter, wêreldwys. ~**hearted** hard van hart, hard=vogtig, verhard; *be ~, (ook)* 'n versteende hart hê. ~-**hitting** kragtig, hewig, kragdadig; hardhandig; ~ *batsman* kragkolwer. ~ **labour** *(jur.)* dwangarbeid, harde arbeid, *(infml.)* hardepad. ~ **labour prisoner** dwangarbeider. ~ **landing** pletterlanding. ~ **line** *n.* halsstarrige/ontoegeeflike houding, onversetlike stand=punt; *(i.d. mv.)* →HARD LUCK; *take a ~ ~* halsstarrig/ontoegeeflik wees, 'n halsstarrige/ontoegeeflike hou=ding aanneem, 'n onversetlike standpunt inneem. ~**line** *adj.* onbuigsaam, onversetlik, ontoegeeflik, ontoe=skietlik, halsstarrig, kompromisloos. ~**liner** onversoen=like, onversetlike, bittereinder. ~ **liquor** sterk drank, hardehout. ~ **luck, hard lines** *(infml.)* teen=, teë=spoed; 'n jammerte. ~-**luck story** klaaglied, jeremiade. ~ **money** *(Am.)* →HARD CASH. ~-**mouthed** taai/hard in die bek, taai=, hardbekkig. ~ **news** *(joern.)* harde nuus. ~-**nosed** *(infml.)* hardekoejawel; nugterdenkend. ~ **nut** *(fig.)* hardekoejawel; ... *is a ~ ~ to crack* →NUT *n..* ~-**on** *n., (vulg. sl.: ereksie)* horing, hout, styfte; *have a ~* 'n horing/hout hê. ~ **pad** *(veearts.)* hardesool=siekte. ~ **palate** harde verhemelte. ~**pan** harde onder=grond, harde/vaste grond; *(geol.)* hardebank, =vloer. ~ **pear (tree)** hardepeer(boom), rooihout; rooibes=sieboom. ~ **porn** harde porno(grafie). ~-**pressed** plat=sak; *(fig.)* swaar belas; ***be*** ~ onder groot druk leef/lewe/staan/verkeer/wees; noustrop trek, in groot nood verkeer, in die knyp/moeilikheid sit, in 'n hoek wees; gekneld wees; skerp agtervolg word; *s.o. will/would be ~ to* ***do*** *s.t.* iem. sal iets met moeite doen (*of* beswaar=lik kan doen); *be ~* ***for*** *money* in geldnood wees, skaars van geld wees; *be ~* ***for*** *time* baie min tyd hê, jou tyd is baie beperk, in tydnood verkeer. ~ **question** moeilike vraag. ~ **radiation** *(kernfis.)* deurdrin=gende/harde straling. ~ **rations** klinkers, oorlogs=beskuitjies. ~ **rock** *(mus.)* harde rock(musiek). ~ **sauce** smeltsous. ~ **science** eksakte wetenskap. ~ **scientist** eksakte wetenskaplike. ~ **sell** *(dikw.: the ~ ~)* aggres=siewe verkoop(s)tegniek. ~ **selling** aggressiewe ver=kope. ~-**shell(ed)** met die/'n harde dop; hard, streng, star, ontoegeeflik, onversoenlik. ~ **shoulder** *(Br.)* sk=ouer *(v. 'n pad).* ~ **solder** harde soldeersel, hard=soldering. ~ **stuff** *(infml.)* hardehout, sterk drank. ~ **tack** *(arg.)* skeepsbeskuit, klinker(s). ~ **time** moei=like/swaar tyd; ***fall*** *(up)on ~ ~s* moeilike/swaar tye beleef/belewe; ***give*** *s.o. a ~ ~* iem. swaar laat leef/lewe (*of* harde bene laat kou); dit vir iem. moeilik maak; ***have*** *a ~ ~ (of it)* swaar kry/leef/lewe, harde bene kou, dit moeilik hê, dit opdraand(e) hê/kry, 'n opdraande stryd voer, dit hotagter kry; *s.o. is* ***in*** *for a ~ ~* iem. gaan nog les opsê; *s.o. has* ***known*** *~ ~s* iem. het al harde bene gekou. ~**top** *n., (mot.)* harde kap; harde=kap(motor). ~**top** *adj. (attr.)* hardekap=. ~**ware** yster=, metaalware; *(rek.)* apparatuur, hardeware; *(military) ~, (infml.)* krygstuig; wapens, geskut. ~**wareman** =*men* hardeware=, ysterhandelaar. ~**ware shop** hardeware=, ysterwarewinkel. ~ **water** harde water. ~-**wearing** dienlik, ystersterk, taai, duursaam, slytbestand, on=slytbaar. ~-**wired** *adj., (elek., rek.)* vastedraad= *(masjien, rekenaar, rookspeurder, ens.);* permanent *(verbinding ens.);* onveranderlik *(stelsel); ~ function* vaste funksie. ~-**won** duur verworwe *(onafhanklikheid, vryheid, ens.);* suur verdien(d) *(geld ens.); a ~ fight* 'n swaar verdiende oorwinning. ~**wood** loof=, harde=hout. ~**wood tree** loofboom. ~-**worked** swaar werk=end; *~ word* afgesaagde woord. ~ **worker** harde/ ywerige werker. ~-**working** ywerig, arbeidsaam, vlytig, fluks.

hard·en verhard, hard maak; verhard, hard word; ver=skerp; *(hart)* versteen; *(pryse ens.)* verstewig; brei; *the* ***belief*** *~ed* die vermoede is versterk; *~ one's* ***heart*** jou hart verhard; *~* ***off*** *a plant* 'n plant gehard maak; ***opinion*** *is ~ing* die gesindheid word ontoegeefliker; ***probability*** *~ed* dit het waarskynliker geword; *the* ***view*** *has ~ed* die indruk het posgevat; mense het oor=tuig geraak.

hard·ened *adj.* verhard *(staal, hart, ens.);* gebrei *(deur swaarkry);* vereelt *(hande); (attr.)* geharde *(polisieman ens.);* opperste, onverbeterlike *(leuenaar);* geweten=lose *(misdadiger);* verstokte *(tradisionalis ens.).*

hard·en·ing *n.* verharding; verstewiging; verskerping; *~ of arteries* verkalking/verharding/verdikking van die are; *~ of attitudes* toename in ontoegeeflikheid; *~ by working* koudverharding. ~ **agent** verhardingsmiddel.

har·der *(igt.)* harder.

har·di·hood *(vero.)* (waag)moed, stoutmoedigheid, durf; onbeskaamdheid, vermetelheid, astrantheid.

hard·ish harderig.

hard·ly skaars, nouliks; amper/byna nie; moeilik, kwa=lik; nie juis/bra/eintlik nie; *~* ***any*** min, weinig of geen; nie eintlik nie; *~* ***anything*** byna niks; *~* ***ever*** amper/byna (*of* so goed as) nooit; *that* ***is*** *~ fair* dit is nie eint=lik/juis billik nie; *~ an* ***oil painting,*** *(skerts.)* nie juis 'n skoonheid nie; *~* ***polite*** nie juis beleef(d) nie; *s.o. had ~* ***spoken/etc.*** *when* ... iem. het skaars gepraat/ens. of ...; *I ~* ***think*** ek glo amper nie.

hard·ness hardheid; hardvogtigheid, strengheid; on=gevoeligheid; *the degree/scale of ~* die hardheidsgraad/=skaal. ~ **test** hardheidstoets.

hard·ship teen=, teëspoed, moeilikheid; ongerief; ont=bering; swaar/drukkende las, swaar(kry); *(i.d. mv.)* swaarkry, swaarhede.

har·dy sterk, taai, gehard, stoer; winterhard; bestand *(teen);* dapper, moedig, onverskrokke; *~ annual* buite=plant, sterk jaarplant, winterharde plant; ou/vaste/stereotiepe onderwerp. **har·di·ness** taaiheid, gehard=heid; bestandheid *(teen);* dapperheid, moedigheid, onverskrokkenheid.

hare *n.* haas; ***Cape*** *~* →CAPE; ***raise*** *a ~, (idm.: om=stredenheid veroorsaak)* 'n haas opjaag; ***run*** *with the ~ and hunt with the hounds* blaf met die honde en huil met die wolwe, by almal in die guns probeer bly, op twee stoele probeer sit; ***scrub*** *~* →SCRUB[2]. **hare** *ww., (Br., infml.)* nael, hol, hardloop. ~ **and hounds** *(spe=letjie)* snipperjag. ~**bell** *(bot.)* (blou) grasklokkie, ster=hiasint. ~**brained, hairbrained** onderdag, onbeson=ne, dwaas, dom, roekeloos. ~**lip** haas=, hasie=, drielip. ~'**s foot** *(lett.)* haaspoot(jie). ~'**s-foot** *(bot.)* haas=pootjie, ruklawer, seweweeksvaring.

Ha·re Krish·na *n., (Skt.)* Hare Krisjna. **Ha·re Krish·na** *adj.* Hare Krisjna-; *~ ~ movement* Hare Krisjna-beweging.

har·em, har·em, har·eem *(<Arab.)* harem. ~ **pants** harembroek.

har·i·cot snyboon(tjie); skaapbredie, lamsbredie. ~ **bean** snyboon(tjie).

ha·ri·ka·ri →HARA-KIRI.

hark luister; *~ back to s.t.* op iets terugkom; na iets terugverlang; *~ back to the past* die verlede weer op=roep.

har·le·quin harlekyn, paljas, hanswors, nar. ~ **flower** fluweel=, ferweelblom, fluweeltjie, ferweeltjie.

har·le·quin·ade *(teat., hist.)* harlekynspel(ery), harle=kinade, narrespel; *(vero.)* gekskeerdery, grapmakery, hanswors(t)ery.

har·lot *(arg., neerh.)* hoer. **har·lot·ry** *(arg., neerh.)* hoere=ry, ontug.

harm *n.* leed, letsel; gevaar; skade; kwaad, nadeel; *grievous* ***bodily*** *~* →BODILY *adj.;* ***come*** *to ~* iets oor=kom; ***do*** *~* kwaad doen; skade aanrig/berokken/doen; *come to* ***no*** *~* niks (kwaads) oorkom nie; *it can do s.o.* ***no*** *~* iem. kan niks daarvan oorkom nie, dit kan iem. nie/geen kwaad doen nie; *there is* ***no*** *~ done* dis niks (nie), niemand het iets oorgekom nie, daar is niks ver=lore nie; *intend/mean* ***no*** *~* geen kwaad bedoel nie, dit goed bedoel; *think* ***no*** *~, (vero.)* geen kwaad ver=moed nie; *there's* ***no*** *~ in trying* dit kan nie/geen kwaad doen om te probeer nie; *there is* ***no*** *~ in that, (ook)* daar steek geen kwaad in nie; ***take*** *~, (vero.)* iets oorkom; ***tend*** *to ~, (vero.)* ten kwade gedy; *out of ~'s* ***way*** buite gevaar, in veiligheid, veilig, onskade=lik, hoog en droog; *keep out of ~'s* ***way*** uit die gevaar bly; *keep s.o. out of ~'s* ***way*** iem. uit die gevaar hou. **harm** *ww.* beskadig, skaad, benadeel, kwaad (aan)=doen. **harm·ful** nadelig, skadelik; *~ literature/etc.* on=gesonde lektuur/ens.. **harm·ful·ness** nadeligheid, ska=delikheid. **harm·less** onskadelik, ongevaarlik; onskul=dig, doodgoed, arg(e)loos; *render s.o./s.t. ~* →RENDER *ww..* **harm·less·ness** onskadelikheid, onskuld.

har·mat·tan *(met.)* harmattan, (Guinese) skroeiwind.

har·mon·ic *adj., (mus., wisk., fis., astrol.)* harmonies. ~ **mean** *(wisk.)* harmoniese gemiddeld(e). ~ **progression** *(wisk.)* eweredige reeks. ~ **proportion** *(wisk.)* harmoniese eweredigheid. ~ **tone** *(mus.)* harmo=niese toon. ~ **usage** *(mus.)* harmoniek.

har·mon·i·ca harmonika, mondfluitjie.

har·mon·ics *n., (as ekv.)* harmonieleer; *(as mv.)* har=moniese deeltone.

har·mo·nise, =nize *(mus.: tone ens.)* harmonieer; *(mus.)* harmoniseer *('n melodie ens.); (kleure ens.)* har=monieer, (goed) saamgaan, by mekaar pas; ooreen=stem, saamstem, in ooreenstemming wees; versoen, in ooreenstemming bring; *~ with* ... met ... har=monieer, by ... pas. **har·mo·ni·sa·tion, =za·tion** har=moniëring; harmonisering; versoening.

har·mo·ni·um harmonium, huisorrel; →SERAPHINE.

har·mon·o·graph harmonograaf.

har·mo·ny harmonie; ooreenstemming, samestem=ming; konsonansie; eensgesindheid, eendrag; *be* ***in*** *~ with* ... met ... in harmonie wees; met ... in ooreen=stemming wees; *they live* ***in*** *~* hulle kom goed (met me=kaar) oor die weg; *a* ***lack*** *of ~* onenigheid; *be* ***out of*** *~* dissoneer; *(****theory*** *of) ~* harmonieleer; ***vowel*** *~* vokaalharmonie. **har·mo·ni·ous** harmonieus, wellui=dend; harmonies, ooreenstemmend; eensgesind. **har·mo·nist** *(mus.: kenner v.d. harmonieleer)* harmonis; ver=soener.

har·ness *n.* tuig; trekgoed; harnas, wapenrusting; lei=dingskerm, harnas *(v. 'n vliegtuig); in ~* aan die werk; *die in ~* in die tuig sterf/sterwe; *work in ~ with s.o.* met iem. saamwerk; *get into double ~, (fig.)* trou. **har·ness** *ww.* optuig, inspan; aanwend, benut; harnas *(drade); ~ horses to a wagon* perde voor 'n wa span. ~ **awl** tuie=makersels. ~ **brush** tuieborsel. ~ **cask** pekelvaatjie. ~ **cover** tuiesak. ~ **(frame)** hewelraam. ~-**maker** tuie=maker. ~ **needle** tuienaald. ~ **racing** (hard)drawwery. ~ **room** tuiekamer.

har·ness·ing inspannery, (die) inspan, optuiging; be=nutting.

harp *n.* harp. **harp** *ww., (arg.)* (op die/'n) harp speel; *~ on (about) s.t.* steeds weer op iets terugkom, voort=durend oor iets praat; *~ on the same string* dieselfde deuntjie/liedjie sing, op dieselfde aambeeld hamer/

slaan, op dieselfde onderwerp terugkom, dieselfde saak aanroer. ~ **player** harpspeler, =speelster. ~ **seal** saalrob.

harp·er, harp·ist harpspeler, harpis; harpspeelster, harpiste.

har·poon *n.* harpoen; *(dwelmsl.)* dwelm=, spuitnaald. **har·poon** *ww.* harpoen(eer), met die/'n harpoen skiet. ~ **gun** harpoenkanon.

har·poon·er harpoenier.

harp·si·chord klavesimbel. **harp·si·chord·ist** klave=simbelspeler, klavesinis; klavesimbelspeelster, klave=siniste.

Har·py =*pies, (Gr. mit.)* Harpy.

har·py =*pies, (fig.: bose vrou)* harpy, feeks. ~ **eagle** *(orn.)* harpyarend.

har·que·bus, ar·que·bus *(hist.)* haakbus, stutge=weer. **har·que·bus·ier, ar·que·bus·ier** haakbusskutter.

har·ri·dan heks, feeks, teef, wyf.

har·ri·er[1] plunderaar, verwoester; terger; *(orn.)* pad=davreter. ~ **eagle** uilarend.

har·ri·er[2] haashond; *(atl.)* veldloper; *(atl.)* afstand=loper.

Har·ro·vi·an *(Br., opv.)* van Harrow; Harrowstu=dent, Harrowgeleerde.

har·row *n.* eg. **har·row** *ww.* eg; pynig, folter, martel. **har·rowed** gekwel(d), beangs. **har·row·er** egger; mar=telaar. **har·row·ing** hartverskeurend, hartroerend, aan=grypend.

har·rumph *n.* geskraap *(v.d. keel);* grom, gebrom, gemor. **har·rumph** *ww.* jou keel skraap; *(protes=teer)* grom, brom, mor.

Har·ry: *Old* ~ →OLD.

har·ry plunder, stroop, verniel, verwoes; beroof; teister, lastig val, pla, toetakel; bestook *('n vyand).*

harsh fel, skerp, verblindend *(lig);* skel, skril *(geluid);* vrank, wrang *(smaak);* ru, grof; straf *(klimaat);* kwaai, streng, nors, bars; wreed, ongevoelig, hard(vogtig); hard, rou, wreed *(werklikheid); treat s.o. ~ly, (ook)* iem. stief(moederlik) behandel; ~ *wool* harde wol; ~ *words* harde/kwaai/streng woorde. ~-**sounding** wanklinkend, =luidend, krassend.

hars·let →HASLET.

hart hert, takbok. **harts·horn:** *(spirit of)* ~, *(arg.)* (gees van) hertshoring; →SAL VOLATILE.

har·tal (Indiese) roudag.

har·te·beest, hart·beest =*beest(s)* hart(e)bees; →LICHTENSTEIN'S HART(E)BEEST, RED HART(E)BEEST.

Hart·ley *(geog., hist.)* →CHEGUTU.

har·um-scar·um *n., (infml.)* maltrap, rabbedoe. **har·um-scar·um** *adj.* halsoorkop, wild, roekeloos.

har·vest *n.* oes; gewas; *have a bad/poor* ~ 'n misoes hê; *gather the* ~ die oes insamel; *reap a* ~ 'n oes maak/wen. **har·vest** *ww.* oes, inoes, insamel; ~ *a crop* →CROP *n.*. ~ **bug,** ~ **louse,** ~ **mite,** ~ **tick** oesmiet. ~ **festival** oesfees. ~ **home** einde van die oestyd; oesfees; oeslied. ~**man** =*men* oeswerker; langbeen=, langpoot=, basterspinnekop, hooiwa, janlangpoot. ~ **moon** oesmaan. ~ **mouse** dwergmuis. ~ **time** oestyd.

har·vest·er snyer, plukker, insamelaar, uithaler, oes=ter, maaier; snymasjien. ~ **cricket** koringkriek. ~ **termite** gras=, stokkiesdraer.

har·vest·ing oestery, oeswerk.

has *(3e pers. ekv., teenw.t.)* →HAVE *ww.*. ~-**been** =*beens, (infml.)* iem. wat sy tyd gehad het, uitgediende.

hash[1] *n.* fynvleis, stukkies vleis, hasjee, hachée *(Fr.); (Am.)* fyngekapte mengsel; ou kos; mengelmoes; gemors; *make a* ~ *of s.t., (infml.)* iets verbrou; *settle s.o.'s* ~, *(infml.)* met iem. afreken/klaarspeel, iem. kafloop, iem. sy vet gee; iem. bokveld toe stuur. **hash** *ww.* 'n hasjee/hachée maak van *(vleis ens.); (Am.)* fyn=kap; ~ *s.t. up, (infml.)* iets verbrou. ~ **browns, hashed browns** *n. (mv.), (Am., kookk.)* (gebraaide) aartap=pelkoekies.

hash[2] *n., (sl.)* →HASHISH.

Hash·e·mite *n.* Hasjimiet. **Hash·e·mite** *adj.* Hasji=mities.

hash·ish, hash·eesh hasjisj, dagga.

has·let, hars·let *(hoofs. Br.)* (vark)harslag; karme=naadjie.

Has·mo·ne·an *(hist.: lid v. 'n Joodse dinastie)* Has=moneër.

has·n't *(sametr. v. has not)* het nie.

hasp *n.* knip, klink, klamp, neusie; grendel; string; oorslag; ~ *and staple* kram en oorslag. **hasp** *ww.* grendel; op die knip sit.

Has·(s)id·ism →CHAS(S)IDISM.

has·sle *n., (infml.)* beslommernis, moeite, ergernis; moeilikheid, probleme; *(Am.)* rusie, twis. **has·sle** *ww., (infml.)* pla, treiter, erg(er), moeite besorg; stry/twis (*of* rusie maak) met.

has·sock bid=, knie=, knielkussing; graspol.

hast *(arg. of dial.): thou* ~ u het; →HAVE *ww.*.

has·ta *prep. & voegw., (Sp.)* ~ *la vista!* tot siens!, tot-siens!.

has·tate *(bot.)* spies=, speervormig *(blaar).*

haste *n.* haas, spoed; vaart; drif; ***in*** ~ haastig, inder=haas, in haas; ***in** great/hot* ~ in aller yl; in vlieënde haas; ***indecent*** ~ onbehoorlike haas; ***make*** ~ gou maak, jou haas/roer, jou litte/riete/lyf roer; ***make*** ~ *slowly* jou langsaam haas; *(the) more* ~ *(the) less **speed*** hoe meer haas hoe minder spoed, van haastigheid kom lastigheid, 'n haastige hond verbrand sy mond, haastige spoed is selde goed; ***undue*** ~ buitenspo=rige haas, oorhaastigheid. **haste** *ww., (arg)* →HASTEN. **has·ten** gou maak, (jou) haas; haastig maak, aan=ja(ag); verhaas, bespoedig; spoed, yl; ~ *to **add** that* ... dadelik byvoeg dat ...; ~ ***after*** *s.o./s.t.* iem./iets vinnig agternasit (*of* agterna sit); ~ ***away/off*** haastig vertrek; ~ ***back*** haastig terugkom; ~ *to s.o.'s **rescue*** iem. te hulp snel. **hast·i·ly** haastig, gou; oorhaastig, ylings. **hast·i·ness** haastigheid, gejaagdheid; *(arg.)* opvlieëndheid, kortgebondenheid. **has·ty** haastig, ge=jaag(d); vinnig; oorhaastig; *(arg.)* haastig, opvlieënd, driftig, kortgebonde; *be* ~, *(arg.)* kort van draad wees; ~ *pudding* blitspoeding.

hat *n.* hoed; *a **bad*** ~, *(vero. sl.)* 'n skobbejak; *a **car=dinal's*** ~ 'n kardinaalshoed; ***cock*** *one's* ~ →COCK[1] *ww.; a **cocked*** ~ →COCKED; *at the **drop** of a* ~ →DROP *n.; then I'll **eat** my* ~, *(infml.)* dan wil ek my naam nie hê nie, dan laat ek my kop afkap; *a **felt*** ~ →FELT[1] *n.;* ~ ***in hand*** met die hoed in die hand, beleef(d); bedelend; kruiperig; ***hang up*** *one's* ~ *in ..., (infml.)* jou intrek in ... neem; ***keep*** *it under your* ~*!, (infml.)* hou dit dig (*of* onder ons meisies)!; ***my*** ~*!, (Br., infml.)* (goeie/liewe) hemel!, liewe land!, (goeie/grote) gena=de!, (goeie) genugtig!, (o/my) goeiste!; bog!, kaf!, twak!; ~*s **off** to ...!* hoede af vir ...!; *s.t. is **old*** ~, *(infml.)* iets is afgesaag/uitgebak/uitgedien(d)/verouderd (*of* uit die ou[e] doos); ***pass/send*** *the* ~ *round* met die hoed rondgaan, die hoed laat rondgaan, 'n kollekte hou; ***put on*** *a* ~ 'n hoed opsit; ***raise*** (or ***take off***) *one's* ~ *to s.o.* jou hoed vir iem. afhaal *(lett. & fig.);* iem. bewon=der; ***remove*** *one's* ~ jou hoed afhaal; *throw/toss one's* ~ *into the **ring*** jou in die stryd werp, tot die stryd toetree; *a **silk*** ~ →SILK; ***take off*** *one's* ~ *to s.o.* →***raise;*** ***talk*** *through one's* ~, *(infml.)* kaf (*of* deur jou nek) praat; ***tilt*** *one's* ~ jou hoed skuins dra; ***tip*** *one's* ~ *to s.o.* jou hoed vir iem. lig; *wear **two*** ~*s* op twee stoele sit, 'n dubbele funksie vervul; ***wear*** *a* ~ hoed dra; 'n hoed ophê. **hat** *ww.:* ~ *s.o., (w.g.)* 'n hoed op iem. (se kop) sit; iem. van 'n hoed voorsien. ~**band** hoedlint, =band. ~ **block** hoedeblok. ~**box** hoededoos. ~ **brim,** ~ **rim** hoed(e)rand. ~ **brush** hoed(e)borsel. ~ **guard** hoedkoord(jie); stormband. ~**maker** hoedemaker. ~**maker's wool** hoedwol. ~ **peg** kapstokpen. ~**pin** hoed(e)speld. ~**rack,** ~**stand,** ~ **tree** hoederak, gang=rak; kapstok, hoedestaander. ~ **trick** *(sport)* driekuns; *perform a* ~ ~ 'n driekuns behaal.

hatch[1] *n.* broeisel; broeiery; ~*es, catches, matches and dispatches* geboorte=, verlowings=, huweliks- en doods=berigte. **hatch** *ww.* uitbroei; uitkom; smee, aanstig *('n sameswering);* →HATCHING[1]; *the chicks are* ~*ing* die eiers begin pik; ~ *s.t. (out)* iets uitbroei *(eiers, planne, ens.);* ~ *s.t. up* iets uitbroei *(planne ens.).* **hatch·er** broeier; broeimasjien; sameswerder. **hatch·er·y** *(m.b.t. hoendereiers en vis)* broeiery; broeihuis, =plek; *(m.b.t. vis)* kwekery; kweekplek.

hatch[2] *n.* arseerlyn, arsering. **hatch** *ww.* arseer, grif; →HATCHING[2]; ~*ed line* veerlyn, gearseerde lyn.

hatch[3] *n.* onderdeur; luik; skeepsluik; ***batten** down the* ~*es* →BATTEN[1] *ww.; **down** the* ~*! (infml.)* daar gaat hy!, drink leeg jul(le) glase!; *a **serving*** ~ →SERVING; ***under*** ~*es* benededeks; aan laer wal; onder die gras. ~**back** luikrug; luikrugmotor. ~ **bar** luikgrendel. ~**way** luikgat, =opening, valluik.

hatch·et handbyl; *bury the* ~ die strydbyl begrawe, die swaard in die skede steek, vrede sluit; *take up the* ~ die wapens opneem; *throw the helve after the* ~ →HELVE. ~ **face** spits gesig, streepgesig. ~ **hammer** bylhamer. ~ **job** *(infml.)* verdoemende oordeel; byt=ende/snydende kritiek; striemende aanval; *do a* ~ ~ *on s.o./s.t.* 'n verdoemende oordeel oor iem./iets uit=spreek; bytende/snydende kritiek op iem./iets lewer; iem./iets striem, 'n striemende aanval op iem./iets loods. ~ **man** *(infml.)* iem. wat die vuil werk doen; krisisbestuurder; afkraker, ongenadige kritikus; *(Am.)* huurmoordenaar.

hatch·ing[1] (die) uitbroei. ~ **chamber** broeikas. ~ **egg** broei-eier. ~ **station** visbroeiery, =kwekery.

hatch·ing[2] arsering.

hatch·ment: *(funeral)* ~, *(her.)* roubord.

hate *n.* haat *(teen);* afkeer *(van); (infml.)* gehate iem./iets; *s.o.'s* ~ *for/of ...* iem. se haat jeens/teen ...; *s.t. is s.o.'s pet* ~, *(infml.)* iem. kan iets nie verdra nie, iem. het aan iets 'n broertjie dood. **hate** *ww.* haat; ~ *to **admit** s.t.* iets teen jou sin erken; *the **best*** ~*d* ... die mees gehate ...; *a* ~*d **enemy*** 'n gehate vyand; ~ *s.o.'s **gut*** →GUT *n.;*~ *s.o. like **poison/sin*** (or *the **plague***) iem. soos gif (*of* die pes) haat, nydig op iem. wees; *they* ~ *each other like **poison/sin,*** *(ook)* hulle is soos gif op mekaar; ~ ***s.o.,*** *(ook)* iem. nie kan veel/verdra nie, niks van iem. hou nie; ~ ***s.t.,*** *(ook)* die pes (*of* 'n hekel *of* 'n broertjie dood) aan iets hê; *I* ~ ***to*** ... ek moet tot my spyt ... ~**monger** haatsaaier. ~**mon=gering** haatsaaiery. ~ **speech** haatspraak.

hate·ful haatlik; gehaat; *a* ~ *fellow, (ook)* 'n gifpil. **hate·ful·ness** haatlikheid.

hat·er hater.

hath *(arg., 3e pers. ekv., teenw.t.)* het; →HAVE *ww.*.

hat·less kaalkop, sonder hoed.

ha·tred haat, wrok, vyandskap; *a bitter/consuming* ~ 'n verterende/wrewelige haat; *s.o.'s* ~ *for/of ...* iem. se haat jeens/teen ...

hat·ted gehoed, met 'n hoed op.

hat·ter hoedemaker, =fabrikant; hoedeverkoper; *(as) mad as a* ~ →MAD.

hau·berk *(hist.)* borsharnas, maliekolder, halsberg.

haugh *(dial.)* riviergrond.

haugh·ty hooghartig, hoogmoedig, neusoptrekkerig, trots, hovaardig; selfvoldaan; verhewe; arrogant, ver=waand. **haugh·ti·ly** trots, uit die hoogte, hoogmoedig, op 'n hoë noot. **haugh·ti·ness** hooghartigheid, hoog=moed(igheid), trots(heid), hovaardigheid; selfvoldaan=heid; verhewenheid; arrogansie, verwaandheid.

haul *n.* (die) trek/sleep; *(sk.)* haal; vangs; wins; koers=verandering *(v.d. wind); it's a long* ~ *to ...* dis ver/vêr na ...; *over the long* ~ op die lange duur; in die toekoms. **haul** *ww.* trek; sleep; hys; vervoer, karwei; aanhaal; *(sk.)* haal; draai; ~ ***away!*** trek!; *(sk.)* haal voor!; ~ *s.t. **down*** iets neerhaal/stryk *('n vlag);* ~ *s.t. **in*** iets binnehaal; ~ *s.o. **into** court* iem. voor die hof bring; ~ ***off,*** *(sk.)* wegbeur; ~ ***off*** *and hit s.o., (infml.)* afhaak en iem. slaan; ~ *s.t. **out*** iets uithaal/uitsleep/uittrek; ~ *s.o. **over** the coals* →COAL *n.;* ~ *s.o. **up,** (infml.)* iem. voor die hof bring; iem. voor stok kry; ~ *s.t. **up*** iets ophaal/ophys/optrek. **haul·er** *(Am.)* sle=per; hyser; platformsleper. **haul·i·er** *(Br.)* vervoer=der, karweier, vragryer; sleper; hyser.

haul·age (die) sleep, sleepwerk, slepery; (trek)ver=voer, vragvervoer; sleepgeld, vervoerkoste; trekkrag;

ertsweg. ~ **gear** trekgerei. ~ **tractor** sleeptrekker. ~**(way)** (trek)vervoerweg.

haul·ing (die) sleep, slepery. ~ **chain** trekketting. ~ **gear** trektoestel; sleepinrigting. ~ **machine** hysmasjien. ~ **rope** sleeptou. ~ **tackle** trektakel.

haulm, halm halm, steel; stam; stronk; dekgoed, =strooi; lowwe.

haunch *n.* heup; boud; dy; agterkant; flank *(v. 'n pad); (argit.)* skouer *(v. 'n balk/boog);* bors *(v. 'n tap); (i.d. mv.)* agterlyf; *(i.d. mv.)* hurke; *a ~ of* ***mutton*** 'n agterstuk *(v. 'n skaap);* ***on*** *one's ~es* gehurk, op die/jou hurke; *sit* ***on*** *one's ~es* hurk, op die/jou hurke sit; *(dier)* op die/sy boude/agterste sit; *a ~ of* ***venison*** 'n wild(s)boud. **haunched beam** *(argit.)* skouerbalk.

haunt *n.* houplek, =gebied, lê=, boer=, woonplek, verblyf; skuilhoek, skuilplek, wegkruipplek; *(fig.)* rolplek; versamelplek; loopplek; nes *(v. diewe).* **haunt** *ww.* dikwels besoek; (jou) ophou; *(êrens)* boer, lê; ronddwaal, =spook; agtervolg; lastig val; *ghosts ~ the place, the place is ~ed* dit spook daar, spoke dwaal daar rond; *a thought ~s s.o.* 'n gedagte agtervolg/kwel iem. *(of* spook in iem.); 'n gedagte wil iem. nie los(laat) nie. **haunt·ed:** ~ *house* spookhuis. **haunt·er** gereelde besoeker; spook. **haunt·ing** *adj. (gew. attr.)* onuitwisbaar *(herinnering);* wat jou bybly *(of* in jou kop bly draai *of* nie uit jou kop wil wyk nie) *(deuntjie, melodie);* klaend *(geroep v. 'n voël);* evokatief *(klank, musiek);* wat jy nie van jou kan afskud nie *(skuldgevoel);* kwellend *(onsekerheid, twyfel);* obsederend *(gedagtes).* **haunt·ing·ly** *adv.: ~ beautiful* onvergeetlik mooi.

Hau·sa =*sa(s), (lid v. 'n bevolkingsgroep; taal)* Hausa.

haus·tel·lum =*tella, (soöl.)* suier, suigorgaan, slurp.

haus·to·ri·um =*ria, (bot.)* suignap(pie), suigdraad, =orgaan.

haut·boy *(mus., arg.)* hobo. ~ **(strawberry)** tuinaarbei.

haute *adj., (Fr.) ~ couture, (hoogmode)* haute couture; ~ *cuisine, (fyn kookkuns)* haute cuisine.

hau·teur *(Fr.)* hoogmoed.

haut-relief →ALTO-RELIEVO, HIGH RELIEF.

Ha·van·a *(geog.)* Havana; havana(sigaar).

have *n., (Br., infml., vero.)* foppery, flousery; *the ~s and ~-nots* dié wat baie het en dié wat niks het nie, die besitters en die niebesitters, die rykes en die armes. **have** *had had, ww.* hê, besit; kry, ontvang; neem, gebruik; flous, fop, kul, om die bos lei, 'n rat voor die oë draai; ~ *money* ***about*** *one* geld by jou hê; ~ *an* ***accident*** →ACCIDENT; ~ *s.t.* ***against*** *s.o.* iets teen iem. hê; *s.o. isn't having* ***any,*** *(infml.)* iem. verseg om deel te neem aan *(of* deel te wees van) iets, iem. wil niks van iets hoor nie; ~ *s.o.* ***around/over/round*** iem. onthaal; iem. uitnooi/oorvra; *s.t. is to be had* ***at*** ... iets is by ... te kry; ~ *it* ***away*** *with s.o.* ***→off/away;*** ~ *a* ***baby*** →BABY *n.;* ~ *s.o.* ***back*** iem. terugneem; ~ *s.t.* ***back*** iets terugkry; *s.t. is not to* ***be*** *had* iets is nie te kry nie; *s.t. is nowhere to* ***be*** *had* iets is nêrens te kry nie; *s.o./s.t. had* ***been*** ... iem./iets was ... gewees; *s.o. has* ***been*** *had, (infml.)* iem. is geflous/gefop/gekul; ~ *s.o.* ***behind*** *one* iem. se steun geniet, iem. staan agter jou; *you had* ***better*** *do it* →BETTER[1] *adv.; s.o. had a leg/etc.* ***broken*** iem. het sy/haar been/ens. gebreek, iem. se been/ens. het gebreek; ~ *a* ***cigarette*** →CIGARETTE; ~ *(a cup of)* ***coffee/etc.*** ('n koppie) koffie/ens. drink; ~ *a* ***cold*** →COLD *n.;* ~ *s.o.* ***come*** →COME; ***could*** *I ~ a ...?* ***→may/could;*** ~ *s.t.* ***done*** →DONE; *s.o. has* ***done*** *s.t. for years* iem. doen iets al jare (lank); *having* ***done*** *that s.o. ...* ná/nadat iem. dit gedoen het, het hy/sy ...; *s.o. having* ***done*** *that ...* die feit dat iem. dit gedoen het, ...; ~ *no* ***doubts*** →DOUBT *n.;* ~ *a* ***drink*** →DRINK *n.; s.o. has had s.t to* ***drink*** →DRINK *ww.;* ~ *s.t. to* ***eat*** →EAT *ww.;* ***feel like*** *having s.t.* lus wees vir iets te ete/drinke; ~ *one's* ***fling*** →FLING *n.;* ~ *s.t.* ***for*** *breakfast/etc.* iets vir ontbyt/ens. eet/hê; ~ *s.o.* ***for/to*** *dinner/etc.* iem. as gas vir aandete/ens. hê; ~ *a* ***game*** →GAME[1] *n.;* ~ *the* ***impudence*** *to ...* →IMPUDENCE; ~ *s.o.* ***in*** besoek ontvang; *s.o. has the builders* ***in*** die bouers werk by iem., die bouers werk aan iem. se huis; ~ *it* ***in*** *for s.o., (infml.)* jou mes vir iem. inhê; *s.o. has it* ***in*** *him/her* dit sit in iem.; dit sit in iem. se bloed; *s.o. doesn't ~ it* ***in*** *him/her* dit sit nie in iem. se broek nie; *s.o. has* ***it*** *from ...* ... het iem. gesê/vertel; *s.o. has had* ***it,*** *(infml.)* dis klaar(praat)/uit met iem., dis klaar met kees, iem. is in sy/haar maai/peetjie/swernoot *(of* malle verstand) (in), iem. se doppie het geklap; *I have had* ***it,*** *(infml.)* ek het genoeg gehad (daarvan); *s.o. will ~* ***it*** *that ...* iem. hou vol dat ...; *as Plato/etc. has* ***it*** soos Plato/ens. sê; *rumour has* ***it*** *that ...* →RUMOUR *n.; tradition has* ***it*** *that ...* volgens (die) oorlewering het/is ...; ~ *s.o.* ***killed*** →KILL *ww.;* ***let*** *s.o. ~ s.t.* iem. iets laat kry; iets aan iem. afstaan; iets aan iem. laat toekom, iem. iets laat toekom; ***let*** *s.o. ~ it, (lett.)* dit aan/vir iem. gee; *(fig., infml.)* iem. opdons; op/teen iem. lostrek; ~ ***lunch*** →LUNCH *n.;* ***may/could*** *I ~ a ...?* kan ek 'n ... kry?, hoe lyk dit met 'n ...? *(koppie koffie ens.); you ~* ***me*** *there!, there you ~* ***me!,*** *(infml.)* nou het jy my vas!, daarop het ek geen antwoord nie!; ~ ***1000/etc. members,*** *('n vereniging ens.)* 1000/ens. lede hê/tel; ~ *s.t.* ***in mind*** →MIND *n.; s.o. had (the)* ***news*** *that ...* →NEWS; ~ ***no*** *Greek/etc.* geen Grieks/ens. ken nie; *if it had* (or *had it)* ***not*** *been for ...* →BEEN; *s.o. had* ***not*** *(yet) returned* iem. was (nog) nie terug nie; *s.o. had* ***not*** *done s.t. (at the time)* iem. het iets toe nog nie gedoen (gehad) nie; ~ *s.t.* ***off*** iets afhê *('n hoed, afslag, ens.);* iets laat afsit *('n been, arm);* ~ *it* ***off/away*** *with s.o., (vulg. sl.: seks met iem. hê)* iem. stoot/steek/pomp; ~ *s.o.* ***on,*** *(infml.)* iem. om die bos lei *(of* vir die gek hou), met iem. gekskeer *(of* die gek skeer); ~ *s.t.* ***on*** iets aanhê *(klere);* iets te doen *(of* aan die gang) hê, met iets besig wees; 'n afspraak hê, van plan wees om iets te doen; ~ *s.t.* ***on*** *s.o., (infml.)* iets teen iem. weet *(of* kan inbring); ~ *nothing* ***on*** *s.o., (infml.)* niks teen iem. weet *(of* kan inbring) nie; ~ *s.t.* ***on/with*** *one* iets by jou hê; ~ *s.t.* ***out*** iets laat uithaal *(mangels ens.);* iets laat trek *('n tand);* ~ *it* ***out*** *with s.o., (infml.)* dit met iem. uitpraat/uitspook; ~ *s.o.* ***over*** ***→around/over/round;*** ~ *s.t.* ***over*** *s.o.* 'n voorsprong op iem. hê; *s.o. had* ***rather*** *go/etc.* iem. wil liewer gaan/ens.; ~ *s.o./s.t.* ***removed*** →REMOVE *ww.;* ~ *s.o.* ***round*** ***→around/over/round;*** ~ *a* ***sandwich/etc.*** 'n toebroodjie/ens. eet; *s.o. had* ***s.o. else,*** *(sl.)* iem. het iem. anders verower *(of* in die bed gekry); ~ ***some*** →SOME; ~ ***supper*** →SUPPER *n.;~* ***tea*** →TEA *n.; s.o. had* ***to*** ... iem. moes *(of* was verplig om te) ...; *s.o. has* ***to*** *do s.t.* iem. moet iets doen; iem. is verplig om iets te doen; *s.o. has s.t.* ***to*** *do* iem. het iets om te doen *(werk ens.); have nothing* ***to*** *do with ...* →NOTHING; *s.o. has* ***to*** *~ s.t.* iem. moet iets hê; *s.o. has* ***to*** *know it* →KNOW *ww.; s.o. has much* ***to*** *learn* →LEARN *ww.; you ~* ***to*** *(...)* jy moet (...); *you ~* (or *one has)* ***to*** ..., jy *(of* ['n] mens) moet ...; ~ *s.o.* ***to*** *dinner/etc.* ***→for/to;*** ~ *s.o.* ***up*** iem. laat kom, iem. ontbied; *(infml.)* iem. voor die hof bring, iem. voorbring; *s.o. was had* ***up*** *for s.t., (infml.)* iem. is oor iets voor die hof gebring; *s.o. has it (all) his/her own* ***way*** →WAY; *and/or* ***what*** *~ you* →WHAT *pron.;* ~ *s.t.* ***with*** *one* ***→on/with;*** *s.o.* ***won't*** *~ s.t.* iem. wil iets nie hê nie. ~**-not** *have-nots, n. (gew. i.d. mv.)* behoeftige, gebreklyer; *the haves and ~s* →HAVE *n*.

have·lock sondoek.

ha·ven hawe; skuilplek, toevlug, toevlugsoord, veilige hawe.

haven't *(sametr. v.* have not) het nie.

ha·ver *n., (Sk., gew. i.d. mv.)* gebabbel, dwaaspratery. **ha·ver** *ww., (Sk.)* babbel, dwase praatjies verkoop; *(Br.)* aarsel.

hav·er·sack knap=, rugsak; sak; hawersak.

hav·ings *n. (mv.)* besittings, eiendom; *(Sk.)* gedrag, goeie maniere.

hav·oc *n.* verwoesting; *cause/make/wreak ~, ('n storm ens.)* verwoesting aanrig/saai; *cry ~, (arg.)* die teken gee om te plunder; tot die uiterste aanspoor; *play/wreak ~ with s.t.* iets verwoes; 'n verwoestende uitwerking op iets hê; iets in die war stuur *(planne ens.).* **hav·oc** =*ocked* =*ocked, ww., (arg.)* verwoes.

haw[1] *n.* meidoring, haagdoringbessie. ~**buck** *(dial.)* (gom)tor, gawie. ~**thorn** mei=, haagdoring; *Cape ~, (Aponogeton distachyos)* wateruintjie; *Mexican ~* Meksikaanse/Mexikaanse meidoring, skaapvrug.

haw[2] *n.* wink=, knipvlies, derde ooglid; *(i.d. mv. ook)* winkvliesaandoening.

haw[3] *ww.* aarsel; hakkel; aanstellerig praat; *hem/hum and ~* →HEM[2] *ww.*. ~**-haw** *n.* aanstellerige pratery; runniklag. ~**-haw** *ww.* aanstellerig praat; runniklag.

Ha·wai·i *n., (geog.)* Hawai(i). **Ha·wai·ian** *n.* Hawaiër; *(taal)* Hawais. **Ha·wai·ian** *adj.* Hawais; ~ *guitar/shirt/etc.* Hawaise ghitaar/kitaar/hemp/ens.; ~ *Islands* Hawai(i)-eilande.

hawk[1] *n.* valk; *(fig.: oorlogsugtige pers.)* valk; →DOVE. **hawk** *ww.* op die valkejag gaan, met valke jag; →HAWKER[1], HAWKING[1]; ~ *at ...* duik/skep na ... ~ **eagle** jagarend. ~**-eyed** met valkoë, skerpsiende. ~ **moth** pylstertmot. ~ **nose** haakneus, krom neus. ~**-nosed** haakneus=. ~**'s bill (pliers)** soldeertang. ~**'s bill (snips)** kraaibekblikskêr. ~**sbill (turtle)** karetskilpad. ~**'s-eye** *(halfedelsteen)* valkoog.

hawk[2] *ww.* smous, vent; →HAWKER[2], HAWKING[2]; ~ ... *about* ... rondsmous/(rond)vent; ... rondstrooi *(skinderstories ens.).*

hawk[3] *n.* keelskraapgeluid. **hawk** *ww.* keelskoonmaak, (jou) keel skoonmaak, die/jou keel skraap; ~ *s.t. up* iets ophoes *(slym ens.).*

hawk[4] *n.* vryfplank; pleisterplank.

hawk·er[1] valkenier.

hawk·er[2] smous, (mars)kramer, venter, straatverkoper, *(skerts.)* penswinkelier; *~'s tray, (skerts.)* penswinkeltjie; *~'s wares* smousgoed.

hawk·ing[1] valkejag.

hawk·ing[2] smousery, ventery, kramery.

hawse *(sk.)* boeg(hout). ~**hole** *(sk.)* kluisgat. ~**pipe** *(sk.)* kluispyp.

haw·ser *(sk.)* tros, (skeeps)tou, (skeeps)kabel; meer=, ankertou; speeltros. ~ **bend** trossteek.

haw·thorn →HAW[1] *n.*.

hay *n.* hooi; ***hit*** *the ~, (infml.)* in die kooi kruip, (gaan) inkruip, gaan slaap; ***make*** ~ hooi maak/oopgooi; ***make*** *~ (out) of s.t.* die meeste voordeel uit iets probeer trek; die beste gebruik van iets maak; ***make*** *~ while the sun shines, (sprw.)* smee die yster solank/terwyl dit/hy (nog) warm is, gryp die geleentheid aan; *have a* ***roll*** *in the ~, (infml.)* vry, kafoefel. **hay** *ww.* hooi maak; hooiland maak. ~**barn** hooiskuur. ~**box** hooikis. ~**cart** hooiwa. ~**cock** hooihopie, hopie hooi, opper. ~ **crop** hooigewas. ~ **fever** hooikoors. ~**fork** hooivurk. ~**loft** hooisolder. ~**maker** hooier; hooimasjien; *(infml.)* (wilde) swaaihou; *throw a ~ at s.o.* 'n wilde swaaihou na iem. mik. ~**making** hooimakery. ~**rack** voerrak, ruif. ~**rake** hooihark. ~**seed** hooisaad; *(Am., infml.)* plaasjapie; *s.o. hasn't got the ~ out of his/her hair yet* iem. is nog nie droog agter sy/haar ore nie. ~**stack,** ~**rick** hooimied. ~ **sweep** laaihark. ~**wire** *(infml.)* deurmekaar, in die/'n harwar; die kluts kwyt, in die war; *go ~* in 'n deurmekaarspul/geharwar ontaard; die kluts kwytraak, in die war raak.

haz·ard *n.* kansspel, dobbelspel; gevaar, risiko; gevaarlikheid; *(poët., liter.)* kans, toeval; *(gh.)* hindernis; *(biljart)* stopbal; *at* ***all*** *~s* tot elke prys, laat (dit) kos wat dit wil; ***at*** *the ~ of s.o.'s life* met gevaar vir iem. se lewe; ***at/in*** *~* in gevaar; *a* ***game*** *of ~* 'n waagspel; *s.t. is a ~* ***to*** *s.o.* iets is vir iem. 'n gevaar. **haz·ard** *ww.* waag, riskeer, op die spel plaas/sit; *~ a guess* 'n raai(skoot) waag; *~ an opinion* →OPINION. ~ **(warning) lights** *(mv.), (mot.)* gevaarligte.

haz·ard·ous gewaag(d), gevaarlik, riskant, gevaarvol; onseker; ~ *undertaking* waagstuk.

haze[1] *n.* waas, newel, mis; wasigheid, dyns(er)igheid, newelagtigheid; beneweldheid; *be in a ~, (iem.)* in 'n dwaal *(of* benewel[d]) wees. **haze** *ww.* wasig maak, benewel; *~ over* wasig raak/word. **haz·i·ly** vaag, onduidelik. **haz·i·ness** wasigheid, dyns(er)igheid, newelagtigheid; vaagheid. **haz·y** wasig, newelagtig, newelig, dyns(er)ig; vaag; benewel(d); *(arg., infml.)* aangeklam.

haze[2] *ww.* oorlaai; terg, pes, treiter; ontgroen.

ha·zel *n.* haselneutboom; haselneuthout. **ha·zel** *adj.* ligbruin, neutbruin. ~**-eyed** bruinoogig, bruinoog=, met (lig)bruin oë. ~**nut** haselneut. ~**wort** *(bot.)* mans=oor.

he hy; mannetjie. ~-**ass** donkie=, eselhings. ~-**bear** beermannetjie, mannetjie(s)beer. ~-**bird** mannetjie(s)=voël, haan. ~-**goat** bokram. ~-**lamb** ramlam. ~-**man** =-*men, (infml.)* pure man.

head *n.* kop; hoof; *(kuns)* kop; kopstuk *(op 'n munt ens.)*; kop *(v. kool ens.)*; krop *(v. slaai)*; *(bot.)* hofie; deksel; verstand; lewe; oorsprong, bron; voorpunt; voorman, leier, bestuurder; *(sl.)* dwelmslaaf; *(infml.)* (skool)hoof, hoofonderwyser; bo-ent, koppenent; *(rolbal)* skof, rolbeurt; punt, top; kapiteel *(v. 'n suil)*; dorpel *(v. 'n deur)*; kruin *(v. 'n boom)*; skuim *(op bier)*; room *(op melk)*; drukhoogte; stoomdruk; stuk *(vee)*; hoof *(v. 'n rekening)*; hoof, hofie, kop, opskrif; ... **a** ~ ... stuk (*of* per kop); *s.t. is* ***above*** *s.o.'s* ~ iets is bo(kant) iem. se begrip/vuurmaakplek; *the ~s of an* ***agreement*** die punte van 'n ooreenkoms; *get one's* ~ ***(a)round*** *s.t., (infml.)* iets snap/uitpluis/kleinkry; iets aanvaar; *be* ***at*** *the* ~ eerste/vooraan/voorop staan/wees, aan/op die voorpunt wees; *be* ***at*** *the* ~ *of* ... aan die hoof van ... staan; aan/op die voorpunt van ... wees; ***at*** *the* ~ *of the list* boaan die lys; *talk through the* ***back*** *of one's* ~, *(infml.)* kaf (*of* deur jou nek) praat; ***beat*** *s.t. into s.o.'s* ~ iets in iem. se kop (in)hamer; *the* ~ *of a* ***bed*** die koppenent; ***bite/snap*** *s.o.'s* ~ *off, (infml.)* iem. afjak/afsnou; *go and* ***boil*** *your* ~! →BOIL[1] *ww.*; ***bother/trouble*** *one's* ~ *about s.t.* jou kop oor iets breek; ***bow*** *one's* ~, *(lett.)* jou hoof/kop buig; *(fig.)* (jou) berus *(in iets)*; *the* ~ *of a/the* ***bridge*** die/'n brug=kop; ***bring*** *s.t. to a* ~ iets op die spits (*of* na 'n punt [toe]) dryf/drywe; ***burnt*** ~, *(rolbal)* nulbeurt; *a hundred* ~ *of* ***cattle*** honderd beeste (*of* stuks grootvee); *a* ~ *of* ***Christ,*** *(kuns)* 'n Christuskop; *have one's* ~ *in the* ***clouds*** in die lug sweef/swewe, in illusies leef/lewe; ***come*** *to a* ~ 'n kritieke punt bereik, tot 'n kritieke sta=dium kom; tot uitbarsting kom; *('n sweer)* ryp word; *it* ***cost*** *s.o.'s* ~ dit het iem. se hoof/kop/lewe gekos; *uneasy lies the* ~ *that wears the* ***crown*** vir regeerders is daar min rus; *a* ***crowned*** ~ 'n gekroonde hoof; ***drag*** ... *in by the* ~ *and ears/shoulders* ... met geweld (*of* met die hare) daarby insleep; *the* ~ *of a* ***drain*** die hoogste punt van 'n riool; *over* ~ *and* ***ears*** tot oor die ore; *over* ~ *and* ***ears*** *in love* smoorverlief, tot oor die ore verlief; ***eat*** *one's* ~ *off* jou bekoms eet; *s.o. should* (or *ought/needs to) have his/her* ~ ***examined*** →EXAMINE; *the* ~ *of the* ***family*** die gesinshoof; ~ ***first/foremost*** →HEAD FIRST *adj. & adv.*; *from* ~ *to* ***foot*** van kop tot tone/toon; van bo tot onder; *have a* ~ ***for*** *figures/etc.* 'n kop (*of* aanleg) vir syfers/ens. hê; *the cabbage* ***forms*** *a* ~ die kool kop; *the* ~ *and* ***front*** *of* ... die kern/hoof=punt van ...; *a large* ~ *of* ***game*** 'n groot trop wild; ***gather*** ~ toeneem, sterker/erger word; ***get*** *one's* ~ *down, (infml.)* gaan slaap; iets met mening aanpak; ***get*** *one's* ~ *together* jou kop in rat kry; ***get*** *s.t. into one's* ~ iets in die kop kry, behep raak met iets; ***get*** *s.t. into s.o.'s* ~ iem. iets aan die verstand bring; ***give*** *a horse its* ~ 'n perd die teuels gee; ***give*** *s.o. his/her* ~ iem. sy/haar (eie) gang laat gaan (*of* eie kop laat volg); ***give*** *s.o.* ~, *(vulg. sl.: iem. m.d. mond bevredig)* iem. afsuig/tongnaai; *the wine* ***goes*** *to s.o.'s* ~ die wyn gaan na iem. se kop (toe) (*of* maak iem. se kop ligter); *the praise/success* ***goes*** *to s.o.'s* ~ die lof/sukses gaan na iem. se kop (toe) (*of* jaag iem. se kop op hol); *s.o. has a* ***good*** ~ *on his/her shoulders, s.o.'s* ~ *is* ***screwed*** *on the right way, s.o. has his/her* ~ ***screwed*** *on right, (infml.)* iem. is 'n slimkop (*of* het 'n goeie kop [op sy/haar lyf]); *the* ~ *of* ***government*** die regeringshoof; *a* ~ *of* ***hair*** 'n bos hare; ***hang*** *one's* ~ jou kop laat hang/sak, jou ore laat hang; *s.t.* ***hangs*** *over s.o.'s* ~, *(lett. & fig.)* iets hang bo iem. se kop/hoof; *bundle s.o. out* ~ *and* ***heels*** iem. pens en pootjies uitsmyt; ~ *over* ***heels*** halsoorkop; *be/fall* ~ *over* ***heels*** *in love with s.o.* smoorverlief wees/raak op iem.; *s.o. is* ~ *over* ***heels*** *in love, (ook)* iem. is tot oor die ore verlief, iem. se koors is/loop hoog; *turn* ~ *over* ***heels*** bol(le)makiesie slaan; *have a* ~ *for* ***heights*** geen hoogtevrees hê nie; ***hide*** *one's* ~ jou kop laat hang (van skaamte), nie weet waar om jou kop in/weg te steek nie; *hold one's* ~ ***high, hold up*** *one's* ~ die wêreld in die oë kyk; *a* ~ *(of* ***horns****)* die gewei *(v. 'n takbok ens.)*; *do s.t.* ***in*** *one's* ~ iets uit die/jou kop doen *(berekenings ens.)*; ***keep*** *one's* ~ (or *a* ***level****)* ~ kalm bly, kophou, jou kop/positiewe bymekaarhou; ***knock*** *s.o.'s* ~ *off* →KNOCK *ww.*; ***knock*** *s.o. on the* ~ →KNOCK *ww.*; ***knock*** *people's ~s together* →KNOCK *ww.*; ***lay*** *down one's* ~ →LAY[1] *ww.*; *have a* ***level*** ~ koel/bedaard/verstan=dig wees (→***keep***); ***lift up*** *one's* ~ jou kop oplig; *have a* ***long*** ~, *(infml., vero.)* skrander wees; uitgeslape wees; ***lose*** *one's* ~, *(lett.)* jou kop verloor, onthoof word; *(fig.)* jou kop/selfbeheersing verloor, die kluts kwyt=raak; ***make*** ~ vooruitgang maak, vorder; ***make*** ~ *against* ... weerstand (*of* die hoof) bied aan ...; op=kom teen ...; *the* ~ *of the/a* ***mast*** die punt/top van die/'n mas; *the* ~ *of the/a* ***mountain*** die spits/top van die/'n berg; ***nod*** *one's* ~ →NOD *ww.*; *put one's* ~ *in the* ***noose*** jou kop in die strop/strik steek; *be* ***off*** (or ***out of****)* *one's* ~, *(infml.)* gek/besimpeld (*of* [van lotjie] getik *of* van jou kop/verstand/wysie/trollie af) wees, 'n skroef los hê; *go* ***off*** *one's* ~, *(infml.)* van jou verstand (af) raak; ***off*** *with his/her* ~! sy/haar kop moet af!; *have an* ***old*** ~ *on young shoulders* verstandig wees vir jou jare; ***on*** *that* ~ wat daardie/dié punt betref; *stand s.t.* ***on*** *its* ~ iets onderstebo (*of* op sy kop) (neer)=sit; ~ ***on*** kop teen kop, reg van voor; *be* ***out*** *of one's* ~, *(infml.)* gaar/poegaai/smoordronk (*of* hoog in die takke) wees; wes/dwelmdof (*of* ver/vêr heen *of* in 'n dwelmdwaal/=waas) wees; gerook wees; ***over*** *s.o.'s* ~ bo(kant) iem. se kop; oor iem. se kop; bo(kant) iem. se begrip/vuurmaakplek; buite iem. om, sonder om iem. te raadpleeg; *promote s.o.* ***over*** *another's* ~ iem. oor iem. anders heen bevorder; *talk* ***over*** *s.o.'s* ~ te hoog vir iem. praat; *on s.o.'s* ***own*** ~ *be it* dit sal iem. se eie skuld wees, iem. sal die verantwoordelikheid dra (*of* ly wat daarop volg); *the* ~ *of the/a* ***piston*** die/'n suierkop; ***put*** *s.t. into s.o.'s* ~ iem. op 'n gedagte bring; iem. iets in die kop praat, iets in iem. se kop praat, iem. iets wysmaak; ***put*** *s.t. out of one's* ~ iets opgee (*of* laat vaar *of* uit jou kop sit); ***put*** *~s together* →PUT *ww.*; *s.t. has* ***raised/reared*** *its* ~, *(fig.)* iets het kop uitgesteek; ***read*** *s.o.'s* ~, *(infml.)* iem. se kop lees/ondersoek; *a snake* ***rears*** *its* ~ 'n slang lig sy kop; *s.t. makes s.o.'s* ~ ***reel/spin*** iets maak iem. duiselig (*of* maak iem. se kop dronk), iem. se kop draai van iets; *s.o.'s* ~ ***reels/spins*** iem. se kop draai (*of* word dronk), iem. word duiselig; *not be* ***right*** *in one's* ~ nie goed/reg wys (*of* [heeltemal] reg [in jou kop] *of* by jou volle verstand) wees nie, nie al jou varkies (in die hok) hê nie, (van lotjie) getik wees; *the* ~ *of a* ***river*** die oorsprong van 'n rivier; *~s will* ***roll,*** *(infml.)* koppe sal waai; *thoughts* ***run*** *through s.o.'s* ~ gedagtes vlieg deur iem. se kop; *s.t.* ***runs*** *in s.o.'s* ~ iets maal deur iem. se kop; *bury one's* ~ *in the* ***sand*** jou kop in die sand steek; ***scratch*** *one's* ~ kopkrap, (met die) hand(e) in die hare sit; ***scream*** *one's* ~ *off* soos 'n maer vark skree(u); *s.o.'s* ~ *is* ***screwed*** *on the right way, s.o. has his/her* ~ ***screwed*** *on right* →***good;*** ***shake*** *one's* ~ jou kop skud; *win by a* ***short*** ~ met 'n kort kop wen; *s.o. has a good* ~ *on his/her* ***shoulders*** →***good;*** *be/stand/rise* ~ *and* ***shoulders*** *above the rest, (lett.)* 'n kop groter as die res wees; *(infml.)* baie beter as die res (*of* verreweg die beste) wees; ***snap*** *s.o.'s* ~ *off* →***bite/snap;*** *be* ***soft*** *in the* ~, *(infml.)* in die bol gepik wees; *go* ***soft*** *in the* ~, *(infml.)* jou varkies kwytraak; *be like a bear with a* ***sore*** ~, *(infml.)* lelik uit jou humeur wees; *s.t. makes s.o.'s* ~ ***spin*** →***reel/spin;*** *s.o.'s* ~ ***spins*** →***reels/spins;*** *s.o.'s* ~ *is* ***splitting*** iem. se kop wil bars; *the* ~ *of the* ***stairs*** die bo-ent van die trap; ***stand/turn*** *s.t. on its* ~ iets onderstebo (*of* op sy kop) (neer)sit; *(fig.)* iets onder=stebo (*of* op sy kop) keer; *s.o. could do s.t.* ***standing*** *on his/her* ~, *(infml.)* iem. kan iets in sy/haar slaap doen; *the* ~ *of* ***state*** die staatshoof; *s.o.'s* ~ ***swims*** iem. word duiselig, alles draai voor iem. se oë; *get a* ***swollen/swelled*** ~, *(infml.)* verwaand word; *have* (or *suffer from) a* ***swollen/swelled*** ~, *(infml.)* verwaand wees; *the* ~ *of the/a* ***table*** die hoof van die/'n tafel; *s.o. cannot make* ~ *or* ***tail*** *of s.t.* iem. kan niks uit iets wys word nie, iem. kan nie/g'n kop of stert van iets uitmaak nie; *~s or* ***tails*** kop/kruis of munt; *~s I win,* ***tails*** *you lose* alle voordeel is aan een kant; ***take*** *s.t. into one's* ~ iets in jou kop kry *('n idee, bevlieging, ens.)*; ***talk*** *one's* ~ *off,* ***talk*** *s.o.'s* ~ *off* →TALK *ww.*; ***taller*** *by a* ~ 'n kop groter; ***the H~s,*** *(geog.)* die Koppe *(by Knysna)*; ***throw*** *s.t. at s.o.'s* ~ iets voor iem. se voete gooi; *lie* ~ *to* ***toe*** kop en punt lê/slaap; *off the* ***top*** *of one's* ~, *(infml.)* uit die vuis (uit); ***toss*** *one's* ~ jou kop agteroor gooi; *with a* ***toss*** *of the* ~ met die kop agteroor gegooi; ~ *and* ***trotters*** kop en pootjies; *(gereg)* kop-en-pootjies; ***trouble*** *one's* ~ *about s.t.* →***bother/trouble;*** ***turn*** *~s* aandag trek, die koppe laat draai; ***turn*** *s.t. on its* ~ →***stand/turn;*** *success has* ***turned*** *s.o.'s* ~ die sukses het na iem. se kop (toe) gegaan (*of* het iem. se kop op hol geja[ag]); *s.o.'s* ~ ***turns*** iem. se kop draai; ***two*** *~s are better than one* twee koppe is beter as een, twee weet meer as een; ***under*** *this* ~ onder hierdie hoof; ***wag*** *one's* ~ jou kop skud; *bang/knock/run one's* ~ *against a (brick/stone)* ***wall,*** *(hoofs. fig.)* (met jou kop) teen 'n muur vasloop; *keep one's* ~ *above* ***water,*** *(infml.)* kop bo water hou; ***wet*** *a baby's* ~, *(infml.)* 'n kind se geboorte (met 'n drankie) vier; ***win*** *by a* ~ met 'n kop(lengte) wen; *be* ***wrong*** *in the* ~ (van lotjie) getik wees. **head** *ww.* aan die hoof staan van; boaan staan, eerste wees, voor wees; lei; aanvoer, jou aan die hoof stel, vooropgaan; voorafgaan; oortref; opskrif(te) maak; tot opskrif maak; ontwikkel; kop, met die kop stamp; omloop; vertak; (af)top *('n plant)*; ontkroon *('n boom)*; ~ ***back*** terug=keer; ~ ***for*** ... na ... koers kry/vat, rigting kies na ..., in die rigting van ... stuur; na ... afsit/peil; op ... afstuur; ~ *the ball* ***into*** *the net* die bal in die net kop; ~ *the* ***list*** boaan die lys staan; ~ *s.o.* ***off*** iem. afkeer/afsny/voor=keer/wegkeer; ~ *the* ***table*** aan die hoof van die tafel sit; ~ ... ***up*** ... lei, aan die hoof van ... staan; ~ ***up*** *a project* 'n projekleier wees. **head** *adj.* vernaamste, hoof=. ~**ache** hoofpyn, kopseer; *(fig.)* hoofbrekens, be=kommernis, kwelling; ***develop/get*** *a* ~ hoofpyn kry; *s.t. is a* ~ ***for*** *s.o., (infml.)* iets gee iem. hoofbrekens; *s.o.* ***has*** *a* ~ iem. het hoofpyn, iem. se kop is seer; *have a* ***slight*** ~ effens/effe(ntjies) hoofpyn hê; *a* ***splitting*** ~ 'n barstende hoofpyn; *a* ***violent*** ~ 'n kwaai hoof=pyn. ~**achy** hoofpynerig; wat hoofpyn gee. ~**band** hoof=, kopband, band/lint/ens. om die kop. ~**bang** *ww., (sl.)* koppe stamp *(op maat v. heavy metal[-rock=mus.])*. ~**banger** *(sl.)* kopstamper *(by 'n heavy metal-konsert)*; mal mens, iem. wat 'n krakie het (*of* [van lotjie] getik is). ~**banging** *(heavy metal[-rockmus.])* kopstampery. ~ **beam** kopbalk. ~**board** kopplank. ~ **boy** hoofseun; primarius. ~ **butt** *n.* kopstamp. ~-**butt** *ww.* kopstamp, met die/jou kop stamp. ~ **case** *(infml.)* mal mens, iem. wat 'n krakie het (*of* [van lotjie] getik is). ~**cheese** *(Am.)* hoofkaas, sult. ~ **clerk** hoofklerk. ~ **cloth** kopdoek. ~ **cold** neusverkoue. ~ **committee** hoofraad, =komitee. ~ **constable** hoofkonstabel. ~**count** kop(pe)tellery; *do/have/take a* ~ koppe tel *(om bywoning te bepaal ens.)*. ~ **cover(ing)** hoofdeksel, hoof=, kopbedekking. ~**crash** *(rek.)* skyfbeskadiging (deur kontak met die kop). ~**dress** hoofdeksel; hoof=tooisel; kapsel. ~ **first** *adj. & adv.* kop eerste, voor=oor; *(fig.)* halsoorkop, blindelings, onbesonne, oor=haastig, roekeloos; *dive* ~ ~ *through a window* kop eerste deur 'n venster duik; *fall* ~ ~ *down the stairs* vooroor by die trap afval. ~-**footed** *(soöl.)* koppotig. ~ **foremost** →HEAD FIRST *adj. & adv.*. ~ **gate** (boon=ste) sluis(deur). ~**gear** hoofdeksel, =bedekking; hoof=tooisel; skagtoring; koptelefoon. ~ **girl** hoofmeisie; primaria. ~**guard** kopskerm, =skut; skrumpet. ~**hunt** *ww., (lett.)* koppesnel; *(fig.)* roofwerf. ~**hunter** *(lett.)* koppesneller; *(fig.)* roofwerwer, koppesneller. ~**hunting** *(lett.)* koppesnellery; *(fig.)* roofwerwing, koppe=snellery. ~ **jamb** bodrumpel. ~**lamp** koplamp. ~**land** *(geog.)* (land)hoof, (land)punt, voorland; kaap, voor=gebergte; wenakker. ~**light** koplig; voorlamp. ~**line** *n.* koplyn; opskrif; hoof, kop; kopreël, kolomhoof; *make (the)* (or *hit the) ~s* in die nuus kom, groot aandag trek. ~**line** *ww.* hoofde/koppe skryf, van op=skrifte voorsien; op die voorgrond bring. ~**liner** op=skrifskrywer; vername/vooraanstaande persoon; hoof=persoon. ~**lock** kopklem. ~**long** *adj. & adv.* kop eerste, vooroor; *(fig.)* halsoorkop, blindelings, onbesonne, oorhaastig, roekeloos; *in ~ career* in dolle vaart. ~ **louse** kopluis. ~**man** -*men* hoofman; (*vero.*) mandoor. ~**master,** (*vr.*) ~**mistress** hoof(onderwyser), (*fem.*) hoof(onderwyseres), (skool)hoof, prinsipaal. ~ **measurement** kopmaat. ~**mistress** →HEADMASTER. ~ **money** hoofgeld. ~**most** (*arg., hoofs. sk.*) voorste. ~**note** noot boaan; (*jur.*) uittreksel. ~ **office** hoofkantoor; *at ~ ~* in/aan die hoofkantoor. ~-**on** *adj.* reg van voor; ~ *collision* trompop botsing, kop-aan-kop/teen-kop-botsing, botsing reg van voor (*of* kop aan/teen kop); aanvaring reg van voor. ~**phones** kop(tele)foon. ~**piece** helm; kopstuk; titelprentjie; kop, verstand. ~**plate** kopplaat. ~ **prefect** hoofprefek. ~**quarters** (*mil.*) hoofkwartier; setel; hoofkantoor; *at ~* op die hoofkwartier; op/in die hoofkantoor; *general ~* groot hoofkwartier. ~**race** toevoervoor. ~**rail** bo-reling; borsreling. ~ **receiver** kop(tele)foon. ~**rest** kopsteun, -stut, hoofsteun. ~ **restraint** kopsteun, -stut (*in 'n motor*). ~ **rhyme** stafrym; →ALLITERATION. ~**room** kopruimte; deurry-, vryhoogte. ~**rope** halterriem; boegtou. ~**sail** boegseil. ~**scarf** kopdoek. ~**scratching** kopkrap(pery). ~ **sea** kop-, teen-, stortsee, see van voor. ~**set** kop(tele)foon. ~**shake** kopskudding. ~**shield** kopskild. ~**shrinker** (*sl.: psigiater*) kopdokter; (*antr.*) kopkrimper, koppesneller. ~**shrinking** kopkrimping. ~**spring** hoofbron, oorsprong; (*gimn.*) kopsprong. ~**square** kopdoek. ~**stall** hoofstel, kopstuk (*v. 'n toom*). ~**stand** kopstand. ~ **start** groot voorsprong; *get/have a ~ ~* met 'n voorsprong begin, 'n voorsprong behaal/kry; (dadelik) los voor wees; *a ~ ~ on/over s.o.* 'n voorsprong op iem.. ~**stock** vaste kop; spilkop; kopbalk. ~**stone** fondamentsteen; hoeksteen; kopsteen; grafsteen. ~**strap** sterband (*v. 'n toom*). ~**stream** hoofstroom. ~**strong** (hard)koppig, eiesinnig, halsstarrig. ~**strongness** (hard)koppigheid, eiesinnigheid, halsstarrigheid. ~ **student** primarius; primaria. ~ **tax** kop-, hoofbelasting. ~ **teacher** hoofonderwyser(es), skoolhoof. ~ **trip** (*Am., sl.*) ekstase, verrukking, vervoering. ~-**up display** (*lugv., mot.; afk.:* HUD) voorruit-vertoonpaneel, voorruit-afleespaneel, windskerm-vertoonpaneel, windskerm-afleespaneel; voorruit-, windskermprojeksie, die aanbied(ing) van data/inligting op die voorruit/windskerm. ~ **voice** kopstem. ~ **waiter** hoofkelner. ~ **warder** hoofbewaarder. ~**water** (*gew. ~waters*) boloop; bronne. ~**way** vordering; vooruitgang; *make ~* vorder, vooruitgaan; (*werk ens.*) vlot. ~**wear** hoof-, kopbedekking. ~**wind** teenwind, wind van voor. ~ **wool** kopwol. ~**word** trefwoord, lemma. ~**work** kopwerk. ~ **wound** kopwond.

-**head** *komb.vorm* -heid; -slaaf; *acid~* LSD-slaaf; *god~* godheid; *pot~* daggaroker; *snow~* kokaïenslaaf.

head·ed: *~ by ...* deur ... gelei, onder ... se leiding, met ... aan die hoof/spits, met ... boaan; *the piece/etc. ~ ...* die stuk/ens. getitel(d) (*of* met die hoof/opskrif) ...; die stuk/ens. wat begin (met) ...

-**head·ed** *komb.vorm* -hoofdig, -koppig; -kop, -kop-, met ... hare; *bald-~* kaalkop, bles; *a curly-~ girl* 'n krulkopmeisie/-dogter(tjie), 'n dogter(tjie)/meisie met krulhare (*of* krullerige hare); *light-~* lighoofdig; *two-~* tweekoppig.

head·er (*sokker*) kopskoot; kopstoot; (*druk.*) opskrif, kop, gewel; (*infml.*) duik; (*argit.*) raveelbalk; (*meg.*) kopversamelaar; vatekopper; speldekopper; aarsnymasjien. ~ **bond** koplaagverband. ~ **(brick)** kopsteen. ~ **course** koplaag.

head·ing[1] *n.* opskrif, titel, kop, hoof; (die) kop, stamp met die kop; hofie (*v. 'n gordyn*); rigting; tonnel(werk)front; ontsluitingstonnel, horisontale myngang; *under the ~ of ...* onder die hoof ... ~ **bond** koplaagverband. ~ **(course)** koplaag.

head·ing[2] *teenw.dw.: be ~ for ...* op ... afstuur, na ... op pad wees; na ... afsit (*of* koers vat); *s.o. is ~ for a fall* iem. gaan tot 'n val kom, iem. loop groot gevaar.

head·less afkop, koploos, sonder kop/hoof.

head·ship hoofskap.

heads·man -*men,* (*hist.*) laksman, beul.

head·y hoofdig, koppig, swaar (*wyn*); onstuimig, heftig, driftig; wild, woes; eufories. **head·i·ness** koppigheid (*v. wyn*); euforie, tinteling, lighoofdigheid, lighoofdige gevoel/opgewondenheid; *this wine is known for its ~* dié wyn is bekend daarvoor dat dit gou na jou kop toe gaan (*of* dat dit jou gou ligkop maak).

heal genees, gesond word; gesond maak, genees, heel; *~ over,* (*wond*) genees; (*sny*) toegroei; (*fig.: breuk ens.*) herstel, heel; *~ (up)* genees, gesond word; (*gebreekte been*) aangroei; gesond maak, genees. ~-**all** *heal-alls* wondermiddel, panasee.

heal·er geneser, heler, heel-, geneesmeester.

heal·ing *n.* genesing, gesondmaking; *art of ~* geneeskuns. **heal·ing** *adj.* genesend, geneeskragtig; *~ power* geneeskrag; *~ process* genesings-, geneesproses.

health gesondheid; welstand; *s.t. is **bad** for one's ~* iets is sleg vir ('n) mens se gesondheid; *a **clean bill** of ~* 'n gesondheidspas; 'n bewys van geskiktheid; *give s.o. a **clean bill** of ~* iem. gesond verklaar, verklaar dat iem. heeltemal gesond is; ***delicate** ~* →DELICATE; ***drink** (to) s.o.'s ~* (op) iem. se gesondheid drink; ***failing** ~* afnemende lewenskrag; *you are not here **for** your ~!, (infml.)* jy is nie hier vir jou plesier (*of* om vlieë te vang) nie!; ***frail** ~* →FRAIL[1] *adj.; enjoy* (or *be in*) ***good** ~* goeie gesondheid geniet; in goeie welstand verkeer; *s.o. is not in **good** ~* iem. se gesondheid is nie goed (*of* van die beste) nie; *keep in **good** ~* gesond bly; ***here's** ~!* gesondheid!, (*infml.*) daar gaat hy/jy!; *s.o.'s ~ was **impaired*** iem. se gesondheid het 'n knak gekry (*of* is geknak); *be in **indifferent** ~* met jou gesondheid sukkel, nie baie gesond wees nie; ***medical officer** of ~, (munisipaal)* stadsgeneesheer; ***officer** of ~* mediese beampte, gesondheidsbeampte; *be a **picture*** (or *be in the **pink***) *of ~* blakend gesond (*of* 'n toonbeeld van gesondheid) wees, in blakende gesondheid verkeer, perdfris wees; *be in **poor** ~* in swak gesondheid verkeer; ***propose** s.o.'s ~* 'n heildronk op iem. instel; ***public** ~* openbare gesondheid, volksgesondheid; ***recover** one's ~* herstel, gesond word; ***restore** s.o. to ~* iem. genees (*of* gesond maak); *be in **robust/ruddy** ~* blakend gesond wees, in blakende gesondheid verkeer; *for ~'s **sake*** gesondheidshalwe; *s.t. **saps** s.o.'s ~* iets ondermyn iem. se gesondheid; *s.o. is in **tolerable** ~* met iem. se gesondheid gaan dit taamlik; *s.o.'s **uncertain** ~* iem. se wankele gesondheid; ***your** ~!* gesondheid!. ~ **care** gesondheidsorg. ~ **centre** gesondheidsentrum. ~ **certificate** gesondheidsertifikaat, gesondheidsbewys. ~ **club** gesondheidsklub. ~ **committee** gesondheidskomitee. ~ **course** herstelkuur, heilkuur. ~ **education** gesondheidsleer, higiëne. ~ **educator** gesondheidsvoorligter. ~ **farm** (*infml.*) gesondheidsplaas. ~ **food** gesondheidskos, -voedsel. ~-**food** *adj.* (*attr.*) gesondheids- (*produk, winkel, ens.*); gesondheidskos- (*bedryf ens.*). ~ **freak** gesondheidsfanatikus. ~-**giving** gesond; heilsaam. ~ **hazard** gesondheidsgevaar. ~ **inspector** gesondheidsinspekteur. ~ **insurance** siekteversekering. ~ **officer** gesondheidsbeampte. ~ **problem** gesondheidsgevaar; *retire because of a ~ ~* om gesondheidsredes aftree. ~ **resort** gesondheidsoord. ~ **service** gesondheidsdiens. ~ **spa** gesondheidspa. ~ **visitor** (*Br.: verpleegkundige wat huisbesoek doen*) tuisverpleegster, -verpleër.

health·ful gesond; heilsaam.

health·y gesond, in goeie welstand; heilsaam, bevorderlik vir die gesondheid; fiks; *not ~, (fig.)* nie veilig/pluis nie. **health·i·ness** gesondheid; heilsaamheid.

heap *n.* hoop, stapel; klomp, boel; mied; (*infml.: afgeleefde kar*) skedonk; (*infml.: nare blyplek*) hool; *~s **better,** (infml.)* baie/stukke beter; ***go down** in a ~* inmekaar val/sak; ***in a** ~* op 'n hoop; *~s **of** ..., (infml.)* 'n hoop ..., ... soos bossies (*geld ens.*); hope/troppe ... (*mense ens.*); 'n menigte (*of* 'n magdom [van]) ... (*dinge*); oorgenoeg/volop ... (*tyd ens.*); ('n) duisend ... (*dankies ens.*); *be **struck** all of a ~, (infml.)* lamgeslaan/dronkgeslaan/verbyster(d) (*of* uit die veld geslaan) wees; ***throw** things in a ~* dinge op 'n hoop gooi; *~s of **times*** dikwels, herhaalde male, honderd keer. **heap** *ww.* stapel, hoop; *in ~ing **measure*** hoogvol; *a ~ed **spoon*** 'n hoogvol lepel; *~ s.t. **up*** iets ophoop/opstapel; iets opeenhoop; *~ s.t. **(up)on** s.o.* iem. met iets oorlaai/toepak; *~ s.t. **with** ...* iets hoogvol ... maak; iets met ... vol laai. ~ **clouds** stapelwolke.

hear *heard heard* hoor; luister na; verneem; afhoor (*'n getuie*); verhoor (*'n gebed, saak*); (*jur.*) aanhoor, behandel (*'n aansoek*); (*jur.*) aanhoor (*partye*); *~ **about/of** ...* van ... hoor; *if I ~d **(a)right*** as ek goed gehoor het; *I **cannot** ~ you, (ook, jur.)* ek kan u nie aanhoor nie; ***do you** ~?* hoor jy?, gehoor?; *s.o. cannot ~ **for** the noise* weens die lawaai kan iem. nie hoor nie; *~ **from** s.o.* van iem. hoor (*of* tyding/berig kry/ontvang); *let me ~ **from** you!* laat hoor/weet van jou!; ***hear, hear!*** hoor, hoor!; bravo!, mooi so!; ***make** o.s. ~d* jou hoorbaar maak; *~ **of** ...* →***about/of;*** *s.o. won't/wouldn't ~ **of** it* iem. wil/wou niks daarvan hoor/weet (*of* daarmee te doen hê) nie; iem. wil/wou dit nie toelaat nie; *... wasn't ~d **of** again* ('n) mens het nooit weer van ... gehoor nie; *one ~s that **often*** dit hoor ('n) mens dikwels; *~ s.o. **out*** iem. uithoor, iem. laat uitpraat, tot die einde/end na iem. luister; *have a **right** to be ~d* die reg hê om jou saak te stel; *~ **that** ...* hoor dat ...; verneem dat ...; *I/we ~ **that** ...* na (wat) verneem word ...; ... glo ...

hear·er hoorder, toehoorder.

hear·ing gehoor; verhoor; aanhoring; oor; hoorafstand, gehoor(s)afstand; ***at** the ~ of the application* by die behandeling van die aansoek; *the **date** of ~* die aanhoordag; die verhoordag; *give s.o. a **fair** ~* iem. onpartydig aanhoor; geduldig na iem. luister; ***get** a ~* aangehoor word; ***give** s.o. a ~* iem. te woord staan; na iem. luister; *be **hard** of ~* hardhorend wees; ***in** s.o.'s ~* waar iem. by is, ten aanhore van iem.; ***sense** of ~* gehoor(sin); ***within** ~* binne hoorafstand/stembereik. ~ **aid, deaf aid** (ge)hoortoestel, -apparaat. ~ **distance** hoorafstand, gehoor(s)afstand. ~ **dog** gidshond van/vir 'n dowe; gidshond vir dowes. ~-**impaired** *n.,* (*euf.*): *the ~* gehoorgestremdes. ~-**impaired** *adj.,* (*euf.*) gehoorgestrem(d).

heark·en, hark·en (*arg.*) luister (*na*).

hear·say gerug, hoorsê. *by/from/on ~* van hoorsê. ~ **evidence** (*jur.*) getuienis uit die tweede hand, hoorsêgetuienis; gerugte.

hearse lykswa. ~ **cloth** baar-, lykkleed.

heart hart; boesem; siel; gemoed; liefde; moed; kern, binne(n)ste; hoofsaak; (*i.d. mv., speelkaarte*) hartens; *one's ~ **aches** for s.o.* medelye met iem. hê; ***affairs** of the ~* hartsake; ***after** s.o.'s own ~* (so reg) na iem. se hart/sin; *s.o. **after** God's ~* iem. na Gods hart; *with **all** one's ~* van ganser harte; met jou hele hart; ***at** ~* in sy/haar hart, eintlik; in die grond; ***bare** one's ~* →***open/bare;*** *s.o.'s ~ missed/skipped a **beat*** iem. se hart het amper/byna gaan staan; *s.o.'s ~ **beats** warmly for ...* iem. se hart klop warm (*of* iem. voel baie) vir ...; *s.o.'s ~ **bleeds*** iem. is diep bedroef; *s.o.'s ~ was in (or sank into) his/her **boots*** iem. se hart het in sy/haar skoene gesak/gesink, iem. se moed het hom/haar begeef/begewe; *at/from the **bottom** of one's ~* →BOTTOM *n.;* ***break** s.o.'s ~* iem. se hart breek; *a **broken** ~* 'n gebroke hart; *get/learn s.t. **by** ~* iets van buite (*of* uit die kop/hoof) leer; *know s.t. **by** ~* iets van buite (*of* uit die kop/hoof) ken; *the ~ of a **cabbage*** die hart van 'n koolkop; *a **change** of ~* 'n gemoedsverandering, 'n veranderde gesindheid; *have/undergo a **change** of ~* tot inkeer (*of* ander insigte) kom; *s.t. is **close/near** to s.o.'s ~* iets lê iem. na aan die hart; *warm the **cockles** of one's ~* →COCKLE[1] *n.; s.t. **comes** straight from s.o.'s ~* iets kom uit iem. se hart (uit); *to one's ~'s **content*** na hartelus; ***cross** my ~ (and hope to die), (infml.)* op my erewoord (*of* woord van eer), mag ek doodval (as dit nie waar is nie); ***cry** one's ~ **out*** bitter(lik) huil, jou doodhuil; *s.t. **cuts** s.o. to the ~* iets grief iem. diep; ***dear** ~* hartjie, hartlam, skatjie; ***eat** one's ~ out* →EAT *ww.; s.o.'s ~ **failed** him/her* iem. se moed het hom/haar begeef/begewe; ***find** it in one's ~ to ...* jou(self) daartoe bring om te ...; *s.o. could not **find** it in his/her* (or *did not **have** the*) *~ to ...* iem. kon dit nie oor sy/haar hart kry om te ... nie; ***from** one's ~* van (ganser) harte, hartgrondig; *from the **ful(l)ness** of the ~* (or *what the ~ **thinks***) *the mouth speaks, (oorspr. Byb.)* waar die hart van vol is, loop die mond van oor; ***give** ~ to* *s.o.* iem. moed gee; ***give*** *one's ~ to ...* jou hart aan ... gee/skenk/verpand; *with a* ***glad*** ~ blymoedig; ***go*** *to the ~ of a problem/etc.* aan die kern van 'n probleem/ ens. raak; *one's ~* ***goes*** *out to s.o.* (diep) medelye met iem. hê, jou hart gaan na iem. uit; (jou) (sterk) aangetrokke tot iem. voel; *have a ~ of* ***gold*** 'n hart van goud hê; *be in* ***good*** ~ vol moed wees, goeie moed hê, welgemoed wees; *s.t. does s.o.'s ~* ***good*** iets doen iem. se hart goed; ***harden/steel*** *one's ~* jou hart verhard; ***have*** *one's ~ in s.t.* iets is iem. se erns; ***have*** *a ~* genadig wees; ***have*** *a ~!, (infml.)* wees billik/redelik!; ***have*** *s.t. at ~* iets op die hart dra; ***have*** *the ~ to ...* die moed hê om te ...; *s.o. did not* ***have*** *the ~ to ...* →***find;*** *in s.o.'s ~ of* ***hearts*** *he/she knows that ...* iem. weet voor sy/haar siel (*of* in die grond van sy/haar hart) dat ...; *with a* ***heavy*** ~ hartseer, met 'n swaar hart, met 'n beswaarde gemoed; ***hoard*** *s.t. in one's ~* iets in jou hart bewaar; ***in*** *one's ~* in jou hart/binne(n)ste; heimlik; ***in*** *the ~ of ...* midde-in (*of* in die hartjie van) ... *(d. somer, Kaapstad, ens.)*; *s.o.'s ~ is not* ***in*** *it* iem. het nie die hart daarvoor nie; *s.o.'s ~* ***leaps*** *up* iem. se hart spring op; ***lose*** ~ moed verloor; ***lose*** *one's ~ to s.o.* op iem. verlief raak; *be* ***lowly*** *in ~* nederig van hart wees; *go to (*or *reach) the ~ of the* ***matter*** tot die kern (van die saak) deurdring; *have one's ~ in one's* ***mouth*** jou hart sit in jou keel, jou hart in jou keel voel klop; *s.t.* ***moves/touches*** *s.o.'s ~* iets ontroer iem. (*of* tref iem. [diep] in die hart); *s.t. is* ***near*** *to s.o.'s ~* →***close/near;*** *have* ***no*** *~, (fig.)* geen/g'n hart hê nie; *have a ~ of* ***oak*** stoer/standvastig wees, mannemoed hê; ***open/bare*** (*or* ***pour out****) one's ~* jou hart uitpraat/uitstort/lug/ blootlê; *be* ***out of*** ~ moedeloos/neerslagtig/bedruk wees; ***pour out*** *one's ~* →***open/bare;*** *the* ***promptings*** *of the ~* die roersele van die hart; *God* ***proves*** *all ~s* God deursoek elke hart; ***put*** *(new) ~ into s.o.* iem. moed gee/inboesem/inpraat; ***put*** *one's ~ into s.t.* jou (met) hart en siel op iets toelê; *the in(ner)most* ***recesses*** *of the ~* die diepste skuilhoeke van die hart; *s.o.'s ~ is in the* ***right place*** iem. se hart sit op die regte plek; ***search*** *one's (own) ~* jou hand in (jou) eie boesem steek; *in s.o.'s* ***secret*** ~ in iem. se binne(n)ste, in die diepste van iem. se hart; ***set*** *one's ~* (*or have one's ~* ***set****) on s.t.* jou hart/sinne op iets sit, jou hart aan iets hang; jou iets voorneem (*of* ten doel stel); ***sick*** *at ~* hartseer, mistroostig, neerslagtig, treurig; *s.o.'s ~* ***sinks*** iem. se moed begeef/begewe hom/haar; *wear one's ~ on one's* ***sleeve*** jou hart op jou tong dra/hê, jou hart lê op jou tong; ***smoker's*** *~, (infml.)* nikotienvergiftiging; *have a* ***soft/tender*** ~ 'n teer hart hê; *~ and* ***soul*** (met) hart en siel; *be ~ and* ***soul*** *with s.o.* hart en siel met iem. wees, iem. (met) hart en siel steun; *be ~ and* ***soul*** *in favour of s.t.* (met) hart en siel vir (*of* ten gunste van) iets wees; *devote one's ~ and* ***soul*** *to s.t.* iets (met) hart en siel aanpak, (met) hart en siel vir iets werk; ***steal*** *s.o.'s ~* iem. se hart steel/verower; ***steel*** *one's ~* →***harden/ steel;*** *have a ~ of* ***stone*** 'n hart van steen/klip hê; *keep a* ***stout*** *~!* hou goeie moed!; ***take*** *~* moed skep; ***take*** *s.t. to ~* iets ter harte neem, jou iets aantrek; ***take*** *s.o. to one's ~* iem. in jou hart sluit; *s.t.* ***tears*** *s.o.'s ~ out* iets gee iem. 'n steek in die hart; *have a* ***tender*** *~* →***soft/ tender;*** *what the ~* ***thinks*** *the mouth speaks* →***ful(l)ness;*** *~* ***to*** *~* openhartig; intiem; *s.t.* ***touches*** *s.o.'s ~* →***moves/touches;*** *one's ~* ***warms*** *to s.o.* jou hart begin warm klop vir iem., (jou) tot iem. aangetrokke voel; *s.t.* ***warms*** *s.o.'s ~* iets doen iem. se hart goed; ***wear*** *s.o. in one's ~* besonder geheg wees aan iem.; *be* ***young*** *at ~* jonk van hart/gees wees; *the* ***young*** *at ~* die jeugdiges van gees. **~ache** hartseer. ~ **ailment** hartgebrek. ~ **attack** hartaanval. **~beat** *(ook fig.)* hartklop, polsslag; hartklopping. ~ **blood, ~'s blood** hartebloed, lewensbloed, lewe. **~break** hartseer, gebrokenheid. **~breaking** *adj.*, **~breakingly** *adv.* hartverskeurend; lastig *(taak)*. **~broken** gebroke, met gebroke hart; *s.o. was ~, (fig.)* iem. se hart was gebreek, iem. was ontroosbaar. **~burn** sooibrand. **~burning** sooibrand; *(w.g., vero.)* afguns, ergernis, ontevredenheid. ~ **case** hartpasiënt. ~ **chamber** hartkamer. ~ **clot** hartklont. **~ complaint** hartkwaal, =aandoening. ~ **condition** hartkwaal, =aandoening; *have a ~ ~* aan 'n hartkwaal ly, 'n hartlyer wees. ~ **crack, ~ shake** kernskeur, =bars, =spleet *(in hout)*. ~ **disease** hartkwaal, =siekte. ~ **failure** hartversaking; *s.t. (nearly) gave s.o. ~ ~* iem. se hart het amper/byna gaan staan oor iets. **~felt** hartlik, opreg (gevoel), innig, diepgevoel(d), hartgrondig. **~free** *(w.g., vero.)* onverlief, nog vry. **~land** hartland. ~ **line, line of the** ~ hartlyn *(op d. handpalm)*. **~-lung machine** hart-long-masjien. ~ **murmur** hartgeruis. ~ **muscle** hartspier. **~pea, ~seed** hartvrug. ~ **rate** hartklop. **~-rending** hartverskeurend. ~ **rot** *(bot.)* kern(v)rot. **~'s blood** →HEART BLOOD. **~-searching** *n.* selfondersoek, bedenkinge. **~-searching** *adj.* hartdeursoekend, selfondersoekend. **~-shaped** hartvormig. **~sick, ~sore** hartseer; moedeloos, neerslagtig. ~ **sound** hartklank. ~ **spasm** hartkramp. **~-stirring** hartroerend. **~strings** hartsnare; *tug at one's ~* jou hartsnare aanraak/roer, met jou hartsnare werk. ~ **stroke** hartkramp. ~ **surgeon** hartchirurg, =sjirurg. **~-throb** hartklop; hartedief. **~-to-heart (chat/conversation/discussion/talk)** openhartige/intieme gesprek; *have a ~ (~)* openhartig met mekaar gesels/ praat, dinge openhartig met mekaar uitpraat; *have a ~ (~) with s.o.* openhartig met iem. gesels/praat, 'n openhartige gesprek met iem. voer. ~ **transplant** hartoorplanting; *double ~ ~* dubbele hartoorplanting. ~ **trouble** hartkwaal, =aandoening; *have ~ ~* aan 'n hartkwaal/=aandoening ly, 'n hartaandoening hê, 'n hartlyer wees. ~ **valve** hartklep. ~ **wall** hartwand. **~-warming** hartverwarmend, bemoedigend; aandoenlik, aangrypend; opbeurend. **~water** *(veearts.)* hartwater. **~-whole** *(poët., liter.)* onverlief; opreg, innig; *(w.g.)* vol moed. **~wood** kern=, pithout.

-heart·ed *komb.vorm* =hartig; *kind-~* goedhartig; *faint-~* lafhartig.

heart·en opwek, aanmoedig, bemoedig, moed inpraat; verbly; moed vat/skep. **heart·en·ing** opbeurend, bemoedigend, aanmoedigend.

hearth (vuur)herd, *(vero.)* haard; *home and ~, ~ and home* huis en haard; *(kitchen) ~* es. ~ **broom** vuurherdbesem. ~ **brush** herdborsel. ~ **plate** aspan; kaggelpan, herdplaat, skoorsteenplaat. ~ **rug** herdmat, =kleedjie. ~ **steel furnace** herdstaalhoogoond. **~stone** (h)erd=, haardsteen, kaggelsteen; haard; tuiste; skuursteen.

heart·less harteloos, gevoelloos, meedoënloos, wreed; *(w.g., vero.)* flou, moedeloos. **heart·less·ness** hardvogtigheid, gevoelloosheid, wreedheid.

hearts·ease, heart's-ease *(bot.)* gesiggie, stiefmoedertjie, driekleurige viooltjie.

heart·y *n., (Br., infml.)* kameraad; matroos; sportman; sportiewe kêrel; *me hearties!, (hoofs. sk.)* kêrels!. **heart·y** *adj.* hartlik, opreg, innig; flink; volop; *~ breakfast* stywe ontbyt; *~ eater* stewige eter. **heart·i·ly** hartlik, van harte, lustig; *eat ~* smaaklik eet; *~ sick of ...* sat van ... **heart·i·ness** hartlikheid, innigheid; ywer, geesdrif.

he-ass →HE.

heat *n.* warmte *(v. liggaam/weer)*; hitte *(v. oond/vuur of buitengewone weer)*; hittigheid; gloed; heftigheid, drif, woede; vuur, opwinding; hitsigheid, loopsheid, bronstigheid, speulsheid; uitdun(wedstryd); *(infml.)* (intense) druk; *(sl.)* polisieondersoek; *(sl.)* agtervolging; *(w.g., sl.)* yster, twa, rollie, skietding; ***blistering*** ~ skroeiende warmte/hitte; ***blood*** ~ bloedwarmte; ***body*** ~ liggaamswarmte; ***broiling/sweltering*** ~ smoorhitte; *~ of* ***combustion,*** *(chem.)* verbrandingswarmte; *~ of* ***condensation,*** *(chem.)* verdigtingswarmte; *~ of* ***cooling,*** *(chem.)* afkoelingswarmte; *it's a* ***dead*** ~ hulle is gelykop (*of* kop aan kop); ***emit*** ~ hitte/warmte afgee; *~ of* ***evaporation,*** *(chem.)* verdampingswarmte; *~ of* ***freezing,*** *(chem.)* vrieswarmte; *~ of* ***friction,*** *(fis.)* wrywingswarmte; *(latent) ~ of* ***fusion,*** *(chem.)* smelthitte; *s.t.* ***generates*** *a lot of ~, (lett.)* iets wek baie hitte op; *(fig.)* iets maak die gemoedere/ gevoelens gaande; ***in the*** *~ of ...* in die hitte van ... *(d. stryd)*; in die opwinding van ... *(d. oomblik)*; ***latent*** *~, (fis.)* gebonde/latente warmte; *~ of* ***liquefaction,*** *(chem.)* verdigtingswarmte; *the ~ is* ***off,*** *(infml.)* die gevaar is verby, (iem.) kan weer asemskep; *be* ***on/in*** ~ loops/bronstig/hitsig (*of* op hitte) wees, *(vulg.)* speuls/ jags wees; *(varke)* togtig wees; *(beeste)* buls wees; *(perde)* hingserig wees; *come* ***on*** ~ bronstig/ens. word, op hitte raak; *the ~ is* ***on,*** *(infml.)* die wêreld raak vir iem. benoud; die polisie is kort op iem. se hakke; ***parching*** ~ skroeiende warmte/hitte; ***prickly*** ~ hitte-uitslag; ***put*** *the ~ on s.o., (infml.)* die wêreld vir iem. warm maak, druk op iem. uitoefen; ***red*** ~ gloeihitte; *~ of* ***solidification,*** *(chem.)* stollingswarmte; *~ of* ***solution,*** *(chem.)* oplossingswarmte; ***specific*** *~, (chem.)* soortlike warmte; *~ of* ***sublimation,*** *(chem.)* sublimeringswarmte; ***take*** *the ~ for s.t., (infml.)* deurloop (*of* onder skoot/vuur kom) oor iets; ***take*** *the ~ out of s.t.* iets ontlont *('n argument ens.)*; ***the*** *~, (sl.: d. polisie)* die pote/honde/boere; ***(theory of)*** *~, (fis.)* warmteleer; ***throw*** *out* ~ warmte afgee; ***turn*** *on the ~, (infml.)* druk uitoefen, die wêreld benoud/warm maak *(vir iem.)*; ***unbearable*** ~ ondraaglike hitte; *~ of* ***vaporisation,*** *(chem.)* verdampingswarmte; ***white*** ~ witgloeihitte. **heat** *ww.* verwarm, warm maak *(kos, kamer, swembad, ens.)*; verhit *(metaal ens.)*; *~ up* warm word; *~ s.t. up* iets verwarm *('n kamer ens.)*; iets opwarm *(kos ens.)*. ~ **absorption** warmte-opneming. ~ **barrier** hittegrens. ~ **capacity** *(chem.)* warmtekapasiteit. ~ **conduction** warmtegeleiding. ~ **conductivity** *(chem.)* warmtegeleidingsvermoë, hittegeleivermoë. ~ **conductor** warmtegeleier. ~ **consumption** warmteverbruik. ~ **crack** hittebars. ~ **cramp** hittekramp. ~ **death** hittedood. ~ **engine** hittemasjien, warmte-enjin. ~ **equivalent** *(chem.)* warmte-ekwivalent. ~ **exchanger** warmteuitruilapparaat, hitteruiler. ~ **exhaustion** hitte, warmteuitputting, sonsteek. ~ **expansion** warmteuitsetting. ~ **flash** hitteflits *(by 'n kernontploffing)*. ~ **flux** warmtestroming. ~ **gauge, ~ meter** hittemeter. ~ **indicator** hittewys(t)er. ~ **law** *(fis.)* warmtewet. ~ **lightning** weerligskynsel. ~ **loss** warmteverlies. **~proof** hittevas, =bestand. ~ **pump** hittepomp. ~ **radiation, radiation of** ~ warmte=, hittestraling. ~ **rash** hitteuitslag. ~ **ray** warmtestraal. ~ **resistance** hittebestandheid, =vastheid, =weerstand. ~ **resistant, ~ resisting** *adj.* warmte=, hittewerend; hittevas, vuurvas. **~-seeking** *adj. (attr.)* hittegeleide *(missiel)*; hittesensitiewe, warmtegevoelige *(kamera)*. **~-sensitive** hittesensitief, warmtegevoelig *(materiaal, papier, selle, ens.)*. ~ **shield** *(teg.)* hitteskerm. **~stroke** sonsteek, hitteslag. ~ **transmission** warmteoorbrenging. **~-treated glass** getemperde glas. ~ **treatment** warmtebehandeling. ~ **unit** warmte-eenheid. ~ **value** warmte=, hittewaarde *(v. brandstowwe)*; *(chem.)* verbrandingswarmte. ~ **wave** hittegolf.

heat·ed heftig, opgewonde, driftig, vurig; *~ discussion/ exchange* woordetwis, skerp/vuurwarm woordewisseling; *get ~* driftig word. **heat·ed·ly** driftig, in drif.

heat·er verwarmer; verwarmingstoestel; *(Am., vero. sl.: pistool, rewolwer)* yster, twa, rollie.

heath heiveld; heide; kaal vlakte, haaivlakte; ***Bokkeveld/Worcester/white*** *~, (Erica monsoniana)* bokkeveldsheide, witheide; ***Elim*** *~, (Erica regia)* belletjieheide; ***Houwhoek*** *~, (Erica massonii)* taaiheide; ***lantern*** *~, (Erica blenna)* lanternheide; ***ninepin/nipple*** *~, (Erica mammosa)* rooiklossie(heide); ***sticky*** *~, (Erica viscaria)* klokkiesheide; ***Swellendam*** *~,* ***Walker's*** *~, (Erica walkeria)* swellendamheide; ***Tygerhoek*** *~, (Erica aristata)* tierhoekheide; ***wax/Franschhoek*** *~, (Erica ventricosa)* washeide, franschhoekheide. ~ **bell** heideklokkie, =blommetjie. ~ **cock** (Europese) korhaan; →GROUSE[1].

hea·then *n., (neerh.)* heiden, ongelowige; *(infml.: onverfynde)* heiden, barbaar, gomtor; *the ~, (vero.)* die heidene. **hea·then** *adj., (neerh.)* heidens. **hea·then·dom, hea·then·ry** heidendom, =wêreld. **hea·then·ise, =ize** verheidens. **hea·then·ish** heidens. **hea·then·ism** heidense geloof/gebruike.

heath·er (Skotse) heide, heide(struik); heide(blom); heiveld; heidekleur. ~ **bell** dopheide. ~ **mixture** heidestof.

heath·er·y, heath·y heideagtig, hei(de)=; met heide begroei.

Heath Rob·in·son *adj. (attr.), (Br., skerts.)* baie vernuftige maar onpraktiese *(uitvindsel ens.);* (gans) te ingewikkelde *(reëls ens.).*

heat·ing verwarming *(v. 'n huis ens.);* verhitting; *central* ~ sentrale verwarming. ~ **apparatus** verwarmingsapparaat. ~ **coil** verwarmingspoel. ~ **element** verwarmingselement. ~ **gas** stookgas. ~ **pad** warm(te)kussing. ~ **plant** verwarmingsaanleg. ~ **power** verhittings-, verwarmingsvermoë. ~ **system** verwarmingstelsel. ~ **value** verwarmingswaarde.

heave *n.* rysing; deining; swelling; opwelling; (op)buiging; hyging; *(i.d. mv., veearts.)* bevangenheid *(by perde);* opblaassiekte, opgeblaasdheid, kortasemrigheid; longemfiseem; *s.o. has the ~s* iem. is kortasem(rig). **heave** *heaved heaved, hove hove(n), ww.* (op)tel, (op)lig, (op)hys; *(grond)* rys; opwel; *(boesem)* dein, swel; slaak *('n sug);* kokhals, brul; gooi; ~ *the* ***anchor*** die anker lig; ~ ***at*** *s.t.* aan iets trek; ~ *s.t.* ***at*** ... iets na ... gooi; ~ ***down*** *a ship* 'n skip skuins/opsy lê; ~ ***a groan*** 'n kreun uitstoot; ~ ***ho!*** hup!; ~ ***a sigh*** 'n sug slaak; ~ *in* ***sight,*** *(sk., infml.)* in sig *(of* in die gesig) kom; ~ ***to,*** *(sk.)* bydraai, tot stilstand kom; ~ ***up,*** *(infml.)* opgooi, kots. **~-ho:** *give s.o. the (old) ~, (infml.)* iem. die trekpas gee.

heav·en *(soms, veral Chr., H~)* hemel; uitspansel, lug(ruim); *~s* ***above/alive!,*** *(infml.)* goeie hemel!, liewe land!; *the* ***arch*** *of* ~ die hemeltrans; ***ascend*** *to* ~ opvaar na die hemel, opvaar hemel toe; *the* ***blessing*** *of* ~ die seën van die hemel, die goddelike seën; ***by*** *~(s)!* so waaragtig!; ***call*** *to* ~ die hemel aanroep; *it* ***cries*** *(aloud) to (high)* ~ dit skrei ten hemel; *between ~ and* ***earth*** tussen hemel en aarde; *s.t. is like ~ on* ***earth*** iets is hemel op aarde; *move ~ and* ***earth*** *(to ...)* hemel en aarde beweeg *(of* alles probeer) (om te ...); *our* ***Father*** *in* ~ ons Vader in die hemel; →OUR FATHER; ~ ***forbid*** (or ***help*** *us)!* die hemel behoed/bewaar ons!, die hemel behoede!; *~'s* ***gate*** die hemelpoort; ***go*** *to* ~ in die hemel kom; ***(good/great)*** *~s!, (infml.)* (goeie/liewe) hemel/genade!, (op dees) aarde!, vader ons!; ~ ***help*** *s.o.!* wee iem. (se gebeente)!; ~ ***help us!*** →***forbid;*** ***in*** ~ in die hemel; *(infml.)* baie gelukkig; ***in*** *the ~s* aan die hemel/uitspansel; ~ *(only)* ***knows*** die hemel/Vader (alleen) weet, (die) joos weet, goeiste/goeie weet; ~ *have* ***mercy*** *on s.o.'s soul* die hemel sy iem. genadig; *be in the ~* ***of*** *~s* →***seventh;*** ***(oh/my)*** *~s!* (o) hemel(tjie)!, o (my) aarde!, (o) goeiste!; *for ~'s* ***sake*** in hemelsnaam, om hemelswil/liefdeswil, in/om vadersnaam; *be in the* ***seventh*** ~ (or ~ ***of*** *~s), (infml.)* in die wolke *(of* die sewende/hoogste hemel) wees; *it* ***stinks*** *to (high) ~, (infml.)* dit stink verskriklik; dit skrei ten hemel; ***thank*** *~(s)* dank die hemel, dankie vader, goddank; *I* ***wish*** *to ~ that ...* ek wens/wou in hemelsnaam dat ... **~-born** hemels, goddelik. **~-sent** van bo (gestuur), hemels. ~ **stormer** hemelbestormer.

heav·en·ly *(infml.)* hemels, goddelik; salig, heerlik; hemel-; ~ ***body*** hemelliggaam; *the H~* ***City*** die Godstad; ***course*** *of ~* ***bodies*** sterreloop; ~ ***joy(s)*** hemelvreugde; ~ ***messenger*** hemelbode.

heav·en·ward(s) hemelwaarts.

heaves *(veearts.)* →HEAVE, HOVEN *n.*.

heav·i·er-than-air *adj., (aërodinamika)* swaarder/digter as lug.

heav·i·ly swaar; hewig; druk, op groot skaal *(verkoop);* ~ ***built*** swaar gebou; ~ ***carved*** met baie snywerk; ***come down*** *~ on s.o.* iem. kwaai (be)straf; ***drink*** ~ swaar drink; ***fall*** ~ hard val; ~ ***guarded*** sterk bewaak; ~ ***laden/taxed*** swaar belaai/belas; ***rely*** *~ (up)on s.o./s.t.* grootliks staatmaak op iem./iets; ***say*** *s.t.* ~ iets bedruk sê; ***smoke*** ~ sterk/straf rook.

heav·i·ness swaarte; swaarheid, swarigheid; swaarmoedigheid.

heav·y *heavier heaviest, adj.* swaar *(boete, straf, las, storms, liggaamsbou, ete, kos, geur, reuk, asemhaling);* kwaai *(verkoue);* moeilik, druk *(dag);* taai *(program);* hard *(hou);* dik *(jas);* drukkend *(stilte, lug);* swaar bewolk, somber *(lug);* donker *(wolke); (fig.)* gelade *(atmosfeer);* ernstig *(toneelrol, koerant, ens.);* bitter *(ironie);* bytend *(sarkasme);* lomp; bot, dom; vervelend, vervelig, saai, droog; hewig; onheilspellend; neerslagtig, bedruk; beswaard *(v. hart);* →HEAVILY, HEAVINESS; ~ ***cigar*** swaar sigaar; ~ ***crop*** ryk oes; ~ ***current*** sterkstroom; ~ ***detonation*** harde knal; ~ ***drinker*** drinkebroer, swaar drinker; ~ ***drug*** sterk dwelm(middel); ~ ***duty*** swaar diens; hoë invoerreg; ~ ***fabric*** dik stof; *time* ***falls*** ~ die tyd val lank; ~ ***features*** growwe gelaatstrekke; ~ ***frost*** strawwe ryp; ~ ***gale*** hewige/swaar storm(wind); *be ~* ***going*** →GOING *n.; under ~* ***guard*** swaar bewaak; *~ on the* ***hand*** swaar op die hand; *with a ~* ***heart*** hartseer, met 'n swaar hart; ~ ***load,*** *(ook)* sentenaarslas; *suffer ~* ***losses*** swaar verliese ly; *be ~* ***on*** *fuel* baie brandstof gebruik, 'n hoë brandstofverbruik hê, *(infml.)* brandstof vreet; *be ~* ***on*** *s.o.* streng teenoor iem. wees, iem. stief behandel; *be ~* ***on*** *sugar* baie suiker gebruik/neem; baie suiker bevat; ~ ***rain*** swaar reën, stortreën; slagreën; ~ ***sea*** onstuimige/swaar see; ~ ***selling*** druk verkope; ~ ***smoker*** strawwe/sterk roker; ~ ***traffic*** druk verkeer; swaar voertuie; *make ~* ***weather*** *of s.t.* →WEATHER *n.;* ~ ***weight*** swaar gewig; ~ ***with*** *child* hoogswanger; ~ ***with*** *fruit* swaar belaai met vrugte; ~ ***with*** *sleep, (iem.)* slaapdronk; *(oë)* dik van die slaap; ~ ***with*** *young, (soöl.)* hoogdragtig. ~ **artillery,** ~ **guns** *(mil.)* swaar geskut, grofgeskut. **~-bodied wine** swaar versterkte wyn. **~-bottomed** swaarboom-. ~ **breather** iem. wat swaar asemhaal; *(oor d. telefoon)* hyger, hygswyn *(sl.).* ~ **breathing** swaar asemhaling; hyging, gehyg. ~ **calibre arms** wapens van groot kaliber. ~ **calibre gun** kanon van groot kaliber. **~-draught (vessel)** (skip) met groot diepgang. **~-duty tyre** swaardiensband. **~-footed** log. ~ **gold** grofgoud. ~ **goods vehicle** swaarvoertuig. **~-handed** lomp, onhandig. **~-hearted** swaarmoedig, bedruk. ~ **hydrogen** *(chem., simb.: D)* deuterium, swaarwaterstof. ~ **industry** swaar industrie(ë). **~-laden** swaar gelaai/belas; swaarmoedig. **~-lidded** met swaar ooglede. ~ **metal** *(goud, lood, ens.)* swaarmetaal; *(mus.)* heavy metal; *(mil.)* swaar geskut; *(fig.)* formidabele teen-/teëstander. **~-metal** *adj.: ~ band, (mus.)* heavy metal-(musiek)groep. ~ **ordnance** *(mil.)* swaar geskut. ~ **petting** intieme liefkosings, *(infml.)* vuurwarm vryery. ~ **sleeper** vaste slaper. ~ **spar** *(min.)* bariet, swaarspaat. **~-thewed** gespier(d). ~ **type** *(druk.)* vet letters. ~ **water** *(kernfis.)* swaarwater. **~weight** *(sport)* swaargewig; *(fig.)* iemand van gewig; *light ~, (boks)* ligswaargewig.

heb·dom·a·dal *(fml.)* weekliks.

He·be *(Gr. mit.)* Hebe; *(w.g.)* skinkster.

he·be·phre·ni·a *(psig.)* hebefrenie, jeugkranksinnigheid.

heb·e·tate *(w.g.)* afstomp, verstomp; suf word.

heb·e·tude *(poët., liter.)* afgestomptheid, letargie; sufheid.

He·brew *n., (hist.)* Hebreër, Israeliet; *(arg., neerh.)* Jood; *(taal)* Hebreeus; *(i.d. mv., Byb.boek)* Hebreërs. **He·brew, He·bra·ic** *adj.* Hebreeus. **He·bra·ism** Hebraïsme. **He·bra·ist** Hebraïkus.

Heb·ri·des *(geog.)* Hebride; *the Inner ~* die Binne-Hebride; *the Outer ~* die Buite-Hebride. **Heb·ri·de·an** *n.* inwoner van die Hebride. **Heb·ri·de·an** *adj.* Hebridies.

hec·a·tomb *(hist.)* hekatombe; slagting.

heck¹ *n., (dial.)* vishek; voerrak; draadleiding.

heck² *tw.: a ~ of a ..., (infml.)* 'n (ver)dekselse/hengse ...; *oh, ~!, (infml.)* verdeksels!, o gits/ga(a)ts/heng!; *what the ~!, (infml.)* wat d(i)e drommel/duiwel!.

heck·le *n.* hekeling, tarting; *(tekst.)* hekelmasjien. **heck·le** *ww.* hekel, tart *('n kandidaat ens.);* kwelvrae stel; *(tekst.)* hekel *(vlas, hennep).* **heck·ler** hekelaar; kwelvraer.

hec·tare hektaar.

hec·tic *n., (med., arg.)* teringkoors; teringlyer; teringblos. **hec·tic** *adj.* wild, woes; koorsagtig; *(med., arg.)* hekties, teringagtig; ~ ***dance*** wilde dans; ~ ***fever,*** *(med., arg.)* teringkoors; ~ ***flush,*** *(med., arg.)* teringblos; hoogrooi blos/kleur; ~ ***spot,*** *(med., arg.)* koorsvlek.

hec·to-: *komb.vorm* hekto-.

hec·to·gram(·me) *(massaeenheid, afk.:hg)* hektogram.

hec·to·graph *n.* hektograaf. **hec·to·graph** *ww.* hektografeer.

hec·to·li·tre, *(Am.)* **hec·to·li·ter** *(maateenheid, afk.: hl)* hektoliter.

hec·to·me·tre, *(Am.)* **hec·to·me·ter** *(lengte-eenheid, afk.: hm)* hektometer.

Hec·tor *(Gr. mit.)* Hektor.

hec·tor *n.* baasspeler, bullebak. **hec·tor** *ww.* baasspeel (oor), afknou.

he'd *(sametr.)* = HE WOULD; HE HAD.

hed·dle hewel, draadlus *(by weef).* ~ **(frame)** hewelraam.

hedge *n.* heining, heg; slagboom, hinderpaal, versperring, belemmering; beskerming; waarborg, sekerheid; dekking *(teen verliese); (fin.)* skans; dekweddenskap, dekking *(by weddenskappe);* vae stelling, ontwykende woord(e); *a ~ against ...* 'n beskerming teen ... **hedge** *hedged hedged hedging, ww.* omhein, afskut, afkamp; 'n heining plant; 'n heining snoei; hinder; kwalifiseer *('n stelling ens.);* rondspring, bontpraat; skerm, uitvlugte soek, jakkalsdraaie gooi/loop/maak; (jou) dek; *(fin.)* verskans; *~ s.t. about/around with ...* iets met ... toekamp/omring; *~ s.t. in* iets inkamp; iets omtrek/vaskeer; iets omtuin; *~ s.t. off* iets afkamp/afhok; iets afsny. ~ **clipper** snoeiskêr. ~ **fund** *(fin.)* (ver)skans(ings)fonds. **~hog** krimpvarkie, rolvark(ie); *(bot.)* noorsdoring; steeksaad; *(fig.)* brombeer; *(mil.)* stekelstelling; *(vloot)* ystervark. **~hop** *ww.* skeervlieg. **~hopping** skeervlug. ~ **marriage** *(hist., neerh.)* geheime/skelm trouery. ~ **parson,** ~ **priest** *(hist., neerh.)* hageprediker, ongeletterde priester, bossiepriester. **~row** heg, (geplante) heining; laning. ~ **shears** heiningskêr. ~ **sparrow** basternagtegaal. ~ **tear** winkelhaak. ~ **writer** *(vero.)* prulskrywer.

hedg·er heiningplanter; heiningsnoeier; kampmaker; bontprater, rondspringer, weerhaan.

hedg·ing bontpratery, rondspringery, weerhanery; *(fin.)* verskansing.

Hed·jaz →HEJAZ.

he·don·ism hedonisme. **he·don·ic, he·don·is·tic** hedonisties, genotsugtig; genot(s)-. **he·don·ist** *n.* hedonis, genotsugtige.

hee·bie-jee·bies *n. (mv.), (infml.)* ritteltit(s); *give s.o. the ~* iem. die ritteltit(s) gee *(of* laat kry).

heed *n.* ag, oplettendheid, hoede; *give/pay ~ to ..., take ~ of ...* op ... ag gee/slaan, op ... let; van ... notisie neem; *take ~ of ..., (ook)* vir/teen ... op jou hoede wees, oppas vir ... **heed** *ww.* let (of ag gee/slaan) op, in ag neem. **heed·ful** oplettend, oppassend, behoedsaam; *be ~ of ...* op ... let *(of* ag gee/slaan), ... in ag neem. **heed·less** agte(r)losig, onverskillig, sorg(e)loos, onoplettend; *do s.t. ~ of ...* iets doen sonder om op ... te let; *be ~ of ...* nie op ... let nie, onverskillig staan teenoor ...

hee·haw *n.* hieha, gebalk *(v. 'n esel).* **hee·haw** *ww., (esel)* balk.

heel¹ *n.* hak, *(fml.)* hiel; hoef; hakskeen; polvy; *(perd se hoef)* horingbal; drag *(v. 'n dier);* hiel *(v. 'n mas, geweerkolf, ens.);* agterstuk, onderstuk, hieling; basis *(v.d. hand);* korsie *(v. brood); (vero. sl.)* skobbejak, skarminkel; *be* ***at/(up)on*** *s.o.'s ~s* op iem. se hakke wees; ***bring*** *s.o. to ~* iem. laat gehoorsaam, iem. mak maak; ***clap*** *s.o. by the ~s* →***lay/clap;*** ***click*** *one's ~s* jou hakke klap; ***come*** *to ~* kop gee, jou onderwerp; ***cool/kick*** *one's ~s, (infml.)* staan en wag, rondstaan, rondtrap; jou verveel; ***cracked*** *~s, (veearts.)* gebarste dragte; ***dig*** *in one's ~s* vasskop, viervoet *(of* in jou vier spore) vassteek, ysterklou in die grond slaan; ***down*** *at ~* afgetrap; slordig, armoedig; ***drag*** *one's ~s* →DRAG *ww.;* ***follow*** *on s.o.'s ~s* op iem. se hakke bly, iem. op die voet volg; *be carried with one's ~s* ***foremost,*** *(w.g., vero.)* graf toe gedra word; ***hard/hot*** *on s.o.'s ~s* kort op iem. se hakke; ***have*** *the ~ of s.o., (w.g., vero.)* iem. uithardloop/uitstof *(of* agter laat bly); ***head*** *over ~s* bol(le)makiesie; halsoorkop; ***kick*** *one's ~s* →***cool/kick;*** ***kick*** *up one's ~s* agteropskop; ***lay/clap*** *s.o. by the ~s, (infml.)* iem. gryp/vang/pak; iem. gevange neem; iem. in die hande kry; ***show*** *s.o. a clean* *pair of ~s* →CLEAN *adj.; **take** to one's ~s* (laat) spaander, laat spat, die hasepad kies, jou uit die voete maak, voet in die wind slaan, (die) rieme neerlê, die loop neem, ysterklou in die grond slaan, weghardloop, vlug; ***tread** on s.o.'s ~s* iem. op die hakke volg, onmiddellik op iem. volg; ***turn** on one's ~* op die plek omdraai, kort omdraai; ***under** the ~ of ...* onder die hiel van ... *('n tiran).* **heel** *ww.* op die/jou hakke loop/dans; hakke *(of* 'n hak) aansit; agternasit, op die hakke sit; *(rugby)* (uit)haak; →HEELING[1]. **~-and-toe** stapwedstryd. **~ball** skoenmakerspoets. **~ bar** versoolplek. **~ bolt** hielbout. **~ cup** hakdop. **~ flap** hakklappie. **~piece** agterstuk; hakleer, hakstuk, agterlap *(v. 'n skoen).* **~ quarters** agterleer *(v. 'n skoen).* **~tap** hakstuk, polvystuk; onderent; *(vero.)* onderste (in 'n glas); *no ~s!, (vero.)* uitdrink!.

heel[2] *n., (sk.)* oorhelling; slagsy *(v. 'n skip).* **heel** *ww.* (laat) oorhel, hiel *('n skip);* →HEELING[2]; *~ (over), (skip ens.)* oorhel.

heeled *adj.* met 'n hiel, hiel-, hak-; *(Am., sl.)* gewapen(d).

-heeled *komb.vorm* -hak-, met ... hakke; *high-~* hoëhak-, met hoë hakke; *be well-~, (fig., infml.: welgesteld)* daar goed/warmpies in sit.

heel·ing[1] (die) aansit van hakke; *(rugby)* die haak, haakwerk.

heel·ing[2] oorhelling.

heem·raad *-raden, (SA, hist.)* heemraad.

heft *n., (infml., hoofs. Am.)* gewig; (die) oplig; stygvermoë. **heft** *ww., (infml.)* (op)lig, optel. **heft·y** swaar, gespier(d), stewig, fris (gebou); aansienlik, aardig, (baie) groot, enorm, yslik, astronomies *(bedrag ens.).*

He·ge·li·an *n., (filos.: aanhanger v. Hegel)* Hegeliaan. **He·ge·li·an** *adj.* Hegeliaans; *~ dialectic* Hegeliaanse dialektiek/redeneerkunde. **He·ge·li·an·ism** Hegelianisme.

he·gem·o·ny hegemonie; leierskap, leiding; heerskappy; oorwig. **heg·e·mon·ic** hegemonies; heersend, leidend.

He·gi·ra, He·ji·ra *(<Arab.), (622 n.C.)* Hedsjra; Moslemse tydrekening; *(h~)* hedsjra, uittog, vlug.

he-he, hee-hee *(onom.)* hie-hie.

Hei·del·berg *(geog.)* Heidelberg. **~ man** *(antr.: Homo heidelbergensis)* Heidelbergmens.

Hei·duc →HAIDUK.

heif·er vers.

heigh *tw., (arg.)* hè?; haai; ai; ag. **heigh-ho** *tw.* ag, ag ja.

height *n.* hoogte; hoogtepunt, toppunt; bult; verhewenheid; stand; glanspunt; ***at** its ~* op sy hoogste/hoogtepunt; ***at** the ~ of ..., (ook)* toe ... op sy hoogtepunt was *(d. geveg ens.);* in die hartjie van ... *(d. somer ens.); the ~ of a **barometer*** die barometerstand/-hoogte; *at a **dizzy** ~* op 'n duiselingwekkende hoogte; *in the ~ of **fashion*** hoog in die mode, volgens/na die nuutste/jongste mode; *draw o.s. up to one's **full** ~* jou in jou volle lengte oprig; ***gain** ~* klim, styg; *a ~ of **land*** 'n waterskeiding; ***lose** ~* daal, sak; *it is the ~ **of** ...* dit is die opperste ... *(dwaasheid ens.);* dit is die toppunt van ... *(domheid, dwaasheid, ens.); be the **same** ~, (mense)* ewe lank wees; *(geboue)* ewe hoog wees. **height** *ww., (landm.)* hoog. **~ restriction** hoogtebeperking.

height·en verhoog; vermeerder; vererger; verhef; kleur gee; verskerp; versterk; *with ~ed colour* met 'n hoë blos.

hei·nous afskuwelik, gruwelik, grusaam, verskriklik; veragtelik, haatlik. **hei·nous·ness** afskuwelikheid, gruwelikheid; veragtelikheid.

heir erfgenaam; *~ **apparent,** (jur.)* regmatige erfgenaam/opvolger; ***appoint** an ~* 'n erfgenaam instel; *be the ~ to a **fortune*** die erfgenaam van 'n fortuin wees; *~ **presumptive,** (jur.)* vermoedelike erfgenaam/opvolger; ***son** and ~* stamhouer; *the ~ to the **throne*** die troonopvolger. **~-at-law** *(jur.)* wettige erfgenaam. **~loom** erfstuk, familiestuk.

heir·dom erfreg; erfgenaamskap; erfenis.

heir·ess erfgename, erfdogter.

heir·less sonder erfgenaam.

heir·ship erfgenaamskap.

heist *n., (hoofs. Am., infml.)* (gewapende) roof, roofaanval. **heist** *ww.* (be)steel, (be)roof.

heit, hei·ta *tw., (SA)* heit(s).

He·jaz, Hed·jaz, Hi·jaz: *(the) ~, (geog.)* die Hedjas. **He(d)·ja·zi, Hi·ja·zi** *n.* Hedjamiet. **He(d)·ja·zi, Hi·ja·zi** *adj.* Hedjamities.

Hej·i·ra →HEGIRA.

held *(verl.t. & volt.dw.)* →HOLD *ww.*.

Hel·en *(Gr. mit.): ~ of Troy* Helena van Troje, die skone Helena.

hel·i- *komb.vorm* heli-. **~bus** helibus. **~copter** →HELICOPTER. **~drome** helihawe. **~pad** helibof, heliblad. **~pilot** heliloods. **~port** helihawe. **~scoop** helinet. **~-ski** *-skied, -ski'd; -skiing, ww.* heli-ski. **~-skier** heliskiër. **~-skiing** *n.* heli-ski.

he·li·a·cal *(astron.)* sonne-; met die son opkomende en ondergaande.

he·li·an·thus *-thuses* sonneblom.

hel·i·cal skroefvormig, skroef-; spiraalvormig, spiraal-, skroeflynig; helikoïdaal, helikoïed; →HELIX; *~ **curve*** skroeflyn; *~ **form*** spiraalvorm; *~ **gear*** skroefrat; *~ **gearing*** wurmbeweging, spiraalvertanding; *~ **line*** skroeflyn, spiraallyn, ruimtespiraal; *~ **plane*** spanvlak; *~ **pump*** skroef van Archimedes; *~ **spring*** spiraalveer, skroefveer; *~ **stairs*** →SPIRAL STAIRCASE; *~ **tooth*** skroeftand; *~ **wheel*** skroefwiel.

he·lic·i·ty *(fis., biochem.)* helisiteit.

hel·i·coid *n.* skroefvlak, skroefvormige (opper)vlak, helikoïed. **hel·i·coid, hel·i·coi·dal** *adj.* skroef(lyn)vormig; spiraalvormig; helikoïed, helikoïdaal.

Hel·i·con *(geog., Gr. mit.)* Helikon, Sangberg.

hel·i·cop·ter *n.* helikopter; →ROTOR, HELI-. **hel·i·cop·ter** *ww.: s.o. ~ed to Paris/etc.* iem. is per helikopter Parys/ens. toe. **~ carrier** helikopterdekskip. **~ deck** helikopterdek. **~ gunship** gewapende helikopter. **~ pilot** helikoptervlieënier, -loods. **~ screw** *(ook)* hef(lug)skroef.

hel·i·co·tre·ma *(anat.)* wentelgaatjie, helikotrema *(v.d. oor).*

he·lic·tite *(speleologie)* heliktiet.

Hel·i·go·land *(geog.)* Helgoland.

he·li·o- *komb.vorm* helio-.

he·li·o·cen·tric, he·li·o·cen·tri·cal *(astron.)* heliosentries.

he·li·o·dor *(min.)* heliodoor.

he·li·o·gram heliogram.

he·li·o·graph *n.* heliograaf; seinspieël. **he·li·o·graph** *ww.* heliografeer. **he·li·og·ra·pher** heliografis. **he·li·o·graph·ic** heliografies; *~ print, (hist.)* ligdruk. **he·li·og·ra·phy** heliografie; sonbeskrywing.

he·li·o·gra·vure *(vero.)* heliogravure.

he·li·om·e·ter *(astron.)* heliometer, sonmeter.

he·li·o·phyte *(bot.)* sonplant, heliofiet.

he·li·o·scope helioskoop, sonnekyker, sonspieël.

he·li·o·sis *-oses* sonsteek, hitteslag; *(bot.)* sonbrand; sonbehandeling.

he·li·o·sphere *(astron.)* heliosfeer, sonsfeer.

he·li·o·stat heliostaat.

he·li·o·ther·a·py son(lig)behandeling, sonligterapie, helioterapie.

he·li·o·trope *(bot.)* heliotroop, sonsoekertjie; *(geol.)* heliotroop, bloedsteen; *(landm.)* heliotroop. **he·li·o·trop·ic** ligsoekend, heliotropies, fototroop. **he·li·ot·ro·pism** heliotropie, heliotropisme, ligsoeking, fototropie.

he·li·um *(chem., simb.: He)* helium.

he·lix *-lices* skroeflyn, spiraal, heliks; slak(ke)huis; oor(skulp)rand; draadwinding; *double ~* dubbele heliksstruktuur. **~ angle** helikshoek.

he'll *(sametr.)* = HE WILL.

hell *(relig. of fig.)* hel; vuurpoel; *(kinderspel)* bof; *(w.g.)* dobbelnes; *H~'s **Angel,** (lid v. motorfietsbende/-klub)* Hell's Angel; *(ook, i.d. mv.)* ysterperdgarde, -brigade; ***beat/knock** the ~ out of s.o., (infml.)* iem. 'n helse pak (slae) gee, iem. (uit)looi, iem. op sy/haar duiwel/hel gee; *~'s **bells!,** (infml.)* op dees aarde!; ***catch** ~* →***get/catch;*** ***descent** into ~* hellevaart; *be ~ **on earth*** hel op aarde wees; *have ~ **on earth*** hel op aarde hê/kry; *(just) **for** the ~ of it, (infml.)* (net) vir die aardigheid; *till/until ~ **freezes** (over), (fig.)* tot(dat) die perde horings kry; *when ~ **freezes** (over), on a **cold** day in ~, (fig.: nooit)* as die perde horings *(of* die hoenders tande) kry; ***get/catch** ~, (infml.)* op jou duiwel/hel/donder kry; ***give** s.o. ~, (infml.)* iem. 'n hel laat deurmaak; iem. uitfoeter, iem. hotagter gee; iem. uittrap; iem. op sy/haar duiwel/hel/donder gee, iem. opdonder; ***go** to ~* hel toe gaan; ***go** to ~!, (infml.)* gaan/loop/vlieg na die duiwel!; *tell s.o. to **go** to ~, (ook, infml.)* iem. na die warm plek stuur; *s.o. is **going** through ~* iem. maak 'n hel deur, iem. se lewe is 'n hel; *be to ~ **and gone,** (infml.)* vrek ver/vêr wees; *come ~ or **high water*** buig of bars, kom wat wil; ***kick up** (or **raise**) ~, (infml.)* 'n kabaal maak/opskop, tekere *(of* te kere) gaan, tekeregaan, 'n helse/yslike lawaai maak; *a ~'s **kitchen*** 'n heksekombuis; *run ~ for **leather,** (infml.)* ooplê, oop-en-toe hardloop; *s.o.'s **life** is ~* iem. se lewe is 'n hel, iem. maak 'n hel deur; *a ~ **of a life,** (infml.)* 'n helse lewe, 'n hondelewe; ***like** ~, (infml.)* soos die duiwel; dat dit vrek; ***like** ~!, (infml.)* nog (so) nooit!, so nooit aste *(of* as te) nimmer!, so nimmer aste *(of* as te) nooit!; *all ~ **broke** (or **was let**) **loose*** toe was die duiwel los; *a ~ **of a** ..., (infml.)* 'n helse ... *(lawaai);* 'n lang/yslike ... *(tyd);* 'n nare/vreeslike ... *(tyd);* 'n yslike/groot ... *(probleem);* 'n eersteklas/agtermekaar/fantastiese ... *(mens ens.); be ~ **on** s.o., (infml.)* vir iem. onaangenaam wees; *be ~ **on** s.t., (infml.)* iets verniel; *get the ~ **out of** here!, (infml.)* trap hier uit!, maak dat jy wegkom!; *get the ~ **out of** somewhere, (infml.)* laat spaander, holderstebolder weghardloop *(of* êrens uitklim/uitspring/ens.); *there was ~ to **pay,** (infml.)* toe het die poppe gedans, toe was die gort gaar; ***play** (merry) ~ with s.t., (infml.)* iets befoeter, tekere gaan *(of* te kere gaan *of* tekeregaan) met iets; ***raise** ~* →***kick up; to/the** ~ with it!, (infml.)* na die duiwel daarmee!, vort daarmee!; ***what** in/the ~ ...?, (infml.)* wat d(i)e drommel/duiwel ...?; ***why** in/the ~ ...?, (infml.)* wat d(i)e drommel/duiwel ...?. **~bender** *(Am.)* reusesalmander. **~bent:** *be ~ on doing s.t., (infml.)* vasbeslote wees *(of* alles uithaal) om iets te doen; iets wil doen, buig of bars. **~box** *(druk.)* hel, houer vir gebreekte letters. **~cat** tierwyfie, feeks, heks, helleveeg. **~ driver** jaagduiwel. **~fire** hel(le)vuur, helse vuur; groot vuur. **~fire bean** brandboon(tjie). **~hole** hellegat. **~hound** helhond, duiwel. **~raiser** skoor-, rusiesoeker, rusie-, molesmaker.

hel·la·cious *(Am., infml.)* afgryslik, afskuwelik, afstootlik, aanstootlik; fantasties, wonderlik, ongelooflik, verstommend.

hel·le·bore *(bot.)* nieskruid, -wortel; *false ~* basternieskruid; *green ~* vrankwortel.

Hel·lene, Hel·le·ni·an *n.* Helleen, Griek.

Hel·len·ic, Hel·le·ni·an *adj., (v. Gr. kultuur: 776-323 v.C.)* Helleens, Grieks. **Hel·le·nise, -nize** vergrieks. **Hel·le·nism** Hellenisme; *(ling.)* Gresisme, Grekisme. **Hel·le·nist** Hellenis.

Hel·le·nis·tic, Hel·le·nis·ti·cal *(v. Gr. kultuur: 323-30 v.C.)* Hellenisties.

hel·lion *(Am., infml.)* derduiwel, hel, rakker, deugniet.

hell·ish hels, satans.

hel·lo, hel·lo, hal·lo, hul·lo hallo; *~ again!* wederom!; *~, what's this?* en toe/nou, wat is dit hier?. **~ girl** *(Am., infml., w.g.)* skakelbord-, telefoonoperatrise.

hell·uv·a *(infml., sametr. v.* hell of a*)* helse *(lawaai ens.);* nare, vreeslike *(tyd ens.);* yslike, enorme *(probleem ens.);* wonderlike, fantastiese *(mens ens.).*

helm[1] *(sk.)* helmstok, roer(pen); stuur; *the ship answers (to) the ~* die skip gehoorsaam die roer; *at the ~* aan die stuur *(v. 'n skip);* aan die roer (van sake); met die hef in die hande; *man at the ~* stuurman. **~sman** *-smen* stuurman. **~smanship** stuur(mans)kuns.

helm[2] *(arg. of poët.)* helm.

hel·met helm; stormhoed; *protective ~, (kr.)* skut-,

kolfhelm; *(sun)* ~ helmhoed. ~ **beetle** skildkewer. ~**flower** monnikskap, akoniet, wolfswortel, wolwe=kruid. ~ **shrike** *(orn.: Prionops* spp.*)* helmlaksman. ~ **spike** helmspits.

hel·met·ed gehelm(d).

hel·minth (ingewands)wurm, wurmparasiet, helmint. **hel·min·thi·a·sis** wurmsiekte, =besmetting, helmin=tiase. **hel·min·thic** *n.* wurmafdrywer. **hel·min·thic** *adj.* wurmdrywend; wurm=. **hel·min·tho·log·i·cal** helmin=tologies. **hel·min·thol·o·gist** helmintoloog. **hel·min=thol·o·gy** helmintologie.

hel·o·phyte *(bot.)* helofiet, moerasplant.

hel·ot heloot; slaaf, lyfeiene. **hel·ot·ism, hel·ot·ry** slawerny, lyfeienskap.

help *n.* hulp, bystand; helper, helpster; hulp, hand=langer; porsie, skep(pie); middel, raad; ***ask** s.o. for* ~ by iem. hulp vra, iem. om hulp vra; *be **beyond*** ~ reddeloos wees; ***call/cry/shout** for* ~ om hulp roep/ skree(u); ***enlist** s.o.'s* ~ iem. se hulp inroep; ***go** to s.o. for* ~ by iem. gaan hulp soek; jou toevlug tot iem. neem; *be a **great** ~ to s.o.* 'n groot hulp vir iem. wees; *not be **much** ~ to s.o.* geen groot hulp vir iem. wees nie; *do you **need** (any) ~?* kan ek help?; *there is **no** ~ for it* dit kan nie verhelp word nie; daar is niks aan te doen nie; daar is geen middel/raad voor nie; *be **of** ~ to s.o.* iem. help, iem. behulpsaam wees; iem. tot/van hulp wees; *can I be **of** (any) ~?* is daar iets waarmee ek kan help?; ***rush** to s.o.'s* ~ iem. te hulp snel; ***seek*** ~ hulp soek; ***shout** for* ~ →***call/cry/shout; with** the ~ of s.o.* deur/met iem. se hulp, deur/met die hulp van iem.; ***with** the ~ of s.t.* met behulp van iets. **help** *helped helped, ww.* help, bystaan, (onder)=steun; bedien; steun; bystand verleen; *~ s.o. **along/ forward/on*** iem. vooruithelp/voorthelp; *~ s.t. **along/ forward/on*** iets bevorder *('n saak ens.)*; *be **anxious** to* ~ hulpvaardig wees; gretig/begerig wees om te help; *~ (to) **bring** s.t. about* bydra tot iets; *not more/etc. than s.o. **can*** ~ nie meer/ens. as wat nodig is nie; *not if I **can** ~ it* nie as ek iets (daaroor) te sê het nie; *one doesn't refuse ... if one **can** ~ it* ('n) mens wys nie mak=lik/sommer ... van die hand nie; *s.o. **cannot** ~ it* iem. kan dit nie help nie, dis nie iem. se skuld nie; *s.o. **can=not** ~ but ...* iem. kan nie anders as ... nie; *s.o. **cannot** ~ him=/herself* iem. kan nie anders nie, iem. kan niks daaraan (*of* daar niks aan) doen nie; *s.o. **cannot** ~ that ...,* (*ook*) iem. kan nie daarvoor dat ... nie; ***it can't** be ~ed* daar is niks aan te doen nie, dit kan nie ver=help word nie, dit is nie te verhelp nie; dit kan nie anders nie; dit moet; *s.o. **could not** ~ it that s.t. hap=pened* iem. kon dit nie (ver)help dat iets gebeur het nie; *~ s.o. (to) **do** s.t.* iem. iets help doen; *so ~ me **God*** so help my God (Almagtig); *s.o. could not ~ **laughing*** iem. moes lag, iem. kon nie anders as lag nie, iem. kon sy/haar lag nie hou nie; *so ~ **me!*** op my woord!; *~ s.o. **off/on** with his/her coat* iem. uit sy/haar jas help; iem. in sy/haar jas help, iem. sy/haar jas aanhelp; *~ **out*** ('n) hand(jie) bysit; *~ s.o. **out*** iem. help/bystaan, vir iem. inspring; *~ s.o. **out of** ...* iem. uit ... help *(d. moei=likheid ens.)*; *~ s.o. **to** s.t.* iem. met iets bedien, iem. iets gee *(om te eet)*; iem. aan iets help *('n antwoord ens.)*; *~ o.s. **to** s.t.* iets vat; iets kry/neem *(om te eet)*; *~ yourself **to** gravy/etc.* neem/kry (vir jou) sous/ens.; *~ s.o. **up*** iem. ophelp. ~**desk** hulpkantoor. ~**line** hulp=lyn. ~**mate**, *(w.g.)* ~**meet** wederhelf(te), lewensge=sel(lin); medehelper.

help·er helper, helpster, hulp, handlanger. ~ **spring** hulpveer.

help·ful nuttig; behulpsaam, hulpvaardig, tegemoet=komend, diensvaardig; *be ~ to s.o.* iem. help. **help=ful·ly** hulpvaardig, tegemoetkomend. **help·ful·ness** behulpsaamheid, diensvaardigheid; *s.o. does s.t. in a spirit of* ~ iem. doen iets uit hulpvaardigheid.

help·ing *n.* hulp, bystand; porsie, skep(pie). **help=ing** *adj.* helpend, behulpsaam; *extend/give/lend a ~ hand* ('n) hand(jie) bysit.

help·less hulpeloos, magteloos; onbeholpe; sonder hulp; *render s.o.* ~ iem. lamslaan. **help·less·ly** ont=redder(d). **help·less·ness** hulpeloosheid.

hel·ter-skel·ter *n.* gejaag, gedrang, herrie, harwar; *(Br.)* spiraalglybaan. **hel·ter-skel·ter** *adj. & adv.* holderstebolder, halsoorkop.

helve steel *(v. 'n byl, hamer, vyl, ens.)*. ~ **hammer** stert=hamer; *throw the ~ after the hatchet, (sprw.)* goeie geld agter kwaad/slegte geld aan gooi.

Hel·ve·tia *(Lat., geog., ook hist.)* Helvesië, Switser=land. **Hel·ve·tian** *=vetians, =vetii, n.* Helvesiër, Swit=ser. **Hel·ve·tian, Hel·vet·ic** *adj.* Helveties, Switsers.

hel·ve·ti·um *(chem., vero.)* →ASTATINE.

hem¹ *n.* soom; soomnaat; omstiksel; *false* ~ stootkant; *take the ~ up* die rok/ens. korter maak. **hem** *=mm=, ww.* (om)soom, omstik; deurslaan; →HEMMER, HEM=MING; *~ s.t. about/in/round* iets omsingel/insluit/om=ring; *be ~med in by ...* deur ... omring wees *(berge ens.)*. ~**line** roksoom; voulyn *(v. 'n soom)*; *lower/raise ~s* rokke/ens. langer/korter maak. ~ **marker** soom=merker. ~**stitch** *n.* soomsteek, siersoomsteek; *(bor=duurwerk)* agtersteek. ~**stitch** *ww.* siersoomsteke aan=bring.

hem² *tw.* h'm. **hem** *=mm=, ww.* keelskoonmaak, (jou) keel skoonmaak; stamel; *~/hum and haw* onbeslis/ aarselend praat, stotter; weifel.

hem·er·a·lo·pi·a *(med.)* dagblindheid, nagsiendheid. **hem·er·a·lop·ic** dagblind.

hem·i- *komb.vorm* hemi=, half=.

hem·i·a·no·pi·a, hem·i·a·nop·si·a *(med.)* half=blindheid, hemianopsie.

hem·i·crys·tal·line halfkristallyn.

hem·i·cy·clic hemisiklies; *(bot.)* halfkransstandig.

hem·i·dem·i·sem·i·qua·ver *(hoofs. Br., mus.)* vier-en-sestigste(-)noot.

hem·i·he·dral *(krist.)* hemiëdries, hemi-edries. **hem·i=he·dron** *(krist.)* hemiëder, hemi-eder.

hem·i·morph *n.* hemimorf. **hem·i·mor·phic** *adj.* hemimorf. **hem·i·mor·phism, hem·i·mor·phy** hemi=morfie. **hem·i·mor·phite** *(min.)* galmei, kalamein, kal(a)=myn, hemimorfiet.

hem·i·ple·gi·a *(med.)* hemiplegie, halfsydige/een=sydige verlamming. **hem·i·ple·gic** hemiplegies.

He·mip·ter·a *(entom.)* Halfvleueliges, =vlerkiges, Hemiptera. **he·mip·ter·an** *n.* halfvleuelige, =vlerkige. **he·mip·ter·an, he·mip·ter·ous** *adj.* halfvleuelig, =vler=kig.

hem·i·sphere halfrond; halwe bol, hemisfeer; *Eas=tern/Northern/Southern/Western H~* Oostelike/Noor=delike/Suidelike/Westelike Halfrond. **hem·i·spher·ic, hem·i·spher·i·cal** halfrond, hemisferies.

hem·i·stich *(pros.)* halfvers, halwe versreël.

hem·lock *(bot.)* dollekerwel, giftige kerwel; *Canadian* ~ →HEMLOCK SPRUCE. ~ **chervil** wildekerwel. ~ **spruce** Kanadese spar.

hem·mer soomwerker; soomaanbringer. ~ **(foot)** soom=voetjie *(v. 'n naaimasjien)*.

hem·ming soomwerk. ~ **(stitch)** soomsteek.

he·mo- →HAEMO=.

hemp *(bot.)* hennep; *(assosiatief, skerts.)* tou, galgtou; *Indian* ~ (mak) dagga; *sun(n)* ~ sun(n)hennep. ~**seed** hennepsaad; *(w.g., poët., liter.)* galg(e)brok. ~**seed oil** hennepolie. ~ **smoker** daggaroker.

hemp·en *(arg.)* hennep=; ~ *humour* galgehumor; ~ *rope, (ook)* galgtou.

hen (hoender)hen; wyfievoël; *~'s egg* hoendereier; *~'s nest* hoendernes; *(as) rare/scarce as ~'s teeth* so skaars soos hoendertande. ~**-and-chickens** *(Primula veris)* sleutelblom; *(Sempervirum tectorum)* huislook. ~**bane** *(bot.)* dolkruid, bilsekruid. ~ **battery** lêbattery. ~**coop** hoenderhok, =fuik; →HENNERY. ~ **harrier** *(orn.)* kui=kendief. ~**-hearted** bang, lafhartig; papbroek(er)ig. ~**house** hoenderhuis, =hok. ~ **party** *(infml.)* henne=party(tjie), damesparty(tjie). ~**peck:** *~ s.o.* op iem. se kop sit. ~**pecked** onder die plak/pantoffel(rege=ring); *~ husband* man wat die rok dra. ~**roost** hoen=derstellasie, =slaapplek. ~ **run** hoenderkamp. ~ **spar=row** mossiewyfie. ~ **turkey** kalkoenwyfie, wyfiekal=koen.

hence hiervandaan, van hier af; hiervan, hieruit; ge=volglik, hierom, daarom, vandaar, derhalwe, om dié rede; *five years* ~ oor vyf jaar; *(go) ~!, (arg.)* weg!, vort!. ~**forth,** ~**forward(s)** voortaan, hiervandaan, van nou af, na dese, in die vervolg.

hench·man *=men, (hoofs. neerh.)* trawant; *(hist.)* (lyf)=dienaar, agterryer, volgeling, handlanger.

hen·dec·a- *komb.vorm* elf=.

hen·dec·a·gon elfhoek. **hen·de·cag·o·nal** elfhoekig.

hen·dec·a·syl·la·ble *(pros.)* elflettergrepige vers/ woord. **hen·dec·a·syl·lab·ic** elflettergrepig.

hen·di·a·dys *(gram.)* hendiadis.

hen·na *(plant, kleurstof)* henna.

hen·ner·y hoenderhok, =huis.

hen·ny *(w.g.)* hennerig.

Hen·ry: ~ *the Fowler* Hendrik die Vogelaar; ~ *the Lion* Hendrik die Leeu; ~ *the Navigator* Hendrik die See=vaarder.

hen·ry *=ry(s), =ries, (fis., induksie-eenheid, afk.:* H*)* henry.

hep *(vero. sl.)* →HIP³.

hep·a·rin *(biochem.)* heparien.

he·pat·ic hepaties, lewer=; lewerkleurig; ~ *artery* lewer=slagaar; ~ *duct* lewergalbuis; ~ *water* swa(w)elwater, kruitwater.

He·pat·i·cae *(bot.)* Lewermosse, Hepaticae.

hep·a·ti·tis *(patol.)* lewerontsteking.

hep·a·to·ma *=mas, =mata, (patol.)* lewergeswel.

hep·ta- *komb.vorm* sewe=, hepta=.

hep·tad *(teg.)* sewetal.

hep·ta·gon sewehoek, heptagoon. **hep·tag·o·nal** sewe=hoekig, heptagonaal.

hep·ta·he·dron sewevlak, heptaëder, hepta-eder. **hep·ta·he·dral** sewevlakkig, heptaëdries, hepta-edries.

hep·tam·e·ter *(pros.)* heptameter.

hep·tan·gu·lar →HEPTAGONAL.

hep·tar·chy *(pol.)* heptargie.

hep·ta·syl·lab·ic *(pros.)* sewelettergrepig.

Hep·ta·teuch *(Byb.)* Heptateug.

hep·tath·lon *(sport)* sewekamp.

her *vnw.* haar; →SHE, HERS; ~ *indoors, (Br., infml., skerts.)* vrou, wederhelf(te), beter helfte. ~**self** haar(self); sy self, syself; *she **amused** ~* sy het haar vermaak; ***by*** ~ (sy) alleen; *she **cut** ~* sy het haar(self) gesny; *she **said** so ~* sy het self so gesê, sy self (*of* syself) het so gesê; *ask the **woman** ~* vra die vrou self.

He·ra, He·re *(Gr. mit.)* Hera, Juno.

Her·a·cles *(Gr.)* →HERCULES.

Her·a·cli·tus *(Gr. filos.)* Heraklitus, Herakleitos.

her·ald *n., (hist.)* herout; boodskapper; *(dikw. liter.)* voorloper; heraldikus; *chief* ~ wapenkoning. **her·ald** *ww.* aankondig; inlui.

her·ald·ry heraldiek, wapenkunde; wapen(skild). **he=ral·dic** heraldies, wapenkundig; ~ *scholar* heraldikus. **her·ald·ist** heraldikus, wapenkundige.

herb krui(d); bossie, kruidagtige plant; *(dwelmsl.)* dag=ga, boom; ~ *of grace* wynruit; *kitchen ~s* voedsel=kruie; *medicinal ~s* geneeskragtige kruie. ~ **beer** kruie=bier. ~ **Christopher** *herbs Christopher, (Actaea spicata)* christoffelkruid, wolfskruid. ~ **garden** kruietuin. ~ **Paris** *herbs Paris* eenbes(sie). ~ **tea** kruietee.

her·ba·ceous kruidagtig, bossieagtig, niehoutagtig; ~ *border* randakker.

herb·age kruie; groenigheid; gras; weiding; weireg.

herb·al *n.* kruieboek. **herb·al** *adj.* kruie=; ~ *ointment* kruiesalf; ~ *wine* kruiewyn.

herb·al·ist kruiekenner; kruiedokter, *(infml.)* bossie=dokter; drogis. **herb·al·ism** kruiekennis.

her·bar·i·um *=riums, =ria* herbarium; kruieboek; kruieversameling.

her·bi·cide onkruidmiddel, =verdelger, =doder.

her·bif·er·ous kruievoortbrengend.

her·bi·vore *(soöl.)* planteter, herbivoor. **her·biv·o·rous** plantetend.

her·bo·rise, ~**rize** kruie versamel, botaniseer.

herb·y kruierig; kruidagtig; vol kruie.

Her·cu·les *(Gr. en Rom. mit.; astron.)* Hercules, Herkules, Herakles. **Her·cu·le·an, Her·cu·le·an** *(ook h~)* Herculeaans, Herculies, Herkuleaans, Herkulies; Herkules-, reuse-; *~ strength* reusekrag; *~ task* reusetaak, Herkulesarbeid.

herd[1] *n.* kudde, trop; veestapel; skool *(walvisse); the common/vulgar ~, (neerh.)* die groot massa; *a ~ of ...* 'n trop ... *(skape ens.).* **herd** *ww.* saamtrop, -drom; *~ sheep/etc.* ***along*** skape/ens. aankeer; *~ sheep/etc.* ***on*** *to ...* skape/ens. aankeer (na) ... toe; *~ sheep/etc.* ***together*** skape/ens. saamhok/saamja(ag); *they ~* ***together*** hulle drom saam; *~* ***with*** *..., (neerh.)* saamboer met ...; *(arg.)* gemeenskap hou met (*of* aansluit by) ... **~book** (vee)stamboek. **~ feeling, ~ spirit** kuddegees, -drang. **~ instinct** *(psig.)* groepinstink, groepsgees; tropinstink, kuddegees, -gevoel.

herd[2] *n., (arg. of dial.)* herder, veewagter. **herd** *ww., (w.g.)* (vee) oppas. **~boy** (vee)wagter(tjie). **~sman** *-smen, (hoofs. Br.)* veewagter, herder; *the H~, (astron.)* die Veewagter, Boötes. **~swoman** *-swomen* herderin.

herd·er *(hoofs.Am.)* veewagter, herder.

here hier, hierso; hierheen, hiernatoe, hierso; ***about*** *~* hier rond, hier in die buurt/omtrek; *it was* ***about*** *~* dit was omtrent hier; *~ we go* ***again!*** →GO *ww.;* ***along*** *~* hier langs; *~ at the* ***back*** hier agter *(adv.);* hieragter *(pron.);* ***down*** *~* hier onder *(adv.);* hieronder *(pron.);* ***from*** *~* hiervandaan; van hier (af); ***from*** *~ to there* van hier tot daar; *~ at the* ***front*** hier voor *(adv.);* hiervoor *(pron.);* ***get*** *out of ~!* maak dat jy wegkom!; *(infml.)* nou praat jy sommer kaf!; *~* ***goes!*** →GO *ww.;* ***in*** *~* hier binne *(adv.);* hierbinne *(pron.); ~ s.o.* ***is*** hier is iem.; hier kom iem.; ***just*** *~* net hier; ***near*** *~* hier naby; *~ and* ***now*** op die daad/plek, dadelik; ***out*** *~* hier buite *(adv.);* hierbuite *(pron.);* ***over*** *~* hierso, hier duskant; aan hierdie kant; ***right*** *~* net hier, hier op dié plek; op die oomblik; op dié tydstip; nou dadelik; *~ and* ***there*** hier en daar; plek-plek; *it is neither ~ nor* ***there*** dit is nie ter sake nie; *~,* ***there*** *and everywhere* oral(s); ***to*** *~* tot hier; *~'s* ***to*** *...!* op ...!; *~'s* ***to*** *you!* (op jou) geluk/gesondheid!; *~* ***today*** *and gone tomorrow* vandag hier en môre daar; *(ook)* iem. is 'n voël op 'n tak; ***up*** *~* hier bo *(adv.);* hierbo *(pron.); ~* ***we*** *are* hier is ons; hier is dit; hier is die plek; *~ is* ***where*** *... comes in* dit is waar ... te pas kom; *~* ***you!****, (infml.)* hier jy!; *~* ***you*** *are/go!* vat hier!, hier is dit!, hierso!, dè!. **~about(s)** hier langs/rond, omtrent hier, hieromstreeks, hier in die buurt. **~after** *n.: the ~* die hiernamaals. **~after** *adv., (fml.)* hierna, voortaan; na dese; hiernamaals; verder/vêrder op; agter in. **~at** *(arg.)* hierby, hierop, hieroor. **~by** hierby, hiermee, hierdeur; *(vero., skerts.)* mits dese. **~from** hiervandaan. **~in** *(fml. of jur.)* hierin. **~inafter** *(fml. of jur.)* hierna, verder/vêrder op. **~inbefore** *(fml. of jur.)* hierbo, hiertevore. **~of** *(fml. of jur.)* hiervan. **~on** *(arg.)* →HEREUPON. **~to** *(fml. of jur.)* hiertoe; tot hier; hierby. **~tofore** *(fml. of jur.)* tot hiertoe; tevore, eertyds. **~under** *(fml. of jur.)* hierna, later; hieronder. **~upon** hierop; hierna. **~with** *(fml.)* hiermee, hierby.

he·red·i·ta·ble *(w.g.)* (oor)erflik; →HERITABLE. **he·red·i·ta·bil·i·ty** erflikheid.

her·e·dit·a·ment *(jur., vero.)* erfgoed, vererfbare goed.

he·red·i·tar·y erflik; oorerflik; hereditêr; oorgeërf, erf-; *~* ***creed*** oorgeërfde geloof, stamgeloof, erfgeloof; *~* ***disease*** erfsiekte, erflike siekte; *~* ***enemy*** erfvyand; *~* ***fief*** erfleen; *~* ***law/right*** erfreg; *~* ***nobility*** erfadel; *~* ***possession*** erfbesit; *~* ***prince*** erfprins; *~* ***sin*** erfskuld; *~* ***successor*** erfopvolger; *~* ***taint*** erflike belasting; *have an ~* ***taint*** erflik belas wees; *~* ***tenure*** erfpag.

he·red·i·ty erflikheid; oorerwing; herediteit; *(theory of) ~* erflikheidsleer.

He·re·ro *-ro(s), (antr.)* Herero.

here's *(sametr.)* = HERE IS.

he·re·si·arch aartsketter, ketterhoof.

her·e·sy kettery, dwaalleer; *charge with ~* verketter. **~-hunting** ketterjag.

her·e·tic ketter. **he·ret·i·cal** ketters, ketter-.

her·i·ta·ble (ver)erfbaar; erflik; erfgeregtig.

her·i·tage erfenis, erwe; erfdeel, erfgoed, nalatenskap. **~ centre** erfenissentrum. **~ coast** kusbewaringsgebied. **H~ Day** *(SA: 24 Sept.)* Erfenisdag. **~ trail** erfenis(stap)roete, bewaringsroete.

her·i·tance *(arg.)* →HERITAGE.

her·i·tor erfgenaam.

herk·y-jerk·y *adj., (Am., sl.)* met horte/stampe en stote, hortend en stotend, rukkerig.

her·maph·ro·dite *n.* hermafrodiet, trassie. **her·maph·ro·dite, her·maph·ro·dit·ic, her·maph·ro·dit·i·cal** *adj.* dubbelslagtig, tweeslagtig, hermafrodities. **her·maph·ro·dit·ism** hermafroditisme, dubbelslagtigheid, tweeslagtigheid.

her·me·neu·tic, her·me·neu·ti·cal verklarend, uitleggend, uitlegkundig, hermeneuties. **her·me·neu·tics** uitlegkunde, Skrifuitlegging, hermeneutiek. **her·me·neu·tist** Skrifuitlêer, hermeneut.

her·met·ic, her·met·i·cal *adj.* hermeties, lugdig; *~ art* alchemie; *~ poetry* hermetiese poësie. **her·met·i·cal·ly** *adv.* hermeties, lugdig.

her·mit kluisenaar, hermiet; *(hist.)* anachoreet. **~ crab** hermietkrap, kluisenaar(s)krap.

her·mit·age kluisenaarshut, hermitage; *(druifsoort)* hermityk, hermitage; *the H~, (kunsmuseum in Sint Petersburg)* die Ermitage.

hern *(arg. of dial.)* →HERON.

her·ni·a *-nias, -niae* breuk; *abdominal ~* buikbreuk; *umbilical ~* naelbreuk. **her·ni·ot·o·my** breukoperasie.

he·ro *-roes* held; halfgod, heros; *heroes'* ***acre*** heldeakker; ***band*** *of heroes* heldeskaar; *Heroes' Day* Heldedag; ***little*** *~* klein held; *~'s* ***welcome*** heldeontvangs. **~ worship** *n.* heldeverering. **~-worship** *ww.* aanbid, verafgo(o)d, vereer; dweep met. **~-worshipper** heldevereerder.

Her·od *(NT)* Herodes. **He·ro·di·an** *n.* Herodiaan. **He·ro·di·an** *adj.* Herodiaans.

He·rod·o·tus *(Gr. historikus)* Herodotos, Herodotus.

he·ro·ic *adj.* heldhaftig, dapper, heroïes, heroïek, helde-; hoogdrawend; *~* ***act/deed/feat*** heldedaad; *~* ***part*** helderol; *~* ***poem*** heldedig; *~* ***poet*** heldedigter; *~* ***poetry*** epiese poësie, epiek; *~* ***remedy*** drastiese middel. **~ age** heldetyd. **~ couplet** vyfvoetige jambiese koeplet, heroïese koeplet. **~ tenor** heldetenoor. **~ verse** heksameters, vyfvoetige jambes; aleksandryne.

he·ro·ics *n.* hoogdrawende taal, bombasme; mooidoenery, grootdoenery; *(pros.)* →HEROIC VERSE.

her·o·in heroïen. **~ baby** heroïenbaba.

her·o·ine heldin; halfgodin; *little ~* heldinnetjie.

he·ro·ise, -ize 'n held maak van, tot held verhef, heroïseer.

her·o·ism heldemoed, heldhaftigheid, heroïsme, die heroïese; *act of ~* heldedaad.

her·on *(orn.)* reier; *grey ~* bloureier; *squacco ~* ralreier. **~sbill** →STORKSBILL.

her·on·ry reiernes.

her·pes blasies, koorsblare; uitslag; omloop. **~ simplex** herpes simplex/simpleks. **~ zoster** →SHINGLES.

her·pe·tol·o·gy herpetologie, leer van die kruipende diere. **her·pe·to·log·ic, her·pe·to·log·i·cal** herpetologies. **her·pe·tol·o·gist** herpetoloog.

her·ring *(igt.)* haring; ***Bismarck*** *~* rolmops; ***pickled*** *~* pekelharing; ***red/smoked*** *~* bokkom, bokkem, gerookte haring; *a* ***red*** *~, (fig.)* 'n dwaalspoor; 'n afleidingsmaneuver/misleidingsaksie; *draw a* ***red*** *~ across the track/trail* 'n dwaalspoor (agter)laat; 'n afleidingsmaneuver uitvoer; ***salt*** *~* southaring. **~bone** haringgraat. **~bone bandage** *(med.)* visgraatverband. **~bone bond** *(bouk.)* visgraatverband. **~bone bridging/strutting** kruisstutting. **~bone fabric** visgraatstof. **~bone gear** visgraatrat, hoektandrat. **~bone pattern** visgraatpatroon. **~bone stitch** visgraatsteek. **~ curer** haringroker. **~ gull** haring-, silwermeeu. **~-gutted** *adj., (perd)* dun in die lies. **~ net** vleet. **~ pond:** *the ~* die groot water; die Atlantiese Oseaan.

Herrn·hut·er *n., (relig.)* Herrnhutter. **Herrn·hut·er** *adj.* Herrnhutters, Herrnhutter-. **~ knife** herneutermes.

hers *bes.vnw.* hare; *it is ~* dit is hare; *a friend of ~* 'n vriend(in) van haar.

hertz *hertz, (fis., frekwensie-eenheid, afk.: Hz)* hertz. **Hertz·i·an wave** *(vero.)* hertzgolf; →RADIO WAVE.

Hert·zog: *~* **government** *(SA, hist.)* Hertzog-regering. **~ tartlet** *(kookk.)* hertzoggie.

Hert·zog·ism *(SA, hist., pol.)* Hertzogisme. **Hert·zog·ite** Hertzogiet.

Her·ze·go·vi·na *(geog.)* Herzegowina. **Her·ze·go·vi·ni·an** *n.* Herzegowiniër. **Her·ze·go·vi·ni·an** *adj.* Herzegowinies.

he's *(sametr.)* = HE IS; HE HAS.

He·si·od *(Gr. digter)* Hesiodos.

hes·i·tate aarsel, weifel, skroom, huiwer; *~ to do s.t.* aarsel om iets te doen; huiwerig wees om iets te doen; *not ~ to do s.t.* nie aarsel om iets te doen nie. **hes·i·tance, hes·i·tan·cy** aarseling, weifeling, weifelagtigheid. **hes·i·tant** aarselend, weifelend, weifelagtig. **hes·i·tat·ing(·ly)** aarselend, weifelend, draaierig, dralend, onbeslis. **hes·i·ta·tion** aarseling, weifeling, onbeslistheid; hapering *(in spraak); have no ~ in doing s.t., do s.t. without ~* iets sonder aarseling doen; *without ~, (ook)* sonder weifeling.

Hes·pe·ri·a *(poët.)* die weste, Hesperia, Hesperië. **Hes·pe·ri·an** *(poët.)* Hesperies, westers. **Hes·per·i·des:** *the ~, (Gr. mit.)* die Hesperides.

hes·per·id·i·um *(bot.)* oranjevrug.

Hes·per·i·i·dae *(entom.)* die dikkopvlinders, Hesperiidae.

Hes·per·us *(vero., astron.: aandster)* Hesperos, Hesperus; →VENUS.

Hesse *(geog.)* Hesse; *Lower ~* Neder-Hesse; *Upper ~* Opper-Hesse. **Hes·sian** *n., (inwoner)* Hes. **Hes·sian** *adj.* Hessies; *~ (boots)* kapstewels.

hes·sian goiing; sakgoed. **~ bag** goiingsak.

hes·so·nite, es·so·nite, cin·na·mon stone *(min.)* kaneelsteen, (h)essoniet.

hest *(arg.)* gebod, bevel; →BEHEST.

he·tae·ra *-ras, -rae,* **he·tai·ra** *-ras, -rai, (<Gr., hist.: courtisane, byvrou)* hetere.

het·er·o *-os, (infml., afk. v. heterosexual)* hetero.

het·er·o- *komb.vorm* hetero-.

het·er·o·blast·ic *(bot.)* heteroblasties.

het·er·o·chro·mous heterochroom *(blomme ens.).*

het·er·o·clite *n., (gram.)* onreëlmatig verboë substantief, heterokliet. **het·er·o·clite, het·er·o·clit·ic** *adj., (gram.)* afwykend; onreëlmatig (verboë), heteroklities.

het·er·o·dox onregsinnig, afwykend, heterodoks, onsuiwer in die leer. **het·er·o·dox·y** onregsinnigheid, heterodoksie, onsuiwere leer.

het·er·o·dyne *n., (elektron.)* heterodine. **het·er·o·dyne** *adj.* heterodine-, swewings-.

het·er·og·a·my heterogamie. **het·er·og·a·mous** heterogaam.

het·er·o·ge·ne·ous ongelyksoortig, ongelykslagtig, heterogeen, vreemdsoortig. **het·er·o·ge·ne·i·ty, het·er·o·ge·ne·ous·ness** ongelyksoortigheid, heterogeniteit.

het·er·o·gen·e·sis *(biol.)* heterogenese. **het·er·o·ge·net·ic, het·er·o·gen·ic** heterogeneties.

het·er·og·e·nous *(biol., med.)* van uitwendige oorsprong.

het·er·og·o·ny *(biol.)* heterogonie, ongelykvormigheid. **het·er·og·o·nous** heterogoon.

het·er·o·mor·phic, het·er·o·mor·phous *(biol.)* heteromorf, atipies. **het·er·o·mor·phism, het·er·o·mor·phy** heteromorfie. **het·er·o·mor·pho·sis** heteromorfose.

het·er·on·o·mous heteronoom. **het·er·on·o·my** heteronomie.

het·er·o·nym *(ling.)* heteroniem.

het·er·o·sex·ism heteroseksisme. **het·er·o·sex·ist** *n.* heteroseksis. **het·er·o·sex·ist** *adj.* heteroseksisties.

het·er·o·sex·u·al heteroseksueel. **het·er·o·sex·u·al·i·ty** heteroseksualiteit, teengeslagtelike liefde.

het·er·o·sis *-oses, (biol.)* heterose, basterkrag.

het·er·o·sty·ly, het·er·o·styl·ism *(bot.)* ongelykstyligheid, heterostilie. **het·er·o·sty·lous, het·er·o·styled** ongelykstylig, heterostiel.

het·er·o·tax·is, het·er·o·tax·y heterotaksis. **het·er·o·tac·tic, het·er·o·tac·tous, het·er·o·tax·ic** heterotakties.

het·er·o·troph·ic *(biol.)* heterotroof.

het·er·o·zy·gote *n., (genet.)* heterosigoot, heterosigoties. **het·er·o·zy·gous** *adj.* heterosigoot.

het·man *-mans* hetman.

het up *adj. (pred.), (infml.): be ~ ~ about s.t.* opgewonde oor iets wees.

heu·ris·tic *adj.* heuristies, ontdekkend. **heu·ris·tics** *n. (fungeer gew. as ekv.)* heuristiek.

hew *hewed hewed/hewn* kap; slaan; *~ ... **down** ...* afkap/omkap *('n boom ens.); ...* neervel *('n teenstander); **hewn*** bekap, gehou; *~ to the **line**, (fig.)* in die spoor bly; *~ s.t. **off*** iets afkap; *~ s.t. **out*** iets uitkap/uitbeitel; *~ **out** a career for o.s.* vir jou 'n loopbaan uitkerf/oopkap; *~ **out** an existence* op 'n manier *(of* met [groot] moeite) 'n bestaan maak; *~ ... to **pieces*** ... stukkend *(of* aan stukke) kap; *~ ... **up** ...* opkap/fynkap; ... stukkend kap; *~ one's **way*** jou pad deurslaan/oopkap; jou weg baan. **hew·er** *(vero.)* houtkapper; mynwerker; *~s of wood and drawers of water, (AV: Jos. 9:21)* houtkappers en waterdraers.

hew·ing kappery; bekapping. ~ **chisel** kapbeitel.

hex[1] *n., (afk. v.* hexadecimal [notation]*)* heks. ~ **code** hekskode.

hex[2] *n., (Am., infml.)* heks, towenaar; towerspreuk; *put a ~ on s.t.* iets toor; *there's a ~ on it* dis gepaljas. **hex** *ww., (Am., infml.)* betoor, paljas, beheks; heksery bedryf. **hex·ing** *(Am., infml.)* heksery, towery.

hex·a- *komb.vorm* heksa-, ses-.

hex·ad *(teg.)* sestal.

hex·a·dec·i·mal *adj.* heksadesimaal, sestientallig. ~ **(notation)** heksadesimale getallestelsel, sestientallige stelsel.

hex·a·gon seshoek, heksagoon. **~(-headed) bolt** seskant(kop)bout. ~ **iron** seskantyster. ~ **nut** seskantmoer.

hex·ag·o·nal seshoekig; seskantig; sessydig; heksagonaal; *~ bar* seskantstaaf; *~ nut* seskantmoer.

hex·a·gram heksagram, Dawidster.

hex·a·he·dron sesvlak, kubus, heksaëder, heksa-eder. **hex·a·he·dral** sesvlakkig, heksaëdries, heksa-edries.

hex·am·e·ter *(pros.)* heksameter, sesvoetige vers. **hex·a·met·ric, hex·a·met·ri·cal** heksametries, sesvoetig.

hex·a·pod *n., (entom.)* sespoot, sespoter. **hex·a·pod** *adj.* sespotig.

Hex·a·teuch *(eerste ses boeke v.d. Bybel)* Heksateug.

hey *tw.* haai (jy); hè?; *~ presto!* siedaar!.

hey·day *n.* bloei(tyd), glorietyd, fleur, mooiste/skoonste tyd; hoogtepunt, hoogste punt, toppunt; *in s.o.'s ~* in iem. se fleur; *in the ~ of ...* op die hoogtepunt van ... **hey·day** *tw., (arg.)* alla, aits.

Hey·duck →HAIDUK.

Hez·bol·lah, Hiz·bol·lah *(Arab.: Party v. God; militante Sjiïtiese Moslemorganisasie)* Hizbollah.

Hez·e·ki·ah *(koning v. Juda, ?715-?687 v.C.)* Hiskia.

hi *tw.* haai.

hi·a·tus *-tus(es)* hiaat, gaping, leemte. ~ **hernia** mantelvliesbreuk, diafragmabreuk.

hi·ber·nal winter-.

hi·ber·nate oorwinter; hiberneer, winterslaap hou; uitwinter; luilak; →AESTIVATE. **hi·ber·na·tion** oorwintering, winterslaap, hibernasie; luilakkery. **hi·ber·na·tor** winterslaper.

Hi·ber·ni·a *(Rom. naam vir Ierland)* Hibernië. **Hi·ber·ni·an** *n.* Hiberniër. **Hi·ber·ni·an** *adj.* Hibernies. **Hi·ber·ni·cism, Hi·ber·ni·an·ism** Hibernisme, Ierse gesegde/uitdrukking.

hi·bis·cus *-cuses, (bot.)* hibiskus, vuurblom.

hic·cup, hic·cough *n.* hik; *(infml., fig.)* (klein) haakplekkie/probleempie; ***have a ~**, (fig., rekenaar ens.)* lol, las/moeilikheid gee; ***have** the ~s, (lett.)* die hik hê; *there's been a **slight** ~* daar het 'n (klein) probleempie opgeduik, daar is 'n (klein) haakplekkie/probleempie; ***without** any ~s* glad, vlot, sonder haakplekke. **hic·cup** *-p(p)-*, **hic·cough** *ww.* hik.

hick *n., (Am., infml.)* (plaas)japie, (gom)tor, takhaar. **hick** *adj., (Am., infml.)* agterlik; *~ town* agterlike dorpie.

hick·ey *(Am., infml.)* dingetjie, dingesie, affêrinkie, kontrepsie *(<Eng.)*; vlekkie; liefdesbyt; puisie; *(teg.)* pypbuiger; *(elek.)* koppelstuk.

hick·o·ry Amerikaanse okkerneutboom, hickory; neuthout. ~ **gum** leerbloekom.

hid *(verl.t.)* →HIDE[2] *ww.*.

hi·dal·go *-gos* hidalgo, Spaanse edelman.

hid·den verborge, versteek, verskole, verhole; →HIDE[2] *ww.*; *~ **agenda*** verskuilde/geheime/verborge agenda; *~ **curriculum*** ongeskrewe gedragskode *(op skool)*; *~ **designs*** geheime oogmerke; *~ **meaning*** bybedoeling; *~ **reserves**, (ekon.)* geheime reserwes.

hide[1] *n.* vel, huid; *~ (n)or **hair** of ..., (infml.)* geen spoor van ... nie; ***save** s.o.'s ~, (infml.)* iem. se bas/lewe red; *~s and **skins*** huide en velle; ***tan** s.o.'s ~, (infml.)* iem. (uit)looi. **hide** *hided hided, ww., (infml.)* (uit)looi, tou, 'n loesing gee, vel. **~bound** *(fig.)* bekrompe, verkramp, kleingeestig; gewoontevas; verstar(d), styf en strak, star.

hide[2] *n.* skuilplek, skuilte, skuilhut; wegsteekplek. **hide** *hid hidden/hid, ww.* verberg, wegsteek, wegstop; wegkruip, skuil, jou verskuil; verdoesel; *~ **away*** wegkruip, skuil; *~ s.t. **away*** iets wegsteek; *~ **from** s.o.* vir iem. wegkruip; *~ s.t. **from** s.o.* iets vir iem. wegsteek; *~ one's **head*** jou kop laat hang *(v. skaamte)*, nie weet waar om jou kop weg te steek nie; *~ **o.s.*** wegkruip; skuilgaan; *~ **out*** wegkruip; *~ **up**, (w.g., vero.)* wegkruip, skuil. **~-and-seek** *(speletjie)* wegkruipertjie, aspaai. **~away** skuilplek, skuilte. **~-out** skuilplek, wegkruipplek.

hid·e·ous afskuwelik, afgryslik, afsigtelik. **hid·e·ous·ness** afskuwelikheid, afgryslikheid, afsigtelikheid.

hid·ing[1] *(ook, fig.: ne[d]erlaag)* pak (slae), loesing; ***get** a ~* ('n) pak (slae) kry, 'n loesing kry/oploop, op jou baadjie kry; ***give** s.o. a ~* iem. ('n) pak (slae) gee, iem. op sy baadjie gee; *give s.o. a **good/proper/sound** ~* iem. 'n ordentlike/deftige/gedugte pak (slae) *(of* loesing) gee, iem. behoorlik afransel/opdons; *be on a ~ to **nothing*** weinig kans op sukses hê, tot mislukking gedoem wees; ***prepare** (yourself) for a ~!* jy kan maar jou lyf vetsmeer!.

hid·ing[2] skuiling, skuilplek; *be in ~* wegkruip; *go into ~* wegkruip, skuil, skuilgaan, onderduik; *remain in ~* skuil, verskuil bly, wegkruip. ~ **place** skuilplek, skuilte, wegkruipplek, skuilhoek.

hi·dro·sis *-droses, (med.)* sweetafskeiding. **hi·drot·ic** *n.* sweetmiddel, sweetdrank. **hi·drot·ic** *adj.* sweetdrywend.

hie *hied; hieing, hying, (arg.)* ja(ag), (jou) haas; *~ o.s. home* jou huis toe haas.

hi·er·arch opperpriester; kerkhoof; aartsbiskop. **hi·er·ar·chic, hi·er·ar·chi·cal** hiërargies. **hi·er·ar·chy** hiërargie; (priesterlike) rangorde; priesterheerskappy.

hi·er·at·ic, hi·er·at·i·cal hiëraties, priesterlik, priester-.

hi·er·o·glyph, hi·er·o·glyph·ic *n.* hiëroglief, beeldskrifteken. **hi·er·o·glyph·ic** *adj.* hiëroglifies, hiëroglifies. **hi·er·o·glyph·ics** *n. (fungeer as ekv. of mv.)* beeldskrif, hiërogliewe.

Hi·er·on·y·mus *(Lat.), (heilige, ?347-?420 n.C.)* Hieronimus; →JEROME.

hi·er·o·phant wydingspriester; opperpriester.

hi-fi *hi-fis, (afk.)* hoëtroustel; →HIGH FIDELITY. ~ **equipment** hoëtroutoerusting. ~ **set**, ~ **system** hoëtroustel, -stelsel, -toestel. ~ **sound** hoëtrouklank.

hig·gle *(arg.)* →HAGGLE *ww.*.

hig·gle·dy-pig·gle·dy *n., (infml.)* deurmekaarspul, warboel. **hig·gle·dy-pig·gle·dy** *adj. & adv.* deurmekaar, onderstebo, hot en haar.

high *n.* die hoë; hoogtepunt, toppunt; hoogste syfer, maksimum; *(met.)* hoog, hoogdrukgebied, antisikloon; bedwelming, dwelmroes; *be at (or reach) an **all-time** ~* hoër as ooit wees; ***from** on ~* van bo(we), van/uit die hemel, van omhoog; ***hit/reach** a ~* 'n hoogtepunt bereik; *the ~ and the **low*** hoog en laag, ryk en arm; *the **Most** H~* die Allerhoogste; *a **new** ~* 'n nuwe hoogtepunt; ***on** ~* (daar) bo, in die hemel/hoë, omhoog; na bo(we), na die hemel. **high** *adj. & adv.* hoog; verhewe; gunstig; duur; edel, adellik; kragtig, sterk; opgewek, hooggestem(d); hooglopend, hewig; uiters, erg; adellik *(wildsvleis)*; *(infml.)* dronk; *(infml.)* bedwelm(d), dwelmdronk; →HIGHER *adj. & adv.*; *fly **as** ~ as 10 000 metres* tot 10 000 meter hoog vlieg; *temperatures **as** ~ as 30 degrees* 'n temperatuur van tot 30 grade; *reach ~ **C**, (mus.)* die hoë C bereik; *~ **charge**, (plofstof)* swaar lading; *~est **common** factor* grootste gemene deler; *~ **contracting** parties* hoë kontrakterende partye; *~ **days** and holidays* →DAY; *~ and **dry*** hoog en droog; *~ **enthusiasm*** blakende ywer; brandende geesdrif; *be in ~ **favour*** hoog in die guns staan; ***get** ~ on ..., (infml.)* in 'n bedwelming raak van ... *('n dwelmmiddel)*; gerook raak *(v. dagga)*; *with a ~ **hand*** →HIGH-HANDED; *s.o.'s **heart** is ~* iem. is opgetoë; *have ~ **hopes*** groot verwagtinge koester; *on the ~ **horse*** op jou perdjie, woedend; uit die hoogte, minagtend; *(as) ~ as a **kite**, (infml.)* hoog in die takke; *hunt/search ~ and **low*** oral(s) (rond)soek; *the **meat** is ~, (effens bedorwe)* die vleis het 'n krakie/klankie; *be ~ and **mighty*** hooghartig/aanmatigend *(of* uit die hoogte) wees; verwaand wees; *~ **mountains*** hooggebergte; *~est **paid** official* hoogs betaalde amptenaar; *in ~ **places**, (ook)* onder/by hooggeplaastes; *feelings **ran** ~* die gevoelens het hoog geloop; *be **riding** ~* op die kruin van die golf ry/wees; ***sing** ~* hoog sing; *at (a) ~ **speed*** met groot snelheid; →HIGH-SPEED *adj.*; *it is ~ **time*** dit is hoog tyd; *have a ~ old **time*** dit gate uit geniet, groot pret hê; *~ **up*** omhoog; hooggeplaas; →HIGH-UP *n.*; ***wheat** is ~* koring is duur; *the **wheat** is ~* die koring staan hoog. ~ **altar** hoogaltaar. **~-angle** steilhoekig. **~-backed** hoërug-, met 'n hoë rug(leuning). **~ball** *(Am.)* ysmengeldrankie; whisky en soda/gemmerlim met ys. ~ **boot** kapstewel. **~born** van hoë geboorte/afkoms, welgebore; adellik. **~boy** *(Am.)* hoë laaikas. **~brow** *n., (dikw. neerh.)* kokkedoor, snob, boekgeleerde. **~brow** *adj., (dikwels neerh.)* boekgeleerd, snobisties, intellektueel. **~-carbon steel** kool(stof)ryke staal. **~chair** kinderstoel. **H~ Church** Hoogkerk. **~-class** vernaam, deftig, uitmuntend, uitnemend, van hoë gehalte. ~ **comedy** grootkomedie. ~ **command** opperbevel, opperste/hoogste leërleiding. **H~ Commission** Hoë Kommissie/Kommissariaat. **H~ Commissioner** Hoë Kommissaris. **~-cost** met hoë (produksie)koste; duur. ~ **court** *(jur.)* hooggeregshof. ~ **court judge** *(jur.)* hooggeregshofregter. **H~ Court of Parliament** *(Br., fml.)* Hoë Hof van die Parlement. ~ **definition television** hoëdefinisie-televisie. **~-density housing** hoëdigtheidsbehuising. **H~ Dutch** Hooghollands. **~-end** *adj. (attr.)* kundige, gesofistikeerde, oordeelkundige, kieskeurige *(verbruiker)*; weelde-, eksklusiewe *(handelsware)*. **~-energy** *adj. (attr.)* energieryke *(kos ens.)*; *~ blast* hoogenergetiese (skiet)lading. ~ **explosive** brisante springstof, brisant(stof). **~-explosive bomb** brisantbom. **~falutin(g)** *n., (infml.)* bombasme, hoogdrawendheid. **~falutin(g)** *adj.* bombasties, hoogdrawend. ~ **fashion** hoogmode. ~ **feeding** smullery, weelderige ete. ~ **festival** hoë fees. **~-fibre** *adj. (attr.)* veselryke *(dieet)*. ~ **fidelity** *n.* klankpresisie, klanktrou, klank(ge)trouheid, klank(ge)troue weergawe. **~-fidelity** *adj. (attr.)* klankpresies(e), klank(ge)troue, -suiwer, -sekuur, -sekure. ~ **finance** hoë finansiewese. ~ **five** *n., (infml., oorspr. Am.)* vatvyf. **~-five** *ww.* (mekaar) vatvyf *(of* die vatvyf gee). **~-flier, ~-flyer** hoogvlieër; fantas. **~-flown** hooggestem(d), verhewe; bombasties, hoogdrawend, opgeblase. **~-flying** *n.* hoogvlieëndheid. **~-flying** *adj., (lett. & fig.)* hoogvlieënd, ambisieus, eersugtig. ~ **forest** hoogbos.

~ **frequency** *n., (rad.)* hoë frekwensie. ~**-frequency** *adj. (attr.)* hoëfrekewensie=. ~ **gear** hoë rat. **H~ German** Hoogduits. ~**-grade** eersterangs, van hoë gehalte; hoogstaande, kwaliteits=; ~ *ore* ryk erts. ~ **ground** *(mil.)* hoë/hooggliggende terrein; *(fig.)* gunstige/voordelige posisie; aanmatigende/hooghartige/meerderwaardige houding; sterk standpunt. ~**-handed** eiegeregtig, eiemagtig, eiesinnig; aanmatigend; willekeurig. ~**-handedness** eiegeregtigheid, eiemagtigheid, eiesinnigheid. ~ **hat** keil, hoë hoed; *(Am., infml.)* snob, trotsaard. ~**-hat** *adj., (infml.)* verwaand, hooghartig. ~**-hat** *ww., (infml.)* minagtend behandel. ~**-heeled** hoëhak=, met hoë hakke. **H~ Holidays,** ~ **Holy Days** *(Jud.: Roosj Hasjana [Joodse Nuwejaar] en Joom Kippoer [Groot Versoendag])* groot feesdae. ~**jacker** →HIJACKER. ~ **jinks, hijinks** hanswors(t)ery, gekskeerdery; joligheid, jolyt, pret(makery). ~ **jump** hoogspring; *you are for the* ~ ~, *(Br., infml.)* dis klaarpraat met jou. ~ **jumper** hoogspringer. ~**-keyed** hooggestem(d). ~**-kicker** hoogskopper. ~**land** hoogland; →HIGHLAND. ~**lander** bergbewoner. ~**-level** hoogstaande; hoog(geleë); ~ *language, (rek.)* hoëvlaktaal; ~ *talks* hoëvlaksamesprekings; ~ *tank* hoogtetenk. ~ **life** *(ook* high living*)* luukse/weelderige/uitspattige lewe, (die lewe in) hoë kringe, die vername lewe, die groot wêreld; *(popmus., gew.* high-life*)* highlife. ~**light** *n.* ligplek; glanspunt, hoogtepunt; hoogsel; *(gew. i.d. mv.)* sonspatsel, ligstreep *(in hare).* ~**light** *ww.* beklemtoon, onderstreep, uitlig, die lig laat val op, die aandag vestig op *(probleme ens.);* met 'n neon=/glimpen merk *(geskrewe/gedrukte teks);* bepaal, uitlig, verhelder *(teks op 'n rekenaarskerm);* (laat) ligstreep *(hare).* ~**lighter** neon(merk)pen, glimpen; *(grimering)* aksent=, kontraskleur; aksent=, kontraskleurstiffie. ~ **limit** bogrens. ~ **living** →HIGH LIFE. ~**-lying** hooggeleë *(terrein);* ~ *clouds* hoë wolke. **H~ Mass** hoogmis, singende mis. ~**-minded** edel(moedig), verhewe, hoogstaande; idealisties. ~**-mindedness** edelmoedigheid; idealisme. ~**-necked:** ~ *jersey* hoënektrui. ~ **noon** hoogmiddag, volle middag; *(fig.)* hoogtepunt, klimaks; beslissende/kritieke oomblik; *it was* ~ ~ dit was hoogmiddag (*of* volle middag); *at* ~ ~ op die middaghoogte, reg op die middag. ~**-nosed** hoogmoedig, verwaand. ~**-octane fuel** hoëoktaanbrandstof. ~**-performance** *adj. (attr.)* hoëprestasie=, hoë(werk)verrigtings=. ~**-pitched** hoog, hooggestem(d); hoogstaande, verhewe; ~ *roof* spits/steil dak. ~ **point** hoogtepunt. ~**-powered** kragtig *(enjin, motor, laserstraal, ens.);* sterk *(teleskoop, verkyker, ens.);* invloedryk, vernaam *(sakeman, politikus, pos, ens.).* ~ **pressure** hoë druk. ~**-pressure** *adj. (attr.)* hoogdruk=; ~ ***area,*** *(met.)* hoogdrukgebied, hoog; ~ ***boiler*** hoogdrukketel; ~ ***growth*** geforseerde groei; ~ ***lubrication*** hoogdruksmering; ~ ***sales*** aggressiewe verkope, drangverkope; ~ ***salesmanship*** drangverkopery, aggressiewe verkoopstaktiek; ~ ***system,*** *(met.)* hoogdrukstelsel, hoog. ~**-priced** hoog in prys, duur, kosbaar. ~ **priest** hoëpriester. ~**-principled** met edele/hoë beginsels. ~ **profile** *n.* kalklig, voorgrond; *give s.t. a* ~ ~ iets in die kalklig (*of* op die voorgrond) stel, die kalklig op iets laat val, aansien aan iets verleen; *have a* ~ ~ in die kalklig (*of* op die voorgrond) wees, groot aansien geniet. ~**-profile** *adj. (attr.)* voorste *(politici, sangers, ens.);* glansryke, luisterryke *(onthaal ens.).* ~**-protein** *adj. (attr.)* proteïenryke *(dieet).* ~**-ranking** hooggeplaas(te); *highest-ranking* mees hooggeplaas(te). ~**-rated traffic** hoëtariefverkeer. ~ **relief** hoogreliëf; *in* ~ ~, *(fig.)* sterk uitkomend. ~**-resolution** *adj. (attr.)* hoëresolusie= *(beeld, skerm, foto, grafika, ens.);* ~ *spectroscopy* hoëskeidingspektroskopie. ~**-rise building** toringgebou, =blok, hoë gebou. ~**-risk** *adj. (attr.)* hoërisiko= *(groep, pasiënt);* ~ *stock, (ekon.)* hoërisiko-effek. ~**road** grootpad, hoofweg; wapad, heerweg; *(fig.)* grootpad *(na sukses ens.).* ~ **school** hoërskool, hoër/middelbare skool. ~ **school teacher** hoërskoolonderwyser, middelbare onderwyser. ~ **sea** stortsee, swaar see; *on the* ~ *~s* in die oop see. ~ **season** hoogseisoen. ~**-security** *adj. (attr.)* hoëveiligheids=, hoësekerheids=, hoësekuriteits= *(gebied, gevangenis, ens.).* ~**-sided vehicle** diepbakvoertuig. ~ **society** (hoë) sosiale kringe. ~**-souled** edelaardig. ~**-sounding** klinkend; hoogdrawend, weids. ~**-speed** *adj.* ultrasnel; (blits)vinnig; *(attr.)* hoëspoed= *(enjin, lorrie, geheue, fotografie, kamera);* snel= *(vliegtuig, boor, drukker);* ~ *steel* snelsny=, sneldraaistaal. ~**-spirited** fier; vurig, lewendig. ~ **spirits** uitgelatenheid, uitbundigheid, opgetoënheid, opgewektheid; *in* ~ ~ uitgelate, uitbundig, (hoogs) opgewek. ~ **spot** *(infml.)* hoogte=, glanspunt. ~ **standing** aansienlikheid. ~**-stepper** hoogstapper; *(perd)* hoogpoter; *(mens)* hoogskopper; windmaker. ~**-stepping** hoogstappend; hoogskoppend; lewendig; windmaker(ig). **H~ Street** *(SA)* Hoogstraat. ~ **street** hoofstraat. ~**-street** *adj. (attr.), (Br.):* ~ *banks/shops/etc.* sentrale banke/winkels/ens.. ~**-strung** *(Am.)* hooggespanne; fynbesnaar(d), oorgevoelig. ~ **summer** hoogsomer. ~ **table** *(Br.)* hooftafel; *at* ~ ~ aan die hooftafel. ~**tail** *ww., (Am., sl.):* ~ *it* die hasepad kies, spore maak, jou lyf windhond hou, laat spat/spaander/vat, jou (haastig) uit die voete maak. ~ **tea** *(Br.)* teemaaltyd, (ligte/vroeë) aandete. ~ **tech** →HI TECH. ~**-tensile steel** trekvaste staal. ~ **tension** *n.* →HIGH VOLTAGE. ~**-tension** *adj. (attr.):* ~ *cable* hoogspanningskabel; ~ *current, (elek.)* sterkstroom; ~ *wire* hoogspanningsdraad. ~ **thoughts** hoë/verhewe gedagtes. ~ **tide** hoogwater. ~ **tide level** getyhoogte. ~**-toned** hoog; hooggestem(d); edel, verhewe. ~ **tops,** ~**-top sneakers** enkelstewels. ~ **treason** hoogverraad, landverraad. ~**-up** *n., (infml.)* grootkop, (groot) kokkedoor. ~**veld** hoëveld; *the H~, (SA)* die Hoëveld. ~**-velocity rifle** vinnige geweer. ~ **voltage** hoë spanning, hoogspanning, sterkstroom. ~**-voltage current** sterkstroom. ~ **water** hoogwater. ~**-water level** hoogwaterpeil; *(fig.)* toppunt, hoogtepunt. ~**-water mark** hoogwaterlyn, vloedlyn. ~ **wind** stormwind, sterk wind. ~ **wire** gespanne koord. ~**-wire artist** koorddanser, =loper, (span)draadloper. ~ **words** rusie, kwaai woorde. ~**-wrought** hooggespanne.

high·er *adj. & adv.* hoër; ~ *and* ~ al hoe hoër. ~ **animals,** ~ **plants** *n. (mv.), (biol.)* hoër diere/plante. ~ **education** hoër onderwys. ~**-up** *n., (infml.)* baas, grootkop, (groot) kokkedoor, hoof, senior.

High·land *n.: the ~s* die (Skotse) Hoogland; *the White ~s, (Kenia)* die Wit Hoogland. **High·land** *adj.* Hooglands. ~ **cattle** Skotse beeste. ~ **dress** Skotse drag, kilt. ~ **fling** Skotse volksdans/driepas. ~ **wool** Hooglandse wol.

High·land·er Hooglander, Bergskot.

high·ly hoog, hoogs; ten seerste; *be* ~ ***amused*** dik van die lag wees, vol lag wees; ~ ***amusing*** hoogs vermaaklik; ~ ***classified*** hoogs geheim; ~ ***commended*** eervolle vermelding *(op 'n tentoonstelling);* ~ ***complex*** uiters kompleks; ~ ***controversial*** hoogs/erg omstrede; ~ ***delighted*** baie bly/verheug; ~ ***descended*** van hoë afkoms; ~ ***educated*** hooggeleerd; ***esteem*** ... ~ ... hoogag/waardeer (*of* hoog aanslaan); ~ ***esteemed*** hooggeskat; ~ ***finished*** fyn afgewerk; ~ ***gifted*** uiters/hoogs begaaf(d); ~ ***improbable/unlikely*** hoogs onwaarskynlik; ~ ***likely/probable*** hoogs waarskynlik; ~ ***paid*** hoogbesoldig; ~ ***placed*** hooggeplaas; ~ ***pleased*** hoog in jou skik; ~ ***polished*** blink gepoets/gepolys/gepoleer; ~ ***qualified*** hooggekwalifiseer(d); uiters bekwaam; ~ ***(re)commend*** ... ... sterk aanbeveel; ~ ***seasoned*** sterk gekrui(d)/gekrui(e); ~ ***skilled*** hooggeskool(d); ***speak*** ~ *of* ... met lof van ... praat, hoog oor/van ... opgee; ~ ***strung*** hooggespanne, uiters senu(wee)agtig; oorgevoelig, fynbesnaar(d); ~ ***successful*** uiters geslaag(d); ~ ***surprised*** uiters verbaas; ***think*** ~ *of* ... baie van ... dink, 'n hoë dunk (*of* 'n goeie opinie) van ... hê.

high·ness hoogte; hoogheid; *(Royal) H~* (Koninklike) Hoogheid.

hight *(arg. of poët., liter.)* genaamd.

high·way grootpad, hoofweg; openbare weg; seeweg; *the ~s and byways* oraloor, hoog en laag; *on the* ~ *to ruin* op weg na die verderf. **H~ Code** *(Br.)* padkode. ~**man** =*men, (hist.)* padrower, struikrower. ~ **robber** struikrower. ~ **robbery** *(lett.)* struikrowery; *(infml., fig.)* uitbuiting.

hi·jack *n.* roof, skaking, kaping. **hi·jack** *ww.* roof, skaak, kaap *('n motor, vliegtuig, ens.).* **hi·jack·er** skaker, kaper *(v. 'n motor, vliegtuig, ens.); (hist.)* drankrower. **hi·jack·ing** skaak, skaking, kaap, kaping.

Hi·jaz →HEJAZ.

hi·jinks →HIGH JINKS.

hike *n.* stap=, wandeltog, wandeltoer, voetreis; *(Am.)* verhoging, styging; *take a ~!, (hoofs. Am., infml.)* skoert!, kry jou ry!. **hike** *ww.* voetslaan, stap, 'n wandeltog maak; *(Am.)* verhoog, ophys; ~ *s.t. (up)* iets verhoog *(pryse, premies, eiendomsbelasting);* ~ *s.t. up* iets optrek *(broekspype, 'n romp, ens.).* **hik·er** voetslaner, stapper, wandelaar.

hik·ing (die) voetslaan/stap, loop=, wandelsport. ~ **boot** stapskoen, =stewel. ~ **path,** ~ **trail,** ~ **route** voet(slaan)pad. ~ **tour** staptog, wandeltog, =toer.

hi·lar·i·ous snaaks, grappig, lagwekkend; vrolik, uitbundig, uitgelate, opgeruimd. **hi·lar·i·ous·ly** *adv.:* ~ *funny* skree(u)snaaks. **hi·lar·i·ous·ness, hi·lar·i·ty** vrolikheid, uitbundigheid, uitgelatenheid, opgeruimdheid, hilariteit.

hill *n.* bult, heuwel, kop(pie), rant(jie); rug; hoop, hopie; *up* ~ *and down **dale*** bergop en bergaf, oor berg(e) en dal(e), oor heg en steg; *be **over** the ~, (lett.)* oorkant die bult wees; *(fig., infml.)* oor die muur wees, op die afdraand(e) (*of* afdraande pad) wees; ***up** the* ~ (teen) die bult/heuwel op/uit. **hill** *ww.* operd. ~**billy** *(gew. neerh.)* (agterlike) bergbewoner, agtervelder, takhaar; *(soort countrymus.)* hillbilly. ~ **climb** *(mot.)* heuwelren. ~**-climbing test** klimtoets. ~ **country** *(NS)* rûensveld. ~ **folk,** ~ **people** bergbewoners; kabouters. ~**man** =*men* bergbewoner; kabouter(man). ~ **ridge** bultrug. ~**side** (heuwel)hang, helling, skuinste. ~**side plough** omslagploeg. ~**top** heuweltop. ~ **town** bergstad; bergdorp. ~ **trout** bergforel.

hill·ock heuweltjie, bultjie, koppie.

hill·y heuwelagtig, bulterig, vol koppies/rante; bergagtig; ~ *country/region* heuwelstreek, =land. **hill·i·ness** heuwelagtigheid, bulterigheid; *(hoër)* bergagtigheid.

hilt *n.* handvatsel, greep, hef *(v. 'n swaard/dolk); (up) to the ~, (lett.)* tot aan die hef; *(fig.)* diep *(i.d. moeilikheid ens.);* tot oor die ore *(i.d. skuld ens.); support ... to the* ~ ... volmondig (*of* ten volle) steun. **hilt** *ww., (w.g.)* 'n handvatsel/greep/hef aansit.

hi·lum *hila, (bot.)* nael(tjie), oog; kernvlekkie *(v. stysel); (anat.)* →HILUS.

hi·lus *hili, (anat.)* poort.

him hom; *it's* ~ dis hy; →HE. **him·self** hom(self); hy self, hyself; ***by*** ~ alleen; op sy eie; *he **does** it* ~ hy doen dit self, hy self (*of* hyself) doen dit; *he **hurt*** ~ hy het seergekry, hy het hom seergemaak; *he **is*** ~ ***again*** hy is weer reg (*of* pure perd *of* wat hy was); *he **knows** s.t.* ~ hy weet iets self; *he is **not*** ~ ***today*** hy is vandag nie op sy stukke (*of* op dreef) nie; *he is **quite*** ~ hy is heeltemal by sy positiewe; *he has a room **to*** ~ hy het sy eie kamer (*of* 'n kamer vir hom alleen); *leave him **to*** ~ laat hom vaar.

Hi·ma·la·yas: *the ~, (geog.)* die Himalaja. **Hi·ma·la·yan** van die Himalaja; ~ *black bear* kraagbeer.

hi·mat·i·on *(<Gr., hist., 'n kledingstuk)* himation.

him·bo *(sl., skerts.: aantreklike dog onintelligente jong man)* dom Juan.

hin *(OT: vloeistofmaat)* hin.

hind¹ *adj. (attr.)* agterste, agter=; ~ ***horse*** agterperd; ~ ***knuckle*** agterskenkel; ~ ***leg*** agterbeen, agterpoot; *talk the* ~ ***leg*** *off a donkey* land en sand aanmekaar gesels, die ore van iem. se kop (af) praat; *on one's* ~ ***legs*** →LEG *n.;* ~ ***wheel*** agterwiel. ~**part** agterdeel, =ent. ~**quarter** agterkwart, agterdeel, agterstuk, agterboud; *(i.d. mv.)* agterlyf, agterstel *(v. 'n dier).* ~**sight** nawete, wysheid agterna; visierkeep; *with (the benefit/wisdom of)* ~ (van) agterna beskou, met die wysheid wat nawete bring, met (die voordeel van) nakennis.

hind² *n.* hinde; ooi, wyfiehert, ree.

hind³ *n., (arg., hoofs. Sk.)* kneg; lomperd; rentmeester.

hind·er¹ *adj.* agterste, agter=.

hin·der² *ww.* hinder, pla, lastig val, belemmer, strem; verhinder, verhoed, belet. **hin·drance** hindernis, belemmering, beletsel, stremming; *be a ~ to s.o.* iem. hinder; *be a ~ to s.t.* iets belemmer.

Hin·di *(taal)* Hindi.

hind·most, hin·der·most agterste; verste, vêrste; *devil take the hindmost* red jouself as jy kan.

Hin·doo, Hin·doo *(vero.)* →HINDU.

Hin·du, Hin·du *=dus, n.* Hindoe. **Hin·du, Hin·du** *adj.* Hindoes, Hindoe=. **Hin·du·ism** Hindoeïsme. **Hin·du·stan** Hindoestan. **Hin·du·sta·ni** *(taal)* Hindoestani.

hinge *n.* skarnier; hingsel; spil, middelpunt; geleding; *off the ~s* deurmekaar; kaduks. **hinge** *ww.* draai, hang; skarnier; hingsels (*of* 'n hingsel) aansit; *it ~s (up)on ...* dit draai om ...; dit rus op ...; dit hang van ... af; dit staan in verband met ... ~ **clip** skarnierklem. ~ **joint** skarniergewrig. ~ **ligament** skarnierligament, =band. ~ **pin** skarnierpen.

hinged *adj.* klap=, skarnier=, met skarniere (*of* 'n skarnier); ~ ***arm*** gelede arm; ~ ***cover*** valkap, =deksel; ~ ***lid*** klapdeksel; ~ ***seat*** klapbank; klapstoel; klapsitplek; ~ ***shutters*** skarnierhortjies; ~ ***window*** klapvenster.

hin·ny *n.* (muil)esel, botterkop(muil). **hin·ny** *ww.* runnik.

hint *n.* wenk; toespeling, sinspeling; vingerwysing, aanwysing; sweem, tikkie, spoor *(van)*; *a **broad** ~* 'n duidelike wenk; ***drop** a ~* 'n woordjie laat val, iets uitlaat, iets laat deurskemer/deurstraal; ***give** a ~* 'n wenk gee; 'n toespeling maak, skimp; *an **oblique** ~* 'n skimp, 'n sydelingse toespeling; *with a ~ **of** ...* met 'n tikkie ... *(hartseer ens.)*; ***on** a ~ **from** s.o.* op 'n wenk van iem.; *with the ~ of a **smile*** met 'n effense glimlag; ***take** a ~* 'n wenk begryp/vat; 'n wenk aanneem/ aanvaar; *s.o. can **take** a ~* iem. het net 'n halwe woord nodig; ***throw out** a ~* 'n wenk gee; iets te kenne gee; iets insinueer. **hint** *ww.* 'n wenk gee, te kenne gee; laat deurskemer/deurstraal; *~ at s.t.* op iets sinspeel/skimp (*of* 'n toespeling maak); *water cuts are ~ed* daar is sprake van waterbeperking.

hin·ter·land agterland.

hip[1] *n.* heup; wolfhoek *(v. 'n dak)*; hoekvlak *(v. 'n boog/ trap)*; *have s.o. on the ~, (arg.)* iem. vas (*of* in jou mag) hê; *smite s.o. ~ and thigh* iem. lendelam slaan, iem. verwoed aanval; iem. totaal verslaan. ~ **bath** sitbad. ~ **beam** graatbalk. **~bone** heupbeen. ~ **cavity** heuppotjie. ~ **disease** heupsiekte. ~ **flask** heupfles. ~ **gout** heupjig, iskias. **~-huggers** *(Am.)* →HIPSTERS. ~ **joint** heupgewrig. ~ **knob** dakruiter. ~ **muscle** heupspier. ~ **pocket** agtersak, heupsak. ~ **(rafter)** *(bouk.)* hoekspar, graatspar. ~ **replacement** heupvervanging. ~ **ridge** hoeknok. ~ **roof** skilddak. **~shot** met die heup uit lit; lendelam. ~ **strap** heupriem. ~ **tile** hoeknokpan. ~ **truss** wolwekap. ~ **yoke** heupstuk *(in klere)*.

hip[2] *n.* roosbottel, roosknop.

hip[3] *(sl.)* in, kief, byderwets, (baie) modern; *be ~ to s.t.* oor iets ingelig wees, op (die) hoogte van/met iets wees. **~-hop** *n., (popkultuur)* hip-hop.

hip[4] *tw.: ~, ~ hurrah/hooray/hurray!* hiep, hiep hoera!.

hipped[1] geheup, met heupe; met die heup uit lit; *~ end* wolwe-ent, wolfent; *~ roof* skilddak, wolfentdak.

hipped[2] *(Am., vero. sl.)* behep *(met)*; entoesiasties *(oor)*; *be ~ on s.t.* gaande wees oor iets.

-hipped *komb.vorm* met ... heupe; *broad-~* met breë heupe.

hip·pic *(w.g.)* hippies, van perde; *~ festival* hippiese fees.

hip·pie →HIPPY.

hip·po *=pos, (infml.)* →HIPPOPOTAMUS.

hip·po·cam·pus *=campi, (mit.)* seeperd; *(igt.)* seeperdjie; *(anat.)* hippokampus, seeperd.

hip·po·cras hippokras, kruiewyn.

Hip·poc·ra·tes Hippokrates. **Hip·po·crat·ic** Hippokraties; *~ oath, (med.)* Hippokratiese eed, eed van Hippokrates.

Hip·po·crene *(poët., liter.)* Hippokreen, hingstebron.

hip·po·drome (variété)teater; musiek=, konsertsaal; sirkus; *(Gr., hist.)* renbaan, hippodroom.

hip·po·griff, hip·po·gryph *(Gr. mit.)* hippogrief.

hip·po·pot·a·mus *=amuses, =ami* seekoei; *bull/male ~* seekoeibul; *~ calf* seekoeikalf; *cow/female ~* seekoeikoei. ~ **pool** seekoe(i)gat.

hip·py, hip·pie *=pies* hippie.

hip·ster *adj.* heup=; *~ jeans* heupjeans. **hip·sters** heupbroek.

hir·a·ble →HIREABLE.

hir·cine *(arg.)* bokagtig, bok=; *(poët., liter.)* wellustig.

hire *n.* huur; huur(geld); loon; *for/on ~* te huur; *ply for ~* →PLY[2] *ww.*. **hire** *ww.* huur; *~d **army*** huurleër; *~d **assassin*** huurmoordenaar; *~ s.t. **out*** iets verhuur; *~d **servant*** diensbode; loondienaar. ~ **car** huurmotor. **~-purchase** *(afk.: HP, h.p.)* huurkoop, koop op afbetaling; *on ~* op huurkoop; *buy s.t. on ~, (ook)* iets op afbetaling koop. **~-purchase system** huurkoop(stelsel).

hire·a·ble, (Am.) hir·a·ble verhuurbaar.

hire·ling *(neerh.)* huurling.

hir·er huurder.

Hi·ro·shi·ma, Hi·ro·shi·ma *(geog.)* Hirosjima.

hir·sute harig, behaar(d), ruig(harig); *(bot.)* ruigharig.

his sy; syne; *~ **hat*** sy hoed; ***it's** ~* dis syne; *in ~ **opinion*** syns insiens; *on ~ **part**, from ~ **side*** synersyds.

His·pan·ic *n., (Am.)* Spaans-Amerikaner; Spaanspreker. **His·pan·ic** *adj.* Spaans. **His·pan·i·ci·sa·tion, =za·tion** verspaansing. **His·pan·i·cise, =cize** *(tr.)* verspaans.

His·pan·io·la *(geog.)* Hispaniola.

his·pid *(biol.)* harig, behaar(d), ruig.

hiss *hisses, n.* gesis, geblaas; sisklank; gefluit; gejou. **hiss** *ww.* sis, blaas; fluit; uitfluit; *be ~ed off (the stage)* weggefluit/weggejou word.

hiss·ing gesis, geblaas; gefluit; gejou. ~ **sound** sisklank.

hist *tw., (arg.)* pst; st, sjt, sjuut, stil.

his·ta·mine *(biochem.)* histamien.

his·ti·dine *(biochem.)* histidien.

his·to- *komb.vorm, (biol.)* histo=, weefsel=.

his·to·gram *(fin.)* histogram, frekwensiekolomdiagram.

his·tol·o·gy *(anat.)* weefselleer, histologie. **his·to·log·ic, his·to·log·i·cal** histologies. **his·tol·o·gist** histoloog.

his·to·pa·thol·o·gy histopatologie. **his·to·path·o·log·i·cal** histopatologies.

his·to·plas·mo·sis *(med.)* histoplasmose.

his·to·ry geskiedenis; verhaal, storie; relaas; historie; *it's/that's **ancient** ~, (infml.)* dis ou nuus; ***Ancient/ Mediaeval/Modern** ~* Ou/Middeleeuse/Nuwe Geskiedenis; *~ of **art**, **art** ~* kunsgeskiedenis; *~ of **dogma*** dogmageskiedenis; *s.o./s.t. will **go down** in ~ as ...* iem./iets sal in die geskiedenis as ... bekend staan; ***in** ~* in die geskiedenis; ***make** ~* geskiedenis maak/ skep; ***natural** ~* natuurgeskiedenis; ***natural** ~ museum* natuurhistoriese museum; *that is ~ **now*** dit behoort tot die verlede/geskiedenis; *~ of **religion*** godsdiensgeskiedenis; *~ **repeats** itself* die geskiedenis herhaal hom; *s.o. **with** a ~* iem. met 'n verlede; ***world** ~* algemene geskiedenis. **his·to·ri·an** geskiedskrywer; geskiedkundige, historikus; *art ~* kunshistorikus. **his·to·ri·at·ed** versier, verlug *(letter in geïllumineerde manuskrip)*. **his·tor·ic** histories; beroemd, gewigtig; *~ **building*** historiese gebou; *~ **occasion*** historiese geleentheid. **his·tor·i·cal** geskiedkundig, histories; *~ **atlas*** historiese/geskiedkundige atlas, geskiedenisatlas; *~ **interest*** geskiedkundige/historiese belang; *~ **novel*** historiese roman; *~ **pageant*** historiese optog; *~/historic **perfect/present (tense)**, (gram.)* historiese perfektum/presens; *~ **record*** geskiedkundige verslag; geskiedrol; *~ **science*** geskiedkunde; *~ **work*** geskiedeniswerk; *~ **writing*** geskiedskrywing. **his·tor·i·cism** historisisme. **his·to·ric·i·ty** historiese waarheid/egtheid/ getrouheid, historisiteit. **his·to·ri·og·ra·pher** geskiedskrywer, historiograaf. **his·to·ri·og·ra·phy** geskiedskrywing, historiografie.

his·tri·on·ic *adj.* teatraal; oneg, aanstellerig, huigelagtig; *(w.g.)* histrionies, toneel=, akteurs=. **his·tri·on·ics** *n. (mv.)* melodrama, melodramatiese/teatrale uitbarsting, opskudding, bohaai, kabaal; *(i.d. ekv., w.g.)* toneelspel, drama.

hit *n.* hou, slag; raak skoot, raakskoot, treffer; raps; steek, sarkastiese opmerking; treffer, sukses(stuk); ***be** a ~, (infml.)* 'n sukses/treffer wees; *a **box-office** ~* 'n suksesstuk; *a **direct** ~* 'n kolskoot, 'n voltreffer; *I **hope** it's a ~* mog 't treffe; ***it's** a ~!* dis raak!, kolskoot!; ***make** a ~* 'n slag slaan; 'n raakskoot (*of* raak skoot) skiet; furore maak; inslaan; ***make** a ~ **with** s.o., (infml.)* by iem. sukses behaal (*of* gewild wees), op iem. indruk maak; ***more** by ~ **than** by wit* meer geluk as wysheid; ***register/score** a ~* raak skiet, 'n treffer behaal; ***score** a **great** ~, (lett.)* raak skiet, 'n treffer behaal; *(fig., infml.)* groot sukses behaal; *a **smash** ~, (infml.)* 'n groot sukses, 'n voltreffer. **hit** *=tt=; hit hit, ww.* slaan, moker; 'n klap/slag/hou gee; raak, tref; reg raai; pas, skik; *(Am.)* plek bereik; →HITTER, HITTING; *~ **at** ...* na ... slaan; *~ **back*** terugslaan, jou verdedig; wraak neem, jou wreek; *~ **back** at s.o.* 'n teenaanval op iem. doen; *~ the **bottle*** →BOTTLE[1] *n.*; *~ the **ground** running, (infml.)* met 'n vaart begin/wegspring; *~ **hard*** hard slaan; *be **hard** ~* swaar getref wees; *the ship ~ an **iceberg/etc.*** die skip het teen 'n ysberg/ens. gebots; *~ the **mark*** raak skiet/slaan; die doel tref/bereik; *it was ~ **or miss*** dit was lukraak (*of* maar in die wilde weg); *~ the **nail** on the head, (fig.)* die spyker op die kop slaan; *~ s.o. **off**, (infml.)* iem. presies weergee; iem. presies naboots; *~ it **off** with s.o., (infml.)* goed met iem. klaarkom (*of* oor die weg kom); *they don't ~ it **off**, (infml.)* hulle kom nie klaar (*of* oor die weg) nie, hulle sit nie langs dieselfde/een vuur nie, hulle kan mekaar nie vind nie; *~ **on** s.o., (Am., sl.)* by iem. aanlê; *~ **on/upon** s.t., (infml.)* op iets afkom, iets aantref/vind; *~ **on/upon** an idea, (infml.)* op 'n idee kom; *I can't ~ **on/upon** it now* dit wil my nie nou byval nie; *~ **out** (at ...)* hard/wild/woes (na ...) slaan; *(infml.)* ... aanval, teen ... lostrek/uitvaar; *~ **and run*** tref en trap, stamp en vlug; *~ s.o. for a **six**, (lett., kr.)* 'n ses van iem. (se boulwerk) slaan; *(fig.)* iem. (behoorlik) op sy/haar plek sit; *~ a **target*** 'n teiken raak skiet; *~ the **trail*** in die pad val; *~ s.t. **up*** iets opslaan; *~ **up** runs, (kr.)* lopies maak/opstapel; *the car ~ a **wall*** die motor het teen 'n muur vasgeja(ag)/gebots; *~ one's **wicket**, (kr.)* jou paaltjies raak slaan. **~-and-run accident** tref-en-trap-ongeluk. **~-and-run attack** verrassingsaanval. **~-and-run driver** botsvlugtige. ~ **list** *(infml.)* moordlys; swartlys. ~ **man** *(infml.)* huurmoordenaar. **~-or-miss** lukraak. ~ **parade** *(vero.)* trefferparade. ~ **record** treffer(plaat). ~ **squad** *(infml.)* moordbende.

hitch *n.* ruk, pluk, trek; slag; haakplek, kinkel, hapering; defek; *(sk.)* knoop; (vas)hakery; teen=, teëspoed; ***there's** the ~* daar sit die haakplek; ***where's** the ~?* waar's die haakplek?, waar haper dit?; *s.t. goes/passes off **without** a ~* iets verloop glad/vlot (*of* loop vlot van stapel). **hitch** *ww.* aanhaak, vashaak, vasmaak; ruk, pluk, trek; swaai; trou; ***be/get** ~ed, (infml.)* afhaak, trou; *~ **horses** to a wagon* perde voor 'n wa span; *~ s.t. **on*** iets voorhaak; *~ s.t. **on to** (or **onto**) ...* iets aan ... vashaak; *~ a **ride**, (infml.)* duimgooi/=ry; *~ s.t. **up*** iets optrek *('n broek ens.)*; *~ one's **wag(g)on** to a star* →WAG(G)ON.

hitch·hike ryloop, duimry, =gooi. **hitch·hik·er** ryloper, duimryer, =gooier. **hitch·hik·ing** rylopery, duimryery, =gooiery.

hitch·ing: ~ **post** vashaakpaal, teuelpaal, perderak. ~ **rail** teueltralie, perdereling.

hi tech, high tech *n.* hoë tegnologie, hiper=, hoog=, hoëvlaktegnologie. **hi-tech, high-tech** *adj.* *(gew. attr.)* hiper=, hoogtegnologies, hoëtegno(logie)=.

hith·er *(arg. of poët., liter.)* herwaarts, hierheen, hiernatoe; *the ~ one, (arg.)* die d(e)uskants(t)e; *~ and thither* heen en weer; vorentoe en agtertoe; kruis en dwars; herwaarts en derwaarts. **H~ India** *(arg., hist.)* Voor-Indië. **~to** tot hier/nog/nou toe, tot dusver/dusvêr/ sover/sovêr. **~ward** *(arg.)* herwaarts, hierheen, hiernatoe.

Hit·ler *n.: a* ~ 'n Hitler/tiran/diktator (*of* outoritêre leier/heerser). **Hit·ler** *adj.* Hitler= *(snorretjie ens.).* **Hit·ler·ism** Hitlerisme. **Hit·ler·ite** *n.* Hitleriaan, Hitleriet. **Hit·ler·ite** *adj.* Hitleriaans.

hit·ter slaner; *a hard* ~ iem. wat hard slaan, 'n mokeraar.

hit·ting slanery. ~ **power** slaankrag; trefkrag.

Hit·tite *n., (lid v. antieke volk)* Hetiet, Hittiet; *(taal)* Hetities, Hittities. **Hit·tite** *adj.* Hetities, Hittities; ~ *empire* Hetiete=, Hittieteryk, Hetitiese/Hittitiese ryk. **Hit·tit·ol·o·gy, Hit·tol·o·gy** Hetitologie, Hittitologie.

HIV *(afk. v. human immunodeficiency virus)* MIV *(afk. v. menslike immuniteitsgebreksvirus); be* ~ *negative/positive* MIV-negatief/positief wees.

hive *n.* byekorf; byeswerm; *be a* ~ *of activity* 'n miernes van bedrywighede/bedrywigheid wees, soos 'n miernes lyk/wees. **hive** *ww.* in 'n byekorf sit; huisves; bêre; instop; versamel, oppot; (in 'n byekorf) ingaan; intrek; saamwoon; ~ *off* afstig; 'n eie koers inslaan. **hiv·er** byeboer, byehouer, imker.

hives *n. (fungeer as ekv. of mv.)* →URTICARIA.

hi·ya *tw., (infml.)* hallo.

Hiz·bol·lah →HEZBOLLAH.

h'm *tw.* h'm.

ho, ho-ho *tw.* o, ho; hierso, kyk, luister.

hoar *n., (arg. of poët., liter.)* →HOARFROST. **hoar** *adj., (w.g.)* met ruigryp bedek; *(poët., liter.)* →HOARY. **hoar·frost, white frost** ruigryp. **hoar·i·ness** grysheid, grouheid; afgesaagdheid. **hoar·y** grys, grou; grysharig; oud, afgesaag(d), holrug gery.

hoard *n.* hoop, stapel, voorraad, skat; →HOARDING[1]. **hoard** *ww.* ophoop, opstapel, opgaar, vergaar; oppot *(geld)*; ~ *in the heart* in die hart bewaar. **hoard·er** opgaarder, vergaarder, oppotter.

hoard·ing[1] opgaring; oppotting *(v. geld)*.

hoard·ing[2] *(Br.)* skutting, plankheining; reklamebord, advertensiebord, aanplakbord.

hoar·hound →HOREHOUND.

hoarse hees, skor, rou. **hoars·en** hees/skor maak; hees/skor word. **hoarse·ness** heesheid, skorheid.

hoax *n.* poets, skelmstreek, kullery, foppery; *play a* ~ *on s.o.* (vir) iem. 'n poets bak, iem. 'n streep trek. **hoax** *ww.* om die bos lei, vir die gek hou, kul, fop; ~ *s.o., (ook)* (vir) iem. 'n poets bak, iem. 'n streep trek. **hoax·er** poetsbakker, kuller, fopper.

hob[1] kookblad; syplaat *(v. 'n vuurherd); (teg.)* naaf; *(teg.)* wurmfrees; dikkopspyker; pen *(in speletjies)*. ~**nail** *n.* dikkopspyker; lummel, lomperd. ~**nail** *ww.* (met dikkopspykers) beslaan; vertrap; ~*ed* dikkopspyker=; ~*ed boot* spyker(sool)stewel. ~**nail liver** sirrotiese lewer.

hob[2] *(arg. of dial.)* →HOBGOBLIN; *play/raise* ~ kwaad doen/stook.

hob·ble *n.* strompeling, hobbelgang; voetboei; spantou, spanriem; *(Br., dial.)* netelige situasie. **hob·ble** *ww.* strompel, hobbel, op een been(tjie) spring, hinkepink, mank loop; mank (laat) gaan; span *('n perd ens.)*; →HOBBLER, HOBBLING; ~ *along* voortstrompel. ~ **skirt** *(hist.)* hobbel=, strompelromp.

hob·ble·de·hoy *n., (infml., vero.)* snuiter; lomperd, lummel, slungel. **hob·ble·de·hoy** *adj.* lomp, lummelagtig, slungelagtig.

hob·bler strompelaar, manke.

hob·bling hinkendepinkende.

hob·by[1] liefhebbery, stokperdjie, geliefkoosde tydverdryf; knutsel(a)ry, knutselwerk; *(arg.)* ponie; *do s.t. as a* ~ iets uit liefhebbery doen. ~**horse** hobbel=, skommelperd; *(speelding)* rietperd; *(lett. & fig.)* stokperdjie, liefhebbery; *be on one's* ~, *(fig.: oor jou geliefkoosde onderwerp praat)* jou stokperdjie ry.

hob·by[2] *(orn.)*: ~ **(falcon)** Europese boomvalk; *African* ~ *falcon* Afrikaanse boomvalk.

hob·by·ist stokperd(jie)ryer; knutselaar.

hob·gob·lin aardmannetjie, kabouter; paaiboelie, spook.

hob·nail →HOB[1].

hob·nob =*bb*=, *(infml.)* saamboer, groot maats wees (met); pret hê; kop in een mus wees; *(vero.)* saamdrink; ~ *with s.o., (ook)* vriendskaplik/familiêr/familiaar met iem. omgaan.

ho·bo =*bo(e)s* boemelaar, rondloper, landloper. **ho·bo·ism** boemelary, rondlopery, landlopery.

Hob·son's choice 'n keuse van een; *have* ~ ~ geen keuse hê nie; *it's* ~ ~ daar is geen keuse nie.

hoc *(Lat.)* →AD HOC.

hock[1] *n.* hak(skeen), hak(skeen)gewrig, springgewrig, sprong(gewrig) *(v. 'n dier); (varkvleis)* blad; dy *(v. mens)*. **hock** *ww.* verlam, die haksening afsny *(v. 'n dier)*.

hock[2] *n., (hoofs.Am., infml.)* pand; tronk; *s.t. is in* ~ iets is verpand. **hock** *ww., (hoofs. Am., infml.)* verpand. ~ **shop** *(Am.)* →PAWNSHOP.

hock[3] *n., (Br.)* Rynwyn; Hochheimer.

hock·ey *(spel)* hokkie.

ho·cus =*ss*=, *(arg.)* fop, vir die gek hou; bedwelm(d) maak, bedwelm. ~**-pocus** *n.* hokus-pokus, goëlery; hokus-pokus-pas, abrakadabra. ~**-pocus** =*ss*=, *ww.* goël, goëltoere/kunste maak; vir die gek hou.

hod kleibak, stenebak, skouertrog. ~ **carrier,** ~**man** =*men* handlanger van 'n messelaar.

hod·den *(Sk.)* growwe wol.

hodge·podge →HOTCHPOTCH.

Hodg·kin's dis·ease Hodgkinsiekte.

ho·di·er·nal *(w.g.)* huidig, hedendaags.

ho·dom·e·ter →ODOMETER.

hoe *n.* skoffel, skoffelpik; glasuurbeitel; *Dutch* ~ skoffel. **hoe** *ww.* (om)skoffel; losmaak *(grond)*; ~ *s.t. down* iets afkap; ~ *s.t. out* iets uitskoffel; ~ *s.t. up* iets uitgrawe. ~**down** *n., (Am. dans)* kadriel; *(partytjie)* kadrielopskop.

hoe·zit *tw., (SA, sl.)* →HOWZIT.

hog *n.* vark; burg(vark); ot; *(fig., infml.)* vraat, smeerlap, vark; *(dial.)* wissellam, (ongeskeerde) jaar ou(e) skaap; wissellamvag; *(Am. sl.: swaar motorfiets)* groot/kragtige ysterperd; *go the whole* ~, *(infml.)* dit behoorlik doen; *s.o. is living high on the* ~, *(infml.)* iem. leef/lewe in weelde. **hog** =*gg*=, *ww.* kromrug maak; boogtrek; stomp knip *(maanhare)*; gryp, toe-eien, inpalm. ~**back,** ~**'s back** skerprug, bultrug; middelmannetjie, maanhaar *(van 'n tweespoorpad)*. ~ **bristle** varkhaar. ~ **casing** varkderm. ~**fish** *(Lepidaplois* spp.*)* varkvis. ~ **mane** borselmane. ~**'s pudding** gevulde/opgestopte varkpens. ~**tie** *n., (Am.)* kniehalterknoop; maswerk(knoop), kniehalterslag. ~**tie** *ww.* kniehalterspan; viervoet vasbind; ~ *the press* die pers muilband (*of* aan bande lê). ~**wash** *n., (fig.)* bog, kaf, twak, snert, nonsens, nonsies; *(kombuisafval vir varke)* (vark)draf, (vark)spoeling. ~**wool** wissellamwol.

hog·get *(Br., Austr.)* wissellam, tweetandskaap, jaar ou(e) skaap. ~ **wool** wissellamwol.

hog·gin(g) kleigruis, gesifte gruis.

hog·gish varkagtig, varkerig, swynerig.

Hog·ma·nay *(Sk.)* Oujaarsdag.

hogs·head *(houer; inhoudsmaat)* okshoof.

ho ho (ho) *tw., (onom.)* hô hô (hô).

ho-hum *adj., (infml.)* saai, sieldodend, ordinêr. **ho-hum** *tw.* nou ja, ag/aag wat.

hoick *(infml.)* (op)lig, opruk.

hoicks →YOICKS.

hoi pol·loi *(<Gr., neerh.)* gepeupel, plebs, gopsenaars, skorriemorrie, hoipolloi.

hoist *n.* ligter, hysbak, hyser, hystoestel, =masjien; (die) oplig; stootjie. **hoist** *ww.* (op)lig, (op)hys, optel; ophaal; opblaas; *be* ~*ed with one's own petard* in die put val wat jy vir 'n ander gegrawe het. ~ **block** takelblok. ~ **driver** hysmasjinis. ~ **(edge)** paalkant *(v. 'n vlag)*.

hoist·ing *n.* (op)hysing; hyswerk. **hoist·ing** *adj.*: ~ ***apparatus/device*** hystoestel; ~ ***chain*** hysketting; ~ ***engine/machine*** hysmasjien; ~ ***gear*** hyswerk, =inrigting.

hoi·ty-toi·ty *(infml.)* verwaand, arrogant, hooghartig, uit die hoogte; *(arg.)* uitgelate, vrolik.

ho·key-po·key hokus-pokus; *(infml., vero.)* waentjieroomys.

ho·kum *(infml.)* snert, twak.

hold *n.* vat, greep; vatplek, houvas; (skeeps)ruim; *no* ~*s* ***barred*** sonder beperkings, alles is toelaatbaar, niks is ongeoorloof nie; ***catch/get/grab/lay/seize/take*** ~ *of ...* ... (vas)gryp (*of* raak vat); ... aangryp; ... beetkry/=gryp/=pak; *take a* ***firm*** ~ *of s.t.* iets vasgryp (*of* stewig beetpak); *s.t. takes a* ***firm*** ~ iets raak gevestig; ***get*** ~ *of ..., (ook)* ... in die hande kry; ***get/take*** ~ *of o.s.* jou inhou/bedwing/beheers; *let* ***go*** *one's* ~ *of ...* ... laat los; ***keep*** ~ *of s.t.* iets vashou; ***leave*** ~ *of s.t.* iets loslaat; ***lose*** ~ *of ...* jou houvas op ... verloor; *s.t. is* ***on*** ~ iets is (voorlopig) uitgestel, iets moet eers wag; *put s.t.* ***on*** ~ iets uitstel; *have a* ~ ***on/over*** *s.o./s.t.* 'n houvas op iem./iets hê, invloed oor iem./iets hê, iem./iets in jou greep hê; ***take*** ~ *of ...* →***catch/get/grab/lay/seize/take;*** *s.t.* ***takes*** ~ iets slaan in. **hold** *held held, ww.* hou; inhou; behou; vashou; besit; meen, vind, beskou as; ag, aansien; volhou; konstant hou; aanhou, in hegtenis neem/hou, gevange hou, in arres hou; *(jur.)* beslis; beset, beslaan *('n terrein)*; huisves; in bedwang hou, ophou, teen=, teëhou, terughou; vertraag; bind, vaspen *(troepe)*; vier *(fees)*; gebruik, voer *(taal)*; beklee *('n pos)*; besit *('n graad)*; dra, voer *('n titel)*; boei *(iem. se aandag)*; ~ *s.t. in* ***abeyance*** iets vir 'n onbepaalde tyd uitstel; ~ *s.t.* ***against*** *s.o.* iem. iets verwyt (*of* voor die kop gooi *of* kwalik neem); iets teen iem. hê, 'n wrok teen iem. hê/koester; ~ *s.t.* ***aloft*** iets ophou (*of* omhoog hou); ~ *o.s.* ***aloof*** *(from ...)* jou afsydig hou (van ...), geselskap vermy; ~ ***back*** aarsel, terughoudend wees; ~ ***back*** *from doing s.t.* jou daarvan onthou/weerhou om iets te doen; *s.t.* ~*s s.o.* ***back*** iets verhinder iem., iets laat iem. aarsel; ~ *s.t.* ***back*** iets agterhou; iets terughou; iets verswyg; ~ *the* ***balance*** *of power* →BALANCE *n.*; ~ *... at* ***bay*** →BAY[5] *n.*; *the* ***boxers*** *were* ~*ing* die boksers het mekaar vasgehou; ~ *one's* ***breath*** →BREATH *n.*; ~ ***by/to*** *s.t.* by iets bly/hou, in iets volhard *(beginsels ens.)*; ~ *the* ***chair*** *of history/etc.* die leerstoel vir geskiedenis/ens. beklee; ~ *s.t.* ***cheap*** →CHEAP; ~ *s.o./s.t. in* ***contempt*** →CONTEMPT; ~ *a* ***doll*** 'n pop vashou; ~ *a* ***door*** 'n deur oophou; ~ *s.o.* ***down,*** *(lett.)* iem. onderhou/vasdruk; *(fig.)* iem. onderdruk; ~ *s.t.* ***down*** iets laag hou *(pryse ens.)*; iets vashou; *(infml.)* iets behou *('n betrekking ens.)*; ~ *s.o. in (high)* ***esteem*** →ESTEEM *n.*; ~ ***everything!*** wag!; ~ ***fast*** *to s.t.* aan iets vashou; ~ *one's* ***fire*** →FIRE *n.*; ~ ***firm*** standhou; ~ *the* ***fort*** →FORT; ~ ***forth*** *(on s.t.)* (oor iets) uitwei/betoog/oreer; *s.t.* ~*s* ***good*** iets bly waar; iets bly geldig; iets is van toepassing; ~ ***hands*** →HAND *n.*; ~ ***hard!*** wag!; hou stil!; ~ *one's* ***head*** *high* →HEAD *n.*; ~ *out* ***hope*** *for ...* →HOPE *n.*; ~ *your* ***horses!*** →HORSE *n.*; ~ *s.t.* ***in*** iets opkrop; ~ *an* ***inquiry*** *into s.t.* →INQUIRY; ~ ***it!*** wag!; (net) 'n oomblik!; bly net so sit/staan!; hou vas!; ~ *s.o.* ***liable*** →LIABLE; ~ *the* ***line*** →LINE[1] *n.*; ~ *one's* ***liquor*** baie drank kan verdra; ~ *one's* ***nose*** →NOSE *n.*; ~ ***off*** jou afsydig hou, op 'n afstand bly; ~ *s.o./s.t.* ***off*** iem./iets weghou/keer; *s.t.* ~*s* ***off*** iets bly weg *(reën ens.)*; *the* ***offer*** ~*s* →OFFER *n.*; ~ ***office*** →OFFICE; ~ ***on*** vashou; wag; *(telef.)* aanbly; ~ ***on!*** hou vas!; wag 'n bietjie!; nie so haastig nie!; ~ ***on, please!,*** *(telef.)* bly aan, asseblief!; ~ ***on*** *a moment* (net) 'n oomblik, wag (so) 'n bietjie; ~ ***on*** *like grim death, (infml.)* op/om lewe en dood vasklou; ~ ***on to*** *...* aan ... vashou; ... behou *('n voorsprong ens.)*; ~ *an* ***opinion*** →OPINION; ~ ***out*** uithou; volhou; nie opraak nie; ~ ***out*** *against s.t.* teen iets vasskop; ~ *o.s.* ***out as*** *...* jou uitgee vir (*of* voordoen as) ...; ~ ***out*** *for s.t., (infml.)* op iets aandring; ~ ***out*** *on s.o., (infml.)* iets van iem. weerhou; iets vir iem. wegsteek; ~ ***out*** *s.t.* iets uitsteek/uitstrek *('n hand ens.)*; iets bied *(hoop ens.)*; ~ ***out*** *one's hand to s.o.* →HAND *n.*; ~ *s.t.* ***over*** iets agterhou/uitstel (*of* laat oorstaan); *the matter has been held* ***over*** die saak staan oor; ~ *one's* ***own*** →OWN *adj. & pron.*; ~ *out the* ***prospect*** *of s.t.* →PROSPECT *n.*; *it is held* ***that*** *...* daar word beweer/gemeen/geglo dat ...; daar word (met stelligheid) betoog/aangevoer dat ...; ~ *s.t.* ***tight(ly)*** iets styf/stewig vashou; ~ ***tight!*** hou vas!, vashou!; ~ *s.o.* ***to*** *a contract/etc.* iem. aan 'n kontrak/ens. hou; ~ ***together*** byeen bly; ~ *...* ***together*** *...* byeenhou/saamhou; ~ *one's* ***tongue*** →TONGUE *n.*; *it* ~*s* ***true*** *for ...* dit is waar van (*of* geld vir) ...; ~ *s.o.* ***under*** iem. onderdruk/verdruk/(ver)kneg; *s.o.* ~*s* ***up*** iem. hou uit/vol; ~ *s.o.* ***up*** iem. regop hou; iem. (met 'n wapen) dreig, iem. hendsop; iem. beroof/oorval; *s.t.* ~*s* ***up*** iets bly goed *(d. weer ens.)*; iets hou; ~ *s.t.* ***up*** iets regop hou; iets ophou (*of* omhoog hou); iets opsteek *('n hand ens.)*; iets ophou/vertraag; iets opstop *(d. verkeer)*; ~ *...* ***up*** *as an example ...* as voorbeeld voorhou; ~ *s.o./s.t.* ***up*** *to ridicule* →RIDICULE; ~ *a* ***view*** →VIEW *n.;s.t.* ~*s* ***water*** →WATER *n.; if the* ***weather*** ~*s* →WEATHER *n.; not* ~ ***with*** *s.t., (infml.)* nie met iets saamgaan nie, iets nie goedkeur nie, dit nie eens wees met iets nie. ~**all** *(Br.)* reissak, reisrol, stop-maar-in; ransel. ~**back** hindernis, belemmering, beletsel. ~ **capacity** *(sk.)* laairuimte. ~**fast** vashouer; vatplek, vat, houvas; kram; bankklem, bankklou; hegskyf. ~**over** *(Am.)* oorblyfsel. ~**-up** roof(aanval), roofaanslag, -oorval, berowing, aanranding; oponthoud; opstopping, ophoping *(v. verkeer)*; vertraging; *stage a* ~ 'n roofaanval uitvoer; *this is a* ~! jou geld of jou lewe!, gee jou/die geld!.

hold·er houer, bevatter; draer; besitter, eienaar; bekleër, bekleder *(v. 'n pos)*; ~ *of an office* ampsbekleër, -bekleder, titularis.

hold·ing *n.* eiendom, besit; huureiendom; plaas, plasie; grondbesit; hoewe; houvas; invloed; *(voetbal, boks)* vashouery; *(i.d. mv.)* bates; voorraad; *gold* ~*(s)* goudbesit; *there's no* ~ *him/her* niks kan hom/haar keer nie; *share* ~ aandelebesit. ~ **action** vaspenaksie. ~ **area** beweegruimte *(vir motors)*. ~ **back** terughouding. ~ **company** beheermaatskappy, beherende/kontrolerende maatskappy. ~**-down bolt** verankerbout. ~**-on strap** vashoustrop. ~ **operation** handhawing van die status quo. ~ **pattern** *(lugv.)* wagfiguur. ~ **pen** vangkraal, -kamp. ~ **power** hegvermoë.

hole *n.* gat; opening; kuil; (biljart)sak; *(infml.)* krot, pondok; *(infml.)* treurige plek; hol *(v. dier)*; *(gh.)* putjie; *(tolspel)* ertjie, et; ***bore*** *a* ~ 'n gat boor; *in* ~*s and* ***corners*** in hoeke en gate; ***dig*** *a* ~ 'n gat grawe; ***fill*** *in/up a* ~ 'n gat toegooi; 'n gat toestop; *be* ***full*** *of* ~*s, (lett.)* vol gate wees; *(fig.: 'n argument ens.)* swak/gebrekkig wees; *need s.t. like a* ~ *in the* ***head,*** *(infml.)* iets allermins nodig hê, heeltemal goed sonder iets kan klaarkom, geen begeerte na iets hê nie; *be* ***in*** *a* ~, *(infml.)* in die/'n verknorsing (*of* in die knyp) sit/wees; ***make*** *a* ~ *in s.t., (lett.)* 'n gat in iets maak; *(fig., infml.)* 'n groot hap uit iets wees; *s.o.'s* ***money*** *is burning a* ~ *in his/her pocket* →MONEY; ***pick*** ~*s in s.t.* iets uitmekaartrek (*of* uitmekaar trek) *('n verklaring ens.)*; *live in a* ~ *of a* ***place,*** *(infml.)* in 'n gat van 'n dorp (*of* 'n agteraf ou dorpie) woon; in 'n pondok van 'n huis woon; *s.t. makes a* ~ *in one's* ***pocket,*** *(infml.)* iets vat aan jou sak, iets aan jou sak voel, iets kos jou baie geld; *a* ***small*** ~ 'n gaatjie; ***stop*** *a* ~ 'n gat (toe)stop. **hole** *ww.* gate (*of* 'n gat) maak; gate (*of* 'n gat) maak/sny/stamp in; deurboor; perforeer; tonnel; gate (*of* 'n gat) kry; in 'n gat slaan/gooi; *(gh.)* inslaan, input *(d. bal)*; ~ ***into*** *... in ...* deurbreek; ~ ***out,*** *(gh.)* (die bal) inspeel, input; ~ ***through*** *s.t.* deur iets boor/breek; ~ (or *be* ~*d*) ***up*** *somewhere, (infml.)* êrens wegkruip. ~**-and-corner** *adj. (gew. attr.), (infml.)* onderduims, agterbaks; geheim. ~ **gauge** kalibermaat. ~ **in one** *holes in one, n., (gh.)* kolhou. ~ **in the heart** *(med.)* lekhart. ~**proof** stopvry, steekvas. ~ **saw** silinder-, trommelsaag.

holed met 'n gat (daar)in.

hole·y gaterig.

hol·i·day *n.* vakansie(dag); *(i.d. mv.)* vakansie; ***cut*** *short one's* ~ jou vakansie inkort; ***during*** *the* ~*s* in die vakansie; ***get*** *a* ~ vakansie kry; ***give*** *s.o. a* ~ iem. vakansie gee; ***go on*** ~ met/op vakansie gaan, gaan vakansie hou; ***have*** *a* ~ vakansie hê; ***observe*** *a* ~ 'n vakansiedag vier; *be* ***on*** ~ vakansie hou, met/op vakansie wees; *sleep late* ***on*** ~ laat slaap op vakansie; ***spend*** *a* ~ *somewhere* 'n vakansie êrens deurbring, êrens (gaan) vakansie hou; ***take*** *a* ~ vakansie neem, met/op vakansie gaan. **hol·i·day** *ww.* vakansie hou. ~ **camp** vakansiekamp. ~ **home** vakansiehuis. ~**maker** vakansieganger. ~ **mood** vakansiestemming. ~ **resort** vakansieoord. ~ **rush** vakansiedrukte. ~ **season** vakansietyd, -seisoen.

ho·li·er heiliger. ~**-than-thou** *adj., (pred.)* aanstellerig/alte vroom; *(attr.)* eiegeregtige, selfingenome *(houding ens.)*.

ho·li·ly *adv.* heilig, op heilige wyse.

ho·li·ness heiligheid; *His H~ (the Pope)* Sy Heiligheid (die Pous); *Your H~* U Heiligheid.

hol·ing deurboring; insnyding.

ho·lism holisme. **hol·ist** holis. **ho·lis·tic** holisties.

hol·la →HOLLO.

Hol·land *n., (geog.)* Holland; Nederland; *North* ~ Noord-Holland; *South* ~ Suid-Holland. **Hol·land** *adj.* Hollands. **Hol·land·er** *(vero.)* Hollander; Nederlander. **Hol·lands** *(arg.)* (Hollandse) jenewer.

hol·land graslinne, hollandslinne; *brown* ~ ongebleikte (gras)linne.

hol·lan·daise, hol·lan·daise: ~ **(sauce)** *(<Fr., kookk.)* hollandaise(sous).

hol·ler *(infml.)* (uit)roep, skree(u).

hol·lo *-los,* **hol·la** *-las, n. & tw., (arg.)* hallo, haai. **hol·lo, hol·la** *-loed -loing, ww., (arg.)* roep.

hol·low *n.* holte; leegte; laagte; *the* ~ *of one's* ***back*** jou kruis; *in the* ~ *of one's* ***hand,*** *(lett.)* in die holte van jou hand; *(fig.)* in die holte van jou hand, volkome in jou mag; ~ *of the* ***knee*** waai van die been, kniekuil, -holte; *in the* ~ *of the* ***night,*** *(poët., liter.)* in die holte/holste/holle van die nag. **hol·low** *ww.* hol maak, uithol; krom buig; ~ *s.t. out* iets uithol/uitkalwe(r); ~*ing file* uitholvyl. **hol·low** *adj. & adv.* hol; leeg; laag; oneg, vals, geveins; *beat/lick s.o.* ~, *(infml.)* iem. uitstof/kafloop (*of* 'n groot pak gee); ~ *space* holte. ~**-back** *(patol.)* holrug. ~ **beam** hol balk. ~ **brick** hol steen. ~ **chisel** holbeitel. ~ **drill** holboor. ~**-eyed** holoog, diepogig. ~**-ground** *adj.* hol geslyp. ~**-hearted** *(arg.)* vals, onopreg. ~ **moulding** hollys. ~ **plane** holskaaf. ~ **punch** holpyp. ~ **rod** naaf. ~ **screw** busskroef. ~**-sounding** holklinkend. ~ **tile** hol teël. ~ **wall** hol muur, spoumuur. ~**ware** potte en panne.

hol·low·ly *adv.: laugh* ~ hol lag.

hol·low·ness holheid; holte; voosheid; onopregtheid.

hol·ly: *African/Cape* ~, *(Ilex mitis)* without, waterboom; *European* ~, *(Ilex aquifolium)* huls, steekpalm. ~ **fern** stekelvaring, steekpalm. ~ **oak** →HOLM OAK. ~ **tree** hulsboom, steekpalm.

hol·ly·hock *(bot.)* stokroos.

Hol·ly·wood *(geog.; Am. rolprentbedryf)* Hollywood. ~ **star** Hollywoodster.

holm[1] *(Br.)* riviereilandjie; riviergrond.

holm[2]**:** ~ **(oak), holly oak** steeneik.

hol·mi·um *(chem., simb.:* Ho*)* holmium.

hol·o- *komb.vorm* holo-.

hol·o·caust groot slagting; *(w.g.)* brandoffer (→BURNT OFFERING); *the H~, (WO II)* die massamoord op die Jode, die Joodse volksmoord.

Hol·o·cene *(geol.)* Holoseen.

hol·o·gram hologram.

hol·o·graph holograaf, eiehandig geskrewe stuk. **hol·o·graph·ic** holografies, eiehandig geskrewe; ~ *will* holografiese testament. **ho·log·ra·phy** holografie.

hol·o·he·dral *(krist.)* volvlakkig, holoëdries, holoedries. **hol·o·he·drism** volvlakkigheid, holoëdrie, holoedrie. **hol·o·he·dron** holoëder, holo-eder.

hol·o·phyt·ic *(biol.)* holofities.

hol·o·thu·ri·an *(soöl.)* seekomkommer, holoturiër.

hol·o·zo·ic *(biol.)* holosoïes.

hols *n. (mv.), (Br., infml.)* vakansie.

Hol·stein[1] *(geog.)* Holstein.

Hol·stein[2] *(Am.)* fries(bees); →FRIESIAN[1] *n.*.

hol·ster holster, pistoolsak *(aan 'n lyfband of saal)*; *(bergklim)* yspiksak.

holt ottergat, -skuiling; *(arg. of poët., liter.)* bossie, lap bome; bosbult.

ho·lus-bo·lus *(arg. of Kan.)* voor die voet, pens en pootjies, met huid en haar.

Ho·ly: ~ **Alliance** *(hist.)* Heilige Alliansie/Verbond. ~ **Church** Heilige Kerk. ~ **City:** *the* ~ ~ die Heilige Stad, Jerusalem; *(fig.)* die hemelryk. ~ **Communion** *(Chr.)* Nagmaal. ~ **Communion table** verbondstafel. ~ **Family:** *the* ~ ~ die Heilige Familie. ~ **Father:** *the* ~ ~, *(RK)* die Heilige Vader, die pous. ~ **Ghost** →HOLY SPIRIT. ~ **Grail** *(in Me. legendes)* Heilige Graal; *(met kll., fig.)* heilige graal. ~ **Joe** *(infml.)* dominee; kapelaan; *(alte vroom pers.)* heilige boontjie, brawe Hendrik. ~ **Land:** *the* ~ ~ die Heilige Land, Palestina. ~ **Office** *(RK)* Heilige Offisie. ~ **Roman Empire** *(hist.)* Heilige Romeinse Ryk. ~ **Scripture,** ~ **Writ** *(Chr.)* Heilige Skrif. ~ **See** *(RK)* Heilige Stoel. ~ **Sepulchre** *(NT)* Heilige Graf; *Church of the* ~ ~ Heilige Grafkerk *(in Jerusalem)*. ~ **Spirit,** ~ **Ghost** *(Chr.)* Heilige Gees. ~ **Synod** Heilige Sinode *(v.d. Ortodokse Kerke)*. ~ **Trinity:** *the* ~ ~ →TRINITY. ~ **Week** *(Chr.)* Paasweek, Lydensweek, Stille Week. ~ **Writ** →HOLY SCRIPTURE. ~ **Year** *(RK)* jubeljaar.

ho·ly *n.* heilige plek; iets heiligs; ~ *of holies* heiligdom; *(met hll., OT)* die Allerheiligste; *the* ~, *(fungeer as mv.)* die heiliges. **ho·ly** *adj.* heilig, gewyd; →HOLIER, HOLILY, HOLINESS; *by* ***all*** *that is* ~ by my siel en saligheid; ~ ***cow/Moses/smoke!,*** *(infml.)* goeie genugtig/genade/hemel!; *a* ~ ***row,*** *(infml.)* 'n geweldige rusie; *a* ~ ***terror,*** *(infml.)* 'n rakker (*of* onmoontlike kind); 'n onmoontlike mens; *a* ~ ***war*** 'n heilige oorlog. ~ **day** feesdag. ~ **orders** *n. (mv.), (RK)* priesterwyding; (hoër) wydinge. ~**stone** *n., (sk., hoofs. hist.)* skuursteen. ~**stone** *ww.* (met skuursteen) skuur. ~ **water** *(relig.)* wywater. ~ **water sprinkler** wywaterkwas.

hom·age hulde, eerbetoon; *(mark of)* ~ huldeblyk; *pay* ~ *to s.o.* iem. huldig, hulde aan iem. betoon/bewys/bring, eer aan iem. betoon/bewys.

Hom·burg *(geog.)* Homburg. **h~ (hat)** duikhoed, sagte vilthoed.

home *n.* tuiste, huis, woning; woonplek; onderdak; tehuis; inrigting, gestig; geboorteplek; wenpaal; bakermat, setel; *(bofbal)* tuisplaat; bof, doel; *at* ~ ***and abroad*** binne(ns)- en buite(ns)lands; ***at*** ~ tuis, by die huis; binne(ns)lands; in iem. se eie land; →AT-HOME; *be* ***at*** ~ tuis wees; op jou gemak wees; gaste ontvang; *be* ***at*** ~ *in s.t.* in/met iets tuis wees; met iets vertroud wees; touwys wees in iets; *not* ***at*** ~ nie tuis nie, van huis; *not be* ***at*** ~ *to anybody* niemand wil ontvang nie; nie te spreek wees nie; ***away*** *from* ~ van huis, van die huis af (weg); *a* ***broken*** ~ 'n verbroke gesin; *be* ***close to*** ~, *(lett.)* naby die huis wees; *s.t. is* ***close/near to,*** *(fig.)* iets is digby die waarheid, iets kom te naby (*of* na aan) die waarheid, iets raak/roer 'n gevoelige/teer/tere snaar aan; ***confinement*** *to one's* ~ huisarres; ***feel*** *at* ~ tuis voel, op jou gemak voel; *not* ***feel*** *at* ~ ontuis voel; *(ook)* uit jou plek (uit) voel; ***feel*** *at* ~ *in a language* in 'n taal tuis voel; ***find*** *s.o. at* ~ iem. tuis (aan)tref; ***find*** *nobody at* ~ voor dooi(e)mansdeur kom; ***hear*** *from* ~ van die huis hoor; ***last/long*** ~, *(vero.: d. graf)* uiteindelike/laaste tuiste; ***make*** *one's* ~ *at ...* op ... gaan woon, jou op ... gaan vestig; op ... woon; ***make*** *o.s. at* ~ jou tuis maak; ***make*** *yourself at* ~! maak jou tuis!; ***make*** *one's* ~ ***with*** *s.o.* by iem. (gaan) woon; ***nearer*** ~ nader tuis; op meer vertroude terrein; *s.t.* ***is near to*** ~ →***close/near to;*** *there's no* ***place*** *like* ~ oos, wes, tuis bes; ~ *of* ***rest*** rushuis, -oord; ***sit*** *at* ~ tuis sit/lê, 'n huishen wees; ***stay*** *(at)* ~ tuis bly, met Jan Tuisbly se karretjie ry; →STAY-AT-HOME; ~ ***sweet*** ~ oos, wes, tuis bes; *a long* ***way*** *from* ~ ver/vêr van die huis (af); ver/vêr van iem. se land af. **home** *ww.* huis toe gaan; huis toe vlieg; huisves; posduiwe oplaat; ~ *in on* (or ~ *onto*) *...* reguit op ... afpyl; *(lugv.)* op ... aanstuur *('n baken)*. **home** *adj.* huislik, tuis-, huis-; binnelands; raak. **home** *adv.* huis toe; raak; ***arrive/reach*** ~ tuis kom; ***be*** ~ tuis wees; by die wenpaal wees; ***bring/take*** *s.o./s.t.* ~ iem./iets huis toe bring; ***bring*** *s.t.* ~ *to s.o.* iem. van iets oortuig; iets by iem. tuisbring (*of* laat insink), iem. iets aan die verstand bring; ***come*** ~ huis toe kom; tuis kom; *s.t.* ***comes*** ~ *to s.o.* iets dring tot iem. deur, iets tref iem., iem. word van iets bewus; ***drive*** ~ huis toe ry; ***drive*** *s.o.* ~ iem. huis toe ry; ***drive*** *s.t.* ~ iets laat inslaan *('n argument ens.)*; *s.o. is* ~ ***and dry*** iem. het veilig deurgekom; iem. het dit klaargespeel; ***first*** ~ eerste tuis; eerste by die wenpaal; ***get*** ~ tuiskom, by die huis kom; die doel bereik; **go** ~ huis toe gaan; *s.o. wants to* **go** ~ iem. wil huis toe (gaan); *s.o. has* **gone** ~ iem. is huis toe, iem. het huis toe gegaan; **press** ~ *s.t* iets (diep) indruk *('n mes ens.)*; iets deurdryf *('n sienswyse ens.)*; iets uitbuit *('n voordeel ens.)*; **ram** *s.t.* ~ →RAM *ww.*; **reach** ~ →**arrive/reach; return** ~ huis toe gaan; tuiskom; **scrape** ~ naelskraap(s)/net-net wen; net die paal haal; **screw** *s.t.* ~ iets styf vasdraai; **strike** ~ raak slaan; iem. 'n kopskoot gee *(fig.)*; **take** *s.o.* ~ iem. huis toe bring; **take** *s.t.* ~ iets saamneem; **write** ~ huis toe skryf/skrywe; *be nothing to* **write** ~ *about* niks waffers/watwonders wees nie, niks wees om oor te kraai nie. ~ **address** huis-, woonadres. **H~ Affairs** binnelandse sake. ~ **assistant** tuishelper. ~-**baked** tuisgebak(te), eiegebak(te); ~ *bread, (ook)* boer(e)brood. ~ **banking** tuisbanksake; tuisbankdienste. ~ **base** tuisbasis; *(bofbal)* →HOME PLATE. ~-**based** met 'n tuisbasis. ~ **bird** huishen, tuissitter, hokvaste persoon; *be a* ~ ~ hokvas wees, by die pappot bly. ~**born** in die moederland gebore. ~**bound** tuisgebonde; op pad huis toe; ~ *fleet* retoervloot. ~**boy** *(Am., sl.)* seun (*of* [ou] maat/vriend) van jou kontrei; *(bendesl.)* broer, makker, vriend. ~**bred** tuis (*of* in die moederland) gekweek/opgevoed; inlands, inheems; huislik, eenvoudig. ~ **brew** eiegebroude bier. ~-**brewed** eiegebrou(de). ~ **builder** huisbouer. ~ **building** huisbou, woningbou. ~ **circle** huiskring. ~ **comforts** huislike geriewe, huisgeriewe. ~**coming** tuiskoms. ~ **computer** tuisrekenaar. ~ **consumption** huishoudelike verbruik; binnelandse verbruik; eie gebruik. **H~ Counties** *(Br.)* graafskappe wat aan Londen grens. ~**craft** huishoudkunde, huisvlyt. ~-**cured** tuisbewerk(te). ~ **curiosities exhibition** huismuseumtentoonstelling. ~ **decoration** huisverfraaiing, -versiering. ~ **dressmaker** tuisklerermaker, -maakster, tuismodemaker, -maakster. ~ **economics** *n. (fungeer dikw. as ekv.)* huishoudkunde; *dictionary of* ~ ~ huishoudkundige woordeboek. ~ **economics officer** huishoudkundige. ~**felt** *adj. (attr.)* selfdeurleefde, diepgevoelde, innige. ~ **field** tuisveld. ~ **fire:** *keep the* ~ ~*s burning* →FIRE *n.*. ~ **freight** retoervrag. ~ **front** tuisfront. ~ **gardener** private/privaat tuinier. ~**girl** *(Am., sl.)* meisie (*of* [ou] maat/vriendin) van jou kontrei. ~ **ground** *(sport)* tuisveld, tuiswerf, tuisturf; *(pol.)* tuisgebied. ~-**grown** inlands, inheems; eie; ~ *wool* inheemse wol, tuiswol. ~ **guard** tuiswag. ~ **help** huishulp. ~ **industry** tuisnywerheid, -bedryf, -onderneming, huisbedryf. ~ **journey** tuisreis, terugreis. ~**keeping** huisvas, hokvas, tuissitterig, tuissittend; ~ *body* huishen, tuissitter. **H~ key** *(rek.: toets om n.d. begin v.d. dokument/bl. te gaan)* Hometoets. ~**land** vader-, geboorte-, tuisland, tuiste; *(SA, hist.)* tuisland. ~ **language** huistaal. ~ **leave** tuisverlof. ~ **loan** huislening. ~**lover** huishen, huismens. ~-**loving** huislik. ~-**made** tuisgemaak, -gebak, eiegemaak, selfgemaak; inheems; ~ *bread and cakes* tuisgebak; ~ *loaf* boer(e)brood; ~ *soap* boerseep, steenseep. ~**maker** tuisteskepper, huisvrou; *(Am., MW)* gesins-, tuishulp. ~-**making** tuisteskepping. ~ **management** huisbestuur. ~ **market** binnelandse mark. ~ **match** tuiswedstryd. ~ **movie** *(infml.)* tuisfliek. ~ **nursing** tuisverpleging. **H~ Office** (Britse) Ministerie van Binnelandse Sake. ~**owner** huiseienaar. ~**ownership** huisbesit. ~ **page** *(rek.)* tuisblad *(v. 'n webwerf)*. ~ **perm** tuisgolwing. ~ **plate,** ~ **base** *(bofbal)* tuisplaat. ~ **port** tuishawe. ~ **remedy** boereraat. ~ **rule** selfbestuur, outonomie. ~ **run** boflopie. ~ **sales** binnelandse omset/verkope. **H~ Secretary** (Britse) Minister van Binnelandse Sake. ~**sick** vol heimwee, verlangend; *be* ~ heimwee hê, huis toe verlang. ~**sickness** heimwee, verlange; ~ *for* ... heimwee na ... ~ **side** tuisspan. ~**sit,** ~**sitter,** ~**sitting** →HOUSESIT, HOUSESITTER, HOUSESITTING. ~**spun** *n.* tuisweefstof. ~**spun** *adj.* tuisgespin(de), -gesponne; tuisgeweef(de); eenvoudig, ongekunsteld. ~**stead** opstal; woonhuis; boerewoning; plaaswerf. ~ **straight,** ~ **stretch** *(perdesport)* pylvak; *(fig.)* laaste skof; *be in the* ~ ~ in die pylvak wees. ~ **team** tuisspan. ~ **thrust** raak hou/skoot/steek. ~ **town** vaderstad, geboorteplek, -stad, -dorp; tuisstad, -dorp, woonplek, stad/dorp van inwoning. ~ **truth** *n.* onaangename/harde waarheid, raak steek; *tell s.o. some* ~ ~*s* iem. kaalkop/vierkant die waarheid vertel/sê. ~ **watch** →NEIGHBOURHOOD WATCH. ~ **waters** *n. (mv.), (sk.)* tuiswaters. ~**work** huiswerk; *do one's* ~ *well* jou goed voorberei; *s.o. did his/her* ~ *well* iem. is goed voorberei. ~**worker** huishulp.

home·less dakloos, haweloos, sonder huis; *be* ~ op die vlakte sit, dakloos (*of* sonder huis) wees; *make/render people* ~ mense dakloos laat. **home·less·ness** ontheemdheid, huis-, dakloosheid.

home·like huislik, gesellig, intiem.

home·ly huislik, gesellig; eenvoudig, ongekunsteld; primitief; *(Am.)* onaansienlik, lelik. **home·li·ness** huislikheid.

ho·me·o-, ho·moe·o- *komb.vorm* hom(e)o-.

ho·me·op·a·thy, ho·moe·op·a·thy homeopatie, homopatie. **ho·m(o)e·o·path, ho·m(o)e·op·a·thist** homeopaat, homopaat. **ho·m(o)e·o·path·ic** homeopaties, homopaties.

ho·me·o·sta·sis, ho·moe·o·sta·sis -*stases* homeostase.

Ho·mer *(Gr. digter)* Homeros, Homerus; *even* ~ *sometimes nods, (sprw.)* ook Homeros/Homerus slaap/dut soms. **Ho·mer·ic** Homeries; ~ *laughter* Homeriese gelag.

hom·er posduif; *(infml.)* boflopie.

home·ward *adj. & adv.* huiswaarts, huis toe; ~ *bound* op pad huis toe, op die tuisvaart/-reis; ~ *journey/voyage* tuisreis, tuisvaart. **home·wards** *adv.* huiswaarts, huis toe.

hom·ey, hom·y *adj.* huislik.

hom·i·cide manslag, doodslag; *(vero.)* moordenaar, doodslaner; *culpable* ~ strafbare manslag. **hom·i·ci·dal** moorddadig, moordend, moord-; ~ *maniac* lewensgevaarlike kranksinnige.

hom·i·ly kanselrede, preek, predikasie; homilie; sedepreek. **hom·i·let·ic** *adj.* homileties, preek-. **hom·i·let·ics** *n. (fungeer as ekv.)* preekkuns, homiletiek.

hom·ing *n., (soöl.)* terugkeer, tuiskoms; *(lugv., mil.)* aanpeiling. **hom·ing** *adj.* aanpeilend. ~ **device** aanpeiler. ~ **instinct** tuiskom-, aanpeilinstink. ~ **pigeon** posduif. ~ **torpedo** aanpeil-, snuffeltorpedo.

hom·i·nid *n., (soöl.)* hominied, mensagtige wese. **hom·i·nid** *adj.* hominied, mensagtig.

hom·i·ny *(Am.)* mieliegruis; mieliegruispap. ~ **(chop)** gebreekte mielies. ~ **grits** mieliegruis.

Ho·mo *(Lat.: mens)* Homo. ~ **erectus** *(regop mens)* Homo erectus. ~ **habilis** *(handige mens)* Homo habilis. ~ **sapiens** *(slim/wyse/verstandige mens)* Homo sapiens.

ho·mo -*mos, (infml., hoofs. neerh., afk. v.* homosexual*)* homo.

ho·mo- *komb.vorm* homo-.

ho·mo·cen·tric homosentries, met dieselfde sentrum.

ho·moe·op·a·thy →HOMEOPATHY.

ho·moe·o·sta·sis →HOMEOSTASIS.

ho·mog·a·my *(biol.)* homogamie, inteelt; *(bot.)* homogamie, gelykslagtigheid. **ho·mog·a·mous** homogaam; gelykslagtig; gelyktydig ryp.

ho·mo·ge·ne·ous homogeen, gelyksoortig; saamhorig; eenvormig, egalig; gelykslagtig. **ho·mo·ge·ne·i·ty, ho·mo·ge·ne·ous·ness** homogeniteit, gelyksoortigheid; gelykslagtigheid.

ho·mog·e·nise, -nize homogeniseer; ~*d milk* gehomogeniseerde melk. **ho·mog·e·ni·sa·tion, -za·tion** homogenisasie.

ho·mog·e·ny *(biol.)* homogenie, genetiese verwantskap. **ho·mog·e·nous** homogeneties.

ho·mo·graft *(med.)* homeotransplantaat.

hom·o·graph homograaf.

ho·mol·o·gate *(fml., jur.)* homologeer, bekragtig, goedkeur.

ho·mol·o·gous homoloog, eweredig, ooreenkomstig, ooreenstemmend; gelyksoortig; *(wisk.)* gelykstandig. **ho·mol·o·gise, -gize** eweredig/ooreenkomstig wees; eweredig/ooreenkomstig maak; homologiseer. **hom·o·logue,** *(Am.)* **hom·o·log** homoloog, iets homoloogs. **ho·mol·o·gy** homologie, eweredigheid, ooreenstemming; *(wisk.)* gelykstandigheid.

ho·mo·mor·phic, ho·mo·mor·phous *(biol., wisk.)* homomorf, homomorfies; *(ook, biol.)* gelykvormig.

hom·o·nym *(ling., biol.)* homoniem. **hom·o·nym·ic, ho·mon·y·mous** homoniem. **ho·mon·y·my** homonimie, homonimiteit.

ho·mo·pho·bi·a *(vrees vir of afkeer v. homoseksuele en homoseksualiteit)* homofobie. **ho·mo·phobe** homofoob. **ho·mo·pho·bic** homofobies.

hom·o·phone *(ling.)* homofoon. **hom·o·phon·ic, ho·moph·o·nous** *(ling., mus.)* homofoon. **ho·moph·o·ny** *(ling., mus.)* homofonie.

ho·mop·ter·ous *(entom.)* gelykvlerkig, -vleuelig.

ho·mo·sex·u·al *n.* homoseksueel. **ho·mo·sex·u·al** *adj.* homoseksueel. **ho·mo·sex·u·al·i·ty** homoseksualiteit.

ho·mo·zy·gote *n., (genet.)* homosigoot. **ho·mo·zy·gous** *adj.* homosigoot, homosigoties.

ho·mun·cu·lus -*culi,* **ho·mun·cule** -*cules* homunkulus, dwerg; *(alchemie)* homunkulus, miniatuurmens; *(med.)* homunkulus, (klein) mensie, volmaak geboude dwerg.

hom·y →HOMEY.

hon·cho -*chos, n. (Am., sl.)* baas; *head* ~ grootbaas, (groot) kokkedoor. **hon·cho** *ww.* baas wees (oor), toesig hou (oor), aan die hoof staan (van).

Hon·du·ras *(geog.)* Honduras. **Hon·du·ran** *n. & adj.* Hondurees.

hone *n.* oliesteen. **hone** *ww.* slyp *(op 'n oliesteen)*.

hon·est eerlik, opreg; reguit, onomwonde; openhartig; *(arg.)* rein, kuis; onvervals; goed; ~ ***broker,*** *(fig.)* (be)middelaar, tussenganger; eerbare makelaar; ***downright/scrupulously*** ~ doodeerlik; ~ *to God!* so waar as God!; ~ ***Injun!,*** *(vero.)* op my erewoord (*of* woord van eer)!; *be* ~ ***with*** *s.o.* met iem. eerlik wees; ~ ***woman,*** *(arg.)* eerbare vrou; *make an* ~ ***woman*** *of s.o., (vero. of skerts.: met iem. trou omdat sy jou kind verwag)* iem. haar eer teruggee. ~-**to-God,** ~-**to-goodness** *adj. (attr.)* egte, suiwer, onvervalste, onvervalsde; volslae, volkome, absolute.

hon·est·ly *adv.* eerlik; regtig, werklik; ronduit. **hon·est·ly** *tw.* eerlik waar, regtig (waar), rêrig.

hon·es·ty eerlikheid, opregtheid; *(arg.)* eerbaarheid, reinheid; deugsaamheid; regskapenheid; *(bot.)* judaspenning; *in all* ~ in alle eerlikheid; *s.o. is* ~ ***itself*** iem. is die eerlikheid self; ~ *is the best* ***policy*** eerlikheid duur die langste; ~ *of* ***purpose*** opregtheid, eerlike bedoelinge; ***scrupulous*** ~ stipte eerlikheid.

hon·ey *n.* heuning; soetigheid; *(hoofs. Am.)* liefling, skat, soetlief; *pure/extracted* ~ swaai-, slingerheuning. **hon·ey** *adj.* heuningkleurig. ~ **badger** ratel. ~ **bag** heuningsakkie. ~ **bear** heuningbeer, Maleise beer; *(South American)* ~ ~ →KINKAJOU. ~**bee** heuningby, werkby. ~ **beer** heuningbier. ~ **bell bush** *(Freylinia lanceolota)* heuningklokkiesbos. ~**bird** →HONEYGUIDE. ~ **biscuit** heuningkoekie. ~ **blonde** heuningblond. ~ **bread** *(bot.)* johannesbrood. ~-**brown** heuningbruin. ~**bush tea** heuningtee. ~ **buzzard** *(orn.)* wespedief. ~ **chamber** heuningruimte. ~ **colour** heuningkleur. ~-**coloured** heuningkleurig. ~**dew** heuningdou. ~**dew melon** winterspanspek. ~**eater** *(orn.)* →SUNBIRD. ~ **euphorbia** *(Euphorbia tetragona)* heuningnaboom. ~ **extractor** uitswaaimasjien. ~**flow** byedrag, heuningtyd. ~ **flower** kruidjie-roer-my-nie. ~ **fungus** heuningswam. ~ **gland** heuningklier. ~ **grass** efwatakatalagras. ~**guide** *(orn.)* heuningwyser, -voël. ~ **jar** heuningpot. ~ **locust (tree)** *(Gleditsia triacanthos)* sprinkaanboom, soetpeul. ~**pot** *(lett. & fig.)* heuningpot. ~ **strainer** heuningdeursyger. ~**sucker** *(orn.)* →SUNBIRD. ~**suckle** *(bot.)* kanferfoelie, kamferfoelie, handskoentjies. ~-**sweet** heuningsoet. ~ **tea** heuningtee. ~-**tongued** glad van tong, oorredend, welbespraak. ~ **tube** heuningbuisie. ~**wort** *(bot.)* wasblom, -kruid. ~-**yellow** heuninggeel.

hon·ey·comb *n.* heuningkoek, -graat. **hon·ey·comb** *ww.* deurboor, deurkruis, ondermyn; ~*ed wall* heuningkoekmuur. ~ **brick** heuningkoeksteen. ~ **cream** heuningkoekpoeding. ~ **fabric** wafelstof. ~ **stitch** heuningkoeksteek *(in smokwerk)*; heuningkoekgraatsteek.

~ **stomach** ruitjiespens. ~ **structure** heuningkoekbou. ~ **weave** wafelbinding.

hon·eyed, hon·ied *(poët.)* heuningsoet, =ryk, heuning=; vleiend, vleierig; ~ *words* soet woorde.

hon·ey·moon *n.* wittebrood, wittebroods=, huweliksreis, wittebroodsdae, =tyd; *be no ~, (infml.)* geen plesier wees nie; *they are on (their) ~* hulle hou wittebrood, hulle is op hul wittebrood/wittebroodsreis/huweliksreis; *the ~ is over, (infml., fig.)* die wittebrood/wittebroodsdae/wittebroodstyd is verby. **hon·ey·moon** *ww.* wittebrood hou; *they are ~ing at ...* hulle bring hul wittebrood(sdae) op ... deur. ~ **couple** wittebroodspaar(tjie). ~ **flight** →NUPTIAL FLIGHT. ~ **trip** wittebroods=, huweliksreis.

hon·ey·moon·er iem. op sy/haar wittebrood/wittebroodsreis/huweliksreis; *(i.d. mv.)* wittebroodspaar(tjie).

hong pakhuis, loods *(in China); (hist.)* handelstasie *(in China).*

Hong Kong *(geog.)* Hongkong.

hon·ied →HONEYED.

honk *n.* gehonk; getoet(er); gesnater; (ge)skree(u); *(Br., Austr., sl.)* stank. **honk** *ww.* honk; toet(er); snater; skree(u); *(Br., Austr., sl.)* stink; ~ *(up), (Br., sl.)* opgooi, kots. **honk·er** *(sl.: [groot] neus)* snawel, snoet, tjokker.

hon·ky =*kies,* **hon·kie** =*kies,* **hon·key** =*keys, (Afro-Am., neerh. sl.: wit mens)* la(r)nie, witvel.

hon·ky-tonk *(hoofs. Am., infml.)* goedkoop nagklub/danssaal; kantien; honkietonk-musiek. ~ **piano** honkietonk(-klavier), blikklavier.

Hon·o·lu·lu *(geog.)* Honolulu, Honoloeloe.

hon·o·rar·i·um =*riums,* =*ria* honorarium.

hon·or·ar·y ere=; eervol; honorêr; ~ ***citizen(ship)*** ereburger(skap); ~ ***colonel*** erekolonel; ~ ***degree*** eregraad; ~ ***doctorate*** eredoktoraat; ~ ***life member*** lewenslange erelid; ~ ***post*** ereamp; ~ ***president*** erevoorsitter; ~ ***secretary*** (ere)sekretaris; ~ ***treasurer*** (ere)penningmeester, (ere)tesourier; ~ ***vice president***ereondervoorsitter.

hon·or·if·ic *n.* eretitel; beleefdheidsaanspraak; beleefdheidsvorm. **hon·or·if·ic** *adj.* agbaar, geëerd, ere=; ~ *word* beleefdheidswoord.

hon·our, *(Am.)* **hon·or** *n.* eer; eerbewys; eergevoel; *(i.d. mv.)* eerbewyse; onderskeidings; (ere)titels; honneurs; grootbase *(in kaartspel);* ***affair*** *of* ~ eresaak; *be in* ~ ***bound*** *to do s.t.* eershalwe verplig wees om iets te doen; ~ ***bright!,*** *(Br., vero.)* op my erewoord *(of* woord van eer)!; ***chain*** *of* ~ ereketting; ***code*** *of* ~ erekode; ***confer*** *an* ~ *on s.o.* →CONFER; *~s* ***degree,*** *(univ.)* honneursgraad; ***do*** ~ *to s.o.* eer aan iem. betoon/bewys; ***do*** *s.o. the* ~ *of ...* iem. die eer aandoen om te ...; ***do*** *the ~s, (infml.)* as gasheer/=vrou optree; *s.t.* ***does*** *s.o.* ~ iets strek iem. tot eer; ~ *to whom* ~ *is* ***due*** eer/ere aan wie eer/ere toekom; *be* ***equal*** *to the* ~ →EQUAL *adj.; with ~s* ***even,*** *(Br.)* in 'n gelykop stryd; ***extend*** *an* ~ *to s.o.* iem. eer bewys; ***funeral/last*** *~s* die laaste eer; ***guest*** *of* ~ eregas; ***have*** *the* ~ *of ...* die eer hê om te ...; ***His/Her*** *H~* Sy/Haar Edele; Sy/Haar Edelagbare; ***impugn*** *s.o.'s* ~ iem. in sy/haar eer aantas; ***in*** ~ *of ...* ter ere van ...; ***in*** *s.o.'s* ~ tot iem. se eer; *a* ***lap*** *of* ~ →LAP[2] *n.;* ***Legion*** *of H~* Legioen van Eer; *~s* ***list*** lys van onderskeidings; *be* ***loaded*** *with ~s* met eerbewyse oorlaai wees; ***maid*** *of* ~ →MAID; ***mark*** *of* ~ ereblyk; onderskeiding; *be buried with full* ***military*** *~s* met volle militêre eer begrawe word; ***obtain*** *~s in an examination* 'n eksamen met lof/onderskeiding *(of* cum laude) aflê/slaag; ***on/upon*** *my* ~ regtig, op my erewoord *(of* woord van eer); ***point*** *of* ~ punt van eer; ***post*** *of* ~ erepos, =amp; *s.t.* ***redounds*** *to s.o.'s* ~ iets strek iem. tot eer; ***seat*** *of* ~ eresetel; *be the* ***soul*** *of* ~ die eerlikheid self wees; ***take*** *the ~s* met die louere wegstap; *there's* ~ *among* ***thieves,*** *(sprw.)* diewe besteel mekaar nie; *s.t.* ***is to*** *s.o.'s* ~ iets strek iem. tot eer; *~s* *of* ***war*** krygseer; ~ *above* ***wealth*** eer bo rykdom; *on my* ***word*** *of* ~ op my erewoord *(of* woord van eer); ***Your*** *H~, (regter)* Edelagbare; U Edele. **hon·our,** *(Am.)* **hon·or** *ww.* eer, vereer, huldig, in ere hou; nakom; hoogag, respekteer; eer betoon; honoreer *('n wissel);* naleef, nalewe, uitvoer, gestand doen *('n ooreenkoms ens.);* ~ ***obligations*** verpligtinge nakom; ~ *a* ***promise*** 'n belofte nakom *(of* gestand doen); *I shall be ~ed* ***to*** *...* dit sal vir my 'n eer wees om te ...; ~ *s.o.* ***with*** *s.t.* iem. met iets vereer *('n besoek, jou teenwoordigheid).* **hon·our·a·ble,** *(Am.)* **hon·or·a·ble** eervol; eerwaardig, agbaar; agtenswaardig; opreg, eerlik; vernaam, hoog; edelagbare; ~ ***court*** agbare hof; ~ ***discharge*** eervolle ontslag; *the H~* ***J. Smith*** Sy Ed. J. Smith; *Dr the H~* ***J. Smith*** Sy Ed. dr. J. Smith; *the* ~ ***member*** die agbare lid; ~ ***mention*** eervolle vermelding; ***Right*** *H~* Hoogedele. **hon·our·a·bly,** *(Am.)* **hon·or·a·bly** eervol, op eervolle manier, met eer.

hooch, hootch *(infml., hoofs. Am.)* onwettige drank, smokkeldrank; tuisbrousel.

hood[1] *n.* kap *(v. 'n mantel, toga, ens.);* hoed(e)vorm; (akademiese) serp, graadband; masjienkap; luifel *(oor 'n sypaadjie);* mantelkap; tent. **hood** *ww.* 'n kap opsit/omhang, kap; blinddoek. **~man-blind** *(Br., arg.)* →BLIND MAN'S BUFF. ~ **mould(ing)** kaplys.

hood[2] *n., (infml., hoofs. Am.)* →HOODLUM.

hood·ed gekap, met 'n kap op, kap=; ~ ***cart*** kap=, tentkar; ~ ***cloak*** kapmantel; ~ ***snake*** kapelslang; ~ ***wag(g)on*** tentwa. ~ **crow** bontkraai. **~-leaf pelargonium** *(Pelargonium cucullatum)* wildemalva. ~ **seal** klapmus(rob).

hood·ie *(Sk.)* →HOODED CROW.

hood·less sonder ('n) kap; ~ *cart* kaalkar.

hood·lum (straat)boef.

hoo·doo *n., (infml.)* ongeluk, onheil, rampspoed; ongeluksbode; →VOODOO. **hoo·doo** *ww., (infml.)* toor, beheks, paljas; onheil bring; *be ~ed* getoor/beheks/gepaljas wees; deur die ongeluk gery word.

hood·wink blinddoek; flous, fop, mislei, om die bos lei, uitoorlê; kul, bedrieg, vet om die oë smeer; ~ *s.o., (ook)* iem. iets wysmaak *(of* op die mou speld).

hoo·ey *(infml.)* bog, kaf, twak, snert.

hoof *hoofs, hooves, n.* hoef *(v. 'n perd ens.);* klou *(v. 'n herkouer);* poot; stuk vee; ***cloven*** ~ gesplete hoef; ***crooked*** ~ horrelpoot; ***on*** *the ~, (vee)* op vier pote, lewend; *(infml.)* spontaan, uit die vuis (uit), geïmproviseer(d); sonder om (na) te dink; ***pad*** *the* ~ voetslaan; in die pad val, spore maak. **hoof** *ww., (infml.)* (met mening) skop; trap; ~ *it, (infml.)* loop, stap, voetslaan; *(dans)* dit uitkap, boude skud; ~ *s.o. out, (infml.)* iem. uitskop. **~beat** hoefslag, klap van perdepote. ~ **pad** aankapkussinkie, =kous *(v. 'n perd).* ~ **pick** hoefsteker. ~ **wall** horingwand.

hoofed gehoef(de); ~ *animal* hoefdier.

hoof·er *(infml.)* beroepsdanser; klopdanser.

hoo-ha *(infml.)* opskudding, gedoente.

Hook: *the ~ (of Holland), (geog.)* die Hoek van Holland.

hook *n.* haak; hakie; kram(metjie); vishoek, angel; hoek; punt; (skerp) draai; sekel; sens; val, strik; knip; *(boks, kr.)* haakhou; *(gh.)* haak=, hothou; *(mus.)* vlaggie; *(popmus.)* vassteekwysie; ~ *and* ***bar*** hakie en trensie; ~ *and* ***butt*** *joint* haak-en-stuik-las; *by* ~ *or by* ***crook*** buig of bars, al bars die bottel (en al buig die fles), hoe ook al, tot elke prys, op (die) een of ander manier; ~ *and* ***eye,*** *(naaldw.)* hakie en ogie; ***get*** *one's ~s into/on s.o.* iem. in jou kloue kry; *fall for s.t.* ~, ***line*** *and sinker* →FALL *ww.; be* ***off*** *the ~, (telefoongehoorstuk)* van die haak (af) wees; *(infml., iem.)* uit die verknorsing wees; *get* ***off*** *the ~, (infml.)* uit die verknorsing kom; *let s.o.* ***off*** *the ~, (infml.)* iem. uit die verknorsing help; *be* ***on*** *the ~ for ..., (Am., infml., fin.)* ... moet opdok; *have a fish* ***on*** *the ~* 'n vis aan die hoek hê; ***on*** *one's own ~, (hoofs. Am., infml., vero.)* op eie houtjie; ***sling*** *one's ~, (Br., infml.)* laat spat, (laat) spaander; ~ *and* ***staple*** haak en kram. **hook** *ww.* haak *(ook in gh./kr.);* aanhaak, vasmaak; *(gh.)* hot slaan, 'n haakhou slaan; *(rugby)* (uit)haak; *(arg., infml.)* gaps, vaslê, skaai; ~ *s.t.* ***in*** iets in=/vashaak; ~ ***it*** laat spat, (laat) spaander; ~ *s.t.* ***off*** iets afhaak; ~ *s.t.* ***on*** iets aan=/vas=/ophaak; ~ ***onto*** *(or* ***on to****) s.t.* aan iets vashaak; ~ *s.t.* ***up*** iets aan=/vashaak; iets verbind/aansluit; ~ ***up*** *with ..., (infml.)* (jou) by ... aansluit. ~ **bolt** haakbout. ~ **knife** snoeimes. ~ **nail** haakspyker. **~nose** haakneus, arendsneus, krom neus. **~nosed** met die/'n haak=/arendsneus *(of* krom neus), haakneus=. ~ **pin** haakpen. ~ **post** haakstyl. **~-shaped** haakvormig. ~ **spanner** haaksleutel; slothaak, loper. ~ **strip** kapstok. ~ **stroke** haakskoot. **~-thorn** swarthaak(bos), ghnoibos, haakdoring. **~-up** konneksie, verbinding(stelsel); bedrading; aansluiting. **~worm** haakwurm, mynwurm. ~ **wrench** haaksleutel.

hook·a(h) (Turkse) waterpyp, nargile(h).

hooked gehaak, met 'n haak; haakvormig, krom, gebuig, haak=; (vas)gevang; *(infml.)* getroud; ~ ***cross*** hakekruis; ~ ***end*** haakent; ***get*** *~, (kledingstuk)* vashaak *(aan iets); (infml., iem.)* verslaaf raak *(aan iets); (infml., seun ens.)* gevang word *(deur 'n meisie ens.);* ~ ***joint*** haaklas; ~ ***nose*** haakneus, arendsneus, krom neus; *be ~* ***on*** *s.t., (infml.)* mal wees oor *(of* dol wees oor/op *of* versot wees op) iets, baie van iets hou; aan iets verslaaf wees *(dwelmmiddels ens.);* ~ ***rug*** haakmat; ~ ***stick*** haakkierie.

hook·er[1] *(sk.)* hoeker; *(sk., infml.)* ou skip.

hook·er[2] *(rugby)* haker; *(infml.)* hoer.

hook·(e)y *n.: play ~, (Am., infml.)* stokkiesdraai.

hook·y *adj.* haakvormig, krom; vol hake; haak=.

hoo·li·gan (straat)boef, skollie, vandaal; *(i.d. mv.)* (straat)gespuis. **hoo·li·gan·ism** (straat)boewery, straatterreur, vandalisme.

hoop[1] *n.* hoepel; band, ring; *go through the ~s, (infml.)* les opsê, bars *(fig.); put s.o. through the ~(s), (infml.)* iem. laat les opsê. **hoop** *ww.* hoepel speel; omhoepel, hoepels *(of* die/'n hoepel) omsit; saamtrek; saambind. ~ **iron** hoepel=, bandyster. ~ **net** fuik. ~ **skirt** hoepelrok. ~ **stick** hoepelstok; hoepelhout.

hoop[2] *ww.* →WHOOP *ww..* **hoop·ing cough** →WHOOPING COUGH.

hoop·er kuiper, hoepelmaker.

hoop·la waagspeletjie; *(speletjie)* hoepelgooi; *(infml.)* bohaai, gedoente; *(Am., infml.)* nonsens.

hoo·poe *(orn.)* hoep-hoep; →WOOD-HOOPOE.

hoo·ray →HURRAH.

hoose, hooze *(veearts.)* longwurmsiekte.

hoos(e)·gow *(<Sp., Am., sl.: tronk)* tjoekie.

hoot *n.* (ge)skree(u); (ge)fluit; getoet(er) *(v. 'n motor);* geblaas; (ge)hoe-hoe, (ge)steun, (ge)roep *(v. 'n uil); not care/give a ~ (or two ~s), (infml.)* geen *(of* nie 'n) flenter omgee nie; *it doesn't matter two ~s, (infml.)* dit maak geen *(of* glad nie *of* nie die minste) saak nie. **hoot** *ww.* (uit)jou, uitfluit; toet(er); blaas; *(uil)* hoe-hoe, steun, roep; ~ *... down ...* doodfluit/doodskree(u)/uitjou *(spreker); ...* afskiet *(voorstel);* ~ *with ...* brul van ... *(d. lag ens.).*

hoot·chy-koot·chy, hoot·chie-koot·chie *(Am., sl.)* (wulpse) buikdans.

hoot·en·an·ny, hoot·nan·ny =*nies, (Am., infml.)* folkkonsert; dingetjie, dingesie, affêrinkie, kontrepsie *(<Eng.);* dinges, anderding, watsenaam, hoesenaam.

hoot·er toeter *(v. 'n motor);* fluit, sirene *(v. 'n skip, fabriek); (Br., sl.: neus)* snoet, snawel; *(i.d. mv., Am., infml. sl.)* borste; *sound the ~* toet(er). ~ **button** toeterknop.

hoot·ing gejou, uitjouery; gefluit; getoet(er), toetery; geblaas; gehoe-hoe, gesteun, geroep *(v. 'n uil).*

hoove →HOVEN *n..* **hooved** →HOOFED.

hoo·ver *n., (oorspr. H~, handelsnaam)* stofsuier. **hoo·ver** *ww.* stofsuig; ~ *s.t. up, (infml.)* iets opslurp; iets wegsit/verorber.

hooze →HOOSE.

hop[1] *n.* sprong, spring, huppeling, huppelpas; dans=, skoffelparty; *be* ***on*** *the ~, (infml.)* druk besig wees, bedrywig wees; *catch s.o.* ***on*** *the ~, (infml.)* iem. onkant/onverhoeds betrap; *keep s.o.* ***on*** *the ~, (infml.)* iem. aan die gang hou; *~,* ***skip/step*** *and jump, (vero.)* hinkstap-sprong; →TRIPLE JUMP; *be just/only a ~, (a)* ***skip*** *and (a) jump away, (infml.)* net om die draai *(of* hier anderkant *of* 'n hanetreetjie ver/vêr) wees. **hop** *-pp-, ww.* spring, hup, hop, huppel; eenbeentjie spring, hink; wip; dans; →HOPPER¹; ~ ***after*** ... agter ... aanhuppel; ~ ***around*** rondspring; ~ ***in,*** *(infml.)* inwip, inspring; ~ ***into*** *bed with s.o., (infml.)* met iem. in die bed klim/spring (*of* bed toe gaan); ~ ***it,*** *(infml.)* spore maak; ~ ***it!,*** *(infml.)* maak spore!, skoert!; ~*ping* ***mad*** →MAD *adj.*; ~ ***off,*** *(infml.)* afspring; padgee; ~ ***out,*** *(infml.)* uitspring; ~ *the* ***twig/stick,*** *(infml.)* bokveld toe gaan; maak dat jy wegkom. **~-o'-my-thumb** 'n Klein Duimpie, dwergie. **~scotch** *(spel)* eenbeentjie, hinkspel, klippie-hink. **~scotch stone** ghoen.

hop² *n.* hop. **hop** *-pp-, ww.* hop ingooi; hop dra; hop pluk; →HOPPER². **~(s) beer** hopbier. ~ **bind,** ~ **bine** hoprank. ~ **field** hopland. **~head** *(Am., infml.)* dwelmslaaf. **~sack** hopsak. **~sack(ing)** *(stof)* hopsak. **~sack weave** matbinding. ~ **trefoil** *(bot.)* hopklawer.

hope *n.* hoop, verwagting; ***abandon*** ~ die hoop opgee (*of* laat vaar); ~ *for s.o. has been* ***abandoned*** iem. is buite hoop; *is there* ***any*** *~?* is daar nog (enige) hoop?; *be* ***beyond/past*** ~ hopeloos wees; *s.o. is* ***beyond*** *~, (ook)* vir iem. is daar geen redding meer nie; ***build*** *one's ~s on* ... jou hoop op ... vestig; ***cherish/entertain*** *a ~ that* ... die hoop koester dat ...; *s.o.'s ~s were* ***dashed*** iem. se verwagtings is verydel; ~ ***deferred*** *maketh the heart sick, (idm.)* 'n uitgestelde hoop krenk die hart; ***entertain*** *a ~ that* ... →***cherish/entertain;*** ~ *springs* ***eternal*** *(in the human breast), (sprw.)* die hoop laat lewe; *~s* ***fade*** →FADE *ww.*; *a* ***faint*** ~ 'n effense/swak hoop; ***fasten*** *one's ~s on* ... jou hoop op ... vestig; *hover between ~ and* ***fear*** tussen hoop en vrees dobber; *a* ***fervent*** ~ 'n innige/vurige hoop; *a* ***flash/flicker/gleam/glimmering*** *of* ~ 'n sprankie/straaltjie/sweempie (van) hoop, 'n flikkering van hoop; *in the* ***fond*** *~ that* ... in die ydele hoop dat ...; *a* ***forlorn*** ~ 'n ydele hoop; 'n hopelose saak; *be* ***full*** *of* ~ hoopvol wees, vol hoop/moed wees; ***give up*** ~ die hoop opgee (*of* laat vaar), moed opgee; *a* ***gleam/glimmering*** *of* ~ →***flash/flicker/gleam/glimmering;*** ~ *of* ***going*** hoop om te gaan; *you've* ***got*** *a ~!, (infml.)* daar kom niks van nie!, jy's laat!; *not have a ~ in* ***hell,*** *(infml.)* nie die geringste/minste (*of* 'n kat se) kans hê nie; *have* ***high*** *~s* groot/hoë verwagtings hê/koester; ***hold*** *out ~ for* ... hoop op ... bied; *it* ***holds*** *out much ~ for* ... dit bied veel hoop vir ...; dit beloof veel vir ...; ***in the*** *~ of* ... op hoop van ...; ***in the*** *~ that* ... in die hoop dat ...; ***indulge*** *a ~* 'n hoop koester; *have* ***little*** ~ slegte moed hê; ***live*** *in ~s* bly hoop, op hoop leef/lewe; ***live*** *in ~s that* ... die hoop koester dat ...; ***lose*** *~ of doing s.t.* die hoop laat vaar om iets te doen; *there's* ***no*** *~ of* ... daar is geen vooruitsig op ... nie; ***not*** *a ~!, (infml.)* nie die geringste/minste kans nie!; *s.o.'s (one and)* ***only*** ~ iem. se enigste hoop, al hoop wat iem. het; *be* ***past*** ~ →***beyond/past; pin/place*** *one's ~s on* ... jou hoop op ... vestig; *there is a ~ of* ***rain*** daar is hoop op reën; ***raise*** *~s, (ook)* verwagtings wek; *s.t.* ***raises*** *the ~ that* ... iets wek die hoop dat ...; *a* ***ray*** *of* ~ 'n ligpunt; ***shatter*** *s.o.'s ~s* iem. se verwagtings die bodem inslaan; *a* ***slender*** ~ 'n geringe hoop; *a* ***vain*** ~ 'n ydele hoop; *s.t. is beyond s.o.'s* ***wildest*** *~s* iets oortref iem. se stoutste verwagtings; *a* ***young*** ~ 'n veelbelowende jongeling. **hope** *ww.* hoop, verwag; ~ ***against*** *hope* teen jou beterwete in hoop, 'n wanhopige hoop koester; ~ *for the* ***best*** (op) die beste hoop; *I* ***do*** *~ that* ... ek hoop regtig/werklik dat ...; *I ~ he/she* ***doesn't*** *do it* ek hoop hy/sy doen dit nie; ~ ***fervently*** innig/vurig hoop; ~ ***for*** *s.t.* op iets hoop, iets verwag; *~* ***for*** *s.o.'s success* vir iem. duim vashou; ***here's*** *hoping* laat ons hoop; ***it*** *is to be ~d that* ... dit is te hope dat ...; ***it*** *is to be ~d that it will* ... hopelik sal dit ...; *s.o.* ***keeps*** *hoping* iem. bly hoop; *I ~* ***not*** ek hoop nie; hopelik nie; *I ~* ***so*** ek hoop so; hopelik; ~ ***to*** *do s.t.* hoop dat jy iets sal kan doen. ~ **chest** *(Am.)* bruidskis; →BOTTOM DRAWER.

hope·ful hoopvol, bemoedigend, moedgewend, verblydend; veelbelowend; *be ~ that* ... vol hoop wees dat ... **hope·ful·ly** *adv.* hopelik; hoopvol.

hope·less hopeloos; wanhopig; onverbeterlik; ~ *case* ongeneeslike geval; verloorsaak; nikswerd kêrel. **hope·less·ly** *adv.* hopeloos.

hop·lite *(mil., hist.)* hopliet.

hop·per¹ springer, huppelaar; hinker; danser; drawwer; voetganger(sprinkaan); vlooi; wippertjie *(v. 'n klavier)*; modderskuit; vul-, storttregter; stortbak, -kas; geutbak; saaimandjie; (self)losser; lossertrok; druiwebak; skotvensterwang. ~ **(barge)** onderlosser. ~ **(feed)** voerbak, vulbak. ~ **frame** skot(venster)raam. ~ **joint** tregterlas. ~ **(locust)** voetganger(sprinkaan). ~ **(truck/wag[g]on)** lossertrok, -wa. ~ **window** skotvenster.

hop·per² hopplukker.

hop·ple *n.* spanriem *(vir 'n perd)*; spantou *(vir 'n koei)*. **hop·ple** *ww.* span *('n perd ens.)*; →HOBBLE *ww.*.

hops *n. (mv.)* →HOP² *n.*.

Hor·ace *(Rom. digter)* Horatius. **Ho·ra·tian** Horatiaans.

ho·ral *(w.g.)* →HOURLY.

ho·ra·ry *(arg.)* uur-; elke uur.

Ho·ra·ti·us *(Rom. krygsman)* Horatius.

horde *(hoofs. neerh.)* horde, swerm, bende; trop; *the Golden H~* →GOLDEN; *a ~ of* ... 'n horde ...

hor·de·o·lum *-ola, (med.)* hordeolum, *(infml.)* karkatjie; →STY².

hore·hound, hoar·hound *(bot.)* longkruid.

ho·ri·zon horison, (gesigs)einder, kim; gesigskring; ***broaden/expand*** *one's ~s, (fig.)* jou horison/blik verbreed/verruim; ***coal*** ~ steenkoolvlak; ***dip*** *of the ~* kimduiking; ***on the*** ~ aan die horison, op die gesigseinder; in die verskiet; *be* ***on*** *the ~, (fig.)* op hande wees, voor die deur staan; aan die/'t kom wees; voorlê; ***rational/true*** ~ ware horison; ***sweep*** *the ~* die hele horison in die oog hou; ***visible*** ~ sigbare horison; ***wide*** *~s* verre horisonne. **hor·i·zon·tal** *n.* horisontale lyn; horisontale vlak; horisontale stand/ligging; rekstok. **hor·i·zon·tal** *adj.* horisontaal; gelyk, plat, waterpas; ~ ***bar*** dwarsstaaf; *(gimn.)* rekstok; ~ ***joint*** strykvoeg; ~ ***projection*** grondplan; ~ ***rudder,*** *(lugv.)* hoogteroer.

hor·mo·nal hormonaal; ~ *imbalance* hormoonversteuring.

hor·mone hormoon. ~ **replacement therapy** *(med., afk.:* HRT*)* hormoonvervangingsterapie.

Hor·muz, Or·muz *(geog.)* Hormoes, Ormoes.

horn *n.* horing; voelhoring, -spriet; blaashoring; toeter; drinkhoring; punt; arm *(v. 'n rivier)*; *(Br., vulg. sl.: ereksie)* horing, hout, styfte, mielie; *the H~ of* ***Africa,*** *(geog.)* die Horing van Afrika; *be on the ~s of a* ***dilemma*** voor 'n dilemma staan, in 'n dilemma wees, nie hot of haar kan nie; ***draw/pull*** *in one's ~s* kop intrek, in jou dop/skulp kruip; ***English*** ~ →ENGLISH; ***French*** ~ →FRENCH; ***(head of)*** *~s* gewei; ***lock*** *~s, (lett.)* hul horings vasdraai; *(fig.)* kragte meet; ~ *of* ***plenty*** horing van oorvloed; ***sound*** *the ~* toet, die toeter druk *(v. 'n motor)*; ***spreading*** *~s* weglêhorings. **horn** *ww.* horings opsit; van horings voorsien; met die/sy/hul(le) horings bykom/gaffel/karnuffel/stamp/toetakel/deurboor; →HORNED; ~ *in, (infml.)* (jou) inmeng; (jou) indring; ~ *in on s.t., (infml.)* (jou) in iets inmeng, jou met iets bemoei. **~bar** dwarshout. **~beam** booghout, haagbeuk. **~bill** neushoringvoël; *ground ~* GROUND¹; *trumpeter ~* →TRUMPETER. **~blende** *(min.)* horingblende, hoornblende. **~blendite** horingblendiet, hoornblendiet. **~blower** horingblaser. **~-blowing** horinggeskal. **~book** *(hist.)* abc-boek. ~ **button** toeterknop. ~ **card** deurskynende weerkaart. **~fels, hornstone** *(geol.)* horingsteen, blouklip. ~ **fly** horingvlieg. **~pipe** *(mus.instr. of dans)* horrelpyp. ~ **player** horingspeler. **~-rim(med) glasses/spectacles, ~-rims** horingbril, uilbril. ~ **silver** horingsilwer, kerargiriet. **~stone** →HORNFELS. **~work** horingwerk. **~wort** *(bot.)* horingblad.

horned gehoring, horingsman-, horing-; ~ *cattle* horingvee; ~ *ewe* horingsman-ooi. ~ **owl** horinguil. ~ **viper,** ~ **adder,** ~ **snake** horingslang, horingsman.

horn·er horingdraaier; horingblaser.

hor·net perdeby, wesp. **~'s nest** perdebynes; *(fig.)* wespenes, by(e)nes; *stir up a ~ ~, bring a ~ ~ about one's ears* jou kop in 'n by(e)nes steek.

horn·less horingloos; ~ *animal* poena; ~ *ox/cow* poenskop.

horn·swog·gle *(infml., hoofs. Am.)* bedrieg, kul, mislei, om die bos lei, 'n rat voor die oë draai.

horn·y *-ier -iest, adj.* horingagtig, horing-; vereelt; *(sl.)* katools, vryerig, geil, hitsig, jags, loops, speels, sp(e)uls; ~ *adolescent* ***boys*** opgeskote seuns met rooi hakskene; ***feel*** ~ jags/katools/vryerig wees, jou bloed ja(ag); 'n horing hê; ~ ***frog*** horingstraal *(by perde)*; ***get*** ~ jags/katools/vryerig raak; ('n) horing kry; ~ ***layer*** horinglaag.

hor·o·loge *(arg.)* →TIMEPIECE.

ho·rol·o·gy uurwerkmakery; tydmeetkunde. **ho·rol·o·gist, ho·rol·o·ger** horlosiemaker.

hor·o·scope horoskoop; *cast s.o.'s ~* iem. se horoskoop trek. **ho·ros·co·py** horoskopie, sterrelesery, sterrewiggelary.

hor·ren·dous aaklig, verskriklik.

hor·rent *(poët., liter.)* borselrig, regop.

hor·ri·ble afskuwelik, aaklig, verskriklik, vreeslik, grusaam, yslik. **hor·ri·ble·ness** aakligheid, verskriklikheid. **hor·ri·bly** verskriklik, vreeslik, afskuwelik, aaklig.

hor·rid aaklig, naar, mislik.

hor·rif·ic afskuwelik, afgryslik, huiweringwekkend. **hor·ri·fy** met afsku/afgryse vervul; skok, ruk, ontstel; dronkslaan; aanstoot gee; *it horrifies me* ek gru daarvan. **hor·ri·fy·ing** angswekkend, skrikwekkend, -aanjaend.

hor·rip·i·la·tion *(fisiol. of poët., liter.)* hoendervel, -vleis.

hor·ror *n.* afsku, afgryse, afgryslikheid, aakligheid, gruwel; skok, skrik, ontsteltenis; monster, afskuwelike mens/ding; rilling, huiwering; *(i.d. mv., infml.)* dronkmanswaansin; ***get/have*** *the ~s* die horries kry/hê; ***give*** *s.o. the ~s* iem. laat (g)ril; *it* ***gives*** *one the ~s, (ook)* dit is om van te (g)ril; ***have*** *a ~ of* ... 'n afsku van ... hê; 'n afskrik van ... hê; ***in*** ~ met afgryse *(terugdeins ens.)*; ***little*** *~, (infml.)* klein monster; ~ ***of*** *~s!,* ***oh*** *~s!, (iron., skerts.)* wil jy glo!, kan jy nou meer!, bid jou aan!, goeie genade!, die hemel behoed/bewaar ons!; ***to*** *s.o.'s ~* tot iem. se (groot) ontsteltenis; *the ~s of (the)* ***war*** die verskrikkings/aakligghede/gruwels van (die) oorlog. ~ **accident** aaklige ongeluk. ~ **film** gruwel(rol)prent, -fliek, -film, gril(rol)prent, -fliek, -film. **~-stricken, ~-struck** ontset, met afgryse vervul; geskok; dronkgeslaan.

hors *(Fr.)*: ~ *de combat* buite geveg (gestel); buite aksie. ~ **d'oeuvre** ~ *d'oeuvre(s)* voorgereg(gie), hors d'oeuvre, snoepgereg.

horse *n.* perd; kavallerie, ruitery, (perde)ruiters; bok; seilreling; looptou; korveelhout; *(mynb.)* klemstuk, wandbrok; *(infml.)* →HORSEPOWER; *(dwelmsl.)* heroïen; ***back*** *a ~* op 'n perd wed; *a* ***body*** *of ~* 'n afdeling ruitery; *the ~* ***bolts*** die perd gaan op hol; ***break*** *in a ~* 'n perd leer; ~ *and* ***cart*** kar en perde; *(don't)* ***change/swap/swop*** *~s in midstream, (sprw.)* (moenie) die stuur los as jou band bars (nie); *a ~ of another* (or *a different*) ***colour*** glad iets anders, 'n glad/totaal ander ding/saak; *~s for* ***courses*** elke persoon na sy/haar aard, die beste persoon vir die werk; *a* ***dark*** *~, ('n perd of 'n mens)* 'n buiteperd; *flog/beat a* ***dead*** ~ jou kragte verspil; tyd verspil/verkwis/mors; vergeefse werk doen; ***(drying)*** ~ droograk; *don't look a gift-~ in the mouth* →GIFT-HORSE; *be on one's* ***high*** *~, (infml.)* op jou perdjie wees; *mount/ride the* ***high*** *~, (fig.)* 'n hoë toon aanslaan, grootmeneer speel; ***hold*** *your ~s!, (infml.)* wag 'n bietjie!, nie so haastig nie!, stadig (oor die klippe)!, bly kalm!; ***mechanical*** ~ →MECHANICAL; *put money on a ~* op 'n perd wed; *(right/straight) from the ~'s* ***mouth,*** *(fig.)* uit die eerste hand (*of* allerbeste bron); ***play*** *the ~s, (infml.)* op perde wed; ***pull*** *a ~* 'n perd inhou; ***ride*** *two ~s* twee dinge tegelyk doen; ***run*** *a ~* 'n perd laat deelneem; ***scratch*** *a ~ from a race* (or *the card*) 'n perd aan 'n wedren onttrek; *the ~* ***spilt*** *its rider* die perd het sy ruiter afgegooi; *(don't)* ***swap/swop*** *~s in midstream* →***change/swap/swop; take*** ~ opklim; uitry; ***to*** *~!* opsaal!, opklim!; *a* ***troop*** *of ~* 'n troep ruitery; *a* ***troop*** *of ~s* 'n trop perde; ***walk*** *a ~* 'n perd op 'n stap ry; 'n perd lei; *you can lead/take a ~ to the* ***water*** *but you can't make it drink* jy kan 'n perd by die water bring, maar nie laat suip nie; ***white*** *~s* →WHITE; ***wild***

~s would not drag s.o. there jy sal iem. met geen stok daar kry nie; ***wild*** *~s would not drag the secret from s.o.* iem. sal die geheim in geen omstandighede prysgee nie; *a **willing** ~, (fig.)* 'n werkesel; *the **winged** ~, (Gr. mit.)* die gevleuelde perd, Pegasus; ***work*** *like a ~* →WORK *ww.; back the **wrong** ~, (lett.)* op die verkeerde perd wed; *(fig.)* jou misgis/misreken. **horse** *ww.* perde (*of* 'n perd) leen/voorhaak; inspan; opklim; perdry, te perd ry; van perde (*of* 'n perd) voorsien; abba, op die rug dra; op die rug ry; dek, by die hings bring; *~ around/about, (infml.)* gekskeer, die gek skeer; tekere (*of* te kere) gaan, tekeregaan. **~-and-buggy** *adj. (attr.), (Am.)* perdekar=; ouderwetse, outydse, uit die jaar toet *(pred.)*. ~ **artillery** rydende/berede artillerie. **~back:** *on ~* berede, te perd; *ride (on) ~* perdry. **~back riding** perdry. ~ **bean** perdeboon(tjie). ~ **blanket** stalkombers; perdekombers. ~ **blinder** oogklap. **~box** perdesleepwa; *(spw.)* perdetrok; enkelstal; perdehok *(op 'n skip)*. ~ **brass** tuieplaatjie; *(i.d. mv.)* tuiebeslag. **~breaker** perdeleerder, =temmer; pikeur. ~ **breed** perderas. ~ **breeder** perdeboer, =teler. ~ **breeding** perdeteelt, =boerdery. ~ **brier** *(bot.)* perdedoring. **~brush** *(bot.)* perdeborsel. **~bush** *(bot.)* perdebos. ~ **cab,** ~ **cart** perdekar. ~ **chestnut** *(bot.)* wildekastaiing. ~ **cloth** perdekombers. ~ **clothing** perdetuig. **~-collar** borsplaat, haam. **~-coper** *(Br., arg.)* perdekoper, =smous. ~ **dealer** perdehandelaar. ~ **doctor** perdedokter. **~-drawn** deur perde getrek; *~ vehicle* perdevoertuig. ~ **drench** perdedrank. ~ **droppings,** ~ **dung** perdemis. ~ **fair** perdeveiling. **~feathers** *(infml.: onsin)* kaf, strooi, twak, snert, bog, nonsens, nonsies. **~fish** perdevis, seeperdjie. **~flesh** perde; perdevleis; *(good) judge of ~* perdekenner; *piece of ~* stuk perdevleis; perdedier. **~fly** blindevlieg; steekvlieg, perdevlieg; horsel. ~ **frutang** *(Romulea longifolia)* perdefroetang. ~ **grass** perde(soet)gras, rooisaad(gras). ~ **guard** ruiterwag. **~hair** perdehaar. **~hair mattress** perdehaarmatras. **~hair sieve** lapsif. ~ **hoe** skoffelmasjien. ~ **knacker** perdeslagter. ~ **latitudes** *n. (mv.), (sk.)* perdebreedtes, windstiltegordel, =streek. ~ **laugh** bulderlag, runniklag. **~leech** groot bloedsuier; *(arg.)* veearts. ~ **line** spanlyn, perdelyn; *(i.d. mv.)* stalgebied; *(i.d. mv.)* perdestaanplek. ~ **mackerel** *(igt.)* marsbanker. **~man** *=men* (perde)ruiter, kavalier. **~manship** rykuns, ruiterkuns. ~ **master** perdebaas. **~meat** perdevleis; perdekos. ~ **mill** perdemeul(e). ~ **mould** profielmaat. ~ **opera** *(Am., infml.)* cowboyfliek, =prent. **~play** ruwe spel, stoeiery, gestoei. ~ **pond** perdedam. **~power** perdekrag. ~ **race** perdewedren. **~radish** peperwortel. ~ **remedy** perdemiddel. **~-riding** perdry; perdesport. ~ **sense** *(infml.)* gesonde verstand. **~shit** *(taboesl.: onsin)* stront *(vulg.)*, kak *(vulg.)*, twak, kaf, strooi, snert. **~shoe** →HORSESHOE. ~ **show** perdeskou, =tentoonstelling, =vertoning. **~sickness,** ~ **distemper** perdesiekte. ~ **soldier** kavalleris. ~ **stud** perdestoetery. ~ **sugar (tree)** geelboom. **~tail** *(ook bot.)* perdestert; *(Equisetum* spp.*)* hermoeskruie. **~tail (grass)** drilgras, dronkgras; perdestert(gras). ~ **theft,** **~-thieving** perdediefstal. ~ **thief** perdedief. ~ **track** rypaadjie, voetpad. ~ **trading** *(fig.)* afdingery, (politieke) ruilery/gesmous. ~ **wag(g)on** perdewa. **~whip** *n.* rysweep, karwats, sambok. **~whip** *ww.* met die karwats bykom, (uit)looi. **~woman** *=women* ruiterin, vrou te perd.

horse·shoe hoefyster, perdeskoen, perdeyster. ~ **arch** *(bouk.)* hoef(yster)boog, Moorse boog. ~ **bat** hoefystervlermuis. ~ **bend** haarnaald(draai), perdeskoendraai. ~ **crab** koningkrap, (<*Ndl.)* degenkrap. ~ **kidney** halfmaannier. ~ **magnet** hoefmagneet. ~ **nail** hoefspyker, perdespyker. ~ **pelargonium** wildemalva.

horse·shoe·ing hoefbeslag.

horse·sho·er *(w.g.)* hoefsmid, perdebeslaner; →FARRIER.

hors·y, hors·ey perde=; gek na perde; jokkieagtig, ru; stal=.

hor·ta·tive, hor·ta·to·ry *(fml.)* →EXHORTATIVE. **hor·ta·tion** →EXHORTATION.

hor·ti·cul·ture tuinbou. **hor·ti·cul·tur·al** tuinboukundig, tuinbou=; *~ society* tuinbouvereniging. **hor·ti·cul·tur·ist** tuinboukundige, hortoloog.

ho·san·na *tw.* hosanna.

hose *n.* (tuin/water)slang; brandslang; gorrel; spuit; *(as mv.)* kouse; *(hist.)* pof=, kuitbroek. **hose** *ww.* met die/'n slang (be)spuit; *(arg.)* van kouse voorsien; *~ s.t. down* iets afspoel/afspuit, iets skoon spuit. ~ **clamp,** ~ **clip** slangklem. ~ **connection,** ~ **coupling** slangverbinding, =koppeling. ~ **nozzle** spuitkop. **~pipe** (spuit)slang. ~ **reel** slangtol.

Ho·se·a *(OT)* Hosea.

ho·sier koushandelaar; breistofhandelaar; handelaar in onderklere.

ho·sier·y kousware; kouse en ondergoed/onderklere; masjienbreistof. ~ **wool** kouswol. ~ **yarn** masjienbreigare, =garing.

hos·pice tehuis, hospies *(vir terminale pasiënte); (arg.)* hospitium, gastehuis *(in 'n klooster ens.)*.

hos·pi·ta·ble, hos·pi·ta·ble gasvry.

hos·pi·tal hospitaal; *(arg.)* liefdadigheidsinrgting; *admit s.o. to ~* iem. in die/'n hospitaal opneem; *s.o. is in ~* iem. is in die hospitaal; *Somerset H~* Somersethospitaal, Somerset-hospitaal, Somerset-Hospitaal, Somerset Hospitaal. ~ **administration** hospitaalbestuur. ~ **carrier,** ~ **ship** hospitaalskip. ~ **door** *(ook)* vlakdeur. ~ **facilities** *(mv.)* hospitaalgeriewe. ~ **fee** hospitaalgeld. ~ **fever** hospitaalkoors. ~ **nurse** hospitaalsuster. ~ **orderly** *(mil.)* hospitaalordonnans, =soldaat. ~ **pass** *(infml., rugby)* hospitaalaangee. ~ **screen** bedskerm. ~ **train** ambulanstrein. ~ **ward** siekesaal. ~ **window** *(ook)* skotvenster.

hos·pi·tal·ise, =ize hospitaal toe stuur; in 'n hospitaal opneem/behandel; hospitaliseer. **hos·pi·tal·i·sa·tion, =za·tion** opname/behandeling in 'n hospitaal; hospitaaldiens, =geriewe, =geleentheid; hospitaalverblyf; hospitalisasie.

hos·pi·tal·i·ty gasvryheid; *extend ~ to s.o.* gasvryheid aan iem. bewys/verleen, iem. ontvang; iem. herberg, iem. in jou huis neem; *offer ~ to s.o.* iem. gasvryheid aanbied. ~ **industry** onthaalbedryf. ~ **room,** ~ **suite** onthaalsuite.

hos·pi·tal·(l)er hospitaalbroeder, =suster; hospitaalkapelaan; *Knight H~* →KNIGHT.

host[1] *n.* menigte, skare; *(arg.)* leër; hemelskare; *a ~ of ...* 'n duisternis (van) ...; *the Lord of ~s* →LORD *n.*.

host[2] *n.* gasheer; herbergier, waard; *(dier)* draer, voeder; →HOSTESS; *play ~ to s.o.* iem. se gasheer wees, as gasheer vir iem. optree. **host** *ww.* gasheer wees (vir); *South Africa will ~ the tournament* Suid-Afrika sal (die) gasheer wees vir die toernooi, die toernooi sal in Suid-Afrika plaasvind. ~ **(computer)** gasheerrekenaar. ~ **(plant)** gasheer(plant), voedster(plant), draer(plant).

host[3] *(RK, gew. H~)* hostie, offerbrood.

hos·tage gyselaar; *(w.g.)* pand; *give ~s to **fortune*** die toekoms verpand; ***hold/keep*** *s.o. (as a) ~* iem. as ('n) gyselaar aanhou; ***take*** *s.o. ~* iem. gysel (*of* ontvoer en as gyselaar aanhou).

hos·tel koshuis; losieshuis; jeugherberg; *(SA)* hostel *(vir mynwerkers ens.); (arg.)* →INN. **hos·tel·ler,** *(Am.)* **hos·tel·er** *(arg.)* herbergier; herbergganger.

host·ess gasvrou *(ook v. 'n TV- of radioprogram)*; ontvangsdame; lugwaardin; buswaardin; herbergierster.

hos·tile vyandig; *(mil.)* vyandelik; *~ **attitude*** vyandige houding; *~ **intent*** vyandige opset; *~ **takeover,** (ekon.)* vyandige oorname; *be ~ **to** s.o.* vyandig teenoor/jeens iem. wees; teen iem. gekant wees; *~ **troops*** vyandelike troepe; *~ **witness*** vyandige getuie. **hos·til·i·ty** vyandigheid, kwaaivriendskap, vyandskap; *(i.d. mv.)* vyandelikhede.

host·ler →OSTLER.

hot *n.: have the ~s for s.o., (infml.)* iem. se lyf soek, iem. ja(ag) die bloed deur jou are (*of* laat jou hormone [oor]kook). **hot** *adj. & adv.* warm; heet; vurig, hewig, kwaai; mooi, oulik; opgewonde; sterk; vars; →HOTLY, RED-HOT; *be ~ **at** s.t., (infml.)* knap wees in/met iets; ***be*** *~, (iets)* warm wees; *(iem.)* warm kry; *in ~ **blood*** →BLOOD *n.; **blow** ~ and cold* →BLOW[1] *ww.; be/get (all) ~ and **bothered,** (infml.)* ontsteld (*of* van stryk) wees/raak; ***broiling*** *~* skroeiend warm; *get ~ under the* ***collar*** →COLLAR *n.; **feel** ~, (iem.)* warm kry; *s.o. is not **feeling** too ~, (infml.)* iem. voel nie goed/lekker nie; *~ **from** the ...* vars uit die ...; ***get*** *~* warm word; spannend word; ***get** it ~, (infml.)* les opsê, *(fig.)* verjaar; ***give** it to s.o. ~* iem. (dit) goed inpeper; *~ little **hand*** warm handjie; *in ~ **haste*** →HASTE *n.; ~ on s.o.'s **heels*** HEEL[1] *n.; (as) ~ as **hell,** (infml.)* deksels warm; ***make** it/things ~ for s.o., (infml.)* iem. opdreun, die wêreld vir iem. benoud/warm maak; *~ **news*** allerjongste/neutvars nuus; ***nice** and ~* lekker warm; *s.t. is **not** so ~, (infml.)* iets is nie waffers nie; *be ~ **on** s.t., (infml.)* gaande/geesdriftig wees oor iets; *set a ~ **pace*** →PACE[1] *n.; the **pace** is too ~ for s.o.* →PACE[1] *n.; **piping** ~* vuurwarm, kokend/sissend warm *(kos, drank, ens.); **run** ~* warmloop; ***scalding*** *~* kokend/skroeiend warm; ***sizzling*** *~* skroeiend warm; *a **steaming** ~ meal* 'n dampende maaltyd; ***stiflingly/suffocatingly*** *~* snikwarm, stikwarm, stikkend warm, smoorwarm; *a place is becoming **too** ~ for s.o., (infml.)* 'n plek word vir iem. te gevaarlik; *make the place **too** ~ to hold s.o.* die wêreld vir iem. benoud/warm maak, iem. opdreun; *s.t. is **too** ~ to handle, (infml.)* iets is 'n warm patat; *s.t. is ~ **value,** (infml.)* iets is 'n winskopie; *be in ~ **water*** →WATER *n.; ~ **weather*** warm weer; *a ~ **wind*** 'n warm wind. **hot** *=tt=, ww.* verhit; *s.t. ~s up, (infml.)* iets verhewig; *~ up an engine, (infml.)* 'n enjin aanja(ag) (*of* warm maak). ~ **air** warm lug; *(infml.)* grootpratery; twak, kafpraatjies; *be full of ~ ~* 'n grootprater/windlawaai/windsak wees. **~-air balloon** warmlugballon. **~-air duct** warmlugbuis. **~-air inlet/intake** warmluginlaat. **~-air process** warmdroging. **~bed** broeikas; broeibak; *(fig.)* broeines; *a ~ of ...* 'n broeines van ... ~ **belt** warmtegordel. **~-bent** warmgebuig. **~-blooded** warmbloedig; vurig, hartstogtelik; *~ horse* warmbloedperd. **~-bloodedness** warmbloedigheid *(v. 'n pers.)*. ~ **blush** vurige blos. **~-brained** heethoofdig. ~ **button** *(Am., infml.)* brandende kwessie/vraagstuk. ~ **cake** *(Am.)* (dik) pannekoek; *sell like ~ ~s* →SELL *ww.*. ~ **chisel** warmbeitel. ~ **cross bun** Paasbolletjie *(ook p~)*. ~ **dipping** warmdompeling. ~ **dog** →HOT DOG[1]. **~-dogger** = HOT DOG[2] *n.*. **~-dogging** *n. & adj.* HOT DOG[2]. **~-drawn** warmgetrokke. ~ **favourite** algehele gunsteling. ~ **feet:** *have ~ ~* van verandering hou. ~ **flushes** →FLUSH[1] *n.*. **~foot** *adv.* in groot haas, haastig(-haastig), in aller yl, (blits)vinnig, oop en toe. **~foot** *ww.* jou haas, hardloop, vlieg, vinnig loop; *~ it to ...*, *(ook)* haastig na ... afsit. ~ **frame,** **~bed** broeibak, =kas, warmbak. **~-gospeller** *(infml.)* emosionele prediker/spreker. **~head** heethoof, vuurvreter, drifkop, dwarskop; *be a bit of a ~, (infml.)* ('n) bietjie heethoofdig wees. **~-headed** heethoofdig, dwarskoppig. **~house** *n.* kweekhuis, broeikas; droogkamer; *(fig.)* kweekplek, =skool *(v./vir nuwe idees ens.)*. **~house** *adj.* kweekhuis=, broeikas=; *(infml.)* knus, beskut, geborge, afgeslote; *(infml.)* fyn, teer, tinger, tenger; *(infml., neerh.)* opgepiep, verpiep, vertroetel(d); *~ effect* kweekhuis=, broeikaseffek; *~ plant* (broei)kasplant. ~ **jazz** →JAZZ *n.*. ~ **key** *(rek.)* sneltoets, kortpadtoets. **~line** direkte lyn, blitslyn, kitslyn, brandlyn, onmiddellike verbinding. ~ **link** *(rek.)* snelkoppel. ~ **money** vlugkapitaal, =geld, trekgeld. ~ **pack** warm omslag, warmwaterverband. **~-pack method** warmvulmetode. ~ **pants** *(infml.)* sjoe=, einabroekie; *(sl.)* seksmaniak; *have (got) ~ ~ for s.o., (taboesl.)* iem. se lyf soek. **~plate** kookplaat; konfoor. **~pot** *(Br.)* hutspot; jagskottel. ~ **potato** *(infml., fig.)* turksvy; *drop s.t. like a ~ ~* iets soos 'n warm patat los; *s.t. is a ~ ~ for s.o.* iets is vir iem. 'n turksvy; *speak with a ~ ~ in one's mouth* praat asof jy (warm) pap in jou mond het. ~ **press** *n.* satynpers, satineerpers. **~-press** *ww.* satineer. ~ **pursuit** hakkejag; *in ~ ~* vinnig agterna. ~ **rod** hitsmotor, hitstjor. ~ **saw** warmsaag. ~ **seat** *(infml.)* verantwoordelike posisie; *(Am., sl.)* elektriese stoel; *be in the ~ ~, (infml., fig.)* die moeilike besluit(e) moet neem. ~ **set** warmbeitel. ~ **shoe** *(fot.)* kontakskoen. **~-short** warmbros *(metaal)*. **~shot** *n., (infml.)*, hoogvlieër; grootmeneer; deurgaande goedere=/vragtrein. **~shot** *adj. (attr.), (infml.)* hoogvlieënde, vooruitstrewende, ondernemende, ambisieuse; knap, agtermekaar, kranige. ~ **spell** *(met.)*

warm dae/tyd(jie). ~ **spot** gevaarpunt, bang plek, noute, engte; warm kol; *(lig)* skerp kol. ~ **spring** warm bron; *(i.d. mv.)* warmbad. ~**spur** heethoof, kwaaikop, drif=kop. ~ **stuff** *n., (infml.)* ekspert, foendi(e), fundi; ramkat, uitblinker; stomende liefdestonele/stuk/ver=toning/video/ens.; (harde) porno;*be ~ ~, (ook)* 'n lek=ker meisie/ding/stuk wees; *be ~ ~ at arithmetic/etc.* 'n uitblinker in rekenkunde/ens. wees; *be ~ ~ at tennis/etc.* 'n uithaler=/(bo)baastennisspeler/ens. wees. ~ **tem=per** opvlieëndheid, drif. ~**-tempered** driftig, kwaai, opvlieënd, haastig (van aard), kortgebaker(d). ~ **tip** wenk uit die eerste hand. ~**-water bottle** warm(water)=sak. ~**-water cylinder** warmwatersilinder, geiser, bad=ketel. ~**water pastry** warmwaterdeeg; warmwaterkors. ~ **wave** *(met.)* hitte=, warmtegolf. ~ **well** warm bron; warmwaterbak. ~**-wire** *ww., (sl.): ~ a car* 'n kar/mo=tor met die ontstekingsdraad aan die gang kry.

hotch·pot(ch), *(Am.)* **hodge·podge** mengelmoes, tjou-tjou, allegaartjie, sameraapsel; *(kookk.)* tjou-tjou, hutspot.

hot dog[1] *n.* worsbroodjie.

hot dog[2] *n., (Am., infml.)* waaghals. **hot dog** *tw.* ram=kat, Vrystaat. **hot-dog** *ww.* waaghalsige toertjies doen/uithaal/uitvoer. **hot-dog·ging** *n.* waaghalsery. **hot-dog·ging** *adj.* waaghalsig.

ho·tel hotel; *keep a ~* 'n hotel hou; *small ~* hotelletjie. ~ **bill** hotelrekening. ~ **expenses** verblyfkoste. ~ **in=dustry** hotelbedryf. ~**keeper** hotelhouer, =houdster. ~ **register** gasteboek. ~ **tariffs** hotelpryse.

hô·tel de ville *(Fr.)* hôtel de ville, stadhuis, stadsaal.

ho·tel·ier hotelhouer, =houdster, =baas.

hot·ly vurig; heftig; woedend; haastig.

hot·ness hitte, warmte; hitsigheid.

Hot·ten·tot *n., (SA, vero., neerh.)* Hottentot; *(taal)* Hottentots. **Hot·ten·tot** *adj., (SA, vero., neerh.)* Hot=tentots, Hottentot=. →KHOIKHOI. ~ **bonnet** →GRANNY BONNET. ~ **fig** →SOUR FIG. ~**('s) bean** →WEEPING BOER-BEAN. ~**'s bread** →SUURBERG CYCAD. ~**'s cherry** *(Maurocenia frangularia)* hottentotskersie. ~**s Holland Mountains** *(geog.)* Hottentots-Hollandberge. ~ **teal** *(Anas hottentota)* gevlekte eend(jie).

hot·ten·tot *(igt.: Pachymetopon blochii)* hottentot.

hou·dah →HOWDAH.

hough *n.* sprong(gewrig) *(v. 'n dier);* kniekuil *(v. 'n mens);* waai *(v.d. been); (vleis)* skenkel. **hough** *ww.* verlam, die haksening afsny; →HOCK[1] *n. & ww.*.

houm·mos hou·m(o)us →HUMMUS.

hound *n.* hond; jaghond; *a pack of ~s* 'n trop honde; *ride to ~s* op die jakkalsjag/vossejag gaan; **hound** *ww.* agtervolg; *~ s.o. down* iem. agtervolg; *~ s.o. out* iem. uitdryf/uitdrywe. ~ **dog** jaghond. ~**'s-tooth check** tandruitstof. ~**'s-tooth pattern** tandruitpatroon, hon=detandspatroon.

hound·ing agtervolging; vervolging.

hour uur; stonde; *(i.d. mv.), (RK)* gety; ***after** ~s* na kan=toortyd/skooltyd/sluitingstyd/werktyd, buiten(s)tyds; *at **all** ~s (of the day and/or night)* alewig, gedurig, kort-kort, vroeg en laat; dag en nag, aanmekaar, heeltyd, die hele tyd, voortdurend; tydig en ontydig; *till **all** ~s* tot laat in die nag, tot wie weet hoe laat; *~s of **atten=dance*** diensure; ***book** of ~s* →BOOK *n.; ~s of **busi=ness, business/office** ~s* kantoorure, =tyd; ***by** the ~* by die uur; per uur; *from an **early** ~* van vroeg af; *keep **early** ~s* vroeg gaan slaap (en vroeg opstaan); ***eight/etc.** ~s* ag(t)/ens. uur; *at the **eleventh** ~* →ELEVENTH; ***every** ~* elke uur; *s.t. happens **every** ~, (ook)* iets ge=beur om die uur; *in an **evil** ~* →EVIL *adj.; **for** ~s* ure (lank); ***for** five/etc. ~s* vyf/ens. uur (lank); *s.o. has not been seen **for** ~s* iem. is in geen ure gesien nie; *(for) a **full** ~* 'n volle/ronde uur (lank); ***half** an ~* 'n halfuur; ***happy** ~* →HAPPY; *complete s.t. **in** an ~* iets in 'n uur voltooi; *s.t. will happen **in** an ~* iets sal oor 'n uur ge=beur; *at a **late** ~* laat in die aand/dag/nag, teen die laat=te; *even at this **late** ~* selfs nou nog; *keep **late** ~s* laat op=bly/uitbly, laat gaan slaap; ***many** ~s* baie ure; *the per=son **of** the ~* die persoon van die oomblik; ***office** ~s* →***business/office;*** *depart/leave **on** the ~, (busse ens.)* op die uur vertrek; *the **question** of the ~* die branden=de vraag(stuk); *keep **regular** ~s* 'n gereelde lewe lei; *in the **small/wee** ~s (of the morning)* in die nanag; in die vroeë môre/more-ure, vroeg-vroeg; *for a **solid** ~* 'n ronde uur (lank); *the clock **strikes** the ~s* die klok slaan die ure; *~s of **transmission*** sendtyd; *in s.o.'s **waking** ~s* wanneer iem. nie slaap nie; ***within** an ~* binne 'n uur; ***within** the ~* binne 'n uur, voor 'n uur verby is; ***working** ~s* →WORKING. ~ **angle** uurhoek. ~ **circle** uursirkel, deklinasiesirkel. ~**glass** sandloper, uur=, sand=glas. ~ **hand** uurwys(t)er, kort wys(t)er. ~**-long** *adj. (attr.)* uur lang(e). ~ **rating** uurvermoë.

hou·ri =*ris, (Koran: beeldskone maagd i.d. paradys)* hoeri, houri.

hour·ly elke uur, (al) om die uur; *~ wage* uurloon.

house *n.* huis; woning; (vorste)huis, dinastie; saal; skou=burg; parlementsgebou; *(parl.)* kamer, huis, raad; *(parl.)* vergadering; *(astrol.)* huis; ***about/around** the ~* om/rondom die huis; in die huis rond; *H~ of **Assembly,** (SA, hist.)* Wetgewende Vergadering, Volks=raad; *(Br. ens.)* Laerhuis, Laer Huis; ***at** s.o.'s ~* by iem. se huis; by iem. aan huis; ***bring** the ~ **down*** die saal laat dawer, groot toejuiging uitlok, die gehoor in vervoe=ring bring, met groot applous/byval begroet word; almal aan die skater hê; *~ of **cards*** kaartehuis; *s.o.'s ~ is his/her **castle*** iedereen is baas op sy/haar eie erf; *H~ of **Commons,** (Br. ens.)* Laerhuis, Laer Huis; ***condemn** a ~* 'n huis onbewoonbaar verklaar; *~ of **correction,** (hist.)* verbeter(ings)huis, =gestig; *~ of the **dead*** dodehuis; *H~ of **Delegates,** (SA, hist.)* Raad van Afgevaardigdes; *a ~ **divided** against itself* 'n huis teen homself verdeeld; *they are getting along/on like a ~ on **fire,** (infml.)* hulle word groot maats, hulle kom baie goed oor die weg; ***full** ~, ~ **full*** vol saal; vol beset/bespreek, uitverkoop; *~ of **God*** Gods huis, kerk; *~ and **home*** huis en haard; *eat s.o. out of ~ and **home*** →EAT *ww.; ~ of **ill** fame/repute, (euf.)* huis van ontug, bordeel; ***keep** ~* huishou; ***keep** (to) the/one's ~* binne/tuis *(of* by die huis) bly *(weens siekte ens.); the **lady** of the ~* die vrou van die huis; ***leave** the ~* die deur uitgaan; *H~ of **Lords*** (Britse) Hoërhuis *(of* Hoër Huis); ***move** ~* verhuis; *it's **on** the ~* dis verniet/present *(of* op die koste van die restaurant/eienaar/ens.); *keep **open** ~* ope tafel hou; gasvry wees; *the H~ of **Orange,** (Ndl.)* die huis van Oranje, die Oranjehuis; *keep one's own ~ **in order*** voor jou eie deur vee, jou eie sake in orde hou; *put/set one's ~ **in order*** jou sake agtermekaar *(of* in orde) kry; *~ of **prayer/worship*** aanbiddingsplek, huis van aan=bidding/gebed, bedehuis; ***put up** a ~* 'n huis bou; *~ of **refuge*** toevlugsoord; *H~ of **Representatives,** (Am., Austr; SA [hist.])* Raad van Verteenwoordigers; *the **royal** ~* →ROYAL *adj.; as **safe** as ~s* so veilig as kan kom; ***set up** ~* huis opsit, 'n (eie) huishouding begin/opsit; *s.o. does not **stir** out of the ~* iem. steek nie sy/haar neus by die deur uit nie; ***take** a ~* 'n huis huur; ***the** H~, (Br., infml.)* die effektebeurs; *(Br.)* die Laerhuis *(of* Laer Huis); *(Br.)* die Hoërhuis *(of* Hoër Huis); *(Am.)* die Raad van Verteenwoordigers; *a **thin** ~* 'n klein/skraal gehoor; *a **tied** ~* 'n gebonde huis/dranksaak, 'n drankwinkel onder koopverpligting; *every ~ has its **trials*** elke huis het sy kruis; ***vacate** a ~* 'n huis ont=ruim; *~ of **worship** →**prayer/worship.*** **house** *ww.* huisves, herberg, onder dak bring; onderdak gee, huise verskaf/voorsien aan; (op)bêre, bewaar, onderbring *(dinge);* plek maak/inruim vir, ruimte gee aan; inlaat; vestig; bevat, plek hê vir; *the building ~s ten companies, ten companies are ~d in the building* in die gebou is tien maatskappye gevestig; *the building ~s 100 offices* die gebou bevat 100 kantore. ~ **agent** huisagent. ~ **arrest** huisarres; *under ~ ~* in huisarres. ~ **bat** dakvlermuis. ~**boat** woonskuit. ~**bound** huisgebonde. ~**boy** huis=bediende, =hulp. ~**breaker** inbreker; (huis)sloper. ~**breaking** huisbraak, inbraak; slopery, sloperswerk. ~**-broken** →HOUSE-TRAINED. ~ **bug** weeluis. ~**-build=ing** woningbou. ~ **call** huisbesoek. ~**cleaner** skoon=maakster. ~**cleaning** huisskoonmaak, groot skoon=maak. ~ **coal** huiskole, huissteenkool. ~**coat** huisjas *(vir 'n vrou);* huisbaadjie *(vir 'n man).* ~**-craft** huis=hou(d)kunde; huisvlyt. ~ **decorator** dekorateur. ~ **detention** huisarres. ~ **directory** woninggids. ~ **dog** huishond; waghond. ~**door** voordeur, huisdeur. ~ **ex=penses** huishoudelike uitgawes. ~**father** huisvader. ~ **flag** rederyvlag. ~**fly** huisvlieg. ~ **frock** huisrok. ~ **girl** →HOUSEMAID. ~ **guest** kuiergas. ~**-hunter** huis=soeker. ~**-hunting** huissoekery. ~**husband** *(Am., man wat d. huishouding doen)* huisman. ~ **journal, maga=zine** personeel=, huis=, maatskappy=, firmablad. ~**keep=er** huishoudster. ~**keeping** huishou; huishouding. ~**keeping money** huishougeld. ~**leek** *(bot.)* huislook, donderkruid. ~ **lights** *(mv.)* teaterligte; saalligte. ~ **linen** huislinne. ~ **magazine** →HOUSE JOURNAL. ~**maid** diensmeisie; huisbediende, =meisie, binnebediende. ~**maid's knee** skrop=, vloer=, kruipknieë, kniewater. ~**maid's sink** rioolbak. ~**man** =*men, (med.)* intern, in=wonende dokter/arts/geneesheer. ~**manship** intern=skap. ~ **martin** *(orn.)* huisswa(w)el(tjie). ~**master** huis=vader *(v. 'n skoolkoshuis);* inwonende onderwyser. ~**mate** huisgenoot. ~**mistress** huismoeder. ~**mother** *(Am.)* huismoeder. ~ **mouse** huismuis. **H~ (music)** house-musiek. ~ **organ** huisorrel; personeel=, huis=, maatskappy=, firmablad. ~ **owner** huiseienaar. ~ **painter** huisverwer, huisskilder. ~ **parlourmaid** binne=meisie. ~ **party** huisparty(tjie); loseerparty; loseer=geselskap. ~ **physician,** ~ **doctor** inwonende dokter/arts/geneesheer. ~**-proud** gesteld op jou huis. ~ **rat** →BROWN RAT. ~ **rent** huishuur. ~**room** kamer; losies; woonruimte; *not give s.t. ~, (Br.)* iets nie present wil hê nie. ~ **search** huissoeking. ~**sit** *ww.* huis oppas. ~**sit=ter** huisoppasser, =wagter. ~**sitting** *n.* huisoppas. ~ **snake** huisslang. ~ **sparrow** huismossie. ~ **spider** hoekspinnekop, waenhuis=, skuurspinnekop. ~ **stew=ard** huismeester, =bestuurder. ~ **style** redigeerstyl, huis=reëls *(v. 'n uitgewer, koerant, ens.).* ~ **surgeon** inwo=nende chirurg/sjirurg/(sny)dokter. ~ **telephone** binne=telefoon. ~**-to-** *adj.* van huis tot huis; *~ search* huis-tot-huis-soektog, huisdeursoeking. ~**top** dak, nok; *shout it/s.t. from the ~s, (vero.)* →SHOUT IT/S.T. FROM THE **ROOFTOPS.** ~**-train** *ww.: ~ a pet* 'n troeteldier (goeie) huismaniere/toiletgewoontes leer *(of* leer om sindelik in die huis te wees *of* huisgeleerd maak). ~**-trained** (huis)sindelik, huisgeleerd. ~**-warming (party)** inwyfees, huisinwyding; *have a ~ (~)* 'n nuwe huis inwy, 'n huisinwyding(spartytjie) hou, die dak nat=maak. ~ **wear** tuisdrag, huisklere. ~**wife** huisvrou; →HUSSIVE. ~**wifely** huishoudelik, huisvroulik, huis=vroue=; spaarsaam. ~**wifery** huishou(d)kunde; huis=hou(kuns). ~ **wine** *(goedkoop tafelwyn)* huiswyn. ~**work** huiswerk, huishoudelike werk, huishou.

house·hold *n.* huis(houding); huisgesin; huismense; *head of the ~* hoof van die huis; *royal ~* (koninklike) hofhouding. **house·hold** *adj.* huislik, huishoudelik, huis=. ~ **accounts** huishourekeninge. ~ **affairs** huis=like sake/aangeleenthede. ~ **appliance** huishoudelike toestel, huistoestel. ~ **article** gebruiksvoorwerp. ~ **arts** huishou(d)kunde. ~ **coal** huiskole, =steenkool. ~ **dust** huisstof. ~ **effects,** ~ **equipment,** ~ **goods,** ~ **utensils** huisraad; inboedel. ~ **expenditure,** ~ **expenses** huis=uitgawe(s). ~ **gods** huisgode, penate. ~ **linen** huislinne. ~ **name** vertroude/bekende naam. ~ **oil** huisolie. ~ **refuse** huisvullis. ~ **regulations** huisorde. ~ **remedy** huismiddel. ~ **soap** huisseep. ~ **spray** huisspuit; huis=spuitstof. ~ **style** →HOUSE STYLE. ~ **task(s)** huiswerk. ~ **troops** lyftroepe. ~ **use:** *for ~ ~* vir huisgebruik, vir gebruik in die huishouding; *for ~ ~s* vir huishoude=like doeleindes. ~ **word** welbekende woord/naam; alle=daagse gesegde; *s.o.'s name is a ~ ~* iem. is alombekend.

house·hold·er gesinshoof; huisbewoner, =eienaar, =houer.

hou·sel *(vero.)* →EUCHARIST.

house·less *n.: the ~* (die) onbehuisdes/dakloses. **house·less** *adj.* dakloos, sonder onderdak; onbe=woon(d), sonder huise, onbehuis.

hous·ing huisvesting, onderdak; wonings, huise; huis=bou, woningbou; behuising, huisverskaffing; stalling, loodsruimte; huls, (om)hulsel, huis(ie) *(v. 'n masjien);* huising *(op 'n skip); (timm.)* inlating; perdekombers; ~ *of the people* volkshuisvesting. ~ **association** behui=singsvereniging. ~ **benefit** huisvestingstoelaag, =toe=

lae. ~ **board** woningraad. ~ **cap** (om)hulseldop. ~ **commission** woningkommissie. ~ **conditions** *(mv.)* behuisingstoestande. ~ **development,** ~ **estate,** ~ **project,** ~ **scheme** behuisingsprojek, =skema, woon=ontwikkeling, woningbouprojek; behuisingskompleks; nuwe woonbuurt. ~ **famine** woningnood. ~ **joint** blinde voeg. ~ **plane** verdiepskaaf. ~ **problem** behui=singsprobleem, =vraagstuk. ~ **programme** behuisings=program. ~ **project,** ~ **scheme** →HOUSING DEVELOP=MENT. ~ **shortage** behuisingstekort, woningnood, =skaarste, huisskaarste. ~ **unit** huis=, wooneenheid.

hove *ww., (verl.t. v.* heave*), (sk.): the ship ~ in sight* die skip het in sig gekom (*of* aan die einder verskyn). **hove** *adv. (volt.dw.): the ship lies ~ to* die skip lê bygedraai.

hov·el pondok(kie), krot; armoedige huisie; afdak, skuur.

ho·ven *n., (veearts., vero.)* →BLOAT *n.*. **ho·ven** *adj., (dial.)* opgeblaas.

hov·er *n.* fladdering; onsekerheid; kunsmoeder *(vir pluimvee).* **hov·er** *ww.* fladder; weifel; wankel, waggel; sweefhang, sweef, swewe, hang (in die lug); stilhang; ~ ***about/around*** ronddrentel; rondfladder; ~ ***about/around*** ... om ... fladder; ~ ***between*** *hope and fear* tussen hoop en vrees dobber; ~ ***between*** *life and death* tussen lewe en dood sweef/swewe. ~**craft** skeer=, kussingtuig. ~ **fly** *ww.* sweefvlieg. ~**port** skeertuighawe. ~**scooter** lugponie. ~**train** lugkussing=, sweeftrein.

how hoe; ~ ***about*** ...? wat van (*of* hoe lyk dit met) ...? *('n drankie ens.);* ~ ***about*** *it?* hoe lyk dit (daarmee)?; ***and*** *~!, (infml.)* moenie praat nie!, vra jy nog?; *do s.t.* ***any old*** *~, (infml.)* iets sommerso doen, iets afskeep; ~ ***big*** *a dog/etc. was it?* →BIG; ~ ***come?*** →COME; ~ ***do*** *you do?* →DO[1] *ww.,* HOWDY; ~ ***else*** *can s.o. do it?* hoe kan iem. dit anders doen?; ~ ***is*** *s.o.?* hoe gaan dit met iem.?; ***just*** *~ did it happen?* hoe het dit presies gebeur?; ~ *do you* ***like*** *it?* →LIKE[2] *ww.; no* ***matter*** ~ sel(f)de hoe; ~ *do you* ***mean?*** →MEAN[1] *ww.;* ~ ***now?*** →NOW *adv.;* ~ ***should*** *I know what s.o. does?* hoe weet ek wat iem. doen?; ~ *s.o.* ***snores!*** hoe snork iem. nie!; maggies, maar iem. snork!; iem. kan vir jou snork!; ~ ***so?*** →SO; *~'s* ***that?*** hoe's daai?; →HOWZAT; ~ *is it* ***that*** ...? hoe kom dit dat ...?; *is* ***that*** *~ it is?* is dit hoe sake staan?, is dit sulke tyd?; ***that's*** *~ it is* so is dit; *~ are (or is it with)* ***you?*** hoe gaan dit (met jou)?; →HOWZIT. ~**-do-you-do, -d'ye-do** *n., (infml.)* lollery; *this is a fine/pretty ~!* dis (nou) 'n lollery!; dis 'n mooi grap!.

how·be·it *(arg.)* ofskoon.

how·dah, hou·dah *(Ind.)* olifantsaal.

how·dy *tw., (Am., infml.)* hallo, dagsê.

how·el kuiperskaaf.

how·ev·er, *(poët.)* **how·e'er** egter, maar, ewe(n)wel, nietemin, dog, hoe dit ook (al) sy; *~, one can* ... nog=tans kan ('n) mens ...; ~ ... *s.o. may be* al is iem. nog so ...; ~ *much* hoeseer, hoe ook al.

how·itz·er *(mil.)* houwitser.

howl *n.* getjank, gehuil, geskree(u); skreeu, gil. **howl** *ww.* tjank, huil, skree(u), grens; 'n keel opsit; gier; ~ *s.o. down* iem. doodskree(u); ~ *with laughter* brul van die lag.

howl·er tjanker, skreeuer; *(infml.)* flater, blaps, stom=miteit; *commit/make a ~, (infml.)* 'n (yslike) bok skiet. ~ **(monkey)** brulaap.

howl·ing *n.* getjank, gehuil. **howl·ing** *adj. (attr.)* hui=lende, tjankende, skreeuende; ~ *shame* skreiende skan=de/skandaal; ~ *wilderness, (Byb. of skerts.)* huilende woesteny. ~ **monkey** →HOWLER (MONKEY).

how's *(sametr.)* = HOW IS.

how·so·ev·er *(fml. of arg.)* hoe ook al; in elk geval.

howzat *tw., (kr., afk. v.* how's that*)* hoe's daai?.

howzit, hoezit *tw., (SA, sl.: hoe gaan dit?)* hoesit?.

hoy[1] *n., (hist., sk.)* boeier, kusvaartuigie.

hoy[2] *tw.* haai, hoei.

hoy·den, hoi·den *(vero.)* rabbedoe, maltrap. **hoy=den·ish, hoi·den·ish** wild, maltrap=.

Huang Hai, Hwang Hai *(Chin., geog.)* →YELLOW SEA.

Huang He, Huang Ho, Hwang Ho *(Chin., geog.)* →YELLOW RIVER.

hub naaf *(v. 'n wiel);* spil, middelpunt; ~ *of the uni=verse* middelpunt van die heelal. ~ **band** naafband. ~ **brake** naafrem. ~**cap** naaf=, wieldop. ~ **collar** naaf=kraag. ~ **liner** naafvoering.

Hub·bard squash Hubbard-pampoen.

hub·ble-bub·ble →HOOKA(H).

hub·bub lawaai, rumoer, geroesemoes, kabaal, herrie.

hub·by *(infml.)* manlief, *(liefkosend)* ou man; →HUS=BAND.

hu·bris hubris, aanmatiging. **hu·bris·tic** hubristies, aanmatigend.

huck·a·back *(tekst.)* knoppiesgoed, handdoeklinne.

huck·le *(w.g.)* heup. ~**back** boggel. ~**backed** gebog=gel(d), boggelrug=. ~**bone** *(arg.)* heupbeen; dolos.

huck·le·ber·ry *(Gaylussacia* spp.) (soort) bloubessie; *(Vaccinium* spp.) (soort) bosbessie.

huck·ster *n.* harde/aggressiewe/onderduimse verko=per/verkoopsagent; *(Am.)* publisiteitsagent, kopie=skrywer; *(w.g.)* smous, kwanselaar; bondeldraer. **huck=ster** *ww., (Am.)* verkwansel, afsmeer *(iets, aan iem.);* smous, kwansel, handel; knibbel. **huck·ster·ing** smou=sery, kwansel(a)ry.

hud·dle *n.* bondel, hoop; warboel, drukte; *go into a ~, (infml.)* koukus (hou); *a ~ of people* 'n klomp(ie)/groep(ie) mense. **hud·dle** *ww.* opeenhoop; opme=kaargooi, opmekaar gooi; koek; bol; ~ ***down*** (neer)=hurk, jou klein maak; ~ ***(together)*** saamkoek, =hok, =drom, =bondel; *be ~d* ***up*** opgerol/ingekrimp wees; ~ ***up*** *against s.o.* jou teen iem. aanvlei; ~ ***up*** *against s.t.* jou teen iets klein maak.

hue[1] kleur, tint, skakering.

hue[2]**:** *a ~ and cry* 'n geroep/lawaai/ophef; *raise a ~ and cry* 'n ophef maak, moord en brand skree(u), 'n (groot) lawaai opskop.

huff *n.* brombui, kwaai nuk; *be in a ~* nukkerig wees; *go into a ~* nukkerig (*of* op jou perdjie) raak, jou opruk. **huff** *ww.* blaas, snuif, raas, tekere (*of* te kere) gaan, tekeregaan, kwaad word; aanstoot gee; *(damspel)* (weg)blaas; ~ *and puff* hyg en blaas; raas en blaas, tekere (*of* te kere) gaan, tekeregaan. **huffed** geraak. **huff·i·ly, huff·ish·ly** buierig, nukkerig, vererg; veront=waardig, gebelg(d). **huff·i·ness** buierigheid, nukke=righeid, liggeraaktheid; verontwaardiging, gebelgd=heid; opgeblasenheid, hooghartigheid. **huff·ish, huff·y** buierig, humeurig, nukkerig, liggeraak, prikkelbaar, brommerig; verontwaardig, gebelg(d); opgeblase, hoog=hartig.

hug *n.* omhelsing; *give s.o. a ~* iem. omhels (*of* 'n druk=kie gee). **hug** =*gg*=, *ww.* omhels, 'n drukkie gee, (vas)=druk; *(kleutertaal)* liefie; vasklou, vasklem, omklem; karnuffel; *~ o.s. for/on ...* jouself gelukwens met ...; *~ a prejudice* 'n vooroordeel koester; *~ the shore* digby die wal bly, digby die kus vaar.

huge reusagtig, yslik, ontsaglik, kolossaal, enorm, tamaai, geweldig groot; *~* ***city*** reusestad; *~* ***size*** reusagtigheid; *~* ***success*** reusesukses, groot sukses. **huge·ly** baie groot, baie erg, besonder, vreeslik, buitengewoon, ontsaglik. **huge·ness** reusagtigheid, yslikheid, ontsaglikheid.

hug·ger-mug·ger *n.* deurmekaarspul, warboel; *(w.g.)* geheimdoenery; konkelwerk. **hug·ger-mug·ger** *adj. & adv., (arg.)* geheim; verward, deurmekaar. **hug=ger-mug·ger** *ww., (vero.)* knoei, konkel; geheim hou, verswyg, in die doofpot stop.

Hu·gue·not *n.* Hugenoot. **Hu·gue·not** *adj.* Huge=note=.

huh *tw.* aag, gmf; nè?, hè?.

hu·la: ~**(-hula)** *n., (Hawaise dans)* hoela(-hoela), hoela=(-hoela)dans. ~**(-hula)** *ww.* hoela(-hoela), die hoela=(-hoela) dans. ~ **hoop** hoelahoepel. ~ **skirt** hoela=rompie.

hulk (skeeps)romp; *(neerh.)* (logge) skip; onttakelde skip; *(neerh.)* gevaarte, kolos; *(neerh.)* logge mens; *(dikw. i.d. mv., hist.)* tronkskip. **hulk·ing** (groot en) lomp, log, swaar.

hull *n.* romp *(v. 'n skip);* skil; dop; peul; kelk *(v. 'n aar=bei, framboos, ens.);* omhulsel; buitenste. **hull** *ww.* (uit)=dop, (af)dop, pel; (af)skil; uithaal; →HULLING; *~ed bar=ley* gort; *~ed maize* gedopte mielies; *~ed nuts/rice/etc.* gepelde neute/rys/ens.. ~ **insurance** rompversekering.

hul·la·ba(l)·loo *(infml.)* lawaai, geraas, herrie; ophef, allemintige gedoente.

hull·ing pellery. ~ **machine** pelmasjien.

hul·lo →HELLO.

hum[1] *n.* gegons, gonsery; gebrom, brommery; gezoem; geneurie. **hum** =*mm*=, *ww.* gons; brom; zoem; neurie, binnensmonds sing; *(Br., infml.)* sleg ruik, stink; →HUMMING; *~ and haw* →HEM[2] *ww.; make things ~, (infml.)* dit laat gons; *~ with ..., (infml.)* gons van ...

hum[2] *tw.* h'm.

hu·man *n.* mens, menslike wese. **hu·man** *adj.* mens=lik, mense=; ~ ***blood*** mens(e)bloed; *the ~* ***body*** die menslike liggaam, die mens se liggaam; *~* ***flesh*** mens=vleis; *~* ***food*** mensevoedsel; *untouched by ~* ***hand*** deur geen mensehand aangeraak nie; ~ ***life*** die menslike lewe, die mens se lewe; *a ~* ***life*** 'n menselewe; ~ ***ma=terial*** mensemateriaal; *it is* ***only*** *~* dis maar menslik; *I am* ***only*** *~* ek is ook maar ('n) mens; ~ ***sacrifice*** menseoffer(s); ~ ***shape*** mens(e)gedaante; ~ ***span,*** *(Byb.)* menseleeftyd, dae van die mens; ~ ***understand=ing*** menseverstand; ~ ***wave*** →MEXICAN WAVE; ~ ***wisdom*** mensewysheid. ~ **animal** tweebeendier. ~ **being** mens, menslike wese. ~ **engineering** biotegno=logie, ergonomie. ~ **immunodeficiency virus** *(afk.:* HIV*)* menslike immuniteitsgebreksvirus/immunoge=breksvirus/immuungebreksvirus *(afk.:* MIV*).* ~ **in=terest** *(joern. ens.)* die menslike sy/kant. ~ **nature** die menslike aard/natuur; *knowledge of ~ ~* mensekennis, menskunde; *that is ~ ~* dit is (maar) menslik. ~ **race** mensheid, mensdom, menseras, menslike geslag, mensegeslag. ~ **relations** *n. (mv.)* menslike verhou=dinge, menseverhoudinge; personeelverhoudinge; omgang. ~ **resources** *n. (mv.)* menslike hulpbronne, mensehulpbronne. ~ **rights** *n. (mv.)* menseregte. **H~ Rights Day** *(SA: 21 Maart)* Menseregtedag. ~ **sci=ences** *n. (mv.)* geesteswetenskappe, humaniora. ~ **shield** menseskild.

hu·mane mensliewend, welwillend, sag; humaan, (me=de)menslik; ~ ***killer,*** *(by slagpale)* slagmasker, sag=slagter, genadedoder; ~ ***learning/letters,*** *(fml.)* hu=maniora; ~ ***treatment*** menslike behandeling. **hu=mane·ness** menslikheid.

hu·man·ise, -ize veredel, beskaaf; vermenslik, hu=maniseer. **hu·man·i·sa·tion, -za·tion** veredeling, be=skawing; vermensliking, humanisering.

hu·man·ism humanisme; *(hist., dikw. H~)* Huma=nisme. **hu·man·ist** humanis; *(hist., dikw. H~)* Humanis. **hu·man·is·tic** humanisties.

hu·man·i·tar·i·an *n.* filantroop. **hu·man·i·tar·i·an** *adj.* mensliewend, humanitêr, filantropies, mede=menslik; ~ *aid* humanitêre hulp. **hu·man·i·tar·i·an=ism** medemenslikheid, mensliewendheid; filantropie.

hu·man·i·ty =*ties* die mens(heid); (mede)menslikheid; menseliefde; die menslike aard/natuur; mensliewend=heid; humaniteit; *(i.d. mv.)* die humaniora; *(i.d. mv.)* klassieke studie; *(i.d. mv.)* die geesteswetenskappe, die lettere; *the ~ of Christ* die mensheid van Christus; *s.o. is a strange specimen of ~* iem. is 'n snaakse entjie mens.

hu·man·kind die mensheid/mensdom.

hu·man·ly menslik; menslikerwys(e); *~ speaking* mens=lik gesproke, menslikerwys(e).

hu·man·ness menslikheid, menswees.

hu·man·oid *n.* halfmens; *(wetenskapsverhale)* masjien=, kunsmens, hominoïed. **hu·man·oid** *adj.* mensagtig.

hum·ble *adj.* nederig; eenvoudig, beskeie; skamel; on=derdanig, dienswillig; ootmoedig, deemoedig; *my ~* ***apologies*** ek vra jou/u nederig om verskoning; *my ~* ***opinion*** my beskeie mening; *eat ~* ***pie,*** *(idm.)* mooi broodjies bak, 'n toontjie laer sing; *your ~* ***servant,*** *(arg. of skerts.)* u dienswillige (dienaar). **hum·ble** *ww.* verneder, klein maak; verootmoedig; *~ o.s.* jou verneder. **hum·ble·ness** nederigheid; eenvoudigheid; ootmoed; skamelheid. **hum·bly** nederig, ootmoedig(lik); met verskuldigde eerbied; ~ *pray, (jur.)* eerbiedig versoek.

hum·ble·bee →BUMBLEBEE.

hum·bug *n.* bedrog; kullery, foppery; grootpratery; bog; aansteller; bedrieër, swendelaar; grootprater; pepermentlekker(tjie). **hum·bug** *-gg-, ww.* kul, fop, bedrieg, (be)swendel; grootpraat.

hum·ding·er *n., (sl.): be a ~* fantasties/ongelooflik/wonderlik/skitterend (*of* uit die boonste rakke) wees; *the match promises to be a real ~, it should be a ~ of a match* 'n naelbytstryd (*of* taai stryd) kan verwag word; *have a ~ of a row* 'n groot/hengse uitval hê.

hum·drum *n.* eentonigheid, verveligheid, saaiheid, sleurgang. **hum·drum** *adj.* eentonig, vervelig, alledaags, saai; doodgewoon; *proceed in a ~ way* die ou sleur volg.

hu·mer·us *-meri, (anat.)* boarmpyp, boarmbeen, humerus. **hu·mer·al** boarm-.

hu·mic →HUMUS.

hu·mid vogtig, klam, klammerig; drukkend, bedompig; *(klimatologie)* humied. **hu·mid·i·fi·ca·tion** bevogt(ig)ing; vogsproeiing. **hu·mid·i·fi·er** bevogt(ig)er; vogsproeier. **hu·mid·i·fy** bevog(tig). **hu·mid·i·ty** vogtigheid, klamheid; voggehalte, humiditeit; ~ *(of the air)* lugvoggehalte, lugvogtigheid. **hu·mi·dor** klamhouer.

hu·mi·fy tot humus maak, in humus verander, humifiseer. **hu·mi·fi·ca·tion** humusvorming, humifisering, humifikasie; →HUMUS.

hu·mil·i·ate verneder, klein maak; verootmoedig. **hu·mil·i·at·ing** vernederend. **hu·mil·i·a·tion** vernedering; smadelike bejeëning; *day of ~* dag van verootmoediging/deemoediging.

hu·mil·i·ty nederigheid, ootmoed(igheid), deemoed(igheid), onderdanigheid.

hum·ming *n.* gegons. **hum·ming** *adj.* neuriënd; kragtig, flink; druk. **~bird** kolibrie. **~ top** brom-, gonstol.

hum·mock heuweltjie, bultjie, koppie; ysbultjie.

hum·mus, houm·mos, hou·m(o)us *n., (<Arab., Mid.Oos. kookk.)* hoemoes.

hu·mon·gous, hu·mun·gous *(infml.)* yslik, enorm, tamaai, kolossaal, reusagtig, reuse-.

hu·mor *(Am.)* →HUMOUR.

hu·mor·al *(med., hist.)* vog-.

hu·mor·esque *(mus.)* humoresk.

hu·mor·ist humoris; grapmaker. **hu·mor·is·tic** humoristies; soos 'n humoris.

hu·mor·ous humoristies; grapp(er)ig, geestig, luimig; ~ *sketch* humoresk.

hu·mour, *(Am.)* **hu·mor** *n.* humor; grappigheid, geestigheid, luimigheid; bui, luim, stemming, gemoedsgesteldheid, humeur; gevoel; *(med.)* vog; ***aqueous*** ~ →AQUEOUS; *be in the **best** of ~s* in 'n baie goeie bui wees; ***crystalline*** ~ →CRYSTALLINE; *a **gleam** of ~* 'n sprankie humor; ***good*** ~ →GOOD; *be in an **ill*** (*or be **out of***) ~ nukkerig/nors (*of* in 'n slegte bui *of* uit jou humeur) wees; *have a **sense** of ~* humorsin hê, 'n sin vir humor hê; ***vitreous*** ~ →VITREOUS *adj.*. **hu·mour,** *(Am.)* **hu·mor** *ww.* toegee aan, paai; ~ *s.o., (ook)* iem. sy/haar sin gee (*of* sy/haar gang laat gaan). **hu·mour·less,** *(Am.)* **hu·mor·less** sonder humor, humorloos. **hu·mour·some,** *(Am.)* **hu·mor·some** humeurig; vol giere.

-hu·moured, *(Am.)* **-hu·mored** *komb.vorm* -gehumeur(d); *good-~* goedgehumeur(d), vriendelik, vrolik, opgeruimd, opgewek; *ill-~* sleggehumeur(d), onvriendelik, bot, nors, nukkerig, suur, stuurs.

hum·ous →HUMMUS.

hump *n.* skof; bult, boggel; bult(jie), koppie; →HUMPY; ***get** the ~, (Br., infml.)* die piep kry, jou vererg; ***give** s.o. the ~, (Br., infml.)* iem. die piep (*of* die [aap/bobbejaan]stuipe) gee; iem. bedruk maak; ***have** the ~, (Br., infml.)* dikbek/dikmond/nukkerig (*of* in 'n slegte bui/luim) wees; *be **over** the ~, (infml.)* oor die ergste (heen) wees. **hump** *ww.* kromtrek; geboggel maak; *(infml.)* sleep, aanpiekel *(iets); (vulg. sl.)* naai, stoot *(iem.); be ~ed up, (ook)* ineengekrimp/ineengedoke wees. **~back** boggelrug; geboggelde. **~backed** geboggel(d), gebult. **~back whale** boggel(rug)walvis.

humph *tw.* h'm, hmf, gmf.

hump·ty dump·ty *(infml.)* stompie, diksak, vaatjie, dikkerd; *H~ D~, (kinderrympie)* Hompie Kedompie, Oompie Doompie.

hump·y bulterig; *(Br., infml.)* nukkerig.

hu·mun·gous →HUMONGOUS.

hu·mus teelaarde, teelgrond, humus. **hu·mic** humusryk; ~ *acid* humussuur; ~ *coal* humussteenkool. **hu·mous** humusagtig.

Hun *(hist., lid v. 'n nomadiese stam)* Hun. **Hun·nish** Huns, Hunne-.

hunch *n.* voorgevoel, suspisie, *(infml.)* spesmaas; *(Am.)* vermoede, intuïsie; bult; boggel; *(dial.)* dik stuk; *have a ~* 'n vermoede/voorgevoel/suspisie hê; *have a ~ that ..., (ook)* 'n spesmaas hê dat ...; *do s.t. on a ~* iets op 'n ingewing doen. **hunch** *ww.* opbuig, kromtrek; ~ *out/up ... ...* uitbult; *be ~ed up* ineengekrimp/ineengedoke wees. **~back** boggel(rug); *(dikw. neerh.)* geboggelde, bultenaar. **~backed** geboggel(d).

hun·dred honderd, honderdtal; ***alone*** ~ (een)honderd, (een) honderd; *a ~ kilometres/pounds/volts/etc.* honderd kilometer/pond/volt/ens.; ***by** the ~(s)* by honderde; ***great/long*** ~ groot honderd, honderd-en-twintig, honderd en twintig; ***live** to be a ~* honderd jaar oud word; *~s **of** people/kilometres/rands/etc.* honderde mense/kilometers/rande/ens.; ***one** in a ~* een uit (die) honderd; *he/she is **one** in a ~* hy/sy is 'n man/vrou honderd; *a ~ **and one*** honderd-en-een, honderd en een; *a ~ to **one** chance* 'n kans van honderd teen een; ***over** a ~* meer as (*of* oor die) honderd; *a/one ~ **per cent*** (*or **percent***) honderd persent; *~s of **thousands*** honderdduisende. ~ **and first** honderd-en-eerste, honderd en eerste. **~ pounder** honderdponder. **~s and thousands** *(kookk.)* kleurstrooisels, strooiversiersel. **~weight** sentenaar.

hun·dred·fold honderdvoudig.

hun·dredth honderdste; *for the ~ time* vir die soveelste keer/maal.

hung *ww. (verl.t)* →HANG *ww.*. **hung** *adj.: ~ **jury*** jurie wat nie eenstemmigheid kan bereik nie, onbesliste jurie; *be ~ **over**, (infml.)* bab(b)elas/babalaas/babelaas wees; *~ **parliament*** parlement waarin geen party 'n volstrekte meerderheid het nie; *the project/etc. is ~ **up**, (infml.)* die projek/ens. is vertraag (*of* op die lange baan geskuif/geskuiwe); *be ~ **up** about s.t., (infml.)* behep met iets wees, 'n kompleks/obsessie oor iets hê; *be ~ **up** about being ..., (infml.)* 'n kompleks hê oor jy (nie) ... is (nie); *get ~ **up** about s.t., (infml.)* 'n kompleks oor iets ontwikkel, iets word vir iem. 'n obsessie; *be ~ **up** on s.o., (infml.)* beenaf/versot op (*of* mal/dol oor *of* gek na) iem. wees; *be **well** ~, (sl.: groot geslagsorgane hê)* goed bedeel(d) wees.

Hun·ga·ry *(geog.)* Hongarye. **Hun·gar·i·an** *n.* Hongaar; *(taal)* Hongaars. **Hun·gar·i·an** *adj.* Hongaars.

hun·ger *n.* honger; *(infml.)* hongerte; lus, hunkering; ***appease** s.o.'s ~* iem. se honger stil; *suffer **death** from ~* 'n hongerdood sterf/sterwe; *be **faint** with ~* flou/vaal van die honger wees; ***gnawing*** ~ knaende honger; ***pangs** of ~* knaende honger; ***satisfy** one's ~* jou honger stil; *~ is the best **sauce*** honger is die beste kok; *~ breaks through **stone walls*** honger is 'n skerp swaard. **hun·ger** *ww.* honger wees/hê; honger word/kry; uithonger; *~ after/for ...* na ... honger/hunker. **~ march** hongermars. **~ riot** hongeroproer. **~ strike** eet-, hongerstaking, voedselweiering. **~ striker** eet-, hongerstaker, voedselweieraar.

hun·gry honger, hongerig; begerig, lus; hunkerend; arm, dor *(landstreek)*; ***be*** ~ honger wees/hê; *be ~ **for** s.t.* vir iets lus hê/voel/wees; na iets verlang, iets begeer; ***get*** ~ honger word/kry; ***go*** ~ honger ly; sonder kos bly, niks eet nie; *as ~ as a **wolf/hawk/hunter*** so honger soos 'n wolf; *~ **wool*** hongerwol. **hun·gri·ly** hongerig. **hun·gri·ness** hongerte, hongerigheid.

hunk homp, dik stuk, brok, klont; *a ~ of bread* 'n homp brood; *a great ~ of a weightlifter/etc.* 'n kolos van 'n gewigopteller/ens.; *a ~ (of a man), (sl.)* 'n vleispaleis/spierbol (*of* macho [man]), pure man.

hun·kers *n. (mv.): on one's ~, (infml.)* op jou hurke.

hunks *n. (fungeer as ekv.), (neerh., w.g.)* suurpruim; vrek, gierigaard.

hun·ky-do·ry *adj. (gew. pred.), (infml.)* dooddollies, pienk en plesierig, piekfyn, klopdisselboom, voor die wind.

hunt *n.* jag(tog); jagters, jaggeselskap; jagveld; soekery, soektog; *the ~ is **on** for ...* die soektog na ... het begin; *be **on** the ~ for ...* na ... op soek wees; *be **out** of the ~, (infml.)* geen kans hê nie, nie meetel nie; *the ~ is **up*** die jag het begin. **hunt** *ww.* jag; ja(ag); agtervolg, naja(ag); ***~ about/around** for ...* na ...rondsoek; ***~ after/for** ...* na ... soek; na ... streef/strewe; ~ ... ***down*** ... agtervolg; ... vang/vaskeer; ... opspoor; ***~ for** s.o.* op iem. jag maak; ***~ high** and **low*** oral(s) (rond)soek; *a ~ed **look*** 'n gejaagde blik/voorkoms; ~ ... ***out*** ... opspoor/(op)soek; ~ ... uitvis *(fig.)*; ~ ... ***up*** ... opspoor/(op)soek. **~sman** jagter; jagmeester; hondeleier, -baas.

hunt·er jagter; jaer; soeker; skietperd; dekselhorlosie. **~-gatherer** *(antr.)* jagter-versamelaar. **~-killer** jagduikboot; jagboot.

hunt·ing *n.* (die) jag; *go out ~* gaan jag; *in ~* by die jag. ~ **accident** jagongeluk. ~ **box,** ~ **lodge** jaghuis(ie). ~ **call** jagroep. ~ **country** skietveld. ~ **crop** (kort) rysweep. ~ **dog** jaghond; *(Lycaon pictus)* wildehond. ~ **expedition** jagtog. ~ **ground** skietveld, jagveld; veld, terrein; *(fig.)* rolplek; *a happy ~ ~* 'n vrugbare veld *(vir iem. se bedrywighede); the happy ~ ~s* die jagtershemel, die ewige jagveld. **~ habit** jagkleed. **~ knife** jagmes, grootmes. **~ leopard** →CHEETAH. **~ party** jag-, skietgeselskap; jagparty. **~ season** skiet-, jagtyd, jagseisoen. **~ spider** ja(a)gspinnekop, swerfspinnekop. **~ tackle** jaggereedskap. **~ watch** dekselhorlosie.

hur·dle *n.* hekkie; *(i.d. mv.)* hekkieswedloop, -naelloop; *clear/take a ~, (lett.)* oor 'n hekkie spring; *(fig.)* 'n moeilikheid oorkom; *be over the ~, (fig.)* uit die moeilikheid/verknorsing wees. **hur·dle** *ww., (atl.)* hekkiespring, hekkiesloop; oorspring. **~ race** hekkieswedloop, -naelloop.

hur·dler *(atl.)* hekkiesatleet, -loper.

hur·dy-gur·dy draailier; draaiorrel, straatorrel.

hurl *n.* gooi; *(sport)* skoot. **hurl** *ww.* smyt, gooi, slinger; werp; *(infml.)* opbring, opgooi, kots; *~ o.s. **at** ...* jou op ... werp; *~ s.t. **at**...* iets na ... gooi/slinger; *~ **abuse at** s.o.* iem. beledigings/skelwoorde toeslinger, iem. uitskel; *~ defiance **at** s.o.* iem. uittart; *~ s.t. **away*** iets wegslinger; *~ s.o./s.t. **off*** iem./iets afsmyt; *~ s.o./s.t. **out*** iem./iets uitsmyt.

hurl·ing, hur·ley Ierse hokkie(spel).

hurl·y-burl·y lawaai, rumoer, roesemoes.

Hu·ron *-ron(s), (lid v. 'n Indiaanse volk)* Huroon; *Lake ~* die Huronmeer.

hur·rah, hoo·ray, hur·ray *n. & tw.* hoera, hoerê. **hur·rah, hoo·ray, hur·ray** *ww.* juig, hoera skree(u)/roep. **hur·rah·ing, hoo·ray·ing, hur·ray·ing** hoerageroep.

Hur·ri·an *(hist., lid v. 'n volk)* Horiet, Hoerriet, Choerriet.

hur·ri·cane orkaan, stormwind; *Irish/Paddy's ~, (w.g., sk.)* windstilte. ~ **bird** →FRIGATE BIRD. ~ **deck** stormdek. ~ **lamp,** ~ **lantern,** ~ **light** stormlamp. ~ **strength** orkaansterkte.

hur·ried (oor)haastig, gejaag(d); vlugtig. **hur·ried·ly** (oor)haastig, halsoorkop, gejaag(d), in aller yl, ylings; in die gouigheid. **hur·ried·ness** haastigheid, gejaagdheid.

hur·ry *n.* haas, (oor)haastigheid, gejaagdheid; spoed; gehaas; *be **in** a ~* haastig wees; *do s.t. **in** a ~* iets haastig (*of* in haas) doen; iets in aller yl doen; *not do s.t. again **in** a ~* iets nie gou weer doen nie; ***leave** in a ~* haastig/inderhaas vertrek/weggaan; *there is **no** ~* daar is geen haas/nood nie; *s.o. is in **no** ~* iem. is nie haastig nie; *be in a **steaming/tearing** ~* in 'n vlieënde haas wees; *don't be in **such** a ~!* moenie so haastig wees nie!; ***what's** the/your ~?* hoekom/waarom so haastig?, hoekom/waarom so 'n haas?, waarheen is die/jou haas?.

hur·ry *ww.* haastig wees, jou haas, gou maak, ja(ag), spring, wikkel, opskud; opdruk, aanroer; gejaag(d) wees; aanja(ag), aandryf, =drywe, haastig maak; gou-gou bring; ~ ***after*** *s.o.* iem. haastig agternaloop/ag=ternasit; ~ ***along/on*** jou voorthaas, haastig verder/vêrder loop; voortja(ag); ~ *s.o.* ***along/on*** iem. aanja(ag); ~ ***away/off*** jou weghaas, haastig weggaan, haastig/inderhaas vertrek; ~ *s.o.* ***away/off*** iem. haastig weg=bring; *s.o. will* ***have*** *to* ~ iem. sal moet gou maak (*of* spring); ~ *s.o.* ***into*** *doing s.t.* iem. aanja(ag)/aanpor om iets te doen; ~ ***to*** ... jou na ... haas; ~ *s.t.* ***to*** ... iets haastig na ... bring; ~ ***up*** gou maak/speel; ~ ***up!*** maak gou!, opskud!, skud op!, roer jou litte/riete!, spring!; ~ *s.o.* ***up*** iem. aanja(ag); ~ *s.t.* ***up*** gou/haas maak met iets. **~-scurry** *n.* deurmekaarspul, verwarring, kon=sternasie; geja(ag), gejaagdheid, haas(tigheid). **~-scur=ry** *adj., (infml.)* halsoorkop. **~-scurry** *ww., (infml.)* ja(ag), halsoorkop te werk gaan.

hurst *(arg.)* (sand)bank; koppie, bult; bos.

hurt *n.* seerplek, wond; kwetsing; pyn; kwaad, skade, nadeel. **hurt** *hurts hurting hurt, ww.* seermaak, pyn (aan)doen; (ver)wond; *(fig.)* krenk, grief, kwets; kwaad (aan)doen, skaad, benadeel; afknou; seerkry; *be* ***badly*** ~ erg/swaar beseer wees; ***be*** ~ seerkry; beseer wees; ***be*** *~ing* seer wees; ***feel*** ~ seer/gekrenk voel; ~ *s.o.'s* ***feelings*** →FEELING *n.*; *s.o.'s* ***feet*** ~ iem. se voete is seer (*of* maak hom/haar seer); ***get*** ~ seerkry, jou seermaak/beseer; ***it*** ~*s* dit maak seer; ~ ***o.s.*** jou seermaak, seerkry; ***it won't*** ~ *you, (ook)* jy sal niks daarvan oorkom nie. **hurt·ful** nadelig, sleg, skadelik; kwetsend, krenkend, griewend. **hurt·less** ongedeerd.

hur·tle hardloop, nael, vlieg; ja(ag); bars; ratel, kletter; dreun; gons; bons; smyt, slinger; *(arg.)* bots *(teen)*.

hus·band *n.* man, eggenoot; *(fml.)* gade; ~ *to be* aan=staande (man); *they are* ~ *and wife* hulle is man en vrou (*of* getroud). **hus·band** *ww.* spaar, opgaar, suinig wees *(met)*, behou, versorg; *(arg.)* bebou, kweek; *(arg.)* aan die man help; trou met. **hus·band·ly** spaarsaam, matig; soos dit 'n eggenoot pas. **hus·band·man** *=men, (arg.)* boer, landbouer, landman. **hus·band·ry** boer=dery, landbou (en veeteelt); landboukunde, kennis van boerdery; huishou(d)kunde; spaarsaamheid.

hush *n.* stilte; *a ~ falls/descends* dit word stil. **hush** *ww.* stilmaak; demp; dooddruk; stil; sus; stilbly; ~ *up* stilbly; ~ *up!* bly stil!; ~ *s.o. up* iem. stilmaak; ~ *s.t. up* iets stilhou (*of* in die doofpot stop). **hush** *tw.* sjt, st, sjuut. **~-hush** *(infml.)* geheim. **~(-hush) policy** doofpot=politiek. ~ **money** *(infml.)* omkoop=, afkoopgeld, swyg=geld; *pay s.o.* ~ ~ iem. betaal/omkoop om stil te bly. ~ **ship** geheimskip.

hush·a·by(e) *(arg.)* doedoe.

hush·ed *adj.* stil; ~ ***atmosphere*** gespanne atmosfeer; *with* ~ ***attention*** met gespanne aandag; ~ ***conversa=tion*** fluistergesprek; *with* ~ ***respect*** in eerbiedige stilte; *there was a* ~ ***silence*** dit was dood=/tjoepstil, jy kon 'n speld hoor val; *speak/talk in* ~ ***tones/voices*** op ('n) ge=dempte/sagte toon (*of* met ['n] gedempte stem) praat/gesels, gedemp/sag(gies)/suutjies/soetjies praat/gesels; *in a* ~ ***voice*** met ('n) gedempte stem; *in* ~ ***whispers*** met 'n fluisterstem, op 'n fluistertoon, fluisterend.

husk *n.* skil, dop, buitenste, omhulsel; peul; vrughulsel, kaffie; *~(s) of maize/mealies* mielieblare. **husk** *ww.* (af)skil, (af)dop, (af)pel; uitdop; stroop, skoonmaak *(mielies)*; →DEHUSK; *~ed rice* gepelde rys. **husk·er** dopmasjien; (mielie)stroper.

husk·y[1] *adj.* hees, skor; vol doppe, dopperig; dor en droog; *(infml.)* sterk, taai, stewig. **husk·i·ly** hees, skor. **husk·i·ness** heesheid, skorheid; dopperigheid; dorheid, droogheid.

husk·y[2] *n.* poolhond, eskimohond; sleehond; *(Kan., neerh. sl.)* Eskimo.

hus·sar *(hist.)* husaar, ruitersoldaat.

hus·sive, house·wife *(arg.)* naaldwerksakkie, =dosie.

hus·sy *(neerh.)* flerrie; snip; *a brazen/shameless* ~ 'n skaamtelose meisiemens/vroumens.

hus·tings *n. (fungeer as ekv. of mv.)* eleksieverhoog; verkiesingstryd; *at/on the* ~ in 'n verkiesing(stryd).

hus·tle *n.* gedrang, gedring; gejaagdheid; ywer, voort=varendheid; *(Am., infml.)* bedrog, knoeiery; *in the* ~ *and bustle* in die drukte (*of* gestamp en gestoot). **hus·tle** *ww.* stamp en stoot, dring, druk; dryf, aan=ja(ag), opkeil; ja(ag), jou haas, gou maak, haas maak, woel, opskud, wikkel; *(Am., infml.)* konkel, knoei, be=drieg, op slinkse/aggressiewe wyse bekom/verkoop; *(Am., infml.)* as straatvrou werk; ~ *s.o.* ***into*** ... iem. in ... indruk/instamp; iem. dwing (*of* druk op iem. uitoefen) om te ...; ~ *s.o.* ***out of*** ... iem. uit ... uitdruk/uitwerk/uitwoel; ~ *s.t.* ***out of*** *s.o.* iets van iem. af=rokkel. **hus·tler** *(hoofsaaklik Am., infml.)* deurdrywer, aanpakker, woelwater, voortvarende mens; aggres=siewe verkoper; knoeier, bedrieër; prostituut, straat=vrou. **hus·tling** *(ook)* energiek, woelig, deurdrywend.

hut *n.* hut, huisie, pondok; *(mil.)* barak. **hut** *=tt=, ww.* in hutte woon; in hutte/barakke onderbring. ~ **pole** strooispaal.

hutch hok, kou *(vir diere)*; *(Am.)* kas, kis; *(mynb. ens.)* trog; *(infml., neerh.)* krot.

hut·ment *(hoofs. mil.)* barak, hut; *(i.d. mv.)* barakke=(kamp).

hutz·pah →CHUTZPAH.

huz·za(h) *n. & tw., (arg.)* →HURRAH.

Hwan·ge *(geog.)* Hwange.

hy·a·cinth *(bot.)* hiasint, naeltjie; *(steen)* hiasint; *wild* ~, *(Lachenalia* spp.) groenviooltjie. **hy·a·cin·thine** hiasint=.

Hy·a·des *(astron.)* Hiade, Reënsterre.

hy·ae·na →HYENA.

hy·a·lin *(fisiol.)* hialien. **hy·a·line** *n., (poët.)* gladde see=spieël; helder/blou hemel. **hy·a·line** *adj., (biol.)* hialien, glasagtig, glasig, glas=; deursigtig, deurskynend.

hy·a·lite glasopaal, glassteen, hialiet.

hy·a·loid *(anat., soöl.)* hialoïed, glasagtig, glas=; deur=sigtig, deurskynend; ~ *membrane* glas(vog)vlies.

hy·brid *n., (bot.)* hibried, kruising, baster(plant); *(soöl.)* hibried, kruising, baster(dier); *(neerh.)* baster, half=bloed, halfnaatjie; basterwoord; bastervorm; tussen=ding; *double* ~ dubbelbaster. **hy·brid** *adj.* hibridies, gebaster, baster=; ~ ***bill*** tweeslagtige wetsontwerp; ~ ***form*** bastervorm; ~ ***maize*** bastermielie(s); ~ ***vigour*** basterkrag. **hy·brid·i·sa·tion, =za·tion** kruising, kruis=teelt, verbastering, hibridisering. **hy·brid·ise, =ize** kruis, baster, verbaster. **hy·brid·ism** verbastering, kruising. **hy·brid·i·ty** basteraard, hibridiese karakter.

hy·da·tid *(med.)* hidatied; waterblaasie. ~ **cyst** (honde)=blaaswurm.

Hy·der·a·bad *(geog.)* Haiderabad.

hydr= *komb.vorm* hidr=; →HYDRO=.

Hy·dra *=dras, =drae, (Gr. mit.)* Hydra, veelkoppige slang; *(astron.)* die Waterslang; *(h~, fig.: veelsoortige euwel/probleem)* hidra, veelkoppige monster. **~-headed** veel=koppig.

hy·dra *(soöl.)* hidra.

hy·dran·gea *(bot.)* hortensia, hortensie, *(infml.)* kris=misblom, =roos.

hy·drant brandkraan, standkraan, =pyp.

hy·drar·gy·rism *(vero.)* kwikvergiftiging.

hy·drar·thro·sis *=throses, (med.)* gewrigswatersug, hi=drartrose.

hy·drate *n., (chem.)* hidraat; hidroksied; ~ *of lime* ge=bluste kalk, kalkhidraat. **hy·drate** *ww.* hidrateer. **hy·drat·ed** gehidrateer(d); *~/slaked lime* gebluste kalk. **hy·dra·tion** hidra(ta)sie; hidrering.

hy·drau·lic *adj.* hidroulies, water=. ~ **brake** hidrou=liese rem. ~ **cement** watersement. ~ **engineer** water=boukundige. ~ **lime** waterkalk. ~ **mining, hydraulick=ing** waterkragmynbou, spuitafbouing, waterstraalaf=bouing. ~ **press** waterpers, hidrouliese pers. ~ **ram** waterram; hidrouliese plonser. ~ **screw** skroefpomp. ~ **washer** stroomwasser.

hy·drau·lics *n. (fungeer as ekv.)* hidroulika, vloeistow=weleer; waterwerktuigkunde; waterloopkunde.

hy·dra·zide *(chem.)* hidrasied.

hy·dra·zine *(chem.)* hidrasien.

hy·dride *(chem.)* hidried.

hy·dro *=dros, n.* hidro, (water)kuuroord.

hy·dro= *komb.vorm* hidro=, water=; waterstof=; →HYDR=.

hy·dro·bi·ol·o·gy hidrobiologie. **hy·dro·bi·o·log·i·cal** hidrobiologies.

hy·dro·car·bon koolwaterstof(verbinding).

hy·dro·cele *(med.)* watergeswel; water(sak)breuk, sak=aarbreuk.

hy·dro·ceph·a·lus, hy·dro·ceph·a·ly *(med.)* water=hoof. **hy·dro·ce·phal·ic, hy·dro·ceph·a·loid, hy·dro=ceph·a·lous** waterhoofdig, met 'n waterhoof.

hy·dro·chlo·ric *(chem.)* hidrochloor=. ~ **acid** chloor=waterstof(suur), soutsuur. **hy·dro·chlo·ride** *(chem.)* hidrochloried.

hy·dro·cy·an·ic *(chem.)* hidrosiaan. ~ **acid** hidro=siaansuur, siaanwaterstof(suur), blousuur, pruisies=suur. ~ **acid gas** blousuurgas, hidrosiaangas.

hy·dro·dy·nam·ics *n. (fungeer as ekv.)* hidrodina=mika, waterkragleer, waterloopkunde. **hy·dro·dy·nam=ic, hy·dro·dy·nam·i·cal** hidrodinamies.

hy·dro·e·lec·tric hidroëlektries, hidro-elektries; ~ *power* (elektriese) waterkrag, hidroëlektriese/hidro-elektriese krag. **hy·dro·e·lec·tric·i·ty** (elektriese) water=krag, hidroëlektrisiteit, hidro-elektrisiteit.

hy·dro·ex·trac·tor droogmasjien, wateronttrekker.

hy·dro·flu·or·ic ac·id vloeispaatsuur, waterstof=fluoriedsuur.

hy·dro·foil skeerboot; waterblad; glyvlak, dra(ag)vlak; ~ *rudder* vaartlynroer; →HYDROVANE.

hy·dro·gen *(chem., simb.: H)* waterstof, hidrogenium, hidrogeen; *sulphuretted* ~ →HYDROGEN SULPHIDE. ~ **bomb** waterstofbom; →H-BOMB. ~ **bond** *(chem.)* wa=terstofbinding. ~ **peroxide** *(chem.)* waterstofperok=sied. ~ **sulphide** *(chem.)* swa(w)elwaterstof, water=stofsulfied.

hy·drog·e·nate hidreer, hidrogeneer, met water=stof verbind. **hy·drog·e·na·tion** hidrering, hidroge=nering.

hy·dro·ge·ol·o·gy grondwaterkunde, =leer, hidro=geologie.

hy·drog·ra·phy hidrografie, waterbeskrywing; see=kaartmakery. **hy·dro·graph** hidrograaf; hidrografiek. **hy·drog·ra·pher** hidrograaf; seekaartmaker. **hy·dro=graph·ic, hy·dro·graph·i·cal** hidrografies.

hy·drol·o·gy hidrologie, waterleer; watersamestel=lingsleer. **hy·dro·log·ic, hy·dro·log·i·cal** hidrologies, waterkundig.

hy·drol·y·sis *=lyses, (chem.)* hidrolise, waterontleding, =splitsing. **hy·dro·lyse, =lyze** hidroliseer.

hy·dro·me·chan·ics hidromeganika; →HYDRODY=NAMICS. **hy·dro·me·chan·i·cal** hidromeganies, water=werktuigkundig.

hy·dro·mel *(hist.)* hidromel, heuningdrank, =water; →MEAD[1].

hy·drom·e·ter hidrometer; vogweër, areometer, vog=digtheidsmeter; watermeter, waterspoedmeter, stroom=snelheidsmeter. **hy·dro·met·ric** hidrometries, water=meetkundig. **hy·drom·e·try** hidrometrie, watermeet=kunde.

hy·dro·naut *(Am. vloot)* hidronout.

hy·drop·a·thy hidropatie, waterkuur, =geneeskunde, =genesing. **hy·dro·path·ic** hidropaties, watergenees=kundig; ~ *establishment* watergeneesinrigting, kou(e)=waterinrigting. **hy·drop·a·thist** waterdokter.

hy·dro·phil·ic *adj., (chem.)* hidrofiel, waterliewend. **hy·dro·phile** *n.* hidrofiel; waterbewoner; waterbe=stuifde.

hy·dro·pho·bi·a watervrees, hidrofobie; hondsdol=heid, hidrofobie. **hy·dro·pho·bic** hidrofoob, hidro=fobies; hondsdol.

hy·dro·phone hidrofoon.

hy·dro·phyte *(bot.)* waterplant, hidrofiet. **hy·dro·phyt=ic** waterliewend.

hy·dro·plane gly=, skeerboot (→HYDROFOIL); *(Am.)* →SEAPLANE.

hy·dro·pneu·mat·ic hidropneumaties.

hy·dro·pon·ics, a·qui·cul·ture *(bot.: grondlose kwe=king v. plante)* hidroponika, waterkultuur, =kwekery.

hy·drop·sy *(arg.)* →DROPSY.

hy·dro·scope hidroskoop.

hy·dro·sphere hidrosfeer, wateromhulsel.

hy·dro·stat·ic, hy·dro·stat·i·cal *adj.* hidrostaties; ~ *press* waterpers; ~ *pressure* waterstanddruk, hidrostatiese druk. **hy·dro·stat·ics** *n. (fungeer as ekv.)* waterewewigsleer, hidrostatika.

hy·dro·ther·a·py hidroterapie, waterkuur, =geneeskunde, =genesing. **hy·dro·ther·a·peu·tic** *adj.* hidroterapeuties, watergeneeskundig, waterkuur=. **hy·dro·ther·a·peu·tics** *n. (fungeer as ekv.)* waterkuurkunde, hidroterapeutika.

hy·drot·ro·pism *(bot.)* vogkromming, hidrotropie. **hy·dro·trop·ic** vogkrommend, hidrotroop.

hy·drous *(hoofs. chem. en geol.)* waterig, waterhoudend, water=; ~ *salt* sout met kristalwater.

hy·dro·vane duikroer, hoogtestuur *(v. 'n duikboot);* nooddryfvlak *(v. 'n watervliegtuig);* skeerboot, hidrovaan, boot met glyvlakke; →HYDROFOIL.

hy·drox·ide *(chem.)* hidroksied.

hy·e·na, hy·ae·na *(soöl.)* hiëna; *brown* ~ strandjut, strandwolf; *spotted* ~ gevlekte hiëna; *striped* ~ gestreepte hiëna. ~ **dog** →WILD DOG.

hy·e·tal reën=; ~ *region* reënstreek. **hy·et·o·graph** reënkaart; selfregistrerende reënmeter. **hy·e·tog·ra·phy** hiëtografie, reënbeskrywing. **hy·e·tol·o·gy** neerslagsleer, hiëtologie. **hy·e·tom·e·ter** reënmeter.

hy·giene gesondheidsleer; higiëne; *mental* ~ geestes-higiëne, =gesondheid. **hy·gien·ic** *adj.* higiënies, gesondheids=. **hy·gien·ics** *n. (fungeer as ekv.)* gesondheidsleer. **hy·gien·ist** higiënis; *dental* ~ →DENTAL.

hy·gro- *komb.vorm* higro=, vog=.

hy·grol·o·gy higrologie, vogtigheidsleer.

hy·grom·e·ter higrometer, (lug)vogmeter. **hy·gro·met·ric** higrometries, vogbepalend. **hy·grom·e·try** higrometrie, vogbepaling.

hy·gro·pho·bi·a higrofobie, vogskuheid.

hy·gro·phyte *(bot.)* higrofiet, moerasplant, vogliewende plant.

hy·gro·scope higroskoop, (lug)vogwyser.

hy·gro·scop·ic higroskopies, vogtrekkend. **hy·gro·sco·pic·i·ty** voghouvermoë, vogopneemvermoë.

hy·lic hilies, materie=.

hy·lo·phyte bosplant, hilofiet.

hy·lo·zo·ism *(filos.)* hilosoïsme, materialisme. **hy·lo·zo·ic** hilosoïsties, materialisties.

Hy·men *(Gr. en Rom. mit.)* Hymen, huweliksgod. **hy·me·ne·al** *n.* bruilofslied. **hy·me·ne·al** *adj., (poët., liter.)* huweliks=.

hy·men *(anat.)* maagdevlies, himen. **hy·men·al** maagdevlies=, himen=.

hy·me·ni·um =*nia,* =*niums, (bot.)* kiemvlies, himenium. **hy·me·ni·al** van die himenium/kiemvlies; ~ *layer* kiemvlieslaag, vruglaag.

Hy·me·nop·ter·a *(entom.)* Vliesvlerkiges, =vleueliges, Hymenoptera. **hy·me·nop·ter·an** =*tera,* =*terans,* **hy·me·nop·ter·on** =*terons, n.* vliesvlerkige, =vleuelige. **hy·me·nop·ter·an, hy·me·nop·ter·ous** *adj.* vliesvlerkig, =vleuelig.

hymn *n.* gesang, (lof)sang, himne; *closing* ~ slot(ge)sang. **hymn** *ww.* (lof)sing; gesange sing. ~ **book** gesang(e)boek, lieder(e)boek, =bundel.

hym·nal *n.* gesang(e)boek. **hym·nal** *adj.* gesang=.

hym·no·dy himnodie; gesangdigting; sang; gesang(e)bundel.

hym·nog·ra·pher gesangdigter.

hym·nol·o·gy himnologie, gesangkunde; gesang(e)bundel, lieder(e)skat.

hy·oid *n., (anat., soöl.)* tongbeen. **hy·oid, hy·oi·dal, hy·oi·de·an** *adj.* tong=. ~ **bone** →HYOID *n..*

hy·o·scine *(chem.)* hiossien.

hy·pal·la·ge *(ret.)* woordverwisseling, woordomspanning, hipallagee.

hype[1] *n.* voorbrandstories, voorbrandmakery, die skep van verwagtinge, oordrewe reklame; bohaai, ophef, jubel=, lofsange; ophemeling, opvyseling, opblasery. **hype** *ww.:* ~ ... *(up), (infml.)* oordrewe reklame vir ... maak, groot publisiteit aan ... gee; 'n groot bohaai oor ... maak, 'n groot ophef van ... maak, ... ophemel/opvysel, hoog oor ... opgee.

hype[2] *n., (infml.)* spuit(naald), dwelmnaald; inspuiting; dwelmslaaf. **hype** *ww.: be ~d up, (infml.)* eufories/ekstaties (*of* in ekstase/vervoering) wees.

hy·per *adj., (infml.)* geanimeer(d), eufories, ekstaties, opgewonde; oorspanne, oorstuur(s); hiperaktief, ooraktief.

hy·per- *pref.* hiper=, oor=.

hy·per·a·cid·i·ty oorsuurheid, hiperasiditeit, sooibrand. **hy·per·ac·id** *adj.* oorsuur.

hy·per·ac·tive hiperaktief, ooraktief. **hy·per·ac·tiv·i·ty** hiperaktiwiteit.

hy·per·ae·mi·a, *(Am.)* **hy·per·e·mi·a** *(med.)* bloedaandrang, volbloedigheid, hiperemie.

hy·per·aes·the·sia, *(Am.)* **hy·per·es·the·sia** *(med.)* oorgevoeligheid, oorprikkeling, hiperestesie. **hy·per·aes·thet·ic,** *(Am.)* **hy·per·es·thet·ic** oorgevoelig, oorprikkelbaar, hiperesteties.

hy·per·ba·ton *(ret.)* woordomsetting, hiperbaton.

hy·per·bo·la =*las,* =*lae, (geom.)* hiperbool. **hy·per·bol·ic** hiperbolies; ~ *logarithm* natuurlike/Neperse logaritme; ~ *point* saalpunt, hiperboliese punt.

hy·per·bo·le oordrywing, hiperbool, grootspraak. **hy·per·bol·i·cal** oordrewe; hiperbolies.

Hy·per·bo·re·an *n., (Gr. mit.)* Hiperboreër; *(h~)* noorderling. **Hy·per·bo·re·an** *adj.* Hiperborees, Hiperboreïes; *(ook h~)* hiperborees, hiperboreïes, mees noordelike.

hy·per·charge hiperlading.

hy·per·cor·rect hiperkorrek. **hy·per·cor·rec·tion, hy·per·cor·rect·ness** hiperkorrektheid.

hy·per·crit·ic vitter, muggiesifter. **hy·per·crit·i·cal** hiperkrities, vitterig. **hy·per·crit·i·cism** haarklowery, muggiesiftery, hiperkritiek.

hy·per·cube *(geom.)* hiperkubus.

hy·per·gly·cae·mi·a, *(Am.)* **hy·per·gly·ce·mi·a** *(med.)* hiperglisemie, hiperglukemie, bloedsuikerrykheid, oormaat bloedsuiker.

hy·per·in·fla·tion *(ekon.)* hiperinflasie.

hy·per·ki·ne·sis, hy·per·ki·ne·sia *(med.)* hiperkinese, =kinesie.

hy·per·link *(rek.)* hiperskakel.

hy·per·mar·ket hipermark.

hy·per·me·di·a *(rek.)* hipermedia.

hy·per·met·ri·cal *(pros.)* hipermetries.

hy·per·o·pi·a, hy·per·me·tro·pi·a, hy·per·met·ro·py *(med.)* ver=, vêrsiendheid. **hy·per·op·ic, hy·per·me·trop·ic** ver=, vêrsiende.

hy·per·phys·i·cal bonatuurlik, hiperfisies.

hy·per·py·rex·i·a *(patol.)* hoë koors, hoë liggaamstemperatuur.

hy·per·sen·si·tive oorgevoelig. **hy·per·sen·si·tive·ness, hy·per·sen·si·tiv·i·ty** oorgevoeligheid.

hy·per·som·ni·a *(patol.)* vaaksiekte, hipersomnie.

hy·per·son·ic hipersonies.

hy·per·ten·sion *(med.)* oorspanning; hoë bloeddruk, hipertensie. **hy·per·ten·sive** *n.* hipertensiewe persoon. **hy·per·ten·sive** *adj.* hipertensief, met hoë bloeddruk.

hy·per·text *(rek.)* hiperteks. **H~ Markup Language** *(afk.:* HTML*)* Hiperteks-opmaaktaal.

hy·per·ther·mi·a, hy·per·ther·my *(med.)* koorsagtigheid, temperatuurverhoging, hipertermie. **hy·per·ther·mal** hipertermaal.

hy·per·thy·roid·ism *(med.)* hipertireose, hipertiroïdisme, oormatige skildklierwerking.

hy·per·tro·phy *n., (fisiol.)* hipertrofie, (oor)vergroting; ~ *of the prostate* prostaatvergroting. **hy·per·tro·phy** *ww.* hipertrofieer. **hy·per·troph·ic** hipertrofies. **hy·per·tro·phied** gehipertrofieer(d).

hy·per·ven·ti·la·tion *(med.)* hiperventilasie.

hy·pha =*phae, (bot.)* skimmeldraad, swamdraad, hife.

hy·phen *n.* koppel(teken), verbindingsteken, verbindingstreep, afbrekingsteken. **hy·phen, hy·phen·ate** *ww.* koppel, met 'n koppel(teken) verbind. **hy·phen·at·ed** koppelteken= *(woord ens.);* dubbele *(naam); (Am., infml.)* van buite(ns)landse afkoms. **hy·phen·a·tion** woordafbreking, =skeiding.

hy·pid·i·o·mor·phic *(geol.)* hipidiomorf(ies), halfeievormig.

hyp·no-, hypn- *komb.vorm* hipno=, slaap=.

hyp·no·gen·e·sis *(psig.)* slaapverwekking, hipnogenese. **hyp·no·ge·net·ic** slaap(ver)wekkend.

hyp·no·sis =*noses* hipnose.

hyp·no·ther·a·py slaapterapie, hipnoterapie. **hyp·no·ther·a·pist** hipnoterapeut.

hyp·not·ic *n.* slaapmiddel, =drank; bedwelmende middel, verdowingsmiddel; gehipnotiseerde. **hyp·not·ic** *adj.* hipnoties, slaap(ver)wekkend.

hyp·no·tise, -tize hipnotiseer.

hyp·no·tism hipnotisme. **hyp·no·tist** hipnotiseur.

hy·po[1] *n., (fot.)* natriumtiosulfaat, antichloor.

hy·po[2] =*pos, n., (infml.: afk. v.* hypodermic syringe*)* spuit(naald); inspuiting. →HYPODERMIC *n..*

hy·po-, hyp- *pref.* hipo=.

hy·po·a·cid·i·ty *(med.)* hipoasiditeit, suurtekort.

hy·po·al·ler·gen·ic *adj.* hipoallergeen *(babakos, grimering, ens.).*

hy·po·centre, *(Am.)* **hy·po·cen·ter** *(ook* ground zero*)* hiposentrum *(v. 'n kernbomontploffing); (geol.)* hiposentrum, aardbewingshaard.

hy·po·chlo·rite *(chem.)* hipochloriet; ~ *bleach* chloorbleik.

hy·po·chon·dri·a ipekonders, hipokonders, hipochondrie, verbeeldings. **hy·po·chon·dri·ac** *n.* iemand wat vol ipekonders is (*of* aan ipekonders ly), ipekondriese/ipekonderse persoon, hipochondris, hipochonder. **hy·po·chon·dri·ac, hy·po·chon·dri·a·cal** *adj.* ipekondries, ipekonders, hipochondries, hipokonders.

hy·poc·o·rism troetelnaam. **hy·po·co·ris·tic:** ~ *name* troetelnaam.

hy·po·cot·yl *n., (bot.)* hipokotiel. **hy·po·cot·y·lous** *adj.* hipokotiel.

hy·poc·ri·sy skynheiligheid, geveinsdheid, huigelary, gehuigel, veinsery.

hyp·o·crite skynheilige, huigelaar, veinsaard, hipokriet, *(infml.)* tweegatjakkals, fariseër. **hyp·o·crit·i·cal** skynheilig, huigelagtig, geveins, hipokrities, farisees.

hy·po·der·mis, hy·po·derm *(biol.)* onderhuid, hipodermis. **hy·po·der·mal** onderhuids, hipodermaal, subkutaan. **hy·po·der·mic** *adj., (med.)* hipodermies, onderhuids; ~ ***injection*** onderhuidse inspuiting; ~ ***needle*** spuitnaald, injeksienaald; ~ ***syringe*** injeksiespuit(jie). **hy·po·der·mic** *n.* (onderhuidse) inspuiting; injeksiespuit.

hy·po·ge·al, hy·po·ge·ous, hy·po·ge·an *(ook bot.)* ondergronds, onderaards.

hy·po·gene, hy·po·gen·ic *(geol.)* hipogeen.

hy·po·ge·um =*gea* ondergrondse ruimte; grafkelder.

hy·po·glos·sal nerve *(anat.)* ondertongsenu(wee).

hy·po·gly·cae·mi·a, *(Am.)* **hy·po·gly·ce·mi·a** *(med.)* hipoglukemie, bloedsuikertekort.

hy·pog·y·nous *(bot.)* hipogien. **hy·pog·y·ny** hipoginie, onderstandigheid.

hy·poid gear *(masj.)* hipoïede rat.

hy·po·ma·ni·a *(psig.)* hipomanie. **hy·po·man·ic** hipomanies.

hy·po·nym *n.* hiponiem.

hy·po·phar·ynx *(anat., entom.)* hipofarinks.

hy·po·phos·phate *(chem.)* hipofosfaat.

hy·po·phos·phite *(chem.)* hipofosfiet.

hy·poph·y·sis =*yses, (anat.)* →PITUITARY (BODY/GLAND); *(bot.)* sluitsel, hipofise.

hy·pos·ta·sis =*tases, (filos.)* grondslag; veronderstelde wese/substansie; *(Chr. teol.)* persoon, persoon=

likheid *(v.d. Drie-eenheid); (med.)* volbloedigheid, hipostase, bloedoorvulling. **hy·po·stat·ic** hipostaties.

hyp·o·style *n., (argit.)* suilesaal, hipostyl. **hyp·o·style** *adj.* hipostiel; ~ *hall* suilesaal, hipostyl.

hy·po·ten·sion *(med.)* lae (bloed)druk, hipotensie. **hy·po·ten·sive** hipotensief.

hy·pot·e·nuse *(geom.)* hipotenusa, skuins sy.

hy·po·thal·a·mus *(anat.)* hipotalamus.

hy·poth·ec *(jur. [Rom., Sk.])* hipoteek, verband. **hy·poth·e·car·y** hipotekêr, hipoteek=, verband=. **hy·poth·e·cate** verpand, (ver)hipotekeer, (met 'n verband) beswaar. **hy·poth·e·ca·tion** verpanding, hipotekering, verbandgewing, beswaring (met 'n verband); *deed of* ~ verbandakte, hipoteekakte. **hy·poth·e·ca·tor** verbandgewer.

hy·po·ther·mal *(geol.)* hipotermaal; (ver)koelend.

hy·po·ther·mi·a, hy·po·ther·my *(patol.)* hipotermie, ondernormale liggaamstemperatuur; *(med.)* diepvriesbehandeling.

hy·poth·e·sis =*eses* hipotese; (ver)onderstelling; stelling. **hy·poth·e·sise,** =**size** 'n hipotese opstel, hipoteseer; veronderstel. **hy·po·thet·ic, hy·po·thet·i·cal** hipoteties; (ver)onderstellend; (ver)ondersteld; denkbeeldig.

hy·po·thy·roid·ism *(med.)* hipotireose, hipotiroïdisme, skildkliertekort.

hy·po·ton·ic *(fisiol.)* hipotonies, pap *(spiere); (biol.)* hipotonies *(oplossing).*

hy·pox·i·a *(med.)* hipoksie, suurstoftekort.

hyp·so=, hyps= *komb.vorm* hipso=, hoogte=.

hyp·som·e·ter hoogtemeter, hipsometer. **hyp·so·met·ric, hyp·so·met·ri·cal** hipsometries. **hyp·som·e·try** hoogtemeting, hipsometrie.

hyp·so·phyll, hyp·so·phyl·lum *(bot.)* skutblaar, windselblaar.

hy·rax *(soöl.)* das(sie); →DASSIE. **hy·ra·ce·um** klipsweet, dassiepis.

hy·son groen Chinese/Sjinese tee.

hy spy *(vero.)* →I SPY.

hys·sop *(bot.)* hisop.

hys·ter·ec·to·my *(med.)* histerektomie, baarmoederverwydering.

hys·ter·e·sis =*eses, (fis.)* histerese.

hys·te·ri·a histerie.

hys·ter·ic *n.* histerikus, histerielyer; *(i.d. mv. [fungerend as ekv. of mv.])* senu(wee)aanval, histeriese aanval, senutoeval; *be in ~s, (infml.)* onbedaarlik lag; *go into ~s* histeries raak/word; *(infml.)* onbedaarlik aan die lag gaan/raak. **hys·ter·ic, hys·ter·i·cal** *adj.* histeries; *become* ~ histeries raak/word. **hys·ter·i·cal·ly** *adv.* histeries *(huil, lag, skree[u], ens.); ~ funny* skree(u)snaaks.

hys·ter·on prot·er·on *(ret.)* histeron proteron, omkering van die natuurlike volgorde.

hys·ter·ot·o·my *(med.)* histerotomie, baarmoedersnee.

Ii

i, I *i's, I's, Is, (negende letter v.d. alfabet)* i, I; Romeinse syfer een; ***dot** the/one's i's and cross the/one's t's, (infml.)* die puntjies op die i's sit, puntene(u)rig wees; ***little** i* i'tjie; ***small** i* klein i.

I *pron.* ek; *my **husband/wife** and* ~ my man/vrou en ek; ~ ***myself*** ek self, ekself; ~ *for **one*** →ONE *n., pron. & adj.*; ~ ***spy**, (kinderspel)* (blik)aspaai, wegkruipertjie; ***the*** ~ die ek/ego; ***you** and* ~ ek en jy, u en ek; *if* ~ *were **you*** as ek jy (*of* in jou plek) was, in jou plek.

i·amb *-ambs,* **i·am·bus** *-ambuses, -ambi, (pros.)* jambe. **i·am·bic** *n.* jambe; jambiese vers. **i·am·bic** *adj.* jambies.

i·at·ric, i·at·ri·cal *(w.g.)* geneeskundig; genesend, geneeskragtig.

i·at·ro·chem·is·try *(hist., filos.)* iatrochemie.

i·at·ro·gen·ic *(med.: deur mediese ingryping veroorsaak)* iatrogeen, iatrogenies.

I·be·ri·a *(geog., hist.)* Iberië. **I·be·ri·an** *n., (inwoner)* Iberiër; *(taal)* Iberies. **I·be·ri·an** *adj.* Iberies; *the* ~ *Peninsula* die Iberiese Skiereiland.

i·bex *-bex(es), -bices* Europese steenbok, ibeks.

i·bi·dem *(afk.* ibid. *of* ib.*)* aldaar, ibidem.

i·bis *-bis(es), (orn.)* ibis; ***bald*** ~ kalkoenibis, wildekalkoen; ***glossy*** ~ glansibis; ***hadeda*** *(~)* hadeda; ***sacred*** ~ skoorsteenveër; ***wood*** ~ →YELLOWBILLED STORK.

I·bi·zan hound ibizajaghond.

i·bu·pro·fen *(med.: anti-inflammatoriese middel)* ibuprofen.

ice *n.* ys; *(hoofs. Br.)* roomys, ysdessert; *(sl.: diamant[e])* blink klippie(s); *(dwelmsl.: met[iel]amfetamien)* ys; ***break** the* ~, *(lett. & fig.)* die ys breek; 'n begin maak; ***it cuts** no* ~, *(infml.)* dit sny geen hout (*of* maak geen hond haaraf *of* maak geen indruk *of* het geen invloed) nie; ***eat*** ~*s, (hoofs. Br.)* roomys eet; ***keep/put** s.t. on* ~, *(fig.)* iets in die yskas sit (*of* uitstel *of* tydelik agterweë hou); ***be like*** ~ yskoud wees; ***put** s.o. on* ~, *(Am., sl.: iem. doodmaak)* iem. na die ander wêreld help (*of* bokveld toe stuur *of* van kant maak); ***sludge*** ~ ysmodder; *be skating/treading on **thin*** ~ jou op gladde ys (*of* gevaarlike grond/terrein) begeef/begewe/waag; ***turn** to* ~ verys. **ice** *ww.* ys vorm, met ys bedek word; verys, (be)vries; (in ys) afkoel; versier *('n koek)*; *(Am., infml.)* beklink *('n ooreenkoms, oorwinning, ens.)*; *(Am., sl.: doodmaak)* na die ander wêreld help, uit die weg ruim, bokveld toe stuur; →ICED, ICING, ICY; ~ *over/up* verys, toeys. ~ **accretion** ysvorming. ~ **age** ystyd. ~ **axe** ysbyl, -pik. ~ **bag** yssak. ~ **bank** ysbank. ~ **barrier** ysmuur. ~**berg** ysberg; *(hoofs Am., sl.: kil/afsydige mens)* koue vis; yskoningin, -prinses, -vrou; *it is just/only the tip of the* ~ dit is net die oortjies van die seekoei (*of* die puntjie van die ysberg). ~**berg lettuce** ysbergslaai. ~**blink** ysblink. ~**-blue** ysblou *(oë ens.)*. ~**boat** ysboot; ysbreker. ~**bound** vasgevries(de), vasgeys(de); ingevries, deur ys ingesluit. ~**box** koelhouer, -tas, -boks; *(Br.)* vriesvak *(in 'n ys-/koelkas)*; *(Am.)* ys-, koelkas. ~**breaker** *(sk. of fig.)* ysbreker. ~ **bucket** ysemmer(tjie). ~**cap** yskap, ysdek. ~ **cave** ysgrot, gletsergrot. ~ **chest** yskis. ~**-cold** yskoud. ~ **compress** yskompres. ~ **cornet** roomyshoring. ~ **cream** roomys. ~**-cream cone/cornet** roomyshoring, -horinkie. ~**-cream parlour** roomyswinkel, -kroeg, -plek. ~**-cream soda** koeldrank met roomys. ~**-cream wafer** yswafel. ~ **cube** ysblokkie. ~ **dance,** ~ **dancing** ysskaatsdans. ~ **drift** ysgang, -drif. ~ **factory** ysfabriek. ~**fall** ysval. ~ **field** ysveld. ~ **float,** ~ **floe** ysskots, -blok, -bank. ~ **flower** ysblom. ~ **fog** ys(naald)mis. ~ **foot** ysgordel. ~ **formation** ysvorming, -afsetting. ~**-free** ysvry. ~ **hockey** yshokkie. ~ **house** yskelder. ~ **isle** yseiland, drywende ysveld. ~ **jam** yswal. ~ **lolly** *-lies,* ~ **sucker** suigys(ie), ysstokkie. ~ **machine** ysmasjien. ~**man** *-men, (Am.)* roomysverkoper; *(infml.: meedoënlose sportman)* ysman; *(infml., argeol.: bevrore mens)* ysman, -mens; *(sl.)* huurmoordenaar. ~ **needle** *(met.)* ysnaald; →ICICLE. ~ **pack** pakys; ysmassa; *(med.)* yssak. ~ **pail** koelemmer. ~ **pick** yspik. ~ **plant** *(Mesembryanthemum crystallinum)* brak-, soutslaai, slaaibos. ~ **plateau** ysdek, -plato. ~ **plough** ysploeg. ~ **point** vriespunt. ~ **rat** ysrot. ~ **rink** ysskaatsbaan. ~ **run** sleebaan. ~ **sheet** ysplaat, -dek, -laag; ysvlakte, -veld. ~ **shelf** ysbank. ~ **shove** ysgang. ~ **show** ys(skaats)vertoning. ~ **skate** *n.* ysskaats. ~**-skate** *ww.* ysskaats. ~**-skater** ysskaatser. ~**-skating** *n.* ysskaats. ~ **spicule** ysnaaldjie, -keëltjie, -kegeltjie. ~ **sucker** →ICE LOLLY. ~ **tray** ysbakkie. ~ **wafer** yswafel. ~ **water** yswater; smeltwater. ~**wool** glansbreiwol. ~**work** ysbeeldhouwerk; ysglaswerk; *(geol.)* yswerking *(v. 'n gletser)*. ~**works** ysfabriek. ~ **yacht** ysboot.

iced: ~ ***cake*** versierde koek; ~ ***coffee*** verkilde koffie; ~ ***fruit cup*** vrugtekelkie met ys; ~ ***lolly*** suigys(ie); ~ ***melon*** verkilde spanspek; ~ ***tea*** verkilde tee; ~ ***water*** yswater.

Ice·land *(geog.)* Ysland. ~ **poppy** Yslandse papawer. ~ **spar** *(min.)* dubbelspaat, yslandspaat.

Ice·land·er Yslander.

Ice·land·ic *n., (taal)* Yslands. **Ice·land·ic** *adj.* Yslands.

Ich·a·bod *(OT)* Ikabod.

ich·neu·mon groot grysmuishond, igneumon; →MONGOOSE. ~ **fly,** ~ **wasp** sluipwesp.

ich·nite, ich·no·lite fossiele voetspoor. **ich·nol·o·gy** ignologie, studie van (fossiele) voetspore.

ich·nog·ra·phy (platte)grondtekening.

i·chor *(patol., arg.)* bloedvog, bloedwater, waterige wonduitvloeisel; dun etter; *(Gr. mit.)* godebloed.

ich·thy·o- *komb.vorm* igtio-, vis-.

ich·thy·oid visagtig.

ich·thy·ol visolie, igtiol.

ich·thy·o·lite visfossiel, igtioliet, vissteen.

ich·thy·ol·o·gy viskunde, igtiologie. **ich·thy·o·log·ic, ich·thy·o·log·i·cal** viskundig, igtiologies. **ich·thy·ol·o·gist** viskenner, viskundige, igtioloog.

ich·thy·oph·a·gy (die) eet/vreet van vis, visetery, -vretery, igtiofagie. **ich·thy·oph·a·gist** viseter, -vreter, igtiofaag. **ich·thy·oph·a·gous** visetend, -vretend, igtiofaag.

ich·thy·or·nis *(paleont.)* ichthyornis, visvoël.

ich·thy·o·saur *-saurs,* **ich·thy·o·saur·us** *-sauruses, -sauri, (paleont.)* igtiosourus, igtiosouriër.

ich·thy·o·sis *-oses, (med.)* skubsiekte, visvelsiekte, visvelligheid, igtiose.

i·ci·cle yskeël, -kegel.

ic·i·ly, ic·i·ness →ICY.

ic·ing ysvorming, ysafsetting; verysing, bevriesing; (koek)versiering; (koek)versiersel; *the* ~ *on the cake, (fig.)* die kersie op die koek. ~ **nail,** ~ **needle** versierpen. ~ **(sugar)** versiersuiker. ~ **syringe** versierspuit. ~ **tube** versierbuis.

ick·y *-ier -iest, (infml.)* taai, klewerig; soetsappig, stroperig, (oordrewe) sentimenteel; vieslik.

i·con *-cons,* **i·kon** *-kons, (ook rek.)* iko(o)n. **i·con·ic** ikonies.

i·con·o·clast *(hist., ook neerh., fig.)* beeldestormer, ikonoklas. **i·con·o·clasm** beeldstormery, ikonoklasme. **i·con·o·clas·tic** beeldstormend, ikonoklasties.

i·co·nog·ra·phy beeldebeskrywing, ikonografie. **i·con·o·graph·ic, i·con·o·graph·i·cal** ikonografies.

i·co·nol·a·try *(hoofs. neerh.)* beeldediens. **i·co·nol·a·ter** beeldedienaar.

i·co·nom·a·chy beeldstormery.

i·co·no·stas, i·co·nos·ta·sis *-tases, (relig.)* beeldewand, ikonostase.

i·co·sa·he·dron *-hedrons, -hedra* twintigvlak, ikosaëder, ikosa-eder. **i·co·sa·he·dral** twintigvlakkig, ikosaëdries, ikosa-edries.

ic·ter·us *(patol.)* geelsug, ikterus; →JAUNDICE. **ic·ter·ic** *n.* geelsuglyer. **ic·ter·ic** *adj.* geelsugtig, ikteries.

ic·tus *-tus(es), (med.)* aanval, toeval; *(pros.)* klem(toon), (ritmiese) aksent, iktus; ~ *(apoplecticus), (med.)* beroerte.

i·cy ysig, ysagtig; soos ys, yskoud; ys-; ~ *nerve(s)* senuwees van staal; ~ *stare* kille blik. **ic·i·ly** yskoud, ysig; *(fig.)* kil, koel *(aankyk, antwoord, groet, ontvang)*; ~ *cold* yskoud, snerpend/ysig koud; *the wind blew* ~ 'n snerpende/ysige wind het gewaai. **ic·i·ness** ysigheid, kilheid; ysige/snerpende koue.

ID *(afk. v.* identification *of* identity*)*: *do you have* (or *have you got*) *any* ~? het jy jou (*of* het u u) identiteitsboekie/-kaart/persoonskaart?, kan jy jou (*of* kan u u) identiteit bewys?. ~ **card** →IDENTITY CARD.

Id *n.* →EID.

id *(psig.)* id.

I'd *(sametr.)* = I WOULD; I HAD.

I·da·ho *(geog.)* Idaho.

ide *(igt.)* →ORFE.

i·de·a idee, denkbeeld; gedagte; dunk; opvatting; mening; begrip; inval; *that's not a **bad*** ~ dis nie 'n slegte plan nie; *have **big*** ~*s* grootse planne hê; *have a **bright*** ~ 'n blink gedagte/plan (*of* 'n ingewing *of* 'n goeie inval) kry; ***develop** an* ~ →DEVELOP; ***exchange** of* ~*s* gedagtewisseling; *have a **faint*** ~ *of s.t.* 'n vae/flou begrip/denkbeeld/idee van iets hê; *not have the **faintest/foggiest/vaguest*** ~ nie die flouste/geringste/minste/vaagste begrip/benul/idee hê nie; ***fixed*** ~ obsessie, idée fixe; ***form** an* ~ *of s.t.* jou iets voorstel, jou 'n voorstelling van iets maak, 'n beeld van iets vorm; ***fresh*** ~*s* nuwe gedagtes; *be **full** of* ~*s* honderd planne hê; ***get** the* ~ *that ...* die gedagte kry dat ...; *don't **get*** ~*s ..., (infml.)* moenie dink ... nie; *s.o. is **getting** the* ~ iem. begin iets verstaan; *it **gives** you an/some* ~ *of it* dit gee jou enigsins 'n begrip daarvan; *what **gives** s.o. that* ~? wat bring iem. op daardie gedagte/idee?, wat bring iem. daarop?; ~ *of **God*** Godsbegrip, -idee; ***have** an* ~ 'n plan hê; ***have** an* ~ *that ...* vermoed dat ...; *put* ~*s into s.o.'s **head*** iem. op allerlei gedagtes/idees bring; *have a **high*** ~ *of ...* 'n hoë dunk/opinie van ... hê; ***hit** (up)on an* ~ op 'n gedagte/idee kom, 'n ingewing kry; ***it is an*** ~, *(infml.)* dit is 'n idee, daar sit iets in, dit kan goed/waar wees; *an* ~*s **man/woman/person**, (infml.)* 'n man/vrou/mens met idees; ***have no*** ~, *(infml.)* niks daarvan weet nie; *have **no*** ~ *of s.t., (infml.)* geen benul van iets hê nie; *it is not s.o.'s* ~ ***of** a ..., (infml.)* dit is nie wat iem. 'n ... noem nie; *a man/woman **of*** ~*s* 'n man/vrou met idees; ~*s **on** ...* gedagtes oor ...; opvattings omtrent ...; ***sell** an* ~ 'n idee/denkbeeld laat inslaan; *a **set*** ~ 'n vooropgesette mening (*of* idée fixe); *an* ~ ***strikes** s.o.* 'n gedagte tref iem.; 'n gedagte skiet iem. te binne; ***that's** an* ~! dis nogal 'n plan!; ***that's** the* ~ dis die bedoeling/plan; ***that's** the* ~! ditsem!, dis net hy!; ***the** I*~, *(filos.)* die Absolute; ***the*** ~ *is to ...* die plan is om te ...; ***the*** ~!, ***what** an* ~!, *(infml.)* wat 'n idee!; ***theory** of* ~*s* ideëleer; ***toy** with* *the ~ to do* (or *of doing*) *s.t.* daaraan dink om iets te doen; *have a* ***vague*** *~ of doing s.t.* so half 'n plan hê (*of* half en half van plan wees) om iets te doen; *the* ***very*** *~!, (infml.)* die blote gedagte/idee!; ***what's*** *the (big) ~?, (infml.)* wat bedoel jy?; wat wil jy maak?; ***with*** *the ~ of ...* met die gedagte/idee om te ...; *the* ***young*** *~, (w.g., vero.)* die kindergemoed, -gees, -siel; die jeug(dige gees). **i·dea'd, i·deaed** *(w.g., vero.)* ryk aan idees, met idees. **i·de·ate, i·de·ate** *(hoofs. psig.)* verbeeld, bedink, uitdink, idees vorm, jou voorstel, 'n voorstelling maak van. **i·de·a·tion** ideevorming. **i·de·a·tion·al** voorstellend, begripvormend.

i·de·al *n.* ideaal; *have high ~s* hoë ideale hê/koester; *realise an ~* 'n ideaal verwesen(t)lik. **i·de·al** *adj.* ideaal, volmaak; ideëel, denkbeeldig; *~* ***gas,*** *(chem.)* ideale gas; *~* ***husband*** modeleggenoot, ideale eggenoot/man; *~* ***wife*** modeleggenote, ideale eggenote/vrou. **i·de·al·i·sa·tion, -za·tion** idealisering; verheerliking. **i·de·al·ise, -ize** idealiseer. **i·de·al·ism** idealisme. **i·de·al·ist** idealis. **i·de·al·is·tic** idealisties. **i·de·al·i·ty** *(fml.)* idealiteit; fantasie. **i·de·al·ly** ideaal gesien.

i·dée fixe *idées fixes, (Fr.)* idée fixe, obsessie.

i·dem *(Lat.)* idem, ditto, dieselfde.

i·den·ti·cal dieselfde, einste; eenders, identiek, identies, gelyk(luidend), eensluidend; *~ points* ooreenkomstige punte *(v. oë)*; *~ twins* eenderse/identiese tweeling; *be ~ with ...* dieselfde as (*of* identies/identiek met) ... wees.

i·den·ti·fi·ca·tion herkenning, eiening; uitkenning *(by 'n parade)*; identifikasie, identifisering; *(hoofs. psig.)* vereenselwiging; gelykstelling; beskrywing; *mark of ~* herkenningsteken; *point of ~* kenpunt. **~ disc, ~ tag** kenplaatjie, kenskyf, herkenningsplaatjie, identiteitsplaatjie. **~ mark** herkenningsteken. **~ papers** identifikasiebewys, persoonsbewys. **~ parade** herkennings-, uitkenningsparade. **~ plate** nommerplaat.

i·den·ti·fy herken, eien; aanwys, uitken *(by 'n parade)*; identifiseer; as gelyk/dieselfde beskou, gelykstel; bepaal, vasstel, determineer *(soort)*; →IDENTIFICATION, IDENTITY; *~ o.s.* jou identifiseer; *~ o.s. with ...* jou met ... vereenselwig. **i·den·ti·fi·a·ble** herkenbaar; uitkenbaar, aantoonbaar. **i·den·ti·fi·er** *(rek.)* identifikasie.

i·den·ti·kit *(handelsnaam)* identikit. **~ photograph** identikitfoto.

i·den·ti·ty identiteit, gelykheid; eienheid, persoonlikheid; *(a case of)* ***mistaken*** *~* →MISTAKEN; *a* ***proof*** *of s.o.'s ~* 'n bewys van iem. se identiteit; *s.o. can* ***prove*** *his/her ~* iem. kan sy/haar identiteit bewys; ***sense*** *of ~* selfbewussyn. **~ card** persoonskaart, identiteitsbewys. **~ crisis** *(psig.)* identiteitskrisis. **~ disc** kenplaatjie, herkenningsplaatjie, identiteitsplaatjie. **~ document** identiteitsdokument; →ID. **~ matrix** *(wisk.)* eenheids-, identiteitsmatriks. **~ papers** identiteits-, persoonsbewys. **~ parade** uitkenningsparade.

id·e·o·gram, id·e·o·graph ideogram, begripteken. **id·e·o·graph·ic** ideografies. **id·e·og·ra·phy** ideografie, begrip(teken)skrif.

i·de·ol·o·gy ideologie; lewensbeskouing; *(arg.)* ideëleer, begripsleer. **i·de·o·log·i·cal** ideologies. **i·de·ol·o·gist, i·de·o·logue** ideoloog.

i·de·o·mo·tor *(neurol.)* ideomotories.

ides *n. (fungeer as ekv.)* idus, ide *(i.d. Rom. kalender)*; *the ~s of March, (15 Maart)* die ides van Maart; *(fig.)* onheilsdag, noodlottige dag, noodlotsdag.

id·i·o- *komb.vorm* idio-.

id·i·o·cy *(infml.)* onnoselheid, dwaasheid, stommiteit, onbesonnenheid; *(med., vero.)* idiootheid, idiosie, idiotisme.

id·i·o·lect *(ling.)* idiolek.

id·i·om idioom; segswyse, uitdrukking; spreekwyse, spraakgebruik, taaleienaardigheid; taaleie; tongval, dialek. **id·i·o·mat·ic** *adj.* idiomaties; *~ peculiarity* taaleienaardigheid. **id·i·o·mat·i·cal·ly** *adv.* idiomaties.

id·i·o·mor·phic *(krist.)* eievormig, idiomorf.

id·i·op·a·thy *(med.)* idiopatie, oorspronklike siekte. **id·i·o·path·ic** idiopaties.

id·i·o·syn·cra·sy eienaardigheid, hebbelikheid, idiosinkrasie. **id·i·o·syn·crat·ic** idiosinkraties.

id·i·ot *(infml.)* dwaas, stommerik; *(med., vero.)* idioot, swaksinnige; *a* ***blithering*** *~, (infml.)* 'n vervlakste gek; 'n volslae stommerik; *a* ***congenital*** *~, (med., vero.)* swaksinning gebore (*of* van die geboorte af); *be an ~ to* ***do*** *s.t.* dwaas wees om iets te doen. **~ board, ~ card** *(TV, infml.)* wenkkaart. **~ box** *(sl.: televisie)* (kyk)kassie. **~ card** →IDIOT BOARD. **~ light** *(Am., infml.)* kliklig(gie), waarsku(wings)lig(gie) *(in 'n motor ens.)*. **~-proof** *(infml.)* →FOOLPROOF. **~ savant** *idiot(s) savants, (psig.)* idioot-savant.

id·i·ot·ic *(infml.)* onnosel, onsinnig, dwaas, onbesonne, idioties; *don't be ~!* moenie 'n idioot wees nie!.

id·i·ot·ism →IDIOCY.

i·dle *adj.* ledig, niksdoende; werkeloos, dadeloos, daadloos; stil(staande); ongebruik; ongegrond; beuselagtig; vrugteloos, vergeefs; ydel, nutteloos, sinloos; niksseggend; ***be*** *~* niks te doen hê nie; nie werk hê nie; leeglê; *be* ***bone*** *~* aartslui wees; *keep* ***land*** *~* grond braak laat (lê); ***make*** *~, (sk.)* stillê; *~* ***promises*** leë beloftes; *~* ***rumour*** los gerug; ***run*** *~, (masjien)* vryloop; *~* ***talk*** bogpraatjies. **i·dle** *ww.* leegloop, ledig sit, luier; *(mot.)* luier, vryloop; *~* ***about/around*** ronddrentel, -slenter, -hang, -lê; *~* ***away*** *one's time* rondsit, sit en niksdoen, vir kwaadgeld rondloop; *don't ~ the* ***engine*** moenie die masjien laat vryloop nie. **~ pulley** leikatrol. **~ wheel** *(mot.)* tussenrat; leiwiel, leirol(ler) *(v. 'n ruspe[r]band)*.

i·dle·ness ledigheid, luiheid; ydelheid, vrugteloosheid; stilstand; *~ is the parent of vice* ledigheid is die duiwel se oorkussing.

i·dler leegloper, leeglêer, niksdoener; *(mot.)* tussenrat; leikatrol; leiwiel, leirol(ler) *(v. 'n ruspe[r]band)*. **~ lever** vry hefboom. **~ pulley** leikatrol. **~ shaft** tussenas.

i·dly ledig, sonder om iets te doen, sonder om die hande uit te steek; onbewus, sonder bedoeling, sommer.

i·do·crase →VESUVIAN(ITE).

i·dol afgod, afgodsbeeld, idool; *(infml.)* held *(film-, sport-, tiener-, ens.)*; *(filos., hist.)* waanvoorstelling, -begrip. **~ worship** afgodery, afgodediens.

i·dol·a·try afgods-, afgodediens, idolatrie; aanbidding, verering, verafgoding. **i·dol·a·ter** afgods-, afgodedienaar; aanbidder, vereerder. **i·dol·a·trous** afgodies, idolaat.

i·dol·ise, -ize verafgo(o)d, aanbid, vereer, 'n afgod maak van; afgodery pleeg; dweep met; *~ a person* 'n afgod maak van iem.. **i·dol·i·sa·tion, -za·tion** verafgoding.

i·do·lum *idola, (Lat.)* idee, voorstelling; *(log.)* waanvoorstelling, dwaalbegrip.

id·yl(l) *(pros. ens.)* idille. **i·dyl·lic** idillies, onskuldigbekoorlik.

-ie *suff.* →-Y[2].

if *n.* as; *if ~s and* ***ands*** *were pots and pans* as is verbrande hout; *it/that is (still) a* ***big*** *~* dit is (nog) die groot vraag; *~s and* ***buts*** mare, 'n gemaar, 'n maardery. **if** *voegw.* as, indien, ingeval; of; hoewel; *~* ***any*** as daar is; *comment, ~* ***any,*** *I leave to you* enige kommentaar laat ek aan jou/u oor; *few ~* ***any*** weinig of geen; *it is, ~* ***anything,*** *better* dit is ewe goed of beter; *little ~* ***anything*** weinig of niks; ***as*** *~ ...* (as)of ...; *it isn't* ***as*** *~ s.o. ...* iem. het nie regtig ... nie; *it is just* ***as*** *~ ...* dit is kompleet/net/publiek (as)of ...; *~ s.o.* ***can*** *do it* as iem. dit kan doen; *see ~/whether you* ***can*** *...* kyk of jy kan ...; *s.o. is fifty ~ a* ***day*** iem. is geen dag jonger as vyftig nie; *~* ***desired*** indien verkies; ***even*** *~ it is ...* →EVEN *adv.*; *~ I* ***haven't*** *lost my watch!* nou het ek wraggies my horlosie/oorlosie gaan staan en verloor!; *~* ***not*** indien/so nie; miskien selfs; *one of the best ~* ***not*** *the best* een van die beste of (selfs) die heel beste; *just as good ~* ***not*** *better* ewe goed of selfs beter; *an important, ~* ***not*** *the most important part* 'n belangrike of selfs die belangrikste deel; *a provincial, ~* ***not*** *a national record* 'n provinsiale of selfs 'n nasionale rekord; *~* ***nothing else*** al sou dit al wees; *~* ***only*** *s.o. ...* as iem. maar net ... *(laat weet het ens.)*; *~ and* ***only*** *...* indien en slegs indien ...; *~* ***required*** indien benodig/gewens; *~ you* ***see*** *...* as jy ... sien; *it is moving, ~* ***slowly*** dit beweeg, hoewel stadig; *~* ***so*** *...* indien wel ..., so ja ...; *ten, ~* ***that*** tien of nog minder; *~ I* ***were*** *you* (or *in your place/shoes*) as ek jy (*of* in jou plek) was, as ek in jou skoene gestaan het; *~ and* ***when*** ... as en wanneer ...

i·fa·fa lily ifafalelie.

if·fy, if·fish *adj., (infml.)* twyfelagtig, onseker, dubieus.

ig·loo *-loos,* **ig·lu** *-lus* sneeuhut, igloe.

ig·ne·ous *(geol.)* vuur-; vulkanies, eruptief; vlamkleurig; *~ complex* stollingskompleks; *~ rock* stolrots, stollingsgesteente.

ig·nis fat·u·us *ignes fatui* dwaallig; →WILL-O'-THE-WISP.

ig·nit·a·ble, ig·nit·i·ble (ont)vlambaar, brandbaar.

ig·nite aansteek, aan die brand steek; laat ontbrand; ontsteek; ontvlam, vuur vat, aan die brand raak/slaan, ontbrand; ontvonk.

ig·nit·er aansteker; lont. **~ cord** aansteekkoord.

ig·ni·tion aansteking; ontbranding, ontvlamming; ontvonking, ontsteking *(v. 'n enjin)*; *point of ~* →IGNITION POINT; *spontaneous ~* selfontsteking. **~ advance** vonkvervroeging. **~ chamber** ontstekingskamer. **~ circuit** ontstekingsbaan, -kring. **~ coil** ontstekingsklos, ontstekingspoel, vonkspoel. **~ current** ontstekingstroom. **~ distributor** vonkverdeler. **~ key** kontaksleutel, aansitsleutel. **~ lock** aansit-, ontstekingslot. **~ period** ontstekingstyd. **~ point** vlampunt, ontvlam(mings)punt, -temperatuur; ontstekingspunt. **~ switch** vonkskakelaar. **~ system** vonkstelsel, ontsteking. **~ temperature** vlampunt, ontstekingstemperatuur. **~ timing** vonkreëling. **~ valve** ontstekingsklep. **~ wire** vonkdraad, ontstekingsdraad.

ig·no·ble onedel, laag, skandelik, gemeen, veragtelik. **ig·no·bly** op onedele/lae/gemene manier/wyse, skandelik.

ig·no·min·y smaad, skande, skandvlek. **ig·no·min·i·ous** skandelik, smadelik, oneervol, onterend; *~ retreat* skandelike terugtog.

ig·no·ra·mus *-muses* onkundige, onwetende, ignorant.

ig·no·rance onkunde; onwetendheid; ongeletterdheid; *~ compounded by* ***arrogance*** onkunde vererger deur hoogmoed; *~ is* ***bliss*** dis soms beter om nie te weet wat jy nie weet nie; wat die oog nie sien nie, deer die hart (*of* treur die hart nie oor *of* kwel die hart hom nie oor) nie; *s.o.'s* ***blissful*** *~ of s.t.* iem. se salige onbewustheid van iets; ***dense*** *~* growwe onkunde; ***from*** *~* uit onkunde; ***keep*** *s.o. in ~ of s.t.* iem. omtrent iets onkundig laat (*of* onwetend hou); *~* ***of*** *...* onkunde/onwetendheid aangaande/omtrent ...; onbewustheid van ...; onbekendheid met ...; *it is* ***plain/sheer*** *~* dit is blote/pure onkunde; ***profound*** *~* volslae onkunde; ***sin*** *in ~* onwetend sondig; *be in* ***total*** *~ of s.t.* totaal niks van iets weet nie; ***woeful*** *~* droewige onkunde.

ig·no·rant onkundig, onwetend, oningelig; *be ~ of s.t.* onkundig wees omtrent/oor/van iets; met iets onbekend wees. **ig·no·rant·ly** onwetend, in onwetendheid.

ig·nore ignoreer, negeer, nie (wil) raaksien nie, miskyk, verbysien, jou oë toemaak vir; verwaarloos; veron(t)agsaam, doodswyg; wegsyfer, wegredeneer, wegpraat; *~ a bill* 'n aanklag verwerp; *fractions may be ~d* breuke kan weggelaat word (*of* hoef nie getel te word nie).

i·gua·na iguana, likkewaan.

IJs·sel *(rivier)* IJssel. **~meer** IJsselmeer.

IJ·zer *(rivier)* IJzer.

i·ke·ba·na *(Jap. blommerangskikkingskuns)* ikebana.

Ik·ey *(SA, infml.), (student v.d. Univ. v. Kaapstad)* Ikey; *(i.d. mv., Univ. v. Kaapstad)* Ikeys.

i·kon →ICON.

i·ko·na →AIKONA.

i·la·la palm *(Hyphaene natalensis)* lala-, ilalapalm.

i·lang-i·lang →YLANG-YLANG.

Il·ches·ter (cheese) ilchester(kaas).

il·e·um *ilea, (anat.)* kronkelderm, ileum. **il·e·ac, il·e·al**

kronkelderm=; *ileal kink* dermknoop, knoopderm. **il·e·i·tis** *(med.)* kronkeldermontsteking, ileïtis. **il·e·o·cae·cal, il·e·o·ce·cal** ileosekaal; ~ *valve* ileosekale klep, dundikdermklep. **il·e·os·to·my** *(med.)* ileostomie.

il·e·us *(med.)* dermknoop, =afsluiting, =stilstand.

i·lex *ilexes, ilices, (bot.)* huls; steeneik, ileks.

il·i·ac →ILIUM.

Il·i·ad: *the ~, (Gr. epos)* die Ilias/Iliade.

Il·i·on *(Gr.)*, **Il·i·um** *(Lat.)* Ilion, Ilium, Troje.

il·i·um *ilia, (anat.)* ilium, heupbeen. **il·i·ac** ilaal=, heup=been=; ~ *arteries* iliaalslagare, -arterië.

ilk *n.* klas, soort, familie; slag; *of that ~, (Sk., hoofs. arg.)* van dieselfde naam/plek. **ilk** *adj., (arg.)* dieselfde.

ill *n.* kwaad, euwel; wantoestand, misstand; onheil; kwaal, siekte; *(i.d. mv.)* euwels, kwaad; →ILLNESS. **ill** *adj.* siek, krank, mankoliek, klaerig; sleg; ***be*** ~ siek wees; ***become/fall/go*** ~ siek word; *an ~* ***deed*** 'n wandaad; *with an ~* ***grace*** nukkerig; *be* ***pretty*** ~, *(infml.)* redelik/taamlik siek wees; *be* ***seriously*** ~ erg/ernstig siek wees; ***take*** (or *be* ***taken***) ~ (skielik) siek word (*of* ongesteld raak); ~ ***weeds*** *grow apace, (idm.)* onkruid vergaan nie; *it's an ~* ***wind*** *that blows nobody (any) good, (idm.)* daar waai geen wind nie of dit is iemand van nut, daar is altyd 'n geluk by 'n ongeluk, geen kwaad sonder baat. **ill** *adv.* kwalik; moeilik; onpaslik; *(vero. of liter., poët.)* sleg; *we can ~* ***afford*** *it* ons kan dit kwalik/beswaarlik bekostig, ons kan ons dit nie veroorloof nie; *we can ~* ***afford*** *the loss* ons kan beswaarlik die verlies bekostig; *it* ***becomes*** *s.o. ~, (vero.)* dit pas iem. sleg; ***behave*** ~, *(vero.)* jou sleg gedra; ***come*** *over ~, (vero.)* siek voel; *be/feel ~ at* ***ease*** ontuis/ongemaklik voel, nie op jou gemak voel/wees nie; ***speak*** ~ *of s.o., (hoofs. liter.)* iem. slegmaak, kwaadpraat van iem.; ***take*** *s.o. ~, (vero.)* iem. kwalik neem; iem. verkeerd opneem; ***take*** *s.t. ~, (vero.)* iets sleg/verkeerd opneem; *not* ***take*** *it ~ of s.o., (vero.)* iem. iets nie kwalik neem nie; ***think*** ~ *of s.o., (hoofs. liter.)* kwaad/sleg dink van iem., iem. verdink; ***use*** *s.o. ~, (vero.)* iem. mishandel, iem. sleg behandel. **~-advised** *adj.*, **=ly** *adv.* onbesonne, onwys, onverstandig. **~-affected** kwaadgesind, sleggesind, onvriendskaplik; *be ~ towards s.o.* iem. kwaadgesind wees. **~-assorted** sleg uitgesoek; sleg passend, ongelyksoortig, deurmekaar. **~-balanced** onewewigtig. **~-behaved** onmanierlik, onbeleef(d), ongepoets, sleg van gedrag. **~-boding** onheilspellend. **~-bred** onopgevoed, onmanierlik, ongepoets; ~ *fellow* misbaksel, misgewas. **~-breeding** onmanierlikheid, ongepoetstheid, onopgevoedheid. **~-conceived, ~-concerted** ondeurdag. **~-conditioned** in slegte toestand/staat; sleggeaard, sleggehumeurd. **~-considered** onbesonne, ondeurdag, onbekook. **~-constructed** sleg gebou; *it is ~, (ook)* dit sit sleg inmekaar. **~-contrived** gebrekkig, sleg bedink/saamgestel. **~-defined** sleg omskrewe, vaag, onbestem(d). **~-disposed** kwaadgesind, sleggesind, kwaadwillig; sleggeaard. ~ **effects** slegte gevolge; *no one suffered any ~ ~* niemand het iets daarvan oorgekom nie. **~-equipped** sleg toegerus; *be ~ for s.t., (iem.)* nie opgewasse vir iets wees nie. ~ **fame** *(vero.)* berugtheid, slegte faam; *house of ~ ~* →HOUSE *n.*. **~-famed** berug. **~-faring** teen=, teëspoedig. **~-fated** ongelukkig, rampspoedig, gedoem, noodlottig, teen=, teëspoedig; ~ *day* noodlottige dag, onheilsdag; ~ *ship* ongelukskip. **~-favoured** lelik; afstootlik. ~ **feeling** →ILL WILL. **~-fitting** sleg passend. **~-founded** ongegrond. **~-gotten** onregverdig/onregmatig verkry. ~ **health** slegte gesondheid, siekte, ongesondheid, sieklikheid. ~ **humour** norsheid, nukkerigheid. **~-humoured** sleggehumeur(d), nors, nukkerig. **~-informed** sleg ingelig. **~-judged** onbesonne, onwys, ondeurdag. **~-looking** →ILL-FAVOURED. ~ **luck** ongeluk, teen=, teëspoed. ~ **management** gebrekkige bestuur. **~-mannered** ongemanierd, onmanierlik, onbeskof, ongepoets, ongeaard; onhebbelik. **~-matched** onpaar, wat nie by mekaar pas nie. ~ **nature** sleggehumeurdheid, sleggeaardheid. **~-natured** sleggehumeur(d), sleggeaard, kwaadaardig. ~ **omen:** *s.t. is an ~ ~* →OMEN. **~-omened** onder ongunstige voortekens onderneem; onheilspellend, rampspoedig, ongeluks=. **~-prepared** sleg voorberei(d). ~ **service** →ILL TURN. **~-spoken** swak ter tale; ru/onbeskaaf sprekend. **~-starred** rampspoedig, ongelukkig, ongeluks=; onder 'n ongelukkige gesternte gebore. ~ **success** teen=, teëspoed, mislukking. **~-suited:** *they are ~* hulle pas nie by mekaar nie; *be ~ to s.t.* ongeskik vir iets wees. **~-tempered** humeurig, sleggehumeur(d), knorrig. **~-timed** ontydig; ongeleë; misplaas. **~-treat, ~-use** mishandel, sleg/stief behandel, verniel. **~-treatment, ~-usage** mishandeling, slegte behandeling. ~ **turn,** ~ **service:** *do s.o. an ~ ~* iem. 'n ondiens bewys. ~ **will,** ~ **feeling** wrok, kwaadgesindheid, kwaadwilligheid, vyandigheid, kwaaivriendskap. **~-wisher** kwaadgesinde.

I'll *(sametr.)* = I SHALL, I WILL.

il·la·tion *(arg.)* →INFERENCE. **il·la·tive** *(gram. ens.)* gevolgtrekkend, illatief.

il·le·gal onwettig, wederregtelik, onregmatig; ~ *alien/immigrant* onwettige immigrant. **il·le·gal·ise, =ize** onwettig maak. **il·le·gal·i·ty** onwettigheid, wederregtelikheid, onregmatigheid, illegaliteit. **il·le·gal·ly** onwettig(lik), wederregtelik.

il·leg·i·ble onleesbaar, onduidelik. **il·leg·i·bil·i·ty** onleesbaarheid, onduidelikheid.

il·le·git·i·mate *n., (w.g.)* buite-egtelike kind. **il·le·git·i·mate** *adj.* onwettig, onwetlik; onwettig, ongeoorloof; buite-egtelik; onbehoorlik. **il·le·git·i·mate** *ww., (w.g.)* onwettig/oneg verklaar. **il·le·git·i·ma·cy, il·le·git·i·mate·ness** onwettigheid, onwetlikheid, ongeoorloofdheid, ongewettigdheid; buite-egtelikheid *(v. 'n kind)*.

il·lib·er·al onvrysinnig; bekrompe, kleingeestig; *(w.g.)* onvrygewig, suinig; *(arg.)* onordentlik. **il·lib·er·al·i·ty** onvrysinnigheid; bekrompenheid.

il·lic·it ongeoorloof, ongewettig, verbode; onwettig; →ILLEGAL; ~ *diamond buying* onwettige diamanthandel; ~ *trade, (ook)* sluikhandel; ~ *trader, (ook)* sluikhandelaar.

il·lim·it·a·ble onbegrens, grenseloos, onafsienbaar.

il·lin·i·um *(chem., vero.)* →PROMETHIUM.

Il·li·nois *(geog.)* Illinois.

il·liq·uid *(ekon.)* illikied. **il·li·quid·i·ty** illikiditeit.

il·lite *(min.)* illiet.

il·lit·er·ate *n.* ongeletterde; analfabeet. **il·lit·er·ate** *adj.* ongeletterd, ongeleerd; analfabeet; *functionally ~* funksioneel ongeletterd; *politically/etc. ~, (infml.)* polities/ens. onkundig/ongeskool(d)/onerfyn(d)/ongeletterd, onkundig/ens. wat die politiek/ens. betref (*of* omtrent die politiek/ens.). **il·lit·er·a·cy** ongeletterdheid, ongeleerdheid; analfabetisme.

ill·ness siekte, ongesteldheid, krankheid; *on* ***account*** *of ~* weens siekte; ***feign*** ~ jou siek hou; ***get*** *over* (or ***recover*** *from) an ~* van 'n siekte regkom/herstel, 'n siekte oorkom; *a* ***long*** ~ 'n lang(durige) siekbed; *a* ***painful*** ~, *(ook)* 'n smartlike siekbed; *a* ***serious*** ~ 'n ernstige/gevaarlike siekte.

il·log·i·cal *adj.* onlogies. **il·log·ic** *n.* die onlogiese. **il·log·i·cal·i·ty, il·log·i·cal·ness** (die) onlogiese.

il·lude *(poët., liter.)* bedrieg; mislei.

il·lu·mi·nant *n.* verligtingsbron, =middel. **il·lu·mi·nant** *adj.* verligtend.

il·lu·mi·nate verlig; inlig, voorlig; lig werp op; *(fot.)* belig; ophelder, verduidelik; opluister; verlug; illumineer. **il·lu·mi·nat·ed:** ~ *address* verlugte/versierde/geïllumineerde oorkonde, sieradres; ~ *letter* ligletter; ~ *sign* ligreklame. **il·lu·mi·na·ti** *n. (mv.), (hist., met I~)* illuminati. **il·lu·mi·nat·ing** verligtend; insiggewend; ~ *intensity* ligsterkte; ~ *paraffin* →KEROSENE. **il·lu·mi·na·tion** verligting *(v. 'n huis ens.)*; beligting *(v. 'n foto)*; inligting, voorligting; verlugting; glans; illuminasie; opluistering. **il·lu·mi·na·tive** verligtend; verduidelikend, insiggewend, leersaam; liggewend, lig=. **il·lu·mi·na·tor** verligter; verligtingsmiddel; voorligter; verlugter *(v. 'n manuskrip ens.)*; illuminator. **il·lu·mine, il·lume** *(poët., liter.)* verlig.

il·lu·sion illusie, waan, droombeeld, hersenskim, sinsbedrog, spieëlbeeld; *have no ~s about ...* geen illusies oor ... hê nie, jou geen illusies oor ... maak nie; *cherish the ~ that ...* die illusie koester dat ...; *be under the ~ that ...* in die waan verkeer/wees dat ... **il·lu·sion·ist** illusionis; goëlaar. **il·lu·so·ry, il·lu·sive** *(hoofs. poët./liter.)* denkbeeldig; bedrieglik.

il·lus·trate illustreer, tekeninge maak by/vir; kenskets; verduidelik, toelig, ophelder, belig, met voorbeelde toelig. **il·lus·trat·ed:** *it is ~ by ...*, *(ook)* dit blyk uit ...; ~ ***poster*** prentplakkaat; ***profusely*** ~ ryk(lik) geïllustreer(d); ~ ***work*** geïllustreerde werk. **il·lus·tra·tion** illustrasie, plaat, prent, afbeelding; toeligting, opheldering; voorbeeld; verlugting *(v. 'n boek)*; *by way of ~* by wyse van illustrasie, as toeligting. **il·lus·tra·tive** ophelderend, verduidelikend; *be ~ of ...* kensketsend/tekenend vir/van ... wees. **il·lus·tra·tor** illustreerder, verlugter.

il·lus·tri·ous beroemd, vermaard, deurlugtig, roemryk, roemvol; hoog(adellik). **il·lus·tri·ous·ness** roem, vermaardheid.

il·lu·vi·um =*viums*, =*via, (geol.)* illuvium.

Il·lyr·i·a *(geog., hist.)* Illirië. **Il·lyr·i·an** *n.* Illiriër; *(taal)* Illiries. **Il·lyr·i·an** *adj.* Illiries.

il·men·ite *(min.)* ilmeniet.

I'm *(sametr.)* = I AM.

im·age *n.* beeld; ewebeeld; afbeelding, *(liter.)* beeltenis; beeld *(na buite)*; figuur; *(psig.)* imago; tipe; *(Byb.)* afgod(sbeeld); →IMAGERY, IMAGISM; ~ *of* ***Buddha*** Boeddhabeeld; *created in the ~ of* ***God*** na die beeld van God geskape *(OAB)*, as beeld van God geskep *(NAB)*; ***improve*** *s.o.'s ~* iem. se beeld verbeter; *have a* ***poor*** ~ 'n swak figuur maak/slaan; ***real*** ~ reële/werklike/fisiese beeld; ***save*** *one's ~* jou beeld red; *be the* ***spitting/very*** *~ of ...*, *(infml.)* die ewebeeld van ... wees, ... uitgedruk/uitgeknip wees; ***virtual*** ~ →VIRTUAL. **im·age** *ww.* jou voorstel, 'n voorstelling maak van; verbeeld, uitbeeld, weergee; afbeeld, skilder, teken; weerkaats, weerspieël. **~-breaker** beeldestormer. **~-breaking** beeldstormery, beeldestorm. **~-maker** beeldbouer, =skepper. **~-making** beeldbou, =skepping.

im·age·ry beeld; *(pros.)* beeldspraak; verbeelding, verbeeldingswêreld.

i·mag·i·na·ble denkbaar; moontlik. **i·mag·i·na·bil·i·ty, i·mag·i·na·ble·ness** denkbaarheid.

i·mag·i·nar·y denkbeeldig, fiktief, verbeeld, ingebeeld, imaginêr, ideëel; ~ *complaint* skeet.

i·mag·i·na·tion verbeelding; verbeeldingsvermoë, =krag; voorstellingsvermoë; *s.t.* ***appeals*** *to the ~* iets spreek tot die verbeelding; ***capture/catch*** *the ~* die verbeelding aangryp/beetpak; ***draw*** *(up)on one's ~* die/jou verbeelding laat werk; iets uit die/jou duim suig; *a* ***figment*** *of the/one's ~* →FIGMENT; *it is* ***only*** *s.o.'s ~* dit is maar iem. se verbeelding; *s.o.'s ~ is* ***running riot*** iem. se verbeelding is op hol; ***stir*** *the ~* die verbeelding aangryp/beetpak; *by no* (or *not by any*) ***stretch*** *of the ~* →STRETCH *n.*; *have a* ***vivid*** ~ 'n lewendige/sterk verbeelding(skrag) hê.

i·mag·i·na·tive verbeeldings=; verbeeldingryk, ryk aan verbeelding; vindingryk, skeppingskragtig; ~ *faculty/power* →POWER OF IMAGINATION.

i·mag·ine (jou) verbeel, (jou) voorstel; fantaseer; bedink; begryp; meen, dink; *who* ***could have*** *~d such a thing?* wie het dit ooit kon droom?; ***just*** *~ (that)!* stel jou voor!, verbeel jou!, reken (nou net)!, nou toe nou!, bid jou aan!; *~ it to be* ***so*** vermoed dat dit so is; *~* ***that*** *...* dink/veronderstel dat ...; *~ s.o./s.t.* ***to be*** *...* veronderstel dat iem./iets ... is; *s.o. can't ~* ***what*** *...* iem. kan hom/haar nie voorstel wat ... nie. **i·mag·ined** denkbeeldig. **i·mag·in·ings** *n. (mv.)*: *vain ~* dwase verbeelding.

im·a·gism *(pros.)* imagisme. **im·a·gist** imagis.

i·ma·go *imagos, imagines, (entom.)* imago, volwasse vorm; *(psig.)* imago; beeltenis, afbeelding.

i·mam, i·maum *(Islam.)* imam. **i·mam·ate** imamaat.

I·ma·ri imari(porselein).

im·bal·ance wanbalans, onewewigtigheid, gebrek aan ewewig, versteurde ewewig.

im·be·cile *n., (psig.)* swaksinnige, imbesiel; *(infml.)* onnosele. **im·be·cile, im·be·cil·ic** *adj., (psig.)* swaksinnig, imbesiel; *(infml.)* onnosel, simpel. **im·be·cil·i·ty** *(psig.)* swaksinnigheid, imbesiliteit; *(infml.)* onnoselheid, simpelheid.

im·bed →EMBED.

im·bibe *(fml., dikw. skerts.)* drink *(alkohol)*; indrink, insuig, opneem. **im·bi·bi·tion** indrinking, insuiging, opsuiging, opneming; *(chem.)* imbibisie; *water of* ~ swelwater.

i·mbi·zo *(Z.)* imbizo, volksvergadering.

i·mbo·ngi *iimbongi, imbongis, (Ngu.)* imbongi, lof=, pryssanger.

im·bri·cate *ww., (argit., bot., soöl.)* skubsgewys(e) dek. **im·bri·cate, im·bri·cat·ed** *adj. (bot., soöl.)* geskub, skubsgewys(e); *(argit.)* dakpansgewys(e); ~ *structure* skubstruktuur. **im·bri·ca·tion** dakpansligging, skubpatroon.

im·bro·glio =*glios, (infml.: uiters verwikkelde situasie)* deurmekaarspul, warboel, verwarring, imbroglio.

im·brue, em·brue *(arg. of poët., liter.)*: ~ *s.t. in blood/etc.* iets in bloed/ens. doop/drenk; ~ *s.t. with blood/etc.* iets met bloed/ens. bevlek/besoedel.

im·brute, em·brute *(arg.)* verdierlik.

im·bue indrink, opneem; ~ *with* ... met ... vul; met ... deurdring; met ... besiel; *be ~d with* ... van ... vervul wees *(haat ens.)*.

im·bu·ia, im·bu·ya, em·bu·ia *(Port.)* imbuia, embuia.

im·i·tate navolg, nadoen; namaak, naboots, na-aap; imiteer, napraat; ~ *s.o.* iem. iets nadoen; agter iem. aangaan. **im·i·ta·bil·i·ty** navolgbaarheid. **im·i·ta·ble** navolgbaar. **im·i·ta·tion** *n.* navolging; na-aping, na-apery, nabootsing; namaak(sel); imitasie; *do an ~ of s.o.* iem. naboots; *a pale ~ of* ... 'n flou nabootsing van ... **im·i·ta·tion** *adj.* nagemaak, namaak=; ~ *diamond* vals diamant; ~ *leather* kunsleer. **im·i·ta·tive** nabootsend; na-aperig; nagemaak; ~ *arts* beeldende kunste; ~ *of* ... in navolging van ..., (gevorm) na ... **im·i·ta·tor** navolger; na-aper, nabootser; naloper, naprater.

im·mac·u·late onbevlek, rein; vlek(ke)loos, sonder gebrek, onberispelik, onbestraflik; *(bot., soöl.)* ongevlek, sonder vlekke/kolle; ~ *appearance* goed versorgde voorkoms/uiterlike; *I~ Conception, (Chr.)* Onbevlekte Ontvangenis; ~ *dress* welversorgde kleding. **im·mac·u·la·cy, im·mac·u·late·ness** onbevlektheid; vlek(ke)loosheid. **im·mac·u·late·ly** vlek(ke)loos; onberispelik; ... *is ~ dressed, (ook)* 'n mens kan ... deur 'n ring trek.

im·ma·nent immanent, innerlik, inwonend, inherent. **im·ma·nence** immanensie, innerlikheid, inwoning, inherensie.

Im·man·u·el, Em·man·u·el *(Byb.)* Emmanuel, Immanuel.

im·ma·te·ri·al onbelangrik, van geen belang/betekenis nie, sonder betekenis/belang; nie ter sake nie; onstoflik, onliggaamlik; geestelik; immaterieel; *it is ~ to me* dit is vir my om't (*of* om 't/die) ewe; *it is quite ~* dit maak glad nie (*of* nie die minste) saak nie, dit maak glad geen verskil/saak nie, *(infml.)* dis alkant selfkant. **im·ma·te·ri·al·ism** *(filos.)* immaterialisme. **im·ma·te·ri·al·i·ty** onstoflikheid; onbelangrikheid.

im·ma·ture onryp, onvolwasse, onvolgroei(d). **im·ma·tur·i·ty** onrypheid, onvolwassenheid, onvolgroeidheid.

im·meas·ur·a·ble onmeetbaar; onmeetlik; onafsienbaar. **im·meas·ur·a·bly** onmeetlik, oneindig.

im·me·di·ate *adj.* onmiddellik; naaste; dadelik, onverwyld, oombliklik, dringend; *(filos.)* intuïtief *(kennis, reaksie)*; ~ ***cause*** direkte/aanleidende oorsaak; *with* ~ ***effect*** dadelik van krag; ~ ***future*** (aller)naaste toekoms; ~ ***past president*** pas afgetrede/uitgetrede (ere)voorsitter. **im·me·di·a·cy, im·me·di·ate·ness** onmiddellikheid; direktheid. **im·me·di·ate·ly** *adv.* onmiddellik, dadelik, met (bekwame) spoed, dringend, onverwyld, terstond, op die daad, meteens. **im·me·di·ate·ly** *voegw., (hoofs. Br.)* sodra.

im·me·mo·ri·al onheuglik; eeue oud; *from time ~* sedert onheuglike tye, sedert die jaar nul, van toeka se dae, uit jare/eeue her. **im·me·mo·ri·al·ly** sedert onheuglike tye, van ouds(her) (af).

im·mense ontsaglik, enorm, kolossaal, reusagtig, yslik, reuse=; onmeetlik *(lyding, skade, ens.)*; mateloos *(energie, frustrasie, ens.)*. **im·mense·ly** ontsaglik, reusagtig; besonder, buitengewoon. **im·mense·ness, im·men·si·ty** ontsaglikheid, reusagtigheid; onmeetlikheid; mateloosheid.

im·men·su·ra·ble →IMMEASURABLE. **im·men·su·ra·bil·i·ty** onmeetbaarheid.

im·merse (in)dompel, onderdompel, insteek; ~ *s.t. in* ... iets in ... dompel; iets onder ... begrawe; ~ *o.s. in s.t.* jou in iets verdiep; jou in iets uitleef/=lewe *('n opvoering, rol, boek, ens.)*. **im·mersed** *(ook)* onder water; weggeduik, versonke; *be ~ in* ... in ... gedompel wees *(skuld ens.)*; in ... verdiep wees (*of* opgaan) *(werk ens.)*; onder ... begrawe wees *(werk ens.)*. **im·mers·er** dompelaar.

im·mer·sion indompeling, onderdompeling; (die) verdiep wees; *(astron.)* immersie; *(sk.)* diepgang; *baptism by ~* dompeldoop. ~ **element,** ~ **heater** dompelaar, dompelverwarmer.

im·mi·grate immigreer, intrek; ~ *to a country (from another country)* na 'n land immigreer (uit 'n ander land). **im·mi·grant** *n.* immigrant, intrekker, inkomeling, landverhuiser, setlaar. **im·mi·grant** *adj.* immigrerend, intrekkend, immigrante=. **im·mi·gra·tion** immigrasie, landverhuising.

im·mi·nent aanstaande, naderend, op hande (synde), voor die deur (staande); dreigend; ~ *danger* naderende/dreigende gevaar, doodsnood; *the wall is in ~ danger of falling* die muur dreig om te val. **im·mi·nence** nadering, nabyheid; dreiging.

im·mis·ci·ble *(teg.)* onmengbaar *(vloeistowwe)*. **im·mis·ci·bil·i·ty** onmengbaarheid.

im·mit·i·ga·ble *(w.g.)* onversagbaar; onbevredigbaar, onversoenlik.

im·mix·ture *(arg.)* (ver)menging; aandeel, inmenging, betrokkenheid.

im·mo·bile onbeweeglik, bewegingloos, roerloos, immobiel. **im·mo·bi·lise, =lize** onbeweeglik/bewegingloos maak; vasset, immobiliseer; immobiel maak *(troepe)*; onttrek, uit die omloop neem *('n munt)*; *(fin.)* vaslê *(kapitaal)*. **im·mo·bi·lis·er, =liz·er** immobiliseerder. **im·mo·bil·i·ty** onbeweeglikheid, immobiliteit.

im·mod·er·ate onmatig, oormatig, oordrewe, onredelik, buitensporig; ~ *behaviour* ongematigdheid. **im·mod·er·a·tion, im·mod·er·ate·ness** onmatigheid, oormatigheid, buitensporigheid.

im·mod·est onbeskeie, onbeskaamd, skaamteloos, astrant, parmantig; onbetaamlik, onwelvoeglik, onfatsoenlik. **im·mod·es·ty** onbeskeidenheid, onbeskaamdheid; onbetaamlikheid, onwelvoeglikheid, onfatsoenlikheid.

im·mo·late (op)offer, *(w.g.)* immoleer. **im·mo·la·tion** (op)offering; offer. **im·mo·la·tor** offeraar.

im·mor·al immoreel, oneties, gewete(n)loos, beginselloos; onsedelik, ontugtig; sedeloos, teen die goeie sedes; ~ *earnings* inkomste uit korrupsie/prostitusie/ens.. **im·mo·ral·i·ty** immoraliteit, beginselloosheid; sedeloosheid; onsedelikheid, ontug, ontugtigheid.

im·mor·tal *n.* onsterflike. **im·mor·tal** *adj.* onsterflik; onverganklik. **im·mor·tal·ise, =ize** onsterflik maak, verewig. **im·mor·tal·i·ty** onsterflikheid; *desire for ~* ewigheidsverlange.

im·mor·telle *(bot.)* sewejaartjie, droogblom, strooiblom, immortelle.

im·mov(e)·a·ble *adj.* onbeweeglik, onbeweegbaar, onwrikbaar, onwankelbaar; ~ *property, (jur.)* onroerende goed, vasgoed, vaste eiendom. **im·mov(e)·a·bil·i·ty, im·mov(e)·a·ble·ness** onbeweeglikheid, onbeweegbaarheid, onwrikbaarheid. **im·mov(e)·a·bles** *n. (mv.), (jur.)* onroerende goed, vasgoed, vaste eiendom.

im·mune *(med. of fig.)* immuun, onvatbaar, vry; *(rek.)* virusbestand; bestand teen stelselindringing; *be ~ from* ... vry van ... wees; van ... gevrywaar wees *(vervolging, belasting, ens.)*; ~ *response, (med.)* immuun=, afweerreaksie; *be ~ to* ... teen/vir ... immuun wees, vir ... onvatbaar wees, teen ... bestand wees *('n siekte; omkoop ens.)*.

im·mu·nise, =nize immuniseer, onvatbaar maak; ~ *s.o. against* ... iem. teen ... immuniseer, iem. vir ... onvatbaar maak *('n siekte)*. **im·mu·ni·sa·tion, =za·tion** immunisasie, onvatbaarmaking.

im·mu·ni·ty *(med.)* immuniteit, onvatbaarheid; ontheffing, vrystelling; onaantasbaarheid, onskendbaarheid; ***active*** ~, *(med.)* aktiewe immuniteit; ***diplomatic*** ~ diplomatieke onskendbaarheid; ~ ***from*** ... vrystelling van ...; ***grant*** *s.o.* ~ iem. vryskelding toestaan; ***natural*** ~, *(med.)* natuurlike immuniteit; ***passive*** ~, *(med.)* passiewe immuniteit; ***required*** ~, *(med.)* verworwe immuniteit; ~ ***to*** ... immuniteit teen/vir ..., onvatbaarheid vir ... *('n siekte)*.

im·mu·no- *komb.vorm* immuno=, immuun=.

im·mu·no·com·pe·tent *(med.)* immuunbevoeg. **im·mu·no·com·pe·tence** immuunbevoegdheid.

im·mu·no·de·fi·cien·cy *(med.)* immuungebrek, afweerswakte. **im·mu·no·de·fi·cient** immuungebrekkig, afweerswak.

im·mu·nol·o·gy *(med.)* immuniteitsleer, immunologie. **im·mu·no·log·ic, im·mu·no·log·i·cal** immunologies. **im·mu·nol·o·gist** immunoloog.

im·mu·no·ther·a·py *(med.)* immunoterapie.

im·mure: *be ~d, (hoofs. fig.)* afgesluit/afgesonder(d) wees; *(arg. of poët., liter.)* opgesluit/ingeperk/ingemessel wees.

im·mu·ta·ble onveranderlik, onveranderbaar. **im·mu·ta·bil·i·ty, im·mu·ta·ble·ness** onveranderlikheid.

imp *n.* rakker, (klein) ondeug, vabondjie; kwelgees; kwajong; kabouter(mannetjie); duiwel(tjie); ~ *of the devil* duiwelskind. **imp** *ww., (valkejag)* inplant *(vere)*; versterk, sterk maak *(vlerk)*; *(arg.)* vergroot, aanvul. **imp·ish** ondeund, plaerig, tergerig, rakkeragtig. **imp·ish·ness** ondeundheid, tergerigheid.

im·pact *n.* botsing; skok, stoot, stamp, slag; trefkrag, impak; inslag; aanslag *(v. 'n koeël)*; ***make an*** ~ inslaan; ***on*** ~ op die oomblik van die botsing, sodra dit getref word; ***on*** ~ ***with*** ... wanneer dit ... tref; *(verl.t.)* toe dit ... tref; *the* ***point*** *of ~* die trefpunt; ***have an*** ~ ***(up)on*** ... 'n uitwerking/impak op ... hê. **im·pact** *ww.* instamp, indruk; saamdruk, saampers; verstop; bots teen; *~ed fracture* ingedrukte (been)breuk; *~ed tooth* beklemde tand. ~ **crater** slagkrater. ~ **printer** slagdrukker. ~ **strength** slagsterkte. ~ **test** slagtoets.

im·pair benadeel; verswak; belemmer; aantas, beskadig. **im·pair·ment** benadeling; aantasting; gebrek.

im·pa·la =*palas,* =*pala* rooibok, impala. ~ **lily** impalalelie.

im·pale, em·pale spies, deurboor; *(hist.)* die paalstraf oplê; *(w.g.)* ompaal, insluit; ~ *a head on a spear* 'n kop op 'n spies sit; *be ~d (up)on a* ... deur 'n ... deurboor wees. **im·pale·ment** *(hist.)* paalstraf, spiesing; *(w.g.)* ompaling. **im·pal·er:** *Vlad the I~, (hist.)* Vlad die Deurboorder.

im·pal·pa·ble ontasbaar, onvoelbaar; onmerkbaar; onbevatlik. **im·pal·pa·bil·i·ty** ontasbaarheid. **im·pal·pa·bly** ontasbaar; ongemerk, onmerkbaar.

im·pan·el →EMPANEL.

im·par·a·dise *(poët., liter.)* paradysgelukkig maak, verruk; in 'n paradys verander.

im·par·i·ty *(w.g.)* ongelykheid.

im·park *(hist.)* afkamp *(diere)*.

im·part meedeel, deelagtig maak; verleen; ~ *s.t. to* ... iets aan ... gee/verleen.

im·par·tial onpartydig, neutraal, onbevooroordeeld, regverdig. **im·par·ti·al·i·ty, im·par·tial·ness** onpartydigheid. **im·par·tial·ly** onpartydig; gelykop.

im·part·i·ble *(jur.)* ondeelbaar.

im·pass·a·ble onbegaanbaar, onrybaar; ondeurganklik, ondeurwaadbaar. **im·pass·a·bil·i·ty, im·pass·a·ble·ness** onbegaanbaarheid, onrybaarheid; ondeurganklikheid, ondeurwaadbaarheid.

im·passe =*passes, (Fr.)* dooie punt, dooiepunt, im=passe; *(lett.)* dooie steeg; *be at an* ~ op 'n dooie punt (*of* dooiepunt) wees; *reach an* ~ 'n dooie punt (*of* dooie=punt) bereik; jou vasloop.

im·pas·si·ble *(w.g.)* ongevoelig, gevoelloos, onbewoë; onverstoorbaar. **im·pas·si·bil·i·ty, im·pas·si·ble·ness** ongevoeligheid; onverstoorbaarheid.

im·pas·sion aanvuur, opwek, meesleep. **im·pas·sioned** hartstogtelik, vurig; opgewonde; meeslepend; *an* ~ *plea* 'n hartstogtelike/vurige pleidooi.

im·pas·sive ongevoelig, onaandoenlik, hartstogloos; koelbloedig; lydelik; onverstoorbaar, onbewoë, stoïsyns, strak *(gesig)*. **im·pas·sive·ness, im·pas·siv·i·ty** onge=voeligheid, onaandoenlikheid; lydelikheid; onverstoor=baarheid, onbewoënheid, stoïsisme.

im·paste toeplak *(met deeg)*; deeg maak; beplak *(met verf)*; verf dik oplê, impasteer.

im·pas·to =*tos, (It., skildertegniek)* dik kleurgewing, im=pasto.

im·pa·tiens =*tiens, (bot.)* impatiëns.

im·pa·tient ongeduldig; onverdraagsaam; *be* ~ ***at*** *s.t.* oor iets ongeduldig/kwaad wees; ***become*** ~ geduld verloor, ongeduldig raak/word; *s.o. is* ~ ***for*** *s.t. (to happen)* iem. kan nie wag vir iets (*of* dat iets moet ge=beur) nie; *be* ~ ***of*** ..., *(fml.)* ... nie kan verdra/duld nie; *s.o. is* ~ ***to*** *do s.t.* iem. kan nie wag om iets te doen nie; *be* ~ ***with*** *s.o.* geen geduld met iem. hê nie. **im·pa·tience** ongeduld; *s.o.'s* ~ ***of*** ..., *(fml.)* iem. se afkeer van (*of* teensin/teësin in) ...; *s.o. is fuming* ***with*** ~ iem. brand van ongeduld; *s.o.'s* ~ ***with*** ... iem. se onge=duld met ...

im·pawn *(arg.)* verpand.

im·peach *(jur.)* beskuldig, aankla, daag, 'n aanklag indien/inbring (*of* aanhangig maak) teen; wraak; in twyfel trek, verdag maak; ~ *s.o.'s credibility* iem. se ge=loofbaarheid aanval (*of* in twyfel trek); ~ *s.o. with* ... iem. van ... beskuldig. **im·peach·able** vervolgbaar, aanklaagbaar; betwyfelbaar; aanvegbaar. **im·peach·ment** (staat van) beskuldiging, aanklag(te); verdag=making; vervolging; *own the soft* ~, *(vero., liter.)* skuld beken.

im·pec·ca·ble *adj.* onberispelik, onbesproke, (baie) korrek; fout(e)loos, sonder foute, vlek(ke)loos; on=feilbaar, feilloos, volmaak; *(teol., w.g.)* sonder sonde, sonder smet of blaam. **im·pec·ca·bil·i·ty** onberispe=likheid, onbesprokenheid; onfeilbaarheid, volmaakt=heid; sondeloosheid. **im·pec·ca·bly** *adv.* onberispelik; volmaak.

im·pe·cu·ni·ous *(fml.)* onbemiddeld, sonder geld, onvermoënd. **im·pe·cu·ni·os·i·ty** geldgebrek, gebrek aan middele, onbemiddeldheid.

im·pede hinder, belemmer, vertraag, teen=, teëhou, strem. **im·pe·dance** *(fis.)* impedansie, skynweerstand, skynbare weerstand. **im·ped·ed** gestrem(d). **im·ped·i·ment** struikelblok, hindernis, belemmering, beletsel; gebrek; *(i.d. mv., mil.)* laergoed; *an* ~ *of marriage* 'n huweliksbeletsel; *an* ~ *in one's speech* 'n spraakge=brek; *s.t. is an* ~ *to progress* iets is 'n hindernis op die pad van vooruitgang. **im·ped·i·men·ta** *n. (mv.), (mil.)* bagasie, laergoed.

im·pel =*ll*= aanspoor, aandryf, =drywe, voortdryf, =dry=we; (voort)beweeg. **im·pel·lent** *n.* dryfkrag; aanspo=ring. **im·pel·lent** *adj.* voortdrywend, voortbewegend.

im·pel·ler, im·pel·lor *(teg.)* rotor(blad); aandrywer *(v. 'n gasturbine)*; stuwer *(v. 'n pomp)*; *(mynb.)* dryf=rat. ~ **blade** stuwerblad.

im·pend hang (oor); bo die kop hang, (be)dreig, voor die deur staan. **im·pend·ence, im·pend·en·cy** (be)=dreiging. **im·pend·ing** dreigend, naderend, aanstaande, op hande (synde); *it is* ~ *over one* dit hang bo jou kop.

im·pen·e·tra·ble ondeurdringbaar; onpeilbaar, on=deurgrondelik; onvatbaar, ontoeganklik, ongevoelig. **im·pen·e·tra·bil·i·ty, im·pen·e·tra·ble·ness** ondeur=dringbaarheid; onpeilbaarheid, ondeurgrondelikheid.

im·pen·e·trate *(w.g.)* (diep) deurdring (in).

im·pen·i·tent onboetvaardig, sonder berou; verstok. **im·pen·i·tence** onboetvaardigheid; verstoktheid.

im·per·a·tive *n.* bevel, opdrag; iets dringends, nood=saak; *(gram.)* gebiedende wys(e), imperatief. **im·per·a·tive** *adj.* bevelend, gebiedend; dringend; on=ontbeerlik, (gebiedend) noodsaaklik; ~ *mandate* bin=dende opdrag; ~ *mood, (gram.)* gebiedende wys(e), imperatief; ~ *necessity* gebiedende/dringende nood=saaklikheid. **im·per·a·tive·ness** gebiedendheid.

im·pe·ra·tor *(Rom., hist.)* bevelhebber; heerser; keiser. **im·per·a·to·ri·al** keiserlik, imperatories.

im·per·cep·ti·ble onmerkbaar, onbespeurbaar. **im·per·cep·ti·bil·i·ty, im·per·cep·ti·ble·ness** onmerkbaar=heid, onbespeurbaarheid.

im·per·cep·tive, im·per·cip·i·ent onopmerksaam, onoplettend; onontvanklik, ongevoelig, bot, toe.

im·per·fect *n., (gram.)* onvoltooide verlede tyd, im=perfek(tum). **im·per·fect** *adj.* onvolmaak, onvol=kome, gebrekkig; onvoltooi(d); onduidelik; ~ *tense* onvoltooide verlede tyd, imperfek(tum). **im·per·fec·tion** onvolmaaktheid, onvolkomenheid; fout, gebrek, tekortkoming. **im·per·fect·ly** onvolmaak, gebrekkig, op onvolmaakte manier; onduidelik.

im·per·fo·rate ongeperforeer(d) *(seëls)*; *(anat., soöl.)* ondeurganklik.

im·pe·ri·al *n., (aanhanger v. 'n keiserryk)* imperiaal; ken=, spitsbaard; *(papierformaat)* imperiaal; *(Rus., hist.: goue muntstuk)* imperiaal; *(Am.)* dak *(v. 'n [pos]koets)*; *(Am.)* kofferbak *(op 'n [pos]koets)*; *I~s* Keiserlike troepe, Keiserlikes. **im·pe·ri·al** *adj.* keiserlik; vors=telik; imperiaal; keisers=, ryks=; ~ ***age*** keisertyd; ~ ***army*** keiserlike leër; *the I~* ***Canal*** die Keiserska=naal; ~ ***chancellor*** rykskanselier; ~ ***city*** (vrye) ryk=stad; keiserstad; ~ ***conference*** rykskonferensie; ~ ***crown*** keiserlike kroon, keiserskroon; ~ ***dome*** ui=koepel; ~ ***gallon*** Britse gelling; *I~* ***Guard*** Keiserlike Garde; *I~* ***preference*** Ryksvoorkeur(reg); ~ ***roof*** uidak; ~ ***territory*** ryksgebied. **im·pe·ri·al·ism** im=perialisme, ryksgesindheid; *(hoofs. hist.)* keisersrege=ring. **im·pe·ri·al·ist** *n.* imperialis; ryks=, keisersge=sinde; *I~, (ook)* Keiserlike. **im·pe·ri·al·ist** *adj.* impe=rialisties; ryks=, keisersgesind; *I~, (ook)* Keiserlik. **im·pe·ri·al·is·tic** imperialisties.

im·per·il =*ll*= in gevaar bring/stel.

im·pe·ri·ous baasspelerig, gebiedend, (oor)heersend, heerssugtig, meesteragtig; *(w.g.)* dringend; ~ *neces=sity* gebiedende noodsaak; ~ *glance* heersersblik. **im·pe·ri·ous·ness** gebiedendheid, heerssug(tigheid), baas=spelerigheid.

im·per·ish·a·ble *adj.* onverganklik; onbederfbaar; onverderflik; onverwelklik. **im·per·ish·a·bil·i·ty, im·per·ish·a·ble·ness** onverganklikheid; onbederfbaarheid. **im·per·ish·a·bly** *adv.* onverganklik.

im·pe·ri·um =*riums,* =*ria* ryk; oppermag; imperium.

im·per·ma·nent tydelik, verganklik; kortstondig; on=bestendig. **im·per·ma·nence, im·per·ma·nen·cy** tyde=likheid, verganklikheid; kortstondigheid; onbesten=digheid.

im·per·me·a·ble ondeurdringbaar; ondeurlatend; syferdig, ondeurtrekbaar, waterdig, sypeldig. **im·per·me·a·bil·i·ty, im·per·me·a·ble·ness** ondeurdringbaar=heid; ondeurlatendheid.

im·per·mis·si·ble ontoelaatbaar, ongeoorloof. **im·per·mis·si·bil·i·ty** ontoelaatbaarheid, ongeoorloofdheid.

im·per·son·al onpersoonlik, objektief; saaklik; sonder persoonlikheid; ~ *verb* onpersoonlike werkwoord. **im·per·son·al·i·ty** onpersoonlikheid.

im·per·son·ate naboots; jou uitgee vir; *(w.g.)* ver=tolk, voorstel, (die rol) speel (van); *(arg.)* →PERSONI=FY; ~ *a character, (w.g.)* 'n rol speel, 'n karakter ver=tolk. **im·per·son·a·tion** nabootsing; *(w.g.)* vertolking, voorstelling; *(arg.)* →PERSONIFICATION. **im·per·son·a·tor** nabootser; identiteitsbedrieër; *(w.g.)* vertolker; *the* ~ *of* ... die nabootser van ... *(bekende persoonlik=hede ens.)*.

im·per·son·i·fy →PERSONIFY.

im·per·ti·nent voorbarig, astrant, parmantig, vry=postig; ongepoets, onbeskof, ongeskik; onvanpas, mis=plaas, ongepas; *(fml.)* nie ter sake nie, irrelevant; *be* ~ *to s.o.* parmantig wees teenoor iem.. **im·per·ti·nence** voorbarigheid, astrantheid, parmantigheid; on=gepoetstheid, onbeskoftheid, onbeskaamdheid; on=vanpastheid, misplaastheid, ongepastheid; *(fml.)* irre=levansie.

im·per·turb·a·ble onverstoorbaar, onversteurbaar. **im·per·turb·a·bil·i·ty, im·per·turb·a·ble·ness** onver=stoorbaarheid.

im·per·vi·ous, im·per·vi·a·ble ondeurdringbaar; dig, ondeurlatend; sypeldig; ontoeganklik, doof *(vir)*; onontvanklik; *s.o. is impervious to flattery/etc.* iem. is nie vatbaar vir vleiery/ens. nie, vleiery/ens. maak geen indruk op iem. nie; *be* ~ *to water* waterdig wees. **im·per·vi·ous·ness** ondeurdringbaarheid, ondeurlatend=heid; ontoeganklikheid; onontvanklikheid; onvatbaar=heid.

im·pe·ti·go =*gos, (med.)* impetigo, puisie(-)uitslag, et=terblaasskurfte.

im·pe·trate *(arg.)* afsmeek, smeek om.

im·pet·u·ous voortvarend, oorhaastig, impulsief. **im·pet·u·os·i·ty, im·pet·u·ous·ness** voortvarendheid, oor=haastigheid, impulsiwiteit.

im·pe·tus =*tuses* impetus, vaart, beweegkrag; stukrag; aandrang; aanmoediging; stoot; *the* ~ *behind s.t.* die dryfkrag agter iets; *gain* ~ vaart kry; *give an* ~ *to s.t.* iets 'n (groot/sterk) stoot (vorentoe) gee.

im·pi =*pi(s)* impi(e), Zoeloeregiment.

im·pi·e·ty goddeloosheid, oneerbiedigheid, ongods=dienstigheid.

i·mpi·mpi =*mpi(s), (Ngu.)* impimpi, (polisie-)infor=mant, inligtingsagent; impimpi, (polisie)spioen.

im·pinge *(fml.):* ~ *against s.t., (fis.)* teen iets bots; ~ *(up)on s.t.* iets raak/beïnvloed; op iets inbreuk maak. **im·pinge·ment** inbreuk; botsing.

im·pi·ous goddeloos; profaan, heiligskennend, heil=loos. **im·pi·ous·ness** →IMPIETY.

imp·ish →IMP.

im·plac·a·ble *adj.* onversetlik, onversoenlik, onver=biddelik. **im·plac·a·bil·i·ty, im·plac·a·ble·ness** onver=setlikheid, onversoenlikheid, onverbiddelikheid. **im·plac·a·bly** *adv.* onversetlik, onversoenlik.

im·plant *n.* inplanting. **im·plant** *ww.* inplant; inprent; *(bot.)* oorent; ~ *s.t. in s.o.* iets by iem. inprent/tuis=bring. **im·plan·ta·tion** inplanting; inprenting.

im·plau·si·ble onwaarskynlik, ongeloofwaardig. **im·plau·si·bil·i·ty** onwaarskynlikheid, ongeloofwaardig=heid.

im·pledge *(arg.)* →PLEDGE *ww.*.

im·ple·ment *n., (ook argeol.)* werktuig, stuk gereed=skap; *(Sk., jur.)* uitvoering; *(ook, i.d. mv.)* uitrusting, gereedskap, gerei; *agricultural* ~*s* landbou=, plaas=gereedskap; ~*s of war* krygs=, oorlogstuig. **im·ple·ment** *ww.* toepas, uitvoering gee aan, ten uitvoer bring, implementeer *('n beleid ens.)*; uitvoer, deur=voer *('n plan ens.)*; vervul *('n plig ens.)*; van stapel stuur *('n program, projek, ens.)*; aanbring *(verande=ringe)*; verwesen(t)lik *(idees)*. **im·ple·men·ta·tion** toe=passing, uitvoering, implementering.

im·pli·cate *n., (hoofs. log.)* bedoeling; bedoelde, aan=geduide. **im·pli·cate** *ww.* betrek, insleep, verwikkel; impliseer, te kenne gee, bedoel; insluit, behels; inhou, meebring; *(vero.)* inwikkel; ~ *s.o. in s.t.* iem. by/in iets betrek; *be* ~*d in s.t.* aan iets aandadig wees, by/in iets betrokke wees *('n misdaad ens.)*; in die ge=drang kom. **im·pli·ca·tion** verwikkeling; bedoeling, implikasie; *by* ~ by implikasie, implisiet, stilswyend; gevolglik; onregstreeks, indirek. **im·pli·ca·tive** in=sluitend, impliserend.

im·plic·it implisiet; onuitgesproke, stilswyend; vol=kome, volslae; blind, onvoorwaardelik; ~ ***faith*** vol=kome vertroue; *put* ~ ***faith*** *in* ... 'n blinde geloof hê/stel in ...; *s.t. is* ~ ***in*** ... iets word deur ... geïmpliseer; ~ ***obedience*** blinde gehoorsaamheid. **im·plic·it·ly** im=plisiet; onvoorwaardelik, volkome, volslae, sonder voor=behoud; *obey s.o.* ~ iem. deur dik en dun (*of* blind) ge=hoorsaam; *trust s.o.* ~ iem. onvoorwaardelik vertrou. **im·plic·it·ness** vanselfsprekendheid; onvoorwaarde=likheid.

im·plied →IMPLY.
im·plode inplof. **im·plo·sion** inploffing.
im·plore smeek, soebat; ~ *s.o.'s forgiveness/mercy/etc.* iem. om vergif(fe)nis/genade/ens. smeek; *I ~ you!* ek smeek jou!. **im·plor·ing·ly** smekend.
im·ply impliseer, te kenne gee, bedoel, laat deurskemer, sinspeel op; insinueer; insluit, behels; inhou, meebring; beduie, beteken, (noodwendig) veronderstel; ~ *that* ... te kenne gee dat ...; *by that s.o. implies that* ... daarmee wil iem. sê dat ... **im·plied** implisiet, onuitgesproke, stilswyend; *s.t. is ~ **by*** ... iets word deur ... geïmpliseer; iets is in ... opgesluit; ~ ***condition*** stilswyende voorwaarde; ~ ***powers*** inbegrepe bevoegdhede. **im·plied·ly** by implikasie.
im·pol·der, em·polder inpolder.
im·po·lite onbeleef(d), ongemanierd. **im·po·lite·ness** onbeleefdheid, ongemanierdheid.
im·pol·i·tic nie slim nie, onverstandig, onwys, taktloos, onoordeelkundig. **im·pol·i·cy** onverstandigheid, onwysheid, taktloosheid.
im·pon·der·a·bil·ia *(mv.), (Lat.)* imponderabilia.
im·pon·der·a·ble *n.* onsekerheidsfaktor, onvoorspelbaarheid, onberekenbare faktor. **im·pon·der·a·ble** *adj.* onberekenbaar, onweegbaar *(fig.)*, onvoorspelbaar; *(arg. of poët., liter.)* gewigloos, baie lig. **im·pon·der·a·bil·i·ty, im·pon·der·a·ble·ness** onberekenbaarheid; *(arg. of poët., liter.)* gewigloosheid.
im·port *n.* invoer; belang(rikheid), betekenis, gewig; *(i.d. mv.)* invoer, invoerartikels, =goedere, =ware; *~s and exports* invoer en uitvoer, in- en uitvoer. **im·port, im·port** *ww.* invoer; *(rek.)* invoer *(data)*; *(arg.)* inhou, behels, beteken; aandui; van belang wees vir; →IMPORTABLE, IMPORTATION, IMPORTER; ~ *s.t. to a country (from another country)* iets in 'n land invoer (uit 'n ander land). ~ **agent** invoeragent. ~ **allotment** invoertoewysing. ~ **articles,** ~ **goods** invoergoed. ~ **bounty** invoerpremie. ~ **business** invoerbedryf, =handel. ~ **control,** ~ **licensing** invoerbeheer. ~ **demand** vraag na invoergoedere. ~ **draft** invoerwissel. ~ **dues,** ~ **duty** invoerreg. ~**-export argument** invoer-uitvoerargument. ~ **harbour** invoerhawe. ~ **house, importing house** invoersaak. ~ **intensity** invoerintensiteit. ~ **intermediaries** tussenpersone by die invoer. ~ **letter of credit** invoerkredietbrief. ~ **licence** invoerlisensie. ~ **licensing quota** invoerbeheerkwota. ~ **licensing regulations** invoerbeheerreglement, =regulasies. ~ **list** invoerlys. ~ **merchant** invoerhandelaar. ~ **order** invoerbestelling, =order. ~ **permit** invoerpermit, =vergunning. ~ **wholesaler** invoergroothandelaar.
im·port·a·ble invoerbaar.
im·por·tance belang(rikheid), gewig(tigheid), betekenis; vernaamheid; ***attach*** ~ *to s.t.* betekenis/waarde/gewig aan iets heg; *be **full** of one's own* ~ behep wees met (*of* oorloop van) jou eie belangrikheid; *a matter of **minor*** ~ 'n bysaak; *that is of **minor** ~, (ook)* dis nou minder; *of **no*** ~ onbelangrik, van geen belang nie; ***of*** ~ belangrik, van belang; *a person **of*** ~ iem. van betekenis/gewig; *of **paramount*** ~ van die allergrootste/allerhoogste/uiterste belang, van oorwegende belang; *be of **primary** (or the **first**)* ~ van die grootste/hoogste belang wees; *of **vital*** ~ van die allergrootste/allerhoogste/uiterste belang, onontbeerlik, van lewensbelang; *not of **vital*** ~ nie lewensbelangrik nie.
im·por·tant belangrik, van belang/betekenis, betekenisvol, gewigtig; vernaam, vooraanstaande; ***highly*** ~ van die grootste belang; ***not** all that* ~ nie so belangrik nie; *s.t. is ~ **to** s.o.* iets is vir iem. belangrik; *a **very** ~ person, (afk.: VIP)* 'n hooggeplaaste, 'n hoogwaardigheidsbekleër, 'n baie belangrike persoon *(afk.: BBP)*; ***vitally*** ~ van lewensbelang, onontbeerlik, van die allergrootste/allerhoogste/uiterste belang. **im·portant·ly** gewigtig, met gewig.
im·por·ta·tion invoer; invoering; invoerartikel. ~ **certificate** invoerbewys.
im·port·er invoerder.
im·por·tune lastig val; dringend versoek. **im·por·tu·nate** opdringerig, lastig. **im·por·tu·ni·ty** opdringerigheid, lastigheid, aandrang.
im·pose oplê; voorskryf; beveel; vel, uitspreek, oplê *('n vonnis)*; hef, oplê *(belasting)*; stel *('n taak)*; instel *('n verbod)*; inslaan *(drukvorms)*; ~ ***on/upon*** *s.o.'s friendship/etc.* van iem. se vriendskap/ens. misbruik maak; ~ *o.s. **on/upon** s.o.* jou aan/by iem. opdring; ~ *s.t. **on/upon** s.o.* iets aan iem. oplê *(belasting ens.)*; iets aan iem. afsmeer; *~d **type,** (druk.)* ingeslane setsel. **im·pos·ing** indrukwekkend, imponerend, imposant; veeleisend. **im·po·si·tion** oplegging; heffing; belasting; swaar las; taak; *(Br.)* strafwerk, strafskrif, strafreëls; misbruik; ~ *of hands, (relig.)* hand(e)oplegging; *it would be an ~ on s.o.'s good nature* dit sou misbruik maak van iem. se goedheid.
im·pos·si·ble *n.* die onmoontlike; *s.o. asks for the* ~ iem. wil die onmoontlike hê, iem. begeer/verlang die onmoontlike; *attempt the* ~ die ontmoontlike probeer (doen); *do/perform the* ~ die onmoontlike doen/verrig. **im·pos·si·ble** *adj.* onmoontlik; ondoenlik; onbestaanbaar; *(infml.)* onuitstaanbaar, onuithou(d)baar; onhebbelik; *it is **absolutely*** ~ dit is absoluut onmoontlik; *s.t. **is*** ~ iets is onmoontlik, iets kan nie; ... ***is** ~, (infml.)* met ... is nie huis te hou nie; *it is **just*** ~ dit is eenvoudig onmoontlik; *it is **practically*** ~ dit is haas onmoontlik; *an ~ **situation*** 'n hopelose situasie; *an ~ **task*** 'n onbegonne taak; *it is ~ for s.o. to do s.t.* iem. kan iets onmoontlik doen, dit is vir iem. onmoontlik om iets te doen. **im·pos·si·bil·i·ty** onmoontlikheid; *it is a sheer* ~ dit is volstrek onmoontlik.
im·post[1] belasting, heffing; *(perdewedrenne)* gewig, vrag.
im·post[2] *(argit.)* boogdraer. ~ **moulding** boogdraerlys.
im·pos·tor, im·pos·ter bedrieër, swendelaar. **im·pos·ture** bedrog, bedrieëry, swendelary, misleiding.
im·po·tent magteloos, onmagtig, hulpeloos, swak; *(med.)* impotent. **im·po·tence, im·po·ten·cy** magteloosheid, onmag; *(med.)* impotensie.
im·pound skut, in die skut sit; beslag lê op, in beslag neem, verbeurd verklaar; opdam, opvang *(water)*; *~ed cattle* skutvee; *~ed water* vangwater, opgedamde water. **im·pound·age, im·pound·ment** (die) skut; beslaglegging *(op)*, inbeslagneming *(van)*.
im·pound·ing: ~ **reservoir** opvangreservoir.
im·pov·er·ish verarm; uitmergel; uitput *(grond)*. **im·pov·er·ished** arm, armoedig, behoeftig; verarm(d); uitgeput, uitgemergel, skraal *(grond)*; *(fig.: iem. se lewe ens.)* soveel armer. **im·pov·er·ish·ment** verarming; uitputting.
im·prac·ti·ca·ble onuitvoerbaar, ondoenlik; onprakties; *(arg.)* →INTRACTABLE. **im·prac·ti·ca·bil·i·ty, im·prac·ti·ca·ble·ness** onuitvoerbaarheid, ondoenlikheid.
im·prac·ti·cal onprakties; onuitvoerbaar. **im·prac·ti·cal·i·ty, im·prac·ti·cal·ness** onpraktiesheid *(v. iem.)*; onuitvoerbaarheid *(v. 'n plan ens.)*.
im·pre·cate *(arg.)* (ver)vloek, verwens; afsmeek. **im·pre·ca·tion** *(fml.)* vervloeking, vloek, verwensing. **im·pre·ca·to·ry** vervloekend, vloek=.
im·pre·cise onpresies, onnoukeurig. **im·pre·cise·ly** onnoukeurig. **im·pre·cise·ness, im·pre·ci·sion** onpresiesheid, onnoukeurigheid.
im·preg·na·ble onneembaar; ondeurdringbaar; onaantasbaar; onweerlegbaar *('n argument)*. **im·preg·na·bil·i·ty, im·preg·na·ble·ness** onneembaarheid; ondeurdringbaarheid; onaantasbaarheid; onweerlegbaarheid.
im·preg·nate deurdrenk, deurweek, deurtrek; week; bevrug, swanger maak; *~d **fabric*** drenkstof; ~ *s.t. **with*** ... iets met ... deurdrenk/impregneer/versadig; *be ~d **with** s.t.* van iets deurtrek wees. **im·preg·na·tion** deurtrekking, (deur)drenking; kleurdrenking; bevrugting.
im·pre·sa·ri·o =*rios* impresario.
im·pre·scrip·ti·ble *(jur.)* onvervreem(d)baar, onaantasbaar.
im·press *n.* stempel, afdruk(sel), indruk, merk. **im·press** *ww.* indruk; afdruk; druk op; stempel; beïndruk, indruk maak op, onder die indruk kom van, 'n goeie indruk maak op, imponeer, tref; *be ~ed **at/by/with*** ... deur ... getref/geïmponeer/beïndruk wees; *be **deeply/greatly/profoundly** ~ed by* ... sterk onder die indruk van ... wees/kom; ~ *s.o. **favourably*** 'n goeie/gunstige indruk op iem. maak; ~ *s.t. **on** s.o.* iem. iets op die hart druk; *~ed **stamp*** ingedrukte seël; ~ *s.o. **with** s.t.* op iem. indruk maak met iets. **im·press·i·bil·i·ty** ontvanklikheid, vatbaarheid vir indrukke. **im·press·i·ble** ontvanklik, vatbaar vir indrukke.
im·pres·sion indruk, impressie; afdruk, impressie; stempel; druk, oplaag *(v. 'n boek)*; ***convey** the ~ that* ... die indruk wek (*of* iem. laat verstaan) dat ...; ***create** an* ~ indruk maak; 'n indruk wek; ***create/give** a certain* ~ 'n sekere indruk wek/maak; *an **erroneous*** ~ 'n wanindruk; *make a **favourable/good** ~ on s.o.* 'n gunstige/goeie indruk op iem. maak; *a **fleeting*** ~ →FLEETING; ***form/gain/get** an* ~ 'n indruk kry; ***gain/get** the ~ that* ... die indruk kry dat ...; onder die indruk kom dat ...; ***give** an* ~ 'n indruk wek; ***leave** an* ~ 'n indruk laat; ***make** an ~ on s.o.* op iem. indruk maak; *s.o. knows how to **make** an* ~ iem. kan hom/haar goed voordoen; *s.t. **makes** an* ~ iets maak indruk; *an ~ **of** s.t.* 'n indruk van/omtrent iets; *~s of **travel*** reisindrukke; *be **under** the ~ that* ... onder die indruk verkeer/wees dat ...; *leave s.o. **under** the ~ that* ... iem. in die waan laat dat ... ~ **cylinder** druksilinder.
im·pres·sion·a·ble gevoelig (vir indrukke); oorreedbaar, ontvanklik, vatbaar vir indrukke.
im·pres·sion·ism *(kuns, dikw. I~)* impressionisme. **im·pres·sion·ist** *n.* impressionis. **im·pres·sion·ist** *adj.*, **im·pres·sion·ist·ic** impressionisties.
im·pres·sive indrukwekkend, imponerend, imposant, treffend; aangrypend; gewigtig. **im·pres·sive·ness** indrukwekkendheid, imposantheid; aangrypendheid; gewigtigheid.
im·prest voorskot.
im·pri·ma·tur *(druk., RK)* imprimatur, drukverlof; *under the ~ of* ... onder die imprimatur van ...; met die goedkeuring van ...
im·print *n.* stempel; indruk; afdruk(sel); opdruk; drukkersnaam; impressum, drukkersmerk, drukkerstempel; *(i.d. mv. ook)* drukwerk; *bear the ~ of* ... die stempel van ... dra; *s.o. left his/her ~ on his/her pupils* iem. het sy/haar stempel op sy/haar leerlinge afgedruk. **im·print** *ww.* stempel; afstempel, instempel; (af)druk; inprent, inplant; opdruk; *s.t. is ~ed on s.o.'s memory* iets is in iem. se geheue (in)gegrif/(in)geprent.
im·pris·on in die tronk sit, opsluit; (in)kerker. **im·pris·oned** in die tronk; ingekerker. **im·pris·on·ment** gevangenskap, gevangeneming, opsluiting; gevangenis=, tronkstraf; *condemn/sentence s.o. to ~* iem. tot gevangenisstraf/tronkstraf veroordeel; *serve a term of ~* 'n gevangenistermyn uitdien, 'n straftyd/straftermyn uitdien/uitsit.
im·pro *n., (sl.)* improvisasie.
im·prob·a·ble onwaarskynlik. **im·prob·a·bil·i·ty** onwaarskynlikheid.
im·pro·bi·ty *(fml.)* oneerlikheid; boosheid, slegtheid.
im·promp·tu *n., (hoofs. mus.)* impromptu, improvisasie. **im·promp·tu** *adj.* onvoorbereid, geïmproviseer(d). **im·promp·tu** *adv.* onvoorbereid, spontaan, uit die vuis (uit), geïmproviseer(d).
im·prop·er onbehoorlik, ongepas, onvanpas, misplaas; onfatsoenlik, onbetaamlik, onwelvoeglik; onbeleef(d), ongeskik; verkeerd, foutief, onjuis, inkorrek; oneg; ~ *fraction* →FRACTION. **im·prop·er·ly** onbehoorlik, onfatsoenlik; verkeerdelik, ten onregte.
im·pro·pri·ate toe-eien; sekulariseer. **im·pro·pri·a·tion** toe-eiening; sekularisasie; gesekulariseerde eiendom.
im·pro·pri·e·ty onbehoorlikheid, ongepastheid; onbetaamlikheid; ongeskiktheid; verkeerdheid, inkorrektheid; →IMPROPER.
im·prove verbeter, beter maak/word; veredel; vooruitgaan, styg; bewerk; *s.o. ~s on/upon **acquaintance*** →ACQUAINTANCE; ~ *with **age*** →AGE *n.*; ~ *one's **mind*** →MIND *n.*; ~ ***(up)on** s.t.* iets verbeter, iets beter doen;

iets verbeter/oortref *('n rekord ens.); no one can ~ (up)on it* niemand kan dit beter doen nie. **im·prov·a·bil·i·ty** verbeterbaarheid. **im·prov·a·ble** verbeterbaar; bewerkbaar, beboubaar. **im·prove·ment** verbetering; veredeling; beterskap; vordering; oplewing; bewerking; stigting; hoër bod; *(i.d. mv.)* aanbouings; *a **distinct** ~* 'n besliste verbetering; *an ~ (up)on ...* 'n verbetering teenoor (*of* vergeleke met) ...; 'n vooruitgang teenoor (*of* vergeleke met) ...; *there is **room** for ~* dit kan beter; *a **vast** ~* 'n enorme verbetering. **im·prov·er** verbeteraar; *(kookk.)* (smaak)verbeteraar. **im·prov·ing** verbeterend; leersaam; stigtelik.

im·prov·i·dent sonder voorsorg; spandabelrig, verkwistend. **im·prov·i·dence** gebrek aan voorsorg; spandabelrigheid, verkwisting, verkwistendheid.

im·pro·vise improviseer, uit die vuis (uit) lewer; prakseer; fantaseer. **im·prov·i·sa·tion** improvisasie. **im·pro·vised** *(ook)* tuisgemaak; noodhulp=, nood=. **im·pro·vis·er** planmaker; prakseerder.

im·pru·dent onversigtig, onverstandig, onbesonne, onberade. **im·pru·dence** onversigtigheid, onverstandigheid, onbesonnenheid, onberadenheid, onbedagtheid.

im·pu·dent onbeskaam(d); astrant, parmantig, vermetel; onbeskeie. **im·pu·dence, im·pu·den·cy** onbeskaamdheid; (dom)astrantheid, parmantigheid, vermetelheid; *have the ~ to ...* die vermetelheid hê (*of* so astrant/brutaal/vermetel wees) om te ...; *a piece of ~* 'n onbeskaamdheid; *sheer ~* pure astrantheid.

im·pu·dic·i·ty *(fml.)* onbeskeidenheid; skaamteloosheid.

im·pugn betwis, in twyfel trek; bestry; *~ s.o.'s honour* iem. in sy eer aantas. **im·pugn·a·ble** betwisbaar, aanvegbaar. **im·pugn·ment** betwisting; bestryding; teen=, teëspraak.

im·pu·is·sant *(poët., liter.)* hulpeloos, magteloos, onmagtig. **im·pu·is·sance** hulpeloosheid, magteloosheid, onmag(tigheid).

im·pulse impuls; (aan)drang; stoot; prikkel, aansporing; stukrag; opwelling; *act* (*or do s.t.*) *on (an) ~* impulsief handel/optree; 'n ingewing volg, iets op 'n ingewing doen; iets in 'n opwelling van drif doen. **~ buying** impulsiewe koop/kope/kopie(s).

im·pul·sion (aan)drang; stoot; prikkel, impuls; beweegkrag, stukrag, impulsie.

im·pul·sive impulsief; voortstuwend, aandrywend; prikkelend; voortvarend. **im·pul·sive·ness** impulsiwiteit.

im·pu·ni·ty straf(fe)loosheid, ongestraftheid; *with ~* ongestraf, straf(fe)loos.

im·pure onsuiwer, onrein; vervals; gemeng; onkuis. **im·pu·ri·ty** onsuiwerheid, onreinheid; onkuisheid.

im·pute toeskryf, toeskrywe, wyt, toedig; toereken, ten laste lê, die skuld gee van; *~ s.t. to s.o.* iets aan iem. toedig; iem. iets toereken (*of* ten laste lê), iem. die skuld van iets gee; *~d/shadow price, (ekon.)* toegerekende prys. **im·put·a·bil·i·ty** toeskryfbaarheid, toerekenbaarheid. **im·put·a·ble** toeskryfbaar, toe te skryf/skrywe *(aan)*, te wyte *(aan)*, toerekenbaar. **im·pu·ta·tion** toeskrywing; toerekening; aantyging, beskuldiging, tenlastelegging. **im·pu·ta·tive** toegeskrewe; beskuldigend.

in *n.: **find out** the ~s and outs of s.t., (ook)* agter die kap van die byl kom; ***know** the ~s and outs of s.t., (ook)* weet hoe die vurk in die hef steek; *the ~s and **outs** of it* die toedrag van sake; die besonderhede (*of* fyn puntjies) daarvan; ***the** ~s, (w.g.)* die regerende party; die maghebbers. **in** *adj. & adv.* in, binne; *be **all** ~* pootuit/stokflou wees; ***applications** must be ~ today* aansoeke sluit vandag (*of* moet vandag binne wees); *be/sit ~ **at** ... by ...* (aanwesig) wees *('n bespreking, vergadering, ens.); was the **ball** ~ or out?, (tennis)* was die bal in of uit?; *(not) **be** ~* (nie) tuis/daar (*of* in jou kantoor *of* op kantoor) wees (nie); *~ **between*** tussenin; *the **boat/train** is ~* die skip/trein het aangekom; *our **candidate** is/got ~, (pol.)* ons kandidaat is gekies/verkies (*of* het gewen); ***come** ~* →COME; *the **Democrats/etc.** are ~* die Demokrate/ens. het die meerderheid (*of* is aan die bewind); *keep a **fire** ~, (Br.)* 'n vuur aan die gang hou; *s.o. is ~ **for it**, (infml.)* iem. gaan aan die pen ry; iem. sal bars; *be ~ **for** a race* aan 'n wedren deelneem, vir 'n wedren ingeskryf/ingeskrywe wees; *we are ~ **for** more rain/etc., (infml.)* ons gaan nog reën/ens. kry, ons kan nog reën/ens. te wagte wees; *s.o. has been ~ an **hour/etc.*** iem. is al 'n uur/ens. tuis; iem. is al 'n uur/ens. aan die beurt; *(kr.)* iem. is al 'n uur/ens. aan die kolf; ***lock** ... ~* LOCK[1] *ww.; be ~ **on** s.t., (infml.)* by/in iets betrokke wees; in 'n geheim deel/wees; ***put** s.t. ~* →PUT *ww.; **rub** s.t. ~* →RUB *ww.; which **side** is ~?, (kr.)* watter span kolf nou?; *with the woolly **side** ~* met die wolkant na binne; *be the ~ **thing**, (infml.)* die in ding (*of* hoogmode *of* hoog in die mode *of* baie gewild) wees; ***throw** s.t. ~* →THROW *ww.; the **tide** is coming ~* →TIDE *n.; **walk** ~* →WALK *ww.; be ~ **with** s.o., (infml.)* op goeie voet met iem. wees/verkeer; kop in een mus met iem. wees; *keep ~ **with** s.o.* →KEEP *ww.; be ~ one's thirtieth/etc. **year*** →YEAR. **in** *prep.* in; op; by; met *(ink, potlood, olieverf); ~ **absentia*** →ABSENTIA; *catch s.o. ~ the **act*** →ACT *n.; ~ the **afternoon*** →AFTERNOON *n.; ~ **America/Amsterdam/etc.*** in Amerika/Amsterdam/ens.; *~ **among(st)** them* →AMONG(ST); *~ the **amount/sum** of ...* ten bedrae van ...; *~ **answer** to ...* →ANSWER *n.; ~ **art/science/etc.*** in die kuns/wetenskap/ens.; *~ **autumn/spring/etc.*** in die herfs/lente/ens.; *~ the **background/foreground*** op die agtergrond/voorgrond; *money ~ the **bank*** →BANK[2] *n.; **believe** ~ ghosts/God* →BELIEVE; *~ **brackets*** →BRACKET *n.; the best **brand** ~ kitchen appliances* die beste merk in kombuistoebehore; *five metres ~ **breadth*** →BREADTH; ***brother** ~ arms* →BROTHER; *~ **calculating** the amount* →CALCULATING; *~ **camera*** →CAMERA; *~ **case** ...* →CASE[1] *n.; epilepsy/etc. ~ **children/etc.*** epilepsie/ens. by kinders/ens.; *10 hectares ~/under **cotton*** 10 hektaar onder katoen; *~ the **country*** →COUNTRY *n.; ~ **crossing*** met die oorgaan; *~ the **day/evening/morning/night*** →DAY, EVENING, MORNING, NIGHT; *~ five **days/hours/minutes/months/weeks/years*** (or ***days'/hours'/minutes'/months'/weeks'/years'** time)* oor vyf dae/uur/minute/maande/weke/jaar; *s.t. is **deficient** ~ ...* →DEFICIENT; *~ **desperation*** →DESPERATION; ***engage** ~ s.t.* →ENGAGE; *s.o./s.t. is/gets ~ your **face**, (sl.)* iem./iets maak jou die duiwel in (*of* irriteer jou grens[e]loos); →IN-YOUR-FACE *adj.; ~ (point of) **fact*** →FACT; *be ~ **fashion*** →FASHION *n.; a **feather** ~ a hat* →FEATHER *n.; ~ **friendship*** →FRIENDSHIP; *the **gradient** is 1 ~ 7* →GRADIENT; *~ one's own **handwriting*** in jou eie handskrif; *s.o. has it ~ **him/her*** dit sit in hom/haar, hy/sy is die man/vrou daarvoor; *~ **honour** of ...* →HONOUR *n.; ~ the **hope** that ...* →HOPE *n.; one ~ a **hundred*** →HUNDRED; *~ their **hundreds/thousands*** by (die) honderde/duisende; *write ~ **ink/pencil*** met ink (*of* ['n] potlood) skryf/skrywe; *~ **inverted** commas* →INVERTED; *there was little ~ **it**, (infml.)* die verskil was klein; dit was amper/byna gelykop; *there is not much ~ **it*** dit beteken nie veel nie, daar sit nie veel in nie; *s.o. is not ~ **it*** iem. is nie daarby/daarin betrokke nie; *(infml.)* iem. het geen kans nie; iem. kom nie in aanmerking nie; *there is nothing ~ **it** for s.o.* iem. kry niks daaruit nie, dit bring iem. niks in nie; *what is ~ **it** for me?* wat kry ek (daaruit)?, watter voordeel het dit vir my?, wat steek vir my daarin?; *with sugar ~ **it*** met suiker (in/daarin); *there are not ten ~ **it** either way* die verskil is minder as tien; *~ **itself*** →ITSELF; ***keep** s.o. ~* →KEEP *ww.; be ~ **leading strings*** →LEADING STRINGS; *~ **line** with ...* →LINE[1] *n.; as far as ~ **me** lies* →LIE[2] *ww.; **measure** ~ kilometres/litres/metres/etc.* →MEASURE *ww.; ~ **memoriam**, (Lat.)* in memoriam, ter nagedagtenis *(aan/van iem.)*, ter herinnering *(aan iem.); ~ **memory** of ...* →MEMORY; *be ~ **mourning*** →MOURNING; *~ God's **name*** →GOD; *~ s.o.'s **name*** →NAME *n.; three/etc. ~ **number*** →NUMBER *n.; s.o. has been ~ and **out** of prison/hospital* iem. het in die tronk/hospitaal gebly; ***pay** ~ cash* →PAY[1] *ww.; ~ a **picture*** →PICTURE *n.; ~ a **place*** →PLACE *n.; ~ all **probability*** →PROBABILITY *n.; ~ **protest*** →PROTEST *n.; ~ (the) **pursuance** of ...* →PURSUANCE; *~ **quotation marks*** →QUOTATION MARK; ***rejoice** ~ s.t.* →REJOICE; *a **scene** ~ "Hamlet"* →SCENE; *~ **search** of s.t.* →SEARCH *n.; disappear ~ **seconds*** in/binne enkele (*of* 'n paar) sekondes verdwyn; *~ **self-defence*** →SELF-DEFENCE; *~ **Shakespeare/etc.*** in/by Shakespeare/ens.; *~ **step*** →STEP *n.; ~ **style*** →STYLE *n.; pay R10 000 ~ **taxes*** →TAX[1] *n.; be ~ **tears*** →TEAR[2] *n.; ~ **that** s.o. ...* →THAT *pron. ~ a threatening **tone*** →TONE *n.; ~ **toto*** →TOTO; *~ the **tradition** of ...* →TRADITION; *be ~ **transit*** →TRANSIT *n.; ~ **truth*** →TRUTH; *~ a day or **two*** →DAY; *~ **uniform*** →UNIFORM *n.; ~ **vitro**, (biol., Lat.: in glas)* in vitro; *~ **vitro** fertilisation/-zation, (buite d. baarmoeder)* in vitro-bevrugting, kunsmatige bevrugting; *~ a loud **voice*** →VOICE *n.; s.o. is **wanting** ~ ...* →WANTING; *be born ~ **wedlock*** →WEDLOCK; *~ **words*** →WORD *n.; ~ the **world*** ter wêreld, op aarde; *~ **writing*** →WRITING; *~ **Xhosa/etc.*** in Xhosa/ens..

in·a·bil·i·ty onvermoë, onmag; onbekwaamheid; *s.o.'s ~ to ...* iem. se onvermoë om te ...

in·ac·ces·si·ble onbereikbaar; onbeklimbaar; ontoeganklik, ongenaakbaar *(iem.)*. **in·ac·ces·si·bil·i·ty, in·ac·ces·si·ble·ness** onbereikbaarheid; ontoeganklikheid; onbeklimbaarheid.

in·ac·cu·rate onnoukeurig, onakkuraat; foutief, verkeerd, onjuis. **in·ac·cu·ra·cy** onnoukeurigheid, onakkuraatheid; onjuistheid. **in·ac·cu·rate·ly** onnoukeurig; foutief, verkeerd.

in·ac·tive onaktief, passief; traag; *(han.)* flou *(mark)*; ongebruik, buite werking, stil; dadeloos, daadloos; *be ~, (ook)* stilsit. **in·ac·tion, in·ac·tiv·i·ty** onaktiwiteit, passiwiteit; traagheid; flouheid; dadeloosheid, daadloosheid; (die) niksdoen.

in·a·dapt·a·ble onaanpasbaar; onbruikbaar, ongeskik, onaanwendbaar. **in·a·dapt·a·bil·i·ty** onaanpasbaarheid, gebrek aan aanpassingsvermoë; onbruikbaarheid, ongeskiktheid.

in·ad·e·quate ontoereikend, onvoldoende, ongenoegsaam, gebrekkig; onvolwaardig. **in·ad·e·qua·cy** ontoereikendheid, onvoldoendheid, ongenoegsaamheid, gebrek; onvolwaardigheid.

in·ad·mis·si·ble ontoelaatbaar, ongeoorloof; onaanneemlik, onaanvaarbaar; *(jur.)* onontvanklik, nieontvanklik. **in·ad·mis·si·bil·i·ty** ontoelaatbaarheid; onaanneemlikheid; *(jur.)* nieontvanklikheid, onontvanklikheid.

in·ad·vert·ent onopsetlik, onbedoel(d); onoplettend, agte(r)losig; onbewus. **in·ad·vert·ence, in·ad·vert·en·cy** onopsetlikheid; onoplettendheid; onbewustheid; *by ~* onopsetlik, per ongeluk/abuis. **in·ad·vert·ent·ly** onopsetlik, onbedoel(d), per ongeluk/abuis; onbewus.

in·ad·vis·a·ble onraadsaam, nie raadsaam nie, nie aan te raai nie. **in·ad·vis·a·bil·i·ty, in·ad·vis·a·ble·ness** onraadsaamheid.

in·al·ien·a·ble onvervreem(d)baar. **in·al·ien·a·bil·i·ty, in·al·ien·a·ble·ness** onvervreem(d)baarheid.

in·al·ter·a·ble onveranderbaar. **in·al·ter·a·bil·i·ty, in·al·ter·a·ble·ness** onveranderbaarheid.

in·am·o·ra·ta *-tas* geliefde, minnares.

in·am·o·ra·to *-tos* geliefde, minnaar.

in·ane *adj.* leeg, hol; betekenisloos, sinloos; dom, onnosel, simpel, besimpeld, laf, verspot. **in·a·ni·tion** swakheid, kragteloosheid; uitputting; uittering; (toestand van) verhongering/ondervoeding; gebrek. **in·an·i·ty** leegheid, holheid; sinloosheid; domheid, onnoselheid, simpelheid, lafheid, onsinnigheid; sinlose aanmerking.

in·an·i·mate leweloos, onbesiel(d); doods. **in·an·i·mate·ness, in·an·i·ma·tion** leweloosheid; doodsheid.

in·ap·peas·a·ble →UNAPPEASABLE.

in·ap·pe·tence, in·ap·pe·ten·cy *(hoofs. veearts.)* lusteloosheid; gebrek aan (eet)lus.

in·ap·pli·ca·ble, in·ap·pli·ca·ble ontoepaslik, nie van toepassing nie; onbruikbaar, ongeskik. **in·ap·pli·ca·bil·i·ty, in·ap·pli·ca·ble·ness** ontoepaslikheid; onbruikbaarheid, ongeskiktheid.

in·ap·po·site onvanpas, ongepas, misplaas; ontoepaslik. **in·ap·po·site·ness** ongepastheid, misplaastheid; ontoepaslikheid.

in·ap·pre·ci·a·ble onmerkbaar, onwaarneembaar; nietig, onbeduidend, gering.
in·ap·pre·ci·a·tion gebrek aan waardering. **in·ap·pre·ci·a·tive** →UNAPPRECIATIVE.
in·ap·pre·hen·sive onbevrees; onwaarneembaar; onbegryplik, onverstaanbaar.
in·ap·proach·a·ble ontoeganklik, ongenaakbaar. **in·ap·proach·a·bil·i·ty** ontoeganklikheid, ongenaakbaarheid.
in·ap·pro·pri·ate misplaas, onvanpas, ongepas, ongeskik, onpaslik. **in·ap·pro·pri·ate·ness** misplaastheid, ongepastheid, ongeskiktheid.
in·apt misplaas, onvanpas, ongepas; onpaslik; onhandig, onbekwaam. **in·ap·ti·tude, in·apt·ness** misplaastheid, ongepastheid; onhandigheid, onbekwaamheid.
in·arch *(tuinb.)* inbuig; vasent, boogent.
in·ar·gu·a·ble →UNARGUABLE.
in·ar·tic·u·late onsamehangend; onduidelik, onverstaanbaar, ongeartikuleer(d); stom, spraakloos, sprakeloos, met stomheid geslaan; *(biol.)* ongeleed, sonder geledinge, ongeartikuleer(d). **in·ar·tic·u·late·ly** onsamehangend; onverstaanbaar. **in·ar·tic·u·late·ness, in·ar·tic·u·la·cy** onsamehangendheid; onverstaanbaarheid; spraakloosheid, sprakeloosheid.
in·ar·ti·fi·cial *(arg.)* ongekunsteld; onkunstig, onartistiek.
in·ar·tis·tic onkunstig, onartistiek.
in·as·much as aangesien, omdat; deurdat.
in·at·ten·tive onoplettend; onopmerksaam, onattent. **in·at·ten·tion, in·at·ten·tive·ness** onoplettendheid; onopmerksaamheid, onattentheid.
in·au·di·ble onhoorbaar; *make* ~ oorstem. **in·au·di·bil·i·ty, in·au·di·ble·ness** onhoorbaarheid.
in·au·gu·rate instel; inhuldig, bevestig, installeer; open, oopstel, in gebruik neem, inwy; onthul; begin (met). **in·au·gu·ral** inwydings=; openings=; aanvangs=; intree=; ~ ***address*** intreerede; ~ ***festival*** inwydingsfees; ~ ***flight*** eerste vlug; ~ ***lecture*** intreelesing; ~ ***meeting*** stigtingsvergadering. **in·au·gu·ra·tion** instelling; inhuldiging, installasie; opening, oopstelling, ingebruikneming, inwyding; onthulling; aanvang, begin. **in·au·gu·ra·to·ry** →INAUGURAL.
in·aus·pi·cious onheilspellend, ongunstig, ongelukkig; ~ *day* onheilsdag. **in·aus·pi·cious·ness** onheilspellendheid, ongunstigheid, ongelukkigheid.
in·be·tween *n.* tussending; tussenoplossing; tussenpersoon. **in·be·tween** *adj.* tussen=; ~ *stage* tussenstadium; ~ *season* tussenseisoen.
in·board binneboords; ~ *motor* binneboordmotor.
in·born aangebore, ingebore, ingeskape, natuurlik.
in·bound inkomend.
in·breathe *(w.g.)* inasem.
in·breed inteel. **in·bred** ingeteel; ingebore, aangebore; diepgewortel. **in·breed·ing** inteelt, inteling; verwantskapsteelt, =teling, familieteelt, =teling.
in·built *adj. (gew. attr.)* ingebou *(faksmasjien ens.)*; aangebore *(eienskap)*; ingebore *(vrees)*; instinktief *(weersin)*; natuurlik *(aanleg, neiging)*.
In·ca Inka.
in·cal·cu·la·ble onberekenbaar, onmeetlik, ontelbaar, onnoemlik. **in·cal·cu·la·bil·i·ty, in·cal·cu·la·ble·ness** onberekenbaarheid *ens.*.
in·can·desce gloei; laat gloei. **in·can·des·cence, in·can·des·cen·cy** gloeiing; gloeihitte; gloed; lig. **in·can·des·cent** (wit)gloeiend, liggewend, ligtend; ~ *burner* (gas)gloeipit, (gas)gloeibrander; ~ *lamp* gloeilamp; ~ *mantle* gloeikous(ie).
in·can·ta·tion towerspreuk, beswering.
in·ca·pa·ble onbekwaam, nie in staat nie; onbevoeg; magteloos; hulpeloos; onkapabel; ~ *of contracting* handelingsonbevoeg; ~ *of guilt* ontoerekeningsvatbaar; *be* ~ *of doing s.t.* nie in staat wees om iets te doen nie, iets nie kan doen nie. **in·ca·pa·bil·i·ty, in·ca·pa·ble·ness** onvermoë, onbekwaamheid.
in·ca·pac·i·tate onbekwaam/onbevoeg maak; *(jur.)* onbevoeg verklaar; uitskakel; diskwalifiseer. **in·ca·pac·i·tat·ed** *(ook)* onkapabel. **in·ca·pac·i·ta·tion** onbevoegwording; uitskakeling; diskwalifisering.
in·ca·pac·i·ty onvermoë; onbekwaamheid, onbevoegdheid; *s.o.'s.* ~ *to* ... iem. se onvermoë om te ...; ~ *to contract, contractual* ~ handelingsonbevoegdheid.
in·cap·su·late, in·cap·su·la·tion →ENCAPSULATE, ENCAPSULATION.
in·car *adj. (attr.)* motor= *([tele]foon ens.)*.
in·car·cer·ate (in)kerker; in die tronk sit, opsluit; ~*d hernia, (med.)* beklemde breuk. **in·car·cer·a·tion** (in)kerkering; gevangenskap, opsluiting.
in·car·na·dine *ww., (arg. of poët., liter.)* bloedrooi verf. **in·car·na·dine** *adj.* bloedrooi; vleeskleurig.
in·car·nate *adj.* beliggaam, vleeslik, in die vlees, vleesgeworde; vleeskleurig; *a/the devil* ~ 'n/die duiwel self. **in·car·nate** *ww.* beliggaam, verpersoonlik; vlees laat word, inkarneer; gestalte (*of* [tasbare] vorm) gee (aan). **in·car·na·tion** beliggaming; vleeswording, inkarnasie, menswording.
in·cau·tious, in·cau·tious·ly onversigtig. **in·cau·tious·ness, in·cau·tion** onversigtigheid.
in·cen·di·ar·y *n.* brandbom; brandstigter; opruier, oproermaker, onrusstoker. **in·cen·di·ar·y** *adj.* brandstigtend; brand=; *(fig.)* opruiend; ~ *bomb* brandbom; ~ *fire* opsetlike brand. **in·cen·di·a·rism** brandstigting; *(fig.)* opruiing.
in·cense[1] *n.* wierook; *(fig.)* lof, bewieroking. **in·cense** *ww., (lett. & fig.)* bewierook; *(fig.)* lof toeswaai. ~ **altar** wierookaltaar. ~ **bearer** wierookdraer. ~ **burner** wierookbrander. ~ **offering** wierookoffer.
in·cense[2] *ww.* kwaad/woedend maak, vertoorn; *be* ~*d at/by s.t.* gebelg(d)/smoorkwaad/woedend wees oor iets.
in·cen·so·ry →CENSER.
in·cen·tive *n.* aansporing, aanmoediging, dryfveer, spoorslag; prestasieloon; *s.t. is an* ~ *to s.o. to* ... iets is vir iem. 'n aansporing/spoorslag om te ... **in·cen·tive** *adj.* aansporend. ~ **bonus** aansporingsbonus. ~ **(measure)** aanmoediging(smaatreël). ~ **wage** aansporingsloon.
in·cep·tion begin, aanvang, ontstaan; stigting; *from its* ~ van sy ontstaan af; *year of* ~ beginjaar. **in·cep·tive** beginnend, begin=, aanvangs=; *(gram.)* inchoatief, inkohatief.
in·cer·ti·tude onsekerheid.
in·ces·sant onophoudelik, aanhoudend, voortdurend, knaend, onafgebroke, ononderbroke, gedurig, alewig. **in·ces·san·cy, in·ces·sant·ness** onophoudelikheid, aanhoudendheid, voortduring, onafgebrokenheid. **in·ces·sant·ly** alewig.
in·cest bloedskande. **in·ces·tu·ous** bloedskandelik; ~ *person* bloedskender, iem. wat bloedskande pleeg.
inch[1] *n., (lengte-eenheid)* duim; *not* ***budge/give/yield*** *an* ~ geen/nie 'n duimbreed(te) wyk nie; ~ ***by*** ~ duim vir duim; voetjie vir voetjie, stadig, langsamerhand; *not* ***depart/swerve*** *an* ~ ***from*** ... geen/nie 'n duimbreed(te) van ... afwyk nie; *be* ***every*** ~ *a* ... deur en deur 'n ... (*of* pure ...) wees *(aristokraat ens.)*; ***give*** *s.o. an* ~ *and he'll/she'll take a yard/mile, (idm.)* as jy iem. 'n/die pinkie gee, vat hy/sy die hele hand; ***miss*** *... by* ~*es* ... net(-net) mis; ***to an*** ~ op 'n haar, presies; ***win*** *by* ~*es* met duime wen, net-net wen; *be beaten* ***within*** *an* ~ *of one's life* (so) amper/byna doodgeslaan word; ***within*** ~*es* binne 'n paar duim. **inch** *ww.* duim vir duim (*of* voetjie vir voetjie) (voort)beweeg, skuifel; ~ *ahead/forward* stadig/moeisaam voortbeweeg, met 'n slakkegang vorder, duim vir duim vorentoe beweeg/skuif/skuiwe. ~ **rule** liniaal, duimstok. ~ **tape** maatband, =lint, meetband, =lint. ~**worm** →MEASURING WORM.
inch[2] *n., (Sk., Ier.)* eilandjie.
in·cho·ate, in·cho·ate *adj.* aanvangend, beginnend; onontwikkeld; rudimentêr. **in·cho·ate** *ww.* begin, 'n aanvang neem; in die lewe roep. **in·cho·a·tion** begin, aanvang, ontstaan. **in·cho·a·tive, in·cho·a·tive** beginnend, begin=; *(gram.)* inchoatief, inkohatief.
in·ci·dent *n.* voorval, gebeurtenis, insident; episode; *without* ~ rustig; voorspoedig. **in·ci·dent** *adj.* invallend; ~ *to* ... eie aan ...; verbonde aan ...; voortvloeiend uit ...; wat met ... gepaardgaan; *be* ~ *(up)on* ..., *(ligstrale ens.)* op ... inval. **in·ci·dence** (die) val; (die) raak/tref; raak=, trefpunt; trefwydte; invloedsfeer, gevolgsomvang; druk; invloed; verspreiding, voorkoms=(syfer), frekwensie; omvang *(v. 'n siekte)*; (die) inval; *(wisk.)* insidensie; ***angle*** *of* ~ →ANGLE[1] *n.*; *a high/low* ~ *of* ***crime/disease/etc.*** 'n hoë/lae misdaadsyfer/siektesyfer/ens.; ***line*** *of* ~, *(fis.)* invalslyn; ***plane*** *of* ~, *(fis.)* invalsvlak; ~ *of the* ***tax*** druk/verdeling/trefwydte van die belasting; ~ *of* ***taxation*** belastingdruk. **in·ci·den·tal** *n.* bykomstigheid; randverskynsel; *(i.d. mv.)* bykoste, bykomstige/los/toevallige uitgawes. **in·ci·den·tal** *adj.* bykomstig, insidenteel; toevallig, insidenteel; sekondêr; ~ ***expenses*** bykoste, bykomstige/los/toevallige uitgawes; onvoorsiene uitgawes; ~ ***image*** nabeeld; ~ ***music*** agtergrondmusiek, bykomstige musiek; ~ ***remark*** terloopse opmerking; *it is* ~ ***to*** ... dit gaan met ... gepaard, dit hang met ... saam, dit is verbonde aan ... **in·ci·den·tal·ly** toevallig, terloops; tussen hakies.
in·cin·er·ate (tot as) verbrand; veras. **in·cin·er·a·tion** verbranding, verassing; lykverbranding. **in·cin·er·a·tor** (verbrandings)oond, verasser.
in·cip·i·ent aanvangend, aanvangs=, beginnend, begin=, in die beginstadium; ~ *cancer* kanker in die eerste (*of* in 'n vroeë) stadium; ~ *swarms, (v. sprinkane)* opbouswerms. **in·cip·i·ence** aanvang, begin, ontstaan.
in·cir·cle *n., (geom.)* insirkel, ingeskrewe sirkel.
in·cise insny, (in)kerf; inkras; inkeep; grif, graveer; ~*d leaf* ingekeepte blaar; ~*d wound* snywond. **in·ci·sion** insnyding, sny; inkerwing, kerf. **in·ci·sive** snydend; skerp; indringend, deurdringend; nadruklik; kragtig; raak. **in·ci·sive·ness** nadruklikheid; indringendheid; raakheid. **in·ci·sor** sny=, voortand. **in·ci·sure** *(anat.)* keep, kerf; insnyding, sny.
in·cite opsweep, aanhits, aanstook, opstook, oprui, ophits; ontketen, opwek, uitlok; aanmoedig, aanspoor, aanvuur; ~ *s.o. to s.t.* iem. tot iets opsweep/aanhits/aanstook/opstook. **in·ci·ta·tion** opsweping, aanhitsing, opstokery, opruiing, ophitsing; aansporing. **in·cite·ment** opswepery, aanhitsing, aanstoking, opstokery, opruiing; uitlokking; aanmoediging, aansporing. **in·cit·er** aanstigter; opstoker, oproermaker, aanhitser, opsweper, opruier, onrusstoker.
in·ci·vil·i·ty onbeleefdheid, onhoflikheid; →UNCIVIL.
in·clem·ent guur, stormagtig *(weer)*. **in·clem·en·cy, in·clem·ent·ness** guurheid, stormagtigheid *(v.d. weer)*.
in·cli·na·tion neiging, geneigdheid; lus; sinnigheid; geneentheid, liefde; buiging; helling, duikhoek; inklinasie; ***against*** *s.o.'s* ~ teen iem. se sin; ***angle*** *of* ~ hellingshoek; ***follow*** *one's own* ~ jou eie kop/sin volg; ***have*** *an* ~ *to* ... 'n geneigdheid tot ... hê; ***have*** *an* ~ *to do s.t.* geneig wees om iets te doen.
in·cline *n.* helling, skuinste; afdraand(e); opdraand(e); skuins skag; oorhang; *a sharp* ~ 'n steil opdraand(e)/afdraand(e). **in·cline** *ww.* oorhel, (jou) buig; skuins staan; skuins hou; laat oorhel; ~ *at an* ***angle*** met 'n hoek (oor)hel; ~ ***to*** ..., *(lett.)* na ... oorhang/oorhel; *(fig.)* tot ... neig (*of* geneig wees), 'n neiging tot ... toon; ~ ***towards*** *s.o.* na iem. oorleun. **in·clin·a·ble** geneig; geneë. **in·clined:** *be* ***favourably*** ~ *to(wards)* ... gunstig teenoor ... gestem(d) wees; ***feel*** ~ *to* ... lus hê/voel/wees om te ...; ~ ***plane,*** *(geom.)* hellende vlak; ~ ***roof*** skuins dak; ~ ***shaft*** skuins skag; *I am* ~ *to* ***think*** ... ek dink amper (*of* sou dink) ...; *be* ~ ***to*** *do s.t.* geneig wees om iets te doen.
in·cli·nom·e·ter helling(s)meter, klinometer; →DIP CIRCLE.
in·close →ENCLOSE.
in·clude insluit, omvat, bevat, behels; meereken, meetel; opneem; ~ *s.o.* ***in*** ... iem. in ... opneem *(d. span ens.)*; ~ *s.t.* ***in*** ... iets in ... opneem *(d. agenda ens.)*; iets by ... inreken; ***it*** ~*s* ... daaronder is ...; ... is daarby inbegrepe; ~ *s.o.* ***out,*** *(infml., skerts.)* iem. uitsluit (*of* buite rekening laat); *s.o.'s* ***works*** ~ ... onder iem. se werke is ... **in·clud·ed** inbegrepe, inkluis; ingeslote; ~ ***angle,*** *(geom.)* ingeslote hoek; *be* ~ ***in*** ... by/in ...

inbegrepe wees, in ... begrepe wees; in ... vervat wees; onder ... wees; *be ~ with* ... by ... ingeslote wees. **in·clud·ing** inbegrepe, inkluis, waaronder, waarby, met inbegrip van; *the staff ~ the principal, (ook)* die personeel (saam) met die hoof; *~ frontispiece* inklusief titelplaat. **in·clu·sion** insluiting; opneming; insluitsel; *~ in a list/team* opneming in 'n lys/span. **in·clu·sive** insluitend, omvattend; ingeslote, inbegrepe, inklusief, met inbegrip van; *May 7 to 10, both* ***dates*** *~* van 7 tot en met 10 Mei; *~* ***of*** ... met ...; ***pages*** *7 to 10 ~* van bl. 7 tot en met bl. 10; *the* ***price*** *is ~* alles is by die prys inbegrepe; ***R1000*** *~* R1000 alles inbegrepe. **in·clu·sive·ness** veelomvattendheid. **in·clu·siv·ism** *(teol.)* inklusiwisme.

in·cog·ni·to *-tos, n.* incognito. **in·cog·ni·to** *adj. & adv.* incognito.

in·cog·ni·zant, -sant *(fml.)* onbewus *(van)*; onbekend *(met)*. **in·cog·ni·zance, -sance** onbewustheid *(van)*; onbekendheid *(met)*.

in·co·her·ent onsamehangend; *~ talk* wartaal, 'n deurmekaar gepraat. **in·co·her·ence** onsamehangendheid.

in·co·he·sive onsamehangend, los.

in·com·bus·ti·ble on(ver)brandbaar, vuurvas. **in·com·bus·ti·bil·i·ty, in·com·bus·ti·ble·ness** on(ver)brandbaarheid.

in·come inkomste; *~ and* ***expenditure*** inkomste en uitgawe(s); *~ and* ***expenditure account*** inkomste-en-uitgawe-rekening; ***national*** *~* →NATIONAL; *a* ***steady*** *~* 'n vaste inkomste; *keep/live* ***within*** *one's ~* binne jou inkomste leef/lewe, *(idm.)* die tering na die nering sit. *~* **bracket,** *~* **group** inkomstegroep. *~* **tax** inkomstebelasting. *~* **tax return** inkomstebelastingopgawe.

in·com·er *(hoofs. Br.)* inkomeling, intrekker, immigrant.

in·com·ing *n.* binnekoms, aankoms; *(i.d. mv.)* inkomste; *~s and outgoings* ontvangste en uitgawes. **in·com·ing** *adj.* inkomend; binne-, inlopend; aankomend; intrekkend; opvolgend; ingaande; verskuldig; *~* ***chairman*** aanstaande voorsitter; *~* ***committee*** nuwe bestuur; *~* ***post*** ingekome pos; *~* ***tide*** opkomende gety.

in·com·men·su·ra·ble onvergelykbaar, nie te vergelyk nie; *(wisk.)* onderling onmeetbaar. **in·com·men·su·ra·bil·i·ty, in·com·men·su·ra·ble·ness** onvergelykbaarheid; onderlinge onmeetbaarheid.

in·com·men·su·rate oneweredig *(aan)*, ongeëweredig *(aan)*; (onderling) onmeetbaar, inkommensurabel.

in·com·mode *(fml.)* ontrief, ongemak veroorsaak, tot oorlas wees, pla, steur, stoor, hinder, lastig val. **in·com·mo·di·ous** *(fml. of vero.)* ongerieflik; hinderlik, lastig.

in·com·mu·ni·ca·ble onmeedeelbaar, ongeskik om mee te deel. **in·com·mu·ni·ca·bil·i·ty, in·com·mu·ni·ca·ble·ness** onmeedeelbaarheid.

in·com·mu·ni·ca·do *(<Sp.)* in volstrekte afsondering; nie te spreek nie; *hold s.o. ~* iem. in afsondering hou.

in·com·mu·ni·ca·tive onmeedeelsaam, swygsaam, terughoudend; →UNCOMMUNICATIVE. **in·com·mu·ni·ca·tive·ness** swygsaamheid, terughoudendheid.

in·com·mut·a·ble onveranderlik; onverwisselbaar. **in·com·mut·a·bil·i·ty, in·com·mut·a·ble·ness** onveranderlikheid; onverwisselbaarheid.

in·com·pa·ra·ble onvergelyklik, weergaloos, sonder weerga; nie te vergelyk nie. **in·com·pa·ra·bil·i·ty, in·com·pa·ra·ble·ness** onvergelyklikheid.

in·com·pat·i·ble onverenigbaar, uiteenlopend; (teen)strydig, nie met mekaar te rym nie; onbestaanbaar; *be ~ with* ... met ... strydig/onbestaanbaar/onverenigbaar wees. **in·com·pat·i·bil·i·ty** onverenigbaarheid; onbestaanbaarheid; strydigheid; *~ of character* uiteenlopendheid van karakter, teenstrydige aanleg; *divorce on the grounds of ~* egskeiding op grond van onaanpasbaarheid; *~ of temperament* onaanpasbaarheid van geaardheid.

in·com·pe·tent onbevoeg, onbekwaam, ongeskik, inkompetent; *~ sentence* ongeoorloofde vonnis. **in·com·pe·tence, in·com·pe·ten·cy** onbevoegdheid, onbekwaamheid, ongeskiktheid, inkompetensie; *s.o.'s gross ~* iem. se hopelose onbevoegdheid.

in·com·plete onvolledig; onvoltooi(d); onvolkome; onaf; onvoltallig; *~ fracture* onvolledige breuk; *~ protein* onvolwaardige proteïen. **in·com·plete·ness, in·com·ple·tion** onvolledigheid; onvoltooidheid; onvolkomenheid; onafheid; onvoltalligheid.

in·com·pre·hen·si·ble onverstaanbaar, onbegryplik, onbevatlik; *(teol.)* onbegrens. **in·com·pre·hen·si·bil·i·ty, in·com·pre·hen·si·ble·ness** onverstaanbaarheid, onbegryplikheid, onbevatlikheid. **in·com·pre·hen·sion** gebrek aan begrip, onbegrip.

in·com·press·i·ble drukvas, onsaamdrukbaar, onsaampersbaar. **in·com·press·i·bil·i·ty, in·com·press·i·ble·ness** drukvastheid.

in·com·put·a·ble *(w.g.)* onbesyferbaar, onberekenbaar.

in·con·ceiv·a·ble ondenkbaar, onvoorstelbaar; *it is ~ to s.o.* dit is vir iem. ondenkbaar, iem. kan hom/haar nie daarin indink nie. **in·con·ceiv·a·bil·i·ty, in·con·ceiv·a·ble·ness** ondenkbaarheid, onbegryplikheid.

in·con·clu·sive onoortuigend, nie afdoende nie; onbeslis; twyfelagtig; *an ~ argument/reason* 'n gebrekkige argument/rede. **in·con·clu·sive·ness** onbeslistheid.

in·con·dens·a·ble, in·con·dens·i·ble onverdigbaar. **in·con·dens·a·bil·i·ty, in·con·dens·i·bil·i·ty** onverdigbaarheid.

in·con·dite *(w.g.)* onsamehangend, sleg gekonstrueer *('n literêre werk ens.)*.

in·con·gru·ous, in·con·gru·ent onverenigbaar, strydig *(met)*; ongelyksoortig, nie in ooreenstemming nie, nieooreenstemmend, inkongruent; ongerymd; teenstrydig; ongepas, misplaas. **in·con·gru·ence, in·con·gru·ous·ness** ongerymdheid; misplaastheid; inkongruensie. **in·con·gru·i·ty** onverenigbaarheid, strydigheid; ongelyksoortigheid, inkongruensie; ongerymdheid; teenstrydigheid.

in·con·sec·u·tive inkonsekwent, onlogies; ongeorden(d), ordeloos, wanordelik. **in·con·sec·u·tive·ness** inkonsekwensie; ongeordendheid.

in·con·se·quent, in·con·se·quen·tial ontoepaslik, nie ter sake nie; onbelangrik; misplaas, onvanpas; onbenullig; inkonsekwent, onlogies; onsamehangend. **in·con·se·quence, in·con·se·quen·ti·al·i·ty, in·con·se·quen·tial·ness** onbelangrikheid; inkonsekwensie; onsamehangendheid; die onlogiese *(van)*. **in·con·se·quen·tial·ly, in·con·se·quent·ly** onlogies, buite die verband.

in·con·sid·er·a·ble onbeduidend, gering, onaansienlik, onbetekenend. **in·con·sid·er·a·ble·ness** onbeduidendheid.

in·con·sid·er·ate onbedagsaam, onhoflik; onbesonne, onnadenkend. **in·con·sid·er·ate·ness, in·con·sid·er·a·tion** onbedagsaamheid, onhoflikheid; onbesonnenheid.

in·con·sis·tent ongelyk; veranderlik; teenstrydig; strydig, onbestaanbaar, onverenigbaar *(met)*; inkonsekwent; *be ~ with* ... met ... strydig/onbestaanbaar/onverenigbaar wees, nie met ... strook nie. **in·con·sis·ten·cy** ongelykheid; teenstrydigheid; strydigheid *(met)*; inkonsekwensie.

in·con·sol·a·ble ontroosbaar. **in·con·sol·a·bil·i·ty, in·con·sol·a·ble·ness** ontroosbaarheid.

in·con·so·nant *(w.g.)* onharmonies, disharmonies; onverenigbaar, strydig *(met)*; nie in ooreenstemming nie, teenstrydig. **in·con·so·nance** strydigheid *(met)*; teenstrydigheid.

in·con·spic·u·ous onopvallend, skaars merkbaar; beskeie, nederig. **in·con·spic·u·ous·ness** onopvallendheid.

in·con·stant veranderlik, wisselvallig, onbestendig, onstandvastig, wispelturig, onvas. **in·con·stan·cy** veranderlikheid, wisselvalligheid, onbestendigheid, onstandvastigheid, wispelturigheid, onvastheid.

in·con·sum·a·ble onverteerbaar; onvernietigbaar; on(ver)brandbaar; onverbruikbaar.

in·con·test·a·ble onbetwisbaar, onweerlegbaar, onaanvegbaar, onteenseglik, ontwyfelbaar. **in·con·test·a·bil·i·ty, in·con·test·a·ble·ness** onbetwisbaarheid, onweerlegbaarheid. **in·con·test·a·bly** onteenseglik.

in·con·ti·nent[1] *adj.* inkontinent; swak van blaas; onbeheers; losbandig. **in·con·ti·nence** inkontinensie, onwillekeurige urinering/ontlasting, beheerverlies; onbeheerstheid, gebrek aan selfbeheersing; losbandigheid; *fecal ~, (med.)* fekale inkontinensie.

in·con·ti·nent[2] *adj.*, **in·con·ti·nent·ly** *adv.*, *(arg.)* onmiddellik, onverwyld.

in·con·tro·vert·i·ble onweerlegbaar, onbetwisbaar, onaanvegbaar, onaantasbaar, onomstootlik. **in·con·tro·vert·i·bil·i·ty** onweerlegbaarheid, onbetwisbaarheid.

in·con·ven·ience *n.* ongemak, ongerief; moeite; *at great ~* met groot ongerief; *put s.o. to ~* iem. ongerief veroorsaak; *suffer ~* ongerief ondervind. **in·con·ven·ience** *ww.* ongerief/ongemak veroorsaak, ontrief, las aandoen. **in·con·ven·ient** ongerieflik, ongemaklik, ongeleë; lastig, hinderlik.

in·con·vert·i·ble onverwisselbaar; oninwisselbaar; onveranderlik. **in·con·vert·i·bil·i·ty** onverwisselbaarheid; oninwisselbaarheid *(v. banknote)*; onveranderlikheid *(v. stowwe)*.

in·con·vin·ci·ble onoortuigbaar, onoorreedbaar, onvatbaar vir oortuiging. **in·con·vin·ci·bil·i·ty, in·con·vin·ci·ble·ness** onoortuigbaarheid, onoorreedbaarheid.

in·co·or·di·na·tion gebrek aan koördinasie, ongekoördineerdheid; *(med.)* inkoördinasie.

in·cor·po·rate *ww.* inlyf, verenig, inkorporeer; meng; behels, beliggaam; oprig, stig *(maatskappy)*; regspersoonlikheid verleen; *~ s.t. with* ... iets by ... inlyf. **in·cor·po·rate** *adj.* as regspersoon erken(d). **in·cor·po·rat·ed** ingelyf(de), geïnkorporeer(de); *be ~, (ook)* regspersoonlikheid verkry, regspersoon word. **in·cor·po·ra·tion** inlywing, opneming, inkorporasie; stigting, oprigting *(v. 'n maatskappye)*; verlening van regspersoonlikheid.

in·cor·po·re·al onliggaamlik, onstoflik, geestelik. **in·cor·po·re·al·i·ty, in·cor·po·re·i·ty** onliggaamlikheid, onstoflikheid.

in·cor·rect onjuis, verkeerd, inkorrek; onsuiwer, ongekorrigeer(d). **in·cor·rect·ly** verkeerdelik, ten onregte. **in·cor·rect·ness** onjuistheid, verkeerdheid, inkorrektheid.

in·cor·ri·gi·ble onverbeterbaar, onverbeterlik; ongeneeslik; verstok; hardnekkig; nie vatbaar vir verbetering nie. **in·cor·ri·gi·bil·i·ty, in·cor·ri·gi·ble·ness** onverbeterlikheid; ongeneeslikheid; verstoktheid; hardnekkigheid; onvatbaarheid vir verbetering.

in·cor·rupt onbedorwe, onverdorwe; onomkoopbaar, onkreukbaar. **in·cor·rupt·i·bil·i·ty** onverganklikheid; onbederflikheid; onomkoopbaarheid, onkreukbaarheid. **in·cor·rupt·i·ble** onverganklik; onbederflik; onomkoopbaar, onkreukbaar.

in·cras·sate, in·cras·sat·ed *(biol.)* verdik; dik (op)geswel.

in·crease *n.* vermeerdering, vergroting; verhoging; uitbreiding; aanwas, groei, toename; aanteelt; versterking; *~ of* ***capital*** kapitaalvermeerdering; *an ~* ***in*** ... 'n toename in ...; *the ~* ***of*** ... die toename van ...; *be* ***on*** *the ~* aan die groei/toeneem wees; ***salary/wage*** *~* salarisverhoging, loonsverhoging; ***set*** *~s* periodieke verhogings; *a* ***sharp/steep*** *~* 'n skerp/skielike styging. **in·crease** *ww.* vermeerder, vergroot; verhoog; uitbrei; toeneem; aangroei, aanwas; aanteel; versterk; verbeter; *s.t. ~s* ***from*** ... ***to*** ... iets neem toe van ... tot ...; iets vermeerder van ... tot ...; *~ s.t.* ***from*** ... ***to*** ... iets van ... tot ... verhoog/vermeerder; *~* ***greatly*** sterk toeneem; *~d* ***jurisdiction*** verhoogde strafbevoegdheid; *~ a* ***sentence/penalty*** 'n vonnis verswaar; ***tension*** *~s* die spanning styg. **in·creas·a·ble** verhoogbaar. **in·creas·ing** toenemend, groeiend; stygend; *~ moon* toenemende/groeiende/wassende maan; *an ~ number of people* al hoe meer mense; *law of ~ returns* →LAW *n.*. **in·creas·ing·ly** al (hoe) meer, steeds meer, in toenemende mate.

in·cred·i·ble ongelooflik; ongeloofbaar. **in·cred·i·bil-**

i·ty, in·cred·i·ble·ness ongelooflikheid; ongeloofbaarheid.

in·cred·u·lous ongelowig; skepties. **in·cre·du·li·ty, in·cred·u·lous·ness** ongelowigheid; skeptisisme.

in·cre·ment vermeerdering; toename, aanwas; verhoging *(v. iem. se loon/salaris)*; toelaag, toelae.

in·crim·i·nate (mede)beskuldig; die verdenking laai op, by/in 'n beskuldiging betrek, inkrimineer; *incriminating evidence* beswarende getuienis. **in·crim·i·na·tion** (mede)beskuldiging; betrekking by/in 'n beskuldiging, inkriminasie. **in·crim·i·na·to·ry** beswarend; (mede)beskuldigend; inkriminerend, wat op skuld dui *(pred.)*.

in-crowd *n., (infml.)* binnekring.

in·crust, in·crust·a·tion →ENCRUST, ENCRUSTATION.

in·cu·bate broei; bebroei; uitbroei; ontwikkel; *be ~d, (ook)* in wording wees. **in·cu·ba·tive, in·cu·ba·to·ry** broei-, inkubasie-.

in·cu·ba·tion uitbroeiing; ontwikkeling; inkubasie. ~ **period** ontkiemingstyd *(v. 'n siekte)*.

in·cu·ba·tor broeimasjien; broeikas; kweektoestel, inkubator. ~ **baby** broeikasbaba, -kind.

in·cu·bus -*cubuses*, -*cubi* inkubus; *(arg.)* nagmerrie; *(fig.)* nagmerrie, skrikwekkende/angswekkende/senutergende situasie; *(fig.)* (drukkende) las, juk, kruis.

in·cul·cate, in·cul·cate inprent, inskerp, bybring; *~ s.t. in s.o.* iets by iem. inprent/inskerp *(bewaringsbewustheid ens.)*. **in·cul·ca·tion** inprenting.

in·cul·pa·ble onskuldig, onberispelik, onstrafwaardig.

in·cul·pate, in·cul·pate *(arg.)* beskuldig, aankla, ten laste lê; insleep, in 'n aanklag betrek. **in·cul·pa·tion** beskuldiging, aantyging; betrekking *(in 'n aanklag)*. **in·cul·pa·tive, in·cul·pa·to·ry** beswarend, inkriminerend.

in·cult *(w.g.)* ru, onbeskaaf(d), ongekultiveer(d); onbewerk, onbebou *(grond)*.

in·cum·bent *n.* ampsdraer, -bekleër, -bekleder; kerklike ampsdraer, geestelike; *~ of an office* ampsdraer, -bekleër, -bekleder, bekleër/bekleder van 'n amp; *(present)* ~ sittende lid; huidige ampsdraer/-bekleër/-bekleder. **in·cum·bent** *adj.: it is ~ (up)on s.o. to do s.t., (fml.)* dit is iem. se plig om iets te doen, iem. is verplig om iets te doen. **in·cum·ben·cy** las; plig; ampsbekleding; kerklike amp.

in·cu·nab·u·lum -*bula*, **in·cun·a·ble** -*bles, (druk.)* wiegdruk, inkunabel.

in·cur -*rr*- jou blootstel aan, jou op die hals haal; ~ ***blame*** die skuld kry; ~ ***danger*** gevaar loop, jou aan gevaar blootstel; ~ ***debts*** →DEBT; ~ ***expenses*** →EXPENSE; ~ *a **fine*** 'n boete oploop; ~ ***punishment*** straf verdien/ontvang; ~ *a **risk*** gevaar (*of* 'n risiko) loop; ~ *the **trouble** of doing s.t.* jou die moeite op die hals haal om iets te doen.

in·cur·a·ble *n.* ongeneeslike (sieke/pasiënt). **in·cur·a·ble** *adj.* ongeneeslik, ongeneesbaar. **in·cur·a·bil·i·ty, in·cur·a·ble·ness** ongeneeslikheid, ongeneesbaarheid.

in·cu·ri·ous ongeïnteresseer(d), onbelangstellend, nie nuuskierig/geïnteresseer(d) nie, sonder belangstelling. **in·cu·ri·os·i·ty, in·cu·ri·ous·ness** gebrek aan nuuskierigheid/belangstelling.

in·cur·rent *(hoofs. soöl.)* instromend; ~ *canal* instromingskanaal.

in·cur·sion inval, strooptog; instroming; *make an ~ into ...* 'n inval in ... doen. **in·cur·sive** invallend.

in·cur·vate, in·curve *ww.* (krom) buig, inbuig. **in·cur·vate, in·cur·vat·ed** *adj.* ingebuig. **in·cur·va·tion, in·cur·va·ture** inbuiging, inkromming.

in·cus *incudes, (anat.)* aambeeld(beentjie), inkus.

in·cuse instempel, inhamer.

in·da·ba *(Ngu., SA)* indaba, bespreking, vergadering; *hold an ~* indaba hou; *be one's (own) ~, (infml.)* jou (eie) indaba/saak wees, maar moet sien kom klaar.

in·dan·threne red *(kleurstof)* indantreenrooi.

in·debt·ed verskuldig, skuldig; *be deeply/greatly ~ to s.o.* diep in die skuld staan/wees by iem., baie/veel aan iem. verskuldig wees, iem. baie/veel verskuldig wees; *be ~ to s.o. for s.t.* iets aan iem. dank (*of* te danke hê). **in·debt·ed·ness** verpligtinge, skuld(e), skuld(e)las.

in·de·cent onbehoorlik, onbetaamlik, onfatsoenlik, onwelvoeglik; aanstootlik; onkies; *~ assault* onsedelike aanranding; *~ exposure* onbetaamlike ontbloting. **in·de·cen·cy** onfatsoenlikheid, onwelvoeglikheid; onwelvoeglike daad/handeling; *act of ~* sedemisdryf.

in·de·cid·u·ous *(bot.)* bladhoudend, groenblywend.

in·de·ci·pher·a·ble onontsyferbaar. **in·de·ci·pher·a·bil·i·ty, in·de·ci·pher·a·ble·ness** onontsyferbaarheid.

in·de·ci·sive onbeslis; vaag; besluiteloos, weifelagtig. **in·de·ci·sion, in·de·ci·sive·ness** onbeslistheid; besluiteloosheid, weifelagtigheid.

in·de·clin·a·ble *(gram.)* onverbuigbaar. **in·de·clin·a·ble·ness** onverbuigbaarheid.

in·de·com·pos·a·ble *(wisk.)* onontbindbaar.

in·dec·o·rous onbehoorlik, onbetaamlik; onpassend, ongepas; onwelvoeglik. **in·dec·o·rous·ness** onbehoorlikheid; ongepastheid; onwelvoeglikheid. **in·de·co·rum** ondeftigheid; ongepastheid.

in·deed werklik, in werklikheid; waarlik, voorwaar, met reg, regtig, inderdaad, (seer) seker, sowaar; wel; trouens, weliswaar, om die waarheid te sê; *indeed?* ja nè?; regtig?; is dit so?; *scrupulous politicians, ~!* watwo(u) gewetensvolle politici (*of* gewetensvolle politici, watwo[u])!; *who is ... ~?* wie is ... dan/nogal (*of* nou eintlik)?.

in·de·fat·i·ga·ble onvermoeibaar, onvermoeid, *(fml.)* onverdrote. **in·de·fat·i·ga·bil·i·ty** onvermoeibaarheid, onvermoeidheid, onvermoeide ywer.

in·de·fea·si·ble *(hoofs. jur. en filos.)* onaantasbaar, onskendbaar; onaanvegbaar; onvervreem(d)baar. **in·de·fea·si·bil·i·ty** onaantasbaarheid, onskendbaarheid; onaanvegbaarheid; onvervreem(d)baarheid.

in·de·fect·i·ble *(w.g.)* onfeilbaar; feilloos.

in·de·fen·si·ble onverdedigbaar, onregverdigbaar. **in·de·fen·si·bil·i·ty** onverdedigbaarheid.

in·de·fin·a·ble onbepaalbaar, onomskryfbaar, ondefinieerbaar; nie te beskryf/beskrywe nie; onduidelik, vaag; *something ~* iets onbeskryfbaars. **in·de·fin·a·ble·ness** onbepaalbaarheid, ondefinieerbaarheid.

in·def·i·nite onbepaald; vaag, onduidelik; onbestem(d); *~ article, (gram.)* onbepaalde lidwoord; *the authorities announced the ~ postponement of the project* die owerheid het die projek vir 'n onbepaalde tyd uitgestel; *~ pronoun* onbepaalde voornaamwoord. **in·def·i·nite·ly** onbepaald, op onbepaalde wyse; vir 'n onbepaalde tyd; tot in die oneindige. **in·def·i·nite·ness** onbepaaldheid, vaagheid; onduidelikheid.

in·del·i·ble onuitwisbaar; *~ ink* merkink, onuitwisbare ink; *~ pencil* inkpotlood; *~ stain* vaste vlek.

in·del·i·cate taktloos; onbeskeie; stuitig; smaakloos, grof. **in·del·i·ca·cy, in·del·i·cate·ness** taktloosheid; onbeskeidenheid; stuitigheid; smaakloosheid.

in·dem·ni·fy skadeloos stel; vrywaar; vergoed; *~ s.o. against s.t.* iem. teen iets vrywaar. **in·dem·ni·fi·ca·tion** skadeloosstelling; vrywaring; vergoeding.

in·dem·ni·ty skadeloosstelling, (skade)vergoeding; vrywaring, vrystelling; kwytskelding; afkoopgeld; *~ against s.t.* vrywaring teen iets. ~ **act** vrywaringswet. ~ **bond** skadeloosstellingsakte.

in·de·mon·stra·ble onbewysbaar, onaantoonbaar. **in·de·mon·stra·bil·i·ty** onbewysbaarheid.

in·dent *n.* kerf, inkerwing, keep, inkeping; insnyding; intanding, uittanding; inspringing; *(hoofs. Br.)* (buitelandse) bestelling; rekwisisie; inboeking. **in·dent** *ww.* (uit)tand, intand; inkeep, insny, inkerf, uitkeep; (in)duik; stempel, merk; *(druk.)* (laat) inspring. ~ **agent** *(Br.)* (oorsese) bestelagent. ~ **clerk** *(Br.)* (oorsese) bestelklerk. ~ **form** *(Br.)* bestelvorm (vir oorsese goedere).

in·den·ta·tion inkerwing, inkeping, insnyding; inspringing; uittanding; geleding *(v. 'n kus)*; keep, kerf, sny; duik; inham.

in·dent·ed *(ook)* getand; *(kus)* geleed; *~ bar* tandstang.

in·den·tion *(arg.)* →INDENTATION.

in·de·pend·ence onafhanklikheid; selfstandigheid; private/privaat/eie inkomste; ***achieve/attain/gain*** ~ onafhanklik word; ***attainment** of* ~ onafhanklikwording; ***declaration** of* ~ onafhanklik(heids)verklaring; *the country **declared** its* ~ die land het hom onafhanklik verklaar; ***grant** a country* ~ 'n land onafhanklik verklaar; ***granting** of* ~ onafhanklikverklaring, -making; *s.o.'s* ~ ***of*** *...* iem. se onafhanklikheid van ...; ***war** of* ~ vryheidsoorlog. **I~ Day** *(Am.)* Onafhanklikheidsdag.

in·de·pend·en·cy onafhanklike staat; onafhanklikheid; onafhanklike inkomste/bestaan; onafhanklike (persoon); kerklike selfbestuur.

in·de·pend·ent *n.* onafhanklike. **in·de·pend·ent** *adj.* onafhanklik, selfstandig; ~ ***contractor*** vrye ondernemer; ~ ***crane*** vrystaande kraan; *I~ **Fiscal**, (hist.)* Independente Fiskaal, Fiskaal Independent; ~ ***income*** private/privaat/eie inkomste; *be of ~ **means*** finansieel onafhanklik wees; *be ~ **of** ...* van ... onafhanklik wees. **~-minded** selfstandig (denkend).

in·de·pend·ent·ly onafhanklik; selfstandig; *~ of ..., (ook)* los/afgesien van ...

in-depth: *an ~ inquiry/investigation* 'n diepgaande/deurtastende ondersoek; *an ~ study* 'n dieptestudie, 'n omvattende studie.

in·de·scrib·a·ble onbeskryflik; onduidelik, onbepaald, vaag; onnoembaar. **in·de·scrib·a·bil·i·ty** onbeskryflikheid. **in·de·scrib·a·bly** onbeskryflik.

in·de·struct·i·ble onvernielbaar, onverwoesbaar, onvernietigbaar, onuitroeibaar, onverdelgbaar; onslytbaar. **in·de·struct·i·bil·i·ty, in·de·struct·i·ble·ness** onvernielbaarheid, onvernietigbaarheid.

in·de·ter·mi·na·ble onbepaalbaar *(skade ens.)*; onoplosbaar *(probleem ens.)*. **in·de·ter·mi·na·ble·ness** onbepaalbaarheid; onoplosbaarheid.

in·de·ter·mi·nate onbepaald, onbegrens, onbeperk; vaag, onduidelik; twyfelagtig; onbeslis; *~ sentence* onbepaalde vonnis; *~ vowel* →SCHWA. **in·de·ter·mi·na·cy, in·de·ter·mi·nate·ness** onbepaaldheid; vaagheid. **in·de·ter·mi·na·tion** onbepaaldheid; besluiteloosheid, onbeslistheid; ongebondenheid.

in·de·ter·min·ism *(filos.)* indeterminisme. **in·de·ter·min·ist** *n.* indeterminis. **in·de·ter·min·ist, in·de·ter·min·is·tic** *adj.* deterministies.

in·dex *indexes (v. boeke), indices (v. pryse ens.), n.* wyser; aanduiding, leidraad; rigsnoer; inhoud(sopgawe); register, bladwyser; tafel; wys-, voorvinger; *(wisk.)* eksponent; *(wisk.)* indeks; *(wisk.)* wyser; *(I~, RK, hist.)* lys van verbode boeke; *~ of **names*** naamregister; ***place** a book on the I~, (RK, hist.)* 'n boek verbied (*of* op die indeks plaas); *~ of **refraction*** →REFRACTIVE INDEX; *an ~ **to** ...* 'n register op ... **in·dex** *ww.* van 'n indeks voorsien; in die indeks opneem; indekseer. ~ **card** indekskaart(jie). ~ **curve** gidskromme. ~ **finger** wys-, voorvinger. ~ **fossil** gidsfossiel. ~ **group** kengroep, indeksgroep. **~-linked** aan die indeks gekoppel, indeksgekoppel(d); *~ wages* indeksgekoppelde lone. ~ **map** sleutelkaart. ~ **number** kensyfer; indekssyfer.

in·dex·ing indeksering.

In·di·a *(geog.)* Indië; ***British*** *~, (hist.)* Brits-Indië; ***Further*** *~, (hist.)* Agter-Indië; ***Hither*** *~, (hist.)* Voor-Indië. ~ **ink** *(Am.)* →INDIAN INK. **~man** -*men, (hist., sk.)* Oos-Indiëvaarder. ~ **Office** *(hist.)* (Britse) ministerie van Indiese sake. ~ **paper** Chinese/Sjinese papier; *(druk.)* Bybelpapier, dundrukpapier. ~ **rubber** gomlastiek, gummi, rubber; →RUBBER.

In·di·an *n.* Indiër; (Amerikaanse) Indiaan. **In·di·an** *adj.* Indies; Indiaans; Indiër- *(buurt/ens. in SA/ens.)*; *in ~ file* →FILE[1] *n.*; *~ giver, (Am., infml., neerh.)* iem. wat met die een hand gee en met die ander (hand) vat/(weg)neem. ~ **cherry** stinkboom. ~ **club** (swaai)knots. ~ **corn** mielies. ~ **game** Indiese veghoender. ~ **hemp** (mak) dagga; hasjisj. ~ **ink** Indiese ink. ~ **lilac** →PERSIAN LILAC. ~ **liquorice** *(bot.)* minnie-minnie, paternoster-ertjie. ~ **manna** bowermanna. ~ **meal** mieliemeel. ~ **mulberry** *(Morinda citrifolia)* koedoeplant, Indiese moerbei. ~ **Ocean** Indiese Oseaan. ~ **pea** peulert(jie), Indiese ert(jie). ~ **rice** wilderys. ~ **saffron**

borrie. ~ **shot** kanna, Indiese blomriet. ~ **stone** oliesteen. ~ **strawberry, mock strawberry** *(Duchesnea indica)* wildeaarbei. ~ **summer** opslagsomertjie, (mooi) nasomer. ~ **tea** Indiese tee. ~ **weed** *(Am., arg.)* tabak. ~ **wheat** Franse bokwiet. ~ **wrestling** *(Am.)* armdruk; Indiaanse stoei.

In·di·an·a *(geog.)* Indiana.

in·di·cate aandui, aanwys, aantoon, aanstip; aangee, aan die hand gee/doen; *~d horsepower* aangegewe perdekrag, indikateurperdekrag; *punishment is ~d in this case* straf is hier nodig. **in·di·ca·tion** aanduiding, aanwysing, teken, indikasie, vingerwysing; *(the) ~s* ***are*** *that* ... vermoedelik (*of* volgens aanduidings) is ...; *an ~* ***as to*** *when s.o. is coming/etc.* 'n aanduiding van wanneer iem. kom/ens.; *there is* ***every*** *~ that* ... alles dui daarop dat ...; ***give*** *an ~* 'n aanduiding gee; *an ~* ***of*** ... 'n aanduiding van ... **in·dic·a·tive** *n., (gram.)* aantonende wys, indikatief. **in·dic·a·tive** *adj.* aantonend, aanduidend, aanwysend; *(gram.)* indikatief; *be ~ of s.t.* op iets dui, iets aandui; *~ mood* aantonende wys(e), indikatief.

in·di·ca·tor wyser; aanwyser, aantoner, meter; *(mot.)* flikkerlig; *(chem.)* indikator; aangewer, (ver)klikker; spanningmeter; skeringmeter; nommerbord. ~ **board** aanwysbord. ~ **light** wyslig. ~ **(species)** *(ekol.)* indikatorspesie. ~ **telegraph** naaldtelegraaf. ~ **test** gidsproef. ~ **vein** gidsaartjie.

in·di·ca·to·ry, in·dic·a·to·ry, in·di·ca·to·ry →INDICATIVE *adj.*.

in·di·ca·trix *-trices, (krist.)* indikatriks.

in·dict aankla, beskuldig, 'n (aan)klag indien teen; *~ s.o. for s.t.* iem. van/weens iets aankla, iem. van iets beskuldig *(moord ens.)*. **in·dict·a·ble** (geregtelik) vervolgbaar, (as misdryf) strafbaar. **in·dict·ment** aanklag(te), beskuldiging; akte van beskuldiging; *(Sk.)* (regterlike) verhoor.

in·dic·tion *(hist.)* indiksie; oproeping, proklamasie; belasting.

in·die *n. (Br., infml.)* onafhanklike musiekmaatskappy/filmmaatskappy. **in·die** *adj. (attr.), (Br., infml., afk. v.* independent*)* onafhanklike; *~ charts* trefferlys van onafhanklike musiekmaatskappye; *~ label* onafhanklike CD-etiket.

In·dies →EAST INDIES, WEST INDIES.

in·dif·fer·ent *adj.* onverskillig, traak-my-nieagtig, ongeërg, apaties, afsydig, onbelangstellend; so-so, nie van die beste nie, middelmatig; swakkerig, slegterig/sleggerig, baie middelmatig; onbelangrik; *(fis.)* neutraal *(elektrode ens.)*; *~* ***health,*** *(dial.)* swak gesondheid; *be in ~* ***health,*** *(dial.)* nie baie gesond wees nie; *~* ***success*** matige sukses; *s.o. is ~* ***to*** *s.t.* iem. is vir iets ongevoelig; iem. het geen belangstelling vir iets nie; iets laat iem. koud, iem. staan onverskillig teenoor iets; *the results/etc. are* ***very*** *~* die resultate/ens. is taamlik sleg (*of* baie middelmatig). **in·dif·fer·ence** onverskilligheid, traak-my-nieagtigheid, ongeërgdheid, apatie, afsydigheid, gebrek aan belangstelling, onbelangstellendheid; middelmatigheid; onbelangrikheid; *affect ~* jou onverskillig hou/voordoen; *with an assumption of ~* (as)of jy nie omgee nie; *s.o.'s ~ to(wards)* ... iem. se gebrek aan belangstelling in/vir ...; iem. se onverskilligheid omtrent/teenoor ... **in·dif·fer·ent·ism** *(hoofs. teol.)* indifferentisme. **in·dif·fer·ent·ist** *(hoofs. teol.)* indifferentis. **in·dif·fer·ent·ly** onverskillig, op onverskillige wyse; willekeurig, deurmekaar; swakkerig, slegterig, sleggerig, minder goed.

in·di·gen(e) inboorling.

in·dig·e·nous inheems, inlands; eielands; *~ forest* natuurbos; *~ law* inheemse reg; *be ~ to a region* inheems wees in 'n streek. **in·dig·e·ni·sa·tion, -za·tion** verinheemsing. **in·dig·e·nise, -nize** verinheems.

in·di·gent behoeftig, nooddruftig, armlastig, hulpbehoewend. **in·di·gence** behoeftigheid, nooddruftigheid, armlastigheid, gebrek, armoede, hulpbehoewendheid.

in·di·gest·ed *(arg.)* →UNDIGESTED.

in·di·gest·i·ble onverteerbaar; ongenietbaar. **in·di·gest·i·bil·i·ty** onverteerbaarheid; ongenietbaarheid.

in·di·ges·tion slegte spysvertering, indigestie, spysverteringsteuring; onverteerdheid. **in·di·ges·tive** spysverterings- *(probleme ens.)*.

in·dign *(vero. of poët.)* onwaardig.

in·dig·nant verontwaardig; *be ~ about/at/over s.t.* oor iets verontwaardig wees. **in·dig·nant·ly** verontwaardig, op 'n verontwaardigde manier/toon, met verontwaardiging.

in·dig·na·tion verontwaardiging; ***arouse/cause*** *~* verontwaardiging wek; *be* ***bursting*** *with ~* kook van verontwaardiging; ***express*** *(one's) ~ at s.t.* uiting gee aan jou verontwaardiging oor iets; ***to*** *s.o.'s ~* tot iem. se verontwaardiging. ~ **meeting** protesvergadering.

in·dig·ni·ty vernedering, belediging, hoon, smaad, onwaardige behandeling; *inflict an ~ on s.o.* iem. verneder, iem. onwaardig behandel; *suffer indignities* beledigings/vernederings verduur.

in·di·go *-gos* indigo; *(bot.)* indigo(plant). ~ **bird** →WIDOWFINCH. ~ **(blue)** indigo(blou); indigoblousel. ~ **plant** indigoplant. ~ **white** indigowit, kleurlose indigo, gereduseerde indigo.

in·di·rect indirek, onregstreeks, sydelings; slinks; *~* ***demonstration*** bewys uit die ongerymde; *~* ***evidence*** afgeleide bewys; *~* ***lighting*** refleksverligting, onregstreekse/indirekte verligting; *~* ***object,*** *(gram.)* belanghebbende/indirekte voorwerp; *~* ***speech,*** *(gram.)* indirekte rede; *~* ***tax*** onregstreekse/indirekte belasting. **in·di·rec·tion** omweg, ompad; slinksheid, draaitjie(s), oneerlike praktyk(e); *by ~* onregstreeks, langs 'n omweg. **in·di·rect·ly** onregstreeks, indirek, op indirekte manier, langs 'n omweg, met 'n ompad; sydelings; *~ proportional* omgekeerd eweredig. **in·di·rect·ness** indirektheid.

in·dis·cern·i·ble ononderskeibaar, onwaarneembaar, nie waar te neem nie.

in·dis·ci·pline gebrek aan dissipline, tugteloosheid. **in·dis·ci·plin·a·ble** *(w.g.)* weerbarstig, onregeerbaar, onbeteuelbaar.

in·dis·creet onbesonne, onbedagsaam, onversigtig, indiskreet; taktloos; onbeskeie; onoordeelkundig, onverstandig; *it was ~ of you to say that* dit was 'n onbesonne/onbedagsame ding om te sê, nou het jy darem jou mond verbygepraat. **in·dis·cre·tion** onbesonnenheid, onbedagsaamheid, onversigtigheid, indiskresie; onbeskeidenheid; *commit an ~* 'n indiskresie begaan; *years of ~* onbesonne jeug(jare).

in·dis·crete *(w.g.)* ongeskei, nie afsonderlik nie.

in·dis·crim·i·nate sonder onderskeid, willekeurig, deur die bank, voor die voet, deurmekaar, blind. **in·dis·crim·i·nate·ly** deurmekaar, blindelings, blindweg, sonder onderskeid, voor die voet, na willekeur, willekeurig; onoordeelkundig. **in·dis·crim·i·nate·ness, in·dis·crim·i·na·tion** gebrek aan onderskeiding; verwardheid.

in·dis·pen·sa·ble onmisbaar, onontbeerlik; *be ~ for/to* ... vir ... onmisbaar/onontbeerlik wees. **in·dis·pen·sa·bil·i·ty, in·dis·pen·sa·ble·ness** onmisbaarheid, onontbeerlikheid.

in·dis·pose *(arg.)* onbekwaam/ongeskik maak; ongeneë/afkerig maak; ongunstig stem; ongesteld maak. **in·dis·posed** ongesteld, olik; ongeneë, onwillig, afkerig. **in·dis·po·si·tion** ongesteldheid; ongeneentheid; afkerigheid.

in·dis·put·a·ble onbetwisbaar, onteenseglik, ontwyfelbaar, onweerlegbaar, onweerspreekbaar. **in·dis·put·a·bil·i·ty, in·dis·put·a·ble·ness** onbetwisbaarheid, ontwyfelbaarheid. **in·dis·put·a·bly** beslis, sonder twyfel, onteenseglik, sonder teen-/teëspraak.

in·dis·sol·u·ble onoplosbaar; onverbreekbaar, onlosmaaklik; onontbindbaar; onvernietigbaar. **in·dis·sol·u·bil·i·ty** onoplosbaarheid; onvernietigbaarheid. **in·dis·sol·u·bly** onoplosbaar; onlosmaaklik.

in·dis·tinct onduidelik, vaag, dof, onhelder. **in·dis·tinc·tive** sonder bepaalde kenmerke; *s.t. is ~ of* ... iets is nie kenmerkend vir ... nie. **in·dis·tinct·ly** onduidelik, vaag. **in·dis·tinct·ness** onduidelikheid, vaagheid, dofheid.

in·dis·tin·guish·a·ble nie te onderskei nie, ononderskei(d)baar, onwaarneembaar, on(her)kenbaar; *be ~ from* ... nie van ... te onderskei wees nie. **in·dis·tin·guish·a·bil·i·ty, in·dis·tin·guish·a·ble·ness** onwaarneembaarheid.

in·dite *(arg.)* opstel, saamstel.

in·di·um *(chem., simb.: In)* indium.

in·di·vert·i·ble onafwendbaar, onkeerbaar.

in·di·vid·u·al *n.* individu, indiwidu, (afsonderlike) persoon, enkeling. **in·di·vid·u·al** *adj.* individueel, indiwidueel; alleenstaande, opsigselfstaande, afsonderlik; persoonlik, enkel; eienaardig, karakteristiek; *~ instruction* individuele/indiwiduele onderrig; *~ taste* persoonlike smaak. **in·di·vid·u·al·i·sa·tion, -za·tion** individualisering, indiwidualisering. **in·di·vid·u·al·ise, -ize** individualiseer, indiwidualiseer; onderskei, spesifiseer. **in·di·vid·u·al·ly** afsonderlik, persoonlik, individueel, indiwidueel, apart, elkeen vir hom-/haarself, een-een.

in·di·vid·u·al·ism individualisme, indiwidualisme. **in·di·vid·u·al·ist** *n.* individualis, indiwidualis. **in·di·vid·u·al·is·tic** *adj.* individualisties, indiwidualisties.

in·di·vid·u·al·i·ty individualiteit, indiwidualiteit, persoonlikheid, selfheid, eie aard, karakter; *sense of ~* selfgevoel.

in·di·vid·u·ate tot 'n (afsonderlike) persoonlikheid vorm, 'n individu/indiwidu maak van, individueer, indiwidueer; afsonder, uitpik. **in·di·vid·u·a·tion** individuasie, indiwiduasie.

in·di·vis·i·ble ondeelbaar. **in·di·vis·i·bil·i·ty** ondeelbaarheid.

In·do- *komb.vorm, (ling., etnol.)* Indo-.

In·do·chi·na, In·do-Chi·na Indo-China/Sjina, Agter-Indië. **In·do·chi·nese, In·do-Chi·nese** *n. & adj.* Indo-Chinees/Sjinees.

in·doc·ile dwars(trekkerig), halsstarrig, weerspannig. **in·do·cil·i·ty** dwarsheid, halsstarrigheid, weerspannigheid.

in·doc·tri·nate indoktrineer, inpomp; *(arg.)* onderrig, onderwys, leer; *~ s.o. with s.t.* iem. met iets indoktrineer. **in·doc·tri·na·tion** indoktrinering, indoktrinasie, inpompery; *(arg.)* onderrig.

In·do-Eu·ro·pe·an *n., (taal[groep])* Indo-Europees; *(spreker)* Indo-Europeër. **In·do-Eu·ro·pe·an** *adj.* Indo-Europees.

In·do-Ger·man·ic *n. & adj., (vero.)* →INDO-EUROPEAN.

in·dol(e) *(chem.)* indool.

in·do·lent traag, lui; *(med.)* pynloos, indolent *(gewas ens.)*. **in·do·lence** traagheid, luiheid; indolensie.

In·dol·o·gy Indologie. **In·do·log·i·cal** Indologies. **In·dol·o·gist** Indoloog.

in·dom·i·ta·ble ontembaar, onbedwingbaar *(trots, moed)*; onbuigbaar. **in·dom·i·ta·bil·i·ty, in·dom·i·ta·ble·ness** ontembaarheid.

In·do·ne·sia *(geog.)* Indonesië. **In·do·ne·sian** *n., (inwoner)* Indonesiër; *(taal)* Indonesies. **In·do·ne·sian** *adj.* Indonesies.

in·door *adj.* binne(ns)huis, binne-, huis-, kamer-; *~* ***game*** huisspel, kamerspel, geselskapspel; *~* ***plant*** huisplant, binne(ns)huise plant; *~* ***sport*** binne(ns)huise sport; *~* ***work*** huiswerk. **in·doors** *adv.* binnenshuis, binne; *go ~* na binne gaan, in die huis ingaan; *stay ~* binne bly, in die huis bly.

In·do-Pa·cif·ic *adj.* Indo-Pasifies.

in·dorse, in·dorse·ment →ENDORSE, ENDORSEMENT.

in·draught, *(Am.)* **in·draft** (die) intrek, instroming; insuiging.

in·drawn *(attr.)* ingehoue *(asem)*; ingetoë *(persoonlikheid)*.

in·du·bi·ta·ble ontwyfelbaar, onteenseglik, onweerspreeklik, onbetwisbaar, onweerlegbaar. **in·du·bi·ta·bly** sonder twyfel, onteenseglik.

in·duce oorhaal, ooreed; beweeg, noop; (op)wek, uitlok, voortbring, veroorsaak, teweegbring, teweeg bring, te voorskyn roep; aflei; *(verlosk.)* induseer; *~d* ***charge,***

(elek.) geïnduseerde lading; *~d* ***current,*** *(elek.)* induksiestroom; *~d* ***labour/birth*** geïnduseerde kraam/geboorte, induksiekraam, =geboorte; *~d* ***movement*** prikkelbeweging. **in·duce·ment** beweegrede, beweeggrond, dryfveer, motief, aanleiding; beweegmiddel, oorredingsmiddel, lokmiddel, prikkel; oorsaak, bron.

in·duct inlei; inhuldig; bevestig *('n predikant);* inseën; opneem, toelaat; →INDUCTION; ~ *s.o. (as a member)* iem. (as lid) inlyf; ~ *an official* iem. in 'n amp aanstel. **in·duct·ance** *(fis.)* induktansie. **in·duc·tee** *(Am., mil.)* rekruut. **in·duc·tive** *(elek., fis., log.)* induktief. **in·duc·tor** insteller, installeerder, bevestiger; *(elek., fis.)* induktor.

in·duc·tile onrekbaar; onsmee(d)baar; *(fig.)* onhanteerbaar, onregeerbaar.

in·duc·tion aanleiding; inleiding; inhuldiging; intrede, instelling, installering, installasie, inseëning; opneming; bevestiging *(v. 'n predikant);* aanvoering *(v. feite);* gevolgtrekking; *(verlosk., elek., log., fis.)* induksie; ~ *(as a member)* inlywing (as lid). ~ **coil** *(elek.)* induksieklos, ruhmkorffklos. ~ **compass** induksiekompas. ~ **manifold** *(meg.)* inlaatspruit(stuk). ~ **sermon** intreepreek. ~ **stroke** *(meg.)* suigslag, inlaatslag.

in·dulge toegee aan, jou oorgee aan; jou vlei met; koester *('n hoop);* toestaan; sy/haar sin gee; verwen; die vrye loop gee; ~ *in ... ...* na hartelus geniet, jou aan ... oorgee, jou ... veroorloof; ~ *one's passions* →PASSION.

in·dul·gence toegewing, vergunning; koestering; verwenning; bevrediging; toegeeflikheid, meegaandheid, inskiklikheid; guns; *(RK, hoofs. hist.)* aflaat; *grant ~* verskoning verleen. ~ **money** *(RK, hoofs. hist.)* aflaatgeld.

in·dul·gent toegeeflik, inskiklik, meegaande; swak; *be ~ towards s.o.* teenoor iem. toegeeflik wees; *s.o. is too ~* iem. gee te veel toe.

in·dult *(RK)* indult, (pouslike) vergunning, genadebrief.

in·du·na *(Ngu., SA)* indoena.

in·du·rate hard word/maak, verhard; verstok word/maak; *~d clay* verharde klei. **in·du·ra·tion** verharding.

in·du·si·um =sia, *(bot.)* dekvlies; *(biol.)* omhulsel; ~ *griseum, (anat.)* balkgrysmantel.

in·dus·tri·al *n., (w.g.)* nyweraar; *(w.g.)* industriewerker; *(i.d. mv. ook)* industrie-aandele, nywerheidsaandele. **in·dus·tri·al** *adj.* industrieel, industrie=, nywerheids=, bedryfs=, arbeids=; ~ ***accident*** bedryfsongeval; ~ ***action*** arbeids=, werkersoptrede; *take ~* ***action*** staak; ~ ***administration*** bedryfsadministrasie; ~ ***advertising*** bedryfsreklame; ~ ***age*** industriële tydvak; ~ ***alcohol*** nywerheidsalkohol; ~ ***aptitude*** ambags=, bedryfsaanleg; ~ ***archaeology*** bedryfsargeologie; ~ ***area*** nywerheidsgebied, nywerheidstreek; ~ ***bank*** nywerheidsbank, gemengde bank; ~ ***capacity*** nywerheidsvermoë *(v. 'n land ens.);* ~ ***chemist*** industriële chemikus, nywerheidskeikundige; ~ ***chemistry*** industriële chemie, nywerheidskeikunde; ~ ***classification*** bedryfs=, nywerheidsklassifikasie; ~ ***cluster*** →INDUSTRIAL HIVE; ~ ***conciliation*** bedryfs=, nywerheidsversoening; *I~* ***Conciliation Act*** →LABOUR RELATIONS ACT; *~/labour* ***conflict*** arbeidskonflik, =twis; ~ ***consolidation*** bedryfskonsolidasie; ~ ***consultant*** nywerheids=, bedryfskonsultant; ~ ***council*** bedryfsraad; →BARGAINING COUNCIL; ~ ***council agreement*** bedryfsraadooreenkoms; ~ ***country*** nywerheidsland; ~ ***credit*** bedryfskrediet; ~ ***democracy*** nywerheidsdemokrasie; ~ ***design*** nywerheidsontwerp, industriële ontwerp; ~ ***designer*** nywerheidsontwerper, industriële ontwerper; *I~* ***Development Corporation of SA,*** *(afk.:* IDC*)* Nywerheidsontwikkelingskorporasie van SA *(afk.:* NOK*);* ~ ***diamond*** nywerheidsdiamant; ~ ***disease*** bedryfsiekte; *~/labour* ***dispute*** arbeidsgeskil, =dispuut; ~ ***economics*** bedryfsekonomie; ~ ***economy*** nywerheidsekonomie; ~ ***engineer*** bedryfsingenieur; ~ ***engineering*** bedryfsingenieurswese; ~ ***erf*** →***site/stand/plot/erf;*** ~ ***espionage*** nywerheid=, bedryfspioenasie; ~ ***estate*** →INDUSTRIAL PARK; ~ ***exhibition/fair/show*** nywerheidskou; ~ ***forecasting*** bedryfsprognose; ~ ***groups*** bedryfsgroepe; ~ ***growth*** nywerheidsgroei; ~ ***hazards*** bedryfsrisiko's, =gevare; ~ ***hive/cluster*** nywerheidskorf; ~ ***index*** nywerheidsindeks; ~ ***injury*** bedryfsbesering; ~ ***insurance*** arbeidsversekering; ~ ***legislation*** →LABOUR LEGISLATION; ~ ***lubricant*** masjiensmeer; ~ ***management*** bedryfsleiding; ~ ***manager*** bedryfsleier; ~ ***medicine*** bedryfsgeneeskunde; ~ ***melanism,*** *(soöl.)* roetmelanisme; ~ ***methods*** bedryfsmetodes; ~ ***noise*** bedryfsgeraas; ~ ***organisation/organization*** bedryfsorganisasie; ~ ***park*** (or, Br., ~ ***estate)*** nywerheidspark; ~ ***peace*** arbeidsvrede, =rus; ~ ***plant*** nywerheids=, fabrieksaanleg; ~ ***potential*** nywerheidspotensiaal, =vermoë; nywerheidsmoontlikhede; ~ ***psychologist*** bedryfsielkundige; ~ ***psychology*** bedryfsielkunde; ~ ***relations,*** *(afk.:* IR*)* arbeidsbetrekkinge, =verhoudinge; ~ ***research*** nywerheidsnavorsing, industriële navorsing; ~ ***research council*** →COUNCIL FOR SCIENTIFIC AND INDUSTRIAL RESEARCH; *the I~* ***Revolution,*** *(hist.)* die Nywerheidsrevolusie/=rewolusie/=omwenteling, die Industriële Revolusie/Rewolusie/Omwenteling; ~ ***sector,*** *(ekon.)* nywerheidsektor; ~ ***service*** nywerheidsdiens; ~ ***share index*** indeks van nywerheidsaandele; ~ ***show*** →***exhibition/fair/show;*** ~ ***site/stand/plot/erf*** nywerheidsperseel, =erf; ~ ***slump,*** *(ekon.)* bedryfslapte; ~ ***spying*** →INDUSTRIAL ESPIONAGE; ~ ***strife*** →LABOUR UNREST; ~ ***town/city*** fabriekstad; ~ ***township*** nywerheidsdorpsgebied; ~ ***(trade) union*** nywerheidsvakbond, bedryfstakvakbond; ~ ***training*** bedryfsopleiding; ~ ***unit*** bedryfseenheid; ~ ***unrest*** →LABOUR UNREST; ~ ***waste*** fabrieksafval; ~ ***work*** fabriekswerk.

in·dus·tri·al·ise, =ize industrialiseer; *~d building* mutasiebou. **in·dus·tri·al·i·sa·tion, =za·tion** industrialisasie.

in·dus·tri·al·ism industrialisme; nywerheidspolitiek, =beweging; fabriekswese, industriewese, nywerheid.

in·dus·tri·al·ist nyweraar, industrieel, fabriekseienaar, fabrikant; industriewerker, fabriekswerker.

in·dus·tri·ous ywerig, vlytig, hardwerkend, arbeidsaam, bedrywig. **in·dus·tri·ous·ly** ywerig, vlytig. **in·dus·tri·ous·ness** ywer, vlyt, hardwerkendheid, arbeidsaamheid.

in·dus·try nywerheid, industrie; bedryf; (werk)ywer, ywerigheid, vlyt, hardwerkendheid, arbeidsaamheid, bedrywigheid; ***(branch of)*** ~ bedryfstak; ***chamber*** *of industries* →CHAMBER *n.;* ***hotel/manufacturing/tourist/transport*** ~ →HOTEL, MANUFACTURING *adj.,* TOURIST, TRANSPORT. ~ **conditions** bedryfstoestand(e). ~ **fatigue** bedryfsvermoeidheid. ~ **insurance** bedryfsversekering. ~ **safety** bedryfsveiligheid.

in·dwell =*dwelt* =*dwelt* bewoon; setel in. **in·dwell·er** inwoner.

in·e·bri·ate *n.* dronke, beskonkene; dranksugtige, gewoontedrinker, dronkaard. **in·e·bri·ate** *ww., (fml. of skerts.)* dronk maak. **in·e·bri·ate, in·e·bri·at·ed** *adj.* dronk, beskonke; dranksugtig. **in·e·bri·ant** bedwelmend, dronkmakend. **in·e·bri·a·tion** dronkenskap, besopenheid, beskonkenheid, roes. **in·e·bri·e·ty** dranksug.

in·ed·i·ble oneetbaar. **in·ed·i·bil·i·ty** oneetbaarheid.

in·ed·i·ted ongeredigeer(d), onversorg(d); ongeredigeer(d) uitgegee; onuitgegee; ~ *work* ongeredigeerde/onuitgegewe werk.

in·ed·u·ca·ble onopvoedbaar. **in·ed·u·ca·bil·i·ty** onopvoedbaarheid.

in·ef·fa·ble onuitspreeklik, onsegbaar. **in·ef·fa·bil·i·ty, in·ef·fa·ble·ness** onuitspreeklikheid, onsegbaarheid.

in·ef·face·a·ble onuitwisbaar. **in·ef·face·a·bil·i·ty** onuitwisbaarheid.

in·ef·fec·tive ondoeltreffend; vrugteloos, (te)vergeefs; swak, kragteloos; sonder uitwerking; sonder invloed; onbekwaam; *be ~, (ook)* sy uitwerking mis, sonder werking bly. **in·ef·fec·tive·ly** vrugteloos, (te)vergeefs, sonder uitwerking. **in·ef·fec·tive·ness** ondoeltreffendheid; vrugteloosheid; onbekwaamheid.

in·ef·fec·tu·al vrugteloos, (te)vergeefs; onbekwaam; swak, kragteloos; sonder invloed. **in·ef·fec·tu·al·i·ty, in·ef·fec·tu·al·ness** vrugteloosheid, ondoeltreffendheid; onbekwaamheid. **in·ef·fec·tu·al·ly** vrugteloos, (te)vergeefs; onbekwaam; sonder uitwerking.

in·ef·fi·ca·cious ondoeltreffend, ontoereikend. **in·ef·fi·ca·cious·ly** ondoeltreffend, sonder uitwerking. **in·ef·fi·ca·cy, in·ef·fi·ca·cious·ness, in·ef·fi·ca·ci·ty** ondoeltreffendheid, ontoereikendheid.

in·ef·fi·cient ondoeltreffend, onbruikbaar; onbekwaam, onbevoeg. **in·ef·fi·cien·cy** ondoeltreffendheid; onbekwaamheid, onbevoegdheid. **in·ef·fi·cient·ly** ondoeltreffend; onbekwaam.

in·e·las·tic onbuigsaam, onelasties, nie veerkragtig/soepel nie. **in·e·las·tic·i·ty** onbuigsaamheid, gebrek aan veerkrag.

in·el·e·gant onelegant, stylloos; lomp. **in·el·e·gance, in·el·e·gan·cy** sonder elegansie; stylloosheid; lompheid.

in·el·i·gi·ble onverkiesbaar; onberoepbaar *(predikant); (vero.)* ongeskik, ongewens, onverkieslik; *be ~ to vote* nie stemgeregtig wees nie. **in·el·i·gi·bil·i·ty** onverkiesbaarheid; onbevoegdheid.

in·el·o·quent *adj.,* **in·el·o·quent·ly** *adv.* onwelsprekend.

in·e·luc·ta·ble onafwendbaar, onvermybaar, onontkombaar, onontwykbaar, nie te ontgaan nie. **in·e·luc·ta·bil·i·ty** onafwendbaarheid, onvermybaarheid. **in·e·luc·ta·bly** onafwendbaar.

in·ept onbekwaam, onbevoeg; dom, onhandig, onbeholpe; ongepas, ongeskik; ongerymd, dwaas, onsinnig; →INAPT. **in·ep·ti·tude, in·ept·ness** onbekwaamheid, onbevoegdheid; onhandigheid, onbeholpenheid; ongepastheid, ongeskiktheid; ongerymdheid, dwaasheid, onsinnigheid.

in·e·qual·i·ty *(ook wisk.)* ongelykheid; *(astron. ens.)* afwyking; *(arg.)* ongelykmatigheid; veranderlikheid.

in·e·qui·lat·er·al ongelyksydig.

in·eq·ui·ta·ble onbillik, onregverdig.

in·eq·ui·ty onbillikheid, onregverdigheid; ongelykheid.

in·e·rad·i·ca·ble onuitroeibaar, onuitwisbaar.

in·e·ras·a·ble, =i·ble onuitwisbaar.

in·er·ra·ble, in·er·rant →INFALLIBLE. **in·er·ra·bil·i·ty** →INFALLIBILITY.

in·ert traag; log; loom; beweginglоos; lusteloos; onaktief; ~ *diluent* onaktiewe verdunner; *~/noble/rare gas* inerte/trae gas, edelgas. **in·ert·ness** traagheid; logheid; loomheid; lusteloosheid.

in·er·tia traagheid; beweginglooshеid; traagheidsvermoë; *(fis.)* rustraagheid, inersie; *circle of ~* traagheidsirkel; *moment of ~* traagheidsmoment. **~-reel seat belt** *(mot.)* rukstop(veiligheids)gordel.

in·er·tial inersie=; ~ *guidance system* traagheidsgeleidingstelsel.

in·es·cap·a·ble onontkombaar, onvermybaar, onafwendbaar, onvermydelik; ~ *conclusion* noodwendige gevolgtrekking. **in·es·cap·a·bil·i·ty** onontkombaarheid. **in·es·cap·a·bly** onontkombaar.

in·es·sen·tial *n.* bysaak, ondergeskikte punt. **in·es·sen·tial** *adj.* onbelangrik, bykomstig, inessensieel, onessensieel; ontbeerlik, misbaar.

in·es·ti·ma·ble *adj.,* **in·es·ti·ma·bly** *adv.* onskatbaar, onberekenbaar.

in·ev·i·ta·ble *n.* onvermydelike; *accept the ~* jou in die onvermydelike skik, in die onvermydelike berus. **in·ev·i·ta·ble** *adj.* onvermydelik, noodwendig, onafwendbaar. **in·ev·i·ta·bil·i·ty, in·ev·i·ta·ble·ness** onvermydelikheid, noodwendigheid, onafwendbaarheid. **in·ev·i·ta·bly** noodwendig, onvermydelik, uiteraard.

in·ex·act onnoukeurig, onpresies. **in·ex·act·i·tude, in·ex·act·ness** onnoukeurigheid, onpresiesheid.

in·ex·cus·a·ble onverskoonbaar, onvergeeflik. **in·ex·cus·a·bil·i·ty, in·ex·cus·a·ble·ness** onverskoonbaarheid, onvergeeflikheid.

in·ex·e·cut·a·ble onuitvoerbaar.

in·ex·haust·i·ble onuitputlik. **in·ex·haust·i·bil·i·ty** onuitputlikheid.

in·ex·o·ra·ble onverbiddelik; meedoënloos, genadeloos. **in·ex·o·ra·bil·i·ty** onverbiddelikheid; meedoënloosheid, genadeloosheid. **in·ex·o·ra·bly** onverbiddelik; meedoënloos.

in·ex·pe·di·ent onverstandig, onraadsaam; ondoelmatig. **in·ex·pe·di·ence, in·ex·pe·di·en·cy** onverstandigheid, onraadsaamheid; ondoelmatigheid.

in·ex·pen·sive redelik, billik, goedkoop, nie duur nie. **in·ex·pen·sive·ness** billikheid.

in·ex·pe·ri·ence onervarenheid, gebrek aan ervaring/ondervinding, onbedrewenheid. **in·ex·pe·ri·enced** onervare, rou, sonder ervaring/ondervinding, onbedrewe.

in·ex·pert ondeskundig, on(vak)kundig; onbedrewe, onervare. **in·ex·pert·ness** onbedrewenheid, onervarenheid.

in·ex·pi·a·ble *(arg.)* onvergeeflik, onverskoonbaar; onversoenlik.

in·ex·pli·ca·ble, in·ex·pli·ca·ble onverklaarbaar, onbegryplik, raaiselagtig, duister. **in·ex·pli·ca·bil·i·ty, in·ex·pli·ca·ble·ness** onverklaarbaarheid. **in·ex·pli·ca·bly, in·ex·pli·ca·bly** op onverklaarbare wyse.

in·ex·plic·it onduidelik; onuitgesproke.

in·ex·plo·sive onontplofbaar.

in·ex·press·i·ble onuitspreeklik, onverwoordbaar, onbeskryflik, oorweldigend. **in·ex·press·i·bly** onuitspreeklik.

in·ex·pres·sive niksseggend, onbeduidend, sonder uitdrukking.

in·ex·pug·na·ble *(arg.)* →IMPREGNABLE.

in·ex·ten·si·ble onrekbaar.

in ex·ten·so *(Lat.)* breedvoerig, uitvoerig, gedetailleerd.

in·ex·tin·guish·a·ble on(uit)blusbaar, onuitbluslik; onlesbaar *(dors)*; onbedaarlik *(gelag)*.

in ex·tre·mis *(Lat.)* op sterwe, op jou uiterste, by (*of* op die rand van) die dood, sterwend(e); in jou sterwensuur; in 'n netelige situasie; hoog in die nood.

in·ex·tri·ca·ble onontwarbaar, onlosmaaklik *(knoop ens.)*; onoplosbaar, verwikkeld *(probleem ens.)*; onontkombaar *(dilemma ens.)*. **in·ex·tri·ca·bly** onontwarbaar, onlosmaaklik.

in·fal·li·ble onfeilbaar; vas, seker. **in·fal·li·bil·ism** *(RK)* (dogma/leerstuk/kwessie van die) pouslike onfeilbaarheid. **in·fal·li·bil·i·ty,** *(w.g.)* **in·fal·li·ble·ness** onfeilbaarheid; onbedrieglikheid; stelligheid. **in·fal·li·bly** onfeilbaar; vas en seker.

in·fa·mous berug; skandelik, skandalig, verfoeilik, laag(hartig); eerloos. **in·fa·my,** *(w.g.)* **in·fa·mous·ness** berugtheid; skande(likheid), skandaligheid; eerloosheid; skanddaad.

in·fan·cy kindsheid, kleinkinderjare, kleintyd; minderjarigheid; *(fig.)* jeug; *the enterprise is still in its ~* die onderneming staan nog in sy kinderskoene.

in·fant *n.* baba(tjie), (klein) kindjie, suigeling; jong kind, kleuter; minderjarige; *~ in arms* suigeling, babatjie. **in·fant** *adj.* klein, jong, jeugdig; kleinkinder=; kinderlik; *~ industry/etc.* ontluikende nywerheid/ens.. ~ **baptism** kinderdoop. ~ **class** kleuterklas. ~ **hospital** kinderhospitaal. ~ **mortality** kindersterfte. ~ **mortality rate** kindersterftesyfer. ~ **school** *(Br.)* kleuter=, bewaarskool. ~ **speech** babataal.

in·fan·ta *(vr.), (Sp. & Port., hist.)* infante.

in·fan·te *(ml.), (Sp. & Port., hist.)* infant.

in·fan·ti·cide kindermoord; kindermoordenaar, =moordenares. **in·fan·ti·cid·al** kindermoord=.

in·fan·tile kinderlik, kinder=; *(neerh.)* kinderagtig, infantiel; *~ mortality* kindersterfte; *~ paralysis, (vero.)* →POLIOMYELITIS; *~ scurvy* kinderskeurbuik, Barlow se siekte. **in·fan·ti·lism** *(psig.)* kinderagtigheid, infantilisme.

in·fan·tine *(arg.)* →INFANTILE.

in·fan·try infanterie, voetsoldate; *a hundred ~* honderd voetsoldate. **~man** =*men* infanteris, voet=, infanteriesoldaat.

in·farct *(med.)* prop, infark, verstorwe weefsel. **in·farc·tion** propvorming, verstopping, infarksie.

in·fat·u·ate versot maak, verblind. **in·fat·u·at·ed** smoorverlief, dol verlief, versot, gek; *be/become ~ with s.o.* smoorverlief wees/raak op iem.. **in·fat·u·a·tion** dolle verliefdheid, versotheid; verblinding, verblindheid.

in·fect aansteek; besmet; bederf; verpes; *(rek.)* aantas, besmet; *~ s.o. with s.t.* iem. met iets aansteek *('n siekte)*. **in·fect·ed** besmet; bederf; verpes; *(rek.)* aangetas, besmet; *be ~ with ...* met ... besmet wees. **in·fec·tion** besmetting, infeksie; *(rek.)* aantasting, besmetting; *(fig.)* bederf, verpesting. **in·fec·tious** besmetlik; *~* ***abortion*** besmetlike miskraam; *~* ***anaemia*** aansteeklike bloedarmoede *(by perde)*; *~* ***laughter*** aansteeklike gelag; *~* ***pneumonia*** pasteurellose *(by skape)*; *~* ***sterility*** *of cattle* epivaginitis. **in·fec·tious·ness** besmetlikheid; *(fig.)* aansteeklikheid. **in·fec·tive** besmetlik; verpestend. **in·fec·tive·ness, in·fec·tiv·i·ty** besmetlikheid.

in·fe·cund, in·fe·cun·di·ty *(w.g.)* →INFERTILE, INFERTILITY.

in·fe·lic·i·ty ongelukkige/onvanpaste aanmerking/opmerking/uitdrukking, blaps; *(arg.)* ongelukkigheid; *(arg.)* ongeluk, rampspoed. **in·fe·lic·i·tous** ongelukkig, onvanpas.

in·fer =*rr*= aflei, tot die gevolgtrekking kom, die gevolgtrekking maak; aandui, te kenne gee; *~ s.t. from ...* iets uit ... aflei. **in·fer·a·ble, in·fer·i·ble, in·fer·ra·ble, in·fer·ri·ble** afleibaar. **in·fer·ence** afleiding, gevolgtrekking, konklusie; *draw/make an ~ from s.t.* 'n gevolgtrekking uit iets maak/aflei; *an irresistible ~* 'n onontkombare gevolgtrekking. **in·fer·en·tial** afleibaar; afgelei(d). **in·ferred** *(ook)* vermoedelik.

in·fe·ri·or *n.* ondergeskikte, mindere. **in·fe·ri·or** *adj.* ondergeskik; minderwaardig, inferieur; laer; *(bot.)* onderstandig; onder=; *~ court* laer hof, laerhof; *~ planet* binneplaneet; *be ~ to ... by ...* agterstaan, slegter as ... wees; aan ... ondergeskik wees *(iem.)*.

in·fe·ri·or·i·ty ondergeskiktheid; minderwaardigheid; *feeling(s) of ~* minderwaardigheidsgevoel. ~ **complex** *(psig.)* minderwaardigheidskompleks.

in·fer·nal hels, duiwels; *(infml., attr.)* dekselse, ellendige, vervlakste, verbrande; onaards, oorverdowend *(lawaai)*; *~ nuisance* →NUISANCE; *~ machine, (arg.)* fopmyn; *~ regions* onderwêreld.

in·fer·no =*nos* inferno, vlammesee, vuurpoel; inferno, hel.

in·fer·tile onvrugbaar; *~ egg* onbevrugte/geil eier. **in·fer·til·i·ty** onvrugbaarheid.

in·fest vervuil; verpes, teister, onveilig/ondraaglik maak; aantas, infesteer; *be ~ed with ...* van ... vervuil wees *(onkruid ens.)*; krioel/wemel van ... *(kakkerlakke ens.)*; vol ... wees *(luise ens.)*. **in·fes·ta·tion** verpesting, teistering; aantasting, infestasie; parasietebesmetting.

in·feu·da·tion *(hist.)* belening.

in·fib·u·late infubuleer, (gedeeltelik) toewerk *(skaamlippe, om geslagsgemeenskap te voorkom)*. **in·fib·u·la·tion** infibulasie.

in·fi·del *n., (hoofs. arg.)* ongelowige. **in·fi·del** *adj.* ongelowig. **in·fi·del·i·ty** ontrou *(v. 'n huweliksmaat ens.)*; ongeloof.

in·field *(kr.)* binneveld; werfgrond; ploegland.

in·fight·ing inwendige stryd, binnestryd, interne magstryd, onderlinge vetes; *(boks)* binnegeveg(te).

in·fill(·ing) *(bouk.)* vulsel, vulstof; vulling.

in·fil·trate binnedring, infiltreer; laat binnedring/infiltreer; *(vloeistof)* deurdring (in), deursypel, deursyfer, insypel, insyfer; *(med.)* infiltreer; *~ into ...* in ... infiltreer; *~ s.o. into ...* iem. in ... laat infiltreer. **in·fil·tra·tion** in=, deurdringing; infiltrasie; insypeling, insyfering; deursypeling, deursyfering. **in·fil·tra·tor** indringer, infiltreerder, insypelaar.

in·fi·nite oneindig; ontelbaar; *the ~* die oneindigheid/oneindige. **in·fi·nite·ly** oneindig. **in·fi·nite·ness** oneindigheid. **in·fin·i·tude** oneindigheid; oneindige hoeveelheid. **in·fin·i·ty** *(ook wisk.)* oneindigheid.

in·fin·i·tes·i·mal oneindig klein/gering; *(wisk.)* infinitesimaal; *~ analysis/calculus* infinitesimaalrekening.

in·fin·i·tive *n., (gram.)* infinitief, onbepaalde wys(e). **in·fin·i·tive** *adj., (gram.)* infinitief, onbepaald. **in·fin·i·ti·val** infinitief(s)=.

in·fi·ni·tum →AD INFINITUM.

in·firm sieklik, kranklik, mankoliek, mankoliek(er)ig; swak; *~ of purpose, (arg.)* wankelmoedig, weifelagtig, besluiteloos. **in·fir·mi·ty** swakte, sieklikheid, kranklikheid, mankoliek(er)igheid; (geestelike) swakheid; *infirmities of age* gebreke/kwale van die ouderdom; *~ of purpose, (arg.)* wankelmoedigheid, weifelagtigheid, besluiteloosheid.

in·fir·ma·ry hospitaal; siekesaal, siekeafdeling. **in·fir·mar·er, in·fir·mar·i·an** *(hist.)* (hoof)verpleër, siekeversorger.

in·fix *n., (gram.)* infiks, invoegsel, tussenvoegsel. **in·fix, in·fix** *ww.* inlas, invoeg, vassit; inprent; inplant. **in·fix·a·tion, in·fix·ion** invoeging; inprenting; inplanting; *(gram.)* infigering.

in·flame (op)wek, wakker maak; aanvuur; aanhits, opruі, opsweep; kwaad/woedend maak; vererger, erger maak; *(med.)* ontsteek (raak); ontvlam, vlam vat, aan die brand raak/slaan; aansteek, aan die brand steek, laat ontvlam. **in·flamed** *(ook)* verhit; opgehewe; vurig; *~ with jealousy* groen van afguns/jaloesie wees, die geel baadjie/pak aanhê; *an ~ wound* 'n ontsteekte wond.

in·flam·ma·ble *n.* (ont)vlambare stof. **in·flam·ma·ble** *adj.* (ont)vlambaar, brandbaar; →FLAMMABLE; *(fig.)* opvlieënd. **in·flam·ma·bil·i·ty, in·flam·ma·ble·ness** (ont)vlambaarheid, brandbaarheid.

in·flam·ma·tion *(med.)* ontsteking, inflammasie; vurigheid; opwekking; aanhitsing, opruiing, opsweping; opwinding; ontbranding, ontvlamming; *~ of the ear* oorontsteking; *~ of the skin* velontsteking.

in·flam·ma·to·ry *(med.)* inflammerend, ontstekings=; prikkelend; aanhitsend, opruiend, opswepend; *~ speech* opruiende toespraak.

in·flate opblaas; oppomp; vul; swel, uitsit; (kunsmatig) opdryf, opjaag; infleer *(geld)*; *~ the currency* inflasie veroorsaak. **in·flat·a·ble** opblaasbaar. **in·flat·ed** *(lett.)* opgeblaas; *(fig.)* opgeblase; (kunsmatig) opgedrewe *(pryse)*; geswolle, hoogdrawende *(taal)*. **in·flat·er, in·fla·tor** (lug)pomp, (fiets)pomp. **in·fla·tion** (die) opblaas/oppomp; geswollenheid; *(ekon.)* inflasie. **in·fla·tion·ar·y** inflasionisties, inflasionêr. **in·fla·tion·ism** inflasionisme. **in·fla·tion·ist** *n.* inflasionis, voorstander van inflasie. **in·fla·tion·ist** *adj.* inflasionisties, inflasionêr.

in·flect *(gram.)* verbuig; moduleer *(stem)*; *(mus.)* verhoog, verlaag *(met 'n halwe toon)*. **in·flect·ed** *(gram.)* verboë. **in·flec·tion,** *(hoofs. Br.)* **in·flex·ion** *(gram.)* verbuiging, fleksie; verbuigingsvorm, =uitgang; *point of ~* buigpunt; *~ (of the voice)* stembuiging. **in·flec·tion·al, in·flex·ion·al** *(gram.)* verbuigings=, fleksie=; *~ language* flekterende taal. **in·flec·tive** *(gram.)* verbuigbaar, flekterend.

in·flex·i·ble onbuigsaam, onversetlik; onbuigbaar. **in·flex·i·bil·i·ty, in·flex·i·ble·ness** onbuigsaamheid, onversetlikheid; onbuigbaarheid.

in·flict oplê, toedien, toepas, laat ondergaan *(straf)*; toedien *('n wond)*; lastig val *(met)*; besoek *(met)*; *~ s.t. (up)on s.o.* iem. iets toedien (*of* laat ly) *('n ne[d]erlaag ens.)*; iem. iets oplê *('n straf)*; iets aan iem. opdring. **in·flic·tion** die oplê/toedien(ing) *(van)*; besoeking; leed; (oor)las; kwelling, straf, marteling.

in-flight *adj. (attr.)* vlug=; aan boord *(pred.)*; *~* ***engineer*** vlugingenieur; *~* ***entertainment*** vlugvermaak; *~* ***fire*** brand aan boord van die vliegtuig; *~* ***magazine*** vlugtydskrif; *~* ***refuelling*** brandstofinname in die lug; *~* ***staff*** vlugpersoneel.

in·flo·res·cence *(bot.)* bloei; bloeiwyse, infloressensie; blomgroep. ~ **axis** bloeias, =spil.

in·flow instroming, invloeiing, toevloei(ing), toevloed, toestroming.

in·flu·ence *n.* invloed, inwerking; ***bring*** *~ to bear* (or ***exert*** *~) (up)on ...* invloed op ... uitoefen; ***have*** *~ on/over ...* invloed op ... hê; ***have*** *~ with s.o.* in=

vloed by iem. hê; *lose ~, (ook)* uitgebak raak; *a **pro=found** ~* 'n diepgaande invloed; *be **under** the ~ of ...* onder die invloed van ... wees/verkeer; *be **under** the ~ (of liquor)* onder die invloed (van drank) wees; *driv=ing **under** the ~ (of liquor)* dronkbestuur; ***use** one's ~* jou invloed laat geld. **in·flu·ence** *ww.* beïnvloed, invloed (uit)oefen *(op)*. **in·flu·ence·a·ble** beïnvloed=baar. **in·flu·en·tial** invloedryk; *in ~ circles* in invloed=ryke/gesaghebbende kringe; *~ people* invloedryke/ge=rekende mense.

in·flu·ent *n.* spruit, sytak. **in·flu·ent** *adj.* invloei=end, instromend.

in·flu·en·za influensa, griep; nuwesiekte *(by perde); Asiatic/Asian ~* Asiatiese griep; *Russian ~* Russiese griep; *Spanish ~* Spaanse griep.

in·flux instroming, invloei(ing), toevloed, toevloei=(ing), toestroming. ~ **control** instromingsbeheer, toe=vloeibeheer.

in·fo *(infml., afk.)* →INFORMATION.

in·fo·mer·cial *(hoofs.Am.)* inligtingsadvertensie.

in·fo·net inligtingsnetwerk.

in·form inlig, verwittig, in kennis stel; meedeel, vertel; aansê; (ver)vul, besiel, inspireer; vorm; *~ s.o. **about/on** s.t.* iem. oor iets inlig; *~ o.s. **about/on** s.t.* jou op (die) hoogte van/met iets stel; *~ **against/on** s.o.* iem. verklap/verklik; *~ s.o. more **fully*** iem. nader inlig; *~ s.o. **of** s.t.* iem. iets meedeel, iem. van iets verwittig (*of* in kennis stel). **in·form·ant** segspersoon, informant, me(d)edeler; aanklaer, verklaer. **in·formed** (goed) in=gelig, op (die) hoogte; →WELL-INFORMED; *be ~ **about** ...* oor ... ingelig wees; *be **badly/ill** ~* sleg ingelig wees; *~ **consent**, (med.)* oorwoë toestemming; ***keep** s.o. ~* iem. op (die) hoogte hou; *be **reliably** ~ that ...* uit goeie bron verneem dat ...; *s.o. has been ~ **that** ...* iem. is meegedeel dat ... **in·form·er** verklikker, ver=klapper, me(d)edeler, informant; *common ~* be=roepsinformant; *police ~* polisie-informant. **in·form=ing** *(ook)* leersaam, insiggewend.

in·for·mal informeel, nieamptelik; ongedwonge, alle=daags, los, informeel; ongereeld, onreëlmatig; *~ **settle=ment*** informele nedersetting; *~ **settler*** plakker; *~ **style*** ongedwonge/los(se) styl; *~ **vote** (or **ballot pa=per**), (Austr.)* ongeldige stem/stembrief(ie). **in·for·mal=i·ty** informaliteit; onreëlmatigheid. **in·for·mal·ly** in=formeel, sonder seremonie(s).

in·for·mat·ics *n. (fungeer as ekv.), (rek.)* informatika.

in·for·ma·tion inligting, gegewens, informasie; voor=ligting; kennis; kennisgewing; berig, mededeling; *(jur.)* (aan)klag(te), beskuldiging; *~ **about/on** ...* inligting omtrent/oor ...; ***ask** for ~* inligting vra; *~ **of a crime**, (jur.)* aangifte van 'n misdaad; ***for** ~* ter inligting/kennisneming, vir kennisname; ***for** the ~ of ...* ter inligting van ...; ***for your** ~* vir u inligting; ***gather** ~* inligting inwin; *for **general** ~* vir/ter algemene ken=nisname/-neming; *have **inside** ~* eerstehandse in=ligting/kennis hê; *a **mine** of ~* 'n ryk bron van inligting; ***pick up** ~* dinge te wete kom, dinge uitvis; *a **piece** of ~* inligting; ***private** ~* persoonlike inligting; *have a **thirst** for ~* weetgierig wees. ~ **bureau**, ~ **office** inlig=tingskantoor. ~ **cruncher** *(rek.)* inligtingsverwerker. ~ **explosion** inligtingsontploffing. ~ **fatigue syn=drome** inligtingsvermoeidheidsindroom. ~ **officer** voorligtings=, inligtingsbeampte. ~ **processing** inlig=tingsverwerking. ~ **retrieval** *(rek.)* inligtingsherwin=ning; inligtingsontsluiting. ~ **science** *(rek.)* inligting=kunde. ~ **service** voorligtings=, inligtingsdiens. ~ **stor=age** inligtingsbewaring, =berging. ~ **(super)highway** *(rek.)* inligtingsnelweg, inligting-supersnelweg, su=persnelweg van inligting. ~ **technology** *(rek., afk.: IT)* inligtings=, informasietegnologie. ~ **theory** in=ligtingsteorie. ~ **transfer** inligtingsoordrag.

in·for·ma·tion·al inligting= *(stelsel ens.)*; inligtings= *(behoeftes, =boek, =program, ens.)*.

in·form·a·tive, in·form·a·to·ry leersaam, insigge=wend, informatief.

in·fo·tain·ment *(TV)* opvoedkundige vermaak, in=ligtingsvermaak.

in·fo·tech *(afk. v.* information technology*)* inlig=ting(s)tegnologie, informasietegnologie.

in·fra *adv., (Lat.)* benede; *~ dig, (infml.)* benede iem. se waardigheid, ongepas, onvanpas.

in·fra= *pref.* infra=.

in·fract breek; skend; oortree; inbreuk maak op. **in=frac·tion** *(jur.)* oortreding; skending *(van)*, inbreuk *(op); (med.)* deelbreuk, infraksie; *an ~ of ...* 'n sken=ding van ...; 'n inbreuk op ...

in·fra·red infrarooi.

in·fra·son·ic infrasonies.

in·fra·struc·ture onderbou, infrastruktuur.

in·fre·quent seldsaam. **in·fre·quen·cy** seldsaamheid. **in·fre·quent·ly** selde, nie dikwels nie.

in·fringe oortree, (ver)breek, skend, oorskry; *~ (up)=on ...* op ... inbreuk maak, ... skend. **in·fringed** *(ook)* geskonde. **in·fringe·ment** oortreding, skending *(van)*, inbreuk *(op); ~ of power* bevoegdheidsoortreding, =oorskryding; *an ~ (up)on ...* 'n inbreuk op ..., 'n skending van ... *(regte ens.)*. **in·fring·er** oortreder.

in·fruc·tu·ous onvrugbaar; vrugteloos.

in·fun·dib·u·lum =*ula, (anat., soöl.)* tregter; long=sakkie. **in·fun·dib·u·lar** tregtervormig, tregter=.

in·fu·ri·ate woedend/briesend/rasend maak. **in·fu=ri·at·ed** woedend, briesend, rasend, dol; *be ~ about/at/over s.t.* woedend wees oor iets; *be ~ with s.o.* woe=dend wees vir iem.. **in·fu·ri·at·ing** *adj.* ergerlik, irri=terend, hinderlik, lastig; *~ habit* irriterende/lastige/hinderlike gewoonte; *~ person* iem. wat jou gek/ra=send maak. **in·fu·ri·at·ing·ly** *adv.* irriterend; tergend *(langsaam)*.

in·fuse ingiet; inboesem; laat deurdring; laat trek *(tee ens.); ~ with ...* met ... besiel. **in·fus·er** tee-eier; ingieter.

in·fu·si·ble onsmeltbaar, smeltvas; nie saam te smelt nie.

in·fus·ing: ~ **vessel** trekpot.

in·fu·sion (af)treksel, infusie; (die) trek; *(fig.)* inspui=ting *(v. talent ens.); (med.)* ingieting, infusie.

in·fu·so·ri·um =*ria*, **in·fu·so·ri·an** =*rians, n., (soöl., vero.)* infusorie, infusiediertjie, afgietseldiertjie. **in·fu=so·ri·al, in·fu·so·ri·an** *adj.* infusie=, afgietsel=; *~ earth* bergmeel, diatomeëaarde; →DIATOMACEOUS.

in·gath·er·ing insameling, oes.

in·gem·i·nate *(w.g.)* herhaal.

in·gen·ious vernuftig, vindingryk. **in·gen·ious·ness** →INGENUITY.

in·gé·nue *(Fr.)* (rol van) onskuldige meisie.

in·ge·nu·i·ty vernuf(tigheid), vindingrykheid; →INGE=NIOUS.

in·gen·u·ous openhartig; ongekunsteld; onskuldig, naïef. **in·gen·u·ous·ness** openhartigheid, opregtheid; ongekunsteldheid; onskuld, naïwiteit.

in·gest opneem, (in die maag) inbring. **in·ges·tion** op=neming, inbrenging, ingestie; voedselopneming.

in·glo·ri·ous roemloos; onvermaard; skandelik. **in=glo·ri·ous·ness** roemloosheid; skande(likheid).

in-goal ar·e·a →GOAL AREA.

in·go·ing ingaande.

in·got (giet)blok. ~ **iron** vloei-yster. ~ **mould** giet=(blok)vorm. ~ **steel** vloeistaal.

in·grain, en·grain *n.* ingewortelde eienskap; ruwol=kleuring; gare=, garingkleuring. **in·grain, en·grain** *ww.* inprent, vestig, (laat) inwortel *(gewoonte, geloof, houding, ens.)*. **in·grain, en·grain** *adj., (tekst.)* kleur=garing=. ~ **(carpet)** kleurgaringtapyt. **in·grained, en=grained** ingewortel; ingeburger; verstok; *s.t. is deeply ~ in s.o.* iets is diep by iem. ingewortel.

in·grate, in·grate *n., (fml. of poët., liter.)* ondankbare (mens). **in·grate, in·grate** *adj.* ondankbaar.

in·gra·ti·ate bemin(d) maak; *~ o.s. with s.o.* jou by iem. bemin(d) maak; jou by iem. indring, in iem. se guns probeer kom. **in·gra·ti·at·ing, in·gra·ti·a·to·ry** innemend, beminlik; indringerig; kruiperig.

in·grat·i·tude ondankbaarheid; *base/black/rank ~* grow=we ondankbaarheid; *the world pays with ~* ondank is wêreldsloon (*of* die wêreld se loon).

in·gra·ves·cent *(w.g., med.)* verergerend. **in·gra·ves=cence** verergering.

in·gre·di·ent bestanddeel.

in·gress ingang, toegang, toetreding; *(astron., astrol.)* intrede, ingressie. **in·gres·sion** binnedringing, ingres=sie.

in-group *n., (neerh.)* binnegroep; kliek, faksie, koterie.

in·grown ingegroei(d); ingewortel(d); ingebore. **in=grow·ing** ingroeiende; *~ horn* knyphoring; *beast with ~ horn(s)* knypkop; *~ nail* ingegroeide nael, ingroei=nael. **in·growth** ingroeisel, ingroeiing.

in·gui·nal *(anat.)* lies=, van die lies(te); *~ fold* liesplooi; *~ hernia* liesbreuk; *~ region* liesstreek.

in·gur·gi·tate *(poët., liter.)* wegsluk, insluk, verswelg. **in·gur·gi·ta·tion** inslukking, verswelging.

in·hab·it bewoon, woon in. **in·hab·it·a·ble** (be)woon=baar. **in·hab·i·ta·tion** bewoning.

in·hab·i·tant inwoner *(v. 'n land, stad, dorp)*; be=woner *(v. 'n huis, plaas, land, stad, dorp)*. **in·hab·i·tan=cy, in·hab·i·tance** inwoning.

in·hale inasem, intrek, insluk, inhaleer, opsnuif. **in=hal·ant** inasemings=, inhaleermiddel; snuifmiddel *(by dwelmgebruik)*. **in·ha·la·tion** inaseming, inhalasie. **in·ha=la·tor** *(med.)* asemhalingstoestel; inasem(ings)toe=stel, verstuiwer, inhaleerder. **in·hal·er** inasem(ings)=toestel, verstuiwer, inhaleerder; (rook)intrekker; snui=wer *(by dwelmgebruik)*.

in·har·mon·ic *(hoofs. mus.)* onharmonies.

in·har·mo·ni·ous onharmonieus, onwelluidend; nie=ooreenstemmend.

in·here *(fml.)* eie wees *(aan)*; saamgaan *(met)*; berus *(by); (jur.)* gevestig wees *(in)*, verbonde wees *(aan)*; *it ~s in ...* dit is eie aan ... (*of* in ... gevestig/opge=slote).

in·her·ent ingebore, aangebore, inherent; onafskei=delik verbonde *(aan)*, gepaardgaande *(met)*, beho=rende *(by); it is ~ in ...* dit is eie aan ... (*of* in ... ge=vestig/opgeslote *of* inherent in ...). **in·her·ence** (die) samehang, onafskeidelikheid, inherensie.

in·her·it erf, oorerf. **in·her·it·ed** oorgeërf *(siekte ens.)*. **in·her·i·tor** *(ml.)* erfgenaam; erfopvolger. **in·her·i·tress, in·her·i·trix** =*trixes, (vr.)* erfgename.

in·her·it·a·ble (oor)erflik, erfbaar. **in·her·it·a·bil·i·ty, in·her·it·a·ble·ness** (oor)erflikheid.

in·her·i·tance erfenis, erfporsie, erfgoed; nalaten=skap; oorerwing; erflikheid; *~ of **acquired characters*** erflikheid van verworwe eienskappe; ***by** ~* deur ver=erwing; *s.t. **passes** by ~, (jur.)* iets is vererflik (*of* gaan op die erfgename oor). ~ **act** suksessiewet.

in·he·sion *(fml.)* inherensie, verbondenheid.

in·hib·it rem, strem; (ver)hinder, belet; onderdruk; beperk, inperk; verbied; stuit, terughou, inhibeer; *(kerk=reg)* skors; *s.t. ~s s.o. from doing s.t.* iets weerhou iem. daarvan om iets te doen. **in·hib·it·ed** *(ook)* ingetoë. **in·hi·bi·tion** remming; verhindering, beletting; onder=drukking; beperking; verbod; stuiting, terughouding; *(kerkreg)* skorsing; *(dikw. i.d. mv., psig.)* inhibisie. **in=hib·i·tor** *(chem.)* stuitstof, stremmer; stremmiddel, vertrager. **in·hib·i·to·ry, in·hib·i·tive** remmend, strem=mend, belemmerend; belettend; onderdrukkend; be=perkend; verbiedend; stuitend, terughoudend; ver=bods=; *~ action/effect* stuitwerking; *~ substance* stuit=middel.

in·hos·pi·ta·ble onherbergsaam *(gebied)*; ongasvry *(iem.)*. **in·hos·pi·ta·ble·ness, in·hos·pi·tal·i·ty** on=herbergsaamheid; ongasvryheid.

in-house *adj. & adv.* intern; *~ magazine* maatskappy=, personeelblad, interne tydskrif.

in·hu·man onmenslik, gevoelloos, barbaars, wreed=(aardig); niemenslik. **in·hu·man·i·ty, in·hu·man·ness** onmenslikheid, gevoelloosheid, barbaarsheid.

in·hu·mane onmenslik, gevoelloos, barbaars, wreed=(aardig).

in·hume *(poët., liter.)* ter aarde bestel, begrawe. **in·hu=ma·tion** *(hoofs. argeol.)* teraardebestelling, begrafnis.

in·im·i·cal skadelik, nadelig; vyandelik, vyandig; *be ~ to ...* skadelik wees vir ...; vyandig wees teenoor ...

in·im·i·ta·ble onnavolgbaar, weergaloos, onvergelyk=

lik, uniek. **in·im·i·ta·bil·i·ty, in·im·i·ta·ble·ness** onnavolgbaarheid, weergaloosheid, onvergelyklikheid. **in·im·i·ta·bly** op onnavolgbare wyse.

in·iq·ui·ty onregverdigheid, onbillikheid; ongeregtigheid; verderflikheid, boosheid, sonde; *blot out s.o.'s* ~ iem. ontsondig; *a den of* ~ 'n nes van ongeregtigheid; *the* ~ *of the fathers (visited upon the children), (AV)* die misdaad van die vaders (aan die kinders besoek) *(OAB).* **in·iq·ui·tous** onregverdig, onbillik; ongeregtig; verderflik, boos, sondig; *an* ~ *road* 'n heillose weg.

in·i·tial *n.* voorletter; beginletter, inisiaal. **in·i·tial** -*ll*-, *ww.* parafeer. **in·i·tial** *adj.* eerste, aanvangs-, begin-; voorste; ~ ***capital*** aanvangskapitaal; ~ ***cost(s)/expense(s)*** aanvangs-, oprigtings-, stigtingskoste; ~ ***letter*** beginletter, inisiaal; ~ ***period*** aanvangstyd; ~ ***pressure*** begindruk, aanvangsdruk; ~ ***rhyme*** stafrym; ~ ***speed/velocity*** aanvangsnelheid; ~ ***stage*** begin-, aanvangstadium; ~ ***step*** inleidende/eerste stap; *take the* ~ ***steps*** *in a matter* 'n saak aanvoor; ~ ***stress*** aanvang-, beginspanning; ~ ***teaching alphabet*** Engelse fonetiese alfabet. **in·i·tial·i·sa·tion, -za·tion** *(rek.)* inisialisasie, inisialisering. **in·i·tial·ise, -ize** *(rek.)* inisialiseer. **in·i·tial·ly** aanvanklik, eers, in die begin.

in·i·ti·ate *n.* ingewyde. **in·i·ti·ate** *ww.* begin, 'n begin maak met, in werking stel, aan die gang sit, onderneem, op tou sit, inisieer, aanvoor; instel; inwy, inlei, inisieer, as lid opneem; touwys maak; ontgroen, doop, insout; aanstig; ~ *s.o. into s.t.* iem. in iets inwy *('n geheim ens.);* ~ *proceedings* stappe instel. **in·i·ti·ate, in·i·ti·at·ed** *adj.* ingewy(d). **in·i·ti·a·to·ry** inleidend, aanvangs-, begin-.

in·i·ti·a·tion aanvang, begin, eerste stap; inisiasie; instelling, installering; ontgroening, dopery; inwyding; inburgering. ~ **period** groentyd.

in·i·tia·tive aanvang, begin, eerste stap, inisiatief; ondernemingsgees; (reg van) inisiatief; *on the* ~ *of ...* op inisiatief van ...; *on one's own* ~ uit eie beweging, op eie inisiatief; *take the* ~ die inisiatief/leiding neem, die eerste stap doen.

in·i·ti·a·tor beginner, inisieerder, aanvoorder; inisiatiefnemer; aanstigter.

in·ju·ri·a →CRIMEN INJURIA.

in·ject inspuit; inpers; ~ *s.t. into ...* iets in ... inspuit; ~ *... into s.o., (ook)* iem. ... inblaas *(lewe ens.).*

in·jec·tion inspuiting, injeksie; inspuitsel, inspuit(ing)stof; *(geol.)* inpersing; *get/give an* ~ 'n inspuiting kry/gee. ~ **mould** spuitvorm. ~ **needle** (in)spuitnaald.

in·jec·tor inspuiter; spuit; *(teg.)* injekteur. ~ **(pump)** inspuitpomp.

in-joke privaat/private grap(pie).

in·ju·di·cious onoordeelkundig, onverstandig. **in·ju·di·cious·ness** onoordeelkundigheid, onverstandigheid.

In·jun *(Am., infml., neerh.)* Indiaan; →INDIAN *n.; honest* ~*!* →HONEST.

in·junct *(jur.)* verbied. **in·junc·tion** opdrag, las, gebod; (geregtelike) bevel/opdrag; geregtelike verbod, interdik.

in·jure seermaak, beseer, (ver)wond; knou; skaad, beskadig; benadeel; *(fig., arg.)* onreg aandoen, veron(t)reg, krenk, kwets; ~ *s.o.'s reputation* iem. se naam beklad, iem. se (*of* iem. in sy/haar) eer aantas/krenk. **in·jured** *n.: the* ~ die beseerdes. **in·jured** *adj.* beseer; beledig; *be* ***badly/seriously/severely*** ~ erg beseer wees; ***be/get*** ~ beseer word; ~ ***innocence*** gekrenkte onskuld; *be* ***slightly*** ~ lig beseer wees.

in·ju·ri·a →CRIMEN INJURIA.

in·ju·ri·ous nadelig, skadelik; krenkend, beledigend, lasterlik; *be* ~ *to ...* nadelig/skadelik vir ... wees, nadelig op ... werk, ... skaad *(iem. se gesondheid ens.).*

in·ju·ry besering, wond, letsel; nadeel, benadeling, skade; beskadiging; krenking; afbreuk; kwaad, onreg; *(jur.)* onregmatige daad; ***do*** *s.o. an* ~ iem. onreg aandoen; ~ *to* ***property*** saakbeskadiging; *a* ***serious/severe*** ~ 'n ernstige besering; *a* ***slight*** ~ 'n ligte besering; ***suffer/sustain*** *an* ~ beseer word/raak, seerkry, 'n besering opdoen. ~ **list** *(sport)* krukke(r)lys; *s.o. is on the* ~ ~ iem. is op die krukke(r)lys. ~ **time** *(sport)* beseringstyd.

in·jus·tice onregverdigheid, onbillikheid; onreg; ongeregtigheid; ***court*** *of* ~ skynhof; *a* ***crying/glaring*** ~ 'n skreiende onreg; ***do*** *s.o. an* ~ iem. onreg aandoen, iem. veron(t)reg; ***suffer*** *an* ~ onreg ly.

ink *n.* ink; *write in* ~ met ink skryf/skrywe. **ink** *ww.* ink; ink aansmeer; met ink merk; →INKER, INKING, INKY; ~ *s.t.* ***in*** iets met ink aanbring; iets inink (*of* met ink invul) *('n tekening ens.); (fig.)* iets aanteken *('n afspraak ens.);* ~ *s.t.* ***out*** iets met ink deurstreep (*of* onleesbaar/onsigbaar maak); ~ *s.t.* ***up*** iets met ink vul. ~ **bag** →INK SAC. ~**blot** inkkol, -klad, -vlek. ~**blot test** *(psig.)* →RORSCHACH TEST. ~ **bottle** inkfles, -bottel. ~ **eraser** inkuitveër. ~**fish** inkvis. ~**horn** *(hist.)* inkhoring, -koker. ~**horn term** deftige/hoogdrawende woord. ~**-jet (printer)** inkstraaldrukker. ~**-pad, inking pad** ink-, stempelkussing, -kussinkie. ~ **plant** *(Harveya* spp.*)* inkblom, -plant, *(Hyobanche sanguinea)* aardroos, rooipop, skilpadblom, wolwekos. ~**pot** inkpot. ~ **powder** inkpoeier. ~ **sac** *(soöl.)* inksak, -blaas. ~ **spot** inkkol. ~ **stain** inkvlek. ~**-stained** vol ink(vlekke). ~**stand** inkstaander, -stel. ~**well** inkpotjie.

I·nka·tha (Free·dom Par·ty) *(SA, pol., afk.:* IFP*)* Inkatha(-Vryheidsparty) *(afk.:* IVP*).*

ink·er inkrol; inkpennetjie; *(telegr.)* skryftoestel.

ink·ing: ~ **pad** →INK-PAD. ~ **roller** inkroller.

in·kling idee, vermoede, spesmaas; wenk; ***get*** *an* ~ *of s.t* 'n snuf (in die neus) kry van iets; ***have*** *an* ~ *of s.t.* 'n vermoede van iets hê; *have* ***no*** ~ *of s.t.,* ***not*** *have an* ~ *of s.t.* geen vermoede van iets hê nie.

ink·y inkerig, inkagtig; vol ink; inkswart.

in·laid, in·laid ingelê; ~ *linoleum* deurgedrukte linoleum; *be* ~ *with ...* met ... ingelê wees; ~ *work* inlegwerk; →INLAY *ww.*.

in·land *n.* binneland. **in·land** *adj.* binnelands, binne-. **in·land** *adv.* landin(waarts), na die binneland. ~ **duty** aksyns. ~ **ice (sheet)** landys. ~ **navigation** binnevaart, binnelandse skeepvaart. ~ **port** binnehawe. ~ **revenue** belastinginkomste, binnelandse inkomste. ~ **revenue office** belastingkantoor; fiskus. ~ **sea** binnesee. **I~ Sea of Japan** Japanse Binnesee. ~ **waters** binnewaters.

in·land·er binnelander.

in-law *(infml.)* aangetroude familielid; skoonpa; skoonma; *(i.d. mv.)* skoonouers, skoonfamilie, aangetroude familie, skoonmense.

in·lay *n.* ingelegde werk, inlegsel; insetsel. **in·lay** -*laid* -*laid, ww.* inlê. ~ **work** inlegwerk.

in·let opening, ingang; inham, baaitjie; insetsel; inloop; *(mot.)* inlaat; *small* ~ sloep. ~ **manifold** *(mot.)* inlaatspruit(stuk). ~ **pipe** toevoerpyp. ~ **port** inlaatpoort. ~ **stroke** *(mot.)* suigslag. ~ **tube** invoerbuis. ~ **valve** *(mot.)* inlaatklep.

in-line skate →ROLLERBLADE.

in·ly *adv., (poët., liter.)* na binne, binnetoe; diep, innig, intiem.

in·ly·ing inliggend; binne geleë.

in·mate huisgenoot; bewoner, inwoner; insittende.

in me·mo·ri·am →IN *prep.*.

in·most binne(n)ste, diepste, innigste.

inn herberg, hotelletjie; taphuis, taverne; *at the* ~ by/in die herberg. ~**keeper** herbergier, hotelhouer. ~**keeping** hotelhouery.

in·nards *(infml.)* ingewande, binnegoed.

in·nate, in·nate aangebore, ingebore, ingeskape. **in·nate·ness** aangeborenheid, ingeborenheid, ingeskapenheid.

in·nav·i·ga·ble onbevaarbaar. **in·nav·i·ga·bil·i·ty, in·nav·i·ga·ble·ness** onbevaarbaarheid.

in·ner *n.* binne(n)ste; *(skyfskiet)* vier, binne(n)ste ring *(om die kol),* binnekring *(v.d. skyf);* binne(kring)skoot. **in·ner** *adj.* binne(n)ste; innerlik, inwendig, binne-; verborge, intiem. ~ **circle** binne(n)ste kring, binnekring. ~ **city** binnestad. ~**-city** *adj. (attr.)* binnestad-, binnestedelike, in die binnestad/binnestede *(pred.).* ~ **conflict** siel(e)stryd, (inwendige) tweestryd. ~ **ear** *(anat.)* binneoor. ~ **harbour** binnehawe. ~ **life** gevoels-, gemoeds-, sielslewe, innerlik(e). ~ **man:** *the* ~ die inwendige/innerlike mens; *(infml.)* (die) maag. **I~ Mongolia** *(geog.)* Binne-Mongolië. ~ **office** private/privaat kantoor. ~ **reserve** innerlike reserwe; *(fin.)* geheime/onverklaarde reserwe. ~ **sole** binnesool. ~ **space** diepsee; onderbewussyn. ~**-spring mattress** binneveermatras. ~ **town** middedorp; midde-, binnestad. ~ **tube** binneband. ~ **voice** inwendige stem; stem van die gewete. ~ **workings** fynighede van die saak.

in·ner·most binne(n)ste; diepste; innigste.

in·ner·vate, in·ner·vate *(anat., soöl.)* besenu; innerveer. **in·ner·va·tion** senuwerking; besenuwing; senuprikkeling; innervering.

in·ning *(bofbal)* (kolf)beurt.

in·nings -*nings(es), (kr.)* (kolf)beurt; beurt, kans, geleentheid; bewind, ampstermyn; *s.o. has had a* ***good*** ~*, (infml.)* iem. het 'n gelukkige lewe gehad; *s.o. has had a* ***long*** ~*, (infml.)* iem. was lank aan die beurt; iem. het lank geleef/gelewe/gedien; ***open*** *the* ~*, (kr.)* die beurt begin. ~ **defeat** *(kr.)* beurtne(d)erlaag. ~ **victory** *(kr.)* beurtoorwinning.

In·no·cent *(pous, hist.)* Innocentius.

in·no·cent *n.* onskuldige; eenvoudige, naïweling; *(Holy) I~s' Day, (RK: 28 Des.)* Onskuldigekinderdag, Allerkinders, Allerkinderdag, Kinderdag; *Massacre of the I~s* kindermoord (van Betlehem). **in·no·cent** *adj.* onskuldig; eenvoudig, naïef, liggelowig; onbedorwe *(kind);* kuis, rein, onbevlek; onskadelik; ~ ***agent*** onskuldige tussenpersoon; ***blandly*** ~ doodluiters; ~ ***finder*** eerlike vinder; *be as* ~ *as a* ***lamb*** doodonskuldig wees; van geen kwaad weet nie; ~ ***misrepresentation*** onopsetlike wanvoorstelling; *be* ~ ***of*** *s.t.* aan iets onskuldig wees; sonder iets wees; ~ ***passage*** vrye en vreedsame deurvaart; ***quite*** ~ doodonskuldig; ~ ***third party,*** *(jur.)* derde te goeder trou. **in·no·cence,** *(arg.)* **in·no·cen·cy** onskuld(igheid); eenvoud(igheid); naïwiteit; onbedorwenheid; *in all* ~ in alle onskuld; *in one's* ~ in jou onskuld; *protest one's* ~ volhou vol dat jy onskuldig is, jou onskuld betuig. **in·no·cent·ly** onskuldig; *quite* ~ in alle onskuld, doodonskuldig.

in·noc·u·ous onskadelik. **in·noc·u·ous·ness, in·no·cu·i·ty** onskadelikheid.

in·nom·i·nate onbenoem(d); naamloos, sonder naam; ~ *bone, (anat.)* heupbeen.

in·no·vate innoveer, vernu(we), vernieu, nuwighede (*of* 'n nuwigheid) invoer, veranderings aanbring. **in·no·va·tion** vernuwing, nuwigheid, innovasie, (invoering van) iets nuuts; nuwe element. **in·no·va·tive, in·no·va·to·ry** nuwigheids-; nuut, nuwe; vernuwend. **in·no·va·tor** vernuwer, innoveerder.

in·nox·ious onskadelik. **in·nox·ious·ness** onskadelikheid.

in·nu·en·do -*do(e)s* toespeling, insinuasie.

In·nu·it →INUIT.

in·nu·mer·a·ble, in·nu·mer·ous ontelbaar; talloos.

in·nu·mer·ate *n.* ongesyferde. **in·nu·mer·ate** *adj.* ongesyferd, nie syferkundig aangelê nie. **in·nu·mer·a·cy** ongesyferdheid.

in·nu·tri·tion *(w.g.)* ondervoeding. **in·nu·tri·tious** onvoedsaam.

in·ob·ser·vance onoplettendheid; nienakoming, veron(t)agsaming.

in·oc·cu·pa·tion niksdoen(ery), leeglêery.

in·oc·u·late (in)ent, inokuleer; ~ *s.o. against s.t.* iem. teen iets (in)ent. **in·oc·u·lant** entstof. **in·oc·u·la·tion** (in)enting, (in)entery, inokulasie. **in·oc·u·la·tor** (in)enter.

in·o·dor·ous reukloos.

in·of·fen·sive onskuldig, arg(e)loos; onskadelik; onaanstootlik; nie onaangenaam nie.

in·of·fi·cious onwillig; ongeldig, nietig, kragteloos, funksieloos; *an* ~ *will* 'n liefdelose testament.

in·op·er·a·ble buite werking; onuitvoerbaar; *(med.)* onopereerbaar.

in·op·er·a·tive buite werking; sonder uitwerking; ongeldig.

in·op·por·tune, in·op·por·tune ontydig, ongeleë. **in·op·por·tune·ness, in·op·por·tune·ness, in·op·por·tu·ni·ty** ontydigheid.

in·or·di·nate buitensporig, oordrewe, buitengewoon, mateloos; *(arg.)* onbeteuel(d); *(arg.)* wanordelik. **in·or·di·na·cy, in·or·di·nate·ness** buitensporigheid; mateloosheid. **in·or·di·nate·ly** oormatig, buitensporig, buitengewoon.

in·or·gan·ic onorganies; anorganies; ~ *chemistry* anorganiese chemie.

in·or·gan·i·sa·tion, -za·tion gebrek aan organisasie, disorganisasie.

in·os·cu·late *(fml.)* ineenloop, saamkom, in mekaar oorgaan; inmond, intak. **in·os·cu·lat·ed** ineenlopend, samekomend; nou verbonde.

in·o·si·tol *(biochem.)* inositol, spiersuiker.

in·pa·tient hospitaalpasiënt, binnepasiënt.

in·pour·ing *n.* instroming. **in·pour·ing** *adj.* instromend.

in·put *n.* toevoer; *(ook rek.)* invoer; opneming; toevoervermoë; toegevoerde hoeveelheid; *(elek.)* toegevoerde vermoë; *(ekon.)* inset; lading, belasting. **in·put** *-putting -put(ted), ww., (rek.)* invoer. ~ **materials** toevoerstowwe. ~**/output** *n., (rek.)* toevoer/afvoer. ~**/output** *bep., (rek.)* toevoer/afvoer-; ~ *error* toevoer/afvoer-fout. ~**-output** *adj. (attr.), (ekon.)* inset-uitset-; ~ *analysis* inset-uitset-ontleding. ~ *table* inset-uitsettabel.

in·quest *(Br.)* (geregtelike) doodsondersoek/lykskouing/outopsie; *(infml.)* nabetragting; *conduct/hold an* ~ 'n (geregtelike) lykskouing hou; *the general/great/last* ~, *(poët., liter.)* die algemene/laaste oordeel.

in·qui·e·tude onrustigheid, rusteloosheid; ongerustheid.

in·quire, en·quire vra, verneem; rondvra; navraag doen; ondersoek (instel), inligting inwin; ~ ***about*** ... na/omtrent/oor ... navraag doen; ~ ***after*** ... na ... verneem; ~ ***into*** *s.t.* iets ondersoek, ondersoek na iets doen/instel; ~ ... ***of*** *s.o.* iem. ... vra, inligting oor ... van iem. kry; ~ ***within*** vra (hier) binne. **in·quir·er, en·quir·er** ondersoeker, (na)vraer. **in·quir·ing mind** ondersoekende/weetgierige gees.

in·quir·y, en·quir·y vraag; navraag; ondersoek; nasporing; *(i.d. mv.)* navrae, inligting *(op bordjies)*; *a* ***board/commission*** *of* ~ 'n kommissie van ondersoek; ***conduct/hold/institute*** *an* ~ *into s.t.* 'n ondersoek na iets instel; *a* ***court*** *of* ~ 'n hof van ondersoek; ***make*** *inquiries/enquiries about* ... na/omtrent/oor ... navraag doen, inligting oor/omtrent ... inwin; ***(up)on*** ~ by navraag. ~ **agent** *(Br., vero.)* privaat/private speurder. ~ **office** inligtingskantoor, navraag-, navraekantoor, informasieburo.

in·qui·si·tion ondersoek, navorsing; inkwisisie; *the I~, (RK, hist.)* die Inkwisisie.

in·quis·i·tive nuuskierig; weetgierig, ondersoekend; ~ *person* (nuuskierige) agie. **in·quis·i·tive·ness** nuuskierigheid; weetgierigheid.

in·quis·i·tor ondersoeker, ondervraer; regter; *(RK, hist., dikw. I~)* inkwisiteur. **in·quis·i·to·ri·al** hinderlik nuuskierig, indringerig; inkwisitoriaal;.

in·road inval, strooptog; *(gew. i.d. mv.)* inbreuk, aantasting; *make ~s into* ... in ... indring *('n land, mark, ens.)*; 'n gat in ... maak *(jou begroting ens.)*; *make ~s (up)on* ... op ... inbreuk maak, ... aantas *(regte ens.)*.

in·rush instroming, invloeiing, toevloed.

in·sal·i·vate met speeksel vermeng.

in·sa·lu·bri·ous ongesond, onheilsaam *(klimaat ens.)*; ~ *neighbourhood* ongure buurt. **in·sa·lu·bri·ty** ongesondheid.

in·sane kranksinnig, waansinnig; *(infml.)* mal, gek; *(neerh.)* getik. ~ **asylum** (kranksinnige)gestig.

in·sane·ly kranksinnig, waansinnig; *(infml.)* mal; ~ *jealous* groen/mal van jaloesie.

in·san·i·tar·y ongesond, onhigiënies. **in·san·i·tar·i·ness** ongesondheid.

in·san·i·ty kranksinnigheid, waansin, malheid.

in·sa·tia·ble, *(poët., liter.)* **in·sa·ti·ate** onversadigbaar. **in·sa·tia·bil·i·ty, in·sa·tia·ble·ness, in·sa·ti·ate·ness** onversadigbaarheid.

in·scape *(poët., liter.)* diepste wese.

in·scribe inskryf, -skrywe, opskryf, -skrywe; graveer, ingrif; beskryf, beskrywe; opdra; *(arg.)* opneem *(in 'n agenda ens.)*; ~ *in a circle, (geom.)* in 'n sirkel beskryf/beskrywe. **in·scrib·a·ble** inskryfbaar *(in)*. **in·scribed** met 'n inskrif; ~ *circle, (geom.)* insirkel, ingeskrewe sirkel; ~ *stock* aandele op naam, geregistreerde aandele.

in·scrip·tion inskrywing, inskrif, inskripsie; byskrif; omskrif *(op 'n geldstuk)*; opskrif; opdrag; *(arg.)* opneming *(in 'n agenda)*. **in·scrip·tion·al, in·scrip·tive** opskrif-, inskrif-, gegraveer(d), ingeskrewe, inskripsie-, as inskrif/opskrif.

in·scru·ta·ble onnaspeurlik, ondeurgrondelik, onnaspeurbaar, onpeilbaar, onbegryplik. **in·scru·ta·bil·i·ty, in·scru·ta·ble·ness** onnaspeurlikheid, ondeurgrondelikheid, onbegryplikheid.

in·sect insek, *(infml.)* gogga. ~ **bite** insekbyt. ~ **control** insekbeheer. ~ **eater** insekeeter, -vreter. ~**-eating** insekeetend, -vretend. ~ **pest** insekplaag. ~**-pollinated** deur insekte bestuif, insekbestuif. ~ **pollination** bestuiwing deur insekte. ~ **powder** insekpoeier. ~ **repellent/repellant** insekmiddel.

in·sec·tar·i·um *-tariums, -taria,* **in·sec·tar·y, in·sec·tar·y** *-ies* insekhuisie, insektarium; insekversameling.

in·sec·ti·cide *n.* insekdoder, insekmiddel, insekgif. **in·sec·ti·cid·al** *adj.* insekdodend.

in·sec·ti·vore *(soöl.)* insekeeter, -vreter, insektivoor. **in·sec·tiv·o·rous** insekeetend, -vretend, insektivoor.

in·sec·tol·o·gy →ENTOMOLOGY.

in·se·cure onseker; onveilig; los. **in·se·cu·ri·ty** onsekerheid, bevreesdheid; onveiligheid; ~ *of justice* regsonsekerheid.

in·sem·i·nate bevrug, insemineer; *(fig.)* inplant, inprent, laat posvat. **in·sem·i·na·tion** bevrugting, inseminasie.

in·sen·sate gevoelloos *(ook fig.)*; ongevoelig, hardvogtig; onsinnig, sinloos; dom, onnosel.

in·sen·si·ble onmerkbaar, onwaarneembaar; gevoelloos; bewusteloos; onbewus; ongevoelig, onverskillig; *be ~ of s.t.* nie van iets bewus wees nie; *render s.o.* ~ iem. verdoof; *be ~ to s.t.* vir iets ongevoelig wees. **in·sen·si·bil·i·ty, in·sen·si·ble·ness** gevoelloosheid; ongevoeligheid, onverskilligheid; floute, bewusteloosheid. **in·sen·si·bly** onmerkbaar, ongemerk.

in·sen·si·tive ongevoelig; dikvellig; *be ~ to s.t.* vir iets ongevoelig wees. **in·sen·si·tive·ness, in·sen·si·tiv·i·ty** ongevoeligheid.

in·sen·tient *(w.g.)* gevoelloos, leweloos, onbesiel(d).

in·sep·a·ra·ble onskei(d)baar; onafskeidelik; *be ~ from s.o.* onafskeidelik van iem. wees. **in·sep·a·ra·bil·i·ty, in·sep·a·ra·ble·ness** onskei(d)baarheid; onafskeidelikheid.

in·sert *n.* inlas(sing); insetsel. **in·sert** *ww.* insit, insteek, invoeg, inlas; inplant; inpas; opneem, plaas *(in 'n blad)*; ~ *s.t. in(to)* ... iets in ... insteek/invoeg. ~ **sign** *(tip.)* inlasteken, karet.

in·ser·tion inlassing, invoeging; opneming, opname, plasing; invoegsel; tussensetsel, insetsel; sierinsetsel; aanhegting.

in-ser·vice train·ing indiensopleiding.

in·set *n.* byvoegsel, bylae, bylaag; invoegsel; inlas; tussenstrook, inlegsel, insetsel. **in·set** *-set -set; -setted -setted, ww.* invoeg, inlas, inwerk, insit. ~ **cupboard** muurkas. ~ **map** bykaart.

in·shore *adj. & adv.* aanlandig, langslandig, digby die kus, naby die wal; na die kus toe; ~ *fishing* kusvissery; ~ *of* ... nader by die kus as ..., aan die walkant van ...

in·side *n.* binnekant, binne(n)ste; middeldeel, middelste gedeelte, middelgedeelte, middelstuk; ingewande; binnepassasier; *(i.d. mv.)* binnegoed, ingewande; *the ~ of a* ***bend*** die waai van 'n buigstuk; *know s.t.* ***from*** *the* ~ iets uit die eerste hand ken/weet; ***on*** *the* ~ aan die binnekant; *know s.t. ~* ***out*** →KNOW *ww.*; *s.t. is ~* ***out*** iets is binne(n)stebuite/verkeerdom; *turn s.t. ~* ***out*** iets omdop *(of* binne[n]stebuite draai); *the ~ of a* ***week*** die middelgedeelte van 'n week. **in·side** *adj. (attr.)* binne-, binnekants(t)e, binne(n)ste; ~ ***forward,*** *(sokker)* binnevoorspeler; ~ ***information/knowledge*** eerstehandse kennis/inligting, inligting/kennis van agter die skerms *(of* uit die eerste hand); ~ ***job,*** *(infml.)* binnemisdaad, -diefstal, -bedrog; ~ ***lane*** binnebaan *(v. 'n pad/atletiekbaan)*; ~ ***left,*** *(sokker)* linkerbinnespeler; ~ ***pass,*** *(rugby)* aangee binnetoe *(of* na binne), binne(toe)-aangee; ~ ***pocket*** binnesak; ~ ***right,*** *(sokker)* regterbinnespeler; *the ~* ***story/history*** die ware verhaal; ~ ***track,*** *(lett. & fig.)* binnebaan. **in·side** *adv.* binne(kant), binne-in; binnenshuis; *be ~* binne wees; *(infml.)* in die tronk *(of* agter tralies) sit. **in·side** *prep.* binne, binne-in; ~ *the record* beter as die rekord; ~ *(of) an hour/etc., (Am., infml.)* binne *(of* in minder as) 'n uur/ens..

in·sid·er ingewyde, lid van 'n binnekring; ingeligte. ~ **dealing,** ~ **trading** *(beurs: effektehandel met voorkennis)* binnehandel.

in·sid·i·ous verraderlik; bedrieglik, (arg)listig, slu, geslepe; ~ *disease/poison* sluipende siekte/gif. **in·sid·i·ous·ness** verraderlikheid; bedrieglikheid, (arg)listigheid, sluheid.

in·sight insig, deursig, onderskeidingsgawe; *have a deep ~ into s.t.* 'n diep(e) insig in iets hê; *gain an ~ into s.t.* 'n insig in iets kry; *have a keen ~* 'n skerp insig hê. **in·sight·ful** insigryk.

in·sig·ni·a *-nia(s)* onderskeidingsteken; ordeteken; insinje; ~ *of office* ampsteken.

in·sig·nif·i·cant onbeduidend, niksbeduidend, gering, nietig, onbelangrik, onbenullig. **in·sig·nif·i·cance, in·sig·nif·i·can·cy** onbeduidendheid, niksbeduidendheid, geringheid, nietigheid.

in·sin·cere onopreg, geveins. **in·sin·cer·i·ty** onopregtheid, geveinsdheid.

in·sin·u·ate te verstaan/kenne gee, insinueer; ~ *o.s. into* ... jou by/in ... indring/inwurm. **in·sin·u·at·ing, in·sin·u·a·tive** sinspelend, insinuerend, suggestief; opdringerig, indringerig, indringend. **in·sin·u·a·tion** sinspeling, insinuasie, skimp, steek, toespeling; toedigting; indringing, inwurming; *make an ~* skimp. **in·sin·u·a·tor** insinueerder; indringer.

in·sip·id laf, smaakloos, soutloos *(kos)*; flou *(tee, koffie)*; *(fig.)* smaakloos, banaal, niksseggend, verbeeldingloos. **in·si·pid·i·ty, in·sip·id·ness** lafheid, smaakloosheid, soutloosheid; flouheid; smaakloosheid, niksseggendheid.

in·sist (daarop) aandring; volhou, nadruklik beweer; vashou *(aan)*, handhaaf; ***if*** *you ~* as jy daarop aandring/staan; ~ *on one's* ***innocence*** volhou dat jy onskuldig is, jou onskuld betuig; ~ *on a* ***point*** voet by stuk hou, nadruk lê *(of* aandring op) 'n punt; *s.o. ~s* ***that*** ... iem. hou vol dat ...; ~ ***(up)on*** *s.t.* op iets aandring, iets eis; op iets nadruk lê; met iets volhard; *s.o. ~s* ***(up)on*** *doing s.t.* iem. wil opsluit iets doen; ~ ***(up)on*** *s.t. being done* (or *taking place*) eis *(of* [daarop] aandring *of* daarop staan) dat iets gedoen word *(of* gebeur). **in·sist·ence, in·sist·en·cy** eis, aandrang; volharding, deurdrywing; *at the ~ of* ... op aandrang van ...; *s.o.'s ~ (up)on s.t.* iem. se aandrang op iets. **in·sist·ent** aanhoudend, knaend, onophoudelik, hardnekkig; volhoudend; opdringend. **in·sist·ent·ly** aanhoudend, knaend, voortdurend, aanmekaar, volhardend, sonder ophou.

in·so·bri·e·ty onmatigheid; dronkenskap.

in·so·far as *adv.* = IN SO FAR AS.

in·so·la·tion *(teg., geol., weerk.)* insolasie, sonbestraling; sondroging; *(med.)* sonsteek, hitteslag.

in·sole binnesool.

in·so·lent parmantig, (dom)astrant, onbeskaamd, onbeskof, brutaal. **in·so·lence** parmantigheid, (dom)astrantheid, onbeskaamdheid, onbeskoftheid; *I can sup-*

port such ~ no longer ek kan sulke astrantheid nie langer verdra nie.

in·sol·u·ble *(lett. & fig.)* onoplosbaar. **in·sol·u·bil·i·ty, in·sol·u·ble·ness** *(lett. & fig.)* onoplosbaarheid.

in·sol·vent *n.* bankrotspeler, insolvent. **in·sol·vent** *adj.* bankrot, insolvent; ~ *estate* insolvente boedel; *become/go* ~ insolvent raak, bankrot gaan/raak/speel. **in·sol·ven·cy** bankrotskap, insolvensie.

in·som·ni·a slaaploosheid, slapeloosheid, insomnie. **in·som·ni·ac** slaaplose, slapelose.

in·so·much *adv.: ~ as ...* aangesien/daar ...; vir sover/sovêr (as) ...; ~ *that ...* dermate/soseer dat ...

in·sou·ci·ant sorg(e)loos, ongeërg, onbekommerd, onbesorg, onverskillig. **in·sou·ci·ance** sorg(e)loosheid, ongeërgdheid, onverskilligheid.

in·span *-nn-, ww., (Afr.)* inspan, voor 'n kar/wa span, voorspan; gebruik, benut, aanwend.

in·spect ondersoek, nagaan; keur; inspekteer, kontroleer; besigtig, bekyk, beskou; in oënskou neem; ~ *a document* 'n stuk nagaan.

in·spec·tion ondersoek; keuring *(v. voedselware);* inspeksie; kontrole; besigtiging; insae; ***carry out*** *(or **conduct/make**) an ~* ondersoek doen/instel; *conduct an ~ **in loco*** 'n ondersoek ter plaatse doen/instel; *an ~ **of** ...* 'n ondersoek van ...; ***on*** *(closer)* ~ by nader ondersoek; *s.t. is **open** for/to* ~ iets lê ter insae *(planne ens.);* ***request*** *~ of ...* insae in ... versoek; ***submit*** *s.t. to the ~ of ...* iets ter insae gee aan ... ~ **copy** eksemplaar ter insae. ~ **flap** inspeksieklap. ~ **hole** kyk-, loergat, inspeksiegat.

in·spec·tor inspekteur; keurder; opsiener, opsigter; ~ *of education* inspekteur van onderwys; ~ *of mines* myninspekteur; ~ *of revenue, revenue* ~ belastinginspekteur. ~ **general** inspekteur-generaal.

in·spec·to·ral, in·spec·to·ri·al inspekteurs-, inspeksie-.

in·spec·tor·ate inspekteurskap; inspeksiegebied, -afdeling, -kring; inspektoraat, inspekteurskorps.

in·spec·tor·ship inspekteurskap.

in·spire besiel, inspireer, aanvuur, inboesem; wek; inasem, intrek; *~ s.t. **in** s.o.* (or *s.o. **with** s.t.*) iets by iem. inboesem *(vertroue ens.);* *~d **leadership*** besielende leiding; *from an ~d **quarter*** uit welingeligte bron; *~ s.o. **to** do s.t.* iem. besiel om iets te doen. **in·spi·ra·tion** ingewing, inspirasie; besieling; inaseming; ***divine*** ~ goddelike inspirasie; ***draw*** *~ from ...* besieling uit ... put; ***have*** *an ~* 'n inspirasie kry; *a **stroke** of ~* 'n inspirasie. **in·spi·ra·tion·al** besielend, inspirerend; geïnspireer(d). **in·spi·ra·tion·ist** iem wat glo aan die goddelike ingewing *(v.d. Bybel).* **in·spir·a·tive** besielend, inspirerend. **in·spi·ra·tor** inasemingstoestel. **in·spir·a·to·ry** *(fisiol.)* inasemend, inasemings-, inspiratories. **in·spir·er** besieler, aanvuurder, aanmoediger. **in·spir·ing** *adj.* besielend, inspirerend.

in·spir·it besiel, aanmoedig, bemoedig, aanspoor, opwek.

in·spis·sate *(arg.)* verdik, verdig, indamp, kondenseer, konsentreer, stol; *(chem.)* indik *(bloedserum ens.).* **in·spis·sat·ed** verdik, verdig; ~ *darkness* stikdonkerheid. **in·spis·sa·tion** verdikking; *(chem.)* indikking.

in·sta·bil·i·ty onbestendigheid, onvastheid, veranderlikheid, instabiliteit, onstabiliteit; wispelturigheid.

in·stal(l) installeer; vestig, inrig; instel; aanlê, aanbring, plaas; bevestig *(in 'n amp).* **in·stal·la·tion** installasie, installering; inrigting, oprigting, opstelling; instelling, inhuldiging, bevestiging; vestiging; aanleg; montering. **in·stall·er** insteller.

in·stal·ment, *(Am.)* in·stall·ment paaiement; afbetaling; episode, aflewering *(v. 'n vervolgverhaal ens.);* installering *(v. 'n toestel ens.); pay in/by ~s* in paaiemente betaal; *pay an ~* 'n paaiement betaal; *~ of a series* episode/aflewering in/van 'n reeks. ~ **contract** afbetalingskontrak. ~ **plan** *(Am.)* →HIRE-PURCHASE. ~ **system** afbetaalstelsel; *on the ~ ~* op afbetaling, in paaiemente.

in·stance *n.* voorbeeld, geval; *(fml.)* versoek; *(fml.)* aandrang; ***at the*** *~ **of** ..., (fml.)* op aandrang van ...; in opdrag van ...; op versoek van ...; op inisiatief van ...; ***at the public*** ~ van staatsweë; ***court of the first*** *~, (jur.)* hof van eerste aanleg/instansie; *in the **first*** ~ in die eerste plek/plaas, eerstens; in die eerste geval/instansie; ***for*** *~ ...* byvoorbeeld ...; ***give*** *an ~ of s.t.* 'n voorbeeld van iets gee; *in the **present*** ~ in dié geval, in die onderhawige/gegewe geval; *in **your*** ~ in jou/u geval. **in·stance** *ww.* aanhaal, aanvoer, siteer, as voorbeeld noem. **in·stan·cy** *(arg.)* dringendheid, drang.

in·stant *n.* oomblik; ***in an*** ~ in 'n oomblik; ***in that*** ~ op daardie oomblik, met dié; ***on the*** ~ op die daad/plek, onmiddellik; ***the*** *~ (that) s.t. happens* sodra iets gebeur; ***the*** *~ (that) s.t. happened* dadelik *(of* op die oomblik) toe iets gebeur; ***this*** ~ onmiddellik. **in·stant** *adj.* dringend; onmiddellik, dadelik; kitsklaar; *~ **book*** blitsboek; *~ **camera*** kitskamera; *~ **coffee*** kitskoffie; *~ **lawn*** kitsgrasperk; *your **letter** of the 7th ~, (vero.)* u brief van die 7de deser; *~ **print*** kitsafdruk; *~ **replay,** (TV)* →REPLAY *n.; ~ **yeast*** kitsgis. **in·stan·ta·ne·ous** oombliklik; ~ *combustion* snelverbranding; ~ *photo* kitsfoto. **in·stan·ta·ne·ous·ly** onmiddellik, dadelik; *killed* ~ op slag dood. **in·stan·ter** *adv., (arg. of skerts.)* terstond, onverwyld, sonder versuim, onmiddellik, dadelik. **in·stant·ly** oombliklik, onmiddellik, op die daad, dadelik; ~ *prepared* kitsklaar.

in·star *(<Lat., entom., soöl.: stadium tuss. twee opeenvolgende vervellings)* instar.

in·state installeer, instel, vestig. **in·state·ment** installasie, instelling.

in·stau·ra·tion *(fml.)* herstel; vernuwing, opknapping, restourasie.

in·stead in plaas daarvan; *~ of ...* pleks *(of* in plaas/stede) van ...; *~ of doing it, s.o. ...* pleks/plaas dat iem. dit doen, het hy/sy ...; pleks *(of* in plaas) van dit te doen, het iem. ...

in·step balk, boog, wreef *(v.d. voet);* grootboog, voetrug, middelvoet; wreef *(v. 'n skoen, kous).*

in·sti·gate instel, in werking stel, op tou sit; tot stand bring, teweegbring, veroorsaak; aanspoor; opsweep, op-, aanhits, oprui, opstook; uitlok. **in·sti·ga·tion** aansporing; opsweping, op-, aanhitsing, opruiing, opstoking, opstokery; uitlokking; *at the ~ of ...* op aandrang/aanstigting/aansporing van ... **in·sti·ga·tor** aanstigter; opsweper, ophitser, aanhitser, opstoker, opruier; uitlokker; lokvink.

in·stil, *(Am.)* in·still *-ll-* inprent, inskerp, vestig, bybring; *(w.g.)* ingooi, (laat) indrup; *~ s.t. in(to) s.o.* iets by iem. inprent/inskerp/vestig, iem. iets bybring. **in·stil·la·tion, in·stil·ment, *(Am.)* in·still·ment** inprenting, inskerping, vestiging; *(w.g.)* (die) indrup, indrupp(el)ing.

in·stinct *n.* instink, drang, drif; intuïsie; *s.t. appeals to the lower ~s* iets prikkel die laer instinkte; *seafaring* ~ drang na die see; *survival* ~ oorlewingsdrang, -instink. **in·stinct** *adj., (fml.)* besiel(d); ~ *with life* met lewe besiel, vol lewe. **in·stinc·tive** instinktief, instinkmatig, intuïtief.

in·sti·tute *n.* instituut, instelling; genootskap; *I~ of Science* Instituut vir Wetenskappe. **in·sti·tute** *ww.* stig, instel, oprig, begin; vasstel; in die lewe roep; *~ **an action** against s.o.* →ACTION; *~ **an inquiry** into s.t.* →INQUIRY; *~ s.o. **into** a post* iem. in 'n amp/pos aanstel; *~ (legal) **proceedings** against s.o.* →PROCEEDING; *be ~d **to** the priesthood* tot priester gewy word. **in·sti·tu·tion** instelling, instituut, genootskap; inrigting, tehuis; gestig *(vero.);* (vaste/gevestigde) gebruik/gewoonte, wet, reël; stigting, instelling, oprigting; aanstelling, benoeming; bevestiging; *financial/political ~s* finansiële/staatkundige instellings. **in·sti·tu·tion·al** vasgestel(d); ingestel(d); genootskaps-; wets-; van 'n inrigting/instituut/ens.; institutêr, institusioneel; ~ *care* inrigtingsorg; ~ *religion* georganiseerde/geïnstitueerde godsdiens. **in·sti·tu·tion·al·i·sa·tion, -za·tion** institusionalisering. **in·sti·tu·tion·al·ise, -ize** institusionaliseer. **in·sti·tu·tion·al·ism** institusionalisme. **in·sti·tu·tor** stigter, oprigter; insteller; instituteur.

in·store *adj. (attr.)* winkel-, in die/'n winkel/supermark; ~ *bakery* winkelbakkery, bakkery in die/'n winkel/supermark; ~ *post office* pospunt in die/'n winkel/supermark; ~ *promotions* winkelpromosies, promosies in die/'n winkel.

in·struct gelas, opdrag gee, opdra, voorskryf, -skrywe; *(jur.)* instrueer; onderwys gee, onderrig, leer; voorlig; in kennis stel; *~ s.o. in s.t.* iem. iets leer, iem. in iets onderrig; *~ s.o. to do s.t.* iem. gelas *(of* opdrag gee) om iets te doen. **in·struct·ed** *(ook)* kundig, goed onderrig/ingelig; *~ by ...* in opdrag van ...; *be ~ to ...* opdrag kry/ontvang om te ... **in·struct·ing:** *~ attorney* prokureur in die saak, lasgewende/opdraggewende prokureur. **in·struc·tive** leerryk, leersaam, insiggewend, instruktief. **in·struc·tor** leermeester, instrukteur; onderwyser; dosent. **in·struc·tress** leermeesteres, instruktrise; onderwyseres.

in·struc·tion onderrig, onderwys, les; las, opdrag; aanwysing, voorskrif; lering; voorligting *(deur 'n regter); (ook jur.)* instruksie; ***according*** *to* (or *in **accordance** with*) *~s* volgens opdrag; ***act under*** *~s from ...* onder opdrag van ... handel; ***carry out*** (or ***follow***) *~s* opdragte uitvoer; ***get/receive*** ~ onderrig kry/ontvang; ***get/receive*** *~s* opdrag kry/ontvang; ***give*** ~ onderrig gee; ***give*** *~s* opdrag gee; *~ **in** ...* onderrig in ...; ***medium*** *of ~* onderrig-, voertaal; ***on the*** *~ of ...* in opdrag van ...; *~s for **use*** gebruiksaanwysings. ~ **book** instruksieboek.

in·struc·tion·al onderrigs-, onderwys-; met aanwysings/bevele/ens.

in·stru·ment *n.* instrument; werktuig, stuk gereedskap; toestel; (hulp)middel; staatstuk; staats-, wetlike dokument; *~ of **debt*** skuldakte; *be an ~ for **good*** 'n middel ten goede wees; *~ of **murder*** moordtuig; ***negotiable*** ~ verhandelbare dokument; *~ of **precision*** fyn instrument; *~ of **Providence,** (Chr.)* werktuig van die Voorsienigheid; *~ of **torture*** martel(werk)tuig. **in·stru·ment** *ww.* instrumenteer. ~ **error** instrumentfout. ~ **flying** blindvlieg. **~-maker** instrument(e)maker. ~ **panel,** ~ **board** paneelbord, instrumentebord. ~ **reading** instrumentstand, -aflesing. ~ **room** toestelkamer.

in·stru·men·tal *n., (mus.)* instrumentale verwerking; *(gram.)* instrumentalis. **in·stru·men·tal** *adj.* diensbaar, behulpsaam, bevorderlik; *(mus.)* instrumentaal; van 'n instrument; *be ~ in/to ...* bydra tot ..., bevorderlik wees vir ..., behulpsaam wees by/met ..., meewerk aan ...; ~ *goods* produksiegoedere. **in·stru·men·tal·ist** *(mus.)* instrumentis. **in·stru·men·tal·i·ty** middel, medewerking, bemiddeling, toedoen; *through the ~ of ...* deur middel van ...; deur tussenkoms/bemiddeling van ... **in·stru·men·ta·tion** instrumentasie; gebruik van instrumente.

in·sub·or·di·nate *n.* weerspannige. **in·sub·or·di·nate** *adj.* ongehoorsaam, weerspannig, opstandig, oproerig; *be* ~ ongehoorsaam wees, weier om jou aan gesag te onderwerp. **in·sub·or·di·na·tion** ongehoorsaamheid, weerspannigheid, opstandigheid, insubordinasie; diensweiering.

in·sub·stan·tial onwesenlik; niebestaande; swak; *on ~ grounds* op geringe/oppervlakkige gronde. **in·sub·stan·ti·al·i·ty** onwesenlikheid; swakheid.

in·suf·fer·a·ble onuitstaanbaar, on(ver)draaglik, onuithou(d)baar, onuithoudelik; onhebbelik.

in·suf·fi·cient ontoereikend, onvoldoende, ongenoegsaam; gebrekkig; *be ~* te kort skiet, tekort skiet, tekortskiet, onvoldoende/ontoereikend wees. **in·suf·fi·cien·cy** ontoereikendheid, ongenoegsaamheid; gebrek. **in·suf·fi·cient·ly** onvoldoende, te min, nie ... genoeg nie.

in·suf·flate *(med.)* inblaas, inpomp. **in·suf·fla·tion** inblasing, inpomping. **in·suf·fla·tor** inblaasinstrument, -toestel.

in·su·lar geïsoleer(d); bekrompe; van 'n eiland, insulêr. **in·su·lar·ism** bekrompenheid. **in·su·lar·i·ty** geïsoleerdheid; bekrompenheid; insulariteit.

in·su·late afsonder, isoleer *(ook elek.); (arg.)* in 'n eiland verander; *~ s.o. against/from s.t.* iem. teen iets beskerm; *~d ring, (elek.)* geïsoleerde ring. **in·su·lat·ing** isolerend; *~ **ability*** isoleervermoë; *~ **brick*** isoleersteen; ~ ***lid*** afsluitdeksel; ~ ***material*** isolator, isoleermateriaal; ~ ***tape*** isoleerband. **in·su·la·tion** afsondering; isolering, isolasie; isolasiemateriaal. **in·su·la·tor** isolator, niegeleier.

in·su·lin *(biochem.)* insulien. ~ **shock** insulienskok.

in·sult *n.* belediging, hoon, smaad; afjak; *a* ***calculated*** ~ 'n opsetlike belediging; ***fling/hurl*** *an ~ at s.o.* 'n belediging na iem. slinger; *to add ~ to* ***injury*** om skande by skade te voeg, om sake/dinge te vererger (*of* nog erger te maak); *a* ***stinging*** ~ 'n griewende belediging; *a* ***studied*** ~ 'n opsetlike belediging; *have to* ***swallow*** *~s* beledigings (maar) moet sluk; ***take*** *an ~* 'n belediging verdra; *an ~* ***to*** ... 'n belediging vir ...; ***wipe out*** *the ~* die smaad uitwis. **in·sult** *ww.* beledig, krenk, te na kom, affronteer. **in·sult·er** belediger. **in·sult·ing** beledigend, honend, smadelik, krenkend.

in·su·per·a·ble onoorkomelik. **in·su·per·a·bil·i·ty** onoorkomelikheid.

in·sup·port·a·ble ongegrond; onverdedigbaar, onhou(d)baar; ondraaglik, onuitstaanbaar. **in·sup·port·a·ble·ness** onverdedigbaarheid; ondraaglikheid.

in·sur·ance versekering, assuransie; versekeringswese, assuransiewese; *~ against* ... versekering teen ...; *carry ~* verseker wees; *take out ~ on s.t.* iets verseker. ~ **agent** versekeringsagent, assuransieagent. ~ **asset** versekeringsbate. ~ **broker,** ~ **consultant** versekerings=, assuransiemakelaar. ~ **clause** versekeringsklousule; *(jur.)* assuransiebeding. ~ **company** versekeringsmaatskappy. ~ **cover** versekeringsdekking. ~ **office** versekeringsmaatskappy. ~ **policy** versekeringspolis. ~ **pool** versekeringspoel. ~ **premium** versekeringspremie. ~ **scheme** versekeringsplan.

in·sure *ww.* verseker; →INSURANCE; *~ s.t. against* ... iets teen ... verseker; *be ~d against s.t.* teen iets verseker wees *(brand, diefstal, ens.).* **in·sur·a·bil·i·ty** versekerbaarheid. **in·sur·a·ble** versekerbaar. **in·sur·ant** versekerde. **in·sured** *n.: the ~* die versekerde(s). **in·sur·er** versekeraar.

in·sur·gent *n.* opstandeling, oproerling, oproermaker, insurgent, rebel. **in·sur·gent** *adj.* opstandig, oproerig. **in·sur·gence** opstand, oproer. **in·sur·gen·cy** opstandigheid, oproerigheid, rebellie, insurgensie.

in·sur·mount·a·ble onoorkomelik. **in·sur·mount·a·bil·i·ty, in·sur·mount·a·ble·ness** onoorkomelikheid.

in·sur·rec·tion opstand, rebellie, oproer. **in·sur·rec·tion·ar·y, in·sur·rec·tion·ist** *n.* opstandeling, rebel, oproermaker. **in·sur·rec·tion·ar·y, in·sur·rec·tion·ist, in·sur·rec·tion·al** *adj.* opstandig, oproerig.

in·sus·cep·ti·ble ongevoelig, onvatbaar, onontvanklik *(vir).* **in·sus·cep·ti·bil·i·ty** ongevoeligheid, onvatbaarheid.

in·swing inswenk, inswaai, inswenking; →OUTSWING. **in·swing·er** *(kr., sokker)* inswaaier, inswaaibal, krulbal.

in·tact onaangeroer(d), ongeskonde, onaangetas, onbeskadig, ongerep, heel, intak. **in·tact·ness** ongeskondenheid, intaktheid.

in·ta·gli·o *=os, n., (It.)* intaglio; ingesnede figuur; steen met 'n ingesnede figuur; verdiepte snywerk. **in·ta·gli·o** *ww.* insny; diepdruk toepas; *(copper) ~ printing* (koper)diepdruk.

in·take (die) inloop, instroming; opneming; toevoer; inname; insameling; vernouing; *(messelwerk)* versnyding; inlaat(pyp); (op)vanggebied; *~ of the breath* inaseming. ~ **area** toevoergebied. ~ **duct** inlaatgang. ~ **manifold** *(mot.)* inlaatspruit(stuk). ~ **pipe** inlaatbuis, =pyp. ~ **port** inlaatpoort. ~ **roller** voerrol. ~ **stroke** *(mot.)* suigslag, inlaatslag. ~ **valve** inlaatklep.

in·tan·gi·ble ontasbaar, onstoflik; ondefinieerbaar, moeilik om te begryp; *(ekon.)* ontasbaar *(bates, eiendom, goedere, ens.).* **in·tan·gi·bil·i·ty** ontasbaarheid.

in·tar·si·a *(<It., houtinlegwerk, breiwerk)* intarsia.

in·te·ger *(wisk.)* integrale getal, heel(ge)tal; geheel.

in·te·gral *n., (wisk.)* integraal. **in·te·gral, in·te·gral** *adj.* (ge)heel, vol, volledig, ongeskonde, integraal; ~ ***calculus,*** *(wisk.)* integraalrekening; ~ ***number,*** *(wisk.)* integrale getal, heel(ge)tal; ~ ***part*** integrerende/essensiële deel; ~ ***with*** ... uit een stuk met ...

in·te·grand *(wisk.)* integrand.

in·te·grant integrerend.

in·te·grate integreer, inskakel, verenig; volledig maak, afrond, vervolmaak; *~* ***with*** ... inskakel by (*of* integreer met) ... **in·te·grat·ed** *(ook)* saam=, samegestel(d); geheel, volledig; *~ circuit* geïntegreerde kring. **in·te·gra·tion** integrasie, inskakeling, ingeskakeldheid; vervolmaking, afronding. **in·te·gra·tion·ist** integrasionis.

in·teg·ri·ty volledigheid, ongeskondenheid, integriteit; onskendbaarheid; suiwerheid; eerbaarheid, eerlikheid, integriteit, deugsaamheid; onomkoopbaarheid; *a man/woman of ~* 'n man/vrou uit een stuk (*of* met integriteit), 'n onkreukbare man/vrou; *territorial ~* onskendbaarheid van gebied.

in·teg·u·ment skil, dop, huid, vel, vlies, bedekking, (om)hulsel; eiervlies, saadmantel, saadknopvlies. **in·teg·u·men·tal, in·teg·u·men·ta·ry** bedekkend, dek=.

in·tel·lect verstand, verstandsvermoë, gees, denkvermoë, intellek, brein; *a keen/sharp ~* 'n skerp verstand. **in·tel·lec·tion** (die) ken, onderkenning, (die) verstaan, begrip. **in·tel·lec·tive** verstandelik, begrips=, verstands=.

in·tel·lec·tu·al *n.* intellektueel. **in·tel·lec·tu·al** *adj.* intellektueel, verstandelik; van verstand, geestelik, verstands=, geestes=; *~ development* geestes=, verstandsontwikkeling, geestelike/verstandelike/intellektuele ontwikkeling; *~ gift* geestesgawe; *~ reasoning/capacity* denkvermoë. **in·tel·lec·tu·al·ise, =ize** intellektualiseer. **in·tel·lec·tu·al·ism** verstandelikheid, intellektualisme, oorheersing van die verstand. **in·tel·lec·tu·al·ist** *n.* intellektualis. **in·tel·lec·tu·al·ist, in·tel·lec·tu·al·is·tic** *adj.* intellektualisties. **in·tel·lec·tu·al·i·ty** verstandelikheid, intellektualiteit; verstandsvermoë.

in·tel·li·gence intelligensie, verstand(elike vermoë), rede; oordeel, begrip; knapheid, vernuf, skerpsinnigheid, skranderheid; rasionele/denkende/redelike wese; *(mil., pol.)* (geheime) inligting, intelligensie; inligtings=, intelligensiediens; intelligensieafdeling, =departement; intelligensiekorps; *(arg.)* berig, nuus, tyding. ~ **(corps)** inligtings=, intelligensiediens; verkennerskorps. ~ **department** departement van inligting, intelligensieafdeling, =departement. ~ **measurement** verstandsmeting. ~ **office** inligtingskantoor, informasie=, intelligensieburo. ~ **officer** inligtings=, intelligensieoffisier; inligtings=, intelligensiebeampte. ~ **quotient** *(afk.: IQ)* intelligensiekwosiënt *(afk.: IK).* ~ **service** inligtings=, intelligensiediens. ~ **test** intelligensietoets.

in·tel·li·genc·er *(arg.)* beriggewer; spioen.

in·tel·li·gent knap, skrander, verstandig, vlug, oulik, slim, intelligent; →INTELLIGENCE; *~ card* →SMART CARD; *~ terminal, (rek.)* intelligente terminaal.

in·tel·li·gent·si·a: *the ~* die intelligentsia/intellektuele.

in·tel·li·gi·ble verstaanbaar, begryplik, bevatlik; *be ~ to s.o.* vir iem. verstaanbaar wees. **in·tel·li·gi·bil·i·ty, in·tel·li·gi·ble·ness** verstaanbaarheid, begryplikheid, bevatlikheid.

in·tem·per·ate ongebonde, bandeloos, ongebreidel(d), onbeheers; buitensporig, onmatig, oordadig; dranksugtig; (on)guur *(weer, klimaat).* **in·tem·per·ance, in·tem·per·ate·ness** ongebondenheid, bandeloosheid, ongebreideldheid, onbeheerstheid; buitensporigheid, onmatigheid, oordadigheid; dranksug; (on)guurheid *(v.d. weer, klimaat).*

in·tend van plan/voorneme wees, voornemens wees, die/'n plan hê; bedoel, meen; bestem *(vir)*; *~ no* ***harm*** →HARM *n.; s.o. does* ***not*** *~ s.t.* iets lê nie in iem. se bedoeling nie; *~* ***to do s.t.*** van plan/voorneme wees (*of* voornemens wees *of* meen) om iets te doen; dreig om iets te doen; *what s.o. ~s* ***(to do)*** wat iem. wil (doen), wat iem. se plan is, wat iem. van plan is om te doen. **in·tend·ed** *n., (infml.)* aanstaande *(bruid of bruidegom).* **in·tend·ed** *adj.* bedoel(d); voorgenome; opsetlik; *be ~* ***as*** ... as ... bedoel wees; *be ~* ***for*** ... vir ... bestem(d) wees *('n beroep ens.)*; vir ... bedoel wees; *an ~* ***journey*** 'n voorgenome reis; *it is ~* ***to*** ... die gedagte/plan is om te ...; *s.t. is ~* ***to*** ... iets is daarop bereken om te ... **in·tend·ing** *(attr.)* aanstaande, toekomstige; voornemende *(kliënt ens.).* **in·tend·ment** *(jur.)* (wetlike) betekenis.

in·ten·dant opsigter, bestuurder. **in·ten·dan·cy** opsienerskap, administrasie.

in·tense intens, kragtig, (baie) sterk, groot, hewig, kwaai, geweldig; fel, heftig, verbete, vurig; diep(gevoel[d]); energiek, lewendig; ingespanne; *~ scorn* diep(e) minagting. **in·tense·ness** →INTENSITY.

in·ten·si·fy versterk, verdiep, verinnig; verhoog, verskerp, verhewig, vererger, intensiveer; toeneem. **in·ten·si·fi·ca·tion** versterking; verskerping, verhewiging, toeneming, intensivering. **in·ten·si·fi·er** versterker.

in·ten·sion *(log.)* intensie; *(arg.)* beslistheid, vasberadenheid; *(arg.)* intensiteit, hewigheid, krag.

in·ten·si·ty intensiteit, hewigheid, krag, diepte; *illuminating/light ~* ligsterkte; *~ of sound* toonsterkte.

in·ten·sive *n., (gram.)* intensief. **in·ten·sive** *adj.* intensief; intens; kragtig, versterkend; ~ ***agriculture*** intensiewe landbou; ~ ***care*** intensiewe sorg; ~ ***care unit,*** *(afk.:* ICU*)* waaksaal, =eenheid, intensiewesorgeenheid, intensiewe eenheid *(afk.:* ISE*)*; ~ ***form,*** *(gram.)* versterkte/intensiewe vorm.

in·tent *n.* bedoeling, doel, voorneme, strekking, opset, oogmerk; *s.o.'s* ***criminal*** *~* iem. se misdadige opset; ***declaration*** *of ~* verklaring van voorneme; *with* ***evil*** *~* →EVIL *adj.*; ***letter*** *of ~ (to buy)* →LETTER[1] *n.*; *to all ~s and* ***purposes*** feitlik, prakties, so te sê; ***with*** *~ to* ... met die opset om te ... **in·tent** *adj.* vasbeslote, vasberade; doelbewus; ywerig; (in)gespanne; aandagtig, opmerksaam; strak, stip *(kyk)*; *with an ~* ***look*** met gespanne blik; *be ~* ***on*** *doing s.t.* vasbeslote wees om iets te doen; *be ~* ***(up)on*** ... met die aandag op ... gerig wees; ywerig besig wees met ...; in ... verdiep wees *('n boek ens.)*; op ... uit wees *(wraak ens.).* **in·tent·ly** ywerig; (in)gespanne; aandagtig, met groot aandag; strak, stip. **in·tent·ness** ywer; inspanning, (in)gespannenheid; gespanne aandag.

in·ten·tion bedoeling, oogmerk, opset, voorneme, plan, mening, intensie; begrip, konsepsie; strekking *(v. 'n wet ens.)*; *with the* ***best*** *(of) ~s* met die beste bedoelings; *s.o.'s* ***declared*** *~* iem. se uitgesproke voorneme; *have* ***every*** *~ of doing* (*or* *to do*) *s.t.* vas van plan wees om iets te doen; *there is* ***every*** *~ to* ... dit is die vaste bedoeling om ...; *an* ***expression*** *of ~* 'n wilsuiting; *the road to hell is paved with* ***good*** *~s* die pad na die hel is met goeie bedoelings/voornemens geplavei; *have* ***honourable*** *~s* eerlike bedoelings hê; ***what*** *s.o.'s ~ is* wat iem. se plan is, wat iem. van plan is om te doen. **in·ten·tion·al** opsetlik, moedswillig. **in·ten·tion·al·ly** opsetlik, met opset, moedswillig; *(infml.)* aspris, aspres.

in·ter[1] *=rr=, ww.* begrawe, ter aarde bestel. **in·ter·ment** teraardebestelling, begrafnis, graflegging.

in·ter[2] *prep., (Lat.)* onder, tussen, inter; *~* ***alia*** onder andere; onder meer; *~* ***nos*** onder ons, inter nos; *~* ***vivos*** onder lewendes.

in·ter·act[1] →ENTR'ACTE.

in·ter·act[2] in wisselwerking wees, wisselwerking uitoefen, op mekaar inwerk/reageer. **in·ter·ac·tion** wisselwerking, interaksie, aksie en reaksie. **in·ter·ac·tive** *adj., (chem., psig., rek.)* interaktief.

in·ter·al·lied intergeallieer(d).

in·ter·bank *adj. (attr.), (fin.)* interbank= *(handel, mark, deposito's, transaksies, ens.).*

in·ter·bed·ded *(geol.)* tussengelaag.

in·ter·blend *=blended =blended; =blent =blent, (w.g.)* vermeng, (deurmekaar) meng.

in·ter·brain *(anat.)* tussenharsings, talamensefalon, =kefalon.

in·ter·breed *=bred =bred* kruisteel, kruis, verbaster. **in·ter·breed·ing** kruisteelt, kruising, verbastering.

in·ter·ca·late invoeg, inlas, inskuif, tussenvoeg, interkaleer. **in·ter·ca·lar·y, in·ter·ca·lar·y** ingevoeg(de), ingelas(te), ingeskuif(de), tussengeskuif(de), interkalêr; *~ day* skrikkeldag; *~ month* skrikkelmaand. **in·ter·ca·la·tion** invoeging, inlassing, inskuiwing, tussenvoeging, interkalasie; tussenlaag.

in·ter·car·pal *(anat.)* interkarpaal, tussenhandbeen=. **in·ter·car·pel·lar·y** *(bot.)* interkarpellêr, tussenvrugblaar=.

in·ter·cede bemiddel, as bemiddelaar optree, tussenbei(de) kom; →INTERCESSION; ~ *with s.o. for s.o. else* by iem. voorspraak doen/maak/wees vir 'n ander, 'n goeie woordjie vir 'n ander doen.

in·ter·cel·lu·lar *(biol.)* tussensellig, intersellulêr; ~ *space* tussenselruimte.

in·ter·cept *n.* afsne(d)e, snyafstand; *(wisk.)* afsnit, intersep; hoogteverskil. **in·ter·cept** *ww.*, onderskep *('n bal, vliegtuig, ens.)*; afluister *('n oproep)*; voorkeer, stop, stuit; *(wisk.)* afsny. **in·ter·cept·ing:** ~ *layer* opvanglaag. **in·ter·cep·tive** onderskeppend; versperrend.

in·ter·cep·tion onderskepping; afluistering, afluistery; *(wisk.)* afsnyding; versperring; (ver)steuring. ~ **flight** *(mil.)* onderskep(pings)vlug.

in·ter·cep·tor, in·ter·cept·er onderskepper. ~ **(fighter)** *(mil.)* onderskepvliegtuig, onderskepper. ~ **flight** *(mil.)* onderskepvlug.

in·ter·ces·sion bemiddeling, voorspraak, tussenkoms, intersessie; voorbidding, voorbede. **in·ter·ces·sor** bemiddelaar, voorspraak; voorbidder. **in·ter·ces·so·ry** bemiddelend; ~ *prayer meeting* voorbiddingsdiens.

in·ter·change *n.* verwisseling, (uit)wisseling, ruil(ing), omruiling, uitruiling, vervanging; *(road/traffic)* ~ (verkeers)wisselaar, wisselkruising, klawerblaar. **in·ter·change** *ww.* verwissel, (uit)wissel, afwissel, (om)ruil, uitruil, vervang. **in·ter·change·a·bil·i·ty, in·ter·change·a·ble·ness** (ver)wisselbaarheid; gelykwaardigheid. **in·ter·change·a·ble** (ver)wisselbaar, (om)ruilbaar, uitruilbaar; vervangbaar; gelykwaardig.

in·ter-church interkerklik.

in·ter·cit·y *adj. (gew. attr.)* interstedelik, tussenstedelik *(vervoer, trein[diens], ens.)*.

in·ter·col·le·gi·ate interkollegiaal.

in·ter·co·lo·ni·al interkoloniaal.

in·ter·com interkom, binnetelefoon. ~ **system** interkom(stelsel).

in·ter·com·mu·nal interkommunaal.

in·ter·com·mu·ni·cate gedagtes wissel, onderlinge gemeenskap aanknoop/hê. **in·ter·com·mu·ni·cat·ing** *(telef.)* interkommunaal. **in·ter·com·mu·ni·ca·tion** gedagtewisseling, interkommunikasie, onderlinge gemeenskap/verkeer.

in·ter·com·mun·ion *(relig.)* interkommunie; gedagtewisseling, onderlinge gemeenskap.

in·ter·con·nect onderling verbind. **in·ter·con·nec·tion, -con·nex·ion** onderlinge verbinding/verbondenheid.

in·ter·con·ti·nen·tal interkontinentaal; ~ *ballistic missile, (mil., afk.:* ICBM*)* interkontinentale ballistiese missiel, langafstandmissiel.

in·ter·con·vert·i·ble (ver)wisselbaar, omruilbaar.

in·ter·cos·tal *(anat.)* tussenrib=, tussenribbig, interkostaal; ~ *muscle* tussenribspier; ~ *nerve* ribsenu(wee), tussenribsenu(wee).

in·ter·course gemeenskap, omgang, verkeer; *the ~ among/between* **countries** die verkeer tussen lande; **have** ~ *with s.o.* (geslags)gemeenskap/(geslags)omgang met iem. hê; ***(sexual)*** ~ (geslags)gemeenskap, (geslags)omgang; ***social*** ~ gesellige verkeer; ***trade*** ~ handelsverkeer.

in·ter·crop·ping *(landb.)* tussenverbouing.

in·ter·cross →CROSSBREED.

in·ter·cur·rent *(med.)* bykomend *(siekte ens.)*; *(w.g.)* tussenkomend; afwisselend, ongereeld.

in·ter·cut *ww., (filmk.)* →CROSSCUT *ww.*.

in·ter·de·nom·i·na·tion·al interkerklik.

in·ter·de·part·men·tal interdepartementeel.

in·ter·de·pend saamhang *(met)*, van mekaar afhang. **in·ter·de·pend·ence** interafhanklikheid, onderlinge afhanklikheid. **in·ter·de·pend·ent** interafhanklik, onderling afhanklik.

in·ter·dict *n., (jur.)* interdik, (geregtelike) verbod; *(RK)* interdik, interdiksie, skorsing; *mandatory* ~ gebiedende interdik. **in·ter·dict** *ww.*, belet, verbied; *(jur.)* deur/ingevolge 'n interdik verbied; *(RK)* skors; *(mil.)* afsluit, afsonder *(deur bombardering)*; ~ *s.o. from doing s.t.* iem. belet om iets te doen. **in·ter·dic·tion** verbod, ontsegging, interdiksie; *(mil.)* afsluiting, afsondering. **in·ter·dic·to·ry** verbods=; skorsings=.

in·ter·dis·ci·pli·nar·y interdissiplinêr.

in·ter·est *n.* belangstelling; interessantheid; *(fin.)* rente; belang; voordeel; (aan)deel; reg, aanspraak; belangegroep, belanghebbende (party); *have/take an* ***active*** ~ *in s.t.* 'n lewendige/daadwerklike belangstelling in/vir iets hê; *keep* ~ ***alive*** die belangstelling gaande hou; ***arouse*** ~ belangstelling wek (*of* gaande maak); ***at*** ~ op rente; ***at** 16%* ~ teen 16% rente; ***bear/carry*** ~ rente dra/gee; *in s.o.'s* ***best*** ~ vir iem. se eie beswil; *the* ***brewing*** *~(s)* die brouers; ***by*** ~ deur invloed; *a* ***clash*** *of ~s* 'n belangebotsing; ***compound*** ~ →COMPOUND¹; *be of* ***current*** ~ van aktuele belang wees; *s.o.'s ~* ***flags*** iem. se belangstelling verflou; ***further*** *the ~s of ...* die belange van ... bevorder; ***have*** *an ~ in s.t.* belang by iets hê; 'n aandeel in iets hê; ***have*** *~s in s.t.* belange in iets hê; *an ~* ***in*** *s.t., (ook)* belangstelling in/vir iets; *an ~* ***in*** *s.o.* belangstelling in iem.; ***in*** *the ~s of ...* in (die) belang van ...; ***in*** *s.o.'s (best) ~(s)* in iem. se belang; ***in*** *the (best) ~(s) of the country* in (die) landsbelang; *a* ***keen*** ~ →KEEN¹ *adj.*; *a* ***lack*** *of ~* geen belangstelling nie; *the* ***landed*** *~(s)* →LANDED; *know where one's ~* ***lies*** weet wat jou belang is, weet aan watter kant van die perd jy moet opklim; ***life*** ~ →LIFE *a* ***lively*** ~ 'n lewendige belangstelling; ***lose*** ~ belangstelling verloor; *s.o. has* ***many*** *~s* iem. het baie belange; iem. stel in baie dinge belang; *as a* ***matter*** *of ~* interessantheidshalwe; ***moneyed*** *~s* →MONEYED; *in the* ***national*** ~ in (die) landsbelang/volksbelang; *be* ***of*** ~ van belang/betekenis wees, belangwekkend wees; interessant wees; *s.t.* ***of*** ~ iets van belang/betekenis; iets interessants; ~ ***on*** ... rente op ...; *in one's* ***own*** *~s* in jou eie belang; ***pay*** ~ rente betaal; *a* ***point*** *of ~* 'n interessantheid; *as a* ***point*** *of ~* interessantheidshalwe; ***promote*** *the ~s of ...* die belange van ... bevorder; ***rate*** *of ~* →INTEREST RATE; *s.t.* ***serves*** *s.o.'s ~s* iets is in iem. se belang, iets bevoordeel iem.; *the* ***shipping*** *~(s)* die reders; ***show*** ~ belangstelling toon; ***simple*** ~ →SIMPLE *adj.*; ***take*** *an ~ in s.t.* in iets belangstel (*of* belang stel); *be of* ***topical*** ~ →TOPICAL; ***vested*** *~s* →VEST *ww.*; *be of* ***vital*** *~ to ...* van lewensbelang (*of* lewensbelangrik) vir ... wees; ***whet*** *s.o.'s ~* iem. se belangstelling prikkel/wek; ***with/without*** ~ met/sonder rente; met/sonder belangstelling. **in·ter·est** *ww.* interesseer; belangstelling wek/prikkel; *s.t. ~s s.o. greatly* iem. stel baie in iets belang, iets interesseer iem. baie; *~ s.o. in s.t.* iem. in iets belang laat stel, iem. se belangstelling in/vir iets wek/prikkel; *~ o.s. in ...* in ... belangstel (*of* belang stel). ~ **account** renterekening. ~**-bearing** rentegewend, =draend. ~ **burden** rentelas. ~ **charge** rentekoste. ~**-free** renteloos, =vry. ~ **group** belangegroep. ~ **rate** rentekoers, =voet. ~**-yielding** rentegewend, =draend.

in·ter·est·ed belangstellend, geïnteresseer(d); belanghebbend; *be ~* ***in*** *...* in ... belangstel (*of* belang stel *of* geïnteresseer[d] wees); by ... betrokke wees; by ... belang hê; *be ~ to* ***know*** *that ...* met belangstelling verneem dat ...; *~* ***party*** belanghebbende (party); ***those*** *~* belangstellendes; belanghebbendes. **in·ter·est·ed·ly** belangstellend, met belangstelling. **in·ter·est·ed·ness** belangstelling.

in·ter·est·ing interessant; onderhoudend; *be in an ~* ***condition,*** *(arg., euf.: swanger wees)* in die ander tyd wees; *it is ~ to* ***note*** *that ...* dit is opmerklik dat ...; ***profoundly*** ~ hoogs interessant; *it* ***should*** *be ~* dit sal (wel) interessant wees; dit beloof/belowe om interessant te wees. **in·ter·est·ing·ness** interessantheid.

in·ter·face skeidingsvlak; *(rek.)* koppelvlak. **in·ter·fa·cial:** ~ *angle, (krist.)* tweevlakshoek. **in·ter·fac·ing** binne=, tussenvoering.

in·ter·fere tussenbei(de) kom, ingryp *(in)*; jou bemoei *(met)*, jou meng/inmeng *(in)*, jou inlaat *(met)*; *(perde)* aankap; *~* ***in/with*** *...* jou met ... bemoei; jou in ... inmeng; in ... ingryp; inbreuk op ... maak; torring aan ..., foeter met ... *(infml.)*; *~* ***with*** *..., (ook)* ... lastig val *(iem.)*; jou met ... bemoei *('n getuie)*; ... dwarsboom *(d. gereg)*; *s.t. ~s* ***with*** *...* iets belemmer (*of* maak inbreuk op) ..., ... ly onder iets *(iem. se werk ens.)*; iets verhinder dat ... *(iem. sy/haar werk doen)*; *~* ***with*** *s.o., (euf.)* met iem. lol, iem. (seksueel) molesteer. **in·ter·fer·ence** bemoeiing, inmenging, tussenkoms, ingreep, ingryping; steuring, storing; (die) aankap; *(fis.)* interferensie; *government/state ~* staatsinmenging, owerheidsbemoeiing; *~ with ...* bemoeiing met ..., inmenging/ingryping in ...; belemmering/aantasting van ...; inbreuk op ... **in·ter·fer·ing** bemoeisiek. **in·ter·fer·ing·ness** bemoeisug.

in·ter·fer·om·e·ter interferometer. **in·ter·fer·om·e·try** interferometrie.

in·ter·fer·on *(biochem.)* interferon.

in·ter·flu·ent *(w.g.)* ineenvloeiend.

in·ter·fo·li·ar, -fo·li·a·ceous *(bot.)* interfoliêr, tussenblarig.

in·ter·fuse *(poët., liter.)* saamsmelt, ineensmelt, (ver)meng.

in·ter·ga·lac·tic *adj., (astron.)* intergalakties.

in·ter·gla·ci·al *(geol.)* interglasiaal.

in·ter·gov·ern·men·tal *(attr.)* tussenregerings=, *(pred.)* tussen regerings.

in·ter·grow *-grew -grown* deureengroei; deurgroei, vergroei. **in·ter·grown** deureengegroei(d); deurgroei(d), vergroei(d). **in·ter·growth** deureengroeiing; deurgroeiing, vergroeiing; deurgroeisel, vergroeisel.

in·ter·im *n.* tussentyd; *in the ~* in die tussentyd, intussen. **in·ter·im** *adj.* tussentyds, voorlopig, interim=; *~ dividend* tussentydse/voorlopige dividend; *~ minister* waarnemende minister, minister ad interim; *~ report* tussentydse verslag.

in·te·ri·or *n.* binne(n)ste; binneland; interieur; *in the ~* in die binneland; *painter of ~s* interieurskilder. **in·te·ri·or** *adj.* binnelands, binne=; binne(ns)huis, binnehuis=; inwendig, innerlik; *~ angle, (geom.)* binnehoek. ~ **decoration** binne(huis)versiering, binne(ns)huise versiering. ~ **decorator** binne(huis)versierder, binne(ns)huise versierder. ~ **design** binneontwerp, =argitektuur, binne(ns)huise ontwerp/argitektuur. ~ **designer** binneontwerper, binne(ns)huise ontwerper, binnehuisargitek. ~ **monologue** selfgesprek, innerlike monoloog, *(Fr.)* monologue intérieur. ~**-sprung mattress** binneveermatras.

in·ter·ja·cent tussenliggend, tussengeleë, tussen=.

in·ter·ject tussenin gooi, tussenwerp; in die rede val; tussenvoeg; uitroep. **in·ter·jec·tion** *(afk.:* interj.*)* tussenwerpsel *(afk.:* tw.*)*, uitroep, interjeksie. **in·ter·jec·tion·al, in·ter·jec·to·ry** by wyse van tussenwerping, tussengevoeg; tussenwerpsel=, uitroep=; *~ sentence* uitroepsin. **in·ter·jec·tor** tussenwerper.

in·ter·lace deurmekaarvleg, ineenvleg, vervleg, saam=, deurvleg, ineenstrengel, verstrengel, verweef; mekaar deurkruis, ineengestrengel raak; (ver)meng; inmekaargryp, ineengryp. **in·ter·laced** vervleg; *(fig.)* deurweef, deurspek *(met)*. **in·ter·lace·ment** vervlegting. **in·ter·lac·ing** *n.* deur(een)vlegting, ineenstrengeling; ineengryping. **in·ter·lac·ing** *adj.:* ~ *strips* deur(een)gevlegte stroke.

in·ter·lard deurspek, meng; *be ~ed with ...* met ... deurspek/besaai wees; ... tussenin hê.

in·ter·lead·ing: ~ *door* tussendeur, verbindingsdeur; ~ *rooms* verbonde kamers, skakelkamers.

in·ter·leaf *-leaves* tussenblad.

in·ter·leave interpagineer, deurskiet *(met tussenblaaie)*. **in·ter·leaved** *(ook)* tussengelaag; ~ *copy* deurskote eksemplaar.

in·ter·leu·kin *(biochem.)* interleukin.

in·ter·li·brar·y *(attr.)* interbiblioteek=; ~ *loan* interbiblioteeklening.

in·ter·line¹, in·ter·lin·e·ate *ww.* interlinieer, tussen die reëls skryf/skrywe. **in·ter·lin·e·ar, in·ter·lin·e·al** interlineêr, tussen die reëls geskryf/geskrewe/gedruk, geïnterlinieer(d); ~ *translation* interlineêre vertaling. **in·ter·lin·e·a·tion** tussenskrif.

in·ter·line² *ww.* 'n tussenvoering insit. **in·ter·lin·ing** tussen=, binnevoering.

in·ter·line³ *adj.* tussenredery=; ~ *freight* tussenredery=vrag, vrag tussen rederye.

In·ter·lin·gua *(Romaanse kunstaal)* Interlingua.

in·ter·link verweef, onderling verbind.

in·ter·lock inmekaar (laat) gryp/sluit, ineengryp, in=eensluit; inmekaar (laat) pas, (met mekaar) verbind; grendel. ~ **fabric** dubbelbreiwerk.

in·ter·locked (onderling) gegrendel; ~ *station* gren=delstasie.

in·ter·lock·ing *n.* ineengryping; grendeling; ver=grendeling. **in·ter·lock·ing** *adj.*: ~ *apparatus* gren=deltoestel; ~ *directorates* geskakelde direkteurskappe/direksies.

in·ter·loc·u·tor *(fml.)* gesprek(s)genoot. **in·ter·lo·cu·tion** gesprek; samespraak; tussenuitspraak. **in·ter·loc·u·to·ry** *(jur.)* interlokutoor, interlokutories, tussentyds, tussen=; *(w.g.)* gesprek(s)=; ~ *decree* tus=senbevel; ~ *judg(e)ment* tussenvonnis.

in·ter·loop tussenuitwykspoor.

in·ter·lope indring; onderkruip; smokkel. **in·ter·lop·er** indringer; onderkruiper; smokkelaar.

in·ter·lot·ting klasgroepering *(v. wol)*.

in·ter·lude pouse, verposing; *(teat.)* tussenbedryf; *(mus.)* tussenspel, intermezzo; gebeurtenis, insident, episode, avontuur.

in·ter·mar·ry ondertrou. **in·ter·mar·riage** onder=trouery. **in·ter·mar·ried** ondertrou(d).

in·ter·med·dle, in·ter·med·dler *(w.g.)* →MED=DLE, MEDDLER.

in·ter·me·di·ar·y *n.* tussenpersoon, bemiddelaar. **in·ter·me·di·ar·y** *adj.* bemiddelend, tussen=.

in·ter·me·di·ate *n.* tussending, oorgang; tussen=persoon. **in·ter·me·di·ate** *adj.* tussen=; tussenlig=gend, =geleë, =komend; tussentyds; middelbaar; mid=delgroot; intermediêr; ~ ***account*** tussenrekening; ~ ***cause*** tussenoorsaak; ~ ***class*** middelklas; ~ ***colour*** tussenkleur; ~ ***form*** oorgangsvorm; ~ ***goods*** tus=sengoedere; ~ ***host***, *(biol.)* tussengasheer; ~ ***joist*** tussenbalk; ~ ***liner*** tussenboot; ~ ***payment*** tussen=skot; ~ ***period*** oorgangstyd; ~ ***range*** tussenafstand; ~ ***services*** tussendienste; ~ ***shaft*** tussenas; ~ ***stage*** tussenstadium; ~ ***storey*** tussenverdieping; ~ ***tariff*** tussentarief; ~ ***technology*** intermediêre tegnologie; ~ ***trade*** tussenhandel. **in·ter·me·di·ate** *ww.* be=middel, as tussenpersoon optree; →INTERMEDIATION, INTERMEDIATOR. **~-range** *adj.* *(attr.)* tussenafstand= *(missiel, kernmag, ens.)*; ~ *ballistic missile* tussenaf=stand(-) ballistiese missiel.

in·ter·me·di·a·tion bemiddeling.

in·ter·me·di·a·tor tussenpersoon, bemiddelaar.

in·ter·me·di·um =*dia*, =*diums*, *(soöl.)* medium, midde=stof.

in·ter·ment →INTER¹ *ww.*.

in·ter·mez·zo =*mezzi*, =*mezzos*, *(mus.)* tussenspel, in=termezzo.

in·ter·mi·gra·tion intermigrasie, wedersydse mi=grasie.

in·ter·mi·na·ble eindeloos, oneindig. **in·ter·mi·na·ble·ness** eindeloosheid. **in·ter·mi·na·bly** eindeloos, oneindig.

in·ter·min·gle meng, vermeng.

in·ter·mit =*tt*= onderbreek, afbreek, ophou, staak. **in·ter·mis·sion** onderbreking, afbreking; pouse; *without* ~ onophoudelik, sonder ophou. **in·ter·mit·tence, in·ter·mit·ten·cy** onderbreking. **in·ter·mit·tent** onder=broke, afwisselend, wisselvallig; by/met tussenposes, periodiek; ~ ***earnings*** ongereelde verdienste; ~ ***fever*** terugkerende koors; ~ ***rain*** reënvlae; ~ ***showers*** los/verspreide buie; ~ ***sterilisation/sterilization*** onder=broke sterilisasie; ~ ***stream*** niestandhoudende stroom. **in·ter·mit·tent·ly** by tye, by/met tussenposes, van tyd tot tyd, af en toe; in/met vlae.

in·ter·mix meng, vermeng. **in·ter·mix·ture** mengsel; vermenging.

in·tern, in·terne *n.* intern, inwonende dokter/arts/geneesheer; inwonende assistent; geïnterneerde. **in·tern** *ww.* interneer. **in·tern·ee** geïnterneerde. **in·tern·ship** internskap; →INTERNMENT.

in·ter·nal *n.*, *(med., euf.)* inwendige ondersoek; *(i.d. mv.)* die innerlike. **in·ter·nal** *adj.* inwendig; innerlik; binne=; binnelands; huishoudelik; intern; ~ ***angle*** binnehoek; ~ ***combustion*** binneverbranding; ~ ***gas·ket*** binnepakstuk; ~ ***matters*** huishoudelike/interne aangeleenthede; ~ ***respiration*** weefselasemhaling; ~ ***struggle*** gemoedstryd; *for* ~ ***use*** vir inwendige gebruik, om in te neem. **~-combustion engine** *(mot.)* binnebrandenjin, =masjien, =motor. ~ **ear** →INNER EAR. ~ **energy** *(fis.)* interne energie. ~ **evidence** selfge=tuienis, inwendige getuienis. ~ **market** interne/huis=houdelike mark. ~ **medicine** interne/inwendige ge=neeskunde. ~ **rhyme** *(pros.)* binnerym.

in·ter·nal·ise, -ize *(psig., sosiol.)* internaliseer, ver=innerlik; *(ekon.)* internaliseer. **in·ter·nal·i·sa·tion, -za·tion** internalisasie, internalisering, verinnerliking.

in·ter·nal·ly inwendig; binne(ns)lands; in eie kring.

in·ter·na·sal *(anat.)*: ~ *plate/septum* neusskot.

in·ter·na·tion·al *n.* persoon met dubbele nasiona=liteit; internasionale wedstryd; internasionale speler; *the I~*, *(hist., pol. organisasie)* die Internasionale. **in·ter·na·tion·al** *adj.* internasionaal; ~ ***boundary*** lands=grens; ~ ***contest/match*** internasionale wedstryd, toetswedstryd; ~ ***language*** wêreldtaal; ~ ***relations*** internasionale betrekkinge; ~ ***trade*** wêreldhandel; ~ ***traffic*** wêreldverkeer. **I~ Court of Justice** Inter=nasionale Hof/Geregshof, Wêreld(geregs)hof. **I~ Date Line** Internasionale Datumlyn/-grens. ~ **law** (die) volkereg. **I~ Monetary Fund** *(afk.:* IMF*)* Internasio=nale Monetêre Fonds. **I~ Phonetic Alphabet** *(afk.:* IPA*)* Internasionale Fonetiese Alfabet *(afk.:* IFA*)*.

In·ter·na·tio·nale: *the ~*, *(strydlied; hist. pol. organi=sasie)* die Internasionale.

in·ter·na·tion·al·ise, -ize internasionaliseer. **in·ter·na·tion·al·i·sa·tion, -za·tion** internasionalisasie, inter=nasionalisering.

in·ter·na·tion·al·ism internasionalisme. **in·ter·na·tion·al·ist** internasionalis.

in·ter·na·tion·al·ly internasionaal, op/in interna=sionale gebied, in internasionale opsig; oor die hele wêreld.

in·ter·ne·cine onderling vernietigend; moordend, verwoestend, dodelik, moorddadig; ~ *war*, *(ook)* broe=deroorlog.

In·ter·net *(rek.)* Internet *(ook i~)*. ~ **service provider** *(afk.:* ISP*)* Internetdiensverskaffer *(ook i~)*.

in·tern·ist, in·tern·ist internis, geneesheer, genees=kundige.

in·tern·ment internering. ~ **camp** interneringskamp.

in·ter·node *(bot.)* internodium, (stingel)lit; *(anat.)* internodium, internodale segment.

in·ter·nun·ci·o =*cios* tussenganger, tussen=, kontak=persoon; *(RK)* internunsius, internuntius, pouslike verteenwoordiger.

in·ter·o·ce·an·ic interoseanies.

in·ter·page →INTERLEAVE.

in·ter·pel·late *(hoofs. parl.)* interpelleer, opheldering vra. **in·ter·pel·lant** interpellant. **in·ter·pel·la·tion** in=terpellasie. **in·ter·pel·la·tor** interpellant.

in·ter·pen·e·trate (wedersyds) deurdring; heelte=mal deurdring.

in·ter·per·son·al interpersoonlik.

in·ter·plan·e·tar·y interplanetêr.

in·ter·play interaksie, wisselwerking, aksie en reaksie; heen-en-weer-spel.

In·ter·pol *(akr.:* International Criminal Police Com=mission*)* Interpol.

in·ter·po·late inlas, invoeg, inskuif, tussenvoeg, in=terpoleer, interkaleer. **in·ter·po·la·tion** inlassing, in=voeging, inskuiwing, tussenvoeging, interpolasie, in=terkalasie. **in·ter·po·la·tor** interpolator.

in·ter·pose tussenstel, tussenskuif, =skuiwe; ingryp, tussenbei(de) kom; inwerp, tussenin voeg *('n woord)*; in die rede val; in die midde bring. **in·ter·po·si·tion** inlassing, tussenvoeging; invoegsel, tussenstuk; be=moeiing, tussenkoms, bemiddeling; interposisie.

in·ter·pret tolk; vertolk, verklaar, interpreteer, uitlê; ~ *s.t. as a* ... iets as ... interpreteer/vertolk; *wrongly ~ed* onbegrepe. **in·ter·pret·a·ble** verklaarbaar, ver=tolkbaar, vir uitleg/verklaring/vertolking vatbaar. **in·ter·pre·ta·tion** uitleg, verklaring; woordbepaling; ver=tolking, interpretasie; lesing; duiding; *the facts **admit** of only one* ~ net een vertolking van die feite is moont=lik; ~ *of **dreams*** droomuitleg(ging); ***give** an ~ of s.t.* iets uitlê; *a **narrow** ~ of* ... 'n eng vertolking van ... *(d. wet ens.)*; ~ *of **statutes*** (die) uitlê van wette, wets=uitleg(ging). **in·ter·pret·er** tolk; uitlêer, verklaarder, vertolker. **in·ter·pre·tive, in·ter·pre·ta·tive** verklarend, vertolkend.

in·ter·pro·vin·cial interprovinsiaal.

in·ter·punc·tion interpunksie, punktuasie.

in·ter·ra·cial veelrassig; tussen rasse; ~ *marriage* ge=mengde huwelik.

in·ter·reg·num =*regnums*, =*regna* tussenregering, in=terregnum; tussentydperk.

in·ter·re·late met mekaar in verband staan; met me=kaar in verband bring, verbande lê tussen. **in·ter·re·lat·ed** onderling verbind/verbonde. **in·ter·re·lat·ed·ness** onderlinge verband. **in·ter·re·la·tion(ship)** on=derlinge verband/verhouding, wedersydse betrekking.

in·ter·ro·gate ondervra, uitvra, in verhoor neem; ~ *s.o. about s.t.* iem. oor iets ondervra. **in·ter·ro·ga·tion** ondervraging, interrogasie; vraag; *mark/note of* ~ →QUESTION MARK. **in·ter·rog·a·tive** *n.* vraende voor=naamwoord, interrogatief. **in·ter·rog·a·tive** *adj.* vraend, vraag=, ondervraend; ~ *pronoun* vraende voornaam=woord; ~ *sentence* vraagsin. **in·ter·ro·ga·tor** (onder)=vraer. **in·ter·rog·a·to·ry** *n.* *(jur.)* (skriftelike) onder=vraging; vraag; vraagpunte; (geregtelike) verhoor. **in·ter·rog·a·to·ry** *adj.* vraend, interrogatief.

in·ter·rupt onderbreek, steur, in die rede val; onder=skep; belemmer, afsny *(uitsig)*. **in·ter·rupt·ed** onder=broke; ~ *arch* gebroke boog; ~ *screw* skroef met on=derbroke draad. **in·ter·rupt·er, -rup·tor** onderbreker, steurder, tussenwerper; vraesteller; *(elek.)* stroombre=ker. **in·ter·rupt·i·ble** onderbreekbaar. **in·ter·rup·tion** onderbreking, steuring, storing, stoornis, interrupsie; tussenwerpsel; *without* ~ sonder ophou, onophou=delik, onafgebroke, ononderbroke. **in·ter·rup·tive** on=derbrekend, steurend, storend.

in·ter·school tussenskools, interskole=; ~ *competi=tion* interskolewedstryd.

in·ter·sect sny, kruis, deursny; *lines* ~ lyne sny me=kaar. **in·ter·sect·ing:** ~ *line* snylyn; ~ *plane* snyvlak. **in·ter·sec·tion** snyding, kruising; snypunt, kruispunt; *angle of* ~ snyhoek; *point of* ~ sny=, kruispunt.

in·ter·space *n.* tussenruimte. **in·ter·space** *ww.* ruimte (tussenin) gee.

in·ter·sperse hier en daar plaas/plant/saai/strooi/ens.; rondstrooi; afwissel, varieer; van tyd tot tyd onder=breek; *~d with* ... met ... deurspek/besaai; met ... tus=senin; *be ~d with* ... met ... deurspek/besaai wees; ... tussenin hê. **in·ter·sper·sion** (ver)menging, deur=spekking.

in·ter·state *n., (Am.)* nasionale pad, grootpad. **in·ter·state** *adj.* tussen state, interstaatlik.

in·ter·stel·lar *(astron.)* interstellêr.

in·ter·stice tussenruimte, tussenvak; opening. **in·ter·sti·tial** tussen=; met tussenruimtes; interstisieel; ~ ***cell*** tussensel; ~ ***space*** tussenruimte; tussenselruimte; ~ ***tissue*** steunweefsel; ~ ***water*** tussen(ruimte)water.

in·ter·strat·i·fied *(geol.)* tussengelaag.

in·ter·ter·ri·to·ri·al interterritoriaal.

in·ter·tex·tu·al·i·ty intertekstualiteit. **in·ter·tex·tu·al, in·ter·tex·tu·al·ly** intertekstueel.

in·ter·tid·al tussengety=.

in·ter·trib·al tussen stamme; ~ *warfare* stamoorloë.

in·ter·twine deurmekaarvleg, ineenvleg, vervleg, deur=vleg, ineenstrengel, verstrengel, verweef. **in·ter·twine·ment** verstrengeling, vervlegting.

in·ter·u·ni·ver·si·ty interuniversitêr, interuniversiteits=; →INTERVARSITY.

in·ter·ur·ban *adj. (gew. attr.)* inter=, tussenstedelik.

in·ter·val (kort) tydsverloop; tydsduur; tyd(perk) *(v. rou);* tussenpose; onderbreking; *(teat. mus.)* pouse; *(sport)* rustyd; tussenruimte, afstand; tussentyd; *(mus.: afstand tuss. twee tone)* interval; *(wisk.)* interval; ***at the*** ~ met pouse; ***at*** *~s* by/met tussenposes, van tyd tot tyd, af en toe, nou en dan; (so) hier en daar, plek-plek, kol-kol; ***during*** *the* ~ met pouse; *at **frequent** ~s* dikwels, telkens; *an ~ **of** silence* 'n minuut/oomblik van stilte; *at ~s **of** an hour* elke uur; *at ~s **of** ten metres* tien meter uitmekaar/vanmekaar; *at **regular** ~s* op gesette/vaste tye; *at **stated** ~s* op gesette/vaste tye; ***vertical*** ~ hoogteverskil.

in·ter·var·si·ty *(infml.)* intervarsity.

in·ter·vene ingryp; intree; tussenbei(de) kom/tree; tussenin kom; gebeur, plaasvind; *(jur.)* toetree *(by 'n geding); ~ in s.t.* in iets ingryp; *if nothing ~s* as niks in die weg kom nie. **in·ter·ven·er** tussentreder; *(jur.)* toetredende party. **in·ter·ven·ient** tussenkomend. **in·ter·ven·ing** *(ook)* tussenkomend, =liggend, =geleë; *(jur.)* tussentredend, toetredend; ~ *days* dae tussenin. **in·ter·ven·tion** tussenkoms, ingryping, inmenging, intervensie; ~ *of parties* toetreding/toetrede van partye. **in·ter·ven·tion·ist** *n.* intervensionis. **in·ter·ven·tion·ist** *adj.* intervensionisties.

in·ter·view *n.* (pers)onderhoud, vraaggesprek, persgesprek; samekoms, samespreking; *give/grant s.o. an* ~ iem. te woord staan, 'n onderhoud aan iem. toestaan; *request an* ~ om 'n onderhoud vra. **in·ter·view** *ww.* 'n onderhoud hê/voer met. **in·ter·view·ee** ondervraagde; aansoeker *(om 'n beurs);* kandidaat *(vir 'n pos).* **in·ter·view·er** ondervraer, verslaggewer.

in·ter·vo·cal·ic *(fonet.)* intervokalies.

in·ter·war *adj. (attr.)* tussen twee oorloë *(pred.);* tussen die twee wêreldoorloë *(pred.).*

in·ter·weave *=wove =woven* verweef, deurmekaarvleg, ineenvleg, vervleg, deurvleg, ineenstrengel, verstrengel; deurweef; vermeng. **in·ter·weav·ing** deurwewing; →INTERWOVEN.

in·ter·wind *=wound =wound* deureenvleg, ineenvleg.

in·ter·wo·ven verweef, deurgeweef; deureengevleg; *be ~ with ...* ten nouste met ... saamhang. **in·ter·wo·ven·ness** verweefdheid.

in·tes·tate *n., (iem. wat sonder 'n testament gesterf het)* intestaat. **in·tes·tate** *adj.* sonder testament, intestaat; by versterf; ~ *succession* erfopvolging by versterf. **in·tes·ta·cy** testamentloosheid.

in·tes·tine *n.* derm; *(biol.)* spyskanaal; *(i.d. mv.)* derms, ingewande; binnegoed *(v. 'n dier); large* ~ grootderm; *small* ~ dunderm. **in·tes·tine** *adj., (w.g.)* binne=, inwendig; binne(ns)lands; ~ *war* burgeroorlog. **in·tes·ti·nal, in·tes·ti·nal** derm=, ingewands=; ~ ***canal*** dermkanaal; ~ ***disease*** ingewandsiekte; ~ ***fat*** binnevet; ~ ***juice*** ingewandsap, dermsap; ~ ***obstruction*** dermvernouing, =verstopping; ~ ***wall*** dermwand; ~ ***worm*** ingewandswurm.

in·ti·fa·da *(Arab.: opstand)* intifada.

in·ti·ma *=mae, (anat, soöl.)* binnevlies, =wand *(v. bloedvate).*

in·ti·mate[1] *n.* vertroueling, vertroude; intieme vriend(in); boesemvriend(in). **in·ti·mate** *adj.* vertroulik, gemeensaam; innig, diep, diepgaande; nou, intiem; familiêr, familiaar; ~ ***friend*** boesemvriend, intieme vriend; ~ ***knowledge*** diepgaande/intieme kennis; ~ ***relations*** intieme verhouding; ~ ***secrets*** hartsgeheime; *be on ~ **terms*** op vertroulike voet wees/staan; intiem by mekaar betrokke wees; ~ ***theatre*** kamertoneel; *(gebou)* kleinteater *be ~ **with** s.o.* vertroulik/intiem met iem. omgaan/wees; *(seksueel)* intiem met iem. verkeer. **in·ti·ma·cy** vertroulikheid, gemeensaamheid, intimiteit; gemeenskap; geslagsgemeenskap. **in·ti·ma·te·ly** innig; vertroulik; intiem; *know one another* ~ mekaar intiem (*of* baie goed) ken, mekaar van naby ken.

in·ti·mate[2] *ww.* te kenne/verstaan gee, laat verstaan/deurskemer; ~ *that ...* te kenne gee dat ... **in·ti·ma·tion** aanduiding, sweem, teken; wenk; *(w.g.)* kennisgewing; berig, mededeling.

in·tim·i·date bang maak, intimideer, vrees/skrik aanja(ag), verskrik. **in·tim·i·dat·ing** intimiderend, vrees=, skrikaanjaend. **in·tim·i·da·tion** intimidasie, bangmakery, dreigemente; skrik, vrees, angs. **in·tim·i·da·tor** intimideerder, bangmaker, bedreiger. **in·tim·i·da·to·ry** intimiderend, vrees=, skrikaanjaend.

in·tinc·tion *(Chr.)* indoping *(v. brood in wyn).*

in·tine *(bot.: inwendige stuifmeelvlies; binne(n)ste spoorwand)* intien.

in·tit·ule *(Br., parl.)* betitel *('n wet).* **in·tit·uled** getitel(d).

in·to in, tot in; ~ *the **bargain*** →BARGAIN *n.; **be** ~ s.t., (infml.)* in iets belangstel (*of* belang stel), geesdriftig aan iets deelneem; ***be** ~ computers* 'n groot rekenaarentoesias wees; ***be*** *~ drugs* dwelms gebruik; ***be*** *~ health food* net gesondheidskos eet; ***be** ~ wine* 'n wynliefhebber wees; 'n wynkenner wees; ***be*** *~ Zen* 'n Zenaanhanger wees; ***come*** *~ s.t.* →COME; ***develop*** ~ ... →DEVELOP; *s.o. **has been** ~ ...* iem. het ... al bespreek/ondersoek; ***pay*** *s.t. ~ an account* →PAY[1] *ww.;* ***transform*** *s.o./s.t. from ... ~ ...* →TRANSFORM *ww.;* ***translate*** *s.t. from one language ~ another* →TRANSLATE; *get ~ **trouble*** →TROUBLE *n.; **turn** ~ ...* →TURN *ww.; **well** ~ the night* tot diep in die nag.

in·toed, in-toed met inwaartse tone, met die tone na binne.

in·tol·er·a·ble on(ver)draaglik, onuitstaanbaar. **in·tol·er·a·bil·i·ty, in·tol·er·a·ble·ness** on(ver)draaglikheid, onuitstaanbaarheid.

in·tol·er·ant onverdraagsaam; *s.o. is ~ of ...* iem. is onverdraagsaam teenoor/jeens ...; iem. kan ... nie verdra nie, iem. verdra ... nie. **in·tol·er·ance** onverdraagsaamheid; *(med.)* weerstandsgebrek, intoleransie; *s.o.'s ~ of ...* iem. se onverdraagsaamheid teenoor/jeens ... **in·tol·er·a·tion** *(w.g.)* onverdraagsaamheid.

in·tone monotoon/sing-sing lees/lewer/(op)sê/uitspreek/vertel/voordra/ens.; *(fonet., mus., ook* intonate*)* intoneer. **in·to·na·tion** monotone aanbieding/voordrag/ens.; stembuiging; *(fonet., mus.)* intonasie; *(mus.)* aanhef *(deur 'n kantor/voorsanger).*

in·tox·i·cate dronk maak, bedwelm; in vervoering bring. **in·tox·i·cant** *n.* alkoholiese/sterk drank; dwelmmiddel, bedwelmende middel. **in·tox·i·cant** *adj.* dronkmakend; bedwelmend. **in·tox·i·cat·ed** dronk, beskonke, besope; in vervoering. **in·tox·i·cat·ing** dronkmakend; bedwelmend. **in·tox·i·ca·tion** dronkenskap, besopenheid, beskonkenheid, roes; bedwelming; vervoering.

in·tra *prep., (Lat.): ~ vires, (jur.)* binne die bevoegdheid.

in·tra= *pref., (Lat.)* binne=, intra=.

in·tra·ab·dom·i·nal *(anat.)* binnebuiks.

in·tra·cel·lu·lar *(biol.)* binnesellig, intrasellulêr; ~ *digestion* binneselvertering.

in·tra·cer·e·bral, (Am.) in·tra·cer·e·bral *(anat.)* binneharsing=; ~ *bleeding* harsingbloeding, breinbloeding.

in·tra·cra·ni·al *(anat.)* binneskedels, intrakraniaal.

in·trac·ta·ble hardnekkig, weerbarstig, weerspannig, balhorig, onregeerbaar. **in·trac·ta·bil·i·ty, in·trac·ta·ble·ness** hardnekkigheid, weerbarstigheid, weerspannigheid, balhorigheid, onregeerbaarheid.

in·tra·der·mal, in·tra·der·mic *(anat.)* binnehuids, intradermaal.

in·tra·mu·ral intern, binne=, binne die mure, binnemuurs.

in·tra·mus·cu·lar binnespiers, intramuskulêr.

in·tra·na·tion·al nasionaal, binne(ns)lands.

in·tra·net *(rek.)* intranet.

in·trans·fer·a·ble onoordraagbaar.

in·tran·si·gent onversoenlik; onversetlik. **in·tran·si·gence, in·tran·si·gen·cy** onversoenlikheid.

in·tran·si·tive *n.* onoorganklike werkwoord, intransitief. **in·tran·si·tive** *adj., (gram.)* onoorganklik, intransitief.

in·trans·par·ent ondeursigtig. **in·trans·par·en·cy** ondeursigtigheid.

in·tra·oc·u·lar *(anat.)* intraokulêr.

in·tra·pre·neur intrapreneur. **in·tra·pre·neur·i·al** intrapreneurs=.

in·tra·state *adj. (Am.)* in die staat.

in·tra·u·ter·ine *(anat.): ~* **device** *(afk.:* IUD*)* intrauteriene apparaat *(afk.:* IUA*), (infml.)* veer(tjie).

in·tra·ve·nous *(anat.)* binneaars, intraveneus; ~ *feeding* aarvoeding. **in·tra·ve·nous·ly** deur aarvoeding.

in·tray in-mandjie.

in·trench →ENTRENCH.

in·trep·id onverskrokke, dapper, moedig, vreesloos. **in·tre·pid·i·ty** onverskrokkenheid, dapperheid, durf, (waag)moed, vreesloosheid.

in·tri·cate ingewikkeld, verwikkeld. **in·tri·ca·cy** ingewikkeldheid, verwikkeldheid.

in·trigue, in·trigue *n.* gekonkel, knoeiery, intrige; komplot; vryery; *political ~* politieke intriges/gekonkel. **in·trigue** *ww.* nuuskierig maak; raaiselagtig voorkom; konkel, knoei, agteraf bak en brou; *s.o. ~d me, (ook)* iem. was vir my 'n raaisel. **in·trigu·er,** *(arg.)* **in·tri·g(u)ant** konkelaar, knoeier, intrigant. **in·trigu·ing** interessant, prikkelend, boeiend, intrigerend; belangwekkend.

in·trin·sic innerlik, wesen(t)lik, werklik, intrinsiek, inherent; ~ *value* intrinsieke/werklike waarde, waarde op sigself; innerlike gehalte; *(ekon.)* eiewaarde. **in·trin·si·cal·ly** op sigself, intrinsiek.

in·tro *=tros, (infml., afk.)* →INTRODUCTION.

in·tro·duce invoer *(maatreëls ens.);* invoer, in swang bring *('n gewoonte);* instel *('n verandering, nuwe belastings, ens.);* indien *('n mosie, voorstel, wetsontwerp);* in gebruik neem/stel; in omloop bring; bekend stel, bekendstel, voorstel; inbring; insteek; invoeg; opper, ter sprake (*of* te berde) bring *('n onderwerp);* inlei *('n program ens.); the word that ~s the sentence* die woord waarmee die sin begin (*of* wat die sin inlei); *~ s.o. to s.o. else* iem. aan iem. anders voorstel/bekendstel (*of* bekend stel). **in·tro·duc·er** indiener; voorsteller; inleier. **in·tro·duc·tion** invoering; indiening; ingebruikneming, inwerkingstelling; inwerkingtreding; bekendstelling; inleiding, introduksie; voorspel; voorberig; voorwerk *(v. 'n boek);* voorstelling; inskakeling; ***(hallowing)*** ~ *(relig.)* votum; ***letter*** *of ~* bekendstellingsbrief, introduksie(brief); *the ~ **of** s.o. to s.o. else* die voorstelling van iem. aan iem. anders; *the ~ **to** a book* die inleiding van 'n boek; *the ~ **to** a subject* die inleiding tot 'n vak; *by **way** of ~* ter kennismaking. **in·tro·duc·to·ry** inleidend, introduserend; preliminêr; ~ ***course/lesson*** oriënteringskursus/-les; ~ ***letter*** bekendstellingsbrief, introduksie(brief); ~ ***offer*** bekendstellingsaanbod; ~ ***remarks/paragraph*** inleidende opmerkings/paragraaf.

in·tro·it *(relig.)* introïtus.

in·tro·mit *=tt=, (w.g.)* insteek, invoeg, inbring; inlaat, toelaat. **in·tro·mis·sion** intromissie, insteking *(v.d. penis i.d. vagina).*

in·trorse *(bot., soöl.)* binnewaarts gekeer(d), introrse.

in·tro·spect introspeksie doen. **in·tro·spec·tion** introspeksie. **in·tro·spec·tive** introspektief; *become ~* tot jouself inkeer.

in·tro·vert *n., (psig.)* introvert. **in·tro·vert, in·tro·vert·ed** *adj.* introvert, in jouself gekeer(d), ingekeer(d). **in·tro·vert** *ww.* na binne (*of* in jouself) keer; *(soöl., anat.)* intrek *('n orgaan).* **in·tro·ver·sion** *(psig., soöl., anat.)* introversie.

in·trude indruk; indring, lastig val, steur, stoor; opdring; *(bot.)* ingroei; *I hope I do not ~* (*or am not intruding*) ek hoop ek val jou/julle nie lastig nie; ~ ***on*** *s.o.'s time* iem. se tyd in beslag neem; *~ **o.s.**, (fml.)* jou indring; *~ o.s. (up)on ..., (fml.)* jou opdring aan ... **in·trud·er** indringer, oortreder, inbreker; indringer, ongenooide gas, opdringer. **in·tru·sion** indringing; opdringing; inmenging; *(geol.)* inpersing, intrusie; *(bot.)* ingroeiing; *s.o.'s ~ into ...* iem. se inmenging in ... **in·tru·sive** indringend, indringerig; opdringerig;

orig; ~ *rock* intrusiewe gesteente, intrusiegesteente. **in·tru·sive·ness** indringerigheid; opdringerigheid.

in·trust →ENTRUST.

in·tu·it intuïtief aanvoel/weet. **in·tu·i·tion** intuïsie; ingewing. **in·tu·i·tive, in·tu·i·tion·al** intuïtief, intuïsie=.

in·tu·mesce *(w.g.)* (op)swel, uitsit. **in·tu·mes·cence** (op)swelling, uitsetting; geswel. **in·tu·mes·cent** (op)=swellend.

in·tus·sus·cept *(patol.)* instulp. **in·tus·sus·cep·tion** (inwendige) opneming, inslukking, vertering; derminstulping; knoopderm; *(patol., bot.)* intussussepsie.

in·twine →ENTWINE.

In·u·it, In·nu·it =*it(s), n., (inheemse inwoner v. Kanada, Groenland en Alaska)* In(n)uïet; *(taal)* →INUKTITUT. **In·u·it, In·nu·it** *adj.* In(n)uïties.

I·nuk·ti·tut, In·(n)u·it *(taal)* Inoektitoet, In(n)uïties.

in·unc·tion *(hoofs. med.)* salwing; insmering.

in·un·date oorstroom; onder water sit; *be ~d with ...* onder ... toegegooi word *(navrae ens.)*. **in·un·da·tion** oorstroming; stroom, stortvloed; watervloed, watersnood.

in·ur·bane *(w.g.)* onhoflik, onbeleef(d). **in·ur·ban·i·ty** onhoflikheid, onbeleefdheid.

in·ure, en·ure gewoond raak *(aan)*; gewoond maak *(aan)*; gehard wees *(teen)*; *('n wet)* in werking tree. **in·ured, en·ured** *(ook)* gebrei, gehard; *be ~ to s.t.* teen iets gehard wees *(pyn ens.)*. **in·ure·ment, en·ure·ment** gewoonte; inwerkingtreding.

in·urn in 'n urn/lykbus plaas.

in·u·tile *(w.g.)* nutteloos. **in·u·til·i·ty** nutteloosheid.

in·vade inval (in), binneval, binnedring; inbreuk maak op, aangryp; ~ *a country* 'n land binneval, in 'n land inval. **in·vad·er** invaller, indringer; aantaster. **in·vad·ing** *adj.* invallend, invals=; ~ *army* invalsleër; ~ *Vikings/etc.* invallende Wikings/ens.. **in·va·sion** inval, indringing; instroming; binnedringing; strooptog; inbreuk(making) *(op)*, skending *(van)*; *an ~ of ...* 'n inval in ... *('n land)*; 'n inbreuk op ..., 'n aantasting/skending van ... *(regte ens.)*. **in·va·sive** *(mil.)* invallend, invals=; deurdringend *(lawaai)*; verspreidend *(siekte)*; *(med.)* ingrypend *(operasie)*.

in·va·lid[1] *n.* sieke, swakke, invalide. **in·va·lid** *adj.* sieklik, swak, kranklik, invalide. **in·va·lid** *ww.* bedlêend (*of* 'n invalide) maak; ongeskik verklaar (vir diens); met siekteverlof huis toe stuur; →INVALIDISM, INVALIDITY; ~ *s.o. out (of s.t.), (Br., hoofs. mil.)* iem. weens siekte (uit iets) ontslaan; *be ~ed* ontslaan word (weens mediese redes). ~ **chair** siekestoel, stootstoel, rolstoel/rystoel. ~ **cookery** siekevoeding. ~ **cup** tuitkoppie. ~ **diet** siekevoeding, =dieet. **~'s room** siekekamer. ~ **table** bedtafel(tjie).

in·val·id[2] *adj.* ongeldig, kragteloos, ongegrond, nie van krag nie, nietig; *declare s.t. ~* iets ongeldig verklaar (*of* te niet doen). **in·val·i·date** ongeldig/nietig verklaar; kragteloos maak, te niet doen. **in·val·i·da·tion** nietigverklaring, ongeldigverklaring; tenietdoening; ontkragtiging; weerlegging *(v. 'n argument)*; →INVALIDITY.

in·va·lid·ism (chroniese/kroniese) swakheid, gebrekkigheid, sieklikheid, liggaamswakte.

in·va·lid·i·ty swakheid, kragteloosheid, sieklikheid, kranklikheid, invaliditeit; ongeldigheid.

in·val·u·a·ble van onskatbare waarde, uiters waardevol. **in·val·u·a·ble·ness** onskatbaarheid.

In·var *(metal., handelsnaam)* invar(staal).

in·var·i·a·ble onveranderlik; *(wisk.)* konstant. **in·var·i·a·bil·i·ty, in·var·i·a·ble·ness** onveranderlikheid. **in·var·i·a·bly** onveranderlik; gereeld, sonder uitsondering, ewig en altyd, knaend. **in·var·i·ance** *(wisk.)* invariansie. **in·var·i·ant** *n. & adj., (wisk.)* invariant.

in·va·sion, in·va·sive →INVADE.

in·vect·ed *(her.)* uitgeskulp.

in·vec·tive skel(d)woorde, skel(d)taal, geskel, getier, invektiewe; slegmakery, uitskellery.

in·veigh skel, slegmaak; ~ *against ...* teen ... uitvaar/uitpak, jou stem teen ... verhef.

in·vei·gle verlei, verlok, meesleep; ~ *s.o. into doing s.t.* iem. verlei om iets te doen.

in·vent uitvind; uitdink, bedink, verdig, versin; ~ *a story* iets uit die duim suig; *~ed tale* opgemaakte storie. **in·ven·tion** uitvinding, uitvindsel; verdigting; bedenksel, verdigsel, versinsel; vinding, vonds; *I~ of the* ***Cross,*** *(Chr. feesdag)* Kruisvinding; *s.t. of one's* ***own*** ~ jou eie uitvinding/bedenksel, iets wat jy self uitgevind/uitgedink het; *(**power** of)* ~ vindingrykheid. **in·ven·tive** vindingryk, vernuftig. **in·ven·tive·ness** vindingrykheid, vernuf(tigheid). **in·ven·tor** uitvinder.

in·ven·to·ry *n.* inventaris, lys; boedellys, boedelbeskrywing; *make an ~ of ...* 'n inventaris van ... opmaak/opstel, ... opskryf/opskrywe. **in·ven·to·ry** *ww.* inventariseer, 'n lys opmaak van.

in·ve·rac·i·ty *(fml. of euf.)* ongeloofwaardigheid; gebrek aan waarheidsliefde.

in·verse, in·verse *n.* die omgekeerde/teenoorgestelde. **in·verse, in·verse** *adj.* omgekeerd; *(wisk.)* invers; ~ *current* teenstroom; *in ~/reciprocal proportion to ...* in omgekeerde verhouding/eweredigheid tot ...; ~ *ratio* omgekeerde verhouding. **in·verse·ly** omgekeerd; ~ *proportional to ...* omgekeerd eweredig met/aan ... **in·ver·sion** omkering; omstulping; omsetting, inversie; om(me)keer; *(anat.)* binnedraaiing. **in·ver·sive** omkerend.

in·vert *n.* omgekeerde boog; bodem *(v. 'n kanaal, pyp, ens.)*; geïnverteerde; *(psig., vero.)* homoseksueel. **in·vert** *adj.* invers; *(psig., vero.)* homoseksueel; ~ *sugar* invertsuiker, heuningsuiker. **in·vert** *ww.* omdraai, agterstevoor draai, omkeer, omkantel, op sy kop (*of* onderstebo) sit, omsit; →INVERTED. **in·vert·ase** *(biochem.)* invertase. **in·vert·ed** onderstebo, omgekeerd, omgedraai, aweregs, op sy kop; ~ ***arch*** omgekeerde boog; *in ~* ***commas*** tussen aanhalingstekens; ~ ***flight*** rugvlug; ~ ***pleat*** springplooi; ~ ***stitch*** aweregse steek; ~ ***well*** wegleiput; ~ ***writing*** spieëlskrif.

In·ver·te·bra·ta *n. (mv.), (Lat.)* Ongewerweldes, Invertebrata.

in·ver·te·brate *n.* ongewerwelde dier, invertebraat; *(infml.)* papbroek, lamsak, swakkeling. **in·ver·te·brate** *adj.* ongewerwel(d); *(infml.)* papbroek(er)ig, lamsakk(er)ig, ruggraatloos.

in·vest belê *(geld)*; investeer *(in kapitaalgoedere)*; inhuldig, bevestig, instel, installeer; beklee *(met mag)*; *(arg.)* omklee; *(arg., mil.)* omsingel, beleër, vaskeer, blokkeer; →INVESTMENT; ~ *s.o. with a* ***fief,*** *(hist.)* iem. beleen; ~ ***in*** ... in ... belê *('n maatskappy, aandele, 'n land, ens.)*; iets aanskaf *(nuwe toerusting ens.)*; *be ~ed with* ***meaning*** vol betekenis wees, met betekenis vervul wees; ~ *a* ***town,*** *(arg.)* 'n stad beleër; ~ *money* ***with*** *a company* geld by 'n maatskappy belê; ~ *s.o.* ***with*** ... iem. met ... beklee *(bevoegdhede, 'n orde, ens.)*. **in·vest·a·ble, =i·ble** belegbaar. **in·ves·ti·ture** bevestiging, inhuldiging, instelling, installering; bekleding; investituur. **in·ves·tor** belegger, beleêr.

in·ves·ti·gate ondersoek, ('n) ondersoek doen/instel na, nagaan, deurvors *(klagtes, bewerings, ens.)*; navors *(d. evolusieleer ens.)*; (noukeurig) nagaan *(aansoeke, nuusberigte, ens.)*; naspoor *(d. dinamiek v. 'n ondersoekproses ens.)*; ~ *into ...* ('n) ondersoek na ... instel; ~ *a matter, (ook)* 'n studie maak van 'n saak. **in·ves·ti·gat·ing:** ~ *officer* ondersoekbeampte. **in·ves·ti·ga·tion** ondersoek(ing); navorsing; ondersoekingswerk; ***carry out*** *an ~* ('n) ondersoek doen/instel; *on* ***closer*** ~ by nader ondersoek; ***criminal*** ~ speurwerk; *an ~* ***into*** ... 'n ondersoek na ...; *a* ***thorough*** ~ 'n deeglike/deurtastende ondersoek. **in·ves·ti·ga·tive** ondersoekend, navorsend; ~ *journalism/reporting* ondersoekende joernalistiek, speurjoernalistiek; ~ *judge* ondersoekregter. **in·ves·ti·ga·tor** ondersoeker, navorser, speurder. **in·ves·ti·ga·to·ry** →INVESTIGATIVE.

in·vest·ment (geld)belegging; investering *(in kapitaalgoedere)*; inhuldiging, bevestiging, instelling, installering, investituur; bekleding; *(arg.)* omsingeling, beleëring, beleg, blokkade; *make an ~* 'n belegging maak/doen; *an ~ in ...* 'n belegging in ... ~ **allowance** investeringskorting. ~ **bank** beleggingsbank. ~ **company** beleggingsmaatskappy. ~ **incentive** beleggingsaansporing; investeringsaansporing. ~ **income** *(m.b.t. aandele ens.)* beleggingsinkomste, inkomste uit beleggings; *(m.b.t. masjinerie ens.)* investeringsinkomste. ~ **management** beleggingsbestuur. ~ **secretary** beleggingsekretaris. ~ **trust** beleggingstrust.

in·vet·er·ate *(attr.)* verstokte *(burokraat, oujongkêrel, ens.)*; aarts= *(bedrieër, knoeier, ens.)*; onverbeterlike *(skurk, idealis, ens.)*; gewoonte= *(misdadiger ens.)*; geharde *(prostituut ens.)*; ou *(suiplap ens.)*; diepgewortelde, diepliggende, diepgesetelde *(haat, wantroue, ens.)*; ingewortelde *(vooroordele ens.)*; hardnekkige *(teenkanting ens.)*; verouderde *(idees ens.)*. **in·vet·er·a·cy** ingewortelheid; verouderdheid, chroniesheid, kroniesheid; *(vero.)* haat.

in·vid·i·ous onbenydenswaardig; partydig; aanstootlik, haatlik; boosaardig; ~ *comparison* kwetsende vergelyking; *put s.o. in an ~ position* iem. in 'n netelige/onbenydenswaardige posisie plaas; ~ *remark* haatlikheid. **in·vid·i·ous·ness** onbenydenswaardigheid; aanstootlikheid; partydigheid.

in·vig·i·late toesig hou *(by 'n eksamen; oor eksamenkandidate)*; ~ *(at) an examination* by 'n eksamen toesig hou. **in·vig·i·la·tion** toesig *(by 'n eksamen)*. **in·vig·i·la·tor** toesighouer, opsiener.

in·vig·or·ate versterk; verlewendig, opwek, verkwik, verfris; krag gee/bysit. **in·vig·or·at·ing** versterkend; opwekkend, verkwikkend, verfrissend, tonies. **in·vig·or·a·tion** versterking; opwekking. **in·vig·or·a·tive** versterkend; opwekkend. **in·vig·or·a·tor** versterker; versterkmiddel; aanspoorder.

in·vin·ci·ble onoorwinlik, onoorwinbaar; onoorkomelik, onoorkombaar. **in·vin·ci·bil·i·ty, in·vin·ci·ble·ness** onoorwinlikheid; onoorkombaarheid.

in·vi·o·la·ble onskendbaar, onaantasbaar, onaanvegbaar, onverbreekbaar. **in·vi·o·la·bil·i·ty** onskendbaarheid, onaantasbaarheid.

in·vi·o·late ongeskonde; onverbroke; onaangetas; ongerep; gewyd. **in·vi·o·la·cy, in·vi·o·late·ness** ongeskondenheid.

in·vis·i·ble *n.* onsienlike; *(i.d. mv., ekon.)* diensteposte, onsigbare poste; *the I~* die Onsienlike. **in·vis·i·ble** *adj.* onsigbaar, onsienlik; nie te spreek nie; *the ~* ***church,*** *the* ***church*** *~* die onsigbare kerk; ~ ***earnings*** inkomste/verdienste op die dienstebalans, onsigbare inkomste/verdienste; ~ ***export*** uitvoer van dienste, onsigbare uitvoer; ~ ***green*** uiters donker groen; ~ ***hinge*** versteekte skarnier; ~ ***ink*** geheim-ink, simpatetiese ink; ~ ***mender*** fynstopper; ~ ***mending*** fynstopwerk, onsigbare stopwerk. **in·vis·i·bil·i·ty, in·vis·i·ble·ness** onsigbaarheid, onsienlikheid. **in·vis·i·bly** *adv.* onsigbaar.

in·vite *n., (infml.)* →INVITATION. **in·vite** *ww.* (uit)nooi, vra, oorvra; versoek; (aan)lok; uitlok *(kritiek ens.)*; lei tot, veroorsaak; ~ *s.o.* ***in*** iem. innooi (*of* binne nooi); ~ *s.o.* ***out*** iem. nooi/vra om saam met jou uit te gaan; ~ *s.o.* ***out*** *for a meal* iem. nooi om saam met jou te gaan (uit)eet; ~ *s.o.* ***over/round*** iem. oornooi, iem. nooi om te kom kuier; ~ ***questions*** geleentheid vir vrae gee; ~ ***tenders*** →TENDER[2] *n.*; ~ *s.o.* ***to*** *a function* iem. na 'n byeenkoms nooi; ~ *s.o.* ***to*** *lunch/tea/etc.* iem. vir middagete/tee/ens. nooi/vra; ~ ***trouble*** →TROUBLE *n.*. **in·vi·ta·tion** uitnodiging; beroep *(v. 'n gemeente)*; ***at*** *the ~ of ...* op uitnodiging van ...; ***by*** ~ op uitnodiging; ***extend/send*** *an ~ to s.o.* iem. uitnooi, 'n uitnodiging tot/aan iem. rig; *your* ***kind*** ~ u vriendelike uitnodiging; *a* ***standing*** ~ 'n vaste uitnodiging; *an ~* ***to*** *a function* 'n uitnodiging na 'n byeenkoms; *a* ***warm*** ~ 'n hartlike uitnodiging. **in·vi·ta·to·ry** uitnodigend, uitnodigings=. **in·vi·tee** genooide. **in·vit·ing** aantreklik, aanloklik; uitlokkend, uitnodigend.

in vi·tro →IN *prep.*.

in·vo·ca·tion aanroeping; smeekbede, gebed, afsmeking; invokasie. →INVOKE. **in·voc·a·to·ry** aanroepend.

in·voice *n.* faktuur. **in·voice** *ww.* faktureer; op die faktuur sit. ~ **book** faktuurboek. ~ **clerk** faktuurklerk. ~ **price** faktuurprys. ~ **value** faktuurwaarde.

in·voic·ing *n.* fakturering. ~ **machine** faktureermasjien.

in·voke aanroep; inroep; oproep; jou beroep op; afsmeek; afbid *(seën).*

in·vo·lu·cre =*lucres,* **in·vo·lu·crum** =*lucra, (bot.)* (om)hulsel, omwindsel. **in·vo·lu·cral:** ~ *leaf* omwindselblaar.

in·vol·un·tar·y onwillekeurig, onopsetlik, onbewus; teen wil en dank, gedwonge, onvrywillig; werktuiglik; *an ~ movement* 'n refleksbeweging; ~ *muscle* onwillekeurige/gladde spier. **in·vol·un·tar·i·ly** onwillekeurig, vanself, onopsetlik; teen wil en dank, onvrywillig. **in·vol·un·tar·i·ness** onwillekeurigheid; onopsetlikheid.

in·vo·lute *ww.* ineenrol, =draai, =krul, =strengel. **in·vo·lute, in·vo·lut·ed** *adj., (fml.)* ingewikkel(d); *(biol.)* in(een)gerol(d), =gekrul(d), =gedraai(d), inmekaar gedraai(d); *(geom.)* involuut. **in·vo·lu·tion** *(fml.)* ingewikkeldheid; verwikkeling; *(biol.)* inrolling, inkrulling; *(wisk.)* magsverheffing; *(geom.)* involusie.

in·volve meebring, tot gevolg hê; behels, beteken, inhou, insluit, omvat; betrek, insleep, verwikkel, inwikkel *(in);* ingewikkeld maak; *(w.g. of poët., liter.)* inrol, indraai; opkrul; →INVOLVED; *it ~s **danger/etc.*** daar is gevaar/ens. aan verbonde; ~ *s.o. in **difficulties*** iem. in moeilikhede verwikkel; ~ *s.o. **in** s.t.* iem. by/in iets betrek; iem. by/in iets insleep/intrek. **in·volved** ingewikkeld, moeilik; ingedompel, ingesleep; betrokke *(in);* gemoeid; verbonde *(met); be/become/get ~ **in** s.t.* by/in iets betrokke wees/raak, in iets gemoeid wees/raak; *be ~ **in** s.t., (ook)* met iets te doen/make hê; aan iets aandadig wees; *be ~ **in** a struggle* in 'n stryd gewikkel/betrokke wees; *s.o.'s **safety/etc.** is ~* dit gaan om iem. se veiligheid/ens., iem. se veiligheid/ens. is daarmee gemoeid (*of* staan op die spel); ~ ***style*** verwronge styl; *be/become ~ **with** s.o.* met iem. deurmekaar wees/raak. **in·volve·ment** betrokkenheid; (die) insleep; verbondenheid; inwikkeling; verwikkeling; (finansiële/geldelike) moeilikheid, skuld.

in·vul·ner·a·ble onkwe(t)sbaar, ontrefbaar. **in·vul·ner·a·bil·i·ty, in·vul·ner·a·ble·ness** onkwe(t)sbaarheid.

in·ward *adj.* inwendig, binne=; binnewaarts, inwaarts, innerlik, geestelik; ~ *conflict/strife/struggle* tweestryd, selfstryd; ~ *peace* gemoedsrus. **in·ward** *adv.* →INWARDS *adv.*. ~**-looking** in jouself gekeer.

in·ward·ly inwendig; innerlik; by/in jouself.

in·ward·ness innerlike, inwendige; inwendigheid, innerlikheid; wese, kern *(v. 'n saak).*

in·wards *n.* →INNARDS. **in·wards** *adv.* na binne, binnewaarts, inwaarts; die land in, landwaarts in, landinwaarts; ~ *bound* inkomend.

in·weave =*wove* =*woven* invleg, deurweef. **in·wo·ven** ingeweef(de), deur(ge)vleg(te).

in·wrought *(poët., liter.)* ingewerk; ingeweef(de), deur(ge)vleg(te).

in·ya·la →NYALA.

i·nya·nga *(Z.)* inyanga, kruiedokter; inyanga, toordokter.

in-your-face *adj., (infml.)* aggressief; uitdagend; blatant, skaamteloos, onbeskaamd; kru, skurf, gewaag(d); grof, ongepoets; ~ *defiance* openlike minagting.

i·o·dine *(chem., simb.:* I*)* jodium. **i·o·dal** jodaal. **i·o·date** jodaat, jodiumsuursout. **i·od·ic** jodium=; ~ *acid* jodiumsuur. **i·o·dide** jodied. **i·o·di·sa·tion, =za·tion** jodering. **i·o·dise, =dize** jodeer; met jodium behandel. **i·o·do·form** jodoform.

i·o·lite *(min.)* →CORDIERITE.

i·on ioon. **i·on·ic** ionies, ioon=; ~ ***beam*** ioonstraal, ionestraal; ~ ***compound*** ioniese verbinding; ~ ***concentration*** ioonkonsentrasie, ionekonsentrasie; ~ ***radius*** ioonstraal, ionestraal; ~ ***theory*** ioonteorie, ioneteorie. **i·on·i·sa·tion, =za·tion** ionisering, ionisasie. **i·on·ise, =ize** ioniseer; *~d air* geïoniseerde lug.

I·o·ni·a *(geog., hist.)* Ionië. **I·o·ni·an** *n.* Ioniër; *(dialek)* Ionies. **I·o·ni·an** *adj.* Ionies. **I·on·ic** *n. & adj.* Ionies.

i·on·o·sphere ionosfeer.

i·o·not·ro·py *(chem.)* ionotropie.

i·o·ta *(fig.)* jota; *(Gr. letter)* iota; *not an ~ of evidence* geen titteltjie bewys nie. **i·o·ta·cism** *(fonet.)* jotasisme.

IOU *IOUs, (uitspraak:* I owe you*)* skuldbrief(ie), skuldbewys.

I·o·wa *(geog.)* Iowa.

ip·e·cac·u·an·ha, ip·e·cac *(bot., farm.)* ipekakuana, braak=, vomeerwortel.

ip·se dix·it *n., (Lat.)* dogmatiese bewering.

ip·so fac·to *adv., (Lat., fml.)* ipso facto, vanselfsprekend, uit die aard van die saak.

I·rak →IRAQ.

I·ran *(geog.)* Iran, *(hist.)* Persië. **I·ra·ni·an** *n.* Iraniër, Irannees, *(hist.)* Pers. **I·ra·ni·an** *adj.* Irans, Irannees, *(hist.)* Persies.

I·raq *(geog.)* Irak. **I·ra·qi** *n.* Irakiër, Irakkees. **I·ra·qi** *adj.* Irakkees, Iraks. **I·raq·i·an** →IRAQI *adj.*.

i·ras·ci·ble liggeraak, kortgebonde, driftig, opvlieënd. **i·ras·ci·bil·i·ty, i·ras·ci·ble·ness** liggeraaktheid, kortgebondenheid, driftigheid, opvlieëndheid.

i·rate woedend, toornig, (smoor)kwaad, vererg; *(pred.)* kwaad, boos, ontstoke.

ire *(poët., liter.)* woede, toorn, gramskap, misnoeë; *(a)rouse s.o.'s ~* iem. se toorn opwek.

Ire·land *(geog.)* Ierland; *Republic of ~* Republiek Ierland.

I·re·ne *(Gr. mit.)* Irene.

i·ren·ic, ei·ren·ic, i·ren·i·cal, ei·ren·i·cal *adj.* vredeliewend, vredestigtend, versoenend, irenies. **i·ren·i·con** →EIRENICON. **i·ren·ics** *n. (fungeer as ekv.), (teol.)* ireniek.

Ir·i·da·ce·ae *(bot.)* Iridaseë.

ir·i·des·cent reënboogkleurig; wisselkleurig, iriserend; ~ *cloud* perlemoen=, perlemoerwolk. **ir·i·des·cence** kleur(e)spel, kleurwisseling, kleurspeling, irisering.

i·rid·i·um *(chem., simb.:* Ir*)* iridium.

ir·i·dol·o·gy *(alternatiewe geneeskunde)* iridologie. **ir·i·dol·o·gist** iridoloog.

i·ris =*rises,* =*rides* iris, reënboogvlies *(v.d. oog); (bot.)* iris, flap.

I·rish *n., (taal)* Iers; *the ~* die Iere. **I·rish** *adj.* Iers. ~ **blight** laatroes. ~ **bread** sodabrood. ~ **bull** →BULL[3] *n.*. ~ **coffee** Ierse koffie. ~ **Free State** *(hist.)* Ierse Vrystaat. ~**man** =*men* Ier. ~ **Republican Army** *(afk.:* IRA*)* Ierse Republikeinse Leër *(afk.:* IRL*).* ~ **Sea** *(geog.)* Ierse See. ~ **setter, red setter** Ierse setter. ~ **stew** aartappelbredie, Ierse bredie. ~ **terrier** Ierse terriër. ~ **whiskey** Ierse whiskey. ~ **wolfhound** Ierse wolfhond. ~**woman** =*women* Ierse vrou.

I·rish·ism Ierse segswyse/gewoonte.

i·ri·tis *(med.)* reënboogvliesontsteking, iritis.

irk vies/kwaad maak, omkrap, ontstel, ontstem, grief. **irk·some** ergerlik, lastig, hinderlik, ontstellend, ontstemmend; vervelend. **irk·some·ness** lastigheid; vervelendheid.

I·ron: ~ **Age** *(argeol.)* Ystertyd(perk). ~ **Chancellor:** *the ~ ~, (Bismarck)* die Ysterkanselier. ~ **Cross** *(D. mil. dekorasie)* Ysterkruis. ~ **Curtain:** *the ~ ~, (hist.)* die Ystergordyn. ~ **Duke:** *the ~ ~, (Wellington)* die Ysere Hertog. ~ **Gate(s)** Ysterpoort *(v.d. Donaurivier).*

i·ron *n., (metal., simb.:* Fe*)* yster; strykyster; brandyster; stiebeuel; soldeerbout; *(gh.)* yster(stok); ***cast** ~* →CAST; ***corrugated** ~* →CORRUGATED; ***curling** ~(s)* →CURLING TONGS; *have several ~s in the **fire*** met verskeie dinge tegelyk besig wees; *have too many ~s in the **fire*** te veel ysters in die vuur (*of* te veel hooi op jou vurk) hê; *a **grappling** ~* 'n (enter)haak; *a man/woman **of** ~* 'n man/vrou van yster/staal, 'n harde man/vrou; *a **piece** of ~* 'n (stuk) yster; ***pump** ~, (infml.)* gewigte optel; ***put/clap** s.o. in ~s* iem. boei (*of* in boeie slaan); *rule with a **rod** of ~* met 'n ystervuis regeer; *rule s.o. with a **rod** of ~, (ook)* iem. met spore ry; *the ~ entered s.o.'s **soul*** iem. het verhard geraak, iem. se lewe is vergal; ***strike** while the ~ is hot* smee die yster so lank dit warm is; ***white** ~, (metal.)* wityster; ***wrought** ~* →WROUGHT. **i·ron** *adj.* yster=, van yster; *(fig.)* ysere; ysteragtig, ysterhard; *(infml.)* sink=; *an ~ **constitution**, (fig.)* 'n ystersterk gestel; ~ ***discipline*** ysere tug; *an ~ **fist/hand** in a velvet glove, (fig.)* 'n sagte maar ferm hand, bedrieglike uiterlike sagtheid, 'n ysere wil agter 'n vriendelike uiterlike/voorkoms; *rule with an ~ **hand/fist*** met 'n ystervuis regeer; *an ~ **will**, (fig.)* 'n stale/ysere wil. **i·ron** *ww.* stryk; opstryk; met yster bedek, 'n ysterlaag opsit; *(w.g.)* boei, ketting; ~ *s.t. out* iets uitstryk. ~ **bar** ysterstaaf; (stuk) yster. ~ **beam** ysterbalk. ~**bound** met yster beslaan; so hard soos klip; deur rotse ingesluit, rotsagtig, kliprots=; streng, onbuigsaam, onversetlik. ~**clad** *n., (hist.)* pantserskip. ~**clad** *adj.* gepantser(d); *an ~ rule* 'n waterdigte reël, 'n wet van Mede en Perse. ~**-coloured** ysterkleurig. ~ **cutter** ysterskêr. ~ **fence** sinkheining. ~**-fisted** *(fig.)* hardvogtig, meedoënloos, genadeloos. ~ **forge** ystersmedery. ~ **founder** ystergieter. ~ **foundry** ystergietery, =smeltery. ~ **gauze** ystergaas. ~ **glance** *(min.)* ysterglans, hematiet. ~ **grey** ysterkleurig, ystergrou; ysterkleur; ysterskimmel. ~**-hearted** *(fig.)* hardvogtig. ~ **heater** strykbout. ~ **heel** ysterhak. ~ **holder** vatlap. ~ **horse** *(arg. of poët., liter.)* ysterperd, lokomotief. ~ **lady** ystervrou; *the I~ Lady/Maiden, (Margaret Thatcher)* die Ystervrou. ~ **lode** ysteraar. ~ **lung** *(med.)* ysterlong. ~ **maiden** *(foltertoestel)* spykerkas; *the I~ M~* →THE IRON LADY. ~ **man** *(sport)* ysterman. ~ **man competition** ystermankompetisie. ~**master** *(Br.)* ysterfabrikant. ~ **mill** ysterplettery. ~ **mine** ystermyn. ~**monger** *(Br.)* ysterhandelaar, handelaar in ysterware; *~'s (shop)* ysterwinkel. ~**mongery** *(Br.)* handel in ysterware, ysterhandel; ystergoed, =ware. ~ **mould,** *(Am.)* ~ **mold** ysterroes, ystersmet. ~ **ore** ystererts. ~ **oxide** *(chem.)* ysteroksied, roes. ~ **pan** *(geol.)* ysterbank. ~ **plane** ysterskaaf. ~ **pyrites** →PYRITE. ~ **rations** *n. (mv.), (infml., mil.)* noodrantsoen. ~ **roof** sinkdak. ~ **shears** ysterskêr. ~**sides** *n.* ystervreter, veteraan, geharde stryder; pantserskip; *(hist., dikw. I~, Cromwell se troepe)* Ironsides. ~ **slag** ysterslak. ~**smith** ystersmid, grofsmid. ~**stone** *(min.)* ysterklip; *banded ~* →BAND[2] *ww.*. ~ **sulphate** *(chem.)* ystersulfaat, groenvitriool. ~ **sulphide** *(chem.)* ystersulfied. ~**ware** ystergoed, =ware. ~**wood** *(Olea capensis)* ysterhout. ~**work** ysterwerk; ysterware, ystergoed. ~**works** ystergietery; ystersmedery; ysterfabriek.

i·rone, i·rone *(chem.)* iroon.

i·ron·er stryker, strykster; strykmasjien.

i·ron·ic, i·ron·i·cal →IRONY[1] *n.*.

i·ron·ing strykwerk; strykgoed. ~ **blanket** strykkombers. ~ **board** strykplank. ~ **cloth** stryklap. ~ **sheet** stryklaken. ~ **table** stryktafel. ~ **woman** strykvrou.

i·ro·ny[1] *n.* ironie. **i·ron·ic, i·ron·i·cal** ironies, spottend. **i·ron·ist** ironiese skrywer/spreker, ironikus, ironis.

i·ro·ny[2] *adj.* ysteragtig, ysterhoudend; yster=.

Ir·o·quois *n.* Irokees. **Ir·o·quoi·an** *n. & adj.* Irokees.

ir·ra·di·ant *(poët., liter.)* skitterend, glansend, (uit)stralend. **ir·ra·di·ance** *(fis.)* irradiansie; *(poët., liter.)* skittering, glans, (uit)straling.

ir·ra·di·ate (uit)straal; bestraal; belig, verlig; deurstraal; ophelder; *(vero.)* (laat) straal; ~ *with joy, (vero.)* van vreugde (laat) straal; *~d with joy, (vero.)* stralend van vreugde. **ir·ra·di·a·tion** (uit)straling; bestraling; beligting, verligting; straal; lig; stralekrans, stralekroon.

ir·ra·tion·al *n., (wisk.)* irrasionale/onmeetbare getal. **ir·ra·tion·al** *adj.* irrasioneel, onlogies, onsinnig; onredelik; redeloos, sinloos; ongerymd; *(wisk.)* irrasionaal, onmeetbaar. **ir·ra·tion·al·ism** irrasionalisme. **ir·ra·tion·al·ist** *n.* irrasionalis. **ir·ra·tion·al·ist, ir·ra·tion·al·ist·ic** *adj.* irrasionalisties. **ir·ra·tion·al·i·ty** onredelikheid; redeloosheid; irrasionaliteit.

Ir·ra·wad·dy *(rivier)* Irawadi.

ir·re·but·ta·ble onweerlegbaar.

ir·re·claim·a·ble onherwinbaar, onherstelbaar, reddeloos verlore; verstok, onverbeterlik; onontginbaar.

ir·rec·og·nis·a·ble, =niz·a·ble onherkenbaar.

ir·rec·on·cil·a·ble *n.* onversoenlike. **ir·rec·on·cil·a·ble** *adj.* onversoenlik; onverenigbaar, onversoenbaar; *be ~ with ...* strydig/onverenigbaar met ... wees, nie met ... te rym wees nie. **ir·rec·on·cil·a·bil·i·ty, ir·rec·on·cil·a·ble·ness** onversoenlikheid; onverenigbaarheid.

ir·re·cov·er·a·ble onherkrygbaar, reddeloos verlore; onherstelbaar; ~ *debt* onverhaalbare/oninbare/dooie skuld. **ir·re·cov·er·a·ble·ness** onverhaalbaarheid; onherstelbaarheid.

ir·re·cu·sa·ble *(w.g.)* onweerlegbaar.

ir·re·deem·a·ble reddeloos (verlore); onherstelbaar; *(fin.)* onaflosbaar, onafkoopbaar; ~ *debenture* onaflosbare obligasie; ~ *debt* onaflosbare skuld; ~ *paper currency* oninwisselbare papiergeld. **ir·re·deem·a·bil·i·ty, ir·re·deem·a·ble·ness** onherstelbaarheid; onaflosbaarheid.

ir·re·den·tist *n.* irredentis. **ir·re·den·tist** *adj.* irredentisties. **ir·re·den·tism** irredentisme.

ir·re·duc·i·ble onverminderbaar, laagste; onverkleinbaar; onherleibaar; ~ *hernia, (med.)* onreponeerbare breuk; ~ *minimum* onverminderbare/volstrekte/absolute minimum. **ir·re·duc·i·bil·i·ty** onverminderbaarheid.

ir·ref·ra·ga·ble onweerlegbaar, onbetwisbaar, onweerspreeklik, onteenseglik, onomstootlik.

ir·re·fran·gi·ble onskendbaar, onaantasbaar; onbreekbaar; *(fis.)* onbuigbaar *(strale)*; ~ *laws* onverbreekbare wette.

ir·ref·u·ta·ble, ir·ref·u·ta·ble onweerlegbaar, onweerspreeklik, onomstootlik. **ir·ref·u·ta·bil·i·ty** onweerlegbaarheid, onomstootlikheid.

ir·reg·u·lar *n.* guerrillastryder; *(i.d. mv., hoofs. Am.)* uitskot(produkte). **ir·reg·u·lar** *adj.* onreëlmatig; ongereeld; ongelyk, oneffe; asimmetries; reëlloos; wanordelik; ongeoorloof; *highly* ~ hoogs onreëlmatig. **ir·reg·u·lar·i·ty** onreëlmatigheid; ongereeldheid; ongelykheid, oneffenheid; reëlloosheid.

ir·rel·a·tive *(w.g.)* onverwant; onvanpas; sonder betrekking *(op)*; ontoepaslik, nie ter sake nie, irrelevant.

ir·rel·e·vant ontoepaslik, nie ter sake nie, onsaaklik, irrelevant. **ir·rel·e·vance, ir·rel·e·van·cy** ontoepaslikheid, onsaaklikheid.

ir·re·li·gious ongodsdienstig; godsdiensloos, sonder godsdiens; ongelowig. **ir·re·li·gion** ongodsdienstigheid; godsdiensloosheid; ongeloof.

ir·re·me·di·a·ble onherstelbaar; onherroeplik; ongeneeslik, onverbeterbaar. **ir·re·me·di·a·ble·ness** onherstelbaarheid; onverbeterbaarheid.

ir·re·mis·si·ble onvergeeflik *('n misdaad)*; bindend *('n verpligting ens.)*.

ir·re·mov·a·ble onverwyderbaar, onverplaasbaar; onafsitbaar. **ir·re·mov·a·bil·i·ty** onverwyderbaarheid; onafsitbaarheid.

ir·rep·a·ra·ble onherstelbaar. **ir·rep·a·ra·bil·i·ty, ir·rep·a·ra·ble·ness** onherstelbaarheid.

ir·re·peal·a·ble onherroeplik.

ir·re·place·a·ble onvervangbaar; onherstelbaar.

ir·re·press·i·ble onbedwingbaar, onkeerbaar, nie te onderdruk nie; onweerhou(d)baar. **ir·re·press·i·bil·i·ty, ir·re·press·i·ble·ness** onbedwingbaarheid.

ir·re·proach·a·ble onberispelik, onbesproke. **ir·re·proach·a·bil·i·ty, ir·re·proach·a·ble·ness** onberispelikheid.

ir·re·sist·i·ble onweerstaanbaar; onstuitbaar; verleidelik, bekoorlik; ~ *compulsion* oormag; ~ *impulse* onweerstaanbare aandrang; ~ *inference* →INFERENCE. **ir·re·sist·i·bil·i·ty, ir·re·sist·i·ble·ness** onweerstaanbaarheid. **ir·re·sist·i·bly** onweerstaanbaar, op onweerstaanbare wyse.

ir·res·o·lute besluiteloos, onbeslis, weifelend, wankelmoedig. **ir·res·o·lute·ness, ir·res·o·lu·tion** besluiteloosheid, onbeslistheid, weifeling.

ir·re·solv·a·ble onoplosbaar *(probleem)*.

ir·re·spec·tive: ~ *of* ... ongeag ..., afgesien van ..., sonder om op ... te let; ~ *of persons, (w.g.)* sonder aansien van persoon (*of* des persoons); ~ *as to whether* ... ongeag of ...

ir·re·spon·si·ble onverantwoordelik; ontoerekenbaar; argeloos, traak-my-nieagtig. **ir·re·spon·si·bil·i·ty, ir·re·spon·si·ble·ness** onverantwoordelikheid; ontoerekenbaarheid; argeloosheid.

ir·re·spon·sive ontoeskietlik, nie tegemoetkomend nie; onontvanklik; stug, onhartlik. **ir·re·spon·sive·ness** ontoeskietlikheid; onontvanklikheid; stugheid, onhartlikheid.

ir·re·trace·a·ble *(w.g.)* onherroeplik.

ir·re·triev·a·ble onherstelbaar; onherroeplik; reddeloos. **ir·re·triev·a·bil·i·ty** onherstelbaarheid; onherroeplikheid; reddeloosheid. **ir·re·triev·a·bly** onherstelbaar; ~ *lost* hopeloos verlore.

ir·rev·er·ence oneerbiedigheid; piëteitloosheid. **ir·rev·er·ent, ir·rev·er·en·tial** oneerbiedig; piëteitloos.

ir·re·vers·i·ble onherroeplik; onveranderlik; onstuitbaar; *(lett.)* onomkeerbaar; onherstelbaar. **ir·re·vers·i·bil·i·ty, ir·re·vers·i·ble·ness** onherroeplikheid; onveranderlikheid; *(lett.)* onomkeerbaarheid.

ir·rev·o·ca·ble onherroeplik; onverhaalbaar. **ir·rev·o·ca·bil·i·ty, ir·rev·o·ca·ble·ness** onherroeplikheid.

ir·ri·gate besproei, natlei, benat, waterlei, bevloei; *(fig.)* verfris, vrugbaar maak; *(med.)* bespoel, uitspoel. **ir·ri·ga·bil·i·ty** besproeibaarheid. **ir·ri·ga·ble** besproeibaar, benatbaar. **ir·ri·ga·tive** besproeiend. **ir·ri·ga·tor** (be)sproeier; besproeiingsboer.

ir·ri·ga·tion besproeiing, benatting, bevloeiing, irrigasie; watervoorsiening; *(med.)* bespoeling, uitspoeling. ~ **board** besproeiingsraad. ~ **dam** leidam. ~ **ditch,** ~ **furrow** leisloot, =voor. ~ **scheme** wateraanleg, besproeiingsaanleg. ~ **settlement** damnedersetting, besproeiingsnedersetting. ~ **water** leiwater. ~ **works** damwerke, besproeiingswerke.

ir·ri·ta·bil·i·ty, ir·ri·ta·ble·ness prikkelbaarheid, kriewelrigheid, geïrriteerdheid, liggeraaktheid, knorrigheid, brommerigheid, wrewel(r)igheid.

ir·ri·ta·ble prikkelbaar, kriewelrig, geïrriteerd, liggeraak, knorrig, brommerig, wrewel(r)ig, moeilik. ~ **bowel syndrome** *(med., afk.: PBS)* prikkelbaredermsindroom *(afk.: PDS)*.

ir·ri·tant *n.* prikkel; prikkelmiddel, prikkelende middel; oorsaak van prikkeling. **ir·ri·tant** *adj.* prikkelend, irriterend, branderig; ~ *poison* brandende gif, prikkelgif. **ir·ri·tan·cy** geprikkeldheid.

ir·ri·tate[1] irriteer, omkrap, ontstem, treiter; *(biol.)* prikkel, stimuleer; *s.o.* ~*s him/her* iem. irriteer hom/haar, hy/sy vererg hom/haar vir iem.; *he/she* ~*s one* ('n) mens vererg jou vir hom/haar. **ir·ri·tat·ed** vererg, geïrriteerd; *be* ~ *about/at/by s.t.* vererg wees oor iets, jou oor/vir iets vererg. **ir·ri·tat·ing** ergerlik. **ir·ri·ta·tion** ergernis, irritasie, verergdheid, ontstemming; *(biol.)* prikkeling; jeuk(ing), branderigheid, irritasie.

ir·ri·tate[2] *(Sk., jur.)* ongeldig/nietig verklaar. **ir·ri·tan·cy** ongeldig=, nietigverklaring; kragteloosheid.

ir·rupt *ww.* binneval, inval; binnedring; *(bevolking)* ontplof. **ir·rup·tion** inval, oorval, irrupsie; binnedringing; ontploffing.

is *was has been* is; →BE; ***as*** ~ soos dit is, voetstoots; *sell s.t.* ***as*** ~ iets voetstoots verkoop; ***as*** *it* ~ reeds; in werklikheid; ***how*** ~ *he/she?* hoe gaan dit met hom/haar?; ***how*** *are you?* hoe gaan dit (met jou)?; ***how*** ~ *it that* ...*?* hoe kom dit dat ...?; ***how much*** ~ *this book/etc.?* hoeveel kos dié boek/ens.?; ... ~ ***in*** *a dangerous condition* ... verkeer in 'n gevaarlike toestand; *it* ~ ***in*** *the paper* dit staan/is in die koerant; ***it*** ~ ... dit is ...; *frequently/etc.* ***it*** ~ ... dikwels/ens. is dit ...; *(it* ~*)* ~ ***it not?*** of hoe?, is dit nie so nie?; ~ ***it now?*** regtig?; *there* ~ ***peace*** daar heers vrede; *that* ~ *my* ***point*** dit is my punt/argument; dit is wat ek bedoel; dit is my mening (*of* hoe ek die saak sien), myns insiens; *it* ~ ***said*** *that* ... →SAID; *it/that* ~ *for s.o. to* ***say*** →SAY[1] *ww.; s.t.* ~ *at* ***stake*** →STAKE *n.; amateurs,* ***that*** ~ dit wil sê amateurs; ***what*** ~ *that to you?* wat het jy daarmee te doen/make?, wat gee jy om?, wat kan dit jou skeel?, dit (t)raak jou nie; *I don't know* ***where*** *I am* →AM; *s.o.* ~ ***winning/etc.*** iem. wen/ens. (*of* is aan die wen/ens.). **is·n't** *wasn't hasn't been (sametr. v.* is not*)* is nie.

I·saac *(OT)* Isak.

Is·a·bel, Is·a·bel·la, Is·a·bel·line isabel(la)kleurig, isabel(la)geel.

i·sa·gog·ics *n. (fungeer as ekv.)* isagogiek, inleidende (Bybel)studie. **i·sa·gog·ic** *adj.* inleidend, isagogies.

I·sa·iah *(OT)* Jesaja. **I·sa·ian, I·sa·ian·ic** Jesajaans.

Is·car·i·ot →JUDAS.

is·chae·mi·a, *(Am.)* **is·che·mi·a** *(med.)* iskemie, plaaslike bloedloosheid. **is·chae·mic,** *(Am.)* **is·che·mic** iskemies.

is·chi·um =*chia, (anat.)* sitbeen, iskium. **is·chi·al** heup=, iskiaal.

=**ise,** =**ize** *suff. (vorm ww.)* =iseer; *crystallise, crystallize* kristalliseer; *hypnotise, hypnotize* hipnotiseer; *stigmatise, stigmatize* stigmatiseer.

Is·fa·han, Es·fa·han, Is·pa·han *(geog.)* Isfahan, Esfahan.

=**ish** *suff. (vorm adj.)* =agtig, =erig; *bookish* boekagtig, boekerig; *boyish* seunsagtig; *prudish* preuts; *sevenish* so (*of* om en by) seweuur/sewe-uur; *slavish* slaafs; *Swedish* Sweeds; *tallish* langerig; *yellowish* gelerig.

Ish·ma·el *(Byb.)* Ismael. **Ish·ma·el·ite** *n.* Ismaeliet. **Ish·ma·el·ite** *adj.* Ismaelities.

Ish·tar *(Nabye-Oosterse mit.)* Istar, Isjtar, Astarte, Astartê.

i·si·bo·ngo *(Ngu.)* pryslied.

i·sin·glass vislym; *(hoofs. Am.)* mika.

I·sis *(Eg. mit.)* Isis.

Is·lam Islam. **Is·lam·ic** Islamities. **Is·lam·i·sa·tion,** =**za·tion** Islamisering. **Is·lam·ise,** =**ize** Islamiseer. **Is·lam·ism** Islamisme. **Is·lam·ist, Is·lam·ist** *n.* Islamis. **Is·lam·ist, Is·lam·ist** *adj.* Islamities.

is·land *n.* eiland; →ISLETS OF LANGERHANS; *the* ~ *of St Helena* die eiland St. Helena; *on an* ~ op 'n eiland; *safety* ~*, (Am.)* →TRAFFIC ISLAND. **is·land** *ww., (w.g.)* tot 'n eiland maak; afsonder, afskei; (asof) met eilande besaai. **is·land·er** eilander, eilandbewoner.

isle *(hoofs. poët., liter.)* eiland; *the I~ of Capri/Man/Wight/etc.* die eiland Capri/Man/Wight/ens.; *the I~ of Princes* die Prinse-eiland. **is·let** eilandjie; ~*s/islands of Langerhans, pancreatic* ~*s, (fisiol.)* eilandjies van Langerhans.

ism *(infml., dikw. neerh.)* isme.

=**ism** *suff. (vorm adj.)* =isme; *hero~* heroïsme, heldhaftigheid, heldemoed; *Latin~* Latinisme; *Lenin~* Leninisme; *pagan~* paganisme, heidendom; *sex~* seksisme; *terror~* terrorisme, terreur, skrikbewind.

is·n't →IS.

i·so·bar *(met.)* isobaar. **i·so·bar·ic** isobaries, isobarometries.

i·so·bath *(kartogr.)* dieptelyn, isobaat.

i·so·bi·lat·er·al *(bot.)* isobilateraal, tweesydig simmetries.

i·so·chro·mat·ic gelykkleurig, isochromaties.

iso·chrone *n.* isochroon, isokroon. **i·soch·ro·nal, i·soch·ro·nous** *adj.* isochroon, isokroon, isochronies, isokronies, van gelyke duur, gelykdurig, gelyktydig. **i·soch·ro·nism** gelyktydigheid, isochronisme, isokronisme, gelykdurigheid.

i·so·cline isoklien. **i·so·cli·nal** *adj.* isoklinies; ~ *fold* isoklien. **i·so·clin·ic** *adj.* isoklinies; ~ *line* isoklien.

i·so·dy·nam·ic *(fis., geog.)* isodinamies.

i·so·ge·o·ther·mal, i·so·ge·o·ther·mic *(geog.)* isogeotermies.

i·so·gloss *(ling.)* isoglos.

i·so·gon *(geog., geom.)* isogoon. **i·so·gon·ic, i·sog·o·nal** *(geog., geom.)* gelykhoekig, hoektrou, isogonies.

i·so·gram →ISOPLETH.

i·so·hy·et *(met.)* isohieet, reënval-isogram. **i·so·hy·et·al** reën(val)=; ~ *line* isohieet, reënval-isogram.

i·so·late afsonder, afskei, afsluit, isoleer, afhok, *(fig.)* afkamp. **i·so·lat·ed** afgesonder(d), afgeskei, alleenstaande, los(staande), geïsoleer(d); *an* ~ *case* 'n alleenstaande/los geval; *be* ~ *from* ... van ... afgesonder(d) wees; *an* ~ *hill* 'n los kop. **i·so·lat·ing** *adj.* isolerend; ~ *language, (ling.)* isolerende taal.

i·so·la·tion afsondering, afskeiding, isolering, isolasie; *in* ~ in afsondering; *in splendid* ~ →SPLENDID. ~

hospital afsonderingshospitaal. ~ **ward** afsonderingsaal.

i·so·la·tion·ism isolasionisme. **i·so·la·tion·ist** *n.* isolasionis. **i·so·la·tion·ist** *adj.* isolasionisties.

i·so·leu·cine *(biochem.)* isoleusien.

i·so·mer *n., (chem., fis.)* isomeer. **i·so·mer·ic** *adj.* isomeer, isomeries; ~ *value* isomeerwaarde. **i·som·er·ise, -ize** *(chem.)* isomeriseer. **i·som·er·ism** isomerie. **i·som·er·ous** *(biol.)* isomeer, isomeries.

i·som·e·try *(wisk.)* isometrie. **i·so·met·ric** *adj.* isometries. **i·so·met·rics** *n. (fungeer as ekv.)* isometriese oefeninge.

i·so·morph *n.* isomorf. **i·so·mor·phic, i·so·mor·phous** *adj.* isomorf, gelykvormig. **i·so·mor·phism** isomorfie, gelykvormigheid.

i·son·o·my gelykgeregtigdheid, wetsgelykheid.

i·so·phone *(ling.)* isofoon.

i·so·pleth *(met.)* isogram.

i·so·pod *(soöl.)* isopode.

i·so·prene *(chem.)* isopreen.

Isop·tera *(entom.)* Isoptera; termiete, wit-, rysmiere.

i·sos·ce·les *(geom.)* gelykbenig.

i·sos·ta·sy *(geol.)* isostasie. **i·so·stat·ic** isostaties.

i·so·there *(met.)* isoteer. **i·soth·er·al** isoteraal, isoteries.

i·so·therm, i·so·ther·mal *n., (met.)* isoterm, temperatuurisogram; *(fis.)* isoterm(iese kromme). **i·so·ther·mal** *adj.* isotermaal, isoterm-; ~ *line* isoterm(iese lyn), temperatuurisogram; isoterm(iese kromme).

i·so·tone *(fis.)* isotoon. **i·so·ton·ic** *(fisiol., biochem.)* isotoon, isotonies.

i·so·tope *n., (chem.)* isotoop. **i·so·top·ic** *adj.* isotoop, isotopies. **i·sot·o·py** isotopie.

i·so·trop·ic, i·sot·ro·pous *(fis.)* isotroop, isotropies; *isotropic line* isotroop. **i·sot·ro·py** isotropie.

i·sox·a·zole *(chem.)* isoksasool, isasool.

Is·pa·han →ISFAHAN.

Is·ra·el *(geog.)* Israel. **Is·rae·li** -*lis, n.* Israeli. **Is·rae·li** *adj.* Israelies. **Is·ra·el·ite** *n., (Byb.)* Israeliet; *(vero., dikw. neerh.: Jood)* Israeliet. **Is·ra·el·ite** *adj.* Israelities.

Is·sa·char *(OT)* Issaskar.

is·su·a·ble uitreikbaar.

is·su·ance uitvaardiging; uitgifte, uitreiking.

is·sue *n.* kwessie, saak, aangeleentheid; vraag(stuk), kwessie, probleem, twis-, strydpunt, geskil(punt), strydvraag; uitreiking *(v. banknote)*; uitgawe, nommer *(v. 'n tydskrif)*; uitgifte *(v. aandele)*; uitvloeisel; uitstroming, uitstorting; uitgang; uitweg; emissie; uitmonding; *(fml. of jur.)* nakomelinge, kinders; *(vero.)* uitslag, resultaat, afloop, gevolg, uitkoms; ***address** an* ~ →ADDRESS *ww.*; *be **at*** ~ met/van mekaar verskil; ... *is **at*** ~ dit gaan oor ...; ***await** the* ~, *(vero.)* die uitkoms afwag, wag op die uitslag; ***bank** of* ~ →ISSUING BANK; ***bring** s.t. to an* ~, *(fml., w.g.)* iets tot 'n beslissing/einde bring; ***cloud/confuse** the* ~ die saak vertroebel; ***dodge/evade** the* ~ die vraag/probleem vermy; *an **environmental*** ~ 'n omgewingskwessie; ***facts** in* ~, *(jur.)* bestrede feite; ***force** the* ~ sake forseer; ***join/take*** ~ *with s.o.* met/van iem. verskil; die stryd met iem. aanknoop; *(jur.)* met iem. in geding tree; *that's **just** the* ~ dis juis die moeilikheid; ***make** an* ~ *of s.t.* 'n geskilpunt van iets maak; *(infml.)* oor iets bohaai maak; *the* ~ ***of** Iraq/etc.* die Irak-kwessie/ens.; ***on*** ~ by uitgifte/uitreiking; *the **point** at* ~ die kwessie waaroor dit gaan; die geskil-/twispunt; ***price** of* ~ →ISSUE PRICE; ***raise** an* ~ 'n kwessie/saak aanroer; 'n kwessie na vore bring; ***shares** in* ~ →ISSUED SHARES; ~ *of **shares*** →SHARE ISSUE; *on **that*** ~ op daardie punt, wat dit betref; ***without*** ~, *(fml. of jur.)* sonder nakomelinge/kinders. **is·sue** *ww.* uitreik *(lisensies, seëls, verklarings, aandele, kapitaal, ens.)*; uitstuur *('n uitnodiging)*; in omloop bring *(banknote)*; *(uitgewer ens.)* uitgee, publiseer, uitbring *(boeke, verslae, ens.)*; *(biblioteek)* uitleen, uitreik *(boeke ens.)*; gee, uitspreek, laat hoor *('n waarskuwing)*; rig *('n uitdaging)*; uitvaardig *('n proklamasie)*; uitreik, uitvaardig *('n bevel)*; uitskryf *('n lening)*; bekend maak, bekendmaak *(besonderhede)*; voorsien, verskaf; uitkom, voortkom, ontspruit, voortspruit, ontstaan; ~ ***forth/out*** *(from s.t.)* te voorskyn (*of* na buite) kom (uit iets); ~ ***from*** ... uit ... voortkom/(voort)spruit; van ... afstam; ~ ***in*** ..., *(vero.)* op ... uitloop; ~ *a **summons** for debt* →SUMMONS *n.*; ~ *textbooks **to** the pupils,* ~ *the pupils **with** textbooks* handboeke aan die leerlinge uitreik. ~ **price** *(ekon.)* uitgifteprys, -koers.

is·sued: ~/*outstanding shares, shares in issue, (ekon.)* uitgereikte/uitgegewe aandele.

is·sue·less *(jur.)* kinderloos, sonder kinders/nakomelinge; *(vero.)* sonder gevolg.

is·su·er uitreiker.

is·su·ing: ~ *bank, bank of issue, (ekon.)* uitgiftebank, bank van uitgifte.

-ist *suff. (vorm n. & adj.)* -is; -kus, -kundige; -er; -isties; *Calvin*~ Calvinis; Calvinisties; *chem*~ chemikus, skeikundige; apteker; *moral*~ moralis, sedepre(di)ker; *motor*~ motoris, motorbestuurder; *physic*~ fisikus, natuurkundige; *sex*~ seksis; seksisties; *social*~ sosialis; sosialisties.

Is·tan·bul, *(hist.)* **Con·stan·ti·no·ple** *(geog.)* Istanbul.

Is·tar →ISHTAR.

isth·mus *(geog.)* landengte, ismus; *(anat.)* vernouing, insnoering. **isth·mi·an** van 'n landengte, landengte-, ismies; *I~ Games* Ismiese Spele.

is·tle, ix·tle (sisal)vesel.

it *pron.* dit; hy; daar; *that's just **about*** ~ →ABOUT *prep.*; ~ ***all*** alles; *be finished with* ~ ***all*** met die hele spul klaar wees; *be **at*** ~ *again* →AT; *while you're **at*** ~ →AT; *is* ~ *a **boy/girl?**, (m.b.t. 'n baba)* is dit 'n seuntjie/dogtertjie?; *s.o. will **catch*** ~ →CATCH *ww.*; ***do*** ~, *(infml.: seks hê)* →DO[1] *ww.*; ***face*** ~ *out* die gevolge dra, dit uitsing; ***give*** ~ *to s.o.* →GIVE *ww.*; ***go*** ~ →GO *ww.*; *s.o. has **had*** ~ →HAVE *ww.*; ***hear*** ~ *rumoured that ...* →RUMOUR *ww.*; *as* ~ ***is*** reeds; in werklikheid; ***lord*** ~ *over s.o.* →LORD *ww.*; ***of*** ~ daarvan; ***pick*** ~ *up* dit optel; *the **pity** of* ~ *is that ...* →PITY *n.*; ~ *is **raining*** dit reën; ~ *is **said** that ...* →SAID; *is **that*** ~? is dit die ding?; ***that's*** ~ dis dan al; ***that's*** ~! so ja!; ***that's*** *(just)* ~! presies!, net so!; dis juis die moeilikheid!, daar lê/sit juis die knoop!; ***this** is* ~, *(infml.)* nou kom die moeilike deel; nou kom ons kans; nou gaan die poppe dans, nou is die gort gaar (*of* die duiwel los); ***walk*** ~ →WALK *ww.*; *as* ~ ***were*** →AS[2]; ***who** is* ~? wie is dit?; wie is daar?; ***you're*** ~!, *(by kinderspeletjies)* jy's aan!. **its** *bes.vnw.* sy, van hom; haar, van haar; daarvan; *the baby lost* ~ *bootee* die baba het sy/haar skoentjie verloor; *the dog is wagging* ~ *tail* die hond swaai sy stert; *what is* ~ *value?, (m.b.t. 'n voorwerp)* wat is die waarde daarvan?. **it's** *(sametr. v.* it is*)* dis.

I·tal·i·an →ITALY.

I·tal·ic *n. & adj., (taalgroep)* Italies.

i·tal·ic, i·tal·ics *n. (tip.)* kursiewe/skuins letter/druk, kursief; *in ~s* kursief, in skuins druk; *my ~s, the ~s are mine* kursivering van my, ek kursiveer, eie kursivering. **i·tal·ic** *adj.* kursief, skuins; ~ *letter* kursiewe/skuins letter. **i·tal·i·ci·sa·tion, -za·tion** kursivering. **i·tal·i·cise, -cize** kursiveer.

I·tal·o- *komb.vorm* Italiaans-.

It·a·ly *(geog.)* Italië. **I·tal·ian** *n.* Italianer; *(taal)* Italiaans. **I·tal·ian** *adj.* Italiaans; ~ ***greyhound*** Italiaanse windhond; ~ ***iron*** plooi-yster; ~ ***sonnet*** →PETRARCHAN SONNET; ~ ***writing*** →RUNNING HAND. **I·tal·ian·ate, I·tal·ian·esque** *adj.* veritaliaans(te), Italiaanserig. **I·tal·ian·ise, -ize** *ww.* veritaliaans.

itch *n.* (ge)jeuk, jeuking, jeukte; uitslag; skurfsiekte; *(infml.)* lus, sug, hunkering; *feel an* ~ *for ...* jeuk om te ...; *the* ~ help-my-krap, lekkerjeuk, jeuksiekte; *s.o. has an* ~ *to ..., (infml.)* iem. se hande/vingers/voete jeuk om te ... **itch** *ww.* jeuk; *(infml.)* hunker; *one's fingers* ~ *to ...* jou vingers jeuk om ...; *s.o. is ~ing to tell it, (infml.)* dit brand op iem. se tong. **itch·i·ness** jeukerigheid. **itch·ing** *n.* (ge)jeuk, jeukte, jeuking; krieweling; *(infml.)* lus, hunkering. **itch·ing** *adj.* jeukerig; *be* ~ *for ..., (infml.)* vir ... lus hê/voel/wees, na ... soek; *have an* ~ *palm* altyd beloon wil word, inhalig wees; *be* ~ *to do s.t., (infml.)* brand/jeuk om iets te doen. **itch·y** jeukerig; *have* ~ *feet* swerflustig wees, deur die swerflus beetgepak wees.

it'd *(sametr.)* = IT WOULD; IT HAD.

-ite[1] *suff. (vorm n.)* -iet; *Israelite* Israeliet; *Luddite* Luddiet; *nephrite* nefriet; *somite* somiet; *vulcanite* vulkaniet.

-ite[2] *suff. (vorm n.)* -iet; *nitrite* nitriet.

i·tem *n.* punt; beskrywingspunt, besprekingspunt; nommer *(op 'n program)*; artikel, item *(op 'n lys)*; pos *(v. 'n balans/rekening)*; stuk; onderdeel, besonderheid; berig, brokkie *(in 'n koerant)*; *(infml.)* (liefdes)paartjie; *chief* ~ hoofpunt; *~s in a collection* stukke. **i·tem** *adv., (arg.)* insgelyks, eweneens, ewe-eens. **i·tem·i·sa·tion, -za·tion** gedetailleerde inventaris/lys. **i·tem·ise, -ize** spesifiseer, afsonderlik aangee; *~d account* volledige/gedetailleerde rekening. **i·tem·is·er, -iz·er** spesifiseerder; spesifiserende kasregister.

it·er·ate herhaal. **it·er·a·tion** (gedurige) herhaling, iterasie. **it·er·a·tive** *n., (gram.)* iteratief, frekwentatief; herhalingsamestelling. **it·er·a·tive** *adj.* herhalend, herhalings-; *(gram.)* iteratief, frekwentatief.

i·tin·er·ant *n.* (rond)reisende/(rond)trekkende persoon. **i·tin·er·ant** *adj.* (rond)reisend, (rond)trekkend; ~ *trader* smous. **i·tin·er·a(n)·cy** rondreis, rondgang; reisplan.

i·tin·er·ar·y *n.* reisprogram, reisplan; reisverhaal, reisbeskrywing; reisgids. **i·tin·er·ar·y** *adj.* reis-, weg-; (rond)reisend, omgaande.

i·tin·er·ate rondtrek, rondreis.

it'll *(sametr.)* = IT WILL; IT SHALL.

it's *(sametr.)* = IT IS; IT HAS.

it·self self; homself; ***be** politeness/etc.* ~ die beleefdheid/ens. self wees; ***by*** ~ op sigself; alleen; vanself; *in a class **by*** ~ in 'n afsonderlike klas; ***in*** ~ op sigself (beskou); ***of*** ~ vanself.

it·sy-bit·sy, it·ty-bit·ty *(infml.)* klein-klein, piepklein.

I·van Iwan; ~ *the Terrible* Iwan die Verskriklike.

I've *(sametr.)* = I HAVE.

i·vied met klimop begroei; →IVY.

I·vo·ri·an *n.* Ivoriaan, Ivoorkusser. **I·vo·ri·an** *adj.* Ivoriaans.

I·vo·ry: *the* ~ *Coast, (geog.)* die Ivoorkus.

i·vo·ry *n.* ivoor, olifantstand; ivoorkleur; *(i.d. mv., infml.)* (klavier)klawers; biljartballe; tande; dobbelstene; *black* ~ ebbehout; *(hist., neerh.)* swart slawe; *vegetable* ~ →VEGETABLE. **i·vo·ry** *adj.* ivoor-, olifantstand-; van ivoor; ivoor(kleurig). ~ **black** ivoorswart. ~**-coloured** ivoorkleurig. ~ **nut** ivoor(palm)neut. ~ **paper** ivoorpapier. ~**-smooth** ivoorglad. ~ **tower** *(fig.)* ivoortoring. ~ **turner** ivoordraaier. ~ **white** ivoorwit. ~ **work** ivoorwerk. ~ **worker** ivoorwerker. ~ **yellow** ivoorgeel.

i·vo·ry-like ivooragtig.

i·vy klimop; eiloof. **I~ League** *(Am.)* Ivy League(-universiteite), elite-universiteite. ~**-leaved:** ~ *pelargonium, (Pelargonium peltatum)* kolsuring. ~**-mantled** met klimop begroei.

ix·i·a *(bot.)* ixia; *(Ixia campanulata)* kalossie.

iz·ard (Pirenese) gemsbok; →CHAMOIS.

-ize →-ISE *suff.*.

Iz·mir *(geog., vroeër Smyrna)* Izmir.

iz·zard *(arg.)* (die letter) Z.

J j

j, J *j's, J's, Js, (tiende letter v.d. alfabet)* j, J; *little* ~ j'tjie; *small* ~ klein j. **J~ curve** *(statist.)* J-kromme.

jaag·siek·te *(Afr., veearts.)* jaagsiekte.

jab *n.* steek; (kort) hou; stoot; sny. **jab** *-bb-, ww.* steek; stoot; sny; ~ *at s.o.* na iem. steek; ~ *s.t. out* iets uitsteek.

jab·ber *n.* gebabbel, gekekkel, gesnater. **jab·ber** *ww.* babbel, kekkel, snater. **jab·ber·er** babbelaar, kekkelbek.

ja·bot jabot, plooisel, strook.

ja·ca·na *(orn.)* langtoon.

jac·a·ran·da jakaranda. ~ **wood** jakarandahout; palissander(hout).

ja·cinth →HYACINTH.

Jack: *every ~ has his Jill, (infml.)* elke pot kry sy deksel. ~ **Frost** ryp, winter. ~**(ie) Hanger,** ~**ie Hangman, Johnny Hangman** *(orn., SA, infml.)* janfiskaal, laksman. ~ **Ketch** *(Br., arg.)* die laksman. ~ **Pudding** hanswors. ~ **Robinson:** *before you could say* ~ ~, *(infml.)* soos blits, in 'n kits. ~ **Russell (terrier)** Jack Russell(-terriër). ~ **tar** *(ook j~, Br., vero., infml.: matroos)* janmaat, pikbroek.

jack¹ *n.* werkman; matroos; mannetjie(dier); krik, domkrag; wen(as), windas; vleisspit; *(kaartspel)* boer; troefboer; boerpot; *(rolbal)* witte, wit bal; *(telef.)* klink; (hout)bok; *(Eur.)* snoek; *(sk.)* landsvlag; *(Am., sl.: geld)* pitte, blare, malie *(<Z.)*; *(vero.)* laarsekneg; *(ook, i.d. mv., 'n speletjie)* klip-klip, vyfklip; ~ *of* ***clubs*** klawerboer; ~ *of* ***diamonds*** ruite(ns)boer; ~ *of* ***hearts*** harte(ns)boer; ***(lifting)*** ~ domkrag, krik; *every* ***man*** ~ die/de laaste mens, elke lewende siel; ***on one's*** ~ (or *J~ Jones), (Br., sl.)* stok(siel)alleen, op jou eentjie; ~ *of* ***spades*** skoppensboer; ~ *of all* ***trades*** hansie-my-kneg, jan-van-alles, allesdoener; *s.o. is a ~ of all* ***trades*** iem. se hande staan vir niks verkeerd nie; *(a) ~ of all* ***trades*** *(and master of none)* 'n man van twaalf ambagte en dertien ongelukke; ~ *of* ***trumps*** troefboer. **jack** *ww.* opdomkrag, opkrik; met 'n wen(as)/windas optrek; verniel, stukkend maak; ~ *s.o.* ***around,*** *(Am., infml.)* met iem. rondmors; ~ *s.t.* ***in,*** *(sl.)* ophou met iets; iets opskop *('n kursus ens.)*; ~ *it* ***in!,*** *(sl.)* hou op!, skei uit!, kry nou end!; ~ ***off,*** *(vulg. sl.: masturbeer)* draadtrek, skommel, met jouself speel; ~ ***up,*** *(Austr., infml.)* tou opgooi; *(dwelmsl.)* jou inspuit; ~ *s.t.* ***up*** iets opdomkrag *('n voertuig ens.)*; *(infml.)* iets opstoot *(pryse ens.)*; *(SA, infml.)* iets verbeter/regruk/opknap (*of* agtermekaar kry) *('n diens ens.)*; *be ~ed* ***up,*** *(SA, infml.)* agtermekaar/op-en-wakker (*of* op jou stukke) wees; *(dwelmsl.)* vol dwelms gespuit wees. ~**-a-dandy** modegek; haantjie. ~ **arch** *(bouk.)* stutboog. ~**hammer** lughamer; klopboor, slagboor, (lug)hamerboor. ~**-in-office** *(Br.)* (verwaande) amptenaartjie/beampte. ~**-in-the-box** kisduiweltjie. ~**knife** *n.* herneutermes, groot knipmes. ~**knife** *ww.* met 'n mes sny; toeklap; *(vragmotor)* knak, knipmes. ~ **ladder** *(sk.)* touleer, valreep. ~ **mackerel** *(igt.)* →MAASBANKER. ~**-o'-lantern** *-terns, (Am.)* pampoenlantern; *(arg.)* →WILL-O'-THE-WISP. ~ **plane** voorskaaf, voorloper(skaaf), grofskaaf, skropskaaf, roffelskaaf; *German* ~ ~ skropskaaf. ~ **plug** stuprop; *(telef.)* klink(prop). ~ **rabbit** prêriehaas. ~ **rafter** *(bouk.)* kortspar. ~ **rib** *(bouk.)* krom kortspar. ~ **saw** (hand)kloofsaag; skulpsaag. ~**(screw)** krik. ~**snipe** *(orn.)* klein snip. ~**staff** *(sk.)* geusstok. ~**straws** *n. (fungeer as ekv.)* knibbelspel. ~ **towel** rolhanddoek. ~ **truss** *(bouk.)* kortkap.

jack² *n., (hist.)* soldatebaadjie.

jack³ *n.* →JACKFRUIT.

jack *adj. (Austr., infml.): be ~ of s.o./s.t.* keelvol/maagvol/buikvol (*of* siek en sat) vir iem./iets wees.

jack·al jakkals; *(w.g.)* kalfakter, handlanger; →BLACK-BACKED JACKAL, SIDE-STRIPED JACKAL; *silver* ~ →CAPE FOX. ~ **buzzard** *(Buteo rufofuscus)* jakkalsvoël. ~**proof** jakkalsdig. ~**proof fence** jakkalsheining. ~**proof fencing** jakkalsdraad. ~**proofing** beveiliging teen jakkalse. ~**'s burrow** jakkalsgat.

jack·a·napes *(vero.)* japsnoet, bog, parmant; *(arg.)* mak aap.

jack·ass eselhings, donkiehings; *(infml.)* esel, domkop, uilskuiken; *laughing ~, (Austr., orn.)* →KOOKABURRA. ~ **penguin** *(Spheniscus demersus)* brilpikkewyn.

jack·boot kaplaars, -stewel. ~ **manner** brutale manier/optrede.

jack·daw *(orn.)* kerkkraai.

jack·e·roo, jack·a·roo *(Austr., infml.)* leerlingplaaswerker.

jack·et *n.* baadjie; jakkie, jekker; bekleding, mantel, huls, omhulsel; (stof)omslag *(v. boek)*; skil *(v. aartappel)*; vel, vag; ***(book)*** ~ stofomslag; ***dust/trim/warm*** *s.o.'s ~, (infml.)* iem. op sy baadjie/bas/tabernakel gee, iem. (uit)looi/vel, iem. vuurwarm klop; *a* ***plaster of Paris*** ~ 'n gipskorset; ***potatoes*** *boiled in their ~s* aartappels in die skil (*of* met skil en al) gekook; ***put on*** (or ***take off***) *a* ~ 'n baadjie aantrek/uittrek. **jack·et** *ww.* beklee, oortrek, omhul, ommantel. ~ **crisp** *(kookk.)* ongeskilde aartappelskyfie. ~ **design** *(druk.)* omslagontwerp. ~ **potato** *(kookk.)* aartappel in die skil (*of* met skil en al gebak/gekook), ongeskilde aartappel.

jack(·fruit) nangka. ~ **tree** nangkaboom.

jack·pot *(kansspeletjies)* boerpot, pryspot, woekerpot; totaalprys, eindprys.

jack·sie, jack·sy *-sies, n. , (Br.,infml.)* bas, jis, stert, agterwêreld, agterent, sitvlak.

Ja·cob *(OT)* Jakob. ~**'s ladder** *(bot.)* jakobsleer, speerkruid; *(sk.)* touleer, valreep. ~**'s staff** *(hist.)* jakob-, pelgrimstaf; jakobstaf, graadstok.

Jac·o·be·an *(Br., hist.)* Jakobeaans, van Jakob(us) I; *(Byb.)* van Jakobus die Kleine.

Jac·o·bin *n., (Fr., hist.)* Jakobyn; *(infml., pol.)* radikaal, ekstremis; *(RK, hist.)* Dominikaan, Dominikaner; *(j~, orn.)* kappertjie(duif). **Jac·o·bin** *adj.* Jakobyns. ~ **cuckoo** *(Clamator jacobinus)* bontnuwejaarsvoël.

Jac·o·bite *n., (Br., hist.)* Jakobiet. **Jac·o·bite** *adj.* Jakobities.

ja·cobs·ite *(min.)* jakobsiet.

jac·o·net *(tekst.)* jakonet.

ja·co·pev·er *(SA, igt.)* jakopewer.

jac·ta·tion *(w.g.)* grootpratery, spoggery, spogtery; *(med.)* →JACTITATION.

jac·ti·ta·tion grootpratery, spoggery, spogtery; valse voorwendsel; *(med., ook* jactation*)* koorswoeling.

Ja·cuz·zi *-zis, (handelsnaam)* borrelbad, Jacuzzi.

jade¹ *n.* niersteen, jade; *South African* ~ groenkwarts; *Transvaal* ~ groengranaat. ~ **(green)** liggroen, jadegroen.

jade² *n., (arg.), (perd)* ou knol; *(neerh.)* vroumens, wyf, slet. **jade** *ww.* uitput, flou ry. **jad·ed** afgerem, afgemat, afgewerk, afgesloof, vermoei(d), doodmoeg; afgestomp.

jade·ite *(min.)* jadeïet.

Ja·dot·ville *(geog., hist.)* Jadotstad; →LIKASI.

Jaf·fa *(geog.)* Jaffa; →JOPPA. ~ **(orange)** jaffa(lemoen).

jag¹ *n.* punt; tand; skaar; uitsteeksel; weerhaak. **jag** *-gg-, ww.* skeur; kerf; inkeep; (uit)tand; *(Sk.)* steek; →JAGGED, JAGGING. ~ **(bolt)** hakkelbout.

jag² *n., (Am., infml.)* roes, bedwelming, beneweling; gefuif, brassery, swelgery, orgie; dwelmorgie; *crying* ~ huilbui; *shopping* ~ kooptog, -jol, -ekspedisie; *talking* ~ kletsparty.

jag·ged ru, skerp, ongelyk; happerig, getand, hoek(er)ig, punt(er)ig, keperig, vol skare/kepe/kappe; ~ *wound* skeurwond.

jag·ger = JAGGING IRON.

jag·ger·y, jag·gar·y, jag·gher·y ru(we) suiker.

jag·ging uittanding. ~ **iron** tandbeitel. ~ **wheel** →PASTRY WHEEL.

jag·gy →JAGGED.

jag·uar *(soöl.)* jaguar.

Jah *(afk., Rastafaries)* →YAHWE.

Jah·veh, Jah·weh →YAHWE. **Jah·wism, Jah·vism** →YAHWISM. **Jah·wist, Jah·vist** →YAHWIST. **Jah·wis·tic, Jah·vis·tic** →YAHWISTIC.

jail, gaol *n.* tronk, gevangenis; ***clap*** *s.o. in* ~ iem. in die tronk gooi/stop/smyt; ***go*** *to ~* ***for*** *...* weens ... tronk toe gaan *('n misdaad)*; ***in*** ~ in die tronk; ***send*** *s.o. to* ~ iem. tronk toe stuur. **jail, gaol** *ww.* in die tronk (*of* agter tralies) sit, opsluit. ~**bait** *(Am., infml.): she's* ~ sy's nog minderjarig – hou jou hande liewer tuis. ~**bird** *(infml.)* tronkvoël. ~**break** tronkontsnapping. ~**breaker** ontsnapte gevangene. ~ **delivery** *(jur.)* tronklys, lys van verhoorafwagtende gevangenes; bevryding van gevangenes; *(Br., hist.)* tronksuiwering. ~ **fever** vlektifus, luiskoors. ~**house** *(Am.)* tronk, tjoekie *(infml.)*, hok *(infml.)*.

jail·er, jail·or, gaol·er sipier, tronkbewaarder, gevange(nis)bewaarder.

Jain, Jai·na *(aanhanger v. Djainisme)* Djaina. **Jain·ism** *(Ind., relig.)* Djainisme.

Ja·kar·ta, Dja·kar·ta *(geog.)* Djakarta.

jakes *(arg., sl.)* toilet, latrine.

jal·ap, jal·op *(bot.)* jalap.

ja·lop·(p)y *(infml.)* rammelkas, skedonk, tjor(rie).

jal·ou·sie sonblinding, hortjiesblinding, jaloesie, sonhortjies.

jam¹ *n.* gedrang; klomp; (verkeers)knoop, (verkeers)op(een)hoping; (die) (vas)knyp; (die) (vas)haak; opstopping; *get into a ~, (infml.)* in die knyp/moeilikheid (*of* die/'n verknorsing) beland; *be in a ~, (infml.)* in die knyp (*of* die/'n verknorsing) sit/wees. **jam** *-mm-, ww.* vasdruk, -knel; vasknyp, -klem; vassit, -haak; vaspak, volprop; vasslaan; steur *(radio)*; smoor *(radio; projektiele)*; *(infml., mus.)* improviseer, uit die vuis (uit) speel; →JAMMING; ~ *s.t.* ***in(to)*** *...* iets in ... (in)prop/stop; ~ ***on*** *the brakes* →BRAKE¹ *n.*; ~ ***on*** *one's hat* jou hoed op jou kop plak; ~***med up,*** *(pad)* versper; *(riool, pyp)* verstop; *(meganisme)* geblokkeer. ~ **nut** sluit-, klemmoer. ~**-packed** stamp-, propvol; blokvas. ~ **(session)** *(infml., mus.)* jam-sessie.

jam² *n.* (fyn)konfyt; →JAMMY¹ *adj.*; ***mixed*** ~ konserf; ***money*** *for* ~ maklike geld/verdienste; ***sliced*** ~ snipperkonfyt; *(promises of)* ~ ***tomorrow*** dit bly maar by beloftes, daar kom weinig van; ***want*** ~ *on it, (fig., infml., gew. neerh.)* jou brood aan albei kante gebotter wil hê, (ook) nooit genoeg kry nie. ~ **dish** konfyt-, konserfpotjie. ~ **jar** konfytfles. ~ **pot** konfytpot(jie); keil. ~ **roll** konfytrol, Switserse rolkoek. ~ **tart** konfyttert(jie). ~ **tomato** peertamatie.

Ja·mai·ca *(geog.)* Jamaika. ~ **ginger** jamaikagemmer. ~ **pepper** →ALLSPICE. ~ **(rum)** Jamaikarum.

Ja·mai·can *n.* Jamaikaan. **Ja·mai·can** *adj.* Jamaikaans.

jamb, jambe *n.* wang, styl *(v. 'n deur, venster)*; (binnedeur)kosyn; kaggelwand. ~ **(lining)** binnedeurkosyn; wangbekleding *(v. 'n venster).* ~ **(post)** deurstyl, binnekosynstyl. ~ **shaft** wangsuil. ~ **stone** wangklip, vulsteen.

jam·ba·lay·a *(Kreoolse kookk.)* jambalaia.

jam·bo·ree fees; pret(makery), fuif; kamp, laer; saamtrek.

jam·bos *jambos,* **jam·bo·sa** *jambosas, (bot.)* jamboes.

James *(NT)* Jakobus; *King* ~ koning Jakob(us); ~ *the Less* Jakobus die Kleine/Mindere.

jam·mies *n. (mv.), (infml.: slaapklere)* pajamas, pekkies.

jam·ming (die) vassit; opstopping, verstopping, blokkasie, stremming; steuring, storing; smoring. ~ **station** smoor-, steursender.

jam·my[1] *-mier -miest, adj.* vol konfyt, klewerig; *(Br., infml.)* gelukkig; doodmaklik, kinderspeletjies; ~ *bugger, (Br., sl.)* gelukkige blikskottel/blikslaer/boggher/bokker.

jam·my[2] *n., (SA, infml.: motor)* tjor(rie), rammelkas, skedonk.

jan·bruin *(SA, igt.)* janbruin.

jane *n., (hoofs. Am., infml.)* vrou, meisie; *plain J~* →PLAIN. **J~ Doe** *(Am.)* onbekende meisie/vrou; →JOHN DOE.

jan·gle *n.* gerammel, lawaai; gekrys; *(arg.)* →WRANGLE *n.*. **jan·gle** *ww.* rammel, lawaai maak; krys, skree(u); *(arg.)* →WRANGLE *ww.*. **jan·gling** rammelend; teenstrydig.

jan·is·sar·y, jan·i·zar·y *(hist.: Turkse soldaat)* janitsaar; handlanger.

jan·i·tor *(Am.)* deurwagter; portier; opsigter.

Jan·sen·ism *(RK, hist.)* Jansenisme. **Jan·sen·ist** *n.* Jansenis. **Jan·sen·ist, Jan·sen·is·tic** *adj.* Jansenisties.

Jan·u·ar·y Januarie; *the month of* ~ Januariemaand. ~ **day** Januariedag.

Ja·nus *(Rom. mit.)* Janus. ~**-faced** geveins, huigelagtig, skynheilig.

Jap *n. & adj., (infml., neerh.)* Jap; →JAPANESE *n. & adj.*.

Ja·pan *(geog.)* Japan. **Jap·a·nese** *n. (ekv. & mv.)* Jappannees, Japanner; *(taal)* Japannees, Japans. **Jap·a·nese** *adj.* Japannees, Japans; ~ ***lantern*** papierlantern, lampion; ~ ***persimmon,*** *(bot.: Diospyros kaki)* kaki(e)vrug, (Japanse) persimmon, tamatiepruim; ~ ***silk*** Japanse sy; ~ ***spitz*** Japannese spits(hond)/keeshond.

ja·pan *n.* lak; lakwerk; *(black)* ~ japanlak. **ja·pan** *-nn-, ww.* lak, verlak; japanneer; →JAPANNED. ~ **drier** drooglak. ~ **lacquer** japanlak.

ja·panned: ~ *goods* lakwerk, verlakte ware; ~ *leather* lakleer, verlakte leer; ~ *wood* Japans-verlakte hout.

jape *n.* grap. **jape** *ww.* 'n grap maak, gekskeer, die gek skeer. **jap·ish** grapp(er)ig.

Ja·pheth *(OT)* Jafet. **Ja·phet·ic** Jafeties, van Jafet.

ja·pon·i·ca *(bot.: Chaenomeles speciosa)* (Japanse) blomkweper; *(Camellia japonica)* japonika, kamelia.

jar[1] *n.* fles; kruik; pot; kan; →LEYDEN JAR.

jar[2] *n.* gekras, krasgeluid, knarsgeluid; wanklank; stamp, stoot; skok, ontnugtering; ontstemming; skudding; rusie, onenigheid. **jar** *-rr-, ww.* kras, knars; skuur, kraak; stamp, stoot; bots; skok, ontnugter; ontstem; skud, ratel, (laat) tril; rusie maak, kibbel, onenigheid hê/kry; ~ *one's* ***back/etc.*** jou rug/ens. stamp/seermaak/skok; ~*ring* ***note*** wanklank, dissonant; *s.t. ~s* ***(up)on*** *the ear* iets kras in die ore; *it ~s* ***(up)on*** *the/one's nerves* →NERVE *n.*; *s.t. ~s* ***with*** ... iets bots met ..., iets vloek/met/teen ...; iets druis teen ... in.

jar[3] *n.: on a/the ~, (infml. of dial.)* op 'n skrefie; →AJAR.

jar·di·nière blom(me)staander; (groot) blompot; *(kookk.)* jardinière.

jar·gon[1] koeterwaals, brabbeltaal; kromtaal; kliektaal, jargon, bargoens; kombuistaal; *(ling.)* jargon, primêre pidgin. **jar·gon·ise,** *-ize* brabbel, koeterwaals praat; met jargon deurspek.

jar·gon[2], **jar·goon** *(min.)* jargon.

jarl *(hist.)* jarl, Noorse hoofman.

jar·rah *(bot.)* jarra, Australiese mahonie.

jar·vey, jar·vie *(Br., infml., vero.)* huurkoetsier.

jas·mine, jes·sa·mine *(bot.)* jasmyn; geelsuring.

Ja·son *(Gr. mit.)* Jason.

jas·per *(min.)* jaspis.

jas·sid *(entom.)* blaarspringer.

Jat *Jat(s), (lid v. 'n volk)* Djat.

jaun·dice *n., (med.)* geelsug; *(fig.)* bitterheid, wrewel; afguns. **jaun·dice** *ww.* geelsug laat kry; jaloers maak. **jaun·diced** borriegeel; geelsugtig; afgunstig; skeef, verdraai(d); *look (up)on s.o./s.t. with ~ eyes, take a ~ view of s.o./s.t.* iem./iets met lede oë aanskou, baie skepties oor iets wees.

jaunt *n.* uitstappie, plesiertoggie, -ritjie; *go on a ~* 'n uitstappie doen/maak; *on the ~* op die kuier. **jaunt** *ww.* 'n uitstappie doen/maak.

jaun·ty *adj.* lughartig, lighartig, opgewek, opgeruimd; swierig. **jaun·ti·ly** *adv.* opgewek; swierig, met swier. **jaun·ti·ness** opgewektheid; swierigheid.

Ja·va *(geog.)* Java. ~ **almond** kanarieboom. ~ **coffee** Javakoffie. ~ **man** *(paleont.)* Javamens. ~ **sparrow** rysvoël(tjie), Javaanse wewervoël. ~ **tea** Javatee.

Ja·va·nese *n.* Javaan; *(taal)* Javaans. **Ja·va·nese** *adj.* Javaans.

jave·lin werpspies; *throw(ing) the ~* spiesgooi. ~ **head** spiespunt.

Ja·vel(le) wa·ter, Ja·vel(le) wa·ter, eau de Ja·velle javelwater.

jaw *n.* kaak, kakebeen; bek *(v. 'n skroef, tang, ens.); (gereedskap)* klou; mond, bek, snoet; *(infml.)* pratery, geklets; *(infml.)* uitskellery; *(infml.)* gepreek; *snatch s.o. from the ~s of* ***death*** iem. uit die kake/kloue van die dood (*of* van 'n gewisse dood) red; *s.o.'s ~* ***dropped,*** *(infml.)* iem. se mond het oopgeval *(v. verbasing ens.);* iem. het 'n lang gesig getrek *(uit teleurstelling ens.);* ***give*** *s.o. a lot of ~, (infml.)* jou baie astrant/parmantig hou; ***hold/stop*** *your ~!, (infml.)* hou jou bek/smoel/snater!; *~s of* ***life*** meganiese kake; ***lumpy*** ~ →LUMPY; ***none*** *of your ~!, (infml.)* moenie jou astrant/parmantig hou nie!; *have* ***plenty*** *of ~, (infml.)* 'n groot mond hê; ***set*** *one's ~* op jou tande byt, 'n vasberade/vasbeslote uitdrukking op jou gesig kry; *a* ***square*** ~ 'n vierkantige ken. **jaw** *ww., (infml.)* babbel, klets; seur, preek, dreun; ~ *s.o.* iem. (uit)skel/inklim/uittrap. ~**bone** kakebeen, kenne-, kinnebak. ~**breaker** *(infml.)* swaar woord, tongknoper; *(Am.)* harde suiglekker. ~ **clutch** kloukoppelaar, -koppeling. ~**crusher** knypbreekmasjien, knypbreker. ~ **pieces** ken-, kinwol *(v. 'n skaap).* ~ **plate** kaakplaat. ~ **spanner** beksleutel. ~ **vice** skroef.

jay[1] *(letter)* j.

jay[2], **jay (bird)** spotvoël, gaai; *(arg.)* kletskous; uilskuiken. ~**walk** bontloop, strate op enige plek oorsteek. ~**walker** bontloper, *(infml.)* straatgans. ~**walking** bontlopery.

jazz *n. (mus.)* jazz; *(infml.)* geesdrif, entoesiasme; *(infml.)* rompslomp; *(infml.)* kaf, twak, bog, snert; *and* ***all that*** *~, (infml.)* en dies meer, en wat nie alles nie, en sulke (klas/soort) goed; ***cool*** *~, (mus.)* koel jazz; ***hot*** *~, (mus.)* warm jazz. **jazz** *ww., (vero.)* jazz speel/dans; *~ s.t. up, (mus., infml.)* iets verjazz; *(fig.)* lewe in iets blaas, iets opkikker/opvrolik; *(fig.)* iets opdollie. ~ **age** *(dikw. J~ A~)* jazz-era. ~ **band** jazzorkes. ~**man** *-men* jazzspeler. ~**-rock** *(mus.)* jazz-rock.

jazz·y *(infml.)* jazzerig, jazzagtig; helder, kleurryk, swierig, spoggerig, windmaker(ig).

jeal·ous jaloers, naywerig, afgunstig, *(infml.)* jannetjie; ***make*** *s.o. ~* iem. afgunstig/jaloers maak, iem. vermaak; *be ~* ***of*** *one's ...* afgunstig/jaloers op jou ... wees *(geld ens.);* gesteld op jou ... wees *(eer ens.); be ~* ***of*** *s.o.* op iem. jaloers/nydig wees, iem. beny; *be ~* ***of*** *s.o.'s ...* op iem. se ... jaloers wees, iem. sy/haar ... beny; *keep a ~* ***watch*** *over* (or *a ~* ***eye*** *on) s.o.* iem. jaloers (*of* met argusoë) dophou. **jeal·ous·ly** *adv.: ~ observed* angsvallig waargeneem. **jeal·ous·y** jaloesie, jaloersheid, afguns, nayer, nyd; gesteldheid, besorgdheid; *arouse ~* jaloesie (op)wek; *s.o. is consumed/green* (or *eaten up*) *with ~* iem. is groen van afguns/jaloesie, iem. het die geel baadjie/pak aan; *professional ~* professionele jaloesie, beroepsjaloesie.

jean *(tekst.)* keperstof, -goed. **jeans** *n. (mv.)* jeans, denimbroek; *a pair of ~* jeans, 'n denimbroek.

Jed·da(h) →JIDDA(H).

jeep *(J~ as handelsnaam)* jeep.

jee·pers (cree·pers) *tw., (Am., sl., euf. vir* Jesus [Christ]*)* jissie, jitte, jisla(a)ik.

jeer *n.* spot, hoon. **jeer** *ww.* spot; ~ *at s.o.* iem. uitjou/uitkoggel/uitlag, met iem. spot, iem. bespot. **jeer·ing** *n.* gespot. **jeer·ing** *adj.* spottend; ~ *laugh* spotlag.

Jeez(e), Geez *tw., (infml., euf. vir* Jesus*)* jissie, jitte, jisla(a)ik.

je·had →JIHAD.

Je·hoi·a·chin *(OT)* Jojagin.

Je·hoi·a·da *(OT)* Jojada.

Je·hoi·a·kim *(OT)* Jojakim.

Je·hosh·a·phat *(OT)* Josafat; *jumping ~!, (infml.)* goeie genugtig!, liewe aarde!.

Je·ho·vah *(OT)* Jehova; *~'s Witness* Jehovasgetuie. **Je·ho·vist** Jehovis.

Je·hu *-hus, (OT)* Jehu; *drive like ~, (infml.)* soos 'n mal mens ry.

je·june naïef, simplisties, oppervlakkig *(idees ens.);* saai, droog, vervelig *(skryfwerk ens.); (liter.)* dor, droog; skraal, dun, maer. **je·june·ness** naïwiteit, oppervlakkigheid; saaiheid; *(liter.)* dorheid; skraalheid, maerheid.

je·ju·num *(anat.)* nugterderm, leëderm, jejunum.

Je·kyll and Hyde *n., (iem. met twee persoonlikhede)* Jekyll en Hyde. **Je·kyll-and-Hyde** *adj. (attr.)* Jekyll-en-Hyde-, Jekyll-en-Hyde-agtige; *a ~ existence* 'n dubbele lewe, 'n dubbele bestaan voer; *a ~ personality* 'n Jekyll-en-Hyde-persoonlikheid, 'n Jekyll-en-Hyde-agtige persoonlikheid.

jell, gel stol, styf word; *(idees ens.)* vorm aanneem, gestalte kry; →JELLY *ww.*.

jel·lab·a(h) →DJELLABA.

jel·lied *adj.* in jellie, jellie-; ~ *soup* jelliesop.

jel·lo *n., (Am.),* jellie.

jel·ly *n., (soet)* jellie; *(sout)* sjelei; →QUEEN BEE JELLY, ROYAL JELLY; *beat ... to a ~* ... pap/voos slaan. **jel·ly** *ww.* styf/dik word, verstyf, stol; dik maak, stol, laat verstyf; *(fig., idees ens.)* vorm aanneem/kry, gestalte kry. ~ **baby** *(lekkertjie)* jelliebaba. ~ **bag** perssakkie. ~**bean** jellieboon(tjie). ~**fish** (see)kwal, medusa, drilvis, jellievis. ~ **melon** spuitkomkommer. ~ **mould** jellievorm; sjeleivorm.

jel·ly·like *(soet)* jellieagtig; *(sout)* sjeleiagtig.

jem·my, *(Am.)* **jim·my** *n.* (in)breekyster; koevoet; *(Br. sl.)* (gaar) skaapkop. **jem·my,** *(Am.)* **jim·my** *ww., (infml.)* oopbreek *('n venster ens.).*

je ne sais quoi *n., (Fr., ondefinieerbare eienskap)* "iets"; *that ~ ~ ~ ~ of ...* daardie "iets" van ... *(duur Britse motors ens.).*

Jen·ghis Khan →GENGHIS KHAN.

jen·net, gen·(n)et Spaanse perdjie, genet.

jen·ny loopkraan; laaiboom; *(spinning)* ~ spinmasjien. ~ **(ass)** donkie-, eselmerrie, merrie-esel. ~ **callipers** kweepasser. ~ **wheel** wielkatrol. ~ **winch** handlaaiboom. ~ **wren** *(Br., infml., orn.)* winterkoninkie (wyfie).

jeop·ard·y gevaar, risiko; *be in ~* in gevaar wees, op die spel staan/wees; *put s.o. in ~* iem. in gevaar bring/stel; *put s.t. in ~* iets in gevaar bring/stel, iets op die spel plaas/sit. **jeop·ard·ise,** *-ize* in gevaar stel, op die spel plaas/sit.

Jeph·thah *(OT)* Jefta.

je·quer·i·ty, je·quir·i·ty *(bot.: Abrus precatorius)* minnie-minnie, paternoster-ertjie. ~ **beans** →CRAB'S EYES.

jer·bo·a (woestyn)springmuis, jerboa.

Jer·e·mi·ah *(OT)* Jeremia; *(fig.)* onheilsprofeet. **jer·e·mi·ad** jeremiade, klaaglied.

je·re·pi·go *(SA)* jeropigo(wyn), jeropiko(wyn).

Jer·i·cho *(geog.)* Jerigo; *go to ~!, (infml.)* loop na die hoenders/maan!, loop slaap!; *rose of ~* →ROSE¹ *n.*.

jerk¹ *n.* ruk; rukhef; trek *(v. 'n spier);* skok; *(infml.)* skobbejak, niksnut(s); →PHYSICAL JERKS; *by ~s* met rukke en plukke; met horte en stote; *give a ~* ruk; *s.t. brings/pulls s.o. up with a ~* iets bring iem. tot besinning; *stop with a ~* met 'n ruk tot stilstand kom. **jerk** *ww.* ruk, pluk; *(spier)* trek; gooi, smyt; stamp, stoot; skok; →JERKINGLY, JERKY² *adj.; ~ (o.s.) off, (taboesl.: masturbeer)* draadtrek, skommel, met jouself speel; *~ s.t. out* iets uitstotter. **~water** *adj. (attr.), (Am., infml.)* afgeleë; kleindorpse; *(fig.)* verkrampte, bekrompe, verstokte, kleinsielige, benepe; *~ town* gehug(gie).

jerk² *ww.* droog *(vleis),* biltong maak; →JERKY¹; *~ed meat* biltong.

jer·kin jekker; (leer)baadjie; *(hist.)* kolder. ~ **head** *(argit.)* wolfentgewel.

jerk·ing·ly met stampe en stote, hortend.

jer·ky¹ *n.* biltong.

jerk·y² *adj.* rukkerig, stamperig, stoterig, hortend, onreëlmatig. **jerk·i·ly** rukkerig, met rukke en stote, hortend. **jerk·i·ness** rukkerigheid.

Jer·o·bo·am *(OT)* Jerobeam. **jer·o·bo·am** groot drinkbeker; groot wynfles.

Je·rome *(heilige, ?347-?420 n.C.)* Jeroen, Jeronimus; →HIERONYMUS.

Jer·ry *(Br., vero., infml.)* Duitser; Duitse soldaat; die Duitsers.

jer·ry *(Br., vero., infml.: kamerpot)* koos, uil, nagpot; *(afk.)* →JEROBOAM.

jer·ry-build *ww.* afskeepbouwerk doen. **jer·ry-build·er** afskeep=, knoeibouer. **jer·ry-build·ing** *n.* knoeibou. **jer·ry-built** *adj.* swak/sleg gebou, wankelrig, lendelam, mankoliek.

jer·ry·can, jer·ri·can petrolkan; waterkan.

Jer·sey *(geog.)* Jersey. ~ **cattle** jerseybeeste. ~ **cloth** jerseystof.

jer·sey trui. ~ **(cloth)** trui=, jerseystof.

Je·ru·sa·lem *(geog.)* Jerusalem; *the new ~, (Chr.)* die nuwe Jerusalem; *(fig.)* die utopie *(of* nuwe Jerusalem). ~ **artichoke** aardartisjok. ~ **pony** *(skerts.: donkie)* jerusalemponie.

jess *(valkejag)* pootbandjie.

jes·sa·mine →JASMINE.

Jes·se *(OT)* Isai.

jest *n.* grap, gekheid, skerts, korswel, korswil; *the cream of the ~ is that ...* die mooiste van die grap is dat ...; *in ~* vir die grap, skertsend. **jest** *ww.* 'n grap maak, grappies maak, skerts, spot, gekskeer, die gek skeer, korswel, korswil; *~ about s.t.* oor iets grappies maak; *~ with s.o.* met iem. korswel/korswil; *no ~ing matter* niks om oor te lag nie, nie iets om mee te spot nie. **~book** grapboek.

jest·er grapmaker; nar, hanswors; *court ~, (hist.)* hofnar.

jest·ing *n.* skertsery, spottery, gekskeerdery, grapmakery; *~ apart/aside* alle grappies/gekheid op 'n stokkie, sonder speletjies, in erns. **jest·ing·ly** skertsend, gekskerend, vir die grap.

Jes·u·it *(RK)* Jesuïet; *~s' bark* kinabas. **Jes·u·it·i·cal** Jesuïties. **Jes·u·it·ism, Jes·u·it·ry** Jesuïtisme.

Je·sus *n.* Jesus; *for Jesus' sake* om Jesus wil. **Je·sus** *tw., (taboesl.)* jissis, jirre. ~ **Christ** Jesus Christus. ~ **freak** *(infml., neerh.)* Jesusbehepte. ~ **people:** *the ~ ~, (infml.: Chr. fundamentaliste)* die Jesusmense. ~ **sandals** *n. (mv.), (infml.)* riempiesandale.

jet¹ *n., (min.)* git. **jet** *adj.* git=. **~-black** *adj.* gitswart.

jet² *n.* straal; spuit; bek; tuit, kraan; sproeier, straler, straalstuk. **jet** *-tt-, ww.* spuit, straal, uitskiet; bespuit; per straler reis. ~ **age** straaleeu. ~ **(aircraft/plane)** straalvliegtuig, straler, spuitvliegtuig. ~ **engine** straal=, spuitenjin. ~ **fighter** straaljagter, =vegter. ~ **flame** spuitvlam. ~ **lag** vlugflouheid, =voosheid, =tamheid, reisroes; *suffer from ~ ~* vlugflou/=voos/=tam wees. **~-lagged** vlugflou, =voos, =tam. **~liner** straallynvliegtuig. ~ **pipe** straalpyp. **~-propelled** straalaangedrewe, met straalaandrywing. ~ **propulsion** straalaandrywing. ~ **set** stralerkliek, straalritsers. **~-setter** stralerjakkeraar, straalritser. **~-setting** *adj. (attr.)*stralerjakker(s)=. ~ **ski** *n.* waterponie. **~-ski** *ww.* op waterponies *(of* 'n waterponie) ry. **~-skier** waterponieryer. **~-skiing** waterponiery. ~ **stream** *(met., teg.)* straalstroom. ~ **strike aircraft** aanvalstraler.

Jeth·ro *(OT)* Jetro.

jet·sam strand=, wrakgoed, opdrifsels; *carry away ~* seeroof pleeg; →FLOTSAM.

jet·ti·son *n.* (die) oorboord gooi; strand=, wrakgoed, opdrifsel. **jet·ti·son** *ww.* oorboord gooi. ~ **valve** *(lugv.)* stortklep.

jet·ty hawehoof, seehoof, pier, aanlêsteier; uitsteeksel.

Jew *n.* Jood; →JEWESS, JEWISH, JEWRY; *unbelieving ~, (ook)* ongelowige Thomas. **Jew** *adj.* Joods. **jew** *ww. (vero., neerh., ook j~)* kul, verneuk; *~ down the price* die prys afding/beknibbel. **~-baiter** Jodehater, =vervolger. **~-baiting** Jodevervolging. ~ **boy** *(neerh.)* Joodjie. **~'s-ear** *(paddastoel)* judasoor. **~'s-harp** *(mus.)* trompie, mondharp.

jew·el *n.* juweel, (edel)steen; steen *(in 'n horlosie);* kleinood, sieraad; versiersel; skat; *a ~ in the/one's crown* 'n pêrel in die/jou kroon, 'n (ver)toonstuk, 'n bron van trots; *set of ~s* garnituur. **jew·el** *-ll-, ww.* met juwele versier/behang/beset; ~ **box,** ~ **case** juweel=, juwelekis(sie). ~ **theft** juweel=, juwelediefstal. ~ **thief** juweel=, juweledief.

jew·elled, *(Am.)* **jew·eled** met juwele versier/behang/beset; *~ ring* juweelring.

jew·el·ler, *(Am.)* **jew·el·er** juwelier; *~'s file* juweliersvyl; *~'s red/rouge* juweliersrooi, polysrooi, Engelse rooi.

jew·el·ler·y, *(Am.)* **jew·el·ry** juwele, juweliersware; juwelierswerk.

jew·el·ling, *(Am.)* **jew·el·ing** steensetwerk.

Jew·ess Jodin, Jodevrou.

Jew·ish Joods. **Jew·ish·ness** Joodsheid.

Jew·ry Jodedom; *(hist.)* Jodebuurt.

Jez·e·bel *(OT)* Isebel; *a ~, (fig., soms j~)* 'n jesebel *(of* slegte/sedelose vrou).

Jez·re·el *(OT, geog.)* Jisreël.

jib¹ *n., (sk.)* kluiwer; *(vero.)* onderlip; *(vero.)* neus; *(vero.)* gesig, bakkies, gevreet; *the cut of s.o.'s ~, (infml.)* iem. se gesig/voorkoms; iem. se gedrag/maniere; *not like the cut of s.o.'s ~, (infml.)* iem. se gesig/voorkoms staan jou nie aan nie. ~ **boom** kluifhout, kluiwerboom. ~ **sail** kluiwerseil.

jib² *n.* steeks perd. **jib** *-bb-, ww., (hoofs. Br.), (perd ens.)* vassteek, steeks word; *(iem.)* teen=, teëstribbel; *~ at s.t., (perd ens.)* steeks wees vir iets; *(iem.)* steeks wees vir iets, vir iets terugdeins, van iets wegskram. **jib·ber** vassteker; steeks perd. **jib·bing** steeks.

jib³ *n.* boom *(v. 'n kraan),* kraan=, swaaiarm. ~ **crane** (swaai)armkraan. ~ **head** kraanarmkop. ~ **pulley** kraanarmkatrol. ~ **stay** kraanarmanker.

jib door strykdeur, blinde deur.

jibe¹ →GIBE¹.

jibe² →GYBE.

jibe³ *ww., (Am., infml.): ~ with s.t.* met iets klop/ooreenstem/strook.

jib·er →GIBER.

Jid·da(h), Jed·da(h) *(geog.)* Djedda.

jif·fy, jiff *(infml.): in a ~* in 'n japtrap/kits/oomblik/ommesientjie, gou-gou, een-twee-drie, so gou soos nou, tjoef-tjaf; *wait a ~!* wag 'n bietjie! *I won't be a ~* ek kom nou-nou.

Jif·fy bag *n., (handelsnaam)* opgestopte koevert.

jig *n., (mus., dans)* horrelpyp; horrelpypdeuntjie; wipsif; setapparaat; mal; breedkleurmasjien; →GIGUE; STRAIGHTENING JIG. **jig** *-gg-, ww.* die horrelpyp dans; op en af wip; sif, skud; *(masj.)* set. ~ **(gauge)** setmaat. **~saw** uitsnysaag; rondsaag; (masjinale) figuursaag. **~saw puzzle** legkaart.

jig·ger¹ handtalie, takel; jiggerboot; jiggerseil, agterseil; biljartbok; sifter, skudder; wipsif; breedkleurmasjien; langkop. ~ **(coat)** heup=, halfjas. ~ **(mast)** besaansmas; kruismas; druilmas, hekmas; agtermas. ~ **saw** uitsnysaag, figuursaag.

jig·ger²: ~ **(flea)** →CHIGOE.

jig·gered: *well, I'll be (*or *I'm) ~!, (infml.)* (my) liewe aarde/hemel!, kan/wil jy nou meer!, slaan my dood!; *I'm ~ if I know, (infml.)* slaan my dood as ek dit weet *(of* maar dit weet ek nie).

jig·ger·y-pok·er·y *(Br., infml.)* knoeiery, geknoei.

jig·gle wikkel, wiegel, ruk, skud; spartel.

ji·had, je·had *(Arab.)* djihad, heilige oorlog; *Islamic J~* Islamitiese Djihad.

jilt *n., (arg.)* afsegster; koket, flirt. **jilt** *ww.* afsê, die trekpas gegee *(minnaar, minnares).*

jim crow *(Am., dikw. J~ C~)* segregasie(beleid); *(neerh.)* (Amerikaanse) Neger; *(teg.)* spoorbui(g)er, buigbeuel.

jim·jams *n. (mv.), (infml.)* horries; bewerasie, ritteltit(s); pajamas.

jim·my →JEMMY.

jimp *(Sk.)* skraal, slank.

jin·gle *n.* geklingel, gerinkel, gerammel; klinkklank, rymelary; rympie; *(advt.)* klingel. **jin·gle** *ww.* klingel, rinkel, rammel, tingel. ~ **bell** veerklok(kie). **~-jangle** geklingel.

jin·gly *adj.* klingelend, rinkelend, tingelend.

jin·go *-goes* jingo; chauvinis; *by ~! (so)* by my kool!, wraggies!. **jin·go·ism** jingoïsme. **jin·go·is·tic** jingoïsties.

jink *n.* sprong(etjie); ontduiking; bedrog; →HIGH JINKS. **jink** *ww.* (weg)spring; wegduik, koe(t)s; ontduik; pret maak; bedrieg.

jinn, djinn *(mv.), (ekv.: jinni, jinnee, djinni, djinny), (Arab. mit.)* djins, geeste; →GENIE.

jin·rik·i·sha, jin·rick·sha(w) →RICKSHA(W).

jinx *n.* onheilbringer; vloek; towenaar; towery; *there is a ~ on it* dit word deur die ongeluk gery, die duiwel speel daarmee; *put a ~ on s.t.* iets tot teenspoed/teëspoed veroordeel. **jinx** *ww.* toor, beheks, paljas; *be ~ed* getoor/beheks/gepaljas wees, deur die ongeluk gery word.

jit·ter *n.: the ~s, (infml.)* die ritteltit(s), senu(wee)agtigheid; *get/have the ~s, (infml.)* die ritteltit(s) kry/hê, dit op jou senuwees kry. **jit·ter** *ww., (infml.)* rittel, bewe. **jit·ter·y** senu(wee)agtig.

jit·ter·bug *n.* rittel(tit)dans; ritteldanser(es); *(infml.)* senu(wee)agtige/nerveuse tipe. **jit·ter·bug** *ww.* rittel(tit)dans. **jit·ter·bug·ging** rittel(tit)dans, =dansery.

jiu·jit·su, jiu·jut·su →JUJITSU.

jive *n., (dans)* jive; *(Am., sl.: nonsens)* kaf, twak, bog, snert. **jive** *ww.* jive, die jive dans; *(Am., sl.)* kaf/twak/snert praat/verkoop, bog praat.

jo, joe *joes, (Sk., arg.)* kêrel, geliefde, liefling.

Joan: *St ~ of Arc, (Fr. gesk.)* Jeanne d'Arc, die Maagd van Orléans.

joa·quin·ite *(min.)* joaquiniet.

Jo·ash *(OT)* Joas.

Job *(OT)* Job; *~'s patience and Solomon's wisdom* Job se geduld en Salomo se wysheid. **~'s comforter** jobstrooster, slegte trooster. **~'s news** jobstyding. **~'s tears** *(bot.)* jobstrane, jobskraaltjies.

job¹ *n.* werk; pos, betrekking; werkgeleentheid; taak; *(infml., <Eng.)* jop(pie); *(ook rek.)* stuk werk, werkstuk; plig, verantwoordelikheid; *(infml.)* stryd, gesukkel; *(infml.)* (kosmetiese) operasie; *(infml.)* ding, affêre; *(infml.)* rooftog; →JOBBER, JOBBERY, JOBBING, JOBLESS; *a* **bad** *~* slegte werk; vergeefse werk, verspilde arbeid; 'n gevaarlike/hopelose onderneming; *(infml.)* 'n nare gedoente, 'n ellende/ellendigheid; *do a* **bad** *~* slegte werk doen; *give ... up as a* **bad** *~, (infml.)* ... afskryf/afskrywe *(of* laat vaar); *s.o. gave it up for a* **bad** *~, (infml.)* daar was geen salf aan te smeer nie; *make the best of a* **bad** *~, (infml.)* dit vir lief neem, jou daarmee versoen, jou daarby neerlê; *~s for*

the ***boys,*** *(infml.)* baantjies vir boeties; ***by*** *the* ~ as kontrakwerk, teen 'n vaste prys; ***contract*** *for a* ~ 'n werk aanneem; ***do*** *one's* ~ jou plig doen; *this should* ***do*** *the* ~, *(infml.)* dit behoort te werk, dis net die ding; ***fall*** *down on the* ~, *(infml.)* die werk nie gedoen kry nie; ***find/get*** *a* ~ ('n) werk kry; ***get*** *on with the* ~ aan die werk spring; *do a* ***good*** ~ goeie werk doen/lewer; iets deeglik doen; *it's a* ***good*** ~ *that* ... dis 'n goeie ding (*of* 'n geluk *of* ook maar goed) dat ...; *make a* ***good*** ~ *of s.t.* iets deeglik doen, iets netjies uitvoer; *(ook)* jou goed van jou taak kwyt; *s.t. is a* ***good*** ~ iets is 'n goeie produk (*of* stuk werk); *s.o.* ***has*** *a* ~ iem. het werk; ***have*** *a* ~ *to* ..., *(infml.)* jou hande vol hê om te ...; *it's an* ***inside*** ~, *(infml.)* dis die werk van mense binne; *s.t.* ***is*** *s.o.'s* ~ iets is iem. se werk; ***just*** *the* ~, *(infml.)* net wat nodig is; ***lie*** *down on the* ~, *(infml.)* lyf wegsteek, jou lyf spaar; *a* ***little*** ~ 'n takie/joppie; ***look*** *for a* ~ werk soek; *a* ***new*** ~ 'n nuwe werk; ***odd*** *~s* los werkies; ***on*** *the* ~, *(infml.)* in die werk; *be* ***on*** *the* ~, *(ook, infml.)* besig wees, aan die gang wees; *(Br., infml.: seks hê)* jou ding aan die doen wees; *be* ***out*** *of a* ~ sonder werk wees; *~s for* ***pals,*** *(infml.)* baantjies vir boeties; ***pull*** *a* ~, *(infml.)* 'n plek beroof; *a* ***put-up*** ~, *(infml.)* 'n deurgestoke kaart; ***quite*** *a* ~, *(infml.)* 'n hele werklikheid; *have a* ***regular*** ~ vaste werk hê; *a* ***soft*** ~ 'n maklike/lekker baantjie; ***tackle*** *a* ~ aan die werk spring; ***take up*** *a* ~ 'n pos aanvaar; *find s.t. a* ***tough*** ~, *(infml.)* jou hande vol hê met iets, agterkom dat iets nie speletjies is nie; *a* ~ *of* ***work*** 'n stuk werk, 'n taak. **job** *-bb-, ww.* los werk(ies) doen; uithuur, verhuur; kontrakwerk(ies) doen; agentswerk doen, die makelaarsberoep beoefen/uitoefen; *(Am., infml.)* knoei, knoeisake doen. ~ **card** werkbrief(ie). **~centre** *(Br., ook J~)* arbeidsburo, -kantoor. ~ **creation** werkskepping. ~ **cuts** *n. (mv.)* vermindering/besnoeiing van poste, posbesnoeiings, werkvermindering, -besnoeiing. ~ **description** pos-, taak-, werkbeskrywing. ~ **evaluation** werkevaluering, -waardering; posevaluering, -waardering. **~-hop** *ww.* gedurig/kort-kort van werk verander. **~-hopper** swerfwerker. **~-hopping** gedurige werkverandering, swerfwerkery. ~ **horse** huurperd. **~-hunter** werksoeker; baantjiesjaer, baantjiesoeker, -jagter. **~-hunting** werksoekery; baantjiesjaery, baantjiesoekery. ~ **loss:** *there were 750 ~ ~es* 750 mense het hul(le) werk verloor, 750 poste het in die slag gebly. ~ **lot** rommelspul, allegaartjie. **~master** stalhouer, rytuigverhuurder. ~ **opportunity** werkgeleentheid. ~ **printer** smoutdrukker, handelsdrukker. ~ **printing** smoutwerk, handelsdrukwerk. ~ **reservation** werkafbakening. ~ **satisfaction** werk(s)bevrediging. ~ **security** werksekerheid. **~-seeker** →JOB-HUNTER. ~ **sharer** werk(s)deler. ~ **sharing** werk(s)deling.

job[2] *n.* steek; ruk. **job** *-bb-, ww., (arg.)* steek, prik; in die bek ruk *('n perd)*; ~ *at* ... steek na ...

jo·ba·tion *(infml., w.g.)* uitbrander, vermaning, preek.

job·ber los werker; stukwerker; *(sekuriteitebeurs)* kitsspekulant; (rytuig)verhuurder; smoutdrukker; *(Br., vero.)* tussenmakelaar.

job·ber·y knoeiery, konkelwerk.

job·bing los werkery, stukwerk; smoutwerk. ~ **compositor** smoutsetter. ~ **gardener** stukwerktuinier. ~ **printer** smoutdrukker.

jo·ber·nowl *(vero., infml.)* klipkop, stommerik.

job·less werkloos; *the* ~ mense sonder werk, die werkloses. **job·less·ness** werkloosheid.

Jo·burg *(SA, infml., geog.)* Johannesburg. **Jo·burg·er** *(inwoner)* Johannesburger.

Jo·cas·ta *(Gr. mit.)* Jokasta.

Jock *(infml., dikw. neerh.)* Skot.

jock[1] *(infml.)* →JOCKEY *n.*; DISC JOCKEY.

jock[2] *(Am., infml.)* liesband, deurtrekker; sportmalle. **~strap** liesband, deurtrekker.

jock·ey *n.* jokkie, re(i)siesjaer; *(mynw.)* mannetjie. **jock·ey** *ww.* uitoorlê, fop; knoei; ~ *s.o.* ***away/out*** iem. uitwerk *(uit 'n posisie)*; ~ *s.o.* ***in*** iem. inwerk/inkry *(in 'n posisie)*; ~ *s.o.* ***into*** *doing s.t.* iem. uitoorlê/manipuleer om iets te doen, iem. iets onder valse voorwendsels laat doen; ~ *s.o.* ***out of*** *s.t.* iem. uit iets uitwerk *('n pos ens.)*; ~ *for* ***position*** jou eie kanse probeer verbeter. ~ **cap** jokkiepet. ~ **club** jokkieklub. ~ **pulley** leikatrol. ~ **wheel** spanwiel.

jock·o *-os* sjimpansee.

jo·cose *(fml.)* grapp(er)ig, skertsend. **jo·cose·ly** grapp(er)ig, vir die grap. **jo·cos·i·ty, jo·cose·ness** grapp(er)igheid.

joc·u·lar grapp(er)ig, skertsend. **joc·u·lar·i·ty** grapp(er)igheid, snaaksheid. **joc·u·lar·ly** spelenderwys(e).

joc·und *(fml.)* vrolik, opgeruimd, opgewek, bly; aangenaam. **jo·cun·di·ty** vrolikheid, opgeruimdheid.

Jodh·pur *(geog.)* Jodhpoer; *(a pair of) j~s* ('n) rybroek. **j~ boots** *(mv.)* rystewels.

Joe *n.:* ~ **Bloggs** *(Br., infml.)*, ~ **Blow/Schmo** *(Am., infml.)*, ~ **Public** *(infml.)* Jan Alleman/Burger/Publiek. ~ **Sixpack** *(Am., infml.)* rugby-bier-en-braaivleis-man. ~ **Soap** *(Br., infml.)* Jan Pampoen.

joe →JO.

Jo·el *(OT)* Joël.

jo·ey *(Austr., infml.)* kangaroetjie; jong diertjie; kindjie.

Joe·ys, Joh·ies *(SA, sl., geog.)* Johannesburg.

jog *n.* draf; stamp, stoot; ligte skok; uitwyking; *go for a* ~ ('n entjie) gaan draf. **jog** *-gg-, ww.* draf; stoot, stamp, pomp; ruk; skud; aanpor; ~ *along/on* voortdraf; *(infml.)* aan-/voortsukkel, op die ou trant voortgaan, op 'n sukkeldraffie gaan; ~ *s.o.'s memory* iem. aan iets herinner. ~ **trot** *n.* stadige draf(fie), (sukkel)draffie. **~-trot** *-tt-, ww.* op 'n stadige draf(fie)/(sukkel)draffie gaan.

jog·ger drawwer. **jog·ging** drawwery, draf; ~ *for health* draf vir gesondheid.

jog·gle *n.* waggeling, gewaggel, strompeling, gestrompel; keep, inkerwing; tandverbinding. **jog·gle** *ww.* waggel, strompel; inkeep, inkerf; *(messelwerk)* hol-en-dol-voeg; *(masjien)* joggel. ~ **beam** joggelbalk. ~ **(joint)** *(messelwerk)* hol-en-dol-voeg; joggel(voeg).

Jo·han·nine *adj., (NT)* Johanneïes.

John *(NT)* Johannes; ~ *the* ***Baptist,*** *(NT)* Johannes die Doper; ~ *the* ***Fearless*** Jan sonder Vrees; ***King*** ~ *(of England)*, ~ *Lackland* koning Jan (van Engeland), Jan sonder Land; ***King*** ~ *(of Portugal)* koning Johan (van Portugal); ***Prester*** ~ die priester-koning Jan; ***Saint*** ~ sint Johannes/Jan; *Order of* ***Saint*** ~ Orde van sint Jan; →SAINT. ~ **Barleycorn** *(gew. skerts.)* sterk drank, hardehout; bier, whisky. ~ **Brown** *(igt.)* →JANBRUIN. ~ **Bull** die Engelsman; Albion, Engeland. ~ **Citizen** *(infml.)* Jan Alleman/Burger/Publiek. ~ **Company** *(SA, skerts., hist.)* Jan Kompanjie. ~ **Doe** *(Am.)* onbekende man; Jan Alleman/Burger/Publiek; →JANE DOE. ~ **Dory** *(igt.: Zeus faber)* jandorie. ~ **Hancock,** ~ **Henry** *(Am., infml.)* handtekening. ~ **Q. Public** *(Am., infml.)* →JOHN CITIZEN. ~ **Thomas** *(sl.: penis)* meneer.

john: *the* ~, *(hoofs. Am., sl.)* kleinhuisie, toilet, latrine.

john·ny *(infml., soms J~)* kêrel, vent; *(Br., infml.: kondoom)* effie; *(Am., euf. sl.: penis)* tollie, tottie, tottertjie, tottermannetjie. **~cake** *(Am.)* mieliebrood. **~-come-lately** *johnny-come-latelies, johnnies-come-lately, (ook J~, infml., dikw. neerh.)* wysneusige groentjie. **J~ Hangman** →JACK(IE) HANGER. **J~ raw** *(sl.)* groentjie.

joie *(Fr.):* ~ *de vivre* lewenslus, -blyheid, -vreug(de).

join *n.* voeg; las(plek); naat; verbinding; verbindingspunt; verbindingslyn, snylyn. **join** *ww.* (ver)bind, aanmekaarbind, (vas)bind, vasknoop, vasmaak; (aan)heg, aanlas, (aaneen)las, aanmekaarlas; verenig, (saam)voeg, bymekaarvoeg; (jou) aansluit *(b.d. leër ens.)*; toetree tot, lid word van *('n vereniging ens.)*; jou voeg *(by)*; aanmekaarskryf; (by die vloot) aanmonster; (jou) verenig met; paar aan, gepaardgaan met; aangrens, lê aan; ~ *the* ***army/forces,*** by die leër aansluit, soldaat word; ***~battle*** →BATTLE *n.*; ~ *a* ***church*** →CHURCH *n.* ~ *the* ***church*** →ENTER THE CHURCH; ~ ***circuit*** in die verkeerskring kom; ~ *the* ***colours*** →COLOUR *n.*; ~ *in the* ***conversation*** aan die gesprek deelneem, saampraat; ~ ***forces*** kragte saamsnoer, saamwerk, saamspan, mekaar die hand reik; ~ ***hands*** die hande saamvou; mekaar die hand gee; by mekaar aansluit, saamspan, saamwerk; ~ ***in*** deelneem, meedoen, nader staan; inval *(by 'n singery)*; ~ ***in*** *s.t.* aan iets deelneem; iets saam doen/maak; ~ *s.o.* ***in*** *a drink* saam met iem. 'n drankie drink; ~ ***in*** *the fight/laughter/singing/etc.* saamveg/-lag/-sing/ens.; ~ ***issue*** *with s.o.* →ISSUE *n.*; ~ *the (great/silent)* ***majority*** →MAJORITY; ~ *two people in* ***marriage*** →MARRIAGE; *~ing* ***member,*** *(Vrym.)* geaffilieerde lid; ~ ***on*** aanhaak *(wa ens.)*; *where does this part* ~ ***on?*** waaraan kom dié onderdeel vas?; *the Vaal ~s the Orange* ***River*** die Vaalrivier val in die Oranjerivier; ~ ***ship*** monster; aan boord gaan; ~ ***s.o.*** (jou) by iem. aansluit, jou by iem. voeg; ~ *s.t.* ***to*** ... iets aan ... vasmaak; iets aan ... las/vasknoop; iets met ... verbind; ~ ... ***together*** ... verbind; ~ ***up*** diens neem; aansluit; *will you* ~ ***us?*** gaan jy saam?; kom jy by ons sit?; ~ *s.t.* ***with*** ... iets met ... verbind; iets aan ... vasmaak; ***with*** *s.o. in doing s.t.* saam met iem. iets doen; *my wife ~s* ***with*** *me in wishing you a wonderful Christmas, (fml.)* my vrou voeg haar goeie Kerswense by myne.

join·der vereniging, samevoeging; *(jur.)* voeging; ~ *of issue, (jur.)* ingedingtreding; ~ *of parties, (jur.)* voeging van partye.

join·er skrynwerker, meubelmaker; *(infml.)* aansluiter; *(SA, hist.)* joiner. ~ **saw** voegsaag. **~'s bench** skrynwerkersbank. **~'s cramp** skrynwerkersklamp. **~'s gauge** kruishout. **~'s glue** houtlym. **~'s putty** stophars. **~'s shop** skrynwerkery.

join·er·y skrynwerk, skrynwerkery, skrynwerkwinkel. ~ **timber** skrynhout.

join·ing verbinding, samevoeging; toetreding. ~ **nail** voegspyker.

joint *n.* voeg; las(plek); naat; lit, gewrig; skarnier; verband, verbinding; been-, vleisstuk; rotsspleet; *(bot.)* knoop; *(infml.)* (dans/drink/eet/saamkom)plek, kafee, *ens.*; *(infml.: daggasigaret)* zol; *(Am., infml.: tronk)* tjoekie, hok; →JOINTING, SQUARE JOINT; ***abutting*** ~ haakse las; *a* ~ *of* ***meat*** 'n boud vleis; *be* ***out of*** ~, *(lett.)* uit lit wees; *(fig.)* ontwrig wees; *s.o.'s shoulder/etc. is* ***out of*** ~, *(ook)* iem. se skouer/ens. is uit die potjie; *put s.t.* ***out of*** ~ iets ontwrig, iets uit die voeë ruk; *put s.o.'s nose* ***out of*** ~ →NOSE *n.*. **joint** *adj.* gesamentlik, gemeenskaplik, gemeen, mede-; *in our ~ names* uit/op naam van ons albei. **joint** *ww.* las, voeg; dig maak; opsny, in stukke sny *(geslagte dier)*. ~ **account** gesamentlike rekening; *on ~ ~* op gesamentlike rekening. ~ **action** gesamentlike optrede. ~ **author** medeskrywer, mede-outeur; *they were ~ ~s of the book* hulle het die boek saam geskryf/geskrywe. ~ **bolt** lasbout. ~ **box** verbindingskas. ~ **capsule** gewrigskapsel. ~ **creditor** medeskuldeiser. ~ **custody** gesamentlike toesig. ~ **debtor** medeskuldenaar. ~ **estate** gemeenskaplike boedel. ~ **gauge** skarniermaat. ~ **general manager** medehoofbestuurder. ~ **heir** medeerfgenaam. ~ **ill** *(veearts.)* naelsiekte, naelstringbesmetting. ~ **ligament** gewrigsband. ~ **manager** medebestuurder. ~ **managing director** mede(-) besturende direkteur. **J~ Matriculation Board** *(SA, afk.: JMB)* Gemeenskaplike Matrikulasieraad. ~ **plate** lasplaat. ~ **proprietor** mede-eienaar, medebesitter. ~ **rule** vouduimstok; voegreihout. ~ **screw** lasskroef. ~ **stock** gesamentlike aandelekapitaal. **~-stock company** aandelemaatskappy, maatskappy op aandele. ~ **tenant** medehuurder. ~ **washer** voegwasser, -waster.

joint·ed geleed, gelit, met litte; ~ ***cactus*** litjieskaktus; ~ ***charlock,*** *(groentesoort)* ram(e)nas; ~ ***grass*** lit(jies)gras; ~ ***leg*** gelede poot.

joint·er lasser; voeër; voegstryker; voegtroffel; verbandstaaf; reiskaaf.

joint·ing laswerk; lasse; lasdigting; voegsel, voegstryking, voegwerk; naatvorming. ~ **plane** blokskaaf; voegvlak. ~ **rule** riglat, -plank.

joint·less gewrigloos, ongeleed; styf.

joint·ly gesamentlik, gemeenskaplik, mede-; ~ *liable* medeaanspreeklik; *pay* ~, *(ook)* saammaak; ~ *and severally* gesamentlik en afsonderlik/hoofdelik.

join·ture *n., (jur.)* weduweegeld, =goed, =skat.

joist *n.* (dwars)balk, vloer=, solder=, stutbalk, (dak)= spant, bint; balkyster. **joist** *ww.* van dwarsbalke voor= sien. ~ **head** balkkop.

joist·ing dwarsbalke, balklaag.

jo·jo·ba *(bot.)* jojoba. ~ **(oil)** jojoba(-olie).

joke *n.* grap, gekskeerdery; kwinkslag; geestigheid; skerts; gekkerny; *~s* ***apart/aside*** alle grappies/gek= heid op 'n stokkie, sonder speletjies, in erns; *do s.t.* ***as*** *a* ~ iets vir die grap doen; *it is/goes* ***beyond*** *a* ~ dit gaan te ver/vêr; *a* ***broad*** ~ 'n growwe grap; *a* ***coarse/smutty*** ~ 'n skurwe/vuil grap; ***crack*** *a* ~ →CRACK *ww.; a* ***feeble*** ~ 'n flou/soutlose grap(pie); *a* ***hoary*** ~ 'n grap met baard; *it's a* ***hoary*** ~ die grap het al baard; *do s.t.* ***in*** *a* ~ iets vir die grap doen; ***make*** *a* ~ 'n grap maak/vertel; *it's (*or *it is)* ***no*** *~, (infml.)* dis niks (*of* nie iets) om oor te lag nie, dis (*of* dit is) geen grap nie; *it's (*or *it is)* ***no*** *~ to ..., (infml.)* dis nie speletjies om te ... nie, om te ... is nie speletjies nie; *the ~ is* ***on*** *s.o.* die grap gaan teen iem.; ***play*** *a (practical) ~ (up)on s.o.* iem. 'n poets bak; *a* ***practical*** ~ 'n poets; *not* ***see*** *the* ~ nie die grap snap nie; iets nie grappig/snaaks vind nie; *that was* ***some*** *~, (infml.)* dit was vir jou (*of* omtrent) 'n grap; ***stand*** *a* ~ 'n grap verdra; *a* ***standing/stock*** ~ 'n ou/staande grap; ***take*** *a* ~ 'n grap verdra; ***treat*** *s.t. as a* ~ iets as 'n grap beskou; *by* ***way*** *of a* ~ in 'n grap, vir die grap, by wyse van 'n grap; skertsend, skertsenderwys(e). **joke** *ww.* 'n grap (*of* grappe/grappies) maak, gek= skeer, die gek skeer, korswel, korswil, speel; skerts; *(arg.)* spot/gekskeer (*of* die gek skeer) met; ~ *about s.t.* oor iets skerts; 'n grap van iets maak; *you're (*or *you are) joking!* jy speel!; *~ s.t. off* iets met 'n grap af= maak. **jok·er** grapmaker, grapjas; *(infml.)* ou sleg, deugniet, niksnut(s), ellendeling, *(i.d. mv.)* skorrie= morrie; *(kaartspel)* (swart) Piet; *(Am.)* verborge klou= sule *(in 'n wet, dokument, ens.)*; element van onseker= heid; lis, slim set, truuk; *the ~ in the pack, (fig.)* die on= bekende faktor. **jok·ey, jok·y** grapp(er)ig, vol grappe. **jok·ing** grapmakery, geskerts, skertsery; *~ apart/ aside* alle grappies/gekheid op 'n stokkie, sonder spe= letjies, in erns; *s.o. will stand no* ~ iem. laat nie met hom/haar gekskeer (*of* die gek skeer) nie. **jok·ing·ly** speel-speel, spelenderwys(e), vir die grap, skertsend.

jol, joll, jorl *n., (SA, infml.)* jol, opskop, makietie. **jol, joll, jorl** *ww.* jol, rondrits, rinkink. **jol·ler** joller, rondritser, rinkinker.

jol·li·fy vrolik maak; lekker maak; pret maak, feesvier, fuif, *(infml.)* verjaar. **jol·li·fi·ca·tion** pret, jolyt, ple= sierigheid, *(infml.)* makietie, vrolikheid.

jol·li·ty joligheid, pret, feestelikheid.

jol·ly *n., (Br., infml.)* →JOLLIFICATION. **jol·ly** *adj.* jolig, vrolik, plesierig; *(infml., euf., w.g.)* aangeklam, lekker; *feel a ~ fool, (infml.)* 'n mooi gek voel; *the ~ god* die wyngod, Bacchus. **jol·ly** *adv., (infml.: baie)* deksels, lekker, rêrig, omtrent; ~ ***good*** deksels goed; *a* ~ ***nice*** *guy* 'n baie gawe/oulike ou; *s.o. will be* ~ ***savage*** iem. sal lekker kwaad (*of* lelik die hoenders in) wees; *you will* ~ ***well*** *have to* jy sal (maar) net (*of* [net] eenvou= dig) moet; *I should* ~ ***well*** *think so!* ek sou so dink!; *I* ~ ***well*** *won't do it!* ek sal dit vervlaks nie doen nie!. **jol·ly** *ww., (infml.)* gekskeer (*of* die gek skeer) met; ~ *s.o. along* iem. met flikflooiery aanmoedig; ~ *s.o./ s.t. up* iem./iets opvrolik. ~ **jumper** huppeltuig. **J~ Roger** seerowersvlag, Jolly Roger(-vlag).

jol·ly (boat) jol.

jolt *n.* stoot, stamp, skud, skok; ruk; *(fig.)* ontnugtering, skok. **jolt** *ww.* stoot, stamp, skud, skok; ruk; *(fig.)* skok, ontnugter, laat wakker skrik. **jolt·ing·ly** hortend. **jolt·y** stamperig, stoterig.

Jo·nah *(OT)* Jona; *(fig.: ongeluksbringer)* jona(s).

Jon·a·than *(OT)* Jonatan.

Jones: *keep up with the ~es, (infml.)* byhou by die bure.

jon·gleur *(Fr., hist.)* swerwende minnesanger, jon= gleur.

jon·quil *(bot.)* sonkieltjie, (geel) narsing; liggeel.

Jop·pa *(geog., Byb.)* Joppe; →JAFFA.

Jor·dan *(geog.)* Jordanië; *the ~ (river)* die Jordaan= (rivier). **Jor·da·ni·an** *n.* Jordaniër. **Jor·da·ni·an** *adj.* Jordanies.

jo·rum *(hist.)* drinkkom; groot beker; ponskom; pons, drank.

Jo·seph *(OT)* Josef; *(j~, hist.)* lang jas.

Jo·se·phus: *Flavius ~, (Joodse geskiedskrywer)* Fla= vius Josefus.

josh *n., (Am., infml.)* korswel, korswil, tergery. **josh** *ww.* gekskeer (*of* die gek skeer) met, terg, pla. **josh·er** grapmaker.

Josh·u·a *(OT)* Josua.

Jo·si·ah *(OT)* Josia.

joss Chinese/Sjinese afgod, josie. ~ **house** josietempel, Chinese/Sjinese tempel. ~ **stick** wierook=, offerstok= kie.

jos·ser *(Br., infml.)* domkop, pampoen(kop), uils= kuiken; ou, lat, vent, kêrel; *old* ~ ou ballie.

jos·tle *n.* gedrang, gestoei, geworstel, gewoel; botsing. **jos·tle** *ww.* stamp, stoot, druk; knel, dring; stoei, worstel; ~ *with each other for s.t.* mekaar verdring om iets te kry. **jos·tling** *(ook)* woelig.

jot *n.* jota; kleinigheid; *not a ~ of ...* geen jota/ krieseltjie/stukkie ... nie; *not one ~ or tittle* geen jota of tittel nie. **jot** *=tt=, ww.: ~ s.t. down* iets aanteken/aan= stip/neerskryf/=skrywe.

jo·ta *(Sp. volksdans)* jota.

jot·ter *(Br.)* notaboekie, aanteken(ing)boekie.

jot·ting nota, aantekening. ~ **book** notaboekie, aan= teken(ing)boekie.

joule *(fis.)* joule; *ten/etc. ~s* tien joule; *many ~s* baie joules. **J~-Thomson effect** Joule-Thomson-effek.

jounce stamp, wip, skud.

jour·nal joernaal, dagboek; (dag)blad; (vak)tydskrif; *(axle) ~ (meg.)* astap, kussingblok; *~ of record* doku= mentasieblad; *the J~s, (parl.)* die Handelinge. ~ **bearing** draagpot. ~ **box** astappot.

jour·nal·ese *(infml., neerh.)* koeranttaal.

jour·nal·ise, =ize *(vero.)* opteken (in 'n dagboek); in die joernaal skryf/skrywe.

jour·nal·ism joernalistiek. **jour·nal·ist** joernalis. **jour= nal·is·tic** joernalistiek, koerant=, dagblad=; ~ *style/ language* koerantstyl, =taal. **jour·nal·is·ti·cal·ly** in koe= rantstyl.

jour·ney *n.* reis, tog; rit; ***break*** *a* ~ 'n reis onderbreek; *a* ***day's*** ~ 'n dagreis; *the* ***~ forward/back*** die heen= reis/terugreis; ***go on*** *(*or ***make****) a* ~ 'n reis/tog maak/ onderneem; *have a* ***good/pleasant*** *~!* voorspoedige/ aangename reis!; *be* ***on*** *a* ~ op reis wees; ***start*** *on a* ~ op reis gaan, 'n reis begin; in die pad val; ***take*** *a* ~ 'n reis/tog maak/onderneem. **jour·ney** *ww.* reis, trek, 'n reis/tog maak/onderneem; ~ *on* verder/vêrder reis. **~man** *=men* ambagsman, vakman; dagloner. **~work** *(w.g.)* dagwerk; loonwerk.

jour·no *=nos, (infml.)* = JOURNALIST.

joust *n., (hist.)* toernooi, steekspel. **joust** *ww., (hist.)* toernooi, aan 'n steekspel deelneem; *(fig.)* meeding *(om iets)*, 'n lans breek *(met iem.)*. **joust·er** deelnemer aan 'n steekspel.

Jove *(Rom. mit.)* →JUPITER; *by ~!, (vero.)* liewe vader/ hemel!, vaderland!, hemel ons!. **Jo·vi·an** *(ook astron.)* soos/van Jupiter; *~ moon* maan van Jupiter.

jo·vi·al joviaal, gul, hartlik, vrolik, opgewek, opge= ruimd. **jo·vi·al·i·ty** jovialiteit, gulheid, hartlikheid, vro= likheid, opgewektheid, opgeruimdheid, gemoedelik= heid.

Jo·vi·an →JOVE.

jowl kaak, kakebeen; wang; *(v. buite)* keel, nek; keelvel *(v. 'n bees)*; varkwang; krop *(v. 'n voël)*; (vis)kop; *cheek by ~* →CHEEK *n.*. ~ **wool** kenwol.

jowl·y met hangwange.

joy *n.* vreugde, blydskap, genot, geluk; *be* ***delirious*** *with* ~ in ekstase (*of* dol van blydskap/vreugde) wees; *be* ***filled*** *with* ~ oorloop van blydskap/vreugde; *be* ***flushed*** *with* ~ uitgelate wees van blydskap/vreugde; ***give*** *s.o.* ~ iem. plesier verskaf; *it* ***gives*** *me* ~ dit ver= heug my, *(fml.)* dit doen my groot genoeë; ***jump/ leap*** *for* ~ (op)spring/huppel van blydskap/vreugde; ~ *of* ***living*** lewensvreugde, =blyheid, =lus; *get/have* ***no*** *~, (infml.)* niks bereik nie, geen sukses hê nie; *get/ have* ***no*** *~ from s.o., (infml.)* geen bevrediging by iem. kry nie; *s.o.'s* ***pride*** *(and ~)* →***pride*** *n.*; ***shout*** *for* ~ jou vreugde uitskree(u); *after ~ comes* ***sorrow*** na vrolik= heid kom olikheid; *in ~ and* ***sorrow*** in lief en leed; ***to*** *s.o.'s* ~ tot iem. se vreugde; *be* ***transported*** *with* ~ ver= ruk wees van blydskap/vreugde; ***undiluted*** ~ onge= mengde/onvermengde vreugde; *for* ***very*** ~ uit louter(e) vreugde; ***wish*** *s.o.* ~ iem. gelukwens; ***wish*** *s.o. ~ of s.t., (Br., hoofs. iron.)* iem. met iets gelukwens; *~ in* ***work*** arbeidsgenot, werkgenot. **joy** *ww., (poët., liter.)* jou verheug/verbly, juig. ~ **bells** vreugdeklokke. **~flight** plesiervlug, vliegtoggie. **~pop** *ww., (sl.)* af en toe dwelms gebruik. **~ride** plesierrit(jie), plesiertog(gie), steeltoggie. **~rider** plesierryer. **~stick** *(lugv., infml.)* stuurstang, =stok; *(rekenaarspeletjies)* speelstang, =stok. ~ **wheel** swaai=, pretwiel.

joy·ance *(arg.)* vreugde, genot.

joy·ful bly, verblyd, verheug, vreugdevol, vrolik, op= gewek; verblydend, verheugend, heuglik. **joy·ful·ly** met vreugde, bly, opgewek. **joy·ful·ness** blyheid, blyd= skap, vrolikheid; heuglikheid.

joy·less vreugdeloos. **joy·less·ness** vreugdeloosheid.

joy·ous bly, vrolik, vreugdevol; verblydend, verheu= gend, heuglik. **joy·ous·ness** blydskap, blyheid, vreugde; verblyding.

ju·bi·lant juigend, jubelend, verruk; *be ~ at s.t., (ook)* in die wolke wees oor iets. **ju·bi·lance** gejuig, gejubel, juiging, jubeling, verrukking.

ju·bi·late juig, jubel. **ju·bi·la·tion** gejuig, juiging, ge= jubel, jubeling, jubilasie.

ju·bi·lee jubileum; bevrydingsjaar; jubeljaar, her= denkingsjaar; jubelfees; gejubel; *celebrate one's ~* jubi= leer, 'n jubileum vier; *diamond/silver ~* →DIAMOND, SILVER; *golden ~* →GOLDEN ANNIVERSARY.

Ju·dae·a, Ju·de·a *(geog., hist.)* Judea. **Ju·dae·an, Ju·de·an** *n.* Judeër. **Ju·dae·an, Ju·de·an** *adj.* Judees.

Ju·dah *(OT)* Juda. **Ju·dah·ite** *(hist., lid v. 'n volk)* Judaïet. **Ju·da·ic, Ju·da·i·cal** Judaïes, Joods. **Ju·da·i= sa·tion, =za·tion** verjoodsing, judaïsering. **Ju·da·ise, =ize** verjoods, judaïseer. **Ju·da·ism** Judaïsme; Jode= dom.

Ju·das *(NT)* Judas; *(fig.)* verraaier. ~ **beard** judas= baard, rooi baard. **j~ (hole/window)** loer=, kykgaatjie. ~ **Iscariot** *(NT)* Judas Iskariot. ~ **kiss** *(NT)* Judas= kus; *(by uitbr.)* judaskus, verraaierskus. ~ **Maccabaeus** *(hist.)* Judas Makkabeüs. ~ **tree** judasboom.

jud·der *n.* siddering, trilling. **jud·der** *ww., (infml.)* sidder, tril.

Jude *(NT)* Judas.

Ju·de·a →JUDAEA.

judge *n.* regter; skeidsregter; beoordelaar, keurder; kenner; *(Byb.)* rigter; →JUDG(E)MENT; ~ ***of appeal****, (jur.)* appèlregter; *the* ***Book*** *of J~s, (OT)* die Boek (van die) Rigters; *~ in* ***chambers*** kamerhof; *... is the sole ~ of* ***facts*** die oordeel oor feite berus uitslui= tend by ...; *as* ***God*** *is my* ~ so waar as ek leef, so waar as God; *be a good ~* ***of*** *s.t.* 'n kenner van iets wees *(perde ens.)*; *be no ~* ***of*** *s.t.* geen kenner van iets wees nie; *be a ~ in one's* ***own*** *cause* jou eie regter wees, regter in eie saak wees; *~ of* ***people*** mensekenner; ~ *of* ***wine*** wynkenner. **judge** *ww.* regspreek, uitspraak doen, oordeel; rig; veroordeel; keur, beoordeel; skat; beskou, ag, meen; *~ by* ***appearances*** na/volgens die uiterlike oordeel; *don't ~ a* ***book*** *by its cover, (fig.)* moenie iem. op sy baadjie takseer nie; *to ~ (*or *judging)* ***by/from*** *...* te oordeel na ...; *judging* ***committee*** keurkomitee; *a man is ~d by his* ***friends*** waar jy mee verkeer, word jy mee geëer. ~ **advocate general** *(mil., jur.)* regter-advokaat-generaal. **~-made law** regbank= reg. ~ **president** *judges president* regter-president. **~s' chambers** regterskamers. **~s' rules** regtersreëls.

judg(e)·ment oordeel; uitspraak, beslissing; vonnis; mening, opinie; *against s.o.'s* ***better*** ~ teen iem. se be=

terwete (in); ***deliver*** ~ →DELIVER; ***divine*** ~ die goddelike straf, die godsgerig, die strafgerig van God; ~ ***entered,*** *(jur., w.g.)* →DECIDED CASE; *commit an* ***error*** *of* ~ 'n oordeelsfout begaan; ***give*** *~, (jur.)* uitspraak doen/lewer; ***give*** *~ against s.o., (jur.)* iem. veroordeel; *an* ***impartial*** ~ 'n onbevange oordeel; ***in*** *s.o.'s* ~ na/volgens iem. se mening/oordeel; *a* ***lack*** *of* ~ 'n gebrek aan oordeel; *the* ***Last*** *J~, (relig.)* die Laaste Oordeel; *it is a* ~ ***on*** *s.o.* dit is iem. se straf; ***pass*** *~ (up)on ..., (hoofs. jur.)* oor ... uitspraak doen; 'n oordeel oor ... vel; ***(power*** *of)* ~ oordeelskrag, =vermoë; ***reserve*** ~ 'n oordeel opskort; die uitspraak voorbehou; ***sit in*** *~ on s.o., (jur.)* oor iem. regspreek; 'n oordeel oor iem. vel; ***suspend*** *~, (jur.)* 'n oordeel opskort; ***take*** *~, (jur., wanneer d. verdediging nie opdaag nie)* vonnis neem; *s.o.'s ~ was* ***warped*** *by self-interest* eiebelang het iem. se oordeel benewel, iem. is deur eiebelang bevooroordeel(d) gemaak. **J~ Day** *(relig.)* die oordeelsdag; die Laaste Oordeel, die jongste gerig. **~ debtor** vonnisskuldenaar. **~ hall** (ge)regsaal, geregshof. **~ seat** regterstoel.

judg(e)·men·tal veroordelend, afkeurend; krities, vol kritiek, vitterig; ~ *error* oordeelsfout.

judge·ship regterskap.

ju·di·ca·ture regspleging, regspraak, regsbediening, regswese, justisie; regtersamp, regterskap; regsmag, regterlike mag; regbank. **ju·di·ca·to·ry** regterlik; geregtelik, regs=.

ju·di·cial regterlik; geregtelik, justisieel; oordeelkundig, weloorwoë; ~ ***administration*** regsbedeling; ~ ***body*** regterlike liggaam; ~ ***commission*** regterlike kommissie; *by a* ~ ***decision*** by regterlike vonnis; ***legislative,*** *executive and ~ power* wetgewende, uitvoerende en regterlike mag; ~ ***management*** geregtelike bestuur; ~ ***murder*** geregtelike moord; ~ ***order*** hofbevel; ~ ***power*** regterlike mag/gesag; ~ ***sale*** verkoop in eksekusie, geregtelike veiling; ~ ***separation*** geregtelike skeiding, skeiding van tafel en bed. **ju·di·cial·ly:** ~ *separated* van tafel en bed geskei.

ju·di·ci·ar·y *n.* regbank, regterlike mag/gesag. **ju·di·ci·ar·y** *adj.* geregtelik, regs=.

ju·di·cious oordeelkundig, verstandig, weloorwoë, wys, judisieus; ~ *advice* wyse raad; ~ *person* oordeelkundige. **ju·di·cious·ness** oordeelkundigheid, verstandigheid, wysheid.

ju·do *(sport)* judo. **ju·do·gi** *(drag)* judogi. **ju·do·ka** =*doka(s),* **ju·do·ist** *(beoefenaar)* judoka.

Ju·dy: *Punch and* ~ →PUNCH.

jug[1] *n.* beker, kruik, kan; lampetkan, =beker, gorletbeker; *(infml.)* tronk, tjoekie; *(i.d. mv., vulg. sl.: borste)* kanne; *a ~ of milk/etc.* 'n beker melk/ens.; →JUGFUL. **jug** =*gg*=, *ww., (kookk.)* stowe; *(infml., hoofs.Am.)* in die tronk gooi/stop/smyt, agter tralies sit/bêre; *~ged hare* fyngestoofde haas. **~-eared** bakoor=, met (die) bakore.

jug[2] *n., (onom.)* (nagtegaal)lied. **jug** =*gg*=, *ww.* sing *(soos 'n nagtegaal).*

ju·gal *(anat.)* jukbeen=.

ju·gate *(bot.)* gepaar(d), paarsgewys(e), paar-paar.

jug·ful =*fuls* beker (vol).

Jug·ger·naut *(Hind.)* Djagganat. **jug·ger·naut** gevaarte; kolos, reus; *(Br.)* reusevoertuig, enorme vragwa/vragvoertuig, reusevoorhaker; *(fig.)* molog, reusemag.

jug·gins *n. (Br., infml., vero.)* uilskuiken, stommerik.

jug·gle *n.* goëlery; foppery. **jug·gle** *ww.* goël, toor; jongleer; verdraai; fop, kul, bedrieg; →JUGGLING; ~ *s.t. away* iets wegtoor; ~ *s.o. out of s.t.* iets van iem. afrokkel; ~ *with s.t.* met iets jongleer *(balle ens.);* met iets goël *(syfers ens.);* iets verdraai *(d. feite ens.).* **jug·gler** goëlaar; jongleur; oëverblinder, towenaar; bedrieër. **jug·gler·y** goëlery, gegoël, goëltoertjies, =toere, toordery; kullery, bedrieëry. **jug·gling** *n.* wiggelary, jongleer. **jug·gling act** *(fig.): it's a ~ ~ to ...* dit kos/verg/vereis fyn voetwerk (*of* fyn voetwerk is nodig) om ...

jug-jug →JUG[2] *n.*.

Ju·go·slav, Ju·go·sla·vi·a →YUGOSLAV, YUGOSLAVIA.

jug·u·lar *adj.* keel=, nek=. **~ (vein)** nek=, keel=, strotaar.

jug·u·late *(arg.)* doodmaak, keelaf sny; *(fig.)* onderdruk.

juice *n.* sap, sop; kern, essensie; *(infml.)* (elektriese) stroom; *(infml.)* petrol; *gastric ~, (fisiol.)* maagsap; *let s.o. stew in his/her own* ~ →STEW *ww.*. **juice** *ww.* sap uitpers; ~ *s.t. up, (Am., infml.)* iets opkikker, lewe in iets blaas, woema in iets sit/pomp. **~ extractor** versapper, vrugtepers.

juice·less saploos, droog.

juic·er versapper.

juic·y *(infml.)* sappig, sopperig, sapryk, vol sap/sop; nat, klam; smaaklik, gekrui(d), gekrui(e); ~ *part, (ook)* dankbare rol; gekruide/stout gedeelte. **juic·i·ly** sappig, sopperig. **juic·i·ness** sappigheid, sopperigheid, saprykheid; smaaklikheid.

ju·jit·su, ju·jut·su, jiu·jut·su *(Jap. vegkuns)* joejitsoe, jujitsu.

ju·ju toorkrag; beswering; taboe.

ju·jube *(bessie)* jujube; *(lekkers)* joep-joep.

juke·box speel=, blêrkas, musiekoutomaat, outomatiese platespeler; *(rek.)* CD-ROM-houer.

ju·lep julep, (medisyne)stroop.

Jul·ian *(hist.: Rom. keiser)* Julianus. ~ **Alps** Juliese Alpe. **~ calendar** Juliaanse kalender/tydrekening.

ju·li·enne *n., (kookk.: helder sop met groenterepies)* julienne(sop). **ju·li·enne** *bep.* julienne= *(groente, repies, ens.).*

Ju·li·et *(kodewoord vir d. letter j)* Juliëtte; *Romeo and* ~ Romeo en Juliet. **~ cap** julietmus(sie).

Ju·ly Julie; *the month of* ~ Juliemaand. **~ day** Juliedag. **~ handicap** *(SA)* July-(perde)wedren.

jum·ble *n.* warboel, deurmekaarspul, rommel, mengelmoes. **jum·ble** *ww.: a ~d collection of ...* 'n mengelmoes van ...; ~ *s.t. (up)* iets deurmekaargooi/omwoel *be ~d up/together* deurmekaar wees; *s.o.'s mind is ~d with thoughts and emotions* iem. se kop is (*of* iem. ervaar) 'n warboel van gedagtes en emosies. **~ sale** rommelverkoping. **~ shop** rommelwinkel.

jum·bly deurmekaar, verward.

jum·bo =*bos* kolos, reus; olifant. **~ jet** *(lugv.)* makrostraler. **~(-sized)** *adj. (attr.)* kolossale, reuse=, reusagtige, enorme, yslike, tamaai(e), 'n knewel/bielie van 'n ...; ~ *eggs, (meer as 66 g)* jumbo-eiers.

jump *n.* sprong, spring; skop *(v. 'n geweer); be/stay one ~* ***ahead*** *of s.o., (infml.)* voor iem. bly; ***at*** *a* ~ met/in een sprong; *(right)* ***from*** *the* ~ uit die staanspoor, van die staanspoor af; ***gather*** *o.s. for a* ~ jou klaarmaak om te spring; ***get*** *the ~ on s.o., (infml.)* iem. voor wees, iem. voorspring; ***give*** *a* ~ (weg)spring; 'n sprong doen; (op)skrik; ***give*** *s.o. the ~s, (infml.)* iem. die skrik op die lyf ja(ag), iem. die bewerasie gee; ***have*** *the ~s, (infml.)* die bewerasie hê; (senu)trekkings kry; *the* ***high*** *~, (atl.)* hoogspring; *s.o. is for the* ***high*** *~, (infml.)* dis klaar(praat) met iem.; ***keep*** *s.o. on the ~, (infml.)* iem. opkeil, iem. nie met rus laat nie; *the* ***long*** *~, (atl.)* ver=, vêrspring; *be* ***on*** *the ~, (infml.)* aan die gang wees; *take a* ***running*** ~ 'n aanloopsprong doen; *(go and) take a* ***running*** *~!, (infml.)* kry jou ry!, skoert!; *a ~ in a* ***series*** 'n gaping in 'n reeks. **jump** *ww.* spring; opspring; oorspring; laat spring, skrikmaak; voorspring; gaps, steel; ~ ***about/around*** rondspring; ~ *to s.o.'s* ***aid*** byspring (om iem. te help); ~ ***aside*** uit die pad spring; 'n sysprong maak; ~ ***at*** ... na ... spring; na ... gryp; op ... spring *('n prooi ens.);* hap/gryp na ..., ... gretig aanneem, ... (met albei hande) aangryp *('n aanbod, geleentheid, ens.);* ~ *(one's)* ***bail*** →BAIL[1] *n.;* ~ *a* ***claim*** 'n kleim gaps/steel; gebied inpalm; ~ *to a* ***conclusion*** →CONCLUSION; ~ *the* ***country*** →COUNTRY; ~ ***down*** afspring; ~ *a* ***fence*** →FENCE *n.;* ~ ***for*** ... na ... spring, spring om ... te kry *(d. bal ens.);* huppel/(op)spring van ... *(vreugde ens.);* ***gather*** *o.s. to* ~ jou klaarmaak om te spring; ~ *the* ***gun*** →GUN *n.; ~ed* ***hole*** slagboorgat; ~ ***in*** inspring; ~ ***into*** *s.t.* in iets spring; iets aangooi *(klere); go ~ in the lake!* →LAKE[1]; ~ *the (traffic)* ***lights*** →LIGHT[1] *n.;* ~ *a* ***line*** 'n reël oorspring; ~ ***off*** afspring; begin; ~ ***off*** *s.t.* van iets (af)spring; ~ ***on*** *s.o., (infml.)* iem. te lyf gaan; iem. inklim/invlieg, teen iem. uitvaar; ~ ***on*** *s.t.* op iets spring; ~ ***on(to)*** *a chair/etc.* op 'n stoel/ens. spring; ~ ***out*** uitspring, uitwip; ~ ***out*** *of s.t.* uit iets spring; ~ ***over*** *s.t.* oor iets spring; ~ *a/the* ***queue*** = QUEUE-JUMP; ~ *the* ***rails*** →RAIL[1] *n.;* ~ ***rope*** *(Am.)* tou=, riemspring; →SKIP[1] *ww.;* ~ ***ship*** van 'n skip dros; ~ ***s.o.*** iem. bespring; iem. oorval; iem. oorslaan; ~ *a* ***standard,*** *(opv.)* 'n standerd oorslaan; ~ *at s.o.'s* ***throat*** iem. aan die keel beetkry/gryp; ~ *down s.o.'s* ***throat,*** *(infml.)* iem. inklim/invlieg, teen iem. uitvaar; ~ ***to*** ... met/in een sprong tot ... styg; ~ ***to*** *it, (infml.)* gou maak; ~ ***to*** *it!, (infml.)* maak gou!, opskud!, skud op!; ~ ***up*** opspring, (op)wip. **~ ball** *(basketbal)* springbal. **~ drill** slag=, stampboor. **~ jet** *(lugv., infml.)* sprongstraler. **~ lead** *(elek.)* (oor)brugkabel, =draad, oorleikabel, =draad, oorleiding. **~-off** (die) afspring; beslissende sprong; *(perdesport)* beslissende rond(t)e. **~ rope** *(Am.)* = SKIPPING ROPE. **~ seat** *(hoofs. Am.)* klapstoel(tjie). **~-start** *ww., (mot.)* aan die gang stoot, brandstoot; met oorleikabels/hulpkrag aan die gang kry/sit, aanskok; *(fig.)* 'n hupstoot(jie) gee *(d. ekonomie ens.).* **~-up** astrant, verwaand.

jump·er[1] springer; springperd; vlooi; sprinkaan; boorbeitel, =staaf; verdeeldraad; *(elek.)* oorleiding, (oor)brugdraad, =kabel, oorleidraad, =kabel; *baby/jolly* ~ wip=, huppeltuig. **~ cable** *(elek.)* (oor)brugkabel, oorleikabel. **~ (drill)** slag=, stampboor, klipboor. **~ man** stootboorman. **~ wire** (oor)brugdraad, oorleidraad.

jump·er[2] oor(trek)trui, (langmou)trui; *(Am.)* voorskootrok. **~ suit** kruippakkie *(vir 'n baba).*

jump·ing *n.* (die) spring, springery. **jump·ing** *adj.* springend. **~ bean** springboon(tjie). **~ drill** slag=, stampboor. **~ hare** →SPRINGHAAS. **~ jack** kaartmannetjie), harlekyn. **~-off place/point** aanloop, vastrapplek, af=, wegspringplek; uitgangspunt. **~ pole** pols=, springstok. **~ rope** *(Am.)* = SKIPPING ROPE. **~ sheet** springseil.

jump·y *(infml.)* springerig; skrikkerig, senu(wee)agtig; ~ *gait* wipperige stappie; *it's ~ work* dis 'n gevaarlike werk/onderneming. **jump·i·ness** springerigheid; skrikkerigheid, senu(wee)agtigheid.

jun·ca·ceous *(bot.)* biesieagtig, biesie=.

junc·tion vereniging, verbinding; bindplek, las; sameloop, samevloeiing, ineenvloeiing; bymekaarkomplek; kruispunt, knoop(punt) *(v. spoorlyne);* spoorwegknoop, =aansluiting; aansluiter; *euphonic ~, (ling.)* sandhi; *point of* ~ knoop(punt), aansluitingspunt, verenigingspunt; *a ~ of three roads* 'n driesprong. **~ box** aansluitkas, koppelkas, verbindingskas. **~ call** koppellynoproep. **~ valve** aansluitklep.

junc·ture vereniging; voeg, naat, las; sameloop (van omstandighede), tydstip, tydsgewrig, kritieke oomblik; *at this* ~ op dié tydstip.

June Junie; *the month of* ~ Juniemaand. **~ day** Juniedag.

Jung·gar Pen·di, Dzun·ga·ri·a, Zun·ga·ri·a *(geog.)* Djoengarye.

jun·gle oerwoud, boswêreld; ruigte; wildernis; warboel; *the law of the* ~ vuisreg, die reg van die sterkste. **~ fever** boskoors, miasmatiese koors. **~ gym** klimplek; klimraam, klouterraam, klimtoestel. **~ hat** veldhoed. **~ juice** *(sl.: sterk drank)* skokiaan, doringdraad. **~ kit** wouduitrusting.

jun·ior *n.* junior, jongere; stamhouer; kleintjie, kleinding; *be* ***s.o.'s*** ~ jonger as iem. wees; onder iem. staan; *be* ***s.o.'s*** *~ by a year/etc., be a year/etc.* ***s.o.'s*** ~ 'n jaar/ens. jonger as iem. wees; 'n jaar/ens. later as iem. gekom het; ***the*** *~s* die jongeres/juniors, *(Lat.)* die juniores; *be* ~ ***to*** *s.o.* onder iem. staan. **jun·ior** *adj.* junior, jong(er), jongste; *J~ Bar, (jur.)* Junior Balie; *J~ Certificate examination* Junior Sertifikaat-eksamen; ~ *clerk* onderklerk; ~ *deputy chairman* tweede ondervoorsitter; ~ *hand* halfwas; ~ *officer* jong offisier; junior offisier; laags aanwesige offisier; ~ *partner* jongste/junior vennoot. **~ high (school)** *(Am.: skool vir laer middelbare onderwys)* middelskool.

jun·ior·i·ty juniorskap.

ju·ni·per jenewerbessie; jenewerstruik; sawel=, sewe=boom; *oil of* ~ →JUNIPER OIL. ~ **oil** jenewerolie, jene=werbes(sie)olie.

junk[1] *n. (infml.)* rommel, gemors; weggooigoed, uit=skot; nonsens, kaf, onsin; *(infml.: heroïen)* H. **junk** *ww., (infml.)* uit=, wegsmyt. ~ **bond** *(fin.)* hoërisiko-effek. ~ **dealer** rommelwinkelier; skeepswinkelier. ~ **dump** rommelhoop, =stapel. ~ **food** *(infml., neerh.)* gemors=, kaf=, rommelkos, ongesonde kos. ~ **mail** ge=mors=, rommelpos. ~ **ring** drukring. ~ **room** rom=melkamer. ~ **shop** rommelwinkel. ~**yard** rommelwerf, =terrein.

junk[2] *n., (sk.)* jonk.

Jun·ker *(<D., hist.: edelman; lid v.d. Pruisiese aris=tokrasie)* Junker.

jun·ket *n.* stremmelk, soet dikmelk; stremselpoeding; (soort) roomkaas; fees, fuif; *(infml.)* plesiertog, duur party(tjie) *(op staatskoste)*. **jun·ket** *ww.* smul, fuif, feesvier; *(infml.)* 'n plesiertog maak/onderneem, 'n duur party(tjie) gee/hou *(op staatskoste)*. ~ **powder** stremselpoeier.

jun·ket·ing pret, plesier(igheid), fuiwery.

junk·ie, junk·y *(infml.)* dwelmslaaf.

Ju·no =*nos, (Rom. mit., astron.)* Juno. **Ju·no·esque** Ju=nonies, statig, fier, waardig.

jun·ta *(<Sp.)* komitee, raad, junta. **jun·to** =*tos, (hist.)* kliek, faksie, junto.

Ju·pi·ter *(Rom. mit., astron.)* Jupiter.

Ju·ra *(geog.)* Jura. **Ju·ras·sic** *n.: the ~, (geol.)* die Jura=(tydperk). **Ju·ras·sic** *adj., (geol.)* Jurassies, Jura=.

ju·ral *(fml.)* juridies, regs=.

Ju·ras·sic →JURA.

ju·re: *de* ~ →DE JURE.

ju·rid·i·cal geregtelik, regskundig, juridies.

ju·ris·con·sult *(jur., hoofs. hist.)* juris, regsgeleerde, regskundige.

ju·ris·dic·tion regsgebied, ampsgebied; regspraak; regsmag, regsbevoegdheid; jurisdiksie; ressort; ***civil/ criminal*** ~ →CIVIL, CRIMINAL; ***found*** ~ jurisdiksie vestig; *be/come/fall* ***outside*** *the* ~ *of* ... buite die juris=diksie/regsbevoegdheid van ... wees; *be/come/fall* ***un=der/within*** *the* ~ *of* ... onder ... ressorteer; binne/ onder die jurisdiksie/regsbevoegdheid van ... wees. **ju·ris·dic·tion·al** bevoegdheids=, jurisdiksie=; ~ *dispute* jurisdiksiegeskil.

ju·ris·pru·dence regsgeleerdheid, jurisprudensie, regswetenskap, wetgeleerdheid. **ju·ris·pru·dent** *n.* regs=geleerde, regskundige. **ju·ris·pru·dent** *adj.* regsgeleerd.

ju·rist regsgeleerde, juris, wetgeleerde. **ju·ris·tic, ju·ris·ti·cal** regsgeleerd, juridies; ~ *act* regshandeling; ~ *capacity* regsbevoegdheid; ~ *person* regspersoon.

ju·ror jurielid; *(hist.)* gesworene.

ju·ry[1] *n.* jurie; →GRAND JURY, PETIT JURY; *charge the* ~ die jurie opdrag gee; *trial by* ~ 'n jurieverhoor. ~ **box** juriebank. ~**man** =*men,* ~**woman** =*women* jurie=lid. ~ **panel** jurielys.

ju·ry[2] *adj., (hoofs. sk.)* nood=. ~ **leg** *(skerts.)* hout=, hulp=been. ~ **mast** nood=, hulpmas. ~**-rigged** *adj., (sk.)* met noodtuig; *(hoofs. Am.)* tydelik, voorlopig, nood=. ~ **rig(ging)** noodtuig.

just *adj.* regverdig; geregverdig, regmatig, billik, ge=grond, geregtig; regskape; (wel)verdiend; juis, pre=sies; →JUSTLY, JUSTNESS; ~ ***distribution*** regverdige verdeling; ~ ***fear*** gegronde vrees; *it is* ***only*** ~ dit is nie meer as reg nie; ~ ***punishment*** geregte straf; ~ ***resentment*** billike verontwaardiging. **just** *adv.* net, presies; enkel, eenvoudig; sommer; maar; ewe; net=nou, so pas; *that's* ~ ***about*** *it* →ABOUT *prep.; it is* ~ ***as if*** ... →IF *voegw.; s.o. would* ~ ***as soon*** ... →SOON; ~ ***as well*** ewe goed, net so goed; *it is* ~ ***as well*** *that* ... dit is (ook) maar goed dat ...; *it may be* ~ ***as well*** *to* ... dit is dalk raadsaam om te ...; *s.o. might* ~ ***as well*** *have gone/etc.* iem. kon ook maar gegaan/ens. het; ~ ***as you are*** sommerso; ~ ***at*** *that spot* presies op daardie plek; ~ ***come*** *here* kom ('n) bietjie hier; *s.o.* ~ ***could*** *not do it* iem. kon dit glad/eenvoudig nie doen nie; iem. kon dit nou eenmaal nie regkry nie; ***don't*** *I* ~*!* dit sou ek dink!; bepaald, sonder twyfel; *s.o.* ~ ***enthuses*** *over* ... iem. dweep eenvoudig met ...; *it* ~ ***failed*** dit het net-net misluk; ~ ***fancy/imagine*** *(that)!* verbeel jou!, stel jou voor!, reken net!, nou toe nou!; *you will* ~ ***have*** *to wait* jy sal maar (mooitjies) moet wag; *it is* ~ ***impossible*** dit is eenvoudig onmoontlik; *that's* ~ ***it!*** →IT *pron.;* ~ ***less*** *than* ... iets minder as ... *(duisend ens.);* ~ ***listen*** *to this* luister ('n) bietjie hier; ~ ***mar=ried*** pas getroud; ~ *a* ***moment!*** wag 'n bietjie!, net 'n oomblik!; ~ ***more*** *than* ... iets meer as ... *(duisend ens.);* ~ ***now*** op die oomblik; nou net, so pas, sopas, so-ewe; *(SA)* netnou, nou-nou; ~ *three* ***o'clock*** pre=sies drieuur/drie-uur, drieuur/drie-uur op die kop; ***only*** ~ (nou) pas, so pas, sopas, nou net; net-net, (so) hittete, ternouernood; ~ ***opposite***... regoor ...; ~ ***outside*** ... kort buite(kant) ...; ~ ***over*** ... effens/iets meer as ... *(honderd, 'n kilogram, ens.); it is* ~ ***possible*** →POSSIBLE *adj.;* ~ ***right*** doodreg; *s.o. is* ~ *a* ***rotter*** iem. is sommer 'n twak; ~ *the* ***same*** net dieselfde; tog, nietemin, nogtans, desondanks, desnieteenstaande; ~ ***so!**, (fml.)* net so!, presies!; ~ ***there*** net daar; ~ ***un=der*** ... effens/iets minder as ... *(honderd, 'n kilogram, ens.);* ~ ***what*** *happened?* wat het presies gebeur?; ~ ***why?*** waarom presies?; *not* ~ ***yet*** nog nie, vir eers nie, nie nou al nie. ~**-in-time** *adj. (attr.), (han., afk.:* JIT) voorraadlose *(produksie);* net-betyds- *(stelsel, strategie, grondslag, ens.).*

jus·tice geregtigheid, regverdigheid; reg; justisie; gereg; regmatigheid; billikheid; juistheid; regter; ***administer*** ~ regspreek, die wet toepas; *the* ***administration*** *of* ~ regspraak, regspleging, regsbedeling; *be* ***amenable*** *to* ~ beregbaar wees; ***bring*** *s.o. to* ~ iem. voor die gereg bring; *the* ~ *of a* ***cause*** die goeie reg van 'n saak; ***chief*** ~ hoofregter; *the* ***course*** *of* ~ →COURSE *n.; let* ~ *take its* ***course*** die reg sy gang laat gaan; ***court*** *of* ~ →COURT *n.;* ***deal out*** ~ regspreek; *a* ***denial*** *of* ~ 'n misken=ning van die reg; ***deny*** *s.o.* ~ iem. geregtigheid ontsê; *the* ***dispensation/distribution*** *of* ~ die regsbedeling; ***do*** ~ *to s.t.,* ***do*** *s.t.* ~ iets tot sy reg laat kom; ***do*** *s.o.* ~, ***do*** ~ *to s.o.* billik wees teenoor iem.; reg aan iem. laat geskied, iem. tot sy/haar reg laat kom; iem. eer aandoen; ***do*** *o.s.* ~ jou beste gee, jou met eer van jou taak kwyt; *defeat the* ***ends*** *of* ~ die regsbedeling ver=ydel, die (loop van die) gereg dwarsboom; *a* ***failure*** *of* ~ 'n onreg, 'n geval waar geregtigheid nie geskied het nie; *there has been a* ***failure*** *of* ~ reg het nie ge=skied nie; *be* ***founded*** *in* ~ op geregtigheid gegrond wees; ***hall*** *of* ~ →HALL; ***in*** ~ billikheidshalwe; ***in*** ~ *to* ... uit billikheid (*of* om billik te wees) teenoor ...; *temper* ~ *with* ***mercy*** reg met genade versag; ***Minister*** *of J*~ minister van justisie; *a* ***miscarriage*** *of* ~ →MIS=CARRIAGE; ***Mr J~ X*** regter X; ***Mr Acting J~ X*** waarnemende regter X; ***Palace*** *of J*~ →PALACE; ~ *of the* ***peace*** →PEACE; ***perversion*** *of* ~ regsverdraaiing; ***poetic*** ~ poëtiese geregtigheid; ~ *must* ***prevail*** reg moet geskied; ***rough*** ~ hardhandige/haastige bereg=ting, summiere geregtigheid; *do* ***scant*** ~ *to* ... nie ge=noeg reg aan ... laat geskied nie, ... nie genoeg reg laat wedervaar nie; ~ *must be* ***seen*** *to be done* reg moet sigbaar geskied; ***summary*** ~ summiere beregting, snelreg, standreg; *a* ***travesty*** *of* ~ 'n bespotting van die gereg; ***with*** ~ met reg. **jus·tice·ship** regterskap. **jus=ti·ci·a·ble** beregbaar, aan die regspraak onderworpe, vatbaar vir beregting. **jus·ti·ci·ar** *(hist.)* hoofregter, hoë regter; *(capital)* ~ kanselier.

jus·ti·fi·a·ble geregverdig, verdedigbaar, verskoon=baar; ~ *grievance* gegronde grief; ~ *homicide* straf(fe)=lose/geregverdigde manslag. **jus·ti·fi·a·bil·i·ty, jus·ti=fi·a·ble·ness** verdedigbaarheid, verskoonbaarheid. **jus·ti·fi·a·bly** tereg, met reg.

jus·ti·fi·ca·tion regverdiging, verdediging, versko=ning, verantwoording; wettiging; regverdigmaking; *in* ~ *of* ... ter regverdiging van ...; ~ *by works* werk=heiligheid. **jus·ti·fi·ca·to·ry** regverdigend, verskonend.

jus·ti·fy verdedig, regverdig, wettig, verantwoord, ver=skoon, goedpraat; bewaarheid; motiveer; in die gelyk stel; *(teol.)* regverdig maak; *(druk.)* justeer; ~ *the* ***care*** *taken* die bestede moeite beloon; *the* ***end*** *justifies the means* die doel heilig die middele; ~ ***o.s.*** *(to s.o.)* jou (teenoor iem.) regverdig/verantwoord. **jus·ti·fied** gereg=verdig, verantwoord; *your* ***fears*** *were* ~ u/jou vrees was gegrond; *be* ***fully*** ~ heeltemal/allesins/volkome geregverdig wees; *be* ~ ***in*** *complaining/etc.* geregtig wees om te kla/ens.; *you were* ***quite*** ~ *in* ... jy het vol=kome gelyk gehad om te ... **jus·ti·fi·er** regverdigmaker; verdediger; vryspreker. **jus·ti·fy·ing** regverdigmakend.

Jus·tin: ~ **Martyr** *(heilige)* Justinus Martyr, Justinus die Wysgeer.

Jus·tin·i·an *n., (Rom. keiser)* Justinianus. **Jus·tin=i·an** *adj.* Justiniaans.

just·ly regverdig(lik), billik, billikerwys(e); noukeu=rig; met reg, tereg; *very* ~ heel tereg.

just·ness regverdigheid, billikheid; geregtigdheid, ge=grondheid; noukeurigheid.

jut *n.* uitsteeksel, uitstekende/oorhangende gedeelte; uitbousel. **jut** =*tt=, ww.* (voor)uitsteek, uitspring, oor=hang; ~ *out* uitsteek; ~ *out from* ... uit ... steek.

Jute *(hist.)* Jut; *the ~s* die Jutte. **Jut·land** *(geog.)* Jut=land.

jute goiing, jute; juteplant. ~ **factory** jutewewery.

Ju·ve·nal *(Rom. satirikus)* Juvenalis.

ju·ve·nes·cence verjonging. **ju·ve·nes·cent** ver=jongend, jonk wordend.

ju·ve·nile *n.* jong mens, jongmens, jeugdige (persoon). **ju·ve·nile** *adj.* jeugdig, jong; jeug=, vir die jeug. **J~ Affairs Board** *(SA, hist.)* Jeugraad. ~ **choir** kinder=, jeugkoor. ~ **court** jeughof. ~ **delinquency** jeugmis=dadigheid, =misdade, =misdaad. ~ **delinquent** jeug=dige misdadiger, jeugmisdadiger. ~ **lead** *(teat.)* (rol van) jeune premier. ~ **literature,** ~ **reading** jeuglek=tuur. ~ **offence** jeugmisdryf, =oortreding. ~ **offender** jeugdige oortreder. ~ **prison** jeuggevangenis. ~ **water** *(geol.)* nuwe water.

ju·ve·nil·i·a jeugwerk(e) *(v. 'n skrywer);* jeuglektuur.

ju·ve·nil·i·ty jeugdigheid, jonkheid.

jux·ta·pose naas mekaar stel/plaas. **jux·ta·po·si·tion** naasmekaarstelling; aangrensing, teenaanligging; juks=taposisie; *in* ~ naas mekaar.

Kk

k, K *k's, K's, Ks, (elfde letter v.d. alfabet)* k, K; *little ~* k'tjie; *small ~* klein k.

K *K's, Ks, (infml. afk., <Gr.* kilo*-)* een duisend, een=duisend; *earn 30 ~ a year* dertig duisend (*of* dertig=duisend) pond/dollar/ens. per jaar verdien.

k *k's, (SA, infml. afk.)* kilometer; *47 ~'s* 47 kilometer.

ka *(Eg., hist.)* ka, siel.

Kaa·ba, Caa·ba *(<Arab.)* Kaäba.

ka·bob *(Am.)* →KEBAB.

Ka·bul, Ka·bul *(geog.)* Kaboel.

Ka·byle *n., (dialek)* Kabiels. **Ka·byle** *adj.* Kabiels; *~ wool* Kabielse wol, berberwol.

Kad·dish *(Joodse gebed)* Kaddisj.

ka·di →CADI.

Ka·do·ma *(geog.)* Kadoma.

kaf·fee·klatsch *(D., Am.)* →COFFEE KLATCH.

Kaf·fir *(hist., neerh.)* Kaffer; *(hoofs. i.d. mv., hist.)* SA mynaandele. ~ **beads** →CANDLE PLANT. ~ **bean** →COWPEA. ~ **bread tree** →BREADFRUIT. ~ **bride** →BRIDE'S BUSHES. ~ **cherry** →MEDLAR; HOTTENTOT'S CHERRY. **k~ corn** →SORGHUM. ~ **crane** →CROWNED CRANE. ~ **finch** →BISHOPBIRD. ~ **grapes** →BARLEY SUGAR PLANT. ~ **hut** →MELON SPURGE. **~land** *(hist.)* Kafferland. ~ **melon** →(WILD) WATERMELON. ~ **mil=let** →BABALA GRASS. ~ **orange** →BITTERBERRY; MON=KEY ORANGE. ~ **plum,** ~ **date** →WILD PLUM. ~ **sheet=ing** →UNBLEACHED COTTON. ~ **sorrel** →IVY-LEAVED PELARGONIUM. ~ **tea** →BUSHMAN'S TEA. ~ **thorn (tree)** →CAPE BOX THORN; HOOK-THORN. ~ **tree** →CORAL TREE. ~ **war** →FRONTIER WAR.

Kaf·frar·i·a *(geog., hist.)* Kaffrarië. **Kaf·frar·i·an** Kaf=fraries.

Kaf·ka·esque *adj.* Kafkaägtig, Kafka-agtig.

kaf·tan, caf·tan kaftan.

ka·goul(e) →CAGOULE.

kai·ak →KAYAK.

kail →KALE.

kai·nite *(min.)* kainiet.

kai·ser *(hist.)* (Duitse) keiser.

kai·zen *(Jap., sakefilosofie)* kaizen.

ka·la-a·zar *(patol.)* kala-asar.

Ka·la·ha·ri *(geog.)* Kalahari. ~ **Christmas tree** →SICKLE BUSH.

ka·lash·ni·kov *(Rus., outomatiese geweer)* kalasjnikof; →AK47.

kale, kail kool, krulkool, weikool; koolsop; *(kitchen)* ~ krulkool, boer(e)kool; *(tree)* ~ beeskool. **~yard** *(Sk.)* groentetuin.

ka·lei·do·scope kaleidoskoop. **ka·lei·do·scop·ic** ka=leidoskopies. **ka·lei·do·scop·i·cal·ly** kaleidoskopies.

kal·ends →CALENDS.

ka·lif →CALIPH.

ka·lim·ba *(mus.instr.)* kalimba.

Ka·li·nin·grad *(geog., voorheen Königsberg)* Konings=bergen.

Kal·muck *=muck(s),* **Kal·myk** *=myk(s), n., (lid v. 'n volk)* Kalmuk; *(geen mv., taal)* Kalmuks. **Kal·muck, Kal·myk** *adj.* Kalmuks; *~ wool* Kalmukse wol.

ka·long *(soort vlermuis)* kalong, vlieënde hond.

kal·so·mine →CALCIMINE.

kal·ya *(SA, Ind. kookk.)* kalja.

ka·ma, kaa·ma *(vero.)* →RED HART(E)BEEST.

ka·mam *(bot.: Adenia* spp.*)* bobbejaangif.

ka·mas·si kammassie(hout). ~ **tree** kammassieboom.

Kam·chat·ka *(geog.)* Kamtsjatka.

kame *(Sk., geol.)* eindmoreenbult.

ka·mi·ka·ze *n., (Jap.)* kamikaze(vlieënier), selfmoord=vlieënier; kamikaze(vliegtuig), selfmoordvliegtuig. **ka=mi·ka·ze** *adj. (attr.)* kamikaze=, selfmoord=; kami=kaze=, roekelose, onverskillige; *~ attack* kamikaze-aanval, selfmoordaanval; *~ driver* kamikazebestuurder, roekelose/onverskillige bestuurder; *~ pilot* kamikaze=(vlieënier), selfmoordvlieënier.

kam·pong, kam·pong *(<Mal.)* kampong.

Kam·pu·che·a *(geog., hist.)* →CAMBODIA.

Ka·na·ka, Ka·na·ka Kanaak, Suidsee-eilander.

Ka·nan·ga *(geog.)* Kananga.

Ka·na·rese, Ca·na·rese *n. & adj.* Kanarees.

kan·ban *(Jap. vervaardigingsproses)* kanban.

Kan·chen·jun·ga →KANGCHENJUNGA.

kan·ga·roo kangaroe; *Cape ~* →SPRINGHAAS. ~ **court** boendoehof. ~ **justice** boendoegereg. ~ **rat** (woes=tyn)springmuis.

Kang·chen·jun·ga, Kan·chen·jun·ga, Kin·chin=jun·ga *(geog.: 'n berg)* Kantsjendjanga.

kan·nip *(bot.: Hydnora africana)* jakkalskos.

ka·no·ti grass *(Flagellaria guineensis)* kanotgras.

Kan·sas *(geog.)* Kansas.

Kant·i·an *n.* Kantiaan. **Kant·i·an** *adj.* Kantiaans. **Kant(·i·an)·ism** Kantianisme.

ka·o·lin, ka·o·line kaolien, porseleinaarde, =klei. **ka·o·lin·ise, =ize** kaoliniseer.

ka·pok kapok(wol). ~ **tree** *(Ceiba pentandra)* kapok=boom.

Ka·po·si's sar·co·ma *(med.: soort velkanker)* Kaposi-sarkoom.

kap·pa kappa, Griekse (letter) k.

ka·put *(pred.), (<D., infml.)* kapot, pootuit, klaar, poegaai.

kar·a·bi·ner, snap link, krab *(<D., bergklim)* ka=rabynhaak.

Ka·ra·chi *(geog.)* Karatsji.

kar·a·kul, car·a·cul karakoel(skaap). ~ **fur** kara=koelpels.

kar·an·teen *(igt.: Crenidens crenidens)* karanteen.

kar·a·o·ke *(Jap., mus.)* karaoke; karaoke(-masjien). ~ **bar** karaoke-kroeg. ~ **machine** karaoke-masjien.

kar·at *(Am.)* = CARAT.

ka·ra·te *(Jap. vegkuns)* karate. ~ **chop** *n.* karatehou, =kap, karate-kaphou. **~-chop** *ww.* met karatehoue (*of* 'n karatehou) tref; met karatehoue toetakel. **~-do** (kuns van) karate.

ka·ra·te·ka karateka, karateleerling, =kenner.

ka·ree →KAR(R)EE.

Ka·re·li·a *(geog.)* Karelië. **Ka·re·li·an** *n.* Kareliër; *(taal)* Karelies. **Ka·re·li·an** *adj.* Karelies.

kar·ma *(Hind. en Boeddh; infml.)* karma, lot.

Ka·roo *(geog.)* Karoo; *the Great ~, (SA, geog.)* die Groot-Karoo; *the Little ~, (SA, geog.)* die Klein-Karoo. ~ **aloe** *(Aloe claviflora)* aanteelaalwyn. ~ **bush rat** Ka=roose bosrot. ~ **chat** *(orn.)* karoospekvreter. ~ **kor=haan** vaal=, dikkopkorhaan. ~ **robin** slangverklikker. ~ **System** *(geol.)* Sisteem Karoo, Karoosisteem. ~ **thorn** →SWEET THORN.

ka·ro·shi *(Jap.: dood weens werkuitputting)* karosji.

ka·ross karos.

ka(r)·ree *(SA, bot.)* karee(boom).

kar·ri *(bot.: Eucalyptus diversicolor)* karri.

Kar·roo →KAROO.

karst *(geol.)* karst; *the K~* die Karst. ~ **hole** karst=tregter, dolien.

kart renstel, snortjor, knortjor; →GO-KART. **kart·er** stelrenner. **kart·ing** stelrenne.

kas·bah, cas·bah kasba, stadsvesting, sitadel; Ara=bierewyk.

Kash·mir *(geog.)* Kasjmir. **Kash·mir·i** *=miri(s), (inwo=ner; taal)* Kasjmiri. **Kash·mir·i·an** *n., (inwoner)* Kasj=miri. **Kash·mir·i·an** *adj.* Kasjmirs.

Ka·shu·bi·a *(geog.)* Kasjoebië. **Ka·shu·bi·an** *n., (in=woner)* Kasjoeb; *(taal)* Kasjoebies. **Ka·shu·bi·an** *adj.* Kasjoebies. **Ka·shu·bish** *(taal)* Kasjoebies.

Kas·sel, Cas·sel *(geog.)* Kassel. **Kas·sel·er, Kass=ler rib** *(kookk.)* Kasselse rib.

kat·a·bat·ic *adj., (met.)* katabaties; *~ wind* kata=batiese wind, daal=, valwind.

kat·a·bol·ic →CATABOLIC. **ka·tab·o·lism** →CATA=BOLISM.

Ka·tar *(geog.)* →QATAR.

ka·ta·ther·mom·e·ter *(fis.)* katatermometer.

Ka·to·wi·ce *(geog.)* Katowice.

ka·ty·did langhoringsprinkaan.

kau·ri: ~ **gum** kaurigom. ~ **(pine)** kauriden.

ka·va *(bot.)* kawa.

kay (letter) k.

ka·ya *(dikw. neerh.)* kaia, pondok(kie), stroois.

kay·ak, kai·ak *(soort kano oorspr. deur d. Innuïete gebr.)* kajak.

Ka·zak(h) *(inwoner)* Kasak; *(taal)* Kasaks. **Ka·zak(h)=stan** *(geog.)* Kasakstan.

ka·zoo *=zoos, (mus., blaasinstrument)* kazo.

ke·a *(orn.)* kea.

Keats: *~'s poetry* Keats se gedigte.

ke·bab, *(Am.)* **ke·bob** kebab, sosatie.

keck *ww., (infml.)* braakbewegings maak, sukkelbraak, kokhals; naar voel; walg.

ked skaapluis; luisvlieg.

kedge, kedge an·chor *n., (sk.)* keg=, werp=, ka=tanker. **kedge** *ww.* versleep, verhaal.

kedg·er·ee *(kookk.)* kitsery.

keel[1] *n.* kiel; skip, vaartuig; *be on an* ***even*** *~, (sk., lugv.)* gelyklastig (*of* voor en agter ewe swaar) wees; *(fig.)* rustig (*of* in ewewig) wees; weer normaal wees; *keep things on an* ***even*** *~* sake in ewewig hou, die ewewig in sake bewaar; *matters are on an* ***even*** *~, (ook)* dit gaan klopdisselboom; *a* ***false*** *~* 'n los kiel; ***lay*** *down a ~* 'n kiel lê; 'n skip op stapel sit. **keel** *ww.* kantel; *~ over, (iets)* omkantel; *(infml., iem.)* omval, omkap. **~block** kielblok, stapelblok. **~boat** kielskuit. **~box** kielbak, =koker. **~man** *=men* skuitvoerder. ~ **(moulding)** kiellys. ~ **surface** syvlak *(v. 'n vliegtuig).*

keel[2] *n., (Eng. dial.)* koleskuit, steenkoolskuit.

keel·age kielreg.

keeled gekiel(d).

keel·haul *(hist.)* kielhaal; *(infml., skerts.)* skrobbeer.

keel·son, kel·son kolsem *(v. 'n skip)*; saathout *(v. 'n boot).*

keen[1] *adj.* skerp; bytend, vlymend; hartstogtelik, vurig; fel, hewig, heftig; ywerig; toegewyd; belangstellend; begerig, gretig; →KEENLY, KEENNESS; *a ~* ***air*** 'n skraal windjie; *a ~* ***desire*** 'n sterk verlange; *the ~* ***edge*** die skerp kant; *in ~* ***expectation*** in gespanne afwagting; *a ~ sense of* ***humour*** 'n skerp humorsin; *~* ***insight***

skerp insig; *a ~ **intellect*** 'n skerp verstand; *a ~ **interest*** 'n sterk/lewendige belangstelling; *be (as) ~ as **mustard** (Br., infml.)* vol vuur/ywer (*of* baie entoesiasties) wees; ***not** be very ~* nie baie gretig/lus wees nie; *be ~ **on** s.t.* lief wees vir (*of* gek wees na *of* versot wees op) iets; iets sterk begeer; *s.o. is ~ **on** doing s.t.* iem. wil iets dolgraag doen; *not be ~ **on** doing s.t., (ook)* traag wees om iets te doen; *~ **prices*** laagste pryse; *~ **satire*** bytende satire; *~ **sight*** skerp oë; *a ~ (sense of) **smell*** 'n fyn reuksin; *a ~ **supporter*** 'n vurige ondersteuner. **~-edged** skerp geslyp, skerpsnydend. **~-eyed** skerpsiende, skerp van gesig/oë. **~-scented** skerp van reuk. **~-witted** skerpsinnig, skerp van verstand.

keen² *n.* (Ierse) lyksang. **keen** *ww.* weeklaag; beween.

keen·ly skerp; vurig, ywerig; besonder; *observe ... ~* ... skerp waarneem.

keen·ness skerpte, skerpheid; vurigheid, ywer; sterk/lewendige belangstelling; gretigheid; versotheid.

keep *n.* onderhoud, kos; *(hist.)* burg, vesting, kasteel; vesting-, kasteeltoring, slot-, hooftoring; sluiter; *(arg.)* hoede, bewaking, bewaring; ***earn** one's ~* jou kos verdien, in eie onderhoud voorsien, jou loon werd wees; *s.t. **earns** its ~* iets dek sy eie koste/onderhoud; ***for** ~s, (infml.)* om te hou; vir altyd; *it is his/hers **for** ~s, (infml.)* hy/sy mag dit hou, dit is heeltemal syne/hare; *play **for** ~s, (infml.)* in erns speel. **keep** *kept kept, ww.* hou *('n winkel, hotel, ens.)*; behou; ophou; bewaar *(d. vrede, 'n geheim, ens.)*; hou, nakom, gestand doen *('n belofte)*; nakom, naleef, -lewe, gehoorsaam, bly by, jou hou aan *(d. wet ens.)*; vervul, in ag neem; onderhou *('n gesin)*; aanhou *(diere, 'n minnares, ens.)*; in voorraad hou; goed bly; duur; woon; *(arg.)* oppas, behoed, beskerm; →KEPT; *~ **abreast** of s.t.* →ABREAST; *~ **accounts/books*** boekhou; *~ s.t. **afloat*** iets vlot hou *('n boot)*; iets aan die gang hou *('n onderneming ens.)*; *~ **after** s.o.* iem. bly agtervolg; *~ **ahead*** voorbly; *~ **ahead** of s.o.* voor iem. bly; *~ **alive*** →ALIVE; *~ people/things **apart*** mense/dinge uitmekaarhou (*of* uitmekaar/vanmekaar hou *of* van mekaar skei/weghou); *~ up **appearances*** →APPEARANCE; *~ an **appointment*** →APPOINTMENT; *~ **at** s.t.* met iets aanhou; met iets deurgaan; *~ **at** s.o. to do s.t.* aan iem. knaag/torring om iets te doen; *~ **away** from ...* van ... wegbly; op 'n afstand van ... bly; *~ s.o./s.t. **away*** iem./iets weghou; *~ s.t. **away** from s.o., ~ s.t. **from** s.o.* iets vir iem. wegsteek/dighou/verswyg; *~ **back*** agterbly; *~ s.t. **back*** iets agterhou *(iem. se loon ens.)*; iets agterweë hou; iets verswyg (*of* geheim hou) *(inligting ens.)*; iets bedwing *(trane ens.)*; iets beperk *('n uitgawe ens.)*; *~ the crowd **back*** die skare bedwing/terughou; *~ ... at **bay*** →BAY⁵ *n.*; *~ the pot **boiling*** →POT¹ *n.*; *~ **calm*** →CALM¹ *adj.*; *~ **clear*** →CLEAR¹ *adv.*; *~ **coming*** aanhou (met) kom, steeds kom; *~ s.o. **company*** →COMPANY *n.*; *~ **cool*** →COOL *adj.*; *~ one's own **counsel*** →COUNSEL *n.*; *~ **count** of s.t.* →COUNT¹ *n.*; *~ one's **countenance*** →COUNTENANCE *n.*; *~ (to) one's **course*** →COURSE *n.*; *~ s.t. **dark*** →DARK *adj.*; *~ **direction*** →DIRECTION; *~ one's **distance*** →DISTANCE *n.*; *~ s.o. **down*** iem. onderhou; iem. onderdruk; iem. onder die duim hou; *~ s.t. **down*** iets binnehou/inhou *(kos ens.)*; iets laag hou *(jou kop ens.)*; iets in bedwang hou *(onkruid, insekte, ens.)*; *~ one's **end** up* →END *n.*; *~ an **eye** on s.o./s.t.* →EYE *n.*; *~ **faith** with s.o.* →FAITH; *~ one's **feet*** staande (*of* op die been) bly; *~ the **field*** →FIELD *n.*; *~ **fit*** →FIT¹ *adj. & adv.*; *~ **friends*** op goeie voet bly, maats/vriende bly; *~ one's **friends*** vriende behou; *~ **from** s.t.* jou van iets onthou; *~ s.t. **from** s.o.* →*keep s.t. **away** from s.o.*; *s.t. ~s s.o. **from** doing it* iets weerhou iem. daarvan om dit te doen; *~ **goal*** →GOAL *n.*; ***God** ~ you, (fml.)* mag God jou behoed/bewaar/beskerm; *~ **going*** aan die gang bly; *~ ... **going** ...* gaande (*of* aan die gang) hou; ... staande hou; *~ one's **ground*** →GROUND¹ *n.*; *~ your **hair/shirt** on!, (infml.)* moenie so kwaad word (*of* so vinnig op jou perdjie klim) nie!, bedaar!; *~ one's **hand** in* →HAND *n.*; *~ one's **head*** →HEAD *n.*; *~ in good **health*** →HEALTH; *~ **hoping/etc.*** bly hoop/ens.; *~ late **hours*** →HOUR; *~ **house*** →HOUSE *n.*; ***how** are you ~ing?* hoe gaan dit (met jou [gesondheid])?; *~ s.o. **in*** iem. inhou; iem. ná skool hou (*of* laat skoolsit); *~ s.o. **in** ...* iem. van ... voorsien; *~ one's anger/etc. **in*** jou woede/ens. bedwing; *~ **in** with s.o., (infml.)* op goeie voet met iem. bly; *~ (to the) **left/right*** links/regs hou; *~ a **lookout*** →LOOKOUT; *~ s.t. in **mind*** →MIND *n.*; *~ **moving*** aan die beweeg bly; aanstap; *~ **off** ..., (ook)* ... van jou lyf afhou; *~ s.o./s.t. **off*** iem./iets weghou/afweer (*of* op 'n afstand hou); *~ **off** s.t.* van iets wegbly; van iets af bly *(d. gras ens.)*; iets vermy *('n onderwerp ens.)*; iets laat staan *(d. drank ens.)*; *~ **off** the grass!* bly van die gras af!, moenie op die gras loop nie!; *~ **on*** aanhou; verder/vêrder gaan/loop/ry/ens.; *~ **on** about s.t.* oor iets bly praat, gedurig oor iets praat; *~ **on** at s.o.* aan iem. knaag/torring, iem. nie met rus laat nie; *~ s.o. **on*** iem. behou (*of* in diens hou); *~ straight **on*** reguit aanloop/aanry; reg vorentoe gaan; *~ **on** talking/etc.* aanhou (met) praat/ens.; *~ **o.s.*** jouself onderhou; *~ **out*** wegbly; buite bly; *~ s.o./s.t. **out*** iem./iets buite hou; *~ a party **out**, (pol.)* 'n party uit die bewind hou; *~ **out of** s.t.* uit iets bly; jou nie met iets bemoei nie; *~ s.o. **out of** s.t.* iem. uit iets hou; *~ **out of** it!* hou jou daaruit!; *~ s.t. **over*** iets oorhou, iets laat bly/oorstaan; *~ the **pace*** →PACE¹ *n.*; *~ s.o. **prisoner*** →PRISONER; *~ **quiet*** →QUIET *adj. & adv.*; *~ s.t. in **repair*** →REPAIR¹ *n.*; *~ the ball **rolling*** →BALL¹ *n.*; *~ the **saddle*** in die saal bly; *~ **saying/etc.*** aanhou (met) sê/ens., gedurig sê/ens.; *~ s.o. after **school*** iem. laat skoolsit/skoolbly; *~ **score*** →SCORE *n.*; *~ one's **seat*** →SEAT *n.*; *~ s.t. **short*** iets korthou; *~ **silence*** →SILENCE *n.*; *~ **step*** →STEP *n.*; *~ **straight*** →STRAIGHT *adv.*; *~ a good **table*** →TABLE *n.*; *~ **time*** →TIME *n.*; *~ **to** s.t.* by iets bly/hou, aan iets vashou, iets handhaaf *(beginsels ens.)*; iets naleef/nalewe (*of* in ag neem) *(reëls ens.)*; in iets volhard *('n gewoonte ens.)*; in iets bly *(d. bed)*; op/in iets bly, in iets hou *(d. pad)*; *~ (o.s.) **to** o.s.* jou eenkant hou, geselskap vermy, jou afsonder; *~ s.t. **to** o.s.* oor iets swyg; *~ **together*** bymekaarbly; *~ body and soul **together*** siel en liggaam aanmekaarhou; *~ people/things **together*** mense/dinge bymekaarhou; *~ in **touch** with ...* →TOUCH *n.*; *~ **track** of ...* →TRACK¹ *n.*; *~ s.o. **under*** iem. onderhou/onderdruk; *~ s.t. **under*** iets onderdruk (*of* in bedwang hou); *~ s.o. **up*** iem. wakker hou; *~ s.t. **up*** iets volhou; iets byhou (*of* nie laat verroes nie) *(kennis, vaardigheid, ens.)*; iets handhaaf/hooghou (*of* in ere hou); in/met iets volhard; *~ **up** one's spirits* →SPIRIT *n.*; *~ it **up*** daarmee volhou; daarmee volhard; *~ it **up**!* hou so aan!, hou vol!; *~ **up** with ...* by ... bybly/byhou, met ... tred hou; *~ **up** with the Joneses, (infml.)* byhou by die bure; *~ **up** with things* op (die) hoogte van/met sake bly; *~ s.o. **waiting*** iem. laat wag; *~ **watch*** →WATCH *n.*; *~ out of the **way*** →WAY *n.*; *~ **well**, (iem.)* gesond bly; *(iets)* goedhou; ***what** is ~ing s.o. (so long)?* waar bly iem. (so lank)?; *~ **wicket*** →WICKET; *s.t. **will** ~* iets kan wag; iets sal hou (*of* goed bly *of* nie bederf nie) *(melk, vleis, ens.)*; *the news **will** ~* dit sal nie ou nuus word nie; *I **won't** ~ you* ek sal jou nie ophou nie; *~ one's **word*** →WORD *n.*; ***you** ~ it!* hou jy dit!. **~ fit** *n., (Br.)* fiksheidsoefeninge; fiksheidsklas. **~-fit** *adj. (attr.)* fiksheids-; *~ class* fiksheidsklas. **~net** *(hengel)* hounet. **~ plate** sluitplaat. **~sake** aandenking, herinnering, gedagtenis, soewenier.

keep·er bewaarder, opsiener, oppasser, oppaster, wagter; onderhouer; doelwagter; *(kr.)* paaltjiewagter; kurator *(in 'n museum)*; konservator; (jag)opsigter; wildopsigter, -opsiener; sipier; skutring; sluiter; sluitstuk *(v. 'n magneet)*; anker; houbare vrug; *~ of the **archives/records*** argivaris; *these apples are **good** ~s* dié appels hou (*of* bly lank) goed; *K~ of the **Great Seal**, (Br., hist.)* Rykseëlbewaarder; *K~ of the **Privy Purse**, (hoofs. Br.)* Koninklike Penningmeester; *K~ of the **Privy Seal**, (Br., hist.)* →LORD PRIVY SEAL. **~ pin** sluit-, borgpen. **~ plate** slagplaatjie *(v. 'n slot)*. **~ screw** borgskroef.

keep·ing *n.* bewaring; hoede; ooreenstemming; onderhouding; *in s.o.'s ~* onder iem. se sorg; ***in** ~ with ...* in ooreenstemming met ...; *it is **in** ~ with ...* dit is in ooreenstemming met ...; dit strook met ...; dit pas by ...; *it is **out of** ~ with ...* dit is strydig (*of* in stryd) met ..., dit is nie in ooreenstemming met ... nie; dit strook nie met ... nie; dit pas nie by ... nie; *in **safe** ~* in veilige/versekerde bewaring; onder veilige hoede. **~ quality** goedhouvermoë. **~ room** *(dial.)* sit-, voorkamer.

kees·hond -*honde* keeshond.

keeve, kieve *(w.g.)* kuip, vat; brouvat; bleikkuip; *(mynb.)* wasvat.

kef →KIF.

keg vaatjie.

Kei ap·ple *(SA, bot.: Dovyalis caffra)* keiappel.

ke·lim →KILIM.

kelp kelp, seewier, -gras. **~ ash** loogas, wier-as. **~wort** →GLASSWORT.

kelp·er *(ook K~, Br., sl.: bewoner v.d. Falklandeilande)* Kelper.

kel·pie¹, kel·py Australiese skaaphond.

kel·pie² *(Sk. folklore)* watergees.

kel·son →KEELSON.

Kelt →CELT.

kel·vin *(fis.)* kelvin.

ke·mi·ri (nut) →CANDLENUT.

kemp steekhaar. **kemp·y** vol steekhare; *~ wool* steekhaarwol.

ken *n.* begrip, kennis, verstand; gesig(skring), horison; *s.t. is **beyond** s.o.'s ~* iets is bo iem. se begrip, iets is bo(kant) iem. se vuurmaakplek; ***in** ~, (arg.)* in sig, sigbaar; *swim **into** s.o.'s ~, (poët.)* ter kennis van iem. kom; ***out of** ~, (arg.)* onsigbaar. **ken** -*nn*-, *kenned kenned; kent kent, ww., (dial.)* ken; herken; weet, verstaan.

ken·do *(Jap. skermkuns)* kendo.

ken·nel¹ *n.* hondehok; jaghonde; *(fig.)* krot, pondok, hok; *(i.d. mv.)* hondeherberg, -hawe; *(breeding) ~s* hondetelery. **ken·nel** -*ll*-, *ww.* na 'n hondeherberg/-hawe bring/neem; in 'n hondeherberg/-hawe (aan)hou; in 'n krot/pondok/hok woon. **K~ Club** Hondeklub.

ken·nel² *n., (arg.)* (straat)geut, (straat)voor.

ke·no·sis *(Chr. teol.)* kenosis, lediging, aflegging.

kent·ledge *(sk.)* ballasyster.

Ken·tuck·y *(geog.)* Kentucky.

Ken·ya *(geog.)* Kenia. **Ken·yan** *n.* Keniaan. **Ken·yan** *adj.* Keniaans.

kep·i *(Fr., mil. pet)* kepi.

kept gehou; onderhou; *~ woman* minnares, houvrou, maitresse.

ke·ram·ic, ke·ram·ics →CERAMIC, CERAMICS.

kerat-, kerato- *komb.vorm* kerat-, kerato-, horing-.

ker·a·tin horingstof, -weefsel, keratien. **ker·a·tin·i·sa·tion, -za·tion** verhoorning. **ker·a·tin·ise, -ize** verhoring.

ker·a·ti·tis *(med.)* horingvliesontsteking, keratitis.

ker·a·to- *komb.vorm* →KERAT-.

ker·a·toid keratoïed, horingagtig.

ker·a·to·ma *(patol.)* keratoom, horingagtige geswel/groeisel, horingsuil.

ker·a·to·phyre *(geol.)* keratofier.

ker·a·tose horingagtig.

kerb, (Am.) curb (straat)rand, band/rand van die/'n sypaadjie; voetrand; randmuurtjie; *on the ~, (ook)* op straat. **~ cock, ~ stop** straatkraan. **~ crawler** lamppaalverkenner. **~ crawling** lamppaalverkenning. **~ drill** oorsteekreëls. **~ line** randlyn. **~stone** randsteen.

kerb·ing beranding; randstene, randmuurtjie.

ker·chief halsdoek; kopdoek; *(poët., liter.)* sakdoek.

kerf keep, kerf; saagkerf; kap-ent, saagent; skeervlokkie.

ker·fuf·fle *(Br., infml.)* konsternasie; bohaai, herrie, kabaal, gedoente, ophef, opskudding.

ker·mes *(entom.; kleurstof)* kermes. **~ (oak)** kermeseik.

ker·messe *(fietsry)* kermesse.

ker·mis, kir·mess kermis; basaar.
kern[1], kerne *(druk.)* letterkrul, oorhang.
kern[2] *(hist.)* Ierse voetsoldaat; *(arg.)* gomtor.
ker·nel pit; kern; ~ *of maize/mealies* mieliepit.
ker·o·sene, ker·o·sine *(chem.)* keroseen; *(Am., infml.)* lampolie, paraffien.
ke(r)·ri(e) *(SA, <Afr., vero.)* →KIERIE.
ker·rie *(Afr.)* →CURRY[1].
Ker·ry: ~ **blue (terrier)** Kerry blue-terriër. ~ **cattle** dexter-, kerrybeeste.
ker·sey *(wolstof)* karsaai.
ker·sey·mere *(wolstof)* kasemier.
ke·ryg·ma -*mata, (<Gr., Chr. teol.)* kerugma. **ker·yg·mat·ic** kerugmaties.
kes·trel *(orn.), (SA)* rooivalk; *(Eur.)* toringvalk; *greater ~, (Falco rupicoloides)* grootrooivalk; *lesser ~, (F. naumanni)* kleinrooivalk, nuwejaarsvalk; *rock/common ~, (F. tinnunculus)* rooi-, kransvalk.
ketch *(sk.: klein tweemaster)* kaag; *Jack K~* →JACK.
ketch·up, catch·up, cat·sup *(Am.)* tamatiesous; ketjap *(Mal.)*.
ke·tene *(chem.)* keteen.
ke·to·gen·ic *(biochem.)* ketogeen. **ke·to·gen·e·sis** ketogenese.
ke·tol *(chem.)* ketol.
ke·tole *(chem.)* ketool; →INDOLE.
ke·tone *(chem.)* ketoon. **ke·tose** *(chem.)* ketose. **ke·to·sis** -*oses, (med.)* ketose.
ket·tle ketel; *a pretty ~ of fish* →FISH[1] *n.; put the ~ on* water kook *(vir tee ens.)*. **~drum** pouk, keteltrom. **~drummer** poukenis, poukspeler, keteltrommer, keteltromspeler. ~ **holder** hingsellap, oor-, vatlap. ~ **spout** ketelspuit. ~ **stitch** *(boekbindery)* kettingsteek.
kev·el (ham·mer) klipkappershamer.
kew·pie (doll) *(oorspr. Am. handelsnaam)* kupie(pop).
kex droë stingel.
key[1] *n.* sleutel; verklaring; vertaling; antwoord(e)boek; leidraad; *(mus.)* klawer, toets *(v. 'n klavier ens.); (mus.)* klep *(v. 'n horing ens.); (mus.)* toonsoort, -aard; toets *(v. 'n tikmasjien)*; keil, wig; spy; vatplek *(vir pleister); a* **bunch** *of ~s* 'n bos sleutels; **cut** *~s* sleutels maak; **golden/silver** *~* omkoopgeld; **in** *~ with ...* in harmonie met ...; *turn a ~ in a* **lock** 'n sleutel in 'n slot draai; *in a* **low/minor** *~, (fig.)* gedemp; **off** *~* vals; *the* **power** *of the ~s, (RK)* die pouslike mag; die kerklike gesag; **press/strike** *the ~s* die toetse druk/aanslaan *(v. klavier/tikmasjien/ens.); in the* **same** *~* in dieselfde trant; *get/have the ~ of the* **street,** *(skerts.)* uitgesluit wees; geen onderdak hê nie; *the ~* **to** *success/etc.* die sleutel tot welslae/ens.; *the ~* **to** *the front/etc. door* die sleutel van die voordeur/ens. **key** *adj.* belangrik, beslissend, deurslaggewend, sleutel-. **key** *ww.* vaswig, (vas)keil; spy; stem, aandraai; opbeur, opwerk, oppor; *(rek.)* vaslê, intik; ~ *s.t.* **in** iets intik; ~ ... **up** ... opwek/opkikker *(iem.)*; ... opskroef/opdryf *(d. atmosfeer, spanning, ens.); be (all) ~ed up* gespanne wees; slaggereed wees; opgewonde wees. ~ **bed** spygleuf; *(geol.)* sleutellaag. ~ **bit** sleutelbaard. ~ **block** sleutelblok. **~board** klawer-, toetsbord; klavier, klaviatuur; toetsbord *(v. 'n rekenaar, tikmasjien, ens.)*; sleutelbord *(vir sleutels)*. **~boarder, ~board operator** *(druk., rek.)* toetsbordoperateur. **~boarding** *(rek.)* intikking. **~board instrument** klawerbordinstrument. **~boardist** *(mus.)* klawerbordspeler. ~ **bolt** spybout; hamerbout. ~ **bow** sleuteloog. ~ **brick** sluitsteen. ~ **bugle** klephoring. ~ **card** sleutelkaart. ~ **colour** grondkleur. ~ **container** sleutelhouer. ~ **cover** klavierloper, -kleedjie. ~ **day** kontroledag. ~ **drift** drewel, (spy)dryfster. ~ **file** sleutelvyl. ~ **fruit** sleutelvrug. **~hole** sleutelgat. **~hole plate** sleutelgatskild. **~hole saw** sleutelgatsaag, steeksaag. **~hole surgery** *(infml.)* minimaletoegangchirurgie, -sjirurgie. ~ **hook** sleutelhaak. ~ **industry** grond-, sleutelbedryf. ~ **loop** sleuteloog. ~ **man** sleutelfiguur, -persoon. ~ **map** sleutelkaart; hoofkaart, oriënteringskaart. ~ **money** sleutelgeld. **~note** grondtoon. **~note speech/address** beleids-, programrede. **~pad** toetsbordjie; bytoetse, aanvullende stel toetse. ~ **piece** sluitstuk. ~ **pin** spy. ~ **plate** beslag, sleutelplaatjie. ~ **point** steun-, sleutelpunt, strategiese punt. ~ **position** *(mil.)* sleutelstelling; sleutelpos(isie). **~punch** *ww.* pons. **~punch(er)** pons(masjien). **~puncher, ~punch operator** ponsoperateur. ~ **rack** sleutelbord. ~ **rifle** proefgeweer. ~ **ring** sleutelring. ~ **seat, ~way** spygleuf. ~ **shank** sleutelsteel. **~-shaped** sleutelvormig. ~ **signature** *(mus.)* toonsoortteken. ~ **stem** sleutelsteel. **~stone** sluitsteen; *(fig.)* hoeksteen. **K~stone State:** *the ~ ~, (geog.)* Pennsilvanië. **~stroke** aanslag. ~ **tag** (sleutel)kenstrokie. ~ **web** sleutelbaard. **~word** sleutel-, trefwoord.
key[2] *n.* →CAY.
key·ing *(telekom.)* sendmetode; seinmetode; *(bouk.)* keil-, wigwerk.
key·less sonder sleutel.
kgo·tla →LEKGOTLA.
kha·ki *n.* kakie(stof); kakie(kleur); *(SA, hist., infml.: Br. soldaat i.d. Anglo-Boereoorlog)* kakie. **kha·ki** *adj.* kakiekleurig. ~ **bush** kakiebos(sie), boetebos(sie). **~-coloured** kakiekleurig. **~-green** kakiegroen. ~ **shorts** kort kakiebroek. ~ **trousers** (lang) kakiebroek. ~ **weed** kakiebos; kakiekweek.
kha·lif →CALIPH.
k(h)am·sin, k(h)am·sin, kam·seen, kam·seen *(<Arab., versengende woestynwind)* chamsin.
khan[1] *(titel)* khan, goewerneur, vors. **khan·ate** khanaat.
khan[2] uitspanplek, herberg, karavanserai.
Khar·kov *(Rus., geog.)* Charkof.
Khar·toum, Khar·tum *(geog.)* Khartoem.
Khay·yám: *Omar ~, (Persiese digter, wis- en sterrekundige, ?1050–?1123)* Omar Chajjam.
khe·dive *(<Turks-Persies, hist., titel)* khedive, onderkoning.
Khi·va *(Rus., geog., hist.)* Khiwa, Chiwa.
Khmer *(inwoner; taal)* Khmer. ~ **Republic** *(geog., hist.)* →CAMBODIA. ~ **Rouge** *(Kambodjaanse kommunistiese party)* Khmer Rouge.
Khoi *n., (taal)* Khoi. **Khoi** *adj.* Khoi. **Khoi·khoi** -*khoi(s), -khoin, (bevolkingslid)* Khoi-Khoi.
Khoi·san *(bevolkings- of taalgroep)* Khoi-San.
Khu·fu →CHEOPS.
khur·ta →KURTA.
khus·khus *(Vetiveria zizanioides)* kuskusgras.
Khy·ber Pass Kaiberpas.
ki·aat kiaat(hout).
ki·ang *(wilde-esel)* kiang.
kib·ble[1] *n., (Br., mynb.)* hysemmer, ertsemmer.
kib·ble[2] *ww.* grof maal.
kib·butz -*butzim* kibboets, gemeenskapsplaas. **kib·butz·nik** kibboetsbewoner.
kibe winterhakskeen.
kib·itz *(Am., infml., <Jidd.)* ongevraagd raad gee; wysneusige opmerkings maak. **kib·itz·er** beterweter, wysneus.
ki·bosh, ky·bosh: *put the ~ on s.t., (infml.)* iets die nek inslaan, 'n end/einde aan iets maak, iets stopsit; iets omverwerp/omvêrwerp/verydel.
kick[1] *n.* skop; *(sport)* skopper; skop, terugslag *(v. 'n geweer)*; stoot, stamp, skok; *(infml.)* blus, fut, gô, pê; *(infml.)* skop *(in 'n alkoholiese drankie); (infml.)* opwinding, aardigheid, lekker(te), lekkerkry, pret; *(infml.)* gier; **fail/miss** *with a ~* mis skop; *the ~* **failed** die skop was mis; *do s.t.* **for** *~s, (infml.)* iets vir opwinding *(of* die aardigheid/lekker(te)/lekkerkry/pret) doen; **get** *a ~ out of s.t., (infml.)* iets geniet, behae in iets skep; **get** *the ~, (infml.)* uitgeskop/afgedank word; *s.o. still* **has** *a lot of ~ in him/her, (infml.)* iem. se blus/fut/gô/pê is nog (lank) nie uit nie; *s.o.* **has** *no ~ left (in him/her), (infml.)* iem. se blus/fut/gô/pê is uit; *get* **more** *~s than halfpence/thanks* meer slae as kos *(of* loesing as loon) kry; stank vir dank kry; *be* **on** *a ... ~, (infml.)* met ... behep wees *(of* op loop gaan), deur ... beetgepak wees *('n gier); get a ~ in the* **pants** *(or up the* **backside**), *(infml.)* 'n skop onder die agterstel/agterstewe/alie/blaker/jis/sitvlak kry; *give s.o. a ~ in the* **pants,** *(infml.)* iem. 'n skop onder die agterstel/agterstewe/alie/blaker/jis/sitvlak gee; *a ~ in the* **teeth,** *(infml., fig.)* 'n terugslag; 'n teleurstelling; 'n vernedering; *a* **touch** *~, (rugby)* 'n buiteskop. **kick** *ww., (ook 'n geweer)* skop; trap; in verset kom, jou verset/teësit/teensit, misnoeë betuig *(teen); ~* **about/around,** *(infml.)* ronddrentel, rondhang, ronddwaal; *s.t. has been kicking* **about/around** *the house, (infml.)* iets het in die huis rondgelê; ~ *s.o.* **about/around,** *(infml.)* iem. rondstoot; ~ *s.t.* **about/around,** *(lett.)* iets rondskop; *(fig., infml.)* iets rondgooi, (aan) iets herkou *('n gedagte, plan, ens.)*; ~ **against** *s.t.* jou teen iets verset, teen iets in opstand kom; ~ **against** *the pricks* →PRICK *n.; be* **alive** *and ~ing* →ALIVE; ~ *s.o.'s* **ass/butt,** *(Am., vulg. sl.)* iem. se gat skop; →KICK-ASS *adj.*; ~ **at** ... na ... skop; ~ *s.t.* **away** iets wegskop; ~ **back,** *(geweer)* skop; *(fig.)* terugslaan, heftig reageer; *(Am., infml.)* vry wees, op jou gemak wees, ontspan; ~ *s.t.* **back** iets terugskop; →KICKBACK; *a ~ing* **ball** 'n opslagbal; ~ *the* **bucket** →BUCKET *n.*; ~ *s.t.* **down** iets stukkend skop *('n deur ens.)*; ~ *s.o. when he/she is* **down** iem. skop wat lê; ~ *s.o.* **downstairs** iem. die trap afsmyt; *(infml.)* iem. 'n kleiner possie gee; ~ *a* **habit** →HABIT *n.*; ~ *one's* **heels** →HEEL[1] *n.*; *s.o. could ~* **himself/herself,** *(infml.)* iem. kon sy/haar hare uit sy/haar kop trek (van spyt), iem. het hom-/haarself verwyt; *s.t. ~s* **in,** *(infml.)* iets begin werk *(of* tree in werking), iets vat vlam *(fig.)*; ~ *s.t.* **in** iets inskop *(d. bal ens.)*; iets stukkend skop *('n deur, iem. se gesig, ens.)*; ~ **in** *(with) s.t., (infml.)* iets bydra; ~ **off** (die bal) afskop; *(infml.)* begin; ~ **off** *one's shoes* jou skoene uitskop; ~ *(the ball)* **out** (die bal) uitskop; ~ *s.o.* **out,** *(infml.)* iem. uitskop/uitsmyt, van iem. ontslae raak; ~ **out** *at ...* na ... skop; ~ *s.t.* **over** iets omskop; ~ *(the ball)* **over** (die bal) oorskop; ~ *s.t. into* **touch** →TOUCH *n.*; ~ *over the* **traces** →TRACE[2] *n.*; *the ball ~s* **up** die bal spring (op); ~ **up** *a fuss about/over s.t.* →FUSS *n.*; ~ *s.o.* **upstairs,** *(infml.)* iem. met 'n (hoër) pos/titel paai; iem. boontoe laat val. **~-ass** *adj., (Am., infml.)* wild, vurig, vuurwarm. **~back** terugstoot; hewige reaksie; *(infml.)* gunsloon, (oneerlike) kommissie/beloning, smeergeld. ~ **boxer** skopbokser. ~ **boxing** skopboks. **~down** *n., (mot.)* inskopper. **~off** *(rugby)* afskop; inskop. ~ **plate** skutplaat. ~ **pleat** stapplooi. **~stand** *n.* (motor)fietsstaander. **~-start** *n., (fig.)* stukrag; hupstoot; *get a ~* 'n hupstoot kry; vlam vat; *give ... a ~* (groot/nuwe) stukrag gee/verleen *(a.d. ekonomie, mark, ens.)*; 'n hupstoot gee *(d. ekonomie, iem. se loopbaan, ens.)*; (weer) laat vlam vat *(iem. se loopbaan)*. **~-start** *ww.* aan die gang skop *(motorfiets ens.)*; *(fig.)* stukrag gee/verleen *(aan d. ekonomie/mark/ens.)*; 'n hupstoot gee *(d. ekonomie, iem. se loopbaan, ens.)*; (weer) laat vlam vat *(iem. se loopbaan)*. **~-starter** trapslinger, -aansitter.
kick[2] *n., (arg.)* holte *(i.d. boom v. 'n bottel)*.
kick·er skopper; agteropskopper; skopperige perd.
kick·ing *n.* (die) skop, skoppery, skopwerk. ~ **plate** skutplaat.
kick·shaw(s) kleinigheid, bogtery; snuistery; *(arg.)* lekkernytjie.
kid[1] *n.* bokkie, boklam(metjie); bokvel, kidleer; *(infml.)* kind(jie), kleintjie, snuiter, kannetjie, tjokker; seuntjie, meisietjie; →KIDDIE; *(i.d. mv.)* kleingoed, kleinspan; kidleerskoene; kidleerhandskoene; *a mere ~* 'n snuiter/bogkind. **kid** *adj. (attr.): ~ brother/sister, (infml.)* kleinboet(ie)/kleinsus(sie). **kid** -*dd-, ww.* lam. ~ **glove** *n.* kidleerhandskoen; *handle s.o. with ~ ~s* iem. sagkens behandel, iem. saggies aanpak. **~glove** *adj.* sag; verfyn(d); diplomaties, taktvol; *~glove job* sagte baantjie. **~skin** kidleer. **~'s stuff** *(infml.)* kinderspeletjies; *it's ~ ~* dis kinderspeletjies, dis doodmaklik/doodeenvoudig.
kid[2] *ww., (infml.)* speel, gekskeer, die gek skeer, fop, flous, kul, vir die gek hou, in die nek kyk; **are you** *~ding?* wat praat jy, man!; moenie laf wees nie!; ~ **s.o.,** *(ook)* iem. iets wysmaak; **you're** *~ding!* jy speel!,

jy skeer (seker) die gek!; ~ ***yourself*** jouself bedrieg. **kid·ding** *n.* foppery, flousery, tergery; *no ~, (Am.)* sonder grappies.

kid³ *n., (arg.)* bak, eetbak; vaatjie.

kid·die, kid·dy *n., (infml.)* kindjie, kleuter, kleintjie, tjokker(tjie), kleinding, kannetjie, knikkertjie. **kid·die** *adj. (attr.)* kinder=; ~ *car* kinderkar(retjie); kinder=, stootwaentjie; ~ *seat* kinderstoel(tjie).

kid·dle *(Br., arg.)* viswal.

kid·do =*dos (Am., sl., gew. as aanspreekvorm)* ou pel.

kid·dy →KIDDIE.

kid·nap =*pp*= ontvoer, roof *(mense)*. **kid·nap·per** ont=voerder, kinderdief, menserower. **kid·nap·ping** ont=voering, kinder=, menseroof.

kid·ney nier; ***artificial*** ~ kunsnier; ***floating/mov=able/mobile*** ~, *(anat.)* swerfnier, beweeglike/wande=lende nier; *s.o.* ***of that*** ~, *(infml.)* iem. van daardie allooi/kaliber/slag/soort. ~ **bean** nierboon(tjie), sny=boon, stamboon(tjie); pronkboon(tjie); sierboon(tjie); sewejaarsboon(tjie). ~**-leaved pelargonium** rooirabas. ~ **machine** niermasjien. ~ **ore** *(geol.)* niererts. ~ **punch** nierhou. ~ **saddle** niertjiesaal. ~**-shaped** nier=vormig. ~ **stone** *(patol.)* niersteen; *(min.)* →NEPHRITE. ~ **vetch** *(bot.)* woudkruid, =klawer. ~ **worm** nierwurm.

ki·dol·o·gy *(Br., infml.)* gekskeerdery.

Kief·fer pear kiefferpeer.

kie·rie *(Afr.)* kierie.

kie·sel·guhr *(geol.)* kieselgoer.

Ki·ev *(geog.)* Kiëf.

kieve →KEEVE.

kif, kef, kief *n., (dwelmsl.),* dagga; dwelmrookgoed; dwelmbeneweldheid, =roes. **kif, kief** *adj. & tw., (SA, sl.: oulik)* kief, kwaai, bakgat.

ki·koi, ki·koi *(Swah., soort sarong)* kikoi.

Ki·ku·yu =*yu(s), (bevolkingslid; taal)* Kikoejoe. ~ **grass** kikoejoegras.

kil·der·kin vaatjie.

ki·lim, ke·lim, ki·lim, ke·lim kelim. ~ **rug** kelim=tapyt.

Kil·i·man·ja·ro *(geog.: 'n berg)* Kilimandjaro.

kill *n.* (die) dood(maak), slagting; karkas, dooie dier; wildbraad; opbrengs van die jag; *(mil., infml.)* ver=nietiging, uitwissing *(v. 'n vliegtuig, skip, ens.)*; *be in at the* ~ by die end/einde aanwesig wees; *go in for the ~, (ook fig.)* jou regmaak om die uitklophou te plant. **kill** *ww.* doodmaak, doodslaan, dood, om die lewe bring, uit die weg ruim, afmaak, vermoor; vernietig, tot niet maak; slag; onderdruk; versmoor; beëindig, 'n einde maak aan; verongeluk *('n wetsontwerp)*; dood=druk *('n voetbal)*; moker *('n tennisbal)*; omkry, om=bring, verdryf, verdrywe *(d. tyd)*; *be ~ed* ***acciden=tally*** verongeluk; *be ~ed in* ***action/battle*** sneuwel, val; *the* ***animal*** *~ed ... kilograms* die dier het ... kilo=gram opgelewer; *my* ***back*** *is ~ing me* my rug is af; ***be*** *~ed* doodgemaak word; sterf, sterwe, omkom, die lewe laat/inskiet; ***be*** *~ed by frost* doodryp; ~ *two* ***birds*** *with one stone* →BIRD; *it is a case of ~ or* ***cure,*** *(infml.)* dit is daarop of daaronder; *be* ***dressed*** *to* ~ →DRESS *ww.*; *my* ***feet*** *are ~ing me* my voete moor my; ***have*** *s.o. ~ed* iem. laat doodmaak; *s.o. was ~ed* ***instantaneous=ly*** iem. is op slag dood; ~ *s.o. with/by* ***kindness*** iem. dood vertroetel, iem. met liewigheid versmoor; ~ *...* ***off*** *...* afmaak; ... (uit)slag; ... uitroei/verdelg; ~ ***o.s.,*** *(infml., skerts.)* jou ooreis/oorwerk/oorspan; ~ *...* ***out*** *...* uitroei; *an animal ~s* ***out*** *at ... kg* 'n dier gee 'n slaggewig van ... kg; ~ *...* ***outright*** *...* op die plek doodmaak; ~ ***a pig/etc.*** ('n) vark/ens. slag; ~ ***seals*** robbe slaan; ***shoot*** *and* ~ →SHOOT *ww.*; *an animal ~s* ***well*** 'n dier slag voordelig. ~**-devil** *(hengel)* draaiaas. ~**joy** pret=, spel=bederwer, jandooi, suurpruim. ~**-or-cure remedy** perdemiddel. ~**-time** tydverdryf; *(sport)* tydmors(tak=tiek).

kill·er doder; moordenaar; *(leeu ens.)* mensvreter; *(fig.)* veroweraar; *humane* ~ genadedoder. ~ **application** *(infml.)* wen=, troefproduk. ~ **bee** (afrika-)moordby. ~ **cell** *(fisiol.)* witbloedsel, =liggaampie, leukosiet. ~ **disease** dodelike siekte. ~ **instinct** instink om dood te maak; moordinstink; *s.o. has/lacks the ~ ~, (fig.)* iem. kan nie die uitklophou plant nie *('n bokser, span, ens.)*; iem. kan nie oor lyke (heen) loop/stap nie *('n sakeman ens.)*. ~ **satellite** gevegsatelliet. ~ **whale** *(Orcinus orca)* moordvis; *false ~ ~, (Pseudorca crassidens)* valsmoordvis; *pygmy ~ ~, (Feresa attenuata)* dwerg=moordvis.

kill·ing *n.* doding, (die) doodmaak, (die) afmaak, slag=ting; *make a (big) ~, (infml.)* 'n (groot) slag slaan *(of* voordeel behaal). **kill·ing** *adj.* moordend, dodelik; hartverowerend, onweerstaanbaar; onbeskryflik, on=uitspreeklik; ~ *frost* kwaai ryp. ~ **field** moordveld. ~ **time** *(Sk., hist.)* slagtyd.

kill·ing·ly onbeskryflik, onuitspreeklik; hartverowe=rend; ~ *funny* skree(u)snaaks.

kiln oond, droogoond. ~ **brick** oondsteen. ~**-dried,** ~**-seasoned** in 'n oond gedroog. ~**-dry** *ww.* in 'n oond droog; oonddroog. ~**-drying,** ~ **seasoning** oond=droging, =droogproses.

ki·lo¹ =*los, (infml.)* kilo(gram), kilo(meter).

kil·o² *pref.* kilo=.

kil·o·byte *(rek., afk.:* Kb, KB, kbyte*)* kilogreep.

kil·o·cy·cle *(vero., afk.:*kc*)* kiloperiode; →KILOHERTZ.

kil·o·gram(me) *(afk.:* kg*)* kilogram; ***about*** *10 ~s* ongeveer *(of* 'n stuk of) 10 kilogram; ***carry*** *1000 ~s* 1000 kilogram ophê; *a ~* ***of*** *sugar/etc.* 'n kilogram suiker/ens.; *two ~s* ***of*** *...* twee kilogram ...; *hundreds/thousands* ***of*** *~s* honderde/duisende kilogramme.

kil·o·hertz *(afk.:* kHz*)* kilohertz.

kil·o·joule *(afk.:*kJ*)* kilojoule. ~ **count** kilojoulewaarde.

kil·o·li·tre, *(Am.)* **kil·o·li·ter** *(afk.:*kl*)* kiloliter.

kil·o·me·tre, *(Am.)* **kil·o·me·ter, ki·lom·e·tre,** *(Am.)* **ki·lom·e·ter** *(afk.:* km*)* kilometer; ***in*** *~s* in kilometers; *hundreds/thousands* ***of*** *~s* honderde/dui=sende kilometers; *fifty ~s* ***off*** vyftig kilometer ver/vêr; *fifty ~s* ***on*** vyftig kilometer verder/vêrder; *fifty ~s* ***out*** *of ...* vyftig kilometer van ... (af).

kil·o·ton(ne) *(afk.:* kt; *eenheid v. gewig/plofkrag)* kilo=ton.

kil·o·watt *(afk.:* kW*)* kilowatt. ~**-hour** *(afk.:* kWh*)* kilowatt-uur.

kilt *n.* kilt, Skotse rokkie. **kilt** *ww.* optel, opgord; plooi. **kilt·ed** met 'n kilt aan; geplooi(d). **kilt·ie, kilt·y** *(infml., dikw. skerts./neerh.)* Bergskot, roksoldaat.

kil·ter, kel·ter: *be out of* ~ nie goed werk nie.

kim·ber·lite *(geol.)* kimberliet, blougrond.

ki·mo·no =*nos, (Jap.)* kimono.

kin *n.* geslag, familie; familie(betrekkinge), (bloed)=verwante; (bloed)verwantskap; *we/they* ***are*** ~ ons/hulle is familie/verwant; *be* ***near*** *of* ~ nou verwant wees; *s.o.'s* ***next*** *of* ~ iem. se naasbestaande(s)/bloedver=want(e); *we/they are* ***no*** ~ ons/hulle is nie familie/ver=want nie. **kin** *adj.*: *be ~ to s.o.* aan/met iem. verwant wees, familie van iem. wees. **kin·less** sonder verwante, sonder kind of kraai. **kin(s)·folk** *(antr. of fml.)* familie=(betrekkinge), (bloed)verwante. **kin·ship** verwantskap, familieskap. **kins·man** =*men, (antr. of fml.)* bloedver=want, familielid; stamverwant; *near* ~ na(as)bestaande; *(OT)* losser. **kins·wom·an** =*women, (fml., antr.)* bloed=verwante, (vroulike) familielid.

kin·aes·the·si·a, *(Am.)* **kin·es·the·si·a** spiersin.

kin·chin *(sl., w.g.)* kindjie.

Kin·chin·jun·ga →KANCHENJUNGA.

kin·cob goudbrokaat; silwerbrokaat.

kind¹ *n.* soort, klas; geslag; ras; aard, natuur; aanleg; ***after*** *its* ~ volgens sy soort/aard; ***all*** *~s of ..., ... of* ***all*** *~s* →ALL *adj.*; *they are* ***all*** *of a* ~ hulle is almal eenders/eners; *s.t. is the* ***best*** *of its* ~ iets is die beste in sy soort; ***every*** *~ of ...* →ALL KINDS OF ...; *the* ***hu=man*** ~ →HUMANKIND; *be different* ***in*** ~ andersoor=tig wees, verskil; *pay* ***in*** ~ in goedere/natura betaal; ruil; *repay* ***in*** ~ terugbetaal, in gelyke munt (uit)be=taal; *repay s.o.* ***in*** *~, (fig.)* iem. met dieselfde/gelyke munt betaal; ***my*** *~ of man/woman* die soort man/vrou van wie ek hou; *it is not* ***my*** *~ of ...* ... is nie vir my nie; ***nothing*** *of the* ~ niks van die aard nie; geen sprake van nie; *a ~* ***of*** *...* 'n soort ...; ~ ***of*** *expect s.t., (infml.)* iets so half verwag; *be ~* ***of*** *disappointed/etc., (infml.)* nogal *(of* 'n bietjie) teleurgestel(d)/ens. wees; →KINDA; ... ***of a*** ~ 'n soort ..., iets wat soos ('n) ... lyk/klink/ens., maar 'n powere/effentjiese/so-so *(of* swak verskoning vir ['n]) ...; *s.t. is* ***one*** *of a* ~ iets is enig in sy soort; ***something*** *of the* ~ iets van die aard; *people/etc. of* ***that*** *~,* ***that*** *~ of people/etc.* daardie soort mens(e); ***that*** *~ of car/etc.* daardie soort motor/ens.; *they are* ***two*** *of a* ~ hulle is eenders/eners; ***what*** *~ of ...?* watter soort ...?. **kind·a** *adv., (infml., sametr. v.* kind of*)* nogal; soort (van).

kind² *adj.* vriendelik, goedhartig, goedgunstig, goed=gesind, goedig, goedaardig, minsaam, innemend, goed=geaard, welwillend; dierbaar, lief, liefdevol, liefderik, beminlik; →KINDLY, KINDNESS; *a ~* ***action*** 'n weldaad; *s.o. is ~* ***enough*** *to ...* iem. is so vriendelik/lief om te ...; *s.o. is ~ to a* ***fault*** iem. is eintlik sleg van goeiig=heid; *a ~* ***invitation*** 'n vriendelike uitnodiging; *your ~* ***letter,*** *(fml., vero.)* u welwillende skrywe; *in ~* ***memory*** *of ...* ter liefdevolle (na)gedagtenis aan ...; *with ~* ***regards*** met vriendelike groete; *be* ***so*** *~ as to ...* wees so goed/vriendelik om te ...; *be ~* ***to*** *s.o.* vrien=delik teenoor iem. wees; vir iem. goed wees; *these shoes are ~* ***to*** *one's feet* hierdie skoene pas/sit lekker aan ('n) mens se voete, met hierdie skoene loop jy lekker; *it's* ***very*** *~ of you* dis dierbaar *(of* baie vriendelik) van jou. ~**-hearted** goedhartig, goedaardig, goedgeaard. ~**-heartedness** goedhartigheid, goedaardigheid, goe=digheid.

kin·der·gar·ten kindertuin; kleuterskool, prepri=mêr(e skool).

kin·dle aansteek, aan die brand steek, laat ontvlam; aan die brand raak; aanwakker, prikkel, wek *(emosies ens.)*; inspireer; opflikker; verlewendig; ~ *love for ...* liefde laat ontbrand vir ...; *s.t. ~s one's wrath* iets laat jou toorn ontsteek.

kin·dling (die) aansteek, ontsteking, ontbranding. ~ **(wood)** aansteekhout(jies), vuurmaakhoutjies, fyn=hout, fyn houtjies.

kind·ly *adj.* goedhartig, goed, goedig, goedaardig, minsaam, sag(aardig), saggeaard, vriendelik, welwil=lend; *a ~ Scot/etc., (arg.)* 'n Skot/ens. van geboorte; ~ *weather* aangename weer. **kind·ly** *adv.* goedguns=tig(lik); *be ~* ***disposed*** *towards ...* goedgesind teen=oor/jeens ... wees; ~ ***let*** *me* ***know*** laat my asseblief weet, wees so goed om my te laat weet; ***take*** *~ to ...* van ... hou, tot ... aangetrokke voel; *not* ***take*** *~ to ...* ... afkeur, nie vir ... te vinde wees nie; nie tot ... ge=neë wees nie; ***thank you*** ~ hartlik dank. **kind·li·ness** goedhartigheid, vriendelikheid, goedigheid, goedaar=digheid, minsaamheid.

kind·ness vriendelikheid, goedheid, goed(aard)ig=heid, minsaamheid, guns, welwillendheid; *kill s.o. with/by ~* →KILL *ww.*; *show ~ to s.o.* vriendelik teen=oor iem. wees, vriendskap teenoor iem. betoon.

kin·dred *n.* (bloed)verwantskap; karakterooreenkoms, affiniteit; (bloed)verwante, familie(betrekkinge). **kin·dred** *adj.* verwant; gelyksoortig; passend, geskik, aangenaam; ~ *soul/spirit* geesverwant, =genoot.

kine *n. (fungeer as mv.), (arg.)* koeie; →COW¹ *n.*.

kin·e·mat·ic *adj., (meg.)* kinematies. **kin·e·mat·ics** *n. (fungeer as ekv.)* kinematika, kinematiek, bewegings=kuns.

kin·e·mat·o·graph →CINEMATOGRAPH. **kin·e·mat·o·graph·ic** →CINEMATOGRAPHIC.

ki·ne·si·ol·o·gy kinesiologie, fisiologiese bewegings=leer, spierbewegingsleer.

ki·ne·sis *(biol.)* kinese.

ki·net·ic *adj.* kineties, bewegings=; ~ ***art*** kinetiese kuns; ~ ***energy,*** *(fis.)* kinetiese energie, bewegings=energie, draaiingsenergie, arbeidsvermoë van bewe=ging; ~ ***phenomenon*** bewegingsverskynsel; ~ ***theory,*** *(fis.)* kinetiese teorie. **ki·net·ics** *n. (fungeer as ekv.)* kinetika, kinetiek, bewegingsleer.

king *n., (ook by skaak/dambord)* koning; vors, heerser; opperhoof; →QUEEN *n.*; *a ~* ***among*** *men* 'n vors on=der die mense; ~ *of/at* ***arms*** wapenkoning; *the ~ of*

beasts/birds, *(hoofs. poët./liter.: leeu, arend)* die koning van die diere/voëls; *(the* ***Books*** *of the) K~s, (OT)* (die Boeke van die) Konings; *the ~ of the* ***castle,*** *(infml.: iem. a.d. roer v. sake)* die een wat die septer swaai; *~ of* ***clubs*** klawerheer; *the K~ in* ***Council,*** *(Br.)* die Koning-in-Rade; *K~'s* ***Counsel,*** *(Br., jur.)* Konings=, ryks=advokaat; ***crown*** *s.o. (as)* ~ iem. tot koning kroon; *~ of* ***diamonds*** ruite(ns)heer; *K~'s* ***English*** Stan=daardengels; *~'s* ***evidence,*** *(Br., jur.)* gevrywaarde staatsgetuie; *~'s* ***evil,*** *(patol., hist.)* kliertuberkulose, skrofulose, koningseer; *the K~ of* ***glory/heaven*** die Hemelkoning; ***go*** *to ~, (dambord)* koning maak, kroon *(d. skyf); ~'s* ***head*** koningskop; *~ of* ***hearts*** harte(ns)=heer; *~ of the* ***herrings*** →OARFISH; *~'s* ***highway,*** *(Br.)* openbare pad; *~ of* ***kings, high*** *~* opperkoning; *the K~ of* ***kings,*** *(Chr.: God)* die Koning van die konings; ***live*** *like a ~* 'n koninklike lewe lei, koninklik (*of* soos 'n koning) leef/lewe; ***make*** *s.o. ~* iem. tot die troon verhef; ***proclaim*** *s.o. ~* iem. tot koning uitroep; *~ of the* ***Romans*** →ROMAN; *~ of* ***Rome*** koning van Rome; *~ of* ***spades*** skoppensheer; *K~'s* ***speech,*** *(Br.)* troon=rede; *the ~ of* ***terrors*** die koning van verskrikkinge, die Dood; ***the K~,*** *(ook)* die Britse volkslied; *~ of* ***trumps*** troefheer; *K~'s* ***warehouse,*** *(Br.)* staatspak=huis; *~ of* ***wines*** koning van die wyne; *~'s* ***yellow*** koningsgeel, operment. **king** *ww.* koning maak; *~ it, (vero.)* koning speel, hooghartig optree. **~bird** *(Tyrannus* spp.*)* tiran, Amerikaanse vlieëvanger. **~ bird of paradise** *(Cicinnurus regius)* koningparadysvoël. **~bolt** hoofbout, kringspil, skamelbout *(in 'n rytuig);* hoof=stang *(in 'n dak).* **K~ Charles spaniel** King Charles-spanjoel/spaniël. **~ cobra, hamadryad** koningkobra. **~craft** *(arg.)* heerserskuns, regeerkuns. **~cup** *(Br.)* botter=, gousblom. **~-emperor** koning-keiser. **~fish** *(Carangoides, Caranx* spp.*)* koningvis. **~fisher** vis=vanger; ***European*** *~, (Alcedo atthis)* ysvoël; ***half-collared*** *~, (A. semitorquata)* blouvisvanger; ***malachite*** *~, (A. cristata)* kuifkopvisvanger; ***pied*** *~, (Ceryle rudis)* bontvisvanger. **~fisher blue** ysvoëlblou. **~klip** *(SA, igt.)* koningklip(vis). **~maker** *(lett.)* koningma=ker; *(fig.)* man/vrou agter die skerms, toutjiestrekker. **~ penguin** koningspikkewyn. **~pin** hoofpersoon, spil; hoof=, skamelbout; krinkspil; koningskeël. **~ post** hoofstyl, =staander, middelstyl; laaimas. **~ protea** →GIANT PROTEA. **~ rod** hoofstang. **~ rooibekkie** →PIN-TAILED WHYDAH. **~-size(d)** *adj.* ekstra groot, reuse=. **~ truss** hoofstylkap. **~ vulture** koningsaasvoël. **~wood** tulphout.

king·dom koninkryk; ryk; *the* ***animal*** *~* die diere=ryk; *~* ***come*** die hiernamaals; die duisendjarige ryk; *go to ~* ***come,*** *(infml.)* na die ander wêreld verhuis; *wait till ~* ***come,*** *(infml.)* wag totdat die perde horings kry, 'n ewigheid wag; *the ~ of* ***God*** die Koninkryk Gods (*of* van God); *the ~ of* ***heaven*** die Koninkryk van die hemele; *the* ***mineral*** *~* die mineraleryk/delf=stowweryk; *the* ***vegetable*** *~* die planteryk.

king·hood →KINGSHIP.

king·less koningloos.

king·let *(dikw. neerh.)* koninkie.

king·like koninklik, vorstelik.

king·ly koninklik, vorstelik. **king·li·ness** koninklikheid.

king·ship koningskap.

kink *n.* kinkel, knoop, slag; draai; kronkeling; kroe=serigheid, krul *(in hare);* gril; morele/verstandelike afwyking; ***have*** *a ~ (in the brain), (infml.)* 'n streep hê, nie reg wys wees nie; *a* ***moral*** *~* 'n morele af=wyking; *get the ~* ***out*** *of ...* ... weer agtermekaar kry. **kink** *ww.* 'n kinkel gee, 'n slag/draai maak *(in 'n tou).* **kink·y** *(sl.)* pervers, skeef; bejoeks, eksentriek, sonderling; aweregs; kinkelrig, kronkelrig; kroes(e=rig), krullerig *(hare); a ~ one* 'n snaaksie.

kin·ka·jou, (South A·mer·i·can) hon·ey bear *(soöl.)* wikkelneus, rolstertbeer, kinkajoe.

ki·no (gum) kinogom.

Kin·sha·sa *(geog.)* Kinshasa.

ki·osk, ki·osk stalletjie, kiosk, kraam(pie), winkeltjie; tuinhuis; paviljoen, pawiljoen; musiektent.

kip¹, kip·skin *n.* kalfsvel; lamsvel; vel van 'n jong dier.

kip² *n., (infml.), (Br.)* 'n slapie; *(Sk.)* kooi, bed; losies=(plek); *have a ~* 'n uiltjie knip, gaan slaap/dut. **kip** *-pp-, ww.* slaap; *~ down, (infml.)* gaan slaap; slaapplek vind.

kip·per *n.* rookharing, gerookte haring; mannetjie=salm. **kip·per** *ww.* sout en droog/rook; *~ed herring* gerookte haring, kipper; bokkem, bokkom. **~ tie** *(infml.)* breë, bont das.

kir *(mengeldrankie, ook K~)* kir.

Kir·ghiz →KYRGYZ. **Kir·ghi·zi·a** *(geog., hist.)* Kirgisië; →KYRGYZSTAN.

kirk *(Sk.)* kerk. **~ session** kerkraad. **~yard** kerkhof.

kirsch(·was·ser) *(D.)* kirsch(wasser), kersiebrande=wyn.

kir·tle *(arg.)* rok; manteltjie, kiel.

Ki·san·ga·ni *(geog.)* Kisangani.

Kish *(OT)* Kis.

kish grafietskuim.

kis·met *(Islam)* kismet, noodlot, fatum.

kiss *n.* soen, *(fml.)* kus; *(biljart)* klots; *(koekie)* soentjie; →KISSING; ***blow*** *s.o. a ~* vir iem. 'n soentjie gooi/blaas; *the ~ of* ***death*** die doodsteek/judaskus (*of* soen van die dood); ***give*** *s.o. a ~* iem. 'n soen gee, iem. soen; *the/a ~ of* ***life*** mond-tot-mond-asemhaling; *(fig.)* 'n hupstoot/lewenskus, nuwe stukrag; *a* ***little*** *~* 'n soentjie; *a ~ of* ***love*** 'n liefdesoen; *a ~ of* ***peace,*** *(tydens Nagmaal ens.)* 'n vredeskus; ***seal*** *s.t. with a ~* iets met 'n soen beseël; *a* ***smacking*** *~* 'n klapsoen. **kiss** *ww.* soen, *(fml.)* kus; *(biljart)* klots; (aan)raak; *~ (s.o.'s)* ***ass,*** *(Am., taboesl.)* gatkruip, in iem. se gat kruip, gat=lek, iem. se gat lek; *~ s.t.* ***away*** iets wegsoen *(trane); ~ s.o.* ***back*** iem. terugsoen; *~ the* ***Book*** →BOOK *n.; ~ the* ***dust*** →DUST *n.; ~ and be* ***friends*** (or ***make up***) weer vrede maak, die strydbyl begrawe, versoen raak; *~ s.o.* ***goodbye*** iem. 'n afskeidsoen gee, iem. soen=groet; *you can ~ that* ***goodbye!,*** *(infml.)* dis die laaste sien (van die blikkantien)!; *~ s.o.* ***goodnight*** iem. 'n nagsoen gee; *~ the* ***ground*** die grond soen *(v. jou geboorteland of 'n gasheerland);* val, in die stof byt; die grond aanbid *(waarop iem. loop); ~ the* ***gunner's*** *daughter, (hist.: gegesel word)* op die kanon oopgetrek word; *~ one's* ***hand*** *to s.o.* →*blow s.o. a* ***kiss;*** *~* ***hands*** (or *the* ***hand***) 'n handkus gee; *~ s.o.* ***off,*** *(Am., infml.)* iem. uitskop/ontslaan/afdank (*of* die trekpas gee); iem. afsê (*of* die trekpas gee) *('n kêrel ens.); ~ the* ***rod,*** *(idm.: jou gedwee aan straf onderwerp)* die roede kus; *~ and* ***tell,*** *(infml., hoofs. neerh.)* jou katelkaperjolle (*of* amoreuse kaperjolle *of* seks-eskapades *of* seksuele avonture) onthul/uitlap (*of* op die lappe bring *of* die wêreld instuur *of* wêreldkundig maak). **~-and-tell** *adj. (attr.), (infml.)* soen-en-vertel- *(boek ens.).* **~-ass** *adj. (attr.), (Am., sl.)* gatkruipende, gatlekkende. **~ cannon** *(biljart)* klotskarambool. **~ curl** krulletjie op die voor=kop; oorkrulletjie, =lokkie. **~-me-quick** halfsluier; mus, kappie. **~-off** *n.: give s.o. the ~, (Am., sl.)* iem. uitskop/ontslaan/afdank (*of* die trekpas gee); iem. afsê (*of* die trekpas gee).

kiss·a·ble soenbaar; om te soen.

kiss·a·gram, kiss·o·gram soentelegram.

kiss·er soener; *(sl.: mond)* bek, smoel.

kiss·ing *n.* gesoen, soenery; *~ goes by favour* die liefde laat hom nie gebied nie; gunste en gawes vir geliefdes; *the ~ has to stop, (fig., infml.: d. harde werklikheid moet onder oë gesien word)* die wittebrood is verby. **kiss·ing** *adj., (ook)* soen=, soenerig. **~ cousin** neef/niggie wat jy goed genoeg ken om te soengroet. **~ crust** sagte kors(ie). **~ gate** draaihek.

kis(t) *(Afr.)* kis.

kit¹ *n.* toerusting; gereedskap(stel); monteerstel; ver=vangstel; mondering; uitrusting, gerei; *(infml.)* baga=sie; vaatjie, balie, kuip; knapsak; *the whole (~ and) caboodle* →CABOODLE; *get one's ~ off, (Br., infml.)* van jou klere ontslae raak, uit jou klere glip. **kit** *-tt-, ww.* toerus, uitrus; *~ out s.o.* iem. uitrus; *be ~ted out with ...* met ... uitgerus wees, van ... voorsien wees. **~bag** knapsak, soldatesak; seemansak; reissak; gereed=skapsak, uitrustingsak. **~ box** gereedskap(s)kis, =koffer. **~ locker** klerekas. **~ room** klerekamer.

kit² →KITTEN.

kit-cat (por·trait) borsbeeldportret.

kitch·en kombuis. **~ boy** kombuishulp, (manlike) kombuisbediende. **~ cabinet** kombuiskas; *(infml.)* nieamptelike politieke/presidensiële raadgewers/ad=viseurs. **~ cupboard, ~ dresser** kombuiskas, =rak; spensrak, =kas. **~ garden** groente=, fyntuin. **~ herbs** voedselkruie. **~ language** kombuistaal. **~ maid** kom=buishulp, =meisie, =bediende. **~ midden** *(argeol.)* (voor=historiese) vullis=/afvalhoop. **~ paper, ~ roll** kom=buispapier. **~ salt** kombuissout. **~ saw** slagter=, vleis=saag. **~ sink** opwasbak; *everything but the ~ ~, (skerts.)* alles en nog wat, alles moontlik/denkbaar, die hele spul/boel; al iem. se besittings. **~ sink drama** slopemmer=drama. **~ stove** (kombuis)stoof. **~ stuff** kombuisafval, =oorskiet, =vullis; vet. **~ tea, ~ shower** kombuis=, bruidstee. **~ unit** kombuiseenheid. **~ utensils** kom=buisware, =goed, =gerei, =gereedskap. **~ware** kom=buisware, =goed, =gerei, =benodig(d)hede. **~ yard** kombuiswerf.

kitch·en·er *(hist.)* stoof.

kitch·en·et(te) kombuisie.

kite *n.* vlieër; *(Br., vero., sl.)* vliegtuig; *(orn.: Milvus* spp.*)* wou, valk; *(han., infml.)* akkommodasie=, rui=terwissel; *(arg.)* inhalige persoon, skraper, haai; ***black-shouldered*** *~, (Elanus caeruleus)* blouvalk(ie); ***fly*** *a ~, (lett.)* 'n vlieër oplaat (*of* laat opgaan/vlieg); *(infml.)* die openbare mening toets; *(han., hist.)* tjek=/wissel=ruitery pleeg; *go* ***fly*** *a ~!, (Am., infml.)* loop vlieg!, gaan bars (*of* blaas doppies)!; skoert!, kry jou ry!; *(as)* ***high*** *as a ~* →HIGH *adj. & adv..* **kite** *ww.* sweef, swewe, vlieg; *(han., infml.)* 'n ruiterwissel trek, tot tjek=/wis=selruitery oorgaan; →KITING. **~ balloon** vlieërballon, waarnemingsballon. **~ cheque** ongedekte tjek; →RUBBER CHEQUE. **~ fishing** vlieërvangs. **~ flier, ~ flyer** vlieër-oplater; *(han., infml.)* tjek=/wisselruiter. **~ flying** vlieër=vlieg; die oplaat van 'n vlieër/proefballon; probeer=slag, proef(neming); *(han., infml.)* tjek=/wisselruitery. **~-shaped** vlieërvormig.

kith kennisse; *s.o.'s ~ and kin* iem. se familie/bloedver=wante; *s.o. has neither ~ nor kin* iem. het geen/g'n/nie kind of kraai nie, iem. het kind nóg kraai.

kit·ing *(han., infml.)* wisselruitery.

kitsch *(<D.)* kitsch, namaakkuns, onegte kuns. **kitsch·y** kitscherig.

kit·ten *n.* katjie; flerrie; *have ~s, (fig., infml.)* kleintjies (*of* 'n kleintjie) kry, die aapstuipe kry; op hete kole sit; *as weak as a ~* kuiken=, hoenderswak. **kit·ten** *ww.* klein katjies kry, jong. **kit·ten·ish** speels, speelsiek, baljaarderig.

kit·ti·wake *(orn., Rissa* spp.*)* brandervoël.

kit·tle, kit·tle-cat·tle *adj., (arg.)* wispelturig, onbe=troubaar; moeilik, vol draadwerk.

kit·ty¹ katjie, kietsie.

kit·ty² kleinkas; *(dobbel)* pot; *(rolbal)* witte, wit bal.

ki·wi *=wis, (orn.)* kiwi, (Nieu-Seelandse) snipstruis; *(infml., K~: Nieu-Seelander)* Kiwi. **~ fruit** kiwivrug.

Klaas Louw bush *(Athanasia* spp.*)* klaaslouwbos(sie).

Klaas's cuck·oo →CUCKOO.

kla·ber·jas(s) *(kaartspel)* klawerjas.

Klai·pe·da *(Rus., geog., in Duits* Memel*)* Klaipeda.

klap·roth·ite, klap·roth·o·lite *(min.)* klaprothiet, klaprotholiet.

klax·on, clax·on klakson, toeter.

Kleen·ex *=exes, (handelsnaam)* sneesdoekie, snesie, papiersakdoek(ie), tiesjoe, tissue.

kleis·tog·a·my *(bot., w.g.)* kleistogamie, geslote be=stuiwing. **kleis·tog·a·mous** kleistogaam, met geslote bestuiwing.

klep·toc·ra·cy kleptokrasie. **klep·to·crat** kleptokraat.

klep·to·ma·ni·a *(psig.)* kleptomanie. **klep·to·ma·ni·ac** *n.* kleptomaan. **klep·to·ma·ni·ac** *adj.* kleptomanies.

klip·fish *(igt.)* klipvis.

klip·spring·er *(soöl.)* klipspringer.

kloof *(Afr.)* kloof.

kludge *n., (rek., sl.)* brouerasie. **kludge** *ww.* saamflans.

klutz *(infml., Am.)* lomperd, (lompe) lummel; botter=vingers; dom=, klip=, pampoenkop, skaap(kop), bob=bejaan, mamparra. **klutz·y** lomp, log, onbeholpe; on=handig; toe, baar, dom, onnosel.

knack slag, kuns; hebbelikheid, gewoonte; ***get/catch** the ~ of doing s.t.* die slag van iets kry, die slag kry (*of* die kuns aanleer) om iets te doen; ***have** the ~ of doing s.t.* die slag hê (*of* die kuns ken/verstaan) om iets te doen; *s.o. has **lost** the ~* iem. is die slag kwyt. **knack=ish, knack·y** handig, kunstig, oulik.

knack·er perdeslagter; afvalbewerker; afbraakkoper; *~'s yard* perdeslagtery. **knack·ered** *(Br., sl.)* poegaai, pê, op, pootuit, stokflou, gedaan, doodmoeg, uitgeput, kapot.

knag kwas, knoe(t)s *(in hout)*. **knag·gy** kwasterig, knoetserig, knoesterig.

knap[1] *n., (arg.)* rand, bult.

knap[2] *-pp-, ww., (argit., argeol.)* vorm, maak *(muursteen, klipwerktuig)*; *(arg.)* stukkend slaan, breek; tik, klop. **knap·per** klipbreker; kliphamer. **knap·ping ham·mer** kliphamer.

knap·sack knapsak, bladsak.

knap·weed *(bot.)* knoopkruid.

knar →KNUR(R).

knave boer *(in kaartspel)*; *(arg.)* skelm, skurk, skob=bejak, vabond, rakker, karnallie; *an arrant ~, (arg.)* 'n deurtrapte skelm; *~ of clubs/etc., (kaartspel)* →JACK OF CLUBS/ETC. **knav·er·y** skelmstreke, skurkery; *a piece of ~* 'n skelmstreek/=stuk. **knav·ish** skelm, skurkagtig; *~ tricks* skelmstreke. **knav·ish·ness** skelmagtigheid, skurkagtigheid.

knead knie; brei; vorm; kleitrap; masseer; *~ed in the same trough* van dieselfde stoffasie. **knead·a·ble** knie=baar. **knead·er** knieër.

knead·ing *n.* knieëry, geknie. **knead·ing** *adj.* knieënd. ~ **trough** kniebak.

knee *n.* knie; hoek; kniestuk; kromhout; *the trousers are **bagging** at the ~s* die broek het/maak bokknieë; *be **beaten** to one's ~s* totaal verslaan wees; ***beg** on both ~s* op blote knieë smeek/bid; ***bend** the ~* 'n knieval doen; ***bend/bow** the ~ to ...* die knie voor ... buig, voor ... kniel; *on **bended** ~(s)* knielend, gekniel(d), op jou knieë; ***bring** s.o. to his/her ~s* iem. op sy/haar knieë bring/dwing, iem. onderwerp; ***give/offer** a ~ to s.o.* iem. op die knie neem; *(hist.)* sekondant wees vir iem. *(in 'n tweegeveg)*; *s.o. **gives** at the ~s* iem. se knieë swik; ***go** (down) on one's ~s* kniel, op jou knieë val; *on the ~s of the **gods**, (idm.)* in die hand/skoot van die gode; ***housemaid's** ~, (med., infml.)* skropknieë; *be **on** one's ~s* op jou knieë wees; ***put/take** s.o. across/over one's ~, (iem. pak gee)* iem. oor die knie/skoot trek; ***water** on the ~, (med., infml.)* water in die knie; *feel **weak** at/in the ~s* lam in die bene voel, swak/wankelrig voel; *go **weak** at/in the ~s* lam in die bene word. **knee** *ww.* met die/jou knie stamp. ~ **action** knievering. ~ **bend** kniebuiging; kniebuigstuk. ~ **bone** knieskyf. ~ **boot** hoë stewel, kapstewel. ~ **breeches** kniebroek. **~cap** *(anat.)* knieskyf. **~cap** *ww.* deur/in die knie skiet. **~capping** knieskietery, die skiet deur/in die knie. **~-deep** kniediep, tot aan die knieë. ~ **fold** knieplooi. ~ **guard** knieskut. **~-halter** kniehalter. ~ **height** knie=hoogte. **~-high** kniehoog; →GRASSHOPPER. **~hole** knie=opening. ~ **jerk,** ~ **reflex** knierefleks. **~jerk** *adj.* outo=maties, onwillekeurig, werktuiglik, spontaan, instink=tief, instinkmatig, impulsief; *~ reaction* refleksreaksie; *~ support* spontane steun. ~ **joint** kniegewrig; hef=boomskarnier. **~-length dress** knielengterok. **~-length stocking** kniekous. **~pad** knieskut, =skerm. **~pan** *(vero.)* →KNEECAP. ~ **piece** kniestuk; kromhout. ~ **pipe** knie=pyp. ~ **rest** kniesteun. **~-shaped** knievormig. ~ **splint** kniespalk. **~stone** gewelknie, =stuiter. **~-stop, ~-swell** *(mus.)* knieregister *(v. 'n harmonium)*. ~ **strap** span=tou, =riem. **~s-up** *knees-ups, n., (Br., infml.)* opskop, bokjol. ~ **timber** kromhout. **~-trembler** *(infml.: seks in 'n staande houding)* staanknypie. **~-tribute** *(Milton)* knieval.

kneed met knieë.

kneel *knelt knelt; kneeled kneeled* kniel, op jou knieë sit/staan/(neer)sak/(neer)val; *~ before/to s.o.* voor iem. kniel; *~ down* (neer)kniel. **kneel·er** knieler; knie(l)=kussing, =bankie; gewelknie, =stuiter.

kneel·ing (die) kniel. ~ **chair,** ~ **stool** bidbankie. ~ **mat** kniemat.

knell *n.* (klok)gelui; doodsklok; *ring/sound/toll the ~ of ...* die doodsklok oor/van/vir ... lui, die end/einde van ... beteken, die ondergang van ... inlei. **knell** *ww.* (die doodsklok) lui; onheil spel; *(met klokgelui)* aan=kondig.

knelt →KNEEL.

Knes·set: *the ~, (Isr. parl.)* die Knesset.

knew →KNOW.

knick·er·bock·er *(i.d. mv.)* knie=, gespe=, pofbroek; *(K~, infml.)* NewYorker. ~ **yarn** stippelgaring.

knick·ers (vroue)broek; (dames)kniebroek; *(Am.)* (mans)kniebroek, gespe=, pofbroek; *get one's ~ in a twist, (Br., sl.)* opgeskroef raak.

knick-knack, nick-nack snuistery, tierlantyntjie. **knick-knack·er·y, nick-nack·er·y** snuisterye. **knick-knack·ish** prullerig.

knick·point, *(Am.)* **nick·point** *(geol.)* knakpunt *(v. 'n rivier)*.

knife *knives, n.* mes; dolk; lem; *like a (hot) ~ through **butter*** maklik, met gemak, sonder inspanning/moeite, moeiteloos; *a(n) ... that one could **cut** with a ~, (infml.)* 'n onmiskenbare ... *(aksent ens.)*; 'n gespanne ... *(at=mosfeer ens.)*; ***draw** a ~* 'n mes uithaal/uitpluk; ***draw** a ~ on s.o.* 'n mes teen iem. uitpluk/uithaal, iem. met 'n mes dreig; *put one's ~ and **fork** down* jou mes en vurk neerlê; ***have (got)** one's ~ in(to) s.o., (infml.)* iets (*of* 'n aksie) teen iem. hê, hatig op iem. wees, iem. wil bykom, *(<Eng.)* die/jou mes vir iem. inhê; *the knives are **out** (for s.o.), (fig.)* die (lang) messe is/word (vir iem.) geslyp; ***put/stick/thrust** a ~ into s.o.* iem. met 'n mes steek; *before you can/could **say** ~, (infml.)* in 'n kits, soos blits; *have/put a ~ to s.o.'s **throat**, (fig., infml.)* die mes op iem. se keel druk/sit, iem. dreig; ***twist/turn** the ~ in s.o.'s wounds, (fig.)* sout in iem. se wonde vryf/vrywe/smeer; *be/come/go **under** the ~, (infml.)* onder die mes wees/kom, geopereer word; *a **war** to the ~* 'n stryd om/op lewe en dood. **knife** *ww.* met 'n mes steek; *~ ... to death* ... doodsteek. **~-and-fork** *(infml.)* smulpaap; *be/play a good ~* fluks weglê; *be a poor ~* min/sleg eet. ~ **blade** (mes)lem. **~board** slypplank. ~ **box** messebak. ~ **case** messedoos, mes=kissie. ~ **cleaner** messepoetser. **~-cut** messny. ~ **edge** sny (van 'n mes), snykant; meskant, =rand; mes *(v. 'n balans)*; skerp bergrug; *be on a ~ ~ about s.t.* in groot spanning oor iets verkeer; *s.t. is balanced on a ~ ~, (fig.)* iets is hoogs onseker, iets is op 'n naaldpunt (*of* 'n naald se punt). **~-edge bearing** meslaer. **~-edge file** mesvyl. ~ **grinder** messlyper. ~ **haft,** ~ **handle** meshef. **~jaw** *(igt.: Oplegnathus* spp.*)* kraaibek. ~ **pleat** mesplooi. **~-point** mespunt; *hold s.o. up at ~* iem. met 'n mes bedreig. ~ **powder** slyppoeier. ~ **rack** mes=(se)rak. ~ **rest** meslêer. ~ **sharpener** messlyper. ~ **stab** messteek. ~ **tang** mesdoring. ~ **tray** messebak.

knif·er messteker.

knif·ing messtekery.

Knight *(Me.)* Ridder; *~ of the Bath* Ridder van die Badorde; *~ Hospitaller* Hospitaalridder; *~ Templar* Tempelier, Tempelheer, =ridder.

knight *n.* ridder; *(skaak)* perd; *~ in shining **armour**, (fig.)* ridder/prins op die/'n wit perd, droomprins, prins van jou/haar drome; *~ of the **brush**, (infml., vero.)* skilder; *~ of the **carpet**, (infml., vero.)* vredestydridder; *~ of the **cross*** kruisridder; *~ of **industry**, (infml., vero.)* swendelaar, bedrieër; *~ of the **order** of ...* ridder in die orde van ...; *~ of the **pen/quill**, (infml., vero.: skrywer)* ridder van die pen; *~ of the **pestle**, (infml., vero.)* apteker; *~ of the **road**, (infml.)* handelsreisiger; drywer, lorrieman; boemelaar; *(vero.)* pad=, struikrower; *~ of the **Round Table*** ridder van die Tafelronde; *~ of the **shears/thimble/yardstick**, (infml., vero.)* elleridder, kleremaker; *~ of the **shire**, (Br., hist., parl.)* graafskaps=verteenwoordiger; *~ of the **stick**, (infml., vero.)* letter=setter. **knight** *ww.* ridder, tot ridder slaan. ~ **bachelor** (gewone) ridder. ~ **banneret** baanderheer. ~ **com=mander** ridder-kommandeur. ~ **errant** *knights errant, (Me.)* dwalende ridder. ~ **errantry** *(infml.)* dwalende ridderskap. ~ **grand cross** ridder grootkruis. **~('s) service** ridderdiens.

knight·age *(w.g.)* ridderskap, =stand.

knight·hood ridderskap; ridderorde, =stand; ridder=kruis; sirskap; ridderwaarde; *award s.o. a ~, confer a ~ on s.o.* iem. tot ridder slaan/verhef; *the order of ~* die ridderorde.

knight·ly ridderlik, ridder=; *~ order* ridderorde. **knight=li·ness** ridderlikheid.

knit *-tt-, knitted knitted; knit knit, ww.* brei; toebrei; saamvleg, saambind, verenig; vasknoop; saamvat, =sluit; →WELL-KNIT; *~ one's **brows*** →BROW; *be **closely** ~, (belange ens.)* nou verweef wees; *~ s.t. **out*** iets uitbrei; *~ **together** (regs)* saambrei; *(fig.)* saamsmee; *~ s.t. **up*** iets brei. ~ **goods** breiware, =goedere. **~wear** breiklere, gebreide klere.

knit·ted gebrei; *~ **brow(s)*** gefronste voorhoof/wink=broue; *~ **carpet*** baantapyt; *~ **cloth/fabric*** breistof; *~ **stocking*** breikous, gebreide kous; ***stocking** being ~* breikous.

knit·ter breier, breister; breimasjien.

knit·ting brei(ery); breiwerk. ~ **bag** breisak. ~ **case** breipen(ne)houer. ~ **cotton** breigaring, =gare. ~ **gauge** breispanning. ~ **machine** breimasjien. ~ **mill** breifabriek. ~ **needle** breinaald, =pen. ~ **pin** breipen. ~ **wool** breiwol. ~ **yarn** breidraad, =garing, =gare.

knob *n.* knop; klont *(botter ens.)*; bult, knobbel, ge=was, uitwas, swelsel; knoe(t)s, kwas; neus, nok *(v. 'n teël)*; *(vulg. sl.: penis)* voël; *and the same to you with ~s on!, (infml.)* en jy nog meer!. **knob** *-bb-, ww.* bulte gee, laat bult; knoppe maak (in); *(Br., vulg. sl.)* naai, stoot, spyker *('n vrou)*. **~kerrie, ~kierie, ~stick** *(SA)* knopkierie. ~ **latch** veerknopslot. ~ **lock** knop=slot. **~nose** knopneus. **~stick** →KNOBKERRIE; *(arg.)* onderkruiper. ~ **thorn** *(Acacia nigrescens)* knoppies=doring. **~wood** *(Zanthoxylum davyi)* perdepram=(boom).

knobbed vol knoppe, knopperig, bulterig, kwasterig.

knob·ble *(Br.)* knoppie, bultjie. **knob·bly** knobbelrig, bulterig; vol knoppe, kwasterig, knoetserig, knoes=terig; *~ knees* knopknieë.

knock *n.* klop; stamp, stoot, hou, slag; opstopper; (ge)=klop *(in 'n enjin)*; *(kr.)* hou; *(kr.)* kolfbeurt; *a ~ on the **door*** 'n klop aan die deur; *s.t. is a **hard** ~ to s.o., (fig.)* iets is vir iem. 'n harde/gevoelige/swaar slag; *get/take **hard** ~s, (fig.)* stampe en stote kry; *learn by tak=ing **hard** ~s, (fig.)* deur stampe en stote wys word; *a **nasty** ~* 'n kwaai/lelike hou/klap; ***take** a ~* 'n hou/klap kry; slae verduur; *(fig.)* 'n terugslag kry. **knock** *ww.* klop *(aan 'n deur ens.)*; aanklop; slaan; stamp, stoot, klap, 'n hou gee; dronkslaan; *(infml.)* neerhaal, slegmaak, bekritiseer, afkam; *~ **about/around**, (infml.)* rondslenter; rondreis; *s.o. who has ~ed **about/around** the world* 'n bereisde/berese man/vrou/ens.; iem. met ervaring; *~ s.o. **about/around**, (infml.)* iem. opdons/toetakel; *~ **against** s.t.* teen iets slaan/stamp; teen iets bots/vasloop/vasry; *~ **at** ...* aan ... klop; by ... aan=klop; *~ s.t. **back**, (infml.)* iets wegslaan *('n drankie)*; *~ the **bottom** out of s.t.* →BOTTOM *n.*; *~ s.o. into a **cocked hat*** →COCKED; *~ s.o. **cold**, (infml.)* iem. kat=swink/kis/disnis slaan; *~ s.o. **down*** iem. platslaan (*of* plat/onderstebo slaan); iem. omry; iem. onderstebo loop; *~ s.t. **down*** iets omstamp/omstoot/omry; iets afbreek/sloop/platslaan (*of* plat slaan) *('n gebou ens.)*; iets afslaan/verminder *(pryse)*; *~ s.t. **down** to a bidder* iets op 'n bieër toeslaan *(op 'n veiling)*; *be ~ed **down*** omgery word; omgeloop word; *you could have ~ed me down/over with a **feather*** →FEATHER *n.*; *~ s.o. **flying*** →FLYING *adj.*; *~ one's **head** against a wall* →HEAD *n.*; *~ s.o.'s **head** off, (infml.)* iem. pap/voos slaan; *~ s.t. **in*** iets inslaan *('n spyker ens.)*; *~ **into** s.o., (lett.)* teen iem. bots/vasloop/vasry; *(fig., infml.)* iem. raakloop; *~ **into** s.t.* teen iets bots/vasloop/vasry; *~ ... **into** s.t. ...* in iets slaan; *~ **off** (work), (infml.)* uitskei (met werk), ophou (werk), tjaila; ~ *s.o.* ***off,*** *(infml.)* iem. doodmaak; *(Br., vulg. sl.)* iem. naai/stoot/spyker; ~ *s.t.* ***off*** iets afslaan; *(infml.)* iets wegslaan; iets afklits *(werk);* iets steel; iets beroof *('n bank ens.); (kr., infml.)* iets afkolf *(lopies);* ~ *s.t.* ***off*** *the price* iets van die prys afslaan; ~ *it* ***off!,*** *(infml.)* hou op (*of* skei uit) (daarmee)!; ~ ***on,*** *(rugby)* (die bal) aanslaan; →KNOCK-ON *n.;* ~ *s.o.* ***on*** *the head* iem. op die kop slaan; ~ *s.t.* ***on*** *the head* iets verongeluk/verydel (*of* die nekslag gee *of* die bodem inslaan) *('n plan ens.);* ~ *o.s.* ***out,*** *(infml.)* jou afsloof; ~ *s.o.* ***out*** iem. uitklop/uitslaan, iem. 'n uitklophou gee; iem. katswink/kis slaan; *('n dwelmmiddel)* iem. aan die slaap maak; iem. uitskakel *('n mededinger, span, ens.);* →KNOCKOUT *n.;* ~ *s.t.* ***out*** iets uitslaan/uitstamp; *s.t.* ~*s s.o.* ***out/over,*** *(infml.)* iets slaan iem. dronk; ~ *s.o.* ***over*** iem. omry; iem. onderstebo loop; ~ *s.t.* ***over*** iets omstamp/omstoot/omry; ~ *s.o. into a* ***pulp*** →PULP *n.;* ~ *s.o.* ***sideways,*** *(infml.)* iem. verpletter/platslaan (*of* plat slaan *of* uit die veld slaan *of* sprakeloos/spraakloos laat); ~ *s.o.* ***silly,*** *(infml.)* iem. katswink/kis slaan; ~ ***spots*** *off s.o., (infml.)* iem. kafloop; ~ *s.t.* ***together*** iets aanmekaartimmer; iets saamflans; ~ *people's heads* ***together,*** *(infml.)* mense tot besinning/rede bring; ~ *two things* ***together*** twee dinge teen mekaar slaan; ~ ***under*** tou opgooi, ingee; ~ ***up,*** *(Br., tennis, muurbal, ens.)* jou inspeel, 'n paar balle slaan; →KNOCK-UP *n.;* ~ ***up*** *against s.t.* teen iets bots; ~ *s.o.* ***up*** iem. opklop; ~ *s.t.* ***up*** iets opslaan; iets aanmekaarslaan; iets saamflans; ~ ***up*** *a century, (kr., infml.)* 'n honderdtal aanteken/behaal; *be ~ed* ***up,*** *(infml.)* katswink wees; doodmoeg/pootuit wees; ~ *s.o. into the middle of next* ***week,*** *(infml.)* iem. slaan dat hy/sy opslae maak; ~ *on* ***wood!*** →WOOD *n.*. **~about** *adj.:* ~ *clothes* veld=, tuinklere; ~ *comedian* grapjas; ~ *show* grapjasvertoning. **~ and drop** *(infml.)* strooikoerant. **~down** *adj.* uitklop=; (maklik) demonteerbaar *(meubels ens.);* ~ *blow* nekslag; ~ *price* afslagprys; minimum=, reserwe=, toeslaanprys *(op 'n veiling).* **~-down-(and-)drag-out** *adj. (attr.), (Am.)* verbete, heftige, woeste; venynige, gemene. **~ed-up:** ~ *shoe* aankapyster *(v. 'n perd).* **~-for-knock agreement** *(versek.)* hou-vir-hou-ooreenkoms, uitkanselleerooreenkoms. ~ **inhibitor,** ~ **suppressor** *(mot.)* klopweerder, =weermiddel. **~-kneed** met (aan)kapknieë/X-bene; swak, lamlendig; *s.o. is* ~, *(ook)* iem. se knieë kap aan. ~ **knees** (aan)kapknieë, X-bene. **~-off time** *(infml.)* tjailatyd, huis-toe-gaan-tyd. **~-on** *n., (rugby)* aanslaan. **~-on effect** domino-effek, kettingreaksie. **~out** →KNOCKOUT. **~-up** *n.: have a ~, (Br., tennis, muurbal, ens.)* jou (oog) inspeel, 'n paar balle slaan.

knock·er klopper; *(infml.)* vitter, kritikaster, foutsoeker, =vinder, muggiesifter; *(i.d. mv., sl.: borste)* mosbolletjies, kanne; *on the ~, (infml., Austr.)* dadelik, kontant *(betaal); up to the ~, (infml.)* piekfyn. **~-up** *(Br., hist., 'n pers.)* wekker.

knock·ing *n.* geklop *(aan 'n deur, in 'n motorenjin); (infml.)* kritiek; *take/have a lot of* ~ goed/kwaai onder skoot kom. ~ **copy** *(advt.)* diskrediterende reklame/publisiteit. ~ **shop** *(Br., sl.: bordeel)* hoerhuis.

knock·out kopskoot; nekslag; treffer; knoeivendusie, =vandisie; knoeikoper; knoeikopery; *s.o. is a ~, (infml.: baie aantreklik)* iem. slaan jou asem skoon weg. ~ **blow** uitklophou; genadeslag, doodhou; *deliver the ~ ~* die uitklophou plant. ~ **competition** uitklopreeks, =kompetisie; uitvalkompetisie; uitdunwedstryd. ~ **match** uitklopwedstryd.

knoll[1] *n.* knop, bultjie, heuweltjie.

knoll[2] *n. & ww., (arg.)* →KNELL *n. & ww.*.

knop (ornamentele) knop; knobbel; *(arg.)* blomknop. **~(ped) yarn** knoppiesgaring.

knot[1] *n.* knoop, strik, lus(sie); band; kwas, knoe(t)s, knop, knobbel; bult; vrat; geswel; groep, klompie; moeilikheid; *(hare)* bolla, kondee; ***cut*** *the (Gordian)* ~, *(fig., <Gr. legende)* die (Gordiaanse) knoop deurhak; *s.o.'s stomach is* ***in*** *a* ~ iem. het 'n knop op die maag, iem. se maag trek op 'n knop; ***(marriage)*** ~ huweliksband; *at a* ***rate*** *of ~s* →RATE[1] *n.;* ***run*** *ten/etc. ~s, (sk.)* tien/ens. knope vaar; ***tie*** *a* ~ 'n knoop maak; ***tie*** *the* ~, *(infml.)* trou, die huwelik sluit; ***tie*** *o.s. (up) in ~s* (or *a* ~), *(infml.)* heeltemal verstrik raak, die kluts kwytraak; *a* ***tight*** ~ 'n stywe knoop; ***undo/untie*** *a* ~ 'n knoop losmaak. **knot** =*tt*=, *ww.* knoop, vas=bind, (vas)strik; koek; (ver)bind; verwikkel; in die war raak/bring; saamtrek, frons *(wenkbroue);* ~ *a tie* 'n das knoop; ~ ... *together* ... aan mekaar bind/knoop. **~hole** kwasgat. ~ **stitch** knoopsteek. **~weed** *(bot.)* knoopkruid; bittertong, waterpeper. **~work** knoopwerk, macramé.

knot[2] *n., (orn.: Calidris canutus)* knoet.

knot·ted *(ook)* verward; knoetserig, knoesterig; knopperig; gekoek; ~ ***brows*** gefronste wenkbroue; ~ ***fringe*** knoopfraiing; *(go and)* ***get*** *~!, (infml.)* gaan bars (*of* blaas doppies)!; ~ ***pile*** knooppool; ~ ***work*** kantknoopwerk, macramé; ~ ***yarn*** knoopgare, =garing; knoppiesgare, =garing.

knot·ting (die) knoop, knoping; knoopwerk; kwaslak; nop.

knot·ty geknoop; knoetserig, knoesterig, kwasterig; verward; ingewikkeld; netelig; ~ *point* lastige kwessie. **knot·ti·ness** knoetserigheid, knoesterigheid, kwasterigheid; verwardheid; ingewikkeldheid.

knout *n., (<Rus., hist.: soort sweep)* knoet. **knout** *ww.* met die knoet slaan.

know *n.* wete; *be in the ~ about s.t., (infml.)* alles van iets weet, op (die) hoogte van/met iets wees, ingelig wees omtrent iets. **know** *knew known, ww.* weet; ken; herken; onderskei; verstaan, besef; →KNOWN; ~ ***about*** *s.t.* van iets weet (*of* kennis dra); ~ ***about*** *horses/etc.* perde/ens. ken, kennis van perde/ens. hê; *s.o. does not want to* ~ ***about*** *it* iem. wil niks daarvan (*of* daar niks van) hoor/weet nie; *not ~ s.o. from* ***Adam*** (or *a bar of* ***soap****)* iem. van geen/g'n (Adams)kant af (*of* glad/hoegenaamd nie) ken nie; ... *would ~ s.o.* ***again*** ... sou iem. herken; *I don't ~ at* ***all,*** *I'm sure I don't* ~ ek weet (dit) glad/regtig nie; *s.o. will* ~ ***all*** *about it, (infml.)* iem. sal dit hotagter kry (*of* les opsê); *s.o. did/tried* ***all*** *he/she knew to* ... iem. het sy/haar uiterste bes (*of* alles in sy/haar vermoë) gedoen om te ...; *for* ***all/aught*** *s.o. ~s* wie weet, sover/sovêr (*of* so ver/vêr) iem. weet, moontlik; ~ *all the* ***answers*** volkome op (die) hoogte wees; *(pej.)* dink jy weet alles; *be* ***anxious*** *to ~ s.t.* →ANXIOUS; ~ *two people/things* ***apart*** twee mense/dinge uitmekaar ken; ***as*** *you ~, s.t. happened* (or *s.o. did ...)* soos jy weet, het iets gebeur (*of* het iem. ...); iets het mos gebeur, iem. het mos ...; ~ *s.t.* ***backwards*** (or ***inside out*** or *like the back of one's* ***hand****), (infml.)* iets op jou duimpie (*of* deur en deur *of* soos die palm van jou hand) ken; ***before*** *you ~ where you are* as jy jou weer kom kry; ~ ***beforehand*** *that* ... vooraf/vooruit weet dat ...; ~ ***best*** die beste weet; ~ *s.t.* ***better*** iets beter ken; *s.o. doesn't ~ any* ***better*** iem. weet nie van beter nie; *s.o. ~s* ***better*** *(than that)* iem. weet van beter; *s.o. ~s* ***better*** *than to* ... iem. is verstandig/oulik genoeg om nie te ... nie; *s.o. always ~s* ***better,*** *(pej.)* iem. weet dit altyd beter; ~ *s.o./s.t.* ***by*** ... iem./iets aan ... ken/herken; ~ *for* ***certain*** (or *a* ***fact****)* seker (*of* met sekerheid) weet; ***come*** *to ~ s.o.* iem. leer ken; ***come*** *to ~ s.t.* iets te wete kom; ***come*** *to ~ what hardship is* ervaar wat ontbering is; *s.o.* ***doesn't*** ~ iem. weet nie; *I have been waiting since I* ***don't*** *~ when, (infml.)* ek wag al van wanneer af (*of* al wie weet hoe lank); *s.o. did it I* ***don't*** *~ when, (infml.)* iem. het dit vergeet/vergete al gedoen; ~ *for a* ***fact*** →***certain;*** *know s.o./s.t.* ***for*** ... weet dat iem./iets ... is; ~ ***full/right well*** *that* ... baie/heel goed weet dat ...; ***get*** *to ~ s.o.* iem. leer ken; ***God*** *~s!* →GOD; *s.o.* ***has*** *to ~ it* iem. moet dit weet; *s.o. does not* ***have*** *to ~ it* iem. hoef dit nie te weet nie; ~ *s.t. by* ***heart*** →HEART; *s.o. ~s* ***how*** *to do s.t.* iem. kan iets doen; ***if*** *I ~ Penelope, she'll* ... soos ek Penelope ken, sal sy ...; ~ *the* ***ins*** *and outs of s.t.* →IN *n.;* ~ *s.t.* ***inside out*** →***backwards;*** ~ *one another* ***intimately*** →INTIMATELY; ***let*** *s.o. ~* →LET[1] *ww.;* ***little*** *does s.o. ~* weinig weet iem.; *it shows how* ***little*** *you ~ me* dan ken jy my maar sleg; *as you* ***may*** ~ soos jy miskien weet; *you* ***never*** ~ ('n) mens weet nooit (*of* kan nooit weet nie); *I've* ***never*** *known ... to be like this* so ken ek ... nie; *the* ***next thing*** *s.o. knew* ... toe iem. weer sien/kyk ..., toe iem. hom/haar kom kry ...; *s.o. was* ***not*** *to ~ that* ... iem. kon nie weet dat ... nie; dit moes vir iem. diggehou word dat ...; *s.o. ~s* ***nothing*** iem. weet van niks *(omtrent iets); s.o. ~s* ***of*** ... iem. weet van ...; iem. ken ... (*of* het [al] van ... gehoor); iem. is op (die) hoogte van (*of* is vertroud met) ...; *not that I ~* ***of*** nie dat (*of* nie sover/sovêr *of* nie so ver/vêr) ek weet nie, nie by/na my wete nie; ~ *s.t.* ***o.s.*** iets self weet; *not* ***rightly*** ~ nie so mooi/reg weet nie; ~ ***right well*** *that* ... →***full/right well;*** ~ *the* ***ropes*** →ROPE *n.;* ***scarcely*** *~ s.o.* →SCARCELY; ~ *s.o. by* ***sight*** iem. van sien ken; ~ ***s.o.*** iem. ken; *(arg.: seks hê)* iem. beken, omgang met iem. hê; *not ~ s.o. from a bar of* ***soap*** →***Adam;*** *not ~ s.o. to* ***speak*** *to* iem. net van sien ken; ~ ***s.t.*** iets weet; *I'm* ***sure*** *I don't ~* →*I don't know at* ***all;*** ~ ***that*** ... weet dat ...; *knowing* ***that*** ... in die wete dat ...; *I* ***thought*** *you knew* ek dog/dag jy weet (daarvan) (*of* het [daarvan] geweet); ~ *s.t. to be* ***true*** weet dat iets waar is; *s.o.* ***wants*** *to* ~ iem. wil weet; ~ *one's* ***way*** *about* jou pad ken, jou weg kan vind; ~ *s.o.* ***well*** iem. goed ken; ~ ***well enough*** *that* ... baie goed weet dat ...; ***what*** *do you ~?, (infml.)* nou toe nou!, is dit so?; ~ ***what*** *poverty/etc. is* armoede/ens. ken; *do you ~* ***what*** *you are saying?* besef jy wat jy sê?; *s.o. doesn't quite ~* ***what*** *he/she is doing/saying* iem. weet nie bra/mooi/reg wat hy/sy doen/sê nie; ~ ***what*** *you are talking about* goed ingelig wees, op (die) hoogte van/met sake wees, jou storie ken; *s.o. doesn't ~* ***what*** *he/she is talking about* iem. weet nie wat hy/sy praat nie; ~ ***what's what,*** *(infml.)* weet hoe sake staan (*of* die vurk in die hef steek), goed ingelig (*of* op [die] hoogte) wees; *(ook)* ouer as tien/twaalf wees, nie onder 'n kalkoen uitgebroei wees nie; ~ ***where*** *one is with s.o.* weet wat jy aan iem. het; ~ ***which*** *is which* hulle van mekaar kan onderskei, hulle uitmekaar ken; ***who*** *~s?* wie weet?, wie kan sê?; *I* ***wouldn't*** ~ ek sou nie kon sê nie, ek weet nie, ek het geen benul nie; ***you*** *~, I ..., (infml.)* weet jy, ek ...; *it was awful,* ***you*** *~?* dit was vreeslik, weet jy?. **~-how** *(infml.)* (praktiese) saakkennis, slag, metode, handigheid, kundigheid, vaardigheid, behendigheid, vernuf, bedrewenheid, tegniek; *have the ~ to do s.t.* weet hoe om iets te doen. **~-(it-)all** *(infml., neerh.)* wysneus, slimjan, weetal; veelweter. **~-nothing** *n.* domkop, pampoen; agnostikus. **~-nothing** *adj.* onwetend, onkundig; agnosties.

know·a·ble te ken, kenbaar; herkenbaar; weetbaar. **know·abil·i·ty, know·a·ble·ness** kenbaarheid; weetbaarheid.

know·ing *n.* (die) ken, kennis; wete; *s.o.* ***needs*** ~ ('n) mens moet iem. (leer) ken; *there's* ***no*** ~ ('n) mens weet nooit, ('n) mens kan nooit weet nie; ('n) mens kan dit nie weet nie; *s.t. is* ***worth*** ~ iets is wetenswaardig. **know·ing** *adj.* veelseggend, veelbetekenend *(glimlag ens.); (neerh.)* slim, uitgeslape; opsetlik, doelbewus, bewustelik. **know·ing·ly** veelseggend, veelbetekenend, op veelseggende manier; bewus, (willens en) wetens, met opset; *I have never ~ injured* ... ek het ... nooit met opset benadeel nie.

knowl·edge kennis, verstand, begrip, wete; kundigheid; kunde; geleerdheid; wetenskap; bewussyn; medewete; voorkennis; ***acquire*** ~ kennis opdoen; ***air*** *one's* ~ jou kennis lug, *(pej.)* met jou kennis te koop loop; *lay claim to* ***all*** ~, *(dikw. pej.)* die wysheid in pag hê; *to the* ***best*** *of s.o.'s* ~ sover/sovêr (*of* so ver/vêr) iem. weet, na iem. se beste wete; *a* ***branch*** *of* ~ 'n gebied van die wetenskap; ***bring*** *s.t. to s.o.'s* ~ iets onder iem. se aandag bring; ***brush up*** (or ***refresh****) one's* ~ jou kennis opfris/opknap; *to s.o.'s* ***certain*** ~ ... dit was vir iem. seker dat ...; *it has* ***come*** *to s.o.'s ~ that* ... iem. het te wete gekom (*of* dit het iem. ter ore gekom) dat ...; *it is* ***common/general/public*** ~ dit is algemeen bekend, almal weet dit, *(pej.)* dit lê op straat; ***first-hand*** ~ eerstehandse kennis; *a* ***general*** *~ exam* 'n eksamen in algemene kennis, 'n algemenekenniseksamen; ***get*** *~ of s.t.* iets agterkom, die/'n snuf in die neus kry van iets; ***have*** *~ of s.t.* kennis/verstand van iets hê; ***have no*** *~ of s.t.* nie van iets weet nie; ***in*** *the ~ that* ... in die wete dat ...; ***intimate*** ~ diepgaande/intieme kennis; *s.o. has* ***personal*** *~ of s.t.* iets is aan iem. persoonlik bekend; ***pick up*** ~ kennis opdoen; *the* ***pursuit*** *of* ~ die strewe na kennis; ***refresh*** *one's* ~ →***brush up/refresh;*** *s.o.'s* ~ *of s.t. is rather* ***shaky/ sketchy*** iem. se kennis van iets is maar skraps; *s.o.'s* ***sketchy*** ~ *of s.t.* iem. se oppervlakkige kennis van iets; *I bow to your* ***superior*** ~ jy weet meer daarvan; ***to*** *s.o.'s* ~ sover/sovêr (*of* so ver/vêr) iem. weet, by/na iem. se wete; *not* ***to*** *s.o.'s* ~ nie sover/sovêr (*of* so ver/ vêr) iem. weet nie; *a* ***wide*** ~ *of s.t.* 'n breë kennis van iets; ***with*** *the* ~ *of* ... met (die) medewete van ...; *s.t. was done* ***with*** *s.o.'s* ~ iets is met iem. se medewete gedoen; *s.t. is* ***within*** *s.o.'s* ~ iets is aan iem. bekend; ***without*** *s.o.'s* ~ sonder iem. se medewete, sonder dat iem. weet; *have a* ***working*** ~ *of a language* →WORKING KNOWLEDGE. ~ **base** *(rek.)* kennisbasis. ~ **engineer** *(rek.)* ekspertstelselingenieur.

knowl·edg(e)·a·ble ingewy, kundig, goed ingelig; *be ~ about s.t.* goed op (die) hoogte wees van/met iets. **knowl·edg(e)·a·ble·ness** kundigheid; knapheid.

known *(volt.dw.)* bekend; *be* ~ ***as*** ... as ... bekend staan; ***become*** ~, *(iem.)* bekend raak/word; *(feite)* bekend/ rugbaar raak/word, uitlek; *be* ~ ***for*** ... bekend wees/ staan om/vanweë/vir/weens ...; *s.o. is* ***generally*** ~ *as* ... iem. word in die omgang ... genoem; *s.o.* ***lets*** *it be* ~ *that* ... iem. maak bekend dat ...; ***make*** *s.t.* ~ iets bekend maak/stel, iets openbaar maak; ***make*** *o.s.* ~ *to s.o.* jou aan iem. voorstel; *s.o.* ***should have*** ~ *s.t.* iem. moes iets geweet het; *be* ~ ***to*** *s.o.* aan/by iem. bekend wees; *s.o. is* ~ ***to*** *be/have* ... dit is bekend dat iem. ... is/het; *be* ***well*** ~ *to* ... (wel)bekend aan/by ... wees; *be* ***widely*** ~ algemeen/alombekend (*of* in breë kring *of* wyd en syd) bekend wees.

knuck·le *n.* kneukel; knik *(v. 'n skarnier);* knok; kneukel *(v. 'n koppelaar); be* ***near*** *the* ~, *('n grap ens.)* gewaag(d)/skurf/kru wees; ***pig's*** ~ varkpootjie; ***rap*** *s.o. over the ~s, give s.o. a* ***rap*** *on/over the ~s* iem. op die vingers tik. **knuck·le** *ww.* met die kneukels slaan/ druk/vryf/vrywe; ~ *down to it, (infml.)* inklim, dit met mening/mag aanpak; ~ *under to ..., (infml.)* swig vir ..., jou aan ... onderwerp (*of* gewonne gee). ~**(bone)** skenkel(been), talus, kootbeen; dolos. ~**bones** *(speletjie)* klip-klip, vyfklip. ~**duster** boks=, vuisyster. ~**head** *(Am., infml.)* dom=, klip=, pampoenkop, skaap(kop), bobbejaan, mamparra. ~ **joint** kneukelgewrig; *(timm.)* vurkgewrig; knik *(v. 'n rewolwer);* knaklas. ~ **pin** skarnierpen; krinkspil.

knur →KNUR(R).

knurl *n.* knop, knobbel, knoe(t)s; kartel; rand. **knurl** *ww.* kartel. **knurled** gekartel(d); gekeper(d); gerand; knopperig, knobbelrig, knoetserig, knoesterig; met greepgroefies; ~ *edge* kartelrand, gekartelde rand; ~ *head* kartelkop.

knur(r), knar knop, knobbel, kwas, uitwas.

Knut →CANUTE.

ko·a *(boom)* koa.

ko·a·la (bear) koala(beer), buidelbeer.

kob[1] *(soöl.)* rietbul.

kob[2] *(igt.)* kabeljou, kob.

ko·bold *(D. mit.)* kobold, kabouter.

Ko·dok *(geog.)* Kodok.

koe(k)·sis·ter *(Afr., kookk.)* koe(k)sister.

kohl *(ooglidpoeier)* kohl.

kohl·ra·bi knolkool, knolraap, raapkool, koolraap *(bo d. grond).*

koi·no·ni·a *(<Gr., Chr. teol.)* koinonia.

ko·la = COLA.

kol·k(h)oz, kol·khos *(Rus. gemeenskapsplaas)* kolchos.

kom·bi, com·bi *(SA, infml.)* kombi, minibus. ~ **taxi** kombi=, minibustaxi.

Kom·in·tern →COMINTERN.

Kom·so·mol, Kom·so·mol *(Rus., hist.: kommunistiese jeugorganisasie)* Komsomol.

Kö·nigs·berg →KALININGRAD.

ko·nim·e·ter stofmeter, konimeter.

koo·doo →KUDU.

kook *n., (Am., infml.)* eksentriek, sonderling, getikte. **kook·y, kook·ie** *adj.* eksentriek, sonderling, getik.

kook·a·bur·ra *(Austr., orn.)* kookaburra.

ko·pe(c)k, co·peck *(Rus. geldeenheid)* kopek.

kop·pie, kop·je *(SA)* koppie.

Ko·ran, Qur'an Koran. **Ko·ran·ic** Koraans, van die Koran.

Ko·ra(n)·na *(SA, hist.), (lid v. 'n Khoe-Khoense stam)* Korana; Korana(taal).

Ko·re·a *(geog.)* Korea; *Democratic People's Republic of ~, North* ~ Demokratiese Volksrepubliek van Korea, Noord-Korea; *Republic of ~, South* ~ Republiek Korea, Suid-Korea. **Ko·re·an** *n.* Koreaan; *(taal)* Koreaans. **Ko·re·an** *adj.* Koreaans.

korf·ball korfbal.

ko·ri *(<Tsw., orn.): ~* **bustard** *(Ardeotis kori)* gompou.

Kos, Cos *(geog.)* Kos.

ko·sher *(Jud.)* kosjer *(kos); (infml.)* behoorlik, fatsoenlik *(gedrag ens.).*

kou·miss →KUMISS.

Koup, Gouph *(SA, geog., <Khoi): the ~* die Koup.

Kov·sie *(SA, infml.: student v.d. Univ. v.d. Oranje-Vrystaat)* Kovsie.

Ko·weit →KUWAIT.

kow·tow *n.* voetval, knieval, slaafse buiging. **kow·tow** *ww.* kruip, die grond lek; *(Chin., hist.)* voetval, 'n voetval doen; ~ *to s.o.* voor iem. neerbuig; voor iem. (in die stof) kruip.

Ko·zhi·kode *(geog.)* Kozhikode.

kraal *n., (SA)* kraal. **kraal** *ww.* kraal, in die kraal ja(ag); ~ ... *off* ... afhok. ~ **head** kraalhoof.

kraft (pa·per) kraftpapier.

krait *(slang)* krait.

kra·ken *(Noorse mit.: seemonster)* kraken.

kra·mat *(Mal.)* kramat.

krans *(Afr.),* **krantz** *(vero.), =es* krans, rotswand.

Kraut *(infml., neerh.)* Duitser.

krem·lin kremlin, Russiese sitadel; *the K~* die Kremlin. **Krem·lin·ol·o·gist** Kremlinoloog. **Krem·lin·ol·o·gy** Kremlinologie.

krill kril, planktonkrefies.

kris kris, Maleise dolk.

Krish·na *(Hind.)* Krisjna.

kro·mes·ky *(kookk.)* kromeskie.

kro·ne *=ner, (Skand. munt)* kroon.

Kru·ger: ~ **National Park** Nasionale Krugerwildtuin. ~**rand** Krugerrand.

Kru·ger·ism Krugerisme.

krul·ler →CRULLER.

krumm·horn →CRUMHORN.

kryp·ton *(chem., simb.:* Kr*)* kripton.

kry·tron *(elektron.)* kritron.

Kua·la Lum·pur *(geog.)* Kuala Lumpur.

Ku·ban (Riv·er) Koeban(rivier).

Ku·blai Khan *(hist.)* Koeblai Khan.

ku·dos *(mv., fungeer as ekv.), (Gr., infml.)* eer, roem.

ku·du *=du(s),* **koo·doo** *=doo(s), (<Khoi)* koedoe; *bull* ~ koedoebul; *cow* ~ koedoekoei.

ku·gel *(<Jidd., SA, neerh.)* kugel.

Kuils Riv·er *(geog., SA)* Kuilsrivier.

Ku Klux Klan Ku Klux Klan.

ku·ku·ma·kran·ka *(<Khoi, SA, bot.: Gethyllis spp.)* koek(e)makranka.

ku·lak *(Rus., hist.)* koelak.

ku·lan *(wilde-esel)* koelan.

ku·miss, kou·mis(s), kou·myss *(<Tartaars)* koemis, perdemelkdrank.

küm·mel *(D. likeur)* kummel.

kum·quat, cum·quat koemkwat.

kung fu *(Chin. vegkuns)* koeng foe.

Kuo·min·tang *(<Chin., hist., pol.)* Kwomintang.

kur·bash, kour·bash karwats, sambok.

Kurd Koerd. **Kurd·ish** *n., (taal)* Koerdies. **Kurd·ish** *adj.* Koerdies. **Kur·di·stan, Kur·de·stan, Kor·de·stan** *(geog.)* Koerdistan; ~ *rug* Koerdiese mat.

Ku·ril(e) Is·lands, Ku·rils Koerile.

Kur·land →COURLAND.

kur·per *(igt.)* →TILAPIA.

kur·ta, khur·ta *(<Hindi, los hemp sonder 'n kraag)* koerta.

Ku·wait *(geog.)* Koeweit. **Ku·wai·ti** *n.* Koeweiti. **Ku·wai·ti** *adj.* Koeweits.

kvas(s), quass *(<Rus., 'n alkoholiese drank)* kwas.

kvetch *n., (<Jidd., Am., infml.)* kla=, kerm=, neulkous, neulpot; gekla, gekerm, geneul, gesanik, gemor. **kvetch** *ww.* kla, kerm, neul, sanik, mor.

kwa·cha *(geldeenheid v. Malawi en Zambië)* kwacha.

kwa·shi·or·kor *(med.)* kwasjiorkor.

Kwa·Zu·lu-Na·tal *(geog.)* KwaZulu-Natal.

kwe·la *n., (SA, mus., <Ngu.)* kwêla; kwêladans. ~-**kwela** *(sl.)* vang=, broodwa, kanariewa, =kar; minibus=(taxi).

ky·a →KAYA.

ky·an·ise, =ize kyaniseer *(hout).*

ky·a·nite →CYANITE.

ky·bosh →KIBOSH.

ky·mo·graph, cy·mo·graph kimograaf.

Kym·ric, Cym·ric *n. & adj.* →WELSH.

ky·pho·sis *=phoses, (med.)* boggelrug, kifose, agterwaartse ruggraat(ver)kromming.

Kyr·gyz, Kir·ghiz, Kyr·gyz, Kir·ghiz *n., (bevolkingslid)* Kirgisiër; *(taal)* Kirgisies. **Kyr·gyz, Kir·ghiz, Kyr·gyz, Kir·ghiz** *adj.* Kirgisies. **Kyr·gyz·stan, Kir·ghiz·stan** *(geog.)* Kirgistan.

Kyr·i·e (e·le·i·son) *(<Gr., Chr. liturgie: Here, ontferm U of Here, wees ons genadig)* Kyrie (eleison).

Ll

l, L *l's, L's, Ls, (twaalfde letter v. d. alfabet)* l, L; Romeinse syfer 50; *little* ~ l'etjie; *small* ~ klein l.

la¹ *(mus.)* →LAH.

la² *tw.* kyk; goeiste; →LO.

laa·ger *n., (SA, hist. of fig.)* laer; kamp; *form a (or go into)* ~ laer trek. **laa·ger** *ww., (hist.)* laer trek; kampeer.

laai·tie →LIGHTIE.

Laa·land →LOLLAND.

laa·nie →LARNEY.

laat·lam·me·tjie *(Afr., infml.)* laatlammetjie; →AFTERTHOUGHT.

lab *(infml.)* = LABORATORY.

La·ba·rang *(Moslemfees na afloop v. Ramadan)* Labarang.

lab·a·rum -*ara, (w.g.)* vaandel; *(hist.: vaandel v. Konstantyn d. Grote)* labarum.

la(b)·da·num la(b)danum.

lab·e·fac·tion *(arg.)* verswakking; wankeling; skudding; verval; instorting; omverwerping, omvêrwerping.

la·bel *n.* etiket, kaartjie, adreskaart, strokie; *pin a ~ on s.o.* iem. etiketteer. **la·bel** -*ll-, ww.* merk; etiketteer, 'n etiket/kaartjie (*of* etikette/kaartjies) opplak/aanbind; adresseer; klassifiseer; bestempel; ~ *s.o. as ...* iem. as ... bestempel/etiketteer. ~ **clip** kaartklem, -knyper. ~ **libel** laster deur etikettering. ~ **(mould/moulding)** *(bouk.)* (Normandiese) druplys.

la·bel·lum -*bella, (bot.)* lip; *(entom.)* eindlip.

la·bi·al *n., (fonet.)* lipklank, labiaal. **la·bi·al** *adj.* van die lippe, labiaal, lipvormig, lip-. **la·bi·al·i·sa·tion, -za·tion** *(fonet.)* labialisering, labialisasie. **la·bi·al·ise, -ize** *(fonet.)* labialiseer. **la·bi·al·ism** *(fonet.)* labialisme.

la·bi·ate *n., (bot.)* lipblommige. **la·bi·ate** *adj., (bot.)* lipvormig; lippig; gelip; lipblommig. **La·bi·a·tae** Lipblommiges, Labiatae.

la·bile veranderlik, onvas, onbestendig, onstandvastig, labiel; *(teg., chem.)* labiel, wankelbaar. **la·bil·i·ty** veranderlikheid, onvastheid; labiliteit, wankelbaarheid.

la·bi·o·den·tal *(fonet.)* labiodentaal, liptand-.

la·bi·um -*bia* lip; *(anat.)* skaamlip, labium; *(entom., bot.)* onderlip, labium.

la·bor *(Am.)* →LABOUR.

la·bor·a·to·ri·al *(w.g.)* laboratorium-.

la·bor·a·to·ry, *(Am.)* **lab·o·ra·to·ry** -*ries* laboratorium. ~ **animal** proef-, laboratoriumdier.

la·bored *(Am.)* →LABOURED.

la·bor·er *(Am.)* →LABOURER.

la·bo·ri·ous arbeidsaam, bedrywig, werksaam; swaar, moeilik, moeisaam, moeitevol, tydrowend. **la·bo·ri·ous·ly** op arbeidsame wyse; moeisaam, met moeite, moeitevol. **la·bo·ri·ous·ness** arbeidsaamheid; moeisaamheid.

la·bor·ite *(Am.)* vakbondman, -lid; →LABOURITE.

La·bour, *(Am.)* **La·bor** die Arbeidersparty, -beweging. ~ **Day** *(1 Mei; eerste Ma. in Sept. in Am. & Kan.)* Werkersdag; →WORKERS' DAY. ~ **government** Arbeidersregering. ~ **man** Arbeider. ~ **member** Arbeiderslid. ~ **minister** minister van arbeid; Arbeidersminister. ~ **movement** Arbeidersbeweging. ~ **Party** *(pol.)* Arbeidersparty. ~ **Relations Act** *(afk.: LRA)* Wet op Arbeidsverhoudinge. ~ **seat** Arbeidersetel.

la·bour, *(Am.)* **la·bor** *n.* werk, arbeid; taak; inspanning, moeite; arbeiders, werkkragte; arbeiderstand; barensnood; →HARD LABOUR; ~ ***ennobles*** arbeid adel; ***forced*** ~ gedwonge arbeid; ***go into*** ~ begin kraam; *be* ***in*** ~ kraam; in barensnood wees; ***lose one's*** ~ →LOSE; *it is* ~ ***lost*** dis vergeefse moeite, dis botter aan die galg smeer; *a ~ of* ***love*** ('n) liefdeswerk. **la·bour** *ww.* werk, arbei; swoeg, jou inspan, moeite doen; sukkel, met moeite voortbeweeg; *(dial.)* bewerk *(grond)*; ~ *over s.t.* aan iets swoeg; ~ *a point* iets in besonderhede uitwerk; (te) lank by iets stilstaan, oor iets aankarring; ~ *under ...* onder ... gebuk gaan; met ... te kampe hê *(moeilikhede ens.)*; onder ... verkeer *('n misverstand ens.)*. ~ **bureau,** *(vero.)* ~ **exchange** arbeidsburo, -kantoor; →EMPLOYMENT BUREAU, JOBCENTRE. ~ **camp** strafkamp, -kolonie, werk(s)kamp *(vir dwangarbeiders)*; werk(s)kamp *(vir trekarbeiders)*. ~ **colony** *(jur.)* werkkolonie. ~ **conflict** →INDUSTRIAL CONFLICT. ~ **costs** arbeidskoste. ~ **court** arbeidshof. ~ **dispute** →INDUSTRIAL DISPUTE. ~ **force** arbeids-, werkkragte, arbeidsbesetting. ~ **gang** span werkers, werkspan. ~**-intensive** arbeidsintensief. ~ **legislation, industrial legislation** arbeidswetgewing. ~ **market** arbeidsmark. ~ **movement** vak(bond)beweging, arbeidersbeweging. ~ **nurse** kraamverpleegster. ~ **(pains)** kraam-, geboortepyne, *(fml.)* barensnood, -weë. ~ **peace** →INDUSTRIAL PEACE. ~ **potential** arbeidspotensiaal. ~ **recruiter** arbeidswerwer. ~ **registry** arbeidsburo. ~ **relations** *n. (mv.)* arbeidsverhoudinge, -betrekkinge. ~ **reservoir** arbeidsvoorraad. ~ **room** kraamkamer, bevallingskamer. ~**-saving** *n.* arbeidsbesparing. ~**-saving** *adj.* arbeidsbesparend, prakties. ~ **settlement** arbeidskolonie. ~ **shortage** arbeidstekort, tekort aan arbeiders/werkkragte. ~ **supply** arbeidstoevoer. ~ **tenantry,** ~ **tenants** woonarbeiders, diensplakkers. ~ **troubles** arbeidsgeskille, -moeilikhede. ~ **turnover** arbeidsomset. ~ **union** →TRADE(S) UNION. ~ **unrest, industrial strife/unrest** arbeidsonrus. ~ **ward** kraamsaal, bevallingskamer. ~ **yard** werkplaas.

la·boured, *(Am.)* **la·bored** swaar, moeilik, moeisaam *(asemhaling ens.)*; gekunsteld, onnatuurlik, gedwonge, geforseer(d).

la·bour·er, *(Am.)* **la·bor·er** arbeider, dagloner, werk(s)man, werkkrag; *(farm) ~'s cottage* volkshuisie; *skilled* ~ vakarbeider; *the ~ is worthy of his/her hire* die arbeider is sy/haar loon werd.

La·bour·ite *(Br.)* aanhanger/ondersteuner/lid van die Arbeidersparty; →LABORITE.

Lab·ra·dor *(geog.)* Labrador; *Coast of* ~ Labradorkus. ~ **(dog/retriever)** *(honderas, dikw. l~)* labrador(hond), labrador(-retriever).

la·bret lipversiersel.

la·brum *labra* labrum, bolip *(v. 'n insek ens.)*.

lab·y·rinth *(ook fig. en anat.)* labirint, doolhof. **lab·y·rin·thine** soos 'n doolhof, labirinties; ingewikkeld, duister; verward.

lac¹ lak; lakwerk.

lac² →LAKH.

Lac·ca·dive: ~, *Minicoy and Amindivi Islands, (vero.)* →LAKSHADWEEP ISLANDS.

lac·co·lith, lac·co·lite *(geol.)* lakkoliet.

lace *n.* veter, rygband, rygveter; kant; boorsel, galon; *boot~, shoe~* skoenveter, skoenriem(pie); *gold* ~ goudgalon; *silver* ~ silwergalon. **lace** *ww.* (in)ryg, opryg, toeryg, vasryg; deurryg; borduur; met kant versier; omboor; afransel; →LACED, LACING, LACY; ~ *s.t.* ***in*** iets insnoer/inryg; ~ ***into*** *s.o., (infml.)* iem. te lyf gaan; iem. inklim/slegsê; ~ *s.t.* ***up*** iets opryg/toeryg/vasryg; ~ *one's coffee* ***with*** *whisky* ('n skeut) whisky by jou koffie skink, jou koffie met whisky dokter. ~ **bobbin** kantklos. ~ **bug** netvlerkbesie. ~ **edging** randkantjie. ~ **insertion** kantinsetsel; inlaskant. ~ **inset** kantinsetsel. ~**maker** kantklosster, -werkster, -maakster. ~ **pillow** kantkussing. ~**-up (boot)** (op)rygstewel. ~**-up (shoe)** (toe)rygskoen, veterskoen. ~**wing** *(entom.)* gaasvlerkige. ~**winged** gaasvlerkig; ~ *fly* gaasvlieg. ~**wood** kanthout. ~**work** kantwerk.

laced geryg; met alkohol; ~ *shoe* rygskoen; ~ *stall* gevlegte stellasie; *~(-up) boot* (op)rygstewel.

Lac·e·dae·mon *(geog., hist.)* Lacedemon. **Lac·e·dae·mo·ni·an** *n.* Lacedemoniër. **Lac·e·dae·mo·ni·an** *adj.* Lacedemonies.

lac·er·ate (ver)skeur, oopskeur, inskeur; *(fig.)* seermaak, krenk, kwets. **lac·er·at·ed** ingeskeur(d); ~ *wound* skeurwond. **lac·er·a·tion** verskeuring; skeur(wond).

lac·er·til·i·an, la·cer·tian *n.* akkedisagtige. **lac·er·til·i·an, la·cer·tian** *adj.* akkedisagtig, akkedis-.

lach·e·na·lia *(bot.)* lachenalia; (rooi/geel)viooltjie; (klip/sand)kalossie.

lach·es *(jur.)* nalatigheid.

Lach·ish *(geog., OT)* Lakis *(NAB)*, Lagis *(OAB)*.

lach·ry·mal *n. & adj.* →LACRIMAL.

lach·ry·ma·tion →LACRIMATION.

lach·ry·ma·to·ry *n. & adj.* →LACRIMATORY.

lach·ry·mose *(fml. of poët., liter.)* tranerig, huilerig, droefgeestig.

lac·ing veter; boorsel; kantwerk; (die) inryging, (die) toeryg, toeryging; rygwerk; ryglyn; (die) vasryg, vasryging; (die) borduur; *(bouk.)* veterwerk; *(bouk.)* veterverbinding; *(infml.)* loesing, afranseling; skeutjie *(brandewyn ens.)*. ~ **bond** vlegverband.

lack *n.* gebrek, behoefte, tekort, gemis; ***for*** *a ~ of ...* by/uit/weens gebrek aan ...; *a ~ of* ***funds*** →FUND *n.*; ***no*** *~ of ...* geen gebrek aan ... nie, volop ...; *a ~* ***of*** *...* 'n gebrek aan ... *(ruimte ens.)*; 'n afwesigheid van ... *(formaliteit ens.)*; *a* ***sad*** ~ 'n jammerlike gebrek/tekort; *a ~ of* ***skill(s)*** onbedrewenheid. **lack** *ww.* ontbeer, mis; gebrek hê aan; ontbreek, kortkom, makeer; →LACKING *adj.*; ~ *for nothing* niks kortkom nie. ~**land** landloos; *John L~* (koning) Jan sonder Land. ~**lustre,** *(Am.)* ~**luster** dof, glansloos, mat; flou, dooierig; *(fig.)* kleurloos, vaal.

lack·a·dai·si·cal onverskillig, traak-(my-)nieagtig, ongeërg, nalatig, slordig; halfhartig, slap, flou, swak.

lack·a·day, a·lack(-a-day) *tw., (arg.)* →ALAS.

lack·er →LACQUER.

lack·ey *n.* lakei, lyfkneg; *(fig., neerh.)* lakei, handperd, gedienstige kneg, naprater. **lack·ey** *ww., (arg.)* as lakei dien; slaafs volg/dien.

lack·ing *adj. (pred.)*: *be* ***found*** ~ te kort skiet, tekort skiet, tekortskiet, nie aan die verwagting(s) beantwoord/voldoen nie; *be ~* ***in*** *s.t.* aan iets gebrek hê; iets kortkom; *s.o. is ~* ***in*** *...*, *(ook)* dit ontbreek iem. aan ... *(moed ens.)*; *s.t.* ***is*** ~ iets ontbreek, iets kom kort; *all that* ***is*** *~ now is ...* al wat nou nog ontbreek, is ...; *s.o. is* ***sadly*** *~ in ...* iem. skiet ver/vêr te kort wat ... (aan)betref.

lac·moid *(chem.)* lakmoïed.

La·co·ni·a *(hist., geog.)* Lakonië. **La·co·ni·an** *n.* Lakoniër. **La·co·ni·an** *adj.* Lakonies.

la·con·ic kort en bondig, droog, kernagtig, lakoniek, lakonies. **la·con·i·cism, lac·o·nism** *(w.g.)* kernagtigheid van uitdrukking; kort/pittige gesegde, lakonisme.

lac·quer *n.* lak, lakvernis; lakwerk. **lac·quer** *ww.* verlak; vernis; *~ed brass* verniste geelkoper/messing.
lac·quey →LACKEY.
lac·ri·mal, lac(h)·ry·mal *n., (anat.)* traanbeen; *(i.d. mv.)* traanorgane. **lac·ri·mal, lac(h)·ry·mal** *adj., (fml. of poët., liter.)* traan=. ~ **canal** traangang. ~ **duct** traanbuis. ~ **gland** traanklier. ~ **sac** traansak(kie). ~ **vase** *(hist.)* traankruikie.
lac·ri·ma·tion, lac(h)·ry·ma·tion *(poët., liter.)* trane=storting, =vloed; *(med.)* traanafskeiding.
lac·ri·ma·to·ry, lac(h)·ry·ma·to·ry *n., (hist.)* traan=kruikie. **lac·ri·ma·to·ry, lac(h)·ry·ma·to·ry** *adj., (teg. of poët., liter.)* traanwekkend, traan=.
la·crosse *(balspel)* lacrosse.
lac·tal·bu·min *(biochem.)* melkalbumien, laktalbu=mien.
lac·tam *(chem.)* laktaam.
lac·tase *(biochem.)* laktase.
lac·tate¹ *n., (chem.)* melksuursout, laktaat.
lac·tate² *ww., (soogdier)* melk afskei.
lac·ta·tion soging, (die) soog; melkgewing, melkaf=skeiding; laktasie. ~ **period** melktyd, melkduur, soog=tyd.
lac·te·al *n., (anat.)* chylvat, limfvat. **lac·te·al** *adj.* melkhoudend; melk=; *(anat.)* chyl=; ~ ***fever*** melk=koors, =siekte; ~ ***gland*** melkklier; ~ ***vein*** melkaar; ~ ***vessels*** melkvate.
lac·te·ous melkagtig, melk=.
lac·tes·cent melkerig, melk=; melkhoudend; *(bot.)* melksapgewend. **lac·tes·cence** melkerigheid; *(bot.)* melksap.
lac·tic melk=. ~ **acid** *(biochem.)* melksuur.
lac·tif·er·ous *(hoofs. anat.)* melkgewend, =houdend, =afskeidend, =voerend; melk=; ~ *duct* melkaar.
lac·tim *(chem.)* laktiem.
lac·to= *komb.vorm* lakto=.
lac·to·fla·vin →RIBOFLAVIN(E).
lac·to·gen *n., (biochem.)* laktogeen. **lac·to·gen·ic** *adj., (fisiol.)* laktogeen.
lac·tom·e·ter melkmeter, laktometer.
lac·tone *(chem.)* laktoon.
lac·to·scope laktoskoop.
lac·tose *(chem.)* melksuiker, laktose.
la·cu·na =nae, =nas, *n.* gaping, leemte, hiaat, lakune; *(anat.)* holte. **la·cu·nal, la·cu·nar, la·cu·nar·y, la·cu·nate, la·cu·nose** *adj.* met gapings/leemtes; spons=agtig; vol gate; *(fml.)* lakunêr; ~ *tissue* sponsweefsel.
la·cu·nar =nars, =naria, *n., (argit.)* kofferpaneel; cais=son. **la·cu·nar** *adj.* →LACUNAL.
la·cus·trine *(teg. of poët., liter.)* meer=; paal=; ~ *age* paalwoningtyd; ~ *dwelling* paalwoning.
lac·y kantagtig; van kant.
lad seun, knaap, outjie; jongeling, (jong)kêrel, jong kêrel; *a bit of a* ~ 'n macho man. **lad·die** *(hoofs. Sk., infml.)* knapie, mannetjie, seuntjie, kêreltjie.
lad·a·num →LABDANUM.
lad·der *n.* leer *(ook in 'n kous)*; loopstreep *(in verf)*; *start at the **bottom** of the* ~ heel onder begin; ***kick down*** *the* ~ jou vriende nie meer wil ken nie; ***don't kick down*** *the* ~ moenie sê: fonteintjie, ek sal nooit weer uit jou drink nie; *the **social*** ~ die sosiale/maat=skaplike leer; *a **step up** the* ~, *(fig.)* 'n tree vorentoe; *reach the **top** of the* ~ die boonste/hoogste sport be=reik; *a* ~ ***on wheels*** 'n wielleer. **lad·der** *ww., ('n kous)* leer. ~ **back (chair)** leerrug(stoel). ~ **beam,** ~ **post,** ~ **side** leerboom, =styl. ~ **dredge** baggermasjien (met leer). ~ **rung** leersport. ~ **stitch** dwarssteek. ~ **vein** leeraar.
lade *laded laden/laded, (arg.)* laai, bevrag; →LADEN, LADING.
lad·en *adj. (volt.dw. v. lade)* belade, belaai, belas, be=vrag; *be **heavily*** ~ swaar belaai wees; *the **heavily*** ~ ... die swaar belaaide/belade ...; ~ ***with*** ... met ... be=laai; *the tree is* ~ ***with** fruit* die boom sit vol vrugte.
la-di-da, lah-di-dah, la-de-da *n.* snob, neus-in-die-lug. **la-di-da, lah-di-dah, la-de-da** *adj., (infml.)* aanstellerig, pretensieus, geaffekteer(d), sno=bisties, neus-in-die-lug(=).
la·dies': ~ **bicycle** vrouefiets. ~ **choir** vrouekoor, dameskoor. ~ **(cloak)room** (openbare) damestoilet. ~ **club** vroueklub. ~ **doubles** →WOMEN'S DOUBLES. ~ **man, lady's man** *(infml.)* vrouegek, =liefhebber, charmeur. ~ **night** damesaand. ~ **shoe** →LADY'S SHOE. ~ **singles** →WOMEN'S SINGLES. ~ **tresses** *(Am.)* →LADY'S TRESSES.
la·di·fy →LADYFY.
lad·ing *n.* lading, vrag; *bill of* ~ vragbrief.
la·dle *n.* (op)skep=, pot=, soplepel; opskepper; skep=bak; spaan; skep *(v. 'n draairat)*; gietpan, =lepel; laai=lepel. **la·dle** *ww.* (met 'n lepel) skep, oplepel; om=skep; giet; ~ *out s.t.* iets uitskep; iets oplepel; iets uit=deel; ~ *s.t. over into* ... iets in ... oorskep. **la·dle·ful** *ladlefuls* soplepel vol.
La·drone Is·lands →MARIANA ISLANDS.
la·dy =dies dame; *(Br., titel, L~)* lady; *(vero.)* vrou, eggenote; →OLD LADY; *Our **(Blessed)** L~, (Chr.: Maria)* Onse Liewe Vrou; *ladies and **gentlemen!*** dames en here!; ~ *of the **house*** huismoeder; vrou van die huis; *a **little** old* ~ 'n ou dame(tjie)/tantetjie/vroutjie; ~ *of **pleasure*** (or ***easy virtue*** or *the **night**), (euf.: prostituut)* vrou van los(se) sedes; *our **sovereign*** ~ Haar Majesteit; ***the** Ladies, (openbare toilet)* die Dames; ~ *in **waiting*** →LADY-IN-WAITING; ***young*** ~ jong dame, juffrou. **L~ altar** Maria-altaar. ~ **author** skryfster. **~bird** *(entom.)* liewe(n)heersbesie, (boom)=skilpadjie, skilpadbesie. **~bird bean** lappiesboon(tjie). **L~ Bountiful** weldoenster. **~bug** *(Am.)* = LADYBIRD. ~ **chair** handstoel. **L~ Chapel** Mariakapel. ~ **com=panion** geselskapsdame. ~ **cracker** *(vuurwerk)* klein=(ste) klappertjie. **L~ Day** *(25 Maart)* Maria-Boodskap. ~ **doctor** vroulike dokter. ~ **dog** teef, wyfiehond. ~ **fern** *(Athyrium* spp.*)* wyfievaring. **~finger** *(Am.)* →LADY'S FINGER. ~ **friend** vriendin. ~ **help** helpster in die huishouding. **~-in-waiting** hofdame. **~-killer** *(infml.)* hartebreker, =veroweraar; Don Juan. **~love** *(vero.)* beminde, geliefde, liefste, nooi, minnares. **L~ Luck** die geluksgodin. **L~ Mayoress** *(Br., ook l~ m~)* burgemeestersvrou *(v. Londen ens.)*. ~ **principal** hoof=onderwyseres, prinsipale. ~ **receptionist** ontvangs=dame. **~'s companion** naaldwerksakkie. **~'s finger** *(bot.)* woudkruid, =klawer; →KIDNEY VETCH, OKRA, GUMBO; *(kookk.)* sponsbeskuitjie. **~'s garters/laces** lintgras. **~'s glove** →FOXGLOVE. **~'s hand** raaptol, =uintjie. **~'s hat** dameshoed. **~'s maid** kamermeisie; diensmeisie. **~'s man** →LADIES' MAN. **~'s mantle-leaved pelargonium** →HOODED-LEAF PELARGONIUM. **~'s mount** damesperd. **~'s/ladies' shoe** dameskoen. **~'s slipper** *(bot.)* pantoffelplant, =blom, pantoffeltjie, vroueskoentjie. **~'s-smock** koekoeksblom. **~'s thistle** vrouedissel, =distel. **~'s-thumb** perde=, vlooikruid. **~'s tresses,** *(Am.)* **ladies' tresses** *(fungeer as ekv. of mv.), (bot.)* trilgras.
la·dy·fy, la·di·fy 'n dame maak van; *(arg.)* 'n lady noem, as lady betitel. **la·dy·fied** damesagtig, aanstel=lerig.
la·dy·hood dameskap; (die) dames.
la·dy·like vroulik, fyn, beskaaf(d); damesagtig, soos 'n dame; verwyf(d).
la·dy·ship ladyskap, titel van 'n lady; *her* ~, *(iron.)* haar majesteit; *Your L~* U Ladyskap.
lae·vo·ro·ta·to·ry, *(Am.)* **le·vo·ro·ta·to·ry** *(chem.)* linksdraaiend. **lae·vo·ro·ta·tion,** *(Am.)* **le·vo·ro·ta·tion** linksdraaiing.
laev·u·lose, *(Am.)* **lev·u·lose** →FRUCTOSE.
lag¹ *n.* agterblyer; vertraging; agterstand, (die) agter=bly; *(elek.)* naloop, nayling. **lag** =gg=, *ww.* agterbly, agterraak, agteraan kom; draal; haak; *(elek.)* naloop, nayl; →LAGGARD, LAGGING¹; ~ *behind* agterbly, ag=terraak, uitsak; draal; veragter. ~ **phase** sloerfase. ~ **time** sloertyd.
lag² *n.* bekleding; formeellat, deklat. **lag** =gg=, *ww.* be=klee; toewikkel, toedraai; isoleer; →LAGGING².
lag³ *n. (Br., infml.)* boef, bandiet, gedeporteerde; *old* ~ geharde boef, ou tronkvoël, verstokte misdadiger. **lag** =gg=, *ww.* arresteer; deporteer, dwangarbeid laat verrig; →LAGGING³.
lag·an, lig·an *(arg., jur.)* redgoed.
la·ger¹ lager(bier); →LAGERING TANK. ~ **lout** *(Br., infml.)* besope barbaar/belhamel.
la·ger² →LAAGER.
la·ger·ing tank legtenk.
lag·gard *n.* draaier, draaikous, talmer, draler, agter=blyer. **lag·gard** *adj., (w.g.)* traag, draaierig.
lag·ging¹ *n.* draaiery; ~ *behind* agterblyery. **lag·ging** *adj.* talmend, dralend, agterblywend; *with* ~ *steps* skoorvoetend.
lag·ging² *n.* bekleding; toewikkeling; isolasie; bekle=dingshout.
lag·ging³ *n., (Br., infml.)* tronkstraf.
la·goon strandmeer, lagune.
la·gune *(vero.)* →LAGOON.
lah, la *(mus.)* la.
lah·nee →LARNEY.
la·ic *n., (w.g.)* →LAYMAN. **la·ic, la·i·cal** *adj.* leke=, wêreldlik, nieklerikaal. **la·i·ci·sa·tion, =za·tion** seku=larisasie. **la·i·cise, =cize** sekulariseer; →LAY² *adj.*.
laid *(volt.dw.)* (neer)gelê; →LAY¹ *ww.; even the **best**-~ plans can go wrong/awry* (or *be upset/thwarted* or *come to grief)* selfs die slimste/beste planne kan skeefloop (*of* gefnuik/omvergegooi/omvêrgegooi word *of* onge=daan gemaak word); ***get*** ~, *(vulg. sl.)* genaai/gestoot word, 'n naai kry; *go out to **get*** ~, *(vulg. sl.)* uitgaan vir seks, seks (*of* 'n man se luswater) gaan soek; *have s.t.* ~ ***on*** iets laat aanlê; iets gereël hê; *the **scene** is* ~ *in* ... die stuk/verhaal speel in ... af; *be* ~ ***up**, (iem.)* siek (*of* in die bed) wees; *('n skip)* uit die vaart ge=neem wees. **~-back** *adj., (infml.)* bedaard, rustig, kalm, stil; nonchalant, ongeërg, ontspanne. **~-off** *adj.* afgedank *(werker)*. ~ **paper** papier met water=lyne, waterlynpapier.
lain →LIE² *ww.*.
lair *n.* lêplek, hool *(v. 'n wilde dier)*; nes *(v. 'n kleiner dier)*; *(infml.)* boerplek, houplek; afdak, skuur. **lair** *ww.* lê, gaan lê, boer, hou; stal toe gaan. **lair·age** (ver=skaffing van) veeskure/afdakke/lêplekke *(by hawens, markte, ens.)*.
laird *(Sk.)* landheer, grondbesitter.
lais·sez faire, lais·ser faire *n., (Fr.)* laissez faire, ongedwongenheid; *(ekon.)* laissez faire, nie-inmenging; *a spirit of* ~ ~ 'n gees van lewe en laat lewe. **lais·sez-faire, lais·ser-faire** *adj.* laissez-faire-, laat-maar-loop-; *a* ~ *approach/attitude/etc.* 'n laat-maar-loop-benadering/houding/ens.; *a* ~ *policy* 'n laissez-faire-beleid, 'n beleid van laissez faire, 'n laat-maar-loop-beleid. ~ **economy** laissez-faire-ekonomie.
lai·tie →LIGHTIE.
la·i·ty: *the* ~ die lekedom/leke; →LAY² *adj.*.
Lake: *the* ~ *of Geneva* die meer van Genève; *the ~s* →LAKE DISTRICT. ~ **Aral** die Aralmeer; →ARAL. ~ **Balaton** die Plattenmeer. ~ **Chad** die Tsjadmeer. ~ **Chrissie** Chrissiesmeer. ~ **Constance** die Boden=meer. ~ **District, ~land** die (Engelse) Merestreek. ~ **Léman, (Lake) Geneva** →GENEVA. ~ **Lucern** die Vierwoudstedemeer. ~ **Malawi** die Malawimeer. ~ **Mentz** die Mentzdam. ~ **Superior** die Bowemeer.
lake¹ meer; *s.o. can go (and) jump in the* ~, *(infml.)* twak met iem., iem. kan gaan doppies blaas; *go jump in the ~!, (infml.)* gaan bars (*of* blaas doppies)!, gaan/loop na die hoenders!, jou voet (in 'n visblik)!; *a small* ~ 'n vlei. ~ **bream** →TILAPIA. ~ **dweller** paal=bewoner. ~ **dwelling** paalwoning. **~land** merestreek. **~side** oewer van die/'n meer; *by the* ~ aan die meer.
lake² karmosyn=, lakverf.
lake·less meerloos, sonder mere.
lake·let meertjie.
lakh, lac *(Ind.: 100 000)* lak.
Lak·shad·weep Is·lands *(geog.)* Lakkadive-eilande.
lal·la·tion *(fonet.)* uitspraak van *r* as *l*, lal.
lam¹ =mm=, *ww., (sl.)* moker, afransel, uitlooi, pak gee; →LAMBAST(E); ~ *into s.o.* iem. te lyf gaan.

lam² *n., (Am., sl.)* ontvlugting, ontsnapping; *be on the* ~ op die vlug wees, voortvlugtig wees.

la·ma¹ lama, (Tibettaanse) priester. **La·ma·ism** Lamaïsme. **La·ma·ist** *n.* Lamaïs. **La·ma·ist, La·ma·is·tic** *adj.* Lamaïsties. **la·ma·ser·y** lamaklooster.

la·ma² →LLAMA.

Lamb: *the* ~ *of God, (NT)* die Lam van God.

lamb *n.* (skaap)lam; lamsvleis; skaapvleis; →LAMBING, LAMBKIN, LAMBLIKE; ***drop** a* ~ 'n lam werp; *be **in** ~, ('n ooi)* dragtig/grootuier wees, uier maak; *as **innocent** as a* ~ doodonskuldig; *come **like** a* ~ soos 'n lammetjie kom; ***like** a* ~ *to the slaughter* soos 'n lam ter slagting; *a **little*** ~ 'n lammetjie; *(as) **quiet** as a* ~ →QUIET *adj.* & *adv.*. **lamb** *ww.* lam; laat lam; help lam. ~ **chop** lamstjop. ~ **cutlet** lamskotelet. ~ **dysentery** bloedpens. ~**'s ears,** ~**'s tongue** *(bot.)* weeblaar, weegbree. ~**'s fry** *(kookk.), (Br.)* lamsafval; *(Austr.)* lamslewer. ~**skin** lamsvel; lamsleer. ~**'s lettuce** →CORN SALAD. ~**'s tails** *(Br., bot.)* katjies. ~**'s wool** lammerwol, lamswol.

lam·ba·da *(Port., Bras. dans[musiek])* lambada.

lam·bast(e) uitlooi, 'n loesing (*of* pak slae) gee.

lamb·da Griekse *l; (biol., anat., biochem.)* lambda. **lamb·da·cism** *(fonet.)* lambdasisme; →LALLATION. **lamb·doid, lamb·doi·dal** *(anat.)* lambdavormig; ~ *suture* lambdanaat.

lam·bent *(poët., liter.)* lekkend; spelend; glimmend, sag glinsterend; ~ *wit* sprankelende vernuf/geestigheid. **lam·ben·cy** lekking; speling; glinstering, glimming.

lamb·ing (die) lam. ~ **ewe** lammerooi. ~ **season,** ~ **time** lam(mer)tyd.

lamb·kin lammetjie.

lamb·like soos 'n lam, sag(aardig).

lam·bre·quin helmkleed, lambrekyn.

lame *adj.* kreupel, kruppel, mank; gebreklik; onvolmaak, onbevredigend; slap, mat; sonder vuur/oortuiging; hortend, kreupel, kruppel *(versmaat);* →LAMELY, LAMENESS; ~ *excuse* →EXCUSE *n.; go* ~ kreupel/kruppel/mank word; ~ *of leg* kreupel, kruppel, mank. **lame** *ww.* vermink, verlam, mank/kreupel/kruppel maak; onbruikbaar maak. ~**brain** *(infml)* dom-, klip-, pampoen-, skaapkop, idioot, swaap. ~**brained** toe, vertraag, dom, onnosel. ~ **duck** *n.* sukkelaar, misluk-keling; swakkeling; misdeelde; invalide; wanbetaler; *(Am., pol.)* uittredende president/ens., president/ens. wat op pad uit is (*of* op die punt staan om die politiek te verlaat). ~**-duck** *adj. (attr.), (Am., pol.)* tandelose *(kongreslid, liggaam, raad, regering ens.).*

la·mé *(tekst.)* lamé.

la·mel·la -*lae,* -*las, (osteol.)* (dun) plaatjie/lagie/skyfie, skilfer, lamel(la); *(bot.)* lamel(la); →LAMINA. **la·mel·lar, lam·el·late, la·mel·lose, la·mel·li·form** *adj.* blad-, blaarvormig; plaat(jie)vormig; lamellêr; kieuvormig; gelamelleer(d).

la·mel·li·branch →BIVALVE *n.*.

lame·ly kreupel, kruppel, mank; swak; niksseggend, op niksseggende wyse.

lame·ness gebreklikheid, kreupelheid, kruppelheid, mankheid.

la·ment *n.* weeklag, jammerklag; treurlied, -sang, klaagsang, -lied, lyksang. **la·ment** *ww.* betreur, bekla, beween; weeklaag, lamenteer, kerm; *the late ~ed* ... wyle (*of* die betreurde/afgestorwene) ... **lam·en·ta·ble** betreurenswaardig, beklaenswaardig, jammerlik, bejammerenswaardig, erbarmlik. **lam·en·ta·tion** klaaglied; gejammer, jammerklag, weeklag, lamentasie; sugting; rouklag; *L~s of Jeremiah, (OT)* Klaagliedere van Jeremia.

la·mi·a -*mias,* -*miae, (klass. mit.)* heks, vampiervrou, lamia.

lam·i·na -*nae,* -*nas, (teg.)* plaatjie, blaadjie, skyfie, (fyn) lagie; skilfer, lamel; skub; *(bot.)* blaarskyf. **lam·i·nar** skilferig, lagies-, plaatjie(s)-. **lam·i·nate** *n.* lamelhout/ens.. **lam·i·nate** *ww.* uitklop, plet, plat maak; oplê; in lagies/skyfies splits; laag op laag pak; met metaalplaatjies bedek/belê; lamineer, lamelleer. **lam·i·nat·ed** plaatvormig, plaat-; laagvormig, lagies-; (fyn)gelaag; skilferig; opgelê, opgeleg, gefineer(d); gelamineer(d), gelamelleer(d); ~ *spring* bladveer; ~ *wood* lamelhout, fineerhout. **lam·i·na·tion** laagvorm, (fyn)gelaagdheid; laagvorming; skilfering; lamellering; lamel.

lam·ing·ton *(kookk.)* ystervarkie, lamington.

lam·i·ni·tis, foun·der *(veearts.)* laminitis, hoefontsteking, -inflammasie, (hoef)bevangenheid *(by perde ens.).*

lam·i·nose →LAMINATED.

Lam·mas *(RK)* St. Pietersdag; *at latter ~, (arg.: nooit)* in die jaar nul, as die hingste vul (en die merries horings kry). ~ **(Day)** *(hist.)* oesfees.

lam·mer·gei·er, lam·mer·gey·er *(orn.: Gypaetus barbatus)* baardaasvoël, lammergier; →BEARDED VULTURE.

lamp *n.* lamp; lantern; *(arg. sl.)* oog; *Aladdin's* ~ 'n towerlamp; *light a* ~ 'n lamp opsteek; *it smells of the* ~, *(vero.)* dit ruik na die studeerkamer *('n deurwrogte literêre werk).* **lamp** *ww.* skyn; verlig; →LAMPER, LAMPING. ~**black** lampswart, -roet. ~ **bracket** lamparm. ~ **chimney** lampglas, -pyp. ~ **extinguisher** lampblusser. ~ **hole** liggat. ~**light** lamplig. ~**lighter** *(hist.)* lantern-, lampopsteker. ~ **oil** lampolie. ~**post,** ~ **standard** lamppaal. ~**shade** lampkap, -skerm. ~ **socket** lamphouer. ~ **standard** →LAMPPOST. ~**wick** lamppit.

lam·pas¹ *(veearts.)* lampas, palatitis, wisselswel *(by perde).*

lam·pas² *(tekst.)* lampas(sy), geblomde sy.

lamp·er nagjagter.

lam·pern *(igt.)* rivierprik.

lamp·ing *n.* nagjag.

lam·pi·on lampie, vetpot(jie), lampion.

lamp·less sonder lampe (*of* 'n lamp).

lam·poon *n.* smaad-, spot-, skimpskrif, paskwil; *(hist.)* libel. **lam·poon** *ww.* 'n smaad-/spotskrif skryf/skrywe; in 'n smaad-/spotskrif aanval, hekel. **lam·poon·er, lam·poon·ist** hekelaar, spotskrifskrywer; *(hist.)* libellis, libelskrywer.

lam·prey (eel) *(igt.)* lamprei, prik.

lam·siek·te *(Afr., veearts.)* (gal)lamsiekte.

la·nate, la·nose *(biol.)* wollerig.

lance *n.* lans; lansier. **lance** *ww.* met 'n lans deursteek, lanseer; *(med.)* (met 'n lanset) oopsny/-steek. ~ **corporal** onderkorporaal. ~ **(fish)** →SAND EEL. ~ **head** lans-, spiespunt. ~ **sergeant** ondersersant. ~**-shaped** lansvormig.

lance·let *(igt.: Branchiostoma* spp.*)* lansetvissie.

lan·ce·o·late *(teg.)* lansetvormig.

lanc·er *(hist.)* lansier, lansdraer, lansruiter. **lanc·ers** *(fungeer as ekv.), (hist.: soort dans)* lansiers.

lan·cet lanset; steekmessie, vlym. ~ **arch** *(argit.)* spitsboog. ~ **fish** *(Alepisaurus* spp.*)* lansetvis. ~ **window** spitsboogvenster.

lan·cet·ed *(argit.)* spitsboog-, met spitsboë.

lan·ci·nat·ing, lan·ci·nate *(w.g.)* skerp, stekend *(pyn).*

land *n.* land; grond; grondbesit; landgoed; landstreek; platteland; *(SA)* land, akker; *(fig.)* wêreld *(v. fantasie);* →LANDED, LANDLESS, LANDWARD(S); ***back** to the* ~ terug na die grond/platteland; *to a **better*** ~ na beter(e) oorde; ***by*** ~ oor land; ***hug** the* ~ naby die kus vaar; *the **lay/lie** of the* ~ die stand van sake, die toestand; die vooruitsigte; *the* ~ *o' the **leal*** →LEAL *n.; find out (or see) how the* ~ ***lies*** agterkom/vasstel hoe die vurk in die hef steek, kyk uit watter hoek die wind waai, die kat uit die boom kyk, poolshoogte neem; *still be in the* ~ *of the **living,** (skerts.)* nog in die land van die lewendes wees; ***make*** ~ die kus bereik; ***on*** ~ aan land; aan wal; op land; ***on the*** ~ in die boerdery; op die platteland; *the* ~ *of **promise,** the **promised*** ~ die land van belofte, die beloofde land; *by* ~ *and **sea*** op (die) land en (op die) see, op land en te water, te land en ter see; ~ ***under** beans/etc.* grond (wat) met boontjies/ens. beplant (is); ***vacant*** ~ kaal/onbeboude grond. **land** *ww., (ook lugv.)* land; aanland, aan land/wal gaan; land, aan land/wal sit, afsit, aflaai, los; te lande kom, aanland, beland; val; grondvat; neerstryk; neerdaal, neerkom; besorg; bring; uittrek, ophaal *(vis);* verkry, bemagtig, (in die hande) kry, verwerf; neertrek; beland *(i.d. moeilikheid);* →LANDER, LANDING; *s.t. ~s s.o. **in** trouble* →TROUBLE *n.;* ~ *s.o. **one** on the nose/etc.* iem. 'n hou op die neus/ens. gee; ~ *a **prize*** 'n prys verwerf/behaal/wen; ~ ***up** somewhere* êrens beland; ~ *s.o. **with** s.t.* iem. met iets opsaal; *be ~ed **with** s.t.* met iets bly sit (*of* opgeskeep sit/wees). ~ **agency** grondagentskap. ~ **agent** grondagent; grondhuuragent; eiendomsagent, -makelaar, makelaar in vaste eiendom. ~ **animal** landdier. ~ **area** landoppervlakte. ~ **army** landleër; landarbeiderskorps. ~ **bank** landbank, landboubank. ~ **baron** grootgrondbesitter, grondbaron, -magnaat. ~**-based plane** landvliegtuig. ~ **breeze** landwind. ~ **chain** landmetersketting. ~ **crab** landkrap. ~**fall** nadering van land; bereikte land; landing; (skielike) grondverskuiwing; grondstorting, -verskuiwing; *make a* ~ land nader, land in sig kry. ~**fill** *n., (afvalbestuur)* grondopvulling; opvul(lings)materiaal. ~**fill (site)** opvul(lings)terrein. ~ **forces** landmag, -leër. ~ **frontier/border** landgrens. ~ **girl** *(Br., hist.)* plaaswerkster *(in WO II).* ~**-grab** *n.* grondroof, -diefstal. ~**-grabber** grondrower. ~**-grabbing** *n.* grondrowery. ~**holder** grondeienaar, -besitter. ~**holding** grondbesit, -eiendom. ~**-hunger** grondhonger; landhonger. ~**-hungry** grondhongerig; landhongerig. ~**-jobber** grondspekulant. ~**lady** verhuurder, hospita; huiseienares; losieshuishoudster; herbergierster; grondeienares. ~ **law** wet op grondbesit; eiendomsreg. ~ **line** landlyn. ~**locked** deur land ingesluit/omring. ~**lord** huisbaas, -eienaar; verhuurder; hotelbaas, -houer; herbergier; grondeienaar, landheer. ~**lubber** *(infml.)* landrot. ~**mark** baken, grenspaal; mylpaal; landteken, -merk, seebaken; koers-, terreinbaken, oriëntasiepunt. ~ **mass** landmassa. ~ **measure** landmaat, oppervlaktemaat. ~ **mine** *(mil.)* landmyn. ~ **office** *(Am.)* akte(s)kantoor. ~**-office business** *(Am., infml.)* florerende besigheid/sakeonderneming. ~**owner** grondeienaar, landheer. ~**ownership** grondbesit, -eiendom. ~ **rail** *(orn.)* →CORNCRAKE. ~**rat** *(lett.)* landrot; *(infml., neerh.)* skurk, swernoot, dief. ~ **reclamation** grondherwinning. ~ **redistribution** die herverdeling van grond, grondherverdeling. ~ **reform** grondhervorming. ~ **registry** kadaster. ~**-rent** grondhuur. ~ **rights** grondregte. ~ **service** landsdiens; landdiens, diens op land. ~ **settlement** nedersetting, grondtoekenning. ~**shark** *(infml.)* grondrower; matroseswendelaar. ~**side** land-, grond-, walkant; hoef, strykplaat, -bord *(v. 'n ploeg).* ~**skip** →LANDSCAPE *n.*. ~**slide** grondstorting, -verskuiwing; *(pol.)* klinkende/verpletterende verkiesingsoorwinning/stembusoorwinning; *win an election by a* ~ 'n wegholoorwinning (*of* 'n klinkende/verpletterende oorwinning) by die stembus behaal. ~**slide** *adj. (attr.):* ~ *victory* wegholoorwinning, klinkende/verpletterende oorwinning. ~**slip** grondstorting, -verskuiwing. ~ **steward** rentmeester. ~ **surface** landoppervlak. ~**-surveying** land(op)meting. ~**-surveyor** landmeter. ~ **swell** kusdeining. ~ **tax** grondbelasting. ~ **tenure** grondbesit. **L~ Tenure Board** *(SA, hist.)* Raad vir Grondbesit. ~ **tie** grondanker. ~ **value** grondwaarde. ~**wash** kusbranding. ~ **wind** landwind.

lan·dau *(perdekar)* landauer. **lan·dau·let(te)** landaulet.

land·drost *(SA, hist.)* landdros.

land·ed grond-; grondbesittend, landerye besittend; in grond/land bestaande; geland; ~ ***aristocracy/nobility*** landadel; ~ ***cost*** koste aan wal; ~ ***estate/property*** grondbesit, -eiendom; ~ ***gentleman*** hereboer; ~ ***gentry*** hereboere; *the* ~ ***interest(s)*** die grondbesitters/-eienaars; ***newly*** ~ pas geland; pas gelos; ~ ***price*** prys aan wal, prys ná lossing.

land·er landingstuig.

land·grave *(D., hist.)* landgraaf. **land·gra·vi·ate, land·gra·vate** landgraafskap. **land·gra·vine** landgravin.

land·ing landing; neerstryking; landingsplek; lossing; trapportaal; oorloop *(op 'n trap);* platform *(in 'n myn); make a forced* ~ 'n noodlanding doen; *make a* ~ 'n landing doen, land. ~ **(and shipping) agent** kargadoor. ~ **beacon** aanvliegbaken. ~ **charges,** ~ **rates** *(sk.)* los(sings)koste, losgeld; *(lugv.)* landingsgeld. ~ **craft** *(mil.)* landingsvaartuig. ~ **field** landingsplek, =terrein. ~ **gear** onderstel *(v. 'n vliegtuig).* ~ **ground** landingsveld; noodlandingsterrein. ~ **net** skepnet. ~ **place** landingsplek. ~ **run** *(lugv.)* uitloop. ~ **ship** landingskip. ~ **stage** laai=, aanlegsteier. ~ **strip** landingstrook, stygbaan. ~ **wheel** landingswiel.

land·less sonder land; sonder grond.

land·race (pig) *(hoofs. Br.)* landrasvark.

land·scape *n.* landskap. **land·scape** *ww.* as park/tuin aanlê/uitlê, 'n buiteontwerp maak. ~ **architect** park=, tuin=, terreinargitek. ~ **architecture** parkaanleg, park=, tuin=, terreinargitektuur. ~ **format** *(druk.)* dwarsformaat. ~ **gardener** terreintuinier, tuinontwerper. ~ **gardening** tuinontwerp, terreinaanleg. ~ **painter** landskapskilder. ~ **painting** landskapskilderkuns.

land·scap·er tuinargitek; landskap(s)=, parkargitek.

land·scap·ing parkaanleg, =uitleg; tuinaanleg, =uitleg; buiteontwerp.

land·scap·ist landskapskilder.

Land·seer (New·found·land) *(honderas)* landseer(-newfoundlander).

lands·knecht *(D., hist., mil.)* landskneg.

lands·man =*men* landbewoner; plattelander.

Land·sturm *(D., mil.)* landstorm.

Land·tag *(D.)* landdag, staatsparlement; deelstaatparlement, parlement van die/'n deelstaat.

land·ward(s) landwaarts.

lane laan, paadjie; steeg, nou straatjie; deurloop, deurgang; gang; baan; vaarweg; →FAST LANE, LOVERS' LANE, MEMORY LANE, TRAFFIC LANE; *it's a long* ~ *that has no turning* dit sal verander, dit kan nie so aanhou nie; *the red* ~, *(w.g., infml.)* die keel(gat).

lang *(Sk.)* lang, lank; *auld* ~ *syne* →AULD.

lan·gouste, lan·gouste *(Fr.)* (see)kreef; →CRAYFISH, ROCK LOBSTER, SPINY LOBSTER. **lan·gous·tine** langoestien, krefie.

lan·guage taal; spraak; styl; ***acquire/learn*** *a* ~ 'n taal (aan)leer; *use* ***bad*** ~ lelik praat, lelike taal besig, vloek; *have a* ***command/mastery*** *of a* ~ 'n taal beheers; *s.o.'s* ***command/mastery*** *of (the)* ~ iem. se taalbeheersing (*of* beheersing van [die] taal); *a* ***common*** ~ 'n gemeenskaplike taal; ***corruption*** *of* ~ taalbederf; *in the* ***field*** *of* ~ op taalgebied; *be* ***fluent*** *in a* ~, *speak a* ~ ***fluently*** 'n taal vloeiend/vlot praat; ~ *of the* ***heart*** hartetaal; ***know*** *a* ~ 'n taal ken; *have a working* ***knowledge*** *of the* ~ 'n basiese/elementêre/gangbare/praktiese kennis van die taal hê/besit, genoeg van die taal ken om oor die weg te kom (*of* jou te behelp); ~ *and* ***literature*** lettere; ***mixing*** *of* ~*s* taalvermenging; *a Zulu-~* ***paper*** 'n Zoeloetalige koerant/blad; ***pick up*** *a* ~ 'n taal (oppervlakkig) (aan)leer; *in* ***plain*** ~ in eenvoudige taal; *be* ***proficient*** *in a* ~ 'n taal goed beheers/ken; ***salty*** ~ gekruide taal; *speak the* ***same*** ~, *(lett. & fig.)* dieselfde taal praat; *not speak the* ***same*** ~, *(lett. & fig.)* nie dieselfde taal praat nie; *(fig.)* niks met mekaar gemeen hê nie; *the* ***science*** *of* ~ die taalwetenskap; ***speak*** *a* ~ 'n taal praat; *the* ***spoken*** ~ die spreektaal; ***strong*** ~ kragtige taal; kras(se)/gekruide taal; *use* ***strong*** ~ jou kras/skerp uitdruk/uitlaat; *the* ***study*** *of* ~*(s)* die taalstudie; ***understand*** *a* ~ 'n taal verstaan; *the* ***written*** ~ die skryftaal. ~ **barrier** taalversperring. ~ **equality** taalgelykheid. ~ **laboratory** taallaboratorium. ~ **master** *(hoofs. Br.)* taalonderwyser. ~ **medium** voertaal. ~ **movement** taalbeweging. ~ **rights** taalregte; *equal* ~ ~ taalgelykheid.

lan·guid loom, lomerig; traag, lusteloos; dooierig, flou, pap, lam, tam; swak, kwynend; traag *(mark).* **lan·guid·ness** lomerigheid; lusteloosheid; flouheid, tamheid; traagheid *(v.d. mark).*

lan·guish (weg)kwyn, verkwyn, agteruitgaan; verswak, verflou, verslap; wees, lê, jou bevind *(onderaan d. punteleer ens.); (arg.)* hunker, smag, verlang *(na);* ~ *after/for ..., (arg.)* hunker/smag na ... *(iets);* vurig na ... verlang *(iem.).* **lan·guish·ing** kwynend; smagtend. **lan·guish·ing·ly** *(w.g.)* kwynend; smagtend. **lan·guish·ment** *(arg.)* (ver)kwyning; verflouing, verslapping; versmagting.

lan·guor matheid, moegheid, vermoeienis, loomheid, lomerigheid, dooierigheid, lusteloosheid; drukkendheid, drukkende stilte. **lan·guor·ous** mat, moeg, loom, lomerig, dooierig, lusteloos; drukkend.

lan·gur *(soöl.: Presbytis* spp.*)* slankaap.

la·ni·ar·y *n.* hondstand, hoek=, oogtand. **la·ni·ar·y** *adj.* van die hoek=/oogtand; ~ *tooth* hoek=, oogtand.

la·nie →LARNEY.

la·nif·er·ous, la·nig·er·ous *(biol.)* woldraend.

lank[1] *adj.* lank en skraal, dun, rank, slank, maer; steil *(hare);* →LANKY. ~**-haired** met steil hare.

lank[2] *adj. & adv., (SA, infml.)* baie.

lank·y lank en skraal, slungelagtig.

lan·ner *(valkejag)* wyfie-edelvalk. ~ **(falcon)** *(Falco biarmicus)* edelvalk.

lan·ner·et *(valkejag)* mannetjie-edelvalk, mannetjiesedelvalk.

lan·o·lin(e) lanolien.

lans·que·net *(hist.: 'n dobbelspel)* lanskenet; *(arg.)* →LANDSKNECHT.

lan·tern lantern; ***Chinese*** ~ lampion; *(SA, bot.: Nymania capensis)* klapperbos; *(Physalis alkekengi/franchettii)* rooi appelliefie; *(Abutilon* spp.*)* lampionplant, abutilon; ***Japanese*** ~ lampion; Japanse lantern; ***magic*** ~ towerlantern. ~ **fly** →LANTERN HOPPER. ~ **heath** *(Erica blenna)* lanternheide. ~ **hopper,** ~ **fly** *(entom.)* lanternblaarspringer. ~**-jawed** met hol/ingevalle wange. ~ **jaws** lang, maer gesig; ingevalle wange/gesig. ~ **light** daklantern. ~ **post** lanternpaal. ~ **rafter** lanternbalk. ~ **roof** lanterndak. ~ **slide** *(hist.)* lanternplaatjie. ~ **view** ligbeeld. ~ **wheel** lantern=, dryfrat.

lan·tha·num *(chem., simb.: La)* lantaan.

lant·horn *(arg.)* →LANTERN.

lan·yard, lan·iard tou, lyn; skouerriem, skouerband; draagriem; fluitjiekoord; aftrektou *(v. 'n kano); (sk.)* taliereep.

Lao *Lao(s), (bevolkingslid; taal)* Lao.

La·oc·o·on *(Gr. mit.)* Laokoön.

La·od·i·ce·a *(geog., hist.)* Laodicea. **La·od·i·ce·an** *n.* Laodiceër. **La·od·i·ce·an** *adj.* Laodicees; *(arg.)* onverskillig, lou.

Laos *(geog.)* Laos. **Lao·ti·an, La·o·tian** *n.* Lao. **Lao·ti·an, La·o·tian** *adj.* Laoties.

lap[1] *n.* skoot; pant; *(arg.)* klap *(v. 'n saal);* holte; →LAPFUL, LAPPET; *s.t.* ***drops*** *into s.o.'s* ~ iets val in iem. se skoot, iets val iem. in die skoot; *in the* ~ *of* ***fortune*** (*or the* ***gods***), *(idm.)* in die hand/skoot van die gode/tyd; *sit* ***in/on*** *s.o.'s* ~ op iem. se skoot sit; *live in the* ~ *of* ***luxury*** →LUXURY. ~ **belt** skootgordel. ~**dance** skootdans. ~**dancing** skootdansery. ~**dog** *(lett. & fig.)* skoothondjie. ~ **robe** *(Am.)* kniekombers, reisdeken, =kombers. ~ **strap** stoelgordel, skootriem. ~ **supper** skootete. ~**top (computer)** skootrekenaar.

lap[2] *n.* rond(t)e, skof *(by wedrenne);* oorslag, oorstek, oorsteek; slypskyf; *a* ~ *of honour* 'n erejrond(t)e; *on the last* ~ in die laaste rond(t)e; op die laaste skof. **lap** =*pp*=, *ww.* met 'n rond(t)e voorloop, ver/vêr verbysteek; (laat) oormekaarslaan, (gedeeltelik) laat dek; uitsteek; slyp, polys; *(poët., liter.)* toedraai, toevou, wikkel; opvou; omring, omgeef; →LAPPER[1]; ~*ed 10* ***centimetres*** met 10 sentimeter oorslag; ~*ed* ***joint*** oorslaglas, blinde las; ~*ed in* ***luxury*** deur weelde omring; ~*ed* ***opening*** oorslagslip; ~ ***over*** uitsteek, oorsteek. ~ **joint** oorslaglas, blinde las. ~**-jointed seam** oorslagnaat. ~**-riveted joint** oorslagklinknaat. ~**stone** klopsteen. ~**-weld,** ~**-welded joint** oorslagsweislas.

lap[3] *n.* (die) oplek, opslurping; kabbeling, gekabbel; sopperige kos *(vir honde ens.).* **lap** =*pp*=, *ww.* lek, oplek, opslurp; kabbel, spoel, klots; →LAPPER[2]; ~ *s.t. up* iets oplek; iets opslurp; *(infml.)* iets vir soetkoek opeet; *(infml.)* iets verslind *(kilometers).* **lap·ping** kabbeling, geklots; ~ *up* opslurping.

la·pa *(So.)* lapa.

lap·a·ro·scope *(med.: buikholtekyker)* laparoskoop. **lap·a·ro·scop·ic** laparoskopies. **lap·a·ros·co·py** buikholtebesigtiging, laparoskopie.

lap·a·rot·o·my *(med.)* buikwandinsnyding, laparotomie.

la·pel lapel, kraagpunt.

lap·ful skootvol.

lap·i·dar·y *n.* steensnyer, =slyper, graveur; steensnykuns. **lap·i·dar·y** *adj.* steen=; in steen gebeitel; lapidêr; ~ *art* steensnykuns; ~ *style* lapidêre/kernagtige styl; ~ *writing* steenskrif.

lap·i·date *(liter.)* stenig. **lap·i·da·tion** steniging.

la·pid·i·fy (laat) versteen. **la·pid·i·fi·ca·tion** verstening, steenvorming.

la·pil·lus =*pilli, (geol.)* lapillus, steentjie.

lap·is laz·u·li *(<Lat., min.)* lapis lazuli, lasuursteen; →LAZURITE.

Lap·land *(geog.)* Lapland. **Lapp, Lap·land·er** *n., (inwoner)* Lap(lander). **Lapp, Lap·pish** *n., (taal)* Laps. **Lapp, Lap·pish, Lap·land·ish** *adj.* Laplands, Laps.

lap·per[1] vouer; fynslyper.

lap·per[2] lekker, suiper.

lap·pet pant, strook, punt; oorlel; lapel; afhangende lint.

Lap·pish →LAPLAND.

lapse *n.* oomblik *(v. verslapte konsentrasie ens.);* fout; (af)dwaling, misstap, glips, vergissing, lapsus; verval, val; (af)val; verloop; verstryking; *after a* ~ *of a month/etc.* ná (verloop van) 'n maand/ens.; *a* ~ *from* ... 'n afwyking/afdwaling van ...; 'n vergryp teen ... *(goeie maniere ens.).* **lapse** *ww., (kontrak, polis, ens.)* verstryk, afloop, verval; *(voorstel)* verval; verloop, verbygaan; afdwaal; val, terugval; gly, glip; ~ *from* ... van ... afdwaal *(d. geloof ens.);* ~ *into* ... tot ... verval *(chaos ens.);* in ... raak *('n koma);* ... raak *(bewusteloos, a.d. slaap, ens.).* ~ **rate** *(met.)* temperatuurgradiënt.

lapsed *adj.* verstreke; vervalle; *(relig.)* afvallig.

lap·sus *lapsus, (fml.)* fout, vergissing, lapsus; ~ *calami, (fml.)* skryffout, verskrywing, lapsus calami; ~ *linguae, (fml.)* verspreking, spreekfout.

lap·wing, pe(e)·wit *(orn.)* (Europese) kiewiet.

lar, lar gib·bon *(soöl.: Hylobates lar)* lar, withandgibbon.

lar·board *(sk., arg.)* →PORT[3].

lar·ce·ny *(jur., vero.)* diefstal, diewery, stelery. **lar·ce·nist, lar·ce·ner** dief. **lar·ce·nous** diefagtig, stelerig.

larch *(bot.)* lork, lorkeboom, lariks; lorkehout, larikshout.

lard *n.* varkvet; lardeersel; *leaf* ~ reusel. **lard** *ww.* lardeer, deurspek, met spek vul/stop; ~ *s.t. with ...* iets met ... deurspek; *be* ~*ed with ..., (ook fig.)* met ... deurspek wees. **lard·y** spekkerig, vetterig.

lar·der spens, voorraadkamer; koskas. ~ **fridge** ys=/koelkas (sonder 'n vriesvak[kie]).

lard·ing: ~ **needle,** ~ **pin** lardeernaald, =priem, speknaald.

lar·don, lar·doon lardeer=, stopspek; spekrepie.

lar·es *n. (mv.), (Rom., hist.)* lare, huisgode; ~ *and penates* lare en penate, huisgode; *(fig.)* huis en haard; *(fig.)* (eie) huis.

large *n.:* ***at*** ~ vry, los, op vrye voet(e); oor/in die algemeen; *(vero.)* uitvoerig, breedvoerig, in besonderhede; *be* ***at*** ~ op vrye voet(e) wees/verkeer, los/vry wees; los loop; *people* ***at*** ~ mense in/oor die algemeen; ***in*** ~ op groot skaal, by die groot maat, in die groot; *scatter* ***insults*** *at* ~ links en regs beledig; *the* ***public*** *at* ~ die groot publiek. **large** *adj.* groot, ruim, uitgestrek; breed, omvangryk; breedvoerig; veelomvattend; tamaai; fors; oorvloedig; vrygewig; ~ ***charity*** ruime liefdadigheid; ***fairly*** ~ groterig, taamlik groot;

*write a ~ **hand*** groot skryf/skrywe; *as ~ as **life*** lewensgroot; in lewende lywe; *~ **of limb*** grof gebou; *the ~ **one*** die groте; *on a ~ **scale*** op groot skaal; →LARGE-SCALE *adj.; ~ **tolerance*** ruime/groot verdraagsaamheid; ***twice** as ~ **again*** twee maal groter. **large** *adv.: by and ~* oor/in die algemeen, oor die geheel (geneem); in hoofsaak; *s.t. looms ~* →LOOM³ *ww.*. **L~ Black pig** Groot Swart vark. **~-boned** groot gebou. **~ brown afrikaner** *(bot.: Gladiolus grandis)* kaneel(aand)blom. **~-handed** rojaal. **~-hearted** grootmoedig, ruimhartig, groothartig, edelmoedig. **~-heartedness** grootmoedigheid, edelmoed. **~ intestine** grootderm. **~-limbed** grof gebou, fors (gebou). **~-minded** ruimhartig, ruim van blik. **~-mindedness** ruimhartigheid, ruimheid van blik. **~-mouth(ed) bass** *(Micropterus salmoides)* grootbekbaars. **~-mouthed worm** *(Chabertia ovina)* grootbekwurm. **~ print, ~ type** *(druk.)* grootdruk. **~-scale** *adj.* grootskaals; uitgebrei(d), veelomvattend. **~-scale map** grootskalige kaart. **~-sized** van groot afmetings, groot, tamaai. **L~ White pig** Groot Wit vark.

large·ly in groot mate, grotendeels, grootliks, vernaamlik, hoofsaaklik; ruimskoots.

large·ness grootte, ruimte, uitgestrektheid; *~ of view* ruimheid van blik.

larg·er *adj.: ~ and ~* al hoe groter; *be ~ than ...* groter as ... wees; *be ~ than life* groter/meer as lewensgroot (*of* groter as die werklikheid) wees; oordrewe (groot) wees;

lar·gess(e) geskenk, gif; vrygewigheid, mild(dadig)heid; aalmoes; *distribute ~* gunste (en gawes) uitdeel.

larg·ish groterig.

lar·go *-gos, n., (It., mus.)* largo(-deel/passasie). **lar·go** *adj. & adv.* largo, stadig en gedrae.

lar·i·at *(<Sp.)* vangtou, -riem; spanriem; →LASSO *n.*.

lark¹ *n., (orn.)* lewerik, leeurik(ie); ***clapper** ~, (Mirafra apiata)* hoëveldklappertjie; ***flappet** ~, (M. rufocinnamomea)* laeveldklappertjie; ***monotonous** ~, (M. passerina)* bosveldlewerik, -leeurik; ***spikeheeled** ~, (Chersomanes albofasciata)* vlaktelewerik, -leeurik, vlakvoëltjie; *be/get **up** with the ~* douvoordag opstaan. **~spur** *(bot.: Consolida* spp.*)* ridderspoor.

lark² *n., (infml.)* streek, grap(pie), pret(makery), gekskeerdery; *do s.t. for a ~, (infml.)* iets vir die grap doen. **lark** *ww.* pret maak, streke uithaal; gekskeer, die gek skeer; *~ about/around, (infml.)* pret maak, streke uithaal. **lark·er** pretmaker. **lark·y** ondeund, vol streke, jolig, vol pret.

larn *(dial.)* →LEARN *ww.*.

lar·ney, la(r)·nie, laa·nie, lah·nee *n., (SA, infml., soms neerh.)* lanie. **lar·ney, la(r)·nie, laa·nie, lahnee** *adj.* spiekeries, opgetof, uitgevat; windmaker(ig), spoggerig; *(hoofs. neerh.)* rykmans-; snob-, snobberig; *a ~ British accent* 'n aanstellerige/hoogdrawende/geaffekteerde Britse aksent.

lar·ri·kin *(Austr., sl.)* vabond, kwajong.

lar·rup *(infml., dial.)* vel, uitlooi, afransel.

lar·um *(arg.)* →ALARM.

lar·va *-vae* larwe. **lar·val** larvaal, larwe-. **lar·vate, lar·vat·ed** *(w.g.)* gemasker(d), vermom. **lar·vi·cide** larwegif.

lar·ynx *-ynges, -ynxes, (anat.)* strottehoof, larinks, stemkas. **la·ryn·g(e)al** *(anat.)* laringeaal, strottehoof-, larinks-; *(fonet.)* laringaal. **lar·yn·gi·tis** *(med.)* strottehoofontsteking, laringitis. **lar·yn·gol·o·gist** keelarts. **lar·yn·gol·o·gy** laringologie, leer van die strottehoof. **la·ryn·go·scope** keelspieël, laringoskoop, strottehoofspieël. **lar·yn·got·o·my** keelsnyding.

la·sa·gne, la·sa·gna *(It. kookk.)* lasagne, lasagna.

las·car *(vero., ook L~)* laskar, Indiese matroos.

las·civ·i·ous wellustig, wulps, ontugtig, onkuis. **las·civ·i·ous·ness** wellustigheid, wulpsheid, ontugtigheid, onkuisheid.

la·ser *(teg., akr.: light amplification by stimulated emission of radiation)* laser. **~ beam** laserstraal. **~ disc, ~ disk** laserskyf. **~ gun** lasergeweer. **~ printer** laserdrukker. **~ scanning** laseraftasting, -skandering. **~ surgery** laserchirurgie, -sjirurgie. **~ weapon** laserwapen.

lash *n.* hou, (sweep)slag; raps; *(i.d. mv. ook)* pak slae; gesel, sweep, kats; voorslag; wimper, ooghaar; sweephaar; *be under the ~* 'n loesing kry; onder die plak staan. **lash** *ww.* gesel, (met 'n sweep/kats) slaan, onder die sambok steek, looi; swiep; vasbind, vasknoop, vaswoel; *(mynb.)* wegruim, wegwerk; *~ **about/around*** (wild) om jou slaan; *~ **at** ...* na ... slaan; *~ s.t. **down*** iets vasbind; *~ o.s. **into** a **fury*** jou tot raserny opsweep; *~ **into** s.o., (fisiek)* iem. inklim/toetakel (*of* te lyf gaan); *(met woorde)* iem. uitskel/uittrap/inklim/invlieg; *~ **out*** hard/wild/woes slaan, afhaak, lostrek; tot uiterstes gaan, handuit ruk, hand uitruk, niks ontsien nie; *(Br., infml.)* spandabel(rig) wees, geld rondgooi/rondsmyt/rondstrooi; *~ **out** at ...* (meteens/wild) na ... slaan; teen ... uitvaar; *~ **out** on s.t., (Br., infml.)* baie geld aan iets bestee/uitgee/spandeer; *~ ... **together*** ... aan mekaar (vas)bind. **lash·er** slaner, geselaar; binder, knoper; koptou; *(Br.)* keerwal; *(Br.)* oorloop(water).

lash·ing pak/drag slae, geseling; woeling, vasknoping, vasknopery; woellyn, -tou; *~s of ..., (Br., infml.)* volop (*of* 'n oorvloed van) ... *(kos ens.)*; lekker baie ... *(suiker ens.)*. **~ chain, ~ rope** woelketting. **~ hook** woelhaak.

las·pring *-pring(s)* jong salm.

lasque gebrekkige diamant.

lass, las·sie *(Sk., N.Eng.)* meisie(tjie), nooi(entjie).

Las·sa fe·ver *(med.)* Lassakoors.

las·si·tude matheid, afgematheid, moegheid, vermoeidheid, loomheid, lomerigheid, lusteloosheid, traagheid; gelatenheid.

las·so, las·so *-so(e)s, n.* vangriem, lasso. **las·so, las·so** *-soed -soed; -soing, ww.* met die/'n vangriem/lasso vang, die/'n vangriem om die nek gooi.

last¹ *n.* laaste; ***at** ~* eindelik, op die end, oplaas, op laas; op die laaste; ***at long** ~* eindelik (en) ten laaste, einde ten laaste, ten einde laaste; op die ou end, op langelaas; *be a **bad** ~* ver/vêr agter wees; *breathe **one's** ~* die/jou laaste asem uitblaas; *look **one's** ~* vir die laaste maal kyk *(na)*; ***the** ~ but one* op een na die laaste, die voorlaaste; ***the** very ~* die allerlaaste, die heel laaste; *never hear **the** ~ of it* nooit die end/einde daarvan hoor nie; *always be **the** ~ to hear the news* die nuus altyd laaste hoor; *hope one has seen **the** ~ of ...* hoop jy sien ... nooit weer nie; *s.o. would be **the** ~ to do such a thing* iem. sou so iets nooit doen nie (*of* die laaste wees wat so iets doen); *to/till **the** ~* tot (op) die laaste, tot die end/einde (toe). **last** *adj. (attr.)* laaste *(asem, bladsy, plek, ens.)*; verlede, laas *(maand ens.)*; vorige *(album ens.)*; laaste, jongste *(oorlog ens.)*; enigste (oorblywende) *(hoop ens.)*; uiterste *(poging ens.)*; slot- *(hoofstuk, vers, ens.)*; →LASTLY; *the night **before** ~* eergisteraand; eergisternag; *the ~ **day**, (NT)* die laaste dag; *to the ~ **degree*** →DEGREE; *the ~ **ditch*** →DITCH *n.*; *in the ~ **extremity*** →EXTREMITY; *the ~ **gasp*** →GASP *n.*; *~ **hurrah**, (hoofs. Am.)* swanesang; *~ **known** address* laaste adres bekend; *be on one's ~ **legs*** →LEG *n.*; *~ **meeting*** vorige (*of* jongs gehoue) vergadering; *at the ~ **minute/moment*** op die laaste oomblik, ter elfder ure, op die allerlaaste/nippertjie/tippie; *~ **night*** gisteraand, gisternag, vannag, verlede/laas nag; *by the ~ **post*** met die laaste pos; *as a* (or *in the*) *~ **resort*** →RESORT *n.*; *this is the ~ **straw*** →STRAW *n.*; *~ **thing** at night* →THING; *the ~ **time** s.o. did it, he/she ...* die vorige keer toe iem. dit gedoen het, het hy/sy ...; *this is the ~ **time** I (shall) do it* dis die laaste keer dat ek dit (sal) doen; *by the ~ **train*** met die laaste trein; ***Tuesday/etc.** ~* verlede Dinsdag/ens.; *~ **week/etc.*** verlede/laas (*of* in die afgelope) week/ens.; *the ~ **week/etc.*** die laaste week/ens. *(v. 'n tydperk)*; die afgelope week/ens.; *in the ~ (few) **weeks*** in die laaste/afgelope (paar) weke; *the ~ **word** in luxury* die hoogste weelde; *famous ~ **words!*** →FAMOUS. **last** *adv.* laas, (die) laaste; eindelik, ten slotte; *come ~* agteraan kom; *~ but not least* les bes, die laaste maar nie die minste nie; *when did you see ... ~?* wanneer het jy ... laas (*of* [die] laaste [maal]) gesien?. **~ agony** doodstryd. **~ days** *(relig., L~ D~)* die eindtyd. **~-ditch** *adj. (attr.): ~ attempt/effort* laaste wanhopige poging. **~-gasp** *adj. (attr.), (infml.): a ~ goal, (sport)* 'n doodsnikdoel, 'n doel in die doodsnikke (van die wedstryd). **~ Judg(e)ment** *(relig.)* Laaste Oordeel. **~-mentioned, ~-named** laasgenoemde, -gemelde. **~-minute** *adj. (attr.): do some ~ cramming/preparations/shopping* tot op die nippertjie nog gou feite inprop (*of* reëlings tref *of* inkopies doen). **~ name** van, familienaam. **~ post** *(mil.)* laaste taptoe; *sound the ~ ~* die laaste taptoe blaas. **~ rites, ~ sacraments** *(Chr.): administer the ~ ~ to s.o.* die laaste sakrament aan iem. bedien. **L~ Supper** *(NT): the ~ ~* die Laaste Avondmaal/Awendmaal. **~ term** *(wisk.)* eindterm.

last² *ww.* aanhou; (voort)duur; hou; goed bly, in stand bly; uithou; strek; *s.o.'s water/etc. will ~ (for) a **day/etc.*** iem. sal 'n dag/ens. met sy/haar water/ens. kan uitkom; *s.o. won't/can't ~ **long*** iem. sal/kan dit nie lank maak/uithou nie; *s.t. ~s s.o. **long*** iem. kom lank met iets uit; ***nothing** ~s, (ook)* alles is verganklik; *~ **out*** volhou; nie opraak nie; *~ s.o. **out*** dit teen iem. volhou, so lank as iem. aanhou, by iem. byhou; *~ the **pace*** dit (*of* die pas/gang) volhou; *~ **till** tomorrow, (iem.)* môre/more haal; *(iets)* nie voor môre/more opraak nie; *it will ~ s.o.'s **time*** dit sal iem. se leeftyd duur. **last·ing** *n., (tekst.)* duiwelsterk. **last·ing** *adj.* voortdurend, aanhoudend, standhoudend, (altyd)durend, duursaam, blywend; vas *(kleur)*. **last·ing·ly** blywend, vir altyd. **last·ing·ness** duursaamheid; vastheid.

last³ *n.* lees *(v. 'n skoenmaker)*; *stick to one's ~* jou by jou lees hou, jou nie bemoei met sake waarvan jy niks weet nie.

last⁴ *n., (gewigseenheid, inhoudsmaat)* las. **last·age** *(sk.)* tonnemaat; hawegeld.

last·ly eindelik, ten slotte/laaste, laastens, in die laaste plek.

latch *n.* knip, klink; knipslot; *be **off** the ~* van die knip af wees; *be **on** the ~* op (die) knip wees; *put the door **on** the ~* die deur op (die) knip sit. **latch** *ww.* op die knip/klink sit; *~ on, (infml.)* iets snap; *~ on to ..., (infml.)* ... aangryp/vasgryp, aan ... klou; ... snap. **~key** huis-, knip-, klinksleutel. **~key child** (knip)sleutelkind. **~ lock** knip-, klink-, veerslot.

latch·et *(arg.)* skoenriem, veter.

late *adj. & adv.* laat; te laat; ver/vêr gevorder(d); vorige; gewese, voormalig, eertyds; oorlede, wyle; resent; *(bot.)* vertraag; onlangs, vroeër, voorheen; →LATELY, LATENESS, LATER, LATEST, LATISH; ***as** ~ as the Victorian times* (nog) tot in die dae van koningin Victoria; ***as** ~ as yesterday* gister nog; *until **as** ~ as ...* nog tot ..., tot ... nog; ***as** ~ as 1980* selfs nog (*of* nog pas) in 1980; ***be** ~, (ook)* oor die tyd wees; *~ **bloomer**, (plant, pers.)* laatbloeier; *it's (rather) ~ in the **day*** →DAY; *the ~ **floods/etc.**, (w.g.)* die laaste oorstromings/ens., die oorstromings/ens. van onlangs; *a ~ **flowerer*** →FLOWERER; *it is **getting** ~* dit word laat; *~ **grapes*** laat druiwe; *a bunch of ~ **grapes*** 'n natros; *at a ~ **hour*** laat in die dag/aand/nag; *even at this ~ **hour*** selfs nou nog; *keep ~ **hours*** laat/lank opbly; *s.o.'s ~ **husband/etc.*** iem. se oorlede man/ens.; *~ in **life*** laat in sy/haar lewe, in sy/haar latere lewe, op gevorderde leeftyd; *Mr X, the ~ **manager/etc.** of ...* mnr. X, in lewe bestuurder/ens. van ...; *~ in **March/etc.*** einde Maart/ens.; *the ~ **Mr X*** wyle mnr. X; *better ~ than **never*** beter/liewer(s) laat as nooit, agteros kom ook in die kraal; *~ at **night*** laat in die aand/nag, laataand/-nag; ***of** ~* (in) die laaste tyd; *the ~ **president/etc.*** wyle die president *(fml.)*; die gewese/voormalige/vorige president; *s.o.'s ~ **residence*** iem. se woning tot onlangs; *a ~ **riser*** 'n laatslaper/-opstaner; *the ~ **summer*** die nasomer; *a ~ **tackle**, (rugby)* 'n laatvat; *it is **too** ~ to do s.t.* dit is te laat om iets te doen; *it is never **too** ~ to mend* beter/liewer(s) laat as nooit, dit is nooit te laat om te verbeter nie; *s.t. is **too** ~ (to be of use)* iets is mosterd na die maal; *the ~ **twenties/thirties/etc.*** die laat twintiger-/dertigerjare/ens.; *of ~ **years*** (in) die laaste jare. **~ blight** *(plantsiekte)* laatroes *(by aartappels ens.)*. **~comer** laatkommer; *be a ~ to s.t.* nuut in iets wees. **~ cut** *(kr.)* laat kap=/kerfhou. ~ **developer** *(pers.)* laatbloeier. ~ **harvest** *n., (SA)* laatoes(wyn). ~**-harvest** *adj.* laatoes=. ~ **lamb** →LAATLAMMETJIE. **L~ Latin** Laat Latyn. ~**-night** *adj. (attr.)* laataand=, laataandse, laatnag=, laatnagtelike, laatnagse.

la·teen *(sk.)* skip met 'n latynseil. ~ **sail** latynseil, driehoekseil.

late·ly onlangs, kort gelede; in die laaste tyd; *until* ~ →LATELY.

lat·en *(w.g.)* laat word; laat maak.

la·ten·cy verborgenheid; latentheid.

late·ness laatheid, laatte; *because of the* ~ *of the hour* weens die laat/late uur.

la·tent verborge, onsigbaar; sluimerend, slapend, rustend, latent; →LATENCY. ~ **energy** *(fis.)* latente energie. ~ **heat** *(fis.)* latente/gebonde warmte/hitte; ~ ~ *of freezing* (latente) bevriesingswarmte; ~ ~ *of fusion* (latente) smeltingswarmte. ~ **image** *(fot.)* latente beeld. ~ **period** *(med.)* latente periode, inkubasietyd; *(fisiol.)* latente fase/periode *(tuss. prikkel en respons).*

lat·er later; naderhand; agterna; *at a* ~ ***date*** later (van tyd); *the* ~ *the* ***merrier,*** *(iron.)* hoe later hoe kwater; ***not*** ~ *than May 1* voor of op 1 Mei, uiterlik op 1 Mei, 1 Mei op sy laaste; ~ ***on*** naderhand; later (van tyd); ***see*** *you* ~ ons sien mekaar weer, tot siens, totsiens; ***sooner*** *or* ~ vroeër of later; ~ ***tomorrow*** môre/more teen die laatte. **L~ Stone Age** Laat Steentyd(perk).

lat·er·al *n.* sytak, syspruit. **lat·er·al** *adj.* sydelings, sy=; sywaarts; *(bot.)* systandig; *(fonet.)* lateraal; ~ ***axis*** breedteas, dwarsas; ~ ***branch*** sytak; ~ ***bud*** syknop; ~ ***crater*** sykrater; ~ ***edge*** sykant; ~ ***face*** syvlak, opstaande sy; ~ ***movement*** sywaartse beweging; ~ ***play*** syspeling; ~ ***root*** sywortel; ~ ***surface*** syoppervlak; ~ ***thinking*** laterale denke; ~ ***thrust*** sydruk; ~ ***tilt*** kanteling; ~ ***transfer*** oorplasing sonder verhoging, oorplasing op dieselfde vlak; ~ ***tuber*** syknol. ~ **line (system)** systreep(stelsel) *(in visse ens.).*

lat·er·al·ly sydelings; sywaarts.

Lat·er·an *(RK): the* ~ die Lateraan; *St. John* ~ St. Johannes Lateraan. ~ **treaty** Lateraanse verdrag.

lat·er·ite *(geol.)* lateriet.

lat·est laaste, jongste, nuutste; ***at the*** ~ op die/sy laa(t)ste, uiterlik; *on May 1* ***at the*** ~ voor of op 1 Mei, uiterlik op 1 Mei; *the* ~ ***fashion*** die jongste/nuutste mode; *the* ~ ***news*** die jongste/laaste nuus/berigte; ***s.o.'s*** ~, *(infml.)* iem. se nuutste grap/storie/streek/verskoning/ens.; *the* ***very*** ~ die allerjongste/allernuutste; ***what*** *is the* ~*?* wat is die nuus?.

la·tex =*texes,* =*tices* melksap, rubbermelk, lateks. ~ **tubes** *(bot.)* melkvate.

lath *n.* lat, plankie; *as thin as a* ~ rietskraal, brandmaer. **lath** *ww.* belat, van latte voorsien, latte/plankies spyker aan, met latte bespyker. **lath·ing** latte, latwerk, belatting. **lath·y** soos 'n lat, rietskraal; van latte.

lathe draaibank; rietraam. ~ **bearer,** ~ **carrier** meenemer. ~ **carriage** (draaibank)slee. ~ **dog** draaibankklou. ~ **turning tool** draaibeitel. ~ **work** draai(bank)werk.

lath·er *n.* seepskuim; skuim *(v. 'n perd); be/get in a* ~ *about s.t., (infml.)* jou oor iets opwen. **lath·er** *ww.* inseep; met seep bedek, seep smeer; skuim; wit van die skuim word; *(infml.)* uitlooi, afransel.

la·thi *(Ind.)* knuppel, bamboesstok.

lat·i·cif·er·ous *(bot.)* melksaphoudend.

lat·i·fo·li·ate plat=, breedblarig; →BROADLEAF, FLAT-LEAVED.

Lat·in *n., (taal)* Latyn; *(iem. wat 'n Romaanse taal praat)* Romaan; *(hist.: inwoner v. Latium)* Latyn; ***classical*** ~ klassieke Latyn; ***Late*** ~ Laat Latyn; ***Low*** ~ Laaglatyn; ***Medieval*** ~ Middeleeuse Latyn; ***thieves'*** ~ diewetaal, bargoens; ***vulgar*** ~ Volkslatyn. **Lat·in** *adj.* Latyns; Romaans; ~ *nations* Romaanse volke, Romane; ~ *scholar* Latinis, Latynkenner. ~ **America** Latyns-Amerika. ~ **American** *n.* Latyns-Amerikaner. ~ **American** *adj.* Latyns-Amerikaans. ~ **cross** Latynse kruis. ~ **League** *(Rom., hist.)* Latynse Verbond. ~ **Quarter** Paryse studentewyk.

Lat·in·ate *adj.* Latinisties.

Lat·in·ise, =**ize** verlatyns; Latynse vorme gebruik; latiniseer.

Lat·in·ism Latinisme.

Lat·in·ist Latinis, Latynkenner.

La·tin·i·ty Latynse styl; kennis van Latyn; Latiniteit.

La·ti·no =*nos, (Am.)* Latino, Latyns-Amerikaner.

lat·ish laterig, 'n bietjie laat.

lat·i·tude (geografiese) breedte; (astronomiese) breedte; breedteligging; *(fot.)* speling; vryheid, speelruimte; ***allow/give*** *s.o.* ~ iem. speelruimte gee, aan iem. speelruimte laat; *at a* ~ *of ... degrees ... minutes* op die breedte ... grade ... minute; ***celestial*** ~ ekliptiese breedte, hemelbreedte; *a* ***circle/line*** *of* ~ 'n breedtesirkel/=kring, 'n parallel; *a* ***degree*** *of* ~ 'n breedtegraad; *the* ~ *at* ***noon*** die middagbreedte; *in* ***these*** ~*s* op hierdie breedtes. **lat·i·tu·di·nal** breedte=. **lat·i·tu·di·nar·i·an** *n.* vrydenker, vrysinnige, liberaal. **lat·i·tu·di·nar·i·an** *adj.* vrydenkend, vrysinnig, liberaal, latitudinêr. **lat·i·tu·di·nar·i·an·ism** vrysinnigheid, vrydenkery.

la·trine latrine, privaat, gemakhuisie, kleinhuisie.

lat·ten *(hist., metal.)* latoen, geelkoper.

lat·ter laat; laaste, laasgenoemde, =gemelde (van twee); *these* ~ *days* hierdie laaste dae, die afgelope ruk; *the* ~ *part of winter* die nawinter. ~**-day** hedendaags, modern. ~ **days** *(relig.)* die eindtyd. **L~-day Saints** *(Mormone)* Heiliges van die Laaste Dae. ~ **end** einde, slot, afsluiting; dood, lewenseinde. ~**-grass** nagras.

lat·ter·ly onlangs, in die laaste tyd; mettertyd; teen die einde van die lewe (*of* van 'n periode).

lat·tice tralie=, lat=, raamwerk, rooster, raster; hortjies; roei. ~ **bridge** traliebrug. ~ **gate** traliehek. ~ **window** tralievenster; venster met ruitjies in lood. ~**work** tralies, traliewerk, rasterwerk.

lat·ticed getralie, met tralies/traliewerk, tralie=; ~ *bridge* traliebrug.

lat·tic·ing traliewerk, tralies.

Lat·vi·a *(geog.)* Letland. **Lat·vi·an** *n., (inwoner)* Let(lander); *(taal)* Letties. **Lat·vi·an** *adj.* Letties.

laud *n., (arg.)* lof(sang); *(i.d. mv., hoofs. RK)* vroegmis, laudes. **laud** *ww., (fml.)* prys, loof, verheerlik; ophemel, lof toeswaai, roem. **laud·a·bil·i·ty, laud·a·ble·ness** lofwaardigheid, prysenswaardigheid, loflikheid. **laud·a·ble** lofwaardig, prysenswaardig, loflik. **lau·da·tion** *(fml.)* lof, lofuiting, lofspraak, =rede, =prysing. **laud·a·to·ry, laud·a·tive** prysend, lowend, lofuitend, lof=. **laud·ed** geprese. **laud·er** lofredenaar, pryser, lower.

lau·da·num *(med., vero.)* loudanum, laudanum, opiumtinktuur.

laugh *n.* lag; gelag; *just* ***for*** *a* ~, *(infml.)* net vir die grap; *do s.t.* ***for*** ~*s, (infml.)* iets doen om mense te laat lag; *have a* ***good*** ~ lekker lag; ***have a*** ~ lag; ***have/get*** *the* ~ *on/over s.o.,* ***have*** *the* ~ *on one's side* iem. (lekker) uitlag; *s.t.* ***is a*** ~, *(infml.)* iets is belaglik; ***join*** *in the* ~ →JOIN IN THE **LAUGHTER;** *have the* ***last*** ~ laaste lag; *have a* ***quiet*** ~ *over s.t.* stilletjies oor iets lag; ***raise*** *a* ~ mense laat lag (*of* aan die lag maak), die lagspiere prikkel, die laglus opwek; *a* ***strained*** ~ 'n gedwonge/gemaakte laggie; *have a* ~ ***with*** *s.o.* met iem. (saam)lag. **laugh** *ww.* lag; met 'n lag sê; ~ ***at*** *s.o.* iem. uitlag, vir iem. lag (kry); ~ ***at*** *s.t.* vir iets lag; oor iets lag; jou nie aan iets steur nie *('n gevaar ens.);* ~ ***at*** *public opinion* met die openbare mening spot; ~ *s.t.* ***away/off*** iets weglag, jou lag-lag (*of* [al] laggende) van iets afmaak; ~ ***away!*** lag maar!; ~ *all the way to the* ***bank*** →BANK[2] *n.;* ***begin*** *to* ~, ***burst out*** (*or* ***start***) ~*ing* begin lag, aan die lag gaan/raak, uitbars van die lag; ~ *fit to* ***burst*** →*laugh one's* ***head*** *off;* ~ *s.o. out of* ***court*** →COURT *n.;* ~ *s.o.* ***down*** iem. doodlag, so lag dat iem. moet stilbly, iem. deur (uit)lag tot swye bring; ~ *like a* ***drain,*** *(infml.)* skater/kraai (van die lag), lê soos jy lag, jou 'n apie/boggel(tjie)/ertjie/papie lag; ~ *on the other/wrong side of one's* ***face*** (*or*, Am., ***mouth***), *(infml.)* lag soos iem. wat tandpyn het, nader aan huil as aan lag wees; *s.o. will* ~ *on the other/wrong side of his/her* ***face*** (*or*, Am., ***mouth***), *(infml.)* ons sal sien of iem. sal lag; *s.o.* ***had*** *to* ~ iem. moes lag; ~ *one's* ***head*** *off* (*or* ***o.s. sick/silly***), *(infml.)* jou dood/krom/siek/kis (*of* [amper/byna] 'n boggel[tjie]/papie) lag, lag dat jy krom lê; *s.o. cannot* ***help*** *but* ~ (*or cannot* ***help*** ~*ing*) iem. kan sy/haar lag nie hou nie; *he who* ~*s* ***last*** ~*s longest, he* ~*s best who* ~*s* ***last,*** *(sprw.)* wie (die) laaste lag, lag (die) lekkerste; ***make*** *s.o.* ~, ***set*** *s.o.* ~*ing* iem. laat lag, iem. aan die lag maak/sit; *don't* ***make*** *me* ~*!* jy laat my lag (kry)!, moenie my laat lag (kry) nie!, moenie laat ek lag (kry) nie!; ~ *s.t.* ***off*** →***away/off;*** ~ ***out*** hardop lag; ~ ***out loud,*** ~ ***uproariously*** brul/skater van die lag, bulderend lag; ~ ***over*** *s.t.* oor iets lag; ~ *s.o./s.t. to* ***scorn,*** *(vero.)* iem./iets bespot/uitlag; ***set*** *s.o.* ~*ing* →***make*** *s.o. laugh;* ~ *o.s.* ***sick/silly*** →*laugh one's* ***head*** *off;* ~ *up one's* ***sleeve*** agter jou hand (*of* in jou vuis) lag; ***start*** ~*ing* →***begin*** *to laugh;* ~ ***to*** *o.s.* by jouself lag. ~ **lines** *(Am.)* →LAUGHTER LINES. ~ **track** lagbaan.

laugh·a·ble belaglik, bespotlik; lagwekkend, grappig, snaaks; *find s.o./s.t.* ~ vir iem./iets lag kry.

laugh·er lagger; lagbek.

laugh·ing *n.* lag; gelag; *I could die with* ~ ek kon my slap/siek lag. **laugh·ing** *adj.* laggend, lag=; ~ *eyes* laggende/guitige/tintelende oë; *it is no* ~ *matter* dit is niks (*of* nie iets) om oor te lag nie, dit is nie snaaks (*of* 'n grap) nie. ~ **bird** →GREEN WOODPECKER. ~ **dove** *(Streptopelia senegalensis)* rooibors=, lemoenduifie. ~ **gas** laggas. ~ **hyena** = SPOTTED HYENA. ~ **jackass** →KOOKABURRA. ~ **muscle** lagspier. ~ **stock** spot, voorwerp van bespotting, uil onder die kraaie; *a general* ~ ~ die spot van iedereen (*of* van die [hele] land/wêreld); *s.o. is the* ~ ~ *of the ...* iem. is die spot van die ... *(dorp ens.).*

laugh·ing·ly *adv.* laggend, (al) laggende, lag-lag.

laugh·ter gelag, laggery; *a* ***burst*** *of* ~ 'n geskater; ***choke*** *with* ~ stik van die lag; *be* ***convulsed*** *with* ~ skud (*of* krom lê) van die lag; ***double up*** *with* ~ jou krom lag, lag dat jy krom lê, krom lê van die lag, jou (amper/byna) 'n boggel(tjie)/papie lag; ***explode*** *with* ~ uitbars van die lag; ***join*** *in the* ~ saamlag, meelag; *s.o. is* ***limp/weak*** *with* ~ iem. is slap van die lag; *there is* ***loud*** ~ daar is 'n geskater; *a* ***peal*** *of* ~ 'n skaterlag; ***peals*** *of* ~ 'n geskater; ***provoke/raise*** ~ 'n gelag (ver)wek, die laglus opwek, die lagspiere prikkel; *a* ***ripple*** *of* ~ 'n gegiggel; ***roar/scream/shriek*** *with* ~ skater/brul van die lag, skater(lag), dit uitskater; ***scornful*** ~ hoongelag. ~ **lines** *(mv.)* lagplooitjies, kraaiplooitjies, =pootjies, =spoortjies.

lau·mont·ite, lau·mon·ite *(min.)* laumontiet.

launce →SAND EEL.

launch[1] *n.* tewaterlating *(v. 'n skip);* bekendstelling *(v. 'n boek);* vrystelling, première *(v. 'n rolprent);* première *(v. 'n toneelstuk);* stigting *(v. 'n maatskappy);* lansering *(v. 'n produk);* onderneming *(v. 'n veldtog).* **launch** *ww.* werp, gooi, slinger, rig; te water laat, van stapel laat loop *('n skip);* in die see stoot *('n skuit);* lanseer, afvuur *('n missiel ens.); (fig.)* bekendstel, bekend stel *('n boek);* vrystel *('n rolprent);* stig *('n maatskappy);* lanseer, die wêreld instuur *('n produk ens.);* begin, stig, onderneem, van stapel stuur (*of* laat loop), op tou (*of* aan die gang) sit *('n veldtog ens.);* ~ *an* ***attack*** →ATTACK *n.;* ~ ***into*** ... met ... begin; ~ ***into*** *expense* (groot) onkoste maak; jou in die skuld steek; ~ ***out*** *into s.t.* iets begin/onderneem. ~ **pad, launching pad** lanseerblad; *(fig.)* afspring=, wegspringplek. ~ **vehicle, launching vehicle** *(ruimtev.)* lanseer=, lanseringsvuurpyl, lanseertuig. ~ **window** lanseerpoort, =venster.

launch[2] *n.* plesierboot; *(hist.)* barkas.

launch·er tewaterlater *(vir 'n skip);* lanseerder *(vir 'n missiel ens.);* rigter.

launch·ing tewaterlating; lansering. ~ **gear** lanseertoestel. ~ **pad** →LAUNCH PAD. ~ **platform** lanseerstelling. ~ **ramp** lanseerhelling. ~ **site** lanseerbaan. ~ **tube** lanseer=, torpedobuis. ~ **vehicle** →LAUNCH VEHICLE. ~ **ways** *(sk.)* skeepshelling.

laun·der *n.* wastrog; houtgeut, spoelgeut, =voor, =kanaal; gietgeut. **laun·der** *ww.* was (en stryk); witwas *(swart geld).* **laun·der·er** wasser. **laun·der·ette, laun·drette, laun·dro·mat** kitswassery, selfdien=, selfhelpwassery. **laun·dress** wasvrou; oppasster, skoonmaakster.

laun·dry wasgoed; strykgoed; wassery, washuis; was=kamer, =lokaal; *do the ~* (die wasgoed) was. ~ **bag** wasgoedsak. ~ **board** wasplank. ~ **list** was(goed)lys. ~ **maid,** ~**woman** wasvrou. ~ **mark** wasmerk. ~ **tub** wasbalie, =kuip; wasgoedbak. ~ **work** was- en stryk=werk.

lau·re·ate *n.* bekroonde, pryswenner; *(Poet) L~* hof=digter. **lau·re·ate** *adj., (poët., liter.)* bekroon. **lau·re·ate·ship** hofdigterskap. **lau·re·a·tion** *(poët., liter.)* be=kransing, bekroning.

lau·rel *n., (bot.)* lourier; lourierhout; lourier=, louer=krans; *look to one's ~s* sorg dat jy voorbly (*of* jou voor=sprong behou); *rest on one's ~s* op jou louere rus. **lau·rel** =*ll*=, *ww.* (met 'n lourier=/louerkrans) bekroon. ~ **branch** louriertak. ~ **tree** lourierboom. ~ **wreath** lou=rier=, louerkrans.

Lau·ren·tian: *the ~ Plateau/Shield* →CANADIAN SHIELD.

lav *(infml., afk. v.* lavatory*)* kleinhuisie, toilet, latrine, gemak([s]huisie), privaat.

la·va lawa. ~ **ash** lawa-as. ~ **cone** lawakeël, =kegel. ~ **flow** lawastroom. ~ **lamp** lawalamp.

la·va·bo =*bos, (RK)* handwassing; *(arg.)* waskom, was=gerei.

lav·age, lav·age *(med.)* uitspoeling.

lav·a·to·ry toilet, privaat, latrine, gemak([s]huisie); wasvertrek, =kamer *(in 'n klooster ens.).* ~ **attendant** toiletopsigter. ~ **brush** toiletborsel. ~ **pan** toiletbak. ~ **paper** toiletpapier. ~ **seat** toiletbril, =sitplek.

lave *(arg. of poët., liter.)* was, baai; bespoel, omspoel; vloei langs; →LAVER¹. **la·va·tion** *(fml. of poët., liter.)* wassing, (die) was.

lav·en·der *n.* laventel; laventelbos, =boompie; laven=tel(blom)kleur, sagte lila; *lay s.t. up in ~* iets sorgvul=dig bewaar. **lav·en·der** *adj.* laventel=; sag lila. **lav·en·der** *ww.* laventel insit/opstrooi; in laventel pak. ~ **bag** laventelsakkie. ~ **blue** lilablou. ~ **finch** →GREY WAXBILL. ~ **grey** lilagrys. ~ **tree** laventelboom. ~ **wa·ter** laventelwater.

la·ver¹ *(seewier)* ereprys.

la·ver² *(arg. of poët., liter.)* wasser; waskom, =bekken; spoelwa(entjie); doopwater.

lav·er·ock →LARK¹ *n.*.

lav·ish *adj.* kwistig, verkwistend; gul; volop, oorvloe=dig, oordadig, rojaal, ruim, ryklik; *be ~ with s.t.* kwis=tig wees met iets. **lav·ish** *ww.* mild/volop uitdeel/gee, met kwistige hand uitdeel; verkwis, uitstrooi; *~ money/etc. on ...* kwistig wees met geld/ens. vir ... **lav·ish·ly** kwistig, met kwistige/milde hand; *~ illustrated* ryk=(lik) geïllustreer(d). **lav·ish·ment** *(w.g.)* uitstorting, ruime bedeling/uitdeling; verkwisting. **lav·ish·ness** kwistigheid, rojaalheid, gulhartigheid.

law wet; reël; reg; regspraak; justisie; balie; *(sport)* spe=ling, voorsprong, voorgee, voorgif; ***according** to ~* kragtens/volgens die wet, regtens; ***administration** of ~* regsbedeling; ***against** the ~* onwettig, teen die wet, strydig (*of* in stryd met) die wet; *a ~ **against** s.t.* 'n wet teen iets; *~ of **arms*** →MILITARY LAW; ***at** ~* volgens die wet; *be **at** ~* prosedeer, in 'n hofsaak betrokke wees; *~ of **averages*** →AVERAGE *n.; be **bad** in ~* reg=tens ongegrond wees; ***become** ~* krag van wet kry; ***before** the ~* voor die wet; ***beyond** the pale of the ~* buite die wet; ***break** the ~* die wet oortree/skend/ver=breek; ***by** ~* volgens die wet, regtens; ***by** a ~* volgens/by 'n wet; ***canon** ~* →CANON¹; *~ of **causality/cau=sation*** wet van oorsaak en gevolg; ***civil** ~* →CIVIL; ***commercial** ~* →COMMERCIAL *adj.; **common** ~* →COMMON *adj.; come into **conflict** with the ~* met die gereg bots; ***constitutional** ~* →CONSTITUTIONAL *adj.; ~ of **contract(s)*** kontraktereg; ***criminal** ~* →CRIMINAL *adj.; ~ of **criminal procedure*** strafpro=sesreg; *~ of **custom*** ongeskrewe reg; ***customary** ~* →CUSTOMARY; *~ of **delict*** deliktereg, reg op onreg=matige dade; ***enact** a ~* 'n wet uitvaardig; ***enforce** the ~* →ENFORCE; ***equality** before the ~* →EQUALITY; ***evade** the ~* die wet ontduik; ***evasion** of the ~* wets=ontduiking; *~ of **evidence*** bewysreg, =leer; *in the* ***eyes** of the ~* voor die wet; ***faculty** of ~* →FACULTY; *have the **force** of ~* →FORCE¹ *n.; fall/run **foul** of the ~* met die gereg bots; *~s of the **game*** reëls van die spel; ***go** to ~* hof toe gaan, 'n saak maak (*of* voor die hof bring), geregtelike stappe doen/instel, 'n aksie instel, prosedeer; *~ of **gravitation*** →GRAVITATION; *take the ~ into one's own **hands*** eie reg gebruik, eiemagtig optree; ***have** the ~ of s.o., (arg.)* iem. geregtelik ver=volg; iem. voor die hof bring; ***have/get** the ~ on s.o., (infml.)* iem. vervolg; iem. hof toe (*of* voor die hof) sleep; ***in** ~* volgens die wet, regtens; *~ of **insurance*** versekeringsreg; *~ of the **jungle*** reg van die sterkste; ***keep** the ~* die wet nakom/naleef/nalewe/gehoorsaam, by die wet bly, jou aan die wet hou; *~ of the **land*** lands=wet; ***lay down** the ~* die wet voorskryf/=skrywe, voor=skriftelik wees; ***lay down** the ~ to s.o.* (die wet) aan iem. voorskryf/=skrywe, voorskriftelik teenoor iem. optree/wees; *the ~ **lays down** that ...* die wet bepaal dat ...; *the **letter** of the ~* die letter van die wet; *the **long arm** of the ~* die lang arm van die gereg; ***mar=itime/marine** ~* →MARITIME; *~ of **marriage*** huwe=liksreg; ***martial** ~* →MARTIAL; *a **matter** of ~* 'n regs=vraag, 'n juridiese aangeleentheid; *a ~ of the **Medes** and Persians* →MEDE; ***mercantile** ~* →COMMERCIAL LAW; ***military** ~* →MILITARY; *L~ of **Moses, Mosaic** L~, (OT)* wet van Moses, Mosaïese wet, dekaloog, tien gebooie; *~s of **motion,** (fis.)* bewegingswette; *~ of **nations*** →INTERNATIONAL LAW; ***natural** ~* →NATURAL; *a ~ of **nature*** 'n natuurwet; ***necessity** knows no ~* →NECESSITY; ***observe** the ~* die wet nakom/naleef/nalewe (*of* in ag neem); *~ and **order*** reg/wet en orde; die gereg; *~ of **patents*** = PATENT LAW; *~ of **persons*** personereg, persoonlike reg; *a **perversion** of the ~* →PERVERSION; *a **point** of ~* 'n regspunt; ***practise** ~* in die regte praktiseer; ***private** ~* →PRIVATE *adj.; ~s of **probability*** kansrekening; *the ~ **provides** that ...* die wet bepaal dat ...; *a **provision** of a ~* 'n wets=bepaling; ***public** ~* →PUBLIC *adj.; **read** ~* →***study; repeal** a ~* 'n wet herroep; *as **required** by ~* soos deur die reg vereis; *~ of diminishing/increasing **returns,** (ekon.)* wet van afnemende/toenemende opbrengs; *the full **rigour** of the ~* die uiterste strengheid van die wet; ***Roman** ~* →ROMAN; ***Roman-Dutch** ~* →ROMAN-DUTCH; ***statute** ~* →STATUTE; ***study/read** ~* (in die) regte studeer, student in die regte wees; *be **subject** to the ~s of nature/etc.* aan die natuurwette/ens. on=derworpe wees; ***substantive** ~* →SUBSTANTIVE *adj.; ~ of **succession*** erfreg; opvolgingsreg; ***the** ~, (ook, infml.)* die polisie (*of* sterk arm van die gereg); *~ of **things*** sakereg; ***transgression** of the ~* wetsoortre=ding; *be **under** the ~* onder die wet staan; ***under** our ~* volgens/kragtens ons wet; *be a ~ **unto** o.s.* maak soos jy wil, jou eie gang gaan, jou aan niks en niemand steur nie, bo die wet staan; *an **unwritten** ~* 'n onge=skrewe wet; *be **valid** in ~* regsgeldig wees; *be **versed** in ~* wetsgeleerd wees; ***violate** a ~* 'n wet oortree; *be **void** in ~* regsongeldig wees; *~(s) of **war*** oorlogs=, krygsreg; ***within** the ~* binne die perke van die wet; *keep **within** the ~* jou aan die wet(te) hou, binne die perke van die wet bly. ~**-abiding** wetsgehoorsaam, =getrou, ordeliewend. ~**-abidingness** wetsgehoor=saamheid, gehoorsaamheid aan die wet, wetsgetrou=heid. ~ **adviser** regsadviseur; *government ~ ~* staats=regsadviseur. ~ **agent** wetsagent. ~ **book** wetboek; regsboek. ~**breaker** wetsoortreder, =verbreker. ~**break·ing** wetsoortreding, =verbreking. ~ **costs** →LEGAL COSTS. ~ **court** geregshof. ~ **enforcement** wetstoe=passing. ~ **enforcement officer** polisiebeampte, =agent. ~**giver** wetgewer. ~**giving** wetgewend. ~ **Latin** Regs=latyn. ~ **lord** *(Br.)* regsgeleerde lord. ~**maker** wetge=wer; regskepper. ~**making** *n.* wetgewing. ~**making** *adj.* wetgewend; regskeppend; *~ decision* regsbeslis=sing. ~ **office** prokureurskantoor. ~ **officer** dienaar van die wet, regterlike amptenaar. ~ **report** hofver=slag. ~ **school** regsfakulteit, fakulteit van regsgeleerd=heid. **L~ Society** Prokureursorde. ~ **stationer** ver=koper van skryfbehoeftes vir regsgeleerdes en geregs=howe; aktekopieerder, kopieerder van regsdokumente. ~ **student** regstudent, student in die regte. ~**suit** hofsaak, =geding, (regs)geding, (hof)proses. ~ **term** regsterm; sittingstermyn, hoftermyn.

law·ful wettig, regmatig; geoorloof; *take s.o. to be one's ~ wedded husband/wife* iem. tot jou wettige man/vrou neem. **law·ful·ly** wettig(lik), regtens. **law·ful·ness** wet=tigheid, regmatigheid.

law·less wetteloos, sonder wet; bandeloos, onordelik; regteloos *(staat).* **law·less·ness** wetteloosheid; ban=deloosheid; regteloosheid.

lawn¹ grasperk; *instant ~* →INSTANT; *mow a ~* 'n gras=perk sny. ~ **mower** grassnyer, =masjien. ~ **sprinkler** grassproeier. ~ **tennis** tennis.

lawn² *(tekst.)* batis, linon. ~ **(sieve)** doeksif.

law·ren·ci·um *(chem., simb.:* Lr*)* lawrencium.

law·yer regsgeleerde, regspraktisyn, prokureur; *con=sult a ~* 'n regsgeleerde raadpleeg.

lax slap, nie streng nie; laks, nalatig, onverskillig, slordig; ontspanne, slap *(spiere ens.); (ling.)* ongespanne *(klinker, vokaal); ~ bowels* los maag. **lax·i·ty, lax·ness** slapheid; laksheid, nalatigheid, onverskilligheid; ont=spannenheid.

lax·a·tion *(fisiol.)* →DEFECATION.

lax·a·tive *n.* lakseermiddel, purgasie. **lax·a·tive** *adj.* lakserend, lakseer=. ~ **abuse** misbruik van lakseer=middels.

lay¹ *n.* (die) lê; ligging, koers, rigting; lêplek; →LAYING; *be an easy ~, (taboesl.)* 'n lekker meisie wees, maklik wees om in die bed te kry; *be a good ~, (taboesl.)* goed in die bed wees; *the ~ of the land* →LAND *n.*. **lay** *laid laid, ww.* neerlê, (neer)sit, plaas; laat lê *(stof, tapyte, ens.);* dek *('n tafel);* lê *(pype, beton, 'n fondament, ens.);* aanbring *('n laag verf ens.);* stel *('n strik, val);* aanpak, aanlê *('n vuur);* smee, beraam *(planne);* besweer *('n gees);* oplê *('n boete);* die nek inslaan *('n gerug); (sk.)* gaan, kom *(vorentoe, agtertoe); ('n voël)* lê *(eiers);* wed; aan=gaan *('n weddenskap);* slaan met *('n sweep ens.);* plat=druk; draai *(tou);* rig, mik *('n wapen); (taboesl.: geslags=gemeenskap hê met)* naai, stoot *(iem.);* →LAID *(volt.dw.); ~ **about** one* links en regs slaan; *~ s.t. **aside*** iets weg=sit; iets opsy sit; met iets ophou, iets laat vaar; *~ s.o. **away,** (Am.)* iem. begrawe; *~ s.t. **away*** iets opsy sit; iets wegsit/bêre; iets bewaar; *~ s.t. **back*** iets plattrek *(ore ens.); ~ s.t. **bare*** iets blootlê/openbaar, iets aan die lig bring; *~ s.t. **before** s.o.* iets aan iem. voorlê; *~ the **blame** on s.o./s.t.* →BLAME *n.; ~ **bricks*** messel; *~ s.t. **by*** iets wegsit/bêre; iets spaar; *~ a **charge** against s.o.* →CHARGE *n.; ~ **claim** to s.t.* →CLAIM *n.; ~ **dam=ages,** (w.g.)* skadevergoeding bepaal/vasstel; *~ s.t. at s.o.'s **door*** →DOOR; *~ s.t. **down*** iets neerlê/neersit *('n mes, vurk, ens.);* iets neerlê *(wapens);* iets gee *(jou lewe);* iets bepaal *('n maatstaf ens.);* iets voorskryf/=skrywe *('n reël, wet);* iets lê *(bakstene ens.);* aan iets begin bou *('n boot);* iets bêre *(wyn in 'n kelder);* iets neersit *(geld); (infml.)* iets (laat) opneem *('n liedjie ens.); ~ **down** one's head* jou kop neerlê; *~ **down** a keel* 'n skip op stapel sit; *~ **down** the law* →LAW; *the law ~s **down** that ...* →LAW; *~ **down** one's life* →LIFE; *~ an **egg*** →EGG¹ *n.; ~ s.o. **flat*** iem. plat slaan; *~ the **foundation** of ...* →FOUNDATION; *~ **hands** (up)on o.s., (fml.)* die hand aan (*of* jou hand aan jou) eie lewe slaan; *~ **hands** (up)on s.o.* jou hand teen iem. lig/optel, iem. iets aan=doen, iem. leed aandoen; iem. aanrand (*of* geweld aandoen); iem. seën (*of* die hande oplê); *~ (one's) **hands** (up)on s.t.* iets in die hande kry, die hand op iets lê, iets kry/vind/opspoor; iets gryp/beetpak/=kry; iets vat, jou iets toe-eien; *~ s.t. to **heart,** (vero.)* →TAKE S.T. TO **HEART**; *~ **hold** of/on s.o./s.t.* iem./iets (vas)gryp/vang (*of* in die hande kry); *~ **hounds** on the scent, (jag)* honde op die spoor sit/bring; *~ s.t. **in*** iets ver=samel/bymekaarmaak; iets inslaan (*of* in voorraad neem); *~ **into** s.o., (infml.)* iem. te lyf gaan; iem. in=vlieg; *~ s.o. **low*** iem. plat (*of* teen die grond) slaan; iem. platloop/=trek; *s.t. ~s s.o. **low*** iets trek iem. plat *('n siekte); ~ **off** s.t., (infml.)* met iets ophou *(werk, 'n gekskeerdery, ens.);* iets laat staan *(d. drank ens.); ~ **off** (it)!, (infml.)* hou op (daarmee)!; *~ s.o. **off*** iem. (tydelik) ontslaan; *(infml.)* iem. los (*of* met rus laat *of* laat staan); *~ s.t. **on*** iets aanlê *(elektrisiteit, water, ens.);* iets verskaf;

iets reël; iets oplê *('n boete);* iets aansmeer/aanbring *(verf ens.);* ~ *it* ***on*** oordryf, oordrywe, vergroot; ~ *it* ***on*** *thick* (or *with a trowel), (infml.)* dit dik aanmaak, erg oordryf/oordrywe/vergroot; die heuningkwas gebruik; ~ *o.s.* ***open*** *to* ... jou aan ... blootstel; ~ *s.t.* ***open*** iets blootlê (*of* openbaar maak); ~ *o.s.* ***out*** *to* ..., *(w.g.)* jou bes doen om te ...; ~ *s.o.* ***out*** iem. uitlê *('n lyk); (infml.)* iem. neerslaan (*of* plat/katswink slaan); ~ *s.t.* ***out*** iets uitlê/uitsprei/uitsit; iets uitlê *('n tuin ens.);* iets regsit *(klere);* iets opmaak *('n blad);* iets uitgee *(geld);* ~ ***over*** *somewhere, (Am.)* jou reis êrens onderbreek; ~ *s.t.* ***over*** ... ... met iets bedek, iets oor ... gooi; ~ *s.o. to* ***rest*** →REST¹ *n.;* ~ ***siege*** *to a town* →SIEGE; ~ *a* ***snare*** *for* ... →SNARE *n.;* ~ *a* ***spark*** *to s.t.* iets aan die brand steek; ~ *a* ***suit*** →SUIT *n.;* ~ *s.t. on the* ***table,*** *(parl.)* →TABLE *n.;* ~ ***to,*** *(sk.)* bylê; ~ *heads* ***together,*** *(vero.)* →PUT HEADS TOGETHER; ~ *a* ***trap*** →TRAP¹ *n.;* ~ *s.t.* ***up*** iets bêre/wegsit/bymekaarmaak; iets uit die vaart haal/neem *('n skip);* ~ *s.t. to* ***waste*** →WASTE *n.;* ~ ... *under* ***water*** ... onder water sit. **~about** *(neerh.)* leeglêer. **~-by** ~s lêplek; inham, aftrekplek, rusplek (langs die pad); *(Austr., SA)* bêre-, wag-, spaarkoop; bêrekoop, wagkoopgeld. ~ **days** *(han., sk.)* lêtyd, -dae *(v. 'n skip).* ~ **gear** byrat. **~off** (tydelike) ontslag; stillegging; rustyd. **~out** uitleg; aanleg; aanlegplan, ontwerp(plan); rangskikking; uitrusting; gedekte tafel; *(druk.)* opmaak, opmaakskets, ontwerp, bladplan; *page* ~ bladplan. **~out man** ontwerper, opmaker. **~shaft** tussenas. **~stall** *(Br., arg.)* vullis-, vuilgoed-, mishoop. **~-up:** *in* ~, *(sk.)* stilgelê, uit die vaart. **~-up harbour** stillê-, oorlê-, rushawe.

lay² *adj.* ondeskundig, oningewyd, leke-; wêreldlik, niegeestelik, leke-; →LAIC, LAITY. ~ **baptism** nooddoop. ~ **brother** lekebroeder, -broer. **~man** *-men,* **~woman** *-women* leek; oningewyde. ~ **preacher** lekeprediker. ~ **public** lekepubliek. ~ **reader** *(Angl. Kerk)* lekebedienaar; *(RK)* voorleser. ~ **sister** lekesuster.

lay³ *n., (poët., liter.)* lied, gedig, gesang.

lay⁴ *(verl.t.)* het gelê; →LIE² *ww..*

lay·er *n.* laag; *(tuinb.)* inlêer, aflêer, afleier *(v. 'n boom, plant);* lêhen, (eier)lêer; (kanon)rigter; (teen)wedder; ***backers*** *and* ~*s* wedders op en wedders teen; *a* ~ *of* ***cream/earth/fog/etc.*** 'n room-/grond-/mislaag/ens.; *a* ~ *of* ***dirt*** 'n aanpaksel; 'n afsetsel; ***in*** ~*s* in lae; laagsgewys(e); gelaag; ~ ***on*** ~ laag op laag; laagsgewys(e). **lay·er** *ww.* met 'n laag bedek; in lae skei; *(tuinb.)* inlêers/aflêers/afleiers maak; *(graan ens.)* gaan lê; *(kookk.)* in lae pak/rangskik; in lae sny *(hare).* ~ **cake** laagkoek. ~ **cloud** *(met.)* laagwolk.

lay·ered *adj.* in lae gepak/gerangskik/gesny/ens.; ~ ***hair*** hare wat in lae gesny is; ~ ***look,*** *(mode)* laag-op-laag-voorkoms; ~ ***skirt*** romp van verskillende lae; ***three-*** ~ *cake* drielaagkoek.

lay·ette baba-, kinderuitrusting, kinderuitset, baba-uitset.

lay fig·ure ledepop; kostuumpop; nul, onbelangrike/onbeduidende persoon.

lay·ing *n.* (die) lê; laag; legsel *(eiers); (aantal)* eiers gelê; oesterbed; ~ *of a foundation stone* hoeksteenlegging; ~ *on of hands* hand(e)oplegging; ~ *on the table, (parl.)* tertafellegging. **lay·ing** *adj.* lê-. ~ **hen** lêhen. ~ **meal** lêmeel. ~ **season** lêtyd. ~ **tools** messelgereedskap.

la·zar *(arg.)* →LEPER. ~ **house** →LAZARETTO.

laz·a·ret(te) *-ret(te)s, (sk.)* (tussendekse) provisieruimte; *(hist.)* →LAZARETTO. **laz·a·ret·to** *-tos, (hist.)* kwarantynhuis.

Laz·a·rus *(NT)* Lasarus.

laze *n.* geluier, lanterfantery. **laze** *ww.* lui wees, (rond)luier, leeglê; 'n luilekker lewe lei; ~ *about/around* rondlê, rondluier; ~ *s.t. away* iets verluier *(d. tyd, dae, ens.).*

la·zi·ly lui, traag, op 'n lui manier, op jou dooie gemak.

la·zi·ness luiheid, traagheid.

laz·u·li →LAPIS LAZULI.

laz·u·lite *(min.)* blouspaat, lasuliet, asuursteen.

laz·u·rite *(min.)* lasuriet; →LAPIS LAZULI.

la·zy lui, traag, lêerig, gemaksugtig; →LAZILY, LAZINESS; *be* ***bone*** ~ aartslui wees; *a* ~ ***smile*** 'n trae glimlag; *a* ~ ***trot*** 'n skilpaddraffie; *s.o. is too* ~ *for* ***words*** iem. is so lui dat hy/sy iets kan oorkom. ~ **bed** opgeërde aartappelbedding. **~bones** *(infml.)* luilak, luiaard. ~ **daisy stitch** madeliefiesteek, los kettingsteek. ~ **housewife bean** luihuisvrouboon(tjie). ~ **shark** *(infml.)* luihaai; →STRIPED CATSHARK. ~ **Susan** draaistaander.

lea *(poët., liter.)* grasveld, weiland.

leach *n.* loogsif; loog-, looivat. **leach** *ww.* was, deurspoel, uitspoel; wegspoel; uitloog, in die loog sit; ~ *s.t. out* iets uitvars; iets uitloog. **leach·ing** (uit)loging.

lead¹ *n.* leiding; rigsnoer; aanvoering; voorbeeld; eerste plek; voorsprong; voorpunt; *(elek.)* verlengkoord, verlenging; *(kaartspel)* (die) voorkom; hoofrol; watervoor; leiriem, leitou, →LEASH; leidraad, wenk; *the* ***female*** ~ die vroulike hoofrol, die hoof(rol)speelster; ***get*** (or ***go into***) *the* ~ voor raak/kom; ***give*** *a* ~, ***take*** *a/the* ~ leiding gee, die voortou neem; die toon aangee; ***have*** *a* ~ voor wees; *(d. polisie ens.)* 'n leidraad hê; ***hold/maintain*** *a/the* ~ voorbly, die/jou voorsprong behou; ***in*** *the* ~ voor(aan), voorop, op die voorpunt; *be* ***in*** *the* ~ voorloop, voor/eerste (*of* aan/op die voorpunt) wees; *the* ***male*** ~ die manlike hoofrol, die hoofspeler; ***on*** *a* ~ aan 'n leiband/leiriem; *have a* ~ ***over*** *s.o.* 'n voorsprong op iem. hê; iem. voor wees, voor iem. wees; 'n voordeel bo iem. hê; ***play*** *the* ~ die hoofrol speel; ***retain*** *one's* ~ jou voorsprong behou; ***return*** *the* ~, *(kaartspel)* dieselfde kleur terugspeel; *hold a* ***slender*** ~ →SLENDER; ***take*** *over the* ~ *from s.o.* die voortou by/van iem. afneem/oorneem *(in 'n wedstryd); a* ***wide*** ~ 'n groot voorsprong; *have/hold a* ***wide*** ~, *(ook)* ver/vêr voor wees; *it is* ***your*** ~, *(kaartspel)* jy moet voorkom/uitkom. **lead** *adj., (Am.)* voorste; →LEADING¹ *adj.* **lead** *led led, ww.* lei; (aan)voer; dirigeer; voorgaan; die leiding neem, voorafgaan, voorloop, voor wees; eerste staan/wees, boaan staan; *(kaartspel)* uitkom, voorkom; speel *('n kaart);* →LED, LEADABLE, LEADER; ***A*** ~*s* ***B*** A is voor B, A is B voor; ~ ***all*** *the rest* almal voor wees; ~ *s.o. to the* ***altar*** →ALTAR; ~ *s.o.* ***(a)round*** iem. rondlei; ~ *s.o.* ***astray*** →ASTRAY; ~ *s.o.* ***away*** *from* ... iem. van ... weglei/wegvoer; ***be*** ~*ing* voor wees, voorloop; ~ *s.o. to* ***believe*** *that* ... iem. laat glo (*of* in die waan bring *of* onder die indruk bring) dat ...; ~ ***by*** *five/etc. points/minutes/metres, (sport)* vyf/ens. punte/minute/meter voor wees; ~ *s.o.* ***captive*** →CAPTIVE *n.; s.t.* ~*s to* ***confusion*** iets stig verwarring; ~ *s.o. a* ***(merry/pretty) dance*** →DANCE *n.;* ~ ***evidence*** *that* ... →EVIDENCE *n.;* ~ *s.o. to* ***expect*** *that* ... by iem. die verwagting wek (*of* iem. onder die indruk bring) dat ...; ~ *the* ***fashion*** →FASHION *n.; this door* ~*s* ***into*** *the garden/etc.* dié deur lei na (*of* gee toegang tot) die tuin/ens.; ~ *a* ***life*** *of luxury/misery* in weelde/ellende leef/lewe, 'n weelderige lewe lei (*of* 'n rampsalige bestaan voer); ~ *s.o. a* ***life*** →LIFE; ~ *a charmed/double/etc.* ***life*** →CHARMED, DOUBLE, *etc.;* ~ *s.o. by the* ***nose*** →NOSE *n.;* ~ ***off*** *with* ... met ... begin/wegspring; ~ *s.o.* ***on*** iem. verder/vêrder lei; iem. uitlok/aanlok; ~ *s.o.* ***out*** iem. uitlei; ~ *the congregation/etc. in* ***prayer*** die gemeente/ens. in (die) gebed voorgaan; ~ *the* ***singing,*** *(ook)* die gesang insit; *the road* ~*s* ***to*** ... die pad loop na ...; *it* ~*s* ***to*** ... dit lei tot ...; dit loop op/in ... uit; dit veroorsaak (*of* gee aanleiding tot) ...; ~ *s.o.* ***to*** ... iem. na ... lei; *s.t.* ~*s* ***up to*** ... iets lei tot ...; iets gee tot ... aanleiding; ~ *the* ***way*** →WAY *n.;* ***who*** *is* ~*ing?* wie is/loop voor?; *the boxer* ~*s* ***with*** *the left* die bokser slaan eers met die linker(vuis); *the hurdler* ~*s* ***with*** *the left leg* die hekkiesloper spring met die linkerbeen eerste oor; *the paper* ~*s* ***with*** *a report on* ... die koerant se hoofberig gaan oor ..., die koerant wy sy hoofberig aan ... ~ **guitar(ist)** hoofkitaar(speler), -ghitaar(speler). **~-in** inleidraad. ~ **light** werklamp. **~-off** aanvang, begin, wegspring. ~ **singer** hoofsanger. ~ **story** hoofberig *(in 'n koerant).* ~ **time** lewertyd *(by 'n bestelling);* aanlooptyd *(by produksie);* voorlooptyd *(by ekonomiese aanwysers).* ~ **(wall)** ringmuur.

lead² *n., (chem., simb.:* Pb*)* lood; potlood; *(sk.)* diep-, peillood; *(druk.)* interlinie; *(Br., i.d. mv.)* looddak; loodroeie, loodjies *(tussen ruitjies);* →LEADEN; ***fill/pump*** *s.o. full of* ~, *(infml.)* iem. laat lood eet (*of* vol gate skiet); *an* ***ounce*** *of* ~ 'n loodkoeël; ***red*** ~ rooilood; *s.o.* ***swings*** (or *is swinging) the* ~, *(infml.)* iem. steek lyf weg (*of* swaai lood *of* spaar sy/haar lyf); →LEADSWINGER. **lead** *leaded leaded, ww.* verlood, met lood beklee/bedek/omhul; met lood omlys; lood(gewigte) byvoeg, met lood verswaar; *(geweerloop)* aanpak, vuil word; →LEADED, LEADING² *n.;* ~ *out type, (druk.)* letters interlinieer. ~ **acetate** loodasetaat, loodsuiker, asynsuurlood. ~ **balloon:** *go down like a* ~ ~ →BALLOON. ~ **bullion** staaflood. ~ **coat** loodlaag. ~ **coating** loodbekleding. ~ **colic, painter's colic** loodkoliek. **~-coloured** loodkleurig. ~ **content** loodgehalte, -inhoud. **~-covered** verlood, met lood bedek/beklee/omhul. ~ **diacetate** loodsuiker, looddiasetaat. ~ **dust** loodpoeier. ~ **foil** teelood. **~-free petrol** loodvry(e)/ongelode petrol. ~ **glance** *(min.)* loodglans, galeniet. ~ **glaze** loodglasuur. ~ **light** glas-in-lood. ~ **light maker** glas-in-lood-werker. ~ **light making** glas-in-lood-werk. ~ **line** loodlyn. ~ **monoxide** loodglit; →LITHARGE. ~ **ore** looderts. ~ **paint** loodverf. ~ **pencil** potlood. ~ **plummet** skietlood. ~ **poisoning** loodvergiftiging. ~ **solder** soldeerlood. ~ **spar** loodspaat. **~-swinger** *(infml.)* lyfwegsteker, loodswaaier. **~wood** hardekoolhout, loodhout. **~wood (tree)** hardekoolboom. ~ **wool** loodwol. ~ **works** loodsmeltery, loodgietery. **~wort** loodkruid; →PLUMBAGO.

lead·a·ble leibaar, geseglik.

lead·ed verlood; in lood gevat, met loodruitjies; geïnterlinieer(d); ~ ***glass*** glas-in-lood; ~ ***glass window*** glas-in-lood-venster; ~ ***light*** ruit-in-lood; ~ ***petrol*** loodpetrol, gelode/loodhoudende petrol; ~ ***roof*** verlode dak.

lead·en lood-; loodswaar; loodkleurig; loom, traag; drukkend. **~-eyed** *(fig.)* met oë wat wil toeval. **~-footed** *(fig.)* met lood in die skoene.

lead·er leier, leidster, aanvoerder, voorman; kopstuk; hoofpersoon; voorbok, voorperd, belhamel; vooros; voorryer; voorloper, touleier; *(lett.)* voorperd; gids; musiekleier; koorleier; balletonderwyser(es); senior advokaat; *(joern.)* hoofartikel, →LEADING ARTICLE; *(mynb.)* gidslaag; leierloot, hoofloot, hoofspruit, harttak; ***deny*** *a* ~ 'n leier verloën; ***follow*** *a* ~ 'n leier volg; *L~ of the* ***House,*** *(parl.)* Leier van die Raad; *L~ of the* ***Opposition,*** *(parl.)* Leier van die Opposisie; *the* ~ *of an* ***orchestra*** 'n konsertmeester. ~ **board** *(gh.)* voorloper(s)bord. ~ **head** geutpypkop. ~ **page** hoof(artikel)blad. ~ **(reef)** gidsrif. ~ **(seam)** gidslaag. ~ **(vein)** gidsaar.

lead·er·ette *(joern.)* subartikel, (kort) hoofartikel.

lead·er·less sonder leiding, leierloos.

lead·er·ship leiding, aanvoering; leierskap, leiersamp; leierskorps; *exercise* ~ leiding gee; *(the gift of)* ~ leiersgawe; *under the* ~ *of* ... onder leiding/aanvoering van ...

lead·ing¹ *n.* leiding; geleiding. **lead·ing** *adj. (attr.)* vername, vernaamste, vooraanstaande, voorste, toonaangewende *(kunstenaar, publikasie, ens.);* hoof-, leidende, belangrikste *(posisie, rol);* ~ ***elder*** hoof-, leierouderling; ~ ***feature*** hoofeienskap; ~ ***hand*** leierwerk(s)man; ~ ***part/role/rôle*** hoofrol; *(fig.)* leidende aandeel/rol; ~ ***thought*** grondgedagte. ~ **aircraftsman** *(Br., lugmag)* baaslugwerktuigkundige. ~ **article** *(joern.)* hoofartikel. ~ **artisan** baasambagsman. ~ **case** *(jur.)* sleuteluitspraak, rigtinggewende uitspraak/saak, toonaangewende beslissing. ~ **counsel** eerste advokaat. ~ **edge** *n., (teg.)* voorrand *(v. 'n vlerk, skroefblad); be at the* ~ ~ *of s.t., (fig.)* aan die voorpunt/spits van iets wees. **~-edge** *adj. (attr.)* hiper-, ultramoderne *(toestel, stelsel);* voorste *(maatskappy);* ~ *technology* hiper-, hoogtegnologie. ~ **lady** hoof(rol)speelster; *be* ~ ~ die hoofrol speel. ~ **light** leilig *(in 'n hawe);* werklamp; *(fig.)* voorperd. ~ **man** hoof(rol)speler; *be* ~ ~ die hoofrol speel. ~ **note,** *(Am.)* ~ **tone** *(mus.)* dominant; →SUBTONIC. ~ **question** uitlokvraag, voorsêvraag, leidende/suggererende vraag, wenkvraag. ~ **rein** leiriem, halterriem. ~ **seaman** baasseeman. ~ **strings** leiband; *be in* ~ ~ aan die leiband loop, jou deur ander laat lei. ~ **tenor** heldetenoor. ~ **term** hoofterm *(v. 'n determinant).* ~ **thong** voortou.

lead·ing² *n., (druk.)* reëlspasie.

leads·man peiler, peilloodophaler.

leaf *leaves, n.* blaar, blad; loofblaar; (blom)blaartjie; vel, blad *(papier)*; klep; blad *(v. 'n tafel)*; vleuel *(v. 'n deur)*; visierklep; (droë) tabakblare; *(dwelmsl.: dagga)* boom; *take a ~ out of s.o.'s* ***book*** iem. navolg, iem. tot voorbeeld neem; ***cast/shed*** *leaves* blare afgooi/verloor; ***come into*** ~ blare kry; *leaves of* ***grass*** grashalms; *be* ***in*** ~ blare hê, uitgeloop wees; *the* ***loose*** ~ *(of a table)* 'n inlegblad; *turn over a* ***new*** ~ 'n nuwe blaadjie omslaan (*of* begin maak *of* weg inslaan *of* lewe begin), 'n beter lewe lei; *a* ***rose*** ~ 'n roosblaartjie; ***shoot*** (or ***put forth***) *leaves* blare kry; *the* ***tree*** *sheds its leaves* die blare val van die boom af, die boom verloor sy blare. **leaf** *leaved leaved; leafed leafed, ww.* blare kry, uitloop, bot; ~ *through a book* 'n boek deurblaai, in 'n boek blaai. ~ **arrangement** blarestand. ~ **base** blaarvoet. ~ **beet** →CHARD. ~ **blade** blaarskyf. ~ **blight** blaarskroei, =vlek. ~ **brass** bladkoper, klatergoud. ~ **bridge** ophaal=, wip=, klapbrug. ~ **bud** blaarknop, =oog. ~ **curl** krulblaar(siekte). ~**cutter bee** blaarsnyerby, behangerby. ~ **eater** *(soöl.)* blaarvreter. ~**-fall** ontblaring; herfs, najaar; *at* ~ in die herfs/najaar. ~ **form** blaarvorm. ~ **gold** goudblad, bladgoud. ~ **green** *(bot.)* bladgroen; *(kleur)* blaar=, lowergroen. ~**-hopper** *(entom.)* blaarspringer. ~ **insect** wandelende blaar. ~**-lard** reusel. ~ **lettuce** blaarslaai. ~ **margin** blaar=, bladrand. ~ **metal** bladmetaal. ~ **mould** blaargrond, =aarde; blaarskimmel. ~**-nosed bat** blaarneusvlermuis. ~ **roller** *(entom.)* bladroller. ~ **scorch** blaarbrand. ~**-shaped** blaarvormig. ~ **sheath** *(bot.)* blad=, blaarskede. ~ **sight** klap=, klepvisier. ~ **silver** bladsilwer. ~ **smut** blaarbrandswam. ~ **spot** blaarvlek. ~ **spring** bladveer. ~**stalk** blaar=, bladsteel. ~**stalk basis** blaarbasis. ~ **stomach** blaarpens. ~ **table** uittrektafel, klaptafel. ~ **tobacco** blaartabak.

leaf·age blare, loof, lower; lowwe *(v. groente)*.

leafed beblaar(d), met blare.

leaf·ing blaarvorming, (die) bot; botsel.

leaf·less blaarloos, sonder blare, kaal.

leaf·let *n.* blaartjie; blaadjie, traktaatjie; strooibiljet. **leaf·let** *ww.: ~ a neighbourhood/university/etc.* pamflette/brosjures/vlugskrifte/strooibiljette in 'n buurt (*of* by 'n universiteit) ens. versprei.

leaf·like blaaragtig, bladagtig.

leaf·y beblaar(d); blaarryk, lommerryk, lowerryk; blaar=; ~ *vegetables* blaargroente.

league[1] *n.* (ver)bond, liga; verbintenis; *hit/join/make the* ***big*** *~, (fig., infml.)* in die groot liga inbeweeg, deel van die groot liga word, met die groot name kan/begin saamgesels/saampraat; *play in the* ***big*** *~, (sport)* in die top=/hoofliga speel; →BIG-LEAGUE *adj.*; ~ *of* ***cities****, (hoofs. hist.)* stedebond; *be* ***in*** *~ against s.o.* teen iem. saamspan; *be* ***in*** *~ with s.o.* 'n bondgenoot van iem. wees; met iem. saamspan/heul (*of* kop in een mus wees *of* hand om die nek sit/wees); *L~ of* ***Nations****, (hist.)* Volke(re)bond; *not be in the* ***same*** *~ as ..., (infml.)* nie van dieselfde gehalte as ... wees nie; ***top*** *the ~* eerste op die ligapuntelys staan, boaan die liga staan. **league** *ww.* 'n verbond aangaan; *~d together* verbonde, in 'n verbond verenig; *~d with ...* verenig (*of* in bondgenootskap) met ... ~ **game** ligawedstryd. ~ **match** ligawedstryd. ~ **table** *(Br.)* ranglys.

league[2] *n., (vero.: 4,83 km)* drie myl; *marine/sea ~, (5,56 km)* drie seemyl.

lea·guer[1] *n.* bondgenoot, bondslid; *(sport)* ligaspeler.

lea·guer[2] *n., (arg.)* beleg, beleëring; →LAAGER *n.*. **lea·guer** *ww., (arg.)* beleër; →LAAGER *ww.*.

lea·guer[3] *n., (hist. inhoudsmaat, veral i.d. wynbedryf: ± 600 l)* lêer; *2 ~s of wine* 2 lêer wyn.

Le·ah *(OT)* Lea.

leak *n.* lek; lekplek; lekkasie; *it reached the press* ***by way of a*** ~ dit het aan die pers uitgelek, dit is vir die pers laat val; ***have/take*** (or ***go for***) *a ~, (sl.: urineer)* 'n draai (gaan) loop, (gaan) fluit/pie(pie) (*of* water afslaan); ***spring*** *a ~, (boot, dak, ens.)* begin lek, 'n lek(plek) kry/opdoen. **leak** *ww.* lek, 'n lekplek hê; *(fig.)* laat uitlek/val; *('n skip)* water inkry; *s.t. ~s* ***out****, (lett.)* iets lek uit; *(fig.)* iets lek uit (*of* word rugbaar); *~ (out)* ***s.t.*** iets laat uitlek (*of* rugbaar maak); *it* ***was*** *~ed to the press* dit is vir die pers laat val. ~**proof** lekvry, lekvas, dig.

leak·age lek, lekkasie, uitlekking; uitlekking *(v. 'n geheim)*; *(elek.)* verlies.

leak·ing heart (valve) lekhart.

leak·y lekkerig, ondig; praterig, loslippig, geneig om geheime te verklap.

leal *adj., (Sk., arg.)* lojaal, trou, eerlik; *the land o' the ~* die hemel(ryk).

lean[1] *n.* maer vleis. **lean** *adj.* maer, skraal, slank, dun; lenig, soepel *(organisasie, ekonomie, ens.)*; onvrugbaar; ~ ***coal*** maer kole/steenkool; ~ ***gas*** swak gas; *the ~* ***kine****, (OT)* die maer koeie; ~ ***lime*** maer kalk; ~ ***mixture*** dun/flou/swak mengsel; ~ ***years*** maer jare. **~-burn engine** binnebrandenjin wat 'n flou petrolmengsel gebruik.

lean[2] *n.* oorhelling; skuinste, skuins stand; →LEANING *n.*; *on the ~* skuins, skeef; *have a ~ to the right* na regs (*of* die regterkant) oorhel. **lean** *leaned leaned; leant leant, ww.* leun, steun; laat leun/steun/rus; neig, geneig wees; oorhel, skuins staan; ~ ***against*** ... teen ... (aan)leun; ~ *s.t.* ***against*** ... iets teen ... laat leun; ~ ***back*** agteroor leun; ~ ***forward*** vooroor leun; ~ ***out*** uitleun; ~ ***out*** *of ...* uit ... leun *('n venster ens.)*; ~ ***over*** oorleun; oorhel; oorhang; ~ ***over*** *backwards, (infml.)* uiters tegemoetkomend wees, baie moeite doen; ~ ***over*** *backwards to ..., (infml.)* jou allerbes doen om te ...; ~ ***to/toward(s)*** ... tot ... neig (*of* geneig wees); die voorkeur aan ... gee, partydig wees vir (*of* oorhel na) ...; ~ ***(up)on*** ... op ... leun; ~ ***(up)on*** *s.o., (ook)* op iem. steun/vertrou; *(infml.)* iem. probeer dwing, druk op iem. uitoefen. **~-to** afdak, skutdak.

lean·ing *n.* (die) leun; oorhelling; neiging, rigting. **lean·ing** *adj.* leunend; ~ *tower* skewe toring.

lean·ness maerheid, maerte, skraalheid; onvrugbaarheid.

leap *n.* sprong; (die) spring; ***at a*** ~ met een sprong; *by ~s and* ***bounds*** met groot spronge, met rasse skrede *(vorder)*, hand oor hand *(toeneem)*; *a ~ in the* ***dark****, (fig.)* 'n sprong in die duister; ***take*** *a ~* spring, 'n sprong doen/maak. **leap** *leaped leaped; leapt leapt, ww.* spring; oorspring; laat spring; ver=, vêrspring; ~ ***at*** *s.o.* iem. bespring; ~ ***at*** *s.t.* iets aangryp *('n kans ens.)*; ~ ***down*** afspring; *s.t. ~s to the* ***eye*** →S.T. CATCHES THE **EYE**; ~ *into* ***fame*** skielik naam maak (*of* roem verwerf); *s.t. ~s into* ***flame*** iets slaan aan die brand; ~ *for* ***joy*** →JUMP FOR **JOY**; ***look*** *before you ~* besin eer jy begin; *s.t. ~s to (s.o.'s)* ***mind*** →S.T. SPRINGS TO (S.O.'S) **MIND**; ~ ***out*** uitspring; *s.t. ~s* ***out*** *at s.o.* iets val iem. op; ~ ***out of*** *s.t.* uit iets spring; ~ ***over*** *s.t.* oor iets spring; ~ ***up*** opspring. ~ **day** skrikkeldag. ~**frog** *n., (kinderspel)* hasieoor. ~**frog** =*gg*=, *ww.* oorspring; hasieoor speel. ~ **year** skrikkeljaar.

leap·er springer.

leap·ing foun·tain spuitfontein.

learn *learned learned; learnt learnt, ww.* leer; verneem, te hore/wete kom; ~ ***authoritatively*** op goeie gesag (*of* uit gesaghebbende bron *of* van gesaghebbende kant) verneem; *~ s.t. to one's* ***cost*** leergeld betaal, deur skade en skande tot insig kom; *s.o.'s* ***eagerness*** *to ~* iem. se leerlus/=gierigheid; *~ from* ***experience*** →EXPERIENCE *n.*; *~ s.t.* ***from*** *s.o.* iets by/van iem. leer; *~ s.t. by* ***heart*** →HEART; *~ing a new* ***language*** *is quite a challenge to most* die (aan)leer van 'n nuwe taal (*of* om 'n nuwe taal aan te leer) is vir die meeste mense 'n hele uitdaging; *s.o. has* ***much*** *to ~* iem. moet nog baie leer *(vir d. eksamen)*; iem. het nog baie om te leer *(v.d. lewe)*; *~ s.t.* ***off*** →LEARN S.T. BY **HEART**; *~ s.t. by* ***rote*** →ROTE; *~ s.t.* ***up*** iets leer, jou met iets vertroud maak; *I have* ***yet*** *to ~ that ...* ek het nog nooit gehoor dat ... nie, ek betwyfel dat ...; *I'll/that'll ~* ***you!****, (arg. of infml.)* ek/dit sal jou leer!. **learn·ed** *adj.* geleerd; geletterd; kundig; *my ~* ***friend****, (Br., fml.)* (my) geagte/geëerde kollega; ~ ***journal*** vakblad, =tydskrif; ~ ***person*** geleerde; ~ ***profession*** geleerde beroep; *the more ~ the less* ***wise*** hoe geleerder hoe verkeerder, hoe groter gees hoe groter bees; ~ ***word*** geleerde woord.

learn·er leerder, leerling; beginner, nuweling, groentjie. ~ **driver** leerlingbestuurder. ~ **miner** leerlingmynwerker. **~'s dictionary** aanleerder(s)woordeboek. **~'s licence** leerlinglisensie.

learn·ing geleerdheid, wetenskap, kennis, kunde; (die) leer; *s.o. is* ***apt*** *at ~* iem. leer gou; ***method*** *of ~* leerwyse; ***much*** *~ doth make thee mad* jou geleerdheid bring jou tot raserny; ***someone*** *of ~* 'n geleerde mens. ~ **curve** leerkurwe. ~ **disability** leergestremdheid. **~-disabled** *adj.* leergestrem(d).

lease *n.* huur; huurkontrak; huurtyd; huurreg; pag; die verhuur, verhuring; ***deed*** *of ~* pagbrief; *enjoy/get/have a new ~ of* (or, Am., *on*) ***life*** 'n nuwe lewe geniet/kry/hê; nuwe moed skep; weer beter/fris/gesond word/wees; ***long*** *~* huur op lang termyn, langtermynhuur; ***put*** *s.t. out to ~* iets verhuur/verpag; ***take*** *a ~ on s.t.* iets huur. **lease** *ww.* huur; verhuur; pag *(grond)*; bruikhuur *(masjinerie ens.)*; *~ s.t.* ***back*** iets terughuur/terugverhuur; *~ s.t.* ***from*** *s.o.* iets by/van iem. huur; *~ s.t. (out)* ***to*** *s.o.* iets aan iem. verhuur; iets aan iem. verpag *(grond)*. ~**back** terugverhuring. ~**back agreement** terughuurooreenkoms, terughuurkontrak. ~**hold** huur, pag; verhuurde/verpagte eiendom, paggoed. ~**holder** huurder; pagter. ~**hold tenure** huurbesit. **~-lend** bruikleen.

leash *n.* (koppel)riem, leiriem, leitou; *(jag)* drietal; ***hold*** *... in ~* ... keer (*of* in bedwang hou); ***on a*** *~* aan 'n leiband/=riem/=tou; ***slip*** *the ~* los raak; *... is* ***straining*** *at the ~, (lett. & fig.)* ... wil losruk; *(fig.)* ... is haastig om iets te doen. **leash** *ww.* vasbind, vaskoppel.

least *n.* (die) minste; ***at*** *~ ten/etc.* minstens (*of* ten minste) tien/ens.; ***at*** *~* ***apologise*** ten minste om verskoning vra; ***at*** *~, I think so* altans, ek dink so; ***at*** *the (very) ~* op sy (aller)minste; *the ~ you can* ***do*** *is to ...* jy behoort in elk geval te ...; ***not*** *in the ~* glad/hoegenaamd nie; nie in die minste nie; verreweg nie, op verre na nie, nie in die verste verte (*of* vêrste vêrte) nie; ***not*** *in the ~ sleepy/etc.* niks vaak/ens. nie; ~ ***said****, soonest mended* hoe minder daarvan gesê word, hoe beter; *to* ***say*** *the ~ (of it)* op die/sy sagste gesê, om dit (maar) saggies te stel. **least** *adj. & adv.* minste, geringste, kleinste; mins; ~ *of* ***all*** die minste van alles/almal; ~ ***common denominator*** →LOWEST COMMON DENOMINATOR; ~ ***common multiple*** →LOWEST COMMON MULTIPLE; *L~* ***Developed*** *Countries* Mins Ontwikkelde Lande; ~ ***spoilt*** *child* mins bedorwe kind. **least·ways,** *(Am.)* **least·wise** *(infml.)* ten minste, altans.

leat *(Br.)* watervoor, meulstroom.

leath·er *n.* leer; leerwerk; riem; vel; *(sl.)* voet=, krieketbal; taankleur; *(i.d. mv., infml.)* oorlappe *(v. 'n hond)*; kamaste; rybroek; leerpak *(v. 'n motorfietsryer)*; *run* ***hell*** *for ~* (hard)loop dat jy (so) oopl*ê*; ***lose*** *~, (infml.)* deurskaaf, jou blikners ry; *(there is)* ***nothing*** *like ~, (ook)* eie goed is beste goed. **leath·er** *adj.* leer=. **leath·er** *ww.* met leer oortrek; vel, klop, afransel, uitlooi, laat riemspring; ~ *away* daarop lostrek. ~ **apron** skootsvel. ~**back** leerskilpad. ~ **bag** leersak. ~ **binding** leerband. ~**board** leerkarton. ~**cloth** weefleer, leerdoek. **~-dresser** *(vero.)* leerbreier, =looier. ~**jacket** leerbloekom; horingvis; muglarwe. ~**neck** *(Am., mil. sl.)* seesoldaat, marinier. **~-punch** gustang. **~-reviver** leervernuwer. ~**wood** leerhout. **~-work** leerwerk; leerware, =goed(ere).

leath·er·ette kunsleer.

leath·er·ing afranseling, loesing, pak/drag slae.

leath·ern *(vero.)* leer=, van leer.

leath·er·y leeragtig; seningrig, taai; leer=.

leave[1] *n.* verlof; vergunning, verloftyd; vakansie; →FRENCH LEAVE; ~ *of* ***absence****, (fml.)* verlof om afwesig te wees; ***apply*** (or ***put in***) *for ~* verlof (aan)vra; ***beg*** *~ to ...* verlof vra om te ...; ***by/with*** *your ~, (fml.)* met u verlof/permissie; ***cancel*** *s.o.'s ~* iem. se verlof intrek; ***go on*** *~* met/op verlof gaan; *s.o. was granted/refused ~ to* ***introduce*** *an amendment/etc., (parl. ens.)* iem. is verlof toegestaan/geweier om 'n amendement/ens. voor te stel; ***long*** *~* langverlof; *be* ***on*** *~* met/op verlof wees; *s.o.* ***on*** *~* 'n verlofganger; ***overstay*** *one's ~* oor jou verlof wegbly/uitbly; *~ with=*

out **pay, unpaid** ~ onbetaalde/onbesoldigde verlof; *take* ~ *of one's* **senses** →SENSE *n.*; **short** ~ kort=verlof; **take** ~ verlof neem; **take** *(one's)* ~ *of ..., (fml.)* van ... afskeid neem, ... groet (*of* vaarwel sê); **take** ~ *to do s.t., (fml.)* jou veroorloof (*of* die vryheid neem) om iets te doen; *do s.t.* **without** *(so much as) a by your* ~, *(infml.)* eie reg gebruik. ~ **pass** verlofbrief, =pas. **~-taking** afskeid, groetery, dagsêery.

leave² *left left, ww.* (agter)laat *(spore ens.)*; agterlaat, nalaat *('n weduwee ens.)*; bemaak; laat staan/lê/bly; afgee *('n kaartjie)*; verlaat; vertrek; ophou, uitskei; ~ *s.t.* **about/around** iets laat rondlê; ~ *s.o.* **alone** iem. alleen laat; iem. laat staan; iem. uitlos, iem. ongehinderd (*of* met rus) laat; ~ **me alone!** los my uit!, uit my uit!; ~ *s.o. severely* **alone,** *(w.g.)* iem. volkome negeer, glad nie van iem. notisie neem nie; ~ *s.t.* **alone** iets laat staan; iets uitlos, van iets wegbly *(drank ens.)*; iets met rus laat; iets laat lê; ~ *s.t.* **alone,** *(ook)* jou nie met iets inlaat nie; ~ *s.t. severely* **alone,** *(w.g.)* iets heeltemal links laat lê; ~ *well* **alone** →WELL¹ *n.*; ~ *s.t.* **aside** iets buite rekening laat; ~ *it* **at that** dit daarby laat (bly); ~ *it* **at that!** laat dit daarby (bly)!; ~ *s.o.* **be** iem. laat staan/begaan; iem. met rus laat; ~ *s.o./s.t.* **behind** iem./iets agterlaat (*of* laat agterbly); ~ *s.t.* **behind,** *(ook)* iets vergeet (*of* laat lê); ~ *s.o. for* **dead** →DEAD *adj.*; ~ *s.o. to his/her own* **devices** →DEVICE; ~ *s.o. to his/her* **fate** →FATE; ~ **for** ... na ... vertrek *('n plek)*; ~ **for** *home* huis toe gaan/vertrek; ~ *s.o.* **for** *s.o. else* iem. laat staan en iem. anders neem *('n man/vrou)*; ~ *s.t.* **for** *s.o.* iets vir iem. laat oorbly; *5* **from** *10* ~*s 5* 5 van 10 laat 5; ~ **go/hold** *of ..., (infml.)* ... loslaat (*of* laat los); ~ *the* **ground,** *('n vliegtuig ens.)* opstyg; ~ *s.t. in s.o.'s* **hands** →*leave s.t.* **to** *s.o.*; ~ *s.t.* **in** iets laat inbly; iets laat staan; iets nie skrap nie; ~ *s.o. in the* **lurch** →LURCH² *n.*; ~ **off** *work/studying/etc.* ophou (met) werk/studeer/ens., nie meer werk/studeer/ens. nie; *where did I* ~ **off?** waar het ek opgehou?, waar was ons (laas)?; ~ *s.t.* **off** iets nie aantrek nie; iets nie opsit nie; ~ *s.t.* **on** iets laat opbly; iets laat aanbly; ~ *s.t.* **open** iets oop laat staan; iets onbeslis laat; ~ *s.o.* **out** iem. weglaat/uitlaat; iem. oor die hoof sien, iem. verbygaan/oorslaan; ~ *s.t.* **out** iets weglaat/uitlaat; iets oorslaan; ~ *s.o.* **out of** *s.t.* iem. uit iets laat; ~ ... **out of** *it, (ook)* ... buite spel laat; ~ *s.t.* **over** iets laat bly, iets oorlaat; ~ *s.o. in* **peace** →PEACE; ~ *the* **rails** →RAIL¹ *n.*; ~ *the* **road** →ROAD; ~ *the* **stage** →STAGE *n.*; ~ *no* **stone** *unturned* →STONE *n.*; ~ *a* **subject** →**DROP** A SUBJECT; **take** *it or* ~ *it!* →TAKE *ww.*; ~ *a bad/nasty* **taste** *in the mouth* →TASTE *n.*; ~ *s.o.* **to** *him-/herself* iem. laat begaan/staan/vaar; ~ *s.t.* **to** *s.o.*, ~ *s.t. in s.o.'s* **hands** iets aan iem oorlaat; iets aan iem. toevertrou; ~ *s.t.* **to** *s.o., (ook)* iets aan iem. nalaat *(in jou testament)*; *I'll* ~ *you* **to** *it* ek laat dit aan jou oor; ek sal jou nie langer ophou nie; ~ *a statement* **unanswered** →UNANSWERED; ~ *s.t.* **undone** iets ongedaan laat; ~ *s.t.* **up** iets laat opbly; ~ *s.t.* **up to** *s.o.* iets aan iem. oorlaat; *that* ~*s s.o.* **where** *he/she was* nou is iem. nog net waar hy/sy was; ~ **word** *with s.o.* →WORD *n.*.

leaved met blare.

leav·en *n.* suurdeeg; *(fig., vero.)* suurdesem; →OLD LEAVEN. **leav·en** *ww.* insuur; *(fig.)* deursuur, deurtrek; ~*ed bread* gesuurde brood. **leav·en·ing** = LEAVEN *n.*.

leav·er vertrekkende.

leav·ing (die) vertrek, (iem. se) weggaan; oorblyfsel; oorskietsel; *(i.d. mv.)* oorskiet(kos), oorskietsels, reste; oorskot, oorblyfsels, stukkies en brokkies; afval. ~ **certificate** einddiploma, =sertifikaat. ~ **examination** (skool)=eindeksamen.

Leb·a·non *(geog.)* Libanon; *the* ~ *Mountains* die Libanon. **Leb·a·nese** *n. & adj.* Libanees.

lech·er wellusteling, ontugtige, promiskue (man). **lech·er·ous** wellustig, ontugtig, promisku; onkuis, vulgêr, skurf. **lech·er·y** wellus, ontug, ongebreidelde seksualiteit.

le·chwe *(<Tsw., soöl.: Kobus spp.)* lechwe, basterwaterbok.

lec·i·thin *(biochem.)* lesitien.

lec·tern kateder.

lec·tion *(arg.)* voorgelese gedeelte; lesing. **lec·tion·ar·y** Bybelleesboek; leesstukke.

lec·tor *(RK: voorleser v. Skrifgedeeltes)* lektor.

lec·ture *n.* lesing; voordrag, referaat; klas, les; vermaning, skrobbering, berisping, teregwysing, preek; *deliver/give a* ~ 'n lesing gee/hou/lewer; *read s.o. a* ~ iem. berispe/kapittel, iem. (goed) die les lees, iem. die leviete (voor)lees. **lec·ture** *ww.* 'n lesing gee/hou/lewer; onderrig, klas/les gee, doseer; bestraf, die les lees, kapittel; katkiseer; ~ *s.o. about s.t.* iem. oor iets berispe; ~ *on s.t.* 'n lesing oor iets hou; ~ *to students* 'n lesing vir/voor studente hou. ~ **hall** lesingsaal. ~ **room** lesinglokaal. ~ **tour** lesingreis.

lec·tur·er lektor; *(vr.)* lektrise; dosent; referent; spreker, leser; hulpprediker; *a* ~ *in zoology/etc.* 'n lektor in (die) dierkunde/ens.; 'n dosent in (die) dierkunde/ens.. **lec·ture·ship** lektoraat; reeks lesings.

lec·y·thus =*ythi, (Gr., hist.)* oliefles.

led *(verl.t. & volt.dw.)* gelei; →LEAD¹ *ww.*; *be* ~ *away, (ook)* mislei word, jou laat meesleep; ~ *by* ... onder aanvoering/leiding van ...; *this* ~ *the way to* ... dit het daartoe gelei dat ... ~ **captain** klaploper, parasiet. ~ **horse** handperd; pakperd.

ledge lys; rotslys; bank; rand, rant; rif, (myn)aar; aanslag. **ledg·y** vol riwwe/rande/rante.

ledg·er *n.* grootboek; register; steierbalk; plat grafsteen. **ledg·er** *ww., (hengel)* met lê-aas vis. ~ **(bait)** lê-aas. ~ **board** steierplank; dekreling. ~ **clerk** grootboekklerk. ~ **fees** grootboekgelde. ~ **line** *(hengel)* setlyn; *(mus.)* hulplyn. ~ **strip** balkriggel.

lee ly, lysy, lykant; beskutting, beskerming *(teen d. wind)*, windskadu(wee); →LEEWARD, LEEWAY; *be in/under the* ~ *of s.t., ('n eiland ens.)* aan die lykant van iets wees; *under the* ~ *of ..., (ook)* onder beskutting van ... ~**board** lyboord *(v. 'n skip)*; swaard *(v. 'n boot)*. ~ **bow** lyboeg. ~ **shore** laer wal, lywal. ~ **side** lyboord, lysy; *keep on the* ~ ~ onderkant die wind hou.

leech¹ *(lett. & fig.)* bloedsuier; *(arg.)* arts, heelmeester; *stick like a* ~ soos klitsgras vassit/(vas)klou.

leech² *(sk.)* lyk *(v. 'n seil)*.

Lee-En·field (ri·fle) *(hist.)* Lee-Enfield(-geweer).

leek prei; *eat the/one's* ~ 'n belediging sluk; woorde terugtrek.

Lee-Met·ford (ri·fle) Lee-Metford(-geweer).

leer¹ *n.* (die) skuins kyk/loer, sydelingse/skelm blik; gryns. **leer** *ww.* skuins kyk/loer; gluur; skelm kyk *(na)*; gryns, boosaardig kyk *(na)*; ~ *at s.o.* iem. beloer; iem. aangryns. **leer·y, lear·y** *(hoofs. dial.)* geslepe, uitgeslape; *(sl.)* wakker, oplettend; *be* ~ *of s.o., (infml.)* iem. nie vertrou nie.

leer² →LEHR.

leer·fish →GARRICK.

lees *n. (mv.)* afsaksel, moer, droesem, grondsop; *drink to the* ~ tot op die boom/bodem drink, tot die droesem ledig; (die beker) tot die bodem toe ledig.

leet¹: *(court-)*~, *(Br., hist.)* plaaslike regbank.

leet² *(Sk.)* groslys.

lee·tle *(vero., skerts.)* →LITTLE *bep. & pron.*.

lee·ward *(hoofs. sk.)* aan ly, aan die lykant, onder die wind, lywaarts; *be on the* ~ *(side) of s.t.* aan die lykant van iets wees. **L~ Islands** *(geog.)* Benedewindse Eilande, Eilande onder die Wind.

lee·way speling, beweeg=, speelruimte; veiligheidsgrens; *(sk.)* drif; *(lugv.)* koersafwyking; *make* ~, *(sk.)* afdryf, afdrywe; *make up (the)* ~ die/'n agterstand (*of* verlore tyd) inhaal; *have much* ~ *to make up* baie agter wees met jou werk, baie werk hê om in te haal.

left¹ *n.* linkerhand; linkerkant, hotkant, linkersy; linkervuis; linkerhou; *on the* **extreme** ~ heel links; **keep** *to the* ~ links hou; **on** *the* ~ links, aan die linkerkant, op linkerhand; op die linkerflank; **on** *s.o.'s* ~ aan iem. se linkerkant, links van iem.; **the** ~, *(pol.)* links, die linksgesindes; **to** *the* ~ (na) links, links weg, linkerkant toe, na die linkerkant; aan die linkerkant; **to** *the* ~ *of* ... links van ... **left** *adj.* linker=; links; hot. **left** *adv.* links, aan/na die linkerkant; **keep** *(to the)* ~ links hou; ~ **of** ... links van ...; ~ *and* **right** (*or* ~, **right** *and centre), (infml.)* links en regs, hot en haar, aan/na alle kante; **turn** ~ links af gaan/loop/ry; ~ **turn!**, *(mil.)* links om!; ~ **wheel!**, *(mil.)* links swenk!. ~ **back** *(sport)* linkeragterspeler. ~ **field** *n., (bofbal)* linkerveld; *be (way) out in* ~ ~, *(infml.)* die kat aan die stert beethê. **~-field** *adj., (infml.)* ongewoon, onkonvensioneel, alternatief, anders; vreemd, eienaardig, raar *(idees ens.)*; radikaal, eksperimenteel *(musiek ens.)*. ~ **half** *(sport)* linkerskakel. ~ **hand** *n.* linkerhand; linkerkant. **~-hand** *adj. (attr.)* links=, linkerhandse, linkerkants(t)e, linker=; ~ *bowler, (kr.)* linksbouler; ~ *drive* linkerstuur; linkerstuurmodel, =motor, =voertuig. **~-handed** links(handig); *(fig.)* dubbelsinnig; *(fig.)* pervers; *(w.g., vero.)* lomp, onhandig; ~ *compliment* dubbelsinnige/twyfelagtige kompliment; ~ *marriage* →MORGANATIC MARRIAGE. **~-handedness** links(handig)heid. **~-hander** linkshandige, hotklou; linksspeler; linkskolwer; linkerhou; *be a* ~ links wees/speel. **~-leaning** linksgeneig. **~-of-centre,** *(Am.)* **~-of-center** *adj. (gew. attr.), (pol.)* links-sentristies *(koalisie, party, ens.)*. ~ **side** linkerkant; linkersy *(v.d. lyf)*. ~ **wing** *n., (sport, mil., pol.)* linkervleuel. **~-wing** *adj.* links(gesind); ~ *group* links(gesind)e groep. **~-winger** *(sport)* linkervleuel; *(pol.)* linksgesinde.

left² *(volt.dw.)* →LEAVE² *ww.*: *be* ~ *for* **dead** vir dood agtergelaat wees; **get** ~ *(behind)* agterbly, agtergelaat word; in die steek gelaat word; uitgestof word; *s.o.* **has** *(got) ten/etc.* ~ iem. het nog tien/ens.; **have** *you any* ~? het jy nog oor?; *s.o. has* **no** ... ~ iem. het nie meer ... nie; *there is* **nothing** ~ daar is niks oor nie, daar het niks oorgebly/oorgeskiet nie, dit is op; *s.o. has* **nothing** ~ iem. het niks oor nie, iem. het niks oorgehou nie; *be* ~ **out** weggelaat word; *be* ~ **over** oorbly; oorstaan; *be* ~ *at the* **post** →POST¹ *n.*; *be* **well** ~ goed besorg wees *(deur erflating)*. **~-luggage office** *(Br.)* bagasiedepot. **~-off clothes** ou gebruikte klere. **~over** *(dikw. mv.)* oorblyfsel, oorskietsel, oorskiet(kos).

left·ish linksgesind, met linkse neigings.

left·ist *n.* linksgesinde. **left·ist** *adj.* linksgesind. **left·ism** linksgesindheid.

left·most mees linkse.

left·ward(s) (na) links.

left·y, left·ie =*ies, n., (pol., infml.)* linkse, linksgesinde; *(Am., infml.: linkshandige)* hotklou.

leg *n.* been; poot *(v. 'n dier)*; styl, poot *(v. 'n tafel ens.)*; (broeks)pyp; boud (vleis); boudjie *(v. 'n hoender)*; skof, trajek *(v. 'n reis)*; seksie *(v. 'n wedren ens.)*; *(kr.)* bykant; skag *(v. 'n stewel)*; →LEGGED, LEGGING, LEGGY, LEGLESS; *be* **all** ~*s* die ene (lang) bene wees; *put one's* **best** ~ *forward* jou beste beentjie/voet(jie) voorsit; **break** *a* ~!, *(oorspr. teat.sl.)* (alle) sukses/voorspoed!, alles van die beste!; **cross** *one's* ~*s* →CROSS *ww.*; **find** *one's* ~*s* op die been kom; regkom, op dreef/stryk kom; touwys/tuis raak *(met iets)*; **fine** ~, *(kr.)* skerpby; *short* **fine** ~, *(kr.)* vlak skerpby; **get** *on one's* ~*s* opstaan; die woord neem, aan die woord kom; **get** *s.o. back on his/her* ~*s, (fig.)* iem. help om weer op die been te kom; **have** *the* ~*s of s.o.* langer as iem. aan die loop/hardloop kan bly; vinniger as iem. wees; *on one's* **hind** ~*s, (infml.)* op jou agterpote; *get up on one's* **hind** ~*s, (infml.)* jou opruk; *the horse/dog/etc. gets up on its* **hind** ~*s* die perd/hond/ens. staan op sy agterpote; **keep** *one's* ~*s* op die been bly; *a* ~ *of* **lamb/mutton/pork** 'n lams=/skaap=/varkboud; *s.t. is on its* **last** ~*s, (infml., 'n ou motor ens.)* iets is oor die muur; *be on one's* **last** ~*s, (infml.)* pootuit wees; op sterwe na dood wees; klaar met die wêreld wees; **long** ~, *(kr.)* →LONG¹; **lose** *one's* ~*s, (lett.)* jou bene verloor *(in 'n ongeluk)*; *(fig.)* jou ewewig verloor; **on** *one's* ~*s* op die been; aan die woord; *get one's/a* ~ **over,** *(Br., vulg. sl.)* kafoefel, ('n bietjie) seks hê, 'n stekie inkry; →LEG-OVER; **pull** *s.o.'s* ~ iem. terg, met iem. gekskeer (*of* die gek skeer); *you are* **pulling** *my* ~! jy speel (*of* skeer die gek) met my!; **recover** *one's* ~*s* weer op die been kom; **set** *s.o. on his/her* ~*s* iem. op die been help; **shake** *a* ~, *(infml.)* opskud, jou litte/riete roer; dans, skoffel; **shake** *a* ~!, *(infml.)* opskud!, skud op!, roer jou (litte/riete)!; *s.o.'ll have to **shake** a ~, (infml.)* iem. sal moet opskud, iem. sal hom/haar (*of* sy/haar litte/riete) moet roer; ***short** ~, (kr.)* →SHORT; ***show** a ~, (infml.)* uit die bed klim; te voorskyn kom/tree; ***square** ~, (kr.)* →SQUARE; ***stand** on one's own (two) ~s* op jou eie bene/pote staan, onafhanklik wees; *have no* (or *not have a*) *~ to **stand** on* geen argument (*of* grond onder die voete) hê nie, totaal ongelyk hê; ***stretch** one's ~s* 'n entjie gaan stap; litte losmaak; ***take** to one's ~s* →HEEL[1] *n.; play/hit/sweep/etc. (the ball) **to** ~, (kr.)* (die bal) na die bykant toe speel/slaan/vee/ens.; *give s.o. a ~ **up*** iem. (op die been) help, iem. 'n hupstoot(jie) gee; ***walk** one's ~s off* loop tot jy omslaan; ***walk** s.o. off his/her ~s* iem. disnis/flou/gedaan loop; *~ before **wicket**, (kr., afk.*: lbw) been voor paaltjie *(afk.*: bvp). **leg** *adj.* aan die bykant. **leg** *-gg-, ww.: ~ it, (infml.)* voetslaan; (die) rieme neerlê/bêre; *~ it!* loop!, roer jou riete!. ~ **bail:** *give ~, (skerts.)* laat spaander, maak dat jy wegkom. ~ **break** *(kr.)* bybreek(bal). **~-break bowler** *(kr.)* bybreekbouler. ~ **bye** *(kr.)* bylopie. ~ **guard** beenskut. ~ **gully** *(kr.)* bygang(etjie). **~-iron** *(gew. i.d. mv.)* voetboei. **~man** bode; *(Am.)* plaaslike verslaggewer. **~-of-mutton (sleeve)** pofmou. **~-over** *n., (Br., vulg. sl.)* seks. **~-pull, ~-pulling** *(Br., infml.)* tergery, plaery, spottery, gekskeerdery *(met)*. **~-puller** terggees, grapjas, gekskeerder. ~ **rest** beensteun. **~room** beweegruimte. **~-show** *(teat., vero.)* kuitevertoning, -parade. ~ **side** *(kr.)* bykant. ~ **slip** *(kr.)* byglip. ~ **spin** *(kr.)* bybreker, bybreekbal. ~ **spinner** *(kr.)* bybreker, bybreekbouler. ~ **stump** *(kr.)* bypen. ~ **theory** *(kr.)* bykantplan. **~-up** hulp, steun; *give s.o. a ~* iem. help, iem. 'n hupstoot(jie) gee. **~warmer** beenkous. **~-weary** moeg in die bene, moeg gestap. **~work** *n., (infml.)* loopwerk, ronddrawwery.

leg·a·cy *-cies* erfenis, erflating, bemaking, legaat, nalatenskap; *~ of hate* erfenis van haat. ~ **duty** suksessiereg. ~ **system** *(rek.)* verouderde stelsel. ~ **uncle** erfoom.

le·gal wettig, regsgeldig; wetlik; geregtelik, regskundig, regs-; *~ **act*** regshandeling; *~ **advice*** regsadvies, regskundige advies; *~ **adviser*** regsadviseur, regskundige/regsgeleerde raadsman; *~ **costs*** regs-, hofkoste; *~ **custom*** regsgebruik; *~ **draftsman*** wetsopsteller; *~ **finding/ruling*** regsbevinding; *~ **firm*** prokureursfirma; *~ **force*** →FORCE[1] *n.; give ~ **form** to s.t.* iets wettig; *~ **history*** regsgeskiedenis; *~ **interpretation*** wetsuitleg(ging); *~ **knowledge*** regs-, wetskennis; *~ **notion*** regsbegrip; *take ~ **opinion*** regsadvies inwin; *~ **practice*** regspraktyk; *~ **practitioner*** regspraktisyn; *~ **profession*** regsberoep; *~ **remedy*** regsmiddel; *~ **rule*** regsreël, -norm; *~ **steps*** geregtelike stappe, regstappe; *~ **studies*** regstudie; *~ **system*** regstelsel, -orde; *~ **term*** regs-, wetsterm. ~ **aid** regsbystand, -hulp. ~ **aid bureau** regshulpburo. ~ **assistance** →LEGAL AID. ~ **beagle** →LEGAL EAGLE. ~ **capacity** regs-, handelingsbevoegdheid. ~ **claim** regsvordering; wettige/regmatige/afdwingbare eis. ~ **deposit** *(bibl.)* pliglewering. ~ **deposit copy** pligeksemplaar. ~ **disability** regs-, handelingsonbevoegdheid. ~ **eagle,** ~ **beagle** *(Am., sl.)* slim advokaat. ~ **fiction** regsfiksie. ~ **holiday** *(Am.)* openbare vakansiedag. ~ **incapacity** handelingsonbevoegdheid. ~ **person** regspersoon. ~ **personality** regspersoon(likheid). ~ **proceedings** geregtelike stappe; regsgeding. ~ **separation** →JUDICIAL SEPARATION. ~ **tender** wettige betaalmiddel.

le·gal·ese *(infml.)* regstaal, -jargon.

le·gal·ise, -ize wettig, legaliseer. **le·gal·i·sa·tion, -za·tion** wettiging, legalisasie.

le·gal·ism wetsverering, wettiesheid; tegniese regspunt; werkheiligheid. **le·gal·ist** werkheilige. **le·gal·is·tic** wetties, legalisties.

le·gal·i·ty wettigheid, legaliteit, wetlikheid, regsgeldigheid.

le·gal·ly wettig(lik), regtens, volgens (die) wet.

leg·ate *n., (RK, hist.)* gesant, legaat. **le·gate** *ww., (jur.)* bemaak, nalaat, legateer. **leg·a·tee** *(jur.)* erfgenaam, legataris. **le·ga·tion** legasie, gesantskap. **le·ga·tor, leg·a·tor** *(w.g.)* erflater.

le·ga·to *-tos, n., (It., mus.)* legato(-deel/passasie). **le·ga·to** *adj.* legato, gedrae; *~ quality* gedraenheid.

leg·end legende, oorlewering; *(infml.)* legende, legendariese figuur; opskrif; randskrif, omskrif *(op 'n medalje/munt)*; verklarings, aanduidings, legende *(op 'n landkaart ens.)*; *a **cinema/jazz/soccer** ~* 'n rolprent-/jazz-/sokkerlegende; *~ **has it** that ...* volgens legende ...; *become a ~ in one's own **lifetime*** 'n legende in jou eie lewe/leeftyd word; *a **living** ~* 'n lewende legende. **leg·end·ar·y** legendaries.

leg·er·de·main handigheid, kunsie, goëlery, oëverblindery; foppery; →SLEIGHT OF HAND.

-leg·ged *komb.vorm* -benig, met (die) ... bene; -potig, met (die) ... pote; *sit cross-~, (op d. grond)* kruisbeen sit; *(op 'n stoel)* met jou bene oorkruis/oormekaar (*of* met gekruiste bene) sit; *four-~ animals* viervoetige diere, viervoetiges; *long-~* langbeen-, langbenig, met (die) lang bene *(meisie ens.)*; langpoot-, langpotig, met (die) lang pote *(kewer ens.)*; *three-~* driebeen- *(hond ens.)*; driepoot- *(tafel, stoel)*; *three-~ race* driebeenwedloop, driebeentjie.

leg·ging beenbedekking; kamas; beenskut; *(i.d. mv., modedrag)* spanbroek; *(i.d. mv.)* kruipbroekie *(vir 'n baba)*; *(i.d. mv.)* oorbroek *(vir 'n werker)*.

leg·gy langbenig, langbeen-; met benevertoon. **leg·gi·ness** langbenigheid.

Leg·horn *(geog.)* Livorno. ~ **(fowl)** leghornhoender. **l~ (straw)** Italiaanse strooi. **l~ (hat)** Italiaanse strooihoed.

leg·i·ble leesbaar, duidelik. **leg·i·bil·i·ty** leesbaarheid.

le·gion *(Rom., hist., mil.)* legioen; krygsmag; legio; ***Foreign** L~* Vreemdelegioen; *L~ of **Honour*** Legioen van Eer; *their **name** is ~, their **numbers** are ~* hul aantal is legio, hulle is talloos. **le·gion·ar·y** *n.* legioensoldaat, lid van 'n legioen. **le·gion·ar·y** *adj.* van 'n legioen, legioen-, talryk; *~ ant* →ARMY ANT.

le·gion·naire *(dikw. L~)* lid van 'n legioen. **~'s disease, ~s' disease** *(med.)* legioensiekte.

leg·is·late wette maak; *~ against ...* 'n wet teen ... maak; *~ for ...* 'n wet maak met die oog op ... **leg·is·la·tion** wetgewing, wette; *by ~* deur wetgewing. **leg·is·la·tive** wetgewend; *L~ **Assembly*** Volksraad, Wetgewende Vergadering; *L~ **Council*** Wetgewende Raad; *~ **power*** wetgewende bevoegdheid; *~ **proposal*** wetsvoorstel. **leg·is·la·tor** wetgewer. **leg·is·la·ture** wetgewende liggaam, wetgewer, parlement; wetgewende mag.

le·gist juris, regsgeleerde.

le·git *adj., (infml., afk. v.* legitimate*)* wettig; eerlik; oukei.

le·git·i·mate *adj.* wettig, legitiem; wettig, regmatig, erkend; geldig, gegrond, aanvaarbaar, aanneemlik, geregverdig, geoorloof; billik, redelik; beredeneerd, logies; wettig, binne-egtelik *(kind)*; eg, outentiek, oorspronklik; wettig *(vors)*; *~ **cause*** wettige oorsaak; *~ **child*** wettige kind; *~ **conclusion/deduction/inference*** logiese gevolgtrekking; *~ **hope*** gegronde hoop; *~ **portion*** legitieme porsie, wetlike erfdeel; *the ~ **theatre*** spreekteater. **le·git·i·mate** *ww.* wettig, wettig/geldig verklaar, legitimeer; erken; regverdig; eg verklaar. **le·git·i·ma·cy** wettigheid; regmatigheid; geldigheid; egtheid. **le·git·i·ma·tion** wettiging, legitimasie. **le·git·i·mise, -mize, le·git·i·ma·tise, -tize** →LEGITIMATE *ww.*. **le·git·i·mist** legitimis.

leg·less afbeen-, sonder bene (*of* 'n been); *(infml.)* smoordronk, stukkend, lekker/behoorlik/goed gekoring/getrek, hoog in die takke.

le·gua(a)n *(SA)* likkewaan.

leg·ume, leg·ume peulvrug; peulplant, -gewas. **le·gu·min** legumien. **le·gu·mi·nous** peuldraend, peul-; *~ plant* peulplant.

lehr, leer koeloond.

lei *(Hawais)* lei, (blom[me])krans.

Lei·den, Ley·den *(geog.)* Leiden. ~ **jar** Leidse fles.

lei·sure ledige/vrye tyd, ledige uurtjies; *be **at** ~* vry wees, niks te doen hê nie; *s.o. can do it **at** his/her ~* iem. kan dit op sy/haar gemak doen (*of* wanneer hy/sy tyd het); ***attend/stay** (upon) s.o.'s ~, (arg.)* wag tot iem. vry is (*of* tyd het); *be/become a **gentleman/lady** of ~, (skerts.)* nie (meer) werk nie; ophou werk; agteroor sit, 'n luilekker lewe geniet/hê/lei; ***have** the ~ to do s.t.* tyd hê om iets te doen; ***use** of ~* vryetydsbesteding. ~ **activities** *(mv.)* stokperdjies. ~ **centre,** ~ **complex** ontspanningsentrum. ~ **coat** huisbaadjie. ~ **hour** snipperuur(tjie). ~ **jacket** slenterbaadjie. ~ **suit** *(Am.)* slenterpak. ~ **time** vry(e) tyd. **~wear** vakansiedrag, ontspanningsdrag, slenterdrag.

lei·sured *adj. (gew. attr.)* met baie vrye/orige tyd; *the ~ class(es)* die bevoorregte klas(se)/stand(e).

lei·sure·ly bedaard, kalm, op jou (dooie) gemak, tydsaam.

leit·mo·tif *-tifs,* **leit·mo·tiv** *-tivs* leitmotief, hooftema.

le·kgo·tla *(N.So., So., Tsw.)* lekgotla, hof, raad, geregshof; lekgotla, bosberaad.

lek·y·thos = LECYTHUS.

Lé·man: *Lac ~, (Fr).* →LAKE GENEVA.

lem·an *-ans, (arg.)* minnaar; minnares.

Lem·berg *(D.)* →LVIV.

lem·ma *-mas, -mata* lemma, trefwoord. **lem·ma·ti·sa·tion, -za·tion** *(ling.)* lemmatisering. **lem·ma·tise, -tize** lemmatiseer.

lem·ming *(soöl.)* lemming.

lem·nis·cate *(wisk.)* lemniskaat.

lem·on *n.* suurlemoen; lemmetjiegeel, lemmetjie-, sitroenkleur; *(fig., infml.: iets)* power(e)/flou poging, teleurstelling, misoes; *(fig., infml.: iem.)* dwaas, swaap, mislukking, japie; *(fig., vero.)* suurpruim. **lem·on** *adj.* lemmetjiegeel, lemmetjie-, sitroenkleurig. ~ **balm** *(bot.: Melissa officinalis)* sitroenkruid. ~ **cheese,** ~ **curd** suurlemoensmeer, -vulsel, sitroensmeer, -vulsel. **~-coloured** lemmetjiegeel, lemmetjie-, sitroenkleurig. ~ **cream** sitroenroompie; sitroenbeskuitjie. ~ **curd** →LEMON CHEESE. ~ **dove** →LAUGHING DOVE. ~ **essence** suurlemoenessens, -ekstrak. ~ **gin** sitroenjenewer. ~ **grass** sitroengras, lemoengras; suurpol. ~ **juice** suurlemoensap. ~ **jumble** sitroenkoekie. ~ **meringue (pie)** suurlemoenskuimtert. ~ **oil** sitroenolie. ~ **peel** sukade; sitroenskil. ~ **rind** suurlemoenskil. ~ **squash** (suurlemoen)kwas, suurlemoendrank. ~ **squeezer** suurlemoenpers, -drukker. ~ **syrup** suurlemoenstroop. ~ **tea** suurlemoentee. ~ **thorn (tree)** lemoentjiedoring(boom). ~ **tree** suurlemoenboom. ~ **verbena** suurlemoenverbena, sitroenverbena. **~wood** lemoenhout, borriehout. ~ **yellow** lemmetjiegeel, lemmetjie-, sitroenkleurig.

lem·on·ade limonade. ~ **tree** *(infml.)* kremetartboom.

lem·on·y *adj.* suurlemoenagtig, met 'n suurlemoengeur/-smaak/-kleur.

le·mur *(soöl.)* lemur, vosaap, maki, bosaap.

lem·u·res *(Gr. mit.)* lemur, spook.

Le·na: *the ~ (River)* die Lena(rivier).

lend *lent lent, ww.* leen; uitleen; voorskiet; verleen; *~ **aid*** hulp verleen; *~ s.o. a **blow,** (dial.)* iem. 'n hou gee; *s.o./s.t. ~s **dignity*** iem./iets verleen waardigheid; *~ one's **ears** to ...* →EAR[1] *n.; s.o./s.t. ~s **enchantment*** iem./iets verleen bekoring; *~ a **helping** hand* →HELPING *adj.; it ~s **itself** to ...* dit is geskik vir (*of* leen hom tot) ...; *~ **o.s.** to ...* jou tot ... leen, jou vir ... laat gebruik; te vinde wees vir ...; *~ s.t. **to** ...* iem. iets leen, iets aan/vir iem. leen; *~ (the **use** of) s.t.* iets afstaan. **~-lease** *(Am., hist.)* →LEASE-LEND.

lend·a·ble →LOANABLE.

lend·er (uit)lener; geldskieter.

lend·ing (die) (uit)leen, (uit)lenery. ~ **country** krediteurland. ~ **library** lees-, leenbiblioteek. ~ **rate** uitleenkoers.

length *n.* lengte; afstand; duur; grootte; ent, stuk; *at **arm's** ~* op armslengte; *keep s.o. at **arm's** ~* iem. op 'n afstand hou; ***at** ~* eindelik, einde ten laaste, ten einde laaste; naderhand; ten slotte; breedvoerig, uitvoerig, in besonderhede; *throughout the ~ and **breadth** of the country* die hele land deur, oor die hele land heen; *for the ~ of one's **days*** jou lewe lank; *at **full** ~* uitgestrek, in volle lengte; ***go** to any ~* niks ontsien nie, alles moontlik (*of* al die moontlike *of* alles in jou vermoë) doen; vir niks stuit nie; ***go** to great ~s* groot moeite doen; ***go** to the ~ of* ... so ver/vêr gaan om te ...; *keep/maintain a **good** ~, (kr.)* die bal op 'n goeie lengte plant; *at **great** ~* lank en breed *(fig.); five/etc. metres **in** ~* vyf/ens. meter lank (*of* in die lengte); ***measure** one's ~ with the ground, (skerts.)* op die grond neerslaan, lankuit val; *a ~ **of** rope* 'n stuk tou; *at **some** ~* taamlik breedvoerig; *a speech of **some** ~* 'n taamlik lang/uitgerekte toespraak; *a stay of **some** ~* 'n taamlik langdurige verblyf; ***some** ~ of time* geruime tyd. **-length** *komb.vorm* -lengte-; *knee-~ dress* knielengterok, rok van knielengte, rok op die knie; *floor-~ curtains* vloerlengtegordyne, gordyne wat tot op die vloer hang, gordyne van vloerlengte.

length·en langer maak, verleng; rek; langer word.

length·en·ing verlenging, (die) langer maak/word. ~ **piece** aansetsel, verlengstuk.

length·ways, length·wise in die lengte, oorlangs; *~ of the ship* langsskeeps.

length·y lang(durig); omslagtig; langgerek; wydlopig, uitvoerig; vervelend; tydrowend. **length·i·ness** langgerektheid.

le·ni·ent sag, nie streng nie, toegewend, toegeeflik, genadig. **le·ni·ence, le·ni·en·cy** sagtheid, toegewendheid, toegeeflikheid, genadigheid.

Len·in·grad *(geog., hist.)* Leningrad; →SAINT PETERSBURG.

Len·in·ism Leninisme. **Len·in·ist, Len·in·ite** *n.* Leninis. **Len·in·ist, Len·in·ite** *adj.* Leninisties.

len·i·tive *n., (med., arg.)* versagtingsmiddel, versagtende middel; pynstillende middel, pynstiller. **len·i·tive** *adj.* versagtend; pynstillend.

len·i·ty *(poët., liter.)* sagtheid, toegewendheid, toegeeflikheid, genadigheid.

le·no -nos, *(tekst.)* leno.

lens lens; brilglas; brandglas; *hard/soft ~* harde/sagte lens. ~ **cap** dop *(v. 'n kamera).* ~ **hood,** ~ **screen** lenskap. **~-shaped** lensvormig.

lensed met 'n lens.

Lent die Vaste/Vastyd. **l~ lily** *(Br.)* affodil; →DAFFODIL.

lent *(verl.t. & volt.dw.)* geleen; →LEND.

Lent·en vas-; *~ day* Vasdag; *have a ~ face, (skerts.)* mismoedig/droewig lyk; *~ fare, (arg., liter.)* skraal/skrale kos.

len·ti·cel *(bot.)* asemopening, skorsporie, lentisel.

len·ti·cle *(geol.)* lens, lensvormige laag.

len·tic·u·lar dubbelbol; lensvormig, lensagtig, lens-; lensie-.

len·ti·cule lensie, klein lens.

len·ti·go -tigines sproeterigheid, bruinvlek *(veral by bejaardes).*

len·til lensie. ~ **soup** lensiesop.

len·ti·vi·rus *(med.)* lentivirus.

len·to -tos, *n., (It., mus.)* lento(-deel/passasie). **len·to** *adj. & adv.* lento, stadig.

len·toid lensvormig.

Le·o *(astron., astrol.)* die Leeu, Leo.

Le·o·nids *(astron.: meteoorreën in Nov.)* Leonide.

le·o·nine leeuagtig, leeu-.

leop·ard luiperd; *a ~ can't change his spots, (sprw.)* 'n jakkals verander van hare, maar nie van snare/streke nie. ~ **crawl** *n., (SA, mil.)* luiperdkruip. ~ **crawl** *ww.* luiperdkruip. ~ **cub,** ~ **whelp** luiperdwelpie, -kleintjie, klein luiperdjie. ~ **seal** luiperdrob, seeluiperd. ~ **skin** luiperdvel. ~ **tortoise, mountain tortoise** bergskilpad.

leop·ard·ess luiperdwyfie.

Le·o·pold·ville *(geog., hist.)* Leopoldstad; →KINSHASA.

le·o·tard leotard, tricot.

lep·er melaatse, leproos, lepralyer; *(moral) ~* verworpeling, verworpene. ~ **hospital,** ~ **house** leprosehospitaal, -tehuis, tehuis vir melaatses; →LEPROSARIUM.

le·pid·o·lite, le·pid·o·lite *(min.)* lepidoliet.

Lep·i·dop·ter·a *(entom.)* Skubvlerkiges, -vleueliges, Vlinders, Lepidoptera. **lep·i·dop·ter·an** -tera(ns), *n.* skubvlerkige, -vleuelige, vlinder. **lep·i·dop·ter·an, lep·i·dop·ter·ous** *adj.* skubvlerkig, -vleuelig. **lep·i·dop·ter·ist** lepidopteroloog.

lep·o·rine haasagtig.

lep·re·chaun kabouter, dwerg *(in Ierse sprokies).*

lep·ro·sar·i·um -sariums, -saria leprosehospitaal, leprose-inrigting, tehuis vir melaatses.

lep·rose *(biol.)* skurf, skubagtig.

lep·ro·sy *(patol.)* melaatsheid. **lep·rous** melaats, lepreus; skurf, skubagtig.

lep·to·me·nin·ges *n. (mv.), (anat.)* leptomeninges, sagte harsingvliese.

lep·to·spi·ro·sis, Weil's dis·ease leptospirose, Weilsiekte.

les·bi·an *n.* lesbiër, lesbiese/gay vrou. **les·bi·an** *adj.* lesbies; *~ love* lesbiese liefde. **les·bi·an·ism** lesbiese liefde.

Les·bos *(geog.)* Lesbos. **Les·bi·an** *n., (bewoner)* Lesbiër; *(dial.)* Lesbies. **Les·bi·an** *adj.* Lesbies, van (die eiland) Lesbos.

lese-maj·es·ty *(<Fr.)* majesteitskennis, lèse majesté; hoogverraad.

Le Shut·tle *(handelsnaam)* tonneltrein *(tuss. Eng. en Fr.).*

le·sion *(hoofs. med.)* letsel, kwetsuur, kwetsing; skade, beskadiging; benadeling, nadeel; stoornis.

Le·so·tho *(geog.)* Lesotho.

less *bep. & pron.* mindere; kleiner deel; →LESSEN, LESSER; *~ **and** ~* al hoe minder, steeds minder, minder en minder; ***far/much** ~ than* ... baie/veel minder as ...; ***James** the L~* →JAMES; ***just** ~ than* ... iets minder as ...; *a **little** ~, **slightly** ~* 'n bietjie/rapsie minder, effens/effe(ntjies) minder, weinig minder; ***no** ~ a person than* ... niemand minder as ... nie; *be ~ **of a** leader/etc. than* ... minder leier wees as ...; *~ **than** a hundred/etc.* minder as honderd/ens.; *not ~ **than** ...* minstens ...; ***the** ~ ...* hoe minder ... **less** *adv.* minder; kleiner; *not **any** the ~* ... nie/niks minder ... nie *(aantreklik, gevaarlik, ens.); s.o. couldn't **care** ~* →CARE *ww.; **none** the ~* →NONETHELESS; *~ than **polite*** nie juis beleef(d) nie, allesbehalwe/weinig beleef(d); *be ~ **than** fair/etc.* nie heeltemal/juis billik/ens. wees nie; *in ~ than no **time*** →TIME *n..* **less** *prep.* min(us); *~ three* min drie; *a year ~ three days* op drie dae na 'n jaar.

-less *suff. (vorm adj.),* -loos; -baar; on-; *count~* talloos, ontelbaar, onnoemlik, ongetel(d); *doubt~* ongetwyfeld; *fathom~* peilloos, bodemloos; onpeilbaar, ondeurgrondelik; *speech~* sprakeloos.

les·see huurder; *(hist.)* pagter; →LESSOR.

less·en verminder, afneem; verklein; *~ by* ... verminder met ... **less·en·ing** afname, vermindering; daling; verkleining.

less·er minder, kleiner; *the L~ **Antilles*** →ANTILLES; *L~ **Asia*** →ASIA MINOR; *~ **gallinule*** →GALLINULE; *~ **gerbil(le)*** →GERBIL(LE); *~ **lights*** mindere gode; *the L~ **Sunda Islands**, (hist.)* →NUSA TENGGARA.

les·son *n.* les; leesstuk, -gedeelte; Skrifgedeelte; gelesene; oefening; ***give** ~s* les(se) gee; ***learn** a ~* 'n les leer; ***read** the ~* die Skriflesing waarneem, die Skrifgedeelte voorlees; ***read** s.o. a ~* iem. (goed) die les lees, iem. die leviete (voor)lees; ***say** one's ~* jou les opsê; ***take** ~s from s.o.* by iem. les(se) neem; ***take** a ~ from s.o.* jou aan iem. spieël; ***teach** s.o. a ~* iem. 'n les leer; *be a ~ **to** s.o.* vir iem. 'n les wees; *let that be a ~ **to** you!* laat dit vir jou 'n les wees!. **les·son** *ww., (arg.)* vermaan, die les lees, aanspreek.

les·sor, les·sor verhuurder; *(hist.)* verpagter; →LESSEE.

lest *(fml.)* uit vrees dat, (so)dat ... nie.

let¹ *n.* (die) verhuur, verhuring. **let** -tt-; *let let, ww.* laat; toelaat, toestaan; verhuur *('n huis);* →LETTER² *n.,* LETTING *n.; ~ s.o./s.t. **alone*** iem./iets laat bly/staan; iem./iets met rus laat; *~ **alone** ...* laat staan ..., om nie (eens/eers) van ... te praat nie, wat nog te sê ...; *~ s.o. **be*** iem. laat staan/begaan; iem. met rus laat; *~ s.t. **be*** iets laat staan; met iets ophou; *~ the **cat** out of the bag* →CAT¹ *n.; **don't** ~ ...!* moenie dat ... nie!; *~ **down** through the clouds, ('n vliegtuig, vlieënier)* deur die wolke daal; *~ s.o. **down*** iem. in die steek laat; *~ s.t. **down*** iets laat sak, iets neerlaat; iets afblaas *('n band ens.); ~ **drop** (a hint) that* ... uitlaat (*of* laat deurskemer/blyk) dat ...; *~ s.t. **drop/fall**, (lett.)* iets laat val; *(fig., infml.)* iets uitlaat (*of* laat val); *~ **fly*** lostrek, afhaak, hard slaan; afskiet; *~ s.o./s.t. **go*** iem./iets (laat) los, iem./iets loslaat; iem. vrylaat, iem. laat (*of* toelaat om te) gaan/loop; *~ me/him/her **go**!* los my/hom/haar!, laat my/hom/haar los!; *~'s **go/etc.*** kom ons loop/ens.; *~ o.s. **go*** jou laat gaan; *~ (it) **go** at that* (dit) daarby laat; *~ one's **hair** down* →HAIR; *the **house** is ~* die huis is verhuur; *~ s.o. **in*** iem. binnelaat/inlaat, iem. laat binnekom/inkom, iem. toelaat; *~ s.t. **in*** iets binnelaat/inlaat; iets inlas; *~ o.s. **in** for s.t.* jou iets begeef/begewe, jou iets op die hals haal; *~ s.o. **in** for s.t.* iem. in die moeilikheid bring; *~ s.o. **in** on s.t.* iem. van/met iets op (die) hoogte bring; iem. by/in iets betrek; iem. aan iets laat deelneem; *~ s.o. **into** ...* iem. in ... binnelaat/inlaat; iem. in ... inwy *('n geheim);* iem. van/met ... op (die) hoogte bring; *~ s.o. **know*** iem. laat weet; *~ s.o. **loose*** iem. loslaat/losmaak; *~ s.t. **loose*** iets loslaat; iets ontketen; *~ s.o. **off*** iem. vrylaat/vrystel, iem. laat loop; *~ s.o. **off** lightly* iem. sag(kens) behandel, iem. lig (daarvan) laat afkom; *~ s.t. **off*** iets aftrek/afskiet *('n geweer);* iets afblaas/uitlaat *(stoom); be ~ **off** lightly* lig (daarvan) afkom; *~ **on** about s.t., (infml.)* iets verklap; *~ **on** that ..., (infml.)* laat blyk dat ...; *~ s.o. **out*** iem. uitlaat, iem. laat uitkom; iem. loslaat *('n gevangene); ~ s.t. **out*** iets uitlaat; iets laat uitkom; iets verklap/verklik *('n geheim);* iets skiet gee, iets laat skiet *('n tou);* iets groter/langer/wyer maak *(klere);* iets verhuur *('n huis);* iets uit(er) *('n gil ens.); ~ s.t. **pass*** →ALLOW S.T. TO **PASS**; *~ me **see*** →SEE¹ *ww.; ~ s.o./s.t. **through*** iem./iets deurlaat; ***to** ~* te huur; *~ **up*** verslap, skietgee; ontspan; ophou; *~ **up** on s.o., (infml.)* minder druk op iem. uitoefen; iem. sagter behandel; *without ~ting **up*** sonder ophou. **~down** teleurstelling; antiklimaks; versaking; verslapping, insinking. **~-off** *(infml.)* ontkoming; kwytskelding. **~-out** *(infml.)* uitweg, uitvlug, uitkomkans. **~-up** *(infml.)* onderbreking, rus(tyd), pouse; verslapping, ontspanning, verademing; afwisseling.

let² *n., (fml.)* beletsel, verhindering, belemmering; *(tennis)* net; *without ~ or hindrance* sonder belemmering, ongehinderd, onverhinderd. **let** *letted letted; let let, ww., (arg.)* verhinder, belet.

-let *suff. (vorm n.)* -ie, -(t)jie; -band; *ank~* enkelring; enkelsokkie; *book~* boekie; *brace~* armband; *leaf~* blaartjie; blaadjie, traktaatjie; *star~* sterretjie.

le·thal dodend, dodelik; *~ chamber* gaskamer *(vir diere); be/look pretty ~, (infml.), ('n drankie ens.)* giftig (*of* baie sterk) wees/lyk; *('n mes ens.)* baie gevaarlik wees/lyk; *~ zone* doodstrook. **le·thal·i·ty** dodelikheid. **le·thal·ly** dodelik.

leth·ar·gy futloosheid, lusteloosheid, dooierigheid, traagheid, letargie; loomheid, lomerigheid, slaperigheid; ongevoeligheid; *(med.)* letargie, (sieklike) slaapsug. **le·thar·gic** futloos, lusteloos, dooierig, traag, letargies; loom, lomerig, slaperig; ongevoelig; *(med.)* letargies.

Le·the *(Gr. mit.)* Lethe; *(poët., liter.)* vergetelheid.

let's *(sametr.)* = LET US.

Lett →LATVIAN *n..* **Let·tish** *n. & adj.* →LATVIAN *n. & adj..*

let·ter¹ *n.* letter; skryfteken; brief; ingestuurde (skryf)stuk; *(i.d. mv.)* lettere, letterkunde; →BLACK LETTER, CAPITAL LETTER, SMALL LETTER; *~ of **acceptance*** aanvaardingsbrief; *~s of **accreditation/administration*** →ACCREDITATION, ADMINISTRATION; *~ of **advice*** adviesbrief; *~ of **allocation/allotment*** toewysings-, toekenningsbrief; ***answer** a ~* 'n brief beantwoord, op 'n brief antwoord; *~ of **application*** aansoekbrief *(om 'n betrekking);* aanvraagbrief *(om aandele); ~ of **authority*** magtigingsbrief; ***by** ~* per brief; skriftelik; *~ of **condolence*** →CONDOLENCE; *~ of* *confirmation* brief van bekragtiging; ~ *of **credence*** →CREDENCE; ~ *of **credit*** →CREDIT *n.; a **dead*** ~ 'n onbestelbare brief; 'n dooie letter *(v.d. wet)*; ~ *of **demand*** →DEMAND *n.; **drop** s.o. a* ~, *(infml.)* vir iem. 'n reëltjie skryf/skrywe; ~ *of **indication*** legitimasiebewys; ~ *of **intent** (to buy)* voorlopige bestelbrief, brief van voorneme om te koop, voorbestelbrief; voornemingsbrief, brief van voorneme, kontrakbrief; ~ *of **introduction*** →INTRODUCTION; ***late*** *~s* napos; *the ~ of the **law*** →LAW; ~ *of **lien*** verpandingsakte; *a **man** of ~s* 'n letterkundige; 'n geleerde; *~(s) of **marque** (and reprisal), (hist.)* kaperbrief, =briewe; *an **open*** ~ 'n ope brief *(i.d. pers)*; ~ *of **pardon*** genadebrief, aflaatbrief; ~ *of **recommendation*** →RECOMMENDATION; ~ *of **request*** versoekbrief; ~ *of **resignation*** →RESIGNATION; *in* ~ *and **spirit*** na die letter en die gees; ***stick** to the* ~ jou aan die letter hou; ~ *of **sympathy*** brief van deelneming; ***take down** a* ~ 'n brief opneem; ~ *of **thanks*** dankbrief, (skriftelike) dankbetuiging; *a **threatening*** ~ 'n dreigbrief; ***to** the* ~ na die letter, letterlik; tot in die kleinste besonderhede; ***transposition** of ~s, (tip.)* letterverspringing, =wisseling; ***write** a* ~ 'n brief skryf/skrywe; ***write** s.o. a* ~ aan/vir iem. skryf/skrywe. **let·ter** *ww.* letter, die titel *(v. 'n boek)* druk/plaas *(op)*; met 'n letter (*of* letters) merk *(skape, linne, ens.)*. ~ **bag** →MAILBAG. ~ **balance** brieweskaal, briefskaal. ~ **basket** briewemandjie. ~ **bomb** briefbom. ~**bound:** *be* ~ aan die letter kleef, te veel na die letter oordeel. ~ **box** pos=, briewebus; *clear a* ~ ~ 'n pos=/briewebus lig. ~ **card** briefkaart. ~-**carrier** *(Am.)* posbode, briewebesteller. ~ **case** briewetas, portefeulje. ~ **cutter** lettersnyer. ~ **face** →TYPEFACE. ~ **file** briewelêer. ~ **founder,** ~ **foundry** →TYPE FOUNDER, TYPE FOUNDRY. ~**head** briefhoof. ~ **opener** briewemes, papiermes. ~ **paper** brief=, pospapier. ~-**perfect** *(Am.)* →WORD-PERFECT. ~**press** kopieerpers; letterdruk; drukwerk; teks; byskrif; hoogdrukpers; papierdrukker. ~**press (printing)** boekdruk, hoogdruk. ~-**quality** *adj. (attr.), (rek.)* hoëgehalte= *(drukker, drukwerk, ens.)*. ~ **rack** briewerakkie. ~ **scales** brief=, brieweskaal. ~ **space** *(tip.)* letterspasie. ~**s patent** oktrooibrief, ope brief, patent(brief). ~ **stamp** briewestempel. ~**weight** →PAPERWEIGHT. ~-**worship** letterknegtery. ~ **writer** briefskrywer; brieweboek. ~ **writing** briewe skryf, briefskrywery.

let·ter² *n., (hoofs. Br.)* verhuurder.

let·tered gemerk, geletter; *(vero.)* geletterd, geleerd.

let·ter·ing letters; titel; opskrif; belettering; letterwerk; lettersoort. ~ **pen** letterpen.

let·ting *n.* (die) verhuur, verhuring.

let·tuce blaar=, kop=, kropslaai; *Boston/butterhead* ~ botterslaai; *Cos ~, romaine (~)* bindslaai; *(leaf)~* blaarslaai. ~ **salad** groenslaai.

leu·cin(e) *(biochem.)* leusien, aminokaproonsuur.

leu·cite *(min.)* leusiet. **leu·ci·tite** leusitiet.

leu·co- *komb.vorm* leuko=.

leu·co base *(chem.)* leukobasis.

leu·co·blast, *(Am.)* **leu·ko·blast** *(fisiol.)* witselkiem, leukoblast, onvolwasse leukosiet.

leu·co·cyte, *(Am.)* **leu·ko·cyte** *(fisiol.)* leukosiet, wit bloedliggaampie.

leu·co·der·ma, *(Am.)* **leu·ko·der·ma** →VITILIGO.

leu·co·ma *(med.)* leukoom, witstaar, witvlek, groustaar.

leu·co·plast, leu·co·plas·tid *(bot.)* leukoplas, leukoplastied.

leu·cor·rhoe·a, *(Am.)* **leu·cor·rhe·a,** *(Am.)* **leu·kor·rhe·a** *(med.)* witvloed, leukorree.

leu·co·sis, leu·ko·sis *(veearts.)* leukose.

leu·cot·o·my leukotomie.

leu·kae·mi·a, *(Am.)* **leu·ke·mi·a** *(med.)* leukemie, bloedkanker. **leu·kae·mic, leu·ke·mic** leukemies.

leu·ko·sis →LEUCOSIS.

Le·vant: *the* ~, *(geog., hist.)* die Levant. **Le·vant·er** *(inwoner)* Levantyn; *(l~, wind)* levant(er), levantyn. **Le·van·tine** *n., (inwoner)* Levantyn. **Le·van·tine** *adj.* Levantyns.

le·vant *(Br., arg.)* stilletjies wegloop. **le·vant·er** wegloper.

le·va·tor *(anat.)* hefspier, heffer, ligter.

lev·ee¹ (oggend)resepsie; hereresepsie.

lev·ee² oewerwal.

lev·el *n.* waterpas, paslood; peil; stand; standaard, hoogte; verdieping; vlak, plan; laag; gelykte; *that is **above** s.o.'s* ~ dit gaan bo(kant) iem., dit is bo iem. se vuurmaakplek; ***come down** to s.o.'s* ~ tot iem. se peil daal; *at (*or *on the) **diplomatic*** ~ langs diplomatieke weg; op diplomatieke vlak; ***find** one's* ~ tuis/touwys raak, jou plek vind, eie waarde leer ken; *at **grass-roots*** ~ →GRASS-ROOTS *adj.; at a **high/low*** ~ op 'n hoë/lae vlak/peil; ***maintain** the* ~ *of s.t.* iets op dieselfde vlak hou *(d. water in 'n dam ens.)*; iets op peil hou *('n gesprek ens.)*; *be **on** the* ~, *(infml.), (iem.)* eerlik wees; *(iets)* eg/waar wees; ***on** a* ~ *with ...* waterpas met ...; op een lyn met (*of* dieselfde peil as) ..., van dieselfde standaard as ...; ***raise** s.t. to the required* ~ iets tot die vereiste vlak verhoog; iets op peil bring; ~ *of **saving(s)*** spaarpeil; ~ *of the **sea*** seespieël, seevlak; *at **top** (*or *on the highest)* ~ op die hoogste vlak/plan. **lev·el** *adj. & adv.* gelyk, vlak, horisontaal; waterpas; gelykmatig; gelykmoedig; *do one's* ~ ***best*** jou uiterste bes doen; ***come*** ~ *with ...* op gelyke hoogte kom met ...; ... inhaal; *be **dead*** ~ waterpas wees; kop aan kop wees; ***draw*** ~ kop aan kop kom; ***draw*** ~ *with s.o.* iem. inhaal; *keep a* ~ ***head*** →HEAD *n.;* ***keep*** ~ *with ...* by ... byhou, op (die) hoogte van ... bly; *compete on a* ~ ***playing field*** →PLAYING FIELD; *it is a* ~ ***race*** hulle loop kop aan kop; *be* ~ ***with** s.o./s.t.* waterpas met iets wees; by iem. wees. **lev·el** *-ll-, ww.* gelykmaak, gelyk maak; waterpas/horisontaal maak; nivelleer; sloop; mik, korrel vat, korrelvat, aanlê; →LEVELLING; ~ *a charge **against/at** s.o.* →CHARGE *n.;* ~ *s.t. **at** s.o.* met iets op iem. aanlê *('n vuurwapen)*; iets op iem. munt/doel/mik *(skimpe ens.)*; iets op iem. uitoefen *(kritiek ens.)*; ~ *s.t. **down*** iets gelykmaak (*of* gelyk maak); iets nivelleer; ~ *s.t. to/with the **ground*** iets tot op die grond afbreek; iets met die grond gelykmaak (*of* gelyk maak); *s.t. ~s **off*** iets plat af; iets verslap; ~ *s.t. **off*** iets gelykmaak (*of* gelyk maak); iets afstryk; *s.t. ~s **out*** iets plat af; *(lugv.)* iets vlieg horisontaal; *~ling **out*** afplatting; ~ *s.t. **up*** iets opvul/gelykmaak (*of* gelyk maak); ~ ***with** s.o., (infml.)* eerlik/openhartig teenoor iem. wees. ~ **crossing** (spoor)oorgang, (spoor)oorweg. ~ **crossing barrier** spoorboom. ~ **crossing gate** spoorhek. ~ **flight** gelykvlug. ~ **ground** gelykte. ~-**headed** gelykmatig, besadig, ewewigtig, nugter, bedaard, verstandig. ~-**headedness** ewewigtigheid, nugterheid, verstandigheid. ~ **line** hoogtelyn, kontoerlyn; waterpaslyn. ~ **peg** hoogtepen. ~ **pegging** *(infml.)* eenderse kanse; *it's* ~ ~ hulle loop gelykop, die stemming/telling is gelykop. ~ **spoonful** gelyk vol lepel.

lev·el·ler, *(Am.)* **lev·el·er** gelykmaker; *(masjien)* nivelleerder; nivelleerapparaat; grondstryker; strekker *(by klipwerk)*.

lev·el·ling gelykmaking; nivellering; hoogtemeting; waterpassing; slegting; (die) mik/aanlê. ~ **board** korrelplank. ~ **instrument** waterpasinstrument. ~ **machine** grondstryker. ~ **point** gelykmaker. ~ **pole,** ~ **rod,** ~ **staff** nivelleerstok. ~ **screw** (gelyk)stelskroef. ~ **system** nivelleerstelsel, =sisteem. ~ **tape** nivelleerband.

lev·el·ness gelykheid, effenheid.

lev·er *n.* hefboom, ligter(hout); stelarm; koevoet. **lev·er** *ww.* met 'n ligter oplig/verskuif; ~ *s.t. off* iets aflig; ~ *s.t. open* iets oopbreek; ~ *s.o. out of a position* iem. uit 'n amp lig. ~ **arch file** drukbooglêer. ~ **frame** hefboomraam. ~ **lock** klawerslot. ~ **rod** hefboomstang. ~ **watch** anker=, silinderhorlosie, anker=, silinderoorlosie.

lev·er·age *n.* hefboomwerking; hefboommoment; hefvermoë; hefboomstelsel, (stel) hefbome; hefboomverhouding; invloed, mag; *(fin.)* hefboomfinansiering, =finansiëring; *s.t. gives s.o.* ~ iets gee iem. invloed/mag. **lev·er·age** *ww.* hefboomfinansier, =finansieer; *~d buyout* hefboomuitkoop.

lev·er·et jong hasie.

Le·vi *(OT)* Levi; *(priesterlike stam)* Leviete. **Le·vite** *(Jud.)* Leviet. **Le·vit·ic, Le·vit·i·cal** Levities. **Le·vit·i·cus** *(OT)* Levitikus.

lev·i·a·ble →LEVY.

le·vi·a·than *n., (Byb.)* leviatan, monster. **le·vi·a·than** *adj.* reusagtig, kolossaal, leviatans=.

lev·i·gate *(arg.)* fynmaak, =maal; fyn pap maak van; glad maak/skuur, gladmaak, =skuur. **lev·i·ga·tion** fynmaking, =maling; (die) glad maak.

lev·in *(arg.)* →LIGHTNING.

lev·i·rate swaershuwelik, leviraat(shuwelik).

lev·i·tate sweef, swewe; (laat) dryf/drywe. **lev·i·ta·tion** swewing, (die) swewe, levitasie.

lev·i·ty ligsinnigheid; wispelturigheid; *(arg.)* ligtheid *(in gewig)*.

lev·u·lose *(Am.)* →FRUCTOSE.

lev·y *n.* heffing; vordering; *(hist.)* oproeping, (op)kommandering, aanwerwing; *(hist.)* ligting, opgekommandeerde troepe; ***capital*** ~, ~ *on **capital*** kapitaalheffing; *a* ~ ***on*** *...* 'n heffing op ... **lev·y** *ww.* hef; oplê; invorder; *(arg.)* oproep, opkommandeer, werf *(troepe)*; *(arg.)* op die been bring *('n leër)*; pleeg *(afpersing, afdreiging)*; ~ *execution **on** goods* op goedere beslag lê; ~ *a fine **on** s.o.* (aan) iem. 'n boete oplê; ~ *taxes **on** goods* belasting op goedere hef; ~ *taxes **on** people* belasting aan mense oplê; ~ *war **(up)on** ..., (arg.)* oorlog teen ... voer. **lev·i·a·ble** hefbaar, invorderbaar.

lewd wellustig; wulps; suggestief; ~ *remarks* suggestiewe opmerkings. **lewd·ness** onkuisheid, ontugtigheid, wulpsheid, wellustigheid.

lew·is *(teg.: soort tap)* wolf. ~ **bolt** wolfsbout.

Lew·is gun *(hist.)* Lewis-masjiengeweer.

lew·is·ite *(chem. oorlogvoering)* lewisiet.

lex·i·cal leksikaal. **lex·i·cal·i·sa·tion,** =**za·tion** *(ling.)* leksikalisering. **lex·i·cal·ise,** =**ize** leksikaliseer.

lex·i·cog·ra·phy leksikografie. **lex·i·cog·ra·pher** leksikograaf, woordeboekskrywer, =maker. **lex·i·co·graph·ic, lex·i·co·graph·i·cal** leksikografies.

lex·i·col·o·gy leksikologie. **lex·i·co·log·i·cal** leksikologies. **lex·i·col·o·gist** leksikoloog.

lex·i·con leksikon; woordeskat.

lex·is *(<Gr., ling.)* leksis.

ley rusland, grasland. ~ **(crop)** rusoes; herstelgewas.

Ley·den →LEIDEN. ~ **jar** Leidse fles.

lha·sa ap·so =*sos, (ook L~, soort hond)* lhasa-apso.

li *(Chinese myl)* li.

li·a·ble verantwoordelik; aanspreeklik; *be* ~ ***for** damages* skadepligtig wees; ***hold** s.o.* ~ iem. aanspreeklik/verantwoordelik hou; ***jointly** and **severally*** ~ gesamentlik en hoofdelik/afsonderlik aanspreeklik; *be* ~ ***to*** *...* vir ... vatbaar wees; aan ... onderhewig wees; aan ... ly, las hê van ...; *be* ~ ***to** military service* dienspligtig wees. *render o.s.* ~ ***to*** *...* jou aan ... blootstel; *s.o. is* ~ ***to** forget/etc.* iem. vergeet/ens. maklik; *s.t. is* ~ ***to** occur* iets kan maklik voorkom. **li·a·bil·i·ty** verantwoordelikheid; aanspreeklikheid; vatbaarheid; onderhewigheid; skuld, las, verpligting; hindernis, las, nadeel; *(i.d. mv.:* liabilities*)* verpligtinge, laste, passiva; ***limited*** ~ beperkte aanspreeklikheid; ***meet** liabilities* verpligtinge nakom; ~ *to **military service*** diensplig, militêre diensplig(tigheid); *be a* ~ ***to** s.o.* vir iem. 'n blok aan die been wees.

li·aise verbind, verenig; ~ *with ...* met ... skakel.

li·ai·son verbinding; liaison, (ongeoorloofde) (liefdes)verhouding; skakeling, skakelwerk, (onderlinge) oorleg; ***establish*** ~ *with ...* verbinding met ... bewerkstellig; ***have** a* ~ *with s.o.* met iem. 'n (liefdes)verhouding hê; ***maintain*** ~ *with ...* met ... in verbinding bly. ~ **aircraft** skakelvliegtuig. ~ **committee** skakelkomitee. ~ **duties** skakeldiens. ~ **officer** skakeloffisier. ~ **service** skakeldiens.

li·a·na, li·ane *(bot.)* slingerplant, liaan; bobbejaantou.

li·ar leuenaar; ***call** s.o. a* ~ iem. tot leuenaar maak; ***are you calling** me a ~?* wil jy my tot leuenaar maak?, sê jy ek lieg?; *s.o. is a **damned*** ~, *(infml.)* iem. lieg dat hy/sy bars, iem. is 'n vervlakste leuenaar; ***prove** s.o. a* ~ bewys dat iem. 'n leuenaar is.

Li·as *(geol.)* Lias. ~ **lime** liaskalk. **Li·as·sic** lias-.

lib *n., (infml., soms neerh., afk. v.* liberation*)* emansipasie, bevryding(sbeweging); *women's* ~ vroueregte(beweging). **lib·ber** *n., (infml.)* (kamp)vegter vir vroueregte/diereregte/ens.; →LIBERATIONIST.

li·ba·tion plengoffer, drankoffer; *(skerts.)* drankie, dop.

li·bel *n.* smaadskrif, paskwil; *(jur.)* (skriftelike) laster; *a* ~ *on* ... 'n belastering van ... **li·bel** *-ll-, ww., (jur.)* (skriftelik) belaster/beklad/beswadder. ~ **action,** ~ **case** lasterproses, lastersaak. **li·bel·ler,** *(Am.)* **li·bel·er** smaadskrifskrywer; (be)lasteraar. **li·bel·lous,** *(Am.)* **li·bel·ous** lasterlik.

lib·er·al *n.* liberaal; *L~, (pol.)* Liberaal. **lib·er·al** *adj.* vrysinnig, liberaal, onbekrompe; vrygewig, mild(dadig), mededeelsaam, gul(hartig), ruimhartig, offervaardig, goedgeefs; mild, kwistig, ruim, oorvloedig, rojaal; *be* ~ *with* ... kwistig met ... wees; vrygewig met ... wees ~ **arts** *(hoofs. Am.)* nie-eksakte wetenskappe; *(hist.)* vrye kunste, *(Lat.)* artes liberales. ~ **education** breë/veelsydige ontwikkeling/opvoeding. ~**-minded** ruimhartig, vrysinnig, liberaal gesind, ruim van gees. ~**-mindedness** ruimhartigheid, vrysinnigheid, liberaalgesindheid, ruimheid van gees. **L~ Party** Liberale Party. ~ **profession** vrye beroep.

lib·er·al·ise, -ize liberaliseer, vrysinnig maak/word; verruim. **lib·er·al·i·sa·tion, -za·tion** liberalisasie, liberalisering.

lib·er·al·ism liberalisme; vrysinnigheid; *(L~)* Liberalisme. **lib·er·al·ist** *n.* liberalis. **lib·er·al·ist, lib·er·al·is·tic** *adj.* liberalisties.

lib·er·al·i·ty gul(hartig)heid, mededeelsaamheid, ruimhartigheid, mild(dadig)heid, vrygewigheid; rojaliteit; offervaardigheid; vrysinnigheid, onbekrompenheid, ruimheid van gees/blik, liberaliteit.

lib·er·al·ly ruim(skoots); ruimhartig.

lib·er·ate bevry, vrylaat, vrystel, loslaat, vrymaak, in vryheid stel; verlos; *~d country* vrygeworde/bevryde land. **lib·er·a·tor** bevry(d)er, verlosser.

lib·er·a·tion bevryding, vrylating, vrystelling, loslating, vrymaking; verlossing; vrywording; *war of* ~ vryheidsoorlog. **L~ Day** Bevrydingsdag. ~ **movement** vryheidsbeweging. ~ **theologian** bevrydingsteoloog. ~ **theology** bevrydingsteologie.

lib·er·a·tion·ist (kamp)vegter vir vroueregte/diereregte/ens.; →LIBBER.

Li·be·ri·a *(geog.)* Liberië. **Li·be·ri·an** *n.* Liberiër. **Li·be·ri·an** *adj.* Liberies.

lib·er·tar·i·an *n.* vryheidsman, vryheidsgesinde; libertyn, voorstander van die leer van die vrye wil. **lib·er·tar·i·an** *adj.* vryheidsgesind, vryheidsugtig; ongebonde.

li·ber·ti·cide vryheidsmoorder; *(w.g.)* vryheidsmoord. **li·ber·ti·cid·al** wat die vryheid vernietig/vermoor, vryheidsmoordend; →LIBERTINISM.

lib·er·tine *n.* vrydenker, vrygees, libertyn, losbandige, losbol, pierewaaier. **lib·er·tine** *adj.* libertyns; losbandig, tugteloos. **lib·er·tin·ism, lib·er·tin·age** vrydenkery; losbandigheid; ongebondenheid.

lib·er·ty vryheid; *be* **at** ~ vry wees; op vrye voet(e) wees/verkeer; *be* **at** ~ *to* ... dit staan jou vry om te ...; *feel* **at** ~ *to* ... die vrymoedigheid hê om te ...; *set s.o.* **at** ~ iem. vrylaat/vrystel; ***civil** liberty/liberties* →CIVIL; ~ *of **conscience*** gewetensvryheid; ***Statue** of L~, (Am.)* Vryheidsbeeld, Vryheidstandbeeld; ***take** the* ~ *of* ... die vryheid neem om te ...; jou veroorloof om te ...; ***take** liberties with* ..., *(dikw. euf.)* jou vryhede met ... veroorloof. **L~ Bell** *(Am.)* Vryheidsklok. ~ **cap** vryheidsmus. ~ **loving** vryheidliewend.

li·bi·do *-dos* geslagsdrif, -drang, seksuele/erotiese drang, libido; *(psig.)* lewensdrif, -drang, libido. **li·bid·i·nal** *adj.* libidinaal. **li·bid·i·nous** *adj. & adv.* wellustig, wulps; libidineus.

li·bra *-brae, (hist., gewigseenheid)* Romeinse pond; *L~, (astron. & astrol.)* Libra, die Weegskaal.

li·brar·i·an bibliotekaris; *(vr.)* bibliotekaresse. **li·brar·i·an·ship** bibliotekarisskap; bibliotekwese; biblioteekkunde.

li·brar·y biblioteek, boekery, boek(e)versameling; boek(e)reeks; leessaal. ~ **book** biblioteekboek. ~ **science** biblioteekkunde.

li·brate balanseer, in ewewig wees; skommel, tril. **li·bra·tion** *(hoofs. astron.)* librasie; ewewig; skommeling; ~ *of the moon* librasie van die maan.

li·bret·to *-bretti, -brettos* operateks, libretto. **li·bret·tist** librettis, librettoskrywer.

Lib·y·a *(geog.)* Libië. **Lib·y·an** *n., (inwoner)* Libiër; *(taal)* Libies. **Lib·y·an** *adj.* Libies.

lice *(mv.)* →LOUSE.

li·cence, *(Am.)* **li·cense** *n.* verlof, vergunning, toestemming; lisensie; diploma, sertifikaat; vrybrief; bandeloosheid, toomloosheid, tomeloosheid; losbandigheid, sedeloosheid; →DRIVER'S LICENCE, DRIVING LICENCE; *cancel a driving* ~ →CANCEL *ww.; poetic* ~ →POETIC; *manufacture s.t. under* ~ iets in lisensie vervaardig. **li·cense, li·cence** *ww.* veroorloof, verlof gee, 'n lisensie/vergunning verleen, lisensieer. ~ **fee** lisensiegeld. ~ **holder** lisensiehouer; lisensieraampie. ~ **plate** *(Am.)* = NUMBER PLATE.

li·censed, li·cenced gelisensieer(d); erken(d); ~ *preacher* lisensiaat; ~ *victualler* drankhandelaar; ~ *victualling* drankhandel, tapnering.

li·cen·see lisensiehouer, gelisensieerde; konsessionaris; (gelisensieerde) drankhandelaar.

li·cens·er lisensieverlener, -uitreiker; ~ *of the press* (pers)sensor.

li·cens·ing lisensiëring. ~ **act** drankwet. ~ **board** lisensieraad. ~ **court** lisensiehof. ~ **laws** *n. (mv.), (Br.)* drankwet.

li·cen·ti·ate lisensiaat.

li·cen·tious bandeloos, toomloos, tomeloos; losbandig, sedeloos, wellustig, wulps. **li·cen·tious·ness** bandeloosheid, toomloosheid, tomeloosheid; losbandigheid, sedeloosheid, wellustigheid, wulpsheid.

lich *(arg.)* lyk; →CORPSE. ~ **gate, lych gate** kaphek; kerkhofportaal. ~ **house** *(arg.)* lyk(s)huis; →MORGUE, MORTUARY. ~ **owl** →BARN OWL.

li·chee →LITCHI.

li·chen *n., (bot.)* korsmos, ligeen; *(patol.)* huidmos, douwurm. **li·chen** *ww.* met mos bedek/begroei; *~ed, (ook)* bemos. **li·chen·ol·o·gy** korsmoskunde, ligenologie. **li·chen·ous, li·chen·ose** (kors)mosagtig; bemos.

Lich·ten·stein *(kasteel in Duitsland)* Lichtenstein; *~'s hart(e)beest* lichtensteinhart(e)bees, mofhart(e)bees.

lic·it geoorloof, wettig; →LAWFUL.

lick *n.* lek; leksel; brakplek; hou *(met 'n lat)*; →CATTLE LICK; *at **full*** *(or a **great**)* ~, *(infml.)* in/met volle vaart, soos die wind; *a* ~ *of **paint/etc.*** 'n smeerseltjie verf/ens.; *give s.t. a* ~ *and a **promise**, (infml.)* iets bolangs skoonmaak, iets oppervlakkig was/poets. **lick** *ww.* lek; *(infml.)* klop, vel, looi, afransel; *(infml.)* kafloop, pak gee; ~ *s.o.'s **arse**, (taboesl.)* iem. se gat lek; ~ *one's **chops/chaps/lips*** jou lippe (af)lek; ~ *s.t. **clean*** iets uitlek/skoonlek; ~ ***creation**, (Am., infml.)* alles oortref; ~ *the **dust*** →DUST *n.; s.o. has **got** s.t. ~ed, (infml.)* iem. het iets onder die knie (*of* het iets baasgeraak); *it ~s **me**, (infml.)* dit slaan my dronk; ~ *s.t. **off*** iets aflek; ~ ... *into **shape*** ... brei/regmaak (*of* reg ruk); ... vorm gee, ... fatsoeneer; ~ *s.o.'s **shoes*** iem. lek, voor iem. in die stof kruip; ~ *s.t. **up*** iets oplek; ~ *one's **wounds*** jou wonde lek. ~**spittle** *n.* lekker, (in)kruiper, witvoetjiesoeker. ~**spittle** *adj.* inkruiperig.

lick·er →LICKSPITTLE.

lick·er·ish, liq·uor·ish *(arg.)* wellustig, sin(ne)lik; gulsig; lekkerbekkig, uitsoekerig; knap in die kombuis.

lick·et·y-split *(Am., infml.)* in volle vaart.

lick·ing *(infml.)* loesing, pak/drag slae; *get/take a* ~, *(lett. & fig.)* ('n) pak kry, ('n pak) slae kry; die ne(d)erlaag ly; *give s.o. a* ~, *(lett. & fig.)* iem. ('n) pak gee.

lic·o·rice *(Am.)* →LIQUORICE.

lic·tor *(hist., Rom.)* liktor, byldraer.

lid deksel; (oog)lid; hoed; roef *(v. 'n dood[s]kis); (biol.)* dekseltjie; ***blow/lift/take** the* ~ *off s.t., (infml.)* onthullings oor iets doen, die volle waarheid oor iets ontbloot; ***flip** one's* ~ →FLIP *ww.;* ***keep** the* ~ *on s.t., (infml.)* iets dighou (*of* dig/stil/geheim hou); iets in toom hou *(inflasie ens.);* ***keep** the* ~ *on one's temper* jou humeur beteuel, jou emosies beheers; ***put** the* ~ *on a scheme, (infml.)* 'n plan verydel; *that **puts** the (tin)* ~ *on it, (infml.)* dit is die toppunt; dis darem te erg. **lid·ded** met 'n deksel; met ooglede; *heavy-~* met swaar ooglede. **lid·less** sonder (die/'n) deksel; sonder ooglede.

li·do *-dos, (Br.)* openbare swembad, baaistrand.

lie[1] *n.* leuen; kluitjie; →WHITE LIE; *a **barefaced/blatant/downright/outright*** ~ 'n infame/onbeskaamde/skaamtelose leuen; *a **big/great/monstrous/spanking/thundering/whopping*** ~ 'n tamaai(e)/yslike leuen; *a **damn(ed)*** ~, *(infml.)* 'n infame/vervlakste/vervloekste leuen; *a **deliberate*** ~ →DELIBERATE *adj.; a **downright/flat*** ~ 'n infame/direkte leuen; ***give** s.o. the* ~ iem. tot leuenaar maak; ***give** the* ~ *direct to* ... ... vierkant weerspreek; ***give** the* ~ *to s.t.* iets loënstraf/weerspreek; ***nail** a* ~ 'n leuen aan die kaak stel; *that's **no*** ~, *(infml.)* dis baie waar; *a **pack** of ~s* 'n boel/hoop/spul leuens; *a **string** of ~s* 'n rits leuens; ***tell** s.o. a* ~ vir iem. 'n leuen vertel; ***tell*** *~s, (ook)* leuens verkoop; ***that's** a ~!* dit lieg jy!; *a **tissue/web** of ~s* leuen op leuen, die een leuen op die ander. **lie** *lied lied; lying, ww.* lieg; jok; stories vertel; →LYING[1]; ~ ***away*** aanhou (met) lieg; ~ ***away** one's reputation* so lieg dat jy jou reputasie kwytraak; ~ *o.s.* (or *one's way*) ***out of** it* jou los lieg; ~ ***shamelessly*** grof lieg; ~ *in one's **teeth/throat**, (infml.)* lieg dat jy bars, op 'n streep lieg, lieg soos 'n tandetrekker; *you* ~ ***in your throat!*** dit lieg jy!; ~ ***to** s.o.* vir iem. lieg; ~ ***like a trooper*** lieg soos 'n tandetrekker, op 'n streep lieg; ~ *o.s. into **trouble*** deur jou leuens in die moeilikheid raak. ~ **detector** leuen(ver)klikker. ~ **vote** liegstem.

lie[2] *n.* ligging; rigting, koers; (die) lê; lêplek; *the* ~ *of the land* die stand van sake, die toestand; die vooruitsig(te). **lie** *lay lain, ww.* lê; geleë wees, lê; in garnisoen lê; rus; *(jur.)* toelaatbaar wees; →LYING[2]; ~ ***abed**, (arg.)* in die bed lê; ~ ***about*** rondlê; *an action ~s* →ACTION; *such an action does not* ~, *(jur.)* so 'n vordering is nieontvanklik; *s.t. ~s **ahead** for s.o.* iets lê vir iem. voor; *an **appeal** ~s to a higher court* →APPEAL *n.;* ~ ***around*** rondlê; ~ ***back*** agteroor lê/leun; *s.t. ~s **before** s.o.* iets lê vir iem. voor; *what ~s **behind** s.t.* wat agter iets sit/skuil/steek; *s.t. ~s **behind** s.o., (lett. & fig.)* iets lê agter iemand; ~ ***beneath/underneath*** onder lê; *the **blame** ~s with him/her* →BLAME *n.;* ~ *in/with s.o.'s **discretion*** →DISCRETION; ~ ***down*** platlê, plat lê; rus, gaan lê; *take s.t. lying **down*** →LYING[2] *adj. & adv.; as **far** as in me ~s* sover/sovêr (*of* so ver/vêr) ek kan, sover/sovêr (*of* so ver/vêr) dit in my vermoë is, na my beste vermoë; *s.t. ~s **heavy** on one's stomach, (lett. & fig.)* iets lê swaar op jou maag; *s.t. ~s **heavy** on s.o.* iets lê druk/rus swaar op iem. se gewete; ***here** ~s ..., (opskrif op grafsteen)* hier rus ...; ~ ***in**, (infml.)* (laat) in die bed bly, laat slaap; *(arg.)* in die kraam wees; ~ ***in** s.t.* in iets lê; *know where one's **interest** ~s* →INTEREST *n.; find out* (or *see*) *how the **land** ~s* →LAND *n.;* ~ ***low**, (infml.)* wegkruip, (weg)skuil, jou skuil hou, gaan skuil; jou eenkant hou, op die agtergrond bly; doodstil bly, nie van jou laat hoor nie; jou tyd afwag; ~ *at the **mercy** of* ... afhang van die genade van ...; ~ ***off*** eenkant bly; *(sk.)* afhou; ~ ***on** s.o./s.t.* op iem./iets lê; *the town ~s **on** a **river*** die stad lê aan 'n rivier; ~ ***open*** ooplê; ~ ***open** to* ... aan ... blootstaan; ~ ***over*** oorlê, bly lê; ~ ***second/etc.*** die tweede/ens. plek beklee; ~ ***shallow**, (rugby)* vlak staan; *let **sleeping dogs*** ~ →DOG *n.;* ~ ***in state*** →STATE *n.;* ~ ***to**, (sk.)* bygedraai lê; ~ *on **top*** bo lê; ~ *on **top** of s.o./s.t.* bo-op iem./iets lê; ~ ***under** s.o./s.t.* onder iem./iets lê; ~ ***up*** in die bed bly; skuil; ~ *s.t. **up*** iets stillê/oorlê *('n skip);* ~ ***in wait*** →WAIT *n.;* ~ ***with** s.o., (arg.: seks met iem. hê)* by iem. lê/slaap; *it ~s **with** s.o. to* ... iem. behoort te ...; *s.t. ~s **with** s.o.* iets berus by iem., iets hang van iem. af, iets is iem. se saak. ~**-abed** *(arg.)* laatslaper, langslaper. ~**-down** *n., (infml.): have a* ~ skuins lê, 'n bietjie (gaan) rus, 'n uiltjie knip, 'n dutjie/slapie maak/vang. ~**-in** *n., (infml.): have a* ~ ('n bietjie) laat slaap.

Liech·ten·stein *(geog.)* Liechtenstein.

lied[1] *lieder, (D.)* Lied, kunslied.

lied[2] *(verl.t.)* →LIE[1] *ww.*.

lief *(arg.)* graag; *s.o. would as* ~ ... iem. sou maklik/geredelik ...

Li·ège *(geog.)* Luik.

liege *n., (hist.)* leenheer; heer, soewerein; leenman, vasa(a)l; troue volgeling. **liege** *adj.* leenpligtig; leen=. ~ **lady** *(hist.)* leenvrou. ~ **lord** *(hist.)* leenheer; heer, soewerein. ~**man** =*men, (hist.)* leenman, vasa(a)l; troue volgeling.

lien[1] *(jur.)* pandreg, retensiereg, reg van terughouding.

lien[2] *(vero., med.)* milt. **lien·i·tis** miltontsteking.

li·erne *(argit.)*: ~ **(rib)** bindrib. ~ **vault** stergewelf.

lieu *(Fr.)*: *in ~ of* ... in plaas (*of* die plek) van ...

lieu·ten·an·cy luitenantskap, luitenantsrang.

lieu·ten·ant *(offisiersrang)* luitenant; ondersteuner, helper, luitenant; plaasvervanger. ~ **colonel** =*s* luitenant-kolonel; *(SA, vero.)* kommandant. ~ **colonelcy** luitenant-kolonelskap, luitenant-kolonelsrang. ~ **commander** =*s, (vlootrang)* luitenant-kommandeur. ~ **general** =*s* luitenant-generaal. ~ **governor** =*s* luitenant-goewerneur.

life *lives* lewe; menselewe; lewensbeskrywing; lewenswyse; lewensduur; gebruiksduur; duursaamheid; draagduur *(v. klere);* bestaansduur; (amps)duur, dienstyd, =termyn *(v. 'n liggaam);* lewendigheid, vuur; lewende model; aansyn; *the* ***accident*** *involved ... lives* die ongeluk het ... menselewens geëis; *in the* ***afternoon/evening*** *of s.o.'s* ~ in iem. se lewensaand, in die aand van iem. se lewe; ***all*** *his/her* ~ sy/haar hele lewe, sy/haar lewe lank; *the* ***amenities*** *of* ~ →AMENITY; *s.o.'s* ~ *hangs/is in the* ***balance*** iem. sweef/swewe tussen lewe en dood; *s.o.* ***began*** ~ *as* ... iem. het (sy/haar loopbaan) as ... begin; *you* ***bet*** *your* ~ *it is!, (infml.)* natuurlik is dit!; *a* ***blameless*** ~ 'n onberispelike lewe; *the* ***breath*** *of* ~ →LIFE BREATH; ***breathe*** *new* ~ *into s.t.* iets nuwe lewe inblaas; ***bring*** *s.t. to* ~ iets in die lewe roep (*of* die lewe gee); ***bring*** *s.o. back to* ~ iem. bybring; iem. lewend maak; *bear/have a* ***charmed*** ~ onkwesbaar wees; ***choke*** *the* ~ *out of s.o.* iem. doodwurg/verwurg; ***come*** *to* ~ lewendig word; bykom; in beweging kom; gestalte kry; *hover between* ~ *and* ***death*** tussen lewe en dood sweef/swewe; *come* ~ *come* ***death*** wat ook al gebeur; laat kom wat wil; *this is a matter of* ~ *and* ***death*** dit is 'n lewenskwessie (*of* 'n saak van lewe of dood *of* 'n saak van lewensbelang); dis doodsake dié; *the power of* ~ *and* ***death*** die mag van lewe en dood, halsreg; *have the power of* ~ *and* ***death*** beskik oor lewe en dood; ***depart*** *(from) this* ~ die tydelike met die ewige verwissel, sterf, sterwe; *make* ~ ***difficult*** *for s.o.* die lewe vir iem. moeilik maak; *there's* ~ *in the old* ***dog*** *yet, (infml.)* iem. is oud maar nog nie koud nie; iem. is nog lank nie dood nie; *in s.o.'s* ***early*** ~ →EARLY; ***enter*** *upon* ~, *(fml.)* die lewe ingaan; ***escape*** *with one's* ~ met jou lewe daarvan afkom, lewend(ig) daaruit kom; ***eternal/everlasting*** ~, ~ ***everlasting*** die ewige lewe; *s.o.'s* ***expectation*** *of* ~ →EXPECTATION; ***expose*** *one's* ~ →EXPOSE; ***fear*** *for s.o.'s* ~ vir iem. se lewe vrees (*of* bevrees wees); *go in* ***fear*** *of one's* ~ vir jou lewe vrees (*of* bevrees wees); *in the* ***flower*** *of* ~ in die bloei/fleur van die lewe; ***for*** ~ lewenslank; vir jou lewe; ***for*** *dear/one's* ~ (as)of jou lewe daarvan afhang, met/uit alle mag, om/op lewe en dood; *not* ***for*** *the* ~ *of me, (infml.)* om die dood nie, nie met die beste wil ter (*of* van die) wêreld nie; *I cannot do it* ***for*** *the* ~ *of me, (infml.)* al slaan jy my dood, kan ek dit nie regkry nie; *get the* ***fright*** *of one's* ~ →FRIGHT *n.;* ***frighten*** *s.o. out of his/her* ~, *(w.g.)* →**FRIGHTEN** S.O. OUT OF HIS/HER SENSES/WITS; *be* ***full*** *of* ~ vol lewenslus wees; *the* ***future*** ~ die (lewe) hiernamaals; *be* ***given*** *a* ~, *(kr.: 'n kolwer)* 'n lewe gegun word; *a* ***good*** ~ 'n goeie lewe; *the* ***good*** ~ 'n lekker lewe; *take one's* ~ *in one's* ***hands*** jou lewe waag (*of* op die spel plaas/sit); *a* ***hard*** ~ 'n swaar lewe; *where there's* ~ *there's* ***hope*** so lank (as) daar lewe is, is daar hoop; ***in*** ~ in die lewe; *the/a* ***kiss*** *of* ~ →KISS *n.; as* ***large*** *as* ~ →LARGE *adj.; be* ***larger*** *than* ~ →LARGER; *s.o. does s.t.* ***late*** *in* ~ iem. doen iets eers laat; iem. doen iets op gevorderde leeftyd; ***lay down*** *one's* ~ jou lewe gee; ***lead*** *s.o. a* ~ iem. se lewe vergal/versuur; ***lead*** *a dog's* ~ →DOG *n.;* ***lead/live*** *a ...* ~ 'n ... lewe lei, 'n ... bestaan voer *(arm, eensame, luilekker, moeilike, ens.);* ***lead/live*** *a blameless* ~ 'n onbesproke lewe lei, onberispelik leef/lewe; ***lead/live*** *a dissolute/frugal/quiet/simple/etc.* ~ losbandig/skraps/suinig/stil/eenvoudig/ens. leef/lewe; ***lead/live*** *a stirring* ~ 'n veelbewoë/druk/aktiewe lewe lei; *enjoy/get/have a new* ***lease*** *of* ~ →LEASE *n.;* ~ *and* ***limb*** lyf en lede/lewe; *a danger to* ~ *and* ***limb*** 'n doodsgevaar/lewensgevaar; *escape with* ~ *and* ***limb*** heelhuids daarvan afkom; *be safe in* ~ *and* ***limb*** ongedeerd wees; *s.o.'s* ***line*** *of* ~ iem. se lewenslyn; ***live*** *one's* ~ *to the full* jou uitleef/=lewe; *s.o.'s* ~ ***long*** iem. se lewe lank; ***lose*** *one's* ~ die lewe laat/inskiet/verloor; ***loss*** *of* ~ lewensverlies, verlies van menselewens; *there was great* ***loss*** *of* ~ baie (mense) het gesterf/gesterwe/omgekom, daar was 'n groot verlies van menselewens; *five lives were* ***lost*** vyf (mense) het gesterf/gesterwe/omgekom; *five* ***lost*** *their lives* vyf (mense) het die lewe verloor; *make s.o.'s* ~ *a* ***misery*** iem. se lewe vergal/versuur; *the* ***necessaries/necessities*** *of* ~ lewensbehoeftes, =benodig(d)hede; ***never*** *in (all) my* ~ nog nooit in my lewe nie, nooit in my dag des lewens nie; *begin a* ***new*** ~ 'n nuwe lewe begin; ***not*** *on your* ~*!, (infml.)* volstrek nie!, om die/de dood nie!, geen sprake van!; ***nothing*** *in* ~ niks ter wêreld nie, hoegenaamd niks; ***nothing*** *in* ~ *would* ... niks ter wêreld sou ...; ***of*** ~ van die lewe; *the* ***...*** ***of*** *s.o.'s* ~ die grootste ... van iem. se lewe, die grootste ... wat iem. nog ooit gehad het; *the* ~ *of the/a* ***party*** die siel van die/'n partytjie; ***preservation*** *of* ~ lyfsbehoud; *in* ***private*** ~ in die private/privaat lewe; ***prolong*** *the* ~ *of a committee* 'n komitee in stand hou; *in* ***public*** ~ in die openbare lewe; ***put*** ~ *into s.o.* iem. opwek; ***restore*** *s.o. to* ~ iem. in die lewe terugroep, iem. opwek; ***return*** *to* ~ herleef, herlewe; ***risk*** *one's* ~ jou lewe waag; ***road/path*** *of* ~, ~*'s* ***road/way*** lewensweg, =pad; *there was great* ***sacrifice*** *of* ~ daar was 'n groot lewensverlies, daar is baie (mense)lewens opgeoffer, baie moes die lewe daarby inskiet; *s.o. can't do s.t to* ***save*** *his/her* ~, *(infml., dikw. skerts.)* iem. kan iets om die dood (*of* hoegenaamd *of* geheel en al *of* glad en geheel) nie doen nie; ***see*** ~ die lewe/wêreld leer ken; *they* ***seek*** *s.o.'s* ~ hulle wil iem. om die lewe bring; *s.o. has* ***seen*** ~ iem. ken die lewe, iem. het baie lewenservaring; ***sell*** *one's* ~ *dearly, (idm.: dapper veg vir oorlewing)* jou lewe duur verkoop; ***sentence*** *s.o. for* ~ iem. tot lewenslank (*of* lewenslange gevangenisstraf) vonnis/veroordeel; *s.o. got the* ***shock*** *of his/her* ~ iem. was nog nooit so geskok nie; *a* ***slice*** *of* ~ 'n greep uit die lewe; *a* ***soft*** ~ 'n luilekker lewe; *the* ~ *and* ***soul*** *of the* ... die siel van die ... *(beweging ens.);* ***spare*** *s.o.'s* ~ →SPARE *ww.; not a* ***spark*** *of* ~ →SPARK *n.;* ***spend*** *one's* ~ →SPEND *ww.; s.o.'s* ~ *is at* ***stake*** →STAKE *n.;* ***stake*** *one's* ~ jou lewe in die weegskaal plaas; ***such*** *is* ~ so is (*of* gaan dit in) die lewe; *in the* ***summer*** *of* ~ in die somer van die lewe; ***take*** *s.o.'s* ~ iem. doodmaak/ombring (*of* om die lewe bring *of* van die lewe beroof); ***take*** *one's own* ~ selfmoord pleeg, jouself om die lewe bring, die hand aan (*of* jou hand aan jou) eie lewe slaan; ***taken*** *from* ~ na die lewe geteken; uit die lewe gegryp; *the* ***term*** *of s.o.'s* ~ iem. se lewensduur; ***this*** *is the* ~*!, (infml.)* dit noem ek lewe!; ***throughout*** *s.o.'s* ~ iem. se hele lewe lank, gedurende iem. se hele lewe; *at s.o.'s* ***time*** *of* ~ op iem. se leeftyd/jare; *have the* ***time*** *of one's* ~ →TIME *n.;* ***to*** *the* ~ sprekend; presies/net soos dit is; *be on* ***trial*** *for (one's)* ~ teregstaan weens 'n halsmisdaad; ***true*** *to* ~ lewensgetrou, getrou na die lewe; ~ *of a* ***tyre*** looptyd, =afstand, gebruiksduur van 'n (motor)band; ***upon*** *my* ~*!, (arg.)* by my siel!; ***venture*** *one's* ~ →VENTURE *ww.; in all* ***walks*** (or *every* ***walk***) *of* ~ in alle (werk)kringe; op alle lewensterreine; *a* ***way*** *of* ~ 'n leefwyse/lewenswyse; 'n lewensvorm; 'n lewenstyl; ***worry*** *the* ~ *out of s.o.* iem. se lewe vergal/versuur; *s.t.'s* ~ *is three/etc.* ***years*** iets hou drie/ens. jaar. ~**-and-death**, ~**-or-death** *adj. (attr.)* van lewensbelang *(pred.); a* ~ *matter* 'n kwessie/saak van lewe of dood (*of* van lewensbelang); *a* ~ *struggle* 'n stryd om/op lewe en dood. ~ **annuity** lewensannuïteit, =jaargeld, lewenslange annuïteit/jaargeld, lyfrente. ~ **assurance** lewensversekering. ~ **assurance society** lewensversekeringsgenootskap. ~ **belt** reddings=, swemgordel. ~**blood** *(poët., liter.)* lewensbloed, hartebloed; lewe, siel; lewenskrag. ~**boat** reddingsboot. ~**boat fund** reddingsfonds. ~ **breath** *(poët., liter.)* lewensasem; besieling. ~ **buoy** reddingsboei. ~ **class** figuurtekenklas, klas met 'n lewende model. ~ **cycle** *(biol.)* lewensiklus, lewensloop, lewensgeskiedenis. ~ **drawing** figuurtekeninge; figuurtekening. ~ **estate** lewenslange eiendom/vruggebruik. ~ **expectancy** lewensverwagting, gemiddelde/verwagte lewensduur. ~ **force** lewensdrang. ~ **form** *(biol.)* lewensvorm. ~**-giving** lewegewend, =wekkend, lewenskragtig; besielend, opwekkend, opbeurend. ~**guard** lewens=, menseredder, strandwag; lyfwag; →LIFESAVER. ~ **history** lewensloop, =beskrywing, =geskiedenis. ~ **imprisonment** lewenslange gevangenisstraf. ~ **insurance** lewensversekering. ~ **interest**, ~ **usufruct** lewensreg, lewenslange vruggebruik. ~ **jacket** reddingsbaadjie. ~**line** *(ook fig.)* reddingstou; *(telef.)* noodlyn; lewenslyn *(i.d. hand).* ~**long** *adj. (attr.)* lewenslange. ~ **member** lewenslange lid. ~ **membership** lewenslange lidmaatskap. ~ **office** versekeringskantoor; versekeringsmaatskappy. ~ **peer** *(Br.)* lord met 'n nieoorerflike titel. ~ **policy** lewenspolis. ~ **preserver** *(Am.)* reddingsbaadjie, =gordel, =toestel; *(Br.)* mokerstok. ~ **raft** reddingsvlot. ~ **rent** *(Sk.)* →LIFE INTEREST. ~**-saver** lewens=, menseredder, strandwag; *(fig.)* redder in die nood; *(fig.)* uitkoms; *(fig.)* behoud; *(fig.)* lafenis, laafnis. ~**-saving** *n.* reddingswerk. ~**-saving** *adj. (attr)* redding(s)=; ~ *appliance* reddingstoestel. ~ **science** lewenswetenskap. ~ **sentence** lewenslange vonnis/gevangenisstraf; *receive a* ~ ~ lewenslank (*of* lewenslange gevangenisstraf) kry. ~ **size** *n.* lewensgrootte; *twice* ~ ~ twee maal lewensgroot. ~**-size(d)** *adj.* lewensgroot; ~ *portrait* lewensgroot portret. ~ **span** lewensduur, lewenstyd. ~ **spring** lewensbron. ~ **story** lewensverhaal, =geskiedenis. ~ **string** lewensdraad; *the* ~*s are cut/broken* die lewensdraad is/word afgesny/geknip. ~ **struggle** lewenstryd. ~**style** lewenstyl. ~**-support system** lewensondersteuningstelsel, lewensinstandhoudingstelsel. ~ **table** →MORTALITY TABLE. ~**-threatening** lewensgevaarlik. ~**time** *n.* leeftyd, lewensduur, (mense)lewe; gebruiksduur; *the* ***chance*** *of a* ~ →CHANCE *n.;* ***during/in*** *s.o.'s* ~ in iem. se leeftyd; *the* ***experience*** *of a* ~ →EXPERIENCE *n.;* ***last*** *a* ~ lewenslank hou. ~**time** *adj.* lewenslank *(pred.);* lewenslange *(attr.).* ~ **usufruct** →LIFE INTEREST. ~ **vest** →LIFE JACKET. ~ **weary** lewensmoeg, moeg vir die lewe. ~**work** lewenswerk; lewenstaak.

life·less leweloos, dood; *(fig.)* lusteloos, futloos, dooierig, traag, apaties, sielloos. **life·less·ness** leweloosheid; *(fig.)* lusteloosheid, futloosheid, dooierigheid, traagheid, apatie, sielloosheid.

life·like lewensgetrou, lewenseg.

lif·er *(infml.)* lewenslank veroordeelde; lewenslange vonnis/gevangenisstraf, lewenslank.

lift *n.* (die) oplig, opheffing; hef; styging, verhoging; hyser, hysbak, hystoestel, hysinrigting; (saamry)geleentheid; *(fig., infml.)* opbeuring, oplugting; *(lugv.)* dra(ag)krag; stygkrag, =vermoë, hefvermoë; hellinghoogte; hefhoogte; slag(lengte) *(v. 'n pomp);* bultjie; lagie leer *(op 'n sool);* ligter *(v. 'n venster);* opklaring *(v. newel);* ***get*** *a* ~ met iem. saamry, opgelaai word, 'n geleentheid kry; ***give*** *s.o. a* ~ iem. oplaai (*of* laat saamry); *s.t.* ***gives*** *s.o. a* ~, *(infml.)* iets beur iem. op; ***hitch*** *a* ~, *(infml.)* duimgooi, =ry; ***take*** *the* ~ met die hyser opgaan/afgaan; ***thumb*** *a* ~ →THUMB *ww.*. **lift** *ww.* (op)hef, (op)lig, optel; (op)hys; optrek; verhef; ophef, herroep, intrek, beëindig; steel; opbreek *('n kamp);* uithaal *(aartappels, liddorings); (mis)* optrek; *(mis, wolke)* wegtrek; ~ *a* ***corn*** 'n liddoring uithaal; ~ *s.t.* ***down*** iets aftel; ~ *s.t.* ***down*** *from* ... iets van ... af=

tel; *not ~ a* ***finger*** *to ...* →FINGER *n.; ~ one's* ***hand*** die hand lig/optel; *~ a* ***hand*** *against s.o., (euf.)* 'n hand teen iem. oplig/optel; *~* ***off****, ('n vuurpyl ens.)* opstyg; *~ s.t.* ***off*** iets aftel; *~ s.t.* ***up*** iets optel; *~ one's ...* ***up*** jou ... oplig *(kop)*; jou ... ophef/opslaan *(oë)*; jou ... verhef *(stem)*; *~* ***up*** *a cry, (poët., liter.)* uitroep; *~* ***up*** *one's horn, (arg.)* met die kop in die lug loop, verwaand/trots wees, jou rammetjie-uitnek hou. ~ **and force pump** suigperspomp. ~ **attendant** hyserbediener. ~ **bridge** hefbrug. ~ **club** saamryklub. ~ **latch** duimklink. ~ **lock** ophaalsluis. ~**man** *-men* hyserman, hyserbediener. ~**off** opstyging; *(ruimtev.)* lansering. ~ **pump** hefpomp, lugdrukpomp. ~ **shaft,** ~ **well** hyserskag. ~ **truck** hyswa.

lift·er (op)ligter; ligter, handvatsel; *(kr.)* lugbal.

lift·ing: ~ **bridge** = LIFT BRIDGE. ~ **crab** *(meg.)* lier. ~ **crane** hyskraan. ~ **dog** *(meg.)* hysklou. ~ **jack** *(meg.)* domkrag. ~ **power** stygkrag, -vermoë; hefvermoë. ~ **pump** = LIFT PUMP. ~ **tower** heftoring.

lig·a·ment *(anat.)* ligament, (gewrigs)band.

li·gate *(med.)* afbind, afsnoer, onderbind. **li·ga·tion** *(med.)* afbinding, afsnoering. **lig·a·ture** *n., (med.)* verband; band; *(med.)* afbinding; *(med.)* ligatuur, afbinddraad; *(druk.)* verbindingsteken, koppelletter; *(mus.)* ligatuur. **lig·a·ture** *ww.* afbind, afsnoer, onderbind.

li·ger *(soöl.)* leeutier.

light[1] *n.* lig; lamp; lantern; vuurhoutjie; skynsel; lewenslig; *(arg.)* →EYESIGHT; *(arg.)* →EYE *n.; act* ***according*** *to one's ~s* handel volgens die lig wat jou gegee is; *a* ***beam*** *of ~* 'n ligbundel; *a* ***bright*** *~* 'n helder lig; ***bring*** *s.t. to ~* iets te voorskyn (*of* aan die lig/dag) bring, iets openbaar maak; ***come*** *to ~* aan die lig kom, voor die dag kom; *in the cold ~ of* ***day*** nugter beskou; *see s.t. in a* ***different*** *~* iets in 'n ander lig sien; *a* ***dim*** *~* 'n dowwe lig; ***dim*** *~s* ligte demp/verdof; ***dip*** *~s, (mot.)* ligte domp/neerslaan; *by* ***early*** *~* →EARLY; *place/put ... in a* ***false*** *~ ...* in 'n vals(e) lig plaas/stel; *a* ***feeble*** *~* 'n swak lig; *at* ***first*** *~* →FIRST; *place/put s.t. in a* ***good*** *~, (ook)* iets in die beste plooie/voue lê; *s.o. is no* ***great*** *~, (fig.)* iem. is geen lig nie; *get/give the* ***green*** *~* →GREEN LIGHT; ***hide*** *one's ~ under a bushel* →BUSHEL; ***hold*** *the ~ for s.o.* vir iem. lig; ***in*** *the ~ of ...* in die lig van ... (gesien), aan die hand van ..., met die oog op ...; ***jump*** *the red ~* (or *[traffic] ~s)* deur die verkeerslig (*of* rooi lig) ry/ja(ag), teen die verkeerslig deurry/deurja(ag); *s.o. of ~ and* ***leading*** 'n leidende gees; →LEADING LIGHT; ***lesser*** *~s, (infml.)* mindere gode; *be the ~ of s.o.'s* ***life,*** *(fig.)* die ligstraal/sonstraal/sonskyn in iem. se lewe wees; *~s are* ***on/off*** ligte is aan/af, ligte brand (*of* brand nie); *~s* ***out!*** ligte dood/uit!; *be ~s* ***out,*** *(infml.)* katswink wees; *punch s.o.'s ~s* ***out,*** *(infml.)* iem. disnis/katswink slaan (*of* slaan dat hy sterretjies sien); ***place/put*** *... in a good/favourable/bad/unfavourable ~ ...* in 'n goeie/gunstige/slegte/ongunstige lig plaas/stel; ***put out*** *a ~* 'n lig afskakel; *see the* ***red*** *~* onraad merk, die gevaar besef, van die gevaar bewus word; ***see*** *the ~, (fig.)* die lig sien, tot inkeer/insig kom; *(relig.)* tot bekering kom; ***see*** *the ~ (of day), (iem.)* die (eerste) lewenslig aanskou, gebore word; *('n boek ens.)* die lig sien, verskyn, uitgegee/gepubliseer word; *~ and* ***shade*** lig en skadu(wee); ***shed/throw*** *~ on/upon s.t.* lig op iets werp, 'n kyk op iets gee; iets in die daglig stel; ***shine*** *a ~ on s.t.* op iets lig, 'n lig op iets rig; *s.o. is a* ***shining*** *~, (fig.)* iem. is 'n sieraad (*of* 'n ligtende ster); *s.o. is no* ***shining*** *~* iem. is geen lig (*of* groot gees) nie; ***stand*** *in s.o.'s ~* in iem. se lig staan; iem. se kanse bederf; ***stand*** *in one's own ~, (fig.)* in jou eie lig staan; *you're* ***standing*** *in my ~, (ook)* groot lantern, weinig lig; ***strike*** *a ~* lig maak, 'n vuurhoutjie trek; ***switch*** *a ~ on/off* 'n lig aanskakel/aansit/afskakel/afsit; ***transmit*** *~* lig deurlaat; *~s* ***up!*** ligte aan!. **light** *adj.* lig; liggkleurig; helder; lig *(nie donker nie)*. **light** *lit lit; lighted lighted, ww.* verlig; voorlig; opsteek, aansteek; aan die brand steek; aan die brand raak/slaan, begin brand, vlam/vuur vat; →LIGTHED, LIGTHEN[1], LIGHTER[1] *n.*, LIGHTING, LIT; *~* ***up*** lig maak; ligte aanskakel; 'n sigaret/ens. aansteek/opsteek; *~ s.t.* ***up*** iets verlig; iets aansteek/opsteek *('n pyp/sigaret)*; *s.t. ~s* ***up,*** iets verhelder (*of* helder op) *(iem. se gesig)*; daar kom glans in iets *(iem. se oë)*; iets gaan aan (*of* vat vlam) *('n lamp ens.)*. ~ **ball** *(mil., hist.)* ligkoeël. ~ **beacon** ligbaken. ~ **bearer** ligdraer. ~ **blue** ligblou, lig(te) blou. ~ **bulb** gloeilamp(ie). ~ **buoy** ligboei. ~ **chestnut** ligvos (perd). ~ **colour** ligte kleur. ~**-coloured** liggekleur(d). ~**-emitting diode** lig(emissie)diode. ~ **fitting** ligtoebehoorsel; *(i.d. mv.)* ligtoebehore. ~ **flash** ligflits, -flikkering. ~ **grey** liggrys, lig(te) grys; witskimmel *(perd)*. ~**house,** ~ **tower** vuur-, ligtoring. ~**house keeper** vuurtoring-, ligwagter. ~ **meter** ligmeter. ~ **pen** *(rek.)* ligpen. ~ **plant** liginstallasie. ~**proof** ligdig. ~**-sensitive** liggevoelig. ~**ship** ligskip. ~ **show** ligvertoning. ~**s out** *n.* ligte-uit *(in 'n skoolkoshuis ens.)*; *(mil.)* taptoe. ~ **table** *(fot. ens.)* ligtafel. ~**-tight** = LIGHTPROOF. ~ **tower** →LIGHTHOUSE. ~ **unit** ligeenheid. ~ **wave** liggolf. ~ **well** ligskag. ~**wood** harshout; aanmaakhout. ~ **year** ligjaar; *be ~s (removed) from s.t., (fig.)* ligjare (ver/vêr) van iets verwyder(d) wees.

light[2] *adj.* lig, nie swaar nie; lig *(musiek, leesstof, wyn, werk, ens.)*; bros, los; ligsinnig; vlug, vinnig; onstandvastig; →LIGHTEN[2], LIGHTER[2], LIGHTISH, LIGHTLY, LIGHTNESS, LIGHTS; *a ~* ***blow*** 'n ligte/sagte houtjie; *(as) ~ as a* ***feather*** so lig soos 'n veer(tjie), veerlig; *be ~ on one's* ***feet*** →FOOT *n.;* ***make*** *~ of s.t.* iets onderspeel/relativeer (*of* as onbelangrik afmaak); iets lig opneem, niks (*of* geen ophef) van iets maak nie; *be* ***no*** *~ matter* geen kleinigheid wees nie; *be ~* ***on*** *petrol, ('n voertuig)* min petrol gebruik; *~* ***sleep*** ligte slaap; *be a ~* ***sleeper*** baie lig slaap; *~* ***step*** ligte/sagte stap/tred; *a ~* ***touch*** 'n ligte/sagte aanraking; *~* ***tread*** ligtige stap. **light** *adv.* lig; *travel ~* met min bagasie reis. ~ **aircraft** ligte vliegtuig. ~**-armed** lig gewapen(d). ~ **artillery** ligte geskut/artillerie. ~**-bodied wine** ligte wyn. ~ **breeze** *(met.)* sagte wind(jie), ligte bries. ~ **bridge** ligte brug; voet-, loopbrug. ~ **cavalry** ligte ruitery/kavallerie. ~ **current** swakstroom. ~ **engine** los lokomotief. ~**-fingered** met rats(e) vingerbewegings, vingervlugtig *(pianis ens.)*; *(fig.)* langvingerig, met lang vingers, diefagtig, stelerig. ~ **fingers** *(fig.)* lang vingers. ~**-footed** rats, ligvoet(ig). ~**-handed** sag/lig van hand; taktvol. ~**-headed** ligsinnig; lig in die kop; yl-, lighoofdig. ~**-headedness** ligsinnigheid; yl-, lighoofdigheid. ~**-hearted** onbesorg, opgewek, opgeruimd, vrolik, onbekommerd; lig-, lughartig. ~**-heartedness** onbesorgdheid, opgewektheid, lig-, lughartigheid. ~ **heavyweight** *(boks)* ligswaargewig(afdeling); ligswaargewig(bokser). ~ **horse** ligte ruitery/kavallerie. ~ **industry** ligte nywerheid. ~ **infantry** ligte infanterie. ~ **middleweight** *(boks)* ligmiddelgewig. ~**-minded** ligsinnig, ligvaardig, sonder erns. ~ **opera** operette. ~ **railway** smalspoor. ~ **rain** *(met.)* sagte reën. ~ **reading** ontspanningslektuur, ligte leesstof. ~**-spirited** opgewek. ~ **wag(g)on** molwa. ~**weight** *n., (boks)* liggewig; *(infml.)* nul, onbeduidende persoon; *s.o. is a ~, (ook)* iem. beteken maar min. ~**weight** *adj. (attr.)*: *~ concrete* ligte beton; *~ fabric* dun stof. ~ **welterweight** *(boks)* ligweltergewig. ~ **wine** ligte (soort/tipe) wyn. ~**-winged** liggevleuel(d). ~ **wire** dun draad.

light[3] *lit lit; lighted lighted, ww.* neerkom; beland, te lande kom; *(arg.)* afklim, afstap; →ALIGHT[1] *ww.; ~* ***into*** *s.o., (Am., infml.)* iem. te lyf gaan; iem. invlieg; *~* ***out*** *for ..., (Am., infml.)* spore maak na ...; *~* ***(up)on*** *...* op ... neerdaal/neerstryk; op ... gaan sit; ... teëkom/teenkom/raakloop.

light·ed brandend *(kers, lamp, sigaret)*.

light·en[1] verlig, verhelder, helderder/ligter maak; weerlig, blits.

light·en[2] ligter maak; ligter word; verlig; opbeur; *~ up!, (Am.)* (ag,) komaan, moenie so morbied wees nie!, kom/toe nou, dit kan nie so erg wees nie!.

light·er[1] *n.* opsteker, aansteker; tonteldoos *(hist.)*, vuurslag *(vero.)*; *pocket ~* sakaansteker.

light·er[2] *adj.: in ~ moments* in minder ernstige oomblikke, in oomblikke van ontspanning; *the ~ side* die sonnige sy; *on the ~ side* in ligte luim. ~**-than-air** *adj. (attr.)* ligter as lug; *~ aircraft/dirigible* lugskip, aërostaat.

light·er[3] *n.* ligter(skip). **light·er** *ww.* met die/'n ligter vervoer. ~**man** *-men* ligterman, skuitvoerder.

light·er·age ligtergeld; vervoer met 'n ligter, ligtertransport.

light·ie, light·y, laait·ie, lait·ie *n., (SA, infml., soms neerh.: jong seun)* la(a)itie.

light·ing (die) aansteek/opsteek; verligting; *(teat.)* beligting. ~ **fittings** ligtoebehore. ~ **installation** liginstallasie; liginstallering. ~ **intensity** ligintensiteit. ~ **plant** verligtingsaanleg. ~ **switch** ligskakelaar. ~**-up time** *(Br.)* tydstip waarop voertuig- en straatligte aangeskakel moet word.

light·ish ligterig.

light·less *adj.* donker, ligloos, onverlig.

light·ly lig, ligtelik, liggies, ligweg; saggies; dunnetjies; maklik; ligsinnig, ligvaardig; *~* ***come*** *~ go* erfgeld is swerfgeld; so gewonne so geronne; ***punish*** *s.o. ~* iem. sag straf; *s.t.* ***sits*** *~ (up)on s.o.* iem. maak geen vertoon van iets nie; ***sleep*** *~* liggies slaap; ***take*** *s.t. ~* iets lig opneem/opvat.

light·ness ligtheid, gemaklikheid; ligsinnigheid, ligvaardigheid.

light·ning weerlig; weerlig-, bliksemstraal, blits; *a* ***flash*** *of ~* weerlig-, bliksemstraal, blits; *be* ***killed*** *by (a stroke of) ~* deur (die) weerlig (*of* deur 'n weerlig-/bliksemstraal) doodgeslaan word; ***like*** *greased* (or *a streak of) ~, (infml.)* soos ('n vetgesmeerde) blits, blitsig, blitsvinnig, -snel; *(as)* ***quick*** *as ~* →QUICK *adj. & adv.; be* ***struck*** *by ~* deur (die) weerlig getref word. ~ **arrester** stuwingsafleier. ~ **conductor,** *(hoofs. Am.)* ~ **rod** weerlig-, blitsafleier. ~ **discharge** stuwingsontlading. ~ **flash** weerlig-, bliksemstraal, blits. ~**-like** blitsig, blitsvinnig, -snel, soos blits. ~**proof** blitsvry. ~ **protection** stuwingsbeveiliging. ~ **speed:** *with ~* soos ('n vetgesmeerde) blits, blitsig, blitsvinnig, -snel. ~ **storm** elektriese storm, weerligstorm. ~ **strike** skielike staking. ~ **stroke** weerlig-, bliksemslag.

lights *n. (mv.)* harslag, longe *(v. 'n dier)*.

light·some *(poët., liter.)* lig, fyn, grasieus; opgewek, vrolik; vlug, rats, vinnig.

light·y →LIGHTIE.

lig·ne·ous houtagtig, hout-.

lig·ni·form houtvormig.

lig·ni·fy *(bot.)* verhout, tot hout word/maak; *lignified substance* verhoute stof. **lig·ni·fi·ca·tion** houtvorming, verhouting.

lig·nin *(bot.)* houtstof, lignien.

lig·nite *(min.)* bruinkool, ligniet.

lig·num *(Lat.)*: *~ vitae, (bot.)* pokhout, guajak(hout); →GUAIACUM.

lig·u·la *-lae, -las, (entom.)* ligula, tongetjie. **lig·u·late** *(biol.)* tongvormig; tongetjiedraend; lintvormig. **lig·ule** *(bot.)* liguul, tongetjie.

Li·gu·ri·a *(geog.)* Ligurië. **Li·gu·ri·an** *n.* Liguriër; *(taal)* Liguries. **Li·gu·ri·an** *adj.* Liguries.

lik·a·ble →LIKEABLE.

Li·ka·si *(geog., vroeër Jadotville)* Likasi.

like[1] *n.* gelyke, weerga; iets soortgelyks; ***and the*** *~* en so meer, ensovoort(s); *~* ***attracts*** (or ***draws*** *to) ~* soort soek soort; *did you ever hear/see the ~?* het jy al ooit so iets/wat gehoor/gesien?; *we'll* ***never*** *see his/her ~ again* sy/haar gelyke sal jy nie weer kry nie, daar is maar een soos hy/sy; *the ~s* ***of*** *him/her, (infml.)* mense soos hy/sy, sy/haar soort; ***or the*** *~* of so iets; ***render*** *~* ***for*** *~* gelyk met gelyk vergeld; ***the*** *~* so iets, iets dergeliks. **like** *adj., adv., prep. & voegw.* soos, nes; so; gelyk; eenders, dieselfde; dergelik(s); *... ~* ***anything*** →ANYTHING; *~* ***blazes*** →BLAZE[1] *n.; as ~ as* ***chalk*** *and cheese, (infml.)* heeltemal verskillend; *be as alike/different as ~ and* ***cheese,*** *(infml.)* soos dag en nag (*of* hemelsbreed van mekaar) verskil; *~* ***enough,*** *(arg.)* bes/heel moontlik; *~* ***father,*** *~ son* →FATHER *n.;* ***feel*** *~ doing s.t.* lus hê om iets te doen; *not* ***feel*** *~ it* geen lus hê daarvoor nie, nie daarna nie voel nie; *~ a* ***fool*** *s.o. did it* →FOOL[1] *n.; be nothing ~ as* ***good*** →GOOD *adj. & adv.; ~* ***in*** *..., (infml.)* soos in ...; *that's*

just *~ him/her* dis nes hy/sy is, ('n) mens kan dit van hom/haar verwag; dis nou van hom/haar; *s.o.* ***looks*** *exactly ~ s.o. else* →EXACTLY; *it* ***looks*** *~ rain* →LOOK *ww.*; *it* ***looks*** *~ this* dit lyk so; *in ~* ***manner*** →MANNER; *that's* ***more*** *~ it, (infml.)* dis beter; ***most*** *~, (arg.)* bes/heel moontlik; *there is* ***no one*** *~ him/her* →NO ONE; *(as) ~ as* ***not*** bes/heel moontlik; *be as ~ as two* ***peas*** *(in a pod)* →PEA; *~ a* ***shot*** →SHOT¹ *n.*; *~* ***so,*** *(infml.)* só; ***someone*** *~ him/her* iem. soos hy/sy; ***something*** *~ a hundred/etc.* sowat (*of* [so] ongeveer) honderd/ens.; *do not* ***talk*** *~ that* moenie so praat nie; *~* ***this*** só, op dié manier; *it's ~* ***this*** die ding is so; ***what*** *is he/she ~?* hoe (*of* watse mens) is hy/sy?; ***what's*** *it ~?* hoe vind jy dit?; hoe lyk dit?. ~ **fractions** gelyknamige breuke. ~**-minded** eendersdenkend, geesverwant, een van sin; *~ person* geesgenoot. ~**-mindedness** eensgesindheid. ~ **parallel forces** gelykgerigte ewewydige kragte. ~ **poles** gelyknamige pole. ~**-sided** gelykbenig. ~ **terms** *(wisk.)* gelyksoortige terme.

li̲ke² *n.* voorkeur; voorliefde; *s.o.'s ~s and dislikes* iem. se voor- en afkeure, (die dinge/goed) waarvan iem. hou en nie hou nie, iem. se sin en teen-/teësin. **li̲ke** *ww.* hou van; wil, verkies; graag wil (hê/sien/ens.), lus (*of* 'n voorliefde) hê vir; sin hê in; *what I ~* ***about*** *s.o.* wat my by/in iem. trek; *do* ***anything*** *one ~s* doen net wat jy wil; *(just)* ***as*** *you ~* nes (*of* net soos) jy wil/verkies; *do* ***as*** *you ~!* maak soos jy wil!; *~ s.o.* ***best/least*** die meeste/minste van iem. hou; *not ~ it one (little)* ***bit*** (net) niks daarvan hou nie; *I ~ your* ***cheek!*** →CHEEK *n.*; ***get/grow*** *to ~ ...* van ... begin hou, mettertyd/naderhand van ... hou; ***how*** *do you ~ the country?* hoe vind jy die land?; ***how*** *do you ~ him/her?* hoe vind jy (*of* voel jy oor) hom/haar?; ***how*** *do you ~ it?* hoe vind jy dit?, wat dink jy daarvan?; hoe smaak dit?; hoe drink jy dit? *('n drankie)*; hoe gaar moet dit vir jou wees? *('n vleisgereg)*; hoe verkies jy dit? *(kos, drank)*; ***if*** *you ~* as jy wil (*of* lus het/is/voel); *~* ***it,*** *(ook)* lekker kry; ***just*** *as you ~* net soos jy wil/verkies; *not ~ the* ***look(s)*** *of s.o.* →LOOK *n.*; *s.o.'ll just have to ~ it or* ***lump*** *it* →LUMP² *ww.*; ***not*** *~ s.o.* nie van iem. hou nie, iem. staan jou nie aan nie; ***not*** *~ s.t.* nie van iets hou nie, iets geval jou nie; *~ it* ***or not,*** *(infml.)* of iem. nou daarvan hou of nie; ***quite*** *~ s.o.* nogal van iem. hou; *I ~* ***that!*** dis 'n mooi grap!; *how do you ~* ***that!*** wat sê jy daarvan!; *~* ***to*** *...* daarvan hou om te ...; *~* ***to*** *swim/etc.* van swem/ens. hou, graag swem/ens.; ***well*** *~d* gewild; ***whenever*** *you ~* net wanneer jy wil; *s.o.* ***would*** *~ a ...* iem. wil graag 'n ... hê; *s.o.* ***would*** *~ action/etc.* iem. wil aksie/ens. hê; *s.o.* ***would*** *~ to know/etc.* iem. sou (graag) wil weet/ens.; ***would*** *you ~ a ...?, (ook)* hoe lyk dit met 'n ...? *(koppie koffie ens.)*; ***I wouldn't*** *~ to comment about that* ek wil my liewer nie daaroor uitlaat nie.

-**like** *suff. (vorm adj.)* -lik, -agtig; *child~* kinderlik; *god~* goddelik; *lady~* vroulik; damesagtig; verwyf(d); *life~* lewenseg, lewensgetrou; *spring~* lenteagtig.

li̲ke·a·ble, li̲k·a·ble beminlik, innemend, gaaf, aangenaam; aantreklik. **li̲ke·a·ble·ness, li̲k·a·ble·ness** beminlikheid, innemendheid.

li̲ke·ly *adj. & adv.* waarskynlik, vermoedelik; geskik; aanneemlik; (veel)belowend, knap; *in* ***all*** *~ and unlikely places* op alle moontlike en onmoontlike plekke; ***as*** *~ as not* bes/heel moontlik; *be a ~* ***candidate*** 'n gepaste/waarskynlike kandidaat, 'n goeie kans hê; *we phoned* ***every*** *~ company* ons het elke denkbare maatskappy gebel; *our* ***most*** *~ stopping place* die plek waar ons waarskynlik sal oorbly; ***most/very*** *~* heel/hoogs waarskynlik, bes/heel moontlik; ***not*** *~!, (infml.)* beslis nie!; *it is* ***not*** *~ s.o. will come, s.o. is* ***not*** *~ to come* iem. sal waarskynlik nie kom nie; *it is ~* ***to*** *...* dit sal waarskynlik ... **li̲ke·li·hood** waarskynlikheid; *in* ***all*** *~* hoogs/heel waarskynlik, na alle waarskynlikheid; *is there* ***any*** *~ of it happening?* sal dit dalk gebeur?; *the ~ is* ***small*** die kans is gering; ***what*** *is the ~ of it happening?* hoe waarskynlik is dit dat dit sal gebeur?.

li̲k·en vergelyk; *~ s.t. to ...* iets met ... vergelyk.

li̲ke·ness gelykenis; ooreenkoms; gedaante, gestalte; vorm; ewebeeld; portret, beeltenis; ***bear*** *a ~ to ...* op/na ... lyk; ***catch*** *s.o.'s ~* iem. se beeld vaslê; *bear a* ***distant*** *~ to ...* enigsins op/na ... lyk, iets van ... hê; ***in*** *the ~ of ...* in die vorm van ...; in die gedaante/gestalte van ...; *(NAB)* as beeld van ..., *(OAB)* na die gelykenis van ... *(God)*; *a* ***striking/uncanny*** *~* 'n opvallende/merkwaardige/verstommende/ongelooflike ooreenkoms; ***take*** *s.o.'s ~, (arg.)* 'n portret van iem. maak; ***take on*** *the ~ of ...* die gedaante/gestalte/vorm van 'n ... aanneem.

li̲ke·wise op dieselfde manier, net so; ook, eweneens, insgelyks, desgelyks; *do ~* dieselfde doen, ook so maak.

li̲k·ing sin, lus, smaak, voorkeur, voorliefde; genoeë; sinnigheid; behae; *s.o.'s ~* ***for*** *s.t.* iem. se lus/smaak vir iets; ***have*** *a ~ for s.t.* sin(nigheid) in iets hê; van iets hou; *have* ***no*** *~ for s.t.* geen sin(nigheid) in iets hê nie, nie van iets hou nie; *s.t. is* ***not to*** *s.o.'s ~* iets is nie na iem. se sin nie, iets geval iem. nie, iets staan iem. nie aan nie; ***take*** *a ~ to s.o.* tot iem. aangetrokke voel, baie van iem. begin hou; *s.t. is* ***to*** *s.o.'s ~* iets is na iem. se sin/smaak, iets staan iem. aan.

Li·ku̲d *(<Hebr., pol.)* Likoed. ~ **Party** Likoedparty.

li̲·lac *n., (bot.)* seringstruik; seringblom, -bloeisel; →PERSIAN LILAC; *Cape ~* →PUZZLE BUSH. **li̲·lac** *adj.* lila, ligpers.

Lil·i·a̲·ce·ae Lelieagtiges, Liliaseë. **lil·i·a̲·ceous** *(bot.)* lelieagtig.

Lille *(geog.)* Rys(s)el.

Lil·li·pu̲·tian *n.* lilliputter; dwergie. **Lil·li·pu̲·tian** *adj.* lilliputterig; dwergagtig.

li̲·lo -*los, n.* lug-, opblaasmatras.

lilt *n.* sangerige aksent/uitspraak; *(mus.)* sangerige ritme/toon/toonkwaliteit; *(arg., hoofs. Sk.)* vrolike liedjie/deuntjie/wysie. **lilt** *ww.* sangerig praat; 'n deuntjie/liedjie sing. **li̲lt·ing** *adj.* sangerig *(aksent, stem)*; vrolik, opgewek *(deuntjie, melodie)*; *~ tune* sangerige wysie. **li̲lt·ing·ly** *adv.* sangerig; vrolik, opgewek.

li̲l·y -*ies, n.* lelie; →GUERNSEY LILY; ***gild*** *the ~* iets onnodig mooier (probeer) maak; *lilies and* ***roses,*** *(ook)* lelieblank en roserooi, die kleur van melk en bloed; *~ of the* ***valley*** dallelie, lelie(tjie)-van-(die-)dale, lelie(tjie)-der-dale, meiklokkie. **li̲l·y** *adj.* lelieagtig, leliewit, lelieblank. ~**-livered** lafhartig. ~ **pad** *(Am.)* waterlelie-, plompblaar. ~**-shaped** lelievormig. ~**-white** *adj.* leliewit *(hande, sportspan, ens.)*; *(fig., infml.)* lelieblank, onskuldig.

Li̲·ma *(geog.)* Lima. ~ **bean** limaboon(tjie); goewerneursboon(tjie), hereboon(tjie).

limb¹ *n.* lid, ledemaat; been; arm; tak; *(bot.)* uitloper; bloeiskedeskyf; (boom)tak; *(i.d. mv. ook)* ledemate; *tear s.o. ~* ***from*** *~* iem. uitmekaarskeur (*of* uitmekaar skeur); *~ of the* ***law,*** *(neerh.)* prokureur; advokaat; konstabel; *escape with ~ and* ***life*** sonder ernstige letsel daarvan afkom; *be* ***out on*** *a ~, (infml.)* op jouself aangewese wees; in 'n netelige posisie wees; *~ of* ***Satan*** *(or the* ***devil***), *(w.g.)* duiwels-, satanskind, niksnut(s). **limb** *ww.* in die been/vlerk skiet; vermink; uitmekaarskeur (*of* uitmekaar skeur); *~ed* met ledemate. **-limbed** *komb.vorm* met ... ledemate; *long-~* met lang ledemate (*of* arms en bene); *loose-~* loslit(tig). **li̲mb·less** sonder ledemate.

limb² *n.* limbus, verdeelde skaal; rand. **li̲m·bate** *(bot.)* met 'n gekleurde rand.

li̲m·ber¹ *adj.* buigsaam, lenig, rats. **li̲m·ber** *ww.* buigsaam maak; *~ up* litte losmaak.

li̲m·ber² *n.* voorstel, voorwa *(v. 'n kanon)*. **li̲m·ber** *ww.* aanhaak; *~ up a gun carriage* die voorstel/voorwa (van 'n kanon) inhaak/aanhaak. ~ **box** voorwakis, ammunisiekis. ~ **wheel** voorwiel *(v. 'n kanonwa)*.

li̲m·bo¹ -*bos, (RK)* limbo, limbus, voorhemel, voorhel, voorgeborgte; onsekerheid; vergetelheid, vergeetboek; gevangenis, kerker; *be in ~* in die lug hang, onseker wees; hangend(e) wees; jou in niemandsland bevind, in niemandsland (*of* in die middel van die wêreld *of* in 'n toestand van onsekerheid) wees; vergete (*of* in die doofpot gestop) wees.

li̲m·bo² -*bos: the ~, (Wes-Indiese dans)* die limbo.

Lim·bo̲urg *(Fr.)* →LIMBURG.

Li̲m·burg *(geog.)* Limburg; *(of) ~* Limburgs. **Li̲m·burg·er** *(inwoner)* Limburger; *(ook:* Limburg cheese*)* Limburgse kaas, limburgkaas.

li̲m·bus *limbuses, limbi, (biol.)* limbus.

li̲me¹ *n.* kalk; *(arg.)* voëllym, voëlent; →LIMY; ***agricultural*** *~* landboukalk; ***building*** *~* messelkalk; ***(burnt/calcined/caustic/unslaked)*** *~, (chem.)* gebrande/ongebluste kalk; →QUICKLIME; ***cold/lean/meagre/poor*** *~, (chem.)* maer kalk; ***hydrated/slaked*** *~, (chem.)* gebluste kalk. **li̲me** *ww.* kalk; kalk gooi/strooi op; in kalkwater week/laat lê; met kalk behandel; met kalk bemes; *(arg.)* voëlent aansmeer; *(arg.)* met voëlent vang; *~d oak* gebleikte eikehout. ~ **brush** witkwas. ~ **burner** kalkbrander. ~ **burning** kalkbrandery. ~ **concrete** kalkbeton. ~ **content** kalkgehalte, -inhoud. ~ **deposit** kalkaanpaksel; kalklaag. ~ **fel(d)spar** kalkveldspaat. ~**kiln** kalkoond, -brandery. ~**light** *(lett.)* kalklig; *(fig.)* kollig; *be in the ~, (fig.)* op die voorgrond wees, die aandag trek, in die voorgestoelte wees; *steal the ~* al die aandag trek, jou op die voorgrond dring. ~ **paste** kalkbry. ~ **pit** *(hist.)* kalkkuil, -put. ~**stone** kalksteen, -klip. ~**stone reef** kalkbank. ~**stone rock** kalkgesteente. ~ **sulphur** kalkswa(w)el. ~ **twig** voëllymtak, voëlenttak. ~**wash** *n.* witsel, witkalk, muurkalk. ~**wash** *ww.* (af)wit. ~**water** *(chem.)* kalkwater.

li̲me² *n., (bot.)* lemmetjie. ~ **green** *n.* lemmetjiegroen. ~**-green** *adj.* lemmetjiegroen. ~ **juice** lemmetjiesap; sitroensap. ~ **tree** lemmetjieboom.

li̲me³ *n., (bot.)* linde. ~ **leaf** lindeblaar. ~ **tree** lindeboom. ~ **wood** lindehout.

lime·a̲de sitroenlimonade.

li̲·men -*mens,* -*mina, (psig.)* drumpel, drempel, grens. **li̲m·i·nal** liminaal.

li̲m·er·ick limeriek, limerick. **L~ lace** limerickkant.

li̲m·ey -*eys, (ook L~, Am., Austr., sl., hoofs. neerh.)* Rooinek, Soutie.

li̲m·it *n.* grens; perk; toppunt, limiet; drumpel-, drempel-, grenswaarde; *go* ***beyond*** *the ~s* jou te buite gaan; *~ of* ***error*** foutgrens; *there is a ~ (or are ~s) to* ***everything*** alles het sy perke/grense; ***go*** *the ~* tot die uiterste gaan; *~ of* ***liability*** aanspreeklikheidsgrens; *~ of* ***load*** lasgrens; ***off*** *~s* verbode (gebied/terrein); *drive* ***over*** *the ~* te vinnig ry, die snelheidsperk oorskry/oortree; ***push*** *s.o. to the ~* iem. tot die uiterste (aan)dryf/(aan)drywe; ***push*** *o.s. to the ~* jou tot die uiterste inspan; ***put/set*** *a ~ on s.t.* iets beperk, 'n beperking op iets plaas/stel; ***set*** *~s to s.t.* perke (*of* paal en perk) aan iets stel, beperkings op iets plaas/stel; *that/this is* ***the*** *~, (infml.)* dit is die toppunt, nou word dit te erg, dit gaan te ver/vêr (*of* alle perke te buite); *s.o. is* ***the*** *~, (infml.)* iem. is onmoontlik/onuitstaanbaar; ***to*** *the ~* tot die uiterste; *~ of* ***tolerance*** toleransiegrens; *the* ***utmost*** *~s* die uiterste grense; *everything* ***within*** *~s* alles binne perke; ***within*** *certain ~s* binne sekere grense/perke; *true* ***within*** *~s* tot op sekere hoogte waar. **li̲m·it** *ww.* beperk, begrens, inperk; bepaal, vasstel; afperk; *~ s.o./s.t. to ...* iem./iets tot ... beperk. ~ **gauge** grensmaat. ~ **value** drumpel-, drempel-, grenswaarde.

li̲m·it·a·ble beperkbaar, begrensbaar.

li̲m·i·tar·y *adj., (w.g.)* begrens, beperk; grens-.

lim·i·ta̲·tion beperking, begrensing, inperking; bepaling; afperking; *(Br., jur.)* verjaring *(v. vorderingsregte ens.)*; *(Br., jur.)* verjaringstermyn *(vir aksies)*; *know one's (own) ~s* jou (eie) beperkinge/-kings ken; *statute of ~s, (Br., jur.)* verjaringswet.

li̲m·i·ta·tive beperkend; *~ prescription, (Br., jur.)* bevrydende verjaring.

li̲m·it·ed *adj.* beperk; *(in 'n maatskappynaam, L~, afk.:* Ltd*)* Beperk *(afk.:* Bpk.*)*; *~ (liability)* ***company*** maatskappy met beperkte aanspreeklikheid; *~* ***curve,*** *(wisk.)* geslote kromme; *~* ***edition,*** *(druk.)* beperkte oplaag; *~* ***monarchy*** beperkte monargie; *~* ***slip differential,*** *(meg.)* vastrapewenaar, glybeperkte ewenaar; *be ~* ***to*** *...* tot ... beperk wees; *~* ***train,*** *(Am.)* sneltrein.

lim·it·ing: ~ *position* grensstand; ~ *value* grenswaarde; ~ *velocity* grenssnelheid.

lim·it·less onbegrens, grens(e)loos, onbeperk.

lim·i·trophe aangrensend, grens= *(land, streek).*

limn *(poët., liter.)* skilder, teken; uitbeeld. **lim·ner** *(hoofs. hist.)* skilder, tekenaar; uitbeelder.

lim·nol·o·gy meerkunde, limnologie, soetwaterbio=logie, varswaterbiologie.

lim·o =*os, (Am., infml.)* = LIMOUSINE.

li·mo·nite *(min.)* limoniet, moerasyster.

lim·ou·sine, lim·ou·sine *(<Fr.)* limousine, *(infml.)* lang, slap kar/motor. ~ **liberal** limousineliberaal.

limp[1] *n.* mankheid; *have a* ~ mank loop, hink. **limp** *ww.* mank/kreupel/kruppel loop, mank wees, hink; *(fig.)* mank gaan; ~ *back, (fig.)* terugsukkel; ~ *into harbour* die hawe binnesukkel. **limp·ing·ly** mank, kreu=pel, kruppel.

limp[2] *adj.* slap, pap; buigsaam; hangerig; →LIMPLY; ~ *cover* soepel band. ~**-wristed** *adj.* polsflappend, slap=pols=, met flappende/slap polse *(pred.).*

lim·pet klipmossel; *stick like a* ~ soos klitsgras kleef/(vas)klou. ~ **bomb** kleefbom. ~ **mine** kleefmyn.

lim·pid (glas/kristal)helder, suiwer; onbesoedel(d); deursigtig, deurskynend; ~ *style* helder styl. **lim·pid·i·ty** helderheid, suiwerheid; deursigtigheid.

limp·ly slap, pap; ... *s.o. said* ~ ... het iem. floutjies gesê.

Lim·po·po *(geog., SA)* Limpopo.

lim·y kalkagtig, kalkhoudend, kalk=; lymerig; lym=; *(arg.)* taai, klewerig.

lin·age aantal reëls; betaling volgens aantal reëls.

li·nar·ia *(bot.: Linaria maroccana)* weeskindertjies.

linch·pin, lynch·pin luns(pen), steker; *the* ~ *of ..., (fig.)* die spil waarom ... draai, die hoeksteen van ...

linc·tus hoesstroop.

lin·den *(bot.)* linde. ~ **tree** lindeboom.

Lin·des·nes, (the) Naze *(geog., Noorweë)* Lindes=nes.

line[1] *n., (geom., kuns)* lyn; streep; tou, lyn; draad; baan; gelid, ry *(mense);* groef, lyn *(i.d. hand, gesig);* trek *(om d. mond);* reël *(skrif, druk);* strafreël; briefie, reëltjie; reeks; (skeepvaart)lyn; *(mil.)* linie; afstamming, lyn, linie; soort; ewenaar, linie; gedragslyn, rigting, koers; standpunt; vak, besigheid; →BOTTOM LINE; ~ *of* **ac·tion** gedragslyn; **adopt** *a* ~ *(of reasoning)* 'n redene=ring volg; *all* **along** *the* ~ op alle punte; *(mil.)* langs/oor die hele linie; ***along/on** these ~s* soos hier aange=dui, op hierdie grondslag, volgens hierdie beginsels; ***along/on** the ~s of* ... min of meer soos ...; ~ *of* **battle** slagorde; ***behind** the ~s, (mil.)* agter die front; *read* ***between** the ~s, (fig.)* tussen die reëls lees; *s.o.'s* **bot·tom** ~ die minste wat iem. sal aanvaar; ***bring** s.o. into* ~ iem. tot orde roep, iem. tot samewerking dwing; ***bring** s.t. into* ~ *with* ... iets met ... in ooreenstem=ming bring; *the* **broad** *~s of a policy* die hoofsake/hooftrekke van 'n beleid; *a* ~ *of* **business** →BUSI=NESS; *in the* ~ *of* **business** in die loop van sake, op sakegebied; ~ *of* **centres,** *(geom., fis.)* hartlyn; **clear** *a* ~ 'n lyn vrymaak; 'n treinspoor begaanbaar maak; ~ *of* **cleavage,** *(fig.)* skeilyn; klooflyn; ***come/fall/get** into* ~ *with s.t.* met iets saamgaan; met iets saam=stem; jou by iets neerlê; ~ *of* **communication** ver=bindingsweg, =lyn; *(mil.)* verbindingslinie; ~ *of* **con·duct** gedragslyn; ~ *of* **country,** *(fig.)* rigting, gebied; ~ *of* **credit** krediet; **cross** *the* ~ oortree, oor die tou trap; oor die ewenaar gaan; *(rugby)* oor die doellyn gaan; *have* **crossed** *~s* →CROSS *ww.;* ~ *of* **curvature,** *(wisk.)* krommingslyn; ~ *of* **defence** verdedigingslyn; (versterkte) verdedigingslinie; ~ *of* **demarcation** af=bakeningslyn; skeid(ing)slyn; *s.o. is* **descended** *from a* ~ *of* ... iem. stam uit 'n geslag van ... *(boere ens.);* ~ *of* **descent** geslagslyn; ~ *of* **dip** hellingslyn; ***do/write** ~s* strafreëls skryf/skrywe; *sign on the* **dotted** ~ →DOTTED; **down** *the* ~ langs/met die lyn af; **draw** *a* ~, *(lett.)* 'n lyn/streep trek; *(fig.)* 'n grens stel; *this is where I* **draw** *the* ~ tot hier toe en nie verder/vêrder nie, dis so ver/vêr as ek sal gaan, verder/vêrder (as dit) gaan ek nie, hier steek ek vas; *one must* **draw** *the* ~ *somewhere* êrens moet die grens getrek word; **drop** *s.o. a* ~ vir iem. 'n briefie skryf/skrywe; *in the* ~ *of* **duty** →DUTY; *reach (or come to) the* **end** *of the* ~ nie kan voortgaan nie; **fall** *into* ~, *(soldate)* aantree; **fall** *into* ~ *with s.t.* →***come/fall/get;*** ~ *of* **fighting** veglinie, gevegslinie; ~ *of* **fire** skootslyn; *take a* **firm** ~ ferm/kragtig/streng optree; ~ *of* **flight** vluglyn; ~ *of* **force** kraglyn; **form** *into* ~, *(soldate)* aantree; *the* **general** ~ die algemene beleid/rigting; **get** *~s* strafreëls kry; **get** *a* ~ *on s.t., (infml.)* op die spoor van iets kom; **get** *into* ~ *with s.t.* →***come/fall/get;* give** *s.o.* ~ *enough* iem. skiet gee, iem. die nodige vryheid laat; *come of a* **good** ~ van goeie afkoms wees; *s.t.* **hangs** *on a* ~, *(wasgoed ens.)* iets hang aan 'n lyn; **hard** *~s!, (infml.)* jammer!, sim=patie!; *it's* **hard** *~s, (infml.)* dis jammer/spytig (*of* 'n jammerte); *it's* **hard** *~s on s.o., (infml.)* dis hard/on=gelukkig vir iem.; *take a* **hard** ~ ontoegewend optree; onversoenlik wees; ~ *of the* **heart, heart** ~ hartlyn *(op d. handpalm);* **hold** *a* ~, *(mil.)* 'n linie handhaaf; **hold** *the* ~, *(telef.)* aanbly, wag; **hold** *the* ~, *please!, (telef.)* bly aan, asseblief!; **in** *(a)* ~ in een lyn; *be* **in** *s.o.'s* ~ binne iem. se gebied/terrein val/wees, in iem. se kraal wees; *s.o. is* **in** ~ *for s.t.* iem. kom vir iets in aanmerking, iem. het 'n kans op iets; **in** ~ *with* ... in ooreenstemming met ...; ooreenkomstig ...; *be* **in** ~ *with* ... met ... ooreenkom/strook; ~ *of* **intersection** snylyn; **keep** *s.o. in* ~ iem. in die pas hou; **keep** *to one's own* ~ jou eie koers volg, jou eie pad loop; **lay** *s.t. on the* ~, *(infml.)* iets waag (*of* in gevaar stel); ***lay/ put** it on the* ~ *to s.o., (infml.)* padlangs/reguit met iem. praat; ~ *of* **least** *resistance* maklikste weg; ~ *of* **life,** *life*~ lewenslyn; ~ *of* **march** marsweg, =roete; *a* **new** ~ 'n nuwe soort artikel *(in 'n winkel);* 'n nuwe rigting; *be* **off** ~, *(rek.)* ongekoppel(d) wees, nie (aan die sen=trale verwerkingseenheid) gekoppel(d) wees nie; *be* **on** ~, *(rek.)* gekoppel(d) wees; **on** *the* ~, *(lett.)* op die lyn; aan die lyn; *(lett.)* op die spoor(lyn); aan die spoor(lyn); *(telef.)* verbonde, verbind; *s.o. is* **on** *the* ~ *for* ... iem. wil oor die telefoon met ... praat; **on** *these ~s* →***along/on;* out of** ~ uit die lyn (uit); skeef; *be* **out of** ~ voorbarig wees; onvanpas optree; *s.t. is* **out of** *s.o.'s* ~ iets is/val buite iem. se gebied/terrein; ~ *of* **outposts** voorpostelinie; ~ *of* **poetry** versreël; ~ *of* **posts** posteketting, =reeks; ~ *of* **pressure** druklyn; ~ *of* **print** skrifreël; **put** *it on the* ~ *to s.o.* →***lay/put;*** ~ *of* **resistance** weerstandslyn; ~ *of* **retirement** terug=togslyn; ~ *of* **retreat** aftogslyn; *by* **rule** *and* ~ haar=fyn, presies; *s.t. has been done on the* **same** *~s* iets is op dieselfde lees geskoei; **ship** *of the* ~ linieskip; **shoot** *a* ~, *(infml.)* spekskiet; **shoot** *down the* ~ van agter skiet; ~ *of* **sight** siglyn, gesigslyn; riglyn, visierlyn; ~ *of* **slope** hellingslyn; **snort** *a* ~ *(of coke), (dwelmsl.)* 'n lyntjie/strepie kokaïen (op)snuif; **stand** *in* ~ op/in 'n ry staan; toustaan; **step** *out of* ~ onvanpas optree; *take a* **strong** ~ beslis/kragtig optree; 'n sterk stand=punt inneem; ~ *of* **supply** toevoerlyn; *(mil.)* toevoer=linie; **take** *a* ~ 'n gedragslyn/rigting inslaan/volg, 'n standpunt inneem; ~ *of* **thought** gedagtegang, =rig=ting; **toe** *the* ~ →TOE *ww.;* **troops** *of the* ~ linietroepe; ~ *of* **type** setreël; ~ *of* **vision** ooglyn, siglyn, gesigs=lyn; **wheel** *into* ~, *(mars)* inswenk; ***white/yellow*** ~ wit/geel streep; ~ *of* **withdrawal** terugtogslyn. **line** *ww.* lyne/strepe trek, linieer, streep; groef, rimpel; beset, afset; (in rye) staan langs; in gelid staan; in gelid stel; →LINED; ~ *s.t.* **in** iets omlyn; ~ *s.t.* **off** iets (met 'n streep) afskei; ~ *s.t.* **out** iets skets/uitstippel; ~ *s.t.* **through** iets deurhaal, 'n streep deur iets trek; ~ **up** aantree, in gelid/rye gaan staan; ~ **up** *behind ..., (ook, infml.)* jou agter ... skaar, ... steun; ~ *people* **up** mense in rye laat staan, mense in gelid bring/stel; ~ *s.t.* **up** iets in lyn bring, iets haaks maak; iets rang=skik/opstel; iets reël; *be* ~*d* **up,** *(ook)* op 'n lys staan, in aanmerking kom; *have s.t.* ~*d* **up** iets gereël hê. ~ **block** lynblok, lyncliché. ~ **bore** pasmaak. ~ **breed·ing** lynteelt. ~ **drawing** lyntekening. ~ **editor** *(rek.)* →EDI=TOR. ~ **engraving** lyngravure. ~**feed** *(rek.)* reëlaan=skuiwing. ~**fish** *(SA)* lynvis; bankvis. ~ **fisherman** lynvisser; skuitvisser. ~ **fishing** lynvissery. ~ **judge** *(sport)* →LINESMAN. ~ **keeper** baanwagter, lynwag=ter, =werker, =opsigter. ~ **level** hangwaterpas. ~**man** =*men, (Am.)* lynwagter, =werker, =opsigter; →LINES=MAN; *(landm.)* kettingdraer, landmetershulp. ~ **man·agement** *(han.)* lynbestuur. ~ **manager** *(han.)* lyn=bestuurder. ~ **operator** lynbediener, telefonis. ~**-out** *n., (rugby)* lynstaan. ~ **out** *ww., (rugby)* die/'n lyn=staan vorm. ~ **peg** lynpen; afsteekpen. ~ **perforation** lyntanding. ~ **printer** *(rek.)* reëldrukker. ~ **regiment** linieregiment. ~ **shaft** hoofdryfas. ~ **spacing** reël=spasiëring. ~ **spectrum** *(fis.)* lynspektrum. ~ **tapper** afluisteraar *(oor d. telefoon).* ~**-tapping** afluister(der)y. ~**-up** *n.* lys; span; groep; program; ry; reeks, opeen=volging; opstelling, groepering; *(Am.)* →IDENTIFICA=TION PARADE. ~ **work** pen=, potloodtekening.

line[2] *ww.* (uit)voer, die/'n voering insit; *(infml.)* vul, volprop *(sak, maag, ens.); (infml.)* spek *(beurs);* ~ *s.t. with* ... iets met ... uitvoer *('n laai met papier ens.);* iets met ... voer *('n kledingstuk met sy ens.).*

line[3] *ww., (w.g., hond of wolf)* dek, paar.

line·age[1] afkoms, geslag, geslagsboom, stamboom; afstammelinge, nakomelinge; *(antr.)* linie.

line·age[2] →LINAGE.

lin·e·al direk, regstreeks, lynreg; lineêr, lineaal; lyn=; maat=; ~ *descendant* regstreekse afstammeling.

lin·e·a·ment *(poët., liter.)* trek, gelaatstrek; *in every* ~ in elke trek.

lin·e·ar lengte=; lineêr, lyn=; *(bot.)* lynvormig. ~ **ac·celerator** *(fis.)* lineêre versneller. ~ **algebra** lineêre algebra. ~ **dimension** lengtemaat. ~ **drawing** regly=nige tekening; *do* ~ ~ reglynig teken. ~ **equation** *(wisk.)* eerstemagsvergelyking. ~ **expansion** lineêre uitset=ting, lengte-uitsetting. ~ **measure** lengtemaat. ~ **mo·tor** *(elek.)* lineêre motor. ~ **programming** *(wisk., ekon.)* lineêre programmering.

lin·e·ar·i·ty lineariteit.

lin·e·ate, lin·e·at·ed gelinieer(d), gelyn(d); gestreep.

lin·e·a·tion liniëring.

lined *adj.: a* ~ *face, (deur ouderdom)* 'n gesig vol plooie, 'n beplooide/verrimpelde gesig; *(deur kommer ens.)* 'n gegroefde gesig; *a face* ~ *with worry* 'n gesig vol kom=merplooie; ~ *paper* lyntjiespapier, gelinieerde papier.

lin·en *n.* linne; linnegoed; lynwaad; *wash one's dirty* ~ *in public* private moeilikhede/onenigheid oopgooi, private onsmaaklikhede in die openbaar lug, huis=houdelike sake uitbasuin. **lin·en** *adj.* linne=. ~**-backed** met die/'n linnerug, linnerug=. ~ **cupboard,** ~ **press** linnekas. ~ **draper** linnehandelaar. ~ **fibre** linnevesel. ~ **fold** plooipatroon, *(infml.)* linneplooi. ~ **goods** linne=(goed), linneware. ~ **thread,** ~ **yarn** linnegare, =garing. ~ **weave** effebinding.

lin·er[1] oseaanboot, lynskip, =boot; lynvliegtuig; *(mil.)* linievliegtuig; linieskip; *(infml.)* oogomlyner; →EYELINER.

lin·er[2] voering; voeringstuk; bekleding; vulstuk; gly=stuk.

lines·man =*men, (sport)* grensregter, vlagman; *(ten=nis)* lynregter; *(hoofs. Br., telef.)* lynwagter, lynwerker, kabelman; *(mil.)* liniesoldaat; →LINEMAN.

ling[1] *(igt.: Molva molva)* leng.

ling[2] *(bot.: Calluna vulgaris)* struikheide.

lin·ger draal, draai, talm, vertoef; weifel, aarsel; kwyn, sukkel; ~ **away** *one's time* die/jou tyd verbeusel; ~ **on,** *(herinnering)* voortleef; *(pyn ens.)* voortduur; *(oorlog ens.)* voortsleep; ~ **on** *a subject/etc.* lank by 'n onder=werp/ens. stilstaan; ~ **over** *a meal* lank aan tafel sit, tydsaam sit en eet; ~ **over** *a drink* lank met 'n dran=kie sit; ~ **over** *a task* met 'n taak draal/draai; ~ **round** ronddraai, ronddrentel. **lin·ger·er** draler, talmer, dren=telkous, draaikous. **lin·ger·ing** *n.* draaiery, getalm, gedraal; kwyning, (die) kwyn; (die) aanhou. **lin·ger·ing** *adj.* draaierig, dralerig, dralend; kwynend, suk=kelend; ~ *death* stadige dood; ~ *disease* slepende/lang=durige siekte; *have a* ~ *regard for s.o.* darem nog iets vir iem. oorhê.

lin·ge·rie (vroue)onderklere, (fyn) onderkleding, *(infml.)* ondergoed; *(arg.)* linnegoed.

lin·go =*goes, (infml., dikw. skerts.)* vreemde taal; jargon, koeterwaals, taaltjie, bargoens.

lin·gua -*guae* taal; *(anat.)* tong. ~ **franca** verkeerstaal, lingua franca; *(hist.)* mengeltaal. **lin·gual** *n., (w.g.)* tongletter. **lin·gual** *adj., (anat.)* tong-; *(w.g.)* taal-; ~ ***artery*** tongslagaar; ~ ***bone*** tongbeen; ~ ***muscle*** tongspier; ~ ***vein*** tongaar. **lin·gui·form** tongvormig.

lin·gui·ne, lin·gui·ni *(It. kookk.)* linguini.

lin·guist taalkundige, taalkenner, linguis, taalgeleerde; talekenner; *be a good* ~ 'n talekenner (*of* verskillende tale magtig) wees; taalkundig aangelê wees. **lin·guis·tic** *adj.* taalkundig, taalwetenskaplik, taal-, linguisties; ~ ***atlas*** taalatlas; ~ ***feeling*** taalgevoel; ~ ***island*** taaleiland; ~ ***phenomenon*** taalverskynsel; ~ ***theory*** taalteorie. **lin·guis·ti·cal·ly** linguisties, taalkundig, op taalgebied. **lin·guis·tics** *n. (fungeer as ekv.)* taalkunde, taalwetenskap, linguistiek.

lin·gu·late, lin·gu·lat·ed *(bot., soöl.)* tongvormig.

lin·i·ment smeergoed, smeermiddel, smeersel, vloeibare salf, liniment.

lin·ing[1] liniëring; *(hoofs. mil.)* opstelling; lynvissery; ~ *up* rig(ting). ~ **peg** lynpen, afsteekpen.

lin·ing[2] voering; bekleding, bekleedsel; belegstuk; →JAMB (LINING).

link[1] *n.* skakel; verband *(met)*; koppeling *(met, aan)*; *(chem.)* binding; *(telef.)* verbinding; *(lengtemaat)* link; mansjetknoop, mansjetskakel; spooraansluiting; koppelstang; skakelman; *(mil.)* trap; →LINKAGE; *forge ~s, (fig.)* bande smee; *the missing* ~ die ontbrekende skakel. **link** *ww.* koppel, verbind, saamvoeg, saamsnoer, (aaneen)skakel, aanmekaarskakel, -koppel, aaneensluit; aansluit; in verband bring ~ ***arms***, ~ *one's* ***arm*** *in/through s.o.'s* by iem. inhaak; *with* ***arms*** *~ed* ingehaak; ~ ***on*** *to ...* (jou) aansluit by ... *('n mening, standpunt, ens.)*; *they are* ***romantically*** *~ed* daar is glo 'n romantiese verhouding tussen hulle; ~ *s.t.* ***to*** *s.t. else* iets aan iets anders aanhaak; *be ~ed* ***to*** ... met ... verbind wees; ~ ... ***together*** ... verbind/skakel/saamvoeg/saamsnoer/aaneensluit; *people* ~ ***up*** mense kom saam; *things* ~ ***up*** dinge hang saam; ~ ***up*** *with* ... by ... aansluit; met ... saamhang; by ... aanknoop; ~ *s.o.* ***with*** ... iem. met ... in verband bring, iem. aan ... koppel. ~ **belt** skakel-, kettingband. ~ **chain** skakelketting. ~ **pin** skakelpen. ~ **spanner** pyp-, buistang. ~-**up** verbinding, aansluiting. ~ **verb** skakelwerkwoord.

link[2] *n., (hist.)* flitslig; fakkel. ~**boy** -*boys*, ~**man** -*men, (hist.)* fakkeldraer.

link·age verbinding, skakeling; *(chem.)* binding.

links *n. (fungeer as ekv. of mv.)* gholfbaan *(a.d. see)*; *(Sk.)* grasstrook aan die see.

linn *(Sk., arg.)* waterval; seekoe(i)gat; afgrond, kloof.

Lin·nae·an, Lin·ne·an *n.* volgeling van Linnaeus. **Lin·nae·an, Lin·ne·an** *adj.* Linnaeus-, van Linnaeus.

lin·nae·ite *(min.)* kobaltkies.

lin·net *(orn.: Cardeulis/Acanthis cannabina)* vlasvink, *(Ndl.)* kneu.

li·no -*nos* →LINOLEUM. ~**cut** linosnee.

lin·o·le·ic ac·id *(chem.)* lynoliesuur, linoleïensuur.

lin·o·le·nic ac·id *(chem.)* linoleensuur.

li·no·le·um linoleum. ~-**block print** linoleumdruk. ~-**block printing** linoleumdruk. ~ **cut** linoleumsnee. **li·no·le·umed** linoleum-, met linoleum bedek.

Li·no·type *(handelsnaam)* Linotype. **li·no·type** linotipe, (reël)setmasjien. **li·no·typ·er, li·no·typ·ist** masjiensetter.

lin·seed lynsaad. ~ **cake** lynkoek. ~ **oil** lynolie. ~ **poultice** lynoliepap, lynsaadpap.

lin·sey-wool·sey *(tekst.)* linnewol.

lin·stock *(hist.)* lontstok.

lint pluksel; pluis; verbandlinne; →BORACIC LINT. ~ **outturn** *(katoen)* veselproduksie.

lin·tel *(bouk.)* latei, dorpel.

lin·ters *n. (mv.)* katoenpluis, linters.

lin·y *(infml.)* vol lyne/strepe; streperig; gerimpel(d), geplooi(d).

li·on leeu; *(vero.)* held, beroemdheid; *(L~, lid v. 'n int. Br. rugbyspan)* Leeu; *beard the ~ in his* ***den***, *(fig.)* jou/dit in die leeu se hok waag; *~'s* ***den***, *(fig.)* leeukuil; ***male*** ~ leeumannetjie; *a* ***pride*** *of ~s* 'n trop leeus; ***see/show*** *the ~s, (w.g.)* die besienswaardighede besigtig/wys; *the ~'s* ***share*** die leeueaandeel; ***the*** *L~, (astron., astrol.)* die Leeu, Leo; *a ~ in the* ***way/path***, *(fig.)* 'n (denkbeeldige) bedreiging/gevaar/onheil. ~ **country** leeuwêreld. ~ **cub,** ~ **whelp** klein leeutjie. ~**heart** leeu(e)hart; *Richard the L~* Richard Leeu(e)hart. ~-**hearted** dapper, manmoedig, heldhaftig, met leeuemoed. ~ **hunter** leeujagter; naloper van beroemdhede. ~ **marmoset,** ~ **monkey** leeuapie. ~**'s ear,** ~**'s tail** *(Leonotis leonurus)* duiwelstabak, wildedagga. ~**'s teeth,** ~**'s tooth** *(Taraxacum officinale)* perdeblom, platdissel. ~**'s tooth** *(lett.)* leeutand. ~-**tailed macaque,** ~-**tailed monkey** baardaap. ~ **whelp** →LION CUB.

li·on·ess leeuwyfie; *(vero.)* heldin, beroemdheid.

li·on·ise, -**ize** verafgo(o)d, ophemel, vier, huldig; *(w.g.)* die besienswaardighede wys; *(w.g.)* na die merkwaardighede kyk.

li·on·like soos 'n leeu, leeuagtig.

lip *n.* lip; rand *(v. 'n afgrond ens.)*; tuit; *(sl.)* astrantheid; ***bite*** *one's ~(s)* op jou lip(pe) byt; ***button*** *your ~!, (infml.)* bly stil!, hou jou mond!; ~ *of a* ***crater*** rand van 'n krater, kraterrand; ***curl*** *one's ~s* jou lippe optrek; *be on* ***everybody's*** *~s* op almal se lippe wees, op elke lip wees; ***give*** *s.o. a lot of ~, (infml.)* jou mond teenoor iem. uitspoel; ***hang*** *(up)on s.o.'s ~s* aan iem. se lippe hang, iem. se woorde indrink; ***hang*** *one's (or* ***make*** *a)* ~ jou lip/kop laat hang, 'n lang gesig trek; ***lick/smack*** *one's ~s (at the prospect/thought of s.t.)* jou lippe (vir iets) aflek; ***none*** *of your ~!, (infml.)* moenie jou astrant/parmantig hou nie!; *s.o. didn't* ***open*** *his/her ~s* iem. het nie sy/haar mond oopgemaak nie; *have s.t. from s.o.'s* ***own*** *~s* iets uit iem. se eie mond hê; *nothing has* ***passed*** *s.o.'s ~s* iem. het nog niks oor sy/haar lippe gehad nie; ***read*** *~s* lippe lees; ***read*** *my ~s* luister (nou) mooi (na my), luister na wat ek (vir jou) sê, maak jou ore oop; ***screw up*** *one's ~s* jou lippe saamtrek; *s.o.'s ~s are* ***sealed*** iem. mag niks sê nie, iem. moet swyg; iem. is aan geheimhouding gebonde; ***smack*** *one's ~s* ***→lick/smack; smack*** *one's ~s, (ook)* met jou lippe klap; *keep a* ***stiff*** *upper* ~ selfbeheersing toon, moed hou, die blink kant bo hou, jou taai/groot hou; *keep a* ***stiff*** *upper ~!* hou moed!, hou die blink kant bo!; *with a* ***stiff*** *upper* ~ met saamgeperste lippe, met selfbeheersing. **lip** -*pp-*, *ww.* met die lippe aanraak; kabbel; *(poët.)* soen; *(w.g.)* fluister, saggies praat; →LIPPED *adj.*. ~ **comfort** *(w.g.)* onopregte troos, lippetroos. ~-**deep** onopreg, vals, bolangs. ~ **devotion** *(w.g.)* skynvroomheid. ~ **gloss** lipglans. ~ **labour** ydele woorde. ~-**read** liplees. ~-**reader** lipleser. ~-**reading** liplees, liplesery. ~-**rounding** *(fonet.)* lipronding. ~**salve** *(Br.)* lipsalf. ~ **service** lippediens; *pay ~ ~ to ...* lippediens aan ... bewys, lippehulde aan ... bring. ~**stick** lipstif(fie). ~-**sync(h)** *n., (infml.: lipsinchronisasie, -kronisasie)* lipsink. ~-**sync(h)** *ww., (infml.: lipbewegings sinchroniseer/-kroniseer [met])* lipsink. ~ **worship** lippeaanbidding.

Lip·a·ri Is·lands *(geog.)* Lipariese Eilande.

li·pase *(biochem.)* lipase.

lip·id(e) *(biochem.)* lipied, vetstof.

Lip·iz·zan·er, Lip·pi·zan·er *(perderas)* Lipizzaner.

lip·less liploos, sonder lippe.

lip·let lippie.

lipo- *komb.vorm* lipo-, vet-.

lip·o·cele vetbreuk.

lip·o·chrome lipochroom.

lip·oid *n.* lipoïed. **lip·oid, li·poi·dal** *adj.* lipoïed, vetagtig.

li·po·ma -*mas*, -*mata, (patol.)* vetgewas, lipoom.

lip·o·some *(biochem.)* liposoom.

lip·o·suc·tion *(med.)* vetafsuiging.

lipped *adj.* lipvormig, gelip, lippig. **-lipped** *komb.vorm* met ... lippe, -lippig; *thin-~* met (die) dun lippe, dunlippig; *tight-~* met (styf) saamgeperste lippe; geslote, swygsaam.

Lip·pi·zan·er →LIPIZZANER.

lip·py *adj.* met hanglippe, hanglip- *(hond ens.)*; *(infml.)* nie op die/jou mond/bek geval nie, bekkig; astrant, parmantig.

li·quate uitsmelt *(metaal uit erts)*.

li·qua·tion *(metal.)* uitsmelting, smeltskeiding. ~ **furnace** smeltoond.

liq·ue·fy, liq·ui·fy smelt, vloeibaar maak; vloeibaar word, vervloei. **liq·ue·fac·tion, liq·ui·fac·tion** smelting, vloeibaarmaking; vloeibaarwording, vervloeiing. **liq·ue·fi·a·ble, liq·ui·fi·a·ble** smeltbaar; vervloeibaar.

li·ques·cent *(poët., liter.)* smeltend, maklik smeltbaar.

li·queur likeur. ~ **glass** likeurglas(ie).

liq·uid *n.* vloeistof; vog; *(fonet.)* vloeiende letter, likwied, liquida. **liq·uid** *adj.* vloeibaar; vloeiend; helder, deurskynend; onvas, veranderlik; waterig; *(fin.)* likied, maklik realiseerbaar; soetvloeiend; *(poët., liter.)* smeltend *(oë)*; *(mus.)* volrond *(note)*. ~ **air** vloeibare lug. ~**amber** *(bot.)* amberboom, storaks(boom). ~ **asset** *(fin.)* likiede bate. ~ **capital** *(fin.)* vlottende kapitaal. ~ **crystal** vloeistofkristal. ~-**crystal display** vloei(stof)kristalvertoon. ~ **fire** *(mil.)* vuurstraal. ~ **gas** vloeibare gas. ~ **glue** koue lym. ~ **limit** vloeigrens. ~ **lunch** *(infml., skerts.)* ete wat uit weinig meer as drank bestaan. ~ **manure** gier, miswater. ~ **measure** vogmaat; vloeistofmaat, maat vir nat ware. ~ **meter** vloeistofmeter. ~ **ounce** vloeistofons. ~ **paraffin** aptekersparaffien, *(Am.)* mineraalolie. ~ **refreshment** *(infml.)* dorslesser(tjie), keelnatmaker(tjie); voggies; 'n paar koues. ~ **resources** *(fin.)* likiede/vlottende middele. ~ **soap** vloeiseep. ~ **veneer** strykvernis.

liq·ui·date likwideer *('n maatskappy)*; ontbind *('n maatskappy, kartel)*; vereffen, afbetaal *('n rekening, lening, skuld)*; afwikkel *('n daal- of stygbelang ens.)*; te gelde (*of* tot geld) maak *('n bate, boedel)*; opruim, realiseer *(voorraad)*; afhandel *('n eis)*; *(infml.)* vernietig, uitwis, (permanent) verwyder *(iem.)*.

liq·ui·da·tion likwidasie, likwidering; ontbinding; vereffening, afbetaling; afwikkeling; tegeldemaking; opruiming, realisasie; afhandeling; *(infml.)* vernietiging, uitwissing; ~ *of debt* skulddelging, aflossing van skuld; *be in/under* ~ in likwidasie wees. *go into* ~ in likwidasie gaan, gelikwideer word. ~ **order** likwidasiebevel. ~ **sale** likwidasie-uitverkoping, sluitingsuitverkoping. ~ **value** likwidasiewaarde.

liq·ui·da·tor likwidateur.

liq·uid·ise, -**ize** vloeibaar maak. **liq·uid·is·er,** -**iz·er** versapper, versaptoestel; →BLENDER.

li·quid·i·ty vloeibaarheid; *(fin.)* likiditeit; likiditeitspeil.

liq·ui·fy →LIQUEFY.

liq·uor *n.* vog; (sterk) drank; ***abuse*** *of* ~ drankmisbruik; *s.o. can* ***hold*** *his/her* ~ iem. kan baie drank verdra; *be* ***in*** *(or the* ***worse*** *for)* ~, *(infml.)* onder die invloed van drank wees, beskonke/besope/dronk wees; *be under the* ***influence*** *of* ~ onder die invloed van drank wees; *drive under the* ***influence*** *of* ~ onder die invloed van drank bestuur. **liq·uor** *ww.* in water week; natmaak; *(w.g.)* met vet/olie smeer *(tuie, leer)*; ~ *(up), (sl.)* 'n doppie steek, keel natmaak, 'n sopie drink; ~ *s.o. (up), (sl.)* iem. dronk maak. ~-**runner** dranksmokkelaar. ~-**running** dranksmokkelary. ~ **store** drankwinkel. ~ **trade** drankhandel.

liq·uo·rice, *(Am.)* **lic·o·rice** (swart)drop; *(bot.)* soethout. ~ **allsorts** *n. (mv.)* droplekkers, -lekkergoed, reënbooglekkers. ~ **water** dropwater.

liq·uor·ish →LICKERISH.

li·ra *lire, liras, (It./Turkse geldeenheid)* lira.

Lis·bon *(geog.)* Lissabon.

lisle: ~ **glove** garinghandskoen. ~ **stocking** katoenkous. ~ **thread** katoengaring, -gare.

lisp *n.* gelispel, tongstoot; gelisp; *speak with a* ~ met die tong stoot, met 'n tongstoot praat. **lisp** *ww.* lispel; sleeptong praat, met die tong stoot, krom praat. **lisp·er** kromprater; iem. wat lispel.

lis·som(e) soepel, buigsaam, lenig, slap; rats. **lis·som(e)·ness** soepelheid, buigsaamheid, lenigheid.

list[1] *n.* lys, rol; katalogus; →LISTED, LISTING[1]; *the **active** ~* die lys van aktiewes; *~ of **books** recommended* lys van aanbevole boeke; *~ of **charges*** tarief-, tarieweskaal, tarief-, tariewetabel, tarief-, tariewelys; ***compile/make*** (or ***draw up***) *a ~* 'n lys maak/opstel; *~ of **convictions*** vonnislys; *s.t. is **high** on the ~* iets geniet voorrang; *a ~ of **names*** 'n lys (van) name, 'n naamlys; *appear/be **on** a ~* op 'n (naam)lys staan; ***open/start*** *a ~* 'n lys aanlê; *be on the **retired** ~* gepensioeneer(d) wees; *~ of **sales*** verkoopstaat; *a **short** ~* 'n kort lys(ie); 'n groslys; ***top*** *the ~, be at the **top** of the ~* boaan (*of* bo aan *of* eerste op) die lys staan. **list** *ww.* lys, 'n lys maak van; inskryf, inskrywe, katalogiseer, inventariseer; opnoem; *(sekuriteitebeurs)* noteer; *(arg.)* soldaat word. ~ **price** katalogusprys.

list[2] *n.* selfkant (→LISTING[2]); band; strook; *(bouk.)* skeilys; *(vero.)* grens, perk; *(i.d. mv., hist.)* strydperk; *enter the ~s, (hist.)* in die strydperk tree. **list** *ww.* 'n band aanwerk/aansit, met 'n band afset; regkant *(v. hout)*. ~ **yarn** selfkantgare, -garing.

list[3] *n., (sk.)* oorhelling, slagsy. **list** *ww.* oorhel, oorhang, skuins hang; slagsy maak/hê/gee.

list[4] *n., (arg.)* lus, neiging, begeerte; →LISTLESS. **list** *ww.* lus hê, graag wil; skik; *ye who ~ to hear* u wat graag wil hoor; *the wind bloweth where it ~eth* die wind waai waarheen hy wil.

list[5] *ww., (arg. of poët.)* →LISTEN.

list·ed *(ook)* gelys, in 'n lys opgeneem; *~ building, (Br.)* historiese gebou; *~ hotel* aanbevole hotel; *~ share* genoteerde aandeel.

lis·tel *(bouk.)* skeilys.

lis·ten luister; toehoor; *~ **attentively/closely*** aandagtig/goed/mooi/skerp luister; *~ **for** ...* na ... luister, op ... let; luister of jy ... kan hoor; *~ to **gossip*** jou ore uitleen; *~ **in*** inluister; *~ **in** to a conversation* 'n gesprek afluister; na 'n gesprek luister; *~ **to** ..., (lett. & fig.)* na ... luister; ... aanhoor *('n versoek)*; ... te woord staan *(iem.)*; ... verhoor *(iem. se gebed)*; *~ **to** s.o., (ook)* iem. gehoorsaam; vir iem. luister; *~ **to** s.t., (ook)* aan iets gehoor gee *(raad ens.)*; tot iets inwillig *(versoek)*; *just ~ **to** this!* luister ('n) bietjie hier!. **lis·ten·a·ble** *(infml.)* luisterbaar.

lis·ten·er luisteraar; toehoorder. ~**-in** (in)luisteraar; afluisteraar, luistervink.

lis·ten·ing (die) luister. ~ **device**, ~ **apparatus** (in)luistertoestel. ~ **gallery** luistergang, -galery. ~**-in jack** *(telef.)* (mee)luisterklink, saamluisterklink. ~ **post** luisterpos.

list·er, list·er plough *(Am.)* operdploeg.

lis·te·ri·o·sis *(med.)* listerellose.

lis·ter·ise, -ize *(med.)* antisepties behandel, ontsmet.

list·ing[1] lysting; inskrywing; naamlys, rooster.

list·ing[2] selfkant; regkanting *(v. hout)*.

list·less lusteloos, dooierig, pap; lêerig, hangerig, loom, lomerig. **list·less·ness** lusteloosheid, dooierigheid; hangerigheid.

lit verlig; *be ~ up* verlig wees; *(infml., vero.)* aangeklam (*of* hoog in die takke) wees.

lit·a·ny *(Chr.)* litanie; *~ of woes/etc., (fig.)* treurmare, gesanik.

li·tchi, li·chee, ly·chee lietsjie.

lite *adj., (infml., han.: herspelling v.* light*)* lae-alkohol- *(bier ens.)*; laevet- *(kos)*; lig *(kos, vermaak, ens.)*.

li·ter *(Am.)* →LITRE.

lit·er·a·cy →LITERATE.

lit·er·al *n., (Br.)* drukfout; skryffout. **lit·er·al** *adj.* letterlik; woordelik(s); droog, feitelik, prosaïes; *~ equation* lettervergelyking; *~ pronunciation* letteruitspraak. **lit·er·al·ise, -ize** in letterlike sin beskou. **lit·er·al·ism** gebondenheid aan die letter, letterknegtery, letterziftery, literalisme. **lit·er·al·ist** letterkneg, lettersifter, literalis. **lit·er·al·ly** letterlik, na die letter; woordelik(s).

lit·er·ar·y letterkundig, literêr; geletterd; *~ **agent*** outeursagent; *~ **art*** woordkuns; *~ **critic*** letterkundige/literêre kritikus; *~ **historian*** literatuurhistorikus; *~ **history*** literatuurgeskiedenis; *~ **magazine*** letterkundige tydskrif; *~ **man/woman*** letterkundige; *~ **talent*** skryftalent, literêre aanleg. **lit·er·ar·i·ness** letterkundigheid.

lit·er·ate *n.* geletterde. **lit·er·ate** *adj.* geletterd; met kennis van lees en skryf/skrywe. **lit·er·a·cy** lees-en-skryf-kennis; geletterdheid.

lit·e·ra·ti *n. (mv.)* geleerdes, geletterdes.

lit·e·ra·tim *(fml.)* letterlik.

lit·er·a·tor →LITTÉRATEUR.

lit·er·a·ture letterkunde, literatuur, lettere; *in ~* in die letterkunde.

lith·arge loodglit; *yellow ~* geellood.

lithe soepel, buigsaam, lenig, slap. **lithe·ness** soepelheid, buigsaamheid. **lithe·some** *(poët., liter.)* →LISSOM(E).

lith·i·a steenloogsout, litien, litiumoksied; *(med., w.g.)* litiase.

li·thi·a·sis *(med.)* steenvorming, litiase, steensiekte.

lith·i·fi·ca·tion *(hoofs. geol.)* steenvorming.

lith·i·um *(chem., simb.: Li)* litium.

lith·o *-os, (infml., afk.)* →LITHOGRAPH, LITHOGRAPHY.

lith·o- *komb.vorm* lito-.

lith·o·graph *n.* steendruk(plaat), litografie. **lith·o·graph** *ww.* litografeer. **li·thog·ra·pher** steendrukker, litograaf; vlakdrukker. **lith·o·graph·ic** steendruk-, litografies. **li·thog·ra·phy** steendruk(kuns), litografie.

li·thol·o·gy litologie, steenkunde. **lith·o·log·i·cal** litologies, steenkundig.

lith·o·pone litopoon, witverf.

lith·o·sphere *(geol.)* litosfeer, (vaste) aardkors.

li·thot·o·my steensnyding; steensnee, litotomie.

Lith·u·a·ni·a *(geog.)* Litaue, Litoue. **Lith·u·a·ni·an** *n.* Litauer, Litouer; *(taal)* Litaus, Litous. **Lith·u·a·ni·an** *adj.* Litaus, Litous.

lit·i·gate prosedeer, 'n saak maak/voer, litigeer. **lit·i·gant** *n.* prosedeerder, gedingvoerder, litigant. **lit·i·gant** *adj.* prosederend, prosesvoerend, gedingvoerend, litigerend. **lit·i·ga·tion** proses(voering), litigasie; (regs)geding. **li·ti·gious** pleitsiek, prosedeersiek. **li·ti·gious·ness** pleitsug.

lit·mus lakmoes. ~ **paper** lakmoespapier. ~ **test** *(chem. of fig.)* lakmoestoets.

li·to·tes *litotes* litotes.

li·tre, *(Am.)* **li·ter** liter; ***hundreds/thousands*** *of ~s* honderde/duisende liters; ***in*** *~s* in liters; ***many*** *~s* baie liters; *a ~ **of** milk/etc.* 'n liter melk/ens.; *two ~s **of** milk/etc.* twee liter melk/ens..

lit·ter *n.* vullis, vuilgoed, rommel; stukkies en brokkies; oorskiet, afval; warboel, deurmekaarspul; werpsel, nes; stalmis; strooi; ruigte; kooigoed; *(hist.)* dra(ag)stoel; *(hist.)* draagbaar; *a ~ of **children**, (skerts.)* 'n nes vol kinders; *the cat is **in*** *~* die kat is dragtig; *the place is **in** a ~* die plek is deurmekaar/rommel(r)ig; *a ~ **of** kittens/pigs/puppies* 'n werpsel katjies/varkies/hondjies; *a ~ **of** ..., (infml.)* 'n spul ...; *be **strewn** with ~* met rommel besaai(d)/bestrooi wees. **lit·ter** *ww.* rommel strooi; bemors *('n plek)*; omkrap, deurmekaar maak; hot en haar (*of* rond en bont) gooi; 'n warboel maak van; rondgestrooi lê; jong, kleintjies kry; *(arg.)* lêplek/kooi maak, kooigoed oopgooi; *be ~ed with ...* met ... besaai(d)/bestrooi wees; *a ~ed road* 'n bemorste pad. ~ **basket** snippermandjie. ~ **bin** as-, vullis-, vuilgoedblik. ~**bug** *(Am., SA)*, ~ **lout** *(Br.)*, *(infml.)* rommelstrooier, morsjors.

lit·té·ra·teur *(Fr.)* literator, letterkundige.

lit·ter·y rommel(r)ig, deurmekaar.

Lit·tle: ~ **America** *(Am.)* Little America *(in Antarktika)*. ~ **Bear:** *the ~ ~, (astron.)* = URSA MINOR. ~ **Belt** *(geog.)* die Klein Belt. ~ **Englander** *(Br., hist. of infml.)* klein Engelander. ~ **Kar(r)oo:** *the ~ ~, (SA, geog.)* die Klein-Karoo. ~ **Lord Fauntleroy** →FAUNTLEROY. ~ **Red Riding-hood** Rooikappie. ~ **Russia** *(geog., hist.)* Klein-Rusland. ~ **Russian** *(hist.)* Klein-Rus; *(taal)* Klein-Russies, Oekraïns.

lit·tle *bep. & pron.* min, weinig; *a ~* 'n bietjie; *a ~ disappointed/etc.* effens/effe(ntjies) teleurgestel(d)/ens.; ***after*** *a ~* na 'n rukkie/tydjie; *~ **if anything,** ~ or **nothing*** weinig of niks; ***as*** *~ as a cent/etc.* selfs (*of* al is dit) net 'n sent/ens.; *~ **by** ~* langsamerhand, geleidelik, trapsgewys(e), gaandeweg; bietjie(s)-bietjie(s), voetjie vir voetjie; *... **counts** for ~* →COUNT[1] *ww.*; *there is ~ s.o. can **do** about it* iem. kan nie veel daaraan doen nie; ***every*** *~ helps* →EVERY; ***for*** *a ~* 'n rukkie/tydjie; ***just*** *a ~* (net) effens/effe(ntjies); net 'n bietjie *(water ens.)*; *make a ~ go a **long** way* ver/vêr kom met min (*of* 'n klein bietjie); ***make*** *~ of s.t.* min van iets begryp; min belang aan iets heg; *a ~ **more*** →MORE; ***not*** *a ~* taamlik (baie), nie min (*of* 'n bietjie) nie; *be **not** a ~ **surprised*** taamlik verbaas wees; ***precious*** *~, (infml.)* bitter/bedroef min, bloedweinig; *a ~ at a **time*** bietjie(s)-bietjie(s); *(far)* ***too*** *~* (glad/veels) te min; ***very*** *~* baie min; ***very*** *~ indeed* bitter/bedroef min; ***wait*** *a ~* 'n bietjie wag; ***wait*** *a ~!* wag 'n bietjie!; ***what*** *~ s.o. has* die bietjie wat iem. het; ***what*** *~ s.o. knows* die bietjie wat iem. weet. **lit·tle** *adj.* klein; weinig; gering; onaansienlik; kleinsielig; →LITTLER, LITTLEST; *~ **a/f/l*** a'tjie, f'ie, l'etjie; *a ~ **boy*** 'n seuntjie; *~ **children*** kindertjies; *every ~ **difficulty*** elke ou moeilikheidjie; *so that is your ~ **game*** dan is dit jou plannetjie; *~ **garments*** kleertjies; *a ~ **girl*** 'n dogtertjie/meisietjie; *have ~ **hope*** slegte moed hê; *a ~ **old** lady/man* 'n ou dame(tjie)/tantetjie/vroutjie/mannetjie; *a ~ **one*** 'n kleintjie/kleinding; *~ of **stature**, (Byb.)* klein van postuur; *a ~ **sugar*** 'n bietjie suiker(tjies); *count ... of ~ **value*** min van ... dink; *a ~ **way*** 'n (klein) entjie; ***when** I was ~* toe ek nog klein was. **lit·tle** *adv.* weinig; *~ does s.o. know* →KNOW *ww.*; *a ~ **less*** 'n bietjie/rapsie minder, effens/effe(ntjies) minder, weinig minder; ***like*** *s.o. ~* iem. staan jou nie aan nie; *(infml.)* nie ooghare vir iem. hê nie; *it is ~ **more** than ...* →MORE. ~ **finger** pinkie. ~ **gem squash** lemoenpampoentjie. ~ **green men** *(infml.)* Mars-, ruimtemannetjies, ruimtewesens, -wesentjies. ~**-known** weinig bekend, taamlik onbekend. ~ **man** (klein) mannetjie; gewone mens; *(Br.)* kleinskaalprodusent, -handelaar, -vakman, *ens.*; *(neerh.)* ventjie; *(vero. aanspreekvorm)* mannetjie, knapie, kêreltjie. ~ **Mary:** *s.o.'s ~ ~, (infml.)* iem. se maag/magie. ~**-minded** bekrompe, kleinsielig. ~ **ones** kleintjies, kleingoed. ~ **people/folk:** *the ~ ~* die feëtjies/kabouters/elwe. ~ **piked whale** →MINKE WHALE. ~ **theatre** klein teater. ~ **toe** kleintoontjie. ~**-used** selde/weinig gebruik; ongebruiklik, weinig gebruiklik.

lit·tle·ness kleinheid, kleinte, geringheid; kleinsieligheid.

lit·tler *(infml.)* kleiner.

lit·tlest *(infml.)* kleinste; *the ~ one* die kleinstetjie.

lit·to·ral *n.* kusstrook, -streek, -gebied, -land. **lit·to·ral** *adj.* kus-, van die kus(strook), langs die kus, litoraal; *~ climate* kusklimaat.

lit·ur·gy liturgie. **li·tur·gi·cal** liturgies; *L~ Latin* Kerklatyn. **li·tur·gics** *n. (fungeer as ekv.)* liturgiek. **lit·ur·gist** liturg; liturgis.

Lit·vak Litwak, Litause/Litouse Jood.

liv·a·ble →LIVEABLE.

live[1] *ww.* leef, lewe, bestaan; voortleef, -lewe; woon; *~ **alone*** (or *on one's own* or ***by*** *o.s.)* alleen (*of* op jou eentjie) woon; *~ **apart** from s.o.* weg van iem. woon; *man shall not ~ by **bread** alone* (AV), *man does not ~ on **bread** alone* (NIV), die mens sal van brood alleen nie lewe nie *(OAB)*, 'n mens leef nie net van brood nie *(NAB)*; *~ **by** hunting/etc.* van die jag/ens. leef/lewe; *~ **dangerously*** met gevaar leef/lewe; *~ s.t. **down*** iets te bowe kom; *~ **for** s.t.* vir iets leef/lewe; *~ **frugally*** skraps/suinig leef/lewe; *~ **in*** inwoon; *~ **in** a flat/etc.* in 'n woonstel/ens. woon; *be ~d **in*** bewoon word; *look ~d **in*** lyk (as)of dit bewoon word; *~ and **learn*** nooit te oud word om te leer nie, elke dag iets leer; deur ondervinding leer; *~ a **lie*** veins, huigel; *~ one's **life** to the full* →LIFE; *~ and let **live*** leef/lewe en laat leef/lewe; *as **long** as s.o. ~s* so lank iem. leef/lewe; *~ **off** s.t.* van iets leef/lewe; *~ **off** s.o.* op iem. se koste leef/lewe; ~ ***on*** voortleef, =lewe, bly bestaan, aan die lewe bly; ~ ***on** air, (skerts.)* van die wind leef/lewe; ~ ***on/upon** s.t.* van iets bestaan/leef/lewe *(brood, 'n pensioen, ens.)*; op (on)koste van iets leef/lewe *(d. staat ens.)*; van die verdienste van iets leef/lewe *(beleggings ens.)*; ~ ***out*** buite woon; ~ ***out** one's life* jou lewe uitleef; ~ ***out** the night* die nag oorleef/oorlewe; ~ *s.t. **over** again* iets herbeleef/herbelewe; ~ *on one's **own*** →***alone;*** ~ *on one's **reputation*** →REPUTATION; ~ *to **see** s.t.* iets beleef/belewe; ~ ***through** s.t.* iets deurmaak; ~ ***to** a great age* 'n hoë ouderdom bereik; ~ ***to be** a hundred/etc.* honderd/ens. jaar (oud) word, honderd/ens. haal/word; ~ ***together*** saamwoon; ~ ***together** (as man and wife)* saamleef, saamlewe; ~ *it **up**, (infml.)* dit uitkap; hoog leef/lewe; ~ ***up** to s.t.* ooreenkomstig/volgens (*of* in ooreenstemming met) iets leef/lewe *(beginsels ens.)*; iets hoog hou (*of* eer aandoen) *(jou naam, reputasie)*; iets nakom (*of* gestand doen) *('n belofte ens.)*; ~ ***well*** 'n goeie lewe lei; in weelde leef/lewe; ***where** does s.o. ~?* waar woon iem.?; ~ ***with** s.o.* by iem. (in)woon; met iem. saamwoon; met iem. saamleef/saamlewe; ~ ***with** s.t.* iets verdra/verduur; *learn to ~ **with** s.t.* iets aanvaar, jou by iets neerlê, jou in iets berus; *s.o. will have to ~ **with** it* iem. sal daarmee moet saamleef/=lewe (*of* sal moet leer om daarmee saam te leef/lewe *of* sal hom/haar daarby moet neerlê). **~-in** *adj. (attr.): ~ lover/partner/etc.* saambly=, saamwoonmaat; saambly=, saamwoonman; saambly=, saamwoonvrou; ~ *maid* inslaaphuishulp, =bediende.

live² *adj.* lewend; lewendig; gloeiend *(kole)*; skerp *(ammunisie)*; *a ~ **broadcast*** 'n regstreekse/direkte/lewende uitsending; ~ ***colour*** lewendige/helder kleur; ~ ***entertainment*** lewende vermaak, vermaak in lewende lywe; verhoogvermaak; *a ~ **issue*** 'n aktuele/brandende vraagstuk; *a ~ **performance/show*** 'n lewende optrede; *a **real** ~ movie star etc.* 'n egte filmster/ens., 'n filmster/ens. in lewende lywe; *a ~ **recording*** 'n lewende/direkte opname. ~ **ammunition** skerp/onontplofte ammunisie. ~ **axle** *(meg.)* draaias. ~ **bait** lewende aas. **~-bearing** *adj., (soöl.)* lewendbarend, vivipaar. ~ **bomb** skerp/onontplofte bom; gewapende bom. ~ **cartridge** skerp patroon, koeëlpatroon. ~ **centre** *(meg.)* draaisenter. ~ **lime** ongebluste kalk. ~ **load** *(passasiers, goedere, ens.)* mobiele/bewegende/veranderlike belasting. ~ **oak** *(Quercus virginiana)* immergroen/Amerikaanse eik. ~ **round** skerp patroon. ~ **steam** vars/oop stoom. **~stock** lewende hawe, vee. **~stock** *adj. (attr.): ~ register* veeregister; ~ *train* veetrein. **~ware** *(infml., rek.)* rekenaarpersoneel. ~ **weight** lewende gewig *(v. 'n slagdier)*. ~ **wire** gelaaide draad, draad onder stroom/spanning; *(infml.)* deurdrywer, voorslag, vuurslag, woelwater, op en wakker (*of* lewendige entjie) mens, bondel energie.

liv(e)·a·ble bewoonbaar, geskik om in te woon; gesellig, kameraadskaplik; draaglik, die moeite werd (om te lewe), leefbaar; ~ *in, (infml.)* leefbaar, bewoonbaar, geskik om in te woon *(huis ens.)*; ~ *with, (infml.), (iem.)* met wie jy maklik oor die weg kan kom; *(iets)* (ver)draaglik, duldbaar, nie te erg nie. **liv(e)·a·ble·ness, liv(e)·a·bil·i·ty** bewoonbaarheid; leefbaarheid, draaglikheid; gesellígheid.

lived-in *adj.* gesellig, huislik, knus.

live·li·hood broodwinning, (lewens)bestaan, lewensonderhoud, kos, brood; *earn one's ~* 'n heenkome vind, jou brood verdien; *earn/gain/get/make a ~ from ...* 'n bestaan uit ... maak; *eke out a ~* op 'n manier (*of* met moeite) 'n bestaan maak.

live·long *(poët., liter.): the ~ day* die hele liewe/godgelike dag, die ganse dag, heeldag deur.

live·ly lewendig, hups, wakker; fluks; woelig, druk; vrolik, opgewek; *as ~ as a **cricket*** springlewendig; *a ~ **interest*** lewendige belangstelling; ***look*** ~ →LOOK *ww.;* ***make** it ~ for s.o.* die wêreld vir iem. moeilik maak, iem. laat hotagter kry, iem. hotagter gee; *have a ~ **time*** dit hotagter kry, die/jou hande vol hê. **live·li·ness** lewendigheid, hupsheid, wakkerheid; fluksheid; woeligheid.

liv·en: ~ *up* opleef, oplewe, lewendig word; op dreef kom; ~ *s.o. up* iem. opbeur/opvrolik; ~ *s.t. up* iets verlewendig, lewe in iets bring.

liv·er¹ lewer; →LILY-LIVERED, WHITE-LIVERED; ~ *of sulphur, (arg.)* swa(w)ellewer. ~ **bile** lewergal. **~-coloured** lewerkleurig, lewerbruin. ~ **complaint** lewerkwaal, =aandoening. ~ **fever** lewerkoors. ~ **fluke** lewerbot, =wurm, =slak. **~-hearted** lafhartig. ~ **oil** lewertraan. ~ **pâté** lewerpatee. ~ **rot** *(veearts.)* lewerbotsiekte. ~ **salts** lewersout. ~ **sausage** lewerwors. ~ **shark** →BASKING SHARK. ~ **spot** lewervlek. **~wort** *(bot.: Hepatica sp.)* lewermos.

liv·er² *(w.g.)* lewende; *fast/loose ~* swierbol, losbol; *good ~* deugsame persoon; *longer/longest ~, (w.g.)* langslewende.

liv·er·ied in livreidrag; →LIVERY¹; ~ *servant* livreikneg, =bediende

liv·er·ish *(infml.)* lewersugtig, met die lewer gepla; *(kleur)* lewerkleurig, lewerbruin.

Liv·er·pud·li·an *n.* Liverpolitaan, inwoner van Liverpool. **Liv·er·pud·li·an** *adj.* Liverpolitaans, van Liverpool.

liv·er·y¹ *n.* livrei, bediendedrag; mondering, drag. ~ **company** *(Br.)* gilde. **~man** *=men* stalhouer; livreikneg; lid van 'n gilde. ~ **servant** livreikneg, =bediende. ~ **stable** huurstal, stalhouery.

liv·er·y² *adj.* lewer=, leweragtig; *(infml.)* lewersugtig, met die lewer gepla; *(dial.)* taai *(grond)*.

liv·id loodkleurig; lykkleurig; doodsbleek; potblou, pimpel en pers; *be ~ (with anger), (infml.)* woedend/briesend (*of* bleek van woede) wees; ~ *colour* doodskleur. **li·vid·i·ty, liv·id·ness** doodsbleekheid, doodskleur, lykkleur; loodkleur; potblou.

liv·ing *n.* lewe; lewensonderhoud, broodwinning, (lewens)bestaan, heenkome; nering; leefwyse, lewenswyse; *(Br.)* predikantsamp; *make a **comfortable*** ~ 'n goeie bestaan maak, goed leef/lewe; ***cost** of ~* →COST *n.; the high **cost** of ~* die lewensduurte; *the **cost** of ~ is high, (ook)* die lewe is duur; *the ~ and the **dead*** die lewendes en die dooies; ***eke** out a ~* →EKE¹ *ww.;* ***for** a ~* vir 'n bestaan; *what does s.o. do **for** a ~?* wat is iem. se nering/werk?; ***gracious*** ~ →GRACIOUS; ***it's** a ~, (infml.)* dit hou ('n) mens aan die lewe; ***joy** of ~* →JOY *n.; the **land** of the ~* die land van die lewendes; *s.o. is still in the **land** of the ~, (skerts.)* iem. is nog in die land van die lewendes; ***make/earn/get** a ~* 'n bestaan maak; 'n heenkome vind; jou kos/brood verdien; *do s.t. merely to **make** a ~* iets om den brode doen; ***scrape/scratch** a ~* 'n net-net aan die lewe bly; ***standard** of ~* lewenstandaard, lewenspeil; ***struggle** to make a ~* spartel om te bestaan; *s.o.'s **way** of ~* iem. se leefwyse/lewenswyse; ***wrest** a ~ from ...* met moeite 'n bestaan uit ... maak. **liv·ing** *adj.* lewend, lewendig; *a ~ **death/hell*** hel op aarde; ~ ***faith*** lewende geloof; ~ ***fossil*** lewende fossiel; ~ ***history*** lewende geskiedenis; *a ~ **language*** 'n lewende taal; *a ~ **legend*** →LEGEND; *a ~ **likeness*** 'n sprekende gelykenis; *no **man** ~* niemand, geen lewende wese nie; *in/within ~ **memory*** sedert/by menseheug(e)nis; *every ~ **soul*** al wat leef en beef, elke lewende siel; ~ ***water*** lopende water; fontein, bron. ~ **conditions** lewensomstandighede, lewe; verblyf, huisvesting, (woon)omgewing. ~ **quarters** woonvertrekke, =kwartier, =geleentheid. ~ **rock** natuurlike rots. ~ **room** woonkamer, gesinskamer, woonvertrek, voorhuis. ~ **space** leefruimte, lewensruimte; woonruimte. ~ **standard** lewenstandaard. ~ **stone** *(bot.: Lithops spp.)* beeskloutjie. ~ **wage** bestaanbare/menswaardige loon. ~ **will** lewende testament.

Li·vo·ni·a *(geog., hist.)* Lyfland. **Li·vo·ni·an** *n.* Lyflander; *(taal)* Lyflands. **Li·vo·ni·an** *adj.* Lyflands.

Liv·y *(Rom. historikus)* Livius.

lix·iv·i·um *=viums, =via, (arg., chem.)* loog. **lix·iv·i·ate** *(arg., chem.)* uitloog; →LEACH *ww..* **lix·iv·i·a·tion** uitloging; uitwassing.

liz·ard akkedis, sal(a)mander; *pleurodont ~* skink. ~ **buzzard** akkedisvalk. ~ **(leather)** akkedisleer.

liz·zie: *tin ~, (Am., infml., vero.)* rammelkas, skedonk.

lla·ma lama.

lla·no *=nos* vlakte *(in S.Am.)*.

lo *tw., (arg.)* kyk; sien; ~ *and behold!* so waarlik!; siedaar!.

loach *(igt.)* modderkruiper.

load *n.* vrag; lading; dra(ag)vermoë; (dra)las, drag; gewig; pak; las, belasting; ***carry** a heavy ~* 'n swaar vrag dra; 'n swaar las dra; ~ ***of debt**, (infml.)* skuld(e)las; *take the ~ off one's **feet**, (infml.)* gaan sit; ***get** a ~ of s.t., (sl.)* heelwat van iets te sien kry; goed na iets luister; ***get** a ~ of this!, (sl.)* kyk ([’n] bietjie) hier!; hoor ([’n] bietjie) hier!; *be a ~ off one's **mind*** 'n las/pak van jou hart af wees, baie verlig voel; *a ~ **of** ...* 'n vrag ...; *(infml.)* 'n hoop/spul ...; *~s **of** ..., (infml.)* baie/hope ...; sakke vol ..., ... soos bossies *(geld)*; *get/have a ~ **on**, (Am., sl.)* besope wees; ***relieve** s.o. of a ~* iem. van 'n las bevry; ~ *of **sins*** sondelas, skuld(e)las. **load** *ww.* (be)laai, oplaai; belas; laai *('n geweer)*; bevrag; oorlaai; belaai, belas, beswaar; verswaar; vervals; lood aansit; ~ *s.t. **onto** ...* iets op ... laai; ~ *a **premium**, (versek.)* 'n premie verhoog/verswaar; ~ *s.t. **(up)*** iets (op)laai; ~ *s.o. **with** ...* iem. met ... oorlaai *(geskenke ens.)*. **~-bearing wall** dramuur. ~ **capacity** laaivermoë, dra(ag)vermoë. ~ **line** *(sk.)* laailyn, diepgangslyn; laslyn. ~ **line mark** diepgangsmerk. ~ **pressure** lasdruk. ~ **test** belastoets.

load·ed gelaai; *(sl.)* skatryk; *(hoofs.Am., sl.)* dronk, hoog in die takke; *a ~ **cane*** 'n stok met lood beswaar; ~ ***dice*** vals dobbelstene; *the **dice** are heavily ~ against s.o.* iem. het alles teen hom/haar, alles is teen iem.; *be ~ **down** with ...* met ... belaai wees, swaar aan die ... dra *(pakkies ens.)*; (swaar) onder ... gebuk gaan *(sorge ens.)*; *a ~ **figure*** 'n beswaarde syfer; *be **heavily** ~ with ...* swaar van ... gelaai wees; *a ~ **question*** 'n vraag met 'n angel; ~ ***wine*** gedokterde wyn; *be ~ **with** ..., (ook)* met ... belas wees; met ... oorlaai wees *(geskenke ens.)*.

load·er *(grondwerktuig)* laaier, laaiwa; laaimasjien; geweerlaaier; laaikanonnier; *front-end/mechanical ~* →FRONT-END *adj.*, MECHANICAL.

load·ing (op)laaiery; lading, vrag; belading, belasting; beswaring; verhoging *(v. 'n premie)*. ~ **bank** laaiplatform. ~ **bay,** ~ **zone** laaivak, =plek, =gebied. ~ **berth** laaiplek. ~ **bin** laaibak. ~ **box** *(geol.)* laaikis. ~ **capacity** laaivermoë, dra(ag)vermoë. ~ **gauge limits** laaimate. ~ **hatch** laailuik. ~ **kraal** laaikraal. ~ **note** laaibrief. ~ **pen** laaikraal. ~ **pier** laaihoof, =steier. ~ **platform** laaiplatform. ~ **ramp** laaibrug. ~ **truck** laaiwa. ~ **zone** laaigebied, =plek.

load·star →LODESTAR.

load·stone →LODESTONE.

loaf¹ *loaves, n.* brood; kop *(kool, slaai)*; *(sl.)* kop, bol; *a ~ of **bread*** 'n brood; *a **brown/white/etc.** ~* 'n bruinbrood/witbrood/ens.; ***half** a ~ is better than no bread* 'n halwe eier is beter as 'n leë dop, beter/liewer(s) 'n halwe eier as 'n leë dop, krummels is ook brood; ***use** your ~!, (sl.)* gebruik jou kop/verstand!. **loaf** *ww., (kool ens.)* kop(pe) maak/gee, kop. ~ **sugar** klont(jie)suiker, broodsuiker.

loaf² *n.* (die) ronddrentel; (die) leeglê; *on the ~* aan die ronddrentel/rondloop/rondslenter. **loaf** *ww.* ronddrentel, =slenter, (vir kwaadgeld) rondloop; leeglê, lyf wegsteek; ~ *about/around, (infml.)* ronddrentel, =slenter, (vir kwaadgeld) rondloop. **loaf·er** rondloper; leeglêer, niksdoener; *(soort mokassin)* slenter=, aanglip=, insteekskoen. **loaf·ing** rondlopery; leeglêery.

loam *n.* leem; klei(grond). **loam** *ww.* pleister, met klei bedek. ~ **mill** kleimeul(e). ~ **soil** leemgrond. ~ **water** leemwater.

loam·y lemerig, leemagtig; kleierig, kleiagtig, klei=; ~ *clay* leemklei; ~ *ground/soil* leemgrond.

loan *n.* lening; voorskot; lenery; die geleende; *(ling.)* ontlening; ***ask** for the ~ of s.t.* iets te leen vra; ~ *on **call*** daglening, onmiddellik opeisbare/opvraagbare lening; ***float/issue** a ~* 'n lening uitskryf/uitskrywe; ***get** the ~ of s.t.* iets te leen kry; ***grant** a ~* 'n lening toestaan; *let s.o.* ***have*** *the* ~ *of s.t.* iem. iets te leen gee; *may I* ***have*** *the* ~ *of your ...?* mag ek jou ... leen (*of* te leen kry)?; *it is* ***on*** ~ dit is (uit)geleen; dit is te leen; *have s.t.* ***on*** ~ iets in (bruik)leen hê; ***raise*** *a* ~ 'n lening aangaan/sluit/verkry; ***take up*** *a* ~ 'n lening opneem; *s.o.* ***wants*** *a* ~ *of R1000* iem. wil R1000 leen. **loan** *ww.* (uit)leen. ~ **account** leningsrekening. ~ **bank** lenings=, leenbank. ~ **capital** lenings=, leen=kapitaal, vreemde kapitaal. ~ **collection** leenversameling. ~ **expenditure** leningsuitgawe. ~ **farm** *(SA, hist.)* lenings=, leenplaas. ~ **form** lenings=, leenvorm. ~ **fund** leningsfonds. ~ **money** lenings=, leengeld, geleende geld. ~ **office** leningskantoor; pandjieswinkel, pand(jies)huis. ~ **programme,** *(Am.)* ~ **program** lenings=, leenprogram. ~ **shark** *(infml.)* woekeraar. ~ **stock** leningseffekte. ~ **word** *(ling.)* leenwoord.

loan·a·ble leenbaar, uitleenbaar *(kapitaal)*.

loan·ee lener.

loan·er uitlener.

loath, loth *adj.* ongeneë, onwillig; *be* ~ *to do s.t.* nie lus hê/voel/wees om iets te doen nie; *be nothing* ~ gewillig wees, glad nie onwillig wees nie.

loathe *ww.* verafsku, verfoei, walg (*of* 'n afkeer/afsku hê) van, nie kan veel nie. **loath·ing** weersin, afkeer, afsku, walging, verafskuwing, verfoeiing; *s.t. fills s.o. with* ~ iets vervul iem. met weersin; *have a* ~ *for ...* 'n weersin in ... hê, 'n afkeer van ... hê. **loath·ly** *(arg.)* →LOATHSOME. **loath·some** weersinwekkend, walglik, afskuwelik, verfoeilik.

lob *n., (tennis, kr.)* lughou; onderhandse gooi; onderhandse bal. **lob** =*bb*=, *ww.* 'n lughou slaan/speel, hoog slaan; onderhands gooi.

lo·bar, lo·bat·ed →LOBE.

lob·by *n.* (voor)portaal, voorhal, voorsaal; vestibule; wandelgang *(v. 'n parlement)*; druk=, pressiegroep. **lob·by** *ww.* druk uitoefen, stemming maak, stemme/steun werf, bearbei, lede bewerk, as drukgroep optree, in die wandelgang boer; ~ *against* (or *in favour of*) ... teen/vir ... stemming maak. ~ **correspondent** parlementêre beriggewer/medewerker. **lob·by·ing** stemmingmakery; stem(me)werwery; *do* ~ stemming maak. **lob·by·ist** stemmingmaker, stem(me)werwer, wandelgangpolitikus.

lobe lob; kwab; (oor)lel, (oor)bel, oorlap(pie). **lo·bar** *(hoofs. med.)* lobêr. **lo·bate, lo·bat·ed** lobbig, in lobbe verdeel, gelob, met lobbe; lobvormig; *lobate leaf* gelobde blaar. **lo·ba·tion** lobvormigheid, lobbigheid; lobvorming; lob. **lobed** →LOBATE. **lobe·less** sonder lobbe.

lo·be·li·a *(bot.)* lobelia.

lob·lol·ly *(sk. of dial.)* dik pap. ~ **boy,** ~ **man** *(Br. sk., vero.)* doktershandlanger, =assistent. ~ **(pine)** *(Pinus taeda)* Amerikaanse denneboom.

lo·bo·la *(Xh.)*, **lo·bo·lo** *(Z)*, *n.* lobola, lobôla, bruidsprys. **lo·bo·la** *ww.* (jou) lobola/lobôla betaal, die/jou bruidsprys betaal, 'n vrou koop.

lo·bot·o·my *(med.)* lobotomie, lobsnyding.

lob·scouse *(sk., kookk.)* bredie, hutspot.

lob·ster kreef; →ROCK LOBSTER, SPINY LOBSTER. ~-**eyed** uitpeuloog=. ~ **grounds** kreefwaters. ~ **pot,** ~ **trap** kreef=, krewefuik. ~ **salad** kreefslaai.

lob·ule *(hoofs. anat.)* lobbetjie; lelletjie; kwabbetjie. **lob·u·lar, lob·u·late, lob·u·lat·ed** lobvormig; gelob.

lob·worm erdwurm; seewurm.

lo·cal *n.* inwoner, boorling, plaaslike persoon; plaaslike trein; *(hoofs. Br.)* plaaslike predikant; *(Am.)* plaaslike nuus; *(Am.)* (plaaslike) tak *(v. 'n vakbond ens.)*; *(Br., infml.)* kroeg. **lo·cal** *adj.* plaaslik, lokaal; inheems; ~ ***anaesthesia,*** *(med.)* lokale/plaaslike verdowing; ~ ***area network,*** *(rek., akr.: LAN)* plaaslike netwerk; ~ ***authority*** plaaslike owerheid; *a* ~ ***boy/girl*** 'n seun/meisie van hier; ~ ***call,*** *(telef.)* plaaslike oproep; ~ ***colour*** lokale kleur; ~ ***consumption*** plaaslike verbruik; ~ ***content*** plaaslike inhoud; ~ ***disease*** plaaslike kwaal; ~ ***government*** plaaslike regering/bestuur; ~ ***industries/industry*** inheemse nywerheid; ~ ***lore*** heemkunde; ~ ***name*** pleknaam; plaaslike benaming, streeknaam, =benaming; ~ ***news*** plaaslike nuus; ~ ***option,*** *(pol.)* plaaslike keuse; ~ ***sense*** plaaslike sin/betekenis; ~ ***service*** plaaslike diens; ~ ***time*** plaaslike tyd; ~ ***value,*** *(wisk.)* plekwaarde, posisiewaarde.

lo·cal *adj.* →LOW-CAL.

lo·cale plek, lokaliteit, toneel *(v. 'n gebeurtenis)*.

lo·cal·ise, -ize lokaliseer, begrens, (tot een plek) beperk, bepaal; desentraliseer; ~*d, (ook)* plaaslik; omskrewe; ~ *upon ...* die aandag op ... konsentreer **lo·cal·i·sa·tion, -za·tion** lokalisasie, lokalisering, beperking binne grense.

lo·cal·ism gehegtheid aan 'n plek; voorkeur vir plaaslike dinge; bekrompenheid; plaaslike gesegde/uitdrukking, streek(s)uitdrukking; plaaslike gebruik; lokalisme.

lo·cal·i·ty plaaslikheid; plek, buurt, streek, gebied, omgewing; standplaas; vindplek; ligging; terrein; *bump of* ~ oriëntasieknobbel; oriëntasievermoë; *sense of* ~ pleksin, =geheue. ~ **plan** liggingsplan.

lo·cal·ly hier (ter plaatse), *(fml.)* alhier; in die land, hier te lande, binne(ns)lands; ~ *manufactured car* plaaslik/binne(ns)lands vervaardigde motor.

lo·cate plaas, die plek/ligging bepaal van, die plek aanwys van; opspoor, opsoek, vind; bepaal, vasstel; die plek vind/kry; lokaliseer; konsentreer *(d. aandag)*; *be* ~*d* lê, geleë wees. **lo·cat·ing:** ~ *battery* opsporingsbattery; ~ *screw* standskroef.

lo·ca·tion plek, ligging; buurt, gebied, *(SA, vero.)* lokasie; plasing, plekaanwysing, plekbepaling, liggingsbepaling; opsporing; opstelling; *be/film on* ~ buite verfilm, buiteopnames (vir 'n rolprent) maak, met buiteopnames besig wees.

loc·a·tive *n., (gram.)* lokatief, plekaanduidende naamval. **loc·a·tive** *adj., (gram.)* lokatief, plekaanduidend.

loch *(Sk.)* meer; (beskutte) seearm.

lock[1] *n.* slot *(v. 'n deur, geweer)*; (kanaal)sluis; *(stoei)* klem; *(rugby)* slot; *(teg.)* verstopping; *(arg.)* gedrang, opeenhoping, verwarring; ***force*** *a* ~ →FORCE[1] *ww.*; *be under* ~ *and* ***key*** agter slot en grendel wees; *keep s.t. under* ~ *and* ***key*** iets agter slot en grendel hou; ***pick*** *a* ~ 'n slot oopsteek; ~, ***stock*** *and barrel* romp en stomp, die hele boel. **lock** *ww.* sluit; toesluit; opsluit; vassit; insluit; omsluit; (mekaar) vasgryp; klem; 'n sluis insit, van 'n sluis voorsien; skut; →LOCKUP, LOCKED; ~ *s.t.* ***away*** iets wegsluit; ~ ***horns*** horings vasdraai; *(fig.)* mekaar die stryd aansê; ~ *s.o.* ***in*** iem. insluit/opsluit/toesluit; ~ ***on to*** *s.t.* op iets gerig word; iets aangryp; ~ *s.o.* ***out*** iem. uitsluit/buitesluit; ~ *o.s.* ***out*** jouself uitsluit; ~ *the stable door after the horse has bolted* (or *has been stolen*) →STABLE DOOR; ~ ***up*** *before one leaves* (alles) sluit voor jy vertrek; ~ *s.o.* ***up*** iem. opsluit; ~ *s.t.* ***up*** iets toesluit *('n kamer ens.)*; iets wegsluit/wegbêre *(kosbaarhede ens.)*; ~ *a vessel* ***up/down*** 'n vaartuig (deur 'n sluis) op/af laat vaar. ~ **bar** grendelstaaf. ~ **bolt** slotgrendel. ~ **canal** sluiskanaal. ~ **catch** slotknip. ~ **chain** remketting. ~ **chamber** sluiskolk. ~ **channel** afwateringskanaal. ~ **dues** sluisgeld. ~**fast** *adj., (Sk.)* gesluit, op slot. ~ **(forward)** *(rugby)* slot(voorspeler). ~ **gate** sluisdeur, =hek. ~**jaw** *(patol.)* klem-in-die-kaak, kaakklem, tetanus. ~-**keeper** sluiswagter. ~**nut** sluitmoer. ~**out** uitsluiting, buitesluiting. ~**out switch** afsluitskakelaar. ~ **pawl** slotklink. ~ **plate** slotplaat. ~ **ring** borg=, sluitring. ~ **saw** sleutelgatsaag. ~ **stitch** sluit=, bindsteek. ~ **weir** sluisdam.

lock[2] *n.* (haar)lok, krul; klos, vlok *(wol)*; *(i.d. mv.; hoofs. poët./liter.)* (fyn) hare; kloswol, loks. **lock·y** lokkerig, lokagtig; ~ *wool* lokwol; skraal wol.

lock·a·ble sluitbaar.

locked *adj., (ook)* op slot; *be* ~ *in* ***combat*** in 'n stryd gewikkel wees; ~ ***controls*** vasgesette stuur; ~ ***door*** gesluite deur; *they are* ~ *in an* ***embrace*** (or *each other's* ***arms***) hul arms is styf om mekaar geslaan, hulle hou mekaar styf vas, hulle is in 'n stewige omhelsing; ~ ***jaw*** →LOCKJAW; *s.o. is* ~ ***up*** iem. is opgesluit, iem. sit agter tralies; *s.o.'s capital is* ~ ***up*** iem. se kapitaal is vasgelê; *be* ~ ***up*** *securely, (ook)* agter slot en grendel wees.

lock·er toesluiter; sluitkas; sluitlaai; kis; *have a shot in the* ~ nog 'n pyl op die boog hê; *not have a shot in the* ~ platsak wees, geen (*of* nie 'n) blou(e) duit hê/besit nie.

lock·et hangertjie, medaljon.

lock·ing sluiting; ineengryping; sluit=. ~ **bar** grendelstaaf. ~ **cap** sluitdop. ~ **catch** sluitknip. ~ **cock** sluitkraan. ~ **device** sluit=, grendeltoestel. ~ **gear** grendel=, sluitinrigting. ~ **lever** sluithefboom, =arm. ~ **nut** sluitmoer. ~ **pin** borg=, sluitpen. ~ **plate** sluitplaat. ~ **ring** borgring. ~ **screw** sluitskroef. ~ **spring** sluitveer.

locks·man[1] =*men* sluiswagter.

locks·man[2] =*men* Rasta(fariër).

lock·smith slotmaker; ~*'s shop* slotmakery. **lock·smith·er·y, lock·smith·ing** slotmakery.

lock·up *n.* sluitingstyd; opsluitkamertjie, opsluitplek; tronk; vaslegging. ~ **cupboard** sluitkas. ~ **garage** sluitgarage.

lo·co[1] =*cos, n., (infml.)* →LOCOMOTIVE *n.*.

lo·co[2] *adj., (infml.)* mal, getik. ~ **disease,** ~ **poisoning** *(veearts.)* krimpsiekte.

lo·co[3] *n., (Lat., ablatief v. locus)*: ~ ***citato*** op die aangehaalde plek, ter aangehaalde plaatse; *inspection* ***in*** ~ ondersoek ter plaatse; *in* ~ ***parentis*** in die plek van die ouer.

lo·co·mo·bile *n., (w.g.)* lokomobiel. **lo·co·mo·bile** *adj.* selfbewegend.

lo·co·mote beweeg.

lo·co·mo·tion (voort)beweging; voortbewegingsvermoë; verplasing.

lo·co·mo·tive *n.* lokomotief. **lo·co·mo·tive** *adj.* bewegings=, voortbewegend. ~ **driver** masjinis, treindrywer. ~ **engine** lokomotief. ~ **organs** bewegingsorgane. ~ **power** beweegkrag. ~ **yard** loko(motief)=werf.

lo·co·mo·tor *n., (w.g.)* lokomotor, bewegende motor; voortbewegende persoon/ding. **lo·co·mo·tor** *adj. (attr.), (hoofs. biol.)* bewegings=, lokomotoriese; ~ *ataxia/ataxy* verlamming van die bewegingsorgane, lokomotoriese ataksie, rugmurgtering. **lo·co·mo·to·ry** *(hoofs. söol.)* bewegend, lokomotories; ~ *organ* bewegingsorgaan.

loc·u·lus =*uli*, **loc·ule** =*ules, (hoofs. bot.)* nis, sel; hok(kie); vrughok(kie); stuifmeelsakkie. **loc·u·lar** *(biol.)* hokkig, in hokkies verdeel, met holtetjies, lokulêr, hoksadig.

lo·cum (te·nens) =*nentes, (Lat.)* plaasvervanger, waarnemer; ~ *(~) for ...* plaasvervanger/waarnemer vir ... **lo·cum te·nen·cy** plaasvervangerskap.

lo·cus *loci, (Lat.)* lokus, baan, meetkundige pad. ~ **classicus** *(klass. bewysplaas/passasie; sleutelgesag)* locus classicus. ~ **standi** *(jur.: verskyningsbevoegdheid)* locus standi.

lo·cust *(entom.)* sprinkaan; *(bot.)* kassia, kassie; *migratory* ~ treksprinkaan; *wingless* ~ voetganger(sprinkaan). ~ **bean** *(Ceratonia siliqua)* johannesbroodboom, karob. ~ **bird** →PRATINCOLE. ~ **officer** sprinkaanbeampte. ~ **tree** *(Robinia pseudoacacia)* witakasia. ~ **wood** *(Senecio ilicifolius)* sprinkaan=, gifbossie, kowannabossie. ~ **years** *n. (mv.)* maer jare.

lo·cu·tion spreekwyse, segswyse, wending, uitdrukkingswyse, uitdrukking.

lo·cu·to·ry spreekkamer, ontvangkamer *(in 'n klooster)*.

lode ertsspleet; ertsaar; ertsafsetting, mynaar; *(dial.)* watervoor, sugsloot. ~**star, loadstar** poolster, leidster, noordster. ~**stone, loadstone** magneet=, seilsteen.

lodge *n.* huisie; tuiste; tuinierswoning; portiershuis; baanwagtershuisie; jaghuis(ie); (Vrymesselaars)losie; lêplek, skuilplek; nes; hut; tent. **lodge** *ww.* huisves, loseer, losies verskaf, onderdak gee, herberg; loseer, tuisgaan, tuis gaan; deponeer; laat (bly); platdruk, plat druk; platwaai, plat waai; vassit, bly steek; ~ *an* ***appeal*** appèl aanteken, in hoër beroep gaan; *a bullet* ~*d in s.o.'s* ***arm*** 'n koeël het in iem. se arm agtergebly (*of* bly sit); ~ *a* ***complaint*** →COMPLAINT; ~ *a* *deposit, (w.g.)* geld deponeer, 'n deposito inbetaal, 'n storting doen; ~ ***a document*** →DOCUMENT *n.; ~ s.t. in s.o.'s **hands*** iets in iem. se hande laat; iem. magtig (*of* opdrag gee) om iets te doen; ~ ***notice*** →NOTICE *n.; be **well** ~d* goed/aangenaam woon/loseer/behuis wees; ~ ***with** s.o.* by iem. loseer/inwoon; ~ *s.t. **with** s.o.* iets by iem. indien/inlewer. **~-keeper** portier, oppasser, oppaster.

lodg·er loseerder, kamerhuurder, inwoner.

lodg·ing losies, huisvesting, tuisplek, verblyf(plek), onderdak, herberg; indiening, inlewering; *(i.d. mv.)* woonplek, verblyfplek, losies(plek), huurkamers, woonkamers; *board and* ~ kos en inwoning. ~ **house** losieshuis. ~ **money** verblyftoelae.

lodg·ment, lodge·ment deposito; *(jur.)* indiening, inlewering; op(een)hoping; *(w.g.)* huisvesting; *(poët., liter.)* skans; vaste voet; *make/effect a* ~ vaste voet kry.

lod·i·cule *(bot.)* swelkliertjie, =liggaampie.

loe·rie *(orn.)* →LOURIE.

lo·ess *(geol.)* loes, waaigrond.

loft *n.* solder; solderkamer; galery; duiwehok; klomp duiwe; lughou; skuinste *(v. 'n gholfstok); in the* ~ op (die) solder. **loft** *ww.* lig, 'n lughou slaan; duiwe hou; ~ *a ball* 'n bal lig; *a ~ed ball* 'n lughou. ~ **steps** soldertrap.

loft·y hoog; trots, hoogmoedig; gedrae *(styl)*; verhewe. **loft·i·ly** hoog; uit die hoogte. **loft·i·ness** hoogte; trotsheid, hoogmoed; gedraenheid *(v. styl)*; verhewenheid.

log¹ *n.* blok (hout), stomp; stam; log *(om d. snelheid v. 'n skip te bepaal)*; logboek; *(sport)* punteleer, =lys, =stand; opgawe, staat; ***fall** like a* ~ →FALL *ww.; **heave** the* ~ die log uitgooi, log; *wood **in** the* ~ ongekapte hout; ***keep** a ~ of s.t.* van iets boekhou; ***roll** my ~ and I'll roll yours* help jy my, dan help ek jou; krap jy my rug, dan krap ek jou(n)e; ***sleep** like a* ~ →SLEEP *ww.; ~ of **wood*** stomp hout, houtblok. **log** =*gg*=, *ww.* blokke/bome kap; →LOGGER, LOGGING; (in die logboek) op=/aanteken; aflê *(kilometers, myle); ~ **in/on**, (rek.)* aanteken, (jou) aanmeld; *~ **out/off**, (rek.)* af=, uitteken, (jou) afmeld; *~ **up** 500/etc. kilometres* 500/ens. kilometer aflê; *~ **up** many successes* talle suksesse boek. **~book** logboek; skeepsjoernaal; reisjoernaal; ritboek. ~ **cabin,** ~ **house,** ~ **hut** hout=, blokhuis, hout=, blokhut. ~ **canoe** boomkano, korjaal. **~in, ~on** *(rek.)* aanmelding. **~jam** *(fig.)* opstopping, knelpunt. ~ **line** loglyn. **~out, ~off** *n., (rek.)* af=, uittekening, afmelding. **~roller** *(Am., infml., hoofs. pol.)* rugkrapper. **~rolling** *(Am., infml., hoofs. pol.)* rugkrappery. **~wood** *(bot.)* gif=, bloed=, blouhout, campêchehout; rooi=, swarthoutjies. **~wood dye** campêchekleurstof.

log² *n.* →LOGARITHM.

lo·gan·ber·ry loganbessie.

lo·gan (stone) →ROCKING STONE.

log·a·rithm logaritme. ~ **table** logaritmetafel.

log·a·rith·mic logaritmies; ~ *table* logaritmetafel.

log·ger houtkapper; houtwa; *(rek.)* logskrywer.

log·ger·head *(arg.)* botterkop, dwaas, domkop; *they are at ~s* hulle is haaks, hulle lê/is (met mekaar) oorhoop(s); *be at ~s with s.o.* met iem. haak (*of* haaks wees *of* oorhoop[s] lê/wees); *set people at ~s* mense aan die stry maak. ~ **(turtle)** karetskilpad.

log·gi·a =*gias*, =*gie*, *(It., bouk.)* loggia, oordekte galery; veranda.

log·ging houtkappery, =saery.

log·ic logika; *chop* ~ hare kloof/klowe, redekawel; *cold* ~ nugter logika. ~ **bomb** *(rek.)* logikabom. ~ **chopper** haarklower, redetwister. ~ **chopping** haarklowery, redekaweling.

log·i·cal logies, ooreenkomstig die logika; ~ ***atomism*** logiese atomisme; ~ ***conclusion*** logiese gevolgtrekking; ~ ***consequence*** logiese gevolg/uitwerking; logiese uitvloeisel/konsekwensie; ~ ***positivism*** logiese positivisme. **log·i·cal·i·ty** die logiese.

lo·gi·cian logikus.

lo·gis·tic *adj., (wisk., statist.)* logisties; logaritmies; ~ *curve* logistiese kromme; ~ *spiral* logaritmiese spiraal.

lo·gis·tics *n. (fungeer as ekv. of mv.)* logistiek. **lo·gis·ti·cal** logistiek, logisties.

log·o =*os* →LOGOTYPE.

log·o= *komb.vorm* logo=.

log·o·gram, log·o·graph logogram. **lo·gog·ra·pher** logograaf.

log·o·griph logogrief, woordraaisel, letterraaisel.

lo·gom·a·chy *(w.g.)* woordestryd, =twis.

log·o·pae·dics, *(Am.)* **log·o·pe·dics** logopedie, spraakterapie, =heelkunde. **log·o·pae·dist,** *(Am.)* **log·o·pe·dist** logopedis, spraakterapeut.

log·or·rhoea, *(Am.)* **log·or·rhe·a** praatsug; woordevloed.

Log·os *(Chr.)* Logos, die Woord; Christus.

log·o·type, log·o logo(tipe), firma-embleem, naambeeld; *(druk.)* skakelletter.

lo·gy *(Am.)* lusteloos, traag; loom, lomerig.

loin *(anat.)* lende; *(vleissnit)* lendestuk; *gird up one's/the ~s, (poët., liter.)* die lendene omgord; *~ of veal* kalfslende. ~ **chop** lendetjop. **~cloth** lendedoek, deurtrekker, stertriem. ~ **meat** lendevleis. **~skin** stertriem.

loi·ter draai, draal, talm; rondhang, drentel, slenter; *~ about* rondhang, =drentel, =slenter; *~away one's time* die/jou tyd verbeusel; *~ with intent, (Br., jur., vero.)* jou verdag ophou. **loi·ter·er** slenteraar; leegloper; draler, draaikous, drentelkous. **loi·ter·ing** rondhangery, (rond)slentery, gedraai, gedraal, getalm, talmery.

loll (uit)hang; laat (uit)hang; luier, lui/lusteloos staan/sit/leun; laat leun/rus; *~ about/around* rondhang, rondsit; *~ back* agteroor luier *(in 'n stoel); ~ out, (tong)* (slap) uithang.

Lol·land, Laa·land *(geog.)* Laaland.

Lol·lard *(Eng., hist.)* Lollard.

lol·li·pop stokkie=, suiglekker; suikerpoppie; *(i.d. mv.)* lekkers, lekkergoed; →LOLLY.

lol·lop *(hoofs. Br.)* (rond)slof, (rond)slinger, rondhang. →LOLL.

lol·ly *(infml., afk. v.* lollipop*)* stokkie=, suiglekker; *(sl.: geld)* malie, pitte; →ICED LOLLY.

Lom·bard *n., (inwoner v. Lombardye)* Lombard. **Lom·bard, Lom·bar·dic** *adj.* Lombardies. **Lombard Street** Lombard Street, die Londense geldmark.

Lom·bar·dy *(geog.)* Lombardye. ~ **poplar** *(bot.)* vaderlandspopulier, Italiaanse/Lombardiese populier.

lo·ment =*ments,* **lo·men·tum** =*menta, (bot.)* litpeul, gelede peul.

Lon·don *(geog.)* Londen. ~ **plane (tree)** plataan(boom). ~ **pride, pride of** ~ *(bot.)* porseleinblom, hoe-langerhoe-liewer.

Lon·don·er Londenaar. **Lon·don·ise, =ize** verlondens. **Lon·don·ism** Londense gesegde/eienaardigheid.

lone eensaam, verlate, allenig; ~ *bull/wolf, (ook)* alleenloper, eenling, eenkantmens; *play a ~ hand* jou eie spel speel, op jou eentjie werk. **lone·some** *(hoofs. Am.)* →LONELY; *on/by one's ~, (infml.)* op jou eentjie, stoksielalleen, vingeralleen, heeltemal alleen.

lone·li·ness eensaamheid, verlatenheid, vereensaming, alleenheid, allenigheid.

lone·ly (ver)eensaam, allenig, verlate; afgesonder(d), afgeleë; *plough a ~ furrow* →FURROW *n..* ~ **hearts** eensames, alleenmense, eensame mense. ~ **hearts ad** advertensie in 'n hoekie vir eensames, hoekie-vireensames-advertensie. ~ **hearts agency** afspraakagentskap, =buro, maatsoekagentskap, =buro. ~ **hearts club** klub vir eensames. ~ **hearts column** hoekie vir eensames, soekhoekie, rubriek vir eensames.

lon·er alleenloper, eenling, eenkantmens.

long¹ *n.* 'n lang tyd; *(i.d. mv.)* langbroek; *(ekon.)* langsigwissels; ***before*** ~ binnekort, een van die (mooi) dae, eersdaags, weldra; kort voor lank; ***before** ~ it happened* dit het spoedig gebeur, (dit was) nie te lank nie of dit het gebeur; ***not for*** ~ nie lank nie; *the ~ and the **short** of it is that ...* dit kom daarop neer dat ..., om kort te gaan (*of* op te som), dit is ...; *the ~ and the **short** of it is this* dit kom hierop neer, die saak is net dit; *it did not **take** ~ before ...* dit was nie (te) lank nie of ...; *not **take** ~ over s.t.* iets gou afmaak; *it did not **take** s.o. ~ to ...* dit het iem. nie baie tyd gekos om te ... nie; *it will not **take** you ~* jy kan dit gou klaar hê; *it **takes** ~* dit duur lank, dit kos baie tyd. **long** *adj.* lang, lank; langdurig, (lang)gerek; geruime tyd; *~er **and** ~* al hoe langer; *s.o. has a ~ **arm*** →ARM¹ *n.; be the ~ **arm** of coincidence* heel toevallig wees; *the ~ **arm** of the law* →LAW; *make a ~ **arm*** probeer bykom, rek om by te kom; *a list as ~ as your **arm**, (infml.)* 'n ellelange lys; ***at** its ~est* op sy langste; *a ~ **beer*** 'n groot glas bier; *draw the/a ~ **bow*** →BOW² *n.; a ~ **chance*** →CHANCE *n.; a ~ **custom*** →CUSTOM; *for many a ~ **day*** →DAY; *a ~ **distance*** 'n groot afstand; →LONG-DISTANCE; *a ~ **drink*** 'n groot glas; *make/pull* (or *put on*) *a ~ **face*** →FACE *n.; a ~ **glass*** 'n hoë glas; *have a ~ **head*** →HEAD *n.; ~est-surviving **heart patient*** langslewende hartpasiënt; *go to one's ~ **home**, (euf., w.g.)* die ewige rus ingaan; *a **kilometre** ~* 'n kilometer lank; *ten ~ **kilometres*** tien kilometer en nog 'n ent; *~ **lease*** langtermynhuur; *a ~ **memory*** 'n taai geheue; *the vacation is two **months** ~* die vakansie duur twee maande (*of* is twee maande lank); ***no*** (or *not any*) *~er* nie langer/meer nie; *this is **no** ~er than that* dit is niks langer as daardie een nie; *make a ~ **nose** at ...* →NOSE *n.; s.t. is ~ **on** ...* iets het 'n oormaat van ...; *the ~ **one*** die lange; *~est ... **possible*** langs moontlike ...; *~ **price*** hoë prys; ***rather*** ~ langerig; *in the ~ **run*** →RUN *n.; ~ **service*** lang(durige) diens; *~ **since*** al lank, lank gelede; *to cut/make a ~ **story** short* →STORY¹; *~ **time** no see, (infml.)* ek het jou darem lank laas (*of* lanklaas) gesien; *be ~ in the **tooth*** →TOOTH *n.; on a ~ **view*** met die oog op die toekoms; *take a/the ~ **view*** versiende wees, (ver) in die toekoms kyk; *a ~ **way*** →WAY *n.; a ~ **wind*** 'n lang asem; →LONG-WINDED. **long** *adv.* lank; ***~ ago*** lank gelede; lankal; vanmelewe, vanslewe; *as ~ **ago** as ... reeds ... (verlede jaar, d. vorige eeu, ens.); **all** day ~* die hele dag (deur); *as/so ~ **as** ..., (as bw. v. tyd)* solank (*of* so lank as) ...; *(as voegw. v. voorwaarde)* mits ...; *grow as ~ **as** 10/etc. m* tot 10/ens. m lank groei/word; *not **be** ~* nie lank (weg)bly nie; gou kom; *don't **be** ~!* maak gou (klaar)!, moenie draai (*of* lank maak) nie!; kom gou!; *s.o. was not ~ in **coming*** iem. het nie lank weggebly nie; *s.t. was ~ in **coming*** iets het lank uitgebly *('n verduideliking ens.)*; *s.o. was ~ **finding** it out* dit het lank geduur voor(dat) iem. dit agtergekom het; *~ **leave*** →LEAVE¹ *n.; it was ~ **past** midnight/etc.* dit was lank ná middernag/ens.; *s.t. is ~ **past** its sell-by date* →SELL-BY DATE; *times ~ **past*** langvervloë tye; *it is ~ **since*** dit is lank gelede; ***so** ~!, (infml.)* tot siens!, totsiens!; *s.o. has ~ **thought** so* iem. dink dit lankal, iem. het dit lankal gedink; *... is not ~ for this **world** ...* sal dit nie lank meer maak nie. ~ **ago:** *the ~ ~* die verre/gryse verlede. **~-and-short stitch** kort-en-lang-steek. **~-and-short work** *(argit.)* Oudengelse (*of* Ou Engelse) hoekverband. ~ **arm** haakstok *(vir vensters)*. **~-awaited** *adj. (attr.)* langverwagte. ~ **axis** lengteas. ~ **bill** *(fin.)* langsigwissel. **~billed lark** *(orn.: Mirafra curvirostris)* langbeklewerik, =leeurik. **~boat** (groot) sloep; pinas. ~ **bone** *(anat.)* lang been, pyp=, dybeen; skeenbeen. **~bow** langboog. **~case clock** →GRANDFATHER('S) CLOCK. **~claw** *(orn.: Macronyx* spp.*)* kalkoentjie. **~cloth** fyn linne/kaliko. ~ **clothes** babaklere. **~-dated** op lang sig, langsig=. **~(-dated) bill** langsigwissel. **~-day** *adj. (attr.), (bot.)* langdag= *(plant ens.)*. **~-distance:** ~ ***aeroplane/aircraft*** langafstandvliegtuig; ~ ***call*** hooflynoproep; ver/vêr oproep; ~ ***race*** langafstandwedren, =wedloop; ~ ***reconnaissance*** afstand(s)verkenning; ~ ***runner*** langafstandatleet, =(hard)loper, langasem(atleet). ~ **division** *(wisk.)* langdeling. ~ **dozen** dertien. **~-drawn(-out)** langgerek, (uit)gerek. ~ **drop** *(SA)* kleinhuisie, buitetoilet. **~-eared** langoor=, met lang ore; eselagtig; ~ *bat* langoorvlermuis; ~ *fox* →BAT-EARED FOX. **~-established** langgevestig. **~-expected** langverwagte. ~ **fat** netvet. **~-felt need** langgevoelde behoefte. ~ **field** *(kr.)* diepveld. ~ **finger** middelvinger, langeraat, lang vinger. **~-flame coal** vlamkole, vlamsteenkool. **~-footed** langvoetig. **~-forgotten**

langvergete. ~-**grained rice** langkorrelrys. ~**hair** lang=haarkat; *(hoofs.Am.)* langhaar, kunstenaarstipe, hippie. ~-**haired** langharig, langhaar=. ~**hand** gewone skrif. ~ **haul** lang trek. ~-**haul aeroplane** langafstandvlieg=tuig. ~-**headed** *(infml., vero.)* uitgeslape, oulik, skerp=sinnig; *(antr.)* langskedelig, doligosefaal, =kefaal. ~-**headedness** *(infml., vero.)* slimheid, oulikheid, skerp=sinnigheid; *(antr.)* langskedeligheid, doligosefalie, =ke=falie. ~ **hop** *(kr.)* stadige kort bal. ~**horn** langhoring=bees. ~ **house** gemeenskapshuis. ~ **hundred** *(120)* groot honderd. ~ **hundredweight** *(112 pond)* Engelse sen=tenaar. ~ **johns** *(infml.)* lang onderbroek. ~ **jump** *(atl.)* ver=, vêrspring. ~ **jumper** *(atl.)* ver=, vêrspringer. ~-**lasting** langdurig *(gevolge, uitwerking)*; duursaam *(af=werking, materiaal, produk)*; blywend, bestendig *(vriend=skap)*; standvastig *(huwelik)*; lang *(loopbaan)*; met 'n lang lewensduur *(battery)*; wat lank inbly *(krulle)*. ~ **leg** *(kr.)* diep skerpby, skerpby op die grens. ~-**legged** langbenig, langbeen=. ~**legs** →DADDY-LONG-LEGS; LONGSHANKS. ~-**life** *adj. (attr.)*: ~ *batteries* batterye met 'n lang lewensduur; ~ *milk* hou=, rakmelk, UHT-melk. ~-**lived** langlewend; langdurig. ~-**livedness** →LONGEVITY. ~-**lost** *adj. (attr.)* langverlore *(vriend ens.)*. ~ **measure** →LINEAR MEASURE. ~ **moss** →SPANISH MOSS. ~-**necked** langnek=. ~-**nosed** langneus=. ~-**off** *(kr.)* diepweg. ~-**on** *(kr.)* diepby. ~ **pants,** ~ **trousers** langbroek. ~ **pig** *(vero.)* mensvleis. ~ **player,** ~-**playing record** *(afk.:LP)* langspeelplaat. ~ **range** groot (skoots)=afstand. ~-**range** *adj. (attr.)* langtermyn= *(beplanning, voorspelling)*; ~ *aircraft* langafstandvliegtuig; ~ *bomber* langafstandbomwerper. ~ **robe** →ROBE. ~-**running** *adj. (attr.)* jare lang(e) *(geskil, televisiereeks, ens.)*; met 'n lang speelvak *(toneelstuk)*. ~ **saw** kraan=, kuilsaag. ~-**serving** *adj. (attr.)* langdiens= *(amptenaar ens.)*. ~-**shanked** langbenig, langbeen=. ~**shanks** *(infml.: lang pers.)* hemelbesem, langeraat, telegraafpaal, (kiewie=tjie) langbeen, maerman; *(orn.: Himantopus himanto=pus)* rooipootelsie. ~**ship** galei. ~**shore** kus=, van/langs/aan die kus. ~**shoreman** =*men, (Am.)* →DOCKER. ~ **shot** *(lett.)* skoot van ver/vêr; groot (skoots)afstand; *(infml.)* deelnemer met (net) 'n buitekans om te wen; wilde raaiskoot; waagstuk; *(fot.)* afstandskoot; *better by a* ~ ~ stukke beter; *not by a* ~ ~ beslis/glad/geen=sins/hoegenaamd/lank/volstrek *(of* op verre na) nie. ~-**shot** *adj.: it's a* ~ *chance* dis (hoogs) onwaarskynlik. ~ **sight** *(lett.)* versiendheid, vêrsiendheid. ~-**sighted** *(lett.)* versiende, vêrsiende; *(fig.)* vooruitsiende. ~-**sightedness** *(lett. & fig.)* versiendheid, vêrsiendheid. ~-**sleeved** met lang moue; ~ *jersey* langmoutrui. ~-**standing** oud, langdurig, langjarig, van lange duur, lank bestaande. ~-**stay** *adj. (gew. attr.)* langtermyn= *(pasiënt)*. ~**stone** *(argeol.)* menhir. ~-**suffering,** ~-**sufferance** *n.* lankmoedigheid, geduld, lydsaamheid. ~-**suffering** *adj.* lankmoedig, geduldig, lydsaam. ~ **suit** →SUIT *n.*. ~-**tail(ed)** langstert=; langpant=; *long-tailed tit, (Eur., orn.: Aegithalos caudatus)* stertmees. ~ **term** lang termyn. ~-**term** *adj.* langdurig, van lange duur; op lang termyn, op die lange duur, langtermyn=; ~ ***growth*** langtermyngroei; ~ ***insurance*** langtermyn=versekering; ~ ***investment*** langtermynbelegging; ~ ***loan*** langtermynlening; ~ ***objective*** doel vir die toe=koms, toekomsdoel; ~ ***policy*** toekomsbeleid, langter=mynbeleid; ~ ***prisoner*** langtermyngevangene; ~ ***prospect*** langtermynvooruitsig. ~**time** *adj. (attr.)* ou *(vriend ens.)*. **L**~ **Tom** *(SA, hist.: kanon)* Long Tom; *(infml.: 450 ml-bierblik)* Long Tom(-bierblik). ~ **ton** *(2240 pond)* groot ton. ~-**tongued** babbel=, praatsiek, babbelagtig, babbelrig. ~ **vacation** langvakansie. ~-**waisted** lank van lyf. ~ **wave** *(rad.)* lang golf. ~-**wave** langgolf=; ~ *band* langgolfband. ~**ways,** *(Am.)* ~**wise** →LENGTHWAYS. ~**wearing** duursaam *(klere, skoene)*. ~ **weekend** langnaweek. ~-**winded** omslagtig, lang=dradig, wydlopig, breedsprakig, lank van draad; lang=asem=, met 'n lang asem. ~-**windedness** omslagtig=heid, langdradigheid, wydlopigheid, breedsprakigheid.

long[2] *ww.* verlang; →LONGING; ~ *for* ... na ... verlang/uitsien/smag/hunker; ... begeer.

lon·ga·nim·i·ty *(w.g.)* lankmoedigheid; →LONG-SUF=FERING *n.*.

longe →LUNGE[2] *n.*.

lon·gev·i·ty hoë ouderdom, lang lewe/lewensduur; lang gebruiksduur.

long·ing *n.* verlange, hunkering, begeerte; *have a* ~ *for s.t.* 'n verlange na iets hê; *be sick with* ~ siek van verlange wees. **long·ing** *adj.* verlangend, hunkerend.

long·ish langerig, taamlik lang/lank.

lon·gi·tude (geografiese) lengte; lengteligging; *circle/line of* ~ meridiaan, middaglyn, =kring, lengtesirkel; *(degree of)* ~ lengtegraad. **lon·gi·tu·di·nal** lengte=, in die lengte; oorlangs, langs=; langsskeeps; longitudinaal; ~ ***axis*** lengteas; ~ ***beam*** langsbalk; ~ ***bulkhead*** langs=skot; ~ ***clinometer*** langshellingmeter; ~ ***coast*** leng=tekus; ~ ***elevation*** langsaansig; ~ ***muscle*** lengtespier, oorlangse spier; ~ ***seat*** langsbank; ~ ***section*** langs=(deur)snee, lengte(deur)snee; langsprofiel; ~ ***tim=ber*** langshout; ~ ***valley*** lengtedal; ~ ***view*** langsaansig; ~ ***wave*** lyngolf.

Lon·go·bard *n., (hist.)* Langobard. **Lon·go·bar·di·an, Lon·go·bar·dic** *adj.* Langobardies.

loo[1] *n., (infml.)* kleinhuisie, toilet, latrine.

loo[2] *n., (kaartspel)* lanterlu. **loo** *ww., (w.g.)* lanterlu speel.

loo·fah, *(Am.)* **loo·fa,** *(Am.)* **luf·fa** veselspons, luffa=(spons).

look *n.* blik, kyk; oogopslag; gesig; uitdrukking; voor=koms; aanskyn; skyn; *have/take a* ~ ***around*** ('n bie=tjie) rondkyk; *get a* ~ ***at*** *s.t.* →***get;*** *have a* ~ ***at*** *s.t.* →***have;*** *take a* ~ ***at*** *s.t.* →***take;*** ***by*** *the* ~*(s) of it* soos dit wil voorkom; *just* ***for*** *the* ~ *of the thing* net vir die skyn, net dat dit beter lyk; *(judging)* ***from*** *s.o.'s* ~*s* na iem. se voorkoms (te oordeel); ***get*** *a* ~ *at s.t.* iets te sien kry; ***give*** *s.o. a* ~ iem. kwaad aankyk; ***give*** *s.o. a dirty* ~ →DIRTY *adj.*; ***give*** *s.o. a meaning* ~ veelseg=gend na iem. kyk; ***give*** *s.o. an old-fashioned* ~, *(infml.)* teregwysend na iem. kyk; ***give*** *s.o. a searching* ~ iem. deurdringend/ondersoekend/skerp aankyk; ***give*** *s.o. a severe* ~ iem. kwaai/streng aankyk; ***good*** ~*s* mooiheid, skoonheid, 'n mooi gesig, aansienlikheid; *the place* ***has*** *a Turkish/etc.* ~ die plek lyk Turks/ens.; ***have*** *a* ~ *at s.t.* na iets kyk; ***have*** *a good* ~ *at s.t.* iets van naby bekyk; ***have*** *a quick* ~ *at s.t.* gou na iets kyk; *come and* ***have*** *a* ~ kom kyk; *go and* ***have*** *a* ~ gaan kyk; *may I* ***have*** *a* ~ *at it?* mag ek daarna kyk *(of* dit sien)?; *not* ***like*** *the* ~*(s) of s.o.* iem. maak 'n onaangename indruk op jou, iem. se gesig/voorkoms geval jou *(of* staan jou nie aan) nie; iem. lyk vir jou sleg/siek *(of* nie gesond nie); ***lose*** *one's* ~*s* nie meer so mooi wees (as vroeër) nie; *a* ***meaning*** ~ 'n veelseggende blik; *get a* ***new*** ~ opgeknap word; *have a* ***remote*** ~ *in one's eyes* drome=rige/peinsende oë hê; *a* ***searching*** ~ 'n deurdringen=de/ondersoekende/skerp blik; *have a* ***sickly*** ~ siek lyk; *a* ***significant*** ~ 'n betekenisvolle/veelseggende blik; ***steal*** *a* ~ *at* ... skelmpies/steels/steelsgewys(e) na ... kyk; ***take*** *a* ~ 'n kykie neem; ***take*** *a good* ~ goed kyk; ***take*** *a* ~ *at s.t.* iets bekyk; iets nagaan/ondersoek; ***take*** *a closer* ~ *at s.t.* iets van nader(by) bekyk/beskou; ***take*** *a hard* ~ *at s.t.* iets noulettend bekyk; ***take*** *a* ~ *at that!* kyk net daar!; ***wither*** *s.o. with a* ~, *give s.o. a* ***withering*** ~ iem. middeldeur kyk. **look** *ww.* kyk; lyk, voorkom, daar uitsien; deur gelaatsuitdrukking/blik te kenne gee; soek; ~ ***about*** rondkyk; ~ ***about*** *o.s.* rond=kyk; jou oë goed oophou; ~ ***after*** ... na ... omsien, ... oppas, na ... oplet; 'n ogie oor ... hou; vir ... sorg, ... versorg; ~ ***after*** *the children* die kinders oppas, na die kinders kyk; ~ ***after*** *o.s.* na jouself kyk, jou (mooi) oppas, (goed) vir jouself sorg; jou man kan staan; *s.o. can* ~ ***after*** *him=/herself* iem. kan sy/haar man staan; ~ ***after*** *s.o.'s interests* iem. se belange behartig; ~ ***after*** *a practice* 'n praktyk waarneem; ~ *one's* ***age*** so oud lyk soos jy is; ~ ***ahead*** vooruitkyk; ~ ***alive*** wakker/aktief wees; ~ ***alive/lively!,*** *(infml.)* maak gou!, skud op!, opskud!, roer jou (litte/riete)!; ~ ***(a)round*** rond=kyk; wakker loop; op die uitkyk wees; kyk hoe dit gaan; ~ ***as if*** ... lyk (as)of ...; ~ ***askance*** *at* ... skuins na ... kyk, ... skeef aankyk *(of* met agterdog bejeën); ~ ***at*** ... na ... kyk, ... bekyk/beskou/aankyk/aanskou/betrag *(of* in oënskou neem); ~ ***at*** *s.o.* na iem. kyk, iem. aankyk; *s.o. would not* ~ ***at*** *it* iem. wou niks daar=van hoor/weet nie; *here's* ~***ing at*** *you!, (infml.: 'n heil=dronk)* gesondheid!; ~*ed* ***at*** *in this way* in hierdie lig beskou; ~ ***away*** wegkyk; *the house* ~*s* ***away*** *from the mountain* die agterkant van die huis kyk op die berg uit; ~ ***back*** terugkyk, omkyk, agteruitkyk; *s.o. has never* ~*ed* ***back*** dit het al beter *(of* steeds voor die wind) met iem. gegaan, iem. het van krag tot krag gegaan; ~ ***back*** *(up)on* ... op ... terugkyk/terugsien, 'n terugblik op ... werp; ~*ing* ***back*** van agterna beskou; ~ ***bad*** sleg lyk, 'n slegte indruk maak; *if things* ~ ***bad,*** *(ook)* as dit lyk na lol *(of* lyk of dit wil lol); *things are* ~*ing* ***bad*** dit/sake lyk sleg, nou lol dit; ~ ***behind*** *o.s.* omkyk; ~ *on the* ***bright side*** →BRIGHT; ~ ***closely*** *at s.t.* iets noukeurig bekyk/beskou/betrag; ~ *at s.t. more* ***closely*** iets nader beskou, iets van nader(by) bekyk/beskou; ***come*** *and* ~ kom kyk; ~ ***down*** afkyk; *shares are* ~*ing* ***down,*** *(ekon.)* (aandele)pryse daal *(of* neig afwaarts); ~ *s.o.* ***down,*** *(arg.)* iem. die oë laat neer=slaan; ~ ***down*** *(up)on* ... op ... afkyk/neerkyk; ~ ***down*** *(up)on s.o.* op iem. neersien, iem. verag; ~ ***everywhere*** oral(s) (rond)soek; ~ ***facts*** *in the face* →FACT; *s.o.* ~*s* ***fit*** →FIT[1] *adj. & adv.*; ~ *a* ***fool*** →FOOL[1] *n.*; ~ ***for*** ... (na) ... soek; op ... let, na ... oplet; ~ ***for*** *trouble* →TROUBLE *n.*; ~ ***forward*** vorentoe kyk; ~ ***forward*** *to s.t.* na iets (voor)uitsien; *s.o. does not* ~ ***forward*** *to s.t., (ook)* iem. sien teen iets op; ~ *in* ***front*** *of o.s.* voor jou uitkyk; ***go*** *and* ~ gaan kyk; ~ *where you're* ***going!*** kyk waar jy loop/ry!; ~ ***good*** goed lyk, 'n goeie indruk maak; ~ ***hard*** *at s.o.* iem. skerp aankyk; ~ ***hard*** *at s.t.* aandag=tig/stip na iets kyk; ~ ***here!*** kyk hier!; ~ ***in*** inkyk; ~ ***in*** *on s.o., (infml.)* by iem. inkyk/inloer *(of* 'n draai gooi/maak); ~ ***into*** *s.t.* in iets (in)kyk; op iets ingaan, iets ondersoek; ~ ***into*** *(vacant) space* →SPACE *n.*; *before you* ***leap*** besin eer jy begin; ~ ***like*** *s.o.* na/op iem. lyk, na iem. trek; ~ *exactly* ***like*** *s.o.* op 'n drup=pel/haar na iem. lyk; *it* ~*s* ***like*** *it* dit lyk daarna, dit lyk (as)of dit so is; *you* ~ ***like*** *it!, (infml.)* jy lyk daarna!, jy lyk/is 'n mooi bobbejaan/bog!; *it* ~*s* ***like*** *rain* dit lyk na reën, dit lyk of dit gaan reën; *it* ~*s* ***like*** *this* dit lyk so; ~ ***lively!*** →***alive/lively!***; ~ ***on*** toekyk; ~ ***on*** *(help=lessly) as/while s.t. happens* (magteloos) toekyk hoe iets gebeur; ~ ***on*** *with distrust* wantrouig toekyk; ~ ***on/upon*** *s.o./s.t. as* ... iem./iets as ... beskou; ~ ***onto*** ... op ... uitkyk; ~ ***o.s.*** *again* weer perdfris/gesond *(of* soos altyd *of* na die ou ...) lyk; ~ ***out*** uitkyk, na buite kyk, buite(n)toe kyk; oppas; op die uitkyk staan/wees; ~ ***out*** *(there)!* pas op (daar)!; ~ ***out*** *for* ... na ... uitsien, ... verwag; na ... op die uitkyk wees; vir ... gereed/klaar staan/wees; ~ ***out*** *on* ... op ... uitkyk; ~ *s.t.* ***over*** iets bekyk/opneem; iets nagaan/nasien; ~ ***over*** *one's shoulder* omkyk; ongerus wees, (jou) bedreig voel; on=seker wees; ~ ***past*** *s.o.* iem. miskyk, iem. nie raaksien nie; ~ ***round*** →***(a)round;*** ~ ***round,*** *(ook)* omkyk; ~ ***sharp,*** *(infml.)* gou maak, jou litte/riete roer; ~ ***sharp!,*** *(infml.)* maak gou!, skud op!, opskud!, roer jou (litte/riete)!; ~ *at s.o.* ***significantly*** iem. betekenisvol/veel=seggend aankyk; ~ ***small*** beteuterd lyk, op jou neus kyk; ~ ***smart,*** *(lett.)* deftig lyk; *(fig., infml.)* gou maak; ~ ***smart/snappy!,*** *(infml.)* maak gou!, skud op!, op=skud!, roer jou (litte/riete)!; ~ ***through*** *s.t.* iets deur=kyk; deur iets kyk; ~ *(right/straight)* ***through*** *s.o.* maak (as)of jy iem. (glad) nie sien nie; ~ *s.o.* ***through*** *and* ***through*** iem. van kop tot tone bekyk/beskou; iem. middeldeur kyk, iem. skerp aankyk; *s.o.'s greed/etc.* ~*s* ***through*** *his/her eyes* die gierigheid/ens. staan in iem. se oë te lees; ~ ***to*** *s.o.* na iem. opsien; op iem. staatmaak/reken/vertrou; ~ ***to*** *s.o. for help/support* op iem. se hulp/steun reken/staatmaak; *have s.t.* ~*ed* ***to*** iets laat nasien *('n motor ens.)*; iets laat ondersoek *(jou oë ens.)*; ~ ***to*** *it that* ... sorg dat ...; ~ ***toward(s)*** ... na ... kyk; op ... uit=kyk; ~ ***up*** opkyk, boontoe kyk; opsien; *s.o./s.t. is* ~*ing* ***up,*** *(infml.)* iem./iets verbeter *(of* word beter); *shares are* ~*ing* ***up,*** *(ekon.)* (aandeel/aandele)pryse styg; ~ *s.t.* ***up*** iets naslaan/opsoek; ~ *s.o.* ***up,*** *(infml.)* iem. be=soek/opsoek; ~ *s.o.* ***up*** *and down* iem. van kop tot tone bekyk/beskou, iem. van bo tot onder bekyk; ~ ***up*** *to s.o.* na/tot iem. opsien, iem. vereer; ~ ***upon*** *s.o./s.t. as* ... →***on/upon;*** ~ ***well*** →WELL[1] *adv.*. ~**alike** *n., (infml.)* ewebeeld, dubbelganger; *a Marilyn Monroe*

~ die ewebeeld van Marilyn Monroe, Marilyn Monroe se dubbelganger. **~-and-say method** *(opv.)* globale leesmetode. **~-in** *n., (infml.)* beurt; kuiertjie; *not get a ~* geen kans hê nie. **~out** →LOOKOUT. **~-over** *n.* oppervlakkige inspeksie/ondersoek; *give s.t. a ~* gou na iets kyk, iets gou lees. **~-see** *n., (infml.)* kykie; *have a ~* gou kyk. **~-through** *n.: give s.t. a quick ~* iets gou deurkyk *('n boek ens.)*.

look·er *(infml.)* kyker; mooi mens, pragstuk; *be quite a* (or *a real*) *~* beeldskoon (*of* asemrowend/onhebbelik/wonderbaarlik mooi *of* mooi verby) wees. **~-on** toeskouer, aanskouer, omstander.

look·ing *n.* (die) kyk; voorkoms. ~ **glass** spieël; spieëlglas. **~-glass** *adj. (attr.): it's a ~ world* die wêreld is onderstebo (*of* staan op sy kop).

-look·ing *komb.vorm* wat ... lyk; met 'n ... voorkoms; *not be bad-~ at all* glad nie onaardig lyk nie; *good-~* aantreklik, mooi.

look·ism diskriminasie op grond van voorkoms.

look·out uitkyk; kykuit; uitkyker, wag; uitsig; *it's a **bad** ~ for s.o., (infml., hoofs. Br.)* dit lyk nie te mooi vir iem. nie, iem. sal dit maar opdraand(e) kry; *it is **everybody's** ~, (infml., hoofs. Br.)* dis elkeen se gouigheid; *keep a **good/sharp** ~* jou oë goed/wyd oophou, fyn oplet, goed/skerp uitkyk, deeglik waghou (*of* wag hou), 'n oog in die seil hou; ***keep** a ~* wag hou, waghou, uitkyk, (op) wag staan; *be **on** the ~ for ...* na ... op die uitkyk wees; na ... op soek wees; na ... op die loer wees; *that is **s.o.'s** ~, (infml.)* dit is iem. se (eie) saak (*of* indaba), iem. moet daarvoor sorg. ~ **(man)** uitkyker. ~ **(post)** uitkykpos. ~ **ship** verkenningskip. ~ **tower** uitkyktoring.

loom¹ *n.* (weef)getou; *small ~* weefstoel. ~ **frame** weefraam. ~ **waste** weefafval. ~ **width** weefbreedte.

loom² *n.* steel *(v. 'n roeispaan)*.

loom³ *n.* (die) opdoem, opdoeming. **loom** *ww.* opdoem, oprys, opskemer; *s.t. ~s ahead* iets dreig; iets lê voor; *s.t. ~s large* iets kom/tree op die voorgrond, iets neem 'n belangrike plek in; *s.t. ~s up* iets doem/rys op. **loom·ing** opdoeming, sigbaarwording.

loon¹ *(infml.)* leeglêer, leegloper, deugniet, niksnut(s); *(arg.)* kêreltjie.

loon² *(Am., orn.: Gavia spp.)* (see)duiker.

loon·(e)y, lun·y *n., (infml.)* malle, mal mens. **loon·(e)y, lun·y** *adj., (infml.)* mal(lerig), getik. ~ **bin** *(neerh.)* malhuis.

loop *n.* oog, lus, lis; *(naaldw.)* trensie; stammetjie, stafie *(aan 'n los knoop)*; beuel *(v. 'n ploeg, hangslot)*; draai *(in 'n pad)*; dubbele draai; *(lugv.)* lus(vlug); *~ of **Henle**, Henle's ~, (anat.)* Henle se lus(buisie); *be **in*** (or ***out of***) *the ~, (infml., hoofs. Am.)* (nie) weet wat gaande is (nie), op (die) hoogte van sake (*of* in die duister) wees; ***knock/throw** s.o. for a ~, (infml.)* iem. totaal uit die veld slaan, die wind uit iem. se seile haal, iem. se voete onder hom/haar uitslaan; ***loop** the ~, (vliegtuig)* 'n lusvlug uitvoer. **loop** *ww.* 'n oog/lus maak; 'n hingsel maak; met 'n oog/lus vasmaak; *(vliegtuig)* 'n lusvlug uitvoer; *~ed **fabric*** lus(sie)stof; *~ing the **loop**, (lugv.)* lusvlug; 'n lusvlug uitvoer; *~ed **pile*** luspool; *~ed **weft*** inslaglus. ~ **film** kringfilm. ~ **knot** lus-, strikknoop. ~ **lace** galon. ~ **line** uitwykspoor; oog-, ring-, luslyn. ~ **needle** lussiesnaald. ~ **pile** luspool. ~ **step** beueltrap. ~ **stitch** lussteek. **~-stitched bar** *(naaldw.)* trensie.

loop·er →MEASURING WORM.

loop·hole *n.* kykgat, -gaatjie, kykuit, skietgat, luggat; *(fig.)* uitweg, uitvlug, uitkomkans; skuiwergat; *close a ~* 'n skuiwergat toestop; *find a ~ in ...* 'n skuiwergat in ... vind; *leave a ~* 'n skuiwergat laat; 'n agterdeur ooplaat. **loop·hole** *ww., (w.g.)* kykgate/skietgate/luggate maak; *(fig.)* 'n uitweg/uitvlug soek.

loop·y vol draaie/bogte; vol lussies; *(infml.)* (van lotjie) getik; *~ fabric* lusstof.

loose *n.: in the ~, (rugby)* in die los spel; *be on the ~, (misdadiger)* op vrye voet(e) wees; *(ontsnapte dier)* vry rondloop; *(infml.)* jol, kattemaai, rinkink. **loose** *adj.* los; slap; wyd, ruim *(mou)*; krummelrig, bros *(grond)*; loslywig; losbandig; los(sinnig); ongebonde; onnoukeurig, slordig, oppervlakkig; onsamehangend; ***break** ~* →BREAK¹ *ww.; **cast** s.t. ~* iets losgooi/-maak; ***clothing*** los klere; ***come** ~* losgaan; *~ **cover*** los oortreksel; ***get** ~* los raak; ***let** s.o. ~* →LET¹ *ww.; s.o. of ~ **morals**, (vero.)* iem. van los(se) sedes; 'n onkuis(e) persoon; *with a ~ **rein*** met los/slap leisels; *have a **screw** ~ (somewhere)* →SCREW *n.; **set** s.o. ~* iem. loslaat/vrylaat; *a ~ **tongue*** 'n babbeltong; ***turn** ... ~* →TURN *ww.; ~ **woman**, (vero.)* los/promiskue vrou; ***work** ~, (tr. & intr.)* loswerk. **loose** *ww.* losmaak, loslaat; afskiet; aftrek; *~ s.t. off* iets los/loslaat; *~ off a shot* losbrek. ~ **bowels** loslywigheid; *have ~ ~* loslywig wees. **~box** *(Br.)* enkelstal. ~ **cannon** *(fig., infml.)* jukskeibreker, ongeleide missiel, eiesinnige man/vrou/ens.; onberekenbare faktor, onvoorspelbare element; bul in 'n glashuis/glaskas, aap in 'n porseleinkas. ~ **earth** los grond. ~ **end** rafelpunt; *be at a ~ ~* →END *n.*. **~-fitting** lospassend. ~ **forward** *(rugby)* losvoorspeler. **~-head forward** *(rugby)* loskopstut, loskopvoor(ry)speler, -man. **~-jointed, ~-limbed** lenig, loslit(tig). ~ **leaf** *n.* los blad *(v. 'n album, lêer)*. **~-leaf** *adj. (attr.): ~ book* losbladboek; *~ system* ringbandstelsel. **~-leaved** losblad-; *~ book* losbladboek. **~-limbed** →LOOSE-JOINTED. **~-lipped, ~-mouthed, ~-tongued** loslippig. **~-minded** ligsinnig. ~ **play** *(rugby)* losspel; gebroke spel. ~ **scrum** *(rugby)* losskrum. ~ **sleeve** wye mou. ~ **thread** rafeldraad. ~ **trio** *(rugby)* losvoorspelers, lostrio.

loose·ly lossies, losweg; *~ woven* slap geweef.

loos·en losmaak, loswerk; los word; laat skiet, skiet gee; *~ **discipline*** minder streng optree, meer vryheid laat, die teuels laat skiet; *~ s.o.'s **tongue**, (fig.)* iem. se tong losmaak, iem. spraaksaam maak; *~ **up*** litte losmaak; *(fig.)* ontdooi; *s.t. ~s s.o. **up*** iets laat iem. ontspan.

loose·ness losheid; slapheid; *~ of bowels* loslywigheid; *~ (of morals)* losbandigheid.

loose·strife *(bot.): golden/yellow ~, (Lysimachia vulgaris)* wederik; *purple ~, (Lythrum salicaria)* (gewone) katstert.

loot *n.* roof, buit. **loot** *ww.* plunder, buit(maak). **loot·er** plunderaar, buitmaker, buiter. **loot·ing** plundering, plundery; *~ at a fire* brandroof.

lop¹ *n.* takke, takkies, snoeihout, snoeitakke; *~ and crop/top* snoeitakke, afgekapte takkies. **lop** *-pp-, ww.* afkap; snoei, kapsnoei; top; →LOPPED, LOPPING; *~ at s.t.* na iets kap; *~ s.t. away, (infml.)* iets wegkap/wegsnoei; *~ s.t. off* iets afkap/afsnoei.

lop² *-pp-, ww., (Am., arg.)* slap hang, afhang; laat hang; →LOPPY¹; *(arg.)* slof, draai, talm; *~ about* ronddraai, -drentel, -hang. **~-eared** hangoor-, met hangore/flapore. **~-ears** *(ook)* hangore, flapore. **~sided** (wind)skeef, oorhangend, swaar aan die een kant; onewewigtig. **~sidedness** oorhang, skeefheid, onewewigtigheid.

lope *n.* lang sprong/haal. **lope** *ww.* met lang spronge hardloop, lang hale gee.

lopped getop, afgeknot.

lop·per takknipper.

lop·ping *n.* (die) afkap; (die) snoei; *(i.d. mv.)* snoeihout, -takkies, afgesaagde takkies. ~ **shears, loppers** takknipper.

lop·py hangoor-, met hangore/flapore.

lo·qua·cious spraaksaam, praterig; breedsprakig; babbelend, babbelsiek, praatsiek, praatlustig. **lo·qua·cious·ness, lo·quac·i·ty** praatlus, spraaksaamheid; praatsug, babbelsug.

lo·quat lukwart, loekwart. ~ **tree** lukwart-, loekwartboom.

lor *tw. (Br., infml.)* (my) koot, magtie, hete.

lord *n.* heer, meester; lord; *L~ **bless** me/you/us!* (or *my/your/our soul[s]!*), *L~ have mercy!* liewe Vader!, goeie hemel/genade!; *the L~'s **day*** die dag van die Here, die Sabbat; *(as) **drunk** as a ~* →DRUNK *adj.; the L~ **God*** God die Heer/Here, die Here God; ***good/oh** L~!* (goeie/liewe) hemel!, (goeie) genugtig!, Here (ons)!; *the L~ of **Hosts**, (Byb.)* die Here van die leërskare; *(**House** of) L~s, (parl.)* Britse Hoërhuis; *L~ (only) **knows*** die hemel weet; *new ~s new **laws*** nuwe here/base nuwe wette; ***like** a ~* soos wie, soos 'n grootmeneer; ***live** like a ~* soos 'n prins leef/lewe; *~ of the **manor**, (hoofs. hist.)* landheer; ambagsheer; *~ and **master**, (spottend)* heer en meester; ***My** L~* U Edele/Edelagbare; ***My** L~s* Hoogedele Here; *the L~ **of** ~s, (Byb.)* die Heer der here; ***Our** L~, (Chr.)* ons liewe Heer/Here (*of* Liewenheer); *the L~'s **Prayer**, (Chr.)* die Ons(e) Vader; *the L~'s **Supper**, (Chr.)* die Nagmaal/Avond-/Awendmaal; ***swear** like a ~* soos 'n matroos vloek; *the L~'s **table**, (Chr.)* die Nagmaalstafel; ***the** L~* die Here; ***treat** s.o. like a ~* iem. vorstelik onthaal; ***trust** in the L~* op die Here vertrou; *in the **year** of our L~ 1838/etc.* →YEAR. **lord** *ww.* baasspeel; tot lord verhef; *~ it over s.o.* oor iem. baasspeel (*of* koning kraai), iem. hiet en gebied, iem. domineer. **L~ Chamberlain (of the Household)** *(Br.)* Lord-Kamerheer, opperkamerheer. **L~ Chancellor** *(Br.)* Grootkanselier, Voorsitter van die Hoërhuis. **L~ Chief Justice** *(Br.)* Hoofregter. **L~ Harry** *(euf.: d. Duiwel): by the ~ ~!* so wragtig!. **L~ High Chancellor** →LORD CHANCELLOR. **~-in-waiting** kamerheer. **L~ Lieutenant** kommissaris van die koning(in) *(in Eng. graafskappe); (hist.)* onderkoning *(v. Ierland)*. **L~ Mayor** opperburgemeester *(v. Londen e.a. groot Br. stede)*. **L~ President of the Council** *(Br.)* Voorsitter van die Geheime Raad. **L~ Privy Seal** *(Br.)* Geheime Seëlbewaarder. **L~ Provost** opperburgemeester *(in Skotland)*. **~s-and-ladies** *(bot.)* →CUCKOOPINT. **L~s Seventeen** Here Sewentien.

lord·ling *(arg., hoofs. neerh.)* lordjie; meneertjie.

lord·ly deftig, vernaam, hoog, vorstelik; trots, heerssugtig, baasspelerig, grootmeneeragtig. **lord·li·ness** vernaamheid; deftigheid; vorstelikheid; trotsheid, grootmeneeragtigheid.

lor·do·sis *-oses, (med.)* lordose, voorwaartse ruggraat(ver)kromming; *(soöl.)* holrug.

lord·ship heerskappy, mag; lordbesitting; lordskap; *His L~* Sy Lordskap; Sy Edele; *Your L~* U Lordskap; *(jur.)* U Edele/Edelagbare.

lore¹ leer, kennis, kunde.

lore² *(soöl.)* bel, lel.

lor·gnette, lor·gnon *(lees- of operabril met 'n lang steel)* lornjet.

lor·i·cate *(soöl.)* gepantser(d).

lor·i·keet, lor·i·keet *(orn.)* lorikiet.

lor·i·ner, lor·i·mer *(Br., hist.)* gebitmaker; sporemaker.

lo·ris *-ris(es)* luiaap.

lorn *(poët., liter.)* eensaam; verlate, versaak.

Lor·raine *(geog.)* Lot(h)aringe. **Lor·rain·er** Lot(h)aringer. **Lor·rain·ese** Lot(h)arings.

lor·ry *-ries* vragmotor, vragwa, lorrie; *it fell off the back of a ~, (Br., infml.)* ek/ens. het dit opgetel; dit het in my/ens. skoot geval.

lo·ry, low·ry, low·rie *(orn.: Loridae spp.)* lori; →LOURIE.

lose *lost lost* verloor, verlies(e) ly; kwytraak; versuim; verbeur; laat verloor; laat wegraak; uit die oog verloor; opgee *(moed)*; *(horlosie)* agterloop; →LOST; *~ a **baby**, (ook)* 'n miskraam hê; *~ a **bus/train**, (w.g.)* 'n bus/trein mis; *~ s.t. **by** ...* iets verloor deur ...; *you **can't** ~* dit kan net tot jou voordeel wees; *~ a **chance*** →CHANCE *n.; ~ a **child*** 'n kind (aan die dood) afgee; *~ a **cold*** van 'n verkoue ontslae raak, 'n verkoue kwytraak; *~ **colour*** bleek word, verbleek; ***come** to ~ s.t.* iets kwytraak; *~ **consciousness*** →CONSCIOUSNESS; *~ **contact** with s.o.* →CONTACT *n.; ~ **control** of o.s.* →CONTROL *n.; ~ an **election*** 'n verkiesing verloor; *~ s.t. to the **enemy**, (mil.)* iets aan die vyand afgee *('n stelling ens.)*; *~ **face*** →FACE *n.; ~ **favour*** →FAVOUR *n.; ~ the **game*** die wedstryd verloor; *~ **ground*** →GROUND¹ *n.; ~ one's **head*** →HEAD *n.; ~ **heart*** →HEART; *~ **height*** →HEIGHT; *~ **it**, (infml.)* verroes, jou slag verloor; ontplof, jou humeur verloor, die (aap/bobbejaan)stuipe kry, die duiwel/joos/josie in raak; *~ one's **labour/pains**, (arg.)* vergeefse moeite doen; *~ one's **legs*** →LEG *n.; ~ one's **life*** →LIFE; *s.o. **may** ~* iem. kan verloor; ~ *one's* ***mind/marbles,*** *(infml.)* jou verstand verloor, van jou verstand/kop af raak, die kluts kwytraak; *s.o. (has/had) lost his/her* ***money,*** *(ook)* iem. is sy/haar geld kwyt; ~ *one's* ***nerve*** →NERVE *n.;* ~ ***o.s.*** verdwaal; ~ ***o.s.*** *in s.t.* in iets verlore raak; in iets verdiep raak; ~ ***out,*** *(infml.)* 'n verlies ly; uitsak, agterraak; ~ ***out*** *on s.t., (infml.)* 'n verlies op iets ly; ~ ***patience*** *with s.o.* →PATIENCE; ~ ***sight*** *of s.o./s.t.* →SIGHT *n.;* ***stand*** *to* ~ *s.t.* →STAND *ww.;* ~ *one's* ***temper*** →TEMPER *n.;* ~ *the/one's* ***thread*** →THREAD *n.;* ~ *a seat* ***to*** *the opposition* 'n setel aan die opposisie afstaan; ~ *one's* ***touch*** →TOUCH *n.;* ~ ***way*** →WAY *n.;* ~ ***weight*** →WEIGHT *n.;* ~ *a* ***word*** →WEIGHT *n.*. **los·a·ble** verloorbaar. **los·er** verloorder; oorwonnene; *(infml., neerh.)* mislukkeling; *be a born* ~ 'n gebore verloorder wees; *be a bad* ~ nie kan verdra om te verloor nie; *be a good* ~ sportief (*of* 'n goeie verloorder) wees. **los·ing** *n.* verlies, (die) verloor. **los·ing** *adj.* verloor=, wat verloor; hopeloos; *fight a* ~ ***battle,*** *play a* ~ *game, be on the* ~ ***side*** aan die verloorkant wees, geen kans hê om te wen nie; *a* ~ ***fight*** 'n ne(d)erlaag; *s.o. cannot play a* ~ ***game*** iem. word kwaad (*of* verloor moed) sodra hy/sy agterraak; *the* ~ ***side*** die verloorkant; die lydende party.

loss verlies; skade; verliespos *(in 'n balansstaat); s.o. can ill* ***afford*** *the* ~ iem. kan dit beswaarlik mis; *sell s.t.* ***at*** *a* ~ iets teen 'n verlies verkoop; *be* ***at*** *a* ~ dronkgeslaan wees, ten einde (*of* buite) raad wees, geen raad weet nie, verslae/verleë wees, (met die) hand(e) in die hare sit, nie weet na watter kant toe nie, die spoor byster wees, nie vorentoe of agtertoe weet nie; *be* ***at*** *a* ~ *for s.t.* iets nie kan vind nie; *be* ***at*** *a* ~ *for s.t. to say* nie weet wat om te sê nie, met jou mond vol tande sit/staan; *never be* ***at*** *a* ~ *for ...* altyd met ... klaar wees, altyd ... gereed/klaar hê, nooit ... soek (*of* om ... verleë wees) nie; *s.o. is never* ***at*** *a* ~ *for an answer* iem. is altyd klaar met 'n antwoord, iem. bly nooit die antwoord skuldig nie; ***big/heavy*** *~es* gevoelige/groot/swaar verliese; ~ *of* ***blood*** bloedverlies; ***compensate*** *s.o. for a* ~ iem. se verlies vergoed; ***cut*** *one's ~(es)* jou verlies afskryf/=skrywe, jou verlies vergeet (en opnuut begin); *it's a* ***dead*** *~, (infml.)* dis 'n volslae verlies; *s.o. is a* ***dead*** *~, (infml.)* iem. beteken regtig niks; ~ *of* ***hearing*** gehoorverlies; ~ *of* ***heat,*** *heat* ~ warmteverlies; ~ *of* ***height*** hoogteverlies, sakking; ***inflict*** *~es on the enemy* die vyand verliese laat ly; *an* ***irreparable*** ~ 'n onherstelbare verlies; ~ *of* ***life*** →LIFE; ***make*** (or ***meet with)*** *a* ~ 'n verlies ly; ~ *of* ***memory*** geheueverlies; ~ *of* ***office*** verlies van amp; ~ *of* ***pressure*** drukverlies; ***recoup*** *~es* skade inhaal; ***sell*** *s.t. at a* ~ iets met (*of* teen 'n) verlies verkoop; *a* ***severe*** ~ 'n gevoelige/groot/swaar verlies; ***show*** *a* ~ met 'n verlies werk; ~ *of* ***speech*** spraakverlies, afasie; ***suffer/sustain*** *~es* skade ly; verliese ly; *the car was a* ***total*** ~ die motor was 'n volslae wrak; ~ *of* ***voice*** stemverlies, afonie. ~ **adjuster** *(versek.)* assessor. ~ **leader** *(ekon.)* lokartikel. **~maker** verliesmaker, =lyer. **~making** *adj.* verliesmakend, =gewend, =ly(d)end.

lost *(volt.dw.)* verlore; vermis, verdwene, weg(geraak); verdwaal; verlate; *the* ***amendment/motion/etc.*** *was ~, (parl. ens.)* die amendement/voorstel/ens. is verwerp/afgestem; ***be*** ~ verlore wees; verdwaal wees; omkom; *('n skip)* vergaan, ondergaan; *be* ~ *in the* ***crowd*** in die menigte opgaan; *a* ~ ***generation*** 'n verlore geslag/generasie; ***get*** ~ wegraak; verdwaal; soek raak/wees; ***get*** *~!, (infml.)* ek wil jou nie sien nie!, maak dat jy wegkom!; ***give*** *s.o./s.t. up for* ~ iem./iets as verlore beskou; *s.o.* ***is*** *~, (ook)* dit is klaar(praat) met iem.; *all is* ***not*** ~ *that is delayed* uitstel is nie afstel nie; *it is* ~ ***on/upon*** *s.o.* iem. begryp/snap dit nie; dit is bo(kant) iem. se vuurmaakplek; iem. het niks daaraan nie; *a* ~ ***soul*** 'n verlore siel; *be* ~ ***in thought*** →THOUGHT; *s.t. is* ~ ***to*** *s.o.* iets is vir iem. verlore; *s.o. is* ~ ***to*** *a sense of shame* iem. het geen skaamte meer nie; *be* ~ ***without*** *s.t.* verlore wees sonder iets. **~-and-found** *n.* kantoor vir vermiste goedere; verlore/vermis en gevind *(in 'n koerant).* ~ **cause** verlore saak. ~ **property** vermiste goedere. ~ **(property) office** kantoor vir vermiste goedere. ~ **wax process** *(metal.)* wasgietproses.

lost·ness verlorenheid; verdwaaldheid.

lot *n.* lot, lotgeval; (aan)deel; stuk grond, perseel, erf; klomp(ie), bossie, hoop, hopie; boel, magdom, groot hoeveelheid; lot, party, hoeveelheid; oorskietklomp; belasting; *that is a* ~ *to* ***ask*** *of s.o., (infml.)* dit is baie om van iem. te verwag; *s.o. is a* ***bad*** *~, (infml.)* iem. deug nie, iem. is 'n deugniet/niksnut(s); ***buy*** *the ~, (infml.)* alles voor die voet koop; ***by*** ~ deur loting; ***cast/draw*** *~s* lootjies trek, loot; ***cast/throw*** *in one's* ~ *with ...* die lot van (*of* lief en leed met) ... deel, jou lot aan ... verbind, jou aan die kant van ... skaar; *by* ***casting/drawing*** *~s* deur loting; *s.t.* ***falls*** *to the* ~ *of s.o.* iets val iem. te beurt; iets is iem. beskore; iets is iem. se lot/deel; *the* ~ ***falls*** *upon s.o.* die lot val op iem.; *a* ***fat*** *~, (infml.)* baie min, omtrent niks; *a* ***fat*** *~ I care!, (infml.)* wat traak dit my?, wat kan dit my skeel?; ***like*** *s.o. a ~, (infml.)* baie van iem. hou; *a* ~ (or *~s)* ***of*** *..., (infml.)* baie/volop/hope ...; 'n groot hoeveelheid ...; *~s* ***of*** *money, (infml.)* hope geld, geld soos bossies; *a* ~ ***of*** *people/etc., (infml.)* 'n klomp (*of* baie) mense/ens.; *have no/neither* ***part*** *nor* ~ *in s.t., (<Hand. 8:21, AV)* geen aandeel in iets hê nie, part nog deel in iets hê, *(OAB)* geen deel of lot in iets hê nie; *two ~s of* ***potatoes*** twee hopies aartappels; ***put*** *a* ~ *into s.t., (infml.)* baie moeite met iets doen; ***quite*** *a ~, (infml.)* sommer baie; *have a* ~ *to* ***say,*** *(infml.)* baie te sê hê; *s.t.* ***says*** *a* ~ *for s.o., (infml.)* iets sê veel vir iem.; ***sell*** *in ~s* in lotte verkoop; *a* ***sorry*** *~, (infml.)* 'n armsalige spul; *s.o.* ***takes*** *a* ~ *of stopping, (infml.)* dis moeilik/swaar om iem. te keer; *it* ***takes*** *a* ~ *of effort/trouble/etc. to ..., (infml.)* dit is moeilik (*of* kos/verg moeite) om ...; ***that*** *~, (infml.)* daardie spul; ***the*** *~, (infml.)* alles; die hele boel/klomp/spul; *that's* ***the*** *~, (infml.)* dit is alles; *the* ~ *of* ***them,*** *(infml.)* hulle almal; ***think*** *a* ~ *of ..., (infml.)* baie van ... dink; ***think*** *a* ~ *of o.s., (infml.)* jou verbeel jy's wie, verwaand wees, jouself nie weggooi nie; *it is s.o.'s* ~ ***to*** *be/do s.t.* dit (*of* die lot) is iem. beskore om iets te wees/doen; *the* ***whole*** *~, (infml.)* die hele boel/klomp/spul; *the* ~ *of* ***you,*** *(infml.)* julle almal; julle hele spul. **lot** *=tt=, ww.* verdeel; ~ *... out ...* in erwe opmeet/verdeel; ... in klompies/hoeveelhede verdeel.

loth →LOATH.

Lo·thair *(Me. heerser)* Lotharius.

Lo·tha·rin·gi·an *n., (hist.)* Lotharinger. **Lo·tha·rin·gi·an** *adj.* Lotharings.

Lo·thar·i·o *=os* Lotharius; *a (gay)* ~ 'n verleier/hartebreker/pierewaaier/losbol (*of* Don Juan).

lo·ti *maloti, (geldeenheid v. Lesotho)* loti.

lo·tion vloeiroom; velmiddel, =reiniger, =verfrisser; oogverfrisser.

lot·ter·y lotery; verloting. ~ **ticket** loterykaartjie.

lot·to lotto(spel).

lo·tus lotus(blom); lotusstruik. **~-eater** *(klass. mit.)* lotuseter, genieter, gemaksugtige dromer. **~-eating** *n.* dagdromery, luilekker lewe. **~-eating** *adj.* gemaksugtig. ~ **land** luilekkerland, land van die lotuseters. ~ **position** lotusposisie.

louche *adj.* onfatsoenlik, suggestief, gewaag(d); berug.

loud *adj.* luid, hard; luidrugtig, lawaaierig; opsigtelik, opvallend, skreeuend; ~ *colours* opsigtelike/skreeuende/skel kleure; *be* ~ *in one's praises of s.o./s.t.* →PRAISE *n.*. **loud** *adv.* luid, luidkeels, hardop; *out* ~ hardop; luidkeels; *talk* ~ hard praat. **~hailer** megafoon. **~mouth** skree(u)bek, raasbek. **~mouthed** luidrugtig; grootpraterig, grootbek. **~speaker** luidspreker. **~-spoken** luidrugtig; met 'n harde (*of* ['n] luide) stem.

loud·ish taamlik hard/luid.

loud·ly hard, hardop, luid(keels).

loud·ness hardheid, luidrugtigheid, lawaaierigheid; opsigtelikheid, opvallendheid.

lough *(Ier.)* meer; →LOCH.

Lou·is: ~ *the* ***Child*** Lodewyk die Kind; ~ *the* ***German*** Lodewyk die Duitser; ***King*** ~ koning Lodewyk; ~ ***Napoleon*** Lodewyk Napoleon; *King* ~ ***Philippe*** koning Lodewyk Filips; ~ *the* ***Pious*** Lodewyk die Vrome; ~ *the* ***Stammerer*** Lodewyk die Stamelaar.

lou·is, lou·is d'or *(hist.: Fr. muntstuk)* louis (d'or).

Lou·i·si·an·a *(geog.)* Louisiana.

lounge *n.* sit=, voorkamer, voorhuis; geselskapsaal, =kamer, geselskamer; salon; sofa; lê=, luierstoel; slenter(der)y, geslenter, rondhangery; slentergang; *hotel* ~ hotelsitkamer. **lounge** *ww.* slenter, drentel, draai; rondhang; lui lê/leun/sit; luier; ~ *about/around* rondlê, =luier, =hang; ~ *away one's time* die/jou tyd verbeusel/verluier; ~ *back* gemaklik/lui agteroor lê. ~ **(bar), saloon (bar)** *(Br.)* kroegsitkamer. ~ **chair** sitkamerstoel; gemak=, lê=, luierstoel. ~ **lizard** *(infml.)* salonheld, laventelhaan. ~ **shirt** dra=, daghemp. ~ **suit** dagpak. ~ **suite** sitkamerstel.

loung·er gemak=, lê=, luierstoel; rondstaner, slenteraar, rondlêer.

loung·ing *n.* rondlêery, =hangery; slenter(der)y, geslenter. **loung·ing** *adj.* lêerig.

lour, low·er *n.* dreigende weer; dreigende blik; nors gesig. **lour, low·er** *ww., (d. weer)* dreig, dik word; *(iem.)* frons, nors/suur/onvriendelik/dreigend kyk. **lour·ing, low·er·ing** *adj.* nors, somber, dreigend. **lour·y, low·er·y** nors, somber, dreigend.

Lou·ren·ço Mar·ques *(geog., hist.)* →MAPUTO.

lou·rie, loe·rie *(orn.)* loerie; *grey* ~ kwêvoël; *Knysna* ~ knysnaloerie; *purplecrested* ~ bloukuifloerie.

louse *lice, n.* luis. **louse** *ww., (arg.)* →DELOUSE; ~ *s.t. up, (infml.)* iets bederf/verfoes. **lous·i·ness** *(infml.)* gemeenheid; beroerdheid; luisigheid. **lous·y** *(infml.)* gemeen; vrot(sig), armsalig, beroerd, miserabel; vol luise, luisig; *the place is* ~ *with ..., (infml.)* die plek krioel/wemel van ...

lout (gom)tor, takhaar, tang, gaip, ghwar, fieta. **lout·ish** torrerig, tangerig.

Lou·vain *(geog.)* Leuven.

lou·vre, *(Am.)* **lou·ver** hortjies(ruit); ventilasiekoepel *(in 'n dak).* ~ **blind** hortjiesblinding. ~ **board** hortjie(plank). ~ **boards,** ~ **boarding** hortjies(luik), latwerk. ~ **door** hortjiesdeur. ~ **(window)** hortjiesvenster.

lou·vred, *(Am.)* **lou·vered** met hortjies; ~ *shutter* hortjiesluik.

lov·a·ble, lov·a·ble·ness →LOV(E)ABLE, LOV(E)ABLENESS.

lov·age *(bot.)* lavas.

love *n.* liefde; verliefdheid; geneentheid; *(infml.)* liefling, skat, geliefde, beminde; liefie; liefdesverhouding; liefdegodjie; *(tennis)* stroop; ~ *of* ***adventure*** avontuurlus; ~ ***all,*** *(tennis)* stroop elk; ***apple*** *of ~, (arg.)* tamatie; *a* ~ *of* ***art*** liefde vir die kuns, kunssinnigheid; ***bear*** ~ *for ...* liefde vir ... koester, ... liefde toedra; ~ *is* ***blind*** die liefde is blind; ~ *of* ***country*** vaderlandsliefde; *be* ***crossed*** *in* ~ →CROSS *ww.;* ***deeply/desperately/hopelessly/madly*** *in* ~ smoorverlief, tot oor die/jou ore verlief; ~ *of* ***ease*** gemaksug; ***fall*** *in* ~ *with s.o.* op iem. verlief raak, iem. liefkry; ***fall*** *out of* ~ *with s.o.* ophou om iem. lief te hê, jou liefde vir iem. verloor; ~ ***fifteen/thirty/forty,*** *(tennis)* stroop vyftien/dertig/veertig; ***filial*** ~ →FILIAL; ***for*** ~ *of ...* uit liefde vir ...; *s.o.'s* ~ ***for*** *his/her ...* iem. se liefde vir sy/haar ... *(land, vrou, ens.);* ~ *of* ***freedom*** vryheidsliefde; ~ *of* ***gain*** (ge)winsug; *for the* ~ *of the* ***game*** uit liefde vir die spel; ***(give)*** *my* ~ *to ...* sê groetnis/groete vir ..., (beste) groete aan ...; *s.o.'s* ~ *of* ***God*** iem. se godvresendheid/vroomheid/godsvrug; *the* ~ *of* ***God*** die liefde van God; *for the* ~ *of* ***God*** om godswil; *be* ***head*** *over heels in* ~ smoorverlief (*of* tot oor die/jou ore verlief) wees; ***hopelessly*** *in* ~ →***deeply/desperately/hopelessly/madly;*** *be* ***in*** ~ *with s.o.* op iem. verlief wees; ~ *is* ***infectious*** 'n warm hart steek die ander aan; ***kindle*** ~ *for ...* →KINDLE; *a* ***labour*** *of* ~ →LABOUR *n.;* ***live*** *on* ~ *and fresh air* van liefde en koue water leef/lewe; ~ *laughs at* ***locksmiths,*** *(poët., Colman)* liefde soek lis; *there is no* ~ ***lost*** *between them* hulle hou niks van mekaar nie, hulle kan mekaar nie uitstaan/veel/verdra nie, hulle het niks vir mekaar oor nie, hulle sit nie langs een/dieselfde vuur nie; ***madly*** *in* ~ →***deeply/desperately/hopelessly/madly;*** ***make*** ~ *to s.o.* met iem. liefde maak (*of* seks hê), by iem.

slaap, *(infml.)* met iem. kafoefel, *(fml.)* (geslags)gemeenskap/omgang met iem. hê; ***marry*** *for* ~ uit liefde trou; *for the ~ of **Mike*** →MIKE; ~ *of **money*** hebsug, geldgierigheid; *for ~ or **money**, (infml.)* hoe ook al; *not for ~ or **money**, (infml.)* nie vir geld of mooi woorde nie, vir geen geld nie; ~ *of **nature*** natuurliefde; ~ *of one's **neighbour*** naasteliefde; *have **no** ~ for s.t.* nie van iets hou nie; ***old*** ~ *never dies* (or *lies deep)* ou liefde roes nie; *an **old*** ~ 'n ou liefde; *(infml.)* 'n liewe ou; ~ *of **order*** ordeliewendheid; *be **out of*** ~ nie meer verlief wees nie; *do s.t. **out of** ~ for s.o.* iets uit liefde vir iem. doen; ***pangs*** *of* ~ →PANG; ***play*** *for* ~ nie vir geld speel nie; *s.o.'s ~ of **self*** iem. se eieliefde; ***send*** *one's* ~ groete/groetnis laat weet; ~ *at first **sight*** →SIGHT *n.*; ***unrequited*** ~ onbeantwoorde liefde; *all's fair in ~ and **war*** in die liefde en in oorlog is alles geoorloof; ~ *will find a **way*** die liefde maak altyd 'n plan; ***what*** ~*s of teacups/etc., (infml., vero.)* watter skattige teekoppies/ens.; ***win*** *s.o.'s* ~ iem. se liefde verwerf; *(yours)* ***with*** ~ met liefdegroete. **love** *ww.* liefhê, bemin, baie hou van, lief wees vir, dol wees op/oor; graag wil (hê); (baie) geniet; ~ *s.o.* ***dearly/deeply*** iem. innig liefhê; ~ *me,* ~ *my* ***dog***, *(sprw.)* wie my liefhet, moet my vriende op die koop toe neem; *s.o.* ~*s **doing*** (or ***to do****) s.t.* iem. doen graag iets; *s.o.* ~*s **it*** iem. hou baie daarvan; iem. geniet dit; iem. kan nie genoeg daarvan kry nie; ~ *me* ***little***, ~ *me long, (sprw.)* al is die liefde min, laat dit duursaam wees; ***Lord*** ~ *you!, (infml., vero.)* goeie genugtig!, goeie/liewe hemel!, allemastig!; ~*d **ones*** dierbares; *s.o.* ~*s **swimming/etc.*** iem. swem/ens. graag; *I* ~ ***that!*** dis kostelik!; *I'd* ~ ***to*** ... ek sou baie graag (*of* dolgraag) (wil) ...; *I'd* ~ ***to!*** graag!. ~ **affair** liefdesverhouding, romanse; liefdesavontuur, minnary. ~ **apple** *(arg.)* tamatie. ~ **beans** →CRAB'S EYES. ~**bird** dwergpapegaai, budjie, grasparkiet; *a couple/pair of ~s, (infml.)* 'n verliefde paartjie. ~**bite** liefdesbyt. ~ **child** *(euf.: buite-egtelike kind)* liefdeskind. ~ **feast** *(Chr. teol.)* liefdemaal; →AGAPE[2]. ~ **game** *(tennis)* strooppot, -spel. ~ **generation** hippiegeslag, -generasie. ~ **god** liefdegodjie. ~ **grass:** *Cape ~ ~, (Eragrostis capensis)* hartjiesgras; *Lehmann's ~ ~, (E. lehmanniana)* knietjiesgras; *(weeping) ~ ~, (E. curvula)* oulandsgras. ~**-hate relationship** liefde-haat-verhouding. ~**-in-a-mist** *(bot.: Nigella damascena)* juffertjie-in-die-groen, duiwel-in-die-bos, vinkelblom; →FENNEL. ~ **knot, lover's knot** liefdesknoop. ~ **letter** liefdes-, vry-, minnebrief. ~**-lies(-a)-bleeding** *(bot.: Amaranthus caudatus)* hanekam, nooienslok; amarant. ~ **life** liefdeslewe. ~**lock** *(arg.)* (haar)krul op die voorkop/slaap. ~**lorn** smoorverlief; deur die liefde verlaat. ~**making** liefdemaak, liefdemakery; seks, *(fml.)* geslagsomgang; *(arg.)* hofmakery. ~ **match** huwelik uit liefde. ~ **nest** liefdesnessie. ~ **plant** *(Anacampseros papyracea)* moerplantjie, gansmis, haaskos, hasie(s)kos. ~ **poem** liefdesgedig, minnedig, -lied. ~ **poetry** liefdespoësie. ~ **potion** liefdesdrank(ie), liefdesdoepa. ~ **seat** opsitbank. ~ **set** *(tennis)* stroopstel. ~**sick** smoor-, dood-, dolverlief. ~**sickness** smoorverliefdheid. ~ **song** liefdeslied(jie), minnelied(jie). ~ **story** liefdesverhaal, -geskiedenis. ~ **token** liefde(s)pand, liefdeblyk. ~ **triangle** liefdesdriehoek.

lov(e)·a·ble lief, beminlik, innemend, lieftallig, dierbaar, minlik. **lov(e)·a·ble·ness** beminlikheid, innemendheid, lieftalligheid.

love·less liefdeloos; onbemin(d). **love·less·ness** liefdeloosheid; onbemindheid.

love·ly *n.* skoonheid, mooi meisie. **love·ly** *adj.* lieflik, pragtig, baie mooi; dierbaar, lief, skatlik; allerliefs, allerfraais, allerpragtigs; *(infml.)* heerlik, baie lekker; *(infml.)* vreeslik snaaks; *too ~ for words* wondermooi. **love·li·est:** *the ~ creature conceivable* die liefs denkbare skepseltjie. **love·li·ness** lieflikheid; beminlikheid; aanvalligheid; heerlikheid; lekkerte.

lov·er kêrel, vryer; minnaar; minnares; geliefde; liefhebber; bewonderaar; *(i.d. mv.)* verliefde paar(tjie). ~**boy** *(sl.)* kêrel, ou; *(as aanspreekvorm)* ou maat/vriend. ~**'s knot** →LOVE KNOT. ~**s' lane** vryerslaantjie. ~**s' seat** →LOVE SEAT.

lov·ey *(Br., infml.)* liefie, hartjie. ~**-dovey** *n.* skatlam(metjie). ~**-dovey** *adj.* liefies, verliefderig; klouerig.

lov·ing *n.* (die) liefhê; vryery. **lov·ing** *adj.* liefhebbend; liefdevol, liefderik; toegeneë *(vriend)*; verknogte *(onderdaan)*; *a ~ **kiss*** 'n liefdevolle soen, 'n liefdesoen; *in ~ **memory*** in liefdevolle herinnering; *your ~ **son/daughter**, (fml.)* u liefhebbende seun/dogter. ~ **cup** feesbeker, -bokaal, vriendskapsbeker. ~ **kindness** vriendelike goedheid, liefde, goedertierenheid. **lov·ing·ly** liefderik; liefies.

Low *adj.*: ~ **Church** *(Angl. Kerk)* Low Church. ~ **Countries** *n. (mv.)*: *the ~ ~* die Nederlande, die Lae Lande (by die See). ~ **German** Nederduits; Platduits. ~**lander** Laaglander. ~**lands:** *the (Scottish) ~* die Skotse Laagland. ~ **Latin** Laaglatyn. ~ **Mass** *(RK)* gewone/stil mis. ~ **Sunday** eerste Sondag ná Pase; →QUASIMODO. ~**veld:** *the ~, (SA, geog.)* die Laeveld. ~**veld lemon thorn** →SPINY CASSINOPSIS.

low[1] *n.* laagtepunt; *(met.)* laag, laagdrukgebied, depressie; *be at* (or *reach) an all-time ~* laer as ooit wees; *be at a ~* by 'n laagtepunt wees; *reach a new ~* 'n nuwe laagtepunt bereik. **low** *adj. & adv.* laag; plat; min, amper/byna op; klein, gering; nederig; sag; gemeen, veragtelik; neerslagtig; swak *(pols, pasiënt, ens.)*; skraal *(dieet)*; →LOWER, LOWER[1], LOWEST, LOWLY, LOWNESS; ~ ***altitude*** geringe hoogte; *go as ~* ***as*** ... tot ... daal; *a ~ **bow*** 'n diep buiging; ~ ***down*** laag (af), laag by die grond; →LOW-DOWN; *s.o. has **fallen** very ~, (fig.)* iem. is diep gesonke; ***feel*** ~ bedruk/neerslagtig voel; ***lay*** *s.o.* ~ →LAY[1] *ww.*; ***lie*** ~ →LIE[2] *ww.*; ***live*** ~ *for a time, (w.g.)* 'n tyd lank skraps eet; ~ ***neighbourhood*** agterbuurt; *be ~ **on** s.t., (infml.)* min van iets (oor)hê; ***play*** *it ~ down upon s.o., (w.g.)* iem. gemeen behandel; vrekkerig wees teenoor iem.; *s.t. is **running*** ~ iets raak (*of* is byna) op, iets word min; ***sing*** ~ laag sing; ***talk*** ~ saggies praat. ~**-alcohol beer** lae-alkoholbier. ~**-angle(d)** vlakhoekig. ~**born** *(tans w.g.)* van lae geboorte/afkoms. ~**boy** *(Am.)* laaitafel. ~**bred** van lae afkoms; onopgevoed. ~**brow** *n., (infml., neerh.)* filistyn, barbaar. ~**brow** *adj.* filistyns, platvloers. ~**-browed** *(lett.)* met die/'n lae voorkop; oorhangend, laag; *(fig.)* →LOWBROW *adj.*. ~**-budget** *adj. (gew. attr.)*: ~ *film* laekosteprent, goedkoop vervaardigde prent. ~**-cal** *adj. (gew. attr.), (afk. v.* low-calorie*)* laekalorie-. ~**-carbon steel** koolarm staal, laekoolstaal. ~**-caste** *adj.* uit die/'n lae stand. ~**-class** *adj.* van lae klas, laeklas-; minderwaardig, sleg. ~ **comedian** klugspeler. ~ **comedy** klugspel. ~**-cost** goedkoop, met lae (produksie)koste, laekoste-; ~ *housing* goedkoop huisvesting. ~**-cut** diep uitgesny; ~ *neck* lae hals. ~**down** *n., (infml.)*: *get the ~ on s.t.* die ware feite oor iets agterkom; *give s.o. the ~ on s.t.* iem. die ware feite oor iets meedeel. ~**-down** *adj., (infml.)* gemeen. ~**-fat** *adj. (attr.)* laevet- *(kaas, melk, ens.)*. ~**-flying** *adj. (attr.)* laagvlieënde *(vliegtuig, voël)*. ~ **frequency** *n.* lae frekwensie. ~**-frequency** *adj. (attr.)* laefrekwensie- *(sein ens.)*; ~ *speaker* bas-, laetoonluidspreker. ~ **gear** eerste/laagste rat. ~ **grade** *n.* lae gehalte. ~**-grade** *adj.* van lae gehalte, minderwaardig; ~ *mine* arm myn, myn met 'n lae ertsgehalte; ~ *ore* arm/maer erts; ~ *petrol* laegraadse petrol. ~**-heeled** met lae hak(ke); ~ *shoe* plathakskoen. ~**-intensity** *adj. (attr.)* lae-intensiteit- *(konflik, oorlogvoering, ens.)*. ~**-key** *(fot., kuns)* donker toonaard/beeldtoon. ~**-key(ed)** beskeie *(geleentheid)*. ~**land** *n.* laagland. ~**land** *adj.* laag(geleë). ~**-level bridge** laagwater-, spoelbrug. ~**-level language** *(rek.)* laevlaktaal. ~ **life** *n. (geen mv.)* onder-, boewewêreld; verdorwenheid, dekadensie, vervallenheid. ~**life** *-lifes, n., (infml.)* skurk, skelm, skollie, boef; skuim, gespuis, skorriemorrie. ~**lights** *n. (mv.)* donker/swaar kleurstrepe *(in hare)*. ~**-lying** laaggeleë *(terrein)*. ~**-minded** gemeen, laag. ~**(-necked)** laag uitgesny, met die/'n lae hals, laehals-. ~**-paid,** ~**-salaried** laagbetaal(d). ~**-pitched,** ~**-toned** laaggestem, laag *(toon)*; sag (klinkend). ~ **point** laagtepunt. ~**-powered** *adj.* met geringe vermoë, laekrag-; ~ *car* laekragmotor. ~**-pressure** *adj. (attr.)*: ~ *area, (met.)* laagdrukgebied, depressie, laag; ~ *system, (met.)* laagdrukstelsel, laag; ~ *tyre* laagdrukband. ~**-priced** laag in prys, goedkoop. ~ **profile:** *keep a ~ ~* op die agtergrond (*of* eenkant) bly, jou op die agtergrond (*of* eenkant) hou, jou skaars/koes hou. ~ **relief** laag-, vlakreliëf. ~**-rise building** lae gebou. ~**-rise development** laagbouontwikkeling. ~**-risk** *adj. (attr.)* laerisiko- *(belegging ens.)*. ~ **season** *(toerisme)* buite-, laagseisoen. ~**-slung** laag hangend, met lae swaartepunt. ~**-spirited** neerslagtig, terneergedruk, bekaf, swaarmoedig, mismoedig, nie op jou stukke nie. ~ **spirits:** *in ~ ~* →LOW-SPIRITED. ~ **tech** *n., (afk. v.* low technology*)* lae tegnologie, laag-, laevlaktegnologie. ~**-tech** *adj., (soms skerts.)* laetegnologie-, laagtegnologies. ~ **tension** *n., (elek.)* lae spanning. ~**-tension** *adj. (attr)*: ~ *cable* laagspanningskabel; ~ *current* swakstroom. ~ **tide** laagwater. ~**veld** laeveld; *the L~* die Laeveld. ~**-voiced** met die/'n sagte/lae stem. ~ **voltage** lae spanning, swakstroom. ~**-voltage engineering** swakstroomtegniek. ~**-wage** *adj. (attr.)* laagbesoldigde, sleg betaalde *(werker ens.)*; swak betalende *(beroep ens.)*; laeloon- *(ekonomie)*; ~ *countries* lande met lae lone. ~ **water** laagwater; *in ~ ~, (fig.)* in geldnood, platsak. ~**-water mark** laagwaterlyn.

low[2], low·ing *n.* (ge)bulk, geloei. **low** *ww.* bulk, loei.

Low·er: ~ **Austria** Neder-Oostenryk. ~ **Bavaria** Neder-Beiere. ~ **California** Neder-Kalifornië. ~ **Canada** *(hist.)* Benede-Kanada. ~ **Church Street** Onder-Kerkstraat. ~ **Egypt** Laag-Egipte, Benede-Egipte. ~ **Empire:** *the ~ ~, (hist.)* die Oos(ters)-Romeinse Ryk. ~ **Jurassic** *(geol.)*: *the ~ ~* die Neder-Jura, die vroeë Jurassiese tydperk. ~ **Nile:** *the ~ ~* die Benede-Nyl. ~ **Rhine:** *the ~ ~* die Neder-Ryn. ~ **Saxony** Neder-Sakse. ~ **Silesia** Neder-Silesië.

low·er[1] *ww.* afbring; neerlaat, laat sak; neerhaal, stryk *('n vlag)*; laer maak; laer stel; afklap; verlaag, verminder *('n prys)*; *('n prys)* daal, sak; sagter/swakker word; domp *('n lig)*; verswak; verlaag, verneder; →LOWERING[1]; ~ *one's **eyes*** jou oë neerslaan; ~ *one's **guard*** →GUARD *n.*; ~ ***o.s.*** jou verlaag; ~ *one's **voice*** sagter praat, jou stem laat sak. **low·er** *adj. & adv.* laer; swakker; nederiger, geringer; minder; onder-, benede-; onderste; →LOWERMOST; ~ *down* laer af, meer ondertoe; *the ~ part of the body* die onderlyf. ~ **case** onderkas, kleinletter(s). ~ **chamber** →LOWER HOUSE. ~ **class(es)** *(vero.)* laer stand(e), arbeiders-, werkersklas, arbeider-, werkerstand. ~ **deck** onderdek, benededek; *the ~ ~, (ook, infml.)* die bemanning, die minderes. ~ **house,** ~ **chamber** *(parl.)* laerhuis; →UPPER HOUSE. ~ **income group(s)** minder gegoedes/bemiddeldes. ~ **limit** onderste grens. ~ **lip** onderlip. ~ **middle class** *n.* kleinburgery. ~**-middle-class** *adj.* kleinburgerlik. ~ **reaches** onderloop *(v. 'n rivier)*. ~ **regions** die onderwêreld. ~ **town** benedestad. ~ **world** die aarde; die onderwêreld, skimmeryk.

low·er[2] *ww.* →LOUR *ww.*.

low·er·ing[1] *n.* verlaging; neerlating; daling.

low·er·ing[2] *adj.* →LOURING *adj.*.

low·er·most laagste.

low·est laagste, onderste; kleinste; *in its ~ terms* in die eenvoudigste vorm. ~ **common denominator** *(wisk.)* kleinste gemene/gemeenskaplike noemer; *(fig., dikw. neerh.)* kleinste gemene deler. ~ **common multiple** *(wisk.)* kleinste gemene veelvoud.

low·ing →LOW[2] *n.*.

low·ly eenvoudig, nederig, beskeie, gering; ~ *in heart* nederig van hart. **low·li·ness** eenvoudigheid, nederigheid, beskeidenheid, geringheid.

low·ness laagheid; geringheid; swakheid; gemeenheid.

lox[1] *n., (Am. kookk.)* gerookte salm.

lox[2] *n., (afk. v.* liquid oxygen*)* vloeibare suurstof.

lox·o·drome *(sk.)* loksodromiese lyn, loksodroom, →RHUMB LINE. **lox·o·drom·ic, lox·o·drom·i·cal** loksodromies; skuinsseilend; ~ *spiral* loksodroom.

loy·al getrou, lojaal; ~ ***service*** toegewyde diens; *be ~ **to** ... aan ...* (ge)trou wees, teenoor ... lojaal wees; *the ~ **toast*** die staatsheildronk; *be ~ and **true/faithful*** hou en trou wees.

loy·al·ist *n.* (ge)troue onderdaan/aanhanger; lojalis, lojale (persoon). **loy·al·ist** *adj.* lojalisties. **loy·al·ism** lojalisme.

loy·al·ty getrouheid, trou, lojaliteit; *unswerving ~* onwrikbare trou. ~ **card** *(han.)* lojaliteitskaart. **L~ Islands** *(geog.)* Lojaliteitseilande.

loz·enge *(med.)* suigtablet, -pil; *(geom.)* ruit; *cough* ~ hoeslekker. **~-shaped** ruitvormig.

loz·enged ruitvormig; met ruitjies, geruit.

L.S.D., l.s.d., £.s.d. *(hist., afk. v.* librae, solidi, denarii*)* ponde, sjielings en pennies; geld.

lub·ber *(arg. of dial.)* lomperd, lummel; landrot, rou matroos.

lu·bri·cant *n.* masjien-, smeerolie; smeer(middel), ghries. **lu·bri·cant** *adj.* gladmakend, smerend, olieverskaffend, wat olie/smeer.

lu·bri·cate olie, smeer, gladmaak, glad maak; *lubricating oil* smeerolie. **lu·bri·ca·tion** smering, (die) olie, (die) smeer; omkopery; *forced* ~ druksmering. **lu·bri·ca·tor** smeerder; smeer; smeerbus; oliepotjie, ghriespot(jie); oliekannetjie.

lu·bric·i·ty *(fml. of liter.)* wellustigheid, wulpsheid; *(w.g.)* gladheid, glibberigheid. **lu·bri·cious, lu·bri·cous** *(fml. of liter.)* wellustig, wulps; *(w.g.)* glad, glibberig.

lu·bri·to·ri·um -ria, *(Am.)* smeerinrigting; oliewinkel.

Lu·bum·ba·shi *(geog.)* Lubumbashi.

Lu·can *n., (Rom. digter)* Lukanus, Lucanus. **Lu·can** *adj.* van Lukas, Lukas-.

Lu·ca·ni·a *(Lat., geog.)* Luciana; →BASILICATA.

luce (Europese) snoek; →PIKE[1] *n.*.

lu·cent *(poët., liter.)* blink(end), skynend; deurskynend. **lu·cen·cy** glans, blinkheid.

lu·cerne →ALFALFA.

Lu·cerne *(geog.)* Luzern; *Lake of* ~ Vierwoudstedemeer.

Lu·cian *(Gr. skrywer)* Lukianos, Loekianos.

lu·cid helder, duidelik, deursigtig; maklik verstaanbaar; *(poët., liter.)* blink(end), skitterend; *a ~ moment* 'n helder oomblik. **lu·cid·i·ty** helderheid, duidelikheid; blinkheid, skittering.

Lu·ci·fer Lucifer, Satan. **lu·cif·er·ous** *(w.g.)* liggewend, ligtend.

lu·cif·u·gous *(hoofs. soöl.)* ligsku, bang vir die daglig.

luck *n.* geluk; toeval; *have **bad** ~* teenspoed/teëspoed kry, ongelukkig wees, dit ongelukkig tref; sleg vaar; *it was plain **bad** ~* dit was blote teenspoed/teëspoed; *s.o. is pursued by **bad** ~* die ongeluk ry iem.; ***bad** ~!* dis jammer/ongelukkig!; ***better** ~ next time!* dalk gaan dit 'n volgende keer beter!; *have the **devil's own** ~, (infml.)* 'n gelukkige (der)duiwel wees; *be **down** on one's ~* in die nood wees/sit, in die/'n verknorsing wees/sit, ongelukkig wees, geen geluk hê nie; moedeloos wees; *be the ~ of the **draw*** blote geluk wees; ***for** ~* om geluk te bring; ***good** ~* 'n geluk; 'n gelukskoot; ***good** ~!* alles van die beste!, alle heil/sukses/voorspoed!, dit gaan jou goed/wel!; *by **good** (or a **stroke** of) ~* per geluk; ***good** ~ to him/her!, (iron.)* eerder hy/sy as ek!; ***have** the ~ to ...* die geluk hê om te ...; *as ~ would **have** it* soos die toeval/geluk dit wou hê; ***here's** ~!* voorspoed!; ***ill** ~* teenspoed, teëspoed; *as **ill** ~ would have it* soos die ongeluk dit wou hê; *s.o. is **in** ~, s.o.'s ~ is **in*** iem. is gelukkig (*of* het geluk *of* tref dit gelukkig/goed); *(it's) **just** my ~* so gaan dit maar met my; *s.o. is **out** of ~, s.o.'s ~ is **out*** iem. is (*of* tref dit) ongelukkig, die geluk is teen iem.; *have a **piece** of (good) ~* →***stroke/piece; push** one's ~ (too far), (infml.)* te veel waag, jou geluk uittart; *it is **rotten/rough/tough** ~, (infml.)* dit is regtig 'n jammerte (*of* 'n nare teenspoed/teëspoed); *have **rotten/rough/tough** ~, (infml.)* teenspoed/teëspoed hê; *s.o.'s ~ has **run out*** die geluk het iem. verlaat; *it's **sheer** ~* dis pure geluk; *more ~ than **skill*** meer geluk as wysheid; *by a **stroke** of ~* per geluk; *have a **stroke/piece** of (good) ~* 'n gelukskoot/meevaller(tjie) kry; *no **such** ~, (infml.)* ongelukkig/helaas nie; ***trust** to ~* op goeie geluk afgaan, iets op goeie geloof doen, op die geluk vertrou, hoop alles sal regkom; ***try** one's ~* jou geluk beproef, dit probeer/waag; *s.o.'s ~ has **turned*** dit gaan voorspoediger met iem., iem. se fortuin het verander; *s.o. was in ~'s **way*** iem. het 'n gelukslag gekry (*of* het dit gelukkig/goed getref); ***what** (a piece of) ~!* wat 'n geluk!; ***with** ~ s.o. ...* as iem. gelukkig is, kan/sal hy/sy ...; ***without** ~* sonder geluk; sonder sukses; ***worse** ~, (infml.)* ongelukkig (genoeg). **luck** *ww.: ~ out, (Am., infml.)* gelukkig wees, dit gelukkig tref; *~ (up)on ..., (infml.)* op ... afkom, ... toevallig kry/raakloop.

luck·i·ly gelukkig; *~ for s.o. it was wrong* gelukkig was dit verkeerd.

luck·i·ness geluk(kigheid).

luck·less ongelukkig, rampspoedig. **luck·less·ness** ongelukkigheid, rampspoedigheid.

luck·y[1] *n.: cut/make one's ~, (arg. sl.)* maak dat jy wegkom.

luck·y[2] *adj.* gelukkig; gelukbringend; →LUCKILY, LUCKINESS; ***be** ~* gelukkig wees, geluk hê; *s.o. can **consider** him-/herself ~* dis iem. se geluk, iem. kan van geluk praat; *s.o. was ~ **enough** to ...* iem. het die geluk gehad om te ...; ***get** (or **strike** it) ~* 'n geluk(slag) kry; *a ~ **hit/shot*** 'n gelukskoot; *~ **person*** gelukkige; *s.o. can thank his/her ~ **stars*** →STAR *n.*; ***third** time ~* →THIRD *adj.*; *~ **you!*** jy's darem 'n gelukskind/-voël!, jou gelukkige blikskottel!. ~ **bag** *(Br.)* verrassingsak, grabbelsak; →GRAB BAG. ~ **beans** →CRAB'S EYES. ~ **dip** gelukspakkie. ~ **draw** gelukkige trekking, gelukstrekking. ~ **packet** verrassingspakkie.

lu·cra·tive winsgewend, voordelig, rendabel. **lu·cra·tive·ness** rendabiliteit.

lu·cre *(gew. honend)* wins, voordeel; *filthy* ~ swart geld, geld wat onwettig bekom is, oneerlike gewin.

Lu·cre·ti·a *(Rom. legende)* Lucretia.

Lu·cre·ti·us *(Rom. digter en filosoof)* Lucretius.

lu·cu·brate *(arg.)* snags werk/studeer/skryf/skrywe; 'n geleerde dissertasie skryf/skrywe. **lu·cu·bra·tion** *(fml.)* (nagtelike) studie, (nagtelike) oorpeinsinge, nagwerk, lukubrasie.

lu·cu·lent *(w.g.)* duidelik; oortuigend.

Lu·cul·lus *(Rom. generaal)* Lucullus. **Lu·cul·lan, Lu·cul·le·an, Lu·cul·li·an** Lucullies.

Lud·dite *(Eng. gesk.)* Luddiet; teen-/teëstander van tegnologiese vooruitgang.

lu·di·crous belaglik, bespotlik, verspot, lagwekkend.

lu·do *(speletjie)* ludo.

lu·es *lues, (vero.)* sifilis; pes. **lu·et·ic** sifilities.

luff *n., (sk.)* loef(sy). **luff** *ww.* loef; die loef afsteek.

luf·fa →LOOFAH.

lug[1] *n.* (die) trek; ruk, pluk. **lug** -gg-, *ww.* sleep, trek; piekel; *~ s.t. along* iets saamsleep; iets saampiekel; *~ at s.t.* aan iets trek; aan iets ruk en pluk; *~ s.t. into a conversation/discussion* iets by 'n gesprek/bespreking insleep. **~(box)** sleepkassie.

lug[2] *n.* handvatsel, oor; oorklap, oorlap; *(masj.)* hingsel; uitsteeksel; tap; neus; klou; *(masj.)* skoen; *(druk.)* tandjie; verbindingsplaat; *(Sk., infml.)* oor; *(hoofs. Am., sl.)* domkop.

lug[3]**: ~(sail)** *(sk.)* loggerseil.

lug[4]**, lug·worm** *(Arenicola* sp.*)* seewurm, borselwurm.

luge *n.* slee. **luge** *ww.* op 'n slee ry; met 'n slee ja(ag).

lug·gage bagasie, passasiersgoed; *excess* ~ oorbagasie, oorgewig aan bagasie. ~ **boot** bagasiebak. ~ **carrier** karet; bagasierak. ~ **compartment** bagasieruim. ~ **office** bagasiekantoor. ~ **porter** bagasiedraer, kruier. ~ **rack** bagasierak. ~ **room** pakruimte. ~ **strap** pakriem. ~ **ticket** bagasiekaartjie. ~ **van** bagasiewa.

lug·ger *(sk.)* logger.

lu·gu·bri·ous treurig, somber, luguber. **lu·gu·bri·ous·ness** treurigheid, somberheid.

lug·worm →LUG[4].

Lu·kan →LUCAN *adj.*.

Luke *(NT)* Lukas.

luke·warm lou, louwarm; *s.o.'s reaction was* ~ iem. se reaksie was maar so-so.

lull *n.* (rukkie) stilte/rus; afbreking, verposing, bedaring, stilstand; windstilte; *a ~ in the conversation* 'n pouse in die gesprek; *the ~ before the storm* die stilte voor die storm. **lull** *ww.* sus; kalmeer, paai, stil; wieg; bedaar, gaan lê; *~ s.o. to sleep* iem. aan die slaap sus.

lull·a·by *n.* wiegelied(jie), slaaplied(jie). **lull·a·by** *ww., (w.g.)* aan die slaap sing.

lu·lu *(Am., sl.)* uitsonderlike mens/ding.

Lu·lu·a·bourg *(geog., hist.)* →KANANGA.

lum *(Sk.)* skoorsteen.

lum·ba·go -gos lendepyn, lendejig, spit (in die rug).

lum·bar *(anat.)* lumbaal, lende-, van die lende; *~ hernia* lendebreuk; *~ puncture* lumbale punksie, lendesteek; *~ region* lendestreek.

lum·ber[1] *n., (hoofs. Br.)* rommel, weggooigoed, prulle; *(hoofs. Am.)* (ruwe) timmerhout. **lum·ber** *ww.* op 'n hoop gooi, ophoop, opstapel; volstop; weggooi, eenkant gooi; *(hoofs. Am.)* kap, saag, vervoer *(hout)*; →LUMBERER, LUMBERING; *~ s.o. with s.t., (infml.)* iem. met iets opsaal; *be ~ed with s.t., (infml.)* met iets opgesaal sit/wees; oorlaai wees met iets *(take ens.)*. **~jack, ~man** -men, *(hoofs. in N.Am.)* boswerker, houtkapper. **~jacket** bosbaadjie, (toe)ritsbaadjie. **~(man's) saw** treksaag. ~ **mill** saagmeul(e). ~ **miller** saagmeulenaar. ~ **room** *(Br.)* rommelkamer; pakkamer. ~ **scaler** houtmeter. **~yard** *(Am.)* = TIMBERYARD.

lum·ber[2] log beweeg; *(vero.)* dreun, rommel, rol; *~ up* aangerol kom.

lum·ber·er houtkapper, boswerker.

lum·ber·ing *(hoofs.Am.)* houtkappery, houtkapbedryf; timmerhoutbedryf.

lu·men[1] *lumens, (fis., afk.:* lm*)* lumen.

lu·men[2] *lumina, (anat.)* buisholte; *(bot.)* selholte.

lu·mi·nar·y lig; voorligter; *(poët., liter.)* liggewer.

lu·mi·nes·cence *(fis.)* luminessensie. **lu·mi·nes·cent** ligtend, luminesserend, liggewend.

lu·mi·nif·er·ous *(arg.)* liggewend.

lu·mi·no·phor *(liggewende stof)* luminofoor.

lu·mi·nous liggewend, ligtend, glimmend, skitterend, stralend; ophelderend; lumineus; *~ **dial*** glimwys(t)erplaat; *~ **paint*** glimverf; *~ **source*** ligbron; *~ **strip*** glimstrook. **lu·mi·nos·i·ty** skittering, helderheid, ligsterkte, liggewendheid.

lum·me, lum·my *tw., (Br., infml., vero.)* maggies, magtig.

lum·mox *(hoofs.Am., infml.)* lomperd; domkop.

lump[1] *n.* stuk, klont; homp; klomp, hoop; kluit; massa; knop, bult; *(infml.)* bonk, pokkel; lummel, jandooi; ***in** a ~* op een slag; *in **the** ~* deur die bank, voor die voet, net soos dit kom; by die groot maat; *a ~ of **sugar*** 'n klontjie suiker, 'n suikerklontjie; *a ~ in the **throat*** 'n knop in die keel. **lump** *ww.* opeenhoop, bymekaargooi; opbondel; (saam)koek; hope/klompe vorm/maak; *~ s.t. **down*** iets neerplak/neerplof; *~ everything **on** ...* alles op ... wed/waag; *~ things **together*** dinge saamgooi; *~ people/things **together*** mense/dinge oor een/dieselfde kam skeer (*of* boeg gooi); mense/dinge saamgooi (*of* saam klassifiseer). ~ **chalk** klontkryt. ~ **lime** klontkalk. ~ **sugar** klont(jie)suiker, broodsuiker. ~ **sum** een bedrag, enkelbedrag, bedrag ineens, ronde bedrag.

lump[2] *ww., (infml.)* verdra; aanvaar; *if s.o. doesn't like it, he/she can ~ it, (infml.)* as iem. nie daarvan hou (*of* daarmee tevrede) is nie, kan hy/sy maar gaan doppies blaas; *s.o.'ll just have to like it or ~ it, (infml.)* iem. sal maar moet vat wat hy/sy kry.

lum·pec·to·my -mies, *(med.: verwydering v. kankeragtige borsknop)* lumpektomie.

lump·er laaier, bootwerker; saamgroepeerder.

lump·i·ness klonterigheid.

lump·ing *(infml.)* dik; tamaai.

lump·ish lomp, swaar; onnosel; dooierig; klonterig, knopperig. **lump·ish·ness** lompheid; onnoselheid; dooierigheid; klonterigheid.

lump·y knopperig, bulterig; klonterig, gekoek, stukkerig; →LUMPINESS. ~ **jaw** *(veearts.)* straalswamsiekte, -skimmelsiekte, aktinomikose. ~ **sea** woelige see. ~ **skin (disease)** *(veearts.)* knopvel(siekte). ~ **wool** klontwol.

lu·na·cy *(hoofs.fig.)* kranksinnigheid, malheid, waansin.

lu·nar *adj.* maan(s)-, van die maan; halfmaanvormig;

lunaries. ~ **bow** maankring, =krans. ~ **caustic** *(chem., arg.)* helsteen, silwernitraat. ~ **corona** maanligkrans. ~ **cycle** maankringloop, =siklus, =sirkel. ~ **day** maandag. ~ **disc** maanskyf. ~ **distance** maanafstand. ~ **eclipse** maansverduistering. ~ **halo** maanhalo. ~ **(excursion) module** *(afk.:* LEM*)* maanlandingstuig. ~ **month** maanmaand. ~ **observation** maanwaarneming. ~ **politics** onpraktiese politiek. ~ **rainbow** maanreënboog. ~ **revolution** maansomloop. ~ **tide** maanvloed. ~ **year** maanjaar.

lu·nar·i·an *(mit.)* maanbewoner; *(arg.)* maankenner.

lu·nate, lu·nat·ed halfmaanvormig; halfmaan=.

lu·na·tic *n. (vero. of pej.)* kranksinnige, waansinnige, versteurde, mal mens; *(fig.)* gek, idioot, mal mens. **lu·na·tic** *adj.* kranksinnig, waansinnig, mal, gek. ~ **asylum** *(vero., neerh.)* →MENTAL HOME. ~ **fringe** fanatiese randeiers, getikte randfigure.

lu·na·tion *(astron.)* maansomloop, lunasie; →LUNAR MONTH.

lunch *n.* middagete, middagmaal(tyd), noenmaal; →PLOUGHMAN'S LUNCH; ***before/after*** ~ voor/ná (die) middagete; *let's **do** ~, (hoofs. Am., infml.)* kom ons gaan eet saam (*of* ontmoet mekaar vir middagete); *there's no such thing as a **free** ~, (sprw.)* niks val sommer in jou skoot nie, jy kry niks vir niks (en baie min vir 'n sikspens/trippens); ***have*** ~ ('n) middagete geniet/nuttig, gaan eet; *s.o. is **out for/to** ~* iem. het gaan eet; *be **out to** ~, (ook, infml.)* van stryk (af) wees; die kluts kwyt (*of* die spoor byster) wees; *~ is **served*** die ete/kos is/staan op (die) tafel, die middagete is gereed. **lunch** *ww.* ('n) middagete geniet/nuttig, gaan eet; 'n noenmaal/middagete aanbied; *~ out* uitgaan vir middagete. ~**box** kosblik. ~ **break,** ~ **interval** etenstyd, =pouse, middagpouse. ~ **hour** middaguur, etensuur. ~**room** *(Am.)* snelrestaurant; eetsaal. ~ **table** middagtafel. ~**time:** *at ~* in die middaguur; met etenstyd.

lunch·eon *(fml.)* noenmaal, middagete. ~ **meat** noenvleis. ~ **voucher** etekaartjie.

lune halfmaan, halwemaan; boltweehoek.

lu·nette plat horlosieglas; oogklap *(v. 'n perd); (mil.)* brilskans, lunet; gewelfvenster, halfmaanvenster, lunet.

lung long; *the (green) ~s of a **city**, (parke ens.)* die (groen) longe van 'n stad; *s.o. has **congestion** of the ~s* iem. se bors is/het toegetrek; ***inflammation** of the ~s* longontsteking; *at the **top** of one's ~s* uit volle bors; skreeuend. ~ **book** = BOOK LUNG. ~ **complaint** longaandoening. ~**fish** longvis. ~ **fluke** longslakwurm. ~ **gas** stikgas. ~ **plague** longpes. ~ **sickness** longsiekte. ~**worm** longwurm. ~**wort** *(bot.)* longkruid.

lunge[1] *n.* uitval; stoot, steek; sprong. **lunge** *ww.* uitval; stoot, steek; (weg)spring; slaan; skop; *~ (out) at s.o.* na iem. slaan/skop/steek; *the dog ~d at s.o.* die hond het na iem. gehap.

lunge[2], **longe** *n.* lonsriem. **lunge, longe** *ww.* (laat) lons *('n perd).*

lung·er *(arg., infml.)* longlyer, =pasiënt, teringlyer.

lu·nu·la =*lae,* **lu·nule** =*nules* naelmaantjie.

lu·nu·late, lu·nu·lat·ed halfmaanvormig.

lun·y →LOON(E)Y.

Lu·per·cal =*calia,* **Lu·per·ca·li·a** =*lia(s), (Rom. vrugbaarheidsfees)* Luperkalieë.

lu·pin(e) wolfsboon(tjie), lupien. ~ **caterpillar** lupienrusper.

lu·pine wolfagtig, wolf=.

lu·pi·no·sis *(veearts.)* lupinose.

lu·pus *(patol.)* lupus, huid=, veltering, vretende uitslag. **lu·pous, lu·poid** lupusagtig, lupus=.

Lu·pus *(astron.)* die Wolf, Lupus.

lurch[1] *n.* slingering, (die) slinger, (die) steier; *give a ~* ruk. **lurch** *ww.* slinger, steier, skielik eenkant toe rol/val; *(infml.)* twee rye spore loop.

lurch[2] *n.: leave s.o. in the ~* iem. in die steek laat.

lurch·er *(Br.)* stropershond; *(arg.)* dief, skelm; spioen.

lure *n.* lokaas; verlokking; lokmiddel; lokstem, =roep. **lure** *ww.* (aan)lok; *~ s.o. away* iem. weglok/wegrokkel; *~ s.o. on* iem. aanlok/verlok.

lu·rid onaangenaam, aaklig, naar, afgryslik, afskuwelik, skokkend; onsmaaklik, afstootlik; sensasioneel; onheilspellend, luguber; doodsbleek, ongesond *(gelaatskleur);* skel, skril, skreeuend *(kleure); (bot.)* geelbruin, bruingeel; *~ past* aaklige/duistere verlede. **lu·rid·ness** aakligheid, skokkendheid; felheid *(v. kleure);* doodsbleekheid.

lurk *n.: be on the ~* op die loer wees. **lurk** *ww.* wegkruip, skuil, verskuil wees; loer, op die loer lê; verborge wees; *~ about/around* rondsluip. **lurk·er** loerder, spioen.

lurk·ing *adj. (attr.)* onduidelike *(gestalte, voorwerp);* vae *(vermoede);* heimlike *(vrees);* verskuilde *(gevaar).* ~ **place** *(w.g.)* skuilplek.

Lu·sa·ti·a *(geog.)* die Lausitz.

lus·cious heerlik, aanloklik; wulps, wellustig, sin(ne)lik; soetlik, heuningsoet; sappig; *(arg.)* oorlade *(styl).* **lus·cious·ness** aanloklikheid; wulpsheid; (oor)soetheid.

lush[1] *adj.* geil, welig; sappig, mals; oordadig; *(infml.)* wulps. **lush·ness** sappigheid, malsheid; geilheid, weligheid; oordadigheid.

lush[2] *n., (hoofs. Am., sl.)* dronklap; kromhout(sop), lawaaiwater, tiermelk; drinkparty, dronknes. **lush** *ww.* drink, suip, weglê; *(vero.)* dronk maak.

Lu·si·ad: *the ~, (lettk.)* die Lusiade.

Lu·si·ta·ni·a *(geog., hist.)* Lusitanië.

lu·so·phone *adj.* Portugeessprekend.

lu·so·ry *(w.g.)* spelend; speels; speel=.

lust *n.* wellus, sin(ne)like lus, geilheid, onkuisheid; begeerte, sug; *~ for/of **battle*** krygslus; *~ for/of **life*** lewenslus, lewensdrang; *~ for/of **money*** geldsug; *~ for/of **power*** magswellus; *~ for/of **war*** oorlogsug, krygsugtigheid. **lust** *ww.* vurig begeer; *~ after/for s.o./s.t.* iem./iets vurig begeer. **lust·ful** wellustig, wulps, geil, onkuis; →LUSTY; *~ of ...* begerig na ...

lus·tral reinigings=, suiwerings=; *~ water* wywater.

lus·trate *(w.g.)* reinig, suiwer. **lus·tra·tion** reiniging, suiwering.

lus·tre[1], *(Am.)* **lus·ter** *n.* (lig)glans; skittering; luister, roem, glorie, voortreflikheid; (kroon)lugter, kroonkandelaar, luster; glansstof; →LUSTRELESS, LUSTROUS; *add ~ to ...* luister aan ... verleen, die roem van ... verhoog, ... opluister (*of* beroemd maak); *destroy the ~ of ...* ... ontluister; *s.t.loses its ~* iets verloor sy glans. **lus·tre,** *(Am.)* **lus·ter** *ww.* blink maak, glans gee; *(w.g.)* blink, glansend wees; glans kry. ~ **black** glansswart. ~ **cloth** glansstof. ~ **wool** glanswol. ~ **yarn** glansgare, =garing.

lustre[2], *(Am.)* **lus·ter** *n.* →LUSTRUM.

lus·tre·less, *(Am.)* **lus·ter·less** glansloos, mat.

lus·tring, lute·string, lus·trine *(hist., tekst.)* glanssy.

lus·trous luisterryk, glansryk, skitterend, roemryk; glansend, glimmend. **lus·trous·ness** luister, glans, skittering.

lus·trum =*trums,* =*tra,* **lus·tre** =*tres, (Am.)* **lus·ter** =*ters, (hoofs. poët./liter. of hist.)* lustrum, vyfjaartydperk.

lust·y sterk, fris en gesond, fors, kragtig, flink, lewendig; opgewek; *do s.t. to ~ purpose, (liter.)* iets met mag en krag doen. **lust·i·hood** *(arg.)* frisheid, krag. **lust·i·ly** kragtig, flink, lewendig, fors, lustig; uit alle mag, met mag en krag. **lust·i·ness** krag, flinkheid, lewendigheid; opgewektheid.

lute[1] *n., (mus.)* luit; →LUTENIST, LUTHIER. **lute** *ww., (w.g.)* op die luit speel; soos 'n luit klink. ~ **player** →LUTENIST. ~**string** luitsnaar.

lute[2] *n.* kit(middel), kitlym, kleefstof, lym, lutum. **lute** *ww.* toesmeer, dig smeer, lugdig maak, (ver)kit; smeer, bestryk; bevloei.

lu·te·al *(fisiol.)* luteaal; →CORPUS LUTEUM.

lu·te·ci·um →LUTETIUM.

lu·te·nist, lu·ta·nist luitspeler, =speelster, luitis.

lu·te·ous *adj., (biol.)* oranjegeel.

lute·string →LUSTRING.

lu·te·ti·um *(chem., simb.:* Lu*)* lutesium.

Lu·ther·an *n.* Lutheraan. **Lu·ther·an** *adj.* Luthers; van Luther. **Lu·ther·an·ise, -ize** lutheraniseer, tot die Lutheranisme bekeer. **Lu·ther·an·ism** Lutheranisme, Lutherse leer.

lu·thern *(vero.)* →DORMER (WINDOW).

lu·thi·er luitmaker.

luv *(Br., infml.)* skattebol, skat(tie).

lux *lux, (fis., beligtingseenheid, afk.:* lx*)* lux.

lux·ate *(med.)* verstuit, uit lit (*of* uit die potjie) val/stamp; verrek, ontwrig. **lux·a·tion** *(med.)* verstuiting; ontwrigting.

luxe: *de ~* luukse, weelde=; *edition de ~* luukse uitgawe, praguitgawe, bibliofiele uitgawe.

Lux·em·bourg, Lux·em·burg *(geog.)* Luxemburg. **Lux·em·bourg·er, Lux·em·burg·er** Luxemburger. **Lux·em·bourg·i·an, Lux·em·burg·i·an** *adj.* Luxemburgs. **Lux·em·burg·ish** *n., (dial.)* Luxemburgs.

Lux·or *(geog.)* Luxor.

lux·u·ri·ant geil, welig; bloemryk *(styl).* **lux·u·ri·ance** geilheid, weligheid.

lux·u·ri·ate weelderig (*of* in weelde) lewe, luilekker lewe; welig groei; jou verlustig *(in); ~ in s.t.* ten volle van iets geniet; *(plante)* in iets gedy; in iets swelg *(oorvloed ens.).*

lux·u·ri·ous weelderig; oordrewe gemaksugtig; prag=; wellustig; luuks, luuksueus.

lux·u·ry *n.* weelde, luukse; weelderigheid, oordaad, oorvloed; genotmiddel, lekkerny; genot; weeldeartikel, luukse artikel; *indulge in a ~* jou 'n weelde veroorloof; *live in (the lap of) ~* in weelde/oordaad/oorvloed leef/lewe. **lux·u·ry** *adj. (attr.)* luukse, weelde=. ~ **bus** luukse bus, weeldebus. ~ **flat** luukse woonstel. ~ **hotel** weeldehotel. ~ **tax** weeldebelasting. ~ **trade** weeldebedryf. ~ **train** luukse trein, weeldetrein.

Lviv *(Oekraïns),* **Lvov** *(Rus.),* **Lwów** *(Pools),* **Lemberg** *(D.), (geog.)* Lviv.

ly·can·thro·py *(psig., arg.)* weerwolfswaansin. **ly·can·thrope** weerwolf; *(psig.)* lyer aan weerwolfswaansin.

Lyc·a·o·ni·a *(geog., hist.)* Likaonië.

ly·ce·um =*ums, (Am., arg.)* liseum; *the L~, (Gr. filos., hist.)* die Lyceum.

ly·chee →LITCHI.

Ly·ci·a *(geog., hist.)* Licië. **Ly·ci·an** *n.* Liciër; *(taal)* Licies. **Ly·ci·an** *adj.* Licies.

ly·co·pod, ly·co·po·di·um *(bot.)* wolfsklou. ~ **dust,** ~ **powder** stuif=, strooipoeier.

Ly·cra *(tekst.)* lycra.

Ly·cur·gus *(Gr., jur., hist.)* Lycurgus.

lydd·ite *(plofstof)* liddiet.

Lyd·i·a *(geog., hist.)* Lidië.

Lyd·i·an *n.* Lidiër; *(taal)* Lidies. **Lyd·i·an** *adj.* Lidies, van Lidië. ~ **fourth** *(mus.)* Lidiese kwart. ~ **stone** lidiet, swart jaspis, kieselleisteen.

lyd·ite →LYDIAN STONE.

lye loog, loogwater. ~ **bush** *(Psilocaulon* spp.*)* as=, loogbos; *(Atriplex* spp.*)* brak=, soutbos; *(Salsola* spp.*)* brak=, soutganna, ganna(bossie). ~ **tub,** ~ **vat** loogkuip, =bak.

ly·ing[1] *n.* liegery, gelieg, leuentaal. **ly·ing** *adj., (teenw.dw. v. lie*[1] *ww.)* leuenagtig; *~ propaganda* leuenpropaganda.

ly·ing[2] *n.* (die) lê; lêplek; *soft ~* sagte lêplek/lê. **ly·ing** *adj. & adv., (teenw.dw. v. lie*[2] *ww.)* lêend; geleë; *take s.t. ~ **down*** iets sluk (*of* gedwee verdra); *not take s.t. ~ **down*** jou teen iets verset; ***leave** s.t. ~ **somewhere*** iets êrens laat lê; *s.t. is ~ **on/under** the table/etc.* iets lê op/onder die tafel/ens. ~**-in** *n., (arg.)* bevalling; kraam(tyd). ~**-in** *adj. (attr.), (arg.): ~ expenses* kraamkoste; *~ hospital* kraaminrigting; *~ room* kraamkamer. ~**-in-state** staatsieligging.

lyke·wake *(Br.)* lykwaak.

lyme grass *(Elymus* spp.*)* sandhawer, seehawer, helm.

lymph *(fisiol.)* limf; weefselvog; *(poët., liter.)* suiwer water; *vaccine ~* entstof. ~ **cell,** ~ **corpuscle** →LYMPHOCYTE. ~ **gland,** ~ **node** limfklier.

lymph= *komb.vorm* limf=.

lym·phan·gi·tis *(med.)* limfvatontsteking.

lym·phat·ic *n.* limfvat. **lym·phat·ic** *adj., (fisiol.)* limfaties, limf=. ~ **duct** limfbuis. ~ **system** limfstelsel, =sisteem. ~ **vessel** limfvat.

lym·pho·blast *(med.)* limfoblast.

lym·pho·cyte *(fisiol.)* limfosiet, limfsel.

lym·phoid *(anat. & med.)* limfoïed, limf=; ~ *tissue* limfweefsel.

lym·pho·ma =*mas*, =*mata, (med.)* limfoom, limfselgewas.

lyn·ce·an *(w.g.)* skerpsiende; →LYNX-EYED.

lynch *ww.* lynch. ~ **law** lynchwet.

lynch·pin →LINCHPIN.

lynx *lynx(es), (soöl., Eur., N.Am.)* los; *(African)* ~ rooikat, swartoor, karakal; →CARACAL. ~**-eyed** met katoë, skerpsiende, oplettend, waaksaam.

Ly·ons *(geog.)* Lyon.

ly·o·pho·bic *(chem.)* liofobies.

ly·o·trop·ic *(chem.)* liotropies.

Ly·ra *(astron.)* die Lier, Lyra.

ly·rate, ly·rat·ed *(biol.)* liervormig.

lyre *(mus.)* lier. ~**bird** liervoël. ~**-shaped** liervormig.

lyr·ic *n.* liriese gedig; (populêre) liedjie; *(i.d. mv.)* liriek, liriese gedigte. **lyr·ic, lyr·i·cal** *adj.* liries; ~ *poet* liriese digter, lierdigter, lirikus; ~ *poetry* liriese poësie, liriek; *wax lyrical about/on s.t.* →WAX² *ww.*. **lyr·i·cism** liriese aard/karakter/toon, geesdrif, lirisme. **lyr·i·cist** liedjieskrywer; lirikus. **lyr·ist** lierspeler; lirikus.

ly·ser·gic: ~ **acid** *(chem.)* lisergiensuur. ~ **acid diethylamide** *(afk.:* LSD*)* lisergiensuurdiëtielamied.

ly·sim·e·ter sypelmeter.

ly·sine *(biochem.)* lisien.

ly·sis *lyses, (biol.)* vervloeiing, oplossing, langsame daling.

Ly·sol *(handelsnaam)* Lysol.

ly·so·zyme *(biochem.)* lisosiem.

Mm

m, M *m's, M's, Ms, (dertiende letter v.d. alfabet)* m, M; em; Romeinse syfer 1000; *little m* m'etjie; *small m* klein m. **M-roof** tweegeweldak, M-dak.

ma *mas, (infml.)* ma.

ma'am *(afk. v.* madam*)* mevrou.

maas·bank·er *(SA, igt.: Trachurus trachurus)* marsbanker, ma(a)sbanker.

Maas·tricht *(geog.)* Maastricht. ~ **Treaty** Maastrichtverdrag, -ooreenkoms.

ma·bel·a, ma·bel·e *(Ngu.)* mabela/mabêla(pap), graansorghum(pap).

Mac *(infml.)* Skot; *(Am., infml., aanspreekvorm vir 'n onbekende man)* vriend, maat.

mac *(Br., infml.)* →MACKINTOSH.

ma·ca·bre aaklig, griesel(r)ig, grillerig, makaber; dode-; →DANSE MACABRE.

ma·ca·co *-cos, (Lemur* spp.*)* maki, lemur, vosaap.

mac·ad·am macadam. ~ **road** macadampad.

mac·a·da·mi·a *(bot.)* macadamia, makadamia. ~ **nut** macadamia-, makadamianeut.

mac·ad·am·i·sa·tion, -za·tion macadamisering. **mac·ad·am·ise, -ize** macadamiseer.

ma·caque *(Ouwêreldse aap: Macaca* spp.*)* makaak, uil-, kuifaap.

mac·a·ro·ni *-ni(e)s, (It. kookk.)* macaroni; *(Br., hist.)* windmaker. ~ **cheese** macaroni-en-kaas. ~ **penguin** *(Eudyptes chrysolophus)* macaronipikkewyn.

mac·a·ron·ic *-ics, n.* macaroniese vers; taalmengelmoes. **mac·a·ron·ic** *adj.* macaronies; gemeng(d).

mac·a·roon makrol(letjie), amandel-, bitterkoekie; klapperkoekie.

Ma·cas·sar →MAKAS(S)AR. ~ **ebony** makassarebbehout, Makassaarse ebbehout. ~ **(oil)** *(outydse haarolie)* makassarolie.

Ma·cas·sar·ese *n. & adj.* →MAKAS(S)ARESE.

ma·caw ara(papegaai). ~ **berry** palmkool. ~ **palm**, ~ **tree** waterpalm.

Mac·ca·bae·us →JUDAS. **Mac·ca·be·an** Makkabees. **Mac·ca·bees** *n. (mv.)* Makkabeërs; *the Books of (the)* ~, *(Byb.)* (die boeke van die) Makkabeërs.

Mace *n., (Am. handelsnaam: soort traangas)* Mace. **Mace** *ww., (dikw. m~)* met Mace bestook, Mace na ... spuit.

mace[1] *(spesery)* foelie. ~ **oil, oil of** ~ muskaatolie.

mace[2] (amp)staf, roede; *(hist.)* knots. ~**bearer** staf-, roededraer.

ma·cé·doine *(Fr.), (kookk.)* macédoine, (gestolde) groenteslaai; macédoine, (gestolde) vrugteslaai; *(fig.)* mengsel.

Mac·e·do·ni·a, Mac·e·don *(geog.)* Masedonië. **Mac·e·do·ni·an** *n.* Masedoniër. **Mac·e·do·ni·an** *adj.* Masedonies.

mac·er stafdraer; *(Sk.)* ordebewaarder *(in 'n geregshof)*.

mac·er·ate week, sag maak/word, masereer; uitloog; *(arg.)* vermaer, uitteer; *(arg.)* kasty. **mac·er·a·tion** weking, deurweking, maserasie, maserering; uitloging; *(arg.)* uittering; kastyding.

Mach: ~**meter** *(lugv.)* Machmeter. ~ **(number)** Mach(getal).

ma·chan, *(Ind., hoofs. hist.)* jagplatform.

ma·chet·e, match·et kapmes, panga.

Mach·i·a·vel·li *(ook fig.)* Machiavelli. **Mach·i·a·vel·li·an** *n.* Machiavellis. **Mach·i·a·vel·li·an** *adj.* Machiavelliaans, gewete(n)loos, dubbelhartig. **Mach·i·a·vel·li·an·ism** Machiavellisme.

ma·chic·o·late, ma·chic·o·lat·ed *(bouk.)* gekanteel(d), met kantele. **ma·chic·o·la·tion** kanteelooorhang.

ma·chin·a·ble verwerkbaar, masjineerbaar. **ma·chin·a·bil·i·ty** verwerkbaarheid, masjineerbaarheid.

mach·i·nate saamsweer, konkel, planne (*of* 'n komplot) smee, intrigeer; beraam. **mach·i·na·tion** intrige, sameswering, konkelary, knoeiery, masjinasie. **mach·i·na·tor** intrigant, samesweerder.

ma·chine *n.* masjien, toestel, werktuig; fiets, motorfiets, vliegtuig, *ens.; operate a* ~ 'n masjien bedien/hanteer; *service a* ~ 'n masjien versien/onderhou. **ma·chine** *ww.* masjineer, met 'n masjien afwerk. ~ **age** masjientydperk. ~ **code,** ~ **language** *(rek.)* masjienkode, -taal. ~ **compositor** masjiensetter. ~ **cotton** masjiengare, -garing. ~ **die** masjienvorm. ~ **drawing** masjientekening, -tekene. ~ **drill** masjienboor, kraghamerboor. ~ **feeder** masjienvoerder. ~**-finished** masjinaal afgewerk, met masjienafwerking; gemasjineer(d). ~ **fitter** masjienmonteur. ~ **gun** *n.* masjiengeweer. ~**-gun** *ww.* met 'n masjiengeweer beskiet/neerskiet. ~ **gunner** masjiengeweerskut(ter). ~ **hand** masjienbediener. ~ **intelligence** →ARTIFICIAL INTELLIGENCE. ~**-knitted** masjiengebrei, met 'n masjien gebrei; ~ *fabric* masjienbreistof. ~**-made** masjiengemaak, masjinaal vervaardig/gemaak; ~ *brick* masjiengemaakte baksteen. ~ **minder** masjienbediener. ~**-minding** masjienbediening. ~**-moulded** masjiengevorm(de), masjinaal gevorm, met 'n masjien gevorm. ~ **oil** masjienolie. ~ **operator** masjienoperateur, -bediener. ~ **pistol** masjienpistool. ~**-planed** masjiengeskaaf, masjinaal geskaaf, met 'n masjien geskaaf. ~**-printed** masjiengedruk, masjinaal gedruk, met 'n masjien gedruk. ~**-readable** *(rek.)* masjien-, rekenaarleesbaar. ~ **ruler** linieermasjien. ~ **shop** masjien(werk[s])winkel. ~ **silk** masjiensy. ~ **stitch** masjiensteek. ~ **stitching** (masjien)stiksel. ~ **tool** stuk masjiengereedskap, masjiengereedskapstuk, masjienwerktuig. ~ **translation** masjienvertaling. ~**-washable** masjienwasbaar. ~ **wool** herwonne wol. ~ **work** stikwerk, masjienwerk; meganiese arbeid.

ma·chine·a·ble →MACHINABLE.

ma·chin·er →MACHINIST.

ma·chin·er·y masjinerie; meganiek; *(liter.)* kunsgrepe, -grepies, truuks; ~ *of government* staatsbestel, -bestuur, -masjien, landsbestuur.

ma·chin·ing masjinering, masjienafwerking, masjienbewerking, masjineerwerk.

ma·chin·ist masjinis; masjienwerker; masjienmaker; masjienbediener.

ma·chis·mo machismo, hipermanlikheid.

ma·cho *-chos, n.* macho (man/meneer). **ma·cho** *adj.* macho, hipermanlik, (oordrewe) viriel.

macht·pol·i·tik *(D.)* magspolitiek.

mac·in·tosh →MACKINTOSH.

mack *(infml.)* →MACKINTOSH.

mack·er·el *-el(s), (igt.)* makriel; *holy ~!, (infml.)* goeie genugtig(heid)!. ~ **breeze,** ~ **gale** makrielwind. ~ **clouds** skaap-, kapokwolkies. ~ **scad** *(Decapterus macarellus)* makrielskad. ~ **shark** →PORBEAGLE. ~ **sky** lug met skaap-/kapokwolkies.

mack·in·tosh, mac·in·tosh reënjas.

mack·le, mac·ule *n., (druk.)* misdruk, skuifdruk. **mack·le, mac·ule** *ww.* misdruk, skuifdruk, deurdruk.

ma·cle *(krist.)* kristaltweeling; →CHIASTOLITE.

mac·ra·mé macramé. ~ **(lace)** macramé, kantknoopwerk.

mac·ro *(rek.)* makro. ~ **instruction** *(rek.)* makro-opdrag, makroöpdrag, makro-instruksie, makroïnstruksie. ~ **lens** *(fot.)* makrolens *(vir uiters vlakby opnames)*. ~ **mode** *(fot.)* makromodus.

mac·ro- *komb.vorm.* makro-.

mac·ro·bi·ot·ic *adj., (dieetk.)* makrobioties. **mac·ro·bi·ot·ics** *n. (fungeer as ekv.)* makrobiotiek.

mac·ro·ce·phal·ic, mac·ro·ceph·a·lous groothoofdig, -koppig, makrokefaal, -sefaal. **mac·ro·ceph·a·ly** groothoofdigheid, grootkoppigheid, makrokefalie, -sefalie.

mac·ro·cli·mate makroklimaat.

mac·ro·cosm makrokosmos, heelal. **mac·ro·cos·mic** *adj.,* **mac·ro·cos·mi·cal·ly** *adv.* makrokosmies.

mac·ro·cyte *(patol.)* makrosiet.

mac·ro·ec·o·nom·ic *adj.* makro-ekonomies, makroëkonomies. **mac·ro·ec·o·nom·ics** *n. (fungeer as ekv.)* makro-ekonomie, makroëkonomie.

mac·ro·ev·o·lu·tion *(biol.)* makro-evolusie/ewolusie, makroëvolusie, makroëwolusie.

mac·ro·mol·e·cule *(chem.)* makromolekule, -molekuul.

ma·cron *(fonet.)* lengteteken, makron.

mac·ro·nu·cle·us makronukleus, grootkern.

mac·ro·nu·tri·ent *(biol.)* makro-element, makroëlement, makrovoedingstof.

mac·ro·phage *(fisiol.)* makrofaag, grootvreetsel.

mac·ro·pho·tog·ra·phy makrofotografie.

mac·ro·scop·ic makroskopies, megaskopies.

mac·ro·spore →MEGASPORE.

mac·u·la *-lae,* **mac·ule** *-ules, (anat.)* vlek. **macula lutea** *maculae luteae* makula lutea, geel vlek *(op d. retina)*. **mac·u·lar** gevlek. **mac·u·late, mac·u·lat·ed** *adj., (poët., liter.)* bont, gevlek; *maculated aloe* →PARTRIDGE(-BREAST) ALOE, VARIEGATED ALOE. **mac·u·late** *ww., (poët., liter.)* vlek, bevlek; besoedel. **mac·u·la·tion** vlek; bevlekking; gevlektheid; besoedeling.

mac·ule *(anat.)* →MACULA; *(druk.)* →MACKLE *n.*.

mad *adj.* gek, mal, van jou verstand af, kranksinnig, waansinnig; gek, mal, dwaas, onnosel, dom; rasend, waansinnig; gek, mal, dol, versot; *(infml.)* kwaad, woedend, boos; *be ~* ***about/on*** *...* gek wees na ..., dol/versot wees op ..., mal wees oor ...; *be ~* ***at/with*** *s.o.*, *(infml.)* vir iem. kwaad wees; *a ~* ***dog*** 'n dol hond; ***drive/send*** *s.o. ~* iem. rasend/gek maak; *it is enough to* ***drive*** *one ~* dis om ('n) mens rasend/gek te maak; ***go*** *~* gek/mal word; *(Am., infml.)* baie kwaad word; *(as) ~ as a* ***hatter*** (or ***March hare***) stapelgek, so mal soos 'n haas; *s.o. is* ***hopping*** *~*, *(ook, infml.)* iem. kan slange vang; ***hopping/raving*** *~*, *(infml.)* smoorkwaad, briesend/woedend (kwaad); ***like*** *~*, *(infml.)* hewig, heftig; soos 'n besetene; vir die/'n vale, vir die vales; dat dit vrek; *(stark)* ***raving/staring*** *~* →STARK *adj.; be* ***that*** *~* so mal wees; *(infml.)* so kwaad/woedend/boos wees; *s.o. must be ~* ***to*** *...* iem. moet mal wees om ... *(iets te doen/glo/ens.)*; *a ~* ***venture*** 'n malkop onderneming; *be ~* ***with*** *...*, *(infml.)* dol wees van ... *(vreugde ens.)*; rasend wees van ... *(pyn ens.)*. **mad** *-dd-, ww., (arg., Am.)* mal maak; mal wees; *the ~ding crowd, (poët., liter.)* die wêreldse gewoel. ~**cap** *n.* malkop, maltrap. ~**cap** *adj.* malkop. ~ **cow disease** *(infml. term vir* bovine spongiform encephalopathy [BSE]*)* malbeessiekte. ~**house** *(infml.)* malhuis, gestig; *it's (like) a ~*

(in) here, (infml.) dit gaan dol hier. ~**man** -*men*, ~**woman** -*women* kranksinnige, waansinnige, mal man/vrou.

Mad·a·gas·car *n., (geog.)* Madagaskar. **Mad·a·gas·can** *n.* Madagas, Malgas. **Mad·a·gas·can** *adj.* Madagassies, Malgassies.

mad·am *(aanspreekvorm)* mevrou, juffrou; bordeeleienares, koppelaarster; *(Br., infml.: aanstellerige vrou/meisie)* madam(pie). **M~ Chair** geagte voorsitster. **M~ Mayor** geagte burgemeesteres.

ma·dame, mad·ame *mesdames, (Fr.)* mevrou; madame.

mad·a·pol·(l)am *(tekst.)* madapolam.

mad·den rasend/woedend/mal/dol maak; mal word. **mad·dened** rasend. **mad·den·ing** *adj.*, **mad·den·ing·ly** *adv.* om van gek te word; sieltergend, irriterend, ergerlik, frustrerend; onuitstaanbaar; ondraaglik, onuithou(d)baar.

mad·der *(bot.: Rubia spp.)* krapwortel, meekrap; *(kleurstof)* turksrooi.

made *(verl.t. & volt.dw.)* gemaak; →MAKE *ww.; be ~ for ...* vir ... uitgeknip wees; *they are ~ **for** each other* hulle pas uitstekend by mekaar; *s.o. **has** ~ it* iem. se kop is deur; iem. het geslaag; *s.o. **has (got)** it ~, (infml.)* iem. se sukses is verseker; *~ **in** South Africa etc.* in Suid-Afrika/ens. vervaardig; *s.o. is ~ **for life** (or a ~ **man/woman**), (infml.)* iem. se toekoms is verseker, iem. se fortuin is gemaak; *be ~ to **measure*** →MEASURE *n.; s.t. is ~ **of** ...* iets word van ... gemaak, iets bestaan uit ...; *s.t. was ~ **of** ...* iets is van ... gemaak; *show s.o. what one is ~ **of*** iem. wys met wie hy/sy te doen/make het; *a **South African** etc. ~ article/product* 'n Suid-Afrikaans/ens. vervaardigde artikel/produk; *be ~ **to** do s.t.* verplig word om iets te doen; *s.o. was ~ **to** ...* iem. moes ...; *it is ~ **up** of ...* dit bestaan (*of* is saamgestel) uit ... **~-to-measure** na maat gemaak; *~ suit* snyerspak. **~-up** opgemaak; afgewerk, kompleet; kunsmatig; versonne; *~ story* versinsel.

Ma·dei·ra *(geog.)* Madeira; madeirawyn. ~ **cake** madeirakoek.

mad·e·moi·selle *mesdemoiselles, (Fr.)* mademoiselle, (me)juffrou.

Ma·di·ba *(infml., voormalige pres. Nelson Mandela)* Madiba.

mad·ly gek, mal, dwaas, soos 'n besetene; *~ in love* smoorverlief, dolverlief.

mad·ness gekheid, malheid, kranksinnigheid, waansin; dwaasheid; raserny. *an act of ~* 'n waansinnige daad; *there is method in s.o.'s ~* →METHOD; *stark ~* louter(e)/pure kranksinnigheid/malheid.

Ma·don·na Madonna, Maagd Maria. ~ **lily** madonnalelie, St. Josefslelie, wit lelie.

ma·dras *(tekst.)* madras; madras(serp).

ma·dra·sa(h), me·dre·se *(Moslemskool)* madressa, madrassa.

mad·re·pore *(soöl., vero.)* sterkoraal. **mad·re·po·rar·i·an** *(soöl., vero.)* →SCLERACTINIAN.

mad·re·por·ite *(soöl.)* maderporiet *(v. 'n seester)*.

Ma·drid *(geog.)* Madrid; →MADRILENIAN.

mad·ri·gal *(mus.)* madrigaal, minnelied. **mad·ri·gal·i·an** *adj.* madrigaal-. **mad·ri·gal·ist** madrigalis.

Mad·ri·le·ni·an *n.* Madrileen, Madridter. **Mad·ri·le·ni·an** *adj.* Madrileens, Madrids.

ma·dum·bi -*bies (Z., bot.: Colocasia spp.)* madoembie.

Mae·ce·nas *(Rom. staatsman)* Mesenas, Maecenas; *(fig.)* mesenas, maecenas, kunsbeskermer.

mael·strom maalstroom, draaikolk.

mae·nad, me·nad *(Gr. mit.)* menade, bacchante. **mae·nad·ic, me·nad·ic** *adj.* bacchanties, wild; waansinnig, rasend, dol, koorsagtig.

ma·es·to·so -*sos, n., (It., mus.)* majestueuse beweging/passasie. **ma·es·to·so** *adj. & adv.* maestoso, majestueus, plegtig, statig.

Maes·tricht *(vero.)* →MAASTRICHT.

maes·tro -*tros*, -*tri* maestro, meester.

Mae West *(infml., vero., ook m~ w~)* (opblaasbare) reddingsbaadjie *(in WO II gebr.)*.

Maf·e·king *(geog., hist.)* →MAFIKENG.

maf·fick *(Br., arg.)* juig, jubel, tekere (*of* te kere) gaan, tekeregaan. **maf·fick·ing** gejuig, gejubel.

Ma·fi·a Mafia. **ma·fi·o·so** -*osi*, -*osos* Mafialid.

Maf·i·keng *(geog.)* Mafikeng.

mag[1] *(infml.)* tydskrif; →MAGAZINE.

mag[2] *(Austr., infml.)* gebabbel, geklets.

ma·ga·logue glanskatalogus.

mag·a·zine tydskrif; pakhuis, loods, magasyn; kruithuis; magasyn *(v. 'n geweer)*. ~ **gun** magasyngeweer.

Mag·da·lene →MARY. ~ **asylum** *(hist.)* Magdalenahuis.

mag·da·len(e) *(arg.)* bekeerde prostituut.

Mag·da·le·ni·an *n., (argeol.)* Magdalénien. **Mag·da·le·ni·an** *adj.* Magdalenies.

Mag·de·burg *(geog.)* Maagdenburg. ~ **hemispheres** Maagdenburgse halfbolle/hemisfere.

mage *(arg. of poët., liter.)* →MAGUS.

Ma·gel·lan *(Port. ontdekkingsreisiger)* Magellaan; *Strait of ~, ~'s Strait, (geog.)* Straat van Magellaan. **Mag·el·lan·ic** van Magellaan; *~ Clouds, (astron.)* Magellaanse Wolke/Vlekke, Kaapwolke, Kaapse Wolkies.

ma·gen·ta magenta, purperrooi; →FUCHSIN(E).

ma·geu →MAHEWU.

mag·got maaier, wurm; *(arg.)* gril, nuk, gier. **mag·got·y** vol maaiers; *(Austr., sl.)* beduiweld, die vieste in; *(arg.)* vol giere.

ma·gi *n. (mv.): the (three) M~, (NT)* die (drie) sterrekykers (*of, OAB,* wyse manne) uit die Ooste; →MAGUS. **ma·gi·an** *n.* towenaar; *(M~)* Magiër. **ma·gi·an** *adj.* magies; *(M~)* Magies.

mag·ic *n.* tower-, toorkuns, heksery; tower-, toorkrag; goëlery; →BLACK MAGIC; ***like*** (or *as if by*) *~* soos deur tower-/toorkrag, soos by (*of* met 'n) towerslag; ***Malay*** *~* →MALAY; ***white*** *~* goëlkuns. **mag·ic** *adj.* toweragtig, betowerend, magies, tower-; *~ **formula/spell*** tower-, wonderspreuk, towerformule, -woord; *~ **potion*** doepa, towerdrank; *~ **sign*** towerteken; *~ **touch*** towerslag; *~ **wand*** towerstaf; *~ **word*** towerwoord; *~ **words*** towerspreuk. **mag·ic** *magicked magicked; magicking, ww.* toor; *~ ... away ...* wegtoor. ~ **bullet** *(med., infml.)* wondermiddel; wonderpil. ~ **carpet** *(in sprokies)* towertapyt. ~ **circle** towerkring; *(infml.)* binnekring. ~ **eye** *(infml.)* instemoog *(v. 'n radio)*; fotosel, foto-elektriese sel *(in 'n hysbakdeur ens.)*. ~ **lantern** *(hist., fot.)* towerlantern. ~ **mushroom** *(infml.: hallusinogene sampioen)* towersampioen. ~ **realism, magical realism** magiese realisme. ~ **realist** magiese realis. ~ **square** magiese vierkant.

mag·i·cal magies, toweragtig, betowerend; *~ realism* →MAGIC REALISM.

ma·gi·cian towenaar; goëlaar; magiër.

mag·ick·ing toordery, towery.

ma·gilp →MEGILP.

Ma·gi·not Line *(mil. gesk. of fig.)* Maginotlinie.

mag·is·te·ri·al heersend; gesaghebbend; meesteragtig; magistraal; magistraats-, landdros-; *~ district* magistraats-, landdrosdistrik.

mag·is·te·ri·um -*ums, (RK)* magisterium, leergesag.

mag·is·tral, mag·is·tral *(fml. of arg.)* meesteragtig, gebiedend; magistraal; hoof-; *~ recipe, (farm., vero.)* spesiale resep; *~ staff* meesters, onderwysende personeel.

mag·is·trate magistraat; *(SA)* landdros; *~'s clerk* landdrosklerk; magistraatsklerk; *~'s court* landdroshof; magistraatshof; *~'s office(s)* landdroskantoor; magistraatskantoor. **mag·is·tra·cy** -*cies*, **mag·is·tra·ture** -*tures* magistratuur, die magistrate; magistraatskap; magistraatsdistrik, landdrosdistrik; magistraatskantoor, landdroskantoor.

Mag·le·mo·si·an, Mag·le·mo·se·an *n., (argeol.)* Maglemosekultuur. **Mag·le·mo·si·an, Mag·le·mo·se·an** *adj.* Maglemose-.

mag·lev *(afk. v. magnetic levitation): ~ **(train)*** magnetiese sweeftrein.

mag·ma -*mas*, -*mata, (geol.)* magma, gesmelte rots; vloeibare laag. **mag·mat·ic** magmaties.

Mag·na C(h)ar·ta *(Eng. gesk.)* Magna Carta.

Mag·na Grae·ci·a *(geog., hist.)* Groot-Griekeland.

mag·nan·i·mous grootmoedig, groothartig. **mag·na·nim·i·ty** grootmoedigheid, groothartigheid.

mag·nate magnaat; geldman.

mag·ne·sia *(chem.)* →MAGNESIUM OXIDE, MILK OF MAGNESIA. ~ **wire** magnesiadraad.

mag·ne·sian *adj.* magnesiumhoudend, magnesia-; *~ limestone* dolomiet; *~ water* bitterwater.

mag·ne·sic *adj.* magnesies; magnesiumhoudend.

mag·ne·site *(min.)* magnesiet.

mag·ne·si·um *(chem., simb.: Mg)* magnesium. ~ **light** magnesiumlig, flitslig. ~ **oxide, magnesia** *(chem.)* magnesiumoksied, magnesia, bitteraarde. ~ **powder** magnesiumpoeier. ~ **ribbon** magnesiumband. ~ **sulphate** magnesiumsulfaat, Engelse sout.

mag·net magneet. **mag·net·ing** magnetiese (af)skeiding.

mag·net·ic magneties; *(infml.)* baie aantreklik. ~ **card** magneetkaart. ~ **card reader** magneetkaartleser. ~ **compass** magnetiese kompas. ~ **declination** magneetafwyking. ~ **dip** magnetiese inklinasie, magneethelling. ~ **disk** *(rek.)* magnetiese skyf. ~ **equator** magneetewenaar. ~ **field** magneetveld, magnetiese veld. ~ **flux** magnetiese vloed. ~ **flux density** magnetiesevloeddigtheid, magnetiese induksie. ~ **force** magnetiese krag, magneetkrag. ~ **inclination** →MAGNETIC DIP. ~ **induction** →MAGNETIC FLUX DENSITY. ~ **iron** magnetiese yster, magneetyster. ~ **iron ore** magnetiese ystererts. ~ **levitation** magnetiese levitasie/swewing. ~ **mine** magnetiese myn. ~ **moment** *(fis.)* magnetiese moment. ~ **needle** magneetnaald. ~ **north** magnetiese noorde. ~ **observatory** *(geofis.)* magnetiese observatorium, observatorium vir magnetisme. ~ **ore** magnetiet. ~ **pole** magnetiese pool. ~ **resonance imager, MR imager/scanner** *(med.)* magnetieseresonansiemasjien, -skandeerder, -aftaster, MR-masjien, -skandeerder, -aftaster, *(infml.)* tonnel. ~ **resonance imaging** *(afk.: MRI), (med.)* magnetieseresonansiebeelding *(afk.: MRB)*, kernspinresonansietomografie. ~ **storm** magnetiese storm. ~ **strip,** ~ **stripe** *(agter op bankkaart ens.)* magneetstrook, -strokie. ~ **tape** magneetband, opneemband.

mag·net·i·cal·ly magneties; *~ operated* magneties.

mag·net·ics *n. (fungeer as ekv.)* magnetisme.

mag·net·ise, -ize magnetiseer, magneties maak; aantrek; mesmeriseer; *magnetising/-izing current* magnetiseerstroom. **mag·net·is·a·ble, -iz·a·ble** magnetiseerbaar. **mag·net·i·sa·tion, -za·tion** magnetisering. **mag·net·is·er, -iz·er** magnetiseur, magnetiseerder.

mag·net·ism magnetisme, aantrekkingskrag, -vermoë; magnetiese verskynsel; *animal ~* dierlike magnetisme; *induced ~* opgewekte magnetisme; *terrestrial ~* aardmagnetisme.

mag·net·ite *(min.)* magnetiet, magneetyster.

mag·ne·to -*tos* magneto.

mag·ne·to- *komb.vorm* magneto-.

mag·ne·to·chem·is·try magnetochemie.

mag·ne·to·e·lec·tric·i·ty magnetiese elektrisiteit. **mag·ne·to·e·lec·tric** magneto-elektries.

mag·ne·to·graph magnetograaf.

mag·ne·to·ig·ni·tion magnetiese ontsteking, magneto-ontsteking.

mag·ne·tom·e·ter magnetometer, magnetiese kragmeter. **mag·ne·to·met·ric** magnetometries. **mag·ne·tom·e·try** magnetometrie.

mag·ne·to·mo·tive magnetomotories; *~ force* magnetomotoriese krag.

mag·ne·ton *(fis.)* magneton.

mag·ne·to·sphere magnetosfeer.

mag·ne·tron *(elektron.)* magnetron.

mag·nif·ic, mag·nif·i·cal *(arg.)* groots, luisterryk.

Mag·nif·i·cat *(Lat., Chr. liturgie)* magnificat; lofsang.

mag·nif·i·cent pragtig, heerlik; ryklik versier; groots, manjifiek, luisterryk, roemryk, skitterend. **mag·nif·i·cence** prag, heerlikheid; grootsheid, luister; kostelikheid.

mag·nif·i·co -*coes* Venesiaanse edelman; belangrike/vooraanstaande/vername persoon.

mag·ni·fy vergroot; deur 'n vergrootglas kyk; groter maak; *(arg.)* groot maak, prys, ophemel, verheerlik; *~ing glass* vergrootglas; *~ing power* vergrotingsvermoë. **mag·ni·fi·ca·tion** vergroting; *(arg.)* grootmaking, verheerliking. **mag·ni·fi·er** vergroter; vergrootglas; *(elek.)* versterker.

mag·nil·o·quent grootsprakig, hoogdrawend. **magnil·o·quence** grootspraak, hoogdrawendheid.

mag·ni·tude grootte *(v. omvang)*; grootheid *(v. getalle)*; omvang; belangrikheid; *of the first ~* van die eerste rang; *(astron.)* van die eerste grootte.

mag·no·li·a *(bot.)* magnolia.

mag·nox *(kernfis., <mag[nesium] n[o] ox[idation])* magnox. ~ **fuel** magnoxbrandstof. ~ **reactor** magnoxreaktor.

mag·num -*nums* magnumfles; groot model. ~ **opus** hoofwerk, meesterwerk, magnum opus.

Ma·gog *(Byb.)* Magog; reus; →GOG.

mag·pie *(orn.)* ekster; *(fig.)* opgaarder; babbelkous, babbelaar; raasbek; *(skyfskiet)* middelkring(skoot), drie.

ma·gus *magi* wyse; magiër, sterrewiggelaar, droomuitlêer; towenaar; →MAGI.

Mag·yar *n.* Magjaar, Hongaar; *(taal)* Magjaars, Hongaars. **Mag·yar** *adj.* Magjaars, Hongaars; ~ *sleeve* Hongaarse mou.

ma·ha·ra·ja(h) *(hist.: Ind. prins)* maharadja. **ma·ha·ra·ni, ma·ha·ra·nee** *(vr.)* maharani.

ma·ha·ri·shi *(Hind. leermeester)* maharisji.

ma·hat·ma *(<Skt., Hind.)* mahatma.

Ma·ha·ya·na *(vorm v. Boeddh.)* Mahajana.

Mah·di: *the ~, (Islam.)* die Mahdi. **Mah·dism** Mahdisme.

ma·hem →CROWNED CRANE.

ma·he·wu, ma·ge·u *(Ngu., gegiste slap mieliepap)* magou.

mah-jong(g) *(Chin. speletjie)* mahjong.

mahl·stick *(Am.)* →MAULSTICK.

ma·hog·a·ny *n.* mahonieboom; mahonie(hout); *Natal ~, (Trichilia emetica)* rooi-essehout; *pod ~, (Afzelia quanzensis)* peulmahonie; *sapele ~, (Entandrophragma* spp.*)* sapele-mahonie. **ma·hog·a·ny** *adj.* mahonie(hout)-, van mahoniehout.

Ma·hom·et·an *(vero.)* →MUSLIM.

ma·hout *(Ind.)* kornak, olifantdrywer, -leier.

Mah·rat·ta →MARATHA. **Mah·rat·ti** →MARATHI.

maid *(dikw. neerh. in SA)* diensmeisie, bediende; *(arg. of poët., liter.)* meisietjie; *(arg. of poët., liter.)* maagd; →OLD MAID, LADY'S MAID; *~ of honour* bruidsmeisie; hofdame; *(Br. kookk.)* vlatertjie; *the M~ of Orléans* die Maagd van Orléans; →JOAN OF ARC; *~ of all work, (arg.)* diensmeisie-alleen. ~**servant** *(vero.)* diensmeisie.

maid·en *n., (arg. of poët., liter.)* meisie, jong vrou; *(arg. of poët., liter.)* maagd; *(kr.)* leë boulbeurt; *the answer to a ~'s prayer, (infml.)* 'n droomman. **maid·en** *adj.* maagdelik; ongetroud; eerste; ~ ***aunt,*** *(vero.)* ongetroude tante; ~ ***century,*** *(kr.)* eerste honderdtal; ~ ***dividend,*** *(fin.)* eerste dividend; ~ ***engagement*** vuurdoop; ~ ***ewe*** wisselooi; ~ ***plant*** uit saad gekweekte plant. ~**hair (fern)** *(bot.: Adiantum* spp.*)* venus(haar)varing, vrouehaarvaring, fynblaarvaring. ~**hair tree** →GINKGO. ~**head** maagdelikheid; *(vero.)* →HYMEN. ~ **name** nooiensvan. ~ **(over)** *(kr.)* leë boulbeurt. ~ **speech** *(parl.)* nuwelingstoespraak, intreetoespraak. ~ **voyage** eerste vaart/(see)reis, inwydingsvaart.

maid·en·hood maagdskap; maagdelikheid.

maid·en·ish, maid·en·like, maid·en·ly maagdelik, kuis, rein; sag, teer.

ma·ieu·tic, ma·ieu·ti·cal *adj., (filos.)* maieuties, Sokraties. **ma·ieu·tics** *n. (fungeer as ekv.)* maieutiek, Sokratiese metode.

mai·gre *adj., (RK)* onthoudings-; sonder vleis; *~ day, (dag sonder vleis[kos])* onthoudingsdag.

mail[1] *n.* pos; posbesending; possak; *(vero.)* poskar, postrein, *ens.; (rek., infml.)* e-pos; *by ~* per pos, met die pos. **mail** *ww.* per pos stuur; pos; →MAILING LIST. ~**bag** possak. ~**boat** *(hist.)* posboot. ~**box** *(hoofs.Am.)* pos-, briewebus. ~ **carrier** *(vliegtuig)* posdraer; *(Am.)* posman, -bode. ~**cart** *(Br., hist.)* poskar; kinderkarretjie. ~**coach** *(hist.)* poskoets. ~ **day** *(hist.)* posdag. ~ **drop** *(Am.)* briewebus; posgleuf; korrespondensieadres. ~**man** -*men, (Am.)* posman, -bode; →POSTMAN. ~ **matter** posstukke. ~ **merge,** ~ **merging** *(rek.)* die saamvoeg van 'n brief/dokument en 'n adres-/poslys. ~ **order** posbestelling. ~**-order service** posbestel(lings)diens. ~ **plane** posvliegtuig. ~ **runner** *(hist.)* posdraer. ~ **service** posdiens. ~ **ship** *(hist.)* posboot. ~**shot** *(Br.)* posadvertensie, advertensie per *(of* met/oor die) pos; advertensieposstuk; posreklame. ~ **steamer** *(hist.)* posboot. ~ **train** postrein.

mail[2] *n., (hist.)* pantser(hemp), harnas, maliekolder. **mail** *ww.* bepantser, harnas; *the ~ed fist* die gepantserde vuis, wapengeweld. ~ **bat** maliekolf. ~**clad** *adj.* geharnas, gepantser(d), bepantser(d).

mail·a·ble per pos versendbaar, aanneemlik vir die pos.

mail·er *(vero. townshipsl.)* dranksmokkelaar.

mail·ing list adres-, poslys.

maim *n., (vero.)* verminking. **maim** *ww.* vermink, skend; lamslaan, 'n knou gee. **maimed** vermink; afgeknot.

main[1] *n.* hoofleiding; hoofbuis; hoofpyp; hoofkraan; hoofriool; hoofkabel; vernaamste deel; krag; groot massa; *(arg. of poët., liter.)* oop see, oseaan; ***~s current,*** *(elek.)* netstroom; ***in the ~*** hoofsaaklik, in hoofsaak; oor die algemeen, in die geheel; in die reël; *with* ***might*** *and ~* →MIGHT[2] *n.;* ***~s voltage*** netspanning. **main** *adj.* vernaamste, grootste, hoof-; eerste; ~ ***character*** hoofkarakter *(in 'n roman)*; ~ ***constituent*** hoofbestanddeel; ~ ***corridor*** hoofgang; ~ ***entrance*** hoofingang; ~ ***feature*** hoofkenmerk; *the ~* ***force*** die hoofmag; *by ~* ***force*** met geweld; ~ ***point*** hoofsaak; vernaamste argument; swaartepunt; ~ ***points*** hooftrekke; ~ ***prize*** hoofprys; ~ ***table*** hooftafel, eretafel. ~ **beam** hoofbalk. ~ **body** gros; hoofmag; kern. ~**brace** *(sk.)* grootbras; *splice the ~, (vlootsl.)* drankies uitdeel; 'n dop steek. ~ **cable** *(elek.)* hoofkabel. ~ **chance:** *the ~ ~* die hoofsaak; die beste geleentheid; die grootste voordeel; *have an eye* (or *look) to the ~ ~* eiebelang in die oog hou, op eie voordeel bedag wees. ~ **circuit** hoofkring. ~ **clause** *(gram.)* hoofsin. ~ **cock,** ~ **tap** hoofkraan. ~ **conductor** hoofgeleier. ~ **course** hoofgereg; *(sk.)* groot onderseil. ~ **deck** hoofdek. ~ **dish** hoofgereg, -skottel, hoofdis. ~ **drag** *(infml., hoofs.Am.)* hoofstraat. ~ **drain** hoofriool. ~ **estimates** hoofbegroting. ~**frame** *(rek.)* hoofraam, hoof(raam)rekenaar. ~**land** vasteland; *on the ~, (ook)* op die *(of* aan) vaste wal. ~ **lead** hoofleiding. ~ **line** *n.* hooflyn, hoofspoorweg. ~**line** *ww., (dwelmsl.)* jou inspuit *(met heroïen ens.)*. ~**-line drug** (in)spuitdwelm. ~**liner** *(dwelmsl.)* spuiter. ~**mast** *(sk.)* grootmas. ~ **pipe** hoofpyp. ~**plane** *(lugv.)* hoofdravlak. ~ **road** hoofweg, grootpad. ~ **rod** dryfstang; hoofpompstang. ~ **root** penwortel. ~**sail** grootseil. ~ **shaft** hoofas; hoofskag. ~**sheet** *(sk.)* grootskoot. ~**spring** slagveer, grootveer; dryfkrag, dryfveer; hoofbron; hoofoorsaak. ~**stay** steunpilaar, staatmaker; hoofsteun; hoofbestanddeel; bolwerk; houvas; *(sk.)* grootstag. ~**stream** hoofstroom. ~ **street** hoofstraat. ~ **supply cable** hooftoevoerkabel. ~ **switch** hoofskakelaar. ~ **tap** →MAIN COCK. ~ **tie** *(bouk.)* bindbalk, hoofbint. ~**top** *(sk.)* grootmars. ~**topmast** *(sk.)* grootmarssteng. ~**topsail** *(sk.)* grootmarsseil. ~ **vein** *(bot.)* hoofnerf. ~ **verb** *(gram.)* hoofwerkwoord. ~ **yard** *(sk.)* grootra.

main[2] *n., (hist.)* hanegeveg.

main·ly hoofsaaklik, veral, vernaamlik, oorwegend, in die eerste plek/plaas.

main·prise *(jur., hist.)* borgtog.

main·tain handhaaf, in stand hou; verdedig; betoog, volhou, staande hou, voorgee; ophou *(stand)*; onderhou *(familie)*; *(mil.)* behou *('n stelling)*; voer *('n briefwisseling)*; *~ one's ground* standhou; *s.o. ~s that ...* iem. bly daarby dat ...; *I still ~ that ...* ek hou vol dat ... **main·tain·a·ble** verdedigbaar, houbaar. **main·tain·er** handhawer; verdediger; versorger; onderhouer.

main·te·nance handhawing; onderhoud; instandhouding; onderhouding; verdediging. ~ **and operating expenses** onderhouds- en bedryfskoste. ~ **costs** onderhoudskoste. ~ **crew,** ~ **gang** onderhoud-, instandhoudingspan. ~ **engineer** instandhoudingstegnikus. ~ **money** alimentasie. ~ **workshop** onderhoudswerkplaas.

Mainz, *(Fr.)* **Ma·yence** *(geog.)* Mainz.

ma·iol·i·ca →MAJOLICA.

mai·son·(n)ette maisonnette, dupleks.

maî·tre *(Fr.)* meester. ~ **d'armes** skermmeester. ~ **de ballet** balletmeester. ~ **d'(hôtel)** *maître d's, maîtres d'hôtel* hoofkelner; hotelbestuurder, -eienaar, -baas.

maize mielies; →MEALIE; *shell ~* mielies afmaak; *a stand of ~* 'n lap/stand/stuk mielies. ~ **belt,** ~**-producing area** mieliestreek. ~ **chafer beetle** mielielentekewer. ~ **cob** mieliekop. ~ **field** mielieland. ~ **flour** mielieblom. ~ **germ oil** mieliekiemolie. ~ **grits** mieliegruis. ~ **oil** mielie-olie. ~ **porridge** mieliepap. ~**-producing area** →MAIZE BELT. ~ **sheller** mielieafmaker. ~ **syrup** mieliestroop.

maj·es·ty majesteit; statigheid; grootsheid; *Her/His M~* Haar/Sy Majesteit; *Their Majesties* Hul Majesteite; *Your M~* (U) Majesteit. **ma·jes·tic** majesteitlik, majestueus, groots, verhewe. **ma·jes·ti·cal·ly** groots, op grootse wyse.

maj·lis madjlis, parlement *(in Iran ens.)*.

ma·jol·i·ca, ma·iol·i·ca *(It. erdewerk)* majolika(ware).

ma·jor *n., (mil.)* majoor; meerderjarige, mondige; *(mus.)* majeur (modus/toonslag); hoofvak; *a math/etc. ~, (Am.)* 'n student met wiskunde/ens. as hoofvak. **ma·jor** *adj.* groter; groot, vernaam, belangrik; hoof-, van die eerste rang/grootte; hoër; ~ ***course*** hoofkursus; ~ ***equipment*** hoofuitrusting; ***in*** *A sharp ~, (mus.)* in A-kruis majeur; ~ ***offence*** ernstige misdaad; ~ ***operation*** ernstige/groot operasie; ~ ***overhaul*** algehele opknapping; ~ ***part*** merendeel; hoofaandeel; hoofrol; ~ ***poet*** groot digter; ~ ***road*** hoof-, grootpad; ~ ***subject*** hoofvak; ~ ***work*** hoofwerk. **ma·jor** *ww.:* ~ ***in*** *economics/etc.* ekonomie/ens. as hoofvak hê/leer/studeer; ekonomie/ens. as hoofvak kies. ~ **arc** *(geom.)* grootboog. ~ **axis** *(geom.)* hoofas; lang-, grootas; lengteas. ~**-domo** *(<Sp.)* hoofkelner; hoofbediende. ~ **general** -*s, (mil.)* generaal-majoor. ~ **league** *(Am., sport)* hoofliga. ~ **orders** *(RK: biskop, priester, diaken)* hoër ordes. ~ **piece** *(skaak: koningin, kasteel)* swaar stuk. ~ **planet** *(astron.)* groter planeet. ~ **premise** *(log.)* hoofpremis, -aanname, -veronderstelling. ~ **prophet:** *the M~ Prophets, (Byb.: Jesaja, Jeremia, Esegiël)* die Groot Profete. ~ **scale** groot skaal; *(mus.)* majeur toonleer. ~ **suit** *(brug: skoppens, harte[ns])* hoë kleur. ~ **term** *(log.)* predikaatterm. ~ **third** *(mus.)* majeur terts/derde.

Ma·jor·ca *(geog.)* Majorka. **Ma·jor·can** *n.* Majorkaan. **Ma·jor·can** *adj.* Majorkaans.

ma·jor·i·ty meerderheid; meerderjarigheid, mondigheid; majoorsrang, majoorskap; ***absolute*** *~* →ABSOLUTE; ***attain*** *one's ~* mondig/meerderjarig word, meerderjarigheid bereik; ***bare*** *~* →BARE *adj.;* ***carry*** *s.t. by a ~* iets met 'n meerderheid aanneem; *in the ~ of cases* mees(t)al, merendeels; ***get/secure*** *a ~* 'n meerderheid behaal; *the* ***great*** *~* die grootste gros; *be* ***in the*** *~* in die meerderheid wees; ***join*** *the (great/silent) ~, (euf.)* die weg van alle vlees gaan, heengaan, sterf, sterwe; *a* ***narrow*** *~* 'n klein/geringe meerderheid; *the ~ of* ***people*** die meeste mense; *the ~ of the* ***people*** die meerderheid van die mense/volk; *the* ***silent*** *~* →SILENT MAJORITY; ***simple*** *~* →SIMPLE; *a* ***thumping*** *~* →THUMPING *adj.; the* ***vast*** *~ of ...* die oorgrote meerderheid van ...; *the ~ of* ***votes*** die meerderheid van stemme; *by a ~ of* ***votes*** met/by meerderheid van stemme. ~ **decision** meerderheidsbesluit. ~ **holding** *(fin.)* meerderheidsaandeel. ~ **rule** meerderheidsbeginsel; meerderheidsregering. ~ **vote** meerderheidstem; *by a ~ ~* by/met meerderheid van stemme.

ma·jor·ship majoorskap, majoorsrang.

ma·jus·cule *n., (tip.)* hoofletter, majuskel. **ma·jus·cule, ma·jus·cu·lar** *adj.* majuskel=, in hoofletters/kapitale/majuskelskrif.

Ma·ka(s)·sar, Ma·cas·sar *(geog., hist.)* Makassar; →UJUNG PANDANG. **Ma·ka(s)·sar·ese, Ma·cas·sar·ese** *n., (inwoner)* Makassaar; *(taal)* Makassaars. **Ma·ka(s)·sar·ese, Ma·cas·sar·ese** *adj.* Makassaars.

make *n.* vorm; maaksel, fabrikaat; opbrengs; (handels)merk; soort; natuur; ***all*** *~s of cars/etc.* motors/ens. van elke fabrikaat; *be* ***on*** *the ~, (infml.)* eie voordeel soek, op eie voordeel bedag wees; by iem. aanlê; *s.o. of* ***one's*** ~ iem. van jou soort; *s.t. is (of) one's* ***own*** ~ iets is eie maaksel; ***put*** *the ~ on s.o., (Am., infml.)* by iem. aanlê, hard na iem. vry; ***South African*** *etc.* ~ Suid-Afrikaanse/ens. fabrikaat. **make** *made made, ww.* maak, vervaardig; vorm; fatsoeneer; doen; opmaak *('n bed);* verhef; nader; dwing, verplig; voorberei; stort *('n deposito);* maak, begaan *('n fout);* bereik *('n plek); (Am., infml.)* verlei *(iem.);* ~ *an* ***accusation*** →ACCUSATION; ~ ***after*** *s.o., (arg.)* iem. agternasit; *two* ***and*** *two* ~ *four* twee en twee is/maak vier; *as ... as they* ~ *them, (infml.)* so ... as kan kom *(taai ens.);* ~ ***as if*** ... maak (as)of ..., voorgee dat ...; ~ *an* ***attempt*** *at doing* (or *to do*) *s.t.,* ~ *an* ***attempt*** *on s.o.'s life* →ATTEMPT *n.;* ~ *s.t.* ***available*** *to s.o.* →AVAILABLE; ~ ***away*** *with s.o.* iem. uit die weg ruim, iem. doodmaak; ~ ***away*** *with o.s.* selfmoord pleeg; ~ ***away/off*** padgee, weggaan, wegloop, wegstap; weghardloop; ~ *a* ***bag*** →BAG *n.;* ~ *a* ***beeline*** *for ...* →BEELINE; ~ *s.o.* ***believe*** *s.t.,* ~ ***believe*** *that ...* →BELIEVE; ~ *the* ***best*** *of it (or of a bad job)* →BEST *n.;* ~ *the* ***best*** *of one's way home, (arg.)* so gou moontlik huis toe gaan; ~ *so* ***bold*** *as to ...* →BOLD; *it's ~ or* ***break*** dis reg of weg, dis daarop of daaronder; *... can ~ or* ***break*** *s.o.* ... kan iem. maak en breek; ~ *a clean* ***breast*** *of s.t.* →BREAST *n.; s.t. ~s s.o.* ***cheerful/sad*** iets stem iem. vrolik/hartseer/treurig; ~ *s.t.* ***clear*** iets verhelder/verklaar; iets duidelik stel; ~ ***comments*** *on ...* →COMMENT *n.;* ~ *a* ***complaint*** →COMPLAINT; ~ *a* ***confession*** →CONFESSION; ~ *a* ***contract*** →CONTRACT *n.;* ~ *a* ***contribution*** *to ...* →CONTRIBUTION; ~ *a* ***correction*** →CORRECTION; ~ *a* ***cross*** →CROSS *n.;* ~ *a* ***dash*** *at/for s.t.* →DASH[1] *n.;* ~ *s.o.'s* ***day*** →DAY; ~ *s.o.* ***do*** *s.t.,* ~ ***do*** *with ...* →DO[1] *ww.;* ~ *an* ***effort*** 'n poging aanwend/doen; probeer, jou inspan; ~ *(both)* ***ends*** *meet* →END *n.; s.t. ~s the* ***evening/etc.*** iets is die hoogtepunt/glanspunt van die aand/ens.; ~ *an* ***example*** *of s.o.* →EXAMPLE *n.;* ~ ***eyes*** *at s.o.* →EYE *n.;* ~ *s.t.* ***fast*** iets vasmaak; ~ *a* ***fire*** →FIRE *n.;* ~ *a* ***fool*** *of o.s.* →FOOL[1] *n.;* ~ ***for*** ... koers vat na ... (*of* ... se kant toe gaan) *('n plek);* ... se kant toe staan *('n deur ens.);* ~ *straight* ***for*** ... op ... afpyl; *s.t. ~s* ***for*** ... iets lei tot ...; iets dra tot ... by; ~ ***friends*** →FRIEND; ~ ***fun*** *of s.o.* →FUN *n.;* ~ *a/one's* ***getaway*** →GETAWAY; ~ ***good*** presteer, sukses behaal; naam maak; ~ *a* ***good*** *captain/etc.* 'n goeie kaptein/ens. wees/uitmaak; ~ *s.t.* ***good*** iets goedmaak, iets vergoed *(skade);* iets bywerk; iets aanvul *('n tekort);* iets nakom *('n belofte);* iets gestand doen *('n waarborg ens.);* ~ ***good*** *one's escape* (dit regkry om te) ontsnap, wegkom; ~ *the* ***grade*** →GRADE *n.;* ~ *(the)* ***headlines*** →HEADLINE *n.;* ~ ***headway*** →HEADWAY; ~ ***heavy weather*** *of s.t.* →WEATHER *n.;* ~ *one's* ***home*** *at ...* →HOME *n.;* ~ *s.o. a good* ***husband/wife/partner*** vir iem. 'n goeie man/vrou/lewensmaat wees; ~ ***it,*** *(infml.)* betyds wees; dit haal, dit regkry; lewend uitkom; slaag, sukses behaal; *s.o. couldn't ~* ***it,*** *(ook, infml.)* iem. kon nie sy/haar draai (*of* [al] sy/haar draaie) kry nie; ~ ***it*** *to a place, (infml.)* 'n plek haal/bereik; ~ ***it*** *with s.o., (infml., hoofs. Am.)* iem. in die bed kry; ~ *a* ***journey*** →JOURNEY *n.;* ~ *a (big)* ***killing*** →KILLING *n.;* ~ *s.o.* ***laugh*** →LAUGH *ww.;* ~ ***light*** *of s.t.* →LIGHT[2] *adj.;* ~ ***like*** *..., (Am., sl.)* ***→as if;*** ~ ***love*** *to s.o.* →LOVE *n.;* ~ *a* ***mark,*** ~ *one's* ***mark*** →MARK[1] *n.; it ~s no* ***matter*** dit maak nie saak (*of* geen verskil) nie, dit maak niks, dit kom nie daarop aan nie; ~ *a* ***meal*** *of s.t.* →MEAL[2] *n.;* ~ ***merry*** →MERRY; ~ ***money*** →MONEY; ~ *the* ***most*** *of ...* →MOST *n., pron. & adj.;* ~ ***much*** →MUCH; ~ *a* ***name*** *(for o.s.)* →NAME *n.; s.o. will* ***never*** ~ *a teacher/etc.* iem. sal nooit 'n onderwyser/ens. word nie; ~ *a* ***night*** *of it* →NIGHT; ~ ***nothing*** *of it* →NOTHING; ~ *an* ***oath*** →OATH; ~ *s.t.* ***of*** ... iets van ... maak/vervaardig; iets van ... dink, iets uit ... wys word; *what do you ~* ***of him/her?*** hoe takseer jy hom/haar?; *what do you ~* ***of that?*** hoe verstaan jy dit?; *not know what to ~* ***of it,*** *(ook)* nie weet hoe jy dit het nie; ~ ***off*** →***away/off;*** ~ ***off*** *with s.t.* iets steel en verdwyn/weghardloop, met iets die wyk neem; ~ *an* ***offer*** 'n aanbod maak/doen; *will you ~* ***one*** *of the party?, (vero.)* kom/gaan jy saam?; ~ *an* ***order*** →ORDER *n.;* ~ ***out,*** *(infml.)* slaag; vooruitgaan; ~ ***out*** *that ...* voorgee/beweer dat ...; ~ ***out*** *with s.o., (Am., infml.)* 'n vryery met iem. hê; *he/she cannot ~ s.o.* ***out*** hy/sy kan iem. nie kleinkry, hy/sy kan nie vat(tigheid) aan iem. kry nie, hy/sy verstaan iem. nie; *I cannot ~ you* ***out,*** *(ook)* hoe het ek dit met jou?; ~ *s.o.* ***out*** *to be* ... iem. uitmaak vir ... *('n skelm ens.); how do you ~ that* ***out?*** hoe lê jy dit uit?; hoe kom jy daaraan?; ~ *s.t.* ***out*** iets ontsyfer/uitmaak; iets beken/onderskei/sien; iets begryp; iets wys word; iets opstel/opmaak *('n lys ens.);* iets uitskryf/uitskrywe *('n rekening, tjek, ens.);* ~ ***out*** *a case for ...* →CASE[1] *n.;* ~ *s.t.* ***over*** iets oormaak; iets oormaak/oordra *(eiendom ens.);* iets verstel *('n kledingstuk);* ~ *s.o.* ***over*** 'n nuwe voorkoms vir iem. skep, iem. se voorkoms vernuwe/opknap/opkikker; →MAKEOVER *n.;* ~ ***payment*** →PAYMENT; ~ ***peace*** →PEACE; ~ *a* ***plea*** *for ...* →PLEA; ~ *a* ***point*** →POINT[1] *n.;* ~ ***port*** →PORT[1] *n.;* ~ *a* ***promise*** →PROMISE *n.;* ~ *s.o.* ***repeat*** *s.t.* →REPEAT *ww.;* ~ ***room*** →ROOM *n.;* ~ *a* ***sally*** →SALLY[2] *n.;* ~ *o.s.* ***scarce*** →SCARCE; ~ ***sense*** *(out) of s.t.* →SENSE *n.;* ~ ***short work*** *of s.o./s.t.* →SHORT *adj.;* ~ *a* ***speech*** →SPEECH; ~ *a* ***splash*** →SPLASH *n.;* ~ *a* ***start*** →START *n.;* ~ *a* ***statement*** →STATEMENT; ~ ***sure*** *of s.t.* →SURE *adj.;* ~ ***time*** →TIME *n.;* ~ ***to*** *speak/etc.* probeer (*of* mik om te) praat/ens.; ~ ***towards*** ... na ... koers vat; ~ ***tracks*** →TRACK[1] *n.;* ~ *a* ***trick*** →TRICK *n.;* ~ ***up*** goedmaak, weer maats/vriende wees; ~ *(o.s.)* ***up*** jou grimeer; ~ *s.t.* ***up*** iets voltallig maak; iets aanvul/saamstel/voltooi *('n bedrag, getal, ens.);* iets aansuiwer *('n tekort);* iets inhaal *('n agterstand, skade, tyd, ens.);* iets uitdink/versin (*of* uit die duim suig) *('n storie ens.);* iets bylê/skik *('n geskil ens.);* iets grimeer/opmaak *('n gesig);* iets opmaak *('n bed, blad, pakkie, hare, rekeninge, ens.);* iets toeberei *(medisyne);* →MAKE-UP *n.;* ~ ***up*** *leeway* →LEEWAY; ~ ***up*** *one's mind* →MIND *n.;* ~ ***up*** *time* →TIME *n.; s.t. ~s* ***up*** *for ...* iets maak ... goed, iets vergoed ... *(skade);* iets weeg teen ... op; ~ ***up*** *to s.o., (infml.)* by iem. flikflooi (*of* witvoetjie soek); by iem. aanlê (*of* flikkers gooi/maak/uithaal); ~ ***it up*** *to s.o.* iem. vergoed; ~ ***it up*** *with s.o.* met iem. versoen raak, weer goeie vriende met iem. word; *s.o. will have to ~* ***it up*** *again, (ook)* iem. moet maar weer goed word; ~ *a* ***voyage*** →VOYAGE *n.;* ~ ***war*** →WAR *n.;* ~ ***water*** →WATER *n.;* ~ ***way*** →WAY *n.;* ***what*** *do you ~ ... to be?* wat dink jy is ...?; ~ ***with*** *s.t., (Am., sl.)* met iets begin; met iets woel; ~ ***with*** *it!, (Am., sl.)* opskud daarmee!. **~-believe** *n.* skyn, voorwendsel; wysmakery; fantastery, versinsel; aanstellerigheid; oëverblindery; *land of ~* kammaland. **~-believe** *adj.* voorgewend, kastig, kamma=; huigelagtig. **~-or-break** *adj. (attr.)* beslissende, deurslaggewende, kritieke. **~over** *n.* voorkomsverandering; beeldverandering. **~-ready** *(druk.)* toestelling. **~shift** *n.* noodhulp, hulpmiddel; lapmiddel; uitvlug; bystand. **~shift** *adj.* tydelik, voorlopig, nood=. **~-up** *n.* grimering; samestelling; versinsel; *(Am.)* hereksamen, aanvullende eksamen; *(druk.)* opmaak; *mental ~* geestestruktuur. **~-up artist** grimeerkunstenaar, grimeerder. **~weight** teenwig; toegif.

mak·er maker, vervaardiger, fabrikant; skepper; vormer; ***meet*** *one's M~, (hoofs. skerts.: sterf)* die tydelike met die ewige verwissel; *at ~'s* ***price*** teen/vir fabrieksprys; ~ *of a* ***promissory note,*** *(han.)* promessegewer, promittent; ***the*** *M~* die Skepper.

mak·ing (die) maak; maaksel; wording; *(i.d. mv.)* aanleg, kwaliteite; *(i.d. mv., infml.)* verdienste, profyt; *(i.d. mv., infml., Am. & Austr.)* sigaretpapier en tabak; *s.o.* ***has*** *the ~s of a ...* daar skuil 'n ... in iem., iem. het aanleg vir ...; *a ...* ***in*** *the ~* 'n ... in wording, 'n wordende ...; *s.t. is* ***in*** *the ~* iets is in die maak; *... will be the ~ of s.o.* ... sal iem. se sukses beteken/verseker (*of* tot iem. se sukses lei); *s.t. is of s.o.'s* ***own*** ~ iets is deur iem. self veroorsaak/bewerk, iets is iem. se eie skuld.

ma·ko *=kos, (igt.: Isurus* spp.*)* mako(haai).

mal= *komb.vorm* wan=.

Mal·a·bar (Coast) *n., (geog.)* Malabar(kus). **Mal·a·bar** *adj.* Mal(a)baars.

mal·ab·sorp·tion *(med.)* wanabsorpsie.

Ma·lac·ca *(geog.)* Malakka. **m~ (cane)** rottang(kierie).

Mal·a·chi *(OT)* Maleagi.

mal·a·chite *(min.)* malagiet. **~ green** berggroen, malagietgroen. **~ sunbird** jangroentjie.

Mal·a·chy *(Ier. heilige)* Malachias.

mal·a·col·o·gy weekdierkunde, malakologie, molluskekunde. **mal·a·col·o·gist** weekdierkundige.

mal·ad·dress *(<Fr., w.g.)* onhandigheid, lompheid.

mal·ad·just·ed *(psig.)* sleg aangepas, wanaangepas; *(teg.)* verkeerd ingestel. **mal·ad·just·ment** wanaanpassing; wanverhouding; verkeerde/foutiewe instelling.

mal·ad·min·is·tra·tion wanbestuur, wanbeheer.

mal·a·droit onhandig, onbeholpe, lomp. **mal·a·droit·ness** onhandigheid, onbeholpenheid, lompheid.

mal·a·dy siekte, kwaal.

mal·a fi·des *n., (Lat., hoofs. jur.)* kwade trou. **mal·a fi·de** *adv. & adj.: do/use/etc. s.t. ~ ~* iets te kwader trou doen/gebruik/ens.; *accuse s.o. of ~* ***negotiation*** iem. van bedinging te kwader trou beskuldig.

Má·la·ga *(geog.)* Málaga; málaga(wyn).

Mal·a·gas·y *n., (inwoner)* Malgas; *(taal)* Malgassies. **Mal·a·gas·y** *adj.* Malgassies. **~ Republic** *(hist.)* Malgassiese Republiek; →MADAGASCAR.

ma·laise *(Fr.)* (algemene) ongesteldheid, malaise; (gevoel van) onbehae/onbehaaglikheid, onbehaaglike gevoel, malaise; *(han.)* teruggang, slapte, malaise.

mal·a·mute, mal·e·mute *(honderas)* malemoet.

mal·an·ders, mal·lan·ders, mal·len·ders *(veearts.)* beenskurfte, rasp *(by perde).*

mal·a·pert *n., (arg.)* parmant, japsnoet, wysneus. **mal·a·pert** *adj.* onbeskaam(d); astrant, parmantig.

mal·a·prop·ism taalflater, onvanpaste woordgebruik, malapropisme. **mal·a·prop·i·an** malapropisties.

mal·ap·ro·pos *n., (fml.)* onvanpaste uitlating/optrede. **mal·ap·ro·pos** *adj. & adv.* onvanpas, ongeskik.

ma·lar *(anat., med.)* van die kake, kakebeen=, kaak=. **~ bone** kakebeen.

ma·lar·i·a *(med.)* malaria, moeraskoors; *(infml.)* koorssiekte; *quartan ~* kwartane malariakoors; *benign tertian ~* benigne tersiêre malariakoors. **ma·lar·i·al, ma·lar·i·an, ma·lar·i·ous** malaria=, deur malaria geteister; *~ region* malariastreek.

ma·lar·k(e)y *(sl.: onsin)* bog, twak, snert, kaf.

mal·ate *(chem.)* malaat.

mal·a·thi·on *(insekdoder)* malation.

Ma·la·wi *(geog.)* Malawi. **Ma·la·wi·an** *n.* Malawiër. **Ma·la·wi·an** *adj.* Malawies.

Ma·lay *n.* Maleier; *(taal)* Maleis; →CAPE MALAY. **Ma·lay** *adj.* Maleis; Slams *(infml.);* ~ *fez* kofia, fes; ~ *Quarter* Maleierbuurt *(i.d. Bo-Kaap).* **Ma·lay·an** Maleis; ~ *bridal crown/veil* medora; ~ *sandal* madaster, kaparring.

Ma·lay·a *(geog.)* Maleia.

Mal·a·ya·la(a)m *(taal)* Malajalam, Mal(a)baars.

Ma·lay·o-Por·tu·guese *n. & adj.* Maleis-Portugees.

Ma·lay·sia *(geog.)* Maleisië.

mal·con·tent *n.* ontevredene, misnoegde. **mal·con·tent** *adj.* ontevrede, misnoeg.

mal de mer *(Fr.)* seesiekte.

mal·dis·tri·bu·tion wanverdeling.

Mal·dive Is·lands, Mal·dives *(geog.)* Maledive.

male *n.* man(smens), manspersoon; mannetjie *(by diere).* **male** *adj.* manlik, mans=; mannetjie(s)=; ~ ***animal*** mannetjie, mannetjiesdier; ~ ***attire*** mansklere, =kleding; ~ ***bend,*** *(teg.)* buigstuk met skroefdraad; ~

chauvinism manlike chauvinisme; ~ ***chauvinist (pig),*** *(infml., neerh, afk.:* MCP*)* manlike chauvinis (*of* chauvinistiese swyn/vark); ~ ***costume*** mansdrag; ~ ***coupling,*** *(teg.)* inpaskoppeling; ~ ***die,*** *(teg.)* matrys, stempel; ~ *and* ***female bend,*** *(teg.)* buigstuk met moeren skroefdraad; ~ *and* ***female cal(l)ipers*** kweepasser; ~ *and* ***female parts,*** *(teg.)* ineenpassende dele; ~ *and* ***female screw,*** *(teg.)* binne- en buitedraadskroef; ~ *and* ***female socket,*** *(teg.)* sok met moeren skroefdraad; ~ ***fern,*** *(bot.: Dryopteris* spp.*)* mannetjiesvaring; ~ ***figure*** mansfiguur; ~ ***heir*** manlike erfgenaam; stamhouer; ~ ***issue,*** *(fml., jur.)* manlike afstammeling; ~ ***menopause*** manlike menopouse/oorgangsjare, middeljarekrisis, middeljarigheidskrisis; ~ ***nurse*** verpleër; ~ ***part,*** *(teg.)* inpasstuk; ~ ***part/role*** mansrol; ~ ***person*** manspersoon; ~ ***rhyme*** manlike/staande rym; →MASCULINE RHYME; ~ ***screw,*** *(teg.)* buitedraadskroef; ~ ***secretary*** sekretaris; ~ ***sex*** manlike geslag; ~ ***thread,*** *(teg.)* skroef=, buitedraad; ~ ***voice*** manstem; ~ ***voice choir*** mannekoor.

mal·e·dic·tion verwensing, vervloeking, vloek, malediksie. **mal·e·dic·tive, mal·e·dic·to·ry** verwensend, vervloekend, vloek=.

mal·e·fac·tor *(fml.)* boosdoener, kwaaddoener, misdadiger, booswig. **mal·e·fac·tion** misdaad, oortreding.

ma·lef·ic *(poët., liter.)* skadelik, kwaadaardig. **ma·lef·i·cence** boosaardigheid, kwaadaardigheid, misdadigheid. **ma·lef·i·cent** misdadig, skadelik, verderflik, onheilstigtend.

ma·le·ic ac·id *(chem.)* maleïensuur.

mal·e·mute →MALAMUTE.

male·ness manlikheid.

ma·lev·o·lent kwaadwillig, boosaardig, vyandig, kwaadgesind. **ma·lev·o·lence** kwaadwilligheid, boosaardigheid, vyandigheid, kwaadgesindheid.

mal·fea·sance *(jur.)* (amps)oortreding, ampsmisdryf.

mal·for·ma·tion misvorming, misvormdheid, wanstaltigheid, mismaaktheid, wanskapenheid. **mal·formed** misvorm(d), wanstaltig, mismaak, wanskape.

mal·func·tion *n.* foutwerking, abnormale werking, onklaarheid. **mal·func·tion** *ww.* weier, sleg werk.

mal·gas *(Afr.)* →GANNET.

Ma·li *(geog.)* Mali. **Ma·li·an** *n. & adj.* Malinees.

mal·ic appel=; ~ *acid, (chem.)* appelsuur.

mal·ice boosaardigheid, hatigheid, kwaadwilligheid, venyn, kwaadgesindheid; (bose) opset; *with* ~ ***aforethought,*** *of* ~ ***prepense,*** *(jur.)* met voorbedagte rade, voorbedag, met opset, met bose bedoeling; ***bear*** *s.o.* ~ 'n wrok teen iem. hê/koester; *s.o.* ***bears*** *no* ~ iem. is nie haatdraend nie; ***out of*** ~ uit wrok, kwaadwillig; ***without*** ~ sonder venyn. **ma·li·cious** sleg, boos; kwaadwillig, kwaadaardig, kwaadgesind, hatig, boosaardig; voorbedag, opsetlik, moedswillig; ~ ***desertion*** kwaadwillige verlating; ~ ***injury*** *to property* opsetlike saakbeskadiging; ~ ***joy/pleasure*** leedvermaak; ~ ***remark*** haatlikheid. **ma·li·cious·ly** kwaadwillig, moedswillig. **ma·li·cious·ness** →MALICE.

ma·lign *adj.* verderflik, nadelig; boos(aardig), kwaadgesind; ~ *growth, (patol.)* kwaadaardige gewas. **ma·lign** *ww.* sleg praat van, kwaadpraat van, beskinder, beklad, belaster, beswadder. **ma·lig·nan·cy** kwaadwilligheid, boosaardigheid; verderflikheid; venyn(igheid); *(med.)* kwaadaardigheid. **ma·lig·nant** boosaardig; skadelik; kwaadaardig; kwaadgesind; venynig; kwaadwillig; ~ ***bubo*** builepes; ~ ***disease*** kwaadaardige siekte; ~ ***growth,*** *(patol.)* kwaadaardige gewas; ~ ***oedema,*** *(veearts.)* kwaadaardige edeem; ~ ***pustule,*** *(med.)* (vel)antraks; ~ ***subtertian malaria*** subtersiêre malariakoors; ~ ***ulcer*** gifs(w)eer. **ma·lign·er** kwaadspreker, lasteraar; boosaardige persoon. **ma·lig·ni·ty** boosaardigheid; kwaadwilligheid, kwaadgesindheid; haat, vyandigheid; *(med.)* kwaadaardigheid.

Ma·lines *(Fr.)* →MECHELEN.

ma·lin·ger jou siek hou, voorgee dat jy siek is, (siekte) simuleer; skoolsiek wees. **ma·lin·ger·er** skynsieke, simulant. **ma·lin·ger·ing** skynsiekte, simulasie; skoolsiekte.

mal·i·son *(arg.)* vervloeking, verwensing.

mall *(ook* shopping mall*)* winkelpromenade, =wandelhal; *(ook* pedestrian mall*)* wandelstraat, =hal, promenade; *(ook, hist.,* pall-mall*)* malie=, kolfspel; malie=, kolfbaan.

mal·lan·ders →MALANDERS.

mal·lard *(orn.: Anas platyrhynchos)* wilde-eend.

mal·le·a·ble *(metal.)* hamerbaar; smee(d)baar, pletbaar; *(fig.)* buigsaam, gedwee; ~ *iron* smee-yster. **mal·le·a·bil·i·ty,** *(w.g.)* **mal·le·a·ble·ness** smee(d)baarheid, pletbaarheid.

mal·le·muck →MOLLYMAWK.

mal·len·ders →MALANDERS.

mal·le·o·lus =*oli, n., (anat.)* malleolus, enkelknoets. **mal·le·o·lar** *adj.* malleolêr.

mal·let (hout)hamer, klophamer, blokhamer, moker, vuishamer, klopper, slaghamer; *chasing* ~ dryfhamer. ~ **shark** →HAMMERHEAD.

mal·le·us *mallei, (anat.)* hamer(beentjie) *(i.d. middeloor);* ~ *humidus, (veearts.)* droes.

mal·low *(bot.)* k(i)esieblaar, botter-en-brood, malva.

malm *n.* sagte kalksteen/=klip; verkrummelde kalksteen/=klip; kunsmerrel. ~ **brick** kunsmerrelsteen.

mal·nour·ished ondervoed. **mal·nu·tri·tion, mal·nour·ish·ment** wanvoeding; ondervoeding.

mal·oc·clu·sion *(tandh.)* wanpassing, slegte sluiting.

mal·o·dour stank, slegte reuk. **mal·o·dor·ous** sleg ruikend, stinkend, onwelriekend; skandalig. **mal·o·dor·ous·ness** onwelriekendheid.

ma·lo·mbo *(Ven., SA mus.)* malombo(jazz).

Mal·pigh·i·an: ~ **body,** ~ **corpuscle** *(anat.)* liggaampie van Malpighi, nier(vat)liggaampie; miltlimfsel. ~ **layer** *(anat., soöl.)* laag van Malpighi. ~ **tub(ul)es** *(anat., soöl.)* buisies/buise van Malpighi.

mal·prac·tice wanpraktyk, verkeerde praktyk; oortreding; verkeerde behandeling. ~ **suit** wanpraktyksaak.

mal·pres·en·ta·tion *(verlosk.)* abnormale ligging.

malt *n.* mout; *extract of* ~ moutekstrak; *green* ~ koringuitloop. **malt** *ww.* mout; *~ed milk* moutmelk. ~ **dust** moutmeel, gedroogde moutkiem. ~ **extract** moutekstrak. ~**house** moutery, moutmakery. ~ **kiln,** *(Br.)* ~ **oast** moutoond. ~ **liquor** moutdrank, bier. ~ **spirits** graanbrandewyn. ~ **sugar** →MALTOSE. ~ **vinegar** moutasyn. ~ **whisky** moutwhisky.

Mal·ta *(geog.)* Malta. ~ **fever** →BRUCELLOSIS. **Mal·tese** *n., (inwoner)* Maltees, Maltesiër; *(taal)* Maltees, Maltesies. **Mal·tese** *adj.* Maltees, Maltesies; ~ *cross* Maltese/Maltesiese kruis, Malteserkruis; jerusalemblom; ~ *dog/terrier* maltees, maltesie, malteser(hond), Maltese/Maltesiese hond(jie).

malt·ase *(biochem.)* maltase.

Mal·thu·si·an *n., (ekon.)* Malthusiaan. **Mal·thu·si·an** *adj.* Malthusiaans, van Malthus. **Mal·thu·sian·ism** Malthusianisme.

malt·ings *(Br.)* →MALTHOUSE. ~ **barley** moutgars, brouersgars.

malt·ose *(chem.)* maltose, moutsuiker.

mal·treat mishandel, sleg behandel, karnuffel; moor *(trekdiere ens.).* **mal·treat·ment** mishandeling, slegte behandeling; moordery *(v. trekdiere ens.).*

malt·ster *(hoofs. Br.)* mouter.

malt·y =*ier* =*iest* moutagtig.

mal·va·ceous *(bot.)* malvaägtig, malva-agtig.

mal·ver·sa·tion *(fml.)* (geld)verduistering; (amps)ontrou; *(jur.)* malversasie.

mam *(infml. of dial.),* **ma(m)·ma, ma(m)·ma** *(hoofs. vero. of Am.)* mam(m)a.

mam·ba *(<Ngu.)* mamba(slang), makoppa; *black* ~ swartmamba; *green* ~ groenmamba.

mam·bo =*bos, (Lat.Am. dans)* mambo.

ma·mil·la, *(Am.)* **mam·mil·la** =*lae, (anat.)* tepel. **ma·mil·lar·y,** *(Am.)* **mam·mil·lar·y** tepelvormig, tepel=; mamillêr. **ma·mil·late,** *(Am.)* **mam·mil·late** met tepels, getepel(d). **ma·mil·li·form,** *(Am.)* **mam·mil·li·form** tepelvormig, tepel=.

mam·ma[1] →MAM.

mam·ma[2] =*mae, (anat.)* mamma, bors(klier); *(soöl.)* uier *(v. 'n soogdier).* **mam·ma·ry** bors=; uier=; ~ *gland* melk=, borsklier. **mam·mec·to·my** →MASTECTOMY. **mam·mi·tis** →MASTITIS.

mam·mal soogdier. **mam·ma·li·an** *n.* soogdier. **mam·ma·li·an** *adj.* soogdier=. **mam·mal·o·gy** soogdierkunde.

mam·mo= *komb.vorm* mammo=.

mam·mo·gram *(med.)* mammogram.

mam·mog·ra·phy *(med.)* mammografie.

Mam·mon *(NT)* Mammon, die geldgod; *(fig.)* hebsug, geldgierigheid. ~ **worship** Mammonverering.

Mam·mon·ism mammonisme, geldverering.

mam·mo·plas·ty *(med.)* mammoplastiek.

mam·moth *n., (uitgestorwe olifant)* mammoet. **mam·moth** *adj.* kolossaal, yslik, reusagtig, reuse=.

mam·my, mam·mie *(infml.)* mammie; *(Am., hist., neerh.)* aia, nenna, nêne.

mam·pa·ra *(SA, infml.: domkop)* mamparra.

mam·poer *(Afr., sterk tuisgestookte drank)* mampoer.

Man: *the Isle of* ~ →ISLE.

man *men, n.* man, manspersoon; *(infml.)* man, eggenoot; kêrel, minnaar, geliefde; *(skaak ens.)* stuk; mens; die mens; die mensdom; *(vero.)* (manlike) bediende/diensbode, lyfkneg, =bediende; *(hist.)* vasal; *(i.d. mv.)* werkers, werksmense; *(mil.)* manskappe; →INNER MAN; ~ *of* ***action*** man van die daad; *an* ***army*** *of 20 000 men* 'n leër van 20 000 man; ***as*** *a* ~ as man; *prove o.s. the* ***better*** ~, *(vero.)* jou meerderheid bewys; *the men and women in* ***blue*** die polisie, polisiemanne en -vroue; ~ *and* ***boy,*** *(vero.)* van kindsbeen af, jou hele lewe lank; *separate* (or *sort out*) *the men from the* ***boys,*** *(infml.)* vasstel wie's die manne met die harde baard; *a* ~ *and a* ***brother,*** *(vero.)* 'n ewemens; ~ *of* ***business*** sakeman; agent, saakwaarnemer; →BUSINESSMAN; ~ ***by*** ~ man vir man; ***child*** *of* ~, *(vero.)* mensekind; ~ *of the* ***cloth,*** *(ret.)* geestelike; predikant, dominee; priester; ~ *of* ***consequence*** →CONSEQUENCE; *my* ***dear/good*** *~!, (vero., neerbuigende aanspreekvorm)* my liewe man/mens!; ~ *of* ***destiny*** voorbestemde/beskikte man; *the M~ of* ***Destiny*** Napoleon; *be ~* ***enough*** (or *enough of a ~*) *to ...* mans/dapper/moedig genoeg wees om te ...; ~ ***for*** ~ een vir een; man vir man; *(now) there's a ~* ***for you*** dis (nou) sommer 'n pure man daardie; *~'s best* ***friend,*** *(d. hond)* mens se beste vriend; *a ~ of* ***God*** →GOD; *men in* ***(grey)*** *suits, (neerh.)* manne in (*of* establishment van) grys pakke; *every ~ for* ***himself*** *(and the devil take the hindmost), (infml.)* red jouself as jy kan; ~ *of* ***honour*** man van eer; ~ *of the* ***house*** hoof van die huis, huisbaas; *be every* ***inch*** *a* ~ pure man wees; *every ~* ***jack*** →JACK[1] *n.; be* ***just*** *the ~ for the job, (infml.)* uitgeknip (*of* die aangewese persoon) vir die taak wees, net die man daarvoor, net die regte lyf vir die taak hê; *be* ***just*** *the ~ s.o. is looking for, (infml.)* net die man wees wat iem. soek (*of* nodig het *of* wil hê); ***kick*** *a ~ when he's down* →KICK *ww.;* ***know*** *your ~* weet met wie jy te doen het; *to the* ***last*** ~ tot die laaste man (toe); almal; ~ *of* ***letters*** skrywer; geleerde; ***make*** *a ~ (out) of s.o.* 'n man van iem. maak, murg in iem. se pype sit; *a* ***man's*** ~ 'n flink/stewige kêrel; *a ~ of* ***mark*** →MARK[1] *n.; a* ***marked*** ~ 'n gebrandmerkte man; 'n verdagte; *the ~ of the* ***match,*** *(sport)* the speler van die wedstryd; ~ *of* ***means*** bemiddelde man; ~ *is the* ***measure*** *of all things, (vero. idm.)* die mens is die maat van alle dinge; *a ~ of* ***men*** 'n man honderd/duisend; *the ~ of* ***men*** die aangewese man; *a ~ in a* ***million/thousand*** 'n man honderd/duisend; *so many men, so many* ***minds,*** *(idm.)* soveel hoofde, soveel sinne; ~ *of the* ***moment*** man van die dag; *the ~ in the* ***moon*** →MOON *n.; know as much about s.t. as the ~ in the* ***moon,*** *(infml.)* soveel van iets weet as die man in die maan (*of* 'n kat van saffraan); ~ *is* (or *men are*) ***mortal,*** *(vero.)* die mens is sterflik; *~'s* ***name*** mansnaam; *be a* ***new*** ~ 'n ander/nuwe mens wees; *put on the* ***new*** ~, *(NT)* die ou mens aflê, jou met die nuwe mens beklee; *as good as the* ***next*** ~ →GOOD *adj. & adv.; the* ***odd*** *~ out* die man wat oor=

bly; *(infml.)* die uitsondering; die orige jukskei *(fig.)*; *an **officer** and ten men* 'n offisier en tien man; ***officers** and men* offisiere en minderes; ***old*** ~ →OLD; *one's **old*** ~ →OLD; *the **old*** ~ →OLD; *as **one*** ~ soos een man; *the **ordinary/plain*** ~ die gewone man/mens; *be one's **own*** ~ jou eie baas wees; *be one's **own** ~ again* ten volle herstel wees; ***Oxford*** ~, *(fml.)* oudstudent van Oxford; ***per*** ~ per kop/hoof; ***play** a* ~ 'n speler inspan/kies/opneem; ***play** the* ~ jou manlik (*of* soos 'n man) gedra; jou groot/sterk hou; die man speel (nie die bal nie); *a ~ of **pleasure*** →PLEASURE; ~ *of **property*** grondbesitter; ~ ***proposes,** God disposes* →DISPOSE; *be **quite** a* ~ 'n man honderd/duisend wees; al 'n man wees; *men's **(room)*** manstoilet; *men **say** ...* →THEY SAY ...; *be a ~ of **sense*** →SENSE *n.*; ~ *of **sin,** (vero.)* sondige mens; *a **solid*** ~ 'n man uit een stuk; *the M~ of **Sorrows,** (Christus)* die Man van Smarte; ***s.o.'s/the*** ~ net die man *(vir 'n taak)*; *a ~ of **straw*** 'n strooiman; *the ~ in* (or [Am.] *on) the **street*** die gewone man (*of* groot publiek *of* deursneemens/deursnitmens), Jan Allcman; *a **tall*** ~ 'n lang man; ***the** ~ →**s.o.'s; to** a* ~ soos een man, eenparig, die laaste een, almal sonder uitsondering; *perish **to** a* ~ man en muis vergaan; *as ~ **to** ~, as one ~ **to** another* van man tot man, op voet van gelykheid; *fight ~ **to*** ~ man teen man veg; *from ~ **to*** ~ van man tot man; *the **top*** ~ die hoofpersoon/grootbaas; *a ~ about **town*** →TOWN; *the **very** ~!* die einste hy!; *be the **very** ~ for the job ~>be **just** the man for the job;* ~ *of **war*** →MAN-OF-WAR; ~ *of **wealth*** rykaard; *be ~ and **wife*** man en vrou (*of* getroud) wees; *men and **women*** mans en vroue(ns); *be a ~ of one's **word*** →WORD *n.*; *~'s **work*** mannewerk; ~ *of all **work*** handlanger, algemene werk(s)man, hansie-my-kneg; ~ *of the **world*** man van die wêreld; wêreldse man; *a **young*** ~ 'n jong man (*of* jongman); *I'm **your** ~!, (infml.)* afgesproke!, akkoord!, top!. **man** *-nn-, ww.* beman, beset; bedien *(geskut ens.)*; *(arg.)* moed inpraat, moed gee; *~ o.s., (arg.)* jou verman, (al) jou moed bymekaarskraap. **man** *tw., (infml.): stop that, ~!* hou op daarmee, man!; *~, but it's hot!* sjoe/mensig, maar dis warm!. ~**ape** mensaap; →HOMINID. ~**-at-arms** *men-at-arms, (arg.)* soldaat, krygsman. ~**-child** *(liter.)* seun. ~**-day** mandag. ~**-eater** mensvreter(leeu/tier/haai/ens.); mensvreter, kannibaal. ~**-eating** mensvreter-. ~ **Friday** handlanger; regterhand; algemene assistent. ~**handle** *ww.* toetakel, mishandel, karnuffel, afknou; met die hande pak; (met mannekrag) hanteer, met die hand(e) dra/verplaas. ~**-hater** mensehater; mannehater. ~**-hating** mensehatend; mannehatend. ~**hole** luikgat, mangat, inspeksiegat, toegangsput. ~**hole cover** mangatdeksel. ~**hole dog** mangathaak. ~**-hour** manuur. ~**hunt** mensejag. ~**-mad** mansiek. ~**-made** kunsmatig, fabrieks-; deur die mens gemaak. ~**-of-war,** ~**-o'-war** *men-of-war, men-o'-war, (hist.)* oorlogskip; *Portuguese ~* →PORTUGUESE. ~**-of-war bird** fregatvoël; →FRIGATE BIRD. ~**power** werkkragte, arbeidskrag(te), arbeidspotensiaal, mensemateriaal; menslike arbeidskrag; leërsterkte, strydkragte. ~**rope** *(sk.)* valreep. ~**servant** kneg, (manlike) bediende/dienshode. ~**-size(d)** (groot genoeg) vir 'n man; *(infml.: baie groot)* kolossaal, reusagtig, reuse-, enorm, yslik, tamaai, 'n bielie van 'n ...; ~ *job* enorme taak; ~ *steak/etc.* bieliesteak/-biefstuk/ens.. ~**slaughter** manslag, doodslag. ~**-to-**~ *adj. (attr.)* van man tot man *(pred.)*, op die man af *(pred.)*, openhartige. ~**trap** mensval, voetangel.

ma·na *(etnol.: magiese krag)* mana.

man·a·cle *n.* boei, handboei. **man·a·cle** *ww.* boei.

man·age bestuur, lei; sorg; versorg; klaarkom, regkom; oor die weg kom; baasraak; beheer; inrig; hanteer; behartig; behandel; *s.o. **can*** ~ iem. sal regkom; iem. sal oor die weg kom; ***can** you ~?* kom jy reg?; ~ ***credit*** krediet reël/beheer; ~ ***on** ...* met ... klaarkom; ~ *to **smile,** ~ a **smile*** darem glimlag; ~ ***somehow*** sien kom klaar; ~ *(to do) s.t.* iets regkry; ~ ***to** ...* (dit) regkry om te ...; *s.o. ~s **to** do s.t., (ook)* dit geluk iem. om iets te doen; ~ ***well*** goed regkom. **man·age·a·bil·i·ty, man·age·a·ble·ness** handelbaarheid, regeerbaarheid. **man·age·a·ble** handelbaar, regeerbaar.

man·aged: ~ **currency** beheerde geld(stelsel). ~ **economy** geleide ekonomie. ~ **fund** geadministreerde/bestuurde fonds.

man·age·ment bestuur, (bedryfs)leiding; administrasie, beheer; behartiging; hantering; bestuurswese; bestuur, bestuurders, bestuurslui; direksie; *(arg.)* lis, manipulasie; *board of* ~ bestuursraad; *under the ~ of ...* onder beheer van ... ~ **accounting** bestuursrekeningkunde. ~ **board** bestuursraad; *village ~* ~ dorpsbestuur. ~ **buyout** *(afk.:* MBO*)* bestuursuitkoop. ~ **committee** bestuurskomitee. ~ **consultant** bestuurskonsultant, ondernemingsadviseur. ~ **control** bestuursbeheer. ~ **fee** bestuursgeld. ~ **meeting** bestuursvergadering. ~ **skills** *n. (mv.)* bestuursvaardighede. ~ **style** bestuurstyl. ~ **survey** bestuursopname.

man·ag·er bestuurder, leier, direkteur, administrateur, baas, hoof, gesaghebber. **man·ag·er·ess** bestuurderes, direktrise, (vroulike) hoof, leidster. **man·a·ge·ri·al** bestuurs-, direksie-; bedryfsekonomies; ~ *post* bestuur(der)spos, -amp. **man·ag·er·ship** bestuur(der)skap; leiding, bestuur, beheer, administrasie.

man·ag·ing *(attr.)* besturende, bestuurs-, beherende; *(arg.)* spaarsame. ~ **board** bestuursraad. ~ **director** *(afk.:* MD*)* besturende direkteur *(afk.:* BD*)*.

ma·ña·na *n. & adv., (Sp.)* môre, more; later, oor 'n rukkie; een van die dae, in die toekoms.

Ma·nas·seh *(OT)* Manasse.

man·a·tee, man·a·tee *(soöl.)* lamantyn, manatee.

Man·ches·ter *(geog.)* Manchester. ~ **goods,** ~ **wares** *(Austr.)* katoenstowwe, -ware, -goedere; linne. ~ **terrier, black-and-tan (terrier)** manchesterterriër.

Man·chu *-chu(s), (bevolkingslid; taal)* Mantsjoe.

Man·chu·kuo, Man·chou·kuo *(geog., hist.)* Mantsjoekwo.

Man·chu·ri·a *(geog.)* Mantsjoerye. **Man·chu·ri·an** *n.* Mantsjoeryer. **Man·chu·ri·an** *adj.* Mantsjoerys.

man·ci·ple *(hoofs. arg.)* provisiekoper, proviandmeester.

Man·cu·ni·an *n.* inwoner van Manchester. **Man·cu·ni·an** *adj.* Manchesters, van Manchester, Manchester-.

-man·cy *komb.vorm* -mansie; *carto~* kartomansie; *chiro~* chiromansie; *geo~* geomansie, waarsêery; *necro~* nekromansie.

man·da·la *(Hind. & Boeddh., psig.)* mandala.

man·da·mus *-muses, (jur.)* bevelskrif, mandamus.

man·da·rin mandaryn; →MANDARIN(E). ~ **collar** mandarynkraag. ~ **duck** mandaryneend.

Man·da·rin (Chi·nese) *(taal)* Mandaryns.

man·da·rin(e) mandaryn, (geel) nartjie; nartjielikeur; oranjegeel, oranjekleur ~ **orange** (losskil)nartjie.

man·da·tar·y *n.* →MANDATORY *n.*.

man·date *n.* mandaat; opdrag; lasbrief, bevel(skrif); volmag; magtiging. **man·date** *ww.* mandateer; *~d territory* mandaatgebied. **M~s Commission** *(hist.)* Mandatekommissie. **man·da·tor** lasgewer, mandant.

man·da·to·ry *n.* gevolmagtigde, lasnemer, mandaathouer, mandataris, lashebber, gelastigde. **man·da·to·ry** *adj.* op bevel, gebiedend, lasgewend, bevelend, verpligtend; ~ *power* mandataris, mandaatland, -moondheid; mandaatbevoegdheid; ~ *sanctions* verpligte(nde) sanksies; ~ *sentence* verpligte vonnis.

man·del·ic ac·id *(chem.)* amandelsuur.

man·di·ble onderkaak, kaak; *(entom.)* mandibel, voorkaak, bokaak. **man·dib·u·lar** mandibulêr, (onder)kaak-.

man·do·la, *(hist.)* **man·do·ra** *(mus.instr.)* mandola.

man·do·lin, man·do·line *(mus.instr.)* mandolien. **man·do·lin·ist** mandolienspeler.

man·door, man·dor(e), man·dur *(SA, hist.)* mandoor.

man·dor·la *(kuns, argit.)* mandorla.

man·drake, *(poët., liter.)* **man·drag·o·ra** *(bot.)* alruin, mandragora.

Man·drax *(farm., handelsnaam)* Mandrax.

man·drel, man·dril spil; drewel; vormyster; deurslag; (mynwerkers)pik; houer, stam; horing, doring *(v. 'n aambeeld)*. ~ **stock** spilkop *(v. 'n draaibank)*.

man·drill *(soort bobbejaan)* mandril, woudduiwel.

man·du·cate *(fml.)* kou, eet. **man·du·ca·tion** kouery, etery.

Man·dy *-dies, (dwelmsl.: Mandraxtablet)* pil(letjie), Mx.

mane maanhare, maanhaar. **maned** met maanhare; *~ jackal* →AARDWOLF; ~ *lion* kraagmannetjie, maanhaar(leeu).

ma·nège *(Fr.)* rykuns; ryskool.

mane·less sonder maanhare.

Ma·nes →MANICHAEUS.

ma·nes *n. (mv.), (Rom. mit.)* skimme. **ma·nism** manisme.

ma·neu·ver *(Am.)* →MANOEUVRE. **ma·neu·ver·er** →MANOEUVRER.

man·ful dapper, vasberade, manmoedig. **man·ful·ness** dapperheid, vasberadenheid, manmoedigheid.

man·ga·bey *(soort aap)* mangabie.

man·ga·nate *(chem.)* manganaat.

man·ga·nese *(chem., simb.:* Mn*)* mangaan. ~ **dioxide** mangaandioksied, bruinsteen. ~ **ore** mangaanerts. ~ **spar** mangaanspaat. ~ **steel** mangaanstaal.

man·gan·ic mangaan-; ~ *compound* mangaanverbinding.

man·ga·nif·er·ous *(geol., min.)* mangaanhoudend, mangaan-.

man·ga·nite *(min.)* manganiet.

mange *(hoofs. veearts.)* skurfte, omloop; brandsiekte. **man·g(e)y** skurf(agtig); armoedig, armsalig; gemeen, veragtelik. **man·gi·ness** skurfagtigheid; armsaligheid; gemeenheid.

man·gel(-wur·zel), man·gold(-wur·zel) *(bot.)* mangel(wortel), voerbeet.

man·ger krip; trog, voerbak. ~ **chain** halterketting.

mange·tout *(Fr.)* mangetout, suiker-ertjie.

man·gle[1] *n.* mangel; *(Am.)* strykmasjien. **man·gle** *ww.* mangel. **man·gler** mangelaar. **man·gling board** mangelbord.

man·gle[2] *ww.* kap, verskeur, vermink, mishandel; verknoei, verdraai. **man·gler** hakmasjien; vleismeul.

man·go *-go(e)s* mango, veselperske. ~ **tree** mangoboom.

man·gold →MANGELWURZEL.

man·go·nel *(hist.)* werpgeskut.

man·go·steen *(tropiese vrug)* mangostan.

man·grove *(bot.)* manglier, mangrove, wortelboom.

Man·hat·tan *(dikw. m~, mengeldrankie met whisky en vermoet)* manhattan. ~ **(Island)** *(geog.)* Manhattan(eiland).

man·hood manlike jare; manlikheid; viriliteit; *(infml., euf.: penis)* manlike lid/roede; moed, dapperheid; mans, manlike bevolking; *(arg.)* menslikheid; *grow to* ~ man word; *reach* ~ man word, die manlike jare bereik, meerderjarig word.

Ma·ni →MANICHAEUS.

ma·ni·a manie; gier, gril; kranksinnigheid, waansin.

-ma·ni·a *komb.vorm, (psig.)* -manie; *klepto~* kleptomanie, steelsug, -drang; *megalo~* megalomanie, grootheidswaan(sin); *nympho~* nimfomanie, mansiekte; *pyro~* piro-, brandstigtingsmanie. **-ma·ni·ac** *komb.vorm, (psig.)* -maan; *ego~* sieklike egoïs; *klepto~* kleptomaan, steelsugtige, -sieke, dwangdief; *nympho~* nimfomaan, mansieke; *pyro~* piromaan.

ma·ni·ac *n.* maniak, waansinnige, mal mens. **ma·ni·a·cal** *adj.* mal, waansinnig, dol, maniakaal.

man·ic manies. ~**-depressive** manies-depressief.

Ma·ni·ca·land *(geog.)* Manicaland.

Man·i·chae·us, Ma·ni, Ma·nes *(Persiese profeet)* Manichaeus, Mani. **Man·i·ch(a)e·an,** *(arg.)* **Man·i·chee** *n.* Manicheër. **Man·i·ch(a)e·an** *adj.* Manichees. **Man·i·ch(a)e·ism** *(relig., hoofs. hist.)* Manicheïsme.

man·i·cure *n.* manikuur, naelversorging, handeversorging; manikuris, naelpoetser, -versorger, handeversorger. **man·i·cure** *ww.* manikuur, hande (en naels) versorg. ~ **set** manikuurstel.

man·i·cur·ing manikuur, hande- en naelversorging. **man·i·cur·ist** manikuris, naelpoetser, =versorger, handeversorger.

man·i·fest *n.* (skeeps)manifes, vraglys; passasierslys; manifes. **man·i·fest** *adj.* duidelik, openbaar, klaarblyklik; sigbaar; ~ *absurdity, (ook)* onmiskenbare onhoudbaarheid; *become* ~ blyk, aan die lig kom, te voorskyn kom. **man·i·fest** *ww.* duidelik maak; bewys; openbaar, manifesteer, blyk(e) gee, aan die dag lê; verskyn; ~ *in genetics* uitmendel; *God ~s himself* God openbaar hom. **man·i·fes·ta·tion** verskynsel; openbaarmaking, openbaring; manifestasie; betoging. **man·i·fest·ly** klaarblyklik; sigbaar. **man·i·fes·to** =*to(e)s* manifes.

man·i·fold *n., (teg.)* spruitpyp, verdeelpyp; spruit(stuk) *(v. 'n pyp)*; kopie. **man·i·fold** *adj., (fml. of poët., liter.)* menigvuldig, veelvuldig, veelsoortig, menigerlei. **man·i·fold** *ww.* vermenigvuldig, afrol, kopieer. ~ **paper** kopieerpapier, kalkeerpapier. ~ **writer** →MANIFOLDER.

man·i·fold·er kopieerder; kopieertoestel, afrolmasjien.

man·i·fold·ness menigvuldigheid, veelvuldigheid, veelsoortigheid.

man·i·kin, man·ni·kin mannetjie, dwergie; model, (hout)pop.

Ma·nil·a *(geog.)* Manila. ~ **(cheroot/cigar), Manilla (cheroot/cigar)** manilla(sigaar). ~ **(hemp), Manilla (hemp)** manillahennep. ~ **(paper), Manilla (paper)** bruin pakpapier. ~ **(rope), Manilla (rope)** manilla(tou).

ma·nil·la manilla(ring), armring.

ma·nille *(kaartspel)* nel.

man·i·oc, man·i·o·ca →CASSAVA.

man·i·ple *(Rom., hist., mil.; RK)* manipel. **ma·nip·u·late** hanteer, manipuleer; behandel, bewerk; *(fig.)* plooi; bedrieg, knoei *(met)*. **ma·nip·u·la·bil·i·ty** manipuleerbaarheid; bewerkbaarheid; plooibaarheid. **ma·nip·u·la·ble, ma·nip·u·lat·a·ble** manipuleerbaar; bewerkbaar; plooibaar. **ma·nip·u·la·tion** hantering, manipulasie; behandeling, bewerking; betasting; handgreep; knoeiery. **ma·nip·u·la·tive** manipulerend, manipulasie=. **ma·nip·u·la·tor** hanteerder; bewerker; knoeier, bedrieër; manipuleerder, stelbare sweistafel; bedieningsknop; sleutel. **ma·nip·u·la·to·ry** manipulerend.

ma·nism →MANES *n.*.

man·i·to·ka *(boom)* manato(k)a.

man·i·to(u) =*to(u)s*, **man·i·tu** =*tus, (etnol.: vergoddelikte gees/krag)* manitoe.

man·kind die mensdom; *(arg.)* mans.

man·like manlik, soos 'n man; managtig, mannetjiesagtig.

man·ly manlik; dapper, manmoedig, manhaftig, manne=. **man·li·ness** manlikheid; moed, manmoedigheid.

man·na *(OT)* manna; geestelike voedsel. ~**-ash** *(Fraxinus ornus)* manna-es(seboom). ~ **grass** *(Clyceria fluitans)* mannagras. ~ **sugar** mannasuiker, mannitol.

manned *adj.* beman *(ruimtetuig ens.)*.

man·ne·quin (loopplank)model, mannekyn; winkelvensterpop; *(naaldw.)* paspop; *(kuns)* ledepop. ~ **parade** modeparade, modeskou.

man·ner manier, wyse; metode; aanwen(d)sel; soort, klas; gewoonte; ***all*** ~ *of* ... →ALL *adj.*; ***bad*** *~s* slegte maniere; *do s.t. as to the ~* ***born*** iets doen asof dit aangebore is, 'n gebore ... wees; *~s and* ***customs*** sedes en gewoontes; *teach s.o. ~s and* ***customs*** iem. maniere leer; ***good*** *~s* goeie maniere; *have* ***(good)*** *~s* (goeie) maniere hê; jou (goed) gedra; ***in a*** ~ op 'n manier, in sekere sin; ***in the*** ~ *of* ... op die manier van ..., soos ...; in die trant van ... *(Rembrandt ens.)*; ***in the*** *modern/etc.* ~ op die moderne/ens. manier; in die moderne/ens. styl; ***in*** *this/that* ~ op dié/hierdie/daardie manier/wyse, langs hierdie/daardie weg; ***in like*** ~ net so, op gelyke wyse, op dieselfde manier; *by* ***no*** *~ of* ***means*** →MEANS; *s.o. has* ***no*** *~s* iem. het geen/g'n maniere nie; ***polished*** *~s* beskaafde/verfynde maniere; ***polite*** *~s* hoflike maniere; ***in a*** ~ *of* ***speaking*** by wyse van spreke, so te sê; ***in such a*** ~ op so 'n manier; ***what*** ~ *of man/woman is he/she?, (poët., liter.)* hoe 'n man/vrou is hy/sy?. **man·nered** gemanierd; gemaniëreerd; maniëristies; geaffekteer(d), gekunsteld, aanstellerig. =**man·nered** *komb.vorm* =gemanierd; *ill-~* ongemanierd, onmanierlik; *mild-~* saggeaard, sagsinnig; *well-~* goed gemanierd, goedgemanierd. **man·ner·ism** gemaaktheid, gemaniëreerdheid, gekunsteldheid; maniertjie, aanwen(d)sel, hebbelikheid; affektasie; gesogtheid; gemanierdheid, manier; maniërisme *(i.d. kuns)*. **man·ner·ist** gekunstelde arties; maniëris. **man·ner·is·tic, man·ner·is·ti·cal** gemaniëreerd. **man·ner·less** ongemanierd, onbeskof. **man·ner·li·ness** beleefdheid, goeie maniere, gemanierdheid. **man·ner·ly** *adj.* beleef(d), goed gemanierd, goedgemanierd.

man·ni·kin *(orn.: Spermestes* spp.*)* fret; *bronze* ~ gewone fret; *pied* ~ dikbekfret; *redbacked* ~ rooirugfret.

man·nish *(neerh., v. 'n vrou)* managtig, mannetjiesagtig, soos 'n man. **man·nish·ness** managtigheid, mannetjiesagtigheid.

man·ni·tol, man·nite *(chem.)* mannitol, mannasuiker.

ma·noeu·vre, *(Am.)* **ma·neu·ver** *n.* maneuver, krygsoefening; beweging, verplasing *(v. troepe)*; (taktiese) set; slim plan; kunsgreep; *freedom of* ~ bewegingsvryheid; *be on ~s* maneuvers hou, krygsoefeninge doen. **ma·noeu·vre,** *(Am.)* **ma·neu·ver** *ww.* maneuvreer; beweeg, verplaas, bestuur *(troepe)*; 'n (taktiese) set doen; maneuvers hou; intrigeer, slim bewerkstellig, plooi, (handig) manipuleer; hanteer; ~ *s.o. into* ... dit so bewerk dat iem. ...; *have room to* ~ speelruimte hê. **ma·noeu·vra·bil·i·ty,** *(Am.)* **ma·neu·ver·a·bil·i·ty** (be)stuurbaarheid, regeerbaarheid, hanteerbaarheid, wendbaarheid. **ma·noeu·vra·ble,** *(Am.)* **ma·neu·ver·a·ble** (be)stuurbaar, regeerbaar, hanteerbaar, wendbaar. **ma·noeu·vrer,** *(Am.)* **ma·neu·ver·er** maneuvreerder. **ma·noeu·vring,** *(Am.)* **ma·neu·ver·ing** (die) maneuvreer, maneuvreerdery; ~ *space* beweegruimte, bewegingsruimte.

ma·nom·e·ter manometer, drukmeter, trekmeter. **man·o·met·ric, man·o·met·ri·cal** manometries.

man·or landgoed; *(hist.)* riddergoed; *lord of the* ~ grond=, landheer. ~ **house** herehuis, =woning, landhuis; *(hist.)* riddergoed, ridderhofstede. **ma·no·ri·al** landheerlik, grondheerlik, ridder=; ~ *estate* landgoed; *(hist.)* riddergoed.

man·qué *adj. (pred), (Fr.): an actor/etc.* ~ 'n mislukte/miskende akteur/ens..

man·sard solder(verdieping); solderkamer. ~ **(roof)** mansardedak.

manse pastorie, predikantswoning; *daughter/son of the* ~ pastoriedogter, =seun.

=**man·ship** *suff. (vorm n.)* =kuns; =manskap; *crafts~* vakmanskap, handvaardigheid, vakkundigheid; *games~* onsportiwiteit; *horse~* ry=, ruiterkuns; *states~* staatsmanskap, staatsmanswysheid, =kuns.

man·sion herehuis, groot woonhuis; *(i.d. mv.)* woonstelgebou; *in my Father's house are many ~s* (AV) *(or rooms* [NIV]*)* in die huis van my Vader is daar baie wonings *(OAB)* *(of* woonplek *[NAB])*. ~ **house** herehuis; residensie, landheerswoning. **M~ House:** *the* ~ die burgemeesterswoning van Londen.

man·sue·tude *(arg.)* sagaardigheid, sagmoedigheid, sagtheid; makheid.

man·ta (ray) *(igt.: Manta birostris)* manta(rog).

Man·ta·tee, Man·ta·ti *(SA, hist.)* Makatees.

man·tel skoorsteenmantel. ~**(piece),** ~**(shelf)** skoorsteenmantel, kaggel; kaggelrak. ~**tree, mantletree** *(bouk.)* kaggellatei.

man·tel·et →MANTLET.

man·tic *(fml.)* waarseggend, profeties.

=**man·tic** *komb.vorm* =manties; *geo~* geomanties; *necro~* nekromanties.

man·til·la *(Sp., kopdoek)* mantilla.

man·tis =*tises,* =*tes, (entom.)* hotnotsgot, hottentotsgot, mantis.

man·tis·sa *(wisk.)* mantisse.

man·tle *n.* mantel; dekmantel; *(fig.)* bedekking; gloeikousie; *(soöl.; ook* pallium*)* mantel; *(anat.; ook* pallium*)* harsingmantel; *(geog.)* mantel; *s.o.'s ~ has fallen on ...* iem. se mantel het op die skouers van ... geval; *under a ~ of snow* met 'n sneeukleed bedek. **man·tle** *ww., (poët., liter.)* bedek, verberg; *(arg.)* kim, skuim; *(arg.)* (laat) gloei/bloos; na die wange styg. ~ **cavity** *(soöl.: Mollusca)* mantelholte. ~ **cloth** mantelstof. **mant·let, man·tel·et** manteltjie; koeëlskerm. **man·tling** *(her.)* dekkleed.

man·tra *(Boeddh., Hind.)* mantra.

Man·tu·a *(geog.)* Mantua.

man·tu·a *(hist.)* wye japon; mantel.

man·u·al *n.* handboek, handleiding; handgreep; *(mot.)* handratmodel; *(mus.)* klawer=, toetsbord; manuaal *(v. 'n orrel)*; brand=, handspuit; →SIGN MANUAL. **man·u·al** *adj.* met die hand, hand=; ~ ***alphabet*** vingertaal, =alfabet; →FINGER ALPHABET; ~ ***arts*** kunshandwerk(e); ~ ***exchange*** handsentrale; ~ ***exercise,*** *(mil.)* geweer=, handgreepoefening; ~ ***instruction*** onderrig in handearbeid; ~ ***labour*** handearbeid, handewerk; ~ ***labourer*** handearbeider; ~ ***skill*** vaardigheid, (knap)handigheid; ~ ***steering*** handstuur; ~ ***telegraphy*** handtelegrafie; ~ ***training*** ambagsopleiding; ~ ***training centre*** handwerksentrum; ~ ***typewriter*** meganiese tikmasjien; ~ ***valve*** handklep.

man·u·al·ly met die hand.

ma·nu·bri·um =*bria,* =*briums, (anat.)* manubrium, steel, handvatsel *(v.d. borsbeen)*; *(soöl.)* manubrium. **ma·nu·bri·al** *(anat.)* boborsbeen=; *(anat., soöl.)* steel=, handvatselvormig.

Man·u·el·ine: ~ *style, (Port. argit.)* Manuelstyl.

man·u·fac·ture *n.* vervaardiging, fabrikasie; fabrikaat, maaksel; maakwerk *(v. 'n kunswerk)*; *of South African* ~ in Suid-Afrika vervaardig, Suid-Afrikaanse produk/fabrikaat. **man·u·fac·ture** *ww.* vervaardig, maak; produseer; uit die duim suig, opdis, fabriseer. **man·u·fac·to·ry** *(arg.)* →FACTORY. **man·u·fac·tur·a·ble** produseerbaar. **man·u·fac·tured** fabriekmatig; ~ *goods* fabrieksware. **man·u·fac·tur·er** fabrikant, vervaardiger, bewerker; *~'s representative* fabrieksverteenwoordiger. **man·u·fac·tur·ing** *n.* vervaardiging, fabrikasie. **man·u·fac·tur·ing** *adj.* fabriserend; ~ *company* fabrieksonderneming; ~ *industry* vervaardigingsbedryf, =nywerheid, fabrieksnywerheid, =wese; ~ *jeweller* juwelevervaardiger.

man·u·mit =*tt*=, *(hist.)* vrystel, vrymaak, vrylaat *(slawe)*. **man·u·mis·sion** vrystelling, vrylating, manumissie.

ma·nure *n.* mis, misstof, messtof. **ma·nure** *ww.* bemes, mis gee. ~ **heap** mishoop. ~ **pit** miskuil. ~ **spreader** misstrooier.

ma·nur·er misstrooier.

ma·nu·ri·al bemestings=; ~ *value* bemestingswaarde.

ma·nur·ing bemesting; ~ *machine* misstrooimasjien, misstrooier.

man·u·script *n.* manuskrip; handskrif. **man·u·script** *adj.* in manuskrip, manuskrip=; geskrewe. ~ **book** skryfboek.

Manx *n., (taal)* Manx. **Manx** *adj.* Man=, van die eiland Man. ~ **cat** stompstertkat. ~**man,** ~**woman** =*men,* =*women* bewoner van die eiland Man.

man·y *adj. & n.* baie, veel, talryk; heelparty; menige; menigte; ~ ***a*** *sailor/etc.* menige matroos/ens.; *one* ***among*** ~ een uit/van baie; ***as*** ~ *again* nog ('n keer) soveel, weer soveel; ***as*** ~ *as eighty/etc.* tot tagtig/ens. toe, 'n stuk of tagtig; 'n hele tagtig/ens.; ***full*** ~ *a ...* menige ...; *a* ***good*** ~ taamlik baie, heelwat; *a* ***great*** ~ baie; *a* ***great*** ~ *people* 'n groot aantal mense; ***how*** *~?* hoeveel?; ***how*** *~ people?* hoeveel mense?; ~ ***a man/one*** menigeen; *(so)* ~ ***men,*** *(so)* ~ *minds, (idm.)* soveel hoofde, soveel sinne; ~ ***people*** baie mense; *very* ~ ***people*** 'n menigte mense, regtig baie mense; *as* ~ *as* ***possible*** soveel moontlik; ***so*** ~ soveel, so baie; *like* ***so*** *~ ...* net soos 'n klomp ...; ~ ***thanks*** →THANKS; ***the*** ~ die menigte; *~'s* ***the*** *day/time (that) ...* baiemaal/dikwels het ...; ~ *(and ~) a* ***time*** →TIME *n.*; ***too*** ~ te veel *(mense ens.)*; *far* ***too*** ~ veels te veel; *one* ***too*** ~

een te veel; *put it in so ~ **words*** →WORD *n.*. **~-angled** veelhoekig, *(wisk.)* poligonaal. **~-coloured, ~-hued** veelkleurig, bont. **~-faceted** veelkantig; meersinnig. **~-headed** veelkoppig, veelhoofdig; *the ~ beast/monster* die veelkoppige monster, die gepeupel. **~plies** *(vero.)* →OMASUM. **~-sided** veelsydig; alsydig; veelkantig; met baie kante, ingewikkeld. **~-sidedness** veelsydigheid; ingewikkeldheid. **~-tailed bandage** strokiesverband. **~-tongued** veeltongig. **~-valued** veelwaardig.

Mao *adj. (attr.)* Mao-; *~ jacket* Mao-baadjie. **Mao·ism** Maoïsme. **Mao·ist** Maoïs.

Mao·ri, Ma·o·ri *-ri(s), n.* Maori; Maoritaal. **Mao·ri, Ma·o·ri** *adj.* Maori-.

map *n.* (land)kaart; omtrek; →KEY MAP; *it is **off** the ~, (infml.)* dit is afgeleë; dit bestaan nie; ***put** ... on the ~, (lett.)* ... in kaart bring; *(fig.)* ... bekend maak, bekendheid aan ... gee; ***read** a ~* 'n kaart lees; ***trace** a ~* 'n kaart natrek; ***wipe** a place off the ~, (infml.)* 'n plek verwoes. **map** *-pp-, ww.* karteer; *(wisk.)* afbeeld; teken, afteken, beskryf, beskrywe; in kaart bring; *~ s.t. out* iets ontwerp; iets uitwerk; iets uitsets; iets uitstippel. **~-maker** kaarttekenaar, kartograaf. **~-making** kartografie. **~ projection** kaartprojeksie. **~ reading** kaartvertolking.

ma·ple *(ook* maple tree*)* esdoringboom. **~ leaf** esdoringblaar. **~ pea** akker-ertjie. **~ sugar** esdoringsuiker. **~ syrup** esdoringstroop. **~ (wood)** esdoringhout.

Ma·poch *(SA, hist., stamhoof)* Mapog. **~ tribe** *(hist.)* Mapogstam, Mapoggers.

map·ping kartering; kartografie; *(wisk.)* afbeelding.

Ma·pu·to *(geog.)* Maputo.

ma·quette ontwerpmodel, maket.

ma·quis *(Fr., bot.)* maquis; *the M~, (WO II, versetbeweging)* die Maquis.

mar *-rr-* skend, bederf, ontsier, afbreuk doen aan, aantas; beskadig; *it will make or ~ s.o.* dit sal iem. maak of breek. **~plot** *(arg.)* spelbreker, -bederwer, dwarstrekker. **~text** *(w.g.)* teksbederwer, slegte prediker.

mar·a·bou (stork) maraboe, *(w.g.)* adjudantvoël; maraboevere; maraboe(pels); maraboesy.

mar·a·bout *(Moslemheilige of -kluisenaar)* maraboet; maraboetgraf.

ma·ra·ca *(mus.instr.)* marakka, kalbasratel.

Ma·ra(h) *(OT)* Mara.

ma·ran·ta *(bot.)* maranta.

mar·a·schi·no *-nos, (likeur)* maraschino, maraskyn. **~ cherry** maraschino-, maraskynkersie.

ma·ras·mus *(med.)* vermaering, uittering, verval, marasme.

Ma·ra·tha, Mah·rat·ta *(Ind. kaste)* Mahratta, Mahrathi, Mahrat. **Ma·ra·thi, Mah·rat·ti** *(taal)* Marathi, Mahratti.

mar·a·thon *n.* marat(h)on. **mar·a·thon** *adj.* langgerek, langdurig, langasem-, marat(h)on-. **~ race** marat(h)onwedloop. **~ runner** marat(h)onatleet, -loper, langafstandloper.

mar·a·thon·er →MARATHON RUNNER.

ma·raud plunder, roof, steel, buit, stroop. **ma·raud·er** plunderaar, rower, buiter, stroper. **ma·raud·ing** *n.* plundering, plundery, buitery. **ma·raud·ing** *adj.: ~ hosts* roofbendes; *~ raid* roof-, plundertog.

mar·ble *n.* marmer; albaster; *(i.d. mv.)* marmerbeelde; *(i.d. mv.)* albasters; *lose one's ~s* →LOSE; *play ~s* albaster speel; *shooting ~* →TAW *n.*. **mar·ble** *adj.* marmer-, van marmer. **mar·ble** *ww.* marmer. **~ cake** marmerkoek. **~-edged** *(druk.)* gemarmer(d) op snee, met die/'n marmerrand. **~-hearted** hardvogtig, hard, ysig. **~ paper** marmerpapier. **~ quarry** marmergroef. **~ slab** marmerblad. **~ statue** marmerbeeld. **~ stopper bottle** koeëlfles(sie). **~ top** marmerblad. **~ wood** marmerhout.

mar·bled gemarmer(d); *~ paper* marmerpapier; *~ electric ray* marmerdrilvis.

mar·ble-like marmeragtig.

mar·bling marmering. **~ effect** marmereffek.

mar·bly soos marmer, marmeragtig, marmer-.

Mar·burg *(geog.)* Marburg. **~ disease** →GREEN MONKEY DISEASE.

marc druiwe-, vrugtemoer.

mar·ca·site *(min.)* markasiet, swa(w)elkies.

mar·ca·to *-tos, n., (It., mus.)* marcatopassasie, -beweging. **mar·ca·to** *adj. & adv.* marcato, sterk geaksentueer.

mar·cel·la *(tekst.)* marcella.

mar·ces·cent *(bot.)* verleppend, verwelkend. **mar·ces·cence** verwelking, verskrompeling.

March Maart; *the month of ~* Maartmaand. **~ day** Maartdag, dag in Maart. **~ flower** *(Haemanthus coccineus)* maartblom, misryblom, velskoenblaar. **~ lily** *(Amaryllis belladonna)* maartlelie, belladonnalelie.

march[1] *n.* mars; opmars; stap; tog; skof; ontwikkeling; beloop, verloop, gang; *be **on** the ~, (mil.)* op mars wees; *(fig.)* vooruitgaan; *the ~ **on** ...* die (op)mars na ... *('n stad ens.)*; ***steal** a ~ on s.o.* iem. voorspring/uitoorlê *(of* die loef afsteek*)*; *the ~ of **time**, (poët., liter.)* die gang van die dinge, die verloop van die tyd. **march** *ww.* marsjeer; loop, stap; laat stap/marsjeer; uittrek, ten stryde trek; *~ **against** ...* teen ... opruk/optrek; *~ **back*** terugmars; *~ **into battle*** ten stryde trek; ***forward** ~!* voorwaarts mars!; *~ **off*** afmarsjeer; *~ the soldiers **off*** die soldate laat afmarsjeer; *~ **on*** voortmarsjeer; *~ **on** a place* na/teen 'n plek opruk/optrek; *~ **out*** uitmarsjeer, uittrek; *~ **past*** defileer, verbymarsjeer. **~ past** *-s, n., (mil.)* defileermars, verbymars, parademars. **~ rhythm** marstempo.

march[2] *n.* grens; *the Marches, (It., geog.)* die Marke. **march** *ww.* grens; *~ **with** ...* aan ... grens. **~land** *(w.g.)* grensgebied, grensland; niemandsland.

march·er[1] marsjeerder; betoger; optogganger.

march·er[2] *(hist.)* grensbewoner.

march·ing *n.* (die) marsjeer. **march·ing** *adj.* marsjerend, mars-. **~ column** *(mil.)* mars-, voetkolonne. **~ kit** *(mil.)* veldtenue. **~ order** *(mil.)* marstenue; marsorde; marsbevel, -order; *in ~ ~* in marsorde; marsvaardig; volledig toegerus; *give s.o. his/her ~ ~s, (infml.)* iem. in die pad steek, iem. die trekpas gee. **~ song** marslied.

mar·chion·ess markiesin.

march·pane *(arg.)* →MARZIPAN.

mar·co·ni·gram *(vero.)* →RADIOGRAM.

Mar·cus →MARCUS AURELIUS **ANTONINUS**.

Mar·di Gras *(Fr., RK)* Mardi Gras, Vasaand, Dinsdag voor Aswoensdag/Vaste; Mardi Gras, karnaval.

Mar·duk *(Babiloniese god)* Mardoek.

mare[1] merrie; *the grey ~ is the better horse, (idm.)* dis die vrou wat die broek dra; *~'s milk* perdemelk; *ride (or go on) on Shanks's ~* →SHANK *n.*. **~'s nest** denkbeeldige vonds/ontdekking; deurmekaarspul; *find/spy a ~ ~* bly word oor niks, jou oor 'n dooie mossie verheug. **~'s tail** *(bot.)* litsteng; *(met.)* windveer, lang veerwolk.

ma·re[2] *-ria, (Lat., astron.)* see *(op d. maan/Mars)*. **~ clausum** *maria clausa, (jur.)* die geslote see. **~ liberum** *maria libera, (jur.)* die vrye/oop see.

mare[3] *(Shakesp.)* nagmerrie; →NIGHTMARE.

ma·rem·ma *-me, (It.)* maremma, moerasagtige kusstreek. **~ (sheepdog)** maremmaskaaphond.

Ma·ren·go *(geog.)* Marengo; *chicken ~, (kookk.)* marengohoender.

mar·gar·ic ac·id *(chem.)* margariensuur.

mar·ga·rin *(chem.)* margarien.

mar·ga·rine *(kunsbotter)* margarien.

mar·ga·ri·ta *(mengeldrankie)* margarita.

mar·ga·rite *(min.)* margariet.

mar·gay *(soöl.)* (dwerg)tierkat, margay.

marge[1] *(infml.)* →MARGARINE.

marge[2] *(arg.)* →MARGIN *n.*.

mar·gin *n.* rand, kant, sy; kantlyn; kant-, syruimte; marge; wins, oorskot; speling, (speel)ruimte; skeiding, grens; *(dakpanne)* siglengte, daklengte; *(aandelebeurs)* dekking; *~ of **error*** foutspeling, foutgrens; toleransie; ***leave** a ~* (speel)ruimte laat; *win by a **narrow** ~* netnet/naelskraap(s) wen; *have a ~ **over** s.o.* 'n voorsprong bo/op iem. hê; *as **per** ~* volgens kanttekening; *a twenty **point** ~ of victory* 'n oorwinning met twintig punte; *~ of **profit*** winsgrens, -ruimte, -marge, -speling; ***rule** a ~* 'n kantlyn trek; *~ of **safety*** veiligheidsgrens; ***sell** on ~* op marge verkoop. **mar·gin** *ww.* 'n rand laat; van 'n kantlyn voorsien; 'n kanttekening maak; *(aandelebeurs)* dek. **mar·gin·al** randstandig, rand-, aan die rand, marginaal; grens-; op die randjie, naelskraap(s); *~ **benefit*** grensproduk; grensvoordeel; *~ **buyer*** grenskoper, marginale koper; *~ **calculus*** marginale rekening; *~ **case*** grensgeval; *~ **cell*** randsel; *~ **conditions*** grenstoestande; grensvoorwaardes; *~ **contribution*** grensbydrae; *~ **cost*** grenskoste; *~ **costing*** grenskosprysberekening; *~ **cost principle*** grenskostebeginsel, beginsel van die marginale koste; *~ **demand*** grensvraag; *~ **demand price*** grensvraagprys; *~ **desirability*** grensnut; *~ **efficiency** of capital* grensproduktiwiteit van kapitaal; *~ **efficiency** of investment* grensproduktiwiteit van investerings; *~ **enterprise*** grensonderneming; *~ **expenditure*** grensbesteding; *~ **figure*** randfiguur; *~ **gain*** geringe wins; *~ **issue*** bysaak; *~ **labourer*** grensarbeider; *~ **lake*** randmeer; *~ **line/rule*** kantlyn; *~ **mine*** winsgrensmyn, marginale myn, grensmyn; *~ **note*** kanttekening; kanttitel *(in wette)*; glos; *~ **outlay*** grensbesteding; *~ **output*** grensproduksie; *~ **producer*** grensprodusent; *~ **product*** grensproduk; *~ **production*** grensproduksie; *~ **productivity*** grensproduktiwiteit; *~ **purchase*** grenskoop; *~ **rate*** grenskoers, marginale koers; *~ **rate** of substitution* grensvervangingskoers; *~ **return*** grensopbrengs; *~ **seat**, (pol.)* grenssetel; *~ **theory*** grensleer; *~ **utility theory*** grensnutleer; *~ **value*** grenswaarde; *~ **voter*** onseker(e)/twyfelagtige kieser; *~ **wage*** grensloon; *~ **zone*** randstreek. **mar·gi·na·li·a** *n. (mv.)* kanttekeninge, marginalia. **mar·gin·al·i·sa·tion, -za·tion** marginalisasie. **mar·gin·al·ise, -ize** marginaliseer, uitrangeer, na/op die kantlyn (uit)skuif, op 'n syspoor rangeer. **mar·gin·al·ised, -ized** gemarginaliseer(d), na/op die kantlyn (uit)geskuif. **mar·gin·al·is·ing, -iz·ing** marginalisering. **mar·gin·ate** *ww., (biol.)* rand, van 'n rand voorsien. **mar·gin·ate** *adj.* met 'n rand, gerand, rand-.

mar·grave *(hist.)* markgraaf. **mar·gra·vate** markgraafskap. **mar·gra·vine** *(hist.)* markgravin.

mar·gue·rite *(bot.)* ma(r)griet(jie), gansblom; *blue ~, (Felicia amelloides)* blouma(r)griet; *Clanwilliam ~, (Euryops speciosissimus)* harpuisbos; *creeping ~, (Osteospermum fruticosum)* rankmagriet.

Ma·ri·a Maria; *Black ~* →BLACK. **~ Theresa:** *Empress ~ ~, (hist.)* keiserin Maria Theresia. **~ Theresa dollar** *(hist.)* Maria Theresia-daalder.

ma·ri·age *(Fr.): ~ blanc, (mv.: mariages blancs)* onvoltrokke huwelik; *~ de convenance, (mv.: mariages de convenance)* →MARRIAGE OF CONVENIENCE.

Mar·i·an *adj.* van (die Maagd) Maria, Maria-; *~ year* Mariajaar.

Ma·ri·an·a Is·lands, Ma·ri·an·as Mariana-eilande, Mariane.

mar·i·gold gousblom; ma(r)griet(jie); ***African** ~* →AFRICAN *adj.*; ***corn** ~, (Chrysanthemum segetum)* Hollandse gousblom, koringkrisant; ***English/pot** ~, (Calendula officinalis)* gousblom; ***French** ~, (Tagetes patula)* jonkmanskopie; ***marsh** ~* →MARSH; ***Mexican** ~, (Tagetes minuta)* (Transvaalse) kakiebos, stinkbos; ***veld** ~* boegoekruid. **~ window** wielvenster.

mar·i·jua·na, mar·i·hua·na dagga.

ma·rim·ba *(mus.instr.)* marimba.

ma·ri·na *(vasmeerplek vir seiljagte e.a. plesierbote)* marina, jaghawe; *(SA)* marina, waterdorp.

mar·i·nade *n.* marineersous, marinade; gemarineerde vis/vleis. **mar·i·nade, mar·i·nate** *ww.* marineer.

ma·rine *n.* marine, vloot; seesoldaat, marinier; *mercantile ~* →MERCHANT NAVY; *tell that to the (horse) ~s!, (infml.)* dit kan jy jou grootjie (se kat) gaan wysmaak!.

ma·rine *adj.* see=, marien; skeeps=; skeepvaart=, marine=, van die marine; ~ ***air*** seelug; ~ ***architect*** skeepsboumeester; ~ ***architecture*** skeepsbou(kunde); ~ ***barometer*** skeepsbarometer; ~ ***biologist*** mariene bioloog, seebioloog; ~ ***biology*** mariene biologie, seebiologie; ~ ***blue*** marineblou; ~ ***boiler*** skeepsketel; ~ ***buoy*** seeboei; ~ ***cable*** seekabel; ~ ***climate*** seeklimaat; ~ ***corps*** marinierskorps; ~ ***denudation*** mariene denudasie/vereffening; ~ ***deposit*** mariene afsetting; ~ ***disaster*** seeramp; ~ ***drive*** strandweg, kus(ry)weg; ~ ***engine*** skeepsmasjien; ~ ***engineer*** skeepsingenieur, skeepsboukundige ingenieur; ~ ***engineering*** skeepsingenieurswese; ~ ***erosion*** brandingserosie; ~ ***fish*** seevis, soutwatervis; ~ ***fitter*** skeepsmonteur; ~ ***glue*** skeepslym; ~ ***ichtyologist*** seeviskundige; ~ ***insurance*** seeversekering, skeepsversekering; ~ ***law*** →MARITIME LAW; ~ ***league,*** *(5,556 km)* drie seemyl; ~ ***life*** seelewe; ~ ***light*** seevaartlig; ~ ***painter*** seeskilder, marineskilder; ~ ***plant*** seeplant; ~ ***platform*** seebodemplat; ~ ***power*** seemoondheid; ~ ***rainbow*** seereënboog; ~ ***shell*** seeskulp; ~ ***soap*** seewaterseep; ~ ***store*** skeepswinkel; rommelwinkel; ~ ***stores*** skeepsvoorraad; ~ ***superintendent*** walkaptein; ~ ***terminal*** skeepsterminus, skeepstasie; ~ ***trumpet,*** *(hist., eensnarige mus.instr.)* tromba marina *(It.)*, Nonnengeige *(D.)*; ~ ***vegetation*** seeplantegroei, mariene plantegroei; ~ ***worm*** seewurm.

mar·i·ner seeman, seevaarder, seevarende; matroos; →MASTER MARINER; *~'s compass* seekompas.

Ma·rin·ism Marinisme.

Mar·i·ol·a·try *(neerh.)* Maria-aanbidding, Mariolatrie. **Mar·i·ol·a·ter** *(neerh.)* Maria-aanbidder.

Mar·i·ol·o·gy *(RK)* Mariologie.

mar·i·o·nette marionet, draadpop; *(fig.)* (hout)pop, speelpop.

mar·ish *(vero.)* →MARSHY.

Mar·ist *(RK)* Maris. ~ **Brothers** Mariste-broeders.

mar·i·tal egtelik, huweliks=, maritaal; manne=, van 'n getroude man; ~ ***affection*** egtelike liefde; ~ ***power*** maritale mag; ~ ***privileges*** huweliksregte; ~ ***rape*** verkragting binne die huwelik, maritale verkragting; ~ ***state/status*** huwelikstaat, huwelike staat.

mar·i·time maritiem, aan die see geleë, see=; seevaart=; kus=; ~ ***climate*** seeklimaat; ~ ***country*** seevarende land; ~ ***insurance*** seeversekering; ~ ***law, marine law*** seereg; ~ ***museum*** skeepvaartmuseum; ~ ***pine*** seeden; ~ ***plain*** seevlakte; ~ ***power*** →NAVAL POWER; ~ ***radio*** skeepsradio; ~ ***service*** seediens; ~ ***station*** skeepvaartstasie; ~ ***trade*** seehandel; ~ ***war*** seeoorlog.

mar·jo·ram *(bot.): (sweet)* ~ marjolein, moederkruid; *(wild/pot ~, origan(e)* wildemarjolein.

Mark *(NT)* Markus. ~ **Antony** Marcus Antonius.

mark[1] *n.* merk; merkteken; spoor; blyk; doelwit; kruisie; afdruksel; punt *(in 'n eksamen);* kasjet; →ABBREVIATION MARK, FULL MARKS; ~ *of* ***affection*** liefdesblyk; *a* ***bad*** ~ 'n swak punt *(in 'n toets, eksamen);* ***below*** *the* ~ benede peil, onder die standaard; ***beside*** *the* ~ mis; nie ter sake nie; ~ *of* ***distinction*** onderskeiding, onderskeidingsteken; ~ *of* ***favour*** gunsbetoon; ***find*** *the* ~ die doel tref; *get* ***good/high*** *~s* goeie punte behaal *(in 'n eksamen);* ~ *of* ***gratitude*** blyk van erkentlikheid; ***hit*** *the* ~ raak skiet/slaan; die doel tref; die spyker op die/sy kop slaan; ~ *of* ***homage*** →HOMAGE; ~ *of* ***honour*** →HONOUR *n.;* ***keep*** *s.o. up to the* ~ sorg dat iem. se werk op peil bly; ***leave*** *~s* spore (agter)laat; ***leave*** *one's* ~ *on* ... jou stempel op ... (af)druk; ***poverty leaves*** *its* ~ *on s.o.* armoede druk sy spore op iem. af; ***make*** *a ~, (rugby)* die bal skoonvang; ***make*** *one's* ~ presteer, naam maak, diep spore trap, jou onderskei, sukses/welslae behaal; *a* ***man/woman*** *of* ~ 'n man/vrou van betekenis; ***miss*** *the ~, (fig.)* die doel mis; die bal misslaan (*of* mis slaan), die pot missit (*of* mis sit); *put a ~ against s.o.'s* ***name*** 'n merk by iem. se naam plaas; *it is* ***near*** *the* ~ dit is amper/byna maar nog nie; dit is naby die waarheid; *get* ***off*** *the* ~ aan die gang kom; *be quick* ***off*** *the* ~ vinnig wegspring; iets gou begryp/verstaan; geen gras onder jou voete laat groei nie; *be slow* ***off*** *the* ~ stadig aan die gang kom; iets nie gou begryp/verstaan nie; ~ *of* ***omission*** →OMISSION; ***on*** *your ~s!* op jul(le) merke!; *that's* ***over*** *the* ~ dis te erg; ***overshoot*** *the* ~ te ver/vêr gaan; ***overstep*** *the* ~ jou te buite gaan, te ver/vêr gaan, die grens/perke oorskry; ***reach*** *the 1000/etc.* ~ die duisend(tal)/ens. bereik, op duisend/ens. te staan kom; *a* ~ *of* ***respect*** →RESPECT *n.; (God)* ***save/bless*** *the ~, (arg.)* ekskuus vir die woord; ***toe*** *the* ~ →TOE *ww.; get* ***top*** *~s* uitstekende punte behaal; ***top*** *a* ~ 'n merk verbysteek (*of* te bowe gaan); *s.o. is* ***up to the*** ~ iem. is op sy/haar stukke; *s.t. is* ***up to*** *the* ~ iets is op peil (*of* van die gewenste/vereiste gehalte); *not feel* ***up to*** *the* ~ nie lekker voel nie, ongesteld voel; *be* ***wide*** *of the* ~ die bal mis slaan *(fig.)*, dit heeltemal/ver/vêr/mis/verkeerd hê; kant nóg wal raak; *the answer is* ***wide*** *of the* ~ die antwoord is heeltemal/ver/vêr verkeerd. **mark** *ww.* merk, stempel, teken; letter; noteer; aanstreep; opmerk; let op, oplet; kenskets; nasien *(skoolwerk)*, punte gee; *(sport)* merk; markeer; →MARKED, MARKER, MARKING; ~ ***s.t. down*** iets laer prys, die prys van iets verlaag/verminder; iets laer noteer *('n aandeel ens.);* ~ ***s.o. down*** iem. minder punte gee; *do s.t. to* ~ *an* ***event*** iets doen by geleentheid (*of* na aanleiding *of* ter viering/ere) van 'n gebeurtenis, iets doen om 'n gebeurtenis te vier/gedenk; ~ ***goods*** *at R500* goedere op R500 prys; *that ~s the* ***man/woman*** dit teken die man/vrou; ~ ***me!,*** ~ ***my words!*** let op my woorde!; ~ *s.t.* ***off*** iets afmerk; iets aftel/aftik; iets afpen/afgrens/afbaken; iets afsonder; *s.t. ~s s.o.* ***off*** *from others* iets onderskei iem. van ander; ~ *s.t.* ***out*** iets afbaken/aflyn/afmerk/afsteek *(grond ens.);* iets onderskei; ~ *s.o.* ***out*** *for* ... iem. vir ... aanwys/bestem; ~ ***time*** →TIME *n.;* ~ *s.t.* ***up*** iets hoër prys; ~ ***you!,*** *(hoofs. Br.)* let wel!. **~down** prysverlaging. ~ **lodge** *(Vrym.)* merklosie. ~ **mason** *(Vrym.)* merkmesselaar. ~ **sheet** telkaart, puntelys. **~-up** prysverhoging, =byvoeging; winsruimte, =grens; *(tip.)* (die) opmaak.

mark[2] *(munt)* mark; *two ~s* twee mark.

marked *adj.* gemerk; gekenmerk; bestem(d); opvallend, (op)merklik, duidelik, aanmerklik; merkbaar; sterk, hewig; ***beautifully*** *~, (diere ens.)* mooi geteken(d); *s.t. is ~* ***by*** ... iets word deur ... gekenmerk; *a ~* ***difference*** 'n duidelike/tasbare onderskeid; *the project was ~* ***for*** *failure* die projek was tot mislukking/ondergang bestem(d)/gedoem; *a ruler ~* ***in*** *centimetres* 'n liniaal in sentimeters verdeel; *be ~ for* ***life*** blywende letsels oorhou; *s.o. is ~* ***out*** *for* ... iem. is vir ... bestem(d) *(sukses, groter dinge, ens.); a ~* ***person*** 'n vooraanstaande persoon; iem. wat in die oog gehou word; 'n verdagte; 'n gebrandmerkte mens; *the ~* ***price*** die gemerkte prys; ***strongly*** *~ features* skerp besnede trekke; *be ~* ***with*** ... vol ... wees *(letsels ens.);* deur ... aangedui word *('n asterisk ens.).* **mark·ed·ly** opvallend, op opvallende wyse; sterk, hewig. **mark·ed·ness** opmerklikheid.

mark·er merker, merkpen; neon(merk)pen, glimpen; merker, teller, aantekenaar, opskrywer; *(biljart)* markeur; *(lugv.)* merk; baken; pit *(in spel);* boekmerk. ~ **beacon** merkbaken. ~ **buoy** merkboei. **~-out** merker. **~'s gallery** skyfgat, =kuil. ~ **stone** randklip.

mar·ket *n.* mark; markgebou; markplein; marktyd; prys; (aan)vraag, handel; debiet, afset; afsetgebied; ***buy*** *s.t. at/on a* ~ iets op 'n mark koop; ***buyer's/seller's*** ~ kopersmark/verkopersmark; *s.t.* ***comes*** *on(to) the* ~ iets kom in/op die mark; ***corner*** *the* ~ *in* ... 'n monopolie (van die handel) in ... verkry; ***find*** *a* ~ *for s.t.* 'n mark vir iets vind; ***flood*** *the* ~ die mark oorvoer; *bring one's* ***hogs*** (*or the eggs*) *to a fine/pretty* (*or the wrong*) *~, (idm.)* bedroë daarvan afkom, jou kop stamp, jou rieme styfloop, met die kous oor die kop tuis kom; *s.t. is* ***in/on*** *the* ~ iets is te koop (*of* in die handel *of* in/op die mark); *be* ***in*** *the* ~ *for s.t., (infml.)* in iets belangstel (*of* belang stel); ***make*** *a* ~ *for s.t* 'n mark vir iets skep; ***no*** ~ *for* ... geen (aan)vraag na ... nie; *in/on* ***the open*** ~ in/op die oop mark; ***overstock*** *the* ~ die mark oorvoer; *bring one's* ***pigs*** *to a fine/pretty/wrong* ~ →PIG *n.; drive one's* ***pigs*** *to* ~ →PIG *n.;* ***play*** *the ~, (infml.)* met aandele spekuleer; ***price*** *o.s./s.t. out of the* ~ →PRICE *ww.;* ***put/place*** *s.t. on the* ~ iets in die handel (*of* in/op die mark) bring; iets te koop aanbied; *s.t. finds a* ***ready*** ~ iets kry/vind goeie aftrek; ***rig*** *the* ~ die mark manipuleer; *a* ***thin*** ~ 'n flou mark. **mar·ket** *ww.* bemark, na die mark bring, op die mark aanbied; *(vero.)* verkoop, verhandel; koop, inkope doen. ~ **agent** markagent. ~ **analysis** markontleding, =analise. ~ **behaviour** markgedrag. ~ **booth** markkraam. ~ **day** markdag. ~ **dues** markgeld(e). ~ **economy** markekonomie. ~ **forces** *(mv.)* markkragte. ~ **garden** *(hoofs. Br.)* groentekwekery. ~ **gardener** *(hoofs. Br.)* groenteboer. ~ **gardening** *(hoofs. Br.)* groenteboerdery. ~ **hall** mark(gebou). ~ **leader** markleier. ~ **maker** *(hoofs. aandelemark)* markmaker, =skepper. ~ **making** markskepping. ~ **man** *=men,* ~ **woman** *=women* markganger. ~ **master** markmeester. ~ **niche** marknis. **~-orientated** markgerig. **~place** mark(plein). ~ **price** markprys. ~ **quotation** koersnotering. ~ **report** markberig; koersberig. ~ **research** marknavorsing, =ondersoek, =peiling. ~ **researcher** marknavorser. ~ **segment** marksegment, =deel. ~ **segmentation** marksegmentering, =verdeling. ~ **share** markaandeel. ~ **square** markplein. ~ **stall** markstalletjie, markkraam(pie). ~ **survey** markopname. ~ **town** markstad, =dorp. ~ **trend** markneiging. ~ **value** markwaarde, handelswaarde.

mar·ket·a·ble verkoopbaar; bemarkbaar; *~ securities* handelspapier, verhandelbare effekte; *~ value* markwaarde. **mar·ket·a·ble·ness, mar·ket·a·bil·i·ty** afsetbaarheid.

mar·ket·eer markhandelaar.

mar·ket·er bemarker; verkoper; markbesoeker, =ganger; markhandelaar.

mar·ket·ing bemarking, afset, verkoop (op die/'n mark); *(w.g.)* inkoop; *(i.d. mv., w.g.)* verkope *(v. lammers ens.); ready for* ~ markklaar. ~ **basket** markmandjie. ~ **research** marknavorsing, =ondersoek, =peiling. ~ **season** markseisoen. ~ **table** markpryslys.

mark·ing (die) merk; merkteken; nasien(werk); *(i.d. mv.)* merke, merktekens; *(i.d. mv.)* vlektekening *(op voëleiers).* ~ **gauge** *(timm.)* kruishout. ~ **ink** letter=, merkink. ~ **iron** brandyster. ~ **knife** merkmes.

mark·ka *=kaa, (Finse geldeenheid)* markka.

marks·man *=men* skut, (skerp)skutter. **marks·man·ship** skietkuns, skerpskutterskuns. **marks·wom·an** *=women* vroulike skut/(skerp)skutter.

marl[1] *n.* mergel, merrel, vrugbare kleigrond. **marl** *ww.* met mergel bemes.

marl[2] *ww., (sk.: met marlyn vasmaak)* marl.

mar·lin *(igt.)* marlyn.

mar·line, mar·lin *(sk.: ligte tou)* marlyn, marling. ~ **spike** marlpriem, marlpen.

mar·ma·lade marmelade; lemoenkonfyt. ~ **bush** *(Streptosolon jamesonii)* marmeladebos. ~ **cat** rooiharkat.

Mar·ma·ra, Mar·mo·ra: *the Sea of ~* die See van Marmara/Marmora.

Mar·mite *(handelsnaam: broodsmeer)* Marmite.

mar·mite, mar·mite *(Fr.)* erdekookpot.

mar·mo·re·al *(poët., liter.)* marmeragtig, van/soos marmer, marmer=.

mar·mo·set klouapie, syapie.

mar·mot marmot, mormeldier.

mar·o·cain *(tekst.)* marokyn.

Mar·o·nite *n., (Chr.)* Maroniet. **Mar·o·nite** *adj.* Maronities.

Ma·roon *('n Surinaamse bevolkingslid)* Marron.

ma·roon[1] *n.* gedroste slaaf; agtergelate persoon. **ma·roon** *ww.* (op 'n onbewoonde kus) agterlaat; isoleer, afsny.

ma·roon[2] *n.* maroen, bruinrooi (kleur); *(hoofs. Br.)* klapper, vuurpyl. **ma·roon** *adj.* maroen, bruinrooi.

marque[1] handelsmerk *(v. 'n motor ens.).*

marque[2] *(hist.)* kaperskip; *letter(s) of ~ (and reprisal)* →LETTER[1] *n..*

mar·quee markies=, markeetent, groot veldtent; *(hoofs. Am.)* markies/markee(skerm).

Mar·que·sas (Is·lands) *(geog.)* Marquesas-eilande.
mar·quess *(Br.)* →MARQUIS.
mar·que·try, mar·que·tery, mar·que·terie (hout)inlegwerk, marqueterie, houtmosaïek.
mar·quis markies; *the ~ of Carabas, (sprokieskarakter)* die markies van Carabas; *the M~ Curzon, (Br. staatsman, onderkoning v. Ind.)* markies Curzon. **mar·quis·ate** markisaat. **mar·quise** markiesin; markiesinring; *(arg.)* →MARQUEE. **mar·qui·sette** *(tekst.)* markiset.
Mar·ra·kech, Mar·ra·kech, Mar·ra·kesh, Mar·ra·kesh *(geog.)* Marrakesj *(in Marokko).*
mar·ram (grass) sandhawer.
mar·riage huwelik, troue, eg; bruilof, trouery; →SHOTGUN MARRIAGE; ***alliance*** *by ~, (vero.)* vermaagskapping; ***ask*** *a girl('s hand) in ~, (fml.)* 'n meisie om haar hand vra; *relatives* ***by*** ~ aangetroude familie; ***civil*** ~ →CIVIL; ***consent*** *to a ~* instem tot 'n huwelik; ***consummate*** *a ~* →CONSUMMATE *ww.; the* ***contemplated*** ~ die voorgenome huwelik; ***contract*** *a ~* →CONTRACT *ww.; ~ of* ***convenience*** gerief(likheid)shuwelik; ***dissolve*** *a ~* 'n huwelik ontbind; ***enter*** *into a ~, (fml.)* trou, in die huwelik tree; ***give*** *s.o. in ~, (fml.)* iem. ten huwelik gee *('n dogter);* ***join*** *two people in ~* twee mense in die eg/huwelik verbind; *one ~* ***makes*** *many* van bruilof kom bruilof; *a* ***promise*** *of ~* 'n troubelofte; *a ~ by* ***proxy*** 'n huwelik met volmag (*of* die handskoen); ***solemnise*** *a ~* 'n huwelik inseën/voltrek; ***take*** *s.o. in ~, (fml.)* met iem. trou, iem. tot man/vrou neem. ~ **articles,** ~ **contract** huwelikskontrak, =voorwaardes. ~ **bed** huweliksbed; huweliksgemeenskap. ~ **bond** huweliksband, egtelike band. ~ **broker** huweliksmakelaar. ~ **bureau** huweliksburo. ~ **ceremony** huweliksbevestiging. ~ **certificate** huwelik=, trousertifikaat. ~ **counselling** huweliksberaad, =berading. ~ **day** troudag. ~ **feast** bruilof(sfees), huweliksfees. ~ **gift** huweliksgeskenk, troupresent. ~ **guidance** huweliksvoorligting. ~ **(guidance) counsellor** huweliksberader. ~ **knot,** ~ **tie** huweliksband. ~ **licence** troulisensie, huwelikslisensie. ~ **lines** *(infml., hoofs. Br.)* huwelik=, trousertifikaat. ~ **officer** huweliksbevestiger. ~ **partner** lewensmaat, huweliksmaat. ~ **pledge** troupand. ~ **portion** bruidskat. ~ **register** huweliksregister. ~ **settlement** *(Br.)* huweliksvoorwaardes. ~ **song** bruilofslied. ~ **vows** *(mv.)* huweliksbeloftes; *break one's ~ ~* jou huweliksbeloftes verbreek; *take one's ~ ~* jou huweliksbeloftes aflê.
mar·riage·a·ble hubaar, troubaar. **mar·riage·a·ble·ness, mar·riage·a·bil·i·ty** hubaarheid.
mar·ried getroud, *(fml.)* gehuud; huweliks=; verknog *(aan);* ***be*** ~ getroud wees; *the ~* ***couple,*** *(ook)* die egpaar; ***get*** ~ trou, getroud raak, in die huwelik tree; *s.o. is* ***getting*** ~ iem. gaan trou; *they* ***got*** *~ yesterday* hulle het gister getrou (*of* is gister getroud); ***just*** ~ pas getroud; ~ ***life*** getroude lewe, huwelikslewe; *the* ***much*** *~ ...* die dikwels getroude ...; ~ ***name*** getroude van; ~ ***person*** getroude, *(fml.)* gehude; ~ ***quarters*** gesinskwartier(e), kwartier(e) vir getroudes; ~ ***state*** huwelikstaat, gehude/egtelike staat; *be ~* ***to*** *...* met ... getroud wees *('n man/vrou);* aan ... verknog wees *('n stelsel ens.); they* ***were*** *~ in Durban/etc.* hulle is in Durban/ens. getroud.
mar·ron *(Fr.)* kastaiing. ~ **glacé** *marrons glacés, (Fr.)* glanskastaiing.
mar·row murg; pit; kern; *(ook* vegetable marrow*)* murgpampoen, murg-van-groente, vroeëpampoen; ***small*** ~ skorsie; ***spinal*** ~ rugmurg; ***to the*** ~ deur en deur; in murg/merg en been, in hart en niere; *s.t. goes/penetrates/pierces* ***to the*** ~ iets dring deur murg/merg en been. ~**bone** murgbeen; *(i.d. mv., skerts.)* knieë; *(w.g.)* →CROSSBONES. ~ **cavity** murgholte. ~**fat (pea),** ~ **pea** dik-ert(jie). ~ **spoon** murglepel.
mar·row·less sonder murg; swak, laf.
mar·row·y vol murg, murgryk; pittig; kernagtig.
mar·ry¹ *ww., (intr.)* trou, in die huwelik tree; *(tr.)* trou, in die eg verbind, in die huwelik verbind/bevestig; uithuwelik *(fml.);* verbind; ~ ***above/below/beneath*** *o.s.* (or *one's station)* bo/benede/onder jou stand trou; ~ ***again*** hertrou; ***ask*** *s.o. to ~ you* iem. vra om met jou te trou; ~ *a* ***fortune,*** ~ *(into)* ***money*** ryk (*of* met 'n ryk man/vrou) trou; ~ *in* ***haste,*** *repent at leisure* gou/haastig getrou, lank berou; ~ ***into*** *a German/etc. family* in 'n Duitse/ens. familie trou; *not be a ~ing* ***man/woman*** (or *the ~ing sort/kind/type)* nie troulustig wees nie, geen man/vrou vir trou wees nie; ~ ***for money*** om geld trou; *~ s.o.* ***off*** iem. uithuwelik *('n seun, dogter);* ~ *by* ***proxy*** met die handskoen trou; ~ ***s.o.*** met iem. trou; ~ ***well*** 'n goeie huwelik doen. **mar·ry·ing** trou(ery).
mar·ry² *tw., (arg.)* gedorie(waar), wragtig.
Mars *(astron., Rom. mit.)* Mars.
Mar·sa·la *(soms m~)* marsala(wyn).
Mar·seil·lais *n.* Marseillaan, inwoner van Marseille. **Mar·seil·lais** *adj.* Marseillaans, van Marseille.
Mar·seil·laise: *the ~, (Fr. volkslied)* die Marseillaise.
Mar·seille *(Fr.),* **Mar·seilles** *(Br.), (geog.)* Marseille *(in Fr.);* Marseilles *(in SA).*
marsh moeras, vlei. ~**bird** moerasvoël. ~ **fern** moerasvaring. ~ **fever** →MALARIA. ~ **gas** moerasgas, metaan. ~ **harrier** *(orn.): African ~ ~, (Circus ranivorus)* Afrikaanse paddavreter; *European ~ ~, (C. aeruginosus)* Europese paddavreter. ~**land** moerasland. ~ **mallow** *(bot.)* heemswortel. ~ **marigold** *(Caltha palustris)* vleigousblom; *(Eur.)* (groot)botterblom. ~ **mongoose** →WATER MONGOOSE. ~ **owl** vlei-uil. ~ **plant** moerasplant, helofiet. ~ **rat** →VLEI RAT. ~ **rose** *(Orothamnus zeyheri)* vlei=, bergroos. ~ **warbler:** *African ~ ~, (Acrocephalus baeticatus)* kleinrietsanger.
mar·shal *n., (mil.)* maarskalk; *(Am.)* balju; *(Am.)* polisiehoof; *(Am.)* brandmeester; *~'s baton* maarskalkstaf; *~ of the diplomatic corps, (Br., hoofs. hist.)* hoof van protokol; *(track) ~, (atl.)* baanopsiener. **mar·shal** =*ll*=, *ww.* (rang)skik, orden; opstel, monster; aanvoer, (ge)lei; opstel *(treine ens.).* **mar·shal·ler,** *(Am.)* **mar·shal·er** rangskikker; aanvoerder; *train ~* rangeerder. **mar·shal·ship** maarskalkskap, maarskalksamp, =rang.
mar·shal·ling, *(Am.)* **mar·shal·ing** rangskikking; opstelling. ~ **area** opstelveld, =gebied. ~ **officer** reëlingsoffisier; opstel(lings)offisier. ~ **yard** *(spw.)* opstelwerf, =terrein.
marsh·mal·low malvalekker.
marsh·y moerasagtig, moerassig, vleierig, vleiagtig; ~ *soil* moerasgrond. **marsh·i·ness** moerasagtigheid, moerassigheid.
mar·su·pi·um =*pia, (soöl.)* buidel. **mar·su·pi·al** *n.* buideldier. **mar·su·pi·al** *adj.* buideldraend, buidel=; buidelvrugdraend.
mart *n.* mark; markplein; vandisie=, vendusielokaal; verkoopplek; handelsentrum. **mart** *ww., (Shakesp.)* verkoop, verhandel.
Mar·ta·ban: *Gulf of ~, (geog.)* Golf van Martaban. ~ **jar** martavaan.
Mar·tel·lo (tow·er) *(hist., mil.)* martellotoring.
mar·ten =*ten(s), (soöl.)* marter; marterpels.
mar·te·not →ONDES MARTENOT.
mar·ten·site *(metal.)* martensiet.
Mar·tha *(NT)* Martha.
Mar·tial¹ *adj.* van Mars, Mars=.
Mar·tial² *n., (Rom. digter)* Martialis.
mar·tial krygshaftig, oorlogs=, krygs=; dapper; marsiaal; ~ **art** *(gew. i.d. mv.)* verweerkuns, gevegskuns, vegkuns. ~ **bearing** militêre/strydbare houding. ~ **eagle** breëkoparend. ~ **exploit** wapenfeit. ~ **law** krygswet; *declare/proclaim ~ ~* (die) krygswet afkondig; *put a territory under ~ ~* krygswet in 'n gebied afkondig. ~ **spirit** krygshaftigheid.
Mar·tian *n.* Marsbewoner. **Mar·tian** *adj.* van Mars, Mars=.
mar·tin swawel(tjie), swael(tjie); ***brownthroated*** ~ Afrikaanse oewerswa(w)el; ***house*** ~ huisswa(w)el(tjie); ***rock*** ~ kransswa(w)el; ***sand*** ~ Europese oewerswa(w)el.
mar·ti·net tugmeester, drilmeester, haantjie, vuurvreter; kwaai (skool)meester. **mar·ti·net·ish** haantjie(s)agtig, kwaai. **mar·ti·net·ism** haantjie(s)agtigheid, tugmeesterskap.
mar·tin·gale springteuel(s); *(dobbelary)* dubbele inset; *(sk.)* onderstag.
Mar·ti·ni *(soort vermoet)* Martini.
Mar·ti·ni, Mar·ti·ni-Hen·ry (ri·fle) Martini-Henry(-geweer) *(ook m~-h~),* poena(geweer).
Mar·ti·ni·can *n., (inwoner v. Martinique)* Martinikaan. **Mar·ti·ni·can** *adj.* Martinikaans.
Mar·ti·nique *(geog.)* Martinique.
Mar·tin·mas *(Sk.)* St. Maarten(sfees).
mart·let *(her.)* geknotte voëltjie.
mar·tyr *n.* martelaar; lyer; *die a ~'s death* as martelaar sterf/sterwe; *make a ~ of o.s.* jouself opoffer; (die rol van) martelaar speel; *be a ~ to s.t.* erg aan iets ly *(rumatiek ens.).* **mar·tyr** *ww.* (dood)martel; folter; opoffer. **mar·tyr·dom** marteling; marteldood, martelaarskap. **mar·tyr·ise,** =**ize** tot martelaar maak. **mar·tyr·ol·o·gy** martelaarsboek, =geskiedenis. **mar·tyr·y** martelaarskerk, =kapel.
ma·ru·la, ma·roe·la *(SA, bot.)* maroela(boom); *(i.d. mv., vrugte)* maroelas.
mar·vel *n.* wonder; wonderlike ding; *(arg.)* verbasing; *... is a ~, (infml.)* ... is wonderlik; *s.t. is a ~* ***of*** *cheapness/etc.* iets is baie goedkoop/ens.; *a ~* ***of*** *engineering/etc.* 'n ingenieurswonder/ens.; *~s* ***of*** *the universe* wonders van die wêreld, wêreldwonders; *the ~* ***of*** *it is that ...* die wonderlikste daarvan is dat ...; ***work*** *~s* wonders doen; 'n wonderlike uitwerking hê. **mar·vel** =*ll*=, *ww.* wonder; ~ *at ...* verbaas wees/staan oor ..., jou oor ... verbaas/verwonder. ~ **of Peru, four o'clock (plant)** *(Mirabilis jalapa)* wonderblom, vieruurtjie.
mar·vel·lous, *(Am.)* **mar·vel·ous** wonderlik, wonderbaarlik, verbasend; ~ *memory* verbasende/ontsettende geheue. **mar·vel·lous·ness,** *(Am.)* **mar·vel·ous·ness** wonderlikheid, wonderbaarlikheid.
Marx·i·an *n.* Marxis. **Marx·i·an** *adj.* Marxisties, van Marx.
Marx·ism Marxisme. **Marx·ist** *n.* Marxis. **Marx·ist** *adj.* Marxisties.
Marx·ism-Len·in·ism Marxisme-Leninisme. **Marx·ist-Len·in·ist** *n.* Marxis-Leninis. **Marx·ist-Len·in·ist** *adj.* Marxisties-Leninisties.
Mar·y Maria; *Bloody ~, (hist.)* →BLOODY; *(Saint) ~ Magdalene, (NT)* Maria Magdalena; *the Virgin ~* die Maagd Maria. ~ **Jane** *(Am., dwelmsl.: marijuana)* dagga, boom, ganja.
Mar·y·land *(geog.)* Maryland. ~ **(tobacco)** baai(tabak).
mar·zi·pan marsepein.
Ma·sai, Ma·sai =*sai(s), (bevolkingslid; taal)* Masai.
ma·sa·la *(kookk.)* masala.
mas·car·a maskara.
Mas·ca·rene Is·lands, Mas·ca·renes Maskarene.
mas·car·po·ne *(It.)* mascarpone(kaas).
mas·con *(astron., akr.* <mass concentration*)* maskon.
mas·cot maskot, gelukbringer, gelukspop, talisman; amulet; neusbeeld *(op 'n motor).*
mas·cu·line *n., (gram.)* manlike geslag, manlik. **mas·cu·line** *adj.* manlik; mannetjiesagtig, managtig; sterk, fors, ru; ~ ***costume/dress*** mansdrag; ~ ***ending,*** *(pros.)* beklem(toon)de slot; ~ ***gender,*** *(gram.)* manlike geslag; ~ ***name*** mansnaam; ~ ***rhyme,*** *(pros.)* staande/manlike rym; ~ ***woman*** mannetjiesvrou. **mas·cu·lin·ise,** =**ize** *ww.* vermanlik. **mas·cu·lin·ist** *n.* maskulinis, voorstander van mansregte. **mas·cu·lin·ist** *adj.* maskulinisties. **mas·cu·lin·i·ty** manlikheid, managtigheid; *~ of the population* manneverhouding.
ma·ser *(teg., akr.* <microwave amplification by the stimulated emission of radiation*)* maser.
mash¹ *mashes, n.* mengsel; mengelmoes; meelkos, =mengsel; pap; kapokaartappels, fyn(gemaakte) aartappels; *laying ~* lêmeel. **mash** *ww.* meng; fynstamp, fynmaak, fyndruk; →MASHER¹; *~ potatoes* aartappels fynmaak; *~ed potatoes* kapokaartappels, fyn(gemaakte) aartappels. ~ **hammer** gruishamer.
mash² *n., (arg. sl.)* verliefdheid. **mash** *ww.* (met iem.)

flirt; →MASHER[2]; *be ~ed on s.o.* beenaf op iem. wees. ~ **note** *(Am., infml.)* liefdesbrief(ie).
mash·er[1] menger; fynmaker; vergruiser; beslagkuip.
mash·er[2] *(arg. sl.)* doring onder die nooiens, Don Juan, hartebreker.
mash·ie, mash·y *(gh., vero.)* vyfyster, nommer-vyfyster. ~ **niblick** *(gh., vero.)* sesyster.
Ma·sho·na *(bevolkingsgroep)* Mashona. ~**land** *(geog.)* Mashonaland.
mash·y papperig, saf.
mas·jid *(Arab.)* moskee, masiet.
mask *n.* masker; vermomming; mombakkies; maskerspel; *(arg.)* gemaskerde (persoon); *(fig.)* dekmantel, sluier; voorwendsel; ***drop*** (or ***throw off***) *the* ~ die masker afwerp; ***put on*** *a* ~ 'n masker aansit; *(kosmetiek)* 'n masker aanwend; *the* ~ ***slipped*** die masker het afgeval; ***under*** *the* ~ *of* ... onder die masker van ... **mask** *ww.* masker; vermom; verklee; bedek, verberg; toeplak; afskerm *(vensters)*; *(kookk.)* bedek; maskeer *(troepe)*; onderskep *(vuur)*; *~ed ball* gemaskerde bal, maskerbal; ~ *s.t. out* iets afskerm; *~ed weaver, (orn.: Ploceus velatus)* swartkeelgeelvink. **mask·er, mas·quer** gemaskerde (persoon).
mask·ing maskering; vermomming; bedekking; plaksel; *(mil.)* afskerming; maskering *(v. troepe ens.)*. ~ **tape** maskeerband.
mas·o·chism masochisme. **mas·o·chist** masochis. **mas·o·chis·tic** masochisties.
Ma·son Vrymesselaar; →FREEMASON. **Ma·son·ic** Vrymesselaars=; ~ *lodge* Vrymesselaarslosie. **Ma·son·ry** die Vrymesselary.
ma·son *n.* (klip)messelaar; →MASONIC, MASONRY. **ma·son** *ww.* messel. ~ **bee** malkopby, messelby. ~**'s lime** klipmesselkalk. ~**'s mark** messelaarsteken. ~ **spider** messelspinnekop. ~ **wasp** →MUD WASP. ~ **work** (klip)messelwerk.
Ma·son-Dix·on Line, Ma·son and Dix·on Line *(Am.)* grens tussen Maryland en Pennsilvanië.
Ma·son·ic →MASON.
ma·son·ic messelaars=.
ma·son·ry (klip)messelwerk; messelary; *dry* ~ klipstapelwerk. ~ **arch** klipboog. ~ **nail** klipspyker. ~ **wall** klipmuur.
Ma·so·ra(h), Mas·so·ra(h) *(<Hebr., Byb.)* Mas(s)ora.
Mas·o·rete, Mas·so·rete *(Hebr. skrifgeleerde)* masoreet. **Mas·(s)o·ret·ic, Mas·(s)o·ret·i·cal** masoreties.
masque, mask maskerspel. **mas·quer** →MASKER. **mas·quer·ade** *n.* maskerade; maskerbal; vermomming; huigelary, skyn. **mas·quer·ade** *ww.* vermom; vermom loop, aan 'n maskerade deelneem; huigel, 'n valse voorkoms aanneem; ~ *as* ... jou uitgee vir ..., jou voordoen as ..., deurgaan vir ... **mas·quer·ad·er** vermomde/gemaskerde (man/ens.).
Mass *n., (vnl. RK)* mis, altaardiens, misdiens; HIGH MASS, LOW MASS; ***at*** ~ by die mis; ***attend*** ~ na die mis gaan, die mis bywoon; ***celebrate*** ~ →CELEBRATE; ***hear*** ~ die mis hoor; ***read/say*** ~ die mis lees; ~ *for the* ***soul*** sielmis. ~ **vestments** misgewaad.
mass *n.* massa; hoop, klomp; trop; opeenhoping; stortvloed; merendeel; *the* ***great*** ~ die massa, die groot meerderheid; ***in*** ~ tesame, en masse; ***in the*** ~ in massa; oor die algemeen, in die geheel geneem; *~es* ***of*** ... 'n massa ...; ***the*** *~es* die massa, die gewone mense. **mass** *ww.* vergader, ophoop; (troepe) konsentreer/saamtrek; verenig opstel; *(dril)* massa vorm; →MASSED. ~ **action** massa-aksie, massaoptrede. ~ **buying** massa-aankope, die aankoop van massagoedere/grootmaatgoedere. ~ **consumption** massaverbruik, =konsumpsie. ~ **consumption plant** massafabriek. ~ **defect** *(fis.)* massadefek, =tekort. ~ **distribution** massadistribusie. ~ **energy** *(fis.)* massa-energie. ~ **grave** massagraf. ~ **market** massamark. ~ **media** massamedia. ~ **meeting** massa=, monstervergadering. ~ **murder** massamoord. ~ **murderer** massamoordenaar. ~ **noun** massanaamwoord. ~ **number** *(fis.)* massagetal. ~**-produce** *ww.* in massa produseer. ~**-produced** in massa geproduseer; ~ *goods* in massa geproduseerde goedere. ~ **production** massaproduksie. ~ **production industry** industrie/nywerheid met massaproduksie. ~ **production plant** massafabriek. ~ **psychology** massasielkunde, =psigologie. ~ **selling** massaverkope, grootmaatverkope. ~ **spectograph** *(fis.)* massaspektograaf. ~ **spectrometer** *(fis.)* massaspektrometer. ~ **spectrum** *(fis.)* massaspektrum. ~ **storage** *(rek.)* massageheue. ~ **suggestion** massa-suggestie.
mas·sa·cre *n.* slagting, bloedbad, massamoord, moord en doodslag, moordparty, moordery; *(infml., hoofs. sport)* afranseling, slagting, groot loesing (*of* pak [slae]), verpletterende ne(d)erlaag; ~ *of St Bartholomew, (hist.)* Bartolomeus=, Bartholomeüsnag. **mas·sa·cre** *ww.* 'n slagting/bloedbad aanrig *(onder)*, slag, verdelg, uitdelg; *(hoofs. mil., idm.)* in die pan hak; *(infml., hoofs. sport)* verpletter, afransel, kafloop, kafdraf, 'n verpletterende ne(d)erlaag toedien, 'n wegholoorwinning behaal oor, kleingeld maak van.
mas·sage, mas·sage *n.* massering, (die) masseer, *(<Fr.)* massage. **mas·sage, mas·sage** *ww.* masseer, vryf, vrywe, smeer; dokter, (be)kook, knoei/konkel met, vervals *(data, statistieke, ens.)*. ~ **parlour** masseersalon; *(euf.)* seksklub, bordeel.
mas·sag·er, mas·sag·ist masseur, masseerder, *(vr.)* masseuse, masseerster; masseermasjien.
Mas·sa·wa, Mas·sa·ua *(geog.)* Massawa, Massaua.
massed in massa; ~ *attack* massa-aanval; ~ *bands* verenigde musiekkorpse; ~ *estate* saamgesmelte boedel.
mas·sé (shot) *(biljart)* masseerstoot, massé.
mas·se·ter (mus·cle) *(anat.)* masseter(spier).
mas·seur masseur, masseerder. **mas·seuse** *(vr.)* masseuse, masseerster.
mas·si·cot *(poeiervormige loodoksied)* massikot.
mas·sif, mas·sif (berg)massief.
mas·sive massief, massaal, enorm, swaar; ~ *search* uitgebreide/omvattende soektog. **mas·sive·ness** massiwiteit, massaliteit.
mass·less sonder massa.
Mas·so·ra(h) →MASORA(H).
Mas·so·rete →MASORETE.
mass·y *(arg. of poët., liter.)* massief, solied, swaar.
mast[1] *n.* mas; *sail before the ~, (hist.)* as gewone matroos vaar; *strike a* ~ 'n mas stryk. **mast** *ww.* mas; bemas, van 'n mas voorsien. ~ **cell** *(med.)* mas-sel. ~**head** mastop; uitkyk(er); naamblok, kopstuk, gewelnaam *(v. 'n koerant)*. ~ **hoop** masring. ~ **tackle** sytakel.
mast[2] *n.* neute, akkers; vark(ens)kos.
mas·ta·ba(h) *(<Arab., argeol.: Oudegiptiese graf)* mastaba.
mas·tec·to·my borsverwydering, mastektomie.
-mast·ed *komb.vorm, (sk.)* =mas=; *three-~ vessel* driemasvaartuig.
Mas·ter: ~ *of* ***Arts***, *(afk.: MA)* Magister Artium; ~ *of the* ***Horse***, *(Br.)* opperstalmeester; ~ *of the* ***Rolls***, *(Br., jur.)* appèlregter; *(hist.)* argivaris; ~ *of* ***Science***, *(afk.:MSc)* Magister Scientiae; ~ *of/in* ***Surgery***, *(afk.: MCh)* Magister Chirurgiae; ***the*** ~, *(Byb.)* die Meester, Christus; ~ ***X*** (die) jongeheer X.
mas·ter *n., (hoofs. hist.)* meester, baas; eienaar, baas *(v. 'n troeteldier)*; *(hoofs. Br.)* meester, onderwyser; (huis)vader; hoof *(v. 'n kollege)*; magister; meester, kenner, bobaas; gesagvoerder, (see/skeeps)kaptein, skipper; jongeheer; ~ *of (the)* ***beagles/(fox)hounds/etc.***, *(Br.)* jagmeester; ~ *of* ***ceremonies*** seremoniemeester; *~'s* ***certificate/ticket***, *(sk.)* kapteinsdiploma; *~'s* ***degree*** meesters=, magister(s)graad; *a* ~ *of* ***disguise*** 'n meesterlike vermommer, 'n vermommingsekspert; *be* ~ *of one's own* ***fate*** oor jou eie lot beskik; ***French/ etc.*** ~, *(hoofs. Br.)* Franse/ens. onderwyser, Fransonderwyser/ens.; *a* ***hard*** ~ 'n streng(e) meester; ~ *of the* ***high court*** meester van die hooggeregshof, weesheer; ~ *of the* ***house***, *(vero. of skerts.)* huisbaas, =heer; ***little/young*** ~, *(vero.)* basie; ~ *in the art of* ***lying*** aartsleuenaar, baasleuenaar; ***make*** *o.s.* ~ *of s.t.* iets onder die knie kry, iets magtig word; ***like*** ~, ***like man***, *(sprw., vero.)* soos die baas is, so is die kneg (*of* so die baas, so die kneg); ~ *of the* ***mint*** muntmeester; *be* ~ ***of*** ... baas wees van ...; ... beheers *('n taal ens.)*; *(vero.)* beskik oor ... *('n som geld ens.)*; ***old*** ~ (skildery deur 'n) ou meester; *be one's* ***own*** ~ jou eie baas wees; *a* ***past*** ~ *at cards/etc.* →PAST MASTER; ~ *and* ***servant***, *(vero.)* heer en dienaar, baas en kneg; ***serve*** *two ~s* twee here dien; *be ~ of a* ***subject*** 'n vak beheers, 'n vak meester wees; *become ~ of a* ***subject*** 'n vak meester word; *be a ~ of one's* ***trade*** 'n meester in jou eie vak wees. **mas·ter** *adj.* hoof=. **mas·ter** *ww.* oormeester, oorkom, te bowe kom, oorwin, die oorhand kry oor, jou meester maak van; meester word van, baasraak; kleinkry; meester word, onder die knie kry *('n vak)*; magtig word, aanleer *('n taal)*; bestuur, beheers; ~ *a habit* die oorhand oor 'n gewoonte kry; ~ *oneself* jou(self) beheers. ~**-at-arms** skeepsprovoos. ~ **baker** meesterbakker. ~ **bedroom** hoofslaapkamer. ~ **brain** topbrein; →MASTERMIND. ~ **builder** meesterbouer. ~ **butcher** meesterslagter. ~ **carpenter** meestertimmerman. ~**class** meesterklas. ~ **clock** hoof=, reguleer=, moederklok. ~ **compass** kontrole=, hoof=, moederkompas. ~ **controller** kommandoskakelaar. ~ **cook** hoof=, baaskok. ~ **copy** oorspronklike, meesterkopie; hoof(-) magnetiese opname. ~ **cylinder** hoofsilinder. ~ **disc** hoofplaat. ~ **file** *(rek.)* hoofleêr. ~ **gauge** ykmaat; kontrolemaat. ~ **gunner** meesterkanonnier. ~ **hand** meesterhand; hand van die meester; voorman. ~ **joint** hoofnaat. ~ **key** loper, algemene sleutel. ~ **link** koppelskakel; lasskakel. ~ **mariner** seekaptein, skeepskaptein, gesagvoerder. ~ **mason** messelaarsbaas, baas=, meestermesselaar; *(Vrym.)* agbare meester. ~**mind** *n.* groot/leidende gees *(i.d. musiekwêreld ens.)*; brein *(agter 'n projek ens.)*; opperbrein *(agter 'n rooftog ens.)*; aanstigter *(v. geweld ens.)*. ~**mind** *ww.* beplan, organiseer, uitdink, die brein wees agter *('n projek ens.)*; die opperbrein wees agter *('n rooftog ens.)*; aanstig *(geweld ens.)*; *the heist was ~ed by X, (ook)* X het agter die roof gesit. ~**piece** meesterstuk; pragstuk. ~ **plan** hoof=, opper=, totaalplan, breë plan. ~ **race** heersersras. ~**singer** →MEISTERSINGER. ~ **spirit** genie; groot gees; leier, leidende figuur. ~ **spring** meester=, hoofveer. ~ **spy** baasspioen. ~**stroke** briljante strategie; geniale/meesterlike set; meesterstuk. ~ **switch** hoofskakelaar. ~ **tailor** meesterkleremaker. ~ **tape** *(rek.)* moederband. ~ **touch** meesterhand. ~ **treaty** algemene verdrag. ~ **wheel** hoofrat. ~**work** meesterwerk, =stuk.
mas·ter·dom meesterskap; heerskappy.
mas·ter·ful meesteragtig, eiemagtig, despoties, oorheersend, baasspelerig; meesterlik, magistraal.
mas·ter·hood meesterskap.
mas·ter·less sonder baas/eienaar, onbeheer(d).
mas·ter·ly meesterlik, knap, voortreflik. **mas·ter·li·ness** meesterlikheid.
mas·ter·ship meesterskap, baasskap, heerskappy; beheersing *(v. 'n vak)*; onderwyserspos; rektorskap.
mas·ter·y heerskappy, oorhand, meesterskap, (bo)baasskap; beheer, beheersing; vaardigheid, bedrewenheid; *gain the* ~ wen; *have a* ~ *of a subject* 'n vak beheers (*of* meester wees).
mas·tic mastiek; steenlym, mastiek(gom); *asphalt* ~ mastiekasfalt. ~ **(asphalt)** mastiekasfalt. ~ **(tree)** mastiekboom.
mas·ti·cate (fyn)kou *(kos)*; *(teg.)* fynmaal, =stamp. **mas·ti·ca·ble** koubaar. **mas·ti·ca·tion** (die) kou, gekou, kouery, mastikasie. **mas·ti·ca·tor** kouer; kakebeen; (vleis)meul(e). **mas·ti·ca·to·ry** kou=; ~ *muscle* kouspier.
mas·tiff *(honderas)* mastiff, bulbyter; *Boer* ~ boerboel.
mas·ti·tis borsklier=, melkklierontsteking, mastitis; uierontsteking, mastitis.
mast·less sonder mas.
mas·to·don *(uitgestorwe soogdier)* mastodon. **mas·to·don·tic** mastodonties.
mas·toid *n., (anat.)* agteroorbeen, mastoïed; *(infml.)* →MASTOIDITIS. **mas·toid** *adj.* tepelvormig, mastoïed; ~ *bone/process* agteroorbeen, mastoïed. **mas·toid·i·tis** *(med.)* mastoïedontsteking, mastoïditis.

mas·tur·bate masturbeer. **mas·tur·ba·tion** masturbasie. **mas·tur·ba·tion·al** →MASTURBATORY. **mas·tur·ba·tor** masturbeerder, masturbant. **mas·tur·ba·to·ry** masturbasie=.

Ma·su·ri·a *(geog.)* Masoereland, Masoerië. **Ma·su·ri·an** *n.* Masoer. **Ma·su·ri·an** *adj.* Masoeries; ~ *Lakes* Masoeriese Mere.

ma·su·ri·um *(vero.)* →TECHNETIUM.

mat¹ *n.* mat; vloerkleed; *be on the* ~ →BE ON THE CARPET. **mat** =*tt*=, *ww.* met matte bedek/belê; mat *('n stoel);* (saam)koek, saamkleef, =klewe. **~grass, ~weed** borsel=, nardusgras. ~ **hut** matjieshuis. **~man** =*men, (sl.)* stoeier. **~weed** →MATGRASS.

mat², matt(e) *adj.* mat, dof; ~ *glass* matglas; ~ *paper* mat papier. **mat, matt(e)** *ww.* mat/dof maak, matteer. ~ **painted** mat geskilder.

Mat·a·be·le *(bevolkingsgroep)* Matabele. **Mat·a·be·le·land** Matabeleland.

mat·a·dor matador, stiervegter; *(in sommige kaartspeletjies)* troef(kaart).

match¹ *n.* wedstryd; gelyke, portuur; eweknie; weerga; (huweliks)party; ***abandon** a* ~ 'n wedstryd staak; ***find/meet** (more than) one's* ~ jou dreuning/druiwe/moses teëkom/teenkom, jou rieme styfloop; *be a* ~ ***for** s.o.* iem. ewenaar; teen iem. opgewasse wees; iem. se gelyke wees; *they make a **good*** ~ hulle maak 'n goeie paar uit; *s.t. is a **good** ~ for s.t. else* iets pas goed by iets anders *(kleure, kledingstukke, ens.); be **more** than a ~ for s.o.* iem. oor wees, iem. se moses/tier wees; *have **no*** ~ geen gelyke hê nie; *be **no** ~ for s.o.* nie teen iem. opgewasse wees nie; vir iem. onderdoen; nie iem. se portuur wees nie; *s.o.'s ~ has never been **seen*** iem. se gelyke bestaan nie, daar was nog nooit iem. soos hy/sy nie; ***throw** a ~, (infml.)* 'n wedstryd (opsetlik) weggooi; *a **tight*** ~ 'n gelykopstryd/naelbyt(wed)stryd, 'n spanningsvolle/spanningbelaaide/taai (wed)stryd; *a **vital*** ~ 'n beslissende/deurslaggewende wedstryd. **match** *ww.* verbind (in die huwelik); pas *(by mekaar);* harmonieer *(met mekaar);* opgewasse wees *(teen mekaar),* ewenaar; saamgaan; ~ *o.s. **against** s.o.* jou met iem. meet; ***can** you ~ that?* kan jy dit nadoen?; kan jy iets daarteenoor stel?; *the socks **don't*** ~ die sokkies is nie 'n paar nie; *a hat/etc. to ~* 'n bypassende hoed/ens.; ~ *s.t. **up*** iets (by mekaar) laat pas; *it ~es **up*** dit pas (by mekaar); dit strook *(m.d. waarheid, werklikheid, ens.);* ~ ***up to** s.o.* iem. se gelyke wees; teen iem. opgewasse wees; ~ ***up to** s.t.* aan iets voldoen *(iem. se verwagtinge ens.);* teen iets opgewasse wees *(d. omstandighede ens.);* ~ ***well*** goed saamgaan; ~ *a boxer/team **with** ...* 'n bokser/span met ... laat kragte meet. **~board** pasplank. **~maker** huweliksmakelaar; Moeder Kupido, pare=, paartjiemaker; wedstrydorganiseerder; promotor, vegknoper, boks=, stoeiagent; vennootskapsmeder. **~making** huweliksmakelary; promosie *(in sport).* ~ **play** *(gh.)* putjiespel. ~ **point** *(sport)* wedstrydpunt, wenpunt, beslissende punt.

match² *n.* vuurhoutjie; *set a ~ to s.t.* iets aan die brand steek; *a spent* ~ 'n uitgebrande vuurhoutjie; *strike a* ~ 'n vuurhoutjie trek. **~box** vuurhoutjiedosie; *(hist.)* lontkis; *(SA, fig.)* vuurhoutjiedoos(huis[ie]), vuurhoutjieboks(huis[ie]), vuurhoutjiedosie=, vuurhoutjieboksie(huis). ~ **factory** vuurhoutjiefabriek. **~lock** *(mil., hist.)* lontslot. **~lock (musket)** *(mil., hist.)* lontroer; pangeweer, sanna. **~maker** vuurhoutjiemaker, =fabrikant. **~stick** vuurhoutjie; dun arm(pie)/been(tjie), spykerbeen(tjie), rietbeen(tjie). **~wood** hout vir vuurhoutjies; brandhout; *make ~ of s.t., smash s.t. to* ~ iets versplinter/verpletter/verniel (*of* fyn en flenters breek).

match·a·ble passend; vergelykbaar; te ewenaar.

matched: ~ *board* →MATCHBOARD; *be evenly/well* ~ (goed) teen mekaar opgewasse wees; *be well ~, (ook)* goed by mekaar pas, goed saamgaan.

match·er passer.

match·et →MACHETE.

match·ing (by)passend, harmoniërend; soortgelyk.

match·less weergaloos, sonder weerga, onvergelyklik, ongeëwenaard.

mate¹ *n., (infml.)* maat, tjom(mie), pel; metgesel; *(infml.)* man; *(soöl.)* mannetjie, wyfie; helper, hulp *(v. 'n vakman);* stuurman *(by koopvaardy);* eerste offisier *(i.d. vloot);* →CHIEF MATE, COOK'S MATE; *meet your* ~ jou deel/lewensmaat ontmoet. **mate** *ww., (soöl.)* (laat) paar; *(skerts.)* trou; *(teg.)* koppel, inmekaarpas, opmekaarpas, inmekaar/opmekaar pas. **mate·less** sonder maat, alleen; ongetroud; weergaloos. **mat(e)·y** *n., (Br., infml., aanspreekvorm)* (ou) maat, matie, tjommie, (ou) pel. **mat(e)·y** *adj. (Br., infml.)* tjommierig, boetierig, boetieboetie, pellie-pellie; *be ~ with s.o., (infml.)* danig (*of* [te] eie) met iem. wees. **mat(e)·y·ness** matierigheid, kameraadskaplikheid. **mat·ing** *(soöl.)* paring; ~ *call* paringsroep; ~ *dance* paringsdans; ~ *season* paartyd.

mate² *n., (afk. v.* checkmate*)* (skaak)mat; →FOOL'S MATE, SCHOLAR'S MATE. **mate** *ww., (afk. v.* checkmate*)* (skaak)mat sit.

Mat·e·be·le →MATABELE.

mate·lot, mat·lo(w) *(Br., infml.)* matroos.

mat·e·lot(t)e *(Fr. kookk.)* vis in wynsous.

ma·ter *(Br., infml., vero.)* moeder; →ALMA MATER, DURA MATER, PIA MATER.

ma·ter·fa·mil·i·as *matresfamilias, (Lat.)* huismoeder, materfamilias.

ma·te·ri·al *n.* (bou)stof, (bou)materiaal; (kleding)stof, klerestof, lap, materiaal; gegewens; *(i.d. mv. ook)* benodig(d)hede; *military* ~ krygstuig. **ma·te·ri·al** *adj.* stoflik, materieel, liggaamlik; wesen(t)lik, vernaam, nodig *(tot),* belangrik, beslissend, deurslaggewend; *it has a ~ **bearing** on ...* dit het wesen(t)lik betrekking op ...; *it is ~ to the **case*** dit is hier ter sake; ~ ***difference*** wesen(t)like onderskeid; ~ ***noun*** stofnaam; ~ ***well-being*** liggaamlike welsyn. **ma·te·ri·al·i·ty** stoflikheid; wesen(t)likheid, belangrikheid; *(i.d. mv. ook)* stoflike dinge. **ma·te·ri·al·ly** materieel, stoflik; wesen(t)lik, belangrik, in belangrike mate.

ma·te·ri·al·ise, =ize materialiseer, verliggaamlik; verwesen(t)lik, realiseer, verwerklik; verstoflik, sigbaar laat word *('n gees);* voordeel lewer; gebeur, uitkom, verwesen(t)lik/bewaarheid word; *fail to* ~ nie verwesen(t)lik/verwerklik word nie, agterweë bly. **ma·te·ri·al·i·sa·tion, =za·tion** verwesen(t)liking, verwerkliking, realisasie; verstofliking, materialisasie, materialisering.

ma·te·ri·al·ism materialisme. **ma·te·ri·al·ist** materialis. **ma·te·ri·al·is·tic** materialisties.

ma·te·ri·a med·i·ca *n. (mv.), (Lat.: [studie v.] geneeskundige stowwe)* materia medica.

ma·te·ri·el, ma·té·ri·el gereedskap, toerusting; *(mil.)* oorlogstuig, leërvoorrade.

ma·ter·nal moederlik, moeder(s)=; ~ ***aunt*** tante aan/van moederskant; ~ ***bliss*** die vreugde van moederskap; ~ ***care*** moedersorg; ~ ***duty*** moederplig; ~ ***love*** moederliefde; ~ ***mortality*** moedersterfte; ~ ***portion*** moedersdeel, moederlike erfdeel; ~ ***right*** moederreg; ~ ***uncle*** oom aan moederskant. **ma·ter·nal·ism** moederinstink; moederlikheid. **ma·ter·nal·is·tic** moederlik, moeder(s)=.

ma·ter·ni·ty moederskap; moederlikheid. ~ **belt** kraamgordel. ~ **benefit** *(dikw. i.d. mv.)* kraamvoordeel, =uitkering, =bystand. ~ **blues** *(infml.)* nageboortelike depressie, nageboortedepressie, bababedruktheid. ~ **chart** kraamkaart. ~ **dress** kraamrok. ~ **grant** kraamtoelae, =toelaag. ~ **home,** ~ **hospital** kraaminrigting. ~ **leave** kraamverlof. ~ **nurse** kraamverpleegster; vroedvrou. ~ **outfit** kraamuitrusting. ~ **ward** kraamsaal, =afdeling. ~ **wear** kraamdrag. ~ **welfare** moedersorg.

mate·y →MATE¹.

math·e·mat·i·cal, *(w.g.)* **math·e·mat·ic** *adj.* wiskundig, wiskunde=, matematies; presies; ~ *induction* volledige induksie; ~ *tables* wiskundige tabelle. **math·e·ma·ti·cian** wiskundige, matematikus. **math·e·mat·ics** *n. (fungeer as ekv.)* wiskunde; *applied* ~ toegepaste wiskunde; *pure* ~ suiwer wiskunde. **maths,** *(Am.)* **math** *(infml., afk.)* = MATHEMATICS.

Ma·tie *(SA, infml.: student v.d. Univ. v. Stellenbosch)* Matie.

mat·in *n.* →MATINS. **mat·in, mat·tin, mat·in·al** *adj., (w.g.)* môre=, more=, oggend=, vroeg=.

mat·i·nee, mat·i·née matinee, middagvertoning. ~ **coat,** ~ **jacket** bababaadjie. ~ **idol** *(infml., vero.)* romantiese held.

mat·ing →MATE¹.

mat·ins, mat·tins *n. (fungeer as ekv. of mv.), (Chr.)* vroeë oggenddiens; oggendgebed, oggendseën; *(poët., liter., ook* matin*)* oggend(ge)sang van voëls.

mat·lo(w) →MATELOT.

mat·rass *(chem., vero.)* kolfglas, distilleerkolf, retort.

ma·tri·arch matriarg, stammoeder. **ma·tri·ar·chal** matriargaal. **ma·tri·ar·chy** matriargale gemeenskap; matriargaat.

ma·tric *(Br./SA, infml.)* matriek; →MATRICULATION. ~ **dance** matriekdans. ~ **farewell** matriekafskeid.

ma·tri·ces *n. (mv.)* →MATRIX.

mat·ri·cide moedermoord; moedermoordenaar. **mat·ri·ci·dal** moedermoordend, moedermoord=.

ma·tric·u·late matrikuleer; as student inskryf/inskrywe/toelaat (*of* laat inskryf/inskrywe). **ma·tric·u·lant** matrikulant.

ma·tric·u·la·tion matrikulasie; inskrywing (as student). **M~ Board:** *Joint ~ ~, (SA, hist., afk.:*JMB*)* Gemeenskaplike Matrikulasieraad. ~ **examination** matrikulasie-eksamen. ~ **exemption** matrikulasievrystelling.

mat·ri·lin·e·al matriliniêr, in die vroulike lyn/linie.

mat·ri·mo·ny eg, huwelik, huwelikstaat, huwelike staat; *enter into* ~ in die huwelik tree, jou in die eg/huwelik begeef/begewe, trou. **mat·ri·mo·ni·al** egtelik, huweliks=; ~ ***agency*** huweliksburo; ~ ***cause*** huweliksaak; ~ ***court*** huwelikshof; ~ ***duties*** huwelikspligte.

ma·trix =*trices,* =*trixes* moedervorm; gietvorm, matrys; moer; *(wisk.)* matriks; *(geol.)* moedergesteente, matriks; gangerts, =steen, =massa, rifsteen, grondlaag; kweekplek, voedingsbodem; bindmiddel; *(vero.)* baarmoeder. ~ **holder** matryshouer. ~ **printer** →DOT-MATRIX PRINTER.

ma·tron huismoeder, matrone; (middeljarige) dame, huisvrou; direktrise; ~ *of honour* eerste bruidsmeisie; hofdame. **ma·tron·al** matrone=; matroneagtig, huisvroulik, deftig, statig. **ma·tron·hood** matroneskap. **ma·tron·ly** matrone=; matroneagtig, huisvroulik, deftig, statig. **ma·tron·ship** = MATRONHOOD.

mat·ro·nym·ic *(w.g.)* →METRONYMIC.

matt →MAT².

Mat·ta·thi·as *(NT)* Mattatias.

matte¹ swa(w)elmetaal; →MAT². ~ **copper** rusteenkoper.

matte² *(fot.)* afneemmasker, skermraam.

mat·ted: ~ *hair* (saam)gekoekte hare; ~ *wool* gekoekte wol.

mat·ter *n.* stof, materie; inhoud; goed; onderwerp, saak, aangeleentheid; *(jur.)* saak; vraagstuk, kwessie; *(med.)* etter, sug; →GREY MATTER, VEGETABLE MATTER;***about** this* ~ oor/aangaande (*of* met betrekking tot) hierdie saak, wat hierdie saak (aan)betref; *is **anything** the ~?* skeel daar iets?; *a ~ of **course*** iets vanselfsprekends, 'n vanselfsprekendheid; →MATTER-OF-COURSE *adj.; that is a ~ of **course*** dit spreek vanself; *as a ~ of **courtesy*** →COURTESY; *a **delicate*** ~ 'n netelige saak; *be a ~ of **detail*** →DETAIL *n.; a **different** ~ altogether* 'n glad/totaal ander saak; *that is a **different** ~, (ook)* dit is iets heeltemal anders; *a ~ of **fact*** →FACT; ***for** that ~, for the ~ of that* →**that;** *it is no **great*** ~ dis nie van veel belang/betekenis nie; dit beteken nie veel nie; *be a ~ of **habit*** →HABIT *n.; **in** the ~ of ...* wat ... (aan)betref; *as a ~ of **interest*** →INTEREST *n.; it is no **laughing*** ~ →LAUGHING *adj.; this is a ~ of **life** and death* →LIFE; *as a **matter** of* ~ vanselfsprekend; ***mince** ~s* doekies omdraai; *a ~ of **minor** importance* →IMPORTANCE; ***no** ~!* dis niks (nie)!; ***no** ~ how/what/where/who ...* ongeag hoe/wat/waar/wie ...; *s.o. can't do it, **no** ~ how hard he/she tries* al probeer iem. ook hoe hard, hy/sy kan dit nie doen/regkry nie (*of* dis nou net verniet of iem. dit kan doen/regkry); *no ~ what you do, s.o. refuses to* ... al doen jy ook wat, iem. weier om te (*of* dis nou net verniet of iem. wil) ...; *there is **nothing** the ~ with* ... ... makeer niks; *a ~ **of** ten/etc. rands/etc.* so(wat)/ongeveer tien/ens. rand/ens., (so) 'n rand of tien, 'n stuk of tien/ens. rand/ens.; *in a ~ **of** days/hours/minutes/seconds* binne 'n paar dae/uur/minute/sekondes; *in a ~ **of** five/etc. days/hours/minutes/seconds* binne ongeveer vyf/ens. dae/uur/minute/sekondes; ***postal** ~* →POSTAL; *as a ~ of **principle*** →PRINCIPLE; ***printed** ~* →PRINTED; ***pursue** a ~* 'n saak verder/vêrder voer; ***raise** a ~* 'n saak opper (*of* aanhangig maak); *it is a ~ of **regret*** →REGRET *n.*; *as a ~ of **routine*** →ROUTINE *n.*; *that **settled** the ~* dit het die deurslag gegee; dit het die saak in die reine gebring; *there is **something** the ~, **something** is the ~ (with s.o.)* daar skort iets (met iem.); *how do ~s **stand?*** hoe lyk dit?, hoe staan sake?; *that is how the ~ **stands*** so staan sake; *a ~ of **taste*** 'n kwessie van smaak; *for **that** ~, for the ~ of **that*** wat dit (aan)betref; trouens; *a **thorny** ~* 'n netelige saak; *it is only a ~ of **time*** →TIME *n.*; *a ~ of **urgency*** →URGENCY; ***what** ~?* wat maak dit (saak)?, wat kom dit daarop aan?, watter verskil maak dit?; ***what** is the ~?* wat makeer/skort?, wat is die fout?, skeel/skort daar iets?; ***what** is the ~ here?, (ook)* wat skort hier?; ***what** is the ~ with him/her?* wat makeer/skeel hom/haar?, wat makeer hy/sy?, wat het hom/haar oorgekom?. **mat·ter** *ww.* van belang wees, op aankom; *it **does** ~* dit maak tog/wel saak; *it does **not** ~* dit maak niks (*of* nie saak *of* geen verskil) nie, dis niks, dit kom nie daarop aan nie; *it does **not** ~ a brass farthing, (infml.)* dit maak geen (bloue) duit verskil nie, dit kom niks daarop aan nie; *it does **not** ~ to s.o.* dit kan iem. nie skeel nie; ***what** does it ~?* watter saak maak dit?, wat maak dit saak?. **~-of-course** *adj.* vanselfsprekend. **~-of-fact** *adj.*, **~-of-factly** *adv.* nugter, droog, saaklik. **~-of-factness** *n.* nugterheid, saaklikheid.

mat·ter·y *(med.)* etterend.

Mat·thew Matthéüs *(OAB)*, Matteus *(NAB)*; *Gospel of ~* Evangelie van Matthéüs/Matteus.

mat·ting mat; matwerk; (vloer)matstof; vasklewing; saamkoek(ing). **~ wicket** matbaan.

mat·tins →MATINS.

mat·tock bylpik, houweel.

mat·tress matras; spring(veer)matras; matras, plaatgaas *(v. betonwapening)*; *(waterbouk.)* sinkstuk, vlegwerk. **~ case** matrassloop, ‑oortreksel. **~ needle** seilnaald. **~ protector** matrasbeskermer. **~ stitch** matrassteek.

mat·u·rate *(med.)* ryp word; laat ryp word; laat etter.

mat·u·ra·tion ryping, rypwording, maturasie; rypheid; veroudering *(v. wyn)*; ettering. **~ division** *(bot.)* rypingsdeling.

ma·ture *adj.* ryp, geryp; volwasse, uitgegroei(d); ontwikkel(d), volgroei(d); bekwaam *(oes)*; volwaardig; vervalle *(wissel)*; beleë *(wyn)*; *after ~ consideration* ná ryp(e) beraad. **ma·ture** *ww.* ryp word; *(wyn)* verouder; uitgroei, ontwikkel; ryp maak; *(wissel)* verval; *(polis)* opeisbaar/uitkeerbaar word; *~ plans* planne smee. **ma·tured** ryp; ontwikkel(d); voldrae; *~ gin* ou jenewer; *~ policy* uitkeerbare polis; *~ wine* beleë wyn. **ma·ture·ness** rypheid; beleënheid *(v. wyn ens.)*; besonkenheid. **ma·tur·ing** *n.* ryping.

ma·tur·i·ty rypheid; volwassenheid; volgroeidheid; volwaardigheid; termynverloop, uitkeerbaarheid, opeisbaarheid *(v. 'n polis)*; vervaltyd *(v. 'n tjek, wissel)*; *at ~, (fin.)* op die vervaldag; *day of ~, (fin.)* vervaldag, ‑datum; *reach ~* tot rypheid kom; volle wasdom bereik; *('n wissel ens.)* verval, opeisbaar word; *('n polis ens.)* verval, uitkeerbaar word.

ma·tu·ti·nal, ma·tu·ti·nal *(fml.)* vroeg, môre‑, more‑, oggend‑.

mat·y →MATE[1].

mat·zo(h), mat·za(h) ‑zo(h)s, ‑za(h)s, ‑zoth, *(<Hebr., Joodse paasbrood)* matso.

maud·lin klaerig, huilerig, sentimenteel; sentimenteeldronk, stroperig; *~ drunkenness* dronkverdriet; *~ misery* snot en trane.

mau·gre, mau·ger *(vero.)* nieteenstaande, ondanks, ongeag.

maul *n.* moker(hamer); *(rugby)* losgemaal, dryfbeweging, (rol)maalbeweging; gestoei, stoeiery. **maul** *ww.* slaan; moker; toetakel, kneus; verskeur, aan flarde/stukke skeur; beskadig; verbrysel, *(rugby)* vorentoe dryf. **maul·ers** *(mv.)*, *(infml.: hande)* pote, kloue.

maul·stick, mahl·stick skilderstok.

maun·der sanik, seur; drentel.

maun·dy *(Chr.)* voetwassing. **M~ (money)** klein aalmoese. **M~ Thursday** *(Chr.)* Wit Donderdag, Dag van die Voetwassing.

Mau·resque →MORESQUE.

Mau·re·ta·ni·a *(geog.: antieke streek in N.Afr.)* Mauretanië.

Mau·ri·ta·ni·a *(geog.: land in NW.Afr.)* Mauritanië. **Mau·ri·ta·ni·an** *n.* Mauritaniër. **Mau·ri·ta·ni·an** *adj.* Mauritanies.

Mau·ri·tius *(geog.)* Mauritius. **Mau·ri·tian** *n.* Mauritiaan, Mauritiër. **Mau·ri·tian** *adj.* Mauritiaans.

Mau·ser (ri·fle) Mauser(geweer), mauser/mouser(geweer).

mau·so·le·um ‑leums, ‑lea praalgraf, mausoleum, mousoleum.

mauve lig‑, dof‑, malvapers, mauve.

ma·ven, ma·vin *(Am., infml.)* ekspert, kenner, deskundige.

mav·er·ick individualis; onortodokse tipe, onafhanklike denker; jukskeibreker; *(Am.)* niegemerkte bees, rondloperdier; weeskalf; alleenloper.

ma·vis *(orn., poët., liter.)* lyster.

maw bek, keel, krop, maag, pens *(v. 'n dier)*; *(infml.)* keelgat *(v. 'n gulsige pers.)*. **~ seed** maan‑, papawersaad. **~worm** spoelwurm; huigelaar.

mawk·ish sentimenteel, soetsappig; *(arg. of dial.)* walglik soet, stroperig, soetlik. **mawk·ish·ness** sentimentaliteit, soetsappigheid; stroperigheid, soetlikheid.

max *n.*, *(infml., afk. v.* maximum*)*: *enjoy o.s. to the ~* dit/iets gate uit geniet, dit uitkap; *be stuffed to the ~ with sandwiches* knuppeldik/trommeldik aan die toebroodjies geëet wees. **max** *adv.* op die/sy meeste, uiterlik; hoogstens. **max** *ww.: ~ out, (Am., infml.)* alles uithaal, jou bes doen; vir niks stuit nie; jou te buite gaan; jou ooreet; jou vergryp; 'n hoogtepunt bereik.

max·i *(vollengtekledingstuk)* maksi. **max·i‑** *komb.vorm* maksi‑; *~series, (TV)* maksireeks; *~skirt* maksiromp.

max·il·la ‑lae, *(anat., soöl.)* bokaak, maksil; *(entom.)* agter‑, onderkaak. **max·il·lar·y** *n.*, *(anat., soöl.)* bokaak(been); bokaaksenu(wee). **max·il·lar·y** *adj.* maksillêr, bokaak‑; *~ bone* bokaakbeen; *~ nerve* bokaaksenu(wee); *~ palp* kaaktaster. **max·il·li·ped** *(soöl.)* kaakpoot.

Max·im: *~ (gun)* *(mil., hist.)* Maxim/Meksim/maxim/meksim(masjiengeweer).

max·im grondstelling, (grond)beginsel, stelreël, grondreël, prinsipe; spreuk, spreekwoord, leuse; regspreuk.

max·i·mal *adj.*, **max·i·mal·ly** *adv.* maksimaal.

max·i·mal·ist maksimalis. **max·i·mal·ism** maksimalisme.

Max·i·mil·ian *(keiser, 1832-67)* Maximiliaan.

max·i·mise, ‑mize vermeerder; vergroot, oordryf; maksimaliseer, maksimeer. **max·i·mi·sa·tion, ‑za·tion** maksimalisering, maksimering. **max·i·mis·er, max·i·miz·er** maksimaliseerder, maksimeerder.

max·i·mum ‑ima, ‑imums, *n.* maksimum, grootste hoeveelheid; voltal; *~ and minimum thermometer* maksimum-minimum-termometer; *at a/its ~* op 'n/sy hoogtepunt. **max·i·mum** *adj.* maksimaal, hoogste, maksimum, maksimum‑; *~ price* maksimum prys; *~ security prison* maksimumveiligheidsgevangenis, maksimumsekuriteitsgevangenis; *~ speed* topsnelheid.

max·well *(fis., eenheid v. magnetiese vloed, afk.:* Mx*)* maxwell.

May *n.* Mei; bloeityd; *the month of ~* Meimaand; *queen of the ~* Meikoningin. **~ beetle, ~ bug** →COCKCHAFER. **m~bush** →HAWTHORN. **~ Day** Meidag, die eerste Mei. **~ day** Meidag, dag in Mei. **~day** *(int. noodsein, <Fr.:* m'aidez! [help my!]*)* Mayday, SOS, noodsein, ‑roep, ‑kreet. **m~flower** meiblom; meidoring; lewerplant; aronskelk, vleigousblom. **m~fly** eendagsvlieg. **~ lily** lelie(tjie)-der-dale, lelie(tjie)-van-dale, dallelie. **~ morn** *(poët.)* Meimôre, ‑more; fleur, lente van die lewe. **m~pole** meiboom. **~ queen** Meikoningin. **m~tree** *(Br.)* →HAWTHORN.

may[1] *n.*, *(arg., poët.)* →MAIDEN.

may[2] *might, ww.* mag; kan; →MIGHT *(verl.t.)*; *be that **as** it ~* hoe dit ook (al) sy; *as near **as** ~ be* na genoeg, so na(by) as moontlik; *it ~ **be** (so)* dit kan (so) wees; *it ~ or ~ not **be** ...* miskien is dit ..., miskien ook nie; *s.t. ~ **be** bought/etc. there* iets is daar te koop/ens.; ***come** what ~* wat ook al gebeur, (laat) kom wat wil; *s.o. ~ **do** s.t.* dalk/miskien doen iem. iets; iem. mag iets doen, iem. word toegelaat om iets te doen; *it ~ **grow** as high as four metres* dit groei tot vier meter hoog; *s.o. ~ **have** bought/etc. s.t.* moontlik het iem. iets gekoop/ens.; ***if** I ~* as ek mag; *as you ~ **know*** →KNOW *ww.*; *s.o. ~ **lose/win*** iem. kan verloor/wen, dalk verloor/wen iem.; *s.o. ~ **lose** his/her way* iem. kan verdwaal, miskien verdwaal iem., iem. sal dalk verdwaal; *it ~ **well** be that* ... dit is bes/heel moontlik (so) dat ...; *s.o. ~ (very) **well** come/etc.* (heel) moontlik kom/ens. iem.; *s.o./s.t. ~ **well** be* ... iem./iets is bes/heel moontlik ...; *that ~ (very) **well** happen* dit is heel/goed moontlik; ***who** ~ you be?* en wie is jy?. **may·be** miskien, dalk, moontlik, altemit(s). **may·hap** *(arg.)* →PERHAPS.

Ma·ya ‑ya(s), *n.*, *(bevolkingslid, taal)* Maja. **Ma·ya(n)** *adj.* Maja‑; *~ culture* Majakultuur.

ma·ya *(Skt., Hind., Boeddh.)* maya.

Ma·yence *(Fr.)* →MAINZ.

may·hem chaos; gewelddadigheid; *(jur., hoofs. hist.)* verminking; besering; lyfsgeweld.

may·ing *(arg.)* Mei(dag)viering.

may·n't *(sametr.)* = MAY NOT.

may·on·naise, may·on·naise mayonnaise.

may·or burgemeester; *lady ~* burgemeesteres; *~'s chambers* burgemeesterskantoor. **may·or·al** burgemeesterlik, burgemeesters‑. **may·or·al·ty** burgemeesterskap. **may·or·ess** burgemeestersvrou; burgemeestersdame; burgemeesteres. **may·or·ship** burgemeesterskap.

maz·ard, maz·zard *(Shakesp.)* kop, skedel.

maz·a·rine donkerblou, diepblou.

Maz·da·ism, Maz·de·ism →ZOROASTRIANISM.

maze *n.* doolhof, labirint; *(fig.)* warboel, warnet. **maze** *ww.*, *(arg. of dial.)* verwar, deurmekaar maak. **maz·i·ness** verwardheid. **maz·y** labirinties; *(dial.)* verward, deurmekaar.

ma·zur·ka, ma·zour·ka *(Poolse dans)* masurka.

maz·zard[1]: *~ (cherry)* soetkersie.

maz·zard[2] →MAZARD.

mba·qa·nga *(Z., populêre SA townshipmus.)* mbaqanga.

mbi·ra *(Shona, mus.instr.)* mbira, duimklavier.

mbi·zo *(Z.)* →IMBIZO.

mbo·ngo ‑ngos, *(infml., dikw. neerh.)* mbongo, jabroer.

Mc·Car·thy·ism *(Am., pol., hist.)* McCarthyisme. **Mc·Car·thy·ist** McCarthyis.

Mc·Coy: *the real ~, (infml.)* die ware Jakob.

me[1] *pron.* my; die ek; →I; *it's/that's **above** ~* dis bo(kant) my vuurmaakplek, dis vir my een te veel; ***it's** ~* dis ek; ***leave** it to ~* laat dit aan my oor; *~ and **mine*** ek en my mense; *~ and my big **mouth*** ek met my groot mond; ***poor** ~!* arme ek!; *the **real** ~* die ware ek; ***search** ~!, (infml.)* ek het nie die vaagste benul nie!, dit weet joos (alleen)!. **me·seems** *(arg.)* dit lyk my, dit kom my voor. **me·thinks** *methought, (arg. of skerts.)* dit lyk my, ek dink, dit kom my voor.

me[2] *(mus.)* →MI.

me·a cul·pa *n. & tw.*, *(Lat.:* deur my toedoen, dis my skuld, ek beken skuld*)* mea culpa.

mead[1] mede, heuningbier, karie, krie.

mead[2] *(poët., liter.)* →MEADOW.

mead·ow weiland, grasland, weiveld. ~ **barley** *(Hordeum capense)* wildegars. ~ **clover** *(Trifolium pratense)* rooiklawer. ~**land** weiland. ~ **lily** *(Lilium canadense)* kanadalelie. ~ **soil** graslandgrond. ~**sweet** *(Filipendula* spp.*)* vleirosie, teeblom; *(Spiraea alba)* moeras=, knol=spiraea. ~ **tulip** *(Calochortus* spp.*)* Kaliforniese tulp, woestyntulp, mariposalelie. **mead·ow·y** weiland=, wei=veld=, wei=.

mea·gre, *(Am.)* **mea·ger** maer, arm, skamel, power, armsalig; skraps; yl; karig; onvrugbaar, skraal, dor; *~ concrete/lime* maer beton/kalk; *~ results* 'n skrale oes, powere resultate. **mea·gre·ly,** *(Am.)* **mea·ger·ly** maer *ens.* (→MEAGRE). **mea·gre·ness,** *(Am.)* **mea·ger·ness** maerheid, maerte, skamelheid, armoedigheid, power=heid; karigheid; onvrugbaarheid, skraalheid, skraalte.

meal¹ *n.* meel. ~ **beetle** meeltor. ~ **man** meelhandelaar. ~ **mite** meelmiet. ~**worm** meelwurm.

meal² *n.* maal, maaltyd, ete; voedsel, kos; ***at** ~s* aan tafel; ***during** the ~* onder die ete; ***get** a ~* iets te ete kry; kos maak; *a **hearty/square/substantial** ~* 'n stewige/stywe maal(tyd); ***make** a ~ of s.t.* (van) iets eet; iets opeet; *(infml.)* iets oordryf/oordrywe; 'n groot ding van iets maak; *it **makes** a good ~* dis 'n goeie maal(tyd); ***prepare** a ~* 'n maal(tyd) berei/klaar=maak; kos maak; ***serve** a ~* 'n ete voorsit/opdis. ~ **offering** spysoffer. ~**s-on-wheels** aanryete *(vir bejaardes, gestremdes, ens.).* ~ **ticket** etebewys, =koepon; *(fig., infml.)* melkkoei; broodwinner; broodwinning; bron van inkomste. ~ **time** etenstyd.

meal·ie, *(Afr.)* **mie·lie** *(SA)* mielie; →MAIZE; *crushed ~s* gebreekte mielies; *green ~* groenmielie. ~ **bag** mieliesak. ~ **borer** mielieruspe(r). ~ **bread** mieliebrood. ~ **cob** mieliekop. ~ **grain** mieliepit. ~ **heath** mielie=heide. ~ **land** mielieland. ~**-meal** mieliemeel. ~**-meal porridge** mieliepap. ~ **pip** mieliepit. ~ **pounder** stamp=blok. ~ **rice** mielierys. ~ **seed** mieliepit. ~ **stalk** mie=liestronk.

meal·i·ness meelagtigheid; melerigheid.

meal·y meelagtig; melerig; bleek; vlekkerig; *~ **bug*** witluis *(in wingerd); white ~ **bug*** wolluis; *~ **pear*** meel=peer; *~ **potato*** melerige aartappel, blusaartappel. ~**-mouthed** soetsappig; papbroek(er)ig.

mean¹ *meant meant, ww.* meen, bedoel; beteken; be=weer; van plan wees, voornemens (*of* van voorneme) wees; bestem; *it **actually** ~s that* ... dit beteken eintlik (*of* kom eintlik daarop neer) dat ...; ***by** that s.o. ~s that* ... daarmee wil iem. sê dat ...; *s.o. ~s to **do** s.t.* iem. wil iets doen, iem. is van plan om iets te doen; *~ s.o. to **do** s.t.* wil hê iem. moet iets doen (*of* dat iem. iets doen); *what **exactly** do you ~?* wat bedoel jy pre=sies?; *s.t. is meant **for** s.o., ('n brief ens.)* iets is vir iem. (bedoel/bestem[d]); *(snedige opmerking ens.)* iets slaan op iem.; ***how** do you ~?* hoe so?; *that ~s very **little*** dit beteken/sê nie veel nie; *s.t. ~s **nothing** to s.o.* iets beteken vir iem. niks; iets sê vir iem. niks; *I ~ to **say*** ... ek bedoel (*of* wil sê) ...; *~ what you **say*** bedoel/meen wat jy sê; *~ **s.t.** (seriously)* iets (ernstig) bedoel/meen; ***that** ~s* ... dit wil sê ...; *s.t. is meant **to be used*** iets is vir gebruik bedoel/bestem(d); *s.o. ~s **well*** iem bedoel/meen dit goed; *~ **well** by s.o.* dit goed bedoel/meen met iem., iem. goedgesind wees; ***what** does the word ~?* wat beteken die woord?; ***what** does it ~?* wat beteken dit?; watter sin het dit?; ***what** do you ~ by that?* wat bedoel/meen jy daarmee?. **mean·ing** *n.* betekenis, bedoeling; strekking; plan; sin; ***bear/carry** a ~* 'n betekenis bevat/dra/hê; ***catch** the ~* die betekenis snap/vat; ***full** of* (or *pregnant with*) *~* sinvol, sinryk, veel=seggend, veelbetekenend; ***get** s.o.'s ~, (infml.)* iem. volg; *a **relation** in ~* 'n sinverwantskap; ***what** is the ~ of this?* wat beteken dit (alles)?; *a **wider** ~* 'n breër/ruimer betekenis; ***with** ~* nadruklik; betekenisvol, veel=seggend, veelbetekenend; *be charged/dense/loaded **with** ~* met betekenis gelaai wees. **mean·ing** *adj.* opsetlik; betekenisvol, veelseggend, veelbetekenend. **mean·ing·ful** betekenisvol, veelseggend, veelbetekenend, sinvol, sinryk. **mean·ing·ful·ness** sinrykheid, geladenheid. **mean·ing·less** nikseggend, niksbeduidend, sinloos, sinledig. **mean·ing·ly** opsetlik; in alle erns, met mening; betekenisvol, veelseggend, veelbetekenend.

mean² *adj.* laag, gemeen, laaghartig; armoedig, nede=rig, gering; suinig, gierig; *(infml.: uitstekend)* kook=water=, wonderlik, fantasties, ongelooflik; →MEANIE, MEANLY, MEANNESS; *no ~ **achievement*** geen ge=ringe prestasie, 'n groot prestasie; *~ **behaviour*** lae ge=drag; ***call** s.t. ~* dink iets is gemeen, iets gemeen noem; *a citizen of no ~ **city*** 'n burger van geen onvermaarde stad; *play a ~ **game** of tennis* kookwatertennis speel; *~ **hovel*** treurige pondok; *plain to the ~est **intelligence*** duidelik vir die kleinste verstand; *s.o. is **no** ~* ... iem. is 'n goeie ... ~ **machine** *(sl.)* woemawiele, spog=vuurwa, kragtige ysterperd; *(sport)* (byna) onoorwin=like span/speler/ens.. ~**-spirited** gemeen, laag, van lae inbors; lafhartig. ~**-spiritedness** laagheid; lafhartig=heid.

mean³ *n.* midde(l)weg; gemiddeld(e); middelterm; →MEANS; ***arithmetic** ~* →ARITHMETIC *adj.; **geometric** ~* →GEOMETRIC; *the **golden/happy** ~* die goue/gulde middeweg; *strike the **happy** ~* die/'n midde(l)=weg vind. **mean** *adj.* gemiddeld; middelbaar; middelmatig; middel=, tussen=; *~ distance/pressure/etc.* gemiddelde afstand/druk/ens.; *~ point of impact* gemiddelde trefpunt. ~ **deviation** *(statist.)* gemiddelde afwyking. ~ **free path** *(fis.)* gemiddelde vry(e) pad(lengte)/baan. ~ **life** *(fis., chem.)* gemiddelde lewensduur. ~ **proportional** *(wisk.)* middeleweredige. ~ **sea level** gemiddelde seevlak. ~ **sun** middelbare son. ~ **(solar) time** *(astron.)* middelbare (sonne)tyd. ~ **tone** *(mus.)* middeleweredige.

me·an·der *n., (dikw. mv.)* (rivier)kronkel; *(dikw. mv.)* slingering, kronkeling; *(argit.)* Griekse rand; *(i.d. mv.)* kronkelpaaie, slingerweë, doolhof. **me·an·der** *ww.* kronkel, slinger; ronddwaal. **me·an·der·ing** *n., (ook i.d. mv.)* gekronkel; afdwaling. **me·an·der·ing** *adj.* slingerend, kronkel=, slinger=. **me·an·drous** *(w.g.)* slingerend, kronkelend.

mean·ie, mean·y *(infml.)* vuilgoed, wetter; *(sport)* vuilspeler.

mean·ly sleg, laag; op gemene manier; *pay ~* sleg/min betaal; *think ~ of* ... sleg dink van ...

mean·ness gemeenheid, laagheid; suinigheid, krenterigheid, gierigheid.

means *n. (fungeer as ekv. of mv.)* manier, wyse, metodes; *(fin.)* (geld)middele; vermoë, rykdom, geld; *by **all** ~* gerus, alte seker, met alle liefde; met alle geweld; *by **all** ~!* alte seker!, met alle liefde!; *by **all** (manner of) ~* op alle moontlike maniere; *do it by **all** ~!* doen dit gerus!; *live **beyond** one's ~* te groot (*of* bo jou inkomste) leef/lewe; ***by** ~ of* ... deur middel van ...; ***devise** ~ to* ... middele soek om te ...; *the ~ to an **end*** die middel tot 'n doel; *by **every** ~* met elke (moontlike) middel; *employ/use **every** ~* alles in die werk stel, elke (moontlike) middel aanwend; *by **fair** ~ or **foul*** →FAIR² *adj.; ~ of **grace*** genademiddele; *the ~ of **helping** s.o.* die middel om iem. te help; *~ of **living*** broodwinning; *by **no** (manner of) ~, **not** by any (manner of) ~* beslis/glad/hoegenaamd/volstrek nie, geensins; *have **private** ~* →PRIVATE *adj.; ~ of **production*** produksiemiddele; ***scanty/slender** ~* geringe/karige middele; *be **s.o.** (or a **man/woman**) of ~* 'n bemiddelde/welgestelde persoon/man/vrou wees; ***within** s.o.'s ~* binne iem. se vermoë; *s.t. is not **within** s.o.'s ~* iets val buite iem. se mag. ~ **limit** middelegrens. ~ **test** middeletoets.

meant *(verl.t. & volt.dw.)* →MEAN¹ *ww.*.

mean·time *n.* tussentyd; *for the ~* voorlopig; *in the ~* intussen. **mean·time** *adv.* intussen, ondertussen, in die tussentyd, inmiddels; intussen, terselfdertyd; nogtans, nietemin.

mean·while *n. & adv.* →MEANTIME *n. & adv.*.

mean·y →MEANIE.

mea·sles *(med.)* masels; *(veearts.)* masels, pitjies *(by varke)*; →GERMAN MEASLES. **mea·sled** *(veearts.)* vol masels, uitgeslaan (van die masels). **mea·sly** *(infml.)* armsalig, treurig, ellendig, miserabel; siek aan masels, vol masels; *a ~ little fellow* 'n armsalige vent(jie); *~ pork* maselvarkvleis.

meas·ure *n.* maatreël, stap; wetsontwerp; wet; maat; mate; maatbeker, =emmer, =glas; maatstok, =band; (afgemete/vaste) hoeveelheid; maateenheid; maatgetal; *(druk.)* bladsy=, kolomwydte; maatstaf; omvang; aanduiding; *(pros.)* metrum, versmaat; *(pros.)* versvoet; *(Am., mus.)* maat; *(arg.)* dans; *abundant/etc. **beyond** ~* uitermate/bomate/bomatig ...; ***bucket** ~* maatemmer; *~ of **capacity*** inhoudsmaat; ***cubic** ~* →CUBIC *adj.; the ~ of (the)**damage*** die omvang van die skade; *~ of **despair/desperation*** wanhoopsmaatreël; ***full** ~* volle maat; ***get/have/take** the ~ of s.o.* iem. takseer, weet wat jy aan iem. het; *for **good** ~* op die koop toe; ***graduated** ~* →GRADUATED; *in (a) **great** ~, in **large** ~* grotendeels, in groot/hoë mate; vir 'n groot deel; ***half** ~s* halwe maatreëls; ***linear** ~* →LINEAR; ***liquid** ~* →LIQUID; *be **made** to ~* na/op maat gemaak wees/word; *have s.t. **made** to ~* iets na/op maat laat maak; *~ for **measure*** leer om leer; *a ~ **of*** ... 'n sekere (mate van) ...; *s.t. is a ~ **of*** ... iets gee/is 'n aanduiding van ... *(iem. se vasbeslotenheid ens.); ~ of **punishment*** straf=maat; ***set** ~s to* ... paal en perk aan ... stel; *give s.o. **short** ~* iem. te kort doen; *in **some** ~* in sekere mate, tot (op) sekere hoogte, enigermate, enigsins; ***square** ~* →SQUARE; ***take** s.o.'s ~, (lett.)* iem. se maat neem; *(fig.)* iem. takseer; ***take** ~s* maatreëls tref/neem; ***tread** a ~, (arg.)* passies maak, 'n paar passies dans; *~ of **volume*** ruimtemaat. **meas·ure** *ww.* meet, afmeet; (die) maat neem; skat; aflê; goed bekyk; *~ o.s. **against** s.o.* jou met iem. meet; *~ s.o. with one's **eyes*** →EYE *n.; ~ **in** kilometres/litres/metres/etc.* in kilometers/liters/meters/ens. meet; *~ one's **length** with the ground* →LENGTH *n.; s.t. ~s five/etc. **metres*** iets is vyf/ens. meter lank; *s.t. ~s five/etc. square **metres*** iets is vyf/ens. vierkante meter groot; *a ... measuring five/etc. square **metres*** 'n ... van vyf/ens. vierkante meter; *~ s.t. **off*** iets afmeet; iets aftree; *~ s.t. **out*** iets uitdeel; iets uitmeet; *~d by those **standards*** ... na/volgens dié maatstawwe ...; *~ s.o. for a **suit/etc.*** iem. se mate vir 'n pak/ens. neem; *~ **swords** with s.o.* →SWORD; *~ s.t. **up*** iets opmeet; *~ **up to**...* aan ... beantwoord/voldoen; teen/vir ... opgewasse wees. **meas·ur·a·ble** meetbaar; afsienbaar; *within a ~ **distance** of* ... op die rand(jie) van ... **meas·ure·less** onmeetlik, onafsienbaar. **meas·ur·er** meter, maatnemer.

meas·ured *(ook)* afgemeet; afgemete; weldeurdag, gematig; *~ **angle*** gemete hoek; *~ **kilometre*** afgemete kilometer; *in ~ **tones*** op afgemete toon. **meas·ured·ness** afgemetenheid.

meas·ure·ment maat; inhoud; (op)meting; afmeting; *~ of **force*** kragmeting; ***inside** ~* binnemaat; ***outside** ~* buitemaat; ***take** ~s* metings doen; ***take** the ~s of* ... die maat/mate van ... neem. ~ **ton** *(sk.)* maatton, skeeps=ton, toninhoud.

meas·ur·ing *n.* (af)meting, opmeting, maatneming; →MEASURE *ww.*. ~ **bar** maatstaf. ~ **chain** landmeters=, meetketting. ~ **cord** meetsnoer. ~ **cup** maatkoppie. ~ **flask** maatfles. ~ **glass** maatglas. ~ **instrument** meetinstrument. ~ **jug** maatbeker. ~ **line** maatlyn. ~ **rod** maat=, meetstok; maatstaf. ~ **scoop** maatskop(pie). ~ **staff** meetlat. ~ **tape** →TAPE MEASURE. ~ **unit** maateenheid. ~ **wheel** →ODOMETER. ~ **worm, inch-worm, looper** spanruspe(r), spanner.

meat vleis; *(hoofs.Am.)* vleis *(v. 'n vrug)*; *(Byb.)* voedsel; *(arg.)* maaltyd, ete; ***chopped** ~* maalvleis; ***curried** ~* kerrievleis; *a **cut** of ~* 'n kap/snit vleis, 'n vleisstuk; ***do** the ~* die vleis gaarmaak; *~ and **drink*** spys en drank, ete en drinke; *this is ~ and **drink** to s.o.* dit is net na iem. se smaak; *s.o. is **easy** ~, (infml.)* iem. laat hom/haar maklik kul/ens.; ***grace** before ~, (arg.)* tafelgebed; ***minced** ~* gemaalde vleis, maalveis; *one man's ~ is another man's **poison,** (idm.)* smaak verskil; *~ and **potatoes,** (infml., fig.)* hoofbestanddele, basis, kern, grondslag; *there is no **real** ~ in it* dit het nie veel om die lyf nie; ***salted** ~* →SALTED; *be **strong** ~* →STRONG. ~**axe** vleis=byl. ~**ball** frikkadel. ~ **bat** vleishamer. ~ **block** vleis=blok. ~ **board** vleisplank; vleisraad. ~ **breed** vleisras. ~ **chopper** vleisbyltjie. ~ **cleaver** vleisbyl. ~ **cloth** vleislap. ~ **cooler** koelkas. ~ **cover** vleisdeksel, koe=wertuur. ~ **dish** vleisskottel; vleisgereg; vleiskos. ~ **extract** vleisekstrak. ~ **fly** →FLESH FLY. ~**-free** vleisloos, sonder vleis. ~**head** *(neerh. sl.: idioot)* dom=, klip=, pam=

poen=, skaap=, vleiskop. ~ **inspection** vleiskeuring. ~ **inspector** vleiskeurder. ~ **juice** vleissap. ~**loaf** vleis=brood. ~ **maggot** vleismaaier. ~ **mallet** vleishamer. ~ **man** slagter; vleisverkoper. ~ **market** *(sl.)* seksklub. ~ **meal** vleis=, dieremeel. ~ **offering** *(Jud.)* spysoffer. ~-**packer** vleisinmaker. ~ **patty** vleiskoekie. ~ **pie** vleispastei(tjie). ~ **safe** *(Br., hist.)* vleiskas. ~ **strip** vleis=repie. ~ **tenderiser,** =**izer** vleisbeuk. ~ **wag(g)on** *(infml.)* ambulans; lykswa; vangwa.

meat·less vleisloos.

me·a·tus =*tus(es), (anat.)* kanaal, gang; ingang, deur=gang, opening.

meat·y vleisagtig, vlesig, vleis=; goed in die vleis; krag=tig, stewig; sterk; kernagtig, pittig; inhoudryk. **meat·i·ness** vleisagtigheid, vleisigheid; kragtigheid, stewig=heid; kernagtigheid; inhoudrykheid.

Mec·ca *(geog.)* Mekka; heilige plek; pelgrimsoord. ~ **pilgrim** Mekkaganger.

me·chan·ic werktuigkundige, meganikus; *(arg.)* am=bagsman, vakarbeider, handwerksman.

me·chan·i·cal meganies, masjinaal; outomaties; werk=tuigkundig; masjien=; handwerk(s)=; *(fig.)* werktuig=lik; ~ ***advantage*** hefvoordeel; nuttigheidskoëffisiënt, =ko-effisiënt; ~ ***dentistry*** tandtegniek; ~ ***draughtsman/draftsman*** masjientekenaar; ~ ***drawing*** werk=tuig=, masjientekene; werktuig=, masjientekening; ~ ***efficiency*** nuttigheidsgraad, (meganiese) rendement, nuttige effek; ~ ***engineer*** meganiese ingenieur; ~ ***engineering*** meganiese ingenieurswese; ~ ***equivalent** of heat, (fis.)* meganiese warmte-ekwivalent; ~ ***excavator*** graafmasjien, masjiengraaf; ~ ***horse*** voorhaker, voorspanmotor; ~ ***loader*** meganiese laaier, laaima=sjien; *by* ~ ***means*** langs meganiese weg; ~ ***motor*** ska=kelmotor; ~ ***power,** (fis.)* masjienkrag, meganiese krag/vermoë; *(hist.)* enkelvoudige werktuig; ~ ***scraper*** meganiese skraper, skraapmasjien; ~ ***stoker*** mega=niese stoker, stookmasjien; ~ ***transport*** motorvervoer, =verkeer, =diens; ~ ***unit*** arbeidseenheid, meganiese eenheid; ~ ***work*** meganiese werk; ~ ***workshop*** me=ganiese/werktuigkundige werk(s)winkel, masjienwerk(s)=winkel.

me·chan·i·cal·ly *(lett.)* meganies, masjinaal; fabriek=matig; *(fig.)* werktuiglik, masjinaal, meganies.

mech·a·ni·cian werktuigkundige, meganikus.

me·chan·ics *n. (fungeer as ekv.)* werktuigkunde, mega=nika; *(practical)* ~ masjienleer.

mech·a·nise, =**nize** meganiseer, masjinaal maak; ~*d division, (mil.)* gemeganiseerde divisie. **mech·a·ni·sa·tion,** =**za·tion** meganisering, meganisasie.

mech·a·nism meganisme, samestel, inrigting; mega=niek; tegniek, meganiese uitvoering; meganistiese filo=sofie, meganisme. **mech·a·nist** masjienmaker, =bouer; meganikus.

mech·a·nis·tic *adj.*, **mech·a·nis·ti·cal·ly** *adv., (filos.)* meganisties; *(wisk.)* meganies.

mech·a·no- *komb.vorm* megano=.

mech·a·no·re·cep·tor *(fisiol.)* meganoreseptor.

mech·a·no·ther·a·py *(med.)* meganoterapie.

mech·a·tron·ics *(fungeer as ekv.)* megatronika.

Mech·e·len, *(Fr.)* **Ma·lines,** *(Eng.)* **Mech·lin** *(geog.)* Mechelen. **Mech·lin (lace), ma·lines** Mechelse kant.

me·con·ic ac·id *(chem.)* mekonsuur.

me·co·ni·um *(fisiol.: eerste ontlasting v. 'n pasgeborene)* mekonium.

Med *(infml., afk. v.* Mediterranean Sea*): the* ~ die Mid=dellandse See.

med·al *n.* medalje; ordeteken; penning; onderskei=dingsteken; ***award** s.o. a gold/silver* ~ iem. met goud/silwer bekroon; ***commemorative*** ~ →COMMEMORA=TIVE; ~ *of **honour*** erepenning; *the **reverse** of the* ~ die keersy van die penning, die ander kant van die saak; ***strike** a* ~ 'n medalje/penning slaan. **med·al** =*ll*=*, ww.* (met 'n penning) vereer; ~*led* vol medaljes, met medaljes behang. ~ **play** *(kr.)* →STROKE PLAY.

me·dal·lic *adj.* medalje=; op 'n medalje.

me·dal·lion medaljon; gedenkpenning; ~ *of honour* erepenning. ~ **man** *(sl.)* kettinghaantjie.

med·al·list, *(Am.)* **med·al·ist** medaljewenner, be=kroonde (student/mededinger/ens.); munt=, medalje=, stempelsnyer, stempelmaker, medaljeur; penning=kundige, medaljekenner; *gold* ~ met goud bekroonde; *silver* ~ met silwer bekroonde.

med·dle jou bemoei *(met)*, lol *(met)*, jou inlaat *(met)*, jou inmeng *(in)*; torring *(aan)*; ~ *in* ... jou met ... be=moei, jou in ... inmeng; ~ *in s.o.'s affairs* →AFFAIR; ~ *with* ... met ... lol; aan ... torring. **med·dler** bemoei=al, bemoeisieke persoon, lolpot. **med·dle·some** bemoei=siek, lastig, lollerig, neusinstekerig. **med·dle·some·ness** bemoeisug. **med·dling** *n.* bemoeiing, inmenging. **med·dling** *adj.* →MEDDLESOME.

Mede *(hist., bevolkingslid)* Meder, Mediër; →MEDIAN *n.; a law of the ~s and Persians, (infml.)* 'n wet van Mede en Perse.

Me·de·a *(Gr. mit.)* Medea.

Me·di·a *(hist., geog.)* Medië. **Me·di·an** *n.* Meder, Mediër. **Me·di·an** *adj.* Medies.

me·di·a[1] *n., (mv. v.* medium*): the* ~, *(fungeer as ekv. of mv.)* die media. ~ **event** mediageleentheid.

me·di·a[2] =*diae, n., (anat., entom.)* media; *(fonet.: stem=hebbende konsonant)* media.

Me·di·ae·val →MEDIEVAL.

me·di·al middelste, middel=, tussen=; gemiddeld; bin=newaarts; ~ *joint* tussenlit; ~ *letter* tussenletter; ~ *section, (geom.)* gulde sne(d)e. **me·di·al·ly** binnewaarts.

me·di·an *n.* mediaanlyn; *(anat.)* mediaansenu(wee); *(geom.)* mediaan, swaartelyn; *(statist.)* mediaan, mid=delwaarde. **me·di·an** *adj.* mediaan, middel=; ~ ***line*** mediaanlyn; ~ ***point*** swaartepunt *(v. 'n driehoek)*; ~ ***strip,** (Am.)* verkeerseiland, verkeerstrook; ~ ***vein*** me=diaanaar.

me·di·ant *(mus.: derde trap v.d. toonleer)* mediant.

me·di·as·ti·num =*stina, (anat.)* middelvlies.

me·di·ate *adj.* middellik, onregstreeks. **me·di·ate** *ww.* bemiddel, as bemiddelaar optree, tussenbei(de) kom; ~ *between* ... *tussen* ... bemiddel. **me·di·ate·ly** middellik, onregstreeks. **me·di·a·tion** bemiddeling, tussenkoms; voorspraak; tussenspraak; versoening. **me·di·a·tor** (be)middelaar, tussenpersoon, =ganger, skeidsman; voorspraak, voorbidder. **me·di·a·to·ry, me·di·a·to·ri·al, me·di·a·tive** bemiddelend. **me·di·a·trix** =*trices*, =*trixes*, **me·di·a·tress** =*tresses, (vr., arg.)* be=middelaarster; *(RK)* middelares.

me·di·a·tise, =**tize** mediatiseer, annekseer, inlyf. **me·di·a·ti·sa·tion,** =**za·tion** mediatisasie, inlywing.

Med·ic *n. & adj.* →MEDIAN *n. & adj.*.

med·ic[1] *(infml.)* medikus; mediese student; hospitaal=soldaat. **med·i·ca·ble** geneesbaar, geneeslik.

med·ic[2] *(Am.)* →MEDICK.

med·i·cal *n., (infml.)* mediese ondersoek; mediese student. **med·i·cal** *adj.* medies, geneeskundig, ge=nees=; ~ ***adviser*** mediese adviseur, geneeskundige raadgewer; ~ ***aid*** mediese hulp/bystand; geneeskun=dige hulp/bystand; ~ ***aid (fund),*** ~ ***benefit fund*** sie=kefonds, mediese (hulp)fonds, mediesehulpfonds; ~ ***(aid) scheme*** mediese (hulp)skema, mediesehulp=skema; ~ ***(aid/benefit) society*** mediese (hulp)ver=eniging, mediesehulpvereniging; ~ ***attendance*** ge=neeskundige behandeling, doktersbehandeling; ~ ***attendant*** geneesheer, dokter; ~ ***benefits*** siektevoor=dele, mediese voordele; ~ ***book*** doktersboek; ~ ***care*** mediese sorg, gesondheidsorg; ~ ***certificate*** mediese sertifikaat, doktersertifikaat; ~ ***corps*** mediese korps, geneeskundige diens; ~ ***examination*** mediese onder=soek; ~ ***expenses*** dokterskoste; ~ ***fees*** doktersgelde; ~ ***inspection*** geneeskundige keuring/inspeksie; ~ ***inspector of schools*** skooldokter, =arts, =geneesheer, mediese inspekteur van skole; ~ ***jurisprudence*** gereg=telike geneeskunde, regsgeneeskunde; ~ ***missionary*** sendingdokter, sendelingarts; ~ ***officer*** offisier van ge=sondheid, mediese offisier; ~ ***officer of health,** (afk.:* MOH*)* geneeskundige amptenaar, (mediese) gesond=heidsamptenaar; *(municipal)* ~ ***officer of health*** stads=geneesheer; ~ ***practice*** doktersprakty k; ~ ***practitioner*** dokter, mediese praktisyn, (praktiserende) ge=neesheer/arts; ~ ***report*** mediese verslag; ~ ***school*** ge=neeskundige/mediese opleidingskool; ~ ***science*** ge=neeskunde; ~ ***staff*** mediese personeel; personeel van die geneeskundige diens; *(mil.)* geneeskundige staf; ~ ***student*** student in die medisyne, mediese student; ~ ***superintendent*** mediese superintendent, genees=heer-direkteur/bestuurder; ~ ***training*** geneeskundi=ge/mediese opleiding; ~ ***treatment*** doktersbehande=ling; geneeswyse; ~ ***ward*** geneeskundesaal.

med·i·cal·ly medies, in mediese opsig; ~ *forbidden* van doktersweë verbode; ~ *unfit* medies ongeskik.

me·dic·a·ment medisyne, geneesmiddel, medika=ment.

med·i·cate geneeskundig behandel, medies versorg, dokter; medisyne voorskryf/toedien; geneeskragtig maak, met geneeskragtige kruie versterk. **med·i·cat·ed** medisinaal; geneeskragtig; gesondheids=; ~ ***cotton wool*** medisinale watte; ~ ***lint*** medisinale lint; ~ ***paper*** sanitêre papier; ~ ***soap/water*** medisinale seep/water; wonderwater. **med·i·ca·tion** geneeskundige be=handeling, genesing; medikasie, toediening/gebruik van medisyne; medisyne, geneesmiddel, medikament. **med·i·ca·tive** genesend.

me·dic·i·nal geneeskragtig, medisinaal, genesend; ge=neeskundig, medies; ~ *spring* geneeskragtige bron. **me·dic·i·nal·ly:** *take* ~ as medisyne gebruik.

med·i·cine medisyne, geneesmiddel, medikament; geneeskunde; toorgoed; ***make up*** ~ medisyne toe=berei; *give s.o. a dose/taste of his/her **own** ~, (infml.)* iem. met dieselfde/gelyke munt betaal; ***study*** ~ (in die) medisyne studeer; vir dokter leer; ***take*** ~ medisyne gebruik/(in)neem/drink; *s.o. must **take** his/her ~, (infml.)* iem. moet sy/haar straf kry/ondergaan (*of* die pil sluk). ~ **ball** gimnastiekbal. ~ **bottle** medisynebottel. ~ **bundle** toorbondel. ~ **chest** medisynekis(sie); ver=bandkis. ~ **cupboard** medisynekas. ~ **man** toordokter, moetieman. ~ **murder** medisynemoord.

med·ick, *(Am.)* **med·ic** *(bot.)* klawer; lusern.

med·i·co =*cos, (infml.)* dokter; mediese student.

med·i·co- *(komb.vorm)* medies-; ~-*botanical* medies-botanies; ~-*legal* regsgeneeskundig; ~-*social* medies-maatskaplik.

me·di·e·val, me·di·ae·val Middeleeus; *M~ History, (476-1492)* die Middeleeuse Geskiedenis. **me·di·e·val·ism, me·di·ae·val·ism** Middeleeuse gees. **me·di·e·val·ist, me·di·ae·val·ist** mediëvis.

me·di·o·cre, me·di·o·cre middelmatig. **me·di·oc·ri·ty** middelmatigheid.

med·i·tate mediteer *(as deel v. godsdiensoefening)*; diep/ernstig nadink, peins, mymer, in gedagtes verdiep/versonke wees; voornemens wees, beraam, planne maak; ~ *(up)on s.t.* (diep) oor iets nadink, iets bepeins/oorpeins/oordink. **med·i·ta·tion** meditasie; (be)pein=sing, oorpeinsing, gepeins, nadenke; mymering; *be deep in* ~ in diepe bepeinsing wees. **med·i·ta·tive** peinsend, nadenkend, in gedagtes verdiep/versonke, dromerig. **med·i·ta·tor** mediteerder; peinser.

Med·i·ter·ra·ne·an *n.* Mediterreen; *the* ~ die Mid=dellandse See. **Med·i·ter·ra·ne·an** *adj.* Mediter=reens; ~ *climate* Mediterreense klimaat, Middel=landse Seeklimaat; ~ *fever* →BRUCELLOSIS; *the* ~ *Sea* die Middellandse See.

me·di·um =*dia*, =*diums, n.* middel; middelsoort; mid=delmaat; middelstof; middelterm; midde(l)weg; bind=middel; tussenstof; hulp(middel); voertaal; mediaan=papier; *(spiritisme)* medium; ***at a*** ~ gemiddeld, in deursnee/deursnit; ***culture*** ~ voedingsbodem (vir bakterieë); *in the **English*** ~ met Engels as voertaal, deur middel van Engels; ~ *of **exchange*** ruilmiddel; *the **happy*** ~ die goue/gulde middeweg; ***language*** ~ voertaal; ***through** the* ~ *of* ... deur middel van ...; **me·di·um** *adj.* middelmatig, matig, gemiddeld, mid=delsoortig, deursnee=, middelslag=; middelbaar; mid=delgroot, middel=; halfgaar *(vleis)*; ~ ***distance*** mid=delafstand; ~ ***dry*** half=, mediumdroog *(sjerrie ens.)*; ~ ***frequency,** (rad.)* mediumfrekwensie; ~ ***length*** gemiddelde lengte, deursnee=, deursnitlengte; middel=groot lengte; →MEDIUM-LENGTH *adj.;* ~ ***pressure***

middeldruk; *(elek.)* middelspanning; ~ ***price*** middelprys; →MEDIUM-PRICED *adj.;* ~ ***rare*** tussen rou en halfgaar *(vleis);* ~ ***size*** middelgrootte, mediaanformaat; →MEDIUM-SIZED; ~ ***wave,*** *(rad.)* mediumgolf; ~ ***wool*** middelslagwol. **~(-fast) bowler,** *(infml.)* ~ **pacer** *(kr.)* mediumsnelbouler, mediumsneller. **~-grained** middelkorrelrig. **~-length** *adj. (attr.)* halflang. **~-priced** *adj. (attr.)* middelprysklas=; ~ *home/wines/etc.* middelprysklashuis/=wyn/ens.; *in the ~ range* in die middelprysklas. **~-range** *adj. (attr.)* middelafstand=, mediumafstand=; ~ *ballistic missile, (afk.:* MRBM*)* middelafstand(-)/mediumafstand(-) ballistiese missiel; ~ *missile* middelafstand=, mediumafstandmissiel. **~-sized** middelgroot.

me·di·um·is·tic mediumisties, mediumiek, medium=.

me·di·um·ship mediumskap.

med·lar *(bot.)* mispel; *(Hyperacanthus amoenus)* opgeitjies. ~ **tree** mispelboom.

med·ley *n.* mengelmoes, deurmekaarspul; potpourri, allegaartjie; *(swem)* wisselslag. **med·ley** *adj.* deurmekaar, gemeng(d), bont; ~ *relay* wisselaflos, wissel(slag)=wedloop. **med·ley** *ww., (arg.)* meng, deurmekaar maak.

me·dre·se →MADRASA(H).

me·dul·la =*las,* =*lae, (anat.)* murg; *(bot.)* pit, kern; ~ *oblongata* verlengde (rug)murg; ~ *spinalis* rugmurg.

med·ul·lar·y murgagtig, murg=, medullêr; ~ ***bundle*** murgbundel, medullêre bundel; ~ ***canal/cavity*** murgholte, medullêre holte; ~ ***layer*** murglaag, medullêre laag; ~ ***ray*** murgstraal, medullêre straal; ~ ***sheath*** murgskede, medullêre skede; ~ ***spot*** murgvlek, medullêre vlek.

Me·du·sa *(Gr. mit.)* Medusa.

me·du·sa =*sae,* =*sas, (soöl.)* medusa, (see)kwal; →JELLYFISH.

meed *(arg.)* beloning, loon, verdienste, prys.

meek gedwee, sagmoedig, ootmoedig, deemoedig; sagsinnig, beskeie; verdraagsaam, lydsaam; *as ~ as a lamb* so gedwee/sag soos 'n lam; ~ *and mild* sagmoedig en gedwee. **meek·ness** gedweeheid, deemoed(igheid); beskeidenheid; verdraagsaamheid; ootmoed.

meer·kat, meer·cat *(<Afr.)* meerkat; →SURICATE; *red* ~ →YELLOW MONGOOSE.

meer·schaum *(min.)* meerskuim. ~ **(pipe)** meerskuimpyp.

meet[1] *n.* jaggeselskap; (sport)byeenkoms; vergaderplek; *(geom.)* snypunt; →MEETING. **meet** *met met, ww.* ontmoet; teëkom, teenkom; raakloop, kry; tegemoetkom; voldoen aan *(voorwaardes, vereistes, aanvraag);* nakom *(verpligtinge);* bevredig; betaal, voldoen; gevolg gee aan; gehoor gee aan; bymekaarkom, saamloop; saamkom, byeenkom, vergader; kennis maak (met); aanraking kry met; *(geom.: lyne)* mekaar sny; *till we ~* ***again*** tot weersiens; ~ *an* ***argument*** →ARGUMENT; ~ *s.o.* ***at*** *the airport/station/etc., (ook)* iem. by die lughawe/stasie/ens. afhaal, iem. van die vliegtuig/trein/ens. haal; *will that ~ the* ***case?*** →CASE[1] *n.;* ~ *a* ***cheque*** 'n tjek uitbetaal; ~ *a* ***deadline*** →DEADLINE; ~ ***debts*** skulde dek; *make (both)* ***ends*** ~ →END *n.;* ~ ***expenses*** →EXPENSE; ~ *s.o.'s* ***eye(s)*** →EYE *n.;* ~ *s.o.* ***halfway*** →HALFWAY *adj. & adv.;* ~ *trouble* ***halfway*** →TROUBLE *n.;* ***have*** *you met?* ken u/julle mekaar?; *we* ***have*** *not met yet* ons het mekaar nog nie ontmoet nie; *we* ***have*** *met (before)* ons het al (voorheen) kennis gemaak; ~ *(more than) one's* ***match*** →MATCH[1] *n.; he/she* ***may*** ~ *s.o.* hy/sy kan iem. teëkom/teenkom; ~ ***Mr/Mrs*** *X* dit is mnr./mev. X, mag ek jou aan mnr./mev. X voorstel?; ~ *a* ***need*** →NEED *n.;* ~ ***objections*** →OBJECTION; ~ *a* ***payment*** →PAYMENT; ***pleased*** *to ~ you* aangename kennis, bly (u) te kenne; ~ ***prices*** pryse ewenaar; ~ ***requirements*** →REQUIREMENT; *be met by* ***silence*** →SILENCE *n.; I'll ~ you* ***there*** ek kry jou daar, ek sal jou daar kry; ~ ***up*** *with ..., (infml.)* ... teëkom/teenkom; ... aantref; ~ *one's* ***Waterloo*** →WATERLOO; ~ ***with*** *s.t.* iets kry *('n teenslag);* iets oorkom *('n ongeluk ens.);* iets vind/kry *('n vriendelike/kille ontvangs);* iets ly *('n verlies);* iets ondervind *(moeilikheid ens.);* iets wegdra *(goedkeuring).*

meet[2] *adj., (arg.)* passend, paslik, geskik, gepas; *it is ~ that ...* dit is gepas/paslik/passend *(of* hoort so) dat ... **meet·ness** geskiktheid, paslikheid, gepastheid.

meet·ing ontmoeting; samekoms, byeenkoms; samesyn; vergadering; samespreking; kennismaking; wedstryd; godsdiensoefening *(v. Kwakers);* samevloeiing *(v. riviere);* ***address*** *a ~* 'n vergadering toespreek; ***at*** *a ~* op 'n vergadering; ***call/convene*** *a ~* 'n vergadering belê/byeenroep; ***go*** *to ~, (Kwakers)* na die diens gaan; ~ *of* ***leaders*** samekoms/byeenkoms van leiers; samespreking tussen leiers; ~ *of* ***minds*** gedagtewisseling; oorleg, wedersydse tegemoetkoming; ***public*** ~ openbare vergadering; ***religious*** ~ diens. ~ **house** vergadersaal; bedehuis *(v. Kwakers).* ~ **place** vergader=, versamelplek, saamkomplek. ~ **point** bymekaarkomplek, ontmoetingsplek, =punt, plek van ontmoeting; sameloop *(v. riviere).* ~ **rail** keerreling.

meg·a *adj. & adv., (infml.)* vreeslik, verskriklik, ontsettend; ontsaglik, reusagtig, geweldig, yslik; fantasties, wonderlik, ongelooflik, fabelagtig; ~ *rich* skatskatryk, stinkryk, fabelagtig ryk; ~ *ugly* skree(u)lelik, so lelik soos die nag.

meg·a= *komb.vorm* mega=.

meg·a·bit *(rek.)* megabis.

meg·a·block·bust·er *(infml.)* megatreffer.

meg·a·brand mega(handels)merk.

meg·a·buck *(Am., sl.)* 'n miljoen dollar; *(i.d. mv.)* miljoene, 'n fortuin *(of* aardige bedrag[gie]/som), groot geld, sakke *(of* 'n sak) vol geld.

meg·a·byte *(rek., afk.:* Mb, MB, mbyte*)* megagreep.

meg·a·ceph·a·ly, meg·a·lo·ceph·a·ly grootskedeligheid, =hoofdigheid, =koppigheid. **meg·a·ce·phal·ic, meg·a·ceph·a·lous, meg·a·lo·ce·phal·ic** grootskedelig, =hoofdig, =koppig, grootkop=.

meg·a·cit·y megastad.

meg·a·cy·cle *(vero.)* megaperiode; *~s per second* megahertz.

meg·a·death eenmiljoen *(of* een miljoen) sterfgevalle/sterftes *(in 'n kernoorlog).*

meg·a·flop *(rek.: een miljoen wisselpuntopdragte per sek.)* megawop.

meg·a·hertz *(simb.:* MHz*)* megahertz.

meg·a·lith *(argeol.)* megaliet, reuseklip. **meg·a·lith·ic** megalities.

meg·a·li·tre, *(Am.)* **meg·a·li·ter** *(een miljoen liter)* megaliter.

meg·a·lo= *komb.vorm* megalo=.

meg·a·lo·ceph·a·ly, meg·a·lo·ce·phal·ic →MEGACEPHALY, MEGACEPHALIC.

meg·a·lo·ma·ni·a megalomanie, grootheidswaan(sin); megalomanie, magsbeheptheid, =belustheid, =wellus, magsug. **meg·a·lo·ma·ni·ac** *n.* megalomaan, =maniak, iem. wat aan grootheidswaan(sin) ly; megalomaan, =maniak, magsbehepte, =beluste, =wellusteling, magsugtige, magvraat; *be a ~* aan grootheidswaan(sin) ly; magsbehep/magsugtig/magsbelus wees. **meg·a·lo·ma·ni·ac** *adj.* megalomanies; magsbehep, magsugtig, magsbelus.

meg·a·lop·o·lis megalopolis, reusestad. **meg·a·lo·pol·i·tan** *n.* megalopolitaan. **meg·a·lo·pol·i·tan** *adj.* megalopolitaans.

meg·a·lo·saur, meg·a·lo·sau·rus *(paleont.)* megalosourus, megalosouriër.

meg·a·mil·lion·(n)aire multimiljoenêr.

meg·a·phone *n.* megafoon, spreektrompet; *(sk.)* skeepsroeper. **meg·a·phone** *ww.* deur 'n megafoon/spreektrompet praat/roep.

meg·a·scope *(hist.: soort towerlantern)* megaskoop.

meg·a·spore, mac·ro·spore *(bot.)* megaspoor, makrospoor.

me·gass(e) →BAGASSE.

meg·a·star *(infml.)* megaster. **meg·a·star·dom** megasterstatus.

meg·a·store megawinkel.

meg·a·ton(ne) *(plofkrag- en massaeenheid, afk.:* mt*)* megaton.

meg·a·volt *(afk.:* MV*)* megavolt.

meg·a·watt *(afk.:* MW*)* megawatt.

Meg·ger *(elek., handelsnaam)* Megger.

me·gilp, ma·gilp *(kuns)* megilp, magilp.

meg·ohm *(simb.:* MΩ*)* megohm.

me·grim *(arg.)* (skeel)hoofpyn; gier, nuk, gril; *(i.d. mv.)* swaarmoedigheid.

mei·o·sis =*oses, (biol.)* reduksiedeling, rypingsdeling, meiose; *(ret.)* →LITOTES. **mei·ot·ic** meioties.

Meis·sen (chi·na) Saksiese porselein.

Meis·ter·sing·er *(D., mus., hist.)* meestersanger.

mel *(farm.)* heuning.

mel·a·mine melamien. ~ **(resin)** melamien(hars).

mel·an·chol·y *n.* swartgalligheid, swaarmoedigheid, droefgeestigheid, melancholie, melankolie. **mel·an·chol·y** *adj.* swartgallig, swaarmoedig, weemoedig, droefgeestig, melancholies, melankolies, treurig, donker, droef. **mel·an·cho·li·a** swartgalligheid, swaarmoedigheid, droefgeestigheid, melancholie, melankolie; *(vero.)* depressie, depressiwiteit, terneergedruktheid. **mel·an·chol·ic** *n.* melancholikus, melankolikus, swaarmoedige. **mel·an·chol·ic** *adj.* swartgallig, swaarmoedig, droefgeestig, melancholiek, melankoliek.

Mel·a·ne·si·a *(geog.)* Melanesië. **Mel·a·ne·sian** *n.* Melanesiër. **Mel·a·ne·sian** *adj.* Melanesies.

me·lange, mé·lange mengsel, mélange.

mel·a·nin melanien.

mel·a·nism *(hoofs. soöl.)* melanisme, donker velkleur/huidskleur. **mel·a·nis·tic, me·lan·ic** melanisties, donker.

mel·a·nite *(min.)* melaniet, swart granaatsteen.

mel·a·no·ma =*mas,* =*mata, (med.)* melanoom, gewas met swart pigment.

mel·a·no·sis =*oses, (med.)* melanose, swartwording. **mel·a·not·ic** melanoties.

mel·an·u·ri·a melanurie; *(veearts.)* swartwater.

Mel·ba: *peach* ~ perske-Melba, perskemelba. **m~ finch** *(Pytilia melba)* gewone melba, melbasysie. ~ **toast** melbaroosterbrood.

Mel·chite, Mel·kite *n., (Chr., Midde-Ooste)* Melkiet. **Mel·chite, Mel·kite** *adj.* Melkities.

Mel·chiz·e·dek *(OT)* Melgisedek.

meld saamsmelt, ineensmelt, saamvloei, in mekaar oorgaan.

Mel·e·a·ger *(Gr. digter)* Meleager, Meleagros.

me·lee, *(Fr.)* **mê·lée** mêlée, handgemeen; skermutseling; maling, gemaal, gestoei; gespook, spokery.

mel·ic *(pros.)* sang=.

mel·ick (grass) *(Melica nutans)* pêrelgras; *(Melica decumbens)* dronkgras; *(Melica racemosa)* haakgras.

mel·i·lot *(bot.)* heuningklawer, meliloot(klawer).

mel·i·nite *(plofstof)* meliniet.

mel·io·rate, mel·io·ra·tion, mel·io·ra·tive *(fml.)* →AMELIORATE, AMELIORATION, AMELIORATIVE.

mel·io·rism *(filos.)* meliorisme. **mel·io·rist** melioris.

me·lis·ma =*mata,* =*mas, (mus.)* melisma. **mel·is·mat·ic** melismaties.

mel·lif·er·ous, mel·lif·ic heuninggewend, =draend.

mel·lif·lu·ous, mel·lif·lu·ent heuningsoet; soetvloeiend. **mel·lif·lu·ous·ness, mel·lif·lu·ence** soetvloeiendheid.

mel·lite *(min.)* heuningsteen, melliet.

mel·low *adj.* gemoedelik, ontspanne, rustig, kalm, bedaard; hartlik, joviaal; vrolik, aangeklam; sag, mals; mollig *(wyn, brandewyn, ens.);* ryk, vrugbaar *(grond); (arg.)* soet, ryp, sappig *(vrugte);* ~ ***age*** ryp leeftyd; ~ ***cigar*** malse sigaar; ~ ***mood*** gemoedelike stemming; ~ ***notes*** mollige klanke; ~ ***wine,*** *(ook)* volronde wyn. **mel·low** *ww.* ryp word, ryp; sag(ter)/week word; versag, ryp/sag maak; temper, versag; laat lê *(wyn);* ~ *out, (Am., sl.)* ontspan; bedaar, kalm word.

mel·low·ness rypheid; sagtheid; malsheid; molligheid.

me·lo·de·on, me·lo·di·on *(mus.instr.)* melodeon.

me·lod·ic melodies. ~ **minor (scale)** *(mus.)* melodiese mineurtoonleer.

me·lod·i·ca *(mus.instr.)* melodika.

me·lo·di·ous *adj.*, **me·lo·di·ous·ly** *adv.* welluidend, soetklinkend, klankryk, sangerig, melodieus, skoonklinkend; melodies. **me·lo·di·ous·ness** welluidendheid, sangerigheid.

mel·o·dise, -dize 'n melodie komponeer; melodieus/welluidend maak.

mel·o·dist melodiekomponis, -skrywer.

mel·o·dra·ma melodrama. **mel·o·dra·mat·ic** *adj.* melodramaties. **mel·o·dra·mat·ics** *n.* melodrama, teatrale gedrag/optrede. **mel·o·dram·a·tise, -tize** tot 'n melodrama maak. **mel·o·dram·a·tist** skrywer van melodramas.

mel·o·dy melodie, (sang)wysie; gesang; →MELODIC, MELODIOUS, MELODISE, MELODIST.

mel·o·ma·ni·a melomanie, versotheid op musiek.

mel·on spanspek; ***bitter*** ~ karkoer; ***mango*** ~ lemoenspanspek; ***sweet*** ~ spanspek; ***wild*** ~ makataan, tsamma; ***winter*** ~ winterspanspek. ~ **apple** lemoenspanspek. ~ **preserve** waatlemoenstukke. ~ **spurge** *(Euphorbia meloformis)* eselspol.

Me·los, *(Gr.)* **Mí·los** *(geog.)* Melos, *(Gr.)* Mílos.

melt *n.* smeltsel; gesmelte metaal; *on the* ~ aan die smelt. **melt** *-ed -ed/molten, ww.* smelt; giet; oplos; ontdooi; versmelt; *(kleure)* vervloei; verteder, vermurf, versag; verteder word; →MELTING, MOLTEN; ~ ***away*** wegsmelt; ~ *s.t.* ***down*** iets (ver)smelt; iets uitbraai; ~ ***into*** ... tot ... versmelt; geleidelik in/tot ... oorgaan; ~ ***into tears*** in trane versmelt; *it ~s in one's/the* ***mouth*** dit smelt in die/jou (*of* ['n] mens se) mond, dit smelt op die/jou (*of* ['n] mens se) tong; ~ *s.t.* ***out*** iets uitbraai. **~down** *n.* smelting *(in 'n kernreaktor); (han.)* inploffing *(v. 'n onderneming ens.); (infml.)* ineenstorting, ondergang, katastrofe, ramp. **~water(s)** smeltwater.

melt·er smelter.

melt·ing *n.* smelting, (die) smelt. **melt·ing** *adj.* smeltend, smelt-; smagtend, roerend, vertederend; vertederd; ~ *melody* strelende wysie; ~ *moment* aandoenlike oomblik; smelt-in-die-mond-koekie, smeltkoekie. ~ **crucible** smeltkroes. ~ **furnace** smeltoond. ~ **heat** smelthitte. ~ **house** smeltery. ~ **point** smeltpunt. ~ **pot** *(lett.)* smeltpot; *(fig)* smeltkroes *(v. kulture); be in the ~, (fig.)* deur die smeltkroes gaan; in die wordingstadium wees/verkeer. ~ **shop** smeltery.

mel·ton *(tekst.)* melton. ~ **cloth** melton.

mem·ber lid; lidmaat *(v. 'n kerk); afgevaardigde; deel; part, afdeling; tak; raamdeel *(v. 'n motor); (arg.)* liggaamsdeel; *(arg.)* ledemaat; *(arg.: penis)* roede, manlikheid; ~ *of* ***Christ*** Christen; *the ~* ***for*** *..., (parl.)* die lid vir ... *(naam v. 'n kiesafdeling);* ***list*** *of ~s* ledelys; *s.o. is a ~* ***of*** ... iem. is lid van ... *('n liggaam, vereniging, ens.);* *~s* ***only*** net/slegs lede, net vir lede, vir lede alleen; *~ of* ***Parliament,*** *(gew. M~, afk.:* MP*)* parlementslid; *be a* ***permanent*** *~ of* ... 'n vaste lid van ... wees *(d. Veiligheidsraad ens.).* ~ **body** lidliggaam. ~ **church** lidkerk. ~ **country** lidland. ~ **nation,** ~ **state** lidstaat, -land.

mem·ber·ship lidmaatskap; ledetal; lede; ~ *is open to* ... die lidmaatskap staan oop vir ...; as lid word opgeneem ...; *resign one's ~ of* ... as lid van ... bedank, uit ... bedank. ~ **card** lidmaatskapskaart, bewys van lidmaatskap, ledekaart. ~ **fee** lidgeld, ledegeld, lidmaatskapsgeld, intreegeld, toetredingsgeld. ~ **identification** lidmaatskapsbewys. ~ **list** ledelys. ~ **(strength)** ledetal.

mem·bra·na·ceous →MEMBRANOUS.

mem·brane membraan, vlies, weefsel; vel, perkament. ~ **bone** dekbeen.

mem·bra·nous, mem·brane·ous, mem·bra·na·ceous vliesagtig, vlieserig, vliesig; vliesvormig.

Me·mel *(geog.), (D.)* Memel (→KLAIPEDA); *(SA)* Memel. ~ **(river)** *(onderloop v.d. Njemen)* Memel(rivier) (→NEMAN).

me·men·to *-to(e)s* herinnering, aandenking, memento, gedagtenis. ~ **mori** *(Lat.: doodsherinnering)* memento mori.

mem·o *-os, (infml.)* memo; →MEMORANDUM. ~ **book** sakboekie.

mem·oir gedenkskrif, (lewens)berig; verhandeling; *(i.d. mv.)* gedenkskrifte, memoires; lewensbeskrywing; handelinge.

mem·o·ra·bil·i·a *n. (mv.)* gedenkwaardighede; gedenkskrifte.

mem·o·ra·ble gedenkwaardig, onvergeetlik, heuglik. **mem·o·ra·bil·i·ty, mem·o·ra·ble·ness** gedenkwaardigheid, onvergeetlikheid, heuglikheid.

mem·o·ran·dum *-da, -dums* memorandum, nota; aantekening; berig; ~ *of association* →ASSOCIATION. ~ **book** dagboek; sakboekie.

me·mo·ri·al *n.* gedenkteken; aandenking; gedenkstuk; herdenking; gedenkskrif; herinnering; aantekening, nota; versoekskrif, petisie, klagskrif; *a ~ to* ... 'n gedenkteken vir ... **me·mo·ri·al** *adj.* herdenkings-, herinnerings-; gedagtenis-, gedenk-; ~ ***arch*** gedenkboog; ~ ***ceremony*** herdenkingsfees; ~ ***column*** grafsuil; ~ ***day*** gedenkdag, herdenkingsdag; ~ ***service*** gedenkdiens; roudiens; ~ ***stone*** gedenksteen; ~ ***tablet/plaque*** gedenkplaat, herdenkingsplaat. **M~ Day** *(Am.)* Memorial Day, Nasionale Roudag, Nasionale Dag van Rou.

me·mo·ri·al·ise, -ize herdenk, vier.

me·mo·ri·al·ist berigskrywer; petisionaris, memorialis.

me·mo·ri·a tech·ni·ca *(Lat.)* eselsbrug, geheuebrug, -hulp.

mem·o·rise, -rize van buite (*of* uit jou/die kop [uit]) leer, memoriseer; in die geheue prent; opteken. **mem·o·ri·sa·tion, -za·tion** memorisasie, memorisering.

mem·o·ry geheue; herinneringsvermoë; aandenking, (na)gedagtenis; heugenis; herinnering; *of* ***blessed*** *~* van salige (na)gedagtenis, saliger (gedagtenis); ***commit*** *s.t. to ~* iets van buite (*of* uit jou/die kop [uit]) leer, iets memoriseer; *if my ~ does not* ***deceive*** *me* (*or* ***play*** *me false)* as my geheue my nie bedrieg (*of* parte speel) nie; *s.t. is* ***engraved/etched*** *in/on* (*or* ***printed*** *on) s.o.'s ~* iets is/staan in iem. se geheue (in)gegrif/(in)geprent; *the ~ of ... has* ***faded*** die herinnering aan ... het vervaag; *quote/repeat/etc.* ***from*** *~* uit die hoof aanhaal/opsê/ens.; *a* ***good*** *~* 'n goeie geheue; *keep the ~* ***green*** die herinnering lewendig hou; *keep s.o.'s ~* ***green*** iem. in liefde gedenk; ***in*** (*or* ***to the***) *~ of ...* ter (na)gedagtenis aan/van ...; ter aandenking/herinnering aan ...; ***jog/prod*** *s.o.'s ~* iem. aan iets herinner; ***live in the*** *~* in die herinnering (voort)leef/(voort)lewe; *in/within* ***living*** *~* sedert/by menseheug(e)nis; *have a* ***long*** *~* 'n goeie geheue hê, lank van onthou wees; *in* ***loving*** *~* in liefdevolle herinnering; *the ~* ***of*** *...* die herinnering aan ...; *if my ~ does not* ***play*** *me false* →***deceive; print*** *s.t. on one's ~* iets in jou geheue prent; *s.t. is* ***printed*** *on s.o.'s ~* →***engraved/etched; prod*** *s.o.'s ~* →***jog; recall*** *memories* (ou) herinnerings ophaal; ***refresh*** *one's ~* →REFRESH; *have a* ***retentive*** *~* 'n goeie/sterk/taai geheue hê, goed van onthou wees; ***sacred*** *to the ~ of* ... gewy aan die nagedagtenis van ...; *if my ~* ***serves*** as ek dit wel het, as ek my goed herinner, as my geheue my nie bedrieg (*of* parte speel) nie; *have a* ***short*** *~* 'n kort geheue hê, kort van gedagte wees; *s.t.* ***sinks*** *into s.o.'s ~* iets bly in iem. se geheue (geprent); *s.t.* ***slipped*** *s.o.'s ~* iem. het iets vergeet, iets het iem. ontgaan; *s.t. is* ***stamped*** *on s.o.'s ~* iets is in iem. se geheue gegrif/(in)geprent; *s.t.* ***stands out*** *in s.o.'s ~* iets staan iem. nog duidelik/helder voor oë (*of* die gees); *s.t.* ***sticks*** *in s.o.'s ~* iets bly iem. by, iem. onthou iets; ***tax*** *one's ~* goed nadink, probeer onthou, jou geheue inspan; *a* ***tenacious*** *~* 'n sterk/taai geheue; *a* ***treacherous*** *~* 'n onbetroubare geheue; *an* ***unretentive*** *~* 'n slegte/swak geheue. ~ **aid** eselsbrug(gie), geheuebrug, -hulp. ~ **bank** *(rek.)* geheue-, databank. ~ **card** *(rek.)* geheuekaart. ~ **expansion card** *(rek.)* geheue-uitbreidingskaart. ~ **lane** *(fig., skerts.): take a trip down ~ ~* in die tyd terugreis, op 'n nostalgietoer gaan. ~ **training** geheueleer, -kuns, -oefening, -skoling, mnemo(teg)niek. ~ **work** geheuewerk.

Mem·phis *(geog.)* Memphis, Nof *(in Eg.);* Memphis *(in Am.).*

mem·sa·hib *(Ind., vero. aanspreekvorm)* mevrou.

men *n. (mv.)* →MAN *n.; ~'s* ***clothes*** mansklere, -kleding; *~'s* ***doubles,*** *(tennis)* mansdubbelspel; *~'s* ***section*** mansafdeling; *~'s* ***shoes*** manskoene; *~'s* ***shop*** manswinkel; *~'s* ***singles,*** *(tennis)* mansenkelspel. **~folk** mansmense. **~swear** mansklere, -kleding.

men·ace *n.* bedreiging, gevaar; dreigement; dreiging; *be a ~ to* ... 'n bedreiging/gevaar vir ... wees. **men·ace** *ww.* dreig, bedreig. **men·ac·ing** dreigend, onheilspellend; ~ *letter* dreigbrief.

me·nad →MAENAD.

mé·nage huisgesin, huishouding. ~ **à trois** *ménages à trois, (Fr.: man, vrou en minnaar/minnares)* ménage à trois.

me·nag·er·ie diereversameling, (klein) dieretuin.

Me·nan·der *(Gr. dramaturg, ?342-?292 v.C.)* Menander, Menandros.

men·a·qui·none, vit·a·min K$_2$ *(biochem.)* menakinoon, vitamien K$_2$.

men·ar·che menarg, eerste maandstonde.

mend *n.* las(plek); stopplek; *s.o. is on the ~* iem. word beter/gesond, iem. is besig om gesond te word, iem. herstel. **mend** *ww.* heelmaak, regmaak, verbeter, herstel, opknap, repareer; lap; las; verstel, lap en stop; stop *(kouse);* gesond/beter word, herstel; →MENDING; ~ *or end* verbeter of afskaf; *you have to ~ or* ***end*** jy moet swem of sink; ~ *(one's)* ***fences*** *(with s.o.),* →FENCE *n.;* ~ *the* ***fire*** hout op die vuur sit; ~ *one's* ***manners*** jou beter gedra; ~ ***matters*** sake regstel/verbeter; *that won't ~* ***matters*** daarvan word dit nie beter nie; ~ *one's* ***pace*** gou maak, aanstap; ~ *one's* ***ways*** →CHANGE ONE'S WAYS. **mend·a·ble** herstelbaar; verstelbaar *(klere).* **mend·er** heelmaker, hersteller, versteller; opknapper; stopper; →INVISIBLE MENDER.

men·da·cious leuenagtig, vals. **men·da·cious·ness** leuenagtigheid. **men·dac·i·ty** leuenagtigheid, valsheid; leuen, onwaarheid; liegery, gelieg.

men·de·le·vi·um *(chem., simb.:* Md*)* mendelevium, mendelewium.

Men·del·ism, Men·de·li·an·ism *(biol.)* Mendelisme. **Men·de·li·an** *n.* Mendeliaan. **Men·de·li·an** *adj.* Mendeliaans.

men·di·cant *n.* bedelmonnik; *(w.g.)* bedelaar. **men·di·cant** *adj.* bedelend, arm, bedel-; ~ *friar* bedelmonnik; ~ *order* bedelorde. **men·di·can·cy, men·dic·i·ty** bedelary, armoede, bedelstaf; *reduce s.o. to ~* iem. tot die bedelstaf bring.

mend·ing verbetering; (die) stop/heelmaak; herstelling, herstelwerk, opknapping; reparasie; verstelwerk, (lap- en) stopwerk; stopgoed; →INVISIBLE MENDING; *s.o.'s boots want ~* iem. se stewels moet reggemaak word. ~ **basket** werkmandjie. ~ **(wool)** stopwol. ~ **yarn** stopgare, -garing.

Men·e·la·us *(Gr. mit.)* Menelaos.

men·ha·den *(igt.: Brevoortia tyrannus)* Noord-Atlantiese marsbanker/ma(a)sbanker.

men·hir *(argeol.)* menhir, (druïdiese) suil.

me·ni·al *n.* diensbode, kneg, bediende, huurling, lakei. **me·ni·al** *adj.* slaafs, knegs; gering, laag; diens-; bediende-; ~ *services* kneg(s)dienste.

men·i·lite *(min.)* meniliet, leweropaal.

me·nin·ges *n.* (mv.; ekv. meninx) harsing- en rugmurgvliese, meninges. **me·nin·ge·al** meningeaal.

me·nin·gism *-gisms,* **men·in·gis·mus** *-gismi, (med.)* meningisme, meningismus, harsingvliesgeprikkeldheid.

men·in·gi·tis *(med.)* meningitis, harsing-en-rugmurgvlies-ontsteking, ruggraatkoors; →CEREBRAL/CEREBROSPINAL/SPINAL MENINGITIS. **men·in·git·ic** meningities.

me·nin·go *komb.vorm., (med.)* meningo-, harsing-en-rugmurgvlies-. **~coccus** *-cocci* meningokokkus. **~encephalitis** meningoënkefalitis, meningoënsefalitis, meningo-ensefalitis/enkefalitis.

me·nis·cus *-nisci* meniskus, (half)maanlens; halfmaanvorm; *(anat.)* kraakbeenskyf.

Men·non·ite *n., (lid v. 'n Chr. sekte)* Mennoniet, Mennonis, Mennis, Doopsgesinde. **Men·non·ite** *adj.* Mennonities, Doopsgesind. **Men·no·nit·ism** Mennonisme.

me·nol·o·gy (Grieks-Ortodokse) kerkkalender, menologie.

men·o·pause menopouse, oorgangsjare, lewensoorgang, oorgangsleeftyd. **men·o·paus·al** menopousaal, klimakteries.

me·no·rah *(Jud.: sewearmige kandelaar)* menora.

men·or·rha·gi·a *(oorvloedige menstruasie)* menoragie.

men·or·rhoe·a *(normale menstruasie)* menorree.

Men·sa *(vereniging vir mense met 'n baie hoë IK)* Mensa.

men·sal[1] *(w.g.)* tafel=.

men·sal[2] *(w.g.)* maandeliks.

men·ses *n. (mv.)* maandstonde, menstruasie.

Men·she·vik *(hist.)* Mensjewiek, Mensjewis. **Men·she·vism** Mensjewisme. **Men·she·vist** *n.* Mensjewis. **Men·she·vist** *adj.* Mensjewisties.

mens re·a *(Lat., jur.)* laakbare gesindheid; verwytbare geestesgesteldheid; misdadige opset; *(in wyer sin)* skuld.

men·stru·al maandeliks; menstrueel. ~ **cycle** menstruele siklus.

men·stru·ate menstrueer. **men·stru·a·tion** maandstonde, menstruasie.

men·stru·um =*strua* menstruasie, maandstonde; *(arg.)* oplosmiddel.

men·sur·a·ble (af)meetbaar, begrens; mensurabel, meetbaar; *(mus.)* →MENSURAL. **men·sur·a·bil·i·ty** meetbaarheid.

men·su·ral mensuraal, meet=, maat=; ~ *music* mensurale musiek.

men·su·ra·tion meting; meet; meetkuns; oppervlakte- en inhoudsberekening.

=**ment** *suff. (vorm n.)* =ing; *abridge~* verkorting; beperking; uittreksel, kortbegrip; *embank~* (dam)wal, dyk; indyking, afdamming; ophoging; *enjoy~* genieting, genot, behae, vermaak, plesier, pret, lekkerte; *environ~* omgewing; *govern~* regering; *measure~* (op)meting; afmeting; maat; inhoud.

men·tal[1] geestelik, gees(tes)=; verstandelik, verstands=; *(infml., neerh.)* getik, mal; ~ ***activity*** psigiese aktiwiteit, geesteswerksaamheid; ~ ***age,*** *(psig.)* verstandsouderdom, verstandelike leeftyd, intelligensieleeftyd; ~ ***appreciation*** ongeskrewe waardering; ~ ***arithmetic*** hoofrekene; ~ ***attitude*** denkwyse, geesteshouding; *have a* ~ ***block** about* ... ... is vir jou 'n sielkundige struikelblok, jou verstand staan botstil as dit by ... kom; *be a* ~ ***case*** sielsiek wees; ~ ***condition/state*** geestesgesteldheid, =toestand; verstandelike toestand; ~ ***confusion*** begripsverwarring; ~ ***cruelty*** geestelike mishandeling/teistering; ~ ***defect*** geestesgebrek; ~ ***defective*** →MENTALLY RETARDED PERSON; ~ ***deficiency*** →MENTAL RETARDATION; ~ ***derangement*** geestesversteuring, geestesteurnis; ~ ***disease/illness/disorder*** geestesongesteldheid, geestesiekte, geestesversteuring, sielsiekte; ~ ***exercise*** denk=, harsingoefening; ~ ***experience*** sielservaring; ~ ***faculties*** geestesgawe(s), geesvermoëns; ~ ***gifts*** geestesgawe(s); ~ ***gymnastics,*** *(fig.)* verstandsgimnastiek; ~ ***handicap*** geestelike/verstandelike gestremdheid; ~ ***healer*** geloofsgeneser; ~ ***healing*** geloofsgenesing; ~ ***health*** geestesgesondheid; ~ ***home/hospital/institution*** psigiatriese inrigting/hospitaal; ~ ***hygiene*** geesteshigiëne; ~ ***illness*** →***disease/illness/disorder;*** ~ ***image*** geestesbeeld; ~ ***nerve*** harsingvliessenu(wee); *make a* ~ ***note** of s.t.* iets in jou oor knoop (*of* in jou geheue prent); ~ ***nurse*** sielsiekeverpleegster, =verpleër; ~ ***patient*** geestesieke, sielsieke; ~ ***power*** geesteskrag, verstandelike vermoë; ~ ***reservation*** bygedagte, heimlike/versweë voorbehoud; ~ ***retardation,*** *(psig.)* verstandelike vertraging; ~ ***set*** →MINDSET; ~ ***state*** geestestoestand; ~ ***strain*** geestespanning; ~ ***suffering*** geesteslyding; ~ ***test*** verstandstoets; →INTELLIGENCE TEST; ~ ***torment/torture*** sielskwelling; ~ ***work*** verstands=, brein=, hoof=, kopwerk, geestesarbeid, geestelike arbeid.

men·tal[2] *(anat.)* van die ken, ken=; →MENTUM; ~ *suture* mentumnaat.

men·tal·ism *(filos.)* mentalisme. **men·tal·is·tic** *adj.,* =**ti·cal·ly** *adv.* mentalisties.

men·tal·i·ty mentaliteit, geestesgesteldheid, denkwyse; geestesvermoë(ns), geestelike vermoë(ns).

men·tal·ly geestelik; verstandelik; uit jou/die kop (uit); by jouself; in gedagte; ~ ***affected*** deurmekaar; ~ ***defective/deficient*** swaksinnig, agterlik; ~ ***deranged*** geestelik versteur(d); ~ ***deviate*** geestelik afwykend; ~ ***diseased/ill*** sielsiek; ~ ***disordered*** geestelik gekrenk; ~ ***disturbed*** geestelik versteur(d); ~ ***handicapped*** geestelik/verstandelik gestrem(d); ~ ***infirm*** kinds, swaksinnig; ~ ***retarded*** (verstandelik) vertraag; ~ ***retarded person*** (verstandelik) vertraagde.

men·ta·tion *(teg.)* psigiese aktiwiteit, geestelike werksaamheid, geesteswerksaamheid.

men·thane *(chem.)* mentaan.

men·thene *(chem.)* menteen.

men·thol mentol, pepermentkanfer, =kamfer. ~ **cone,** ~ **pencil** mentol=, migrainestif.

men·tho·lat·ed mentol=, met mentol.

men·thone *(chem.)* mentoon.

men·thyl *(chem.)* mentiel.

men·ti·cide geestesmoord, =vernietiging.

men·tion *n.* (ver)melding; opmerking; sprake; aanroering; ***honourable*** ~ eervolle vermelding; *get an* ***honourable*** ~ eervol vermeld word; ***make*** ~ *of* ... van ... melding maak; ***no*** ~ *of* ... geen vermelding van ... nie; *make* ***no*** ~ *of* ... geen melding (*of [fml.]* gewag) van ... maak nie, nie van ... melding maak nie, ... nie vermeld nie, ... verswyg; *the* ***very*** ~ *of the fact* die blote vermelding van die feit. **men·tion** *ww.* (ver)meld, (op)noem, aanhaal, praat/skryf/skrywe van, melding maak van, gewag maak van, aanroer, verwys na; *~ed in* ***dispatches*** eervol vermeld, met eervolle vermelding; ***don't*** ~ *it!* nie te danke!, tot u diens!; *I* ***may*** ~ *that* ... ek moet (ook) sê (*of* mag byvoeg) dat ...; dis ook van belang dat ...; ***not*** *to* ~ ... afgesien van (*of* wat nog te sê *of* laat staan) ..., om nie (eens/eers) van ... te praat nie; *too* ***numerous*** *to* ~ te veel om op te noem; *that* ***should*** *be ~ed* dit behoort vermeld te word; ~ *s.t.* ***to*** *s.o.* iets teenoor iem. noem; ~ *me* ***to*** ...! (sê) groete aan/vir ...!; ***worth*** *~ing* (ver)meldenswaardig, noemenswaardig; *not* ***worth*** *~ing* nie om van te praat nie.

men·tor raadsman, raadgewer, gids, leidsman, mentor.

men·tum =*ta, (anat.)* ken, mentum; *(entom.)* mentum.

men·u =*us* spyskaart, menu; *(rek.)* kies=, keuse=, opsielys, menu; *fish is off the* ~ die vis is op/gedaan; *on the* ~ op die spyskaart.

me·ow, mi·aou, mi·aow miaau.

Meph·i·bosh·eth *(OT)* Mefiboset.

Meph·i·stoph·e·les Mefistofeles. **Meph·is·to·phe·le·an, Meph·is·to·phe·li·an** Mefistofelies, Mefistofeliaans, duiwels, verleidend.

me·phi·tis stank, stiklug. **me·phit·ic, me·phit·i·cal** stinkend, giftig, verpestend.

=**mer** *suff. (vorm n.), (chem.)* =meer; *iso~* isomeer; *poly~* polimeer.

me·ran·ti *(houtsoort)* meranti.

mer·can·tile handels=, koop=, kommersieel; koopvaardy=; ~ ***law*** →COMMERCIAL LAW; ~ ***marine*** →MERCHANT NAVY; ~ ***navigation*** koopvaart; ~ ***system*** →MERCANTILISM; ~ ***theory*** leer van die merkantilisme; ~ ***usage*** handelsgebruik. **mer·can·til·ism** *(ekon., hoofs. hist.)* merkantilisme; *(w.g.)* kommersialisme. **mer·can·til·ist** *(hoofs. hist.)* merkantilis.

mer·cap·tan *(chem.)* merkaptaan; →THIOL.

Mer·ca·tor('s) pro·jec·tion *(kartogr.)* Mercatorprojeksie.

mer·ce·nar·y =*ies, n.* huursoldaat; *(w.g.)* huurling. **mer·ce·nar·y** *adj.* huur=; omkoopbaar; inhalig, baatsugtig, geldsugtig, veil; ~ *army* huurleër; ~ *marriage* geldhuwelik, huwelik om geld; ~ *troops* huurtroepe. **mer·ce·nar·i·ness** inhaligheid, geldsugtigheid.

mer·cer *(Br., hoofs. hist.)* weefstof=, tekstielhandelaar. **mer·cer·y** tekstielware, weefstowwe; weefstofhandel; tekstielwinkel.

mer·cer·ise, =ize *(tekst.)* verfklaar maak, merseriseer. **mer·cer·i·sa·tion, =za·tion** merserisering. **mer·cer·ised, =ized** gemerseriseer(d); ~ *cotton* merserhekelgare, =garing.

mer·chan·dise *n.* koopware, handelsware; *article of* ~ gebruiks=, handels=, verbruiksartikel. **mer·chan·dise** *ww.* op die mark bring. **mer·chan·dis·er** handelaar; afsetbeplanner.

mer·chant groothandelaar; *(hoofs. Am.)* kleinhandelaar, winkelier; *(hoofs. hist.)* handelaar, koopman, handelsman; *gossip* ~, *(infml., neerh.)* skinderbek; *speed* ~, *(infml., neerh.)* spoedvraat. ~ **bank** *(hoofs. Br.)* aksepbank. ~ **banker** aksepbankier. ~ **banking** aksepbankwese. ~ **class** →COMMERCIAL CLASS. ~ **cruiser** koopvaartkruiser. ~ **flag** handelsvlag, koopvaardyvlag. ~ **fleet,** *(Am.)* ~ **marine** →MERCHANT NAVY. ~**man** =*men* →MERCHANT SHIP. ~ **navy** handelsvloot, koopvaardyvloot. ~ **prince** handelsmagnaat. ~ **seaman** handelseeman. ~ **service,** ~ **shipping** koopvaardy, handelskeepvaart. ~ **ship** handelskip, handelsvaartuig, koopvaardyskip, koopvaarder. **M~ Shipping Act** Koopvaardywet.

mer·chant·a·ble verkoopbaar, gewild, in aanvraag; ~ *timber* handelshout.

Mer·ci·a *(geog., hist.)* Mercië.

mer·ci·ful genadig, barmhartig, medely(d)end, medeoënd; *be* ~ *to s.o.* iem. genadig wees, iem. genade betoon; *it was* ~ *of s.o. to do s.t.* iem. het genadig gehandel deur iets te doen. **mer·ci·ful·ly** genadiglik; gelukkig. **mer·ci·ful·ness** genadigheid, barmhartigheid.

mer·ci·less ongenadig, onbarmhartig, wreed, hard, genadeloos, meedoënloos. **mer·ci·less·ness** hardheid, wreedheid, onbarmhartigheid.

mer·cu·ri·al *n.* kwikmiddel. **mer·cu·ri·al** *adj.* lewendig, opgewek, gevat; wispelturig, onbestendig, onvoorspelbaar, vlugtig, veranderlik; beweeglik (van aard); kwikhoudend, kwik=; kwikagtig, kwiksilweragtig; ~ ***barometer*** bak=, kwikbarometer; ~ ***bath*** kwikbad; ~ ***column*** kwikkolom; ~ ***compound*** kwikverbinding; ~ ***disposition*** lewendige/opgewekte geaardheid; *~/**blue ointment*** kwik=, ruitersalf; ~ ***ore*** kwiksilwererts; ~ ***poisoning*** kwikvergiftiging; ~ ***thermometer*** kwiktermometer; ~ ***vapour*** kwikdamp. **mer·cu·ri·al·i·sa·tion, =za·tion** kwikbyvoeging, merkurering. **mer·cu·ri·al·ise, =ize** kwik byvoeg, met kwik behandel, merkureer. **mer·cu·ri·al·ism** kwikvergiftiging. **mer·cu·ri·al·i·ty, mer·cu·ri·al·ness** lewendigheid, vlugheid, veranderlikheid.

mer·cu·ric *(chem.)* kwikhoudend, kwik=; ~ *chloride* merkurichloried, kwiksublimaat; ~ *compound* merkuriverbinding, kwik-II-verbinding; ~ *salt* kwiksout.

mer·cu·rous *(chem.)* kwikhoudend, kwik=; ~ *compound* kwik-I-verbinding, merkuroverbinding.

Mer·cu·ry *(Rom. mit., astron.)* Mercurius.

mer·cu·ry *(chem., simb.: Hg)* kwik, kwiksilwer; *(bot.)* bingelkruid; →MERCURIAL, MERCURIC, MERCUROUS. ~ **compound** kwikverbinding. ~ **cure** kwikkuur. ~ **gas,** ~ **vapour** kwikdamp. ~ **vapour lamp** kwik(damp)lamp.

mer·cy genade, medely(d)e, barmhartigheid, erbarming, goedertierenheid, ontferming; seën, weldaad; geluk; *it's/that's* ***a*** ~ dis 'n seën/geluk; *be* ***at** the* ~ *of* ... in ... se mag wees, aan (die genade van) ... oorgelewer/uitgelewer wees; ***beg/plead** for* ~ om genade pleit/smeek; ***cast/throw** o.s. (up)on s.o.'s* ~ jou op iem. se barmhartigheid/genade beroep; *be* ***grateful/thankful** for small mercies* met min tevrede wees, dankbaar wees vir geringe seëninge; ***have*** ~ *on* ... jou oor ... ontferm; ***have*** ~ *on us!* wees ons genadig!, erbarm U oor ons!; *let* ~ *season* ***justice*** laat geregtigheid deur barmhartigheid getemper word; ***leave*** *s.o. to the* ~ *of* ... iem. aan die genade van ... oorlewer/uitlewer; ***leave***

s.t. to the ~ of ... iets aan ... prysgee; *s.t.* ***lies*** *at the ~ of ...* iets hang van die genade van ... af; *~ (me)!, (arg.)* goeie genade!; ***pray*** *for ~* (om) genade vra; *for ~'s* ***sake*** om godswil; ***show*** *s.o. ~,* ***show*** *~ to s.o.* iem. genadig wees, iem. genade betoon; *be* ***without*** *~* sonder genade wees. ~ **flight** noodvlug, reddingsvlug. ~ **killing** genadedood; →EUTHANASIA. ~ **seat** *(AV)* versoendeksel *(OAB); (Chr.)* genadetroon, troon van genade.

mere[1] *adj.* eenvoudig, bloot, (maar) net, louter, suiwer; *a ~* ***accident*** →ACCIDENT; *by the merest* ***chance*** →CHANCE *n.; s.o. is a ~* ***child*** →CHILD; *a ~* ***detail*** →DETAIL *n.; the ~* ***fact*** →FACT; *a ~* ***hundred*** 'n skrale honderd; ***the*** *~st ...* die kleinste/onbenulligste ...; *at the ~* ***thought*** *of it* →THOUGHT; *by a ~* ***toddler*** en dit nogal deur 'n bogkind/-snuiter. **mere·ly** net, bloot, louter, slegs, enkel, alleen, eenvoudig, sommer, sonder meer.

mere[2] *n., (hoofs. poët./liter.)* meer; vlei; moeras.

mere[3] *n., (dial.)* grens; grenspaal; grensklip.

mer·e·tri·cious oneg, bedrieglik; in die oog lopend, opsigtig; *(arg.)* hoeragtig, ontugtig. **mer·e·tri·cious·ness** onegtheid; opsigtigheid; *(arg.)* ontugtigheid.

mer·gan·ser *-ser(s),* **saw·bill** *(orn.)* saagbek, duikergans, botterbek; →GOOSANDER.

merge oplos, (laat) saamsmelt, ineensmelt; saamvloei, ineenvloei; verenig; versink; (laat) ondergaan; *be ~d in ...* in ... opgaan; in ... opgeneem word; *~ into ...* oorgaan in ...; *merging traffic* invloeiende verkeer. **merg·er** samesmelting; oplossing; fusie; *~ of debts* skuldvermenging.

mer·i·carp *(bot.)* merikarp, deelvruggie.

me·rid·i·an *n., (geog.)* meridiaan, lengtesirkel, middaglyn; *(astron.)* meridiaan(sirkel); middaghoogte; toppunt, hoogtepunt. **me·rid·i·an** *adj.* middag-, hoogste; hoogte-; *~ altitude* middaghoogte, meridiaanshoogte. ~ **circle** *(astron.)* meridiaankyker. ~ **(line)** middagkring, -lyn. ~ **passage** meridiaanoorgang.

me·rid·i·o·nal *n.* (Franse) suiderling. **me·rid·i·o·nal** *adj.* suidelik; middag-, meridionaal; Suid-Europees; *~ distance* lengteverskil.

me·ringue *(kookk.)* meringue, skuimpie, skuimkoekie. ~ **pie** skuimtert.

me·ri·no *-nos* merino(skaap); merino(stof). ~ **(sheep)** merino(skaap), mofskaap.

mer·i·stem *(bot.)* teelweefsel, meristeem. **mer·i·ste·mat·ic** meristematies.

mer·it *n.* verdienste, deug; verdienstelikheid, waarde; *(i.d. mv.)* verdienste, voordele, meriete; ***according*** *to ~* na/volgens verdienste/meriete; *there is no ~ in the* ***argument*** die redenering is van grond ontbloot; *the ~s of the* ***case*** die saak op sigself, die wesen(t)like van die saak; *the ~s and* ***demerits*** die voor en teë/teen; ***go*** *into the ~s of s.t.* op die meriete van iets ingaan; ***judge*** *s.t. on ~* (or *its [own] ~s*) iets op sigself beskou, iets na sy intrinsieke waarde beoordeel; ***literary*** *~(s)* letterkundige gehalte; *make a ~ of* ***necessity*** van die nood 'n deug maak; *have* ***no*** *~* waardeloos wees; *(in 'n hofsaak)* sonder grond wees; *see* ***no*** *~ in s.t.* geen heil in iets sien nie; ***on*** *~* na/volgens (*of* op grond van) verdienste/meriete; ***on*** *its ~s* volgens verdienste; *in* ***order*** *of ~* in volgorde van verdienste; ***without*** *~* waardeloos; *s.o./s.t. is not* ***without*** *~* iem./iets is nie onverdienstelik (*of* sonder verdienste) nie; *a* ***work*** *of ~* 'n verdienstelike werk. **mer·it** *ww.* werd wees, verdien; *~ well of the country* jou verdienstelik maak jeens die land. ~ **rating system** prestasiebeoordelingstelsel.

mer·it·ed welverdien(d).

mer·i·toc·ra·cy meritokrasie. **mer·i·to·crat·ic** meritokraties.

mer·i·to·ri·ous verdienstelik, lofwaardig; goed bedoel(d). **mer·i·to·ri·ous·ness** verdienstelikheid, verdienste, lofwaardigheid.

merl(e) *(Sk. of arg., orn.)* merel; →BLACKBIRD.

Mer·lin *(legendariese towenaar)* Merlyn.

mer·lin *(orn.)* steen-, dwergvalk, merlyn.

mer·lon merloen, kanteel(tand).

Mer·lot *(wynb., soms m~)* Merlot.

mer·maid meermin, seenimf; *~'s purse, (igt.)* eierkapsel, eier(om)hulsel *(by haaie en rôe).*

mer·man *-men* meerman.

mer·o- *komb.vorm* mero-; *~blastic* meroblasties; *~cyte* merosiet.

me·rot·o·my *(med.)* kliewing.

-mer·ous *komb.vorm, (biol.)* -delig, -ledig, -meer; *di~* tweedelig, -ledig; *poly~* veeltallig, -delig, polimeer; *tetra~* vierdelig, tetrameer.

Mer·o·vin·gi·an *n., (hist.)* Merowinger. **Mer·o·vin·gi·an** *adj.* Merowingies.

mer·ri·ly vrolik, prettig, lewendig, opgewek, opgeruimd, lekker, lustig.

mer·ri·ment vrolikheid, pret, lewendigheid, opgeruimdheid, plesier; laggery.

mer·ri·ness plesierigheid, vrolikheid; →MERRIMENT.

mer·ry vrolik, prettig, lewendig, opgewek, opgeruimd, plesierig, speels, spelerig, lustig; *(Br., infml.)* getrek, lekker, aangeklam; *~* ***Christmas/Xmas!*** geseënde Kersfees!; *as ~ as a* ***cricket*** so vrolik soos 'n voëltjie; ***get/grow*** *~, (Br., infml.)* aangeklam raak; *play ~* ***hell*** *with s.t.* →HELL; ***make*** *~* feesvier, fuif, vrolik wees, pret/jolyt maak; *the M~* ***Monarch****, (Karel II)* die Pretkoning; *the* ***more*** *the merrier* hoe meer siele, hoe meer vreugde; ***wax*** *~* vrolik word; *the M~* ***Wives*** *of Windsor, (blyspel v. Shakespeare)* die Vrolike Vroutjies van Windsor. ~ **andrew** *(arg.)* grapmaker; nar, hansworს. **~-go-round** mallemeule, draaimeule, rondomtalie; *(fig.)* maalkolk, mallemeule, maalstroom. **~maker** pretmaker, fuiwer, feesvierder. **~making** *n.* pret(makery), vrolikheid, feesviering, feestelikheid, fuif, fuiwery. **~thought** *(Br., vero.)* →WISHBONE.

me·sa *(geog.)* mesa, tafelkop.

mé·sal·li·ance *(Fr.)* mesalliance, ongelyke huwelik.

mes·cal *(alkoholiese drank)* meskal; *(bot.)* →MAGUEY. **mes·ca·lin(e)** *(dwelm)* meskalien.

mes·dames *n. (mv.)* →MADAME.

me·seems *(arg.)* →ME[1] *pron..*

me·sem *(SA, infml.)* →MESEMBRYANTHEMUM.

mes·em·bry·an·the·mum *(SA, bot.)* vygie. ~ **fruit** brakvy.

mes·en·ceph·a·lon *(anat.)* middelharsings, -brein.

mes·en·ter·on *-tera, (soöl.)* mesenteron, middelderm.

mes·en·ter·y *(anat.)* dermskeil, derm(hang)band, mesenterium. **mes·en·ter·ic** dermband-, dermskeil-, mesenteries, mesenteriaal; *~ artery* dermskeil-, dermbandslagaar. **mes·en·ter·i·tis** dermvliesontsteking.

mesh *n.* maas; oog; netwerk; stofdigtheid; strik, val; inkamming; *in ~, (ratte)* ingekam, ingeskakel; *be caught in s.o.'s ~es, (fig.)* in iem. se net verstrik raak. **mesh** *ww.* (in 'n net) vang; verstrik; maas; *(ratte)* inkam, ineengryp, inskakel; *s.t. ~es with ...* iets skakel by ... in *(planne ens.).* ~ **adjustment** kamverstelling. ~ **connection** veelhoekverbinding. ~ **(fabric)** maasstof. ~ **paper** netpapier. ~ **reinforcement** maaswapening. ~ **stitch** maassteek. ~ **stocking** maaskous. ~ **weave** maasbinding. ~ **wire** maasdraad. ~ **work** netwerk, maaswerk.

Me·shach *(OT)* Mesag.

me·shu(g)·ga *(<Jidd., infml.)* mal, gek.

mesh·y geknoop; netagtig.

me·si·al *(anat.)* middel-.

mes·mer·ise, -ize betower, bekoor; *(arg.)* hipnotiseer. **mes·mer·ic** mesmeries; *(arg.)* hipnoties. **mes·mer·ism** *(psig., hist.)* mesmerisme, hipnotisme; dierlike magnetisme. **mes·mer·ist** hipnotiseur.

mesne *(jur.)* tussen-; *~ lord, (Br., hist.)* onderleenheer.

me·so- *komb.vorm* meso-.

mes·o·blast *(embriol.)* mesoblas(t), middel(laag)kiemsel.

mes·o·carp *(bot.)* mesokarp, middelvrugwandlaag.

mes·o·ce·phal·ic *(anat.)* mesosefalies, -kefalies.

mes·o·derm *(embriol.)* middelhuid, mesoderm.

mes·o·gle·a, mes·o·gloe·a *(soöl.)* mesoglea, sponsselei.

Mes·o·lith·ic *adj., (argeol.)* mesolities.

mes·o·morph *(fisiol.)* mesomorf.

mes·on *(fis.)* meson.

mes·o·pause *(met.)* mesopouse.

mes·o·phyll *(bot.)* mesofil, bladmoes.

mes·o·phyte *(bot.)* mesofiet, klamgrondplant.

Mes·o·po·ta·mi·a *(geog., hist.)* Mesopotamië, die Tweestromeland. **Mes·o·po·ta·mi·an** *n.* Mesopotamiër. **Mes·o·po·ta·mi·an** *adj.* Mesopotamies.

mes·o·so·ma, mes·o·some *-somata, (soöl.)* mesosoom.

mes·o·sphere *(met.)* mesosfeer.

mes·o·tho·rax *(entom.)* middelbors(segment).

mes·o·tron *(vero.)* →MESON.

mes·o·var·i·um *(anat.)* mesovarium, eierstokband.

Mes·o·zo·ic *n.: the ~* die Mesosoïkum. **Mes·o·zo·ic** *adj., (geol.)* Mesosoïes.

mes·quit(e), mes·quit(e) *(bot.)* mesquite. ~ **bean** mesquiteboon(tjie).

mess *n.* deurmekaarspul, gemors, warboel, harwar, wanorde; knoeiery, geknoei, gebrou; *(infml.)* vuilgoed; vuilheid; *(hoofs. mil.)* gemeenskaplike tafel/ete; menasie *(i.d. leër);* bak *(i.d. vloot);* gereg; *(arg.)* prut; pap; hondekos; ***get*** *into a ~* in die/'n verknorsing beland, jou lelik vasloop; ***I'm*** *a ~, (infml.)* ek lyk soos 'n voëlverskrikker; ***be in*** *a ~, ('n huis ens.)* totaal deurmekaar wees; ***make*** *a ~ of s.t.* iets verbrou/verknoei/verfoes; *a* ***nice/pretty*** *~, (infml.)* 'n pragtige gemors; *you have made a* ***nice/pretty*** *~ of things, (infml.)* jy het alles mooi verbrou; ***officers'*** *~* offisierstafel, -eetsaal, -menasie; *sell s.t. for a ~ of* ***pottage*** →POTTAGE. **mess** *ww.* knoei, verknoei, deurmekaar maak; bemors; *(hoofs. mil.)* (saam) eet; kos gee; tafelmaats wees; *~* ***about/around*** rondpeuter; *~* ***about/around*** *with s.o., (infml., hoofs. Am.)* die kat in die donker knyp; *~ s.o.* ***about,*** *(infml.)* iem. sleg behandel; *~* ***together*** saam eet; *~ s.t.* ***up,*** *(infml.)* iets deurmekaarkrap; iets verfoes/konfoes; iets verknoei; *~* ***with*** *s.o.* saam met iem. aansit/eet; *(infml.)* met iem. lol/sukkel, aan iem. karring. ~ **account** menasierekening. ~ **boy** *(sk.)* bakseun. ~ **caterer** menasiemeester. ~ **cook** *(sk.)* bakskok. **~deck** *(Br.)* →MESS ROOM. ~ **dinner** *(mil.)* formele ete. ~ **dress** *(mil.)* tafeltenue. ~ **gear** *(mil.)* eetgerei. ~ **hall** *(mil.)* menasie, eetsaal. ~ **jacket** *(mil.)* tafeluniform, tafel(tenue)baadjie. ~ **kit** *(mil., Br.)* tafeltenue; eetgerei. **~mate** *(mil.)* tafelmaat; *(sk.)* bak(s)maat. ~ **orderly** menasieordonnans. ~ **president** menasiesjef. ~ **room** *(mil.)* eetsaal; *(sk.)* eetkajuit. ~ **table** eettafel; menasietafel; *(sk.)* bak(s)tafel. ~ **tent** eettent, menasietent. ~ **tin** *(Br.)* eetblik, kosblik. **~-up** gemors.

mes·sage *n.* boodskap; berig; *(i.d. mv., hoofs. Sk.)* inkopies; →MESSENGER; ***get*** *the ~, (infml.)* begryp wat bedoel/verlang word, iets snap; ***give*** *s.o. a ~* iem. 'n boodskap gee; ***run*** *~s* boodskappe doen/dra; ***send*** *a ~* 'n boodskap stuur; ***take*** *a ~* 'n boodskap (aan)neem. **mes·sage** *ww.* berig, boodskap, meedeel; (oor)sein. ~ **switching** *(rek.)* boodskapskakeling.

Mes·sei·gneurs *n. (mv.)* →MONSEIGNEUR.

Mes·se·ne *(geog., hist.)* Messene. **Mes·se·ni·a** *(geog., hist.)* Messenië. **Mes·sen·i·an** *n.* Messeniër. **Mes·sen·i·an** *adj.* Messenies, Messeens.

mes·sen·ger boodskapper, bode; *(hoofs. hist.)* koerier, rapportryer, rapportganger, ordonnans; loper; oorbringer; gesant; *(sk.)* kabelaring, haaltou; *by ~* per bode; *~ of the court* geregsbode; *King's/Queen's ~, (Br.)* koninklike koerier. ~ **boy** bode, boodskapper. ~ **fee(s)** bodeloon. ~ **pigeon** posduif. ~ **RNA** *(biochem.)* bode-RNA, boodskapper-RNA. ~ **service** bodediens.

mes·si·ah messias; *the M~, (Jud., Chr.)* die Messias. **mes·si·ah·ship** messiasskap. **mes·si·an·ic** *(ook M~)* messiaans. **mes·si·an·ism** messianisme.

Mes·si·as: *the ~* →THE MESSIAH.

mes·sieurs *n. (mv.)* →MONSIEUR.

Mes·si·na *(geog.)* Messina.

mes·suage *(jur.)* geboue en erf, opstal.

mess·y vuil, morsig, smerig; slordig; wanordelik. **mess·i·ness** morsigheid, smerigheid; slordigheid; wanordelikheid.

met →MEET *ww.*.

met·a- *komb.vorm* meta-.

me·tab·o·lism metabolisme, stofwisseling. **met·a·bol·ic** metabolies, stofwisselend, stofwisselings-; ~ *product* metaboliet, stofwisselingsproduk. **me·tab·o·lise, -lize** metaboliseer, verwerk. **me·tab·o·lite** metaboliet, stofwisselingsproduk.

met·a·car·pus -*carpi, (anat.)* middelhand. **met·a·car·pal** *n.* middelhandbeen. **met·a·car·pal** *adj.* middelhand-; ~ *bone* middelhandbeen.

met·a·cen·tre, *(Am.)* **met·a·cen·ter** *(fis., skeepsbou)* metasentrum. **met·a·cen·tric** metasentries.

met·age meting; meetgeld.

met·a·gen·e·sis *(biol.)* metagenese, generasiewisseling. **met·a·ge·net·ic, met·a·gen·ic** metageneties.

met·al *n.* metaal; klipgruis, verharding, verhardingsmateriaal *(vir paaie)*; glasspys; skeepsgeskut; *(mus.)* →HEAVY METAL; *(i.d. mv. ook)* spoorstawe, treinspoor; →METTLE; ***base*** ~ onedele metaal; ***beat*** ~ metaal klop; ***leave*** *the* ~*s* ontspoor; ***precious*** ~ edele metaal; ***road*** ~ klipgruis. **met·al** *adj.* metale, metaal-. **met·al** -*ll*-, *ww.* (met metaal) beklee; metaal ingiet; metalliseer; verhard *('n pad)*; ~*led road* klipgruispad, verharde pad; ~*led surface* harde baan; verharde blad. ~ **cutter** metaalsnyer. ~ **detector** metaalverklikker. ~ **fatigue** metaalverswakking. ~ **founder** metaalgieter. ~ **saw** yster-, metaalsaag. ~ **sheet** metaalplaat. ~**ware** metaalware, -goedere. ~**work** metaalwerk; deurbeslag; *art* ~ edelsmeekuns. ~**worker** metaal(be)werker. ~**working** metaalbewerking;

met·a·lan·guage metataal.

met·a·lin·guis·tics *n. (fungeer as ekv.)* metalinguistiek.

me·tal·lic metaalagtig; metale, metaal-; metalliek; ~ ***bond*** metaalbinding; ~ ***click*** klikkende metaalgeluid *(v. 'n kwikbarometer)*; ~ ***cloth*** metaalstof; ~ ***currency*** klinkende munt; ~ ***lode*** metaalaar; ~ ***lustre*** metaalglans; ~ ***paint*** metaalverf; ~ ***poisoning*** metaalvergiftiging; ~ ***ring/sound*** metaalklank; ~ ***voice*** metale stem; ~ ***water*** mineraalwater.

met·al·lif·er·ous metaalhoudend.

met·al·line *(w.g.)* metaal-, metaalagtig; ~ *water* mineraalwater.

met·al·ling metallisering, verharding *(v. 'n pad)*; klipgruis.

met·al·lise, -lize, *(Am.)* **met·al·ize** metalliseer; met metaal oortrek/bedek/behandel. **met·al·li·sa·tion, -za·tion,** *(Am.)* **met·al·i·za·tion** metallisering, metallisasie.

met·al·list, *(Am.)* **met·al·ist** metaal(be)werker; *gold* ~, *(hist.)* voorstander van die goudstandaard.

me·tal·lo- *komb.vorm* metallo-, metaal-.

met·al·log·ra·phy metallografie, metaalbeskrywing. **met·al·lo·graph·ic** *adj.*, **met·al·lo·graph·i·cal·ly** *adv.* metallografies.

met·al·loid *n.* metalloïed, halfmetaal. **met·al·loid, met·al·loi·dal** *adj.* metalloïed, metaalagtig, halfmetaal-.

met·al·lur·gy, *(Am.)* **met·al·lur·gy** metallurgie, metaalkunde; metaalbewerking. **met·al·lur·gic, met·al·lur·gi·cal** metallurgies, metaalkundig. **met·al·lur·gist, met·al·lur·gist** metallurg, metaalkundige, metaalertskundige, metaalkenner; metaalbewerker.

met·a·mer *(chem.)* metameer.

met·a·mere →SOMITE.

met·a·mer·ic *(chem., soöl.)* metameries; ~ *segmentation, (soöl.)* metameriese segmentasie/verdeling, metamerie.

me·tam·er·ism *(chem., soöl.)* metamerie.

met·a·mor·pho·sis -*phoses, (soöl., fig.)* metamorfose, gedaante(ver)wisseling; *(mus.)* transformasie *(v. temas)*. **met·a·mor·phic** metamorf, metamorfies; ~ *rock* metamorfe gesteente. **met·a·mor·phism** *(geol.)* metamorfose, -morfie, -morfisme, struktuurverandering. **met·a·mor·phose** *(soöl.)* (van gedaante) verander; *(geol.)* metamorfoseer. **met·a·mor·phous** →METAMORPHIC.

met·a·phase *(biol.)* metafase.

met·a·phor metafoor, beeldspraak, beeld. **met·a·phor·ic, met·a·phor·i·cal** metafories, figuurlik. **met·a·phor·i·cal·ly** metafories, figuurlik.

met·a·phrase *n.* woordelik(s)e vertaling. **met·a·phrase** *ww.* woordelik(s) vertaal.

met·a·phys·ics *n. (fungeer as ekv.)* metafisika. **met·a·phys·i·cal** metafisies; bonatuurlik. **met·a·phy·si·cian** metafisikus.

met·a·pla·sia *(fisiol.)* metaplasie.

met·a·plasm *(biol., gram.)* metaplasma.

met·a·pol·i·tics *n. (fungeer as ekv.)* metapolitiek, abstrakte politiek.

met·a·psy·chol·o·gy metapsigologie.

met·a·sta·ble *(fis.)* metastabiel.

me·tas·ta·sis -*stases, (med.)* metastase, uitsaaiing; vormverandering. **met·a·stat·ic:** ~ *abscess* uitsaaiingsabses.

met·a·tar·sus -*tarsi, (anat.)* middelvoet. **met·a·tar·sal** *n.* middelvoetbeen. **met·a·tar·sal** *adj.* middelvoet(s)-.

me·tath·e·sis -*theses, (fonet.)* metatesis, klank-, letteromsetting, klank-, letterverspringing, -wisseling; *(chem.)* metatese, atoomomsetting.

met·a·tho·rax *(entom.)* agterbors(segment).

met·a·xy·lem *(bot.)* metaxileem, sentrale hout.

Met·a·zo·a *(soöl.)* Metasoë. **met·a·zo·an** *n.* metasoön. **met·a·zo·an, met·a·zo·ic** *adj.* metasoïes; ~ *disease* metasoësiekte.

mete[1] *ww., (fml.)* uitdeel, toedeel; toedien; *(Byb., poët., dial.)* (af/uit)meet; ~ *s.t. out* iets uitdeel *(straf ens.)*.

mete[2] *n., (hist.)* grens; grenspaal, baken.

met·em·pir·ics *n. (fungeer as ekv.)* metempiriese filosofie.

me·tem·psy·cho·sis -*choses* sielsverhuising, metempsigose.

me·te·or vallende/verskietende ster, meteoor; lugverskynsel; *(luminous)* ~ vuurbol. ~ **shower** *(astron.)* meteoorreën.

me·te·or·ic meteories, meteoor-; atmosfeer-; skitterend; *(fig.)* (verbasingwekkend) snel; ~ ***career*** verbasingwekkende loopbaan; ~ ***iron(stone)*** meteooryster(steen), spaatyster(steen), sideriet; ~ ***shower*** meteoorreën; ~ ***stone*** meteoorsteen; ~ ***water*** meteoriese water.

me·te·or·ism *(med.)* →TYMPANITES.

me·te·or·ite meteoriet, meteoorsteen.

me·te·or·o·graph *(met.)* meteorograaf. **me·te·or·o·gram** meteorogram.

me·te·or·oid *(astron.)* meteoroïed.

me·te·or·ol·o·gy weerkunde, meteorologie. **me·te·or·o·log·i·cal** weerkundig, weer-, meteorologies; ~ ***bureau/office*** weerburo; ~ ***report*** weerberig; ~ ***service*** weerdiens, weerkundige diens; ~ ***station*** weerstasie. **me·te·or·ol·o·gist** weerkundige, meteoroloog.

me·ter[1] *n.* meter, meettoestel, -apparaat. **me·ter** *ww.* meet; ~*ed calls* getelde oproepe; ~*ed parking bay* meterstaanplek, parkeerinham met ('n) meter; ~*ed period* (af)gemete tyd. ~ **inspector** meteropnemer, -inspekteur. ~ **maid** *(infml.)* boetebessie. ~ **reader** meteraflescr.

me·ter[2] *(Am.)* →METRE.

-me·ter *komb.vorm* -meter; *baro*~ barometer, weerglas; *penta*~ pentameter, vyfvoetige versreël.

me·ter·ing (die) meet *(met 'n meter)*.

meth·a·don(e) *(farm.)* metadoon.

meth·am·phet·a·mine *(farm.)* metamfetamien.

meth·a·nal *(chem.)* metanaal, formaldehied.

me·thane *(chem.)* metaan; moerasgas, myngas.

meth·a·no·ic ac·id →FORMIC ACID.

meth·a·nol *(chem.)* metanol, metielalkohol.

meth·a·qua·lone *(dwelmmiddel)* metakaloon; →MANDRAX.

meth·e·drine *(dwelmmiddel)* metedrien; →METHAMPHETAMINE.

me·theg·lin *(hist.)* mede, heuningbier.

me·thinks →ME[1] *pron.*.

me·thi·o·nine *(biochem.)* metionien.

meth·od metode, wyse, manier; leerwyse; procédé; werkwyse; stelsel, sisteem, sistematiek; orde, reëlmaat; ***according*** *to* (or ***by***) *a* ~ volgens 'n metode; ***apply/employ/follow/use*** *a* ~ volgens 'n metode te werk gaan; ~ *of* ***approximation*** benaderingsmetode; ~ *of* ***computation*** berekeningsmetode; ~ *of* ***construction*** boumetode, konstruksiemetode; ~ *of* ***healing*** geneeswyse; ~ *of* ***investigation*** metode van ondersoek; *there is* ~ *in s.o.'s* ***madness,*** *(fig., skerts.)* daar's berekening in iem. se malheid, daar steek logika in iem. se aweregse manier van doen; ~ *of* ***observation*** waarnemingsmetode; ~ *of* ***payment*** betaalwyse; ~ *of* ***play*** speelwyse; ~ *of* ***procedure*** werk(s)wyse; ***science*** *of* ~ metodologie, metodiek; ~ *of* ***use*** gebruikswyse. ~ **acting** method-toneelspel. ~ **actor,** ~ **actress** methodakteur, -aktrise.

mé·thode cham·pe·noise *(Fr., wynb.)* méthode champenoise.

me·thod·i·cal, me·thod·ic metodies, stelselmatig, sistematies.

meth·od·ise, -ize *(w.g.)* stelselmatig behandel, metodies rangskik.

Meth·od·ism *(Chr.)* Metodisme.

Meth·od·ist *n.* Metodis. **Meth·od·ist** *adj.* Metodisties. ~ **Church** Metodistekerk.

Meth·od·is·tic, Meth·od·is·ti·cal →METHODIST *adj.*.

meth·od·ol·o·gy metodologie, metodiek. **meth·od·o·log·i·cal** metodologies.

meths *(infml., afk.)* = METHYLATED SPIRIT(S).

Me·thu·se·lah *(OT)* Metusalag.

meth·yl *(chem.)* metiel. ~ **alcohol** →METHANOL. ~ **bromide** metielbromied.

meth·yl·ate *n., (chem.)* metilaat. **meth·yl·ate** *ww.* metileer, met metiel meng; ~*d spirit(s)* brandspiritus.

meth·yl·ene *(chem.)* metileen. ~ **blue** metileenblou.

met·ic *(Gr. Oudheid)* vreemdeling.

me·tic·u·lous nougeset, uiters noukeurig, puntene(u)rig, oorpresies, eksie-perfeksie. **me·tic·u·lous·ness** nougesetheid, puntene(u)righeid.

mé·ti·er *(Fr.)* beroep, ambag, métier.

Me·tis *(Kan.)* Mesties.

me·tol *(fot.)* metol.

Me·ton·ic cy·cle maansirkel.

met·o·nym metoniem. **met·o·nym·i·cal** metonimies. **me·ton·y·my** metonimie, metonimia, oornoeming.

met·ope, met·o·pe *(argit.)* metoop.

me·tre[1], *(Am.)* **me·ter** *(lengtemaat)* meter; →METRIC[1], METRICALLY[1], METRICATE; ***20/etc.*** ~*s* 20/ens. meter; ***hundreds/thousands*** *of* ~*s* honderde/duisende meters; ***in*** ~*s* in meters; ***many*** ~*s* baie meters; *a* ~ ***of*** *rope/etc.* 'n meter tou/ens. ~**-kilogram-second units** *n. (mv.), (afk.:* mks units*)* meter-kilogram-sekonde-eenhede.

me·tre[2], *(Am.)* **me·ter** *(pros.)* digmaat, versmaat, metrum; →METRIC[2], METRICALLY[2], METRICS.

met·ric[1], **met·ri·cal** *adj.* metriek. ~ **system** metrieke/tiendelige stelsel. ~ **ton(ne)** *(1000 kg)* metrieke ton.

met·ric[2], **met·ri·cal** *adj., (pros.)* metries, in verse; ~ *art* metriek; ~ *foot* versvoet.

-met·ric, -met·ri·cal *komb.vorm* -metries; *econo*~ ekonometries; *geo*~ geometries, meetkundig; *trigono*~ trigonometries.

met·ri·cal·ly[1] *adv.* metriek, volgens die metrieke stelsel.

met·ri·cal·ly[2] *adv., (pros.)* metries, in verse.

met·ri·cate metriseer. **met·ri·ca·tion** metrisering, metrikasie.

met·rics *n. (fungeer as ekv.), (pros.)* versleer, metriek.

me·tri·tis *(med.)* baarmoederontsteking.

met·ro -*ros* metro, ondergrondse spoorweg; metro, moltrein, ondergrondse trein.

me·trol·o·gy maat- en gewigsleer, metrologie. **met·ro·log·i·cal** metrologies. **me·trol·o·gist** metroloog.

met·ro·nome *(mus.)* metronoom. **met·ro·nom·ic** metronoom-.

met·ro·nym·ic, mat·ro·nym·ic *n.* moedersnaam, naam van vroulike voorouer.

met·ro·pole moederland *(v. 'n kolonie);* →METROPOLIS.

me·trop·o·lis -*lises* hoofstad, moederstad, grootstad, metropool; wêreldstad; middelpunt; aartsbiskopsetel. **met·ro·pol·i·tan** *n., (Chr.)* metropoliet, aartsbiskop, metropolitaan; hoofstedeling, bewoner van 'n metropool. **met·ro·pol·i·tan** *adj.* metropolitaans, hoofstedelik; van die moederland; *(Chr.)* metropolitaans, aartsbiskoplik; ~ *area* grootstadsgebied; ~ *church* moederkerk, hoofkerk; ~ *city* metropool. **met·ro·pol·i·tan·ate** aartsbisdom.

me·tror·rha·gi·a *(med.)* metroragie.

-**me·try** *komb.vorm* -metrie, -meting, -meetkunde; *geo~* geometrie, meetkunde; *plani~* planimetrie, vlakmeetkunde, vlakmeting; *stereo~* stereometrie, liggaamsmeting.

met·tle moed, energie, ywer, vuur, gees; *a* ***horse*** *of* ~ 'n vurige perd; *be* ***on*** *one's* ~ op jou stukke wees; *put s.o.* ***on*** *his/her* ~, *try s.o.'s* ~ iem. op die proef stel; ***show*** *one's* ~ jou slag wys, wys wat jy kan (doen); ***s.o.*** *(or a man/woman) of* ~ 'n staatmaker, iem. (*of* 'n man/vrou) van durf (en daad). **met·tled** driftig, vurig, ywerig, moedig. **met·tle·some** vurig, driftig *('n perd ens.).*

meu·nière *adj., (Fr., kookk.)* meunière.

Meuse: *the* ~, *('n rivier)* die Maas.

mew[1] *n.* (valk)hok/kou; gevangenis; →MEWS. **mew** *ww.* in die/'n hok sit, opsluit.

mew[2] *n.* gemiaau. **mew** *ww.* miaau.

mew[3] *n., (orn.)* meeu.

mewl *('n baba ens.)* grens, kla; *('n kat)* miaau; *('n voël)* skree(u), krys.

mews *n. (fungeer as ekv. of mv.), (Br.: stalle omgebou tot woonhuise)* stalhuise; *The Royal M~* die Koninklike Stalle.

Mex·i·can *n.* Meksikaan, Mexikaan. **Mex·i·can** *adj.* Meksikaans, Mexikaans; ~ *hawthorn* →HAWTHORN; ~ *marigold* →MARIGOLD; ~ *poppy, (Argemone mexicana)* geelblombloudissel, -distel; Meksikaanse/Mexikaanse papawer. ~ **wave** Meksikaanse/Mexikaanse golf.

Mex·i·co *(geog.)* Meksiko, Mexiko. ~ **City** Meksiko-, Mexikostad.

mez·cal, mez·ca·line →MESCAL, MESCALINE.

me·zu·za(h) -*zuza(h)s*, -*zuzoth, (Jud.)* mezoeza.

mez·za·nine *n.* tussenvloer, -verdieping. **mez·za·nine** *adj., (fin.)* tussen-; ~ *financing* tussenfinansiering, -finansiëring. ~ **floor(ing)** tussenvloer. ~ **(storey)** tussenverdieping.

mez·za vo·ce *adj. & adv., (It., mus.)* mezza voce, met halfstem.

mez·zo *adj., (It.)* middel-, tussen-, half-; mezzo-. ~ **forte** *adj. & adv., (mus.)* mezzo forte, halfhard. ~ **piano** *adj. & adv., (mus.)* mezzo piano, halfsag. ~**-relievo,** ~**-rilievo** -*vos, n., (beeldhoukuns)* halfreliëf; →DEMI-RELIEF. ~**(-soprano)** *mezzos, -sopranos, n., (mus.)* mezzosopraan, tweede sopraan.

mez·zo·tint *n.* mezzotint; swartkuns; swartkunsprent. **mez·zo·tint** *ww.* in mezzotint graveer.

mho *mhos, (elek., vero.)* mho; →SIEMENS.

mi, me *(mus.)* mi.

mi·aou, mi·aow →MEOW.

mi·as·ma -*mata*, -*mas* goor reuk; skadelike damp; *(lett. & fig.)* miasma. **mi·as·mal, mi·as·mat·ic, mi·as·mic** miasmaties.

mi·aul *(w.g.)* miaau.

mi·ca *(min.)* mika, glimmer. **mi·ca·ceous** mikaägtig, mika-agtig, glimmeragtig; mikahoudend, glimmerhoudend. ~ **schist,** ~ **slate** mikaskis, glimmerskis.

Mi·cah *(OT)* Miga.

mice *n. (mv.)* →MOUSE; *nest of* ~ broeisel muise.

Mich·ael·mas *(29 Sept.)* St. Michiel(sdag/sfees). ~ **daisy** (soort) herfsaster, wildeaster, sterblom. ~ **term** *(Br.)* herfstrimester.

Mi·chel·an·ge·lo *(1475–1564)* Michelangelo.

Mi·chell's Pass *(SA)* Michellspas.

mick·ey, mick·y: *take the* ~ *(out of s.o.), (infml.)* (met iem.) gekskeer (*of* die gek skeer).

Mick·ey *n.:* ~ **(Finn)** *(sl.)* gedokterde drankie. ~ **Mouse** *n., (tekenprentkarakter v. Disney)* Mickey Muis. ~ **Mouse** *adj., (infml., neerh.)* onbelangrik, nietig, onbenullig, onbeduidend; irrelevant, sonder invloed; nikswerd, nutteloos, vrot, vrotsig, swak, sleg, pateties, treurig; belaglik, lagwekkend, verspot, gek.

mick·le, muck·le *n., (arg. of Sk. & N.Eng.)* groot hoeveelheid; *many a little makes a* ~ (or *many a* ~ *makes a muckle)* baie kleintjies maak 'n grote. **mick·le** *adj.* groot; baie, veel.

mick·y →MICKEY.

mi·cro -*cros, (infml.)* mikro(rekenaar); mikro(verwerker); mikrogolf(oond).

micro- *komb.vorm* mikro-.

mi·cro·a·nal·y·sis mikroanalise.

mi·crobe mikrobe. **mi·cro·bi·al, mi·cro·bic,** *(w.g.)* **mi·cro·bi·an** mikrobies.

mi·cro·bi·ol·o·gy mikrobiologie. **mi·cro·bi·o·log·ic, mi·cro·bi·o·log·i·cal** mikrobiologies. **mi·cro·bi·ol·o·gist** mikrobioloog.

mi·cro·burst *(met.)* lugstorting.

mi·cro·ceph·a·ly, mi·cro·ceph·a·lism *(med.)* mikrokefalie, -sefalie, kleinskedeligheid, -hoofdigheid. **mi·cro·ce·phal·ic, mi·cro·ceph·a·lous** mikrosefaal, -kefaal, kleinskedelig, -hoofdig.

mi·cro·chem·is·try mikrochemie.

mi·cro·chip *(rek.)* mikroskyfie.

mi·cro·cir·cuit *(elektron.)* mikrobaan. **mi·cro·cir·cuit·ry** *(elektron.)* mikrobaanwerk.

mi·cro·cli·mate mikroklimaat.

mi·cro·code *(rek.)* mikrokode.

mi·cro·com·put·er mikrorekenaar.

mi·cro·cop·y *n.* mikrokopie. **mi·cro·cop·y** *ww.* mikrokopieer. **mi·cro·cop·y·ing** mikrokopiëring.

mi·cro·cosm, mi·cro·cos·mos mikrokosmos, wêreld in die klein(e); die mens; klein gemeenskap. **mi·cro·cos·mic** mikrokosmies.

mi·cro·dot mikrofoto *(v. 'n dokument ens.);* mikroskopies klein (LSD-)pilletjie/ens..

mi·cro·e·co·nom·ics *n. (fungeer as ekv.)* mikro-ekonomie, mikroëkonomie. **mi·cro·e·co·nom·ic** *adj.* mikro-ekonomies, mikroëkonomies.

mi·cro·e·lec·tron·ics *n. (fungeer as ekv.)* mikro-elektronika, mikroëlektronika. **mi·cro·e·lec·tron·ic** *adj.* mikro-elektronies, mikroëlektronies.

mi·cro·ev·o·lu·tion *(biol.)* mikro-evolusie/ewolusie, mikroëvolusie, mikroëwolusie. **mi·cro·ev·o·lu·tion·ar·y** mikro-evolusionêr/ewolusionêr, mikroëvolusionêr, mikroëwolusionêr.

mi·cro·fiche -*fiche* mikrofiche, mikrokaart.

mi·cro·film *n.* mikrofilm. **mi·cro·film** *ww.* op mikrofilm opneem; 'n mikrofilm maak (van), vermikrofilm. **mi·cro·film·ing** vermikrofilming.

mi·cro·fil·ter *n.* mikrofilter. **mi·cro·fil·ter** *ww.* mikrofiltreer.

mi·cro·flop·py -*pies, (rek.)* mikroslapskyf.

mi·cro·form *(rek.)* mikrovorm.

mi·cro·gal·va·nom·e·ter mikrogalvanometer.

mi·cro·gram *(simb.:* µg) mikrogram.

mi·cro·graph mikrograaf. **mi·crog·ra·phy** mikrografie.

mi·cro·grav·i·ty mikroswaartekrag.

mi·cro·in·struc·tion *(rek.)* mikro-opdrag/instruksie, mikroöpdrag, mikroïnstruksie.

mi·cro·light, mi·cro·lite: ~ **(aircraft)** mikro(vlieg)tuig, *(infml.)* muggie(vlieg)tuig.

mi·cro·lith *(argeol.)* mikroliet.

mi·cro·li·tre, *(Am.)* **mi·cro·li·ter** *(simb.:* µl) mikroliter.

mi·cro·mesh *n.* baie fyn maasstof. **mi·cro·mesh** *adj.:* ~ *stockings/etc.* fynmasige kouse/ens..

mi·crom·e·ter[1] *(instr.)* mikrometer. ~ **cal(l)iper,** ~ **gauge** mikrometer. ~ **screw** mikrometerskroef.

mi·cro·me·ter[2] *(Am.)* →MICROMETRE.

mi·cro·me·tre, *(Am.)* **mi·cro·me·ter** *(simb.:* µm) mikrometer.

mi·cro·met·ri·cal mikrometries.

mi·cro·min·i·a·tur·i·sa·tion, -za·tion mikrominiaturisasie.

mi·cron mikron; →MICROMETRE.

Mi·cro·ne·si·a *(geog.)* Mikronesië. **Mi·cro·ne·sian** *n.* Mikronesiër. **Mi·cro·ne·sian** *adj.* Mikronesies.

mi·cro·nu·cle·us mikrokern, mikronukleus.

mi·cro·or·gan·ism mikro-organisme, mikroörganisme.

mi·cro·phone mikrofoon.

mi·cro·pho·to·graph *n.* mikrofoto. **mi·cro·pho·to·graph** *ww.* mikrofotografeer. **mi·cro·pho·tog·ra·phy** mikrofotografie.

mi·cro·phyte *(bot.)* mikrofiet.

mi·cro·print mikrodruk.

mi·cro·pro·ces·sor *(rek.)* mikroverwerker.

mi·cro·pyle *(bot., entom., igt.)* saadpoortjie.

mi·cro·scope *n.* mikroskoop. **mi·cro·scope** *ww.* mikroskopeer; *put s.t. under the* ~, *(fig.)* iets onder die loep neem. ~ **stage** objektafel.

mi·cros·co·py mikroskopie.

mi·cro·sec·ond *(simb.:* µs) mikrosekonde.

mi·cro·seism *(geol.)* mikroseisme. **mi·cro·seis·mic** mikroseismies.

mi·cro·spo·ran·gi·um -*gia, (bot.)* mikrosporangium.

mi·cro·spore *(bot.)* mikrospoor.

mi·cro·sur·ger·y mikrochirurgie, -sjirurgie. **mi·cro·sur·gi·cal** mikrochirurgies, -sjirurgies.

mi·cro·switch mikroskakelaar.

mi·cro·tome *(biol.)* mikrotoom. **mi·crot·o·my** mikrotomie.

mi·cro·wave *n.* mikrogolf; *(afk.)* mikrogolf(oond). **mi·cro·wave** *ww.* mikrogolf; ~ *s.t. for five/etc. minutes* iets vyf/ens. minute lank mikrogolf. ~ **oven** mikrogolfoond.

mi·crur·gy *(biol.)* mikromanipulasie.

mic·tu·rate *(fml., w.g.)* →URINATE.

mid[1] *adj.* middelste.

mid[2] *prep., (poët., liter.)* →AMID.

mid·air: *a* ~ *collision* 'n lugbotsing; *in* ~ hoog in die lug, tussen hemel en aarde.

Mi·das *(Gr. mit.)* Midas. ~ **touch:** *s.o. has the* ~ ~, *(fig.)* iem. het goue hande (*of* alles wat iem. aanraak, verander in goud).

mid·brain middelharsings, -brein.

mid-ca·reer: *in* ~ in die middel van 'n loopbaan; ~ *crisis* midloopbaankrisis.

mid·day *n.* middag; *at* ~ op die middaguur. **mid·day** *adj.* middag-; ~ *interval* middagpouse; ~ *meal* middagete, -maal(tyd), noenmaal; ~ *nap* middagslapie, siësta.

mid·den *(arg. of dial.)* afval-, puin-, vullishoop; mis-, ashoop; →KITCHEN MIDDEN.

mid·dle *n.* middel, midde, middellyf; middelpunt; midde(l)weg; *be* ***in the*** ~ *of s.t.* midde-in iets wees; *be* ***in the*** ~ *of (doing) s.t.* iets aan die doen wees, met iets besig wees; ***in the*** ~ *of June/etc.* middel Junie/ens.; ***knock*** *s.o. into the* ~ *of next week, (infml.)* iem behoorlik/deeglik/goed opfoeter/opdonder (*of* laat les opsê); ~ ***and leg,*** *(kr.)* middel en by; ~ ***and off,*** *(kr.)* middel en weg; *cut/tear/etc. s.t.* ***right down*** *the* ~ iets middeldeur sny/skeur/ens.; ***right in the*** ~ reg in die middel. **mid·dle** *adj.* middelste, middel-, tussen-; middelmatig; *of* ~ ***height*** van middelmatige hoogte; ~ ***price*** middelprys; ~ ***reaches*** middelloop *(v. 'n rivier);* ~

sea oop/volle see. **mid·dle** *ww.* in die middel plaas, sentreer; *(sk.)* dubbel vat/vou; halveer; *(sokker)* na binne (*of* binneveld toe) speel; *(krieket, tennis, ens.)* met die middel van die kolf/raket/ens. tref/beetkry/slaan/speel. ~ **age,** ~ **life** middeljare. ~**-aged** middeljarig; *(fig.)* volbek. ~**-age(d) spread** vetjies van die middeljare, middeljaremaag. **M~ Ages:** *the* ~ ~ die Middeleeue. **M~ America** Midde(l)-Amerika; *(fig.)* die Amerikaanse middelklas. ~**brow** *(neerh.)* deursneemens, gewone mens. ~ **C** *(mus.)* middel-C. ~ **class** *n.* middelklas, midde(l)stand, burgerstand. ~**-class** *adj.* burgerlik, midde(l)stands=, van die midde(l)stand/burgerstand. ~ **course** midde(l)weg. ~ **cut** *(vleissnit)* middelmoot. ~ **distance** *(kuns)* middelgrond; *(atl.)* middelafstand; *in the* ~ ~ op die middelgrond. ~**-distance** *adj. (attr.)* middelafstand=; ~ *race* middelafstandwedloop; ~ *runner* middelafstandatleet, =(hard)loper. **M~ Dutch** Middelnederlands. ~ **ear** middeloor. **M~ East:** *the* ~ ~ Midde-Ooste. **M~ Eastern** Midde-Oosters. **M~ English** Middelengels. ~ **finger** middelvinger, lang vinger, *(kindert.)* langeraat, *(kindert.)* langman; *give s.o. the (~)* ~, *(vulg. gebaar)* jou middelvinger vir iem. wys. ~ **ground** tussengrond, kompromis. **M~ High German** Middelhoogduits. ~**-income** *adj. (attr.)* middelinkomste=; ~ *country* middelinkomsteland. **M~ Kingdom:** *the* ~ ~, *(hist.)* die Midde(l)ryk. **M~ Low German** Middelnederduits. ~**man** tussenpersoon, agent; tussenhandelaar, middelman. ~ **management** middel(vlak)bestuur; middel(vlak)bestuurders, middelbestuurskader, middelbestuurslede/=lui. ~ **manager** middel(vlak)bestuurder. ~**most** middelste. ~ **name** tweede (voor)naam; *(infml.)* tweede natuur; *bad luck is s.o.'s* ~ ~ iem. is 'n gebore ongeluksvoël; *modesty/etc. is s.o.'s* ~ ~ iem. is die beskeidenheid self (*of* die beskeidenheid in [eie] persoon). ~**-of-the-road** gematig, midde(l)=; ~ *music* middewegmusiek; ~ *party* midde(l)party, gematigde party. ~**-of-the-roader** gematigde. ~**-rate** middelmatig. ~ **school** *(Br.)* middelbare skool. ~**-sized** middelgroot, van middelbare grootte, middelslag=. ~ **stump** *(kr.)* middelpen. ~ **term** *(log.)* middelterm. **M~veld:** *the* ~, *(SA)* die Middelveld. ~ **watch** *(sk.: 0:00-04:00)* spookwag. ~ **way** midde(l)weg. ~**weight** middelgewig. ~**weight (boxing) champion** middelgewig(boks)kampioen. **M~ West, M~Western, M~Westerner** →MIDWEST, MIDWESTERN, MIDWESTERNER.

mid·dling *adj. & adv.* middelmatig, swakkerig, so-so; middelsoortig; *(i.d. mv.)* growwe/mediumfyn meel; *(goedere)* middelslag, middelsoort, tussensoort; *(erts)* tussenfraksie; ~ *coal, (mynb.)* middelskotsteenkool, slentersteenkool, tussengraadsteenkool.

mid·dy *(infml.)* →MIDSHIPMAN. ~ **blouse** *(hoofs. hist.)* matroosbloes(e).

mid·field *(sokker)* middelveld.

midge *(entom.)* (muskiet)muggie, warmassie, brandassie; *(pers.)* dwergie, muggie.

midg·et dwerg, piekie, pikkie; *(lett. & fig.)* muggie. ~ **car** dwerg=, muggiemotor. ~ **submarine** dwergduikboot, tweemansduikboot. ~ **weight** dwerggewig.

mid-hour middag.

MIDI *(akr.: musical instrument digital interface): ~ synthesizer* MIDI-sintetiseerder; ~ *system* MIDI-stelsel.

mid·i midi, midirok, =romp, =jas. ~**-bus** midibus. ~**-skirt** midiromp.

mid·i·ron *(gh.: vier=, vyf=, ses=, seweyster)* middelyster.

mid·land *n.* middelland; *the M~s* die Middelland; Midde(l)-Engeland. **mid·land** *adj.* binne(ns)lands; middellands.

mid·life middeljare. ~ **crisis** middeljarekrisis, middeljarigheidskrisis.

mid-morn·ing middel van die oggend; ~ *snack* oggendhappie, (laatoggend)versnapering.

mid·most middelste.

mid·night *n.* middernag; pikdonker(te); *after* ~ in die nanag. **mid·night** *adj.* middernagtelik, middernag=; *burn the* ~ *oil* tot laat in die nag nog werk/studeer, middernagtelike arbeid/studie verrig. ~ **blue** middernagblou. ~ **feast** middernagfees. ~ **service** middernagdiens. ~ **show** middernagvertoning. ~ **sun** middernagson.

mid-off *(kr.)* halfweg; *deep* ~ diep halfweg; *short* ~ vlak halfweg.

mid-on *(kr.)* halfby; *deep* ~ diep halfby; *short* ~ vlak halfby; *silly* ~ slagyster 'n bietjie verder/vêrder terug as normaal.

mid·point middelpunt.

mid·rib middelrib; *(bot.)* hoofrif, =nerf.

mid·riff midde(l)rif, mantelvlies, diafragma; *get a ball in one's* ~ 'n bal teen jou maag kry; *with a bare* ~ met 'n kaal maag.

mid·sec·tion middeldeursnee, =deursnit.

mid·ship *n., (sk.)* middelskip, skeepsmidde. ~**man** =*men* adelbors.

mid·ships *adv.* →AMIDSHIPS.

midst *n.* midde, middel; *in the* ~ *of* ... te midde van ...; midde-in ...; tussen ...; *in our/etc.* ~ in ons/ens. midde, onder ons/ens.. **midst** *prep., (arg. of poët., liter.)* te midde van.

mid·stream *n.: in* ~, *(lett.)* in die middel van die stroom; *(fig.)* halfpad. **mid·stream** *adv.* in die middel van die stroom.

mid·sum·mer midsomer, middelsomer, middel/hartjie van die somer; somersonstilstand. ~ **madness** die toppunt van malligheid. **M~ Night's Dream** Midsomernagdroom. **M~('s) Day** Midsomerdag, Sint Jansdag.

mid·term middel van 'n akademiese trimester; *(Am., pol.)* middel van 'n politieke ampstermyn; ~ *elections, (Am., pol.)* tussenverkiesings; ~ *exam* eksamen in die middel van 'n trimester.

mid·town *(Am.)* (in die) middestad/binnestad.

mid-Vic·to·ri·an *(Br., hist.)* Midde-Victoriaans.

mid·wall tussenmuur.

mid·way halfpad; ~ *between two places* halfpad tussen twee plekke.

mid·week *n.* die middel van die week. **mid·week** *adj. & adv.*, **mid·week·ly** *adj.* mid=, midde=, middelweeks; *midweek holiday* vakansiedag in die middel van die week; *midweek match* Woensdagwedstryd, midweekse wedstryd; *midweek team* Woensdagspan.

Mid·west, Mid·dle West *n., (Am.)* Midde(l)-Weste. **Mid·west·ern, Mid·dle West·ern** *adj.* Midde(l)-Westelik. **Mid·west·ern·er, Mid·dle West·ern·er** Midde(l)-Westerling.

mid·wick·et *(kr.)* middebaan; *at* ~ op (die) middebaan; *deep* ~ diep middebaan; *short* ~ vlak middebaan.

mid·wife =*wives* vroedvrou. ~ **toad** vroedmeesterpadda.

mid·wife·ry verloskunde, obstetrie.

mid·win·ter midwinter, middel/hartjie van die winter; wintersonstilstand. ~ **day** midwinterdag.

mien *(liter.)* voorkoms; houding; gesig, gelaat.

miff *n., (infml.)* slegte bui; rusietjie; *in a* ~ in 'n slegte luim/bui; *be in a* ~ *about s.t.* oor iets gesteur(d) wees; *get into a* ~ *about s.t.* oor iets gesteur(d) raak. **miff** *ww., (infml.): be/get* ~*ed at* ... oor ... omgekrap/gesteur(d) wees/voel/raak, jou oor ... vererg. **mif·fy** *(infml.)* liggeraak.

might[1] *(modale ww.)* sou kan/mag; sou kan; sal dalk; *s.o.* ~ *as well do it* iem. kan dit gerus maar doen; *s.o.* ~ *do it* dalk doen iem. dit, iem. sal dit dalk doen; iem. sou dit kan doen; *you* ~ *have asked me/him/her* jy kon my/hom/haar (darem) gevra het; *s.o.* ~ *have done it* iem. het dit dalk gedoen; *what time* ~ *it be?* hoe laat sou dit wees?; *and well s.o.* ~ *be suspicious/etc.* (en) iem. het rede om agterdogtig/ens. te wees. ~**-have-been** *(infml.)* verspeelde kans, wat kon gewees het, wat neusie verby is; iem. wat dit ver/vêr kon gebring het.

might[2] *n.* mag, krag, vermoë; geweld; →MIGHTY; *with all one's* ~ met/uit alle mag; *oppose s.t. with all one's* ~ jou vierkant teen iets verset; *with* ~ *and main* met/uit alle mag, met mag en geweld/krag; *man of* ~ geweldenaar, kragmens; ~ *is right* mag is reg; *by* ~ *or slight* met geweld of lis.

mightn't *(sametr.)* = MIGHT NOT.

might·y *n. (koll.)* magtiges, sterkes; *how are the* ~ *fallen!* (AV), *how the* ~ *have fallen!* (NIV), *(OT)* hoe het die helde geval! *(OAB & NAB); in the seats of the* ~ in die voorgestoelte. **might·y** *adj.* magtig, kragtig, geweldig, sterk; *(infml.)* groot, ontsaglik, massief, kolossaal; *(infml.)* danig; *(infml.)* wonderlik; ~ *cheeky, (infml.)* danig parmantig; ~ *like* ..., *(infml.)* danig soos ...; ~ *works* wonderwerke. **might·i·ly** magtig, kragtig, geweldig. **might·i·ness** magtigheid, mag; hoogheid.

mi·gnon, mi·gnon *adj., (Fr.)* fyn, keurig. **mi·gnon·ette** *n., (bot.)* minjonet, reseda; minjonetkant; reseda=, minjonetkleur.

mi·graine migraine, skeelhoofpyn.

mi·grant *n.* trekker; swerwer; trekvoël. **mi·grant** *adj.* swerwend, rondtrekkend, nomadies, trek=; →MIGRATORY; ~ *labour* trekarbeid; ~ *labourer* trekarbeider.

mi·grate trek, verhuis, migreer; swerf, swerwe; *migrating dune* trekduin. **mi·gra·tion** verhuising, trek, migrasie; verplasing, verskuiwing. **mi·gra·tor** (rond)trekker; trekvoël; trekvis. **mi·gra·to·ry** verhuisend, nomadies, trek=; ~ *bird* trek=, swerfvoël; ~ *buck* trekbok(ke); ~ *fish* trekvis; ~ *labour* trekarbeid; ~ *labourers* trekarbeiders; ~ *locust* treksprinkaan; ~ *pigeon* trekduif; ~ *route* trekroete.

mih·rab *(Islam.)* mihrab, gebedsnis, bidnis.

mijn·heer, myn·heer *(SA, hist., M~ as aanspreekvorm)* meneer; Hollander; *(aansienlike man)* meneer, heer.

mijn·pacht, myn·pacht =*pachten, (SA, hist., jur.)* mynpag.

mi·ka·do =*dos, (Jap., hist., dikw. M~)* mikado.

Mike: *for the love of* ~*!, (infml.)* in hemelsnaam!, om hemels=/liefdeswil!.

mike[1] *(infml.)* →MICROPHONE.

mike[2] *n.: on the* ~ aan die leegloop. **mike** *ww., (Br., infml., vero.)* leegloop, rondslenter, lanterfanter.

mil[1] *(infml., afk. v. millimetres, millilitres)* mil; *(afk. v. million)* mil.

mil[2] duisendste duim.

mi·la·dy, mi·la·di *(hist. of skerts., aanspreekvorm vir 'n Eng. adellike vrou)* mevrou, dame.

mil·age →MILEAGE.

Mi·lan *(geog.)* Milaan. **Mil·a·nese** *n. & adj.* Milanees.

milch melkgewend, melk= *(koei ens.).* ~ **cow** *(fig.: bron v. maklike inkomste)* melkkoei.

mild sag, sagaardig; sagsinnig; goedaardig; gematig; matig; getemper(d); mild *(fml.)*, lig, swak; beskeie; vriendelik, toegeeflik, toegewend; versagtend; →MILDLY, MILDNESS; ~ *attack, (med.)* ligte aanval; ~ *cast steel* sagte gietstaal; ~ *cigar/cigarette* ligte sigaar/sigaret; ~ *climate* sagte klimaat; *cloudy and* ~ bewolk en matig; ~ *dose* matige dosis; *draw it* ~*!* stadig oor die klippe!; sak, Sarel (*of* moenie oordryf nie)!; *as* ~ *as milk* so mak soos 'n lam, papsag, doodgoed; ~ *remedy* sagwerkende (*of* sag werkende) middel; ~ *steel* sagte staal; ~ *weather* sagte/aangename weer; ~ *wind* sagte wind(jie); ~ *winter* sagte winter. ~ **(beer)** *(Br.)* ligte bier. ~**-mannered** sagsinnig. ~**-spirited,** ~**-tempered** sagaardig, saggeaard. ~**-spoken** sagsinnig, vriendelik.

mild·en sag maak, versag.

mil·dew *n.* meeldou; muf; *powdery* ~ witroes. **mil·dew** *ww.* (be)skimmel, muf; *(wasgoed, koring, ens.)* stik. **mil·dewed** skimmel, beskimmel(d), (ge)muf, vermuf. **mil·dew·y** skimmel, beskimmel(d), muf.

mild·ly sag, sagkens; lig, ligtelik, effens, enigsins; *to put it* ~ om dit sag uit te druk (*of* sagkens te stel).

mild·ness sagtheid, saggeaardheid, sagmoedigheid, sagsinnigheid, goedgeaardheid, goedaardigheid; ligtheid; toegewendheid, vriendelikheid.

mile myl; ~*s ahead, (infml.)* ver/vêr voor; ~*s away* myle ver/vêr; ~*s easier, (infml.)* (sommer) stukke makliker; *go the extra* ~, *(fig.)* ook die tweede myl saamloop, meer as jou plig doen; *for ~s (and ~s)* myle ver/vêr; ***geographical/nautical/sea*** ~ (Engelse) seemyl; ***hundreds/thousands*** *of ~s* honderde/duisende myle; ***many*** *~s* baie myle; ***miss*** *(s.t.) by a ~* (iets) heeltemal mis gooi/skiet/ens.; ***run*** *a ~, (infml.)* jou uit die voete maak, die loop neem, ver/vêr weghardloop; *it* ***stands/sticks*** *out a ~, (infml.)* dit staan soos 'n paal bo water, 'n blinde kan dit met 'n stok voel; ***two/etc.*** *~s* twee/ens. myl; ***two/etc.*** *nautical ~s* twee/ens. seemyl. **~post** *(lett. & fig.)* mylpaal. **~stone** *(lett.)* mylsteen; *(fig.)* mylpaal.

mile·age, mil·age (myl)afstand; mylgeld. ~ **(allowance)** mylgeld, =toelaag, =toelae.

mile·om·e·ter, mi·lom·e·ter mylmeter.

mil·er *(infml.: atleet, renperd)* mylloper.

Mi·le·si·an[1] *n. & adj.* →MILETUS.

Mi·le·si·an[2] *n., (skerts.)* Ier. **Mi·le·si·an** *adj.* Iers.

Mi·le·tus *(antieke stad)* Milete. **Mi·le·sian** *n.* Mileter. **Mi·le·sian** *adj.* Mileties, van Milete.

mil·foil *(bot.: Achillea millefolium)* duisendblad; →YARROW.

mil·i·ar·i·a *(med.)* giersuitslag, hitte-uitslag. **mil·i·ar·y** *(med.)* miliêr, giers=, korrelrig; *~ fever* sweet=, gierskoors; *~ gland* sweetklier; *~ tuberculosis* miliêre tuberkulose, *(infml.)* galoptering.

mi·lieu, mi·lieu =*lieux*, =*lieus, (Fr.)* omgewing, milieu, lewensklimaat.

mil·i·tant *n.* strydlustige. **mil·i·tant** *adj.* militant, strydlustig, veglustig; vegtend, strydend; strydbaar; *Church ~* strydende kerk. **mil·i·tan·cy** strydlus(tigheid), veglus; strydbaarheid.

mil·i·tar·i·a *n. (mv.)* militêre gedenkwaardighede.

mil·i·tar·i·ly op militêre wyse; in militêre opsig, uit militêre oogpunt.

mil·i·ta·rise, =rize op oorlogsvoet inrig; militariseer. **mil·i·ta·ri·sa·tion, =za·tion** militarisering.

mil·i·ta·rism militarisme. **mil·i·ta·rist** *n.* militaris; krygskundige. **mil·i·ta·rist, mil·i·ta·ris·tic** *adj.* militaristies.

mil·i·tar·y *n.: the ~* die leër, soldate, troepe. **mil·i·tar·y** *adj.* militêr, landmag=; krygs=, oorlogs=; krygskundig; krygshaftig; *~* ***academy/college/school*** krygskool, militêre akademie/kollege; *~* ***action*** oorlogshandeling; *of ~* ***age*** dienspligtig; *~* ***aircraft*** militêre vliegtuig, krygsvliegtuig; *the ~* ***art*** die krygskuns; *~* ***attaché*** militêre attaché; *~* ***aviation*** militêre lugvaart; *~* ***band*** musiekkorps; *~* ***bearing*** militêre houding; *~* ***chest,*** *(fin.)* oorlogskas; krygskas; *~* ***college*** →***academy/college/school;*** *~* ***commander*** militêre bevelvoerder/=hebber; *~* ***court*** krygshof, militêre hof; *M~* ***Cross,*** *(medalje, afk.: MC)* Militêre Kruis; *~* ***decoration*** militêre dekorasie; *~* ***discipline*** militêre dissipline/tug; *~* ***dress*** uniform; *~* ***duty*** dienspligtig; *~* ***engineer*** genieoffisier; geniesoldaat; *~* ***engineering*** geniewese, =werk; *~* ***expedition*** krygstog; *~* ***exploit*** krygsbedryf; *~* ***force*** troepemag, leërmag, krygsmag, oorlogsmag; landmag; wapengeweld; *~* ***government*** militêre bestuur/regering; *~* ***hero*** krygsheld; *~* ***history*** krygsgeskiedenis; *~* ***honour*** krygseer; *with (full) ~* ***honours*** met (volle) militêre eer; *~* ***hospital*** militêre hospitaal; *~* ***intelligence*** militêre inligting; militêre inligtingsdiens; *~* ***law*** krygsreg, militêre reg; *at ~* ***law*** militêrregtelik; *~* ***man*** *(infml.)* militêr(e man); *~* ***mission*** militêre sending; *~* ***music*** krygsmusiek; *~* ***nation/people*** krygshaftige volk; *~* ***officer*** krygsoffisier, leëroffisier, offisier van die landmag; *~* ***operation*** militêre operasie, krygsverrigting; *~* ***pay*** soldy; *~* ***police*** militêre polisie; *~* ***port*** oorlogshawe; *~* ***profession*** militêre beroep; *~* ***road*** militêre pad; *~* ***school*** →***academy/college/school;*** *~* ***science*** krygskunde, krygswetenskap; *~* ***service*** militêre diens, krygsdiens; *compulsory ~* ***service*** dienspligtig; *~* ***stores*** krygsvoorraad, militêre voorraad, krygsbehoeftes; *~* ***strength*** militêre krag, weerkrag; *~* ***system*** militêre stelsel, krygswese; *~* ***terminology*** krygstaal; soldatetaal; *~* ***tribunal,*** *(mil., jur.)* militêre regbank; *~* ***uniform*** militêre uniform; *~* ***will*** soldatetestament. **~-industrial complex** militêr-industriële kompleks. **~-minded** militaristies.

mil·i·tate oorlog voer; stry; *s.t. ~s against ...* iets druis teen ... in (*of* is in stryd met) ...; iets werk teen ...

mi·li·tia burgermag, burgerlike verdedigingsmag, milisie; ongereelde troepe, guerrillastryders; *(hist.)* landweer, skuttery. **~man** =*men* burgermagslid, burgersoldaat; guerrillastryder; *(hist.)* landweerman.

mil·i·um =*lia, (med.)* witkoppie.

milk *n.* melk; *be ~ for* ***babies*** kinderkos/kinderspeletjies wees; *that accounts for the ~ in the* ***coconut*** dit verklaar alles; ***come*** *home with the ~, (infml.)* in die vroeë oggendure/môre-ure/more-ure tuiskom; ***condensed*** *~* →CONDENSED; ***dried/powdered*** *~* melkpoeier; ***evaporated*** *~* →EVAPORATE; ***fresh*** *~* →FRESH *adj.; a* ***glass/jug*** *of ~* 'n glas/beker melk; *a country/land of (*or *flowing with) ~ and* ***honey,*** *(fig.)* 'n land (wat oorloop) van melk en heuning, 'n land van oorvloed; *the cow is* ***in*** *~* die koei is in die melk (*of* met 'n kalf); *a cow not* ***in*** *~* 'n droë koei, 'n guskoei; *the ~ of human* ***kindness*** mensliewendheid, menslikheid; *~ of* ***lime*** kalkmelk; *a* ***litre/pint*** *of ~* 'n liter/pint melk; *~ of* ***magnesia*** magnesiawater; *a complexion of ~ and* ***roses*** 'n rosige gelaat; ***skim*** *the cream off the ~* →SKIM *ww.;* ***skimmed*** *~* →SKIMMED; *it is no use crying over* ***spilt*** *~* gedane sake het geen keer nie; wat verby is, is verby (*of* wat gebeur het, het gebeur); *~ of* ***sulphur*** swa(w)elmelk; ***sweet*** *~* soetmelk, vars melk; →SWEET-MILK CHEESE. **milk** *ww.* melk; *~ the* ***bull/pigeon/ram*** vere van 'n skilpad pluk, bloed uit 'n klip tap; *~ a cow* ***dry/out*** 'n koei uitmelk; *~ s.o.* ***dry,*** *(fig., infml.)* iem. uitmelk; *~ the* ***wires*** berigte aftap/onderskep; elektriese stroom (af)tap. **~-and-water** *adj. (attr.), (fig.)* niksseggende *(vertaling, rede, ens.);* halfhartige *(geveg, verdediging, ens.);* halfhartige, flou *(verskoning, steun, ens.);* flou *(grap ens.);* verwaterde *(liberalisme, weergawe, ens.);* afgewaterde *(stellings, byeenkoms, ens.).* ~ **bar** *(Br.)* melkkafee, =kroeg, kattekroeg. ~ **bottle** melkbottel. ~ **bread** →MILK LOAF. ~ **can** melkkan. ~ **cart** melkkar. ~ **chocolate** melksjokolade. ~ **churn** karring; melkkan. ~ **colour** melkkleur. ~ **duct** melkbuis, =leier. ~ **farm** melkplaas, =boerdery. ~ **fever** melkkoors. **~fish** *(Chanos chanos)* melkvis. ~ **float** *(Br.)* melkwaentjie. ~ **food** melkkos. **~-free** sonder melk. ~ **glass** mat glas, mat=, melkglas. ~ **jug** melkbeker. ~ **leg** *(med.)* kraam=, melkbeen. **~-livered** *(arg.)* bang, lafhartig, papbroek(er)ig. ~ **loaf,** ~ **bread** melkbrood. **~maid** *(hoofs. arg.)* melkmeisie. **~man** =*men* melker; melkverkoper. ~ **molar** melkkiestand. ~ **pail** melkemmer; dopemmer. ~ **powder** poeiermelk, melkpoeier. ~ **pudding** melkpoeding. ~ **punch** melkpons. ~ **recording** melkaantekening. ~ **round** melkrond(te); *(Br., infml.)* werwingsaksie onder studente *(deur nywerheidsbeamptes).* ~ **run** *(lugv., infml.)* roetinevlug. ~ **scone** melkskon. **~shake** melkskommel, bruis=, roomysmelk. ~ **sickness** melksiekte *(by lammers);* bewerasie. ~ **solids** onoplosbare melkbestanddele. **~sop** papbroek, melkmuil. ~ **soup** melksop, melkkos, *(infml.)* slinger-om-die-smoel. ~ **sugar** →LACTOSE. ~ **tart** melktert. ~ **thistle** *(Sonchus oleraceus)* melk=, sui=, seidissel, melk=, sui=, seidistel; *(Silybum marianum)* boerwasdissel, =distel, gevlekte silybum. ~ **tooth** melktand, wisseltand, muistand(jie). ~ **train** melktrein; vroeë oggendtrein. ~ **van** melkkar, =wa. ~ **vetch** *(Astragalus glycyphyllos)* hokkiespeul. **~weed** melkbossie; melkbol. **~-white** melkwit, spierwit. **~wood** melkhout(boom); *red ~, (Mimusops* spp.*)* rooimelkhout; *white ~, (Sideroxylon inerme)* (wit)melkhoutboom.

milk·er melkkoei; melkbok; melker.

milk·i·ness melkerigheid, melkagtigheid; *(fig.)* weekheid, flouheid, papheid.

milk·ing (die) melk, melkery. ~ **machine** melkmasjien. ~ **post** koeipaal. ~ **rope,** ~ **strap** spantou. ~ **stick** hokstok. ~ **stool** melkstoeltjie.

milk·y[1], **milk·ie** *n., (infml.)* melkman, =verkoper.

milk·y[2] *adj.* melkagtig, melkerig, melk=; troebel; *(fig.)* swak, pap; *(fig.)* bang; →MILKINESS; *~ quartz* melkkwarts. **M~ Way** *(astron.): the ~ ~* →THE GALAXY.

mill *n.* meul(e); fabriek; maalmasjien; spinnery; walsery, wals(masjien); frees; saery; *the ~s of* ***God*** *grind slowly, but they grind exceedingly small,* ***God's*** *mill grinds slow but sure* Gods meul(e) maal langsaam maar seker; *that is* ***grist*** *to s.o.'s ~* →GRIST[1]; *no ~, no* ***meal*** wie nie werk nie, sal nie eet nie; *go* ***through*** *the ~* deur die smeltkroes gaan, 'n swaar tyd deurmaak; deur ervaring wys word; *put s.o.* ***through*** *the ~* iem. laat swaarkry (*of* swaar kry). **mill** *ww.* maal, stamp; vermaal, vergruis; klits *(sjokolade);* verwerk; pel; verpoeier; frees; wals, plet; saag; vol *(wol);* kartel *(munt);* ronddraai; →MILLING; *~ about/around, (mense, diere)* rondmaal, =woel. **~board** persbord. ~ **brook** →MILLRACE. ~ **dam** meuldam. ~ **dust** meelstof. ~ **edge** kerfrand. ~ **girl** *(vero.)* fabrieksmeisie, =werkster. **~hand** meulwerker, =werkster; fabriekswerker, =werkster. **~head** bowater. ~ **hopper** meultregter. ~ **house** meulhuis; meul(e); malery. ~ **owner** fabrikant, fabriekseienaar. **~pond** meuldam. **~race,** **~run** meulsloot, =stroom. ~ **scale** *(metal.)* walsskilfering, hamerslag. ~ **sluice** meulsluis. **~stone** meulsteen; slypsteen; *s.o./s.t. is a ~ round s.o.'s* ***neck*** iem./iets is 'n meulsteen/klip om iem. se nek; *tie a ~ round one's* ***neck*** jou nek in/deur 'n strop steek; ***see*** *through (*or *far into) a ~, (dikw. iron.)* deur 'n muur kan sien; 'n goeie kyk op sake hê; die wysheid in pag hê; ***weep*** *~s* droë trane huil. **~stream** meulsloot, =stroom. **~tail** uitstromende meulwater. ~ **test** maaltoets. ~ **town** fabriekstad. ~ **waste** fabrieksafval. **~wheel** meulrat. **~work** saagmeulwerk; walswerk. **~worker** fabriekswerker, =werkster. **~wright** meul(e)maker, =bouer; masjienmonteur; freser, freeswerker.

mill·a·ble maalbaar.

milled gemaal; gevol; gewals; gefrees; gekartel(d); *(geld)* gerand; *~* ***butter*** herbewerkte/herdeurwerkte botter; *~* ***edge*** kartelrand; *~* ***fabric*** volstof; *~* ***nut*** kartelmoer.

mil·le·nar·y, mil·le·nar·y *n.* 'n duisend, duisendtal; duisend jaar; duisendste herdenking; millennium. **mil·le·nar·y, mil·le·nar·y** *adj.* duisendjarig. **mil·le·nar·i·an** *n., (teol.: iem. wat aan 'n toekomstige duisendjarige vrederyk glo)* chilias. **mil·le·nar·i·an** *adj.* duisendjarig; chiliasties, van die duisendjarige ryk. **mil·le·nar·i·an·ism** chiliasme.

mil·len·ni·al duisendjarig; langdurig. **mil·len·ni·al·ism** = MILLENARIANISM. **mil·len·ni·al·ist** = MILLENARIAN.

mil·len·ni·um =*niums*, =*nia* millennium, duisend jaar; duisendjarige (vrede)ryk; →MILLENNIAL. ~ **bug** *(rek.)* millenniumgogga.

mil·le·pede →MILLIPEDE.

mil·ler meulenaar; frees(masjien); *~'s fee/toll* →MILLING FEE.

mil·les·i·mal *n.* duisendste (deel). **mil·les·i·mal** *adj.* duisenddelig, uit duisendstes bestaande.

mil·let *(Pennisetum glaucum)* babala(gras); *(Setaria italica)* boermanna, katstert(gras), manna(koring); *African finger ~, (Eleusine coracana)* osgras. ~ **grass** *(Milium effusum)* giersgras.

mil·li= *komb.vorm* milli=.

mil·liard *(Br., vero.: 10⁹)* miljard; *a ~ rands* 'n miljard rand. **mil·liard·aire** miljardêr.

mil·li·bar *(eenheid v. atmosferiese druk)* millibar.

mil·li·gram(me) *(afk.: mg)* milligram.

mil·li·li·tre, *(Am.)* **mil·li·li·ter** *(afk.: ml)* milliliter.

mil·li·me·tre, *(Am.)* **mil·li·me·ter** *(afk.: mm)* millimeter.

mil·li·ner hoedemaker, =maakster; hoedeverkoper, =verkoopster.

mil·li·ner·y hoede; hoedehandel; dameshoede; hoedemakery; hoedeafdeling. ~ **felt** hoedvilt.

mill·ing malery, meul(enaars)bedryf; vermaling, vergruising; verwerking; karteling; frees(werk); walsery, walswerk; volling; *~ (about/around)* gemaal. ~ **cutter** frees(masjien). ~ **fee, miller's fee,** *(hist.)* **miller's toll** maalgeld. ~ **machine** freesbank, frees(masjien); kartelmasjien, =werktuig.

mil·lion miljoen; *a ~* 'n miljoen; ***by*** *the ~* by die mil=

joene; *a man/woman **in** a* ~ 'n man/vrou duisend; *one ~ **men**, (mil.)* een miljoen man; *a **million*** ~ 'n triljoen; *~s **of** rands/etc.* miljoene rande/ens.; *a ~ **people*** 'n miljoen mense; *~s of **people*** miljoene mense; ***the** ~, (vero.)* die volk, die groot menigte, die massa; *a **thousand*** ~ 'n biljoen. **mil·lion·aire** miljoenêr. **mil·lion·air·ess** (vroulike) miljoenêr. **mil·lion·fold** miljoenvoudig. **mil·lionth** miljoenste.

mil·li·pede, mil·le·ped(e) duisendpoot.

mil·li·sec·ond *(afk.:* ms*)* millisekonde.

mil·li·watt *(afk.:* mW*)* milliwatt.

Mi·lo: ~ *of Croton, (Gr. atleet)* Milo van Kroton; *Venus de ~, (klass. beeld)* Venus van Melos.

mi·lom·e·ter →MILEOMETER.

mi·lord *(hist. of skerts., aanspreekvorm vir 'n Eng. edelman)* my/edele heer.

Mí·los *(Gr., geog.)* Mílos; →MELOS.

mil·reis *-reis, (hist. geldeenheid)* milreis.

milt *n.* hom *(v. 'n vis); (w.g.)* milt *(v. 'n dier).* **milt** *ww.* bevrug, kuit laat skiet. **milt·er** milter, homvis, hommer.

Mil·to·ni·an, Mil·ton·ic Miltoniaans.

milt·siek·te *(Afr., veearts.)* miltsiekte; →ANTHRAX.

Mil·vi·an Bridge Milviese brug *(in Rome).*

mim·bar, min·bar mimbar, kansel *(in 'n moskee).*

mime *n.* mimiek, gebarespel; *(hist.)* klug; *(ook* mime artist*)* mimikus, gebarespeler; nabootser; hanswors, grapmaker. **mime** *ww.* mimeer, mimies uitbeeld, deur gebare weergee; naboots. **mim·er** mimikus, gebarespeler.

mim·e·o·graph *n.* mimeograaf. **mim·e·o·graph** *ww.* met die/'n mimeograaf kopieer. **mim·e·o·graph·ic** mimeografies.

mi·me·sis *(fml., kuns)* nabootsing, simulering; *(biol.)* mimetisme. **mi·met·ic** *(liter., biol.)* nabootsend, nabootsings-, aanpassend, simulerend, mimeties. **mim·e·tism** →MIMICRY.

mim·ic *n.* na-aper, nabootser; uitkoggelaar; mimikus. **mim·ic** *-icked -icked, ww.* namaak, na-aap, naboots; uitkoggel; presies na/op mekaar lyk. **mim·ic** *adj.* na-apend, mimies; kastig, voorgewend; *~ art* mimiek; *~ fight* spieëlgeveg; *~ warfare* kammaoorlog. **mim·ick·er** nabootser, na-aper; koggelaar. **mim·ick·ing** nabootsing. **mim·ic·ry** na-apery, nabootsing, mimiek; koggelary; *(biol.)* mimikrie, mimetisme; *(soöl.)* (kleur)aanpassing, chromatiese aanpassing.

mim·i·ny-pim·i·ny →NIMINY-PIMINY.

mi·mo·sa *(bot.)* mimosa; *(Mimosa pudica)* skaamkruid; *(Acacia dealbata)* silwerwattelboom. ~ **(wood)** doring-, akasiahout.

mi·na *-nae, (hist.: Gr. munt/gewig)* mine.

min·a·ble →MINEABLE.

mi·na·cious *(w.g.)* dreigend. **mi·nac·i·ty** (be)dreiging.

min·a·ret, min·a·ret minaret. ~ **flower** →WILD DAGGA.

min·a·to·ry *(fml.)* dreigend.

mince *n.* gemaalde vleis, maalvleis; *walk with a* ~ trippel. **mince** *ww.* (fyn)maal, kleinmaak; fynkap; goedpraat, verskoon; gemaak/aanstellerig praat; *not ~ matters* (or *one's words)* geen/nie doekies omdraai nie, geen blad voor jou mond neem nie; *without mincing matters* onomwonde; *~ one's steps* trippel. **~meat** Kersvulsel, pasteivulsel; gemaalde vleis, maalvleis, frikkadelvleis; *make ~ of s.o.* iem. kafloop, van iem. kleingeld/bredie maak. **~ pie** vleispastei(tjie); Kerspasteitjie, droëvrugtepasteitjie.

minced: ~ *meat* maalvleis, gemaalde vleis; ~ *oath* bastervloek.

minc·er vleismeul(e).

minc·ing *n.* malery *(v. vleis).* **minc·ing** *adj.* gemaak, geaffekteer(d); trippelend; verskonend. ~ **machine** vleismeul(e).

mind *n.* verstand, intellek; sinne; gees, gemoed, binne(n)ste; bewussyn; mening, sienswyse, opvatting, opinie; verlange, sin, lus, neiging; herinnering, gedagte(nis); doel, voorneme; *s.o.'s **absence** of* ~ iem. se afgetrokkenheid/verstrooidheid; *it's **all** in the* ~ dis net verbeelding; ***apply** one's ~ to s.t.* jou in iets verdiep; aandag aan iets bestee; *an **attitude** of* ~ →***state**; at the **back** of s.o.'s* ~ in iem. se agterkop, agterin iem. se kop; *push s.t. to the **back** of one's* ~ iets probeer vergeet; ***bear/keep** s.t. in* ~ iets onthou, iets in gedagte (*of* voor oë) hou, aan iets dink; ***bearing** in ~ (the fact) that ...* gelet op die feit dat ...; *give s.o. a **bit** of one's* ~ →***piece/bit**; s.o.'s ~ is a* (or *has gone)* ***blank*** iem. kan nie dink nie, iem. se gedagte staan stil; iem. se geheue is skoon weg; ***blow** s.o.'s* ~ →BLOW[1] *ww.; sound in **body** and* ~ →BODY *n.; the ~ **boggles*** →BOGGLE; *s.t. must be **borne** in* ~ iets moet onthou word, iets moet in gedagte (*of* voor oë) gehou word, aan iets moet gedink word; *it **brings/calls** to ~ the* ... dit herinner ('n) mens (*of* laat ['n] mens terugdink) aan die ..., dit roep die ... voor die gees, dit bring die ... in herinnering; *it **broadens** the* ~ dit verruim die gees; ***cast** one's ~ back to* ... aan ... terugdink; ***cast** of* ~ →CAST *n.; **change** one's* ~ van gedagte/mening/plan verander; omswaai; jou bedink; *be **clear** in one's ~ about s.t.* iets ten volle besef; helderheid oor iets hê; ***close** one's ~ to* ... ontoeganklik (*of* doof en blind) vir ... wees; *s.t. **comes** to ~, s.t. **crosses** s.o.'s* ~ iets val iem. by, iets skiet iem. te binne, iets gaan deur iem. se gedagte; ***dismiss** s.t. from one's* ~ iets uit jou gedagtes sit; *s.o.'s ~ **dwells** on s.t.* iem. tob oor iets; *set s.o.'s ~ at **ease*** iem. gerusstel; *be **easy** in one's* ~ onbesorg wees; *in s.o.'s ~'s **eye*** voor iem. se geestesoog; ***follow** one's (own)* ~ jou eie kop volg; *s.o.'s **frame** of* ~ iem. se (gemoed)stemming; *be in a ... **frame** of* ~ in 'n ... stemming wees; *get s.o. in the right **frame** of* ~ iem. in die regte stemming bring; *s.o.'s ~ is **fuddled*** iem. se verstand is benewel(d); *nothing is **further** from my ~!* ek dink nie (eens/eers) daaraan nie!; *have a **good** ~ to* ... →***have**; **great** ~s think alike* ons/hul(le) gedagtes het gekruis; *have **half** a ~ to* ... half lus hê/voel/wees (*of* dit so half oorweeg) om te ...; ***have** a (good) ~ to do s.t.* (baie) lus hê/voel/wees om iets te doen; ***improve** one's* ~ jou kennis uitbrei; jou gees verryk; *have s.t. **in*** ~ iets in gedagte hê, aan iets dink; iets bedoel; voornemens (*of* van voorneme) wees om iets te doen; *have it **in** ~ to do s.t.* daaraan dink om iets te doen; ***keep** s.t. in* ~ →***bear/keep**; **keep** one's ~ on s.t.* jou aandag op iets toespits; *s.o. can't **keep** his/her ~ off* ... iem. dink net aan ..., iem. dink aan niks anders as ... nie; ***know** s.o.'s* ~ weet hoe iem. dink; ***know** one's own* ~ weet wat jy wil (hê); weet waarheen jy wil; *not **know** one's own ~, (ook)* besluiteloos wees; *s.t. **leaps** to (s.o.'s)* ~ →***springs/leaps**; it is a **load/weight** off s.o.'s* ~ dit is 'n las/pak van iem. se hart af, iem. voel baie verlig; ***lose** one's* ~ →LOSE; ***make up** one's* ~ besluit, tot 'n besluit kom; ***make up** one's ~ to* ... jou voorneem om te ...; *~ over **matter*** die gees bo die stof; *a **meeting** of ~s* ooreenstemming; *have **no** ~ to* ... nie lus hê/voel/wees om te ... nie; *be **of** s.o.'s* ~ soos iem. dink, dit met iem. eens wees; *have s.t. **on** one's* ~ iets op die hart hê; deur iets gehinder word; *say what you have **on** your ~!* sê dit reguit!; *we/they are of **one*** ~ ons/hulle is dit eens; ons/hulle is een van sin; *have a **one-track*** ~ net aan een ding dink; jou op een ding blind staar; *have an **open*** ~ onbevange/onbevooroordeel(d) wees, sonder vooroordeel wees; (nog) geen vaste mening hê nie; vir wenke toeganklik wees; *keep an **open*** ~ onbevooroordeel(d) bly; *with an **open*** ~ onbevange, onbevooroordeel(d); *be **out of** one's* ~ van jou sinne beroof (*of* van jou kop/verstand af) wees, nie reg (wys) wees nie; *drive s.o. **out of** his/her* ~ iem. (stapel)gek/rasend maak; iem. van sy/haar verstand beroof; *are you **out of** your ~?* is jy van jou sinne beroof (*of* van jou kop/verstand/wysie af)?; *s.o. can't get s.t. **out of** his/her* ~ iem. kan iets nie uit sy/haar kop kry nie; *go **out of** one's* ~ van jou sinne (af) raak, jou verstand verloor; *s.t. passed/went **out of** s.o.'s* ~ iem. het iets vergeet, iets het iem. ontgaan; *follow one's **own*** ~ →***follow**; have a ~ of one's **own*** weet wat jy wil (hê); weet waarheen jy wil; ***peace** of* ~ →PEACE; *give s.o. a **piece/bit** of one's ~, (infml.)* iem. (goed) die waarheid sê/vertel, iem. voor stok kry, iem. 'n uitbrander gee; *s.o.'s **presence** of* ~ iem. se teenwoordigheid van gees; *have the **presence** of ~ to* ... die teenwoordigheid van gees hê om te ...; *not lose one's **presence** of ~, one's **presence** of ~ does not desert one* jou teenwoordigheid van gees behou, kophou; *s.t. **presses** on s.o.'s* ~ iets druk swaar op iem. se gemoed, iets beswaar iem.; *s.t. **preys** (up)on s.o.'s* ~ iets kwel iem.; ***put/set** s.o.'s ~ at rest* iem. gerusstel; ***put** s.t. out of one's* ~ iets uit jou kop (uit) sit; ***put** one's ~ to s.t.* jou op iets toelê; *s.t. **puts** s.o. in ~ of* ... iets herinner iem. aan ..., iets laat iem. aan ... dink, iets maak iem. aan ... gedagtig; *s.t. **rankles** in s.o.'s* ~ iets knaag aan iem. se siel; *s.o.'s **readiness** of* ~ iem. se teenwoordigheid van gees; ***recall** s.t. to* ~ iets onthou, aan iets terugdink, iets in herinnering bring; ***revolve** s.t. in one's* ~ iets oordink/oorweeg; *be in one's **right*** ~ by jou volle verstand wees; *not be in one's **right** ~, (ook)* nie goed by jou sinne wees nie, nie reg wys wees nie; *s.o.'s ~ **runs** on s.t.* iem. maal (aanhoudend/gedurig) oor iets; *s.o. is still of the **same*** ~ iem. dink nog so, iem. se mening is onverander(d); *they/we are of the **same*** ~ hulle/ons is dit eens; *a **set** of* ~ 'n neiging; ***set** one's ~ on s.t., have one's ~ **set** on s.t* jou iets voorneem (*of* ten doel stel), vasbeslote wees om iets te doen; vasbeslote wees om iets te kry, iets baie graag wil hê; ***set** one's ~ to a task* jou op 'n taak toelê; *s.o. has **set** his/her ~ on that, (ook)* iem. se kop staan soontoe; ***set** s.o.'s ~ at rest* →***put/set**; with a **single*** ~ met (net) een doel voor oë; ***singleness** of* ~ doelgerigtheid; *with **singleness** of* ~ doelgerig; *s.t. has **slipped** s.o.'s* ~ iets het iem. ontgaan, iem. het iets vergeet; ***small** things amuse small ~s* onbenullighede vermaak nulle; *a **sound** ~ in a sound body* 'n gesonde gees in 'n gesonde liggaam; *be of **sound*** ~ by jou volle verstand wees; ***speak** one's* ~ (reguit) sê wat jy dink, padlangs/reguit praat, jou uitspreek, jou mening eerlik gee, sê wat in jou hart is; *s.t. **springs/leaps** to (s.o.'s)* ~ iets val iem. skielik by, iets skiet iem. te binne; *a **state*** (or *an **attitude**) of* ~ 'n stemming/geestestoestand/geestesgesteldheid; ***take** s.o.'s ~ off s.t.* iem. (se aandag van iets) aflei, iem. iets laat vergeet; *since **time** out of* ~ →TIME *n.;* ***to** my* ~ na/volgens my mening/oordeel, myns insiens; *a **turn** of* ~ 'n geestesrigting; *be of a pessimistic/etc. **turn** of* ~ pessimisties/ens. aangelê wees; ***turn** s.t. over in one's* ~ iets goed oordink, iets van alle kante beskou; *be in **two** ~s* op twee gedagtes hink; *be in **two** ~s about s.t.* onbeslis/onseker (*of* in twyfel) oor iets wees; *be of **unsound*** ~ nie by jou volle verstand wees nie; *s.o.'s ~ seems completely **vacant*** dit lyk of iem. totaal niks in sy/haar kop het nie; *s.o.'s ~ **wanders*** iem. is ingedagte, iem. se gedagtes dwaal; *a **warped*** ~ 'n verdorwe gees; *it is a **weight** off s.o.'s* ~ →***load/weight.*** **mind** *ww.* dink aan/om, bedink; oppas, let/pas op, kyk na, sorg vir, versorg; omgee (vir); *(Sk.)* onthou; ~ ***and** write/etc.!* onthou om te skryf/skrywe/ens.!; *~ your own **business*** →BUSINESS; ***do** you ~?* gee jy om?; asseblief!; hoor hier!; *s.o. **doesn't*** ~ iem. gee nie om nie; iem. het geen beswaar nie; *s.o. **doesn't** ~* ... iem. het niks teen ... nie; *s.o. **doesn't** ~ doing s.t.* iem. doen iets geredelik; ***don't** ~!* →***never/don't**; **don't** ~* ... steur jou nie aan ... nie; ***don't** ~ me/us!, (dikw. iron.)* gaan jou gang!, doen wat jy wil!; *I **don't** ~ if I do!* graag!, dit sal ek nie weier nie!; *if you **don't*** ~ as jy nie omgee nie; *~ your **eye!*** →EYE *n.; **mind!*** pas op!; gee pad!, uit die pad uit!, staan terug/soontoe!; ***never/don't** ~!* toe maar!, dis niks (nie)!, dit maak niks (*of* nie saak) nie!, dit kom nie daarop aan nie!; laat maar bly/staan!, laat bly/staan maar!; ***never*** ~ ... moet jou nie aan ... steur nie; ***never** ~ about ...!* laat ... maar bly/staan!; ***never** ~ what* ongeag wat; *never you ~!, (infml.)* dit gaan jou nie aan nie!, dit raak jou nie!; *~ **out** (for ...), (Br., infml.)* oppas (vir ...); *~ one's **p's/P's/Ps and q's/Q's/Qs*** in jou spoor trap, in/op jou pasoppens wees; ~ ***s.o./s.t.*** iem./iets oppas, vir iem./iets sorg; *~ your **step!*** pas op!; *~ the **step*** pas op vir (*of* let op) die trappie; *one has to ~/watch one's **step(s)**, (lett.)* jy moet versigtig trap; *(fig.)* jy moet in/op jou pasoppens wees/bly, jy moet oppas, jy moet kyk wat jy doen; *I ~ it **well**, (Sk.)* ek onthou dit goed; ***would** you ~ coming/etc.?* sal jy asseblief kom/ens.?; ***would** you ~ telling/etc. me?*

sê/ens. my asseblief, sal jy so vriendelik wees om my te sê/ens.?; *I **wouldn't** ~* ... ek sou graag ...; *~ **you*** weliswaar; onthou, moenie vergeet nie, let wel; *~ **you** eat a good breakfast etc.* sorg dat jy 'n ordentlike ontbyt eet ens.; *~ **your** head/etc.!* pasop vir jou kop!; *~ **yourself!*** pas jou op!. ~**-bending** *adj., (infml.)* sinsbegogelend, hallusionêr, hallusinogeen, hallusinogenies, psigedelies *(dwelmmiddel);* ingewikkeld, gekompliseer(d), kompleks, moeilik; ongelooflik, verstommend, manjifiek; breinspoel-. ~**-blowing** *adj., (infml.)* sinsbegogelend, hallusionêr, hallusinogeen, hallusinogenies, psigedelies *(dwelmmiddel);* ongelooflik, verstommend, manjifiek; verskriklik, skokkend, ontstellend. ~**-boggling** *adj., (infml.)* verbysterend, verstommend, ongelooflik, duiselingwekkend, wat jou (*of* ['n] mens se) kop laat duisel *(pred.),* wat jou (*of* ['n] mens se) verstand laat stilstaan *(pred.).* ~**-expanding** *adj.* bewussynsverruimend. ~ **game** kopspeletjie; *play ~ ~s (with s.o.), (infml.)* kopspeletjies (met iem.) speel. ~**-numbing** *adj.,* ~**-numbingly** *adv.* sieldodend, doodvervelig. ~**-reader** gedagteleser. ~**-reading** gedagtelesery. ~**set** *(infml.)* geestelike ingesteldheid, (geestes)ingesteldheid, (geestelike) instelling. ~ **shift** kopskuif.

mind·ed gesind, geneig; gerig, aangelê; *mechanically/etc. ~* meganies/ens. aangelê; *be ~ to do s.t.* lus hê/voel/wees (*of* van plan wees) om iets te doen;

-mind·ed *komb.vorm* -denkend; *absent-~* verstrooid, ingedagte, afgetrokke; vergeetagtig; in 'n dwaal; *bloody-~* bloeddorstig, moorddadig, wreed; *evil-~* kwaaddenkend; van slegte/gemene inbors, boosaardig; *fair-~* regverdig, billik, weldenkend; eerlik, opreg; *feeble-~* swaksinnig, swakhoofdig; onnosel, dom, stompsinnig, simpel.

mind·er oppasser, oppaster, versorger; toesighouer; *(sl.)* lyfwag, oppasser, oppaster, beskermer.

mind·ful oplettend, opmerksaam; gedagtig; versigtig; *be ~ of ...* aan ... dink (*of* gedagtig wees), op ... let.

mind·less verstandeloos, onnosel, dom; geesteloos; sielloos; onoplettend, onopmerksaam; onversigtig; *~ of ...* sonder om aan ... te dink (*of* op ... te let), nie gedagtig aan ... nie. **mind·less·ness** verstandeloosheid.

mine[1] *pron.* myne, my, van my; *through no fault of ~* nie deur my skuld nie; *a friend of ~* een van my vriende, 'n vriend van my; *it is ~* dit is myne.

mine[2] *n., (geol., mil.)* myn; bron *(v. rykdom ens.);* ***department** of ~s* departement van mynwese; *a ~ of **information*** →INFORMATION; *a **pocket** of ~s, (mil.)* 'n mynnes; ***school** of ~s* →SCHOOL[1] *n.; a **small** ~* 'n myntjie; ***strike** a ~* op 'n myn loop *(ter see);* op 'n myn trap, 'n myn aftrap *(op land);* ***sweep** ~s* myne vee/opruim; ***work** a ~* 'n myn bedryf/bedrywe. **mine** *ww.* grawe, graaf, delwe, delf; myn; win, ontgin; uithol; *(mil.)* myne lê; bemyn *('n hawe, pad); (mil., hist.)* mineer, ondermyn; →MINEABLE, MINED, MINER; *~ an area **for** gold* goud in 'n gebied ontgin; *~ **out** an area* die myne in 'n gebied uitput. ~ **blockade** *(mil.)* mynversperring. ~ **captain** mynkaptein; mynopsigter. ~ **chamber** *(mil., hist.)* mynkamer. ~ **clearance** *(mil.)* myn(op)ruiming. ~ **crater** myntregter, -krater. ~ **detector** *(mil.)* myn(ver)klikker. ~ **dragging** mynveëry. ~ **dump** *(SA)* mynhoop. ~ **dust** mynstof. ~**field** mynveld. ~ **gallery** myngalery. ~ **head** mynbek, -ingang. ~ **house** mynhuis. ~**hunter** *(vloot)* mynveër. ~ **labourer** mynarbeider. ~ **lamp** mynlamp. ~**layer** *(mil.)* mynlêer. ~**laying** mynlêery. ~ **manager** mynbestuurder. ~ **overseer** mynopsigter. ~ **owner** mynbaas, -eienaar. ~ **plant** myninstallasie. ~ **prop** mynstut. ~**shaft** mynskag. ~ **surveying** mynopmeting; *(vak)* mynopmeetkunde. ~ **surveyor** myn(op)meter. ~**sweeper** *(vloot)* mynveër. ~**sweeping** mynveewerk, mynveëry. ~ **thrower** *(mil.)* mynwerper. ~ **timber** mynhout; mynstuthout. ~ **water** mynwater, skagwater. ~ **work** mynuitgrawing(s); *(mil., hist.)* mineerwerk. ~ **worker** mynwerker.

mine·a·ble, min·a·ble ontginbaar.

mined: *~ area, (mil.)* myngebied; *be ~* vol myne lê; op 'n myn loop; *~ charge* mynlading.

min·er mynwerker; delwer; myngrawer; *(teg.)* myner; *(mil.)* mineur; *(vloot)* torpedis; *~'s **anaemia*** mynwurmsiekte; *~'s **lamp*** mynlamp; *~'s **phthisis*** myntering; *~'s **strike*** myn(werker)staking; *~'s **truck*** mynwaentjie; *~s' **union*** mynwerkersbond, -unie; *~'s **worm*** mynwurm.

min·er·ag·raph·y = MINERALOGRAPHY.

min·er·al *n.* mineraal, delfstof; *(Br.)* mineraalwater. **min·er·al** *adj.* mineraal, mineraal-, delfstof-; *~ **acid*** mineraalsuur; *~ **bath(s)*** minerale bad; *~ **bed*** mineraallaag; *~ **coal*** steenkool; *~ **deposit*** mineraalafsetting; *~ **flax*** asbesvlas; *~ **green*** mineraal-, berg-, malagietgroen; *~ **jelly*** →PETROLEUM JELLY; *~ **kingdom*** delfstowweryk, mineraleryk; *~ **oil*** minerale olie; aard-, mineraal-, steenolie; *~ **pigment*** mineraalpigment; *~ **resources*** delfstofbronne; *~ **right*** minerale reg; *~ **salt*** minerale sout; *~ **spring*** minerale bron; *~ **vein*** ertsaar; mineraalaar; *~ **water*** mineraalwater; *~ **wax*** →OZOCERITE; *~/rock **wool*** klip-, rotswol; *~ **yellow*** mineraalgeel.

min·er·al·ise, -ize mineraliseer; versteen; vererts. **min·er·al·i·sa·tion, -za·tion** mineralisasie, mineralisering; verstening; verertsing.

min·er·al·og·raph·y mineralografie. **min·er·al·og·raph·ic** mineralografies.

min·er·al·o·gy mineralogie, delfstofkunde. **min·er·al·og·ic, min·er·al·og·i·cal** mineralogies, delfstofkundig, delfstof-. **min·er·al·o·gist** mineraloog, delfstofkundige.

Mi·ner·va *(Rom. mit.)* Minerva.

min·e·stro·ne *(It. kookk.)* minestrone.

Ming Mingporselein. ~ **Dynasty** *(1368-1644)* Mingdinastie, -vorstehuis.

min·gle meng, vermeng, deurmekaar maak; ineenvloei, ineenloop, deurmekaar loop; aansluit *(by); ~ with ...* met ... omgaan/verkeer, jou by ... aansluit *(gaste ens.);* tussen ... ingaan *(skare ens.); they ~d (with one another), (ook)* hulle het gesellig verkeer; *be ~d with ...* met ... gemeng/vermeng wees. **min·gling** vermenging; ineenvloeiing.

min·gy *(infml.)* suinig, vrekkerig.

min·i *n., (rok, motor)* mini. **min·i-** *komb.vorm* mini-. ~**bar** minikroeg *(in hotelkamer).* ~**bus** minibus. ~**bus taxi** *(SA)* minibustaxi. ~**cab** *(Br.)* minitaxi. ~**cam** minivideokamera. ~**car** mini-, muggiemotor. ~**computer** minirekenaar. ~**copter** minikopter. ~**disc** miniskyf. ~**golf** minigholf. ~**pill** *(med.: voorbehoedmiddel)* minipil. ~**series** *(TV)* minireeks. ~**skirt** minirok. ~**-submarine** dwergduikboot, tweemansduikboot. ~**van** miniwa.

min·i·a·ture *n.* miniatuur; miniatuurskildery; *in ~* in die klein(e), in miniatuur; *a ... in ~* 'n klein ... **min·i·a·ture** *adj.* klein, miniatuur-, dwerg-; *~ **camera*** kleinbeeldkamera; *~ **golf*** minigholf; *~ **pinscher,** (honderas)* miniatuur-pinscher; *~ **poodle*** dwergpoedel; *~ **railway*** miniatuur-treinspoor; *~ **rose*** dwergroos; *~ **tortoise*** dwergskilpad. **min·i·a·ture** *ww., (w.g.)* in miniatuur skilder/voorstel/ens.. ~ **painter** miniatuurskilder.

min·i·a·tur·ise, -ize miniaturiseer, verdwerg, op klein skaal vervaardig. **min·i·a·tur·i·sa·tion, -za·tion** miniaturisasie, verdwerging.

min·i·a·tur·ist miniatuurskilder, miniaturis.

min·i·fy *(w.g.)* verklein, klein maak; (ver)kleineer.

min·i·kin *n., (arg.)* kleintjie; klein speldjie. **min·i·kin** *adj., (arg.)* baie klein; *(neerh.)* geaffekteer(d).

Min·im *(monnik)* Miniem.

min·im *(mus., hoofs. Br.)* halfnoot; *(med.)* druppel; *(aptekersmaat)* minim; *(dikw. neerh.)* dwergie, kleintjie.

min·i·mal minimaal, kleinste, baie klein, miniem. **min·i·mal·ism** minimalisme, minimalistiese kuns. **min·i·mal·ist** minimalis.

min·i·mise, -mize verklein, klein maak; minimaliseer, so klein as moontlik maak, tot 'n minimum terugbring; verag, geringag; (ver)kleineer.

min·i·mum *-imums, -ima, n.* minste, minimum; *the absolute/bare ~* die allerminste, die volstrekte minimum; *keep s.t. to a/the ~* iets so min moontlik hou; *with a/the ~ of ...* met 'n/die minimum van/aan (*of* minste of mins[te] moontlike) ... *(vertraging/inmenging/tyd/geld/toerusting/personeel/ens.).* **min·i·mum** *adj.* minimaal, kleinste, minimum, minimum-. ~ **thermometer** minimumtermometer. ~ **wage** minimum loon.

min·i·mus *(pred.), (Br.)* die jongste.

min·ing mynbou, mynwerk; mynwese; *(mil.)* myne lê; *~ of coal* steenkoolwinning; *open ~* dagbou. ~ **area** myngebied. ~ **camp** mynkamp. ~ **company** mynmaatskappy. ~ **depth** mynboudiepte. ~ **disaster** mynramp. ~ **district** myndistrik. ~ **engineer** myningenieur. ~ **engineering** mynboukunde, myningenieurswese. ~ **geology** mynbougeologie. ~ **group** myngroep. ~ **house** mynmaatskappy. ~ **industry** mynwese, mynbedryf. ~ **lease** mynhuur, mynpag. ~ **magnate** mynmagnaat. ~ **operations** mynbedrywighede. ~ **right** mynreg. ~ **share** mynaandeel. ~ **surveyor** mynopmeter. ~ **title** myntitel, mynbrief. ~ **town** myndorp. ~ **union** mynwerkersbond, -unie.

min·ion trawant, handlanger, flikflooier; gunsteling; dienaar; *(druk.)* mignonletter; *~ of fortune, (liter.)* gunsteling van die fortuin, gelukskind; *~ of the law, (liter., skerts.)* geregsdienaar.

min·is·ter *n.* minister; geestelike, predikant, dominee; *(arg.)* gesant; *(arg.)* dienaar; →CABINET MINISTER, CHIEF MINISTER; *~'s **council**, council of ~s* ministerraad; *~ **counsellor*** ministerraad; *M~ of **External/Foreign Affairs*** minister van buitelandse sake; *~s' **fraternal*** predikante-broederkring; *~ of the **gospel*** bedienaar van Gods Woord; *M~ of the **Interior*** minister van binnelandse sake; *~ **plenipotentiary*** gevolmagtigde minister; *~ without **portfolio*** minister sonder portefeulje; *~ of **religion*** geestelike, predikant. **min·is·ter** *ww.* dien *(as geestelike);* bedien, versorg, help; diens verrig; *(arg.)* voorsien, verleen, gee; *~ to ...* voorsien in ...; voldoen aan ...; bydra tot ... **min·is·te·ri·al** ministerieel; amptelik; geestelik; dienend; *(arg.)* hulpbrengend; *the ~ **benches**, (parl.)* die regeringsbanke; *~ **council*** ministerraad; *~ **office*** ministersamp, ministerskap; *~ **rank*** ministersrang; *s.o. is ~ **timber,** (infml.)* iem. is ministeriabel; *~ **to** ..., (arg.)* bevorderlik vir ... **min·is·te·ri·al·ist** *(Br.)* regeringsman, regeringsondersteuner. **min·is·ter·ship** ministerskap; predikantskap.

min·is·trant *n.* dienaar. **min·is·trant** *adj.* dienend. **min·is·tra·tion** *(hoofs. fml. of skerts.)* bediening; diens; amp *(v. predikant);* medewerking, hulp; verskaffing; *(i.d. mv.)* geestelike bystand.

min·is·try ministerie; kantoor van 'n ministerie; kabinet; ministerskap; ministerie, departement; evangeliebediening; leraarsamp, predikantskap; prediking; *(w.g.)* geestelikheid, die predikante; *(w.g.)* bediening, ampsverrigting; *(w.g.)* besigheid, beroep; *(w.g.)* hulp, medewerking; *enter the ~* minister word; predikant word.

min·i·um →RED LEAD.

min·i·ver hermelyn, wit pels.

mink *(soöl.: Mustela* spp.*)* nerts; wesel. ~ **coat** nertsjas; weselpelsjas. ~ **(fur)** nerts; weselpels.

min·ke (whale) *(Balaenoptera acutorostrata)* minkewalvis, kleinvinwalvis, dwergvinvis.

min·ne·sing·er *(hist.)* minnesanger.

min·now witvissie, grondeling; stekelbaars; *(Barbus* spp.*)* ghielie(mientjie); *(fig.: nietige persoon, organisasie, ens.)* klein vissie; *Triton amongst the ~s* eenoog onder die blindes.

Mi·no·an *n.* Minoër; *(taal)* Minoïes. **Mi·no·an** *adj.* Minoïes.

Mi·nor, Mi·nor·ite *n.* Franciskaan, Fransiskaan, Franciskaner, Fransiskaner, Minderbroeder, Minoriet. **Mi·nor** *adj.: Asia ~* Klein-Asië; *the ~ Prophets, (OT)* die Klein Profete.

mi·nor *n.* mindere, kleinere; minderjarige, onmondige; *(log.)* minderterm, minor; *(mus.)* mineur (modus/toongeslag). **mi·nor** *adj.* minder, klein(er); minderjarig, onmondig; junior; ondergeskik; bykomstig; onbeduidend, gering(er); van laer rang; tweederangs; *(mus.)* mineur; *in A* ~ in A mineur; ~ ***arc,*** *(geom.)* kleinboog; ~ ***axis,*** *(geom.)* kort/klein as, breedteas; ~ ***character*** byfiguur; ~ ***chord*** mineur akkoord; ~ ***damage*** geringe skade; ~ ***detail*** ondergeskikte punt, bykomstigheid; ~ ***hall*** bysaal, klein saal, sysaal; *a matter of* ~ ***importance*** →IMPORTANCE; ~ ***key*** mineur toonsoort/toonaard; *in a* ~ ***key*** in mineur; *(fig.)* gedemp; ~ ***league,*** *(Am., sport)* laer liga; *(fig.)* tweederangs; ~ ***operation*** klein operasie; ~ ***orders,*** *(RK, hist.)* klein ordes; ~ ***piece,*** *(skaak: loper, perd)* ligte stuk; ~ ***planet,*** *(astron.)* asteroïed, planetoïed, klein planeet; ~ ***poems*** kleiner gedigte; ~ ***poet*** digter van die tweede (*of* mindere) rang; ~ ***road*** sekondêre pad; ~ ***subject*** byvak; ~ ***suit,*** *(brug: ruite[ns], klawers)* kleinkleur; ~ ***term,*** *(log.)* minor, minderterm; ~ ***third,*** *(mus.)* mineur derde/terts.

Mi·nor·ca *(geog.)* Minorka. ~ **fowl** minorkahoender.

Mi·nor·can *n.* Minorkaan. **Mi·nor·can** *adj.* Minorkaans.

mi·nor·i·ty onmondigheid, minderjarigheid; minderheid; *be in a/the* ~ in die minderheid wees; *find o.s. in a* ~ jou in die minderheid bevind; *s.o. is in a* ~ *of one* iem. staan alleen. ~ **party** minderheidsparty. ~ **report** minderheidsverslag. ~ **vote** minderheidstem.

Min·o·taur *(Gr. mit.)* Minotourus, Minotaurus, Minotauros, stiermens.

min·ster munster(kerk), domkerk, hoofkerk, kloosterkerk, katedraal, kapittelkerk.

min·strel *(hist.)* minnesanger, minstreel; liedjiesanger; digter. **min·strel·sy** minnesangerskuns; die minnesangers; gesang, musiek; balladeversameling.

mint[1] *n.* kruisement; ment; groen=, tuinment; peperment; pepermentlekker, pepermentjie. ~ **julep** *(mengeldrankie)* pepermentjulep. ~ **sauce** kruisementsous. ~ **tea** kruisementtee.

mint[2] *n.* munt; *a* ~ *of money, (infml.)* 'n hoop geld. **mint** *adj.* puik; *be in* ~ *condition/state* ongeskonde wees. **mint** *ww.* munt, munt slaan; uitvind, maak, smee; ~ *a word* 'n woord munt/smee. ~ **mark** muntteken. ~ **master** muntmeester. ~ **par (of exchange)** muntpariteit.

mint·age munt, geld; muntgeld; muntloon; muntreg; pas gemunte woord.

mint·er munter, muntmaker.

min·u·end *(wisk.)* aftrektal.

min·u·et *(mus.)* menuet.

mi·nus =nuses, *n.* minus(teken), minteken, aftrekteken; minus(getal); nadeel. **mi·nus** *adj.* minus; waardeloos; negatief; *the profits were* ~ die wins was nul. **mi·nus** *prep.* min, minus; sonder; *be* ~ *s.t.* sonder iets wees; *8* ~ *3 is 5* 8 min(us) 3 is 5; *be* ~ *a few rands, (infml.)* 'n paar rand armer/kwyt wees. ~ **quantity** negatiewe hoeveelheid. ~ **sign** min(us)teken, aftrekteken.

mi·nus·cule *n.* minuskel, kleinletter. **mi·nus·cule** *adj.* minuskuul, baie klein; onbeduidend.

min·ute[1] *n.* minuut; oomblik; →MINUTELY[1]; *a* ~ ***ago*** nou-nou; ~ *of* ***arc,*** *(geom.)* boogminuut; *I shan't* ***be a*** ~ ek kom nou-nou; ek is nou-nou klaar; ~ ***by*** ~ minuut vir minuut; ***in*** *a* ~/*moment, (infml.)* nou-nou, netnou; *here* ***in*** *ten* ~*s* binne/oor tien minute hier; ***just*** *a* ~!, *(infml.)* wag (so) 'n bietjie!, (net) 'n oomblik!; *at the* ***last*** ~ op die allerlaaste/nippertjie/tippie (*of* laaste oomblik), ter elfder ure; *wait until the* ***last*** ~ tot op die tippie wag; *a* ***matter*** *of* ~*s,* ***only*** ~*s* net 'n paar minute; *depart/leave* ***on*** *the* ~ op die minuut vertrek; *five/etc. (~s)* ***past*** *ten/etc.* vyf/ens. (minute) oor tien/ens.; ***the*** ~ *(that)* ... sodra ...; ***the*** ~ *(that) s.t. happened* (op) die oomblik toe iets gebeur, dadelik toe iets gebeur; ***the*** ~ *(that) s.t. happens* sodra iets gebeur; ***this*** ~ nou net, so pas, sopas; op die daad, dadelik, oombliklik; ***to*** *the* ~ op die minuut (af), stip op tyd; *five/etc. (~s)* ***to*** *ten/etc.* vyf/ens. (minute) voor tien/ens.; *be* ***up to*** *the* ~ die allernuutste wees *('n mode ens.)*; al die jongste inligting bevat; *come here this* ***very*** ~! kom op die daad/plek hier!; *it happened this* ***very*** ~ dit het nou net gebeur; ***wait*** *a* ~ 'n bietjie wag; ***wait*** *a* ~! wag 'n bietjie!. ~ **glass** minuutglas, sandloper. ~ **gun** minuutskoot. ~ **hand** minuutwys(t)er, lang wys(t)er. ~ **steak** kits(lende)skyf.

min·ute[2] *n.* memorandum, minuut; konsep, ontwerp; diensbrief; *(i.d. mv. ook)* notule; *accept/adopt/approve/confirm the* ~*s* die notule goedkeur/bevestig; *keep/take* ~*s* notule hou/opstel; *take the* ~*s as read* die notule as gelees beskou. **min·ute** *ww.* presies dateer; notuleer, neerskryf, =skrywe, afskryf, =skrywe; 'n konsep maak van; →MINUTING; ~ *s.t. down* iets aanteken/notuleer. ~ **book** notuleboek; kladboek. ~**s secretary** notulehouer.

mi·nute[3] *adj.* piepklein; gering; haarfyn, presies, uitvoerig, noukeurig; →MINUTELY[2]; ~ *quantity* titseltjie. **mi·nute·ness** presiesheid, uitvoerigheid, noukeurigheid, omstandigheid; kleinheid.

min·ute·ly[1] elke minuut, minuut vir minuut.

mi·nute·ly[2] haarfyn, presies, uitvoerig, noukeurig, omstandig.

mi·nu·ti·a =tiae besonderheid, detail, onderdeel; kleinigheid, nietigheid.

min·ut·ing notulering.

minx *(skerts. of neerh.)* maltrap; snip, rissie(pit), geitjie.

Mi·o·cene *n., (geol.)* Mioseen **Mi·o·cene** *adj.* Mioseens.

mi·o·sis, my·o·sis =oses, *(med.)* miose, vernouing van die pupil.

mi·ra·cid·i·um =ia, *(soöl.)* mirasidium.

mir·a·cle wonder, wonderwerk; mirakel; ***by*** *a* ~ *s.t. happened* (or *didn't happen*) wonderbaarlik (*of* wonder bo wonder) het iets gebeur (*of* nie gebeur nie); ***faith*** *works* ~*s* die geloof doen wonderwerke; ~ ***of*** ~*s* wonder bo wonder; ***perform/work*** ~*s* wonderwerke verrig; *it's* ***something*** *of a* ~, *(infml.)* dis 'n klein/taamlike wonderwerk; *it's a* ~ ***that...,*** *(ook)* dis 'n godswonder dat ... *(iem. nog leef ens.)*. ~ **drug** wondermiddel. ~ **man** *(gunstig)* wonderdoener. ~ **monger** *(ongunstig)* wonderdoener. ~ **play** *(Me.)* mirakelspel. ~ **worker** *(gunstig)* wonderdoener.

mi·rac·u·lous wonderbaarlik, wonderlik, bonatuurlik, wonder=, wonderdadig; ~ ***cure*** wonderkuur; ~ ***gift*** wondergawe; ~ ***image*** wonderbeeld; ~ ***power*** wonderkrag, =mag. **mi·rac·u·lous·ness** bonatuurlikheid, wonderbaarlikheid.

mi·rage, mi·rage lugspieëling, opgeefsel, fata morgana; droombeeld, hersenskim, illusie, sinsbegoëling, =begogeling.

mir·bane: ~ *oil, oil/essence of* ~, *(chem.)* mirbaanolie, nitrobenseen.

mire *n.* slyk, modder, vuiligheid, vuilgoed; *drag s.o.'s name through the* ~ iem. deur die modder sleep; *be (stuck) in the* ~ in die/'n verknorsing (*of* in die pekel) sit/wees. **mire** *ww.* besoedel, bemodder; in die modder laat val; *(fig.)* in die moeilikheid bring (*of* laat beland). **mir·y** vuil, bemodder(d), beslyk; modderig.

Mir·i·am *(OT)* Mirjam.

mirk, mirk·y *(arg.)* →MURK, MURKY.

mir·li·ton *(mus.instr.)* mirliton.

mir·ror *n.* spieël; toonbeeld; afspieëling. **mir·ror** *ww.* spieël, afspieël; weerspieël, weerkaats; met spieëls beklee; ~*ed wardrobe* spieëlkas. ~ **carp** *(igt.)* spieëlkarp(er). ~ **finish** spieëlblink afwerking. ~ **image** spieëlbeeld. ~ **surface** spieëlvlak. ~ **writing** spieëlskrif.

mir·ror·like spieëlglad.

mirth vrolikheid, opgeruimdheid, plesier, joligheid, jolyt, opgewektheid, pret; gelag. ~**-provoking** lagwekkend.

mirth·ful vrolik, opgeruimd, plesierig, jolig, opgewek; vol lag.

mirth·less treurig, droef(geestig), droewig; ~ *laugh* droewige/vreugdelose lag.

mis= *pref.* wan=.

mis·ad·dress verkeerd adresseer.

mis·ad·ven·ture ongeluk, teen=, teëspoed, ongeluk=kige toeval; *homicide/death by* ~, *(jur.)* onwillige manslag.

mis·ad·vise slegte raad gee; bedrieg. **mis·ad·vised** bedroë.

mis·a·lign wanspoor. **mis·a·lign·ment** wansporing *(v. wiele)*.

mis·al·li·ance ongelukkige verbintenis/huwelik, *(Fr.)* mesalliance.

mis·an·thrope, mis·an·thro·pist mensehater, misantroop. **mis·an·throp·ic, mis·an·throp·i·cal** mensehatend, misantropies. **mis·an·thro·py** mensehaat, misantropie.

mis·ap·ply verkeerd toepas; misbruik, sleg beheer. **mis·ap·pli·ca·tion** wantoepassing, verkeerde toepassing; wanbeheer; wanbesteding.

mis·ap·pre·ci·ate onderskat, verkeerd waardeer. **mis·ap·pre·ci·a·tion** onderskatting, verkeerde waardering.

mis·ap·pre·hend misverstaan, verkeerd verstaan/begryp, misvat. **mis·ap·pre·hen·sion** verkeerde opvatting, wanbegrip, misvatting; misverstand; *be/labour under a* ~ onder 'n misverstand verkeer/wees.

mis·ap·pro·pri·ate misbruik, wanaanwend, jou wederregtelik toe-eien. **mis·ap·pro·pri·a·tion** wederregtelike toe-eiening; wanbesteding, wanaanwending; wanbeheer.

mis·be·come =came =come sleg staan/pas, nie pas nie. **mis·be·com·ing** onpassend, ongepas, onbetaamlik.

mis·be·got·ten onberade; waardeloos; rampsalig; veragtelik, gemeen; *(arg.)* oneg, baster=.

mis·be·have jou sleg gedra, jou wangedra, ongehoorsaam wees. **mis·be·haved** ongehoorsaam; ongemanierd, grof, onopgevoed, onbeskof. **mis·be·hav·iour,** *(Am.)* **mis·be·hav·ior** wangedrag, slegte gedrag.

mis·be·lief ongeloof; wangeloof, dwaalleer. **mis·be·lieve** dwaal, verkeerd glo. **mis·be·liev·er** dwaler, ongelowige.

mis·cal·cu·late misreken, verkeerd bereken, mistel, misskat, verkeerd skat; mistas; jou misreken. **mis·cal·cu·la·tion** misrekening, verkeerde berekening, rekenfout, mistelling; mistasting; *make a* ~ jou misreken.

mis·call verkeerd noem; *(arg. of dial.)* uitskel.

mis·car·ry 'n miskraam hê; verongeluk, misluk, misloop; skipbreuk ly, in duie stort; *(Br., vero., 'n brief)* verlore gaan. **mis·car·riage** miskraam; misgeboorte; mislukking; *(Br., vero.)* die verlore gaan *(v. 'n brief)*; *have a* ~ 'n miskraam hê; *a* ~ *of justice* 'n regsdwaling, 'n regterlike/geregtelike dwaling.

mis·cast =cast =cast, *(teat.)* misplaas *('n akteur)*. **mis·cast·ing** misplasing.

mis·ce·ge·na·tion ras(se)vermenging, bloedvermenging, verbastering.

mis·cel·la·ne·a *n. (mv.)* diverse, varia, allerlei, alles en nog wat; mengelwerk; bont(e) versameling.

mis·cel·la·ne·ous gemeng(d); allerlei; uiteenlopend, veelsydig; divers, verskillend, veelsoortig; ~ *poems* mengelgedigte. **mis·cel·la·ne·ous·ness** verskeidenheid; veelsoortigheid; veelsydigheid.

mis·cel·la·ny, *(Am.)* **mis·cel·la·ny** mengsel; smousvraggie; varia, diverse; mengelwerk, versamelwerk. **mis·cel·la·nist** mengelwerkskrywer.

mis·chance ongeluk; *by* ~ per ongeluk.

mis·chief ondeundheid, kattekwaad, streke; kwaad, onheil, skade; *(jur.)* wantoestand, misstand; *(arg.)* kwelgees, onheilstoker, rusverstoorder; ***cause/do*** ~ kwaad doen; ***do*** *s.o. a* ~ iem. kwaad doen; *be* ***full*** (or *a* ***bundle***) *of* ~, *(infml.)* gruwelik (*of* vol streke/ondeundheid) wees; ***keep*** *out of* ~ uit die moeilikheid bly, sorg dat jy nie in die moeilikheid kom nie, geen kattekwaad aanvang/doen nie; ***little*** ~, *(infml.)* vabondjie, klein ondeug/klits; ***make*** ~ kwaad steek/stook; kattekwaad aanvang/doen; *the* ~ ***of it*** *is that ...* die ongeluk is dat ...; ***out of*** *pure* ~ uit pure moedswilligheid; ***sow*** ~ kwaad steek/stig/stook; *be* ***up to*** ~ kwaad doen; kwaad steek/stook; kattekwaad aanvang/doen, met kattekwaad besig wees; iets in die skild/mou voer, iets in die mou hê; ***work*** ~ kwaad doen/veroorsaak. ~**-loving** ondeund. ~**-maker,** ~**-monger** onrusstoker, opstoker, ophitser, kwaadstoker, onheilstigter, tweedragsaaier, twissoeker. ~**-making** *n.* onrusstokery, kwaadstokery, twissoekery. ~**-making** *adj.* kwaadstokerig, twissoekerig.

mis·chie·vous ondeund, moedswillig, onnutsig; skadelik, verkeerd, nadelig, verderflik; ~ ***boy*** kwajong;

~ ***child,*** *(ook)* kwaaddoener; *the* ***child*** *is ~ today* die kind is vandag gruwelik; ~ ***rascal*** ondeunde rakker. **mis·chie·vous·ness** ondeundheid, onnutsigheid, ondeug; moedswilligheid; skadelikheid.

mis·ci·ble mengbaar *(vloeistowwe).* **mis·ci·bil·i·ty** mengbaarheid.

mis·con·ceive verkeerd opvat/begryp, misvat. **mis·con·cep·tion** wanbegrip, misvatting, dwaling, dwaalbegrip; misverstand; *a popular* ~ 'n algemene dwaling.

mis·con·duct *n.* slegte gedrag, wangedrag; wanbestuur. **mis·con·duct** *ww.* wanbestuur, sleg bestuur; *~ o.s.* jou sleg gedra; oor die tou trap.

mis·con·jec·ture verkeerde gissing.

mis·con·struc·tion *(w.g.)* misvatting, verkeerde uitleg/interpretasie; *(gram.)* verkeerde konstruksie/sinsbou.

mis·con·strue verkeerd uitlê/interpreteer, misverstaan, verkeerd verstaan, misvat.

mis·cop·y *ww.* verkeerd kopieer; verkeerd afskryf/-skrywe/oorskryf/-skrywe.

mis·count *n.* mistelling, verkeerde (op)telling. **mis·count** *ww.* mistel, verkeerd (op)tel.

mis·cre·ant *n.* ellendeling, skurk, skobbejak; vabond; *(arg.)* ongelowige. **mis·cre·ant** *adj.* ellendig, laag; *(arg.)* ongelowig.

mis·cre·ate, mis·cre·at·ed *adj., (arg.)* misvorm(d), mismaak, wanstaltig.

mis·cred·it *(arg.)* wantrou.

mis·cue *(biljart)* misstoot; *(sport)* verbroude hou/skop/vangkans/ens.; *(fig.)* blaps, flater.

mis·date *n.* verkeerde datum. **mis·date** *ww.* verkeerd dateer.

mis·deal *n.* misdeling; *(kaartspel)* verkeerde (uit)gee. **mis·deal** -*dealt* -*dealt, ww.* misdeel; *(kaartspel)* verkeerd (uit)gee.

mis·deed wandaad, misdaad, misdryf, vergryp.

mis·deem *(arg.)* verkeerd (be)oordeel; misgis.

mis·de·mean *(w.g.)* →MISBEHAVE.

mis·de·mean·ant *(jur.)* misdadiger, oortreder.

mis·de·mean·our, *(Am.)* **mis·de·mean·or** *(jur.)* misdryf, oortreding, vergryp.

mis·de·scribe verkeerd beskryf/beskrywe. **mis·de·scrip·tion** onjuiste beskrywing.

mis·di·ag·nose verkeerd diagnoseer. **mis·di·ag·no·sis** verkeerde diagnose.

mis·di·al *(telef.)* verkeerd skakel.

mis·di·rect verkeerd beduie; verkeerd voorlig/inlig; verkeerd rig; verkeerd lei; verkeerd adresseer; *(jur.)* verkeerd/onjuis voorlig; *the magistrate ~ed him-/herself* die landdros/magistraat het gedwaal (*of* 'n dwaling begaan); *~ o.s.* dwaal, 'n verkeerde koers kies/inslaan; *~ed sympathy* misplaaste meegevoel. **mis·di·rec·tion** verkeerde aanduiding/inligting; verkeerde leiding; verkeerde adres; *(jur.)* dwaling, wanvoorligting; *~ on fact* misvatting van feite.

mis·do·ing wandaad, verkeerde daad, sonde.

mis·doubt *(hoofs. arg. of dial.)* wantrou, verdink; twyfel aan, betwyfel.

mis·ed·u·cate sleg opvoed. **mis·ed·u·ca·tion** slegte opvoeding.

mise en scène *(Fr., teat.)* toneelskikking.

mis·em·ploy misbruik. **mis·em·ploy·ment** misbruik.

mis·en·try verkeerde/foutiewe boeking/inskrywing.

mi·ser¹ vrek, gierigaard; ellendeling. **mi·ser·li·ness** vrek(er)igheid, gierigheid. **mi·ser·ly** gierig, vrekk(er)ig; suinig, vreksuinig.

mi·ser² *(ing.)* putboor.

mis·er·a·ble haglik, jammerlik, beroerd, ellendig, rampsalig; ellendig, treurig, ongelukkig; aaklig, naar; skamel, karig, power, armoedig, armsalig, miserabel; *(attr.)* veragtelike, lae, gemene *(vent ens.);* ***be/feel*** ~ ellendig voel; *you ~ wretch* (or *old creep*)!, *(infml.)* jou ellendeling/misbaksel (*of* ou sleg)!; *utterly* ~ uiters ellendig, doodongelukkig. **mis·er·a·ble·ness** ellendigheid, jammerlikheid; armsaligheid. **mis·er·a·bly** ellendig; *~ poor* straatarm.

mi·sère *(Fr., kaartspel)* misère.

mis·e·re·re *(vnl. Ps. 51)* miserere, boetpsalm, klaaglied; →MISERICORD(E).

mis·er·i·cord(e) *n., (steunstuk a.d. onderkant v. 'n opklapbare koorstoel)* misericorde *(Fr.); (RK, hist.: geoorloofde afwyking v. kloosterreëls)* misericordia *(Lat.); (Me. dolk vir 'n genadesteek)* misericorde *(Fr.).*

mis·er·y ellende, armoede, nood; narigheid; nare vent; ***abject/deep*** ~ diepe ellende; ***cause*** ~ ellende veroorsaak; *make s.o.'s* ***life*** *a* ~ iem. se lewe vergal/versuur; ***put*** *... out of its/his/her* ~ ... van sy/haar lyding verlos *('n dier); ...* nie langer in spanning hou nie *('n mens); be* ***steeped*** *in* ~ in ellende gedompel wees; *a* ***tale*** *of* ~ 'n lydensgeskiedenis; ***untold*** ~ eindelose/naamlose/namelose ellende; ***in utter*** ~ in die diepste ellende.

mis·es·teem *n., (w.g.)* minagting, geringagting; onderskatting. **mis·es·teem** *ww.* minag, geringag; onderskat.

mis·fea·sance *(jur.)* magsmisbruik, magsoortreding.

mis·field *(kr.)* mis vat *(d. bal).*

mis·fire *n.* weiering, weierskoot, afklapskoot, ketsskoot; *(patroon ens.)* weieraar; *(motor[enjin])* oorslaan; *(mynb.)* ketsgat, agterblyer. **mis·fire** *ww.* doppie afklap; *(geweer)* kets, weier; afklap; *(motor[enjin])* oorslaan; *~d hole* ketsgat.

mis·fit *n.* wanaangepaste (mens/kind/sukkelaar/ens.); sleg passende kledingstuk; *be a* ~ 'n slegte grap wees; sleg pas/sit; *be a social* ~ nie in die maatskappy pas nie, wanaangepas wees. **mis·fit** -*tt*-, *ww.* sleg pas/sit.

mis·formed misvorm(d), wanskape, mismaak.

mis·for·tune ongeluk, teen-, teëspoed, onheil; *(infml.)* glips *(v. 'n meisie); s.o.* ***had*** *the ~ to ...* die ongeluk het iem. oorgekom dat hy/sy ...; *s.o.* ***had*** *the ~ to be ...* ongelukkig was iem. ...; *~s never come* ***singly*** 'n ongeluk kom nooit alleen nie; ***to*** *s.o.'s* ~ tot iem. se ongeluk.

mis·give -*gave* -*given, (poët., liter.)* betwyfel; met twyfel vervul; met angs vervul; *my heart ~s me* ek het be-denkinge (*of* 'n [bang] voorgevoel). **mis·giv·ing** twyfel, argwaan; vrees, besorgdheid, bedenking, bekommernis, wantroue; *(i.d. mv.)* bedenkings; *have ~s about s.t.* bedenkings oor iets hê; *voice ~s* bedenkings uitspreek/uit(er).

mis·gov·ern wanbestuur, sleg bestuur/regeer. **mis·gov·ern·ment** wanbestuur.

mis·guide verkeerd lei; mislei, op 'n dwaalspoor bring. **mis·guid·ance** verkeerde leiding. **mis·guid·ed** mislei(d); onberade, onbedag, onbesonne; onverstandig, dwaas.

mis·han·dle mishandel, sleg behandel; verkeerd behandel/hanteer/aanpak. **mis·han·dling** mishandeling, slegte behandeling; verkeerde behandeling/hantering.

mis·hap ongeluk(kie), ongeval; teen-, teëspoed; misstap; *have a* ~ teen-/teëspoed kry; *without* ~ sonder teen-/teëspoed.

mis·hear -*heard* -*heard* verkeerd hoor, sleg opvang.

mis·hit *n., (sport)* mishou, -skoot, -slag, mis hou/skoot/slag. **mis·hit** -*tt*-; -*hit* -*hit, ww.* mis (slaan), misslaan.

mish·mash mengelmoes, deurmekaarspul, tjou-tjou.

Mish·na(h) *(Jud.)* Misjna.

mis·i·den·ti·fy verkeerd identifiseer. **mis·i·den·ti·fi·ca·tion** foutiewe/verkeerde identifikasie.

mis·in·form verkeerd inlig, mislei; *you are ~ed* u/jy/julle het dit mis. **mis·in·for·ma·tion** verkeerde inligting, vals(e) berig.

mis·in·ter·pret verkeerd vertolk/interpreteer; verkeerd uitlê/verklaar. **mis·in·ter·pre·ta·tion** verkeerde vertolking/interpretasie, wanvertolking, -interpretasie; verkeerde uitleg/verklaring.

mis·join *(jur.)* wanvoeg. **mis·join·der** *(jur.)* wanvoeging.

mis·judge verkeerd (be)oordeel, jou misgis/misreken/vergis (met); verkeerd bereken/skat. **mis·judg(e)·ment** verkeerde oordeel/beoordeling.

mis·key *ww.* verkeerd intik/vaslê *(data).*

mis·kick *n. & ww.* misskop, mis skop.

mis·lay -*laid* -*laid* verlê, op 'n verkeerde plek sit, laat soek raak; *s.o. has mislaid ...* iem. het sy/haar ... verlê, iem. se ... is weg/soek (*of* het weggeraak *of* het soek geraak), iem. kan nie sy/haar ... kry/vind nie *(bril, sleutels, ens.).*

mis·lead -*led* -*led* mislei, op 'n dwaalspoor bring; verlei; bedrieg, kul. **mis·lead·er** misleier; verleier. **mis·lead·ing** misleidend.

mis·like *(arg.)* →DISLIKE.

mis·man·age wanbestuur, wanbeheer, sleg/swak/verkeerd bestuur/beheer. **mis·man·age·ment** wanbestuur, wanbeheer.

mis·mar·riage verkeerde huwelik.

mis·match *n.* wanverhouding; *(sport)* ongelyke stryd; verkeerde kombinasie; verkeerde huwelik; onpaar (paar[tjie]). **mis·match** *ww.* verkeerd saamvoeg/paar. **mis·matched** onpaar, wat nie by mekaar pas nie; sleg aangepas; nie teen mekaar opgewasse nie.

mis·mate verkeerd paar. **mis·mat·ed** onpaar, sleg (by mekaar) passend. **mis·mat·ing** wanparing.

mis·meas·ure *ww.* verkeerd (af)meet/skat.

mis·name *ww.* verkeerd (be)noem.

mis·no·mer verkeerde benaming, wanbenaming; verkeerde/foutiewe naam.

mi·sog·a·my *(w.g.)* haat teen (*of* afkeer van) die huwelik, misogamie. **mi·sog·a·mist** huwelikshater, trouehater.

mi·sog·y·ny vrouehaat. **mi·sog·y·nist** vrouehater.

mis·pick·el →ARSENOPYRITE.

mis·place misplaas, verkeerd plaas; verlê. **mis·place·ment** misplasing, verkeerde plasing; verlegging.

mis·play *ww., (sport)* verkeerd/sleg/slordig/vrot(sig) speel, 'n spelfout maak/begaan; verkeerd/swak afslaan.

mis·print *n.* druk-, setfout; *(filat.)* foutdruk. **mis·print** *ww.* verkeerd (af)druk, 'n drukfout maak.

mis·prize, mis·prise *(w.g.)* onderskat, geringag; minag, verag.

mis·pro·nounce verkeerd/foutief uitspreek. **mis·pro·nun·ci·a·tion** uitspraakfout, foutiewe/verkeerde uitspraak.

mis·quote verkeerd aanhaal/siteer. **mis·quo·ta·tion** verkeerde aanhaling/sitaat.

mis·read -*read* -*read* verkeerd lees; verkeerd vertolk/interpreteer; verkeerd uitlê/verklaar.

mis·re·mem·ber verkeerd onthou.

mis·re·port verkeerd rapporteer/weergee.

mis·rep·re·sent verdraai, verwring, verkeerd/vals/skeef voorstel, verkeerd uitlê. **mis·rep·re·sen·ta·tion** verdraaiing, verwringing, wanvoorstelling, verkeerde/valse voorstelling/uitleg; *by* ~ onder valse voorwendsels.

mis·rule *n.* wanbestuur, slegte regering. **mis·rule** *ww.* sleg regeer/bestuur.

miss¹ *n.* misskoot, mis skoot; misstoot, mis stoot; mishou, mis hou; misslag, mis slag; gemis, verlies; ***give*** *s.t. a ~, (infml.)* iets (laat) verbygaan, iets opsy laat; *a ~ is as good as a* ***mile*** amper is (nog) nie stamper nie, amper raak is heeltemal mis; *it is a* ***near*** ~ dit is amper/byna raak. **miss** *ww.* mis; misloop; faal; versuim; vermy; ontbeer; oorslaan; mis skiet, misskiet; mis slaan, misslaan; mis stoot, misstoot; mis vang, misvang; mis vat, misvat; uitlaat; nie hoor nie; *(vuurwapen, enjin)* kets; *(motor)* oorslaan; *~ a* ***blow*** mis slaan, misslaan; *~ the* ***boat/bus,*** *(fig., infml.)* die kans verspeel (*of* laat glip), agter die net vis, ná die maal wees; *~ a* ***chance*** →CHANCE *n.; narrowly ~* ***death*** die dood net-net vryspring, naelskraap(s)/net-net aan die dood ontsnap/ontkom; *~ one's* ***footing*** →FOOTING; *~ the* ***mark*** →MARK¹ *n.; ~ an* ***opportunity*** →OPPORTUNITY; *~ s.o./s.t.* ***out*** iem./iets oorslaan/uitlaat/weglaat; *~* ***out on*** *s.t., (infml.)* iets nie kry (*of* deelagtig wees) nie; *~ the* ***point*** →POINT *n.; ~ s.o./s.t.* ***sadly/sorely*** iem./iets deerlik mis; *s.o. ~ed his/her* ***step*** iem. het misgetrap (*of* mis getrap), iem. se voete het onder hom/haar uitgegly; *~ a* ***train/etc.*** 'n trein/ens. mis/verpas (*of* nie haal nie), te laat kom vir 'n trein/ens.; *~ one's* ***way***

→WAY *n.*. **miss·ing** verlore, weg, soek, vermis; ontbrekend, afwesig; ***be*** ~ soek/weg wees, vermis word; ontbreek, makeer; ***go*** ~, *(mense)* wegraak, vermis raak; *the* ~ ***link*** die ontbrekende skakel; *a* ~ ***person*** 'n vermiste; ***the*** ~ die vermistes.

miss² *n.* juffrou; mejuffrou; *(dikw. neerh. of skerts.)* meisie; ***Dear** M~* Geagte Mejuffrou/Juffrou; ***Dear** M~ Solomon* Geagte mej. Solomon; *the M~ **Hills**, the M~es **Hill**, (fml.)* die Hill-meisies; (me)juffroue Hill *(afk.:* mej.*)*; *M~ **South Africa*** Mejuffrou Suid-Afrika. **M~ Lucy** *(ook m~ l~, SA, igt., infml.: rooistompneus)* magistraat, bont da(g)eraad, miggel; →RED STUMP-NOSE.

mis·sal *n., (RK)* misboek, missaal. **mis·sal** *adj.* mis=.

mis·sel thrush →MISTLE THRUSH.

mis·shape *ww., (arg.)* misvorm.

mis·shap·en mismaak, misvorm(d), wanstaltig, wanskape, misskape. **mis·shap·en·ness** mismaaktheid, misvormdheid, wanstaltigheid.

mis·sile *n.* missiel; projektiel. **mis·sile** *adj.* missiel=; werp=; ~ *dart* werpspies. **mis·sil(e)·ry** *n.* missiele; missieltegnologie.

mis·si·ol·o·gy *(Chr.)* missiologie, sendingkunde, =wetenskap. **mis·si·o·log·i·cal** missiologies, sendingwetenskaplik.

mis·sion sending; opdrag, boodskap; (vlieg)tog, krygsvlug, vegvlug; beroep, werk; roeping; bestemming; sendingwerk; sendingveld; sendingpos, =stasie; sendinghuis; gesantskap; missie; ~ ***accomplished**, (infml.)* met die taak afgehandel; ***foreign** ~(s)* buitelandse sending; ***go** on a* ~ 'n sending onderneem; *be somewhere **on** a* ~ met 'n sending êrens wees; *the* ~ ***to** the lepers/seamen/etc.* die sending onder die melaatses/seelui/ens.. ~ **box** sendingbus(sie). ~ **church** sendingkerk. ~ **circle** sendingkrans. ~ **colonist** *(hist.)* sendingboer. ~ **conference** sendingkonferensie. ~ **control** *(ruimtev.)* kontrolesentrum, sendingbeheerstasie. ~ **doctor** sendingdokter. ~ **field** sendingveld. ~ **post,** ~ **station** sendingpos, =stasie. ~ **school** sendingskool. ~ **statement** missie=, taakstelling, missieverklaring. ~ **station** →MISSION POST. ~ **work** sendingwerk.

mis·sion·ar·y *n.* sendeling, missionaris; (af)gesant; *woman* ~ sendingvrou, =werkster. **mis·sion·ar·y** *adj.* sending=, missionêr; ~ ***conference*** sendingkonferensie, sendelingekonferensie; ~ ***doctor*** sendelingdokter; sendingdokter; ~ ***effort*** sendingaksie; ~ ***science*** sendingkunde, sendingwetenskap; ~ ***society*** sendinggenootskap; ~ ***work*** sendingwerk. **mis·sion·er** sendeling; (af)gesant.

mis·sis →MISSUS.

Mis·sis·sip·pi *(geog.)* Mississippi; Mississippi(rivier). **Mis·sis·sip·pi·an** *n.* Mississippiër. **Mis·sis·sip·pi·an** *adj.* Mississippies, Mississippi=.

mis·sive *n.* (amptelike) brief; sendbrief; *(skerts.)* brief, epistel. **mis·sive** *adj., (w.g.)* send=; *letter* ~ amptelike brief.

Mis·sou·ri *(geog.)* Missouri; Missouri(-rivier). **Mis·sou·ri·an** *n.* Missouriër. **Mis·sou·ri·an** *adj.* Missouries, Missouri-.

mis·spell =*spelled* =*spelled;* =*spelt* =*spelt* verkeerd spel. **mis·spell·ing** spelfout.

mis·spend =*spent* =*spent* verkwis, verkeerd bestee.

mis·state verdraai, verkeerd voorstel; verkeerd stel. **mis·state·ment** verdraaiing, verkeerde voorstelling.

mis·step *n.* mistrap; misstap, fout, blaps.

mis·sus =*suses,* **mis·sis** =*sises, (infml. aanspreekvorm)* mevrou; *the ~, (infml. of skerts.)* my/jou/sy vrou (*of* [ou] wederhelf[te]).

miss·y *(infml. aanspreekvorm)* juffie, juffroutjie; *(neerh.)* madam(pie) *(<Eng.)*.

mist *n.* mis, newel; mistige weer; (vog)stuifsel; waas *(voor d. oë)*; →MISTINESS, MISTING, MISTLIKE, MISTY; *be in a ~, (infml.)* aan die dwaal wees; *Scotch* ~ →SCOTCH *adj.; be wrapped in* ~ toe wees onder die mis. **mist** *ww.* motreën; benewel; bewasem; ~ *over/up, ('n ruit ens.)* aanslaan, aangeslaan raak, aanwasem. ~ **belt** newelstreek. ~**bow** →FOGBOW. ~ **forest** newelbos.

mis·take *n.* fout, dwaling, vergissing, glips, onjuistheid; *a **bad*** ~ 'n lelike fout; 'n growwe mistasting/vergissing; 'n flater; ***by*** ~ per abuis; ~ *of **fact*** feitedwaling; *s.o. will **find out** his/her* ~ iem. sal sy/haar fout agterkom (*of* hom/haar vasloop *of* sy/haar les leer *of* sy/haar kop stamp); *a **glaring*** ~ →GLARING; ~ *of **identity*** persoonsverwarring; ~ *of **law*** regsdwaling; ***make** a* ~ 'n fout begaan/maak; jou misgis/misreken/vergis; ***make no** ~, it will happen!, (infml.)* let wel (*of* weet dit), dit sal gebeur!; *and **no** ~, (infml.)* dit is seker, dit kan jy glo, dit staan vas; *there is **no** ~ about it* dit ly geen twyfel nie, dit staan buite twyfel; ***spot** a* ~ 'n fout ontdek/raaksien); *it was a* ~ ***to*** ... dit was 'n fout om te ... **mis·take** =*took* =*taken, ww.* misverstaan, misvat, verkeerd verstaan; verwar; ~ *s.o./s.t. for* ... iem./iets vir ... aansien (*of* met ... verwar); *there is no mistaking* ... ('n) mens kan ... nie mis kyk nie; ... staan buite twyfel; ... is onmiskenbaar; *there is no mistaking that* ... sonder enige twyfel is ... **mis·tak(e)·a·ble** vatbaar vir misverstand, onduidelik. **mis·tak·en** verkeerd; foutief, onjuis; misluk; ***be** (greatly/sadly)* ~ dit (hopeloos) mis hê, jou (deerlik/hopeloos) misgis; *(a case of)* ~ ***identity*** persoonsvergissing, =verwarring, foutiewe uitkenning/identifikasie; ~ ***kindness*** misplaaste vriendelikheid; *if I am **not*** ~ as ek dit wel/reg het (*of* my nie bedrieg nie); ~ ***notion/idea*** waan, wan=, dwaalbegrip, dwaling, misvatting. **mis·tak·en·ly** per abuis; verkeerdelik, ten onregte. **mis·tak·en·ness** misplaastheid.

mis·teach =*taught* =*taught* verkeerd leer/onderrig.

mis·ter =*ters, n., (soms M~, afk.:* Mr*)* meneer, *(fml., w.g.)* heer; *(infml. aanspreekvorm)* meneer; *(neerh.)* meneer, mister *(<Eng.)*; *Mr **Big**, (Am., sl.),* die grootbaas; *Mr **Chairman*** Meneer die Voorsitter, Geagte Voorsitter; *Mr **Clean*** die onkreukbaarheid/onbesprokenheid self; *Mr **Clever**, (hoofs. neerh.)* slimjan, wysneus; *Mr **Right**, (skerts.)* die regte man, die ware Jakob; *Mr **Smith*** mnr. Smith; *Messrs **Smith and Jones*** mnre. (*of* die here) Smith en Jones. **mis·ter** *ww.* meneer noem, meneer.

mis·term *(vero.)* verkeerd (be)noem.

mis·time op die verkeerde oomblik sê/doen; misreken. **mis·timed** ontydig; misplaas, ongepas, onvanpas. **mis·tim·ing** ontydigheid; misplaastheid, ongepastheid.

mist·i·ness mistigheid, newelagtigheid; wasigheid; onduidelikheid, vaagheid; mistige weer; dyns(er)igheid.

mist·ing waasvorming.

mis·ti·tle *ww.* verkeerde titel gee, verkeerd noem.

mis·tle thrush, mis·sel thrush *(orn.)* mistellyster.

mis·tle·toe *(bot.)* mistel; voëlent. ~ **green** mistelgroen.

mist·like newelagtig.

mis·tral, mis·tral *(wind)* mistral.

mis·trans·late verkeerd vertaal. **mis·trans·la·tion** verkeerde vertaling.

mis·treat mishandel. **mis·treat·ment** mishandeling.

mis·tress =*tresses* meesteres; eienares *(v. 'n troeteldier ens.)*; minnares; *(hoofs. Br.)* onderwyseres; *(arg./dial. aanspreekvorm)* mevrou; *(arg. of poët., liter.)* geliefde; ~ *of **ceremonies*** seremoniemeesteres; *the* ~ *of the **house**, (arg.)* die vrou van die huis; *be* ~ ***of*** ... baas oor ... wees; *she is her **own*** ~ sy is haar eie baas; *she is* ~ *of her **subject*** sy beheers haar vak volkome.

mis·tri·al *(jur.)* wanverhoor, nietige verhoor.

mis·trust *n.* wantroue, verdenking, argwaan. **mis·trust** *ww.* wantrou, twyfel aan, verdink, mistrou. **mis·trust·ful** wantrouig; twyfelagtig. **mis·trust·ful·ness** wantroue, gebrek aan vertroue.

mist·y mistig, dyns(er)ig, newelagtig; wasig; onduidelik, vaag; →MISTINESS; ~ *idea, (fig.)* vae idee. ~**-eyed** *(ook)* idealisties, sentimenteel.

mis·un·der·stand =*stood* =*stood* misverstaan, verkeerd verstaan/begryp; verkeerd opneem; *a misunderstood leader/etc.* 'n misverstane leier/ens.; *a ~ metaphor/etc.* 'n onbegrepe beeld/ens.. **mis·un·der·stand·ing** misverstand, misvatting; geskil, onenigheid; *it is due to a* ~ dit berus op 'n misverstand; *clear up a* ~ 'n misverstand uit die weg ruim.

mis·use *n.* misbruik, verkeerde gebruik; mishandeling; ~ *of words* woordmisbruik. **mis·use** *ww.* misbruik, verkeerd gebruik; mishandel. **mis·us·age** *(arg.)* misbruik; verkeerde gebruik; mishandeling, slegte behandeling.

mis·word *ww.* verkeerd bewoord/formuleer.

mis·write =*wrote* =*wrote* verkeerd skryf/skrywe.

mite¹ myt; *(i.d. mv.)* miet *(in meel ens.)*. **mi·ti·cide** mytdoder.

mite² kleintjie; kleinigheid; *(hist.)* duit; ***a*** ~ ('n) bietjie, effe(ns), ietwat, bra; ***contribute** one's* ~ 'n stuiwer in die armbeurs gooi; ***just** a ~, (infml.)* net 'n bietjie; ***not** a ~, (infml.)* hoegenaamd (*of* geen stuk) nie; *the **widow's*** ~ die weduwee se penning.

mi·ter *(Am.)* →MITRE.

Mith·ra(s) *(Persiese mit.)* Mit(h)ra(s). **Mith·ra·ic** Mit(h)raïsties. **Mith·rai·cism, Mith·ra·ism** Mit(h)raïsme. **Mith·ra·ist** *n.* Mi(t)hraïs. **Mith·ra·ist** *adj.* Mi(t)hraïsties.

mi·ti·cide →MITE¹.

mit·i·gate versag, lenig; *(jur.)* temper, versag, mitigeer; ~ ***anger*** woede stil/temper; *mitigating **circumstances**, (jur.)* versagtende omstandighede; ~ ***damages**, (jur.)* skade temper; *mitigating **factor*** versagtende omstandigheid/faktor; ~ ***pain*** pyn verlig/lenig; ~ ***punishment**, (jur.)* straf verlig/versag. **mit·i·ga·tion** versagting; matiging; *(jur.)* tempering, versagting, mitigering; ~ *of damage* tempering van skade; *in ~ (of ...)* ter versagting (van ...). **mit·i·ga·tive** versagtend, verligtend, temperend. **mit·i·ga·tor** versagter, verligter, leniger; versagtende middel. **mit·i·ga·to·ry** →MITIGATIVE.

mi·to·sis =*toses, (biol.)* mitose, indirekte kerndeling. **mi·tot·ic** mitoties, indirek kerndelend.

mi·trail·leuse *(Fr.)* mitrailleuse, mitrailleur, snelvuur=, masjiengeweer. **mi·trail·leur** snelvuurskutter, mitrailleur; mitrailleur, mitrailleuse, snelvuur=, masjiengeweer.

mi·tral *(anat.)* mytervormig; myter=; ~ *cell* mytersel; ~ *valve* myterklep, tweeslipklep.

mi·tre *n.* biskopsmus, myter; *(teg., naaldw.)* verstek; *(teg.)* verstekvoeg; *(naaldw.)* versteklas. **mi·tre** *ww.* verstek, in verstek bewerk; 'n biskopsmus opsit, biskop maak; ~ *a corner, (naaldw.)* 'n hoek verstek, 'n verstekhoek maak. ~ **angle** verstekhoek. ~ **arch** verstekboog. ~ **block** verstekblok. ~ **box** verstekbak. ~ **brick** verstekssteen. ~ **corner** *(naaldw.)* verstekhoek. ~ **gauge** verstekmaat. ~ **gear** verstekrat, haakse vertanding. ~ **joint** verstekvoeg. ~ **plane** verstekskaaf. ~ **saw** verstekssaag. ~ **square** verstekhaak. ~ **wheel** verstekrat.

mi·tred in verstek bewerk, verstek; gemyter(d), met 'n myter op; tot biskop verhef; ~ *corner, (naaldw.)* verstekhoek; ~ *moulding* versteklys.

mit·ring verstekwerk. ~ **machine** verstekmasjien.

mitt moffie, duimhandskoen *(met twee afdelings, een vir d. duim en d. ander vir d. vingers)*; vingerlose handskoen *(met vyf afdelings)*; *(bofbal)* (vang)handskoen; *(sl.: hand)* poot; *(infml.)* bokshandskoen; *hand s.o. the frozen ~, (sl.)* iem. uiters koel ontvang (*of* 'n uiters koel ontvangs gee).

mit·ten moffie, duimhandskoen *(met twee afdelings, een vir d. duim en d. ander vir d. vingers)*; *(infml.)* bokshandskoen; *get the* ~ 'n bloutjie loop; *give s.o. the* ~ iem. afsê (*of* laat loop), vir iem. nee sê; *handle s.o. without ~s* iem. sonder handskoene aanpak.

mit·ti·mus =*muses, (jur.)* opsluitbevel, bevel tot gevangesetting; *get one's ~, (infml.)* afgedank word.

mix *n.* mengsel; aanmaaksel; bêremengsel; *(mus., rad., TV)* klankmengeling, =vermenging; *(mus., rad., TV)* mengoorgang; *(infml.)* mengelmoes, allegaartjie, potpourri; *(infml.)* deurmekaarspul, warboel. **mix** *ww.* meng, deurmekaar maak; vermeng; aanmaak; berei; ~ *the **cards*** die kaarte skommel/was; ~ *a **drink*** 'n drankie meng; ~ *one's **drinks*** deurmekaar drink; ~ *s.t. **in*** iets bymeng; ~ ***it**, (infml.)* vuisslaan; die pap dik aanmaak; ~ *and **match*** meng en pas; →MIX-AND-MATCH *adj.*; ~ *in **society*** in geselskap kom; ~ ... ***up*** ... vermeng; ... verwar; ~ *s.o. **up** with s.o. else* iem. met iem. anders verwar; ~ ***well*** (ge)maklik in die omgang wees, jou maklik aanpas, oral(s) tuis wees;

~ ***with*** ... met ... meng/omgaan/verkeer; *they ~ed (with one another), (ook)* hulle het gesellig verkeer; ~ *s.t. **with** s.t. else* iets met/by iets anders meng. ~**-and-match** *adj. (attr.)* meng-en-pas- *(uitrusting ens.)*. ~**-up** deurmekaarspul; mengelmoes; harwar, verwarring, harlaboerla.

mix·a·ble mengbaar.

mixed gemeng(d), deurmekaar (gemaak); aangemaak; *(infml.)* bont; deurmekaar, in die war. *be ~ **up*** deurmekaar/verward wees; *be/get ~ **up** in* ... by/in ... betrokke wees/raak; *be/get ~ **up** with s.o.* met iem. omgaan; *get ~ up with* ... in ... beland *(d. verkeerde geselskap ens.)*; *be ~ **with*** ... met ... gemeng wees. ~ **bag** allegaartjie, van alles en nog wat, mengelmoes, mengspul, verskeidenheid. ~ **blessing** halwe seën. ~ **crystal** mengkristal. ~ **doubles** *(tennis)* gemengde dubbelspel. ~ **economy** gemengde ekonomie. ~ **fabric** mengelstof. ~ **farming** gemengde boerdery. ~ **feelings** gemengde gevoelens. ~ **grill** allegaartjie. ~ **language** meng(el)taal. ~ **marriage** *(t.o.v. godsdiens/ras)* gemengde huwelik. ~ **media** gemengde media. ~ **merchandise** smousvraggie. ~ **metaphor** gemengde/verwarde beeldspraak, vermenging van beelde. ~ **number** *(wisk.)* gemengde getal. ~ **peel** *(kookk.)* gemengde skil. ~ **people** *(vero.)* mengvolk. ~ **pickles** atjar. ~ **race** *(vero.)* gemengde ras, mengras; basterras. ~ **spice** gemengde speserye. ~**-up** *adj., (infml.)* deurmekaar, verwar(d); *be a crazy ~ kid* 'n totaal verwarde kind wees.

mixed·ness gemengdheid.

mix·er menger; mengmasjien; mengkraan; *be a bad ~* nie maklik met mense omgaan nie, jou nie maklik aanpas nie; *be a good ~* 'n gesellige mens wees, (ge)maklik in die omgang wees, jou maklik aanpas, oral(s) tuis wees. ~ **tap** mengkraan.

mix·ing aanmaak; (ver)menging. ~ **basin,** ~ **bowl** mengbak. ~ **board** mengblad, aanmaakblad. ~ **desk** *(mus.)* mengbank. ~ **ratio** mengverhouding. ~ **trough** mengtrog. ~ **valve** mengklep. ~ **water** aanmaakwater.

mix·ture mengsel; menging; mengelmoes; tjou-tjouspul; sameraapsel; *(mus.)* mikstuur; drankie; allegaartjie; *the ~ as before, (Br., fig.)* dieselfde ou deuntjie. ~ **fabric** gemengde weefstof. ~ **stop** *(mus.)* mikstuurregister *(v. 'n orrel)*. ~ **yarn** mengelgare, =garing.

Miz·pah *(OT, geog.)* Mispa.

miz·(z)en *(sk.)* besaanseil *(v. 'n jag/kaag)*; kruisseil. ~**mast** besaans=, kruis=, druil=, hekmas. ~**sail** besaan, kruisseil. ~ **yard** kruisra.

miz·zle[1] *(dial.)* →DRIZZLE. **miz·zly** mis=, motreënagtig.

miz·zle[2] *(Br., infml., vero.)* weghardloop, weghol, padgee, verkas, verdwyn.

Mkho·nto we·Si·zwe →UMKHONTO WESIZWE.

mne·mon·ic *n.* geheuebrug, =hulp, eselsbrug(gie), mnemoniek. **mne·mon·ic** *adj.* geheue=, mnemonies; ~ *device* geheuebrug, =hulp, eselsbrug(gie). **mne·mon·ics** *n. (fungeer gew. as ekv.)* geheueleer, geheuekuns, mnemoniek.

mne·mo·tech·nic *adj.* = MNEMONIC *adj.*. **mne·mo·tech·nics** *n.* = MNEMONICS.

mo *(infml., hoofs. Br., afk. v.* moment*): half a ~!* (net) 'n oomblik!, wag (so) 'n bietjie!.

mo·a *(uitgestorwe voëlsoort)* moa.

Mo·ab *(OT)* Moab. **Mo·ab·ite** *n.* Moabiet; *(taal)* Moabities. **Mo·ab·ite, Mo·ab·it·ic, Mo·ab·it·ish** *adj.* Moabities.

moan *n.* gekerm, gekla, gesteun, kreun; sugting. **moan** *ww.* kerm, kla, steun; sug; *(poët., liter.)* weeklaag; betreur, bejammer; *(infml.)* tjommel; *~ about ..., (infml.)* oor ... kerm. **moan·er** kermkous, tjommelaar. **moan·ful** (wee)klaend, jammerend. **moan·ing** *n.* gekerm, gekla, gejammer, gesteun, gekreun.

moat *n.* grag, singel. **moat** *ww.* met 'n grag omring.

mob *n., (dikw. neerh.)* gepeupel, gespuis; bende, trop, menigte; skare; *our ~* ons klomp. **mob** =*bb*=, *ww.* omsingel, toedam, aanval, molesteer, toetakel, mishandel; saamstroom, saamskool; *~ s.o.* iem. toedam, op iem. toesak. ~ **law** gepeupelreg; heerskappy van die gepeupel. ~ **orator** opruier, opsweper. ~ **oratory** opruiery, opswepery. ~ **rule** gepeupel=, straatbewind. ~ **violence** massageweld; massageweldpleging.

mob·bish oproerig, gespuis=; gemeen, laag.

mob(·cap) *(hist.)* mop(mus).

mo·bile *n.* mobiel; bewertjie; sweefwerk *(v.foto's)*; *(afk.)* →MOBILE (TELE)PHONE. **mo·bile** *adj.* beweeglik; los; veranderlik; (hoogs) vloeibaar; *(mil.)* marsvaardig; op wiele; mobiel; ~ ***advertising*** roer-reklame; ~ ***capital*** vlottende kapitaal; ~ ***container trailer,*** *(spw.)* pakwa; ~ ***crane*** loopkraan; ~ ***face/features*** uitdrukkingsvolle/lewendige/beweeglike gesig; ~ ***home*** mobiele huis/woning, huis/woning op wiele; ~ ***library*** bibliobus, mobiele/reisende biblioteek; ~ ***patrol*** blitspatrollie; ~ ***sculpture*** mobiele beeldhouwerk; ~ ***shop*** *(Br.)* winkelwa; ~ ***(tele)phone*** dra=, mobilo=, portofoon, draagbare/mobiele (tele)foon; sel(tele)foon, sellulêre (tele)foon; ***upwardly*** ~ →UPWARDLY *adv.*; ~ ***watch*** mobiele wag.

mo·bi·lise, =lize mobiliseer, mobiel maak; losmaak *(kapitaal, besparings)*. **mo·bi·li·sa·tion, =za·tion** mobilisasie.

mo·bil·i·ty beweeglikheid, mobiliteit; ongestadigheid, veranderlikheid; vloeibaarheid; *upward* ~ →UPWARD *adj.*.

Mö·bi·us strip *(wisk.)* Möbiusband.

mob·oc·ra·cy gepeupelheerskappy.

mo·bo·la plum *(Parinari curatellifolia)* mobolapruim, grysappelboom.

mob·ster *(infml.)* rampokker, bendelid.

moc·ca·sin mokassin, Indiaanse skoen. ~ **(snake)** mokassinslang.

Mo·cha, Mo·kha *(geog.)* Mokka.

mo·cha: ~ **cake** mokkakoek. ~ **(coffee)** mokkakoffie. ~ **(stone/pebble)** mokkasteen, mosagaat.

mock *n.* nabootsing; *(vero.)* bespotting; *(i.d. mv., Br., infml.)* proefeksamen. **mock** *adj.* nagemaak, namaak=, vals, oneg, kastig, kamma=, skyn=, sogenaamd; ~ ***auction*** skyn=, swendelveiling; veiling by afslag; ~ ***battle*** skyngeveg; ~ ***court*** skynhof; ~ ***cream*** foproom; ~ ***exam*** proefeksamen; ~ ***fight*** skyn=, spieëlgeveg; ~ ***lock*** kammaslot; ~ ***parliament*** skynparlement; ~ ***prophet*** vals(e) profeet; ~ ***trial*** skynverhoor; ~ ***wedding*** skyntroue, =bruilof, =huwelik; ~ ***window*** blinde venster. **mock** *ww.* (be)spot, hoon, terg, uitkoggel; naboots, namaak, na-aap; fop; verydel; *~ (at)* ... die spot met ... dryf/drywe; *~ s.t. up* iets saamflans. ~**bird** →MOCKINGBIRD. ~**-heroic** *(pros.)* komies-heroïes/heroïek. ~**-modest** kamma-beskeie, kwasibeskeie. ~ **modesty** vals(e) beskeidenheid. ~ **moon** *(astron.)* bymaan. ~ **orange** *(bot.)* boerejasmyn. ~ **poem** spotgedig. ~ **sun** *(astron.)* byson, parhelium. ~ **turtle (soup)** kammaskilpadsop. ~**-up** volskaalmodel, grootskaalmodel; proefmodel; formaatmodel *(v. 'n boek)*. ~ **velvet** tryp.

mock·a·ble belaglik, bespotlik.

mock·er spotter, spotvoël; na-aper, nabootser; bedrieër; *put the ~s on s.t., (Br., sl.)* 'n stok in die wiel van iets steek, 'n stok(kie) voor iets steek, iets in die wiele ry.

mock·er·y bespotting, spotterny, (ge)spot, tergery, hoon; beskimping; paskwil; uitkoggel(a)ry; *hold ... up to ~* met ... die spot dryf/drywe; *love of ~* spotsug; *make a ~ of s.t.* van iets 'n klug maak.

mock·ing *n.* spotterny, (ge)spot, tergery, hoon. **mock·ing** *adj.* spottend, tergend, spotagtig, spot=; ~ *chat* dassievoël; ~ *laugh* spotlag. ~**bird** spotvoël.

mod *n., (Br.: lid v. klerebewuste groep i.d. sestigerjare)* mod. **mod** *adj., (infml. afk. v.* modern*): ~ cons* moderne geriewe.

mod·al modaal, van wyse; ~ *auxiliary/verb* modale hulpwerkwoord. **mo·dal·i·ty** modaliteit.

mode wyse, manier, metode; *(gram.)* vorm, modus; *(mus.)* modus, toongeslag; *(mus.)* modus, kerktoonsoort; mode, gewoonte, gebruik; *(golwe)* orde; *(telekom.)* trillingsvorm, =wyse; ~ *of **address*** aanspreekvorm; *it is **all** the ~* dis die nuutste/algemene mode; ~ *of **expression*** uitdrukkingswyse; ~ *of **origin*** ontstaanswyse; ~ *of **payment*** betaalwyse.

mod·el *n.* model; voorbeeld; ontwerp; toonbeeld; patroon; *(artists')* ~ skildersmodel, beeldhouersmodel; *(fashion)* ~ model, mannekyn; *on the ~ of ...* na die model/voorbeeld van ... **mod·el** *adj.* model=; voorbeeldig; ~ ***brick*** proefsteen; ~ ***husband/wife*** modeleggenoot, =eggenote; ~ ***pupil*** voorbeeldige leerling; ~ ***train*** speelgoedtrein(tjie); treinmodel. **mod·el** =*ll*=, *ww.* modelleer; vorm, boetseer; as model optree; klere vertoon, as model dra, as mannekyn optree; *~ s.t. after/on ...* iets na die voorbeeld van ... maak; iets na ... modelleer/vorm; iets op die lees van ... skoei; *~ o.s. on s.o.* iem. tot voorbeeld neem. ~ **school** modelskool. ~ **T (Ford)** model T(-Ford).

mod·el·ler, *(Am.)* **mod·el·er** modelleur, modelleerder, boetseerder.

mod·el·ling, *(Am.)* **mod·el·ing** modelleerwerk, boetseerwerk; modelleerkuns, boetseerkuns; modellering; werk as model. ~ **board** modelleerbord, =plank. ~ **clay** boetseerklei, modelleerklei, vormklei.

mo·dem *(rek.)* modem.

Mo·de·na *(geog.)* Modena.

mod·er·ate *n.* gematigde. **mod·er·ate** *adj.* gematig, matig; middelmatig; redelik, taamlik; getemper(d); *s.o. of ~ means* iem. van gemiddelde inkomste. **mod·er·ate** *ww.* matig, temper, versag; in toom hou; stilmaak, laat bedaar; afkoel; afslaan *('n prys)*; modereer. **mod·er·ate·ly** gematig, matig; redelik, taamlik; *~ big/great/large* groterig. **mod·er·ate·ness** gematigdheid, matigheid; middelmatigheid. **mod·er·a·tion** gematigdheid, matigheid; matiging, maat; redelikheid; *drinking in ~* matige drankgebruik, die matige gebruik van drank; *do s.t. in ~* iets met mate doen, iets matig doen.

mod·e·ra·to *adv., (It., mus.: in 'n matige tempo)* moderato.

mod·er·a·tor moderator; arbiter; demper, regulateur *(aan 'n masjien)*; moderateur. ~ **lamp** moderateurlamp. **mod·er·a·tor·ship** moderatorskap.

mod·ern *n.* moderne. **mod·ern** *adj.* modern; hedendaags; huidig; nuwerwets, nieumodies; ~ *times* die nuwe(re) tyd. ~ **dance** moderne dans. ~ **Dutch** Moderne Nederlands. ~ **English** Moderne Engels. ~ **Greek** Nieu-Grieks, Moderne/Nuwe Grieks. ~ **history** *(v.d. Renaissance af)* (die) nuwe geskiedenis. ~ **languages** *(studierigting)* moderne (Europese) tale. ~ **Latin** Moderne Latyn, Neo-Latyn. ~ **pentathlon** moderne vyfkamp.

mod·ern·ise, =ize moderniseer. **mod·ern·i·sa·tion, =za·tion** modernisasie, modernisering.

mod·ern·ism modernisme, die moderne gedagte. **mod·ern·ist** *n.* modernis. **mod·ern·ist, mod·ern·is·tic** *adj.* modernisties.

mo·der·ni·ty nuwerwetsheid, moderniteit.

mod·ern·ness nuwerwetsheid, moderniteit.

mod·est beskeie; sedig; ingetoë, teruggetrokke; eerbaar, kuis, fatsoenlik; diskreet; nederig; matig; ~ *price* matige prys. **mod·es·ty** beskeidenheid; sedigheid; ingetoënheid; eerbaarheid, fatsoen(likheid); skaamte; skroom; diskresie; *in all ~* in alle beskeidenheid, sonder grootpraat/grootpratery; *be ~ itself* die beskeidenheid self wees.

mod·i·cum greintjie, (klein) bietjie.

mod·i·fy verander, wysig; versag, beperk, matig; modifiseer; temper; *(gram.)* bepaal; versag, verteerbaarder maak *(melk)*. **mod·i·fi·a·ble** veranderbaar, wysigbaar. **mod·i·fi·ca·tion** verandering, wysiging; versagting, beperking, matiging; modifikasie. **mod·i·fi·er, qual·i·fi·er** *(gram.)* bepaler.

mo·dil·lion *(argit.)* modiljon.

mod·ish modieus, na die mode, sjiek. **mod·ish·ness** modesug, sjiekheid.

mo·diste *(vero.)* modiste, klere=, modemaakster; hoedemaakster.

Mod·jad·ji, Mu·ja·ji *(N.So., reënkoningin)* Modjadji.

mod·u·late reguleer, stel, reël; *(mus.)* moduleer. **mod**=

u·la·tion regulering, reëling; modulasie; oorgang; ~ *of the voice* stembuiging. **mod·u·la·tor** reguleerder, reëlaar; toonaangewer; *(mus.)* modulator.

mod·ule standaard, eenheid, model; maat, modulus; *(bouk.)* module; *lunar* ~ maan(landings)tuig. **mod·u·lar** modulêr.

mod·u·lus -*uli, (wisk.)* modulus.

mo·dus: ~ **operandi** *modi operandi* werkwyse, metode. ~ **vivendi** *modi vivendi* vergelyk, voorlopige skikking.

moe·goe, mu·gu *(SA, townshipsl., neerh.)* moegoe, mugu, mamparra, domkop; gawie, japie, jafel, javel, sandtrapper.

Moe·si·a *(geog., hist.)* Mesië.

mo·fette *(geol., arg.)* mofet; →FUMAROLE.

mof·fie *(SA, sl., neerh.)* moffie.

mog *mogs,* **mog·gy, mog·gie** -*gies, (Br., infml.)* kat, kiet, kiets(ie).

Mog·a·di·shu, Mog·a·di·scio *(geog.)* Mogadisjoe.

Mo·gul, Mo·gul *n.* Mongool; Mogol; *the Great* ~ die Grootmogol *(v. Delhi).* **Mo·gul, Mo·gul** *adj.* Mongools; Mogol-. **mo·gul, mo·gul** *(infml.)* magnaat, grootbaas; outokraat.

mo·hair (sy)bokhaar, angorahaar. ~ **(fabric)** bokhaarstof.

Mo·ham·med, Mu·ham·mad *(stigter v. Islam)* Mohammed. **Mo·ham·med·an, Mu·ham·mad·an** *(arg.)* →MUSLIM. **Mo·ham·med·an·ise, -ize, Mo·ham·med·an·ism** *(arg.)* →ISLAMISE, ISLAMISM.

Mo·hawk -*hawk(s)* Mohawk(-Indiaan); *(taal)* Mohawk; *(sierskaats, ook m~)* mohawk; *(hoofs. Am.: haarstyl)* →MOHICAN.

Mo·hi·can, Mo·hi·can, Ma·hi·can -*can(s), n.* Mohikaan. **Mo·hi·can, Mo·hi·can** *adj.* Mohikaans.

mo·hi·can, *(Am.)* **Mo·hawk:** ~ **([hair]cut/hairstyle)** Mohikaanse (haar)snit/haarstyl, Mohawk(haar)snit, -haarstyl, ystervark(haar)snit, -haarstyl.

moi·e·ty *(fml. of teg.)* helfte, halwe aandeel; gedeelte (van twee).

moil *n., (arg., dial. of Am.)* gesloof, sloofwerk. **moil** *ww.* swoeg, slaaf; *toil and* ~ →TOIL[1] *ww.*.

moire, moi·ré *n.* moiré, gewaterde sy. **moire, moi·ré** *adj.* moiré, gewaterd *(sy).*

moist *adj.* vogtig, klam, nat; reënerig; *(med.)* etterig; *rather* ~ klammerig. **mois·ten** natmaak, bevog(tig); deurweek, vogtig/nat word; ~ *one's throat* keel natmaak, 'n dop steek. **mois·ten·er** bevogtiger. **moist·ness** vogtigheid, klamheid, nattigheid.

mois·ture vog; vogtigheid, klammigheid, nattigheid. ~ **absorbing** vogtrekkend. ~ **content** voginhoud, voggehalte. ~**-proof** vogdig. ~**-proofing** vogdigting. ~ **retention** vogbewaring.

mois·tur·ise, -ize bevog, klam maak. **mois·tur·is·er, -iz·er** bevogtiger, vogmiddel.

mo·jo -*jo(e)s, (Am., infml.)* bekoring, betowering; toor-, towerkrag; gelukbringer, talisman; amulet; *lose one's* ~, *(skerts.)* jou slag kwyt wees.

moke *(Br., infml.)* donkie; *(Austr., infml.)* knol.

mol *(chem., afk.)* →MOLE[4] *n.*.

mo·lar[1] *n., (ook* molar tooth*)* kies-, maal-, agtertand. **mo·lar** *adj.* malend; maal-, kies-.

mo·lar[2] *adj.* molêr, massa-, gewig-; ~ *weight, (chem.)* mol, grammolekule, -molekuul.

mo·lasse *(geol.)* molasse.

mo·las·ses melasse, swartstroop.

mold *(Am.)* →MOULD.

Mol·dau *(D., rivier)* Moldau; →VLTAVA.

Mol·da·vi·a *(geog.)* Moldawië. **Mol·da·vi·an** *n.* Moldawiër. **Mol·da·vi·an** *adj.* Moldawies.

mole[1] *n.* mol; *(infml.)* mol, geheime agent, spioen; →MOLE RAT; *as blind as a* ~ →BLIND *adj.*; *golden* ~ goue-, kruipmol. **mole** *ww.* ondergrawe, uithol. ~**cast** →MOLEHILL. ~ **cricket** mol-, waterkriek. ~**-eyed** kortsigtig, bysiende; blind. ~**hill** molshoop; *make mountains (or a mountain) (out) of* ~*s (or a* ~*)* van 'n muggie 'n olifant (*of* 'n berg van 'n molshoop) maak. ~ **hole** molsgat. ~ **plough** dreineerploeg. ~ **rat** tandmol; *Cape* ~ ~, *(Georychus capensis)* (Kaapse) bles-/kolmol; *common* ~ ~, *(Cryptomus hottentotus)* vaal-, grys-, stootmol; *dune* ~ ~, *(Bathyergus* spp.*)* duin(e)mol. ~**skin** molvel. ~ **snake** molslang. ~ **track** mol(s)gang. ~ **trap** molval. ~ **tunnel** mol(s)gang.

mole[2] *n.* hawehoof, seehoof; pier; golfbreker.

mole[3] *n.* moesie, moedervlek.

mole[4] *n., (chem.)* mol, grammolekuul, -molekule.

mo·lec·u·lar molekulêr, molekule-; uiters klein. ~ *biology* molekulêre biologie; ~ *formula* molekulêre formule; *relative* ~ *mass,* (vero.) ~ *weight* relatiewe molekulêre massa, *(vero.)* molekulêre gewig.

mol·e·cule molekule, molekuul; stofdeeltjie. ~**-sized** molekuulgroot.

mo·lest hinder, pla, lastig val, terg, treiter; molesteer. **mo·les·ta·tion** kwellery, tergery, treitering, oorlas; *(misdryf)* molestering, molestasie. **mo·lest·er** plaer, terger; molesteerder; *child* ~ kindermolesteerder.

moll *(infml.), (bendelid se nooi)* sheila, morrie; prostituut.

mol·li·fy lenig, stil, laat bedaar; versag; vermurf, verteder. **mol·li·fi·a·ble** vermurfbaar. **mol·li·fi·ca·tion** leniging; versagting; vermurwing.

mol·lusc, *(Am.)* **mol·lusk** weekdier, mollusk.

mol·ly *(Ier., infml.)* papbroek. ~**coddle** *n.* papbroek. ~**coddle** *ww.* (ver)troetel, pamperlang; verwen.

Mo·loch, Mo·lech *(OT)* Molog.

mo·loch mologakkedis.

Mo·lo·tov cock·tail petrol-, bottelbom.

molt *(Am.)* →MOULT.

mol·ten gesmelt(e); →MELT *ww.*; ~ *image, (OT)* gegote beeld.

Mol·te·no: ~ **disease** *(by mens en dier)* Moltenosiekte; *(by beeste)* Moltenobeessiekte, Moltenoskitterysiekte; *(by perde)* dunsiekte. ~ **disease plant** *(Senecio burchellii)* geelgifbossie.

Mo·luc·cas, Mo·luc·ca Is·lands *n. (mv.), (geog.)* Molukke. **Mo·luc·can** *n.* Molukker. **Mo·luc·can** *adj.* Moluks.

mo·ly wildeknoffel.

mo·lyb·de·num *(chem., simb.:* Mo*)* molibdeen. **mo·lyb·date** *(chem.)* molibdaat. **mo·lyb·de·nite** *(min.)* molibdeniet, molibdeenglans. **mo·lyb·dite** *(min.)* molibdiet.

mom *(Am., SA, infml.)* →MUM[1] *n.*. ~**-and-pop store** *(Am., infml.)* familiewinkel.

Mom·ba·sa *(geog.)* Mombasa.

mo·ment oomblik, tydstip, moment; oogwink, oogwenk, kits; rukkie; gewig, belang, betekenis; *(fis.)* moment *(v. 'n krag)*; *come here* ***a*** ~*!* kom ('n) bietjie hier!; *a* ~ ***ago*** nou-nou, nou net, so pas, sopas, netnou; *an* ***anxious*** ~ 'n benoude oomblik; *at* ***any*** ~ elke oomblik, te eniger tyd; ***at the*** ~ op die oomblik; *s.o. won't* ***be*** *a* ~, *(infml.)* iem. is nou-nou klaar; iem. kom nounou; *s.o. was* ***busy*** *at the/that* ~ iem. was juis (*of* op daardie oomblik) besig; *never a* ***dull*** ~ →DULL *adj.*; *at* ***every*** ~ onophoudelik; ***for*** *a* ~ (vir) 'n oomblik; *not* ***for*** *a/one* ~ geen oomblik nie, hoegenaamd nie; ***for*** *the* ~ op/vir die oomblik; voorlopig, vir eers, vereers; ~ *of* ***force,*** *(fis.)* kragmoment; ***half/just*** *a* ~*!*, ***one*** ~*!* (net) 'n oomblik!, wag (so) 'n bietjie!; ***have*** *his/her/its* ~*s, (infml., iem., iets)* by tye goed wees; *in the* ***heat*** *of the* ~ in 'n oomblik van woede; ***in*** *a* ~ in 'n oomblik; binne 'n oomblik; netnou, nou-nou, aanstons; ~ *of* ***inertia,*** *(fis.)* traagheidsmoment; ***just*** *a* ~*!* →***half/just***; *at the* ***last*** ~ op die allerlaaste/nippertjie/tippie (*of* laaste oomblik), ter elfder ure; *in* ***lighter*** ~*s* in oomblikke van ontspanning, in minder ernstige oomblikke; *at a* ~*'s* ***notice*** →NOTICE *n.*; *at* ***odd*** ~*s* so tussenin, wanneer iem. 'n oomblikkie vry het; ***of*** *great/little* ~ van groot/min belang; *men/women* ***of*** ~ gewigtige/vername manne/vroue; *men/women* ***of*** *the* ~ manne/vroue van die dag; ***one*** ~*!* →***half/just***; *at the* ***present*** ~ op die oomblik; *in a* ***rash*** (*or an* ***unguarded***) ~ in/op 'n onbewaakte oomblik; ~ *of* ***resistance,*** *(fis.)* weerstandsmoment; ~ *of* ***rotation,*** *(fis.)* draaimoment; *can you* ***spare*** *me a* ~*?* het jy 'n oomblik vir my?, kan ek 'n oomblik met jou praat?; *on the* ***spur*** *of the* ~ op die (ingewing van die) oomblik, sonder om (na) te dink; *at* ***that*** ~ op daardie oomblik, met dié; ***the*** ~ *(that) s.t. happened* (op) die oomblik toe iets gebeur, dadelik toe iets gebeur; ***the*** ~ *(that) s.t. happens* sodra iets gebeur; *at* ***this*** ~ op die oomblik, nou, tans, teenswoordig; *it happened* ***this*** ~ dit het nou net gebeur; *do s.t.* ***this*** ~ iets dadelik/onmiddellik (*of* op die daad/plek) doen; *without a* ~*'s* ***thought*** →THOUGHT *n.*; *at this* ~ *in* ***time*** = *at* ***this*** *moment*; ***timed*** *to the* ~ absoluut presies; ***to*** *the* ~ op die minuut (af); *(up)* ***to*** *the* ~ tot op die uur; ~ *of* ***torsion,*** *(fis.)* wring-, torsiemoment; *the* ~ *of* ***truth*** →TRUTH; *in an* ***unguarded*** ~ →***rash***; *in a* ***weak*** ~ in 'n swak oomblik. **mo·men·tar·i·ly** (vir) 'n oomblik; *(Am.)* elke oomblik. **mo·men·tar·y** oomblikkik; kortstondig, vlugtig. **mo·ment·ly** *(arg. of poët., liter.)* voortdurend; elke oomblik, te eniger tyd; oomblikkik; (vir) 'n oomblik.

mo·men·tous gewigtig, belangrik, betekenisvol. **mo·men·tous·ness** gewigtigheid, belangrikheid.

mo·men·tum -*menta,* -*mentums* momentum, vaart; dryf-, stoot-, stukrag; impuls; (aan)drang; *gain/gather* ~ vaart kry; *lose* ~ vaart verloor.

mom·ma *(hoofs. Am.)* →MAMA.

mom·my *(Am, SA)* →MUMMY[1].

Mo·mus *Momuses, Momi, (Gr. mit.)* Momus; vitter; hekelaar.

mon·a·chal, mon·a·chism *(w.g.)* →MONASTIC *adj.*, MONASTICISM.

mon·ac·id →MONOACID.

Mon·a·co *(geog.)* Monaco; *the Principality of* ~ die vorstedom Monaco. **Mon·a·can** *n.* Monegask. **Mon·a·can** *adj.* Monegaskies.

mo·nad *(teg.)* monade, eenwaardige element; *(filos.)* monade, ondeelbare bestanddeel; *(biol., vero.)* primitiewe organisme; puntdiertjie; *(hist.)* die Godheid. **mo·nad·ic** monadies, eenwaardig.

mon·a·del·phous *(bot.)* eenbroederig.

mo·nan·drous monandries, eenmannig; *(bot.)* monandries, eenhelmig, met een meeldraad. **mo·nan·dry** huwelik met een man; *(soöl.)* monandrie; *(bot.)* eenhelmigheid.

mo·nan·thous *(bot.)* eenblommig.

mon·arch *n.* monarg; koning; (alleen)heerser; vors; *(entom.)* koningvlinder; *African* ~ melkbosvlinder. **mon·arch** *adj., (bot.)* eenstralig. ~ **(butterfly)** koningvlinder.

mo·nar·chal, mo·nar·chi·al, mo·nar·chic, mo·nar·chi·cal monargaal, vorstelik; alleenheersend; koningsgesind.

mon·ar·chism monargisme, koningsgesindheid. **mon·ar·chist** *n.* monargis, koningsgesinde. **mon·ar·chist, mon·ar·chis·tic** *adj.* monargisties, koningsgesind.

mon·ar·chy monargie; koningskap; alleenheerskappy.

mon·as·ter·y (monnike)klooster.

mo·nas·tic *n.* monnik, kloosterling. **mo·nas·tic** *adj.* kloosterlik, klooster-; monnike-; ~ ***dress*** kloostergewaad; ~ ***life*** monnike-, monnikslewe, kloosterlewe; ~ ***order*** monnikeorde; ~ ***vow*** kloostergelofte. **mo·nas·ti·cism** monastisisme, monnike-, kloosterwese; monnike-, kloosterlewe; monnikskap.

mon·a·tom·ic *(chem.)* eenatomig, enkelatomig.

mon·a·zite *(min.)* monasiet.

mon·daine *n.* wêreldse vrou. **mon·daine** *adj.* wêrelds.

Mon·day Maandag; *blue* ~ blou Maandag; →BLACK MONDAY. **Mon·day·ish** Maandags; Maandagsiek; ~ *feeling* Maandagse gevoel, blou-Maandag-gevoel, Maandagsiek.

mon·di·al wêreldwyd.

mon·do *adv., (Am., sl.)* geweldig, verskriklik, vreeslik, ontsettend, ongelooflik, ontsaglik.

Mo·né·gasque →MONACAN.

mo·neme *(ling., w.g.)* →MORPHEME.

mon·e·tar·ism monetarisme. **mon·e·tar·ist** monetaris.

mon·e·tar·y monetêr, geldelik, geld=; ~ ***appraisal*** waardering in geld; ~ ***bank*** geldskeppende/monetêre bank; ~ ***capital*** geldkapitaal; ~ ***circulation*** geldomloop, =sirkulasie; ~ ***economics*** monetêre ekonomie; ~ ***expansion*** geldverruiming; ~ ***flow*** monetêre beweging; ~ ***gift*** geldgeskenk; ~ ***machines*** geldmasjiene; ~ ***matters*** geldsake, monetêre sake; ~ ***mechanism*** geldmeganisme, monetêre meganisme; ~ ***pressure*** monetêre druk; ~ ***rehabilitation*** monetêre sanering; ~ ***resources*** monetêre hulpbronne *(v. 'n land);* ~ ***stringency*** monetêre knapheid; ~ ***unit*** geldeenheid, monetêre eenheid; ~ ***value*** monetêre waarde, geldwaarde, waarde in geld; ~ ***wage*** geldloon, nominale loon.

mon·e·tise, =tize monetiseer.

mon·ey *=eys, =ies, n.* geld; munt; betaalmiddel; rykdom, vermoë; die geldmag; *(i.d. mv., fml.)* gelde; *have ~* ***about*** *one* geld by jou hê; ~ *of* ***account,*** *(fin.)* rekenmunt, =eenheid; ***bags/barrels/loads/oodles/pots/stacks/tons/wads*** (or *a* ***barrel****) of ~, (infml.)* hope geld, sakke vol geld, geld soos bossies; ~ ***begets*** ~ die water loop altyd see toe; *I* ***bet*** *you any ~, (infml.)* ek wed jou vir wat jy wil; ***blow*** *~, (infml.)* geld verkwis; ***burn*** *~, (infml.)* met geld gooi; *have ~ to* ***burn,*** *(infml.)* geld soos bossies hê, dik daarin sit; ***call*** ~ →CALL; ~ *in* ***cash*** beskikbare geld; ~ *is* ***close*** →***tight/close; coin*** *~, (lett.)* geld munt; *(fig., infml.)* geld soos bossies verdien; ***come*** *into* ~ geld kry/ontvang; geld erf; ***conscience*** ~ →CONSCIENCE; *pour/throw ~ down the* ***drain*** →DRAIN *n.;* ***easy*** ~ →EASY; *it is* ***even*** *~ whether ..., (infml.)* dit is heeltemal onseker of ...; *be* ***flush*** *with ~* →FLUSH[2] *adj.; s.o.'s ~ is burning a* ***hole*** *in his/her pocket, (infml.)* iem. se geld pla hom/haar; *~ from* ***home*** meevaller(tjie), onverwagte gelukslag; *put ~ on a* ***horse*** →HORSE *n.;* ***hot*** ~ →HOT; *be* ***in*** *the ~, (infml.)* goed/warmpies daarin sit; *there's ~* ***in it*** daar steek geld in, daar is geld mee te verdien; *be ~ for* ***jam*** (or ***old rope****), (infml.)* 'n vinnige geldjie (*of* geld present) wees; ***keep*** *s.o. in ~* iem. van geld voorsien; *your ~ or your* ***life!*** jou geld of jou lewe!; ***loads*** *of ~* →***bags/barrels/loads/oodles/pots/stacks/tons/wads; lose*** ~ 'n verlies ly; *not for* ***love*** *or ~* →LOVE *n.; I'm not* ***made*** *of ~, (infml.)* die geld groei nie op my rug nie; *do you think I'm* ***made*** *of ~?, (infml.)* dink jy die geld groei op my rug?; ***make*** ~ geld maak/verdien; ***make*** *~ on s.t.* 'n wins uit iets maak *('n transaksie);* ***make*** *~ out of s.t.* geld uit iets verdien/maak; *~ makes the* ***mare*** *(to) go* geld is die siel van die negosie; ***marry*** *for ~,* ***marry*** *(into) ~* →MARRY[1] *ww.; a* ***mint*** *of ~, (infml.)* 'n hoop geld; *put one's ~ where one's* ***mouth*** *is, (infml.)* nie net praat nie, maar ook doen; *for* ***my*** ~ wat my (aan)betref, vir my; na my mening; *~ of* ***necessity,*** *necessity ~* noodgeld; *~ is no* ***object*** →OBJECT *n.; ~* ***on*** *call* = CALL MONEY; *have ~* ***on*** *one* geld by jou hê; *s.o. has ~* ***on*** *a horse* iem. se geld is op 'n perd verwed; *my ~ is* ***on*** *..., (infml.)* ek dink ... gaan wen/slaag; ek glo in ...; ***oodles*** *of ~* →***bags/barrels/loads/oodles/pots/stacks/tons/wads; be out of*** ~ platsak wees; ***pay*** *good ~ for s.t., (infml.)* baie vir iets betaal; ***pots*** *of ~* → ***bags/barrels/loads/oodles/pots/stacks/tons/wads;*** *be* ***pressed*** *for* (or ***short*** *of)* ~ geldgebrek/geldnood hê, 'n gebrek aan geld hê, in geldnood wees; ***put*** *~ into s.t.* geld in iets steek; ***put*** *out ~ at interest* geld op rente belê/uitsit; *a* ***question*** *of ~* 'n geldkwessie/=saak; ***raise*** ~ geld byeenbring/insamel; geld opneem; ***ready*** ~ →READY; ***relieve*** *s.o. of his/her ~* iem. sy/haar geld ontneem; ***rich men's spots*** *are covered with ~* geld wat stom is, maak reg wat krom is; ***roll*** *in the ~, (infml.)* geld soos bossies hê, in die geld swem; *~ is the* ***root*** *of all evil* geld/gierigheid is die wortel van alle kwaad; *be ~ for old* ***rope*** →***jam; save*** ~ geld spaar; besuinig; *be* ***short*** *of ~* →***pressed; sink*** *~ into s.t.* geld in iets belê/steek; *s.o. cannot* ***spare*** *the ~ for ...* iem. het nie geld vir ... nie *(presente ens.);* ***spend*** ~ geld uitgee/bestee/spandeer; ***spend*** *~ like water, (infml.)* met geld mors, geld laat rol; ***stacks*** *of ~* →***bags/barrels/loads/oodles/pots/stacks/tons/wads; take up*** ~ geld opneem; ~ ***talks*** geld regeer die wêreld, met geld kry ('n) mens alles reg; ***throw*** *~ about/around* geld verkwis; ***throw*** *good ~ after bad, (idm.)* goeie geld agter slegte geld aan gooi; *~ is* ***tight/close*** geld is skaars; ***time*** *is ~* →TIME *n.; ~* ***troubles*** geldsorge; ***turn*** *s.t. into ~* iets tot geld (*of* te gelde) maak; *the* ***value*** *of ~* die waarde van geld; ***value*** *in ~, ~ value, (fin.)* geldwaarde; *~ as store of* ***value,*** *(fin.)* geld as waardedraer; ***wads*** *of ~* →***bags/barrels/loads/oodles/pots/stacks/tons/wads; wallow*** *in (the) ~* →WALLOW *ww.;* ***waste*** ~ geld mors/verkwis/verspil, geld in die water gooi; *it is ~* ***well spent*** →WELL SPENT; *~ works* ***wonders*** geld wat stom is, maak reg wat krom is; *not for all the ~ in the* ***world*** vir geen geld ter wêreld nie; *get one's ~'s* ***worth*** waarde vir jou geld kry. ~ **asset** geldbate. ~**bag** geldsak. ~**bags** *n. (fungeer as ekv.), (infml.: rykaard)* geiljan, blinklyf. ~ **bill** *(parl.)* belastingwetsontwerp. ~ **box** spaarbus(sie); geldkis. ~ **broker** geldmakelaar. ~ **business** geldhandel. ~ **changer** geldwisselaar. ~ **creation** geldskepping. ~ **dealer** geldhandelaar. ~ **economics** ekonomie van geld. ~ **(exchange) economy** geld(verkeers)ekonomie. ~ **expenditure** geldbesteding. ~ **flower** judaspenning. ~**-grabber** geldwolf. ~**-grubber** *(infml.)* gierigaard, vrek. ~**-grubbing** *(infml.)* geldgierigheid. ~ **laundering** geld(wit)wassery. ~**lender** geldskieter. ~**lending** geldskietery. ~ **letter** geldbrief. ~**maker** *n. (pers.)* geldverdiener; *(produk)* geldmaker. ~**making** geldmaak, geldmakery, die maak van geld. ~**making** *adj.* (hoogs) winsgewend. ~ **man** *=men* geldman. ~ **market** geldmark. ~ **matters** geldsake. ~ **order** geldwissel; poswissel. ~**-spinner** *(infml.)* geldmaker. ~**-spinning** geldwinning. ~ **supply** geldvoorraad. ~ **trade** geldhandel. ~ **value,** ~ **worth** geldwaarde, waarde in geld. ~**wort** *(bot.)* penningkruid, vetkruid.

mon·eyed, mon·ied ryk, vermoënd, welgesteld, bemiddeld, gegoed; kapitaalkragtig; geld=; ~ *interests* geldbelange; *~ man/woman/person* welgestelde, kapitalis.

mon·ey·less sonder geld, geldloos, platsak, brandarm.

=mon·ger *komb.vorm* =verkoper, =handelaar; *fish~* visverkoper, =handelaar; *gossip~* skinderbek, =tong; *rumour~* nuus(aan)draer, gerugstrooier; *war~* oorlogstoker, =sugtige, =soeker.

Mon·gol *n.* Mongool; *(taal)* Mongools; *(m~, med., neerh.: Downsindroomlyer)* mongool. **Mon·gol** *adj.* Mongools; *(m~, med., neerh.)* mongools. **Mon·go·li·a** *(geog.)* Mongolië; →INNER MONGOLIA, OUTER MONGOLIA. **Mon·go·li·an** *n.* Mongool; *(taal)* Mongools. **Mon·go·li·an** *adj.* Mongools. **Mon·gol·ic** *n., (taalgroep)* Mongools. **mon·gol·ism** *(med., neerh.)* mongolisme; →DOWN'S SYNDROME. **Mon·gol·oid** *n., (antr.)* Mongoloïed; *(m~, med., neerh.: Downsindroomlyer)* mongool. **Mon·gol·oid** *adj.* Mongoloïed; *(m~, med., neerh.)* mongools.

mon·goose *=gooses* muishond; ***banded*** *~, (Mungos mungo)* streepmuishond, gebande muishond; ***Cape grey*** →***small grey; dwarf*** *~, (Helogale parvula)* dwergmuishond; ***large grey*** *~, (Herpestes ichneumon)* groot grysmuishond, Egiptiese muishond, igneumon, *(hist.)* farao(s)rot; ***marsh*** *~, (Atilax paludinosus)* kommetjiegatmuishond; ***small grey*** *~, (Galerella pulverulenta)* klein grysmuishond; ***white-tailed*** *~, (Ichneumia albicauda)* witstertmuishond; ***yellow*** ~ →YELLOW.

mon·grel *n.* basterhond, brak; basterdier; *(neerh.: pers. v. gemengde afkoms)* baster; opraapsel; *(infml.)* tussending. **mon·grel** *adj.* baster=; ~ *wool* basterwol. **mon·grel·i·sa·tion, =za·tion** verbastering. **mon·grel·ise, =ize** verbaster.

mo·ni·al →MULLION.

mon·ied →MONEYED.

mon·i·ker, mon·ick·er *(infml.)* (by)naam.

mo·nil·i·form *(biol.)* pêrelsnoervormig, halssnoervormig, rosekransvormig.

mo·nism *(filos., teol.)* eenheidsleer, monisme. **mo·nist** monis. **mo·nis·tic** monisties.

mo·ni·tion *(w.g.)* waarskuwing, vermaning; dagvaarding.

mon·i·tor *n. (instr.)* monitor; *(pers.)* monitor, kontroleur, kontroleerder; *(rad., telef., teat.)* monitor; *(opv.)* monitor, klasleier; *(TV, rek.)* monitor, skerm; *(ook* monitor lizard*)* likkewaan; *(hist., oorlogskip)* monitor; *rock ~* veld=, klip=, berglikkewaan; *water ~* waterlikkewaan. **mon·i·tor** *ww.* monitor, moniteer, kontroleer; as monitor optree; meeluister; inluister; afluister; opvang. **mon·i·to·ri·al** waarskuwend, vermanend; monitors=. **mon·i·to·ry** *n., (relig.)* maanbrief. **mon·i·to·ry** *adj., (w.g.)* vermanend, waarskuwend.

mon·i·tor·ing *n.* monitering, kontrolering. ~ **group** moniteringsgroep. ~ **system** monitering=, kontrolestelsel.

monk monnik, kloosterling; *(igt.)* monnik; drukklad; →MONKHOOD, MONKISH; *~'s* ***bench*** kisbank; *~'s* ***choir/chorus*** monnikekoor; *~'s* ***cowl*** monnikskap; *~'s* ***hood*** monnikskap. ~**fish** →ANGEL SHARK, ANGELFISH. ~**shood** *(bot.: Aconitum spp.)* monnikskap, akoniet.

monk·dom monnikedom, monnikestand.

monk·er·y *(neerh.)* monnikslewe, kloosterlewe; kloos=ter; monnikedom.

mon·key *n.* aap; stertaap; *(infml.)* aapstert, karnallie, vabond, klits; *(teg.)* heiblok, ramblok, straatstamper; soutgees; waterkruik; *(sl.)* 500 pond/dollar; *(mynb.)* stuitwip; *have a ~ on one's* ***back,*** *(infml.)* totaal verslaaf wees; 'n wrok koester; ***get*** *one's ~ up, (infml.)* die duiwel/hoenders/joos/josie in raak/word; ***make*** *a ~ out of s.o., (infml.)* iem. vir die gek hou; ***play*** *the ~* gekskeer, die gek skeer; ***put*** *s.o.'s ~ up, (infml.)* iem. die duiwel/hoenders/joos/josie in maak; *there's a ~'s* ***wedding,*** *(SA, infml., idm.: dit reën terwyl d. son skyn)* jakkals trou met wolf se vrou. **mon·key** *ww., (arg.)* na-aap; *~ about/around, (infml.)* rondpeuter; *~ about with ..., (infml.)* met ... foeter/lol/peuter. ~ **apple** *(Diospyros dichrophylla)* (kraai)tolbos(sie). ~ **bars** *n. (mv.), (Am.)* →CLIMBING FRAME. ~ **bird** *(dial.)* →WOODHOOPOE. ~ **bread** *(infml.)* kremetart(vrug), apebrood, baobabvrug. ~ **bread tree** *(infml.)* kremetart(boom), baobab; →BAOBAB (TREE). ~ **bulb** *(Mariscus capensis)* aapuintjie. ~ **business** aapstreke, kattekwaad; bedrieëry, bedrogspul, swendelary, kullery, gekul. ~ **cup** bekerplant. ~ **face** aapgesig; *(fig.)* rotstuinklip, bergklip. ~ **fish** →ELEPHANT FISH. ~ **gland** aapklier. ~ **gland steak** krui(d)eryskyf. ~ **house** aaphok. ~ **jacket** matroosbaadjie. ~ **nut** grondboontjie. ~ **orange** *(SA, Strychnos spp.)* klapper(boom). ~ **puzzle** *(Araucaria araucana)* kandelaarkroonspar. ~ **suit** *(infml.)* aandpak. ~ **tail** *(bouk.)* krulstuk, leuningkrul *(v. 'n trap).* ~**-tail bolt** stertgrendel. ~ **tricks** *(Br.),* ~**shines** *(Am.), (infml.)* aapstreke, apespel; *don't try any ~ on me* moenie (jou) streke op my uithaal nie. ~ **wrench** skroef=, moerhamer; *throw a ~ ~ into the works, (infml.)* 'n stok in die wiel steek, die boel in die war stuur.

mon·key·ish *adj.* aapagtig.

monk·hood monnikestand, monnikedom; kloosterwese; monnikskap.

monk·ish monnikagtig, monniks=, monnike=.

mon·o *n.* mono-grammofoonplaat; mono-klankweergawe. **mono** *adj., (afk. v.* monophonic*)* mono=, monofonies.

mo·no= *komb.vorm* mono=.

mon·o·ac·id, mon·ac·id *(chem.)* monosuur.

mon·o·ba·sic *(chem.)* eenbasies, monobasies.

mon·o·car·pel·lar·y, mon·o·car·pous[1] *adj., (bot.)* eenvrugblarig.

mon·o·car·pic, mon·o·car·pous[2] *adj., (bot.)* eenmaalbloeiend, eenkeerbloeiend, monokarp(ies). **mon·o·carp** monokarp.

mon·o·cel·lu·lar eensellig, monosellulêr.

mon·o·ceph·a·lous *(bot.)* eenhoofdig, monosefaal, monokefaal.

mon·o·chord *(mus.)* monochord.

mon·o·chro·mat·ic, mon·o·chro·ic eenkleurig, monochroom; *(fis., fot.)* monochromaties; *(med.)* kleurblind; *(med.)* eenkleursig=, eenkleursiende. **mon·o·chro·mat(e)** *n., (kleurblinde)* monochromaat. **mon·o·chro·ma·tism** *(med.)* monochromasie.

mon·o·chrome *n.* eenkleurige skildery/foto/ens., monochroom. **mon·o·chrome, mon·o·chro·mic** *adj.* eenkleurig, monochroom. **mon·o·chro·my** monochromie.

mon·o·cle oogglas, monokel.

mon·o·cline *n., (geol.)* monoklien. **mon·o·cli·nal** *adj.* monoklinaal.

mon·o·clin·ic *adj., (krist.)* monoklien.

mon·o·cli·nous, mon·o·cli·nous *(bot.)* tweeslagtig.

mon·o·clon·al *adj., (biol.)* monoklonaal; ~ *antibody* monoklonale teenliggaam(pie).

mon·o·coque *(lugv.)* skulpromp. ~ **construction** skulpbou.

mon·o·cot·y·le·don, *(afk.)* **mon·o·cot** *(bot.)* eensaadlobbige (plant), monokotiel. **mon·o·cot·y·le·don·ous** eensaadlobbig, monokotiel.

mo·noc·ra·cy alleenheerskappy, monokrasie. **mon·o·crat** alleenheerser, monokraat.

mo·noc·u·lar eenogig, vir een oog.

mon·o·cul·ture *(landb.)* monokultuur.

mon·o·cy·cle →UNICYCLE.

mon·o·cy·clic *(chem.)* monosiklies; *(bot.)* monosiklies, eenjarig, jaar=. **mon·o·cy·cly** *(bot.)* eenjarigheid; monosiklie.

mon·o·cyte *(fisiol.)* monosiet.

mon·o·dac·tyl, mon·o·dac·ty·lous *(soöl.)* monodaktiel, eenvingerig, eentonig.

mon·o·dont *(soöl.)* eentandig.

mon·o·dra·ma monodrama.

mon·o·dy alleensang *(in 'n Gr. tragedie)*; treurdig; *(mus.)* monodie.

mo·noe·cious *(bot.)* eenhuisig; *(soöl.)* hermafrodities.

mon·o·fil·a·ment, mon·o·fil *(tekst.)* mono=, enkelfilament.

mo·nog·a·my monogamie. **mo·nog·a·mist** monogamis. **mo·nog·a·mous** monogaam.

mon·o·gen·e·sis monogenese. **mo·nog·e·ny** monogenie.

mon·o·glot *n.* eentalige. **mon·o·glot** *adj.* eentalig.

mon·o·gram monogram.

mon·o·graph *n.* monografie. **mon·o·graph** *ww.* 'n monografie skryf/skrywe oor. **mo·nog·ra·pher, mo·nog·ra·phist** monografieskrywer, monografis. **mon·o·graph·ic** monografies.

mo·nog·y·ny eenwywery. **mo·nog·y·nous** eenwywig; *(bot.)* eenstylig.

mon·o·hull eenrompskuit, enkelrompskuit.

mon·o·ki·ni *(bostuklose bikini; skraps eenstukbaaipak)* monokini.

mon·o·lin·gual een=, enkeltalig.

mon·o·lith monoliet. **mon·o·lith·ic** monolities; aaneengegote.

mon·o·logue, *(Am.)* **mon·o·log** monoloog, alleenspraak.

mon·o·ma·ni·a monomanie. **mon·o·ma·ni·ac** *n.* monomaan. **mon·o·ma·ni·ac, mon·o·ma·ni·a·cal** *adj.* monomaan, monomanies.

mon·o·mer *n., (chem.)* monomeer. **mon·o·mer·ic** *adj.* monomeries, monomeer=.

mo·nom·er·ous *adj., (bot.)* monomeries.

mon·o·me·tal·lic *(ekon., hist.)*: ~ *standard* enkelstandaard, monometallieke standaard. **mon·o·met·al·lism** monometallisme. **mon·o·met·al·list** monometallis.

mon·o·met·ric, mon·o·met·ri·cal *(pros.)* monometries.

mo·no·mi·al *n., (wisk.)* monoom; *(biol.)* monomium, monomiaal, eenterm. **mo·no·mi·al** *adj.* monomiaal.

mon·o·mor·phic, mon·o·mor·phous *(biol.)* eenvormig, monomorf. **mon·o·mor·phism** monomorfie.

mon·o·nu·cle·o·sis *(med.)* mononukleose, klierkoors.

mon·o·pet·al·ous *(bot.)* eenkroonbladig, =blarig, monopetaal.

mon·o·phon·ic monofonies *(klankweergawe)*; *(mus.)* homofoon.

mon·oph·thong *(fonet.)* monoftong, vokaal.

Mo·noph·y·site *n., (Chr. teol.)* Monofisiet. **Mo·noph·y·site, Mo·noph·y·sit·ic** *adj.* Monofisities. **Mo·noph·y·sit·ism** Monofisitisme.

mon·o·pitch roof *(bouk.)* vlerkdak.

mon·o·plane *(vliegtuig met een stel vlerke)* eendekker.

mon·o·pod *(fot.)* eenpoot.

mon·o·pole *(fis.)* monopool.

mo·nop·o·ly monopolie, alleenhandel, alleenverkoop; alleenreg; *gain a ~ of the trade in ...* 'n monopolie van die handel in ... verkry; *have/hold a/the ~ of/on s.t.* die monopolie van iets hê. **mo·nop·o·li·sa·tion, =za·tion** monopolisasie, monopolisering, monopolievorming. **mo·nop·o·lise, =lize** monopoliseer; vir jou opeis. **mo·nop·o·lis·er, =liz·er** monopolis. **mo·nop·o·lism** monopolisme. **mo·nop·o·list** *n.* monopolis, alleenhandelaar, alleenverkoper. **mo·nop·o·list, mo·nop·o·lis·tic** *adj.* monopolisties.

mo·nop·so·ny *(ekon.)* monopsonie. **mo·nop·so·nis·tic** monopsonisties.

mon·o·rail eenspoor(baan), enkelspoor(baan).

mon·o·sac·cha·ride *(chem.)* monosakkaried.

mon·o·sep·al·ous *(bot.)* monosepaal, vergroeid(kelk)bladig, =blarig.

mon·o·sperm *(bot.)* eensadige (plant), monosperm. **mon·o·sper·mal, mon·o·sper·mous** eensadig.

mon·o·stich eenversgedig.

mon·o·sty·lous *(bot.)* monostilies, eenstylig.

mon·o·syl·la·ble monosillabe, eenlettergrepige woord. **mon·o·syl·lab·ic** eenlettergrepig, monosillabies; *(fig.)* kortaf *(pers.)*.

mon·o·thal·a·mous →UNILOCULAR.

mon·o·the·ism monoteïsme, geloof in een god, eengodedom. **mon·o·the·ist** *n.* monoteïs. **mon·o·the·ist, mon·o·the·is·tic** *adj.* monoteïsties.

mon·o·tint *(arg.)* →MONOCHROME *n.*.

mon·o·tone *n.* een toon; eentonigheid; *in a ~* op een toon. **mon·o·tone** *adj.* eentonig, vervelend, monotoon. **mon·o·tone** *ww., (w.g.)* op een toon voordra, eentonig praat/voordra/sing. **mon·o·ton·ic** *(wisk.)* monotonies, monotoon. **mo·not·o·nous** eentonig, vervelend, saai, sieldodend; monotoon; eenselwig. **mo·not·o·ny** eentonigheid, vervelendheid; monotonie; eenselwigheid.

mon·o·treme *(soöl.)* kloaak=, kloakadier.

mo·not·ro·py *(chem.)* monotropie. **mon·o·trop·ic** monotroop.

mon·o·type *(druk., biol.)* monotipe; *M~, (handelsnaam)* Monotype. **mon·o·typ·i·cal** monotipies, eensoortig.

mon·o·va·lent *(chem.)* eenwaardig, monovalent.

mon·ox·ide *(chem.)* monoksied.

Mon·ro·vi·a *(geog.)* Monrovia.

Mons *(geog.)* Mons, *(Vlaams)* Bergen.

mons *(Lat., anat.)*: ~ **pubis** *montes pubis* skaamheuwel *(v. 'n man)*. ~ **veneris** *montes veneris* skaamheuwel, venusheuwel, =berg *(v. 'n vrou)*.

Mon·sei·gneur *Messeigneurs, (Fr.:* my heer*)* monseigneur.

mon·sieur *messieurs, (Fr.:* meneer*)* monsieur.

Mon·si·gnor *=gnori, (RK)* monseigneur.

mon·soon moeson; reënseisoen, reëntyd.

mon·ster *n.* monster, gedrog; onmens; ondier, dierasie; misbaksel; gevaarte; *delicious ~* →DELICIOUS; *the green-eyed ~* →GREEN-EYED. **mon·ster** *adj., (infml.)* monsteragtig, reusagtig; *~ meeting* massavergadering, monstervergadering; *~ petition* monsterpetisie. **mon·ster·like** →MONSTROUS. **mon·stros·i·ty** monstruositeit; gedrog, monster; onding; monsteragtigheid, wanskapenheid, wanstaltigheid; onmenslikheid. **mon·strous** monsteragtig, wanskape, gedrogtelik, misvorm(d); afgryslik, onmenslik; reusagtig, tamaai; verregaande. **mon·strous·ly** monsteragtig; verskriklik, vreeslik; reusagtig. **mon·strous·ness** monsteragtigheid; wanskapenheid; reusagtigheid.

mon·ste·ra monstera(plant); geraamteplant.

mon·strance, os·ten·so·ry *(RK)* monstrans.

mon·tage montage.

mon·tane bergagtig, berg=.

Mon·te·ne·gro *(geog.)* Montenegro. **Mon·te·ne·grin** *n.* Montenegryn. **Mon·te·ne·grin** *adj.* Montenegryns.

Mon·tes·so·ri meth·od *(opv.)* Montessorimetode *(ook m~)*.

Mon·te·zu·ma's re·venge *(infml.: diarree wat toeriste in Mexiko tref)* Montezuma se wraak, loopmaag.

month maand; *...* **a/per** *~* ... per maand; **every** *~* elke maand; maandeliks; **for** *~s* maande (lank); maande aaneen; *I have not seen ...* **for** *~s* ek het ... maande laas gesien (*of* in geen maande gesien nie); *~* **in,** *~* **out** maand na maand, maandin en maanduit; **in** *three ~s,* **in** *three ~s' time* oor/binne drie maande; **inside** *(of) a ~* binne 'n maand, in minder as 'n maand; **last** *~* verlede maand; *the* **last** *~* die laaste maand *(v. 'n tydperk)*; die afgelope maand; **next** *~* aanstaande/volgende maand; *the* **next** *~* die volgende maand; die maand daarop; *the ~* **of** *October/etc.* Oktobermaand/ens., die maand Oktober/ens.; *every* **other/second** *~* al om die ander maand; *...* **per** *~* →**a/per;** *the* **previous** *~* die vorige maand; die maand tevore; *a ~ of* **Sundays,** *(infml.)* 'n eindelose tyd; *in a ~ of* **Sundays,** *(infml.)* in wie weet hoe lank; *never in a ~ of* **Sundays,** *(infml.)* as die perde horings kry, nooit; **this** *~* dié/hierdie maand, vandeesmaand; **this** *day ~,* **today** *~* vandag oor 'n maand; **throughout** *the ~, the* **whole** *~* **long** die hele maand (deur), heelmaand; *in a ~'s* **time** oor 'n maand. **~-long** maandlange. **~-old** maandoud.

month·ly *=lies, n.* maandblad, maandelikse tydskrif; *(i.d. mv. ook, infml.)* maandstonde(s). **month·ly** *adj.* maandeliks, per maand, maand=; *~* **average** maandgemiddelde; *~* **magazine/periodical/publication** maandblad, maandelikse tydskrif; *~* **meeting** maandelikse vergadering; *~* **pay** maandelikse salaris/betaling/loon/vergoeding/besoldiging, maandgeld, =loon; *~* **periods** maandstonde(s); *~* **report** maandverslag; *~* **rose** maandroos; *~* **salary** maandelikse salaris/besoldiging, maandsalaris; *~* **statement** maandstaat; *~* **ticket** maandkaart(jie); *~* **total** maandtotaal; *~* **wage(s)** maandelikse loon/verdienste, maandloon.

mon·ti·cule bultjie, heuweltjie; sekondêre vulkaankeël.

mon·ty →FULL MONTY.

mon·u·ment monument, gedenkteken; gedenksteen, grafsteen; herinnering; **care** *of/for ~s* monumentesorg; **erect** *a ~* 'n gedenkteken/monument oprig; **historical** *~* historiese gedenkwaardigheid; *~ of* **nature** natuurmonument; **sepulchral** *~* grafteken, =monument, =steen; *a ~* **to** *...* 'n gedenkteken/monument vir (*of* ter ere van) ... **mon·u·men·tal** monumentaal; gedenk=; groots, imposant; enorm; *~* **approach** monumentale oprit; *~* **fountain** monumentfontein; *~* **mason** grafsteenmaker; *~* **stair(case)** praaltrap; *~* **stupidity,** *(infml.)* kolossale domheid. **mon·u·men·tal·i·ty** monumentaliteit.

mon·zo·nite *(geol.)* monsoniet, monzoniet.

moo *n.* (ge)bulk, (ge)loei *(v. 'n bees)*; *(Br., infml., neerh.)* vroumens, (ou) wyf, teef. **moo** *ww.* bulk, loei. **~-cow** *(kindert.)* koei.

mooch *(infml.)* slenter; *(Am.)* gaps; *~ about/around, (Br., infml.)* rondhang, =slenter. **mooch·er** leeglêer; neklêer.

moo·cha stertriem.

mood[1] (gemoed)stemming, bui, luim, gestemdheid; toon; *in a* **bad/good** *~* in 'n slegte/goeie bui/luim; *be in (a)* **festive** *~* in 'n feesstemming (*of* feestelike stemming) wees; *be in the ~* **for** *... vir ...* lus hê/voel/wees, in die stemming vir ... wees; *a man/woman* **of** *~s* 'n buierige man/vrou; *when the ~* **takes** *one* as die gees jou pak; *in an* **ugly** *~* in 'n kwaai bui; in 'n gevaarlike stemming. ~ **music** stemmingsmusiek.

mood[2] manier, wyse, trant; *(gram.)* wys(e), modus; *indicative ~* →INDICATIVE.

mood·y nukkerig, buierig, humeurig, vol nukke; nors, stuurs; treurig, droewig, swaarmoedig. **mood·i·ness** nukkerigheid, buierigheid, humeurigheid, knorrigheid, slegte luim.

moo·ing gebulk, geloei.

moo·lah *(sl.: geld)* pitte, malie.

moon *n.* maan; *(infml.)* maand; *many ~s* ***ago,*** *(infml.)* lank, lank (*of* baie lank) gelede; ***artificial*** ~ kunsmaan; ***ask/cry*** *for the* ~ die onmoontlike begeer/verlang (*of* wil hê); ***bay*** *at the* ~ →BAY[5] *ww.;* ***before*** *many ~s (have passed)* voordat baie maande verby is; *once in a* ***blue*** ~, *(infml.)* baie/hoogs selde, elke skrikkeljaar; 'n enkele keer; *make s.o. believe the ~ is made of green* ***cheese*** iem. om die bos lei (*of* 'n rat voor die oë draai *of* knolle vir sitroene verkoop); ***crescent*** ~ sekelmaan; *the ~* ***decreases*** *→****wanes/decreases; the decreasing*** ~ *→****waning/decreasing;*** *there is a* ***full*** *~, the ~ is* ***full*** dis volmaan, die maan is vol; *the ~* ***increases*** *→****waxes/increases; the increasing*** ~ *→****waxing/increasing;*** *there* ***is*** *a* ~ dis ligte maan; *the* ***man*** *in the* ~ die man(netjie) in die maan; *there is a* ***new*** ~ dis nuwemaan; *there is* ***no*** ~ dis donkermaan; ***be over*** *the ~, (infml.)* in die wolke (*of* in die sewende hemel *of* sielsbly/dolbly) wees; ***promise*** *s.o. the* ~ iem. goue berge beloof/belowe; *the* ~ ***rises*** die maan kom op; *the* ~ ***sets*** die maan gaan onder; *the* ~ ***wanes/decreases*** die maan neem af; *the* ***waning/decreasing*** ~ die afnemende/afgaande maan; *the* ~ ***waxes/increases*** die maan groei; *the* ***waxing/increasing*** ~ die groeiende/wassende/toenemende maan. **moon** *ww.* droom; *(sl.)* jou boude ontbloot, jou agterent/agterwêreld/agterstewe wys; ~ *about/around* ronddrentel, loop en droom; ~ *away one's time* die/jou tyd verdroom/omdroom. **~bag** *(SA)* buidelsakkie, heupsak. **~beam** maan(lig)straal. **~-blind** *(infml.)* nagblind; *(veearts.)* maanblind. **~ blindness** *(infml.)* nagblindheid; *(veearts.)* maanblindheid. **~bow** →MOON RAINBOW. **~ buggy** maankarretjie, =besie, =waentjie. **~calf** uilskuiken, gek; leeglêer; *(vero.)* maankalf. **~ craft** maantuig. **~ dog** bymaan, skynmaan. **~eye** *(veearts.)* →MOON BLINDNESS. **~-eyed** maanogig, maanoog=; bysiende; *(veearts.)* maanblind. **~ face** volmaangesig. **~-faced** met 'n volmaangesig. **~fish** *(Mene maculata)* maanvis. **~flower** *(Ipomoea alba)* maanblom. **~ landing** maanlanding. **~ light** →MOONLIGHT. **~lit** →MOONLIT. **~ month** maanmaand. **~ probe** maanverkenningstuig. **~quake** maanbewing. **~ rainbow** maanreënboog. **~rise** maansopkoms. **~scape** maanlandskap. **~set** maansondergang. **~shot** lansering van 'n maantuig. **~spot** maanvlek. **~stone** maansteen, wateropaal. **~struck, ~stricken** maansiek, half mal; sentimenteel. **~ trefoil** maandklawer, struikklawer. **~walk** *n.* maanwandeling; moonwalk(-dans). **~walk** *ww.* moonwalk. **~-watch** maanwag. **~watcher** maanwagter, =waarnemer. **~wort** *(Botrychium lunaria)* maanvaring.

moon·er dromer.

Moon·ie *(infml., dikw. neerh.: lid v.d. Unifikasiekerk, volgeling v. Moon)* Moonie.

moon·less sonder maan, maanloos, donker; *it was a ~ night* dit was donkermaan.

moon·let maantjie.

moon·light *n.* maanlig, maanskyn; ~ *and roses* maanskyn en rose, rosegeur en maneskyn/maanskyn. **moon·light** *ww., (infml.)* twee betrekkings (*of* 'n byverdienste) hê, byverdien, ekstra verdien. **~ (flit)** *(Br., infml.): do a ~ (~)* met die noorderson vertrek/verdwyn.

moon·light·er dranksmokkelaar; onwettige drankstoker; nagtelike rampokker; dubbelwerker.

moon·lit maanlig=, deur die maan belig; *~ night* maanligaand.

moon·shine maanskyn; leë skyn; *(infml.)* bog/kaf(praatjies), onsin; *(infml.)* smokkeldrank; *(Am.)* mampoer, witblits; *s.o.'s claims that he/she can do s.t. is just ~, (infml.)* iem. kan iets net so min doen as die man in die maan; ~ *and roses, (w.g.)* →**MOONLIGHT** AND ROSES. **moon·shin·er** dranksmokkelaar; onwettige drankstoker. **moon·shin·y** hersenskimmig, maanlig=, skyn=.

moon·y *n., (SA, igt.)* maanskynvis; *Cape/Natal* ~ Kaapse/Natalse maanskynvis. **moon·y** *adj.* maan=, soos die maan; dromerig.

Moor Moor. **Moor·ish** Moors; ~ *arch, (bouk.)* Moorse boog, hoef(yster)boog.

moor[1] *n.* heide, heiveld; vlei, moeras; →MOORISH. **~cock** korhaan; →RED GROUSE. **~fowl, ~ game** korhoender(s); →RED GROUSE. **~hen** *(Gallinula chloropus)* (groot) waterhoender; korhoender(wyfie); →RED GROUSE. **~land** *(Br.)* vlei, moeras; heiveld.

moor[2] *ww.* (vas)meer, aanlê, vasmaak, anker; *~ed mine* gemeerde myn, seemyn; *the ship ~ed this morning* die skip het vanmôre geanker, die skip is/het vanmôre (vas)gemeer; ~ *up somewhere, (intr.)* êrens vasmeer. **moor·age** ankerplek, (aan)lêplek; ankergeld, (oor)lêgeld.

moor·ing (die) vasmeer; (aan)lêplek, ankerplek; *(i.d. mv.)* ankertoue, meertoue, meerwerk, meertuig; *the ship was driven from her ~s* die skip het losgeraak/losgeruk, die skip se meertoue/ankertoue het gebreek; *the ship lies at her ~s* die skip lê (vas)gemeer. **~ area** meerveld. **~ buoy** meerboei. **~ cable** meerkabel. **~ mast** meer=, ankermas. **~ place** lê=, meerplek. **~ post** meerpaal. **~ ring** kaai=, meerring. **~ rope** meertou.

moor·ish moerassig, vleiagtig, vleierig; heiagtig.

moose (Amerikaanse) eland; →ELK.

moot *n., (jur.)* skynverhoor; *(Br., hist.)* volksvergadering. **moot** *adj.* betwisbaar, disputeerbaar; ~ *point* geskilpunt, vraagpunt, betwisbare punt, (ope/omstrede) vraag, strydvraag; ~ *court* skynhof. **moot** *ww.* bespreek, diskuteer, debatteer; opper, te berde (*of* ter sprake) bring; ~ *s.t. about* iets rugbaar maak.

mop[1] *n.* mop, dweil, poetsbesem; *(fig.)* boskasie, bosgasie; ~ *of hair* bossie=, mop=, matraskop, boskasie, bosgasie. **mop** =*pp*=, *ww.* mop, opvryf, =vrywe, afvee; ~ *the floor with s.o.* →FLOOR *n.;* ~ *s.t. up* iets (op)mop/opdweil; iets insluk; *(mil.)* iets opruim. **~board** *(Am.)* = SKIRTING BOARD. **~head** bossie=, mop=, matraskop. **~-headed** bossiekop=. **~ stick** mop=, dweilstok. **~-up** opruiming(swerk).

mop[2] *n., (arg.)* skewebek, grimas; *~s and mows* grimasse. **mop** =*pp*=, *ww.* skewebek trek; ~ *and mow* skewebek trek, grimasse maak.

mo·pa·ni, mo·pa·ne *(<Tsw.)* mopanie(boom), terpentynboom. **~ bush(veld), ~ woodland** mopanie(bos)veld. **~ worm** mopaniewurm.

mope *n., (infml.)* knieser, kniesoor, tobber; *the ~s, (ook)* knieserigheid; neerslagtigheid, bedruktheid, droefgeestigheid; *in the ~s* knieserig. **mope** *ww.* knies, tob; neerslagtig/swaarmoedig wees; jou verknies; moedeloos wees; ~ *about/around* knieserig/mistroostig rondhang/rondslof; ~ *away one's life, be ~d, get ~d (to death),* ~ *one's heart out* jou doodknies/verknies. **mop·ish** knieserig; droefgeestig, swaarmoedig, neerslagtig. **mop·ish·ness** knieserigheid; swaarmoedigheid.

mo·ped *(Br.)* bromponie, help-my-trap, brom=, kragfiets.

mop·pet *(infml.)* poplap, pop(pie), skattebol.

mo·quette *(tekst.)* trypferweel, moket.

mo·raine *(geol.)* moreen, gletserpuinhoop.

mor·al *n.* moraal, (sede)les; *(i.d. mv.)* moraal, sedelikheid, sedes, sedelike gedrag/beginsels; seksuele gedrag/norme; ***corrupt/deprave*** *the ~s* die sedes bederf; ***draw*** *a* ~ 'n les trek; ***lecture*** *in ~s* sedepreek; ***point*** *a ~, (iem.)* moraliseer; *(iets)* 'n sedeles bevat; *the ~ of a* ***story*** die moraal van 'n verhaal/storie. **mor·al** *adj.* moreel, sedelik; moraal=, sede=; sedekundig; geestelik, innerlik; *it's a ~* ***certainty*** dis 'n uitgemaakte saak (*of* so goed as seker); ~ ***code*** →MORAL LAW; ~ ***constraint*** gewetensdwang; ~ ***courage*** (sedelike) moed; ~ ***fibre*** →FIBRE; ~ ***interlude,*** *(hist.)* korter moraliteit(spel); →MORALITY (PLAY); ~ ***law*** sedewet; ~ ***leper,*** *(poët., liter.)* verworpeling; ~ ***majority*** morele meerderheid; ~ ***philosophy*** moraalfilosofie, sedekunde, sedeleer, etiek; ~ ***play*** →MORALITY (PLAY); *M~* ***Rearmament*** Morele Herbewapening; ~ ***sense*** sedelikheid, sedelikheidsgevoel; ~ ***support*** morele/sedelike steun; *give ~* ***support*** *to s.o., (ook)* iem. se hande sterk; ~ ***theology*** sedeleer, moraalteologie; ~ ***victory*** morele oorwinning; ~ ***worth*** sedelike gehalte.

mo·rale moreel, moraal, (veg)gees, (veg)moed, selfvertroue; *the ~ is high/low* die moreel/moraal is goed/sleg.

mor·al·ise, =ize moraliseer; sedelik verbeter. **mor·al·i·sa·tion, =za·tion** moralisasie, moralisering; sedeprekery. **mor·al·is·er, =iz·er** sedepreker, =meester. **mor·al·is·ing, =iz·ing** moralisasie.

mor·al·ist sedemeester; moralis, sedepreker, strafprediker. **mor·al·ism** moralisme; sedekunde; sedeprekery. **mor·al·is·tic** moralisties.

mo·ral·i·ty sedelikheid, sedes; sedeleer, sedekunde; sedelike gedrag, moraliteit, moraal. ~ **(play)** *(hist.)* moraliteit(spel), sinnespel.

mor·al·ly sedelik; sedekundig; geestelik.

mo·rass moeras; *(fig.)* poel; *(fig.)* uitsiglose situasie. **mo·rassy** *(w.g.)* moerassig, modderig, vleierig.

mo·rat *(hist.)* moerbeidrank.

mor·a·to·ri·um =*riums,* =*ria* moratorium.

Mo·ra·vi·a *(geog.)* Morawië. **Mo·ra·vi·an** *n., (relig.)* Morawiër; →HERRNHUTER. **Mo·ra·vi·an** *adj.* Morawies.

mo·ray (eel) *(igt.)* bontpaling.

mor·bid morbied, swartgallig, somber; sieklik, ongesond; *(med.)* siekte=; ~ ***anatomy*** patologiese anatomie; ~ ***depression*** sieklike neerslagtigheid; ~ ***growth*** uitwas; ~ ***humour*** galgehumor; ~ ***matter*** siektestof. **mor·bid·i·ty** morbiditeit, swartgalligheid; sieklikheid, siektetoestand; siektesyfer, morbiditeit. **mor·bid·ness** morbiditeit, swartgalligheid; sieklikheid. **mor·bif·ic** *(vero.)* siektebrengend, siekte=; ~ *matter* siektestof.

mor·bil·li *n. (mv.), (med.)* morbilli, masels.

mor·da·cious *(fml.)* bytend; byterig; skerp; bitter.

mor·dant *n.* bytstof, bytmiddel, etssuur; beits(middel); hegmiddel. **mor·dant** *adj.* bytend, skerp, sarkasties, bitsig, vlymend, snydend; beits=; ~ *dye* beitskleurstof. **mor·dant** *ww.* beits *(weefstowwe).*

Mor·de·cai, Mor·de·cai *(OT)* Mordegai.

mor·dent *(mus.)* mordent.

more meer; groter; nog; *without ~* ***ado*** →ADO; ***all*** *the* ~ des/soveel te meer; ~ ***and*** ~ al (hoe) meer, steeds meer; ***any*** *~ than ...* ewe min as ...; *are there* ***any*** *~?* is daar nog (meer)?; *not* ***any*** ~ (nou) nie meer nie; nie langer/meer nie; *there isn't* ***any*** *~, there is* ***no*** ~ daar is nie/niks meer nie; *~ than* ***anything*** *else* bo alles; hoofsaaklik, vernaamlik; ***ask*** *for* ~ nog vra; *the ~ the* ***better*** hoe meer hoe beter; *~ can be* ***done*** daar kan meer gedoen word; ***even*** ~ →EVEN[1] *adv.;* ***far*** ~ baie/veel meer; *the ~* ***fool*** *he/she* des te dommer van hom/haar; ***just*** *~ than ...* iets meer as ...; *~ or* ***less*** min of meer, ongeveer, naaste(n)by, nagenoeg, in meerdere of mindere mate; *it was ~ or* ***less*** *blackmail/etc.* dit was soveel as afpersing/ens., dit het op afpersing/ens. neergekom; *neither ~ nor* ***less*** niks meer of minder nie, presies soveel; *that's ~* ***like*** *it, (infml.)* so moet dit wees; *a* ***little*** *~,* ***slightly*** ~ 'n bietjie/rapsie meer, effens/effe(ntjies)/iets meer; *it is* ***little*** *~ than ...* dit is weinig meer as ...; *be* ***little*** *~ than a child* nog amper/byna 'n kind wees; ***many*** ~ baie/veel meer; *the ~ the* ***merrier*** →MERRY; ***much*** ~ baie/veel meer; *as* ***much*** ~ nog 'n keer soveel; *the* ***much*** *the ~* des/soveel te meer; *s.o.* ***needs*** *ten/etc. ~ ...* iem. het nog tien/ens. ... nodig; ***no*** ~ niks meer nie; nie meer/langer nie; *s.o. has* ***no*** *~ ...* iem. het nie meer ... nie; *s.o. is* ***no*** ~ iem. is dood (*of* nie meer nie); *s.o. knows* ***no*** *~ than that* dis al wat iem. weet; *glory/etc. that is* ***no*** ~ vergane glorie/ens.; *live here/there* ***no*** ~ nie meer/langer hier/daar woon nie; ***no*** *~ did/has he/she* hy/sy (het) ook nie; en hy/sy ewe min; *I want* ***no*** *~ of this!* dit moet nou end kry!; ***no*** *~ than ...* niks meer as ... nie; ***not*** *~ than ...* hoogstens ..., op die/sy meeste ...; *it has ~* ***of*** *a local character* dit is meer plaaslik van aard, dit is van meer plaaslike aard; *s.o. is ~* ***of*** *a ...* iem. is eerder 'n ...; *... would be*

~ *of a comfort* ... sou 'n beter troos wees; *be* ~ ***of*** *a help* 'n groter hulp wees; ~ ***often*** meer dikwels; mees(t)=al; ***once*** ~ nog 'n keer/maal/slag, nogmaals, nog eens, nogeens, weer (eens), weereens, opnuut, andermaal; al weer; ~ *than* ***once*** meer as een keer/maal; herhaal=delik; ***one*** ~ ... nog 'n ...; nog (net) een ...; ***one/etc.*** ~ nog een/ens.; *five/etc.* ***or*** ~ *days/etc.* vyf/ens. dae/ens. of langer; ~ ***particularly*** →PARTICULARLY; ~ ***(people)*** *are coming* daar kom nog mense; ~*'s the* ***pity*** →PITY *n.; it is* ~ *to the* ***purpose*** *to* ... →PURPOSE *n.;* ***rather*** ~ *than a hundred/thousand* goed/ruim honderd/dui=send; ***say*** *no* ~*!* →SAY[1] *ww.;* ***see*** ~ *of s.o.* iem. meer sien; *a* ***sight*** ~, *(infml.)* baie (*of* 'n hele boel) meer; ***slightly*** ~ effens (*of* 'n rapsie) meer; *even/only* ~ ***so*** →SO[1]; ***some*** ~ nog (meer); nog 'n bietjie, nog iets; nog 'n paar; *see you* ***some*** ~*!, (infml.)* tot siens!, totsiens!; ***something*** ~ nog iets; ***still*** ~ nog meer; ~ ***than*** *a hundred/thousand* meer as honderd/duisend, oor die honderd/duisend; *ten* ~ *CDs/etc.* ***than*** ... tien CD's/ens. meer as ...; ~ ***than*** *it did* meer as voorheen; ~ ***than*** *it was* meer as voorheen; *X has* ~ ... ***than*** *Y* X het meer ... as Y; ~ ***than*** *hold one's own* →OWN *adj. & pron.;* ~ ***than*** *that* →THAT *pron.;* ***the*** ~ ..., *the* ~ ... hoe meer ..., hoe meer ...; hoe meer ..., des te meer ...; ***the*** ~ *s.o. gets, the* ~ *he/she wants* hoe meer iem. kry, hoe meer wil hy/sy hê; *there is* ~ ***to it*** *than that* daar sit/skuil/steek meer agter; ***what*** ~ *can s.o. do?* wat kan iem. nog doen?; wat kan iem. meer doen?; ***what*** ~ *does s.o. want?* wat wil iem. nog hê?; wat wil iem. meer hê?; ***what's*** ~, ...; wat meer sê, ...; en verder/vêrder ...; buitendien ...; ***yet*** ~ ... nog meer ...

Mo·re·a: *(the)* ~, *(geog., hist.)* Morea; →PELOPONNESE.

mo·reen *(tekst.)* woldamas, moreen.

mor(e)·ish *adj., (infml.): these biscuits are rather* ~ dié/hierdie koekies smaak na meer.

mo·rel *(sampioen)* morielje.

mo·rel·lo =*los* suurkersie, morel.

more·o·ver verder, vêrder, origens; buitendien, boon=op, bowendien.

mo·res *n. (mv.), (Lat.)* sedes (en gewoontes).

mo·res·ca →MORISCA.

Mo·res·co →MORISCO.

Mo·resque *n.* Moorse styl; Moorse motief; →ARA=BESQUE. **Mo·resque** *adj.* Moors.

mor·ga·nat·ic morganaties; ~ *marriage* morgana=tiese huwelik, huwelik met die linkerhand.

mor·gen *(hoofs. SA, landmaat gelyk aan* ± *0,8 hektaar)* morg; *two* ~ twee morg(e). **mor·gen·age** morgop=pervlakte, oppervlakte in morge.

morgue lyk(s)huis, dodehuis (→MORTUARY); *(infml.)* doodsberigargief *(v. 'n koerant).*

mor·i·bund *adj.* sterwend, doodsiek, dodelik siek; *be* ~ op sterwe lê.

mo·ri·on *(hist.)* stormhoed.

Mo·ris·co, Mo·res·co =*co(e)s, n., (hist.)* Morisco, Spaanse Moor; Moorse styl; *(m~)* Moorse dans. **Mo·ris·co, Mo·res·co** *adj.* Moors.

Mor·mon *n., (kerklid)* Mormoon; →LATTER-DAY SAINTS; *the Book of* ~ die Boek van Mormon. **Mor=mon** *adj.* Mormoons. **Mor·mon·ism** Mormonisme.

morn *(poët., liter.)* môre, more, oggend; môre=, more=, oggendstond.

mor·nay *(kookk.): eggs* ~ eiers met kaassous/mornay=sous; *sauce* ~ kaas=, mornaysous. ~ **(sauce)** kaas=, mornaysous.

morn·ing môre, more, oggend; môre=, more=, oggend=stond; voormiddag; *the* ~ ***after*** *(the night before), (infml.)* olikheid ná die vrolikheid; ***all*** ~ die hele oggend/môre/more, heeloggend, =môre, =more; ***early*** *in the* ~ →EARLY; *one* ***fine*** ~ op 'n goeie môre/more; ***first thing*** *in the* ~ vroegoggend, soggens heel eerste, sog=gens vroeg-vroeg; vroeg-vroeg/dadelik môre=, more=oggend; ***(good)*** ~ (goeie)môre/more!; ***good*** ~ *(to you)!, (ook)* môresê, moresê!; *say* ***good*** ~ *to s.o.* (vir iem.) môre/more sê; ***in*** *the* ~ in die môre/more/oggend/voormiddag; soggens, smôrens, smorens; môre=, more=oggend; *from* ~ *to* ***night*** van die oggend/môre/more tot die aand; ***of*** *a* ~ →OF; *I'll* ***see*** *you in the* ~ ons sien mekaar môre=/moreoggend; *the docter/etc. will* ***see*** *you in the* ~, *(ook, fml.)* die dokter/ens. sal jou môre=/more=oggend spreek/ontvang; ***this*** ~ vanoggend, vanmôre, vanmore; ***throughout*** *the* ~ heeloggend, heelmôre, =more; ***tomorrow*** ~ môre=, moreoggend; *early* ***to=morrow*** ~ môre/more vroeg; *the* ***top*** *of the* ~ *to you!* goeiemôre!, goeiemore!; ***toward(s)*** ~ teen die oggend (se kant); ***yesterday*** ~ gisteroggend. **~-after feeling** bab(b)elas, babelaas, babalaas. **~-after pill** nabehoed=pil. ~ **call** oggendbesoek. ~ **coat** manel, swaelstert=(baadjie). ~ **draught** oggenddrank(ie). ~ **dress** manel=pak, swaelstert(baadjie) en streepbroek. ~ **glory** *(bot.)* (gewone) purperwinde, trompettertjie. ~ **gown** kamer=jas, kamerjapon; huisrok. ~ **gun** oggendskoot. ~ **(news)paper** oggendblad, =koerant. ~ **prayer** oggend=gebed; *(gew. i.d. mv.)* (vroeë) oggenddiens. ~ **roll call** *(mil.)* oggendappèl. ~ **room** oggendkamer. ~ **service** oggend=, môre=, morediens. ~ **sickness** oggend=siekte. ~ **star** oggendster, Venus. ~ **suit** →MORNING DRESS. ~ **tea** oggendtee. ~ **tide** oggend=, môre=, more=stond. ~ **trousers** streepbroek. ~ **twilight** oggend=, môre=, moreskemer(ing). ~ **watch** môre=, morewag; *(sk.: 04:00-08:00)* rooidagwag, dagwag.

Mo·roc·co *(geog.)* Marokko. **Mo·roc·can** *n.* Marok=kaan. **Mo·roc·can** *adj.* Marokkaans.

mo·roc·co: ~ **(leather)** marokyn(leer), saffiaan(leer). ~ **paper** saffiaanpapier.

mo·ron *(infml., neerh.)* sot, idioot, stommerik, dom ding; *(psig., vero.)* swaksinnige, mor(o)on. **mo·ron·ic** simpel, onnosel, idioties; swaksinnig. **mo·ron·ism, mo·ron·i·ty** *(vero., psig.)* debiliteit, (matige) swaksin=nigheid.

mo·rose stuurs, nors, stug, knorrig. **mo·rose·ness** stuursheid, norsheid, stugheid.

morph *(filmk.)* morfeer. **morph·ing** morfering.

mor·pheme *(ling.)* morfeem. **mor·phe·mics** *n. (fun=geer as ekv.), (ling.)* morfologie.

Mor·phe·us *(Rom. mit.: god v. slaap)* Morfeus, Morpheus; *in the arms of* ~ in die arms van Morfeus/Morpheus. **Mor·phe·an** Morfeus=, Morpheus=; slaap=; droom=.

mor·phine, *(vero.)* **mor·phi·a** morfien; ~ *addict* mor=finis. **mor·phin·ism** *(med.)* morfinisme. **mor·phin·ist** morfinis.

morph·ing →MORPH.

mor·phol·o·gy morfologie, vormleer. **mor·pho·log·i·cal** morfologies. **mor·phol·o·gist** morfoloog.

mor·pho·sis =*phoses, (biol.)* vormingswyse, morfose.

mor·ris[1]: *nine men's* ~ →NINE.

mor·ris[2]: ~ **(dance)** morrisdans. ~ **pike** *(hist.)* Moorse piek.

Mor·ris chair Morrisstoel *(ook m~).*

mor·row *(arg. of poët., liter.)* môre, more; *on the* ~ die volgende dag; *on the* ~ *of war* net ná die oorlog.

Morse: ~ **alphabet** Morsealfabet *(ook m~).* ~ **(code)** Morsekode *(ook m~).* ~ **drill** Morse(skag)boor *(ook m~).* ~ **telegraph** Morsetoestel *(ook m~).*

morse →WALRUS.

mor·sel stukkie, happie, brokkie; proeseltjie, mond vol; *choice* ~ versnapering; *a* ~ *of food* 'n stukkie kos.

mort *(dial.)* boel, menigte; *a* ~ *of people* 'n menigte.

mor·ta·del·la *(It. worssoort)* mortadella.

mor·tal *n.* sterfling, sterweling, mens; *lesser* ~*s* min=dere mense. **mor·tal** *adj.* sterflik; dodelik; dood(s)=; vreeslik; menslik; dodelik vervelig; ~ ***blow*** doodhou; *this* ~ ***coil*** →COIL[2] *n.;* ~ ***combat*** stryd op/om lewe en dood; ~ ***enemy*** doodsvyand; *be in* ~ ***fear*** →FEAR *n.;* ~ ***fright*** doodskrik; ~ ***hour*** sterfuur, sterwensuur; *for three/etc.* ~ ***hours/etc.***, *(infml., vero.)* drie uur aan=mekaar, drie lange ure; *be in a* ~ ***hurry*** vreeslik haas=tig wees; *no* ~ ***power*** geen mag ter wêreld; ~ ***remains*** stoflike oorskot; *a* ~ ***shame*** →SHAME *n.;* ~ ***shot*** dood=skoot; *a* ~ ***sin*** →SIN *n.;* ~ ***tediousness*** dodelike ver=veling; *any* ~ ***thing*** alles wat menslik moontlik is; ~ ***wound*** dodelike wond. **mor·tal·ly** sterflik; menslik; dodelik; *be* ~ ***afraid*** →AFRAID; ~ ***drunk*** pap=, smoor=, stomdronk; *be* ~ ***offended*** →OFFENDED; ~ ***wounded*** dodelik (*of* tot die dood toe) gewond.

mor·tal·i·ty sterflikheid; sterfte, mortaliteit; vrekte *(onder diere);* dodetal; mensheid, mensdom. ~ **cost** sterftelas. ~ **list** sterftelys. ~ **rate, rate of** ~ sterfte=syfer. ~ **returns** sterftestatistiek. ~ **strain** sterftelas. ~ **table** sterftetabel.

mor·tar *n.* dagha, mortel, messelklei; bindsel; *(kookk., farm., ens.)* vysel; *(mil.)* mortier; *pestle and* ~ →PESTLE. **mor·tar** *ww.* messel, (met dagha/ens.) pleister; *(mil.)* met mortiere beskiet. **~board** studentebaret, akade=miese mus; daghaplank. ~ **bomb** mortierbom. ~ **box** *(bouk.)* daghakas; *(geol.)* vyselkis; *(mil.)* mortierkis. ~ **joint** messelvoeg. ~ **mill** daghameul(e), rondomtalie. ~ **mixer** daghamenger.

mort·gage *n.* verband; *foreclose a* ~ 'n verband op=roep/opsê; *pay off a* ~ 'n verband afbetaal; *take out a* ~ *on s.t.* 'n verband op iets neem. **mort·gage** *ww.* (met 'n verband) beswaar, onder verband bring/plaas/sit, verbind; *be heavily* ~*d* swaar verbind/belas wees. ~ **bank** verbandgewende bank. ~ **bond** verband; ver=bandakte; *issue a* ~ ~ 'n verbandlening uitreik. ~ **deed** verbandakte. ~ **loan** verbandlening.

mort·ga·gee verbandhouer, =nemer.

mort·gag·er, mort·ga·gor verbandgewer.

mort·gag·ing verbandgewing, beswaring met 'n ver=band.

mor·tice →MORTISE.

mor·ti·cian *(hoofs. Am.)* begrafnisondernemer, lyk=besorger.

mor·ti·fy krenk, kwets, grief, seermaak, beledig, te na kom; *(Chr.)* kasty, tug(tig), dood; *(med.)* gangreen kry/ontwikkel; ~ *the flesh* die vlees dood/kasty. **mor·ti·fi·ca·tion** gekrenktheid, krenking, gekwetstheid, bele=diging, vernedering; mortifikasie, (self)kastyding; *(med.)* gangreen, *(infml.)* kouevuur; *to s.o.'s* ~ tot iem. se skande. **mor·ti·fied** *(ook)* bekaf; *feel* ~ afgehaal voel. **mor·ti·fy·ing** krenkend, kwetsend, griewend.

mor·tise, mor·tice *n.* tapgat; ~ *and tenon* tap en gat; ~ *(and tenon) joint* tapvoeg. **mor·tise, mor·tice** *ww.* tap; insteek, inlaat, inlas, (in)voeg; tapgate (*of* 'n tapgat) maak. ~ **bolt** insteekgrendel. ~ **chisel** tap=beitel. ~ **gauge** tapkruishout. ~ **latch** insteekklink. ~ **lock** insteekslot. ~ **machine** tap(gat)masjien. ~ **wheel** houtrat.

mort·main *(jur., Eng.: onvervreembare eiendom)* goe=dere in die dooie hand.

mor·tu·ar·y *n.* lyk(s)huis, dodehuis. **mor·tu·ar·y** *adj. (attr.)* dode=, lyk(s)=, sterf=, begraaf=; ~ *monument* grafteken; graftombe.

mor·u·la =*lae, (embriol.)* morula.

Mo·sa·ic Mosaïes; ~ *Law* →LAW OF MOSES.

mo·sa·ic *n.* mosaïek; *(bot., ook* mosaic disease*)* bont=blaar(siekte), mosaïek(siekte). **mo·sa·ic** *adj.* mo=saïek=; ~ *work* mosaïek(werk). **mo·sa·ic** =*ick*=, *ww.* met mosaïek inlê. ~ **gold** goudbrons, mosaïekgoud; geel tinsulfied. ~ **virus** *(bot.)* mosaïekvirus.

mo·sa·i·cist mosaïekwerker.

mo·sa·saur =*saurs,* **mo·sa·sau·rus** =*sauri, (paleont.)* mosasourïer.

mos·bol·le·tjie *(Afr., kookk.)* mosbolletjie.

mos·cha·tel *(bot.)* muskusplant.

Mos·co·vite →MUSCOVITE.

Mos·cow *(geog.)* Moskou. ~ **cloth** moskoustof. ~ **River**→MOSKVA.

Mo·se·le·kat·se →MZILIKAZI.

Mo·sel(le) Moeselwyn; *the* ~, *(rivier)* die Moesel.

Mo·ses: *Law of* ~ →LAW. ~ **basket** *(Br.)* dramandjie, =wiegie, =bedjie *(vir 'n baba).*

mo·sey: ~ *along/on, (infml.)* voortslenter.

Mo·shesh, Mo·shoe·shoe *(opperhoof v.d. Basotho's, 1786-1870)* Mosjesj.

Mo·si·li·kat·ze →MZILIKAZI.

Mos·kva: *the* ~, *(rivier)* die Moskwa.

Mos·lem, Mos·lem·ism →MUSLIM, MUSLIMISM

mosque moskee, masiet.

mos·qui·to =*toes* muskiet. ~ **boat** motortorpedoboot. ~ **boot** muskietskoen. ~ **curtain,** ~ **net** muskietnet.

~ **plant** *(Cynanchum acuminatifolium)* muskietplant; *(Ocimum basilicum)* heilige basielkruid. ~**-proof** muskietdig, -vry. ~ **proofing** muskietdigting, -wering. ~ **weight** *(boks)* muskietgewig.

moss *n.* mos; *(Sk., N.Eng.)* (turf)moeras; *a rolling stone gathers no* ~ 'n rollende klip vergaar geen mos nie, 'n swerwer bly 'n derwer. **moss** *ww.* met mos bedek, bemos. ~ **agate** mosagaat, mokkasteen. ~**-clad,** ~**-grown** bemos, met mos bedek/begroei. ~ **rose** mosroos. ~ **stitch** mossteek. ~**trooper** *(hist.)* stroper, vrybuiter.

moss·bunk·er *(Am.)* →MENHADEN.

mos·sie *(Afr.)* →CAPE SPARROW.

moss·like *adj.* mosagtig, mossig.

mos·so *adv., (It., mus.: vinnig, lewendig)* mosso.

moss·y mosagtig, mossig; bemos; *(Am., infml.)* muf, uitgedien. **moss·i·ness** mosagtigheid, mossigheid.

most *n., adj. & pron.* (die) meeste, (die) uiterste, (die) grootste; ~ ***of all*** die allermeeste; ... ***at*** *(the)* ~, ... ***at the very*** ~ op die/sy meeste ..., uiterlik ...; hoogstens ...; ***make*** *the* ~ *of s.t.* die meeste voordeel uit iets probeer trek; die beste gebruik van iets maak; met iets woeker *(talente ens.)*; *for the* ~ ***part*** →PART *n.*; ~ ***people/etc.*** die meeste mense/ens.; ~ *of the* ***time,*** ~ ***times*** →TIME *n.*; ~ *of* ***us*** die meeste van ons. **most** *adv.* mees, hoogs, uiters; *(Am., infml.)* →ALMOST; *the* ~ ***advanced*** →ADVANCED; ~ ***certainly*** →CERTAINLY; *the M~* ***High*** →HIGH *n.*; ~ ***holy*** allerheiligs; ~ ***learned*** hooggeleerd; geleerdste; ~ ***ludicrous*** uiters belaglik; die belaglikste; ~ ***necessary*** →NECESSARY; ~ ***noble*** hoogadellik; die edelste; *the* ~ ***probable*** ... →PROBABLE; ~ ***probably*** →PROBABLY; ~ ***vilified*** *politician* mees belasterde politikus. ~ **favoured nation** mees begunstigde nasie/land. ~**-favoured-nation (trading/trade) status** (handel)status as/van mees begunstigde nasie/land, status as/van mees begunstigde (handels)nasie/(handels)land. ~**-favoured-nation treatment** behandeling as mees begunstigde nasie/land, meesbegunstiging. ~**-favoured-nation treaty** meesbegunstigingsverdrag.

most·ly mees(t)al, grotendeels, merendeels, hoofsaaklik, vernaamlik, gewoonlik, in die reël, vir die grootste gedeelte.

Mo·sul *(geog.)* Mosoel. ~ **rug** Mosoelmat.

mot *(Fr.)* kwinkslag. ~ **juste** *mots justes* net die regte woord/uitdrukking, die spyker op die kop.

mote stoffie, stofdeeltjie; stipseltjie; splinter; nop; *the* ~ *in another's eye* die splinter in 'n ander se oog.

mo·tel motel.

mo·tet *(mus.)* motet.

moth *n.* mot; nagvlinder; aandvlinder; *little* ~ motjie. ~**ball** motbal(letjie), -bol(letjie); *keep/put s.t. in* ~*s* iets bêre (*of* nie gebruik nie); iets uit die vaart haal *('n skip)*. ~**-eaten** aangevreet, van die motte gevreet, vol motgate; verouderd, verslete, aftands. ~ **hole** motgaatjie. ~**proof** motvry, -bestand, ~**proofing** motwering. **moth·y** vol motte, van die motte gevreet.

moth·er[1] *n.* moeder, ma; abdis; huismoeder; moer *(by diere)*; broeimasjien, kunsmoeder; *(arg.)* vroutjie, tante; *(afk., vulg. sl., hoofs. Am.* →MOTHERFUCKER; ~*'s* ***darling*** →DARLING *n.*; ***first*** ~ stammoeder; *the M~ of* ***God*** die Moeder van God, die Moedermaagd; *at one's* ~*'s* ***knee*** aan moedersknie; ~*'s* ***milk*** moeder(s)melk; *the* ~ ***of all*** *arguments/rows, the* ~ *and father* (*or the father and* ~) *of an argument* (*or a row*), *(infml.)* die (aller)vreeslikste/(aller)verskriklikste rusie; *the* ~ ***of all*** *battles, (infml.)* die moeder van alle veldslae; *the* ~ ***of all*** *cockups, (sl.)* 'n helse gemors; *the* ~ ***of all*** *evil/etc.* die bron van alle kwaad/ens.; *have the* ~ ***of all*** *headaches, have the* ~ *and father* (*or the father and* ~) *of a headache* jou kop wil bars van hoofpyn; *on the* ~*'s* ***side*** aan moederskant/moedersy; *every* ~*'s* ***son,*** *(infml.)* van die eerste tot die laaste, elkeen sonder uitsondering. **moth·er** *ww.* bemoeder, soos 'n ma/moeder sorg vir; vertroetel; as kind aanneem; 'n moeder verskaf; *(vero.)* in die wêreld bring. ~ **animal** moederdier. ~**board** *(rek.)* hoof-, moederbord. **M~ Carey's chicken** →STORM PETREL. ~ **cell** moedersel. ~ **church** moederkerk. ~ **city** moederstad, metropool; *the* ~ ~ *celebrates her centenary* die moederstad vier sy eeufees. ~ **complex** moederkompleks. ~ **convent,** ~ **house** moederhuis. ~ **country** moederland; vaderland; stamland. ~**craft** *(arg.)* moederkunde, opleiding vir moederskap. ~ **earth** (die) moederaarde. ~ **figure** moederfiguur. ~**fucker** *(Am., vulg. sl.)* bliksem, donder, wetter. **M~ Goose** Moeder Gans. ~ **hair** geboortehaar. ~ **hen** kloekhen. **M~ Hubbard** kabaai; slooprok. ~**-in-law** *mothers-in-law* skoonma, -moeder. ~**-in-law's tongue** *(bot.: Sansevieria trifasciata)* skoonma-se-tong, skoonmoederstong. ~**land** moederland; vaderland. ~ **liquid,** ~ **liquor,** ~ **lye,** ~ **water** *(chem.)* moederloog. ~ **lode** *(mynb.)* hoofertsspleet. ~ **love** moederliefde. ~ **lye** →MOTHER LIQUID. ~**-naked** poedelkaal, -nakend, -naak, moedernaak, -nakend. ~**-of-pearl** perlemoen, perlemoer. ~**-of-pearl cloud** perlemoen-, perlemoerwolk. ~ **plant** moederplant. ~ **right** *(arg.)* →MATRIARCHY. ~ **rock** moeder-, stamgesteente. **M~'s Day** Moedersdag. ~ **seed** moedersaad. ~ **ship** moederskip. ~**'s ruin** *(Br., infml.)* jenewer. ~ **stock** stam-, aanleg-, beginvee. ~ **stone** matriks. ~ **superior** *mother superiors, mothers superior* moederowerste. ~**-to-be** aanstaande moeder. ~ **tongue** moedertaal. ~**-tongue education** moedertaalonderwys, -onderrig. ~ **water** →MOTHER LIQUID. ~ **wit** gesonde verstand. ~**wort** *(bot.)* moederkruid.

moth·er[2] droesem, moer, afsaksel; ~ *(of vinegar)* asynmoer, -plantjie; ~ *of yeast* suurdeegplantjie. **moth·er·y** moederig, skimmelrig.

moth·er·hood moederskap.

moth·er·ing moedersorg; bemoedering, troetel(a)ry. ~ **instincts** moederinstinkte. **M~ Sunday** *(4de Sondag i.d. Vastyd)* (tradisionele Britse) Moedersdag.

moth·er·less moederloos; *(sl.)* besope, hoog in die takke, poegaai, smoor-, papdronk.

moth·er·like moederlik, soos 'n moeder.

moth·er·ly moederlik, moeder-. **moth·er·li·ness** moederlikheid.

moth·er·y →MOTHER[2].

mo·tif motief, grondidee.

mo·tile *(biol., psig.)* beweeglik, motiel. **mo·til·i·ty** beweeglikheid, motiliteit.

mo·tion *n.* beweging; roering; gang; gebaar; *(parl. ens.)* mosie, voorstel; *(jur.)* mosie; aansoek; werking *(v. 'n masjien ens.)*; *(Br.)* stoelgang, ontlasting, opelyf; ***adopt/carry*** *a* ~ 'n mosie/voorstel aanneem; *a* ~ *of* ***censure*** →CENSURE *n.*; ~ *of* ***condolence*** *with s.o.* →CONDOLENCE; *a* ~ *of* ***confidence*** 'n mosie van vertroue; *a* ~ *of no* ***confidence*** 'n mosie van wantroue; *a* ~ *of* ***course*** 'n mosie van orde; ***defeat*** *a* ~ 'n mosie/voorstel verwerp; *a* ~ *of* ***exigency*** →EXIGENCY; ***go*** *through the* ~*s (of doing s.t.)* maak (as)of jy iets doen; ***have*** *a* ~, *(Br.)* opelyf hê, (jou) ontlas; *be* ***in*** ~ in beweging wees, aan die gang wees; *put/set s.t.* ***in*** ~ iets in beweging bring, iets aan die gang maak/sit, iets laat werk; iets ontketen; *get in while a vehicle is* ***in*** ~ in die ry opklim; ***introduce*** *a* ~ 'n mosie/voorstel indien; *the* ~ ***was lost*** die mosie/voorstel is verwerp; *a* ***notice*** *of a* ~, *(parl.)* 'n kennisgewing van 'n mosie; *of one's* ***own*** ~ uit eie beweging, vrywillig; ~ *of* ***procedure*** mosie van orde, ordemosie; ***propose*** *a* ~ 'n mosie voorstel; ***put*** *a* ~ 'n mosie/voorstel tot stemming bring; ***speak*** *to a* ~ oor 'n mosie/voorstel praat; *a* ~ *of* ***sympathy*** 'n mosie van deelneming; ***table*** *a* ~ van 'n mosie/voorstel kennis gee; *an* ***unopposed*** ~ 'n onbestrede mosie/voorstel; ***withdraw*** *a* ~ 'n mosie/voorstel terugtrek. **mo·tion** *ww.* wys *(met 'n gebaar)*; 'n teken gee; 'n handbeweging maak; ~ *to s.o. to do s.t.* (vir) iem. wys dat hy/sy iets moet doen. ~ **court** *(jur.)* mosie-, kamerhof. ~ **picture** *(hoofs. Am.)* rolprent. ~ **shaft** bewegingsas. ~ **sickness** bewegingsiekte; motor-, kar-, rysiekte. ~ **study** →TIME AND MOTION STUDY.

mo·tion·less onbeweeglik, bewegingloos, roerloos, stokstil, doodstil, botstil. **mo·tion·less·ness** roerloosheid, bewegingloosheid.

mo·ti·vate motiveer, aandryf (tot), beweeg; *be highly* ~*d* aangevuur wees.

mo·ti·va·tion motivering, aandrywing. **mo·ti·va·tion·al** motiverings-; ~ *factors* motiveringsfaktore; ~ *powers* motiveringskrag; ~ *speaker* motiveringspreker.

mo·tive *n.* beweegrede, dryfveer, motief, aanleiding, beweeggrond; *from certain* ~*s* uit sekere beweegredes; *have an ulterior* ~ 'n bybedoeling (*of* 'n bedekte beweegrede) hê. **mo·tive** *adj.* bewegend, dryf-; ~ *force, (fis., meg.)* beweegkrag, motoriese krag. **mo·tive** *ww., (w.g.)* →MOTIVATE. **mo·tive·less** ongemotiveer(d).

mo·tiv·i·ty beweegkrag.

mot·ley *n.* bont spul, bonte mengeling; sameraapsel; deurmekaarspul; *(hist.)* narrepak, harlekynspak; *(hist.)* nar, harlekyn. **mot·ley** *adj.* bont, deurmekaar; uiteenlopend, gemeng(d); *a* ~ *bunch (of adventurers/ etc.)* 'n bontspul (avonturiers/ens.); *a crew of* ~ *characters* 'n bontspul karakters; *a* ~ *team* 'n saamgeraapte span; *a* ~ *suit* 'n harlekynspak.

mo·to·cross veldfiets(wed)ren; veldtydren; →AUTOCROSS.

mo·tor *n.* motor, masjien, enjin; dryf-, beweegkrag; *(hoofs. Br.)* motor, (motor)kar; *cut the* ~ die motor/masjien afsit; *start a* ~ 'n motor/masjien aan die gang sit. **mo·tor** *adj.* motories; beweeg-, dryf-; ~ *area, (anat., fisiol.)* motoriese area. **mo·tor** *ww., (hoofs. Br.)* ry, per motor reis/ry; per motor bring/neem; aandryf *(met 'n motor)*. ~ **assembly plant** motormonteerfabriek. ~**bicycle** motorfiets; bromponie, help-my-trap, brom-, kragfiets. ~**bike** *(infml.)* →MOTORCYCLE. ~**boat** motorboot. ~ **bus** *(vero.)* →BUS. ~**cade** motorstoet. ~**car** motor, (motor)kar. ~ **caravan** motorwoonwa. ~**coach** *(vero.)* →COACH. ~**cycle** motorfiets. ~**cycling** motorfietsry; motorfietssport. ~**cyclist** motorfietsryer. ~**-driven** motor(aan)gedrewe, met motoraandrywing. ~ **driver** →MOTORIST. ~ **engine** motorenjin. ~ **engineering** motoringenieurswese. ~ **gate,** ~ **grid** motorhek. ~**home** *(Am.)* motorwoonwa. ~ **horn** toeter. ~ **industry** motorbedryf, -industrie. ~ **licence** motorlisensie. ~ **lorry** *(Br.)* →MOTOR TRUCK. ~**man** treindrywer; trembestuurder. ~ **mechanics** *n. (fungeer as ekv.)* motorwerktuigkunde. ~**mouth** *(Am., sl.)* sonbesie, babbel-, kekkelbek, babbel-, kletskous, langasem. ~ **nerve** *(anat.)* motoriese senuwee. ~ **neurone disease** *(med.)* motorneuronsiekte. ~ **racing** motor(wed)renne; rensport. ~ **road** motorpad, -weg. ~ **scooter** →SCOOTER. ~ **ship** →MOTOR VESSEL. ~ **spirit** →PETROL. ~ **torpedo boat** motortorpedoboot. **M~ Town** *(Am., infml., geog)* Detroit. ~ **traction** motortrekkrag. ~ **transport** motorvervoer. ~ **truck** vragmotor, -wa. ~ **vehicle** motorvoertuig. ~ **vessel,** ~ **ship** motorvaartuig, -skip. ~**way** snelweg. ~ **yacht** motorjag.

mo·tor·a·ble *adj., (Br.)* rybaar, begaanbaar *(pad)*.

-**mo·tored** *komb.vorm* -motorig.

mo·to·ri·al →MOTORY.

mo·tor·ing (motor)ry; motorwese; aandrywing. ~ **accident** motorongeluk. ~ **coat** stof-, motorjas. ~ **compression** vrydraaikompressie. ~ **dictionary** motorwoordeboek. ~ **friction** aandryfwrywing. ~ **term** motorterm.

mo·tor·ise, -**ize** motoriseer. **mo·tor·i·sa·tion,** -**za·tion** motorisering, motorisasie.

mo·tor·ist motoris, motorbestuurder.

mo·to·ry motories, bewegend, beweeg-.

Mo·town *(Am.), (infml., geog., sametr. v.* Motor Town*)* Detroit; *(mus.)* Motown.

mot·tle *n.* vlek, kol, spikkel. **mot·tle** *ww.* vlek, streep, stippel, aar, marmer; skakeer. **mot·tled** gevlek, bont, gespikkel; geskimmel(d) *(papier)*; gemarmer(d); →BLUE-MOTTLED SOAP; ~ ***glass*** duikiesglas; ~ ***iron*** gevlekte yster; ~ ***red*** spikkelrooi; ~ ***sugar bean*** gespikkelde suikerboon(tjie); ~ ***yarn*** bont garing/gare.

mot·to -*toes* motto, leuse, sinspreuk; kenspreuk; strydleuse; *(her.)* wapenspreuk, devies.

moue *(Fr.)* pruil-, tuitmond.

mouf·(f)lon moeflon, klip-, bergskaap.

mou·jik →MUZHIK.

mould[1], *(Am.)* **mold** *n.* vorm; gietvorm; matrys; sjabloon; vorm(gereg); stempel, tipe; lys; *(ook, i.d. mv.)* bekisting; *break the ~ of ..., (fig.)* wegbreek van die tradisie van ...; *be cast in the same ~* op dieselfde lees geskoei wees. **mould,** *(Am.)* **mold** *ww.* vorm, maak, modelleer, boetseer, fatsoeneer; profileer; lys; giet; *the skirt ~s (over) her hips* die romp kleef aan haar heupe; *~ s.t. in wax* iets bosseer; *~ s.o. like wax* met iem. maak wat jy wil. ~ **casting** vormgieting; vormgietstuk.

mould[2], *(Am.)* **mold** *n.* muf, skimmel, kim; *(bot.)* skimmel; *man of ~, (poët., liter.)* sterflike mens; *~ in wood* houtmolm. **mould,** *(Am.)* **mold** *ww.* skimmel (word), kim. ~ **spot** skimmelvlek; skimmelplek *(in botter)*.

mould[3], *(Am.)* **mold** *n.* teelgrond, =aarde, humus; molm. **mould,** *(Am.)* **mold** *ww.* met aarde bedek. ~ **acid** humussuur. ~**board** *(landb.)* rysterplaat, =plank, ryster=, strykbord. ~**board plough** skaarploeg.

mould·a·ble, *(Am.)* **mold·a·ble** vormbaar.

mould·ed, *(Am.)* **mold·ed:** *~ **brick*** geprofileerde (bak)steen; *~ **door*** gelyste deur; *~ **gutter*** gevormde geut; *~ **pudding*** vormpoeding; *~ **shot*** vormhael.

mould·er[1], *(Am.)* **mold·er** *n.* vormer, (vorm)gieter, modelgieter; gietvormmaker; *~'s bench* vormbank.

mould·er[2], *(Am.)* **mold·er** *ww.* verval, verbrokkel; vergaan, vrot, vermolm; *(graan)* stik.

mould·ing, *(Am.)* **mold·ing** lys(werk); omlysting; vorms maak, vormwerk; *dental/crenel(l)ated ~* tandlys. ~ **board** *(gietery)* vormplank, vormbord; profileerplank; rysterbord. ~ **box** *(gietery)* vormkas. ~ **clay** vormklei. ~ **frame** gietvorm. ~ **iron** lysbeitel. ~ **machine** *(gietery)* vormmasjien; *(houtw.)* lysmasjien. ~ **plane** lysskaaf, kraalskaaf, profielskaaf. ~ **sand** vormsand. ~ **table** vormtafel.

mould·y, *(Am.)* **mold·y** skimmel(rig), skimmelagtig, geskimmel(d), beskimmel(d); gekim(d); (ver)muf, gemuf; *(infml.)* verouderd, uit die ou(e) doos; *become ~* uitslaan, verskimmel; *~ bread* skimmelbrood. **mould·i·ness,** *(Am.)* **mold·i·ness** skimmelagtigheid, mufheid; skimmel.

moult, *(Am.)* **molt** *ww., (voëls)* verveer; *(hond, kat)* verhaar; *(slang)* vervel; *~ feathers* vere verloor. **moult·er,** *(Am.)* **molt·er** voël wat verveer.

moult·ing, *(Am.)* **molt·ing** ververing; verharing; vervelling. ~ **season** verveertyd; verhaartyd; verveltyd.

mound[1] *n.* hoop, heuweltjie, hopie, bultjie; grondhoop; (grond)wal. **mound** *ww.* ophoop; *(arg.)* omwal, verskans. **mound·ed** *(ook)* geërd.

mound[2] *n., (arg.)* ryksappel *(op 'n koninklike kroon ens.)*.

mount[1] *n.* omlysting, montering, montuur *(v. 'n prent)*; oplegsel, beslag *(v. dekoratiewe metaal)*; raam; rydier, ryperd; rit; staander; affuit *(v. 'n kanon)*; preparaat *(vir 'n mikroskoop)*; *(ook, i.d. mv.)* rygoed. **mount** *ww.* (be)klim, opklim, bestyg; opstel, regsit; reël, organiseer, op tou sit; monteer; inbou, insit, invat; inmekaarsit; oplê; opplak *(foto)*; oprol *(kabel)*; rys, (op)styg; beslaan; 'n rydier verskaf; *~ the **breach*** in die bres tree/stel; *~ing **costs*** stygende koste; *~ s.t. in **gold/etc.*** iets in goud/ens. set/monteer; *~ the **guard*** →GUARD *n.*; *~ **guard** over ...* →GUARD *n.*; *~ a **gun*** 'n kanon opstel; *the ship ~s 24 **guns*** die skip voer 24 kanonne; *~ the **high horse*** →HORSE *n.*; *~ a **play*** 'n toneelstuk opvoer *(of op die planke bring)*; *s.t. ~s **(up)*** iets styg *(of neem toe of was aan)*; iets hoop op; iets loop op. **mount·a·ble** (be)klimbaar, bestygbaar. **mount·ed** berede, rydend; ruiter=; te perd, opgestyg; met rygoed, voorsien van rydiere; opgestel, uitgesit *(wagte)*; opgestel *(kanon)*; opgeplak *(foto)*; beslaan, met beslag; gemonteer(d); *~ **commando*** perdekommando; *~ **guard*** ruiterwag; *~ **man/woman*** man/vrou te perd, (perde)ruiter; berede skutter; *~ **police*** berede polisie; *~ **rifleman*** berede skutter; *be ~ on a **white horse*** op 'n wit perd ry/sit. **mount·er** monteur.

mount[2] *n., (arg., behalwe in pleknamme)* berg; heuwel, kop; *the Sermon on the M~* →SERMON. **M~ Etna** →ETNA. **M~ Everest** →EVEREST. **M~ of Olives** Olyfberg. **M~ of Venus** →MONS VENERIS. **M~ Sinai** →SINAI.

moun·tain berg; kop; *make a ~ out of a **molehill,** make ~s out of molehills* 'n berg van 'n molshoop/miershoop maak, van 'n muggie/vlooi 'n olifant maak; *the ~ brought forth a **mouse,** (idm.: groot verwagtings het op niks uitgeloop nie)* die berg het 'n muis gebaar; ***move** ~s, (idm.: veel uitrig)* berge versit; *the ~ of the **Muses,** (Gr. mit.)* die Sangberg; →HELICON; ***the M~**, (Fr. pol. gesk.)* die Bergparty; *the M~ of **Venus*** →VENUSBERG. ~ **adder, berg adder** bergadder. ~ **air** berglug. ~ **ash, rowan (tree)** *(bot.: Sorbus aucuparia)* lysterbes(sie)=boom; lysterbeshout. ~ **bike** *(afk.: MTB)* bergfiets. ~ **biker** bergfietsryer, bergfietser. ~ **biking** bergfietsry. ~ **breeze** bergbries, (ligte) bergwind. ~ **chain** bergketting. ~ **chat** *(orn.)* bergwagter. ~ **club** berg(klim)=klub. ~ **cock** →CAPERCAILLIE. ~ **cork** *('n soort asbes)* bergkurk. ~ **country** bergwêreld, =streek; bergland. ~ **crest** bergrug, =kruin. ~ **crossing** bergoorgang. ~ **crystal** bergkristal. ~ **cypress** bergsipres. ~ **dahlia** geelkoppie. ~ **dew** *(infml.)* onwettige drank *(vnl. whisky/rum)*. ~ **green** parysgroen; berggroen, malagietgroen; *(min.)* gloukoniet. ~ **gun** bergkanon. ~ **hare** *(ook genoem* blue hare*)* Ierse haas. ~**-high** berghoog. ~ **karee** bergkaree. ~ **leather** bergleer. ~ **lion** *(Am.)* →PUMA. ~ **panther** →SNOW LEOPARD. ~ **pass** bergpas; nek; poort. ~ **peak** bergspits, =piek. ~ **pine** bergden. ~ **range** bergreeks, =ketting. ~ **reedbuck** rooiribbok. ~ **ridge** rant, bergrug, =kam. ~ **rose** *(Protea nana)* berg=, skaamroos, berg=, skaamrosie. ~ **seringa** bergsering, wildepeperboom. ~ **sheep** bergskaap. ~ **sickness, altitude sickness** berg=, hoogtesiekte. ~**side,** ~ **slope** berghang, =helling. ~ **stronghold** bergvesting. ~ **tea** *(Geranium incanum)* vrouebossie, bergtee. ~ **top** bergtop. ~ **torrent** bergstroom. ~ **tortoise** →LEOPARD TORTOISE. ~ **track** bergpaadjie. ~ **zebra:** *Cape ~ ~* Kaapse bergsebra/=kwagga.

moun·tain·eer *n.* bergklimmer; bergbewoner. **moun·tain·eer** *ww.* bergklim. **moun·tain·eer·ing** bergklimmery.

moun·tain·ous bergagtig, berg=; *~ country* bergland, bergagtige land; bergstreek, =wêreld; *~ region* bergstreek; *~ seas* berghoë golwe.

moun·te·bank *n.* grootprater; bedrieër; charlatan; *(hist.)* kwaksalwer. **moun·te·bank** *ww.* bedrieg, verneuk, fop.

Mount·ie, Mount·y *=ies, (infml.: lid v.d. Kan. berede polisie)* Mountie.

mount·ing (die) opklim; opstelling; montasie; montering; montuur; beslag; affuit *(v. 'n kanon)*. ~ **board** monteerkarton. ~ **medium** monteermiddel. ~ **paper** monteerpapier. ~ **tissue** kristalkleefpapier.

mourn rou, in (die) rou wees, rou dra, treur, hartseer/bedroef wees *(oor)*; betreur, beween; *~ (over) s.o./s.t.* oor iem./iets treur; *~ (for) s.o., ~ (over) the death/loss of s.o.* oor (die dood/verlies van) iem. rou/treur. **mourn·er** treurende, roudraer, rouklaer; *professional ~, (hoofs. hist.)* huilebalk. **mourn·ful** treurig, droefgeestig, droewig, bedroef. **mourn·ful·ness** treurigheid, droewigheid, droefgeestigheid; gekla.

mourn·ing droefheid; rou; roubedryf, =betoon; rouklere, roudrag; →DEEP MOURNING; ***full/first** ~* volle rou; ***half/second** ~* halwe/ligte rou, halfrou; ***house** of ~* sterfhuis; *be **in** (or **wear**) ~* in (die) rou wees, rou dra, rou; *put s.o.'s eye **in** ~, (infml., w.g.)* iem. blouoog slaan; *go **into** ~* in die rou gaan; *s.t. plunges s.o. **into** ~* iets dompel iem. in rou; *be **out of** ~* uit die rou wees. ~ **band** rouband. ~ **border** rourand. ~ **bride** *(Scabiosa atropurpurea)* speldekussing. ~ **coach** *(hist.)* roukoets. ~ **dove:** *African ~ ~, (Streptopelia decipiens)* rooioogtortelduif. ~ **dress** rouklere, =drag; rourok; rou=, treurkleed. ~ **letter** roubrief. ~ **paper** roupapier. ~ **ribbon** roulint. ~ **ring** rouring. ~ **suit** roupak. ~ **wear** rouklere, =drag.

mouse *mice, n.* muis; *(rek.)* (elektroniese) muis, (rekenaar)muis; *(infml.)* blouoog. **mouse** *ww.* muise vang; loer, snuffel; *~ about* rondsluip, =snuffel. ~ **barley** kruipgras, wildegars. ~**bird** muisvoël. ~**-colour** muiskleur, vaal. ~**-coloured** muiskleurig, vaal. ~ **deer** bisamhert(jie). ~**-driven** *adj.: ~ selections, (rek.)* keuses wat met 'n muis uitgeoefen word. ~ **droppings,** ~ **dung** muiskuttels, =keutels. ~**-ear chickweed, snow-in-summer** *(Cerastium tomentosum)* somersneeu. ~**-ear hawkweed** *Hieracium pilosella.* ~**-eaten** van muise gevreet. ~**-grey** muisvaal, =grou. ~ **hare** pika. ~ **hole** muisgat; *(mil.)* tonnel. ~ **mat,** ~ **pad** *(rek.)* muismat(jie). ~**proof** muisdig, =vry. ~**-quiet** muisstil. ~**trap** muisval.

mouse·like muisagtig; muisstil.

mous·er *(kat ens.)* muisvanger.

mous·ey →MOUSY.

mous·ie *(infml.)* muisie.

mou(s)·sa·ka, mou(s)·sa·ka *(Gr. kookk.)* moesaka.

mousse *(kookk., haarstilering)* mousse; *chocolate ~, (kookk.)* sjokolademousse; *(infml.)* olieskuim *(ná 'n oliestorting ter see)*; *styling ~* haarmousse.

mousse·line *(tekst.)* moeselien; *(kookk., ook* mousseline sauce, sauce mousseline*)* mousseline(sous).

Mous·sorg·sky →MUSSORGSKY.

mous·tache, *(Am.)* **mus·tache,** *(Am.)* **mus·tache** snor(baard). ~ **cup** snorkoppie.

mous·tached, *(Am.)* **mus·tached** met 'n snor=(baard), besnor(d), snor=.

Mous·te·ri·an *(argeol.)* Moustérien.

mous·y, mous·ey muisagtig; muiskleurig, vaal *(hare)*; kleurloos, vaal, bangerig, bedees *(iem.)*; muisstil; vol muise.

mouth *n.* mond; bek, muil *(v. dier)*; snoet; mond(ing); uitloop; opening; stem; *have a **big** ~, (infml.)* grootpraat, 'n groot mond hê; gewoonlik alles uitlap; ***button up** (one's ~), (infml.)* stilbly, jou mond hou; *~ of a **cave/shaft/etc.*** ingang/bek van 'n spelonk/skag/ens.; *be **down** in the ~* bekaf/bedruk/neerslagtig wees, jou kop/ore/lip(pe) (laat) hang, lyk of die hoenders/honde jou kos afgeneem/afgevat het; *be in **everybody's** ~* almal praat van jou; ***foam** at the ~* →FOAM *ww.*; *live from **hand** to ~* →HAND *n.*; *have a **hard** ~, ('n perd)* taai in die bek *(of* taaibekkig*)* wees; *have one's **heart** in one's ~* →HEART; *(right/straight) from the **horse's** ~* →HORSE *n.*; *it sounds odd/strange **in** his/her ~* dit klink vreemd uit sy/haar mond; ***laugh** on the other/wrong side of one's ~* →LAUGH *ww.*; ***make** a ~* skewebek trek; *it **melts** in one's/the ~* →MELT *ww.*; *out of s.o.'s **own** ~* uit iem. se eie mond, met iem. se eie woorde; *have s.t. from s.o.'s **own** ~* iets uit iem. se eie mond hê; ***pass** from ~ to ~* van mond tot mond gaan; *~ of a **plane*** skaafbek; ***rinse** one's ~* jou mond uitspoel; *~ of a **river*** riviermond(ing); ***run** at the ~* kwyl; ***screw up** one's ~* jou lippe saamtrek; ***shoot** one's ~ off, (infml.)* uitvaar, jou bek rek; jou mond verbypraat; *keep one's ~ **shut,** shut one's ~, (infml.)* stilbly, jou mond hou; ***shut/stop** s.o.'s ~, (infml.)* iem. stilmaak/muilband *(of* die swye oplê *of* tot swye bring), iem. se/die mond snoer; ***watch** one's ~, (infml.)* 'n wag voor jou mond hou; *s.o.'s ~ **waters*** →WATER *ww.*; *by **word** of ~* →WORD *n.*; *make a **wry** ~* 'n lang/suur gesig trek. **mouth** *ww.* geluidloos *(of* met jou lippe*)* vorm; geluidloos/onhoorbaar prewel/uiter; oorduidelik artikuleer/uitspreek; hoogdrawend voordra *(gedigte ens.)*; skree(u) *(slagspreuke ens.)*; *(neerh.)* kwytraak *(gemeenplase ens.)*; *(hondjies)* hap na; brei *('n perd se bek)*; skewemond trek; *~ s.t. to o.s.* iets (amper/byna/half) onhoorbaar sê/brom/grom/ens., iets in jou baard brom/grom/mompel/ens.. ~ **cavity** mondholte. ~ **complaint** mondsiekte. ~ **feeler** *(soöl.)* mondtaster, =voeler. ~ **mirror** mondspieël. ~ **organ** mondfluitjie. ~ **part** *n. (gew. i.d. mv.), (soöl.)* monddeel. ~**piece** mondstuk *(v. 'n musiekinstrument, telefoon, pyp, ens.)*; *(hoofs. neerh.)* woordvoerder, spreekbuis, segspersoon; lyfblad. ~**-to-mouth** mond-tot-mond-; *give s.o. ~ resuscitation* mond-tot-mond-asemhaling op iem. toepas. ~**wash** mondspoelmiddel. ~**-watering** watertandlekker, heerlik; verruklik.

-mouthed *komb.vorm* =mond, =bek=, =bekkig, =praterig; *foul-~* vuilbekkig, =praterig; *large-~ worm* grootbekwurm; *open-~* oopmond; *wide-~ jar* wyebekfles.

mouth·ful mond vol, hap, kousel(tjie); sluk; *a ~ of drink* 'n sopie; *be a ~, (infml.)* 'n (hele) mond vol wees; 'n tongbreker wees; *say a ~, (infml.)* 'n groot/waar woord praat; 'n hele boel sê.

mouth·less sonder mond; sonder uitgang.

mouth·y *(infml.)* bekkig; bombasties.

mou·ton skaappels.

mov·a·ble →MOV(E)ABLE.

move *n.* beweging; verhuising, trek; verplasing, verskuiwing; stap, maatreël; maneuver; mars, beweging, trek; *(bordspeletjies)* beurt, skuif, stoot; *make a* ***bad*** ~ 'n fout maak; *a* ***clever*** ~ 'n slim set; *one* ***false*** ~ een verkeerde stap; ***get*** *a ~ on, (infml.)* gou maak, opskud; ***get*** *a ~ on!, (infml.)* maak gou!, skud op!, opskud!, roer jou (litte/riete)!; *a* ***good*** ~ 'n verstandige stap; ***make*** *a ~, (lett.)* stoot, skuif, 'n skuif maak *(in dambord, skaak, ens.)*; in beweging kom; aanstalte(s) maak *(om iets te doen)*; *(fig.)* 'n skuif maak, tot stappe oorgaan; *let's* ***make*** *a ~, (infml.)* kom ons waai/wikkel/verkas; *be* ***on*** *the* ~ aan die beweeg wees, in beweging wees, aan die gang wees; aan die rondtrek wees; *always be* ***on*** *the* ~ altyd aan die rondtrek wees, 'n voël op 'n tak wees; *keep s.o.* ***on*** *the* ~ iem. aan die gang hou, iem. geen rus gun nie; ***whose*** *~ is it?* wie se beurt/skuif/stoot is dit?, wie moet speel?; *it's* ***your*** *~!, (lett. & fig.)* dis jou beurt/skuif!. **move** *ww.* skuif, skuiwe; beweeg, roer; gaan; marsjeer; laat marsjeer; aandryf, =drywe; verskuif, verplaas; versit, verroer; trek, verhuis; laat trek; oorplaas; verander *(datum, gesprek, ens.)*; *(bordspeletjies)* stoot, skuif, 'n set doen; *(brug)* wissel; ontroer *(iem.)*; beweeg, roer *(iem. tot trane)*; *(arg.)* aanwakker, opsweep, laat opwel/opvlam *(gemoedere, gevoelens, ens.)*; *(infml.)* ja(ag), vlieg, waai, skoert, padgee, spore maak; *(infml.)* ja(ag), vlieg, baie vinnig ry; *(parl.)* voorstel; *(jur.)* aansoek doen; *(dikderm, maag)* werk; →MOVED; ~ ***about/around*** heen en weer loop, rondloop; rondtrek; dikwels verhuis; *~ s.o./s.t.* ***about/around*** iem./iets rondskuif/rondskuiwe, iem./iets dikwels verskuif/verskuiwe; ~ ***along*** aanloop, aanstap; aanry; aan die beweeg bly; verder/vêrder gaan/trek; *~ people* ***along*** mense laat aanloop/aanstap/aanry; ~ ***along!*** aanstap!, stap aan!; bly aan die beweeg!; *~ an* ***amendment*** *to a bill, (parl.)* 'n amendement/wysiging in 'n wetsontwerp voorstel; ~ ***aside*** opsy (*of* eenkant toe) staan, plek maak; *~ s.o./s.t.* ***aside*** iem./iets opsy (*of* eenkant toe) stoot/skuif; ~ ***away*** wegtrek; ~ ***back,*** *(iem.)* agtertoe beweeg, terugstaan, terugtree, terugkeer, terugtrek *(na 'n geboortedorp ens.)*; teruggaan, terugkeer *(na 'n ou werkplek)*; terugbeweeg *(na 'n tydperk)*; *(motor ens.)* agtertoe beweeg, agteruitbeweeg; *(troepe)* terugtrek, terugval; ~ ***back and forth*** heen en weer beweeg; ~ ***backwards*** teruggaan; *~ one's* ***bowels*** →BOWEL; ~ *in* ***high circles*** →CIRCLE *n.*; *be* ***deeply*** *~d by s.t.* diep geroer wees deur iets, diep oor iets aangedaan wees; *s.o. was* ***deeply*** *~d, (ook)* iem. se gemoed het volgeskiet; ***don't*** *~!* staan stil!; ~ ***down*** afgaan; ~ ***forward*** vorentoe gaan; *~ s.t.* ***forward*** iets na vore bring; iets vorentoe skuif/skuiwe; *s.o. is* ***going*** *to* ~ iem. gaan trek; ~ ***heaven and earth*** →HEAVEN; ~ ***house*** verhuis; ~ ***in*** intrek, jou intrek neem; (die gesag) oorneem; ~ ***in on*** ... nader na ... toe kom; op ... toeslaan *(misdadigers ens.)*; ~ ***in*** *with s.o.* by iem. intrek, jou intrek by iem. neem; ~ ***into*** *a house* 'n huis betrek, in 'n huis intrek; *the debate ~d* ***into*** *its third/etc. day* die debat het die derde/ens. dag ingegaan; *~ in a* ***matter*** stappe doen in 'n saak; *s.o. is* ***not*** *to be ~d* iem. mag nie verskuif/verskuiwe word nie; niks kan iem. oorreed nie; ~ ***off*** wegstap, wegloop; weggaan, padgee; wegry; ~ ***on*** aanloop, aanstap; aanry; aan die beweeg bly; verder/vêrder gaan/trek; voortgaan; ~ ***on!*** aanstap!, stap aan!; bly aan die beweeg!; ~ ***on*** *to the next item/point (on the agenda)* tot die volgende punt (op die agenda) oorgaan; *~ people* ***on*** mense laat aanloop/aanstap/aanry; ~ ***out*** uittrek, vertrek; wegtrek; *~ s.t.* ***out*** iets verwyder; ~ ***out of*** *a house* uit 'n huis trek; *~ s.o.* ***out of*** *a house* iem. uit 'n huis sit; ~ ***over*** opskuif/opskuiwe, plek maak; ~ ***that*** ..., *(fml.)* voorstel dat ...; ~ *with the* ***times*** →TIME *n.*; ~ ***to*** *another house/flat* na 'n ander huis/woonstel trek; ~ ***towards*** ... nader na ... toe kom; ~ ***up*** opskuif/opskuiwe, plek maak; nader kom; opgang maak; *(pryse ens.)* styg; ~ ***up*** *fast* vinnig aanstoot.

mov(e)·a·ble *n. (gew. i.d. mv.)* roerende goed(ere), losgoed; meubels, huisraad. **mov(e)·a·ble** *adj.* beweegbaar, beweeglik; los, roerend; roerbaar, verskuifbaar, verplaasbaar; ~ ***feast*** veranderlike/verspringende feesdag; ~ ***kidney*** →FLOATING KIDNEY; ~ ***property*** roerende goed(ere), losgoed; ~ ***pulley*** los katrol; ~ ***type,*** *(druk.)* los letter. **mov(e)·a·bil·i·ty, mov(e)·a·ble·ness** beweegbaarheid, beweeglikheid; verplaasbaarheid.

move·less *(hoofs. poët./liter.)* bewegingloos.

move·ment beweging; aksie; *(mus.)* beweging, deel *(v. 'n meerdelige werk)*; ontwikkeling, gang; verplasing; trek; meganiek; gemoedsbeweging; *(fig.)* stroming; stap, maatreël; tempo, tyd; ritme, versmaat; uurwerk; ontlasting, stoelgang; omset; *s.o.'s ~s* iem. se doen en late, iem. se kom en gaan. ~ **control** bewegingsbeheer; bewegingsreëling. ~ **order** *(mil.)* marsbevel, =order.

mov·er *n.* beweger; voorsteller, indiener *(v. 'n mosie)*; aanstigter; verhuisingsmaatskappy; verhuiser; *prime ~* →PRIME[1] *adj.*; *~s and shakers, (infml.)* mense wat dinge laat gebeur.

mov·ie *(infml.)* fliek, (rol)prent, film; *go to the ~s* gaan fliek, bioskoop toe gaan. ~ **camera** rolprentkamera. ~ **fan** fliekvlooi. ~ **freak, film freak** fliekfanatikus, =maniak, =verslaafde, =vraat. ~**goer** fliek=, bioskoopganger. ~ **house** fliek, bioskoop. ~**-maker** film=, rolprentmaker, film=, rolprentvervaardiger. ~**-making** film=, rolprentvervaardiging. ~ **star** rolprent=, filmster. ~ **theatre** bioskoop.

mov·ing *n.* beweging; verplasing; verskuiwing; verhuising. **mov·ing** *adj.* bewegend; beweeg=, dryf=; (hart)roerend, treffend, aandoenlik; ***get*** ~ aan die gang kom; ***get*** *s.t.* ~ iets aan die gang/loop kry; ***get*** *s.o.* ~ iem. wakker skud; ***keep*** ~ aanstap; aanry; aan die beweeg bly; ***keep*** *~!* aanstap!, stap aan!; bly aan die beweeg!. ~ **day** verhuisdag; *(mil.)* marsdag. ~ **force** beweegkrag. ~ **man** verhuiser. ~ **pavement** *(Br.)* rolgang, bewegende loopgang *(by 'n lughawe ens.)*. ~ **picture** *(vero.)* rolprent. ~ **spirit** dryfkrag; voorbok; aanstoker. ~ **spring** dryfveer. ~ **staircase,** ~ **stairway** roltrap; →ESCALATOR. ~ **target** *(mil.)* bewegende skyf. ~ **truck,** ~ **van** meubel=, verhuiswa.

mov·ing·ly roerend, aandoenlik, treffend.

mow[1] *mowed mowed; mowed mown, ww.* sny *(gras, met 'n masjien)*; *(hoofs. hist.)* maai, sny *(gras of 'n graangewas, met 'n sens)*; hooi maak; hooi in die skuur bring; *~ ... down* ... afmaai *(mense, soldate, ens.)*. **mow·er** snyer; grassnyer, =masjien; maaier; sny=, maaimasjien. **mow·ing** snyery, (die) sny; maaiery, (die) maai.

mow[2] *n., (Am. of dial.)* hooi, maaisel, gemaaide; hooimied; hooisolder. ~**burnt** gebroei, gesweet, gestik *(hooi)*; broei=.

mow[3] *n. & ww., (arg.)* →GRIMACE.

mox·a *(Jap. jigkuur)* byvoetwol, moxa, moksa.

mox·ie *(Am., infml.)* durf, moed.

Mo·zam·bique *n., (geog.)* Mosambiek. **Mo·zam·bique** *adj.* Mosambieks; ~ *Channel* Straat van Mosambiek. **Mo·zam·bi·can** *n.* Mosambieker. **Mo·zam·bi·can** *adj.* Mosambieks. **Mo·zam·biquer** *(hist.)* Mosbieker.

Moz·ar·a·bic *(hist.)* Mosarabies.

moz·za·rel·la *(It.)* mozzarella(kaas).

Mpon·do →PONDO.

Mpu·ma·lan·ga *(SA, geog.)* Mpumalanga.

mu Griekse (letter) *m*.

much baie, veel; erg; ***as*** ~ ewe veel; ***as*** *~* ***again*** dubbel (*of* twee maal/keer *of* nog ['n maal/keer]) soveel; *half* ***as*** *~ (again)* →HALF *adj. & adv.*; ***as*** *~ as* ... ewe veel as ...; tot/selfs ...; 'n hele ... *(duisend kilogram ens.)*; ***as*** *~ as that* (selfs) soveel; *is it* ***as*** *~ as all that?* is dit regtig/werklik so baie?; *be* ***as*** *~ as three/etc. hours late* tot drie/ens. uur laat wees; *it was* ***as*** *~ as s.o. could do to* ... iem. kon skaars ...; *pay* ***as*** *~ as R1000/etc.* selfs/tot R1000/ens. betaal; ***as*** *~ as to say* ... asof (hy/sy wou sê) ...; *that is* ***as*** *~ as s.o. knows about it* dit is al wat iem. daarvan weet, meer weet iem. nie; *s.o. has* ***as*** *~ as he/she wants* iem. het genoeg, meer wil iem. nie hê nie; *a* ***bit*** *~, (infml.)* 'n bietjie baie; darem te erg; *s.t. is a* ***bit*** *~ for s.o., (infml.)* iets is vir iem. bietjies (*of* 'n bietjie) te veel; *if it* ***costs*** *ever so* ~ al kos dit ook wat; *be ~* ***discussed*** →DISCUSS; ***do*** *~ to* ... baie help (*of* daartoe bydra) om te ...; ***ever*** *so ~ easier/etc., (infml.)* oneindig makliker/ens.; *thank you* ***ever*** *so ~* →EVER; ~ *in* ***favour*** *of* ... sterk ten gunste van ...; ~ ***good*** *may it do you* →GOOD *n.*; ***how*** ~ hoeveel *(geld, melk, ens.)*; ***how*** *~?* hoeveel?; wat kos dit?; ***how*** *~ longer?* hoe lank nog?; *(as) ~ as s.o. would* ***like*** (or *wants) to* ... hoe graag iem. ook (al) (sou) wil ...; *not be ~ to* ***look*** ***at*** maar lelik wees; ***make*** ~ baie verdien; ***make*** *~ of* ... baie van ... dink; 'n ophef van ... maak; ... op die hande dra *(iem.)*; *the ~* ***married*** ... →MARRIED; *~ will have* ***more,*** *(idm.)* hoe meer jy het, hoe meer wil jy hê; ***never*** *so ~ as* ... nie eens (*of* selfs nie) ... nie; ***not*** ~ nie veel nie; *there is* ***not*** *~ (that) one can do about it* →DO[1] *ww.*; ***not*** *all that* ~ nie so danig veel nie; *s.o./s.t. is* ***not*** *~ of a* ... iem./iets is nie 'n danige/wafferse ... nie, as ... beteken iem./iets nie veel nie; *it is* ***nothing*** ~ dis niks besonders/watwonders nie, dit beteken nie veel nie; *it is* ***not worth*** ~ dit is nie baie/veel werd nie; dit het nie veel om die lyf nie; *as ~ as* ***possible*** soveel moontlik; ***pretty*** *~ done/etc., (infml.)* feitlik (*of* so te sê) klaar/ens.; ~ ***rather*** →RATHER; *with ~* ***regret*** →REGRET *n.*; *there is ~ to be* ***said*** *for* ... daar kan baie ten gunste van ... gesê word; *(pretty/very) ~ the* ***same,*** *(infml.)* baie/omtrent eenders/eners, ongeveer (*of* min of meer) dieselfde; *have ~ to* ***say*** baie te sê hê; *I'll* ***say*** *that ~ for* ... dit moet ek ... ter ere nagee; *it* ***says*** *~ for* ... dit pleit vir ...; dit spreek boekdele vir ...; ***see*** *~ of s.o.* baie/heelwat van iem. te sien kry, baie met iem. te doen hê (*of* in aanraking kom); *they are ~ of a* ***size*** →SIZE[1] *n.*; ***so*** ~ soveel, so baie; dermate; *not* ***so*** *~ as a* ... nie eens/eers 'n ... nie; *s.o. did not* ***so*** *~ as look up etc.* iem. het nie eens/eers opgekyk/ens. nie; *I don't know* ***so*** *~, (ook)* daarvan is ek nie so seker nie; ***so*** *~ for that* genoeg daarvan, daarmee is dit afgehandel/gedaan, dit is dit, dit is klaar/verby; *it is* ***so*** *~ nonsense* →NONSENSE; ***so*** *~ (so) that* ... soseer (*of* so erg *of* in so 'n mate *of* selfs so) dat ...; *not* ***so*** *~ that* ... nie soseer dat ... nie; ***so*** *~ the* ... des/soveel te ... *(beter ens.)*; ***this*** *~ I know* soveel weet ek; ***this*** *~ I can tell you* soveel kan ek jou wel sê/vertel; *I* ***thought*** *as* ~ ek dog so, dit kon ek dink, dit het ek gedink, net soos ek gedink het; *s.o.* ***told*** *me as* ~ dit is wat iem. my vertel het; ***too*** ~ te veel *(geld ens.)*; *far* ***too*** ~ veels te veel; *not expect* ***too*** ~ nie watwonders verwag nie; ***too*** *~ of a* ... 'n alte groot ... *(risiko ens.)*; *be still* ***too*** *~ of a child* nog te veel kind wees; *s.o. is* ***too*** *~ for me, (infml.)* iem. is een te veel vir my, iem. is my oor; *that was* ***too*** *~ for s.o., (infml.)* dit was vir iem. te erg/moeilik/swaar, dit was vir iem. eens te veel, dit was bo iem. se krag(te), iem. kon dit nie baasraak nie; ***too*** *~ of a good thing* →THING; ***twice*** *as* ~ dubbel soveel; *not be* ***up to*** *~, (infml.)* nie veel beteken nie; niks besonders wees nie; nie te waffers wees nie; ***very*** ~ besonder baie/veel, heel veel; *thank you* ***very*** *~* →THANK; *(as) ~ as s.o.* ***wants*** *to* hoe graag iem. ook al wil; ***without*** *so ~ as a goodbye/etc.* selfs sonder om te groet ens.; ~ ***worse*** →WORSE *adj. & adv.*; *~ the* ***worst*** →WORST *n.*. **much·ly** *(skerts.)* baie, veel. **much·ness** grootte; grootheid; omvang; *much of a ~* vinkel en koljander, broertjie en sussie, omtrent eenders/eners.

mu·ci·gen →MUCUS.

mu·ci·lage *(farm.)* slymgom; slym; plant(e)slym; *(Am.)* (vloeibare) gom. **mu·ci·lag·i·nous** gomagtig; slymagtig, slymerig; slym=; *~ sheath* slymskede.

mu·cin →MUCUS.

muck *n.* vuilgoed, vullis, vuilis; mis, drek; *(infml.)* bog; *(fig.)* smerigheid; gemors; aardse slyk; *all in a ~* besmeer(d); *Lord/Lady M~, (Br., infml., neerh./skerts.)* iem. wat dink hy's/sy's wie/kaas (*of* hy's 'n grootmeneer *of* sy's 'n madam); *make a ~ of s.t., (infml.)* iets verbrou/verknoei/beduiwel/verfoes. **muck** *ww., (w.g.)* bemis; ~ ***about/around,*** *(infml.)* rondpeuter; rondslenter; *~ s.o.* ***about/around,*** *(infml.)* iem. vir die gek hou; ~ ***about/around*** *with s.t., (infml.)* met iets peuter; ~ ***in*** *(with ...), (Br., infml.)* ('n) hand(jie) bysit (met ...); ~ *s.t.* ***out,*** *(hoofs. Br.)* iets skoonmaak, mis uit iets verwyder *('n stal, varkhok, ens.)*; ~ *s.t.* ***up,*** *(infml.)* iets opmors/opdons, 'n gemors van iets maak. ~ **bin** vuilgoedblik, -bak, vullisblik, -bak. ~ **fork** misvurk. ~ **heap,** ~ **hill** mishoop; vuilgoed-, vullishoop. ~ **lump** *(wol)* (mis)klos. ~**rake** *n.* mishark. ~**rake** *ww., (fig.)* (met) modder gooi. ~**raker** *(fig.)* moddergooier; sensasiesoeker; rioolskrywer. ~**raking** *(fig.)* moddergooiery; sensasiesoekery; rioolstories. ~ **soil** misgrond. ~ **spreader** *(landb.)* misstrooier. ~-**spreading** *(landb.)* misstrooiing. ~ **sweat** *(infml.)*: *bring s.o. out in a* ~ ~ iem. in ('n) koue sweet laat uitslaan. ~**worm** miswurm; *(infml.)* gierigaard, vrek.

muck·er *(Br., sl.)* pel, tjom(mie); *(mynb.)* laaier; *(Am., infml., vero.)* lummel; *come a* ~, *(Br., infml., vero.)* →COME A **CROPPER;** *go a* ~ jou kop stamp, jou vasloop, jou rieme styfloop.

muck·le *(Sk.)* →MICKLE.

muck·y vuil, smerig. **muck·i·ness** vuil(ig)heid, smerigheid.

mu·coid →MUCUS.

mu·cor swam-, broodskimmel.

mu·co·sa →MUCUS.

mu·cous →MUCUS.

mu·cro -*crones, (biol.)* punt. **mu·cro·nate** skerp; gepunt; ~ *leaf* gepunte blaar.

mu·cus slym, mukus, fleim, fluim. **mu·ci·gen** voorslym, musigeen. **mu·cin** *(biochem.)* slymstof, musien, gomstof. **mu·coid** *n., (biochem.)* mukoïed. **mu·coid** *adj.* slymerig, slymagtigheid, mukoïed. **mu·co·sa** -*sae,* -*sa(s)* →MUCOUS MEMBRANE. **mu·cos·i·ty** slymagtigheid, slymerigheid, slym. **mu·cous** slymagtig, slymerig, slym-; ~ *gland* slymklier; ~ *membrane* slymvlies; ~ *tissue* slym(vlies)weefsel.

mud modder, slyk, slik; flodder; klei *(as boustof)*; *(fig.)* modder; vuilgoed; →STICK-IN-THE-MUD; *as* ***clear*** *as* ~ →CLEAR *adj.*; *be (all)* ***covered*** *with* ~ (die) ene modder wees; ***drag*** *s.o.'s name through the* ~ iem. deur die modder sleep; *here's* ~ *in your* ***eye!,*** *(infml. heildronk)* gesondheid (in die rondheid)!, tjorts!, daar gaat hy!; *s.o.'s* ***name*** *is* ~, *(infml.)* iem het sy/haar naam weggegooi; ***sling/throw*** ~ *at s.o.* iem. met modder gooi, iem. beklad/beswadder/slegmaak; *be* ***stuck*** *in the* ~ in die modder vassit; *(fig.)* agterbly; *get* ***stuck*** *in the* ~ in die modder vasval; ***wallow*** *in the* ~ in die modder rol. ~**bath** modderbad. ~ **blast** *(mynb.)* kleiskoot. ~ **boat** baggerskuit. ~ **box** slykkis, -kas. ~ **brick** rousteen. ~-**coloured** modderkleurig. ~ **crack** uitdrogingsbars, -kraak, krimpskeur. ~ **drum** slykbuis. ~ **fever** *(veearts.)* mok. ~**fish** moddervis. ~**flap** modderklap, -flap. ~ **flat** moddervlakte. ~ **floor** klei-, grondvloer. ~**flow** *(geol.)* modderstroom. ~**guard** modderskerm. ~ **hole** moddergat, -poel; slykholte. ~ **hut** kleihuisie. ~**lark** *(vero.)* moddergrawer; modderwerker; *(hist.)* straatkind. ~ **mask,** ~ **pack** *(kosmetiek)* kleimasker. ~ **pie** modderkoek. ~ **puddle** modderplas. ~ **pump** modderpomp. ~ **rush** moddervloed. ~ **shield** modderskerm. ~ **sill** grondbalk. ~**skipper** *(igt.)* klimvis. ~**slinger** moddergooier, swartsmeerder. ~**slinging** moddergooiery, swartsmeerdery. ~**stone** modderklip, -steen. ~ **volcano** moddervulkaan. ~ **wall** kleimuur. ~-**walled** met kleimure. ~ **wasp** pleisterperdeby, moddernesperdeby. ~**wing** modderskerm.

mud·died, mud·di·ness →MUDDY.

mud·dle *n.* deurmekaarspul, warboel, harwar, verwarring; knoeiwerk; ***get into a*** ~, *(iets)* in die war raak, deurmekaar raak; *(iem.)* in die war raak; onklaar trap *(met wat mens sê)*; *s.t. is* ***in a*** ~ iets is deurmekaar (*of* in die war); *s.o. is* ***in a*** ~ iem. is in die war; iem. is deur die wind; ***make a*** ~ *of s.t.* iets verknoei. **mud·dle** *ww.* verwar; verfoes, verknoei; troebel maak; benewel; dronk maak; meng; ~ *along/on* voortsukkel, aan-/voortploeter; ~ *through* deursukkel, deurploeter; ~ *up people/things* mense/dinge verwar. ~**head** warkop; domkop. ~**headed** deurmekaar, verwar(d); benewel(d).

mud·dled verward, deurmekaar, benewel(d); ~ *(with drink)* aangeklam; ~ *thinking* verwarde denke. **mud·dle·ment** verwarring; verwardheid.

mud·dler ploeteraar, sukkelaar.

mud·dy *adj.* modderig; slykerig; smerig, vuil, morsig; troebel, benewel(d); onduidelik, deurmekaar; *be all* ~ (die) ene modder wees. **mud·dy** *ww.* bemodder; troebel maak, vertroebel; benewel; bemors; deurmekaar maak. **mud·died** vol modder, met modder besmeer, die ene modder. **mud·di·ness** modderigheid; troebelheid; onduidelikheid.

mues·li muesli.

mu·ez·zin *(Islam.)* muezzin, (gebeds)roeper, bilal.

muff[1] *n.* mof *(vir d. hande)*. ~ **cap** beermus.

muff[2] *n., (sport)* misvangs; mislukking; *(vero., hoofs. Br.)* lomperd; sukkelaar, jandooi, jansalie; domkop. **muff** *ww., (infml.)* bederf, bederwe, verfoes, verknoei; *(sport)* mis vang, misvang.

muf·fin muffin, kolwyntjie. ~ **face** wesenlose/uitdrukkinglose gesig. ~ **pan** muffin-, kolwyntjiepan.

muf·fle[1] *n.* moffel *(v. 'n oond)*. **muf·fle** *ww.* (warm) toemaak/toewikkel *(iem.)*; demp *(geluid ens.)*; *(mus.)* bedek, demp *(pouke)*; iem. se mond toebind; *(metal.)* moffel; ~*d glass* moffelglas; ~*d tread* sagte tred; *in a* ~*d voice* met ('n) gedempte/mompelende stem. ~ **furnace,** ~ **kiln** moffeloond.

muf·fle[2] *n.* snoet, snuit *(v. 'n dier)*.

muf·fler halsdoek; (sier)serp; geluiddemper; *(Am., mot.)* knaldemper, -pot (→SILENCER).

muf·ti[1] *(Moslemregsgeleerde)* moefti.

muf·ti[2]: *in* ~ in burgerdrag/-klere.

mug[1] *n.* beker; *(infml.)* gevreet, smoel, bakkies; snater, tronie; bek, snoet; *(Br., infml.)* swaap, skaap, stommerik, uilskuiken, esel, sukkelaar; *it's a* ~*'s game* dis gek/gekkewerk. **mug** -*gg-, ww.* (op straat) beroof; skewebek/gesigte trek; ~**shot** *(sl.)* gesig(s)foto.

mug[2] *ww.* blok *(vir 'n eksamen)*; ~ *s.t. up, (infml.)* hard aan iets leer.

mug·gee slagoffer van 'n straatroof.

mug·ger (straat)rower.

mug·ging straatroof.

mug·gins -*gins(es), (Br., infml.)* uilskuiken; dominospel; *(kaartspel)* muggins.

mug·gy bedompig, benoud, broeierig, broeiend, swoel, drukkend. **mug·gi·ness** bedompigheid, broeierigheid, broeiendheid, swoelheid.

mug·wump *(Am.)* onafhanklike, draadsitter.

Mu·ham·mad →MOHAMMED. **Mu·ham·mad·an** *(arg.)* →MUSLIM. **Mu·ham·mad·an·ise,** -**ize** *(arg.)* →ISLAMISE. **Mu·ham·mad·an·ism** *(arg.)* →ISLAMISM.

mu·ja·hed·din, mu·ja·he·deen, mu·ja·hi·din, mu·ja·hi·deen *n. (mv.), (Islam. guerrillas, soms M~): the* ~ die moedjahedien.

Mu·ja·ji →MODJADJI.

mu·jik →MUZHIK.

Muk·den *(geog., hist.)* Moekden; →SHENYANG.

mu·lat·to -*to(e)s, n.* mulat(to), halfbloed. **mu·lat·to** *adj.* halfbloed-; *(kleur)* geelbruin.

mul·ber·ry moerbei. ~ **tree** moerbeiboom.

mulch *n.* molm; grondkombers, deklaag, dekblare, strooimis. **mulch** *ww.* met blare/strooi (be)dek.

mulct *n., (fml.)* boete. **mulct** *ww.* beboet, straf; beroof; ~ *s.o. in damages* iem. gelas om (die) skade te vergoed; ~ *s.o. of s.t.* iem. van iets beroof.

mule[1] muil (→HINNY); *(dier, plant)* baster; *(infml.)* domkop, esel; styfkop, hardekop; →MULISH. ~ **(jenny)** muilspinner, -spinmasjien. ~ **deer** *(Odocoileus hemionus)* grootoorhert. ~-**drawn** met muile bespan, deur muile getrek. ~-**drawn wag(g)on** esel- muilwa. ~-**headed** koppig. ~-**kick** muilskop; *(stoei)* volstruisskop. ~ **team** muilspan.

mule[2] muil, kamer-, uitskoppantoffel.

mu·le·teer muil-, eseldrywer.

Mul·house *(geog.)* Mulhouse *(Fr.)*, Mühlhausen *(D.)*.

mu·li·eb·ri·ty *(poët., liter.)* vroulikheid; verwyfdheid.

mul·ish (hard)koppig, hardnekkig, dwars. **mul·ish·ness** koppigheid, dwarsheid.

mull[1] *ww.* bepeins, oordink; ~ *s.t. over* diep oor iets nadink, iets grondig oorweeg, aan iets herkou.

mull[2] *ww.* krui(e); ~*ed wine* gekruide wyn.

mull[3] *n.* neteldoek, dun moeselien; voeringseildoek.

mul·la(h) *(Moslemskrifgeleerde)* mo(e)lla.

mul·lein *(bot.)* goudroede.

mul·ler vryfsteen, vryweklip.

mul·let *(Liza* spp., *Valamugil* spp., *ens.)* harder; *grey* ~ harder; *red* ~ mul(vis).

mul·li·ga·taw·ny: ~ **paste** kerriepasta. ~ **soup** kerriesop.

mul·lion *n.* vensterroei, tussenstyl, hoofstyl. **mul·lion** *ww.* vensterroeie insit, van vensterroeie voorsien.

mul·tan·gu·lar, mul·ti·an·gu·lar veelhoekig.

mul·te·i·ty *(w.g.)* veelvuldigheid.

mul·ti- *komb.vorm* veel-, multi-.

mul·ti·ac·cess *adj. (attr.), (rek.)* multitoegang(s)-, veeltoegang(s)-.

mul·ti·cel·lu·lar *(biol.)* veelsellig.

mul·ti·chan·nel *adj., (TV)* multikanaal-, veelkanaal-.

mul·ti·col·oured, *(Am.)* **mul·ti·col·ored** veelkleurig, bont.

mul·ti·cul·tur·al multikultureel. **mul·ti·cul·tu·ral·ism** multikulturalisme.

mul·ti·di·men·sion·al *adj.,* **mul·ti·di·men·sion·al·ly** *adv.* meerdimensioneel. **mul·ti·di·men·sion·al·i·ty** meerdimensionaliteit.

mul·ti·di·rec·tion·al veelrigting-.

mul·ti·dis·ci·pli·nar·y multidissiplinêr.

mul·ti·en·gined meermotorig.

mul·ti·eth·nic veelvolkig, multi-etnies, veeletnies.

mul·ti·fac·et·ed *(gew. attr.)* veelsydig; veelvlakkig, meervlakkig; ryk geskakeer(d).

mul·ti·far·i·ous veelsoortig, veelvuldig, uiteenlopend, verskillend, velerlei, talryk. **mul·ti·far·i·ous·ness** veelsoortigheid, -vuldigheid.

mul·ti·flo·rous veelblommig.

mul·ti·fold veelvuldig.

mul·ti·form veelvormig, veelsoortig. **mul·ti·for·mi·ty** veelvormigheid, veelsoortigheid, verskeidenheid.

mul·ti·func·tion, mul·ti·func·tion·al multifunksioneel, veelfunksioneel, multifunksie-, veelfunksie-.

mul·ti·grade oil meergraadolie.

mul·ti·hull *n., (sk.)* multiromp(seil)jag. **mul·ti·hull** *adj. (attr.)* multiromp-.

mul·ti·lat·er·al *adj.,* **mul·ti·lat·er·al·ly** *adv., (pol.)* multilateraal; veelsydig, meersydig; ~ *force* gemeenskaplike mag. **mul·ti·lat·er·al·ism** multilateralisme. **mul·ti·lat·er·al·ist** multilateralis.

mul·ti·lev·el *adj. (attr.)* veelvlakkige, meervlakkige, terrasvormige *(gebou, stadion, ens.)*; *(han.)* veelvlakkige, multivlakkige, multivlak-.

mul·ti·lin·gual veeltalig. **mul·ti·lin·gual·ism** veeltaligheid. **mul·ti·lin·guist** veeltalige, talekenner.

mul·ti·mam·mate mouse veeltepelmuis.

mul·ti·me·di·a *n. (mv.)* multimedia. **mul·ti·me·di·a** *adj. (attr.)* multimedia-.

mul·ti·mil·lion·aire multimiljoenêr.

mul·ti·na·tion·al *n.* multinasionale maatskappy. **mul·ti·na·tion·al** *adj.* veelvolkig *(land, kultuur)*; multinasionaal *(korporasie, organisasie, ens.)*.

mul·ti·no·mi·al →POLYNOMIAL.

mul·tip·a·rous *(med., soöl.)* veelbarend. **mul·ti·par·i·ty** veelbarendheid.

mul·ti·par·tite veeldelig, veelledig.

mul·ti·par·ty *adj. (attr.)* veelparty- *(beraad, demokrasie, stelsel, verkiesing, ens.)*.

mul·ti·ped(e) *(entom.)* veelvoetig, veelpotig.

mul·ti·phase meerfasig, veelfasig.

mul·ti·plane meerdekker(vliegtuig).

mul·ti·ple *n.* veelvoud; *(telef.)* multipel; *in* ~*s of ...* in eenhede van ... elk; *lowest common* ~ →LOWEST; *be a* ~ *of ...* 'n veelvoud van ... wees. **mul·ti·ple** *adj.*

veelvoudig, meervoudig, veelvuldig, menigvuldig, baie; verskeie, multipel; veelsoortig; (algemeen) verspreid; →MULTIPLY[2]. ~ **birth** meerling(geboorte). ~ **call** *(mil.)* meervoudige oproep. ~**-choice** *adj. (gew. attr.)* meerkeuse=, meerkeusige, veelkeuse=, veelkeusige, multikeuse=, veelvuldigekeuse=, meervoudigekeuse= *(vrae ens.)*. ~ **division** herhaalde deling. ~ **fabric** saamgestelde stof. ~ **fault** herhaalde verskuiwing. ~ **fruit** veelvoudige/veelvuldige vrug. ~ **injuries** meervoudige/veelvuldige beserings. ~ **jack** multipelklink. ~ **personality** *(psig.)* meervoudige persoonlikheid. ~ **plough** veelskaarploeg. ~ **proportions** veelvoudige verhoudings. ~ **sclerosis** *(med.)* verspreide/multipele sklerose. ~ **shop,** ~ **store** kettingwinkel. ~**-stage pump** veel=/meertrappige pomp. ~ **star** *(astron.)* meervoudige/veelvoudige ster. ~ **stitch** veelvoudsteek. ~ **switch** meervoudige skakelaar.

mul·ti·plex *n., (telekom.)* multipleks; bioskoop=, rolprentteaterkompleks. **mul·ti·plex** *adj.* veelvoudig *(gesigsvermoë, skroefdraad);* saam=, samegesteld *(oog);* ~ *cinema* bioskoop=, rolprentteaterkompleks; ~ *telegraphy* meervoudige telegrafie, multiplekstelegrafie; ~ *transmitter* multiplekssender. **mul·ti·plex** *ww., (telekom.)* per multipleks oorsein. **mul·ti·plex·er** vermeervoudiger, multiplekser.

mul·ti·pli·cand *(wisk.)* vermenigvuldigtal.

mul·ti·pli·ca·tion vermenigvuldiging; verveelvoudiging. ~ **sign** maalteken, vermenigvuldigteken. ~ **table** vermenigvuldigingstafel; vermenigvuldigingstabel.

mul·ti·pli·ca·tive, mul·ti·pli·ca·tive vermenigvuldigend.

mul·ti·pli·ca·tor vermenigvuldiger.

mul·ti·plic·i·ty menigvuldigheid, veelvuldigheid, menigte, veelheid; ~ *of meaning* veelduidigheid.

mul·ti·pli·er vermenigvuldiger; versterker; multiplikator.

mul·ti·ply[1] *ww.* vermenigvuldig; verveelvoudig; vermeerder; vergroot; voortplant, voorteel; aanteel; aangroei, aanwas; multipliseer; ~ *s.t.* ***by*** ... iets met ... vermenigvuldig/maal; ~*ing* ***coil*** versterkingspoel, multiplikatorspoel; ~*ing* ***factor*** vermenigvuldigingsfaktor; ~*ing* ***glass*** multiplikasielens, =spieël. **mul·ti·pli·a·ble, mul·ti·plic·a·ble** vermenigvuldigbaar.

mul·ti·ply[2] *adv.* veelvoudig, op baie maniere.

mul·ti·ply[3] *n.* meerlaaghout, meerlagige hout.

mul·ti·pro·cess·or *(rek.)* multiverwerker, veelvoudige verwerker.

mul·ti·pro·gram·ming *(rek.)* multiprogrammering.

mul·ti·pur·pose meerdoel=, meerdoelig, veeldoelig; ~ *tools* meer=/veeldoelige gereedskap. ~ **vehicle** *(afk.:* MPV*)* veeldoelvoertuig *(afk.:* VDV*)*, meerdoelvoertuig *(afk.:* MDV*)*.

mul·ti·ra·cial veelrassig. **mul·ti·ra·cial·ism** veelrassigheid.

mul·ti·ra·mose, mul·ti·ra·mous *(bot.)* veeltakkig.

mul·ti·role *adj. (attr.)* veelsydige; multifunksionele, veelfunksionele, multifunksie=, veelfunksie=, met baie funksies *(pred.)*.

mul·ti·speed ma·chine meergangmasjien.

mul·ti·stage meertrappig; ~ *engine* meertrapmasjien; ~ *rocket* meerstukvuurpyl.

mul·ti·sto·rey *adj. (attr.)* multiverdieping=, veelverdieping=, meerverdieping= *(gebou ens.)*. ~ **(car park)** multiverdieping=, veelverdieping=, meerverdiepingparkeergarage.

mul·ti·syl·la·ble, mul·ti·syl·la·bic →POLYSYLLABLE, POLYSYLLABIC.

mul·ti·task·ing, mul·ti·task op·er·a·tion *(rek.)* die verrigting van verskeie take.

mul·ti·track *adj. (attr.), (mus.)* meerbaan= *(opname, band, ens.)*.

mul·ti·tude menigte, hoop, skare, swetterjoel, trop; veelheid; *cover a* ~ *of* ***sins*** →SIN *n.;* ***the*** ~ die menigte/massa; *a* ~ *of* ***things*** 'n menigte dinge; *a* ***vast*** ~ 'n ontsaglike/onafsienbare menigte. **mul·ti·tu·di·nous** menigvuldig, talryk, talloos; eindeloos.

mul·ti·us·er *adj. (attr.), (rek.):* ~ *system* multigebruikerstelsel, stelsel vir verskillende gebruikers.

mul·ti·va·lent veelwaardig, meerwaardig, multivalent.

mul·ti·valve *adj.* veelkleppig.

mul·ti·ver·si·ty *(Am.)* uitgebreide universiteit, multiversiteit.

mul·ti·vit·a·min *n.* multivitamien. **mul·ti·vit·a·min** *adj.* multivitamien.

mul·ti·vo·cal veelduidig, dubbelsinnig.

mul·ti·way *adj. (attr.), (elek.)* meerweg=, veelweg= *(prop, passtuk, ens.)*.

mul·tum in par·vo *(Lat.)* baie in 'n klein bestek.

mul·ture *(hist.)* maalloon.

mum[1] *(Br.),* **mom** *n., (infml.)* mamma, mam(s); →MUMMY[1].

mum[2] *n.:* ~*'s the word!, (infml.)* bly stil hieroor!; jy sê niks, hoor (jy)!; stilbly!, sjt!; maar hou jou mond, hoor!. **mum** *adj.* stil; *be* ~ jou stil hou, stilbly; *keep* ~, *(infml.)* stilbly; *keep* ~ *about s.t., (infml.)* iets geheim hou, iets stilhou. **mum** =*mm*=, *ww.* (stom) toneel speel. **mum·chance** *(arg.): play* ~ stil wees, jou mond hou; *sit* ~ met die/'n/jou mond vol tande sit. **mum·mer** vermomde (speler); *(arg. of neerh.)* toneelspeler, akteur. **mum·mer·y** maskerade, vermomming; komedie. **mum·ming** vermomming; (stom) toneelspel.

mum[3] *n., (Br., vero.)* mom(bier).

mum·ble *n.* gemompel. **mum·ble** *ww.* mompel; prewel; *(w.g.)* kou. **mum·bler** mompelaar, prewelaar. **mum·bling** *n.* gemompel, geprewel. **mum·bling** *adj.* mompelend, prewelend; onduidelik.

mum·bo-jum·bo =*bos, (infml.)* (sinlose) geprewel; hokus-pokus; afgod.

mum·chance, mum·mer, mum·mer·y, mum·ming →MUM[2].

mum·my[1] mummie; *beat to a* ~ pap slaan. **mum·mi·fi·ca·tion** mummifikasie, mummifisering; *(med.)* mummifikasie, fetusverdroging. **mum·mi·fy** mummifiseer; *(liggaam)* opdroog, verdroog.

mum·my[2] *(Br., infml., hoofs. kindert.)* mammie, mamsie, mamma(tjie), mama('tjie).

mump[1], *(arg.)* stil/somber wees; pruil. **mump·ish** stil, somber; pruilend.

mump[2] *(arg.)* bedel. **mump·er** bedelaar.

mumps *n. (fungeer as ekv. of mv.), (med.)* pampoentjies.

mum·sy =*sier* =*siest, adj., (infml.)* moederlik; aards; huislik, knus, gesellig, snoesig, warm; eenvoudig, onaansienlik; outyds, ouderwets.

munch kou; oppeusel; ~ *away at an apple* aan 'n appel knabbel. **munch·ie** *n. (gew. i.d. mv.), (infml.)* lekkerny, versnapering, peuselhappie *(mv.* peuselgoed*)*, eethappie *(mv.* eetgoed*); the* ~*s* belusting; *have the* ~*s* hongerig voel/wees.

Mun·chau·sen spekskieter, onverbeterlike leuenaar, 'n (soort) baron Von Münchhausen; wolhaar=, spekskietstorie, sak-sarel-storie. ~**'s syndrome** *(psig.)* Münchhausen-sindroom.

mun·dane, mun·dane gewoon, alledaags, banaal; aards, wêrelds, ondermaans. **mun·dane·ness, mun·dane·ness** alledaagsheid, banaliteit.

mung (bean) mungboontjie.

Mu·nich *(geog.)* München.

mu·nic·i·pal *adj.* munisipaal, dorps=, stads=, stedelik; ~ ***area*** dorpsgebied; ~ ***corporation/council*** stadsraad; ~ ***government*** stadsbestuur; ~ ***hall*** stadsaal; ~ ***law*** stadswet; stadsreg, munisipale reg; landsreg, nasionale reg; ~ ***rate*** erfbelasting; ~ ***theatre*** stadskouburg. **mu·nic·i·pal·i·sa·tion,** =**za·tion** die bring onder munisipale/plaaslike bestuur. **mu·nic·i·pal·ise,** =**ize** onder munisipale/plaaslike bestuur bring. **mu·nic·i·pal·ism** stadsbestuur; plaaslike patriotisme; geloof in plaaslike bestuur. **mu·nic·i·pal·i·ty** munisipaliteit, stadsbestuur; stadsgebied, dorpsgebied. **mu·nic·i·pal·ly** van stadsweë.

mu·nif·i·cent vrygewig, milddadig, rojaal. **mu·nif·i·cence** vrygewigheid, mild(dadig)heid, rojaalheid, goedheid; *by the* ~ *of* ... deur die vrygewigheid van ...

mu·ni·ment *n. (gew. i.d. mv.), (jur.)* oorkonde, dokument, akte; *(w.g.)* verdedigingsmiddel. ~ **deed** eiendomsbewys. ~ **room** argief.

mu·ni·tion *n. (gew. i.d. mv.)* krygsvoorraad, =behoeftes, munisie; ammunisie, skietgoed; krygstuig. **mu·ni·tion** *ww.* bevoorraad, van munisie voorsien; van skietgoed voorsien. ~ **factory,** ~ **works** wapen=, munisiefabriek.

Mun·ster *(geog., Ier. prov.)* Munster.

Mün·ster *(geog., D. stad)* Münster.

munt·jac, munt·jak *(soöl.: soort takbok)* muntjak.

mu·rage *(Br., hist.)* muurbelasting.

mu·ral *n.* muurskildery; muurskilderwerk. **mu·ral** *adj.* muur=; ~ ***art*** muurkuns; ~ ***crown,*** *(her.)* muurkroon, stads=, stedekroon; ~ ***decoration*** muurversiering; ~ ***paint*** muurverf; ~ ***painter*** muurskilder; ~ ***painting*** muurskildering; muurskildery.

mu·ral·ist muurskilder.

mur·der *n.* moord; *cry/scream/shout/yell* ***blue*** *(*or [Am.] ***bloody****)* ~, *(infml.)* moord en brand skree(u); *a* ***brutal*** ~ 'n gruwelike moord; ***commit*** ~ moord pleeg; ***get away*** *with (blue)* ~, *(infml.)* maak/doen net wat jy wil, enigiets regkry, met vermetelheid slaag; *the* ~ ***of*** ... die moord op ...; ~ *will* ***out*** moord bly nie verborge nie; *the* ~ *is* ***out,*** *(w.g.)* nou is die waarheid bekend; *it is* ***plain*** ~ dit is niks anders as moord nie; *(infml.)* dit is verskriklik/vreeslik; ***premeditated*** ~ →PREMEDITATED; ~ *with intent to* ***rob*** roofmoord. **mur·der** *ww.* vermoor; moor; vernietig; *(taal)* radbraak; ~ *a piece of music* 'n stuk musiek vermoor. ~ **case** moordsaak. ~ **gang** moordenaarsbende. ~ **victim** vermoorde, moordslagoffer.

mur·der·er moordenaar. **mur·der·ess** moordenares.

mur·der·ous moorddadig, moord=; bloeddorstig, wreed(aardig); ~ *attempt* moordaanslag; ~ *road* gevaarlike/slegte pad.

mure *(arg. of liter.)* →IMMURE.

mu·rex *murices,murexes* purperslak.

mu·ri·ate *(vero.)* →CHLORIDE. **mu·ri·at·ic** sout=; ~ *acid, (vero.)* →HYDROCHLORIC ACID.

murk *n.* duisternis, donkerte; mis(tigheid). **murk** *adj., (arg.)* →MURKY. **murk·i·ness** duisterheid, donkerheid; morsigheid. **murk·y** donker, somber, duister; morsig; mistig; ~ *darkness* dik duisternis.

Mur·mansk *(geog.)* Moermansk.

mur·mur *n.* gemurmel, geruis, murmeling; *(med.)* gesuis *(v.d. hart);* gemompel, geprewel; gemor, gebrom, mompeling, murmurering; *say s.t. in a* ~ iets mompel; *without a* ~ sonder om te hik of te kik. **mur·mur** *ww.* murmel, ruis; mompel; mor, brom, murmureer. **mur·mur·er** murmureerder. **mur·mur·ing** gemurmel, geruis; gemor, gebrom, mompeling, murmurering. **mur·mur·ous** murmelend, ruisend; morrend, mompelend.

mur·phy *(dial. of infml.)* aartappel.

Mur·phy's Law *(skerts.: as iets verkeerd kan loop, sál dit verkeerd loop)* die wet van Murphy, Murphy se wet.

mur·rain veepes, =siekte.

mur·rey *n., (arg.)* moerbeikleur, moerbeirooi. **mur·rey** *adj.* moerbeikleurig, moerbeirooi.

mur·rhine *adj.* murrinies; ~ *glass* vloeispaatglas, murriniese glas.

mus·ca·del, mus·ca·dine →MUSCATEL.

mus·ca·dine *(arg.)* →MUSCATEL.

mus·ca·rine *(chem.)* muskarien.

Mus·cat *(geog.)* Maskat.

mus·cat *(wynb.)* muskaat.

mus·ca·tel, mus·ca·del muskadel; muskadeldruif; muskadel(wyn).

mus·cle *n.* spier; spierkrag; krag; ***flex*** *one's* ~*s* →FLEX *ww.;* ***have*** *political/etc.* ~ politieke/ens. invloed hê; ***not move*** *a* ~ geen spier vertrek nie; ***pull*** *a* ~ 'n spier verrek. **mus·cle** *ww.: ~ in on s.t., (infml.)* in iets indring/indruk/inbars; *~d* gespier(d). **~-bound** die ene spiere; met stywe/oorspanne spiere, styf. **~-boundness** spierstyfheid. ~ **bundle** spierbundel. ~ **control** spierbeheersing. ~ **cramp,** ~ **spasm** spierkramp. ~ **curve** spier(krag)kromme. ~ **fibre** spiervesel. **~man** *-men* spier-, krag-, sterkman; uitsmyter. ~ **sugar** spiersuiker, inositol.

mus·co·va·do *-dos* ongeraffineerde/growwe suiker.

Mus·co·vite *n.* Moskowiet, Moskouer, inwoner van Moskou; *(arg.)* Rus. **Mus·co·vite** *adj.* Moskous, Moskowities, van Moskou; *(arg.)* Russies.

mus·co·vite *(min.)* muskowiet.

Mus·co·vy *(geog., hist.)* Moskowië; *(arg.)* Rusland. ~ **duck** makou. ~ **glass** muskowiet(glas), glimmer, mika. ~ **leather** Russiese leer.

mus·cu·lar gespier(d); spier-; sterk; kragtig; *~ **ache/pain*** spierpyn; *~ **dystrophy,** (med.)* spierdistrofie; *~ **fascicle*** spierstring; *~ **fatigue*** spierafmatting; *~ **fibre*** spiervesel; *~ **spasm/twitch*** spiertrekking; *~ **stomach*** spiermaag *(v. voëls)*; *~ **strength*** spierkrag; *~ **system*** spierstelsel; *~ **tension*** spierspanning; *~ **tissue*** spierweefsel. **mus·cu·lar·i·ty** gespierdheid, spierkrag. **mus·cu·la·ture** spierstelsel, muskulatuur.

mus·cu·lo·skel·e·tal *adj. (attr.), (anat.): ~ system* spier-skelet-stelsel.

muse[1] *n., (Gr. & Rom. mit.)* muse, sanggodin; *the M~s* die Muses.

muse[2] *ww.* peins, mymer, nadink; wonder oor; *~ about/on/over s.t.* oor iets peins. **mus·er** peinser, dromer, mymeraar. **mus·ing** *n.* gepeins, gemymer, mymering. **mus·ing** *adj.* peinsend, mymerend, nadenkend, dromerig.

mu·se·ol·o·gy museumkunde, museologie.

mu·sette muset(te), (klein) doedelsak; doedelsakwysie; doedelsakdans; *(ook, Am.,* musette bag*)* knapsak *(v. 'n soldaat)*.

mu·se·um *-seums* museum; *do a ~, (infml.)* 'n museum besigtig. ~ **piece** *(lett. & fig.)* museumstuk.

mush[1] *n.* pappery; moes, bry; *(fig., infml.)* soetsappigheid, stroperigheid, soetlikheid, sentimentaliteit; *(rad.)* gedruis; *(radar)* skimmel; *(Br., infml.: mond, gesig)* smoel, tronie; *(Am.)* (dik) mieliepap. ~ **rot** nat vrot.

mush[2] *n., (Am.)* hondesleetog. **mush** *ww.* per hondeslee ry.

mush·room *n.* paddastoel; sampioen, kampernoelie; *(fig.)* opkomeling, parvenu; *(edible) ~ (Agaricus* spp.*)* sampioen, eetbare paddastoel; *grow like ~s, (fig.)* soos paddastoele opskiet/verrys; *poisonous ~* slangkos, duiwelsbrood, giftige paddastoel. **mush·room** *ww.* opskiet, paddastoel, soos paddastoele *(of* 'n paddastoel) opskiet/verrys, vinnig uitbrei, uitdy, sprei; (uit)sprei; *(koeël)* oopsprei, -krul; sampioene soek. ~ **city,** ~ **town** opskietstad, -dorp. ~ **cloud** paddastoelwolk *(v. 'n kernbomontploffing ens.)*. ~ **expansion,** ~ **growth** snelle ontwikkeling/uitbreiding. ~ **hat** paddastoelhoed. ~ **rock** paddastoelrots. ~ **stone** swamsteen. ~ **valve** skildklep.

mush·y papperig, papsag, -saf; slap, pap, sag, week; swak; soetsappig, stroperig, soetlik, sentimenteel; *~ wool* verweerde wol. **mush·i·ness** papperigheid; soetsappigheid, stroperigheid, soetlikheid, sentimentaliteit.

mu·sic musiek; toonkuns; ***dance** to the ~ of ...* op die musiek van ... dans; *s.t. is like ~ to s.o.'s **ears,** (fig., infml.)* iets is/klink soos musiek in die *(of* iem. se) ore; ***execute*** ~ musiek uitvoer/speel; ***face** the ~, (infml.)* die gevolge dra, die storm verduur; ***in*** ~ in die musiek; *a **lover** of ~* 'n musiekliefhebber; ***make*** ~ musiek maak/speel; *a **piece** of ~* 'n musiekstuk; ***play*** ~ musiek speel; ***recorded*** *~* →RECORDED; ***rough*** *~* →ROUGH; ***set** s.t. to ~* iets toonset, iets op musiek sit; ***theory** of ~* →THEORY. ~ **book** musiekboek. ~ **box** →MUSICAL BOX. ~ **cabinet** musiekkas. ~ **carrier,** ~ **case** musiektas. ~ **centre** musieksentrum, -eenheid. ~ **critic** musiekkritikus, -resensent, -beoordelaar. ~ **criticism** musiekkritiek, -resensie, -beoordeling. ~ **drama** musiekdrama. ~ **hall** *n.* variété(teater); variététeater; musieksaal, konsertsaal. **~-hall** *adj. (attr.)* variété-, verskeidenheids-. ~ **lesson** musiekles. ~ **lover** musiekliefhebber. ~ **mad** versot/dol op musiek. ~ **maker** musikant. ~ **master,** ~ **mistress** *(hoofs. Br.)* musiekonderwyser, -onderwyseres. ~ **paper** musiekpapier. ~ **publisher** musiekuitgewer. ~ **room** musiekkamer; konsertsaal. ~ **shop** musiekwinkel. ~ **stand** musiekstaander. ~ **stool** klavierstoel(tjie). ~ **teacher** musiekonderwyser(es). ~ **theatre** musiekteater.

mu·si·cal *n.* musiekblyspel; musiek(rol)prent; *(w.g.)* musiekaand. **mu·si·cal** *adj.* musikaal, musiek-; welluidend, harmonies, melodies; *~ **box*** musiek-, speeldoos; *~ **chairs*** stoeledans; *~ **comedy*** musiekblyspel, operette, sangspel; *(~) **composer*** komponis; *~ **criticism*** musiekkritiek; *~ **director*** musiekdirekteur; *~ **evening*** musiekaand; *~ **film*** musiek(rol)prent, musiekfilm; *~ **glasses*** glasharmonika; *~ **instrument*** musiekinstrument; *~ **life*** musieklewe; *~ **note*** musieknoot; *(rad.)* musikale toon; *~ **performance/recital*** musiekuitvoering; *~ **ride*** kavalleriedans; *~ **salute*** musieksaluut; *~ **saw*** singende saag; *~ **science*** musikologie, musiekleer; *~ **society*** musiekvereniging.

mu·si·cale *(Am., <Fr.)* musiekaand, private konsert.

mu·si·cal·i·ty welluidendheid; musikale aanleg, musikaliteit.

mu·si·cal·ly musikaal, op musikale wyse, skoonklinkend; in musikale opsig.

mu·si·cian musikant, musiekmaker; musikus, toonkunstenaar; musiekkenner. **mu·si·cian·ship** musikaliteit, toonkunstenaarskap, musikale bekwaamheid/vaardigheid/tegniek.

mu·si·col·o·gy musiekwetenskap, musikologie. **mu·si·co·log·i·cal** musikologies. **mu·si·col·o·gist** musiekwetenskaplike, musikoloog.

mus·ing →MUSE.

musk *n.* muskus, muske(l)jaat; muskusdier; muskusgeur; →MUSKY. **musk** *ww.* met muskus parfumeer. ~ **cat** *(vero.)* →CIVET; GENET. ~ **deer** muskushert, -dier. ~ **duck** muskuseend, makou. **~melon** spanspek; leloentjie, laloentjie. ~ **ox** muskusbees. ~ **plum** muskadelpruim. **~rat** bisam-, muskusrot. ~ **rose** muskusroos. ~ **shrew** *(Crocidura* spp.*)* skeerbek(muis). ~ **tree** muskusboom.

mus·keg *(hoofs. Kan.)* moeras.

mus·ket *(hist.)* roer, musket. ~ **ball** musketkoeël. ~ **barrel** musketloop. ~ **bearer** *(ook fig.)* agterryer, wapendraer. ~ **shot** geweerskoot.

mus·ket·eer *(hist.)* musketier.

mus·ket·ry gewere; skietkuns; infanterie. ~ **fire** geweervuur.

musk·y muskusagtig; muskus-; *~ smell* muskusgeur, -reuk. **musk·i·ness** muskusgeur; muskusagtigheid.

Mus·lim, Mos·lem *n.* Moslem, Moesliem. **Muslim, Mos·lem** *adj.* Moslems, Moesliems. **Mus·lim·ism, Mos·lem·ism** *(w.g.)* →ISLAM.

mus·lin *(tekst.)* moeselien; *(book) ~* →BOOK; *printed ~* doerias.

mus·o *-os, (Br., sl., neerh.)* (tegno)musikant.

mus·quash *(arg.)* →MUSKRAT; *(Br.)* muskuspels, -bont.

muss *n., (Am., infml.)* warboel; rommel; herrie, bakleiery. **muss** *ww.: ~ s.t. up, (Am., infml.)* iets deurmekaar maak *(hare ens.)*; iets verfrommel *(klere ens.)*. **muss·y** *(w.g.)* verward, deurmekaar, slordig; smerig, besmeer(d); →MESSY.

mus·sel mossel. ~ **bed** mosselbank. **~cracker** *(SA, igt.): black ~, (Cymatoceps nasutus)* poenskop, swart-, bloubiskop, (bank)bloue, stompkop; *white ~, (Sparodon durbanensis)* witbiskop, sandbloue, sandstompkop.

Mus·sorg·sky, Mous·sorg·sky *(Rus. komponis, 1839-81)* Moessorgski.

Mus·sul·man *-mans, -men, (arg.)* →MUSLIM.

must[1] *n., (infml.)* verpligting; noodsaaklikheid; moet; *it's a ~* dis onmisbaar *(of* 'n vereiste); dit moet; dit moet volstrek (gebeur); dit kan nie anders nie; dis 'n moet; *you should see it, it's a ~* dit behoort jy absoluut te (gaan) sien. **must** *ww.* moet; verplig wees; mag; moes; →SHOULD; *s.o. ~ **die/etc.*** iem. moet sterf/sterwe/ens.; *s.o. ~ have **died/etc.*** iem. moet dood/ens. wees *(of* is seker/vermoedelik dood/ens.); *if you ~ **know*** as jy (dan) wil weet; *s.o. ~ have **known** it* iem. moet dit geweet het; *you ~ **never** forget/etc. it/that* jy mag/moet dit nooit vergeet/ens. nie; *I ~ **say** ...* dit moet ek sê ...; *you **simply** ~!* jy moet eenvoudig!; *s.o. ~ have **thought** it odd/strange* iem. het seker/stellig gedink dis snaaks/vreemd/eienaardig.

must[2] *n.* mos; jong wyn.

must[3] *n.* skimmel, kim. **must·i·ness** mufheid, skimmelagtigheid, skimmelrigheid, vermuftheid. **mus·ty** muf, gemuf, vermuf, beskimmel(d), skimmelagtig, geskimmel(d), skimmel(rig); verouderd, afgesaag; *~ old books* verstofte/vermufte/muwwe ou boeke; *~ bread* skimmelbrood; *~ smell* kelderlug.

must[4], **musth** *n.* bronstigheid *(by olifante, kamele)*. **must, musth** *adj.* bronstig.

mus·tache *(Am.)* →MOUSTACHE.

mus·ta·chio *-chios, (dikw. skerts.)* →MOUSTACHE. **mus·ta·chioed** besnor(d), met 'n snor.

mus·tang mustang, prêrieperd.

mus·tard mosterd; *cut the ~, (Am., infml.)* dit regkry, slaag; die mas opkom; *wild ~* →WILD. ~ **gas** mosterdgas, ieperiet. ~ **oil** mosterdolie. ~ **pickles** mosterdsuur. ~ **plaster** *(med.)* mosterdpleister. ~ **pot** mosterdpotjie. ~ **poultice** mosterdpap. ~ **seed** mosterdsaad. ~ **tree** *(Salvadora persica)* mosterdboom.

mus·te·line *(soöl.)* weselagtig.

mus·ter *n., (mil.)* monstering; wapenskou(ing), inspeksie; *(lugmag)* vakindeling; *there was a **great** ~, (ook)* daar was 'n groot toestroming; ***pass*** *~* die toets deurstaan, goed bevind word; *it will **pass** ~, (ook)* dit is gangbaar *(of* goed genoeg *of* redelik goed). **mus·ter** *ww.* versamel; toestroom, toeloop; aantree; *(mil.)* monstering hou, monster; aanmonster, monster *(troepe)*; *(lugmag)* indeel *(by 'n vak)*; *~ up one's **courage*** →COURAGE; *~ **in** recruits/support/etc., (Am.)* rekrute/steun/ens. werf; *~ **out** troops, (Am.)* troepe afmonster; *~ (up) a **smile*** met moeite glimlag; *~ all one's **strength*** alle kragte inspan. ~ **book** *(mil., hist.)* →MUSTER ROLL. ~ **parade** monsteringsparade. ~ **place** monsterplek. ~ **roll** *(mil.)* monsterrol.

must·n't *(sametr.)* = MUST NOT.

mu·ta·ble veranderlik, wisselvallig, onbestendig; *(poët., liter.)* wispelturig. **mu·ta·bil·i·ty,** *(w.g.)* **mu·ta·ble·ness** veranderlikheid, wisselvalligheid, onbestendigheid; wispelturigheid.

mu·ta·gen *n.* mutageen. **mu·ta·gen·ic** *adj.* mutageen.

mu·tant *(biol.)* mutant.

Mu·ta·re *(geog., voorheen* Umtali*)* Mutare.

mu·tate verander, muteer. **mu·ta·tion** verandering, wisseling; stemverandering *(by 'n seun)*; wysiging; *(biol.)* mutasie, spontane variasie; *(fonet.)* klinkerwisseling, umlaut; *~ theory* mutasieleer, -teorie.

mu·ta·tis mu·tan·dis *(Lat.)* mutatis mutandis, met die nodige veranderings.

mutch *(Sk., hist.)* mus, laphoed.

mute[1] *n., (fonet.)* ploffer, plofklank, (eks)plosief, klapper; *(mus.)* (toon)demper, geluiddemper, sordino; *(hist.)* stilprentster; *(vero.)* stomme; *(hist.)* lykbidder; toeskouer. **mute** *adj.* stom, spraakloos; stil, swygend, sprakeloos; onuitgesproke, woordeloos; stemloos, onuitgesproke, stom *(letter)*; (eks)plosief *(medeklinker)*; →MUTELY, MUTENESS, MUTING, MUTISM; *in ~ **adoration*** →ADORATION; *~ **button*** klankknoppie *(v. 'n TV ens.)*; *~ **consonant*** ploffer, plofklank, klapper, (eks)plosief; *the 'e' in 'late' **is** ~* die e in *late* word nie uitgespreek nie. **mute** *ww.* demp; *(rad.)* stilmaak; *~d light* gedempte lig; *~d strings* gedempte snare. ~ **swan** *(Cygnus olor)* knobbelswaan.

mute[2] *n., (arg.)* voëlmis. **mute** *ww., (voëls)* mis.

mute·ly stil, swygend.

mute·ness stilswyendheid, (stil)swye, sprakeloosheid.

mu·ti *(SA, infml., <Z.)* moetie, kruiemedisyne, =(ge=nees)middel, tradisionele geneesmiddel. ~ **killing,** ~ **murder** moetiemoord. ~ **man** moetieman, kruiedokter, =geneser, tradisionele geneser. ~ **shop** moetiewinkel.

mu·ti·late vermink; skend, beskadig; mutileer; radbraak, mors met *('n taal).* **mu·ti·la·tion** verminking; skending, beskadiging; mutilasie. **mu·ti·la·tor** verminker; skender, beskadiger.

mut·ing demping. ~ **circuit** dempkring.

mu·ti·ny *n.* muitery; opstand, oproer; *the Indian/Sepoy M~, (hist.)* die Indiese Opstand. **mu·ti·ny** *ww.* muit, rebelleer, opstaan, in opstand kom, oproerig raak/word; ~ *against* ... teen ... muit *(op 'n skip);* teen ... in opstand kom. **mu·ti·neer** muiter, oproermaker. **mu·ti·nous** oproerig, opstandig, muitsiek; ~ *spirit* muitsug.

mut·ism stomheid; *(elective)* ~, *(psig.)* (elektiewe) mutisme.

mutt *(sl.)* stommerik, uilskuiken, skaapkop, domkop; *(skerts. of neerh.)* brak.

mut·ter *n.* →MUTTERING. **mut·ter** *ww.* mompel, prewel; pruttel, mor, mompel, brom, murmureer; ~ *objections* teen=, teëpruttel. **mut·ter·er** mompelaar; murmureerder. **mut·ter·ing** gemompel, mompeling, geprewel; gemor, gebrom, gepruttel.

mut·ton skaapvleis; skaap; *(druk.)* em; *(as)* ***dead*** *as* ~ →DEAD *adj.;* ~ *dressed as* ***lamb,*** *(infml., neerh., v. 'n ouerige vrou gesê)* te jonk aangetrek; *a* ***leg*** *of* ~ →LEG *n.;* ***return*** *to one's ~s, (infml.)* op die onderwerp terugkom. ~ **bird** *(Puffinus* spp.) (pyl)stormvoël. ~ **breed** vleisras(skaap). ~ **chop** skaaptjop, =karmenaadjie; *(i.d. mv., ook:* mutton chop whiskers*)* bakkebaard. ~ **cloth** kaasdoek. ~ **cutlet** skaapkotelet. ~ **fat** skaapvet. ~ **fist** dik, growwe hand/vuis. ~**head** *(infml., vero.)* skaapkop, domkop, uilskuiken. ~**headed** aartsdom. ~ **sheep** vleisskaap.

mut·ton·y skaapvleisagtig, skaapvleis=.

mu·tu·al wederkerig, wedersyds, van albei kante, onderling; gemeenskaplik; ~ ***admiration*** wedersydse bewondering; ~ ***admiration society*** rugkloppersklub; ~ ***affection*** wedersydse liefde; ~ ***aid/benefit society*** onderlinge hulp=/bystandsvereniging; ~ ***consent*** wedersydse toestemming; ~ ***friend*** gemeenskaplike vriend; ~ ***friends*** vriende oor en weer; ~ ***fund*** onderlinge beleggingstrust; *(Am.)* →UNIT TRUST; ~ ***induction,*** *(fis.)* we(d)ersydse induksie; ~ ***interests*** gemeenskaplike belange; ~ ***life assurance/insurance company*** onderlinge lewensversekeringsmaatskappy; ~ ***love*** wedersydse liefde, wederliefde; ~ ***respect*** wedersydse agting/respek; ~ ***understanding*** wedersydse begrip; ~ ***will*** gesamentlike testament.

mu·tu·al·i·ty wederkerigheid; onderlingheid.

mu·tu·al·ly wedersyds, wederkerig, onderling, oor en weer, van/aan weerskante; ~ *agree* onderling *(of* onder mekaar) ooreenkom.

muu-muu *(los, helderkleurige Hawaise rok)* muumuu.

mu·zhik, mu·zhik, m(o)u·jik, m(o)u·jik *(hist.)* moezjiek, (Russiese) kleinboer.

muzz *n., (infml.)* warboel. **muzz** *ww.* suf maak; benewel; verwar; *(TV-beeld)* vervloei; *(klank)* verdof, vervaag. **muz·zi·ness** sufheid; vaagheid. **muz·zy** suf, beneweld; verward; vaag, onduidelik; wasig *(oë, beeld, ens.).*

muz·zle *n.* snoet, bek, muil; neus *(v. 'n hond);* muilkorf, muilband; tromp, bek, monding *(v. 'n geweer).* **muz·zle** *ww.* muilband; stilmaak; *(sk.)* stryk *(seil);* ~ *the press* die pers muilband. ~ **cap** trompkap. ~ **cover** trompmus, =kous, =deksel. ~**-loader** *(hist.)* voorlaaier. ~**-loading** *adj. (attr.)* voorlaai= *(bom, pistool, ens.);* ~ *gun/rifle* voorlaaier. ~ **velocity** trompsnelheid.

muz·zler *(sk.)* sterk teenwind.

muz·zy →MUZZ.

my my; ~ ~*! wil jy nou meer!;* ~ *it's* ***cold/etc.!*** maggies, maar dis koud/ens.!; *(oh)* ~! (o) goeiste!, goeie genade!, o toggie!, hetetjie/jetetjie tog!; *in* ~ ***opinion*** →OPINION; *for* ~ ***part*** →PART *n.*.

my·al·gi·a *(med.)* spierpyn, mialgie; fibrositis; spierrumatiek. **my·al·gic** mialgies; ~ *encephalomyelitis, (afk.:* ME*)* mialgiese enkefalomiëlitis/ensefalomiëlitis (→CHRONIC FATIGUE SYNDROME).

my·as·the·ni·a spierswakte.

my·ce·li·um =*lia, (bot.)* swamvlok, miselium.

My·ce·nae *(geog., hist.)* Micene. **My·ce·nae·an** *n.* Micener. **My·ce·nae·an** *adj., (argeol.)* Miceens.

my·col·o·gy swamkunde, mikologie. **my·co·log·i·cal** swamkundig, mikologies. **my·col·o·gist** swamkundige, mikoloog.

my·cor·rhi·za, my·co·rhi·za =*zae,* =*zas, (bot.)* skimmel=, swamwortel, mikor(r)isa.

my·co·sis =*coses* mikose, swam=, skimmelsiekte. **my·cot·ic** mikoties, swam=, skimmel=.

my·e·li·tis *(med.)* miëlitis, rugmurgontsteking.

my·e·lo·cyte miëlosiet, murgsel.

my·e·loid miëloïed, murgagtig.

my·e·lo·ma =*mas,* =*mata, (med.)* miëloom, murgkanker.

my·na(h) Indiese spreeu.

myn·heer →MIJNHEER.

myn·pacht →MIJNPACHT.

my·o= *komb.vorm* mio=, spier=.

my·o·car·di·um =*dia, (anat.)* hartspier. **my·o·car·di·al** hartspier=; ~ *failure* hartverlamming. **my·o·car·di·tis** hartspierontsteking, hartverswakking, miokarditis.

my·o·gram spier(krag)kromme, spierkragbeeld, miogram.

my·o·graph miograaf. **my·og·ra·phy** spierbeskrywing, miografie.

my·ol·o·gy spierkunde, miologie. **my·o·log·ic, my·o·log·i·cal** spierkundig, miologies. **my·ol·o·gist** spierkundige, mioloog.

my·o·me·tri·um =*tria,* =*triums, (anat.)* baarmoederspier.

my·op·a·thy *(med.)* spierkwaal, =siekte, miopatie.

my·o·pi·a miopie, bysiendheid; *extreme* ~ stiksienigheid. **my·ope** bysiende (persoon). **my·op·ic** bysiende, miopies; kortsigtig.

my·o·sin *(biochem.)* miosien.

my·o·si·tis *(med.)* spierontsteking.

my·o·so·tis *(bot.)* vergeet-my-nietjie.

my·o·to·ni·a miotonie, toniese spierkramp.

myr·i·ad *n., (poët., liter.)* miriade; swerm, tallose menigte. **myr·i·ad** *adj.* ontelbaar, talloos.

myr·i·a·pod *(soöl.)* veelpoot. **myr·i·ap·o·dan, myr·i·ap·o·dous** veelpotig.

Myr·mi·don =*don(e)s, (Gr. mit.)* Mirmidoon; *(m~, mv.* =dons*)* trawant, handlanger; huurling; dienaar.

myrrh mirre. **myrrh·y** mirre=, van mirre.

myr·tle *(bot.)* mirt; mirtegroen; mirtehout; *Cape* ~ mirting.

my·self ek self, ekself; my(self); ***by*** ~ alleen, in my enigheid, op my eentjie; *I* ***did*** *it* ~ ek het dit self gedoen; ***for*** *~, I ...* wat my betref, ...; *I* ***hurt*** ~ ek het seergekry *(of* my seergemaak); *I could have* ***kicked*** ~ ek kon myself skop; *I* ***know*** ~ ek ken myself; *I* ***know*** *it* ~ ek weet dit self; *I am* ***not*** ~ ek voel nie goed *(of* op my stukke) nie; *I* ***saw*** *s.o.* ~ ek het iem. self gesien; *from my* ***wife*** *and* ~ van my vrou en my; *my* ***wife*** *and ~, (niestandaard)* →I.

My·si·a *(geog., hist.)* Misië. **My·si·an** *n.* Misiër. **My·si·an** *adj.* Misies.

my·so·pho·bi·a *(psig.)* misofobie, vrees vir vuilis/besmetting.

mys·ta·gogue misterievertolker.

mys·te·ri·ous geheimsinnig, raaiselagtig, duister; verborge, misterieus, geheimenisvol; diepsinnig. **mys·te·ri·ous·ness** geheimsinnigheid; verborgenheid; geheimdoenery.

mys·ter·y misterie, geheim, geheimenis, raaisel, verborgenheid; geheimsinnigheid; *(Chr.)* sakrament, Nagmaal; *there is an* ***aura*** *of ~ around ..., an* ***aura*** *of ~ surrounds ...* 'n waas van geheimsinnigheid omhul ...; ***clear up*** *a* ~ 'n geheim opklaar; *the ~* ***deepens*** die geheim raak al hoe duisterder/tergender; *be* ***shrouded/veiled/wrapped*** *in* ~ in ('n waas van) geheimsinnigheid gehul wees. ~ **(play)** *(Me.)* misterie=, passiespel. ~ **ship** →Q-SHIP. ~ **(story)** raaiselverhaal. ~ **tart** raaiseltert. ~ **tour** *(Br.: toer met 'n onbekende bestemming)* verrassingstoer. ~ **writer** skrywer/skryfster van raaiselverhale, raaiselverhaalskrywer, =skryfster.

mys·tic *n.* mistikus. **mys·tic, mys·ti·cal** *adj.* mistiek, misties; allegories, simbolies; geheimsinnig, raaiselagtig, duister; verborge, geheimenisvol. **mys·ti·cism** mistisisme; mistiek; die geheimsinnige.

mys·ti·fy mistifiseer, uit die veld slaan, dronkslaan; flous, fop, kul; met geheimsinnigheid/duisterheid omhul. **mys·ti·fi·ca·tion** mistifikasie; foppery, kullery.

mys·tique *(Fr.)* waas van verering; mistieke simbool; verborge kuns; mistieke kultus.

myth mite; mites; allegorie; bedenksel. ~**maker** miteskrywer.

myth·i·cal mities, fabelagtig, fabel=.

myth·i·cise, -ize as mite/fabel behandel.

my·thog·ra·phy mitografie. **my·thog·ra·pher** miteskrywer.

my·thol·o·gy mitologie, godeleer, fabelleer. **myth·o·log·ic, myth·o·log·i·cal** mitologies. **my·thol·o·gise,** =**gize** mitologiseer. **my·thol·o·gist** mitoloog.

myth·o·ma·ni·a *(psig.)* mitomanie. **myth·o·ma·ni·ac** mitomaan.

myth·o·poe·ic, myth·o·po·et·ic mitevormend.

my·thos =*thoi, (<Gr., hoofs. teg.)* mite; mitologie.

my·thus *mythi, (Lat.)* mite; mitologie.

myx·oe·de·ma, *(Am.)* **myx·e·de·ma** *(med.)* miksedeem.

myx·o·ma =*mas,* =*mata, (med.)* miksoom, slymgewas. **myx·o·ma·to·sis** *(veearts.)* miksomatose.

myx·o·my·cete *(biol.)* slymswam.

Mzi·li·ka·zi *(SA, hist.: opperhoof v.d. Matabeles)* Silkaats *(Afr.),* uMzilikazi *(Z.),* Moselekatse *(So.).*

Nn

n, N *n's, N's, Ns, (veertiende letter v.d. alfabet)* n, N; *little ~* n'etjie; *small ~* klein n.

naart·jie *=jies, (SA)* nartjie.

nab¹ *n.* uitsteeksel; piek; grendelkeep *(v. 'n slot);* sluitraampie.

nab² *=bb=, ww., (infml.)* vang, aankeer, arresteer; betrap; gaps, vat.

Nab·a·tae·an, Nab·a·te·an *n., (hist.)* Nabateër; *(taal)* Nabatees, Nabateïes. **Nab·a·tae·an, Nab·a·te·an** *adj.* Nabatees, Nabateïes.

na·bob *n., (hist.)* nabob; *(infml.)* rykaard.

Na·both *(OT)* Nabot; *~'s vineyard* Nabotswingerd.

na·celle *(lugv.)* gondel.

na·cho *=chos, n. (gew. i.d. mv.), (Mex. kookk.)* nacho, tortillaskyfie.

na·cre, *(teg.)* perlemoen, =moer; →MOTHER-OF-PEARL. **na·cre·ous** perlemoen=, perlemoeragtig.

na·da *(<Sp., Am., infml.)* niks.

na·dir laagtepunt; *(astron.)* nadir, voetpunt; *at a ~* by 'n laagtepunt; *reach a ~* 'n laagtepunt bereik.

nae·vus *naevi,* **ne·vus** *nevi* geboortevlek, moedervlek; moesie.

naff¹ *adj., (Br., sl.)* stylloos, smaakloos, kitscherig *(baadjie, das, ens.);* simpel, laf, belaglik, verspot *(idee, voorstel, ens.);* oes, goor *(musiek, [rol]prent, ens.);* vrotsig, nikswerd *(toestel, rekenaar, ens.);* sukkelend *(maatskappy ens.).*

naff² *ww.: ~ off!, (Br., sl., euf. vir* fuck off*)* trap!, skoert!, kry jou ry!, maak dat jy wegkom!.

nag¹ *=gg=, ww.* neul, sanik, lol, karring; knaag, torring, nie met rus laat nie, pla, lastig val; *~ about s.t.* oor iets sanik/lol; *~ (at) s.o.* aan iem. knaag/torring, iem nie met rus laat nie. **nag·ger** neulkous, =pot, sanikpot, vitter. **nag·ging** *n.* getreiter, geneul, neulery, gesanik, gelol, gekarring, getorring, vittery; *perpetual ~* onophoudelike gesanik. **nag·ging** *adj.* neulerig, sanikerig, lollerig, knaend, vitterig, aandringerig.

nag² *n., (infml., dikw. neerh.: ou perd)* knol.

na·ga·na *(veearts.)* nagana, tripanosomiase.

Na·hum *(OT)* Nahum.

nai·ad *=ad(e)s, (klass. mit.)* najade, water=, rivier=, stroomnimf, watergodin; *(entom.)* najade; *(bot.: Najas spp.)* nimfkruid.

nail *n.* spyker; nael; ***bite** one's ~s (to the quick)* jou naels (tot op die lewe/vleis) kou; *be a ~ in s.o.'s **coffin,** (fig.)* 'n spyker in iem. se dood(s)kis wees; ***drive** a ~ where it will go, (idm., w.g.: prakties wees)* nie 'n spyker in 'n ysterklip probeer slaan nie; *(as) **hard** as ~s* →HARD *adj. & adv.; hit the ~ on the **head,** (fig.)* die spyker op die/sy kop slaan; ***pare** ~s* →PARE; ***pay** (cash) on the ~, (infml.)* dadelik/kontant betaal, dis botter by die vis; *fight **tooth** and ~* →TOOTH *n..* **nail** *ww.* (vas)spyker, bespyker, (met spykers) beslaan/vasslaan; *(infml.)* vastrek *(booswig ens.); (infml.)* plat trek, plattrek; *(infml., rugby)* in die grond boor; *(infml.)* plat skiet, platskiet; *(infml.)* aan die kaak stel *('n leuen); (infml.)* moker, met mening slaan *('n bal); ~ s.t. **back*** iets vasspyker; *~ one's **colours** to the mast* →COLOUR *n.; ~ s.t. **down*** iets toespyker *('n kis ens.);* iets vasspyker/vasslaan *('n kennisgewing ens.); ~ s.o. **down** (to s.t.), (fig.)* iem. (aan iets) vasbind *('n belofte ens.); ~ s.t. **on/onto/to** ...* iets aan ... vasspyker/vasslaan; *be ~ed **to** ..., (fig.)* aan ... genael/(vas)geanker wees *(d. grond, jou stoel, ens.); ~ s.t. **together*** iets aanmekaarspyker/vasspyker; *~ s.t. **up*** iets toespyker *('n kis ens.);* iets vasspyker *('n kennisgewing ens.).* **~-biter** naelbyter, =kouer. **~-biting** *n.* naelbytery, =kouery. **~-biting** *adj. (attr.)* naelbyt=, naelkou=, senutergende; *~ **match*** naelbyt(wed)stryd, senutergende wedstryd; *~ **suspense*** naelbyt=, naelkouspanning; *~ **thriller*** naelbytriller; *~ **victory/win*** naelbytoorwinning, =sege. **~ bomb** spykerbom. **~ box** spykerbak. **~ brush** naelborsel(tjie). **~ claw** spykertrekker, =klou. **~ clippers** naelknipper. **~ enamel** *(Am.)* →NAIL POLISH. **~ extractor, ~ puller** spykertrekker, =tang. **~ file** naelvyl(tjie). **~ hammer** klouhamer. **~ head** spykerkop. **~-head tool** spykerhaak. **~ lacquer** →NAIL POLISH. **~maker** spykermaker, =smid. **~ nippers** spykerknipper. **~ polish, ~ lacquer,** *(Br.)* **~ varnish,** *(Am.)* **~ enamel** naellak, =politoer. **~ polish remover** naellak=, naelpolitoerverwyderaar. **~ puller** spykertrekker. **~ punch** →NAIL SET. **~ scissors** naelskêr(tjie). **~ set, ~ punch** spykerpons. **~ shank** spykerskag. **~ trimmer** naelknipper. **~ varnish** *(Br.)* →NAIL POLISH.

nail·er *(hoofs. hist.)* spykersmid, =maker. **nail·er·y** spykermakery, =fabriek.

nail·ing: **~ block** spykerblok. **~ strip** spykerlat.

nail·less naelloos, sonder naels; spykerloos, sonder spykers.

nain·sook *(tekst.)* nansoek.

nai·ra *(Nigeriese geldeenheid)* naira.

nais·sant *(her.)* uitkomend.

na·ive, na·ïve naïef, eenvoudig, kinderlik, goedgelowig; ongekunsteld, opreg. **na·ive·ty, na·ïve·ty,** *(Fr.)* **na·ive·té, na·ïve·té** naïwiteit, eenvoudigheid, kinderlikheid, goedgelowigheid; ongekunsteldheid.

na·ked nakend, naak, kaal, ontbloot; oop *(lig, vlam, ens.);* kaal, ongeïsoleer, onbeklee(d) *(draad);* onbeskerm(d); *(fin.)* ongedek *(opsie, koopopsie, obligasie);* eensydig, onvolledig *(kontrak); ~ **aggression*** openlike/onverbloemde aggressie; *the ~ **ape,** (<Desmond Morris se gelyknamige boek v. 1967)* die mens, homo sapiens; *with the ~ **eye*** →EYE; *the ~ **facts*** →***truth/facts;*** *~ **floor(ing)*** vloertimmerasie; *go ~* kaal/naak/nakend loop; *a ~ **light*** 'n oop lig; ***stark** ~* poedelnaak, =nakend, moedernaak, =nakend; *(infml.)* kaalbas, =stert; ***strip** s.o. ~, (lett. en fig.)* iem. kaal uittrek/stroop, *(fig.)* iem. uitskud; *the ~ **truth/facts*** die naakte waarheid/feite; *a ~ **wall*** 'n kaal muur; *a ~ **wire*** 'n kaal draad.

na·ked·ly naak, openlik, oop en bloot.

na·ked·ness naaktheid, kaalheid; weerloosheid.

na·ker *(mus., hist.)* →KETTLEDRUM.

Nam *(Am., infml., afk.)* = VIETNAM.

Na·ma *=ma(s),* **Na·ma·qua** *=qua(s), (bevolkingslid; taal)* Nama, Namakwa.

nam·a·ble →NAMEABLE.

Na·ma·qua →NAMA. **~ dove** *(Oena capensis)* namakwaduifie. **~land** *(geog.)* Namakwaland. **~(land) daisy** *(Dimorphotheca sinuata)* Namakwalandse madeliefie, botterblom, jakkalsblom. **~lander** Namakwalander. **~ pheasant** *(vero.)* namakwafisant; →NATAL FRANCOLIN. **~ sandgrouse** *(Pterocles namaqua)* kelkiewyn. **~ sunbird** →DUSKY **SUNBIRD**.

nam·by-pam·by *n., (neerh.)* papbroek, lamsak, slappeling. **nam·by-pam·by** *adj., (neerh.)* papbroek(er)ig, lamsakk(er)ig, ruggraatloos; slap; meisieagtig, meisierig; soetsappig, stroperig, sentimenteel.

name *n.* naam, benaming; roem, reputasie; →CHRISTIAN NAME, FAMILY NAME, FEMININE NAME, FIRST NAME, GIRL'S NAME, GIVEN NAME, HOUSEHOLD NAME, MAIDEN NAME, MAN'S NAME, MASCULINE NAME; ***against** s.o.'s ~* agter iem. se naam; *please **answer** to your ~* antwoord asseblief wanneer jou naam uitgelees word; *s.o. **answers** to the ~ of ...* iem. word ... genoem, iem. antwoord op die naam (van) ...; ***ask** for s.t. by ~* uitdruklik na iets vra; *have a **bad** ~* 'n slegte naam hê; *give a dog a **bad** ~ (and hang him)* 'n slegte naam kleef/klewe iem. steeds aan; ***bear** s.o.'s ~* iem. se naam dra; ***become** a ~* beroemd word; *be a **big** ~ in ...* 'n groot naam in (*of* op die gebied van) ... hê; *a **boy's** ~* 'n seunsnaam; *be ... in all **but** ~* feitlik (*of* so te sê *of* so goed as *of* prakties [gesproke]) ... wees; ***by** ~* by name; *... **by** ~* genaamd ...; ***by** the ~ of ...* met die naam (van) ...; ***call** s.o. by ~* iem. by name noem; ***call** s.o. by his/her ~* iem. op sy/haar naam noem; ***call** s.o. by his/her first ~* iem. op sy/haar voornaam noem; ***call** s.o. ~s* iem. uitskel, op iem. skel; ***call** s.o. all sorts of ~s* iem. uitmaak vir al wat sleg is; *not **catch** s.o.'s ~* iem. se naam nie mooi hoor nie; *not have a **cent/penny** to one's ~* geen sent op jou naam hê nie, geen sent (*of* [bloue] duit) besit nie, platsak wees; ***clear** one's ~* →CLEAR *ww.; give a **dog** a bad ~* →***bad;*** ***drop** ~s* met name smous (*of* te koop loop); ***fasten** a ~ on s.o.* iem. met 'n naam opsaal; *s.o.'s **full** ~* iem. se volledige/volle naam; *... is the ~ of the **game,** (infml.)* ... is die doel/kern van die saak, ... is (al) wat tel (*of* saak maak *of* gewig dra), ... is waarom dit gaan; ***give** it a ~, (ook, infml.)* wat sal dit wees?, wat drink jy?; ***give** one's ~* jou naam sê/verstrek/opgee; ***go** by the ~ of ...* onder die naam (van) ... gaan, die naam ... dra; vir ... deurgaan; *in **God's** ~* →GOD; *have a **good** ~* 'n goeie naam hê; ***have** a ~ for one's ...* bekend wees vir jou ...; *a marriage/etc. **in** ~ only* net in naam 'n huwelik/ens., 'n skynhuwelik/ens., 'n huwelik/ens. wat slegs op papier bestaan; ***in** the ~ of s.o.* namens (*of,* w.g., uit naam van) iem.; ***in** the ~ of the King, **in** the King's ~* in naam van die Koning; *the property/etc. is **in** s.o.'s ~* die eiendom/ens. staan op iem. se naam; ***in/under** s.o.'s ~* onder iem. se naam; ***injure** s.o's good ~* (iem. in) sy/haar eer aantas/krenk; ***keep up** one's good ~* jou naam hooghou/ophou (*of* nie laat val nie); ***know** s.o.'s ~* weet wat iem. se naam is; ***know** s.o. by ~ (only)* iem. (net) van naam ken; ***know** s.o. by the ~ of ...* iem. met die naam ... ken; iem. onder die naam ... ken; *s.o. is **known** by another ~* iem. is onder 'n ander naam bekend; ***leave** one's ~* jou naam gee, jou visitekaartjie laat/afgee; *a **list** of ~s* →LIST¹ *n.;* ***live up** to one's ~* jou naam ophou (*of* eer aandoen); ***make** a ~ (for o.s.)* naam maak; ***mention** ~s* name noem; ***mention** s.o. by ~* iem. by name noem; ***no** ~s, no pack drill, (infml.)* noem geen name nie, moenie name noem nie; *not have a **penny** to one's ~* →***cent/penny;*** ***put** s.o.'s ~ down as ...* iem. as ... inskryf/inskrywe *(lid, kandidaat, ens.);* ***put** s.t. in s.o.'s ~* iets op iem. se naam sit *(eiendom);* ***put** one's ~ to s.t.* iets onderteken; *not be able to **put** a ~ to s.o.* nie op iem. se naam kan kom nie; ***put** a cross to s.o.'s ~* 'n kruisie by iem. se naam maak; ***registered** in the ~ of the company* op naam van die maatskappy geregistreer; *the shares/etc. are **registered** in s.o.'s ~* die aandele/ens. staan op iem. se naam; *for Thy ~'s **sake*** →SAKE; ***send** one's ~ **up*** jou laat aanmeld; jou laat inskryf/inskrywe; ***sign** one's ~* →SIGN *ww.;* ***take** s.o.'s ~* iem. (anders) se naam aanvaar/oorneem; iem. se naam aanteken/neerskryf/neerskrywe, iem. (se naam) opskryf/opskrywe; ***take** in s.o.'s ~* iem. aanmeld; ***take** a ~ in vain* 'n naam ydellik gebruik; ***take** s.o.'s ~ off the roll* iem. (se naam) van die rol skrap; *in **that** ~* op dié/daardie naam; ***trade** on s.o.'s ~* met iem. se naam smous; ***what** is your ~?* hoe/wat is jou naam?, hoe heet jy?; ***what** did you say his/her ~ was?* hoe/wat is sy/haar naam nou weer?; ***what's** in a ~?* wat beteken (*of* steek in) 'n naam?; ***win*** *a ~ for o.s.* opgang maak; ***without*** *a ~* sonder naam; *a **woman's** ~* →WOMAN; *a ... **worthy** of the ~* 'n ... wat die naam verdien; ***write down** s.o.'s ~* iem. (se naam) opskryf/opskrywe. **name** *ww.* noem; opnoem; benoem; betitel; doop; met name (*of* by name) noem; *~ a child **after/for** s.o.* 'n kind na iem. (ver)noem; *be ~d **after/for** s.o.* na iem. genoem/vernoem wees, na iem. heet; *~ s.o. **as** ...* iem. as ... aanwys, iem. tot ... benoem; *... is not to **be** ~d (on) the same day ...* is nie in dieselfde asem te noem nie; *be ~d **by** s.o.* deur iem. by jou naam genoem word; *~ the **day*** →DAY; *~ **names*** name noem *(v. verdagtes ens.)*; *~ a **price*** 'n prys maak; *the **ship** was ~d by the Queen* die skip is deur die Koningin gedoop; *~d **variety*** benoemde variëteit; ***you** ~ it!, (infml.)* noem maar op!. ~ **board** naambord. **~-calling** geswets. **~check** *ww.* by name noem. **~-child** *(Br., arg.)* →NAMESAKE. ~ **day** *(RK)* naamdag; →TICKET DAY. **~-drop** *(infml.)* met name te koop loop. **~-dropper** *(infml.)* iem. wat met name te koop loop, naamsmous. **~-dropping** *(infml.)* (die) te koop loop (*of* [die] smous) met name, naamsmousery. **~-giver** naamgewer, benoemer. ~ **part** titelrol. **~plate** naambord(jie), =plaat(jie). **~sake** naamgenoot, genant. ~ **tag** naamkaartjie. **~tape** naamstrokie.

name·a·ble, nam·a·ble noembaar; benoembaar.

name·less naamloos, sonder naam, anoniem; onbenoem(d); nameloos, naamloos; onbekend; onbeduidend; ongenoem(d); onnoembaar, onuitspreeklik, walglik; onwettig *(kind)*; *s.o. who shall **be/remain** ~* iem. wat ongenoem sal bly, iem. wie se naam ek nie sal noem nie; *~ **fear*** namelose/naamlose vrees.

name·ly naamlik, te wete.

nam·er naamgewer, benoemer.

Na·mib·i·a *(geog.)* Namibië. **Na·mib·i·an** *n.* Namibiër. **Na·mib·i·an** *adj.* Namibies.

nam·ing naamgewing, benoeming, vernoeming.

Nam·lish *(SA, skerts.)* Namibiese Engels.

Na·mur *(geog.)* Namen.

nan, nan·(n)a *(Br., infml., kindert.)* ouma, oumie.

na·na *n., (oorspr.Austr., sl.), (kop)* (klapper)dop, boonste verdieping; *(domkop)* asjas, aspatat; *do one's ~, (baie kwaad word)* (jou) kop verloor, die aapstuipe kry, die hoenders in raak; *be off one's ~, (mal wees)* in jou dop gepik (*of* van jou trollie af) wees.

Nan·cy: *Miss ~* →NANCY (BOY).

nan·cy (boy), nance *(infml., neerh.)* sissie, mamma-se-seuntjie, melkdermpie; moffie.

na·nism *(biol., fisiol.)* dwergagtigheid, dwerggroei, nanisme; →DWARFISM.

Nan·jing, Nan·king *(geog.)* Nanjing, Nanking.

nan·keen nankin(g), geel katoenstof; *(hist., i.d. mv., ook* nankeen trousers*)* nankin(g)broek, Nankingse broek.

Nan·king →NANJING.

nan·(n)a *(Br., infml., kindert.)* →NAN.

nan·ny *=nies* kinderoppasster. ~ **(goat)** bokooi.

na·no- *komb.vorm, (10⁻⁹)* nano=.

nan·o·me·tre, *(Am.)* **nan·o·me·ter** *(afk.:* nm*)* nanometer.

na·no·sec·ond *(afk.:* ns*)* nanosekonde.

na·no·tech·nol·o·gy nanotegnologie.

nap[1] *n.* dutjie, slapie; *afternoon ~* →AFTERNOON *adj.; have/take a ~* 'n uiltjie knip, 'n dutjie/slapie maak/vang, 'n bietjie gaan rus (*of* skuins lê). **nap** *=pp=, ww.* dut, slaap, sluimer; *catch s.o. ~ping, (infml.)* iem. (onverhoeds) vang/betrap.

nap[2] *n.* pool, pluis, nop *(op klere, in 'n tapyt); (gh.)* nop *(op setgras); (ook, i.d. mv.)* noppiestof; →NAPLESS, NAPPY[2]. **nap** *=pp=, ww.* pluis; *~ped fabric* pluisstof; →NAPPER[1], NAPPING[2]. ~ **finish** pluisafwerking.

nap[3] *n., (kaartspel)* nap; *go ~* alles op een kaart sit; groot spekuleer.

nap·a (leath·er) →NAPPA (LEATHER).

na·palm *n.* napalm. **na·palm** *ww.* met napalmbomme aanval/bestook/ens., napalmbomme laat val op (*of* gebruik teen).

nape, *(soöl., anat.)* **nu·cha** agternek; (agter)nekholte, agterkopholte, nekrug, nekkuil(tjie); *take ... by the ~ of the neck ...* aan die nek beetkry/beetpak/gryp/vat.

Na·per·i·an →NAPIERIAN.

na·per·y *(arg.)* tafellinne.

Naph·ta·li *(OT)* Naftali.

naph·tha *(chem.)* nafta. **naph·tha·lene, naph·tha·lin(e)** *(chem.)* naftaleen. **naph·thene** *(chem.)* nafteen.

Na·pi·er: *~'s bones, (wisk.)* Neperse stafies. ~ **cloth** napierstof. ~ **fodder,** ~ **grass** *(Pennisetum purpureum)* olifantsgras. ~ **millet** *(Pennisetum thunbergii)* olifants=, napiergras.

Na·pier·i·an Nepers; *~ logarithm* natuurlike/Neperiaanse/Neperse logaritme.

nap·kin *n., (ook* table napkin*)* servet (→PAPER NAPKIN); *(Br., vero.)* (baba)doek, luier; *sanitary ~, (Am.)* →SANITARY PAD; *fold/hide/wrap* (or *lay up*) *one's talents in a ~* jou lig/lamp onder 'n maatemmer sit/verberg/versteek/wegsteek. ~ **ring** servetring.

Na·ples *n., (geog.)* Napels. **Na·ples** *adj.* Napels, Napolitaans; *~ yellow* napelsgeel; →NEAPOLITAN *adj.*.

nap·less kaal, afgeslyt, blink *(hoed ens.)*.

Na·po·le·on *(Fr. keiser)* Napoleon; *(n~, hist. munt)* napoleon. **Na·po·le·on·ic** Napoleonties, van Napoleon.

nap·pa (leath·er), nap·a (leath·er) napaleer.

nappe *(geol.)* dekblad.

nap·per[1] pluiser; pluismasjien.

nap·per[2] *(Br., infml.)* kop, klapperdop.

nap·ping pluising, pluisproses.

nap·py[1] *=pies, n.* (baba)doek, luier; *change a baby's ~* vir 'n baba 'n droë/skoon doek/luier aansit; *when s.o. was still in nappies* toe iem. nog doeke gedra het (*of* nog in die doeke was). ~ **rash** *(med.)* luieruitslag, brandboudjies.

nap·py[2] *adj.* pluisig, pluiserig; wollerig; skuimend *(bier)*; koppig, sterk *(alkoholiese drank)*; *(dial., hoofs. Br.: dronkerig)* lekkerlyf, aangeklam.

narc, nark, nar·co *(Am., sl., afk. v.* narcotics agent*)* dwelmagent.

nar·ce·ine, nar·ceen *(chem.)* narseïen.

nar·cis·sism, nar·cism narsis(sis)me, narcis(sis)me, selfliefde. **nar·cis·sist** narsis(sis), narcis(sis). **nar·cis·sis·tic** narsis(sis)ties, narcis(sis)ties.

Nar·cis·sus *(Gr. mit.)* Narsissus, Narcissus.

nar·cis·sus *=cissi, =cissuses, (bot.)* narsing.

nar·co·lep·sy *(med.)* vaaksug, narkolepsie. **nar·co·lep·tic** *n.* narkoleptikus. **nar·co·lep·tic** *adj.* narkoleptics.

nar·co·sis *=coses, (med.)* narkose, verdowing.

nar·cot·ic *n.* slaapmiddel; verdowingsmiddel, dwelm(middel), narkotikum; *~s bureau* narkotikaburo, buro vir narkotika. **nar·cot·ic** *adj.* narkoties, verdowend, slaapwekkend; *~ drug* dwelm(middel), verdowingsmiddel. **nar·co·ti·sa·tion, =za·tion** verdowing, narkotisering. **nar·co·tise, =tize** narkotiseer, verdoof, onder narkose bring. **nar·co·tism** narkotisme, slaapsug.

nar·co·tine *(chem.)* narkotien.

nard →SPIKENARD.

nar·ghi·le, nar·gi·le(h) (Turkse) waterpyp, nargile(h); →HOOKA(H).

nar·is *nares, (anat., soöl.)* neusgat.

nark *n., (infml.), (hoofs. Br.)* (polisie-)informant, (polisie)spioen, (ver)klikker, verklapper; kla=, kermkous, neulpot; *(Austr.)* pretbederwer, suurpruim; *(Am.)* →NARC. **nark** *ww., (hoofs. Br.)* vies maak, omkrap, irriteer; spioeneer; bespioeneer; verklik; *be/get ~ed* omgesukkel/omgeëllie/omgekrap (*of* die hoenders/josie/joos/swernoot in) wees/raak; *~ it!* skei uit!, kry nou end!. **nark·y** *=ier =iest, (Br., infml.)* omgesukkel, omgeëllie, omgekrap, beduiweld; klaerig; sarkasties, smalend, minagtend.

nar·rate vertel, verhaal, beskryf, beskrywe. **nar·ra·tion** vertelling, verhaal, beskrywing, relaas. **nar·ra·tive** *n.* verhaal, vertelling, relaas; *(lettk.)* narratief. **nar·ra·tive** *adj.* verhalend, vertellend; *(lettk.)* narratief; *~ art* verhaal=, vertelkuns; *~ poem* verhalende/epiese gedig; *~ style* verhaaltrant. **nar·ra·tor** verteller, verhaler.

nar·row *n. (gew. i.d. mv.)* (rivier)engte; see-engte; smal deurvaart. **nar·row** *adj.* smal, nou, knap, eng; beperk, gering, klein, skraps; bekrompe, kleingeestig, eng; nougeset, noukeurig, presies; *(dial.)* krenterig, inhalig, suinig; *(fonet.)* gespanne; naelskraap(s); *~ **bridge*** smal/nou brug; *the ~ **cell/house**, (poët., liter.)* die graf; *~ **channel*** geul; *be in ~ **circumstances*** dit nie breed hê nie, in armoedige omstandighede leef/lewe; *much in a ~ **compass*** baie in 'n klein bestek; *have a ~ **escape*** →ESCAPE *n.*; *~ **examination*** grondige ondersoek; taai eksamen; *~ **interpretation/sense*** eng(e) vertolking/sin/betekenis; *~ **majority*** klein/geringe meerderheid; *~ **money**, (fin.)* primêre geldvoorraad; *the (strait and) ~ **path/way**, (<Matt. 7:14: deugsaamheid)* die nou(e)/smal pad/weg; *~ **river*** smal rivier; *the ~ **seas**, (Br., arg.)* die Engelse Kanaal en die Ierse See; *the ~ **side*** die smal kant; *a ~ **sleeve*** 'n nou mou; *a ~ **squeak*** →SQUEAK *n.*; *a ~ **street/entrance*** 'n nou straat/ingang; *a ~ **victory*** 'n naelskraapoorwinning (*of* naelskraapse oorwinning); *~ **views*** eng(e)/bekrompe idees/opvattings. **nar·row** *ww.* vereng, vernou, beperk, (in)krimp, kleiner maak; versmal; *~ s.t. down to ...* iets tot ... beperk *('n keuse, soektog, ens.)*; iets tot ... verminder; *it ~s down to this* dit kom hierop neer; *~ one's eyes* jou oë op 'n skrefie trek. ~ **band** *n., (rad.)* smal band. **~-band** *adj. (attr.), (rad.)* smalband= *(frekwensiemodulasie ens.)*. **~boat** kanaalboot. **~-brimmed** met 'n smal rand; *a ~ hat* 'n smalrandhoed. **~-chested** smalborstig, smal van bors. ~ **gauge** *(spw.)* smal spoor. **~-gauge(d) railway/line/track** smalspoor(lyn), smal spoorweg/spoorbaan/treinspoor. **~-minded** *adj.* kleingeestig, =sielig, bekrompe, benepe, verkramp. **~-mindedly** *adv.* kleingeestig. **~-mindedness** kleingeestigheid, =sieligheid, bekrompenheid, benepenheid, verkramptheid. **~-souled, ~-spirited** →NARROW-MINDED.

nar·row·ing vernouing, versmalling, verenging; (in)=krimping.

nar·row·ish nouerig, bra nou; smallerig, bra smal.

nar·row·ly naelskraap(s), net-net, ampertjies, (so) amper-amper/byna-byna, so hittete; ternouernood, (so) op 'n nerf na; *s.o. ~ escaped death* →ESCAPE *ww.*; *look at s.t. ~* iets noukeurig bekyk; *observe s.o. ~* iem. fyn dophou.

nar·row·ness noute, smalheid, engte; bekrompenheid, kleingeestigheid, engheid.

nar·thex *=thexes, (bouk.)* kerkportaal, voorhal.

nar·whal *=whals* narwal, eenhoringvis.

nar·y *(infml. of dial.): ~ a ...* geen (enkele) ... nie.

na·sal *n., (fonet.)* neusklank, nasaal. **na·sal** *adj.* nasaal, neus=. ~ **bone** neusbeen. ~ **cavity** neusholte. ~ **inhaler** neusinhaleerder. ~ **organ** reukorgaan, neus. ~ **passage** neusgang. ~ **sound** *(fonet.)* neusklank, nasaal, nasale klank. ~ **spray** neussproei. ~ **syringe** neusspuit(jie). ~ **worm** *(veearts.)* neuswurm.

na·sa·lis *(anat.)* neusspier; *(soöl.)* →PROBOSCIS MONKEY.

na·sal·ise, =ize nasaleer, deur die neus uitspreek; deur die neus praat. **na·sal·i·sa·tion, =za·tion** nasalering.

na·sal·i·ty nasaliteit.

na·sal·ly deur die neus; met 'n neusgeluid.

nas·cent wordend, ontluikend, opkomend, ontstaande; *(chem.)* nassent. **nas·cen·cy** ontstaan, oorsprong, geboorte; *(chem.)* nassensie.

na·si go·reng *(Indon. kookk.: soort rysgereg)* nasi goreng.

na·so·phar·ynx *(anat.)* neuskeelholte.

nas·tur·tium *(Tropaeolum majus)* kappertjie.

nas·ty *=ties, n., (infml.)* nare entjie mens, gemene/haatlike vent, satan(skind), wetter, lae lak, skobbejak;

gruwel(rol)prent, =fliek, =film. **nas·ty** *adj.* vuil, vieslik, morsig, smerig; onaangenaam; beroerd, sleg; naar, gemeen, haatlik, geniepsig, lelik; goor, liederlik; *a ~ **accident*** 'n lelike ongeluk; *a ~ **attack** of fever* 'n kwaai koorsaanval; *have a ~ **cold** →*COLD *n.; a ~ **customer/fellow*** 'n onaangename/nare vent; 'n gevaarlike kalant; *have a ~ **fall*** lelik val; *a ~ **feeling*** 'n nare/onaangename gevoel; *a ~ **knock*** 'n lelike klap/hou; *a ~ **letter**, (ook)* 'n stink brief; *it was ~ **of** s.o. to do s.t.* dit was naar van iem. om iets te doen; *a ~ **one*** 'n kwaai/lelike hou; 'n harde/taai klap; 'n harde/kwaai/lelike slag; *be ~ **to** s.o.* naar/onbeskof/onvriendelik teenoor iem. wees; jou snaaks teenoor iem. hou; ***turn** ~* onaangenaam word; *~ **weather*** ellendige/miserabele weer; *s.o. is a ~ piece/bit of **work**, (infml.)* iem. is 'n nare entjie mens (*of* 'n gemene/haatlike vent *of* 'n satan(skind)/wetter/skobbejak *of* 'n lae lak). **nas·ti·ness** vuilheid, vieslikheid, smerigheid; gemeenheid, geniepsigheid; liederlikheid, morsigheid; onaangenaamheid.

Nat *Nats, (infml., pol., afk. v.* Nationalist*)* Nat.

Na·tal *(geog., hist.)* Natal. **~ duiker** →RED DUIKER. **~ francolin** →FRANCOLIN. **~ grass** natalgras. **~ mahogany** →MAHOGANY. **~ plum, large num-num** *(Carissa macrocarpa)* grootnoem-noem.

na·tal¹ geboorte=; *~ day* geboortedag, verjaar(s)dag; *~ hour* geboorteuur. **na·tal·i·ty** geboortesyfer.

na·tal² *(anat.)* boud=; *~ muscle* boudspier.

Na·tal·i·a *(SA, hist.: 'n Boererepubliek)* Natalia.

Na·tal·ian *n.* Nataller. **Na·tal·ian** *adj.* Natals.

na·tant *(fml., w.g.)* swemmend; drywend. **na·ta·tion** *(fml. of poët., liter.)* swemmery, swemkuns. **na·ta·to·ri·al** swemmend, swem=; *~ bird* swemvoël. **na·ta·to·ry** swem=; *~ bladder* swemblaas *(v. 'n vis)*.

na·ta·to·ri·um =*riums,* =*ria, (Am.)* (binne[ns]huise) swembad.

natch *(infml., afk. v.* naturally*)* natuurlik, vanselfsprekend, ongetwyfeld, sonder twyfel.

na·tes *n. (mv.)* →NATIS.

Na·than *(OT)* Natan.

Na·than·ael *(NT)* Natanael.

nath(e)·less *(arg.)* (des)nietemin, desnieteenstaande, desondanks.

na·tion nasie; volk; staat; moondheid; staatsvolk; *most favoured ~ status* →STATUS; *~ of shopkeepers* →SHOPKEEPER. **~ builder** nasiebouer. **~-building** nasiebou. **~-state** nasiestaat. **~wide** *(Am.)* land(s)wyd, oor die hele land.

na·tion·al *n.* burger; onderdaan. **na·tion·al** *adj.* nasionaal; lands=; staatlik, staatkundig; vaderlands; volks=; staats=; algemeen; land(s)wyd, van/vir die (hele) land; *~ **affairs*** landsake; *~ **anthem*** volkslied; *~ **ardour*** volksliefde; *~ **army*** nasionale leër; *N~ **Assembly**, (parl.)* Nasionale Vergadering; *~ **bank*** nasionale/sentrale bank; *~ **budget*** staatsbegroting; *~ **chairman/president*** algemene voorsitter; *~ **character*** volksaard, =karakter, landaard; *~ **church*** volkskerk; staatskerk; *~ **consciousness*** nasionale bewussyn; *~ **convention**, (pol.)* nasionale konvensie; *~ **costume/dress*** nasionale drag, volksdrag; *~ **council/committee/executive*** hoofbestuur, algemene raad; *N~ **Council** of Provinces, (SA, parl.)* Nasionale Raad van Provinsies; *~ **curriculum*** nasionale kurrikulum/leerplan; *~ **dance*** volksdans; *~ **dancing*** volksdanse; *~ **debt*** owerheidskuld, landskuld, openbare skuld; *~ **defence*** landsverdediging; *~ **dividend*** →NATIONAL INCOME; *~ **doll*** pop in volksdrag (*of* nasionale drag); *~ **economy*** landsekonomie, nasionale ekonomie; *~ **emergency*** nasionale noodtoestand; *~ **enemy*** landsvyand; *~ **executive*** hoofbestuur; *~ **existence*** volksbestaan; *~ **expenditure*** nasionale besteding; *~ **feeling*** nasionale gevoel; *~ **festival*** nasionale fees, volksfees; *~ **flag*** landsvlag; *(sk.)* nasievlag; onderskeidingsvlag; *N~ **Front**, (Br., pol., afk.:* NF*)* National Front; *~ **frontier*** lands=, staatsgrens; *~ **funeral*** staatsbegrafnis; *~ **game*** nasionale spel; *N~ **Guard**, (Fr., Am.)* Nasionale Garde; *~ **health*** nasionale gesondheid, volksgesondheid; *N~ **Health Service**, (Br., afk.:* NHS*)* Nasionale Gesondheidsdiens, Staatsgesondheidsdiens; *~ **history*** volksgeskiedenis; nasionale/vaderlandse geskiedenis; *~ **holiday*** nasionale vakansiedag; *~ **honour*** nasie-eer; *~ **identity*** volkseie; nasionale identiteit; *~ **income/dividend*** nasionale inkomste, volksinkomste; *~ **independence/liberty*** volksvryheid; nasionale onafhanklikheid; *~ **insurance**, (Br.)* nasionale versekering; *~ **interest*** landsbelang, nasionale belang; *~ **language*** nasionale taal, landstaal; *~ **law*** landsreg; *~ **leader*** volksleier; landsleier; *~ **life*** volkslewe; nasionale bestaan; *~ **lottery*** staatslotery; *~ **mission*** volksroeping; landsmissie; *~ **monument*** nasionale gedenkwaardigheid; *~ **park*** nasionale park; *N~ **Party**, (pol.)* Nasionale Party; *~ **pride*** nasietrots; *~ **problem*** landsvraagstuk, nasionale vraagstuk; *~ **product*** nasionale opbrengs/opbrings/produk(sie); →GROSS NATIONAL PRODUCT; *~ **prosperity*** landswelvaart; *~ **road*** nasionale pad; *N~ **Savings Certificate**, (SA, hist.)* Nasionale Spaarsertifikaat; *N~ **School**, (Ier.)* staatskool; *(Eng.)* armeskool; *N~ **Scout*** National Scout; *~ **secretary*** hoofsekretaris; *~ **security*** landsveiligheid; *~ **service*** diensplig; *N~ **Socialism**, (hist.)* Nasionaalsosialisme, Nazi(ï)sme; *N~ **Socialist**, (n., hist.)* Nasionaal-sosialis, Nazi; *N~ **Socialist**, (adj., hist.)* Nasionaal-sosialisties, Nazi=, Nazi(ï)sties; *~ **song*** volkslied; *~ **spirit*** volksgees, =gevoel; nasiegees; *~ **treasury*** staatskas; *N~ **Trust**, (amptelike Br. bewaringsliggaam)* National Trust; *N~ **Union of Mineworkers**, (afk.:* NUM*)* Nasionale Unie van Mynwerkers; *~ **unit*** nasionale eenheid; *~ **unity*** volkseenheid; nasie-eenheid; *~ **well-being/welfare*** volkswelsyn; *N~ **Women's Day**, (SA, 9 Aug.)* Nasionale Vrouedag; *N~ **Youth Day*** →YOUTH DAY.

na·tion·al·ise, =ize nasionaliseer; *(w.g.)* naturaliseer. **na·tion·al·i·sa·tion, =za·tion** nasionalisasie, nasionalisering; *(w.g.)* naturalisasie.

na·tion·al·ism *(i.d. pol. N~)* nasionalisme, nasionaliteitsgevoel; volksgevoel, volksgees. **na·tion·al·ist** *n., (i.d. pol. N~)* nasionalis, vaderlander, patriot. **na·tion·al·ist, na·tion·al·is·tic** *adj.* nasionalisties. **na·tion·al·is·ti·cal·ly** nasionalisties, op nasionalistiese wyse.

Na·tion·al·ist Chi·na →CHINA.

na·tion·al·i·ty nasionaliteit; volkskarakter; nasionale aard.

na·tion·al·ly land(s)wyd; vir/oor die hele land.

na·tion·hood nasieskap; *achieve ~* 'n selfstandige nasie word.

na·tis *nates, (teg.)* →BUTTOCK.

na·tive *n.* inwoner, boorling *(v. 'n plek)*; inboorling; inheemse dier/plant; *(SA, vero., neerh.: swart mens)* naturel; *(Br., ook* native oyster*)* inheemse/plaaslike oester; *s.o. is a ~ of the Free State* iem. is in die Vrystaat gebore (*of* is 'n gebore Vrystater *of* is 'n boorling van die Vrystaat). **na·tive** *adj.* aangebore, ingebore; natuurlik, eie, oorspronklik; van eie bodem, inheems; *(geol.)* natuurlik, gedeë *(metaal, element, ens.)*; geboorte=; *N~ **American*** Amerikaanse Indiaan/inboorling; *~ **breed*** inheemse ras; *~ **city*** geboorte=, vaderstad; *~ **country/land*** vader=, geboorteland; ***go** ~, (setlaar)* soos 'n inboorling (gaan) leef/lewe, verinlands; *~ **heath*** geboortegrond; *~ **language*** moedertaal; *~ **law*** inheemse reg; →INDIGENOUS LAW, CUSTOMARY LAW; *N~ **Law**, (SA, hist.)* Naturellereg; *~ **plant*** inheemse plant; *s.o.'s ~ **soil*** →SOIL² *n.*; *~ **son*** landseun; *~ **speaker*** moedertaalspreker; *a ~ **speaker** of English/etc.* iem. met Engels/ens. as moedertaal; *s.t. is ~ **to** ...* iets is in ... inheems; *~ **town*** geboortedorp, =stad; *~ **tree*** inheemse boom; *~ **village*** geboortedorp; *N~ **village**, (vero., neerh.)* naturellestat; *~ **wit*** gesonde verstand; natuurlike gevatheid. **N~ Affairs** *(SA, hist.)* Naturellesake. **~-born** inheems, in die land gebore; *~ citizen* gebore burger. **N~ commissioner** *(SA, hist.)* naturellekommissaris. **N~ Council** *(SA, hist.)* Naturelleraad. **N~ hut** *(vero., neerh.)* hut, stroois.

na·tiv·ism *(antr.; teorie dat begrippe, vermoëns, ens. aangebore is)* nativisme; *(hoofs. Am., hist.)* inboorlingbegunstiging.

na·tiv·i·ty geboorte, herkoms; *cast s.o.'s ~, (astrol., vero.)* iem. se horoskoop trek; *Church of the N~* Geboortekerk; *the N~* die geboorte van Christus. **~ ode** *(liter., w.g.)* geboortesang. **N~ play** Kersspel.

na·tri·um *(vero.)* →SODIUM.

nat·ro·lite *(min.)* natroliet.

na·tron *(chem.)* natron, wassoda, kristalsoda, natriumkarbonaat; *Lake N~* die Natronmeer.

nat·ter *n., (infml., hoofs. Br.)* geselsie; geklets, gebabbel. **nat·ter** *ww.* (lekker) gesels/klets; *(dial.)* brom, mor, mopper, kerm, tjommel. **nat·ter·er** klets=, babbelkous; *(dial.)* brompot. **nat·ter·ing** geklets, gebabbel; *(dial.)* gebrom, gemor, gekerm, getjommel.

nat·ter·jack (toad) draf=, streeppadda, Engelse padda, stinkpadda.

Nat·ti·er blue *n. & adj., (vero.)* sagte hemelsblou.

nat·ty¹ *(infml.)* viets, agtermekaar, netjies, sjiek, (fyn) uitgevat; windmaker(ig), spoggerig; slim, vernuftig, vindingryk. **nat·ti·ness** vietsheid, netheid, keurigheid, sjiekheid; vernuf(tigheid), vindingrykheid.

nat·ty² *(sl.)* gekoek *(hare)*. **~ dread** Rasta(fariër); *(ook, i.d. mv.)* Rastalokke.

nat·u·ral *n.* natuurlik begaafde; *(mus.)* herstelteken; *(arg., neerh.)* idioot; *be a ~ for s.t., (infml.)* vir iets uitgeknip wees. **nat·u·ral** *adj.* natuurlik; aangebore, eie; ongekunsteld, ongedwonge; natuur=; *~ **arch*** natuurlike boog; *~ **beauty*** natuurskoon; *~ **bridge**, (geol.)* natuurlike rotsbrug; *~ **childbirth*** natuurlike geboorte; *~ **classification**, (biol.)* natuurlike klassifikasie; *~ **colour*** natuurkleur; *everything **comes** so ~ to s.o.* iem. doen alles so ongedwonge, alles is vir iem. maklik; *~ **day*** etmaal; van sonop tot sononder; *~ **death*** natuurlike dood; *~ **disaster*** natuurramp; *~ **exposure**, (geol.)* dagsoom; *~ **food*** natuurlike kos; *~ **force*** natuurkrag; *~ **forest*** natuur=, houtbos; *~ **frequency**, (fis.)* eie frekwensie; *~ **gas*** aard=, natuurgas; *~ **historian*** natuurhistorikus, (vakkundige) natuurkenner; *~ **history*** natuurstudie, =leer, dier- en plantkunde; natuurgeskiedenis; *(med.)* natuurlike verloop *(v. 'n onbehandelde siekte)*; *~ **immunity**, (med.)* natuurlike immuniteit; *~ **language*** natuurlike taal; *~ **law*** natuurwet; *(jur.)* natuurreg; *~ **life*** lewensduur; *for the term of s.o.'s ~ **life*** lewenslank; *~ **logarithm**, (wisk.)* natuurlike logaritme; *~ **monument*** natuurmonument; natuurlike monument; *~ **number**, (wisk.)* natuurlike getal; *~ **oil*** aardolie, petroleum; ***perfectly/quite** ~* doodnatuurlik; *~ **person**, (jur.)* natuurlike persoon; *~ **phenomenon*** natuurverskynsel; *~ **philosophy**, (arg.)* natuurkunde, =filosofie, =leer; *~ **religion*** natuurlike godsdiens, deïsme; *~ **resources*** natuurlike hulpbronne; *~ **right*** natuurreg; *~ **science*** natuurwetenskap; *~ **selection**, (biol.)* natuurlike seleksie, *(w.g.)* natuurlike teeltkeuse; *~ **state*** natuurstaat; *~ **theology*** natuurlike teologie; *s.t. comes ~ **to** s.o.* iets is vir iem. (dood)maklik (*of* kom vir iem. vanself), iem. doen iets ongedwonge; *~ **uranium*** natuurlike uraan; *~ **virtues*** kardinale deugde, hoofdeugde; *~ **wastage**, (ekon.)* natuurlike uitvloei (van mense/personeel); *in a ~ **way*** op natuurlike wyse; *~ **wine*** natuurwyn; *~ **wonder*** natuurwonder; *~ **wool*** ruwol; *~ **world*** sigbare wêreld. **~-born citizen/subject** gebore burger, burger deur geboorte. **~ history museum** natuurhistoriese museum.

nat·u·ral·i·sa·tion, =za·tion naturalisasie. **~ papers** naturalisasiebewys, =sertifikaat.

nat·u·ral·ise, =ize naturaliseer; *~ o.s.* jou laat naturaliseer.

nat·u·ral·ism naturalisme. **nat·u·ral·ist** *n.* natuurkenner, natuurondersoeker, natuurvorser, naturalis. **nat·u·ral·ist, nat·u·ral·is·tic** *adj.* naturalisties.

nat·u·ral·ly natuurlik, vanselfsprekend; vanself, spontaan; natuurlik(erwys[e]), op natuurlike wyse; van nature; uiteraard; *be ~ porous/etc.* van nature poreus/ens. wees; *s.t. comes ~ to s.o.* iets is vir iem. (dood)maklik (*of* kom vir iem. vanself), iem. doen iets ongedwonge; *perfectly/quite ~* doodnatuurlik.

nat·u·ral·ness natuurlikheid, ongekunsteldheid, ongedwongenheid.

na·ture natuur; aard, natuur, karakter, geaardheid, eienskap, inbors; aard, soort; wese; gesteldheid; ***against*** ~ teen die natuur, onnatuurlik; ***back*** *to* ~ terug na die natuur; *... it's/that's the ~ of the* ***beast,*** *(infml.)* so is dit, dis nou (maar) eenmaal so (*of* soos dit is); ***by*** ~ van aard/natuur/nature; *be cautious/etc.* ***by*** ~ van aard/natuur/nature versigtig/ens. wees; *obey the* ***call*** *of ~, (euf.)* 'n draai loop, jou behoefte doen, broek losmaak; *have an urgent* ***call*** *of ~, (euf.)* ('n) groot nood hê, jou nood is hoog; ***a child*** *of* ~ 'n natuurkind; ***in the course*** *of* ~ in die gewone gang/loop van sake; ***ease*** ~ →*obey the* ***call*** *of nature; draw/paint* ***from*** ~ na die natuur teken/skilder; *in ~'s* ***garb,*** *(infml.)* poedelkaal, -naak, *('n man)* in adamsgewaad/-pak, *('n vrou)* in evasgewaad; *one of ~'s* ***gentlemen,*** *(w.g.)* 'n gebore heer; *s.o.'s* ***good*** ~ iem. se goedgeaardheid; ~ ***of the ground*** terreingesteldheid; ***human*** ~ →HUMAN; ***in*** ~ in die natuur; *s.t.* ***in the*** *~ of ...* iets (wat lyk) soos ..., iets van die aard (*of* met die vorm *of* op die geaardheid) van ...; *it is* ***in the*** *~ of a command* dit dra die karakter van 'n bevel; *it is* ***in*** *the ~ of an experiment* dit is 'n soort proefneming; *it is* ***in*** *the ~ of things* dit lê in die aard van die saak; *it is not* ***in*** *s.o.'s ~ to ...* dit lê nie in iem. se aard om te ... nie; ***in/from/by*** *the ~ of things* (*or the case*) uit die aard van die saak, uiteraard; ***Mother*** *N~* Moeder Natuur; ~ *or* ***nurture*** die natuur of die leer; ~ *passes* ***nurture,*** *(w.g.)* die natuur is sterker as die leer; ***of*** *this* ~ van hierdie aard/soort/stempel; *all* ~ ***rejoices,*** *(poët., liter.)* die hele natuur juig; ***relieve*** ~ →*obey the* ***call*** *of nature; s.t. is* ***second*** ~ iets is 'n tweede natuur; ~ *of (the)* ***soil*** bodemgesteldheid; *be in a* ***state*** *of* ~ in die natuurstaat wees; *(infml.)* poedelkaal/-naak wees; *(Chr. teol.)* in 'n sondige staat wees/verkeer; *have a* ***sweet/etc.*** ~ 'n liewe/ens. geaardheid hê; ***true*** *to* ~ natuurgetrou; ***unspoilt*** ~ die ongerepte natuur; *from its* ***very*** ~ in sy wese. ~ **conservation** natuurbewaring, -beskerming. ~ **cure** →NATUROPATHY. ~ **deity,** ~ **god** natuurgod(heid). ~**-friendly** natuurvriendelik, omgewingsvriendelik. ~ **healer** natuurgeneser, -geneeskundige. ~ **healing** natuurgenesing, -geneeskunde, -geneeswyse. ~ **lover** natuurliefhebber. ~ **philosophy** natuurbeskouing. ~ **preservation** natuurbewaring. ~ **reserve** natuurreservaat. ~ **study** natuurstudie, -kennis. ~ **trail** natuurpad, -roete. ~ **worship** natuurdiens, -aanbidding. ~ **worshipper** natuuraanbidder.

-na·tured *komb.vorm* -geaard, -aardig, -gehumeur(d); *good-~* goedgeaard, goedaardig, goedgehumeur(d), goedhartig, goedig, gemoedelik, vriendelik, minsaam; *ill-~* sleggeaard, sleggehumeur(d), nors, knorrig, nukkerig, stuurs, onvriendelik.

na·tur·ism nudisme, naaklopery; natuuraanbidding; *(filos.)* naturalisme. **na·tur·ist** natuurnavolger; naakloper; naturalis.

na·tur·op·a·thy naturopatie, natuurgenesing, -geneeskunde. **na·tur·o·path** naturopaat, natuurgeneser, -geneeskundige.

naught *n. & vnw., (arg. of poët., liter.)* niks; *(Am.)* nul; ***bring*** *s.t. to ~, (arg.)* iets ongedaan (*of* tot niet) maak; ***come*** *to ~, (arg.)* misluk, verongeluk; in rook opgaan; op niks uitloop; *it* ***counts*** *for ~, (poët., liter.)* dit tel nie (mee) nie; dit baat niks, dit is (te)vergeefs; ***set*** *s.t. at ~, (arg.)* iets in die wind slaan *(raad, 'n waarskuwing, ens.)*, iets van nul en gener waarde ag; →NOUGHT. **naught** *adj., (vero.)* waardeloos. **naught** *adv., (arg. of poët., liter.): it matters ~* dit maak geen (*of* glad nie *of* nie die minste) saak nie.

naugh·ty *(hoofs. kinders)* stout, ondeund, goddeloos, onhebbelik; *(infml.)* stout, skurf, gewaag(d) *(grap ens.)*; *a ~ child, (ook)* 'n ondeug/stouterd/onnut/vabond(jie); *a ~ prank* 'n lekker poets. **naugh·ti·ly** stout, ondeund. **naugh·ti·ness** stout(ig)heid, ondeundheid, goddeloosheid; kattekwaad, kwajongstreke; onnutsigheid.

nau·se·a mislikheid, naarheid; walging, weersin, afkeer, afsku; *suffer from ~* mislik/naar wees. **nau·se·ate** mislik maak, (laat) walg; teë maak; *s.t. ~s s.o., s.o. is ~d by s.t.* iets maak iem. mislik/naar; iets walg iem. (*of* vervul iem. met walging/weersin/afkeer/afsku), iem. walg (*of* het 'n walging) van iets. **nau·se·at·ing** walglik, weersinwekkend, afstootlik, afskuwelik, om mislik/naar van te word. **nau·seous** mislik, naar; walglik, weersinwekkend. **nau·seous·ness** mislikheid, naarheid; walglikheid, afstootlikheid.

nau·se·am: *ad ~, (Lat.)* tot vervelens/satwordens toe; tot walgens toe.

nautch *(<Hindi)* Indiese dans(vertoning). ~ **(girl)** Indiese dansmeisie/danseres.

nau·ti·cal skeeps-, see-, seevaart-; ~ ***almanac*** seemansalmanak, seevaartkundige almanak; ~ ***art*** seevaartkunde; ~ ***atlas*** seeatlas; ~ ***chart*** seekaart; ~ ***compass*** skeepskompas; ~ ***dictionary*** seemanswoordeboek; ~ ***knot*** knoop, seemyl per uur; ~ ***language*** seemanstaal; ~ ***man*** seeman, -vaarder; ~ ***matters*** seesake; ~ ***mile*** seemyl; ~ ***table*** seevaarttafel, seevaartkundige tafel; ~ ***term*** see(mans)term, skeepsterm, skeepvaartterm, woord uit die seemanstaal; ~ ***twilight*** seevaartskemering.

nau·ti·lus *-tiluses, -tili* nautilus, seilslak.

Nav·a·ho *-ho -ho(e)s,* **Nav·a·jo** *-jo, -jo(e)s* Navajo(-Indiaan); *(taal)* Navajo.

na·val see-, skeeps-, marine-, vloot-; ~ ***academy*** vlootkollege, -gimnasium, -akademie, -opleidingskollege, seevaartskool; ~ ***action*** seegeveg; ~ ***affairs*** vlootsake; ~ ***architect*** skeepsboukundige, skeepsontwerper; ~ ***architecture*** skeepsbou(kunde); ~ ***base*** vlootbasis; ~ ***battle*** seeslag; ~ ***brigade/militia*** vlootmilisie; ~ ***cadet*** vlootkadet; ~ ***chaplain*** vlootkapelaan; ~ ***college*** marineskool, seevaartskool; ~ ***construction*** vlootbou; ~ ***disaster*** seeramp; ~ ***engagement*** seegeveg; ~ ***engineer*** skeepsmasjinis; ~ ***history*** seevaartgeskiedenis, geskiedenis van die seevaart; ~ ***lieutenant*** vlootluitenant; *(Ndl.)* luitenant-ter-see; ~ ***matters*** seewese, vlootaangeleenthede; ~ ***officer*** vlootoffisier; ~ ***port*** vloothawe, oorlogshawe; *~/maritime* ***power*** seemag, -moondheid, maritieme moondheid; sterkte ter see; ~ ***review*** vlootskou; ~ ***school*** seevaartskool; ~ ***science*** seevaartkunde; ~ ***ship*** oorlogskip, oorlogsbodem; ~ ***shipyard*** marinewerf; ~ ***staff*** vlootstaf; vlootpersoneel; ~ ***station*** vlootstasie; ~ ***stores*** skeepsvoorraad, -behoeftes; ~ ***supremacy*** seeheerskappy; ~ ***term*** vlootterm; ~ ***vessel*** vlootvaartuig; ~ ***victory*** oorwinning ter/op see; ~ ***war*** seeoorlog; seestryd; oorlog ter/op see; ~ ***warfare*** seeoorlogvoering; ~ ***yard*** vlootwerf. **na·val·ism** marinisme. **na·val·ist** marinis.

nav·a·rin *(Fr., kookk.: soort bredie)* navarin.

Na·varre *(geog.)* Navarra. **Na·var·rese** *n. & adj.* Navarrees.

nave[1] naaf *(v. 'n wiel)*. ~ **band,** ~ **hoop** naafband.

nave[2] *(argit.)* (midde)skip *(v. 'n kerk)*.

na·vel nael(tjie); *(fig.)* middelpunt, sentrum; *contemplate (*or *gaze at) one's ~, (fig., infml., dikw. neerh.)* (sit en) peins/broei/tob/mymer, in jou siel ronddelf, jouself ondersoek; in jouself opgaan. ~ **contemplating,** ~ **gazing** gepeins, gebroei, broeiery, getob, tobbery, gemymer, mymery; vrugtelose selfontleding; selfbeheptheid. ~ **ill** *(veearts.)* naelstringontsteking, -siekte. ~ **(orange)** nawel(lemoen). ~ **rupture** naelbreuk. ~ **string,** ~ **cord** →UMBILICAL CORD. ~**wort** →PENNYWORT.

nav·i·cert *(sk.)* vaarsertifikaat.

na·vic·u·lar *n., (anat., ook* navicular bone *of* scaphoid [bone]*)* skuitvormige/navikulêre been, skuit(jie)been, skafoïed(been). **na·vic·u·lar** *adj., (hoofs. arg.)* skuit-, bootvormig, navikulêr.

nav·i·ga·ble bevaarbaar; vaarbaar; seewaardig; (be)stuurbaar; *~ water(s)* vaarwater. **nav·i·ga·bil·i·ty, nav·i·ga·ble·ness** bevaarbaarheid; vaarbaarheid; (be)stuurbaarheid; seewaardigheid.

nav·i·gate vaar; bevaar; stuur; *(lugv.)* navigeer; *~ by the compass/stars* op die kompas/sterre stuur; *~ the Internet/Net* op die Internet/Net rondsoek/-snuffel; *navigating officer* stuurman; navigasieoffisier, navigator.

nav·i·ga·tion navigasie, seevaartkunde; skeepvaart, seevaart; →INLAND NAVIGATION; ***aerial*** ~ lugvaart; ~ ***channel*** vaargeul; ***commercial*** ~ handelskeepvaart, koopvaardy; ***school*** *of* ~ seevaartskool; ***science*** *of* ~ seevaartkunde. ~ **light** navigasie-, vaarlig *(v. 'n skip)*; navigasie-, posisielig *(v. 'n vliegtuig)*; seevaartlig *(v. 'n vuurtoring)*. ~ **satellite** navigasiesatelliet.

nav·i·ga·tion·al navigasie-, seevaartkundig; *~ aid* navigasie(hulp)middel; *~ error* navigasiefout; *~ hazard* gevaar vir die skeepvaart.

nav·i·ga·tor seevaarder; navigasieoffisier, navigator; *(instr.)* koerspeiler; *Prince Henry the N~* prins Hendrik die Seevaarder.

nav·vy *-vies, (Br., vero.)* grondwerker, slootgrawer, padwerker.

na·vy (oorlogs)vloot, seemag, marine, skeepsmag, marinewese; *in the ~* in die vloot, by die marine; *merchant* ~ →MERCHANT. ~ **(blue)** vlootblou. ~ **cloth** vlootstof. ~ **cut** fyn gekerf(de tabak). **N~ League** Vlootbond. **N~ List** *(Br.)* vlootoffisierslys. ~ **office** admiraliteit. ~ **plug** pruimtabak. ~ **yard** →NAVAL SHIPYARD.

na·wab *(Ind., hist.)* nabob; goewerneur.

nay *n., (by stemming, andersins arg. of dial.)* nee, weiering; *s.o. will take no ~* iem. wil van geen weiering hoor nie; *say s.o. ~* iem. iets weier; *the ~s have it* die voorstel is verwerp, die nees is in die meerderheid. **nay** *adv., (arg. of dial.)* nee; *~ ...* wat meer sê/is, ...

Naz·a·reth *(geog.)* Nasaret. **Naz·a·rene, Naz·a·rene** *n.* Nasarener; *(hoofs. hist.)* Christen. **Naz·a·rene, Naz·a·rene** *adj.* Nasareens.

Naz·a·rite, Naz·i·rite *(hist.: Isr. askeet)* nasireër.

naze kaap, landpunt, voorgebergte; *The N~, (geog.)* The Naze *(in Eng.)*; →LINDESNES.

Na·zi *-zis, n.* Nazi. **Na·zi** *adj.* Nazisties, Naziïsties, Nazi-. **Na·zi·fi·ca·tion** nazifikasie, -fisering. **Na·zi·fy** *-fies -fying -fied* nazifiseer. **Na·zi·ism, Na·zism** Nazisme, Naziïsme.

Naz·i·rite →NAZARITE.

Nde·be·le *-le(s), (ama)Ndebele, (SA, lid v. volk, taal)* Ndebele; →SINDEBELE.

Ndja·me·na, N'Dja·me·na *(geog., voorheen* Fort Lamy*)* Ndjamena.

Ne·an·der·thal *n., (paleont.)* Neanderdalmens, Neanderdaller; *(fig., infml., soms n~)* barbaar, gomtor, takhaar, wilde wragtig/wragtag; (ou) fossiel, troglodiet, verkrampte, verstokte. **Ne·an·der·thal** *adj., (paleont.)* Neanderdal-; *(fig., infml., soms n~)* primitief, barbaars, onbeskaaf(d), onopgevoed, onverfyn(d), agterlik, boers, torrerig; argaïes, aartskonserwatief, verkramp, verstok, star. ~ **man** Neanderdalmens, Neanderdaller.

neap *n., (ook* neap tide*)* dooie gety. **neap** *adj.* aflopend. **neap** *ww., (arg., gety)* afloop.

Ne·a·pol·i·tan *n.* Napolitaan. **Ne·a·pol·i·tan** *adj.* Napolitaans, Napels; *~ fever* →BRUCELLOSIS; *~ ice cream* reënboogroomys.

near *adj.* na, naby, nabygeleë; naburig; nou/na verwant; dierbaar; duskants(t)e; links, hot-; *(arg.)* suinig; *a ~* ***accident*** 'n byna-ongeluk (*of* amperse ongeluk); *on ~er* ***acquaintance*** = ON/UPON CLOSER ACQUAINTANCE; ***at*** *the ~est* op die/sy naaste; *to the ~est* ***cent*** tot 'n sent noukeurig; *'n ~* ***collision*** 'n amperse botsing; *one's ~est and* ***dearest*** jou dierbares; *a ~* ***escape*** 'n noue ontkoming; *~est* ***figure*** naaste syfer; naaste prys; *~* ***friend*** intieme vriend; *~* ***front*** links voor, hotvoor; *in the ~* ***future*** →FUTURE *n.; it was a ~* ***guess*** →GUESS *n.; the ~est* ***guess*** die naaste raaiskoot; *~* ***horse*** hot(agter)perd; *it is a ~* ***miss*** →MISS[1] *n.; the ~* ***prospect*** *of reward* die onmiddellike uitsig op beloning; *a ~* ***relative*** →RELATIVE *n.; ~* ***relatives*** →RELATIVE *n.; it was a ~* ***revolution*** dit was amper 'n revolusie; *a ~* ***shot*** 'n rapsskoot; *it was a ~* ***thing/go,*** *(infml.)* dit was so hittete/amper(tjies) (*of* het naelskraap(s)/broekskeur gegaan); dit was 'n noue ontkoming; dit was op 'n nippertjie; *a ~* ***translation*** 'n getroue vertaling; *~* ***work*** fyn werk. **near** *adv.* naby, digby, vlak by, digteby; op hande; amper, byna, bykans; *be ~ akin to s.o.* nou/na verwant aan iem. wees; *~er and ~er* al nader (en nader), al hoe nader; *~ by* →NEARBY *adv.; come ~* nader kom, naderkom; *come ~ falling/etc.* amper/byna val/ens.; *as ~ as dammit* →DAMMIT *tw.; draw ~* nader kom, naderkom, nader; *ever ~er* steeds nader; *far and ~* →FAR *adj. & adv.; s.t. is ~ at hand* →HAND *n.; look ~er at s.t.* iets nader (*of* van naderby) beskou; *nowhere ~ ..., (infml.)* glad nie naby ... nie; *s.o.'ll get nowhere ~ it, (infml.)* iem. sal nooit daaraan ruik nie *('n ideaal ens.); ~ on a month* amper/byna 'n maand; *come ~ to doing s.t.* →COME. **near** *prep.* by, naby, digby, vlak by, digteby; na aan; *~ the end* →END *n.; ~ here* hier naby; *it is ~ the mark* →MARK[1] *n.; the sun is ~ setting* die son gaan al byna/haas onder; *~ to ...* na aan ..., naby ...; *s.t. is ~ to s.o.'s heart* →S.T. IS CLOSE/NEAR TO S.O.'S **HEART**; *be too ~ lunch/dinner* te op die ete wees. **near** *ww.* nader, naby/nader kom, naderkom; *be ~ing 70, (iem.)* kort by die 70 wees. **~-death experience** amper-dood-ervaring. **N~ East** *n.* Nabye-Ooste. **N~ Eastern** *adj.* Nabye-Oosters. **~ money** *(fin.)* kwasigeld. **~side** *n., (Br.)* linkerkant; *on the ~ of the river* aan dié/hierdie kant van (*of* duskant) die rivier; *to the ~* links om. **~side** *adj. (attr.), (Br.)* linker-; *~ front tyre* linkervoorband. **~-sighted** bysiende; *extremely ~* stiksienig. **~-sightedness** bysiendheid; *extreme ~* stiksienigheid. **~-surface** vlak.

near·by *adj.* naby; naby(geleë), naburig. **near·by, near by** *adv.* naby, digby, vlak by, digteby.

near·ly byna, bykans, ongeveer, nagenoeg; circa; amper(tjies), haas, so goed as; van naby; *s.t. is ~ falling* iets wil val; *not ~ ...* verreweg (*of* op verre na *of* [nog] lank) nie ... nie; *not ~ so ...* glad/lank/verreweg (*of* op verre na) nie so ... nie; *~ opposite* skuins (teen)oor; *be ~ related* →BE CLOSELY **RELATED**; *be ~ there* so goed as daar wees; *very ~ (so)* amper/byna, baie amper.

near·ness nabyheid, naburigheid; intimiteit.

neat[1] *adj. & adv.* net(jies); ordelik; sindelik, skoon; suiwer; onverdun, skoon *(sterk drank)*; onvermeng(d); versorg; keurig; agtermekaar; presies; behendig, knap; *(infml., hoofs. Am.)* bak, fantasties, wonderlik, tops, lekker; *be ~ about one's clothes/etc.* net(jies) op jou klere/ens. wees; *drink s.t. ~* iets skoon (*of* net so) drink; *be as ~ as a (new) pin* soos 'n (splinter)nuwe sikspens lyk; *~ size* netto grootte; *~ speech* keurige toespraak; *~ style* versorgde styl. **~-handed** handig, behendig.

neat[2] *neat, n., (arg.)* bees; grootvee. **~ herd** beeswagter. **~'s foot** beespoot. **~'s-foot oil** kloutjiesolie. **~'s leather** beesleer. **~'s tongue** beestong.

neat·en afwerk, afrond; *~ an edge* afrand.

neath, 'neath *(hoofs. poët./liter.)* benede, onder; →BENEATH.

neat·ly net(jies); sindelik, skoon; keurig; knap, behendig; *~ done* knap/handig gedaan. **neat·ness** netheid, ordelikheid; sindelikheid; versorgdheid; presiesheid; knapheid, behendigheid.

neb *(arg. of dial.)* snawel, (voël)bek; neus, snoet; uitsteeksel; tuit; punt.

neb·bish *n., (<Jidd., infml.)* arme (ou) drommel, patetiese figuur, bedremmelde skepsel, regte (ou) jandooi/jansalie, gevrekte entjie mens, bleeksiel, vaal mannetjie, semelbroek. **neb·bish** *adj.* bedremmeld, patetties, jansalieagtig, lamlendig; bedees, skugter, sku, beskimmel(d); bleeksiel(er)ig, vaal, valerig, kleurloos.

Ne·bras·ka *(geog.)* Nebraska.

Neb·u·chad·nez·zar, Neb·u·chad·rez·zar *(OT)* Nebukadnesar, Nebukadrésar.

neb·u·la *-lae, -las, (astron.)* newel(wolk); *(med.)* horingvliesvlek. **neb·u·lar** newelagtig; newel-; wolk-; *~ theory/hypothesis* newelteorie, -hipotese. **neb·u·lise, -lize** benewel; verstuif, verstuiwe. **neb·u·lis·er, -liz·er** verstuiwer, verstuiwingstoestel, newelspuit. **neb·u·los·i·ty** *(astron.)* newelagtigheid; *(fig.)* vaagheid. **neb·u·lous** newelagtig; *(fig.)* vaag; *~ star* newelster.

nec·es·sar·y *-ies, n., (gew. i.d. mv.)* benodig(d)heid, vereiste; *necessaries (of life), (ook jur.)* lewensbehoeftes, lewensonderhoud. **nec·es·sar·y** *adj.* nodig, noodsaaklik; noodwendig; *absolutely ~* broodnodig; *the ~ care* die vereiste sorg; *the/a ~ consequence/result* die/'n noodwendige gevolg; *consider s.t. ~* →CONSIDER; *a ~ evil* →EVIL *n.; find it ~ to ...* dit nodig ag/vind om te ...; *if ~* indien nodig; *most ~* allernodigs; *it is not ~ for s.o. to do s.t.* iem. hoef iets nie te doen nie; *strictly ~* volstrek noodsaaklik; *very ~* hoogs nodig; *not know why s.t. should be ~* nie weet waarom iets nodig is nie. **nec·es·sar·i·ly** noodsaaklik(erwys[e]), noodwendig; *not ~!* dit hoef nie!.

ne·ces·si·tar·i·an, nec·es·sar·i·an *n. & adj., (filos.)* →DETERMINIST *n. & adj.*. **ne·ces·si·tar·i·an·ism** →DETERMINISM.

ne·ces·si·tate noodsaaklik maak, vereis; noodsaak, dwing, verplig; *it would ~ ...* dit sou dit nodig maak om te ...

ne·ces·si·tous behoeftig, nooddruftig, noodlydend.

ne·ces·si·ty nood; noodsaaklikheid; onvermydelikheid; benodig(d)heid; noodsaak; nodigheid; behoefte, nooddruf; *an absolute ~* 'n volstrekte/gebiedende noodsaaklikheid; *the bare necessities* die allernodigste; *dire ~* droewe noodsaak; *the ~ for/of ...* die noodsaaklikheid van ...; *there is no ~ for it* dit is onnodig, dit hoef nie; daar is geen behoefte aan nie; *forced by ~* uit nood(saak), deur die nood gedrewe; *from/through* (or *out of*) *(sheer) ~* uit nood(saak), weens behoefte, deur die nood gedrewe; *~ knows no law* nood breek wet; *money of ~, ~ money, (w.g.)* noodgeld; *~ is the mother of invention* nood leer bid; *of ~* noodwendig, noodgedwonge; *s.o. can(not) see the ~ for s.t.* iem. kan (nie) die nodigheid van iets insien (nie); *be under the ~ to ...* genoodsaak wees om te ...; *make a virtue of ~* →VIRTUE.

neck *n., (anat.)* nek; *(kookk.: vleissnit)* nekstuk; hals *(v. 'n kledingstuk)*; nek *(v. 'n bottel ens.)*; nek, pas, engte *(tuss. berge)*; landengte; see-engte; vulkaniese suil; vulslurp *(v. 'n ballon)*; *about one's ~* om die nek; *be ~ and ~* kop aan kop loop/wees; *break the ~ of s.t., (fig.)* oor die hond (se rug/stert) kom, die ergste agter die rug kry; *breathe down s.o.'s ~, (infml.)* kort op iem. se hakke wees; oor iem. se skouer loer; *crane one's ~* jou nek rek; *crick one's ~* jou nek verrek; *~ and crop, (infml.)* (met) pens en pootjies; *throw s.o. out ~ and crop, (infml.)* iem. uitboender; *be dead from the ~ up, (infml.: onnosel)* so toe soos 'n kleios (se dinges/watsenaam/hoesenaam) wees; *fall (up)on* (or *throw one's arms round*) *s.o.'s ~* iem. om die hals val; *get it in the ~, (infml.)* uitgetrap word, 'n skrobbering kry; les opsê, dit hotagter kry; *s.o.'ll get it in the ~, (ook, infml.)* iem. sal bars; iem. sal op sy/haar kop kry; *have the ~ to ..., (infml.)* die vermetelheid hê (*of* so vermetel wees) om te ...; *a ~ of land* 'n landtong/-engte; *~ of mutton, (kookk.)* skaapnek; *it's* (or *it is*) *~ or nothing, (infml.)* dis (*of* dit is) alles of niks (*of* daarop of daaronder); *do s.t. ~ or nothing* iets uit alle mag doen; alles uithaal om iets te doen, iets tot elke prys doen; iets doen, buig of bars; *be a pain in the ~* →PAIN *n.: have a rick in the ~* 'n stywe nek hê; *risk one's ~* jou lewe waag; *save one's ~* die galg vryspring; *stick one's ~ out* iets waag; jou blootstel; *talk through (the back of) one's ~, (infml.)* bog/kaf/twak praat; *tread on s.o.'s ~, (fig.)* jou voet op iem. se nek sit; *be in s.t. up to one's ~, (infml.)* (met) pens en pootjies in iets (betrokke) wees; *be up to one's ~ in debt* →DEBT; *be up to one's/the ~ in work* →BE UP TO ONE'S/THE EARS IN **WORK**; *~ of veal, (kookk.)* kalfsnek; *win by a ~* met 'n nek(lengte) wen; *this/that ~ of the woods* →WOOD; *wring a bird's ~* 'n voël se nek omdraai; *I'd like to wring s.o.'s ~, (infml.)* ek kan iem. se nek omdraai. **neck** *ww.* vernou; *(infml.)* soen en druk/omhels/liefkoos/streel, vry; *~ with s.o., (infml.)* met iem vry. **~band** kraagband *(v. 'n kledingstuk)*; halsstrook, halsband. **~bar** draaghout. **~bar strap** draagriem. **~ beef** nekvleis. **~cloth** krawat. **~ cushion** nekkussing. **~-high** *adj. (attr.)* tot aan die nek *(pred.)*. **~lace** →NECKLACE. **~line** halslyn. **~ measurement** nekdikte; halsmaat. **~ muscle** nekspier. **~ opening** halsopening. **~ ornament** halssieraad. **~piece** halsstuk. **~strap** halsriem. **~tie** →NECKTIE. **~wear** dasse, serpe, *ens.*.

neck·er·chief nekdoek.

neck·ing *(infml.)* vryery; *(bouk.)* nek.

neck·lace *n.* halsketting, -snoer; *(SA, fig.: brandende motorband)* halssnoer. **neck·lace** *ww., (SA, fig.)* met/volgens die halssnoermetode (*of* op die halssnoermanier) vermoor/doodmaak/verbrand/teregstel, halssnoer. **~ killing, ~ murder** halssnoermoord.

neck·lac·ing *(SA, fig.)* halssnoermoord, moord(e) volgens die halssnoermetode (*of* op die halssnoermanier); halssnoerteregstelling; die/'n halssnoerdood; halssnoeraanval(le).

neck·let halskettinkie.

neck·tie *(Am. of vero.)* (knoop)das. **~ party** *(Am., infml.: buitegeregtelike ophangery)* lynchparty(tjie).

nec·ro- *komb.vorm* nekro-.

nec·ro·bi·o·sis *(fisiol.)* geleidelike afsterwing.

ne·crol·a·try *(psig.: beheptheid m.d. dood of met lyke)* nekrolatrie.

ne·crol·o·gy *(fml.)* sterftelys, nekrologie; doodsberig, nekrologie. **nec·ro·log·ic, nec·ro·log·i·cal** nekrologies. **ne·crol·o·gist** nekroloog.

nec·ro·man·cy nekromansie, nigromansie, tower-, swartkuns, geestebeswering. **nec·ro·man·cer** nekromant, towenaar, geestebesweerder, -oproeper. **nec·ro·man·tic** nekromanties, tower-, beswerings-.

nec·ro·pha·gi·a aasvretery. **ne·croph·a·gous** aasvretend.

nec·ro·phil·i·a, ne·croph·i·lism nekrofilie, lykskending. **nec·ro·phile, nec·ro·phil·i·ac** nekrofiel, lykskender.

nec·ro·pho·bi·a *(psig.)* nekrofobie.

ne·crop·o·lis *-lises* dodeakker; dodestad, nekropool, nekropolis.

nec·rop·sy, ne·cros·co·py = AUTOPSY.

ne·cro·sis *-croses, n., (biol.)* nekrose, afsterwing, versterwing. **ne·crose, ne·crose** *ww., (selle ens.)* afsterf, -sterwe, versterf, -sterwe. **ne·crot·ic** *adj.* nekroties, afgestorwe, verstorwe.

nec·tar nektar; *(mit.)* nektar, godedrank. **~ flower** heuningblom. **~ gland** *(bot.)* heuning-, nektarklier. **~ guide** heuningmerk *(op 'n blom)*.

nec·tar·e·an, nec·tar·e·ous, nec·tar·ous nektaragtig.

nec·tar·ine kaalperske, nektarien.

nec·ta·ry *(bot.)* heuningkelk; *(bot.)* heuning-, nektarklier; heuningbuis *(v. 'n plantluis)*.

ned·dick·y *(orn.: Cisticola fulvicapilla)* neddikkie.

ned·dy *(kindert.)* donkie.

née, nee *(<Fr., dui op d. nooiensvan v. 'n getroude vrou)* gebore *(afk.: geb.)*.

need *n.* nood, behoefte, gebrek; *(i.d. mv.)* behoeftes, benodig(d)hede; *as/if/when the ~ arises* soos/as/wanneer dit nodig is/word; *at ~, (arg.)* desnoods, in geval van nood; *if ~ be* as dit nodig is, indien nodig; desnoods, as die nood aan die man kom, as dit moet; *in case of ~* in geval van nood, in 'n noodgeval; *a crying ~* 'n dringende behoefte; *a demonstrated ~* 'n bewese behoefte; *in case of dire ~* in die uiterste geval; *fill/fulfil a ~* in 'n behoefte voorsien; *have a ~ filled* geholpe raak; *the ~ for ...* die behoefte aan ...; *a friend in ~ is a friend indeed* →FRIEND; *have no further ~ of s.t.* iets nie langer/meer nodig hê nie; *your ~ is greater than mine* jy het dit nodiger as ek; *have ~ of s.t., (fml.)* aan iets behoefte hê, iets nodig hê; *have ~ to do s.t., (fml.)* iets moet doen; verplig wees om iets te doen; *in s.o.'s hour of ~* in iem. se nood; *be in ~* behoeftig wees, gebrek/nood ly; in ellende verkeer; *be in ~ of s.t.* iets nodig hê, 'n behoefte aan iets hê, om/oor iets verleë wees; *in ~ of care* →CARE *n.; be sorely in ~ of s.t.* iets baie/dringend/hoogs nodig hê; *meet a ~* in 'n behoefte voorsien; *there is no ~ of that* dit hoef nie, dit is onnodig; *there is no ~ to ...* dit is onnodig om te ...; *provide for s.o.'s ~s* in iem. se behoeftes voorsien; *s.o. can(not) see the ~ for s.t.* iem. kan (nie) die nodigheid van iets insien (nie); ***stand** in ~ of s.t.* iets nodig hê, behoefte aan iets hê; ***suffer*** ~ behoeftig wees, nood/gebrek ly; ***supply** a ~* in 'n behoefte voorsien; ***supplying** a ~* voorsiening in 'n behoefte; *in **time(s)** of ~* in tyd/tye van nood, in swaar tye, as die nood druk; *an **urgent** ~* 'n dringende behoefte; 'n spoedeis; *be in **urgent** ~ of s.t.* dringend aan iets behoefte hê. **need** *ww.* nodig hê, behoefte hê aan; hoef; behoort; makeer; *(arg.)* nodig wees; →NEEDS *adv.; that's **all** I ~!, (infml.)* en dit ook nog!; *~ s.t. **badly*** iets baie/dringend/hoogs nodig hê; iets baie graag wil hê; *~ s.t. very **badly*** (or ***desperately**)* iets bitter (*of* uiters dringend) nodig hê; *~ s.o. **badly*** iem. baie/dringend/hoogs nodig hê; iem. baie graag wil hê; sterk na iem. verlang; *s.t. is **badly/much** ~ed* iets is broodnodig (*of* dringend/hoogs nodig); *s.o. ~s to **do** s.t.* iem. moet iets doen; iem. is verplig om iets te doen; *s.o. ~ not **do** s.t.* iem. hoef iets nie te doen nie; *s.t. ~s **doing*** (or *to be **done**)* iets moet (volstrek) gedoen word; ***everything** (that) s.o. ~s* alles wat iem. nodig het; *as **fast** as ~ be* so vinnig as kan kom; *s.o. is ~ed **here/there*** iem. is hier/daar nodig; *~ s.t. like a **hole in the head**, (infml.)* regtig sonder iets kan klaarkom; ***it** ~s ...* dit vereis/verg ... *(moed ens.)*; ***it** ~ not be* dit hoef nie; ***it** ~s only ...* daar is maar net ... nodig; ***it** ~s clever play* dit vereis knap spel, daarvoor moet 'n speler slim/oulik wees; *s.o. ~s **knowing*** →KNOWING *n.; one ~ **scarcely** say that ...* ('n) mens hoef seker nie te sê dat ... nie; ***s.o./s.t.** ~s ..., (ook)* iem./iets makeer ...

need·ful *n., (fml.): the ~* die nodige; geld. **need·ful** *adj.* nodig, noodsaaklik, onmisbaar. **need·ful·ness** noodsaaklikheid.

need·i·ness →NEEDY.

nee·dle *n.* naald; kompas-, magneetnaald; naald, wys(t)er *(v. 'n meetinstr.)*; slagpen *(v. 'n vuurwapen)*; *(Br., infml.)* antagonisme, vyandigheid, wrywing, spanning, wrewel; →DARNING NEEDLE, KNITTING NEEDLE, PACKING NEEDLE, THATCHING NEEDLE; *from a ~ to an **anchor*** van 'n naald tot 'n koevoet; ***crochet*** ~ →CROCHET HOOK; ***give** s.o. the ~, (infml.)* iem. prikkel; iem. die piep gee (*of* lelik omkrap); ***have/get** the ~, (Br., infml.)* die piep hê/kry, omgekrap/omgesukkel/omgeëllie wees/raak; kriewel; *look for a ~ in a **haystack**, (fig.)* 'n naald in 'n hooimied soek; *be on **pins** and ~s* →PIN *n.*; ***thread** a ~* →THREAD *ww.*. **nee·dle** *ww.* stik, met die naald werk; deurboor, deurprik, deursteek; (met 'n naald) prik; *(infml.)* treiter, tart, vertoorn, pes, iem. se siel versondig; *(Am., sl.)* skop gee *(bier ens.)*; dun kristalle vorm; *~ one's way through s.t.* deur iets vleg, (jou) deur iets wurm. ~ **bath** straalbad. ~ **beam** steekbalk. ~ **book** naaldeboekie. ~ **case** naaldekoker. ~ **chisel** naaldbeitel. ~ **clamp** naaldklem. ~**cord** *(tekst.)* haarriffelstof. ~**craft** naaldwerk. ~ **cushion** naalde-, speldekussing. ~ **file** naaldvyl. ~**fish** naaldvis. ~ **game**, ~ **match** *(Br.)* taai/hewige/felle/spannende/verbete stryd, groot/harde konfrontasie, kwaai tweestryd. ~ **gun** naaldgeweer. ~ **holder** naaldekoker; naaldvoerder. ~ **ice** naaldys. ~ **instrument** naaldtelegraaf. ~ **lace** →NEEDLEPOINT (LACE). ~**-leaved tree** naald(blaar)boom. ~**-made lace** naaldkant. ~ **point** naaldpunt. ~**point (lace)** naaldkant. ~**-shaped** naaldvormig. ~**-sharp** vlymskerp. ~ **threader** garinginsteker. ~ **valve** naaldklep. ~**weaving** naaldweefwerk. ~**woman** -*women* naaldwerkster. ~**work** naald-, handwerk. ~**work lesson** naaldwerkles.

nee·dle·ful draad gare/garing.

nee·dle·like naaldagtig.

need·less onnodig, nodeloos; oorbodig; *~ to say* onnodig om te sê. **need·less·ness** onnodigheid, nodeloosheid.

need·n't *(sametr.)* = NEED NOT.

needs *adv., (arg.)* noodsaaklik(erwys[e]), noodwendig; *s.o. ~ must* (or *must ~*) *(do s.t.)* iem. kan nie anders (as om iets te doen) nie; iem. wil met alle geweld (iets doen); *~ must when the devil drives, (sprw.)* nood leer bid, daar is geen ander genade nie; as die vlooie byt, moet jy krap.

need·y behoeftig, hulpbehoewend, armoedig, nooddruftig. **need·i·ness** behoeftigheid, hulpbehoewendheid, nooddruftigheid.

ne'er *(poët., liter. of dial.)* nooit; *~ a ...* geen enkele ... nie; *~ a penny* geen bloue duit nie. ~**-do-well** niksnut(s), deugniet, asjas, lieplapper, aslêer.

ne·far·i·ous misdadig, gruwelik, skandelik, laaghartig, afskuwelik; *~ activities* skanddade. **ne·far·i·ous·ness** misdadigheid, gruwelikheid, skandelikheid, laaghartigheid, afskuwelikheid.

ne·gate ontken, weerspreek, loën; tot niet maak. **ne·ga·tion** ontkenning, weerspreking, loëning, negasie.

neg·a·tive *n.* ontkenning; *(fot., wisk.)* negatief; negatiewe pool; *(arg.)* veto(reg); *the **double** ~, (gram.)* die dubbele ontkenning; *answer **in** the ~* ontkennend antwoord; *the answer is **in** the ~* die antwoord is nee. **neg·a·tive** *adj.* ontkennend, negatief; weierend; afwysend; *a ~ **answer*** 'n ontkennende antwoord; *~ **electricity*** negatiewe elektrisiteit; *~ **equity**, (ekon.)* negatiewe ekwiteit; *~ **evidence*** negatiewe bewysmateriaal; *~ **feedback*** →FEEDBACK *n.*; *~ **geotropism**, (bot.)* negatiewe geotropie; *~ **income tax*** negatiewe inkomstebelasting; *~ **pole*** negatiewe pool *(v. 'n magneet)*; *~ **quantity*** negatiewe hoeveelheid, minder as niks; *~ **sign*** min(us)-, aftrektekeen; *(mil., ook* negative signal*)* neesein; *~ **virtue*** negatiewe deug; *~ **voice*** vetoreg; *~ **vote*** teen-, teëstem, stem teen; *~ **word*** ontkenningswoord. **neg·a·tive** *ww.* ontken; weerspreek; weerlê; afstem, verwerp; ongedaan maak, neutraliseer.

neg·a·tive·ness, neg·a·tiv·i·ty negatiwiteit.

neg·a·tiv·ism negativisme.

ne·ga·tor *(gram.)* ontkenningswoord; *(elektron.)* negeerder.

neg·a·tron *(vero.)* negatron; →ELECTRON.

Neg·eb, Neg·ev: *(the) ~, (geog.)* die Negeb.

ne·glect *n.* verwaarlosing, veron(t)agsaming; versuim, nalating; nalatigheid; agterstelling; afskepery; *~ **of duty*** plig(s)versuim; ***fall** into ~* verwaarloos raak; *be **in a state** of ~* verwaarloos wees; ***to the** ~ of ...* met verwaarlosing van ... **ne·glect** *ww.* verwaarloos, afskeep; stiefmoederlik behandel; versuim, nalaat; versaak; veron(t)agsaam; *~ to do s.t.* iets nalaat; *be ~ed, (ook)* onversorg wees; agterstaan. **ne·glect·ful** nalatig, agte(r)losig; afskeperig; *be ~ of s.t.* iets verwaarloos.

neg·li·gee, neg·li·gée négligé, ligte kamerjas/-japon.

neg·li·gence nalatigheid, agte(r)losigheid, versuim; afskepery; *gross ~* growwe/verregaande nalatigheid. **neg·li·gent** nalatig, agte(r)losig, onagsaam; *be grossly ~* erg nalatig wees; *be ~ about/of s.t.* nalatig wees wat iets (aan)betref. **neg·li·gent·ly** nalatig, op nalatige wyse, uit nalatigheid/agte(r)losigheid.

neg·li·gi·ble gering, onbeduidend, nietig; *s.o./s.t. is a ~ quantity* →QUANTITY.

ne·go·ti·ate verhandel *('n tjek, wissel)*; handel dryf/drywe; onderhandel oor *('n prys, kontrak, klousule, ens.)*; beding *(pryse)*; deursit *('n transaksie)*; verdiskonteer; oorkom, te bowe kom; die deurgang/oorgang bewerkstellig; *~ a **difficulty*** 'n moeilikheid oorwin (*of* te bowe kom *of* uit die weg ruim); *~ a **fence*** oor 'n heining kom/spring; *~ **for** s.t.* vir iets onderhandel; *~ **from** (a position of) strength* (van)uit 'n posisie van mag/krag onderhandel; *~ a **marriage**, (hoofs. hist.)* 'n huwelik tot stand bring; *~ **on/over** s.t.* oor iets onderhandel; *~ a **river*** 'n rivier oorsteek, deur 'n drif kom; *~ a **road*** oor 'n pad kom; *~d **settlement*** ooreengekome skikking; *~ **with** s.o.* met iem. onderhandel. **ne·go·tia·bil·i·ty** verhandelbaarheid; (ver)diskonteerbaarheid; bedingbaarheid; begaanbaarheid, rybaarheid. **ne·go·tia·ble** verhandelbaar; vervreem(d)baar; (ver)diskonteerbaar; bedingbaar; begaanbaar, rybaar *('n pad)*; bruikbaar; oorgaanbaar, deurgaanbaar *('n rivier)*; oorkombaar; verstaanbaar; *~ **demand*** skikbare eis; *~ **instrument**, (ekon.)* verhandelbare instrument; *law of ~ **instruments*** wisselreg; ***not** ~* onverhandelbaar *('n tjek)*; onrybaar *('n pad)*. **ne·go·ti·ant** *(arg.)* →NEGOTIATOR.

ne·go·ti·at·ing ta·ble onderhandelingstafel.

ne·go·ti·a·tion onderhandeling; verhandeling; totstandbrenging; *~s **between** ...* onderhandelings tussen ...; ***break off** ~s* die onderhandelings staak; *(the) ~s were **broken off*** die onderhandelings is gestaak (*of* het afgespring); ***carry on*** (or ***conduct**) ~s* onderhandelings voer; *be **engaged** in ~s* in onderhandeling wees; ***enter into*** (or ***open**) ~s* onderhandelings aanknoop, in onderhandeling tree; ***pending** the ~s* terwyl die onderhandelings aan die gang (*of* hangende) is; *~s **with** ...* onderhandelings met ... **ne·go·ti·a·tor** onderhandelaar.

Ne·gro -*groes, (vero., neerh.)* Neger; *~ minstrel* →MINSTREL; *~ spiritual* →SPIRITUAL *n.*. **Ne·gress** -*gresses, (vero., neerh.)* Negerin. **Ne·gril·lo** -*los, (antr., vero.)* Negrillo, dwergneger. **Ne·gri·to** -*tos, (antr., vero.)* Negrito. **Ne·groid** *n., (antr., vero.)* Negeragtige, Negroïed. **Ne·groid** *adj., (antr., vero.)* Negeragtig, Negroïed. **Ne·gro·phil(e)** negrofilis, negrofiel. **Ne·gro·phobe** Negervreser, -hater, Negrofoob. **Ne·gro·pho·bi·a** Negervrees, -haat, negrofobie.

Ne·gus -*guses, (hist.)* negus, koning *(v. Ethiopië)*.

ne·gus *(hist.)* kandeelwyn, warm wyn, negus.

Ne·he·mi·ah *(OT)* Nehemia.

Neh·ru jack·et nehrubaadjie.

neigh *n.* gerunnik. **neigh** *ww.* runnik. **neigh·ing** gerunnik.

neigh·bour, *(Am.)* **neigh·bor** *n.* buurman, -vrou; medemens, *(teol.)* naaste; ewenaaste; *(i.d. mv.)* bure, buurmense; *~'s **child*** buurkind; ***duty** to one's ~s* plig teenoor jou naaste; ***love** of one's ~* naasteliefde; ***next-door** ~* →NEXT-DOOR *adj.*; *~'s **wife*** buurvrou. **neigh·bour,** *(Am.)* **neigh·bor** *ww.* grens aan; naby woon.

neigh·bour·hood, *(Am.)* **neigh·bor·hood** buurt(e), nabyheid; omgewing, omstreke, omtrek; *in the ~ of ...* in die omgewing van ... *('n plek)*; ongeveer/omtrent/nagenoeg/sowat (*of* om en by) ... *('n aantal/bedrag)*. ~ **watch** buurtwag.

neigh·bour·ing, *(Am.)* **neigh·bor·ing** naburig, nabygeleë; aangrensend, omliggend; *~ country/state* buurland, -staat.

neigh·bour·ly, *(Am.)* **neigh·bor·ly** vriendskaplik, gesellig, soos bure, soos dit goeie bure betaam; *~ intercourse* buurskap. **neigh·bour·li·ness,** *(Am.)* **neigh·bor·li·ness** buurmanskap, (goeie) buurskap.

nei·ther *pron.* geen *(v. twee)*, geeneen *(v. beide)*. **nei·ther** *adv.* ook nie, ewemin. **nei·ther** *voegw.: ~ **did/has** he/she* hy/sy (het) ook nie; *he/she doesn't know/etc. and ~ **do** I* hy/sy weet/ens. nie en ek ook nie; *that is ~ **here** nor there* dit is nie ter sake nie; *~ ... **nor** ...* nóg ... nóg ...; *be ~ one **nor** the other* (nóg) vis nóg vlees wees.

nek *(SA, geog.)* nek.

nel·ly: *not on your ~!, (Br., infml.)* nog nooit (nie)!, om die dood nie!, so nooit aste (*of* as te) nimmer!, so nimmer aste (*of* as te) nooit!, (h)aikôna!.

nel·son (hold) *(stoei)* nelson(greep/kopklem); *full ~ (~)* dubbele nelson(greep/kopklem); *half ~ (~)* halwe nelson, halfnelson.

Ne·man *('n rivier)* Njemen; →MEMEL (RIVER).

nem·a·thel·minth *(soöl.: soort ongesegmenteerde wurm)* nemathelmint.

ne·mat·ic *adj., (chem.)* nematies *(vloeikristal)*.

nem·a·to·cyst, ne·mat·o·cyst *(soöl.)* netelsel, steeksel, nematosist *(v. 'n holtedier)*.

nem·a·tode nematode, rondewurm.

nem·a·tol·o·gist nematoloog.

Nem·bu·tal *(Am. handelsnaam)* Nembutal, natriumetielbutielbarbituraat.

Ne·me·a *(geog., hist.)* Nemea. **Ne·me·an** Nemeïes; *the ~ Games* die Nemeïese Spele; *the ~ lion, (Gr. mit.)* die Nemeïese leeu.

ne·mer·te·an, nem·er·tine *(soöl.)* snoerwurm.

ne·me·sia *(bot.)* nemesia; *(Nemesia strumosa)* wildeleeubekkie; *(N. affinis; N. versicolor)* weeskindertjies; *(N. ligulata)* kappieblommetjie.

Nem·e·sis *(Gr. mit.)* Nemesis, wraakgodin. **nem·e·sis** *-eses* nemesis, (bewerker van iem. se) ondergang; *s.o. has met his/her* ~ iem. se doppie het geklap; iem. het sy/haar verdiende loon gekry; iem. het sy/haar moses teë-/teengekom.

nen·ta *(SA, veearts.)* krimpsiekte, nenta(vergiftiging). ~ **bush** nentabos(sie), krimpsiektebos(sie).

ne·o- *komb.vorm* neo-.

ne·o-a·part·heid neo-apartheid.

ne·o·clas·si·cism neoklassisisme. **ne·o·clas·sic, ne·o·clas·si·cal** neoklassiek. **ne·o·clas·si·cist** neoklassisis.

ne·o·co·lo·ni·al·ism neokolonialisme. **ne·o·co·lo·ni·al, ne·o·co·lo·ni·al·ist** *adj.* neokolonialisties. **ne·o·co·lo·ni·al·ist** *n.* neokolonialis.

ne·o·con *n. & adj., (hoofs. Am., afk.)* = NEOCONSERVATIVE.

ne·o·con·ser·va·tism neokonserwatisme. **ne·o·con·serv·a·tive** *n. & adj.* neokonserwatief.

ne·o·dym·i·um *(chem., simb.: Nd)* neodimium.

ne·o·fas·cism neofascisme. **ne·o·fas·cist** *n.* neofascis. **ne·o·fas·cist** *adj.* neofascisties.

Ne·o·lith·ic *n., (argeol.)* Neolitikum, Nuwe Steentyd(perk). **Ne·o·lith·ic** *adj.* Neolities, uit/van die Nuwe Steentyd(perk).

ne·ol·o·gism neologisme, nuutskepping, nuutvorming, nuwe woord/uitdrukking; nuwe leer, neologie. **ne·ol·o·gist** neoloog. **ne·ol·o·gy** →NEOLOGISM.

Ne·o-Mal·thu·sian·ism Neo-Malthusianisme. **Ne·o-Mal·thu·si·an** *n.* Neo-Malthusiaan. **Ne·o-Mal·thu·si·an** *adj.* Neo-Malthusiaans.

ne·on *(chem., simb: Ne)* neon. ~ **light** neon-, buislig. ~ **lighting** neon-, buisverligting. ~ **sign** neonteken, neonreklame(teken). ~ **tube,** ~ **valve** neonbuis.

ne·o·na·tal pasgebore, pas gebore, neonataal.

ne·o-Na·zi *-zis, n.* neonazi. **ne·o-Na·zi** *adj.* neonazi(ï)sties, neonazi-. **ne·o-Na·zism** neonazi(ï)sme.

ne·o·phil·i·a neofilisme.

ne·o·pho·bi·a neofobie.

ne·o·phyte neofiet, pas bekeerde, pasbekeerde; nuweling.

ne·o·plasm *(med.)* neoplasma, gewas. **ne·o·plas·tic** *(med.)* neoplasties, nuut gevorm.

ne·o·plas·ty *(med.)* neoplastiek.

Ne·o·pla·to·nism *(filos.)* neoplatonisme. **Ne·o·pla·ton·ic, Ne·o·pla·to·nist** *adj.* neoplatonies. **Ne·o·pla·to·nist** *n.* neoplatonis.

ne·o·prene *(soort kunsrubber)* neopreen.

ne·o·ter·ic *(w.g.)* nuwerwets, modern.

Ne·pal *(geog.)* Nepal. **Nep·a·lese** *n. & adj.* Nepalees. **Ne·pal·i** *n. & adj., (inwoner, taal)* Nepalees.

ne·pen·the(s) *(poët., liter.)* vergetelheidsdrank.

neph·a·lism *(w.g.)* geheelonthouding.

neph·e·line *(min.)* nefelien.

neph·e·lom·e·ter *(chem.)* troebelheidsmeter.

neph·ew neef, broers-, susterskind. **neph·ew·ship** neefskap.

ne·phol·o·gy nefologie, wolkeleer.

neph·o·scope wolkmeter.

ne·phral·gi·a nierkoliek, nefralgie, nierpyn.

neph·ric nier-; ~ *duct* nierbuis; ~ *tubule* nierbuisie.

ne·phrid·i·um *-ia, (soöl.)* nefridium. **ne·phrid·io·pore** nefridioporie.

neph·rite, kid·ney stone *(min.)* nefriet, niersteen.

ne·phrit·ic *n., (vero.)* niermiddel. **ne·phrit·ic** *adj.* nefrities, nier-.

ne·phri·tis nierontsteking, nefritis.

neph·roid *(w.g.)* niervormig.

neph·ro·lith *(med., teg.)* niersteen; →CALCULUS[1], KIDNEY STONE.

ne·phrol·o·gy nefrologie, nierkunde. **ne·phrol·o·gist** nefroloog, nierkundige.

ne·phrop·a·thy nierkwaal, -aandoening.

ne·phro·sis nefrose, nieraandoening, nierdegenerasie.

neph·ro·stome *(soöl.)* niertregter.

ne·phrot·o·my nefrotomie, nierinsnyding.

nep·o·tism nepotisme, familiebegunstiging.

Nep·tune *(Rom. mit., astron.)* Neptunus.

nep·tu·ni·um *(chem., simb.: Np)* neptunium.

nerd, nurd *(infml., neerh.)* bleeksiel; japie, gawie, doffel, dikkop; rekenaarfoendie, -genie, -goëlaar. **nerd·ish, nurd·ish, nerd·y, nurd·y** bleeksiel(er)ig, vaal, valerig, kleurloos; toe, dig, dof, vertraag.

Ne·re·id *(Gr. mit.)* Nereïed, seenimf, watergodin; *(astron.: maan v. Neptunus)* Nereïed. **ne·re·id** *(soöl.: soort seewurm)* nereïed.

Ne·re·us *(Gr. mit.: seegod)* Nereus.

ne·ri·ne *(SA, bot.)* nerina.

nerk *(Br., infml.)* vent, blikskottel, blikslaer, swernoot; bleeksiel; japie, gawie, doffel, dikkop.

ner·o·li (oil) *(ook* oil of neroli*)* lemoenblomolie.

ner·val →NEURAL.

ner·vate *(bot.)* beaar, generf; →VENATE. **ner·va·tion, ner·va·ture** →VENATION.

nerve *n.* senu(wee); krag, moed, durf; *(infml.)* vermetelheid, astrantheid; *(bot.)* bladnerf, aar; *(i.d. mv., infml.)* senuwees, senu(wee)agtigheid; *be* ***all*** *~s* (die) ene senuwees wees; *get/have an* ***attack*** *of ~s* dit op jou senuwees kry; *be a* ***bag/bundle*** *of ~s* 'n senuweebol/-orrel wees; *s.o.'s ~s have gone to* ***bits,*** *(infml.)* iem. het dit erg op sy/haar senuwees, iem. se senuwees is op hol; *s.o.'s ~s are on* ***edge*** iem. se senuwees is op hol; *with ~s on* ***edge*** met gespanne senuwees; ***get*** *on s.o.'s ~s, (infml.)* op iem. se senuwees werk, iem. senu(wee)agtig maak; ***it grates/jangles/jars*** *(up)on the/one's ~s* dit laat ('n) mens gril/seerkry, dit folter/martel die senuwees; ***have*** *the ~ to ..., (infml.)* die durf/moed hê om te ...; die vermetelheid hê (*of* so astrant/vermetel wees) om te ...; ***lose*** *one's* ~ kleinkoppie trek, moed verloor; dit op jou senuwees kry, verbouereerd raak; *s.o.'s ~s were* ***shattered*** iem. se senuwees was gedaan/klaar/kapot; *have ~s of* ***steel*** senuwees van staal (*of* staalsenuwees) hê; ***strain*** *every* ~ alle kragte inspan; ***strained*** *~s* oorspanne senuwees; *the ~ of a* ***tooth*** die lewe/senu(wee) van 'n tand; ***touch*** *a (raw/sensitive) ~, (fig.)* 'n (gevoelige/teer/tere) snaar aanraak/aanroer; ***what*** *a ~!, (infml.)* dis vir jou vermetelheid!. **nerve** *ww.* sterk (maak), krag gee; *~d for the fight* gesterk vir die slag; *~ o.s.* (al) jou moed bymekaarskraap, jou sterk maak, jou verman. ~ **bundle** senu(wee)bundel. ~ **canal** senu(wee)gang, -kanaal. ~ **cell** senu(wee)sel. ~ **centre** senu(wee)sentrum. ~ **cord** *(soöl.)* senu(wee)string. ~ **end(ing)** senu(wee)-(uit)einde. ~ **fibre** senu(wee)vesel, -draad. **(~) ganglion** senu(wee)knoop. ~ **gas** senu(wee)gas. ~ **knot** senu(wee)knoop. ~ **plexus** senu(wee)pleksus, senu(wee)vleg. **~-racking, ~-wracking** senu(wee)tergend. ~ **root** senu(wee)wortel. **~-shattering** ontsenuend, senu(wee)tergend, verlammend. ~ **specialist** senu(wee)arts, -spesialis, -dokter, neuroloog. ~ **strain** senu(wee)spanning. ~ **tonic** senu(wee)versterker. **~-wracking** →NERVE-RACKING.

nerve·less kragteloos, slap, pap; sonder senuwees; *(anat., biol.)* aar-, ribloos.

Ner·vii *n. (mv.), (hist.: 'n ou Belgiese volkstam)* Nerviërs.

nerv·ine senu(wee)versterker.

nerv·ous senu(wee)agtig, skrikkerig; lugtig; gejaag(d); verbouereerd; *(arg.)* kragtig *(styl, taal, ens.)*; ~ ***attack*** senu(wee)aanval; ***become*** ~ senu(wee)agtig raak/word; ~ ***breakdown/collapse*** senu(wee)-instorting; ~ ***complaint*** senu(wee)aandoening; ~ ***debility*** senu(wee)swakte; ~ ***disease/disorder*** senu(wee)kwaal, -aandoening, -siekte; *overflow/crackle with* (*or burn up much* or *have a lot of*) ~ ***energy*** 'n rustelose bondel energie (*of* propvol onrustige energie *of* die ene opgewende energie) wees; *a waste of* ~ ***energy*** 'n vermorsing/verspilling van energie; ~ ***exhaustion/prostration*** senu(wee)-insinking; ~ ***fit*** senu(wee)toeval; ~ ***headache*** senu(wee)hoofpyn; ***make*** *s.o.* ~ iem. senu(wee)agtig maak; ~ ***Nellie/Nelly,*** *(Am., infml.)* senuweebol, -orrel; *(very)* ~ ***person*** senuweeorrel; ~ ***stability*** senu(wee)vastheid; ~ ***strain/tension*** senu(wee)spanning; ~ ***system*** senu(wee)stelsel; ~ ***tissue*** senu(wee)weefsel; ~ ***twitch*** senu(wee)trekking; ~ ***wreck,*** *(infml.)* senu(wee)wrak. **nerv·ous·ness** senu(wee)agtigheid, skrikkerigheid, verbouereerdheid, nerveusheid, nervositeit.

ner·vure *(entom.)* rib; *(bot.)* hoofnerf.

nerv·y *(hoofs. Br., infml.)* senu(wee)agtig; *(Am., infml.)* voorbarig, astrant, parmantig; *(arg. of poët., liter.)* gespier(d), kragtig.

nes·ci·ence *(poët., liter.)* onwetendheid, gebrek aan kennis. **nes·ci·ent** onwetend, onkundig.

ness *nesses, (arg. of N~ in pleknamme)* voorgebergte, kaap.

-ness *suff.* -heid, -te, -skap; *dark~* donker(te), duister(nis); duisterheid, geheimsinnigheid; *happi~* blydskap, geluk; *ill~* siekte, ongesteldheid; *sad~* droefheid, hartseer.

nest *n.* nes; ***feather*** *one's (own)* ~ →FEATHER *ww.;* ***foul*** *one's own* ~ jou eie nes bevuil; ***it's an ill bird that fouls its own*** ~ wie sy neus skend, skend sy aangesig; ***make*** *a* ~ 'n nes maak; nesskop; *a ~ of* ***mice/pipes/robbers/saws/springs/tables*** →MICE, PIPE *n.*, ROBBER, SAW[2] *n.*, SPRING *n.*, TABLE *n.*. **nest** *ww.* nes maak; 'n nes hê; neste uithaal; *~ed* ***boxes/dolls/etc.*** dosies/poppies/ens. wat inmekaarpas; *~ed* ***in*** *s.t.* in iets genestel; in iets ingebed; ~ ***into*** *one another, be ~ed one* ***inside*** *another* inmekaarpas. ~ **box, nesting box** neskas(sie). ~ **down** nesvere. ~ **egg** neseier; *set aside a ~ ~* iets vir die oudag spaar.

nest·ing nesmaak, nesmakery; ~ *pots/tables/etc.* ineenpassende potte/tafeltjies/ens.; ~ *season* broeityd.

nes·tle nestel; nesskop; jou tuis maak; lêplek soek; jou (neer)vly; ~ ***close*** *to ...* (jou) styf teen ... nestel; ~ ***down,*** *('n voël)* nesskop; *(infml.)* jou neervly; ***the hen*** *~s* ***there*** daar is die hen se nes; ~ ***in*** induik; ~ ***o.s.*** nes maak; jou tuis maak; ~ ***up*** *against/to s.o.* jou teen iem. aanvly.

nest·ling neskuiken, nesvoël; jong(ste) kind.

Nes·tor *(Gr. mit.)* Nestor; *(soms n~)* nestor, oudste.

Nes·to·ri·us *(hist.: patriarg v. Konstantinopel)* Nestorius. **Nes·to·ri·an** *n.* Nestoriaan. **Nes·to·ri·an** *adj.* Nestoriaans. **Nes·to·ri·an·ism** *(Chr. teol.)* Nestorianisme.

net[1] *n.* net; (val)strik; knoop; netwerk; spinnerak; netstof; ***at the*** *~, (tennis)* by die net; ***at the*** *~(s), (kr.)* in die nette; ***cast*** *a* ~ 'n net uitgooi; *sweep everything* ***into*** *one's* ~ alles pak wat jy in die hande kan kry; ***the*** *N~, (rek., infml.: d. Internet)* die Net. **net** *-tt-, ww.* (in nette) vang; nette maak; inbring, oplewer; binnehaal; ~ *a purse* 'n beursie knoop; ~ *R5000* R5000 insamel. ~ **ball** *(tennis)* netbal. **~ball** *(spanspel)* netbal. ~ **cloth** toudoek. ~ **curtain** netgordyn. ~ **embroidery** netborduurwerk. ~ **game** →NET PLAY. ~ **maker** netmaker. ~ **play,** ~ **game** *(tennis)* netspel. ~ **practice** *(kr.)* netoefening. **~-veined** *(bot.)* netnerwig, -arig. **~work** netwerk; gaas, maaswerk; ~ *of roads* netwerk van paaie, paaienet.

net[2]**, nett** *adj.* netto, suiwer; ~ ***loss*** netto verlies; ~ ***production*** suiwer opbrengs/opbrings; *the* ~ ***result*** die slotsom; ~ ***weight*** netto gewig.

neth·er *(arg. of skerts.)* onderste, onder-; laer, benede-; ~ ***garments*** onderklere; ~ ***jaw*** onderkaak, -kakebeen; ~ ***regions,*** *(ook* nether world*)* onderwêreld, skimmeryk; *(euf.)* agterstewe, -wêreld; skaamte, skaamdele; *this* ~ ***world,*** *(poët., liter.)* die ondermaanse.

Neth·er·lands: *the* ~ ***East Indies,*** *(hist.)* Nederlands-(Oos-)Indië; →INDONESIA; ***the*** *~, (geog.)* Nederland; *(hist.)* die Nederlande; →LOW COUNTRIES; *the* ~ ***West Indies,*** *(hist.)* Nederlands-Wes-Indië; →NETHERLANDS ANTILLES. **Neth·er·land·er** Nederlander. **Neth·er·land·ish** *n. & adj.* Nederlands; →DUTCH *n. & adj.*.

Neth·er·lands An·til·les *(geog.)* Nederlandse Antille.

neth·er·most onderste, laagste.

net·su·ke *-suke(s), (Jap.)* netske, gordelknoop.

nett →NET[2] *adj.*.

net·ter netvisser; netmaker.

net·ting netwerk, gaas; sif-, ogiesdraad.

net·tle *n.* brandnetel, =nekel; *grasp the ~* die bul by die horings pak. **net·tle** *ww.* vererg, prikkel, verbitter, irriteer; met brandnetels/=nekels slaan; *~d* kriewelrig; geraak, beledig. ~ **cell** netelsel, nematosist. ~ **rash** →URTICARIA.

net·tle·some netelig, stekel(r)ig.

net·work *n.* net(werk). **net·work** *ww., (Br., rad. & TV)* land(s)wyd (*of* via 'n netwerk) uitsaai; 'n netwerk van sakevriende opbou, (sake)bande smee, die regte mense (op die regte plekke) leer ken; ***be ~ed*** deel van 'n netwerk uitmaak/wees, aan 'n netwerk gekoppel wees; *a city ~ed* ***by canals*** 'n stad met 'n netwerk van kanale; *~ed* ***computer system*** gerekenariseerde net=werkstelsel; ***nationally*** *~ed TV* nasionale TV-netwerk; *~ed* ***offices/etc.*** kantore/ens. met netwerkkoppeling. **net·work·er** netwerker. **net·work·ing** netwerkvor=ming; netwerkgebruik; netwerklewering, die lewering van netwerkdienste; die opbou van 'n netwerk van sakevriende, die smee van (sake)bande.

neu·ral neuraal, senu(wee)=.

neu·ral·gia neuralgie, sinkings, senu(wee)pyn. **neu·ral·gic** neuralgies, senu(wee)=.

neu·ras·the·ni·a *(med., vero.)* neurastenie, senu(wee)=swakte. **neu·ras·then·ic** *n.* neurastenikus, senu(wee)=lyer. **neu·ras·then·ic** *adj.* neurastenies, senu(wee)=swak, =siek.

neu·ra·tion →VENATION.

neur·ax·is *=axes, (anat.)* neurakse, senu(wee)as.

neu·rin(e) *(biochem.)* neurien.

neu·ri·tis senu(wee)ontsteking, neuritis.

neu·ro= *komb.vorm* neuro=.

neu·ro·coel(e) *(embriol.)* neuroseel, harsing-en-rug=murg(-)holte.

neu·ro·cyte →NEURON(E).

neu·ro·den·dron →DENDRITE.

neu·ro·der·ma·ti·tis neurodermatitis, huidneurose.

neu·rol·o·gy neurologie, senu(wee)siekteleer. **neu·ro·log·i·cal** neurologies. **neu·rol·o·gist** neuroloog, senu=(wee)spesialis.

neu·ro·ma *=mas, =mata* neuroom, senu(wee)geswel.

neu·ron(e) neuron, senu(wee)sel.

neu·ro·pa·thol·o·gy *(med.)* neuropatologie.

neu·rop·a·thy neuropatie, senu(wee)siekte, =kwaal. **neu·ro·path** neuropaat, senu(wee)lyer. **neu·ro·path·ic** neuropaties, senusiek.

neu·ro·phys·i·ol·o·gy neurofisiologie.

neu·ro·psy·chol·o·gy neuropsigologie.

Neu·rop·tera *(entom.)* Netvlerkiges, =vleueliges, Neu=roptera. **neu·rop·ter·an** *n.* netvlerkige, =vleuelige. **neu·rop·ter·an, neu·rop·ter·ous** *adj.* netvlerkig, =vleuelig.

neu·ro·sci·ence neurowetenskap(pe). **neu·ro·sci·en·tist** neurowetenskaplike.

neu·ro·sis *=ses* neurose, senu(wee)siekte, =toestand, =steuring.

neu·ro·sur·ger·y neurochirurgie, =sjirurgie, senu=(wee)snykunde. **neu·ro·sur·geon** neurochirurg, =sjirurg. **neu·ro·sur·gi·cal** neurochirurgies, =sjirurgies, senu(wee)=snykundig.

neu·rot·ic *n., (med.)* senu(wee)lyer, senu(wee)pasiënt, neuropaat, neuroot; *(infml.)* senuweeorrel; *(vero.)* senu=(wee)middel. **neu·rot·ic** *adj.* senu(wee)agtig, swak van senuwees, neuroties; *~* ***complaint*** senu(wee)aan=doening, senu(wee)siekte, =kwaal.

neu·rot·o·my *=mies, (med.)* neurotomie.

neu·ro·tox·in senu(wee)gif.

neu·ro·trans·mit·ter *(fisiol.)* neuro-oordraer, senu=oordraer.

Neus·tri·a *(geog., hist.)* Neustrië.

neu·ter *n., (gram.)* onsydige geslag, neutrum; geslag(s)=lose/gekastreerde dier; onvrugbare insek; werkby; ge=slag(s)lose plant. **neu·ter** *adj.* onsydig; onoorgank=lik; geslag(s)loos; neutraal; gekastreer, gesny. **neu·ter** *ww.* geslag(s)loos maak, kastreer, sny.

neu·tral *n.* onsydige, neutrale; onpartydige; neutrale stand; *be in ~, (mot.)* uit rat wees; *put the car/gears in(to) ~* die motor uit rat haal. **neu·tral** *adj.* onsydig, neu=traal; *(fonet.)* neutraal, toonloos; onpartydig; *(mot.)* uit rat, uitgeskakel; *~* ***equilibrium*** labiele/onverskillige ewewig; *~* ***gear*** neutrale rat, vryloop; *~* ***point*** nul=punt; *~* ***position*** russtand; ***remain/stay*** *~ in* ... neu=traal bly in ... *('n oorlog ens.)*; *~* ***tint*** neutrale kleur; *~* ***vowel*** →SCHWA. **neu·tral·i·sa·tion, =za·tion** neutra=lisering, neutralisasie; opheffing. **neu·tral·ise, =ize** neu=traliseer; ophef, vernietig; onsydig/neutraal verklaar; opweeg teen. **neu·tral·ism** neutralisme, onsydigheid. **neu·tral·ist** *n.* neutralis. **neu·tral·ist** *adj.* neutralisties; neutraal, onverbonde *(land)*. **neu·tral·i·ty** onsydigheid, neutraliteit; onpartydigheid.

neu·tri·no *=nos, (fis.)* neutrino.

neu·tron *(fis.)* neutron. ~ **bomb** neutronbom. ~ **star** neutronster.

Ne·vad·a *(geog.)* Nevada.

né·vé →FIRN.

nev·er nooit, nimmer; *~* ***again*** nooit weer nie; *~ say* ***die!*** DIE[1] *ww.*; *~* ***ever*** nog nooit nie, so nooit aste (*of* as te) nimmer, so nimmer aste (*of* as te) nooit; *~* ***fear!*** →FEAR *ww.*; *I ~* ***heard*** *you come in* ek het jou glad nie (*of* gladnie) hoor inkom/binnekom nie; *I ~* ***knew*** *(that)* ... ek het nie/nooit geweet (dat) ... nie, ek was heelte=mal/salig onbewus van (*of* daarvan dat) ...; *s.o. has ~ been* ***known*** *for* (or *to do*) *s.t.* iem. het nog nooit iets gedoen nie, iem. staan glad nie (*of* gladnie) bekend as iem. wat iets doen nie, dis ongehoord dat iem. iets doen; *it is ~ too* ***late*** *to mend* →LATE *adj. & adv.*; *~ in (all) my* ***life*** *have I* ... ek het in my (hele) lewe nog nooit (*of* het nog nooit in my [hele] lewe) ..., nog nooit in my (hele) lewe het ek ..., ek het (nog) nooit in my dag des lewens ...; *~ for a/one* ***moment*** geen (*of* nie [vir] 'n/een enkele) oomblik nie; ***now*** *or ~* →NOW *adv.*; *~* ***once*** →ONCE *adv.*; *~* ***a one,*** *(liter.)* nie eens/eers een nie, ook nie een nie; *s.o. left ~ to* ***return*** →RETURN *ww.*; *I ~* ***saw*** *him/her* ek het hom/haar nooit gesien nie; *s.o. ~* ***so much*** *as* ... iem. het nie eens/eers (*of* selfs nie) ... nie; *~ is a long* ***time/word*** nooit is 'n groot woord; ***well*** *I ~!, (infml.)* nou toe nou!, kan jy nou meer!, reken (nou net)!, dis nou weer te sê!; *s.o. said ~ a* ***word*** →WORD *n.*; *~* ***yet*** nog nooit. **~-ceasing** on=ophoudelik, onafgebroke, voortdurend. **~-dying** ewig, onsterflik. **~-ending** eindeloos, nimmereindigend. **~-failing** onfeilbaar, onuitputlik, staatmaker=. **~-never** *(infml.)* huurkoopstelsel; *on the ~* op huurkoop/afbe=taling. **~-never land** kammaland, nêrensland, Utopia. **~-to-be-forgotten** onvergeetlik.

nev·er·more *(poët., liter.)* nimmermeer, nooit weer/meer nie.

nev·er·the·less nietemin, desnieteenstaande, deson=danks, ewe(n)wel, nogtans, tog, in weerwil daarvan.

new *n.: the ~* die nuwe(s). **new** *adj.* nuut; vars; on=gebruik; resent; modern; onervare, groen; onbekend; ***as*** *~* feitlik nuut; *be ~* ***at*** ... nog nuut in ... wees, ... nog nie lank doen (*of* goed ken) nie *(d. werk ens.)*; nog nie veel van ... (af) weet nie, nog 'n leek wees wat ... betref *('n stokperdjie ens.)*; *~* ***birth,*** *(teol.)* wederge=boorte; *~* ***bread*** vars brood; *a ~* ***broom*** *sweeps clean, (fig.)* nuwe besems vee skoon; *~* ***cap*** →CAP *n.*; *a ~* ***departure*** →DEPARTURE; *~* ***generation*** opkomende geslag; *~* ***hand*** nuweling; *be ~* ***in*** ... nog nie lank in ... woon nie *('n stad)*; nog nie lank in/op ... woon nie *('n dorp)*; 'n groentjie/nuweling in ... wees *('n span ens.)*; *turn over a ~* ***leaf*** →LEAF *n.*; *the ~* ***look*** die nuwe styl/voorkoms; *the ~* ***man*** →NEW MAN; *be a ~* ***man/woman/person*** 'n ander/nuwe mens wees; *put on the ~* ***man,*** *(AV)* jou met die nuwe mens beklee; *~* ***maths/mathematics*** nuwe wiskunde; *~* ***money*** nuwe geld; die pasrykes (*of* pas rykes *of* nouveau riche); *~* ***moon*** nuwemaan; *a ~* ***one*** iets nuuts; *the ~* ***one*** die nuwe; *that's a ~* ***one*** *on me, (infml.)* daarvan het ek nog nie gehoor nie; *the ~* ***poor*** die verarmdes; *~* ***potatoes*** jong aartappel(tjie)s; *the ~* ***rich*** die pasrykes (*of* pas rykes *of* nouveau riche); ***something*** *~* iets nuuts, 'n nuwig=heid; *the N~* ***South Africa,*** *(infml., ná 1994)* die nuwe Suid-Afrika; ***spanking*** *~* splinternuut; *~* ***star*** nuwe ster; *~* ***student*** groene, groentjie, nuweling(student); *there is nothing ~ under the* ***sun*** →SUN *n.*; *~* ***technolo=gy*** nuwe tegnologie; *be ~* ***to*** ... 'n groentjie/nuweling in ... wees *(bankwese, d. sakewêreld, ens.)*; nog nuut in ... wees, ... nog nie lank doen (*of* goed ken) nie *(d. werk ens.)*; nog nie veel van ... (af) weet nie, nog 'n leek wees wat ... betref *('n stokperdjie ens.)*; nog nie lank in ... woon nie *('n stad)*; nog nie lank in/op ... woon nie *('n dorp)*; *s.t. is ~* ***to*** *s.o.* iets is vir iem. nuut; *~* ***town,*** *(Br.)* nuwe dorp; nuwe stad; *~* ***wave,*** *(dikw. N~ W~)* nuwe beweging/neiging/stroming/tendens; *~* ***wave (music)*** new wave(-musiek); *~* ***wine*** jong wyn; mos, vaaljapie; *be a ~* ***woman*** →***man/woman/person;*** *~* ***wool*** nuutwol; *the ~* ***year,*** *(d. komende jaar)* die nuwe jaar; →NEW YEAR; *see/bring in the ~* ***year*** die nuwe jaar begroet/inlui (*of* welkom heet), Oujaarsaand (*of* [die aanbreek/koms van] die nuwe jaar) vier. **new** *adv.* onlangs, pas; opnuut. **N~ Age** nuwe tydperk, tydperk van Aquarius (*of* die Waterdraer); *(filos. v.d. tagtigerjare)* New Age. **N~ Age Movement** *(afk.: NAM)* New Age-beweging *(afk.: NAB)*. **N~ Age (music)** New Age(-musiek). **N~ Ager** New Age-aan=hanger. **N~ Age traveller** *(Br.)* New Age-swerwer. **N~ Amsterdam** *(hist.)* Nieu-Amsterdam; →NEW YORK. **~born** pasgebore, pas gebore; wedergebore; nuutge=bore. **N~ Britain** *(eiland)* Nieu-Brittanje; *(stad in Am.)* New Britain. **N~ Brunswick** *(Kan. provinsie)* Nieu-Brunswyk; *(stad in Am.)* New Brunswick. **~-build** *ww.* herbou, vernieu, vernuwe. **~-built** *adj.* vernieu(de), herbou(de); pas gebou(de), pasgebou(de). **N~ Cale=donia** Nieu-Kaledonië. **N~ Castile** Nieu-Kastilië. **N~castle** →NEWCASTLE. **~comer** nuweling, nuwe aankomeling; nuwe intrekker; *s.o. is a ~ to* ... iem. is nuut in (*of* nuut op die gebied van) ... **N~ Delhi** Nieu-Delhi. **N~ England** *(Am.)* Nieu-Engeland; *(SA)* New England. **N~ Englander** Nieu-Engelander. **~fangled** *(neerh.)* nuwerwets. **~-fashioned** nieumodies; nuwer=wets. **~-fledged** *(lett.)* pas geveer(d), pasgeveer(d); *(fig.)* splinternuut. **~-found** nuutgevonde, pas gevonde/ont=dekte; pas bereikte. **N~ Guinea** Nieu-Guinee. **N~ Hampshire** New Hampshire. **N~ Hebrides:** *the ~ ~, (hist.)* die Nuwe Hebride; →VANUATU. **N~ Ireland** Nieu-Ierland. **N~ Jersey** New Jersey. **~-laid** pas gelê, vars *(eiers)*. **~-look** *adj. (attr.)* met die/'n/sy/ens. (splin=ter)nuwe voorkoms *(pred.)*. **~-made** vars, pas gemaak; pas klaar. ~ **man,** *(soms N~ M~): the ~ ~* die moderne man. **N~ Mexico** Nieu-Mexiko/Meksiko. **~-mown** *adj. (attr.)* pas gesnyde *(gras ens.)*. **N~ Orleans** New Orleans. **N~ Siberian Islands** Nieu-Siberiese Eilande. **N~ South Wales** Nieu-Suid-Wallis. **~speak** nieukoe=terwaals, nuwe burokratetaal (*of* burokratiese taal), politiek korrekte retoriek, hedendaagse clichés. **N~ Style** *(afk.: NS)* Nuwe Styl. **~-style** *adj. (attr.)* nuwer=wetse. **N~ Testament:** *the ~ ~, (Byb.)* die Nuwe Tes=tament; die Nuwe Verbond; *~ ~ scholar* Nieu/Nuwe-Testamentikus. **N~ Testamentary** Nieu/Nuwe-Tes=tamenties. **N~ World:** *the ~ ~* die Nuwe Wêreld. **N~ Year** *(1 Jan.)* Nuwejaar; *~ ~* ***celebration*** Nuwejaars=fees, =viering; *~ ~'s* ***Day,*** *(ook, Am., infml.: New Year's)* Nuwejaar(sdag); *~ ~'s* ***Eve,*** *(ook, Am., infml.: New Year's)* Oujaarsaand; Oujaarsdag; *~ ~* ***flower,*** *(Turbina oenotheroides)* nuwejaarsblom, krismisblom; *~ ~* ***gift/present*** Nuwejaarspresent, =geskenk; ***happy*** *~ ~!* →HAPPY; *~ ~* ***resolution*** Nuwejaarsvoorneme. **N~ York** (die staat) New York. **N~ York (City)** (die stad) New York. **N~ Yorker** New Yorker. **N~ Zealand** Nieu-Seeland; *~ ~ flax/hemp* Nieu-Seelandse vlas. **N~ Zea=lander** Nieu-Seelander.

New·cas·tle *(geog.)* Newcastle. ~ **disease** newcastle=siekte (*ook N~*), hoenderpes.

new·el spil *(v. 'n trap)*. ~ **stair** spiltrap.

New·found·land, New·found·land *(geog.)* New=foundland. ~ **(dog)** newfoundlander *(ook N~)*. **New·found·land·er, New·found·land·er** *(inwoner)* New=foundlander; *(hond)* newfoundlander *(ook N~)*.

new·ish nuwerig, nuterig, halfnuut.

New·lands *(Wes-Kaap)* Nuweland; *(Gauteng)* New=lands.

new·ly onlangs, pas; vars; *~* ***appointed*** pas benoem/

aangestel; ~ ***arrived*** pas aangekom(e); ~ ***born*** pas=gebore, pas gebore; ~ ***coined money*** pas gemunte geld; ~ ***coined word*** nuutgevormde/nuwe woord, nuutvorming, nuutskepping, neologisme; ~ ***discovered*** pas/onlangs ontdekte; ~ ***elected*** pas verkose, pas=verkose; ~ ***formed*** pas gestigte, pasgestigte; ~ ***married*** pas getroud, pasgetroud; ~ ***rich*** pas ryk, pasryk; pas rykes (*of* pasrykes *of* nouveau riche). **~weds** jong=getroudes, pas getroudes, pasgetroudes.

new·ness nuutheid.

news nuus; tyding, berig; ***bad/good*** ~ slegte/goeie nuus/tyding; *s.o. is* ***bad*** *~, (sl.)* iem. is 'n ongewenste element; *that firm/etc. is* ***bad*** *~, (sl.)* loop maar lig vir daardie firma/ens.; ***bad*** *~ travels fast* slegte nuus/ty=ding trek vinnig; ***break*** *the ~ (gently) (to s.o.)* (iem.) die nuus/tyding (versigtig) meedeel; *the ~* ***broke*** die nuus/tyding het bekend geraak; ***confirm*** *the ~* →CONFIRM; ***country*** ~ plattelandse berigte; ***ill*** *~ comes/flies apace, (sprw.)* slegte nuus/tyding kom altyd te vroeg; *be* ***in*** *the ~* in die nuus wees; *the* ***latest*** ~ die laaste/jongste nuus; ***make*** ~ in die nuus kom, groot aandag trek; *that is* ***no*** ~ dit is ou nuus; ***no*** *~ is good ~* geen nuus/tyding is goeie nuus/tyding; ~ ***of*** ... berig/tyding van/omtrent ...; *a* ***piece*** *of ~* 'n nuusbrokkie/nusie (*of* brokkie nuus); ***read*** *the ~, (rad., TV)* die nuus (voor)lees; ***receive*** *~ of s.t.* berig van iets kry; ***stale*** ~ ou nuus; *the ~* ***that*** ... die berig/tyding dat ...; *s.o. had (the) ~* ***that*** ... iem. het verneem (*of* die tyding gekry/ontvang) dat ...; *that's ~* ***to*** *me, (infml.)* dis die eerste wat ek daarvan hoor, dis vir my nuus; ***what*** *(is the) ~?* wat is die nuus/ty=ding?, watter nuus is daar?. ~ **agency, press agency** nuusagentskap. **~agent** koerantverkoper, =handelaar. ~ **anchor** *(rad., TV)* nuusaanbieder, =leser. ~ **blackout** nuusverbod. **~boy** koerantjoggie, =seun. **~brief** kort nuusbulletin, =boeletien; nuusflits. ~ **bulletin** nuus=bulletin, =boeletien; *(Am.)* nuusflits. **~cast** nuusuit=sending, nuusberig(te). **~caster** nuusleser, =aanbieder. ~ **conference** →PRESS CONFERENCE. ~ **coverage** nuusdekking. **~dealer** *(Am.)* = NEWSAGENT. ~ **desk** nuuskantoor. ~ **editor** nuusredakteur. **~flash** nuus=flits, flitsberig, kort nuusberig. ~ **gathering** nuusin=sameling, =inwinning. **~hawk** →NEWSHOUND. ~ **headlines** nuushoofttrekke. **~hound,** *(Am.)* **~hawk** *(infml.)* nuusjagter. **~-hungry** gretig na nuus. ~ **item** nuus=brokkie. **~letter** nuusbrief. **~maker** nuusfiguur, nuus=maker. **~man** *=men,* **~woman** *=women* koerantman, =vrou, beriggewer, verslaggewer. **~monger** *(vero.)* nuus=draer. **~paper** →NEWSPAPER. **~print** koerantpapier. **~reader** nuusleser, =aanbieder. **~reel** nuusfilm, =(rol)=prent. ~ **release** →PRESS RELEASE. ~ **report** nuus=berig. **~room** redaksie=, nuuskantoor; nagkantoor *(v. 'n oggendblad);* (koerant)leeskamer. **~-sheet** nuus=blaadjie. **~stand** koerantstalletjie, =kiosk. ~ **story** nuus=storie. ~ **summary** nuusopsomming. ~ **tickers** nuus=flitsers. ~ **value** nuuswaarde, belangwekkendheid. ~ **vendor** koerantverkoper. **~worthiness** belangwek=kendheid. **~worthy** belangwekkend. ~ **writer** koerant=skrywer, beriggewer.

news·ie →NEWSY.

news·less sonder nuus/tyding.

news·pa·per koerant, nuusblad; *a widely read ~* 'n veelgelese (*of* veel gelese) koerant; *take (in) a ~* op 'n koerant inteken. ~ **article** koerantartikel. ~ **boy** →NEWS-BOY. ~ **contributor** koerantskrywer; koerantmede=werker. ~ **cutting** koerantknipsel. ~ **industry** perswese. **~man** *=men,* **~woman** *=women* koerantman, =vrou, joernalis. ~ **office** koerantkantoor. ~ **report** koerant=berig. ~ **world** perswese.

news·y, news·ie *=ies, n., (infml., hoofs.Am.)* koerant=man, =vrou, verslaggewer. **news·y** *adj., (infml.)* vol nuus.

newt *(soöl.)* watersal(a)mander, molg.

new·ton *(fis.)* newton; *two ~s, many ~s* twee newton, baie newtons. **New·to·ni·an** *adj.* Newtons, Newto=niaans, newton=; *~ mechanics* newtonmeganika; *~ telescope* newtonteleskoop.

next *n.* (die) volgende; *s.o.'s ~ of kin* KIN *n.*; *~ (please)!* (die) volgende (asseblief)!; **next** *adj.* volgende, aan=staande, eerskomende; langsaan; net bo/voor/ná; ***be*** *~* volg, aan die beurt wees; ***coming*** *up ~ is* ... nou volg ...; *the ~* ***day/etc.*** die volgende dag/ens., die dag/ens. daarop; *the very ~* ***day*** net die volgende dag; *the ~ few* ***days*** die volgende paar dae, die eerste dag of wat; *s.o.'s ~* ***eldest*** *brother/sister* die broer/suster net voor/bo iem.; *as* ***good*** *as the ~ person* →GOOD *adj. & adv.*; *be ~ on the* ***list*** die volgende op die lys wees; *the ~* ***person*** *s.o. sees* die eerste die beste (persoon) wat iem. sien; *the ~* ***station*** *to X* die eerste stasie ná X, die stasie net ná X; ~ ***Sunday, Sunday*** ~ nou Sondag, aanstaande/eerskomende/volgende Sondag; ~ ***week/year*** aanstaande/eerskomende/volgende week/jaar; ***what's*** *~?* wat nou?; ***who's*** *~?* wie volg?, wie se beurt is dit?. **next** *adv.* vervolgens, (daar)na; ~ ***before*** net voor; ~ ***to*** ... naas(aan)/langs(aan) ...; ná/naas ...; *be ~* ***to*** *nobody* →NOBODY; ~ ***to*** *nothing* →NOTHING; ~ ***to*** *that* daar=naas; ~ ***to*** *this* hiernaas; ~ ***to*** *what?* waarnaas?; *the largest city ~* ***to*** *Johannesburg* die grootste stad na(as) Johannesburg; ***what*** *~?* kan jy nou meer!, bid jou aan!, nou toe nou!, nou praat ek geen woord meer nie!, mooier wil ek dit nie hê nie!; ***what*** *do we do ~?* wat nou (gedaan)?. **next** *prep., (arg.)* langs, neffens, naas=aan; *stand ~ s.o.* langs/naas iem. staan; *~ the skin* op die blote lyf. ~ **best** op een na die beste, (die) naasbeste. ~ **door** *n., (Br., infml.)* die bure/mense (hier) langs=aan. ~ **door** *adv.* langsaan; *boy/girl ~ ~* buurseun, =meisie; *~ ~ to* ... langsaan ...; *be ~ ~ to ..., (fig.)* aan ... grens, op ... neerkom, aan ... gelykstaan, so goed as ... wees. **~-door** *adj. (attr.)*: *~ neighbour* naaste buur=man, buurman langsaan; *(i.d. mv.)* naaste bure, bure langsaan.

nex·us *=us(es)* neksus, (ver)band, samehang, verbin=ding, skakel; neksus, reeks, groep, ketting.

ngaap →GHAAP.

Nga·mi: *Lake ~* die Ngamimeer. **~land** Ngamiland.

Ngu·ni *(SA taalgroep)* Nguni.

ni·a·cin →NICOTINIC ACID.

Ni·ag·a·ra *(ook* Niagara River*)* Niagara(rivier); *(fig.)* stortvloed. ~ **Falls** Niagarawaterval; *(stad)* Niagara Falls.

nib *n.* penpunt; punt, tand, doring *(v. gereedskap);* neus *(v. 'n dakpan);* pen *(v. 'n noniuspasser);* snawel, bek *(v. 'n voël); (i.d. mv. ook)* koffiebone, =pitte; gebreekte kakaobone. **nib** *=bb=, ww.* 'n punt aansit; skerpmaak *('n potlood).*

nib·ble[1] *n.* mondjie vol; gepeusel, geknabbel; iets om aan te peusel; *(i.d. mv.)* (peusel/snoep)happies, eet=, peuselgoedjies; sweempie/teken van belangstelling; *feel like a ~* lus hê/voel/wees vir iets om aan te peusel; *the angler never had a ~* die vis het glad nie gebyt nie. **nibble** *ww.* peusel, knabbel, knaag; *(fig.)* vit; *~ at s.t.* aan iets peusel *(kos);* aan iets knabbel/knaag *('n wortel ens.);* aan iets byt *(d. aas);* belangstelling in iets toon *('n aanbod ens.);* *~ (away) at s.t., (ook)* iets wegkalwe(r) *(iem. se spaargeld);* iets geleidelik aftakel *(iem. se gees).* **nibbler** peuselaar, knabbelaar; vitter. **nib·bling** gepeusel, geknabbel; vittery.

nib·ble[2], **nyb·ble** *n., (rek.)* hap, halfgreep.

nib·lick *(gh., vero.)* kuilyster, =stok.

nibs: *his ~, (infml.)* sy hoogheid.

Ni·Cad, *(Am. handelsnaam)* **Ni·cad** *n.*: ~ **(battery)** nikkel-kadmium-battery.

Ni·cae·a *(geog., hist.)* Nicea. **Ni·cae·an, Ni·cene** *adj.* Niceens.

Nic·a·ra·gua *(geog.)* Nicaragua. **Nic·a·ra·guan** *n.* Nic=araguaan. **Nic·a·ra·guan** *adj.* Nicaraguaans.

nic·co·lite *(min.)* nikkeliet.

Nice *(geog.)* Nice.

nice lekker, aangenaam; mooi, gaaf, vriendelik, lief; fyn; presies; *(arg.)* kieskeurig, puntene(u)rig; ~ ***and*** ... lekker ... *(koel, warm, soet, ens.);* mooi ... *(slank ens.);* ~ ***boy/girl*** gawe seun/meisie; ordentlike seun/meisie; ~ ***distinction*** fyn onderskeiding; ~ ***ear*** fyn oor; *you're a ~* ***friend!****, (iron.)* jy's 'n mooi vriend!, wat vir 'n vriend is jy?; ~ ***guys*** *finish last* gawe ouens kom tweede/laaste (*of* is nie wenners nie); ~ ***job,*** *(infml.)* lekker baantjie; puik stuk werk; *it's ~ to* ***know*** *(that)* ... dis goed/lekker om te weet (dat) ...; *~ to* ***meet*** *you* aan=gename kennis, bly te kenne, (ek is) bly om (jou) te ontmoet; *it's been ~* ***meeting*** *you* dit was gaaf om jou te ontmoet, (ek is) bly ons het ontmoet (*of* dat ons ontmoet het); ~ ***mess,*** *(infml.)* groot/mooi/lekker ge=mors; *that's* ***not*** *~ of s.o.* dis nie mooi van iem. nie; *it was ~* ***of*** *s.o. to* ... dit was gaaf/mooi van iem. om te ...; ~ ***one!****, (Br., infml.)* mooi skoot!, skote Pe(r)toors/Pre=toors!, mooi so!, knap gedaan!, (glad) nie sleg nie!; *you're a ~* ***one****, (iron.)* jy's (ook) 'n mooi een; *hear/say ~* ***things*** *about s.o./s.t.* mooi dinge van iem./iets hoor/sê; *one of the ~* ***things*** *about* ... een van die lekker dinge omtrent (*of* groot lekkertes van) ...; *be ~* ***to*** *s.o.* gaaf/vriendelik wees teenoor iem.; *that's a ~* ***way*** *to treat a friend, (iron.)* dis nou vir jou 'n manier om 'n vriend te behandel, is dit hoe jy 'n vriend behandel?; ~ ***work!*** →WORK *n.*. **~-looking** *(infml.)* mooi, fraai.

nice·ly mooi; netjies; *come along ~* mooi beter word; *that will do ~* →DO[1] *ww.*; *s.o. is doing ~* iem. vorder goed, iem. kom reg, dit gaan goed met iem..

Ni·cene →NICAEAN *adj.*.

nice·ness aangenaamheid; gaafheid; vriendelikheid; presiesheid; *(arg.)* kieskeurigheid.

ni·ce·ty fynheid, noukeurigheid; kieskeurigheid; fynig=heid; *to a ~* haarfyn, presies, eksie-perfeksie, tot in die fynste/kleinste besonderhede.

niche nis *(in 'n muur, d. mark ens.);* hoekie, plekkie; *carve out a ~ for o.s.* vir jou 'n plek verower/verseker, vir jou 'n nis(sie) (*of* 'n plekkie [in die son]) vind; *find one's ~* jou plek(kie) vind; *a ~ in the temple of fame* 'n plek in die heldery. ~ **bank** nisbank. ~ **business** nis=onderneming. ~ **market** nismark. ~ **marketing** nis=bemarking.

Nich·o·las: *Saint ~* sint Nikolaas, sinterklaas.

Nick: *Old ~* →OLD.

nick *n.* kerf, keep; hap, skaar; *in bad/good ~, (infml.)* in 'n slegte/goeie toestand; *in the ~, (Br., infml.)* in die tjoekie/tronk; *in the ~ of time* →TIME *n.*. **nick** *ww.* in=kerf, inkeep; sny; tref; snap; *(infml.)* skaai, gaps; *(Am., infml.)* fop, vang; *be/get ~ed, (Br., infml.)* gevang/ge=arresteer word; *~ the truth, ~ it* dit snap, reg raai, die spyker op die kop slaan.

nick·el *n., (metal., chem., simb.:* Ni*)* nikkel; *(Am., infml.)* vyfsentstuk. **nick·el** *=ll=, ww.* vernikkel. **~-and-dime** *adj., (Am., infml., neerh.)* (spot)goedkoop; waardeloos, klein, nietig, onbenullig, onbeduidend; tweederangs. **~-plate** *ww.* vernikkel. ~ **plating** vernikkeling. ~ **silver** nieu=, nikkelsilwer, argentaan, witkoper, Duitse/Ber=lynse silwer. ~ **steel** nikkelstaal.

nick·el·if·er·ous nikkelhoudend.

nick·el·o·de·on *(Am.), (infml., vero.: outomatiese plate=speler)* blêrkas; pianola; *(hist.)* bioskoop, fliek.

nick·er[1] (sag) runnik; giggel.

nick·er[2] *(Br., sl.: £)* pond.

nick-nack, nick-nack·er·y →KNICK-KNACK, KNICK-KNACKERY.

nick·name *n.* by=, spotnaam; *facetious ~* skimpnaam; *(ugly) ~* skel(d)naam. **nick·name** *ww.* 'n bynaam gee; *~d* bygenaamd, met die bynaam.

nick·point →KNICKPOINT.

Nic·o·bar Is·lands, Nic·o·bars Nikobareilande, Nikobare.

Nic·o·de·mus *(NT)* Nikodemus.

Nic·o·si·a *(geog.)* Nikosia.

nic·o·tine nikotien; pypolie. ~ **patch** nikotienplak=ker. ~ **poisoning** nikotienvergiftiging. **~-stained** niko=tiengeel, geel van nikotien, met nikotienvlekke.

nic·o·tin·ic ac·id, ni·a·cin *(biochem.)* nikotiensuur, niasien.

nic·o·tin·ise, =ize met nikotien vergiftig.

nic·o·tin·ism *(patol.)* nikotienvergiftiging.

nic·ti·tate, nic·tate *(teg.)* →BLINK *ww.*; *nic(ti)tating membrane, (soöl.)* derde ooglid, knipvlies.

nid·dle-nod·dle *adj.* knikkend; waggelend. **nid·dle-nod·dle** *ww.* knik; waggel.

nide *(arg.)* fisantnes; broeisel fisante.

nid·i·fy, nid·i·fi·cate *(orn.)* nes bou/maak. **nid·i·fi·ca·tion** nesbouery, =makery.

nid-nod =*dd*= gedurig knik; (kort-kort) indut, *(infml.)* visvang.

ni·dus *niduses, nidi* nes; *(fig.)* bakermat; *(med.)* nidus, (besmettings/infeksie/siekte)haard; *(fig.)* broeines.

niece niggie, susters=, broerskind.

ni·el·lo =*elli,* =*ellos, (graveerkuns)* niëllo.

Nie·men *(Pools)* →NEMEN.

nie·rem·ber·gia *(bot.)* nierembergia, koppieblom.

niff *n., (Br., infml.)* stank, slegte/onaangename reuk. **niff** *ww.* stink, sleg/onaangenaam ruik. **niff·y** stink=(end), stinkerig, onwelriekend, sleg ruikend.

nif·ty *(infml.)* netjies, viets, agtermekaar; sjiek; stylvol; knap, bedrewe, vaardig; fyn, flink, goed *(voetwerk ens.);* lig, rats *(op jou voete ens.).*

Ni·ger *(rivier)* Niger; *Republic of* ~ Republiek Niger.

Ni·ge·ri·a *(geog.)* Nigerië. **Ni·ge·ri·an** *n.* Nigeriër. **Ni·ge·ri·an** *adj.* Nigeries.

nig·gard *n.* gierigaard, vrek, skraalhans, suinigaard. **nig·gard** *adj., (arg.)* →NIGGARDLY. **nig·gard·li·ness** inhaligheid, suinigheid, gierigheid, vrekkerigheid, skraapsug. **nig·gard·ly** inhalig, suinig, gierig, vrekkerig.

nig·ger *(neerh.)* Neger; *(neerh.)* swart mens; *a ~ in the woodpile, (neerh.)* 'n slang in die gras.

nig·gle peuter, knutsel; sukkel; vit; ~ *about/over s.t.* op iets vit; *s.t. is niggling at s.o.'s mind* iets pla iem.. **nig·gler** peuteraar, knutselaar; vitter. **nig·gling** *n.* gepeuter; peuterwerk; sukkel(a)ry; vittery. **nig·gling** *adj.* beuselagtig, onbenullig; vitterig.

nigh *(arg. of poët., liter.)* naby; byna; *draw* ~ nader kom, naderkom; ~ *fifty* byna/haas (*of* na aan) vyftig.

night nag; aand; →NIGHTS *adv.;* ~ ***after*** ~ nag ná/vir nag, elke nag; elke aand; *the ~ **after** tomorrow* oormôreaand, oormoreaand; ***all** ~ (long)* heelnag, die hele nag (deur); *keep it up **all** ~ →**make** a night of it;* ***at*** ~ in die nag, snags; in die aand, saans; *have a **bad** ~('s sleep)* sleg/onrustig slaap; *in the **black/depth** of ~,* at (or *in the*) ***dead*** *of ~, (ret.)* in die middel/holste van die nag; ***by*** ~ in die nag, snags, by nag; ***by** day and (by) ~* →DAY; ~ *is **coming*** dit word nag; *under **cover** of ~* in die donker; *(as) **dark** as ~* →DARK *adj.;* ~ *and **day*** dag en nag; *turn ~ into **day*** van die nag 'n dag maak; *at* (or *in the*) ***dead*** *of ~ →**black/depth;** **deep** in the ~* diep in die nag; *in the **depth** of ~ →**black/depth;** have an **early*** (or *a **late***) ~ vroeg/laat gaan slaap/lê (*of* in die bed klim *of* bed toe gaan); *a ~ of **fear*** →FEAR *n.;* ***first/opening*** *~, (teat.)* openingsaand, première; *have a **good** ~('s sleep)* 'n goeie nagrus hê/geniet, goed/lekker slaap; ***in** the ~* in die nag; *(until) far/well **into** the ~* tot diep in die nag; ***last*** ~ gisteraand; gisternag, verlede nag, vannag; *the ~ before **last*** eergisternag; ***last** thing at ~* →THING; ***late** at ~* laat in die aand, laataand; laatnag; *too many **late** ~s* te min slaap; ***make** a ~ of it, keep it up **all** ~, (infml.)* deurdruk dag(breek) toe, tot ligdag (toe) kuier/dans/skoffel/voetestamp/ens., die hele aand pret maak; tot laatnag (*of* die nag deur) fuif; *the ~ **of** 12 to 13 August* die nag van 12 op 13 Augustus; *a ~ **off*** 'n af/vry(e) aand; ***on** a ~* op 'n aand; *s.t. happened **one** ~* iets het een (*of* op 'n sekere) nag gebeur; *the **other** ~* nou die aand, 'n paar aande gelede, 'n aand of wat gelede; *a ~ **out*** 'n aand uit; *have a ~ **out*** 'n aand uitgaan; ***pass/spend** the ~* die nag deurbring, vernag, oornag; ***spend** the ~ at a hotel* (or *on the street*) in 'n hotel (*of* op straat) oornag; ***spend** the ~ in hospital* die nag in die hospitaal deurbring; ***spend** the ~ with friends* die nag by vriende oorbly/oorslaap; ***stay** the ~* oornag, die nag oorbly; *s.o. **stayed** with ... **last*** ~ iem. het laas=/gister=/vannag (*of* verlede nag) by ... geslaap/oorgebly; ***this*** ~ vannag, hierdie nag; ***throughout*** (or ***all through***) *the ~* heelnag, die hele nag (deur); *at this **time** of ~* so laat in die aand; dié/hierdie tyd van die nag. ~ **adder** nagadder. ~ **air** naglug. ~ **ape** →BUSHBABY. ~ **attack** nagtelike aanval. ~ **attire** nag=, slaapklere. ~ **bag** nagsak(kie). ~ **bell** nagklok. ~ **bird** *(lett. & fig.)* nagvoël; *(fig.)* nagwolf, =uil; *(fig.)* nagvlinder. ~**blind** *(med.)* nagblind. ~ **blindness** *(med.)* nagblindheid; →NYCTALOPIA. ~**cap** nagsopie; *(hist.)* nag=, slaapmus. ~ **cart,** ~ **soil cart** *(hist.)* nagwa. ~ **chair** →CLOSE-STOOL. ~ **class** aandklas. ~**clothes** nag=, slaapklere. ~**club** nagklub. ~**clubbing:** *go ~, (Br.)* in nagklubs uithang/kuier, nagklubs besoek. ~ **depository** *(Am.)* = NIGHT SAFE. ~**dress,** ~**gown** nagrok, =jurk, =hemp. ~ **duty** nagdiens. ~ **editor** nagredakteur. ~**fall** sononder, aandskemer(ing), skemerdonker; *at ~* (met) sononder. ~ **fare** nagtarief. ~ **fighter** *(vliegtuig)* nagjagter. ~ **flight** nagvlug. ~ **flower** aandblom. ~**-flying** nagvlieënd *(insek ens.).* ~ **glass** nagkyker. ~**gown** →NIGHTDRESS; *(hist.)* →DRESSING GOWN. ~ **guard** nagwag. ~ **hag** nagmerrie. ~**hawk** *(orn.: Chordeiles minor)* Amerikaanse nagswa(w)el; bokmelker; *(Am., infml.)* naguil, nagmens. ~ **heron** *(orn.)* nagreier; *black-crowned* ~ ~ gewone nagreier. ~**jar** *(orn.: Caprimulgus* spp.) naguil(tjie); nagswa(w)el; *European* ~ Europese naguil; *fiery-necked* ~ Afrikaanse naguil; *freckled* ~ donkernaguil. ~ **latch** nagslot. ~ **letter** *(Am.)* nagtelegram. ~**life** naglewe. ~ **light** nagkers, =lamp(ie), =lig(gie). ~**long** *adj.* heelnag=, hele nag se. ~**long** *adv.* heelnag, die hele nag (lank). ~**mare** nagmerrie; *have a ~* 'n nagmerrie hê/kry; *have ~s* nagmerries hê/kry. ~**marish** nagmerrieagtig, skrik=, angswekkend. ~ **moth** nagmot. ~ **mouse** nagmuis. ~**-night** *tw.* lekker slaap. ~ **nurse** nagsuster, =verpleegster. ~**-out expenses** oornagkoste. ~ **owl** *(infml., fig.)* naguil, nagmens. ~ **piece** nagstuk, nagskildery. ~ **porter** nagportier; nagkruier. ~ **quarters** nagverblyf, =kwartier; slaapplek. ~ **robe** *(Am.)* = NIGHTDRESS. ~ **round** nagrond(t)e. ~ **safe** nagkluis. ~**-scented pelargonium** *(Pelargonium triste)* kaneeltjie, rooiwortel. ~ **school** aandskool. ~**shade** *(bot.): black ~ →*BLACK; *deadly ~ →*DEADLY *adj. & adv..* ~ **shelter** nagskuiling. ~ **shift** nagskof. ~**shirt** naghemp, *(infml.)* nagkabaai. ~ **sky** naghemel. ~ **soil** nagvuil. ~ **soil cart** →NIGHT CART. ~**spot** *(infml.)* = NIGHTCLUB. ~**stand** = NIGHT TABLE. ~**stick** *(Am.)* (polisie)knuppel. ~**stool** = CLOSE-STOOL. ~ **suit** nag=, slaappak. ~ **sweats** nagsweet. ~ **table** bedkassie. ~ **terrors** *n. (mv.)* nagvrese. ~**-time** aand; nag; *at ~, in the ~* saans; snags. ~ **visibility** nagsig. ~ **vision** donkersig, nagtelike gesigsvermoë. ~**walker** slaapwandelaar; straatvrou; nagskelm; nagdier. ~ **watch** nagwag, =waak. ~ **watchman** nagwag; *(kr.)* naguiltjie, nagwag. ~**wear** slaap=, nagklere. ~ **work** nagwerk. ~ **worker** nagwerker.

night·ie, night·y *(infml.)* nagrok, =hemp, *(infml.)* nagkabaai.

night·in·gale *(orn.)* nagtegaal.

night·ly *adj.* nagtelik; van elke nag/aand. **night·ly** *adv.* elke aand; elke nag; snags.

nights *adv., (infml.)* snags; saans.

night·y →NIGHTIE.

ni·gres·cent *(w.g.)* swarterig, swartagtig. **ni·gres·cence** swartheid, donkerheid, donkerte; (die) swart word.

nig·ri·tude *(w.g.)* swartheid.

ni·hil·ism nihilisme. **ni·hil·ist** *n.* nihilis. **ni·hil·ist, ni·hil·is·tic** *adj.* nihilisties.

ni·hil·i·ty *(w.g.)* nietigheid, nulliteit; onbestaanbaarheid; niks(-wees).

Nij·me·gen, *(D.)* **Nim·we·gen** *(geog.)* Nijmegen.

=**nik** *suff. (vorm n.)* =nik; *beat~* beatnik; *kibbutz~* kibboetsbewoner; *peace~* vredesapostel, =mens, =beplei=ter, vredestryder, vredesvoorstander; *sput~* spoetnik.

Ni·ke *(Gr. mit.)* Nike, Nikê.

Nik·kei: ~ **(index),** ~ **(stock) average** Nikkei(-indeks), Nikkei(-beurs)gemiddeld(e).

nil nul, niks; *the result was precisely ~* dit het 'n ronde nul opgelewer.

nil de·spe·ran·dum *tw., (Lat.)* nil desperandum, moenie wanhoop nie, hou moed, moenie moed opgee/verloor (*of* tou opgooi) nie.

Nile: *the ~* die Nyl(rivier); →NILOTIC; *the Blue ~* die Blou Nyl; *the White ~* die Wit Nyl. ~ **blue** nylblou. ~ **goose** →EGYPTIAN GOOSE. ~ **green** nylgroen. ~ **monitor** waterlikkewaan; →MONITOR *n.*.

nil·gai, nil·ghau, nyl·ghau *(soöl.)* nilg(h)ai, bloubul.

Ni·lom·e·ter Nylmeter.

Ni·lot, Ni·lote *(bewoner v.d. Nylgebied)* Niloot. **Ni·lot·ic** *n., (taalgroep)* Niloties. **Ni·lot·ic** *adj.* Niloties.

nim·ble rats, vinnig, vlug(voetig); behendig. ~**-fingered** vingervlug; ~ *gentry* sakkerollers. ~**-footed** rats, vinnig, vlugvoetig. ~**witted** *(hoofs. Am.)* gevat, vlug (van begrip).

nim·ble·ness ratsheid, vinnigheid, vlugheid; behendigheid.

nim·bo·stra·tus =*strati* nimbostratus(wolk).

nim·bus *nimbi, nimbuses* reënwolk, nimbus(wolk); ligkrans, stralekrans, nimbus.

NIM·BY, Nim·by =*bys, (infml., akr.:* not in my back yard*)* beswaarde, nie-in-my-agterplaas-protesteerder.

ni·mi·e·ty *(w.g.)* →EXCESS.

nim·i·ny-pim·i·ny aanstellerig, pretensieus, geaffekteer(d), aangeplak, gemaak; vol fiemies/fieterjasies.

Nim·rod *(OT)* Nimrod; *(fig.)* nimrod, groot jagter.

Nim·we·gen *(D.)* →NIJMEGEN.

nin·com·poop bog, uilskuiken, askoek, oliekoek, asjas, Jan Pampoen, pampoen(kop), stommerik, domkop, skaap.

nine nege; *a ~ days' wonder* →WONDER *n.; be **dressed** (up) to the ~s* →DRESS *ww.;* ~ ***hours*** nege uur; ~ ***men's morris*** meul(e)spel; ~ ***(o'clock)*** negeuur, nege-uur; ***possession** is ~ points of the law* →POSSESSION; ***the** N~, (Gr. mit.)* die nege Muses; ~ ***times** out of ten* →TIME *n.;* ***work** from ~ to five* van nege tot vyf (*of* gewone kantoorure) werk. ~**-day** negedaags. ~ **hundred/thousand/million** →EIGHT HUNDRED/THOUSAND/MILLION. ~**-tenths** nege tiendes; die oorgrote meerderheid. ~**-to-five (job)** nege-tot-vyf-werk, kantoorwerk; *do a ~ (~)* van nege tot vyf (*of* gewone kantoorure) werk. ~**-to-fiver** kantoorwerker, kripvreter.

nine·fold *n.* negevoud. **nine·fold** *adj.* negevoudig. **nine·fold** *adv.* negevoud(ig).

nine·pence nege pennies; *(hist.)* nege dubbeltjies, vier skelling.

nine·pin heath, nip·ple heath →HEATH.

nine·pins *(mv., fungeer as ekv.)* kegels; *play (at) ~* kegel speel; *go down like ~* holderstebolder val.

nine·teen negentien, neëntien; *talk ~ to the dozen* →TALK THE HIND LEG OFF A DONKEY.

nine·teenth negentiende, neëntiende; ~ *hole, (gh., infml., skerts.: klubhuiskroeg)* negentiende putjie; ~ *century* negentiende/neëntiende eeu. ~**-century** negentiende-eeus, neëntiende-eeus.

nine·ti·eth negentigste, neëntigste.

nine·ty negentig, neëntig; *be in one's nineties* in die negentig/neëntig (*of* in jou negentiger=/neëntigerjare) wees; *it happened in the nineties* dit het in die negentiger=/neëntigerjare (*of* die jare negentig/neëntig) gebeur.

Nin·e·veh *(geog., hist.)* Nineve. **Nin·e·vite** Nineviet.

nin·ja =*ja(s)* ninja. **nin·jut·su, nin·jit·su** *(Jap. verweerkuns)* ninjoetsoe, ninjitsoe.

nin·ny *(infml.)* uilskuiken, bog, swaap, domkop.

ni·non *(tekst.)* ninon.

ninth negende, neënde. **ninth·ly** ten negende/neënde, in die negende/neënde plek.

ni·o·bi·um *(chem., simb.:* Nb*)* niobium. **ni·o·bate** *(chem.)* niobaat. **ni·o·bite** *(min.)* niobiet.

Nip *(neerh. sl.: Japannees, Japanner, afk. v.* Nipponese*)* Jap.

nip¹ *n.* knyp; byt; steek; knak *(in 'n draad);* bytende/skerp koue *(v.d. winter);* bietjie, stukkie; skerp geur, pikante smaak; *there is a ~ in the air* die lug(gie) is skerp. **nip** =*pp*=, *ww.* knyp; byt; knip; steek; *(hond)* hap; *(iem.)* top *('n plant); (ryp ens.)* beskadig *(plante ens.); (infml.)* gou gaan, glip, wip; *(Am., infml.)* gaps, vaslê, vat, skaai; *(SA, sl.)* benoud wees, knyp; ~ ***along*** *to ..., (infml.)* gou na ... gaan; ~ *s.t. in the **bud*** iets in die kiem smoor; ~ ***down*** *to ...* afglip ... toe; *the grass was ~ed by **frost*** die gras is/het doodgeryp; ~ ***in,***

*(infml.)*inglip, inwip; ~ ***off,*** *(infml.)* wegspring; ~ *s.t.* ***off*** iets afbyt; iets afknyp/afknip; ~ ***out,*** *(infml.)* uitglip, uitwip; ~ ***round*** *to ...*, *(infml.)* gou na ... gaan. ~ **and tuck** *n., (infml.: ontrimpeling[soperasie])* sny en stryk; hysbakkies. ~ **and tuck** *adj. & adv., (infml.)* kop aan kop; *win a race* ~ ~ ~ 'n wedren/wedloop naelskraap(s)/net-net wen.

nip² *n.* kleintjie, klein botteltjie, nip(bottel); *(infml.)* halfie; slukkie, sopie, regmakertjie, opknappertjie. **nip** *-pp-, ww.* nip, klein slukkies drink/neem/vat.

nip·per *(Br., infml.)* kind, kleintjie; tjokker(tjie), kannetjie, pikkie, knapie, mannetjie; knyper *(v. 'n krap ens.);* sny-, voortand *(v. 'n perd); (i.d. mv.)* knip-, knyptang; *(i.d. mv., infml.)* (hand)boeie.

nip·per·kin →NIP² *n.*.

nip·ping bytend *(wind ens.);* bitsig, sarkasties, skerp.

nip·ple tepel; tiet; speen *(v. 'n dier);* nippel *(v. 'n geweer ens.);* aansluitstuk.

Nip·pon *(Jap.)* Nippon; →JAPAN. **Nip·pon·ese** *n. & adj.* Nipponees; →JAPANESE.

nip·py *(infml.)* rats, vinnig, blitsig, haastig; kil, kouerig *(weer ens.);* skerp *(kos).* **nip·pi·ly** kouerig; rats.

nir·va·na *(Hind., Boeddh.)* nirwana *(ook N~).*

ni·sei *-sei(s), (ook N~, Am., tweedegeslag-Japanner)* nisei *(ook N~).*

ni·si: *decree/rule ~, (jur.)* bevel nisi.

Nis·sen hut *(Br., mil.)* Nissenhut, tenkhut.

nit *(infml.), (luiseier)* neet; *(hoofs. Br., neerh.)* domkop, pampoen(kop), skaap(kop), esel, uilskuiken, onnosel; *pick ~s, (Am.)* hare kloof/klowe, haarkloof, -klowe, vit. **~-pick** *ww., (infml.)* hare kloof/klowe, haarkloof, -klowe, vit. **~-picker** *(infml.)* haarklower, muggiesifter, vitter. **~-picking** *n., (infml.)* haarklowery, muggiesiftery, vittery. **~-picking** *adj., (infml.)* vitterig.

ni·ton *(vero.)* →RADON.

ni·trate *n., (chem.)* nitraat; ~ *of lime* kalksalpeter; ~ *of soda* →CHILE SALTPETRE. **ni·trate** *ww.* nitreer; met salpetersuur behandel. **ni·tra·tion** nitrasie, nitrering.

ni·tre, *(Am.)* **ni·ter** →SALTPETRE.

ni·tric *(chem.)* salpeter-; ~ *acid* salpetersuur; ~ *oxide* stikstofmonoksied.

ni·tride *n., (chem.)* nitried. **ni·tride** *ww.* nitrideer.

ni·tri·fy *(chem.)* nitrifiseer. **ni·tri·fi·ca·tion** salpetervorming, nitrifikasie, nitrifisering.

ni·trite *(chem.)* nitriet.

ni·tro- *komb.vorm* nitro-.

ni·tro·ben·zene *(chem.)* nitrobenseen, mirbaanolie.

ni·tro·cel·lu·lose *(chem.)* nitrosellulose, sellulosenitraat.

ni·tro com·pound *(chem.)* stikstofverbinding.

ni·tro·gen *(chem., simb.: N)* stikstof; ~ *content* stikstofgehalte; ~ *cycle* stikstofsiklus, -kringloop; ~ *fixation, fixation of* ~ stikstofbinding. **ni·trog·e·nous** stikstofhoudend; stikstof-; ~ *equilibrium* stikstofewewig.

ni·tro·glyc·er·in(e) *(chem.)* nitrogliserien, gliseroltrinitraat.

ni·trous salpeteragtig; ~ *acid* salpeterigsuur; ~ *fume* nitrosegas; ~ *oxide* distikstofmonoksied, laggas.

nit·ty-grit·ty *(infml.)* kern van die saak; *come* (or *get down*) *to the* ~, *(infml.)* die kern van die saak aanpak.

nit·wit *(infml.)* domkop, uilskuiken, onnosel.

ni·va·tion *(geog.)* nivasie, sneeuwerking.

nix¹ *n., (infml.)* niks. **nix** *ww.* nee sê vir; skrap, 'n streep trek deur, kanselleer; afkeur, van die hand wys, verwerp; veto; verbied.

nix² *n., (Germ. mit.)* niks, (manlike) watergees. **nix·ie, nix·y** *(vr.)* nikse, (vroulike) watergees.

Ni·zam *(hist.)* nizam, vors van Haiderabad; *the n~, (hist.)* (soldate van) die Turkse leër.

Nizh·ni Nov·go·rod *(geog.)* Nizjni Nowgorod.

Nko·si Si·ke·lel' i·A·fri·ka *(SA volkslied, Xh.: God, seën Afrika)* Nkosi Sikelel' iAfrika.

No →NOH.

no *noes, n.* nee, weiering; teen-, teëstem, stem teen; *(i.d. mv.)* nees, teen-, teëstemme, stemme teen; *not take* ~ *for an* ***answer*** geen weiering aanneem nie; *the ~es* ***have it*** die voorstel is verwerp, die meerderheid is daarteen (*of* sê nee); *a* ***plain*** ~ 'n ontkenning/weiering sonder meer. **no** *adj.* geen, g'n; ~ ***admittance*** →ADMITTANCE; ~ *...* ***at all*** glad/hoegenaamd geen ... nie; *a vote of* ~ ***confidence*** →VOTE *n.*; ~ ***date*** ongedateer(d), sonder datum; *('n publikasie)* sonder jaartal; ~ ***dumping/entry/etc.*** geen storting/toegang/ens., storting/toegang/ens. verbode; *at* ~ ***extra*** *cost/expense* →EXTRA *adj. & adv.*; ~ ***extras*** →EXTRA *n.*; ~ ***man*** niemand; geeneen, geen/g'n mens; ~ ***man's land*** →NO-MAN'S-LAND; *by* ~ *(manner of)* ***means*** →MEANS; *there is* ~ ***mistaking*** ... →MISTAKE *ww.*; ~ ***one*** →NO ONE; *to* ~ ***purpose*** →PURPOSE *n.*; ~ ***side*** →NO-SIDE; *there is* ~ ***stopping*** ... →STOP *ww.*; *in* ~ ***time*** →TIME *n.*; *in* ~ ***wise*** →NOWISE. **no** *adv.* nee, (h)aikôna; niks; ~ ***better*** *than* ... nie/niks beter as ... nie; ~ ***can do*** →CAN¹ *ww.*; *it's* ~ ***go,*** *(infml.)* dit help nie, dis alles verniet, daar's niks aan te doen nie; dis onmoontlik/verbode/hopeloos; →NO-GO *n. & adj.*; ~ ***more*** →MORE; ~ ***sooner*** *said than done* →SOON; ~ ***thanks*** (or ***thank you***)*!* nee, dankie!; *(in)* ~ ***way*** →WAY *n.*; ***whether*** *s.o. will or* ~ →WILL *ww.*. **~-account** *n., (infml., hoofs. Am.)* nikswerd, deugniet, (ou) sleg, nul (op 'n kontrak). **~-account** *adj., (infml., hoofs. Am.)* nikswerd, vrotsig, pateties, treurig. **~-alcohol beer** alkoholvrye/niealkoholiese bier. **~-ball** *n., (kr.)* foutbal. **~-ball** *ww., (kr.)* vir 'n foutbal straf *('n bouler)*; 'n foutbal aandui/beduie/roep, beslis dat dit 'n foutbal is. **~-brainer** *(Am., infml.)* kinderspeletjies, kinderkos; *be a* ~ doodeenvoudig/doodmaklik/kinderspeletjies wees. **~-claim(s) bonus/discount** *(versek.)* geeneisbonus, -afslag. **~-fly zone** lug-spersone, vlieg-spersone, spersone vir vliegtuie. **~-frills** *adj. (attr.)* sonder (allerhande/enige) fieterjasies/foefies/tierlantyntjies *(pred.)*, fieterjasieloos, foefieloos. **~-go** *n.* mislukking; onmoontlike toestand; *it is a* ~ ons het ons vasgeloop. **~-go** *adj. (attr.)*: ~ *area* spergebied, verbode gebied; ~ *gauge, (teg.)* pasnie-, kanniemaat; *go and* ~ *gauge, (teg.)* kankanniemaat. **~-good** *n., (infml.)* niksnut(s), deugniet, bog, janrap. **~-good** *adj., (infml.)* nikswerd. **~-goodnik** niksnut(s), nikswerd, deugniet, nul op 'n kontrak. **~-growth** *adj. (attr.)* stagnante *(ekonomie ens.)*; *be in a* ~ *situation* geen (tekens van) groei toon nie. **~-hoper** *(infml., neerh.)* niksnut(s), nikswerd, deugniet, nul op 'n kontrak; mislukking, sukkelaar. **~how** →NOHOW. **~-load** nullas. **~-man's-land** niemandsland. **~-no** *-no(e)s, (infml.)* taboe, ontoelaatbaarheid; *be a* ~ ontoelaatbaar/taboe/verbode wees, 'n (groot) taboe wees. **~-nonsense** *adj.* nugter, saaklik, objektief, direk. ~ **one,** **~-one** niemand; geeneen, geen/g'n mens; *there is* ~ *like him/her* sy/haar weerga is nie te vind nie. **~-score draw** *(sokker)* gelykop telling/uitslag van nul-nul *(of* nul elk), doellose/puntelose uitslag. **~-show** *(infml.)* iem. wat nie (vir 'n vlug/ens.) opdaag nie. **~-side,** ~ **side** *(rugby)* die spel is oor. **~-trump** *adj., (brug)* geentroef-. ~ **trumps** *n., (brug)* geen troef; *bid six* ~ ~ ses geen troef roep. **~way,** *(Am., SA, niestandaard)* **~ways** *tw.* nog nooit (nie), nog so nooit, om die dood nie, (h)aikôna, so nooit aste (*of* as te) nimmer, so nimmer aste (*of* as te) nooit; →(IN) NO **WAY.** **~where,** **~whither** →NOWHERE, NOWHITHER. **~-win** *adj. (attr.)*: ~ *situation* verloorsituasie.

No·ah *(OT)* Noag; *~'s ark* die Ark.

nob¹ *(Br., infml.)* windmaker, kokkedoor. **nob·by** windmaker(ig).

nob² *(infml.)* kop, klapperdop, bol.

nob·ble *(Br., infml.)* bedrieg, kul, mislei, 'n rat voor die oë draai; omrokkel; omkoop; bewerk, bearbei; dwarsboom, kortwiek, in die wiele ry, 'n stokkie steek voor; lastig val; doepa, dokter *('n renperd)*; gaps; gryp, vang. **nob·bler** bedrieër, verneuker, konkelaar, swendelaar.

nob·by →NOB¹.

No·bel *n.*: ~ **laureate** (voormalige) Nobelpryswenner. ~ **peace prize** Nobelvredesprys. ~ **prize** Nobelprys. ~ **prize winner** Nobelpryswenner.

No·bel·ist *(Am.)* = NOBEL PRIZE WINNER.

no·bel·i·um *(chem., simb.: No)* nobelium.

no·bil·i·ty adel, adelstand; edelheid; adeldom; →NOBLE; ~ *of the* ***empire,*** *(hoofs. hist.)* ryksadel; ***patent*** *of* ~ →PATENT *n.*; ~ *of* ***soul/mind*** sieleadel, edelmoed(igheid), grootmoedigheid, groothartigheid; ***the*** ~ die adel(stand). **no·bil·i·ar·y** adellik; ~ *pride* adeltrots.

no·ble *n.* edelman; *(i.d. mv.)* (die) adelstand. **no·ble** *adj.* adellik; edel, grootmoedig; geesverheffend; groots, indrukwekkend; *the* ~ ***art/science,*** *(hoofs. arg.)* boks, (die) bokskuns; *~/rare/inert* ***gas*** edelgas; ~ ***metal*** edelmetaal; roesvrye metaal; ~ ***pile/structure,*** *(liter.)* imposante gebou; ~ ***rot,*** *(wynb.)* edelvrot; *(the)* ~ ***savage,*** *(romantisme)* (die) edel(e) barbaar. **~man** *-men* edelman, kavalier; *create a* ~ iem. tot die adelstand verhef. **~-minded** edelmoedig, grootmoedig, groothartig. **~-mindedness** sieleadel. **~woman** *-women* adellike vrou, vrou uit die adel(stand).

no·ble·ness edelheid, adel, grootmoedigheid; grootsheid.

no·blesse *(liter.)* adel(stand); adeldom; adellikheid. ~ **oblige** *(Fr., dikw. iron.)* noblesse oblige, adeldom lê verpligtinge/-tings op (*of* bring verantwoordelikhede mee).

no·bly edel; edelmoedig; groots; ~ *born* van adellike geboorte.

no·bod·y niemand; geeneen, geen/g'n mens; ***a*** ~ 'n nul; *it is ~'s* ***business*** →BUSINESS; *be ~'s* ***fool*** →FOOL¹ *n.*; ~ ***in particular*** niemand in die besonder nie; *be* ***next to*** ~ so goed as niemand wees (nie).

nock *n., (boogskiet)* keep, kerf *(in 'n pyl, boog); (sk.)* nok *(v. 'n seil).* **nock** *ww.* aan die boogsnaar sit/haak, op die boog sit *('n pyl)*; inkeep, 'n keep maak in *('n pyl, boog).*

noc·tam·bu·lism *(w.g.)* slaapwandelary. **noc·tam·bu·lant** slaapwandelend. **noc·tam·bu·la·tion** →NOCTAMBULISM. **noc·tam·bu·list** slaapwandelaar. →SOMNAMBULIST, SOMNAMBULIST.

noc·ti·lu·cent nagskynend.

noc·tiv·a·gant, noc·tiv·a·gous *(w.g.)* snags swerwend/dwalend.

noc·tur·nal nagtelik; ~ *bird* nagvoël; ~ *flower* nagblom.

noc·turne *(mus.)* naglied, nokturne; nagskildery, nagstuk, nagtafereel; *(RK)* naggesang.

noc·u·ous *(poët., liter.)* skadelik; giftig.

Nod: *land of N~, (OT)* die land Nod; *(infml.)* droomland, land van Klaas Vakie; *be in the land of N~, (infml.: slaap)* in droomland wees.

nod *n.* (hoof)knik, kopknik; wink; *be* ***dependent*** *on s.o.'s* ~ van iem. se toestemming afhanklik wees; ***get*** *the* ~, *(iem.)* toestemming kry; *(iets)* goedgekeur word; ***give*** *s.o./s.t. the* ~ iem. toestemming gee/verleen; iets goedkeur; ***land*** *of N~* →NOD; ***on*** *the* ~, *(infml.)* met algemene instemming; *(vero.)* op krediet; *a* ~ *is as good as a* ***wink*** *(to a blind horse)* 'n goeie begrip/begryper het 'n halwe woord nodig. **nod** *-dd-, ww.* knik; (wil-wil) insluimer, (kort-kort) indut, *(infml.)* visvang; →NODDING; ~ *(one's)* ***assent*** toestemmend knik; ~ ***at/to*** *s.o.* vir iem. knik; ~ ***one's head*** (met jou kop) knik; *even* ***Homer*** *sometimes ~s* →HOMER; ~ ***off,*** *(infml.)* indut, insluimer, aan die slaap raak.

nod·al →NODE.

nod·ding knikkend; oorhangend; *have a* ~ *acquaintance with ...* →ACQUAINTANCE; ~ *plumes* wuiwende vere/pluime; *sit ~, (ook, infml.)* sit en visvang.

nod·dle¹ *n., (infml., vero.)* kop, harspan, klapperdop, boonste verdieping.

nod·dle² *ww., (infml., arg.)* knik, jou kop skud.

nod·dy¹ *n., (vero.)* domoor, domkop, stommerik, esel, uilskuiken.

nod·dy² *adj.* slaperig.

node knoop; *(gram.)* knoop-, vertakpunt; knoe(t)s, kwas, knobbel *(in hout); (bot.)* (stingel)knoop, nodus; *(anat.)* knop, knobbel, geswel; *(astron., rek., wisk., fis.)* knooppunt, nodus. **nod·al** nodaal, knoop-; knooppunt-; ~ *line, (wisk.)* knooppuntlyn; ~ *point, (fis., med.)* knooppunt, nodus.

no·dose, no·dose *(teg.)* knoetserig, knoesterig, kwasterig, knobbelrig; knopperig; knopvormig. **no·dos·i·ty** knoetserigheid, knoesterigheid, kwasterigheid, knobbelrigheid; knopperigheid. **no·dous** = NODOSE.

nod·ule knoe(t)sie, knobbeltjie; *(anat.)* knoppie, knobbeltjie, klein geswel; klontjie; *(bot.)* knolletjie; *(min.)* nier. **nod·u·lar** knoetserig, knoesterig, kwasterig, knobbelrig; knopperig; ~ *ore* niererts; ~ *worm* knoppieswurm. **nod·u·lose, nod·u·lous** →NODULAR. **nod·u·lus** -*uli* = NODULE.

no·dus *nodi, (w.g.)* netelige kwessie/saak; verwikkeling; moeilikheid, probleem; →NODE.

No·el, No·ël Kersfees; *(dikw. n~, w.g.)* Kerslied.

no·et·ic noëties, verstandelik, intellektueel, verstands-, intellek-.

nog[1] *(verkorting v.* eggnog*)* eierbrandewyn, advokaat; *(Br., dial., arg.)* swaar bier.

nog[2] *n., (arg.)* tap, houtprop; houtsteen; blokkie; knoe(t)s. **nog** -*gg*-, *ww.* tap.

nog·gin drankie, sopie; bekertjie, kommetjie, kroesie; *(infml.)* kop, klapperdop, harspan, boonste verdieping; kop, verstand; *use your* ~ gebruik jou kop/verstand.

nog·ging *(bouk.)* timmermesselwerk.

Noh, No *(<Jap., teat.)* No(h)(drama).

no·how *(hoofs.Am., sl.)* glad nie, hoegenaamd nie; *look* ~, *(arg.)* kroeserig/oes lyk.

noil *n., (tekst.)* uitkamsel; *(i.d. mv.)* uitkamsels, wolafval. **noil·y**: ~ *wool* kamselwol.

noise *n.* geraas, lawaai, rumoer, gedruis; getier; geluid; herrie; *a **big** ~, (infml.)* 'n groot kokkedoor; *a **great** ~* 'n groot geraas/lawaai; *an **infernal/unholy** ~, (infml.)* 'n woeste lawaai, 'n lawaai dat hoor en sien vergaan, 'n lawaai van die ander wêreld; ***kick up** a ~* lawaai maak; ***make** a ~* raas, lawaai maak, rumoer; ***make** a ~ (in the world), (infml.)* opspraak (ver)wek; (groot) bekendheid verwerf; ***make** a ~ about s.t., (infml.)* (groot) lawaai oor (*of* 'n [groot] bohaai oor *of* 'n [groot] ophef van) iets maak; ***make** a great ~* baie raas, 'n groot lawaai/geraas maak; ***make** (all) the right ~s, (infml.)* (al) die regte dinge sê; ***make** encouraging/etc. ~s, (infml.)* jou aanmoedigend/ens. uitlaat; *~s **off**, (teat.)* coulisse-geluide; ***stop** a ~* ophou (met) raas; ***stop** that ~!* hou op met raas!, bly stil!. **noise** *ww.: ~ s.t. about/abroad/around, (vero.)* iets uitbasuin (*of* aan die groot klok hang). ~ **abatement** geraasbestryding. ~ **level** geraasvlak. ~**maker** lawaai-, geraasmaker. ~**making** *adj.* lawaaierig. ~ **pollution** geraasteurnis. ~**proof** →SOUNDPROOF.

noise·less stil, geluidloos, geruisloos. **noise·less·ness** stilte, geluidloosheid, geruisloosheid.

noi·sette *n., (Fr., kookk.)* noisette; *~s de veau* kalfsnoisettes. **noi·sette** *adj.* haselneut-.

noi·some *(poët., liter.)* onwelriekend, stinkend; walglik, aaklig, baie onaangenaam; ongesond, skadelik. **noi·some·ness** onwelriekendheid; walglikheid; ongesondheid.

nois·y luidrugtig, lawaaierig, raserig, rumoerig, skreeuerig; *(teg.)* ruiserig *(kring)*; ~ *person* lawaaimaker. **nois·i·ness** luidrugtigheid, lawaaierigheid, raserigheid, rumoerigheid.

no·lens vo·lens teen wil en dank, goedskiks of kwaadskiks.

nol·le pros·e·qui *(Lat., jur.)* weiering om te vervolg.

nom *(Fr.): ~ de guerre* skuilnaam; *~ de plume* skryf-, pen-, skuilnaam, pseudoniem; *write under a ~ de plume* onder 'n skuilnaam skryf/skrywe.

no·ma *(med.)* noma, waterkanker.

no·mad *n.* swerwer, trekker, nomade. **no·mad, no·mad·ic** *adj.* swerwend, (rond)trekkend, nomadies; ~ *bird* swerfvoël; ~ *people* swerwende volk, nomadevolk; ~ *tribe* nomadestam. **no·mad·ise, -ize** rondswerf, -swerwe, omswerf, -swerwe. **no·mad·ism** swerwers-, nomadelewe.

nome *(hist.: prov. in Gr.)* nomos.

no·men -*mina, (hist., Rom.)* tweede voornaam.

no·men·cla·ture, *(Am.)* **no·men·cla·ture** nomenklatuur, terminologie, vaktaal; *(fml.)* naam; benaming; naamlys. **no·men·cla·tor** naamgewer. **no·men·cla·tur·al, no·men·cla·tur·al, no·men·cla·to·ri·al** nomenklatories.

nom·i·nal nominaal; in naam; *(gram.)* naamwoordelik; ~ ***capital*** nominale/statutêre kapitaal; ~ ***Christian*** naamchristen; ~ ***definition**, (log.)* woordverklaring; ~ ***partner*** vennoot in naam; ~ ***price*** nominale prys; ~ ***share*** geringe aandeel; *(ekon.)* geregistreerde aandeel; *(ook, i.d. mv.)* aandele teen sigwaarde; ~ ***value**, (ekon.)* nominale waarde, stempelwaarde, sigbedrag *(v. munte)*; nominale waarde, pariwaarde, sigwaarde *(v. aandele)*. **nom·i·nal·ise, -ize** *ww., (ling.)* nominaliseer. **nom·i·nal·ism** *(filos.)* nominalisme. **nom·i·nal·ist** *n.* nominalis. **nom·i·nal·ist, nom·i·nal·is·tic** *adj.* nominalisties. **nom·i·nal·ly** in naam, nominaal.

nom·i·nate benoem, nomineer; bepaal, vasstel; noem; ~ *a date* 'n datum bepaal/vasstel; ~ *s.o. as a candidate for ...* iem. as kandidaat vir ... benoem; ~ *s.o. to a council* iem. in 'n raad benoem. **nom·i·na·tor** benoemer; voorsteller.

nom·i·na·tion nominasie, benoeming, kandidaatstelling; kandidatuur; voorstelling, aanwysing; ~ *for a seat* benoeming vir 'n setel; *make a ~* 'n benoeming doen, 'n kandidaat stel. ~ **day**: *on ~ ~* op die benoemings-/nominasiedag. ~ **roll** groslys.

nom·i·na·tive *n., (gram.)* nominatief, eerste naamval. **nom·i·na·tive** *adj., (gram.)* nominatief; benoem(d); ~ *case* eerste naamval, nominatief; ~ *chamber* benoemde kamer. **nom·i·na·ti·val** *(gram.)* nominatief; ~ *form* eerstenaamvalsvorm, nominatiefvorm.

nom·i·nee benoemde, genomineerde; voorgestelde, kandidaat; verteenwoordiger. ~ **company** benoemde/genomineerde maatskappy.

nom·o·gram, nom·o·graph nomogram. **nom·o·graph·i·cal** nomografies. **no·mog·ra·phy** nomografie.

non- *pref.* nie-, non-, on-.

non(-)ab·sorb·ent nieabsorberend.

non(-)ac·cept·ance nieaanneming, weiering, nonakseptasie.

non(-)ac·cess *(jur.)* geen toegang; *evidence of ~* bewys/getuienis van geen toegang *(m.b.t. swangerskap)*.

non(-)ac·tive nieaktief. **non(-)ac·tiv·i·ty** nieaktiwiteit.

non(-)ad·dic·tive nieverslawend.

non(-)ad·just·a·ble nie(ver)stelbaar.

non(-)ad·mis·si·ble ontoelaatbaar. **non(-)ad·mis·si·bil·i·ty** ontoelaatbaarheid.

non·age *(fml. of jur.)* minderjarigheid, onmondigheid; onrypheid.

non·a·ge·nar·i·an *n.* negentig-, neëntigjarige, negentiger, neëntiger. **no·na·ge·nar·i·an** *adj.* negentig-, neëntigjarig.

non(-)ag·gres·sion: ~ *pact, pact of ~* nieaanvalsverdrag.

non·a·gon negehoek. **non·ag·o·nal** negehoekig.

non(-)al·co·hol·ic alkoholvry, niealkoholies.

non(-)a·ligned ongerig; afsydig; *(pol.)* onverbonde *(land ens.)*. **non(-)a·lign·ment** afsydigheid; ongerigtheid; onverbondenheid.

non(-)al·ler·gic nieallergies.

non(-)ap·pear·ance nieverskyning, wegbly, afwesigheid.

non(-)ar·ri·val wegbly.

non·a·ry *n., (w.g.)* negetal. **non·a·ry** *adj.* negetallig.

non(-)at·tend·ance niebywoning, afwesigheid; skoolversuim.

non(-)a·vail·a·bil·i·ty onverkrygbaarheid; niebeskikbaarheid.

non(-)be·liev·er ongelowige.

non(-)bel·lig·er·ent nieoorlogvoerend(e).

non(-)break·a·ble onbreekbaar.

non(-)cap·i·tal *adj., (jur.)* (wat) nie met die dood strafbaar (is) nie *(pred.)*.

non-Cath·o·lic *n. & adj.* nie-Katoliek.

nonce[1] *n.: for the ~* dié/hierdie keer/slag; vir die oomblik, voorlopig. ~ **word** geleentheidswoord, eendagsvlieg.

nonce[2] *n., (Br., infml.)* seksuele oortreder; kindermolesteerder; verkragter.

non·cha·lant ongeërg, onverskillig, traak-my-nieagtig, nonchalant. **non·cha·lance** ongeërgdheid, onverskilligheid, traak-my-nieagtigheid, nonchalantheid.

non-Chris·tian *n.* nie-Christen. **non-Chris·tian** *adj.* nie-Christelik.

non(-)clas·si·fied nie geheim nie *(pred.)*, niegeheime *(attr.)*, *(dokument, inligting)*.

non(-)col·le·gi·ate: ~ *student* nie-inwonende student.

non(-)com *(infml., mil.)* onderoffisier; →NON(-)COMMISSIONED.

non(-)com·bat·ant *n.* nievegter, niestrydende, niestryder. **non(-)com·bat·ant** *adj.* nievegtend, niestrydend.

non(-)com·bus·ti·ble onbrandbaar; →INCOMBUSTIBLE.

non(-)com·mis·sioned: ~ *officer* onderoffisier; ~ *officers and privates* minderes.

non(-)com·mit·tal onbeslis, ontwykend, nikssegend, nieverbindend, tot niks verbindend, niekompromitterend; ~ *answer* ontwykende antwoord. **non(-)com·mit·tal·ly** niekompromitterend.

non(-)com·mun·ist *n.* niekommunis; *(N~)* nie-Kommunis. **non(-)com·mun·ist** *adj.* niekommunisties; *(N~)* nie-Kommunisties.

non(-)com·par·a·ble onvergelykbaar.

non(-)com·pli·ance nienakoming; weiering.

non com·pos men·tis *adj.* nie by jou volle verstand nie, ontoerekenbaar.

non(-)con·dens·ing niekondenserend, nieverdigtend.

non(-)con·duc·tor niegeleier, isolator. **non(-)con·duct·ing** niegeleidend. **non(-)con·duc·tiv·i·ty** niegeleiding.

non·con·form·ist *n.* afgeskeidene, nonkonformis; andersdenkende; *N~, (relig.)* Nonkonformis, nie-Anglikaanse Protestant, Dissenter. **non·con·form·ist** *adj.* afgeskeie, nonkonformisties; afwykend; andersdenkend; *N~, (relig.)* Nonkonformisties, nie-Anglikaans. **non·con·form·ing** afgeskeie; afwykend; andersdenkend; →NONCONFORMIST *adj.* **non·con·form·ism** *(relig.: N~)* nonkonformisme. **non·con·form·i·ty** nonkonformiteit; afskeiding, afgeskeidenheid; teen-, teëstelling; *N~, (relig.)* die Nonkonformiste.

non(-)con·ta·gious nieaansteeklik.

non(-)con·ten·tious onomstrede.

non(-)con·trib·u·to·ry: ~ *pension scheme* niebydraende pensioenskema/-plan/-reëling.

non(-)con·vert·i·ble *(fin.)* nie(-)omsetbaar *('n geldeenheid)*; nie(-)omskepbaar *('n aandeel)*.

non(-)co·op·er·a·tion niesamewerking, weiering om saam te werk (*of* om jou samewerking te gee), niesamewerkende/ontoegeeflike/ontoeskietlike houding. **non(-)co·op·er·a·tive** niesamewerkend, ontoegeeflik, ontoeskietlik, nie tegemoetkomend nie, ontegemoetkomend.

non(-)creas·ing kreukeltraag, -vry; ~ *carpet* nopvaste tapyt.

non(-)dair·y *adj.* suiwelvry; ~ *cream* kunsroom; ~ *creamer* suiwelvrye (koffie)verromer.

non(-)de·liv·er·y *(hoofs. jur.)* nielewering, niebestelling.

non(-)de·nom·i·na·tion·al *(relig.)* niekonfessioneel, niekerklik.

non·de·script niebeskryfbaar; onopvallend; onbeduidend; karakterloos; vreemdsoortig.

non(-)de·struc·tive *adj.* nievernietigend, nievernielend, niedestruktief; ~ *addition, (rek.)* bewarende optel; ~ *read, (rek.)* nie-uitwissende leesproses; ~ *testing, (teg.)* nievernietigende/nievernielende/niedestruktiewe toetse, nievernietigingstoetse.

non(-)dis·crim·i·na·tion niediskriminasie. **non(-)dis·crim·i·na·to·ry** niediskriminerend.

non(-)drink·er niedrinker; *be a ~* nie drink (*of* sterk drank gebruik) nie.

non(-)drip *adj.* drupvry *(verf).*
non(-)driv·er niebestuurder, nieryer.
non(-)du·ra·ble *adj.* nieduursaam, onduursaam; ~ *goods* nieduursame goedere/produkte/artikels. **non(-)du·ra·bles** *n. (mv.)* →NON(-)DURABLE GOODS.
none[1] *pron.* geeneen, g'n, niemand; niks; ~ ***at all*** glad/hoegenaamd niks; ***bar*** ~ →BAR *prep.;* ~ ***but*** ... niemand/niks behalwe ... nie, net ...; *A has s.t. and B has* ~ A het iets en B het niks (nie); *it is* ~ ***of*** *his/her doing* →DOING *n.;* ~ ***of that!*** hou op!; *s.o. would have* ~ ***of that*** iem. was nie daarmee gedien nie; *s.o.'s understanding is* ~ ***of*** *the clearest* iem. se verstand is nie van die helderste nie; *be* ~ ***of*** *the cleverest/etc.* nie van die slimste/ens. wees nie; ~ ***of*** *the money was spent* niks van die geld is bestee nie; ~ ***of*** *the teams/etc. is/are* ... nie een van die spanne/ens. is ... nie; ~ ***of*** *them/us* geeneen van hulle/ons nie; ~ ***of*** *them/us is/are* ... hulle/ons is geeneen ... nie; ~ ***of*** *this* niks hiervan nie; ~ ***of*** *your ...!* hou jou ... vir jouself! *(sarkasme, astrantheid, ens.); it is* ~ ***of*** *your business* →BUSINESS; ~ ***other*** *than* ... niemand anders as ... nie; ***want*** ~ *of s.o./s.t.* →WANT *ww.;* ~ ***what(so)ever*** geen stuk nie. **none** *adj., (arg.)* geen; *safety* ***there is*** ~ daar is geen veiligheid nie. **none** *adv.* niks; *s.o.* ***slept*** ~ iem. het niks geslaap nie; *be* ~ ***so*** *fond of* ... glad nie so veel van ... hou nie; *be* ~ ***the*** *better/etc.* niks beter/ens. wees nie; *be* ~ ***the*** *better for it* niks beter daarom wees nie; ~ ***the*** *less* →NONETHELESS; *s.o. is* ~ ***the*** *wiser* →WISE *adj.; s.o. is* ~ ***the*** *worse for it* →WORSE *adj. & adv.;* ~ ***too*** ... nie danig/alte ... nie; *be* ~ ***too*** *fond of* ... nie danig lief vir ... wees nie; *the pay is* ~ ***too*** *high* die betaling is niks besonders nie.
none[2] *n., (RK)* none.
non(-)earn·ing *adj.* sonder ('n/enige/vaste) inkomste, wat geen (*of* nie 'n) (vaste) inkomste het nie.
non(-)ef·fec·tive *n., (mil.)* nie-effektiewe. **non(-)ef·fec·tive** *adj.* ondoeltreffend, nie-effektief.
non(-)e·lec·tric nie-elektries.
non(-)e·mo·tive nugter.
non·en·ti·ty nonentiteit, nul (op 'n kontrak), niksbeduidende persoon/ding; niebestaan.
non(-)es·sen·tial *adj.* ontbeerlik, misbaar; oortollig. **non(-)es·sen·tials** *n. (mv.)* oortollighede, bykomstighede.
non(e)·such *(arg.)* persoon/ding sonder gelyke/weerga, unieke/onvergelyklik/weergalose persoon/ding; toonbeeld van volmaaktheid; *(bot.: Medicago lupulina)* hopklawer.
no·net *(mus.)* nonet.
none·the·less nietemin, nogtans, desnieteenstaande.
non-Eu·ro·pe·an *n.* nie-Europeaan; *(SA, vero.)* nieblanke. **non-Eu·ro·pe·an** *adj.* nie-Europees; *(SA, vero.)* nieblank.
non(-)e·vent mislukking, niegebeurtenis.
non(-)ex·ec·u·tive nie-uitvoerend; ~ *director* nie-uitvoerende direkteur.
non(-)ex·ist·ent niebestaande. **non(-)ex·ist·ence** niebestaan.
non(-)ex·plo·sive *n.* onontplofbare/nieontplofbare/plofvrye stof. **non(-)ex·plo·sive** *adj.* onontplofbaar, nieontplofbaar, plofvry, =vas.
non(-)fast onvas.
non(-)fat *adj.* vetvry *(suiwelprodukte ens.).* **non(-)fat·ten·ing** *adj.* nievetmakend; *bananas/etc. are* ~ piesangs/ens. maak nie vet nie.
non·fea·sance *(Br., jur.)* nalatigheid, plig(s)versuim, =versaking.
non(-)fer·rous nieysterhoudend.
non(-)fic·tion niefiksie, algemene lektuur/leesstof, feiteboeke, =werke, =literatuur, vakliteratuur.
non(-)fig·ur·a·tive niefiguratief.
non(-)flam *adj.* = NON(-)FLAMMABLE. **non(-)flam·ma·ble** on(ont)vlambaar, onbrandbaar; ~ *film* nievlambare/onbrandbare film.
non(-)flow·er·ing niebloeiend, nieblommend, nieblomdraend, wat nie blom (*of* blomme dra) nie.
non(-)ful·fil·ment nienakoming, nienalewing.
non(-)func·tion·al nie=, onfunksioneel.
non(-)gov·ern·men·tal nieregerings=.
non(-)haz·ard·ous ongevaarlik.
non(-)hu·man niemenslik.
non(-)in·fec·tious niebesmetlik.
non(-)in·flam·ma·ble →NON(-)FLAMMABLE.
non(-)in·ter·fer·ence onthouding, nietussenkoms.
non(-)in·ter·ven·tion nietussenkoms, nie-inmenging, afsydigheid.
non(-)in·tox·i·cant *n.* alkoholvrye/niealkoholiese/niebedwelmende drank. **non(-)in·tox·i·cant, non(-)in·tox·i·cat·ing** *adj.* alkoholvry, niealkoholies, niebedwelmend *(drankie).*
non(-)in·va·sive *(med.)* ingreepsvry *('n toets, tegniek, ens.);* nieverspreidend *('n siekte).*
non(-)i·ron·ing strykvry.
non(-)join·der *(jur.)* nievoeging.
non(-)judg(e)·men·tal onbevooroordeeld, sonder vooroordeel, onpartydig, onbevange; nieveroordelend; onkrities, kritiekloos, sonder kritiek.
non(-)leg·is·la·tive niewetgewend.
non(-)lin·e·ar *(wisk.)* nielineêr, nielinîer.
non(-)lit·er·ar·y nieliterêr.
non(-)lu·mi·nous nieliggewend.
non(-)mag·net·ic niemagneties.
non(-)mem·ber nielid.
non(-)met·al niemetaal. **non(-)me·tal·lic** niemetaalagtig; niemetalliek.
non(-)mi·gra·to·ry *adj.:* ~ *bird* standvoël, voël wat nie trek nie.
non(-)mil·i·tant *adj.* niemilitant.
non(-)mor·al *adj.* amoreel.
non(-)ne·go·tia·ble onverhandelbaar.
non(-)nu·cle·ar *adj. (attr.)* niekern= *(wapens ens.);* kernvrye *(land, staat, ens.).*
non(-)ob·jec·tive nieobjektief.
non(-)ob·lig·a·to·ry nieverplig(tend), vrywillig.
non(-)ob·ser·vance nienakoming; nieviering.
non(-)of·fi·cial nieamptelik.
non(-)or·gan·ic anorganies, nieorganies.
non·pa·reil, non·pa·reil *(<Fr.)* onvergelyklik, weergaloos.
non(-)par·tic·i·pat·ing *adj.* niedeelnemend; *(versek., aandelemark)* niewinsdelend, sonder winsdeling.
non(-)par·ti·san onpartydig.
non(-)par·ty *adj.* partyloos, buite die partye (om), niepartygebonde.
non(-)pay·ing niebetalend; onlonend, niewinsgewend. **non(-)pay·ment** wanbetaling, niebetaling.
non(-)pen·sion·a·ble niepensioengewend, =draend.
non(-)per·form·ance nievervulling, nienakoming, nienalewing, wanprestasie.
non(-)play·er niespeler. **non(-)play·ing** niespelend, niedeelnemend; ~ *captain* niespelende kaptein.
non·plus *n.* verwarring, verleentheid; *at a* ~ in die war. **non·plus** =*ss*=, *ww.* verwar, verleë maak, dronkslaan, uit die veld slaan. **non·plussed** verward, verbouereerd, verleë, beteuterd, oorbluf, oopmond, verslae.
non(-)poi·son·ous niegiftig.
non(-)po·lit·i·cal niepolitiek, niepolities.
non(-)po·rous dig.
non pos·su·mus *(Lat.)* niks aan te doen nie.
non(-)po·ta·ble ondrinkbaar.
non(-)pro·duc·tive onproduktief; ~ *capital* dooie/onproduktiewe kapitaal. **non(-)pro·duc·tive·ness** onproduktiwiteit.
non(-)pro·fes·sion·al nieprofessioneel.
non(-)prof·it(-mak·ing) sonder winsbejag, =oogmerk, =motief; ~ *organisation /etc.* organisasie/ens. sonder winsbejag/=oogmerk/=motief.
non(-)pro·lif·er·a·tion nievermeerdering, nieverspreiding; *(nuclear)* ~ *treaty* (kern)sperverdrag.
non(-)ra·cial nierassig, vir alle rasse.
non(-)ran·cid niegalsterig.
non(-)read·er *(iem. wat nie kan lees nie)* analfabeet, ongeletterde; *(iem. wat nie lees nie)* nieleser.
non(-)re·cov·er·a·ble oninbaar, onverhaalbaar, nieverhaalbaar; ~ *debt* = IRRECOVERABLE DEBT.
non(-)re·cur·rent eenmalig, nieherhalend.
non(-)rep·re·sen·ta·tion·al abstrak, niebeeldend, niefiguratief.
non(-)res·i·dent *n.* nie-inwonende, uitwonende; buitelander. **non(-)res·i·dent** *adj.* nie-inwonend, ekstern; uitwonend; buitelands; ~ *shareholder* nie-inwonende aandeelhouer. **non(-)res·i·dence, non(-)res·i·den·cy** afwesigheid, verblyf elders, nie-inwoning.
non(-)re·sist·ant lydelik. **non(-)re·sist·ance** nieverset, lydelikheid.
non(-)re·turn nieterugkeer; nieterugsending; *affidavit of* ~ versuimverklaring. ~ **valve** *(teg.)* terugslagvoerklep.
non(-)re·turn·a·ble houbaar; nie-inruilbaar; ~ *packing* eenmalige verpakking.
non(-)rig·id buigbaar, nie styf/star/strak/stram nie; ~ *airship* druklugskip.
non(-)rust·ing roesvry, =bestand.
non(-)sched·uled ongeskeduleer(d) *(vlug ens.);* buitengewoon.
non(-)sci·en·tif·ic niewetenskaplik; onwetenskaplik.
non(-)sec·tar·i·an *(relig.)* niesektaries.
non·sense onsin, dwaasheid, gekheid, snert, twak, bog, nonsens, nonsies; onsinnigheid; twak(praatjies); ***absolute/arrant/downright/perfect/plumb/pure/rank/sheer*** ~ klinkklare/louter(e)/pure/volslae onsin, pure bog/kaf/twak; ***make (a)*** ~ *of s.t.* iets bederf; *there* ***is no*** ~ *about him/her* hy/sy is 'n man/vrou sonder krulle; *a* ***piece*** *of* ~ 'n onsinnigheid; *it is* ***so much*** ~ dis alles onsin, dit is klinkklare/louter(e)/pure/volslae onsin; ***stand*** *no* ~, *not* ***stand*** *any* ~ geen bogtery/spulletjies verdra nie, nie met jou laat speel nie; ***stop*** *your* ~! skei uit!; ***stuff*** *and* ~ →STUFF *n.;* ***talk*** ~ kaf/twak/snert praat/verkoop, bog/nonsens/onsin praat; in die wind praat; ***what*** ~! watter onsin!, wat 'n onsin!. ~ **syllables** *(psig.)* sinlose lettergrepe. ~ **verse(s)** onsinrympie(s), =vers(e), verspotte rympie(s).
non·sen·si·cal onsinnig, absurd, belaglik, gek, verspot, sinloos, dwaas. **non·sen·si·cal·i·ty, non·sen·si·cal·ness** onsinnigheid, absurdheid, belaglikheid, gekheid.
non se·qui·tur *(Lat.: onlogiese gevolgtrekking; bewering/ens. waarop daar geen redelike antwoord is nie)* non sequitur.
non(-)sex·u·al niegeslagtelik.
non(-)shrink(·a·ble) krimpvry.
non(-)skid glyvry.
non(-)slip glyvas.
non(-)smok·er nieroker; *(Br., infml.)* (trein)kompartement vir nierokers. **non(-)smok·ing** nierokend; ~ *compartment* (trein)kompartement vir nierokers.
non(-)sol·u·ble onoplosbaar.
non(-)spe·cial·ist *n.* nievakkundige, leek, amateur.
non(-)spe·cif·ic niespesifiek, aspesifiek, onbepaald.
non(-)splin·ter·ing splintervas.
non(-)stain·ing vlekvry.
non(-)stand·ard *adj. (gew. attr.)* niestandaard=; ~ *English* Niestandaardengels.
non(-)start·er niedeelnemer; *be a* ~, *(ook, infml.)* geen kans (op sukses) hê nie, tot mislukking gedoem wees; 'n hopelose saak wees.
non(-)stick kleefvry.
non·stop deurlopend, sonder stilhou, ononderbroke, aanhoudend, aanmekaar, voortdurend, onophoudelik; ononderbroke *(vlug);* deurgaande *(trein); a* ~ *flight* deurvlug.
non-strik·er *(kr.)* kolfmaat, medekolwer; niestaker. **non-strik·ing:** ~ *batsman* kolfmaat, medekolwer; ~ *worker* niestakende werker, niestaker.
non(-)sub·scrib·er nie-intekenaar.

non(-)suc·cess mislukking.

non·such →NON(E)SUCH.

non·suit *n., (jur., Eng.)* absolusie van die instansie. **non·suit** *ww.* absolusie van die instansie toestaan teen.

non(-)swim·mer nieswemmer.

non(-)tax·a·ble niebelasbaar.

non(-)tox·ic niegiftig, nietoksies.

non(-)trans·fer·(r)a·ble onoordraagbaar, nieoordraagbaar *(eiendom ens.)*; onverhandelbaar, nieverhandelbaar *('n tjek ens.)*; onverplaasbaar, nieverplaasbaar *('n werker)*.

non(-)trans·par·ent ondeursigtig.

non-U *(infml., hoofs. Br.)* onfyn, buite die goeie toon *(etiket, woord, uitdrukking, ens.)*.

non(-)un·ion nievakbond= *(maatskappy, fabriek, ens.)*. **non(-)un·ion·ist** *n.* ongeorganiseerde arbeider/werker, nievakbondlid. **non(-)un·ion·ist** *adj.* ongeorganiseer(d), buite vakbondverband.

non(-)use niegebruik. **non(-)us·er** niegebruiker; *(jur.)* nie-uitoefening van 'n reg.

non(-)ver·bal nieverbaal *(kommunikasie)*.

non(-)vi·a·ble onlewensvatbaar *('n onderneming ens.)*.

non(-)vi·o·lent geweldloos. **non(-)vi·o·lence** geweldloosheid.

non(-)vol·a·tile nievlugtig.

non(-)vot·er niestemmer; niestemgeregtigde. **non(-)vot·ing** *adj.* stemloos, sonder stemreg/kiesreg, niestemgeregtig, niekiesgeregtig; *(fin.)* niestemdraend *(v. 'n aandeel)*.

non(-)white *n., (SA, vero.)* nieblanke. **non(-)white** *adj.* nieblank.

noo·dle[1] noedel; *home-made ~s* snysels.

noo·dle[2] *(infml.)* domkop, pampoen(kop), uilskuiken, swaap, esel; *(infml.)* kop, klapperdop.

nook hoekie, plekkie, sitjie; *in/from every ~ and cranny* in/uit elke hoekie en gaatjie.

nook·y, nook·ie =ies, *(infml.)* seks, knippie, knypie, gekafoefel, kafoefelry, gevry, vryery; *have (a bit of) ~* ('n bietjie) kafoefel (*of* liefde maak), 'n knippie/knypie vang/vat.

noon middag, twaalfuur; middaghoogte; ***12** ~* twaalfuur in die middag; ***at** ~* om twaalfuur ([in] die middag), op die middaguur; *at **high** ~* in die middel van die dag; ***toward(s)** ~* teen twaalfuur (se kant), teen die middaguur. **~day** middag. **~day sun** middagson. **~time, ~tide** *(poët., liter.)* middaguur.

noose *n.* strik, strop; vangriem; vangstok; (skuif)lus; →HANGMAN'S NOOSE; *put one's head in the ~* →HEAD *n.*. **noose** *ww.* knoop, strik; in 'n strik vang.

nope *(infml.)* 'n-'n, h'n-'n, 'm-'m, h'm-'m, nee.

nor nóg; en nie, ook nie; *neither ... ~ ..., be neither one ~ the other* →NEITHER *voegw.*.

Nor·bert·ine →PREMONSTRATENSIAN.

Nor·dic *n.* Nordiër. **Nor·dic** *adj.* Noords, Nordies.

Nor·folk *(geog.)* Norfolk. **~ Island** Norfolkeiland, die eiland Norfolk. **~ Island pine** norfolkden(neboom), jaarboom. **~ jacket** norfolkbaadjie. **~ terrier** norfolkterriër.

nor·ite *(geol.)* noriet.

nor·land *(arg.)* noord(er)land, noorde.

norm norm, rigsnoer, (vaste) standaard; (regs)reël; *conform to the ~* aan die norm voldoen; *establish a ~* 'n norm vasstel. **nor·ma·tive** normatief.

nor·mal *n.* (die) normale/gewone; (die) gemiddeld(e); (die) loodregte; *(wisk.)* loodlyn; *be back to ~* weer normaal wees; *return to ~* weer normaal word, tot die normale terugkeer. **nor·mal** *adj.* normaal, standaard=; *~ law of errors, (wisk.)* normale foutewet. **~ college** *(vero.)* normaalkollege, onderwys(ers)kollege. **~ curve** *(statist.)* normaalkromme. **~ distribution, Gaussian distribution** *(statist.)* normaalverdeling, Gaussverdeling. **~ fault** *(geol.)* afskuiwing. **~ school** normaalskool, onderwys(ers)kollege *(in Am. en Fr.)*.

nor·mal·cy →NORMALITY.

nor·mal·ise, =ize normaliseer. **nor·mal·i·sa·tion, =za·tion** normalisasie, normalisering.

nor·mal·i·ty, *(hoofs.Am.)* **nor·mal·cy** normaliteit.

nor·mal·ly gewoonlik, reëlmatig, in die reël, deurgaans, normaal(weg), in die gewone loop van sake.

Nor·man *n., (ook hist.)* Normandiër. **Nor·man** *adj.* Normandies. **~ French** *(taal)* Normandies-Frans.

Nor·man·dy *(geog.)* Normandië.

nor·ma·tive →NORM.

nor·mo·ten·sive *(med.)* normotensief, van/met normale bloeddruk.

Norn *(Skand. mit.)* Norne.

Norse *n., (taal)* Noors; *the ~, (fungeer as mv.)* die Nore; die Skandinawiërs. **Norse** *adj.* Noors. **Norse·land** Noorweë. **Norse·man** =*men* Noor; *(hist.)* Noorman (→VIKING).

north *n.* noorde; ***from** the ~* uit die noorde, van die noorde(kant); *the wind is **from/in** the ~* die wind is noord; ***in** the ~* in die noorde; *from ~ **to south*** van noord na suid; ***the** N~, (noordelike deel v. 'n land; ekonomies en tegnologies gevorderde lande v.d. wêreld)* die Noorde; ***to** the ~* noordwaarts; na die noorde; ***to** the ~ **of** ...* noord (*of* ten noorde) van ... **north** *adj.* noordelik, noord(e)=; *~ **coast*** noordkus; *~ **end*** noordeinde; *~ **latitude*** noorderbreedte; *~ **light(s)*** noorderlig; *~ **point,** (kosmogr.)* noordpunt; *~ **side*** noordekant; *~ **wind*** noordewind. **north** *adv.* noord; noordwaarts; *go ~ **about*** om die noord vaar; *~ **by** east/west* noord ten ooste/weste; ***due** ~* reg noord; ***go** ~* na die noorde gaan; noordwaarts gaan; *~ **of** ...* noord (*of* ten noorde) van ...; *run ~ and **south*** noord-suid loop; ***up** ~* in die noorde; na die noorde. **N~ Africa** Noord-Afrika. **N~ African** *n.* Noord-Afrikaan. **N~ African** *adj.* Noord-Afrikaans. **N~ America** Noord-Amerika. **N~ Atlantic (Ocean)** Noord-Atlantiese Oseaan. **N~ Atlantic Treaty Organisation** *(akr.:* NATO, Nato*)* Noord-Atlantiese Verdragsorganisasie *(akr.:* NAVO, Navo*)*. **~bound** *adj.: ~ train* trein na die noorde; *~ traffic* verkeer in die/'n noordelike rigting. **~bound** *adv.* noordwaarts. **N~ Cape** *(NS)* Kaap Maria van Diemen; *the ~ ~, (SA)* die Noordkaap; →NORTHERN CAPE (PROVINCE). **N~ Carolina** Noord-Carolina. **~ country** *n.: the ~ ~* Noord-Engeland. **~country** *adj.* Noord-Engels. **~countryman** *(inwoner v. N.Eng.)* noorderling. **N~ Dakota** Noord-Dakota. **~east** *n.* noordooste. **~east** *adj.* noordoostelik; *~ trade wind* noordoospassaat; *~ wind* noordoostewind. **~east** *adv.* noordoos. **~easter** noordoos(ter), noordoostewind. **~easterly, ~eastern** noordoostelik. **N~eastern Free State** Noordoos-Vrystaat, Riemland. **N~east Passage** Noordoostelike Deurvaart. **~eastward** *adj.* noordooswaarts. **~eastward(s)** *adv.* noordoos(waarts), in 'n noordoostelike rigting, na die noordooste. **~-facing:** *a ~ house/etc.* 'n huis/ens. wat noord kyk/wys (*of* op die noorde uitkyk), 'n huis/ens. met 'n noordelike uitsig (*of* met 'n uitsig op die noorde). **N~ German** Nederduitser. **N~ Germanic** *(taalgroep)* Noord-Germaans. **N~ Holland** Noord-Holland. **N~ Island** die Noord(er)eiland. **N~ Korea** *(amptelike naam: Democratic People's Republic of Korea)* Noord-Korea *(amptelike naam: Demokratiese Volksrepubliek v. Korea)*. **N~ Korean** *n.* Noord-Koreaan. **N~ Korean** *adj.* Noord-Koreaans. **~land(s)** *(poët., liter.)* noorderland, noordelike streke. **N~man** *(arg.)* Skandinawiër; Noor; Noorman (→VIKING). **~-northeast** *(afk.:* NNE*)* noordnoordoos *(afk.:* NNO*)*. **~-northwest** *(afk.:* NNW*)* noordnoordwes *(afk.:* NNW*)*. **N~ Pole** Noordpool. **N~ Sea:** *the ~ ~* die Noordsee. **N~-South** *adj.* Noord-Suid-. **N~ Star** Noord=, Poolster, Polaris. **N~ Vietnam** *(hist.)* Noord-Viëtnam. **N~ Vietnamese** *n. & adj., (hist.)* Noord-Viëtnamees. **N~-West** →NORTH-WEST (PROVINCE). **~west** *n.* noordweste. **~west** *adj.* noordwestelik; *~ wind* noordwestewind. **~west** *adv.* noordwes; *~ by north* noordwes ten noorde. **~wester** noordwestewind, noordwes(ter). **~westerly, ~western** noordwestelik. **N~western Cape:** *the ~ ~* Noordwes-Kaapland, die Noordweste. **N~-West Frontier Province** Noordwestelike Grensprovinsie *(in Pakistan)*. **N~west Passage** die Noordwestelike Deurvaart. **N~-West (Province)** *(SA)* Noordwes, die Noordwesprovinsie. **N~west Territories** *(Kan.)* Noordwestelike Gebiede. **~westward** *adj.* noordweswaarts. **~westward(s)** *adv.* noordwes(waarts), in 'n noordwestelike rigting, na die noordweste.

north·er·ly noordelik; noordwaarts.

north·ern noordelik, noord(er)=, uit die noorde; *(N~)* Noordelik; *(N~)* Noord-; *~ **border/boundary/frontier*** noord(er)grens; *~ **end*** noordeinde; ***Great** N~ War* →GREAT; *~ **point*** noordpunt, noordelike punt; *~ **side*** noordekant. **N~ Cape (Province)** *(SA)* Noord-Kaap, die Noord-Kaapprovinsie. **N~ Cross** *(astron.)* Noorderkruis. **N~ Crown:** *the ~ ~, (astron.)* die Noorderkroon, Corona Borealis. **N~ Europe** Noord-Europa. **N~ European** *n.* Noord-Europeër. **N~ European** *adj.* Noord-Europees. **N~ France** *etc.* Noord-Frankryk *ens.*. **~ hemisphere** *(dikw. N~ H~)* noordelike halfrond. **N~ Ireland** Noord-Ierland. **~ lights** noorderlig, aurora borealis. **N~ Province** *(SA, vero.)* Noordelike Provinsie; →LIMPOPO. **N~ Rhodesia** *(hist.)* Noord-Rhodesië; →ZAMBIA. **N~ States** *n. (mv.)* Noordelike State (van Amerika). **N~ Territory:** *the ~ ~, (Austr.)* die Noordelike Gebied (*of* Noorder-Territorium). **N~ Transvaal** *(SA, hist.)* Noord-Transvaal; →LIMPOPO.

north·ern·er *(dikw. N~)* noorderling.

north·ern·most noordelikste.

north·ing *(sk., kartogr.)* noordermeting; *(astron.)* noordgang.

North·um·ber·land *(geog.)* Northumberland.

North·um·bri·a *(geog., ook hist.)* Northumbrië. **North·um·bri·an** *n.* Northumbriër. **North·um·bri·an** *adj.* Northumbries.

north·ward, north·ward·ly *adj.* noordwaarts. **north·ward(s), north·ward·ly** *adv.* noordwaarts, na die noorde.

Nor·way *(geog.)* Noorweë. **Nor·we·gian** *n.* Noor, Noorweër; *(taal)* Noors. **Nor·we·gian** *adj.* Noors, Noorweegs.

nor'west·er noordwes(ter), noordwestewind; dop, (rum)sopie; *(hoed)* →SOU'WESTER.

Nor·wich *(geog.)* Norwich. **~ terrier** norwichterriër.

nose *n., (lett. & fig.)* neus; reuk; tuit; neus *(v. 'n vliegtuig ens.)*; snoet, snuit *(v. 'n dier)*; punt *(v. 'n koeël ens.)*; kop *(v. 'n torpedo ens.)*; boeket *(v. wyn)*; *(infml.)* (polisie-)informant; *with one's ~ in the **air*** uit die hoogte; *walk with one's ~ in the **air*** met jou neus in die lug loop; *s.o.'s ~ is **blocked**, s.o. has a **blocked** ~* iem. se neus is toe, iem. het 'n toe neus; ***bloody** s.o.'s ~, give s.o. a **bloody** ~* iem. bloedneus slaan; *(fig.)* iem. 'n groot pak slae (*of* 'n afgedankste/gedugte loesing) gee, iem. 'n verpletterende ne(d)erlaag toedien; ***blow** one's ~* jou neus (uit)snuit; *bury/have one's ~ in a **book**, (infml.)* met jou neus in 'n boek sit; *keep one's ~ **clean**, (infml.)* in jou spoor/spore trap; ***count** ~s* koppe/neuse tel; ***cut off** one's ~ to spite one's face, (fig.: uit kwaadheid/wrok jouself benadeel/skaad)* jou eie vensters stukkend gooi; ***follow** one's ~, (infml.)* agter jou neus aanloop, jou instink volg; *get one's ~ in **front*** die voortou neem *(in 'n wedstryd ens.)*; ***get up** s.o.'s ~, (infml.)* op iem. se senuwees werk; iem. grens(e)loos irriteer; *have/hold/keep one's ~ to the **grindstone*** →GRINDSTONE; ***have** a ~ for ...* 'n fyn neus vir ... hê; ***hold** one's ~* jou neus toedruk; *put s.o.'s ~ out of **joint**, (infml.)* iem. in die gesig vat (*of* te na kom), op iem. se tone trap; ***keep** one's ~ out of ..., (infml.)* uit ... bly; ***lead** s.o. by the ~, (infml.)* iem. aan die neus lei; *make a **long** ~ at ...* vir ... 'n lang neus trek; *not **look** beyond (or further than) (the end of) one's ~* →*not **see** further than (the end of) one's nose*; ***look down** one's ~ at s.o.* op iem. neersien, minagtend na iem. kyk, iem. minag; *take it **on** the ~* 'n opstopper kry; ***pay** on the ~, (infml.)* dadelik/kontant betaal; ***pay** through the ~, (infml.)* deur die nek betaal; *make s.o. **pay** through the ~, (infml.)* iem. die ore van die kop af vra, iem. die vel oor die ore trek; ***pick** one's ~* in jou neus krap; ***poke/stick** one's ~ into ..., (infml.)* jou neus in ... steek; *don't **poke/stick** your ~ into my affairs, (infml.)* moenie jou neus in my sake steek nie, moet jou nie met my sake bemoei nie; ***powder** one's ~, (infml., euf.: toilet toe gaan)* 'n draai loop; ***rub** ~s with ..., (infml.)* gemeensaam met ... omgaan; ***rub** s.o.'s ~ in it, (infml.)* dit onder iem. se neus vryf/vrywe, dit vir iem. onder die neus vryf/vrywe; *s.o. has a **runny** ~* iem. se neus loop; *not **see** further than (the end of) one's ~, not **see** (an inch) beyond one's ~* nie verder/vêrder kyk/sien as (wat) jou neus lank is nie, teen jou neus vaskyk; ***speak** through one's ~* deur jou neus praat; *drive ~ to **tail**, (voertuie)* buffer teen buffer ry; ***thumb** one's ~ at s.o.* →THUMB *ww.*; ***turn** one's ~ up at s.t., (infml.)* (jou) neus vir iets optrek; *s.o.'s ~ **turns up*** iem. het 'n wipneus(ie); ***under** s.o.'s (very) ~, (infml.)* vlak voor iem., voor iem. se neus; *a ~ of **wax*** 'n wasneus; ***win** by a ~, ('n renperd)* met 'n neus(lengte) wen; net-net wen. **nose** *ww.* ruik, snuffel; met die neus vryf/vrywe (teen); *('n voertuig ens.)* kruip, stadig/versigtig beweeg; *~ **about/around*** rondsnuffel; *~ **after/for** s.t.* na iets soek/snuffel; *~ **at** s.t.* aan iets ruik, iets besnuffel; *~ ~ **into** a parking lot* versigtig by 'n parkeerterrein inry; *~ s.o. **out**, (infml.)* iem. met 'n neuslengte klop; *~ s.t. **out*** iets uitsnuffel; iets uitvis. ~ **ape** →PROBOSCIS MONKEY. ~**bag** voersak. ~**band**, *(Am.)* ~**piece** neusriem. ~ **bit** *(teg.)* neus-, lipboor. ~**bleed** neusbloeding. ~ **cap** kop *(v. 'n torpedo)*; trompband *(v. 'n geweer)*. ~ **clip** neusklem. ~ **cone** neusdop. ~ **dive** *n. (lugv.)* (neus)duikvlug; *(fig.)* (skerp) daling *(v. pryse ens.)*; agteruitgang *(v. iem. se aansien ens.)*; *take a ~, ('n vliegtuig ens.)* duik; *(pryse ens.)* skerp daal; *(sake ens.)* erg agteruitgaan. ~**-dive** *ww. ('n vliegtuig ens.)* duik; *(pryse, winste, ens.)* skerp daal/val, (kwaai/skerp) (na benede) tuimel; *(aansien ens.)* erg agteruitgaan, vinnig kwyn/taan. ~ **drops** neusdruppels. ~ **flute** neusfluit. ~**gay** (klein) ruiker. ~ **glasses** = PINCE-NEZ. ~**heaviness** voorswaarte. ~ **job** *(infml.)* (kosmetiese) neusoperasie. ~ **key** (blinde) splytwig. ~ **monkey** →PROBOSCIS MONKEY. ~**-nippers** = PINCE-NEZ. ~**piece** neusstuk; tuit; objektiefhouer; *(Am.)* →NOSEBAND. ~ **rag** *(infml.)* sakdoek. ~ **ring** neusring. ~**-to-tail** *adj. (attr.)*: *~ traffic* buffer-teen-buffer-verkeer. ~ **wheel** voorwiel *(v. 'n vliegtuig)*.

-nosed *komb.vorm* met die/'n ... neus; *long-~* met die/'n lang neus, langneus-; *red-~* met die/'n rooi neus, rooineus-.

nose·less sonder neus.

nos·er hou op die neus; bloedneus; *(fig.)* klap in die gesig; sterk teenwind; nuuskierige agie.

nos·ey →NOSY.

nosh *n., (infml., <Jidd.)* kos, eetgoed. **nosh** *ww.* smul; weglê aan. ~**-up** *n., (infml.)* doodeet; groot/lekker ete/maaltyd.

nos·ing *n.* neusrand *(v. 'n trap)*; ronde rand.

no·sog·ra·phy nosografie, siektebeskrywing.

no·sol·o·gy nosologie, klassifikasie van siektes.

nos·tal·gi·a heimwee; terugverlange, nostalgie; *feel/have ~ for ...* na ... terugverlang. **nos·tal·gic** verlangend, nostalgies.

Nos·tra·da·mus *(Fr. astroloog, 1503-1566)* Nostradamus; *(fig.)* waarsêer, voorspeller, toekomsleser, siener, profeet.

nos·tril neusgat; *s.t. stinks in s.o.'s ~s* iets walg iem.; *s.o.'s ~s quivered* iem. se neusvleuels het getril.

nos·trum -*trums* middeltjie, raat, kwaksalwersmiddel.

nos·y, nos·ey nuuskierig; neusinstekerig; langneus-; grootneus-; onwelriekend, sleg ruikend; welriekend, lekker ruikend; nasaal; *nosy parker, (infml.)* nuuskierige agie; bemoeial.

not nie; g'n; ***absolutely** ~* →ABSOLUTELY; *~ at **all*** →ALL *pron.*; *~ **all** politicians are corruptible, **all** politicians are ~ corruptible* nie alle politici is omkoopbaar nie, alle politici is nie omkoopbaar nie; *~ bad at **all*** →BAD *adj.*; *~ be hungry/etc. at **all**, (ook)* niks honger/ens. wees nie; *~ **any** ...* →ANY; *~ (half/so) **bad*** →BAD *adj.*; *~ **before** tomorrow/etc.* nie voor môre/more/ens. nie, môre/more/ens. eers, eers môre/more/ens.; *s.o. could ~ help **but** ...* →BUT *voegw.*; *~ **by** a long way* →WAY *n.*; ***certainly** ~* beslis nie; ***damn** well ~, (infml.)* vervlaks/vervloeks nie; *you did it, **did** you ~? (or didn't you?)* jy het dit gedoen, nie waar nie?; *s.o. **did** ~ do anything* iem. het niks gedoen nie; *~ **even** ...* →EVEN[1] *adv.*; *~ **ever*** →EVER; *~ **exactly*** →EXACTLY; *~ **for** years/etc.* in jare/ens. nie; eers oor jare/ens.; *~ **for** gain* →GAIN[1] *n.*; *~ **for** a/one moment* →MOMENT; *~ **guilty*** →GUILTY; *~ **half*** →HALF *adj. & adv.*; *~ **half** as stupid* →STUPID *adj.*; ***if** ~* indien/so nie; ***if** ~ sooner/etc.* miskien selfs vroeër/ens.; *one of the best/etc., **if** ~ the best/etc.* een van die beste/ens. of die heel beste/ens.; *an important, **if** ~ the most important part* 'n belangrike of selfs die belangrikste deel; *~ **in** the least* →LEAST *n.*; *(it is) **is** it ~?* →IS; *~ **later** than May 1* →LATER; *~ on your **life!*** →LIFE; *~ a **little*** →LITTLE *bep. & pron.*; *~ **more** than ...* →MORE; *~ **nearly** ...* →NEARLY; *~ **only** hear s.t., but (also) see it* →ONLY *adv.*; *~ **out**, (sport)* nie uit nie; ***rather** ~* liewer(s)/liefs nie; *~ **really?*** →REALLY; *~ **so?*** →SO[2] *adv. & voegw.*; *~ **that** ..., but ...* nie dat ... nie, maar ...; *I **think** ~* →THINK *ww.*; *~ **until/till** (after) ...* →UNTIL; *~ **until/till** now* →NOW *n.*; *~ **until/till** then* →THEN *adv. & voegw.*; *~ (just) **yet*** nog nie; *~ **yet** fifty/etc.* nog nie vyftig/ens. nie. ~**-for-profit** *adj., (Am.)* = NON(-)PROFIT(-MAKING).

no·ta be·ne *(Lat.)* let wel, nota bene.

no·ta·ble *n. (gew. i.d. mv.)* vername/hooggeplaaste (persoon), notabele. **no·ta·ble** *adj.* befaam(d), vernaam, belangrik; aansienlik; vooraanstaande; opmerklik, merkwaardig; merkbaar. **no·ta·bil·i·ty** befaamdheid, beroemdheid; merkwaardigheid; *s.o. is a ~* iem. is 'n beroemdheid (*of* 'n belangrike persoon), iem. behoort tot die notabeles. **no·ta·bly** vernaam(lik), met name, veral; merkbaar.

no·ta·ry notaris; *~ public* notaris, *(vero.)* notaris publiek. **no·tar·i·al** notarieel; *~ deed* notariële akte. **no·ta·rise, -rize** notarieel bekragtig. **no·ta·ry·ship** notarisskap, notariaat.

no·tate noteer *(musiek)*. **no·ta·tion** aantekening; skryfwyse, notasie, notering; *scale of ~* telskaal.

notch *n.* keep, kerf; hap, skaar *(in 'n mes)*; *(kleremakery)* merkkepie, vergaarteken; kerf *(op 'n salarisskaal)*; *~ (of a sewing machine)* garingkeep; *the top ~* die boonste kerf; →TOP-NOTCH. **notch** *ww.* (in)keep, inkerf; opskryf, -skrywe, aanteken; *~ed segment* getande boog; *~ s.t. up, (infml.)* iets aanteken/behaal/insamel *(punte)*. ~**back** *(mot.)* keeprug.

note *n.* nota; aantekening; briefie; (bank)noot; *(mus.)* noot; klawer, toets *(v. 'n klavier)*; teken; *(dipl.)* nota; toon; *(ook, i.d. mv.)* diktaat; ***bought** ~* →BOUGHT *verl.deelw.*; ***circular** ~* →CIRCULAR *adj.*; ***compare** ~s* indrukke/ervarings (uit)wissel; ***copious** ~s* uitvoerige aantekenings; ***diplomatic** ~* diplomatieke nota; *strike a **discordant/false/jarring** ~* 'n wanklank laat hoor (*of* veroorsaak); *s.t. strikes a **discordant/false/jarring** ~, (ook)* iets val uit die toon; ***drop** s.o. a ~* vir iem. 'n briefie skryf/skrywe; *~ (of **hand**)* →IOU, PROMISSORY NOTE; ***make** ~s* aantekenings maak; ***make** a ~ of s.t.* iets aanteken, van iets aantekening hou; *make a **mental** ~ of s.t.* →MENTAL; ***of** ~* van belang/betekenis; noemenswaardig; *a man/woman **of** ~* 'n man/vrou van aansien/naam; *a ~ **of** ...* 'n toon van ... *(spot/ens. in iem. se stem)*; ***on** a ... ~* op 'n ... toon; *strike the **right** ~* die regte toon tref/vind; ***sold** ~* →SALES NOTE; ***sound** a ~ of warning* →SOUND[1] *ww.*; ***strike** a ~* 'n noot aanslaan; *(fig.)* 'n toon aanslaan; ***take** ~s* aantekenings maak; ***take** ~ of ...* van ... kennis neem, op ... let; *speak **without** ~s* uit die vuis (uit) praat; *be **worthy** of ~* opmerklik/opmerkenswaardig wees; ***write** s.o. a **quick** ~* gou vir iem. ('n briefie) skryf/skrywe. **note** *ww.* let op, oplet; kennis neem van; vir kennisgewing aanneem; aanteken, opskryf, -skrywe; noteer; →NOTED; *~ an **appeal*** →APPEAL *n.*; *~ a **bill*** 'n wissel noteer; *~ s.t. **down*** iets aanteken/opteken; iets opskryf/-skrywe; *~ **judg(e)ment*** vonnis noteer. ~**book** sakboekie, aantekeningboek. ~**book (computer)** notaboekrekenaar. ~ **card** *(Am.)* briefkaart(jie). ~**case** *(Br., vero.)* notebeurs(ie). ~ **issue** nootuitgifte; skuldbrief-, skuldbewysuitgifte; effekteuitgifte. ~**pad** skryf-, notablok. ~**paper** skryfpapier; *headed ~* briefhoofpapier. ~**-taker** aantekenaar.

not·ed (wel)bekend, befaam(d), beroemd, vermaard; aangeteken, genoteer; *be ~ for ...* bekend wees/staan om/vanweë/vir/weens ...; *it should be ~ that ...* daar moet op gelet word dat ..., daar dien op gelet te word dat ...

note·let briefkaart(jie).

not·er-up *(jur.)* byhouer.

note·wor·thy opmerklik, opmerkenswaardig; merkwaardig; noemenswaardig; *it is ~ that ...* dit is opmerklik dat ... **note·wor·thi·ness** merkwaardigheid.

noth·ing niks, nul; glad nie; *be **a** ~* 'n (groot) nul wees; ***absolutely** ~, ~ at **all*** absoluut/glad/heeltemal/hoegenaamd niks; *it will avail s.o. ~* →AVAIL *ww.*; *~ **but** ...* net ...; *~ **but** good* niks as goeds nie; ***care** ~ for ...* niks van ... hou nie; *there is ~ to **choose** between them* →CHOOSE; *~ will **come** of it* daar sal niks van teregkom nie; ***come** to ~* op niks uitloop; *s.t. **conveys** ~ to s.o.* →CONVEY; *... **counts** for ~* →COUNT[1] *ww.*; *be ~ **daunted*** →DAUNTED; *there is ~ one can **do** about it* →DO[1] *ww.*; *have ~ to **do*** niks te doen hê nie; *have ~ to **do** with ...* niks met ... te doen/make hê nie; niks met ... uit te waai hê nie; *~ **doing**, (infml.)* (daar is) geen sprake van nie; dit help niks, dit is pure verniet; *~ **doing!**, (infml.)* daar kom niks van nie!, daar kom dadels van!; *sit **doing** ~* sit en vlieë vang; *~ on **earth*** →EARTH *n.*; *~ **else*** niks anders nie; *~ **else** but ...* niks anders as ... nie; *if ~ **else*** al sou dit al wees; *want ~ **else*** niks verder/vêrder wil hê nie; ***fade away** to ~* 'n skadu(wee) word; in die niet verdwyn; *in ~ **flat**, (infml.)* in 'n kits/japtrap; ***for** ~* verniet; tevergeefs, nutteloos; sonder rede; *s.o. did not do s.t. **for** ~* iem. het nie verniet iets gedoen nie; *not **for** ~, (ook, infml.)* nie om dowe neute nie; *there is ~ **for** it but to ...* daar is niks anders aan te doen (*of* geen ander genade) nie as om te ...; *~ **for** ~* niks verniet nie; *s.o. **gains** ~ by it* iem. verdien niks daarby (*of* daar niks by) nie, dit bring iem. niks in die sak nie; *~ to **go** by/(up)on* →GO *ww.*; *it **goes** for ~* dit tel nie, dit baat niks; dit is tevergeefs; *s.o. is **good** for ~* iem. deug vir niks; ***have** ~ against s.o./s.t.* niks teen iem./iets hê nie; ***have** ~ on s.o., (infml.)* niks teen iem. weet nie; *~ **if not** ...* bo alles (*of* bowe[n]al) ..., baie/regtig/werklik ...; *there is ~ **in** it* daar steek niks in nie, dit beteken niks; *(infml.)* die kanse is volkome gelyk; *there is ~ **in** it for s.o.* iem. kry niks daaruit (*of* daar niks uit) nie, iem. het niks daaraan (*of* daar niks aan) nie; ***it's** ~!, (infml.)* nie te danke!; dit maak nie saak nie!; *~ of the **kind/sort!**, (infml.)* (daar is) geen/nie sprake van nie!; moenie glo nie!; maar wie sê?; ***lack** for ~* niks kortkom nie; *~ **less** than ...* niks minder as ... nie; *there is ~ **like** it, (infml.)* niks kom daarby nie; *~ **like** so good, (infml.)* lank nie so goed nie; *there is ~ **like** trying* →TRY *ww.*; *the **little** ~s of life* die kleinighede van die lewe; ***make** ~ of it* niks daarvan (*of* daar niks van) dink nie; *s.o. can **make** ~ of it* iem. kan niks daaruit (*of* daar niks uit) wys word nie; *s.o. can **make** ~ of him/her* iem. kan hom/haar nie begryp nie; iem. kan niks met hom/haar aanvang/uitrig nie; ***make/think** ~ of s.t.* iets as 'n kleinigheid beskou, iets geringag; *s.o. **makes/thinks** ~ of walking thirty kilometres a day* om dertig kilometer op 'n dag te loop, is vir iem. niks; *it **means** ~* dit beteken niks; *a **mere** ~* sommer niks, sommer 'n nietigheid; *~ **more*** niks meer nie; *it is ~ **much*** dit is niks besonders/watwonders nie, dit beteken nie veel nie; ***next** to ~, (infml.)* amper/byna/omtrent (*of* so te sê *of* so goed as) niks, bedroef/bitter min, bedroef weinig; *buy/sell s.t. for **next** to ~, (infml.)* iets vir 'n appel en 'n ei koop/verkoop; ***no** ~, (infml.)* (absoluut/heeltemal/hoegenaamd *of* net mooi) niks (nie); *~ **if not** ...* →***if not;*** *there is ~ to be **said** for it* daar is niks voor te sê nie; *to **say** ~ of ...* om nie (eens/eers) van ... te praat nie; *have ~ to **say** for o.s.* nie boe of ba kan sê nie, met 'n mond vol tande sit; *have you ~ to **say** for yourself?* het jy niks te sê nie?, kan jy jou nie verdedig nie?; ***see** ~ but ...* jou op ... blind staar; *be ~ **short** of ...* →SHORT *adj.*; ***sink** into ~* in die niet versink; *~ of the **sort*** niks van die aard nie; *~ of **the sort!*** →***kind/sort;*** *s.t. is ~ to **speak** of, (infml.)* iets is glad nie besonders/waffers nie; *it is ~ to **speak** of, (ook)* dit is niks besonders/noemenswaardigs nie; ***stick/***

stop** at* ~ vir niks stuit/terugdeins nie; tot alles in staat wees; *whisper **sweet** ~s in s.o.'s ear, (infml.)* liefdeswoordjies/troetelwoordjies (*of* mooi/soet woordjies) in iem. se oor fluister; *it **takes** ~ from* ... dit doen niks aan ... af nie; ***thank** you for* ~ →THANK; ***that** is* ~ dit is niks; dit is die minste; ***think** ~ of s.t.* →make/think; think*** *~ of it, (ook)* nie aanstoot neem nie; *there's ~ **to** it, (infml.)* daar's niks aan nie, dis doodmaklik/kinderspeletjies (*of* geen [groot] kuns nie); *it is ~ **to** s.o.* dit beteken vir iem. niks, dit is vir iem. (sommer) niks; iem. het niks daaraan (*of* daar niks aan) nie; dit is vir iem. 'n kleinigheid; *s.o. is ~ **to** him/her* iem. is niks teen hom/haar nie; iem. beteken vir hom/haar niks; *it is ~ **to** you* dit gaan jou nie aan nie, dit (t)raak jou nie; *~ **ventured,** ~ gained* (or *~ **venture,** ~ have/gain/win)* wie nie waag nie, sal nie wen nie; *~ **what(so)ever*** absoluut/hoegenaamd niks; *~ to **write home** about* →WRITE. **noth·ing·ness** niks; nietigheid, onbeduidendheid; *fade into* ~ in die niet verdwyn.

no·tice *n.* kennis, notisie, aandag, opmerksaamheid; kennisgewing, aankondiging, berig; aantekening; waarskuwing; opsegging; kennisneming; ***at** fifteen minutes'* (or *half an hour's)* ~ binne tien minute (*of* 'n halfuur); ***at** a moment's* ~ dadelik, (amper/byna) oombliklik, op staande voet; op stel en sprong; ***at** short* ~ op kort kennisgewing; skielik, gou-gou; op kort termyn; *a meeting **at** short* ~ 'n spoedvergadering; ***beneath** (s.o.'s)* ~ benede (iem. se) aandag, die aandag nie werd nie; ***bring** s.t. to s.o.'s* ~ iets onder iem. se aandag bring, iem. se aandag op iets vestig; ***come** to s.o.'s* ~ onder iem. se aandag kom; *~ of **discharge/dismissal*** ontslagbrief; ***escape*** ~ →ESCAPE *ww.;* ***final*** *~ (of demand)* laaste waarskuwing; *till/until **further*** ~ tot nader(e) kennisgewing; tot nader berig; *for **general*** ~ vir algemene kennisname; ***give*** ~ kennis gee; huur opgee; ***give** s.o.* ~ iem. afdank, iem. se diens opsê; iem. se huur opsê; ***give** s.o. ~ of s.t.* iem. van iets kennis gee (*of* laat weet *of* in kennis stel); ***give** s.o. ~ when ..., (ook)* iem. waarsku as ...; *~ is hereby **given** that* ... kennis geskied hiermee (*of* hiermee word kennis gegee) dat ...; *~ **given** on either side* wedersydse kennisgewing; *be **given** ~, **receive*** ~ kennis kry; ***judicial*** ~ geregtelike kennisneming; ***lodge*** ~ kennis gee; ***serve** ~ (up)on s.o.* iem. kennis gee, iem. in kennis stel; ***take*** ~ kennis neem; *(sit up and) **take*** ~ belangstelling toon; wakker skrik/word *(fig.);* ***take** ~ of* ... notisie van ... neem, op ... let (*of* ag slaan), belangstelling vir ... toon; ***take** no ~ of* ... nie van ... notisie neem nie, geen ag op ... slaan nie, jou nie aan ... steur nie. **no·tice** *ww.* (op)merk, gewaar, oplet, let op, ag slaan op, notisie neem van; (be)speur; *~ that s.o. is absent* sien/merk dat iem. afwesig is; *don't ~ me* moet jou nie aan my steur nie. ~ **board** kennisgewingbord.

no·tice·a·ble merkbaar, bespeurbaar, te bespeur; opmerklik, opmerkenswaardig.

no·ti·fy bekend maak, bekendmaak, kennis gee, aankondig, meedeel; verwittig, in kennis stel; aangee, aanmeld, rapporteer *('n siekte);* *~ s.o. of s.t.* iem. van iets in kennis stel (*of* verwittig). **no·ti·fi·a·ble** aanmeldbaar, rapporteerbaar; *~ disease* aanmeldbare siekte. **no·ti·fi·ca·tion** kennisgewing, bekendmaking, aankondiging, mededeling; verwittiging; aanmelding.

no·tion begrip, idee, denkbeeld, gedagte, nosie; inval; *such is the common* ~ dit is die algemene opvatting/gedagte, dit meen/dink die mense; *have no ~ of s.t.* geen begrip/nosie van iets hê nie; *not have the faintest/foggiest/slightest/vaguest ~ of s.t.* nie die flouste/geringste/minste/vaagste benul/begrip/idee van iets hê nie, geen benul/nosie van iets hê nie. **no·tion·al** denkbeeldig; ideëel, begriplik, begrips=; *~ verb* begripswerkwoord.

no·to·chord *(soöl.)* rugkoord.

no·to·ri·ous berug; welbekend; *be ~ for ..., (iem.)* berug wees vir/om/weens ... *(sy skending v. menseregte ens.); ('n plek)* berug wees vir/vanweë/om ... *(sy bendegeweld ens.); ('n plek)* welbekend wees vir/vanweë/om ... *(sy rookmis ens.); it is ~ that* ... dis welbekend dat ... **no·to·ri·e·ty** berugtheid; opspraak; berugte (persoon); rugbaarheid; *attain* ~ opspraak (ver)wek, in opspraak kom; *~ for* ... berugtheid vir/weens ... **no·to·ri·ous·ly** berug daarvoor dat; soos elkeen/iedereen weet.

not·with·stand·ing *prep., adv., voegw.* ondanks, ongeag, nieteenstaande, ten spyte van, in weerwil daarvan; nietemin, tog; desondanks, desnieteenstaande, in weerwil daarvan; *this* ~ desnieteenstaande, desondanks; *do s.t.* ~ tog/nietemin iets doen.

nou·gat noga, *(Fr.)* nougat.

nought, *(Am.)* **naught** nul; *(poët., liter.)* niks; →NAUGHT. **noughts and crosses,** *(Am.)* **tic(k)-tac(k)-toe** nulletjies-en-kruisies, tik-tak-tol.

noun *(gram.)* selfstandige naamwoord, substantief, nomen; *collective* ~ →COLLECTIVE *adj.*.

nour·ish *(lett. & fig.)* voed; koester *(gevoelens, hoop, ens.);* ondersteun, bevorder; *~ a tradition* 'n tradisie hooghou. **nour·ish·er** voeder, (aan)kweker. **nour·ish·ing** voedend, voedsaam. **nour·ish·ment** voedsel; voeding; voedingskrag; *give ~ to ...* ... voed; *take ~ from ...* deur ... gevoed word.

nous *(Br., infml.)* (gesonde) verstand; *(filos.)* verstand, vernuf, intellek.

nou·veau riche *~ riches, n., (Fr.): the ~ ~, (fungeer as mv.)* die pasrykes (*of* pas rykes *of* nouveau riche).

nou·velle *adj., (Fr.):* ~ **cuisine** nouvelle cuisine, nuwe kookkuns. ~ **vague** *(filmk.)* nouvelle vague, nuwe beweging/neiging/stroming/tendens.

No·va: ~ **Scotia** *(geog.)* Nieu-Skotland. ~ **Sco·tian** *n.* Nieu-Skot. ~ **Sco·tian** *adj.* Nieu-Skots.

no·va *=vae, =vas, (astron.)* nuwe ster, nova.

no·va·tion *(jur.)* skuldvernuwing, novasie. **no·vate** vernuwe, vernu, vernieu *(skuld).*

No·va·ya Zem·lya *(geog.)* Nova Zembla.

nov·el[1] *n.* roman; *~ with a plot* intrigeroman; *~ with a purpose* strekkingsroman, tendensieroman; *short* ~ novelle. **nov·el·ese** *n., (neerh.)* prulskrywery; banale styl. **nov·el·ette** *(dikw. neerh.)* novelle, romannetjie; *(mus.)* novelette. **nov·el·et·tish** romantiekerig. **nov·el·ise, =ize** in/tot 'n roman verwerk. **nov·el·ist** romanskrywer, romansier. **nov·el·is·tic** *adj.* roman=. **no·vel·la** *=las, =le* novelle.

nov·el[2] *adj.* nuut; eienaardig, vreemd; *~ feeling* vreemde/ongewone/eienaardige gevoel.

nov·el·ty nuutheid, die nuwe; nuwigheid, nuutjie; uitheemsheid; nuwe artikel; *(i.d. mv.)* nuwe goed; fantasieware, sierware, snuisterye. ~ **shop** snuisterywinkel.

No·vem·ber November; *the month of* ~ die maand November, Novembermaand; *a ~ day* 'n Novemberdag, 'n dag in November.

no·ve·na *=nas, =nae, n., (RK)* noveen, novene.

no·ver·cal *(w.g.)* stiefmoederlik.

nov·ice nuweling, groene, groentjie; amateur; *(RK)* novise; *a rank* ~ 'n volslae beginner/nuweling. **no·vi·ti·ate, no·vi·ci·ate** novisiaat; proeftyd, groentyd; nuweling.

no·vo·cain →PROCAINE.

now *n.* (die) hede/teenswoordige; ***as of*** ~ dadelik, van nou af; ***by*** ~ teen dié tyd; *s.o. should be there **by*** ~ iem. moet nou al daar wees; ***for*** ~ vir eers, vereers, voorlopig, op/vir die oomblik; ***from** ~ on* van nou af, voortaan, in die vervolg; ***until/till** ~, **up to*** ~ tot nou/nog toe, tot dusver/dusvêr; *not **until/till*** ~ nou eers. **now** *adv.* nou; tans, teenswoordig; op die oomblik; *(every) ~ and **again/then*** (so) nou en dan, (so) af en toe, (so) van tyd tot tyd; ***and** ~?* en nou?; ***but*** ~ so pas (*of* sopas) nog, nou net; nou eers; ***even*** ~ →EVEN *adv.; not **even*** ~ (selfs) nou nog nie; *(and) ~ **for** a drink* (en) nou 'n drankie; *~ **for** it* nou regtig; *~ **for** the news* (en) hier volg die nuus; ***how** ~?* wat nou (gedaan/gemaak)?; ***is/does/etc.** he/she/it ~?* regtig?; ***just*** ~ op die oomblik; so pas, sopas, nou net, netnou, flussies, so-ewe, nou-nou; aanstons, nou-nou, oor 'n rukkie; *~ or **never*** nou of nooit; ***not*** ~ nie nou nie; nie meer nie; ***only*** ~ nou eers; *~ **really!*** ag nee!; ***right*** ~ op die oomblik; op die daad, dadelik; *~ **then*** dus; *~ **then!*** toe dan!, toe tog!, toe nou!; pas op!; *~ **then,** let's* ... nouja (*of* nou ja), kom ons ...; so ja, kom ons ...; *(every) ~ and **then*** →***again/then.*** **now** *voegw.* noudat; aangesien; *~ that* ... noudat ...; *~ that it has happened, (ook)* terwyl dit nou gebeur het.

now·a·days teenswoordig, deesdae, hedendaags, tans.

no·where nêrens; ***appear** (as if) from ~,* ***appear** out of* ~ uit die niet verskyn; uit die lug val; skielik opdaag; ***be/come*** *~, ('n renperd ens.)* heeltemal uitsak, ver/vêr agterbly; *('n kandidaat ens.)* heeltemal uitval; *~ **else*** nêrens anders (nie); ***get*** ~ niks bereik/uitrig nie, geen hond haaraf maak nie; *it will **get** s.o.* ~ iem. sal niks daarmee bereik nie; ***go*** ~ nêrens heen gaan nie, nêrens kom nie; *have ~ to **go*** geen heenkome hê nie; *in the **middle** of ~, **miles** from ~, (infml.)* ver/vêr van alles, in 'n uithoek; *be ~ **near** (as)* ... nie naaste(n)by (so) ... nie, lank/verreweg (*of* op verre na) nie (so) ... nie.

no·whith·er *(arg.)* nêrens heen.

no·wise *(arg.): in* ~ hoegenaamd/volstrek nie, geensins; →(IN) NO **WAY.**

nox·ious skadelik; verderflik; verpestend; *~ gas* gifgas; *~ weed(s)* skadelike onkruid. **nox·ious·ness** skadelikheid; verderflikheid.

noz·zle neus, snuit, snoet; tuit, bek; neus=, mondstuk; straal=, sproeipyp *(v. 'n tuinslang ens.);* spuitstuk, =kop *(v. 'n spuitmasjien);* stuifkop *(v. 'n stuifmasjien).* ~**-shaped** tuitvormig.

nth: *to the ~ degree* in die hoogste mate.

nu Griekse (letter) *n.*

nu·ance, nu·ance *n.* nuanse, skakering, graad. **nu·ance, nu·ance** *ww.* nuanseer.

nub knobbel, knop; brok; kern(vraag). **nub·ble** klont(jie), stuk(kie).

Nu·bi·a *(geog., hist.)* Nubië. **Nu·bi·an** *n.* Nubiër. **Nu·bi·an** *adj.* Nubies.

nu·bile hubaar, troubaar *('n meisie of jong vrou);* (seksueel) aantreklik *('n meisie of jong vrou).* **nu·bil·i·ty** hubaarheid, troubaarheid.

nu·cel·lus *=celli, (bot.)* saadkern.

nu·cha →NAPE. **nu·chal** *adj.* nekkuil=.

nu·cif·er·ous *(bot.)* neutdraend, neut(e)=.

nu·ci·form neutvormig.

nu·cle·ar nukleêr, kern=; kernfisies. ~ **age** atoomeeu, kernera. ~ **bomb** kernbom. ~ **charge** kernlading. ~ **chemistry** kernchemie. ~ **debris** kern=, atoomafval. ~ **deterrent** kernafskrikmiddel. ~ **disarmament** kernontwapening. ~ **division** kerndeling. ~ **energy** kern=, atoomenergie. ~ **family** *(sosiol.)* kerngesin, nukleêre gesin, enkelvoudige gesin. ~ **fission** kern=, atoomsplitsing, kern=, atoomsplyting, kern=, atoomklowing. ~**-free** *adj.* kern(wapen)vry. ~ **freeze** kernverbod, algehele verbod op (die vervaardiging van) kernwapens. ~ **fuel** kernbrandstof. ~ **fusion** kernfusie, =versmelting. ~ **magnetic resonance** *(afk.: NMR)* kernmagnetiese resonansie *(afk.: KMR).* ~ **membrane** *(biol.)* kernvlies. ~ **physicist** kernfisikus. ~ **physics** *n. (fungeer as ekv.)* kernfisika. ~ **pile** →NUCLEAR REACTOR. ~ **plate** *(fis.)* kernemulsie. ~ **power** kern=, atoomkrag; kernmoondheid; kernmag. ~**-powered** kernaangedrewe, met kernkrag; *~ submarine* →NUCLEAR SUBMARINE. ~ **(power) plant/station** kern(krag)sentrale, atoom(krag)sentrale. ~ **reaction** kernreaksie. ~ **reactor** kernreaktor. ~ **sap** *(biol.)* kernsap. ~ **science,** ~ **scientist** = NUCLEAR PHYSICS, NUCLEAR PHYSICIST. ~ **structure** kernbou, =struktuur. ~ **submarine** kern=, atoomduikboot. ~ **threshold** kerndrumpel. ~ **umbrella** kernsambreel. ~ **war(fare)** kern=, atoomoorlog(voering). ~ **waste** kernafval. ~ **weapon** kernwapen. ~ **winter** kernwinter.

nu·cle·ate, nu·cle·at·ed *adj.* met 'n kern, gekern(d). **nu·cle·ate** *ww., (biol.)* 'n kern vorm, om 'n kern saamtrek. **nu·cle·a·tion** kernvorming.

nu·cle·ic ac·id *(biochem.)* nukleïensuur.

nu·cle·in *(biochem.)* nukleïen.

nu·cle·o·lus *=oli,* **nu·cle·ole** *=oles, (biol.)* kernliggaampie, nukleolus.

nu·cle·on *(fis.)* nukleon. **nu·cle·on·ics** *n. (fungeer as ekv.)* nukleêre elektronika, kernwetenskap.

nu·cle·o·plasm *(biol.)* kernplasma, nukleoplasma.
nu·cle·o·pro·tein *(biochem.)* nukleo=, kernproteïen, kerneiwit(stof).
nu·cle·us *=clei* kern, pit; *(biol.)* (sel)kern, nukleus; *(fis.)* kern, nukleus. ~ **garrison** kernbesetting.
nu·clide *(fis.)* nuklied.
nud·dy *n.: in the ~, (Br., infml.)* kaal(bas), poedelkaal/=naak/=nakend, in adams/=evasgewaad, sonder 'n draad klere (aan), sonder 'n draad (klere) aan jou lyf.
nude *n., (kuns)* naakfiguur, naakte figuur; *(kuns)* naakmodel, naakte model; *(kuns)* naakstudie, =skildery, =skets; naakte man/vrou/persoon/ens.; *in the ~* kaal, naak, nakend. **nude** *adj.* naak, nakend; vleeskleurig; *(jur.)* niebindend, kragteloos; *~ prohibition, (jur.)* blote verbod; *~ stocking* vleeskleurige kous.
nudge *n.* stamp, pomp, stoot *(m.d. elmboog)*. **nudge** *ww.* stoot, pomp, stamp.
nu·di·branch *(soöl.)* naak seeslak.
nud·ie *n., (Am., sl.)*, seksprent, =fliek, =film; sekstydskrif; ontkleedansvertoning; naak=, ontkleedanseres. **nud·ie** *adj. (attr.)* seks=; ontklee=, naak=.
nud·ism nudisme, naaklopery.
nud·ist *n.* nudis, naakloper. **nud·ist** *adj.* nudisties. ~ **colony** nudiste=, naakloperskolonie.
nu·di·ty naaktheid; *(w.g.)* naakstudie.
nu·ga·to·ry nietig, beuselagtig, niksbeduidend; nutteloos, waardeloos; buite werking; *render ~* nutteloos maak; buite werking stel.
nug·get klont; stuk; *gold ~* →GOLD. ~ **gold** klontgoud.
nui·sance las, oorlas; ergernis, steurnis, plaag; wantoestand, misstand; beslommernis; lollery; laspos, lolpot; *(jur.)* hinder, ergernis; ***abate** a ~* →ABATE; ***be** a ~* lastig (*of* 'n laspos) wees; 'n oorlas wees, tot las wees; *I don't want to **be** a ~* ek wil nie pla/steur/stoor nie; *a **beastly** ~, (infml.)* 'n (hele) ellende, 'n narigheid; *be a **bit** of a ~, (infml.)* nogal lastig wees; ***commit** a ~, (jur.)* 'n hinder pleeg/veroorsaak; ***common** ~* algemene (oor)las/plaag; *be an **infernal** ~, (infml.)* verduiwels lastig wees; ***it's** a ~ **having to** ...* dis lastig om te moet ...; ***make** a ~ of o.s.* tot oorlas wees, lastig wees; *be a **positive** ~* bepaald 'n oorlas wees; *be a **private** ~* 'n kruis wees; *be a **public** ~* →PUBLIC *adj.; be a **regular** ~* 'n ware laspos wees; *a ~ **to** ...* 'n oorlas vir ...; *be a ~ **to** s.o., (ook)* iem. oorlas aandoen, iem. tot oorlas wees. ~ **industry** hinderlike nywerheid. ~ **value:** *s.t. has ~ ~* iets is (net) 'n ergernis.
nuke *n., (Am., sl.)* kern=, atoombom; kernwapen; kern=(krag)sentrale; kernaanval; kern=, atoomkrag. **nuke** *ww., (Am., sl.)* met kernwapens aanval, kernwapens gebruik teen; met kernwapens uitwis; *(kookk.)* mikrogolf.
null nietig, ongeldig, kragteloos; leeg, hol; onbenullig; *be ~ and void, (hoofs. jur.)* nietig/ongeldig (*of* van nul en gener waarde *of* kragteloos) wees; *declare s.t. ~ and void* iets nietig verklaar. ~ **character** *(rek.)* nulkarakter, =teken. ~ **hypothesis** *(statist.)* nulhipotese. ~ **instrument**, ~ **indicator** *(elek.)* nul(aan)wys(t)er. ~ **link** *(rek.)* nulskakel. ~ **position** nulstand.
nul·lah *(Ind.)* waterloop, stroom; droë rivierbedding; donga, (spoel)sloot; kloof, skeur, ravyn.
nul·li·fy vernietig; verydel; ongeldig/nietig verklaar; *~ all attempts* alle pogings verydel. **nul·li·fi·ca·tion** vernietiging; verydeling; ongeldigverklaring, nietigverklaring.
nul·lip·a·ra *=rae, n., (med.)* nullipaar, kinderlose vrou. **nul·lip·a·rous** *adj.* nullipaar, kinderloos.
nul·li·ty *(pers.)* nul(liteit); *(jur.)* nietigheid, nulliteit; holheid, leegheid; nietigheid, onbenulligheid; *declaration of ~* nietigheidsverklaring.
numb *adj.* verkluim, verstyf, gevoelloos, dom (van die koue), dood; ***become/go** ~* verstyf, verstywe, styf word, verkluim; *be ~ **with cold*** styf wees van (die) koue, verkluim wees van (die) koue; dom wees van die koue; *s.o.'s **fingers** are ~* iem. se vingers is dood/verkluim/dom; *a ~ **hand*** bottervingers; 'n onhandige vent. **numb** *ww.* verstyf, verstywe, styf maak, verdoof, laat verkluim; verlam; *~ed feelings* gevoelloosheid, verstompte gevoel. ~**fish** drilvis. ~**skull** →NUM(B)SKULL.
num·ber *n.* nommer; getal; aantal; groep, geselskap, klomp, party; eksemplaar, nommer *(v. 'n blad)*; aflewering *(v. 'n boek)*; nommer *(op 'n program)*; liedjie *(op 'n CD ens.)*; *(infml.)* kledingstuk; *(mil.)* (bedienings)=man; *(ook, i.d. mv.)* verse; syferkunde; ***among** the ~* ook daarby (*of* onder die klomp); *from **among(st)** their ~* uit hulle midde; ***any** ~ you like* 'n willekeurige getal; ***any** ~ of times, (infml.)* hoeveel maal al; *a **back** ~* 'n ou/vorige/vroeëre nommer/aflewering; *(infml.)* 'n ouderwetse mens; 'n verouderde ding; *be a **back** ~, (ook, infml.)* uitgedien(d) wees; ***by** ~s, (mil.)* met tel; ***do** a ~* 'n nommer aanbied *(op 'n program)*; ***do** a ~ on s.o., (Am., sl.: iem. mislei)* iem. om die bos (*of* aan die neus *of* op 'n dwaalspoor) lei, iem. 'n rat voor die oë draai (*of* oogklappe aansit *of* vet om die oë smeer); *by **force** of ~s* deur oormag; ***get** s.o.'s ~, (infml.)* iem. deurkyk/skat/takseer/beoordeel, 'n oordeel oor/omtrent iem. vorm; *a **great/large** ~* 'n groot aantal, 'n menigte, 'n duisternis; *s.t. **has** s.o.'s ~ on it, (infml.)* iets is vir iem. bedoel, iets gaan iem. tref *('n koeël ens.)*; ***have** s.o.'s ~, (infml.)* iem. getakseer (*of* se taks) hê; *three/etc. **in** ~* drie/ens. in getal; ***in** large ~s* in groot getalle; *a **little black** ~, (infml.)* 'n klein swart nommertjie/rokkie; ***lose** the ~ of one's mess, (sl.: doodgaan)* lepel in die dak steek, die emmer skop, bokveld toe gaan; *a ~ **of** ...* 'n aantal (*of* hele paar) ..., etlike ...; *~s **of** ...* 'n hele aantal ...; *a ~ **of** people are here* 'n aantal mense is hier; *the ~ **of** people present is small* die aanwesiges is min; *a ~ **of** souls* 'n sieletal; *~ **one*** nommer een; *(euf.)* piepie, 'n plassie; eerste luitenant ter see; *~ **one** block* blok (nommer) een; *the ~ **one** actor/etc.* die eerste/vernaamste toneelspeler/ens.; *enemy ~ **one*** die hoofvyand; *s.o. is ~ **one*** iem. is die belangrikste (*of* in bevel *of* die hoof); *look after* (*or* *think of* or *take care of*) *~ **one**, (infml.)* net vir jouself sorg (*of* aan jouself dink); ***one** of our/their ~* een van ons/hulle; *not (**one**) of our/their ~* nie een van ons/hulle (*of* uit ons/hulle kring) nie; *s.o.'s **opposite** ~* →OPPOSITE *adj.; a **round** ~* 'n ronde getal; *a ~ **nine shoe*** 'n nommernegeskoen; ***superior** ~s* 'n oormag, 'n getalleoorwig/getalsoorwig; *succumb to **superior** ~s* voor die oormag swig; ***take** s.o.'s ~, (telef.)* iem. se nommer aanteken/opskryf/opskrywe; *theory of ~s* →THEORY; ***times** out of ~* tallose kere/male; ***to** the ~ of ...* soveel as ...; *~ **two**, (infml.)* regterhand; *(euf.)* poefie, akkies, 'n bollie; *an **unlucky** ~* 'n ongeluksgetal; *an **untold** ~* 'n onnoemlike getal; *s.o.'s ~ **is up**, (infml.)* dis klaar(praat) met iem.; ***without** ~* talloos, sonder tal; *the **wrong** ~* die verkeerde getal; die verkeerde nommer; *get the **wrong** ~, (telef.)* by die verkeerde nommer uitkom. **num·ber** *ww.* nommer, numereer; tel; reken; *(mil.)* laat nommer; *~ s.o. among one's friends* iem. onder jou vriende tel, iem. as ('n) vriend (*of* tot jou vriende) reken; *s.o.'s days are ~ed* iem. se dae is getel; *~ s.t. off* iets nommer. ~ **chart** telkaart. ~ **cruncher** *(infml., dikw. neerh.)* syferkop, =man, =vrou, iem. wat sy/haar syfertaal ken; *(infml., rek.)* syfervreter. ~ **crunching** *(infml.)* syfervretery. ~ **plate** nommerplaat. ~**s (game/racket)** *(Am.)* getallelotery. **N~ Ten (Downing Street)** *(ampswoning v.d. Br. premier)* Downingstraat 10. ~ **work** getallewerk.
num·ber·ing nommering, numerering.
num·ber·less talloos, ongetel(d), sonder tal; ontelbaar.
Num·bers *(OT)* Numeri.
num·bles, um·bles *funksioneer as mv., (arg.)* (eetbare) ingewande/binnegoed *(v. wild)*.
numb·ness styfheid, verkluimdheid; doodse/dooie gevoel.
num(b)·skull *(infml.)* bobbejaan, esel, uilskuiken, mamparra, swaap, dom=, klipkop, pampoen(kop).
num·dah, num·nah *(Ind.)* sweetkleedjie, saalkleedjie; saalvilt.
nu·mer·a·ble telbaar. **nu·mer·a·bil·i·ty** telbaarheid.
nu·mer·al *n.* telwoord; syfer; getalteken. **nu·mer·al** *adj.* getalaanduidend, getal=; *~ adjective* telwoord.
nu·mer·ate *adj.* gesyferd, wiskundig aangelê. **nu·mer·ate** *ww.* opsom, tel; →ENUMERATE. **nu·mer·a·cy** gesyferdheid.
nu·mer·a·tion telling; nommering, numerering; getalstelsel. ~ **table** rekentafel.
nu·mer·a·tor *(wisk.)* teller; nommermasjien; →ENUMERATOR.
nu·mer·ic →NUMERICAL; *~ frame* rekenraam; *~ keypad* numeriese/numerieke toetsbord, syfertoetsbord.
nu·mer·i·cal numeries, numeriek, getal(s)=; *~ **analysis*** numeriese/numerieke analise; *~ **coefficient*** getallekoëffisiënt, =ko-effisiënt; *~ **factor*** getallefaktor; *~ **order*** numeriese/numerieke orde, getalsorde; *~ **strength*** getalsterkte; *~ **superiority**, superiority in numbers* getals=, getalleoorwig, meerderheid; *~ **system*** talstelsel; *~ **value*** getalwaarde, numeriese/numerieke waarde. **nu·mer·i·cal·ly** in getal(le); *~ strong* talryk, getalsterk.
nu·mer·ol·o·gy (geheime) getalleleer.
nu·me·ro u·no *n., (Sp. & It., infml.)*, nommer een, die (aller)beste (*of* heel beste); die (aller)belangrikste (*of* heel belangrikste).
nu·mer·ous baie, talle; talryk; groot, sterk *(leër ens.)*; veelvuldig; *a ~ **acquaintance**, (fml., w.g.)* 'n uitgebreide vriendekring; *a ~ **family**, (fml., w.g.)* 'n groot/talryke huisgesin; *a ~ **library**, (w.g.)* 'n groot/uitgebreide biblioteek; *and ~ other **visitors*** en baie/talle ander besoekers. **nu·mer·ous·ness** talrykheid, veelvuldigheid.
Nu·mid·i·a *(geog., hist.)* Numidië. **Nu·mid·i·an** *n.* Numidiër. **Nu·mid·i·an** *adj.* Numidies.
nu·mi·nous numineus.
nu·mis·mat·ic numismaties, penning=, muntkundig, munt=. **nu·mis·mat·ics** *n. (fungeer as ekv.)* munt- en penningkunde, muntkunde, penningleer, numismatiek. **nu·mis·ma·tist** muntkenner, (munt- en) penningkundige, numismatikus. **nu·mis·ma·tol·o·gy** →NUMISMATICS.
num·ma·ry munt=, geld=.
num·mu·lar muntvormig, rond.
num·nah →NUMDAH.
num-num *(SA, bot.)* noem-noem; *large ~* →NATAL PLUM.
num·skull →NUM(B)SKULL.
Nun *(Byb.)* Nun.
nun non; kloostersuster; kloosterling; *(orn.)* non; *~'s **choir*** nonnekoor; *~'s **cloth/veiling**, (tekst.)* wolkamerdoek, sluierstof; *~'s **dress*** nonnekleed; ***order** of ~s* nonneorde. **nun·hood** nonskap. **nun·like** nonagtig. **nun·ner·y** nonneklooster. **nun·nish** nonagtig.
nun·a·tak *(geol.)* nunatak.
nun buoy *(Am.)* tolboei.
nun·cha·ku *(Jap. verweerkunswapen)* noentjakoe.
nun·ci·o *=cios, (RK)* nuntius, pouslike gesant; *~'s palace* nunsiatuur. **nun·ci·a·ture** nunsiatuur, pouslike gesantskap.
nun·cle *(arg. of dial.)* →UNCLE.
nun·cu·pate *(jur.)* mondeling(s) verklaar. **nun·cu·pa·tion** mondeling(s)e verklaring. **nun·cu·pa·tive, nun·cu·pa·tive** mondeling(s).
nup·tial *n., (gew. i.d. mv.* nuptials*)* bruilof, huweliksfees, troufees, trouery; huwelik. **nup·tial** *adj.* huweliks=, bruilofs=; *~ **bed*** bruidsbed; *~ **benediction*** huweliksinseëning; *~ **ceremony*** trouplegtigheid; *~ **day*** troudag; *~ **flight**, (entom., ook* honeymoon/wedding flight*)* paringsvlug; *~ **tie*** →TIE *n.*.
nurd →NERD.
Nu·rem·berg *(geog.)* Neurenberg. ~ **trial** *(hist.)* Neurenbergverhoor.
nurse *n.* verpleegster, verpleër *(ml.)*, verpleegkundige; *(vero.)* kinderoppasser, =oppaster, =versorger, *(vr.)* kinderoppasster, =meisie; *(arg.)* voedster, soogvrou; *(bosb.)* skadu=, skermboom; *(entom.)* werkby; werkmier; →DRY NURSE, WET NURSE; *~s' home* verpleegsterswoning; *male ~* verpleër; *put s.o. (out) to ~, (vero.)* iem. by 'n oppass(t)er uitbestee. **nurse** *ww.* verpleeg; versorg,

oppas; suig; soog; voed; kweek *(plante ens.)*; bewaar, opspaar, suinig te werk gaan met; →NURSING; ~ *s.o./s.t.* ***along*** iem./iets troetel; ~ *a* ***constituency*** na die kiesers vry; ~ *s.t.* ***down*** iets afwaarts maneuvreer *('n voertuig ens.)*; ~ *a* ***drink*** 'n drankie koester/(ver)=troetel (*of* rustig geniet); ~ *a* ***grievance/grudge*** *against s.o.* 'n grief/wrok teen iem. koester; ~ *a sore* ***leg*** 'n seer been behandel; met 'n seer been sit; ~ ***o.s.*** goed vir jouself sorg; ~ *a* ***secret*** 'n geheim sorg=vuldig bewaar; ~ *one's* ***strength*** jou krag(te) (*of* jou lyf) spaar. ~ **aid** verpleeghulp, hulpverpleegster, *(ml.)* hulpverpleër. ~ **bee** werkby. ~ **cell** *(bot.)* pleegsel, voedingsel. ~ **child** pleegkind; soogkind. ~ **frog** vroed=meesterpadda. ~ **girl** →NURSEMAID. ~**maid** kinder=oppasster, =meisie. ~ **plane** bunkervliegtuig. ~ **root** steunwortel. ~ **shark** gryshaai. ~ **ship** moederskip. ~ **tree** skadu=, skermboom. ~ **wood** dekhout.

nurse·ling →NURSLING.

nurs·er·y kinderkamer; *(bot.)* kweekhuis, kwekery; *(igt.)* kweekdam; kweekskool, =plaas, =plek; *public* ~ (kinder)bewaarskool, =plek, crèche. ~ **chair** kinder=stoel. ~ **class** kleuterklas. ~ **design** prentjiesontwerp. ~ **garden** kwekery. ~ **governess** kinderjuffrou, goe=wernante. ~**man** =*men* (blom[me]/boom/plant[e])kwe=ker. ~ **rhyme** kinderrympie, =versie. ~ **school** kleu=terskool. ~ **slopes** *n. (mv.)* skihellings vir beginners. ~ **stakes** *n. (mv.)* (perde)wedren vir tweejariges, wed=ren vir tweejarige vullens. ~ **stock** kweekmateriaal. ~ **tale** sprokie, kinderverhaal, =storie.

nurs·ing *n.* verpleging; verpleegkunde; borsvoeding. **nurs·ing** *adj.* verplegend; ~ ***baby*** suigeling; ~ ***father,*** *(Byb.)* pleegvader; →FOSTER FATHER; ~ ***mother*** bors=voedende/sogende ma/moeder, soogmoeder; *(Byb.)* pleegmoeder; →FOSTER MOTHER; ~ ***sister*** verpleeg=suster. ~ **bottle** bababottel. ~ **council** verpleegsters=raad. ~ **home** verpleeginrigting. ~ **officer** *(Br.)* senior verpleegkundige. ~ **(science)** verpleegkunde. ~ **serv=ice** verpleegdiens.

nurs·ling pleegkind, soogkind; troetelkind; liefling.

nur·tur·ance koestering, koesterende sorg. **nur·tur=ant** koesterend.

nur·ture *n.* aankweking; opvoeding; versorging; sorg; troeteling; voeding, voedsel; *nature or nurture* →NATURE. **nur·ture** *ww.* kweek, opvoed, grootmaak; troetel; ~ *a plan* 'n plan koester.

Nu·sa Teng·ga·ra *(geog.)* Nusa Tenggara.

nut *n.* neut; *(teg.)* moer *(v. 'n skroef)*; *(mus.)* slof(stuk), spanstuk *(v. 'n strykstok)*; *(mus.)* saal, kam *(v. 'n snaar=instrument)*; *(infml.: kop)* klapperdop; *(infml.)* malkop, anderste(r)/eksentrieke entjie mens; *(infml.)* aap, idioot, swaap, sot; *(infml.)* geesdriftige, bewonderaar, entoe=sias, liefhebber; *(i.d. mv.)* neut=, duimsteenkool, neut=, duimkole; *(i.d. mv., vulg. sl.: testikels)* balle, knaters; →NUTS *adj.*, NUTTER, NUTTY; *the ~s and* ***bolts,*** *(fig., infml.)* die werkende (onder)dele, hoe iets werk/in=mekaarsteek/=sit; die praktiese besonderhede; die grondbeginsels/hoofsake; *... is a tough/hard ~ to* ***crack,*** *(infml.)* ... is 'n harde neut om te kraak (*of* 'n taai tof=fie om te kou); ***do*** *one's ~, (infml.)* baie kwaad word; *s.o. can't do s.t.* ***for*** *~s, (infml.)* iem. kan iets glad (*of* om die dood) nie doen nie; ***loosen/tighten*** *a ~* 'n moer losdraai/vasdraai; *be* ***off*** *one's ~, (infml.)* (van lotjie) getik wees, van jou kop/wysie af wees; ***shell*** *~s* neute (af/uit)dop; *s.o. is a* ***tough*** *~, (infml.)* iem. is 'n moei=like klant. **nut** =*tt*=, *ww., (infml.)* kopstamp, met die/jou kop stamp; *(arg.)* neute soek/pluk; →NUTTING. ~**brown** ligbruin, kastaiingbruin. ~ **cake** neut(e)koek. ~**case** *(sl.)* mal mens, versteurde, imbesiel, gek, idioot; *be a ~* 'n skroef los hê, (van lotjie) getik (*of* van jou trollie af *of* in die bol gepik) wees, 'n klap van die wind=meul weg hê, 'n krakie hê. ~ **coal** neut=, duimsteen=kool, neut=, duimkole. ~**cracker(s)** neut(e)kraker. ~ **fabric** knoppiestof. ~**gall** *(bot.)* galappel, =neut. ~**hatch** *(orn.)* blouspeg, boomklewer. ~**house** *(sl., neerh.)* mal=huis, groendakkies. ~ **key** moer=, skroefsleutel. ~ **loaf** neut(e)brood. ~ **oil** neutolie. ~ **pecker** *(orn.)* blouspeg. ~ **screw** stelskroef. ~**shell** *(lett.)* neut(e)dop; *in a ~, (fig.)* in 'n neutedop (*of* paar woorde), in kort bestek, kort en saaklik; *put s.t. in a ~* iets in 'n paar woorde stel/sê, iets kort en saaklik stel; *the world in a ~* die wêreld in 'n neutedop. ~ **structure** blokstruktuur. ~ **tapper** moersnyer, moertapmasjien. ~ **thread** moer=draad. ~ **tree** neut(e)boom. ~ **weevil** neutmiet. ~**wood** neut(e)hout.

nu·tant *(bot.)* knikkend; neerhangend. **nu·tate** *(w.g.)* verwelk, die kop laat hang. **nu·ta·tion** knikbeweging; *(astron.)* asskudding, asskommeling, nutasie; *(bot.)* knik=king, nutasie.

nut·meg neutmuskaat, (muskaat)neut. ~ **butter** mus=kaatbotter. ~ **grater** neutrasper. ~ **oil** muskaatolie; muskaatbotter. ~ **tree** muskaatboom.

nu·tri·a bewerrotpels, nutria; →COYPU.

nu·tri·ent *n.* (plant)voedingstof; voedselbestand=deel. **nu·tri·ent** *adj.* voedend, voedsaam; ~ *medium* voedingsbodem, kweekmiddel.

nu·tri·ment voedingstof, voedsel, kos. **nu·tri·ment=al** voedsaam.

nu·tri·tion voeding; voedsel, kos; *science of ~* voe=dingsleer. ~ **expert** voedingkundige.

nu·tri·tion·al voedings=; ~ *care* dieetkundige versor=ging; ~ *value* voedingswaarde.

nu·tri·tion·ist voedingkundige.

nu·tri·tious voedsaam; ~ *matter* voedingstof. **nu·tri·tious·ness** voedsaamheid.

nu·tri·tive *n.* voedingsmiddel, voedsel, kos. **nu·tri·tive** *adj.* voedsaam; ~ *value* voedingswaarde. **nu·tri·tive·ness** voedsaamheid.

nuts *adj., (infml.)* gek, mal; *be ~* ***about/over*** *...,* (Br.) *be (dead) ~* ***on*** *..., (infml.)* (skoon) gek wees na ...; ***be*** *~, (infml.)* (van lotjie) getik wees, van jou kop/wysie af wees; ***drive*** *s.o. ~, (infml.)* iem. stapelgek maak; ***go*** *~, (infml.)* gek word. **nuts** *tw.* bog, twak; vervlaks, vervloeks, demmit; *~s to you!* bog (met jou)!, kom bog!.

nut·ter *(Br., sl.)* mal mens, versteurde, imbesiel, gek, idioot; anderste(r) entjie mens.

nut·ting neut(e)plukkery; *go ~* gaan neute pluk.

nut·ty neutagtig; neut=; vol neute; korrelrig, vratterig; prikkelend, kernagtig, pikant; *(infml.)* gek(lik), getik, mallerig; *be ~ about s.o./s.t., (infml.)* gek/mal oor (*of* versot op) iem./iets wees; *be (as) ~ as a fruitcake, (infml.)* stapelgek (*of* so mal soos 'n haas) wees.

nux vom·i·ca *(bot.)* braakneut(e)boom; braakneut, kraanoog.

nuz·zle snuffel, vroetel; besnuffel; ~ *up against ...* teen ... aankruip, jou teen ... aanvlei.

nya·la njala, basterkoedoe. ~ **tree** njalaboom.

Ny·as·a: *Lake ~, (ook genoem* Lake Malawi*)* die Njas=sameer/Malawimeer. ~**land** *(geog., hist.)* Njassaland; →MALAWI.

nyb·ble *n.* →NIBBLE[2].

nyc·ta·lope nagblinde. **nyc·ta·lo·pi·a** *(med.)* nagblind=heid.

nyc·to·pho·bi·a niktofobie, nagvrees.

nyl·ghau →NILGAI.

ny·lon nylon; *(i.d. mv.)* nylonkouse. ~ **fleece** vagnylon. ~ **taffeta** nylontaf. ~ **velvet** nylonfluweel.

nymph *(mit. of poët., liter.)* nimf; *(entom.)* papie, nimf. **nymph·al, nym·phe·an** nimfagtig; van nimfe (*of* 'n nimf), nimf(e)=. **nymph·like** soos 'n nimf, nimfagtig.

nym·pha =*phae, (entom.)* papie, nimf; *(i.d. mv., anat.)* klein skaamlippe.

nymph·et, nymph·et *(infml.)* sekskatjie, =poppie, warm katjie, wulpse meisie.

nym·pho =*phos, (infml.)* = NYMPHOMANIAC.

nym·pho·lep·sy *(poët., liter.)* nimfolepsie; geesver=voering. **nym·pho·lept** besete idealis.

nym·pho·ma·ni·a nimfomanie, mansiekte. **nym·pho·ma·ni·ac** *n.* nimfomaan, mansieke. **nym·pho·ma·ni·ac** *adj.* nimfomaan, mansiek.

nys·tag·mus *(med.: onwillekeurige oogbeweging)* nis=tagmus.

O o

o, O *o's, O's, Os, (vyftiende letter v.d. alfabet)* o, O; *little* ~ o'tjie; *small* ~ klein o.

O *tw., (arg.)* →OH.

oaf *oafs* lummel, lomperd; (gom)tor, tang, gaip, ghwar; swaap, aap. **oaf·ish** lummelagtig; torrerig, tangerig; onnosel, swaapagtig.

oak *n.* eik(eboom), akkerboom; eik(ehout), akkerhout; ***big/tall/great/large*** *~s from little acorns grow, (fig.)* klein begin, groot gewin; *(American)* ***red*** *~, (Quercus rubra)* rooi-eik; ***silk*** ~ →SILKY OAK; ***Turkey*** ~ →TURKEY. **oak, oak·en** *adj.* eik(e)=, eikehout=, van eikehout. ~ **apple,** ~ **gall** galneut, =appel. ~ **avenue** eikelaan. ~ **bark** eikebas. ~ **fern** eik(e)varing. ~ **forest** eike=bos. ~ **gall** →OAK APPLE. ~ **leaf** eike=, akkerblaar. ~ **(tree)** eik(eboom), akkerboom. ~ **wood** eikebos; eik(e=hout), akkerhout.

oak·en →OAK *adj.*.

oa·kum *(hoofs. hist.)* toupluksel, (tou)werk, gepluisde tou, pluisgoed, kalfaatpluis; *pick* ~ tou (uit)pluis. ~ **picker** toupluiser. ~ **picking** pluiswerk, toupluisery.

oar *n.* roeispaan, (roei)riem; roeier; *have an ~ in every=one's* ***boat,*** *(fig.)* jou met ander se sake bemoei, be=moeisiek wees, jou neus oral(s) insteek; ***feather*** *an* ~ →FEATHER *ww.;* ***pull*** *a good* ~ goed roei; ***put/stick*** *one's ~ in, (infml.)* 'n stuiwer in die armbeurs gooi, jou neus insteek, jou inmeng; ***rest*** (*or* [Am.] ***lay***) *on one's ~s, (fig.)* ontspan, uitspan, 'n blaaskansie geniet/neem/vat; op jou louere rus; ***ship*** *~s* ophou met roei, die roeispane inhaal; *boat* ***under*** *~s* roeiboot; ***unship*** *the ~s* die roeispane uit die dolle neem. **oar** *ww.* roei. ~ **blade** roeispaanblad. ~**fish** *=fish(es), (Regalecus glesne)* sneesvis.

oars·man *=men* roeier. **oars·man·ship** roeikuns.

oars·wom·an *=women* roeister.

o·a·sis *oases* oase.

oast moutoond; hopoond; droogoond *(vir vrugte).* ~ **(house)** drooghuis.

oat hawerplant; hawerkorrel; *(oats [fungeer as ekv. of mv.])* hawer; →ROLLED OATS, WILD OAT; ***feel*** *one's ~s, (Am., infml.)* bruis van energie, vol lewenslus wees; baldadig voel, vrolik/uitbundig/uitgelate wees; dink jy's kaas; ***get*** *one's ~s, (Br., infml.)* 'n goeie sekslewe hê; *be* ***off*** *one's ~s, (infml.)* geen eetlus hê nie; *sow one's* ***wild*** *~s* wild leef/lewe, jou uitleef/=lewe. ~**cake** hawer=meelkoekie. ~ **field** hawerland. ~ **grain** hawerkorrel. ~ **hay** hawerhooi. ~**meal** hawermeel; ~ ***biscuit*** hawer=meelkoekie; ~ ***bread*** hawerbrood; ~ ***porridge*** hawer=moutpap; ~ ***rusk*** hawerbeskuit. ~ **sheaf** hawergerf.

oat·en *adj., (arg.)* hawer=.

oat·er *n., (infml., hoofs. Am.)* Wilde Weste-fliek/prent, cowboyfliek, =(rol)prent.

oath *oaths, n.* eed; vloek(woord), verwensing, knoop; ~ *of* ***abjuration*** afsweringseed; ***administer*** *an ~ to s.o.* 'n eed van iem. afneem, iem. beëdig (*of* onder eed stel); ~ *of* ***allegiance*** eed van trou/getrouheid; *(hist.)* leeneed; ***break*** *an* ~ 'n eed (ver)breek; ~ *on the* ***colours*** vaandeleed; ***confirm*** *s.t. on* ~ iets onder eed bevestig (*of* met 'n eed staaf); ***I give you my ~ on it*** dit sweer ek jou; ***grind out*** *an* ~ tandeknersend vloek; ***keep*** *an* ~ 'n eed hou (*of* gestand doen); ***make/swear/take*** *an* ~ ('n eed) sweer, 'n eed aflê/doen; ***mutter*** *an* ~ saggies vloek; ~ *of* ***office*** ampseed; ***on my*** ~ dit sweer ek; *be* ***on*** *~, (Br.)* →*be* ***under*** *oath; a* ***round*** ~ 'n kwaai vloek; *a* ***solemn*** ~ 'n dure eed; ***swear/take*** *an* ~ →***make/swear/take;*** *be* ***under*** ~ onder eed staan, beëdig wees; *put s.o.* ***under*** ~ iem. 'n eed laat aflê/sweer; *testify* ***under*** *~ that ...* onder eed getuig dat ...; ***utter*** *an* ~ vloek, 'n vloek(woord) uit, 'n knoop gee/los. ~ **breaker** eedbreker. ~ **breaking** eedbreuk. ~ **maker,** ~ **taker** sweerder, eedaflegger. ~ **making,** ~ **taking** eedaflegging, =swering.

O·ba·di·ah *(OT)* Obadja.

ob·bli·ga·to, *(Am.)* **ob·li·ga·to** *=gatos, =gati, (mus.)* obligaat.

ob·con·ic, ob·con·i·cal *adj., (bot.)* omgekeerd keël=vormig.

ob·cor·date *(bot.)* omgekeerd hartvormig.

ob·du·rate (hard)koppig, halsstarrig; onversetlik, hard(vogtig). **ob·du·ra·cy, ob·du·rate·ness** (hard)=koppigheid, halsstarrigheid; onversetlikheid, hard=vogtigheid.

o·be·ah *=ahs,* **o·bi** *=bis, (Karibiese/Wes-Indiese toor=dery/towery)* obeah.

o·be·di·ence, o·be·di·ent →OBEY.

o·bei·sance buiging; hulde, eerbetoon; eerbied, re=spek, ontsag; *do/make/pay ~ (to s.o.)* jou respek (teen=oor iem.) betoon, eerbied (aan iem.) betoon/betuig/bewys; hulde/eer (aan iem.) betoon/bewys/bring.

ob·e·lisk gedenknaald, obelisk; dolk(teken), kruisie.

ob·e·lus *=eli* die teken - of ÷ *(dui op 'n verdagte/onegte woord/gedeelte in 'n ou manuskrip);* dolk(teken), kruisie. **ob·e·lise, =lize** met 'n dolkteken merk; as twyfel=agtig beskou.

o·bese geset, vet, dik, swaarlywig; vetsugtig. **o·be·si·ty, o·bese·ness** gesetheid, vetheid, swaarlywigheid; vetsug.

o·bey gehoorsaam (wees), luister na, gehoor gee aan, nakom, voldoen aan *('n bevel),* mooi luister vir; op=volg *(voorskrifte);* ~ *s.o. implicitly* iem. blind (*of* deur dik en dun) gehoorsaam. **o·be·di·ence** gehoorsaam=heid; onderdanigheid; *(RK)* (kerklike) gesag; ***abject/implicit/unquestioning*** ~ blinde/willose gehoorsaam=heid; ***demand/exact*** *~ from s.o.* gehoorsaamheid van iem. eis; ***swear*** *~ to ...* gehoorsaamheid aan ... sweer; *in ~* ***to*** *...* in gehoorsaamheid aan ...; ooreenkoms=tig/ingevolge ... **o·be·di·ent** gehoorsaam, pligsgetrou; onderdanig, gedienstig, onderworpe; dienswillig; *your ~ servant, (vero.)* u dienswillige dienaar; *be ~ to s.o./s.t.* iem./iets gehoorsaam (wees) *(d. wet ens.).* **o·be·di·ent·ly** gehoorsaam; *yours ~, (vero.)* dienswillig die uwe.

ob·fus·cate verduister, verdoesel, benewel; verbluf, verbyster. **ob·fus·ca·tion** verduistering, verdoeseling, beneweling.

ob-gyn *(Am., infml.)* verloskunde en ginekologie; spe=sialis in verloskunde en ginekologie.

o·bi[1] →OBEAH.

o·bi[2] *(Jap.: kimonolyfband)* obi.

O·bie *(Am., teat., infml., afk. v.* off-Broadway*)* Obie(-toe=kenning).

o·bi·it *(Lat.)* (hy/sy is) oorlede *(gevolg deur 'n datum);* ~ *sine prole, (afk.:* o.s.p.*)* oorlede sonder nakomelinge/kinders.

o·bit *(infml.)* doodsberig; herdenkingsdiens. **o·bit·u·ar·y** *n.* doodsberig; kennisgewing van 'n sterfgeval; lewens=berig, nekrologie. **o·bit·u·ar·y** *adj.* sterf=, doods=; ~ *notice* doodsberig, doodsaankondiging.

ob·i·ter *(jur.)* terloops, obiter. ~ **dictum** ~ *dicta, (jur.)* terloopse opmerking, obiter dictum.

ob·ject *n.* voorwerp, ding, objek; doel(wit), oogmerk, bedoeling; *(filos.)* objek; *(gram.)* voorwerp; *(rek.)* objek; ***achieve/gain*** *one's* ~ jou doel bereik; *be an ~ of* ***con=tempt*** →***scorn/contempt;*** ***defeat*** *the ~ (of the exercise)* →DEFEAT *ww.; with a* ***definite/fixed*** ~ doelbewus; ***definition*** *of* ~ taakstelling; *be an ~ of* ***desire,*** *(iem.)* onweerstaanbaar wees; *('n huis ens.)* 'n hartsbegeerte wees; *the ~ of the* ***exercise*** *is ...* →EXERCISE *n.;* ***gain*** *one's* ~ →***achieve/gain;*** ***have*** *s.t. as* ~ iets ten doel hê; *(gram.)* iets as voorwerp hê; ~ *in* ***life*** lewensdoel; ***look*** *an* ~ naar/oes lyk; ***make*** *it one's ~ to ...* dit jou ten doel stel om te ...; *money is* ***no*** ~ geld is nie 'n kwes=sie (*of* speel nie 'n rol *of* is nie 'n beperkende faktor) nie, geld is ('n) bysaak; *be an ~ of* ***pity*** 'n jammerlike figuur slaan; *the* ***prime*** ~ →PRIME *adj.;* ***pursue*** *an* ~ 'n doel nastreef/nastrewe; *be an ~ of* ***scorn/contempt*** 'n voorwerp van spot/veragting/minagting wees; ***serve*** *no ~ but ...* geen ander doel hê nie as ...; *have an* ***ul=terior*** ~ 'n bybedoeling hê; *an* ***unidentified*** *flying* ~ →UNIDENTIFIED. **ob·ject** *ww.* beswaar/kapsie maak, ('n) beswaar hê, beswaar/protes aanteken, protes=teer; *if you don't* ~ as jy geen/nie beswaar het nie; ~ *strenuously/vehemently* heftig beswaar maak; ~ *to ...* teen ... beswaar/kapsie maak (*of* beswaar/protes aanteken). ~ **ball** *(biljart, snoeker)* mikbal. ~ **glass** →OBJECTIVE (LENS). ~ **language** *(rek.)* doeltaal; →TAR=GET LANGUAGE. ~ **lesson** aanskouingsles; aanskou=like voorstelling; sprekende voorbeeld, treffende les. ~ **matter** →SUBJECT MATTER. ~ **teaching** aanskou=like onderrig/onderwys, aanskouingsonderrig, =on=derwys.

ob·jec·ti·fy beliggaam, objektief voorstel, objektiveer. **ob·jec·ti·fi·ca·tion** objektivering.

ob·jec·tion beswaar, bedenking, teen=, teëkanting, teen=, teëwerping, objeksie; ***allow/disallow*** *an* ~ 'n beswaar handhaaf/afwys; ***conscientious*** ~ →CON=SCIENTIOUS; ***meet*** *~s* besware ondervang; *there is* ***no*** ~ daar is geen beswaar teen nie, daar is niks op teë nie; ***overrule*** *an* ~ 'n beswaar van die hand wys; ***raise*** *~s to s.t.* teen iets beswaar/kapsie maak, besware teen iets opper/opwerp/aanvoer, bedenkings teen iets opper/uitspreek; ***sustain*** *an* ~ 'n beswaar handhaaf/billik; *have an ~* ***to*** *...* 'n beswaar teen ... hê. **ob·jec·tion·a·ble** aanstootlik, verwerplik, laakbaar, afkeurens=waardig; *an ~ fellow* 'n onaangename vent.

ob·jec·tive *n.* mikpunt, doel(wit), oogmerk, teiken; *(gram.)* voorwerpsnaamval, akkusatief; *the ~ is to ...* die oogmerk is (*of* daar word na gestreef) om ... **ob·jec·tive** *adj.* objektief, onpartydig; saaklik; *(gram.)* voorwerps=; ~ *case, (gram.)* voorwerpsnaamval; ~ *symptom, (med.)* waarneembare simptoom. ~ **(lens), object glass** *(opt.)* objektief, voorwerplens, objek=tief(lens).

ob·jec·tive·ness *(w.g.)* →OBJECTIVITY. **ob·jec·tiv·ism** objektivisme. **ob·jec·tiv·i·ty** objektiwiteit; saak=likheid.

ob·ject·less doelloos.

ob·jec·tor beswaarmaker; beswaarde; *conscientious* ~ →CONSCIENTIOUS.

ob·jet d'art *objets d'art, (Fr.)* kunsvoorwerp.

ob·jur·gate *(w.g.)* berispe, betig, 'n skrobbering gee, raas (met). **ob·jur·ga·tion** berisping, skrobbering. **ob·jur·ga·to·ry** berispend, verwytend.

ob·last *(<Rus.)* oblast.

ob·late[1] *n., (RK)* oblaat. **ob·la·tion** oblasie, Nagmaal; spysoffer; offer(ande), oblaat; gif, skenking.

ob·late[2] *adj., (geom.)* afgeplat (aan die pole).

ob·li·gate *ww.* verplig; *be ~d to ...* verplig/gebonde wees aan/om ... **ob·li·gate** *adj., (biol.): ~ parasite* vaste parasiet. **ob·li·ga·tion** verpligting; plig; verbin=tenis; ***absolve*** *s.o. from an* ~ iem. van 'n verpligting onthef; ***discharge/fulfil/meet*** *one's ~s* jou verplig=

tings nakom; ***have*** *~s* verpligtings hê; ***place/put*** *s.o. under an* ~ iem. onder verpligting stel, iem. aan jou verplig; *~s* ***to*** *s.o.* verpligtings teenoor iem.; *be* ***under*** *an* ~ onder verpligting staan; *be* ***under*** *an ~ to do s.t.* verplig/gebonde wees om iets te doen; *be* ***under*** *an ~ to s.o.* verpligtings teenoor iem. hê; ***without*** ~ sonder verpligting. **ob·li·ga·tor** skuldenaar. **ob·lig·a·to·ry** *adj. (attr.)* verpligte *(bydrae ens.)*; *(pred.)* verpligtend; bindend, obligatories.

ob·li·ga·to →OBBLIGATO.

o·blige noop, verplig, noodsaak; 'n guns bewys, 'n plesier/genoeë doen; 'n diens bewys, van diens wees; aan iem. se versoek voldoen; gewens wees; *an early* ***answer/reply*** *will ~, (fml., w.g.)* 'n spoedige antwoord sal waardeer word; ***feel*** *~d* ***to*** ... genoodsaak/verplig voel om te ...; ***much*** *~d!* baie dankie!; *I shall be very* ***much*** *~d if ..., (fml.)* ek sal baie bly wees as ...; *be* ***ready/eager*** *to* ~ diensvaardig wees; ~ ***s.o.*** iem. ter wille wees; *s.t. ~s s.o.* ***to*** ... iets noop/verplig iem. om te ...; *be ~d* ***to*** *do s.t.* verplig/gebonde/genoodsaak wees om iets te doen; *can/could you ~ me* ***with*** *...?, (fml.)* het u ... vir my?, kan u my aan ... help?; *s.o. ~s* ***with*** *s.t.* iem. doen/gee/lewer/ens. goedgunstig iets. **ob·li·gee** *(jur.)* obligasiehouer, skuldeiser. **o·blig·ing** beleef(d), hoflik; vriendelik, gaaf; behulpsaam, hulpvaardig, diensvaardig; tegemoetkomend, inskiklik, gedienstig, welwillend. **o·blig·ing·ness** hulpvaardigheid, behulpsaamheid; inskiklikheid, welwillendheid. **ob·li·gor** *(jur.)* skuldenaar.

o·blique *n.* skuinsstreep, solidus. **o·blique** *adj.* skuins, skeef, hellend; afwykend; *(fig.)* sydelings, indirek, met 'n ompad; onduidelik, dubbelsinnig; *(gram.)* verboë; ~ ***angle*** skewe hoek; ~ ***case,*** *(gram.)* verboë naamval; ~ ***fault*** skuinsverskuiwing; ~ ***fire*** skuins vuur; ~ ***oration/speech*** indirekte rede; ~ ***plane*** hellende vlak; ~ ***reference*** (sydelingse) toespeling; *make an* ~ ***reference*** *to* ... sydelings na ... verwys. **o·blique** *ww.* 'n skuins koers/rigting inslaan/kies; *(mil.)* skuins (op)trek. **~-angled** skeefhoekig.

o·blique·ly sywaarts, sydelings. **o·bliq·ui·ty** skuinsheid, skeefheid, skewe rigting; *(astron.)* helling, skuinsheid; afwyking; verkeerdheid.

ob·lit·er·ate uitvee, doodvee; doodverf; uitwis; vernietig; *(filat.)* rojeer, (af)stempel. **ob·lit·er·a·tion** (die) uitvee/doodvee; (die) doodverf; uitwissing; vernietiging.

o·bliv·i·on vergetelheid; *consign s.t. to* ~ iets aan die vergetelheid prysgee, iets in/op die doodboek skryf/skrywe; *fall/sink into* ~ in vergetelheid (*of* die vergeetboek) raak; *save s.o./s.t. from* ~ iem./iets aan die vergetelheid ontruk. **o·bliv·i·ous** onbewus; vergeetagtig; ~ *of/to s.t.* onbewus van iets; sonder inagneming van iets.

ob·long *n.* langwerpige figuur; reghoek; langwerpige stuk. **ob·long** *adj.* langwerpig; ~ *format* dwarsformaat; ~ *shape* langwerpigheid. **ob·long·at·ed** verleng.

ob·lo·quy *-quies* openbare veroordeling; laster, smaad, (ge)hoon; skande, (skand)vlek; slegte naam, berugtheid.

ob·mu·tes·cence *(arg.)* koppige stilswye. **ob·mu·tes·cent** hardnekkig swygend.

ob·nox·ious aanstootlik, onaangenaam, onuitstaanbaar, haatlik; *(vero.)* skadelik; →NOXIOUS; *make o.s.* ~ aanstoot gee; *be ~ to s.o.* iem. aanstoot gee, onaangenaam wees teenoor iem..

ob·nu·bil·ate *(poët., liter.)* benewel, verduister. **ob·nu·bi·la·tion** beneweling, verduistering.

o·boe *(mus.instr.)* hobo. ~ **d'amore** *(It.)* amorhobo. ~ **player** = OBOIST.

o·bo·ist hobospeler, hoboïs.

ob·o·vate *(bot.)* omgekeerd eierrond/eiervormig.

ob·scene onbetaamlik, onwelvoeglik, obseen, vuil, onkies. **ob·scen·i·ty** onbetaamlikheid, onwelvoeglikheid, obseniteit, vuilheid, onkiesheid.

ob·scure *n., (w.g.)* →OBSCURITY. **ob·scure** *adj.* onduidelik *(teken ens.)*; swak *(beeld, geluid, ens.)*; verborge; afgeleë; onopvallend; onbekend, obskuur, onbelangrik; onduidelik, vaag; ondeursigtig; donker, duister, somber; dof *(kleur)*; *of ~ descent, (vero.)* van nederige afkoms; *live ~ly* teruggetrokke woon. **ob·scure** *ww.* verberg; verdof; vertroebel; onduidelik/onverstaanbaar maak; verduister, verdonker; in die skadu(wee) stel; die uitsig belemmer; *~d glass* matglas, troebelglas. **ob·scur·ant** *n.* →OBSCURANTIST *n.*. **ob·scur·ant** *adj.* verduisterend; →OBSCURANTIST *adj.*. **ob·scur·ant·ism** obskurantisme, remskoenpolitiek, verkramptheid. **ob·scur·ant·ist** *n.* remskoen *(fig.)*. **ob·scur·ant·ist** *adj.* remskoen= *(fig.)*. **ob·scu·ra·tion** verduistering, verdonkering. **ob·scu·ri·ty** onduidelikheid; verborgenheid; onbekendheid; vaagheid; ondeursigtigheid; donkerheid, duisternis, duisterheid; dofheid.

ob·se·crate *(w.g.)* smeek. **ob·se·cra·tion** smeekbede, smeking.

ob·se·quies *n. (mv.)* begrafnis(plegtigheid), teraardebestelling, lykdiens. **ob·se·qui·al** begrafnis=, lyk=, rou=.

ob·se·qui·ous slaafs, onderdanig, kruiperig. **ob·se·qui·ous·ness** slaafsheid, onderdanigheid, kruiperigheid.

ob·serv·a·ble waarneembaar.

ob·ser·vance nalewing, inagneming *(v. reëls ens.)*; viering *(v. 'n jaardag ens.)*; handhawing *(v. stilte)*; onderhouding *(v. 'n gebod ens.)*; heiliging, viering *(v.d. Sabbat)*; voorskrif, reël; gebruik; (godsdienstige) plegtigheid, seremonie, ritus; waarneming; ~ *of the Lord's day* Sabbatsheiliging. **ob·serv·an·cy** →OBSERVANCE.

ob·serv·ant oplettend, opmerksaam.

ob·ser·va·tion waarneming, observasie; aanskouing; opmerking; viering; *be* ***admitted*** *to a hospital for* ~ vir waarneming in 'n hospitaal opgeneem word; ***escape*** ~ →ESCAPE *ww.*; ***make*** *an* ~ 'n opmerking maak; ***place/put*** *s.o./s.t. under* ~ iem./iets waarneem; iem./iets dophou; *s.o.'s* ***powers*** *of* ~ iem. se waarnemingsvermoë; *be* ***under*** ~ waargeneem word; dopgehou word. ~ **aircraft** waarnemingsvliegtuig. ~ **balloon** observasieballon. ~ **car** *(spw.)* uitkykwa, uitsigwa. ~ **hole** kykgat, =gaatjie. ~ **lounge** sitkamer met 'n mooi uitsig. ~ **point** uitkykpunt, waarnemingspunt, waarneemplek. ~ **post** *(mil.)* uitkyk(pos), waarnemings=, observasiepos. ~ **slit** kykgleuf, =spleet. ~ **tower** uitkyktoring. ~ **turret** uitkyktoring. ~ **ward** waarnemingsaal. ~ **window** uitkykvenster.

ob·ser·va·tion·al waarnemings=. **ob·ser·va·tion·al·ly** deur waarneming.

ob·ser·va·to·ry sterrewag, observatorium; *astronomical* ~ sterrewag.

ob·serve opmerk, (be)merk, sien; dophou; gadeslaan; waarneem, observeer; opmerk, sê; gedenk, vier *('n jaardag ens.)*; hou, vier, heilig *(d. Sabbat)*; nakom *('n bevel ens.)*; handhaaf *('n stilte v. twee minute ens.)*; nakom, naleef, =lewe, gehoorsaam, jou hou aan, in ag neem *(d. wet, reëls, ens.)*; *~ a fast* →FAST² *n.*; *~ keenly* skerp waarneem; *~ s.o. narrowly* iem. fyn dophou. **ob·serv·er** waarnemer, observator. **ob·serv·ing** →OBSERVANT.

ob·sess boei, (ten volle) in beslag neem, nie loslaat nie; behep wees, 'n obsessie hê; *~ about/over s.t., (hoofs. Am.)* met iets behep wees, 'n obsessie oor iets hê *(jou gewig ens.)*; *be ~ed by/with* ... vol van ... wees; met ... behep wees, 'n obsessie oor ... hê, deur ... geobsedeer word. **ob·ses·sion** obsessie, idée fixe; kwelling, kwelgedagte, dwanggedagte, dwangvoorstelling; *have an ~ about s.t.* met iets behep wees, 'n obsessie oor iets hê; *s.t. is an ~ with s.o.* iets is 'n obsessie by iem.. **ob·ses·sion·al** obsessioneel; *~ neurosis* →OBSESSIVE-COMPULSIVE NEUROSIS.

ob·ses·sive obsessief, obsessioneel, geobsedeer(d); obsederend, drukkend, kwellend. **~-compulsive neurosis** *(psig.)* obsessief-kompulsiewe neurose, dwangneurose.

ob·ses·sive·ness obsessiwiteit, geobsedeerdheid.

ob·sid·i·an *(geol.)* obsidiaan, lawaglas. **ob·sid·i·an·ite** obsidianiet.

ob·so·lesce verouder, in onbruik raak. **ob·so·les·cence** veroudering; *planned* ~ beplande/ingeboude veroudering. **ob·so·les·cent** verouderend, aan die verouder/uitsterf, in onbruik rakend.

ob·so·lete verouderd, in onbruik, uitgedien(d), obsoleet; ouderwets, uit die mode; *(biol.)* rudimentêr.

ob·sta·cle struikelblok, hindernis, belemmering, stremming, beletsel; swarigheid; ***legal*** ~ wetlike beletsel; ***overcome/surmount*** *an* ~ 'n hindernis oorkom; ***place/put*** *an ~ in s.o.'s way* 'n klip in iem. se pad rol, vir iem. 'n struikelblok in die weg lê; ***sweep*** *all ~s from one's path* alle struikelblokke uit die weg vee/ruim; *s.o./s.t. is an* ~ ***to*** ... iem./iets staan in die pad van ... ~ **course** hindernisbaan; reeks struikelblokke, pad vol hindernisse/duwweltjies, pad (wat) met duwweltjies (besaai) is; deurmekaarspul, warboel; woesteny; *(Am.)* stormbaan. ~ **race** hinderniswedloop, =wedren.

ob·stet·ric, ob·stet·ri·cal *adj.* verloskundig, obstetries; *~ nurse* kraamverpleegster; *~ surgeon* verloskundige. **ob·ste·tri·cian** verloskundige, obstetrikus. **ob·stet·rics** *n. (fungeer as ekv.)* verloskunde, obstetrie; kraamverpleging.

ob·sti·nate hardnekkig, halsstarrig, koppig, eiesinnig, eiewillig, obsternaat, obstinaat; onversetlik. **ob·sti·na·cy** hardnekkigheid, halsstarrigheid, koppigheid; onversetlikheid.

ob·sti·pa·tion *(med.)* obstipasie, ernstige/volledige hardlywigheid.

ob·strep·er·ous weerbarstig, balhorig, hardekwas, opstandig, dwars(trekkerig); astrant, parmantig; luidrugtig, lawaaierig, rumoerig; woelig. **ob·strep·er·ous·ness** weerbarstigheid; astrantheid; luidrugtigheid.

ob·struct versper, blokkeer; belemmer, (ver)hinder; opdam; ophou, teen=, teëhou; *(fig.)* dwarsboom, kortwiek, verydel; *(jur.)* obstruksie voer; *(sport)* obstruksie pleeg;~ *the course of justice* die loop van die gereg dwarsboom/belemmer; ~ *the police* die polisie dwarsboom/hinder; ~ *a thoroughfare* 'n deurgang versper. **ob·struc·tion** versperring, obstruksie, verstopping; belemmering, verhindering, stremming, hindernis, haakplek; dwarsboming, verydeling; *practise ~, (parl.)* obstruksie pleeg; *s.t. is an ~ to* ... iets staan in die pad van ... **ob·struc·tion·ism** dwarsboming, obstruksievoering, obstruksionisme. **ob·struc·tion·ist** dwarstrekker, dwarsbomer, dwarsdrywer, obstruksionis. **ob·struc·tive** *n.* dwarstrekker, dwarsdrywer, obstruksionis. **ob·struc·tive** *adj.* verhinderend, belemmerend; versperrend; dwarstrekkerig. **ob·struc·tive·ness** dwarstrekkerigheid.

ob·stru·ent *n., (fonet.)* obstruent, versper(rings)klank; *(med.)* obstruent. **ob·stru·ent** *adj., (med.)* versperrend.

ob·tain (ver)kry, verwerf, bekom; behaal; aanskaf; *(fml.)* algemeen gebruiklik wees, die gewoonte wees, in swang wees, geld; *s.t. may be ~ed* ***from*** ... is verkry(g)baar (*of* te kry) by ...; *~ s.o.'s* ***hand*** *(in marriage), (w.g.)* die jawoord van iem. kry; *s.t. is* ***now*** *~ing, (fml.)* iets is tans gebruiklik (*of* in swang); ~ ... *by* ***prayer*** ... afbid. **ob·tain·a·ble** verkry(g)baar; *be ~ from* ... by ... verkry(g)baar (*of* te kry) wees; *the best terms* ~ die beste bedingbare voorwaardes.

ob·trude opdring; indring; *~ upon s.o.* jou aan iem. opdring. **ob·trud·er** opdringer. **ob·tru·sion** opdringing, (die) opdring; opdringerigheid; indringerigheid. **ob·tru·sive** opdringerig; indringerig; bemoeisiek; hinderlik; opvallend, opsigtelik, opsigtig. **ob·tru·sive·ness** bemoeisug.

ob·tund *(vero., hoofs. med.)* verstomp, afstomp; gevoelloos maak, verdoof. **ob·tund·ent** *n.* verdowende/lenigende middel. **ob·tund·ent** *adj.* verdowend, lenigend.

ob·tu·rate *(teg. of fml.)* toestop, toemaak, afsluit, afdig. **ob·tu·ra·tion** toestopping, afsluiting, afdigting; gasafsluiting.

ob·tu·ra·tor afdigter; (gas)afsluiter. ~ **foramen** *(anat.)* obturator foramen. ~ **muscle** obturatorspier.

ob·tuse dof; stompsinnig, bot, dom, onnosel, traag

(van begrip); stomp; ~ *angle, (wisk.)* stomphoek. ~-**angled** stomphoekig.

ob·tuse·ness dofheid; stompsinnigheid, botheid, domheid; stompheid.

ob·tu·sion afstomping, verstomping.

ob·verse *n.* bokant, voorkant *(v. 'n munt ens.)*; ander kant *(fig.)*, omgekeerde, teenoorgestelde *(v. 'n feit ens.)*. **ob·verse** *adj.* teenoorgestel(d); omgekeerd. **ob·verse·ly** omgekeerd.

ob·vert *(log.)* omkeer, omdraai. **ob·ver·sion** omkering.

ob·vi·ate verwyder, uit die weg ruim; uitskakel; vermy, verhoed, voorkom, verhelp; ondervang; ontduik, omseil. **ob·vi·a·tion** verwydering; uitskakeling; voorkoming.

ob·vi·ous duidelik, klaarblyklik, vanselfsprekend, voor die hand liggend, ooglopend, kennelik; aangewese; *an ~* ***excuse*** 'n deursigtige verskoning/ekskuus; *a* ***glimpse*** *of the ~* 'n waarheid soos 'n koei; *for ~* ***reasons*** om verklaarbare redes; *it is* ***stating*** *the ~* dis 'n waarheid soos 'n koei; *it is ~* ***that*** ... dit lê voor die hand dat ..., klaarblyklik is/het ...; *s.t. is ~* ***to*** *s.o.* iets is vir iem. duidelik. **ob·vi·ous·ly** klaarblyklik; begryplikerwys(e); ~ *s.o. cannot* ... natuurlik kan iem. nie ..., dit spreek vanself dat iem. nie kan ... nie. **ob·vi·ous·ness** klaarblyklikheid, vanselfsprekendheid.

oc·a·ri·na *(mus.instr.)* okarina.

Oc·cam →OCKHAM.

oc·ca·sion *n.* geleentheid; plegtigheid, okkasie; gebeurtenis, voorval; *(fml.)* rede, grond, oorsaak, aanleiding; *an ~* ***arose*** 'n geleentheid het hom aangebied/voorgedoen; *when the ~* ***demands*** *it* as die omstandighede dit vereis; as dit nodig blyk; *be* ***equal*** (or ***rise****) to the ~* opgewasse wees vir die taak (*of* teen die omstandighede), jou goed van jou taak kwyt, jou man staan, jou die geleentheid waardig toon; *on* ***every*** ~ by elke geleentheid; ***give*** *~ to ..., (fml.)* tot ... aanleiding gee, ... veroorsaak; ***have*** *an ~ to ...* 'n geleentheid hê om te ...; ***have*** *~ to ..., (fml.)* rede hê om te ...; *go about one's* ***lawful*** *~s, (fml., w.g.)* jou met jou eie sake bemoei; *there is* ***no*** *~ to ..., (fml.)* daar is geen rede om te ... nie; ***on*** *~* by geleentheid, soms, af en toe, (so) nou en dan; ***on/upon*** *the ~ of ..., (fml.)* by/ter geleentheid van ...; ***rise*** *to the ~* →***be equal*** *to the occasion;* ***take*** *~ to ..., (arg.)* van die geleentheid gebruik maak om te ... **oc·ca·sion** *ww., (fml.)*, veroorsaak, uitlok, lei (*of* aanleiding gee) tot; noodsaak; teweegbring, teweeg bring. **oc·ca·sion·al** toevallig; geleentheids-; ~ ***cause*** aanleidende oorsaak; *~* ***chair/table*** los stoel/tafel(tjie); ~ ***expenses*** los/sporadiese uitgawes; ~ ***jacket*** geleentheidsbaadjie; ~ ***leave*** geleentheidsverlof; ~ ***licence*** geleentheidslisensie *(vir drankverkope)*; ~ ***poem*** geleentheidsgedig; ~ ***publication*** ongereelde publikasie; ~ ***speaker*** geleentheidspreker; ~ ***speech*** geleentheidsrede, -toespraak; *an ~* ***visit*** 'n besoek af en toe (*of* nou en dan). **oc·ca·sion·al·ly** af en toe, nou en dan, dan en wan, van tyd tot tyd, soms, partykeer, partymaal; 'n enkele keer/maal; *go to ... ~* af en toe (*of* van tyd tot tyd) na ... toe gaan.

Oc·ci·dent: *the ~, (fml. of poët., liter.)* die Weste. **Oc·ci·den·tal** *n.* Westerling. **oc·ci·den·tal** *adj.* westers. **oc·ci·den·tal·i·sa·tion, -za·tion** verwestersing. **oc·ci·den·tal·ise, -ize** verwesters; *an ~d immigrant/diet/etc.* 'n verwesterste immigrant/dieet/ens..

oc·ci·put *-puts, -pita, (anat.)* agterkop. **oc·cip·i·tal** van die agterkop, agterkop-, oksipitale; *~ artery/bone/lobe* agterkopslagaar, -been, -lob, oksipitale slagaar/been/lob.

oc·clude *(teg. of fml.)* toestop, toemaak, (af)sluit; verstop; *(chem.)* insluit, okkludeer; absorbeer, opsuig *(gas)*; *(astron.)* afskerm; *(geol.)* opsluit, okkludeer; *~d front, (met.)* okklusiefront, geokkludeerde front. **oc·clu·sal:** *~ surface, (tandh.)* kouvlak. **oc·clu·sion** (die) toestop/toemaak, (af)sluiting; verstopping; *(chem.)* insluiting, okkludering, okklusie; absorpsie, opsuiging *(v. gasse)*; *(astron.)* afskerming; *(geol.)* opsluiting, okklusie; *(met.)* okklusie; *(met.)* okklusiefront, geokkludeerde front. **oc·clu·sive** *n., (fonet.)* ploffer, plofklank, klapper, okklusief, (eks)plosief. **oc·clu·sive** *adj.* okklusief.

oc·cult, oc·cult *n.: the ~* die verborgene/geheime/okkulte; *(science of) the ~* okkultisme. **oc·cult, oc·cult** *adj.* verborge, geheim, okkult; *(med.)* verborge; *~ happenings* goëlery; *~ mineral* verborge mineraal. **oc·cult** *ww.* verberg, bedek, verduister; *(astron.)* okkulteer, verduister. **oc·cul·ta·tion** bedekking; *(astron.)* eklips, okkultasie, verduistering. **oc·cult·ing** okkulterend, okkult-; verduisterend; *~ light* okkulterende/afgebroke lig; *~ star* okkulterende/verduisterende ster. **oc·cult·ism** (leer van) die geheime wetenskappe, okkultisme. **oc·cult·ist** okkultis, beoefenaar van die geheime wetenskappe.

oc·cu·pan·cy betrekking, bewoning, okkupasie; besetting, inbesitneming.

oc·cu·pant bewoner, okkupeerder; inwoner *(v. 'n huis)*; besitter; bekleër, bekleder *(v. 'n amp)*; insittende *(v. 'n voertuig)*; opvarende *(v. 'n vaartuig)*.

oc·cu·pa·tion beroep, ambag, nering; bewoning, okkupasie; *(mil.)* besetting; inbesitneming; ***army*** *of ~* besettingsleër; ***by*** *~* van beroep; ***immediate*** *~* onmiddellike woonreg; *be* ***in*** *~ of s.t.* iets beset; ***right*** *of ~* besit-, okkupasie-, woonreg; ***without*** *~* werk-, neringloos. ~ **centre** werkplek vir werkloses. ~ **force** besettingsmag; *(i.d. mv.)* besettingstroepe.

oc·cu·pa·tion·al beroeps-; ~ ***centre*** werkplek vir werkloses; sentrum vir arbeidsterapie; ~ ***disease*** beroepsiekte; ~ ***hazard/risk*** beroepsrisiko; ~ ***medicine*** beroepsgeneeskunde; ~ ***therapist*** arbeids-, werkterapeut; ~ ***therapy*** arbeids-, werkterapie.

oc·cu·py betrek, bewoon, okkupeer; *(mil.)* beset, inneem; besit neem van, in besit neem; vervul; besig hou, in beslag neem; beklee *('n amp)*; *~ the* ***bench*** op die regbank sit; ~ ***a chair*** 'n stoel beset, op 'n stoel sit; *(opv.)* 'n leerstoel beklee/beset; *not* ***fit*** *to be occupied* onbewoonbaar; *be occupied* ***in/with*** *s.t.* met iets besig wees; ~ ***a post*** 'n pos/amp beklee; ~ ***space*** ruimte inneem/beslaan (*of* in beslag neem); *~ o.s.* ***with*** ... jou met ... besig hou (*of* besighou). **oc·cu·pi·er** bewoner, inwoner, huurder, okkupeerder; bekleër, bekleder; insittende *(v. 'n voertuig)*.

oc·cur *-rr-* voorkom, aangetref word; gebeur, plaasvind, voorval, geskied; byval; *s.t. ~s to s.o.* iets kom by iem. op, iets val iem. by, iem. dink aan iets; *it never ~red to s.o. to ...* dit het nooit by iem. opgekom om te ... nie. **oc·cur·rence** gebeurtenis, voorval; verspreiding; verspreidheid, voorkoms *(v. 'n mineraal ens.)*; *be of frequent/rare ~* dikwels/selde gebeur/voorkom; *mode of ~* voorkomswyse.

o·cean oseaan, see; *~s of ..., (infml.)* hope ..., 'n magdom (van) ..., 'n groot hoeveelheid ...; *weep ~s of tears, (infml.)* jou doodhuil, jou oë uithuil, huil en huil, ure lank huil, verskriklik/vreeslik (*of* groot huile) huil. ~ **bed** seebodem. ~ **current** seestroom, -stroming. ~ **floor** seebodem. ~**-going** seevarend; *~ fleet* oseaanvloot. ~ **greyhound** *(sk.)* snelvaarder. ~ **lane** seeroete. ~ **liner** oseaanskip, lynboot. ~ **mail** seepos. ~ **port** oseaanhawe. ~ **terminal** skeepsterminus, skeepstasie. ~ **tramp** *(sk.)* vragsoeker.

o·cean·ar·i·um *-iums, -ia* oseanarium, seeakwarium.

O·ce·an·i·a *(geog.)* Oseanië, die Suidsee-eilande. **O·ce·an·i·an** *n.* Oseaniër, Suidsee-eilander. **O·ce·an·i·an** *adj.* Oseanies.

o·ce·an·ic oseanies, oseaan-; *~ island* oseaniese eiland.

O·ce·a·nid *-nid(e)s, (Gr. mit.)* Okeanied, seenimf.

o·ce·an·i·ty *(met.)* see-invloed.

o·ce·an·og·ra·phy, o·ce·an·ol·o·gy oseanografie, oseanologie, seewetenskap, -navorsing. **o·ce·an·og·ra·pher, o·ce·an·ol·o·gist** oseanograaf, oseanoloog, seewetenskaplike. **o·ce·an·o·graph·ic, o·ce·an·o·graph·i·cal, o·ce·an·o·log·i·cal** oseanografies, seekundig, see-.

o·ce·an·ol·o·gy →OCEANOGRAPHY.

o·cean·ward(s) *adv.* seewaarts.

oc·el·late, oc·el·lat·ed oogvormig; ogies-; met oogvormige vlekke, geoog, kollerig.

o·cel·lus *-celli, (soöl.)* enkelvoudige oog, enkeloog, puntoog, ocellus.

oc·e·lot *(soöl.)* oselot, panterkat, pardelkat.

och *tw., (Sk., Ier.)* ag.

o·cher *(Am.)* = OCHRE.

och·loc·ra·cy gepeupelbewind, oglokrasie. **och·lo·crat** demagoog, oglokraat, volksmenner.

och·one, o·hone *tw., (Sk., Ier., poët., liter.)* ag, helaas, wee my, o wee.

o·chre, (Am.) o·cher oker, geelklei; geelbruin; *red ~* rooiklip. ~**-coloured** okerkleurig.

och·re·a →OCREA.

o·chre·ous, o·chrous, o·chry, (Am.) o·cher·ous, (Am.) o·chery, o·chroid okeragtig, okergeel.

-ock *suff. (vorm n.)* -(t)jie, -ie; *bull~* tollie, jong os; *hill~* heuweltjie, bultjie, koppie.

Ock·ham, Oc·cam: *~'s razor, (filos.)* spaarsaamheidsbeginsel.

o'clock *adv.:* ***about*** *eight/etc. ~* omstreeks (*of* om en by) ag(t)uur/ens.; ***at*** *four/etc. ~* om vieruur/ens.; *aircraft approaching* ***at*** *3/5/6/9/12/etc. ~* vliegtuig uit die ooste/suidsuidooste/suide/weste/noorde/ens.; *it is* ***just*** *two/etc. ~* dit is presies (*of* op die kop) tweeuur/twee-uur/ens.; ***nine*** *~* negeuur, nege-uur; ***seven*** *~* seweuur, sewe-uur; *at three/etc. ~* ***sharp*** presies (*of* op die kop) drieuur/drie-uur/ens..

-oc·ra·cy *komb.vorm* →-CRACY.

-o·crat *komb.vorm* →-CRAT.

oc·re·a, och·re·a *-reae, (bot.)* kokertjie.

oc·ta →OKTA.

oc·ta-, *(voor 'n vokaal)* **oct-** *komb.vorm* okta-, ag(t)-; →OCTO-.

oc·ta·chord *n.* ag(t)snarige instrument; ag(t)tonige skaal. **oc·ta·chord** *adj.* ag(t)snarig; ag(t)tonig.

oc·ta·gon oktogoon, ag(t)hoek. **oc·tag·o·nal** ag(t)hoekig, ag(t)kantig, oktogonaal.

oc·ta·he·drite *(min.)* okta-edriet, oktaëdriet.

oc·ta·he·dron *-drons, -dra* okta-eder, oktaëder, ag(t)vlak. **oc·ta·he·dral** okta-edries, oktaëdries, ag(t)vlakkig, ag(t)sydig.

oc·tal (no·ta·tion) *(rek. ens.)* oktale/ag(t)delige notasie.

oc·tam·e·ter *(pros.)* ag(t)voetige vers, oktameter.

oc·tan·drous *(bot.)* ag(t)helmig, oktandries.

oc·tane oktaan. ~ **number,** ~ **rating** oktaangetal, -waarde.

oc·tan·gu·lar ag(t)hoekig.

oc·tant *(wisk., astron.)* oktant.

oc·ta·roon →OCTOROON.

oc·ta·style *n., (argit.)* ag(t)styl. **oc·ta·style** *adj.* ag(t)stylig.

oc·ta·va·lent *(chem.)* oktavalent, ag(t)waardig.

oc·tave *(mus., pros.)* oktaaf; ag(t)tal; *(relig.)* ag(t)ste feesdag; ag(t)daagse fees; ag(t) dae; *(skermkuns)* ag(t)ste parade/pareerposisie. ~ **flute** oktaaffluitjie, piccolo.

Oc·ta·vi·an *(Rom. keiser)* Oktavianus, Octavianus.

oc·ta·vo *-vos, (druk.)* oktaaf(formaat), oktavo.

oc·ten·ni·al ag(t)jaarliks; ag(t)jarig.

oc·tet *(ook* octette*)* ag(t)tal; *(mus., ook* octette*)* oktet; *(pros., ook* octette*)* oktaaf; *(chem.)* oktet.

oc·to-, *(voor 'n vokaal)* **oct-** *komb.vorm* okto-, ag(t)-; →OCTA-.

Oc·to·ber Oktober; *an ~ day* 'n Oktoberdag, 'n dag in Oktober; *the month of ~* Oktobermaand. **Oc·to·brist** *(Rus. gesk.)* Oktobris.

oc·to·cen·te·nar·y ag(t)honderdjarige gedenkdag, ag(t)honderdste gedenk-/jaarfees, ag(t)eeuefees.

oc·to·ge·nar·i·an *n.* tagtigjarige, tagtiger. **oc·to·ge·nar·i·an** *adj.* tagtigjarig.

oc·to·nar·y *(w.g.)* ag(t)tallig.

oc·to·pet·a·lous ag(t)blarig.

oc·to·pod *n., (soöl.)* ag(t)potige, -voetige. **oc·to·pod** *adj.* ag(t)potig, -voetig.

oc·to·pus *-puses, -podes* seekat, oktopus, veelarm; grypende monster; *(fig.: organisasie/ens. met 'n tentakelagtige aard/struktuur/ens.)* molog.

oc·to·push (onder)waterhokkie.

oc·to·roon, oc·ta·roon *(arg.: pers. v. gemengde afkoms met 1/8 swart bloed)* oktoroon.

oc·to·syl·la·ble ag(t)lettergrepige woord; ag(t)lettergrepige vers(reël). **oc·to·syl·lab·ic** ag(t)lettergrepig.

oc·troi oktrooi; oktrooibrief.

oc·tu·ple *n.* ag(t)voud. **oc·tu·ple** *adj.* ag(t)voudig. **oc·tu·ple** *ww.* met ag(t) vermenigvuldig, verag(t)voudig.

oc·u·lar *n.* oogglas, okulêr. **oc·u·lar** *adj.* van/met die oog, gesigs=, oog=; okulêr; ~ *demonstration* sigbare bewys; ~ *witness* ooggetuie.

oc·u·late, oc·u·lat·ed →OCELLATE(D).

oc·u·list oogarts, oogdokter, oogheelkundige; oogkundige, gesigkundige; brilmaker.

oc·u·lo·mo·tor oogbewegend, okulomotories; ~ *nerve* okulomotoriese senu(wee).

oc·u·lus =*uluses*, =*uli*, *(argit.)* ogie; ronde venster.

OD *n., (infml.)* oordosis; →OVERDOSE *n.*. **OD** *OD'ing OD'd, ww.* 'n oordosis neem; →OVERDOSE *ww.*; ~ *on chocolates/milkshakes/etc.* te veel sjokolade/ens. eet, jou aan sjokolade/ens. teë-eet/ooreet; te veel melkskommels/ens. drink; ~ *on heroin/etc.* 'n oordosis heroïen/ens. neem.

od *(hist.)* vermeende natuurkrag, magnetiese krag.

o·da·lisque, o·da·lisk *(hist.)* odalisk, Oosterse slavin.

odd onewe *(getal)*; orig; enkel, los; onpaar; sonderling, raar, snaaks, koddig, eienaardig, vreemd, ongewoon; verskillende, verskeie; hier en daar, verspreid; →ODDS; ~ ***colour*** onkleur; *in some* ~ ***corner*** êrens in 'n hoek; ~ *and* ***even*** ewe en onewe; gelyk en ongelyk; paar en onpaar; ***fifty/etc.*** ~, *(infml.)* 'n stuk of vyftig/ens., iets in/oor die vyftig/ens., goed/ruim vyftig/ens.; *by the* ~ ***goal/etc.*** met een doel/ens. meer; *do s.t. at* ~ ***moments*** iets so tussenin doen; iets doen wanneer jy 'n oomblikkie vry het; *pay the bill and keep the* ~ ***money*** die rekening betaal en die kleingeld hou; ~ ***number*** onewe getal; los nommer/eksemplaar *(v. 'n blad)*; *there is luck in* ~ ***numbers*** alle goeie dinge bestaan uit drie; *an* ~ ***policeman,*** *(ook)* 'n konstabel hier en daar; *fifty/etc.* ***rands*** ~ iets oor die vyftig/ens. rand; *an* ~ ***shoe*** 'n enkele skoen; ~ ***shoes*** onpaar skoene; *at* ~ ***times*** op ongereelde tye, af en toe, nou en dan; ~ ***volumes*** los (*of* 'n paar) dele *(v. versamelde werke)*. **~ball,** ~ **bod,** ~ **fish** *(infml.)* anderste(r)/eksentrieke entjie mens, rare/eienaardige/vreemde skepsel. ~ **fleece** uitskotvag. ~ **job** los werkie, peuselwerkie. **~-jobber, ~-jobman** handlanger, los werker, hansie-my-kneg. **~-leg cal(l)ipers** kweepasser. ~ **line** ongereelde artikel; uitskotklas. **~-looking** koddig, komieklik, snaaks. ~ **lot** los/ongereelde hoeveelheid; gebroke/los/onvolledige party *(aandele)*; ongelyke aantal *(effekte)*. ~ **man** eienaardige/vreemde man/kêrel; los werker; persoon man met die beslissende stem *(in 'n vergadering)*; *be* ~ ~ *out* →MAN *n.*. **~-sounding** vreemd klinkend. ~ **trick** *(brug)* skikpakkie.

odd·ish snaaks(erig), komieklik.

odd·i·ty snaakse/rare/eksentrieke mens; snaaksigheid, snaakse/vreemde ding/affêre; eienaardigheid, koddigheid, eksentrisiteit.

odd·ly vreemd, koddig, snaaks; ~ *enough* merkwaardig genoeg.

odd·ment *(gew. i.d. mv.)* stukkies en brokkies, oorskiet, rommel, afvalstukke, restante.

odd·ness vreemdheid, eienaardigheid, koddigheid, vreemdsoortigheid.

odds *n. (mv.)* wedsyfer, wedkanse; wedprys, wedvoorwaardes; kanse, voordeel; voorgee; oormag; ongelykheid; verskil; geskil, onenigheid; ***against*** *(all) the* ~ ondanks alles; *fight/struggle* ***against*** ~ teen die oormag stry; *by* ***all*** ~ na alle waarskynlikheid; *by* ***all*** ~ *the best* verreweg die beste; *be* ***at*** ~ *with s.o.* met iem. haaks wees, met iem. haak/vassit, met iem. oorhoop(s) wees/lê; *they are* ***at*** ~ hulle is haaks, hulle haak (met mekaar), hulle kan nie (met mekaar) opskiet (*of* oor die weg kom) nie, hulle is/lê (met mekaar) oorhoop(s), hulle is dit oneens, hulle sit vas (met mekaar); *set people* ***at*** ~ mense teen mekaar opmaak; ~ *and* ***ends*** stukkies en brokkies, ditjies en datjies, goetertjies; *make the* ~ ***even*** dinge gelykmaak; *the* ~ *are in s.o.'s* ***favour*** iem. het 'n goeie kans (*of* die beste kans), die voordeel is aan iem. se kant; ***give/lay*** ~ *of three to one* drie teen een wed; *at* ***long*** ~ met 'n geringe kans; *it is* ***long*** ~ dit is tien teen een; *it* ***makes/is*** *no* ~, *(hoofs. Br., infml.)* dit maak geen verskil nie, dit maak/is niks, dit kom nie daarop aan nie; *be* ~ ***on*** *that/to ...* →ODDS-ON *adj. & adv.*; ***over*** *the* ~ buitensporig, onaanvaarbaar, onbillik *('n prys ens.)*; *at* ***short*** ~ met 'n groot kans; ~ *and* ***sods,*** *(Br., infml.)* ditjies en datjies, stukkies en brokkies; mense, siele; ***take*** ~ die voorgif aanneem; *the* ~ *are* ***that*** ... die waarskynlikste is dat ...; waarskynlik sal ...; ***what's*** *the* ~*?, (infml.)* wat maak dit saak?, watter verskil maak dit?, wat kom dit (daar)op aan?; ***within*** *the* ~ waarskynlik. **~-on** *adj. & adv.: the* ~ ***favourite*** die groot/sterk/oorweldigende/onbetwiste gunsteling, loshande die gunsteling; *s.o. is (the)* ~ ***favourite*** *for/to ...* iem. het/staan 'n goeie kans (*of* iem. se kanse is/staan goed) om te ..., iem. sal heel waarskynlik (*of* na alle waarskynlikheid *of* heel/bes moontlik) ..., na verwagting sal iem. (*of* daar word verwag dat iem. sal) ...; *it's* ~ ***that*** ... die kanse is goed (*of* ek is byna/amper/redelik/taamlik seker *of* ek wed jou *of* daar word verwag) dat ..., na verwagting sal ...

ode ode; *an* ~ *to ...* 'n ode aan ...

o·de·um =*deums*, =*dea*, *(hist.)* odeon.

O·din, Wo·den, Wo·tan *(Skand. mit.)* Odin, Wodan.

o·di·ous haatlik, onaangenaam, afskuwelik, verfoeilik; *comparisons are* ~ vergelykings is haatlik/aanstootlik (*of* uit die bose). **o·di·ous·ness** haatlikheid, verfoeilikheid.

o·di·um haat, vyandskap, veragting, odium; blaam, skande, stigma, odium.

O·do·a·cer, O·do·va·car *(Germ. heerser v. It.)* Odoaker.

o·dom·e·ter *(hoofs. Am.)* afstand(s)meter, odometer, meetwiel.

O·do·na·ta *(entom.)* Odonata.

odonto-, *(voor 'n vokaal)* **odont**- *komb.vorm* odonto=, tand=.

o·don·toid *adj.* tandvormig.

o·don·to·lith tandsteen, odontoliet.

o·don·tol·o·gy tandleer, odontologie. **o·don·tol·o·gist** odontoloog, tandarts.

o·dor·if·er·ous geurig, welriekend, lekkerruik=.

o·dor·ous welriekend, geurig; onwelriekend.

o·dour reuk, ruik; geur; slegte reuk; *be in good/bad/ill* ~ *with s.o.* goed/sleg aangeskrewe (*of* in 'n goeie/slegte reuk) by iem. staan; *no* ~ *of intolerance* geen sweem van onverdraagsaamheid nie; *an* ~ *of sanctity* 'n geur van heiligheid. **o·dour·less** reukloos.

O·dys·seus *(Gr. mit.)* Odusseus; →ULYSSES. **Od·ys·sey** *(epiese gedig)* Odussee; *(fig., o~)* swerftog.

oe·col·o·gy *(arg.)* →ECOLOGY.

oec·u·men·ic, oec·u·men·i·cal *(arg.)* →ECUMENIC.

oe·de·ma, *(Am.)* **e·de·ma** =*mata*, *(patol.)* edeem, watersug, watergeswel; *malignant* ~ kwaadaardige edeem, gasgangreen. **oe·dem·a·tous, e·dem·a·tous** edemateus, watersugtig.

Oe·di·pus *(Gr. mit.)* Oedipus, Oidipus. ~ **complex** *(psig.)* Oedipus-kompleks.

oe·nol·o·gy, *(Am.)* **e·nol·o·gy** wynkunde, enologie. **oe·no·log·i·cal,** *(Am.)* **e·no·log·i·cal** wynkundig, enologies. **oe·nol·o·gist,** *(Am.)* **e·nol·o·gist** wynkundige, enoloog.

oe·no·phile, oe·noph·i·list wynkenner, =deskundige, =liefhebber.

o'er *(arg. of poët., liter.)* →OVER *adv. & prep.*.

oer·sted *(fis., simb.: Oe)* oersted.

oe·soph·a·gus, *(Am.)* **e·soph·a·gus** =*agi*, =*aguses*, *(anat.)* esofagus, slukderm. **oe·soph·a·ge·al,** *(Am.)* **e·soph·a·ge·al** slukderm=.

oes·tro·gen, *(Am.)* **es·tro·gen** *n.* estrogeen. **oes·tro·gen·ic,** *(Am.)* **es·tro·gen·ic** *adj.* estrogeen.

oes·trone, *(Am.)* **es·trone** *(biochem.)* estroon, follikulien.

oes·trus, *(Am.)* **es·trus, oes·trum,** *(Am.)* **es·trum** estrum, bronstigheid, hitsigheid, loopsheid; hingstigheid *(by perde)*. **oes·trous,** *(Am.)* **es·trous, oes·tral,** *(Am.)* **es·tral** bronstig, hitsig, loops; van die bronstyd; ~ *cycle* estrussiklus, bronssiklus.

oeu·vre *(Fr., gesamentlike werke v. 'n kunstenaar/geleerde)* oeuvre.

of *prep.* van; aan; deur; op; uit; in; na; sonder; met; teen; ***all*** ~ *us* ons almal; *a* ***basket*** ~ *eggs/etc.* 'n mandjie eiers/ens.; *be the* ***best*** ~ *drivers/etc.* die (aller)beste bestuurder/ens. wees; ***both*** ~ *them* hulle albei (*of* al twee); *the* ***city*** ~ *Durban* die stad Durban; ***department*** ~ *education/labour/justice* departement van onderwys/arbeid/justisie; ***department*** ~ *economics/French/physics* departement ekonomie/Frans/fisika; ~ *an* ***evening*** saans; een aand; *the* ***first*** ~ *May/etc.* die eerste Mei/ens.; *trees bare* ~ ***leaves*** bome sonder blare; ***love*** ~ *a mother* moederliefde; *a* ***man/woman*** ~ *sixty/etc. (years)* 'n man/vrou van sestig/ens. (jaar), 'n sestigjarige man/vrou; ~ *a* ***morning*** soggens, smôrens, smorens; een oggend; *s.t.* ***tastes*** ~ ... →TASTE *ww.*; ***warn*** *s.o.* ~ *s.t.* →WARN; *the* ***whole*** ~ *the house* die ganse/hele huis; ***within*** *a month/etc.* ~ ... →WITHIN *prep.*.

o·fay *(Am., neerh., sl.: wit mens)* witvel, witte.

off *n., (kr.)* wegkant; *to the* ~, *(kr.)* na die wegkant (toe). **off** *adj. & adv.* regs; regter= *(voorwiel, agterbeen)*; haar= *(perd)*; *be* ***badly*** ~ arm wees, swaar kry/leef/lewe; sleg af (*of* daaraan toe) wees; *s.o. is* ***badly*** ~ *for* ... iem. se ... is baie skraps; ***be*** ~ vertrek; wegspring; wegloop, wegstap; vry wees, van diens (af) wees; van stryk (af) wees; onvriendelik wees; siek(erig) voel; ***be*** ~*!* weg is jy!, maak dat jy wegkom!, loop!, trap!, skoert!; *be* ***better*** ~ ryker (*of* meer welgesteld) wees; beter af (*of* daaraan toe) wees; *s.t. is* ***clean*** ~ iets is morsaf; *be* ***comfortably*** ~ daar goed/warmpies in sit; ***declare*** *s.t.* ~ kop uittrek, weier om met iets voort te gaan; *a good* ***distance*** ~ →DISTANCE *n.*; ***I'm/we're*** ~ ek/ons moet weg (wees); ek/ons gaan nou weg (*of* vertrek nou); weg is ek/ons; *...* ***is*** ~ ... is afgestel/gekanselleer (*of* van die baan) *('n besoek ens.)*; ... gaan nie deur nie *('n koop ens.)*; ... is afgeskakel *('n radio, d. elektrisiteit, ens.)*; ... is sleg (*of* het 'n kraak/krakie) *(kos)*; ... is suur *(melk)*; *(Br., infml.)* ... is (tydelik) onbeskikbaar *('n gereg op 'n spyskaart)*; *the engagement* ***is*** ~ →ENGAGEMENT; *the heat* ***is*** ~ →HEAT *n.*; ~ *and* ***on*** af en toe, (so) nou en dan; van tyd tot tyd; onseker; *s.t. is* ***right*** ~ iets is heeltemal af; *chop/etc. s.t.* ***right*** ~ iets heeltemal afkap/ens.; *do s.t.* ***right/straight*** ~, *(infml.)* iets dadelik/onmiddellik (*of* op die daad *of* sonder aarseling/meer) doen; ***they're*** ~*!* daar gaan/trek hulle!; *where are you* ~ ***to?*** waarheen is jy op pad?; *be* ***well*** ~ →WELL[1] *adv.*; ***well/better*** ~ *without* ... goed af sonder ... **off** *prep.: (a street)* ~ ***Alexander/etc. Street*** ('n dwarsstraat) uit Alexanderstraat/ens.; ~ ***balance*** →BALANCE *n.*; ~ *the* ***Cape/etc.*** voor/teenoor die Kaap/ens.; *be* ~ ***course*** →COURSE *n.*; ***eat*** ~ *a plate* →EAT *ww.*; ***fall*** ~ →FALL *ww.*; ***get*** ~ *s.t.* →GET *ww.*; ***keep*** ~ *the grass!* →GRASS *n.*. **off** *ww., (infml.: vertrek)* verkas, verdwyn; *(Am. sl.)* doodmaak. **~-air recording** oorlugopname. **~beat** *n., (mus.)* tussenslag. **~beat** *adj.* ongewoon, sonderling, eksentriek. **~-break** *n., (kr.)* wegbreekbal. **~-break** *adj. (attr.)* wegbreek= *(boulwerk ens.)*; ~ *bowler* wegbreekbouler, wegbreker. **~-Broadway** *adj., (Am. teat.)* off-Broadway, eksperimenteel, niekommersieel; ~ *production* off-Broadway-produksie; →OFF-OFF-BROADWAY. **~-centre** uitmiddelpuntig. ~ **chance** geringe kans; moontlikheid; geluk; *on the* ~ ~ vir geval; *on the* ~ ~ *that* ... vir geval (dat) ... ~ **colour** *adj. (pred.)* van stryk (af); ongesteld, olik, kroes; oeserig; skurf, gewaag(d); *be* ~ ~ nie op jou stukke (*of* op dreef) wees nie, nie lekker/goed voel nie. **~-colour** *adj. (attr.)*: ~ *joke* skurwe grap. ~ **consumption** buiteverbruik. **~-course:** ~ *betting* buiteweddenskappe, weddenskap=

pe buite die baan; ~ *tote* buitetoto, -totalisator. ~**cut** afvalstuk. ~-**drive** *n., (kr.)* dryfhou na die wegkant, wegkantdryfhou. ~-**duty** *adj. (attr.): an ~ nurse/policeman/etc.* 'n verpleegster/polisieman/ens. wat van diens (af) is (*of* nie aan/op diens is nie), 'n niediensdoende verpleegster/polisieman/ens.. ~**hand** *adj.* kortaf, onbeleef(d), bruusk. ~**hand** *adv.* prontweg, uit die vuis (uit), sonder om te dink, voetstoots, op stel en sprong; *fire ~* uit die vuis (uit) skiet. ~**handed,** ~**handedly** ongeërg, nonchalant; kortaf, onbeleef(d), bruusk. ~**handedness** ongeërgdheid, nonchalance; kortafheid, onbeleefdheid, bruuskheid. ~ **key** *adj. (pred.) & adv., (mus.)* vals. ~-**key** *adj. (attr.), (mus.)* vals(e). ~-**licence** →OFF-SALES LICENCE. ~-**limits** *adj. (attr.)* verbode. ~-**line** *adj. (attr.), (rek.)* niegekoppelde *(geheue, stelsel, ens.).* ~-**load** *ww.* aflaai *(goedere, passasiers);* ontslae raak van, van die hand sit, wegmaak *(voorrade ens.);* jou onthef van *(alle skuld);* van jou afskud *(probleme ens.); ~ ... onto* (or *on to*) *s.o.* ... op iem. pak/laai/afskuif/afskuiwe *(skuld ens.);* ... by iem. laat *(kinders);* iem. met ... opsaal *(jou probleme ens.).* ~-~-**Broadway** *adj., (Am. teat.)* off-off-Broadway, avantgardisties, baie eksperimenteel; →OFF-BROADWAY. ~-**peak** *adj. (attr.)* buiteseisoense *(aanbod, korting, verblyfkoste, ens.); ~* ***bus/etc.*** bus/ens. wat buite spitstyd (*of* ná spitsure) loop; *~* ***call*** oproep buite spitstyd (*of* ná spitsure); *~* ***rate/tariff*** tarief vir buitespitsgebruik *(v. elektrisiteit ens.);* buiteseisoense tarief *(vir kampeerders, v. retoerkaartjies, ens.); during the ~* ***season*** buiteseisoens, in die buiteseisoentyd, buite die hoogseisoen; *do s.t. at/during ~* ***times*** iets buite spitstye (*of* ná spitsure) doen *(reis, krag gebruik, ens.).* ~-**piste** *adj. & adv.: ~ resort* ski-oord met ongerepte sneeuhellings; *ski ~* op ongerepte sneeuhellings (*of* nuwe bane) ski; *~ skier* skiër met 'n voorliefde vir ongerepte sneeuhellings (*of* nuwe bane). ~**print** afdruk, oordruk. ~-**putting** *(infml.)* hinderlik. ~-**ramp** *(Am.)* afrit. ~-**road** *adj. (attr.)* veld- *(baan, motorfiets, [wed]ren, voertuig, ens.); ~ tyres* veldbande, *(infml.)* boendoebande. ~-**roader** veldryer. ~-**roading** *n.* veldry. ~-**saddle** *ww., (w.g.)* afsaal. ~-**sales** buiteverkope. ~-**sales licence** buitelisensie, drankwinkellisensie. ~**scourings** *n. (mv.)* afval, vullis, uitskot; oorskiet, oorskot; *(fig.)* skuim, uitvaagsels, uitskot *(v.d. gemeenskap, samelewing); ~ of humanity* gepeupel. ~-**screen** *adj. (attr.)* in die werklike lewe *(pred.),* van die doek af *(pred.); ~ personality* werklike persoonlikheid. ~-**screen** *adv.* in die werklike lewe, van die doek af; buite beeld. ~ **season** *n.* buiteseisoen, tussenseisoen; *in the ~ ~* buite die seisoen, in die slap tyd. ~ **season** *adv.* buiten(s)tyds; buiteseisoens. ~-**season** *adj. (attr.)* buiteseisoen-. ~**set** *n. & ww.* →OFFSET *n..* ~**shoot** *(bot.)* loot, spruit, uitspruitsel, tak, afleêr. ~**shore** *adj. & adv.* langs/by die kus; van die kus af, na die water gekeer, seewaarts, aflandig; *~ investment* aflandige belegging; *~ oil rig* (olie)boortoring/(olie)boorplatform/(olie)booreiland (in die see); *~ wind* landwind, aflandige wind. ~**side** *n., (Br.)* regterkant *(v. 'n voertuig ens.); (sport)* onkantspel; *(kr.)* wegkant; *disallowed for ~, ('n doel)* weens onkantspel afgewys (*of* van die hand gewys *of* nie toegestaan nie). ~**side** *adj. (attr.), (Br.)* regter-; *(sport)* onkant; *be ~* onkant wees; *~ front tyre* regtervoorband; *~ rule* onkantreël. ~**side** *adv., (sport)* onkant. ~**sider** *(Austr., infml.)* helper, assistent, hulp; vennoot. ~-**size** ongereelde grootte, wangrootte. ~-**sorts** *n. (mv.)* weggooiwol, swak stukke wol; weggooistukke, swak stukke. ~-**spinner,** ~-**spin bowler** *(kr.)* wegbreekbouler. ~**spring** afstammeling(e), nakomeling(e), kind(ers), spruit(e), (na)kroos, nageslag; nakomelingskap; gevolg, resultaat, uitkoms. ~**stage** van die verhoog af; agter die skerms. ~-**street** systraat; van die straat af. ~**take** onttrekking *(v. gas, olie).* ~-**the-cuff** *adj. (attr.)* spontane *(opmerking, antwoord, ens.);* onvoorbereide *(toespraak ens.).* ~-**the-job training** buitebedryfsopleiding. ~-**the-peg,** *(Am.)* ~-**the-rack** *adj. (attr.)* pasklaar-, winkel-, gebruiksklaar- *(klere ens.).* ~-**the-record** *adj. (attr.)* nie-amptelike, onoffisiële *(opmerking, opdrag, bespreking, onderhoud, ens.).* ~-**the-shelf** *adj. (attr.)* wat van die winkelrak gekoop kan word *(pred.);* pasklaar, maklik bekombare/verkry(g)bare *(toerusting, produkte);* kitsklaar *(oplossing ens.); an ~ company* 'n rakmaatskappy. ~-**the-shoulder** *adj. (attr.)* skouerlose *(rok ens.).* ~-**the-wall** *adj. (attr.), (Am., sl.)* onortodokse *(sienswyses, styl);* onkonvensionele, eiesoortige, bisar(re) *(humor, styl);* mal, gek *(idee).* ~-**time** *n.* stil/slap tyd, komkommertyd. ~-**white** naaswit. ~ **year** stil jaar *(vir sakemanne ens.);* nie 'n goeie jaar nie *(vir boere ens.); (Am.)* jaar sonder 'n nasionale verkiesing (*of* 'n presidentsverkiesing).

of·fal *(kookk.)* afval; *(fig.)* oorskiet, uitskot, stukkies en brokkies.

of·fence, *(Am.)* **of·fense** belediging, aanstoot, ergernis, krenking, grief, kwetsing; aanval; misstap; *(jur.)* oortreding, misdryf, misdaad; *(jur.)* strafbare feit; ***arms/weapons*** *of ~* aanvalswapens; ***commit*** *an ~* 'n oortreding begaan; 'n misdryf pleeg; *it* ***constitutes*** *an ~* dit maak 'n misdryf/misdaad uit; ***disciplinary*** *~* vergryp teen die tug; ***give*** *~ to s.o.* iem. aanstoot gee, iem. beledig; ***make*** *s.t. an ~* iets strafbaar maak; ***mean*** *no ~* geen kwaad bedoel nie; ***take*** *~ at s.t.* aanstoot aan iets neem, jou oor iets erg/erger/vererg, jou iets aantrek; *be apt/quick to* ***take*** *~* liggeraak wees, (te) gou op jou perdjie wees/klim; ***treaty*** *of ~ and defence* offensiewe en defensiewe verdrag.

of·fend aanstoot gee, beledig, te na kom; ontstig, krenk, kwets; oortree, 'n misstap begaan; 'n misdryf pleeg; *~* ***against*** ... teen ... sondig; teen ... indruis; *be ~ed* ***at*** *s.t.* oor iets gekrenk/gebelg(d)/gesteur(d) wees, deur iets beledig voel; *be* ***easily*** *~ed* liggeraak wees; *~ed* ***feelings*** geskokte gevoelens; *be* ***mortally*** *~ed* diep gegrief wees. **of·fend·er** oortreder; sondaar; delinkwent; belediger; ***first*** *~* eerste oortreder; ***old*** *~* gewoontemisdadiger; ou sondaar; ***previous*** *~* voorheen veroordeelde; ***principal*** *~* hoofskuldige, dader; ***young*** *~* jeugdige oortreder. **of·fend·ing** *adj. (attr.)* aanstootlike, laakbare; beledigende, kwetsende, krenkende; oortredende.

of·fen·sive *n.* aanval, offensief, aanvallende optrede; *on the ~* aan die aanval; aanvallend/offensief ingestel, in die aanvalshouding; *act/be on the ~* aanval, aanvallend optree; *take the ~* aanval, tot die aanval/offensief oorgaan. **of·fen·sive** *adj.* beledigend, kwetsend, krenkend; aaklig, walglik, sleg, onaangenaam, afskuwelik, aanstootlik, weersinwekkend *(gesig, reuk, ens.);* hinderlik; aanvallend, aanvals-, offensief; *~* ***action*** aanstootlike/beledigende daad; *(mil.)* aanvallende/offensiewe optrede; aanvalsgeveg; *~ and defensive* ***alliance*** offensiewe en defensiewe verbond; *~* ***arms/weapons*** aanvalswapens; *~* ***capacity/power*** aanvalsvermoë; *~* ***language*** beledigende taal, beledigings; *~* ***reconnaissance*** aanvalsverkenning; *~* ***tactics*** aanvalstaktiek; *~* ***trade*** hinderlike bedryf; *~* ***war*** aanvalsoorlog.

of·fer *n.* aanbod, aanbieding; voorstel; aansoek; bod *(by 'n veiling);* ***accept*** *an ~* 'n aanbod aanneem/aanvaar; ***decline/refuse*** *an ~* 'n aanbod weier (*of* van die hand wys); ***entertain*** *an ~* 'n aanbod oorweeg; *an ~* ***for*** ... 'n aanbod vir ...; *the ~* ***holds*** die aanbod staan nog (*of* is nog van krag); ***make*** *s.o. an ~* iem. 'n aanbod doen/maak; iem. 'n bod gee *(by 'n veiling);* ***make*** *s.o. an ~ of s.t.* iem. iets aanbied; *an ~ (of* ***marriage****)* 'n (huweliks)aanbod; *be* ***on*** *~* te koop wees, verkry(g)baar wees; ***take up*** *an ~* 'n aanbod aanneem/aanvaar, van 'n aanbod gebruik maak. **of·fer** *ww.* aanbied; bereid wees; offer; opper; *~ an* ***apology*** *etc.* →APOLOGY *etc.; ~* ***comments/criticism/etc.*** →COMMENT *n.,* CRITICISM, *etc.; s.t. ~s* ***itself,*** *(fml.)* iets doen hom voor *('n kans, geleentheid); ~ a* ***prize*** 'n prys uitloof; 'n prysvraag uitskryf/uitskrywe; *~ o.s. for* ***re-election*** jou herkiesbaar stel; *~ a* ***reward*** *for s.t.* →REWARD *n.; ~ s.o.* ***s.t.,*** *~* ***s.t.*** *to s.o.* iem. iets aanbied; *~ to* ***strike*** *s.o., (arg.)* dreig om iem. te slaan, iem. 'n drag slae beloof/belowe; *~ to* ***do*** *s.t.* aanbied om iets te doen; *~ s.t.* ***up,*** *(fml.)* iets opoffer; iets opstuur *(gebede); ~ s.o.* ***violence,*** *(arg.)* iem. met geweld dreig. ~ **price** aanbodprys.

of·fer·ee aanbodontvanger.

of·fer·er →OFFEROR.

of·fer·ing aanbieding; geskenk; offer(ande); *floral ~* →FLORAL.

of·fer·or, of·fer·er *(jur.)* aanbieder.

of·fer·to·ry *(Chr.)* kollekte; offerande; *(mus.)* offertorium. ~ **bag** kollektesakkie. ~ **box** kollektebus. ~ **plate** kollektebord.

of·fice kantoor; amp, betrekking, pos; ampsbediening; maatskappy; *(Chr.)* erediens; *(RK)* offisie; *(vero.)* vriendelikheid; *(vero.)* werk, taak, plig; *(i.d. mv.)* kantoor(gebou); →LIFE OFFICE; ***assume*** *~* die bewind aanvaar; ***assume*** *(an) ~* 'n amp aanvaar; *s.o.'s* ***assumption*** *of ~* iem. se ampsaanvaarding; iem. se bewindsaanvaarding; ***at*** *the ~* op kantoor; ***at*** *the ~s of ...* by die kantoor van ...; ***badge/symbol/insignia*** *of ~* ampsteken; ***come*** *to ~,* ***get*** *into ~* aan die bewind kom, op die kussings kom; ***come/go*** *to the ~* kantoor toe kom/gaan; *~ of the* ***dead,*** *(relig.)* begrafnisformulier; *offer one's* ***good*** *~s, (vero.)* jou bemiddeling (*of* goeie dienste) aanbied; *through the* ***good*** *~s of ...* →GOOD OFFICES; ***hold*** *~* 'n amp beklee; aan die bewind wees; *the* ***Holy*** *O~* →HOLY OFFICE; *be* ***in*** *~* aan die bewind (*of* aan die roer) wees, op die kussings sit; ***last*** *mournful ~s, (vero.)* laaste droewige pligte; *perform the* ***last*** *~s to ...* die laaste eer aan ... bewys; *be* ***out*** *of ~* nie aan die bewind wees nie; sonder amp/betrekking wees; ***party*** *in ~* regeringsparty; *~ of* ***profit,*** *(jur., parl.)* besoldigde amp; ***relieve*** *s.o. of an ~* iem. van 'n amp onthef; ***retire*** *from ~* 'n amp neerlê; ***run*** *for ~* kandidaat wees; ***serve*** *in an ~* 'n amp/betrekking beklee; ***stand*** *for ~* kandidaat wees; ***take*** *~* 'n amp aanvaar; die bewind aanvaar; in diens tree; *s.o.'s* ***term*** *of ~* iem. se ampstermyn/dienstyd; *by* ***virtue*** *of one's ~* uit hoofde van jou amp. ~ **appliance** kantoortoestel, -apparaat. ~ **appliances,** ~ **equipment** kantoortoerusting. ~ **automation** kantooroutomatisasie, -outomatisering. ~-**bearer,** ~-**holder** ampsdraer, -bekleder, -bekleër; bestuurslid. ~ **block,** ~ **building** kantoor-, sakegebou. ~ **boy** →OFFICE JUNIOR. ~ **building** →OFFICE BLOCK. ~ **chair** kantoorstoel. ~ **desk** lessenaar, skryftafel. ~ **fixtures** vaste kantoortoebehore. ~ **girl** →OFFICE JUNIOR. ~ **hours** kantoortyd, -ure, diensure, werktyd, -ure; *after ~* ná kantoortyd/-ure. ~ **junior** (algemene) kantoorklerk. ~ **manager(ess)** kantoorbestuurder(es). ~ **party** kantoorparty(tjie). ~ **requirements** kantoorbenodig(d)hede, kantoorbehoeftes; kantoorvereistes. ~ **requisites,** ~ **supplies** kantoorbenodig(d)hede, kantoorbehoeftes. ~ **time** kantoor-, werktyd. ~ **use** kantoorgebruik. ~ **work** kantoorwerk. ~ **worker** kantoorwerker.

of·fi·cer *n.* offisier; beampte, amptenaar; bestuurslid; →PRESIDING OFFICER ; *~* ***administering*** *the government* amptenaar belas met (die uitoefening van) die uitvoerende gesag; *~* ***cadet*** offisier-kadet; *~* ***in charge*** verantwoordelike offisier, offisier oor ...; *~* ***commanding*** bevelvoerder, bevelvoerende offisier; *~ of the* ***day/week*** offisier van die dag/week; *~ on* ***duty*** diensdoende offisier; *~ for* ***duty*** offisier vir diens; *~ on* ***exchange*** ruiloffisier; *~ of the* ***guard*** wagoffisier; *~s'* ***mess*** offisiersmenasie; *~ of a knightly* ***order*** (or *an order of knighthood*) offisier in 'n ridderorde; *~* ***in waiting*** plaasvervangende offisier; *~ of the* ***watch*** offisier van die wag, waghebbende offisier. **of·fi·cer** *ww.* van offisiere voorsien, offisiere aanstel; aanvoer, die bevel voer oor. **of·fi·cer·ing** aanvoering. **of·fi·cer·ship** offisierskap; offisiersrang.

of·fi·cial *n.* amptenaar, beampte; *(elected) ~* (gekose) ampsbekleder. **of·fi·cial** *adj.* amptelik, amps-, diens-, offisieel; *~* ***allowance*** ampstoelae, -toelaag; *~* ***birthday,*** *(Br.)* amptelike verjaar(s)dag *(v.d. koning[in]); ~* ***business*** amptelike sake, ampsake; *through (the) ~* ***channels*** deur amptelike kanale, langs amptelike weë; *~* ***competence*** ampsgebied; *~* ***correspondence*** amptelike briefwisseling; *~* ***envelope*** amptelike koevert, dienskoevert; *~* ***gazette*** staatskoerant, -blad; *~* ***journal*** lyfblad; *~* ***journey/tour/trip*** amptelike reis, ampsreis; *~* ***language*** amptelike taal, ampstaal; ~

letter amptelike brief, diensbrief; ~ ***order*** diensbevel, =order; ~ ***residence*** ampswoning; ~ ***robes*** ornaat, ampsgewaad; ~ ***secret*** staats=, ampsgeheim; *O~ **Secrets Act*** Wet op Amptelike Geheime; ~ ***style*** kanselarystyl; ~ ***title*** ampstitel; *for ~ **use only*** alleen vir amptelike gebruik; ~ ***visit*** amptelike besoek, ampsbesoek. **of·fi·cial·dom** die amptenare/amptenaredom/amptenary, die burokrasie, die amptenaarswêreld. **of·fi·cial·ese** amptenaretaal, amptenaraans, burokratetaal, kanselarystyl, =taal. **of·fi·cial·ism** burokrasie. **of·fi·cial·ly** amptelik, offisieel; ampshalwe, van regeringsweë.

of·fi·ci·ate 'n amp waarneem; voorgaan, 'n godsdiensoefening waarneem, 'n diens lei, preek; *~ as ... as* ... optree/fungeer (*of* diens doen); *~ at a marriage/wedding* 'n huwelik waarneem. **of·fi·ci·ant** *(RK)* offisiant. **of·fi·ci·at·ing** diensdoende. **of·fi·ci·a·tor** voorganger.

of·fic·i·nal *n., (farm., vero.)* offisieel erkende middel. **of·fic·i·nal** *adj.* geneeskragtig *(kruie ens.)*; voorradig *(medisyne)*; offisieel erken(d) *(medisyne)*.

of·fi·cious bemoeisiek, opdringerig, indringerig, (oor)gedienstig; offisieus, nieamptelik, halfamptelik. **of·fi·cious·ness** (oor)gedienstigheid, bemoeisug, indringerigheid.

off·ing die oop see; *be in the ~* aan die kom (*of* op koms) wees.

off·ish *(infml.)* →STAND-OFFISH.

off·set *n.* kompensasie, teen=, teëwig; neutralisasie; kontras, teen=, teëstelling; *(fin.)* verrekening; *(landm.)* ordinaat; *(elektron.)* spanningsverskuiwing; *(bot.)* spruit, suier, uitloper, uitloopsel; *(geol.)* uitloper *(v. 'n gebergte)*; *(bouk.)* versnyding *(v. 'n funderingsmuur)*; *(teg.)* knik, draai, swaai *(in 'n pyp)*; geboë ent *(v. 'n stang)*; *(mynb.)* afwyking *(v. vlakke)*. **off·set** *=tt= =set =set, ww.* opweeg teen, vergoed, goedmaak; 'n teen=/teëwig skep vir/teen, neutraliseer; *(druk.)* litografeer; *(geol.)* verplaas; *~ an overpayment* van 'n oorbetaling aftrek. ~ **disc** kontraskottel. ~ **end** swaai-ent. ~ **harrow** skuinssnyeg. ~ **litho(graphy)** vlakdruklitografie. ~ **machine** →OFFSET PRESS. ~ **pipe** knikpyp. ~ **press** litopers, litografiese pers, vlakdrukpers. ~ **(printing)** rubberdruk. ~ **tunnel** dwarstonnel.

oft *(arg. of poët., liter.)* menigmaal; →OFTEN.

of·ten dikwels, baiemaal, baiekeer, menigmaal, meermaal, =male; *as ~ **as** ... tot ... (drie maal op 'n dag ens.)*; *as ~ **as not*** dikwels (genoeg); ***every** so ~* af en toe, van tyd tot tyd; ***quite** ~* heel dikwels, sommer baie; *more ~ **than not*** gewoonlik, in die reël. **of·ten·times** *(arg. of Am.)*, **oft-times** *(arg. of poët., liter.)* menigmaal, dikwels.

og·do·ad *(w.g.)* ag(t)tal.

o·gee, o·gee *(argit.)* ojief. ~ **arch** ojiefboog. ~ **moulding** ojieflys. ~ **plane** ojiefskaaf.

og·(h)am *(Keltiese alfabet)* ogam(alfabet); ogamkarakter; ogaminskripsie.

o·give, o·give *(argit.)* ogief(boog), spitsboog, Gotiese boog; *(statist.)* ogief. **o·gi·val** spitsboogvormig, ogivaal; met spitsboë; *~ arch* ogief(boog), spitsboog, Gotiese boog.

o·gle *n.* uitlokkende kyk. **o·gle** *ww.* (aan)staar, verliefderig aankyk; *~ (at) ...* vir ... ogies maak, bewonderend na ... staar *('n mooi mens)*.

OGPU, Ogpu *(akr., Rus. pol. gesk.)* Ogpoe.

o·gre, *(vr.)* **o·gress** mensvreter *(in folklore)*; wreedaard; bullebak; dierasie, monster. **o·gre·ish, o·grish** mensvreteragtig; wreedaardig, skrikaanjaend.

oh *tw.* o; ag, og; *(boy) ~ boy!* →BOY *tw.*; *s.t. is ~so pretty* dis tog te fraai; *~ well* nou ja, nouja.

O·he·nim·u·ri ap·ple ohenimuri-appel.

O·hi·o *(geog.)* Ohio.

ohm *(elek.: eenh. v. weerstand, simb.: Ω)* ohm; *ten ~s, many ~s* tien ohm, baie ohms. **~meter** ohmmeter. **O~'s law** *(fis.)* Ohm se wet, die wet van Ohm.

ohm·age ohmgetal.

ohm·ic ohmies.

o·ho *tw.* aha, ohoo.

o·hone *tw.* →OCHONE.

oi *tw.* haai; ag, a(a)i, a(a)i/ag tog(gie), og.

oick →OIK.

o·id·i·um *(bot.)* oïdium, meeldou, witroes. ~ **(fungus)** witroesswam.

oik, oick *n., (infml.)* vent, ou, jafel, javel; ghwar, gawie, japie, gertjie, fieta, gommie, gops, gomtor.

oil *n.* olie; petroleum; *(ook i.d. mv.)* olieverf; *(ook i.d. mv.)* olieverfskildery; *(ook i.d. mv., infml.)* oliepak, =klere, =jas; *~ of **almonds*** →ALMOND; ***crude/mineral/natural/etc.*** ~ →CRUDE, MINERAL, NATURAL *adj.*, ETC.; *add ~ to the **fire**, pour ~ on the **flames*** olie in/op die vuur gooi, die gemoedere/gevoelens opnuut gaande maak; *~ of **juniper*** →JUNIPER; ***lubricating** ~* →LUBRICATE; *~ of **mace*** →MACE[1]; *burn the **midnight** ~* →MIDNIGHT *adj.*; ***paint** in ~s* in olie(verf) (*of* met olieverf) skilder; *~ of **roses*** →ROSE[1]; *~ of **rue*** →RUE[2] *n.*; ***strike** ~* olie raak boor, 'n oliebron ontdek; *(infml.)* skielik ryk word, 'n geluk(slag) kry, iets goeds op die lyf loop, met jou neus in die botter val; *~ of **turpentine*** →TURPENTINE; *~ of **vitriol*** →SULPHURIC ACID; *pour/spread/throw ~ on troubled **waters*** olie op die golwe/water giet/gooi, die gemoedere kalmeer (*of* tot bedaring bring). **oil** *ww.* olie, smeer; invet; van olie laat deurtrek, in olie laat lê; olie word, in olie verander; →OILED; *~ s.o.'s palm* →PALM[1] *n.*; *~ one's tongue* vlei, mooi broodjies bak, met die heuningkwas smeer/werk. ~ **bag** oliesak. **~-based** met 'n oliebasis, wat 'n oliebasis het *(pred.)*. ~ **bath** oliebad. **~-bearing** oliehoudend. **~bird** *(Steatornis caripensis)* vetvoël. ~ **box** oliebus, =pot. ~ **burner** oliebrander; oliestookskip. **~-burning** met olie gestook; *~ ship* oliestookskip. **~cake** oliekoek, lyn=, raapkoek. **~can** oliekan(netjie). ~ **chamber** oliekamer. ~ **change** *n., (mot.)* olievervanging. **~cloth** oliedoek; wasdoek, olieseildoek; linoleum. ~ **coat** oliejas. ~ **colour** →OIL PAINT. ~ **company** oliemaatskappy. ~ **consumption** olieverbruik. ~ **container** oliehouer, =kan; oliekoker. **~cup** oliedop, =pot. ~ **damp** oliedamp. ~ **drill** olieboor. **~-drilling platform/rig** (olie)boortoring, (olie)boorplatform, (olie)booreiland. ~ **drum** oliedrom, =konka. ~ **duct** oliegang, =kanaal. ~ **engine** olie-enjin. **~-exporting:** *~ country* olie-uitvoerland. ~ **feed** olietoevoer. **~field** olieveld. ~ **film** olievlies, =laag. **~-fired** met olie gestook. **~fish** *(Ruvettus pretiosus)* olievis. ~ **flask** oliefles. ~ **fuel** oliebrandstof, brand(stof)=, stookolie. ~ **gauge** oliepeilstok, oliemeter. ~ **gland** vetklier; *(mot.)* oliedrukstuk; *(orn.)* →PREEN GLAND. ~ **gun** oliespuit. ~ **heater** olieverwarmer. ~ **hole** oliegat. ~ **industry** oliebedryf. ~ **jar** oliekruik. ~ **kettle** traanketel. ~ **lamp** olielamp. ~ **level** oliestand. ~ **lubrication** oliesmering. **~man** oliehandelaar; oliefabrikant; olie-ontginner; olieman; smeerder. **~-meal** gemaalde lynsaadkoek. ~ **meter** oliemeter. ~ **mill** oliemeul(e). ~ **nut** olieneut, oliehoudende neut/saad. ~ **paint** olieverf. ~ **painting** olieverfskildery; skilderwerk in olieverf; *s.o. is no ~ ~, (infml.)* iem. is nie juis mooi nie. ~ **palm** oliepalm. ~ **pan** oliebak, =pan. ~ **paper** oliepapier. ~ **platform** olie(boor)platform. **~-press** oliepers. ~ **pressure** oliedruk. **~-producing** *adj. (attr.)* olieproduserende *(land)*. **~proof** oliedig. ~ **pump** oliepomp. ~ **refinery** olieraffinadery. **~-rich** olieryk, ryk aan olie. ~ **rig** booreiland, =platform. ~ **sand** oliesandsteen. ~ **screen,** ~ **strainer** oliesif. **~seed** oliesaad; oliepit. ~ **shale** olieskalie. **~skin** oliejas; oliekleed; wasdoek; *~ (suit), ~(s)* oliepak, =klere. ~ **slick** olielaag, =kol *(op d. see)*. ~ **spill** *n.* oliestorting. ~ **spring** oliebron. ~ **stain** oliekol, =vlek; oliebeits. **~stone** oliesteen. ~ **stove** oliestoof. ~ **strike** olievonds. ~ **sump** oliebak. ~ **tank** olietenk. ~ **tanker** olietenkskip, olieboot; *(vragmotor)* olietenkwa. **~-temper(ed)** olieverhard. ~ **terminal** olie-eindpunt, olieterminaal; oliehawe. **~-tight** oliedig. ~ **trap** olievanger. ~ **vapour** oliedamp. ~ **varnish** olievernis. ~ **well** oliebron, =put.

oiled geolie; oliebesoedel(d), met olie besoedel(d); →WELL-OILED; *~ silk, (tekst.)* oliesy.

oil·er oliekan(netjie); oliespuit; oliemotor; smeerder, olieman; oliehandelaar; oliemenger; silindersmeerpot; olieskip, =boot; olietenkskip; *(i.d. mv., Am., infml.)* oliejas, =pak.

oil·less olievry, olieloos, sonder olie.

oil·y olieagtig, olierig, geolie; vetterig; glad; met olie besmeer; vleiend, vleierig. **oil·i·ness** olieagtigheid, olierigheid.

oink *tw., (varkgeluid)* oink.

oint·ment salf, smeersel, smeergoed, =middel; smeersalf; *blue ~* →BLUE; *put on ~* salf aansmeer. ~ **pot** salfpot.

OK *OK's,* **O.K.** *O.K.'s,* **o·kay** *=kays, n., (infml.)* goedkeuring, toestemming, verlof, groen lig, seën. **OK, O.K., o·kay** *adj. & adv., (infml.: gangbaar; goed; redelik goed; in orde)* OK, O.K., o.k., oukei, orra(a)it; *is it/that ~ with you?* pas dit jou?; is dit in die haak wat jou (aan)betref?, keur/vind jy dit goed?. **OK** *OK'd, OK'ing,* **O.K.** *O.K.'d, O.K.'ing,* **o·kay** *=kayed, =kaying, ww., (infml.)* goedkeur; *get s.o. to ~ s.t., ~ s.t. with s.o.* iets deur iem. laat goedkeur, iem. se goedkeuring/toestemming/verlof (*of* by iem. die groen lig) vir iets kry.

o·ka·pi *=pis, =pi* okapi.

oke *n., (SA, sl.)* ou.

o·key-doke, o·key-do·key *adj. & adv., (infml.)* →OK.

Ok·la·ho·ma *(geog.)* Oklahoma.

o·kra *(bot.)* okra.

ok·ta, oc·ta *=ta(s), (met.: eenh. om d. mate v. bewolktheid te meet)* okta.

old *n.: in (the) **days** of ~* →DAY; *of ~ there were **giants*** vanmelewe/vanslewe was daar (nog) reuse; ***of** ~* uit die verlede, uit/van vroeër tye, uit vanmelewe se dae; van ouds/vroeër (*of* lank gelede); vroeër, lank gelede, toentertyd, eertyds, vanmelewe; *the **people** of ~* die ou mense, vanmelewe/vanslewe se mense; *~ and **young*** die oues en die jonges. **old** *adj.* oud; ouderwets; bejaard, afgeleef; verslete; ervare; *as ~ **as** time/Methuselah/Adam* (or *the hills*) so oud soos Metusalem (*of* die berge/ark *of* die mensdom [self] *of* die Kaapse [wa]pad), stok=, horing=, oeroud; *~ **bachelor*** oujongkêrel; *~ **campaigner*** oudgediende; ervare stryder; *to be ~ in **cunning*** 'n deurtrapte/ou skelm wees; *my ~ **dutch*** →DUTCH *n.*; ***grow** ~* oud word; *have an ~ **head** on young shoulders* vroeg ryp/wys (*of* [baie] verstandig vir jou jare/ouderdom) wees; *(v. 'n kind gesê)* baie grys wees; *~ **men's** home* oumanne(te)huis; *~ **people*** ou mense; *in any ~ **place*** net waar jy wil; ***quite** ~* al taamlik oud; *any ~ **thing*** net wat voorkom, selfde wat, dis alkant selfkant; *a **three-week-** ~ strike* 'n staking van drie weke (*of* wat [al] drie weke duur); *a **three-year-** ~ (child)* 'n driejarige (*of* drie jaar oud/oue/ou) kind, 'n kind van drie (jaar); *be **three years** ~* drie jaar (oud) wees; *have a fine/good/high ~ **time*** die grootste pret hê; ***very** ~* stokoud, horingoud. ~ **age** die ouderdom/oudag, grysheid. **~-age home** ouetehuis. **~-age pension** →RETIREMENT PENSION. **~-age pensioner** ouderdomspensioentrekker. **O~ Bill** *(Br., sl.: polisieman)* platpoot, diener; *the ~ ~, (fungeer as mv.)* die pote/dieners/gal/magal/kolkêpse (*of* manne in blou). ~ **bird** *(skerts.)* ou kalant (lank in die land). ~ **boy,** ~ **pupil** oudleerling. ~ **boy,** ~ **chap,** ~ **man** *(infml.)* ou kêrel/maat; *the ~ ~, (ook)* die oukêrel/oubaas. ~ **boy(s') network** *(infml.)* stelsel van baantjies vir boeties. ~ **boys'/pupils' union** oudleerlingebond. **O~ Castile** *(geog.)* Ou Kastilië. **O~ Catholic** Oudkatoliek, Ou Katoliek. **O~ Church Slavonic/Slavic** →SLAVONIC *n.*. ~ **clothes man** ouklerekoper, voddekoper, =handelaar. ~ **country:** *the ~ ~* die moeder=/vaderland. **O~ Delhi** *(geog.)* Ou Delhi. **O~ English** Oudengels, Ou Engels. **O~ English sheepdog** Ou Engelse skaaphond. **~-established** *adj. (attr.)* oud, lank/lang gevestig. **~e-worlde** *adj. (attr.), (pseudo-arg.)* ouderwetse, outydse. **~-fashioned** ouderwets, outyds, oudmodies, uit die mode, uit die ou(e) doos. ~ **folks' home** *(infml.)* ouetehuis. **O~ French** Oudfrans, Ou Frans. **O~ Germanic** Oudgermaans, Ou Germaans. ~ **girl** oudleerling, =skolier, =student; *(infml.)* ou mens/siel/tannie/vroutjie; *(infml. aanspreekvorm)* ou niggie/sussie/suster, (my) hartjie/meisie. **O~ Glory** die Amerikaanse vlag. ~ **gold** ougoud. **O~ Guard** Ou Garde. ~ **hand** ou kalant, lank in die land; *be an ~ ~ at s.t.* gekonfyt in (*of* handig met) iets wees, baie ondervinding van iets hê. **O~ Harry** *(infml.)* die josie (*of* [ou] duiwel); *play ~ ~ with s.o.* iem. van stryk (af) bring (*of* in die war stuur); *play ~ ~ with s.t.* iets (heeltemal) deurmekaarkrap (*of* onderstebo keer *of* in die war stuur). ~ **hat** *(pred.): that is ~ ~* dit is afgesaag/uitgebak/uitgedien(d)/verouderd/outyds (*of* uit die ou[e] doos). **O~ High German** Oudhoogduits, Ou Hoogduits. **O~ Icelandic** *n.* Ou Yslands, Oudyslands. **O~ Kingdom** Ou Ryk. ~ **lady** *(infml.)* oulady *(sl.)*, ouvrou (*of* ou vrou) *(infml.)*, ma; ou vrou/wederhelf(te), beter helfte. ~ **leaven** *(AV)*, ~ **yeast** *(NIV)*, *(1 Kor. 5:7): the ~ ~* die ou suurdeeg *(OAB & NAB)*. **~-line** *adj. (attr.), (Am.)* kleingeestige, kleinsielige *(burokraat ens.)*; konserwatiewe *(Demokraat ens.)*; *~ establishment* goed gevestigde onderneming; *~ family* familie met 'n lang (en trotse) geskiedenis. ~ **maid** *(neerh.)* oujongnooi, -meisie. **~-maidish** *(neerh.)* oujongno(o)i(ens)agtig. ~ **man** ou man, grysaard, oubaas; *(infml. aanspreekvorm)* ou maat/kêrel; *O~ M~ of the* ***Mountain,*** *(natuurlike rotsformasie)* Oue van die Berg; ***one's*** *~ ~, (infml.), (eggenoot)* jou (ou) man (*of* manlief); *(vader)* jou oukêrel/outoppie/ouballie; *~ ~ of the* ***sea,*** *(fig.)* kruis, juk, drukkende las/probleem; ***the*** *~ ~, (infml.)* die (ou)baas/oukêrel; *(Chr.)* die ou Adam. ~ **man saltbush** *(Atriplex nummularia)* oumansoutbos. ~ **man's beard** *(Clematis brachiata)* clematis(klimop); *(Andropogon eucomus)* veer-, kapokgras; *(Tillandsia usneoides)* Spaansmos. ~ **master** *(groot Eur. skilder of skildery uit d. tydperk 1500-1800)* ou meester. ~ **money** beleë geld. ~ **moon** laaste kwartier van die maan. **O~ Nick, O~ Scratch** *(infml.: d. duiwel)* Joos, Josie, Bokbaard, Knakstert, Pylstert. **O~ Norse** Oudnoors, Ou Noors. ~ **people's home** ouetehuis. **O~ Prussian** *n.* Ou Pruisies, Oudpruisies. ~ **rose** ouroos. ~ **salt** *(infml.: ervare matroos)* (ou) seerot. ~ **school** *(lett. & fig.)* ou skool; *~ ~ blazer* oudleerlingbaadjie; *a film maker etc. of the ~ ~, (fig.)* 'n rolprentvervaardiger/ens. van die ou skool. ~ **school tie** *(Br.)* oudleerlingdas; oudleerlingsolidariteit; baantjies vir boeties; broederbond-, clanmentaliteit, kliekerigheid; *~ ~ ~ establishment* baantjies-vir-boeties-onderneming; *~ ~ ~ network* oudleerlingnetwerk; *~ ~ ~ system* stelsel van baantjies vir boeties. **O~ Scratch** →OLD NICK. ~ **soldier** oudsoldaat, veteraan; *(fig.: ervare pers.)* veteraan, ringkop, ou strydros. ~ **stager** *(infml.: ervare pers.)* veteraan, ringkop, ou strydros. **O~ Stone Age** *(argeol.)* Ou Steentyd(perk), Paleolitikum. **O~ Style** Ou Styl. **~-style** *adj. (attr.)* outydse *(meubel-, kledingstuk, ens.)*; van die ou garde/skool *(pred.)*, konserwatiewe, verkrampte *(kommunis ens.)*; *(druk., kalender, ens.)* in die ou styl *(pred.)*. ~ **sweat** *(Br., infml.)* ou strydros, veteraan. **O~ Testament** Ou Testament; *~ ~ scholar* Ou-Testamentikus. **~-time** *adj. (attr.)* ouderwetse, outydse. **~-timer** ou inwoner; oudgediende; man van die ou stempel; ringkop, veteraan. ~ **wives' tale** ouvroustorie, -praatjie. ~ **woman** ou vrou; *one's ~ ~/lady, (infml.)* jou (ou) vrou; jou ma/oulady; *be an ~ ~, (neerh., v. 'n man gesê)* ouvrouagtig (*of* 'n ou vrou) wees. **~-womanish** ouvrouagtig. **O~ World** Ou Wêreld; *~ ~ fauna* fauna van die Ou Wêreld. **~-world** ouderwets, outyds. ~ **year** ou jaar. **O~ Year's Day** Oujaarsdag. **O~ Year's Night** Oujaarsnag.

old·en *adj. (attr.), (arg.)* ou, vanmelewe/vanslewe se, eertydse; *~ days/times* die ou tyd, vanmelewe, vanslewe, toeka se dae.

old·est oudste; *~ established* langs gevestig(de); *the ~ member* die oudste (*of* mees senior) lid, die doyen.

old·ie *(infml.)* ou liedjie; ou plaat; ou grap; ou storie; ou prent; ou mens, oumens, bejaarde, oue van dae; *golden ~* →GOLDEN; *~ but goodie* immergroen liedjie/ens..

old·ish ouerig.

old·ness oudheid, ouderdom; ouderwetsheid.

old·ster *(infml., hoofs. Am.)* ou(erige) man, nie van dag se kind nie; ou mens, oumens, bejaarde, oue van dae.

o·le·ag·i·nous olieagtig, olierig, olie-; oliehoudend; vetterig; *(fig.)* kruiperig.

o·le·an·der *(bot.)* oleander, selonsroos.

o·le·as·ter *(bot.)* oleaster, wildeolyf(boom).

o·le·ate *(chem.)* oleaat, oliesuursout.

o·le·fi·ant *(vero.)* olievormend; *~ gas, (vero.)* olievormende gas; →ETHYLENE.

o·le·fin(e) →ALKENE.

o·le·ic ac·id *(chem.)* oleïensuur, oliesuur.

o·le·if·er·ous *(bot.)* oliehoudend.

o·le·in →TRIOLEIN.

o·le·o- *komb.vorm* oleo-.

o·le·o·graph *(afdruk in olieverf)* oleografie; →CHROMOLITHOGRAPH. **o·le·og·ra·phy** *(proses)* oleografie; →CHROMOLITHOGRAPHY.

o·le·o·mar·ga·rin(e) oleomargarien; *(Am., vero.)* →MARGARINE.

o·le·om·e·ter *(instr. om d. digtheid en suiwerheid v. olie te meet)* oleometer.

o·le·o·res·in harsolie.

ol·er·a·ceous *(w.g.)* kruidagtig; eetbaar.

o·le·um -*lea*, -*leums* oleum, rokende swa(w)elsuur.

ol·fac·tion *(teg.)* olfaksie, reuksin; (die) ruik.

ol·fac·to·ry *n. (gew. i.d. mv.), (anat.)* reukorgaan. **ol·fac·to·ry** *adj.* reuk-; *~* ***area*** reukstreek; *~* ***capsule*** reuk-, neuskapsel; *~* ***lobe*** reuklob; *~* ***nerve*** reuksenu(wee); *~* ***organ*** reukorgaan; *~* ***sense*** reuksin.

o·lib·a·num →FRANKINCENSE.

ol·id onaangenaam, stink(end).

ol·i·gae·mi·a, *(Am.)* **ol·i·ge·mi·a** *(med.: afname i.d. bloedvolume)* oligemie.

ol·i·garch *(lid/hoof v. 'n oligargie)* oligarg.

ol·i·gar·chy (lede van 'n) oligargie. **ol·i·gar·chic, ol·i·gar·chi·cal** oligargies.

ol·i·go- *komb.vorm* oligo-.

Ol·i·go·cene: *the ~, (geol.)* die Oligoseen.

ol·i·go·clase *(min.)* oligoklaas.

ol·i·gop·o·ly -*lies*, *(ekon.)* oligopolie.

o·lin·i·a *(bot.: Olinia ventosa)* hardepeer.

o·li·o -*os*, *(Sp. kookk.)* hutspot; *(fig.)* hutspot, mengelmoes, deurmekaar gebrou.

ol·i·va·ceous *(teg.)* olyfkleurig, olyfgroen, donkergroen, donker groen.

ol·i·var·y *(anat.)* olyfvormig, olyf-.

ol·ive *n.* olyf; olyfboom; *(anat.)* olyf *(i.d. verlengde [rug]murg)*; olyfkleur, -groen; seeslak; olyfskulp; →BEEF OLIVE, MOUNT OF OLIVES. **ol·ive** *adj.* olyfkleurig. ~ **branch** olyftak; *hold out an/the ~ ~* 'n olyftak aanbied, toenadering soek, versoenend optree. ~ **crown** olyfkrans. ~ **drab** *n., (Am.)* grysbruin, olyfgrys; grysbruin/olyfgrys uniform *(v.d. Am. leër)*; grysbruin/olyfgrys stof *(v. 'n Am. leëruniform)*. **~-drab** *adj. (attr.)* grysbruin, olyfgrys. ~ **(green)** olyfgroen. ~ **grove** olyfboord. ~ **oil, sweet oil** olyfolie, soetolie. ~ **pigeon** →RAMERON PIGEON. ~ **(tree)** (swart)olyfboom; *wild ~ (~)* wildeolyfboom, olienhoutboom; oleaster; ysterhout. ~ **(wood)** olyfhout; *wild ~ (~)* olienhout.

o·liv·en·ite *(min.)* olyferts, oliveniet.

ol·i·vet ovaal/ovale knoop; namaakpêrel.

ol·i·vine, ol·i·vine *(min.)* olivien, chrisoliet, peridoot.

ol·la ronde pot. ~ **(podrida)** *(Sp. kookk.)* = OLIO.

olm, pro·teus olm, (grot)sal(a)mander.

ol·o·gy *(infml., skerts.)* wetenskap.

o·lo·ro·so *(Sp., soort sjerrie)* oloroso.

O·lym·pi·a *(vlakte in Gr.)* Olimpië; *(hoofstad v.d. Am. staat Washington)* Olympia. **O·lym·pi·ad** Olimpiese Spele, Olimpiade; *(tydperk)* olimpiade. **O·lym·pi·an** *n.* Olimpiër, bewoner van die Olimpus. **O·lym·pi·an** *adj.* Olimpies; hemels.

O·lym·pic *adj.* Olimpies; *the ~ Games* die Olimpiese Spele. **O·lym·pics** *n. (mv.): the ~* die Olimpiese Spele.

O·lym·pus *(Gr. mit.)* Olimpus.

O·man *(geog.)* Oman. **O·man·i** *n.* Omaan. **O·man·i** *adj.* Omaans.

o·ma·sum -*masa*, *(soöl.)* omasum, blaar-, boekpens.

O·may·yad -*yad(e)s*, **Om·mi·ad** -*ad(e)s* →UMAYYAD.

om·bre, *(Am.)* **om·ber** *(kaartspel)* omber.

om·bré *(tekst.)* ombree.

om·buds·man -*men* ombudsman.

o·me·ga, o·me·ga *(24ste en laaste letter v.d. Gr. alfabet, simb.:* **Ω***)* omega; *(fig.)* einde, end, slot.

om·e·lette, *(Am.)* **om·e·let** omelet; *one cannot make an ~ without breaking eggs, (sprw.)* die koste kom voor die winste.

o·men *n.* omen, voorteken, voorbode; *s.t. is a bad* (*or an ill*) *~* iets is 'n slegte (voor)teken (*of* 'n voorspooksel), iets voorspel niks goeds nie; *s.t. is a good ~* iets is 'n gunstige/gelukkige (voor)teken; *a bird of ill ~* 'n ongeluksvoël. **o·men** *ww.* voorspel; die voorbode wees van, aankondig. **om·i·nous** onheilspellend, dreigend.

o·men·tum -*menta*, *(anat.)* omentum, buiknet. **o·men·tal** buiknet-; *~ fat* netvet; *~ hernia* netbreuk.

o·mer·tà *(It.: sameswering v. stilte in Mafiakringe)* omertà.

om·i·cron *(15de letter v.d. Gr. alfabet, simb.:* o*)* omikron.

om·i·nous →OMEN.

o·mis·sion uitlating, weglating; (pligs)versuim, nalating; nalatigheid, agte(r)losigheid; *sins of ~ and commission* sondes van doen en laat (*of* versuim en bedryf); *mark of ~,* (') weglaatteken, weglatingsteken *(soos in* they'd*)*; *(...)* beletselteken; *repair/rectify an ~* 'n leemte aansuiwer; 'n versuim goedmaak. **o·mis·sive** weglatend, onvolledig.

o·mit -*tt*- weglaat, uitlaat, oorslaan, oorspring, verbygaan; uitskakel; vergeet, nalaat, versuim, agterweë laat; *be ~ted* wegval; *~ s.o./s.t. from ...* iem./iets uit ... weglaat; *~ to do s.t.* nalaat om iets te doen. **o·mis·si·ble** weglaatbaar.

o·mit·tance *(Shakesp.)* →OMISSION; *~ is no quittance* →QUITTANCE.

om·ni·bus -*buses*, *n., (boekw.)* omnibus; *(vero.)* bus. **om·ni·bus** *adj.* omvattende; *~* ***act*** rommelkaswet, versamelwet; *~* ***bar*** versamelstaaf; versamelspoor; *~* ***bill*** rommelkaswetsontwerp; *~* ***edition*** omnibusuitgawe; *~* ***resolution*** omvattende besluit; *~* ***train*** boemeltrein.

om·ni·di·rec·tion·al *adj., (telekom.)* ongerig *(antenna/antenne, mikrofoon, ens.)*.

om·ni·far·i·ous *(fml.)* allerhande, allerlei, veelsoortig, uiteenlopend.

om·nip·o·tent almagtig, alvermoënd; *the O~* die Almagtige, God. **om·nip·o·tence** almag(tigheid), alvermoë, almoëndheid.

om·ni·pres·ent alomteenwoordig. **om·ni·pres·ence** alomteenwoordigheid.

om·nis·cient alwetend. **om·nis·cience** alwetendheid.

om·ni·um-gath·er·um *(dikw. spottend)* mengelmoes, bont(e) versameling/verskeidenheid, bontspul, allegaartjie, potpourri.

om·ni·vore omnivoor, alleseter. **om·niv·o·rous** omnivoor; *~ reader* lettervreter. **om·niv·o·rous·ness** allesetery.

om·pha·los -*phaloi*, *(poët., liter.)* middelpunt; *(Gr. mit.: steen in Delphi, beskou as d. middelpunt v.d. aarde)* omfalos; *(Gr., mil., hist.)* skildknop; *(anat., liter.)* nael(tjie) (→NAVEL).

on *adj. & adv.* aan; deur, verder, vêrder, voort; *(sl.)* lekkerlyf, aangeklam, ('n) bietjie hoenderkop; *be ~* ***about*** *s.t., (infml.)* aanhou praat oor iets; *s.t. is ~* ***again,*** *off again* iets is wisselvallig; iets bestaan/gebeur nou, en dan weer nie; *go ~* ***and*** *~* nie ophou (*of* end kry) nie, nimmereindigend aanhou; aanmekaar/aanhoudend/eindeloos/onophoudelik (*of* sonder ophou *of* een stryk deur) babbel/klets/ens.; knaend kerm/teem/ens.; ***and so*** *~* ensovoort(s), en so meer, en wat dies meer sy; *not have **anything** ~ →have **nothing** on; be ~ **at** s.o., (infml.)* op iem. vit; aan iem. torring; op iem. pik; ***be** ~, ('n deksel, toneelspeler, ens.)* op wees; *('n elek. toestel)* aan(geskakel) wees; *(klank ens.)* aan(gedraai) wees; *('n kraan)* oopgedraai wees; *('n fees ens.)* aan die gang wees, begin het; *('n wedstryd)* gespeel word; *('n toneelstuk ens.)* opgevoer word; *('n rolprent)* draai, vertoon word; aan die beurt wees; ter sprake wees; *→**is**; **early** ~* al vroeg, vroeërig; ***from** that day ~* van dié/daardie dag af; ***further** ~* verder/ vêrder weg; verder/vêrder vorentoe; verder/vêrder (op), hoër op; later; vervolgens; *it is **getting** ~ for two/ etc. o'clock* dit staan (*of* gaan na) twee(-)uur/ens. se kant toe; ***I'm** ~!, (infml.)* top!; ek doen mee!; *s.t. **is** (still) ~* iets sal plaasvind/voortgaan; *→**be**; **later** ~* later; naderhand; *two/etc. **months/years** ~* twee/ens. maande/jaar later; *it's (just) **not** ~, (infml.)* daar's geen kwessie van nie, dis (heeltemal) onaanvaarbaar; *have **nothing** ~, (sonder klere)* niks aanhê nie, kaal wees; *(ook* not have anything on*)* geen afsprake/planne hê nie, niks doen nie; *~ and **off** →*OFF AND ON; *~ **to** ...* tot by ..., na ...; op ...; *→*ONTO *prep.; move ~ **to** the next point* die volgende punt/onderwerp bespreek; *be **well** ~ in one's fifties/etc.* diep in die vyftig/ens. wees; *~ **with** your coat!* trek aan jou baadjie!; *~ with the **work!*** werk voort!. **on** *prep.* op *(kontrak, reis, ens.)*; aan *(boord, dek, wal, ens.)*; by *(aankoms, aflewering, geleentheid, ens.)*; in *(bruikleen ens.)*; oor *(iets saamstem ens.)*; teen; met *(vakansie, opset, petrol, ens.)*; na *(verdienste ens.)*; om; te *(voet, perd, ens.)*; vanweë, op grond van *('n teorie ens.)*; *the position **as** ~ May 1* die stand van sake op 1 Mei; *~ or **before** ...* voor of op ..., uiterlik op ...; *it is just ~ two/etc. **o'clock*** dit is byna (*of* so te sê) twee(-)uur/ens.; *~ and **off** the field* op en van die veld (af); *s.t. is (almost) ~ **us*** iets is hier (*of* staan voor die deur); *the storm is ~ **us*** die storm is op ons. **~board** *adj. (attr.)* aan boord van *(pred.)*, boord*(attr.)*; ingeboude *(radio/ens. in 'n voertuig)*; *~ amenities/shop/ etc.* geriewe/winkel/ens. aan boord van die skip; *~ computer* boordrekenaar *(in 'n voertuig)*. **~coming** *n.* nadering. **~coming** *adj.* naderend, aankomend, aanstaande. **~-consumption** binneverbruik. **~cost** →OVERHEADS *n.*. **~fall** *(Sk.)* aanval, bestorming, offensief. **~flow** stroom, voortstroming. **~going** *adj. (gew. attr.)* voortgesette *(hulp, steun, veldtog, pogings, ondersoek, navorsing, stryd, twis)*; aanhoudende *(baklei-ery)*; voortdurende *(botsings, program, risiko's)*; deurlopende, voortgaande *(hervorming, proses)*; voortslepende *(burgeroorlog, rusie, vete)*; gestadige *(ontwikkeling)*; lopende *(projek)*. **~-goings** *(Sk.)* →GOINGS-ON. **~licence** binnelisensie. **~line** *(rek.)* gekoppel, aanlyn; *~ service* aanlyndiens. **~looker** toeskouer, omstander, aanskouer. **~-off** *adj. (attr.)* aan(-en)-af- *(skakelaar)*; *(liefdesverhouding)* wat elke nou en dan opvlam *(pred.)*; *(samesmeltingsplanne ens.)* wat elke nou en dan bespreek word (*of* ter sprake kom) *(pred.)*; *(dialoog)* wat stop en dan weer voortgesit word *(pred.)*. **~ position** ingeskakelde stand. **~rush** aanstorming, aanval, stormloop, bestorming. **~-screen** *adj. (attr.)* op die/'n doek/ skerm *(pred.)*. **~-screen** *adv.* op die/'n doek/skerm. **~set** aanvang, begin; *(arg.)* aanval; *at the first ~* met die wegspring; *(arg.)* by die eerste stormloop/aanval; *at the (first) ~ of ...* by die begin van ... **~setter** *(mynb.)* skagwagter. **~shore** *adj. & adv.* aanlandig, landwaarts, kuswaarts, see-; aan/op land, aan/langs/op die kus, kus-, binne(ns)lands; ***blow** ~, (wind)* landwaarts waai; *~ **breeze*** seebries; *~ **establishment*** aanlandige aanleg; *~ **gale*** aanlandige stormwind; ***hike** ~* langs die kus voetslaan/stap; *~ **wind*** aanlandige/landwaartse wind. **~ side** *n., (rugby, sokker, hokkie)* speelkant; *(kr.)* bykant. **~side** *adv.* speelkant. **~-site** *adj. (attr.)* perseel- *(attr.)*, terrein- *(attr.)*, op die perseel *(pred.)*; *~ **crèche/pool/training/etc.*** bewaarskool/crèche/swembad/opleiding/ens. op die perseel; *~ **facilities*** perseel-, terreingeriewe; *conduct/make* (or *carry out*) *an ~ **inspection*** ondersoek ter plaatse instel, 'n ondersoek ter plaatse doen; *make ~ **visits*** terreinbesoeke doen. **~slaught** aanval, stormloop. **~stage** op die verhoog. **~-street** in die straat; *~ parking* straatparkering. **~-the-job training** indiensopleiding. **~-the-spot** *adj. (attr.)* kits-; *~ fine, (boete wat dadelik betaal moet word)* kitsboete. **~to** →ONTO *prep.*.

on·a·ger wilde-esel, onager.

o·nan·ism *(fml.)* onanie, masturbasie, selfbevrediging; onanie, coitus interruptus, saadstorting buite die vagina. **o·nan·ist** onanis.

once *adj.* vroeër, voormalig, eertyds. **once** *adv., (spesifiek)* een maal/keer; *(vaag)* eenmaal, eenkeer; eertyds, vroeër; *~ **a** day/month/week/year* een maal per (*of* op 'n) dag, een maal in 'n/die maand/week/jaar; *~ **again** →*AGAIN *adv.*; ***all** at ~* skielik, meteens, opeens, eensklaps, plotseling; alles tegelyk; almal gelyk; tegelyk(ertyd); *~ (and) for **all*** eens (en) vir altyd, ten ene male; ***at** ~* dadelik, onmiddellik, op die daad/oomblik/plek, terstond, op staande voet, onverwyld; *don't all speak **at** ~* moenie almal gelyk praat nie; *two things **at** ~* twee dinge tegelyk(ertyd); *~ **bitten,** twice shy* →BITTEN; *~ is **enough** for s.o.* iem. het aan een maal genoeg; ***for** ~* ook 'n keer, (tog) een keer/maal; *~ **more*** →MORE; ***never** ~* nie een enkele keer/maal nie; *(for) **this** ~* hierdie een keer, hierdie keer tog; *~ upon a **time*** lank(, lank) gelede, eenmaal, eendag, eenkeer; vroeër, (van)tevore; *~ or **twice*** een of twee keer/ maal, 'n paar keer/maal; *(every) ~ in a **while*** (so) nou en dan, (so) af en toe, (so) van tyd tot tyd. **once** *voegw.* sodra, wanneer, as; *~ one stops ...* sodra jy (*of* as jy [eenmaal/eers]) ophou ... **~-over** *(infml.)* vlugtige blik; vinnige ondersoek; *give ... the ~, (infml.)* ... vlugtig bekyk/ondersoek *(iem., iets)*; ... oppervlakkig aan die kant maak *('n kamer)*.

onc·er *(Br., infml.: iem. wat iets een maal/keer doen; eenmalige gebeurtenis/ens.)* eendagsvlieg; *(Br., hist., sl.)* eenpondnoot.

on·cho·cer·ci·a·sis, riv·er blind·ness *(med.)* onkoserkiase, rivierblindheid.

on·co- *komb.vorm, (med.)* onko-, gewas-.

on·co·gene *(med.)* onkogeen, kankerverwekker.

on·co·gen·e·sis *(med.)* gewasvorming.

on·col·o·gy *(med.)* onkologie, gewaskunde, gewas(se)leer. **on·col·o·gist** onkoloog, gewaskundige.

ondes mar·te·not *n., (Fr., mus.instr.)* ondes martenot.

on dit *on dits, n., (Fr.)* gerug, hoorsê, (skinder)storie.

one *n., pron. & adj.* een; 'n mens; enigste; *have you heard the ~ **about** ...?, (infml.)* het jy die grap/storie oor ... gehoor?; *it happened ~ **afternoon/etc.*** dit het een middag/ens. gebeur; *~ and **all*** die laaste een, almal sonder uitsondering, 'n ieder en 'n elk; ***all** in ~* in een stuk; *it is **all** ~ to s.o.* dit is vir iem. om die/'t ewe (*of* eenders/eners), dit maak vir iem. geen verskil nie; *~ **another*** mekaar, die een die ander; *for ~ **another*** vir mekaar; *write/etc. to ~ **another*** aan/vir mekaar skryf/skrywe/ens.; *~ after **another*** (or *the **other***) (die) een na die ander, na/agter mekaar; een-een; *~ and **another*** dese en gene; *from ~ and **another*** van dié en daardie; *(taken/taking) ~ with **another*** gemiddeld, deur die bank (geneem); ***as** ~* soos een man/ mens; *be **at** ~* dit eens wees, eensgesind wees, saamstem; ***bar** ~* op een na, behalwe een; ***become** ~* een word, verenig, saamsmelt; *go ~ **better*** meer aanbied; meer waag; verder/vêrder gaan; *go ~ **better** than s.o.* iem. oortroef; *the **blue/etc.** ~(s)* die bloue(s)/ens.; *~ **by** ~* een-een, een vir een, afsonderlik; stuk vir stuk, stuksgewys(e); *~ **day** →*DAY; *one's **dear** ~(s)* jou geliefde(s)/beminde(s)/liefste(s); ***every single** ~ →*EVERY; *give s.o. ~ in the **eye*** iem. 'n hou/klap gee; *be ~ **for** ...* van ... hou; tot ... geneig wees; *not be ~ **for** ...* nie (veel) van ... hou nie; nie tot ... geneig wees nie; ***I for** ~ **will** ...* ek byvoorbeeld/tenminste (*of* ten minste of ek is een van dié wat) sal ...; *behave like ~/s.o. **frenzied/etc.*** jou soos 'n besetene gedra; *~ and a **half** days/etc.* een en 'n half/halwe dag/ens., 'n dag/ens. en 'n half, anderhalf/anderhalwe dag/ens.; *~ **hears** that often* dit hoor ('n) mens dikwels; *~ **hour*** een uur; *s.o./s.t. is ... and ... **in** ~* iem./iets is ... en ... tegelyk; ***just** ~* net een/enetjie; *~ of its **kind*** enig in sy soort; *a **little/small** ~* 'n kleintjie; ***little** ~s, (ook)* kleintjies, kleingoed, -span; *the debate should be a **lively** ~* die debat beloof om (*of* behoort) lewendig te wees; *~ **man,** ~ vote* een mens, een stem; gelyke stemreg; *~ among **many*** een uit/van baie; *... is ~ too **many** for s.o.* ... is iem. se moses/tier (*of* is iem. oor); *that was ~ too **many** for s.o.* dit was vir iem. te erg/veel; daarby kon iem. nie haal nie; dit was meer as wat iem. kon uitstaan; dit was bo(kant) iem. se vuurmaakplek; *~ (or a certain) **Ms/Mrs/Mr** Miller* ene (*of* 'n sekere) me./mev./mnr. Miller; *a **nasty** ~ →*NASTY *adj.*; ***never** a ~ →*NEVER; *a **new** ~ →*NEW *adj.*; ***nice** ~! →*NICE; *there is **no** ~ like him/her →*NO ONE; *~ **of** ...* een van ...; *~ **of** them/us/you* een van hulle/ons/julle; *be ~ **of** the ...* 'n lid van die ... wees *(groep, span, ens.)*; *~ **of** his/her ...* sy/haar een ...; *have ~ **on** me!, (infml.)* drink een saam met my!; *the ~ and **only*** die enigste; *a ~ and **only** opportunity/etc.* 'n unieke geleentheid/ens.; *~ or **other*** (die) een of ander; *~ after the **other** →one after **another**; from ~ to the **other*** van die een na die ander; *have a **quick** ~, (infml.)* gou 'n drankie drink; *~ for the **road*** loopdop; *~ and the **same*** een en dieselfde; presies dieselfde; *~ **says** one thing and the other another* die een sê sus en die ander so; ***such** a ~* so een/iemand; *~ **tea/etc.*** tee/ens. vir een; ***ten** to ~ →*TEN; ***that** ~* daardie een; *not ~ of **them** is ...* hulle is geeneen ... nie; *for ~ **thing** ... →*THING; *with ~ **thing** and another →*THING; ***this** ~* dié/hierdie een; *at ~ **time** →*TIME *n.*; *~ or **two** people* 'n paar (*of* enkele) mense; *come in/by ~s and **twos*** een-een en twee-twee kom; *be ~ **up** on s.o.* iem. een voor wees, 'n voorsprong op iem. hê; *the ~ **way** →*WAY *n.*; ***which** ~?* watter een?; *the ~s **who** ...* dié/diegene wat ... **~-acter, ~-act play** eenbedryf, eenakter. **~-armed** eenarmig, eenarm-; afarm-; *~ bandit* dobbeloutomaat. **~-chambered** eenkamer-. **~-day** *(attr.)* eendaagse, eendag-; *~ **international,** (kr., afk.:* ODI*)* internasionale eendagwedstryd; *~ **lily*** →DAY LILY; *~ **match,** (kr.)* eendaagse wedstryd, eendagwedstryd; *a ~ **wonder*** →WONDER *n.*. **~-dimensional** eendimensioneel. **~-eyed** eenogig, eenoog-, met een oog. **~fold** enkelvoudig. **~-handed** met een hand; *~ weapon* vuiswapen. **~-hander** eenpersoon-, solostuk. **~-horse** met een perd, eenperd-; *(infml.)* klein, armsalig, armoedig, niksbeduidend, power, oes; *~ town* gehuggie, stil dorpie; *~ race* eensydige wedloop/wedstryd/ens.. **~-legged** eenbenig, eenbeen-; afbeen-; ongelyk, skeef. **~-line** *adj. (attr.)* eenreël-, enkelreël- *(opskrif ens.)*; *~ joke/riposte* →ONE-LINER. **~-liner** *(infml.)* kwinkslag; spreuk. **~-man** *adj. (attr.)* eenman(s)-, eenpersoon(s)-; *~ **band*** eenmanorkes; *(fig., infml.)* eenmansaak, eenman(s)onderneming; *~ **business*** eenmansaak; *~ **commission*** eenmanskommissie; *~ **exhibition*** alleen-, eenman(s)-, eenpersoon(s)-, solotentoonstelling; *~ **school*** eenmanskool; *~ **show*** eenman(s)-, eenpersoon(s)opvoering, solo-opvoering; *~ **team*** eenmanspan; *~ **woman*** eenmanvrou. **~-night stand** *(infml.)* (een/'n of 'n enkele) nag van passie, 'n (enkele) passie-/ liefdesnag; eennagpassie; eendagsvlinder; *(teat.)* enkele/eenmalige opvoering/optrede/konsert; *have a ~ with s.o.* een/'n (*of* 'n enkele) nag van passie met iem. beleef/belewe. **~-off** *n., (infml.)* iets eenmaligs, enkele/eenmalige aanbieding/uitvoering/vertoning/ ens.; enig in sy soort, unieke mens; uitsondering. **~-parent family, single-parent family** enkelouer-, eenouergesin. **~-party** eenparty-; *~ state* eenpartystaat; *~ system* eenpartystelsel. **~-piece** eenstuk-, uit een stuk. **~-room(ed)** *adj. (attr.)* eenkamer-, eenvertrek- *(woonstel ens.)*. **~-seater** eenpersoons-; *~ (car)* eenpersoonsmotor; *~ ([aero]plane)* eenpersoonsvliegtuig. **~self** →ONESELF. **~-shot** *adj., (infml.)* eenmalig. **~-sided** eensydig; partydig. **~-sidedness** eensydigheid; partydigheid. **~-star** *adj. (attr.)* eenster- *(hotel ens.)*. **~-step** *(soort dans)* eenpasdans. **~-stop** *adj. (attr.)* eenstop- *(diens, inkope, winkel, ens.)*. **~-storeyed,** *(Am.)* **~-storied** eenverdieping-. **~-time** voormalig, eertyds; eenmalig. **~-to-~** *adj. & adv.: have a ~ **chat** with s.o., **talk** to s.o. ~* alleen (*of* onder vier oë) met iem. gesels; *~ **correlation*** presiese verband; *~ **correspondence/mapping,** (wisk.)* een-eenduidige ooreenkoms/

afbeelding; ~ ***translation*** woord-vir-woord-vertaling, woordelikse vertaling; ~ ***tuition*** individuele/indiwiduele onderrig. **~-track** *(fig.)* beperk, eensydig; ~ *mind* eenspoorverstand, eensydige gees; *have a ~ mind* jou op een ding blind staar; net aan een ding dink. **~-two** *(boks)* kombinasiehou; *(sokker)* dubbelaangee. **~-upmanship** *(infml.)* loefafstekery. **~-volume edition** eendelige uitgawe. **~-way** *adj. (gew. attr.)* eenrigting=, in een rigting; ~ ***conversation*** eenrigtinggesprek; ~ ***mirror*** eenrigtingspieël; ~ ***process*** eenrigtingproses; ~ ***relationship*** verhouding wat net van een kant af kom; ~ ***street*** eenrigtingstraat; ~ ***ticket*** enkelkaartjie; ~ ***traffic*** eenrigtingverkeer. **~-wheeled** eenwielig, eenwiel=. **~-woman** *adj. (attr.)* eenvrou= *(opvoering, vertoning, ens.)*. **~-year-old** *adj. (attr.)* eenjarige *(kind ens.)*; jaar oud/ou(e) *(hond, motor, ens.)*.

o·nei·ro·crit·ic *(fml.)* droomuitlêer. **o·nei·ro·crit·i·cism** droomuitlegging.

o·nei·rol·o·gy *(fml.)* droomuitlegkunde.

o·nei·ro·man·cy *(fml.)* voorspelling/waarsêery deur drome.

one·ness eenheid, enigheid.

on·er *(Br., infml.)* een (pond/lopie/ens.); *(arg.)* doring, bobaas; *give s.o. a ~* iem. 'n opstopper (*of* taai klap) gee.

on·er·ous veeleisend, swaar, moeilik; lastig; drukkend, knellend *(skuld ens.)*; *(jur.)* beswaar(d) *(eiendom)*. **on·er·ous·ness** veeleisendheid, druk, las, gewig.

one's 'n mens se, jou.

one·self jou(self); *(all)* ***by*** ~ (vinger)alleen, stoksiel(salig)alleen, op jou eentjie/eie, heeltemal alleen; op jou eentjie/eie, sonder (enige) hulp; ***come*** *to ~* tot besinning kom; ***keep*** *(~) to ~* →KEEP *ww.*; ***know*** *s.t. ~* iets self weet; ***not*** *be ~* nie normaal wees nie; *do s.t.* ***of*** *~* iets vanself (*of* uit eie beweging) doen; ***think*** *to ~* by jouself dink.

on·ion *n.* ui; *know one's ~s, (Br., infml.)* jou somme ken; weet waarvan jy praat; *be off one's ~, (infml.)* (van lotjie) getik (*of* van jou trollie/wysie af) wees. **on·ion** *ww., (w.g.)* met 'n ui vryf/vrywe; uie aansmeer; uie (*of* 'n ui) gebruik vir. ~ **dome** *(bouk.)* uivormige koepel. **~grass** *(Romulea rosea)* froetang, uigras. ~ **salt** uiesout. **~-shaped** uivormig. **~skin** uieskil; uievliespapier. ~ **soup** uiesop. ~ **stew** uiebredie, ajuin.

on·ion·like, on·ion·y uiagtig.

on·ly *adj.* enigste; *s.o.'s ~* ***child*** al kind wat iem. het, iem. se enigste kind; *the ~ true* ***faith*** die alleensaligmakende geloof; *s.o.'s one and ~* ***hope*** iem. se enigste hoop; *be the ~* ***one*** *to ...* al (*of* die enigste) wees wat ... **on·ly** *adv.* alleen(lik); maar, net (maar), slegs; alte; pas, so pas, sopas; *it is ~* ***fair*** *to say* billikheidshalwe moet gesê word, dis nie meer as billik nie om te sê; *it is ~* ***human*** dis maar menslik; *~* ***just*** →JUST *adv.*; *it is ~* ***just*** →JUST *adj.*; *~* ***last*** *week* nog (pas) verlede week; ***members*** *~* →MEMBER; ***not*** *~ hear s.t., but (also) see it* iets nie net/alleen hoor nie, maar ook sien; *~* ***one*** *more day* nog net een dag; *~* ***then*** →THEN *adv. & voegw.*; *~* ***think!*** →THINK *ww.*; *s.o. will be ~* ***too*** *glad to do s.t.* →GLAD; *be ~* ***too*** *true* →TRUE *adj.*; *~* ***yesterday*** pas gister (nog); gister eers; *s.o. is ~ a* ***youngster*** →YOUNGSTER. **on·ly** *voegw.* maar; as; *s.o. is a good player, ~ he/she does not practise* iem. is 'n goeie speler, maar hy/sy oefen nie. **~-begotten** *(poët., liter.)* eniggebore.

on·o·ma·si·ol·o·gy onomasiologie, naamkunde. **on·o·ma·si·ol·o·gist** naamkundige.

on·o·mas·tic *adj.* onomasties, naamkundig. **on·o·mas·tics** *n. (fungeer as ekv.)* onomastiek, naamkunde.

on·o·mat·o·poe·ia onomatopee, klanknabootsing, klanknabootsende/onomatopeïese woord. **on·o·mat·o·poe·ic, on·o·mat·o·po·et·ic** onomatopeïes, klanknabootsend.

on·to (*ook* on to), *prep.* op, tot by, na; →ON *adj. & adv.*; *be ~ a* ***good thing,*** *(infml.)* iets goeds beethê; ***jump*** *~ ... op ...* spring; *be ~* ***s.o.,*** *(infml.)* deur iem. sien, nie deur iem. mislei word nie; *(d. polisie)* op iem. se spoor wees; *be ~* ***s.t.,*** *(infml.)* iets snap; agter iets wees *('n geheim)*.

on·to·gen·e·sis *(biol.)* ontogenese, ontwikkelings=, ontstaansgeskiedenis, evolusie, ewolusie.

on·tog·e·ny ontogenie, wordingsleer; ontogenese, ontwikkelingsgeskiedenis.

on·tol·o·gy ontologie, syns=, wesensleer. **on·to·log·i·cal** ontologies.

o·nus *=nuses* las; verantwoordelikheid, plig, onus; *the ~ of proof lies/rests with ..., (jur.)* die bewyslas rus op ...

on·ward *adj.* voorwaarts. **on·ward(s)** *adv.* voorwaarts, verder, vêrder, vooruit, vorentoe.

on·yx *=yxes* oniks(steen). ~ **marble** oniksmarmer.

o·o·cyst *(soöl.)* oösist.

o·o·cyte *(biol.)* oösiet.

oo·dles *n. (mv.), (infml.),* sakke vol, hope, volop; *~ of money* geld soos bossies.

oof *(<Jidd., sl.: geld)* malie, pitte. **oof·y** vol pitte, skatryk.

o·o·gen·e·sis *(biol.)* oögenese, eiervorming.

ooh *n., ww. & tw.* o, alla; *draw ~s and ahs from s.o.* iem. laat oe en aa; *there was a lot of ~ing and ahing* daar was heelwat oe's en aa's, daar is wyd en syd ge-oe en (ge)-aa; *~ and ah over s.t.* oor iets oe en aa. **~-la-la** *n., adj. & tw., (Fr., skerts.)* oe-la-la, aitsa, ek sê (vir) jou, (maar) ek wil dit hê.

o·o·lite *(geol.)* oöliet, kuitsteen. **o·o·lith** oölietkorrel, kuitsteenkorrel.

o·ol·o·gy oölogie, eierkunde; oölogie, versameling van voëleiers. **o·o·log·i·cal** oölogies, eierkundig. **o·ol·o·gist** oöloog, eierkundige; eierversamelaar.

oo·long woeloengtee.

oo·mi·ak →UMIAK.

oom·pah *n., (infml., ook* oompah-pah*)* oempapa *(v. 'n blaasorkes)*. ~ **band** oempaorkes.

oomph *(infml.)* vitaliteit, vonk, vuur, woema, oemf; aantrekkingskrag, persoonlikheid, sjarme, flair, panache.

o·o·pho·rec·to·my, o·var·i·ec·to·my *=mies, (med.: verwydering v. 'n eierstok[gewas])* oöforektomie, ovariëktomie; →OVARIOTOMY.

o·o·pho·ri·tis, o·va·ri·tis *(med.)* oöforitis, ovaritis.

oops *tw., (infml.)* oeps(ie). **~-a-daisy** = UPSY-DAISY.

Oort cloud *(astron.)* Oortwolk.

o·o·sperm *(biol.)* oösperm, bevrugte eier, sigoot.

o·o·sphere *(bot.)* oösfeer, onbevrugte eier, vroulike gameet.

o·o·spore *(bot.)* oöspoor, bevrugte eiersel.

ooze[1] *n.* sypeling, syfering; looiwater. **ooze** *ww.* sypel, syfer, syg, lek; druip, druppel; deurdring; uitsweet; *~* ***away*** wegsyfer, wegsypel; verdwyn; *(jou moed)* jou begewe; *~ (with)* ***confidence/etc.*** oorloop van selfvertroue/ens., selfvertroue/ens. uitstraal, die/'n toonbeeld van selfvertroue/ens. wees; *~* ***out*** uitlek; uitsyfer, uitsypel; *~* ***out*** *of ...* uit ... syfer/sypel. **ooz·y** sypelend, syferend; druppend; vogtig, klam.

ooze[2] *n.* modder, slik, slyk; slib. **ooz·i·ness** modderigheid, slykerigheid. **ooz·y** modderig, slykerig.

op *(infml.)* →OPERATION.

o·pac·i·ty ondeursigtigheid; *(fis.)* ondeurlatendheid *(v. deeltjies)*; *(straling)* ondeurskynendheid; *(astron.)* absorpsiekoëffisiënt *(v. 'n ster)*; *(fot.)* ondeurskynendheid, opasiteit; *(med.)* ondeurskynendheid, donkerheid, opasiteit; *(fig.)* duisterheid, onduidelikheid.

o·pah *(igt.)* opah; *spotted ~* gespikkelde opah; *southern ~* suidelike opah.

o·pal opaal. ~ **glass** opaalglas.

o·pal·esce *ww.* opaliseer.

o·pal·es·cent, o·pal·ine *adj.* opaalagtig; opaliserend; melkagtig *('n kleur)*; *~ lustre* opaalglans. **o·pal·es·cence** opalessensie, opaalglans.

o·pal·ine *n.* opaalglas. **o·pal·ine** *adj.* →OPALESCENT.

o·paque *n.* duisternis, donkerheid. **o·paque** *adj.* ondeursigtig, dof, donker; opaak, ondeurskynend; *(fig.)* duister, onduidelik; dom, stompsinnig, traag van begrip; →OPACITY.

op art, op·ti·cal art opkuns, optiese kuns.

ope *adj. & ww., (arg. of poët., liter.)* →OPEN *adj. & ww.*.

Op-Ed (page) *(Am.)* meningsblad(sy).

o·pen *n.* ruimte; oop veld; ope lug; ***in*** *the ~* buite(kant), in die buitelug (*of* ope lug *of* vrye natuur), onder die blote hemel; oop en bloot; *bring s.t. (out)* ***into*** *the ~* iets aan die lig (*of* op die lappe) bring, met iets op die lappe kom; *come* ***into*** *the ~* te voorskyn tree; ***the*** *O~(s), (sport)* die Ope. **o·pen** *adj.* oop; ope; openbaar, openlik; blootgestel; openhartig, rondborstig, onbewimpeld, reguit, vrymoedig; ontvanklik; toeganklik; onbevooroordeeld; *receive/welcome s.o. with ~* ***arms*** →ARM[1] *n.*; *~* ***arrest*** ope arres; *~* ***ballot*** openbare stemming; *~* ***championship*** ope (kampioenskap); *~* ***championships*** ope (kampioenskapsbyeenkoms/=toernooi); *s.t.* ***comes*** *~* iets gaan oop; *~* ***country*** oop wêreld; *be ~ to* ***criticism*** →CRITICISM; *keep ~* ***doors*** →DOOR; *~* ***enmity*** openlike vyandskap; *~* ***every day*** elke dag oop; *with the* ***eyes*** *~* →OPEN-EYED; *~* ***face*** oop/eerlike gesig; *~* ***fire*** oop vuur; *be ~ (****for****) 24 hours* 24 uur oop wees; *hit ... with the ~* ***hand*** ... met die plat hand slaan; *have an ~* ***hand*** →OPEN-HANDED; ***keep*** *a day ~ for s.t.* 'n dag vry hou vir iets; *have an ~* ***mind*** →MIND *n.*; *~* ***record*** ope rekord; *the ~* ***sky*** die vrye hemel; *~* ***space*** oopte; ***stay*** *~* oop bly; *s.t. is ~* ***to*** *...* iets leen hom tot ... *(misbruike ens.)*; iets is vatbaar vir ... *(bespreking ens.)*; iets is onderhewig aan ... *(twyfel ens.)*; *s.o. is ~* ***to*** *...* iem. is vir ... vatbaar *(oortuiging ens.)*; iem. luister na ... *(kritiek ens.)*; *it is ~* ***to*** *s.o. to do s.t.* dit staan iem. vry om iets te doen; *~* ***water*** oop water; ysvrye water; *two* ***ways*** *are ~ to you* twee weë staan vir jou oop; *be* ***wide*** *~* (wa)wyd oop wees; *(infml.)* hoogs onseker wees *(d. uitslag ens.)*; *be ~* ***with*** *s.o.* openhartig met iem. praat; niks vir iem. wegsteek nie. **o·pen** *ww.* oopmaak *('n deur ens.)*; ooptrek *('n laai)*; oophou *('n hand)*; open *('n byeenkoms, rekening, skool, ens.)*; aanlê *('n lys, lêer, register, ens.)*; oopstel *('n natuurreservaat ens.)*; *(kr.)* begin *('n beurt)*; *('n deur ens.)* oopgaan; *('n blom)* oopgaan, ontvou, ontluik; *~ the* ***bowels,*** *(medisyne, dieet)* jou opelyf gee; *~ a* ***cut*** *on s.o.'s brow* iem se oogbank oopslaan; *~ one's* ***designs*** jou planne bekend maak (*of* bekendmaak); *the door ~s* ***into*** *the passage* die deur kom/gaan in die gang uit; *the door ~s* ***onto*** *the stoep* die deur kom/gaan op die stoep uit; *~* ***out,*** *('n paadjie ens.)* breër word; *('n rivier)* uitmond *(in)*; *('n land)* uitstrek *(n.d. suide ens.)*; *('n blom)* oopgaan, ontvou, ontluik; *(iem.)* ontdooi, uit sy/haar dop/skulp kruip; *('n mpy. ens.)* uitbrei, ontwikkel; versnel; *~* ***out*** *before one('s eyes), ('n vallei, gesigsvelde, ens.)* voor jou (oë) oopvou/uitsprei; *~ s.t.* ***out*** iets oopmaak/oopvou/oopslaan *('n kaart, koerant, ens.)*; iets uitsprei; iets verbreed (*of* breër maak) *('n gat ens.)*; *~ a* ***shop*** 'n winkel open/oprig/opsit/begin; *~ s.t.* ***to*** *...* iets vir ... oopstel; *~* ***trenches,*** *(mil.)* loopgrawe begin; *~* ***up*** (die deur) oopmaak; *(mil.)* begin skiet; *(rugby)* oper word; *(infml.)* openhartig praat, uitpak; *~ s.t.* ***up*** iets oopmaak; iets ontsluit; iets toeganklik maak; iets aan die gang sit *('n myn ens.)*; *(rugby)* iets oopmaak *(d. spel)*; *~ s.t.* ***wide*** iets oopsper. **~-access library** →OPEN-SHELF LIBRARY. ~ **account** ope rekening. ~ **admissions** *n. (mv.), (Am., opv.)* inskrywing/registrasie sonder toelatingsvereistes. ~ **air** *n.: the ~ ~* die buitelug, die ope lug. **~-air** *adj. (attr.): ~ game* opelugspel; *~ museum* opelugmuseum; *~ theatre* buitelug=, opelugteater. **~-and-shut** (dood)eenvoudig, (dood)maklik, duidelik; *an ~ case* 'n uitgemaakte saak. **~-armed** hartlik, vriendelik, met oop/ope arms. **~bill (stork)** *(Anastomus lamelligerus)* oopbekooievaar. ~ **book** *(lett.)* oop boek; *(fig.)* oop/ope boek. **~cast mine** dagboumyn. **~cast mining** dag(myn)bou, oop mynbou. ~ **cheque** toondertjek, oop tjek. ~ **circuit** *(elek.)* oop kring. ~ **city** oop/ope stad; onbemuurde stad; onverdedigde stad. ~ **court:** *in the ~ ~* in die ope hof. ~ **day** oop/ope dag *(by 'n skool, administrateurswoning, ens.)*. **~-door policy** *(beleid gegrond op d. beginsel v. toeganklikheid)* oopdeurbeleid; *(han.)* vryhandelsbeleid. **~-eared** met oop ore, aandagtig. **~-ended** oop, onbepaald; vry; *~* ***contract/fund/etc.*** oop kontrak/fonds/ens.; *~* ***debate*** oop/ope debat; *~* ***dis=***

cussion oop/ope bespreking; ~ ***pipe*** oopentpyp; ~ ***project*** projek waarop geen tydsbeperking gestel/geplaas is nie; ~ ***spanner*** oopbeksleutel. ~**-end (investment trust)** ope beleggingstrust. ~ **enrollment** →OPEN ADMISSIONS. ~**-eyed** *adj. & adv.* grootoog, met groot oë *(na iem./iets staar)*; met die/jou oë wyd oop, wakker, waaksaam; met oop oë, goed ingelig, op (die) hoogte. ~**-faced** *(iem.)* met 'n oop gesig, oopgesig=, openhartig, opreg, eerlik; ~ *flower* oopgesigblom; ~ *sandwich, (Am.)* →OPEN SANDWICH. ~**-fronted** *adj. (attr.)* wat voor oop is *(pred.)*; ~ *jacket* oopborsbaadjie; ~ *shop* oopfrontwinkel. ~**-handed:** *be* ~ gulhartig/mededeelsaam/vrygewig/rojaal wees, 'n oop/ope hand hê. ~**-heart:** ~ *operation* opehartoperasie; ~ *surgery* opehartchirurgie, =sjirurgie. ~**-hearted** openhartig. ~**-heartedness** openhartigheid. ~**-hearth** *adj. (attr.)* oopherd=; ~ *furnace* oopherdoond; ~ *process* oopherdproses. ~ **house** *(Am.)* skouhuis; *keep* ~ ~, *(Am.)* 'n oop/ope dag hou *(by 'n skool ens.)*. ~ **letter** ope brief. ~ **market:** *in the* ~ ~ op die ope mark. ~ **marriage** oop huwelik. ~**-minded** ontvanklik, vatbaar vir indrukke; onbevange, onbevooroordeeld, sonder vooroordeel. ~**-mindedness** ontvanklikheid; onbevangenheid. ~**-mouthed** *(lett. & fig.)* oopmond, met 'n oop mond; dronkgeslaan, stom van verbasing, verstom. ~**-necked** oopnek= *(hemp, bloes)*. ~**-plan** *adj. (attr.)* oopplan= *(kombuis, vertrek, kantoor, ens.)*. ~ **prison** oop gevangenis. ~ **question** ope vraag, onuitgemaakte saak; vryantwoordvraag. ~ **sandwich** oopbroodjie. ~ **sea** ope/oop/volle see. ~ **season** *(jag, hengel)* oop seisoen; *declare* ~ ~ *on s.o., (fig.)* die jagseisoen op iem. oop verklaar. ~ **secret** allemansgeheim, ope geheim. ~**-shelf library,** ~**-access library** ooprak=, vryetoegangsbiblioteek. ~ **shelves** *n. (mv.)* oop rakke, vrye toegang; *books/etc. on the* ~ ~ boeke/ens. op die oop rakke (*of* waartoe daar vrye toegang is). ~ **shop** oop bedryf *(waar d. werkers nie almal vakbondlede hoef te wees nie)*. ~ **side** *(rugby)* oop kant. ~ **society** oop samelewing. ~ **syllable** *(fonet.)* oop sillabe. ~ **title** *(sport)* ope titel; *(jur.)* onbeswaarde eiendom. ~**-toe(d)** *adj. (attr.)* ooptoon= *(skoene, sandale, ens.)* ~**-top(ped)** oop *(bus, sleepwa, ens.)*. **O~ University:** *the* ~ ~, *(Br.)* die Oop/Ope Universiteit. ~ **verdict** onbesliste uitspraak. ~ **vowel** *(fonet.)* oop klinker. ~ **weave** *n.* yl binding; ylgeweefde materiaal. ~**-weave** *adj. (attr.)*: ~ *fabric* ylgeweefde materiaal. ~**work** oopwerk; oopwerk=, gaatjies=; ~ *embroidery* gaatjiesborduurwerk; ~ *stocking* gaatjieskous.

o·pen·er oopmaker; inleier *(v. 'n debat)*; *(kr.)* aanvangskolwer; *for* ~*s, (infml.)* om mee te begin.

o·pen·ing *n.* opening; gat, ingang, deurgang; aanvang, begin; ingebruikneming; inleiding; kans, geleentheid; vakature; afsetgebied; ~*s for* ... moontlikhede vir ... **o·pen·ing** *adj.* openings=, aanvangs=, begin=, inleidend; ontluikend; ~ ***batsman*** aanvangskolwer; ~ ***ceremony*** opening(splegtigheid); ***hours*** *of* ~ →OPENING HOURS; ~ ***paragraph*** eerste paragraaf, beginparagraaf; ~ ***prayer*** aanvangsgebed, voorgebed; ~ ***price*** openingskoers, =prys, aanvangskoers, =prys *(op d. beurs)*; insetprys, openingsprys *(op 'n veiling)*; ~ ***speech*** openingsrede. ~ **hours** *n. (mv.)* bankure, biblioteekure, kliniekure, winkelure, *ens..* ~ **night** openingsaand, première. ~ **time** *(Br.)* oopmaaktyd *(v. kroeë)*. ~ **up** *n.* oopstelling.

o·pen·ly openlik; openhartig, rondborstig, vryuit, ruiterlik.

o·pen·ness openheid, oopheid, oopte; openhartigheid, rondborstigheid.

op·er·a[1] opera; opera(uitvoering); ***comic*** ~ komiese opera; ***grand*** ~ (groot) opera; ***light*** ~ operette; ***perform*** *an* ~ 'n opera uitvoer; ***sing*** ~ uit die operas sing; ***sing*** *in* ~*s* in operas sing. ~ **buffa** *opera buffas, opere buffe, (It., mus.)* opera buffa, komiese opera. ~ **cloak** aand=, operamantel. ~ **company** operageselskap. ~ **dancer** balletdanser(es). ~ **glasses** *n. (mv.)* toneelkyker. ~ **hat** gibus, klaphoed. ~ **house** operahuis. ~ **season** operaseisoen, =speelvak. ~ **seria** *opere serie, operas seria, (It., mus.)* opera seria, ernstige opera. ~ **singer** operasanger(es).

op·er·a[2] *n. (mv.)* →OPUS.

o·pé·ra bouffe *opéras bouffes, (Fr., mus.)* opéra bouffe, Franse komiese opera.

op·er·and *(wisk.)* operand.

op·er·ate bedien, hanteer *('n masjien, toestel)*; bestuur *('n voertuig, winkel, ens.)*; onderhou, in stand hou *('n stelsel ens.)*; (aan)dryf/drywe, laat werk, in werking/beweging bring, aan die gang (*of* in bedryf) hou; funksioneer, werk, in werking wees; *('n masjien ens.)* loop; geld, van krag wees, in werking tree; bewerk, veroorsaak, teweegbring, tot stand bring, lei tot; *(han.)* sake doen, werksaam wees; bedryf *('n onderneming)*; ontgin, bewerk *('n myn ens.)*; werk, te werk gaan, opereer; optree, handel *(binne/kragtens bepalings ens.)*; *(weermag)* militêre aksies onderneem/uitvoer, bewegings uitvoer; *(med.)* opereer, 'n operasie doen/uitvoer/verrig; ~ *(on) an* ***account*** op 'n rekening werk; ~*d by* ***electricity*** gedryf deur elektrisiteit; ~ *a* ***lever*** 'n hefboom hanteer; ~ ***on*** *a leg/etc., (med.)* (aan) 'n been/ens. opereer; ~ ***on*** *a patient for* ... 'n pasiënt opereer weens ...; ~ ***on*** *an ulcer* 'n sweer opereer; *be* ~*d* ***on*** geopereer word; ~ ***(up)on*** ...., *(ook)* misbruik maak van ... *(iem. se liggelowigheid ens.)*. **op·er·a·ble** opereerbaar; operasioneel; haalbaar.

op·er·at·ic *adj.* opera=; ~ ***concert*** operakonsert; ~ ***performance*** operaopvoering, =uitvoering; ~ ***score*** operapartituur; ~ ***singer*** operasanger(es); ~ ***star*** operaster. **op·er·at·ics** *n. (fungeer dikw. as ekv.)* opera(opvoering/uitvoering); *(fig.)* melodrama, melodramatiese/teatrale gedrag/optrede.

op·er·at·ing (goed) werkend; bedryfs=. ~ **costs** bedryfs=, eksploitasiekoste; werkkoste. ~ **gear** werkrat, =meganisme. ~ **loss** bedryfsverlies. ~ **plant** bedryfsaanleg. ~ **profit** bedryfswins. ~ **results** bedryfsresultate. ~ **room** *(med.)* operasiekamer, teater; *(mil.)* seinkamer. ~ **shaft** werkas, bedieningsas. ~ **staff** bedryfspersoneel. ~ **system** *(rek., afk.:* OS*)* bedryfstelsel. ~ **table** operasietafel. ~ **theatre** operasiesaal. ~ **voltage** werkspanning.

op·er·a·tion handeling, werksaamheid; werking; bewerking; *(med.)* operasie; bediening *(v. 'n masjien)*; die dryf/bestuur; proses; *(mil.)* krygsverrigting, gevegshandeling, onderneming, operasie, maneuver; gelding *(v. 'n wet)*; ***carry out*** *an* ~ ***→perform; centre*** *of* ~*s* middelpunt van werksaamhede, hoofkwartier; ***come into*** ~ in werking tree; *an* ~ ***for*** ... 'n operasie weens ...; ***have/undergo*** *an* ~ geopereer word, 'n operasie ondergaan; *be* ***in*** ~ in werking wees; in bedryf wees; in swang wees; ***military*** ~*s* krygsverrigtinge; *an* ~ ***on*** *a patient* 'n operasie op 'n pasiënt; ***perform*** (or ***carry out***) *an* ~ 'n operasie doen/uitvoer/verrig; ***perform*** (or ***carry out***) *an* ~ *on s.o.* iem. opereer; ***put*** *s.t.* ***into*** ~ iets in bedryf stel; ~*s* ***research*** →OPERATIONAL RESEARCH; ***(surgical)*** ~ operasie; ~*s* ***theory, (ekon.)*** bedryfsbeslissingsleer. **op·er·a·tion·al** operatief, operasie=; bedryfs=, werkings=; stryd=, gevegs=; ~ ***area*** gevegsgebied, operasionele gebied; ~ ***arms*** wapens in (volle) gebruik; ~ ***instruction*** bedryfs=, bedieningsvoorskrif; ~*/operations* ***research, (ekon., afk.:*** OR*)* bedryfsekonometrie, bedryfsbesluitkunde, =besliskunde, operasionele navorsing; ***stay*** ~ in werking bly; in gebruik bly; ~ ***troops*** gevegstroepe.

op·er·a·tive *n.* ambagsman; (fabrieks)werker; werktuigkundige; speurder; agent. **op·er·a·tive** *adj.* doeltreffend, werksaam, werkend, effektief, deurslaggewend, werk=; prakties; meganies; snykundig, operatief; geldig, van krag; *become* ~ in werking tree; in gebruik kom; *the* ~ *word* die belangrikste/relevante woord.

op·er·a·tor operateur; bediener *(v. 'n masjien)*; werker; telegrafis; telefonis; seiner; ondernemer, eksploitant; opnemer; *(infml.)* konkelaar, knoeier; *radio* ~ →RADIO; *smooth* ~ →SMOOTH *adj.*; *wireless* ~ →RADIO OPERATOR.

o·per·cu·lum =*cula*, =*culums, (bot., soöl.)* operkulum, (sluit)klep, dekvlies, dekseltjie; kieu=, kiefdeksel *(v. visse en amfibieë)*.

op·er·et·ta *(mus.)* operette.

op·er·ose *(w.g.)* swaar, vermoeiend; ywerig, fluks, werksaam.

o·phid·i·an *n.* slang(agtige). **o·phid·i·an** *adj.* slangagtig.

oph·i·ol·a·try slangaanbidding.

oph·i·ol·o·gy ofiologie, slangkunde.

oph·i·o·mor·phic slangvormig.

O·phir *(geog., Byb.)* Ofir.

oph·ite ofiet, serpentyn(marmer).

oph·thal·mi·a *(med.)* oftalmie, oogontsteking. **oph·thal·mic** *adj.* oog=; oftalmies; ~ *clinic* oogkliniek; ~ *nerve* oogsenu(wee), oftalmiese senu(wee); ~ *surgeon* oftalmoloog, oogarts, oogchirurg, =sjirurg.

oph·thal·mol·o·gy oftalmologie, oogheelkunde. **oph·thal·mo·log·i·cal** oogheelkundig. **oph·thal·mol·o·gist** oftalmoloog, oogarts, oogheelkundige.

oph·thal·mo·scope oftalmoskoop, oogspieël.

o·pi·ate *n.* opiaat, opiumpreparaat, verdowingsmiddel; pynstiller, pynstillende middel; slaapdrank, =middel. **o·pi·ate** *adj.* opiumbevattend, opium=; bedwelmend, verdowend, pynstillend, slaapwekkend, slaap=; sussend, kalmerend. **o·pi·ate** *ww.* met opium meng.

o·pine *(fml.)* meen, van mening wees, dink; 'n mening uitspreek.

o·pin·ion mening, siening, sienswyse, beskouing, opvatting, opinie, oordeel, gedagte, denkwyse; gevoel(ens); gesindheid; (gedagte)rigting; dunk; advies; stem; ***advance*** *an* ~ 'n mening opper; *be of* ***another*** ~ anders dink; *s.o. of* ***another*** ~ 'n andersdenkende; *have a* ***bad/low*** ~ *of* ... min van ... dink, 'n swak dunk van ... hê; *a* ***clash*** *of* ~*s* 'n meningsverskil; *s.o.'s* ~ ***concerning*** *s.t.* ***→of/concerning; confirm*** *an* ~ →CONFIRM; *a* ***considered*** ~ 'n oorwoë mening; *take* ***counsel's*** ~ regsadvies (*of* 'n regsmening) inwin/verkry; *they* ***differ*** *in* ~ hulle verskil van mening; *a* ***difference*** *of* ~ 'n meningsverskil, 'n verskil van mening; 'n geskil; ***express/give*** *an* ~ *(on ...)* 'n mening/oordeel (oor ...) gee/uitspreek; *earn* ***golden*** ~*s* groot/hoë lof verwerf; *have a* ***good*** ~ *of* ... baie van ... dink, 'n goeie/hoë dunk van ... hê; ***hazard/venture*** *an* ~ 'n mening waag; ***hold*** *an* ~ 'n mening/sienswyse hê/huldig (*of* toegedaan wees *of* daarop nahou); ***hold*** (or ***be of***) *the* ~ *that* ... meen (*of* van gedagte/mening/oordeel wees) dat ..., die mening huldig (*of* toegedaan wees) dat ...; *in my* ***humble*** ~ na/volgens my beskeie mening; ***in*** *s.o.'s* ~ na/volgens iem. se mening/beskouing/oordeel; ***in*** *my/his/our* ~ myns/syns/onses insiens; ***legal*** ~ regsadvies, 'n regsmening; *have a* ***low*** ~ *of* ... ***→bad/low;*** *it is a* ***matter*** *of* ~ daaroor bestaan verskil van mening, dit is 'n onuitgemaakte saak; *be* ***of*** *the* ~ *that* ... ***→hold*** *the opinion that* ...; *s.o.'s* ~ ***of/concerning*** *s.t.* iem. se mening omtrent iets; ***offer*** *an* ~ 'n mening uitspreek; *an* ~ ***on*** ... 'n mening/oordeel/sienswyse oor ...; *the* ***prevailing/received*** ~ die geldende/heersende mening; *s.o.'s* ***private*** ~ iem. se persoonlike mening; ***public*** ~ die openbare mening; *the* ***received*** ~ ***→prevailing/received;*** *get a* ***second*** ~ bykomende advies inwin, nog iem. (*of* iem. anders *of* 'n kenner) raadpleeg; ***share*** *s.o.'s* ~ met iem. saamstem, iem. se mening deel; ***state/voice*** *an* ~ 'n mening uitspreek/uit(er)/lug; ***stick*** *to one's* ~ by jou mening bly; *there can be no* ***two*** ~*s about it* daaroor bestaan geen twyfel nie; ***venture*** *an* ~ ***→hazard/venture; voice*** *an* ~ ***→state/voice; be*** ***wedded*** *to one's* ~*s* onwillig wees om van jou menings af te sien, aan jou eie menings/insigte verknog wees; *the* ***weight*** *of* ~ *is* ... die meeste mense meen ... ~ **forming** mening(s)vormend. ~ **maker,** ~ **shaper,** ~ **former** mening(s)vormer. ~ **poll** meningspeiling.

o·pin·ion·at·ed eiewys, eiesinnig, eiewillig, waanwys. **o·pin·ion·a·tive** *(w.g.)* →OPINIONATED. **o·pin·ion·ist** *(w.g.)* dwarskop.

o·pi·oid *n. & adj., (biochem.)* opioïed.

op·i·som·e·ter *(kartogr.)* kromlynmeter.

o·pi·um opium. ~ **den** opiumhool. ~ **poppy** *(bot.:*

Papaver somniferum) maankop, slaapbol, =kruid, =papawer. ~ **smoker** opiumroker. ~ **taker** opiumgebruiker. ~ **traffic** opiumhandel.

op·o·del·doc *(hist., med.)* opodeldok.

o·pop·a·nax *(bot.)* opopanaks.

O·por·to *(geog.)* Oporto.

o·pos·sum *=sum(s), (soöl.)* opossum, buidelrot.

op·pi·dan *(w.g.)* stedeling, stadsbewoner; dagstudent.

op·pi·late *(patol.)* verstop. **op·pi·la·tion** verstopping.

op·po·nent *n.* teen=, teëstander, teen=, teëparty, opponent; opponent, teenspeler; *a worthy* ~ 'n waardige teen=/teëstander. **op·po·nent** *adj.* teen=, teëwerkend, teen=, teë=. ~ **(muscle)** *(anat., Lat.: musculus opponens)* antagonis, antagonistiese spier, opponensspier.

op·por·tune geleë, gunstig, geskik, opportuun, net van pas, net op die regte tyd. **op·por·tune·ness, op·por·tune·ness** geskiktheid, gepastheid. **op·por·tun·ism** opportunisme. **op·por·tun·ist** *n.* opportunis. **op·por·tun·ist, op·por·tun·is·tic** *adj.* opportunisties. **op·por·tun·is·ti·cal·ly** opportunisties, op opportunistiese wyse.

op·por·tu·ni·ty geleentheid, kans; →PHOTO OPPORTUNITY; ***afford/give*** *s.o. an* ~ *to* ... iem. geleentheid bied/gee om te ...; ***avail*** *o.s. of the* ~ →***take*** *(advantage of) the opportunity; have* ***equality*** *of* ~ gelyke geleenthede hê; *an* ***excellent*** (or *a* ***golden***) ~ 'n gulde geleentheid; ***get/have*** *an/the* ~ *to* ... geleentheid hê/kry om te ...; *not* ***get*** *the* ~ *to* ... geen geleentheid kry om te ... nie; ***grasp/seize*** *an* ~ 'n geleentheid aangryp (*of* te baat neem); ~ ***knocks*** *(for s.o.)* die geleentheid wink (vir iem.); ~ *never* ***knocks*** *twice (at any man's door), (idm.)* 'n geleentheid doen hom nooit twee keer voor nie; ***miss*** *an* ~ 'n geleentheid laat verbygaan, 'n kans verspeel; *when an* ~ ***presents*** *itself* as die geleentheid hom aanbied/voordoen; ***take*** *(advantage of)* (or ***avail*** *o.s. of) the* ~ die geleentheid aangryp/benut/gebruik/waarneem (*of* te baat neem), van die geleentheid gebruik maak; ~ *makes a/the* ***thief,*** *(idm.)* die geleentheid maak die dief; ***use*** ***one's*** *opportunities* van jou geleenthede gebruik maak, die geleenthede aangryp. ~ **cost** *(ekon.)* alternatiewe koste.

op·pose bestry, opponeer, teen=, teëwerk, teen=, teëgaan, dwarsboom, stelling neem teen, teen=, teëstaan, weerstaan, teen=, teëkant, keer; ~ *s.t., (ook)* jou teen iets verset; ~ *s.t. to* ... iets teenoor ... stel. **op·pos·a·ble** weerlegbaar, bestrybaar; teen=, teëstelbaar; *(anat., soöl.)* opponeerbaar; *the thumb is an* ~ *digit* die duim is 'n opponeerbare vinger. **op·posed** *(ook)* teen=, teëgesteld; *s.t. is* ***diametrically*** ~ *to* ... iets is lynreg in stryd (*of* in lynregte teen=/teëstelling) met ...; *two* ***strongly*** ~ *characters* twee karakters in sterk teen=/teëstelling met mekaar, twee uiterstes; *be* ***strongly/vehemently*** ~ *to s.t.* sterk/heftig teen iets gekant wees; *as* ~ ***to*** ... teenoor (*of* in teen=/teëstelling met) ...; *as* ~ ***to*** *that/this* daarteenoor/hierteenoor, in teen=/teëstelling daarmee/hiermee; *be* ~ ***to*** ... teen ... gekant wees. **op·pos·er** teen=, teëstander, bestryder, opponent. **op·pos·ing:** ~ *party* teen=, teëparty; ~ *player* teenspeler.

op·po·site *n.* (die) teenoorgestelde, teendeel; teen=, teëvoeter; persoon oorkant. **op·po·site** *adj.* teenoorgestel(d); teen=, teëgesteld; ander; oorkants(t)e; teenoorstaande; teenoorgeleë; ~ ***angle/side*** teenoorstaande hoek/sy; ~ ***bank*** oorkants(t)e wal; *in* ~ ***directions*** in teenoorgestelde rigtings; ***just*** ~ *(to)* ... regoor ...; *s.o.'s* ~ ***number*** iem. se eweknie/ampsgenoot/kollega/teen=/teëhanger; *(sport)* iem. se eweknie; *(teat.)* iem. se teenspeler; ~ ***page*** teenoorstaande bladsy; *the* ~ ***sex*** die ander geslag; ~ ***side*** →***angle/side;*** ~ *(sign), (wisk.)* teengestelde (teken); ~ ***to*** ... regoor/oorkant ... **op·po·site** *adv. & prep.* oorkant, anderkant, aan die oorkant (*of* ander kant), hierteenoor, regoor, teenoor; *the house* ~ die oorkants(t)e huis; *the tree/etc.* ~ *to the house* die boom/ens. regoor/oorkant die huis.

op·po·si·tion teen=, teëstand, teen=, teëkanting, verset; teen=, teëparty; teen=, teëstelling; opposisie; ***encounter*** ~ teen=/teëstand/teen=/teëkanting kry/ondervind; *be* ***in*** ~, *(parl.)* die opposisie wees, opposisie voer, tot die opposisie behoort; *(astron.)* in opposisie wees; *be* ***in*** ~ *to* ... teen ... wees; met ... in stryd wees; ***leader*** *of the O~, (parl.)* leier van die Opposisie; ***meet with*** *(no)* ~ (geen) teen=/teëstand kry/ondervind (nie); ***offer*** ~ teen=/teëstand bied; ***strong*** ~ sterk teen=/teëstand; ~ ***to*** ... teen=/teëstand/verset teen ...; ***wide*** ~ teen=/teëstand oor die hele linie. **op·po·si·tion·al** opposisioneel, opposisie=. **op·po·si·tion·ist** *n.* opposisielid. **op·po·si·tion·ist** *adj.* opposisie=, van die opposisie.

op·pos·i·tive *(w.g.)* we(d)erstrewig, dwarstrekkerig, weerbarstig.

op·press verdruk, onderdruk; bedruk maak, swaar druk op, beswaar, benou, beknel, oorheers; *those ~ed* verdruktes. **op·pres·sion** verdrukking, onderdrukking, oorheersing; druk; *(feeling of)* ~ neerslagtigheid, swaarmoedigheid, bedruktheid, terneergedruktheid; benouing; ~ *of the heart, (w.g.)* hartbeklemming. **op·pres·sive** verdrukkend, onderdrukkend, tiranniek; benouend, drukkend; hinderlik, lastig. **op·pres·sive·ness** druk; drukkendheid. **op·pres·sor** verdrukker, onderdrukker, tiran.

op·pro·bri·um *(fml.)* afkeer, minagting, hoon, smaad; (openbare) skandaal, skande(likheid), skanddaad; oneer. **op·pro·bri·ous** beledigend; minagtend, honend, smalend; skandelik, veragtelik; ~ *language* skeltaal.

op·pugn *(arg.)* betwis, bestry, betwyfel, in twyfel trek; weerspreek. **op·pug·nan·cy** teen=, teëstand, vyandigheid.

op·si·math *(w.g.: iem. wat laat i.d. lewe begin studeer)* opsimaat. **op·sim·a·thy** *(w.g.: kennisverwerwing op gevorderde leeftyd)* opsimatie.

op·so·nin *(biochem.)* opsonien. **op·son·ic** opsonies.

opt kies, 'n keuse uitoefen; ~ *for* (or *in favour of*) ... ... (ver)kies; ~ *out of* ... jou aan ... onttrek; uit ... tree; verkies om nie te ... nie; ... ontduik *(verpligtings ens.)*. **op·tant** *(w.g.)* optant. **op·ta·tive, op·ta·tive** *n., (gram.)* optatief. **op·ta·tive, op·ta·tive** *adj.* optatief, wensend; ~ *mood* optatief, wensende wys(e).

op·tic *n., (arg. of skerts.)* oog; optiese onderdeel. **op·tic** *adj.* opties, gesig(s)=, oog=; ~ *angle* gesigshoek; ~ *glass* lens; ~ *nerve* gesigsenu(wee), oogsenu(wee), optiese senu(wee). **op·ti·cal** opties, gesigs=; ~ ***art*** →OP ART; ~ ***character reader,*** *(rek., afk.:* OCR*)* optiese karakterleser *(afk.* OKL*)*; ~ ***character recognition,*** *(rek., afk.* OCR*)* optiese karakterherkenning *(afk.:* OKH*)*, optiese herkenning van karakters; ~ ***fibre*** optiese vesel; ~ ***glass*** optiese glas; ~ ***illusion*** optiese bedrog, gesigs=, oogbedrog; ~ ***instruments*** optiese instrumente, optika; ~ ***microscope/telescope*** optiese mikroskoop/teleskoop; ~ ***path*** gesigsbaan. **op·ti·cian** brilmaker, *(w.g.)* optikus, *(w.g.)* optisiën. **op·tics** *n. (fungeer as ekv.)* optika, optiek; *(visual)* ~ gesigkunde.

op·ti·mal optimaal, beste, gunstigste.

op·ti·mise, =mize optimaliseer.

op·ti·mism optimisme. **op·ti·mist** *n.* optimis. **op·ti·mis·tic** *adj.* optimisties, vol moed.

op·ti·mum *=tima, =timums, n.* optimum. **op·ti·mum** *adj.* optimaal, beste, gunstigste.

op·tion keuse, alternatief, opsie; reg om te kies; voorkeur(reg); ***at/in*** *one's* ~*, (w.g.)* na jou keuse; ***exercise*** (or ***take up***) *an* ~ 'n opsie uitoefen; ***keep/leave*** *one's ~s open* jou keuse voorbehou; alle moontlikhede ooplaat; ***local*** ~ plaaslike keuse; *s.o. has* ***no*** ~ *but to* ... iem. kan nie anders as ... nie, daar is vir iem. geen keuse nie as om te ... nie; *leave s.o.* ***no*** ~ iem. geen keuse laat nie; *have an* ~ ***on*** *s.t.* 'n opsie op iets hê *('n stuk grond ens.)*; *all ~s are* ***open*** die keuse is vry; ***soft*** ~ →SOFT; *have an* ~ ***to*** ... 'n opsie hê om te ...; ***without*** *the* ~ *(of a fine)* sonder keuse van ('n) boete. **op·tion·al** onverplig, nieverplig, na keuse, fakultatief, opsioneel, keuse=; ~ *extra, (iets bykomstigs nie b.d. prys inbegrepe nie)* opsionele ekstra; ~ *subject* keusevak.

op·to·e·lec·tron·ics *n. (fungeer as ekv.)* opto-elektronika, optoëlektronika.

op·tom·e·ter optometer, gesigsmeter.

op·tom·e·try optometrie, oogkunde. **op·to·met·ric** gesig=, oogkundig. **op·tom·e·trist** oogkundige, optometris, brilmaker.

op·to·phone optofoon.

op·u·lent ryk, vermoënd; oorvloedig, weelderig. **op·u·lence** rykdom, vermoë; oorvloed, weelde.

o·pun·ti·a *(Lat., bot.)* opuntia; turksvy.

o·pus *=puses, =pera* opus, (musiek)werk, musiekstuk; opus, werk(stuk), kunswerk; *magnum* ~ →MAGNUM; *Symphony No. 9, O~ 95* Simfonie nr. 9, Opus 95. **o·pus·cule** *=cules,* **o·pus·cu·lum** *=cula, (w.g.)* werkie.

or[1] *voegw.* of; anders; ***either*** ... ~ ... óf ... óf ...; ~ ***else*** ... →ELSE; ~ ***ever*** *s.o. came, (arg.)* eer iem. gekom het; ~ ***isn't it?*** of hoe (sê ek)?; ~ ***so*** *s.o. said* so het iem. ten minste gesê; *a day* ~ ***so*** 'n dag of wat; *three* ~ *four days, three days* ~ ***so*** 'n dag of drie, 'n stuk of drie dae; ~ ***something*** of so (iets).

or[2] *n., (her.)* goud.

or·ache, or·ach *(bot.: Atriplex hortensis)* (hof)melde.

or·a·cle orakel; vraagbaak, kennisbron; *(Byb.)* uitspraak; *work the* ~*, (infml.)* toutjies trek, knoei, konkel; geld in die hande kry. **o·rac·u·lar** orakelagtig, geheimsinnig, duister; ~ *language* orakeltaal.

o·ral mondeling(s); mondelik(s); mond=, oraal; ~ ***administration*** mondelik(s)e toediening, toediening deur die mond; ~ ***biology*** mondbiologie; ~ ***cavity*** mondholte; ~ ***contraceptive*** mondelik(s)e/orale voorbehoedmiddel, die Pil; ~ ***examination*** mondeling(s)e eksamen, mondeling; ~ ***history*** mondeling(s)e/orale geskiedenis; ~ ***hygiene*** = DENTAL HYGIENE; ~ ***hygienist*** = DENTAL HYGIENIST; ~ ***medicine*** mondheelkunde, =geneeskunde; ~ ***remedy*** mond=, slukmiddel; ~ ***sex*** orale seks; ~ ***society*** orale gemeenskap/samelewing; ~ ***surgery*** mondheelkunde; ~ ***tradition*** mondeling(s)e oorlewering; ~ ***vaccine*** slukentstof.

o·ral·ism oralisme.

o·ral·ly mondeling(s); mondelik(s); *administer s.t.* ~ iets mondelik(s) (*of* deur die mond) toedien.

Or·ange *n., (Fr., geog.)* Orange; *(vorstedom)* Oranje; →ORANGEISM; *the House of* ~ die Oranjehuis, die Huis van Oranje; *the Principality of* ~ die prinsdom Oranje. ~ **Free State** *(SA, vero.)* Oranje-Vrystaat; →FREE STATE. ~ **Free Stater** *(SA, vero.)* Oranje-Vrystater; →FREE STATER. **~man** Oranjeman, Orangis, Oranjegesinde. **~-Nassau** Oranje-Nassau. ~ **(River)** *(SA)* Oranje(rivier); →GARIEP. ~ **River Colony** *(SA, hist.)* Oranjerivier-Kolonie. ~ **River lily** *(Crinum bulbispermum)* oranjerivierlelie. ~ **River Sovereignty** *(SA, hist.)* Oranjerivier-Soewereiniteit.

or·ange *n.* (soet)lemoen; oranje(kleur); *~s and lemons, (kinderspeletjie)* aljander; *a squeezed* ~ →SQUEEZE *ww.*. **or·ange** *adj.* oranjegeel, oranje(kleurig); *the* ~ *one* die oranje. ~ **aphid** lemoenluis. ~ **blossom** lemoenbloeisel. ~ **creeper** oranjeklimop. ~ **dog** lemoenruspe(r). ~ **flower water** lemoenbloeiselwater. ~ **grove** lemoenboord. ~ **juice** lemoensap. ~ **leaf:** *Feast of the O~ Leaves, (SA, Islam.)* Fees van die Lemoenblare. ~ **nodding head** →MOUNTAIN DAHLIA. ~ **oil** lemoenolie. ~ **peel** *n.* lemoenskil. **~-peel** *adj. (attr.)* lemoenskil= *(vel, voorkoms)*. ~ **pekoe (tea)** oranje pekko(tee). **~-red** oranjerooi. ~ **squash** lemoendrank, =kwas. ~ **stick** naelstokkie. ~ **(tree)** lemoenboom; *(her.)* oranjeboom. **~wood** lemoenhout.

or·ange·ade *(Br.)* lemoendrank, =kwas.

Or·ange·ism Orangisme, Oranjegesindheid.

or·ange·ry *=ries, (kweekhuis)* oranjerie.

o·rang·u·tan, o·rang-(o)u·tang orang-oetang.

o·rate oreer, die woord voer, 'n orasie/rede hou, 'n toespraak afsteek/hou/lewer. **o·ra·tion** (hoogdrawende) rede(voering), orasie. **or·a·tor** *n.* redenaar, spreker; orator, redekunstenaar.

or·a·to·ri·o *=os, (mus.)* oratorium.

or·a·to·ry[1] welsprekendheid, redenaarskuns; retoriek. **or·a·tor·i·cal** oratories, redenaars=; ~ *gifts* redenaarsgawe.

or·a·to·ry[2] kapel, bidkamer, gebedskamer.

orb *n.* bol, sfeer; *(poët., liter.)* hemelliggaam; kringloop, baan *(v. 'n planeet); (poët., liter.)* oog(appel); *(her.)* ryksappel; ~ *of day, (poët., liter.)* dagvors(tin), die son. **orb** *ww., (poët., liter.)* rond word; rond maak; insluit, omring, omkring. ~ **weaver** wawielspinnekop. ~ **web** wawielweb. ~ **web spider** = ORB WEAVER.

orbed (ge)rond.

or·bic·u·lar *(teg.)* sirkel=, ringvormig; bolrond, =vormig; *(anat., bot., geol.)* orbikulêr; *(w.g.)* afgerond, volledig; ~ *leaf* orbikulêre/ronde blaar; ~ *muscle* orbikulêre spier.

or·bic·u·late = ORBICULAR.

or·bit *n., (astron.)* (wentel)baan, omloopbaan; *(fig.)* (invloed)sfeer, belangstellingsveld, (ervarings)wêreld; *(anat.)* orbita, oogkas, oogholte; oogrand *(v. 'n insek, voël, ens.)*; oogvlies *(v. 'n voël)*; ~ *of the* **earth, earth's** ~ aardbaan; *the* **earth's** ~ (or *the* ~ *of the* **earth**) *(a)round the sun* die aarde se (wentel)baan (*of* die [wentel]baan van die aarde) om die son; *be* **in** ~ in 'n wentelbaan wees; *go* **into** ~ in 'n wentelbaan beweeg; *(infml.)* in ekstase/vervoering raak; *(infml.)* die aapstuipe kry, ontplof; *put/launch/send a satellite/etc.* **into** ~ 'n satelliet/ens. in 'n wentelbaan plaas. **or·bit** *ww.* (in 'n baan) wentel; omkring, 'n kring maak, omsirkel. **or·bit·al** *n., (fis.)* orbitaal. **or·bit·al** *adj.* baan=, wentel=; ~ *flight, (astron.)* baan=, wentelvlug; ~ *sander* wentelskuurder. **or·bit·er (ve·hi·cle)** wenteltuig.

orc *(mit.)* seemonster; →ORCA; *(in sprokies en fantasiespeletjies)* gedrog, monster, wreedaard.

or·ca moordvis; →KILLER WHALE.

Or·ca·di·an *n.* bewoner van die Orkney-eilande (*of* Orkade *of* Orkadiese Eilande). **Or·ca·di·an** *adj.* Orkadies.

or·ce·in *(chem.)* orseïen.

or·chard boord. ~ **grass** soet=, os=, tuin=, maandgras. ~**man** →ORCHARDIST.

or·chard·ing vrugtekwekery.

or·chard·ist, or·chard·man =*men* vrugtekweker.

or·ches·tic *adj., (w.g.)* dans=. **or·ches·tics** *n. (fungeer as ekv.)* danskuns.

or·ches·tra orkes; *conduct an* ~ 'n orkes dirigeer; *small* ~ orkessie. ~ **box,** ~ **pit** orkesbak, =put. ~ **stalls** voorste sitplekke *(in 'n teater)*.

or·ches·tral orkestraal, orkes=; ~ *music* orkesmusiek; ~ *score* orkespartituur.

or·ches·trate *(mus.)* orkestreer, vir (die) orkes bewerk/komponeer, instrumenteer; *(fig.)* bewimpel *('n situasie ens.)*. **or·ches·tra·tion** orkestrasie, orkesbewerking, instrumentasie.

or·ches·tri·na, or·ches·tri·on *(mus.)* orkestrion.

or·chid orgidee. ~ **grower** orgidee=, orgideëkweker. ~ **pelargonium** muishondbossie. ~ **show** orgidee=, orgideëskou. ~ **tree** orgideeboom, bauhinia.

or·chi·da·ceous *(bot.)* orgideeagtig.

or·chid·ist orgidee=, orgideëkweker; orgidee=, orgideëliefhebber.

or·chil, ar·chil verfmos; lakmoes.

or·chis bakkiesblom.

or·chi·tis *(med.)* orgitis, kalbassies.

or·cin, or·cin·ol *(chem.)* orsinol.

or·dain orden, inseën; bevestig; bepaal, vasstel; bestem, beskik; beveel, verorden, verordineer, dekreteer; →ORDINATION, ORDINEE; ~ *s.o. with the (ceremony of the) laying on of hands* iem. met handoplegging bevestig; ~ *s.o. a priest* iem. tot priester wy; *be ~ed a priest, (ook)* die priesterwyding ontvang. **or·dain·ment** ordening, inseëning; beskikking, bestiering.

or·deal beproewing; (swaar) toets; ontbering; pynlike ervaring; *(hist.)* godsoordeel, godsgerig; ~ *by* **battle,** *(hist.)* tweegeveg; *an* ~ *by* **fire,** *(hist.)* 'n vuurproef; *s.t. is an* ~ **for** *s.o.* iets is vir iem. 'n beproewing; **go/ pass through** (or **undergo**) *an* ~ 'n beproewing deurmaak/deurstaan; ~ *by* **water,** *(hist.)* waterproef.

or·der *n.* orde; rang, stand; klas; rangorde; volgorde, skikking; bevel, las(gewing), gebod, order; bedeling, (staats)bestel; bestelling, order; orde(teken), dekorasie, onderskeiding; →APPLE-PIE ORDER; *in* **alphabetical** ~ in alfabetiese volgorde; ~ *of* **appearance/ speaking** volgorde van optrede; ~*s* **are** ~*s* 'n bevel is 'n bevel; **at** *s.o.'s* ~ op iem. se bevel; ~ *of* **battle** slagorde; ~ *for the* **burial** *of the dead* →OFFICE OF THE DEAD; **by** ~ op las; **by** ~ *of* ... op bevel van ...; in opdrag van ...; op las van ...; **call** *s.o. to* ~ iem. tot orde roep; **call** *a meeting to* ~ 'n vergadering open; *the* ~ *of* **chivalry** die ridderorde; *in* **chronological** ~ in tydsorde (*of* chronologiese/kronologiese orde); *in* **close** ~ in geslote geledere/orde; kort opmekaar; **confer** *an* ~ *on s.o.* →CONFER; *O*~ *in* **Council,** *(Br.)* koninklike besluit, kabinetsbesluit; ~ *of* **court** hofbevel; ~ *of the* **day,** *(parl.)* dagorde; *(mil.)* dagorder; *s.t. is the* ~ *of the* **day,** *(fig.)* iets is aan die orde van die dag; *be under* **doctor's** ~*s* →DOCTOR *n.*; ~ *of* **dress,** *(mil.)* tenue; **execute** *an* ~ 'n bevel uitvoer; 'n bestelling uitvoer; *an* **express** ~ 'n uitdruklike bevel; *in* **extended/loose** ~ in verspreide orde; **find** *s.t. in* ~ iets in orde bevind; *an* ~ **for** *s.t.* 'n bestelling vir iets; *until* **further** ~*s* voorlopig, tot nader(e) kennisgewing; *the O*~ *of the* **Garter** die Orde van die Kousband; **get** *things in* ~ sake agtermekaar kry; **give** *(s.o.) an* ~ (iem.) 'n bevel gee; *s.t. is in* **good** ~ iets is agtermekaar/reg (*of* in die haak *of* in goeie orde); **in** ~ in orde, in die haak; pluis; in volgorde; binne die orde *(op 'n vergadering)*; *the motion is not* **in** ~ die voorstel is buite die orde; *s.t. is* **in** ~, *(ook)* iets werk; **in** *that* ~ in dié/daardie volgorde; *B, X and R* **in** *that* ~ agtereenvolgens B, X en R; **in** ~ *that* ... sodat ...; **in** ~ *to* ... om te (kan) ..., met die oogmerk om (*of* ten einde) te ...; **issue** *an* ~ 'n bevel uitreik/uitvaardig; **keep** ~ orde hou, die orde handhaaf, die tug bewaar; **keep** *s.o. in* ~ iem. in bedwang hou; **keep** *s.t. in* ~ iets aan die kant hou *('n kamer ens.)*; *the* ~ *of* **knighthood** →KNIGHTHOOD; **knightly** ~ →KNIGHTLY; *the* **lower** ~*s* die laer stande; ~ *of* **magnitude** grootteorde; **maintain** ~ die orde handhaaf; **make** *an* ~ 'n bevel uitreik; ~ *of* **march** marsorde; *in* ~ *of* **merit** in volgorde van verdienste; **money** ~ →MONEY; *the* **natural** ~ *of things* die natuurlike gang van sake; *the* **new** ~ die nuwe bedeling; *of/in the* ~ *of* ... ongeveer (*of* om en by) ...; *the* **old** ~ die ou bedeling; *s.t. is* **on** ~ iets is bestel (*of* op bestelling); **order! (order!),** *(parl. ens.)* orde! (orde!); *be* **out of** ~ onklaar (*of* buite werking) wees; *('n saak/spreker op 'n vergadering)* buite die orde wees; deurmekaar wees; *rule s.o./s.t.* **out of** ~ iem./iets buite die orde verklaar; **pay** *the* ~ *of X* betaal aan die order van X; **pay** *(to) X or* ~ betaal aan X of order *(op 'n tjek ens.)*; **pecking** ~ →PECKING; **place** *an* ~ 'n bestelling plaas/gee, bestel; **place** (or **put in**) *an* ~ *for s.t.,* **put** *s.t. on* ~ iets bestel, 'n bestelling vir iets plaas; *on a* **point** *of* ~ op 'n punt van orde; *raise a* **point** *of* ~ 'n punt van orde opper; **postal** ~ →POSTAL; ~ *of* **precedence/rank** voorranglys, rangorde; ~ *of* **priority** rangorde; ~ *of* **proceedings** orde van verrigtinge; **put** *s.t. in* ~ iets regmaak; iets in orde bring; iets aan die kant maak; **put** *s.t. on* ~ →**place** *an order for s.t.*; **religious** ~ geestelike orde; **restore** ~ die orde herstel; *in* **reverse** ~ in omgekeerde volgorde; *s.t. is in* **running/working** ~ iets is in goeie orde, iets is agtermekaar, iets werk (goed); ~ *of* **service** (orde van) verrigtinge; *in* **short** ~ →SHORT ORDER; *in* ~ *of* **size** volgens/na grootte; **small** ~ bestellinkie; **solicit** ~*s* bestellings werf/opneem; **standing** ~ →STANDING; **take** *an* ~ 'n bevel in ontvangs neem; 'n bestelling neem; **take** ~*s* bevele volg; bestellings opneem; **take** ~*s from s.o.* iem. gehoorsaam; **take** *(holy)* ~*s* predikant/priester word, in die bediening/kerkdiens gaan, bevestig/georden word; *s.o. does not* **take** ~*s* iem. laat hom/haar nie (hiet en) gebied nie; *that's a* **tall** ~ dis 'n strawwe/onuitvoerbare opdrag (*of* geen kleinigheid nie), dit wil gedoen wees; dis 'n bietjie (*of* bietjies) te veel gevra/geverg, dis ([n] bietjie) dik vir 'n daalder/daler; dis ('n) bietjie kras/kwaai; *it is in the* ~ *of* **things** dit lê in die aard van die saak; *eggs/etc.* **to** ~ eiers/ens. na bestelling; *goods* **to** ~ goedere op bestelling; *be* **under** ~*s* onder bevel staan; ~ *to* **view** besigtigingsbriefie; *s.t. is in* **working** ~ →**running/working.** **or·der** *ww.* beveel, gebied, gelas, aansê, opdrag gee, kommandeer; bestel *(kos ens.)*; ontbied, laat kom *('n taxi ens.)*; rangskik, reël, orden, in orde bring; inrig; *('n dokter)* voorskryf; *(God, d. noodlot, ens.)* bepaal, bestem, beskik, verordineer; ~ *s.o.* **about/around** iem. rondstuur; iem. kommandeer; oor iem. baasspeel, iem. hiet en gebied; *you can't* ~ *me* **about/around,** *(ook)* as jy my gister gehuur het, het jy my vandag gehad; ~*ed* **advance** ordelike/stelselmatige vordering; ~ **arms,** *(mil.)* die geweer afsit; ~ **arms!** sit af geweer!; ~ *s.t.* **from** ... iets by ... bestel *('n winkel, vervaardiger, ens.)*; iets van ... bestel *('n stad ens.)*; iets uit ... bestel *('n land ens.)*; ~ *s.o.* **home** iem. huis toe stuur; iem. gelas om terug te keer; ~ *s.o.* **off** *(the field)* iem. afstuur (*of* van die veld stuur); *it was* **otherwise** ~*ed* dit was anders beskik; ~ *s.o.* **out** iem. uitja(ag), iem. beveel om die klaskamer/saal/ens. te verlaat; ~ *s.o.* **out of** *the* ... iem. uit die ... ja(ag)/stuur; ~ *s.o.* **right** *and left* oor iem. baasspeel, iem. hiet en gebied; ~ *s.o.* **to be** *removed/etc.* beveel dat iem. verwyder/ens. word. ~ **blank,** ~ **sheet** bestelvorm. ~ **book** bestelboek; *(mil.)* orderboek. ~ **card** bestelkaart. ~ **clerk** bestelklerk; *(mil.)* orderklerk. ~ **form** bestelvorm. ~ **list** bestellys. ~ **number** bestelnommer. ~ **paper** *(parl., dikw. O~ P~)* ordelys, agenda, dagorde.

or·der·li·ness ordelikheid; reëlmatigheid, reëlmaat.

or·der·ly *n., (mil., med.)* ordonnans; oppasser, oppaster; hospitaalsoldaat; *court* ~ →COURT; *hospital* ~ →HOSPITAL. **or·der·ly** *adj.* ordelik, ordeliewend, op orde gesteld; gereeld, reëlmatig. ~ **book** *(mil.)* ordonnansboek; diensboek. ~ **officer** offisier van diens. ~ **room** *(mil.)* (kaserne)kantoor, dienskamer. ~ **sergeant** onderadjudant.

or·di·nal *n., (gram.)* rangtelwoord; *(relig.)* ordinaal, formulierboek. **or·di·nal** *adj.* rangskikkend, ordinaal; ~ *measurement* rangordemeting, ordinale meting; ~ *numeral* ranggetal. ~ **(number)** *(wisk.)* ordinaalgetal.

or·di·nance ordonnansie, (provinsiale) wet; instelling, kerklike gebruik, reglement, ordinansie;

or·di·nand *(relig.)* proponent.

or·di·nar·i·ly gewoonlik, in die gewone loop van sake, in die reël, normaalweg.

or·di·nar·i·ness gewoonheid, alledaagsheid.

or·di·nar·y *n., (RK), (ampsdraer)* ordinaris; *(boek)* ordinarium; gewone orde van die Heilige Mis; *s.t. out of the* ~ iets buitengewoons/ongewoons; ... *is nothing out of the* ~ ... is iets gewoons (*of* is niks buitengewoons nie) *('n gebeurtenis, verskynsel, ens.)*; *something* ~ iets gewoons. **or·di·nar·y** *adj.* gewoon, alledaags, gebruiklik; ordinêr; *in the* ~ **course** gewoonlik; *in the* ~ **course** *s.o. would refuse* in gewone omstandighede (*of* in die gewone loop van sake) sou iem. weier; ~ **debt** gewone skuld; *the* ~ **dose** die gewone/gebruiklike dosis; ~ **seaman** ligmatroos, gewone seeman; ~ **shares,** *(fin.)* gewone aandele; ~ **wine** →VIN ORDINAIRE.

or·di·nate *n., (wisk.)* ordinaat.

or·di·na·tion klassifikasie, rangskikking; bevestiging, inseëning, ordening, ordinering; (in)wyding; besluit, bepaling.

or·di·nee *(relig.)* pasgeordende.

ord·nance geskut, artillerie, kanonne, vuurmonde; krygsbehoeftes; *a piece of* ~ 'n kanon (*of* stuk geskut). ~ **corps** krygsbehoeftediens. ~ **datum** *(sk.)* topografiese stelmerk/uitgangspunt. ~ **factory** geskutfabriek, artilleriewerkplaas. ~ **map** topografiese kaart, stafkaart. ~ **stores** krygsbehoeftes. ~ **survey** triangulasie; topografiese opmeting. ~ **survey map** topografiese kaart, stafkaart. ~ **yard** geskutwerf, artilleriepark.

Or·do·vi·cian *n., the* ~, *(geol.)* die Ordovisium. **Or·do·vi·cian** *adj.* Ordovisies, Ordovisium=.

or·dure *(fml.)* uitwerpsels, mis, drek; vieslikheid, obseniteit, vuil taal.

ore erts. ~ **bearing** ertshoudend. ~ **bed** ertslaag. ~ **bin,** ~ **box** ertskas. ~ **body** ertsliggaam. ~ **carrier** ertsdraer. ~ **chamber** ertskamer. ~ **chute,** ~ **pass** erts=

stortbaan, =glybaan. ~ **content** ertsgehalte. ~ **crusher** ertsbreker. ~ **crushing** ertsbrekery. ~ **crushing plant** ertsbrekery, ertsvergruisaanleg, =installasie. ~ **deposit** ertsafsetting. ~ **dressing** ertsbereiding. ~ **dust** erts= stof. ~ **extraction** ertswinning. ~ **pocket** ertskol, =nes. ~ **position** ertsstand. ~ **raising** ertswinning. ~ **shoot** (ryk) ertsstrook/ertstong.

o·re·ad *(Gr. & Rom. mit.)* bergnimf.

o·rec·tic *(teg., w.g.)* lus=, begeerte=.

o·re·ga·no, o·reg·a·no →ORIGANUM.

Or·e·gon *(geog.)* Oregon. ~ **pine/fir, Douglas fir** ore= gon=, douglasden.

o·re·ide →OROIDE.

O·res·tei·a: *the ~, (Gr. lettk.)* die Oresteia/Orestie.

O·res·tes *(Gr. mit.)* Orestes.

orf *(veearts.)* vuilbek(siekte).

orfe *(igt.: Leuciscus idus)* winde.

or·fray →ORPHREY.

or·gan *(mus.instr.)* orrel; *(anat.)* orgaan; *(dept. of org.)* orgaan, instrument, instelling, diens; *(kommunikasie= middel)* orgaan, spreekbuis, (lyf)blad, tydskrif, koerant; *~ of* ***Corti,*** *(anat.)* Corti-orgaan; ***(male)*** *~, (euf.: penis)* (manlike geslags)orgaan; ***personal*** *~* lyfblad; *~ of* ***reproduction*** voortplantingsorgaan; *~ of* ***speech*** spraakorgaan. ~ **bellows** orrelblaasbalk. ~**-blower** *(hist.)* orreltrapper. ~ **builder** orrelbouer, =maker. ~ **grinder** orreldraaier. ~ **loft** orrelgalery; *(RK)* oksaal. ~ **pipe** orrelpyp. ~ **recital** orreluitvoering. ~ **stop** or= relregister. ~ **tuner** orrelstemmer.

or·gan·die, or·gan·die, *(Am.)* **or·gan·dy** *(tekst.)* organdie.

or·gan·elle *(biol.)* organel, selorgaan(tjie).

or·gan·ic organies; *~ chemistry* organiese chemie/ skeikunde; *~ law* grondwet.

or·gan·is·a·ble, =iz·a·ble organiseerbaar.

or·gan·i·sa·tion, =za·tion organisasie, organisering, die organiseer, reëling; struktuur, samestelling; orga= nisasie, inrigting, instelling, instansie; *O~ of* ***African*** *Unity, (1963-2002, afk.:* OAU*)* Organisasie vir Afrika-eenheid *(afk.:* OAE*); O~ of* ***American*** *States, (afk.:* OAS*)* Organisasie van Amerikaanse State *(afk.:* OAS*); O~ of* ***Arab*** *Petroleum Exporting Countries, (afk.:* OAPEC*)* Organisasie van Arabiese Petroleumuitvoerlande *(afk.:* OAPUL*); O~ for* ***Economic*** *Cooperation and Develop= ment, (afk.:* OECD*)* Organisasie vir Ekonomiese Same= werking en Ontwikkeling *(afk.:* OESO*); O~ of* ***Pe= troleum*** *Exporting Countries, (afk.:* OPEC*)* Organi= sasie van Petroleumuitvoerlande *(afk.:* OPUL*).* ~ **chart** organisasieskema. ~ **man** organisasiemens.

or·gan·i·sa·tion·al, =za·tion·al organisatories, or= ganisasie=; *for ~ purposes* met die oog op organisasie.

or·gan·ise, =ize organiseer, reël, inrig; *~ a competi= tion* →COMPETITION. **or·gan·ised, =ized** georgani= seer(d); gestruktureer(d); *~* ***crime*** georganiseerde misdaad; ***get*** *~* alles agtermekaar kry; *~* ***labour*** ge= organiseerde arbeid; *~* ***life*** gestruktureerde lewe; *~* ***trade*** georganiseerde handel; ***well*** *~* goed georgani= seer(d) *(bende, span, ens.);* goed georganiseer(d)/ge= reël *(byeenkoms, wedloop, ens.);* goed georden *(boek, stelsel, samelewing, ens.);* goed ingerig *(huis, operasie= kamer, ens.);* metodies *(student ens.); be* ***well*** *~, (ook)* alles agtermekaar hê; dinge stelselmatig aanpak. **or= gan·is·er, =iz·er** organiseerder. **or·gan·is·ing, =iz·ing:** *~ committee* reëlingskomitee; *~ secretary* organise= rende sekretaris/sekretaresse.

or·gan·ism organisme.

or·gan·ist orrelis, *(vr.)* orreliste.

or·gan·o= *komb.vorm, (biol., med., chem.)* organo=.

or·gan·og·ra·phy *(biol.)* organografie, orgaanbeskry= wing.

or·gan·o·lep·tic *adj., (fisiol.)* organolepties.

or·gan·ol·o·gy *(biol.)* organologie.

or·gan·o·me·tal·lic com·pound *(chem.)* organo= metaalverbinding.

or·ga·non *=gana, =ganons, (Gr. filos.: instr. v. gedagte; logikastelsel, stel logikareëls)* organon.

or·gan·o·ther·a·py orgaanterapie.

or·ga·num *=gana, =ganums, (Me. mus.)* organum.

or·gan·za *(tekst.)* organza.

or·gan·zine *(soort sygaring)* organsien.

or·gasm orgasme; (hewige) opwinding, vervoering; *(w.g.)* (vlaag van) woede/smart/ens.. **or·gas·mic, or= gas·tic** orgasmies, orgasties.

or·geat *(Fr. drankie)* orgeade.

or·gy orgie, drinkparty, fuif(party), swelgparty, dronk= nes. **or·gi·as·tic** orgiasties, orgie=.

or·i·bi *=bi(s)* oribie, oorbietjie.

o·ri·el *(bouk.)* erker. ~ **(window)** erker(venster), kom= venster.

O·ri·ent: *the ~, (poët., liter.)* die Ooste/Oriënt. **O·ri= en·tal** *n., (dikw. neerh.)* Oosterling. **O·ri·en·tal** *adj.* Oosters, Oriëntaal. **O·ri·en·tal·ism** Oriëntalistiek, ken= nis van die Ooste (*of* van Oosterse tale); Oosterse aard/karakter. **O·ri·en·tal·ist** Oriëntalis.

o·ri·ent *n., (poët., liter.)* ooste; glanspêrel; pêrelglans; *(arg.)* daeraad. **o·ri·ent** *adj., (poët., liter.)* Oosters; skitterend; kosbaar; *(arg.)* opkomende, opgaande *(son ens.).* **o·ri·ent, o·ri·en·tate** *ww.* oriënteer; die lig= ging bepaal; na die ooste keer/draai; *~ o.s.* jou oriën= teer. **o·ri·en·tal** →EASTERN. **o·ri·en·tal·ise, =ize** Oos= ters maak/word, veroosters. **o·ri·en·tate** →ORIENT *ww.*.

o·ri·en·ta·tion oriëntering, oriëntasie; plekbepaling, liggingsbepaling; rangskikking. ~ **course** oriënterings=, oriëntasiekursus.

or·i·en·teer *n., (sport)* oriënteringsatleet. **or·i·en= teer** *ww.* aan oriëntering deelneem. **or·i·en·teer·ing** *n.* oriëntering.

or·i·fice *(hoofs. teg.)* opening, gat, gaatjie, mond, mondopening.

or·i·flamme *(hist.)* oriflamme, banier/vaandel (van St. Denis); *(fig., poët., liter.)* vaandel.

o·ri·ga·mi *(Jap. papiervoukuns)* origami.

or·i·gan(e) *(w.g.)* →(WILD/POT) MARJORAM.

o·rig·a·num, o·re·ga·no, o·reg·a·no origanum, orego.

Or·i·gen *(geleerde v.d. Chr. Oudheid)* Origines.

or·i·gin oorsprong, begin, bron; herkoms, afkoms; oorsaak; ontstaan; kiem; wording; bronaar; *s.t.* ***has*** *its ~* ***in*** *... iets spruit uit ...; be* ***Italian****/etc.* ***in*** *~, be* ***of*** *Italian/etc. ~* van Italiaanse/ens. oorsprong wees, uit Italië/ens. afkomstig wees; *country* ***of*** *~* land van her= koms; *office* ***of*** *~* kantoor van afsending; *point* ***of*** *~* uitgangspunt; *wine* ***of*** *~* →WINE *n.*.

o·rig·i·nal *n.* (die) oorspronklike; eksentrieke/rare mens, sonderling. **o·rig·i·nal** *adj.* oorspronklik, aanvank= lik, eerste, origineel; uitgangs=; *~* ***capital*** oorspronk= like kapitaal, stamkapitaal; *~* ***instrument,*** *(mus.)* oor= spronklike instrument; *~* ***language*** grondtaal; *~* ***mat= ter*** oerstof; *~* ***meaning*** grondbetekenis; *~* ***print*** oor= spronklike afdruk *(v. 'n ets, houtsnee, ens.); ~* ***sin,*** *(Chr. teol.)* erfsonde, =smet; *~* ***text*** oerteks. **o·rig·i·nal·i·ty** oorspronklikheid. **o·rig·i·nal·ly** oorspronklik, aanvank= lik, eers, in die begin.

o·rig·i·nate ontstaan, begin, voortspruit; ontspring; veroorsaak (word); voortbring; *~* ***from*** *... uit ...* voortkom; uit ... afkomstig wees; *originating* ***from*** *...* uit ... herkomstig/afkomstig/ontstaan; *~* ***from/in*** *...* uit ... ontstaan; *~* ***from/with*** *...* van ... uitgaan. **o·rig= i·na·tion** oorsprong, begin, ontstaan. **o·rig·i·na·tive** voortbrengend, skeppend. **o·rig·i·na·tor** ontwerper, bewerker, opsteller; veroorsaker; stigter, skepper, grond= legger, grondlêer, vader.

o·ri·na·sal *n. & adj., (fonet.)* orinasaal.

O·ri·no·co *(rivier)* Orinoco.

o·ri·ole wielewaal; *African golden ~, (Oriolus auratus)* Afrikaanse wielewaal; *blackheaded ~, (O. larvatus)* swartkopwielewaal; *European golden ~, (O. oriolus)* Europese wielewaal.

O·ri·on *(Gr. mit., astron.)* Orion; *~'s Belt, (astron.)* die Gordel van Orion, Orion se gordel.

or·i·son *(arg.)* gebed.

Ork·ney (Is·lands), Ork·neys Orkney-eilande.

Or·lé·ans *(geog.)* Orléans.

Or·lon *(tekst., handelsnaam)* orlon.

or·lop (deck) *(sk.)* oorloopdek, koeibrug.

or·mo·lu vergulde brons, goudbrons, mosaïekgoud.

Or·muz, Or·muz →HORMUZ.

or·na·ment *n.* ornament, sieraad, versiersel, versie= ring; *be an ~ of one's profession, (ret.)* 'n sieraad vir jou beroep wees; *an ~ to the town, (ret.)* 'n sieraad vir die stad. **or·na·ment** *ww.* versier, verfraai, mooimaak, tooi; *(mus.)* ornamenteer, versier. **or·na·men·tal** sier= lik, ornamenteel, dekoratief, dekorasie=, sier=; *~* ***art*** ornamentiek, versieringskuns; *~* ***binding*** sierband; *~* ***cord*** sierkoord; *~* ***edition*** praguitgawe; *~* ***fountain*** sierfontein; *~* ***lake*** vywer; *~* ***letter*** sierletter; *~* ***let= tering*** sierskrif; *~* ***line*** sierlyn; *~* ***painter*** sierskil= der; *~* ***plant*** sierplant; *~* ***shrub*** sierstruik; *~* ***stitch*** siersteek; *~* ***tree*** sierboom; *~* ***writing*** sierskrif. **or= na·men·ta·tion** versiering, tooi, ornamentasie.

or·nate oorlade, swierig, ryklik versier; beeld=, bloem= ryk, opgesmuk *(styl).* **or·nate·ness** oorladenheid; bloemrykheid.

or·ner·y *adj., (Am., infml.)* gemeen, laag; naar, goor, nors, suur, moeilik, nukkerig; (hard)koppig, stroom= op, dwarstrekkerig, eiesinnig; doodgewoon, ordinêr, nie (juis) watwonders nie, niks besonders (*of* om oor huis toe te skryf/skrywe) nie, so-so.

or·ni·thol·o·gy ornitologie, voëlkunde. **or·ni·tho·log= i·cal** ornitologies, voëlkundig. **or·ni·thol·o·gist** orni= toloog, voëlkundige, voëlkenner.

or·ni·tho·man·cy voëlwiggelary.

or·ni·thop·ter, or·thop·ter *(hoofs. hist.)* vlerktuig, klapvliegtuig.

or·ni·thos·co·py voëlwaarneming.

o·rog·e·ny, or·o·gen·e·sis *(geol.)* orogenese, berg= vorming.

o·rog·ra·phy orografie, bergbeskrywing. **or·o·graph= ic, or·o·graph·i·cal** orografies.

o·ro·ide kunsgoud.

o·rol·o·gy orologie, (vergelykende) gebergteleer, ge= bergtekunde. **or·o·log·i·cal** orologies.

or·o·tund vol, rond, imposant *(iem. se stem);* bom= basties, hoogdrawend, geswolle *(styl, skryfwerk, ens.).* **o·ro·tun·di·ty** hoogdrawendheid, geswollenheid.

or·phan *n.* wees(kind); *(tip.)* hang=, enkelreël *(onder= aan 'n bl.);* →WIDOW *n.*. **or·phan** *adj.* wees=; *~ boy/ girl/child* weesseun/=meisie/=kind; *leave/make s.o. an ~* iem. wees maak (*of* van sy/haar ouers beroof). **or= phan** *ww.* wees maak, ouerloos maak/wees; *~ed child* wees(kind), verweesde kind. ~ **chamber** *(hist.)* weeskamer. ~ **house** weeshuis. ~ **master** *(jur., vero.)* weesheer. ~**s' court** *(hist.)* weeskamer. ~**s' fund** wees= fonds.

or·phan·age weeshuis; *(arg.)* verweesdheid, ouerloos= heid.

or·phan·hood verweesdheid, ouerloosheid.

Or·phe·us *(Gr. mit.)* Orfeus, Orpheus. **Or·phe·an** Or= fies, Orphies, van Orfeus/Orpheus; melodieus, mee= slepend. **Or·phic** Orfies, Orphies, van Orfeus/Or= pheus; *(soms o~)* mistiek, esoteries, okkult. **Or·phism** Orfisme, Orphisme.

or·phrey *=phreys,* **or·fray** *=frays* goudomranding; goudborduursel.

or·pi·ment operment. ~ **yellow** koningsgeel.

or·re·ry klein planetarium.

or·ris[1] Florentynse iris/lisblom. ~ **(root)** iriswortel.

or·ris[2] *(kantwerk, vnl. i.d. 18de eeu)* goudgalon; silwer= galon.

or·tho= *komb.vorm* orto=.

or·tho·cen·tre, *(Am.)* **or·tho·cen·ter** hoogtepunt *(v. 'n driehoek).* **or·tho·cen·tric** ortosentries.

or·tho·chro·mat·ic *(fot.)* kleurgevoelig.

or·tho·clase *(min.)* ortoklaas.

or·tho·don·tics, or·tho·don·ti·a *n. (fungeer as ekv.)* ortodonsie. **or·tho·don·tic** ortodonties. **or·tho·don= tist** ortodontis.

or·tho·dox ortodoks, regsinnig; reggelowig; *O~ Church* Ortodokse Kerk. **or·tho·dox·y** ortodoksie, regsinnigheid.

or·tho·e·py, or·tho·e·py uitspraakleer, orto-epie, ortoëpie. **or·tho·ep·ic** orto-epies, ortoëpies, uitspraakkundig, uitspraak-. **or·tho·e·pist, or·tho·e·pist** uitspraakkundige.

or·tho·gen·e·sis *(biol., hoofs. hist.)* ortogenese.

or·thog·o·nal *adj., (wisk.)* ortogonaal, ortogonies, reghoekig.

or·thog·ra·phy ortografie, skriftekens, skryfstelsel; ortografie, (juiste) spelling, spel-, skryfwyse. **or·thog·ra·pher** ortograaf, spellingkundige. **or·tho·graph·ic, or·tho·graph·i·cal** ortografies, spel-, spelling-; *~ error* spelfout; *~ mark* skryf-, skrifteken; *~ rule* spelreël.

or·tho·pae·dics, *(Am.)* **or·tho·pe·dics** *n. (fungeer as ekv.)* ortopedie. **or·tho·pae·dic,** *(Am.)* **or·tho·pe·dic** *adj.* ortopedies; *~ surgeon* ortopedis. **or·tho·pae·dist,** *(Am.)* **or·tho·pe·dist** ortopedis.

or·thop·ter →ORNITHOPTER.

Or·thop·ter·a *(entom.)* Orthoptera, Regvleueliges, -vlerkiges. **or·thop·ter·an** *n.* regvleuelige, -vlerkige. **or·thop·ter·an, or·thop·ter·ous** *adj.* regvleuelig, -vlerkig.

or·thop·tics *n. (fungeer as ekv.)* ortoptiek, ortoptika, oogspierafrigting. **or·thop·tist** ortoptis, oogspierafrigter.

or·thot·ics *n. (fungeer as ekv.)* ortotika, ortotiek. **or·thot·ic** *n.* ortose, ortopediese stut. **or·thot·ic** *adj.* ortoties. **or·tho·tist** ortotis.

or·tho·tone *n., (woord met selfstandige klemtoon)* ortotoon. **or·tho·tone** *adj.* ortotoon.

or·tho·trop·ic, or·thot·ro·pous *(bot.)* ortotroop, ortotropies, regopgroeiend. **or·thot·ro·pism** ortotropie, regopstandigheid.

Or·well·i·an *adj.* Orwelliaans.

o·ryx -ryx(es) gemsbok. *~* **bull** gemsbokbul. *~* **cow** gemsbokkoei.

Os·can *n., (uitgestorwe taal)* Oskies. **Os·can** *adj.* Oskies.

Os·car *(Am. filmk.)* Oscar.

os·cil·late ossilleer, skommel, slinger, swaai, heen en weer beweeg; weifel, aarsel, op twee gedagtes hink. **os·cil·lat·ing** *adj.* ossillerend, ossilleer-; *~/oscillatory* ***circuit*** ossilleerkring; *~* ***discharge*** ossillerende ontlading; *~* ***engine*** ossillerende masjien; *~* ***trough*** skommelgeut. **os·cil·la·tion** ossillasie, slingering, skommeling, swaaiing, slingerslag, geslinger; weifeling; *amplitude of ~* →AMPLITUDE. **os·cil·la·tor** ossillator, wisselaar. **os·cil·la·to·ry** ossillerend, skommelend, slingerend, swaaiend; *~ circuit* →OSCILLATING CIRCUIT. **os·cil·lo·graph** *(elektron.)* ossillograaf. **os·cil·lo·scope** *(elektron.)* ossilloskoop.

os·cu·lar *(skerts.)* mond-, soen-; *(soöl.)* tuit-, oskulêr.

os·cu·late *(wisk.)* oskuleer; *(fml. of skerts.)* kus, soen. **os·cu·lat·ing** *(wisk.)* oskulerend. **os·cu·la·tion** *(wisk.)* oskulasie; *(fml. of skerts.)* kus, soen; gekus, gesoen, soenery.

os·cu·lum *(soöl.)* tuit, oskulum.

o·sier *(bot., ook* osier willow*)* kat-, bind-, mandjiewilg(er); wilgerlat; *(ook, i.d. mv.)* mandjiesgoed.

O·si·ris *(Eg. mit.)* Osiris.

Os·man·li *n. & adj., (vero.)* →OTTOMAN *n. & adj.*.

os·mic[1] *adj., (chem.)* osmium-.

os·mic[2] *adj.* reuk-.

os·mi·rid·i·um *(metal.)* osmiridium.

os·mi·um *(chem., simb.:* Os*)* osmium.

os·mose *ww., (w.g.)* dialiseer.

os·mo·sis -moses, *n., (biol., chem.)* osmose. **os·mot·ic** osmoties; *~ pressure, (chem.)* osmotiese druk.

os·prey *(igt.: Pandion haliaetus)* visvalk; *(hoedversiersel)* aigrettepluim.

os·se·in beenweefsel.

os·se·ous *(hoofs. soöl. & med.)* beenagtig, benig, been-; *~ fish* beenvis.

Os·se·tia *(geog.)* Ossetië. **Os·se·tian** *n., (inwoner, ook* Osset[e]*)* Osseet; *(taal, ook* Ossete, Ossetic*)* Osseties. **Os·se·tian, Os·set·ic** *adj.* Osseties.

Os·si·an *(Ier. volksheld en digter)* Ossian. **Os·si·an·ism** Ossianisme.

os·si·cle *(anat., soöl.)* (oor)beentjie.

Os·sie *n. & adj.* →AUSSIE.

os·si·fy in been verander, verbeen, ossifiseer; *(fig.)* stagneer, afstomp, verhard, verstok. **os·si·fi·ca·tion** ossifikasie, verbening.

os·so buc·co *(It. kookk.)* osso bucco.

os·su·ar·y ossuarium, beenderehuis.

os·te·i·tis *(med.)* beenontsteking.

Ost·end *(geog.)* Oostende.

os·ten·si·ble oënskynlik, skynbaar, kastig, voorgewend. **os·ten·si·bil·i·ty** oënskynlikheid. **os·ten·si·bly** oënskynlik, skynbaar, kastig, kwansuis, kamma, sogenaamd.

os·ten·sive oënskynlik, skynbaar; *(ling.)* ostensief.

os·ten·so·ry →MONSTRANCE.

os·ten·ta·tion vertoon(sug), spoggerigheid, grootdoenery, pronkery, windmakery, windmakerigheid, ydelheid, opsigtigheid, opsigtelikheid, prag en praal, ostentasie. **os·ten·ta·tious** spoggerig, grootdoenerig, pronkerig, windmaker(ig), vertonerig, ydel, opsigtig, opsigtelik, opvallend, praalsiek, ostentatief.

os·te·o- *komb.vorm, (med.)* osteo-, been-.

os·te·o·ar·thri·tis *(med.)* osteoartritis.

os·te·o·blast *(fisiol.)* osteoblast.

os·te·o·clast *(fisiol.)* osteoklas(t).

os·te·o·gen·e·sis osteogenese, beenvorming.

os·te·ol·o·gy osteologie, beenkunde. **os·te·o·log·i·cal** osteologies, beenkundig. **os·te·ol·o·gist** osteoloog, beenkundige.

os·te·o·ma -mas, -mata osteoom, beengewas.

os·te·o·ma·la·ci·a osteomalasie, beenversagting.

os·te·o·my·e·li·tis *(med.)* osteomiëlitis, beenmurgontsteking.

os·te·o·path, os·te·op·a·thist osteopaat.

os·te·op·a·thy osteopatie; beensiekte. **os·te·o·path·ic** osteopaties. **os·te·op·a·thist** →OSTEOPATH.

os·te·o·phage = OSTEOCLAST.

os·te·o·plas·ty *(med.: plastiese operasie op been)* osteoplastiek.

os·te·o·po·ro·sis *(med., veearts.)* osteoporose.

os·te·o·sar·co·ma -comas, -comata, *(med.)* osteosarkoom, kwaadaardige beentumor.

os·te·o·scle·ro·sis osteosklerose, beenverharding.

os·ti·na·to -natos, -nati, *n., (It., mus.)* ostinato; *basso ~* basso ostinato, grondbas.

os·ti·tis →OSTEITIS.

os·ti·um -tia, *(anat., soöl.)* opening, (uit)monding, mond.

ost·ler, host·ler *(hist.)* stal-, perdekneg.

os·tra·cise, -cize uitsluit, uitdryf, uitdrywe, verstoot, uitstoot, verban, ostraseer. **os·tra·cism** uitsluiting, uitdrywing, uitstoting; *(hist.)* skerwegerig, ostrasisme.

os·tra·con, os·tra·kon *(hist.)* ostrakon, (pot)skerf.

os·trei·cul·ture oesterteelt.

os·trich -trich(es) volstruis; *have the digestion of an ~* 'n volstruismaag hê. *~* **approach** kop-in-die-sand-benadering, volstruisbenadering. *~* **attitude** kop-in-die-sand-houding, volstruishouding. *~* **egg** volstruiseier. *~* **farm** volstruisplaas. *~* **farming** volstruisboerdery. *~* **feather** volstruisveer. *~* **leather** volstruisleer. *~* **mentality** kop-in-die-sand-mentaliteit, volstruismentaliteit. *~* **paddock** volstruiskamp. *~* **policy** volstruispolitiek.

os·trich·like volstruisagtig *(dinosourus ens.)*; kop-in-die-sand-, volstruis- *(benadering ens.)*.

Os·tro·goth Oos-Goot. **Os·tro·goth·ic** Oos-Goties.

oth·er ander; anders; *one* ***after*** *the ~* →ONE AFTER ANOTHER; ***all*** *the ~s* al die ander; ***among*** *~s* onder andere; *the ~* ***day*** →DAY; ***do good*** *to ~s* →GOOD *n.*; ***each*** *~* mekaar, die een die ander; ***every*** *~ day* →DAY; *s.t.* ***far*** *~, (w.g.)* iets heeltemal/totaal anders; ***far*** *~ from ..., (w.g.)* heeltemal verskillend van ...; *and a* ***few*** *~s* en nog 'n paar, en nog enkeles; *one's ~* ***half*** jou wederhelf(te); *see how the ~* ***half*** *lives* sien hoe (*of* in watter omstandighede) ander mense leef/lewe, sien hoe mense aan die ander kant van die draad/spoorlyn leef/lewe, die ander kant van die draad/spoorlyn verken; *the ~* ***man/woman,*** *(getroude man/vrou se minnares/minnaar)* die ander man/vrou; *s.o. can do* ***no*** *~* iem. kan nie anders nie; ***none*** *~ than ...* →NONE[1] *pron.*; *the ~* ***place,*** *(parl.)* die ander Huis; *~* ***than*** ... buiten/behalwe ...; *things ~* ***than*** ... ander dinge as ...; *among ~* ***things*** onder meer/andere; *all ~* ***things*** *being equal* →EQUAL *adj.*. **~-directed** *adj.* tot ander gerig; *~ society* tot ander gerigte samelewing.

oth·er·ness andersheid.

oth·er·wise *adj. (pred.)* anders, verskillend; *(SA, infml.)* aweregs, dwars(trekkerig), stroomop; *and/or ~* of (*of* al dan) nie. **oth·er·wise** *adv.* anders; andersins; so nie; in ander opsigte; op 'n ander manier; origens, verder, vêrder; ***act/think/etc.*** *~* anders handel/dink/ens.; *~* ***not bad*** anders/origens nie sleg nie; *Mrs X, ~* ***(called)*** *the Peahen* mev. X, ook/anders genoem die Pouwyfie; mev. X, oftewel (*of* ofte wel) die Pouwyfie; ***do it now,*** *~ ...* doen dit nou, anders ...; *be ~* ***engaged*** →ENGAGED; *be ~* ***minded*** anders daaroor dink, 'n ander mening hê/huldig (*of* toegedaan wees); *~* ***than*** ... buiten/behalwe ...; *~* ***where*** *does s.o. get it?* waar kom iem. anders daaraan?.

oth·er·world·ly nieaardsgesind; boaards, bonatuurlik. **oth·er·world·li·ness** nieaardsgesindheid; bonatuurlikheid.

o·tic oor-, van die oor. **o·ti·tis** *(med.)* oorontsteking; *~ externa* buiteoorontsteking; *~ interna* binneoorontsteking; *~ media* middeloorontsteking.

o·ti·ose nutteloos, oortollig, onbruikbaar; *(arg.)* lui; werkloos, ledig. **o·ti·ose·ness, o·ti·os·i·ty** *(arg.)* luiheid; ledigheid.

o·to·cyst →STATOCYST.

o·to·lith *(soöl.)* otoliet, oorsteen(tjie).

o·tol·o·gy otologie, oorheelkunde. **o·to·log·i·cal** oorheelkundig. **o·tol·o·gist** otoloog, oorheelkundige, oorspesialis, oorarts.

o·top·a·thy oorsiekte.

o·to·(rhi·no·)lar·yn·gol·o·gy oto(rino)laringologie, oor-neus-en-keel-heelkunde. **o·to·(rhi·no·)lar·yn·gol·o·gist** otorinoloog, oor-neus-en-keel-arts.

o·to·scle·ro·sis *(med.)* otosklerose, oorverharding.

o·to·scope *(med.)* otoskoop, oorspieël.

ot·tar →ATTAR.

ot·ter -ter(s) otter; *Cape clawless ~, (Aonyx capensis)* groototter; *sea ~, (Enhydra lutris)* see-otter; *spotted-necked ~, (Lutra maculicollis)* kleinotter. *~* **dog,** *~* **hound** otterhond.

ot·to →ATTAR.

Ot·to·man *n., (hist.)* Ottoman, Turk. **Ot·to·man** *adj.* Ottomaans, Turks, Osmaans, Osmanies.

ot·to·man *(soort sofa/ribstof)* ottoman; *box ~* gestofferde kis.

ou·bli·ette kerker met 'n valdeur, oubliëtte.

ouch *tw.* eina.

ought[1] *ww.* behoort; *it ~* ***not*** *to be allowed* dit moenie toegelaat (*of* behoort nie toegelaat te) word nie; *s.o. ~* ***to*** ... iem. behoort te ...; *s.o. ~* ***to be*** *here soon* iem. behoort binnekort hier te wees; *~* ***to*** *have done s.t.* iem. moes iets (*of* behoort iets te) gedoen het; *s.o. ~* ***to*** *know (this/that)* iem. behoort (dit) te weet.

ought[2]**, aught** *n., (arg.)* →NOUGHT.

oughtn't *(sametr.)* = OUGHT NOT.

Oui·ja board *(handelsnaam)* ouijabord.

ouis·ti·ti *(Fr.)* →WISTITI.

ounce[1] *(afk.:* oz*)* ons; *two ~s* twee ons; →FINE OUNCE.

ounce[2] →SNOW LEOPARD.

our ons(e); *O~ Father* →FATHER; *O~ (Blessed) Lady* →LADY; *to ~ way of thinking* onses insiens. **ours** *bes.vnw.* ons s'n; ons; *~* ***is*** *a different system/etc.* ons gebruik/het 'n ander stelsel/ens., ons stelsel/ens. is/werk anders; *it* ***is*** ~ dit is ons s'n; *it* ***is*** ~ *to* ... dit is ons plig om te ... *(gehoorsaam ens.); I* ***like*** ~ *better* ek hou meer van ons s'n; ***of*** ~ van ons. **our·self** *(arg., pleks v.* myself *deur vors[tin] gebr.)* onsself, ons self; →OURSELVES. **our·selves** *(ook* ourself *as na mense i.d. alg. verwys word)* ons; onsself, ons self; →HIMSELF; ***between*** ~ (net) onder ons (gesê); ***by*** ~ alleen; *we shall only* ***harm*** ~ ons sal onsself (*of* ons self) net skade aandoen; *we'll* ***see to*** *it* ~ ons sal self daarvoor sorg.

=ous *suff. (vorm adj.)* =lik; =(er)ig; =agtig, =houdend, =eus; *danger*~ gevaarlik; *envi*~ naywerig, nydig, afgunstig, jaloers; *sulphur*~ swa(w)elagtig, swa(we)elhoudend, sulferagtig, sulfereus.

oust uitdryf, =drywe, verdryf, =drywe; verdring, uitstoot, uitdruk; uitlig, ontsetel, uitstem; ~ *s.o. from* ... iem. uit ... sit/verwyder; ~ *a rival* 'n mededinger se hand in die as slaan. **oust·ed** *n.: the* ~ die ontsetelde(s). **oust·ed** *adj.* ontsetel. **oust·er** *(jur.)* uitdrywing, uitsluiting.

out *n., (infml., fig.)* skuiwergat; *the* ~*s, (pol.)* die verloorders. **out** *adj. (pred.) & adv.* uit, buite; uit, nie tuis nie, weg van die huis; nie op kantoor nie; bekend, openbaar; *('n boek)* het verskyn; *('n geheim)* het uitgelek; *('n vuur ens.)* uit, dood; *('n brand)* geblus; om, verby; van die baan; *(infml.)* uit (die mode), nie meer in nie; uitgeslote; uitgebak; buite die kwessie; flou, bewusteloos, katswink; *(sport: bal, speler)* uit; *('n arm ens.)* uit lit; *be* ~ *and* ***about*** op die been wees; *go* ***all/full*** ~ (alles) uithaal, alle kragte inspan, alles inwerp; ~ ***and*** ~ deur en deur; →OUT-AND-OUT *adj.*; ~ *and* ***away*** *the best* verreweg die beste; *the* ***daisies/etc.*** *are* ~ die madeliefies/ens. blom (*of* is in die blom *of* staan in bloei); *two* ***days*** ~ *at sea* twee dae ná die afvaart; *an* ***evening*** ~ 'n aand(jie) uit; *(not) be* ***far*** ~ (nie) ver/vêr verkeerd wees (nie); dit (nie) ver/vêr mis hê (nie); *it is not* ***far*** ~*, (ook, 'n syfer ens.)* dit skeel nie veel nie; *be* ~ ***for*** *s.t.* agter iets aan wees *(geld ens.); s.o. is* ~ ***for/to*** *lunch* →LUNCH *n.*; *be* ~ *in* ***front*** heel vooraan (*of* los voor *of* daar vóór) wees; ~ ***here*** hier buite; *be* ~ ***like*** *a light, (infml.)* vas aan die slaap wees; ~ ***loud*** hardop, luidkeels; ***not*** ~*, (sport)* nie uit nie; *come* ~ ***of*** *s.t.* →COME; *do s.t.* ~ ***of*** ... iets uit ... doen *(wrok ens.); by* ... (sire) ~ ***of*** ... (dam), *(diereteelt)* van ... *(vaar)* by ... *(moer); s.o./s.t. is* ~ ***of*** ... iem./iets is buite ... *(bereik, gevaar, ens.)*; iets is buite ... *(beheer, werking, ens.)*; iem./iets is buite(kant) ... *('n dorp, stad)*; iem./iets is uit ... *(d. mode, pas, ewewig, tyd, ens.)*; iem. is sonder ... *(werk ens.); s.o. is (clean/clear)* ~ ***of*** *sugar/etc.* iem. het nie meer suiker/ens. (*of* geen suiker/ens. meer) nie, iem. se suiker/ens. het opgeraak (*of* is [heeltemal] op/klaar/gedaan); *s.o. is fresh* ~ ***of*** ... iem. se ... is pas/net op *(suiker ens.)*; iem. het pas uit ... gekom *(d. tronk ens.); make s.t.* ~ ***of*** ... iets uit/van ... maak; iets uit ... verdien; *ten/etc. kilometres* ~ ***of*** ... tien/ens. kilometer van/buite(kant) ...; *walk* ~ ***of*** *the door* by die deur uitstap; *be* ~ ***of*** *focus* →FOCUS *n.*; ~ ***of*** *the house* buitenshuis, uit die huis (uit); ~ ***of*** *South Africa etc.* uit Suid-Afrika/ens.; buite(kant) Suid-Afrika/ens.; *s.t. is* ~ ***of*** *stock* →STOCK *n.*; *nine times* ~ ***of*** *ten* →TIME *n.*; *born* ~ ***of*** *wedlock* →WEDLOCK; *be* ~ ***of it*** nie meetel nie; nie betrokke wees nie; oningelig wees; *(Br.)* dronk wees; *(Am.)* nie helder/logies kan dink nie; *s.o. is well* ~ ***of it*** iem. kan bly wees (*of* van geluk spreek) dat hy/sy daaruit is (*of* daarvan ontslae is *of* niks daarmee te doen het nie); *be* ~ *on* ***strike,*** *(werkers)* staak; ***that*** *is* ~*!, (infml.)* daar kom niks van nie!, daar is geen kwessie van nie!; *be* ~ ***to*** *do s.t.* daarop uit wees om iets te doen; ~ ***with*** *him/her!* weg met hom/haar!; gooi hom/haar uit!; ~ ***with*** *it!* (kom) uit daarmee!; ~ ***you go!*** uit is jy!. **out** *prep.: walk* ~ *the door, (Niestandaardengels)* by die deur uitstap. **out** *ww.* onthul, openbaar, openbaar maak, aan die lig bring; *be* ~*ed, (ook, infml.)* as gay ontmasker word; *the truth will* ~ →TRUTH. **~act:** *to* ~ *s.o.* beter as iem. toneelspeel, iem. oortref. **~-and-~** *adj. (attr.)* deur en deur; deeglik, volslae; aarts=. **~-and-outer** *(arg., infml.)* doring, knewel; ekstremis, vuurvreter. **~argue** doodpraat, doodredeneer, vastrek. **~back** *n.* diep platteland (*of* afgeleë deel/gebiede) (van Australië); agterveld, boendoe, gramadoelas. **~back** *bep.* agterveldse, boendoe=; ~ *life* die lewe in die boendoe. **~balance** →OUTWEIGH. **~bid** =*dd*=; =*bid* =*bid(den)* hoër bie as, oorbie; oortref, oortroef. **~board** buiteboords; ~ *motor* buiteboordmotor. **~bound** uitgaande, op die uitreis. **~brave** *ww., (arg.)* dapperder wees as; trotseer. **~break** uitbreking, (die) uitbreek; uitbarsting; opwelling *(v. 'n gevoel)*; uitval; opstand, oproer; *at the* ~ *of (the) war* toe die oorlog uitbreek, by die uitbreek van die oorlog. **~breeding** *(biol.)* uitteling; *(antr.: huwelik buite stamverband)* eksogamie. **~building** buitegebou. **~burst** uit=, losbarsting. **~cast** *n.* verstoteling, verstotene, verworpene, verworpeling, uitgeworpene; versonkene; banneling. **~cast** *adj.* verstote, verwerp(te), verworpe, uitgewerp(te), uitgeworpe, uitgeskop(te); verban(ne). **~caste** *n.* verstoteling, uitgeworpene, paria *(i.d. Hindoesamelewing)*; kastelose. **~caste** *ww.* uit sy/haar kaste stoot. **~class** oortref, oorskadu, in die skadu stel; maklik verslaan. **~come** uitslag, uitkoms, gevolg, uitvloeisel, resultaat. **~comes-based education** *(SA, opv., afk.:* OBE*)* uitkomsgebaseerde onderwys. **~crop** *(geol.)* dagsoom; verskyning. **~cry** geskree(u), lawaai, geroep, uitroep; protes; *an* ~ *against* ... luide protes teen ...; *raise an* ~ *against* ... luid(keels) teen ... protesteer. **~dance** *ww.* beter dans as. **~dated** verouderd; uit die mode. **~distance** uit(hard)loop, verby(hard)loop, disnis loop; agterlaat; *clean* ~ *s.o.* →CLEAN *adv.*. **~do** =*did* =*done* oortref, verbystreef, =strewe, baasraak; *s.o. was not to be outdone* iem. wou nie agterbly nie. **~door** *adj. (attr.)* buitelug=, opelug=, buitenshuis; buite=; ~ *activities/pursuits* buitelugaktiwiteite; ~ *clothes* buitelugklere; ~ *game* opelugspel; ~ *life/living* buitelewe, lewe in die buitelug (*of* ope lug); ~ *paint* buiteverf; ~ *sports* buitesport; ~ *swimming pool* opelug=, buitelugswembad, buitenshuise swembad. **~doors** *n. (fungeer as ekv.)* buitelug, ope lug; *the great* ~ die (vrye) natuur. **~doors** *adv.* buitenshuis, in die buitelug (*of* ope lug). **~face** trotseer, uitdaag, die hoof bied. **~fall** uitloop *(v. 'n rivier ens.)*. **~field** *(sport, vnl. kr. en bofbal)* buiteveld; buiteveldwerkers; afgeleë veld *(v. 'n plaas); in the* ~*, (ook)* aan die grens. **~fielder** *(kr., bofbal)* buiteveldwerker. **~fight** =*fought* =*fought* baasraak, uitklop, uitstof, ondersit. **~fit** *n.* uitrusting, toerusting; uitset *(vir 'n bruid, baba); (infml.)* geselskap, span. **~fit** =*tt*=, *ww.* uitrus, toerus; →FIT S.O. OUT. **~fitter** *(vero.)* (mans)klerehandelaar/uitruster; (mans)klerewinkel; leweransier; *(Am.)* sportwinkel. **~flank** *(mil.)* omtrek, omvleuel, oorvleuel; *(fig.)* uitoorlê. **~flow** uitloop; uitstroming, afvloei(ing). **~flung** *adj.* uitgestrek, oopgesprei. **~fly** =*flew* =*flown* vinniger/verder/vêrder vlieg as. **~fox** *(infml.)* uitoorlê. **~gassing** ontgassing; gasverlies. **~general** =*ll*= in krygskuns oortref; uitoorlê. **~go** *n., (arg.)* (on)koste, uitgawe, besteding; uitstroming; uitgang. **~go** =*went* =*gone, ww., (arg.)* oortref; vinniger gaan as. **~going** uitgaande; vertrekkend; uittredend, aftredend; ~ *personality* spontane/innemende/ekstroverte persoonlikheid; ~ *tide* uitgaande/aflopende gety. **~goings** *n. (mv.), (Br.)* (on)koste, uitgawe. **~grow** =*grew* =*grown* ontgroei, te groot word vir; uitgroei, verbygroei; ~ *one's strength, (Br.)* uit jou kragte groei. **~growth** uitwas, uitgroeisel; gevolg, uitkoms, resultaat. **~guess** *ww.:* ~ *s.o.* iem. een voor wees; te slim vir iem. wees. **~gun** =*nn*= oortref *(in wapensterkte); (infml.)* troef, koudsit, oorskadu, in die skadu stel. **~-Herod** *ww.* in boosheid oortref; ~ *Herod* die duiwel in boosheid oortref. **~house** buitegebou; *(Am.)* buitetoilet. **~jockey** *(vero.)* uitoorlê, fop, bedrieg. **~jump** *ww.* hoër/verder/vêrder spring as. **~lander** *(hoofs. Am.)* buitelander, uitlander. **~landish** vreemd, eksentriek, bisar; *(arg.)* buitelands, uitlands, uitheems. **~last** oorleef, oorlewe, langer duur/uithou as. **~law** *n.* voëlvryverklaarde; misdadiger, boef. **~law** *ww.* verbied, 'n verbod plaas op; voëlvry verklaar *(iem.); (Am.)* nietig verklaar *('n kontrak ens.)*. **~lawry** voëlvryverklaring; (volslae) verbod; ~ *of war* verbod op alle oorlog. **~lay** uitgawe, besteding, (produksie)koste. **~leap** =*leaped* =*leaped;* =*leapt* =*leapt, (w.g.)* hoër/verder/vêrder spring as. **~let** →OUTLET. **~lier** uitloper; losliggende deel; *(geol.)* loslap, erosierelik; *(statist.)* uitskieter; satelietkantoor; buitestander. **~line** *n.* omtrek, buitelyn; opset; oorsig; skema; omtrek(lyn); omtreksketse; belyning, omlyning, profiel; *(ook, i.d. mv.)* hoofpunte, breë/algemene trekke; *in (broad)* ~ in hooftrekke, in breë/algemene trekke; *a sketchy* ~ 'n vae omtrek. **~line** *ww.* omlyn, belyn, afteken; skets, uitstippel, in hooftrekke beskryf/beskrywe. **~line map** oorsigkaart. **~line stitch** buitelynsteek. **~live** oorleef, oorlewe, langer leef/lewe as. **~look** vooruitsig; uitsig, gesig; opvatting, beskouing; kyk; *a* ***bleak*** ~ 'n droewe/droewige/slegte vooruitsig; *the* ~ *is* ***dark*** dit lyk maar donker; *s.o.'s* ~ *(on* ***life****)* iem. se lewensbeskouing/lewensopvatting, iem. se opvatting van (*of* kyk op) die lewe; *a* ***narrow*** ~ 'n eng/bekrompe lewensopvatting; *a* ***warped*** ~ 'n skewe/verwronge kyk op die lewe. **~lying** afgeleë, ver/vêr (verwyder[d]); ~ *districts* buitegebiede, =distrikte; ~ *farm* buiteplaas; ~ *post* buitepos. **~manoeuvre** uitoorlê, die loef afsteek, te slim wees vir. **~march** *(w.g.)* vinniger marsjeer as. **~match** oortref. **~measure** *(arg.)* in grootte/omvang oortref. **~moded** verouderd, uit die mode, oudmodies, uitgedien(d), ouderwets, uit die ou(e) doos. **~most** →OUTERMOST. **~number** in getal oortref; *be* ~*ed* in die minderheid wees; teen 'n oormag te staan kom. **~-of-body experience** buiteliggaamlike ervaring. **~-of-court settlement** *(jur.)* skikking buite die hof. ~ **of date** *adj. (pred.), (attr.:* out-of-date*)* verouderd, ouderwets, oudmodies. **~-of-door** *adj. (attr.)* →OUTDOOR. **~-of-doors** *n. (fungeer as ekv.)* ope lug. **~-of-fashion** *adj. (attr.)* oudmodiese, wat uit die mode is *(pred.)*. **~-of-pocket** *adj. (attr.):* ~ *expenses* kontantuitgawes, klein/los uitgawes; ~ *payment* direkte betaling. **~-of-season** *adj. (attr.)* buiteseisoen=. **~-of-the-way** *adj. (attr.)* afgeleë; uitsonderlike, seldsame; ~ *place* uithoek, agterhoek. **~-of-town** *adj. (attr.), ('n winkelsentrum ens.)* wat buite die dorp/stad geleë is *(pred.); ('n prokureur ens.)* van 'n ander dorp/stad *(pred.)*. **~-of-towner** *(Am.)* vreemdeling op die dorp (*of* in die stad), besoeker van elders. **~-of-work** *adj. (attr.)* werklose. **~pace** verbygaan, uit=, verbyhardloop; oortref. **~patient** buitepasiënt; ~*(s') department* buitepasiëntafdeling, =departement. **~perform** oortref. **~placement** uitplasing *(v. personeel ens.)*. **~play** uitstof, =klop. **~point** *(boks)* met punte klop, op punte verslaan; *(sk.)* digter by die wind seil as. **~post** →OUTPOST. **~pouring** uitstorting, ontboeseming; uitstroming. **~put** produksie, opbrengs, opbrings *(v. 'n fabriek ens.)*; vermoë *(v. 'n masjien); (elek.)* lewering; *(rek.)* afvoer; →INPUT; *unit of* ~ →UNIT. **~rage** *n. & ww.* →OUTRAGE *n. & ww.*. **~range** verder/vêrder skiet/dra as, oortref. **~rank** in rang oortref, 'n hoër rang beklee as; *a full Col.* ~*s a Lt Col.* 'n volle kol. staan bo (*of* is hoër [in rang] as) 'n lt.kol.. **~reach** *n.* reikwydte; *(sosiol.)* uitreik(ings)program; uitreik(ings)aksie *(na gestremdes ens.)*. **~reach** *adj. (attr.)* uitreik(ings)= *(diens ens.)*. **~reach** *ww.* verder/vêrder reik as, oortref. **~ride** =*rode* =*ridden* verbyry, wegry van/vir; vinniger ry as; *(sk.)* deurstaan *('n storm)*. **~rider** eskort; voorryer; agterryer. **~rigger** loefbalk, papegaaistok *(v. 'n seilskip)*; vlerk *(aan 'n roeiboot); (ook* outrigger boat/canoe*)* vlerkprou; arm, balk *(v. 'n kraan); (meg.)* uithouer. **~right** →OUTRIGHT. **~rival** oortref, uitstof, oorskadu, in die skadu stel, die oorhand kry oor, troef, koudsit. **~run** =*nn*=; =*ran* =*run* uithardloop, verbyhardloop, verbysteek, vinniger hardloop as; ontvlug; die grense oorskry; ~ *the constable* →CONSTABLE. **~sail** vinniger/verder/vêrder seil as, onder ... uitseil. **~sell** =*sold* =*sold* meer verkoop as; 'n groter verkoop(s)opbrengs/=opbrings lewer as. **~set** begin, aanvang; *at the* ~ in/aan/by die begin, eers, aanvanklik; *at the very* ~ sommer aan/in die begin; *from the* ~ van die begin/staanspoor (af), uit die staanspoor (uit), (sommer) met die intrap(slag), van meet af (aan). **~shine** =*shone* =*shone* oortref, oorskadu, in die skadu stel, uitblink/uitmunt bo. **~shoot** beter/verder/vêrder skiet as; verbygroei; verder/vêrder reik as. **~side** →OUTSIDE. **~size** *n., (kledingstuk)* (ekstra) groot grootte/maat/nommer; kolos, reus. **~size(d)** *adj.* ekstra groot; reuse=. **~skirts** *n. (mv.)* grens; uit=

hoeke; buitewyke, rand(e), buiterand(e), omgewing, omstreke; *the ~ of a forest* die soom van 'n bos; *on the ~ of the town* aan die rand (*of* in die buitewyke) van die dorp/stad. **~smart** *(infml.)* uitoorlê, kul, fop. **~sorts** *n. (mv.), (SA)* uitskot-, uitgooiwol, afrandsels; byklasse. **~source** uitkontrakteer, uitbestee *(werk ens.)*. **~sourcing** uitkontraktering, uitbesteding *(v. werk ens.)*. **~span** *n., (SA, hist.)* uitspanplek, rusplek; uitspanning. **~span** *-nn-, ww.* uitspan, aftuig; uitspan, rus. **~spend** meer bestee/uitgee as. **~spoken** →OUTSPOKEN. **~spread** *adj.* uitgesprei, uitgestrek. **~spread** *ww., (poët., liter.)* uitsprei, uitstrek. **~standing** →OUTSTANDING. **~stare:** *~ s.o.* iem. laat wegkyk, iem. sy/haar oë laat neerslaan. **~station** buitepos; buitestasie, bystasie. **~stay** te lank bly; *~ one's welcome* →WELCOME *n.*. **~step** →OVERSTEP. **~stretch** *ww.* uitstrek, uitsprei; verder/vêrder strek/reik as; *~ed hand* uitgestrekte hand. **~strip** *-pp-* oortref; oorskry; agterlaat, verby(hard)loop. **~swing** *(kr.)* uitswenk(ing), uitswaai; →INSWING. **~swinger** *(kr.)* uitswaaibal, uitswaaier, wegswaaier. **~take** *n., (filmk.)* afgekeurde opname. **~talk** doodpraat. **~think** uitoorlê, te slim wees vir. **~top** *ww., (w.g.)* uitsteek bo. **~tray** uitmandjie. **~trump** oortroef. **~turn** produksie, opbrengs, opbrings; resultaat. **~vie** *(w.g.)* oortref. **~vote** oorstem; afstem; uitstem. **~walk** disnis/gedaan loop, uitloop. **~wash** *n.* glasiofluviale/fluvioglasiale puin. **~wear** *-wore -worn,* langer hou/dra as; uitput; *(poët., liter.)* deurbring *(tyd)*. **~weigh** oortref; van groter belang wees (*of* swaarder weeg) as; *be ~ed by ...,* *(ook)* nie teen ... opweeg nie. **~wit** *-tt-* uitoorlê, fop, kul, te slim wees vir. **~work** →OUTWORK. **~worn** verslete; verouderd.

out- *pref.* uit-; buite-; oor-.

out·age *n.* kragonderbreking; weiering *(v. 'n enjin ens.)*.

out·er *adj. (attr.)* buitenste, buite-; uiterlike; *~ **court*** buitehof; *~ **darkness*** buitenste duisternis; *~ **door*** buitedeur; *~ **egg*** randeier; *~ **garments*** boklere; *~ **gate*** voorpoort; *the O~ **Hebrides*** →HEBRIDES; *O~ **Mongolia,*** *(hist.)* Buite-Mongolië; *~ **planet*** buiteplaneet; *~ **space*** die buiteruimte, die buitenste ruimte; *the ~ **world*** die buitewêreld.

out·er·most, out·most verste, vêrste, uiterste, buitenste.

out·er·wear oorklere; boklere.

out·ing uitstappie, ekskursie, (plesier)toggie; kuier(tjie); *(infml.)* onthulling, openbaarmaking *(v. iem. se homoseksualiteit); go on an ~* 'n uitstappie doen/maak/ onderneem. *~* **cloth,** *~* **flannel** flanelet.

out·let *(teg.)* uitlaat(klep); uitlaat(pyp); afvoerbuis, -pyp; opening; deurlaat; uitgang *(v. 'n myn ens.)*; mond(ing) *(v. 'n rivier)*; uitloop *(v. 'n dam ens.)*; *(med.)* uitlaat, uitmonding, uitgang; *(Am., elek.)* kragpunt; *(han.)* afsetgebied, mark; *(han.)* verkooppunt; *(han.)* afsetplek; *(fig.)* uitlaatklep *(vir emosies ens.)*. *~* **box** *(elek.)* uitgangskas. *~* **pipe** afvoer-, uitlaatpyp. *~* **valve** uitlaatklep.

out·post voorpos; buitepos. *~* **picket** brandwag. *~* **troops** voorpostroepe.

out·rage *n.* woede, verontwaardiging; (growwe) belediging, vergryp, wandaad, gruweldaad; aanranding, gewelddaad, aanslag; *an ~ **against** ...* 'n vergryp teen ...; ***express** (one's) ~ at s.t.* uiting aan jou verontwaardiging oor iets gee; *a (**sense** of) ~* woede; *it is an ~ **to** ...* dit is 'n wandaad om te ... **out·rage** *ww.* verontwaardig; beledig, krenk; oortree, (ver)breek, skend, geweld aandoen; *(euf.)* verkrag, aanrand. **out·raged** *(ook)* woedend, buite jouself (van woede), briesend, rasend; (erg) verontwaardig, geskok; *be ~ by s.t.* woedend oor iets wees; hoogs verontwaardig oor iets wees. **out·ra·geous** verregaande; skandelik, skandalig; ergerlik; beledigend; skokkend, vreeslik, verskriklik; gewelddadig, woes. **out·ra·geous·ness** verregaandheid; skandelikheid, skandaligheid; vreeslikheid, verskriklikheid.

ou·tré *(Fr.)* onwelvoeglik, aanstootlik; eksentriek, eienaardig.

out·right *adj.* volledig, volkome; onvoorwaardelik; rondborstig, reguit; onmiskenbaar; *an ~ defeat/win* 'n volkome ne(d)erlaag/oorwinning; *~ purchase* aankoop ineens. **out·right** *adv.* heeltemal, totaal, geheel en al, volkome; openlik, ronduit, rondborstig; regstreeks, ineens; *kill ... ~* →KILL *ww.; s.o. was killed ~* iem. is op slag dood; *win ~* →WIN *ww.*.

out·side *n.* buitekant, buitenste; uiterlik(e), uiterste; *(i.d. mv., druk.)* buitevelle *(papier); a hundred **at** the ~* uiterlik/hoogstens honderd, honderd op sy meeste/ hoogste; *know only the ~s of **books*** net die buitekant van boeke ken; ***from** the ~* van buite (af); ***on** the ~* aan die buitekant; buiteop, buiteaan; buitekant; van buite; ***round** the ~* buiteom. **out·side** *adj.* buitenste, buite-, van buite; uiterste; *~ **agency*** buitekrag, krag van buite; *~ **broadcast,*** *(rad., TV)* buiteopname; *~ **callipers*** buitemeetpasser; *~ **chance*** heel/uiters geringe kans; *~ **chimney*** abbaskoorsteen; *~ **edge*** buiterand; *~ **elevation*** buiteaansig; *~ **half,*** *(rugby)* losskakel; *~ **interest*** buitebelang; *~ **lane*** buitebaan *(v. 'n pad); ~ **left,*** *(sokker)* linkerbuitespeler; *~ **measurement*** →MEASUREMENT; *~ **person*** buitestander; *~ **price*** uiterste (*of* hoogs moontlike) prys; *~ **right,*** *(sokker)* regterbuitespeler; *~ **room*** buitekamer; *~ **shareholder*** minderheidsaandeelhouer; *~ **track,*** *(sport)* buitebaan; *~ **work*** buitewerk, bybaantjie; *~ **world*** buitewêreld. **out·side** *adv.* buite(kant); na buite, buite(n)toe; in die buitelug (*of* ope lug); *black/ etc. ~* swart/ens. van buite, buitekant swart/ens.. **out·side** *prep.* buite(kant); afgesien van, buiten; *~ (of) his/ her own family he/she knows no one* buiten sy/haar huismense ken hy/sy niemand nie; *just ~ the town* kort buite(kant) die dorp/stad; *~ the record* →RECORD *n.*. **out·sid·er** randfiguur, randeier; buitestander; *(lettk.)* buitestander(figuur), outsider; oningewyde, leek; vreemde(ling), onbekende; *(sport)* buiteperd; *be a rank ~,* *(iem.)* 'n randeier wees; *('n perd)* geen kans hê nie.

out·spo·ken reguit, onomwonde, *(<Eng.)* uitgesproke, openhartig, rondborstig, opreg, vrymoedig; *be ~* baie reguit wees, geen doekies omdraai nie; padlangs/reguit/ronduit praat. **out·spo·ken·ly** padlangs, reguit, ronduit, rondborstig, openlik, openhartig, vrymoedig. **out·spo·ken·ness** openhartigheid, rondborstigheid, *(<Eng.)* uitgesprokenheid, opregtheid, openheid, vrymoedigheid.

out·stand·ing buitengewoon, uitsonderlik; puik, uitstekend, skitterend, briljant, uitmuntend, voortreflik, uitnemend; opvallend, opmerklik, ooglopend, markant; besonder; oorheersend; onafgehandel(d), agterstallig *(werk ens.)*; onopgelos *(geheim ens.)*; onbeslis *(bevinding ens.)*; uitstaande *(skuld ens.)*; onbetaal(d), onvereffen *(rekening ens.)*; agterstallig *(huur, rente, ens.)*; onafgelos *(lening, obligasie, ens.)*; *(ook, i.d. mv.)* uitstaande/onbetaalde/onvereffende skulde; *be ~* uitblink, skitter, uitmunt; *~ feature* besondere kenmerk; *~ person* uitblinker.

out·ward *n.* uiterlik(e). **out·ward** *adj.* uiterlik; uitwaarts, buitewaarts; uitwendig; *the ~ **eye*** die liggaamlike oog; *~ **flight*** heenvlug; *~ **form*** die uiterlik(e); *~ **journey*** heenreis, uitreis; *~ **mail*** uitgaande pos; buitelandse pos; *to ~ **seeming,*** *(w.g.)* oënskynlik; *~ **things*** die wêreld om ons. *~* **bound** uitgaande, uitvarende, op die uit-/heenreis. *~*-**going** *adj.* ekstrovert; *~/outward-looking policy, (ekon.)* uitwaartse (*of* uitwaarts gerigte) beleid.

out·ward·ly uitwendig; oënskynlik, op die oog (af), uiterlik, van buite (af).

out·ward·ness uiterlikheid; objektiwiteit.

out·ward(s) *adv.* buitekant toe, na die buitekant, na buite, buitewaarts, uitwaarts; *outwards movement* uitwaartse beweging.

out·work *n., (mil.)* buitewerk. **out·work** *ww.* meer/ beter werk doen as; voltooi.

ou·zel, ou·sel *(orn.)* lyster; →RING OUZEL/OUSEL, WATER OUZEL/OUSEL; *(arg.)* merel (→EUROPEAN **BLACKBIRD**).

ou·zo *(Gr. drank)* ouzo.

o·va *n. (mv.)* →OVUM.

o·val *n.* ovaal. **o·val** *adj.* ovaal, eiervormig, ellipties; *the O~ Office, (kantoor v.d. Am. president i.d. Wit Huis)* die Ovaal Kantoor; die (Amerikaanse) presidentskap; *~ table* ovaal/ovale tafel. *~*-**shaped** ovaalvormig.

ov·al·bu·min *(biochem.)* eieralbumien, ovalbumien.

O·vam·bo Ovambo, Wambo. *~***land** Ovambo/Owambo(land).

o·var·i·ec·to·my →OOPHORECTOMY.

o·var·i·ot·o·my *(med.: eierstokinsnyding)* ovariotomie; →OOPHORECTOMY.

o·va·ri·tis →OOPHORITIS.

o·va·ry *(anat.)* eierstok, ovarium; *(bot.)* vrugbeginsel, ovarium. **o·var·i·an** van die eierstok/vrugbeginsel; eierstok-; *~ artery* eierstokslagaar.

o·vate ovaal(vormig), eiervormig, eierrond.

o·va·tion ovasie, toejuiging, applous; *get a standing ~* staande toegejuig word; *give s.o. a standing ~* iem. staande toejuig.

ov·en oond; *have a **bun** in the ~* →BUN; *a **cool/slow** ~* 'n koel/stadige oond; *a **hot** ~* 'n warm oond; ***like** an ~, (infml.)* (so warm) soos 'n bakoond, so warm dat die kraaie gaap, snikheet; *a **medium/moderate** ~* 'n matige oond; ***put** s.t. in the ~* iets in die oond sit/steek. *~* **bush** *(Passerina filiformis)* bak(kers)bossie; *(Conyza ivaefolia)* bak(besem)-, bak(oond)bossie, besemgoed. *~* **cloth** vatlap. *~* **cover** oonddeksel. *~* **door** oonddeur. *~*-**dry** oonddroog. *~* **glove** oondhandskoen. *~***proof** oondvas, vuurvas. *~* **rake** oondstok. *~*-**ready** *adj.* bakklaar. *~* **roast** oondbraaistuk. *~*-**roast** *ww.* oondbraai. *~* **shovel** oondskop. *~*-**to-table** *adj. (attr.)* oondvaste, vuurvaste; *~ casserole* vuurvaste oondskottel/bakskottel/kasserol. *~* **wall** oondwand. *~***ware** oondskottels, vuurvaste bakke.

o·ver *n., (kr.)* boulbeurt; *a maiden (~)* 'n leë (boul)beurt. **o·ver** *adv.* oor; omver, omvêr, onderstebo, om; opnuut; verby; *(all) ~ **again*** van voor af (aan), nog 'n keer/slag, nogmaals, nog eens, nogeens; *~ **against** ...* teenoor ...; in teen-/teëstelling met ...; ***all** ~* oral(s); in alle rigtings; in alle opsigte; van kop tot tone/toon; deur en deur; *that's him/her **all** ~* dis net soos (*of* nes) hy/sy is, dis nou van hom/haar; *it is **all** ~* dit is (alles) verby; dit is die end/einde; dit is klaarpraat; *it is **all** ~ between them* dit is alles uit tussen hulle; *it is **all** ~ with s.o.* dit is klaar(praat) met iem., iem. is oor die muur; *fifty/etc. **and** ~* vyftig/ens. en daarbo; *~ **and** ~ (again)* oor en oor, keer op keer, herhaaldelik, telkens; tot vervelens toe; *it is ~ and **done** with* dit is uit en gedaan; dit is gedane sake; *~ **here*** →HERE; *s.o. is ~ **in** America/etc.* iem. is oorkant in Amerika/ens.; *~ **and out,*** *(rad.)* oor en af; *~ **there*** →THERE; *~ **to** ... ...* is aan die beurt, nou is dit ... se beurt; nou skakel ons oor na ... **o·ver** *prep.* oor, bo(kant), bo-op; oor, oorkant; by; oor, vanweë, in verband met; gedurende, tydens; *~ and **above** ...* buiten/benewens (*of* bo en behalwe) ...; *~ and **above** that* boonop, buitendien; *be **all** ~ s.o., (infml.)* 'n ophef van iem. maak; *travel **all** ~ Namibia/etc.* die hele Namibië/ens. deurreis; *draw a hat ~ one's **eyes*** 'n hoed oor jou oë trek; *~ a **hundred/thousand*** meer as (*of* oor die) honderd/ duisend; ***just** ~ ...* effens/effe(ntjies) (*of* iets meer as) ...; ***well** ~ an hour* ruim 'n uur, 'n goeie/ronde uur; ***well** ~ a hundred* ruim/goed honderd. *~***abundance** oorvloed, (te groot) oorvloedigheid, oordaad. *~***abundant** te oorvloedig/volop, meer as volop, oordadig. *~***accentuate** oorbeklemtoon. *~***achieve** oorpresteer, beter presteer as verwag. *~***achievement** oorprestasie. *~***achiever** oorpresteerder. *~***act** *(teat.)* oordrewe speel, oorspeel, oordryf, oordrywe. *~***active** hiperaktief *(kind ens.)*; ooraktief *(skildklier, verbeelding, ens.)*. *~***activity** hiper-, ooraktiwiteit. *~*-**age** *(attr.)*, *~* **age** *(pred.)* te oud, (al) te lank in die tand. *~***all** →OVERALL. *~***ambition** oorambisie. *~***ambitious** oorambisieus, (al)te ambisieus. *~***anxiety** oorbesorgdheid; oorgretigheid. *~***anxious** oorbesorg, oorbekommerd; oorangstig; oorgretig. *~***arch** *ww.* oorwelf, oorwelwe, oorkoepel. *~***arching** *adj. (attr.)* oorkoepelende *(raamwerk, funksie, ooreenkoms, doelwit, probleem, ens.)*. *~***arm** *adj., (sport)* oorarm, oorhands; *~/overhand bowling* oorhandse boulwerk; *~ stroke* boarmslag; *to throw s.t. ~* iets oorarm/bo-oor gooi. *~***awe** intimideer, ontsag/ vrees inboesem, oorbluf. *~***balance** *n.* surplus; oorwig; onewewigtigheid. *~***balance** *ww.* jou ewewig verloor;

omslaan, (om)kantel, omtuimel; omgooi, laat (om)kantel; van groter belang wees (*of* swaarder weeg) as. **~bear** *-bore -borne* oorrompel, oorweldig; oorwin, oortref, laat swig; oorbluf, verbluf; omvergooi, omvêrgooi, omverwerp, omvêrwerp; onderdruk; swaar druk op; plat druk, platdruk; belangriker wees (*of* swaarder weeg) as. **~bearing** oorheersend, baasspelerig, dominerend, heerssugtig; aanmatigend, arrogant, uit die hoogte. **O~berg:** *the ~, (SA)* die Overberg. **~bid** *-bid -bid(den)* oorbie. **~bite** *n., (tandh.)* oorbyt. **~blouse** oorbloes(e). **~blow** *ww., (mus.)* oorblåås *(om botone voort te bring);* te hard blaas *(op 'n instr.).* **~blown** opgeblase, verwaand; hoogdrawend, geswolle; oordrewe; aanmatigend, pretensieus, vol pretensie; (byna) uitgeblom/uitgebloei. **~board** oorboord; *go ~* ***about/for*** *..., (infml.)* oorloop van geesdrif vir ...; ***fall/go*** *~* oorboord val; ***go*** *~, (infml.)* iets oordryf/oordrywe, meegevoer raak; ***throw*** *s.t. ~, (lett. & fig.)* iets oorboord gooi; *be* ***washed*** *~* oorboord gespoel word. **~boil** oorkook; doodkook, te gaar kook. **~bold** vrypostig, voorbarig, vermetel, te vrymoedig. **~book** *ww.* oorbespreek, te vol bespreek *('n vlug, hotel, ens.).* **~boot** oorstewel. **~bridge** *n.* oorbrug. **~bridge** *ww.* oorbrug. **~brim** *-mm-, (arg.)* oorloop. **~build** *-built -built* te dig bebou; te veel bou. **~burden** *n., (geol.)* bolaag, deklaag; oorbelasting. **~burden** *ww.* oorlaai, oorbelas; ooreis. **~busy** te besig, te veel te doen hê. **~buy** *-bought -bought* oorinkoop, te veel koop. **~call** *(brug)* oorbie, hoër bie; *~ one's hand* oorbie, oorbieë. **~capacity** oorkapasiteit. **~capitalisation, -zation** oorkapitalisasie. **~capitalise, -ize** oorkapitaliseer. **~careful** oorversigtig, te versigtig. **~cast** *n.* betrokke/bewolkte lug; *(met.)* wolkbolaag; *(mynb.)* lugkruising. **~cast** *adj.* betrokke, bewolk, toegetrek; *~ sky, (ook)* onweerslug. **~cast** *ww.* bewolk, verduister; *(naaldw.)* omkap. **~casting** *(naaldw.)* omkapwerk. **~caution** oorversigtigheid. **~cautious** te versigtig, oorversigtig. **~cautiousness** →OVERCAUTION. **~charge** *n.* te hoë prys, oorvraging; oorvordering; oorlading *(v. 'n battery ens.);* oorvoering *(v. 'n vergruiser);* oorstoking *(v. 'n oond);* oorbelasting, te groot lading. **~charge** *ww.* te veel vra/vorder (*of* laat betaal); oorlaai *('n battery ens.);* oorvoer *('n vergruiser);* oorstook *('n oond);* te swaar laai, oorbelas, oorlaai. **~check** dubbelgeruit. **~cloud** *ww.* verdonker, verduister; verdof; vertroebel; ontsier. **~coat** jas, oorjas; bolaag; *light ~* stofjas; *~ pocket* jassak. **~coated** gejas(te); met 'n tweede laag (oor). **~come** *-came -come, ww.* oormeester, te bowe kom, oorkom, oorwin, die oorwinning behaal oor, die oorhand kry oor; afleer; *~ a handicap* 'n agterstand inhaal; 'n gebrek te bowe kom. **~come** *adj. (pred., volt.dw.)* oorstelp, magteloos, verslae, oorweldig; *s.o. was ~ by/with emotion* iem. was geweldig aangedaan, iem. se gemoed het volgeskiet; *be ~ by sleep* deur die slaap oorval word. **~commit** *ww.: ~ o.s.* te veel op jou neem, te veel verpligtinge aangaan. **~compensate** oorkompenseer. **~compensation** oorkompensasie. **~confidence** te veel (self)vertroue, astrantheid, oormoed(igheid), oorgerustheid. **~confident** astrant, oormoedig, oorgerus. **~consumption** oormatige verbruik. **~cook** te gaar/lank kook, doodkook. **~correction** oorkorreksie. **~critical** oorkrities, (al)te krities. **~crop** *-pp-* (deur roofbou) uitput *(grond).* **~cropping** roofbou, gronduitputting. **~crow** *-crowed -crowed, (arg. of poët., liter.)* triomfeer oor, (koning) kraai oor. **~crowd** te vol maak/laai/pak, oorlaai; oorvol maak, oorvul; oorbewoon, oorbevolk, te dig bevolk; verdring. **~crowded** te vol, oorvol; oorlaai; oorbevolk, oorbewoon(d); oorbeset. **~crowding** oorbevolking, oorbewoning; oorlading; verdringing. **~curious** (al)te nuuskierig. **~daring** *(w.g.)* te waaghalsig. **~delicacy** oorgevoeligheid. **~delicate** oorgevoelig. **~dependence** oorafhanklikheid. **~dependent** oorafhanklik, te afhanklik. **~develop** oorontwikkel. **~development** oorontwikkeling. **~dilute** oorverdun. **~discharge** *n.* oorontlaaiing. **~discharge** *ww.* oorontlaai. **~do** *-did -done* oordryf, oordrywe, te ver/vêr gaan; doodkook, te gaar kook/maak; *~ it/things* te hard werk, jou ooreis; te ver/vêr gaan, te erg aangaan, dit/dinge te ver/vêr dryf/drywe/voer. **~done** oordrewe; doodgekook, te gaar gekook/gebraai; oorwerk, uitgeput. **~door** (deur)fronton. **~dose** *n.* oordosis, te groot dosis; →OD *n..* **~dose** *ww.* te veel (*of* 'n oordosis) (in)gee; →OD *ww.; ~ on heroin/pills/etc.* 'n oordosis heroïen/pille/ens. (in)neem. **~draft** oortrekking, oortrokke (bank)rekening; **~draft facility** oortrekkingsgerief, -fasiliteit. **~dramatic** oordramaties. **~dramatise, -tize** oordramatiseer. **~draw** *-drew -drawn* oortrek *('n rekening);* oordryf, oordrywe, 'n oordrewe beskrywing gee. **~drawn** oortrokke *(rekening);* oordrewe. **~dress** *n.* borok, oorrok. **~dress** *ww.* te deftig aantrek. **~drink** *ww.* te veel drink. **~drive** →OVERDRIVE. **~due** (te) laat; oor sy/haar tyd, laat gebore *('n baba ens.);* agterstallig *('n biblioteekboek ens.); ~ account* agterstallige rekening; *~ bill* vervalle wissel; *it is long ~* dit moes lankal gebeur het, ons wag al lank daarop, dit is lankal meer as tyd. **~eager** oorywerig, te gretig. **~eagerness** oorywer(igheid). **~eat** *-ate -eaten* te veel eet; *~ o.s.* te veel eet, jou ooreet. **~elaborate** *adj.* oorlade. **~elaboration** oorladenheid. **~emotional** ooremosioneel. **~emphasis** oorbeklemtoning. **~emphasise, -ize** oorbeklemtoon. **~emphatic** alte nadruklik. **~enthusiasm** te groot geesdrif, oorywer(igheid). **~enthusiastic** oorywerig, alte geesdriftig. **~estimate** *n.* oorskatting; te hoë raming/skatting. **~estimate** *ww.* oorskat, te hoog skat. **~excitation** *(elek.)* ooropwekking. **~excite** oorprikkel; *(elek.)* ooropwek. **~excited** oorspanne; *(elek.)* ooropgewek. **~excitement** oorprikkeling, oorspanning. **~exercise** *n.* oormatige (*of* te veel) oefening. **~exercise** *ww.* oormatig (*of* te veel) oefen. **~exert** oorspan; *~ o.s.* jou kragte ooreis, jou oorspan (*of* te veel inspan). **~exertion** oorspanning. **~expose** te veel blootstel; *(fot.)* oorbelig. **~exposure** erge blootstelling; *(fot.)* oorbeligting. **~extend** *ww.: ~ o.s.* te veel hooi op jou vurk laai/neem. **~fall** *n.* onstuimige see/water; oorloop, oorlaat. **~familiar** oorbekend. **~fatigue** *n.* oorvermoeidheid. **~fatigue** *ww.* oorvermoei. **~fatigued** oorvermoeid. **~feed** *-fed -fed* te veel kos gee; te veel voer, oorvoer; *an overfed fellow* 'n uitgevrete kêrel. **~fill** oorvul. **~fish** oorbevis. **~fishing** oorbevissing. **~flight** oorvlug. **~flow** *n., (watertegnol., rek.)* (die) oorloop; *(ook* overflow pipe*)* oorlooppyp; oorstroming; oorskryding; oorskot, oorvloed, surplus. **~flow** *-flowed -flown, ww.* oorloop; oorstroom; *the river ~s (its banks)* die rivier loop oor sy walle (*of* oorstroom sy walle); *the tumbler/etc. ~s* die glas/ens. loop oor. **~flowing** *n.* (die) oorloop; oorstroming; oorvloed; *full to ~* tot oorlopens (toe) vol, boorde(ns)vol, stampvol, oorvol. **~flowing** *adj.* boorde(ns)vol, stampvol, tot oorlopens toe (vol). **~flow meeting** ekstra vergadering. **~flow meter** oorloopmeter; *(telef.)* oorloopteller. **~fly** *-flew -flown* vlieg oor, oorvlieg; hoër/verder/vêrder vlieg (as). **~fold** *ww.* oorplooi. **~fold(ing)** *n., (geol.)* oorplooiing. **~fond** (al)te lief. **~fondness** versotheid. **~freight** te swaar vrag. **~frequency protection** *(elek.)* oorfrekwensiebeveiliging. **~fulfil, (Am.) ~fulfill** *-ll-* voor die bestemde tyd uitvoer *('n kontrak ens.).* **~fulfilment, (Am.) ~fulfillment** uitvoering voor die bestemde tyd *(v. 'n kontrak ens.).* **~full** oor-, prop-, stampvol. **~garment** bokleed. **~generalise, -ize** oorveralgemeen. **~generous** oordadig; te edelmoedig. **~glaze** *n.* boonste glasuurlaag. **~glaze** *adj. (attr.)* op die glasuurlaag *(pred.).* **~govern** oorheers. **~graze** oorbewei, vertrap; *~ed veld* oorbeweide/vertrapte veld. **~grazing** oorbeweiding. **~ground** bogronds. **~grow** *-grew -grown* begroei; toegroei; te vinnig groei. **~grown** toegegroei(d), begroei(d); te lank uitgegroei(d), te geil gegroei(d); *be an ~* ***child,*** *(hoofs. neerh., v. 'n grootmens gesê)* 'n groot kind wees; *be* ***thickly*** *~* ruig wees; *~* ***village*** dorpie wat uit sy nate bars; *~* ***wool*** oorjarige wol. **~growth** te geil/welige groei; oorgroeiing; uitwas. **~hand** *adj.* oorhands; *~ bowling* →OVERARM/OVERHAND BOWLING; *~ knot* halwe/oorhandse knoop; *~ stitch* oorhandse steek; *~ stope* rugafbouplek. **~hand** *adv.* oorhands, van bo (af); *throw ~* bo-oor gooi. **~hang** *n.* oorhang(ende deel). **~hang** *-hung -hung, ww.* oorhang; hang oor, uitsteek (oor); oorsteek; oorhel; *(fig.)* bedreig. **~hanging:** *~* ***eaves*** oorstekende dakrand; *~* ***nest*** hangnes; *~* ***rock*** hangklip; *~* ***stair*** vrydraende trap. **~hasty** oorhaastig, halsoorkop, onbekook. **~haul** *n.* opknapping; deeglike ondersoek. **~haul** *ww.* opknap, hersien, regmaak, deeglik ondersoek/nasien/nagaan, onder hande neem; uitmekaar haal, uitmekaarhaal; *(Br.)* inhaal, verbysteek. **~head** *adj.* bo-, lug-, bogronds; *~* ***aerial*** lugantenne, -antenna; *~* ***bracing*** boverspanning; *~* ***bridge*** oor-, lug-, bobrug; *~* ***cable*** lugkabel, bogrondse kabel; *~* ***cam(shaft)*** bonokas; *~* ***cam(shaft) engine*** bonokasenjin; *~* ***clearance*** kopruimte; *~* ***costs/expenses*** →OVERHEADS *n.; ~* ***flight*** oorvlug; *~* ***irrigation*** sprinkelbesproeiing; *~* ***lighting*** boverligting; *~* ***line,*** *(elek., telef.)* bogrondse/oorhoofse lyn, luglyn, -leiding; *~* ***plan(ning)*** algemene/insluitende plan/beplanning; *~* ***projector*** oorhoofse projektor, truprojektor; *~* ***railway*** lugspoor(weg); *~* ***roadway*** lugpad, viaduk; *~* ***travelling crane*** boloop-, bobaankraan; *~* ***trellis*** dakprieel; *~* ***valve*** kopklep; *~* ***wire*** bogrondse/oorhoofse draad, lugdraad; *~* ***wires,*** *(ook)* luggeleiding. **~head** *adv.* bo die kop, bo *(i.d. lug); danger - workmen ~* gevaar (*of* pas op) - werkers bo. **~heads** *n.* bo-, drakoste, oorkoepelende koste, algemene administrasiekoste/bedryfskoste. **~head-valve engine** kopklepenjin. **~hear** *-heard -heard* toevallig hoor; afluister. **~heat** oorverhit, te warm maak. **~heated** oorverhit *(vertrek ens.; enjin ens.; ekonomie, mark);* vuurwarm *(argument, bespreking, ens.);* ontstoke *(skare ens.).* **~heating** oorverhitting. **~indulge** jou ooreet/oordrink, te veel eet/drink; te veel toegee (aan), te toegeeflik wees (met); verwen *('n kind).* **~indulgence** oormatige gebruik, onmatigheid, oordaad; verwenning. **~indulgent** alte toegeeflik. **~insurance** oorversekering, oormatige (*of* te hoë) versekering. **~insure** oorverseker, te hoog/swaar verseker. **~issue** te groot uitgifte, ooruitgifte *(v. papiergeld, aandele);* ooruitreiking *(v. voorraad).* **~issue** te veel uitgee (*of* in omloop bring) *(papiergeld);* te veel uitgee *(aandele);* te veel uitreik *(voorraad).* **~joyed** opgetoë, verruk, in die wolke, sielsbly; *be ~ at s.t.* verruk (*of* in die wolke) wees oor iets. **~keen** oorywerig. **~keenness** oorywer(igheid). **~kill** *n.* (gebruik van) oormatige (militêre) mag; oordrewe gebruik. **~laden** *('n tafel ens.)* oorlaai *(met kos ens.).* **~land** *adj.* oor land; *~ journey* landreis, reis oor (*of* dwarsdeur die) land. **~land** *adv.* oor land. **~lander** landreisiger; *(Austr.)* veedrywer; *(infml.)* boemelaar. **~lap** *n.* oorslag; *(ook geol.)* oorvleueling; oorhang; *create an/the ~, (rugby, sokker)* 'n/die man oor bewerkstellig; *have an/the ~, (rugby, sokker)* 'n/die man oor hê. **~lap** *-pp-, ww.* oorvleuel, gedeeltelik saamval; oormekaar slaan, oormekaarslaan, oormekaar val, oormekaarval; oormekaar vou, oormekaarvou; oorhang; *~ping grip* oorslaggreep; *~ping part* oorslag. **~lapping** *n.* oorvleueling; oorslag; verband; verdubbeling, duplikasie. **~large** te groot. **~lay** →OVERLAY. **~leaf** *adv.* op die keersy (*of* anderkants[t]e bladsy), agterop, op die agterkant; *turn ~* blaai om. **~leap** *-leaped -leaped; -leapt -leapt, (arg.)* oorspring; ignoreer, uitlaat, oorslaan. **~lie** *-lying; -lay -lain* lê op, oordek, bedek; doodlê, versmoor *('n kind); overlying layer* deklaag. **~live** oorleef, oorlewe, langer leef/lewe as. **~load** *n.* te swaar vrag/las; oorbelasting, oorlading, oordruk. **~load** *ww.* oorlaai, te swaar laai; oorbelas. **~loading** oorlading; oorbelasting. **~load spring** *(mot.)* hulpveer. **~locker** omkapmasjien. **~long** te lank *(pred.),* te lang *(attr.),* ellelank *(pred.),* ellelange *(attr.).* **~look** uitkyk op/oor; oor die hoof sien, ignoreer; misken, miskyk, verbysien, nie raaksien nie; verskoon, deur die vingers sien, oorsien; toesig hou oor. **~looker** opsigter. **~lord** opper(leen)heer; heerser. **~lordship** opperheerskappy. **~man** *-men, n.* voorman; skeidsregter; *(filos.)* oppermens. **~man** *-nn-, ww.* oorbeman; oorbeset. **~mantel** skoorsteenmantel, bomantel, skoorsteenstuk; skoorsteenspieël. **~-many** *(w.g.)* (al)te (*of* glad te) veel. **~master** *(poët., liter.)* oormeester, oorwin, baasraak. **~match** *n., (hoofs. Am.)* bobaas, meerdere. **~match** *ww.* te sterk wees vir, baas wees (oor). **~matter, ~set** *(druk.)* oorskietkopie. **~measure** oormaat, surplus. **~mighty** *(Br.)* oormagtig. **~modest** oorbeskeie. **~much** (al)te veel. **~nice** *(vero.)* te puntene(u)rig/kieskeurig.

~night *adj. (attr.)* (oor)nag=; ~ ***bag/case*** nagtas; ~ ***guest*** slaapgas; *the* ~ ***score,*** *(kr.)* die oornag=/oor=staantelling; ~ ***stay*** oornagting; ~ ***success*** blits=, kits=sukses. **~night** *adv.* oornag, gedurende (*of* in die) nag; die vorige nag; plotseling, skielik; *stay* ~ oornag, die/'n nag oorbly. **~nighter** nagtas; slaapgas. **~-officious** oorgedienstig. **~-optimistic** ooroptimisties. **~-ornamentation** oorlading (met siersels). **~-ornamented:** ~ *style* oorlade styl. **~paint** *ww.* oorskilder; te sterk kleur/beskryf/beskrywe. **~particular** te kieskeurig/uit=soekerig; te puntene(u)rig/vitterig/fiemiesrig. **~pass** *n.* bo=, oorpad; *(ook* overpass bridge*)* oorbrug, kruis=brug. **~pass** *ww., (w.g.)* oorgaan, oorsteek; oortree; deurgaan; verbygaan, gaan oor; te bowe kom; oor=tref; styg bo; verbysteek; oor die hoof sien. **~pay** *=paid =paid* oorbetaal, te veel betaal. **~payment** oorbetaling. **~persuade** *(w.g.)* (te ver/vêr) omhaal/ompraat/oor=reed. **~pitch** *ww., (kr.)* te vol plant *('n bal); (Br.)* oordryf, oordrywe. **~play** oordryf, oordrywe; *(teat.)* →OVER=ACT; ~ *one's hand, (fig.)* te veel waag, te ver/vêr gaan, dit te ver/vêr dryf/drywe. **~plus** *(vero.)* oorskot, sur=plus; oorvloed; *an* ~ *of* ... 'n oorskot/surplus aan ... **~poise** *(vero.)* →OUTWEIGH. **~polite** oorbeleef(d). **~populate** oorbevolk, te dig bevolk. **~population** oor=bevolking. **~power** oorweldig, oormeester, baasraak; ondersit; oorstelp; *be ~ed with* ... van ... oorstelp wees *(smart, vreugde, ens.).* **~powering** *(ook)* onweerstaan=baar. **~praise** te veel prys/ophemel (*of* lof toeswaai), opvysel. **~prescribe** te veel medisyne voorskryf, medi=syne in oormaat (*of* in te groot dosisse) voorskryf. **~prescription** die oormatige voorskryf van medisyne/ens.. **~pressure** *(fis.)* oordruk, te hoë druk. **~price** 'n te hoë prys vra vir; te duur maak. **~print** *n.* op=, oordruk. **~print** *ww.* op=, oordruk, bo-oor druk; te veel druk; *(fot.)* te donker afdruk. **~produce** oorpro=duseer. **~production** oorproduksie. **~proof** *adj. (spiri=tualieë)* met meer as 50% alkohol, bo die normale sterkte *(pred.).* **~protect** oorbeskerm. **~protective** oor=beskermend. **~qualified** oorgekwalifiseer(d). **~rate** oorskat, te hoog skat/aanslaan; ~ *o.s.* jou wat verbeel. **~reach** jou verrek; uitoorlê, fop, kul; *('n perd ens.)* aan=kap, aanslaan; ~ *o.s.* te veel op jou neem; jou doel ver=ydel/verbystreef/=strewe. **~react** oorreageer. **~reaction** oorreaksie. **~-refine** te fyn onderskei; te suiwer/fyn maak. **~-refined** oorverfyn(d); oorbeskaaf(d). **~-rich** (hopeloos/veels) te ryk *(kos ens.).* **~ride** *=rode =ridden* omverwerp, omvêrwerp, nietig verklaar, op=hef, herroep, neutraliseer *('n bepaling ens.);* tersyde (*of* ter syde) stel *('n uitspraak ens.);* baas wees oor; *(ook elek., rek.)* oorheers; *(teg.)* oorvleuel, strek oor; plat trap, plattrap, (met die voete) vertrap; kapot/flou/gedaan ry; oorry; ~ *one's commission* jou bevoegdheid/magte te buite gaan (*of* oorskry); *overridden mass, (mynb.)* onderbou. **~rider** *(mot.)* stamperskoen. **~riding** oor=heersend; ~ ***commission*** bykommissie; ~ ***factor*** oor=heersende faktor; ~ ***jurisdiction*** meerdere jurisdik=sie/regsbevoegdheid; ~ ***principle*** grondbeginsel, deur=slaggewende beginsel. **~ripe** oor=, papryp. **~ruff** *ww., (kaartspel)* oortroef. **~rule** kragteloos maak *('n besluit, regering, ens.);* verwerp *('n voorstel, beslissing, ens.);* van die hand wys *('n beswaar);* oorheers; *s.o. was ~d* iem. moes swig. **~run** *n.* oorskryding *(v. 'n begroting ens.); (druk.)* oorloop *(v. 'n reël);* noodagterbaan *(v. 'n vlieg=veld); cost* ~ kosteoorskryding. **~run** *=ran =run, ww.* we=mel; krioel; vervuil; swerm; oorgroei; oorstroom; oor=rompel, platloop; verwoes; *('n generator ens.)* vryloop; *(elek.)* oorbelas; *(druk.)* oorloop; oorskry *('n begroting ens.);* ~ *o.s.* te hard hardloop; *be* ~ *with vermin/etc.* van goggas/ongedierte/ens. wemel (*of* vergewe/vervuil wees); *be* ~ *with weeds* van onkruid vervuil wees. **~scrupulous** oorpresies, te nougeset. **~sea** *adj. & adv.* →OVERSEAS. **~seam** oornaat. **~seas** *n. (fungeer as ekv.), (infml.)* die buiteland, oorsee; *from* ~ van oor=see. **~seas** *adj.* oorsees, buitelands. **~seas** *adv.* oor=see; in/na die buiteland. **~see** *=saw =seen* toesig hê/hou oor. **~seer** opsigter, opsiener; ~ *of the poor* arme=versorger. **~sell** *=sold =sold* te veel verkoop, meer ver=koop as wat jy kan lewer; (jou ware) opdring; te hoog aanslaan, oordrewe aanprys. **~sensitive** oorgevoelig, liggeraak, kleinserig. **~sensitiveness** oorgevoeligheid. **~set** *n.* →OVERMATTER. **~set** *ww., (Br.)* omgooi, laat omslaan; *(Br.)* verwar; *(druk.)* oorvol set. **~sew** *=sewed =sewed/=sewn* oorhands werk. **~sewing** oorhandse steek. **~sexed** seksbehep. **~shadow** oorskadu, in die skadu stel, oortref, uitblink bo, verbystrewe, =streef. **~shoe** oorskoen. **~shoot** *=shot =shot, ('n vliegtuig ens.)* verby=skiet (by) *('n landingsbaan ens.);* oorskry *('n begroting);* ~ *the mark* →MARK[1] *n.*. **~shot** *n.* boslag. **~shot** *adj.* bovoorbytend; boslag=; ~ *jaw* bovoorbyter, *(infml.)* varktande; papegaaibek *(by skape).* **~side** *adv.* oor=boord, oor die kant. **~sight** vergissing, fout, onoplet=tendheid, nalatigheid, versuim; toesig; *through (*or *owing to) an* ~ per abuis. **~simplification** oorvereen=voudiging. **~simplify** oorvereenvoudig. **~-sixties** *n. (mv.)* mense/persone bo (*of* ouer as) sestig. **~size** bonormale grootte. **~size(d)** oorgroot, bonormaal; uitgevreet. **~skirt** bo=, oorromp. **~slaugh** *n., (mil.)* vrystelling. **~slaugh** *ww., (mil.)* vrystel; *(Am.)* oorslaan, oor die hoof sien *(by bevordering).* **~sleep** *=slept =slept* (jou) verslaap; ~ *by two/etc. hours* twee/ens. uur te lank slaap. **~sleeve** oormou. **~smoke** te veel rook. **~solicitous** oorgretig; oorbesorg. **~span** *=nn=* oor=span. **~specialisation, =zation** oorspesialisasie, oor=spesialisering. **~specialise, =ize** oorspesialiseer. **~spend** *=spent =spent, (ekon.)* oorbestee; spandabel wees, te veel spandeer; uitput. **~spending** spandabelheid; *(ekon.)* oorbesteding; oorskryding. **~spill** →OVERSPILL. **~spread** *=spread =spread* versprei, oordek, bedek; ~ *with clouds* bewolk, met wolke bedek. **~staff** oorbeset, van te veel personeel voorsien, oorbeman, te sterk be=man. **~staffed** oorbeset, oorbeman, met te veel per=soneel. **~state** oordryf, oordrywe, te sterk stel, oor=beklemtoon; te hoog opgee; ~ *one's case* oordryf, oor=drywe, te ver/vêr gaan. **~statement** oordrywing, oor=drewe bewering/stelling, oorbeklemtoning. **~stay** te lank bly, langer bly as; ~ *one's leave* →LEAVE[1] *n.;* ~ *one's welcome* →WELCOME *n.*. **~steer** *ww., (mot.)* oorstuur. **~steering** *n., (mot.)* oorstuur. **~step** *=pp=* oorskry, te buite gaan; ~ *the mark* →MARK[1] *n.*. **~stimulate** oor=stimuleer. **~stimulation** oorstimulasie, oorstimulering. **~stitch** *n., (naaldw.)* oorsteek. **~stitch** *ww., (naaldw.)* oorsteke werk. **~stock** *n.* oortollige voorraad. **~stock** *ww.* 'n te groot voorraad aanhou/hê, te veel aanhou; oorlaai; oorvoer *(d. mark);* oorbewei. **~stocking** oor=voering; oorbeweiding. **~strain** *n.* ooreising, oorspan=ning; verrekking. **~strain** *ww.* ooreis; verrek, oorspan; oorrek. **~strained** oorspanne; ~ *word* afgesaagde (*of* holrug geryde) woord. **~stress** oorbeklemtoon. **~stretch** verrek, oorspan; *(fig.)* oorbelas; ooreis. **~strewn** *(poët., liter.): be* ~ *with* ... met ... besaai(d)/be=strooi wees. **~strung** oorspanne, oorvermoei(d); kruissnarig *(klavier);* oorkruis gespan *(klaviersnare);* ~ *condition* oorspanning, oorvermoeidheid, sufheid. **~stuff** te vol prop/stop *('n koffer ens.).* **~stuffed** oor=vol; korpulent, swaarlywig; goed gestoffeer(d) *(meu=bels).* **~subscribe** oorvolskryf *(aandeeluitgifte ens.).* **~subscribed** oor(vol)teken. **~subscription** oor(vol)=tekening, =skrywing. **~subtle** (al)te subtiel. **~supply** *n.* ooraanbod, oormatige aanbod, aanbodoorskot. **~supply** *ww.* oorvoer. **~take** *=took =taken* inhaal, ver=bysteek, vang; oorval *(deur 'n storm, ramp, ens.); disas=ter overtook s.o.* →DISASTER; *no overtaking* nie verby=steek nie. **~task** oorlaai, te swaar werk gee, te veel verg van. **~tax** oorbelas, te swaar belas; ooreis, te veel verg/verwag van; afrem. **~taxation** oorbelasting. **~-the-counter** *adj. (attr.), (han.)* toonbank=; ~ *drugs* toon=bankmedisyne, medisyne sonder voorskrif; ~ *securi=ties* toonbankeffekte. **~throw** *n.* ne(d)erlaag, omver=werping, omvêrwerping, ondergang, val; *(kr.)* deur=, verbygooi. **~throw** *=threw =thrown, ww.* omvergooi, omvêrgooi; verslaan, die nekslag gee, tot 'n val bring. **~thrust** *(geol.)* oorskuiwing, oorstoting. **~time** *n.* oor=tyd(werk); oortyd(betaling/vergoeding/besoldiging); *(Am., sport)* ekstra tyd. **~time** *adj.* oortyd=; ~ *work* oor=tyd(werk). **~time** *adv.* ná ure; *work* ~ oortyd werk; *(fig.)* werk dat dit kraak, (alles) uithaal, jou uiterste (bes) doen, niks ontsien nie, al jou kragte inspan; *(ver=beelding)* (met jou) op loop gaan/sit. **~time** *ww., (fot.)* oorbelig. **~tire** afmat, te veel vermoei. **~tired** afgemat, uitgeput, oorvermoeid, pootuit. **~tiredness** afmatting, uitputting, oorvermoeidheid. **~toiled** →OVERWORKED. **~tone** *n., (mus., fis.)* botoon; *(fig.)* ondertoon, bysmaak, bybetekenis, implikasie; *political* ~*s* 'n politieke in=slag. **~tone** *ww., (kuns)* te donker tint/kleur. **~top** *=pp=* uitsteek bo(kant), groter/langer word as; oortref. **~trade** te veel onderneem; oorbeset raak. **~trading** oorbesetting. **~train** te veel/lank oefen, jou ooreis. **~trick** *n., (brug)* bopakkie. **~trump** *(kaartspel)* oortroef. **~turn** *n.* omkering, ommekeer; omverwerping, om=vêrwerping, val. **~turn** *ww.* omkeer, omslaan, omval; omkeer, omkantel, omgooi, omsmyt, onderstebo gooi; tot 'n val bring, verslaan. **~use** *n.* oormatige gebruik, misbruik. **~use** *ww.* oormatig (*of* te veel) gebruik, mis=bruik. **~value** te hoog waardeer/skat, oorwaardeer. **~view** *n.* oorsig. **~vivid imagination** ooraktiewe ver=beelding. **~water** *ww.* te veel water gee *('n plant).* **~wear** *n.* oorklere, oorkleding. **~wear** *=wore =worn, ww.* uitslyt; opdra. **~weary** oorvermoeid. **~weening** *adj.* verwaand, aanmatigend, arrogant; buitensporig, oordrewe. **~weigh** swaarder weeg as; verdruk. **~weight** *n.* oorgewig, te groot gewig; oorwig. **~weight** *adj.* bo die gewig, te swaar, oorgewig=; ~ *luggage* oorgewig=bagasie. **~weight** *ww.* oorlaai, oorbelas. **~whelm** oor=weldig, oorrompel, oorstelp, verpletter; kafdraf; oor=laai *(met lof).* **~wind** *n.* oorhysing. **~wind** *=wound =wound, ww.* te styf opwen; oordraad draai; oorhys. **~winter** *ww.* oorwinter; laat oorwinter. **~work** *n.* ekstra werk; te veel/swaar werk. **~work** *ww.* te hard/veel (laat) werk; te dikwels gebruik; holrug ry *(kwink=slae, 'n storie, ens.);* ~ *o.s.* jou oorwerk/uitput. **~worked** oorwerk; *an* ~ *phrase* 'n afgesaagde (*of* holrug geryde) uitdrukking. **~wound** →OVERWIND *ww.*. **~write** bo-oor/bo-op skryf/skrywe; *(rek.)* oorskryf, =skrywe; te veel skryf/skrywe; oorstileer, hoogdrawend skryf/skry=we. **~written** *(ook)* oorlade *(styl).* **~wrought** oor=spanne; oorlade *(styl).* **~zealous** oorywerig.

o·ver·age *n.* oorskot, surplus.

o·ver·all *n. (gew. i.d. mv.)* oor=, werkpak; *(Br., mil., i.d. mv.)* tenuebroek. **o·ver·all** *adj. (attr.)* algemene, glo=bale; algehele, totale, totaal=; ~ ***dimension*** totale/al=gehele omvang, totale grootte; ~ ***figure*** totaalsyfer; ~ ***impression*** geheelindruk; ~ ***majority*** volstrekte meerderheid; ~ ***measure*** bruto maat; ~ ***suit*** oorpak, (pak) oorklere; ~ ***winner*** algehele wenner. **o·ver·all** *adv.* geheel en al; *be dressed (~)* →DRESS *ww.*.

o·ver·drive *n.* snelgang. **o·ver·drive** *=drove =driven, ww.* te ver/vêr/lank ry; flou ry; ooreis, te veel verg van; te ver/vêr/hard slaan. ~ **gear** snelrat. ~ **mill** oorslag=meul(e).

o·ver·lay *n.* deken; tafelkleedjie; *(druk.)* oorlegsel; be=leglaag, =blad, bolaag. **o·ver·lay** *=laid =laid, ww.* bedek, belê. ~ **work** belegwerk.

o·ver·ly *adv.* (al)te, oordrewe.

o·ver·spill *n.* oorloop *(v. water ens.);* oorskot, surplus; oorbevolking. **o·ver·spill** *=spilt =spilt; =spilled =spilled, ww.* oorloop. ~ **town** satellietstad.

o·vert, o·vert openlik; duidelik, klaarblyklik; open=baar; waarneembaar, uiterlik (waarneembaar), sig=baar; ~ *act, (jur.)* waarneembare handeling.

o·ver·ture *(mus.)* voorspel, ouverture; *(gew. i.d. mv.)* voorstel, aanbod; toenadering, begin van onderhan=delinge; inleiding, begin, aanvang; *make ~s to* ... toe=nadering tot ... soek; *the ~ to ..., (mus.)* die voorspel/ouverture tot/uit ...; *(fig.)* die voorspel van/tot ...

o·vi= *komb.vorm* ovi=, eier=.

o·vi·cide eierdoder.

Ov·id *(Rom. digter)* Ovidius.

o·vi·duct *(anat.)* oviduk, eierleier, eiergang, Fallo=piusbuis.

o·vi·form *(biol.)* eiervormig.

o·vine skaapagtig, skaap=.

o·vip·a·rous *(söol.)* ovipaar, eierlêend.

o·vi·pos·it *(söol.)* eiers lê. **o·vi·po·si·tion** eierplasing.

o·vi·pos·i·tor *(söol.)* lê=, eierboor, eierlêer.

o·void *n.* eiervormige liggaam/oppervlak. **o·void** *adj.* eiervormig.

o·vo·lo -voli, n., (argit.) ovolo, eierprofiellys.
o·vo·vi·vip·a·rous (soöl.) ovovivipaar, eierlewendbarend.
ov·u·late adj. geovuleer; ~ cone, (bot.) saadkeël, -kegel. **ov·u·late** ww. ovuleer. **ov·u·la·tion** ovulasie.
ov·ule -les, (bot.) saadknop(pie); (soöl.) kiemsel, eierkiem. **ov·u·lar** eier-.
o·vum ova, (biol.) ovum, eiersel.
ow tw. eina.
owe skuld; verskuldig wees, te danke hê (aan); ~ s.o. *a **grudge*** 'n wrok teen iem. hê/koester; ~ ***it** to s.o. to* ... dit aan iem. verskuldig wees om te ...; ~ *not any man, (arg.)* aan niemand iets skuld nie; ~ *s.o. **much*** iem. baie skuld *(geld ens.)*; iem. baie/veel verskuldig wees, baie/veel aan iem. verskuldig wees *(dank ens.)*; ~ ***respect** to* ... agting verskuldig wees aan ... **owed** verskuldig. **ow·ing** (ver)skuldig; uitstaande, onbetaal(d); ~ *to* ... weens/vanweë (*of* omrede [van] *of* ten gevolge van *of* toe te skryf/skrywe aan *of* uit hoofde van) ...; te wyte aan ...
owl uil; uilskuiken, swaap; *eagle* ~ →EAGLE; *fishing* ~ →FISHING. ~ **beak** uilbek. **O~glass** *(Duitse sprokieskarakter)* Uilspieël. ~ **light** skemer(ing), skemeraand. ~ **midge** sandvlieg(ie). ~ **monkey** →DOUROUCOULI.
owl·et uiltjie; *pearl-spotted* ~ witkoluiltjie. ~ **moth** uilmot.
owl·ish uilagtig, uil-.
owl-like uilagtig.
own adj. & pron. eie; *s.t. has a value/etc. **all** its* ~ iets het 'n besondere waarde/ens.; *s.o.'s laugh/etc. is **all** his/her* ~ iem. se lag/ens. is eie aan hom/haar; ~ ***brand/label*** huismerk, eie (handels)merk, handelaarshandelsnaam; *s.o.'s* ~ ***brother/etc.*** iem. se eie broer/ens.; ~ ***brother/etc.*** volle/eie broer/ens.; ***come** into one's* ~ kry wat jou toekom, tot jou reg kom, jou regmatige plek inneem; *do one's* ~ ***cooking*** vir jouself kook; *through no **fault** of one's* ~ →FAULT n.; ***get** one's* ~ *back on s.o. for s.t., (infml.)* iem. vir iets uitbetaal *(fig.)*, (weer)wraak op iem. neem vir iets; ~ ***goal**, (sokker)* eie doelhok; doel teen jou eie span, tuisdoel; *(Br., infml.)* groot verleentheid, foefie/strategie/ens. wat teen jou boemerang (*of* in jou gesig ontplof); ***hold** one's* ~ jou man staan, jouself handhaaf; ***hold** one's* ~ *with the best* gelyk staan met die beste; *more than **hold** one's* ~ jou man staan en meer; *s.t. has a ... **of** its* ~ iets het 'n eie ... *(bekoring ens.)*; *have a ... **of** one's* ~ 'n/jou eie ... hê *(webwerf ens.)*; *have nothing **of** one's* ~ self niks hê nie, niks hê wat jy jou eie kan noem nie; *s.t. **of** one's* ~ iets van jouself (alleen); *have two/etc. **of** one's* ~ self twee/ens. hê; ***on** one's* ~ op jou eie (bene), selfstandig; op eie houtjie/verantwoording; vir eie rekening; uit jou eie; *do s.t. (all) **on** one's* ~ iets (man/vrou)alleen doen; *be a department **on** one's* ~ self (*of* op sigself) 'n departement wees; *my* ~ ***sweatheart*** my liefste skat; *one's **time** is one's* ~ heeltemal oor jou tyd beskik; *his/her **very*** ~ sy/haar eie alleen, geheel en al sy/haar eie; *want s.t. for one's **very*** ~ iets vir jou alleen wil hê. **own** ww. besit; *(fml.)* erken, beken, toegee; →OWNED; ***be** South African-~ed* in Suid-Afrikaanse besit/hande wees; ~ *o.s. **beaten**, (ook, fml.)* tou opgooi; *s.t. **is** ~ed **by** s.o.* iets behoort aan iem. (*of* is iem. se besit/eiendom); ***a child** that nobody will* ~, *(arg.)* 'n kind wat niemand as syne/hare wil erken nie; ~ ***to** having done it, (fml.)* beken dat jy dit gedoen het; ~ ***up*** beken, alles erken, ronduit erken, met die waarheid uitkom (*of* voor die dag kom), opbieg. **~-brand**, **~-label** adj. (attr.) huismerk- *(produkte ens.)*.
own·er eienaar, besitter; eienares; skeepseienaar, reder; *at ~'s risk* vir eie risiko. **~-driven** deur (die) eienaar bestuur. **~-driver** eienaar-bestuurder. **~-occupied:** *be* ~ deur die eienaar bewoon word; ~ *home/etc.* huis/ens. wat deur die eienaar bewoon word, eienaarbewoonde huis/ens.. **~-occupier** eienaar-bewoner.
own·er·less sonder eienaar, eienaarloos.
own·er·ship eiendom, eiendomsreg; eienaarskap; ~ *of land* grondbesit.
own·some pron., (infml.): *on one's* ~ stoksiel(salig)-, moedersielalleen.
ox oxen os; bees; *the black* ~ *has trod on s.o.'s foot, (arg. sprw.)* die teen-/teëspoed het iem. getref; die ouderdom het iem. ingehaal; *dumb* ~, *(infml., fig.)* uilskuiken, domkop; *young* ~ tollie. ~ **bile** bees-, osgal. **~bow** boogjuk; rivierdraai, -kronkel, meander. **~bow lake** rivierkronkelmeer, meandermeer, hoefystermeer. ~ **cart** oskar. **~eye** osoogvenster, kolvenster. **~eye (daisy)** witma(r)griet. ~ **fence** →OXER. ~ **gall** osgal. **~herd** *(arg.)* beeswagter. **~hide** bees-, osvel; beesleer. **~lip** *(Primula elatior)* sleutelblom. **~pecker, tick-bird** renostervoël. **~tail** bees-, osstert. **~tail soup** bees-, osstertsop. **~tongue** *(kookk.)* beestong; *(bot.)* ostong; *(bot.)* bitterkruid. ~ **tripe** beespens. ~ **wagon** ossewa. **~-warble (fly)** beesvlieg.
ox·a·late (chem.) oksalaat.
ox·al·ic ac·id (chem.) oksaalsuur.
ox·a·lis (bot.) suring.
ox·am·ic ac·id (chem.) oksamiedsuur.
Ox·bridge *(Br.: univ. v. Oxford en Cambridge)* Oxbridge.
ox·er beesdraad, slootheining.
Ox·ford *(geog.)* Oxford. **(~) bags**, ~ **trousers** →BAG n.. ~ **Group** *(hist.)* Oxfordgroep; →MORAL REARMAMENT. ~ **Movement, Tractarianism** *(hist.: katoliserende beweging i.d.Angl. Kerk)* Oxfordbeweging, Traktarianisme. ~ **(shoe)** plat veter-/rygskoen. ~ **University** die Universiteit van Oxford.
ox·i·date (w.g.) →OXIDISE.
ox·ide oksied, suurstofverbinding; ~ *of calcium* kalsiumoksied; *red* ~ *(of iron), (chem.)* rooi-oksied, rooi ysteroksied.
ox·i·dise, -dize oksideer. **ox·i·da·tion** oksidasie, oksidering, suurstofopname. **ox·i·dis·ing, -diz·ing** oksiderend; oksideer-; ~ *agent* oksideermiddel; ~ *flame* oksideervlam; ~ *reaction* oksiderende reaksie.
Ox·o·ni·an n. Oxfordstudent; Oxfordgeleerde; inwoner van Oxford. **Ox·o·ni·an** adj. van Oxford.
ox·ter *(Sk., Ier., N.Eng.)* oksel, armholte. ~ **piece** dakjuk.
ox·y- komb.vorm oksi-.
ox·y·a·cet·y·lene oksiasetileen. ~ **blowpipe**, ~ **torch** *(sweising)* oksiasetileenbrander.
ox·y·gen (chem., simb.: O) suurstof. ~ **apparatus** suurstoftoestel. ~ **bottle**, ~ **cylinder** suurstofbottel, -silinder. ~ **carrier** suurstofdraer. ~ **cylinder** →OXYGEN BOTTLE. **~-free** suurstofvry. ~ **lance** suurstofsnypyp. ~ **mask** suurstofmasker. ~ **tank** suurstoftenk. ~ **tent** suurstoftent.
ox·y·gen·ate oksigeneer, met suurstof verbind; oksideer. **ox·y·gen·at·ed** suurstofhoudend. **ox·y·gen·a·tion** oksigenering.
ox·y·gen·ise, -ize (w.g.) →OXYGENATE.
ox·yg·e·nous suurstofhoudend; suurstofagtig; uit suurstof bestaande.
ox·y·hy·dro·gen: ~ **flame** suurstof-waterstof-vlam, knalgasvlam. ~ **(gas)** knalgas.
ox·y·mo·ron -mora, (ret.) oksimoron.
ox·yn·tic (fisiol.) suurafskeidend.
ox·y·to·cia oksitosie, vinnige geboorte. **ox·y·to·cic** n. geboorteversneller, oksitosikum. **ox·y·to·cic** adj. oksitosies. **ox·y·to·cin** geboorteversneller, oksitosien.
ox·y·tone n., *(gram., klass. Gr.: woord met 'n slotklem)* oksitonon. **ox·y·tone** adj. met 'n slotklem.
o·yez, o·yes tw. luister, stilte.
oys·ter oester; *vegetable* ~ →VEGETABLE; *the world is one's* ~ die wêreld staan vir jou oop. ~ **bank** oesterbank, -plaat. ~ **bed** oesterbed. **~catcher** *(orn.)* tobie. ~ **culture** oesterteelt. ~ **farm** oesterkwekery. ~ **gatherer** oestervanger, -visser. ~ **mushroom** oestersampioen. ~ **plant** →SALSIFY. ~ **shell** oesterskulp. ~ **white** n. oester-, gryswit. **~-white** adj. (attr.) oester-, gryswit.
Oz n., *(Austr. sl.: Australië)* Aussieland. **Oz** adj., *(Austr. sl.: Australies)* Aussie-.
o·zae·na, o·ze·na (med.) osena, (infml.) stinkneus.
o·zo·ce·rite, o·zo·ke·rite, min·er·al wax osokeriet, mineraalwas.
o·zone, o·zone osoon. **~-friendly** osoonvriendelik, -gunstig, -beskermend. ~ **hole** osoongat, gat in die osoonlaag. ~ **layer** osoonlaag.
o·zon·ic osoonhoudend; osoonagtig; osoon-.
o·zo·nide (chem.) osonied.
o·zo·nif·er·ous osoonhoudend.
o·zo·nise, -nize met osoon verbind/versadig; in osoon verander; osoniseer. **o·zo·ni·sa·tion, -za·tion** osonisering. **o·zo·nis·er, -niz·er** osoniseertoestel.
o·zon·om·e·ter osonometer.
o·zo·no·sphere = OZONE LAYER.
Oz·zie n. & adj. →AUSSIE.

Pp

p *p's,* **P** *P's, Ps, (16de letter v.d. alfabet)* p, P; ***little** p* p'tjie; ***mind** one's p's/P's/Ps and q's/Q's* →MIND *ww.;* ***small** p* klein p.

pa *(infml.)* pa.

Paarl *(geog.)* Paarl; *at/in ~* in die Paarl. ~ **Mountain** Paarlberg.

pab·u·lum *-lums, (w.g.)* voedsel, kos; *(fig.: flou intellektuele vermaak ens.)* melkkos(sies); *mental/intellectual ~* geestelike voedsel, voedsel vir die gees, geestes-voedsel.

pace¹ *n.* tree, pas, stap; *(poët., liter.)* tred, skrede; stryk, (pas/tel)gang *(v. 'n perd);* spoed, vaart, snelheid, tempo; *(kr.)* vaart *(v. 'n kolfblad); (argit.)* verhoogde gedeelte; ***at** a ... ~* met 'n ... pas; met 'n ... vaart; *at a **breakneck** ~* met 'n dolle/rasende/vlieënde/woeste vaart; *at a **cracking** ~, (infml.)* met 'n hewige vaart; *set a **cracking** ~, (infml.)* baie vinnig hardloop/ry/vaar/vlieg; ***force** the ~* →FORCE *ww.;* ***go** the ~, (infml.)* vaart maak; *(fig.)* losbandig leef/lewe; *at a **great** ~* met 'n groot vaart/snelheid; *set a **hot** ~, (infml.)* vinnig wegspring/wegtrek; *the ~ is too **hot** for s.o., (infml.)* iem. kan nie byhou nie; ***keep** the ~* bybly, byhou; ***keep** ~ with ...* by ... byhou, met ... tred hou; ***keep up** the ~* die pas/vaart volhou; ***last** the ~* dit volhou; ***off** the ~, (infml.)* stadiger as die wenner/beste; ***put** s.o. through his/her ~s* iem. toets/beproef, iem. laat wys wat hy/sy kan doen, kyk wat iem. kan doen, iem. sy/haar passies laat maak; *at a **quick** ~* met 'n vinnige/snelle pas; ***quicken** the/one's ~* die pas versnel, aanstoot, jou roer; *a **rattling** ~, (infml.)* 'n vinnige vaart; ***set** the ~* die pas aangee; die botoon voer; ***show** one's ~s* wys wat jy kan doen, jou passies maak; ***slacken** the ~* stadiger gaan, vaart verminder; *a **smart/spanking** ~* 'n vinnige pas/vaart; ***stand/stay** the ~* byhou, bybly; enduit hou; (die pas/tempo) volhou; *keep up a **steady** ~* 'n gereelde pas volhou, eenstryk aanhou; *a **stiff** ~* 'n stewige/stywe pas; ***take** a ~* 'n tree gee; *a **tearing** ~* 'n vlieënde vaart. **pace** *ww.* stap; afstap; aftree; *('n perd)* 'n pas loop, strykloop; die pas aangee *(by wedlope ens.); ~ s.t. off/out* iets aftree; *~ up and down* op en af/neer loop. ~ **bowler,** **~man** *(kr.)* snelbouler. ~ **bowling** *(kr.)* snelboulwerk. **~maker** *(sport, med.)* pasaangeër; →PACER. **~making** pasaangeëry. **~setter** *(sport)* pasaangeër.

pa·ce² *prep. (Lat.)* met alle agting/respek vir.

pac·er *(sport, med.)* pasaangeër; *(v. 'n perd)* strykloper; *(kr.)* snelbouler.

pac·ey, pac·y vinnig; *~ bowler* →PACE BOWLER; *~ pitch, (kr.)* vinnige blad.

pa·chin·ko *(Jap. weergawe v. spykerbal)* patjinko.

pa·chi·si *(Ind. bordspel)* patjisi.

pach·ou·li, pach·ou·li →PATCHOULI.

pach·y·derm *(soöl.)* pagiderm, dikhuid. **pach·y·der·ma·tous, pach·y·der·mic, pach·y·der·mal** dikhuidig, -vellig. **pach·y·der·mia** *(med.)* pagidermie, velverdikking, dikhuidigheid.

Pa·cif·ic *n.: the ~ =* PACIFIC OCEAN. **Pa·cif·ic** *adj.* Pasifies; *~ island* eiland in die Stille Oseaan, Stille Oseaan-eiland; *South ~ (Ocean)* →SOUTH; *~ region* Pasifiese streek. ~ **Islands:** *Trust Territory of the ~ ~, (1947-78)* Mandaatgebied van die Stille Oseaan-eilande. ~ **Ocean** Stille Oseaan. ~ **Rim** Pasifiese Kom. ~ **Rim countries** lande in die Pasifiese Kom. ~ **Standard Time** *(afk.:* PST; *8 uur ná Greenwichtyd)* Pasifiese Standaardtyd, Stille Oseaan-tyd.

pa·cif·ic vreedsaam, vredeliewend.

pac·i·fism pasifisme. **pac·i·fist** *n.* pasifis, voorstander van wêreldvrede. **pac·i·fist, pac·i·fist·ic** *adj.* pasifisties.

pac·i·fy kalmeer, paai, stilmaak, tot bedaring bring, sus; die vrede herstel, vrede maak, versoen, pasifiseer. **pac·i·fi·ca·tion** versoening, bevrediging; vredestigting, pasifikasie; *P~ of Ghent, (1576)* Pasifikasie van Gent. **pac·i·fi·ca·to·ry** versoenend, versoenings-, kalmerend, pasifiserend. **pac·i·fi·er** vredemaker, vredestigter, versoener; trooster; fopspeen; tand(e)ring.

pac·ing (die) stap; pasaangeëry.

pack¹ *n.* pak *(dokumente, vis, vleis, groente, ens.);* pakkie *(sigarette ens.); (Br.)* pak/stel kaarte; rugsak; knapsak, bladsak; trop *(wolwe, honde, ens.); (rugby)* ag(t)tal, (pak) voorspelers, voorhoede; *(hoofs. neerh.)* klomp, spul, boel, hoop; ysmassa; pakys; *(med.)* yssak; *(med.)* omslag; *(ook* face pack*)* gesigpap; *(mynb.)* stutstapel; *a ~ of ...* 'n trop ... *(wolwe ens.);* 'n boel/hoop/spul ... *(leuens ens.);* 'n bende/klomp ... *(skurke ens.); the ~* die (verpakte) vangs/oes *(v. 'n seisoen);* die bondel *(atlete ens.); stay ahead of the ~* voor die bondel bly. **pack** *ww.* pak *('n koffer, tas, ens.);* inpak *(klere ens.);* verpak; bepak, oppak; inmaak *(vrugte, groente);* volprop, volstop *('n ruimte ens.);* onderstop; stop; vas teen mekaar druk, in 'n klomp/hoop bymekaarkom; dig maak; →PACKED; *~ s.t. **away*** iets wegpak; iets opberg; *~ one's **bags** and leave* jou goed vat en loop; *~ **down**, (rugby)* skrum, 'n skrum vorm; *~ **heat*** (or *a **gun**/etc.*), *(Am., infml.)* 'n rewolwer/ens. dra; *~* (or *be ~ing) them **in**, (infml.)* vol sale kry/lok; *~ **it in**, (infml.)* ophou; *~ **into** a hall/etc.* in 'n saal/ens. saamdrom; *~ a nasty **left**, (boks)* oor 'n giftige linker beskik; *~ s.o. **off**, (infml.)* iem. wegja(ag)/wegboender/wegstuur; iem. in die pad steek; *~ **out** a hall/etc., (Br., infml.)* 'n saal/ens. stampvol/propvol (*of* van hoek tot kant vol) sit; *~ a (heavy/hard)* (or *quite a*) ***punch*** dinamiet/vuur/yster (*of* baie krag) in jou vuiste hê; *('n mengeldrankie ens.)* lekker skop hê; *a performance* (or *storyline etc.*) *that ~s a **punch*** 'n vertoning/intrige/ens. met (baie) skop; ***send** s.o. ~ing, (infml.)* iem. wegstuur/wegja(ag); iem. die trekpas gee, iem. in die pad steek; *~ **up*** inpak; *(infml., 'n masjien ens.)* onklaar raak, nie meer werk nie, die gees gee; trap; opgee, tou opgooi; *~ **it up**, (infml.)* ophou. ~ **animal** pak-, lasdier. ~ **donkey** *(lett.)* pakdonkie, -esel. ~ **drill** *(mil.)* pak-, strafdril; *no names, no ~ ~* →NAME *n..* **~horse** pakperd. ~ **house** pakhuis, pakkery. ~ **house,** ~ **store** pakskuur. ~ **ice** pakys; →ICE PACK. ~ **leader** tropleier; bendeleier; voorperd, voorbok; *(rugby)* leier van die voorspelers; voorste pakdier. **~man** *-men, (arg.)* smous, venter. ~ **mule** pakmuil, -esel. ~ **needle** seil-, paknaald. ~ **ox** pakos. ~ **pony** pakperd. **~sack** *(Am.)* rugsak. **~saddle** *(hoofs. Am.)* paksaal. **~thread,** **~twine** seil-, pakgaring, seilgare, -garing; paktou. ~ **train** karavaan pakdiere. ~ **wagon** pakwa.

pack² *ww.: ~ a/the jury* 'n jurie partydig saamstel.

pack·age *n.* pakkie; pak, bondel; pakket; verpakking; houer; *(infml.)* →PACKAGE HOLIDAY; *(rek.)* (program)pakket, stel (programme); →SALARY PACKAGE. **pack·age** *ww.* verpak. ~ **(deal)** pakketooreenkoms, pakketplan; pakket-, koppeltransaksie. ~ **holiday,** ~ **tour** allesomvattende toer; groeptoer. ~ **store** *(Am.)* drankwinkel.

pack·ag·ing verpakking.

packed prop-, stamp-, tjokvol; *a place is ~ to **capacity*** (or *~ [out]*) 'n plek is stampvol/propvol, daar is nie meer plek vir 'n muis nie; ***closely** ~* dig opmekaar; *be ~ **into** ...* in ... gepak word *('n blik ens.);* in ... opmekaargedruk wees *('n oorvol bus ens.);* in ... geprop/gestop word *('n gebou ens.); ~ **lunch*** kospakkie; *~ like **sardines*** opmekaar geprop; *~ **tight*** bank-, blokvas; *be ~ **with** ...* propvol ... wees; stampvol ... wees.

pack·er pakker; verpakker; inmaker, inlêer; pakmasjien, verpakkingsmasjien; *(bouk.)* pak-, vulstuk.

pack·et pakkie *(sigarette ens.); (rek.)* pakkie, pakket; *cost a ~, (infml.)* 'n fortuin (*of* 'n plaas se geld/prys) kos; *make a ~, (infml.)* 'n fortuin maak. ~ **(boat)** *(vero.)* pakketboot, -skip, posboot. ~ **soup** pakkiesop. ~ **switching** *(rek.)* pakkieskakeling, pakketroetering.

pack·ing *n.* pakkery, (die) pak, pakwerk; verpakking; pakmateriaal, verpakkingsmateriaal; opvulsel, (op)vulling *(by d. verpakking v. breekware ens.);* pakkoste, verpakkingskoste; digtingsmiddel; *(meg.)* pakking, paksel. ~ **box** →STUFFING BOX. ~ **case** pakkis, -kas. ~ **gland** →GLAND². **~house,** ~ **plant** pakhuis, pakkery. ~ **material** pakgoed, pakmateriaal. ~ **needle** pak-, seilnaald. ~ **plate** vulplaat, pak(king)plaat. ~ **room** pakkamer. ~ **shed** pakskuur. ~ **sheet** paklinne, -doek; pakgoiing; verpakkingstrokie.

pact ooreenkoms, verbond, verdrag, pakt; *make a ~ with the devil* 'n ooreenkoms/verbond met die duiwel sluit/aangaan.

pac·y →PACEY.

pad¹ *n.* kussing, kussinkie; ink-, stempelkussing, ink-, stempelkussinkie; (poot)kussing/kussinkie *(v. 'n insek, dier);* vingerkussing, -kussinkie *(v. 'n mens);* muis *(v.d. hand); (sport)* (been/elmboog/enkel/knie/skeen/skouer/voorarm)skut; skryfblok; tekenblok; landingsblad *(vir 'n helikopter);* lanseerblad *(v. 'n vuurpyl ens.); (rek.)* mat *(v. 'n muis); (elektron.)* (verswak)lid; *(infml.)* blyplek; *(bot.)* dryfblaar *(v. 'n waterplant).* **pad** *-dd-, ww.* (op)stop, opvul; watteer; stoffeer; *~ a ball away, (kr.)* 'n bal met jou beenskutte wegspeel/-stamp; *~ s.t. (out)* iets opstop; iets uitrek *('n toespraak ens.);* iets met onnodige detail/woorde/ens. belaai *('n beskrywing, verhaal, ens.);* te veel bestanddele in iets gebruik *('n rolprent ens.); ~ up, (kr.)* beenskutte aansit. **~saw** skropsaag. ~ **stone** draagsteen.

pad² *n.* gedempte geluid; *(arg.)* struikrower (→FOOTPAD); *(dial. of Austr.)* (voet)paadjie; *gentleman/knight/squire of the ~, (arg.)* struikrower; *hear the ~ of feet* sagte voetstappe hoor. **pad** *-dd-, ww.* (saggies) loop; stap, te voet gaan; *~ around* rondstap; *~ the hoof* →HOOF *n..* ~ **(horse),** **~(nag)** *(arg. of dial.)* pasganger, trippelaar.

pa·dauk, pa·douk padoek(boom); padoek(hout).

pad·ded opgestop; gekussing *('n isoleerkamer, hysbak, ens.);* gewatteer; *~ envelope* opgestopte koevert; *~ jersey* trui met opgestopte skouers (*of* skouerkussings/kussinkies); *(sport ens.)* opgestopte trui; gewatteerde trui.

pad·ding (op)stopsel, (op)vulsel; watteersel; bladvulling; omhaal van woorde; vals inskrywings *(in 'n uitgawerekening ens.)* .

pad·dle¹ *n.* roeispaan; roeiery, (die) roei; *(kookk., tafeltennis, ens.)* spaan; *(Am., infml.)* plak *(vir lyfstraf);* skepbord, -plank *(v. 'n waterwiel ens.);* vin, swempoot, -voet *(v. 'n waterdier/-voël).* **pad·dle** *ww.* roei; losroei, pagaai *(<Mal., w.g.); ~ one's own canoe, (infml.)* jou eie potjie krap, op eie bene staan. ~ **(board)** skepbord, skoep. ~ **boat,** ~ **steamer** wielstoomboot. ~ **ski** *n.* roeiski. **~-ski** *ww., -'d, -ed* skiroei, roeiski. ~ **skiing** skiroei/roeiski(sport). ~ **tennis** *(Am.)* spaantennis. ~ **wheel** skepwiel, -rat.

pad·dle² *ww.* speel, plas, spat *(in water/modder/ens.);* waggel, strompel, val-val loop.

pad·dler¹ roeier; →PADDLE BOAT.

pad·dler² plasser.

pad·dling plassery. ~ **pool** plasdam, plasswembad.

pad·dock¹ (vee)kampie; paradekamp *(by 'n renbaan)*; *grazing* ~ weikamp; *large* ~ (vee)kamp.

pad·dock² *(arg. of dial.)*, **pud·dock** *(Sk.)* padda. ~ **stool** paddastoel.

Pad·dy *(infml., hoofs. neerh.)* Ier; *(Br., infml., p~)* woedeaanval, =uitbarsting, woedebui, kwaai bui; *P~'s hurricane* →HURRICANE; *be in a* ~ moeilik/woedend (*of* die hoenders/joos/josie in) wees; *get into a* ~ omgekrap raak, jou humeur verloor, die stuipe kry. **p~w(h)ack** *n., (infml.), (Br.)* woedeaanval, =uitbarsting, woedebui, kwaai bui; streepsuiker. **p~ wagon** *(Am., sl.: vangwa)* bok=, brood=, kanariewa, kanariekar.

pad·dy *(<Mal.)* (ongepelde) rys. ~ **(field)** rysland, =akker.

pa·di·shah *(<Pers., titel v.d. sjah v. Iran)* padisjah.

pad·lock *n.* hangslot. **pad·lock** *ww.* (met 'n hangslot) toesluit.

pa·douk →PADAUK.

pa·dre *(infml., soms P~)* pater; priester; kapelaan; veldprediker.

pae·an, pa·en lof=, danklied.

paed·er·ast →PEDERAST.

pae·di·at·rics, *(Am.)* **pe·di·at·rics** *n. (fungeer as ekv.)* pediatrie, kindergeneeskunde, kindersiekteleer. **pae·di·at·ric,** *(Am.)* **pe·di·at·ric** pediatries, kindergeneeskundig. **pae·di·a·tri·cian,** *(Am.)* **pe·di·a·tri·cian** pediater, kinderarts, =spesialis.

pae·dol·o·gy, *(Am.)* **pe·dol·o·gy** pedologie, kinderkunde, =studie. **pae·do·log·i·cal,** *(Am.)* **pe·do·log·i·cal** pedologies. **pae·dol·o·gist,** *(Am.)* **pe·dol·o·gist** pedoloog, kinderkenner.

pae·do·phil·i·a, *(Am.)* **pe·do·phil·i·a** *n.* pedofilie. **pae·do·phile,** *(Am.)* **pe·do·phile, pae·do·phil·i·ac,** *(Am.)* **pe·do·phil·i·ac** *n.* pedofiel. **pae·do·phil·i·ac,** *(Am.)* **pe·do·phil·i·ac, pae·do·phil·ic,** *(Am.)* **pe·do·phil·ic** *adj.* pedofiel.

pa·el·la *(Sp. kookk.)* paella.

pae·o·ny →PEONY.

pa·gan *n.* heiden, ongelowige, goddelose, paganis; *(vero., neerh.)* nie-Christen. **pa·gan** *adj.* heidens, ongelowig, goddeloos, ongodsdienstig, paganisties; ~ *world* heidenwêreld. **pa·gan·i·sa·tion, =za·tion** verheidening. **pa·gan·ise, =ize** verheidens, heidens maak/word. **pa·gan·ish** *adj.* →PAGAN *adj.*. **pa·gan·ism** heidendom, paganisme. **pa·gan·ist** *n.* paganis, heiden. **pa·gan·ist, pa·gan·ist·ic** *adj.* →PAGAN *adj.*.

page¹ *n.* bladsy, *(fml.)* pagina; *turn a/the* ~ omblaai. **page** *ww.* →PAGINATE; ~ *through a book/etc.* 'n boek/ens. deurblaai. ~ **break** *(rek.)* bladsyoorgang, =skeiding. ~ **make-up** *(tip.)* bladopmaak. ~ **printer** *(rek.)* bladsydrukker. ~ **proof** blad(sy)proef. **~-three girl** prikkelpop, =meisie. **~-turner** *(infml.)* meesleurende/pakkende boek, boek wat jy (*of* ['n] mens) nie (maklik) kan neersit nie.

page² *n.* (hotel/klub)joggie; hofknaap, =knapie *(by 'n troue)*; *(hist.)* skildknaap, wapendraer, edelknaap, page *(v. 'n ridder)*; *(hist.)* livreikneg. **page** *ww.* aansê, (op)roep. **~boy** *(vrouehaarsnit)* hofknaapstyl; (hotel/klub)joggie; hofknaap, =knapie *(by 'n troue)*.

pag·eant dramatiese voorstelling; skouspel; (kleurvolle) vertoning; *(Am., ook* beauty pageant*)* skoonheidswedstryd (→BEAUTY COMPETITION). **pag·eant·ry** pragtige vertoning; *pomp and* ~ →POMP.

pag·er roepradio.

pag·i·nal *adj.* bladsy=.

pag·i·nate *ww.* pagineer, bladsye nommer. **pag·i·na·tion** paginering.

pag·ing: ~ **number** roepnommer.

pa·go·da pagoda, pagode.

pah *tw.* foei, ba, ga, sies.

paid betaal, voldaan; →PAY *ww.*; ~ *in* ***advance*** vooruitbetaal; *be* ***badly/well*** ~ min/baie betaal word; ***be/get*** ~ betaal word; ***fully*** ~ →FULLY; ~ ***leave*** betaalde/besoldigde verlof; ~ ***off*** afbetaal, afgelos, gedelg *(skuld)*; betaal *(wissel)*; afgedank *(werkers)*; ***put*** ~ *to s.t., (infml.)* iets verydel, iets in die wiele ry, 'n end/einde aan iets maak *('n plan ens.)*; ***reply*** ~ antwoord betaal. **~-up** *adj. (attr.)* betaal; *(fully)* ~ *capital/shares* volgestorte (*of* vol[op]betaalde) kapitaal/aandele; *(fully)* ~ *member* opbetaalde lid *(v. 'n vereniging, politieke party, ens.)*; ~ *policy* (op)betaalde polis.

pail emmer; *half a* ~ *of milk* 'n halfemmer (*of* halwe emmer) melk; *a* ~ *of water/etc.* 'n emmer water/ens.. **pail·ful** emmer vol; *two/etc. ~s of wheat/etc.* twee/ens. emmer koring/ens..

pail·lasse, pail·lasse →PALLIASSE.

pail·lette blinker(tjie).

pain *n.* pyn; ongemak; leed, verdriet, smart; straf; *(ook, i.d. mv.)* moeite, inspanning; ***alleviate/relieve*** ~ pyn stil/verlig; *s.o. is a* ~ *in the* ***arse,*** *(vulg.)* iem. is 'n pyn in die gat (*of* 'n regte [ou] doos); *be* ***at*** *(great) ~s to ...* (baie) moeite doen om te ...; *be* ***at*** *~s to do s.t.* jou die moeite (ge)troos om iets te doen; ***cry*** *with* ~ huil van (die) pyn; *the* ~ *of* ***death*** doodsmart; ***double up*** *with* ~ ineenkrimp van (die) pyn; ***excruciating*** ~ ondraaglike pyn; ***for*** *one's ~s* vir jou moeite; ondanks al jou moeite; *no ~, no* ***gain,*** *(hoofs. Am.)* sonder pyn en opoffering kom jy nêrens (nie), drome word nie bewaarheid (*of* sukses vind nie plaas *of* niemand presteer) sonder harde werk nie; ***give*** ~ seermaak; *be* ***in*** ~ pyn hê/voel; *be* ***in*** *great* ~ baie pyn hê/verduur; ***lose*** *one's ~s* →LOSE ONE'S LABOUR/PAINS; *be a* ~ *in the* ***neck,*** *(infml.)* onuitstaanbaar (*of* 'n [ou/regte] pyn *of* 'n pyn op die naarheid) wees; *... gives s.o. a* ~ *in the* ***neck,*** *(infml.)* ... gee iem. 'n pyn (*of* 'n [vet] kramp), ... gee iem 'n pyn op 'n ongemaklike plek (*of* op die naarheid); ***on/under*** ~ *of ...* op straf van ... *(d. dood ens.)*; *~s and* ***penalties*** strawwe; ***put*** *s.o. out of his/her* ~ iem. uit sy/haar pyn verlos; ***relieve*** ~ →***alleviate/relieve;*** ***roar*** *with* ~ kerm/brul van (die) pyn; *you may save your ~s* spaar jou die moeite, dis moeite (te)vergeefs; *a* ***sharp*** ~ 'n skerp pyn; ***spare*** *no ~s* geen moeite ontsien/spaar nie; ***squirm*** *with* ~ krimp van (die) pyn; ***stand*** ~ pyn verdra/uithou; ***suffer*** ~ pyn verduur/ly; ***take*** *(great) ~s over/with s.t.* (baie/groot) moeite doen (in verband) met iets; ***under*** ~ *of ...* →***on/under;*** *cry* ***with*** ~ huil van die pyn. **pain** *ww.* pyn, pynig, seer maak; leed/droefheid/smart veroorsaak; seer wees, pyn. ~ **barrier** pyndrempel, =drumpel, =grens; *go/play/run/break through the* ~ ~, *(sport)* deur die pyndrempel/=drumpel veg. **~killer** pynstiller, pynstillende middel. **~killing** pynstillend. ~ **level** pynvlak. ~ **threshold** *(med.)* pyndrempel, =drumpel.

pain·ful pynlik *('n operasie, ervaring, ens.)*; seer *(rug ens.)*; (baie) moeilik *(omstandighede ens.)*; moeisaam *('n proses ens.)*; smartlik *(lyding, siekbed, ens.)*. **pain·ful·ness** pynlikheid; moeisaamheid.

pain·less pynloos; moeiteloos. **pain·less·ness** pynloosheid; moeiteloosheid.

pains·tak·ing noukeurig, sorgvuldig, presies, deeglik, sorgsaam.

paint *n.* verf; *(infml.)* grimering; grimeersel; *a coat of* ~ 'n laag verf; 'n verflaag; *give s.t. a coat of* ~ iets skilder/verf; *a lick of* ~ 'n smeerseltjie verf. **paint** *ww.* verf; skilder; uitverf *('n kamer ens.)*; afteken; afbeeld; (jou) grimeer; bestryk met; (lewendig) voorstel/beskrywe; →PAINTED; ~ *...* ***in*** *...* aanbring *(op 'n skildery ens.)*; ~ ***in*** *oils/etc.* in olie(verf)/ens. skilder; ~ *s.t.* ***out*** iets doodverf/=skilder *(op 'n skildery ens.)*; ~ ***over*** *s.t.* oor iets verf/skilder; ~ *the* ***town*** *red, (infml.)* die dorp/stad op horings neem. **~ball** *(oorlogspel)* verfbal. **~box** verfdoos, =boks. **~brush** verfkwas; penseel; *(bot.: Scadoxus puniceus)* poeier=, rooikwas. ~ **gold** nerfgoud. ~ **gun** = PAINT SPRAY(ER). ~ **pot** verfpot. ~ **roller** verfroller. ~ **shop** verfwinkel; (spuit)verfwinkel, spuitverfaanleg. ~ **spray(er)** verfspuit. **~stick** verfstok. ~ **stripper** verfstroper, =verwyderaar. **~work** verfwerk, verwery; skilderwerk; verf.

paint·a·ble verfbaar *('n oppervlak ens.)*.

paint·ed geverf; geskilder; gevlek; *not so* ***black*** *as it is ~ed* nie so erg soos dit voorgestel word nie; ~ ***glass*** skilderglas; ~ ***lady,*** *(entom.: Vanessa* spp.*)* distelvlinder; *(bot.: Gladiolus carneus)* bergpypie, katjietee; ~ ***line*** verfstreep; ~ ***linoleum*** bedrukte linoleum; ~ ***woman,*** *(neerh.)* straatvrou, slet.

paint·er¹ (kuns)skilder; verwer, skilder; *~'s colic* →LEAD COLIC; *~'s putty* stopverf.

paint·er² *(sk.)* vanglyn, =tou; *cut the* ~, *(fig.)* die bande verbreek.

paint·er·ly skilderkunstig.

paint·ing skilderstuk, skildery; (skilder)doek; skilderkuns; verfwerk, verwery, skilderwerk; *a* ~ ***by*** *...* 'n skildery deur/van ...; ***do*** *a* ~ 'n skildery maak; ***exhibit/show*** *~s* skilderye ten toon stel; ***in*** ~ in die skilderkuns. ~ **room** ateljee. ~ **shop** verwery.

paint·y =ier, =iest verfagtig, verf=, vol verf.

pair *n.* paar (→COUPLE *n.*); *(kr., infml.)* dubbele nul; ***in*** *~s* twee-twee, paarsgewys(e); *sell s.t.* ***in*** *~s* iets by die paar verkoop; *they are* ***not*** *a* ~ hulle is onpaar; ~ ***of*** *bellows/etc.* →BELLOWS *etc.*; *a* ~ ***of*** *shoes* →SHOE *n.*; *a* ~ ***of*** *spectacles* →SPECTACLE; *two/etc. ~s* ***of*** *dancers/etc.* twee/ens. pare dansers/ens.. **pair** *ww.* paar; tweetwee opstel/rangskik; verenig, saamvoeg; ~ ***off*** in pare gaan; ~ *them* ***off*** hulle in pare plaas, hulle twee-twee bymekaarsit; *(parl.)* hulle afpaar; ~ ***off*** *with s.o.* 'n paar vorm saam met iem.; met iem. trou; *(parl.)* met iem. afpaar; ~ ***up*** *with s.o.* 'n paar vorm saam met iem.. **~(-oar)** tweeriemsboot. **~-off** *(ook)* paarstel. ~ **skating** pareskaats.

paired *adj.* gepaard; ~ *columns/etc., (argit.)* gepaarde suile/ens.; ~ *decreases, (brei)* gepaarde verminderings.

pair·ing paring; afparing; ~ *off* afparing. ~ **season,** ~ **time** paartyd.

pai·sa *paise, (geldeenheid)* paisa.

pais·ley paisley. ~ **design** paisleyontwerp. ~ **pattern** paisleypatroon, =motief.

pa·ja·mas *(Am.)* →PYJAMAS.

pa·ke·ha *(Maori)* blanke, wit mens. ~ **Maori** *(hist.: wit setlaars wat d. Maorilewenswyse aanvaar het)* wit Maori.

Pak·i *(Br., sl., neerh.; SA, infml., hoofs. sport: afk. v.* Pakistani*)* Paki.

Pa·ki·stan *(geog.)* Pakistan. **Pa·ki·stan·i** *n.* Pakistani. **Pa·ki·stan·i** *adj.* Pakistans.

pa·ko·ra *(Ind. kookk.: groentekoekies)* pakora.

pal *n., (infml.)* pel, tjom(mie), maat; *jobs for ~s* baantjies vir boeties. **pal** =*ll*=, *ww., (infml.)*: ~ *up with s.o.* met iem. maats/pels/pelle maak. **pal·ly** dik bevriend; vriendskaplik; *be/get* ~ *with s.o.* dik bevriend met iem. wees; met iem. maats/pels/pelle maak.

pal·ace paleis; →PALATIAL; *P~ of Justice* Paleis van Justisie; *P~ of Peace* Vredespaleis. ~ **car** *(spw.)* salonwa. ~ **revolution,** ~ **coup** paleisrevolusie, =rewolusie.

pal·a·din *(hist.)* paladyn, ridder.

Pal·ae·arc·tic, *(Am.)* **Pal·e·arc·tic** *adj., (soöl.)* Pale(o)arkties.

pal·ae·o=, *(Am.)* **pal·e·o**= *komb.vorm* paleo=.

pal·ae·o·an·thro·pol·o·gy, *(Am.)* **pal·e·o·an·thro·pol·o·gy** paleoantropologie. **pal·ae·o·an·thro·po·log·i·cal,** *(Am.)* **pal·e·o·an·thro·po·log·i·cal** paleoantropologies. **pal·ae·o·an·thro·pol·o·gist,** *(Am.)* **pal·e·o·an·thro·pol·o·gist** paleoantropoloog.

pal·ae·o·bot·a·ny, *(Am.)* **pal·e·o·bot·a·ny** paleobotanie. **pal·ae·o·bo·tan·i·cal,** *(Am.)* **pal·e·o·bo·tan·i·cal** paleobotanies. **pal·ae·o·bot·a·nist,** *(Am.)* **pal·e·o·bot·a·nist** paleobotanis.

Pal·ae·o·cene, *(Am.)* **Pal·e·o·cene** *n. (geol.)* Paleoseen. **Pal·ae·o·cene,** *(Am.)* **Pal·e·o·cene** *adj.* Paleoseens.

pal·ae·o·cli·ma·tol·o·gy, *(Am.)* **pal·e·o·cli·ma·tol·o·gy** paleoklimatologie. **pal·ae·o·cli·ma·to·log·i·cal,** *(Am.)* **pal·e·o·cli·ma·to·log·i·cal** paleoklimatologies. **pal·ae·o·cli·ma·tol·o·gist,** *(Am.)* **pal·e·o·cli·ma·tol·o·gist** paleoklimatoloog.

Pal·ae·o·gene, *(Am.)* **Pal·e·o·gene** *n. & adj., (geol.)* Paleogeen.

pal·ae·o·ge·og·ra·phy, *(Am.)* **pal·e·o·ge·og·ra·phy** paleogeografie.

pal·ae·og·ra·phy, *(Am.)* **pal·e·og·ra·phy** paleo=

grafie. **pal·ae·og·ra·pher,** *(Am.)* **pal·e·og·ra·pher** paleograaf, skrifkenner. **pal·ae·o·graph·ic, pal·ae·o·graph·i·cal,** *(Am.)* **pal·e·o·graph·ic, pal·e·o·graph·i·cal** paleografies.

pal·ae·o·lith, *(Am.)* **pal·e·o·lith** paleoliet.

Pal·ae·o·lith·ic, *(Am.)* **Pal·e·o·lith·ic** *n.: the ~, (argeol.)* die Paleolitikum. **Pal·ae·o·lith·ic,** *(Am.)* **Pal·e·o·lith·ic** *adj., (soms p~)* Paleolities.

pal·ae·ol·o·gy, *(Am.)* **pal·e·ol·o·gy** paleologie, (vroeë) oudheidkunde.

pal·ae·o·mag·net·ism, *(Am.)* **pal·e·o·mag·net·ism** paleomagnetisme. **pal·ae·o·mag·net·ic,** *(Am.)* **pal·e·o·mag·net·ic** paleomagneties.

pal·ae·on·tol·o·gy, *(Am.)* **pal·e·on·tol·o·gy** paleontologie. **pal·ae·on·to·log·i·cal,** *(Am.)* **pal·e·on·to·log·i·cal** paleontologies. **pal·ae·on·tol·o·gist,** *(Am.)* **pal·e·on·tol·o·gist** paleontoloog.

Pal·ae·o·zo·ic, *(Am.)* **Pal·e·o·zo·ic** *n.: the ~, (geol.)* Paleosoïkum. **Pal·ae·o·zo·ic,** *(Am.)* **Pal·e·o·zo·ic** *adj.* Paleosoïes.

pal·ae·o·zo·ol·o·gy, *(Am.)* **pal·e·o·zo·ol·o·gy** paleosoölogie.

pa·laes·tra, *(vnl.Am.)* **pa·les·tra** *-tras, -trae, (hist.)* palestra, stoeiskool; palestra, gimnasium.

pal·ais *(Br.)* danssaal. ~ **de danse** *(Fr.)* danssaal.

pal·an·quin, pal·an·keen *(Oosterse draagstoel)* palankyn.

pal·at·a·ble smaaklik, lekker, aangenaam (vir die smaak). **pal·at·a·bil·i·ty, pal·at·a·ble·ness** smaaklikheid.

pal·a·tal *n., (fonet.)* palataal, palatale medeklinker/konsonant. **pal·a·tal** *adj.* palataal, verhemelte-. **pal·a·tal·ise, -ize** *(fonet.)* palataliseer.

pal·ate verhemelte (→BONY PALATE, CLEFT PALATE, SOFT PALATE); smaak; →PALATINE[2]; *not to one's ~* nie na jou smaak nie; *be pleasing to the ~* die smaak streel; *tickle the ~* die smaak prikkel, eetlus opwek.

pa·la·tial paleisagtig, paleis-; vorstelik, pragtig; *a ~ dwelling* 'n paleis van 'n woning.

Pa·lat·i·nate *(hist.): the Lower/Rhine ~, (hist.)* die Benede/Ryn-Palts; *the ~, (hist.)* die Palts (→RHINELAND-PALATINATE); *the Upper ~, (hist.)* die Bo/Opper-Palts. **pa·lat·i·nate** palatinaat, paltsgraafskap; →PALATINE[1].

pal·a·tine[1] *adj., (hoofs. hist.)* paltsgraaflik; paleisagtig; *count ~* →COUNT[2] *n.; county ~* palatinaat, paltsgraafskap.

pal·a·tine[2] *n., (anat.)* palatienbeen. **pal·a·tine** *adj.* verhemelte-. ~ **(bone)** palatienbeen.

Pal·a·tine (Hill): *the ~ (~), (een v.d. sewe heuwels v. Rome)* die Palatyn (*of* Palatynse heuwel).

pa·la·ver *n., (infml.)* palawer, heen-en-weer-pratery, redekaweling, nuttelose geredekawel; gepraat, gebabbel, geklets; geseur, gesanik; ophef, gedoe, gedoente; *(vero.)* onderhandeling; *(vero.)* konferensie. **pa·la·ver** *ww.* redekawel; babbel, klets, baie praat.

pale[1] *adj.* lig, bleek, dof *(kleur)*; bleek, vaal *(iem. [se gelaatskleur] ens.)*; flou, yl *(lig, sonnetjie, ens.)*; dof, flets, sonder glans *(oë)*; →PALELY, PALISH; ~ ***ale*** ligte bier; ~ ***blue/green/etc.*** ligblou/-groen/ens., ligte blou/groen/ens., bleekblou/-groen/ens., dofblou/-groen/ens., dowwe blou/groen/ens.; *as ~ as* ***death*** (or *a* ***sheet***) so bleek soos die dood (*of* 'n laken), asvaal; ***deathly*** ~ doodsbleek; ***go/grow/turn*** ~ *(with fright)* verbleek, bleek word (van skrik); *a ~* ***imitation*** *of ...* →IMITATION *n..* **pale** *ww.* bleek word, verbleek; bleek maak; dof word, verdof, verskiet; taan; →PALING[1]; ~ *at ...* bleek word by ... *(d. gedagte aan iets, d. vooruitsig v. iets, ens.)*; *it ~s beside/before ...* dit is nie te vergelyk met ... nie. **~face** *(Am., neerh.)* bleekgesig. **~faced** bleekgesig-.

pale[2] *n.* paal(tjie); spar; *(fig.)* grens; *(her.)* paal; →PALING[2]; *beyond the ~* buite die perke/grens; ontoelaatbaar, verregaande; *within the ~ of ...* binne die perke van ...

pa·le·a *-leae,* **pale** *pales, (bot.)* palea, strooiskub.

pale·ly *adv.* bleek.

pal·e·o- *komb.vorm (Am.),* →PALAEO-.

Pal·es·tine *(geog.)* Palestina. ~ **Liberation Organisation** *(afk.: PLO)* Palestynse Bevrydingsorganisasie *(afk.: PBO)*.

Pal·es·tin·i·an *n.* Palestyn. **Pal·es·tin·i·an** *adj.* Palestyns.

pa·les·tra →PALAESTRA.

pale·tot (oor)jas.

pal·ette, pal·let palet, skilder-, verfbord(jie); (kleur)palet. ~ **knife** palet-, tempermes, skildersmes, spatel.

pal·frey *(arg.)* (dames)ryperd.

pal·i·mo·ny *(Am., infml.)* metgeselonderhoud; *sue s.o. for ~* 'n onderhoudseis teen jou gewese metgesel (*of* teen jou voormalige minnaar/minnares) instel.

pal·imp·sest palimpses.

pal·in·drome palindroom; kreefdig; alkant-selfkantwoord/sin. **pal·in·drom·ic** palindromies.

pal·ing[1] verbleking, verkleuring.

pal·ing[2] spitspaalheining.

pal·in·gen·e·sis *(Chr.)* we(d)ergeboorte; *(biol.)* palingenese, gedaanteverwisseling.

pal·i·node palinodie, wedersang.

pal·i·sade *n.* palissade, spitspaalheining; palissadering. **pal·i·sade** *ww.* ompaal, verskans, met skanspale afsluit, palissadeer. ~ **parenchyma,** ~ **tissue** *(bot.)* palissadeparenchiem, palissadeweefsel. ~ **worm** *(veearts.)* perdestrongiel.

pal·ish blekerig, valerig.

pal·is·(s)an·der palissander(hout).

pall[1] *n.* lyk-, roukleed; dood(s)kis; *(fig.)* sluier, mantel; *(Chr.)* kelkkleedjie; *(RK, arg.)* skouerband; *(her.)* gaffel; *(vero.)* (skouer)mantel; *cast a ~ (of gloom) over s.t.* 'n (donker) skadu(wee) oor iets werp/gooi; *a ~ of pessimism hung over s.t.* swaarmoedigheid het soos 'n donker wolk oor iets gehang; *a ~ of smoke* 'n rookwolk. **~bearer** slippedraer.

pall[2] *ww.* smaakloos word, walg; *it ~s on one* ('n) mens raak/word moeg/sat daarvan (*of* word teë daarvoor).

Pal·la·di·an[1] *(argit.)* Palladiaans.

Pal·la·di·an[2] *(Gr. mit.)* van (*of* met betrekking tot) Pallas At(h)ena/At(h)ene; *(poët., liter.)* wys, geleerd.

pal·la·di·um[1] *(chem., simb.: Pd)* palladium.

pal·la·di·um[2] *-dia, (arg.)* palladium, waarborg, beskerming.

pal·let[1] strooimatras, -bed; krismisbed.

pal·let[2] laai-, stapelbord; palet, strykmes *(v. 'n pottebakker ens.)*; (skilders)palet; ventiel, windklep *(v. 'n orrel)*.

pal·liasse, pal·liasse, pail·lasse, pail·lasse strooimatras.

pal·li·ate verlig, versag, lenig, stil, matig *(leed, pyn, smart, ens.)*; besweer *(vrees)*; uit die weg ruim *(agterdog)*; verbloem, verdoesel, goedpraat, vergoe(i)lik *('n verkeerde daad)*. **pal·li·a·tion** verligting, versagting; verbloeming, verdoeseling, vergoe(i)liking. **pal·li·a·tive** *n.* palliatief, palliatiewe middel. **pal·li·a·tive** *adj.* versagtend, verligtend; verontskuldigend, verbloemend.

pal·lid (ongesond) bleek, asvaal; flou.

pal·li·um *-lia, -liums (RK)* pallium, skouerband; *(hist.: reghoekige mantel b.d. ou Grieke en Romeine)* pallium; *(soöl.)* pallium, mantel *(v. 'n weekdier)*; pallium, breinmantel *(v. 'n werweldier)*; *(anat.)* pallium, harsingskors, harsingmantel.

pall-mall *(hist.)* malie-, kolfspel; malie-, kolfbaan.

pal·lor bleekheid.

palm[1] *n.* (hand)palm; *cross/grease/oil s.o.'s ~, (infml.)* iem. iets in die hand stop; iem. se hande smeer, iem. omkoop; *have/hold s.o. in the ~ of one's hand* iem. volkome in jou mag hê; *have an itching/itchy ~* inhalig wees, altyd beloon wil word. **palm** *ww.* in die hand(palm) verberg/wegsteek; (met die hand) streel; omkoop; kul, fop; ~ *s.t.* ***away*** iets met die hand wegstamp *('n bal ens.)*; ~ *s.t.* ***off as*** *..., (infml.)* voorgee dat iets ... is; ~ *s.t.* ***off on*** *s.o., (infml.)* iets aan iem. afsmeer; ~ *s.o.* ***off with*** *..., (infml.)* iem. met ... (probeer) tevrede hou. ~ **grease** omkoopgeld, smeergeld. **~-greasing** omkopery. ~ **oil** = PALM GREASE. ~ **print** handafdruk. ~ **reader** handleser, -kyker. **~top** *(rek.)* handrekenaar.

palm[2] *n.* palm(boom); *bear* (or *carry off*) *the ~* die louere/palm wegdra, die oorwinning behaal; *~ of victory* oorwinningspalm; *yield the ~ (to s.o.), (fml.)* die stryd gewonne gee, die knie (voor iem.) buig. **~-fringed** met palmbome omsoom. **(~) frond** palmblaar. ~ **kernel,** ~ **nut** palmpit. ~ **kernel/nut oil** palmpitolie. ~ **leaf** palmblaar. **~nut vulture** witaasvoël. ~ **oil** palmolie. ~ **stand** plant-, blomstaander. ~ **stay** bladanker. **P~ Sunday** *(Chr.)* Palmsondag. ~ **tree** palmboom. ~ **wine** palmwyn.

pal·ma·ceous palmagtig, palm-.

pal·mar (hand)palm-.

pal·ma·ry *(w.g.)* lofwaardig, voortreflik, uitmuntend.

pal·mate, pal·mat·ed hand(palm)vormig; *~ foot* swempoot.

palm·er *(hist.)* pelgrim; *(hengel)* kunsvlieg.

pal·mette *(argeol.)* palmet.

pal·met·to *-tos, -toes* dwergpalm; waaierpalm.

palm·is·try handkykery, -kykkuns, -lesery. **palm·ist** handkyker, -kykster, handleser, -leseres.

pal·mit·ic ac·id *(chem.)* palmitiensuur.

pal·mi·tin *(chem.)* palmitien.

palm·y bloeiend, voorspoedig; palmagtig, palmryk, palm-; *~ days* bloeityd(perk), -periode.

Pal·my·ra *(geog.)* Palmyra.

pal·my·ra: ~ **(palm/tree)** waaierpalm. ~ **wood** waaierpalmhout; palmhout.

pal·o·mi·no *-nos, (perd)* palomino.

pa·loo·ka *(Am., infml.)* paloeka; lummel.

palp *palps,* **pal·pus** *palpi, (soöl.)* taster, voeler, voelspriet.

pal·pa·ble tasbaar, voelbaar; duidelik, klaarblyklik, kennelik, sigbaar. **pal·pa·bil·i·ty, pal·pa·ble·ness** tasbaarheid, voelbaarheid, duidelikheid. **pal·pa·bly** tasbaar, voelbaar; duidelik, kennelik, sigbaar.

pal·pate[1] *ww., (hoofs. med.)* palpeer, betas, bevoel. **pal·pa·tion** palpasie, betasting, bevoeling. **pal·pa·to·ry** betastend, betastings-.

pal·pate[2] *adj.* met tasorgane (*of* 'n tasorgaan).

pal·pe·bral palpebraal, ooglid-. **pal·pe·bra·tion** (oormatige) oogknippery, palpebrasie.

pal·pi·tate *(d. hart)* klop, tril, fladder; *(iem.)* tril, bewe, sidder. **pal·pi·ta·tion** palpitasie, hartkloppings, -trillings.

pal·pus *palpi* →PALP.

pals·grave *(hist.)* paltsgraaf.

pal·sy *n., (vero.)* verlamming; →BELL'S PALSY; *cerebral ~* →CEREBRAL; *shaking ~, (vero.)* →PARKINSON'S DISEASE. **pal·sy** *ww.* verlam. **pal·sied** verlam, lam. *cerebrally ~, (w.g.)* serebraal gestrem(d).

pal·ter *(arg.)* knoei, knibbel, onderduims handel; peuter; kibbel; *~ with s.o.* iem. mislei/bedrieg (*of* om die bos lei); *~ with s.o. about s.t.* met iem. oor iets kibbel; *~ with the truth* die waarheid te na kom.

pal·try waardeloos, nietig, niksbeduidend, klein, beuselagtig; laag, armsalig, miserabel, veragtelik. **pal·tri·ness** nietigheid, niksbeduidendheid, beuselagtigheid; veragtelikheid, laagheid, armsaligheid, onbenulligheid.

pa·lu·dal, pa·lu·dal *(ekol.)* moerasagtig, moerassig, vleierig; moeras-, vlei-; malaria-; *~ fever* moeraskoors, malaria. **pal·u·dism** *(w.g.)* →MALARIA.

pal·y *(her.)* gepaal(d).

pal·y·nol·o·gy *(studie v. stuifmeelkorrels en spore in argeol. fondse ens.)* palinologie.

pam·pas: *the P~, (uitgestrekte boomlose grasvlakte in S.Am.)* die Pampas. ~ **grass** pampasgras.

pam·pel·moes, pam·pel·moose, pam·pel·mouse, pom·pel·moes, pom·pel·mouse *(SA, Citrus decumana)* pampel-, pompelmoes.

pam·per bederf, vertroetel, verwen, koester. **pam·per·ing** vertroeteling.

pam·pe·ro *-ros, (S.Am.)* pampero(wind).

pam·phlet pamflet, brosjure, vlugskrif. **pam·phlet·eer** *n.* pamflet=, brosjure=, vlugskrifskrywer. **pam·phlet·eer** *ww.* pamflette/vlugskrifte skryf/skrywe/publiseer, brosjures opstel.

Pam·phyl·i·a *(geog., hist.)* Pamfilië. **Pam·phyl·i·an** *n.* Pamfiliër. **Pam·phyl·i·an** *adj.* Pamfilies.

Pan *(Gr. mit.)* Pan. **p~pipe(s), ~'s pipe, p~ flute** panfluit.

pan[1] *n.* (braai/koek)pan; skaal(bak); pan *(vir spoelgoud); (mus.instr.)* staaltrom; *(Br.)* toiletbak; (sout)pan; (water)pan; (kruit)pan *(v. 'n ou geweer); (Am., infml.)* bakkies, smoel, gevreet; *go down the ~, (infml.)* op die ashoop beland; *a ~(ful) of ...* 'n bak ... *(water ens.)*. **pan** =*nn*=, *ww.* (in 'n pan) was, uitwas; win *(sout);* (in 'n pan) gaarmaak; *(infml.)* uittrap, uitvreet, inklim, afklim op; ~ ***out*** was *(goud);* goud oplewer; *(infml.)* uitval, afloop; ~ ***out*** *badly, (infml.)* sleg uitval/afloop; ~ ***out*** *well, (infml.)* goed uitval/afloop, slaag, geluk; *not ~ **out** well, (ook, infml.)* 'n misoes wees. **~-broil** *ww.* panrooster. **~cake** →PANCAKE. **~-fry** panbraai. **~handle** *n.* pansteel; *(Am.)* smal strook grond, pypsteel. **~handle** *ww., (Am., infml.)* bedel. **~handler** *(Am., infml.)* bedelaar. **~tile** (S-vormige) dakpan.

pan[2] =*nn*=, *ww.* swenk *('n kamera).*

pan- *komb.vorm* pan-.

pan·a·ce·a wondermiddel, panasee, geneesal.

pa·nache panache, swier(igheid), windmakerigheid, spoggerigheid; *(hist.)* panache, veer=, pluimbos.

pa·na·da panada, broodpap.

Pan-Af·ri·can Pan-Afrikaans. **Pan-Af·ri·can·ism** Pan-Afrikanisme.

Pan-Af·ri·can·ist *n.* Pan-Afrikanis; *(SA)* lid van die Pan-Africanist Congress. **Pan-Af·ri·can·ist** *adj.* Pan-Afrikanisties; *(SA)* van die Pan-Africanist Congress; *~ conference/etc., (SA)* konferensie/ens. van die Pan-Africanist Congress. ~ **Congress** *(SA, afk.:* PAC*)* Pan-Africanist Congress. ~ **Students' Organisation** *(SA, afk.:* PASO, Paso*)* Pan-Africanist Students' Organisation.

Pan·a·ma, Pan·a·ma *(geog.)* Panama. ~ **Canal** Panamakanaal. **Pan·a·ma·ni·an** *n. & adj.* Panamees.

pan·a·ma, pan·a·ma panama(hoed). ~ **chips** panamabas. ~ **hat** panama(hoed).

Pan-A·mer·i·can Pan-Amerikaans. **Pan-A·mer·i·can·ism** Pan-Amerikanisme.

Pan-Ar·ab·ism Pan-Arabisme. **Pan-Ar·ab, Pan-Ar·ab·ic** Pan-Arabies.

pan·a·ry broodagtig, brood=.

pan·a·tel·la *(Am.Sp., lang, dun sigaar)* panatella.

Pan·ath·e·nae·a *(fees in antieke At[h]ene)* Panatheneë.

pan·cake *n., (ook mynb.)* pannekoek; *(as) flat as a ~* so plat soos 'n pannekoek; *thin ~* flensie; *toss ~s* pannekoeke omgooi/omkeer. **pan·cake** *ww., ('n vliegtuig)* 'n vallanding/deursaklanding doen. **P~ Day** →SHROVE TUESDAY. ~ **(landing)** buik=, vallanding. ~ **(make-up)** *(teat.)* pancake-grimering.

pan·chro·mat·ic *(fot.)* panchromaties.

pan·cre·as pankreas, alvlees=, alvleisklier. **pan·cre·at·ic** pankreaties, pankreas=, alvlees/alvleis(klier)=; *~ juice* pankreas=, alvlees=, alvleis=, spysverteringsap. **pan·cre·a·ti·tis** pankreatitis, alvleisklierontsteking.

pan·da: *(giant) ~, (Ailuropoda melanoleuca)* (reuse)panda, bamboesbeer; *lesser/red ~, (Ailurus fulgens)* katbeer. ~ **car** *(Br., infml.)* (polisie)patrolliemotor, =wa.

Pan·dae·an, *(Am.)* **Pan·de·an** Pan=, van Pan; *~ pipe/flute* →PANPIPE(S).

pan·da·nus =*nuses, (bot.)* pandaan, skroefpalm.

pan·dect *(hoofs. hist.)* versameling van wette; *(i.d. mv.)* pandekte; *the P~s, (hist., jur.)* die Pandekte.

pan·dem·ic *n.* pandemie, pandemiese siekte. **pan·dem·ic** *adj.* pandemies, algemeen, wydversprei(d).

pan·de·mo·ni·um pandemonium, hel; oorverdowende lawaai.

pan·der, pan·der·er *n., (vero.)* koppelaar, tussenganger; *(arg.)* handlanger *(i. d. kwaad).* **pan·der** *ww., (vero.)* koppel, as koppelaar optree, koppelaar speel; *~ to ...* aan ... toegee *(iem. se grille ens.);* ... paai *(of* probeer behaag) *(iem.).*

pan·dit, pun·dit *(Hindoegeleerde)* pandit.

Pan·do·ra, Pan·dore, Pan·dore *(Gr. mit.)* Pandora; *open a Pandora's box of problems/etc., (fig.)* 'n Pandora-kis van probleme/ens. oopmaak/open.

pan·do·ra, pan·dore →BANDORE.

pan·dour *(mil., hist.)* pandoer.

pane[1] (venster)ruit, glasruit; paneel, vak *(v. 'n muur, deur, ens.);* pen *(v. 'n hamer);* faset *(v. 'n diamant); (filat.)* veldeel.

pane[2] →PEEN *n. & ww.*.

pan·e·gyr·ic lofrede; lofdig; lofuiting, lofprysing. **pan·e·gyr·i·cal** lofprysend, lofuitend, lof=; ophemelend. **pan·e·gy·rise, -rize** lofprys, lof toeswaai, 'n lofrede hou oor; ophemel. **pan·e·gyr·ist** lofredenaar; lofdigter.

pan·el *n., (bouk., mot., kuns, ens.)* paneel; baan, pant *(v. 'n rok);* paneel, span *(beoordelaars ens.); (Br.)* lys (van) praktiserende dokters/geneeshere; *(hoofs. Am., jur.)* jurielys; *on the ~* op die rol; op die groslys; *~ of a wall* muurvak. **pan·el** =*ll*=, *ww.* panele insit/aansit, van panele voorsien; bane/pante inlas; op die rol plaas; *(Sk., jur.)* aankla. ~ **beater** metaal=, duikklopper. ~ **beating** metaal=, duikkloppery. ~ **board** skakel=, verdeelbord. ~ **box** sekeringskas. ~ **discussion** paneelbespreking. ~ **game** *(rad., TV)* spanspeletjie. ~ **heater** paneelverwarmer. ~ **heating** paneelverwarming. ~ **pin** paneelpen, =spyker. ~ **plane** paneelskaaf. ~ **radiator** = PANEL HEATER. ~ **saw** paneelsaag. ~ **truck** paneelwa. ~ **van** paneelwa. ~ **work** paneelwerk.

pan·el·ling, *(Am.)* **pan·el·ing** paneelwerk, beskot.

pan·el·list, *(Am.)* **pan·el·ist** paneellid.

pang skerp pyn, steek; kwelling, angs; *~s of **conscience/hunger/remorse*** →CONSCIENCE, HUNGER *n.*, REMORSE; *the ~s of **death*** →DEATH; *~s of **love*** minnepyn.

pan·ga[1] panga, (Oos-Afrikaanse) kapmes.

pan·ga[2] *(igt.: Pterogymnus laniarius)* panga.

Pan-Ger·man *n.* Pan-Germanis *(ook p~).* **Pan-Ger·man, Pan-Ger·man·ic** *adj.* Pan-Germaans *(ook p~).* **Pan-Ger·man·ism** Pan-Germanisme *(ook p~).* **Pan-Ger·man·ist** →PAN-GERMAN *n.*.

pan·go·lin: *(Cape) ~, (Manis temminckii)* ietermagog, =mago, =magô.

Pan·hel·len·ic Pan-Hellenisties. **Pan·hel·len·ism** Pan-Hellenisme. **Pan·hel·len·ist** Pan-Hellenis.

pan·ic[1] *n.* paniek; plotselinge skrik/vrees; →PANICKY; *~ **arises*** ('n) paniek ontstaan; ***cause/create*** *~* ('n) paniek veroorsaak; ***get** into a ~ about s.t.* oor iets paniekerig/paniekbevange raak; *be **in** a ~ about s.t.* paniekerig/paniekbevange wees oor iets; ***throw** s.o. into a ~* iem. angs/skrik aanja(ag). **pan·ic** *adj.* panies; *~ fear* paniese angs, paniek. **pan·ic** =*king;* =*ked* =*ked, ww.* groot skrik, beangs/benoud raak, in angs/vrees verval, jou selfbeheersing/kop verloor; verskrik, met skrik vervul, die skrik op die lyf ja(ag). ~ **attack** angsaanval. ~ **bolt** noodgrendel. ~ **button** noodknop(pie); *hit/press/push the ~ ~, (fig., infml.)* paniekerig raak/optree/reageer, blindelings optree/reageer, (jou) kop verloor. ~ **gas** paniekgas. **~monger** alarmis, alarmmaker. ~ **stations** *n. (mv.), (infml., fig.)* 'n groot geskarrel, 'n (kwaai/taamlike) gefladder in die hoenderhok, konsternasie op die stasie. **~-stricken, ~-struck** angstig, bang, beangs, verskrik, paniekerig.

pan·ic[2] *n.:* ~ **(grass)** vinger=, panikgras.

pan·ick·y verskrik, beangs, angstig, paniekerig, paniekbevange.

pan·i·cle *(bot.)* pluim. **pan·i·cled** gepluim(d); in pluime, in 'n pluim.

pan·jan·drum groot kokkedoor.

pan·nage *(hoofs. hist.)* wei=, loopreg *(vir varke/ens. in 'n woud);* varkkos.

panne (vel·vet) *(tekst.)* glansfluweel.

pan·ni·er (pak)mandjie, dra(ag)mandjie; *(hist.)* rokhoepel.

pan·ni·kin pannetjie; blikbeker.

Pan·no·ni·a *(geog., hist.)* Pannonië.

pan·o·ply *n.* versameling, reeks; prag en praal; *(hist. of poët., liter.)* wapen(uit)rusting. **pan·o·plied** geharnas, in volle wapenrusting.

pan·op·ti·con *(hist.)* koepelgevangenis.

pan·o·ra·ma panorama, vergesig, vêrgesig; *(skilderk., fot.)* panorama; oorsig. **pan·o·ram·ic** panoramies, panorama=; *~ view* breë oorsig.

Pan-Slav·ism *(vnl. hist.)* Pan-Slavisme *(ook p~).* **Pan-Slav, Pan-Slav·ic** Pan-Slawies *(ook p~).*

pan·sy *(bot.)* gesiggie. ~ **(boy)** *(infml.)* moffie.

pant *n.* (die) hyg, hyging; *(poët., liter.)* (hart)klopping. **pant** *ww.* hyg, kortasem wees; snak *(na);* uitasem praat; *~ after/for ...* na ... hunker/smag; *~ for breath* →BREATH *n.*.

pan·ta·lettes, *(hoofs. Am.)* **pan·ta·lets** *n. (mv.)* lang damesonderbroek.

pan·ta·loon *(teat.)* hanswors, paljas; *(P~, karakter i.d. commedia dell'arte)* Pantalone; *(i.d. mv., hist.)* pantalon; *(i.d. mv., infml.)* kardoesbroek.

pan·tech·ni·con (groot) vervoerwa; *(Br., vero.)* meubelwa; *(Br.)* meubelpakhuis.

pan·the·ism panteïsme. **pan·the·ist** panteïs. **pan·the·is·tic, pan·the·is·ti·cal** panteïsties.

pan·the·on, pan·the·on *(tempel vir al d. gode)* panteon; panteon, godedom; *(gebou wat gestorwe helde herdenk)* panteon; *the P~, (in Rome)* die Pant(h)eon.

pan·ther (swart) luiperd/panter; *(Am.)* poema; *(Am.)* jaguar.

pant·ies *n. (mv.), (infml.)* (dames)broekie; *scanty ~* →SCANTY.

pan·ti·hose →PANTYHOSE.

pan·tile →PAN[1].

pan·to *(Br., infml., afk.)* = PANTOMIME *n.*.

pan·to·graph *(meg.)* pantograaf; tekenaap, pantograaf.

pan·to·mime *n.* pantomime, gebarespel; sprokieskonsert *(vir kinders).* **pan·to·mime** *ww.* mimeer, deur gebare voorstel. **pan·to·mim·ic** pantomimies. **pan·to·mim·ist** pantomimis, gebarespeler.

pan·to·then·ic ac·id *(biochem.)* pantoteensuur.

pan·toum =*toums,* **pan·tun** =*tuns, (pros.)* pantoen.

pan·try spens, voorraadkamer. ~ **(cupboard)** koskas. **~maid** bediende, huishulp. **~man** =*men* bediende, huishulp. ~ **shelf** spensrak.

pants *n. (mv.)* broek (→TROUSERS); *(Br.)* onderbroek; *be **caught** with one's ~ down, (infml.)* onvoorbereid betrap word, onverwags in verleentheid gebring word; *get a **kick** in the ~* →KICK[1] *n.; bore the ~ **off** s.o., (infml.)* iem. tot die dood toe verveel, iem. lang gape laat gaap; *charm the ~ **off** s.o., (infml.)* iem. met jou sjarme oorweldig *(of* voor jou sjarme laat swig); *scare/frighten the ~ **off** s.o., (infml.)* iem. se broek behoorlik laat bewe/beef, iem. 'n groot *(of* behoorlik/skoon die) skrik op die lyf jaag/ja, iem. duisend dode laat sterf/sterwe; *talk the ~ **off** s.o., (infml.)* iem. se ore van sy/haar *(of* die ore van iem. se) kop (af) praat; *(a **pair** of) ~* 'n (lang)broek; ***put on*** (or ***take off***) *~* 'n broek aantrek/uittrek; ***wear*** *~* ('n) broek dra; ***wear** the ~, (infml., v. 'n vrou gesê)* die broek dra, baasspeel, die baas wees. ~ **suit, pantsuit** broekpak.

pa·ntsu·la *(SA, infml.: gesofistikeerde townshipjeugdige; dansvorm)* pantsula.

pant·y, pant·ie: ~ **girdle** vormbroekie.

pan·ty·hose, pan·ti·hose broekiekouse, kousbroekie.

pan·ty·lin·er minidoekie.

pant·y·waist *(Am., infml.)* papbroek, melkbaard, melkdermpie, sissie.

pan·zer *(D., mil.)* tenk, pantserkar, =motor, =wa; *(i.d. mv.)* pantsertroepe. ~ **division** pantserdivisie.

pap[1] pap; moes; bog, twak.

pap[2] *(arg. of dial.)* tepel.

pa·pa *(Am. of vero.)* papa, pappa.

pa·pa·cy pousdom, pouslike mag; pouslike waardigheid.

pa·pa·in, pa·pa·in papaïen.
pa·pal pouslik, papaal; paaps; ~ *legate* pouslike gesant; *P~ States, (hist.)* Kerklike Staat. **pa·pal·ism** papisme, pousgesindheid. **pa·pal·ist** *n.* pousgesinde, papis. **pa·pal·ist** *adj.* pousgesind.
pa·pa·raz·zo -*razzi, n. (gew. i.d. mv.), (It.)* paparazzo, steelfotograaf.
pa·pav·er·a·ceous papaweragtig, papawer-.
pa·pa·ver·ic: ~ *acid* papawersuur.
pa·pa·ver·ine *(chem.)* papawerien.
pa·pa·ya, pa(w)·paw papaja. ~ **(tree)** *(Carica papaya)* papaja(boom).
pa·per *n.* papier; koerant, nuus-, dagblad; muur-, plakpapier; vraestel; stuk; dokument; referaat, lesing; tesis, skripsie; *(sl., teat.)* vrykaartjie; papiergeld; wissel; *(i.d. mv.)* stukke; *(i.d. mv.)* dokumente; *(i.d. mv.)* getuigskrifte; *(i.d. mv., jur.)* prosesstukke; *a ~ **about/on** ...* 'n referaat/lesing oor ...; *~ won't **blush*** papier is geduldig; ***commit** s.t. to ~* iets neerskryf/-skrywe/opskryf/-skrywe, iets op skrif stel; ***deliver/present/read** a ~* 'n referaat hou/lewer, 'n (voor)lesing hou; ***get** into the ~s* in die koerante kom; ***on** ~* op skrif; op papier, in teorie; *put/set **pen** to ~* →PEN[1] *n.; **put** s.t. on ~* iets op skrif stel; ***set** a ~* 'n vraestel opstel; *a **sheet** of ~* 'n vel(letjie) papier; ***thin** ~, (ook)* dundrukpapier; *not **worth** the ~ it is printed/written on* waardeloos. **pa·per** *ww.* plak *('n muur)*; (in papier) toedraai; van papier voorsien; *~ over s.t., (lett.)* iets toeplak; *(fig.)* iets toesmeer. ~**back**, ~ **cover** sagte band; sagteband(boek), slapband(boek). ~ **bag** papiersak. ~**bark thorn (tree)** papierbasdoring(boom). ~**bark (tree)** papierbasmirt. ~**board** karton, bord-, kartonpapier. ~ **boards** kartonband; *bind in ~ ~* karton-neer. ~**boy** koerantjoggie. ~ **case** omslag; papierhouer; *(kookk.)* papiervormpie *(vir 'n vormkoekie/kolwyntjie)*. ~ **chase** *(infml.)* burokratiese rompslomp; *(Br.: soort veldloop)* snipperjag. ~**clip** skuifspeld; papierklem, -knip, papierknyper. ~ **cup** karton-, weggooibeker(tjie); *(kookk.)* papiervormpie *(vir 'n vormkoekie/kolwyntjie)*. ~ **currency** →PAPER MONEY. ~-**cutter** papiersnyer, papiersnymasjien, guillotien. ~ **doll** papierpop. ~ **engineer** *(ontwerper v. driedimensionele prenteboeke)* wipboekontwerper. ~ **engineering** wipboekontwerp. ~ **fastener** papierklem, -knyper. ~ **feed** *(rek.)* papiervoer. ~**hanger, paperer** (muur)plakker; *~'s knife* plakkersmes; *~'s paste* plakpap. ~**hanging** (muur)plakwerk. ~**hangings** plakpapier, muurpapier. ~**keeper** dokumenteklerk, -bewaarder. ~**knife** briewemes, briefoopmaker, papiermes. ~**maker** *(pers. of masj.)* papiermaker; *(firma)* papiervervaardiger, -produsent, -fabrikant. ~**making** papiermakery; papiervervaardiging, -produksie. ~ **manufacturer** papiervervaardiger, -produsent, -fabrikant. ~ **mill** papierfabriek, papiermeul(e). ~ **money, ~ currency** papiergeld. ~ **mulberry** *(bot.: Broussonetia papyrifera)* papiermoerbei. ~ **napkin** papierservet. ~ **pattern** knip-, papierpatroon. ~ **plate** papierbord. ~ **profit** wins op papier, papier-, boek-, skynwins, denkbeeldige wins. ~-**pusher** *(Am.)* = PEN-PUSHER. ~ **reed** papirus, papierriet. ~ **round** *(Am.)* (die) aflewering van koerante, koerantaflewering; *do a ~ ~* koerante aflewer. ~ **route** *(Am.)* koerantafleweringsroete. ~ **rush** papierbiesie. ~ **serviette** →PAPER NAPKIN. ~ **shop** *(Br.)* nuusagent, koerantverkoper, -handelaar. ~ **shredder** snippermasjien. ~ **stainer** papierkleurder; pennelekker, prulskrywer. ~ **streamer** papierlint. ~ **tape** papier-, ponsband. ~-**thin** papier-, rafeldun. ~ **tiger** *(fig.)* papiertier. ~ **towel** papierhanddoek. ~ **tray** papierhouer *(v. 'n drukker ens.)*. ~ **tree** papierboom. ~ **warfare** polemiek; koerantoorlog. ~**weight** papiergewig, -drukker. ~**work** papierwerk.
pa·per·er = PAPERHANGER.
pa·per·less papierloos.
pa·per·y papieragtig.
Paph·la·go·ni·a *(geog., hist.)* Paflagonië. **Paph·la·go·ni·an** *n.* Paflagoniër. **Paph·la·go·ni·an** *adj.* Paflagonies.
Pa·pia·men·to *(Kreoolse taal)* Papiamentoe, Papiaments.
pa·pier-mâ·ché, -mâ·ché papier-maché.
pa·pil·i·o·na·ceous *(bot.)* vlinderblommig.
pa·pil·la -*lae* (haar)papil; (tong)tepel(tjie), smaaktepel; *(bot.)* papil, tepel(tjie). **pa·pil·lar·y** papillêr, tepelvormig, tepel-; ~ *muscle* tepelspier. **pap·il·late, pap·il·lose** tepelvormig; getepel(d).
pap·il·lo·ma -*mata*, -*mas, (med.)* papilloom.
pap·il·lon *(soort dwerghondjie)* papillon.
pa·pi·no -*nos, (vrug)* papino.
pa·pist *n., (hoofs. neerh.: Rooms-Katoliek)* papis; →PAPALIST *n.*. **pa·pis·tic, pa·pis·ti·cal** pousgesind; Rooms(gesind); papisties, paaps. **pa·pist·ry** papistery, papisme, pousgesindheid; paapsheid; Rooms(gesind)heid.
pa·poose, pap·poose abbasak; *(hoofs. neerh.)* Rooihuidjie.
pap·pus *pappi, (bot.)* saad-, haarpluis.
pap·py[1] *n., (kindert.)* pappie, pappa.
pap·py[2] *adj.* papperig, sag.
pap·ri·ka, pap·ri·ka paprika.
Pap smear, Pap test *(med.)* Pap-, servikssmeer, Paptoets.
Pa·pu·an *n., (inboorling)* Papoea; *(taalgroep)* Papoeas. **Pa·pu·an** *adj.* Papoeaas.
Pa·pu·a New Guin·ea *(geog.)* Papoea-Nieu-Guinee.
pap·u·la -*lae*, **pap·ule** -*ules, (med.)* papel, puisie(tjie), knobbeltjie, knoppie. **pap·u·lar** puisieagtig, puisierig, knoppieagtig; ~ *urticaria* puisierige urtikarie/netelroos. **pap·u·lose, pap·u·lous** met knoppies bedek.
pap·y·rol·o·gy papirologie.
pa·py·rus -*pyri*, -*pyruses* papirus; papirusrol; papirus, papierriet. **pap·y·ra·ceous** papieragtig, papier-; perkamentagtig.
par[1] pari, gelykheid; *(gh.)* (baan)syfer; ***above** ~* bo pari; bo die gemiddeld(e); ***at** ~* teen/op pari; ***below** ~* benede/onder pari; onder die gemiddeld(e); *(infml.)* benede peil; *feel **below** ~, (infml.)* ongesteld voel; *s.t. is ~ for the **course**, (infml.)* iets is gewoon, iets was te verwagte; *~ (of **exchange**)* = EXCHANGE-RATE PARITY; ***level** ~, (gh.)* gelyk aan syfer *(of* die baansyfer); *be **on** a ~ with ...* met ... gelykstaan, op gelyke voet/hoogte met ... staan/wees; ***over/under** ~, (gh.)* beter/minder as syfer *(of* die baansyfer); ***put** s.t. on a ~ with ...* iets met ... gelykstel; *be **up** to ~, (infml.)* voldoende wees; *feel **up** to ~, (infml.)* goed voel.
par[2] *(infml.)* = PARAGRAPH.
Pa·rá *(geog.)* Pará. ~ **grass** bankrot-, perdegras. ~ **nut** = BRAZIL (NUT).
pa·ra[1] *(Br., infml.)* valskermman, -soldaat; paragraaf.
pa·ra[2] -*ra(s), (geldeenheid)* para.
pa·rab·a·sis -*ases, (antieke Gr. blyspel)* parabasis.
pa·ra·bat *(SA, infml.)* valskermman, -soldaat.
par·a·ble gelykenis, allegorie; →PARABOLIC; *speak in ~s* in gelykenisse praat.
pa·rab·o·la -*las*, -*lae, (wisk.)* parabool; →PARABOLIC.
par·a·bol·ic, par·a·bol·i·cal parabolies, in die vorm van 'n gelykenis, deur middel van 'n gelykenis uitgedruk, deur gelykenisse *(of* 'n gelykenis); *(wisk.)* parabolies, parabool-.
pa·rab·o·loid *n.: ~ (of revolution)* (omwentelings)paraboloïed. **pa·rab·o·loi·dal** *adj.* paraboloïdaal.
pa·ra·ce·ta·mol *(farm.)* parasetamol.
pa·rach·ro·nism parachronisme, tydfout.
par·a·chute *n.* valskerm. **par·a·chute** *ww.* met 'n valskerm daal/neerlaat. ~ **drop** valskermaflewering *(v. voorrade)*; valskermlanding *(v. troepe)*. ~ **harness** valskermtuig. ~ **jump, ~ leap** valskermsprong. ~ **tank** slurp-, tregtertenk. ~ **training** valskermopleiding.
par·a·chut·ist valskermspringer; valskermsoldaat.
par·a·clete: *the P~, (Chr.)* die Parakleet *(of* Heilige Gees).
pa·rade *n.* optog; parade, wapenskou; vertoning; parade(plein), paradeterrein; →FASHION PARADE; ***hold** a ~* parade hou; ***make** a ~ of s.t.* met iets spog *(of* te koop loop); ***off** ~* paradevry, buite parade; *be **on** ~* op parade wees; *(fig.)* paradeer, pronk. **pa·rade** *ww.* parade hou, paradeer; paradeer, pronk; laat paradeer, (vir parade) laat aantree; te koop loop met, pronk/spog met, uitstal, pryk met; *~ one's learning* jou geleerdheid uitstal. ~ **duty** appèl. ~ **ground** paradegrond, -terrein. ~ **step** paradepas.
par·a·did·dle *(mus.)* paradiddel.
par·a·digm voorbeeld; *(gram.)* paradigma; klas, paradigma, patroon. ~ **shift** paradigmaskuif, -verskuiwing, -verandering.
par·a·dig·mat·ic paradigmaties.
par·a·dis·al, par·a·di·si·a·cal, par·a·dis·i·ac, par·a·dis·i·cal, par·a·di·sa·i·cal, par·a·dis·i·al, par·a·dis·i·an, par·a·dis·ic paradysagtig.
par·a·dise *(relig., alg.)* hemel; *(NT)* paradys; *(OT)* tuin van Eden; *(fig.)* paradys, hemel; *bird of ~* →BIRD. ~ **apple** paradysappel. ~ **flycatcher** *(orn.)* paradysvlieëvanger. ~ **whydah** gewone paradysvink.
par·a·dor, par·a·dor -*dor(e)s, (Sp., [luukse] staatsbestuurde hotel/herberg/taverne)* parador.
par·a·dos -*doses, (mil.)* rugskerm, rugweer.
par·a·dox paradoks; skynbare teenstrydigheid. **par·a·dox·i·cal** paradoksaal.
par·a·drop skermval.
par·aes·the·si·a, *(Am.)* **par·es·the·si·a** *(med.)* parestesie.
par·af·fin, *(w.g.)* **par·af·fine** *n.* paraffien, lampolie; →KEROSENE, LIQUID PARAFFIN. **par·af·fin,** *(w.g.)* **par·af·fine** *ww.* lampolie aansmeer. ~ **(oil)** paraffien(olie). ~ **tin** paraffienblik. ~ **(wax)** paraffienwas.
par·a·gen·e·sis *(geol.)* paragenese.
par·a·glide *ww.* (val)skermsweef. **par·a·glid·er** *n.* (val)skermswewer. **par·a·glid·ing** *n.* (val)skermsweef.
par·a·go·ge, par·a·gogue *(ling.)* paragoge, agter(aan)voeging. **par·a·gog·ic** paragogies.
par·a·gon *n.* toonbeeld, model, voorbeeld *(v. voortreflikheid ens.)*; *(druk.)* paragon; *(diamant)* paragon. **par·a·gon** *ww.* vergelyk; ewenaar.
par·a·graph *n.* paragraaf, alinea; paragraafteken; beriggie, aankondiging. **par·a·graph** *ww.* paragrafeer, in paragrawe verdeel; 'n beriggie/artikeltjie skryf/skrywe oor. **par·a·graph·er** paragrafeerder; koerantskrywer. **par·a·graph·ic, par·a·graph·i·cal** paragrafies, paragraaf-. **par·a·graph·ing** paragrafering, verdeling in paragrawe. **par·a·graph·ist** = PARAGRAPHER.
Par·a·guay *(geog.)* Paraguay. **Par·a·guay·an** *n.* Paragu(ay)aan. **Par·a·guay·an** *adj.* Paragu(ay)aans.
par·a·keet, par·ra·keet parkiet; →GRASS PARAKEET.
par·a·lan·guage *(ling.)* parataal.
par·al·de·hyde *(chem.)* paraldehied.
par·a·le·gal *n., (hoofs. Am.)* regsassistent, parajuris, -regsgeleerde. **par·a·le·gal** *adj.* parajuridies, parareg- *(advies, studies, ens.)*.
par·a·l(e)i·pom·e·na *n. (mv.), (fml.)* paralipomena, bylae(s), aanhangsels; *(OT)* (Boeke van die) Kronieke.
par·a·l(e)ip·sis -*ses, (ret.)* paralipsis.
par·al·lax *(ook astron.)* parallaks, verskilsig. **par·al·lac·tic** parallakties.
par·al·lel *n., (wisk.)* parallel, ewewydige lyn; *(fig.)* ooreenkoms; ***draw** a ~ between ...* 'n parallel tussen ... trek, ... met mekaar vergelyk, 'n vergelyking tussen ... maak/tref/trek; *~ (of **latitude**)* breedtekring, -sirkel, parallel(sirkel); *have **no** ~* geen gelyke hê nie; *be **without** ~* sonder gelyke/weerga wees. **par·al·lel** *adj.* parallel, ewewydig; gelyk, ooreenstemmend, analoog; *~ **case*** parallelle/analoë geval; *~ **medium*** parallelle voertaal; *~ **school*** parallelskool; *~ **to/with** ...* ewewydig/parallel aan/met ... **par·al·lel** *ww.* ewewydig wees/loop met; gelykstel, vergelyk; ooreenstem met; 'n soortgelyke geval noem; ewenaar. ~ **bars** *(gimn.)* brug; ~ **parking** parallelle parkering. ~ **processing** *(rek.)* parallelle/gelyklopende verwerking.

par·al·lel·e·pi·ped, par·al·lel·e·pi·ped *(geom.)* parallelepipedum.
par·al·lel·ism parallelisme, ewewydigheid; ooreenkoms, gelykheid; *(pros., lettk.)* parallelisme.
par·al·lel·ly *adv.* ewewydig, parallel.
par·al·lel·o·gram parallelogram; ~ *of forces* parallelogram van kragte, kragteparallelogram.
par·a·log·i·cal onlogies.
pa·ral·o·gism paralogisme, verkeerde gevolgtrekking/sluitrede.
Par·a·lym·pic *adj.* Paralimpies. ~ **Games, Paralympics** *n. (mv.)* Paralimpiese Spele.
par·a·lyse verlam; *(fig.)* verlam, lamlê, tot stilstand bring; *s.o. was ~d with fright* iem. het hom/haar (*of* iem. was) (boeg)lam geskrik. **par·a·ly·sa·tion** verlamming.
pa·ral·y·sis *-lyses* verlamming, paralise; lamheid; *(fig.)* magteloosheid. ~ **agitans** →PARKINSON'S DISEASE. ~ **tick** verlammingsbosluis.
par·a·lyt·ic *n.* verlamde, lamme, paralitikus. **par·a·lyt·ic** *adj.* (ver)lam, paralities; *(Br., infml.: baie dronk)* smoor-, papdronk, hoog in die takke, lekker/behoorlik/goed gekoring/getrek, gaar, stukkend, poegaai, onbekwaam; ~ *stroke* beroerte.
par·a·mag·net·ic *(fis.)* paramagneties.
par·a·me·ci·um *-cia* pantoffeldiertjie.
par·a·med·ic *n.* paramedikus, paramediese beampte. **par·a·med·i·cal** *adj.* paramedies.
pa·ram·e·ter *(wisk., statist.)* parameter; *(fig.)* grens, beperking.
par·a·me·tri·um *-tria, (anat.)* parametrium, baarmoederweefselrok.
par·a·mil·i·tar·y halfmilitêr, semimilitêr.
par·am·ne·si·a *(psig.)* paramnesie.
par·a·moe·ci·um →PARAMECIUM.
par·a·mount oorheersend; vernaamste, grootste, hoogste, opperste, opper-; van die grootste belang; ~ ***chief*** opperhoof; hoofkaptein; *of ~ **importance*** →IMPORTANCE; ~ ***power*** heersende moondheid; ~ ***ruler*** opperheerser; *be ~ **to** ...* van groter belang as ... wees. **par·a·mount·cy** superioriteit; opperheerskappy; oppergesag.
par·a·mour *(arg. of neerh.)* houvrou; minnaar, minnares, geliefde; →BELOVED *n.*.
pa·rang *(Maleise kapmes)* parang.
par·a·noi·a paranoia, vervolgingswaan. **par·a·noi·ac, par·a·no·ic** *n. & adj.* = PARANOID *n. & adj.*.
par·a·noid *n.* paranoïkus. **par·a·noid** *adj.* paranoïes.
par·a·nor·mal paranormaal; *the ~* die paranormale, paranormale verskynsels.
par·a·nymph *(arg.)* paranimf.
par·a·pet muurtjie; reling; balustrade; *(mil.)* borswering. **par·a·pet·ed** met 'n muurtjie/reling (*of* balustrades), van 'n muurtjie/reling (*of* balustrades) voorsien; *(mil.)* met borswerings, van borswerings voorsien.
par·aph *n.* paraaf. **par·aph** *ww.* parafeer.
par·a·pher·na·li·a besittings; toerusting; bybehore, toebehore; goeters.
par·a·phrase *n.* parafrase, omskrywing. **par·a·phrase** *ww.* parafraseer, omskrywe. **par·a·phras·tic** omskrywend.
pa·raph·y·sis *-physes, (bot.)* parafise.
par·a·plec·tic →PARAPLEGIC.
par·a·ple·gia paraplegie. **par·a·ple·gic** *n.* parapleeg. **par·a·ple·gic** *adj.* paraplegies.
par·a·psy·chol·o·gy parapsigologie. **par·a·psy·cho·log·i·cal** parapsigologies.
par·a·sail *ww.* valskerm-, sweefseil. **par·a·sail·er** *n.* valskerm-, sweefseiler. **par·a·sail·ing** *n.* valskerm-, sweefseil.
par·as·cend·ing valskermvaar.
par·a·se·le·ne *-lenae, (astron.)* by-, skynmaan, maanhond; →MOCK MOON.
par·a·site parasiet, woekerplant; parasiet, woekerdier; *(fig., neerh.)* parasiet, bloedsuier, uitbuiter, uitsuier. **par·a·sit·ic** parasietagtig, parasities; parasitêr; ~ *disease* parasitêre siekte; ~ *growth* woekering; ~ *plant* woekerplant. **par·a·sit·i·cal** →PARASITIC. **par·a·sit·i·cide** *(med., veearts.)* parasietdoder, -middel. **par·a·si·tise, -tize** parasiteer, as parasiet lewe. **par·a·sit·ism** parasitisme; parasietbesmetting; parasietbestaan. **par·a·si·to·log·i·cal** parasitologies. **par·a·sit·ol·o·gist** parasitoloog. **par·a·sit·ol·o·gy** parasitologie.
par·a·ski·ing valskermski.
par·a·sol parasol, sambreel, sonskerm. ~ **tree** sambreel-, nooiensboom, kiepersol.
par·a·stat·al semistaatsinstelling, parastataal.
par·a·su·i·cide *(psig.)* pseudoselfmoord(poging), gewaande selfmoord(poging).
par·a·sym·pa·thet·ic *(fisiol.)* parasimpaties; ~ *(nervous) system* parasimpatiese (senu[wee])stelsel.
par·a·syn·the·sis parasintese.
par·a·tax·is *(gram.)* paratakse, parataksis, neweskikking.
par·a·thi·on *(insektegif)* paration.
par·a·thy·roid *n., (anat.)* byskildklier. **par·a·thy·roid** *adj.* paratiroïed-, byskildklier-. ~ **gland** paratiroïedklier, byskildklier.
par·a·troop·er valskermsoldaat. **par·a·troops** valskermtroepe.
par·a·ty·phoid (fe·ver), par·a·ty·phus *(med.)* paratifoïedkoors, paratifus.
par·a·vane *(mil., sk.)* paravaan, mynbyter.
par·boil halfgaar kook, blansjeer; *~ed rice* halfgaar/stoombehandelde rys.
par·buck·le *n.* skrooi-, roltou. **par·buck·le** *ww.* skrooi, met 'n rol-/skrooitou hys/neerlaat (*of* laat sak).
Par·cae *n. (mv.), (Rom. mit.)* Parcae.
par·cel *n.* pak(kie), pakket; stuk, deel; lot, party; perseel; *make up a ~* 'n pakkie (op)maak; *be part and ~ of s.t.* →PART *n.*. **par·cel** *-ll-, ww.* verdeel; inpak; toeplak; *(sk.)* smart; ~ *s.t. out* iets uitdeel, iets (onder)verdeel; ~ *a rope, (sk.)* 'n tou smart; ~ *s.t. (up)* iets inpak, 'n pakkie van iets maak. **par·cel** *adv., (arg.)* gedeeltelik; →PARTLY. ~ **bomb** pakketbom. ~**-gilt** gedeeltelik verguld. ~ **post** pakket-, pakkiespos. ~ **rack** pakkiesrak. ~**(s) delivery** besteldiens, afleweringsdiens. ~**s office** pakkettekantoor. ~**(s) van** pakkette(spoor)wa.
par·cel·ling verdeling; *(sk.)* smarting (*v.* 'n *tou*); ~ *out* uitdeling.
parch (ver)skroei, verdroog, verdor, uitdroog; rooster, braai; *~ing heat* skroeiende warmte; *~ed lips* droë lippe; *~ed with thirst* versmag/vergaan van die dors.
parch·ment perkament. ~ **(paper)** perkamentpapier. ~ **scroll** perkamentrol. **parch·ment·y** perkamentagtig, parkament-.
pard[1] *(arg. of poët., liter.)* luiperd.
pard[2], **pard·ner** *(Am., vero. of skerts.)* pel, tjom(mie), maat; →PARTNER.
par·don *n.* vergif(fe)nis, vergewing; kwytskelding; begenadiging, genadeverlening; grasie, pardon; ekskuus, verskoning; *(Chr., hist.)* aflaat; →FREE PARDON; ***beg** s.o.'s ~* iem. (om) verskoning vra; *I **beg** your ~!* ekskuus (tog)!; verskoon my (asseblief); *(I **beg** your) ~?* ekskuus?, wat sê jy?; ***general** ~* amnestie; ***get** a ~* begenadig word; ***grant** s.o. a ~* iem. begenadig. **par·don** *ww.* vergewe, vergif(fe)nis skenk; begenadig, grasie/genade verleen; vryspreek; kwytskeld; verskoon; ~ *s.o. for (doing) s.t.* iets van iem. verskoon; ~ *me!* ekskuus (tog)!, verskoon my!; ~ *me?* ekskuus?, wat sê jy?.
par·don·a·ble vergeeflik, verskoonbaar. **par·don·a·ble·ness** vergeeflikheid.
par·don·er *(hist.)* aflaatverkoper, aflaatkramer.
pare (af)skil, afsny, (af)knip; afvyl; afskaaf, -skawe; besnoei, beperk, verminder; →PARING; ~ *s.t. **away/off*** iets afknip/-sny/-skil/wegsny; ~ *s.t. **down**, (fig.)* iets verminder/inkort/inkrimp/afskaal *(eise ens.)*; ~ ***nails*** naels knip/(af)sny; ~ *s.t. **out*** iets uitsny. **par·er** (af)skiller; skilmasjien; skilmes; hoefmes.
par·e·gor·ic *n., (med., hist.)* paregorie, paregoor.
pa·ren·chy·ma *(anat.)* parenchiem; *(bot.)* parenchiem, grondweefsel. **par·en·chym·al** *(hoofs. anat.)* parenchimaties. **par·en·chym·a·tous** *(hoofs. bot.)* parenchimaties, grondweefselagtig.
par·ent *n.* ouer, vader, moeder; *(i.d. mv.)* ouers; voog; *(arg.)* voorouer; bron, oorsaak; *(chem.)* moeder, stam; *first ~s, (arg.)* eerste voorouers/stamouers. **par·ent** *adj.* moeder-. ~ **aircraft** moedervliegtuig. ~ **bird** moedervoël. ~ **body** moederliggaam. ~ **cell** moedersel. ~ **company** moedermaatskappy. ~ **language** stamtaal. ~ **metal** basismetaal. ~ **missile** abbaprojektiel. ~ **organisation** moederorganisasie. ~ **plant** moederplant. ~ **rock** stam-, moedergesteente. ~ **ship** moederskip. ~ **stock** moederstam. ~**-teacher association** *(afk.:* PTA*)* ouer-onderwyser-vereniging, ouer-onderwysersvereniging *(afk.:* OOV*)*. ~ **tree** moederboom. ~ **vessel** moedervaartuig.
par·ent·age afkoms, herkoms, geboorte, familie; oorsprong, bron; ouerskap.
pa·ren·tal ouerlik; ~ ***choice*** ouerkeuse; ~ ***home*** ouerhuis; ~ ***joy*** ouervreugde; ~ ***love*** ouerliefde.
par·en·ter·al *adj., (med.)* parenteraal, buitederms.
pa·ren·the·sis *-theses* parentese, tussensin; inlassing; *(gew. i.d. mv.)* ronde hakie; *in parentheses, (lett. & fig.)* tussen hakies. **pa·ren·the·sise, -size** (woorde) inlas/invoeg; tussen hakies plaas. **par·en·thet·ic, par·en·thet·i·cal** parenteties, tussen hakies; ~ *clause* tussensin. **par·en·thet·i·cal·ly** tussen hakies, terloops.
par·ent·hood ouerskap.
par·ent·ing ouerskap, ouerwees.
par·ent·less ouerloos.
par·ent·ship ouerskap.
pa·re·sis, pa·re·sis *-reses, (med.)* parese, gedeeltelike verlamming.
par ex·cel·lence, par ex·cel·lence *(Fr.)* by uitstek, by uitnemendheid.
par ex·em·ple *(Fr.)* byvoorbeeld.
par·fait *(<Fr., kookk.)* parfait.
parge →PARGET *ww.*. ~ **coat** *(pleisterwerk)* sierlaag; voeringlaag *(v. 'n skoorsteen)*.
par·get, par·get·ing *n.* sierpleister; voeringpleister; sierpleisterwerk; voeringpleisterwerk. **par·get** *ww.* sierpleister, 'n sierlaag/voeringlaag gee. **par·get·er** sierpleisteraar. **par·get·ing** →PARGET *n.*. **par·get·ry** sierpleisterwerk.
par·he·li·on *-helia* parhelium, by-, skynson; →MOCK MOON, SUN DOG.
pa·ri·ah, pa·ri·ah paria, uitgeworpene, verstoteling, verworpene, verworpeling; *(Ind., hist.: lid v.d. laagste kaste)* paria, onaanraakbare. ~ **dog** →PYE-DOG.
Par·i·an Paries, van Paros.
pa·ri·e·tal *(anat., biol.)* pariëtaal, wandstandig, wand-. ~ **bone** pariëtale been.
par·i·mu·tu·el *-els, paris-mutuels, (Fr.)* totalisator.
par·ing *(dikw. i.d. mv.)* skil; skaafsel, krul; bas; (die) skil/sny/knip/ens.. ~ **chisel** skilbeitel. ~ **knife** skilmes; hoefmes. ~ **machine** skilmasjien.
par·i pas·su *adv., (Lat.)* pari passu; gelyktydig en in gelyke mate; op gelyke voet, sonder voortrekkery.
Par·is[1] *(geog.)* Parys. ~ **blue** parysblou. ~ **green** parysgroen.
Par·is[2] *(Gr. mit.)* Paris.
par·ish gemeente, parogie; *be/go on the ~, (hist.)* armlastig wees/word. ~ **church** parogiekerk. ~ **clerk** koster. ~ **council** *(Br.)* dorpsraad. ~ **hall** kerksaal. ~ **meeting** gemeentevergadering. ~ **priest** plaaslike pastoor/dominee. ~**-pump** *adj. (attr.), (Br.): ~ politics* kleinlike politiek. ~ **register** kerkregister. ~ **visiting** huisbesoek.
pa·rish·ion·er gemeentelid, lidmaat, parogiaan.
Pa·ris·i·an *n.* Parysenaar. **Pa·ris·i·an** *adj.* Parys(e), van Parys. **Pa·ri·si·enne** Parisienne, Paryse vrou.
par·i·syl·lab·ic parisillabies, gelyklettergrepig.
par·i·ty[1] gelykheid, gelykwaardigheid, pariteit; ooreen-

koms, analogie, ooreenstemming; *(fin.)* pariteit, gelykheid; *(wisk., fis., rek.)* pariteit.

par·i·ty² *(med.)* pariteit, swangerskapgetal.

park *n.* park; natuurreservaat; wildtuin; *(mil.)* werf, park; *(Am.)* stadion; *(mot.)* parkeermodus; →PARKING; *Joubert P~* Joubertpark; *the ~, (Br., infml.)* sokkerveld. **park** *ww.* parkeer; *(infml.)* neer=, wegsit; inpark, omhein, toemaak; *~ed car* geparkeerde motor; *~ o.s. in/on ..., (infml.)* in/op ... gaan sit; *~ s.o. in* iem. vasparkeer. **~-and-ride scheme/system** parkeeren-ry-stelsel. **~ attendant** parkopsigter. **~ keeper** *(Br.)* parkwagter, =opsigter. **~land** oop grasveld; parkgebied; parkgrond. **~way** parkweg.

par·ka parka(baadjie), parka(jas), anorak.

park·ade parkade, parkeergarage.

par·ker parkeerder.

par·kin *(Br.)* peper=, gemmerkoek.

park·ing parkering; parkeerruimte; *no ~* geen parkering/staanplek, parkeer verbode. **~ area** (motor)staanplek, parkeerterrein, =gebied, =plek, =ruimte. **~ attendant** parkeerbeampte. **~ bay, ~ place** parkeerinham, parkeer=, staanplek. **~ disc** parkeerskyf(ie). **~ fee** parkeergeld. **~ fine** parkeerboete. **~ garage** parkeergarage, parkade. **~ hog** parkeervraat. **~ light** parkeer=, staanlig. **~ lot** →CAR PARK. **~ meter** parkeermeter. **~ offence** parkeeroortreding. **~ orbit** *(ruimtev.)* parkeerbaan. **~ space** parkeerplek, =ruimte, =gebied. **~ sticker** parkeerbewys. **~ ticket** parkeerkaartjie.

Par·kin·son·ism = PARKINSON'S (DISEASE).

Par·kin·son's (dis·ease), Par·kin·son·ism, *(w.g.)* **pa·ral·y·sis ag·i·tans** Parkinson se siekte, parkinsonisme, paralysis agitans.

Par·kin·son's law *(skerts.: werk duur net so lank as d. tyd wat daarvoor beskikbaar is)* Parkinson se wet.

park·ish parkagtig.

Park·town prawn *(SA, infml., entom.: Libanasidus vittatus)* griesel(r)ige koningkriek.

park·y *(Br., infml.)* kouerig.

par·lance uitdrukkingswyse, manier van praat; taal, spraak(gebruik); *in common ~* in gewone/alledaagse taal; *in legal ~* in die regstaal; *in popular ~* in die volksmond.

par·lay *ww., (Am.)* munt slaan (*of* voordeel trek) uit, gebruik maak van, (volledig) benut, uitbou, vermeerder, vergroot.

par·ley *n.* onderhandeling; gesprek. **par·ley** *ww.* onderhandel; bespreek.

parl·ey·voo *n., (infml.)* Frans; Fransman. **parl·ey·voo** *ww.* Frans praat.

par·lia·ment parlement; ***dissolve** P~* die Parlement ontbind; ***houses** of ~* parlementsgebou; ***in** P~* in die Parlement; *P~ is **sitting*** die Parlement sit; ***stand** for P~* kandidaat vir die Parlement wees. **~ cake, ~ gingerbread** spekulaas. **~ house** parlementsgebou.

par·lia·men·tar·i·an parlementariër; parlementslid; *(Eng. gesk., dikw. P~)* parlementsgesinde (→ROUNDHEAD). **par·lia·men·tar·i·an·ism, par·lia·men·tar·ism** parlementarisme.

par·lia·men·ta·ry *adj.* parlementêr, parlements=. **~ agent** parlementêre agent. **~ election** parlementêre verkiesing. **~ secretary** parlementêre sekretaris. **~ session** parlementsitting.

par·lour, *(Am.)* **par·lor** *(vero.)* sit=, voorkamer; ontvang=, spreekkamer; salon; →FUNERAL PARLOUR, ICE-CREAM PARLOUR; *mayor's ~* burgemeesterskamer; *milking ~* melkstal, =skuur. **~ car** *(Am., spw.)* salonwa. **~ clock** huis=, sitkamerklok. **~ game** huisspel(etjie). **~maid** diensmeisie.

par·lous *(arg. of skerts.)* haglik, gevaarlik; moeilik, lastig; slim, oulik, geslepe.

Par·ma *(geog.)* Parma. **~ ham** parmaham.

Par·me·san *n., (inwoner)* Parmesaan; parmesaan(kaas), parmesaanse kaas. **Par·me·san** *adj.* Parmesaans. **~ cheese** Parmesaanse kaas, parmesaan(kaas).

Par·nas·sus: *Mount ~* Parnassus.

pa·ro·chi·al parogiaal, provinsialisties; eng, bekrompe; *~ school, (Am.)* kerkskool. **pa·ro·chi·al·ism** engheid, bekrompenheid, beperktheid; parogialisme; verkramptheid.

par·o·dy *n.* parodie; bespotting; *a ~ of ...* 'n bespotting van ... *(d. gereg ens.)*; *a ~ on ...* 'n parodie op ... **par·o·dy** *ww.* parodieer. **pa·rod·ic, pa·rod·i·cal** parodies. **par·o·dist** parodis, parodieskrywer.

pa·rol *(jur.)*: *by ~* mondeling(s), deur mondelinge ooreenkoms; *~ evidence* ekstrinsieke getuienis.

pa·role *n.* parool; *(hist.)* erewoord, woord van eer; *(Am., mil.)* wagwoord; *(be released) on ~* op parool (vrygelaat/losgelaat word); *break/violate one's ~* jou paroolvoorwaardes verbreek/oortree/skend, nie jou paroolvoorwaardes nakom nie, nie aan jou paroolvoorwaardes voldoen nie. **pa·role** *ww.* op parool (*of* voorwaardelik) vrylaat.

pa·rol·ee paroolganger.

par·o·no·ma·si·a *(ret.)* paronomasia, woordspeling.

par·o·nym *(ling.)* paroniem, stamverwante woord. **par·o·nym·ic, pa·ron·y·mous** paroniem, (stam)verwant.

par·o·quet = PARAKEET.

pa·rot·id *n., (anat.)* parotidium, parotisklier, oorspeekselklier. **pa·rot·id** *adj.*: *~ duct* oorspeekselklierbuis; *~ gland* →PAROTID *n.*. **par·o·ti·tis, pa·rot·i·di·tis** *(med.)* parotitis, oorspeekselklierontsteking; →MUMPS; *epidemic ~* epidemiese parotitis.

par·ox·ysm bui, vlaag; *(med.)* paroksisme, hewige/skielike aanval, toeval, plotsaanval. *a ~ of anger* 'n woedeaanval; *a ~ of laughter* 'n onbedaarlike lagbui. **par·ox·ys·mal, par·ox·ys·mic** hewig, geweldig; *(med.)* paroksismaal.

par·pend, *(Am.)* **par·pen** →PERPEND².

par·quet *n.* parket; parketvloer. **par·quet** *ww.* parketteer, 'n parketvloer insit. **~ floor(ing)** parketvloer. **par·quet·ry** parketwerk; parketvloer.

par·ra·keet →PARAKEET.

par·ri·cide ouermoord; vadermoord; moedermoord; familiemoord; ouermoordenaar, =nares; vadermoordenaar, =nares; moedermoordenaar, =nares; familiemoordenaar, =nares. **par·ri·cid·al** ouermoord=; vadermoord=; moedermoord=; familiemoord=; skuldig aan ouer=/vader=/moeder=/familiemoord.

par·rot *n.* papegaai; *(fig.)* na-aper, nabootser, naprater; *Cape ~* grootpapegaai. **par·rot** *ww.* napraat, naaap, naboots. **~-cry** papegaaikreet. **~ disease, ~ fever** papegaaisiekte, psittakose; →PSITTACOSIS. **~-fashion** papegaaiagtig, soos 'n papegaai. **~fish** papegaaivis. **~ talk** napratery.

par·rot-like papegaaiagtig; napraterig.

par·rot·ry nabootsing, na-apery; napratery.

par·ry *n.* afwering, keerslag; ontwyking. **par·ry** *ww.* afweer, (weg)keer, afwend, skerm; ontwyk.

parse *(gram.)* ontleed, woordsoorte benoem; *(rek.)* ontleed. **pars·er** *(rek.)* sintaksisontleder. **pars·ing** grammatiese ontleding, sinsontleding, woordbenoeming; *(rek.)* sintaksisontleding.

par·sec *(astron.: 3,26 ligjaar, sametr. v.* parallax second*)* parsek *(sametr. v. parallakssekonde)*.

Par·see, Par·si *n., (aanhanger v.d. Zoroastrianisme)* Pars, Parsi; *(taal)* Ou Persies, Oudpersies. **Par·see, Par·si** *adj.* Parsi=; Ou Persies, Oudpersies. **Par·see·ism, Par·si·ism** *(relig.)* Parsisme.

par·si·mo·ny spaarsaamheid; suinigheid; gierigheid. **par·si·mo·ni·ous** spaarsaam; suinig; gierig.

pars·ley pietersielie.

pars·nip witwortel.

par·son predikant, dominee, geestelike. **~'s crow** = PIED CROW. **~'s nose, pope's nose** *(infml.)* stuitjie(stuk) *(v. gaar pluimvee)*.

par·son·age pastorie, predikantswoning.

par·son·ic domineeagtig, predikantagtig, prekerig.

part *n.* deel, gedeelte, aandeel; *(med.)* deel, stuk; *(teat.)* rol; onderdeel, stuk, part *(v. 'n masjien ens.)*; *(mus.)* party, stem; afdeling, deel, gedeelte *(v. 'n boek)*; aflewering, episode *(v. 'n TV-program)*; *(Am.)* paadjie *(i.d. hare)*; *(dikw. i.d. mv.)* buurt, streek, area; *(i.d. mv., infml.)* geslags=, skaamdele; *(i.d. mv., arg.)* bekwaamheid, begaafdheid, gawes, talente, vermoëns; ***act** a ~* 'n rol speel; *take an **active** ~ in s.t.* 'n daadwerklike aandeel aan iets hê; *take s.t. in **bad/good** ~* iets sleg/goed opneem/opvat; ***be/form** (a) ~ of s.t.* deel van iets uitmaak; *but the **best** ~ is yet to come* maar die mooiste kom nog; *the **best/better/greater** ~ of ...* die grootste/oorgrote deel (*of* die meeste/merendeel) van ...; *for the **best/better/greater** ~ of an hour* (*or* a day/etc.) amper/byna 'n uur/dag/ens. (lank); *~s of the **body*** liggaamsdele; ledemate; ***do** one's ~* jou plig doen, jou deel bydra; *s.o. **doubles** ~s* iem. speel twee rolle; *in **foreign** ~s* in die vreemde; ***form** (a) ~ of s.t.* →***be/form;*** *it's (all) in* (*or* [all] *~ of) the **game*** →GAME¹ *n.*; *take s.t. in **good** ~* →***bad/good;*** *for the **great** ~* grotendeels; *the **greater** ~ of ...* → ***best/better/greater;*** *by far the **greater** ~ of ...* verreweg die meeste van ...; verreweg die grootste deel (*of* verreweg die oorgrote meerderheid) van ...; ***have** a ~ in ...* aan ... deel hê; 'n rol in ... speel/vervul *('n toneelstuk)*; ***have** no/neither ~ nor lot in s.t.* →LOT *n.*; ***in** ~(s)* deels, gedeeltelik, ten dele, vir 'n deel; ***leading** ~* →LEADING¹ *adj.*; *s.o. **looks** the ~* iem. lyk ook so; ***male** ~* →MALE *adj.*; ***most** ~s of the country* die grootste gedeelte van die land; *for the **most** ~* hoofsaaklik, in hoofsaak; vir die grootste deel/gedeelte, merendeels; mees(t)al, in die meeste gevalle, gewoonlik; *for **my** ~* wat my aangaan/(aan)betref; *s.o. wants **no** ~ in s.t., (infml.)* iem. wil niks met iets te doen hê nie; ***~ of** ...* 'n deel/gedeelte van ...; *it is **~ of** ...* dit maak deel van ... uit, dit is ('n) deel van ...; ***on the** ~ of the government/etc.* by die regering/ens., aan/van regeringskant/ens.; *it is a mistake **on** s.o.'s ~* dit is iem. se eie fout, iem. het self die fout gemaak; *an objection **on** s.o.'s ~* 'n beswaar van iem. se kant af (*of* by iem.); *be ~ and **parcel** of s.t.* 'n onafskeidelike/integrerende deel van iets uitmaak; *a **person** of good/many ~s, (arg.)* 'n mens van talent, 'n bekwame persoon; 'n veelsydige mens; ***play** a ~* 'n rol speel; huigel, veins; ***play** an important* (*or* a leading) *~ in ...* 'n belangrike rol in ... speel, 'n groot aandeel aan ... hê; ***play** the leading ~, (teat.)* die hoofrol speel; *... **plays** a ~ in it, (ook)* daar is ... in die spel *(wraak ens.)*; ***private** ~s* →PRIVATE *adj.*; *in **remote** ~s* →REMOTE; ***solo** ~* →SOLO; ***spare** ~* →SPARE; *~ **of speech,** (gram.)* rededeel, woordsoort; ***study** a ~* 'n rol instudeer; ***take** ~ in ...* aan ... deelneem; ***take** s.o.'s **~,** **take** the ~ of s.o.* iem. se kant/party kies, vir iem. opkom (*of* party trek); *the **terrible** ~ of it* die vreeslike daarvan; *in/round **these/those** ~s* hier/daar rond/langs, in hierdie/daardie buurt/geweste/omgewing; ***three** ~s* →THREE; *two/etc. ~s of X **to** three/etc. ~s of Y* twee/ens. dele X op drie/ens. dele Y; *~ of the **way*** →WAY *n.*; *the **worst** ~ of it is ...* die ergste is ..., die naarheid daarvan is ... **part** *ww.* (ver)deel; uitmekaar maak, skei; uiteengaan, uitmekaar gaan, skei, afskeid neem; uiteenloop; breek; skei *(d. hare)*; ooptrek *(gordyne)*; *(tou)* breek; *('n naat)* bars, skeur; →PARTED, PARTIBLE; *~ **company*** skei, uitmekaar gaan; *let us ~ **friends*** laat ons as (goeie) vriende uitmekaar gaan; *~ **from** ...* van ... skei (*of* afskeid neem), ... verlaat/agterlaat; met ... breek; jou skei/losmaak van ...; weggaan van ...; *~ s.o./s.t. **from** ...* iem./iets van ... skei/losmaak; *~ one's **hair** in the middle* jou hare (met 'n) middelpaadjie dra, jou hare in/met 'n middelpaadjie kam; *~ **with** ...* van ... afsien (*of* afstand doen), ... afstaan/opgee/weggee (*of* laat vaar). **part** *adv.* deels, gedeeltelik; *~ heard, (jur.)* onafgehandel(d), gedeeltelik verhoor. **~ appropriation** voorskot op die begroting, begrotingsvoorskot. **~ author** medeskrywer, =outeur. **~ exchange** *n., (Br.)* inruiling. **~-exchange** *ww.* inruil. **~-music** meerstemmige musiek. **~-owner** mede-eienaar, medebesitter; deelgenoot; medereder *(v. 'n skip)*. **~-payment** gedeeltelike betaling/vereffening, paaiement; *in ~ for ...* ter gedeeltelike vereffening van ... **~-singing** meerstemmige sang. **~-song** meerstemmige lied. **~-time** deeltyds. **~-timer** deeltydse werker. **~way** *adv.*: *~ **down/up** the slope/etc.* 'n ent teen die hang/ens. af/op; *penetrate ~ **into** s.t.* iets gedeeltelik binnedring; *have s.t.*

~ ***on*** iets halfpad aanhê *('n kledingstuk)*; ~ ***through*** *a speech* (or *the day/morning/etc.*) in die middel van 'n toespraak (*of* die dag/oggend/ens.); *be* ~ ***through*** *the tunnel/etc.* 'n stuk/deel/gedeelte van die tonnel/ens. agter jou hê. ~ **work** *(Br.: boek/publikasie in aflewerings)* deelpublikasie.

par·take ≈*took* ≈*taken, (fml.)* deelneem; deel hê; ~ *in s.t.* aan iets deelneem; ~ *of s.t.* iets eet/gebruik/nuttig/geniet *('n maaltyd)*; aan iets deel hê; aan iets deelneem *(d. Nagmaal)*; *s.o.* ~*s of arrogance, (w.g.)* daar is iets arrogants aan iem.. **par·tak·er** deelnemer, deelhebber, deelgenoot.

part·ed verdeel(d), geskei; *(biol.)* gesplete, lobbig.

par·terre blomakkertjie, ≈bedding; *(teat., hoofs. Am.)* parterre.

par·the·no·gen·e·sis *(biol.)* partenogenese.

Par·the·non Parthenon.

Par·thi·a *(geog., hist.)* Parthië. **Par·thi·an** *n.* Parther. **Par·thi·an** *adj.* Parthies; ~ *shot* = PARTING SHOT.

par·tial *n., (mus.)* deeltoon, parsiële toon. **par·tial** *adj.* gedeeltelik; bevooroordeel(d); partydig, eensydig, onregverdig; *(wisk.)* parsieel; *(bot.)* sekondêr; ~ ***derivative***, *(wisk.)* parsiële afgeleide; ~ ***differential equation***, *(wisk.)* parsiële differensiaalvergelyking; ~ ***differentiation***, *(wisk.)* parsiële differensiasie; ~ ***eclipse*** gedeeltelike verduistering; *s.t. was only a* ~ ***success*** iets het maar gedeeltelik geslaag; *be* ~ ***to*** *s.t.* vir iets lief wees, 'n voorliefde vir iets hê, baie van iets hou. **par·ti·al·i·ty** partydigheid, eensydigheid, bevooroordeel(d)heid, voortrekkery; *s.o.'s* ~ ***for*** *s.t.* iem. se voorliefde vir iets; ~ ***for/towards*** ... partydigheid vir ...; ***show*** ~ partydig wees; met twee mate meet. **par·tial·ly** deels, gedeeltelik, ten dele, vir 'n deel/gedeelte; partydig, op partydige wyse; ~ *sighted* swaksiende.

part·i·ble (ver)deelbaar; skei(d)baar.

par·tic·i·pant deelnemer; deelgenoot; medegeregtigde; *be a* ~ *in s.t.* 'n deelgenoot aan/in iets wees.

par·tic·i·pate deelneem, deel hê, meedoen; ~ *in s.t.* aan iets deelneem *(sport, 'n debat, 'n misdaad, ens.)*; in iets deel *(d. wins, 'n onderneming, ens.)*; deelgenoot aan/in iets wees. **par·tic·i·pat·ing** deelnemend; *(ekon.)* deelnemend, (wins)delend; ~ ***company*** deelnemende maatskappy; ~ ***debenture*** winsdelende obligasie; ~ ***insurance*** winsdelende versekering, versekering met winsdeling; ~ ***share*** winsdelende aandeel.

par·tic·i·pa·tion deelneming, deelname; inspraak; deelgenootskap, medeseggenskap; ~ *in* ... deelname aan ... *(sport, 'n debat, 'n misdaad, ens.)*; deelneming in ... *(d. wins, 'n onderneming, ens.)*. ~ **bond** deelnemingsverband. ~ **loan** partisipasielening, deelnemingslening.

par·tic·i·pa·tor →PARTICIPANT.

par·tic·i·pa·tor·y deelnemend; ~ *democracy* deelnemende demokrasie.

par·ti·ci·ple *(gram.)* deelwoord, partisipium. **par·ti·cip·i·al** *(gram.)* partisipiaal, deelwoord≈; deelwoordelik; ~ *construction* deelwoordkonstruksie.

par·ti·cle deeltjie, stukkie; *(fis.)* deeltjie; *(gram., RK)* partikel; krieseltjie; greintjie; *not have a* ~ *of sense, (w.g.)* geen (*of* nie 'n) greintjie verstand hê nie. ~ **board** →CHIPBOARD. ~ **physics** deeltjiefisika.

par·ti·col·oured bont, veel≈, meerkleurig.

par·tic·u·lar *n.* besonderheid; ***enter/go*** *into* ~*s* in besonderhede tree; *give/state* ***full*** ~*s* volledige besonderhede verstrek/verskaf/opgee/(aan)gee/vermeld; *require* ***further*** ~*s* nader(e)/verder(e)/vêrder(e) besonderhede/inligting verlang; ***in*** ~ in die besonder, veral; *nothing* ***in*** ~ niks besonders/spesiaals nie. **par·tic·u·lar** *adj.* besonder, bepaald; spesiaal, buitengewoon, merkwaardig; kieskeurig, presies, puntene(u)rig, noulettend; *be* ~ ***about/over*** *s.t.* besondere aandag/sorg aan iets bestee; kieskeurig wees met iets, kieskeurig wees wat iets (aan)betref *(kos ens.)*; puntene(u)rig wees oor iets; ~ ***average***, *(seeversek.)* partikuliere awery, awery partikulier; *on a* ~ ***day*** op 'n bepaalde/sekere dag; *a* ~ ***friend*** 'n intieme vriend; *for no* ~ ***reason*** om geen besondere/bepaalde rede nie; ~ ***trouble*** besonder (baie) moeite. **par·tic·u·lar·ise,** ≈**ize** *(fml.)* in besonderhede tree, een vir een noem, spesifiseer. **par·tic·u·lar·ism** partikularisme. **par·tic·u·lar·ist** *n.* partikularis. **par·tic·u·lar·ist** *adj.*, **par·tic·u·lar·is·tic** partikularisties. **par·tic·u·lar·i·ty** besonderheid, eienaardigheid; kieskeurigheid; noukeurigheid, presiesheid; noulettendheid. **par·tic·u·lar·ly** in die besonder, veral, vernaamlik, besonderlik; *more* ~ meer in die besonder; omstandiger.

par·tic·u·late *n.* stofdeeltjie. **par·tic·u·late** *adj.* deeltjie≈, partikel≈.

part·ing *n.* afskeid; skeiding; paadjie *(i.d. hare)*; skeiding, kliewing; *(mynb.)* skei(dings)laag; *(krist.)* skeiding; *at the* ~ *of the ways* waar die paaie/weë uitmekaar loop, op die tweesprong; *we have arrived at* (or *come to*) *the* ~ *of the ways* hier loop ons paaie/weë uitmekaar/uiteen, hier skei ons weë. **part·ing** *adj.* afskeids≈, vaarwel≈. ~ **glass** *(w.g.)* afskeidsdrankie. ~ **kiss** afskeidsoen. ~ **lath** skeilat. ~ **line** skeidslyn. ~ **shot** *(fig.)* laaste skoot/woord. ~ **washer** skeiwaster. ~ **word** afskeidswoord.

par·ti·san[1], **par·ti·san** *n.* volgeling, aanhanger, voorstander, partyman, ≈ganger; partisaan, guerrillastryder. **par·ti·san, par·ti·san** *adj.* partydig, eensydig; partysugtig. ~ **conflict,** ~ **struggle** guerrillastryd. ~ **force** guerrillamag.

par·ti·san[2], **par·ti·zan** *n., (Me. kapwapen)* partisaan.

par·ti·san·ship, par·ti·zan·ship partygees, ≈skap, ≈sug; partydigheid.

par·ti·ta ≈*te,* ≈*tas, (mus.)* partita, suite; partita, variasie.

par·tite *adj., (bot., entom.)* gesplete, lobbig, lobvormig. ≈**par·tite** *komb.vorm* ≈delig, ≈ledig, ≈voudig; *bi*~ tweedelig, ≈ledig, ≈voudig.

par·ti·tion *n.* deling, verdeling, partisie; afskorting, afdeling, vakkie; beskot; skeid(ing)smuur; *(biol.)* skeiding(swand), tussenskot; *(chem.)* verdeling; *(rek.)* segment, deel, partisie; *(wisk.)* partisie, verdeling; ~ *of an* ***estate*** boedelskeiding; ***(territorial)*** ~, ~ *of territory* gebiedsdeling; ***treaty*** *of* ~, ~ ***treaty*** verdelingsverdrag. **par·ti·tion** *ww.* (ver)deel; afskort, 'n afskorting maak; afskei; ~ *s.t. off* iets afskort/afskei/afsluit. ~ **wall** skeid(ing)smuur, afskortingsmuur.

par·ti·tive *n., (gram.)* partitief. **par·ti·tive** *adj.* (ver)delend, (ver)delings≈; ~ *genitive* partitiewe genitief, deelsgenitief.

par·ti·zan →PARTISAN[2] *n.*.

part·ly gedeeltelik, ten dele, deels, vir 'n gedeelte/deel.

part·ner *n.* vennoot; maat; medespeler, spanmaat; huweliksmaat; deelgenoot; ***active*** ~ werkende/aktiewe vennoot; ***card*** ~ kaartmaat; ~ ***in crime*** medepligtige, aandadige; ***dancing*** ~ →DANCING; ***dormant*** ~ →SLEEPING PARTNER; ***golf(ing)*** ~ gholfmaat; ***marriage*** ~ →MARRIAGE; ***sleeping*** ~ →SLEEPING; ***sparring*** ~ →SPARRING; ***tennis*** ~ tennismaat; *be* ~*s* ***with*** *s.o.* iem. se (spel/span)maat wees, saam met iem. speel. **part·ner** *ww.* maat/vennoot wees van; saamspeel/saamdans met. **part·ner·ship** vennootskap; deelgenootskap; samespel; ***enter into*** ~ *with s.o.* ('n) vennoot van iem. word, 'n vennootskap met iem. aangaan; *a* ***first-wicket/etc.*** ~, *(kr.)* 'n vennootskap om die eerste/ens. paaltjie; *they are* ***in*** ~ hulle is vennote; hulle speel saam; *in* ~ ***with*** *s.o.* tesame met iem., as vennoot van iem., met iem. as vennoot.

par·tridge patrys; ***bush*** ~ bospatrys; ***grey-wing*** ~ bergpatrys. ~ **aloe** *(Aloe variegata)* kanniedood, bontaalwyn. ~ **shooting** patrysjag. ~**-wood** patryshout.

par·tu·ri·ent *(fml. of teg.)* barend. **par·tu·ri·tion** parturisie, kindergeboorte.

par·ty *n.* party(tjie), geselligheid; *(pol.)* party; geselskap; gevolg; afdeling, groep, span; *(jur.)* party, komparant; deelnemer; *(infml.)* persoon; *X* ***and*** ~ X en geselskap, X met sy/haar gevolg; ***birthday/cocktail/concert/etc.*** ~ →BIRTHDAY, COCKTAIL, CONCERT, *etc.*; ***change*** *parties (parl.)* oorstap, draai; *(high)* ***contracting*** *parties to* ... →CONTRACTING; ~ *and* ~ ***costs*** party-en-partykoste, koste tussen party en party; ***crash*** *a* ~, *(infml.)* by 'n party(tjie) indring; ***give*** *a* ~ 'n party(tjie) gee; *the* ***guilty*** ~ die skuldige; ***interested*** *parties* belanghebbende/betrokke partye, belanghebbendes/betrokkenes; ***interested*** *and affected parties* belanghebbendes en partye wat geraak word *(by 'n ontwikkelingsprojek)*; *be* ***of*** *a* ~ lid van 'n geselskap wees; meedoen, saamgaan; *an* ***old*** ~, *(infml.)* 'n ou kêrel/ens.; ~ *of the first/second* ***part***, *(jur.)* eerste/tweede party *(in 'n kontrak)*; *a* ***queer*** ~, *(infml.)* 'n snaakse kêrel; 'n wonderlike snuiter; ***remote*** ~, *(jur.)* verwyderde party; ***throw*** *a* ~, *(infml.)* 'n party(tjie) gee/hou; *be a* ~ ***to*** ... aan ... deelneem, in/aan ... deel hê; 'n party by/in/tot ... wees, ... onderskryf *('n ooreenkoms)*, 'n deelnemer aan (*of* 'n party/deelhebber in) ... wees *('n kontrak)*, 'n medepligtige aan ... wees *('n misdaad)*, 'n party in ... wees *('n geding)*; *become a* ~ ***to*** ... aan ... deelneem, tot ... toetree; *s.o. will not be a* ~ ***to*** *s.t.* iem. wil niks met iets te doen hê nie. **par·ty** *ww., (infml.)* partytjie hou, jol. ~ **affiliation,** ~ **attachment** partyverband, ≈affiliasie. ~ **allegiance** partylojaliteit, ≈verband, ≈affiliasie. ~ **animal** *(infml.: partytjieliefhebber)* partytjiedier, ≈mens, bok vir ('n) jol (*of* 'n partytjie), joller, opskopper; *a womanising* ~ ~ 'n partytjiemal vrouejagter. ~ **congress** partykongres. ~ **discipline** partydissipline, ≈tug. ~ **dress,** ~ **gown,** ~ **frock** aandrok, ≈tabberd. ~ **executive** partybestuur. ~ **funds** party≈, strydkas. ~ **game** partytjiespel(etjie). ~**goer** partytjieganger. ~ **hack** partykramer. ~ **line** partystandpunt, beleid; *(telef.)* partylyn; *(telef.)* groeplyn, multipersoonslyn; ***follow/toe*** *the* ~ ~ die partybeleid gehoorsaam; ***on*** ~ ~*s* volgens party; *the division was not* ***on*** ~ ~*s* dit was geen partystemming nie, die stemming het nie volgens party gegaan nie. ~ **machine** partymasjien. ~ **man** partyman, ≈aanhanger, partisaan. ~ **organisation,** ≈**zation** partyorganisasie. ~ **piece** *(Br., vermaaklike toertjie, liedjie, ens.)* partytjienommer. ~ **political** *adj. (attr.)* partypolitieke *(stelsel, strydvraag, ens.)*. ~ **political (broadcast)** partypolitieke uitsending. ~ **politics** *n. (fungeer as ekv.)* partypolitiek. ~ **pooper** *(infml.)* pretbederwer. ~ **rally** stryddag. ~ **spirit** partytjiegees; *(pol.)* partygees; *get into the* ~ ~ gees vang. ~ **spokesman,** ~ **spokesperson,** ~ **spokeswoman** partywoordvoerder, party se woordvoerder, woordvoerder van die party. ~ **wall** gemeenskaplike muur.

par·ve·nu *(dikw. neerh.)* parvenu, opkomeling.

par·vis voorplein *(v. 'n kerk)*; kerkportiek.

pas *n., (Fr., ballet)*: ~ *de chat* pas de chat, katsprong; ~ *de deux* pas de deux, dans vir twee; ~ *seul* pas seul, solodans.

Pas·cal, PAS·CAL *(rek., hoëvlakprogrammeringstaal)* Pascal, PASCAL.

pas·cal *(fis., drukeenheid, afk.:* Pa*)* pascal.

pas·chal *(fml.)* Paas≈ *(ook p~)*; ~ ***candle***, *(Chr.)* Paaskers *(ook p~)*; ~ ***egg*** Paaseier *(ook p~)*; *P~* ***Lamb*** Lam van God; ~ ***lamb*** Paaslam *(ook p~)*; ~ ***repast*** Paasmaal *(ook p~)*.

pash *(infml., vero.)*: *have a* ~ *for/on s.o.* mal oor (*of* smoorverlief/beenaf op) iem. wees.

pa·sha, pa·cha *(hist.: titel v. 'n Turkse offisier)* pasja. **pa·sha·lic, pa·sha·lik** pasjalik.

pash·ka *(Rus. kookk.: soort nagereg)* pasjka.

pashm *(ondervag v. 'n kasjmierbok)* pasjimhaar.

Pash·to, Push·to, Push·tu *(taal)* Pasjtoe, Afgaans.

pa·so do·ble *paso dobles, (<Sp.: soort baldans)* paso doble.

pas·qui·nade, pas·quil paskwil, skimp≈, spotskrif.

pass *n.* (berg)pas, deurgang; toegangspermit; (verlof)pas, verlofbrief; *(Br.)* gewone graad *(nie honneurs nie)*; (hand)beweging; *(sport)* aan≈, uitgee; skermstoot; slaagpunt, ≈syfer; *(rek.)* gang, deurgang; *(SA, hist.)* (verblyf)pas; gang *(v. 'n stoof)*; *(mynb.)* gly≈, stortbaan; (kritieke) toestand, krisis; →PASSING *n.*; *the* ***altitude*** *of a* ~ →***crest/altitude;*** *things have* ***come*** *to* (or ***reached***) *a fine/pretty/sad* ~, *(infml.)* sake het 'n ernstige wending geneem, die toestand is nou beroerd; *the* ***crest/altitude*** *of a* ~ die pashoogte; ***free*** ~ →FREE PASS; ***get*** *a* ~ deurkom, slaag; ***list*** *of* ~*es* lys van geslaagdes; ***make*** *a* ~ *at s.o., (infml.)* by iem. aanlê; *be* ***on*** *a* ~ 'n verlofpas hê; ***percentage** for a* ~ persentasie vir slaag; ***sell** the* ~ jou eie mense verraai, verraad pleeg. **pass** *ww.* verbygaan, =loop, =ry, =steek, =vaar; deurkom, =loop; deurlaat *(by doeane);* geskied, gebeur; deurgaan, oorgaan, oorsteek; toelaat; aanneem, goedkeur *('n voorstel, wetsontwerp, ens.);* passeer *('n verband);* oplê, vel, uitspreek *('n vonnis);* uitgee, in omloop bring *('n tjek);* oorslaan, passeer *('n dividend);* vererf, vererwe; maak *('n aanmerking);* verbysteek *(d. telling); (tennis)* verbyspeel; deurgee, aangee, aanstuur, deursteur *('n brief ens.);* deurlaat, goedkeur; slaag, deurkom *('n eksamen); deurstaan ('n toets); (pyn)* oor=, weggaan; oorskry, oortref, te bowe gaan; uitoefen *(kritiek);* deurbring, slyt *(tyd);* verdryf, omkry *(tyd); (tyd)* verloop, verbygaan; *(euf.)* heengaan, sterf, sterwe; *(kaartspel)* pas, passeer; *(sport)* aangee, =stuur; *(boekh.)* boek, inskryf; ***allow** s.t. to* ~, ***let** s.t.* ~ iets deurlaat; iets daar laat, iets daarby laat (bly); ***allow** s.o. to* ~ iem. deurlaat; iem. laat deurgaan/verbygaan; ~ ***along*** verder/ vêrder gaan, aanstap; ~ ***along** s.t.* iets aangee; ~ ***as*** ... vir ... deurgaan; ~ ***away*** verbygaan, oorgaan; ~ ***away/ on/over*** heengaan, sterf/sterwe; ~ ***between*** ... tussen ... deurgaan; *a current/wave/pulse ~es **between** A and B* 'n stroom/golf/puls vloei van A na B; *letters ~ing **between** A and B* die briefwisseling tussen A en B; *a look/glance ~es **between** them* hulle gee mekaar 'n betekenisvolle blik/kyk; *messages that ~ **between** A and B* boodskappe wat tussen A en B oorgedra word; *the virus can be ~ed **between** partners/etc.* die virus kan deur geslagsomgang tussen huweliks=/slaapmaats oorgedra word; *s.t. has ~ed **between** them* iets het tussen hulle gebeur; ~ ***beyond*** ... by ... verbygaan; ***bring** s.t. to* ~, *(arg., poët., liter.)* iets (ten) uitvoer (bring), iets teweegbring/veroorsaak; ~ ***by** s.o./s.t.* by iem./iets verbygaan; by iem./iets verbyry; iem./iets verbysteek; ~ ***by** s.t., (ook)* iets opsy laat, van iets wegskram; ~ ***by** s.o., (ook)* iem. oorslaan; iem. oor die hoof sien; ~ ***by** on the other side* verlangs verbygaan; *s.t. **comes** to* ~, *(hoofs. poët., liter.)* iets gebeur/geskied; ~ ***down** the street* die straat af stap, straataf stap; ~ ***down** s.t.* iets ondertoe aangee; iets deurgee *('n tradisie ens.);* ~ *an **exam(ination)*** (in) 'n eksamen slaag/deurkom, 'n eksamen met goeie gevolg aflê; ~ ***for*** ... vir ... deurgaan; ~ *s.t. **forward*** iets vorentoe aangee; ~ ***into*** ... in ... oorgaan; na/tot ... oorgaan; ***let** s.t.* ~ →***allow** s.t. to pass;* ***let** that* ~ dit daar gelate; ~ *by the **name** of* ... deurgaan onder die naam (van) ...; ~ *the **night*** oornag, vernag, die nag deurbring; ... *~es **off,** ('n gevoel, bui, ens.)* ... gaan verby/oor; *('n storm)* ... waai oor; ... *~ed **off** well/ badly, ('n geleentheid, gebeure, sake)* ... het goed/sleg afgeloop/verloop; ~ *o.s. **off** as* ... jou as ... voordoen; ~ *s.t. **off** as* ... voorgee dat iets ... is, iets as ... voorstel; ~ ***off** s.t.* iets ignoreer; ~ *s.t. **off** (up)on s.o.* iets aan iem. afsmeer; iets op iem. afskuif/=skuiwe; ~ ***on*** verder/ vêrder gaan; verder/vêrder vertel; ~ ***on** →**away/on/ over;*** ~ ***on** s.t. (to ...)* iets (vir ...) aangee, iets (aan ...) deurgee/deurstuur; ~ ***on** to* ... na ... oorgaan *('n plek);* tot ... oorgaan *(iets anders, 'n volgende stap);* ~ ***out*** uitgaan, na buite gaan; 'n kursus voltooi; 'n skool/ kollege verlaat; *(infml.)* flou word/val, bewusteloos raak; stomdronk word; ~ ***out** s.t.* iets uitreik/=gee; iets uit=/ronddeel; iets aflewer; iets uitskei; ~ ***over*** oorstap; verbygaan; ~ ***over** →**away/on/over;*** ~ ***over** s.t.* iets oorslaan, iets links laat lê; ~ ***over** s.o.* iem. oorslaan/verbygaan, iem. oor die hoof sien; ~ *an eye* (or *one's eye[s]) **over** s.t.* →EYE *n.;* ~ *one's **hand over** s.t.* (met) jou/die hand oor iets stryk; ~ ***over** s.t. in silence* iets stilswyend (*of* met stilswye) verbygaan, iets in die midde laat, nie oor iets praat nie; ~ ***round** s.t.* iets ronddien/rondgee; iets uitdeel; ***see** what is ~ing* sien wat aan die gang is; ~ ***through** s.t.* deur iets gaan; deur iets reis *('n dorp, land, ens.);* deur iets loop *('n kamer ens.);* deur iets breek; iets deurmaak/deurleef/ deurlewe/ondervind; ~ *the **time** of day with s.o.* →DAY; ***time** ~es rapidly* die tyd gaan gou om/verby; ~ ***to*** ... tot ... oorgaan *(iets anders);* ~ *s.t. **to** s.o.* iets vir iem. aangee; *s.t. ~es **to** s.o.* iets gaan op iem. oor *(eiendom); s.t. ~es **to** another heir* (or *the State)* iets verval aan 'n ander erfgenaam (*of* die Staat); ~ ***transfer*** oordrag/ transport gee, transport passeer; ~ ***under** s.t.* onder iets deurgaan/deurloop/deurry/deurvaar; ~ ***up** s.t.* iets boontoe aangee; *(infml.)* iets laat verbygaan *('n kans ens.);* ~ ***up** s.t., (infml.)* iets weier/verwerp; iets veron(t)agsaam; ~ *(judg(e)ment) **upon*** ... uitspraak doen (*of* 'n oordeel vel) oor ...; ~ ***water*** water, urineer; *it **will*** ~ dit sal oorgaan/verbygaan; ~ *the **winter*** deurwinter. ~**book** bankboek; kredietaankopeboek; (ver=lof)pasboek; *(SA, hist.)* pasboek. ~ **check** →PASS-OUT (TICKET). ~ **key** loper, algemene sleutel; private sleutel. ~ **laws** *n. (mv.), (SA, hist.)* paswette. ~ **list** lys van geslaagdes. ~ **mark** slaagpunt. ~ **office** paskantoor. ~**-out (ticket)** deurpas, uitgangskaart(jie), terugkaart(jie). ~**word** wagwoord, herkenningswoord; *(mil.)* parool; *(rek.)* wag=, kenwoord.

pass·a·ble gangbaar, redelik, bevredigend; begaanbaar, rybaar *('n pad).* **pass·a·ble·ness** gangbaarheid; begaanbaarheid. **pass·a·bly** taamlik, nie (te) sleg nie, gangbaar.

pas·sa·ca·glia *(mus.)* passacaglia.

pas·sage¹ *n.* deurgang, =tog, =reis; deurvaart; *(sk.)* oortog, oorvaart, passasie; deurlaat; gang *(in 'n huis ens.); (anat.)* kanaal, gang, opening; deurloop, =gang; reisgeld, oorvaartgeld; afhandeling *(v. 'n voorstel);* aanneming *(v. 'n wetsontwerp);* (die) deurstuur, deursending; uittreksel, gedeelte, passasie; *(mus.)* passasie; *(elek.)* deurgang; ~ *of/at **arms*** skermutseling; *(w.g.)* (woorde)stryd; ***bird** of* ~ →BIRD; *have a **rough*** ~ dit opdraand(e)/hotagter kry/hê; *have a **smooth*** ~ 'n kalm seereis hê; *('n voorstel, wetsontwerp)* maklik aangeneem word; ~ *of **time*** verloop van tyd; ***work** one's* ~ jou passasie/oortog verdien, vir jou passasie/oortog werk. ~ **money** reis=, passasie=, oorvaartgeld. ~**way** deurloop, (deur)gang.

pas·sage² *n.* telgang, trippelgang. **pas·sage** *ww., ('n perd)* skuins/dwars loop.

pas·sant *(her.)* stappend, gaande.

pas·sé *(Fr.)* verouderd, uit die mode; afgesaag; verwelk.

passe·men·terie *(Fr., dekoratiewe omboorsel)* passementerie, passementwerk.

pas·sen·ger passasier; insittende; meeloper; *be a* ~, *(lett.)* 'n passasier wees; 'n insittende wees *(in 'n motor); (fig., infml.)* nutteloos wees, 'n vyfde wiel aan die wa wees, vir spek en boontjies daar wees; *drop a* ~ 'n passasier afsit; *pick/take up ~s* passasiers oplaai/opneem; *(sk.)* passasiers aan boord neem. ~ **aircraft** passasiersvliegtuig. ~ **car** passasiersmotor. ~ **lift** passasiershyser. ~ **liner** passasierskip. ~ **list** passasierslys. ~ **lounge** vertreksaal *(op 'n lughawe ens.).* ~ **pigeon** trekduif. ~ **seat** passasiersitplek. ~ **service** passasiersdiens. ~ **ship** passasierskip. ~ **traffic** passasiersverkeer, passasiersvervoer. ~ **train** passasierstrein.

passe-par·tout =*touts, (Fr.)* passe-partout.

pass·er keurder; sorteervoorman; geslaagde; *(sokker ens.)* aangeër. ~**-by** verbyganger.

pas·si·ble *(hoofs. Chr. teol.)* gevoelig, sensitief, vatbaar. **pas·si·bil·i·ty** gevoeligheid.

pas·sim *(Lat.)* passim, versprei(d), op verskillende plekke *(in 'n boek).*

pass·ing *n.* (die) deurgaan, deurgang; (die) deurkom/ slaag; aanneming *(v. 'n voorstel, wet, ens.),* (die) aanneem; (die) verbygaan; *(euf.)* heengaan, afsterwe; aangeespel; (die) oorgang *(v. 'n eiendom, titel);* (die) oorslaan *(v. 'n dividend);* (die) passeer *(v. 'n verband);* ~ *of an **act,** (parl.)* aanname van 'n wet; *in the **hour** of one's* ~ in jou sterwensuur; ***in*** ~ in die verbygaan, terloops. **pass·ing** *adj.* verbygaande; kortstondig; ~ ***fancy*** tydelike gril; tydelike verliefdheid; ~ ***reference*** terloopse verwysing; ~ ***showers*** los buie; ~ ***thought*** opwellende gedagte. **pass·ing** *adv., (arg.)* geweldig, baie; ~ *rich* skatryk. ~ **beam** *(mot.)* dompelig, gedompte lig. ~ **bell** doodsklok. ~ **note** *(mus.)* deurgangsnoot. ~**-out parade** voorstellings=, uittredingsparade. ~ **shot** *(tennis ens.)* verbyhou. ~ **trade** verbygaande klante.

pas·sion hartstog, passie; geesdrif; drif, toorn, woede; vurigheid; lyding; *(Chr., P~)* Passie, Lydensgeskiedenis, =verhaal; ***crime** of* ~ →CRIME; ***fly** into a* ~ driftig/ woedend word, *(infml.)* die aapstuipe/apiestuipe kry; ***have** a* ~ *for* ... 'n hartstogtelike liefhebber van ... wees; ***have** a* ~ *for cycling/squash/etc., (ook)* 'n geesdriftige fietsryer/muurbalspeler/ens. wees; ***in** a* ~ driftig, woedend; ***indulge** one's ~s* jou luste laat botvier, vrye teuels aan jou luste gee; *s.t. puts s.o. **in(to)** a* ~ iets maak iem. woedend/briesend; *the **Lord's** P~, (Chr.)* die lyding van Christus, die Passie; ~ *for **money*** sug na geld; ***rouse** ~s* hartstogte wek; *a **slave** to one's ~s* 'n slaaf van jou drifte/luste. ~**flower** passie=, kruisblom; grenadellablom. ~ **fruit** grenadella. ~ **music** *(soms ook P~)* passiemusiek. ~ **play** *(soms ook P~)* passiespel, =spele. **P~ Sunday** Passiesondag, Lydensondag. **P~tide** Lydenstyd. **P~ Week** Lydensweek, Passieweek.

pas·sion·al *n., (Chr.)* passieboek. **pas·sion·al** *adj., (w.g.)* hartstogtelik.

pas·sion·ate geesdriftig, hartstogtelik; vurig, opvlieënd, driftig; onstuimig.

Pas·sion·ist *(RK)* Passionis.

pas·sion·less sonder hartstog, koel, koud.

pas·si·vate passiveer *(metaal, geleier).*

pas·sive *n., (gram.)* passief, lydende vorm. **pas·sive** *adj.* passief; onderdanig, gedwee; willoos; dadeloos; rustend; *(gram.)* passief; *(chem., elek.)* passief; *(ekon.)* ongebruik, passief *(saldo);* renteloos, ledig *(kapitaal);* ongunstig, passief *(balans);* ~ ***aggression*** lydelike aggressie; ~ ***balance of payments*** nadelige/ongunstige/passiewe betalingsbalans; ~ ***debt*** skuld; rentelose/passiewe vordering; ~ ***mine*** stil myn, tydelik geslote myn; ~ ***voice,** (gram.)* passief, lydende vorm. ~ **immunity** *(med.)* passiewe immuniteit. ~ **obedience** blinde gehoorsaamheid; onvoorwaardelike gehoorsaamheid. ~ **resistance** lydelike verset; passiewe weerstand. ~ **smoker** passiewe roker. ~ **smoking** passiewe rook/rokery.

pas·sive·ly gedwee; willoos.

pas·sive·ness, pas·siv·i·ty passiwiteit, lydelikheid; gedweeheid; bewegingloosheid; willoosheid; dadeloosheid.

pas·siv·ise, =ize *(gram.)* passief/lydend maak; passief/ lydend word. **pas·siv·i·sa·tion, =za·tion** die passief/ lydend maak.

pas·siv·i·ty →PASSIVENESS.

Pass·o·ver Pasga, Joodse Paasfees; Paas=, paaslam.

pass·port paspoort; reisbrief, =pas; seebrief, =paspoort; vrybrief; *s.t. is a* ~ *to* ... iets maak die pad na ... oop *(geluk, sukses, ens.); travel on a South African* ~ met 'n Suid-Afrikaanse paspoort reis. ~ **control** paspoortbeheer. ~ **photo** paspoortfoto. ~ **wallet** paspoortomslag.

past *n.* die verlede; *(gram.)* verlede tyd; *in the **dim/ remote*** ~ in die gryse verlede, in die voortyd; *in the **distant*** ~ in die verre verlede, in die jaar vroeg; ***in** the* ~ in die verlede; ***live** in the* ~ in die verlede leef/ lewe; ~ *and **present*** (die) hede en (die) verlede; *s.o.'s **purple*** ~, *(w.g.)* iem. se losbandige verlede; *be a **thing** of the* ~ tot die verlede behoort, (klaar) verby wees; agter die rug wees; *one cannot **undo** the* ~ wat verby is, is verby; 'n mens kan die verlede nie ongedaan maak nie; *s.o. **with** a* ~ iem. met 'n verlede. **past** *adj.* verby; verlede; afgelope; vergange; vorige, gewese, voormalig, eertyds; oud=; *from **ages*** ~, *(ret.)* van eeue her; ***be*** ~ verby wees; *the* ~ ***century*** die vorige eeu; ~ ***glories*** verbygegane/vergane glorie; *it's* ~ ***and gone*** dis klaar verby, dit behoort tot die verlede, dis gedane sake; ~ ***history*** voorgeskiedenis; *the* ~ ***month/etc.*** die afgelope maand/ens.; ~ ***president*** oud=, erevoorsitter *(v. 'n klub, vereniging, raad, ens.); s.o.'s **prime** is* ~ iem. se beste jare is verby; ~ ***student*** oudstudent; ~ ***tense*** verlede tyd; *for some **time*** ~ nou al 'n tyd lank; *s.o.'s/s.t.'s **time** is* ~ iem./iets is uitgedien(d); ~ ***years*** vergange jare, jare wat verby is. **past** *adv.* verby; *hasten* ~ verbysnel. **past** *prep.* oor, verby; langs; ***be*** ~ *s.t.* te oud wees vir iets (*of* om iets te doen); ***drive/run/walk/etc.*** ~ ... by ... verbyry/=hardloop/=stap/ens.; *s.t. is* ~ ***endurance*** iets is ondraaglik (*of* onmoontlik om langer uit te hou); *five/etc. (minutes)* (or *a quarter)* ~ ***five/etc.,***

(tyd) vyf/ens. (minute) (*of* kwart) oor vyf/ens.; *half ~ **five/etc.**, (tyd)* halfses/ens.; *it's ~ **five/etc.**, (tyd)* dis oor vyf/ens., dis klaar vyfuur/ens., dis vyfuur/ens. verby; *you cannot **get** ~ that* daar kom jy nie verby nie; *~ **hope*** hopeloos; *it is ~ **praying** for* daar help niks meer aan nie, daar is geen salf meer aan te smeer nie; *one can't/shouldn't **put** anything ~ him/her* hy/sy is tot alles/enigiets in staat; *~ **redemption*** reddeloos verlore; *~ that **stage*** dié stadium verby. ~ **master** meester, bobaas, doring; *(Vrym.)* oudmeester; *be a ~ ~ at cards/etc.* 'n baas=/uithalerkaartspeler/ens. wees. ~ **participle** *(gram.)* verlede/voltooide deelwoord.

pas·ta *(It.)* pasta.

paste *n.* pasta; gom, lym; smeer *(vir brood)*; deeg; pap; plakstysel; bry; kleimassa; vals/onegte edelgesteente, kunssteen; kunsdiamant; *fish ~* vissmeer. **paste** *ww.* (vas)plak; *(infml.)* uitskel, =vreet; *~ **in** s.t.* iets inplak; *~ **on** s.t.* iets opplak; *~ **over** s.t.* iets toeplak; *~ **up** s.t.* iets aanplak/vasplak. ~**board** *n.* bordpapier, karton, stywe papier; persbord, plak(laag)bord; kaart(jie) *(vir reis, toegang, ens.)*. ~**board** *adj.* karton=; goedkoop, nagemaak. ~ **brush** pap=, lym=, gomkwas. ~ **pot** gom=, lympot. ~-**up** *n., (tip.)* plaksel; *do a ~* 'n plaksel maak.

pas·tel, pas·tel pastel; pastelstif; pastel(tekening). ~ **colour,** ~ **shade** pastelkleur. **pas·tel·(l)ist** pasteltekenaar, =kunstenaar.

pas·tern koot(been) *(v. 'n perd)*. ~ **joint** kootgewrig.

pas·teu·rel·lo·sis *(veearts.)* pasteurellose, harslagsiekte.

pas·teur·ise, =ize pasteuriseer. **pas·teur·i·sa·tion, =za·tion** pasteurisasie, pasteurisering.

pas·tic·cio *=cios,* **pas·tiche** *=tiches* pastiche, nabootsing; *(mus.: saamgestelde komposisie)* pasticcio.

pas·til, pas·tille pastil, pil(letjie), tabletjie.

pas·time tydverdryf, stokperdjie, vermaak; ontspanning; spel, speletjie.

past·i·ness deegagtigheid; bleekheid, vaalheid.

past·ing *(infml.)* pak slae; *get a ~, (infml.)* slae kry, 'n pak kry; *give s.o. a ~, (infml.)* iem. 'n pak (slae) gee; iem. uittrap/uitvreet.

pas·tis *(Fr.: anysgeurige aperitief)* pastis.

pas·tor *(relig.)* pastoor; pastor, predikant, herder; *~ of souls* sieleherder. **pas·tor·ship** pastoraat; pastoorskap; pastoorsamp, herdersamp.

pas·to·ral *n.* pastorale; herderspel; herdersdig; *(Chr.)* pastorale brief; →PASTORALE. **pas·to·ral** *adj.* landelik; herderlik, herders=; *(relig.)* pastoraal. ~ **letter** pastorale brief. ~ **office** herdersamp. ~ **people** herdersvolk. ~ **play** herderspel. ~ **poem** herdersdig. ~ **romance** herdersroman. ~ **staff** biskop=, krom=, herderstaf. ~ **theology** pastorale teologie. ~ **visit** huisbesoek. ~ **work** siel(e)sorg.

pas·to·rale *(mus.)* pastorale.

pas·tor·al·ist *(vnl. Austr.)* veeboer.

pas·tor·ate pastoraat, pastoorskap; predikantskap, herdersamp; herderlike pligte; priesterstand; predikante(kring).

pas·tor·ship →PASTOR.

pas·tra·mi *(kookk.: sterk gekruide, gerookte beesvleis)* pastrami.

pas·try tert=, pasteideeg; tert=, pasteikors; fyngebak; pastei. ~ **blender** deegmenger. ~ **board** deeg=, rolplank. ~ **brush** smeer=, deegkwassie. ~ **case** →PASTRY SHELL. ~ **cook** soetbakker; pasteibakker. ~ **crust** tertkors. ~ **cutter** deegafdrukker; deegsnyer. ~ **shell,** ~ **case** tertdop. ~ **wheel** deegwiel(etjie).

pas·tur·age weiveld, =land, =plek; weiding(sgewasse); weireg; beweiding.

pas·ture *n.* weiveld, =plek, grasveld; gras, weiding(sgewasse); *~s new (fig.)* nuwe geleenthede; *put s.o. out to ~, (fig.: iem. pensioeneer)* iem. die halter afhaal. **pas·ture** *ww.* wei; laat wei. ~ **emergency area** weidingsnoodgebied. ~ **management** weidingsbestuur. ~ **rotation** wisselweiding.

past·y[1] *adj.* deegagtig, deeg=; bleek, vaal *(gelaatskleur)*; →PASTINESS. ~-**faced** papbleek.

past·y[2] *n., (hoofs. Br.)* pasteitjie; vleis=, wildpastei.

Pat *(Br., infml., dikw. neerh.)* Ier.

pat[1] *n.* tik(kie), klappie, kloppie; klont(jie), stukkie; *get a ~ on the **back,** (fig.)* 'n pluimpie kry; *give s.o. a ~ on the **back,** (fig.)* iem. op die skouer klop, iem. 'n pluimpie gee; *a ~ of **butter*** 'n klontjie botter. **pat** *=tt=, ww.* tik, klop; streel; platstryk; *~ o.s. on the **back,** (fig.)* jouself gelukwens; oor jouself tevrede wees, in jou skik wees met jou werk; *~ s.o. on the **back,** (fig.)* iem. op die skouer klop, iem. 'n pluimpie gee; *~ s.t. **down*** iets plattik/=klop; iets platstryk *(d. hare)*; *~ disinfectant **on(to)** an abrasion* 'n skraap met ontsmettingsmiddel bet. ~-**a-cake** *(kinderspeletjie)* handjiesklap. ~**ball** tikbal.

pat[2] *adj.* gepas, geskik; vlot; paraat; perfek. **pat** *adv.* van pas, raak; gevat; ***have** the story (down/off) ~* die verhaal op jou duimpie ken; ***say** s.t. ~ off* iets glad opsê; ***stand** ~, (hoofs. Am.)* onversetlik wees, vas/pal staan.

Pat·a·go·ni·a *(geog.)* Patagonië. **Pat·a·go·ni·an** *n.* Patagoniër. **Pat·a·go·ni·an** *adj.* Patagonies.

patch *n.* lap(pie), stuk materiaal; laslap; oogklap(pie); *(houtw.)* inlegsel; kenteken; *(rek.)* (program)regstelling/verbetering/korreksie; *(med.)* pleister; *(med.)* lap(pie); vlek, kol *(op 'n dier, voël)*; akker(tjie) *(aartappels ens.)*; lap *(koring ens.)*; plaat *(bome ens.)*; strook, stuk(kie), lap(pie) *(grond)*; kol *(mis)*; stuk *(blou lug)*; *(hist.)* skoonheids=, pronkpleistertjie, moesie; *hit/strike a **bad** ~, (lett.)* op 'n voos kol afkom; *(fig., ook* be going through a bad patch*)* 'n moeilike tyd beleef/belewe/deurgaan/deurmaak; *a **bald** ~* 'n bles; ***in** ~es* plekplek, kol-kol; ***not** be a ~ on ..., (infml.)* nie met ... te vergelyk wees *(of* by ... haal *of* naby ... kom) nie; ***purple** ~* →PURPLE PASSAGE. **patch** *ww.* lap, heelmaak; bywerk, regstel, korrigeer; *~ **through,** (Am.)* verbind, deurskakel; *~ **together** s.t.* iets haastig klaarmaak *(of* tot stand bring); iets saamflans *(of* aanmekaar ryg); knoeiwerk doen; *~ **up** s.o.* iem. op 'n manier regdokter; *~ s.t. **up*** iets lap/heelmaak; iets opknap; iets kalfater *('n houtskuit ens.)*; iets in orde bring; iets skik/bylê *(of* [tydelik] beëindig) *('n twis, geskil, rusie)*. ~ **board,** ~ **panel, plugboard** *(elek.)* propbord. ~ **box** *(hist.)* moesiesdoos. ~ **cord** *(elek.)* verbindkoord. ~ **panel** →PATCH BOARD. ~ **pocket** aangewerkte/opgestikte sak. ~ **quilt** *(Ier.)* = PATCHWORK QUILT. ~ **test** *(med.: allergietoets)* koltoets. ~-**up** oplappery; lapmiddel. ~ **word** stoplap, =woord. ~**work** lappieswerk; stukwerk; knoei=, konkelwerk. ~**work quilt** lappiesdeken, =kombers.

patch·er lapper, hersteller; knoeier. **patch·er·y** lap=, knoeiwerk.

patch·il·y, patch·i·ness →PATCHY.

pa(t)ch·ou·li, pa(t)ch·ou·li, patch·ou·ly, patch·ou·ly *(Tamil, bot.)* patsjoelie; patsjoelie(parfuum).

patch·y *adj.* gelap *(klere)*; ongelyk, van ongelyke gehalte; onreëlmatig; sporadies; kollerig, kol-kol, in kolle; vol vlekke, gevlek, vlekkerig. **patch·il·y** *adv.* ongelyk, wisselvallig; kolsgewys, kol-kol, hier en daar; onreëlmatig, oneweredig; sporadies, ongereeld. **patch·i·ness** ongelykheid, wisselvalligheid; onreëlmatigheid, oneweredigheid; vlekkerigheid.

pate *(arg. of skerts.)* kop, klapperdop.

pâ·té *(Fr. kookk.)* pastei, patee, smeer; *~ de foie* pâté de foie, lewerpatee; *~ de foie gras* pâté de foie gras; ganslewerpastei; ganslewersmeer, =patee.

pa·tel·la *=lae, (anat.)* patella, knieskyf; *(argeol.)* pannetjie. **pa·tel·lar, pa·tel·late** patella=, knie(skyf)=; skotelvormig; *patellar reflex* patellarefleks.

pat·en, pat·in *(RK)* pateen, hostiebord; (vlak) pan.

pa·ten·cy klaarblyklikheid, duidelikheid; *(med.)* oopheid, deurganklikheid.

pa·tent *n.* patent, oktrooi; gepatenteerde artikel/uitvindsel; vergunning; eksklusiewe reg; →LETTERS PATENT; ***apply** for a ~* 'n patent aanvra; ***grant** s.o. a ~* 'n patent aan iem. verleen; ***law** of ~s* patentreg; *~ of **nobility,** (hoofs. hist.)* adelbrief; *~ **pending*** patent toegestaan/toegesê; ***take** out a ~ for ...* 'n patent op ... (uit)neem. **pa·tent** *adj.* gepatenteer(d); patent=; kennelik, klaarblyklik, duidelik, vanselfsprekend; *(med.)* oop, deurganklik; *(bot.)* spreidend, uitgesprei(d); →PATENCY; *~ **defect*** sigbare gebrek; *~ **leather*** verlakte leer, lakleer, blinkleer; *~ **medicine*** huismiddel, patente medisyne/geneesmiddel; *~ **yellow*** sitroengeel. **pa·tent** *ww.* patenteer, patent/oktrooi neem op. ~ **agent** patentbesorger, =agent. ~ **infringement** patentaantasting, =skending. ~ **law** patentreg. ~ **office** patentkantoor. ~ **right** patentreg. ~ **roll(s)** patentregister. ~**s act** patentwet.

pa·tent·a·ble patenteerbaar.

pa·tent·ee patenthouer.

pa·tent·ly kennelik, klaarblyklik, sigbaar.

pat·en·tor patentbesorger.

pa·ter *(Br., infml., vero.)* oubaas, oukêrel. **pa·ter·fa·mil·i·as** *patresfamilias* paterfamilias, gesinshoof. **pa·ter·nal** paternaal, vaderlik, vader(s)=; van/aan vaderskant; *~ home* vaderhuis; *~ side* vaderskant. **pa·ter·nal·ism** paternalisme. **pa·ter·nal·ist** *n.* paternalis. **pa·ter·nal·ist, pa·ter·nal·is·tic** *adj.* paternalisties. **pa·ter·nal·ly** vaderlik.

pa·ter·ni·ty vaderskap, paterniteit; outeurskap; bron, oorsprong. ~ **leave** vaderskap(s)verlof. ~ **suit** *(jur.)* vaderskapsaak, vaderskap(s)geding. ~ **test** vaderskap(s)toets.

pat·er·nos·ter *(RK)* Onse Vader, paternoster; rosekrans. ~ **(line)** *(hengel)* setlyn.

path *(ook fig.)* pad, weg; paadjie; voetpad; wandelpad; *(rek.)* pad *(deur 'n boomstruktuur ens.)*; *(rek.)* roete *(tuss. twee nodusse in 'n netwerk ens.)*; ***beat** a ~* 'n pad/weg baan; baan breek; ***cross** s.o.'s ~* →PATH *ww.*; *beat a ~ to s.o.'s **door*** op iem. toesak; *tread a **perilous** ~* 'n gevaarlike weg bewandel; *tread the **primrose** ~* →PRIMROSE; *~ of a **projectile*** vlugbaan, projektielbaan; ***stand** in s.o.'s ~* in iem. se pad staan; *deviate from the **straight** ~* op sygange gaan; *the ~ of **virtue*** die pad van die deug. ~-**breaking** baanbrekend; *~ book* baanbrekerboek. ~**finder** padvinder, verkenner; baanbreker. ~**way** pad, paadjie; voetpad; baan.

=path *komb.vorm* =paat; *homeo~* hom(e)opaat; *psycho~* psigopaat.

Pa·than *n.* Pataan. **Pa·than** *adj.* Pataans.

pa·thet·ic *adj.* pateties, aandoenlik, (hart)roerend, gevoelvol; ontoereikend, onvoldoende *(poging ens.)*; *(infml.)* pateties, hopeloos *(in sport ens.)*; →PATHOS. ~ **fallacy** *(lettk. ens.)* vermensliking van die natuur.

=path·ic *komb.vorm* =paties; *homeo~* hom(e)opaties; *tele~* telepaties.

path·less onbegaanbaar; sonder pad/paaie.

path·(o)= *komb.vorm* pat(o)=, siekte=.

path·o·gen(e) *(med.)* patogeen, siektekiem, =verwekker. **path·o·gen·ic, path·o·ge·net·ic, path·og·e·nous** patogeen, patogenies, siekteverwekkend, siekmakend.

path·o·gen·e·sis, pa·thog·e·ny *(med.)* patogenese, patogenie, siekteontstaan. **path·o·ge·net·ic** = PATHOGENIC.

pa·thol·o·gy patologie, siektekunde. **path·o·log·i·cal** patologies. **pa·thol·o·gist** patoloog.

pa·thos patos, aandoenlikheid.

=pa·thy *komb.vorm* =patie; *homeo~* hom(e)opatie; *tele~* telepatie.

pa·tience geduld, verdraagsaamheid, lydsaamheid; volharding; *(kaartspel)* solitêr; ***exercise** ~* →EXERCISE *ww.*; ***have** ~ (with ...)* geduld (met ...) hê; *have the ~ of **Job*** jobsgeduld hê, Job se geduld hê, so geduldig soos Job wees, 'n ware Job wees; ***lose** ~ with s.o.* jou geduld met iem. verloor; *have **no** ~ with ...* geen geduld met ... hê nie; *s.o. is **out** of ~* iem. se geduld is op ('n end); *be **out** of ~ with s.o./s.t.* iem./iets nie langer kan verdra/uitstaan nie; *it is enough to try the ~ of a **saint*** dit sal 'n engel se geduld op die proef stel; ***tax/try** s.o.'s ~* iem. se geduld op die proef stel; *~ is a **virtue*** geduld oorwin alles; *s.o.'s ~ was **worn** out* iem. se geduld het opgeraak.

pa·tient *n.* pasiënt, sieke; *(gram.)* pasiënt; *see a ~* 'n pasiënt besoek/ontvang/ondersoek; *treat/attend a ~*

'n pasiënt behandel. **pa·tient** *adj.* geduldig, lankmoedig, lydsaam, verdraagsaam; volhardend; *be ~ of ..., (w.g.)* ... geduldig (*of* met lydsaamheid) dra; *s.t. is ~ of two explanations, (arg.)* iets is vatbaar vir twee verklarings; *be ~ with s.o.* geduld hê (*of* geduldig wees) met iem..

pat·in →PATEN.

pat·i·na[1] -*nae, (RK)* pateen, hostiebord; →PATEN.

pat·i·na[2] -*nas* patina, verweringslaag, groenspaan. **pat·i·nate** patineer, 'n patina gee; 'n patina kry. **pat·i·nat·ed** gepatineer(d). **pat·i·na·tion** patinering.

pa·ti·o -*tios* patio, binnehof.

pa·tis·se·rie patisserie, banketbakkery; patisserie, fyngebak, tertjies.

Pat·na rice *(soort langkorrelrys)* patnarys.

pat·ois, pat·ois *(Fr.)* patois; dialek; jargon; kombuistaal.

pat·ri- *komb.vorm* patri-, vader-.

pa·tri·arch patriarg, familiehoof; patriarg, aarts-, stamvader; patriarg, volksvader; patriarg, kerkvader; *(fig.)* veteraan, ringkop; *(fig.)* grondlegger, stigter. **pa·tri·ar·chal** patriargaal, vaderregtelik, aartsvaderlik. **pa·tri·ar·chate** patriargaat. **pa·tri·ar·chy** patriargaat, patriargale regeringsvorm.

pa·tri·cian *n.* patrisiër. **pa·tri·cian** *adj.* patrisies. **pa·tri·ci·ate** patrisiaat.

pat·ri·cide vadermoord; vadermoordenaar. **pat·ri·cid·al** vadermoord-.

pat·ri·lin·e·al, pat·ri·lin·e·ar patrilineêr, patriliniêr, patrilineaal, in die manlike linie/lyn; van vaderskant.

pat·ri·mo·ny patrimonium, (vaderlike) erfdeel, -goed; *(jur.)* (stoflike) vermoë; *the P~ of St. Peter (*or *the Church)* Patrimonium (Sancti) Petri. **pat·ri·mo·ni·al** (oor)geërf, patrimoniaal; *~ estate* erfgoed; *~ loss* vermoënskade.

pa·tri·ot patriot, vaderlander. **pat·ri·ot·ic** patrioties, vaderlandsliewend; *~ poem* vaderlandsgedig. **pat·ri·ot·i·cal·ly** patrioties. **pat·ri·ot·ism** patriotisme, vaderlandsliefde.

pa·tris·tic, pa·tris·ti·cal *adj.* patristies, kerkvaderlik. **pa·tris·tics** *n. (fungeer as ekv.)* patristiek.

pa·trol *n.* patrollie; rond(t)e; *on ~* op patrollie; *school (crossing) ~* skoolpatrollie. **pa·trol** -*ll-, ww.* patrolleer; 'n rond(t)e doen/maak; *~ the streets* (in) die strate patrolleer. ~ **action** patrolliewerk, -diens. ~ **boat** patrollieboot. ~ **car** patrolliemotor. ~**man** -*men, (Am.)* patrolliebeampte, -lid; patrolleerder. ~ **wagon** *(Am.)* vang-, polisiewa. ~**woman** *(Am.)* vroulike patrolliebeampte/-lid.

pa·trol·ler patrolliebeampte, -lid; patrolleerder.

pa·trol·ling patrollering, patrolliediens.

pa·trol·o·gy patrologie, patristiek.

pa·tron beskermheer; weldoener; donateur; begunstiger; klant; beskermheilige; *(teat.)* skouburganger; *~ of the arts* kunsbeskermer. ~**-in-chief** opperbeskermheer. ~ **saint** beskermheilige.

pat·ron·age beskerming, ondersteuning, patronaat; begunstiging; klante, klandisie; benoemingsreg; benoemings; neerbuigendheid; *under the (distinguished/etc.) ~ of ...* onder (hoë/ens.) beskerming van ...

pa·tron·al patronaal, patroons-.

pa·tron·ess patrones, beskermheilige; beskermvrou.

pat·ron·ise, -ize neerbuigend (*of* uit die hoogte) behandel *(iem.)*; (onder)steun, aanmoedig, hulp verleen aan, beskerm, begunstig *(d. kunste ens.)*; *~ a shop* by 'n winkel koop, 'n klant van 'n winkel wees; *be well ~d, ('n winkel)* baie klante hê. **pat·ron·is·ing, -iz·ing** neerbuigend.

pat·ro·nym·ic *n.* patronimikum, patroniem, afstammingsnaam, vadersnaam. **pat·ro·nym·ic** *adj.* patronimies; vader-, afstammings-.

pat·sy *(infml., hoofs.Am.)* slagoffer *(v. bedrog, spot, ens.)*; sondebok.

pat·ten *(hist.)* stut-, blokskoen; *(argit.)* voet, suil, kolom.

pat·ter[1] *n.* gekletter *(v. reën ens.)*; getrippel *(v. voete ens.)*; getrappel *(v. hoewe)*. **pat·ter** *ww.* kletter; trippel, trappel; *~ about/around* rondtrippel.

pat·ter[2] *n.* gepraat, gebabbel, gesnater; jargon, koeterwaals. **pat·ter** *ww.* snater, babbel; aframmel.

pat·tern *n.* patroon; model, vorm; monster; voorbeeld, toonbeeld; beeld; *establish/set a ~ for s.t.* 'n voorbeeld vir iets wees; *s.t. follows the usual ~* iets het die gewone verloop; *paper ~* knippatroon. **pat·tern** *ww.* volgens model/patroon maak; 'n patroon vorm; met patrone versier; *~ s.t. after/on ...* iets na/volgens ... maak/vorm, ... navolg/naboots; *~ed curtains/etc.* gordyne/ens. met patrone/patroontjies (*of* 'n patroonontwerp); *curtains/etc. ~ed with flowers* gordyne/ens. met 'n blompatroon. ~ **book** patroonboek; monsterkaart. ~ **maker** patroonmaker; modelmaker.

pat·tern·ing patroon, patrone; gedragspatroon, -patrone.

pat·ty -*ties* pasteitjie; *(Am.)* frikkadel, vleiskoekie; *hamburger ~* hamburgerfrikkadel. ~**pan** kolwyntjiepan. ~**pan (squash)** vlapampoentjie.

pat·u·lous *(w.g.)* spreidend, uitgesprei(d); gapend, oop.

pat·zer *(sl.)* treurige/vrot(sige)/slegte skaakspeler.

pau·ci·ty geringheid; skaarste, gebrek.

Paul *(apostel)* Paulus; *St. ~'s Cathedral* die St. Pauluskatedraal. ~ **Jones** *(wisseldans)* Paul Jones. ~ **Pry** *(infml., vero.)* (nuuskierige) agie, bemoeial.

Paul·ine *adj., (Chr. teol.)* Paulinies, van Paulus. **Paul·(in)·ism** Paulinisme.

paunch *n.* pens; boepens, boep(maag), boepie; *(soöl.)* grootpens *(v. 'n herkouer)*. **paunch** *ww.* die binnegoed/ingewande uithaal. ~ **contents** pensmis. **paunch·y** boepens-, dikbuikig.

pau·per *n.* arme, armlastige, behoeftige, pouper. **~'s burial/funeral** armebegrafnis. ~ **suit** armmansgeding.

pau·per·ise, -ize arm(lastig) maak, verarm, tot die bedelstaf bring. **pau·per·i·sa·tion, -za·tion** verarming.

pau·per·ism armoede, armlastigheid, pouperisme.

pause *n.* (rus)pouse; tussenpose, rustyd; verposing, onderbreking, ('n rukkie) stilte; weifeling; ruspunt; *(mus.)* pouse; *(pros.)* sesuur; *s.t. gives s.o. ~* iets bring iem. tot nadenke, iets laat iem. weifel; *make a ~* ('n rukkie) rus, 'n pouse maak/hou, pouseer. **pause** *ww.* onderbreek; wag; aarsel, weifel, twyfel; ophou; stilhou, -staan; rus, pouseer; stilbly; nadink; *~ (up)on ...* stilstaan by ..., nadink oor ... ~ **button** pouseknoppie, -kontrole.

pav·age *(hist.)* straatbelasting; *(hist.)* straatbelastingsreg.

pa·van(e), pav·an *(dans, mus.)* pavane.

pave plavei, uitlê; bedek; →PAVING; *where the streets are ~d with gold, (fig.)* waar die strate van goud gemaak (*of* met goud geplavei) is, waar goud in die strate opgetel kan word; *the road to hell is ~d with good intentions* →INTENTION; *~ the way* die weg baan/berei, die pad oopmaak; *~ s.t. with ...* iets met ... plavei/uitlê; *be ~d with flowers* met blomme bedek wees. ~ **stone** plaveiklip, -steen.

pave·ment sypaadjie; geplaveide paadjie; plaveisel; *(geol.)* vloer. ~ **art** sypaadjie-, plaveiselkuns. ~ **artist** sypaadjieskilder, -tekenaar, plaveiselskilder, -tekenaar. ~ **epithelium** *(anat.)* plaveiselepiteel.

pav·er plaveier; straatmaker; plaveiklip, -steen.

pa·vil·ion paviljoen, pawiljoen; tent. ~ **roof** paviljoen, -pawiljoendak.

pav·ing plaveisel; plaveiklip(pe), -stene. ~ **beetle** *(w.g.)* straatstamper. ~ **block** plaveiblok. ~ **flag** straatteël. ~ **stone** plaveiklip, -steen. ~ **tile** plaveiteël.

pav·iour, *(Am.)* **pav·ior** →PAVER.

pav·lo·va *(kookk.)* pawlowa.

Pav·lo·vi·an *adj. (attr.)* Pawlowiaanse, gekondisioneerde *(refleks)*; Pawlowiaanse, onwillekeurige, outomatiese, werktuiglike *(reaksie ens.)*.

pav·o·nine *(poët., liter., w.g.)* pouagtig, pou-.

paw *n.* poot, klou; *keep your ~s off ...!, (infml.)* hou jou kloue/pote van ... af!. **paw** *ww.* (met die poot) kap/klap/krap; klou; *(infml.)* betas, beklou; *don't ~ me (about)* moenie so aan my klou/vat (*of* so klouerig/vatterig wees) nie; *~ the ground, ('n hoefdier)* die grond met sy voorpoot kap, stampvoet.

pawk·y *(hoofs. Sk., N.Eng.)* droog *(humor)*; bedees, skugter; slu, geslepe, listig. **pawk·i·ness** droogheid; bedeesdheid, skugterheid; sluheid, geslepenheid, listigheid.

pawl *(teg.)* pal, klink. ~ **cog** sperrattand. ~ **rod** pal-, klinkstang.

pawn[1] *n.* pand; ***accept** s.t. in ~* iets in pand neem; ***give** s.t. in ~* iets verpand; *be **in** ~ to ...* aan ... verpand wees; *take s.t. **out of** ~* iets aflos/inlos. **pawn** *ww.* verpand, in pand gee, beleen. ~**broker** pandjieshouer, pandjiesbaas; *~'s shop* →PAWNSHOP. ~**broking** pandhouery; pandhoudersbedryf. ~**shop** pandjieswinkel, pand(jies)huis. ~ **ticket** pandbrief(ie).

pawn[2] *n., (skaak)* pion, boer; *(fig.)* pion, marionet.

Paw·nee *(Indiaan)* Pawnee.

pawn·ee pandhouer, -nemer.

pawn·er pandgewer, verpander, belener.

pawn·ing verpanding, belening.

paw·paw, pa·paw papaja. ~ **(tree)** *(Asimina triloba)* papaja(boom); →PAPAYA.

pax *(RK, hoofs. hist.)* vredeskus; *(as tw., Br., infml., vero.)* stop!, genoeg!, vrede!.

pay[1] *n.* salaris, betaling, loon, besoldiging, vergoeding; traktement, ampsbesoldiging *(v. 'n predikant ens.)*; *(mil.)* soldy; →PAYMENT; ***for** ~* teen betaling; *on **full** ~* met volle salaris/loon/betaling; met behoud van salaris; *(mil.)* met volle soldy; *on **half** ~* met halwe salaris/loon/betaling; *(mil.)* met halwe soldy; *in **the** ~ of ...* in die diens van ...; deur ... besoldig; *leave **without** ~* onbetaalde/onbesoldigde verlof. **pay** *paid paid, ww.* betaal, besoldig, vergoed *('n werker)*; (af)betaal, vereffen *('n rekening)*; deponeer, stort *(geld)*; betaal, uitkeer *('n dividend)*; boet *(met jou lewe ens.)*; baat, lonend (*of* die moeite werd) wees; betalend/lonend/winsgewend wees, wins(te) afwerp/oplewer; →PAID; *~ ... on **account** for s.t.* →ACCOUNT *n.*; *~ s.t. in **addition*** iets bystort; *~ s.t. in **anticipation*** iets vooruit betaal; *~ **arrears*** betalings/skuld aansuiwer; *~ **attention** to s.o./s.t.* →ATTENTION; *~ s.t. **back*** iets terugbetaal; *~ s.o. **back** (for s.t.)* iem. (vir iets) laat boet/opdok, met iem. afreken, op iem. wraak neem, iem. straf, iem. met dieselfde/gelyke munt betaal; *~ **in cash*** (in) kontant betaal; *~ s.o. in his/her own **coin*** →COIN *n.*; *~ s.o. a **compliment** (on s.t.)* →COMPLIMENT *n.*; *~ **court** to s.o.* →COURT *n.*; *~ money into **court*** geld geregtelik (*of* by die hof) stort, geld in geregtelike bewaring stel; ***crime** doesn't ~* →CRIME; *~ **dearly** for s.t.* swaar vir iets boet; *~ the **difference*** bypas; *~ **down*** (in) kontant betaal; 'n storting doen; *~ as you **earn**, (afk.* PAYE*)* deurlopend/algaande betaal; →PAY-AS-YOU-EARN *adj.*; *~ **for** s.t.* (vir) iets betaal; vir iets boet; *you'll ~ **for** this!* hiervoor sal jy boet!, jy sal dit ontgeld!; *~ as you **go*** deurlopend betaal; →PAY-AS-YOU-GO *adj.*; *~ s.t. **in*** iets stort/deponeer; *the world ~s with **ingratitude*** →INGRATITUDE; *~ s.t. **into** an account* iets op 'n rekening stort, iets in 'n rekening inbetaal; *~ in **kind*** →KIND[1] *n.*; *~ **meanly*** min/sleg betaal; *~ (cash) on the **nail*** →NAIL *n.*; *~ through the **nose*** →NOSE *n.*; *s.t. does **not** ~* iets is nie lonend/winsgewend nie, iets betaal sleg; *~ s.o. **off*** iem. afdank *('n werknemer)*; *(infml.)* iem. afkoop; *~ s.t. **off*** iets afbetaal/delg/aflos *(skuld)*; iets buite diens stel, iets uit die diens neem; iets uit die vaart haal/neem *('n skip)*; *s.t. ~s **off**, (infml.)* iets is lonend; iets beantwoord/slaag (*of* behaal sukses); *~ s.o. **out**, (infml.)* →*pay s.o. **back**;* *~ s.t. **out*** iets uitbetaal; iets laat skiet, iets skiet gee, iets uittol/uitvier/uitpalm *('n tou ens.)*; *~ s.t. **over*** iets uitbetaal/stort; *the **piper*** →PIPER; *he who ~s the **piper** calls the tune* →PIPER; *~ **promptly*** stiptelik betaal; *it does not ~ to **quarrel*** dit is nutteloos om te twis; *~ one's **respects** to s.o.* →RESPECT *n.*; *(an amount is) **to** ~* ('n bedrag is) verskuldig; *~ s.t. **towards** ...* iets vir ... bydra/betaal; *s.o. has to ~ **up**, (infml.)* iem. moet opdok; *~ s.t. **up*** iets aansuiwer/(af)betaal *(skuld, 'n tekort)*; iets volstort *(aandele ens.)*; *~ s.o. a **visit*** →VISIT *n.*; *~ one's **way*** jou onkoste dek, uit (*of* vry van) die skuld bly; ~ ***well*** goed betaal. **~-and-display** *adj. (attr.): ~ parking area* betaal-en-vertoon-parkeerterrein. **~-as-you-earn** *adj. (attr.): ~ system* lopende betaalstelsel *(afk.:* LBS*); ~ tax* lopend teruggehoue belasting. **~-as-you-go** *adj. (attr.): ~ financing* deurlopende finansiering/finansiëring; *~ scheme* lopende aftreestelsel *(waarvlgs. d. pensioene v. afgetredenes uit d. bydraes v. werkende lede gefinansie[e]r word); ~* vooraf-betaalstelsel *(vir selfoonoproepe ens.).* **~back** *n.* terugbetaling; rendement, opbrengs, opbrings; kapitaalherwinning; vergoeding. **~back (period)** tydperk van kapitaalherwinning. ~ **bed** *(Br., infml.)* →AMENITY BED. ~ **bill** →PAYROLL. ~ **book** *(mil.)* soldyboek(ie). ~ **box** loket, kaartjieskantoor. ~ **cheque** salaristjek; loontjek. ~ **claim** looneis. ~ **clerk** betaal-, salaris-, loonklerk. ~ **corps** *(mil.)* betaaldiens. **~day** betaaldag; verrekenings-, vereffeningsdag. ~ **demand** looneis. ~ **desk** betaal-, kontanttoonbank. ~ **dirt** *(mynb., hoofs. Am.)* loongrond; *hit/strike ~ ~, (infml.)* sukses behaal; die kol tref; 'n gelukslag kry. ~ **envelope** salaris-, loonkoevert. ~ **freeze** salarisbevriesing; loon(s)bevriesing. ~ **hike,** ~ **increase** salarisverhoging; loon(s)verhoging. **~(ing)-in slip** inbetaal-, depositostrokie, stortingsbewys, -strokie. ~ **limit** renderdrempel, -grens, lonendheidsgrens. ~ **list** betaalstaat, -lys, loonstaat. **~load** loonvrag, lonende/betalende vrag, nutslas *(in 'n skip, vliegtuig);* (vliegtuig)lading; springlading *(v. 'n bom).* **~master** betaalmeester, -beampte. **~master general** betaalmeester-generaal. ~ **negotiations** →WAGE NEGOTIATIONS. **~off** uitbetaling *(v. 'n salaris ens.);* betaaltyd; afbetaling; *(fig.)* afrekening; resultaat; *(infml.)* omkoopgeld; *(infml.)* klimaks, hoogtepunt. ~ **office** betaalkantoor. ~ **order** →PAYMENT ORDER. ~ **ore,** ~ **rock** lonende erts. **~out** *n.* uitbetaling. ~ **packet** loonkoevert; loon. ~ **phone** munt(tele)foon, betaal(tele)foon, openbare/publieke (tele)foon, *(infml.)* tiekieboks. **~roll** betaallys, -rol, loonlys; *(mil.)* soldystaat; *be on s.o.'s ~* in iem. se diens wees. ~ **scale** salarisskaal. ~ **settlement** loonooreenkoms. ~ **sheet** betaal-, loonstaat. ~ **shoot,** ~ **streak** *(mynb.)* ryk strook. ~ **slip** salarisstrokie; loonstrokie. ~ **station** *(Am.)* →PAY PHONE. ~ **television, subscription television** betaal-, subskripsietelevisie. ~ **tone** *(telef.)* betaaltoon. ~ **warrant** betaalorder, betalingsmagtiging, -mandaat.

pay² *payed payed, paid paid, ww., (sk.)* met pik/teer smeer/stop/vul.

pay·a·ble betaalbaar; winsgewend, lonend, voordelig, renderend, rendabel, betalend; verskuldig; *~ in **advance*** vooruit betaalbaar; *~ in **arrear*** agterna betaalbaar; *~ to **bearer*** betaalbaar aan toonder; ***bill** ~* te betale wissel; *~ in **calls*** betaalbaar in paaiemente/(termyn)stortings; *~ on **demand*** betaalbaar by vertoon (*of* op aanvraag), uitkeerbaar op aanvraag; *~ to **order*** betaalbaar aan order; *~ **ore*** lonende erts; *~ on **presentation*** betaalbaar by aanbieding; *~ at **sight*** betaalbaar by vertoon (*of* op sig). **pay·a·bil·i·ty** betaalbaarheid; rendabiliteit, winsgewendheid, lonendheid. **pay·a·bles** *(m.v.)* laste *(v. 'n sakeman).*

pay·ee begunstigde, nemer *(v. 'n tjek, wissel);* ontvanger *(v. 'n betaling);* geadresseerde *(v. 'n poswissel);* begunstigde *(v. 'n polis).*

pay·er betaler; akseptant *(v. 'n poswissel).* **~-in** storter.

pay·ing *adj.* (uit)betalend; winsgewend, lonend, voordelig, renderend, rendabel; *~ **agent*** betaalagent; *~ **guest*** loseerder; *~ **office*** betaalkantoor; *~ **officer*** betaalbeampte. **~-in slip** →PAY-IN SLIP.

pay·ment betaling; uitbetaling *(v. 'n poswissel);* betaling, vergoeding *(vir dienste);* delging, vereffening, aflossing, (af)betaling *(v. skuld);* paaiement, bedrag; vergelding; *~ in **advance*** vooruitbetaling; *~ to **bearer*** betaling aan toonder; *~ of **claim(s)*** eisvoldoening; *~ into **court*** geregtelike storting; ***deferred** ~, ~ of **balance,** (SA)* agterskot *(aan 'n mielieboer, produsent, ens.); ~ on **delivery*** betaling by aflewering; ***demand** ~ from s.o.* iem. aanskryf/aanskrywe; *~ of **draft*** betaling van wissel; *~ in **full*** afbetaling; delging *(v. skuld);* volstorting van kapitaal; ***in** ~ for ...* as betaling/vergoeding vir ... *(dienste);* ***in** ~ of ...* ter betaling/vereffening van ... *('n rekening, skuld); ~ in **kind*** betaling in goedere/natura; ***make** ~* betaal; ***make** a ~* betaal, 'n betaling/storting doen, 'n paaiement betaal/stort; ***meet** a ~* 'n betaling voldoen; ***on** ~ of ...* teen betaling van ...; ***press** s.o. for ~* iem. aanmaan om te betaal; ***prompt** ~* stipte betaling; *~ under **rebate*** betaling met korting; *~ by **result(s)*** betaling/loon/besoldiging na/volgens prestasie; *the **terms** of ~* die betaalvoorwaardes. ~ **interval** betalingstermyn. ~ **order, pay order** betaalorder, betalingsmagtiging, -mandaat. ~ **schedule** betaalrooster. **~s matrix** betalingsmatriks. **~s union** *(ekon.)* betalingsunie.

pay·nim *n., (arg.)* heiden. **pay·nim** *adj., (arg.)* heidens.

pay·o·la *(hoofs.Am., infml.)* omkoopgeld; omkopery.

pea ert(jie); *(i.d. mv.)* erte, ertjies; ertjie-, gruiskole, ertjie-, gruissteenkool, albasterkole; →PEASE; *green ~s* dop-ertjies, -erte, groen erte/ertjies; *shell ~s* ertjies (uit)dop; *be like ~s in a pod, be as (a)like as two ~s (in a pod)* sprekend (*of* soos twee druppels water) na/op mekaar lyk, op 'n haar (na) eenders/eners lyk. **~-brained** *adj., (infml.)* dom, onnosel, besimpeld, betotteld; *~ idiot* dom ding, onnosele/besimpelde vent, pampoen(kop). ~ **coal** ertjiekole, -steenkool. ~ **flour** ertjiemeel. ~ **green** *n.* ertjie-, geelgroen. **~-green** *adj. (attr.)* ertjie-, geelgroen. ~ **gun** = PEASHOOTER. ~ **patch** ertjieland. ~ **pod,** ~ **shell** ertjiepeul, -dop. **~shooter** ertjieskieter, -blaser, blaaspyp(ie). ~ **soup** ertjiesop. **~souper** *(Br., infml.)* digte/dik mis; *(neerh.)* Franstalige Kanadees. **~-soup fog** digte/dik mis. **~-soupy** dik en geel *(mis).* ~ **valve** koeëlklep.

peace vrede; rus, kalmte, stilte; harmonie; gemoedsrus, gerustheid; vredesperiode; *(dikw. P~)* vredesverdrag; *~ be to his/her **ashes,** (by 'n begrafnis)* mag sy/haar as in vrede rus; ***at** ~* in vrede; *~ **between** ...* vrede tussen ...; *a **breach** of the ~* rusverstoring; 'n vredebreuk, 'n verbreking van die vrede; ***break** the ~* die rus verstoor/versteur; die vrede verbreek; ***conclude** ~* vrede sluit; ***find** ~* tot rus kom; ***hold** one's ~* stilbly, swyg; *do s.t. **in** ~* iets rustig doen, iets doen sonder om lastig geval te word; *there **is** ~* daar heers vrede; ***justice** of the ~* vrederegter; ***keep** the ~* die vrede bewaar; ***leave** s.o. in ~* iem. uitlos (*of* met rus laat); ***make** ~* vrede sluit; vrede maak; vrede stig; ***make** ~ with ...* met ... vrede maak *(iem.);* met ... vrede sluit *('n oorlogvoerende land);* ***make** one's ~ with ...* met ... versoen raak; ***man/woman** of ~* vredeliewende man/vrou, man/vrou van vrede; *~ of **mind*** gemoedsrus, gerustheid; *not have a **moment's** ~* geen (oomblik) rus hê nie; ***pipe** of ~* →PEACE PIPE; *~ and **quiet*** rus en vrede, pais en vree; *for ~' **sake,** for the **sake** of ~* om vredeswil, in vredesnaam; ***sue** for ~* vrede vra; *P~ (Treaty) of **Vereeniging,** (SA gesk.)* Vrede van Vereeniging. ~ **breaker** vrede-, rusverstoorder, rusiemaker. ~ **breaking** vrede-, rusverstoring. ~ **campaign** vredesveldtog, -aksie, -beweging. ~ **campaigner** vredestryder. ~ **conference** vredeskonferensie. **P~ Corps** *(Am.)* Vredeskorps. ~ **dividend** vredesdividend. ~ **feeler:** *put out ~ ~s to(wards) s.o./s.t.* iem./iets 'n olyftak (van vrede/versoening) aanbied. ~ **initiative** vredesinisiatief. **~keeper** vredebewaarder, -bewaker, -houer, -beskermer. **~keeping** *n.* vredebewaring, -handhawing, die bewaring/handhawing van vrede. **~keeping** *adj.* vrede(s)-, vredebewarings-, vredehandhawings-; *~ force* vredesmag; *~ mission* vredesending; *~ troops* vredestroepe. **~-loving** vredeliewend. **~maker** vredestigter, -maker. **~making** vredestigting; vredesluiting. ~ **march** vredesmars. ~ **movement** vredesbeweging. ~ **negotiations** vredesonderhandelinge. ~ **negotiator** vredesonderhandelaar. ~ **offensive** vredesoffensief. ~ **offer** vredesaanbod. ~ **offering** vrede-offer; *(Byb.)* dank-, soenoffer; *(fig.)* olyftak. ~ **officer** vredesbeampte; polisieman. ~ **pipe** vredespyp. ~ **sign** vredesteken. ~ **studies** vredesnavorsing. ~ **talks** *n. (mv.)* vredesonderhandelings, -linge, vredesamesprekings, -kinge. ~ **terms** vredesvoorwaardes. **~time** vredestyd; *on a ~ basis* op vredesvoet. **~(time) strength** vredesterkte, sterkte in vredestyd. ~ **treaty** vredesverdrag.

peace·a·ble vreedsaam; vredeliewend. **peace·a·ble·ness** vreedsaamheid; vredeliewendheid.

peace·ful rustig, stil, vreedsaam, vredeliewend, vredig; *~ penetration, (mil.)* vreedsame indringing; *~ use* vreedsgebruik. **peace·ful·ly** rustig, vreedsaam; *pass away ~, (euf.: sterf)* sag heengaan. **peace·ful·ness** vreedsaamheid, rustigheid; vredeliewendheid.

peace·less sonder vrede; rusteloos.

peach¹ *n.* perske; perskeboom; perske(kleur); *a ~ of a girl* 'n blom van 'n meisie; *a ~ of a goal/shot/etc.* 'n pragdoel/praghou/ens.; *wild ~, (Kiggelaria africana)* wildeperske, spekhout, speekhout(boom), vaderlandsrooihout; *(Landolphia capensis)* wildeappelkoos. ~ **blossom** perskebloeisel. **~-blow** *n.* pienkpers, perspienk; pienkpers/perspienk glasuur. **~-blow** *adj.* pienkpers, perspienk. ~ **brandy** *(veral in SA)* perskebrandewyn, -blits. ~ **(colour)** perske(kleur). **~-coloured** perskekleurig. **~es-and-cream** *adj. (attr.)* perskekleurige, -pienk *('n hoed, rok, ens.); ~ complexion* perskebloeiselgelaat, rosige gelaat. ~ **freckle** = PEACH SCAB. ~ **jam** perskekonfyt. ~ **leather** *(kookk.)* perskesmeer, -tameletjie, smeerperske. ~ **Melba** *(kookk.)* perske-Melba, perskemelba. ~ **pulp** perskemoes. ~ **red** perskerooi. ~ **scab** *(bot.)* perskesproet. ~ **stone,** *(SA)* ~ **pip,** *(hoofs. Am.)* ~ **pit** perskepit. ~ **tree** perskeboom. ~ **whip** *(kookk.)* perskeskuim. ~ **yellow** perskegeel. ~ **yellows** *(bot.)* perskegeelsiekte.

peach² *ww., (infml.)* klik; *~ on s.o.* iem. verklap/verklik/verraai.

pea·chick poukuiken.

peach·y perskeagtig; perskekleurig; *(infml., hoofs.Am)* bak, wonderlik, fantasties, uitstekend.

pea·cock *-cock(s), n.* pou(mannetjie), (mannetjie)pou; *(as) proud as a ~* →PROUD. **pea·cock** *ww.* pronk, spog, windmaker(ig) stap. ~ **blue** poublou. ~ **butterfly** pouoog. ~ **flower** poublom, uintjie. ~ **moth** pouoogmot.

pea·cock·ish pouagtig.

pea·fowl *-fowl(s)* pou(mannetjie), (mannetjie)pou; pouwyfie, wyfiepou.

pea·hen pouwyfie, wyfiepou.

pea jack·et, pea coat dubbelborsbaadjie; *(hist.)* growwe matroosbaadjie.

peak¹ *n.* piek, spits, (berg)top; spits, top *(v. 'n dak);* toppunt; sonskerm *(v. 'n pet);* piek, spits, top *(v. 'n grafiek); (elek.)* spitsverlies; *(sk.)* (gaffel)piek; *(fig.)* hoogtepunt, toppunt; ***at** the ~ of ...* op die hoogtepunt van ...; ***reach** a ~* 'n hoogtepunt bereik; ***rise** to a ~* tot 'n hoogtepunt styg. **peak** *ww., (sk.)* byna regop hys *('n gaffel);* 'n hoogtepunt bereik. ~ **arch** *(bouk.)* spitsboog. ~ **cap** pet. ~ **hour** spitsuur. ~ **load** *(elek.)* spits-, topbelasting, spits-, toplas. ~ **period** spitstyd; *(elek.)* spitslas-, toplastydperk. ~ **power** spits-, topvermoë. ~ **price** topprys. ~ **traffic** spitsverkeer. ~ **(viewing/listening) hours/time** *(TV)* spits(kyk)tyd; *(rad.)* spits(luister)tyd. ~ **voltage** spitsspanning, topspanning.

peak² *ww., (arg.)* (weg)kwyn, vergaan; *~ and pine* agteruitgaan, (weg)kwyn.

peaked¹, peak·ish, peak·y spits, skerp, gepunt, puntig; *peaked hat* punthoed.

peaked² *(pred.),* **peak·ish, peak·y** sieklik, siekerig.

peal *n.* (klok)gelui; klokkespel; (donder)slag, -knal; galm; sarsie; *~ of bells* klokkestel; *~ of laughter* skaterlag, geskater. **peal** *ww., (klokke)* lui, beier, (weer)galm, weerklink; *~ forth,* lui, weerklink; laat hoor; *~ out* uitgalm; weergalm, weerklink. **peal·ing** gebeier.

pea·nut grondboontjie; *(i.d. mv., fig.)* kleingeld; *be ~s **compared** to ..., (infml.)* kleingeld wees in vergelyking met ...; ***it's** ~s* dis nie veel nie, dis maar klein geldjies; *get **paid** ~s, (infml.)* doppies verdien; ***sell** s.t. for ~s, (infml.)* iets vir 'n appel en 'n ei verkoop; *be **worth** ~s, (infml.)* byna (*of* so te sê) niks werd wees nie. ~ **brittle** grondboontjiebroslekker. ~ **butter** grondboontjiebotter. ~ **clusters** *(kookk.)* grondboontjieklontjies. ~ **gallery** *(infml.)* agterste gestoeltes. ~ **oil** grondboon(tjie)olie.

pear peer. ~ **blight** versengingsiekte. ~ **drop** *(lekkertjie)* peersuurtjie; peervormige oorbel/hangertjie. ~ **Melba** *(kookk.)* peer Melba. **~-shaped** peervormig;

go ~, (Br., infml., planne ens.) misluk. ~ **slug** peerslak. ~ **(tree)** peerboom. ~ **wood** peerhout.

pearl *n.* pêrel; *a ~ of great* ***price***, *(fig.)* 'n pêrel van groot waarde; *a* ***string*** *of ~s* 'n pêrel(hals)snoer, ('n string) pêrels; ***string*** *~s* pêrels inryg/string; *cast ~s before* ***swine*** pêrels voor/vir die swyne werp/gooi; *~s of* ***wisdom***, *(ret.)* pêrels van wysheid. **pearl** *adj.* pêrelkleurig; pêrelagtig, pêrel=; →PEARLY *adj.*. **pearl** *ww., (poët., liter.)* pêrel; bepêrel, met pêrels versier; vir pêrels duik; →PEARLING. ~ **ash** *(arg.)* pêrelas, suiwer potas. ~ **barley** pêrelgort. ~ **bulb** *(Br.)* mat gloeilamp. ~ **button** perlemoen=, perlemoerknoop, perlemoen=, perlemoer=knopie. ~ **(colour)** pêrelkleur. ~**-coloured** pêrelkleurig. ~ **disease** pêrelsug, =siekte. ~ **diver,** ~ **fisher** pêrelduiker, =visser. ~ **diving** pêrelduikery. ~ **eye** *(patol.)* katarak, (oog)pêrel, (grou)staar. ~ **fishery** pêrelvissery. ~ **grey** pêrelgrys. **P~ Harbor** *(geog.)* Pearl Harbor. ~ **hen** tarentaalwyfie, pêrelhoender. ~ **mussel** pêrelmossel. ~ **necklace** pêrel(hals)snoer. ~ **onion** *(piepklein piekeluitjie)* pêreluitjie. ~ **oyster** pêreloester. **P~ River** Pêrelrivier. ~ **rope** pêrelsnoer. ~ **shell** perlemoen, perlemoer. ~ **spar** *(min.)* bruinspaat. ~**-studded** met pêrels versier/geborduur. ~ **white** pêrel=wit.

pearled *adj.* bepêrel(d), met pêrels (versier), vol pêrels; met perlemoen/perlemoer (versier); pêrel=; perlemoen=, perlemoer=; *(fig., poët.)* bepêrel(d); pêrelvormig; pêrelagtig.

pearl·er pêrelduiker, =visser; pêrelvissersboot.

pearl·es·cent *adj.* perlemoen=, perlemoeragtig.

pearl·ies *n. (mv.)* →PEARLY *n.*.

pearl·ing pêrelduikery, =vissery.

pearl·ised, =ized *adj.* pêrelagtig, pêrel=.

pearl-like pêrelagtig.

pearl·y *=ies, n., (gew. i.d. mv., Br.)* bepêrelde drag *(v. straatventers/vrugtesmouse in Londen); (i.d. mv., infml.: tande)* byters. **pearl·y** *adj.* pêrelagtig, pêrel=; bepêrel(d), vol pêrels; ~ *lustre* pêrelglans. **P~ Gates** *(infml.)* hemelpoort. ~ **gates,** ~ **whites** *(Br., infml.: tande)* byters. ~ **(king/queen)** *(Br.)* (Londense) straatventer/vrugtesmous in bepêrelde drag.

peas·ant kleinboer; plattelander, landbewoner; *(infml.)* (gom)tor, hierjy. ~ **novel** boereroman. ~ **proprietor** grondbesittende kleinboer; *(hist.)* vryboer. **P~s' Revolt** Opstand van Kleinboere *(in Eng., 1381)*. **P~s' War** Boereoorlog *(in D., 1524-5)*.

peas·ant·ry kleinboerestand.

pease *(mv., arg.)* ertjies; →PEA. ~ **pudding** *(hoofs. Br.)* ertjiepoeding.

peat veen(grond), (moeras)turf. ~ **bog,** ~ **moor** turf=moeras, =laagte, veenland, =grond. ~ **cutter** turfsteker. ~ **moss, bog moss** veenmos. ~**-stained:** ~ *water* bruin gekleurde water.

peat·er·y veendery; turf=, veengrond.

peat·y turfagtig, turf=, veenagtig, veen=.

peau de soie *(Fr., tekst.)* peau-de-soie.

peb·ble spoelklip(pie), (ronde) klippie, rolsteen, =klip, kiesel; *not be the only ~ on the beach* nie hand vol nie, maar land vol wees. ~ **bed reactor** *(kernfis.): (modular) ~ ~ ~* (modulêre) gruisbedreaktor. ~ **dash** grint=strooi. ~ **finish** spoelklip=, kieselafwerking. ~ **garden** klippiestuin.

peb·bly vol rolsteentjies/spoelklippies.

pe·can, pe·can pekan(boom); pekan(neut). ~ **nut** pekanneut. ~ **pie** *(Am. kookk.)* pekanneuttert.

pec·ca·ble *(fml.)* geneig tot sonde; sondig. **pec·ca·bil·i·ty** sondigheid.

pec·ca·dil·lo *=lo(e)s* sondetjie, oortredinkie, pekel=sonde; *(i.d. mv.)* manewales.

pec·cant *(arg.)* sondig; sieklik. **pec·can·cy** sondigheid.

pec·ca·ry *(söol.)* pekari, bisamswyn.

pec·ca·vi *(Lat., arg.)* peccavi, skuldbelydenis, =bekentenis; *(as tw.)* ek het gesondig!; *cry ~* skuld beken.

pêche Mel·ba *(Fr.)* →PEACH MELBA.

peck[1] *n.* pik *(v. 'n voël);* piksoen(tjie); *(arg.)* kos; *be off one's ~, (arg.)* geen eetlus hê nie. **peck** *ww.* pik; piksoen(tjie) gee; *~* ***at*** *s.t.* na iets pik; vit op iets; *~* ***at*** *one's food* met lang tande eet; *~ s.o* ***on*** *the cheek* iem. 'n piksoen(tjie) op die wang gee; *~ s.t.* ***out*** iets uitpik; *~ s.t.* ***up*** iets oppik. ~ **order** = PECKING ORDER.

peck[2] *n., (droë inhoudsmaat)* peck; *a ~ of troubles, (arg.)* 'n wavrag/hoop moeilikhede.

peck·er pikker; *(Br., infml.)* moed; *(vulg.Am. sl.: penis)* voël, draad, lat, trul; *(infml., afk. v.* woodpecker*)* houtkapper, speg; *keep one's ~ up, (Br., infml.)* die blink kant bo hou, goeie moed hou; *keep your ~ up!, (Br., infml.)* hou die blink kant bo!, hou goeie moed!, moenie laat sleg lê nie!.

peck·ing gepik. ~ **order** pikorde *(by hoenders ens.);* leer, hiërargie.

peck·ish *(infml.)* honger(ig); *(Am.)* geïrriteer(d), kwaai. **peck·ish·ness** honger(igheid); *(Am.)* geïrriteerdheid.

pe·co·ri·no *=nos (It.)*, pecorino(kaas), skaapmelkkaas.

pecs *(Am., sl.)*, **pec·to·rals** *n. (mv.), (dikw. skerts.)* borsspiere.

pec·ten *=tens, =tines, (söol.)* kam; kammossel. **pec·ti·nat·ed** kamvormig; getand, gekam(d).

pec·tin pektien, plantjellie. **pec·tic, pec·tin·ous** pekties; *~ acid* pektiensuur. **pec·tin·ic:** *~ acid* pektinien=suur.

pec·to·ral *n.* borsspier (→PECS); borsvin; borsplaat; *(borsversiering v. 'n Joodse hoëpriester)* pektoraal. **pec·to·ral** *adj.* bors=, van die bors, pektoraal; bors(kas)=; bors(spier)=. ~ **arch,** ~ **girdle** *(söol.)* skouergordel. ~ **cross** *(Chr.)* borskruis. ~ **fin** borsvin. ~ **muscle** borsspier. ~ **(remedy)** bors=, hoesmiddel.

pec·tose *(biochem.)* pektose.

pec·u·late *(fml.)* verduister *(geld)*. **pec·u·la·tion** (geld)=verduistering. **pec·u·la·tor** (geld)verduisteraar.

pe·cu·li·ar *n., (hoofs. Br.)* onafhanklike gemeente; persoonlike eiendom; uitsluitende besit/reg. **pe·cu·li·ar** *adj.* besonder, spesiaal, buitengewoon; besonder, ongewoon; eienaardig, vreemd; uniek, tipies; *~ people, (OT, AV)* eiendomsvolk; *(soms P~ P~, Br. sekte)* Peculiar People, gesondbidders; *be ~ to ...* eie aan ... wees. **pe·cu·li·ar·i·ty** besonderheid, eienaardigheid, vreemdheid; uniekheid; eksentriekheid; hebbelikheid. **pe·cu·li·ar·ly** besonder; eienaardig; kenmerkend, tipies; *it does not* ***affect*** *s.o. ~* persoonlik raak dit hom nie; *~* ***annoying*** besonder lastig; ***dress*** *~* snaaks aantrek.

pe·cu·ni·ar·y *(fml. of skerts.)* geld=, geldelik, finansieel; *~ aid* geldelike steun; *~ difficulties* geldnood, geldelike moeilikhede; *~ resources* geldmiddele.

ped·a·gogue *(fml., skerts.)* pedagoog, opvoedkundige; opvoeder; onderwyser. **ped·a·gog·i·cal** pedagogies, opvoedkundig. **ped·a·gog·ics** *n. (fungeer as ekv.)* →PEDAGOGY. **ped·a·gog(u)·ism** pedanterie, skoolmeesteragtigheid. **ped·a·go·gy** pedagogie(k), opvoedkunde, onderwysleer.

ped·al[1] *n.* pedaal. **ped·al** *=ll=, ww.* trap, die pedale gebruik; fietsry; *~ faster* vinniger trap; *~ through* deurtrap. ~ **bin** trapblik. ~ **boat** waterfiets, trapboot(jie). ~ **brake** traprem. ~ **car** trapkar. ~ **cycle** trapfiets. ~ **(note)** *(mus.)* pedaalnoot. ~ **power** *(infml.)* trapkrag. ~ **pusher** *(infml.)* trapper, fietsryer, fietser; *(i.d. mv.)* kuitbroek. ~ **shaft** trap=, pedaalas.

ped·al[2] *adj., (med.)* voet=; *(söol.)* hoef=; *~ bone* hoefbeen; *~ curve, (geom.)* voetpuntkromme; *~ disc/disk* voetskyf *(v. 'n seeanemoon); ~ extremities, (skerts.)* voete; *~ gland* voetklier; smeerklier *(v. 'n slak);* hoefklier *(v. 'n herkouer).*

ped·a·lo *=lo(e)s* waterfiets, trapboot(jie).

ped·ant pedant; wysneus, beterweter. **pe·dan·tic** pedant, skoolmeesteragtig, waanwys, wysneusig. **pe·dan·ti·cism** →PEDANTRY. **ped·ant·ry** pedanterie, skoolmeesteragtigheid, wysneusigheid, waanwysheid.

ped·ate *(söol.)* met voete/pote; *(bot.)* voetvormig.

ped·dle smous; verkondig *(teorieë ens.); ~ drugs* (met) dwelms smous; *~ gossip* skinder, praatjies rondvertel. **ped·dler** *(Am.)* →PEDLAR.

ped·er·ast, paed·er·ast pederas, seunskender. **ped·er·as·ty, paed·er·as·ty** pederastie, seunskending.

ped·es·tal voetstuk, pedestal; staander *(v. 'n wasbak ens.);* poot *(v. 'n lessenaar); (fig.)* troontjie, voetstuk; *bed ~* nag=, bedkassie; *knock s.o. off his/her ~* iem. van sy/haar troontjie/voetstuk stoot; *place/put/set s.o. on a ~* iem. op 'n troontjie/voetstuk plaas. ~ **basin** staanwas=bak. ~ **lamp** staanlamp. ~ **table** voetstuktafel.

pe·des·tri·an *n.* voetganger. **pe·des·tri·an** *adj.* voet=, voetganger(s)=, loop=; gewoon, alledaags, oninteressant, saai. ~ **bridge** voet=, loopbrug, voetgangerbrug. ~ **crossing** voetgangeroorgang. ~ **mall,** ~ **precinct** wandellaan, =straat, loop=, voetgangerstraat. ~ **traffic** voetgangerverkeer.

pe·des·tri·an·ise, =ize verkeersvry maak, in/tot 'n voetgangersgebied omskep. **pe·des·tri·a·ni·sa·tion, =za·tion:** *the ~ of ...* om ... verkeersvry te maak, die omskepping van ... in/tot 'n voetgangersgebied.

pe·des·tri·an·ism (die) loop, stappery; loop=, wandelsport; alledaagsheid, gewoonheid.

Ped·i *n., (geen mv.), (SA, bevolkingsgroep; taal)* Pedi; *(mv. =i[s]), (lid v. bevolkingsgroep)* Pedi. **Pedi** *adj.* Pedi=.

ped·i· *komb.vorm* pedi=, voet=.

pe·di·at·rics, pe·di·a·tri·cian *(Am.)* →PAEDIATRICS, PAEDIATRICIAN.

ped·i·cab riksjafiets, =driewiel, fietstaxi.

ped·i·cel *(bot.)* steel(tjie) *(v. 'n druiwekorrel, blom, ens.); (biol.)* →PEDICLE.

ped·i·cle *(biol.)* stingel(tjie), steel(tjie); *(med.)* pedikel, stingel.

pe·dic·u·lo·sis *(med.)* pedikulose, luisbesmetting. **pe·dic·u·lar, pe·dic·u·lous** luisig, vol luise; luis(e)=.

ped·i·cure *n.* pedikuur, voetbehandeling; pedikuur, voetversorging, =heelkunde, =sorg, chiropodie; pedikuur, voetversorger, voetheelkundige, voetdokter, chiropodis. **ped·i·cure** *ww.* 'n pedikuur/voetbehandeling gee.

ped·i·gree *n.* stamboom, geslagsboom, geslagsregister; stamboek; *(infml.)* rasegte dier, stamboekdier; afstamming, afkoms; *of ~* van goeie afkoms. **ped·i·gree** *adj.* opreg (geteel), raseg; ras=, stamboek=; *~ cattle* stamboekvee; *~ dog* opregte/rasegte hond, stamboekhond; *~ horse* rasperd, stamboekperd; *~ stock* stamboekvee. ~ **book** stamboek.

ped·i·ment *(argit.)* fronton, geweldriehoek, kroonlys; *(geol.)* voetvlakte.

ped·i·palp *=palps, (söol.)* kaaktaster, =voeler.

ped·lar, *(Am.)* **ped·(d)ler** smous, (straat)venter, kramer; *~'s goods* kramery; *~'s load* smousvraggie; *~'s tray, (w.g.)* penswinkel(tjie) *(infml.)*. **ped·lar·y,** *(Am.)* **ped·(d)ler·y** *(arg.)* smousery, kramery, ventery; kramery, negosiegoed, smousware.

pe·dol·o·gy[1] pedologie, bodemkunde. **pe·do·log·i·cal** pedologies. **pe·dol·o·gist** pedoloog.

pe·dol·o·gy[2] *(Am.)* →PAEDOLOGY.

pe·dom·e·ter pedometer, pasmeter, treëteller.

pe·do·phil·i·a, pe·do·phile *(Am.)* →PAEDOPHILIA, PAEDOPHILE.

pe·dun·cle *(bot.)* bloeisteel; *(biol.)* stingel(tjie), steel(tjie); voetjie. **pe·dun·cled, pe·dun·cu·lar** *(biol.)* gesteeld.

pee[1] *(16de letter v.d. alfabet)* p.

pee[2] *(infml.)* water (afslaan), piepie, 'n draai loop, fluit, *(kindert.)* 'n plassie maak.

peek *n.* kykie; *get a ~ at ..., (infml.)* 'n (vlugtige) kykie op ... kry, 'n glimp van ... sien; *have/take a ~ at ..., (infml.)* vlugtig na ... kyk; skelm(pies) na ... kyk. **peek** *ww.* loer, (vlugtig) kyk; *~ at ..., (infml.)* vlugtig na ... kyk; ... beloer/afloer.

peek·a·boo, peek-a-boo *n., (speletjie)* kiekeboe. **peek·a·boo, peek-a-boo** *adj. (attr.): ~ blouse* deurskynende bloes(e); gaatjiesbloes(e); *~ (hair)style* koekeloer(haar)styl.

peel[1] *n.* skil, dop. **peel** *ww.* (af)skil, (af)dop; afskilfer; vervel; *keep one's* ***eyes*** *~ed for ...* →EYE *n.; ~* ***off****, (verf ens.)* afdop, afskilfer; *('n vliegtuig)* die formasie verlaat; *(Br., infml.)* (jou klere) uittrek; *(infml.)* padgee; *~ s.t.* ***off*** iets aftrek/lostrek; *~* ***off*** *(one's clothes)* jou uittrek, uit jou klere spring.

peel[2] *n., (arg.)* oondskop.
peel[3] *n., (hist.)* toringfort.
peel·er[1] (af)skiller; skilmes; skilmasjien; *(Am., sl.)* ontkleedanser(es).
peel·er[2] *(Br., infml., vero.)* (polisie)konstabel.
peel·ing *n. (gew. i.d. mv.)* skille; afgestroopte bas.
peen *n.* pen *(v. 'n hamer).* **peen** *ww.* (om)klop. ~ **hammer** righamer.
peep[1] *n.* kykie, (die) loer; *the ~ of dawn/day* dagbreek, (dag)lumier; *have/take a ~ at ...* na ... loer. **peep** *ww.* loer, (vlugtig) kyk; koekeloer; ~ ***at*** ... na ... loer, ... afloer/beloer; ~ ***into*** ... in ... loer; ~ ***out*** uitloer; meteens effens/effe(ntjies) te sien wees. **~-bo** →PEEKABOO. **~hole** loergat, =gaatjie, kykgat, =gaatjie. **~ing Tom** *(ook P~ T~)* (af)loerder, loervink. **~show** loervertoning; kykspel; kykkas. ~ **sight** gaatjie=, spleetvisier. **~-toe, ~-toe(d) shoe** ooptoonskoen.
peep[2] *n.* gepiep; *(Am., infml., orn.)* strandloper(tjie); *not a ~, (infml.)* nie 'n dooie/Spaanse woord nie; *I don't want to hear a ~ out of you!, (infml.)* ek wil geen kik/woord van jou hoor nie!. **peep** *ww.* piep.
peep·er (af)loerder; *(sl.: oog)* kyker.
peer[1] *n.* edelman, lord; weerga, gelyke, eweknie; portuur; ***create*** *a* ~ →CREATE; *you will not easily* ***find*** *his/her ~* sy/haar gelyke sal jy nie gou kry nie, van sy/haar soort is daar min; *be* ***without*** ~ sonder gelyke/weerga wees. **peer** *ww., (arg.)* gelykstaan met, ewenaar. ~ **evaluation** portuurbeoordeling, =evaluering. ~ **group** portuurgroep. ~ **pressure** (die) druk van maats, portuur(groep)druk, groepdruk.
peer[2] *ww.* loer, tuur; effentjies sigbaar word (*of* te voorskyn kom); ~ *at ...* na ... tuur.
peer·age adels=, lordstitel, lordskap; aristokrasie, adel=(stand); adelboek; *raise s.o. to the ~* iem. in/tot die adelstand verhef, 'n lordskap aan iem. toeken, iem. tot lord verhef.
peer·ess *=esses* edelvrou, lady.
peer·less weergaloos, ongeëwenaar(d), onvergelyklik, sonder gelyke/weerga; *s.o. is ~* iem. is sonder weerga, sy/haar maters is dood.
peeve *n., (infml.)* irritasie; misnoeë, grief, wrewel, ergernis, gebelgdheid; *s.o.'s pet ~* iem. se grootste grief, iets wat iem. teen die bors stuit (*of* dwars in die krop steek), iets waaraan iem. 'n broertjie dood het. **peeve** *ww.: it ~s me that ..., (infml.)* dit grief my (*of* maak my vies *of* stuit my teen die bors *of* steek my dwars in die krop) dat ..., ek het 'n broertjie dood daaraan dat ... **peeved** vies, omgekrap, gebelg(d). **peev·ish** prikkelbaar, nors, stuurs, knorrig, brommerig, humeurig, liggeraak; dwars, weerbarstig; *~ fellow* korrelkop, skoorsoeker. **peev·ish·ness** liggeraaktheid, norsheid, knorrigheid; dwarsheid.
pee·wit →LAPWING.
peg *n.* pen; paaltjie; wasgoedpennetjie; *(Br.)* sopie; *(kr.)* paaltjie; *(fig.)* kapstok; →VIOLIN PEG; *a ~ to* ***hang*** *s.t. on, (fig.)* 'n kapstok om iets aan te hang, 'n aanleiding/aanknopingspunt; 'n voorwendsel; *buy clothes* ***off*** *the ~* klere van die rak koop; *s.o. is a* ***square*** *~ in a round hole* iem. is die verkeerde persoon op die plek, iem. is nommer onpas; *bring/take s.o. down a ~ or* ***two****, (infml.)* iem. op sy/haar plek/nommer sit, iem. hokslaan, iem. se stertvere uittrek; iem. 'n toontjie laer laat sing; *come down a ~ or* ***two*** 'n toontjie laer sing, glad anders gesels. **peg** *=gg=, ww.* afpen, =steek; vaspen, met penne vasslaan; met wasgoedpennetjies ophang; *(ekon.)* vaspen *(wisselkoers, prys, ens.)*; aandui; *(Am., infml.)* kategoriseer; *~ s.t.* ***at*** *...* iets op ... vaslê/vasstel; *~* ***away*** *at s.t., (infml.)* met iets volhou/volhard, voortswoeg aan iets; *~ s.o.* ***down****, (infml.)* 'n beperking aan iem. oplê; *~ s.o.* ***down*** *to s.t., (infml.)* iem. aan iets bind *(fig.)*; iem. tot iets beperk; *~ s.t.* ***down*** iets vaspen; *~* ***out****, (hoofs. Br., infml.: sterf)* afklop, bokveld toe gaan, lepel in die dak steek; *be ~ged* ***out****, (infml.)* kapot/gedaan/poot-uit wees; *~ s.t.* ***out*** iets afpen/afsteek. ~ **awl** penels. **~board** spykerbord, prikbord, gaatjiesbord. **~(box)** *(mus.)* penblok *(v. 'n snaarinstr.)*. ~ **drum** dorstrommel. ~ **ladder** eenstylleer, bobbejaanleer. ~ **(leg)** *(infml.)* houtbeen. ~ **stake** merkpen; merkpaaltjie. **~top** *(speelding)* prik=, kap=, draaitol. **~top** *adj., (vero.)* tregter= *(broek ens.)*.
Peg·a·sus *(Gr. mit.: gevleuelde perd)* Pegasus; *(astron.)* Pegasus, Vlieënde Perd.
peg·ging afpenning; vaspenning; →LEVEL PEGGING. ~ **act** vaspenwet.
peg·ma·tite *(geol.)* pegmatiet. **peg·ma·tit·ic, peg·ma·toid** pegmatities.
pei·gnoir, pei·gnoir (kamer)jas, =japon *(v. 'n vrou)*.
pe·jor·a·tive, pe·jor·a·tive *n., (woord met 'n ongunstige betekenis)* pejoratief. **pe·jor·a·tive, pe·jor·a·tive** *adj.* pejoratief, ongunstig; (ver)kleinerend.
peke *(infml.)* pekinees(hond); →PEKIN(G)ESE.
pe·kin *(tekst.: soort systof)* pekin(g). ~ **(duck)** = PEKING DUCK.
Pe·king *(geog., vero.)* Peking; →BEIJING. ~ **duck** *(Chin. kookk.)* pekingeend. ~ **man** *(paleont.: Homo erectus)* Pekingmens.
Pe·kin(g)·ese *Pekin(g)ese, n., (inwoner, dialek)* Pekinees; *(hond)* pekinees. **Pe·kin(g)·ese** *adj.* Pekinees.
pe·koe pekkotee.
pel·age *(soöl.)* hare, wol, pels.
pe·la·gi·an *n., (w.g.)* pelagiese dier, seebewoner. **pe·la·gi·an** *adj., (w.g.)* →PELAGIC.
Pe·la·gi·an·ism →PELAGIUS.
pe·lag·ic pelagies; (diep)see=; ~ *fauna* seediere; ~ *fish* diepseevis.
Pe·la·gi·us *(Br. monnik)* Pelagius. **Pe·la·gi·an** *n., (navolger)* Pelagiaan. **Pe·la·gi·an** *adj.* Pelagiaans. **Pe·la·gi·an·ism** *(Chr. teol.)* Pelagianisme.
pel·ar·go·ni·um *(bot.)* pelargonium.
Pe·las·gi·an *n., (Ou Gesk.: bewoner v.d. gebiede in en om d. Egeïese See)* Pelasger. **Pe·las·gi·an, Pe·las·gic** *adj.* Pelasgies.
pe·lec·y·pod = BIVALVE.
pel·er·ine *(hist., skouermantel v. vroue)* pelerien.
pelf *(arg., pej.)* (onverdiende) rykdom, geld, welvaart.
pel·i·can *(orn.)* pelikaan. ~ **crossing** *(Br.)* voetoorgang met 'n verkeerslig.
pe·li·le *adj. (<Z., SA, infml.), (baie moeg)* pelile, pê, pootuit, poegaai, kapot, klaar, doodmoeg; *(opgebruik)* pelile, klaar, op; *(afgehandel)* pelile, klaar.
pe·lisse *(hist.)* pelsmantel.
pel·la·gra *(med.)* pellagra.
pel·let *n.* balletjie; korrel; pil(letjie); koeëltjie; *(orn.)* braakbal; *(faecal)* ~ keutel; *~ of shot* haelkorrel. **pel·let** *ww.* in 'n balletjie rol; met balletjies/koeëltjies gooi/skiet; *~ed seed* verpilde saad.
pel·li·cle velletjie, vliesie, lagie; *(soöl., bot., fot.)* vliesie.
pel·li·to·ry *(bot.)* glas=, muurkruid.
pell-mell *n.* deurmekaarspul, harwar, warboel, verwarring. **pell-mell** *adj.* deurmekaar, verward; halsoorkop. **pell-mell** *adv.* deurmekaar, holderstebolder, onderstebo; halsoorkop.
pel·lu·cid deurskynend; deursigtig; *(ook fig.)* helder; duidelik. **pel·lu·cid·i·ty** deurskynendheid; deursigtigheid; helderheid.
pel·met gordynkap; gordynval(letjie).
Pel·o·pon·nese, *(Gr.)* **Pel·o·pon·ne·sos,** *(Gr.)* **Pel·o·pon·ne·sus:** *the ~, (geog.)* die Peloponnesos/Peloponnesus. **Pel·o·pon·ne·sian** *n.* Peloponnesiër. **Pel·o·pon·ne·sian** *adj.* Peloponnesies.
pe·lo·rus *(sk.)* peilskyf.
pe·lo·ta *(Sp. spel)* pelota.
pe·lo·ton *(fietsry)* peloton, *(infml.)* bondel, bus; *(mil., vero.)* →PLATOON.
pelt[1] *n., (arg.)* slag; hou, raps; *(at) full ~* in volle vaart. **pelt** *ww.* gooi, peper; aanval; *(infml.)* nael, hardloop; ~ ***(down)****, (reën, hael, sneeu)* (neer)kletter, neerstort; *the rain is ~ing* ***down****, it is ~ing with rain* dit reën dat dit giet; *a ~ing* ***shower*** 'n stortbui; *~ s.o.* ***with*** *questions* iem. met vrae bestook; *~ s.o.* ***with*** *stones* iem. onder die klippe steek (of met klippe gooi).
pelt[2] *n.* vel, huid *(v. 'n dier)*; vag *(v. 'n skaap, bok)*; pels; *(infml.)* hare *(v. 'n mens)*. **~monger** *(w.g.)* →FURRIER. ~ **wool** kort velwol.
pel·tate skildvormig *(blare)*.
pel·ter·er *(w.g.)* →FURRIER.
pelt·ry *=ries* peltery; velle, huide.
pel·vim·e·try *(med.)* pelvimetrie. **pel·vim·e·ter** pelvimeter.
pel·vis *pelvises, pelves, n., (anat.)* bekken; *floor of the ~* bekkenbodem. **pel·vic** *adj.* bekken=; ~ ***arch*** = PELVIC GIRDLE. ~ ***bone*** bekkenbeen; ~ ***cavity*** bekkenholte; ~ ***fin****, (igt.)* buikvin; ~ ***floor*** bekkenbodem; ~ ***fraction*** bekkenbeenbreuk; ~ ***girdle*** bekken=, heupgordel; ~ ***massage*** bekkenmassering; ~ ***peritonitis*** bekkenvliesontsteking.
Pem·broke *(geog.)* Pembroke. ~ **(corgi)** *(hond)* pembroke(corgi). ~ **(table)** pembroke(tafel), klaptafel.
pem·(m)i·can *(koekie v. gedroogde vleis, vet en vrugte)* pemmikaan.
pem·phi·gus *(med.)* blaarkoors.
pen[1] *n.* pen; (pen)punt; skrywer, outeur; skryfstyl; veer; binneskulp *(v. 'n inkvis)*; *wield a* ***clever*** ~ vaardig wees met die pen; ***from*** *s.o.'s ~/hand* uit iem. se pen; *dip one's ~ in* ***gall*** →GALL[1] *n.*; ***live*** *by one's ~* van die pen leef/lewe; *put/set ~ to* ***paper*** die hand op papier sit; *the* ***product*** *of s.o.'s ~* iem. se pennevrug; ***push*** *a ~, (infml.)* 'n pennelekker wees; *have a* ***ready*** ~ vaardig wees met die pen; *a* ***slip*** *of the ~* 'n skryffout/verskrywing; *with a* ***stroke*** *of the ~* met 'n haal van die pen, met 'n pen=(ne)streek; ***take up*** *one's ~* die pen opneem (*of* ter hand neem). **pen** *=nn=, ww.* skryf, skrywe, pen. **~-and-ink drawing/sketch** pen-en-ink-tekening, pentekening. **~-and-wash drawing** pen-en-was-tekening. **~craft** skryfkuns; skoonskrif; outeurskap. ~ **friend** →PEN PAL. ~ **holder** penhouer. **~knife** sak=, knipmes. **~light** penflits. **~man** *=men, (hist.)* skoonskrywer, kalligraaf; skrywer, outeur; penvoerder. **~manship** *(hist.)* skoonskryfkuns, kalligrafie; skrif; skryfstyl. ~ **name** skuil=, skryfnaam. ~ **(nib)** penpunt. ~ **pal,** ~ **friend** penmaat, penvriend(in). ~ **point** penpunt. ~ **portrait** *(lett. & fig.)* penskets. **~pusher** *(infml., dikw. neerh.)* pennelekker. **~pushing** *(infml., dikw. neerh.)* pennelekkery. ~ **tray** penbakkie.
pen[2] *n.* hok; kraal(tjie); speelhok, =kampie *(vir babas)*; dok *(vir duikbote)*; tjoekie; *a ~ of selected chickens* 'n toom uitgesoekte hoenders; *(sleeping)* ~ slaaphok, =nes. **pen** *=nn=, ww.* inhok; kraal; opsluit, insluit; aankeer; *feel ~ned* ***in*** *by ..., (fig.)* ingehok voel deur ... *(jou daaglikse bestaan ens.)*; vasgevang voel in ... *(jou huwelik)*; ... beklemmend/benouend vind *(die/jou lewe)*; *~ s.o.* ***in*** *a corner* iem. in 'n hoek dryf/drywe; *~ ...* ***up*** ... inhok *(diere, mense)*; *stay ~ned* ***up*** *in one's room like a prisoner* soos 'n gevangene in jou kamer ingekerker bly. **~stock** sluis(deur); sluisklep; handwielsluis, skuifsluis.
pen[3] *(Am., infml.)* →PENITENTIARY.
pen[4] *n.* wyfieswaan, swaanwyfie.
pe·nal penaal; strafbaar; strafregtelik; straf= *(bepaling, wette, stelsel, ens.)*; bestraffend. ~ **code** *(jur.)* strafwetboek; strafreg. ~ **servitude** dwangarbeid, hardepad.
pe·nal·ise, =ize penaliseer; straf; beboet; strafbaar stel; benadeel; strafpunte toeken. **pe·nal·i·sa·tion, =za·tion** strafbaarmaking, =stelling; (die) straf.
pen·al·ty straf; boete; ***award*** *a ~ to ..., (rugby, sokker)* 'n strafskop aan ... toeken/gee; *it carries the ~ of* ***death*** dis 'n halsmisdaad; ***on/under*** *penalty of ...* op straf van ...; ***pay*** *the ~ for s.t.* vir iets boet; *pay the* ***supreme*** ~ die doodstraf ondergaan. ~ **area** *(sokker)* strafgebied. ~ **box** *(sokker)* strafgebied; *(yshokkie)* koelkas. ~ **clause** boeteklousule, =bepaling; strafklousule, =bepaling. ~ **corner** *(hokkie)* strafhoek. ~ **goal** strafdoel. ~ **(kick)** strafskop. ~ **line** grens van die strafgebied. ~ **points** strafpunte. ~ **shoot-out** *(sokker)* strafskop=, strafdoelstryd, (strafskop/strafdoel)valbylstryd. ~ **spot** *(sport)* strafmerk, =kol. ~ **try** strafdrie.
pen·ance *n.* boete; straf; *(relig.)* boetedoening; berouvolheid, boetvaardigheid; *do ~ for s.t.* vir iets boete doen. **pen·ance** *ww., (arg.)* straf, laat boet.
Pe·nang, Pi·nang *(geog.)* Penang, Pinang. **p~ lawyer** kierie *(gemaak v.d. stam v. 'n dwergpalm)*. **p~ (nut)** pienang=, betelneut.

pe·na·tes *n. (mv.), (Rom. mit.)* penate, huisgode; →LARES AND PENATES.

pence *n. (mv.)* →PENNY; *take care of the ~ (and the pounds will take care of themselves)* wie die kleine nie eer nie, is die grote nie werd nie; wees spaarsaam in die kleine, let op die kleintjies.

pen·chant neiging, geneigdheid; *have a ~ for ...* 'n neiging tot ... hê; 'n voorliefde/swak vir ... hê.

pen·cil *n.* potlood; *(fis.)* (strale)bundel; *(w.g.)* skildertrant, =styl; *(arg.)* penseel *(v. 'n skilder); (lead) ~* potlood; *write in ~* met ('n) potlood skryf/skrywe. **pen·cil** *=ll=, ww.* met ('n) potlood skryf/skrywe; met ('n) potlood merk/teken; *~ s.t. in* iets met potlood aanbring; *(infml.)* iets voorlopig/tentatief reël *('n vergadering ens.)*. ~ **box,** ~ **case** potloodhouer, =sakkie. ~ **cedar** potloodseder, rooiseder. ~ **drawing** potloodtekening. ~**-shaped** potloodvormig. ~ **sharpener** potloodskerpmaker. ~ **sketch** potloodskets. ~ **skirt** regaf/noupassende/nousluitende romp. ~ **stripe** potloodstrepie.

pen·cilled, *(Am.)* **pen·ciled** *(ook)* fyn gestreep, fynstrepig.

pend *n., (Sk.)* oorwelfde (in)gang. **pend** *ww.* oorstaan; →PENDING.

pen·dant, pen·dent *n.* hanger(tjie); kandelaar; teenhanger, teëhanger, pendant; *(sk., tou)* skinkel; *(Br., sk., vero.)* →PENNANT. **pen·dant** *adj.* →PENDENT.

pen·dent, pen·dant *adj.* hangend, hang=; oorhangend; hangende, onbeslis; *(gram.)* onvolledig; *~ keystone* hangsluitsteen. **pen·den·cy** onsekerheid; *during the ~ of the matter* terwyl die saak nog hangende is.

pen·den·tive *(argit.)* pendentief; *~ arch* pendentiefboog.

pend·ing *adj.* hangende, onbeslis; *~ file/tray* lêer/mandjie met hangende korrespondensie; *patent ~* patent toegestaan/toegesê. **pend·ing** *prep.* in afwagting van, hangende; gedurende; *~ the **meeting*** staande/gedurende die vergadering; *~ the **negotiations*** terwyl die onderhandelinge hangende (*of* aan die gang) is; *~ s.o.'s **pleasure**, (w.g.)* na iem. se goeddunke, solank dit iem. behaag; *~ a **reply*** in afwagting van 'n antwoord; *~ s.o.'s **return*** totdat iem. terugkom; *~ (the) **trial*** hangende die verhoor.

pen·du·lant, pen·du·lent = PENDULOUS.

pen·du·late *(w.g.)* heen en weer swaai, slinger; besluiteloos wees, op twee gedagtes hink.

pen·du·lous (af)hangend, slingerend, slinger=; swaaiend; →PENDULUM; *~ abdomen* hang=, slingerbuik; *~ breast* hangbors.

pen·du·lum *=lums* slinger; *the swing of the ~* die swaai van die slinger; *beware of the swing of the ~, (w.g.)* oppas vir die terugslag. ~ **clock** slingerklok. ~ **motion** slingerbeweging. ~ **saw** hangsaag. ~ **weight** slingergewig, =stuk.

pe·ne·plain, pe·ne·plane *(geol.)* skiervlakte. **pe·ne·pla·na·tion** skiervlaktevorming.

pen·e·trate penetreer; binne=, deur=, indring; *(ook mil.)* deurbreek; *(mil.)* infiltreer; binnedring, penetreer *('n mark)*; agterkom; *(woorde)* deurdring; *~ into s.t.* in iets indring. **pen·e·tra·bil·i·ty** deurdringbaarheid; indringvermoë. **pen·e·tra·ble** deurdringbaar; toeganklik, ontvanklik. **pen·e·tra·li·a** *n. (mv.)* binne(n)ste (deel) *(v. 'n gebou)*; heiligdom *(v. 'n tempel)*; diepste skuilhoeke *(v.d. hart)*. **pen·e·trant** *n.* penetreermiddel. **pen·e·trat·ing** deurdringend, skerp *(geluid)*; skerpsinnig; diepgaande; indringend *(ontleding ens.)*; *~ power* deurdring=, indringvermoë. **pen·e·tra·tion** penetrasie; deur=, binne=, indringing; *(mil.)* infiltrasie; deurdring=, indringvermoë; *point of ~* indringingspunt. **pen·e·tra·tive** deurdringend, deurdringings=, skerp; skerpsinnig; *~ power* deurdring=, indringvermoë.

pen·guin pikkewyn.

pe·ni·al = PENILE.

pen·i·cil·late *(biol.)* met pluime.

pen·i·cil·lin penisillien. **pen·i·cil·li·um** *(bot.)* penseelskimmel, =swam.

pe·nile penis=, van die penis.

pen·in·su·la skiereiland; *the (Cape) P~* die (Kaapse) Skiereiland; *situated on a ~* op 'n skiereiland geleë; *the Iberian P~* →IBERIAN *adj.*. **pen·in·su·lar** *adj.* van 'n skiereiland, skiereiland=; *the P~ War* die Spaans-Napoleontiese Oorlog. **pen·in·su·late** *ww., (geog., 'n rivier)* in 'n skiereiland verander *('n stuk grond)*.

pe·nis *penises, penes, (anat.)* penis. ~ **envy** *(psig.)* penisafguns, =nyd.

pen·i·tent *n.* boetvaardige, boeteling; *(RK)* biegteling. **pen·i·tent** *adj.* boetvaardig, berouvol. **pen·i·tence** berou, boetedoening, boetvaardigheid, verootmoediging, penitensie. **pen·i·ten·tial** *n., (relig.)* boete=, biegboek. **pen·i·ten·tial** *adj.* boetvaardig, berouvol; boet=; *the ~ psalms* die boetepsalms; *~ tears* trane van berou. **pen·i·ten·tia·ry** *n.* gevangenis; rehabilitasiesentrum; verbeteringskool; *(RK)* penitensiarie; *(RK)* penitensiaris. **pen·i·ten·tia·ry** *adj.* boetvaardig; verbeter(ings)=; penitensiêr.

pen·nant *(sk.)* wimpel, (smal) vlaggie.

pen·nate, pen·nat·ed *(biol.)* gevleuel(d), met vlerke; geveer(d).

pen·ne *(It., soort pasta)* penne.

pen·ni·less brand=, doodarm, behoeftig, platsak, sonder 'n duit, *(fig.)* kaal. **pen·ni·less·ness** behoeftigheid.

Pen·nine: *the ~s, (geog.)* die Penniniese Gebergte *(in Eng.)*. ~ **Alps** Penniniese Alpe. ~ **Chain,** ~ **Hills** Penniniese Gebergte.

pen·non wimpel, banier, vaantjie, smal driehoekvlag; →PINION[1].

penn'orth *(Br.)* = PENNYWORTH.

Penn·syl·va·ni·a *(geog.)* Pennsilvanië. ~ **Dutch,** ~ **German** *(Duits soos in Pennsilvanië gepraat)* Pennsilvaans; *the ~ Dutch/Germans* die Pennsilvanië-Duitsers.

Penn·syl·va·ni·an *n.* Pennsilvaniër. **Penn·syl·va·ni·an** *adj.* Pennsilvanies.

pen·ny *(mv. vir muntstukke* pennies *en vir 'n geldsom* pence*), (Br. of hist.)* pennie; *(Am., infml.)* sent; *(NT,AV)* penning *(OAB)*; →PENNILESS; *turn up like a **bad** ~* onwelkom wees, ontydig opdaag; *it will not **cost** a ~* dit sal niks kos nie; *the ~ (has) **dropped**, (infml.)* daar gaan 'n lig op, iem. snap dit nou; *pennies from **heaven**, (fig.)* manna uit die hemel; *earn/turn an **honest** ~* 'n eerlike stukkie brood verdien; *not have a ~ to one's **name*** geen (bloue) duit besit nie; ***not** a ~* geen (bloue) duit nie; *in for a ~, in for a **pound*** as jy A gesê het, moet jy ook B sê; daarop of daaronder; *a **pretty** ~, (infml.)* 'n aardige/mooi/taamlike sommetjie; *a ~ **saved** is a ~ earned/gained/got* 'n stuiwer gespaar is 'n stuiwer gewin; ***spend** a ~, (infml.)* 'n draai loop, gaan lek; ***spend** every ~ on ...* alles aan ... bestee/uitgee, alles in ... steek; *they are **ten/two** a ~, (infml.)* jy kan hulle agter elke bos(sie) uitskop, hulle is volop; hulle is nie veel werd nie; *a ~ for your **thoughts*** waaroor sit jy (so) en dink/peins?; *be not a ~ the **wiser*** niks meer weet as tevore nie. ~**-a-liner** *(w.g.)* broodskrywer. ~ **arcade** *(Am.)* →AMUSEMENT ARCADE. ~ **dreadful** *(Br., infml.)* goedkoop prulboek/(sensasie)roman; smerige/stomende (storie)boek; goedkoop prikkelblad; prullerige strokiesprent. ~**-farthing (cycle)** *(Br., hist.; outydse fiets)* tiekiewawiel. ~ **horrible** *(w.g.)* →PENNY DREADFUL. ~**-pincher** *(infml., neerh.: inhalige mens)* vrek, gierigaard, suinigaard, haai. ~**-pinching** *(infml.)* inhalig, vrekkerig. ~**royal** *(bot.: Mentha pulegium)* polei. ~**weight** *(gewigseenheid)* pennyweight. ~ **whistle** kwêlafluit(jie). ~ **whistler** kwêlafluiter. ~ **wise** verkeerd suinig; *~ ~ and pound foolish* suinig in die kleine, verkwisterig in die grote; suinig met die sente, rojaal met die rande. ~**wort** *(bot.)* naelkruid, waternael. ~**worth** vir (*of* ter waarde van) 'n pennie; *(fig.)* klein bietjie; die minste; *a **bad** ~, (vero.)* 'n kat in die sak; *a **good** ~, (vero.)* 'n lekker slag; ***not** a ~* nie 'n krieseltjie/greintjie nie; nie (in) die minste nie; *a ~ **of** ...* 'n pennie se ...; ***put** one's ~ in, (Br.)* (ook) 'n stuiwer in die armbeurs gooi, jou sê sê.

pe·nol·o·gy penologie. **pe·no·log·i·cal** penologies. **pe·nol·o·gist** penoloog.

pen·sile hangend, skommelend; *~ nest, (orn.)* hangnes.

pen·sion[1] *n.* (aftree)pensioen, aftreegeld; ***commute** a ~* 'n pensioen (in kontant) omsit; *be **entitled** to a ~* op pensioen geregtig wees; ***go** on ~ = **retire** on (a) pension; **grant** a ~* 'n pensioen toestaan/verleen/toeken/gee; ***Ministry** of P~s* Ministerie van Pensioenwese; ***receive/draw** a ~* ('n) pensioen kry/ontvang/trek; ***retire** on (a) ~* met pensioen aftree/uittree/gaan. **pen·sion** *ww.: ~ s.o. (off)* iem. pensioeneer, iem. met (vervroegde/vroeë) pensioen stuur (*of* laat aftree/uittree/gaan); *~ s.t. off* iets weggooi/afskryf/afskrywe (*of* nie meer gebruik nie); iets uit die diens neem (*of* buite diens stel); iets uit die vaart haal/neem *('n skip)*. ~ **book** pensioenboek(ie). ~ **contribution** pensioen(fonds)bydrae. ~ **fund** pensioenfonds. ~ **plan** pensioenplan. ~ **scheme** pensioenskema, =plan, =reëling.

pen·sion[2] *(Fr.)* losieshuis, pension.

pen·sion·a·ble pensioengeregtig *(iem.)*; pensioengewend *('n salaris)*; *~ age* pensioenouderdom, =leeftyd.

pen·sion·ar·y *n.* pensioenaris, pensioentrekker, gepensioeneerde; huurling; *(hist.; amp)* pensionaris; *Grand P~* raadpensionaris *(in Holl.)*. **pen·sion·ar·y** *adj.* pensioentrekkend, gepensioeneer(d); pensioen(s)=.

pen·sion·er pensioenaris, pensioentrekker, gepensioeneerde; huurling; *(Br., vero.)* →GENTLEMAN-AT-ARMS.

pen·sive peinsend, nadenkend, ingedagte; swaarmoedig. **pen·sive·ness** gepeins; nadenkendheid; swaarmoedigheid, somberheid.

pen·ste·mon *(Am.)* →PENTSTEMON.

pen·stock →PEN[2].

pent *adj., (poët., liter.)* opgekrop, onderdruk; ingehoue; *with ~ breath* met ingehoue asem. ~ **up** *(pred.)*, ~**-up** *(attr.)* opgekrop, onderdruk; ingehoue; ingehok; *be pent up in an office/etc.* in 'n kantoor/ens. ingehok wees; *pent-up emotions* opgekropte/onderdrukte gevoelens.

pen·ta= *komb.vorm* penta=.

pen·ta·chord *(mus.)* vyfsnarige instrument; reeks van vyf note.

pen·ta·cle towerfiguur; gelukbringer; pentagram.

pen·tad *(v. 'n groep, reeks)* vyftal; vyf; lustrum.

pen·ta·dac·tyl, pen·ta·dac·ty·late *(soöl.)* vyfvingerig; vyftonig.

pen·ta·gon pentagoon, vyfhoek; *the P~, (vyfhoekige gebou waarin d. dept. v. verdediging v.d.VSA gevestig is)* die Pentagon. **pen·tag·o·nal** pentagonaal, vyfhoekig.

pen·ta·gram pentagram, vyfhoekige ster; →PENTACLE.

pen·ta·he·dron *=hedra, =hedrons* pentaëder, pentaeder, vyfvlak. **pen·ta·he·dral** pentaëdries, pentaedries, vyfvlakkig.

pen·tam·e·ter *(pros.)* pentameter, vyfvoetige versreël.

pen·tane *(chem.)* pentaan.

pen·tar·chy pentargie, vyfhoofdige regering.

pen·ta·syl·lab·ic vyflettergrepig.

Pen·ta·teuch *(OT)* Pentateug.

pen·tath·lete *n.* vyfkampatleet, vyfkamper. **pen·tath·lon** vyfkamp, pentatlon.

pen·ta·ton·ic *(mus.)* pentatonies, vyftonig. **pen·ta·ton·i·cism** pentatoniek.

pen·ta·va·lent *(chem.)* vyfwaardig.

Pen·te·cost *(relig.)* Pinkster; Pinksterfees. **Pen·te·cos·tal** Pinkster=. **Pen·te·cos·tal·ism** *n.* Pentekostalisme. **Pen·te·cos·tal·ist** *n.* Pinkstergelowige, Pentekostalis. **Pen·te·cos·tal·ist** *adj.* Pinkster=, Pentekostalisties; *~ preacher* Pinksterleraar.

pent·house dakwoning, =huis, =woonstel; afdak; skut=, skermdak; skuur. ~ **roof, pent roof** afdak.

pen·tode *(elek.)* pentode.

pent·ox·ide *(chem.)* pentoksied.

pent·ste·mon, *(Am.)* **pen·ste·mon** *(bot.)* skildblom.

pe·nult, pe·nult, pe·nul·ti·ma *n., (ling.)* penultima, voorlaaste lettergreep. **pen·ult** *adj.* = PENULTIMATE *adj.*.

pe·nul·ti·mate *n.* voorlaaste item/hoofstuk/ens.; penultima. **pe·nul·ti·mate** *adj.* voorlaaste.

pe·num·bra -*brae*, -*bras* halfdonker(te), skemerdonker; *(astron.)* penumbra, halfskadu(wee). **pe·num·bral** halfdonker, -duister; *(astron.)* penumbra-, halfskadu-(wee)-.

pe·nu·ri·ous (brand)arm, baie arm, armoedig, behoeftig, haweloos, nooddruftig; karig; vrekkerig, suinig, gierig, inhalig. **pe·nu·ri·ous·ness, pen·u·ry** armoede, armoedigheid, behoeftigheid; gebrek, skaarste; *live in penury* gebrek ly.

pe·on plaaswerker; dagloner; (kantoor)bode *(in Ind.)*; voetsoldaat *(in Ind.)*; *(hist.)* skuldslaaf, pandeling. **pe·on·age** daglonerskap; *(hist.)* skuldslawerny, pandelingskap.

pe·o·ny, pae·o·ny *(bot.)* pioen-, pinksterroos.

peo·ple *n. (fungeer as mv.)* mense, persone; *(mv.: peoples)* volk, nasie; *he of **all** ~* →ALL *adj.*; ***among** the ~* onder die mense; *the **chosen** ~* die uitverkore volk; *~'s **democracy*** volksdemokrasie; *the **English/ens.*** ~ die Engelse/ens. volk/nasie; ***friend** of the ~* volksvriend; ***go** to the ~* 'n verkiesing hou, die volk laat beslis; ***hundreds/etc.** of ~* honderde/ens. mense; ***interests** of the ~* volksbelang; ***language** of the ~* volkstaal; ***one's** ~, (vero.)* jou familie; *~ **say*** hulle (*of* die mense) sê; *what will ~ **say?*** wat sal die mense (daarvan) sê?; ***the** ~* die volk; die mense; die publiek; *a **warlike** ~* 'n krygshaftige volk. **peo·ple** *ww.* bevolk; *be thickly ~ed* dig bevolk (*of* digbevolk) wees; *~ a country with ...* 'n land met ... bevolk. ~ **power** volksmag, mag vir die massas. **~'s bank** volksbank. **~'s court** *(SA)* hof vir klein eise; volkshof. **~'s republic** volksrepubliek. **P~'s Republic of China** →CHINA.

pep *n., (infml.)* vuur, fut; *full of ~, (infml.)* vol vuur/woema. **pep** -*pp*-, *ww.*: *~ s.o. up, (infml.)* iem. opkikker; *~ s.t. up, (infml.)* (aan) iets smaak gee *(kos, drank, ens.)*. ~ **pill** *(infml.)* opkikker. ~ **rally** *(Am., infml.)* rasie. ~ **talk** *(infml.)* motiverings-, opkikkerpraatjie; *give s.o. a ~ ~* iem. aanmoedig/aanspoor/motiveer; iem. opbeur/bemoedig (*of* moed inpraat).

pe·pe·ro·ni *n.* →PEPPERONI.

Pep·in the Short *(Frankiese koning)* Pepyn die Korte.

pep·los -*loses*, **pep·lus** -*luses*, **pep·lum** -*lums*, -*la*, *(hist.: Gr. vrouekledingstuk)* peplos.

pep·lum -*lums*, -*la* peplum, heupval; →PEPLOS.

pep·per *n., (Piper nigrum)* peper; *(Piper capense)* wildepeper; *(Piper cubeba)* sterkpeper; *(Capsicum frutescens)* brandrissie; *(Capsicum annuum)* sier-, rooirissie; →BLACK/CAYENNE/GREEN/RED/SWEET/WHITE PEPPER; *pungent ~* brandrissie. **pep·per** *ww.* peper (strooi); peper (ingooi); inpeper; bestook; afransel; *be ~ed with ..., (fig.)* deurspek wees met *(verwysings ens.)*; wemel van *(aanhalings, verwysings, ens.)*; besaai wees met *(glasskerwe ens.)*; *~ s.o./s.t. with ...* iem./iets met ... bestook *(vrae ens.)*. **~-and-salt** grys, peper-en-sout-kleurig. **~box** *(hist.: silindriese toring)* peperbus; *(arg.)* peperpot. ~ **caster/castor** →PEPPER POT. **~corn** →PEPPERCORN. ~ **cress,** *(Am.)* **~grass** = GARDEN CRESS. ~ **mill** pepermeul(e). **~mint** →PEPPERMINT. ~ **pot** peperpot(jie); *(W.Ind. kookk.)* vleisragoût. ~ **shaker** *(Am.)* = PEPPER POT. ~ **steak** *(kookk.)* peperbiefstuk, -steak. ~ **tree** peperboom. **~wort** *(Marsilea vestita)* waterklawer; *(Lepidium sativum)* →GARDEN CRESS.

pep·per·corn peperkorrel. ~ **hair** peperkorrels. ~ **rent** nominale huur.

pep·per·mint *(bot.: Mentha piperita)* peperment, pippermint; peperment-, pippermentolie. ~ **cream** peperment-, pippermentroom. ~ **(drop),** ~ **(lozenge)** peperment-, pipperment(lekker). ~ **liqueur** peperment-, pippermentlikeur. ~ **oil** (peper/pipper)mentolie.

pe(p)·per·o·ni -*ni(s)*, *n., (soort sterk gekruide It. wors)* pepperoni.

pep·per·y peperagtig, peper-; gepeper(d); opvlieënd, kortgebonde, kort van draad; skerp, bytend, bitsig.

pep·py *(infml.)* lewendig, vurig, energiek.

pep·sin(e) *(biochem.)* pepsien.

pep·tic pepties, spysverterend, (spys)verterings-; maag-; pepsienbevattend. ~ **gland** *(anat.)* maagklier. ~ **ulcer** *(patol.)* peptiese ulkus, maagseer.

pep·tise, -tize *(chem.)* peptiseer.

pep·tone *(biochem.)* peptoon. **pep·to·nise, -nize** peptoniseer.

per per, deur, deur middel van; *~ **annum*** jaarliks, per jaar; ***as** ~ ...* volgens/ooreenkomstig ...; *~ **capita*** →CAPITA; *~ **cent(um)*** per honderd, persent; →PERCENT; *~ **diem**, (fin.)* per dag, *(Lat.)* per diem; *~ **head*** per persoon; *~ **incuriam**, (jur.)* by vergissing; per abuis; van ongeërgdheid; *~ **mil(l)*** per duisend; *~ **post*** per pos, met/oor die pos; *~ **se*** op sigself, per se; *as ~ **usual**, (skerts.)* soos gewoonlik.

per·ac·id *(chem.)* persuur.

per·acute *(hoofs. veearts.)* perakuut.

per·ad·ven·ture *n., (arg.)*: *beyond/past/without ~* buite alle (*of* sonder enige) twyfel. **per·ad·ven·ture** *adv.* moontlik, miskien.

per·am·bu·late *(fml.)* (deur)loop, rondloop, rondwandel, -dwaal; omloop; inspekteer. **per·am·bu·la·tion** (die) deurloop/rondloop/afloop, (rond)wandeling; voetreis; omtrek, grens; inspeksie. **per·am·bu·la·tor** *(fml.)* →PRAM[1]; afstandmeter, meetwiel. **per·am·bu·la·to·ry** ronddwalend, kuierend; rondtrekkend; breedsprakig, afdwalend.

per·bo·rate *(chem.)* perboraat.

per·cale *(tekst.)* perkal.

per·ca·line *n., (tekst.)* perkalien.

per·ceive bespeur, bemerk, gewaar (word), waarneem, sien; verstaan, begryp, insien; persipieer; *~ with the naked eye* met die blote oog waarneem. **per·ceiv·a·ble** waarneembaar.

per·cent *(Am.)*, **per cent** persent, per honderd; →PERCENTAGE. **per·cen·tile, cen·tile** *n., (statist.)* persentiel.

per·cent·age persentasie; *there's no ~ **in** it* daar steek geen voordeel in nie; *a **large** ~ of the children/etc. are ...* 'n groot deel van die kinders/ens. is ...; *~ of **votes** cast* stempersentasie; *~ by **weight*** gewigspersentasie. ~ **basis:** *on a ~ ~* persentasiegewys(e). ~ **error** persentasiefout. ~ **increase** persentasiestyging, -toename *(v. produksie)*; persentasieverhoging, -vermeerdering *(v. 'n salaris)*. ~ **point** persentasiepunt. ~ **sign** *(d. teken %)* persentteken. ~ **vote** stempersentasie.

per·cept *(filos.)* waarnemingsinhoud, -voorwerp, beeld. **per·cep·ti·bil·i·ty** waarneembaarheid, merkbaarheid; begryplikheid. **per·cep·ti·ble** waarneembaar, merkbaar, bespeurbaar, sigbaar, hoorbaar; begryplik. **per·cep·ti·bly** sienderoë, merkbaar. **per·cep·tion** persepsie; gewaarwording, waarneming; insig, begrip. **per·cep·tive** opmerksaam, waarnemend, waarnemings-; *~ faculty* kenvermoë. **per·cep·tive·ness, per·cep·tiv·ty** waarnemingsvermoë; insig. **per·cep·tu·al** perseptueel, waarnemings-.

perch[1] *n.* (dwars)stok, (dwars)houtjie *(in 'n voëlkou)*; slaapstok *(vir hoenders)*; stellasie *(vir hoenders ens.)*; sitplek; *(ook fig.)* verhewe posisie; *(lengtemaat)* (Engelse) roede; *(oppervlaktemaat)* vierkante (Engelse) roede; *the **bird** takes its ~* die voël gaan sit; ***hop** the ~, (w.g.)* afklop, bokveld toe gaan; ***knock** s.o. off his/her ~, (infml.)* iem. van sy/haar troontjie/voetstuk stoot; *(**square**) ~* vierkante (Engelse) roede. **perch** *ww., ('n voël)* neerstryk, rus; *('n mens)* (gaan) sit; *~ (up)on ..., ('n voël)* op ... gaan sit; *~ed block* swerfblok, -steen; *be ~ed on/upon ...* hoog op ... sit; op ... geleë wees.

perch[2] *n., (igt.)* baars; *black ~* swartbaars; *climbing ~* klimbaars.

per·chance *(arg.)* miskien, dalk.

Per·che·ron *(soms p~)* percheron(perd).

per·chlo·rate *(chem.)* perchloraat.

per·cip·i·ent *n.* waarnemer, gewaarwordende. **per·cip·i·ent** *adj.* gewaarwordend, bewus(wordend); waarnemend; skerp(sinnig), skerpsiende; →PERCEPTIVE. **per·cip·i·ence** gewaarwording; insig, skerpsinnigheid.

per·co·late perkoleer; *(lett. & fig.)* (deur)sypel, (deur)syfer, filtreer. **per·co·la·tion** perkolering; (deur)sypeling, (deur)syfering, filtrasie. **per·co·la·tor** perkoleerder, perkoleerkan; filtreermasjien; *(med.)* filtreer-, sypelkan.

per·cuss *(med.)* (be)klop, tik, perkuteer.

per·cus·sion (aan)slag, skok, stamp; *(med.)* beklopping, perkussie; *(mus.)* slagwerk, slaginstrumente, perkussie. ~ **band** slagorkes. ~ **bomb** skokbom. ~ **cap** slag-, knaldoppie, slaghoedjie. ~ **charge** skoklading. ~ **drill** slagboor. ~ **fuse** *(mil., mynb.)* slagbuis. ~ **gun** →PERCUSSION RIFLE. ~ **instrument** *(mus.)* slaginstrument; *(ook, i.d. mv.)* slagwerk. ~ **lock** perkussieslot. ~ **mine** trapmyn. ~ **player** = PERCUSSIONIST. ~ **rifle,** ~ **gun** *(hist.)* perkussiegeweer. ~ **section** *(mus.)* slagwerk-, slaginstrument-, perkussieafdeling.

per·cus·sion·ist *(mus.)* slaginstrumentspeler, perkussiespeler.

per·cus·sive *adj.* slag-, perkussie-. ~ **drill** = PERCUSSION DRILL.

per·cu·ta·ne·ous *(med.)* perkutaan, veldeurdringend, deur die huid/vel.

per·di·tion *(Chr. teol.)* verdoemenis, verderf; ewige rampsaligheid; *the road to ~* die pad na die verderf(enis), die breë weg; die afdraande pad; *on the road to ~, (ook)* verlore gaande.

per·du(e): *lie ~, (vero.)* verskuil/versteek (*of* in 'n hinderlaag) lê.

per·dur·a·ble *(fml.)* duursaam; blywend; ewigdurend, ewig. **per·dur·a·bil·i·ty** duursaamheid; ewigdurendheid.

per·e·gri·nate *(arg. of skerts.)* rondreis, trek, swerf, dwaal. **per·e·gri·na·tion** reis, trek, swerftog, rond-, omswerwing. **per·e·grine** *(arg.)* uitlands, uitheems, ingevoer(d), vreemd; *~ (falcon)* swerfvalk; *European ~ (falcon)* edelvalk.

per·emp·tion *(jur.)* verbeuring van appèlreg, perempsie.

per·emp·to·ry beslissend, finaal, afdoende, onafwysbaar; dogmaties, gebiedend, dwingend, baasspelerig, heerssugtig; *(jur.)* volstrek, peremptories. **per·emp·to·ri·ly** gebiedend, op gebiedende wyse; *be ~ dismissed* onmiddellik/summier ontslaan word, op staande voet (*of* sonder kennisgewing) afgedank/ontslaan wees. **per·emp·to·ri·ness** beslistheid, sekerheid; dringendheid, noodsaaklikheid.

per·en·na·tion *(bot.)* oorblywing, oorwintering.

per·en·ni·al *n.* meerjarige plant/gewas; deurbloeier. **per·en·ni·al** *adj.* aanhoudend, blywend; *(bot.)* meerjarig; terugkerend *('n probleem ens.)*; standhoudend *('n rivier ens.)*; ewigdurend; deur die jaar.

per·e·stroi·ka *(Rus.: ekonomies-politiese heropbouing)* perestroika.

per·fect *n., (gram.)* voltooide teenwoordige tyd, perfektum. **per·fect** *adj.* volmaak, volkome, volslae, perfek; uitstekend; fout(e)loos; suiwer; totaal, volledig; *(mus.)* volmaak, outentiek *(kadens)*; *(mus.)* volmaak, rein *(interval, kwint)*; *(wisk.)* perfek, volkome; *(bot.)* volmaak; *(gram.)* voltooi(d); *they are in ~ **agreement*** →AGREEMENT; *be ~ **for** ...* uitermate geskik wees vir ...; *~ **nonsense*** →NONSENSE; *~ **participle*** verlede/voltooide deelwoord; *~ **stranger*** wildvreemde, volslae vreemdeling; *~ **tense*** →PERFECT *n.*. **per·fect** *ww.* (ver)volmaak, tot volmaaktheid bring; *(arg.)* voltooi, deurvoer. ~ **binding** *(druk.)* lyminbinding; lymband. ~ **pitch** *(mus.)* absolute toonhoogtesin/gehoor.

per·fect·i·bil·i·ty vervolmaakbaarheid. **per·fect·i·ble** vervolmaakbaar. **per·fec·tion** volmaaktheid, volkomenheid, perfeksie; vervolmaking, voltooiing; toppunt *(v. skoonheid)*; voortreflikheid; *attain ~* volmaaktheid bereik; *counsel of ~* →COUNSEL *n.*; *do s.t. to ~* iets perfek doen. **per·fec·tion·ism** perfeksionisme. **per·fec·tion·ist** *n.* perfeksionis. **per·fec·tion·ist, per·fec·tion·is·tic** *adj.* perfeksionisties. **per·fec·tive** *(gram.)* perfektief. **per·fect·ly** volkome, volmaak, volstrek; *~ calm* →CALM *adj.*; *be ~ content/right/satisfied* →CONTENT[2] *adj.*, RIGHT *adj.*, SATISFIED; *~ fresh* →FRESH *adj.*; *~ natural* →NATURAL *adj.*.

per·fer·vid *(poët., liter.)* vuurwarm, vurig.

per·fid·i·ous vals, verraderlik, troueloos, arglistig; *~ Albion* →ALBION. **per·fi·dy** verraad, valsheid, troubreuk, bedrog.

per·fo·rate perforeer; deurboor, =steek; gaatjies steek/maak. **per·fo·ra·ted** geperforeer(d), met afskeur=gaatjies; ~ ***brick*** gaatsteen; ~ ***line*** perforasie(lyn/streep), geperforeerde lyn/streep; ~ ***roller*** sifrol; ~ ***spoon*** gaatjieslepel. **per·fo·ra·tion** perforasie; deur=boring, =steking; gat, gaatjie. **per·fo·ra·tor** perforeer=masjien, ponsmasjien.

per·force *(fml.)* noodgedwonge, noodwendig, nood=saaklikheidshalwe, noodsaaklikerwys(e); *by* ~ deur dwang/geweld; ~ *of ... (law etc.)* deur ... genoodsaak.

per·form doen, verrig *(d. onmoontlike ens.);* doen, uit=voer, verrig *('n operasie);* uitvoer, vervul, verrig *('n taak);* nakom, vervul *('n plig);* doen, uitvoer *('n ekspe=riment);* uitoefen *('n funksie);* optree, speel; aanbied, opvoer, op die planke bring *('n toneelstuk);* uitvoer, voordra *('n musiekstuk);* uitvoer, dans *('n ballet);* vol=trek *('n plegtigheid);* behaal *('n driekuns); ('n motor)* werk, presteer. **per·form·a·ble** uitvoerbaar; opvoerbaar, speelbaar.

per·form·ance aanbieding, opvoering *(v. 'n toneel=stuk);* uitvoering *(v. 'n ballet, musiekstuk);* uitvoering, vervulling, nakoming, voldoening; prestasie *(v. 'n pers.);* prestasie, werkverrigting *(v. 'n masjien);* ***due*** ~ *of ...* behoorlike waarneming van ... *(pligte ens.);* ~ *of* ***duty*** pligsvervulling; ***in the*** ~ *of ...* in die uitvoering van ... *(pligte ens.);* ***put up*** (or ***turn in****) a good* ~ (goed) pres=teer, 'n goeie vertoning maak, jou goed van jou taak kwyt; ***repeat*** ~ →REPEAT. ~ **art** vertoonkuns, kuns-in-uitvoering. ~ **artist** vertoonkunstenaar. ~**-related pay** prestasiegebonde loon; prestasiegebonde salaris.

per·for·ma·tive *n. (ling., filos.)* performatief, perfor=matiewe werkwoord. **per·for·ma·tive** *adj.,* **-ly** *adv.* performatief.

per·form·er presteerder; (toneel)speler, uitvoerende kunstenaar, verhoogkunstenaar; *(mus.)* voordraer, uit=voerder, voordragkunstenaar; voltrekker; *~'s licentiate* voordraerslisensiaat. **per·form·ing** *adj. (attr.)* gedres=seerde, afgerigte *(diere);* uitvoerende *(kunste);* ~ *rights* opvoerregte.

per·fume *n.* parfuum, reukwater; (aangename) geur/reuk. **per·fume** *ww.* parfumeer, welriekend maak. **per·fumed** geparfumeer(d). **per·fum·er** parfumeur. **per·fum·er·y** parfumerie, ruikgoed; parfumerie, par=fuum=, reukwaterwinkel; parfuum=, reukwaterfabriek. **per·fum·y** *adj.* parfuumagtig.

per·func·to·ry traak-my-nieagtig; meganies; opper=vlakkig; terloops; ~ *inspection* vlugtige besigtiging. **per·func·to·ri·ly** terloops, in die verbygaan. **per·func·to·ri·ness** traak-my-nieagtigheid; oppervlakkigheid.

per·fuse natspat, besprinkel; oorgiet; *(med.)* deurspoel, =stroom; deurgiet; deursypel, =syfer; deurdrenk; *(fig.)* deurstraal. **per·fu·sion** besprinkeling; oorgieting; *(med.)* deurstroming, =spoeling; deurgieting; deursypeling, =syfering; *(fig.)* deurstraling.

per·ga·me·ne·ous, per·ga·men·ta·ce·ous *(w.g.)* perkamentagtig.

Per·ga·mum *(ou stad in Klein-Asië)* Pergamum.

per·go·la pergola.

per·haps miskien, moontlik, dalk, straks, wie weet; ongeveer, omtrent; ~ *so* miskien (wel), dit kan (so) wees; ~ *twenty* sowat (*of* om en by) twintig.

pe·ri =ris, *(Pers. mit.)* peri, fee.

pe·ri= *pref.* peri=.

Per·i·an·der *(hist.: tiran v. Korinte)* Periandros.

per·i·anth *(bot.)* periant, blomdek. ~ **segment** blom=dekdeel.

per·i·apt *(arg.)* amulet.

per·i·blem *(bot.)* peribleem.

per·i·car·di·um =dia, *(anat.)* perikardium, hartsak. **per·i·car·di·ac, per·i·car·di·al** hartsak=; ~ *sac* hart=sak. **per·i·car·di·tis** perikarditis, hartsakontsteking.

per·i·carp *(bot.)* perikarp, vrugwand, saadvlies. **per·i·car·pi·al, per·i·car·pic** perikarpies, vrugwand=.

per·i·clase *(min.)* periklaas.

per·i·cline periklien. **per·i·cli·nal** periklinaal.

pe·ric·o·pe perikoop; leesstuk, =gedeelte; Skrifgedeelte.

per·i·cra·ni·um =nia, *(anat.)* perikranium, skedelvlies.

per·i·cy·cle *(bot.)* perisikel.

per·i·derm *(bot.)* kurkhuid.

per·i·dot peridoot, chrisoliet, olivien.

per·i·do·tite *(geol.)* peridotiet.

per·i·gee *(astron.)* perigeum.

per·i·gla·cial *adj., (geol.)* periglasiaal.

pe·rig·y·nous *(bot.)* (rond)omstandig, periginies. **pe·rig·y·ny** (rond)omstandigheid, periginie.

per·i·he·li·on =lia, *(astron.)* perihelium, sonsafstand.

per·il *n.* gevaar; risiko; ***at one's*** ~ met groot gevaar/risiko; *do s.t.* ***at one's (own)*** *~!* iets op eie risiko doen; *be in* ***deadly*** ~ in doodsgevaar verkeer; *be in* ~ ***of one's life*** in lewensgevaar verkeer; ***survive all*** *~s* alle gevare te bowe kom, alle gevare deurstaan/deurleef/deurlewe. **per·il** =ll=, *ww.* in gevaar bring, aan gevaar blootstel. **per·i·lous** (lewens)gevaarlik.

per·i·lymph *(anat.)* perilimf.

pe·rim·e·ter perimeter, omtrek; buitegrens(e), =rand; gesigsveldmeter, perimeter; *on the* ~ aan die buiterand. ~ **fence** grens=, buiteheining.

per·i·na·tal *adj., (med.)* perinataal; ~ *mortality, (baba=sterftes kort voor/ná geboorte)* perinatale mortaliteit/sterf=tes; perinatale mortaliteit/sterftesyfer.

per·i·ne·um =nea, *(anat.)* perineum, boud=, bilnaat. **per·i·ne·al** pirineaal, boudnaat=, bilnaat=; ~ *muscle* boud=naatspier.

pe·ri·od periode, tyd, tydperk, =vak; (tyds)duur, ter=myn; tydruimte; *(chem., elek., fis., mus., wisk.)* periode; *(geol.)* periode, tydvak, tydperk; *(astron.)* periode, om=loop=, rotasietyd; les, lesuur; *(ook* menstrual period*)* maandstonde; *(ret.)* volsin; *(hoofs.Am.)* punt (→FULL STOP); ***cover*** *a* ~ →COVER *ww.;* ~ *of* ***decay*** tyd van ver=val/agteruitgang; *(chem.)* ontbindings=, disintegrasie=tyd; *the* ~ ***during which*** ... die tydperk waarin ...; ~ *of* ***engagement*** dienstermyn; ***have*** *one's/a* ~ menstru=eer, jou maandstonde hê; ~ *of* ***infection*** aansteektyd; ***man*** *of the* ~ man van die tyd; ~ *of* ***motion*** duur van beweging; ***I'm not*** *going to do it, ~!, (infml.)* ek gaan dit nie doen nie, en daarmee basta!; ***of*** *the/that* ~ uit daar=die tyd; ***of*** *the/this* ~ uit hierdie tyd; ~ *of/in* ***office*** diens=tyd, =termyn, ampstyd, =termyn; ***put*** *a* ~ *to s.t.* 'n end/einde aan iets maak; ~ *of* ***re-engagement*** nuwe diens=termyn; ~ *of/in* ***service*** dienstyd; ~ *of* ***training*** op=leidingstyd, =termyn; ~ *of* ***transition*** oorgangstyd=(perk); ~ *of* ***validity*** geldigheidsduur, =termyn *(v. 'n lisensie ens.);* ~ *of* ***vibration*** trillingstyd; ~ *of* ***wave*** golfduur. ~ **costume** historiese drag, outydse klere=drag. ~ **doll** pop in historiese drag. ~ **furniture** styl=meubels. ~ **light** periodelig. ~ **pain** menstruasie=, maandstondepyn. ~ **piece** geskiedenisstuk; geskiede=nisskildery. ~ **play** kostuumstuk. ~ **style** antieke/his=toriese styl.

per·i·o·date *(chem.)* perjodaat.

pe·ri·od·ic periodiek; periodies; wederkerend. ~ **acid** perjodiumsuur. ~ **decimal** *(wisk.)* repeterende desi=maal. ~ **function** *(wisk.)* periodiese funksie. ~ **law** *(chem.)* periodieke wet. ~ **lease** termynhuur. ~ **sys=tem** *(chem.)* periodieke stelsel *(v. elemente).* ~ **table** *(chem.)* periodetabel *(v. elemente).* ~ **wave** *(elek.)* pe=riodiese golf. ~ **wind** periodieke wind.

pe·ri·od·i·cal *n.* tydskrif, vaktydskrif, blad, periodiek. **pe·ri·od·i·cal** *adj.* periodiek, tydskrif=. ~ **press** tyd=skrifwese, tydskrif(te)pers.

pe·ri·od·i·cal·ly periodiek, van tyd tot tyd. **pe·ri·o·dic·i·ty** *(hoofs. teg.)* periodisiteit, gereelde/periodieke terugkeer. **pe·ri·od·i·sa·tion, -za·tion** verdeling in tydvakke, periodisering *(v.d. gesk.).*

per·i·o·don·tics *(fungeer as ekv.)* periodontie. **per·i·o·don·tist** periodontis. **per·i·o·don·tol·o·gy** = PE=RIODONTICS.

per·i·os·te·um =tea, *(anat.)* periosteum, beenvlies.

per·i·pa·tet·ic *n.* peripatetikus; loper, rondstapper, wandelaar, voetganger; *(ook P~)* Aristoteliaan. **per·i·pa·tet·ic** *adj.* wandelend; rondtrekkend; peripa=teties; *(ook P~)* Aristoteliaans.

per·i·pe·t(e)i·a, pe·rip·e·ty *(fml.)* peripetie, om=mekeer.

pe·riph·er·y periferie; buitekant, (buite)rand; (sirkel)=omtrek; omranding; oppervlak; *on the* ~ *of ...* aan die rand van ... **pe·riph·er·al** perifeer, periferies, om=trek(s)=; randstandig; rand=; wand=; ~ ***area*** randge=bied; *the* ~ ***nervous system,*** *(anat.)* die perifere senu=(wee)stelsel; ~ ***speed*** omtrekspoed; ~ ***state*** rand=staat; ~ ***velocity*** omtreksnelheid.

pe·riph·ra·sis =rases perifrase; omskrywing. **per·i·phras·tic** perifrasties; omskrywend.

pe·rip·te·ral *n.* omsuilde tempel/gebou. **pe·rip·te·ral** *adj.* omsuil(d).

per·i·scope periskoop. **per·i·scop·ic** periskopies.

per·ish omkom, doodgaan, sterf, sterwe; *(rubber ens.)* verweer; *(vrugte ens.)* bederf, sleg/vrot word; *(organiese stowwe)* vergaan, verrot, vrot, ontbind; *if I ~, I ~, (OT)* as ek omkom, dan kom ek om *(OAB);* as ek moet om=kom, moet ek maar omkom *(NAB); ~ed material, (ook)* geskifte materiaal/stof; ~ *the thought!* God behoed ons!; ~ *with ...* van ... vergaan *(d. koue, honger, ens.).* **per·ish·a·ble** bederfbaar; verganklik; ~ *product* bederfbare produk. **per·ish·a·ble·ness** bederfbaarheid; vergank=likheid. **per·ish·a·bles** *n. (mv.)* bederfbare (voedsel)=produkte/goedere. **per·ish·er,** *(Br., infml.)* ellendeling; (klein) klits, stouterd, deugniet. **per·ish·ing** *adj., (Br., infml.)* ysig, bitter/snerpend koud; *(vero., sl., attr.)* el=lendige, verbrande, vervlakste, dekselse.

per·i·sperm *(bot.)* perisperm.

per·i·stal·sis =stalses, *(fisiol.)* peristalse, peristaltiese bewegings, peristaltiek, dermbeweging. **per·i·stal·tic** peristalties, dermbeweging=, dermbewegend; ~ *action/movement* peristalse, dermbeweging, peristaltiese be=weging, peristaltiek; ~ *wave* peristaltiese golf.

pe·ris·te·ron·ic *(w.g.)* duiwe=, duif=.

per·i·stome *(bot., soöl.)* peristoom, mondrand.

per·i·style *(argit.)* peristyl, suilery, kolonnade; peri=styl, suilegalery. **per·i·sty·lar** peristiel.

per·i·to·ne·um =neums, =nea, *(anat.)* peritoneum, buik=vlies. **per·i·to·ne·al** peritoneaal, buikvlies=; ~ *cavity* buikholte; ~ *layer* buikvlieslaag. **per·i·to·ni·tis** peri=tonitis, buikvliesontsteking.

per·i·ur·ban buitestedelik; ~ *area, (ook)* randgebied, =dorp.

per·i·wig pruik. **per·i·wigged** gepruik, bepruik.

per·i·win·kle[1], win·kle ari=, alikreukel, ari=, alikrui=kel.

per·i·win·kle[2] *(bot.), (Catharantus roseus)* kanniedood, vinca; *(Vinca major)* maagdeblom.

per·jure: ~ *o.s., (jur.)* meineed pleeg, vals sweer, 'n vals(e) eed aflê. **per·jured** meinedig, skuldig aan mein=eed. **per·jur·er** meinedige, eedbreker. **per·jur·y** mein=eed; eedbreuk; meinedigheid; *commit* ~ meineed pleeg, vals sweer, valse getuienis aflê.

perk[1] opspring *(uit jou sitplek ens.); (borsies)* tuit; ~ *up* moed skep; opflikker, opgewekter/opgeruimder raak/word; *(iem. se gesig, d. tempo, ens.)* verlewendig, lewen=diger word; *(d. ekon. ens.)* opleef, oplewe; *(Austr. sl.: vomeer)* opgooi, opbring; ~ *s.o. up* iem. opbeur/op=vrolik; ~ *s.t. up* iets opvrolik/opkikker *('n uitrusting ens.);* iets verlewendig *('n opvoering ens.);* iets laat op=leef/oplewe *(d. ekon. ens.);* iets opknap *('n huis ens.);* iets spits *('n dier sy ore);* iets oplig *(jou kop ens.).*

perk[2] *(infml., afk. v.* percolate*)* deursypel, filtreer; prut=tel; perkoleer, laat deursypel, filtreer *(koffie).*

perk[3] *(infml., gew. i.d. mv.)* pasella, byvoordeel; →PER=QUISITE.

perk·y lewendig, opgeruimd, opgewek; astrant, par=mantig, snipperig. **perk·i·ness** lewendigheid, opge=ruimdheid, opgewektheid; astrantheid, parmantigheid, snipperigheid.

per·le·moen *(Afr., soöl.)* perlemoen, =moer, *(infml.)* klipkous; →ABALONE.

perlé (wine) *n., (SA)* perlé(wyn).

per·lite, pearl·ite *(geol.)* perliet.

perm[1] *n.* (permanente/vaste) golwing/karteling, *(infml., <Eng.)* perm. **perm** *ww.* (permanent) golf/kartel, *(infml., <Eng.)* perm.

perm² *n., (afk. v.* permutation, *Br. sokkerlotery)* kombinasie. **perm** *ww., (afk. v.* permute*)* 'n kombinasie kies.
per·ma·frost ysgrond.
perm·al·loy permallooi.
per·ma·nence permanensie, blywendheid, durendheid, bestendigheid, vastheid. **per·ma·nen·cy** vaste instelling; vastheid; →PERMANENCE.
per·ma·nent permanent, blywend *(ongeskiktheid ens.)*; vas *('n adres, betrekking, lid, personeel, rang, tande, ens.)*; vas, duursaam *(kleure)*; duursaam, konstant *(kapitaal ens.)*; standhoudend *(water)*; *(teg.)* permanent *(gas, magneet, brug, kontak, ens.)*; voortdurend, bestendig. ~ **force** *(SA, mil.)*, *(ook P~ F~)* staande mag *(ook S~ M~)*. ~ **hardness** permanente hardheid *(v. water)*. **P~ Secretary** *(Br.)* Departementshoof. ~ **set** *(ing.)* blywende deurbuiging. ~ **storage** *(rek.)* permanente/onuitwisbare geheue. ~ **track** = PERMANENT WAY. ~ **wave** permanente/vaste golwing/karteling. ~ **way** *(hoofs. Br., spw.)* spoorbaan; *inspector of the ~ ~* spoorbaaninspekteur.
per·ma·nent·ly blywend, vas, vir goed/altyd.
per·man·ga·nate *(chem.)* permanganaat; *~ of potash/potassium* = POTASSIUM PERMANGANATE. **per·man·gan·ic** *adj. (attr.)*: *~ acid, (chem.)* permangaansuur.
per·me·ate deurlaat, =dring, =trek, =drenk, =sypel, =syfer; *be ~d with ...* van ... deurtrek wees. **per·me·a·bil·i·ty** deurdringbaarheid, deurtrekbaarheid, deurlaatbaarheid; *(fis.)* permeabiliteit. **per·me·a·ble** deurdringbaar, deurtrekbaar, deurlaatbaar; *(fis.)* permeabel. **per·me·ance** deurdringing; (magnetiese) deurdringings=/geleidingsvermoë; *(fis.)* permeansie. **per·me·a·tion** deurdringing, deurlating.
Per·mi·an *n., (geol.)* Perm. **Per·mi·an** *adj.* Permies.
per·mis·si·ble toelaatbaar, geoorloof; verskoonbaar; *~ error* toelaatbare fout; *~ load, (elek.)* toelaatbare belasting/las; *(goedereververvoer)* toelaatbare vrag. **per·mis·si·bil·i·ty** toelaatbaarheid; verskoonbaarheid.
per·mis·sion toestemming, verlof, vergunning, permissie; ***ask*** ~ verlof/toestemming vra; ***by*** *~ of ...* met verlof/toestemming van ...; ***get*** ~ verlof/toestemming kry; ***give/grant*** ~ verlof/toestemming gee; *~* ***to*** *...* verlof/toestemming om te ...; ***with*** *the ~ of ...* met verlof/toestemming van ...
per·mis·sive permissief, liberaal, onbekrompe; losbandig, bandeloos; toegeeflik, toeskietlik, verdraagsaam, tolerant; veroorlowend, toelatend, toestemmend; *(jur.)* opsioneel, nieverplig; *(spw., elek.)* voorwaardelik *(blok, sein, ens.)*; *~ legislation* vryblywende/opsionele wette; *~ society* permissiewe gemeenskap. **per·mis·sive·ness** ongebondenheid, permissiwiteit.
per·mit, per·mit *n.* (toegangs)permit, (verlof)pas; geleibrief, vrybrief. **per·mit** =*tt*=, *ww.* toelaat, toestaan, veroorloof, vergun, duld; *~ted* ***area*** gebied met vergunning; beboubare gebied; ***be*** *~ted* veroorloof wees; vrystaan; *s.t. does* ***not*** *~ of ...*, *(fml.)* iets laat nie ... toe nie; ***not*** *~ted*, *(ook)* ongeoorloof; ***weather/etc.*** *~ting* as die weer/ens. daarna is *(of* dit toelaat).
per·mute herorden; (om)wissel, verwissel, omsit; *(wisk.)* permuteer. **per·mut·a·ble** verwisselbaar; *(wisk.)* permuteerbaar. **per·mu·tate** →PERMUTE. **per·mu·ta·tion** herordening; verandering, omsetting, omvorming, omwisseling; rangskikking, groepering, kombinasie; *(wisk.)* permutasie. **per·mu·ta·tor** *(elek.)* permutator, stroomwisselaar, =(gelyk)rigter.
per·ni·cious skadelik, verderflik, nadelig, vernietigend, destruktief; *(med.)* pernisieus, kwaadaardig; *~ anaemia* kwaadaardige/pernisieuse bloedarmoede. **per·ni·cious·ness** skadelikheid *ens.* (→PERNICIOUS).
per·nick·e·ty, *(Am.)* **per·snick·e·ty** *(infml.)* puntene(u)rig, kieskeurig; veeleisend, lastig; aanmatigend. **per·nick·e·ti·ness,** *(Am.)* **per·snick·e·ti·ness** puntene(u)righeid, kieskeurigheid; lastigheid.
per·noc·ta·tion *(fml., vnl. relig.)* nagwaak.
per·o·ne·al *(anat.)* peroneaal, kuit(been)=; *~ vein* kuitbeenaar.
per·o·rate *(fml.)* oreer; afsluit, opsom. **per·o·ra·tion** redevoering; slotrede, slotwoord(e).
per·ox·ide *n., (chem.)* peroksied. **per·ox·ide** *ww.* bleik *(d. hare)*. ~ **blonde** *(vero., gew. neerh.)* bottelblondine.
per·pend¹ *ww., (arg.)* bedink, oorweeg.
per·pend², per·pent, par·pend, *(Am.)* **par·pen** *(bouk.)* bindklip.
per·pen·dic·u·lar *n.* loodlyn, loodregte lyn; *(instr.)* loodlynbepaler; *let fall a ~* 'n loodlyn neerlaat; *out of the ~* uit die lood; *preserve one's ~* op die been bly. **per·pen·dic·u·lar** *adj.* lood=, lynreg; vertikaal, regstandig; regop, penorent; *~ line* loodlyn; *P~ style, (argit.)* Engelse Laat Gotiese styl.
per·pen·dic·u·lar·i·ty loodregte stand, loodregtheid.
per·pe·trate pleeg, begaan, bedryf. **per·pe·tra·tion** pleging, (die) pleeg, aanrigting. **per·pe·tra·tor** pleger, bedrywer, skuldige, aanrigter; *actual ~, (jur.)* dader, werklike pleger.
per·pet·u·al altyddurend, ewig(durend) *(regte ens.)*; onophoudelik, gedurig; *(attr.)* vaste *(voorsitter ens.)*; *~* ***calendar*** ewige/ewigdurende kalender; *~* ***debts*** onaflosbare skulde; *~* ***interdict*** ewigdurende interdik; *~* ***motion*** ewigdurende beweging; *~* ***nagging*** →NAGGING *n.*; *~* ***pension*** lewenspensioen, lewenslange pensioen; *~* ***quitrent*** →QUITRENT; **per·pet·u·al·ly** gedurig(deur), onophoudelik. **per·pet·u·ate** bestendig, verewig, laat voortbestaan, perpetueer. **per·pet·u·a·tion** bestendiging, voortbestaan, verewiging. **per·pe·tu·i·ty** bestendigheid, ewigdurendheid; lewenslange besit; lewenslange lyfrente; voortdurende annuïteit; *in ~* onbepaald, vir ewig en altyd, in ewigheid.
per·plex *ww.* verwar, in die war bring, onthuts, verbyster, verleë maak, deurmekaar maak, verbouereer; bemoeilik, kompliseer; **per·plexed** *adj.* verward, in die war, verbysterd, verleë, verslae, verbouereerd, onthuts, bedremmeld, soos 'n uil op 'n kluit; moeilik, ingewikkeld. **per·plex·ing** *adj.*, =**ly** *adv.* verbysterend, verstommend, verbluffend, ontstellend, onthutsend, verwarrend. **per·plex·i·ty** *n.* verslaen(t)heid, verbystering, verbluftheid, onthutsing, onthutsheid; verwarring; verbouereerdheid; *(gew. mv.)* ingewikkeldheid, gekompliseerdheid, kompleksiteit.
per·qui·site byvoordeel, byverdienste, toegif, emolument, ekstra inkomste; gebruiklike voordeel; uitsluitende reg; (gebruiklike) fooi(tjie); *(i.d. mv., ook* perks*)* voorregte, voordele, byvoordele; los winste.
per·ron *(argit.)* perron; stoep.
per·ry peerwyn, =sider, =drank.
per·scru·ta·tion *(w.g.)* deeglike ondersoek.
perse donker=, grysblou.
per·se·cute vervolg, verdruk, teister; lastig val, pla.
per·se·cu·tion vervolging; ***delusions*** *of ~* →DELUSION; ***spirit*** *of ~* vervolgingsgees; ***suffer*** *~ for ...* weens ... vervolg word; ***victim*** *of ~* vervolgde. ~ **complex** *(psig.)* vervolgingswaan.
per·se·cu·tor vervolger.
Per·seph·o·ne *(Gr. mit.)* →PROSERPINA.
per·se·vere volhard, volhou, aanhou, deurdruk; *~ in/with s.t.* met iets volhou, in/met iets volhard; *~ to the end* deurdruk tot die end/einde. **per·se·ver·ance** volharding, deursettingsvermoë; *~ wins the day (*or *will be rewarded)* aanhouer wen *(of* klein begin, aanhou win). **per·se·ver·ant** = PERSEVERING. **per·sev·e·ra·tion** volharding; *(psig.)* perseverasie. **per·se·ver·er** volhouer, volharder. **per·se·ver·ing** volhardend.
Per·sia *(geog., hist.)* Persië (→IRAN); Persiese Ryk.
Per·sian *n., (inwoner)* Pers; *(taal)* Persies; →BLACK-HEADED (PERSIAN) SHEEP. **Per·sian** *adj.* Persies(e). ~ **carpet,** ~ **rug** Persiese tapyt/mat. ~ **(cat)** Persiese kat. ~ **Gulf, Arabian Gulf:** *the ~ ~*, (infml.) *the Gulf, (geog.)* die Persiese Golf. ~ **lamb** *(ook)* karakoel(pels). ~ **lilac, bead tree** *(Melia azedarach)* (mak)sering, sering(boom), Kaapse/Persiese sering. ~ **sheep** Persiese skaap, Persie, persie. ~ **wheel** bakkiespomp.
per·si·car·i·a *(bot., ook genoem* lady's-thumb*)* perde=, vlooikruid.
per·si·ennes hortjies, jaloesieë, sonblinding.
per·si·flage *(fml.)* spottery; plaery; persiflage.
per·sim·mon *(bot.)* persimmon, tamatiepruim; *(Diospyros virginiana)* Amerikaanse dadelpruim; *Japanese ~* →JAPANESE *adj.*.
per·sist volhard, volhou, deurdruk, aanhou; voortduur, voortbestaan; nawerk; *~ in/with ...* met ... volhou/aanhou; in/met ... volhard. **per·sis·tence, per·sis·ten·cy** volharding, deursettingsvermoë; koppigheid, hardnekkigheid; nawerking *(v.d. oog)*; *(elek.)* nagloed; *dogged persistence* taai(e) volharding. **per·sis·tent** volhardend; aanhoudend; koppig, hardnekkig; *(bot.)* (na)blywend; nawerkend *(gas)*. **per·sist·er** aanhouer, volhouer, volharder, kanniedood.
per·son persoon, mens, individu, indiwidu; liggaam, figuur, voorkoms; *(jur.)* regspersoon; *(gram.)* persoon; *(Chr. teol.: een v.d. drie bestaanswyses v. God, nl. Vader, Seun en Heilige Gees)* persoon; *(vero., euf.)* (manlike) geslagsdele; *quite* ***another*** *~* glad iem. anders, 'n totaal ander persoon; ***artificial*** *~* regspersoon, juridiese persoon; ***fictitious*** *~* regspersoon, fiktiewe persoon; ***in*** *~* in eie persoon, persoonlik, in lewende lywe; *~* ***in*** *authority* gesagdraer, =hebber; *~* ***in*** ***command*** bevelvoerder, gesagvoerder, verantwoordelike persoon; *~* ***in*** *custody* aangehoudene; ***in*** *one's own ~* in eie persoon; ***in*** *the ~ of ...* in die persoon van ...; ***irrespective/regardless*** *of ~s, without* ***respect*** *of ~s* sonder aansien van die persoon, sonder aansien des persoons; ***juristic*** *~* regspersoon; *the* ***last*** *~ that ...* die laaste mens wat ...; ***law*** *of ~s* personereg; *~* ***of*** *importance* gesiene persoon; *~* ***on*** *board* opvarende; *~* ***on*** *leave* verlofganger; *have s.t.* ***on*** *one's ~* iets by jou hê; ***per*** *~* per kop/persoon; *the ~* ***in*** ***question*** die betrokke persoon; ***read*** *a ~* iem. deursien *(uitspr.: deursien)*; *~* ***under*** *arrest* gearresteerde, arrestant. **~-to-person** *adj. (attr.)* persoonlike *(kontak, oproep, onderhoud, ens.)*. ~ **to person** *adv.* persoonlik *(gesels ens.)*; van persoon tot persoon *(versprei, wissel, ens.)*.
-per·son *komb.vorm* =persoon; *chair~* voorsitter; *sales~* verkoopspersoon.
per·so·na =*nas*, =*nae*, *(psig.)* persona; *(teat.)* rol, karakter. ~ **grata** *personae gratae, (Lat.)* persona grata *(vnl. b.d. regering v. 'n land)*. ~ **non grata** *personae non gratae, (Lat.)* persona non grata.
per·son·a·ble knap; aantreklik, aanvallig; innemend.
per·son·age persoon, personasie; *(teat.)* rol.
per·son·al persoonlik; individueel; eie *(voordeel)*; lyf= *(arts, bediende ens.)*; *for ~ gain/benefit/profit* vir eie gewin, uit eie belang, vir (jou) eie sak; *give s.t. a ~ touch* 'n persoonlike stempel op iets afdruk. ~ **assistant** persoonlike assistent. ~ **column** persoonlike kolom/rubriek. ~ **computer** *(afk.:* PC*)* persoonlike rekenaar *(afk.:* PR*)*. ~ **contact** *(fig.)* persoonlike aanraking; liggaamlike aanraking. ~ **effects** persoonlike besittings. ~ **estate** persoonlike eiendom/besit/besittings; →PERSONAL EFFECTS. ~ **identification number** *(afk.:* PIN*)* persoonlike identifikasienommer. ~ **initiative** eie/persoonlike inisiatief. **~-liability insurance** versekering teen persoonlike aanspreeklikheid. ~ **organiser,** ~ **organizer** dagbeplanner; elektroniese dagbeplanner. ~ **pronoun** *(gram.)* persoonlike voornaamwoord. ~ **property** *(jur.)* persoonlike eiendom, roerende goed. ~ **service** persoonlike diens. ~ **space** persoonlike ruimte. ~ **stereo** draagbare stereostel. ~ **tax** persoonsbelasting. ~ **union** personele unie. ~ **violence** lyfsgeweld.
per·son·al·ise, -ize verpersoonlik, beliggaam; merk; *~ a remark* 'n opmerking persoonlik opneem. **per·son·al·i·sa·tion, -za·tion** verpersoonliking. **per·son·al·ism** personalisme.
per·son·al·i·ty persoonlikheid, karakter; persoonlikheid, bekende; individualiteit; *(i.d. mv., arg.)* persoonlike beledigings; *juristic/legal ~* regspersoonlikheid. ~ **clash** persoonlikheidsbotsing. ~ **cult** *(dikw. neerh.)* persoonlikheidskultus.
per·son·al·ly persoonlik; *take s.t. ~* jou iets persoonlik aantrek, iets as 'n persoonlike belediging opvat; *~, I think/etc. that ...* ek persoonlik/self dink/ens. dat ...
per·son·al·ty *(jur.)* = PERSONAL PROPERTY.

per·son·ate *(fml.)* die rol speel van, vertolk; verpersoonlik; jou voordoen as, deurgaan vir, *(jur.)* personeer. **per·son·a·tion** vertolking; rolvervulling; *(jur.)* identiteitsbedrog, personasie.

per·son·hood individualiteit, indiwidualiteit.

per·son·i·fy personifieer; verpersoonlik, beliggaam; *personified by/in ...* verpersoonlik deur/in ...; *innocence personified* die verpersoonlikte onskuld, die onskuld in eie persoon. **per·son·i·fi·ca·tion** personifikasie, verpersoonliking; persoonsverbeelding.

per·son·nel personeel, werknemers, werkers; *(mil.)* troepe, manskappe; *(sk.)* bemanning. ~ **agency** personeelagentskap. ~ **carrier** *(mil.)* (gepantserde) troepedraer/troepewa. ~ **department** personeelafdeling. ~ **manager** personeelbestuurder.

per·spec·tive *n.* perspektief, dimensie; perspektieftekening, perspektiwiese tekening; *(wisk.)* perspektief; standpunt; vooruitsig, toekomsperspektief; ***in*** ~ in perspektief; *get/keep things* ***in*** ~ sake nugter beskou; ***out of*** ~ nie in perspektief nie; *look at s.t. in the* ***right/wrong*** ~ iets uit die regte/verkeerde hoek beskou. **per·spec·tive** *adj.* perspektiwies.

per·spex *(handelsnaam)* perspex.

per·spi·ca·cious skerpsinnig, fyn van begrip, oordeelkundig, insigryk. **per·spi·ca·cious·ness, per·spi·cac·i·ty** skerpsinnigheid, oordeelkundigheid.

per·spic·u·ous *(fml.)* duidelik, helder. **per·spi·cu·i·ty** duidelikheid, helderheid, klaarheid.

per·spire perspireer, (uit)sweet. **per·spi·ra·tion** perspirasie, sweet; (die) (uit)sweet; *beads of* ~ sweetdruppels; *s.o. is dripping/streaming with* ~ die sweet loop/tap (van) iem. af, iem. is papnat van die sweet. **per·spir·a·to·ry** perspiratories, sweet=.

per·suade oorreed, oorhaal, ompraat, omhaal, beweeg; oortuig; ***be ~d that ...*** (daarvan) oortuig wees (*of* vas glo) dat ...; *~ s.o.* ***into*** (or ***to do***) *s.t.* iem. oorreed/oorhaal/omhaal om iets te doen, iem. tot iets oorhaal/omhaal; iem. daartoe bring om iets te doen; *~ s.o.* ***of*** *s.t.* iem. van iets oortuig; *~ s.o.* ***out of*** *s.t.* iets uit iem. se (*of* iem. iets uit die) kop praat. **per·suad·a·bil·i·ty, per·sua·si·bil·i·ty** oorreedbaarheid, oortuigbaarheid. **per·suad·a·ble, per·sua·si·ble** oorreedbaar, oorhaalbaar, oortuigbaar, vatbaar vir oorreding. **per·suad·er** oorreder; oorredingsmiddel. **per·sua·sion** oorreding, oorredingskrag; oortuiging, geloof; soort; *(dikw. skerts.)* geslag; groepering; ***by*** ~ deur oorreding; *the* ***male*** ~ die manlike geslag; *be* ***of*** *the Catholic/etc.* ~ tot die Roomse/ens. geloof behoort; ***power(s)*** *of* ~ oorredings=, oortuigingskrag. **per·sua·sive** *n.* oorredingsmiddel, beweegrede, motief. **per·sua·sive** *adj.* oorredend, oortuigend; oortuigings=, oorredings=; ~ *power(s)* oorredings=, oortuigingskrag. **per·sua·sive·ness** oorredings=, oortuigingskrag.

pert opgewek, opgeruimd, lig=, lughartig; swierig; lewendig, hups; snipperig, vrypostig, parmantig, astrant. **pert·ness** opgewektheid; swierigheid; lewendigheid; snipperigheid.

per·tain: *s.t. ~s to ...* iets (be)hoort/pas by ...; iets slaan op ... (*of* het op ... betrekking).

per·ti·na·cious *(fml.)* volhardend; koppig, halsstarrig, eiesinnig; hardnekkig *(koors)*. **per·ti·nac·i·ty** volharding; koppigheid, eiesinnigheid; hardnekkigheid.

per·ti·nent gepas, relevant, ter sake, tersaaklik; trefseker; *s.t. is ~ to ...* iets het op ... betrekking. **per·ti·nence, per·ti·nen·cy** gepastheid, tersaaklikheid; trefsekerheid.

per·turb versteur, verstoor, verontrus, in die war bring. **per·tur·ba·tion** versteuring, verstoring, verstoordheid, verontrusting, beroering; *(astron.)* perturbasie, steuring; *(elek.)* steuring. **per·turb·ing** *adj.*, **-ly** *adv.* verontrustend, kommerwekkend, onrusbarend, sorgwekkend.

per·tus·sis *(med.)* kinkhoes.

Pe·ru *(geog.)* Peru. **Pe·ru·vi·an** *n.* Peruaan. **Pe·ru·vi·an** *adj.* Peruaans; ~ *bark, (w.g.)* = CINCHONA (BARK).

pe·ruke *(arg.)* →WIG *n.*.

pe·ruse sorgvuldig (deur)lees, (met aandag) lees; noukeurig bekyk, fyn oplet na, ondersoek. **pe·rus·al** (die) lees; noukeurige/sorgvuldige deurlesing; *send for* ~ ter insae stuur.

per·vade versprei; *(lett. & fig.)* deurtrek, =dring. **per·va·sion** verspreiding; deurdringing. **per·va·sive** deurdringend; omvattend; diepgaande. **per·va·sive·ness** diepgaande/verreikende/vêrreikende invloed/uitwerking.

perv(e) *n., (Br., infml.)* (seks)pervert, (seksuele) pervert. **perv(e)** *ww., (Austr., infml.)* met jou oë verslind.

per·verse pervers, sleg, verdorwe, verworde; verkeerd, dwars, dwarstrekkerig, befoeterd, eiewys, stroomop; aweregs; *a ~ judg(e)ment* 'n skewe oordeel. **per·verse·ness** →PERVERSITY. **per·ver·sion** perversie; verdraaiing; versteuring, verstoring; omkering; verleiding; afvalligheid; verwording, verdorwenheid; *a ~ of the law* 'n verdraaiing van die wet. **per·ver·si·ty** perversiteit, verdorwenheid, slegtheid; verkeerdheid, dwarsheid, dwarstrekkerigheid, befoeterdheid; afvalligheid. **per·ver·sive** verderflik.

per·vert *n.* (seks)pervert, (seksuele) pervert; afwykende; verdorwene, ontaarde; afgedwaalde, afvallige. **per·vert** *ww.* verdraai; verderf, verlei, op die dwaalspoor bring, afvallig maak; misbruik maak van; perverteer; *~ the course of justice* →COURSE *n.*; *~ words* woorde verdraai/verwring. **per·vert·ed** verdorwe, pervers; verdraai(d), verkeerd; →PERVERSE. **per·ver·ti·ble** verleibaar; →PERVERT *ww.*.

per·vi·ous deurdringbaar, deurtrekbaar, deurlatend; vatbaar; toeganklik, ontvanklik *(vir)*; *be ~ to ...* vatbaar vir ... wees *(oortuiging ens.)*. **per·vi·ous·ness** deurdringbaarheid, deurtrekbaarheid, deurlatendheid; vatbaarheid; ontvanklikheid.

per·vy *adj.* pervers, wellustig.

pes *pedes, (Lat., teg.)* voet.

Pe·sach, Pe·sah *(<Hebr.)* Pasga; →PASSOVER.

Pes·ca·do·res *(geog.)* Pescadores(eilande), Visserseilande.

pe·se·ta *(geldeenheid)* peseta.

pesk·y *(infml.)* lastig, hinderlik, verpestelik. **pesk·i·ness** lastigheid, hinderlikheid.

pe·so *=sos, (geldeenheid)* peso.

pes·sa·ry *(med.)* pessarium; baarmoederring; vaginale setpil.

pes·si·mism pessimisme, swaarmoedigheid, swartgalligheid. **pes·si·mist** pessimis. **pes·si·mis·tic** pessimisties, swaarmoedig, swartgallig.

pest plaag; pes, plaag=, kwelgees; pes, nare mens; *(vero.)* pes(siekte); *be a ~* 'n plaag wees *(i.d. landbou ens.)*; *(infml., iem.)* 'n pes wees; *control ~s* plae bestry; *a ~ of ...* 'n plaag by ... *(skape, koring, ens.)*. ~ **control** plaagbestryding. **~house** *(hist.)* kwarantynhuis. ~ **plant** plaagplant.

pes·ter lastig val, terg, teister, treiter, pla; *~ s.o., (ook)* by iem. lol; *~ s.o. for s.t.* by iem. oor iets neul; *~ s.o. with s.t.* iem. met iets lastig val.

pes·ti·cide plaag=, onkruiddoder. **pes·tif·er·ous** *(poët., liter.)* skadelik, besmetlik; verderflik, verpestelik; *(skerts.)* vervelend, lastig. **pes·ti·lence** *(arg.)* pes, pestilensie, epidemie. **pes·ti·lent** skadelik, dodelik; *(infml., vero.)* lastig, lollerig, neulerig; *(arg., fig.)* verderflik. **pes·ti·len·tial** pesveroorsakend, pes=; besmetlik, aansteeklik; *(infml.)* verpestelik; *~ vapour* pesdamp.

pes·tle *n.* stamper; *~ and mortar* stamper en vysel. **pes·tle** *ww.* (fyn)stamp.

pes·to *(It. kookk.)* pesto.

pes·tol·o·gy *n., (studie v. landbouplae en plaagbestryding)* pestologie. **pes·to·log·i·cal** *adj.* pestologies. **pes·tol·o·gist** *n.* pestoloog.

pet¹ *n.* troeteldier; gunsteling, oogappel, witbroodjie; troetelkind; *(aanspreekvorm)* liefling, skat. **pet** *adj.* liefling(s)=, geliefkoos(de); troetel=; ~ ***animal*** troeteldier; *s.t. is s.o.'s ~* ***aversion*** →AVERSION; ~ ***calf/lamb/etc.*** hanskalf, =lam, ens.; ~ ***dog*** skoothondjie, troetelhond; lieflingshond. **pet** *=tt=, ww.* (ver)troetel, bederf; liefkoos, streel; vry (met). ~ **food** troeteldierkos, dierekos. ~ **name** troetelnaam(pie). ~ **shop** troeteldierwinkel, dierewinkel.

pet² *n.* slegte bui/humeur; *be in a ~* in 'n slegte bui/luim wees; *take the ~* boos/opvlieënd word. **pet·tish** liggeraak, buierig, prikkelbaar, kortgebonde, nors, stuurs.

pet·al kroonblaar. **~-shaped** kroonblaarvormig.

pet·alled, *(Am.)* **pet·aled, pet·al·if·er·ous, pet·al·ous** kroonblaardraend. **-pe·talled,** *(Am.)* **-pet·aled** *komb.vorm* met ... kroon=/blomblare; *eight-~* met ag(t) kroon=/blomblare; *white-~* met wit kroon=/blomblare.

pe·tard *(hist.)* kruitbom, springbus, voetsoeker; *s.o. has been hoist with his/her own ~* iem. het in die kuil/put geval wat hy/sy vir 'n ander gegrawe het, iem. het 'n kuil/put vir 'n ander gegrawe en self daarin geval, iem. is in sy/haar eie strik gevang.

pet·cock toets=, aftap=, deurblaas=, afblaas=, snuifkraan.

Pete: *for ~'s sake!, (infml.)* in hemelsnaam!, om hemelswil!.

pe·te·chi·a *=chiae, n., (med.)* petegie, bloedvlekkie. **pe·te·chi·al** petegiaal, bloedvlekkie=.

Pe·ter *(NT)* Petrus; *~ the Great* Peter die Grote; *rob ~ to pay Paul* die een beroof om die ander te betaal, onder afsny om bo aan te las, skuld maak om skuld te betaal; *St ~'s (Church)* →SAINT. ~ **Pan** *(fig., infml.: jeugdige/onvolwasse man)* Peter Pan. ~ **Pan collar** Peter Pan-kraag. **~('s) pence** *(RK)* (Sint) Pieterspenning. ~ **Principle:** *the ~ ~* die Peterbeginsel.

pe·ter¹: *~ out, ('n pad ens.)* doodloop; *(kosvoorraad ens.)* opraak; opdroog; op niks uitloop.

pe·ter² *(kaartspel)* kaats.

pe·ter³ kluis, brandkas; kasregister; geldkassie, =kissie; gevangenissel; *(hoofs.Am., infml.: penis)* meneer, tollie, voël. **~man** *=men, (sl.)* brandkasbreker, kluisdief.

pe·ter·sham petersham. ~ **(ribbon)** petersham(lint).

peth·i·dine *(med.)* petidien.

pet·i·ole *(bot.)* petiool, blaarsteel, =stingel; →LEAFSTALK.

pet·it *(Fr., hoofs. jur.)* klein; →PETTY. ~ **bourgeois** *petits bourgeois, n.* kleinburgerlike persoon. ~ **bourgeois** *adj.* kleinburgerlik. ~ **bourgeoisie** kleinburgery. ~ **four** *petits fours, (Fr. kookk.: klein versierde koekie)* petitfour. ~ **jury, petty jury** *(jur.)* jurie van twaalf lede. ~ **mal** *(ligte epilepsieaanval)* petit mal. ~ **point** petit point, tentsteek. ~ **pois** *(mv.), (Fr.: jong ertjies)* petit pois.

pe·tite fyn(tjies), tenger, tinger.

pe·ti·tion *n.* petisie, versoek=, smeekskrif; klagskrif. **pe·ti·tion** *ww.* versoek; smeek; 'n petisie/versoekskrif indien, petisioneer; by wyse van petisie aansoek doen; *~ s.o. for s.t.* iem. in 'n petisie/versoekskrif om iets vra; 'n versoekskrif oor iets tot iem. rig. **pe·ti·tion·ar·y** versoekend, smekend, versoek=, smeek=. **pe·ti·tion·er** petisionaris, ondertekenaar *(v. 'n petisie)*; versoeker; *wherefore your ~ humbly prays, (jur.)* weshalwe u petisionaris eerbiedig versoek.

Pet·rarch *(It. digter)* Petrarca. **Pet·rar·chan** *adj.* Petrarcaans, Petrarkaans *(ook p~)*; *~ sonnet, Italian sonnet* Petrarcaanse/Petrarkaanse/Italiaanse sonnet *(ook p~)*.

pet·rel *(orn.)* stormvoël; *giant ~* slukop, reusestormvoël; *storm(y) ~* (gewone) stormvoël; →PINTADO PETREL; *be a stormy ~* 'n woelgees/stormvoël/rusversteurder/rusverstoorder wees.

Pe·tri dish petribakkie.

pet·ri·fy *ww., (organiese stof)* versteen, petrifiseer; verhard; oorbluf; verstar. **pet·ri·fac·tion, pet·ri·fi·ca·tion** *n.* verstening, petrifikasie; verstarring. **pet·ri·fied** *adj.* verlam van vrees, versteen van (die) skrik, doodbang, vrees=, paniek=, angsbevange; *be* ***at*** *the prospect/thought of s.t.* sidder by die gedagte aan iets; *P~* ***Forest*** Versteende Woud; *~* ***insects/trees/etc.*** versteende insekte/bome/ens.; *be ~* ***of*** *s.t.* 'n heilige vrees vir iets hê; *be ~* ***(with fear)*** verlam van vrees (*of* vrees=/paniek=/angsbevange) wees, versteen wees van (die) skrik.

pet·ro= *komb.vorm* petro=, rots=; petro=, olie=.

pet·ro·chem·i·cal *n.* petrochemikalie. **pet·ro·chem·i·cal** *adj.* petrochemies. **pet·ro·chem·is·try** petrochemie.

pet·ro·dol·lar oliedollar.

pet·ro·gen·e·sis *(geol.)* petrogenese.
pet·ro·glyph petroglief, rotstekening.
pe·trog·ra·phy petrografie, gesteente=, rotsbeskrywing. **pe·trog·ra·pher** petrograaf. **pet·ro·graph·i·cal** petrografies.
pet·rol *n.* petrol; *the car is heavy on* ~ die motor gebruik baie petrol; *go and put* ~ *in a car* gaan petrol ingooi; *the car runs on* ~ die motor loop met petrol. **petrol** =*ll*=, *ww.* petrol ingooi; van petrol voorsien. ~ **bomb** petrolbom. ~ **cap** petrol=, brandstofdop. ~ **consumption** petrolverbruik. ~ **engine** petrolenjin. ~ **gauge** petrolmeter. ~ **pipe** petrolpyp. ~ **pump** petrolpomp. ~ **station** vulstasie. ~ **supply** petrolvoorraad; petroltoevoer, =lewering. ~ **system** petrolstelsel. ~ **tank** petroltenk. ~ **tanker** petroltenkwa, =vragmotor; petroltenkvliegtuig; petroltenkspoorwa.
pet·ro·la·tum →PETROLEUM JELLY.
pe·tro·le·um petroleum, aard=, steenolie. ~ **ether** petroleumeter. ~ **gas** petroleumgas. ~ **jelly** petroleumjellie, petrolatum.
pe·trol·ic petrol=, petroleumagtig, petroleum=.
pe·trol·o·gy petrologie, rotskunde, gesteenteleer. **pet·ro·log·i·cal** petrologies. **pe·trol·o·gist** petroloog.
pet·ro·nel *(hist.)* pistool.
pe·tro·sal *(anat.)* rotsbeen=.
pet·rous *(anat.)* →PETROSAL; *(w.g.)* rotsagtig, steenagtig.
pet·ti·coat onderrok; *(infml., dikw. neerh.)* vrou. ~ **breeches** *(hist.)* valletjiesbroek. ~ **commando** *(SA, hist.)* kappiekommando. ~ **government** *(dikw. neerh.)* pantoffelregering. ~**-ridden** onder die pantoffelregering.
pet·ti·coat·ed met 'n onderrok aan.
pet·ti·fog =*gg*=, *(arg.)* hare kloof/klowe, kibbel, vit, redekawel. **pet·ti·fog·ger** skelm prokureur, regsverdraaier; knoeier, boereverneuker; haarklower, vitter, muggiesifter. **pet·ti·fog·ger·y** *n.* regsverdraaiing; knoeiery, konkel(a)ry; haarklowery, vittery, muggiesiftery. **pet·ti·fog·ging** *adj.* knoeierig; vitterig, kleingeestig; beuselagtig, nietig.
pet·ti·ness nietigheid, kleinheid, beuselagtigheid, niksbeduidendheid; kleingeestigheid, bekrompenheid; →PETTY.
pet·ting liefkosery; vryery. ~ **party** vryparty. ~ **zoo** *(Am.)* hansdieretuin.
pet·tish →PET[2] *n.*.
pet·ti·toes varkpootjies, varkafval.
pet·ty =*tier* =*tiest*, *adj.* klein, nietig, niksbeduidend, beuselagtig, kinderagtig; kleingeestig, bekrompe, kleinlik; ondergeskik, onder=; →PETTINESS. ~ **cash** kleinkas; los kontant. ~ **farmer** knapsak=, kleinboer. ~ **jury** →PETIT JURY. ~**-minded** kleingeestig. ~**-mindedness** kleingeestigheid. ~ **offence** geringe oortreding. ~ **officer** *(vloot)* onderoffisier, bootsman. ~ **theft** klein/geringe diefstal, kleindiefstal, kleindiewery. ~ **thief** kleindief.
pet·u·lant prikkelbaar, humeurig, liggeraak, ontevrede, ongeduldig, kriewelrig, iesegrimmig, knorrig, moedswillig. **pet·u·lance** prikkelbaarheid, humeurigheid, iesegrimmigheid, knorrigheid, moedswilligheid. **pet·u·lan·cy** →PETULANCE.
pe·tu·ni·a *(bot.)* petunia.
pew *n.* (kerk)bank; *have/take a ~!*, *(Br., infml.)* kom sit!. ~ **rent** (kerk)bankgeld.
pe·wit →LAPWING.
pew·ter piouter; piouterware, =stukke. **pew·ter·er** piouterwerker. ~ **work** piouterwerk.
pe·yo·te *n., (Sp.Am., bot.)* meskal; *(hallusinogeen)* meskalien.
pfen·nig =*nigs*, =*nige*, *(D. geldeenh.)* pfennig.
Pha·e·thon, Pha·ë·thon *(Gr. mit.)* Faëton, Phaëthon.
phae·ton *(hist.)* faëton, ligte koets; *(Am.)* (antieke) toermotor.
phage = BACTERIOPHAGE.
phag·e·dae·na, phag·e·de·na *(patol.)* fagedeen, vreetsweer.
phag·o·cyte *(fisiol.)* fagosiet, vreet-sel. **phag·o·cyt·ic** fagosities.
phag·o·ma·ni·a *(psig.)* fagomanie, eetdrang.
phag·o·pho·bi·a *(psig.)* fagofobie, eetvrees.
pha·lange *(anat.)* falanks, vinger=, toonbeentjie; →PHALANX.
pha·lan·ger *(soöl.)* vlieënde vos, koeskoes.
phal·an·ster·y (sosialistiese) woongemeenskap.
pha·lanx *(mv.* =*lanxes)* falanks, slagorde; *(mv.* =*langes)* falanks, vinger=, toonbeentjie; *(bot.)* falanks, bundel meeldrade; *(soöl.)* falanks.
phal·a·rope *(orn.)* fraiingpoot.
phal·lo= *komb.vorm* fallo=.
phal·lo·cen·tric fallosentries.
phal·loc·ra·cy fallokrasie. **phal·lo·crat·ic** fallokraties.
phal·lus *phalli, phalluses* fallus, penis, roede. **phal·lic** fallies. **phal·lism** fallisme.
phan·er·o·gam *(bot., vero.)* fanerogaam; →SPERMATOPHYTE. **phan·er·o·gam·ic, phan·er·og·a·mous** fanerogaam, sigbaar bloeiend.
phan·tasm fantasma, (hersen)skim, skyn=, spookbeeld; geesverskyning. **phan·tas·ma·go·ri·a, phan·tas·ma·go·ry** fantasmagorie; skynbeeld, towerbeeld. **phan·tas·ma·go·ric** fantasmagories. **phan·tas·mal** spookagtig. **phan·tast, phan·ta·sy** *(arg. of psig.)* →FANTAST, FANTASY.
phan·tom, *(Am.)* **fan·tom** spook, skim, spookbeeld, =gestalte, fantoom; hersenskim, drog=, droombeeld. ~ **circuit** *(elek., telef.)* fantoomverbinding, =kring. ~ **limb** *(med.)* fantoom=, skynledemaat. ~ **pain** *(med.: pyn in 'n geamputeerde liggaamsdeel)* fantoom=, spookpyn. ~ **pregnancy** *(med.)* skynswangerskap. ~ **ship** spookskip.
phar·aoh farao. **phar·aon·ic** faraonies.
Phar·i·see *(Jud.)* Fariseër; *(fig., dikw. p~)* fariseër, huigelaar, skynheilige. **Phar·i·sa·ic, Phar·i·sa·i·cal** Farisees; *(fig., dikw. p~)* fariseëragtig, skynheilig, huigelagtig. **Phar·i·sa·i·cal·ness, Phar·i·sa·ism, Phar·i·see·ism** Fariseïsme; *(fig., dikw. p~)* fariseïsme, skynheiligheid, huigelagtigheid, huigelary.
phar·ma·ceu·ti·cal, *(w.g.)* **phar·ma·ceu·tic** farmaseuties; ~ *chemist*, *(w.g.)* farmaseut. **phar·ma·ceu·tics** *(fungeer as ekv.)* farmasie. **phar·ma·cist, phar·ma·ceu·tist** apteker, farmaseut. **phar·ma·cog·no·sy** farmakognosie. **phar·ma·co·log·i·cal** farmakologies. **phar·ma·col·o·gist** farmakoloog. **phar·ma·col·o·gy** farmakologie. **phar·ma·co·poe·ia,** *(Am.)* **phar·ma·co·pe·ia** farmakopee, aptekersboek.
phar·ma·cy apteek; farmasie, geneesmiddelbereiding; apteekwese, aptekerswese. ~ **board** aptekersraad.
Pha·ros *(hist. vuurtoring)* Pharos; *a p~* 'n vuurtoring/ligbaken.
phar·ynx =*ynges*, =*ynxes* farinks, keelholte. **phar·yn·ge·al, pha·ryn·gal** van die keelholte, keelholte=. **phar·yn·gi·tis** faringitis, keelontsteking.
phase *n., (astron., fis., chem., biol., elek.)* fase; trap; stadium; fase, skyngestalte *(v.d. maan)*; *in* ~ gelykfasig; ~ *of the moon* maangestalte, maanfase, stand van die maan; *out of* ~ ongelykfasig. **phase** *ww.* faseer; ~ *s.t. in* iets infaseer (*of* geleidelik invoer *of* geleidelik in gebruik neem), geleidelik met die produksie van iets begin; ~ *s.t. out* iets uitfaseer (*of* geleidelik/trapsgewys[e] uitskuif/uitskuiwe/uitskakel *of* geleidelik uit die gebruik neem), die produksie van iets geleidelik beëindig. ~ **rule** *(chem.)* fasereël.
phased trapsgewys(e), geleidelik. **phas·ing** fasering.
phat·ic faties *(taalgebruik)*.
pheas·ant *(orn.)* fisant. ~**'s eye** *(bot.: Adonis annua/autumnalis)* adonisblom, patrysoog; *(Narcissus poeticus)* narsing.
pheas·ant·ry =*ries* fisantpark, =tuin; fisanthok.
phe·nac·e·tin *(chem.)* fenasetien.
phe·nix *(Am.)* →PHOENIX.
phe·no·bar·bi·tal, phe·no·bar·bi·tone *(med.)* fenobarbitoon.
phe·nol *(chem.)* fenol, karbolsuur. **phe·no·late** *n.* fenolaat. **phe·no·late** *ww.* fenoleer. **phe·nol·ic** fenolies, fenol=.
phe·nol·phtha·lein *(chem.)* fenolftaleïen.
phe·nom *(Am., infml.)* fenomeen, genie, meester.
phe·nom·e·non =*ena* fenomeen; verskynsel; wonder(mens), genie. **phe·nom·e·nal** fenomenaal, buitengewoon, merkwaardig, verstommend; *(filos.)* waarneembaar, fenomenaal. **phe·nom·e·nal·ism** *(filos.)* fenomenalisme. **phe·nom·e·no·log·i·cal** fenomenologies. **phe·nom·e·nol·o·gy** fenomenologie, leer van die verskynsels.
phe·no·type *(biol.)* fenotipe. **phe·no·typ·ic, phe·no·typ·i·cal** fenotipies.
phen·yl *(chem.)* feniel. ~**butazone** *(med.)* fenielbutasoon.
pher·o·mone *(biochem.)* feromoon, sekslokstof.
phew *tw.* foei, ga, sies, poega; ~, *it's hot!* alla/s(j)oe, (maar) dis warm!.
phi *(21ste letter v.d. Gr. alfabet)* fi.
phi·al flessie, botteltjie.
Phi Be·ta Kap·pa *(Am.: [erelid v. 'n] vereniging v. topstudente)* Phi Beta Kappa.
phil= *komb.vorm* →PHILO=.
phil·a·beg →FILIBEG.
phi·lan·der *ww.* flirt(eer), koketteer, vry. **phi·lan·der·er** flirt, vryer, meisies=, vrouegek.
phi·lan·thro·py filantropie, mensliewendheid, menseliefde, liefdadigheid. **phil·an·throp·ic, phil·an·throp·i·cal** filantropies, mensliewend, liefdadig. **phi·lan·thro·pise, -pize** liefdadigheid betoon. **phi·lan·thro·pism** *(w.g.)* →PHILANTHROPY. **phi·lan·thro·pist** filantroop, mensevriend, weldoener.
phi·lat·e·ly filatelie, posseëlkunde, (die) versamel van posseëls. **phil·a·tel·ic** filatelies, filatelisties, posseëlversameling(s)=. **phi·lat·e·list** filatelis, posseëlversamelaar.
=**phil(e)** *komb.vorm* =fiel, =liefhebber; =gesinde; =fiel, =gesind; *Anglo*~ Engelsgesinde, Anglofiel; *biblio*~ bibliofiel, boekeliefhebber, =vriend; boek(e)versamelaar.
Phi·le·mon *(NT, Gr. mit.)* Filemon; *Epistle to* ~, *(NT)* (Die Brief aan) Filemon *(NAB)*.
phil·har·mon·ic *n., (P~ in 'n eienaam)* filharmoniese orkes/konsert; *(vero.)* musiekliefhebber. **phil·har·mon·ic** *adj.* filharmonies.
phil·hel·lene, phil·hel·len·ist *n.* Griekevriend, filhelleen. **phil·hel·le·nic** *adj.* Grieksgesind, filhelleens. **phil·hel·len·ism** Grieksgesindheid, filhellenisme.
=**phil·i·a** *komb.vorm* =filie; *haemo*~ hemofilie, bloeiersiekte; *necro*~ nekrofilie, lykskending.
=**phil·i·ac** *komb.vorm* =fiel; =filis; *haemo*~ hemofilis, hemofilie-lyer, bloeier; *necro*~ nekrofiel, lykskender.
phil·i·beg →FILIBEG.
=**phil·ic,** =**phi·lous** *komb.vorm* =fiel, =filies; *acido*~ asidofiel, asidofilies; *hydro*~ hidrofiel, hidrofilies, waterliewend.
Phil·ip *(NT)* Filippus; ~ *the Bold/Fair/Good* Filips die Stoute/Skone/Goeie; *King* ~ *of Macedonia* koning Philippus van Macedonië; *King* ~ *of Spain* koning Filips van Spanje.
Phi·lip·pi *(geog., hist.)* Filippi. **Phi·lip·pi·an** *n.* Filippenser. **Phi·lip·pi·an** *adj.* Filippensies. **Phi·lip·pi·ans:** *(The Epistle of Paul the Apostle to the)* ~, *(NT)* (Die Brief aan die) Filippense.
phi·lip·pic *(poët., liter.)* filippika, strafrede, heftige aanval.
phil·ip·pi·na, phil·ip·pine, phil·o·poe·na, *(Am.)* **phil·o·pe·na** *(speletjie)* filippien, filippyn.
Phil·ip·pines, Phil·ip·pines *n.: the* ~ (or *Phillipine Islands*), *(geog.)* die Filippyne (*of* Filippynse Eilande). **Phil·ip·pine** *adj.* Filippyns; →FILIPINO; ~ *Islands* Filippynse Eilande; ~ *Sea* Filippynse See.
Phil·ip·pop·o·lis *(Gr., geog.)* Philippopolus; →PLOVDIV.
Phi·lis·ti·a *(geog., hist.)* Filistea. **Phil·is·tine** *n.* Filistyn; *(ook p~)* filistyn. **Phil·is·tine** *adj.* Filistyns; *(gew. p~)* filistyns, kultuurloos. **phil·is·tin·ism** kultuurloosheid, bekrompenheid.

Phil·lips screw *(handelsnaam)* Phillips-, stertskroef.
phil·lu·men·ist versamelaar van vuurhoutjiedosies/-etikette, lusiferis. **phil·lu·men·y** lusiferisme.
phil·o-, phil- *komb.vorm* fil(o)-.
phil·o·den·dron *-dendrons, -dendra, (bot.)* filodendron.
phi·lol·o·gy filologie, vergelykende taalwetenskap. **phi·lol·o·ger, phil·o·lo·gi·an** →PHILOLOGIST. **phil·o·log·ic, phil·o·log·i·cal** filologies, taalwetenskaplik. **phi·lol·o·gist** filoloog.
Phil·o·mel, Phil·o·me·la *(Gr. mit.)* Filomela; *(poët., liter., p~)* = NIGHTINGALE.
phil·o·pe·na, phil·o·poe·na →PHILIPPINA.
phil·o·pro·gen·i·tive *(fml.)* vrugbaar; kinderliewend.
phi·los·o·pher filosoof, wysgeer; *~'s stone* steen van die wyse(s). **phil·o·soph·i·cal, phil·o·soph·ic** filosofies; wysgerig; kalm, gematig, rustig; wys; lewensbeskoulik; *~ spirit* wysgerigheid. **phil·o·soph·i·cal·ly** filosofies; wysgerig; gelate, rustig, kalm. **phil·o·soph·i·cal·ness** wysgerigheid; gelatenheid, rustigheid. **phi·los·o·phise, -phize** filosofeer; teoretiseer; moraliseer. **phi·los·o·phy** filosofie, wysbegeerte; *~ of life* lewensbeskouing, -opvatting; *~ of religion* godsdiensfilosofie.
-phi·lous *komb.vorm* →-PHILIC.
phil·tre, *(Am.)* **phil·ter** liefdes-, minnedrank(ie).
phi·mo·sis *-moses, (med.: voorhuidvernouing)* fimose.
phiz *(hoofs. Br., infml.)* bakkies, gevreet, smoel.
phle·bi·tis *(med.: aarontsteking)* flebitis.
phle·bog·ra·phy →VENOGRAPHY.
phleb·o·scle·ro·sis, ve·nos·cle·ro·sis *(patol.)* aarverkalking, -verdikking, -verharding.
phle·bot·o·my flebotomie, veneseksie, bloedlating. **phle·bot·o·mise, -mize** bloedlaat, aarprik.
phlegm slym, fleim, fluim; flegma, traagheid, onverskilligheid; apatie. **phleg·mat·ic, phleg·mat·i·cal** flegmaties, onverskillig, ongevoelig. **phlegm·y** slym-, slymerig, fleim-, fluim-.
phlo·em *(bot.)* floëem, binnebas, basweefsel.
phlo·gis·tic *(chem.)* flogisties, verbrandings-; *(med.)* ontstekend, koors-.
phlo·gis·ton *(chem.)* flogiston.
phlog·o·pite *(min.)* flogopiet.
phlox *(bot.)* floksie.
-phobe *komb.vorm* -foob, -hater; *xeno~* vreemdelingehater.
pho·bi·a fobie, sieklike vrees. **-pho·bi·a** *komb.vorm* -fobie, -vrees; *claustro~* kloustrofobie, engtevrees. **pho·bic** fobies. **-pho·bic** *komb.vorm* -fobies; *claustro~* kloustrofobies.
Phoe·be *(Gr. mit.)* Foibe, Foibê; *(astron.)* Foibe, Febe, Phoebe.
Phoe·bus *mit.)* Foibos.
Phoe·ni·ci·a *(geog., hist.)* Fenisië. **Phoe·ni·ci·an** *n.* Fenisiër. **Phoe·ni·ci·an** *adj.* Fenisies.
phoe·nix, *(Am.)* **phe·nix** *(klass. mit.)* feniks.
phon *(eenh. v. luidheid)* fo(o)n; *two ~s, many ~s* twee fon, baie fons.
pho·nate *(fonet.)* foneer, stem/spraakklank(e) voortbring, klank. **pho·na·tion** *(fonet.)* fonering, die voortbring van stem/spraakklanke.
phone[1], **tel·e·phone** *n.* (tele)foon; ***answer the ~*** die (tele)foon antwoord; ***by ~*** oor die (tele)foon, per (tele)foon, telefonies; *be **on the** ~* oor die (tele)foon praat, met 'n (tele)foongesprek besig wees; *s.o. is **on** the ~ for you, you are wanted **on** the ~* daar is 'n ([tele]foon)oproep vir jou; ***on/over** the ~* oor die (tele)foon, telefonies, per (tele)foon; ***pick** the ~ up* die (tele)foon optel; ***put** the ~ down* die (tele)foon neersit; ***put** the ~ down on s.o.* die (tele)foon neersmyt (*of* summier neersit); *the ~ is **ringing!*** die (tele)foon lui!. *a ~ **rings*** 'n (tele)foon lui; **phone, tel·e·phone** *ww.* (op)bel, skakel, telefoneer; *~ (s.o.) **back*** (iem.) terugbel/-skakel; *phone **in*** bel; *phone s.t. **in*** iets inbel; *~ **through*** deurbel; *~ s.o. **up*** iem. (op)bel. *~* **book** (tele)foongids, -boek. *~* **call:** *make a ~ ~* 'n ([tele]foon)oproep doen. *~***card** (tele)foonkaart. *~***-tapping** (telefoniese) afluistery.
phone[2] *n., (fonet.)* foon-, spraakklank.
-phone *komb.vorm* -foon; -sprekende; -sprekend; *Anglo~, (n.)* Engelssprekende; *Anglo~, (adj.)* Engelssprekend.
phone-in *(rad., TV)* inbelprogram.
pho·neme *(fonet.)* foneem. **pho·ne·mic** *adj.*, **-mi·cal·ly** *adv.* fonologies, fonemies, foneem-.
pho·net·ic *(fonet.)* foneties; *(attr.)* fonetiese, klank- *(spelling, stelsel, skrif, ens.).* **pho·ne·ti·cian, pho·net·i·cist** fonetikus. **pho·net·ics** *(fungeer as ekv.)* fonetiek, klankleer. **pho·ne·tist** voorstander/gebruiker van fonetiese spelling; →PHONETICIAN.
pho·ney, *(Am.)* **pho·ny** *n., (infml.)* onopregte persoon, veinser, bedrieër; nagemaakte/onegte/(ver)valste voorwerp/ding. **pho·ney,** *(Am.)* **pho·ny** *adj., (infml.)* bedrieglik, oneg, nageboots, vals, verdag, skyn-; *~ war* skynoorlog.
phon·ic fonies, klank-; *~ method* klankmetode. **phon·ics** *(fungeer as ekv.)* geluidsleer; fonetiese metode, klankmetode.
pho·no- *komb.vorm* fono-.
pho·no·gram fonogram.
pho·nog·ra·phy fonografie. **pho·no·graph** fonograaf; *(Br.)* grammofoon; *(Am.)* platespeler.
pho·no·lite *(geol.)* fonoliet, klanksteen.
pho·nol·o·gy fonologie. **pho·no·log·i·cal** fonologies. **pho·nol·o·gist** fonoloog.
pho·nom·e·ter fonometer.
pho·no·scope fonoskoop.
pho·ny →PHONEY.
phoo·ey *tw.* twak, kaf.
phor·mi·um *(bot.)* formium.
phos·gene *(chem.)* fosgeen, karbonielchloried.
phos·phate *(chem.)* fosfaat; *rock ~* →ROCK[1]. *~* **rock** fosfaatgesteente, fosfaatrots.
phos·phat·ic fosfatiese, fosfaatbevattend; *~ fertiliser/-izer* fosfaatkunsmis. **phos·pha·tise, -tize** fosfateer, fosfatiseer.
phos·phene *(fisiol.)* fosfeen.
phos·phide *(chem.)* fosfied.
phos·phine *(chem.)* fosfien.
phos·phite *(chem.)* fosfiet.
phos·phon·ic ac·id *(chem.)* fosfoonsuur.
phos·pho·ni·um *(chem.)* fosfonium.
phos·phor fosfor. *~* **bronze** fosforbrons.
phos·pho·rate met fosfor verbind; laat fosforesseer. **phos·pho·resce** *(fis.)* fosforesseer, lig afgee. **phos·pho·res·cence** fosforessensie. **phos·pho·res·cent** fosforesserend, fosfories. **phos·phor·ic** fosfories, fosfor-; *~ acid* (orto)fosforsuur; *~ oxide* fosforoksied. **phos·pho·rite** *(min.)* fosforiet. **phos·phor·o·scope** fosforoskoop. **phos·pho·rous** *adj.* fosforagtig; fosfories; fosforhoudend; *~ acid* fosforigsuur. **phos·pho·rus** *n., (chem., simb.: P)* fosfor; *red ~* rooifosfor; *white/yellow ~* wit-, geelfosfor.
pho·tic lig-, foties; *(water)* binne bereik van sonlig. **pho·tism** *n., (psig.)* fotisme.
pho·to *-tos, (infml., afk. v.* photograph*)* foto; *in/on a ~(graph)* in/op 'n foto; *take a ~(graph)* 'n foto neem. *~* **album** fotoalbum. *~***biology** fotobiologie. *~* **booth** fotohokkie. *~* **call** fotosamekoms. *~***cell,** *~***electric cell, electric eye** fotosel, foto-elektriese sel, elektriese oog. *~***chemical** fotochemies; *~ smog* fotochemiese rookmis. *~***chemistry** fotochemie, aktinochemie. *~***chromic** fotochromies *(glas, plastiek, lens, sonbril).* *~***chromy** fotochromie; kleurfotografie. *~***copier** fotostaat-, fotokopieermasjien, fotokopieerder. *~***copy** *n.* fotokopie. *~***copy** *ww.* fotokopieer. *~* **corner** fotohoekie. *~***degradable** ligafbreekbaar *(plastiek).* *~***diode** *(elek., fis.)* fotodiode. *~***electric** foto-elektries; *~ cell* →PHOTOCELL. *~***electron** *(fis.)* foto-elektron. *~***emission** *(elek., fis.)* foto-emissie. *~***engrave** fotograveer. *~***engraver** fotograveur; (foto)blokmaker, chemigraaf. *~***engraving** fotogravure. *~* **finish** *(sport)* fotobeslissing, foto-einde; wenpaalfoto. *~***-finish camera** wenpaalkamera. **P~fit** *(Br., handelsnaam)* saam-/samegestelde foto. *~***flash** fotoflits. *~***flood (lamp)** *(fot.)* jupiterlamp. *~* **frame** foto-, portretraam. *~***genic** fotogeen, liggewend; fotogeen, -genies. *~***gram** fotogram. *~***gravure** fotogravure(proses). *~***induced** fotogeïnduseer(d). *~***journalism** fotojoernalistiek. *~***journalist** fotojoernalis. *~* **library** fototeek. *~***lithograph** fotolitografie, ligsteendruk(plaat). *~***lithographer** fotolitograaf. *~***lithographic** fotolitografies. *~***lithography** fotolitografie, ligsteendrukkuns. *~***map** *n.* fotokaart, fotografiese sterrekaart. *~***map** *-pp-, ww.* fotokarteer. *~***mechanical** fotomeganies. *~***micrograph** mikrofoto. *~***micrographer** mikrofotograaf. *~***micrographic** mikrofotografies. *~***micrography** mikrofotografie. *~***montage** fotomontage. *~***multiplier** fotovermenigvuldiger. *~***novel** foto-, prent(e)verhaal, fotoroman. *~***-offset** *n., (druk.)* fotovlakdruk. *~* **opportunity,** *(Am., infml.) ~* **op** fotogeleentheid. *~***period** *(bot., soöl.)* foto-, ligperiode. *~***phobia** fotofobie, ligskuheid. *~***phobic** fotofobies, fotofoob, ligsku. *~***phone** ligtelefoon, foto(tele)foon. *~***play** rolprentdrama, filmdrama. *~***realism** *(kuns)* fotorealisme. *~***receptor** *(fisiol., soöl.)* fotoreseptor, liggevoelige orgaan. *~***sensitise,** *~***tize** liggevoelig maak. *~***sensitive** liggevoelig. *~***sensitivity** liggevoeligheid. *~* **session** fotosessie. *~***set** *ww., (druk.)* fotoset. *~***setting** (die) fotoset. *~***setting machine** fotosetmasjien. *~* **shoot** fotosessie. *~***sphere** *(astron.)* fotosfeer. *~***stat** *n.* fotostaat; *make a ~* 'n fotostaat maak. *~***stat** *ww.* fotokopieer. *~***static** fotostaties; *~ copy* fotostaat(afdruk). *~***synthesis** *-theses* fotosintese. *~***synthesise,** *-***size** fotosintetiseer. *~***synthetic** fotosinteties. *~***therapeutic,** *~***therapic** ligterapeuties. *~***therapeutics** →PHOTOTHERAPY. *~***therapist** ligterapeut. *~***therapy** ligterapie, ligbehandeling. *~***transistor** fototransistor. *~***tube** fotobuis, foto-elektriese buis. *~***type** *n.* ligdruk(plaat), fototipie. *~***type** *ww.* fototipeer, ligdrukke (*of* 'n ligdruk) maak. *~***typesetter** fotosetter, fotosetmasjien; *(pers.)* fotosetter. *~***typesetting** fotoset. *~***typic** fototipies. *~***voltaic** fotovoltaïes.
pho·to- *komb.vorm* foto-, lig-.
pho·to·gram·me·try fotogrammetrie, fotografiese opname. **pho·to·gram·met·ric** fotogrammetries; *~ expert* fotogramtegnikus.
pho·to·graph *n.* foto; portret; *take a ~* 'n foto neem. **pho·to·graph** *ww.* afneem, fotografeer; *I always ~ badly (I am not photogenic)* my foto kom nooit goed nie (ek is nie fotogenies nie). *~* **album** fotoalbum.
pho·tog·ra·pher fotograaf. **pho·to·graph·ic** fotografies, foto-; *~ **copy*** fotokopie; *~ **film*** fotofilm, fotografiese film; *~ **map*** fotokaart, fotografiese (land)kaart; *~ **memory*** fotografiese geheue; *~ **society*** fotografiese vereniging/genootskap; *~ **staff*** fototegniese personeel; *~ **studio*** fotoateljee, fotografiese ateljee; *~ **survey(ing)*** fotogrammetrie; fotografiese opname; *~ **surveyor*** fotokarteerder. **pho·tog·ra·phy** fotografie.
pho·tol·y·sis *(chem.)* fotolise.
pho·tom·e·ter fotometer, lig(sterkte)meter.
pho·tom·e·try fotometrie, lig(sterkte)meting. **pho·to·met·ric, pho·to·met·ri·cal** fotometries.
pho·ton *(fis.)* foton, ligkwantum.
pho·toph·i·lous *(bot.)* fotofiel; *~ plant* fotofiel, ligplant.
pho·to·tax·is, *(w.g.)* **pho·to·tax·y** *(biol.)* fototaksis. **pho·to·tac·tic** fototakties.
pho·tot·ro·pism, pho·tot·ro·py *(biol.)* fototropie, ligkromming. **pho·to·trop·ic** fototroop.
phras·al *adj.: ~ verb* deeltjiewerkwoord.
phrase *n., (ook mus.)* frase; uitdrukking, segswyse, spreekwyse; *(gram.)* sinsnede, sinsdeel; →SET PHRASE; *to coin a ~* →COIN *ww.; **hollow** ~s* hol/leë frases; *an **overworked** ~* →OVERWORKED; *in **simple** ~* in eenvoudige taal/bewoordinge; *a Dickensian/etc. **turn** of ~* 'n Dickensiaanse/ens. styl/uitdrukkingswyse (*of* manier van praat); *s.o. has a good **turn** of ~, (ook)* iem. kan hom/haar goed uitdruk. **phrase** *ww.* formuleer, uitdruk, bewoord; *(mus.)* fraseer. *~* **book** taalgids *(vir toeriste).* *~* **maker,** *~* **monger** fraseur, frasemaker, woordebakker; praatjiesmaker. *~* **marker** *(ling.)* stukbeeld. *~* **mongering** praatjiesmakery.

phra·se·ol·o·gy fraseologie; formulering, styl, woordkeuse; *scientific* ~ wetenskaplike jargon. **phras·ing** formulering, bewoording; *(mus.)* frasering.

phre·at·ic *(geol.)* freaties, ondergronds; ~ *water* grondwater.

phren·ic *(anat.)* frenies, mantelvlies-, midde(l)rif-, van die mantelvlies/midde(l)rif. **phre·ni·tis** frenitis.

phre·nol·o·gy *(hoofs. hist.)* frenologie, skedelleer. **phren·o·log·i·cal** frenologies. **phre·nol·o·gist** frenoloog.

Phryg·i·a *(geog., hist.)* Frigië. **Phryg·i·an** *n.* Frigiër; *(taal)* Frigies. **Phryg·i·an** *adj.* Frigies; ~ *cap* Frigiese mus, vryheidsmus; ~ *mode, (mus.)* Frigiese modus.

phthal·ate *(chem.)* ftalaat. **phthal·ic ac·id** ftaalsuur.

phthi·sis *(med., arg.)* ftisis; *miner's* ~ myntering. **phthis·ic, phthis·i·cal** teringagtig.

phut *tw.* doef; *go* ~, *(infml.)* inmekaarstort, -val (*of* inmekaar stort/val); misluk.

phy·col·o·gy fikologie, wierkunde.

phy·lac·ter·y filakterie; gebedsriem; talisman.

phy·let·ic, phy·lo·ge·net·ic *(biol.)* filetics, afstammings-, stam-.

phyl·lite *(geol.)* filliet.

phyl·lo *n.* →FILO.

phyllo- *komb.vorm* fillo-, blaar-.

phyl·lode, phyl·lo·di·um *(bot.)* fillodium, blaarsteelvlerk.

phyl·lo·ge·net·ic *(bot.)* fillogeneties.

phyl·loph·a·gous *adj., (soöl.)* blaar(vr)etend.

phyl·lo·qui·none, vit·a·min K₁ fillokinoon, vitamien K₁.

phyl·lo·tax·is, phyl·lo·tax·y *(bot.)* fillotaksis, blaarstand. **phyl·lo·tac·tic** fillotakties.

phyl·lox·e·ra, phyl·lox·e·ra filloksera, druifluis.

phy·lo·gen·e·sis, phy·log·e·ny *(biol.)* filogenese, filogenie. **phy·lo·ge·net·ic, phy·lo·gen·ic** filogeneties.

phy·lum *phyla, (biol.)* phylum, stam, hoofgroep.

phys·i·at·rics *(fungeer as ekv.), (Am.)* →PHYSIOTHERAPY. **phys·i·at·rist** →PHYSIOTHERAPIST.

phys·ic *n., (arg.)* geneesmiddel, medisyne; *(arg.)* geneeskunde. **phys·ic** -*icked* -*icking, ww., (arg.)* dokter, medisyne gee/toedien.

phys·i·cal *n., (infml.)* liggaamlike ondersoek, mediese keuring; *(i.d. mv.)* kontant-, lokogoedere. **phys·i·cal** *adj.* fisiek, liggaamlik, liggaams-; fisies, natuurkundig; kontak-; *a* ~ *impossibility* 'n fisieke onmoontlikheid. ~ **anthropology** →ANTHROPOLOGY. ~ **astronomy** fisiese sterrekunde, meganika van die hemel(ruim). ~ **chemistry** fisiese chemie. ~ **constant** fisiese konstante. ~ **courage** fisieke moed. ~ **culture** *(vero.)* liggaamsopvoeding, liggaamlike opvoeding; heilgimnastiek. ~ **culturist** *(vero.)* liggaamsopvoeder; heilgimnas. ~ **defect** liggaamsgebrek. ~ **development** liggaamsontwikkeling. ~ **education** *(afk.: PE)* liggaamsopvoeding, liggaamlike opvoeding. ~ **energy** lewensenergie; liggaamskrag. ~ **exercise** liggaamsoefening; liggaamsbeweging. ~ **features** terreingesteldheid. ~ **force** natuurkrag; (fisieke/liggaamlike) geweld. ~ **geography, physiography** fisiografie, natuurbeskrywing. ~ **jerks** *(infml.)* LO, liggaamsoefeninge. ~ **laboratory** natuurkundige laboratorium, natuurkunde-, fisikalaboratorium. ~ **planning** ruimtelike ordening. ~ **property** fisiese eienskap. ~ **science** natuurkunde; *the* ~ *~s* die natuurwetenskappe. ~ **strength** liggaamskrag. ~ **therapy** = PHYSIOTHERAPY. ~ **training** liggaamlike opvoeding.

phys·i·cal·ism *n., (filos.)* fisikalisme. **phys·i·cal·ist** *n.* fisikalis. **phys·i·cal·ist** *adj.* fisikalisties.

phys·i·cal·ly liggaamlik, fisiek; natuurkundig, fisies; ~ *impossible* fisiek onmoontlik.

phy·si·cian dokter, geneesheer, arts, medikus, geneeskundige; *specialist* ~ internis.

phys·i·cist fisikus, natuurkundige; *nuclear* ~ kernfisikus.

phys·i·co·chem·i·cal fisikochemies, fisies-chemies.

phys·ics *(fungeer as ekv.)* fisika, natuurkunde.

phys·i·o -*os, n., (infml.)* fisio(terapie); fisio(terapeut).

phys(io)- *komb.vorm* fis(io)-.

phys·i·oc·ra·cy *(ekon., hist.)* fisiokrasie. **phys·i·o·crat** fisiokraat. **phys·i·o·crat·ic** fisiokraties. **phys·i·o·crat·ism** fisiokratisme.

phys·i·og·no·my fisionomie, gesigsuitdrukking; gelaat, gesig, voorkoms; fisionomiek, gelaatkunde; natuurlike kenmerke *(v. 'n landskap)*. **phys·i·og·nom·i·cal** fisionomies, gelaatkundig. **phys·i·og·no·mist** fisionoom, gelaatkundige.

phys·i·og·ra·phy = PHYSICAL GEOGRAPHY. **phys·i·o·graph·i·cal** fisiografies.

phys·i·ol·o·gy fisiologie; *animal* ~ dier(e)fisiologie; *human* ~ fisiologie van die mens; *plant* ~ plant(e)fisiologie. **phys·i·o·log·i·cal** fisiologies. **phys·i·ol·o·gist** fisioloog.

phys·i·o·ther·a·py, *(Am.)* **phys·i·at·rics,** *(Am.)* **phys·i·cal ther·a·py** fisioterapie; →PHYSIO *n.*. **phys·i·o·ther·a·pist** fisioterapeut.

phy·sique liggaamsbou, fisiek.

phy·to-, phyt- *komb.vorm* fit(o)-, plant(e)-; *phytogenesis* fitogenese, planteteelt; *phytase* fitase.

phy·to·chem·is·try *n.* fitochemie. **phy·to·chem·i·cal** *adj.* fitochemies. **phy·to·chem·ist** *n.* fitochemikus.

phy·to·gen·e·sis, phy·tog·e·ny *(bot.)* fitogenese. **phy·to·gen·ic** fitogeen.

phy·to·ge·og·ra·phy plantegeografie, plantaardrykskunde.

phy·tog·ra·phy fitografie, plantbeskrywing.

phy·tol·o·gy fitologie, planteleer.

phy·to·pa·thol·o·gy fitopatologie, plantsiektekunde.

phy·toph·a·gous plantetend *('n insek ens.)*.

phy·to·plank·ton fitoplankton, plantaardige plankton.

phy·tot·o·my fitotomie, plantanatomie, -ontleding.

phy·to·tox·in fitotoksien, plantgif; fitotoksien, plantaardige gif. **phy·to·tox·ic** fitotoksies, giftig vir plante.

pi¹ *(16de letter v.d. Gr. alfabet)* pi; *(wisk.)* pi.

pi², pie *n., (druk.)* pastei, bredie; *(fig.)* verwarring, chaos; warboel; *make pie of s.t* iets verknoei (*of* in die war stuur); *printer's* ~ →PRINTER. **pi, pie** *ww., (druk.)* deurmekaargooi; deurmekaarval; *(fig.)* verwar.

pi³ *(Br., infml.)* →PIOUS.

pi·ac·u·lar *(w.g.)* versoenend.

pi·affe *ww., ('n perd)* drafstap, stadig draf.

pia (ma·ter) *(Lat., anat.: binne[n]ste vlies wat d. brein en rugmurg omsluit)* pia mater.

pi·a·nette klein klavier.

pi·a·ni·no -*nos, (dwergklavier)* pianino.

pi·a·nism *(mus.: kuns/tegniek v. klavierspel)* pianistiek. **pi·a·nist** pianis, klavierspeler. **pi·a·nis·tic** pianisties.

pi·a·nis·si·mo -*simos,* -*simi, n., (mus.)* pianissimo(-passasie). **pi·a·nis·si·mo** *adj. & adv.* pianissimo, baie sag.

pi·an·o¹ -*nos, n., (mus.instr.)* klavier; →GRAND PIANO; *at the* ~ voor die klavier; *play the* ~ klavier speel, klavierspeel. ~ **accompaniment** klavierbegeleiding. ~ **accordion** trekklavier. ~ **cover** klavierkleedjie. ~ **hinge** klavierskarnier. ~ **player** klavierspeler, pianis. ~ **playing** klavierspel. ~ **recital** klavieruitvoering. ~ **stool** klavierstoel(tjie). ~ **trio** klaviertrio. ~ **tuner** klavierstemmer.

pi·an·o² *adj. & adv., (mus.)* piano, sag.

pi·an·o·for·te = PIANO¹ *n.*.

pi·a·no·la *(handelsnaam, soms P~),* **play·er pi·an·o** pianola.

pi·as·sa·va, pi·as·sa·ba *(bot.)* piassawa.

pi·as·tre, *(Am.)* **pi·as·ter** *(geldeenheid)* piaster.

pi·az·za *(It.)* piazza, (mark)plein; *(Am., arg.)* veranda.

pi·broch *(Skotse doedelsakvariasies)* pibroch.

pic *pics, pix, (infml.)* prent, tekening, skets; illustrasie; kiekie, foto; fliek, film, (rol)prent.

pi·ca¹, (pi·ca) em *(druk.)* pika.

pi·ca² *(med.: onnatuurlike eetlus vir nievoedsame/skadelike stowwe)* pika.

pic·a·dor pikador *(in stiergevegte)*.

Pic·ar·dy *(geog.)* Pikardië. **Pi·card** *n.* Pikardiër. **Pi·card** *adj.* Pikardies.

pic·a·resque pikaresk, skelm-; ~ *novel/romance* skelmroman, pikareske roman.

pic·a·roon *(arg.)* skurk, skelm; dief; seerower; kaperskip, seerowerskip.

pic·a·yune *n., (Am.)* geldstukkie, muntjie; *(infml.)* nietigheid, kleinigheid; *(infml.)* onbelangrike persoon, nul. **pic·a·yune, pic·a·yun·ish** *adj.* kinderagtig; gering, nietig; vrotsig.

pic·ca·lil·li *(kookk.)* piccalilli, mosterdsuurtjies.

pic·ca·nin·ny, *(Am.)* **pick·a·nin·ny** *n., (dikw. neerh.)* piekanien. **pic·ca·nin·ny,** *(Am.)* **pick·a·nin·ny** *adj., (arg.)* klein, petieterig, piekanien-.

pic·co·lo -*los, (klein dwarsfluit)* piccolo. ~ **player** piccolospeler.

pice *pice, (hist., Ind. geldeenheid)* kwart-anna.

pick¹ *n.* keuse; (die) uitsoek; elite, (die) beste/keur; ***have first*** ~ die eerste keuse hê; ***take one's*** ~ uitsoek; ***take your*** *~!* soek maar uit!; ***the*** ~ *(of the bunch)* die (aller)beste/(aller)mooiste, die blom/keur. **pick** *ww.* (uit)kies, uitsoek; (af)pluk; afknaag, -eet *('n been)*; pik; steel; (uit)pluis *(tou)*; *(wewery)* 'n spoel skiet; (in)oes, insamel; steek; soek, uitlok *(rusie, twis)*; (op)pik; peusel, langtand eet; pluk *('n snaar)*; oopsteek *('n slot)*; krap *(in jou neus)*; ~ ... ***apart*** →***pieces***; ~ ***at*** *s.t.* aan iets pluk; aan iets peusel *(kos)*; *have a* ***bone*** *to* ~ *with s.o.* →BONE *n.*; ~ *s.o.'s* ***brains*** →BRAIN *n.*; ~ *and* ***choose*** sorgvuldig uitsoek; uitsoekerig wees; kus/kies en keur; ~ *one's* ***nose*** →NOSE *n.*; ~ ... ***off*** ... (een vir een) neerskiet *(duiwe ens.)*; ... afpluk *(vrugte ens.)*; *(sport)* ... onderskep *('n bal)*; ~ ***on*** *s.o., (infml.)* op iem. pik, iem. vir kritiek/straf uitsonder; *why* ~ ***on*** *me?, (ook)* waarom ek?; waarom dit op my uithaal?; waarom altyd met my lol?; ~ ... ***out*** ... uitsoek/uitkies *(iets)*; ... onderskei *(iets, iem.)*; *(infml.)* ... inklim *(iem.)*; 'n paar note van ... speel *('n deuntjie)*; *be ~ed* ***out,*** *(ook, argit.)* geaksentueer(d) wees *(verfwerk)*; ~ ***over/through*** *s.t.* iets goed deurkyk; iets deursoek; die beste uitsoek; ~ ... *to* ***pieces*** (or ***apart***), *(lett.)* ... uitmekaartrek (*of* uitmekaar trek) *(iem., iets)*; *(lett.)* ... uitmekaarpluk (*of* uitmekaar pluk) *(iets)*; *(fig.)* ... uitmekaartrek (*of* uitmekaar trek *of* hewig kritiseer *of* skerp/kwaai beoordeel) *(iem., iets)*; ~ *s.o.'s* ***pockets*** uit iem. se sak(ke) steel; ~ *and* ***steal*** *(s.t.)* (iets) steel/gaps/vaslê/skaai; ~ *one's* ***steps/way,*** *(w.g.)* versigtig loop/stap; ~ *one's* ***teeth*** →TOOTH *n.*; ~ ***through*** *s.t.* →***over/through***; ~ ***up*** beter word, verbeter, herstel, regkom, opleef, oplewe; *(produksie ens.)* styg; *(d. wind ens.)* versnel, vaart kry; aansit *(gewig)*; ~ ***up*** *a livelihood* (met moeite) 'n bestaan maak; ~ *s.o./s.t.* ***up*** iem./iets optel; iem./iets oppik; iem./iets oplaai (*of* kom/gaan haal); ~ *s.o.* ***up,*** *(ook)* iem. aankeer/arresteer/vang; iem. oppik *('n drenkeling)*; *(infml.)* toevallig met iem. kennis maak; ~ *s.t.* ***up,*** *(ook)* iets afhaal; iets opvang *(oor d. radio)*; iets oplig *(jou voete ens.)*; iets kry/opdoen *(verkoue ens.)*; iets aanleer *('n gewoonte, taal)*; iets opdoen *(kennis)*; iets te wete kom (*of* uitvis) *(inligting)*; iets teë-/teenkom/ondervind *('n probleem ens.)*; iets kry/ondervind *(teen-/teëspoed)*; iets agterkom, van iets bewus word *('n verandering, atmosfeer, ens.)*; iets goedkoop (*of* teen 'n winskoop) kry; iets hervat *('n gesprek, storie, ens.)*; iets betaal *('n rekening)*; *(Am.)* iets skoonmaak *('n kamer, gebou ens.)*; iets terugvind *('n spoor, paadjie, ens.)*; ~ *o.s.* ***up*** opstaan, (weer) orent kom; →PICKUP *n.*; ~ ***up*** *the pieces, (infml.)* die breekspul herstel; ~ ***up after*** *s.o., (hoofs.Am.)* agter iem. (aan) opruim; ~ ***up (on)*** *s.t.* iets agterkom, van iets bewus word; iets hervat. **~axe** →PICKAXE. **~lock** inbreker; slotoopsteker; steeksleutel. **~-me-up** *(infml.: tonikum)* (hart)versterkertjie, hartversterkinkie, regmakertjie. **~pocket** sakkerolller, goudief. **~pocketing** sakkerollery, goudiewery. **~purse** *(w.g.)* = PICKPOCKET. **~some** *(w.g.)* →PICKY. **~-up** →PICKUP. **~-your-own** *adj. (gew. attr.)* selfpluk- *(vrugteplaas ens.)*.

pick² *n.* pik; yspriem; tandestokkie; *(mus.)* plektrum *(om 'n snaar mee te pluk)*.

pick·a·back →PIGGYBACK *adv.*.

pick·a·nin·ny →PICCANINNY.

pick·axe, *(Am.)* **pick·ax** *n.* kielhouer, (kiel)pik; bylpik, houweel; bospik. **pick·axe,** *(Am.)* **pick·ax** *ww.* pik, met 'n pik kap/werk. ~ **handle** piksteel.

picked gepluk *ens.* →PICK[1] *ww.;* uitgesoek, uitgelese, uitsoek-, keur-; →HAND-PICKED. **pick·er** plukker *(v. blomme, vrugte);* pluiser *(v. katoen, wol);* uitsoeker; pikker, kapper; plukmasjien.

pick·er·el *-el(s), (igt.)* jong snoek.

pick·et[1] *n.* paaltjie, spitspaal; *(mil., ook* picquet*)* (brand)wag, voorpos; (staak-/stakings-/optog)wag; *mount a ~, set up a ~* 'n staak-/stakings-/optogwag opstel; *(mil.)* 'n (brand)wag opstel/uitsit. **pick·et** *ww.* ompaal, met pale omhein; op (brand)wag stel/sit; staak-/stakings-/optogwagte plaas; op wag staan; protesteer. ~ **fence** spitspaalheining. ~ **line** staltou; brandwaglinie; staak-/stakings-/optogwaglinie.

pick·et[2] *n.* →PIQUET.

pick·et·er (staak-/stakings-/optog)wag; protesteerder.

pick·et·ing wag(op)stelling; die plasing van staak-/stakings-/optogwagte, staakwagopstelling; protes aanteken. ~ **rope** vasmaaktou *(vir 'n perd).*

pick·ing plukkery, (die) pluk *(v. vrugte);* pluksel; pluisery, (die) pluis *(v. katoen, wol);* (die) uitsoek/uitkies, uitsoekery, uitkiesery; *(i.d. mv.)* oorskiet, oorblyfsels, afval; los winste; *be ready for ~* plukryp/bekwaam wees *(vrugte); ~ and stealing* stelery. ~ **belt** sorteer-, uitsoekband. ~ **season** plukseisoen, -tyd.

pick·le *n.* pekel; piekelasyn; *(infml.)* moeilikheid; *(Br., infml., vero.)* stouterd, ondeug; *(ook, i.d. mv.)* piekels, atjar; *be ~ in the middle, (Am.)* = BE PIG(GY) IN THE MIDDLE; *be in a (sad/nice) ~, (infml.)* (lelik) in die pekel sit/wees, in die/'n verknorsing sit/wees; *get (o.s.) into a ~, (infml.)* in die pekel beland. **pick·le** *ww.* piekel *(in asyn);* insout, (in)pekel; *(chem.)* byt *(in suur);* inlê, inmaak *(in asyn);* marineer; skoonbyt *(metaal).* ~ **herring** pekelharing. ~ **onion** piekelui(tjie).

pick·led *(ook, infml.)* aangeklam, dronk; *~ fish* ingelegde vis; pekelvis; *~ onions* suuruitjies, piekeluie, -uitjies; *~ pork* soutvarkvleis; *~ rib* soutribbetjie.

pick·up *n.* (die) optel *(v. passasiers);* (die) afhaal *(v. goedere);* (die) opneem; toename, styging; *(infml.)* verbetering; bakkie; afleweringswa; *(hoofs. Am., infml.)* versnelvermoë *(v. 'n motor);* beeldopnemer *(v. 'n TV, radar);* opnemer *(v. 'n platespeler);* opvangs *(v. 'n radio);* opvangtoestel *(vir seine);* kleefeienskap *(v. vloeistowwe);* ophaker *(toestel); (infml.)* optelmeisie, -man; *(infml.)* arrestasie; *(infml.)* (gratis) saamrygeleentheid; *(infml.)* regmakertjie. ~ **stick** optelstokkie. ~ **(van)** vangwa; bakkie; afleweringswa.

Pick·wick·i·an *adj.* Pickwickiaans.

pick·y *(infml.)* puntene(u)rig, kieskeurig, uitsoekerig, vitterig, vol fiemies.

pic·nic *n.* piekniek; *go for a ~* gaan piekniek hou; *have a ~* piekniek hou; *be no ~, (infml.)* nie maklik wees nie, geen plesier wees nie. **pic·nic** *-nicked, ww.* piekniek hou. ~ **area, picnicking area** piekniekgebied, -area. ~ **basket,** ~ **hamper** piekniekmandjie. ~ **lunch** piekniekete. ~ **party** piekniekgeselskap.

pic·nick·er piekniekganger, -houer, -maker.

pi·cot *(borduur-, hekelwerk)* picot. ~ **edging** picotrand.

pic·o·tee *(bot.)* nael(tjie)blom.

pic·quet *(kaartspel)* →PIQUET; *(mil.)* →PICKET[1] *n.*.

pic·rate *(chem.)* pikraat, karbasotaat.

pic·ric ac·id *(chem.)* pikriensuur, karbasotiensuur.

Pict *(lid v. 'n antieke volk)* Pikt. **Pict·ish** *n. & adj.* Pikties.

pic·to·graph, pic·to·gram piktogram, beeldskrifteken, hiëroglief; *(i.d. mv.)* hiërogliewe, beeldskrif. **pic·to·graph·ic** piktografies. **pic·tog·ra·phy** piktografie, beeldskrif.

pic·to·ri·al *n.* prenteblad, -tydskrif, geïllustreerde blad/tydskrif. **pic·to·ri·al** *adj.* geïllustreer(d); prent(e)-; beeldend *(taal);* skilderagtig, pikturaal; *~ art* skilder-, tekenkuns; *~ atlas* geïllustreerde atlas; *~ works* geïllustreerde werke, plaatwerke.

pic·ture *n.* prent, afbeelding; portret; foto; skildery, skilderstuk; tekening; toonbeeld; ewebeeld; *(TV)* beeld; rolprent; tafereel; *(fig.)* skets, beeld, voorstelling, oorsig; situasie, omstandighede, toestand, vooruitsig(te); *(teat.)* tableau vivant; *(i.d. mv.)* bioskoop; *(as) pretty **as** a ~* prentjiemooi; ***be/look** ([as] pretty as) a ~* beeldskoon/pragtig *(of* 'n beeld van 'n mens) wees; *a **broad** ~* 'n breë oorsig; *a ~ **by** ...* 'n skildery deur/van ...; ***clinical** ~* siektebeeld; ***get** the ~, (infml.)* iets begryp, agterkom hoe sake staan; ***give** s.o. the ~, (infml.)* iem. op (die) hoogte bring; ***go** to the ~s* bioskoop toe gaan, *(infml.)* gaan fliek; ***in/on** a ~* in/op 'n prent/foto/afbeelding/ens.; *be **in** the ~* op (die) hoogte wees; meetel; *put s.o. **in** the ~, (infml.)* iem. op (die) hoogte bring; *come **into** the ~* 'n rol speel; ter sake wees; betrokke raak, op die toneel verskyn; ***leave** ... out of the ~* ... buite rekening laat; ***look** a ~ →**be/look; moving** ~* rolprent; *be a/the ~ **of** ..., (infml.)* 'n/die toonbeeld van ... wees *(gesondheid ens.); be a ~ **of** health, (ook)* blakend gesond wees, in blakende gesondheid verkeer; *be **out of** the ~* nie meetel nie; nie ter sake wees nie, irrelevant wees; *be as **pretty** as a ~ →**be/look;** the other **side** of the ~* die keersy van die munt; *a ~ of the **time*** 'n tydsbeeld. **pic·ture** *ww.* skilder, afbeeld; uitbeeld, voorstel; skets; beskryf, beskrywe; *~ s.t. to o.s.* jou iets voorstel, jou 'n voorstelling van iets maak. ~ **book** prenteboek. ~ **card** prentkaart. ~ **dealer** prente-, kunshandelaar. ~**drome** bioskoop(saal). ~ **frame** prent(e)raam. ~ **framer** raammaker, ramer. ~ **gallery** kunssaal, -galery. ~**goer** *(Br., vero.)* bioskoopbesoeker, -ganger. ~ **hat** portrethoed. ~ **house,** ~ **palace** *(Br., vero.)* →CINEMA. ~ **language** beeldskrif. ~ **library** fotobiblioteek, -argief. ~ **moulding** = PICTURE RAIL. ~**-perfect** *(Am.)* (amper) perfek *('n blom);* beeldskoon *('n blondine ens.);* skilderagtig *('n omgewing ens.).* ~ **play** rolprent. ~ **postcard** *n.* prentposkaart, -briefkaart. ~**-postcard** *adj.* prentjie-, poskaartmooi, skilderagtig *(uitsig, hawe, vallei, dorpie, ens.).* ~ **puzzle** →JIGSAW **PUZZLE.** ~ **rail,** ~ **rod,** ~ **moulding** prentelys. ~ **shop** prentewinkel. ~ **show** skilderyetentoonstelling; bioskoopvertoning. ~ **stage** prentverhoog. ~ **telegram** faksimileetelegram. ~ **telegraphy** faksimileetelegrafie. ~ **theatre** *(hoofs. Am., vero.)* →CINEMA. ~ **tube** *(TV)* beeldbuis, kineskoop. ~ **window** venster met 'n uitsig. ~ **writing** beeldskrif.

pic·tur·esque skilderagtig. **pic·tur·esque·ness** skilderagtigheid.

pic·tur·ise, -ize afbeeld; verfilm. **pic·tur·i·sa·tion, -za·tion** beeldbewerking; beeldvoorstelling.

pid·dle *n., (infml.)* piepie, water, plassie. **pid·dle** *ww., (infml.)* piepie, water afslaan, 'n plassie maak; *~ around/about* ronddrentel, -ploeter; rondpeuter; *~ away one's time* jou tyd verspil. **pid·dler** *(infml.: penis)* totter(manne)tjie, slurpie, tollie, gog(gie); beuselaar. **pid·dling** *(infml.)* beuselagtig, onbenullig, nietig, belaglik (klein).

pidg·in Eng·lish Pidginengels.

pi-dog →PYE-DOG.

pie[1] *n.* pastei(tjie); *(Am.)* tert; *have a **finger** in the ~* →FINGER *n.; eat **humble** ~* →HUMBLE *adj.; a **piece/slice** of the ~* 'n deel van die geld/begroting; *it's/that's all ~ in the **sky**, (infml.)* dis net holle beloftes *(of* blote wensdenkery *of* valse optimisme); *be (as) **sweet/nice as** ~* goed en gaaf *(of* ewe gaaf) wees; oorloop van vriendelikheid, die ene vriendelikheid *(of* die vriendelikheid self) wees. ~ **chart** sektor-, sirkeldiagram. ~**crust** pasteikors; *(Am.)* broskors. ~**crust promise** waardelose belofte. ~**crust table** kartelrandtafel. ~ **dish** pasteibak, -skottel. ~**-eyed** *(infml.)* (lekker) getrek, poegaai, stukkend, gekait, smoordronk. ~ **face** *(infml.)* (groot) ronde gesig. ~**man** *(Br., vero.)* pasteiverkoper; pasteibakker.

pie[2] *n., (orn.)* ekster; →MAGPIE.

pie[3] *pice, n., (hist.)* 'n twaalfde anna.

pie[4] →PI[2].

pie[5] *(hist., relig.)* diensalmanak.

pie·bald swart-, witbont *(perd ens.).*

piece *n.* stuk; deel; hap; vuurwapen; kanon; stuk (werk), artikel; skilderstuk, musiekstuk, *ens.;* stuk *(in bordspeletjies);* skerf, fragment; munt(stuk), geldstuk; *(sl.: vrou, meisie)* stuk(kie); *(ook, i.d. mv.)* afval-, stukwol; *R10 **a** ~* R10 stuk/elk; *~ **by** ~* stuksgewys(e), stuk vir stuk, een vir een, broksgewys(e); *be **in** ~s* stukkend *(of* in stukke) wees; uitmekaar wees; *break **in** ~s* stukkend raak, breek; *cut s.t. **in(to)** ~s* iets stukkend *(of* aan/in stukke) sny, iets opsny/versnipper; *a ~ **of** ...* 'n stuk(kie) ... *(water, werk, hout, ens.);* 'n ent *(pad); be (all) **of** a ~* (almal) eenders/eners wees; in een stuk wees; *be **of** a ~ with ...* aan ... gelyk wees; van dieselfde soort as ... wees; *get a ~ **of** the action* →ACTION; *~ **of** ass, (Am. sl., neerh.)* stuk, ding, bok; *(a) ~ **of** eight/impudence/news/etc.* →EIGHT, IMPUDENCE, NEWS, *etc.; have a ~ **of** (good) luck* 'n meevaller/gelukslag kry; *give s.o. a ~ **of** one's mind* →MIND *n.; **of** one ~* uit een stuk; *~ **of** shit/crap, (vulg. sl.)* sleg, vark, vuilgoed, swernoot, bliksem, (gemene) donder; stuk gemors; *a ~ **of** string* 'n toutjie; *s.o. is a nasty ~ **of** work* →NASTY *adj.; in **one** ~* in een stuk; *(infml.)* heel, ongedeerd; *of **one** ~* uit een stuk; ***pick up** the ~s* →PICK[1] *ww.;* ***save** the ~s* →SAVE[1] *ww.;* ***say** one's ~, (infml.)* jou sê sê, sê wat jy te sê het; *break s.t. **to** ~s* iets in stukke breek; *come **to** ~s* uitmekaar val, uitmekaarval; *cut ... **to** ~s, (mil.)* ... in die pan hak; *fall **to** ~s* →**FALL** APART; *fly **to** ~s* uiteenvlieg; *go **to** ~s, (iets)* stukkend raak, breek; *(iets)* in duie stort/val; *(iem.)* ineenstort; *(iem.)* veragter, versleg; *hew s.t. **to** ~s* iets stukkend *(of* aan stukke) kap; *pick/pull/tear s.t. **to** ~s* iets aan/in stukke pluk/ruk/skeur/trek *(of* uitmekaar/stukkend pluk/ruk/skeur/trek *of* uitmekaarpluk, -ruk, -skeur, -trek *of* flenters skeur); *(infml.)* iets uitmekaartrek *(of* uitmekaar trek *of* skerp/hewig kritiseer); *pound s.t. **to** ~s* iets flenters slaan, *(infml.)* fyngoed van iets maak; *take s.t. **to** ~s* iets uitmekaarhaal *(of* uitmekaar haal); iets aftakel/demonteer; *(infml.)* iets uitmekaartrek *(of* uitmekaar trek *of* skerp/hewig kritiseer); *trample/tread s.t. **to** ~s* iets stukkend trap. **piece** *ww.* lap, heelmaak, verstel; *~ s.t. **in*** iets invoeg; *~ s.t. **onto*** (or ***on to***) ... iets aan ... vasheg; iets met ... verbind; *~ s.t. **out*** iets aanvul; iets verleng; iets rek *(rantsoene);* iets aaneenryg; iets ontrafel; *~ s.t. **together*** iets saamvoeg/aanmekaarsit; iets opbou; iets agtermekaar kry *(feite, 'n storie, ens.); ~ s.t. **up*** iets aanmekaarlap. ~ **goods** stukgoed(ere). ~**meal** stuksgewys(e), broksgewys(e), stuk(kie) vir stuk(kie). ~ **rate** stukloontarief, stukwerktarief. ~ **wage** stukloon. ~**work** stukwerk. ~**worker** stukwerker.

pièce de ré·sis·tance *pièces de résistance, (Fr.), (hoofgereg)* pièce de résistance; pronkstuk.

pied bont, gespikkel(d), gevlek; *~ **antelope*** bontebok; *(southern) ~ **babbler,** (orn.)* witkatlagter; *~ **crow,** (orn.)* witborskraai; *~ **kingfisher,** (orn.)* bontvisvanger; *the P~ **Piper** (of Hamelin)* die Rottevanger (van Hameln); *~ **starling,** (orn.)* witgatspreeu.

pied-à-terre *pieds-à-terre, (Fr.)* pied-à-terre, tweede huis/woning/woonstel/ens..

Pied·mont *(geog.)* Piëmont. **Pied·mont·ese** *n.* Piëmonter. **Pied·mont·ese** *adj.* Piëmonts.

pie-dog →PYE-DOG.

pier landingshoof, pier; wandelhoof, -pier; penant *(tussen vensters);* pyler, tussensteun, steunpilaar *(v. 'n brug); (bouk.)* beer. ~ **glass** penantspieël. ~ **head** pierkop. ~**-head jump** piersprong. ~ **table** penanttafel.

pier·age hawe-, dok-, lêgeld.

pierce deur-, oopsteek, deurboor, -grawe, 'n gat steek in; deurpriem; deurdring; *have one's ears ~d* gaatjies in jou ore laat maak/steek/skiet. **pierc·er** priem; angel; lêboor *(v. 'n insek);* deurslag. **pierc·ing:** *~ cold* snydende/deurdringende/snerpende koue; *~ saw* steeksaag; *~ wit* skerp/vlymende geestigheid.

pier·rette *(vr. hanswors)* pierrette. **pier·rot, pier·rot** pierrot, hanswors.

pie·tà piëta. **pi·e·tism** piëtisme; oordrewe vroomheid. **pi·e·tist** piëtis; (alte) vrome, skynheilige. **pi·e·tis·tic, pi·e·tis·ti·cal** piëtisties. **pi·e·ty** piëteit; vroomheid, godsdienstigheid, gelowigheid; *filial ~* →FILIAL.

pi·e·zo- *komb.vorm* piëso-.

pi·e·zo·chem·is·try piësochemie. **pi·e·zo·chem·i·cal** piësochemies.

pi·e·zo·e·lec·tric·i·ty piësoëlektrisiteit, piëso-elektrisiteit. **pi·e·zo·e·lec·tric, pi·e·zo·e·lec·tri·cal** piësoëlektries, piëso-elektries.

pi·e·zom·e·ter piësometer, druk(kings)meter. **pi·e·zo·met·ric, pi·e·zo·met·ri·cal** piësometries.

pif·fle *n., (infml.)* kaf, bog(praatjies), twak, lawwigheid, onsin, nonsies; *talk* ~ →PIFFLE *ww.*. **pif·fle** *ww.* bog=/kafpraatjies verkoop, twak praat/verkoop. **pif·fler** kletser, bogprater. **pif·fling** *adj., (infml.)* onbenullig, beuselagtig, nietig; nutteloos, waardeloos.

pig *n.* vark; *(ook fig.)* swyn, ot(jie); varkvleis; *(infml.: iem.)* vark, smeerlap; *(sl.: polisieman)* (plat)poot, boer; gieteling, yster=, gietbrood, ruystersstaaf; ***bleed*** *like a (stuck)* ~ hewig/vry(e)lik bloei; *~s might/can* ***fly*** 'n koei kan moontlik 'n haas vang; *when ~s* ***fly*** (or *have* ***wings***) as die perde horings (*of* dassie stert) kry; ***in*** ~ dragtig; ***in*** *a ~'s eye!, (Am., infml.)* bog!, twak!, ek glo dit nie!, jy grap/speel seker!, dit kan nie waar wees nie!; ***make*** *a ~ of o.s.* jou soos 'n vark gedra; vraterig wees; ***make*** *a ~'s ear (out) of s.t., (infml.)* iets opdons/opfoeter/verfoes, 'n (mooi) gemors van iets maak; *bring one's ~s to a fine/pretty/wrong* ***market*** jou kop stamp; jou rieme styfloop; *drive one's ~s to* ***market,*** *(fig.: hard snork)* balke saag; *be ~(gy) in the* ***middle*** in die middel vasgevang wees; *buy a ~ in a* ***poke*** →BUY *ww.*; *when ~s have* ***wings*** →*fly*. **pig** *=gg=, ww.* kleintjies kry; (soos varke) saampak; ~ *it, (infml.)* soos varke saamboer, vuil wees; ~ *out (on s.t.), (sl.)* jou kaduks (*of* oor 'n mik) (aan iets) eet, jou (aan iets) ooreet/vergryp. ~ **breeder** varkteler. ~ **bristle** varkhaar. ~ **dog** *(fig.)* smeerlap. ~ **farmer** varkboer. ~**-headed** dwars, koppig, hardkoppig, halsstarrig, eiewys, onoortuigbaar; dom. ~**-headedness** dwarsheid *ens.*; domheid. ~**-ignorant** *(infml.)* so toe soos 'n kleios. ~ **iron** ruyster. **P~ Island** *(geog., infml.: Nieu-Seeland)* Varkeiland. ~**-jump** *ww., ('n perd)* vierpoot in die lug spring. ~ **lead** rulood, gietlood. ~ **lily** = ARUM LILY. ~ **meal** varkmeel. ~ **measles** varkmasels. ~**meat** *(Br.)* varkvleis; ham; spekvleis. ~ **nose** varkneus, snoet. ~**pen** *(Am.)* = PIGSTY. ~**'s ear(s)** *(bot.: Cotyledon orbiculata)* varkoorplakkie. ~**'s fry** gebraaide varklewer. ~**skin** varkvel; varkleer; *(Am., infml.)* voetbal; *(infml.)* saal. ~**stick** *ww.* wildevarke jag. ~**sticker** wildevarkjagter; *(sl.)* jagtersmes. ~**sticking** wildevarkjag; varkslagtery. ~**sty** *(ook fig.)* varkhok; *(mynb.)* hokstut. ~**'s wash,** ~**wash,** ~**swill** varkvoer, varkdraf. ~**tail** varkstert; haarvlegsel; rol tabak; *(elek.)* varkstert. ~**weed** *(Amaranthus hybridus)* marog, misbredie; *(Chenopodium* spp.*)* gansvoet; *(Amaranthus* spp.*)* kalkoenslurp.

pi·geon[1] *n.* duif; slagoffer, dupe; aap, swaap, gek; *Cape/green/rock* ~ →CAPE, GREEN, ROCK[1]. ~ **breast,** ~ **chest** hoenderbors. ~**-breasted,** ~**-chested** met 'n hoenderbors. ~ **clock** duiweklok, =horlosie, =oorlosie. ~ **English** →PIDGIN. ~ **fancier** duiweteler, =boer. ~ **flyer** duiweboer. ~**-hearted** lafhartig. ~**hole** *n.* duiwenes; vak(kie), hok(kie) *(v. 'n rak, lessenaar)*. ~**hole** *ww.* (in 'n vakkie/hokkie) wegsit/(weg)bêre; opsy skuif/skuiwe, uitstel, in die doofpot stop, op die lange baan skuif/skuiwe *('n saak)*; rangskik, klassifiseer. ~ **house** = DOVECOT(E). ~ **pair** *(Br.)* tweeling-seun-en-dogter; 'n seun(tjie) en 'n dogter(tjie) *(as enigste kinders)*. ~ **pea** *(bot.)* duif-ertjie, duiweboon(tjie). ~ **pie** duiwepastei. ~ **post** duiwepos. ~**'s egg** duifeier. ~**'s milk** duiwemelk, kropkos. ~**-toed** met tone wat na binne draai, met binnegedraaide tone; *s.o. is* ~ iem. is 'n toontrapper.

pi·geon[2] *n., (hoofs. Br., infml.)* saak, verantwoordelikheid; *that's s.o.'s* ~ dis iem. se saak; *that's not s.o.'s* ~ dit het niks met iem. te maak/make (*of* uit te waai) nie.

pi·geon·eer duiwemeester, =houer, =versorger. **pi·geon·ry** duiwehok.

pig·ger·y varkboerdery; varkhok(ke); varkerigheid. **pig·gish** varkerig, vark=; vuil, smerig; vraterig; *(infml.)* koppig; lastig. **pig·gish·ness** varkerigheid *ens.* (→PIGGISH).

pig·gy *n.* varkie, otjie; *(igt.: Pomadasys olivaceum)* varkie, orgie; *be ~ in the middle* →PIG *n.*. **pig·gy** *adj.* = PIGGISH; ~ *eyes* varkogies. ~ **bank** spaarvarkie.

pig·gy·back, pick·a·back *adv.: carry s.o.* ~ iem. abba (*of* op die rug dra). ~ **heart** abbahart. ~ **plane** abbavliegtuig. ~ **ship** abbaskip. ~ **truck** abbavragmotor.

pig·let, pig·ling (klein) varkie. **pig·like** varkerig.

pig·ment pigment, kleurstof, kleursel, verfstof. **pig·men·ta·tion** pigmentasie, kleuring.

pig·my →PYGMY.

pi-jaw *n., (infml., vero.)* sedepreek; sedeprekery. **pi-jaw** *ww., (infml., vero.)* 'n sedepreek hou.

pike[1] *pike(s), n., (igt.)* Europese snoek, varswatersnoek.

pike[2] *n., (hist.)* piek, lans, spies; skerp punt. **pike** *ww., (hist.)* met 'n spies/ens. (deur)steek. ~**staff** lansstok; *it is (as) plain as a* ~ →PLAIN *adj.*.

pike[3] *n., (N.Eng.)* piek, bergspits.

pike[4] →TURNPIKE; *come down the ~, (Am., infml.)* (vir jou) naam maak, bekendheid verwerf, op die voorgrond kom/tree.

piked puntig, gepunt; *(duik, matwip, gimn.)* buk= *(sprong, afsprong, ens.)*; ~ *dogfish* penhaai; ~ *whale* klein rorkwal.

pike·let *(kookk.)* plaatkoekie, flappertjie.

pike·man *=men, (hist.)* tolbaas, =man; *(hist.)* piekenier.

pik·er *(infml., hoofs. Am.)* kleinspekulant; lyfwegsteker, luilak; *(suinige mens)* vrek, haai.

pil·af(f), pi·lau, pi·law *(kookk.)* pilaf.

pi·las·ter pilaster, muurpilaar.

Pi·late *(NT)* Pilatus; *Pontius* ~ Pontius Pilatus.

Pi·la·tus *(geog.)* Pilatus(berg).

pi·lau, pi·law →PILAF(F).

pilch *(Br., arg.)* luierbroekie.

pil·chard *(igt.)* sardyn, pelser.

pile[1] *n.* hoop, stapel, klomp *(boeke ens.)*; *(infml.)* hoop, stapel *(werk)*; hoë gebou, gebouekompleks; *(infml.)* hoop/berg geld, fortuin; mied; brandstapel; steekbaken; (geweer)piramied/piramide; *(elek.)* stapel, suil; *(elek.)* voltaïese stapel; pylpunt; ***(atomic)*** ~ kern=, atoomreaktor; ***make*** *a/one's ~, (infml.)* ryk word, 'n fortuin (*of* 'n dik/groot spul geld) maak; ***make*** *a ~ of s.t.* iets op 'n hoop pak; *put things* ***on*** *a* ~ goed op(een)stapel/op(een)hoop (*of* op 'n hoop stapel/pak). **pile** *ww.* stapel, ophoop; ~ ***in*** instroom; inklim; ~ ***in!*** klim maar in!; ~ *things* ***in*** goed oplaai; ~ ***into*** *s.t., (infml.)* goed aan iets weglê *(kos ens.)*; ~ ***off*** uitklim; wegstroom; ~ *s.t.* ***on*** iets ophoop/opstapel; ~ ***it on,*** *(infml.)* dit dik aanmaak, oordryf, oordrywe, vergroot; ~ *s.t.* ***on/upon*** *s.o.* iem. met iets oorlaai *(werk ens.)*; ~ ***out*** uitstroom, uitborrel *(fig.)*; ~ ***up,*** *(dokumente, werk, probleme, ens.)* ophoop; *(infml., motors)* bots, in 'n kettingbotsing wees; ~ *s.t.* ***up*** iets op(een)stapel/op(een)hoop. ~**-up** *n., (infml.)* kettingbotsing; op(een)hoping, op(een)stapeling.

pile[2] *n.* paal, balk; heipaal; pyler; *(her.)* punt. **pile** *ww.* pale inslaan, (in)hei. ~ **bridge** heipaalbrug. ~ **building** gebou op pale. ~**-driver** hei(masjien); *(infml.)* opstopper. ~**-driving** heiwerk. ~ **dwelling,** ~ **house** paalwoning. ~ **hammer** heihamer. ~ **village** paaldorp. ~ **worm** paalwurm.

pile[3] *n., (med., nieteg., gew. i.d. mv.)* aambei; →HAEMORRHOID; *bleeding/wet ~s* bloeiende aambeie; *itching ~s* jeukende aambeie. ~**wort** speenkruid.

pile[4] *n.* pool, nop, pluis *(v. 'n tapyt)*; wol(lerigheid), donsies, hare, pluis. ~ **carpet** pooltapyt. ~ **fabric** poolstof. ~ **proof** *(w.g.)* poolvas. ~ **weave** poolbinding.

pi·le·us *pilei, (bot.)* pileus, hoed, sambreel.

pil·fer skaai, steel. ~**proof** peutervry.

pil·fer·age →PILFERING *n.*. **pil·fer·er** dief, steler. **pil·fer·ing** *n.* diewery, stelery. **pil·fer·ing** *adj.* diefagtig, stelerig.

pil·gar·lic *(vero.)* kaalkop; sukkelaar, drommel.

pil·grim *n.* pelgrim, bedevaarder, bedevaartganger; reisiger; *P~ Fathers* Pelgrimvaders. **pil·grim** *ww., (arg.)* 'n pelgrimstog/=reis onderneem, op 'n bedevaart gaan; soos 'n pelgrim rondswerf/=swerwe. **pil·grim·age** *n.* pelgrimstog, =reis, bedevaart; *go on* (or *make*) *a* ~ 'n pelgrimstog/=reis onderneem, op 'n bedevaart gaan; *place of* ~ →PLACE *n.*. **pil·grim·age** *ww.* 'n pelgrimstog/=reis onderneem, op 'n bedevaart gaan.

pi·lif·er·ous behaar(d), harig, harerig, haardraend; ~ *layer* (wortel)haarlaag.

pil·i·form *(bot.)* haaragtig, haarvormig.

Pil·i·pi·no *(taal)* Filippyns.

pill[1] *n.* pil; koeël; *(infml.)* bal; *(infml.)* sigaret; *(Am., infml.)* nare mens; *s.t. is a* ***bitter*** *~ for s.o. to swallow* iets is vir iem. 'n bitter pil; *the* ***(contraceptive)*** ~ die pil; ***gild/sugar/sweeten*** *the* ~ die pil verguld; *be* ***on*** *the ~, (infml.)* die pil gebruik; *go* ***on*** *the ~, (infml.)* die pil begin gebruik; ***small*** ~ pilletjie; ***take*** *a* ~ 'n pil drink/(in)neem/sluk. **pill** *ww.* pille ingee/toedien/voorskryf; pille maak; *(infml.)* afstem, uitsluit, veto. ~**box** pil(le)doos, =dosie; pildooshoedjie; veldbunker. ~**-popper** *(infml.)* pilslukker. ~**-popping** *n.* pilslukkery. ~**-popping** *adj. (attr.)* pilslukkende.

pill[2] *ww., (arg. of dial.)* (af)skil; *(arg.)* plunder, roof, beroof; →PILLAGE *ww.*.

pil·lage *n.* roof, buit; plundering, plundery, stroping; buit(goed), plundergoed. **pil·lage** *ww.* buit(maak), plunder, stroop, beroof. **pil·lag·er** plunderaar, stroper, rower, buiter.

pil·lar *n.* pilaar, suil, kolom; pyler; steun, stut; *(fig.)* steunpilaar; wolkkolom, vuurkolom, *ens.*; ~ *of a gate* hekpaal; *from ~ to post* van bakboord na stuurboord, heen en weer, van Pontius na Pilatus; *be a ~ of strength* →BE A TOWER/PILLAR OF STRENGTH. **pil·lar** *ww.* stut, steun. ~ **bolt** pilaar=, borsbout. ~ **box** *(Br.)* straatbriewebus. ~**-box** *adj.*: ~ *red* briewebusrooi. ~ **crane** spilkraan. ~ **figure** skraagbeeld. ~ **lamp** staanlamp. ~ **saint** pilaarheilige. ~ **shaft** pilaarskag. ~ **tap,** ~ **faucet** staankraan.

pil·lion agtersaal, agtersitplek *(v. 'n motorfiets)*; *(hist.)* ligte vrouesaal; *ride* ~ agterop ry. ~ **passenger,** ~ **rider** agterpassasier. ~ **seat** agtersaal, =sitplek.

pil·li·winks *(hist.)* duimskroef.

pil·lock *(Br., infml.)* domkop, pampoen(kop), idioot, swaap, gek, sot.

pil·lo·ry *n.* skandpaal; *s.o. is in the* ~ iem. is aan die skandpaal; *put s.o. in the* ~ iem. aan die skandpaal bind. **pil·lo·ry** *ww.* aan die skandpaal bind.

pil·low *n.* (bed)kussing, kopkussing, slaapkussing; *take counsel of one's* ~ oor iets slaap. **pil·low** *ww.* kussing, met kussings ondersteun, kussings onder ... sit; op 'n kussing lê. ~ **block** kussingblok. ~**case,** ~**slip** kussingsloop. ~ **fight** kussinggeveg. ~ **fighting** kussingslanery. ~ **lace** kloskant. ~ **lava** *(geol.)* kussinglawa. ~ **sham** vals sloop, fopsloop. ~ **talk** *(intieme fluisterings tuss. minnaars i.d. bed)* kussinggeselsies, liefdespraatjies. **pil·low·y** soos 'n kussing, sag.

pi·lose, pi·lous *(biol.)* behaar(d), harig, harerig, langharig, wollerig. **pi·los·i·ty** (lang)harigheid.

pi·lot *n.* vlieënier, loods; gids, loods *(in 'n hawe)*; stuurman; bestuurder; *(arg.)* gids, leier; *(elek.)* loods(golf); navigator; *automatic* ~ →AUTOMATIC *adj.*; *test* ~ →TEST[1]; *woman* ~ vrouevlieënier. **pi·lot** *ww.* vlieg, bestuur; loods; *(fig.)* stuur, lei, loods, die pad wys, leiding gee; deurloods *('n wetsontwerp)*; stuur, inloods *('n skip)*; ~ *s.t. through* iets deurloods. ~ **balloon** *(weerk.)* gidsballon. ~ **biscuit** skeepsbeskuit. ~ **boat** loodsboot. ~ **bomb** peilbom. ~ **bridge** kommandobrug. ~ **burner,** ~ **flame,** ~ **jet** aansteekvlam, voorbrander. ~ **car** gidsmotor. ~ **census** proefsensus. ~ **chute** loodsskerm. ~ **cloth** *(growwe jasgoed)* loodsstof. ~ **copy** proefeksemplaar. ~ **drill** voorloperboor. ~ **engine** voor(span)lokomotief, voorloko; rangeerloko(motief). ~ **fish** loodsvis. ~ **flag** →PILOT JACK. ~ **flame** →PILOT BURNER. ~ **hole** *(mynb.)* voorloper=, groefgat; loodsgat. ~ **house** stuurhuis. ~ **jack,** ~ **flag** loodsvlag. ~ **jet** →PILOT BURNER. ~ **light,** ~ **lamp** kliklig(gie); kliklampie. ~ **officer** offisier-vlieënier. ~ **oil** loodsolie. ~ **plan,** ~ **scheme** gidsplan. ~ **plant** proef=, toetsaanleg; loods=, aanvooraanleg. ~ **research farm scheme** proefboerderyskema. ~**'s cabin,** ~**'s cockpit** stuurkajuit. ~**'s certificate** loodsbewys *(v. 'n loodsboot)*; vliegbewys. ~**'s licence** loodslisensie *(v. 'n loodsboot)*; vlieglisensie. ~**'s seat** stuurstoel. ~**'s test** vlieërs=, vliegtoets. ~ **study** loodsondersoek. ~ **survey** voor=, loods=, proef=, gidsopname. ~**'s wings** vlieëniers=kenteken, *(infml.)* vlerkies. ~ **test** aanvoortoets, loods=toets. ~ **train** voortrein. ~ **tug** loodssleepboot. ~ **valve** lei=, voorklep. ~ **vehicle** voorrytuig, voorryer. ~ **waters** loodsvaarwater. ~ **whale** loodswalvis; *southern* ~ ~ grind. ~ **wheel** loodswiel; skokwiel *(v. 'n vliegtuig)*. ~ **wire** beheerdraad, loodsleiding; hulpgeleier.

pi·lot·age loodsing; loodskuns; loodswese, loodsdiens; loodskunde; kunsnavigasie. ~ **(fees)** loodsgeld.

pi·lot·less sonder loods; ~ *aircraft* onbemande vlieg=tuig.

pi·lous →PILOSE.

Pil·sen *(geog., D.)* →PLZEŬ. ~ **beer** pils(ener).

Pils·ner, Pil·sen·er *(soort ligte bier)* pils(ener).

pil·ule pilletjie. **pil·u·lar** pilagtig, pil=.

pi·men·to =*tos* →ALLSPICE; PIMIENTO.

pi·mien·to, pi·men·to =*tos, n., (Sp.)* rooi soetrissie.

pimp *n.* koppelaar; *(SA, sl.)* informant, (ver)klikker; spioen; luistervink. **pimp** *ww.* koppel; ~ *on s.o., (SA, sl.)* iem. verklik/verklap/verraai; op iem. spioeneer. **pimp·ing** *n.* koppelary. **pimp·ing** *adj.* koppelend; *(arg.)* klein, niksbeduidend, gering; petieterig, miserabel, sieklik.

pim·per·nel *(bot.)* pimpernel, muurkruid, blousel=blommetjie.

pim·ple puisie. **pim·pled, pim·ply** puisierig, vol pui=sies.

PIN *n., (afk.: personal identification number):* ~ **(number)** PIN(-nommer), persoonlike identifikasienom=mer.

pin *n.* speld; pen, stif; bout; spyker; spy, spie, wig; as *(v. 'n katrol);* borsspeld; *(infml., i.d. mv.)* bene; →SAFETY PIN; *not **care*** (or *give) a* ~ niks omgee nie, geen (*of* nie 'n) flenter omgee nie, niks skeel nie; ***centre*** ~ spil; ***(dressmaker's)*** ~ kopspeld; *one could have heard a* ~ ***drop*** jy kon 'n speld hoor val; *be as **neat** as a (new)* ~ →NEAT[1] *adj. & adv.; have ~s and **needles** in one's foot/etc., one's foot/etc. is all ~s and **needles**, (infml.)* jou voet/ens. slaap; *be on ~s and **needles**, (infml.)* op hete kole (*of* op naalde en spelde) sit; ***quick** on one's ~s* rats (op jou voete); *for **two** ~s I'd do it, (infml.)* as ek my sonde nie ontsien nie, doen ek dit. **pin** =*nn*=, *ww.* (vas)speld; vassteek; deursteek; vassit; vaspen; op=sluit; ~ *s.o. **against*** ... iem. teen ... vasdruk; ~ *s.o. **down*** iem. vaspen; iem. vasdruk/vaslê; ~ *s.o. **down** to* ... iem. aan ... hou *('n belofte);* ~ *s.t. **down*** iets vasspeld; ~ *s.t. **down** (exactly)* mooi agterkom wat iets is; ~ *one's faith **on*** ... →FAITH; ~ *s.t. **on*** iets aanspeld; iets aansteek; ~ *s.t. **on** s.o.* die skuld (van iets) op iem. pak; ~ *s.t. **onto*** (or ***on to***) ... iets aan ... vasspeld; ~ *s.t. **out**, (naaldw.)* iets oopspeld; ~ *s.t. **together*** iets aanmekaarspeld; *be ~ed **under*** ... onder ... vasgedruk/vasgepen wees; ~ *s.t. **up*** iets opspeld; iets vasspeld; iets toespeld. ~**ball** spykerbal. ~**ball machine** spykertafel. ~ **bit** penboor. ~ **check** speldgeruit, speldruitstof. ~ **curl** vingerkrul. ~**cushion** speldekussing; *(bot.: Leucospermum spp.)* speldekussing, (gewone) luisies(bos). ~**feather** onontwikkelde veer. ~**head** speldekop; *(infml.)* uilskuiken. ~**headed** *(infml.)* dom, onnosel, simpel, sotlik, toe, dig, dof. ~**headedness** *(infml.)* dom(mig)heid, onnoselheid, simpelheid, sot(lik)heid. ~-**high** *(gh.)* penhoog. ~**hole** spelde=, prikgaatjie. ~**hole camera** gaatjiekamera. ~**holing** invreting. ~ **money** sakgeld. ~ **oak** moeras=, naaldeik. ~ **plate** penplaat. ~**point** *n.* speldepunt; stippel; stippunt. ~**point** *ww.* aanstip, noukeurig/haarfyn aanwys. ~**prick** *n.* spelde=prik; irritasie. ~**prick** *ww.* 'n speldeprik gee; onnodig irriteer. ~**stripe** potloodstrepie. ~**stripe suit** strepies=pak. ~ **table** spykertafel. ~**tail** *(orn.)* pylsterteend. ~**tailed whydah** *(orn.)* koningrooibekkie, koningrooibek=weduweetjie. ~ **tray** speldebakkie. ~ **tuck** haaropnaaisel. ~-**up** prikkelpopplakkaat. ~-**up (girl)** prikkelpop, kalen=dermeisie. ~-**up lamp** *(Am.)* muurlamp. ~**wheel** lug=fiets; klein vuurwiel; windmeultjie. ~**wheel biscuit** wielkoekie. ~**worm** naaldwurm.

pi·ña co·la·da *(Sp.: mengeldrankie)* piña colada.

pin·a·fore *(Br.)* voorskoot. ~ **(dress)** voorskootrok.

Pi·nang →PENANG.

pince-nez *pince-nez, (<Fr.)* pince-nez, knypbril.

pin·cer *(gew. i.d. mv.)* knyptang; tangetjie; knyper *(v. 'n kreef, krap); (pair of) ~s* knyptang. ~ **movement** *(mil.)* knyp(tang)beweging.

pin·cette pinset, tangetjie.

pinch *n.* knyp; knypie; knippie; knyping; snuifie; nood, moeilikheid, verleentheid; *(infml.)* diefstal; *(infml.)* klop=jag; *(infml.)* arrestasie; ***at/in** a* ~, *if/when it comes to the* ~ as dit moet, desnoods, as die nood druk, as die nood aan die man kom, as puntjie by paaltjie kom; ***feel** the* ~ in die nood wees/raak; *a* ~ ***of*** ... 'n knippie/knypie ... *(peper ens.); take s.t. with a* ~ *of **salt*** →SALT *n.; a* ~ *of **snuff*** →SNUFF[1] *n.*. **pinch** *ww.* knyp; klem; druk, seermaak; afpers; suinig/vrekk(er)ig wees; steel, gaps, vaslê, skaai; *(infml.)* vang, arresteer; *(sk.)* knyp-knyp seil, digby die wind seil; *(sk., d. wind)* knyp; ~ ***back/off*** afknyp, afknip, aftop, terugsnoei; *~ed **face*** inge=valle gesig; ~ *a **finger/etc.*** 'n vinger/ens. vasknel/=knyp; *s.o. is ~ed **for** money* iem. se geld is skraps; ~ *s.t. **from** s.o., (infml.)* iets van iem. steel/gaps/skaai; ~ ***money from*** ... geld afpers van ...; ~ ***out*** uitknyp *('n loot ens.); (geol.)* uitwig, uitknyp; *(mynb.)* toeknyp *('n rif);* ~ *and **scrape*** raap en skraap; *the **shoe** ~es* die skoen druk; *that is where the **shoe** ~es, (fig.)* daar lê die knoop; *be ~ed **with cold*** verkluim wees van (die) koue. ~ **bar** breekyster, stootkoevoet. ~**beck** →PINCHBECK. ~**cock** klemkraan. ~-**hit** *(Am, infml.)* (vir ander) inspring/inval. ~ **hitter** *(bofbal)* plaasvervanger; *(kr.)* mokerman, sloeger; *(infml.)* plaasvervanger. ~**penny** *n.* gierigaard. ~**penny** *adj.* gierig, suinig.

pinch·beck *n., (legering v. koper en sink)* pinsbek, kla=tergoud; (goedkoop) namaaksel. **pinch·beck** *adj.* pinsbek=; nagemaak, kunsmatig, vals, oneg; goedkoop, smaakloos.

pinch·er knyper; gierigaard.

pinc·pinc *(SA, orn.)* tinktinkie, gevlekte klopkloppie.

Pin·dar *(Gr. liriese digter)* Pindaros. **Pin·dar·ic** Pin=daries. **Pin·dar·ic (ode)** Pindariese ode.

pine[1] *n.* (gewone) den(neboom), pyn(boom); *(infml.: pineapple)* pynappel. ~**apple** →PINEAPPLE. ~ **cone** dennebol. ~ **forest** denne=, naaldbos. ~ **kernel** den=nepit. ~ **needle** dennenaald. ~ **nut** dennepit. ~ **resin** pynhars. ~ **seed** dennepit, =saad. ~ **timber** denne=, greinhout. ~ **(tree)** den(neboom), pyn(boom). ~ **tree emperor moth** dennepouoog, dennemot. ~ **wood** dennebos; denne=, greinhout; mashout.

pine[2] *ww.* kwyn, vergaan, knies, treur; ~ *for* ... na ... hunker/smag *(iets);* vurig na ... verlang *(iem.);* ~ *away* wegkwyn, uitteer.

pin·e·al keëlvormig, keël=; pineaal; ~ *body/gland/organ, (anat.)* pineale liggaam/klier, pynappelklier, epifise; ~ *eye, (soöl.)* pineale oog.

pine·ap·ple pynappel; *(mil. sl.)* handgranaat. ~ **guava** pynappelkoejawel.

pi·ner·y dennebos; pynappelkwekery; pynappelland.

pi·ne·tum =*neta, n., (<Lat.)* pinetum, denneplantasie.

pine·y →PINY.

pin·fold *n.* veekamp; (bees)kraal; (skut)kraal. **pin·fold** *ww.* skut, in die skut ja(ag)/sit/hou, skut toe stuur.

ping *n.* ping; *(mot.)* gepingel. **ping** *ww.* ping; *(mot.)* pingel.

ping·er *(toestel wat 'n pienggeluid gee)* pienger; *(Br.)* tydklokkie, pienger *(v. 'n mikrogolfoond ens.)*.

pin·go =*go(e)s, (geomorfol.)* pingo.

ping-pong *n., (infml.: tafeltennis)* pingpong. **ping-pong** *ww., (infml.: tafeltennis speel)* pingpong.

pin·guid *(fml.)* vetterig, olierig; seperig.

pin·ion[1] *n.* vleuel, vlerk, *(poët., liter.)* wiek; vlerkpunt; slagveer. **pin·ion** *ww.* die vlerke knip; vasbind, vas=maak, boei *(bene, arms)*.

pin·ion[2] *n.* kleinrat; rondsel; dryfrat, =wiel.

pink[1] *n.* pienk, ligroos; *(bot.)* grasangelier; rosé(wyn); *(infml., dikw. neerh.)* linksgesinde (→PINKO); die beste; *be in the* ~ dit gaan klopdisselboom; *be in the* ~ *(of condition/health), (infml.)* perdfris wees, in blakende ge=sondheid/welstand verkeer, 'n toonbeeld van gesond=heid wees. **pink** *adj.* pienk, ligroos, rooskleurig; rosé *(kwaliteit); (Br., infml., dikw. neerh.)* linksgesind; ho=moseksueel; *the* ~ *one* die pienke; *shocking* ~ fel pienk/ligroos; *strike me ~!, (infml.)* nou toe nou!, kan jy nou meer!. ~-**cheeked** met rosige/rooi wange, rooiwang=. ~-**collar job** vrouewerk. ~ **disease** rooskleursiekte. ~ **elephants** *(infml.: dronkmanshallusinasies)* pienk olifante; *see* ~ ~, *(infml., fig.: dronkmanshallusinasies hê)* pienk olifante sien. ~**eye** pienkoog (→CONJUNCTIVITIS); perde-influensa; →KERATITIS. ~-**eyed** rooi=oog=, met rooi oë. ~ **gin** *(jenewer met angosturabitter)* pienk jenewer. ~ **slip** *(Am., infml.)* ontslagbrief; *get a* ~ ~, *(fig.)* die trekpas kry.

pink[2] *ww.* deursteek, deurboor; perforeer; uittand; mooimaak, versier; *~ed edge* getande rand.

pink[3], **pink·ie, pink·y** *n., (soort vissersboot)* pink.

pink[4] *adj.* halftoe. **pink** *ww.* (jou oë) knip(per); knip=oog; met half toegeknypte oë kyk; loer; tuur. ~-**eyed** met skrefiesoë.

pink[5] *n., (mot.)* (ge)klop, ontstekingsklop. **pink** *ww., (mot.)* pingel, klop.

pink[6] *n.* jong salm.

pink·ie[1], **pink·y** *(vinger)* pinkie.

pink·ie[2] →PINK[3].

pink·ing uittanding. ~ **scissors**, ~ **shears** tand=, kar=telskêr.

pink·ish pienkerig, rosig.

pink·o =*o(e)s, (Am., neerh.)* linksgesinde.

pink·y[1] →PINKIE[1].

pink·y[2] →PINK[3].

pin·na =*nae*, =*nas, (anat., soöl.)* oorskulp, pinna; *(bot.)* veer, pinna; vin.

pin·nace *(hoofs. hist.)* pinas.

pin·na·cle *n.* torinkie, toringspits; spits torinkie; *(bouk.)* siertorinkie, pinakel; top, spits, piek; *(fig.)* hoogtepunt, toppunt; *at the* ~ *of* ... op die toppunt van ... **pin·na·cle** *ww., (poët., liter.)* verhef; torinkies opsit; (be)=kroon.

pin·nate, pin·nat·ed geveer(d), veeragtig; gevin; getak.

pin·nu·la =*lae*, **pin·nule** =*nules, (bot.)* veertjie, pin=nuul.

pi·noc(h)·le, pe·nuch·le, pe·nuck·le *(kaartspel)* bézique.

pi·no·le *(Sp.Am.: mielie-en-mesquite-meel)* pinole.

pi·no·tage *(SA, rooi wyn)* pinotage; pinotagedruif.

pin·scher →DOBERMAN(N).

pint pint; *a* ~ *of* ... 'n pint ...; *two/etc. ~s* twee/ens. pint; *several ~s* etlike pinte. ~ **measure** pintmaat. ~-**size(d)** *(infml.)* baie klein, piepklein.

pin·ta *(Br., infml.)* pint melk.

pin·ta·do pet·rel *(orn.)* seeduifstormvoël.

pin·tle spilpen; skarnierhaak; sleephaak, haakbout; *(sk.)* roerhaak, vingerling.

pin·to =*tos, (Am.)* bont perd.

pin·to bean *(Am.: soort gespikkelde nierboontjie)* pin=toboontjie.

pin·y, pine·y denneagtig, denne=; vol dennebome; ~ *fragrance* dennegeur.

Pin·yin *(stelsel vir d. transliterasie v. Chin. ideogramme/begriptekens i.d. Lat. alfabet)* Pinjin.

pi·o·neer *n.* pionier, baanbreker, voorloper, wegbe=reider; *(mil.)* padmaker, pionier. **pi·o·neer** *ww.* baan=brekerswerk doen, die weg baan/berei, die pad oop=/skoonmaak. ~ **corps** pionierskorps. ~ **park** pioniers=park. ~ **party** *(mil.)* pionierspan. ~ **spirit** →PIONEERING SPIRIT. ~ **work** baanbrekers=, pionierswerk.

pi·o·neer·ing *adj.* baanbrekend; ~ *spirit* pioniers=gees.

pi·ous vroom, godvrugtig, godsdienstig, godsalig, ge=lowig; ~ *fraud* bedrog met 'n goeie doel, vroom be=drog; ~ *wish* vrome wens.

pip[1] *n.* pit(jie).

pip² *n.* rangteken, ster(retjie) *(op 'n uniform);* kolletjie, ogie *(op 'n dobbelsteen);* stoot *(by seine).*

pip³ *-pp-, ww., (Br., infml.)* kafloop; klop, troef, die loef afsteek; *(vero.)* (ver)wond, raak skiet; doodmaak; *~ s.o. at/to the post, (infml.)* iem. op die laaste uitknikker; *~ s.o. out of ...* iem. op die laaste oomblik van ... beroof.

pip⁴ *n., (hoendersiekte)* piep; *get/have the ~, (infml., iem.)* die piep kry/hê; *give s.o. the ~, (infml.)* iem. die piep gee, op iem. se senuwees werk.

pipe *n.* pyp; buis; pyp, stop *(tabak); (mus.)* pyp, fluit(jie); portvat *(vir wyn); (wynkapasiteit)* pyp; *(i.d. mv.)* doedelsakke; gesing, gefluit; →PIPING *n.; **fill** a ~* 'n pyp stop; ***light** a ~* ('n) pyp opsteek; *a **nest** of ~s* 'n pyp(e)bundel; ***puff** at one's ~* trek/damp aan jou pyp; ***smoke** a ~* ('n) pyp rook; *put that in your ~ and **smoke** it!, (infml.)* kou maar aan daardie pruimpie!, dit kan jy in jou sak steek (*of* op jou brood smeer)!. **pipe** *ww.* fluit speel, fluitspeel, fluit; piep, met 'n piepstem praat; pype lê/insit/aanbring; van pype voorsien; deur 'n pyp lei; *~ s.o. **aboard*** iem. die fluitsaluut gee; *~ **down**, (infml.)* stilbly; bedaar; 'n toontjie laer sing; *~ **down**!* bly stil!, stilte!; *~d **music*** agtergrondmusiek, geblikte musiek *(in 'n winkel, restaurant, ens.); ~ **up*** begin speel/sing; *(infml.)* (skielik) begin praat, tussenin praat. ~ **band** *(mil.)* pypkorps; *(mil.)* doedelsakkorps. ~ **bend** pypbuig(stuk); pypbuiging. ~ **bowl** pypkop. ~**clay** *n.* pypaarde. ~**clay** *ww.* met pypaarde wit maak. ~ **cleaner** pypskoonmaker. ~ **cover** pypdoppie. ~ **cutter** pypsnyer. ~ **dream** opiumdroom; dromery, waan; waanbeeld, hersenskim, droombeeld. ~ **drill** pypboor. ~**fish** naaldvis. ~**fitter** pyplêer, =monteur. ~ **head** pypkop. ~ **layer** pyplêer. ~**line** pyplyn, =leiding, buisleiding; *be in the ~* aan die/'t (*of* aan't) kom wees, op koms wees. ~ **major** *(mil.)* doedelsakmajoor. ~**man** *=men* pypwerker, =lêer. ~ **organ** pyporrel. ~ **rack** pyprakkie *(vir pype);* pyprak *(v. 'n orrel).* ~ **smoke** pyprook. ~ **smoker** pyproker. ~ **smoking** pyprook, =rokery. ~ **socket** pypsok. ~ **stage** pypstadium *(by koring).* ~ **stem** pypsteel. ~ **thread** pypdraad. ~ **tobacco** pyptabak. ~ **tongs** pyptang. ~ **union** pypmoerkoppeling. ~ **vice** pypskroef. ~ **wall** pypwand. ~**work** pypwerk *(v. 'n orrel).* ~ **wrench** pypsleutel, =tang, kraai=, krombek.

pipe·ful pyp, stop *(tabak); a ~ of tobacco* 'n stop tabak.

pip em·ma *n. & adv., (Br., infml., vero.)* namiddag, agtermiddag.

pip·er fluitspeler; doedelsakspeler, =blaser; *pay the ~, (infml.)* die gelag betaal, (vir iets) opdok; *he who pays the ~ calls the tune* die man wat betaal, mag die toon aangee; wie betaal, kan bepaal.

pi·pette pipet, suigbuis.

pip·ing *n.* pypwerk, pype(net), pypleiding; pypstelsel; bepyping; buis=, spuitversiering; buis=, spuitversiersel; omboorsel, koord, galon, bies(versiering), buisboorsel *(op 'n uniform);* gefluit; gepiep; →PIPE *ww..* **pip·ing** *adj.* fluitend; *~ hot* →HOT; *the ~ times of peace* die lieflike vredestyd; *~ voice* pieperige stemmetjie. ~ **bag** *(kookk.)* versier=, spuitsak.

pip·i·strelle (bat) *(soort vlermuis: Pipistrellus spp.)* pipistrel.

pip·it *(orn.)* koester; *rock ~* klipkoester.

pip·kin erdepannetjie, =potjie.

pip·pin *(soort appel)* pippeling.

pip·squeak *(infml.)* nul, niksnut(s), misbaksel; *(mil., hist.)* klein Duitse granaat.

pi·quant pikant, skerp, prikkelend *(smaak, geur);* prikkelend, pittig, pikant. **pi·quan·cy** pittigheid, pikanterie, pikantheid, prikkeling, die pikante/prikkelende.

pique *n.* gekrenktheid, wrok, hekel, gebelgdheid, geraaktheid, gesteurdheid, verergdheid, ergernis; *in a (fit of) ~* gebelg(d), gekrenk, gesteur(d), vererg. **pique** *ww.* krenk, te na kom, op ... se tone trap; wek, prikkel; *~ o.s. on s.t.* op iets trots wees. **piqued** gebelg(d), gekrenk, vererg, gesteur(d).

pi·qué *(tekst.)* pikee.

pi·quet, pic·quet *(kaartspel)* piket(spel).

pi·ra·cy seeroof, =rowery; plagiaat, letterdiewery, =diefstal; ongeoorloofde toe-eiening; *commit/practise ~* seeroof pleeg. **pi·rat·ic, pi·rat·i·cal** seerowers=; roof=.

Pi·rae·us: *the ~, (geog.)* die Piraeus.

pi·ra·nha, pi·ra·ña *(Port., igt.: soort vleisetende S.Am. varswatervis)* piranha.

pi·rate *n.* seerower, kaper, vrybuiter, seeskuimer; seerowerskip, roofskip; roofdrukker, plagiaris, letterdief. **pi·rate** *ww.* plagiaat/letterdiewery pleeg, plagieer, (sonder toestemming) nadruk/naboots; sonder verlof sake doen; roofonderdele maak; af=, wegrokkel *(werkers); (vero.)* plunder, seeroof pleeg; *~d edition* roofuitgawe, roofdruk, onwettige/ongeoorloofde uitgawe/nadruk. ~ **CD's** roof-CD's. ~ **flag** seerowersvlag. ~ **listener** *(rad.)* roofluisteraar. ~ **radio station** roofradio, =sender. ~ **ship** roofskip, seerowerskip. ~ **sneakers** rooftekkies. ~ **taxi** rooftaxi, indringertaxi. ~ **viewer** *(TV)* roofkyker.

pir·i·form →PYRIFORM.

pi·rogue, pi·ra·gua kano *(v. 'n uitgeholde boomstam).*

pir·ou·ette *n., (hoofs. ballet)* pirouette. **pir·ou·ette** *ww.* pirouetteer.

pis al·ler *(Fr.)* laaste uitweg.

Pi·san *n.* inwoner van Pisa. **Pi·san** *adj.* van Pisa.

pis·ca·ry vis(vang)plek; vis(vang)reg. **pis·ca·to·ri·al, pis·ca·to·ry** vis=, visvangs=, visser(s)=.

Pi·sces *n., (astron., astrol.)* Pisces, Visse; *(ook* Piscean, *astrol.: iem. wat onder d. teken v.d. Visse/Pisces gebore is)* Vis. **Pi·sces, Pis·ce·an** *adj.* Pisces-, Vis=.

pisci- *komb.vorm* vis=.

pis·ci·cul·ture visteelt, =broeiery, =kwekery. **pis·ci·cul·tur·ist** visteler.

pis·ci·na *=nae, =nas, (RK)* heilige putjie, *(Lat.)* piscina; *(hist.)* Romeinse swembad/=dam.

pis·cine *adj.* visagtig, vis=.

pis·civ·o·rous visetend.

pi·sé (de terre) stampaarde.

pish *tw.* ba, foei, ag.

pi·shogue *(Ier.)* towery, toordery, heksery.

Pi·sid·i·a *(geog., hist.)* Pisidië.

pis·i·form *(bot., soöl.)* ertjievormig, ertjie=; *~ (bone)* ertjiebeen.

pis·mire *(arg.)* = ANT.

pi·so·lite *(geol.)* pisoliet, ertjiesteen.

piss *n., (vulg.)* pis; ***have*** (or ***go for***) *a ~* (gaan) fluit (*of* water afslaan); *be **on** the ~, (Br.)* aan die suip wees; *it's a **piece** of ~, (Br.)* dis doodmaklik/kinderspeletjies, daar is niks aan nie; ***take** the ~ out of s.o., (Br.: iem. vir d. gek hou)* 'n gat/krater van iem. maak. **piss** *ww., (vulg.)* pis, fluit; *~ **about/around**, (Br.)* rondneuk, =foeter; *~ s.o. **about/around**, (Br.)* iem. rondneuk; *~ money **away*** geld blaas; *~ **down**, (Br.)* sous, reën dat dit (so) giet; *~ **off**!* fokkof!, voertsek!, trap!, skoert!, gaan bars/kak (*of* vlieg in jou moer)!; *be ~ed **off*** →PISSED *adj.; it ~es me **off*** dit maak my (*of* ek raak) die moer/hel in; ek raak gatvol; *~ **on** s.o./s.t., (fig.)* op iem./iets spoeg; *~ **o.s.*** jou bepis/natpis; *~ **o.s. (laughing)*** jou (broek) natmaak, jou natmaak (*of* kraai) van die lag, jou slap (*of* 'n papie/boggel[tjie]) lag; *~ **all over** s.o. (or a team), (fig.)* iem. (*of* 'n span) op sy herrie (*of* 'n groot pak slae *of* 'n afgedankste loesing) gee, iem. (*of* 'n span) heeltemal oorrompel; *not have a **pot** to ~ in, (Am.: brandarm wees)* kaalgat wees; *go ~ up a **rope**, (Am.) = piss **off**!; ~ in the **wind**, (fig.)* in/teen die wind fluit. ~ **artist** *(Br., taboesl.)* dronklap, dronkie, suiplap; windgat, grootbek. ~**-easy** *adj., (taboesl.)* doodmaklik. ~ **grass** pisgoed. ~**head** *(taboesl.)* dronklap, dronkie, suiplap. ~**-poor** *(taboesl.)* kak=, vreksleg. ~**pot** *(taboesl.)* pispot. ~**-take** *n., (Br., taboesl.)* draakstekery. ~**-taker** *(Br., taboesl.)* draaksteker. ~**-up** *n., (Br., taboesl.)* suipsessie.

pissed *adj., (vulg.: besope)* poep=, stomdronk, gaar, stukkend; *be (as) ~ as a newt, be ~ out of one's head/mind* poep=/stomdronk wees; *be ~ at/with s.o., (Am., taboesl.)* die moer/hel in vir iem. wees; gatvol vir iem. wees; *be ~ off, (taboesl.)* die moer/hel in wees; gatvol wees.

pis·soir, pis·soir *(Fr.: openbare urinaal)* pissoir.

pis·ta·chi·o *=os* pistachio, pistasie, groenamandelboom. ~ **(nut)** pistachio=, pimperneut, groenamandel. ~ **(green)** *n.* pistachio=, pistasiegroen, pimperneutgroen, groenamandel, geelgroen. ~**(-green)** *adj.* pistachio=, pistasiegroen, pimperneutgroen, groenamandel, geelgroen.

pis·ta·cite *(min.)* epidoot.

piste *(Fr.)* skibaan; skihelling; *(skermkuns)* piste.

pis·til *(bot.)* stamper. **pis·til·late** *(bot.)* met (slegs) 'n stamper. **pis·til·lif·er·ous** stamperdraend.

pis·tol *n.* pistool; *beat the ~* te gou wegspring; te vroeg begin; *draw a ~* 'n pistool uitpluk; *hold a ~ to s.o.'s head, (fig.: iem. met dreigemente dwing om iets te doen)* die/'n mes op/teen iem. se keel druk/sit/hou, 'n pistool/geweer teen iem. se kop hou. **pis·tol** *=ll=, ww.* met 'n pistool skiet. ~ **case** holster. ~ **grip** pistoolgreep. ~**-packing** pistooldraend. ~ **point:** *at ~ ~* onder bedreiging met 'n pistool. ~ **shot** pistoolskoot. ~**-whip** *=pp=, ww.* met 'n pistool slaan.

pis·tole *(hist., muntstuk)* pistool.

pis·to·leer *(arg.)* pistoolskut(ter).

pis·ton suier; klep. ~ **area** suieroppervlakte. ~ **clearance** suiervryruimte. ~ **displacement** suierverplasing. ~ **engine** suierenjin. ~ **head** suierkop. ~ **knock** suierklop. ~ **pin** suierpen. ~ **ring** suierring. ~ **rod** suierstang; dryf=, verbindingstang. ~ **slap** suierklap. ~ **spring** suierveer. ~ **stroke** suierslag. ~ **valve** suierklep; bosskuif *(v. 'n loko).* ~ **wall** suierwand.

pit¹ *n.* put; kuil; gat; groef; (myn)skag; (steenkool)myn; *(med.)* gaatjie, holte, inkeping; *(bot.)* pit, stippel, holte; *(ook* orchestral pit*)* bak, parterre, agterste stalles; herstelkuil; vanggat; kuip *(by 'n motorrenbaan); a **bottomless** ~* 'n bodemlose put; *the **(bottomless)** ~* die hel; ***dig** a ~* 'n kuil/put/gat grawe; ***dig** a ~ for s.o.* vir iem. 'n kuil/put grawe; *at/in the ~ of the **stomach*** →STOMACH *n.; ~ of the **stomach*** krop van die maag, maagholte; ***the** ~s, (infml.)* 'n lae lak (*of* [lae] luis *of* [ou] sleg *of* uitvaagsel *of* veragtelike mens/vent/ens.); die skuim/skorriemorrie/uitvaagsel(s); 'n hool/krot; die gopse; een te veel, my end, iets alleraakligs/=afgrysliks/=verskrikliks/=vreesliks. **pit** *=tt=, ww.* inkuil; holtetjies/gaatjies veroorsaak; invreet; *~ one's strength against ...* kragte met ... meet, ... aandurf; *~ s.o. against ...* iem. met ... kragte laat meet. ~ **bull (terrier)** Amerikaanse veghond. ~ **coal** steenkool. ~**fall** vanggat, valkuil; *(fig.)* slaggat, valstrik. ~ **gravel** putgruis. ~**head** skag=, mynbek, skag=, myningang. ~ **hole** pokgaatjie. ~**man** *=men* (steenkool)mynwerker; *(Am., mv. =mans)* trek=, dryf=, koppelstang *(v. 'n masjien).* ~ **mouth** skagmond. ~ **privy** putlatrine. ~ **prop** mynstut. ~ **sand** putsand. ~**saw** kuilsaag. ~**sawyer** kuilsaer. ~ **silo** voerkuil. ~ **stop** *(motorwedrenne)* kuipstop; *make a ~ ~* 'n kuipstop doen; *(infml.)* jou reis onderbreek, stilhou om te rus (*of* asem te skep), stilhou om ('n bietjie) bene te rek en brandstof in te gooi (*of* verversings te geniet *ens.*). ~ **timber** mynhout. ~ **water** kuilwater; skag=, mynwater. ~ **work** mynwerk.

pit² *n.* pit *(v. 'n vrug).*

pi·ta (bread) *(Am.)* →PITTA (BREAD).

pit-a-pat, pit·a·pat tik(ke)tak, doef-doef, klop-klop, rikketik; *s.o.'s heart went ~* iem. se hart het wild begin klop.

pitch¹ *n.* helling, duiking; hellingshoek, skuinste; pylhoogte *(v. 'n gewelf); (geol.)* duik(ing); heibeweging, (die) stamp, duik *(v. 'n skip);* gooi; spasiëring, steek *(v. 'n skroef); (kr.)* (baan)blad, (kolf)blad; *(sport)* (speel)veld; *(kr., tennis)* valplek *(v. 'n bal); (hoofs. Br.)* staanplek *(v. 'n straathandelaar);* hoogte; graad; toestand; *(mus.)* toonhoogte; *(gh.)* nadervalhou; *be **at** concert ~* →CONCERT PITCH; *~ **of a roof*** dakhelling; *~ **of a** saw/tooth* tandhoek; *~ **of a stair*** traphelling; ***queer** the ~ for s.o., **queer** s.o.'s ~* iem. se saak bederf, iem. (se planne) in die wiele ry; *(infml.)* in iem. se slaai krap; *s.t. **reaches** such a ~ that ...* iets word so hewig dat ... **pitch** *ww.* gooi; opslaan, opsit *('n tent);* bepaal, vasstel *('n prys);* vassit, =maak; uitstal; uitstraat *('n pad);* randkap *(klip);* aangee *(d. toon); (albasterspel)* stonk, maal; *(kr.)* plant; *('n bal)* grondvat; *('n skip)* hei, stamp, duik; vertel *('n storie);*

val, neerslaan, te lande kom; keil; ~ ***in,*** *(infml.)* inspring, aan die werk spring; wegval *(met eet)*; ~ ***in*** *with s.t., (infml.)* met iets vorendag (*of* voor die dag) kom *('n aanbod ens.)*; iets aanbied; iets bydra; ~ ***into*** *s.t., (infml.)* iets pak *(werk ens.)*; aan iets weglê *(kos ens.)*; ~ ***into*** *s.o., (infml.)* iem. te lyf gaan; iem. invlieg/inklim; ~ ***out*** uitgooi; weggooi; *be* ~*ed* ***out*** uitgeslinger word; ~*ed* ***short,*** *(kr.: 'n bal)* kort geplant; ~*ed* ***up,*** *(kr.: 'n bal)* vol geplant; ~ ***(up)on*** ... tot ... besluit, ... kies, die keuse op ... laat val; ~ ***up*** *at ..., (infml.)* by ... opdaag; ~ ***wickets*** paaltjies inslaan. ~ **and putt** *(Br.)* minigholf. ~ **and run (shot)** naderrolhou, val-en-rol-hou. ~**-and-toss** *(spel)* kop/kruis of munt. ~ **circle** steeksirkel. ~**fork** *n.* gaffel, hooivurk. ~**fork** *ww.* gaffel, vurk, met 'n vurk/gaffel gooi; ~ *s.o. into a job* iem. in 'n betrekking instoot. ~ **line** steeklyn. ~ **pipe** *(mus.)* stemfluitjie. ~ **sea** stampsee. ~ **shot** nadervalhou. ~ **tone** grondtoon.

pitch² *n.* pik; *(as) dark as* ~ →DARK *adj.*; *he that touches ~ shall be defiled* as jy jou met semels meng, dan vreet die varke jou; as jy met roet speel, word jy swart; wie met pik omgaan, word met pik besmeer. **pitch** *ww.* met pik smeer, (be)pik, teer. ~**-black** pikswart. ~**blende** *(min.)* pikblende, uraniniet. ~**-dark** pik=, stikdonker. ~**-darkness** pik=, stikdonker(te). ~ **pine** *(bot.)* pikden. ~**stone** piksteen.

pitched: ~ *battle* gereelde/vaste veldslag; ~ *roof* staan=, kapdak.

pitch·er¹ (water)beker, (erde)kruik, kan; lampetbeker, =kan; *little ~s have long ears, (infml.)* klein muisies het groot ore, oppas wat jy voor kinders sê; *the ~ goes to the well once too often, (w.g.)* die beker gaan na die water totdat dit breek. ~ **plant** *(bot.)* bekerplant.

pitch·er² *(bof=, sagtebal)* gooier; straatsmous, =venter; (graniet)plaveisteen; ~*'s base* gooiersplaat.

pitch·ing gooiery, gooiwerk; hei(beweging) *(v. 'n skip, vliegtuig)*; *(stone)* ~ klipbekleding, =bestrating.

pitch·y pikagtig, pik=; pikdonker, pikswart; vol pik; ~ *lustre* pikglans.

pit·e·ous jammerlik, bejammerenswaardig, ellendig. **pit·e·ous·ness** jammerlikheid.

pith *n.* pit, kern; *(bot.)* murg, medulla; krag; energie; *(fig.)* hart, kwintessens, wese; gewig, betekenis. **pith** *ww.* 'n neksteek gee; murg afsteek; 'n pit uithaal; die senu(wee)stelsel/senu(wee)murg vernietig. ~ **helmet** topi, helmhoed, kurkhelm. ~ **ray** *(bot.)* murgstraal, medullêre straal.

pith·e·can·thro·pus aapmens, mensaap. **pith·e·coid,** **pith·e·coid** aapagtig, aap=.

pith·i·ness →PITHY.

pi·thos *pithoi, (argeol.)* groot erdekruik.

pith·y pittig, kernagtig, kragtig; beknop; saakryk; pitterig; **pith·i·ness** pittigheid, kernagtigheid; pitterigheid. **pith·less** swak, futloos.

pit·i·a·ble bejammerenswaardig, beklaenswaardig, jammerlik, armsalig, erbarmlik, ellendig, droewig, deerniswekkend. **pit·i·ful** medely(d)end, jammerhartig, deernisvol; jammerlik, armsalig, ermbarmlik, ellendig, treurig, deerniswekkend, droewig, miserabel. **pit·i·less** meedoënloos, wreed, hardvogtig, onbarmhartig. **pit·i·less·ness** meedoënloosheid *ens.* (→PITILESS).

pi·ton *(bergklim)* klimpen, =kram.

pi·tot (tube) pitotbuis.

pit·so =*sos, (SA: stamvergadering)* pitso.

pit·ta (bread), *(Am.)* **pi·ta (bread)** pita(brood).

pit·tance hongerloon, toelagie, beloninkie, vergoedinkie; porsie, deeltjie, bietjie; *work for a (mere)* ~ vir 'n hongerloon (*of* karige loon) werk.

pit·ted pokagtig, pokkerig; gepit; ingevreet; *(bot.)* gestippel.

pit·ter-pat·ter *n.* getik(ke)tak, gerikketik, getik, tik-tik, tippetap; getrippel. **pit·ter-pat·ter** *ww.* tik(ke)tak, rikketik, tik-tik; *('n kind)* trippel.

pit·ting pokagtigheid, pokkerigheid; invreting; prikvorming; *(bot.)* stippeling; →PIT *ww.*.

pit·to·spor·um *(bot.)* kasuur, bosboekenhout.

pi·tu·i·tar·y *adj.* pituïtêr, hipofise=. ~ **(gland),** ~ **(body), hypophysis** *(anat.)* pituïtêre klier, hipofise.

pit·y *n.* jammer(te); medely(d)e, simpatie, deernis; jammerhartigheid; ontferming; *feel* ~ ***for*** *s.o.* iem. jammer kry; medely(d)e met iem. hê; ***for*** *~'s sake!* in hemelsnaam!, om hemelswil!; ***in*** (*or* ***out of***) ~ uit jammerte/medely(d)e; *it* ***is*** *a (great)* ~ dit is (baie/bitter) jammer, dit is te betreur; ***more's*** *the* ~ jammer genoeg, des te jammerder/erger, en dis juis so jammer; *the* ~ ***of*** *it!* hoe jammer (tog)!; *the* ~ ***of*** *it is that* ... die ongeluk is dat ...; *have/take* ~ ***on*** ... jou oor ... ontferm, ... genadig wees; *it is a* ***thousand*** *pities* dit is alte jammer; ***what*** *a ~!* hoe jammer (tog)!, dis alte jammer!, dis 'n jammerte!, sies tog!. **pit·y** *ww.* bejammer, jammer kry, jammer voel vir, medely(d)e hê met. **pit·y·ing** *adj.*, =**ly** *adv.* vol medely(d)e, medely(d)end, jammerhartig, deernisvol, simpatiek.

pit·y·ri·a·sis =*ases, (med.)* pitiriase.

piv·ot *n.* (draai)spil; *(fig.)* middelpunt. **piv·ot** *ww.* (om 'n spil) draai; laat draai; *(wisk.)* omspil; ~ *(a)round ...* om ... draai; ~ *(up)on s.t, (fig.)* om iets draai, van iets afhang. ~ **break** *(rugby)* draaibreekslag. ~ **bridge** draai=, swaaibrug. ~ **joint** draaigewrig. ~ **pin** spilpen. ~ **stage** swaaiverhoog.

piv·ot·al sentraal, vernaamste, deurslaggewend, beslissend; *(wisk.)* spil=; ~ ***axis*** draai=, spilas; ~ ***fault,*** *(geol.)* spilverskuiwing; ~ ***industry*** sleutelbedryf; ~ ***question*** hoofsaak.

pix *(mv., infml.)* →PIC.

pix·el *(rek.)* beeldelement.

pix·ie, pix·y fee; kabouter. ~ **cap,** ~ **hat** punthoedjie, =mus. ~ **hood** puntkap.

pix·i(l)·lat·ed *adj., (Am.)* anderste(r), snaaks(erig), eksentriek; malkop, mallerig, (van lotjie) getik; ondeund, onnutsig, guitig; *(sl.: dronk)* hoenderkop, lekker(lyf), aangeklam, getik.

pi·zazz →PIZZAZZ.

piz·za *(kookk.)* pizza. ~ **parlor** *(Am.)* pizzeria, pizzaeetplek, pizzarestaurant, =restourant.

piz·zazz, pi·zazz, pzazz *(infml.)* flair, styl, panache, swier; vitaliteit, vonk, vuur, woema, oemf.

piz·ze·ri·a pizzeria, pizza-eetplek, pizzarestaurant, =restourant.

piz·zi·ca·to =*catos,* =*cati, n., (It., mus.)* pizzicato, getokkelde passasie; pizzicato-spel. **piz·zi·ca·to** *adj.* pizzicato- *(begeleiding ens.)*. **piz·zi·ca·to** *adv.* pizzicato.

piz·zle *(hoofs. Austr. of arg.)* peester *(v. 'n dier)*; *(stallion's)* ~ koker.

plac·a·ble versoenbaar, inskiklik, vergewensgesind. **plac·a·bil·i·ty** versoenbaarheid, inskiklikheid, vergewensgesindheid.

plac·ard *n.* plakkaat, aanplakbiljet. **plac·ard** *ww.* 'n plakkaat aan=/opplak, met plakkate adverteer/bekendstel (*of* bekend stel).

pla·cate tot bedaring bring, bevredig, tevrede stel; paai; versoen. **pla·ca·tion** bevrediging; paaiery; versoening. **plac·a·to·ry** paaierig, paaiend, versoenend.

place *n.* plek; dorp, stad; *(infml.)* woonplek; huis; oord; (sit)plek *(aan tafel)*; posisie, stand, status; amp, betrekking, pos; *(wisk.)* plek; *(tennis)* plaashou, geplaaste hou; *... of* ***all*** *~s* →ALL *adj.*; ***all over*** *the ~, (infml.)* oral(s), die (hele) wêreld vol, links en regs, hot en haar; *be/lie* ***all over*** *the ~, (infml.)* die hele plek (*of* die wêreld) vol wees/lê, oral(s) rond wees/lê; *it is* ***all over*** *the ~, (infml.)* die hele wêreld weet (*of* almal praat) daarvan; *in* ***any*** *old* ~ →OLD *adj.*; ***at*** *a* ~ →AT; ***at*** *s.o.'s* ~ by iem. (se huis); ***change*** *~s* →CHANGE¹ *ww.*; *correct to three* ***decimal*** *~s* →DECIMAL; ***find*** *a ~ for s.o./s.t.* vir iem./iets plek inruim; *in the* ***first*** ~ in die eerste plek/plaas; allereers, vir eers, vereers, ten eerste; in die begin, aanvanklik, oorspronklik; ***gain/take*** *first/etc.* ~ eerste/ens. wees; ***give*** ~ *to ...* vir ... plek maak; vir ... agteruitstaan; deur ... gevolg word; ***go*** *~s, (infml.)* uitgaan; rondreis; opgang maak; ***in*** ~ op sy plek; gepas, geskik; *be* ***in*** *~, (ook, planne ens.)* gereed wees; ***in*** *a* ~ op 'n plek; ***in*** *~s* op sommige/party plekke, hier en daar, plek-plek; ***in*** ~ *of* ... pleks (*of* in plaas) van ...; ***in*** *high ~s* →HIGH *adj.& adv.*; *keep s.o.* ***in*** *his/her* ~ iem. op sy/haar plek sit; *everything will fall* ***into*** ~ alles sal duidelik word; ***know*** *one's* ~ beskeie wees, jou nie/niks aanmatig nie; ***lay/set*** *a* ~ 'n plek dek, vir iem. (tafel) dek; ***make*** *~ for ...* →MAKE **ROOM** FOR ...; ***make*** *a* ~ 'n plek bereik; ***no*** *~, (infml.)* nêrens; *this is* ***no*** *~ for ... ...* hoort nie hier (tuis) nie; *it is* ***not*** *one's ~ to ...* dit is nie jou saak (*of* dit lê nie op jou weg) om te ... nie; ~ ***of*** *amusement* vermaaklikheidsplek; ~ ***of*** *assembly* vergaderplek, plek van samekoms; ~ ***of*** *birth* geboorteplek, =plaas; ~ ***of*** *detention/employment* →DETENTION, EMPLOYMENT; ~ ***of*** *honour* ereplek, =plaas; ~*s* ***of*** *interest* besienswaardighede, interessante plekke; ~ ***of*** *pilgrimage* pelgrimsoord, bedevaartplek; ~ ***of*** *safety* →SAFETY; ~ ***of*** *worship* plek van aanbidding; kerk; ***out of*** ~ nie op sy plek nie; misplaas; onvanpas, onpaslik, ongeskik; *feel* ***out of*** ~ ontuis voel; *it/s.o. looks* ***out of*** ~ dit lyk of dit/iem. nie daar hoort nie; *give* ***pride*** *of ~ to ...* →PRIDE *n.*; *give/yield* ***pride*** *of ~ to ...* →PRIDE *n.*; *have/hold/take* ***pride*** *of* ~ →PRIDE *n.*; ***put*** *s.t. in* ~ iets in gereedheid bring *('n plan, installasie, ens.)*; ***put*** *s.o. in his/her* ~ iem. op sy/haar plek/nommer sit, iem. hokslaan, *(infml.)* iem. se kop tussen sy/haar ore sit; *(infml.)* iem. regsien; ***put*** *o.s. in s.o. else's* ~ jou in iem. anders se plek stel; *in the* ***second/etc.*** ~ ten tweede/ens., in die tweede/ens. plaas/plek, tweedens/ens.; *touch on a* ***sore*** ~ →SORE *adj. & adv.*; *a* ***sure*** ~ →SURE *adj.*; ***swap/swop/switch*** *~s* plekke (om)ruil; ***take*** ~ plaasvind, gebeur, voorval, geskied; *s.t. will* ***take*** *~ in spite of ...* iets gaan deur ondanks ...; ***take*** *the ~ of s.o.* iem. vervang, die plek van iem. inneem; ***take*** *first/etc.* ~ die eerste/ens. plek inneem, eerste/ens. wees; ***take*** *your ~s!* neem julle plekke in!, gaan sit!; *(if I were)* ***in your*** ~ (as ek) in jou plek (was), as ek jy was. **place** *ww.* plaas, (neer)sit, regsit; aanstel; belê, (op rente) uitsit *(geld)*; deponeer; plaas *(aandele)*; plaas, 'n betrekking verskaf; oplê *('n beperking)*; stel *('n perk)*; gooi *(beton)*; (uit)plaas *(personeel)*; ~ *s.t.* ***above*** ... iets belangriker/beter as ... ag; ***be*** *~d, (perdewedrenne)* geplaas word, 'n plek (onder die eerste drie/vier) kry; ~ *s.t.* ***behind*** ... iets agter ... stel; ~ *s.t.* ***on/upon*** *s.o.* iets aan iem. oplê *('n beperking, las, ens.)*; ~ *s.o.* ***out*** iem. in 'n betrekking plaas; iem. uitplaas *('n kind)*; ~ ***s.o.*** iem. eien; weet wat om van iem. te dink; ~ *s.o. on the* ***throne*** →THRONE *n.*; ~ *a* ***value*** *(up)on s.t.* →VALUE *n.*. ~ **accumulator** *(perdewedrenne)* plekpot. ~ **bet** *(perdewedrenne)* plekweddenskap. ~ **card** naamkaartjie *(by 'n tafelsitplek)*. ~**holder** ampsdraer, =bekleër, =bekleder, amptenaar; *(wisk.)* plekhouer. ~ **hunter,** ~ **seeker** baantjiesoeker, baantjiesjaer. ~ **hunting,** ~ **seeking** baantjiesoekery, baantjiesjaery. ~ **kick** *n.* stelskop; *take a* ~ ~ 'n stelskop waarneem. ~**-kick** *ww.* stelskop. ~**-kicker** stelskopper. ~**-kicking** stelskoppery. ~**man** =*men, (Br., neerh.)* (politieke) boetie. ~ **mat** tafel=, plekmatjie. ~ **name** pleknaam. ~ **plate** dienbord. ~ **setting** gedekte plek, plekdekking, dekplek *(aan tafel)*; plek(dek)stel.

pla·ce·bo =*bo(e)s, (med.)* plasebo, skynmiddel, foppil; *(med.)* troosmedisyne, troosmiddel; *(fig.)* suikerpil; *(RK)* (openingsantifoon in die) vespers vir die dooies/afgestorwenes. ~ **effect** *(med.)* plasebo-effek. ~ **(injection)** *(med.)* plasebo-inspuiting, soutwaterinspuiting.

place·less onbegrens; swerwend; werkloos; amptelose.

place·ment plasing *(v. aandele ens.)*; uitplasing *(v. ontslane werknemers ens.)*.

pla·cen·ta =*tas,* =*tae* plasenta, nageboorte; *(bot.)* plasenta, saaddraer. **pla·cen·tal** plasentaal, plasenta=, nageboorte=. **plac·en·ta·tion** plasentasie, nageboortevorming; *(bot.)* saaddraging.

plac·er goudafsetting; goudwassery; *(sport)* steller *(v.d. bal)*. ~ **(deposit)** spoelertsafsetting. ~ **gold** spoelgoud.

plac·id gelykmatig, kalm; vreedsaam, stil, rustig. **pla·cid·i·ty** gelykmatigheid, kalmte; vreedsaamheid, stilte, rus.

plac·ing plasing; gooi *(v. beton)*. ~ **price** uitgifteprys, =koers *(v. aandele)*.

plack·et (hole) *(naaldw.)* slip, spleet, opening *(in 'n hals, romp).*

pla·fond *(Fr.)* plafon.

plage *(vero.)* seestrand; *(astron.: helder kol i.d. sonchromosfeer)* flokkulus, gloeiende kol, plage.

pla·gia·rise, =rize plagiaat/letterdiewery pleeg, naskryf, =skrywe, plagieer. **pla·gia·rism** plagiaat, letterdiewery, =diefstal. **pla·gia·rist** plagiaris, letterdief, na=, afskrywer. **pla·gia·ry** *(arg.)* plagiaat; plagiaris.

pla·gi·o·clase *(min.)* plagioklaas.

plague *n.* plaag; pes(siekte), pestilensie; *(infml.)* laspos; ***like the*** ~ soos die pes; *'n* ~ ***of*** *finches/lice/locusts/etc.* 'n vink=/luis=/sprinkaanplaag/ens.; *a* ~ ***on*** *...!, (arg.)* na die duiwel met ...!; *~s and* ***pests*** peste/siektes en plae. **plague** *ww.* (met plae) teister; *(infml.)* pes, pla, lastig val, treiter, kwel, versondig; vervolg; ~ *s.o., (ook)* iem. se lewe versuur; iem. se siel uittrek. ~ **mark,** ~ **spot** pesbuil; pesvlek; skandvlek; broeiplek, =nes.

plagu·er plaer; terger. **plague·some** lastig, vervelig, hinderlik, verpestelik.

pla·guy, pla·guey *adj., (arg., infml.)* lastig, hinderlik; ergerlik. **pla·guy, pla·guey** *adv.* erg, baie, geweldig; *be* ~ *glad* verduiwels bly wees. **pla·gui·ly** baie erg.

plaice *plaice(s), (igt.)* skol.

plaid Skotse wolgeruit, (geruite) Skotse wolstof; Skotse mantel.

plain *n.* vlakte; gelykte; *Great P~s (of North America)* Noord-Amerikaanse Laagvlakte. **plain** *adj.* duidelik, klaarblyklik, helder, verstaanbaar, ondubbelsinnig; gelyk; eenvoudig *(taal, 'n koek);* onaansienlik *('n meisie);* gewoon, alledaags; rondborstig, openhartig, eerlik, onomwonde; effekleurig; effe, onversier(d) *('n rand);* ongetooi(d), onopgesmuk; vlamloos, figuurloos *(hout);* onverdun *(vodka ens.);* glad *('n draad);* onbedek *('n sweisdraad);* ongewapen *(beton);* ongekurk *(sigarette);* skoon, ongelyn(d), ongelinieer(d) *(papier); it was* ~ ***bad luck*** →LUCK *n.; tell s.o. s.t. in* ~ ***English*** →ENGLISH *n.;* ***in*** ~ *black/etc.* in effe swart/ens.; *the* ~ ***man*** die gewone man; *(just)* ~ ***Mr/Mrs/etc.*** (sommer) gewoonweg Mnr./Mev./ens.; *it is* ~ ***murder*** →MURDER *n.; a* ~ ***no*** →NO *n.; it is (as)* ~ *as a* ***pikestaff*** *(or as the* ***nose*** *on one's face), (infml.)* dit is so duidelik soos daglig *(of* so duidelik soos die dag), dit staan soos 'n paal bo water, ('n) mens *(of* 'n blinde) kan dit met 'n stok voel; *in* ~ ***terms*** sonder om doekies om te draai; *make s.t.* ~ ***to*** *s.o.* iem. iets duidelik te verstaan gee; *the* ~ ***truth*** die loutere/naakte waarheid; *be* ~ ***with*** *s.o.* openlik met iem. praat, *(infml.)* nie/geen doekies omdraai nie; ~ ***words*** eenvoudige taal. **plain** *adv.* duidelik, klaarblyklik; *knit* ~ regs brei. ~ **card** *(kaartspel)* bykaart. ~**chant** →PLAINSONG. ~ **chocolate** gewone sjokolade. ~ **cigarette** ongekurkte sigaret, sigaret sonder kurk. ~ **clothes** burgerdrag, gewone klere/drag. ~**-clothes man** konstabel in burgerdrag. ~**-coloured** een=, effekleurig. ~ **cook** gewone kok. ~ **dealer** eerlike/opregte mens. ~ **dealing** opregtheid, eerlikheid, openhartigheid. ~ **flour** meelblom sonder bakpoeier. ~ **Jane** *(infml.)* vaal meisie/muisie, bleeksiel(meisie). ~ **knitting** regsbrei; regsbreiwerk. ~ **sailing:** *it was* ~ ~, *(infml.)* dit het klopdisselboom *(of* so glad soos seep) gegaan. ~ **sawing** langssaagwerk. ~**-sawn** langsgesaag. ~**sman** =*men* vlaktebewoner. ~**song,** ~**chant** *(mus.: eenstemmige liturgiese sang)* cantus planus, gelyksang; →GREGORIAN CHANT. ~ **speaking** reguit praat, openhartigheid, rondborstigheid. ~**-spoken** openhartig, eerlik, rondborstig. ~**-spokenness** openhartigheid, rondborstigheid. ~ **stitch** regssteek. ~ **suit** *(kaartspel: kleur wat nie 'n troef is nie)* bykaarte. ~ **tile** plat dakpan. ~ **weave** effebinding.

plain·ly klaarblyklik, duidelik; rondborstig, openhartig, onomwonde, onverbloem(d); eenvoudig, gewoonweg.

plaint *(Br., jur.)* aanklag(te), beskuldiging, klagskrif; *(hoofs. poët., liter.)* klag(te); weeklag.

plain·tiff eiser, eiseres; *appear for the* ~ vir die eiser verskyn.

plain·tive klaend, klaaglik, klaag=. **plain·tive·ness** klaaglikheid.

plait *n.* (haar)vlegsel. **plait** *ww.* vleg; strengel; ~ *round* omvleg; ~ *through* deurvleg.

plan *n.* plan; voorneme, plan; (bestek)tekening, (bou)=plan; diagram; skets, skema, ontwerp; metode, manier; indeling; opset; situasietekening; ***draw up*** *~s* planne opstel/ontwerp *(vir 'n huis ens.); s.o.* ***has*** *a* ~ *to* ... iem. het 'n plan om te ...; ***hatch*** *~s* planne smee; ***lay*** *~s* planne beraam; ***make*** *a* ~ 'n plan maak/beraam; ~ ***of*** *action* plan van aksie/optrede; gevegsplan; ~ ***of*** *attack* aanvalsplan; ~ ***of*** *campaign* veldtogs=, krygsplan; ~ ***of*** *defence* verdedigingsplan; ***produce*** *a* ~ met 'n plan (te voorskyn) kom, met 'n plan vorendag *(of* voor die dag) kom. **plan** =*nn*=, *ww.* planne maak, prakseer, beplan, beraam, bedink; uitlê *('n stad);* smee *('n komplot);* mik na, beoog; ontwerp; skets, teken *('n plan);* ~ *ahead* planne vir die toekoms maak; (iets) vooruit reël; ~ *on doing s.t.* van plan *(of* voornemens) wees om iets te doen, beoog om iets te doen; ~ *out* haarfyn *(of* [tot] in besonderhede) uitwerk; ~ *to* ... van plan *(of* voornemens) wees om te ...

pla·nar vlak=; ~ *element* vlakelement.

pla·nar·i·an (soort) platwurm.

planch·et muntskyf, =plaatjie.

plan·chette plansjet, skryfplankie.

plane[1] *n.* (plat) vlak; *(wisk.)* platvlak; oppervlak; gelykte; dra(ag)vlak; trap, hoogte, peil; basis; vliegtuig (→AEROPLANE); *on a* ***higher*** ~ op 'n hoër plan/peil/vlak; ~ ***of*** *projection* projeksievlak; ~ ***of*** *rotation* omwentelingsvlak; ~ ***of*** *section* snyvlak; ~ ***of*** *slope* hellingsvlak; ~ ***of*** *symmetry* simmetrievlak; *place on the* ***same*** ~ gelykstel. **plane** *adj.* plat, vlak; ~ *figure* vlak/plat figuur; ~ *surface* (plat) vlak; *(wisk.)* platvlak. **plane** *ww.* sweef, swewe; vlieg; *('n spoedboot)* skeer. ~ **geometry** vlakmeetkunde, planimetrie. ~**load** vliegtuigvrag; *a* ~ *of refugees* 'n vliegtuig vol vlugtelinge. ~ **polarisation,** ~**zation** vlak polarisasie. ~ **sailing** *(sk.)* platkaartnavigasie. ~ **table** meettafel(tjie), plansjet.

plane[2] *n.* skaaf; →PLANING; *circular* ~ →CIRCULAR *adj.*. **plane** *ww.* skaaf, skawe; ~ *s.t. down* iets afskaaf/=skawe/wegskaaf/=skawe. ~ **cutter** = PLANE IRON. ~ **iron** skaafbeitel, =mes; *double* ~ ~ dubbelskaafbeitel. ~ **stock** skaafblok.

plane[3] *n.:* ~ **(tree)** plataan(boom).

plan·er skawer; skaafmasjien.

plan·et planeet; *be (living) on another* ~, *(fig.)* in 'n droomwêreld leef/lewe; *(the)* ~ *(earth)* die planeet (aarde); *what* ~ *is s.o. (living) on?, (fig.)* waar kom iem. vandaan?, iem. moet wakker skrik *(of* ophou lugkastele bou) (en terugkeer aarde toe *of* terugkeer na die werklikheid). ~ **gear,** ~ **wheel** planeetrat, =wiel. ~**-stricken,** ~**-struck** *(arg.)* →PANIC-STRICKEN.

plan·e·tar·i·um =*iums,* =*ia* planetarium. **plan·e·tar·y** planetêr, planeet=, van die planete; aards; dwalend, dolend; ~ *gear* →PLANET GEAR; ~ *motion* planetêre beweging; ~ *nebula, (astron.)* planetêre newel; ~ *orbit* planeet(wentel)baan; ~ *system* planeetstelsel, planetêre stelsel.

plan·e·tes·i·mal *n. & adj., (astron.)* planetesimaal. ~ **hypothesis** planetesimale hipotese.

plan·et·oid *(astron.)* planetoïed, asteroïed, klein planeet. **plan·e·toi·dal** planetoïdaal, asteroïdaal.

plan·e·tol·o·gy *(astron.: studie v.d. planete v.d. sonnestelsel)* planetologie.

plan·gent weerklinkend, =galmend, resonant; klotsend; klaend.

pla·nim·e·ter planimeter, vlaktemeter. **pla·ni·met·ric** planimetries; ~ *map* vlak/plat kaart. **pla·nim·e·try** planimetrie, vlakmeetkunde.

plan·ing skaafwerk; afskawing. ~ **bench** skaafbank. ~ **hammer** planeerhamer. ~ **knife** skraapstaal, skaafmes. ~ **machine** skaafmasjien. ~ **mill** skawery.

plan·ish glad/plat maak, gelykmaak, plet, uitrol, =pers *(muntmetaal);* planeer, uitklop, =hamer; polys *(metaal).*

plan·ish·ing planering, planeerwerk, uitkloppery; polysting, polystery; →PLANISH. ~ **hammer** planeerhamer. ~ **knife** haal=, snymes. ~ **tool** bult=, duikklopper.

plan·i·sphere planisfeer.

plank *n.* plank; *(pol.)* grond=, hoofbeginsel, prinsiep; *walk the* ~, *(sk.)* oor die plank loop; jou werk verloor, uitgeskop word. **plank** *ww.* planke lê, beplank; bevloer, vloere insit/lê; ~ *o.s. down, (infml.)* neerplof; ~ *s.t. down, (infml.)* iets neerplak/=gooi/=smyt. ~ **bed** plankbed.

planked geplank. ~ **steak** planksteak, =biefstuk.

plank·ing beplanking, plankwerk.

plank·ton plankton. **plank·ton·ic** *adj. (attr.)* planktonic=.

plan·less plan=, stelselloos.

planned vooruitbeplan(de), =beraam(de), beoog(de), bedoel(de), nagestreef(de), voorgenome, (wel)oorwoë; planmatig, volgens plan, met oorleg; *as* ~ volgens plan, volgens/soos besluit. ~ **economy** planekonomie, =huishouding, geordende ekonomie. ~ **obsolescence** beplande/ingeboude veroudering, opsetlike onduursaamheid. ~ **parenthood** beplande ouerskap.

plan·ner ontwerper; beplanner; plan(ne)maker; →TOWN PLANNER.

plan·ning beplanning; oorleg; ordening; beraming; ontwerping; voorbereiding; aanleg; →PHYSICAL PLANNING, TOWN PLANNING. ~ **council** beplanningsraad. ~ **permission** *(Br.)* bougoedkeuring, =vergunning.

pla·no= *komb.vorm* plan(o)=, plat=, vlak=.

pla·no·con·cave plankonkaaf, plat=, vlakhol.

pla·no·con·vex platbol, plankonveks, vlakbol.

pla·nog·ra·phy *(druk.)* planografie, plano=, vlakdruk, planografiese druk. **pla·no·graph·ic:** ~ *printing* = PLANOGRAPHY.

pla·nom·e·ter planometer.

plant *n.* plant, gewas; aanleg, inrigting, installasie; (bedryfs)uitrusting/toerusting, masjinerie; werkplaas, fabriek; speurder; toestel; houding; bedrog, skelmstuk, swendelary; →PLANTING; ***in*** ~ aan die groei; ***industrial*** ~ →INDUSTRIAL *adj.;* ***lose*** ~ doodgaan; ***miss*** ~, *(saad)* nie opkom nie. **plant** *ww.* plant; beplant; aanplant; vestig, stig; neersit; uitsit; toedien *('n slag);* wegsteek, versteek *(gesteelde goed);* plaas, plant, versteek *('n bom);* skelmstreke uithaal, bedrog pleeg; ~ *s.t.* ***on*** *s.o., (infml.)* iets aan iem. versteek; ~ ***o.s.*** *somewhere* êrens gaan staan; ~ *s.t.* ***out*** iets uitplant; *~ed* ***trees*** geplante bome; ~ ***with*** ... met ... beplant. ~ **cell** plantsel. ~ **control** plantbeheer. ~ **cover** plantekleed, =dek. ~ **disease** plantsiekte. ~ **eating** plantetend. ~ **family** plantfamilie. ~ **hire** masjinerie=, toerustingverhuring. ~ **hire (business/company/firm)** masjinerieverhuringsmaatskappy. ~ **kingdom** planteryk. ~ **life** plantelewe; plantegroei; plantebiologie. ~ **line** plantry. ~ **louse** blad=, plantluis. ~ **material** plantgoed; plantaardige materiaal. ~ **operator** masjienbediener. ~ **pathology** plantsiektekunde, =leer, plantpatologie. ~ **physiology** plantefisiologie. ~ **room** masjineriekamer. ~**sman** =*men,* ~**swoman** =*women* plant=, tuinkenner. ~ **tissue** plantweefsel.

Plan·tag·e·net *n., (hist.: Br. koningsfamilie, 1154-1485)* Plantagenet. **Plan·tag·e·net** *adj.* Plantagenet-.

plan·tain[1] *(Musa* spp.) meelpiesang.

plan·tain[2] *(Plantago* spp.) weegbree, weeblaar, tongblaar.

plan·tar *(anat.)* plantaar=, (voet)sool=; ~ *arch* plantaar=, (voet)soolboog; ~ *reflex* plantaar=, (voet)soolrefleks; ~ *wart* plantaar=, (voet)soolvrat(jie).

plan·ta·tion plantasie; aanplanting, bos=, boomaanplanting; *(vero.)* kolonie; →PLANT *ww.* ~ **song** *(Am., mus.)* plantasielied.

plant·er planter; plant=, saaimasjien, planter; volksplanter, kolonis, koloniseerder; plantasiebestuurder; plantasie-eienaar.

plan·ti·grade *n., (soöl.)* soolganger. **plan·ti·grade** *adj.* soolganger=.

plant·ing plantery, (aan)planting, beplanting. ~ **machine** plant=, saaimasjien, planter. ~ **season,** ~ **time** planttyd.

plant·let plantjie.

plaque gedenkplaat; plaak, tandaanslag, =aanpaksel; *(med: verhewe vel/slymvlies)* plaak; *small* ~ plaket. **pla-quette** plaket, plaatjie.

plash[1] *n.* (water)plas, poel(etjie); geplas, gespat. **plash** *ww.* plas, spat; →SPLASH *ww.*.

plash[2] *n., (arg.)* gevlegte takkie/heining. **plash** *ww.* saam=, deurvleg *(heiningtakkies)*; 'n heining regmaak; →PLEACH.

plas·ma, plasm (bloed)plasma; *(fis.)* plasma; *(geol.)* groenkwarts; *(vero.)* protoplasma; *(vero.)* selplasma. **plas·mat·ic, plas·mic** plasmaties. **plas·mol·y·sis** plasmolise.

plas·ter *n.* gips; *(ook* sticking plaster*)* (heg/kleef)pleister; →PLASTERING; *be in* ~ in gips wees; *lime* ~ kalkpleister. **plas·ter** *ww.* (be)pleister; (be)smeer; 'n pleister opsit; aanstryk; ophemel; bestook *(met bomme)*; ~ *s.t. with* ... iets met ... besmeer/beplak; iets met ... oorlaai. ~ **bandage** gipsverband. ~**board** pleisterbord. ~ **cast** →CAST *n.*. ~ **coat** pleisterlaag. ~ **dressing** gipsverband. ~ **face** pleistervlak. ~ **figure** gipsbeeld. ~ **mould** gipsvorm. ~ **(of Paris)** (gebrande) gips. ~ **of Paris bandage** gipsverband. ~ **saint** heilige boontjie, brawe Hendrik/Maria; fariseër, skynheilige, witgepleisterde graf. ~**work** pleisterwerk.

plas·tered *(infml.)* dronk, poegaai; *be/get* ~, *(infml.)* aangeklam wees/word.

plas·ter·er pleisteraar.

plas·ter·ing pleistering; pleisterwerk. ~ **trowel** pleistertroffel.

plas·tic *n.* plastiek(stof); *(ook* plastic money, *infml.: kredietkaarte ens.)* plastiek(geld). **plas·tic** *adj.* plasties; plastiek=; beeldend; vormbaar, plasties, buigsaam; vervormbaar. ~ **arts** *(mv.)* beeldende kunste. ~ **bag** plastieksak. ~ **bomb** plastiekbom. ~ **bullet** plastiekkoeël. ~ **clay** potklei, pottebakkersklei; boetseer=, vorm=, modelleerklei. ~ **explosive** plastiese plof=/springstof. ~ **fabric** plastiekstof. ~ **foam** skuimplastiek. ~ **mac** plastiekreënjas. ~**s industry** plastiekbedryf. ~ **surgeon** plastiese chirurg/sjirurg. ~ **surgery** plastiese chirurgie/sjirurgie. ~**ware** plastiekware. ~ **wood** plastiekhout. ~ **wrap** *(Am.)* kleefplastiek.

Plas·ti·cine *(handelsnaam)* Plasticine.

plas·tic·i·ty plastisiteit, vormbaarheid; vervormbaarheid.

plas·tic·ky *adj., (infml., neerh.)* plastiekagtig, plastiekerig.

plas·tid =*tids, (bot.)* plastied.

plas·tron *(soöl.)* plastron, borsplaat, =stuk.

=**plas·ty** *komb.vorm, (med.)* =plastiek; *ana~* anaplastiek, plastiese chirurgie/sjirurgie; *rhino~* rinoplastiek.

plat[1] *(Am.)* lappie/stukkie grond.

plat[2] = PLAIT.

plat·an *(poët., liter.)* plataan(boom); →PLANE[2] *n.*.

plat du jour *plats du jour, (Fr.)* (spesiale) gereg van die dag.

Plate: *River* ~ La Plata-rivier, Silwerrivier.

plate *n.* bord; bord vol; kollektebord; plaat *(glas, hout)*; *(bouk.)* spieëlglas; naambord; balkplaat, muurbalk; beker; plaatwedstryd; plaatwedren; tafelsilwer; silwerservies; goudservies; metaalservies; *(elek.)* anode, plaat; *(elek.)* kapasitorplaat; *(elek.)* akkumulatorelektrode; *(druk.)* plaat; *(ook* number plate*)* nommerplaat; →GOLD PLATE *n.*, HOME PLATE; *hand s.o. s.t. on a* ~, *(infml., fig.)* iem. iets op 'n skinkbord aanbied; *have too much on one's* ~, *(fig.)* te veel hooi op jou vurk hê. **plate** *ww.* plateer; versilwer; verguld; vertin; verchroom; oorblaas; vernikkel; pantser *('n skip)*; metaalplaatjies opsit; met plaatjies versier; ~*d ware* pleetwerk. ~ **armour** plaatpantser. ~ **brush** plaatborsel. ~ **clutch** plaatkoppelaar. ~ **cut** visbek. ~ **film** bladfilm. ~**ful** =*fuls* bord (vol); *a* ~ *of pasta/etc.* 'n bord pasta/ens.. ~ **glass** spieëlglas. ~ **glass window** spieëlruit. ~ **holder** *(fot.)* plaathouer. ~ **iron** plaatyster. ~**layer** *(Br.)* baanmeester, spoorlêer. ~**laying** spoorlegging. ~**maker** *(druk.)* plaatmaker; *(spw.)* plaatwerker. ~**mark** keur *(op silwer ens.)*. ~ **powder** plaat=, skuurpoeier. ~ **rack** bord(e)rak. ~ **shears** plaatknipper. ~ **tectonics** *(geol.)* plaattektoniek. ~ **warmer** bordverwarmer.

plat·eau =*teaus*, =*teaux* plato, tafel=, hoogland; *reach a* ~, *(fig.)* 'n plato bereik.

plate·let *(fisiol.)* (bloed)plaatjie.

plat·en *(druk.)* degel; tikrol, (skryf)rol. ~ **machine,** ~ **press** degelpers.

plat·er plateerder; *(spw.)* plaatwerker.

plat·er·esque *(argit.)* plateresk.

plat·form *n.* platform, verhoog, rostrum, podium; platform, perron; buik *(v. 'n wa)*; dek *(v. 'n brug)*; omloop; (politieke) program, beleid; *(i.d. mv.)* →PLATFORM SHOES. ~ **committee** beleidskomitee. ~ **game** *(soort rekenaarspeletjie)* platformspeletjie. ~ **scale** platform=, brugskaal, weegbrug. ~ **shoes,** ~**s** platformskoene. ~ **ticket** *(Br., hist)* platform=, perronkaartjie.

plat·i·na ru(we) platina; →PLATINUM.

plat·ing plateerwerk; plaatwerk; pantserplaatbedekking.

plat·i·nif·er·ous platinahoudend.

plat·i·nise, -nize platineer, met platina bedek.

plat·i·no·type *(vero.)* platina-afdruk.

plat·i·num *(metal., simb.:* Pt*)* platinum. ~ **black** *n.* platinumswart. ~ **blonde** *n.* maanligblondine. ~**-blonde** *adj.* maanligblond. ~ **disc** *(mus.)* platinumplaat. ~ **metal** platinummetaal. ~**-plate** *ww.* platineer, met platinum bedek. ~**-plated** geplatineer(d).

plat·i·tude gemeenplaas, afgesaagde/alledaagse uitdrukking, alledaagsheid, algemeenheid.

Pla·to *(Gr. filosoof)* Plato. **Pla·ton·ic** Platonies, van Plato; *p~ friends* platoniese vriende. **Pla·to·nism** Platonisme *(ook p~)*. **Pla·ton·ist** Platonis *(ook p~)*.

pla·toon peloton, afdeling. ~ **drill** pelotondril. ~ **fire** pelotonvuur. ~ **post** afdelingspos. ~ **system** *(SA, opv.)* dubbelskofstelsel *(in oorvol skole)*.

plat·te·land *(Afr.)* platteland.

plat·ter (groot) plat bord; vleisskottel; maaltyd; *(infml., vero.)* grammofoonplaat; *hand s.o. s.t. on a* ~, *(infml., fig.)* iem. iets op 'n skinkbord aanbied.

plat·y plaatvormig, plaatagtig, plaat=.

plat·y= *komb.vorm* breed=, plat=.

plat·y·hel·minth *(soöl.)* platwurm.

plat·y·pus =*puses* eend=, voëlbekdier.

plat·yr·rhine *(soöl.)* breedneusig.

plau·dit *(gew. i.d. mv.)* toejuiging, hand(e)geklap, applous. **plau·di·to·ry** toejuigend.

plau·si·ble aanneemlik, aanvaarbaar, geloofwaardig. **plau·si·bil·i·ty** aanneemlikheid, aanvaarbaarheid, geloofwaardigheid.

play *n.* toneelstuk, =spel, drama, verhoogstuk; opvoering; spel; vermaak; speling, speelruimte; →FAIR PLAY, FOUL PLAY, PLAYING; *be* ***at*** ~ aan die speel wees; *s.t. is (no)* ***child's*** ~ →CHILD; ***come into*** ~ kom in die spel, geld; ***do/perform/present/stage*** (or ***put on***) *a* ~ 'n (toneel)stuk opvoer (*of* op die planke bring); *make a* ~ ***for*** ..., *(infml.)* by ... aanlê, na ... vry *('n meisie)*; na ... vry *(stemme)*; *make a big* ~ ***for*** ..., *(infml.)* kliphard na ... vry; ***go to a*** ~ na 'n opvoering gaan, 'n opvoering gaan kyk; ***in*** ~ spelenderwys(e), skertsend; *the ball is* ***in*** ~ die bal is in spel; *say s.t.* ***in*** ~ iets vir/uit die grap (*of* skertsend) sê, iets nie ernstig meen/bedoel nie; ***in full*** ~ in volle werking; *bring/call s.t.* ***into*** ~ iets aanwend (*of* laat geld); iets te voorskyn roep; ~ ***of*** *colours* →COLOUR *n.*; *make great* ~ ***of*** *s.t.* 'n ophef van iets maak; *the ball is* ***out of*** ~ die bal is buite spel; ***produce*** *a* ~ 'n (toneel)stuk regisseer; 'n (toneel)stuk opvoer (*of* op die planke bring); ~ ***produced*** *by* ... stuk onder regie van ...; ***ragged*** ~ →RAGGED; ***rain*** *stopped* ~ die spel is weens reën gestaak; ~ ***started*** *late* die spel het laat begin; *allow/give free/full* ~ ***to*** ... vrye teuels aan ... gee, ... sy vrye loop laat neem; *give* ~ ***to*** ..., *(ook)* speelruimte aan ... laat, ruimte aan ... gee; ***tour*** *with a* ~, *take a* ~ *on* ***tour*** met 'n toneelstuk toer; *a* ~ ***(up)on*** *words* 'n woordspeling. **play** *ww.* speel; baljaar; speel *(klavier, 'n wedstryd, ens.)*; wed *(op perde)*; (be)speel *('n instrument)*; laat speel; *('n fontein)* spring; vervul; draai, (voor)speel *('n langspeelplaat)*; ~ ***about/around*** rondspeel; ~ ***about/around*** *with* ... met ... gekskeer (*of* die gek skeer); met ... peuter; met ... (rond)foeter; ~ *A* ***against*** *B* A teen B laat speel; ~ ***along*** *with* ... met ... saamgaan; met ... gemene saak maak; ~ ***at*** ... ... speel; speel-speel/kamma (*of* maak [as]of) ...; ~ ***at*** *centre/wing, (rugby)* senter/vleuel speel; ~ ***away,*** *(sport)* 'n wegwedstryd speel; ~ *s.t.* ***away*** iets uitdobbel *(geld ens.)*; iets verspeel *(kanse ens.)*; ~ *s.t.* ***back*** iets terugspeel/oorspeel; ~ *a* ***blinder*** →BLINDER; ~ *it* ***cool*** →COOL *adv.*; ~ ***dead*** →DEAD *adj.*; ~ *s.t.* ***down*** iets onderspeel/relativeer (*of* as onbelangrik afmaak); iets op die agtergrond hou/skuif/skuiwe; ~ *the* ***drum*** (op die) trom slaan; ~ ***dumb*** →DUMB; ~ *it by* ***ear*** →EAR[1] *n.*; ~ ***fair*** →FAIR[2] *adv.*; ~ ***false*** bedrieg, oneerlik handel; ~ *s.o.* ***false*** iem. bedrieg; ~ ***fast*** *and loose* onbetroubaar wees; onverantwoordelik handel; rond en bont spring *(infml.)*, heen en weer swaai; ~ ***fast*** *and loose with s.o.* van iem. 'n speelbal maak; ~ *a* ***fish*** 'n vis laat uitspook; ~ *the* ***fool*** →FOOL[1] *n.*; ~ ***for*** *time* tyd (probeer) wen; ~ ***foul*** →FOUL *adv.*; ~ *the* ***game*** →GAME[1] *n.*; ~ *into s.o.'s* ***hands*** →HAND *n.*; ~ *o.s.* ***in*** jou inspeel; die/jou pad oopspeel; ~ *a good* ***knife and fork*** fluks weglê; ~ *s.o.* ***off*** *against another* iem. teen 'n ander uitspeel; ~ ***on*** voortspeel; *(kr.)* die bal op die paaltjies speel; bespeel *('n instrument)*; ~ *the guns* ***on*** ... die kanonne op ... laat speel; *s.t.* ~*s* ***on one's mind*** iets werk op jou gemoed; ~ ***out*** uitspeel; beëindig; *be* ~*ed* ***out,*** *(ook)* uitgedien(d)/verouderd wees; pootuit/uitgeput/afgemat wees; afgesaag (*of* holrug [gery]) wees; *s.o. is* ~*ed* ***out,*** *(ook)* iem. se blus/gô/pê is uit; iem. se gesang is uit; ~ *itself* ***out*** afloop; ~ ***out*** *time* die (speel)tyd vul; ~ *(it)* ***safe*** aan die veilige kant bly, niks waag nie, versigtig handel, op jou hoede bly/wees, die kat uit die boom kyk; ~ *it* ***smart,*** *(infml.)* verstandig/slim wees; ~ *the* ***teacher/etc.*** die onderwyser/ens. speel, die rol van die onderwyser/ens. speel/vertolk; *the team* ~*ed* ***to*** *their strength* die span het na sy sterkte gespeel; ~ *s.o. a* ***trick,*** ~ *a* ***trick*** *on s.o.* →TRICK *n.*; ~ ***truant*** →TRUANT *n.*; ~ ***up*** hard speel; *(mus.)* begin speel; *(mus.)* harder speel; lol; lastig wees; ~ *s.t.* ***up*** iets opblaas *(fig.)*; iets op die voorgrond stel; ~ ***up to*** *s.o.* iem. na die mond praat, iem. vlei/pamperlang; iem. ondersteun; ~ ***(up)on*** *s.t.* op iets speel, iets bespeel *('n instrument)*; van iets misbruik maak *(iem. se goedhartigheid ens.)*; ~ ***(up)on*** *words* woordspelings maak; ~ ***with*** ... met ... speel; met ... gekskeer (*of* die gek skeer), ... vir die gek hou; in ... speel, saam met ... speel *('n orkes)*; ~ ***with*** *o.s., (euf.: masturbeer)* met jouself (*of* jou parte) speel. ~**-act** toneelspeel; *(fig.)* toneelspeel, voorgee, maak asof. ~**-acting** *(fig.)* toneelspel(ery), vertoon. ~**-actor** toneelspeler, akteur; *(neerh., fig.)* komediant. ~**back** *n.* die terugspeel *(v. 'n opname)*; terugspeelaksie; terugspeler *(v. 'n bandmasjien)*; reproduksie; weergawe; ~ *on mono/stereo* mono=, stereoweergawe. ~**bill** plakkaat, aanplakbiljet *(v. 'n opvoering)*; teaterprogram. ~**book** boek met toneelstukke; teksboek *(v. 'n toneelstuk)*. ~**boy** pierewaaier, plesiersoeker, laventelhaan, swierbol, losbol. ~**-by-play** *n., (Am., rad., TV, sport)* deurlopende/regstreekse dekking; deurlopende/regstreekse kommentaar. ~**-by-play** *adj. (attr.)* regstreekse *(dekking, kommentaar, ens.)*. ~ **dough** klei=, speeldeeg. ~ **enclosure** speelkamp. ~**fellow** speelmaat. ~**girl** sekskat(jie), =poppie, leëkoppie. ~**goer** toneelganger, teaterbesoeker. ~**going** teaterbesoek. ~**ground** speelplek, =terrein, =veld, =ruimte. ~**group** speelgroep(ie). ~ **head** terugspeel=, weergeekop *(v. 'n bandmasjien)*. ~**house** teater, skouburg; speelhuis(ie). ~**list** *(rad.)* speellys. ~**mate** speelmaat. ~**-off** *n.* uitspeelwedstryd, beslisser. ~**pen** speelhok, =kampie. ~**room** speel=, kinderkamer. ~**school** speelskool. ~**suit** speelpakkie. ~**thing** speelding, stuk speelgoed; *(fig.)* speelbal. ~**time** speeltyd, pouse; *at* ~ in die speeltyd/pouse. ~**wright,** ~**writer** toneelskrywer, dramaturg. ~**writing** toneelskrywery.

pla·ya *(Sp.Am.: woestynbekken wat ná hewige reëns 'n vlak, tydelike meer word)* plaja.

play·a·ble speelbaar; opvoerbaar. **play·a·bil·i·ty** speelbaarheid; opvoerbaarheid.

play·er speler; speelster; (toneel)speler/speelster; rolspeler; *(infml.)* losbol. ~**-manager** speler-bestuurder. ~ **piano** pianola, meganiese klavier.

play·ful speels, vrolik, opgeruimd, uitgelate, spelerig. **play·ful·ly** speelsgewys(e), spelenderwys(e). **play·ful·ness** speelsheid, vrolikheid, uitgelatenheid.

play·ing spelery, (die) speel. ~ **card** speelkaart. ~ **enclosure** speelkamp. ~ **fee** *(gh.)* baangeld. ~ **field** *(Br.)* sportveld, =terrein, speelveld, =terrein; *compete on a level ~ ~, (fig.)* op gelyke voet (*of* op 'n gelyke grondslag/speelveld) meeding; *level the* (or *create a level*) *~ ~, (fig.)* die speel=/mededingingsveld gelyk maak, 'n gelyke mededingingsveld skep/daarstel, 'n gelyke mededingingsgrondslag bewerkstellig. ~ **fountain** spuitfontein. ~ **pen** speelhok, =kampie. ~ **time** speeltyd.

play·let toneelstukkie.

pla·za *(Sp: [stads]plein)* plaza.

plea pleidooi, pleitrede; verontskuldiging; verweer; *(siviele prosesreg)* pleit; *(siviele prosesreg)* verweerskrif; *(strafprosesreg)* pleit; *~s in **abatement*** peremptoriese pleite; *~ in **bar*** →BAR[1] *n.*; ***cop** a ~, (infml.)* op 'n minder ernstige aanklag skuld beken; ***enter** a ~* 'n pleidooi lewer; *(i.d. hof)* 'n pleit aanteken; ***make*** (or ***put in****) a ~ for ...* 'n pleidooi vir ... lewer; *~ **of guilty*** (or *not guilty*) pleit van skuldig (*of* onskuldig); *~ **of** tender, (jur.)* pleit van aanbod van betaling; ***on/under** the ~ that ...* onder die voorwendsel dat ...; ***(written)** ~* pleitskrif. ~ **bargaining** *(jur.)* pleitonderhandeling.

pleach *(hoofs. Br.)* deurvleg.

plead pleit, smeek, soebat, 'n pleidooi lewer/hou; bepleit; verontskuldig; *(jur)* pleit; *~ s.t. in **excuse*** iets ter verontskuldiging aanvoer; *~ **for** s.t.* om iets pleit/smeek *(genade ens.)*; *~ **for** s.o.* vir iem. pleit; *~ **for** s.o. with ...* vir iem. by ... pleit, iem. se saak by ... bepleit, vir iem. by ... voorspraak doen/wees; *~ **guilty*** (or ***not guilty***) skuld erken (*of* ontken), *(jur.)* skuldig (*of* onskuldig) pleit; *~ **to** ...* op ... pleit *('n aanklag)*; *~ **with** s.o. (not) to do s.t.* by iem. pleit om iets (nie) te doen (nie). **plead·er** *(opsteller v. pleitstukke)* pleiter; *(pers. wat 'n pleidooi/pleitrede lewer)* pleiter, pleitbesorger, woordvoerder. **plead·ing** *(jur.)* pleidooi, (die) pleit; *(gew. i.d. mv., jur.)* pleitskrif, =stuk. **plead·ing** *adj.*, **=ly** *adv.*, pleitend, smekend.

pleas·ance lushof; *(arg.)* plesier, genot.

pleas·ant aangenaam, lekker *(aand, weer, klimaat, ens.)*; genoeglik, behaaglik, heuglik, welgevallig; vriendelik, innemend *(iem.)*; *have a ~ journey!* →JOURNEY *n.*. **pleas·ant·ly** aangenaam, op 'n aangename manier. **pleas·ant·ness** aangenaamheid. **pleas·ant·ry** *(gew. i.d. mv.)* grappie; humor, grappigheid; vrolikheid.

please tevrede stel; geval, aanstaan, behaag, genoeë verskaf; ***aim** to ~* →AIM *ww.*; *be **anxious** to ~* →ANXIOUS; *do just **as** one ~s, (ook)* maak en breek (soos jy wil); ***as you** ~* soos jy wil (*of* lus het); *do **as you** ~!* gaan jou gang!, maak soos jy wil (*of* lekker kry)!; *be ~d **at** s.t.* oor iets bly/verheug wees; *~ **do!*** doen dit gerus!; *~, ~ **do*** groot asseblief; *~ **do it!*** doen dit asseblief (tog)!; *~ **do not** ...!* moet asseblief nie ... nie!; ***do** what(ever) one ~s* doen (net) wat jy wil; *~ **don't!*** moet asseblief nie!, asseblief tog nie!; *no, ~ **don't!*** nee, asseblief nie!; *enclosed ~ **find** ...* ingeslote vind u ...; *~ **God*** →GOD; *s.o. is **hard** to ~* dis moeilik om iem. tevrede te stel; *(infml.)* iem. is vol bestellings; ***if you** ~!* asseblief!; ***if you** ~, (infml.)* jou warempel, sowaar, bid jou aan; asseblief; *~d to **meet** you* →MEET[1] *ww.*; *~ take **notice** that ...* neem asseblief kennis dat ...; ***please!*** asseblief!; *be (as) ~d as **Punch**, be **highly/tremendously/very** ~d* geweldig/hoog(s) in jou skik (*of* in jou noppies) wees; *do s.t. **to** ~ s.o. else* iets doen om iem. anders te behaag; *s.o. is ~d **to do** s.t.* iem. sal graag (*of* met plesier) iets doen; *be only **too** ~d to do s.t.* iets met die grootste plesier (*of* maar alte graag) doen; *~ **turn over*** →TURN *ww.*; *be ~d **with** ...* in jou skik/noppies (*of* ingenome) met ... wees; ***yes,** ~!* ja, asseblief!; *~ **yourself!*** gaan jou gang!, maak soos jy wil (*of* lekker kry)!. **pleas·ing** aangenaam, innemend, welgevallig; →PLEASANT.

pleas·ur·a·ble aangenaam, prettig, genoeglik, lekker, genotvol; →PLEASANT. **pleas·ur·a·ble·ness** genoeglikheid.

pleas·ure *n.* plesier, genoeë, genot, vreugde, lekkerte, lekkerkry, pret, vermaak, behae; begeerte, wens; *it **affords** me ~ to ...* →AFFORD; ***at** ~* na willekeur/goeddunke/goedvinde/welgevalle (*of* eie sin en wil); ***at** the President's ~* vir onbepaalde tyd, so lank dit die President behaag; ***do** s.o. the ~ of ...* iem. die genoeë doen om te ...; ***find** ~ in s.t.* behae in iets skep; *s.o. **gets** a lot of ~ out of s.t.* iem. het baie plesier van iets; *I have ~ **in/to** ..., it's a ~ **to** ...* dit is vir my 'n genoeë (*of* dit is vir my aangenaam) om te ...; dit is vir my 'n eer om te ...; *have/take ~ **in** announcing s.t.* met genoeë iets aankondig, die genoeë hê om iets aan te kondig; *have/take ~ **in** inviting ...* die genoeë hê om ... (uit) te nooi; *take ~ **in** ...* behae in ... skep, jou in ... verlekker *(iem. anders se teen=/teëspoed)*; *take ~ **in** doing s.t.* iets met lus doen; *to converse with ... **is** a ~* dit is 'n genot om met ... te gesels; *until s.o.'s ~ be **known*** totdat iem. se besluit bekend is; *a **man** of ~* 'n los=/swierbol; *the ~ is **mine*** dit was 'n plesier; *after ~ comes **pain*** na vrolikheid kom olikheid; *it's a ~ **to** ... →**in/to**; do s.t. **with** ~* iets graag (*of* met plesier/genoeë/graagte) doen; ***with** ~!* ek doen dit graag!, met graagte/plesier!. **pleas·ure** *ww.* genot verskaf, plesier; behae skep *(in)*. ~ **boat**, ~ **craft** plesierboot. ~ **cruise** plesiervaart. ~ **fair** kermis. ~ **garden** lushof. ~ **ground** speel=, pretpark; ontspannings=, speelterrein. **~-loving** pretliewend; genotsiek. ~ **principle** genots=, plesierbeginsel. ~ **resort** plesieroord. **~-seeker** genot=, plesiersoeker. **~-seeking** genotsugtig. ~ **trip** plesierreis. ~ **yacht** plesierjag.

pleat *n.* (plat) plooi, vou. **pleat** *ww.* plooi, vou; inplooi; afplooi; *~ed skirt* plooiromp, geplooide romp.

pleb *(infml., dikw. neerh.)* pleb; *(i.d. mv.)* plebs, skorriemorrie, gepeupel. **pleb·by** *=bier =biest, adj.* pleb, plebejies.

ple·be·ian *n.* burger, proleet, plebejer. **ple·be·ian** *adj.* burgerlik, plebejies; gemeen, laag. **ple·be·ian·ism** *n.* vulgariteit.

pleb·i·scite volksbesluit, volkstemming; *(Rom. gesk.)* plebissiet.

plec·trum *=tra, =trums, (mus.)* plektrum.

pledge *n.* pand; waarborg; belofte; heildronk; ***give** s.t. in ~* iets verpand; ***hold** s.t. in ~* iets in pand hou; *~ **of** love* liefdespand; *deed **of** ~* pandakte; *under ~ **of** secrecy* onder belofte van geheimhouding; ***redeem** a ~* →REDEEM; ***sign/take** the ~* afskaffer word, die onthoudingsbelofte aflê; *an **unredeemed** ~* →UNREDEEMED. **pledge** *ww.* verpand, in pand gee, beleen; jou woord gee; op iets (*of* iem. se gesondheid) drink; *~ fealty* (hou en) trou sweer; *~ o.s. to s.t.* jou tot iets verbind; *~ one's word* plegtig belowe. **pledg·a·ble** verpandbaar. **pledg·ee** pandhouer. **pledg·er, pledg·or, pledge·or** pandgewer, verpander.

pledg·et depper.

Plei·a·des *(Gr. mit.)* Plejades; *(astron.)* Plejades, Sewester, Sewe Susters.

Pleis·to·cene *n.: the ~, (geol.)* die Pleistoseen(tydperk). **Pleis·to·cene** *adj.* Pleistoseen=, Pleistoseens.

ple·na·ry volkome, onbeperk, geheel; voltallig; *~ committee* breë kommissie; *~ indulgence, (RK)* omvattende vergif(fe)nis; *~ meeting* volle/voltallige vergadering; *~ power(s)* volmag; *~ session* volle/voltallige sitting; hoofsessie.

plen·i·po·ten·ti·ar·y *n.* gevolmagtigde, plenipotensiaris. **plen·i·po·ten·ti·ar·y** *adj.* gevolmagtig; *minister ~* gevolmagtigde minister.

plen·i·tude volheid; oorvloed.

plen·te·ous oorvloedig. **plen·te·ous·ness** oorvloed(igheid).

plen·ti·ful oorvloedig, volop, talryk. **plen·ti·ful·ness** oorvloed, volopheid, volopte; talrykheid.

plen·ty *n.* oorvloed, volopheid, volopte; ***here** are ~ (of them)* hier is volop/baie (van hulle); ***here** is ~ (of it)* hier is volop/baie (daarvan); ***in** ~* volop, in oorvloed, te kus/kies en te keur; *there is ~ of **time**, (ook)* daar is g'n nood nie. **plen·ty** *adj. & adv.* oorvloedig, genoeg, baie, volop.

ple·num volle sitting/vergadering; *(fis.)* plenum; volte, volheid;

ple·o·chro·ic *adj.* pleochroïes, pleochroïties, veelkleurig *(kristal ens.)*. **ple·och·ro·ism** *n.* pleochroïsme.

ple·o·mor·phism, ple·o·mor·phy *(biol., med., chem., min.)* pleomorfisme.

ple·o·nasm pleonasme, (woord)oortolligheid. **ple·o·nas·tic** pleonasties.

ple·si·o·saur, ple·si·o·saur·us *(soöl.)* plesiosourus, =souriër.

pleth·o·ra *(med.)* volbloedigheid; oorvloed, oorvloedigheid, oormaat, oortolligheid; *a ~ of words* 'n stroom/oorvloed woorde. **ple·thor·ic** *(med.)* volbloedig; oortollig.

pleu·ra *=rae* pleura, longvlies, borskasvlies. **pleu·ral** pleuraal, longvlies=, borskasvlies=; *~ cavity* pleurale holte; *~ rib* borsrib. **pleu·ri·sy** *(med.)* pleuritis, borsvliesontsteking. **pleu·rit·ic** pleuris=. **pleu·ri·tis** = PLEURISY. **pleu·ro·pneu·mo·ni·a** *(med.)* pleuropneumonie.

plex·or *(med.)* pleksor, plessor, perkussie=, beklophamer(tjie).

plex·us *=uses, (anat.: netwerk senuwees en bloedvate)* pleksus, vleg; *solar ~* →SOLAR *adj.*.

pli·a·ble buigsaam; buigbaar; soepel; gedwee; →PLIANT. **pli·a·bil·i·ty, pli·a·ble·ness** buigsaamheid; buigbaarheid; gedweeheid; →PLIANCY.

pli·ant buigsaam, lenig, soepel, slap; smedig; plooibaar; toegewend, toegeeflik, inskiklik, gedwee. **pli·an·cy** buigsaamheid, lenigheid, soepelheid; smedigheid; plooibaarheid; toegewendheid, toegeeflikheid, inskiklikheid. **pli·ant·ness** →PLIANCY.

pli·ca *=cae, =cas, (anat.)* plooi, vou; *(bot.)* vou. **pli·cate, pli·cat·ed** (fyn) geplooi(d); *(geol.)* (fyn) gevou, kreukelrig. **pli·ca·tion** (fyn) plooiing; *(geol.)* fynplooiing, rimpeling, kreukeling.

pli·é *(Fr., ballet: posisie m.d. rug reguit en knieë gebuig)* plié.

plied yarn →PLY YARN. **plied-yarn fabric** twyngaringstof.

pli·ers: *(pair of) ~* (knyp)tang; draadtang.

plight[1] *n.* toestand, gesteldheid; posisie; *in a sad/sorry ~* in 'n benarde/ellendige/treurige toestand; in die nood.

plight[2] *n., (arg.)* belofte, verbintenis. **plight** *ww.* verpand, belowe; *~ one's faith/word* jou woord verpand/gee, trou sweer; *~ o.s. to ...* jou verbind/verloof aan ...; *s.o. ~s his/her troth* →TROTH.

plim·soll, plim·sole *(Br.)* seilskoen. **Plim·soll line, Plim·soll mark** *(sk.)* plimsollmerk *(ook P~)*; →LOAD LINE.

plinth plint, vloerlys; voetstuk.

Plin·y *(Rom. staatsman/skrywer)* Plinius.

Pli·o·cene *n.: the ~, (geol.)* die Plioseen(tydperk). **Pli·o·cene** *adj.* Plioseen=.

plis·sé *n., (tekst.)* plissee. **plis·sé** *adj.* geplisseer(d).

plod *n.* slepende pas; swaar werk, geswoeg, gebeur, geploeter, gesloof, gesukkel. **plod** *=dd=, ww.* swoeg, beur, (voort)sukkel, swaar werk, sloof, ploeter; *~ along/on* voortsukkel, voortploeter; *~ away at s.t.* aan iets voortswoeg; *~ through s.t.* deur iets swoeg.

plod·der ploeteraar, sukkelaar, werkesel. **plod·ding** *n.* →PLOD *n.*. **plod·ding** *adj.* sukkelend; stadig; volhardend; →PLOD *ww.*.

plonk[1] →PLUNK.

plonk[2] *(infml.)* goedkoop wyn.

plonk·er *(Br., infml.)* idioot, swaap, mamparra, domkop, doffel; *(taboesl.: penis)* voël, lat, swingel.

plop *n.* plons. **plop** *=pp=, ww.* ploems, plons. **plop** *adv.* ploems, pardoems.

plo·sion *(fonet.)* plof.

plo·sive *n., (fonet.)* (eks)plosief, klapper, ploffer, plofklank. **plo·sive** *adj.* (eks)plosief.

plot *n.* erf, (bou)perseel; plasie, kleinhoewe, stuk(kie) grond; akker; terrein; plot, intrige, knoop *(v. 'n verhaal)*; komplot, sameswering; *(statist., wisk.)* (uit)stipping; *devise ~s* →DEVISE *ww.*; *hatch a ~* 'n komplot/sameswering (*of* planne) smee; *the ~ thickens* →THICKEN. **plot** *=tt=, ww.* saamsweer, saamspan, planne beraam/smee; skets, teken; *(wisk.)* trek, teken *('n kromme)*; ontwerp, beraam; afbaken; karteer; inteken; (uit)stip, (uit)stippel *('n grafiek)*; *~ **against** s.o.* teen iem. saam=

sweer; ~ *s.t. **out*** iets afbaken; ~ *and **scheme*** konkel; ~ ***together*** saamsweer. **plot·ter** samesweerder, knoeier, konkelaar; *(rek.)* stipper; stipinstrument, meetdriehoek. **plot·ting** samesweerdery, intrige(s), konkel(a)ry, geknoei; kartering, intekening; *(statist., wisk.)* (uit)stipping, stipwerk. **plot·ting scale** herleidings=, reduksietafel.

plough *n.* ploeg; ploegland; *the P~, (astron.)* die Groot Beer (*of* [Groot] Wa); *put/set one's hand to the* ~ die hand aan die ploeg slaan; *land under the* ~ ploegland. **plough** *ww.* ploeg, omploeg, beploeg, omwerk; 'n ploegvoor trek; groef; klief; (laat) sak/dop *(by 'n eksamen)*; ~ ***again*** naploeg; ~ *s.t. **back**, (lett.)* iets onderploeg/inploeg; *(fig.)* iets in die saak belê; ***be** ~ed, (infml.)* dop *(in 'n eksamen)*; ~ *s.t. **down*** iets omploeg/toeploeg; iets inploeg/onderploeg; ~ *a lonely **furrow*** →FURROW *n.*; ~ *s.t. **in*** iets inploeg/onderploeg; ~ *s.t. **out*** iets uitploeg; ~ ***through** s.t.* deur iets ploeg *(modder ens.)*; iets deurworstel *('n boek ens.)*; ~ *s.t. **under*** iets inploeg/onderploeg; ~ *s.t. **up*** iets omploeg. ~ **beam** ploegbalk. ~**boy** boer(e)seun, boer(e)klong; touleier. ~ **handle** = PLOUGH-TAIL. ~ **horse** ploegperd. ~**land** ploegbare grond. ~**man** =*men* ploeër; plaaswerker. ~**man's lunch** *(Br.)* brood en kaas met piekels/suurtjies en slaai. **P~ Monday** *(RK)* eerste Maandag ná Driekoningedag. ~**share** ploegskaar. ~**-tail** ploegstert; *at the* ~ agter die ploeg, op die ploegland. ~ **wheel** ploegwiel.

plough·a·ble *adj.* ploegbaar. **plough·er** ploeër.

plough·ing ploeëry, ploegwerk. ~ **season** ploegtyd.

Plov·div *(geog.)* Plowdiw.

plov·er strandkiewiet(jie); ***blacksmith*** ~ →BLACKSMITH; ***crowned*** ~, *(Vanellus coronatus)* kroonkiewiet(jie); ***wattled*** ~, *(Vanellus senegallus)* lelkiewiet; ***white-crowned*** ~, *(Vanellus albiceps)* witkopkiewiet(jie).

ploy set, strik, listige plan; stokperdjie; doenigheid; werk; pret; avontuur; metode.

pluck *n.* moed(igheid), durf, waagmoed; ruk, pluk, trek; harslag; *have* ~ murg in jou pype hê. **pluck** *ww.* (af)pluk *(blomme)*; pluk *('n hoender)*; trek, ruk; uitdun *(wenkbroue)*; tokkel *(snare)*; bedrieg, fop, kaal maak; ~ ***at*** ... aan ... trek; ~ *s.t. **away*** iets wegruk; ~*ed **instrument*** tokkelinstrument; ~ *s.t. **out*** iets uitruk *('n haar ens.)*; ~ *figures/etc. **out of** the air* →AIR *n.*; ~ *s.t. **up*** iets bymekaarskraap *(moed ens.)*; ~*ed **wool*** plukwol. **pluck·y** moedig, dapper, kordaat; ~ *deed* kordaatstuk.

plug *n.* prop; (krag)prop, kontakprop, steker; stopper, stopprop *(vir lekkasie in pype)*; pen, tap, stop; pruimpie, koutjie; stuk pruimtabak; *(geol.)* prop; *(Am., infml.)* fopspeen; vonk=, ontstekingsprop; *(hengel)* kunsaas; brandkraan; →CUT PLUG, SPARK PLUG; ***(contact)*** ~ (kontak)prop; ***give** a ~ to* (*or **put in** a ~ for*) ..., *(infml.)* vir ... reklame maak; ***pull** the* ~ die prop uittrek *(v. 'n bad ens.)*; ***pull** the ~ on s.o./s.t., (fig., infml.)* die mat onder iem. se voete uittrek/uitpluk/uitruk; die kraan/geldkraan(tjie) na iets toedraai. **plug** =*gg*=, *ww.* (toe)stop, toesteek; toe=, vasprop; 'n prop insteek; 'n tap inslaan; van 'n prop (*of* proppe) voorsien; *(infml.)* 'n opstopper gee; *(infml.)* skiet; gedurig adverteer, opvysel; *(SA, infml.)* aftjop, druip, dop, sak; ~ ***away** at s.t., (infml.)* aan iets voortswoeg; ~ *the **gaps** (in s.t.), (fig.)* die gate (in iets) toestop; ~ *s.t. **in*** iets inprop; iets inskakel; ~ *s.t. **through*** iets deurskakel; ~ *s.t. **up*** iets toestop; ~ *s.t. **with*** ... iets met ... toestop. ~**board** →PATCH BOARD. ~ **box** sokkas. ~**hole** prop=, stopgat; *go down the ~, (Am., infml.)* deur die mat val, skipbreuk ly, misluk; te gronde gaan. ~**-in stove** (in)propstoof. ~ **outlet** propuitlaat, uitlaatkontak. ~ **saw** propsaag. ~ **socket** propsok. ~ **switch** prop=, stopskakelaar. ~ **tap** propkraan; boomsnytap. ~**-ugly** *(infml., hoofs. Am.)* boef. ~ **wire** vonk(prop)draad.

plum pruim; pruim(kleur); die beste; vet baantjie; →NATAL PLUM, SOUR PLUM (TREE), WILD PLUM; *speak with a ~ in one's mouth, (fig., infml.)* praat asof jy 'n warm patat in die/jou mond het, jou klanke (oor)rond, met geronde klanke praat. ~ **brandy** pruimbrandewyn. ~ **cake** *(hoofs. Br.)* vrugtekoek. ~ **duff** vrugtedoekpoeding, bontjoubert. ~ **jam** pruimkonfyt. ~ **job** keurbetrekking. ~ **pudding** vrugtestoompoeding. ~**-pudding dog** Dalmatiese hond. ~ **rust** pruimroes. ~ **stone** pruimpit. ~ **tomato** pruimtamatie. ~ **(tree)** pruimboom.

plum·age vere, verekleed, =drag; →PLUME *n.*. **plumas·sier** handelaar in siervere; vere=, pluimbereider.

plumb *n., (bouk.)* pas=, skietlood; diep=, peil=, sink=, werplood *(vir gebr. in water)*; *out of* ~ uit die lood, skuins, nie regop/vertikaal nie. **plumb** *adj. & adv.* vertikaal, regop; loodreg, in die lood; *(infml.)* absoluut; *(infml., hoofs. Am.)* verskriklik; ~ ***centre*** doodwaterpas; ingespeel *(d. lugbelletjie v. 'n waterpas)*; ~ ***crazy*** stapelgek; ~ ***nonsense*** pure bog, klinkklare onsin; ~ ***point*** loodregte/vertikale punt; ~ ***wicket**, (kr.)* mak kolfblad. **plumb** *ww.* peil, meet *(diepte)*; loodreg stel/maak, waterpas maak; met die loodlyn toets; loodgieterswerk voorsien *(by 'n huis ens.)*. ~ **bob** diep=, werp=, peil=, sinklood. ~ **level** waterpas. ~ **line** loodlyn, loodregte lyn; diep=, skietlood; peillood. ~ **rule** skietloodplank.

plum·ba·go =*gos, (bot.)* syselbos; grafiet.

plum·be·ous loodagtig, lood=.

plumb·er loodgieter; ~*'s mate* loodgietershulp. ~ **block** →PLUMMER (BLOCK).

plumb·er·y loodgietery. **plum·bic** loodhoudend. **plumbif·er·ous** loodhoudend. **plumb·ing** loodgiet(ers)werk, loodgietery. **plum·bism** = LEAD POISONING.

plume *n.* pluim, veer; vere=, pluimbos; *(bot.)* pluim; *with borrowed ~s* met geleende vere; *be dressed in borrowed ~s* met 'n ander se vere pronk. **plume** *ww.* van vere voorsien, 'n pluim/veer (*of* pluime/vere) steek op, *(w.g.)* bepluim; uitdos; *('n voël)* glad stryk, gladstryk *(sy vere)*; ~*d hat* pluimhoed; ~ *o.s. on/upon s.t., (fig.)* met iets pronk/spog , op iets roem, jou op iets beroem. ~**-like** veeragtig, =vormig.

plum·mer (block) staan=, boklaer.

plum·met *n.* diep=, peil=, sinklood; skiet=, paslood. **plummet** *ww.* peil; met 'n dieplood visvang; *(pryse ens.)* skerp daal/val, (kwaai/skerp) (na benede) tuimel, op 'n glybaan wees; ~ *(down)* neerstort; *send the pound/dollar/etc. ~ing* die pond/dollar/ens. op 'n glybaan laat beland.

plum·my pruimagtig; vol pruime; *(Br., infml.)* begeerlik; ~ *voice, (Br., infml.)* vol stem.

plu·mose *(hoofs. biol.)* gepluim(d), geveer(d); veeragtig, =vormig.

plump[1] *adj.* mollig, plomp, geset, dik, vet; vol, rond, vlesig; sag; rondborstig; *as ~ as a partridge* spek=, modder=, rondvet. **plump** *ww.* dik/vet word; (op)swel; dik/vet maak.

plump[2] *n., (arg.)* plof. **plump** *ww.:* ~ ***down*** neerplof; ~ *s.t. **down*** iets neergooi; ~ ***for** s.t.* iets kies, ten gunste van iets besluit; ~ ***for** s.o.* soos een man vir iem. stem, sterk vir iem. uitkom. **plump** *adv., (infml.)* plof, pardoems; *(vero.)* botweg, reguit; *tell s.o.* ~ iem. reguit sê.

plump·er pruimpie, wangprop *(v. akteurs)*.

plump·ish *adj.* aan die mollige kant, plomperig, dikkerig.

plump·ness molligheid, plompheid, gesetheid; →PLUMP[1] *adj.*.

plu·mule *(bot.)* pluimpie; donsie; *(orn.)* donsveert(jie).

plum·y gepluim(d), geveer(d), veer=; dons(er)ig.

plun·der *n.* plundergoed, buit; plundering. **plun·der** *ww.* buit(maak), (be)roof, plunder, steel. **plun·derage** roof, buit, plundery. **plun·der·er** plunderaar, buiter, buitmaker.

plunge *n.* sprong, duik(slag); neerstorting, val; indompeling; *(hoofs. Am.)* swembad; *take the* ~ dit waag, die sprong waag, die stoute skoene aantrek. **plunge** *ww.* (in)spring, duik, (in)plons; (onder)dompel, (in)dompel; (in)stoot; val, stort; *('n perd)* agteropskop, vorentoe spring; groot skuld maak; woes dobbel; grof spekuleer, te veel waag; stamp; *(pryse ens.)* skerp daal/val, (kwaai/skerp) (na benede) tuimel; ~ ***down*** neerstort, =plons; ~ ***down** from s.t.* van iets afstort/aftuimel; *plunging **fire**, (mil.)* boorvuur; ~ ***in*** inspring; *(infml.)* indons; *be ~ed **in*** ... in ... verdiep wees *(gedagtes, werk, ens.)*; in ... gedompel wees *(duisternis, oorlog, ens.)*; ~ *s.t. **in*** iets indompel; ~ *s.t. **into*** ... iets in ... dompel; ~ ***into** a matter* met die deur in die huis val; ~ ***into** a room* 'n kamer binnestorm; ~ ***into*** ... jou halsoorkop in ... begeef/begewe; *plunging **neckline*** lae halslyn; *plunging **shot*** boorskoot. ~ **bath** duikbad, diep (swem)bad. ~ **battery** *(elek.)* dompelbattery.

plung·er dompelaar; duiker; suier; skieter; drukker; koker; *(infml.)* dobbelaar; *(mus.)* dekdemper *(vir koperblaasinstrumente)*. ~ **coffee pot**, ~ **coffee maker** dompelkoffiepot.

plung·ing: ~ *fire/neckline/shot* →PLUNGE *ww.*.

plunk, plonk *n.* plof. **plunk, plonk** *ww., (infml.)* tokkel; (neer)plof; *(Am.)* (onverwags) slaan; ~ *s.t. down, (infml.)* iets neerplak/=gooi/=smyt.

plu·per·fect *(gram.)* plusquamperfectum, plusquamperfektum, voltooid verlede (tyd), voorverlede tyd.

plu·ral *n.* meervoud. **plu·ral** *adj.* meervoudig, pluraal; ~ ***ending*** meervoudsuitgang; ~ ***form*** meervoudsvorm; ~ ***marriage*** veelwywery, poligamie; ~ ***society*** plurale samelewing. **plu·ral·ise**, =**ize** meervoudig word; meervoudig maak; in die meervoud uitdruk; meer as een (kerklike) amp beklee. **plu·ral·ism** pluralisme; meervoudigheid; die bekleding van meer as een (kerklike) amp. **plu·ral·ist** pluralis; beampte met meer as een (kerklike) amp. **plu·ral·ist·ic** pluralisties. **plu·ral·i·ty** pluraliteit; pluraliteit, relatiewe meerderheid *(v. stemme)*; (die) dubbele; menigte, groot aantal; veelheid, talrykheid; meervoudigheid.

plus *plus(s)es, n.* plus(teken); plus(punt), voordeel. **plus** *adj.* ekstra, plus=; *(elek.)* positief. **plus** *prep.* plus; *courage ~ sense* sowel moed as gesonde verstand. ~ **fours** *(vero.)* pof=, kardoes=, kuitbroek; gholfbroek. ~**-minus**, ~**/minus** *adv., (SA, aangedui deur d. teken ±)* plus-minus, min of meer, ongeveer, omtrent. ~ **(point)** pluspunt, voordeel. ~ **(sign)** plusteken.

plus ça change *tw., (Fr.)* hoe meer dinge verander, hoe (*of* des te) meer bly dit/hulle dieselfde.

plush *n., (tekst.)* pluche, wolfluweel. **plush, plush·y** *adj., (infml.)* fluweelagtig; weelderig, luuks, luuksueus.

Plu·tarch *(Gr. filosoof)* Plutargos.

Plu·to *(Rom. mit., astron.)* Pluto.

plu·toc·ra·cy plutokrasie, geldheerskappy, =adel. **pluto·crat** plutokraat, geldkoning, =baas, =magnaat. **pluto·crat·ic** plutokraties. **plu·tol·a·try** geldverering, =aanbidding.

plu·ton *(geol.)* plutoon. **plu·ton·ic** *(geol.)* plutonies; *(Rom. mit., P~)* Plutonies *(ook p~)*. **plu·ton·ism** *(geol.)* plutonisme; *(hist., P~)* Plutonisme *(ook p~)*. **Plu·ton·ist** *(hist.)* Plutonis *(ook p~)*.

plu·to·ni·um *(chem., simb.: Pu)* plutonium.

Plu·tus *(Gr. god)* Plutus.

plu·vi·al *n., (weerk.)* reëntyd; *(RK, hist.)* koorkap *(v. 'n priester)*. **plu·vi·al** *adj.* reënagtig, reën=; deur reën veroorsaak/ontstaan. **plu·vi·om·e·ter** pluviometer, reënmeter. **plu·vi·ous**, **plu·vi·ose** reënagtig, reën=; →PLUVIAL *adj.*.

ply[1] *n.* laag *(hout)*; vou; dikte; draad *(wol)*; twyn *(gare, tou)*; neiging; *take a* ~ 'n neiging toon. **ply** *ww.* buig; vou; twyn. ~**(wood)** laaghout. ~ **yarn, plied yarn** twyngaring, =gare, getwynde garing/gare.

ply[2] *ww.* hanteer, gebruik; beoefen, uitoefen *('n beroep)*; doen, verrig *(werk)*; gereeld ry/vlieg/vaar; bevaar; ~ ***between** ... and* ... tussen ... en ... heen en weer vaar/ry; ~ *for **hire*** huurrytuie aanhou; teen huur ry; *the ship plies **to*** ... die skip vaar na ...; ~ *s.o. **with*** ... iem. met ... oorlaai/volstop *(kos, drank, ens.)*; iem. met ... bestook *(vrae)*.

ply·ing twyning. ~ **iron** buigyster.

Plym·outh *(geog.)* Plymouth. ~ **Brethren** *(Calvinistiese sekte)* Plymouthbroers, =broederskap. ~ **Rock** *(hoenderras)* Plymouth Rock.

Pl·zeň *(geog.)* Plzeň, *(D.)* Pilsen.

pneu·mat·ic *n.* lugband; fiets/ens. met lugbande. **pneumat·ic** *adj.* pneumaties, met druklug, (druk)lug=; ~ ***brake**, (mot.)* pneumatiese rem, lug(druk)rem; ~ ***drill*** pneumatiese boor, (druk)lugboor, lug(druk)boor; ~ ***hoist*** (druk)lughyser; ~ ***post*** lugdrukpos; ~ ***pres***

sure pneumatiese druk; ~ ***(tyre)*** lugband; ~ ***trough*** pneumatiese trog, gastrog. **pneu·mat·ics** *(fungeer as ekv.)* druklugkunde, pneumatiek, pneumatika.

pneu·ma·tol·o·gy pneumatologie, geesteleer.

pneu·mo- *komb.vorm* pneumo-.

pneu·mo·coc·cus -*cocci, n., (med.)* pneumokokkus. **pneu·mo·coc·cal** *adj.* pneumokok-.

pneu·mo·co·ni·o·sis *(med.)* pneumokoniose, stoflong(siekte), myntering.

pneu·mo·nec·to·my *(longverwydering)* pneumonektomie.

pneu·mo·ni·a longontsteking, inflammasie van die longe, pneumonie. **pneu·mon·ic** longontstekings-, long-; ~ *plague* longpes.

pneu·mon·it·is pneumonitis, viruspneumonie.

pneu·mo·tho·rax pneumotoraks, longvlieslugbreuk.

po *pos, (Br., infml.)* koos, nagpot, uil(spieël). **~-faced** *(Br.)* met 'n strak gesig.

poach[1] posjeer; *~ed egg* geposjeerde eier.

poach[2] steel *(wild, vis)*; stroop *(wild)*; oortree; steel *(in tennis)*; af-, wegrokkel *(werkers)*; steek; *('n dier)* (met die pote) kap, vertrap; *(grond)* pap/deurslagtig word; ~ *on s.o.'s preserve(s)/territory* op iem. se regte inbreuk maak; *(infml.)* in iem. se slaai krap, in iem. se kraal kom, onder iem. se duiwe skiet. **poach·ing** wilddiewery, (wild)stropery; stelery; inbreuk. **poach·y** vleierig, moerassig.

poach·er[1] *(kookk.)* posjeerpan.

poach·er[2] wilddief, -steler, (wild)stroper; visdief, -steler; afrokkelaar *(v. werkers)*; steler *(in tennis)*.

po·chard: *red-eyed* ~ bruineend.

po·chette (palm)handsakkie.

pock *n.* pokkie; pok(kies)merk. **~mark** pok(kies)merk. **~-marked, ~-pitted** met pok(kies)merke.

pock·et *n.* sak *(in klere)*; (lug)knik; sak(kie) *(aartappels, sement, ens.)*; *(geol., mil.)* nes; kol, pot *(erts)*; holte *(in gas, lug)*; kosyngat; *with **empty** ~s* (or *an **empty** ~*), *(infml.)* platsak; *put one's **hand** in one's ~* →HAND *n.*; *s.o. is R50/etc. **in** ~* iem. het nog R50/ens.; iem. het R50/ens. gewen; *have s.o. **in** one's ~* met iem. maak wat jy wil, iem. om jou vinger/pinkie draai (*of* [skoon] in die sak hê); *have s.t. **in** one's ~, (fig.)* iets so te sê reeds (reg)gekry/gewen het; *they live **in** each other's ~s, (infml.)* hulle is altyd bymekaar; *s.o. has to put his/her pride **in** his/her ~* →PRIDE *n.*; ***line** one's ~(s)* jou sak(ke) vul; *a ~ **of** mines* →MINE[2] *n.*; *~ **of** ore* ertsnes, -kol, -holte; *~ **of** resistance* weerstandskol; *be **out of** ~* geen geld hê nie; *s.o. is R20/etc. **out of** ~* iem. het R20/ens. verloor; ***pick** s.o.'s ~s* →PICK[1] *ww.*; ***put/stick** s.t. in one's ~* iets in jou sak steek; ***turn out** one's ~s* jou sakke omkeer/leegskud. **pock·et** *ww.* in die sak steek, inpalm; *(lett.)* in 'n sak steek; *(biljart)* stop; onderdruk *(gevoelens)*; sluk *('n belediging)*. ~ **battleship** ponieslagskip, klein slagskip. **~book** *(Br.)* nota-, sakboek(ie); *(Am.)* slapbandboek(ie); *(Am.)* beurs(ie); *(Am.)* handsak; *(Am.)* notebeurs(ie). ~ **calculator** sakrekenaar, *(infml.)* sompompie. ~ **comb** sakkam(metjie). ~ **dictionary** sakwoordeboek. ~ **edition** sakuitgawe. ~ **expenses** los/klein uitgawes. ~ **flap** sakklap(pie). ~ **glass** sakspieëltjie. ~ **handkerchief** sakdoek. **~-handkerchief garden** *(Br., infml.)* piepklein tuintjie. ~ **hole** sakopening, -split. **~knife** sak-, knipmes. ~ **mirror** sakspieël(tjie). ~ **money** sakgeld. ~ **patriot** sakpatriot. **~-picking** = PICKPOCKETING. ~ **pistol** sakpistool. ~ **rule:** *folding* ~ voubare duimstok. ~ **size** *n.* sakformaat. **~-size(d)** *adj.* klein, in sakformaat. ~ **veto** *(Am., pol.)* indirekte veto. ~ **wallet** notebeurs(ie), saktas(sie). ~ **watch** sakhorlosie.

pock·et·a·ble geskik vir die sak, handig. **pock·et·ful** sak vol. **pock·et·ing** sakstof.

pock·y pokagtig, pokk(er)ig.

po·co *adv., (It., mus.)* poco, effens, 'n bietjie; taamlik; ~ ***a*** ~ poco à poco, bietjie vir bietjie; ~ ***allegro*** poco allegro, nie heeltemal so vinnig soos allegro nie; ~ ***forte*** poco forte, taamlik hard; *un* ~ ***mosso*** un poco mosso, effens (*of* 'n bietjie) vinniger/lewendiger.

po·co·cu·ran·te *n.* onverskillige/nonchalante persoon, sorgelose mens. **po·co·cu·ran·te** *adj.* onverskillig, nonchalant, ongeërg; apaties.

pod[1] *n.* peul, dop. **pod** *-dd-, ww.* uitdop, uitpeul; peule dra. ~ **blight** peulsiekte. ~ **mahogany** →MAHOGANY.

pod[2] *n.* skool *(visse, walvisse ens.)*.

po·dag·ra *(med.)* podagra, voet-, toonjig, *(infml.)* pootjie. **po·dag·ral, po·dag·ric, po·dag·rous** podagreus, jigtig, jigagtig.

pod·ded peuldraend, peul-; *(fig.)* welgesteld.

pod·dy *(hoofs.Austr.)* hanslam.

podge *(Br., infml.)* vaatjie, vettie, vetsak, potjierol. **podg·i·ness** vetheid *ens.* (→PODGY). **podg·y** vet, kort en dik, rond.

po·di·a·try *(Am.)* = CHIROPODY. **po·di·a·trist** *(Am.)* = CHIROPODIST.

po·di·um *-diums, -dia* podium, verhoog; terras *(v. 'n gebou)*.

pod·zol, pod·sol: ~ **(soil)** podzol, podsol.

po·em gedig, digstuk, digwerk. **po·e·sy** *(arg. of poët., liter.)* digwerk; →POETRY.

po·et digter, sanger, poëet. **P~ Laureate** hofdigter.

po·et·as·ter rymelaar, rymer, pruldigter, -poëet, -poëtaster. **po·et·ess** digteres.

po·et·ic *adj.* digterlik, poëties; dig-; ~ ***form*** digvorm; ~ ***justice*** poëtiese geregtigheid; ~ ***licence*** digterlike/poëtiese vryheid; ~ ***measure*** digmaat; ~ ***quality*** digterlikheid; ~ ***style*** digtrant; gebonde styl; ~ ***work*** digwerk. **po·et·i·cal** *adj.* = POETIC.

po·et·i·cise, -cize poëtiseer; besing. **po·et·ics** *(fungeer as ekv.)* poëtika, digkunde, verskuns. **po·et·ise, -ize** *(vero.)* →POETICISE.

po·et·ry digkuns, poësie; gedigte, digwerk; *book of* ~ digbundel, verseboek; *in* ~ in die digkuns/poësie; in verse; *kind of* ~ verssoort. ~ **award** poësieprys.

po-faced →PO.

po·go *-gos, n.:* ~ **(stick)** spring-, hopstok.

po·grom, po·grom *(<Rus.)* pogrom.

poign·ant pynlik; hartverskeurend, aangrypend, aandoenlik; skerp, prikkelend; skerp *(smaak)*; ~ *grief* knaende verdriet; ~ *sorrow* skrynende smart. **poign·an·cy** pynlikheid; skerpheid, skerpte; *ens.* (→POIGNANT).

poi·ki·lit·ic *(geol.)* poikilities.

poi·kil·o·blast *(geol.)* poikiloblast.

poi·ki·lo·therm *n., (soöl.)* poikiloterm, koudbloedige dier. **poi·ki·lo·ther·mal, poi·ki·lo·ther·mic** *adj.* poikilotermies, koudbloedig. **poi·ki·lo·ther·mi·a, poi·ki·lo·ther·mism, poi·ki·lo·ther·my** *n.* poikilotermie, koudbloedigheid.

poi·lu *(Fr., hist., infml.)* Franse voetsoldaat.

poin·ci·an·a *(bot.)* flambojant.

poin·set·ti·a poinsettia, karlien(blom).

point *n.* punt; plek; stip(pel); teken; desimaalteken; leesteken; *(grafiekteorie)* nodus, punt; (skeer)punt *(v. 'n tou)*; top(punt), spits; (voor)punt; uiteinde, ent; (land)punt, kaap; (wind)streek *(op 'n kompas)*; *(druk.)* passen; eienskap; *(kr.)* punt; *(mil.)* spits(man) *(voor 'n patrollie)*; *(skermkuns)* steek; *(gew. i.d. mv.)* wissel *(op 'n spoor)*; *at **all** ~s* oral(s); in elke opsig; *a ~ **arises*** 'n punt is ter sake; ***at** a ~* op 'n punt; *the ~ **at** issue* →ISSUE *n.*; ***at** one ~* op een tydstip; ***at** that ~* op dié/daardie tydstip; ***at** this ~ (in time)* op dié tydstip, nou; ***backward** ~, (kr.)* punt effe(ns) terug; ***beside** the ~* →BESIDE; *~ **by** ~* punt vir punt, puntsgewys(e); ***carry** one's ~* →CARRY; *~s and **crossings**, (spw.)* wissels en kruisstukke; *set of ~s and **crossings*** wisselstel; ***deep** ~, (kr.)* diep punt; *not to put too **fine** a ~ on it* sonder om doekies om te draai; *the **finer** ~s* die fynighede (*of* fyner puntjies); ***gain** a ~* 'n punt aanteken; 'n slag slaan; ***get** the ~* →GET *ww.*; *s.o. can **give** s.o. else ~s* iem. kan iem. anders iets leer, *(infml.)* iem. is iem. anders se moses; *you **have** a ~ there* daar het jy iets (beet), daar steek iets in, dit is 'n argument; *a case **in** ~* 'n goeie voorbeeld, 'n dergelike/pertinente/analoë/toepaslike geval; *that is not a case **in** ~* daardie geval hoort nie hier (tuis) nie, dit gaan nie daarom nie; *the ~ **in** question* die saak waarom/waaroor dit gaan; *that is **just** the ~* dit is juis waarom/waaroor dit gaan; ***make** a ~* 'n punt/argument stel/opper/aanvoer; *(jur.)* 'n punt beredeneer; ***make** one's ~* jou argument duidelik gestel; ***make** a ~ of doing s.t.* daarvoor sorg dat jy iets doen; ***make** a ~ of it* jou dit ten doel stel, jou daarop toelê/toespits, werk daarvan maak; daarop staan; ***miss** the ~* die kern/saak mis kyk, iets nie snap nie, nie snap waarom/waaroor dit gaan nie; ***miss** the ~ (of the joke)* die grap nie raaksien/snap nie; ***my** ~ is that ...* my betoog is (*of* ek wil beklemtoon) dat ...; waarop dit neerkom, is dat ...; *at **no** ~* nêrens; nooit; *there is **no** ~ in doing s.t.* dit het geen sin om iets te doen nie; *that is **not** the ~* dit is nie die vraag nie, dit gaan nie daaroor/daarom nie; *on the ~ **of** ...* op die rand van ... *('n hongerdood ens.)*; *~ **of** the chin* kenpunt; *~s **of** the compass* →COMPASS *n.*; *~ **of** contact, (lett. & fig.)* aanrakingspunt; *(fig.)* raakpunt; *(elek.)* kontakpunt; *(wisk.)* raakpunt; *be at the ~ **of** death* →DEATH; *~ **of** departure* →DEPARTURE; *~ **of** division* →DIVISION; *in ~ **of** fact* →FACT; *~ **of** friction* wrywingspunt; *~ **of** growth* groeipunt; *a ~ **of** interest* →INTEREST *n.*; *a ~ **of** law* →LAW; *possession is nine ~s **of** the law* →POSSESSION; *~ **of** no return* punt waar geen terugkeer meer moontlik is nie; beslissende punt; veiligheidskeerpunt; *~ **of** purchase/sale* koopplek, -punt; *~ **of** reference* →REFERENCE POINT; *the ~ **of** the shoulder (of a horse)* die boeg (van 'n perd); *~ **of** support* →SUPPORT *n.*; *~ **of** suspension* →SUSPENSION; *~ **of** tangency* →TANGENCY; *what's the ~ **of** trying/etc.?* waarom nog probeer/ens.?; *agree **on** a ~* oor 'n punt saamstem; *agree **on** one ~* dit oor een punt eens wees; *be **on** the ~ of doing s.t.* op die punt staan/wees om iets te doen; *be **on** the ~ of going* op vertrek staan, op die punt staan/wees om te vertrek; *beat/defeat/win s.o. **on** ~s, (sport)* iem. met punte klop/verslaan; ***on** that ~* wat daardie/dié punt (aan)betref; ***press** the ~ ...* (daarop) aandring dat ...; *the **salient** ~* die hoofpunt; ***silly** ~, (kr.)* valk; *s.t. is a **sore** ~ with s.o.* →SORE *adj. & adv.*; ***take** a ~* 'n punt/argument stel/aanvoer; ***take** s.o.'s ~* iem. (se argument) begryp; *the ~ is well **taken*** die argument is (goed) gegrond (*of* hou steek), dit is 'n sterk argument; *first in ~ **of** time* →TIME *n.*; ***to** the ~* ter sake, relevant; raak; saaklik, op die man af; ***to** the ~ of ...* tot ... toe; *come **to** a ~* in een punt uitloop; *come/get **to** the ~* ter sake kom; *when it comes **to** the ~* op stuk van sake; as dit daarop aankom, as die nood aan die man kom, as puntjie by paaltjie kom; *get/go right/straight **to** the ~* geen doekies omdraai nie, reg op die doel afgaan; met die deur in die huis val; *never get/go right/straight **to** the ~* altyd met 'n draai loop; ***up** to a ~* tot (op) sekere hoogte, in sekere mate; ***up** to that ~* tot op daardie/dié tydstip; *s.t. is s.o.'s **weak** ~* →WEAK; *that's the **whole** ~* presies, daarom/daaroor gaan dit juis; ***yield** a ~* (op 'n punt) toegee. **point** *ww.* spits/skerp maak; wys, dui; 'n punt maak aan; rig, mik, aanlê *('n vuurwapen)*; *(ballet)* punt *(d. tone)*; toelig, ophelder; stippel; *(messelwerk)* instryk, voeg; stryk *(voeë)*; vul *(voeë, teëls, ens.)*; *(klipwerk)* prik; *('n jaghond)* aanwys *(wild)*; ~ ***at*** ... na ... wys; na/op ... mik; die aandag op ... vestig; ~ *a **moral*** →MORAL *n.*; *~ s.t. **out*** na iets wys/beduie; iets wys/aantoon; op iets wys; iets aanstip; *~ s.t. **out** to s.o.* iem. op iets wys; *~ s.o. **out*** iem. uitwys; *~ **out** that ...* daarop wys dat ...; *it has been ~ed **out** that ...* daar is op gewys dat ...; *it must be ~ed **out** that ...* daar moet op gewys word dat ...; *~ **to** ...* na ... wys; op ... wys; die aandag op ... vestig; op ... dui, na ... heenwys; *~ s.t. **up*** iets beklemtoon/onderstreep (*of* laat uitkom *of* na vore bring) *(verskille ens.)*. **~-blank** *adj. & adv.* reguit, rondborstig, op die man af; botweg; trompop; reëlreg; horisontaal; ***fire*** ~ (or *at ~ range*) trompop (*of* op kort afstand) skiet; ~ ***fire*** trompvuur; *a ~ **refusal*** →REFUSAL; ***refuse*** ~ →REFUSE[2] *ww.*. ~ **duty** verkeerspuntdiens; *(spw.)* wisselwagdiens; *be on ~ ~* die verkeer reël; *policeman on ~ ~* verkeerskonstabel. ~ **lace** naaldkant. **~-of-sale** *adj. (attr.)* verkooppunt-; kasregister-; ~ *display* uitstalling by die verkooppunt, verkooppuntuitstalling; ~ *system* kasregisterstelsel. **~sman** *-men, (spw.)* wisselwag(ter); verkeerskonstabel. **~(s) system** puntestelsel.

point d'appui *points d'appui, (Fr.)* steunpunt.

point de gaze gaaskant.

point de Ve·nise Venesiaanse naaldkant.

point·ed spits, skerp, gepunt, gespits; gevat, raak, geestig; snedig; *(lett. & fig.)* puntig; punt-; gestryk *(messelvoeë)*; ~ ***arch*** →LANCET ARCH; ~ ***bodice*** puntlyf; ~ ***bullet*** spits koeël; ~ ***cabbage*** spitskool; ~ ***cap*** puntmus; ~ ***gable*** puntgewel; ~ ***Malay hat*** toering, toeding; ~ ***shoe*** spitspuntskoen; ~ ***strainer*** puntsif, -vergiettes; ~ ***style,*** *(argit.)* spitsboogstyl; ~ ***weapon*** steekwapen. **point·er** wys(t)er *(v. 'n klok ens.)*; naald, arm; (wys)stok; graveerstif, etsnaald; wenk, aanwysing, vinger-, heenwysing, aanduiding; *(spw.)* wisselwag(ter); *(rek.)* →CURSOR; *(honderas)* pointer; *the P~s, (astron.)* die Wyser; *give s.o. ~s on s.t.* iem. oor iets wenke gee; *be/give a ~ to s.t.* 'n aanduiding van iets wees/gee; *s.t. is a ~ to what ..., (ook)* iets is 'n aanduiding/vingerwysing van wat ...

poin·til·lism *(skilderk.)* pointillisme. **poin·til·list** *n.* pointillis. **poin·til·list, poin·til·lis·tic** *adj.* pointillisties.

point·ing *(messelwerk)* voegwerk, voegstryking; spitswerk; voegvulling *(v. teëls)*; prikking *(v. vormklip)*; aanduiding; punktuasie, interpunksie. ~ **chisel** prikbeitel, spitswerkbeitel. ~ **hammer** prikhamer. ~ **lime** voegkalk. ~ **trowel** *(messelwerk)* voegtroffel.

point·less stomp, sonder 'n punt; sinloos, sonder sin, betekenisloos, onsaaklik, laf, flou, geesteloos; ~ *draw* = SCORELESS DRAW.

points·man →POINT.

point·y puntig; gepunt.

poise¹ *n.* statigheid; kalmte, ewewigtigheid, selfbeheersing; (korrekte) houding; selfversekerdheid, selfbewussyn; gewig; swaarte; balans, ewewig; swewende toestand; onsekerheid. **poise** *ww.* balanseer, in ewewig hou/bring; *(w.g.)* weeg; (laat) hang/sweef/swewe/rus. **poised** statig; selfversekerd, selfbewus; gebalanseer(d), in ewewig; swewend; ~ *(for a leap)* spronggereed; ~ *weight, (w.g.)* skuifgewig.

poise² *(fis.: eenh. v. viskositeit)* poise.

poi·son *n.* gif; *hate like ~* haat soos die pes; *take ~* gif drink; *what's your ~?, (infml.)* wat sal dit wees?, wat drink jy?, wat wil jy drink?. **poi·son** *ww.* vergiftig; verpes, besmet; bederf; verbitter; *~ed arrow* gifpyl; *~ed chalice, (fig.)* tameletjie; *~ s.o.'s mind against s.o./s.t.* iem. teen iem./iets opmaak/opstook, iem. se denke/gedagtes oor iem./iets besoedel/vergiftig. ~ **bulb** *(Urginea* spp.*)* slangkop. ~ **bush** gifboom. ~ **fang** giftand. ~ **gas** gifgas. ~ **gland** gifklier. ~ **leaf** gifblaar. ~ **nut** braakneut. ~ **pen** *(fig.)* gifstrooier, haatskrywer. ~**-pen letter** *([anonieme] lasterbrief)* gif-, haatbrief. ~ **pill** *(fin.)* gifpil. ~ **sac** gifklier. ~ **sting** gifangel. ~ **tree** gifboom.

poi·son·er vergiftiger, gifmoordenaar, -moordenares. **poi·son·ing** vergiftiging. **poi·son·ous** giftig; verderflik; *s.o. is ~* iem. is 'n gifappel; *s.t. is ~ to ...* iets is giftig vir ... *(vee ens.)*. **poi·son·ous·ness** giftigheid; verderflikheid.

poke¹ *n.* stoot, stamp, pomp; *(infml.)* vuishou; tuit *(v. 'n hoed)*; *(vulg. sl.)* knippie, knypie, gekafoefel, kafoefelry; *(seksvoorwerp)* stuk, nommer; *have a ~* 'n knippie/knypie vang/vat, kafoefel, pomp, stoot, naai, met die hout werk; *a ~ in the ribs* 'n pomp in die ribbes; *take a ~ at s.o.* na iem. slaan. **poke** *ww.* stoot, stamp, pomp; steek; roer, pook, rakel *('n vuur)*; *(vulg. sl.)* 'n knippie/knypie gee, pomp, stoot, naai, kafoefel met; ~ ***about/around*** rondsnuffel; *~ s.t.* ***in*** iets insteek; *~ s.o.* ***in the ribs*** iem. in die ribbes pomp; *~ one's* ***nose*** *into ...* →NOSE *n.*; *~* ***up*** *the fire* die vuur oppook/oprakel. ~ **(bonnet)** tuitkappie, -hoed.

poke² *n.* sak; uitskotsak; *buy a pig in a ~* →BUY *ww.*.

poke³ *n.:* ~**(weed)** karmosynbos(sie).

pok·er¹ *n.* pook(yster), stook-, vuuryster; *(as) stiff as a ~* →STIFF *adj.*. **pok·er** *ww.* (op)pook; brandwerk doen; met brandwerk versier *(hout, leer)*. ~**work** →PYROGRAPHY.

pok·er² *n.* poker(spel). ~ **dice** pokerstene, -steentjies; poker met pokerstene/-steentjies, steentjiespoker. ~ **face** *n., (infml.)* uitdrukkinglose gesig. ~**-faced** *adj.* uitdrukkingloos, met 'n uitdrukkinglose gesig.

pok·ey *-eys,* **pok·y** *-ies, n., (Am. sl.: tronk)* tjoekie, hok. **pok·ey, pok·y** *adj.* nou, klein, beknop *('n kamer ens.)*; slordig; *(Am.)* langdradig *('n toespraak)*.

Po·lack *(hoofs. Am., neerh.)* Polak; Pool, persoon van Poolse afkoms; →POLE. **Po·land** *(geog.)* Pole.

po·lar pool-, van die poolstreke; *(bot., chem.)* polêr; *(astron., geom.)* pool-; *(soöl.)* polêr, pool-; teenoorgestel(d). ~ **bear** ysbeer. ~ **cap** *(astron.)* poolkap. ~ **circle** poolsirkel; →ANTARCTIC CIRCLE, ARCTIC CIRCLE. ~ **coordinates** *(mv., geom.)* poolkoördinate, -ko-ordinate. ~ **curve** *(geom.)* poolkromme. ~ **distance** poolafstand. ~ **expedition** pooltog, poolekspedisie. ~ **explorer** poolreisiger. ~ **front** *(weerk.)* polêre front, poolfront. ~ **light** *(astron.)* poollig, aurora polaris. ~ **number** polêre getal. ~ **region** poolgebied. ~ **sea** yssee. ~ **star** poolster.

po·lar·i·graph·ic polarigrafies.

po·lar·im·e·ter polarimeter.

Po·la·ris *(astron.)* Polaris, die Pool-/Noord-/Noordpoolster; *(Am., mil.)* Polarismissiel.

po·lar·i·scope polariskoop.

po·lar·ise, -ize *(fis. of fig.)* polariseer. **po·lar·i·sa·tion, -za·tion** polarisasie. **po·lar·is·er, -iz·er** polarisator.

po·lar·i·ty polariteit.

po·lar·og·ra·phy *(chem.)* polarografie. **po·lar·o·graph** polarograaf. **po·lar·o·graph·ic** polarografies.

Po·lar·oid *(handelsnaam)* Polaroid; Polaroidkamera; Polaroidfoto; *(i.d. mv.)* Polaroidbril.

pol·der polder *(vnl. in Ndl.)*.

Pole Pool. **Po·lish** *n. & adj.* Pools. **Po·lish no·ta·tion** *(log., rek.)* voorvoeg-, prefiksnotasie.

pole¹ *n.* paal, stok; stang; *(atl.)* spring-, polsstok; disselboom; *(lengtemaat: 5,03 m)* (Engelse) roede; *(oppervlaktemaat: 25,29 m²)* vierkante (Engelse) roede; *sail under bare ~s* →BARE *adj.*; *be up the ~, (Br., infml.)* (van lotjie) getik wees, nie al jou varkies (op hok) hê nie; *(infml.)* in die knyp *(of* in die/'n verknorsing) sit/wees, in 'n dikkedensie/penarie wees; *(Ier., infml.: swanger wees)* op die paal *(of* in die ander tyd) wees; *drive s.o. up the ~, (Br., infml.)* iem. gek/rasend maak. **pole** *ww.* pale inplant, van pale voorsien; boom; *(met 'n stok of paal)* uitstoot. ~ **bean** *(Am.)* rank-, klimboontjie. ~ **horse** agterperd. ~ **jump,** ~ **vault** *n.* paalspring. ~**-jump,** ~**-vault** *ww.* paalspring. ~**-jumper,** ~**-vaulter** paalspringer. ~**-jumping,** ~**-vaulting** paalspring(ery). ~ **position** *(mot.)* voorste wegspringplek. ~**-sitter** paalsitter. ~**-sitting** paalsittery. ~ **strength** paalsterkte.

pole² *n.* pool; *be ~s apart* hemelsbreed *(of* soos dag en nag) verskil; *~s of the heavens, celestial ~s, (astron.)* hemelpole. ~ **piece** *(fis.)* poolstuk. **P~ Star** Poolster, Polaris, Noordster; *(fig., p~ s~)* leidster.

pole·axe, *(Am.)* **pole·ax** *n.* slag(ters)byl; strydbyl; *(hist.)* enterbyl; *(hist.)* hellebaard. **pole·axe,** *(Am.)* **pole·ax** *ww.* met 'n byl aanval/neerslaan; katswink slaan.

pole·cat stinkdier; *(SA)* muishond; *Cape/striped ~* stink-, streep-, bontmuishond.

po·lem·ic *n.* polemiek, pennestryd, twisgeskryf. **po·lem·ic, po·lem·i·cal** *adj.* polemies, twis-. **po·lem·i·cist** polemikus, polemis. **po·lem·ics** *(fungeer as ekv.)* polemiek. **po·lem·ise, -ize** polemiseer, polemiek voer. **pol·e·mist** = POLEMICIST.

po·len·ta *(It. kookk.)* polenta.

po·lice *n.* polisie; *the ~ behaved well* die polisie het hulle goed gedra; *the ~ have done their duty* die polisie het hul plig gedoen; *two ~* twee konstabels. **po·lice** *ww.* polisieer, onder toesig van polisie stel; die orde handhaaf; bewaak. ~ **constable** konstabel. ~ **court** magistraatshof, landdroshof. ~ **dog** polisie-, speurhond. ~ **escort** polisiegeleide. ~ **force** polisiemag. ~ **informer** polisie-informant. ~ **inspection** polisieondersoek. ~**man** *-men* polisieman, lid van die polisie, polisielid. ~ **officer** polisiebeampte. ~ **post** polisiepos. ~ **presence** polisieteenwoordigheid, teenwoordigheid van die polisie. ~ **protection** polisiebewaking, -beskerming. ~ **raid** polisieoptrede, -klopjag, polisie-inval. ~ **record** misdaadrekord. ~ **regulation** strafverordening. ~ **reporter** misdaadverslaggewer. ~ **state** polisiestaat. ~ **station** polisiekantoor. ~ **trap** polisiestrik, lokval; lokvink. ~ **van** polisiewa, vangwa. ~ **whistle** polisiefluitjie. ~**woman** *-women* polisievrou, vroulike konstabel. ~ **work** polisiewerk.

po·lic·ing polisiëring.

pol·i·clin·ic polikliniek.

pol·i·cy¹ (staats)beleid; politiek, (beleids)rigting, koers; verstandigheid, wysheid; slim(mig)heid; *(ook, i.d. mv.)* beleidsrigtings; beleidspunte, beleid; ***Council*** *of P~* →COUNCIL; *s.t. is* ***Government*** *~* iets is die regeringsbeleid; ***lay down*** *a ~* 'n beleid bepaal; *statement* ***of*** *~* beleidsverklaring; *~* ***of*** *violence* geweldpolitiek; *a ~ on s.t.* 'n beleid oor *(of* ten opsigte van *of* met betrekking tot) iets; *contrary to* ***public*** *~* →PUBLIC *adj.*; ***stand*** *for a ~* 'n beleid voorstaan; ***under*** *a ~* kragtens/volgens 'n beleid. ~ **maker** beleidvormer, -bepaler. ~ **making** *n.* beleidbepaling, -making. ~**-making** *adj.* beleidbepalend, -makend. ~ **statement** beleidsverklaring.

pol·i·cy² *(versek.)* polis; *~ of* ***insurance*** versekerings-, assuransiepolis; *a ~* ***on*** *...* 'n polis op ... *(iem. se lewe, huis, ens.)*; ***take out*** *a ~* 'n polis sluit/aangaan; ***under*** *a ~* kragtens 'n polis. ~**holder** polishouer. ~ **loan** polislening.

po·li·o *(afk. v.* poliomyelitis*)* polio.

po·li·o·my·e·li·tis *(med.)* poliomiëlitis, rugmurg-, grysmurgontsteking; *acute anterior ~* akute anterieure poliomiëlitis, kinderverlamming.

Po·lish →POLE.

pol·ish *n.* politoer; poleermiddel; glans, blinkheid, skyn; (die) opvryf/poets; verfyning, beskawing; versorgdheid; →POLISHING. **pol·ish** *ww.* opvryf, opvrywe, poleer, politoer (aansmeer), (op)poets, blink maak/skuur; slyp *(diamante, glas)*; afslyp; afvee *(brilglase)*; verfyn, beskaaf; *~ s.t. off* iets gou *(of* in 'n kits) klaarmaak, (gou) met iets klaarspeel *(werk ens.)*; iets wegsluk/verorber *(of* gou klaar eet) *(kos, 'n maaltyd)*; *~ s.o. off, (infml.)* iem. kafloop, met iem. afreken/klaarspeel; *~ s.t. up* iets poleer/(op)poets *(of* blink vryf); iets opknap/opfris. **pol·ish·a·ble** *adj.* poleerbaar, poetsbaar. **pol·ished:** ~ ***cotton*** glanskatoen; ~ ***diamond*** geslypte diamant; ~ ***manners*** beskaafde/verfynde maniere; ~ ***rice*** gepoleerde rys; ~ ***speaker*** knap spreker; ~ ***style*** (goed) versorgde styl; ~ ***wood*** gepoleerde hout. **pol·ish·er** poetser, poleerder; poleermasjien, poleerder; slyper *(by diamante, glas)*.

pol·ish·ing polering; polysting. ~ **board** poetsplank(ie). ~ **brush** poetsborsel. ~ **cloth** vryfdoek, -lap, poetsdoek, -lap. ~ **iron** poetsyster, verglansyster; bruineeryster. ~ **machine** poleermasjien; slypmasjien. ~ **mop** poetsdweil. ~ **paste** poets-, poleerpasta. ~ **powder** poleer-, poetspoeier. ~ **stone** poleersteen.

Pol·it·bu·ro Politburo.

po·lite beleef(d), hoflik, vriendelik; manierlik; gedienstig; verfyn(d), beskaaf(d); *~ manners* hoflike maniere; verfyning, beskawing; *it is scarcely ~ to ...* →SCARCELY; *be ~ to s.o.* beleef(d) wees teenoor iem. **po·lite·ness** beleefdheid, hoflikheid, vriendelikheid; verfyning, beskawing.

pol·i·tesse vormlike beleefdheid, formele hoflikheid.

pol·i·tic verstandig, taktvol, oordeelkundig; takties; beleidvol, slim, geslepe, slu; *body ~* →BODY. **po·lit·i·cal** politiek; staatkundig, polities; staats-; ~ ***action committee*** politieke aksiekomitee/taakgroep; ~ ***allegiance*** staatsverband; ~ ***balance of power*** politieke magsewewig; ~ ***being*** staatsmens; ~ ***boundary*** politieke grens; ~ ***correctness*** politieke korrektheid; ~ ***crime*** staatsmisdaad; ~ ***economist,*** *(hist.)* →ECONOMIST; ~ ***economy*** politieke ekonomie, die ekonomie van beleid, staatshuishoudkunde; *(hist.)* →ECONOMICS; ~ ***football*** politieke speelbal; ~ ***geography*** politieke geografie; ~ ***hack*** politikaster; ~ ***insight*** staatsmansblik; ~ ***institutions*** staatsinstellings, -bestel; ~ ***machine*** politieke masjien; ~ ***map*** staatkundige kaart; ~ ***offence,*** *(jur.)* politieke misdaad; ~ ***offender*** staatsmisdadiger, politieke oortreder; ~ ***philosophy*** staatsfilosofie; ~ ***prisoner*** politieke gevangene, staatsgevangene; ~ ***schemer/intriguer*** politieke konkelaar; ~ ***science*** politieke wetenskap, staatsleer, politikologie; ~ ***sciences*** staatswetenskappe; ~ ***scientist*** politieke wetenskaplike, politikoloog; ~ ***system*** politieke stelsel, staatsbestel; ~ ***truce*** godsvrede. **po·lit·i·cal·ly** politiek, polities, in politieke/staatkundige opsig; op politieke/staatkundige gebied/terrein; ~ *correct/incorrect* politiek/polities korrek/verkeerd; ~ *minded* politiek/polities aangelê. **pol·i·ti·cian** politikus, staatkundige. **po·lit·i·ci·sa·tion, =za·tion** politisering; verpolitisering. **po·lit·i·cise, =cize** politiseer; verpolitiseer. **po·lit·i·cis·ing, =ciz·ing, pol·i·tick·ing** politiekery; (die speel van) politieke speletjies; *cheap politicking* goedkoop politiekery.

po·lit·i·co =*cos, (infml., hoofs. neerh.)* politikus.

po·lit·i·co- *komb.vorm* politiek-, polities-; ~*economic* politiek/polities-ekonomies.

pol·i·tics *(fungeer gew. as ekv.)* politiek; staatkunde, staatsleer; politiekery; *what are s.o.'s ~?* wat is iem. se politiek(e gesindheid)?; ***in*** ~ in die politiek; ~ ***is*** *an interesting subject* die politiek is 'n interessante onderwerp; ***play*** ~ konkel; ***science of*** ~ politieke wetenskap; ***talk*** ~ oor die politiek praat; *besotted/rotten* ***with*** ~ verpolitiek, verpolitiseer(d).

pol·i·ty bestuursvorm; staats=, regeringsvorm; politieke bestel, staatsbestel, staat.

pol·ka *n., (dans, mus.)* polka. **pol·ka** =*kas* =*kaing* =*kaed, ww.* polka, die polka dans. ~ **dot** *n.* polkakol; polkakolstof; kollepatroon. ~**-dot** *adj. (attr.)* polkakol=, *(pred.)* met polkakolle; *a ~ dress* 'n polkakolrok, 'n rok met polkakolle.

poll *n.* stemming, stemmery; verkiesing; stemmetal; stemlys; meningspeiling; *(dial.)* kop; harspan, skedel; kroon *(v. 'n perd);* baan *(v. 'n hamer);* rug *(v. 'n byl);* poenskop(dier); →DEED POLL, POLLING; ***at the*** *~s* by die stembus; *be at the* ***bottom*** *of the* ~ die minste stemme kry; ***declare*** *the* ~ die uitslag (van die stemming) bekend maak (*of* bekendmaak); *be* ***excluded*** *from the* ~ geen stemreg hê nie; ***go*** *to the ~s* gaan stem; ***head/top*** *the* ~ die meeste stemme kry; *there is a* ***heavy*** ~ daar word druk/goed gestem; ***take*** *a* ~ 'n stemming hou; ***the*** *~s* die stemplek. **poll** *ww.* stem; stemme registreer/opneem; stemme (*of* 'n stem) uitbring; top, knot; afsny; afsaag *(horings); ~ a hundred votes* honderd stemme ontvang/kry/trek; ~ *many votes, (ook)* baie stemme op jou verenig; *votes ~ed* uitgebragte stemme. ~ **beast** poenskop(bees), poena. ~ **cattle** poenskopbeeste. ~ **cow** poenskopkoei. ~ **evil** kopkroonsweer. ~ **ox** poenskopos. ~ **pick** hamerpik. ~ **strap** kruinband. ~ **tax** kopbelasting, hoofbelasting, =geld, *(infml.)* opgaaf.

pol·lack, pol·lock *(igt.)* pollak.

pol·lard *n.* poenskop(dier), poena; knotstam, getopte boom; *(ook, i.d. mv.)* knothout. **pol·lard** *ww., (bot.)* knot, (af)top. ~ **willow** knotwilg(eboom), knotwilger(boom).

polled *(bot.)* (af)getop, geknot, gesnoei; afgesny *(horings).*

pol·len *n.* stuifmeel. **pol·len** *ww.* bestuif, met stuifmeel bedek; →POLLINATE. ~ **basket** *(entom.)* stuifmeelmandjie. ~ **carrier** *(entom.)* stuifmeeldraer. ~ **cell** stuifmeelsel. ~ **chamber** stuifmeelkamer. ~ **count** stuifmeeltelling, =vlak; *a high/low ~ ~* 'n hoë/lae stuifmeeltelling/=vlak. ~ **grain** stuifmeelkorrel. ~ **mass** stuifmeelmassa. ~ **sac** stuifmeelsak(kie). ~ **tube** stuifmeelbuis.

pol·len·if·er·ous *adj.* →POLLINIFEROUS.

pol·len·o·sis →POLLINOSIS.

pol·lex =*lices, (anat., soöl.)* duim.

pol·li·nate bestuif. **pol·li·na·tion** bestuiwing. **pol·li·na·tor** bestuiwer.

pol·ling stemmery, stemming; snoeiing. ~ **agent** stemagent. ~ **booth** stemhokkie. ~ **clerk** stemklerk, =opnemer. ~ **day** stemdag. ~ **district** stemdistrik. ~ **officer** stembeampte, verkiesingsbeampte. ~ **place** = POLLING STATION. ~ **station** stemlokaal, =buro.

pol·lin·ic, pol·lin·i·cal *adj., (bot.)* stuifmeel=; stuifmeelagtig.

pol·li·nif·er·ous, pol·len·if·er·ous *adj., (bot.)* stuifmeelvormend; stuifmeeldraend.

pol·lin·i·um =*ia, (bot.)* pollinium, stuifmeelmassa.

pol·lin·o·sis, pol·len·o·sis *(teg.)* = HAY FEVER.

pol·li·wog, pol·ly·wog *(hoofs.Am.)* paddavis(sie).

pol·lock →POLLACK.

poll·ster stemopnemer; meningspeiler.

pol·lute besoedel, bevlek, besmet; vuil maak, vervuil, bevuil, verontreinig; ontwy; ~ *s.o.'s mind* iem. se gedagtes/denke besoedel/vergiftig. **pol·lu·tant** besoedelende stof. **pol·lut·er** besoedelaar. **pol·lu·tion** besoedeling, bevlekking, besmetting; vervuiling, bevuiling, verontreiniging; ontwyding.

pol·ly papegaai; *(Austr., infml.)* politikus.

Pol·ly·an·na *(dikw. neerh.)* sonskynsuster, suster sonskyn.

pol·ly·wog →POLLIWOG.

po·lo *(sport)* polo. ~ **jersey** polotrui. ~ **match** polowedstryd. ~**(neck)** polo=, rolhals. ~**neck (sweater)** polohals=, rolhalstrui. ~ **pony** poloponie. ~ **shirt** polohemp. ~ **stick** polokolf.

pol·o·naise *(dans)* polonaise; *(hist., dameskledingstuk)* polonys.

po·lo·ni·um *(chem., simb.:* Po*)* polonium.

po·lo·ny polonie.

pol·ter·geist poltergeist, polter=, klopgees.

pol·troon *n., (poët., liter.)* lafaard; lamsak, bang=, papbroek. **pol·troon** *adj., (w.g.)* →COWARDLY. **pol·troon·er·y** lafhartigheid; lamsakk(er)igheid, papbroek(er)igheid.

pol·y =*ys, (Br., infml.)* politegniese skool, politegnikum.

pol·y- *komb.vorm* poli=, veel=.

pol·y·a·del·phous *(bot.)* veelbroederig; poliadelf(ies).

pol·y·an·dry poliandrie; veelmannery; *(bot.)* veelhelmigheid. **pol·y·an·drist** vrou met meer as een man. **pol·y·an·drous** poliandries; veelmannig; *(bot.)* veelhelmig.

pol·y·an·thus *(bot.)* sleutelblom, primula. ~ **(narcissus)** tasetnarsing.

pol·y·ar·chy poliargie, veelhoofdige regering.

Pol·y·carp *(Gr. Chr. martelaar)* Polikarpos.

pol·y·chro·mat·ic, pol·y·chro·mic, pol·y·chro·mous meer=, veelkleurig; polichromaties, gepolichromeer(d); →POLYCHROME *adj.*. **pol·y·chro·ma·tism** →POLYCHROMISM.

pol·y·chrome *n.* polichromie, polichrome beeld/skildering; veelkleurigheid. **pol·y·chrome** *adj.* meer=, veelkleurig, polichroom. **pol·y·chro·mic** →POLYCHROMATIC. **pol·y·chro·mism, pol·y·chro·my** polichromie.

pol·y·clin·ic polikliniek.

pol·y·cot·ton *(tekst.)* polikatoen.

pol·y·dac·tyl, pol·y·dac·ty·lous *adj.* polidaktiel. **pol·y·dac·tyl·ism, pol·y·dac·ty·ly** *n.* polidaktilie, polidaktilisme.

pol·y·es·ter poliëster, poli-ester.

pol·y·eth·yl·ene →POLYTHENE.

po·lyg·a·my veelwywery, poligamie; *(bot.)* meerslagtigheid. **po·lyg·a·mist** poligamis, voorstander van veelwywery. **po·lyg·a·mous** poligaam, veelwywig, veelwywery=; *(bot.)* meerslagtig.

pol·y·gen·e·sis *(biol.)* meerslagtigheid. **pol·y·ge·net·ic** poligeen. **po·lyg·e·nism, po·lyg·e·ny** poligenisme.

pol·y·glot *n.* poliglot, veeltalige. **pol·y·glot** *adj.* poliglotties, veeltalig. **pol·y·glot·(t)ism** veeltaligheid.

pol·y·gon *(geom.)* poligoon, veelhoek. **po·lyg·o·nal** poligonaal, veelhoekig.

po·lyg·o·num *(bot.)* duisendknoop, koperdraad, litjiesgras, buffel(s)gras.

pol·y·graph poligraaf. ~ **(machine)** leuenverklikker.

po·lyg·y·ny poliginie, veelwywery. **po·lyg·y·nous** veelwywig; *(bot.)* veelstylig.

pol·y·he·dron =*hedrons,* =*hedra, (geom.)* poliëder, poli-eder, veelvlak. **pol·y·he·dral, pol·y·he·dric** poliëdries, poli-edries, veelvlakkig; ~ *angle* veelvlakhoek.

pol·y·his·tor = POLYMATH.

pol·y·math veelweter. **pol·y·math·ic** *adj.* veelwetend, met 'n ensiklopediese kennis. **po·lym·a·thy** *n.* veelwetendheid.

pol·y·mer *n., (chem.)* polimeer. **pol·y·mer·ic** *adj.* polimeer. **po·lym·er·i·sa·tion, =za·tion** polimerisasie. **pol·y·mer·ise, =ize** polimeriseer. **po·lym·er·ism** polimerie; polimerisasie. **po·lym·er·ous** *adj.* veeltallig, =delig; *(bot.)* polimeer, polimeries.

pol·y·morph *n.* polimorf. **pol·y·mor·phic, pol·y·mor·phous** polimorf, veelvormig. **pol·y·mor·phism** polimorfie, veelvormigheid.

Pol·y·ne·sia *(geog.)* Polinesië. **Pol·y·ne·sian** *n.* Polinesiër. **Pol·y·ne·sian** *adj.* Polinesies.

pol·y·neu·ri·tis *(med.)* polineuritis.

pol·y·no·mi·al *n.* veelterm; *(wisk.)* polinoom, veelterm. **pol·y·no·mi·al** *adj.* veeltermig, veelnamig, polinoom=.

po·lyn·ya *(Rus.: oop water in yssee)* polinja.

pol·yp *(soöl., med.)* poliep. **pol·yp·oid, pol·yp·ous** poliepagtig.

pol·y·pet·al·ous *adj.* polipetaal.

po·lyph·a·gous *(soöl.)* polifaag, veelvretend.

pol·y·phone *(ling.)* polifoon.

po·lyph·o·ny *(mus.)* polifonie, veelstemmigheid. **pol·y·phon·ic** polifonies, veelstemmig.

pol·y·pod *n., (soöl.)* veelpoot, veelpotige dier. **pol·y·pod, po·lyp·o·dous** *adj.* veelpotig.

pol·y·pro·pene →POLYPROPYLENE.

pol·y·pro·pyl·ene polipropileen.

pol·yp·tych *(beeldende kuns)* poliptiek, veelluik.

pol·y·pus =*ypi, (arg. of teg.)* = POLYP.

pol·y·sac·cha·ride, pol·y·sac·cha·rose *(biochem.)* polisakkaried.

pol·y·se·my *(ling.)* polisemie.

pol·y·sty·rene polistireen.

pol·y·syl·la·ble veellettergrepige woord, polisillabe. **pol·y·syl·lab·ic** veellettergrepig, polisillabies.

pol·y·syn·de·ton *(gram.)* veelverbinding, polisindeton.

pol·y·tech·nic *n., (Br.)* politegniese skool; ambagskool. **pol·y·tech·nic** *adj.* politegnies.

pol·y·the·ism politeïsme, veelgodery. **pol·y·the·ist** politeïs. **pol·y·the·is·tic** politeïsties.

pol·y·thene, pol·y·eth·yl·ene politeen, poliëtileen, poli-etileen.

pol·y·to·nal·i·ty, pol·y·to·nal·ism *(mus.)* politonaliteit.

pol·y·un·sat·u·rat·ed: ~ *(fatty acids)* meervoudig onversadigde/poli-onversadigde/poliönversadigde (vetsure).

pol·y·u·re·than(e) *(chem.)* poliuretaan.

pol·y·va·lent *(med., chem.)* polivalent, meerwaardig, veelwaardig. **pol·y·va·lence, pol·y·va·len·cy** polivalensie, meerwaardigheid, veelwaardigheid.

pol·y·vi·nyl poliviniel. ~ **acetate** polivinielasetaat. ~ **chloride** polivinielchloried.

pom[1] →POMMY.

pom[2] *(honderas)* →POMERANIAN *n.*.

pom·ace appelpulp; reste; visafval. ~ **fly** asynvliegie.

po·made *n.* pommade, (haar)salf. **po·made** *ww.* pommadeer, insmeer.

po·man·der reukbal.

po·ma·tum *n. & ww.* = POMADE *n. & ww.*.

pome *(bot.)* appel=, kernvrug.

pome·gran·ate *(bot.)* granaat(boom); *(vrug)* granaat.

pom·e·lo =*los* pomelo; →GRAPEFRUIT, SHADDOCK.

Pom·er·a·ni·a *(geog.)* Pommere. **Pom·er·a·ni·an,** *(infml.)* **(toy) pom** *n., (honderas)* pommer, dwergkees. **Pom·er·a·ni·an** *adj.: ~ dog* →POMERANIAN *n.*.

pom·fret (cake), Pon·te·fract cake *(Br.)* dropkoekie.

pom·i·cul·ture vrugteteelt, vrugtekwekery.

pom·mel *n.* sier=, kroonknop; sabel=, swaardknop; saal=

boog, saalboom(knop). **pom·mel** *ww.* = PUMMEL *ww..* ~ **horse** *(gimn.)* beuelperd.

pom·my, pom·mie, pom *(soms P~, Austr., SA, infml., neerh.: Engelsman, Brit)* Pom(mie).

pom·ol·o·gy pomologie, vrugtekunde. **pom·o·log·i·cal** pomologies, vrugtekundig. **pom·ol·o·gist** pomoloog, vrugtekenner, vrugtekundige.

pomp prag, praal, vertoon; ~ *and ceremony/circumstance/glory/pageantry* prag en praal.

pom·pa·dour pompadoer(haarstyl).

Pom·pei·i *(geog.)* Pompeji. **Pom·pei·ian** *n.* Pompejaan. **Pom·pei·ian** *adj.* Pompejaans.

pom·pel·moes →PAMPELMOES.

Pom·pey *(Rom. genl.)* Pompejus.

pom·pom, pom·pon pompon; tossel; strikkie, kwassie. ~ **(dahlia)** pompon(dahlia). ~ **tree** *(Dais cotinifolia)* kannabas.

pom-pom *(Br., hist.: soort kanon)* pom-pom.

pom·pon →POMPOM.

pomp·ous vertonerig, vernaam, pretensieus, pompeus; deftig, statig; verwaand, opgeblase; aanstellerig, hoogdrawend, geswolle. **pom·pos·i·ty** vertoon, praalsug, pompeusheid; deftigheid; verwaandheid, opgeblasenheid; hoogdrawendheid, geswollenheid. **pomp·ous·ness** →POMPOSITY.

ponce *n., (Br., neerh. sl.: verwyfde man)* moffie, feetjie, poefter; koppelaar. **ponce** *ww.:* ~ *about/around* polsflappend (*of* met slap polse *of* met wikkelheupies) rondtrippel. **pon·c(e)y** *adj.* met wikkelheupies *(pred.)*, met flappende/slap polse *(pred.)*, polsflappend, slappols=, moffierig, verwyf(d).

pon·cho =*chos* poncho.

pond *n.* dammetjie, poel; *the* ~, *(Br., infml.)* die see; die Atlantiese Oseaan; *across* (or *on the other side of*) *the* ~, *(Br., infml.)* oorkant die water. **pond** *ww.* (op)dam. ~**weed** fonteinkruid; *Cape* ~ →CAPE.

pon·der (be)peins, oorweeg, oordink; besin; mymer; ~ *(on/over) s.t.* oor iets (na)dink.

pon·der·a·ble *(poët., liter.)* oorweegbaar; gewigtig. **pon·der·a·bil·i·ty** oorweegbaarheid.

pon·der·o·sa (pine) *(Am., bot.: Pinus ponderosa)* ponderosa(den); ponderosa(hout).

pon·der·ous swaar, gewigtig; swaarwigtig; lomp; droog, eentonig. **pon·der·os·i·ty** swaarte, gewigtigheid; swaarwigtigheid. **pon·der·ous·ness** →PONDEROSITY.

pond·let poeletjie.

Pon·do, Mpon·do =*do(s), (SA, inwoner; taal)* Pondo, Mpondo. **Pon·do·land** Pondoland.

pone (bread) *(Am.)* mieliebrood; →CORN PONE.

pong *n., (infml.)* stank, slegte reuk. **pong** *ww.* stink, sleg ruik.

pon·gee *(tekst.)* pongee; sagte Chinese/Sjinese sy(stof).

pon·gid *n., (soöl.)* mensaap. **pon·gid** *adj. (attr.)* mensaap=.

pon·go =*gos* orangoetang; *(Br., mil. sl.)* Tommie, (see)soldaat.

pon·iard *n., (hist.: soort dolk)* ponjaard. **pon·iard** *ww.* met 'n ponjaard steek.

pons (Va·ro·li·i) *pontes Varolii, (anat.)* pons (Varolii).

pont *(SA)* pont.

Pon·te·fract cake →POMFRET(-CAKE).

Pon·tic Sea Swart See.

pon·ti·fex =*fices, (hist.)* aarts=, opperpriester.

pon·tiff *(RK)* pous; *(vero.)* biskop; *(hist., Jud.)* hoëpriester.

pon·tif·i·cal *n.* biskoplike seremonieboek; *(i.d. mv.: pouslike gewaad)* pontifikaal; ornaat *(v. 'n priester)*. **pon·tif·i·cal** *adj., (RK)* pouslik, pontifikaal; *(vero.)* biskoplik; *(hist., Jud.)* hoëpriesterlik; *the P~ States* die Kerklike Staat. **P~ Mass** *(RK: mis deur d. biskop waargeneem)* pontifikale mis.

pon·tif·i·cate *n., (RK)* pontifikaat, pouslike regering; *(RK)* pousskap; *(hist.)* hoëpriesterskap. **pon·tif·i·cate** *ww., (RK)* as biskop optree, die biskoplike funksies vervul; *(RK)* die pontifikale mis opdra; *(pej.)* jou onfeilbaar hou. **pon·ti·fy** *(w.g.)* →PONTIFICATE.

Pon·tine: *the ~ Marshes, (geog.)* die Pontynse moerasse.

pon·tine *(anat.)* brug=; ~ *artery* brugslagaar.

Pon·tius →PILATE.

pon·to·nier *(mil., vero.)* pontonnier.

pon·toon[1] *n.* ponton; pont. **pon·toon** *ww.* pontonbruê (*of* 'n pontonbrug) bou; met 'n pontonbrug oorgaan. ~ **bridge** pontonbrug. ~ **corps** pontonnierskorps. ~ **deck** pontondek.

pon·toon[2] *n., (kaartspel)* een-en-twintig, een en twintig.

Pon·tus *(geog., hist.)* Pontus.

po·ny =*nies* ponie, bossiekop; (klein) glasie; kleintjie; *(Br., infml.)* 25 pond. ~ **engine** rangeerloko(motief). ~ **express** *(Am., hist.)* posdiens met perde. ~**tail** *(haarstyl)* poniestert. ~ **trap** ligte karretjie. ~ **trekking** *(Br.)* ponietrek.

poo *n. & ww.* →POOH.

pooch *(infml.)* brak.

pood, pud *(Rus. gewigseenheid)* poed.

poo·dle *n.* poedel(hond); *(Br., fig.: slaafs gedienstige mens)* skoothondjie, sirkusponie, lakei. **poo·dle** *ww.* (hare soos 'n poedel s'n) knip/skeer; ~ *along, (infml.)* aankruie, aanpiekel.

poof[1], **poof·ter, poo·ve, pouf** *n., (infml.: manlike homoseksueel)* poefter.

poof[2], **pouf** *tw.* ag wat, paf.

pooh, poo *n., (infml., kindert.: ontlasting)* poef(ie), akka, akkie(s), foef(ie); *do a* ~ poef(ie), akka, akkie(s), foef(ie). **pooh, poo** *ww.* poef(ie), akka, akkie(s), foef(ie). **pooh, poo** *tw.* ag, bog. **P~-Bah** *(ook p~-b~)* groot kokkedoor.

pooh-pooh *(infml.)* wegpraat, weglag, die spot dryf/drywe met, lag vir; (die/jou) neus optrek vir, niks wil weet van.

poo·ka *(Ier. mit.)* kabouter.

pool[1] *n.* poel, dam(metjie), plas; kolk; kuil, gat; (swem)dam/gat; swembad; ~ *of blood* bloedplas, plas bloed; ~ *of water* (water)kuil, gat water. **pool** *ww.* (op)dam. ~**side** *n.* rand van die swembad; *at the* ~ langs die swembad. ~**side** *adj. (attr.)* by/langs die swembad *(pred.)*, swembad= *(attr.)*; ~ *bar* kroeg by/langs die swembad, swembadkroeg.

pool[2] *n.* pot(geld), inset=, inlê=, speelgeld; potspel; kartel; sportlotery; saamvoeging; potdeelnemers; kombinasie van spekulante; spekulasiefonds; *(spel verwant aan biljart)* potspel; *money in the* ~ geld in die pot; ~ *of typists* tiksterspoel. **pool** *ww.* saamsmelt, =voeg, =gooi, =stort, wedersyds deel; in die pot gooi; in een pot gooi; winste deel; langs 'n kanaal verkoop; gemene saak maak; ~ *cash* kontant bymekaarsit, las; ~ *resources* saammaak. ~**room** potspelkamer, =lokaal. ~ **table** potspeltafel.

pool·ing saamvoeging, =storting; winsdeling; verkoop langs 'n kanaal; saamklassering *(v. wol)*.

poon *(bot.: soort Oos-Indiese boom)* domba.

poop[1] *n.* agterstewe, =skip, =dek. **poop** *ww., ('n golf)* oor die agterstewe breek/slaan; *be ~ed* stortsee oor die agterstewe kry. ~ **(deck)** agterdek.

poop[2] *ww., (Am., infml.)* klaarmaak, gedaan maak, uitput, vermoei; ~ *out* kop uittrek; ~ *out of a race* jou aan 'n wedloop onttrek; *be ~ed (out)* pê/pootuit/poegaai/kapot/klaar/doodmoeg wees.

poop[3] *n.: the ~, (Am., infml.)* jongste nuus; eerstehandse inligting. ~ **sheet** *(Am., infml.)* amptelike inligtingstuk.

poop[4] *n.* toetgeluid, getoet(er); *(infml.)* wind, *(vulg.)* poep; *(infml.: ontlasting)* poef, bol. **poop** *ww., (infml.)* (af)blaas, 'n wind laat/los, *(vulg.)* poep; nommer twee hê, 'n bol maak, vuilmaak; ~ *in one's pants* in jou broek vuilmaak. ~ **scoop** *(infml.)* →POOPER-SCOOPER.

poop[5] *n., (infml.)* domkop, pampoen(kop), mamparra, doffel, idioot, swaap.

poop·er-scoop·er, poop scoop *(infml.)* bolskop, bollieskoppie, hondemisskepper.

poor *n.: the ~* die armes (*of* minder gegoedes); *the ~ in spirit, (Byb.)* die armes van gees. **poor** *adj.* arm, behoeftig, hulpbehoewend, nooddruftig; armlastig; agteraf; karig, skamel, armoedig; skraal, onvrugbaar *(grond)*; swak, skraal *(oes)*; minderwaardig, swak, sleg *(gehalte)*; gering, klein; armsalig, treurig, sleg; beskeie, nederig; ongelukkig; flou *('n grap, verskoning)*; *(as)* ~ ***as a church mouse*** (or *as church mice*) so arm/kaal soos 'n kerkmuis, straatarm; *a* ~ ***attendance*** 'n skraal/geringe/slegte/swak opkoms; *we are the ~er* ***for*** *s.o.'s death/departure* iem. se dood/vertrek laat/maak ons armer; *be* ~ ***in*** ... arm wees aan ...; ~ ***lime*** maer kalk; ~ ***man's orchid*** armmansorgidee, skoenlapperblom; *in my* ~ ***opinion*** volgens my beskeie mening; *come a* ~ ***second*** *to* ... tweede en ver/vêr agter ... wees; *(the)* ~ ***thing!*** (die) arme ding!, foeitog (*of* foei tog)!, siestog (*of* sies tog)!; *take a* ~ ***view*** *of s.t.* min van iets dink, nie veel van iets dink nie. ~ **box** *(hist.)* arm(e)bus, arm(e)beurs. ~**house** *(hist.)* arm(e)huis, werkinrigting. ~ **law** *(Br., hist.)* armewet. ~ **master** *(hist.)* arm(e)voog. ~ **rate** *(hist.)* arm(e)belasting. ~ **relief** arm(e)sorg, arm(e)versorging. **P~ Relief** *(NGK)* Diens van Barmhartigheid. ~ **relief fund** arme(sorg)fonds. ~**-spirited** *(arg.)* lafhartig; lamsakk(er)ig, papbroek(er)ig; dooierig. ~**-spiritedness** *(arg.)* papbroek(er)igheid. ~ **white** *(neerh.)* armblanke. ~ **whiteism** armblankedom.

poor·ly *adj.* sleg(terig), swak; armoedig; ongesteld, siekerig, swak(kerig), swakkies, nie lekker nie. **poor·ly** *adv.* sleg(terig), swak; min; ellendig, armoedig; siekerig; laag, gemeen; ~ *attended* sleg/swak bygewoon; *feel* ~ sleg/vrot voel. **poor·ness** skamelheid; swakheid; armsaligheid; skraalheid *(v. grond)*; gebrekkigheid.

poort *(Afr.)* poort.

pop[1] *n.* klap, slag, knal, plof; kol, merk; *(infml.)* limonade *ens.*; *ginger* ~ gemmerbier; *have/take a* ~ *at* ... losbrand/lostrek op ... **pop** =*pp*=, *ww.* knal, skiet, klap, plof; skielik vorendag (*of* voor die dag) kom *(met)*; *(ore)* toeslaan; *(Br., infml.)* verpand, in pand gee; ~ ***along*** *to* ..., *(infml.)* gou 'n bietjie na ... gaan; ~ ***at*** ..., *(infml.)* na ... skiet; ~ *s.t.* ***away,*** *(infml.)* iets wegstop; ~ ***back*** (gou) teruggaan; (gou) terugkom; ~ *one's* ***clogs,*** *(Br., infml.: doodgaan)* lepel in die dak steek, die emmer skop, bokveld toe gaan; ~ ***down,*** *(infml.)* neerval; ~ *s.t.* ***down,*** *(infml.)* iets skielik neersit; ~ ***down*** *to the café/etc.* gou kafee/ens. toe gaan/ry/stap, afglip kafee/ens. toe; ~ ***down to*** *Durban/etc. (for the weekend)* (net) vir 'n heen-en-weertjie (die naweek) Durban/ens. toe gaan/ry/vlieg; ~ ***in,*** *(infml.)* skielik binnekom; inwip, 'n oomblik *(by iem.)* aangaan/inloer; ~ *s.t.* ***in,*** *(infml.)* iets instop; iets insteek; ~ ***into*** *a shop/etc.* by 'n winkel/ens. aangaan; ~ *s.t.* ***into*** ..., *(infml.)* iets in ... steek *(d. oond ens.)*; ~ ***off,*** *(infml.)* verkas; aan die slaap raak; *(doodgaan)* afklop; ~ *the kettle/etc.* ***on*** die ketel/ens. aansit/aanskakel; ~ ***open*** oopspring; ~ ***out,*** *(infml.)* uitglip, uitwip; ~ *s.t.* ***out,*** *(infml.)* iets uitsteek; ~ ***out*** *from behind s.t.* agter iets uitspring; *s.o.'s eyes nearly ~ped* ***out*** *(of his/her head)* →EYE *n.*; ~ *one's head* ***out of*** *the window* jou kop by die venster uitsteek; ~ ***over*** *to* ..., *(infml.)* gou na ... gaan; ~ ***pills,*** *(infml.)* pille sluk; ~ *a* ***question*** skielik iets vra; ~ *the* ***question,*** *(infml.)* die jawoord vra; ~ ***round,*** *(infml.)* gou 'n bietjie oorkom/oorgaan; ~ ***up,*** *(iets)* opskiet; *(infml.)* opduik; *(iem.)* skielik opdaag. **pop** *adv.* met 'n klapgeluid/plof/knal/slag; *go* ~, *('n prop)* klap; *('n ballon)* (met 'n klapgeluid) bars; *(ore)* toeslaan; *hear s.t. go* ~ iets hoor klap. ~**corn** spring=, kiepiemielies. ~**-eye** (uit)peuloog; ooguitpeuling. ~**-eyed** *(infml.)* met uitpeuloë; grootoog, verstom, (stom)verbaas. ~**gun** propgeweertjie, propskieter. ~**over** *(Am., kookk.)* holpoffer. ~ **shop** *(Br., infml., vero.)* pandjieshuis, =winkel. ~**-up** *adj.* (op)wip=; ~ ***book*** wipprentboek, driedimensionele prenteboek; ~ ***card*** opwipkaartjie; ~ ***menu,*** *(rek.)* opwipkieslys; ~ ***toaster*** wiprooster.

pop[2] *n.* popmusiek; *be top of the ~s* die toptreffer wees, boaan (*of* in die eerste plek op die treffersparade) wees, die eerste plek op die trefferleer/treffersparade beklee; *(iem.)* die gewildste wees. **pop** *adj.* pop=; *(infml.)* →POPULAR. ~ **art** popkuns. ~ **concert** popkonsert. ~ **culture** popkultuur. ~ **festival** popfees. ~ **group** popgroep. ~ **music** popmusiek. ~ **singer** popsanger. ~ **song** popliedjie. ~ **star** popster.

pop[3] *n.* →POPPA.

pop·a·dam, pop·a·dom, pop·a·dum →POP(P)ADAM.

pope pous; pope, Russiese priester; *have the P~'s blessing for s.t.* die jawoord vir iets hê. **P~mobile** *(koeëlvaste voertuig deur d. pous gebr.)* pousmobiel. **~'s nose** = PARSON'S NOSE.

pope·dom pousdom. **pope·hood** pousskap. **pop·er·y** papistery, pousgesindheid. **pop·ish** pouslik, paaps, Rooms.

pop·in·jay windmaker, =lawaai; pronker, modegek; *(arg.)* papegaai.

pop·lar *(bot.)* populier(boom). **~ grove** populierbos.

pop·lin *(tekst.)* popelien.

pop·pa, pop *(Am., infml.)* paps, pappa.

pop·(p)a·dam, pop·(p)a·dom, pop·(p)a·dum *(Hindi, Ind. kookk.)* poppadom, poppadum.

pop·per *n.* knaller; *(Br., infml.)* drukknoop, =knopie, drukkertjie; *(Am.)* spring=, kiepiemieliepan; *(dwelmsl.)* kapsule amielnitriet.

pop·pet *(infml.)* skattebol, skatlam; skagtoring, skagbok. **~ head** hyswerk *(in 'n myn).* **~ (valve)** stootklep.

pop·pied vol papawers, papawer=; bedwelmend; dromerig.

pop·ping geplof. **~ crease** *(kr.)* kolfstreep; kolfkampie.

pop·ple *n.* geklots, gekabbel; geborrel *(v. kookwater).* **pop·ple** *ww., (golwe)* kabbel, klots, slaan; *(kookwater)* borrel.

pop·py *(bot.)* papawer; →CORN POPPY. **P~ Day** *(Br., infml.: herdenkingsdag v.d. einde v.d. Eerste Wêreldoorlog)* Papawerdag, Wapenstilstandsdag. **~head** maankop *(v. 'n papawer);* papawerkop *(v. 'n kerkbank).* **~ oil** maanolie. **~ red** papawerrooi. **~ seed** papawer=, maansaad. **~ seed oil** papawer(saad)olie.

pop·py·cock *(infml.)* bog/kaf/twak(praatjies); *pure ~* pure bog, klinkklare onsin.

Pop·si·cle *(Am. handelsnaam)* suigys(ie), ysstokkie.

pop·sy, pop·sie *(infml., hoofs. Br.)* pop, liefie, skatjie. **~(-wopsy)** *(w.g.)* (skat)lief, hartlam(metjie), skatjie.

pop·u·lace (volks)menigte, massa; bevolking; gepeupel.

pop·u·lar populêr, gewild, gelief, bemind; algemeen, gewoon; eenvoudig, verstaanbaar, populêr; volks= *(gewoonte, kuns, poësie, liedjie, taal, ens.); become ~, (iem., iets)* gewild word; *(iets)* ingang vind; *~ **conception*** algemene opvatting; *~ **etymology*** = FOLK ETYMOLOGY; *~ **fallacy*** algemene dwaling; *P~ **Front**, (pol.)* Volksfront; *~ **music*** populêre musiek; *~ **name*** volksnaam; *~ **science*** populêre wetenskap; *be ~ **with*** ... by ... gewild/bemind wees; by ... in tel wees; by ... in die smaak val. **pop·u·lar·i·sa·tion, =za·tion** popularisasie. **pop·u·lar·ise, =ize** populêr/gewild maak, bekend maak, bekendmaak, populariseer. **pop·u·lar·is·er, =iz·er** populariseerder. **pop·u·lar·i·ty** gewildheid, bemindeheid, populariteit; *lose ~* gewildheid inboet; *(infml.)* uitbak, uitgebak raak; *seek ~* gewildheid/guns soek. **pop·u·lar·ly** algemeen, populêr, onder die volk; *~ called ...* in die wandel/volksmond ... genoem, in die wandel/volksmond as ... bekend. **pop·u·late** bevolk; →POPULATION; *be ~d by ...* deur ... bewoon word; *be densely/heavily/thickly ~d* dig bevolk wees; *be sparsely ~d* yl bevolk wees.

pop·u·la·tion bevolking, inwoners; bevolkingstal, inwonertal; *bird ~* voëlbevolking; *the growth of* (or *increase in) the ~* die bevolkingsaanwas. **~ census** sensus, volkstelling. **~ decrease** bevolkingsafname. **~ density** bevolkingsdigtheid. **~ explosion** bevolkingsontploffing. **~ figure** bevolkingsyfer. **~ group** bevolkingsgroep. **~ growth, ~ increase** bevolkingsgroei, =aanwas, =toename. **~ register** bevolkingsregister. **~ returns** bevolkingstatistiek.

pop·u·lism populisme. **pop·u·list** populis. **pop·u·lous** dig bevolk, digbevolk, dig bewoon(d), digbewoon(d). **pop·u·lous·ness** digte bevolking.

por·bea·gle *(igt.)* haringhaai.

por·ce·lain *n.* porselein; porseleingoed, =ware. **~ bath** porseleinbad. **~ clay** = KAOLIN. **~ dish** porseleinbak(kie). **~ (ware)** porseleinware, =goed.

por·ce·lain·ise, =ize in porselein verander. **por·cel·la·ne·ous, por·cel·lan·ous** porseleinagtig, porselein=.

porch buiteportaal, portiek; stoep, veranda.

por·cine varkagtig, vark=.

por·cu·pine ystervark. **~ burrow, ~ hole** ystervarkgat. **~ fish** penvis. **~ quill** ystervarkpen. **~ roller** stekelrol.

pore¹ *n., (anat., soöl.)* sweetgaatjie, porie; *(bot.)* porie, stippel; openinkie.

pore² *ww.: ~ on s.t., (arg.)* (diep) oor iets nadink; *~ over s.t.* in iets verdiep wees, iets bepeins; iets aandagtig (be)studeer.

pork vark(vleis); *baby ~* speenvark(ie). **~ barrel** *(Am., sl.)* stemwerwingsprojek. **~-barrel** *adj. (attr.)* stemwerwings=. **~ butcher** varkslagter. **~ chop** varktjop. **~ cutlet** varkkotelet. **~ measles** varkmasels, pitjies. **~ pie** vark(vleis)pastei; →PORKY¹. **~pie hat** plat staanrandhoed. **~ rind** swoerd. **~ roast** gebraaide varkvleis. **~ sausage** varkwors.

pork·er vark; voer=, slagvark; vleisvark. **pork·ling** klein varkie, speenvark(ie).

pork·y¹ varkerig, vark=; spekvet. **~ (pie), pork pie** *(Br., sl.: leuen)* liegstorie, kluitjie.

pork·y² *=ies, (Am., infml.)* ystervark.

porn, por·no *n., (infml.: pornografie)* porno; *hard ~, (infml.)* harde porno(grafie); *soft ~, (infml.)* sagte/mak porno(grafie). **porn, por·no** *adj., (infml.: pornografies)* porno=. **~ film** pornofilm, =fliek, =rolprent. **~ shop** pornowinkel.

por·nog·ra·phy pornografie. **por·nog·ra·pher** pornograaf. **por·no·graph·ic** pornografies.

po·rous poreus. **po·ros·i·ty** poreusheid, porositeit.

por·phy·ri·a *(med.)* porfirie.

Por·phy·ry *(Gr. filosoof)* Porphyrius.

por·phy·ry *(geol.)* porfier. **por·phy·rit·ic** porfieragtig.

por·poise *=poise(s), (soöl.)* seevark, tornyn, bruinvis.

por·ridge pap; *(Br., sl.)* tronkstraf; tjoekie, hok, tronk; *do ~* agter (die) tralies sit, in die tjoekie/hok/tronk sit/wees; *keep your breath to cool your ~* →BREATH.

por·rin·ger *(hist.)* kommetjie, bakkie; diepbord.

Port: ~ **Jackson willow** portjackson(boom), goudwilg(er), gouldwilgerboom. ~ **of London Authority** Londense Hawebestuur. ~ **of Spain** *(geog.)* Port of Spain.

port¹ *n.* hawe; hawestad; see=, oseaanhawe; →FREE PORT; *call **at** a ~* →CALL *ww.; touch **at** a ~* →TOUCH *ww.; **in** ~* in die hawe; ***make** ~* die/'n hawe bereik; *~ **of arrival*** aankomshawe; *~ **of call*** aanloophawe; *(fig.)* aangaanplek; *~ **of clearance (inwards)*** inklaringshawe; *~ **of clearance (outwards)*** uitklaringshawe; *~ **of departure*** vertrekhawe, afvaarhawe; *~ **of destination*** bestemmingshawe; *~ **of discharge*** lossingshawe; *~ **of disembarkation*** ontskepingshawe; *~ **of embarkation*** inskeephawe, inskepingshawe; *~ **of entry*** binnekomshawe, hawe van binnekoms; inklaringshawe; *~ **of London*** Londense hawe; *~ **of shipment*** (in)laaihawe, verskepingshawe; ***put into*** (or *in at) a ~* 'n hawe aandoen/binneloop/binnevaar; *any ~ **in a storm*** in geval van nood is alles welkom. **~ authority** hawebestuur. **~ captain** hawe=, walkaptein. **~ charge, ~ dues, ~ duty, ~ toll** hawegeld, =reg. **~ health officer** hawegesondheidsbeampte. **~hole** patryspoort, kajuitvenster(tjie); geskutpoort, skietgat. **~ worker** hawewerker.

port² *n., (linkerkant v. 'n skip/vliegtuig)* bakboord. **port** *ww.* na bakboord draai, bakboord gee. **~ side:** *on the ~ ~* aan bakboord; *to the ~ (side)* na bakboord.

port³ *n.* patryspoort; poort, ingang; poort, opening, uitlaat; *(rek.)* poort, aansluiting, deurgang. **port** *ww., (rek.)* oorplaas, oordra.

port⁴ *n.* port(wyn).

port⁵ *n.* optrede, houding; voorkoms. **port** *ww.: ~ arms!, (mil.)* inspeksiestand (geweer)!.

port·a·bil·i·ty, port·a·ble·ness dra(ag)baarheid; vervoerbaarheid; verplaasbaarheid, verskuifbaarheid. **port·a·ble** dra(ag)baar; vervoerbaar; verplaasbaar, verskuifbaar; *~ lunch* saamneemete; *~ radio* draradio; *~ telephone* dra(tele)foon, dra(ag)bare (tele)foon; hand(tele)foon; veld(tele)foon. **por·tage** *n.* (die) dra; *(sk.)* bootvervoer; bootvervoergeld; bootvervoerroete; dra(ag)loon, drageld; dra(ag)plek. **por·tage** *ww.* vervoer, dra.

Port·a·kab·in *(Br. handelsnaam)* verplaasbare struktuur.

por·tal *n.* ingang, portaal; hek; poort; portiek; *(rek.)* toegangspoort, *(infml.)* voordeur; *~s of infection* besmettingskanale. **por·tal** *adj.* poort=; *~ circulation* poortaarstelsel. **~ gate** portaalhek. **~ vein** poortaar.

por·ta·men·to *=menti, n., (It., mus.)* portamento. **por·ta·men·to** *adj. & adv.* glyend.

por·ta·tive steun=, stut=, draag=; →PORTABLE.

port·cul·lis valpoort, =hek.

Porte: *the (Sublime/Ottoman) ~, (hist.: Turkse hof)* die (Verhewe) Porte.

porte-co·chère *(argit.)* porte-cochère, inryportaal.

por·tend (voor)spel, beduie, beteken. **por·tent** (voor)teken, voorbode; wonder. **por·ten·tous** veelbetekenend; gewigtig, plegtig; onheilspellend.

por·ter¹ *n.* kruier *(op 'n stasie ens.);* draer.

por·ter² *n., (Br.)* deurwagter, portier; hekwagter, portier; *(spw.)* oorwegwagter; onderhoudsman *(v. 'n gebou).* **por·ter** *ww.* as kruier/portier werk.

por·ter³ *n., (bier)* porter.

por·ter·age deurwagterswerk; hekwagterswerk; kruierswerk; dra(ag)loon; kruiersloon.

por·ter·house *(hist., hoofs. Am.)* bierhuis, eetplek. **~ (steak)** bolendeskyf.

port·fo·li·o akte=, dokumente=, briewetas; portefeulje; *be entrusted with a ~* met 'n portefeulje belas wees; *the ~ of finance* die portefeulje van finansies.

por·ti·co *=co(e)s* portiek, (oordekte) suilegang, kolonnade.

por·tière *(Fr.)* deur=, skortgordyn.

por·tion *n.* (aan)deel, gedeelte; porsie *(kos); (jur.)* erfdeel, =porsie; *(ook* marriage portion*)* bruidskat; (lots)bestemming; *in equal ~s* in gelyke dele. **por·tion** *ww.* deel, verdeel; 'n bruidskat/erfdeel skenk aan; *~ s.t. out* iets uitdeel.

por·tion·less sonder bruidskat/erfdeel.

Port·land *n.:* **~ cement** portlandsement. **~ stone** portlandsteen.

port·ly geset, swaarlywig; *(arg.)* deftig, statig. **port·li·ness** gesetheid, swaarlywigheid; *(arg.)* deftigheid, statigheid.

port·man·teau *=teaus, =teaux* reistas, handkoffer, =sak. **~ word** kombinasiewoord, saamgesmelte woord.

Por·to *(Port., geog.)* →OPORTO.

por·to·lan *=lans,* **por·to·lan·o** *=lanos, =lani,* **por·tu·lan** *=lans, (Me. navigasiehandboek)* portolaan, portulaan.

Por·to Ri·co *(geog., hist.)* →PUERTO RICO.

por·trait portret; beeld, weergawe; *do/paint s.o.'s ~* iemand se portret skilder; *~ of a child, child ~* kinderportret; *~ of a (gentle)man* mansportret; *~ of a lady* damesportret. **~ bust** borsbeeld. **~ painter** portretskilder. **~ painting** portretskilderkuns.

por·trait·ist portrettis, portretkunstenaar, =skilder, =tekenaar. **por·trai·ture** portretkuns; uitbeelding; *(fml.)* portret.

por·tray skilder, beskryf, beskrywe, uitbeeld, skets, weergee; afbeeld; *~ in words* uitbeeld, beskryf, beskrywe. **por·tray·al** skildering, beskrywing, uitbeelding; afbeelding; voorstelling, weergawe; *~ of character* karaktertekening.

port·reeve *(hist.)* burgemeester, balju.

por·tress, por·ter·ess portierster.

Por·tu·gal *(geog.)* Portugal. **Por·tu·guese** *n. & adj.* Portugees; *~ man-of-war* bloublasie.

por·tu·lac·a *(bot.)* portulak; postelein, misbredie, varkenskos.

pose *n.* houding, pose; aanstellery; *assume/strike* (or *take up) a ~* poseer, 'n houding aanneem. **pose** *ww.* poseer, 'n houding aanneem; figureer; jou aanstel;

voorgee; stel *('n vraag);* oplewer *('n probleem, gevaar); (dominospel)* plaas; *s.o. ~s as ...* iem. gee hom/haar vir ... uit (*of* doen hom/haar as ... voor; *~ a threat (to ...)* gevaar (vir ...) inhou.

Po·sei·don *(Gr. mit.)* Poseidon.

pos·er[1] poseerder, sitter, model *(vir 'n kunstenaar); (infml.)* aansteller (→POSEUR).

pos·er[2] raaisel, strikvraag.

po·seur *(vr.* poseuse*)* poseur, aansteller.

po·sey, pos·er·ish *(infml.)* pretensieus.

posh *adj., (infml.)* deftig, weelderig. **posh** *ww.: ~ up, (Br., infml.)* jou opdollie.

pos·ing posering; aanstellery.

pos·it aanneem, vooropstel, poneer, postuleer.

po·si·tion *n.* posisie, stelling; stand; (mark)belang/posisie; *(mil.)* opstelling; ligging, plek; houding; *(mus.)* posisie *(op 'n strykinstr.);* standpunt; posisie, status, rang; posisie *(in sport);* pos, amp, betrekking; stand van sake, situasie, toestand; ***financial*** ~ finansiële omstandighede, geldelike situasie; *jockey/manoeuvre* ***for*** ~ 'n goeie/gunstige posisie probeer verkry; ***in*** ~ op sy plek, reg, klaar; *be* ***in*** *a ~ to ...* in staat (*of* by magte) wees om te ..., die geleentheid hê (*of* in die geleentheid wees) om te ...; *place s.t.* ***in*** ~ iets op sy plek aanbring; *put s.o. in an* ***invidious*** ~ →INVIDIOUS; ***kneeling*** ~ knielende houding; *be in* ***no*** *~ to ...* nie in staat (*of* by magte) wees om te ... nie; *s.o. is* ***not*** *in a ~ to ...* iem. kan nie ... nie, iem. is nie in staat (*of* by magte) om te ... nie; ~ ***of*** *authority* gesagsposisie; ~ ***of*** *equilibrium* ewewigstand; ***of*** *high ~* hooggeplaas; ~ ***of*** *the parties* stand van die partye; ~ ***of*** *power* magsposisie; ~ ***of*** *rest* russtand; ***out*** *of ~* nie op sy plek nie, nie klaar/reg nie; ***present*** ~ huidige stand; ***put*** *o.s. in ...'s ~* jou in ... se toestand verplaas; ***take*** *a ~, (mil.)* 'n stelling inneem/verower; ***take up*** *a ~* stelling inneem; 'n standpunt inneem; *s.o.* ***takes (up)*** *his/her ~ somewhere* iem. neem êrens stelling in; *be in a* ***ticklish/tricky*** ~ in 'n netelige posisie wees; *an* ***untenable*** ~ 'n onhoudbare posisie. **po·si·tion** *ww.* plaas, opstel, op sy plek aanbring, in posisie stel; die plek bepaal van; *~ o.s. somewhere* êrens stelling inneem; *well ~ed* goed geplaas; goed geleë. ~ **paper** *(pol., han.)* situasieskrif. ~ **war(fare)** stellingoorlog(voering).

po·si·tion·al posisioneel, posisie=; ~ ***astronomy*** posisiesterrekunde, astrometrie, bolsterrekunde, sferiese sterrekunde; ~ ***play*** posisionele spel; ~ ***war(fare)*** stellingoorlog(voering). **po·si·tion·ing** plasing; opstelling; plekbepaling.

pos·i·tive *n., (gram.)* stellende trap, positief; *(fot., wisk.)* positief; *(mus.)* rugpositief, rugwerk *(v. 'n orrel).* **pos·i·tive** *adj.* positief; vas, bepaald, stellig; seker, oortuig, beslis; *be (quite) ~* ***about/of*** *s.t.* heeltemal seker van iets wees; *the ~* ***degree*** →DEGREE; *be/become a ~* ***nuisance*** bepaald 'n oorlas wees/raak. ~ **discrimination** positiewe diskriminasie. ~ **electricity** positiewe elektrisiteit. ~ **feedback** →FEEDBACK. ~ **philosophy** →POSITIVISM. ~ **pole** *(fis.)* positiewe pool. ~ **proof** seker/afdoende/genoegsame bewys. ~ **ray** *(fis.)* positiewe straal. ~ **sign** →PLUS (SIGN). ~ **vetting** *(Br.)* veiligheidskeuring.

pos·i·tive·ness, pos·i·tiv·i·ty sekerheid, stelligheid, beslistheid, versekerdheid. **pos·i·tiv·ism** positivisme. **pos·i·tiv·ist** *n.* positivis. **pos·i·tiv·ist, pos·i·tiv·is·tic** *adj.* positivisties. **pos·i·tiv·i·ty** →POSITIVENESS.

pos·i·tron *(fis.: positief gelaaide elektron)* positron.

po·sol·o·gy *(med., w.g.)* posologie, dosiskunde, doseerkunde.

pos·se *(Am.), (hist.)* posse; *(infml.)* bende; *in ~, (jur.)* moontlik.

pos·sess besit, hê, in besit wees van; beheers; *(poët., liter.: gemeenskap hê met)* besit; *be ~ed* ***by/with*** *s.t.* (aanhoudend/gedurig) oor een ding maal, nie van iets kan loskom nie, van iets vervul wees *('n gedagte ens.); be ~ed* ***by*** *the devil* →DEVIL *n.;* ***like*** *one ~ed* soos 'n besetene; *be ~ed* ***of*** *s.t.* besit van iets hê; *not know* ***what*** *~es s.o.* nie weet wat iem. makeer nie, nie weet wat in iem. gevaar het nie. **pos·ses·sion** besitting, bate; *(sport)* besit; besetenheid; *(ook, i.d. mv.)* besittings, eiendom, goed, rykdom; *be* ***in*** *~ of all one's faculties* →FACULTY; *be* ***in*** *~ of s.t.* in besit van iets wees, iets besit; *s.t. is* ***in*** *the ~ of s.o.* iets behoort aan iem.; *s.t. comes* ***into*** *s.o.'s ~* iets kom in iem. se besit; *get ~* ***of*** *s.t.* in die besit van iets kom; *take ~* ***of*** *s.t.* iets in (*of* van iets) besit neem; op iets beslag lê; iets beset; *the devil took ~* ***of*** *s.o.* die duiwel het in iem. gevaar; *~ is nine points* ***of*** *the law, (sprw.)* salig is die besitters, hê is hê en kry is die kuns.

pos·ses·sive *n., (gram.)* tweede naamval, genitief, besitlike vorm. **pos·ses·sive** *adj.* besitlik; besittend; possessief. ~ **case** tweede naamval, genitief, besitlike vorm. ~ **pronoun** besitlike voornaamwoord.

pos·ses·sive·ness besitlikheid. **pos·ses·sor** besitter; *be the proud ~ of s.t., (dikw. skerts.)* die trotse eienaar van iets wees. **pos·ses·so·ry** besittend; besit(s)=; *~ interdict, (jur.)* besitsinterdik; *~ remedy, (jur.)* besitsaksie.

pos·set *(hist.)* gekruide melk.

pos·si·bil·i·ty moontlikheid; gebeurlikheid; *s.o. cannot by* ***any*** *~ be in time* iem. kan onmoontlik betyds wees; *is there* ***any*** *~ that ...?* bestaan daar 'n moontlikheid dat ...?; *there is a* ***distinct*** *~ that ...* die moontlikheid dat ... is glad nie uitgesluit nie, daar bestaan/is 'n besliste moontlikheid dat ...; ***exhaust*** *all possibilities* alle moontlikhede ondersoek; ***have*** *(great) possibilities* (groot) moontlikhede inhou; *the ~* ***of*** *s.t. happening* die moontlikheid dat iets sal gebeur; ***preclude*** *a ~* 'n moontlikheid uitskakel; *s.t. is within the* ***range*** *of ~* iets is moontlik (*of* nie onmoontlik nie); *a* ***real*** *~* 'n besliste moontlikheid; *a* ***remote/slender/slight*** *~* 'n geringe moontlikheid; *there are* ***three/etc.*** *possibilities* drie/ens. dinge is moontlik, daar is drie/ens. moontlikhede; *a* ***world*** *of possibilities* eindelose moontlikhede.

pos·si·ble *n.* moontlike kandidaat/keuse; uiterste; voltal; maksimum, volle (*of* hoogste moontlike) punte; *do one's ~* jou uiterste (bes) doen. **pos·si·ble** *adj.* moontlik, gebeurlik; doenlik; ***as*** *early/long as ~* so vroeg/lank (as) moontlik; ***as*** *many/much as ~* soveel (as) moontlik; ***as*** *many/much ... as ~* soveel ... (as) moontlik; ***as*** *soon as ~* so gou (as) (*of* so spoedig) moontlik; *would it* ***be*** *~ (for s.o.) to do s.t.?* sal dit (vir iem.) moontlik wees om iets te doen?; *the* ***biggest/etc.*** *... ~* die grootste/ens. moontlike ...; *the* ***biggest/heaviest/etc.*** *~, (ook)* die allergrootste/allerswaartste/ens.; *~* ***claim*** eventuele eis; *do* ***everything*** *~* al die moontlike doen; alles in jou vermoë doen; ***if*** *(at all) ~* indien (enigsins) moontlik; ***it is*** *~ to do s.t.* dit is moontlik om iets te doen, iets is moontlik; iets kan; ***it is just*** *~* dis nie onmoontlik nie; dit kan net gebeur; ***it is quite*** *~* dit is heel/bes moontlik; ***it is quite*** *~ that ..., (ook)* die moontlikheid dat ... is glad nie uitgesluit nie; ***it is still*** *~ that ..., (ook)* daar is nog 'n moontlikheid dat ...; *only one ~* ***person*** *among them* net een geskikte persoon onder hulle; ***where/wherever/whenever*** *~* waar/wanneer (enigsins) moontlik, waar/wanneer dit ook al moontlik is.

pos·si·bly moontlik, dalk, straks, miskien, eventueel, wie weet; *s.o. cannot ~ do it* iem. kan dit onmoontlik doen; *quite ~* heel/bes moontlik.

pos·sum *(infml.)* →OPOSSUM; *(Austr.)* →PHALANGER; *play ~, (infml.)* jou dood hou; maak (as)of jy slaap.

post[1] *n.* stut, paal; styl; *(mynb.)* pilaar; *(perdewedrenne)* beginpaal; eindpaal; staander; doelhok; *be* ***beaten*** *at the ~* op die nippertjie geklop word; *(as)* ***deaf*** *as a ~* →DEAF *adj.; be* ***left*** *at the ~* ver/vêr agtergelaat word, uit die staanspoor agter wees; *from* ***pillar*** *to ~* →PILLAR *n.;* ***pip*** *s.o. at/to the ~* →PIP[3] *ww..* **post** *ww.* aanplak; bekend maak, bekendmaak; *~ s.t. up* iets opplak/aanplak *('n kennisgewing ens.).* ~**-and-stall method/system/work** *(mynb.)* suilebou, galerybou. ~ **brake** balkrem. ~ **drill** paalboor.

post[2] *n.* pos; poskantoor; posdiens, poswese, posterye; pospapier; →POSTAGE, POSTING; ***by*** *~* per (*of* met/oor die) pos; *by* ***return*** *of ~* per kerende pos, per omgaande; *send s.t. by* ***separate*** *~* iets onder afsonderlike/aparte omslag stuur; *~s and* ***telecommunications*** pos- en telekommunikasiewese; *~s and* ***telegraphs*** pos- en telegraafwese. **post** *ww.* pos, per pos stuur; oorskryf, oorplaas; boek; *~ an* ***entry****, (boekh.)* 'n pos boek/inskryf; ***keep*** *s.o. ~ed* iem. op (die) hoogte hou; *be ~ed* ***missing*** as vermis aangegee word; *~* ***off*** wegstuur; *~* ***up*** *the books, (boekh.)* die boeke byhou/bywerk. ~**bag** *(Br.)* possak; pos; →MAILBAG. ~**box** posbus, briewebus. ~**boy** posbode, briewebesteller; *(hist.)* posryer. ~ **captain** *(hist.)* poskaptein. ~**card** poskaart; *(pictorial)* ~ prentkaart. ~ **cart** *(hist.)* poskar. ~ **chaise** *(hist.)* poskoets, =wa. ~**code** poskode. ~**-free,** ~**-paid** posvry, vry(gestel) van posgeld. ~**haste** met groot/alle haas, halsoorkop, in aller haas/yl, ore in die nek. ~ **horn** *(hist.)* posbeuel. ~**man** =*men* posbode, posman, briewebesteller; *~'s knock, (Br.)* posspeletjie. ~**mark** *n.* posmerk, (pos)stempel, stempelafdruk. ~**mark** *ww.* posmerk; (af)stempel. ~**master** posmeester. ~**master general** posmeester-generaal; *(Br.)* minister van poswese. ~**mastership** posmeesterskap, posmeestersamp. ~**mistress** posmeesteres. ~ **office** poskantoor; *general ~* hoofposkantoor; poswese, posterye. ~ **office act** poswet. ~ **office box** (private/privaat) posbus. ~ **office savings bank** posspaarbank. ~ **office stone** *(hist.)* posklip. ~ **office worker** poskantoorwerker. ~**-paid** posgeld betaal(d); →POST-FREE. ~**rider** *(hist.)* posryer. ~ **room** poskamer.

post[3] *n.* pos, posisie, amp, betrekking, standplaas; wag, pos; *(mil.)* taptoe; ***assume*** *a ~* 'n betrekking/pos aanvaar; *be* ***at*** *one's ~* op jou pos wees; ***fill/hold*** *a ~* 'n betrekking/pos beklee; *the* ***last*** *~, (mil.)* die laaste taptoe; ***relinquish*** *a ~* 'n betrekking neerlê; *a* ***vacant*** *~* 'n vakante pos/betrekking. **post** *ww.* haas, ja(ag), vinnig ry; saalboom/voorboom steek, voorboom stoot, op 'n kakiedraf ry; plaas, posteer, stasioneer; indeel *(by 'n eenheid ens.); (mil.)* uitsit, opstel, op wag sit; *~ s.o. to ...* iem. na ... stuur (*of* in/op ... aanstel). **P~ Exchange** *(Am., mil., afk.:* PX*)* basiswinkel, militêre winkel.

post= *komb.vorm* post=, na=, agter=.

post·ab·do·men, post·ab·do·men agterlyf *(v. 'n skerpioen ens.).*

post·age posgeld; *~ due* verskuldigde posgeld; *~ (pre)paid* posgeld betaal(d), gefrankeer(d). ~ **due label (stamp)** boeteseël, strafposseël. ~ **meter** *(Am.)* frankeermasjien. ~ **rate** postarief. ~ **stamp** posseël.

post·al pos=; ~ ***address*** posadres; ~ ***agency*** posagentskap; ~ ***agent*** posagent; ~ ***article*** posstuk; ~ ***authorities*** die poswese; ~ ***card,*** *(Am.)* poskaart; ~ ***code*** →POSTCODE; ~ ***convention*** posverdrag; ~ ***delivery*** posaflewering; ~ ***matter*** posstukke; ~ ***meter,*** *(Am.)* frankeermasjien; ~ ***note,*** *(Austr.)* = POSTAL ORDER; ~ ***official*** posbeampte, =amptenaar; ~ ***order*** posorder; ~ ***rate(s)*** postarief; ~ ***service*** posdiens; ~ ***staff*** pospersoneel; ~ ***stamp*** posstempel; ~ ***union*** posunie; ~ ***vote*** posstem.

post-clas·si·cal postklassiek.

post-co·i·tal postkoïtaal, *(pred.)* ná die geslags=/liefdesdaad.

post·date *ww.* vooruitdateer, later dateer, postdateer; *~d cheque* vooruitgedateerde (*of* later gedateerde) tjek, *(infml.)* slaaptjek.

post·di·lu·vi·an *n., (mens wat ná die sondvloed geleef het)* postdiluviaan. **post·di·lu·vi·an, post·di·lu·vi·al** *adj., (ná die sondvloed)* postdiluviaans, postdiluviaal.

post·doc *n., (infml.)* postdok.

post·doc·to·ral post=, nadoktoraal; *~ student* post=/nadoktorale student.

post-en·try latere boeking/inskrywing, naboeking; latere inklaring, later ingeklaarde goed; laat inskrywing *(vir 'n wedren).*

post·er plakkaat, aanplakbiljet; aanplakker; versender *(v. 'n brief ens.); (hist.)* posperd. ~ **paint,** ~ **colour** plakkaatverf.

poste res·tante poste restante.

pos·te·ri·or *n., (skerts.)* agterstewe, =ent, =stel. **pos·te·ri·or** *adj.* agterste, agter=; later; *~ stomach* spiermaag. **pos·te·ri·or·i·ty** (die) later kom; later dagtekening; posterioriteit.

pos·ter·i·ty nageslag, nakomelingskap; afstammelinge.

pos·tern *n.* agterdeur; sydeur. **pos·tern** *adj.* agter=. ~ **(gate)** agterhek.
post·fem·in·ism postfeminisme. **post·fem·in·ist** *n.* postfeminis. **post·fem·in·ist** *adj.* postfeministies.
post·fix *n., (gram., w.g.)* →SUFFIX. **post·fix** *ww.* agter=voeg, (letters) byvoeg aan die end.
post·gla·cial *(geol.)* postglasiaal, (van) ná die ystyd.
post·grad *n. & adj., (infml.)* = POSTGRADUATE.
post·grad·u·ate *n.* nagraadse student. **post·grad·u·ate** *adj.* nagraads; ~ *course* nagraadse kursus.
post·hu·mous postuum; ná die dood gebore/verskyn; nagelate; ~ *child* nakind, postume kind; ~ *writings* nagelate werke. **post·hu·mous·ly** postuum, ná die dood.
post·hyp·not·ic posthipnoties.
pos·tiche vals hare; namaaksel.
post·ie *(infml.)* posbode, =man, briewebesteller.
pos·til *(arg.)* kommentaar, kanttekening.
pos·til·(l)ion postiljon, voorryer.
post·im·pres·sion·ism postimpressionisme *(ook P~)*, post-Impressionisme. **post·im·pres·sion·ist** *n.* postimpressionis *(ook P~)*, post-Impressionis. **post·im·pres·sion·ist, post·im·pres·sion·is·tic** *adj.* postimpressionisties *(ook P~)*, post-Impressionisties.
post·in·dus·tri·al postindustrieel.
post·ing standplaas; oorplasing; (die) pos, versending, terposbesorging; *(boekh.)* boeking, inskrywing; plasing, indeling *(v. personeel ens.)*; →POST[2] *n.*, POST[3] *n.*; ~ *to a section* indeling by 'n afdeling. ~ **box** briewe=, posbus. ~ **station** posplek, =stasie.
post·lude *(mus.)* naspel.
post·ma·tri·cu·la·tion course *(SA)* kursus vir gematrikuleerdes.
post·ma·tur·i·ty oorrypheid *(v. 'n fetus)*.
post·me·rid·i·an ná die middag.
post me·rid·i·em *adj. & adv., (Lat., afk.:* p.m.*)* namiddag *(afk.:* nm.*)*.
post·mil·len·ni·al·ism postmillennialisme. **post·mil·len·ni·al** postmillennialisties.
post·mod·ern postmodern. **post·mod·ern·ism** postmodernisme *(ook P~)*, post-Modernisme. **post·mod·ern·ist** *n.* postmodernis *(ook P~)*, post-Modernis. **post·mod·ern·ist** *adj.* postmodernisties *(ook P~)*, post-Modernisties. **post·mo·der·ni·ty** postmoderniteit.
post·mor·tem *n.* lykskouing, nadoodse ondersoek, outopsie, (mediese) doodsondersoek, post mortem; *(infml.)* nabetragting; *conduct/do a ~ on s.o.* 'n nadoodse ondersoek van iem. uitvoer; 'n lykskouing van iem. hou/verrig; *have/hold a ~ on s.t., (infml.)* nabetragting oor iets hou. **post·mor·tem** *adj.* ná die dood; ~ *(examination)* lykskouing, nadoodse ondersoek.
post·na·tal nageboortelik, postnataal; ~ *care* kraamsorg, nageboortesorg, nageboortelike sorg; ~ *depression* nageboortelike/postnatale depressie.
post·nup·tial nahuweliks.
post·op·er·a·tive: ~ *condition* postoperatiewe toestand, toestand ná 'n operasie.
post·par·tum *adj., (Lat., med., veearts.)* postpartum, nageboortelik; ~ *depression* postpartum-depressie, nageboortelike depressie.
post·pone uitstel, verskuif, laat oorstaan. ~ *s.t. indefinitely* iets afstel (*of* onbepaald uitstel); ~ *s.t. for a week/etc.* iets 'n week/ens. uitstel; ~ *s.t. till/until/to tomorrow/etc.* iets tot môre/more/ens. uitstel. **post·pon·a·ble** vatbaar vir uitstel, verskuifbaar. **post·pone·ment** uitstel, verskuiwing.
post·po·si·tion *(gram.)* postposisie; agtersetting; agtersetsel.
post·pran·di·al *(fml. of skerts.)* ná die maaltyd, tafel=; *(med.)* postprandiaal; ~ *speech* tafelrede, =toespraak.
post·pro·duc·tion *n.* naproduksie(werk). **post·pro·duc·tion** *adj. (attr.)* naproduksie=.
post·script naskrif, naberig, byskrif; *add a ~* 'n naskrif byvoeg; *a ~ to a letter* 'n naskrif by/onder 'n brief.
post·struc·tu·ral·ism poststrukturalisme *(ook P~)*, post-Strukturalisme. **post·struc·tu·ra·list** *n.* poststrukturalis *(ook P~)*, post-Strukturalis. **post·struc·tu·ra·list** *adj.* poststrukturalisties *(ook P~)*, post-Strukturalisties.
post-trau·mat·ic posttraumaties, =troumaties; ~ *stress disorder/syndrome, (med.)* posttraumatiese/=troumatiese stresversteuring/=sindroom.
pos·tu·lant kandidaat, aansoeker; *(relig.)* postulant, proponent. **pos·tu·lan·cy** kandidaatskap.
pos·tu·late *n.* postulaat, veronderstelling, aksioma. **pos·tu·late** *ww.* postuleer, (as vasstaande) aanneem, veronderstel, vooropstel; eis, aanspraak maak op. **pos·tu·la·tion** postulasie; veronderstelling; eis.
pos·ture *n.* (liggaams)houding, postuur; toestand, staat; ~ *of affairs* staat van sake, toestand. **pos·ture** *ww.* 'n houding aanneem; poseer; plaas, sit; ~ *as ...* jou vir ... uitgee, jou as ... voordoen.
post·vi·ral postviraal; ~ *syndrome, (med.)* postvirale sindroom, mialgiese enkefalomiëlitis/ensefalomiëlitis, chroniese/kroniese-uitputtingsindroom, chroniese=, kroniesemoegheidsindroom, *(infml.)* yuppie=, jappie=griep.
post-war naoorlogs, (van) ná die oorlog; ~ *developments* naoorlogse ontwikkelinge.
po·sy ruiker(tjie); *(arg.)* (ring)spreuk, ringvers.
pot[1] *n.* pot; kan; blompot; *(infml.)* (prys)beker; *(infml.)* boepens; kamer=, nagpot; →POTTING; *keep the ~ **boiling**,* (w.g.) *make the ~ **boil*** die pot aan die kook hou, die skoorsteen laat rook (*of* aan die rook hou); ***go** to ~, (infml.)* na die hoenders/maan gaan; verwaarloos (*of* op die koffie) raak; *the ~ calls the **kettle** black* die pot verwyt die ketel (dat hy swart is); *~s* (or *a ~*) ***of** ..., (infml.)* hope/baie ...; *~s **of** money, (infml.)* sakke vol (*of* hope) geld, geld soos bossies; *~s and **pans*** potte en panne; *if ifs and ands were ~s and **pans*** →IF *n.*; ***put** the ~ on* die pot opsit; ***shoot** s.t. for the ~* iets vir die pot skiet; *a **watched** ~ never boils, (sprw.)* wag maak die tyd lank. **pot** =*tt*=, *ww.* inmaak, inlê; pot, in 'n pot plant; *(biljart)* stop; *(infml.)* neerskiet, klits, ompiets, omkap; inpalm; →POTTED; ~ *at ...* na ... skiet; ~ *away* wild skiet. **~bellied** *adj.* boepens, dikpens, dikbuikig. **~belly** *n.* boepens, vaatjie; boepens, boepie, boepmaag. **~boil** *(w.g.)* om den brode skryf/skrywe/skilder. **~boiler** *(infml.)* broodskrywer, =skilder; (kuns)werk om den brode. **~-bound** potvas *('n plant)*. **~boy** = POTMAN. ~ **bread** potbrood. ~ **cheese** *(Am.)* →COTTAGE CHEESE. ~ **clay** potklei. ~ **earth** →POTTER'S CLAY. **~ful** pot (vol). ~ **hat** bolhoedjie, hardebolkeil(tjie). **~herb** kombuiskruid. **~holder** pot=, vatlap. **~hole** *n.* maal=, kolkgat, maalkolk *(in 'n rivierbedding)*; slaggat *(in 'n pad)*; spelonk. **~hole** *ww., (Br.)* spelonke ondersoek. **~holer** speleoloog, spelonker. **~holing** spelonkery. **~hook** pothaak; hanepoot *(by 'n skryfles)*. **~house** *(Br., vero.)* kroeg, kantien, drinkplek. **~hunter** potjagter; *(infml.)* prysjagter; eersoeker. **~hunting** potjag; prys(e)jag; eersoekery. ~ **lid** potdeksel. ~ **liquor** *(hoofs. Am.)* vleissap; groentewater. ~ **luck** *(infml.)* wat die pot verskaf; *have poor ~ ~* die hond in die pot vind; *we have poor ~ ~ today* skraalhans is vandag kok; *take ~ ~* vir lief neem met wat jy (te ete) kry. **~man** *(hoofs. Br., vero.)* kroegkelner. **~pie** *(kookk.)* potpastei. ~ **plant** potplant. ~ **rest** potstaander. ~ **roast** *n.* potbraaistuk. **~-roast** *ww.* potbraai. ~ **scraper** potskraper. **~sherd, ~shard** potskerf. **~shot** potskoot; trompop skoot; *take a ~ at ...* op goeie geluk (af) na ... skiet. ~ **still** pot(stook)=ketel. **~-valiant** drankdapper.
pot[2] *(infml.)* dagga, boom. **~head** *(sl.)* daggaroker.
po·ta·ble *n., (fml.)* drank. **po·ta·ble** *adj.* drinkbaar.
po·tage *(Fr.: dik sop)* potage. **po·ta·ger** *(Fr.)* groentetuin.
po·tam·ic rivier=. **po·ta·mol·o·gy** *(geog.)* rivierkunde.
pot·ash potas, kaliumkarbonaat, kaliumhidroksied; *caustic ~* →CAUSTIC *adj.*; *permanganate of ~* = POTASSIUM PERMANGANATE.
po·tas·si·um *(chem., simb.:* K*)* kalium. **~-argon dating** *(geol.)* kalium-argon-datering. ~ **carbonate** kaliumkarbonaat. ~ **chlorate** kaliumchloraat. ~ **chloride** *(simb.:* KCl*)* kaliumchloried. ~ **iodide** kaliumjodied. ~ **nitrate** kaliumnitraat, salpeter. ~ **permanganate** kaliumpermanganaat.
po·ta·tion *(arg. of skerts.)* drank; (die) drink, drinkery; teug; *(ook, i.d. mv.)* drinkparty, drinkgelag.
po·ta·to =*toes* aartappel, ertappel; →HOT POTATO; *shoestring ~es, (kookk.)* aartappelriempies; *be small potatoes, (infml.)* van min/weinig belang wees. ~ **ball** aartappelballetjie; aartappelkoekie. ~ **beetle** = COLORADO BEETLE. ~ **blackleg** swartbeen=, swartstamsiekte. ~ **blight,** ~ **disease** aartappelsiekte, swart=, aartappelroes. ~ **cake** aartappelkoekie. ~ **canker** aartappelvrat(jie)=siekte. ~ **chip** →CHIP *n.*. ~ **chipper** aartappelsnyer. ~ **creeper** aartappelklimop. ~ **crisp** →CRISP *n.*. ~ **croquette** aartappelkroket. ~ **dish** aartappelgereg. ~ **dumpling** aartappelkluitjie. ~ **famine** aartappelnood, =skaarste. ~ **flour** aartappelmeel. ~ **foliage** aartappelloof. ~ **fritter** aartappelpoffertjie. ~ **lifter** aartappeluithaler, =uithaalmasjien. ~ **masher** aartappeldrukker, =fynmaker. ~ **murrain** aartappelsiekte, swartroes. ~ **pancake** aartappelpannekoek. ~ **peel** aartappelskil. ~ **peeler** aartappelskiller. ~ **plant** aartappelplant. ~ **puff** aartappelbolletjie. ~ **race** aartappelwedloop, =re(i)sies. ~ **sickness** aartappelsiekte. ~ **skin** aartappelskil. ~ **tuber moth** aartappelmot. ~ **yeast** aartappelsuurdeeg.
pot-au-feu *(Fr. kookk.)* pot-au-feu.
po·teen, po·theen *(hoofs. Ier.)* onwettig gestookte whisky.
po·ten·cy, po·tence mag, sterkte, krag, vermoë; potensie.
po·tent magtig, sterk, kragtig, kragdadig; ~ *brew* kragtige/stewige brousel. **po·ten·tate** potentaat, heerser, maghebber, vors, monarg.
po·ten·tial *n.* vermoë, potensiaal; moontlikheid; spanning; *(gram.)* potensialis; *(fis., elek.)* potensiaal; *difference of ~* = POTENTIAL DIFFERENCE. **po·ten·tial** *adj.* potensieel, latent, moontlik; ~ *buyer* moontlike/eventuele koper. ~ **barrier** *(fis.)* potensiaalversperring. ~ **difference** *(fis.)* potensiaal=, spanningsverskil. ~ **energy** *(fis.)* potensiële energie. ~ **function** *(fis.)* potensiaalfunksie.
po·ten·ti·al·i·ty moontlikheid; potensialiteit. **po·ten·ti·ate** *ww.* versterk, kragtiger/effektiewer maak, die werking van ... versterk.
po·ten·ti·om·e·ter *(elek.)* potensiometer. **po·ten·ti·o·met·ric** potensiometries.
po·theen →POTEEN.
poth·er *n.* rook=, stofwolk; lawaai, geraas, rumoer, bohaai; *make a ~ about/over s.t.* 'n bohaai oor iets maak. **poth·er** *ww.* 'n bohaai maak, tekere (*of* te kere) gaan, tekeregaan; lastig val, van stryk (af) bring, van sy/haar wysie (af) bring.
po·tion drank; dosis; gifdrank.
Pot·i·phar *(OT)* Potifar.
pot·jie·kos *(Afr., kookk.)* potjiekos.
pot·latch Indiaanse fees; *(infml.)* fees, partytjie.
po·tom·e·ter potometer.
pot·pour·ri potpourri; mengsel; *(mus.)* keurspel.
pot·tage (dik) sop; groentegereg; bredie; *sell s.t. for a mess of ~* iets vir 'n skottel/pot/bord lensiesop verkoop/verkwansel.
pot·ted ingemaak; *(infml.)* verkort; ~ *history* verkorte geskiedenis, geskiedenis in 'n neutedop; ~ *meat* blikkiesvleis, ingemaakte vleis; ~ *plant* potplant.
pot·ter[1] *n.* pottebakker; **~'s clay, ~'s earth** pottebakkersaarde, potklei. **~'s wheel** pottebakkerswiel, pottebakker=, draaiskyf.
pot·ter[2], *(Am.)* **put·ter** *n.: have* (or *go for*) *a ~* (gaan) ronddrentel; (gaan) rondpeuter. **pot·ter,** *(Am.)* **put·ter** *ww.* peuter, prutsel, sukkel; ~ *about/around* ronddrentel; rondwerskaf, =woel; ~ *away one's time* die/jou tyd verbeusel. **~'s field** begraafplaas vir vreemdelinge; armekerkhof.
pot·ter·er, *(Am.)* **put·ter·er** drentelaar; beuselaar.
pot·ter·y pottebakkery; pottebakkerskuns; pottebakkerswinkel; erdewerk.

pot·ting (die) pot; →POT[1] *ww.; not know what's ~, (SA, infml.)* nie weet wat aangaan nie. ~ **mixture** potmeng=sel. ~ **shed** tuinskuurtjie. ~ **soil** potgrond.

pot·to =*tos, (soöl.: Perodictius potto)* potto; kinkajoe, rolstertbeer.

pot·ty[1] =*tier* =*tiest, adj., (infml.)* gek(lik), dwaas, getik, in die bol gepik; niksbeduidend, klein, speel=, bog=; *be ~ about s.o./s.t.* dol/mal oor (*of* gek na) iem./iets wees; *drive s.o. ~* iem. gek/rasend maak.

pot·ty[2] =*ties, n., (infml.)* potjie. **~-train** leer om 'n potjie te gebruik, van die doeke afhaal. **~-trained** wat nie meer doek(e) dra nie *(pred.); be ~* nie meer doek(e) dra nie, van die doeke af wees. **~-training** potjiedissi=pline, sindelikheid.

pouch *n.* sak(kie), tas(sie); patroonsak, =tas; tabaksak; beursie; buidel; *(anat.)* sak(kie), holte, ruimte. **pouch** *ww.* in die/jou sak steek; *(infml.)* vat, inpalm, toe-eien; *(kr.)* vang; (in)sluk; 'n sak vorm; soos 'n sak (laat) hang; *~ed mouse* wangsakmuis.

pouf *tw.* →POOF[2] *tw.*.

pouf(fe) *(Fr.)* poef, sit=, vloerkussing.

pou·lard(e) *(Fr. kookk.)* braaihoender.

poulp(e) seekat.

poult[1] kuiken, klein kalkoentjie/ens., kalkoenkuiken.

poult[2], **poult-de-soie** *(Fr., tekst.)* poult.

poul·ter·er pluimveehandelaar; pluimveeboer.

poul·tice *n., (med.)* pap, pleister; →CATAPLASM. **poul=tice** *ww.* pap.

poul·try pluimvee. ~ **farming,** ~ **rearing** pluimvee=boerdery, =teelt. ~ **house** pluimveehok.

pounce[1] *n.* klou; sprong; grypslag; *make a ~ at/on s.t.* op iets neerskiet/afspring/toeslaan. **pounce** *ww.: ~ on/upon ...* op ... neerskiet/afspring/toeslaan, ... gryp (*of* skielik aanval); ... aangryp.

pounce[2] *n.* strooisand; sprinkelpoeier; houtskoolpoeier. **pounce** *ww.* met houtskoolpoeier bestrooi (*of* glad maak). ~ **box** sandstrooier.

poun·cet box *(arg.)* reukdosie.

pound[1] *n., (gewigs- of geldeenh.)* pond; ***five/etc.*** *~s* vyf/ens. pond; *claim/demand/want one's ~ of* ***flesh,*** *(fig.)* jou pond vleis (op)eis/soek (*of* wil hê), aandring op jou pond vleis, tot die laaste druppel bloed wil hê; *get one's ~ of* ***flesh,*** *(fig.)* jou pond vleis kry; *~* ***foolish*** verkwisterig; →PENNY WISE AND POUND FOOLISH ~ **cake** pond=koek. **~-for-~:** *contribute on a ~ basis* om die helfte (*of* pond vir pond) bydra. ~ **force** pondkrag. ~ **sign** *(d. teken £)* pondteken. ~ **sterling** Britse pond, (pond) sterling.

pound[2] *ww.* vergruis, (fyn)stamp; vasstamp; timmer, moker, met die vuis inklim, pap slaan; bestook; *~* ***along/ away*** aansukkel, voortsukkel, =ploeter, =beur; *~* ***away*** *at ...* ... aanhoudend bombardeer; *~ s.t.* ***out*** iets uit=hamer *(op 'n tikmasjien ens.); ~ s.t. to* ***pieces*** →PIECE *n.; ~ed* ***spices*** gestampte/fyngemaakte speserye.

pound[3] *n.* skut, skutkraal, =hok. **pound** *ww.* skut, in die skut ja(ag), skut toe stuur. ~ **keeper,** ~ **master** skutmeester. ~ **money** skutgeld. ~ **sale** skutveiling.

pound·age[1] heffing/kommissie per pond; winsaan=deel per pond; *(hist.)* pondgeld; gewig.

pound·age[2] skutgeld.

pound·al *(fis.: eenh. v. krag)* pondaal.

pound·er stamper; vysel.

-pound·er *komb.vorm* =ponder; *100-~* 100-ponder; *two-~, (mil.)* tweeponder.

pound·ing *n.* gehamer *(v.d. hart);* gedawer *(v. geskut, branders, voete, ens.);* gedreun, dreuning, gedruis *(v.d. see, branders, perdehoewe, ens.);* gedoef-doef, gebulder, polsing *(v. popmusiek ens.);* bombardement *(v. bomme, granate, ens.); take a ~, (d. ekonomie ens.)* hewige/straw=we aanslae verduur, kwaai onder die aanslae (*of* onder meedoënlose aanslae) deurloop; *(sport)* 'n groot loesing (*of* pak [slae]) kry (*of* op die lyf loop), behoorlik/deeg=lik afgeransel word; *('n oorloggeteisterde plek)* onder 'n bombardement deurloop. ~ **block** stampblok.

pour *n.* stortbui; stroom; gietsel; gieting, (die) giet/stort. **pour** *ww.* giet, (in)skink; gooi; stort, stroom; uit=stort; stortreën; laat instroom; *~* ***away*** weggooi; *~* ***down*** stortreën; *(reën)* neergiet; *~* ***forth*** uitstroom; *~ s.t.* ***forth*** iets uitstort (*of* laat uitstroom); *~* ***in*** in=stroom; *~ s.t.* ***in*** iets ingooi; iets inskink; *~* ***into*** *s.t.* iets binnestroom; *~ s.t.* ***into*** ... iets in ... gooi; iets in ... skink; *~ money* ***into*** *s.t.* geld in iets pomp; *s.t. ~s* ***off*** ... iets stroom van ... af; *~ s.t.* ***off*** iets afgiet; iets afskink; iets afwater; *~* ***it on,*** *(infml.)* dit dik aanmaak; *~* ***out*** uitstroom; uitstort; *~ s.t.* ***out*** iets uitgiet; iets skink; *~* ***out of*** *the ...* uit die ... stroom; *~ s.t.* ***over*** ... iets oor ... giet/gooi; *it never* ***rains*** *but it ~s* →RAIN *ww.; ~ cold* ***water*** *on ...* koue water op ... gooi; 'n rem=mende invloed op ... uitoefen; ... afkeur; ... doodpraat.

pour·boire *(Fr.)* fooi(tjie).

pour·er tuit(jie).

pour·ing *n.* gieting. **pour·ing** *adj.: ~ rain* stortreën. ~ **batter** gietbeslag. ~ **custard** gietvla. ~ **point** vloei=punt. ~ **sauce** dun sous.

pour·par·lers *(Fr., mv.)* (voorlopige) onderhandelings.

pous·sin *(Fr.)* (braai)kuiken.

pout *n.* tuit=, pruilmond; (die) pruil; *in the ~s* nors, stuurs, suur. **pout** *ww.* pruil, mok, dikmond wees; 'n suur gesig trek, jou lippe tuit (*of* op 'n tuit trek), dik=mond (*of* 'n tuitmond) maak, tuitmond staan. **pout=er** suurgesig, dikmond, pruiler; *(ook* pouter pigeon*)* kropduif.

pov·er·ty armoede, behoeftigheid; gebrek, behoefte; karigheid; skaarste; skamelheid; *in* ***abject*** *~* →ABJECT; ***from*** *~* uit armoede; ***grinding*** *~* knellende/uitmer=gelende armoede; *~ of* ***language*** taalarmoede; ***live*** *in ~* in armoede leef/lewe, armoede ly; *when ~ comes in at the door,* ***love*** *flies out at the window* as armoede by die deur inkom, vlieg die liefde by die venster uit; *s.o.'s ~* ***of*** ... iem. se gebrek aan ..., iem. se gebrekkige ...; ***plunge*** *s.o. into ~* iem. in armoede dompel; *be* ***re=duced*** *to ~* →REDUCE. ~ **line** broodlyn, bestaansgrens. **~-stricken** brand=, doodarm, armoedig. ~ **trap** ar=moedestrik.

pow[1] *n., (Sk.)* kop.

pow[2] *tw.* woeps.

pow·der *n.* poeier; stof; (bus)kruit; ***black*** *~* swart poeier; gewone/swart (bus)kruit; *keep one's ~* ***dry*** jou kruit droog hou; *~ and* ***shot*** kruit en lood; *not be worth ~ and* ***shot*** geen skoot kruit werd wees nie; ***take*** *a ~, (Am., infml.)* met die noorderson vertrek/verdwyn. **pow·der** *ww.* poeier; fynmaak, =stamp, verpoeier; *~ed* ***alum*** aluinpoeier; *~ed* ***blue*** →POWDER BLUE *n.; ~ed* ***egg*** eierpoeier; *~ed* ***milk*** melkpoeier, poeiermelk; *~ one's* ***nose,*** *(euf.: toilet toe gaan)* jou neus (gaan) poeier; *~ed* ***soap*** seeppoeier; *~ed* ***sugar*** *(Am.)* →ICING (SUGAR). ~ **barrel** kruitvat. ~ **blast** kruitslag. ~ **blue** *n.* poeier=, hemelsblou. **~-blue** *adj. (attr.)* poeier=, hemelsblou. ~ **box** poeierdoos, =dosie; kruitdoos. ~ **boy** = POWDER MONKEY. ~ **chamber** kruitkamer *(v. 'n kanon).* ~ **charge** kruitlading. ~ **chest** kruitkis. ~ **compact** (flap/sak)poeierdosie. ~ **flask** *(hist.)* kruitbus. ~ **horn** *(hist.)* kruithoring. ~ **house,** ~ **magazine** kruithuis, =maga=syn. ~ **keg** *(hist.)* kruitvaatjie; *(fig.)* kruitvat. ~ **metal=lurgy** poeiermetallurgie. ~ **mill** kruitfabriek. ~ **mon=key** *(mil., hist.)* kruitdraer. **~-post beetle** houtpoeier=kewer. ~ **puff** poeierkwas(sie); poeierkussinkie. ~ **room** *(euf.)* dames(rus)kamer, kleedkamer. ~ **snow** poeiersneeu.

pow·der·y poeieragtig, poeierig; gepoeier(d); *~ mildew* poeieragtige skimmel, witroes.

pow·er *n.* krag; kapasiteit, vermoë *(v. 'n enjin);* sterkte *(v. 'n gloeilamp, lens, ens.);* drywing, arbeidstempo, werks=tempo; *(wisk.)* mag; *(statist.)* onderskeidingsvermoë; bevoegdheid, gesag, mag; moondheid; arbeidsvermoë; kragdadigheid; bekwaamheid; (elektriese) krag; mag=punt *(v. 'n hefboom); do* ***all*** *in one's ~* alles in jou ver=moë doen; *the ~s that* ***be*** die owerheid/gesaghebbers/maghebbers; ***beyond*** *one's ~(s)* bo jou krag(te)/ver=moë; buite jou bevoegdheid; ***cut off*** *the ~* die krag afsluit/afsny; *be* ***drunk*** *with ~* →DRUNK *adj.; more ~ to your* ***elbow!,*** *(infml.)* sterkte!, alle voorspoed!; *more ~ to his/her* ***elbow,*** *(infml.)* ek wens hom/haar sterkte toe (*of* hoop hy/sy slaag); ***exercise*** *~s* →EXERCISE *ww.;* ***fall*** *from ~* die mag verloor; *appetite/craving/lust* ***for*** *~* magshonger; ***generate*** *~* krag opwek; *s.t. does s.o. a ~ of* ***good,*** *(infml.)* iets doen iem. baie goed; *the* ***great*** *~s* die groot moondhede; *be* ***in*** *~* aan die bewind/roer wees, die mag (in die hande) hê, regeer; *the party* ***in*** *~* die regerende party; *be* ***in*** *s.o.'s ~* in iem. se mag wees; *s.t. is/lies* ***in*** *s.o.'s ~* iets is in iem. se mag; *s.t. is not* (or *does not lie*) *in s.o.'s ~, (ook)* iets is bo(kant) iem. se mag; *come/get* ***into*** *~* aan die bewind kom, die mag in die hande kry; ***maritime/naval*** *~* →NAVAL; ***mer=ciful*** *~s!* goeie hemel!; *a ~* ***of*** *..., (hoofs. dial.)* 'n oor=vloed (*of* magdom) van ...; *give s.o. ~* ***of*** *attorney* →ATTORNEY; *~* ***of*** *attraction* aantrekkingskrag, =ver=moë; *balance* ***of*** *~* →BALANCE *n.; to the best/extent/ut=termost* ***of*** *one's ~* na jou beste vermoë, so goed jy kan, so goed moontlik; *~* ***of*** *conviction* oortuigingskrag; *~* ***of*** *delineation/portrayal* uitbeeldingsvermoë; *~* ***of*** *expression* →EXPRESSION; *it will do you a ~* ***of*** *good* dit sal jou baie goed doen; *~* ***of*** *imagination, imagina=tive ~* verbeeldingskrag, =vermoë; *the ~* ***of*** *life and death* →LIFE; *~* ***of*** *nature* natuurmag; *a ~* ***of*** *people* 'n mag der menigte, 'n magdom (van) mense; *~* ***of*** *re=covery* herstelvermoë; *~(s)* ***of*** *resistance* weerstands=vermoë; *~* ***of*** *veto* →VETO POWER; *~* ***of*** *will* →WILL-POWER; *~(s)* ***of*** *work* werkkrag, (werk)vermoë; *s.t. is* ***out*** *of s.o.'s ~* iets is buite iem. se mag; ***raise*** *s.t. to the third/etc. ~* iets tot die derde/ens. mag verhef; ***return*** *to ~* weer aan die bewind kom; *be* ***returned*** *to ~* weer aan die bewind gebring word; ***rise*** *to ~* mag kry; ***stretch*** *one's ~s* →STRETCH *ww.;* ***take*** *~* die bewind in hande neem; *s.t.* ***taxes*** *s.o.'s ~s* iets stel groot/hoë eise aan iem.; *the ~ behind the* ***throne*** die mag agter die skerms; ***under*** *one's own ~* met eie krag; ***unlimited*** *~(s)* onbeperkte mag(te); ***vest*** *s.o. with ~(s)* →VEST *ww.;* ***wield*** *~* →WIELD; *a task well* ***within*** *s.o.'s ~s* 'n taak waartoe iem. goed in staat is. **pow·er** *ww.* aandryf, van krag/werkvermoë voorsien; krag opwek; *~ ahead, (infml.)* voortstorm; met kragtige hale vooruit beur; *~ forward, (infml.)* vorentoe storm; *~ through the de=fence, (infml.)* (soos 'n stoomroller) deur die verdedi=ging bars. **~-assisted bicycle** brom=, kragfiets. ~ **base** magsbasis. ~ **belt** aandryfband. ~ **block** magsblok; kragblok. **~boat** motorboot. ~ **brake** kragrem. ~ **broker** magsbemiddelaar. ~ **cable** kragkabel, =draad. ~ **car** dryfwa. ~ **conductor** kragleiding. ~ **consump=tion** kragverbruik. ~ **crazy** magsbehep. ~ **current cable** sterkstroomkabel. ~ **cut** kragafsnyding. ~ **dive** motorduikvlug. **~-dive** *ww., (lugv.)* 'n motorduikvlug doen/uitvoer. ~ **drill** kragboor. ~ **drive** kragaandry=wing. **~-driven** met kragaandrywing/=bediening, krag=aangedrewe; *~ bicycle* brom=, kragfiets. ~ **drunk** mags=wellustig, vol magswellus. ~ **factor** arbeids=, kragfak=tor. ~ **failure** kragonderbreking. ~ **fodder** kragvoer. ~ **gas** kraggas. ~ **grid** kragnet(werk). ~ **head** krag=kop. **~house** kragsentrale; masjienkamer; *(fig.)* dryf=, stukrag; *(fig.)* uiters dinamiese mens; *(infml.)* kragman, sterk derduiwel; *an intellectual ~* 'n intellektuele reus. **~-hungry** magshonger(ig), honger na mag. ~ **lathe** masjinale draaibank. ~ **line** kragdraad. ~ **loom** me=ganiese getou. ~ **mains** hoofleiding, kragnet. **~-op=erated** kraggedrewe, met kragbediening/=aandrywing. ~ **pack** *(elek.)* kragvoereenheid. ~ **paraffin** kragparaf=fien. ~ **plant** kragbron; kragmasjinerie; kragaanleg, =installasie, =sentrale. ~ **play** magspolitiek; magsver=toon; *(sport)* kragspel. ~ **plug** kragprop. ~ **point** krag=punt. ~ **politics** magspolitiek. ~ **pylon** kragmas. ~ **saw** kragsaag. ~ **screw** hef=, kragskroef. ~ **shaft** kragas. **~-sharing** magsdeling. ~ **shovel** laaigraaf. ~ **station** kragsentrale, =stasie. ~ **steering** kragstuur. ~ **stroke** kragslag. ~ **structure** magstruktuur. ~ **struggle** mag=stryd. ~ **supply** krag=, stroomtoevoer; kragvoorsiening. ~ **take-off** *(mot.)* kragaftakker; kragkatrol. ~ **tools** kraggereedskap. ~ **train** *(mot.)* kragoorbringstelsel. ~ **transmission** kragoorbringing, kragtransmissie. ~ **trip:** *be on a ~ ~, (infml.)* jou (lyf) grootmeneer hou, jou laat geld, baasspeel, baasspelerig wees. ~ **unit** krageenheid. ~ **vacuum** magsleemte. ~ **valve** krag=klep.

pow·ered krag=.

-pow·ered *komb.vorm* =aangedrewe; *battery-~* batteryaangedrewe, wat met batterye werk; *high-~* kragtig *('n motor ens.)*; energiek *('n bestuurder ens.)*; *nuclear-~* kernaangedrewe, met kernkrag.

pow·er·ful sterk, kragtig, magtig, invloedryk; vermoënd; kragdadig; geweldig. **pow·er·ful·ness** krag; invloedrykheid; kragdadigheid; geweldigheid.

pow·er·less magteloos, kragteloos, hulpeloos, impotent; onmagtig; *be ~ against* ... niks teen ... kan vermag nie. **pow·er·less·ness** magte=, kragteloosheid.

pow·wow *n.* Indiaanse toordokter; feestelikheid; beraad, byeenkoms, konferensie, indaba, koukus. **pow·wow** *ww.* beraadslaag, raad hou.

pox pokkies, pokke; *the (great/French/Spanish) ~, (infml.)* vuilsiekte, sifilis.

pox·y =ier =iest, *adj., (Br., sl.)* sifilis=, sifilisbesmette *(attr.)*; vrot(sig), goor, sleg, vieslik, smerig; *keep your ~ money!* hou jou smerige geld!.

poz·z(u)o·la·na, puz·zo·la·na *(vulkaniese as)* pozzolaan.

prac·ti·ca·ble moontlik, uitvoerbaar, doenbaar, doenlik; bruikbaar; geskik; begaanbaar; rybaar. **prac·ti·ca·bil·i·ty, prac·ti·ca·ble·ness** uitvoerbaarheid, doenlikheid, *ens.* (→PRACTICABLE).

prac·ti·cal *n.* praktiese eksamen/les. **prac·ti·cal** *adj.* prakties, doelmatig; werklik; *~ **class*** praktiese klas; *~ **discount*** handelsdiskonto, =afslag, =korting; *~ **examination*** praktiese eksamen; *~ **geometry*** toegepaste meetkunde; *play a ~ **joke** (up)on s.o.* iem. 'n poets bak; *~ **joker*** poetsbakker; *~ **knowledge*** praktiese kennis; *~ **lesson*** praktiese les; *~ **man*** praktikus; *a ~ **mind*** 'n praktiese aanleg; *~ **nurse,** (Am.)* hulpverpleegster; *~ **proposal*** praktiese voorstel; *for all ~ **purposes*** →PURPOSE *n.*. **prac·ti·cal·i·ty** praktiese aspek; *(ook, i.d. mv.)* praktiese sy/kant *(v. 'n saak)*. **prac·ti·cal·ly** prakties, in die praktyk; feitlik, so te sê; *s.t. is ~ finished* iets is so te sê (*of* so goed as *of* feitlik) klaar. **prac·ti·cal·ness** = PRACTICALITY.

prac·tice *n.* gewoonte, gebruik; praktyk; oefening; uitoefening; uitvoering; ***commercial** ~* handelsgebruik, =gewoonte; ***corrupt** ~* →CORRUPT *adj.*; ***established** ~* →ESTABLISH; ***have** a large ~, ('n dokter ens.)* 'n groot praktyk hê; ***in** ~* in die praktyk, in die werklikheid; *be **in** ~* praktiseer, 'n praktyk hê, in die praktyk staan; in oefening wees; *keep **in** ~* in oefening bly; *put s.t. **into** ~* iets toepas (*of* ten uitvoer bring); ***make** a ~ of s.t.* van iets 'n gewoonte maak; ***make** a ~ of doing s.t.* 'n gewoonte daarvan maak om iets te doen; *the ~ **of** doing s.t.* die gewoonte om iets te doen; *s.o. is **out of** ~* iem. is uit oefening (*of* het lank laas geoefen); *~ makes **perfect*** oefening baar kuns, al doende leer ('n) mens; ***shady** ~s* twyfelagtige praktyke; ***sharp** ~* →SHARP; ***turn out** for ~* vir oefening opdaag; ***with** ~* deur/met oefening. **prac·tice** *ww., (Am.)* →PRACTISE. ~ **drill** oefendril, driloefening. ~ **ground** oefenveld. ~ **run:** *make a ~ ~* 'n oefenlopie doen. ~ **teacher** aspirantonderwyser. ~ **teaching** proefonderrig, =onderwys.

prac·ti·cian *(arg.)* praktikus.

prac·tise, *(Am.)* **prac·tice** *ww.* oefen; instudeer; toepas, beoefen, uitoefen; praktiseer; *~ as a **doctor**/etc.* as ('n) dokter/ens. praktiseer; *~ **obstruction*** →OBSTRUCTION; *~ what one **preaches*** doen wat jy sê, jou woorde en dade stem ooreen, jou dade strook met jou woorde; *~ a **profession*** →PROFESSION; *~ **scales*** toonlere oefen. **prac·tised** *(ook)* geroetineer(d), geskool(d), ervare. **prac·tis·ing** *n.* oefening, oefenry. **prac·tis·ing** *adj.: ~ Christian* belydende Christen; *~ school* oefenskool. **prac·ti·tion·er** praktisyn; beoefenaar; *general ~* algemene praktisyn, dokter; *legal ~* regspraktisyn; *medical ~* mediese praktisyn, geneesheer, dokter.

prae- →PRE=.

prae·co·cial *n. & adj.* →PRECOCIAL.

prae·di·al →PREDIAL.

prae·tor, *(Am.)* **pre·tor** *(Rom. gesk.)* pretor, Romeinse stadhouer. **prae·to·ri·an,** *(Am.)* **pre·to·ri·an** *n., (hist.)* pretoriaan. **prae·to·ri·an,** *(Am.)* **pre·to·ri·an** *adj.* pretoriaans; *~ guard, (Rom. gesk.)* pretoriaanse garde.

prag·mat·ic pragmaties; dogmaties, eiewys; bemoeisiek; *~ sanction, (hist.)* pragmatieke sanksie. **prag·ma·tics** *(fungeer as ekv.), (taalk.)* pragmatiek. **prag·ma·tism** pragmatisme; pedanterie; indringerigheid, bemoeisug. **prag·ma·tist** pragmatis.

Prague *(geog.)* Praag.

prah·u →PROA.

prai·rie prêrie, grasvlakte. ~ **chicken,** ~ **hen** prêriehoender. ~ **dog** prêriehond. ~ **oyster** (rou) eierdrankie. ~ **schooner,** ~ **wag(g)on** prêrie=, ossewa. ~ **wolf** prêriewolf.

praise *n.* lof, eer, roem; lofprysing, =spraak, =uiting; *(SA, i.d. mv.)* lofsange; *~ **be!**, (arg.)* dankie tog!; ***beyond** ~* →BEYOND *prep.*; ***damn** s.o./s.t. with faint ~* →DAMN *ww.*; ***deserve*** (or *be **deserving** of*) *~* lof verdien; ***earn/win** ~* lof verwerf; ***give** ~ to s.o.* iem. loof; ***have** nothing but ~ for* ... net lof vir ... hê; ***high** ~* groot/hoë lof; ***in** ~ of* ... tot lof van ...; *~ be to the **Lord*** die Here sy dank; *be **loud** in one's ~s of s.o./s.t.* iem./iets ophemel, hoog opgee van/oor iem./iets; *hymn **of** ~* loflied, =gesang; *get more ~ than **pudding*** net mooi woorde as loon ontvang; ***sing** s.o.'s/s.t.'s ~s, **sing/sound** the ~s of s.o./s.t.* iem./iets ophemel/aanprys/opvysel, iem./iets se lof verkondig/uitbasuin; ***unmerited** ~* →UNMERITED; ***unreserved** ~* →UNRESERVED. **praise** *ww.* prys, ophemel, opvysel; loof, verheerlik; roem; lof toeswaai; *~ s.o. **for** s.t.* iem. oor iets prys; *~ s.o. **highly*** iem. groot/hoë lof toeswaai; *~ the **Lord*** die Here loof/prys; *~ ... **profusely*** →PROFUSELY; *~ s.o. to the **skies*** →SKY *n.*. ~ **name** *(SA)* stamnaam. ~ **poem** lofdig. ~ **singer** lof=, pryssanger. **~-singing** lofuiting. ~**worthiness** loflikheid *ens.* (→PRAISEWORTHY). ~**worthy** prysenswaardig, lofwaardig, loflik.

prais·er *(SA)* →IMBONGI.

pra·line pralien, neutlekker.

pram¹, *(fml.)* **per·am·bu·la·tor,** *(Am.)* **ba·by car·riage** stoot=, kinderwaentjie, *(infml., <Eng.)* prêm.

pram² *(sk.: platboomskuit)* praam.

prance *n., (iem.)* windmakerige stap; *('n perd)* pronkstap. **prance** *ww.* bokspring; windmaker(ig) stap, spog, pronk; laat bokspring; *~ about/around* rondloop, =spring. **pranc·ing** bokspringery.

pran·di·al *(fml., dikw. skerts.)* maal(tyd)=; by 'n maaltyd..

prang *n., (infml.)* botsing. **prang** *ww., (infml.)* bots; te pletter ry; beskadig.

prank¹ *n.* grap, poets; kaskenade, streek; *be full of ~s* vol streke wees; *play a ~ on s.o.* iem. 'n poets bak.

prank² *ww.* uitdos, optooi, windmaker(ig) aantrek; versier, dekoreer; spog.

prank·ster grapmaker, gekskeerder, poetsbakker.

pra·se·o·dym·i·um *(chem., simb.:* Pr*)* praseodimium.

prat *(Br., infml.)* aap(stert), bobbejaan, mamparra, dom=, klip=, skaapkop; agterent, =wêreld, =stewe, alie, jis, sitvlak, boude. **~fall** *(infml.)* blaps, flater; *take a ~* op jou agterent/jis/sitvlak val.

prate *n.* gebabbel, geklets, gesnater, gesanik. **prate** *ww.* babbel, klets, snater, sanik. **prat·er** *(w.g.)* klets=, babbelkous.

prat·fall →PRAT.

prat·ie *(hoofs. Ier.)* aartappel; →POTATO.

prat·in·cole *(orn.)* klein sprinkaanvoël; *(Glareola pratincola)* vurkstertpluvier.

prat·ing →PRATE *n.*.

pra·tique *(hist., sk.)* verkeersvergunning.

prat·tle *n.* kindergebabbel; praatjies, geklets, gepraat. **prat·tle** *ww.* klets, babbel.

prawn (steur)garnaal, krewel. ~ **cocktail** garnaalkelkie.

prawn·ing garnalevangs.

prax·is *praxises, praxes, (fml.)* praktyk; gewoonte, gebruik.

pray *ww.* bid; smeek, pleit; versoek, ernstig vra; *~ **for** rain/etc.* om reën/ens. bid; *~ **for** s.o.* vir iem. bid (*of* voorbidding doen); *it is past ~ing **for*** daar is geen salf meer aan te smeer nie; *wherefore your petitioner **humbly** ~s* →PETITIONER; *~ **mantis*** →MANTIS; *~ **to** God* tot God bid. **pray** *adv., (fml. of arg.): ~ **be** careful!* pas tog op!; *~ **be** quiet!* bly asseblief stil!; *~ **do** !* doen dit gerus!; *~ **tell** me!* sê my asseblief/tog!; ***what,** ~, is the use of that?* sê my van watter nut dit nou is.

pray·er¹ gebed; bede, smeking, versugting; versoek; *(jur.)* regsvordering, bede; *(ook, i.d. mv.)* godsdiensoefening, diens(ie), biddiens; ***answer** a ~* 'n gebed verhoor; *an **answer** to ~* gebedsverhoring; ***brief/ejaculatory** ~* skietgebed(jie); ***call** s.o. to ~s* iem. tot die gebed oproep; ***family** ~s* huisgodsdiens; ***have** ~s* godsdiens hou; *not **have** a ~, (infml.)* geen hoop/kans hê nie; *~ **in** need* noodbede; ***in** s.o.'s ~s* in iem. se gebede; ***lead** the congregation/etc. in ~* →LEAD *ww.*; *the **Lord's** P~* →LORD *n.*; ***offer up** a ~* 'n gebed opstuur; ***say** a ~* bid, 'n gebed doen; ***say** one's ~s* bid, jou gebed opsê; *they **unite** in ~* hulle verenig (hulle) in gebed. ~ **bead** bidkraal; *(ook, i.d. mv., RK)* rosekrans; *Malay ~ ~* tasbie. ~ **book** gebedeboek. ~ **carpet,** ~ **rug,** ~ **mat** bidmat. ~ **life** gebedslewe. ~ **mat** →PRAYER CARPET. ~ **meeting** biduur. ~ **rug** →PRAYER CARPET. ~ **shawl** →TALLITH. ~ **wheel** bidwiel, gebedsmeul(e).

pray·er² bidder.

pray·er·ful biddend, smekend, vroom. **pray·er·ful·ly** biddend. **pray·er·ful·ness** vroomheid. **pray·er·less** biddeloos; sonder gebed(e).

pre- *pref.* voor=, pre=; *~meditation* voorbedagtheid, premeditasie; *~molar (tooth)* voorkies(tand); *~school, (adj.)* voorskools.

pre·ab·do·men, pre·ab·do·men voorbuik.

preach *ww.* preek; predik, verkondig; voorstaan; *~ **at** s.o.* vir iem. preek, iem. bepreek; *~ **down*** teë=, teengaan, afkeur, slegmaak; *~ **to** ...* vir ... preek; *~ **to** the converted* →CONVERT *ww.*; *~ **up*** ophemel, aanbeveel.

preach·er prediker; predikant, leraar; verkondiger.

preach·i·fy *(infml.)* preek, moraliseer.

preach·ing prediking; verkondiging; gepreek, prekery. **preach·ment** gepreek, sedepreek, prekery.

preach·y *(infml.)* prekerig; predikantagtig. **preach·i·ness** prekerigheid.

pre·ad·am·ite *n.* pre-Adamiet. **pre·ad·am·ite, pre·a·dam·ic** *adj.* pre-Adamities.

pre·ad·mon·ish vooraf vermaan/waarsku. **pre·ad·mo·ni·tion** voorafgaande waarskuwing/vermaning.

pre·ad·o·les·cence *n.* preadolessensie, voorpuberteit. **pre·ad·o·les·cent** *n.* preadolessent. **pre·ad·o·les·cent** *adj.* preadolessent.

pre·am·ble *n.* inleiding, voorrede; aanhef, voorrede *(v.d. wet)*; voorafgaande feit/omstandigheid. **pre·am·ble** *ww.* inlei, van 'n inleiding/aanhef voorsien. **pre·am·bu·la·to·ry** inleidend, voorafgaande.

pre·am·pli·fi·er, *(infml., afk.)* **pre·amp** voorversterker.

pre·ap·point vooraf aanstel/vasstel.

pre·ar·range vooraf skik/reël/bepaal/beraam. **pre·ar·range·ment** voorafgaande reëling.

pre·bake vooraf bak.

preb·end *(hist., RK)* prebende. **preb·en·dar·y** domheer.

pre·book *ww.* vooruitbespreek. **pre·book·a·ble** *adj.* vooruitbespreekbaar.

Pre·cam·bri·an *n., (geol.: oudste hooftydperk)* Prekambrium, pre-Kambriese tydperk/era. **Pre·cam·bri·an** *adj.* pre-Kambries.

pre·can·cer·ous *adj., (med.)* premaligne, voorkanker=.

pre·car·i·ous onseker, wisselvallig, onbestendig; haglik, onveilig, gevaarvol; sorgwekkend; twyfelagtig; sukkelend; *~ assumption* twyfelagtige veronderstelling; *lead a ~ existence* →EXISTENCE; *the ~ life* die gevaarvolle lewe. **pre·car·i·ous·ness** onsekerheid; haglikheid; sorgwekkendheid; *ens.* (→PRECARIOUS).

pre·cast vooraf giet; *~ concrete* voorafgegiete/=gegote (*of* vooraf gegiete/gegote) beton.

prec·a·to·ry, prec·a·tive *(fml.)* versoek=, smeek=; *(jur.)* versoekend; *~ words* versoekende woorde.

pre·cau·tion voorsorg(maatreël); *(ook, i.d. mv., euf.:*

voorbehoedmiddel) voorsorg; *take ~s against s.t.* voorsorg(maatreëls) teen iets tref; *do s.t. by way of ~* iets versigtigheidshalwe doen. **pre·cau·tion·ar·y** voorsorg=; *~ measure* voorsorgmaatreël, veiligheidsmaatreël, voorsorg.

pre·cede voorgaan, voorafgaan, die voorrang kry bo; antesedeer; presedeer; *s.t. is ~d by ...* iets word deur ... voorafgegaan; *these duties ~ all others* hierdie pligte gaan voor al die ander; *the words preceding (*or *that ~) this paragraph* die woorde voor hierdie paragraaf (*of* wat [aan] hierdie paragraaf voorafgaan). **pre·ced·ence, pre·ced·en·cy** voorrang, voorkeur, prioriteit; *order **of** ~* →ORDER *n.*; *in order **of** ~* in volgorde van belangrikheid; *table **of** ~* voorranglys; *have/take ~ **over** ...* die voorrang bo ... hê; *give ~ **to** s.o.* iem. laat voorgaan; aan iem. die voorrang verleen. **prec·e·dent** *n.* voorbeeld, presedent, vorige besluit/geval; *create/establish/set (*or *lay down) a ~* 'n presedent skep; *take s.t. as a ~* iets as voorbeeld neem, 'n presedent deur iets skep; *it is without ~* dit is ongeëwenaar(d) (*of* sonder weerga), daar bestaan nie nog so 'n geval nie; dit is ongehoord. **prec·e·dent** *adj.* voorafgaande, voorgaande; *~ to ...* voorafgaande aan ...; *~ condition., (jur.)* opskortende voorwaarde. **pre·ce·dent·ed** *adj.* waardeur 'n presedent geskep is/word *(pred.)*. **pre·ced·ing** voorafgaande, vorige, voorgaande.

pre·cen·tor voorsanger, sangleier; kantor, kerkkoorleier.

pre·cept bevel, voorskrif, lering, grond=, stelreël; *example is better than ~* →EXAMPLE. **pre·cep·tive** gebiedend, bevelend, voorgeskrewe. **pre·cep·tor** onderwyser, opvoeder; instrukteur. **pre·cep·tress** onderwyseres; instruktrise.

pre·cess presesseer. **pre·ces·sion** *(fis., astron.)* presessie.

pre-Chris·tian voorchristelik, voor-Christelik.

pre·cinct gebied; buurt, wyk; *(Am.)* (stem)distrik; (ingeslote) ruimte; *(ook, i.d. mv.)* omgewing, omstreke, omliggende grond, (onmiddellike) nabyheid; *within the ~s of ...* binne die grense van ...

pre·cious *n.: my ~* my liefste/skat. **pre·cious** *adj.* kosbaar; kostelik; dierbaar; *(neerh.)* gekunsteld, opgesmuk, presieus *(styl)*; *the ~ **blood** of Christ* die dierbare bloed van Christus; *make a ~ **mess** of s.t.* iets mooi verbrou; *~ **metal*** →METAL *n.*; *a ~ **sight** more than ...* 'n hele boel meer as ...; *~ **stone*** →STONE *n.*. **pre·cious** *adv., (infml.)* vervlaks; *~ **few*** →FEW; *take ~ **good** care of s.t.* duiwels goed vir iets sorg; *~ **little*** →LITTLE *bep. & pron.*. **pre·ci·os·i·ty** gemaaktheid, onnatuurlikheid, gekunsteldheid, aanstellerigheid, presieusheid *(v. styl)*. **pre·cious·ness** kosbaarheid; kostelikheid; gekunsteldheid, presieusheid.

prec·i·pice afgrond, steilte, krans, berg=, rotswand; *stand on the edge of a ~, (fig.)* op die rand van 'n afgrond wees, in groot gevaar verkeer.

pre·cip·i·tant *n., (chem.)* presipiteermiddel, neerslaanmiddel. **pre·cip·i·tant** *adj.* oorhaastig, impulsief; skielik; *(chem.)* presipiterend, neerslaande; →PRECIPITATE *adj.*. **pre·cip·i·tance, pre·cip·i·tan·cy** onbesonnenheid, onbekooktheid, oorhaastigheid. **pre·cip·i·tate** *n., (chem.)* neerslag, presipitaat, afsaksel. **pre·cip·i·tate** *adj.* (oor)haastig, gejaag(d), onbekook, onbesonne, halsoorkop, skielik. **pre·cip·i·tate** *ww.* (neer)stort; neergooi; aanja(ag), aandryf, =drywe; versnel, verhaas, bespoedig; aan die gang sit; ontketen, laat losbars; *(chem.)* presipiteer, neerslaan, besink; *~ the course of events* die loop van sake verhaas. **pre·cip·i·tate·ly** halsoorkop, skielik, (oor)haastig. **pre·cip·i·tate·ness** oorhaastigheid, onbekooktheid, onbesonnenheid. **pre·cip·i·ta·tion** *(chem.)* presipitasie, presipitering, (die) neerslaan; *(weerk.)* neerslag, presipitasie, presipitering; afsaksel, besinksel, neerslag, presipitaat; gejaagdheid, (oor)haastigheid; bespoediging; losbarsting; drif. **pre·cip·i·ta·tor** *(chem.)* presipiteerder; presipiteermasjien. **pre·cip·i·tous** steil; skielik; oorhaastig; *a ~ fall in prices* 'n skerp/skielike prysdaling.

pre·cis *precis*, **pré·cis** *précis* uittreksel, opsomming, kort inhoud. **~-writer** opsommer. **~-writing** opsommingskuns, opsomming.

pre·cise presies, noukeurig, nougeset, sekuur, noulettend; juis, eksak; *at the ~ moment* net op die regte oomblik; presies op daardie oomblik. **pre·cise·ly** presies; juistement, net so; *s.o. is doing ~ that* dit is presies wat iem. doen. **pre·cise·ness** presiesheid, noukeurigheid, nougesetheid, sekuurheid, noulettendheid; juistheid, eksaktheid. **pre·ci·sian** *(hoofs. arg.)* noulettende (persoon), gewetensmens; →PRECISION.

pre·ci·sion stiptheid, juistheid, presiesheid, akkuraatheid, eksaktheid, noukeurigheid, noulettendheid; presisie; *with ~* noukeurig. **~ adjustment** presisie-instelling; fynstelling; fyn aanpassing. **~ bombing** presisiebombardement(e). **~ engineer** fynwerker. **~ fire** fynvuur. **~ fitter** presisiemonteur. **~ grinder** presisieslyper. **~ instrument** presisie-apparaat/instrument. **~ instrument maker** presisiemeganikus. **~-made** met groot presisie vervaardig, presisie=. **~ rifle** netgeweer, presisiegeweer. **~ sight** fynvisier. **~ tool** presisiewerktuig. **~ tools** presisiegereedskap. **~ turner** presisiedraaier. **~ work** presisiewerk.

pre·clas·si·cal *adj.* preklassiek.

pre·clin·i·cal *adj., (med.)* preklinies.

pre·clude uitsluit; belet; verhinder, voorkom; *(not) ~ s.o. from doing s.t.* iem. (nie) verhinder om iets te doen (nie); *so as to ~ all doubt* →DOUBT *n.*; *~ a possibility* 'n moontlikheid uitskakel. **pre·clu·sion** uitsluiting; verhindering, voorkoming. **pre·clu·sive** uitsluitend; verhinderend.

pre·coat·ing voorlaag.

pre·co·cial *n., (orn.)* jonk=/vroegselfstandige voël. **pre·co·cial** *adj.* jonk=, vroegselfstandig.

pre·co·cious vroegryp, vroeg; oulik, vrypostig, ouderwets, grys *('n kind)*. **pre·co·cious·ness, pre·coc·i·ty** vroegrypheid; oulikheid, vrypostigheid, ouderwetsheid *(v. 'n kind)*.

pre·cog·ni·tion voorkennis; *(jur.)* voorondersoek.

pre-Co·lum·bi·an pre-Columbiaans.

pre·con·ceive vooraf uitdink/begryp; vooraf vorm *('n mening)*; *~d idea/notion/opinion* vooroordeel, vooropgesette mening. **pre·con·cep·tion** vooropgesette mening; vooroordeel; prekonsepsie.

pre·con·cert afspreek, vooraf ooreenkom.

pre·con·demn vooraf veroordeel.

pre·con·di·tion voorwaarde, (voor)vereiste.

pre·co·ni·sa·tion, -za·tion *n.* verkondiging; aankondiging, afkondiging; aanprysing; oproep; *(RK)* prekonisasie, bevoegverklaring *(tot 'n kerklike amp)*; *(RK)* prekonisasie, bekragtiging *(v.d. benoeming v. 'n biskop)*. **pre·co·nise, -nize** *ww.* verkondig; aankondig, afkondig; (aan)prys, loof; oproep; *(RK)* prekoniseer, bevoeg verklaar *(tot 'n kerklike amp)*; *(RK)* prekoniseer, bekragtig *(d. benoeming v. 'n biskop)*.

pre·con·scious *n., (psig.)* voorbewuste. **pre·con·scious** *adj.* voorbewus. **pre·con·scious·ness** *n.* voorbewustheid.

pre·con·sid·er vooraf oorweeg. **pre·con·sid·er·a·tion** voorafgaande oorweging.

pre·cook vooraf gaarmaak, halfgaar kook.

pre·cool voor(ver)koel.

pre·cool·ing voor(ver)koeling. **~ shed** voorkoelskuur. **~ store** voorkoelkamer.

pre·cor·di·al *adj., (med.: voor d. hart geleë)* prekordiaal.

pre·cur·sor voorloper, aankondiger; voorbode, =teken; voorganger; *(chem.)* voorloper. **pre·cur·so·ry** inleidend, voorafgaande, voorlopig.

pre·cut *adj.* klaar/vooraf gesny.

pre·da·cious, pre·da·ceous roof=; roofgierig, =sugtig; *~ animal* roofdier; *~ fish* roofvis. **pre·dac·i·ty** roofsug. **pre·da·tion** plundering, plundery; *(soöl.)* predasie. **pred·a·tor** roofdier; plunderaar, rower. **pred·a·to·ri·ness** roofsug. **pred·a·to·ry** roof=; roofsugtig; *~ animal* roofdier; *~ bird* roofvoël; *~ fish* roofvis.

pre·date antedateer, te vroeg dateer; vervroegde dagtekening.

pred·a·to·ry →PREDACIOUS.

pre·de·cease *n., (w.g.)* vroeëre dood. **pre·de·cease** *ww.* eerste te sterwe kom; *should A ~ B* as A voor B sterf/sterwe; *~d* eerssterwend; *the ~d* die eerssterwende.

pre·de·ces·sor voorganger; voorloper; voorouer, =vader; *immediate ~* onmiddellike voorganger; *~ in title* regsvoorganger, voorganger in titel.

pre·del·la *-delle* predella; altaarvlak; altaarstuk; retabel.

pre·des·ti·nate *ww., (teol.)* predestineer, uitverkies; voorbeskik, voorbestem. **pre·des·ti·nate** *adj., (teol.)* gepredestineer(d), uitverkore; voorbestem(d), =beskik. **pre·des·ti·nar·i·an** *(aanhanger/voorstander v.d. predestinasieleer)* predestinasiaan. **pre·des·ti·na·tion** predestinasie, uitverkorenheid, voorbeskikking, uitverkiesing, voorbestemming. **pre·des·tine** predestineer, uitverkies, voorbeskik, voorbestem, vooraf bepaal. **pre·des·tined** *adj.* voorbestem(d), =beskik; *be ~ to fail* tot mislukking gedoem wees.

pre·de·ter·mine vooraf bepaal; voorbestem, =beskik. **pre·de·ter·mi·na·tion** vooraf gemaakte bepaling; voorbestemming, =beskikking.

pre·di·al *n., (hist.)* slaaf, dienskneg. **pre·di·al** *adj., (arg.)* landelik, land=; *~ servitude, (jur.)* saaklike serwituut; erfdiensbaarheid.

pred·i·ca·ble *n.* kenmerk, attribuut. **pred·i·ca·ble** *adj.* bepaalbaar, bevestigbaar; voorspelbaar; beweerbaar. **pred·i·ca·bil·i·ty** bepaalbaarheid; voorspelbaarheid; beweerbaarheid.

pre·dic·a·ment penarie, haglike toestand, verknorsing; toestand; *(log., vero.)* kategorie; *be in a ~* in 'n penarie sit/wees, in die/'n verknorsing sit/wees, in die nood wees.

pred·i·cant *n., (arg.)* prediker; *(SA)* →PREDIKANT. **pred·i·cant** *adj., (arg.)* predikend.

pred·i·cate *n., (gram.)* predikaat, gesegde; *(log.)* predikaat; karaktertrek, eienskap. **pred·i·cate** *ww.* beweer; bevestig, vasstel; *~ s.t. of s.o./s.t., (fml.)* iets aan iem./iets toeskryf/=skrywe; *be ~d on/upon ..., (fml.)* op ... berus (*of* gegrond/gebaseer wees). **pre·dic·a·tive** bevestigend; *(gram.)* predikatief. **pre·dic·a·tive·ly** predikatief. **pred·i·ca·to·ry** prekerig, preek=.

pre·dict voorspel, voorsê; *~ that ...* voorspel dat ... **pre·dict·a·bil·i·ty** voorspelbaarheid. **pre·dict·a·ble** voorspelbaar, berekenbaar, te verwagte. **pre·dict·a·bly** soos te verwagte/voorsien was, soos voorspel kon word, soos na verwagting. **pre·dic·tion** voorspelling, voorsegging; profesie; *the ~ came true* die voorspelling is bewaarheid; *make a ~* 'n voorspelling doen/maak. **pre·dic·tor** voorspeller; profeet.

pre·di·gest *ww.* maklik verteerbaar maak *(kos)*; *(fig.)* toeganklik/verteerbaar maak, ontsluit, vereenvoudig *('n boek ens.)*. **pre·di·ges·tion** *n.* voorvertering.

pred·i·kant, pred·i·cant *(SA)* predikant.

pre·di·lec·tion voorliefde, voorkeur; partydigheid, vooringenomenheid; *have a ~ for ...* 'n voorliefde vir ... hê.

pre·dis·pose voorbestem, =beskik, vatbaar maak, aanleiding gee; predisponeer; *be ~d to ...* vir ... ontvanklik/vatbaar wees; geneig wees om te ...; *s.t. ~s s.o. to ...* iets maak iem. vir ... ontvanklik/vatbaar; iets maak iem. tot ... geneig. **pre·dis·po·si·tion** neiging; ontvanklikheid, vatbaarheid; voorbeskiktheid; predisposisie.

pred·ni·sone *(med.)* prednisoon.

pre·dom·i·nate die oorhand hê, oorheers, oorweeg, bobaas wees, gesag voer oor; in die meerderheid wees, die vernaamste deel uitmaak van; *roses ~ in the garden* die tuin bevat merendeels rose. **pre·dom·i·nance, pre·dom·i·nan·cy** oorheersing, oormag, gesag. **pre·dom·i·nant** oorheersend, oorwegend, deurslaggewend. **pre·dom·i·nant·ly** hoofsaaklik, oorwegend. **pre·dom·i·nat·ing** allesbeheersend, =oorheersend, oorwegend. **pre·dom·i·na·tion** oorheersing; oorhand; →PREDOMINANCE.

pre·doom *(poët., liter.)* vooraf (*of* by voorbaat) veroordeel; voorbeskik, voorbestem.

pre·dy·nas·tic *adj.* predinasties.

pre-ech·o ≈*oes, n.* vooreggo; *(fig.)* voorsmaak, ≈bode, ≈afskaduwing.

pre-ec·lamp·si·a *n., (med.)* preëklampsie, pre-eklampsie. **pre-ec·lamp·tic** *adj.* preëklampties, pre-eklampties.

pre-e·lect vooraf (ver)kies. **pre-e·lect·ed** vooraf gekose/gekies/verkose/verkies. **pre-e·lec·tion** voorafverkiesing. **pre-e·lec·tion prom·ise** verkiesingsbelofte.

pre-em·bry·o *n., (med.)* preëmbrio, pre-embrio. **pre-em·bry·on·ic** *adj.* preëmbrionaal, pre-embrionaal.

pree·mie *(Am., infml.)* vroeggebore baba.

pre-em·i·nent uitstekend, voortreflik, uitnemend, uitmuntend. **pre-em·i·nence** voortreflikheid, uitnemendheid, voorrang, superioriteit. **pre-em·i·nent·ly** by uitstek/uitnemendheid; →PRE-EMINENT.

pre-empt voorspring; voorkoop, deur voorkoop verkry, vooruit koop; *(kaartspel)* 'n afsluitbod maak. **pre-emp·tion** voorkoop; *right of* ~ →PRE-EMPTIVE. **pre-emp·tive** voorkoop≈; voorbehoedend; ~ ***action,*** *(mil.)* voorkomende optrede; ~ ***attack/strike,*** *(mil.)* voorkomende aanval; ~ ***bid,*** *(kaartspel)* afsluitbod; ~ ***right,*** ***right*** *of pre-emption, pre-emption* ***right*** voorkoopreg, reg van voorkoop. **pre-emp·to·ry** →PRE-EMPTIVE.

preen pluis, glad stryk *(vere);* ~ *o.s.* jou uitvat (*of* mooi maak); ~ *o.s. on* ... op ... roem, jou op ... beroem, trots op ... wees, met ... spog. ~ **gland, oil gland** *(orn.)* oliekannetjie.

pre-en·gage vooraf/vooruit bespreek; vooraf verbind. **pre-en·gage·ment** voorafbespreking; voorafgaande verbintenis.

pre-es·tab·lish vooraf bepaal. **pre-es·tab·lish·ment** voorafgaande bepaling.

pre-es·ti·mate *n.* vooruitskatting. **pre-es·ti·mate** *ww.* vooruitskat.

pre-ex·ist vooraf bestaan. **pre-ex·ist·ence** voorbestaan. **pre-ex·ist·ent** vooraf bestaande.

pre·fab *n., (infml.)* opslaan≈, montasiegebou, vooraf vervaardigde (*of* voorafvervaardigde) gebou. **pre·fab** *adj.* opgeslaan, gemonteer(d). →PREFABRICATE.

pre·fab·ri·cate vooraf vervaardig, voorafvervaardig; opslaan; ~*d building* opslaan≈, montasiegebou, vooraf vervaardigde (*of* voorafvervaardigde) gebou; ~*d construction* opslaan≈, montasiebou; ~*d house* opslaan≈, montasiehuis, vooraf vervaardigde (*of* voorafvervaardigde) huis. **pre·fab·ri·ca·tion** voorafvervaardiging; opslaan≈, montasiebou.

pref·ace *n.* voorwoord, ≈rede; inleiding; *the* ~ *to* ... die voorwoord (*of* woord vooraf) by ... **pref·ace** *ww.* van 'n voorwoord/voorrede voorsien; inlei; ~ *s.t. with* ... iets deur ... laat voorafgaan. **pref·a·to·ri·al, pref·a·to·ry** inleidend, voorafgaande.

pre·fect prefek; *apostolic* ~ apostoliese prefek; ~ *of police* prefek van polisie. **pre·fec·to·ri·al, pre·fec·to·ral** prefektoraal.

pre·fer ≈*rr*≈ verkies, die voorrang/voorkeur gee aan, meer hou van, liewer wil hê, prefereer; *(fml.)* inlewer, indien *('n verklaring ens.); (fml.)* inbring, indien *('n aanklag[te] ens.); (arg.)* bevorder; →PREFERRED; *I* ~ ***going*** *there* ek verkies om soontoe te gaan; *s.o.* ~*s A* ***to*** *B* iem. verkies (*of* gee die voorkeur) aan A bo B; *I would much* ~ ***to*** ... ek sou baie/veel eerder ...; *I* ~ ***to*** *leave it alone* ek laat dit liewer met rus; ***which*** *do you* ~*?* watter een wil jy liefs hê?. **pref·er·a·ble** verkieslik; *be* ~ *to* ... bo ... verkieslik (*of* te verkies) wees. **pref·er·a·bly** liefs, liewer(s), by voorkeur, verkieslik. **pref·er·en·tial** begunstigend, preferent, voorkeur≈, prioriteits≈; ~ ***debt*** prioriteit≈, voorkeurskuld, preferente skuld; ~ ***duties*** voorkeurregte, preferensiële regte; ~ ***rate/tariff*** voorkeurtarief, preferensiële tarief; ~ ***treatment*** voorkeurbehandeling; ~ ***voting*** voorkeurstemming. **pre·fer·ment** verhoging, bevordering. **pre·ferred** preferent; ~ ***angle*** gewenste hoek; ***be*** ~ die voorkeur geniet; ~ ***debt*** →PREFERENTIAL DEBT; ~ ***form*** voorkeurvorm; ***if*** ~ as *(iem.)* dit (so) verkies, desverkiesend; ~ ***lie,*** *(gh.)* verskuiwing toegelaat; ~ ***share*** →PREFERENCE SHARE; *s.o./s.t. is* ~ ***to*** *s.o./s.t. else* iem./iets is verkieslik bo iem./iets anders.

pref·er·ence voorkeur, verkiesing, voorrang; rangorde; *(fml.)* preferensie; predileksie; ***have*** ~ die voorkeur geniet; ***have*** *a* ~ *for* ... 'n voorkeur vir ... hê, ... verkies, meer van ... hou; *choose X* ***in*** ~ *to Y* eerder X as Y kies; *give* ~ ***to*** ... die voorkeur aan ... gee; ***undue*** ~ →UNDUE. ~ **bond** prioriteitsobligasie. ~ **dividend** voorkeurdividend. ~ **(duty)** voorkeurreg. ~ **share, preferred share** preferente aandeel, voorkeuraandeel.

pre·fig·ure die voorloper wees van, prefigureer, voorafskadu; vooraf oorweeg. **pre·fig·u·ra·tion** prefigurasie, voorafskaduwing, voorafgaande voorstelling; voorafgaande oorweging.

pre·fix *n.* prefiks, voorvoegsel. **pre·fix** *ww.* voorvoeg, vooraan plaas. **pre·fix·ion** voorvoeging, vooraanplasing.

pre·flight *adj. (attr.)* voor die vlug *(pred.),* voorvlug≈ *(attr.).*

pre·form vooraf vorm.

pre·fron·tal *adj., (med.)* prefrontaal.

preg·gers, preg·gy *(pred., infml.: swanger): be* ~ verwag, in die ander tyd wees, kruiwa (*of* die mol) stoot.

pre·gla·ci·al *(geol.: v. voor d.Ystydperk)* preglasiaal.

preg·na·ble (in)neembaar, verowerbaar.

preg·nan·cy swangerskap *(by 'n vrou);* dragtigheid *(by 'n dier);* vrugbaarheid; betekenisvolheid, gewig(tigheid); →TWIN PREGNANCY DISEASE. ~ **test** swangerskaptoets.

preg·nant swanger *('n vrou);* dragtig *('n dier);* grootuier *('n koei);* bevrug; vrugbaar; betekenisvol, veelbetekenend, veelseggend, gewigtig; ***become/fall*** ~ swanger word/raak; *be six/etc.* ***months*** ~ ses/ens. maande swanger wees; ~ ***remark*** inhoudryke opmerking; ~ ***statement*** veelseggende verklaring; *be* ~ ***with*** *consequences* ernstige gevolge inhou; *be* ~ ***with*** *meaning* vol (*of* ryk aan) betekenis wees, met betekenis gelaai (*of* uiters betekenisvol) wees; *be* ~ ***with*** *one's second/etc. child* jou tweede/ens. kind verwag; *be* ~ ***with*** *possibilities* vol moontlikhede wees, groot moontlikhede inhou, eindelose moontlikhede bied.

pre·heat voorverhit. **pre·heat·er** voorverhitter. **pre·heat·ing** voorverhitting.

pre·hen·si·ble grypbaar. **pre·hen·sile** grypend, gryp≈; ~ *tail* grypstert; →PREHENSILE-LIPPED RHINOCEROS. **pre·hen·sion** (die) gryp/vang; begrip.

pre·his·to·ry voor≈, oergeskiedenis, prehistorie. **pre·his·tor·ic** pre≈, voorhistories, uit die oertyd, voorwêreldlik, voortydelik; ~ *times* die oer≈/voortyd; ~ *world* voorwêreld.

pre·hu·man voormenslik.

pre-ig·ni·tion *(teg.)* voorontsteking.

pre-in·dus·tri·al preïndustrieel, pre-industrieel.

pre·judge vooruit veroordeel; vooruit beoordeel; voortydig (*of* sonder gegronde rede) oordeel; prejudiseer; ~ *an issue* voortydig 'n oordeel oor 'n saak vel. **pre·judg(e)·ment** vooroordeel.

prej·u·dice *n.* vooroordeel, partydigheid; *(hoofs. jur.)* nadeel, benadeling, skade; *have a* ~ ***against*** ... 'n vooroordeel teen ... hê, teen ... bevooroordeel(d) wees; ***break down*** ~*s* vooroordele oorwin; ***divest*** *one's mind of all* ~ jou gedagte van alle vooroordeel suiwer; *s.o.'s* ~ *in* ***favour*** *of* ... iem. se vooringenomenheid met ...; *s.t. is* ***mere*** ~ iets is blote vooroordeel; ***to*** *the* ~ *of* ... tot nadeel/skade (*of* ten nadele) van ..., skadelik vir ...; ***without*** ~ onbevooroordeel(d), sonder vooroordeel; sonder inkorting (van regte); ***without*** ~ *to* ... behoudens ..., sonder om aan ... af te doen. **prej·u·dice** *ww.* bevooroordeeld maak; afbreuk doen aan, skade aandoen, benadeel, aantas, prejudiseer. **prej·u·diced** bevooroordeel(d), vooringenome; benadeel(d); *be* ~, *(iem.)* bevooroordeel(d) wees; *(iets)* benadeel word, in die gedrang kom; *be* ~ *against* ... teen ... bevooroordeel(d)/vooringenome wees; *be* ~ *in favour of* ... ten gunste van ... bevooroordeel(d)/vooringenome wees; partydig vir ... wees. **prej·u·di·cial** nadelig, skadelik; beswarend; ~ *to* ... tot nadeel/skade (*of* ten nadele) van ..., skadelik vir ...; *be* ~ *to* ..., *(ook)* aan ... afbreuk doen.

pre-knowl·edge voorkennis.

pre·lap·sar·i·an *(relig. of poët., liter.)* (van) voor die sondeval.

prel·ate *(fml. of hist.)* prelaat, kerkheer, ≈voog, ≈vors, biskop. **prel·a·cy** *(hoofs. arg.)* prelaatswaardigheid, prelaatskap; biskoplike (kerk)regering; *the* ~ die prelate/biskoppe. **pre·lat·ic, pre·lat·i·cal** prelaats≈, kerkvorstelik. **prel·a·tise, ·tize** onder biskoplike bestuur bring. **prel·a·ture** prelaatsamp, prelaatskap; *the* ~ die prelate/biskoppe.

pre·lect *(w.g.)* 'n voorlesing hou. **pre·lec·tion** (voor)lesing. **pre·lec·tor** voorleser; lektor.

pre·li·ba·tion *(w.g.)* voorsmaak.

pre·lim·i·nar·y ≈*ies, n.* voorafgaande reëling, voorlopige skikking; inleiding, voorbereiding; *(ook, i.d. mv.)* voorbereidende eksamens; voorwerk *(v. 'n boek); (jur.)* preliminêre artikels; *(sport)* kwalifiserende rond(t)e/toernooi/wedstryd/wedloop/wedren/ens., voorrond(t)e. **pre·lim·i·nar·y** *adj.* voorafgaande, inleidend, voorbereidend, voorlopig, preliminêr; ~ ***articles,*** *(jur.)* preliminêre artikels; ~ ***charge*** voorlading; voorheffing; voorvrag; ~ ***examination*** voorbereidende eksamen; *(jur.)* vooronderso ek, voorlopige ondersoek; ~ ***expenses*** voorafgaande uitgawes; voorlopige uitgawes; vestigingskoste; ~ ***pages*** voorwerk *(v. 'n boek);* ~ ***to*** ... voor ...; ~ ***training*** vooropleiding; ~ ***work*** aanvoorwerk, voorbereidingswerk, voorbereidende werksaamhede.

pre·lims *(mv.), (infml.)* voorwerk *(v. 'n boek);* voorbereidende eksamens; *(sport)* kwalifiserende rond(t)e/toernooi/wedstryd/wedloop/wedren/ens., voorrond(t)e.

pre·list·ing state·ment verklaring voor notering, voornoteringsverklaring.

pre·lit·er·ate *adj.* sonder skryfkennis (*of* skriftelike oorlewering) *(pred.),* pregeletterd.

prel·ude *n.* inleiding; aanvang; *(mus.)* voorspel, prelude, preludium; *the* ~ *to* ... die voorspel tot ... **prel·ude** *ww.* inlei, 'n begin maak; 'n voorspel speel; preludeer.

pre·mar·i·tal voorhuweliks; ~ *sex* voorhuwelikse seks.

prem·a·ture te vroeg, voortydig, ontydig, prematuur; te haastig; vroeggebore; ~ ***birth*** voortydige/vroeë/premature geboorte, vroeggeboorte; ~ ***death*** vroeë/ontydige dood; ~ ***decision*** voorbarige besluit; ~ ***old age*** vervroegde aftakeling/seniliteit; ~ ***ward*** inkubasiesaal. **prem·a·ture·ly:** *die* ~ ontydig (*of* voor jou tyd *of* 'n ontydige dood) sterf/sterwe. **prem·a·tur·i·ty** vroegtydigheid, voortydigheid, ontydigheid; oorhaastigheid.

pre·max·il·lar·y *adj., (med.: voor d. bokaak geleë)* premaksillêr.

pre·med·i·ca·tion, *(afk., infml.)* **pre·med(·ic)** *(med.)* premedikasie.

pre·med·i·tate vooraf bedink/bepeins/betrag/beraam, premediteer. **pre·med·i·tat·ed** voorbedag, met voorbedagte rade (gedoen), gepremediteer(d); ~ *murder* voorbedagte/opsetlike moord, moord met voorbedagte rade (gepleeg). **pre·med·i·tat·ed·ly** voorbedagtelik, met voorbedagte rade. **pre·med·i·ta·tion** voorbedagtheid, opset, voorafgaande beraming, premeditasie.

pre·men·stru·al *adj.* premenstrueel; ~ *syndrome, (afk.:* PMS*)* premenstruele sindroom *(afk.:* PMS*);* ~ *tension, (afk.:* PMT*)* premenstruele spanning *(afk.:* PMS*).*

pre·mier *n.* premier; eerste minister. **pre·mier** *adj.* eerste, beste, hoogste, vernaamste, belangrikste. **pre·mier·ship** premierskap; eersteministerskap.

prem·i·ere eerste opvoering, première; hoofspeelster; hoofdanseres.

pre·mil·len·ni·al *adj.* premillennialisties. **pre·mil·len·ni·al·ism** *n.* premillennialisme. **pre·mil·len·ni·al·ist** *n.* premillennialis.

prem·ise, *(Br.)* **prem·iss** *n.* voorafgaande bepaling/

stelling, uitgangspunt, veronderstelling, aanname, vooronderstelling, gegewe, premis, basis; →PREMISES; *by these ~s* op grond hiervan, gevolglik; *on the ~ that* ... in die veronderstelling dat ... **prem·ise** *ww.* vooropstel, vooronderstel, van 'n (ver)onderstelling/vooronderstelling uitgaan.

prem·i·ses *(mv.)* perseel, plek, grond, huis en erf, gebou, kantore; *business ~* sakeperseel; *on the ~* op die perseel/plek, ter plaatse.

prem·iss →PREMISE.

pre·mi·um premie; (versekerings)premie; opgeld, premie, agio; subsidie; toekenning; beloning, prys; ***at** a ~* bo pari; *s.t. is **at** a ~* daar is 'n sterk (aan)vraag na iets, iets is sterk in aanvraag; iets is hoog op prys; iets is skaars; ***put** a ~ on s.t.* 'n premie op iets stel, iets aanmoedig; ***sell** s.t. at a ~* iets met 'n wins verkoop. **~ bond** premie-obligasie. **~ crop** winsgewende/voordelige gewas. **~ rate** versekeringstarief; premietarief. **~ rebate** premiekorting.

pre·mix *n.* voormengsel. **pre·mix, pre·mix** *ww.* voormeng, vooraf meng; vooraf aanmaak.

pre·mo·lar (tooth) voorkies(tand).

pre·mo·ni·tion voorafgaande waarskuwing; voorteken, =gevoel; *have a ~ of ...* 'n voorgevoel van ... hê; *have a ~ that ...* 'n voorgevoel hê dat ... **pre·mon·i·to·ry** waarskuwend; *~ symptom* voorteken.

Pre·mon·stra·ten·sian, Nor·bert·ine *n., (relig.)* Premonstratenser, Norbertyn. **Pre·mon·stra·ten·sian, Nor·bert·ine** *adj.* Premonstratensies, Norbertyns; Premonstratenser=, Norbertyner=.

pre·na·tal voorgeboortelik, prenataal, (van) voor die geboorte.

pren·tice *n. & ww., (arg.)* →APPRENTICE.

pre·nup·tial voorhuweliks; →ANTENUPTIAL; *~ contract* voorhuwelikse kontrak, huweliks(voorwaarde)=kontrak.

pre·oc·cu·py besig hou, besighou *(gedagtes);* vroeër besit/bewoon; →PREOCCUPIED. **pre·oc·cu·pa·tion** betrokkenheid; vooringenomenheid, preokkupasie; afgetrokkenheid, verstrooidheid, afwesigheid; vroeëre inbesitneming; vooroordeel; *s.o.'s ~ with/over s.t.* iem. se besorgdheid oor iets. **pre·oc·cu·pied** afgetrokke, verstrooid, mymerend, ingedagte, in gedagtes verdiep/versonke; *be ~ with ...* deur ... in beslag geneem word.

pre·or·dain vooraf bestem/bepaal/verorden, voorbestem, voorbeskik, preordineer.

prep *n., (infml.)* skool=, studiewerk; studietyd; →PREPARATION. **prep** *ww., (Am., infml.)* na 'n voorbereidingskool gaan; voorberei *(iem., iets);* jou voorberei. **prep** *adj., (infml.)* voorbereidend; *~ school* voorbereidingskool; →PREPARATORY.

pre-pack·age, pre-pack *ww.* vooraf verpak; *prepacked foods/etc.* voor(af)verpakte *(of* vooraf verpakte) kos/ens.. **pre-pack·ag·ing** voorverpakking, vooraf verpakking.

pre·paid →PREPAY; POSTAGE.

prep·a·ra·tion voorbereiding; gereedmaking; klaarmakery; (voor)bereiding, klaarmaak *(v. 'n maaltyd);* opstel(ling) *(v. 'n dokument);* preparaat; *(mus.)* voorbereiding; →PREPARE; *in ~ for ...* as voorbereiding vir ...; *be in (course of) ~* in voorbereiding wees; *make ~s for ...* vir ... voorbereiding/voorbereidsels tref. **pre·par·a·tive** *n.* voorbereiding. **pre·par·a·tive** *adj.* voorbereidend. **pre·par·a·to·ry** voorbereidend, voorbereidings=; *~ **class*** voorbereidingsklas; *~ **examination*** voorbereidende eksamen; *~ **examination** of an allegation* voorlopige ondersoek *(of* voorondersoek) na 'n aanklag(te); *~ **school*** voorbereidingskool, voorbereidende skool; *~ **study*** voorstudie; *~ **to** s.t. being done* voordat iets gedoen word; *~ **work*** aanvoorwerk, voorbereidingswerk.

pre·pare (voor)berei, regmaak, gereed maak, klaarmaak; in gereedheid bring; (voor)berei, gaarmaak *('n ete, gereg, ens.);* voorberei *('n lesing);* maak *('n afskrif);* bewerk, omwerk *(grond);* aanmaak; oplei; opstel *('n dokument);* brei *(leer); ~ s.o. for s.t.* iem. vir iets voorberei *('n eksamen ens.);* iem. op iets voorberei *(slegte tyding ens.); ~ o.s. for ...* jou vir ... voorberei/klaarmaak, *(infml.)* jou lyf vir ... reg hou; *~ the ground* →GROUND¹ *n.*.

pre·pared bereid, gereed, oorgehaal; oorwoë *(verklaring);* wakker, paraat; aangemaak *(mosterd ens.); be ~ for ...* op ... voorberei wees; vir ... gereed wees; op ... bedag wees; *be ~ to ...* bereid wees om te ... **pre·par·ed·ness** gereedheid, bereidheid, voorbereidheid, paraatheid; bereidwilligheid; *~ for war* strydbaarheid; *mental ~* geestelike weerbaarheid; *be in a state of ~* in gereedheid wees. **pre·par·er** bereider; voorbereider.

pre·pay =*paid* =*paid* vooruit betaal. **pre·paid** *verl.dw.* vooruit betaal. **pre·pay·a·ble** *adj.* vooruitbetaalbaar. **pre·pay·ment** vooruitbetaling.

pre·pense *(hoofs.jur., vero.)* opsetlik, moedswillig, voorbedag; *of malice ~* →MALICE.

pre·plan *ww.* vooraf beplan.

pre·pon·der·ate swaarder weeg; domineer; die deurslag gee, oortref; die oorwig hê; *~ over ...* meer as ... wees, ... in getal oortref; van groter belang as ... wees; 'n groter deel as ... uitmaak; die oorhand oor ... hê. **pre·pon·der·ance** oormag, oorhand. **pre·pon·der·ant** oorwegend. **pre·pon·der·ant·ly** hoofsaaklik, oorwegend.

pre·pone *ww.* vervroeg.

prep·o·si·tion *(gram.)* voorsetsel, preposisie. **prep·o·si·tion·al** voorsetsel=, preposisioneel; *~ phrase, (ling.)* voorsetselstuk. **pre·pos·i·tive** voorgevoeg, vooraan geplaas.

pre·pos·sess beïnvloed; (vooraf) besit neem; vooraf in beslag neem *(of* beslag lê op). **pre·pos·sess·ing** *(ook)* innemend, aanvallig. **pre·pos·ses·sion** vooroordeel; beheptheid; vroeëre besit; vroeëre inbeslagneming.

pre·pos·ter·ous ongerymd, dwaas, belaglik, gek, onsinnig, absurd, verregaande.

pre·po·tent oppermagtig; *(biol.)* dominerend. **pre·po·ten·cy** oorwig, oormag; *(biol.)* dominansie.

prep·pie, prep·py =*pies, n., (Am., infml.)* (oud)voorbereidingskoolleerling; voorbereidingskooltipe. **prep·pie, prep·py** *adj.* voorbereidingskoolagtig.

pre·pran·di·al *adj., (fml. of skerts.)* voor ete.

pre·pri·ma·ry school preprimêre skool.

pre·print *n.* voordruk.

pre·pro·cess *(rek.)* voorverwerk, vooraf verwerk. **pre·pro·ces·sor** voorverwerker.

pre·pro·duc·tion voorproduksie.

pre·pro·gram *(rek.)* voorprogrammeer, vooraf programmeer.

pre·pu·bes·cent *n.* prepuber. **pre·pu·bes·cent** *adj.* prepuberteits=.

pre·pub·li·ca·tion price voorpublikasieprys.

pre·puce *(anat., teg.)* voorhuid.

pre·qual·i·fy vooraf kwalifiseer.

pre·quel *n.* voorvolg *(v. 'n boek, rolprent, ens.).*

Pre-Raph·a·el·ite *n.* pre-Rafaeliet, Prerafaeliet *(ook p~).* **Pre-Raph·a·el·ite** *adj.* pre-Rafaelities, Prerafaelities *(ook p~).*

pre-re·cord vooraf opneem. **pre-re·cord·ed** *adj.* vooraf opgeneemde *(attr.),* wat vooraf opgeneem is *(pred.).*

pre·req·ui·site *n.* voorvereiste, noodsaaklike vereiste; *a ~ for ...* 'n voorvereiste *(of* eerste/onmisbare vereiste) vir ... **pre·req·ui·site** *adj.* noodsaaklik, vereis.

pre·rog·a·tive *n.* prerogatief, privilegie, voorreg; *exercise a ~* 'n prerogatief uitoefen; *have the ~ of doing s.t.* die voorreg hê om iets te doen; *royal ~* koninklike prerogatief. **pre·rog·a·tive** *adj.* bevoorreg, met voorrang.

pres·age *n.* voorteken, voorbode; voorgevoel; *(arg.)* voorspelling. **pres·age** *ww.* 'n voorbode/voorteken wees van; 'n voorgevoel hê; *(arg.)* voorspel.

pres·by·o·pi·a *(med.: versiendheid a.g.v. ouderdom)* presbiopie. **pres·by·op·ic** *adj.* presbioop.

pres·by·ter *(hist.)* presbiter; ouderling; priester. **pres·byt·er·al, pres·by·te·ri·al** presbiteriaal. **pres·by·ter·i·an** *n., (aanhanger v.d. presbiteriaanse stelsel)* presbiteriaan; *(P~, lid v.d. Presbiteriaanse Kerk)* Presbiteriaan. **pres·by·ter·i·an** *adj.* presbiteriaans; *(P~, relig.)* Presbiteriaans; *P~ Alliance, (hist.)* Presbiteriaanse Alliansie. **pres·by·ter·i·an·ism** *(presbiteriaanse leer/stelsel)* presbiterianisme; *(P~, relig.)* Presbiterianisme. **pres·by·ter·y** *(fungeer as ekv. of mv.)* (kerklike) ring; ringsressort; heiligdom *(in 'n kerk);* priesterwoning; pastorie.

pre·school *n.* kleuterskool. **pre·school** *adj.* voorskools; *~ child* = PRE-SCHOOLER; *~ education* voorskoolse opvoeding. **pre-school·er** voorskoolse kind.

pre·sci·ent vooruitsiende, voorwetend; met die helm gebore. **pre·sci·ence** voorkennis, voorwetendheid, vooruitsiendheid; voorgevoel; *have ~ of s.t.* voorkennis van iets hê.

pre·scind afsny; *~ from ..., (fml.)* ... buite rekening laat.

pre·scribe voorskryf, =skrywe *(medisyne);* aanbeveel; *(jur.)* bepaal, verorden, voorskryf; *(jur.)* verjaar; ***as** ~d* volgens voorskrif; *~d **debt*** verjaarde skuld; *~ s.t. **for** ...* iets vir ... voorskryf/voorskrywe; *~d **work*** voorgeskrewe werk. **pre·scrib·er** voorskrywer. **pre·scrib·ing** voorskrywend(e). **pre·script** *n.* voorskrif, bevel. **pre·script** *adj.* voorgeskrewe. **pre·scrip·tion** *(med.)* voorskrif, preskripsie; (die) voorskryf; *(jur.)* verjaring, preskripsie; *(jur.)* bepaling, verordening, voorskrif; *acquisition by ~* verkryging deur verjaring; *make up (*or *fill/dispense/prepare) a ~, (med.)* 'n voorskrif berei; *on ~* op voorskrif. **pre·scrip·tive** voorskrywend, preskriptief, voorskriftelik; deur lang gebruik verkry/verwerf; *~ right, (jur.)* verjaringsreg, reg deur verjaring verkry/verwerf. **pre·scrip·tiv·ism** *(etiek)* preskriptivisme.

pre·sea·son *n.* voorseisoen. **pre·sea·son·al** *adj.* voorseisoens.

pre·se·lect vooraf kies, voorselekteer. **pre·se·lec·tion** voorkeuse, voorseleksie, preseleksie. **pre·se·lec·tive** voorkeuse=.

pre·se·lec·tor voorkieser. **~ gearbox** voorkiesratkas.

pres·ence teenwoordigheid, aanwesigheid; nabyheid; persoonlikheid; houding; ***bodily** ~* →BODILY; *make one's ~ **felt*** jou laat geld; ***in** the ~ of ...* in aanwesigheid/teenwoordigheid van ...; ten aanhore van ...; ten aanskoue van ...; *s.o.'s **magnificent** ~* iem. se indrukwekkende verskyning/gestalte; *s.o.'s ~ of **mind*** →MIND *n.; s.o. of **noble** ~* iem. van edel(e) voorkoms; *admit s.o. to the **royal** ~* iem. by die koning/koningin toelaat; ***saving** your ~* →SAVING *prep..* **~ chamber** oudiënsiesaal.

pres·ent¹ *n.* hede; *(gram.)* teenwoordige tyd, presens; ***at** ~* teenswoordig, tans, deesdae; nou, op die oomblik; ***by** these ~s, (fml., jur.)* hierby, hiermee; *know all men **by** these ~s, (fml., jur.)* sy dit hiermee kennelik; ***for** the ~* vir eers, vereers, voorlopig, op/vir die oomblik, vir die huidige; *to all to whom **these** ~s may come, (fml., jur.)* aan almal wat hiervan kennis mag neem; *of **these** ~s, (fml., jur.)* van/in hierdie stuk; *(there is) **no time** like the ~* van uitstel kom afstel, die geskikste tyd is nou; ***up to** the ~* tot nou/nog toe, tot op hede. **pres·ent** *adj.* teenwoordig *(mense);* aanwesig *(mense, dinge, ens.);* huidig; ***at** the ~ day/time* tans, deesdae, teenswoordig; ***be** ~ at ...* by ... (aanwesig/teenwoordig) wees, ... bywoon; *~ **company** excepted/excluded* →COMPANY *n.;* ***in** the ~ case* →CASE¹ *n.;* ***in** the ~ circumstances* in die huidige omstandighede; ***those** ~* die aanwesiges; *~ **value*** huidige waarde; *the ~ **volume*** die boek onder bespreking/behandeling; *the ~ **writer*** →WRITER. **~-day** *(attr.)* hedendaagse, huidige. **~ participle** *(gram.)* teenwoordige deelwoord. **~ perfect** *(gram.)* volmaak/voltooid teenwoordige tyd, perfektum. **~ tense** *(gram.)* teenwoordige tyd, presens.

pre·sent² *ww.* uitdeel, uitreik *(sertifikate);* uitdeel *(pryse);* indien, voorlê *('n begroting);* lewer *('n referaat);* skenk, present gee; stel *('n saak);* (ver)toon, wys; aanbied, presenteer *('n tjek, wissel, ens.);* indien *('n klag(te));* voorstel; introduseer; opvoer, op die planke bring *('n toneelstuk);* vertoon *('n prent);* uitbeeld; oplewer; inklee; opdis; (aan)bied; aanbeveel, voorstel, voordra; *(mil.)* pre=

senteer *('n geweer); s.o. ~s a ragged* ***appearance*** →APPEARANCE; *~* ***arms!*** →ARMS; *~* ***at*** ... op ... aanlê, na ... mik; *~ at* ***court*** aan die hof voorstel; *the case will ~ some* ***difficulty*** die geval sal moeite gee (*of* moeilikheid oplewer), die geval is nogal netelig; *when an* ***opportunity*** *~s itself* →OPPORTUNITY; *~* ***o.s.*** jou aanmeld; *~ s.t.* ***to*** *s.o., ~ s.o.* ***with*** *s.t.* iem. iets aanbied; iem. iets gee/skenk (*of* present gee); iets aan iem. oorhandig.

pres·ent³ geskenk, present; *a ~* ***for*** *...* ***from*** ... 'n present/geskenk vir ... van ...; *s.o.* ***gets*** *a ~* iem. kry 'n present; *s.o.* ***gets*** *s.t. as a ~* iem. kry iets present; ***give*** *s.o. a ~* iem. 'n present gee; ***give*** *s.o. s.t. as a ~* iem. iets skenk (*of* present gee); ***make*** *s.o. a ~ of s.t.* iem. iets present gee.

pre·sent·a·ble (ver)toonbaar, fatsoenlik; *make o.s. ~* jou opknap. **pre·sent·a·bil·i·ty** vertoonbaarheid, fatsoenlikheid.

pres·en·ta·tion oorhandiging, uitreiking; aanbieding; indiening, voorlegging; vertoning, voorstelling; opvoering; uitbeelding; behandeling, voorstelling, vermelding; voorstelling *(v. feite)*; inkleding *(v. nuus, feite, ens.)*; stel *(v. 'n saak)*; indiening; presentasie; *(verlosk.)* ligging; *make s.o. a ~ of s.t.* iem. iets aanbied; *on ~ of ...* by aanbieding (*of* op vertoon) van ... ~ **copy** presenteksemplaar. ~ **cup** prysbeker.

pres·en·tee voorgestelde; begiftigde, ontvanger van 'n geskenk. **pre·sent·er** voorsteller; *(rad., TV)* aanbieder. **pres·ent·ly** teenswoordig, tans, op die oomblik, nou; netnou, nou-nou, aanstons, flus(sies), weldra, oor 'n rukkie, straks; kort daarna. **pre·sent·ment** *(jur., hoofs. hist.)* presentasie, presentering; verklaring; indiening; voorstelling; inkleding; aanbieding, presentasie; voordrag *(v. 'n saak)*.

pre·sen·tient *(w.g.)* voorvoelend, met 'n voorgevoel. **pre·sen·ti·ment** voorgevoel; *have a ~ of ...* 'n voorgevoel van ... hê; *have a ~ that ...* 'n voorgevoel hê dat ...

pre·serve *n.* stukkonfyt, heelvrug(te)konfyt; wildpark; *(fig.)* gebied; *poach on s.o.'s ~(s)* op iem. se regte inbreuk maak; *(infml.)* in iem. se slaai krap, in iem. se kraal kom, onder iem. se duiwe skiet. **pre·serve** *ww.* bewaar, beskerm; in stand hou, bewaar; red, behou; inlê, inmaak, blik; preserveer; *~ s.o. from ...* iem. van ... red *(d. dood ens.)*; *~d egg* ingelegde eier; *~d meat* blikkiesvleis; *s.o. is well ~d* iem. dra sy/haar jare goed, ('n) mens sal nooit sê iem. is so oud nie. **pre·serv·a·ble** behoubaar; →PRESERVE *ww.*. **pres·er·va·tion** (die) inmaak/inlê, inmakery; bewaring, behoud, redding; verduursaming; instandhouding, handhawing; konservasie; preservering, preservasie; *for the ~ of ...* tot behoud van ...; *in good ~* in 'n goeie toestand; *~ of nature* natuurbeskerming, -bewaring. **pres·er·va·tion·ist** bewaarder, bewaringsbewuste. **pre·serv·a·tive** *n.* preserveer-, bewaarmiddel, bederfwerende middel; voorbehoedmiddel. **pre·serv·a·tive** *adj.* bewarend, behoudend, behoed-, behoud-; *~ coat* beskermingslaag. **pre·serv·er** bewaarder; inmaker; wildbewaarder, -beskermer; preserveer-, bewaarmiddel, bederfwerende middel.

pre·serv·ing bewaring; behoud; (die) inmaak/inlê. ~ **factory** inmaakfabriek. ~ **jar** inmaakfles. ~ **pan** inmaakkastrol. ~ **works** inmaakfabriek.

pre·set *ww.* vooraf instel.

pre·shrunk vooraf gekrimp; *~ fabric* voorkrimpstof.

pre·side voorsit, die voorsitterstoel inneem/beklee, presideer; lei, bestuur; →PRESIDING OFFICER; *~* ***at*** *the piano, (w.g.)* as klavierspeler optree, die klavier speel; *~* ***at/over*** *a meeting* op 'n vergadering voorsit, die voorsitter van 'n vergadering wees; *~d* ***by*** ... onder voorsitterskap/leiding van ...; *~* ***over*** *an organisation* 'n organisasie lei, die leier van 'n organisasie wees; *~* ***over*** *s.t.* die toesig oor iets hê; aan die bewind wees wanneer iets gebeur.

pres·i·den·cy presidentskap; erevoorsitterskap; voorsitterskap; *(SA, hist.)* presidentswoning.

pres·i·dent (staats)president; voorsitter, president; *(Am.)* hoofbestuurder; *P~ of the* ***Board of Trade*** →TRADE *n.*; *Lord P~ of the* ***Council*** →LORD *n.*; ***honorary*** *~* →HONORARY; ***(lady)*** *~* voorsitster; presidente; erevoorsitster; *~ of a* ***republic*** (staats)president, president van 'n republiek; *~'s* ***wife/lady*** presidentsvrou. ~**-elect** aangewese/pasgekose (*of* pas gekose) president; aangewese voorsitter.

pres·i·den·tial voorsitters-, van die voorsitter; presidents-, presidensieel; *~* ***address*** voorsitters-, openingsrede; *~* ***ambitions*** presidensiële aspirasies; *~* ***campaign*** presidensiële veldtog, presidentsveldtog; *~* ***candidate*** kandidaat vir die presidentskap; *~* ***election*** presidentsverkiesing; *~* ***palace*** presidentspaleis; *~* ***residence*** presidentswoning. **pres·i·dent·ship** voorsitterskap; presidentskap.

pre·sid·i·al, pre·sid·i·ar·y *adj.* garnisoens-, besettings-.

pre·sid·ing of·fi·cer voorsittende beampte, voorsitter.

pre·sid·i·um *-iums, -ia* presidium.

pre·soak *n.* weekmiddel *(vir wasgoed)*. **pre·soak** *ww.* vooraf week.

pre-So·crat·ic, Pre·so·crat·ic *(filos.)* pre-Sokraties, Presokraties *(ook p~)*.

press *n., (toestel, masjien)* pers; (druk)pers, drukkery; pers; perswese; druk(te), gedrang; *(gewigoptel)* drukhef; *get/have a* ***bad/good*** *~* ongunstig/gunstig deur die pers beoordeel word; ***daily*** *~* →DAILY *adj. & adv.*; ***freedom*** *of the ~* →FREEDOM; ***give*** *s.t. a slight ~* iets effentjies druk; *have a* ***good*** *~* die guns van die pers geniet; *be* ***in*** *the ~, ('n boek)* in die pers (*of* ter perse) wees; *be* ***off*** *the ~* gedruk (*of* van die pers) wees; *s.o. is* ***on*** *the ~* iem. is by die pers (*of* aan die pers verbonde); *a ~ of* ***people*** 'n gedrang; *a* ***report*** *in the ~* 'n berig in die pers/koerante; ***see*** *s.t. through the ~* iets vir die druk besorg; *go* ***to*** *~* ter perse gaan; *at the time of going* ***to*** *~* by die ter perse gaan, met druktyd; *send s.t.* ***to*** *~* iets na die pers stuur; ***watch*** *the ~ for s.t.* gereeld kyk of iets in die koerante is. **press** *ww.* druk *('n knoppie, CD, plaat, ens.)*; pars, pers *(druiwe)*; pars *(klere)*; druk uitoefen; platdruk, saamdruk, saampers; beur; aandring, opdring, dwing; aanspoor, haastig maak; →PRESSED; *~ (home) an* ***advantage*** →ADVANTAGE *n.*; *~* ***against*** ... teen ... (aan)druk; *~* ***ahead/on*** gou maak, voortbeur; voortruk; *~* ***ahead/forward/on*** *with s.t.* haastig/onverwyld met iets voortgaan, iets deurdruk; *~* ***along*** aanstoot, verder/vêrder gaan; *~ a* ***charge*** →CHARGE *n.*; *~ the* ***flesh*** →FLESH *n.*; *~* ***for*** ... op ... aandring *('n antwoord, eis, ens.)*; *~ s.o.* ***for*** *s.t.* by iem. op iets aandring *('n antwoord ens.)*; *~ s.o.* ***for*** *payment* iem. opskroef (om te betaal); *~* ***forward*** vooruitbeur; *~ s.o.* ***(hard)*** iem. opkeil; *~ s.t.* ***home*** iets (diep) indruk *('n mes ens.)*; iets deurdryf/-drywe *(jou sienswyse ens.)*; iets uitbuit *('n voordeel ens.)*; *~ one's* ***luck*** = TRY ONE'S LUCK; *s.t. ~es on s.o.'s* ***mind*** iets druk swaar op iem. se gemoed; *~* ***on*** *s.t.* op iets druk; *~ s.t.* ***on/upon*** *s.o.* iets aan iem. opdring; *~ s.t.* ***out*** iets uitpers/uitdruk; ***time*** *~es* →TIME *n.*. ~ **agency** →NEWS AGENCY. ~ **agent** reklameagent. ~ **attaché** persattaché. ~ **baron** *(infml.)* koerant-, persmagnaat. ~**board** *(Am.)* persbord. ~ **box** persbank. ~ **button** *(Br.)* = PUSH BUTTON. ~ **campaign** persveldtog. ~ **card** perskaart. ~ **clipping,** ~ **cutting** koerant(uit)knipsel. ~ **conference, news conference** pers-, nuuskonferensie. ~ **copy** →REVIEW COPY. ~ **corps** pers-, mediakorps. ~ **council** pers-, mediaraad. ~ **cutting** →PRESS CLIPPING. ~**-cutting service** knipseldiens. ~ **gallery** persbank, -galery. ~ **gang** *n., (hist.)* ronselaars-, presbende. ~**-gang** *ww., (hist.)* ronsel, pres. ~ **lord,** ~ **magnate** persmagnaat, koerantkoning. ~**man** *-men* joernalis, pers-, koerantman; drukker. ~**mark** *(Br.)* boeknommer, -stempel. ~ **office** pers-, mediakantoor. ~ **officer** pers-, mediabeampte. ~ **photographer** persfotograaf. ~ **proof** persproef. ~ **reader** = PROOFREADER. ~ **release, news release** persverklaring, -mededeling; *issue an official ~ ~* 'n amptelike persverklaring uitreik. ~ **report** persberig. ~ **review** persoorsig. ~**room** perskamer. ~ **seat** persbank. ~ **secretary** pers-, mediasekretaris. ~ **stud** drukknoop, -knopie, drukkertjie. ~**-up** *n.*, opstoot(oefening); *do twenty ~s* twintig opstote doen. ~**work** pers-, koerantwerk; druk-, perswerk.

pressed geperste *(beesvleis, blom, ens.)*; *be ~* ***for*** ... 'n gebrek aan ... hê *(geld ens.)*; min ... hê *(tyd)*; *be ~* ***for*** *time, (ook)* beperkte tyd hê; *be* ***hard*** *~* in die knyp/nood/noute sit/wees, noustrop trek; opgedruk word; skerp agtervolg word; *~* ***steel*** persstaal, geperste staal; *~* ***yeast*** = COMPRESSED YEAST.

press·er drukker; parser; pers. ~ **foot** drukvoetjie *(v. 'n naaimasjien)*. ~ **plate** *(mot.)* drukplaat.

pres·sie, prez·zie *(infml.)* geskenk, present.

press·ing *n.* (die) druk; persstuk; strykwerk; (grammofoon)plaat; *~ upon* opdringing aan. **press·ing** *adj.* dringend; dreigend; *~ danger* dreigende gevaar; *~ invitation* dringende uitnodiging; *since you are so ~* aangesien jy so daarop aandring. ~ **cloth** parslap. ~ **iron** parsyster. ~ **season** parstyd.

pres·sure *n.* druk, drukking; aandrang, dringendheid; spanning; drukte; moeilikheid; ***apply*** *~ to* ... →APPLY; ***at full*** *~* met volle krag; ***at high*** *~* onder hoë druk; ***atmospheric*** *~* →ATMOSPHERIC *adj.*; ***bring*** *~ to bear* (*or* ***put*** *~) on/upon* ... druk op ... uitoefen, ... aan druk onderwerp; *area of* ***low*** *~* laagdrukgebied, depressiegebied; ***put*** *the ~* ***on*** druk uitoefen, die skroef aandraai; ***sustained*** *~* volgehoue druk; ***under*** *~* onder druk; *be* ***under*** *~* onder druk verkeer/wees, aan druk onderhewig wees; noustrop trek; *do s.t.* ***under*** *~* iets haastig doen; iets onder dwang doen; *owing to ~ of* ***work*** weens werkdruk (*of* te veel werk). **pres·sure** *ww.* druk uitoefen op; dwing. ~ **bandage** drukverband. ~ **burst** drukbars. ~ **button** drukknop(pie). ~ **cabin** *(lugv., ruimtev.)* drukkajuit. ~**-cook** *ww.* drukkook. ~ **cooker** drukkastrol, -(kook)pot. ~ **face** drukvlak. ~ **feed** druktoevoer. ~ **filter** drukfilter. ~ **gauge** drukmeter. ~ **group** drukgroep. ~ **lamp** druklamp. ~ **lubrication,** ~ **oiling** druksmering. ~ **main** hoofpyp. ~ **pipe** drukpyp. ~ **plate** drukplaat. ~ **point** drukpunt. ~ **pump** drukpomp. ~ **ring** drukring. ~ **sore** drukseer. ~ **spray pump** druksproeipomp. ~ **steam** drukstoom. ~ **stove** pompstofie. ~ **suit** drukpak. ~ **tank,** ~ **vessel** drukketel. ~ **wave** drukgolf. ~ **welding** druksweising.

pres·sur·ise, -ize *ww., (lugv., ruimtev.)* van drukreëling voorsien, drukreël, onder druk plaas, drukbestand maak; onder druk plaas, druk uitoefen op *(iem.)*. **pres·sur·i·sa·tion, -za·tion** (lug)drukreëling.

pres·sur·ised, -ized drukvas; *~ aircraft* drukvaste vliegtuig, vliegtuig met drukreëling; *~ cabin* drukkajuit. ~**-water reactor** drukwaterreaktor.

Pres·ter John *(legendariese Me. Chr. koning)* Priester Jan/Johannes.

pres·ti·dig·i·ta·tion *(fml.)* goëlkuns. **pres·ti·dig·i·ta·tor** goëlaar.

pres·tige aansien, prestige; invloed, gewig, gesag; *enjoy/have ~* hoë aansien geniet, hoog in aansien staan; *gain (in) ~* aan aansien wen. ~ **value** prestigewaarde.

pres·tig·ious invloedryk, toonaangewend, gesaghebbend; *(w.g.)* bedrieglik, skelm; *(w.g.)* goëlend.

pres·tis·si·mo *-mos, n., (It., mus.: prestissimodeel/ -passasie)* prestissimo. **pres·tis·si·mo** *adj., (uiters vinnig, so vinnig as moontlik; vinniger as* presto*)* prestissimo-. **pres·tis·si·mo** *adv.* prestissimo.

pres·to *-tos, n., (It., mus.: prestodeel/-passasie)* presto. **pres·to** *adj., (baie vinnig; vinniger as* allegro*)* presto-. **pres·to** *adv.* presto.

pre·stress vooraf span; *~ed concrete* spanbeton, voorgespanne beton; *~ed reinforced concrete* gewapende spanbeton. **pre·stress·ing** voorspanning.

pre·sume veronderstel, vermoed, aanneem; aanmatig; waag, die vryheid neem; →PRESUMING; *~d* ***dead*** vermoedelik dood, as dood beskou; *~ s.o.'s* ***death*** iem. se dood veronderstel; *~* ***to*** ... jou aanmatig om te ...; *~* ***(up)on*** ... van ... misbruik maak. **pre·sum·a·ble** vermoedelik. **pre·sum·a·bly** vermoedelik, seker, glo. **pre·sumed** vermoedelik. **pre·sum·ing** verwaand, astrant, aanmatigend; *s.o. is ~, (ook)* iem. veroorloof hom/haar vryhede; *~ that* ... veronderstel dat ...; →PRESUME. **pre·sump·tion** vermoede, veronderstelling; aanmatiging, verwaandheid, onbeskaamdheid, vermetelheid, vrypostigheid; ***act** on the ~ that* ... van die veronderstelling uitgaan dat ...; *~ **of** death* vermoede van dood; *~ **of** fact* afleiding uit feite, feitelike vermoede; *~ **of** guilt* skuldvermoede; *~ **of** law* regsvermoede, weerlegbare vermoede; *have a strong ~ against the **truth** of s.t.* die waarheid van iets sterk betwyfel. **pre·sump·tive** vermoedelik; *heir ~* →HEIR. **pre·sump·tu·ous** verwaand, vermetel, astrant, aanmatigend, voorbarig, vrypostig. **pre·sump·tu·ous·ness** verwaandheid, vermetelheid, aanmatiging, vrypostigheid.

pre·sup·pose aanneem, vooronderstel. **pre·sup·po·si·tion** vooronderstelling.

pre·tax *adj. (attr.)* voorbelaste, *(pred.)* voor belasting; *~ income/profit/etc.* voorbelaste inkomste/wins/ens., inkomste/wins/ens. voor belasting.

pre·teen *n., (Am.: kind tuss. 9 en 12)* preadolessent. **pre·teen** *adj.* preadolessent.

pre·tend voorgee, maak (as)of; beweer; veins, huigel, die skyn aanneem; *s.o. ~s to **be** ...* iem. gee voor dat hy/sy ... is; *~ to **be** ..., (ook)* die skyn van ... aanneem *('n vriend ens.); s.t. **does not** ~ to be exhaustive/etc.* iets maak geen aanspraak op volledigheid/ens. nie; *~ **illness*** maak (as)of (*of* voorgee dat) jy siek is; *~ **to** s.t.* aanspraak maak op iets. **pre·tence** (valse) skyn, voorwendsel; skynvertoon; oëverblindery; veinsing; aanspraak; (die) voorgee; aanmatiging, pretensie; *a ~ **at** a* ... 'n sogenaamde ... *(onthaal ens.); by/under **false** ~s* onder valse voorwendsels; ***make** ~ to (*or ***make** a ~ of)* ... maak (as)of (*of* voorgee dat) jy ...; *s.t. makes **no** ~ of being exhaustive/etc.* iets maak geen aanspraak op volledigheid/ens. nie; *~ **of** virtue* skyndeug; *on the **slightest** ~* by die geringste aanleiding; ***under** the ~ of* ... onder (die) voorwendsel van ...; *do s.t. **under** the ~ of charity/etc.* iets onder die naam/skyn van liefdadigheid/ens. doen. **pre·tend·ed:** *~ faith* skyngeloof; *~ wife* sogenaamde/kam(s)tige/vermeende vrou. **pre·tend·er** aanspraakmaker, pretendent; skynheilige, huigelaar; *the ~ to the throne* die troonpretendent. **pre·tend·ing** aanmatigend, pretensieus; huigelagtig; kam(s)tig, sogenaamd. **pre·tense** *(Am.)* = PRETENCE. **pre·ten·sion** aanspraak; aanmatiging, verwaandheid; pretensie; voorwendsel; *s.o.'s ~ to* ... iem. se pretensie op ...; *without ~* sonder pretensie. **pre·ten·tious** aanmatigend, pretensieus, vol pretensie; pronkerig; verwaand. **pre·ten·tious·ness** aanmatiging, verwaandheid.

pre·ter= *komb.vorm* bo=.

pre·ter·hu·man bomenslik.

pret·er·ite, *(Am.)* **pret·er·it** *(gram.)* verlede tyd, verledetydsvorm, preteritum.

pret·er·i·tion weglating, veron(t)agsaming.

pre·term *adj. & adv., (med.)* te vroeg, voortydig, ontydig, prematuur; *~ baby* vroeggebore/premature baba; *~ birth* voortydige/ontydige/premature geboorte, vroeggeboorte; *be born ~* te vroeg gebore word.

pre·ter·mit =*tt*=, *(arg.)* uitlaat, weglaat, veron(t)agsaam, nalaat; oorslaan. **pre·ter·mis·sion** uitlating, weglating, veron(t)agsaming; (die) oorslaan.

pre·ter·nat·u·ral bonatuurlik; onnatuurlik.

pre·text *n.* voorwendsel; dekmantel; *on/under/upon the ~ of* ... onder die skyn/voorwendsel van ...; *on the slightest ~* by die geringste aanleiding. **pre·text** *ww.* voorgee.

pre·tor →PRAETOR.

Pre·to·ri·a *(geog.)* Pretoria. **Pre·to·ri·an** *n.* Pretorianer. **Pre·to·ri·an** *adj.* Pretoriase, van Pretoria. ~ **Series** *(geog.)* Pretoria-serie.

pre·to·ri·an →PRAETORIAN.

pre·treat voorbehandel. **pre·treat·ment** voorbehandeling.

pret·ti·fy mooimaak, mooi voorstel. **pret·ti·fi·ca·tion** mooimakery, vermooiing.

pret·ti·ly mooi, fraai, netjies, oulik, liefies. **pret·ti·ness** mooiheid, fraaiheid; gesogtheid.

pret·ty =*ties, n.* mooi mensie/dingetjie, mooie(tjie); liefie; *(ook, i.d. mv.)* (fyn) onderklere. **pret·ty** *ww.: ~ ... up, (infml.)* ... opsmuk. **pret·ty** *adj.* mooi, fraai; lief(ies), aanvallig; aardig; *(as) ~ **as** a picture* →PICTURE *n.; s.o.'s not just a ~ **face,** (infml.)* iem. het/is nie net 'n mooi gesiggie nie, iem. is meer as net 'n mooi gesiggie; *my ~ **one*** my liefie; *a ~ **penny*** →PENNY; ***prettiest** pet/etc. imaginable* moois denkbare troeteldier/ens.; *s.o. is/was not a ~ **sight*** iem. lyk maar sleg (*of* het maar sleg gelyk); *s.t. is/was not a ~ **sight*** iets is/was nie 'n mooi gesig (*of* is/was nie mooi om te aanskou/sien) nie. **pret·ty** *adv., (infml.)* taamlik; redelik; *find s.t. ~ **hard*** →HARD *adj. & adv.; be ~ **ill*** →ILL *adj.; ~ **much** the same* →MUCH; *be **sitting** ~, (infml.)* goed af wees, in 'n gunstige posisie wees/verkeer. **~-pretty** *(infml.)* popmooi; popperig; *~ face* popgesig(gie).

pret·ty·ish mooierig.

pret·zel pretzel.

pre·vail die oorhand kry, seëvier, wen; heers; die oorhand hê; in swang wees, algemeen wees; *~ **against/over*** ... die oorhand oor ... kry, oor ... seëvier, ... oorwin; ***justice** must ~* →JUSTICE; *~ **on/upon** s.o. to do s.t.* iem. omhaal/ompraat/oorhaal/oorreed om iets te doen; ***truth** ~ed* →TRUTH. **pre·vail·ing** heersend, geldend; algemeen; *~ wind* heersende wind. **prev·a·lence** (die) heers; oorwig, oorhand; algemeenheid; voorkoms(syfer). **prev·a·lent** oorwegend; heersend, algemeen; *sickness/etc. is ~ here* siekte/ens. heers (*of* is baie algemeen) hier.

pre·var·i·cate jok; dubbelsinnig praat/handel, rondspring, uitvlugte soek, jakkalsdraaie maak, draaie loop. **pre·var·i·ca·tion** jokkery, leuen(tjie), uitvlug(gie), dubbelsinnigheid, jakkalsdraaie, bontpratery, skelmstreke; *(jur.)* beroepsontrou, prevarikasie. **pre·var·i·ca·tor** bedrieër, huigelaar, jakkals.

pre·ve·ni·ent *(fml.)* voorafgaande, vorige.

pre·vent verhinder, belet, voorkom; verhoed; vermy; keer, afweer; teëhou, teenhou; *~ an evil* 'n kwaad verhoed; *~ s.o. from doing s.t.* iem. verhinder om iets te doen; iem. belet om iets te doen; *be ~ed from doing s.t.* verhinder word om iets te doen. **pre·vent·a·bil·i·ty** voorkombaarheid; vermybaarheid; afweerbaarheid. **pre·vent·a·ble** voorkombaar; vermybaar; afweerbaar. **pre·ven·ta·tive** = PREVENTIVE. **pre·vent·er bolt** katbout. **pre·vent·i·bil·i·ty** = PREVENTABILITY. **pre·vent·i·ble** = PREVENTABLE. **pre·ven·tion** verhindering, voorkoming; verhoeding; afwering; voorbehoeding; *~ is better than cure* voorkoming is beter as genesing, voorsorg voorkom nasorg; *for the ~ of* ... ter voorkoming van ... **pre·ven·tive** *n.* voorbehoedmiddel. **pre·ven·tive** *adj.* verhinderend, voorkomend; voorbehoedend; afwerend; preventief; *~ **arrest/detention*** voorkomende aanhouding, preventiewe arres/aanhouding; *take ~ **measures*** voorsorg=/voorkomingsmaatreëls (*of* voorkomende maatreëls) tref; *~ **medicine*** voorkomende geneeskunde; *~ **war*** preventiewe oorlog.

pre·ver·bal *adj.* preverbaal.

pre·view *n.* voorskou, voorbesigtiging; voorvertoning; voorbeskouing; voorafskaduwing. **pre·view** *ww.* vooraf sien.

pre·vi·ous *adj.* vorige, voor(af)gaande, vroeër(e); *(infml.)* haastig; *~ **conviction*** →CONVICTION; *the ~ **day/etc.*** die vorige dag/ens., die dag/ens. tevore; *plead a ~ **engagement*** 'n vroeër afspraak voorhou; *~ **existence*** voorbestaan; *~ **offender*** →OFFENDER; *move the ~ **question,** (parl.)* voorstel om van die punt af te stap (*of* om tot stemming oor te gaan), voorstel dat van die punt afgestap (*of* dat tot stemming oorgegaan) word. **pre·vi·ous** *adv.* voor; *~ **to*** ... voor ... **pre·vi·ous·ly** (van)tevore, vooraf, voorheen, vooruit, hiervóór; haastig; *~ held ideas* voormalige opvattinge/opvattings.

pre·vise *(w.g.)* vooruitsien, voorspel; waarsku. **pre·vi·sion** *(w.g.)* vooruitsiendheid, voorkennis, voorwete(ndheid); voorspelling.

pre·war vooroorlogs, voor die oorlog.

pre·wash *n.* voorwassiklus *(v. 'n wasmasjien).* **pre·wash** *ww.* vooraf was.

prex, prex·y =*ies, (Am., infml.)* rektor, kollege=, universiteitshoof; president.

prey *n.* prooi; slagoffer; *(arg.)* buit, roof; *beast/bird of ~* →BEAST, BIRD; *be ~ to* ... 'n prooi/slagoffer van ... wees; *fall (a) ~ to* ... die/'n slagoffer van ... word, ... ten prooi val. **prey** *ww.: ~ on/upon* ... op ... aas; ... beroof/plunder; ... kwel, aan ... knaag *(d. gewete); s.t. ~s (up)on s.o.'s mind* iets kwel (*of* spook by) iem., iets bly in/deur iem. se gedagtes/kop maal.

prez·zie →PRESSIE.

Pri·am *(Gr. mit.)* Priamos.

pri·ap·ic, pri·a·pe·an priapies, wellustig, onverbloemd eroties; fallies.

pri·a·pism *(med.)* priapisme.

Pri·a·pus *(Gr. mit.)* Priapos.

price *n., (ook fig.)* prys; prys, koers *(v. effekte); (arg.)* waarde; ***above/beyond/without** ~* onskatbaar, onbetaalbaar, nie vir geld te koop nie; ***at** a ~* as jy bereid is om te betaal; ***at** any ~* tot elke prys; *not **at** any ~* vir geen geld ter wêreld nie, in/onder geen omstandighede nie, glad/hoegenaamd nie; *s.o. **beats** down the ~ of s.t.* iem. ding op die prys van iets af; ***cut** ~s* die pryse verlaag/(be)snoei; *~s are **down*** die pryse is laer; *~s **drop*** die pryse daal/sak; *a **drop/fall** in ~s* 'n prysdaling; *what's that got to do with the ~ of **eggs?*** wat het dit (miskien/nou) daarmee (*of* met die saak) te doen/make (*of* uit te waai)?; *at a **fair/etc.** ~* vir/teen 'n billike/ens. prys; *s.t. **fetches** a ~* iets behaal 'n prys; *potatoes/etc. are **fetching** good ~s* aartappels/ens. is goed op prys (*of* behaal goeie pryse); ***fix** a ~* 'n prys vasstel; *a **fixed** ~* 'n vaste prys; ***freeze** ~s* die pryse vaspen; *~s **go down*** die pryse daal/sak; *~s **go up*** die pryse styg; *a ... of **great** ~* 'n baie waardevolle ...; *s.o. **has** a ~* iem. kan omgekoop word; *place/put/set a ~ on s.o.'s **head*** 'n prys op iem. se kop sit, 'n prys op iem. se hoof plaas; *the ~ **is*** ... dit kos (*of* die prys is) ...; ***knock** s.t. off the ~* →KNOCK *ww.; **name** a ~* 'n prys maak; *~ **of** issue* →ISSUE PRICE; *~ **of** money* rentekoers, =voet; *scale **of** ~s* prysskaal; *you can't put a ~ **on** friendship/etc.* vriendskap/ens. kan nie in terme van geld gemeet word nie; ***pay** a high ~ for s.t.* iets duur koop *(vryheid ens.); every **person** has his/her ~* as jy maar dik smeer, word elke hand glad; ***put** a ~ on s.t.* die waarde van iets bepaal; ***put up** the ~* die prys verhoog/opstoot; ***quote** a ~* 'n prys opgee/verstrek/noteer; *sell (s.t.) at **reduced** ~s* iets teen verminderde/verlaagde pryse verkoop; *~s **rise*** die pryse styg; *two articles are the **same** ~* twee artikels kos ewe veel; ***set** a ~* 'n prys maak; ***set** a ~ on s.t.* 'n prys vir iets bepaal/vasstel; *~s **skyrocket*** die pryse skiet die hoogte in; *~s are **soaring*** →SOAR; ***state** a ~* 'n prys opgee; ***stiff** ~* →STIFF *adj.; ~s are **up*** →UP *adj. & adv.; **what** ~ ... now?* wat beteken ... nou?, wat bly nou oor van ...?, wat sê jy nou van ...?; ***what** is the ~ of ...?* wat kos ...?; ***without** ~* →***above/beyond/without.*** **price** *ww.* prys, 'n prys maak/vasstel; van 'n prys voorsien; 'n prysetiket aanhang; (na) die prys vra; *be ~d at ...* ... kos; die prys op ... vasgelê hê; *~ o.s./s.t. out of the market* jou/die prys onmoontlik hoog maak, onmoontlik duur produseer. ~ **bracket** prysklas. ~ **ceiling** prysplafon, boonste prysgrens. **~-computing scale** prysaangewende (weeg)skaal, prysweegskaal. ~ **control** prysbeheer. ~ **controller** pryskontroleur. ~ **current** pryskoerant, =bulletin. ~ **cut,** ~ **reduction** prysverlaging, =vermindering. **~-cutter** prysonderbieër. **~-cutting** prys(be)snoeiing, =verlaging; (prys)onderkruipery. ~ **determination** prysvasstelling. **~-fixing** prysvasstelling, =bepaling; prysknoeiery. ~ **freeze** prysvaspenning. ~ **increase** prysverhoging; prysstyging, =toename. ~ **index** prysindeks. ~ **level** prysvlak, =peil. ~ **limit** prysgrens, =perk. ~ **list** koers=, pryslys; pryslys, =katalogus. ~ **maintenance** pryshandhawing, =binding. ~ **quotation** prysopgawe, =notering, (prys)kwotasie. ~ **range** prysreeks; prysklas. ~ **reduction** →PRICE CUT. ~ **regulation** prysreëling. ~ **rigging** manipulasie van pryse, prysmani pulasie. ~ **ring** pryskartel. ~ **rise** prysstyging. ~-**sensitive** prysgevoelig. ~ **spread** prysmarge; prysreeks. ~ **support** prysondersteuning, pryssteun. ~ **tag** pryskaartjie, -etiket. ~ **war** prysoorlog.

price·less onbetaalbaar, kosbaar, onskatbaar; ~ *joke* kostelike/onverbeterlike grap.

price·y, pri·cy *(infml.)* duur, aan die duur kant. **pric·i·ness** *(infml.)* duurheid, duurte.

pric·ing prysberekening, -bepaling, -vasstelling, -setting. ~ **policy** prys(vasstellings)beleid.

prick *n.* steek, prik; *(vulg. sl.)* voël, draad, lat, trul; gaatjie; kwelling, wroeging; *(vulg. sl., neerh.: veragtelike mens)* poephol, bliksem, doos, trut; *~s of conscience* →CONSCIENCE; *kick against the ~s* teen die prikkels skop; teëstribbel, teenstribbel. **prick** *ww.* prik, steek; oopsteek, 'n gaatjie maak/steek in; deursteek; aanspoor, aansit, aanpor; spits; kwel, knaag; ~ *the* ***bubble*** *of s.t.* →BUBBLE *n.*; ~ *up one's* ***ears*** →EAR[1] *n.*; ~ *one's* ***finger*** *with/on s.t.* jou vinger met iets prik; ~ *s.t.* ***in/out/off*** iets verplant/uitplant; ~ *s.t.* ***off/out,*** *(ook)* iets uitstippel (*of* deur stippies aangee). ~ **ears** spits ore, opstaanore. ~**teaser** →COCKTEASER.

prick·er steker; priem, prikker; *(spw.)* vuurhaak. ~**foot** drukvoetjie.

prick·et spiesbok, -hert; *(hist.)* kerspen.

prick·le *n.* stekel, doring, pen; prikkel. **prick·le** *ww.* steek, prik.

prick·ly stekel(r)ig, stekerig, steek-; doringrig, doring-; prikkelend; jeukerig; lastig, netelig *('n probleem ens.)*; ~ ***apple,*** *(Solanum acanthoideum; Datura stramonium)* doringappel; *have a ~* ***character*** 'n beduiwelde/driftige/(oor)haastige geaardheid hê, haastig/opvlieënd/vinnig van geaardheid wees, beduiweld/befoeterd/beneuk (*of* vol draadwerk) wees; ~ ***heat*** →HEAT; ~ ***pear*** turksvy; *thornless ~* ***pear*** kaalblaar-, kaalbladturksvy. **prick·li·ness** *n.* stekel(r)igheid, stekerigheid; doringrigheid, doringagtigheid; prikkelrigheid; jeukerigheid; prikkelbaarheid, kriewelrigheid, liggeraaktheid; neteligheid, lastigheid *(v. 'n probleem ens.)*.

pri·cy →PRICEY.

pride *n.* trots, eergevoel; verwaandheid, hoogmoed, hovaardigheid, hooghartigheid, trotsheid; glorie, luister; trop *(leeus)*; *s.t. is a* ***blow*** *to s.o.'s ~* →BLOW[3] *n.*; ***burst*** *with ~* baie trots wees; *be* ***consumed*** (*or* ***eaten up***) *with ~* vergaan van (*of* verteer wees deur) hoogmoed; *~ will have* (*or comes/goes before*) *a* ***fall*** hoogmoed kom tot 'n (*of* voor die) val; *be* ***filled*** *with ~ in s.t.* met trots op iets vervul wees; ***hurt/wound*** *s.o.'s ~* iem. se eer te na kom; *be s.o.'s ~ (and joy)* iem. se trots (en vreugde) wees; iem. se oogappel wees; ***London*** ~ →LONDON; *be the ~* ***of***... die trots van ... wees *(jou familie ens.)*; *~* ***of*** *ancestry* adeltrots, trots op jou afkoms; ~ ***of*** *De Kaap* vlam-van-die-vlakte; ~ ***of*** *the flesh* hoogmoed van die vlees; ~ ***of*** *India, (Lagerstroemia indica)* skubliesroos; ~ ***of*** *the morning* mis/(reën)bui in die vroeë oggend wat op 'n sonnige dag dui; ~ ***of*** *Table Mountain, (bot.)* rooidisa, trots van Tafelberg; *s.o.'s* ***offended*** ~ iem. se gekrenkte trots; *a* ***peacock*** *in his ~* 'n pronkende pou; *give ~ of* ***place*** *to* ... die voorrang/ereplek aan ... gee; *have/hold/take ~ of* ***place*** die ereplek inneem, vooraan staan; *give/yield ~ of* ***place*** *to* ... die ereplek aan ... afstaan; ***pocket/swallow*** *one's ~, (infml.)* jou trots (in)sluk; *s.o. has to put his/her ~ in his/her* ***pocket*** (*or has to* ***pocket*** *his/her ~*), *(infml.)* iem. moet sy/haar trots sluk (*of* moet sy/haar hoogmoed [maar] tot later bêre); ***puncture*** *s.o.'s ~* →PUNCTURE *ww.*; ***take*** *~ in s.t.* trots op iets wees; jou trots/eer in iets stel; ***wound*** *s.o.'s ~* →***hurt/wound.*** **pride** *ww.: ~ o.s. (up)on ...* op ... roem, jou op ... beroem, trots op ... wees, met ... spog. **pride·ful(·ness)** trots.

prie-dieu *prie-dieux, (Fr.)* bidstoel.

pri·er, pry·er spioen, snuffelaar; →PRY[1].

priest *n.* priester; geestelike; *(neerh.)* paap; ~ *of science* priester/dienaar van die wetenskap. **priest** *ww.* tot priester wy. ~**craft** priesterbeleid; *(neerh.)* priesterlis. ~-**king** priester-koning. ~-**ridden** onder priesterheerskappy, deur priesters geregeer.

priest·ess *n. (vr.)* priesteres, vroulike priester. **priest·hood** priesterskap, priesteramp; priesterdom, priesterstand. **priest·ly** priesterlik, priester-; ~ *robe/habit* priesterkleed.

prig pedant, verwaande persoon, wysneus; *(hoofs. Br.)* sakkeroller, goudief; *(arg.)* fat, laventelhaan. **prig·ger·y** →PRIGGISHNESS. **prig·gish** verwaand, wysneusig, eiewys, aanstellerig, pedanties. **prig·gish·ness, prig·ger·y, prig·gism** verwaandheid, wysneusigheid, aanstellery, aanstellerigheid, pedanterie.

prim *adj.* styf, gemaak, aanstellerig; preuts, sedig; presies, netjies; ~ *and proper* keurig netjies; ewe/danig sedig. **prim** *-mm-, ww.* tuit *(jou mond, lippe)*; uit die hoogte kyk. **prim·ness** preutsheid, sedigheid, *ens.* (→PRIM *adj.*).

pri·ma prima, eerste, beste, hoof-; ~ ***ballerina*** prima ballerina, hoofdanseres; ~ ***donna*** primadonna, hoofsangeres; ~ ***facie,*** *(jur.)* prima facie, op die oog; *play ~* ***vista,*** *(mus., w.g.)* van die blad speel.

pri·ma·cy voortreflikheid; aartsbiskoplike amp, primaatskap; *(psig.)* voorrang.

pri·mae·val →PRIMEVAL.

prim·age *(NS)* premie.

pri·mal primitief; vernaamste, fundamenteel; oorspronklik, grond-, oer-; ~ *scream, (psig.)* oerkreet; ~ *(scream) therapy, (psig.)* oerkreetterapie; ~ *source* oerbron.

pri·ma·ri·ly, pri·mar·i·ly allereers, in die eerste plek, hoofsaaklik, in hoofsaak.

pri·ma·ry *n., (Am.)* benoemingsverkiesing, voorverkiesing; *(Br.)* laer skool, laerskool; hoofsaak; primêre kleur; *(orn.)* primêre vlerkveer; *(elek.)* primêre wikkeling; *(astron.)* hoofliggaam, primêr, primêre liggaam; *the P~, (geol., vero.)* die Primêr (→PALAEOZOIC). **pri·ma·ry** *adj.* (aller)eerste, primêr; aanvanklik; eersteling-; elementêr; inleidend; vroegste, oorspronklik, grond-; vernaamste, hoof-; ~ ***axis*** hoofas; ~ ***cancer*** oorspronklike/primêre kanker; ~ ***cause*** aanleidende oorsaak; ~ ***cell,*** *(elek.)* primêre sel; ~ ***coil,*** *(elek.)* primêre spoel; ~ ***colour*** primêre kleur; grond-, hoof-, basiskleur; ~ ***education*** laer onderwys; ~ ***election*** voorverkiesing; ~ ***feather*** primêre vlerkveer; ~ ***health care*** primêre gesondheidsorg; *be of ~* (*or the first*) ***importance*** →IMPORTANCE; ~ ***industry*** primêre nywerheid; ~ ***meaning*** grondbetekenis; ~ ***meeting,*** *(Am.)* benoemingsvergadering; ~ ***mineral*** primêre mineraal; ~ ***planet*** hoofplaneet; ~ ***product*** primêre produk; ~ ***pupil*** laerskoolleerling; ~ ***rate*** prima koers; ~ ***rib,*** *(bot.)* hoofnerf, -rib; ~ ***rocks,*** *(geol.)* primêre gesteentes; ~ ***root*** hoofwortel; ~ ***rule*** hoofrol; ~ ***school*** laer skool, laerskool; ~ ***sense*** grondbetekenis; ~ ***shaft*** hoofas; ~ ***stem*** hoofstingel; ~ ***stress*** hoofklem; ~ ***teacher*** laerskoolonderwyser(es); ~ ***winding,*** *(elek.)* primêre wikkeling.

pri·mate *(Chr.)* aartsbiskop, primaat; *(soöl.)* primaat; *P~ of England* aartsbiskop van York; *P~ of All England* aartsbiskop van Kantelberg. **pri·mate·ship** primaatskap. **pri·ma·tial** primaats-.

pri·ma·tol·o·gy *(soöl.)* primatologie. **pri·ma·to·log·i·cal** primatologies. **pri·ma·tol·o·gist** primatoloog.

prime[1] *n.* fleur, bloeityd; *(arg.)* begin, eerste stadium; *(wisk.)* priemgetal; *(skermk.)* eerste parade, pareerposisie; *(druk.)* aksent; *(bankw., afk. v.* prime rate*)* prima koers; *(mus.)* priem, unisoon; *(mus.)* priem, grondvorm; ***in*** *s.o.'s ~* in iem. se fleur; op iem. se toppunt; *in the ~ of* ***life*** in die bloei van die lewe; *s.o. is* ***past*** *his/her ~* iem. se beste jare is verby (*of* agter die rug). **prime** *adj.* vernaamste, belangrikste, eerste, hoof-; prima, puik, eersteklas; primêr, fundamenteel, oorspronklik; ~ ***beef*** prima beesvleis; ~ ***cattle*** prima/eersteklas beeste; ~ ***coat,*** *priming coat* grond-, onderlaag; ~ ***colour,*** *priming colour* grondlaagkleur; ~ ***cost*** direkte koste; primêre koste; ~ ***example*** treffende voorbeeld; ~ ***factor,*** *(wisk.)* priemfaktor; *be of ~* ***importance*** van die grootste/hoogste belang wees; ~ ***meridian*** nulmeridiaan; ~ ***minister*** eerste minister; ~ ***ministership/ministry*** premierskap, eersteministerskap; ~ ***minister's office*** premierskantoor, eersteministerskantoor; ~ ***mover*** dryfkrag, dryfveer, leidende persoon; primêre kragbron; ~ ***number,*** *(wisk.)* priemgetal, ondeelbare getal; *the ~* ***object*** die hoofdoel (*of* vernaamste oogmerk); ~ ***rate,*** *(bankw.)* prima koers; ~ ***rib*** prima rib; ~ ***suspect*** hoofverdagte; ~ ***time,*** *(rad., TV)* spitstyd; ~ ***vertical,*** *(astron.)* eerste vertikaal.

prime[2] *ww.* laai *('n vuurwapen, springdoppie, ens.)*; *(hist.)* kruit in die pan gooi; 'n grondlaag gee, grondverf aanbring, grondverf; voorvoer *('n pomp)*; *(mot.)* inspuit; *('n stoomketel)* opkook, water trek; *(med., biochem.)* voorvoer; →PRIMING; *~ the pump* →PUMP[1] *n.*; *~ a witness, (jur.)* 'n getuie afrig/voorsê (*of* sy/haar getuienis laat instudeer).

pri·mer[1] leesboekie, ABC-boek; boek vir beginners; inleiding; (leke-)gebedeboek; *great ~* agt(t)ienpuntletter; *long ~* tienpuntletter.

pri·mer[2] ontsteker, ontstekingsmiddel; grond-, onderlaag; inspuitpomp; grondverf; voorvoerder *(v. 'n motor)*; ruimnaald; aanmaker. ~ **(cartridge)** doppiepatroon. ~ **(charge)** ontsteek-, slaglading.

pri·me·val primitief, oorspronklik, eerste, oer-; voorwêreldlik; oeroud; ~ *force* oerkrag; ~ *forest* oerwoud.

prim·i·grav·i·da *-das, -dae, (med.: vrou wat vir d. 1ste keer swanger is)* primigravida.

prim·ing inspuiting, voorvoering *(v. brandstof)*; grondverf; grond-, onderlaag; aanwakkering; ontstekingslading; opkoking *(v. 'n stoomketel)*; pankruit; ~ *of the tides* vervroeging van die gety. ~ **coat** →PRIME COAT. ~ **colour** →PRIME COLOUR. ~ **hole** sundgat. ~ **iron,** ~ **needle** ruimnaald. ~ **paint, primer** grondverf. ~ **pump** inspuit-, voorvoerpomp. ~ **valve** voorvoerklep. ~ **wire** ruimnaald, aansteekdraad.

pri·mip·a·ra *-ras, -rae, (med.: vrou wat vir d. 1ste keer geboorte skenk)* primipara. **prim·i·par·i·ty** primipariteit. **pri·mip·a·rous** eersbarend.

prim·i·tive *n.* primitiewe mens, barbaar; primitief, primitiewe skilder; primitiewe werk/skildery; primitiewe (skilder)kuns; *(ling.)* stam; *(wisk., rek.)* primitief; *the Flemish ~s* die Vlaamse primitiewe. **prim·i·tive** *adj.* primitief; oudste, oorspronklik, eerste, oer-; oeroud, uit die oertyd; outyds; *(ling.)* stam-; *(wisk.)* primitief, stam-; ~ ***force*** grondvorm; ~ ***language*** oertaal; ~ ***man*** die oermens; ~ ***people*** natuurvolk; ~ ***urge*** oerdrang, -drif; ~ ***water*** grondwater; ~ ***word*** stamwoord. **prim·i·tive·ness** primitiwiteit. **prim·i·tiv·ism** primitivisme. **prim·i·tiv·ist** primitivis. **prim·i·tiv·i·ty** = PRIMITIVENESS.

pri·mo *-mos, -mi, (It., mus.)* primo.

pri·mo·gen·i·tor stamvader. **pri·mo·gen·i·ture** eersgeboorte; eersgeboortereg, reg van die eersgeborene.

pri·mor·di·al oorspronklik, fundamenteel; oudste, allereerste, oer-; uit die oertyd; *(embriol.)* primordiaal; onontwikkel(d); ~ *cell* oersel; ~ *leaf* oorgangsblaar; ~ *tissue* grondweefsel. **pri·mor·di·um** *-dia, (biol.)* primordium, oorsprong, oervorm, beginpunt.

primp jou mooimaak/opsmuk.

prim·rose *(bot.: Primula officinalis)* gewone sleutelblom; *(Primula elatior)* slank sleutelblom; *(Primula veris)* primula; *Cape ~, (Streptocarpus* spp.*)* Kaapse sleutelblom; *tread the ~ path, (idm.: <Hamlet v. Shakespeare)* die breë pad/weg bewandel. ~ **(yellow)** liggeel.

prim·u·la →PRIMROSE.

pri·mum mo·bi·le *(Lat.)* kragbron; *(fig.)* dryfkrag, dryfveer, beweegrede; *(Me. astron.)* primum mobile.

Pri·mus *-muses, (handelsnaam)*: ~ **(stove)** primus(stofie), paraffien-, druk-, pompstofie.

pri·mus in·ter pa·res *(Lat.: d. eerste onder [sy] gelykes; d. woordvoerder)* primus inter pares.

prince prins, koningseun; vorsteseun; *(ook fig.)* vors; heerser; →CROWN PRINCE; *P~* ***Bismarck*** vors Bismarck; *P~* ***Charming*** die Towerprins; *(fig.)* die prins van jou drome, jou droomprins; *the P~* ***Imperial*** die Keiserlike Prins; ***Indian*** ~ Indiese vors; *the* ***Isle*** *of P~s* →ISLE; *live* ***like*** *a ~* soos 'n prins leef/lewe; *the P~* ***of*** *Darkness* die vors van die duisternis, die duiwel; *the P~* ***of*** *Evil* die Bose; *the P~* ***of*** *Peace* die Vredevors; ~ ***of*** *poets* digtervors; ~ ***of*** *the blood* prins van den bloede; *P~ **of** the Church, (hist.)* kerkvors; *the P~ **of** Wales* die Prins van Wallis, die Britse kroonprins; *P~ **of** Wales heath* veerheide; *P~'s **Park*** die Prinsepark. ~ **bishop** prins-biskop. ~ **consort** prinsgemaal. ~ **regent** prins-regent. ~ **royal** kroonprins. **~'s feather** *(bot.)* basteramarant; duisendknoop. **~'s metal** prinsmetaal.

prince·dom prinsdom; vorstedom; prinslike waardigheid; *the ~ of Orange* die prinsdom Oranje. **prince·ling** *(hoofs. neerh.)* prinsie; jong prins.

prince·ly *-lier -liest, adj.* prinslik; vorstelik; skitterend, luisterryk; ~ ***reward*** vorstelike beloning; ~ ***salary*** vorstelike besoldiging; ~ ***state*** vorstelike praal; vorstedom; prinsdom; ~ ***sum**, (iron.)* koninklike bedrag/som.

prin·cess prinses, koningsdogter; vorstin. ~ **dress,** ~ **frock** prinsesrok, -tabberd. ~ **regent** prinses-regentes. ~ **royal** kroonprinses.

prin·ci·pal *n.* hoof; hoofpersoon; skoolhoof, prinsipaal; rektor *(v. 'n universiteit); (jur.)* lasgewer, prinsipaal, opdraggewer, mandator; kapitaal, kapitaalbedrag, -som; hoofbalk; kapbeen; kap *(v. 'n dak);* prestant *(v. 'n orrel); ~ in the first degree, (Br., jur.)* dader; *~ in the second degree, (Br., jur.)* medepligtige, handlanger, mededader; *~s only* geen agente. **prin·ci·pal** *adj.* vernaamste, belangrikste, hoof-; ~ ***argument*** hoofgrond; ~ ***beam*** hoofbalk; ~ ***boy**, (teat.)* manlike hoofrol, held *(wat deur 'n vrou in 'n pantomime vertolk word);* ~ ***clerk*** hoofklerk, eerste klerk; ~ ***debtor*** hoofskuldenaar; ~ ***feature*** hoofkenmerk, vernaamste kenmerk, hooftrek; ~ ***language*** hooftaal; ~ ***offender*** dader, hoofskuldige, werklike pleger; ~ ***office*** hoofkantoor; ~ ***parts**, (gram.)* hoofdele *(v.d. ww.);* ~ ***post*** hoofstyl *(v. 'n dak);* ~ ***rafter*** kapbeen; hoofspar; ~ ***secretary*** eerste sekretaris; ~ ***sentence**, (gram.)* hoofsin; ~ ***stress*** hoofklem; ~ ***table*** hoof-, eretafel; ~ ***violin*** hoofviolis. **prin·ci·pal·i·ty** prinsdom, vorstedom; prinslike/vorstelike waardigheid; vorstelike regering; *the P~, (Br.)* die prinsdom Wallis; *the P~ of Monaco/Orange* →MONACO, ORANGE. **prin·ci·pal·ly** hoofsaaklik, in hoofsaak, vernaamlik, veral, oorwegend. **prin·ci·pal·ship** hoofskap, prinsipaalskap.

prin·ci·ple beginsel, prinsiep, prinsipe; grondslag; bestanddeel; rigsnoer; stelreël; ***adhere/keep** to a ~* by 'n beginsel bly/hou, aan 'n beginsel vashou, 'n beginsel handhaaf/volg; ***against** s.o.'s ~s* teen iem. se beginsels; ***cut** across a ~* →CUT *ww.; of **firm** ~s* beginselvas; *the **first** ~s of ...* die eerste beginsels van ...; ***in** ~* in beginsel, prinsipieel; *a **lack** of ~(s)* beginselloosheid; ***lay down** a ~* 'n beginsel bepaal/vasstel; *as a **matter** of ~* uit beginsel; *a person **of** ~* 'n beginselvaste mens/persoon; *a person **of no** ~s* 'n beginsellose mens/persoon; ***on** ~* uit beginsel; *~s of **phonetics*** beginsels van die klankleer; ***recognise** a ~* 'n beginsel huldig; *s.o. of **sound** ~s* iem. met vaste beginsels; ***stick** (or **be true**) to one's ~s* beginselvas wees; *be **without** ~* beginselloos wees. **prin·ci·pled** beginsel-, koersvas; →HIGH-PRINCIPLED.

prink *(w.g.)* glad stryk *(vere); ~ o.s. (up)* jou mooimaak/opsmuk/uitdos/(op)tooi.

print *n.* druk; afdruk *(v. 'n skildery);* prent; merk, stempel, stempelafdruk; spoor; druk, (druk)oplaag; (druk)skrif/letter; gedrukte (katoen)stof, sis; →PRINTING; ***fine/small** ~* fyn druk; *read the **fine/small** ~* op die fyner bepalings let; ***German** ~* →GERMAN; ***in** ~* in druk, (nog) (in die handel) verkry(g)baar; in gedrukte vorm; *appear **in** ~* (in druk *of* in gedrukte vorm) verskyn, uitgegee/gepubliseer word; *see s.t. **in** cold ~* iets swart op wit sien; *rush **into** ~* na die pers hardloop; *rush s.t. **into** ~* iets (oor)haastig laat druk/publiseer; ***large** ~* groot druk; ***make** a ~* 'n afdruk maak; *be **out of** ~* uit druk (*of* uitverkoop/onverkry[g]baar) wees; ***take** s.o.'s ~s* iem. se vingerafdrukke neem; ***the** (public) ~s, (infml.)* die koerante. **print** *ww.* druk; bedruk; afdruk; merk, stempel; plaas, opneem; uitgee, publiseer, druk; met drukletters skryf/skrywe; *(fig.)* inprent; →PRINTED; *~ s.t. on one's **memory*** →MEMORY; *a licence to ~ **money**, (fig.)* 'n maklike manier om geld te maak; ~ ***off*** druk *(dokumente ens.); ~ s.t. **out*** 'n drukstuk van iets maak. ~ **dress** katoenrok; sisrok. ~ **drier** *(fot.)* droogmasjien. ~ **hand** druk(letter)skrif. **~head** *(rek.)* drukkop. ~ **letter** drukletter. **~maker** afdrukmaker. ~ **on demand** *n., (afk.:POD)* druk op aanvraag. **~-on-demand** *adj. (attr.): ~ title* druk-op-aanvraagtitel. **~out** *n.* drukstuk; afdruk. ~ **run** oplaag. ~ **script** blokskrif. **~seller** prentehandelaar. ~ **shop** prentewinkel; drukkery. ~ **speed** *(rek.)* drukspoed, -tempo. **~wheel** →DAISYWHEEL. ~ **works** katoendrukkery(e); plakpapierdrukkery(e).

print·a·ble drukbaar; publiseerbaar.

print·ed: ~ ***calico*** →CALICO; ~ ***circuit*** etskring; ~ ***fabric/material*** gedrukte/bedrukte (kleding)stof; ***have** s.t. ~* iets laat druk; ~ ***linoleum*** bedrukte linoleum; ~ ***matter*** drukwerk; ~ ***paper*** bedrukte papier.

print·er drukker; *~'s **devil*** drukkersduiwel; *(hist.)* leerlingdrukker; *~'s **error*** druk-, setfout; *~'s **ink*** druk(kers)ink; *~'s **mark*** drukkersmerk; ***master** ~* drukkersbaas; *~'s **pi(e)*** pastei, bredie; *~'s **proof*** drukproef.

print·er·y *-ies, (hoofs.Am.)* drukkery.

print·ing druk; drukwerk; oplaag; uitgawe, druk; *(art of) ~* (boek)drukkuns. ~ **frame** *(fot.)* afdrukraam; kopieerraam. ~ **house** drukkery. ~ **industry** drukkersbedryf. ~ **ink** druk(kers)ink. ~ **machine** drukpers. ~ **office** drukkery. ~ **paper** (af)drukpapier; fotografiese papier. ~ **press** drukpers. ~ **trade** drukkersbedryf. ~ **type** lettervorm, drukletter. ~ **works** drukkery.

pri·or[1] *adj.* vroeër, voorafgaande, eerste, voor-; ~ ***approval*** vooraf goedkeuring; ~ ***claim**, (jur.)* voorgaande eis; *have a ~ **engagement*** reeds 'n (ander) afspraak hê. **pri·or** *adv.: ~ to ...* voor ...

pri·or[2] *n., (relig.)* prior, kloosterhoof, owerste. **pri·or·ate** prioraat, priorskap. **pri·or·ess** priores, priorin.

pri·or·i·tise, -tize *ww.* prioriteit (*of* [die] voorkeur) gee aan, vooropstel, prioritiseer; hoog op die agenda plaas; in volgorde van belangrikheid aanpak/afhandel/dek/plaas/vereffen/ens.; *s.o. wants to see s.t. ~d* iem. wil hê dat iets voorkeurbehandeling/prioriteitsaandag kry (*of* as 'n prioriteitsaak gehanteer word). **pri·or·i·ti·sa·tion, -za·tion** *n.* vooropstelling, prioritisering.

pri·or·i·ty voorrang, prioriteit; voorkeur, preferensie; *s.t. **gets** ~* iets geniet voorrang; ***give** ~ to ...* die voorrang aan ... verleen; ***have** ~ of ...* die eerste keuse hê uit ...; ***have/take** ~ over ...* die voorrang bo ... hê; *s.t. is high/low on s.o.'s **list** of priorities* iets is vir iem. belangrik (*of* van minder belang); ***order** of ~* →ORDER *n.; s.o. must get his/her priorities **right*** iem. moet besef wat die belangrikste is; *s.t. is s.o.'s **top** ~* iets is vir iem. die dringendste saak, iets gaan by iem. voor alles. ~ **mail** voorkeurpos. ~ **share** prioriteitsaandeel. ~ **treatment** voorkeurbehandeling.

pri·or·ship prioraat, priorswaardigheid. **pri·or·y** priory.

Pris·ci·an *(Bisantynse grammatikus)* Priskianus, Priscianus.

prise, *(Am.)* **prize** *n.* hefkrag; *(w.g. of dial.)* breekyster. **prise,** *(Am.)* **prize** *ww.* wikkel; oopbreek, -maak; *~ s.t. **loose*** iets loswikkel; *~ s.t. **off*** iets loswikkel; *~ s.t. **open*** iets oopbreek; *~ s.t. **out*** iets uitlig; *~ s.t. **out of** s.o.* iets uit iem. kry *(inligting, geheim, ens.); ~ s.t. **up*** iets oopbreek *('n deksel ens.).*

prism *(geom.)* prisma. **pris·mat·ic** *adj.* prismaties, prisma-. **pris·moid** *n., (geom.)* prismoïed. **pris·moi·dal** *adj.* prismoïdaal.

pris·on *n.* gevangenis, tronk; gevangenisstraf; ***break** (out of) ~* uit die tronk (uit)breek; ***clap** s.o. into ~* iem. in die tronk stop/gooi/smyt; ***commit** s.o. to ~* →COMMIT; ***go to** ~ for ...* weens ... tronk toe gaan *('n misdaad);* ***in** ~* in die gevangenis/tronk; gevange sit; ***put** s.o. in ~* iem. in die gevangenis/tronk sit; ***send** s.o. to ~* iem. tronk toe stuur. ~ **bars** (tronk)tralies; *behind ~ ~* agter (die) tralies. **~-break** ontsnapping uit die tronk. **~-breaker** ontsnapte gevangene, voortvlugtige. **~-breaking** uitbraak. ~ **camp** gevangeniskamp, gevangenekamp. ~ **farm** gevangenisplaas. ~ **fever** hospitaaltifus. ~ **house** gevangenis. ~ **officer** (gevangene)bewaarder, sipier. ~ **outpost** gevangenisbuitepos. ~ **sentence** tronkstraf; *get a ~ ~* gevangenisstraf/tronkstraf kry; *serve a ~ ~* gevangenisstraf/tronkstraf uitdien. ~ **term** straftyd, -termyn. ~ **van** tronk-, polisiewa. ~ **warder** tronkbewaarder, sipier. ~ **yard** tronkbinneplaas; tronkwerf.

pris·on·er gevangene, prisonier; bandiet; *the ~ at the **bar*** die gevangene voor die hof; ***~s' base**, (kinderspeletjie)* (hasie)ablou; ***~s' camp*** gevangenekamp; ***~ for** debt* gyselaar; ***~s' friend*** prisoniersvriend; ***keep** s.o. ~* iem. gevange hou; ***make/take** s.o. ~* iem. gevange neem; *~ **of conscience*** gewetensgevangene; *~ **of state*** →STATE PRISONER; *~ **of war*** krygsgevangene; *be ~ to one's **room*** in jou kamer opgesluit wees.

pris·sy danig sedig; preuts. **pris·si·ness** sedigheid; preutsheid.

pris·tine vroeër, voormalig, eerste, oorspronklik, oud, eertyds, jeug-; ongerep; *~ glory* jeugglorie, eertydse glorie, glorie van weleer.

prith·ee *tw., (arg.)* ek vra u; *tell me, ~* sê my tog.

pri·va·cy privaatheid; afsondering, eensaamheid; stilte; geheimhouding; *in ~* privaat, afgesonder(d); *~ of letters* briefgeheim.

pri·vate *n.* manskap, gewone soldaat; *(SA)* weerman; *(ook, i.d. mv.)* geslagsdele; *in ~* privaat; in die geheim; onder vier oë; agter/met geslote deure *(vergader).* **pri·vate** *adj.* privaat, partikulier; persoonlik, eie; vertroulik, heimlik; afgesonder(d), gereserveer(d); ~ ***act*** privaat/private wet; ~ ***affair*** persoonlike aangeleentheid; onderonsie; ~ ***bag*** privaat/private sak; ~ ***bank*** privaat/private bank; ~ ***bill*** privaat/private wetsontwerp; *~ (post office) **box*** privaat/private (pos)bus; *for ~ **circulation** (only)* as manuskrip gedruk, nie in die handel nie; ~ ***clothes*** burgerdrag, -klere; ~ ***company*** privaat/private maatskappy; *~ and **confidential*** streng vertroulik; *by ~ **contract*** uit die hand *(verkoop);* ~ ***conversation*** vertroulike gesprek; ~ ***detective/investigator*** privaat/private speurder; *this is for your ~ **ear*** dit bly tussen ons, dis net vir jou bedoel; ~ ***ends*** persoonlike oogmerke; ~ ***enterprise*** privaat/private inisiatief; privaat/private onderneming; *~ **eye**, (infml.)* privaat/private speurder; ~ ***hospital*** verpleeginrigting, privaat/private hospitaal; ~ ***hotel*** privaat/private hotel; ~ ***house*** woonhuis, privaat/private woning; ~ ***income*** privaat/private inkomste; ~ ***information*** vertroulike inligting; ~ ***international law*** internasionale privaatreg; ~ ***investigator*** →***detective/investigator;*** ~ ***joke*** familiegrappie; privaat/private grap(pie); ***keep** s.t. ~* iets stilhou; ~ ***law*** privaatreg, burgerlike/siviele reg; *in ~ **law*** privaatregtelik; ~ ***lesson*** privaat/private les; ~ ***letter*** persoonlike brief; *in ~ **life** she is ...* haar getroude naam is ...; in die privaat/private lewe is sy ...; *have ~ **means*** 'n privaat/private inkomste hê, oor privaat/private middele beskik, privaat/private middele besit; ~ ***medicine*** privaat/private geneeskunde; ~ ***member*** gewone lid *(v. wetgewende liggaam);* ***~ members' day*** ledesdag; ~ ***opinion*** persoonlike mening; ~ ***ownership/property*** privaat/private besit; ~ ***parts**, (euf.)* geslags-, skaamdele; ~ ***patient*** privaat/private pasiënt; ~ ***pilot*** privaat/private vlieënier; sportvlieënier; *be in ~ **practice*** privaat praktiseer, 'n privaat/private praktyk hê; *go into ~ **practice*** 'n privaat/private praktyk begin; ~ ***press*** klein/privaat/private drukkery; ~ ***road*** privaat/private pad; ~ ***room*** privaat/private vertrek; ~ ***school*** privaat/private skool; ~ ***secretary*** privaat/private sekretaris; *(hist.)* geheimskrywer; *the ~ **sector**, (ekon.)* die privaat/private sektor; ~ ***soldier*** weerman, manskap, gewone soldaat; ~ ***stream*** privaat/private stroom; ~ ***teacher*** privaat/private onderwyser(es); ~ ***tender*** onderhandse tender/inskrywing; *for ~ **use*** vir eie/privaat/private gebruik; ~ ***view*** persoonlike sienswyse; voorvertoning, voorskou; ~ ***war*** familietwis, -vete; privaat/private oorlog; ~ ***ward*** privaat/private saal *(in 'n hospitaal);* ~ ***wrong*** oortreding van die privaatreg.

pri·va·teer *(sk., hoofs. hist.)* kaper(skip), kaapvaarder;

kaper, seerower. **pri·va·teer·ing** *(sk., hist.)* kaapvaart, kapery. **pri·va·teers·man** =*men, (sk., hist.)* kaper, seerower.

pri·vate·ly alleen, in afsondering; in die geheim, heimlik; onder vier oë; privaat; agter/met geslote deure; onderhands; *sell s.t.* ~ iets uit die hand verkoop.

pri·va·tion ontbering, gebrek; *suffer ~s* ontberings deurmaak/verduur.

pri·vat·ise, =ize privatiseer. **pri·vat·i·sa·tion, =za·tion** privatisering. **pri·va·tis·er, =tiz·er** privatiseerder.

priv·a·tive *adj.* berowend; *(gram.)* ontkennend, privatief.

priv·et *(bot.)* liguster; *golden* ~ goudliguster.

priv·i·lege *n.* voorreg; vrywaring; *(jur.)* bevoorregting; privilegie; *enjoy ~s* voorregte geniet; *it is a ~ to ...* dit is 'n voorreg om te ... **priv·i·lege** *ww.* bevoorreg; magtig; regverdig, verontskuldig; privileg(i)eer; ~ *from* vrystel van; vrywaar teen. **priv·i·leged** *(jur.)* bevoorreg, gepriviieg(i)eer; beskerm(d); ~ ***communication,*** *(jur.)* beskermde mededeling; ~ ***occasion,*** *(jur.)* bevoorregte/gepriviieg(i)eerde geleentheid; *be in a ~ **position**, (ook)* die naaste aan/by die vuur sit; *be ~ **to** ...* die eer/voorreg hê om te ...

priv·i·ty *(jur.)* medewete; *(jur.)* wetlike verhouding, regsverhouding, verbondenheid.

priv·y *n.* gemak(huisie), kleinhuisie; *(jur.)* betrokkene *(by 'n kontrak)*. **priv·y** *adj.* ingelig; *(arg.)* geheim, heimlik, verborge, afgesonder(d); *P~ **Council*** Geheime Raad; *P~ **Councillor*** lid van die Geheime Raad; ~ ***parts*** →PRIVATE PARTS; ~ ***purse*** siviele lys; ~ ***seal*** geheimseël; *Lord P~ **Seal*** →LORD; *be ~ **to** s.t.* in iets ingewy wees *('n geheim)*; van iets weet, op (die) hoogte van/met iets wees, met iets bekend wees; *(jur.)* aan iets aandadig wees. **priv·i·ly** heimlik, in die geheim.

prize[1] *n.* prys; bekroning; beloning; ***award** a ~ to ...* 'n prys aan ... toeken; ***distribution** of ~s* →DISTRIBUTION; ***draw** a ~* →DRAW *ww.*; ***get** a ~* 'n prys kry; ***land** a ~* →LAND *ww.*; *(there are) **no** ~s for guessing, (infml.)* ek gee jou drie raaie; ***offer** a ~* →OFFER *ww.*; ***present** ~s* pryse uitdeel; ***take** a (or the first/etc.) ~* 'n (*of* die eerste/ens.) prys wen/kry/behaal/verwerf; ***win** a ~* →WIN *ww.*. **prize** *adj. (attr.)* bekroonde, prys=; ~ *essay* prysopstel, bekroonde opstel; ~ *idiot* aartsgek; ~ *poem* bekroonde gedig. **prize** *ww.* waardeer, op prys stel, hoogskat; *s.t. is highly ~d* iets is gesog; *s.o.'s most ~d possession* iem. se kosbaarste/waardevolste besitting. ~ **distribution** prysuitdeling. **~fight** bokswedstryd, vuisgeveg. **~fighter** (beroeps)bokser, vuisvegter. **~fighting** boks(kuns), vuisvegtery. **~-giving** prysuitdeling. ~ **judge** prysbeoordelaar; prysregter. ~ **list** lys van pryse/pryswenners. **~man** =*men* bekroonde, pryswenner. ~ **medal** pryspenning, =medalje. ~ **money** prysgeld; buitgeld. ~ **question** prysvraag. ~ **ring** bokskryt. **~winner** pryswenner, bekroonde. **~winning** bekroon(d), prys=; ~ *drama* prysdrama, bekroonde drama.

prize[2] *n., (sk.)* buit (ter see); *(hoofs. hist.)* buit=, prysskip; *make (a) ~ of a ship* 'n skip buit. **prize** *ww.* prys maak, buit *('n skip)*. ~ **court** pryshof *(v. buitgemaakte goed)*.

prize[3] *n. & ww.* →PRISE *n. & ww.*.

pro[1] *pros, n. (infml.: afk. v.* professional*)* professioneel; *(sport)* beroepspeler; *(prostituut)* lyfsmous; *golf* ~ beroepsgholfspeler, professionele gholfspeler; *old ~, (ervare pers.)* ou/uitgeslape kalant. **~-am** *n., ([gholf]toernooi vir beroepspelers en amateurs)* pro-am(-[gholf]toernooi), oop/ope (gholf)toernooi. **~-am** *adj. (attr.)* pro-am-, oop, ope *([gholf]toernooi ens.)*.

pro[2] *prep., (Lat.)* vir; voor, ten gunste van; ~ ***amico,*** *(jur.)* pro amico, vriendskapshalwe; ~ *and **con*** voor en teen; *the ~s and **cons*** die voor en teen; die voordele en nadele; *weigh the ~s and **cons*** wik en weeg; ~ ***Deo,*** *(jur.)* pro Deo, kosteloos; ~ ***forma*** pro forma, vir (*of* ter wille van) die vorm; ~ ***forma invoice*** pro forma-faktuur; ~ ***rata*** pro rata, na verhouding/eweredigheid; ~ ***tem*** voorlopig, tydelik.

pro=[1] *pref.* pro-, =gesind; pro=, voor=; vooruit= voort=.

pro=[2] *pref.* pro=, voor=.

pro·a, prau, prah·u *(sk.)* prou.

pro·ac·tive *adj.*, **=ly** *adv.* proaktief; ~ *inhibition, (psig.)* proaktiewe inhibisie.

pro-Af·ri·kaans Afrikaansgesind, pro-Afrikaans; ~ *feeling* Afrikaansgesindheid.

pro-A·mer·i·can Amerikaansgesind, pro-Amerikaans.

prob *(afk., infml.)* = PROBLEM.

prob·a·bil·ism *(filos., RK)* probabilisme, waarskynlikheidsleer, redelikheidsleer. **prob·a·bil·is·tic** probabilisties.

prob·a·bil·i·ty =*ties, n.* waarskynlikheid; gebeurlikheid; *in **all** ~* na alle waarskynlikheid, stellig; *the probabilities **are** that ...* waarskynlik sal ...; *the **balance** of probabilities* →BALANCE *n.*; ***know** the probabilities* weet wat waarskynlik sal gebeur; *there is **no** ~ of s.t. happening* iets sal beslis nie gebeur nie; *calculus **of** probabilities* →CALCULUS[2]; *theory **of** ~* →THEORY; *the **weight** of probabilities is that ...* die waarskynlikste is dat ... ~ **curve** waarskynlikheidskromme. ~ **density** *(statist.)* waarskynlikheidsdigtheid. ~ **distribution** *(statist.)* waarskynlikheidsverdeling.

prob·a·ble waarskynlik, vermoedelik; *it is highly ~* dit is hoogs waarskynlik; *the most ~ ...* die waarskynlikste ... **prob·a·bly** waarskynlik, vermoedelik, seker; *more ~* eerder; *most/very ~* heel/hoogs waarskynlik.

pro·band →PROPOSITUS.

pro·bang *(med.)* slukdermsonde.

pro·bate verifikasie van 'n testament. ~ **duty** suksessiereg.

pro·ba·tion proef(tyd); ondersoek; voorwaardelike vrylating; *be on ~* op proef wees; *period of ~* = PROBATION PERIOD; *serve one's ~* 'n proeftyd uitdien/deurloop. ~ **hostel** uitplasingstehuis. ~ **officer** proefbeampte. ~ **period** proeftyd(perk).

pro·ba·tion·ar·y proef=; ~ *period* proeftyd(perk); ~ *year* proefjaar. **pro·ba·tion·er** iem. in sy/haar proeftyd; proefleerling; proeweling; kwekeling; leerlingverpleegster; voorwaardelik (*of* op proef) vrygestelde persoon.

pro·ba·tive bewys=; bewyslewerend; ~ *force/value* bewyskrag.

probe *n., (med.)* peilstif, sonde, voelstafie, =pen, sondeerstif; wondpeiling; sondeerder, toetspen, proefstif; *(elek.)* peiler; (noulettende) ondersoek. **probe** *ww.* peil, ondersoek, nagaan; *(med.)* sondeer; proef; ~ *into s.t.* iets (noulettend) ondersoek, in iets deurdring. **prob·ing** *n.* grondige/diepgaande/deurtastende ondersoek; gekrap *(in iem. se private lewe)*. **prob·ing** *adj.* indringend, grondig, diepgaande, deurtastend; ~ *eyes* deurdringende oë; ~ *inquiries* grondige/diepgaande/deurtastende ondersoek; ~ *questions* indringende vrae.

pro·bi·ty *(fml.)* opregtheid, eerlikheid, onkreukbaarheid, deugsaamheid.

prob·lem probleem, vraagstuk; vraag; werkstuk; raaisel; kwessie; moeilikheid, hindernis, struikelblok; ***address** a ~* 'n probleem aanpak, iets aan 'n probleem doen; 'n vraagstuk hanteer; *(in 'n geskrif)* 'n probleem behandel; *a **bit** of a ~, (infml.)* 'n probleempie, 'n bietjie moeilikheid; ***cause** ~s* hoofbrekens/hoofbrekings veroorsaak, las gee; ***experience** ~s* probleme ondervind/teëkom/teenkom; las/moeite hê/ondervind; *have **financial** ~s* in 'n finansiële/geldelike verknorsing (*of* in finansiële/geldelike moeilikheid) sit/wees, in geldnood verkeer; *the ~ is **how** to do it* die vraag is hoe om dit te doen; *that **is your** ~* dit is jou probleem; *the ~s of **life*** die raaisels van die lewe; ***no** ~* geen probleem nie; ***no** ~(s) with ...* geen moeite/moeilikheid met ... nie; ***pick up** ~s* moeilikhede/probleme ondervind/teëkom/teenkom; *s.t. **poses** a ~* iets lewer 'n probleem op; ***solve** a ~* 'n probleem/vraagstuk oplos; ***tackle** a ~* 'n probleem/vraagstuk (aan)pak; ***that** is the ~* daar lê/sit die knoop; *a **thorny** ~* 'n netelige probleem/vraagstuk; *s.t. is a ~ **to** s.o.* iets is vir iem. onverklaarbaar (*of* 'n raaisel). ~ **child** probleemkind. ~ **page** raadrubriek. ~ **play** *(teat.)* probleemstuk.

prob·lem·at·i·cal twyfelagtig, onseker, problematies.

pro-Boer *n.* Boerevriend. **pro-Boer** *adj.* Boergesind.

pro bo·no *adj., (Lat., jur.)* pro bono, gratis, sonder vergoeding; ~ ~ *publico* pro bono publico, in (die) belang van die gemeenskap.

pro·bos·cid·e·an, pro·bos·cid·i·an slurpdier.

pro·bos·cis =*cises, =cides* proboskis; slurp; snoet, snuit; *(entom.)* roltong, suigslurp, =tong; *(entom.)* steeksnuit. ~ **monkey, nose ape/monkey** neusaap.

pro-Brit·ish Britsgesind.

pro·caine prokaïen.

pro·ca·the·dral prokatedraal, katedrale kerk.

pro·ce·dure prosedure, handel(s)wyse, werk(s)wyse, metode; *(jur.)* prosedure; ***follow** a ~* 'n prosedure volg; *law **of** ~* prosesreg; *method **of** ~* →METHOD; *motion **of** ~* →MOTION *n.*; *rules **of** ~* reglement van orde; *(vergadering)* reëls van prosedure; *(jur.)* prosesreëls. **pro·ce·dur·al** prosedure=; prosessueel; ~ *rules* reglement van orde.

pro·ceed voortgaan, verder/vêrder gaan, vervolg; voortduur; optree; te werk gaan; voortgang maak; ~ ***against** s.o.* 'n saak teen iem. maak, 'n aksie teen iem. instel; *the **case** is ~ing* die saak duur voort (*of* is nog aan die gang); ~ ***cautiously*** omsigtig/versigtig te werk gaan; ~ *to **do** s.t.* iets doen, daartoe oorgaan om iets te doen; *s.t. ~s **from** ...* iets ontstaan uit ... (*of* kom/spruit uit ... voort); ~ ***further*** verdere/vêrdere stappe doen; ***how** to ~* hoe om te werk te gaan, hoe om te maak; ~ ***on** the assumption that ...* →ASSUMPTION; ~ ***to** ...,* na ... gaan, jou na ... begeef/begewe *('n plek)*; tot ... oorgaan *(d. volgende punt, d. aanval, ens.)*; ~ ***to** a degree* 'n graad behaal; ~ ***with** s.t.* met iets deurgaan/voortgaan, iets voortsit. **pro·ceed·ing** handel(s)wyse, werk(s)wyse; handeling; verrigting; *(i.d. mv.)* gebeurtenisse; *(jur.)* verrigtinge; *institute/start/take (legal) ~s against s.o.* 'n geding/aksie teen iem. instel, 'n saak teen iem. maak; geregtelike stappe teen iem. doen; iem. vervolg. **pro·ceeds** opbrengs, opbrings.

pro·cess[1] *n.* proses; (ver)loop, (voort)gang, ontwikkeling; werk(s)wyse, metode, procédé; *(biol., anat.)* uitsteeksel; *(jur.)* prosesstukke; regspleging, (geregtelike) proses; hofsaak, (regs)geding; verwerking; bereidingswyse; *by **due** ~ (of law)* volgens regsvoorskrifte, op geregtelike wyse; *be **in** ~* aan die gang wees; *be **in** ~ of construction* in aanbou wees; ***in the** ~ he/she ..., (ook)* terwyl hy/sy daarmee besig was, het hy/sy ...; terselfdertyd het hy/sy ...; dit het hom/haar gehelp om te ...; *be **in the** ~ of doing s.t.* met iets besig wees, iets aan die doen wees; ***in** ~ of time* mettertyd, met verloop van tyd; ***in the** ~* algaande; sodoende; op die koop toe; *by a ~ **of** elimination* →ELIMINATION; ***serve** ~ on/upon s.o.* prosesstukke aan iem. beteken/bestel. **pro·cess** *ww.* prosedeer, 'n aksie instel, geregtelike stappe doen; behandel; afhandel; reproduseer; verwerk; bewerk; voorberei *(rekeningboeke)*; inmaak; *(fot.)* ontwikkel; *~ed cheese* proseskaas, geprosesseerde/verwerkte kaas; *~ed foods, (ook)* fabriekskos, =voedsel. ~ **block** fotoblok. ~ **camera** reproduksiekamera. ~ **cheese** *(Am.)* →PROCESSED CHEESE. ~ **engraver** (foto)blokmaker, fotogravuredrukker, sinkograaf. ~ **engraving** (foto)blokmakery, fotogravure(druk), sinkografie. ~ **printing** meerkleurdruk, driekleuredruk. ~ **server** besteller van (proses)stukke. **~-serving** bestelling van (proses)stukke. ~ **worker** sinkograaf.

pro·cess[2] *ww.* in prosessie loop/ry/ens..

pro·cess·ing verwerking; behandeling. ~ **plant** verwerkingsaanleg. ~ **speed** verwerkingstempo, verwerkingspoed. ~ **unit** *(rek.)* verwerker, prosesseerder, verwerk(ings)eenheid.

pro·ces·sion *n.* prosessie; optog, stoet; *(teol.)* emanasie van die Heilige Gees; omgang; staatsie; *form a ~* 'n stoet vorm; *funeral ~* →FUNERAL; *in (a) ~* in optog; *in quick ~* vinnig die een na die ander. **pro·ces·sion** *ww., (w.g.)* in prosessie loop/ry/ens..

pro·ces·sion·al *n.* prosessieboek; prosessielied. **pro·ces·sion·al** *adj.* prosessie=. **pro·ces·sor** verwerker.

pro·cès-ver·bal =*verbaux, (Fr.)* notule; (geskrewe) verslag; skriftelike verklaring.

pro·chan·cel·lor onderkanselier, visekanselier.

pro·choice *(ten gunste v. 'n keusebeleid oor vrugafdrywing)* pro-keuse-; ~ *movement* pro-keuse-beweging.

pro·chro·nism prochronisme, prokronisme.

pro·claim aankondig, afkondig, bekend maak, bekendmaak, kond doen; verklaar; proklameer; uitroep; rondbasuin; verkondig; stempel, laat ken (as); ~ *it/s.t. from the* ***housetops,*** *(vero.)* →SHOUT IT/S.T. FROM THE ROOFTOPS; ~ *s.o.* ***king*** →KING *n.*; ~ ***martial law*** →MARTIAL LAW; ~ ***o.s.*** ... jou opwerp as ...; ~ *a* ***republic*** →REPUBLIC; ~ ***war*** oorlog verklaar. **proc·la·ma·tion** aankondiging, afkondiging, bekendmaking; proklamering; *(stuk)* proklamasie; verklaring; uitroeping; *issue a ~ that* ... 'n proklamasie uitvaardig dat ...

pro·clit·ic *n., (ling.)* proklitiese vorm. **pro·clit·ic** *adj.* proklities.

pro·cliv·i·ty neiging, beheptheid, drang; *imperialist proclivities* 'n neiging tot die imperialisme; *a ~ to* ... 'n neiging tot ...

pro·con·sul prokonsul; landvoog. **pro·con·su·lar** prokonsulêr. **pro·con·su·late** prokonsulaat; landvoogskap. **pro·con·sul·ship** prokonsulskap; landvoogskap.

pro·cras·ti·nate uitstel, verskuif, verskuiwe; sloer, talm. **pro·cras·ti·na·tion** uitstellery; gesloer, sloerdery, getalm, talmery; ~ *is the thief of time* van uitstel kom afstel. **pro·cras·ti·na·tor** uitsteller; sloerder, talmer.

pro·cre·ate verwek, (voort)teel, voortbring, voortplant, prokreëer. **pro·cre·ant** *adj., (arg.)* →PROCREATIVE. **pro·cre·a·tion** verwekking, voortplanting, (voort)teling, voortbrenging, prokreasie. **pro·cre·a·tive** verwekkend, voortplantend, =brengend, =bringend; teelkragtig; voortplantings=; ~ *power* teelkrag. **pro·cre·a·tive·ness** teelkrag, voortplantingsvermoë. **pro·cre·a·tor** verwekker, voortplanter.

Pro·crus·tes *(Gr. mit.)* Prokrustes; *bed of ~* Prokrustesbed. **Pro·crus·te·an:** ~ *bed* Prokrustesbed.

proc·tol·o·gy *(med.)* proktologie. **proc·to·log·i·cal** proktologies. **proc·tol·o·gist** proktoloog.

proc·tor *(Am.)* (universitêre) opsiener/toesighouer; tugmeester; saakgelastigde, saakwaarnemer; prokurasiehouer; *(hist.)* prokureur *(in 'n kerklike hof)*.

proc·to·scope *(med.)* proktoskoop.

pro·cum·bent *(bot.)* plat, uitgestrek, vooroor(liggend), leunend, neerliggend; kruipend, (op die grond) rankend; ~ *plant* kruipplant.

proc·u·ra·tion verkryging, aanskaffing; verskaffing; *(jur.)* volmag, prokurasie, magtiging; koppelary *(vir ontug)*. ~ **fee,** ~ **money** besorgingskommissie, =geld.

proc·u·ra·tor *(jur.)* agent, prokurasiehouer, saakwaarnemer, saakgelastigde, gevolmagtigde; *(hist.)* landvoog, stadhouer, prokurator. **pro·cure·ment** verkryging, aanskaffing; verskaffing; bemiddeling; koppelary. **pro·cur·er** verskaffer; koppelaar. **pro·cur·ess** koppelaarster. **pro·cur·ing** verkryging; koppelary.

pro·cure kry, verkry, besorg, verskaf, aanskaf; koop, inkoop, aankoop *(goedere)*; werf *(arbeid)*; *(jur.)* bewerkstellig, verkry, verskaf; veroorsaak; (ontugtig) koppel; ~ *abortion* →ABORTION. **pro·cur·a·ble** verkry(g)baar.

prod *n.* druk(kie), steek, por; priem, steekding; prikkel; *give s.o. a ~* iem. aanpor. **prod** =*dd*=, *ww.* druk, steek; por; aanspoor, aanpor; ~ *s.o. into doing s.t.* iem. aanpor om iets te doen. ~ **stick** porstok.

prod·der steker; aanspoorder, aanporder.

prod·i·gal *n.* verkwister, deurbringer. **prod·i·gal** *adj.* spandabel, verkwistend, verspillend, deurbringerig, spilsiek; *lead a ~ life* in oordaad lewe; *be ~ of s.t.* kwistig/rojaal met iets wees/werk; *the ~ son* →SON. **prod·i·gal·i·ty** verkwisting, verspilling, deurbringerigheid, oordadigheid; kwistigheid, oorvloed; vrygewigheid.

prod·i·gy wonder; wondermens; *infant ~* wonderkind (→CHILD PRODIGY); ~ *of nature* natuurwonder. **pro·di·gious** wonderbaarlik, verbasend; ontsaglik, geweldig, enorm, ongehoord, kolossaal. **pro·di·gious·ness** ontsaglikheid, geweldigheid.

pro·drome *(med.)* voorteken, vroeë simptoom *(v. 'n siekte)*.

pro·duce *n.* produkte, oes; opbrengs, opbrings, produksie; resultaat; voorbrengsels; groente, vars produkte; ~ *of South Africa/etc.* produk van Suid-Afrika/ens.. **pro·duce** *ww.* vervaardig, maak, produseer, fabriseer; skep; opwek *(elektrisiteit)*; (op)lewer, opbring, inbring; voortbring, genereer; kweek; in die wêreld bring; uithaal, toon, wys, te voorskyn haal/bring; lewer, verskaf, aanvoer *(bewyse)*; *(jur.)* blootlê, voorlê *('n dokument)*; regisseer *('n toneelstuk)*; opvoer, op die planke bring *('n toneelstuk)*; uitgee; verleng, deurtrek *('n lyn)*; ***best*** *~d book* bes versorgde boek; *~d* ***by*** ..., *(teat.)* onder regie van ...; ~ ***evidence*** →EVIDENCE *n.*; ~ *a* ***gun/plan*** →GUN *n.*, PLAN *n.*; ~ ***proof*** bewys lewer; ~ *your* ***tickets*** wys/toon u kaartjies; kaartjies asseblief; ~ ***witnesses*** getuies bring. ~ **broker** produkte=, goederemakelaar.

pro·duc·er produsent; produksieleier *(v. 'n rolprent)*; regisseur, regisseuse, spelleier, =leidster, opvoerder *(v. 'n toneelstuk)*; ontwerper; uitgewer; *(TV, filmk.)* vervaardiger, produksieleier; *~s'* ***durable goods*** duursame kapitaalgoedere/produksiegoedere; *~s'* ***goods*** kapitaalgoedere, produksiegoedere; *~'s* ***price*** produsenteprys. ~ **gas** generatorgas, oond=, suiggas, ontwikkelaargas.

pro·duc·i·bil·i·ty produseerbaarheid *ens.* (→PRODUCE *ww.*). **pro·duc·i·ble** produseerbaar *ens.* (→PRODUCE *ww.*).

pro·duc·ing *adj.* produserend, produksie=; ~ *area* produksiegebied, produserende gebied; ~ *country* produserende land; ~ *sector* produksiesektor, produserende sektor.

prod·uct produk, artikel; resultaat; fabrikaat; *(wisk.)* produk; *(ook, i.d. mv.)* ware, goedere; ~ *of South Africa/etc.* produk van Suid-Afrika/ens., in Suid-Afrika/ens. vervaardig, Suid-Afrikaanse/ens. fabrikaat.

pro·duc·tion produksie; opbrengs, opbrings; voortbrenging, vervaardiging; voortbrengsel, =bringsel, produk; opvoering; regie *(v. 'n toneelstuk)*; blootlegging, ooplegging *(v. 'n dokument)*; voorlegging, aanvoering *(v. getuienis)*; lewering *(v. bewyse)*; verlenging *(v. 'n lyn)*; produsering; ***cost(s)*** *of ~* →COST *n.*; *s.t. is* ***in*** ~ iets word vervaardig (*of* is in produksie); *s.t. goes* ***into*** ~ die produksie van iets begin; ***make*** *a (big) ~ (out) of s.t., (infml.)* 'n (groot) bohaai oor/van iets maak; ***on*** *~ of* ... op vertoon van ...; *s.t. is/went* ***out of*** ~ iets word nie meer vervaardig (*of* is nie meer in produksie) nie, die produksie/vervaardiging van iets is gestaak; ***step up*** *the ~ of s.t.* meer van iets produseer, die produksie van iets verhoog/versnel. ~ **burden** algemene produksiekoste. ~ **capacity** produksievermoë, =kapasiteit. ~ **control** produksiebeheer. ~ **cost(s)** produksiekoste. ~ **engineer** produksie-ingenieur. ~ **flow** produksiestroom, =gang. ~ **foreman** bedryfsvoorman. ~ **line** produksiebaan, =lyn. ~ **machine** *(ekon.)* produksieapparaat. ~ **manager** produksiebestuurder. ~ **method** produksiemetode. ~ **model** produksiemodel. ~ **platform** produksie-eiland, produksietoring *(vir olieontginning)*. ~ **rate** produksietempo. ~ **run** produksiereeks.

pro·duc·tive produktief, opbrengs=, opbringsgewend; produserend; ~ *capacity* produksievermoë, =kapasiteit; *be ~ of* ... aanleiding tot ... wees; die oorsaak van ... wees. **pro·duc·tive·ness** →PRODUCTIVITY.

prod·uc·tiv·i·ty produktiwiteit; vrugbaarheid. ~ **agreement** produktiwiteitsooreenkoms. ~ **bargaining** produktiwiteitsonderhandelings. ~ **bonus** produktiwiteitsbonus. ~ **incentive** produktiwiteitsaansporing.

pro·em *(fml.)* voorwoord, voorrede, voorberig; inleiding; proloog; voorspel.

pro-Eng·lish Engelsgesind. **pro-Eng·lish·ness** Engelsgesindheid.

prof *n., (infml., afk. v.* professor*)* prof.

pro·fane *adj.* profaan; wêrelds, niekerklik; ontheiligend, godslasterlik; ongewyd; heidens; ~ *language* vloektaal; *sacred and ~ love* →SACRED; ~ *writer* ongewyde skrywer. **pro·fane** *ww.* ontheilig, skend, profaneer. **prof·a·na·tion** ontheiliging, ontwyding, skending, profanasie. **pro·fan·i·ty** ontheiliging; verwêreldliking; goddeloosheid; godslastering; heiligskennis, oneerbiedigheid; geswets, swetsery, vloektaal, gevloek, vloekery; *indulge in ~* vloek en swets.

pro·fess verklaar, betuig; erken, bely; beweer, voorgee; aanspraak maak op; *(vero. of skerts.)* les gee, onderrig, doseer; *s.o. ~es to be* ... iem. gee voor dat hy/sy ... is, iem. doen hom/haar as ... voor; ~ *that* ... erken dat ... **pro·fessed** erkende; beweerde; sogenaamde, vals; openlik; *(relig.)* belydend; beroeps=. **pro·fess·ed·ly** oënskynlik; kastig, kamma, kwansuis, sogenaamd; openlik.

pro·fes·sion beroep, professie; verklaring, belydenis, professie; aflegging van kloostergeloftes, professie; →LIBERAL PROFESSION; *s.o. is a* ... ***by*** ~ iem. is ('n) ... van beroep; ***follow/practise/pursue*** *a ~* 'n beroep uitoefen/beoefen; *the* ***learned*** ~ →LEARNED *adj.*; ***take up*** *a ~* 'n beroep kies, in 'n beroep gaan.

pro·fes·sion·al *n.* beroepsmens, =man, =vrou; vakman; professionele persoon/mens; beroepspeler, professionele speler; *become a* (or *turn*) ~ ('n) beroepspeler word, professioneel begin speel; *golf/tennis ~* beroepsgholfspeler/=tennisspeler, professionele gholfspeler/tennisspeler. **pro·fes·sion·al** *adj.* professioneel, beroeps=, vak=; ambagtelik; amptelik; *seek/take ~* ***advice*** professionele raad/advies vra/inwin; ~ ***conduct*** professionele gedrag; ~ ***expertise/expertness*** vakkundigheid; ~ ***fees*** honoraria, professionele gelde; ~ ***foul,*** *(euf., sport)* doelbewuste/opsetlike oortreding; ~ ***honour*** beroepseer; ~ ***jealousy*** →JEALOUSY; ~ ***knowledge*** vakkennis; ~ ***liar*** gewoonteleuenaar; ~ ***misconduct*** professionele wangedrag; ~ ***mourner*** →MOURNER; ~ ***officer*** vakkundige amptenaar/beampte; ~ ***paper*** vakblad; ~ ***player*** beroepspeler, professionele speler; ~ ***politician*** beroepspolitikus; ~ ***secret*** ampsgeheim; ~ ***skill*** vakkundigheid, vakbedrewenheid, =bekwaamheid; ~ ***staff*** vakkundige personeel; ~ ***training*** beroeps=, vakopleiding, professionele opleiding; ~ ***woman*** beroepsvrou, professionele vrou, sakevrou; ~ ***zeal*** diensywer. **pro·fes·sion·al·ise, =ize** tot beroep maak. **pro·fes·sion·al·ism** professionalisme; vakkundigheid; bekwaamheid. **pro·fes·sion·al·ly** beroepshalwe, van beroep.

pro·fes·sor professor, hoogleraar; belyer; *s.o. is a ~ of English/etc.* iem. is ('n) professor in Engels/ens.; *s.o. is a ~ of botany/etc.* iem. is ('n) professor in (die) plantkunde/ens. **pro·fes·so·ri·al** professoraal. **pro·fes·so·ri·ate, pro·fes·sor·ate** professoraat; *the ~, (ook)* die professore. **pro·fes·sor·ship** professoraat, professorskap, hoogleraarskap, hoogleraarsamp.

prof·fer *n.* aanbod. **prof·fer** *ww.* aanbied.

pro·fi·cien·cy bekwaamheid, knapheid, bedrewenheid, vaardigheid, meesterskap. ~ **certificate** bekwaamheid=, vaardigheidsertifikaat. ~ **test** bekwaamheids=, vaardigheidstoets.

pro·fi·cient *n., (arg.)* →EXPERT. **pro·fi·cient** *adj.* bekwaam, knap, bedrewe, vaardig; *be ~ in a language* 'n taal goed ken/beheers; *be ~ in a subject* knap wees in 'n vak; *be ~ with* ... handig met ... wees.

pro·file *n.* profiel; vertikale deursnee; profiel, karakterskets; *draw a ~ of s.o.* 'n profiel van iem. skets; *in ~* in profiel; *keep a low ~* →LOW PROFILE. **pro·file** *ww.* profileer, in profiel teken. ~ **cutter** profielfrees. ~ **cutting** profielsnywerk. ~ **drawing** profieltekening.

pro·fil·ing profielsamestelling, die samestelling van 'n profiel; *psychological ~* sielkundige profilering.

prof·it *n.* wins, voordeel, profyt; gewin; rendement, opbrengs, opbrings, voordeligheid; verdienste; ***at a*** ~ met 'n wins; ***at a*** *~ of R*... met 'n wins van R...; ***derive*** *~ from s.t.* nut uit iets haal/trek; by iets baat vind; van iets profiteer; ***exorbitant*** ~ oormatige/buitensporige wins; ~ *and* ***loss*** wins en verlies; ~ *and* ***loss*** *account* wins-en-verlies-rekening; ***make*** *a ~ on s.t.* wins op iets maak; *the* ***net(t)*** ~ die netto/skoon wins; ***not for*** ~ sonder winsoogmerk/winsmotief (→NON(-)PROFIT(-MAKING) ORGANISATION/ETC.); *distribution* ***of*** ~ →DISTRIBUTION; *margin* ***of*** ~ →MARGIN *n.*; *office* ***of*** ~ →OFFICE; *for* ***personal*** ~ →PERSONAL; ***return/yield*** *a ~* wins afwerp/oplewer; ***sell*** *s.t. at a ~* iets met 'n wins verkoop; *a* ***share*** *in* *the* ~*s* 'n winsaandeel; *the firm* ***shows*** *a* ~ die firma werk met 'n wins; ~ *before* ***tax*** wins voor belasting; *do s.t.* ***to*** *one's* ~ by iets baat vind; veel aan iets hê; ***undivided*** ~*s* →UNDIVIDED; ***yield*** *a* ~ →***return/yield.*** **prof·it** *ww.* profiteer, wins maak, wen; baat, help; ~ *by/from s.t.* voordeel uit iets trek, deur iets gebaat/bevoordeel word, voordeel van iets hê, van iets profiteer (*of* profyt trek); uit iets munt slaan. ~ **centre** winssentrum. ~**-earning** winsgewend. ~**-making** *adj.* winsgewend, lonend, betalend. ~ **margin** winsruimte, -grens, -marge. ~**-monger** winsjagter. ~**-mongering** winsbejag. ~ **motive** winsoogmerk, -motief. ~**-seeker** winsnastrewer. ~**-seeking** winsbejag. ~**-sharing** winsdeling. ~**-taker** winsrealiseerder, winsnemer. ~**-taking** winsrealisering, winsneming.

prof·it·a·ble winsgewend, lonend; nuttig, voordelig. **prof·it·a·bil·i·ty, prof·it·a·ble·ness** winsgewendheid; nut(tigheid), voordeligheid. **prof·it·a·bly** voordelig, met wins; met vrug; *spend time* ~ tyd nuttig bestee.

prof·i·teer *n.* woekerwinsmaker, woekeraar; oorwinsmaker. **prof·i·teer** *ww.* woekerwins/oorwins maak. **prof·i·teer·ing** (woeker)winsbejag.

pro·fit·er·ole, pro·fit·er·ole, pro·fit·er·ole (*Fr. kookk.*) profiterool, roompoffertjie.

prof·it·less niewinsgewend, onlonend; nutteloos.

pro-Flem·ish Vlaamsgesind.

prof·li·gate *n.* losbandige; ontugtige, sedelose persoon, losbol; (roekelose) verkwister. **prof·li·gate** *adj.* losbandig; ontugtig, sedeloos; (roekeloos) verkwistend. **prof·li·ga·cy** losbandigheid; ontugtigheid, sedeloosheid; (roekelose) verkwisting.

pro·found *n.*, (*arg. of poët., liter.*) onpeilbare diepte (*v.d. see, 'n hart, ens.*). **pro·found** *adj.* diep, diepgaande; diepsinnig; deeglik, grondig; *be s.o.'s* ~ ***conviction*** →CONVICTION,; ~ ***ignorance*** →IGNORANCE; *a* ~ ***influence*** →INFLUENCE *n.*; ~ ***mistake*** growwe dwaling; ~ ***relief*** →RELIEF *n.*; *a* ~ ***scholar*** 'n deeglike/diepsinnige geleerde; ~ ***sleep*** diep(e) slaap. **pro·found·ly** diep, deur en deur, innig, grondig; *be* ~ *distressed* →DISTRESSED; ~ *interesting* →INTERESTING. **pro·fun·di·ty** diepte, onpeilbaarheid; diepsinnigheid; diepgang; deeglikheid, grondigheid; weldeurdagtheid.

pro-French Fransgesind.

pro·fuse milddadig, vrygewig; kwistig, oordadig; oorvloedig, volop; ryklik. **pro·fuse·ly:** ~ *illustrated* →ILLUSTRATED; *praise* ... ~ ... uitbundig prys; *thank s.o.* ~ *for s.t.* →THANK. **pro·fuse·ness** milddadigheid; oorvloed(igheid), volopheid; →PROFUSE. **pro·fu·sion** oorvloed; oordaad, kwistigheid; mildheid; rykdom, skat; *in* ~ in oorvloed; *a* ~ *of* ... 'n oorvloed van ...; 'n magdom (van) ...; 'n weelde van ...

Prog (*SA pol. gesk., infml.*) Prog.

pro·gen·i·tive (*fml.*) voortplantend, voortplantings-, teel-. **pro·gen·i·tor** voorvader, voorsaat, stamvader; voorloper. **pro·gen·i·ture** (*fml.*) verwekking; nakomelingskap.

prog·e·ny nageslag, kroos, afstammelinge; gevolg, resultaat. ~ **test** nageslagtoets (*om d. teelwaarde v. 'n dier vas te stel*).

pro·ger·i·a (*med.*) progerie, vroegbejaardheid.

pro-Ger·man Duitsgesind. **pro-Ger·man·ism** Duitsgesindheid.

pro·ges·ter·one (*biochem.*) progesteroon.

pro·ges·to·gen, pro·ges·tin (*biochem.*) progestogeen, progestien.

pro·glot·tid, pro·glot·tis -*glottides,* (*soöl.*) proglottis, lit (*v. 'n lintwurm*).

prog·nath·ic →PROGNATHOUS. **prog·na·thism** prognatisme. **prog·na·thous** met uitsteekkakebene; vooruitspringend, vooruitstekend, uitsteek-, prognaties; ~ *jaws* uitstaande kake.

prog·no·sis -*noses,* (*med.*) prognose; voorspelling; *make a* ~ 'n prognose maak. **prog·nos·tic** *n.*, (*arg.*) voorteken, voorbode; voorspelling. **prog·nos·tic** *adj.* prognosties; aanduidend, voorspellend. **prog·nos·ti·cate** voorspel, aandui. **prog·nos·ti·ca·tion** voorspelling; voorteken. **prog·nos·ti·ca·tor** voorspeller, profeet. **prog·nos·ti·ca·to·ry** voorspellend, voorsegend.

pro·gra·da·tion (*geol.*) voortbouing, progradasie.

pro·gram·ma·ble (*rek.*) programmeerbaar.

pro·gram·mat·ic programmaties.

pro·gramme, (*Am. en rek.*) **pro·gram** *n.* program; ~ *of action* program van aksie; *draw up a* ~ 'n program opstel; ~ *of principles* beginselprogram, program van beginsels. **pro·gramme,** (*Am. en rek.*) **pro·gram** *ww.* 'n program opstel; in 'n program opneem; aankondig; programmeer. ~ **music** programmusiek. ~ **note** (*dikw. i.d. mv.*) programaantekening, -nota. ~ **planner** (*rad., TV*) programbeplanner.

pro·grammed, (*Am.*) **pro·gramed** *adj.* geprogrammeer; ~ *course* geprogrammeerde kursus; ~ *learning* geprogrammeerde leer-/onderrigmetode.

pro·gram·mer, (*Am.*) **pro·gram·er** (*rek.*) programmeur, programmeerder; programopsteller.

pro·gram·ming, (*Am.*) **pro·gram·ing** programmering. ~ **language** (*rek.*) programmeer-, programmerings-, programtaal.

pro·gress *n.* vooruitgang, voortgang; (*fig.*) vordering, ontwikkeling; verloop; (*Br., arg.*) ampsreis, offisiële reis. **pro·gress** *ww.* vooruitgaan, vordering maak, vorder; bevorder, deurvoer, uitvoer. ~ **chaser** produksiekontroleur. ~ **payment** vorderingsbetaling, betaling volgens vordering. ~ **report** vorderingsverslag.

pro·gres·sion progressie; opklimming; voortgang; vordering, vooruitgang; (*statist.*) reeks; (*statist.*) ry; →PROGRESS *n.*; *arithmetic* ~ →ARITHMETIC *adj.*; *geometric* ~ →GEOMETRIC. **pro·gres·sion·al** vorderend, vooruitgaande. **pro·gres·sion·ist** (*w.g.: voorstander v. vooruitgang*) progressis; (*pol.*) progressief. **pro·gres·sive** *n.* progressief; vooruitstrewende (persoon); (*gram.*) progressiewe vorm; *P*~, (*SA pol. gesk.*) Progressief; →PROGRESSIONIST. **pro·gres·sive** *adj.* toenemend, progressief, groeiend, vooruitgaande; vooruitstrewend, modern, progressief; voortdurend, voortgaande; (*med., attr.*) erger wordende; ~ ***aspect,*** (*gram.*) progressiewe aspek; ~ ***jazz*** progressive jazz; ~ ***nation*** vooruitstrewende volk; ~ ***number*** volgnommer; *P*~ ***Party,*** (*SA pol. gesk.*) Progressiewe Party; ~ ***tax*** progressiewe belasting. **pro·gres·sive·ly** voortdurend, aanhoudend, steeds meer, in toenemende mate. **pro·gres·sive·ness** vooruitstrewendheid, progressiwiteit. **pro·gres·siv·ism** progressivisme.

pro·hib·it belet, verbied; ~ *s.o. from doing s.t.* iem. belet/verbied om iets te doen. **pro·hib·it·ed** verbode; ~ ***degrees*** *of consanguinity,* (*jur.*) verbode graad van bloedverwantskap; *be* ~ ***from*** *smoking/etc.* verbied word om te rook/ens.; ~ ***immigrant*** verbode immigrant; *s.t. is* ***strictly*** ~ iets is streng (*of* ten strengste) verbode. **pro·hib·it·er** →PROHIBITOR. **pro·hi·bi·tion** verbod, prohibisie; (*jur.*) verbodsbepaling; (*soms P*~) drankverbod; *a* ~ *against/on s.t.* 'n verbod op iets; *impose a* ~ 'n verbod instel. **pro·hi·bi·tion·ist** *n.*, (*soms P*~) prohibisionis, voorstander van die drankverbod. **pro·hi·bi·tion·ist** *adj.* prohibisionisties, ten gunste van drankverbod. **pro·hib·i·tive** verbiedend, belettend, verbod(s)-; belemmerend, afskrikkend; ~ ***duties*** prohibitiewe regte; ~ ***price*** onmoontlike/afskrikkende prys; ~ ***sign*** verbodteken; ~ ***terms*** onaanneemlike voorwaardes. **pro·hib·i·tor** verbieder. **pro·hib·i·to·ry** verbiedend; ~ *interdict* verbiedende interdik.

pro-I·tal·i·an Italiaansgesind.

proj·ect *n.* projek; plan, ontwerp; projek, onderneming; (studie)projek; **pro·ject** *ww.* projekteer; beraam, skat, voorspel; ontwerp; (laat) uitspring/uitsteek/uitstaan; vooruitsteek, vooruitspring; werp, uitskiet; 'n projeksietekening maak; ~ *a picture* 'n beeld projekteer (*of* op die doek werp); 'n rolprent wys/vertoon; ~ *one's problems/etc. onto s.o.,* (*psig.*) jou probleme/ens. op iem. projekteer. **pro·ject·ed** (*ook*) voorgenome. **pro·jec·tile** *n.* projektiel. **pro·jec·tile** *adj.* voortdrywend; skiet-, stoot-; ~ *force* dryfkrag; ~ *chamber,* (*mil.*) projektielkamer.

pro·jec·tion projeksie; skatting, raming; projeksie, afbeelding, beeld; uitsteeksel; (*psig.*) projeksie; uitsteking, uitspringing; ontwerp, uitbouing, verlenging; uitbousel; *make a* ~ 'n projeksie maak. ~ **room** projeksiekamer.

pro·jec·tion·ist rolprent-, projektor-, filmoperateur; projeksiemaker. **pro·jec·tive** projekterend, projeksie-. **pro·jec·tor** projektor, projeksietoestel; (*geom.*) projektor; (*arg.*) projekplan(ne)maker, projekontwerper; (*arg.*) bedrieër.

pro·lac·tin (*biochem.*) prolaktien.

pro·lapse, pro·lap·sus *n.*, (*patol.*) prolaps, af-, uitsakking. **pro·lapse** *ww.* af-, uitsak.

pro·late versprei(d), uitgestrek; (*wisk.*) lang-.

prole *n.*, (*hoofs. Br., infml., neerh.; afk. v.* proletarian) pleb, boer, Jan Rap, proleet. **prole** *adj.* pleb, boers, eenvoudig.

pro·leg (*entom.*) buikpoot, vals poot.

pro·le·gom·e·non -*ena* inleiding, voorwoord, (*ook, i.d. mv.*) prolegomena; voorrede. **pro·le·gom·e·nous** inleidend.

pro·lep·sis -*lepses* prolepsis, antisipasie; (*gram.*) prolepsis. **pro·lep·tic** prolepties, antisiperend.

pro·le·tar·i·an *n.* proleet, proletariër, behoeftige. **pro·le·tar·i·an** *adj.* proletaries. **pro·le·tar·i·at** proletariaat, arbeiders-, werkersklas; gepeupel.

pro-life *adj.* pro-lewe-; ~ *lobby* pro-lewe-drukgroep.

pro·lif·er·ate vinnig toeneem/vermeerder/uitbrei; (*biol.*) (deur deling) vermenigvuldig; voortplant; (*plante*) vervuil; (*selle*) vorm; prolifereer. **pro·lif·er·a·tion** uitbreiding; vermenigvuldiging; voortplanting; vervuiling; selvorming; proliferasie. **pro·lif·ic** vrugbaar, teelkragtig, prolifiek; (*fig.*) oorvloedig, ryk; *be* ~ *of* ... veel ... oplewer, ryk wees aan ...; *a* ~ *writer* 'n produktiewe skrywer. **pro·lif·i·ca·cy, pro·lif·ic·ness** vrugbaarheid; oorvloedigheid. **pro·lif·i·cal·ly** vrugbaar; oorvloedig, in oorvloed.

pro·lix, pro·lix breedsprakig, langdradig, wydlopig, woordryk; *a* ~ *writer* 'n omslagtige skrywer. **pro·lix·i·ty** breedsprakigheid, langdradigheid, wydlopigheid; *with great* ~ met groot omhaal van woorde.

pro·loc·u·tor (*Angl. Kerk*) voorsitter; (*fml. of arg.*) woordvoerder.

Pro·log, PROLOG (*rek., akr.*) Prolog, PROLOG.

pro·logue, (*Am.*) **pro·log** *n.* proloog, voorspel; proloog, voorrede; inleiding; *the* ~ *to* ... die inleiding tot ...; die voorspel van ... **pro·logue** *ww.* inlei.

pro·long verleng, langer maak, (uit)rek; prolongeer (*'n wissel*). **pro·lon·ga·tion** uitstel, verlenging; termynverlenging, prolongasie; hernuwing (*v. 'n lening*). **pro·longed** (*ook*) langdurig.

pro·lu·sion (*arg. of fml.*) voorstudie; inleiding, inleidende artikel/essay.

prom (*afk., Br., infml.*) promenade, wandelpad; (*Br., infml.*) promenadekonsert; (*Am., infml.*) skool-, kollege-, universiteitsdans; *the P*~*s,* (*Br., infml.: reeks promenadekonserte i.d. Royal Albert-saal*) die Proms.

prom·e·nade, prom·e·nade *n.* wandelpad, promenade; wandeling; (*Am., arg.*) skool-, kollege-, universiteitsdans. **prom·e·nade, prom·e·nade** *ww.* op en af loop, wandel. ~ **concert** promenadekonsert. ~ **deck** promenade-, wandeldek. ~ **pier** wandelhoof, -pier.

prom·e·nad·er wandelaar.

pro·meth·a·zine (*med.*) prometasien.

Pro·me·the·us (*Gr. mit.*) Promet(h)eus. **Pro·me·the·an** Promet(h)eïes.

pro·me·thi·um (*chem., simb.:* Pm) prometium.

prom·i·nence vernaamheid, belangrikheid; bekendheid; prominensie, opvallendheid, opmerklikheid, duidelikheid; vername plek; verhewenheid, uitsteeksel, bult; (*astron.*) vuurtong; *come into* (*or acquire/gain*) ~ op die voorgrond kom/tree, bekendheid verwerf; *give* ~ *to s.t.* iets na vore bring (*of* goed laat uitkom *of* op die voorgrond bring *of* onder die aandag bring); aan iets prominensie gee/verleen (*in 'n koerant ens.*). **prom·i·nen·cy** →PROMINENCE.

prom·i·nent prominent, opvallend, opmerklik; bekend, beroemd; belangrik; uitstekend; vooruitstekend; ***be*** ~ na vore tree; *a* ~ ***chin/ens.*** 'n prominente ken/ens.; *a* ~ ***person*** 'n vooraanstaande persoon; *a* ~ ***place*** 'n vername plek.

prom·i·nent·i *n. (mv.), (It.)* vernames, vooraanstaandes, toonaangewendes, deurlugtiges, roemrykes, hoë bome.

pro·mis·cu·ous promisku; deurmekaar; gemeng(d); verward; toevallig; *it was a* ~ *massacre* dit was moord voor die voet. **prom·is·cu·i·ty** promiskuïteit, vrye geslagtelike verkeer; vermenging, gemengdheid; verwarring. **pro·mis·cu·ous·ly** promisku; voor die voet, sonder onderskeid; deurmekaar; toevallig. **pro·mis·cu·ous·ness** →PROMISCUITY.

prom·ise *n.* belofte; verbintenis; ***breach*** *of* ~ *(of marriage)* →BREACH *n.*; ***break*** *a* ~ 'n belofte (ver)breek (*of* nie nakom nie); ***claim*** *a* ~ *from s.o.* iem. vra om sy/haar belofte gestand te doen; *a* ***firm*** ~ 'n vaste belofte; ***fulfil*** *a* ~ →***keep/fulfil;*** *be* ***full*** *of* ~ veelbelowend wees, veel beloof/belowe; ***hold*** *s.o. to his/her* ~ iem. aan sy/haar belofte hou; ***idle*** ~*s* →IDLE *adj.*; *a* ~ ***is*** *a* ~ belofte maak skuld; ***keep/fulfil*** *a* ~ 'n belofte hou/nakom (*of* gestand doen); aan 'n belofte voldoen; *the* ***land*** *of* ~ →LAND *n.*; ***make*** *a* ~ 'n belofte aflê/doen/maak; *a player/etc.* ***of*** *(great)* ~ 'n (veel)belowende speler/ens.; *a* ~ ***of*** *marriage* →MARRIAGE; ~ ***of*** *salvation* heilsbelofte; ***show*** ~ belowend lyk, veel beloof/belowe; ***stand*** *by a* ~ 'n belofte hou/nakom (*of* gestand doen); *give* ~ *of* ***success*** welslae/sukses beloof/belowe; *an* ***unredeemed*** ~ 'n onvervulde belofte; *make a* ***verbal*** ~ *that/to* ... →VERBAL *adj.*. **prom·ise** *ww.* beloof, belowe, jou woord gee; verseker; toesê; ~ ***faithfully*** vas (*of* [met] hand en mond) beloof/belowe; *the* ~*d* ***land*** →LAND *n.*; ~ *s.o. the* ***moon*** →MOON *n.*; ~ ***that*** ... beloof/belowe dat ...; *s.o.* ~*s* ***to*** ... iem. beloof/belowe om te ...; *you* ~*d* ***to,*** *(ook)* jy het dit beloof/belowe; ~ *s.t.* ***to*** *s.o.*, ~ *s.o. s.t.* iets aan iem. (*of* iem. iets) beloof/belowe; *it* ~*s* ***to be*** ... dit lyk na ..., dit beloof/belowe om ... te word, ... kan verwag word; ~ ***well*** goed beloof/belowe; *s.o.* ~*d he/she* ***would*** ... iem. het beloof/belowe hy/sy sal ...; *I* ~ ***you*** ek verseker jou. ~ **breaker** woord-, beloftebreker. ~**-breaking** woordbreuk.

prom·is·ee *(jur.)* ontvanger (van 'n belofte). **prom·is·er** belower. **prom·is·ing** belowend, hoopvol; veelbelowend; ~ *beginning* goeie begin; ~ *child* veelbelowende kind; *matters look* ~ sake staan goed. **prom·i·sor** *(jur.)* belower; skuldenaar, promittent, promessegewer. **prom·is·so·ry** belowend, bindend; ~ *note* promesse, skuldbewys.

pro·mo -*mos, n., (infml.: promosie[rol]prent, -video, ens.)* promo. **pro·mo** *adj.* promo-.

prom·on·to·ry kaap, voorgebergte; *(anat.)* uitsteeksel.

pro·mote bevorder, begunstig, (voort)help, vooruithelp, (onder)steun, aanmoedig, stoot; werk in die belang van, bewerk(stellig), in die hand werk; verhoging gee, bevorder, promoveer; deurvoer *('n wetsontwerp)*; verhoog; bespoedig; stig, oprig *('n mpy.)*; ***be*** ~*d* bevorder word; ~ *a* ***competition*** 'n wedstryd uitskryf/-skrywe; ~ *s.o.* ***from*** ... *to* ... iem. van ... tot ... bevorder; ~ *s.o. to a* ***higher*** *class* iem. na 'n hoër klas oorsit; ~ *the* ***interests*** *of* ... →INTEREST *n.*. **pro·mot·er** promotor; bevorderaar, voorstander; stigter, oprigter; bestuurder; *(chem.)* versneller; ~*'s share* stigters-, oprigtersaandeel. **pro·mo·tive** bevorderend.

pro·mo·tion bevordering, verhoging, promosie; bevordering *(v. 'n produk)*; stigting, oprigting *(v. 'n mpy.)*; verheffing *(tot 'n rang)*; *get/win* ~ bevorder word; *sales/trade* ~ →SALES, TRADE; *transfer s.o. on* ~ iem. met bevordering oorplaas. ~ **executive** reklame-, afset-, verkoophoof. ~ **manager** reklamebestuurder. ~ **system** bevorderingstelsel.

pro·mo·tion·al bevorderend; bevorderings-; reklame-.

prompt *n.* betalingsgrens; (die) voorsê; wat voorgesê word; souffleur; *(rek.)* por, (aan)porboodskap. **prompt** *adj.* snel, spoedig, onmiddellik, stip; vaardig; fluks; kontant; *for* ~ *cash* stiptelik kontant, kontant op die plek; ~ *payment* stipte(like) betaling. **prompt** *ww.* aanspoor, aanhits, aansit, voorpraat; besiel, inspireer; voorsê, influister; aanleiding gee tot; ~*ed by* ... na aanleiding van ...; *feel* ~*ed to do s.t.* gedronge voel om iets te doen; *what* ~*s you to* ...? wat besiel jou om te ...?. ~ **book** souffleursboek. ~ **box** souffleurshok(kie). ~ **note** aanmaningsbrief. ~ **side** *(teat.)* souffleurskant.

prompt·er souffleur, souffleuse, voorsêer; teksprojektor. **prompt·ing** aansporing, aanhitsing; (die) voorsê; *(ook, i.d. mv.)* ingewing, stem; *the* ~*s of s.o.'s conscience* →CONSCIENCE; *the* ~*s of the heart* →HEART. **promp·ti·tude, prompt·ness** snelheid, vlugheid, stiptheid, prontheid; vaardigheid. **prompt·ly** spoedig; onmiddellik, stiptelik; geredelik; fluks.

prom·ul·gate openbaar/bekend maak, bekendmaak, afkondig; uitvaardig, proklameer; versprei; promulgeer. **prom·ul·ga·tion** openbaarmaking, bekendmaking, afkondiging; uitvaardiging, proklamasie; promulgasie. **prom·ul·ga·tor** bekendmaker, afkondiger; uitvaardiger.

pro·nate *adj., (biol., med.)* (binnetoe) gebuig, geboë; →PRONE. **pro·nate** *ww.* binnetoe draai/buig; plat lê; plat (uit)strek. **pro·na·tion** pronasie, binnewaartse draaiing/buiging; voorwaartsdraaiing.

prone plat (op die/jou gesig/maag), uitgestrek, lankuit, vooroor; *(arg.)* afwaarts; *(arg.)* afdraand, steil; *be* ~ *to* ... tot ... geneig wees; aan ... onderhewig wees; vir ... vatbaar wees; vir ... ontvanklik wees; ~ *position* (plat)lêhouding, liggende houding; ~ *position (shooting)* lêskiethouding. **prone·ness** geneigdheid, neiging; vatbaarheid.

prong *n.* tand *(v. 'n eg, vurk, ens.)*; punt; uitsteeksel; *(elek.)* voetpen; *(Am.)* rivierarm. **prong** *ww., (met 'n vurk)* steek. ~**horn** (Amerikaanse) takbok, gaffelbok. ~**-horned** met gaffelhorings; ~ *antelope* = PRONGHORN.

pronged gevurk, getand, met tande; gaffelvormig.

-prong·ed *komb.vorm* -tand-, -tandig; *four-*~ *fork* viertandvurk, viertandige vurk; *three-*~ *attack, (fig.)* drieledige aanval.

pro·nom·i·nal *adj.*, -**ly** *adv., (ling.)* pronominaal, voornaamwoordelik.

pro·noun voornaamwoord, pronomen; ***demonstrative*** ~ aanwysende voornaamwoord; ***indefinite*** ~ onbepaalde voornaamwoord; ***interrogative*** ~ vraende voornaamwoord; ***personal*** ~ persoonlike voornaamwoord; ***possessive*** ~ besitlike voornaamwoord; ***relative*** ~ betreklike voornaamwoord.

pro·nounce uitspreek; verklaar, uitspraak doen; konstateer; ~ *o.s.* ***against/for*** ... jou teen (*of* ten gunste van) ... uitspreek; ~ ***on/upon*** *s.t.* oor iets uitsluitsel gee; jou oor iets uitlaat, 'n/jou mening oor iets uitspreek; ~ *a* ***sentence*** *of death* die doodsvonnis vel/uitspreek; *s.t. is* ~*d* ***thus,*** *(fml.)* iets word so uitgespreek; ~ *a* ***word*** *as in English/etc.* 'n woord op Engels/ens. uitspreek. **pro·nounce·a·ble** uitspreekbaar. **pro·nounced** *(ook)* sterk, skerp, duidelik, klaarblyklik; *a* ~ *success* 'n ontwyfelbare sukses; *have* ~ *views on* ... →VIEW *n.*. **pro·nounce·ment** verklaring, uitspraak; *make a* ~ *on/upon s.t.* 'n verklaring omtrent/oor iets doen. **pro·nounc·ing dic·tion·ar·y** uitspraakwoordeboek.

pron·to *(infml.)* gou-gou, dadelik, op die daad.

pro·nu·cle·us *(biol.)* pronukleus.

pro·nun·ci·a·men·to -*tos* proklamasie, manifes.

pro·nun·ci·a·tion uitspraak; *s.o.'s* ~ *is faulty* iem. het 'n gebrekkige uitspraak, iem. se uitspraak is gebrekkig.

pro·nun·ci·o -*os, (RK)* pronunsius.

proof *n.* bewys; bewysmiddel; proef, toets; (druk)proef; proef-, toetsvel; sterktegraad, proef *(v. alkohol)*; drukkersproef; proefmunt; ***cast-iron*** ~ onomstootlike bewys; ***conclusive*** ~ →CONCLUSIVE; *as/in* ~ ***of*** ... as bewys (*of* tot/ter stawing) van ...; *burden* ***of*** ~ →BURDEN[1] *n.*; *be capable* ***of*** ~ bewysbaar wees; ~ ***of*** *debt* skuldvordering; *s.t. is not susceptible* ***of*** ~ →SUSCEPTIBLE; *the* ***onus*** *of* ~ *lies/rests with* ... →ONUS; ***positive*** ~ →POSITIVE; ***printer's*** ~ →PRINTER; ***produce*** ~ →PRODUCE *ww.*; *the* ~ *of the* ***pudding*** *is in the eating* as ('n) mens dit opgeëet het, weet jy hoe dit smaak; ***put*** ... *to the* ~ ... op die proef stel; ***satisfactory*** ~ →SATISFACTORY; ***serve*** *as* ~ as/tot bewys dien; ***stand*** *the* ~ die proef deurstaan; *bring/put* ***to*** *the* ~ op die proef stel; ~ ***to*** *the contrary* teen-, teëbewys. **proof** *adj.* beproef, bestand; vas, dig, seker; ondeurdringbaar, onkwetsbaar; ~ *against the rain* reëndig, bestand teen die reën, reënbestand. **proof** *ww.* bestand maak teen; waterdig maak. ~ **coin** proefmunt. ~ **positive** afdoende/sprekende/onweerlegbare/onomstootlike bewys. ~ **press** proefpers. ~**read** proeflees, proewe lees. ~**reader** proefleser. ~**reading** proeflesing, -lesery. ~ **sheet** proefblad, -vel. ~ **spirit** proefspiritus. ~ **strength** proefsterkte. ~ **text** bewysplaas.

-proof *komb.vorm* -vas, -dig, -vry, -bestand; *bullet*~ koeëlvas, -bestand, -dig, -vry; *sound*~ klankdig.

proof·less onbewese, sonder bewys.

prop[1] *n.* paal, stut; *(rugby)* stut; *(fig.)* steunpilaar, staatmaker. **prop** -*pp*-, *ww.* stut, (onder)steun; *(fig.)* onderskraag; ~ *s.t. against* ... iets teen ... (regop) neersit, iets teen ... staanmaak; ~ *s.o./s.t. up* iem./iets stut; iem./iets staande hou; iem./iets aan die gang hou; ~ *s.o. up, (ook)* iem. regop laat sit *('n sieke i.d. bed)*. ~ **forward** *(rugby)* stut. ~ **root** stutwortel. ~ **stick** disselboomstut. ~ **(word)** steunwoord.

prop[2] *n., (infml., afk. v.* propeller*):* ~**jet** turbineskroefenjin; turbineskroefvliegtuig.

prop[3] *n., (teat., gew. i.d. mv.)* rekwisiet; →PROPERTY. ~**man** *(teat., afk.)* = PROPERTY MAN.

pro·pae·deu·tic *(fml.)* voorbereidend, inleidend, propedeuties. **pro·pae·deu·tics** voorbereidende studie, propedeutika, propedeuse.

prop·a·gan·da propaganda; ~ ***against/for*** ... propaganda teen/vir ...; ***carry on*** (or ***conduct***) ~ *for* ... vir ... propaganda maak, ... propageer; *it is* ***sheer*** ~ →SHEER[3] *adj.*. **prop·a·gan·dise, -dize** propaganda maak (vir), propageer. **prop·a·gan·dist** *n.* propagandis. **prop·a·gan·dist, prop·a·gan·dis·tic** *adj.* propagandisties.

prop·a·gate voortplant; voortteel; kweek; versprei; voortsit; progageer, bevorder, voorstaan. **prop·a·ga·tion** voortplanting; teling; verspreiding, uitbreiding; propagasie. **prop·a·ga·tive** voortplantend, voortplantings-. **prop·a·ga·tor** voortplanter; *(chem.)* kweekvat; verspreider, bevorderaar.

pro·pane *(chem.)* propaan.

pro·pa·none *(chem.)* →ACETONE.

pro·pel -*ll*- (voort)dryf, voortstoot, vooruitstoot, voortstu, aandryf, (voort)beweeg; ~*ling agent* dryfmiddel; ~*ling force* dryf-, stukrag; ~*ling rod* dryfstang. **pro·pel·lant, pro·pel·lent** *n.* dryfkrag; dryfmiddel; dryfolie; dryfspringstof; stumiddel. **pro·pel·lent** *adj.* (voort)drywend, voortstuwend, dryf-; ~ *charge* dryflading; ~ *explosive/gas* dryfgas; ladingsgas; ~ *oil* dryfolie.

pro·pel·ler drywer; skroef *(v. 'n stoomboot, vliegtuig, ens.)*; *(torpedo)* voortstuwer; skroefstoomboot. ~ **blade** skroefblad. ~ **engine** skroefenjin. ~ **fan** skroefwaaier. ~ **race** skroefwind. ~ **shaft** skroef-, dryfas. ~ **turbine** skroefturbine.

pro·pen·si·ty geneigdheid, neiging; aanleg; hebbelikheid; *a* ~ *to* (or *for doing*) *s.t.* 'n neiging tot iets (*of* om iets te doen).

prop·er *adj.* eg; reg, gepas, geskik; behoorlik, in orde; bevoeg; eintlik; welvoeglik, ordentlik, fatsoenlik, betaamlik; geoorloof, regmatig; *(her.)* van natuurlike kleur; *(wisk.)* eg; *the* ~ ***authorities*** die betrokke instansies; ~ ***cause*** gegronde redes; *the* ***city/etc.*** ~ die eintlike stad/ens.; *a* ~ ***fight*** 'n regte bakleiery; ~ ***fraction,*** *(wisk.)* egte breuk; ***literature*** ~ eintlike/werklike letterkunde; ~ ***name*** eienaam; *it is not* ***quite*** ~ dit hoort nie heeltemal so nie; *in the* ~ ***sense*** *of the word* in die eintlike/werklike betekenis van die woord; ***think*** *it* ~ →THINK *ww.*; *the* ~ ***time*** die regte/geskikte tyd; *the* ~ ***way*** →WAY *n.*. **prop·er** *adv.: hit the ball good and* ~ →GOOD *adj. & adv.*. **prop·er·ly** behoorlik, fatsoenlik; eintlik; regmatig, na regte; na behore; tereg, met reg; terdeë; *be ~ **angry*** éérs/regtig kwaad wees; ***see** s.t. ~* iets mooi sien; *not **understand*** ~ nie mooi/reg verstaan nie; ***very*** ~ heel tereg.

prop·er·tied besittend, gegoed.

prop·er·ty besitting, eiendom, goed; (vaste/onroerende) eiendom; *(jur.)* eiendomsreg; eienskap, hoedanigheid; landgoed; boedel; *(teat.)* rekwisiet, dekorstuk; *(ook, i.d. mv.)* toneelbehoeftes, =rekwisiete, dekor; ***common*** ~ →COMMON *adj.*; ***fixed*** ~ →FIXED; ***immov(e)able*** ~ →IMMOV(E)ABLE *adj.*; *s.t. **is** s.o.'s* ~ iets behoort aan iem. (*of* is iem. se eiendom); ***landed*** ~ →LANDED; ***mov(e)able*** ~ →MOV(E)ABLE *adj.*; *a (wo)man **of*** ~ 'n grondbesitter; ***private*** ~ privaat/private besit; ***public*** ~ →PUBLIC *adj.*; *injury **to*** ~ →INJURY. ~ **developer** eiendomsontwikkelaar. ~ **man** *(teat.)* rekwisiteur. ~ **market** eiendomsmark. ~ **owner** eiendomsbesitter. ~ **rate** eiendoms=, erfbelasting. ~ **room** *(teat.)* rekwisiet(e)kamer. ~ **speculation** eiendomspekulasie. ~ **speculator** eiendomspekulant. ~ **tax** eiendomsbelasting, belasting op vaste eiendom.

prop·er·ty·less besitloos.

pro·phase *(biol.)* pro=, voor=, beginfase.

proph·e·cy profesie, voorspelling, voorsegging; waarsegging; godspraak.

proph·e·sy *ww.* profeteer, voorspel, voorsê; ~ *that* ... voorspel dat ...

proph·et profeet, siener, voorspeller; *a ~ is not without **honour** save in his own country, (sprw.)* 'n profeet is nie geëerd in sy eie land nie; ~ ***of** doom* onheils=, doemprofeet; ~ ***of** evil* ongeluksprofeet; ***Saul** among the ~s* Saul onder die profete; ***the** P~, (Mohammed; Joseph Smith, stigter v.d. Mormoonse Kerk)* die Profeet. **proph·et·ess** profetes, sieneres; *Miriam the* ~ Mirjam die profetes. **pro·phet·ic** profeties; ~ *eye* sienersblik, =oog; *be ~ of ... ...* voorspel.

proph·y·lac·tic *n.* profilaktikum, voorbehoedmiddel; *(Am.)* →CONDOM. **proph·y·lac·tic** *adj.* profilakties, voorbehoedend. **proph·y·lax·is** =*laxes* profilakse, voorbehoeding.

pro·pin·qui·ty nabyheid, naburigheid; ooreenkoms; *(teg.)* verwantskap.

pro·pi·on·ic ac·id *(chem.)* propionsuur.

pro·pi·ti·ate versoen; paai, gunstig stem; mak maak; bevredig. **pro·pi·ti·a·ble** versoenbaar; paaibaar. **pro·pi·ti·a·tion** versoening; bevrediging; soenoffer. **pro·pi·ti·a·to·ry** *n.* genadetroon. **pro·pi·ti·a·to·ry** *adj.* versoenend, soen=; gunstig stemmend; ~ *sacrifice* soenoffer. **pro·pi·tious** gunstig, genadig; goedgesind, gunstig gesind. **pro·pi·tious·ness** gunstigheid; goedgesindheid.

prop·o·lis propolis, byekos, =voedsel, byebrood.

pro·po·nent *n.* voorsteller, indiener; voorstander. **pro·po·nent** *adj.* voorstellend.

Pro·pon·tis: *the ~, (geog., hist.)* die Propontis; →MARMARA.

pro·por·tion *n.* verhouding, proporsie; *(wisk.)* eweredigheid, proporsionaliteit (→SIMPLE PROPORTION); deel; *(ook, i.d. mv.)* afmetings;; ~ ***between*** verhouding tussen/van; ***blow** s.t. (all) out of* ~ iets (heeltemal) uit verband ruk (*of* erger laat klink as wat dit is); iets te ernstig opneem/opvat; *be **blown** (up) out of (all)* ~ heeltemal oordryf word (*of* uit verband geruk wees), erger klink as wat dit is; ***compound*** ~ saamgestelde/samegestelde eweredigheid; ***in*** ~ na verhouding/eweredigheid; dienooreenkomstig; ***in** ~ as* ... namate (*of* na gelang) ...; ***in** the ~ of ... to* ... in die verhouding van ... tot ...; ***in** ~ to* ... in verhouding tot (*of* na verhouding/eweredigheid/gelang van) ...; *in **inverse/reciprocal** ~ to* ... →INVERSE; *get things **out** of* ~ jou/alle sin vir verhoudings verloor, dinge uit verband ruk, 'n berg van 'n molshoop (*of* van 'n muggie 'n olifant) maak, oorreageer, dinge te ernstig opneem/opvat; ***out of** (all) ~ to/with* ... buite (alle) verhouding tot ...; *a ~ of the **profits*** 'n (vaste) deel van die wins; *the **rule** of ~, (wisk.)* →THE **RULE** OF THREE/PROPORTION; *have a **sense** of* ~ 'n gevoel/sin vir verhoudings hê. **pro·por·tion** *ww.* proporsioneer; afmeet; eweredig maak, in verhouding bring; eweredig verdeel.

pro·por·tion·al *n., (wisk.)* eweredige deel. **pro·por·tion·al** *adj.* eweredig, proporsioneel, ewematig; ~ ***compasses*** herleidings=, verhoudings=, reduksiepasser; ~ ***error,** (statist.)* verhoudingsfout, eweredige fout; ~ ***mean*** middeleweredige; ~ ***representation*** proporsionele/eweredige verteenwoordiging; ~ ***scale*** verhoudingskaal; ~ ***third** to* ... derde eweredige tot ...; ~ ***to*** ... eweredig aan ...

pro·por·tion·al·i·ty eweredigheid, proporsionaliteit. **pro·por·tion·al·ly** na verhouding/eweredigheid, eweredig, proporsioneel. **pro·por·tion·ate** *adj.* →PROPORTIONAL *adj.*; ~ *to* ... eweredig aan ... **pro·por·tion·ate** *ww.* eweredig maak, in verhouding bring. **pro·por·tion·ate·ly** →PROPORTIONALLY.

pro·po·sal voorstel; aanbod, aansoek; mosie; *accept/adopt a* ~ 'n voorstel aanneem; *make* (or *put forward*) *a* ~ 'n voorstel doen/maak; ~ *(of marriage)* huweliksaanbod, =aansoek.

pro·pose voorstel; aanbied; aanvra, aansoek doen om; voornemens (*of* van plan) wees; 'n huweliksaanbod doen/maak; *~d **action*** voorgenome optrede; ~ *s.o.'s **health*** →HEALTH; ***man** ~s, God disposes* →DISPOSE; ~ ***that*** ... voorstel dat ...; *I ~ **to*** ... ek is van plan/voorneme (*of* ek is voornemens) om te ...; *he ~s **to** her* hy vra haar om met hom te trou, hy vra die jawoord, hy vra haar om haar hand, hy doen/maak 'n huweliksaanbod aan haar; ~ ***a toast** to* ... →TOAST *n.*.

pro·pos·er voorsteller; indiener; *(versek.)* aansoeker, aanvraer.

pro·pos·i·ta →PROPOSITUS.

prop·o·si·tion *n., (ook wisk.)* stelling; voorstel, aanbod, proposisie; probleem; ***advance** the ~ that* ... die stelling verkondig dat ...; *an **attractive*** ~ 'n aanloklike aanbod/voorstel; ***business*** ~ →BUSINESS; *face an extremely **difficult*** ~ voor 'n uiters moeilike vraagstuk staan; ***make** s.o. a* ~ iem. 'n aanbod/voorstel doen/maak; *s.t. is a **paying*** ~ iets is lonend/betalend. **prop·o·si·tion** *ww.: ~ s.o., (infml.)* iem. vra om met jou bed toe te gaan (*of* by jou te slaap *of* met jou seks te hê *of* met jou liefde te maak).

pro·pos·i·tus =*iti (ml.)*, **pro·pos·i·ta** =*itae (vr.), n., (med., genet.)* propositus, proband.

pro·pound voorstel, voorlê, poneer; aanbied. **pro·pound·er** ontwerper, skepper *(v. 'n teorie)*.

prop·ping stutwerk, stutting; →PROP[1].

pro·pri·e·tar·y *n.* besitterskap, eienaarskap; eiendomsreg; eienaar(s), besitter(s); grondeiendom. **pro·pri·e·tar·y** *adj.* besittend, eienaars=, eiendoms=; privaat, partikulier; patent=, gepatenteer(d); patentregtelik; ~ ***account*** eienaarsrekening; ~ ***article*** handelsmerkartikel, gepatenteerde artikel, patentartikel; *the ~ **classes*** die besitters/besittersklas (*of* gegoede klas); ~ ***company*** geslote/privaat/private maatskappy; ~ ***information,** (fml.)* vertroulike inligting; ~ ***interest*** eienaarsbelang; ~ ***medicine*** patente middel/medisyne; ~ ***name*** handelsnaam; ~ ***right*** vermoënsreg. **pro·pri·e·tor** eienaar, besitter; *(Br.)* aandeelhouer. **pro·pri·e·to·ri·al** eienaars=. **pro·pri·e·tor·ship** besitterskap, eienaarskap. **pro·pri·e·tress** eienares. **pro·pri·e·ty** juistheid, korrektheid; gepastheid; welvoeglikheid, fatsoen(likheid), behoorlikheid, ordentlikheid; geoorloofdheid, regmatigheid; *s.t. is a **breach** of* ~ iets is in stryd met die welvoeglikheid; ***conduct** o.s. with* ~ jou ordelik gedra; ***observe** the proprieties* die fatsoen/ordentlikheid/vorm in ag neem, die fatsoen bewaar, nie buite die perke van die welvoeglikheid gaan nie; *be a **stickler** for the proprieties* baie op jou fatsoen gesteld wees.

prop·to·sis =*toses, (med.)* proptose; *ocular* ~ →EXOPHTHALMOS.

pro·pul·sion aandrywing, voortdrywing, voortstuwing, voortstoting; *(lett. & fig.)* dryf=, stukrag; dryfveer. **pro·pul·sive** aandrywend, voortdrywend, dryf=; →PROPELLENT *adj.*.

prop·y·lae·um =*laea, (bouk.)* (tempel)ingang, voorpoort, voorhof; *the Propylaea* die Propulaia *(v.d. Akropolis)*.

pro·pyl·ene *(chem.)* propileen.

pro·rate, pro·rate *ww., (hoofs. Am.)* eweredig verdeel/versprei.

pro·rogue *(parl.)* (af)sluit, prorogeer *('n sitting)*; op reses gaan; *Parliament stands ~d* die Parlement is op reses. **pro·ro·ga·tion** (af)sluiting, prorogasie *(v. 'n sitting)*.

pro-Rus·sian Russiesgesind. **pro-Rus·sian·ism** Russiesgesindheid.

pro·sa·ic prosaïes; alledaags, gewoon; onromanties, ondigterlik; →PROSE; ~ *person* prosaïese mens. **pro·sa·ist** prosaskrywer, prosaïs; prosaïese mens.

pro·sce·ni·um =*niums,* =*nia, (teat.)* voortoneel, proscenium. ~ **arch** prosceniumboog. ~ **light** sylig, prosceniumlig.

pro·sciut·to *(It. kookk.)* prosciutto.

pro·scribe verban, verstoot, verwerp; voëlvry verklaar, buite die wet stel; veroordeel; verbied. **pro·scrip·tion** verbanning, verwerping; voëlvryverklaring; veroordeling; verbod. **pro·scrip·tive** verbiedend; tiranniek; verbannings=.

prose *n.* prosa; alledaagsheid. **prose** *ww.* in prosa oorsit; sanik, langdradig praat. ~ **idyll** *(lettk.)* prosaidille. ~ **poem** prosagedig. ~ **poet** prosadigter. ~ **poetry** prosadigkuns. ~ **writer** prosaskrywer, prosaïs. ~ **writing** prosa. ~ **writings** prosageskrifte.

pro·sect prosekteer, voorsny. **pro·sec·tor** prosektor, voorsnyer.

pros·e·cute aankla, (geregtelik) vervolg; voortsit; uitoefen; *prosecuting **attorney,** (Am.)* openbare aanklaer, staatsaanklaer; *prosecuting **counsel*** aanklaer/advokaat vir die staat; ~ ***s.o. for*** ... iem. weens ... vervolg; ~ ***studies*** studie voortsit; ~ ***trade*** handel dryf/drywe; ***trespassers** will be ~d* →TRESPASSER. **pros·e·cut·a·ble** vervolgbaar. **pros·e·cu·tion** vervolging; voortsetting; uitoefening; *the ~, (jur.)* die vervolging/prosekusie. **pros·e·cu·tor** aanklaer, vervolger; *public* ~ openbare/publieke aanklaer, staatsaanklaer.

pros·e·lyte *n.* bekeerling, proseliet. **pros·e·lyt·i·sa·tion, ·za·tion** bekeerdery, proseliet(e)makery; bekeringswerk. **pros·e·lyt·ise, ·ize** bekeer, prosneliete/bekeerlinge maak. **pros·e·lyt·is·er, ·iz·er** bekeerder, proseliet(e)maker. **pros·e·lyt·ism** proseliet(e)makery, proselitisme, bekeerdery.

pros·en·chy·ma *(biol.)* prosenchiem.

pros·er prosaïs, prosaskrywer; langdradige spreker/skrywer.

Pro·ser·pi·na *(Rom. mit.)*, **Pro·ser·pine** *(Rom. mit.)*, **Per·seph·o·ne** *(Gr. mit.)* Proserpina, Persefone, Persefonê, Persephone, Persephonê.

pros·i·fy in prosa oorsit; prosa skryf/skrywe.

pro·sit, prost *tw., (D.)* prosit, gesondheid.

pros·o·dy prosodie, versleer, metriek. **pro·sod·ic** prosodies. **pros·o·dist** prosodis.

pros·o·pog·ra·phy =*phies* prosopografie, biografiese skets. **pros·o·pog·ra·pher** prosopograaf. **pros·o·po·graph·i·cal** *adj.*, =**ly** *adv.* prosopografies.

pros·o·po·p(o)e·ia *(ret.)* prosopopeia; personifikasie.

pros·pect *n.* vooruitsig, verwagting, moontlikheid, kans; moontlike kliënt; moontlike versekerde; *(min.)* prospekteerplek; mineraalmonster; uitsig; *s.o. is a ~ **as*** ... iem. is 'n moontlike ...; *a **bleak*** ~ →BLEAK; ***bright** ~s* →BRIGHT; *the ~s are **dim*** →DIM *adj.*; ***hold out** the ~ of s.t.* iets in die vooruitsig stel; ***in** the ~* in die vooruitsig; *have **no** ~s* geen toekoms hê nie; *this job has **no** ~s* hierdie betrekking/werk is sonder vooruitsigte; *there's no ~ **of*** ... daar is geen vooruitsig op ... nie; *a ~ **of** success* 'n kans op sukses; *s.o. does not **relish** the* ~ →RELISH *ww.*. **pro·spect** *ww.* prospekteer, soek (na); ondersoek; ~ *for* ... na ... soek/prospekteer *(goud ens.)*; ~ *well* veel beloof/belowe. **pro·spec·tive** toekomstig, aanstaande *(bruid)*; voorgenome *(maatreël)*; voornemende *(koper, besoeker, ens.)*; te wagte; waarskynlike *(kliënt ens.)*; in die vooruitsig; ~ *candidate* aspirantkandidaat; ~ *professor* toekomstige professor; ~ *teacher* aspirantonderwyser. **pro·spec·tor** prospekteerder, prospektor; ~*'s licence* prospekteerlisensie. **pro·spec·tus** -*tuses* prospektus.

pro·spect·ing prospekteer(werk), prospekteerdery, prospektering, soektog. ~ **adit** prospekteertonnel. ~ **hammer** prospekteerhamer. ~ **pit** prospekteergat.

pro·spec·tor, pro·spec·tus →PROSPECT.

pros·per voorspoedig wees, bloei, floreer, vooruitgaan, groei en bloei, gedy; begunstig, seën. **pros·per·i·ty** voorspoed, bloei, vooruitgang, welvaart, welvarendheid; *enjoy* ~ voorspoed geniet. **pros·per·ous** voorspoedig, bloeiend, florerend, welvarend; gunstig, gelukkig; *be* ~, *(ook)* goed vaar. **pros·per·ous·ness** voorspoedigheid; voorspoed; →PROSPERITY.

pros·sie, pros·sy, pros·tie *(infml.)* prossie, straatvrou.

prost →PROSIT.

pros·ta·glan·din *(biochem.)* prostaglandien.

pros·tate *n.* prostaat, voorstanderklier; *enlarged* ~ vergrote prostaat. **pros·tate, pro·stat·ic** *adj.* prostaties; ~ *(gland)* prostaat(klier), voorstanderklier. **pros·ta·tism** prostaatvergroting. **pros·ta·ti·tis** prostatitis, prostaatontsteking.

pros·the·sis -*theses* pro(s)tese, prostesis, kunsmatige liggaamsdeel, kunsarm, kunsbeen; *(gram.)* voorvoeging, protesis, protese; →PROTHESIS. **pros·thet·ic** pro(s)teties. **pros·thet·ics** pro(s)tetiek, pro(s)tetika. **pros·thet·ist** pro(s)tetikus.

pros·ti·tute *n.* prostituut, hoer. **pros·ti·tute** *ww.* prostitueer; onteer; aan ontug oorgee; ~ *o.s.* jou liggaam verkoop, prostitueer; *(fig., neerh.)* jou naam oneer aandoen, jou verlaag (*of* goedkoop maak), laag sink; ~ *one's talents* jou talente vermors/verspil. **pros·ti·tu·tion** prostitusie, hoerery, ontug; ontering.

pros·trate *adj.* uitgestrek, plat(liggend), lankuit; neergeboë, -gebuig; ootmoedig; gekniel(d), verneder(d), verslaan; uitgeput, gedaan; *(bot.)* kruipend, (op die grond) rankend; *be* ~ *with grief* →GRIEF; *be* ~*d by the heat* flou wees van die hitte; ~ *plant* kruipplant. **pros·trate** *ww.* neergooi, neerwerp; onderwerp, verneder; verniel; uitput, gedaan maak; ~ *o.s.* (jou) neerbuig, neerkniel. **pros·tra·tion** neerwerping; vernedering; neerbuiging, neerknieling; voetval; (ernstige) uitputting, groot swakte/verswakking.

pro·style *n., (argit.)* prostyl, tempelportiek, suilegang. **pro·style** *adj.* prostiel, met 'n portiek.

pros·y alledaags, vervelend, langdradig, saai, prosaïes. **pros·i·ness** saaiheid *ens.* (→PROSY).

pro·tac·tin·i·um *(chem., simb.:* Pa*)* protaktinium.

pro·tag·o·nism pleitbesorging. **pro·tag·o·nist** hooffiguur, hoof(rol)speler; leier, hoofpersoon; kampvegter, pleitbesorger, stryder, voorvegter, woordvoerder; teenspeler.

prot·a·sis -*ases, (gram.)* protasis, voorwaardelike sin.

pro·te·a *(bot.)* protea; suikerbosblom. **Pro·te·a·ce·ae** Proteaceae.

pro·te·an, pro·te·an proteïes; veranderlik, veelvormig, onbestendig.

pro·tect beskerm, bewaar, behoed, beskut, skut, beveilig, vrywaar; dek, honoreer *('n wissel)*; ~ *s.o.* ***against*** ... iem. teen ... vrywaar; ~ *s.o./s.t.* ***from*** ... iem./iets teen ... beskerm; *British/etc.* ~*ed* ***person*** persoon onder Britse/ens. beskerming; ~*ing* ***sheath*** buitebekleding; ~*ing* ***sleeve,*** *(mot.)* skuthuls; ~*ed* ***species*** beskermde spesie.

pro·tec·tion beskerming, beskutting, beveiliging; begunstiging; dekking; vrywaring; ~ *against* ... beskerming/beskutting teen ... *(d. reën, koue, ens.)*; vrywaring teen ... *(verlies ens.)*; *for the* ~ *of* ... ter beskerming van ...; *under the* ~ *of* ... onder beskerming van ... ~ **money** beskermingsgeld. ~ **plate** skermplaat. ~ **racket** *(infml.)* beskermingswendelary; swendelbeskermingskema; *run a* ~ ~ 'n swendelbeskermingskema bedryf. ~ **rail** skermreling.

pro·tec·tion·ism proteksionisme. **pro·tec·tion·ist** *n.* proteksionis. **pro·tec·tion·ist** *adj.* proteksionisties, beskermend; →PROTECTIVE; ~ *policy* beskermingsbeleid.

pro·tec·tive beskermend, beskermings-, beskuttend; ~ ***clothing*** beskermende klere, veiligheidsklere; ~ ***coating/layer*** beskermende laag; *in* ~ ***custody*** in beskermende bewaring; ~ ***deck,*** *(mil.)* pantserdek; ~ ***duties,*** *(ekon.)* beskermende regte; *(mil.)* beskermingsdiens; ~ ***fire,*** *(mil.)* skermvuur; ~ ***food*** gesonde kos/voedsel; ~ ***helmet*** skuthelm; *(kr.)* kolfhelm; ~ ***mask*** skutmasker; skermmasker; ~ ***measure*** beskermings maatreël, beskermende maatreël; ~ ***packaging*** beskermende verpakking; ~ ***policy*** beskermingsbeleid; ~ ***screen*** skerm; ~ ***system*** beskermingstelsel; ~ ***tariff*** beskermingstarief; ~ ***wire*** draadversperring, versperringsdraad. **pro·tec·tor** beskermer; bewaarder; *(hist.)* protektor, beskermheer; *Lord P~ of the Commonwealth, (Eng. gesk.)* Lord Protektor van die Gemenebes. **pro·tec·tor·ate** protektoraat. **pro·tec·tor·ship** beskermheerskap, protektoraat, beskerming. **pro·tec·to·ry** weeshuis; verbeter(ing)skool.

pro·té·gé protégé, beskermling. **pro·té·gée** *(vr.)* protégée.

pro·tein proteïen. ~ **content** proteïeninhoud. ~ **value** proteïenwaarde.

pro·te·o·lyt·ic *(biochem.)* proteolities.

Pro·te·ro·zo·ic *n., (geol.)* Proterosoïkum, Proterosoïese tydperk/era. **Pro·te·ro·zo·ic** *adj.* Proterosoïes.

pro·test *n.* protes, verset; betoging; (teen)verklaring; ***enter/lodge/register*** *a* ~ ***against*** ... protes teen ... aanteken, teen ... protesteer (*of* ... beswaar maak), ('n) protes teen ... indien; ***in*** (*or* ***as*** *a*) ~ uit (*of* by wyse van) protes; ***make/register*** *a* ~ protes aanteken, protesteer; ***meeting*** *of* ~ protesvergadering; ***under*** ~ onder protes; *do s.t.* ***without*** ~ iets sonder protes doen. **pro·test** *ww.* protesteer, protes aanteken, beswaar maak; betoog, 'n betoging hou; plegtig verklaar, betuig; jou teë-/teensit; teen beterwete stry; ~ ***against*** ... teen ... protesteer (*of* protes aanteken *of* beswaar maak); teen ... betoog; ~ *one's* ***innocence*** →INNOCENCE; ~ ***to*** ... by ... protesteer (*of* beswaar maak); ~ ***vociferously*** luidkeels protesteer, *(infml.)* 'n keel opsit.

Prot·es·tant *n., (teol.)* Protestant. **Prot·es·tant** *adj.* Protestants. **Prot·es·tant·ise, -ize** *(w.g.)* Protestants maak; Protestantse gebruike volg. **Prot·es·tant·ism** Protestantisme.

pro·test·ant *adj.* protesterend.

pro·tes·ta·tion protestasie; protes; (plegtige) verklaring, betuiging.

pro·test·er, pro·test·or beswaarmaker, protesteerder, beswaarde, protesterende.

Pro·teus *(Gr. mit. & astron.)* Proteus.

pro·teus →OLM.

pro·tha·la·mi·on, pro·tha·la·mi·um -*mia, (poët., liter.)* bruilofslied, bruidslied.

pro·thal·li·um -*thallia,* **pro·thal·lus** -*thalli, (bot.)* protallus, voorkiem *(v. 'n varing)*.

proth·e·sis -*eses* voorbereidingstafel; *(gram.)* protesis, protese, voorvoeging; →PROSTHESIS. **pro·thet·ic** proteties, voorgevoeg.

pro·thon·o·tar·y, pro·ton·o·tar·y *(hoofs. hist.)* protonotarius. **P~ Apostolic** protonotarius apostolicus.

pro·throm·bin *(biochem.)* protrombien.

pro·to- *komb.vorm, (gew.* prot- *voor 'n vokaal)* prot(o)-, oer-, eerste; *protactinium* protaktinium; *protoxide* protoksied.

pro·to·ac·tin·i·um = PROTACTINIUM.

pro·to·col *n.* protokol; akte, oorkonde; amptelike verslag; *rules of* ~ reëls van die protokol. **pro·to·col** *ww.* 'n protokol opstel; op die protokol plaas. **pro·to·col·ar** protokollêr. **pro·to·col·ise, -ize** *(w.g.)* = PROTOCOL *ww.*

pro·to·gen·ic *(chem.)* protogenies.

Pro·to-Ger·man·ic Proto-Germaans.

pro·to·mar·tyr eerste martelaar.

pro·ton *(fis.)* proton.

pro·ton·o·tar·y →PROTHONOTARY.

pro·to·plasm *(biol.)* protoplasma. **pro·to·plas·mic** protoplasmaties. **pro·to·plast** *(biol.)* protoplas(t), selliggaam; oervorm, prototipe.

pro·to·type prototipe, oertipe; prototipe, voorloper, model.

Pro·to·zo·a *(soöl.)* Protozoa. **pro·to·zo·al, pro·to·zo·an, pro·to·zo·ic** *adj.* protosoïes; *protozoal parasite* protosoïese parasiet. **pro·to·zo·an, pro·to·zo·on** -*zoa(ns), n.* protosoön, oerdier. **pro·to·zo·ol·o·gy** protosoölogie.

pro·tract uitstel; op skaal teken; *(anat.)* rek, verleng. **pro·tract·ed** langgerek, langdurig. **pro·tract·ed·ness** langgerektheid, langdurigheid. **pro·trac·tile** rekbaar, verlengbaar. **pro·trac·tion** *(gram.)* (lettergreep)verlenging; *(biol.)* strekbeweging; tekening op skaal.

pro·trac·tor gradeboog; *(landm.)* (kaart)hoekmeter. ~ **(muscle)** *(anat.)* strekspier.

pro·trude (voor)uitsteek, uitspring, uitstaan; uitpeul. **pro·trud·ing:** ~ *ears* bakore; ~ *eyes* peuloë; ~ *lip* hanglip; ~ *teeth* haaitande. **pro·tru·sile** strekbaar, verlengbaar. **pro·tru·sion** (die) (voor)uitsteek, (voor)uitsteking; uitsteeksel, (voor)uitstekende deel. **pro·tru·sive** (voor)uitstekend; opvallend.

pro·tu·ber·ant opgeswel; uitpeulend, uitpeul-; knop-; ~ *eye* uitpeuloog. **pro·tu·ber·ance** uitwas, (stomp) uitsteeksel; uitgroeisel; knop, bult, swelsel, geswel, swelling. **pro·tu·ber·ate** uitbol, (uit)peul.

proud trots; fier; hooghartig, hoogmoedig; waardig; indrukwekkend; groots, pragtig; *(as)* ~ **as** *a peacock* (*or* **as** *Punch*) so trots soos 'n pou; **do** *s.o.* ~, *(infml.)* iem. eer aandoen; iem. goed onthaal/trakteer; iem. ekstra goed behandel; *be* ~ ***of*** ... trots wees op ...; *s.t. was a* ~ ***sight*** iets was 'n pragtige gesig; ***somewhat*** ~ trotserig; *be* ~ ***that*** ... trots wees daarop dat ...; *be* ***too*** ~ *to admit s.t.* te trots wees om iets te erken; *be* ***too*** ~ *to complain* te hoogmoedig wees om te kla. ~ **flesh** *(fisiol., nieteg.)* woekervleis; →GRANULATION TISSUE. ~**-hearted** hovaardig.

prove *(verl.dw.* proved *of* proven*)* bewys *('n eis ens.)*; openbaar, toon, wys; blyk; op die proef stel, probeer, toets, beproef; staaf *(bewerings)*; inskiet *('n geweer)*; *(brooddeeg)* rys; →PROVED, PROVEN, PROVING; ~ *s.t* ***abortive*** iets as vrugteloos uitwys; ~ *s.o.'s* ***courage*** →COURAGE; *it/that* ***goes*** *to* ~ *that* ... dit toon (*of* wys net *of* dien om te bewys) dat ...; *God* ~*s all* ***hearts*** →HEART; *s.t.* ~*s* ***itself*** iets wys sy waarde; ~ *what* ***one*** *can do* jou nie onbetuig laat nie; ~ ***o.s.*** wys wat jy kan doen, jou slag/vermoë wys, presteer; jou man staan; ~ ***o.s.*** *the better person* jou meerderheid bewys; ~ ***o.s.*** *a good player/etc.* jou 'n goeie speler/ens. toon; ~ *s.o.* ***right*** →RIGHT *adj.*; ~ ***s.o.*** *a* ... bewys dat iem. 'n ... is; ***that*** ~*s it* dit is die proef op die som; ~ ***that*** ... bewys dat ...; ~ *all* ***things*** *and hold fast that which is good* ondersoek alle dinge en behou die goeie; *s.t.* ~*s* ***to be*** *true/etc.* dit blyk dat iets waar/ens. is; ~ *a* ***will*** 'n testament verifieer. **prov·a·ble** bewysbaar. **prov·a·ble·ness** bewysbaarheid. **proved** bewese; *a* ~ *fact* 'n bewese feit; *a* ~ *friend* 'n beproefde vriend; ~ *ore* vasgestelde erts. **prov·en** bewese; *not* ~, *(jur.)* nóg skuldig nóg onskuldig; *a* ~ *remedy* 'n beproefde/probate middel. **prov·ing:** *a* ~ *flight* 'n toetsvlug; ~ *ground* proef-, toetsterrein.

prov·e·nance herkoms, oorsprong; bron.

Pro·vence *n., (geog.)* (die) Provence. **Pro·ven·çal** *n., (inwoner)* Provensaal; *(taal)* Provensaals. **Pro·ven·çal** *adj.* Provensaals.

prov·en·der *(dikw. skerts.)* kos, voedsel, proviand; *(vero.)* voer.

pro·ve·ni·ence *(Am.)* →PROVENANCE.

pro·ven·tric·u·lus -*uli, (soöl.)* proventrikel; kliermaag *(v. 'n voël)*; koumaag *(v. 'n insek)*.

prov·erb spreekwoord, spreuk; *s.t. is a* ~ iets is spreekwoordelik; *(Book of) P~s* Spreuke (van Salomo). **pro·ver·bi·al** spreekwoordelik.

pro·vide lewer, verskaf, voorsien; verstrek *(inligting, besonderhede)*; sorg vir; *('n wet)* bepaal; voorskryf,

=skrywe; maatreëls neem teen; ~ ***against*** *s.t.* (voorsorg)maatreëls teen iets neem/tref, voorsorg teen iets tref; vir iets sorg; *save as ~d **by** section 2/etc., (jur.)* behoudens wat art. 2/ens. bepaal; ~ ***for*** *s.o.* vir iem. sorg, in die behoeftes/onderhoud van iem. voorsien; ~ ***for*** *s.t.* iets moontlik maak; vir iets voorsiening/voorsorg maak *(d. oudag); ('n wet)* bepaal dat iets gedoen moet/sal word; ~ ***for*** *o.s., (ook, infml.)* jou eie potjie krap; *be ~d **for*** al die nodige hê; *the **law** ~s that ...* →LAW; ~ *one's **own** food/etc.* jou eie kos/ens. verskaf/bring; ~ *s.o. **with** s.t.* iem. van iets voorsien, iets aan iem. verskaf. **pro·vid·ed** op voorwaarde dat, mits, met dien verstande dat; *it was ~ by ...* dit is deur ... verskaf; *be ~ for* versorg wees; al die nodige hê; ~ *(that)* ... mits ..., op voorwaarde (*of* onder voorbehoud) dat ... **prov·i·dence** sorg(saamheid), spaarsaamheid; voorsiening, voorsorg; *(P~, Chr.)* die Voorsienigheid; *tempt* ~ die noodlot/gevaar trotseer, roekeloos wees. **prov·i·dent** sorgsaam, versigtig; sorgvuldig; spaarsaam, spaarsamig; voorsorg=, voorsiening=; ~ *fund* voorsorgfonds, spaarkas, voorsieningsfonds; bystandsfonds, hulpfonds, ondersteuningsfonds; ~ *institution* voorsorginrigting; ~ *society* bystandsvereniging, =kas. **prov·i·den·tial** van (*of* beskik deur) die Voorsienigheid; wonderlik; gelukkig; net op die regte tyd; toevallig; *s.t. is* ~ iets is 'n bestiering. **pro·vid·er** versorger; onderhouer; verskaffer; leweransier; *universal* ~ algemene handelaar. **pro·vid·ing** mits; →PROVIDED; ~ *(that)* ... mits (*of* op voorwaarde dat) ...

prov·ince provinsie; afdeling; vak, gebied, terrein; ressort; bevoegdheid, gebied, sfeer; *the ~ of nature* die ryk van die natuur; *s.t. is outside (*or *does not come within) s.o.'s* ~ iets is/val buite iem. se vak/terrein/gebied (*of* is/val nie in iem. se gebied nie); iets is/val buite iem. se bevoegdheid. **pro·vin·cial** *n.* inwoner van die/'n provinsie; plattelander; *(relig.)* provinsiaal. **pro·vin·cial** *adj.* provinsiaal; plaaslik; onbeskaaf(d); bekrompe, nougeset; *P~ **Administration*** Provinsiale Administrasie; *P~ **Council*** Provinsiale Raad; *P~ **Secretary*** Provinsiale Sekretaris; ~ ***town/city*** provinsiestad. **pro·vin·cial·ism** provinsialisme, provinsialiteit. **pro·vin·cial·ist** *n.* provinsialis. **pro·vin·cial·ist** provinsialisties. **pro·vin·ci·al·i·ty** provinsialiteit.

pro·vi·sion *n.* voorwaarde, bepaling, stipulasie; bepaling, voorskrif; voorsiening, voorsorg; provisie; bewilliging *(deur te stem)*; reserwe *(vir oninbare skuld); (ook, i.d. mv.)* kos=, voedselvoorraad, lewensmiddel, =middels, eet=, kosware, proviand; →PROVISO; *after ~ for ...* ná aftrek van ...; *make ~ for ...* vir ... sorg, in ... voorsien, vir ... voorsiening maak; ... behels; *under the ~s of ...* kragtens/volgens die bepalings van ... **pro·vi·sion** *ww.* proviandeer, proviand verskaf, bevoorraad, van lewensmiddele/=middels voorsien; →PROVIDE. ~ **cupboard** spenskas. ~ **dealer,** ~ **merchant** eetwarehandelaar.

Pro·vi·sion·al, Pro·vo =vos, *(lid v.d. politieke vleuel v.d. IRL)* Sinn Feiner, Provo.

pro·vi·sion·al voorlopig; ~ *sentence, (jur.)* namptissement, handvulling, voorlopige vonnis.

pro·vi·sion·ment proviandering, bevoorrading.

pro·vi·so =sos voorbehoud, voorbehoudsbepaling, voorwaarde, stipulasie; *make (*or *put in) a ~* 'n voorbehoud maak/stel; *with the ~ that ...* onder voorbehoud (*of* met dien verstande) dat ...; mits ... **pro·vi·so·ry** voorwaardelik; voorlopig; voorsorgs=.

pro·vi·sor *(RK)* vikaris-generaal; administrateur van 'n klooster.

pro·vit·a·min *(biochem.)* provitamien.

Pro·vo =vos →PROVISIONAL.

pro·vo·ca·teur →AGENT PROVOCATEUR.

pro·voke uitlok, veroorsaak, teweegbring, teweeg bring, aanleiding gee tot; terg, treiter, (uit)tart, irriteer, pes, vertoorn; aanhits, aanspoor, opstook, uitdaag, provokeer; ~ *s.o. to (*or *into doing) s.t.* iem. so treiter dat hy/sy iets doen; iem. (uit)tart totdat hy/sy iets doen, iem. uitlok om iets te doen. **prov·o·ca·tion** uitlokking; aanleiding; terging, treitering, (uit)tarting; ergernis; aanhitsing, uitdaging, provokasie; ***at/on*** *the slightest* ~ by die geringste aanleiding; ~ *of a crime* uitlokking van 'n misdaad; ***suffer*** *great/severe* ~ erg uitgetart word, kwaai uittarting verduur; ***under*** ~ met aanleiding; *guilty **under*** ~ skuldig op rede; ***without*** *the least/slightest* ~ sonder die minste aanleiding. **pro·voc·a·tive** *n.* uitdaging; prikkel, aanleidende oorsaak. **pro·voc·a·tive** *adj.* uitdagend, tergend, (uit)tartend; prikkelend, stimulerend; aanstootlik; *be ~ of ...* tot ... aanleiding gee, ... wek. **pro·vok·ing** *adj.,* =**ly** *adv.* (uit)tartend, uitdagend; irriterend, sieltergend; astrant, parmantig, ongepoets.

prov·ost *(Br.)* hoof van die/'n universiteit/kollege; *(mil.)* provoos; *(Sk.)* burgemeester. ~ **marshall** hoofprovoos. ~ **sergeant** sersant-provoos.

prow boeg, voorstewe *(v. 'n skip)*.

prow·ess moed, manmoedigheid, dapperheid, manhaftigheid; bekwaamheid, vaardigheid.

prowl *n.* roof=, strooptog; *be on the ~* op roof uit wees; op die loer wees, rondsluip. **prowl** *ww.* op roof uit wees; rondsluip, op die loer wees; ~ *about/around* rondsluip. ~ **car** = SQUAD CAR.

prowl·er sluiper; sluipdief.

prox·e·mics *(fungeer as ekv.)* nabyheidsleer, proksemika.

prox·i·mal *(anat.)* naaste, proksimaal.

prox·i·mate naaste, eerste; ~ *cause* onmiddellike oorsaak.

prox·ime ac·ces·sit *(Lat.)* naaswenner.

prox·im·i·ty nabyheid, naburigheid; ~ *of blood* bloedverwantskap. ~ **fuse** nabyheidsbuis. ~ **talks** parallelle besprekings, naasaanbesprekings.

prox·i·mo *(vero.)* van aanstaande maand.

prox·y volmag, prokurasie; gevolmagtigde; sekundus; gelastigde; *by ~* by volmag *(stem, trou, ens.)*; met die handskoen *(trou); make s.o. one's ~* iem. volmag gee. ~ **bride** handskoenbruid. ~ **vote** volmagstem.

prude preutse/skynsedige persoon. **prud·er·y** preutsheid, skynsedigheid, aanstellerigheid, *(w.g.)* pruderie. **prud·ish** preuts, skynsedig, aanstellerig, (skyn)vroom. **prud·ish·ness** preutsheid, pruderie.

pru·dent versigtig, omsigtig, taktvol, weloorwoë; verstandig, wys. **pru·dence** versigtigheid, omsigtigheid; verstandigheid, wysheid; ~ *is the mother of wisdom, (w.g.)* versigtigheid is die moeder van die wysheid. **pru·den·tial** versigtig; verstandig. **pru·den·tials** verstandige maatreëls; taktvolle besluite.

pru·i·nose *adj., (bot.)* wasbedek; wat met 'n poeieragtige wit stof bedek is *(pred.)*.

prune[1] *n.* (gedroogde) pruimedant; *(infml.)* droogpruim; pruimkleur, rooipers.

prune[2] *ww.* snoei; (af)top, (af)knot; besnoei, sny; →PRUNING; ~ *s.t. away* iets wegsnoei/afsnoei; ~ *s.t. back* iets wegsnoei; iets besnoei; ~ *up* opsnoei. **prun·er** snoeier; *(i.d. mv.)* snoeiskêr; *two/etc. pairs of ~s* twee/ens. snoeiskêre.

pru·nel·la, pru·nelle, pru·nel·lo *(tekst.)* prunella.

pru·nelle pruimlikeur.

prun·ing besnoeiing; snoeiwerk; snoeiing; snoeiery; snoei=; *(i.d. mv.)* snoeisels. ~ **hook** snoeihaak. ~ **knife** snoeimes. ~ **saw** snoeisaag. ~ **shears** snoeiskêr; wingerdskêr.

pru·ri·ent wellustig, wulps. **pru·ri·ence, pru·ri·en·cy** wellus(tigheid), wulpsheid, vleeslike begeerte.

pru·ri·go *(med.: [chroniese] jeuksiekte)* prurigo. **pru·ri·gi·nous** jeukerig, jeuk=.

pru·ri·tus pruritus, gejeuk, jeukerigheid, *(infml.)* help-my-krap.

Prus·sia *(geog., hist.)* Pruise. **Prus·sian** *n.* Pruis. **Prus·sian** *adj.* Pruisies; ~ *binding* tresband; ~ *blue* pruisiesblou, berlynsblou.

prus·si·ate *(chem.)* sianied; ferrosianied; ~ *of potash* bloedloogsout.

prus·sic: ~ *acid* blousuur, waterstofsianied; ~ *acid poisoning* blousuurvergiftiging; geilsiekte.

pry[1] nuuskierig kyk, loer; snuffel; spioeneer; ~ *about* rondsnuffel; ~ *into s.o.'s affairs* jou neus in iem. se sake steek. **pry·ing** snuffelend, nuuskierig, loerend, indringerig; ~ *eyes* loeroë, nuuskierige oë.

pry[2] *(hoofs.Am.)* →PRISE *ww.*.

psalm psalm; *(the Book of) P~s, the P~s* (die Boek van die) Psalms. ~ **book** psalmboek. ~**-singing** psalmgesang; psalmsingery.

psalm·ist psalmdigter, psalmis; *the P~* die Psalmis.

psalm·o·dy psalmgesang, psalmodie. **psalm·o·dist** psalmdigter.

psal·ter *(ook P~, relig.)* psalmboek, psalter.

psal·ter·i·um =ia, *(soöl.)* blaarpens; lier *(v.d. harsings)*.

psal·ter·y *(mus.instr. v.d. siterfamilie)* psalterium.

pse·phol·o·gy psefologie, demoskopie, verkiesingstudie. **pse·phol·o·gist** psefoloog, demoskoop, verkiesingstatistikus.

pseud *n., (infml.: pretensieuse/onopregte/gekunstelde mens)* huigelaar, skynheilige, geveinsde, charlatan. **pseud** *adj., (infml.)* vals, skynheilig, pretensieus, vol pretensie, geveins, huigelagtig, gekunsteld.

pseud·ar·thro·sis →PSEUDOARTHROSIS.

pseud·e·pig·ra·pha *(mv., Joodse geskrifte wat valslik aan OT profete toegeskryf word)* pseudepigrawe, pseudepigrafa. **pseud·e·pig·ra·phal, pseud·ep·i·graph·ic, pseud·ep·i·graph·i·cal, pseud·e·pig·ra·phous** *adj.* pseudepigrafies.

pseu·do pseudo=; oneg, vals; sogenaamd, skyn=.

pseu·do·ar·thro·sis, pseud·ar·thro·sis *(med.: vals gewrig)* pseudoartrose.

pseu·do·bulb *(bot.)* skynbol.

pseu·do·carp, false fruit, ac·ces·so·ry fruit *(bot.)* pseudokarp, skynvrug.

pseu·do-learn·ing skyngeleerdheid.

pseu·do·morph *(krist.)* pseudomorf, skynstruktuur. **pseu·do·morph·ic, pseu·do·morph·ous** *adj.* pseudomorf. **pseu·do·morph·ism** pseudomorfie, skynstruktuur.

pseu·do·nym skuilnaam, pseudoniem. **pseu·don·y·mous** onder 'n skuilnaam geskryf/geskrywe, pseudoniem. **pseu·don·y·mous·ly** onder 'n skuilnaam.

pseu·do·po·di·um =dia, *(biol.: skynvoet)* pseudopodium.

pseu·do·preg·nan·cy skynswangerskap.

pseu·do·sci·ence pseudo=, skynwetenskap.

pshaw *tw., (vero. of skerts.)* ba, ga, ag, foei.

psi *(23ste letter v.d. Griekse alfabet)* psi.

psit·ta·cine *(orn.)* papegaaiagtig, papegaai=. **psit·ta·co·sis** =coses psittakose, papegaaisiekte.

pso·ri·a·sis =ases, *(med.: chroniese velsiekte)* psoriase.

ps(s)t *tw.* ps(s)t.

psych, psyche *ww., (infml.):* ~ *out* jou selfbeheersing (*of* [jou] kop) verloor, die kluts kwytraak, knak; ~ *s.o. (out)* iem. opsom (*of* met 'n houtoog uitkyk); iem. intimideer; ~ *o.s. up* (*or get ~ed [up]) for s.t.* jou (emosioneel) vir iets oppomp.

Psyche *(Gr. mit.)* Psugê, Psukhê.

psyche[1] gees, siel, psige.

psyche[2] *ww.* →PSYCH *ww.*.

psy·che·del·i·a *(mv.)* psigedelia. **psy·che·del·ic** psigedelies. **psy·chi·at·ric** *adj.* psigiatries; ~ *hospital/nurse/patient/therapy/treatment/etc.* psigiatriese hospitaal/verpleegster/verpleër/pasiënt/terapie/behandeling/ens.; ~ *illness* geestelike/psigiese siekte. **psy·chi·at·ri·cal** psigiatries. **psy·chi·a·trist** psigiater, senu(wee)arts, senu(wee)spesialis, sielsiekearts. **psy·chi·a·try** psigiatrie, senusiekteleer, sielsiekteleer. **psy·chic** *n.* spiritistiese medium. **psy·chic, psy·chi·cal** *adj.* psigies, geestes=, siels=; spiritisties; *psychical research* okkultisme.

psy·cho =chos, *n., (infml.)* psigopaat. **psy·cho** *adj.* psigopaties.

psy·cho= *komb.vorm, (soms* psych= *voor 'n vokaal)* psigo=.

psy·cho·ac·tive, psy·cho·trop·ic psigoaktief, psigotroop, psigotropies.

psy·cho·a·nal·y·sis *n.* psigoanalise. **psy·cho·an·a**=

lyse *ww.* psigoanaliseer. **psy·cho·an·a·lyst** *n.* psigoanalis. **psy·cho·an·a·lyt·ic, psy·cho·an·a·lyt·i·cal** *adj.* psigoanalities.

psy·cho·bab·ble *(infml., neerh.)* psigogebabbel; psigologisering.

psy·cho·bi·ol·o·gy psigobiologie. **psy·cho·bi·o·log·i·cal** psigobiologies. **psy·cho·bi·ol·o·gist** psigobioloog.

psy·cho·dra·ma *(psig.)* psigodrama.

psy·cho·dy·nam·ic *adj.*, **-i·cal·ly** *adv.* psigodinamies. **psycho·dy·nam·ics** *(fungeer as ekv.)* psigodinamika.

psycho·gen·e·sis *(psig.)* psigogenese. **psy·cho·gen·ic** sielkundig, psigogeen.

psy·cho·graph·ics psigografika.

psy·cho·ki·ne·sis psigokinese. **psy·cho·ki·net·ic** psigokineties.

psy·cho·lin·guis·tics *(fungeer as ekv.)* psigolinguistiek. **psy·cho·lin·guist** psigolinguis. **psy·cho·lin·guis·tic** psigolinguisties.

psy·chol·o·gy sielkunde, psigologie; ~ *of education* opvoedkundige sielkunde. **psy·cho·log·i·cal** sielkundig, psigologies; psigies; *have a ~* ***block*** *about* ... →HAVE A MENTAL BLOCK ABOUT ...; ~ ***make-up*** sielkundige samestelling; *do s.t. at the right ~* ***moment*** iets op die regte sielkundige (*of* op die sielkundig regte) oomblik doen; ~ ***terror*** sielkundige terreur; ~ ***warfare*** sielkundige oorlogvoering. **psy·chol·o·gist** sielkundige, psigoloog.

psy·cho·met·ric psigometries. **psy·cho·met·rics** *(fungeer as ekv.)* psigometrie.

psy·chom·e·try psigometrie.

psy·cho·mo·tor psigomotories.

psy·cho·neu·ro·sis *-roses* psigoneurose, senu(wee)siekte; →NEUROSIS.

psy·cho·path psigopaat, sielsieke. **psy·cho·path·ic** psigopaties.

psy·cho·pa·thol·o·gy psigopatologie, sielsiekte. **psy·cho·path·o·log·i·cal** psigopatologies, sielsiek.

psy·chop·a·thy psigopatie.

psy·cho·phar·ma·col·o·gy psigofarmakologie.

psy·cho·phys·ics *(fungeer as ekv.)* psigofisika. **psy·cho·phys·i·cal** psigofisies.

psy·cho·phys·i·ol·o·gy psigofisiologie. **psy·cho·phys·i·o·log·i·cal** psigofisiologies. **psy·cho·phys·i·ol·o·gist** psigofisioloog.

psy·cho·sex·u·al *adj.*, **-ly** *adv.* psigoseksueel.

psy·cho·sis *-choses* psigose, sielsiekte.

psy·cho·so·cial *adj.*, **-ly** *adv.* psigososiaal.

psy·cho·so·mat·ic *(med.)* psigosomaties.

psy·cho·sur·ger·y psigochirurgie, -sjirurgie. **psy·cho·sur·gi·cal** psigochirurgies, -sjirurgies.

psy·cho·ther·a·py, *(w.g.)* **psy·cho·ther·a·peu·tics** psigoterapie, behandeling van sielsiektes. **psy·cho·ther·a·peu·tic, psy·cho·ther·a·peu·ti·cal** psigoterapeuties. **psy·cho·ther·a·pist** psigoterapeut.

psy·chot·ic *n.* psigoot. **psy·chot·ic** *adj.* psigoties.

psy·cho·trop·ic →PSYCHOACTIVE.

psy·chrom·e·ter psigrometer.

ptar·mi·gan *(orn.)* sneeuhoender.

PT boat *(Am., mil.)* motortorpedoboot.

pter·i·dol·o·gy *(bot.)* varingstudie. **pter·i·do·phyte** varingplant.

pter·o- *komb.vorm* ptero-.

pter·o·dac·tyl *(prehis. vlieënde reptiel v.d. Laat Jura)* pterodaktiel.

pter·o·saur *(prehist. vlieënde reptiel v.d. Jura- en Krytydperk)* pterosourus, pterosouriër.

ptis·an, ptis·an gars-, gortwater.

Ptol·e·my *(naam v.d. Masedoniese konings v. Eg.)* Ptolemeus, Ptolemaios; *the Ptolemies* die Ptolemeërs. **Ptol·e·mae·an** *n.* Ptolemeër. **Ptol·e·ma·ic** *adj.* Ptolemeïes.

pto·maine *(chem., vero.)* ptomaïen. ~ **poisoning** *(med., vero.)* ptomaïen-, voedselvergiftiging.

pto·sis *ptoses, (med.: afsak v.d. boonste ooglid)* ptose.

pty·a·lase, pty·a·lin *(biochem.)* ptialase, ptialien. **pty·a·lism** speekselvloed.

pub kroeg, kantien, drinkplek. **~-crawl** *ww., (infml.)* van kroeg tot kroeg (*of* van die een kroeg na die ander) slinger/swerf/trek, op 'n kroegtoer-/vaart gaan. **~-crawler** *(infml.)* kroegloper. **~-crawl(ing)** *(infml.)* kroegvaart, kroeglopery. **~-loafer** *(w.g.)* kroegvlieg.

pube *(infml.)* skaamhaar.

pu·ber·ty puberteit, geslagsrypheid; rypingsjare, -periode; *person at the age of ~* puber. **pu·ber·tal** puberteits-, geslagsryp; ~ *child* puber. **pu·bes** skaamstreek; *(infml.)* skaamhare. **pu·bes·cence** aanvang van die puberteit, geslagsrypheid; manbaarheid; *(bot., soöl.)* donsies, dons(er)igheid, sagharigheid. **pu·bes·cent** in die puberteitsperiode, geslagsryp; *(bot., soöl.)* dons(er)ig, sagharig. **pu·bic** skaam-; ~ ***arch*** skaam(been)boog; ~ ***bone*** skaambeen; ~ ***hair*** skaamhare; ~ ***region*** skaamstreek. **pu·bis** *pubes* skaambeen.

pub·lic *n.* publiek; *(Br.)* kroeg, drinkplek; *in ~* in die openbaar; *appear in ~* in die openbaar optree; *reading ~* →READING *adj.*. **pub·lic** *adj.* openbaar, publiek; openlik; algemeen; van die publiek; staats-, lands-; volks-; ~ ***access*** openbare toegang, toeganklikheid vir die publiek; ~ ***accounts*** staatsrekeninge; ~ ***address system*** omroep, afkondigingstelsel, omroepstelsel, luidsprekerstelsel, luidsprekerinrigting; ~ ***administration*** publieke/openbare administrasie, staatsadministrasie; ~ ***affairs*** openbare aangeleenthede/sake; ~ ***assistance*** staatsbystand, openbare bystand; ~ ***auction*** openbare veiling; ~ ***authorities*** staatsinstansies; ~ ***authority*** staatsgesag; ~ ***bar,*** *(Br.)* kroeg; ~ ***bill,*** *(jur.)* publieke wetsontwerp; ~ ***body*** openbare liggaam; ~ ***building*** openbare gebou, owerheidsgebou; ~ ***cause*** die openbare saak/belang, die volksbelang; ~ ***company*** ope/publieke maatskappy; ~ ***conveniences*** openbare geriewe; ~ ***corporation*** openbare korporasie; *s.t. is a ~* ***danger*** iets is 'n gevaar vir die publiek; ~ ***debt*** openbare skuld, owerheidskuld, land-, staatskuld; ~ ***debt commissioner,*** *(hist.)* staatskuldkommissaris; ~ ***defender,*** *(Am., jur.)* pro Deo-advokaat; *by ~* ***demand*** op aandrang van die publiek; ~ ***dinner*** banket; ~ ***dissatisfaction*** ontevredenheid onder/by die publiek; *become ~* ***domain,*** *(grond ens.)* openbare besit word; *(liedjies ens.)* allemansgoed/gemeengoed word; *be in the ~* ***domain*** allemansgoed/gemeengoed wees; kopieregvry wees; die patentreg het verval; ~ ***education*** openbare onderwys; ~ ***enemy*** *number one* volksvyand nommer een; *be a ~* ***enemy*** staatsgevaarlik wees; ~ ***expenditure*** staats-, owerheidsbesteding, staats-, owerheidsuitgawe(s); ~ ***expense*** staatskoste; *be in the ~* ***eye*** in die openbare oog wees; ~ ***favour*** volksguns; ~ ***figure*** openbare figuur, bekende persoonlikheid; ~ ***funding*** staatsfinansiering, -finansiëring, -befondsing, owerheidsfinansiering, -finansiëring; ~ ***funds/money*** staatsgeld, openbare geld, staatsfondse, openbare fondse, owerheidsgeld, -fondse; ~ ***gathering*** openbare vergadering; volksvergadering; ***go*** *~, (ekon.)* beurs toe gaan, genoteer word, sy aandele op die beurs noteer; alles/dinge/dit/ens. openbaar (*of* algemeen bekend) maak; ~ ***health*** openbare gesondheid; volksgesondheid; ~ ***holiday*** openbare vakansie(dag); ~ ***house,*** *(fml.)* →PUB; ~ ***housing,*** *(Am.)* staatshuisvesting; staatshuise, -wonings; staatsbehuising; ~ ***indecency*** openbare onwelvoeglikheid; ~ ***inquiry*** amptelike ondersoek *(na iem. se dood ens.)*; ~ ***institution*** openbare instelling, staatsinrigting; ~ ***interest*** algemene belang; landsbelang, openbare belang; ~ ***international law*** volkereg; *be/become ~* ***knowledge*** algemeen bekend wees/raak/word; ~ ***law*** publiekreg; ~ ***law/statute*** staatswet; ~ ***lending right*** openbare leenreg; ~ ***liability*** aanspreeklikheid teenoor die publiek; aanspreeklikheid teenoor derdes; ~ ***libel,*** *(jur.)* skriftelike laster; ~ ***library*** openbare biblioteek; ~ ***life*** die openbare lewe; ~ ***limited company,*** *(Br.)* openbare maatskappy; ***make*** *s.t. ~* iets wêreldkundig/rugbaar maak; ~ ***man*** man in die openbare lewe; ~ ***money*** →***funds/money;*** ~ ***notary*** →NOTARY PUBLIC; *be a ~* ***nuisance*** 'n openbare oorlas/steurnis (*of* 'n publieke laspos) wees; ~ ***opinion*** die openbare mening; ~ ***opinion poll*** openbare meningspeiling/-opname; ~ ***order*** die openbare orde; *under ~* ***ownership*** in staats-/owerheidsbesit; *the ~/King's* ***peace*** openbare rus; ~ ***policy*** openbare belang/beleid, lands-, staatsbelang, gemeenskapsbelang; *contrary to (*or *against) ~* ***policy*** strydig met die lands-/samelewingsbelang (*of* openbare belang), teen die volksbelang (*of* algemene belang); ~ ***prints*** koerante; ~ ***property*** staatseiendom, -besit; openbare/publieke eiendom; ~ ***prosecutor*** staatsaanklaer; ~ ***protector,*** *(SA)* openbare beskermer; *the ~* ***purse*** die skatkis/staatskas/fiskus; ~ ***reaction*** openbare reaksie; ~ ***record*** argiefstuk, oorkonde; *(ook, i.d. mv.)* staatsargief; ~ ***relations consultant*** raadgewer oor openbare/eksterne betrekkinge; ~ ***relations exercise*** oefening in openbare betrekkinge; ~ ***relations officer*** skakel-, publisiteits-, reklamebeampte; *(mil.)* openbare skakeloffisier; ~ ***relations (work)*** skakelwerk, skakelwese; *by ~* ***request*** op aandrang van die publiek; ~ ***revenue*** openbare inkomste, owerheidsinkomste; ~ ***road*** openbare pad; ~ ***safety*** openbare veiligheid, landsveiligheid; ~ ***sale*** openbare/publieke veiling; openbare/publieke verkoping; ~ ***school*** openbare skool, staatskool; *(Br.)* privaat/private hoërskool (*of* hoër skool); ~ ***secret*** publieke/ope geheim; ~ ***sector,*** *(ekon.)* openbare sektor; ~ ***servant*** staatsamptenaar; ~ ***service*** staatsdiens; openbare/publieke diens; ~ ***service announcement,*** *(Am.)* openbare aankondiging/kennisgewing; *P~* ***Service Commission,*** *(hist.)* Staatsdienskommissie; ~ ***service vehicle*** openbare (diens)voertuig; ~ ***speaker*** openbare spreker, spreker by openbare geleenthede, redenaar; ~ ***speaking*** redenaarskuns; ~ ***spending*** owerheidsuitgawe; ~ ***spirit*** burgersin; ~ ***statute*** staatswet; ~ ***stream*** openbare stroom; ~ ***taste*** die publiek se smaak; ~ ***television*** openbare televisie; ~ ***transport*** openbare vervoer; ~ ***utilities*** openbare nutsdienste; *give ~* ***utterance*** *to s.t.* iets in die openbaar verkondig; ~ ***violence,*** *(jur.)* publieke geweld; ~ ***water*** openbare water; ~ ***welfare*** openbare welsyn; ~ ***works,*** *(mv.)* openbare werke; ~ ***worship*** ere-, kerkdiens; ~ ***wrong*** misdryf teen die samelewing. **~-access channel** *(Am.)* openbare (uitsaai)kanaal/TV-kanaal. **~-liability insurance** versekering teen openbare aanspreeklikheid. **~-spirited** maatskaplik/sosiaal gesind; ~ *citizen* gemeenskapsmens.

pub·li·can *(Br.)* kroegbaas; *(Austr.)* herbergier; *(Byb.)* tollenaar.

pub·li·ca·tion verskyning *(v. 'n blad, boek, ens.)*; bekendmaking, bekendstelling, openbaarmaking; uitgawe, publikasie; ~ *of banns* afkondiging van gebooie; *day/date of ~* verskyningsdag, -datum. ~ **day,** ~ **date** verskyningsdag, -datum.

pub·li·cise, -cize bekend stel, bekendstel, openbaarheid/publisiteit gee aan, rugbaar maak; reklame maak vir; *much ~d, (ook)* opspraakwekkend. **pub·li·cist** reklameagent; *(vero.)* joernalis, dagbladskrywer; *(arg.)* skrywer oor staatsreg.

pub·lic·i·ty bekendheid, openbaarheid, reklame, rugbaarheid, publisiteit; reklame(wese); *the ~* ***for*** ... die publisiteit vir ...; *s.o./s.t.* ***gets/receives*** *extensive/wide ~* iem./iets kry baie/groot publisiteit; ***give*** *~ to* ... publisiteit aan ... gee, ... publisiteit gee *(iem., iets)*; rugbaarheid aan ... gee *(iets)*. ~ **agent** reklameagent. ~ **association** publisiteitsvereniging. ~ **campaign** reklameveldtog. ~ **manager** reklamebestuurder. ~ **material** reklamemateriaal. ~ **officer** reklamebeampte. **~-shy** publisiteitsku. ~ **stunt** reklamefoefie, -set.

pub·lic·ly openlik, publiek; in die openbaar; van owerheidsweë.

pub·lish uitgee, publiseer *(boeke ens.)*; plaas *(in 'n blad)*; bekend maak, bekendmaak, rugbaar maak; uitroep, afkondig; ~ *the* ***banns*** *(of marriage)* die (huweliks)gebooie afkondig; ***be*** *~ed, (ook)* in druk verskyn, die lig sien; geplaas word; *the* ***book*** *was ~ed last week* die boek het verlede week verskyn; ~ ***to*** ... oorbring/oordra aan ... **pub·lish·a·ble** publiseerbaar, geskik vir publikasie. **pub·lish·er** uitgewer; →PUBLISHING; *~'s catalogue* fondslys, uitgewerskatalogus, =lys; *~'s emblem/mark* uitgewersembleem, =kenteken; *~'s reader* uitgewerskeurder, manuskripleser; *(~'s) stocklist, (Br.)* = *publisher's catalogue.*

pub·lish·ing uitgewery, uitgewersbedryf. ~ **business,** ~ **company,** ~ **firm,** ~ **house** uitgewery, uitgewersaak, uitgewersmaatskappy, =firma. ~ **trade** uitgewersbedryf.

puce pers=, donkerbruin.

puck[1] *(yshokkie)* skyf; ghoen.

puck[2] *(dikw. P~)* boosaardige elf, stoute/ondeunde kabouter; stouter(d), ondeug; →PUCKISH.

puck·a →PUKKA(H).

puck·er *n.* rimpel, plooi, kreukel, vou. **puck·er** *ww.* vou, plooi, frons, rimpel, saamtrek; *('n mou ens.)* optrek; ~ *one's* ***brows*** frons, jou wenkbroue saamtrek; ~ *one's* ***lips/mouth*** jou lippe/mond tuit (trek) (*of* op 'n tuit trek); ~ *s.t.* ***up*** voue in iets maak; ~ ***up*** *one's face* jou gesig vertrek; ~ ***up*** *for a kiss* jou lippe tuit trek vir 'n soen. **puck·ered** *adj.* getuit, op 'n plooi getrek, gekreukel, verkreukel(d), geplooi, verrimpel(d), gevou; gerimpel(d); fyngeplooi(d); ~ *brow* gefronste wenkbrou; ~ *nylon* rimpelnylon. **puck·er·ing** rimpeling; fynplooiing.

puck·ish *adj.,* =**ly** *adv.* ondeund, guitig, skalks, stout, onnutsig. **puck·ish·ness** ondeundheid.

pud *(infml.)* = PUDDING.

pud·ding poeding, nagereg; ***black/blood*** ~ →BLACK, BLOOD; *get more* ***praise*** *than* ~ net mooi woorde as loon ontvang; *the* ***proof*** *of the ~ is in the eating* →PROOF *n.;* ***Yorkshire*** ~ →YORKSHIRE. ~ **basin** poedingbak. ~-**basin haircut** komsnit, kommetjie(s)kapsel, kommetjiekop. ~ **bowl** poedingbakkie. ~ **cloth** poedingsak. ~ **club:** *be in the ~ ~, (Br., infml.: swanger wees)* verwag, in die ander tyd wees, kruiwa (*of* die mol) stoot. ~ **face** poffergesig, volmaangesig. ~ **head** domkop, stommerik. ~ **heart** lafaard, bangbroek. ~ **mould** poedingvorm. ~ **pipe tree** gouereënboom. ~**stone** *(geol.)* konglomeraat; ouklip, kaiingklip, poedingklip.

pud·dle *n.* (modder)plas, waterplas, poel(etjie); stop=, vulklei; *(mynb.)* porrel *(by diamantwassery).* **pud·dle** *ww.* plas; modderig/troebel maak; vuilmaak; mors; brei *(klei);* karring *(beton);* vasstamp; met (stop/vul)klei dig (maak); aanklam; pleister; puddel, ruwe yster bewerk. ~ **(clay), puddled clay** stop=, vulklei. ~ **duck** huiseend.

pud·dling verdigting met stop=/vulklei; puddel(werk). ~ **iron** roerstang.

pud·dly vuil, modderig.

pud·dock *(Sk.)* →PADDOCK[2].

pu·den·cy beskeidenheid, nederigheid; eerbaarheid.

pu·den·dum =*denda* skaamdeel, (uitwendige) geslagsdeel. **pu·dic** van die skaamdele, skaam=; eerbaar. **pu·dic·i·ty** kuisheid.

pudge *(infml.)* dikkerd, buks(ie), vaatjie, potjierol. **pudg·y** *(infml.)* dikkerig, kort en dik, plomp; ~ *hand* pofferhand(jie).

pueb·lo =*los, (Sp.)* pueblo, Indiaanse nedersetting; pueblo, dorp(ie).

pu·er·ile kinderagtig; beuselagtig, niksbeduidend, *(w.g.)* pueriel. **pu·er·il·ism** *(psig.)* puerilisme. **pu·er·il·i·ty** kinderagtigheid, *(w.g.)* pueriliteit.

pu·er·per·al puerperaal, kraam(bed)=; ~ *fever* puerperale koors, kraam(bed)koors; ~ *mortality* moedersterfte(syfer). **pu·er·per·i·um** =*ia* puerperium, kraamtyd; nageboortetyd.

Puer·to Ri·co *(geog.)* Puerto Rico. **Puer·to Ri·can** *n.* Puerto Ricaan. **Puer·to Ri·can** *adj.* Puerto Ricaans.

puff *n.* asemstoot; windstoot; rookwolkie, damp; trek, damp *(aan 'n pyp, sigaret, ens.);* pof; (poeier)kwas; *(kookk.)* poffertjie; ophemeling, opvyseling, opblasery; ~ *of* ***air*** windjie; *get one's ~* ***back,*** *(Br., infml.)* jou asem terugkry, (weer) asem kry; ***have/take*** *a ~ on ...* 'n skuif(ie)/teug aan ... trek, 'n trek aan ... gee, aan ... trek/suig *('n sigaret ens.); be/run* ***out of*** *~, (Br., infml.)* uitasem wees/raak. **puff** *ww.* blaas, hyg, trek, puf; opblaas, opswel; aanprys, ophemel, opvysel, reklame maak vir; pryse opja(ag); →HUFF *ww.,* PUFFED; ~ ***at*** *a pipe* aan 'n pyp damp/trek; *the train ~s* ***away*** die trein stoom weg; ~ *s.t.* ***away*** iets wegblaas; ~ *and* ***blow*** hyg en blaas; ~ ***out*** *one's cheeks* jou wange bol maak; ~ ***out*** *one's chest* jou bors uitstoot; ~ *s.t.* ***up*** iets opblaas. ~ **adder** pofadder. ~-**back shrike** *(orn.)* sneeubal(laksman). ~**ball** stuifswam, slangkop, duiwelsnuif, bobbejaansnuif. ~ **pastry,** *(Am.)* ~ **paste** skilfer=, blaardeeg; skilfer-, blaarkors; skilferkors=, blaarkorsgebak=kie. ~-**puff** *n., (kindert.: trein[tjie])* tjoek-tjoek. ~ **sleeve** pofmou.

puffed opgeblaas(de); uitasem; kortasem; opgehewe; gepof(te); *be ~* ***out*** uitasem wees; ~ ***rice*** pofrys; ~ ***sleeve*** pofmou; *be ~* ***up*** *with ...* opgeblase wees van ... *(verwaandheid ens.);* ~ ***wheat*** pofkoring.

puff·er *(infml.)* roker; spogger, windsak; opjaer *(by vendusies);* reklamemaker. ~**(fish), globefish** blaasop(pie).

puff·er·y =*ies* oordrewe reklame/propaganda/publisiteit, oordrewe opvyseling (van produkte/ens.); (hele) bohaai, (groot) ophef, tamboerslanery, lofliedere, =sange.

puf·fin *(orn.)* papegaaiduiker.

puff·y winderig; uitasem; kortasem; dik, opgeblaas, swaarlywig; bombasties. **puff·i·ness** winderigheid; swelsel; ~ *under the eyes* sakke onder die oë.

pug[1] *n.:* ~ **(dog)** mopshond. ~ **engine** lokomotiefie. ~ **face** mopsgesig, aapgesig. ~ **nose** stompneus. ~-**nosed** stompneus=. ~ **trout** seeforel.

pug[2] *n.* steenklei. **pug** =*gg*=, *ww.* klei aanmaak/brei; met klei/ens. opvul. ~ **mill** kleimeul(e), rondomtalie(meul[e]).

pug[3] *n.* dier(e)spoor.

pug[4] *n., (infml.)* bokser, vuisvegter; →PUGILIST.

pug·ging kleibewerking; dempstof.

pug·(g)ree, pug·(g)a·ree Indiese tulband; alabama, alibama, hoedserp.

pu·gi·lism *(vero. of skerts.)* (die) boks, vuisvegtery. **pu·gi·list** bokser, vuisvegter; bakleier. **pu·gi·lis·tic** boks=; ~ *encounter* boksgeveg.

pug·na·cious veglustig, strydlustig, bakleierig, twissoekerig; ~ *ant* malmier, balbyter. **pug·nac·i·ty, pug·na·cious·ness** veglus, strydlus, bakleierigheid, twissoekerigheid.

puis·sant *(arg. of poët., liter.)* magtig, kragtig, invloedryk. **puis·sance** mag, krag, invloed.

Puk *Puks, (infml., student v.d. Potchefstroomse Universiteit)* Puk.

puke *n., (infml.)* braking, (die) opbring; braakmiddel. **puke** *ww.* opbring, opgooi, kots, braak, vomeer.

puk·ka(h), puck·a eg; puik, eersteklas, agtermekaar, uitmuntend; ~ *sahib* fyn meneer.

pu·ku =*ku(s), (soöl.)* poekoe.

pu·la *(geldeenh. v. Botswana)* pula.

pul·chri·tude *(poët., liter.)* skoonheid, mooiheid.

pule *(poët., liter.)* grens, huil, tjank, piep. **pul·ing** grenserig, huilerig, tjankend, piepend.

Pu·litz·er Prize *(Am.)* Pulitzerprys *(vir joern., lettk., mus.).* ~ ~ **winner** Pulitzerpryswenner.

pull *n.* ruk, pluk; trek; trekker, knoppie *(v. 'n klokkie ens);* trekskoot; *(kr., gh.)* trekhou; roeitoggie; galeiproef; proefblad, =vel; teug, sluk; trek, skuif(ie) *(rook);* greep *(v. 'n deur),* handvatsel; trekkoord; aantrekkingskrag, trekkrag; spanning; invloed; voordeel, voorsprong; *a* ***long*** ~ 'n hele/stywe ent, 'n lang tog; 'n groot skuif *(aan 'n pyp, sigaret, ens.);* 'n groot sluk/teug *(uit 'n glas ens.); a ~* ***of*** *...* 'n sluk ... *(brandewyn ens.); have a ~* ***on*** *s.o.* invloed by (*of* mag oor) iem. hê; *have a ~* ***over*** *s.o.* 'n voorsprong op iem. hê; ***take*** *a ~* ***on*** *...* 'n skuif(ie)/teug aan ... trek, 'n trek aan ... gee, aan ... trek/suig *('n sigaret ens.);* 'n sluk/teug uit ... neem *('n glas ens.); have ~* ***with*** *s.o., (infml.)* invloed by iem. hê. **pull** *ww.* ruk, pluk; trek *(ore, tande, ens.);* roei; sluk, drink; rem; sleep; trek *('n bal);* toetrek *(gordyne);* uitpluk *('n rewolwer); (druk.)* trek *(proewe);* ~ *s.o./s.t.* ***about/around*** iem./iets rondtrek/rondpluk/rondruk; ~ ***ahead*** die voortou neem, voorkom; ~ ***ahead*** *of s.o., ('n motor)* by iem. verbyry; *('n motor, atleet, ens.)* iem. verbysteek; *(fig.)* iem. verbysteek *(in gewildheid ens.);* ~ ***alongside*** ... langs ... stilhou; langs ... kom ry; ~ ***apart*** uitmekaarhaal, uitmekaar haal *('n motor ens.); ('n voël)* uitmekaarpluk, uitmekaar pluk *('n nes);* uitmekaarmaak, uitmekaar maak *(bakleiers); (hewig kritiseer)* uitmekaartrek, uitmekaar trek, uitmekaarskeur, uitmekaar skeur *('n plan ens.);* kwaai/skerp kritiseer; uitmekaar/vanmekaar trek; uitmekaardryf, uitmekaar dryf, verskeur, uitmekaarskeur, uitmekaar skeur *(gemeenskappe, gesinne, ens.);* ~ ***at*** *...* aan ... trek; ~ ***at/on*** *s.t.* aan iets suig/teug *('n pyp, sigaret, ens.);* ~ ***away*** wegtrek; aanhou trek; ~ ***away*** *from ...* ... agterlaat, onder ... uithardloop *(ander atlete ens.);* van ... wegsleep *('n vliegtuigwrak ens.);* van ... wegbeur *(iem. wat jou probeer soen);* ~ *s.o./s.t.* ***away*** *from ...* iem./iets van ... wegtrek; ~ ***back*** terugtrek; retireer; ~ ***devil/baker*** alles in die stryd gooi/werp; ~ ***down,*** *(med.)* aftakel, laat agteruitgaan/verswak; bykom *(rykes ens.);* afbring *(punte);* laat daal *(winste);* nadelig raak *(kredietgradering, 'n mpy., ens.);* afdruk *(d. dollar, sterling, ens.);* neertrek, aftrek *(iets, iem.);* plattrek *(iets, iem.);* afbreek, sloop, plat slaan, platslaan *('n gebou); (infml.)* verdien *('n groot salaris);* ~ ***down*** *a menu, (rek.)* 'n balk-kieslys oopmaak; ~ *a* ***face*** (*or* ***faces***) *at s.o.* →FACE *n.;* ~ *a* ***fast*** *one on s.o.* →FAST[1] *adj.;* ~ ***in,*** *('n bus ens.)* inry; *('n trein)* instoom; ~ *s.o.* ***in*** iem. intrek/betrek; *(infml.)* iem. lok *(toeskouers);* iem. aankeer *('n verdagte);* ~ *s.t.* ***in*** iets intrek; *(infml.)* iets verdien *(geld);* ~ ***in*** *to the side of the road* van die pad aftrek (en stilhou); ~ ***into*** *a parking lot* by 'n parkeerterrein inry; ~ ***into*** *the station, ('n elektriese trein)* by die stasie inry; *('n stoomtrein)* by die stasie instoom; *be ~ed* ***into*** *a war* by 'n oorlog betrek (*of* by/in 'n oorlog ingesleep) word; ~ *s.o.'s* ***licence,*** *(infml.)* iem. se rybewys intrek; *~ed* ***muscle*** verrekte spier; ~ *s.t.* ***off*** iets aftrek/afruk; iets uittrek *(skoene ens.);* iets regkry; ~ *it* ***off*** dit regkry, die paal haal; ~ *s.t.* ***on*** iets aantrek *(skoene ens.);* ~ *the* ***other one*** *(, it's got bells on), (infml.)* gaan vertel dit vir die man in die maan, moet my nou nie 'n kaart skiet nie, jy verwag tog nie dat ek jou moet glo nie; ~ ***out*** uittrek, wegtrek; retireer, uitskei; uitwyk; *('n trein ens.)* wegtrek; ~ *s.t.* ***out*** iets uittrek *(onkruid ens.);* iets onttrek *(soldate ens.);* ~ ***out of*** *...* jou aan/uit ... onttrek; *(infml.)* maak dat jy uit ... wegkom, uit ... trap; ~ ***over*** uit die pad (*of* eenkant toe) trek *(met 'n motor);* ~ *s.t.* ***over*** iets omtrek; ~ *s.t.* ***over*** *one's head* iets oor jou kop trek; ~ *s.t. to* ***pieces*** →PIECE *n.;* ~ *one's* ***punches*** met halwe krag slaan, krag agterhou, die/jou teen=/teëstander spaar/ontsien, sagkens werk; ~ *no* ***punches*** geen doekies omdraai nie; ~ ***round*** regkom, herstel, gesond word; ~ *s.o.* ***round*** iem. deurhaal (*of* laat regkom/herstel); ~ *s.t.* ***straight*** iets regruk; ~ ***strings/wires*** toutjies trek, knoei, agter die skerms werk, in die geheim invloed uitoefen; *be the person who ~s the* ***strings*** die een wees wat werklik die mag uitoefen; ~ ***through*** deurtrek; deurkom; regkom, herstel, gesond word; ternouernood slaag; ~ *s.o.* ***through*** iem. deurhaal (*of* laat regkom/herstel); ~ *s.t.* ***tight*** iets vastrek (*of* styf trek); ~ *s.t.* ***to*** iets toetrek *('n deur ens.);* ~ ***together*** saamwerk, saamstaan; ~ *o.s.* ***together,*** *(infml.)* jou regruk; ~ *yourself* ***together!,*** *(infml.)* ruk jou reg!; ~ *and* ***tug*** ruk en pluk; ~ ***up*** stilhou; gaan staan; ~ ***up*** *short* skielik gaan staan; skielik stilhou; ~ *s.t.* ***up*** iets uittrek *('n plant ens.);* iets inhou, iets tot staan bring *('n perd ens.);* ~ *s.o.* ***up*** *(short)* iem. berispe/teregwys/opruk, *(infml.)* iem. in die bek ruk; *s.t. ~s s.o.* ***up*** *(short)* iets bring iem. tot besinning; ~ ***wires*** →***strings/wires;*** *~ed* ***wool*** velwol. ~**back** remskoen, blok aan die been, struikelblok; *(Am., mil.)* terugtrekking. ~-**down** *n.* aftrekker. ~-**down** *adj. (attr.):* ~ *claw, (fot.)* afskuifklou; ~ *bed* (af)klapbed; ~ *blind* rolblinding; ~ *menu, (rek.)* balk-kieslys. ~-**in** *n., (Br., infml.)* padkafee; aftrek=, stilhouplek, pad-inham, rusplek (langs die pad). ~-**off** *n.* aftrek=, stilhouplek, pad-inham, rusplek (langs die pad). ~**-off** *adj. (attr.)* aftrek= *(strokie ens.).* ~**-on** *n.* oortrekhemp *ens.;* aanglipbroek *ens..* ~**-on** *adj. (attr.)* oortrek= *(hemp ens.);* aanglip= *(broek ens.).* ~**-out** oopvoublad *(in 'n boek);* uithaalseksie *(in 'n tydskrif);* terugtrekking, ontruiming. ~**-out** *adj. (attr.)* uittrek=; ~ *seat* uittreksitplek. ~**over** oortrektrui. ~ **rod** trekstang. ~ **switch** trekskakelaar. ~**-through** deurtrekker *(v. 'n geweer).* ~**-up** *n.* optrekoefening; *(Br.)* aftrek=, stilhouplek, pad-inham, rusplek (langs die pad).

pull·er trekker; aftrekker; aantrekkingskrag, attraksie.

pul·let hennetjie, jong hen. ~ **size** jonghengrootte.

pul·ley *n.* katrol; katrolwiel; bandkatrol. **pul·ley** *ww.* katrol, met 'n katrol ophys; van 'n katrol voorsien. ~ **block** katrolblok. ~ **boss** katrolnaaf. ~ **chain,** ~ **cord,** ~ **rope** loper. ~ **fork** katrolvurk. ~ **rim** katrolrand, =velling. ~ **ring** katrolring.

Pull·man (car) salonwa; slaapsalon, slaapwa.

pul·lu·late uitspruit, uitloop, ontkiem, bot; ontstaan, ontwikkel; wemel. **pul·lu·la·tion** uitspruiting, uitloping, ontkieming; knopvorming; wemeling.

pul·mo·nar·y pulmonaal, long=; ~ ***area*** longstreek; ~ ***artery*** longslagaar; ~ ***circulation*** longbloedsomloop, klein bloedsomloop; ~ ***complaint/trouble*** longaandoening; ~ ***disease*** longkwaal; ~ ***turberculosis*** →TUBERCULOSIS; ~ ***vein*** longaar. **pul·mo·nate** met longe. **pul·mon·ic** *adj.* →PULMONARY.

pulp *n.* pulp, moes, pap, bry, sagte massa; vrugtemoes; vleis *(v. vrugte); (anat.)* murg; *beat s.o. to* (or *knock s.o. into) a* ~ iem. vermorsel (*of* pap/voos slaan), *(infml.)* fyngoed/kleingeld van iem. maak; ~ *of fruit* vrugtemoes, =pulp. **pulp** *ww.* pulp maak van; pap maak; papsag word. ~ **cavity** (tand)murgholte. ~ **fiction** pulplektuur, =literatuur, =fiksie. ~ **literature** pulplektuur. ~ **magazine** prultydskrif. ~ **novel** pulproman. ~**wood** papierhout.

pulp·er pulpmasjien.

pul·pit preekstoel, kansel; *the* ~, *(ook)* die predikante. ~ **cloth** kanselkleed. ~ **language** kanseltaal. ~ **orator** kanselredenaar. ~ **oratory** kanselwelsprekendheid. ~ **sermon** kanselrede. ~ **style** kanselstyl.

pulp·ous pap, sag.

pulp·y pap, sag, vlesig; ~ *kidney, (veearts.)* bloednier. **pulp·i·ness** papheid; vlesigheid *(v. vrugte).*

pul·que *(Sp.: Mex. agawedrank)* pulque.

pul·sar *(astron.)* pulsar. **pul·sate, pul·sate** klop, slaan; tril, pulseer; *pulsating star* pulsar. **pul·sa·tile** ritmies, polsend, polsmatig. **pul·sa·tion** slag, klopping; hartslag, polsslag; pulsasie, pulsering. **pul·sa·tor** klopper; *(masj.)* pulsator. **pul·sa·to·ry** kloppend, klop=, slag=.

pulse[1] *n.* pols, polsslag; trilling; puls; *(elek.)* impuls; ***feel/take*** *s.o.'s* ~ iem. se pols voel; *the* ~ *is* ***quickening*** die pols klop vinniger; *set s.o.'s* ~ ***racing*** iem. se hart vinniger laat klop (*of* bol[le]makiesie laat slaan); *a* ***rapid*** ~ 'n vinnige pols(slag); ***stir*** *s.o.'s* ~ iem. in vervoering bring; *a* ***weak*** ~ 'n swak pols(slag). **pulse** *ww.* klop, slaan, pulseer; tril. ~ **beat,** ~ **rate** polsslag, aarslag. ~ **code** *(elektron.)* (im)pulskode. ~ **code modulation** *(telekom.)* pulskodemodulasie. ~ **modulation** *(telekom.)* pulsmodulasie. ~ **pressure** polsdruk.

pulse[2] *n.* peulvrug(te); peulplant(e).

pul·sim·e·ter *(med.)* pulsimeter, pols(slag)meter. **pul·som·e·ter** *(meg.)* pulsometer.

pul·sus al·ter·nans pulsus alternans, wisselpols, afwisselende pols.

pul·ta·ceous pap, sag.

pul·ver·ise, =**ize** fynstamp, =maal, =vryf; tot poeier maak, verpoeier, verstuif, vergruis; stof word; verpletter, vernietig, vermorsel, fyngoed maak van. **pul·ver·i·sa·tion,** =**za·tion** fynmaking, fynstamping, (ver)poeiering, vergruising. **pul·ver·is·er,** =**iz·er** poeiermeul(e), pulverisator, vergruiser; verstuiwingstoestel, verstuiwer. **pul·ver·u·lent** poeieragtig; bepoeier(d); vol stof; bros, krummelrig.

pul·vil·lus *(entom.: [poot]kussing/kussinkie)* pulvillus.

pul·vi·nus =*vini, (bot.)* (blaar)gewrig, blaarkussing. **pul·vi·nate, pul·vi·nat·ed** *(bouk.)* gewelf; *(bot.)* kussingvormig.

pu·ma, moun·tain pan·ther, moun·tain li·on poema, bergleeu.

pum·ice *n.* puimsteen. **pum·ice** *ww.* puim, met puimsteen vryf/vrywe. ~ **powder** puimsteenpoeier. ~ **stone** puimsteen.

pum·mel, pom·mel =*ll*=, *ww.* slaan, karnuffel, afransel, opdons, moker.

pump[1] *n.* pomp; →PUMPING; *prime the* ~, *(fig.)* geld in die/'n saak/ens. pomp, die ekonomie stimuleer (*of* 'n hupstoot/finansiële inspuiting gee). **pump** *ww.* pomp; oppomp; uitpomp, leeg pomp; ~ ***bullets*** *into s.o., (infml.)* iem. vol lood pomp; ~ *s.o.* ***dry,*** *(infml.)* iem. uitsuig; ~ *s.t.* ***dry*** iets droogpomp (*of* leeg pomp); ~ *s.o.* ***full*** *of ..., (infml.)* iem. vol ... pomp *(koeëls ens.);* iem. vol ... stop *(leuens ens.);* ~ *s.t.* ***in*** iets inpomp; ~ *s.t.* ***into*** ... iets in ... pomp; iets in ... stop *(geld in 'n onderneming);* ~ ***iron*** →IRON *n.;* ~ *s.t.* ***out*** iets uitpomp; ~ *s.t.* ***out of*** ... iets uit ... pomp; ~ *s.t.* ***out of*** *s.o.* iets uit iem. pers; ~ ***s.o.*** iem. uitvra/invra; die boer die kuns afvra; ~ *o.s.* ***up,*** *(infml.)* jou (emosioneel) oppomp; ~ *s.o.* ***up,*** *(infml.)* iem. aanvuur/opsweep/besiel; ~ *s.t.* ***up*** iets oppomp; *(infml.)* iets opstoot *(aandele);* iets stimuleer (*of* 'n hupstoot gee *of* 'n finansiële inspuiting gee) *(d. ekonomie);* iets opdraai (*of* hoër draai) *(d. volume);* iets harder stel/draai *(klank);* iets laat toeneem/vermeerder *(toeskouergetalle ens.);* iets oppomp *(jou spiere).* ~**-action** *adj. (attr.):* ~ *shotgun* pompaksie-haelgeweer; ~ *sprayer* pompspuit. ~ **attendant** pompjoggie. ~ **balance** pompbalans. ~ **barrel** pompromp. ~ **brake** pompprem. ~ **casing** pompomhulsel. ~ **delivery** pompvermoë, =lewering. ~ **dredger** sandsuier. ~ **gear** pompwerk, =uitrusting. ~ **handle** pompslinger, =stert. ~ **head** pompkop; pompslag, =leweringshoogte. ~ **house** pomphuis. ~ **lever** pompswingel, =hefboom. ~ **lift** pompslag(lengte). ~ **priming** voorvulling; aanwakkering, aansetting. ~ **rod** pompstang. ~ **room** pompkamer; drinksaal. ~ **spear** pompstok. ~ **staff** pompstang, =stok. ~ **valve** pompklep. ~ **well** sinkgat.

pump[2] *n.* hofskoen; aand=, dansskoen.

pump·er pomper, pompmasjinis; pompmasjien; brandpomp; oliebron.

pum·per·nick·el swart rogbrood, *(D.)* Pumpernickel, pompernikkel.

pump·ing (die) pomp, pompery, pompwerk. ~ **chamber** pompkamer. ~ **engine** pompenjin. ~ **station** pompstasie.

pump·kin pampoen; verwaande vent. ~ **field,** ~ **patch** pampoenland. ~ **fritter** pampoenkoekie. ~ **head** pampoenkop. ~ **pie** pampoentert. ~ **rind** pampoenskil. ~**seed** pampoensaad; *(igt.: Lepomis gibbosus)* sonvissie.

pun[1] *n.* woordspeling; *make a* ~ 'n woordspeling maak; *a* ~ *on* ... 'n woordspeling met ... **pun** *ww.* woordspelings maak; ~ *on* ... woordspelings met ... maak. **pun·ster** maker van woordspelings, woordspeler.

pun[2] *ww.* vasstamp. **pun·ner** (vas)stamper.

Punch Jan Klaassen; ~ *and Judy* Jan en Tryn; ~ *and Judy show* poppekas, poppespel; *be (as) pleased/proud as* ~ in jou noppies (*of* hoog in jou skik) wees.

punch[1] *n.* opstopper, vuishou, opneuker; *(fig., infml.)* slaankrag, trefkrag *(v. 'n argument);* ***beat*** *s.o. to the* ~ die eerste hou slaan; iem. voorspring; ***pack*** *a (hard)* ~, *(infml.)* 'n (harde) hou slaan; ***pull*** *no* ~*es* →PULL *ww.;* ***roll with the*** ~ wegkoes voor die hou; ***swing/throw*** *a* ~ 'n (vuis)hou slaan; ***take*** *the* ~ die hou vat. **punch** *ww.* 'n opstopper gee, met die vuis slaan, moker; aanja(ag), dryf *(vee);* ~ *the* ***air*** *(triumphantly* or *in triumph/delight)* met jou vuis in die lug slaan, jou vuis (triomfant[e]lik *of* uitgelate *of* uit vreugde) in die lug druk/gooi/steek/stoot; ~ ***holes*** *in ..., (fig.)* ... vernietig *('n mite);* ... weerlê *('n argument);* ~ ***in,*** *(Am.)* inklok; ~ *s.o.'s* ***lights*** *out* →LIGHT[1] *n.;* ~ ***out,*** *(Am.)* uitklok; ~ *s.o.* ***out*** iem. uitslaan (*of* 'n uitklophou gee); ~ ***a (time) clock,*** *(Am., infml.)* 'n tydkaart in 'n stempelklok druk/steek; ~ *s.t.* ***up*** iets registreer *(op 'n kasregister).* ~**bag** slaansak. ~**ball** boks=, peerbal. ~ **bar** deurslagyster. ~**-drunk** vuisvoos, boksvoos, duiselig, beneweld; deur die wind, verwese. ~**-drunkenness** beneweldheid. ~ **line** trefreël. ~**-up** *(infml.)* vuisslanery, bakleiery.

punch[2] *n.* deurslag, pons; (gaatjie)knipper, kniptang. **punch** *ww.* deurdruk, deurslaan; gate inslaan; steek; pons; perforeer; knip *(kaartjies);* ~*ed card* ponskaart; ~*ed tape* →PUNCH TAPE; ~ *in, (rek.)* invoer *(data ens.); (rek.)* intik *('n kodenommer ens.);* ~ *(out)* uitpons. ~ **card** ponskaart. ~ **hole** ponsgat. ~ **pliers** ponstang. ~ **stitch** ponssteek. ~ **tape, punched tape** ponsband.

punch[3] *n., (drank)* pons. ~**bowl** ponskom. ~ **glass** ponsglas.

pun·cheon *(hist.)* groot vat; stut(paal); *(mynb.)* hulpstut; hulpstuk; kloofblok; kopstyl *(v. 'n vensterraam).*

punch·er vuisslaner, vegter; beesjaer, veedrywer, =aanjaer.

punch·ing (die) slaan, slanery; (die) deurslaan, deurdruk; ponswerk. ~ **bag** *(Am.)* = PUNCHBAG. ~ **die** snyblok. ~ **machine** deurslagmasjien, ponsmasjien. ~ **needle** ponsnaald. ~ **power** slaankrag. ~ **stitch** ponssteek. ~ **tool** pons.

punch·y =*ier* =*iest, adj., (infml.)* vuisvoos, deurmekaar, lig=, ylhoofdig, duiselig, benewel(d), half bedwelm(d); pittig, (kort en) bondig, kernagtig, kragtig.

punc·tate *(biol.)* gespikkel(d), gestippel(d); skimmel; bont.

punc·til·i·o =*os* nougesetheid; formaliteit. **punc·til·i·ous** nougeset, noukeurig, baie presies, puntene(u)rig; oordrewe vormlik. **punc·til·i·ous·ness** nougesetheid, puntene(u)righeid.

punc·tu·al presies, stip (op tyd); *try to be* ~ probeer om op tyd te wees. **punc·tu·al·i·ty** presiesheid, stiptheid, nougesetheid. **punc·tu·al·ly** stip op tyd, op die uur.

punc·tu·ate punktueer, leestekens insit; onderbreek, in die rede val; krag bysit, nadruk lê op; *be* ~*d by/with* ... (telkens) deur ... onderbreek word; deur ... beklemtoon/benadruk/onderstreep word; deur/met ... geaksentueer wees/word ...; met ... deurspek wees *(vloekwoorde ens.).*

punc·tu·a·tion interpunksie, punktuasie; leestekens. ~ **mark** leesteken.

punc·tum *puncta, (teg.)* punt, stip, kolletjie.

punc·ture *n.* gaatjie; lek(plek); *(med.)* punksie, deursteking, punktuur; *get/have a* ~ 'n pap band kry, 'n lek kry/opdoen; *mend a* ~ 'n lek(plek) heelmaak. **punc·ture** *ww.* prik, 'n gat insteek; deursteek; 'n lek kry; ~ *s.o.'s pride* iem. op sy/haar neus laat kyk; ~*d tyre* lekband; pap band.

pun·dit gesaghebbende, geleerde, kenner; →PANDIT.

pun·gent skerp, bytend, prikkelend, pikant; vinnig, bitsig. **pun·gen·cy** skerpte, skerpheid, pikantheid; bitsigheid.

Pu·nic Punies, Kartaags, Carthaags; ~ *faith, (troueloosheid)* Puniese trou; ~ *Wars* Puniese Oorloë.

pu·ni·ness →PUNY.

pun·ish straf; kasty, toetakel, afransel; ~ *s.o. for s.t.* iem. vir/weens iets straf; ~ *s.o. severely* iem. swaar straf; *be* ~*ed for doing s.t.* gestraf word omdat jy iets gedoen het. **pun·ish·a·ble** strafbaar *(iem.);* strafwaardig *('n daad); s.t. is* ~ *by death* iets is met die dood strafbaar.

pun·ish·ing *n.: take a* ~, *(sport, infml.)* kwaai deurloop, baie/kwaai straf verduur, (erg) gekasty word, swaar leef/lewe. **pun·ish·ing** *adj.* moordend, veeleisend, baie swaar, kwaai, straf; *a* ~ ***blow*** 'n allemintige hou; *keep up a* ~ ***programme*** die pas van 'n moordende program volhou; *have a* ~ ***schedule*** 'n moordende program volg; *a* ~ ***workload*** 'n enorme/ondraaglike (*of* baie swaar) werklas. **pun·ish·ment** straf; boete; kastyding; tugtiging; ***administer*** (or ***hand/mete out)*** ~ straf uitdeel; ***as*** *a* ~ vir/tot (*of* by wyse van) straf; ***come in for*** (or ***receive/take)*** ~ straf kry/ondergaan, deurloop, swaar leef/lewe, gekasty word; *s.t. is* ***deserving*** *of* ~ iets is strafwaardig; ***exempt*** *from* ~ straf(fe)loos; vrygestel van straf; ***hand out*** ~ →***administer;*** ***inflict*** ~ *on/upon s.o.* iem. straf laat verduur;

measure of ~ strafmaat; *mete out* ~ →*administer; receive/take* ~ →*come in for; a severe* ~ 'n swaar straf. **pu·ni·tive** bestraffend, straf=; ~ ***damages*** bestraffende skadevergoeding; ~ ***expedition*** straftog, =ekspedisie; ~ ***jurisdiction*** strafbevoegdheid; ~ ***measure*** strafmaatreël.

Pun·jab: *the* ~, *(geog.)* die Pandjab. **Pun·ja·bi** *n., (inwoner; taal)* Pandjabi. **Pun·ja·bi** *adj.* Pandjabs.

punk *n., (rebelse teenkultuurbeweging)* punk; *(punkaanhanger)* punk(er); *(mus.)* punk(rock), punk(musiek); *(mus.)* punkrocker; boef, skurk, swernoot, skobbejak, niksnut(s), vabond, sleg; (klein) bog/wysneus, snuiter; groentjie, nuweling; stuk gemors; gemors, rommel; twak, bog, kaf, nonsens, nonsies, snert; *(hoofs. Am.)* molm, half verrotte hout; *(hoofs. Am.)* brandhout, vuurmaakhout; *(vero.)* (jong) homo/moffie; *(vero.)* prostituut. **punk** *adj.* punk= *(mus. ens.)*; sleg, vrot(sig), ellendig, goor, oes, swak, hopeloos, pateties; nikswerd, nutteloos. ~ **music** punkmusiek. ~ **rock** *(mus.)* punkrock. ~ **rocker** *(mus.)* punkrocker.

pun·ka(h) *(hoofs. hist.)* waaier.

punk·ish, punk·y *adj.* punkerig.

pun·ner →PUN[2].

pun·net handmandjie, vrugtemandjie; bakkie.

pun·ster →PUN[1].

punt[1] *n.* paalskuit, platboomskuit, vlet. **punt** *ww.* voortstoot, (voort)boom; met 'n pont vaar; ~ *along* voortboom. **~(ing) pole** vaarboom, vaarpaal, boomstok.

punt[2] *n., (sport)* kortskoppie. **punt** *ww.* 'n kortskoppie gee; ~ *about* rondskop.

punt[3] *n.* speler, wedder; spekulant; *(kaartdobbelary)* speler teen die bank; *(hoofs. Br., infml.)* weddenskap. **punt** *ww.* wed, verwed, speel; spekuleer; teen die bank speel.

punt·er[1] bomer; visser/jagter in 'n skuit.

punt·er[2] vlugskopper.

punt·er[3] beroepswedder; gereelde wedder; (beurs)=spekulant; speler teen die bank; beroepsdobbelaar; kleinspekulant.

pu·ny klein, swak, tingerig, tengerig, pieperig; nietig, niksbeduidend, onbeduidend; armoedig; karig. **pu·ni·ness** swakheid, tingerigheid, tengerigheid, pieperigheid; nietigheid, niksbeduidendheid, onbeduidendheid; armoedigheid; karigheid.

pup *n.* klein/jong hondjie; klein seehondjie; *(hoofs. Br.)* snuiter; *be in* ~, *('n hond)* dragtig wees; *sell s.o. a* ~, *(infml.)* iem. bedrieg/kul *(of* knolle vir sitroene verkoop). **pup** =*pp*=, *ww.* kleintjies kry, jong. ~ **tent** skuiltent, tweemanstent.

pu·pa =*pae*, =*pas* papie. **pu·pal:** ~ *stage* papiestadium. **pu·par·i·um** =*ia*, *(entom.)* papiedop. **pu·pate** verpop, in 'n papie verander. **pu·pa·tion** verpopping.

pu·pil[1] leerder, leerling, skolier; opvoedeling; *(jur.)* pupil; ~*'s council* leerlingraad. ~ **pilot** leerlingvlieënier. **~-teacher** leerlingonderwyser(es).

pu·pil[2] pupil, kyker *(v.d. oog)*.

pu·pil·lage, *(Am.)* **pu·pil·age** leertyd; *(jur.)* pupilskap.

pu·pil·(l)ar·y[1] *(jur.)* pupil=.

pu·pil·(l)ar·y[2] pupillêr, kyker=.

pup·pet marionet, hout=, speel=, toneelpop; *(fig.)* strooipop, werktuig, speelbal, handlanger; *glove* ~ →GLOVE. ~ **face** popgesig(gie). ~ **government,** ~ **regime** skyn=, marionetregering. ~ **master** poppespeler. ~ **play** poppe=, marionet(te)spel. ~ **show** poppekas, =spel, marionet(te)teater. ~ **state** vasalstaat.

pup·pet·eer poppespeler. **pup·pet·ry** poppespel; poppespelery; poppekastery, gemaaktheid, skynvertoning.

pup·py jong hond(jie); *(infml., vero.)* snuiter, snotneus; →PUP *n.*. **~-dog** hondjie. ~ **fat** jeugvet. ~ **love** kalwerliefde.

pup·py·hood *n.* kleinhondjiestadium. **pup·py·ish** *adj.* soos 'n klein hondjie, hondjieagtig. **pup·py·ism** verwaandheid, vermetelheid; gemaaktheid, aanstellery.

pur·blind *adj.* halfblind, bysiende; *(fig.)* stompsinnig, onnosel.

pur·chas·a·ble verkry(g)baar, koopbaar, te koop.

pur·chase *n.* koop, inkoop, aankoop; verwerwing, aanskaffing, verkryging; takel(stel), kragtakel; hefinrigting; hefkrag; vashouplek, vastrapplek, vat(plek); *s.o. made a* ***bad*** ~ iem. het hom/haar vasgekoop; ***by*** ~ deur aankoop; ***contract*** *of* ~ *and sale* koopkontrak; ~ *of* ***discharge*** uitkoping; ***make*** *a* ~ iets (aan)=koop; *get/obtain a* ~ ***on*** ... vatplek aan/op ... kry. **pur·chase** *ww.* (aan)koop, inkoop; oorneem; verwerf, (ver)kry, aanskaf; optrek, oplig, ophys; →PURCHASING; *it may be* ~*d* ***at*** ... dit is by ... te koop/kry; ~ *s.t. with* ***blood*** →BLOOD *n.*; ~ *one's* ***discharge*** →DISCHARGE *n.*. ~ **deed** koopakte, koopbrief. ~ **money** koopsom, =geld. ~ **order** (in)koopopdrag. ~ **price** koopprys; *(vnl. jur.)* koopsom, koopskat. ~ **sample** koop=, bestelmonster. ~ **tax** koopbelasting.

pur·chas·er koper, aankoper, inkoper.

pur·chas·ing: ~ **agent** aankoper, inkoper. ~ **power** koopkrag. ~ **value** aanskaffingswaarde.

pur·dah skermgordyn; sluier; sluiering; afsondering *(v. vroue)*; *in* ~, *(fig.)* in afsondering.

pure rein, suiwer, skoon; ongemeng(d); eg; kuis, onbevlek, vlek(ke)loos; onbesmet; onvervals; raseg; louter, puur; *(as)* ~ ***as*** *(the) driven snow* engelrein, so onskuldig/rein soos 'n pasgebore babatjie/kind; *by* ~ ***chance*** doodtoevallig; *it is* ~ ***coincidence*** →COINCIDENCE; ~ ***culture,*** *(biol.)* reinkultuur; ~ ***gold*** louter goud; ~ ***honey*** →HONEY *n.*; ~ ***mathematics*** →MATHEMATICS; ~ ***nonsense*** louter(e) onsin, pure twak/bog; ~ ***science*** suiwer wetenskap; *s.t. is ...,* ~ *and* ***simple*** iets is sonder meer ..., iets is blote/(dood)=eenvoudig/gewoonweg/louter(e) ..., iets is niks anders as ... nie; ~ ***water*** skoon/suiwer water; ~ ***white*** spierwit. **~-blooded** raseg, rassuiwer, volbloed. **~bred** raseg, rassuiwer, opreg (geteel). **~-minded** onbedorwe, edel.

pu·rée *n.* puree, moes; deurgevryfde groente/vrugte/ens.. **pu·rée** *ww.* fynmaak, tot puree maak.

pure·ly suiwer, alleen, uitsluitend, geheel en al; *it is* ~ *coincidental* →COINCIDENTAL; *do s.t.* ~ *for fun* iets uit skone plesier doen; ~ *and simply* ... bloot/(dood)=eenvoudig/gewoonweg ..., niks anders as ... nie, sonder meer ...

pur·fle *n.* versierde rand, sierrand *(v. 'n viool ens.)*; borduurkant **pur·fle** *ww.* versier, garneer, omboor *(met 'n rand)*.

purge *n.* (uit)suiwering, reiniging, skoonmaak; purgeermiddel. **purge** *ww.* (uit)suiwer, reinig, skoonmaak; purgeer; *(onoorg.)* lakseer; ontsondig; *(meg.)* spui; *(jur.)* goedmaak, aansuiwer; →PURGING; ~*d by* ... verwyder/uitgestoot deur ...; ~ *s.t. of* ... iets van ... suiwer. **pur·ga·tion** suiwering, reiniging; purgasie; *(jur.)* goedmaking, aansuiwering. **pur·ga·tive** *n.* purgeermiddel, purgasie, afvoermiddel, reinigingsmiddel. **pur·ga·tive** *adj.* purgerend, purgeer=; suiwerend. **pur·ga·to·ry** *n.* vaevuur. **pur·ga·to·ry** *adj., (arg.)* suiwerend, suiwerings=. **purg·er** suiweraar; *(meg.)* spuier. **purg·ing** (uit)suiwering, reiniging; laksering; maagwerking; →PURGE *ww.*.

pu·ri·fi·ca·tion reiniging, suiwering, loutering; *P~ of the Virgin Mary, (RK)* Maria-Ligmis. ~ **plant** suiweringsaanleg, =inrigting, =toestel.

pu·rif·i·ca·to·ry reinigend, suiwerend.

pu·ri·fi·er reiniger, suiweraar, skoonmaker.

pu·ri·fy reinig, suiwer, louter; skoonmaak; ~*ing agent* suiweringsmiddel.

Pu·rim *(Joodse fees)* Purim(fees).

pu·rin(e) *(chem.)* purien.

pur·ism purisme; taalsuiwering. **pur·ist** puris, suiweraar; puris, taalsuiweraar. **pu·rist·ic** puristies, taalsuiwerend.

Pu·ri·tan *n.* Puritein *(ook p~)*. **Pu·ri·tan** *adj.* Puriteins *(ook p~)*. **pu·ri·tan·i·cal** puriteins. **Pu·ri·tan·ism** Puriteinse leer *(ook p~)*, Puritanisme *(ook p~)*.

pu·ri·ty reinheid, suiwerheid, skoonheid; kuisheid, vlek(ke)loosheid, ongereptheid, onverdorwenheid; *the degree of* ~ die suiwerheidsgraad.

purl[1] *n.* borduurdraad; knooprand; aweregssteek, aweregse breisteek. **purl** *ww.* borduur; omboor; awerergs brei, aweregse steke brei.

purl[2] *n.* gekabbel, kabbeling, gemurmel. **purl** *ww.* kabbel, murmel.

purl·er bolmakiesieslag, tuimeling, halsoorkop val; *come a* ~, *(infml.)* (plat) neerslaan.

pur·lieu =*lieus*, =*lieux* grens, perk; houplek; *(i.d. mv.)* buitewyk(e), kant, rand; omgewing; *(w.g.)* agterbuurt(e).

pur·lin(e) *(bouk.)* kaplat.

pur·loin *(fml. of skerts.)* steel, vat, ontfutsel, skaai, gaps.

pur·ple *n.* purper, pers; purperkleed, koningskleed; kardinaalskleed; koninklike waardigheid; *be born in/to* ***the*** ~ van koninklike afkoms/bloed wees; *be raised to* ***the*** ~ tot kardinaal verhef word. **pur·ple** *adj.* purper, pers; ***go*** ~ *(in the face)* rooi word van woede; van skaamte bloos; ~ ***heart,*** *(infml.: soort amfetamientablet)* hartvormige pers pil; *P~* ***Heart,*** *(Am.: eremedalje vir gewonde soldate)* Purple Heart; ~ ***passage/patch*** mooiskrywery; *s.o.'s* ~ ***past*** →PAST *n.*; ~ ***patch,*** *(infml.)* goeie sessie; →***passage/patch;*** *enjoy a* ~ ***patch,*** *(infml.)* 'n goeie sessie vir jou wees, voor die wind met jou gaan; ~ ***prose*** mooiskrywery, bloemrykheid, bloemryke woorde; bloemryke styl/taal. **pur·ple** *ww.* 'n purperkleur aanneem, pers word; purper kleur, pers maak. ~ **apricot** swartappelkoos. ~ **beech** bruin=, rooibeuk(eboom). ~ **emperor** *(entom.)* groot weerskynvlinder. ~ **gallinule** →GALLINULE. ~ **grunter** *(igt.)* knorhaan. ~ **heart** purperharthout. ~ **wood** amaranthout; purperharthout. ~ **wreath** *(bot.)* petrea, perskransie.

pur·plish, pur·ply perserig, purperagtig.

pur·port *n.* betekenis, bedoeling, strekking, inhoud, sin. **pur·port** *ww.* bedoel, behels, inhou, bevat; voorgee, beweer.

pur·pose *n.* doel, doelwit, mikpunt, plan, voorneme, oogmerk, bedoeling, doelstelling, doeleinde; sin, nut, voordeel; gevolg, resultaat; ***achieve*** *one's* ~ jou doel bereik; *for* ***all*** ~*s, (ook)* in alle opsigte; *s.t.* ***alters*** *s.o.'s* ~ iets laat iem. van plan verander *(of* bring hom/haar van sy/haar plan af); ***answer/serve*** *a/the* ~ aan 'n/die doel beantwoord; *s.t. does not* ***answer/serve*** *the* ~ iets beantwoord/deug nie; *will this* ***answer/serve*** *the* ~? sal dit aan die doel beantwoord?; *be at* ***cross*** ~*s* →CROSS-PURPOSE; *s.o.'s* ***deliberate*** ~ iem. se vooropgesette doel; *do s.t. of* ***deliberate/set*** ~ iets opsetlik doen; iets met voorbedagte rade doen; ***fit*** *for the* ~ doelmatig; *s.o.'s* ***fixity*** *of* ~ →***singleness/fixity;*** ***for*** *this/that* ~ met dié/daardie doel, te dien einde; ***for*** *the* ~ *of this regulation* vir die toepassing van dié/hierdie regulasie; ***for*** *the* ~ *of doing s.t.* met die doel om iets te doen; ***for*** *the* ~*(s) of ..., (ook)* ten behoewe van ...; ***for*** *business* ~*s* vir sake; ***for*** *commercial/recreational/etc.* ~*s* vir die handel *(of* vir ontspanning/ens.); ***for*** *income-tax/etc.* ~*s* met die oog op inkomstebelasting/ens.; ***for*** *no other* ~ *than* ... met geen ander doel nie as ...; ***for*** *all practical* ~*s* prakties, in die praktyk; in die gewone loop; ***for*** *all practical* ~*s it is* ... dit is feitlik/prakties ...; ***full*** *of* ~ doelgerig; vasberade; ***general*** ~*s* algemene doeleindes; algemene sake; *s.o.'s* ***infirmity*** *of* ~ iem. se besluiteloosheid; ***novel*** *with a* ~ →NOVEL[1] *n.*; *the* ~ ***of*** ... die doel van ...; ***on*** ~ opsetlik, met opset, aspris, aspres, moedswillig; met voorbedagte rade; *s.o.'s* ***sense*** *of* ~ iem. se doelgerigtheid; *have a* ***sense*** *of* ~ doelgerig wees; *s.t. does not* ***serve*** *the* ~ iets is nie geskik vir *(of* beantwoord nie aan) die doel nie; *s.t. has* ***served*** *its* ~ iets het sy doel bereik; iets is uitgedien(d); *s.t.* ***serves*** *a good/useful* ~ iets het nut *(of* is van nut *of* kom [goed] te/van pas *of* deug); *s.t.* ***serves*** *no (good/useful)* ~ iets is nutteloos *(of* sonder nut), iets het *(of* is van) geen nut nie, iets dien nêrens toe nie; iets baat/help niks; *have a* ***set*** ~ 'n vaste/bepaalde doel *(of* 'n vaste voorneme) hê; *do s.t. of* ***set*** ~ →***deliberate/set;*** *with a* ***single*** ~ met (net) een doel voor oë; *s.o.'s* ***singleness/fixity*** *of* ~ iem. se doelgerigtheid/koersvastheid; *with* ***singleness*** *of* ~ →SINGLENESS; ***(statement)*** *of* ~ doelstelling; *s.t.* ***suits*** *s.o.'s* ~

iets pas in iem. se kraam; ***swerve** from one's* ~ die doel uit die oog verloor, van die spoor afwyk; ***to** the* ~ doeltreffend; ter sake, toepaslik, relevant; ***to** good/some* ~ met goeie gevolg, doeltreffend, met sukses/voordeel, terdeë; ***to** little* ~ met min/weinig gevolg/sukses/voordeel; *it is more **to** the* ~ *to* ... dit is doelmatiger om te ...; ***to** no* ~ tevergeefs, verniet, vrugteloos, sonder gevolg; *all **to** no* ~ alles verniet; *s.t. is **to** no* ~, *(ook)* iets baat/help niks; *s.o. is **wanting** in* ~ iem. is besluiteloos; *s.o.'s action is **wanting** in* ~ daar is geen beslistheid in iem. se optrede nie. **pur·pose** *ww., (fml.)* beoog, van plan wees, voornemens (*of* van voorneme) wees; ~ *to* ..., *(ook)* jou voorneem om te ... ~**-built** spesiaal gebou, doelgebou; ~ *car* doelgeboude motor. ~**-made** spesiaal vervaardig, doelgemaak.

pur·pose·ful doelbewus, doelgerig, vasberade. **pur·pose·ful·ly** met 'n bepaalde doel. **pur·pose·ful·ness** doelbewustheid, doelgerigtheid, vasberadenheid. **pur·pose·less** doelloos, sinloos; vrugteloos. **pur·pose·ly** opsetlik, met opset, moedswillig, aspris, aspres. **pur·pos·ive** doelbewus, doelgerig, met 'n doel. **pur·pos·ive·ness** doelbewustheid, doelgerigtheid.

pur·pu·ra *(med.: veluitslag)* purpura, puntbloeding. **pur·pu·ric** *(chem.)* purper=; ~ *acid* purpersuur. **pur·pu·rin** *(chem.)* purpurien.

pur·pure *n. & adj., (her.)* purper.

purr *n.* (die) spin, gespin *(v. 'n kat)*; ronk *(v. 'n masjien)*. **purr** *ww., ('n kat)* spin; *(iem.)* liefies praat/vra; *('n masjien)* ronk. **purr·ing** gespin *(v. 'n kat)*; geronk *(v. 'n masjien)*.

purse *n.* beursie, geldsak(kie), geldbeurs(ie); *(Am.)* dameshandsak; beurs, som geld; sakkie; (geld)middele; ***give*** (or ***put up***) *a* ~ 'n prys uitloof; *have a **heavy/long*** ~ 'n bemiddelde persoon wees, goed daarin sit (*of* daaraan toe wees); *have a **light*** ~ arm/platsak wees; *the **public*** ~ →PUBLIC *adj.*; ***put up** a* ~ →***give***; *you cannot make a **silk*** ~ *out of a sow's ear* nie alle hout is timmerhout nie; *a **slender*** ~ 'n skrale beurs. **purse** *ww.* plooi, op 'n plooi trek; ~ *s.t. (up)* iets plooi (*of* op 'n plooi trek) *(jou mond, lippe)*. ~ **bearer** tesourier, penningmeester *(v. 'n vereniging)*; kassier *(v. 'n kerk)*. ~ **cutter** *(w.g.)* sakkeroller, grypdief. ~ **pride** geldtrots. ~**-proud** trots op (jou) geld. ~ **seine** saknet. ~ **seining** saknetvissery. ~ **strings:** *hold/control the* ~ ~ oor die beurs/geld beskik; *loosen the* ~ ~ die hand in die sak steek, ruimskoots gee; *tighten the* ~ ~ suinig met die geld werk, spaarsaam wees.

purs·er betaalmeester *(op 'n passasierskip ens.)*; boekhou-administrateur *(v. 'n skip, vliegtuig)*. **purs·er·ette** skeepswaardin, reiswaardin.

purs·i·ness →PURSY.

purs·lane *(bot.)* postelein, porselein, vark(ens)kos. ~ **tree** spekboom.

pur·su·ance, pur·su·ant →PURSUE.

pur·sue nastreef, =strewe, naja(ag); voortgaan met, voortsit; uitoefen; volg; jag, agternasit, agtervolg; vervolg; →PURSUIT; ~ *a **course*** →COURSE *n.*; ~ *s.o. **hotly/closely*** op iem. se hakke wees; ~ *a **matter*** →MATTER *n.*; ~ *an **object*** →OBJECT *n.*; ~ ***pleasure*** plesier naja(ag); ~ *a **point*** op 'n punt deurgaan; ~ *a **policy*** 'n beleid volg; ~ *a **profession*** →PROFESSION; ~ *one's **studies*** →STUDY *n.*; ~ *a **trade*** →TRADE *n.*. **pur·su·ance** nastrewing; uitvoering, nakoming, voortsetting; *in (the)* ~ *of* ... ooreenkomstig/kragtens/ingevolge ... **pur·su·ant:** ~ *to* ... ooreenkomstig/kragtens/ingevolge ...; ~ *to instructions* volgens opdrag. **pur·su·er** agtervolger, najaer; vervolger.

pur·suit najaging, nastrewing, strewe, voortsetting, uitoefening; agtervolging; jag, vervolging; beroep; *(ook, i.d. mv.)* aktiwiteite, werksaamhede; *be **in*** ~ *of* ..., *(ook)* op jag na ... wees *(roem ens.)*; *be **in*** ~ *of s.o.* agter iem. aan wees, iem. agternasit; *go **in** (hot)* ~ *of s.o.* iem. (vinnig) agternasit; ***in** close/hot* ~ *of the enemy* op die vyand se hakke, kort agter die vyand; *the* ~ *of **knowledge*** →KNOWLEDGE; *the* ~ *of **riches*** →RICHES; ***scientific*** ~*s* wetenskaplike studies/navorsing. ~ **aircraft,** ~ **plane** jag=, vegvliegtuig. ~ **flight** jagvlug. ~ **pilot** jagvlieënier. ~ **race** agtervolgingswedstryd.

pur·sui·vant *(Br.)* onderherout, wapenherout; *(arg.)* dienaar, volgeling.

purs·y *(arg.)* kortasem *('n perd ens.)*; dik, vet *(iem.)*; opgeblase, verwaand. **purs·i·ness** kortasemrigheid.

pur·te·nance *(arg.)* binnegoed, ingewande.

pu·ru·lent *(med.)* etteragtig, etterig, etterend, swerend. **pu·ru·lence** etterigheid; etter, vuilgoed.

pur·vey verskaf, lewer *(kos, drinkgoed, ens.)*; ~ *s.t. to s.o.* iem. van iets voorsien. **pur·vey·ance** verskaffing; lewering van voorraad, proviandering. **pur·vey·or** leweransier, verskaffer; proviandmeester; ~ *to the royal household* hofleweransier.

pur·view inhoud, strekking, omvang; bepaling, gesigskring, bestek; oogmerk; *in/within the* ~ *of* ... binne die bestek van ...; *outside the* ~ *of* ... buite die bestek van ...

pus etter, vuilgoed, sug, drag *(v. 'n wond)*.

push *n.* stoot, stamp, druk; stu=, stootkrag; volharding, deursettingsvermoë, energie, dryf=, daadkrag; voortvarendheid; fut, flinkheid; voorwaartse beweging/poging; (druk)knop, drukker; biljartstoot; nood, moeilikheid, knel, knyp; bende; ***at** a* ~, *(infml.)* ineens, in een slag; in geval van nood, as dit regtig nodig is, as dit daarop aankom; ***at** the* ~ *of a button* met die druk van 'n knoppie; *the **big*** ~ die groot aanval/offensief/opmars; *when it **comes** to the* ~, *when* ~ ***comes** to shove* as dit moet, desnoods, as die nood druk, as die nood aan die man kom, *(infml.)* as dit begin knyp, as puntjie by paaltjie kom; ***get** the* ~, *(infml.)* die trekpas kry, in die pad gesteek (*of* afgedank) word; ***give** s.o./s.t. a* ~ iem./iets stoot; ***give** s.o. the* ~, *(infml.)* iem. die trekpas gee (*of* in die pad steek *of* afdank); ***make** a* ~ 'n aanval doen; hard probeer, alles uithaal. **push** *ww.* stoot, stamp, druk; aansit, aanja(ag), aanpor, aandryf; voorthelp; deurdryf; bevorder, reklame maak vir; uitbrei; voortgaan met; →PUSHING; ~ ***about/around*** rondstoot, =druk; rondstamp, =ruk; rondjaag, hiet en gebied; ~ ***ahead/on**, (infml.)* aanstoot, deurdruk; *(mil.)* opruk; ~ ***ahead/forward/on** with s.t., (infml.)* iets voortsit; vasbeslote met iets voortgaan; ~ ***along/on**, (infml.: vertrek)* in die pad val, spore maak, waai, skoert, verkas; ~ *s.t. **around*** iets rondstoot; ~ *s.o. **around*** iem. rondstamp/rondruk; *(infml.)* iem. rondja(ag) (*of* hiet en gebied); ~ *s.o./s.t. **aside*** iem./iets wegstoot/wegdruk, iem./iets opsy stoot; ~ *s.o./s.t. **away*** iem./iets wegstoot; ~ *s.o./s.t. **back*** iem./iets terugstoot; iem./iets terugdruk; ~ *a **button*** →BUTTON *n.*; ~ ***by/past*** *s.o.* iem. uit jou pad druk om verby te kom; ~ (or *be* ~*ing*) *up the **daisies*** →DAISY; ~ *s.t. **down*** iets afdruk/afstoot; iets instamp; ~ *s.o. too **far*** iem. oor die kerf stoot; ~ *s.t. too **far*** iets te ver/vêr dryf/drywe; ~ ***for*** ... op ... aandring; *be* ~*ed **for*** ..., *(infml.)* 'n gebrek aan ... hê *(geld)*; min ... hê *(tyd)*; ~ *s.o. **for** s.t.* iets by iem. eis, hard probeer om iets by iem. te kry; ~ *s.o. **for** payment* iem. aanskroef/opskroef (om te betaal); ~ ***forward**, (mil.)* opruk; ~ *o.s. **forward*** na vore dring; jou opdring; ~ *s.o. **forward*** iem. aandryf/=drywe; iem. bevorder; ~ *s.t. **forward*** iets voortstoot; ~ ***forward** with s.t.* →***ahead/forward/on**;* ~ *s.o. **hard*** iem. opdruk/opkeil; *s.o. will be **hard*** ~*ed to* ... iem. sal dit moeilik vind om te ...; ~ ***in*** indring; *(sk.)* na die kus vaar; ~ ***in** (in front of s.o.)* (voor iem.) indruk; ~ *s.t. **in*** iets instoot; iets indruk; ~ *one's **luck** (too far)* →LUCK *n.*; ~ ***off**, (lett., sk.)* van wal steek; *(infml., fig.)* verkas; ~ *s.o./s.t. **off*** iem./iets afstoot; ~ *s.o. **off** s.t.* iem. van iets afdruk/afstoot; ~ ***off!**, (infml.)* trap!, weg hier!; ~ ***on** with s.t.* →***ahead/forward/on**;* ~ *s.t. **on*** iets voortstoot/vooruitstoot; ~ ***out*** uitsteek; ~ ***out** roots* →ROOT[1] *n.*; ~ *s.o. **out**, (ook)* iem. uitskuif/=skuiwe; iem. uitstuur; ~ *s.o./s.t. **out*** iem./iets uitstoot; ~ *the boat **out**, (infml.)* →BOAT *n.*; ~ *s.o./s.t. **over*** iem./iets omstoot/omstamp; iem./iets oorstoot; ~ ***past*** *s.o.* →***by/past**; s.o. was **really*** ~*ed* iem. moes uithaal om voor te bly *(in 'n wedloop)*; ~ ***through**, ('n plantjie)* opkom; ~ *s.t. **through*** iets deurdryf/=drywe/deurdruk/deurvoer; ~ *a door **to*** 'n deur op 'n skrefie stoot; ~ *s.t. **up*** iets opstoot; iets opskuif/=skuiwe; iets opja(ag) *(pryse ens.)*. ~**ball** stootbal. ~ **bell** drukklok(kie). ~**bike** *(infml.)* trapfiets. ~ **button** *n.* drukknop(pie), drukkontak. ~**-button** *adj. (attr.):* ~ ***control*** drukknopkontrole, =beheer; ~ ***methods*** knopdrukmetodes; ~ ***switch*** drukskakelaar; ~ ***(tele)phone*** druktelefoon; ~ ***war*** drukknopoorlog. ~**cart** handkar, stootkar(retjie). ~**chair** stoot=, kinderkarretjie. ~ **cyclist** *(w.g.)* trapfietsryer. ~**over** *(infml.)* maklike/swak teen=/teëstander; maklike oorwinning; nikswerd; *be a* ~, *(ook)* doodmaklik wees. ~ **plate** vingerplaat *(v. 'n deur)*. ~**-pull** balans(skakeling). ~**rod** stootstang. ~**-start** *n., (lett. & fig.)* brandstoot; *give s.o. a* ~ iem. se motor brandstoot (*of* aan die gang stoot); *(fig.)* iem. brandstoot (*of* aan die gang kry). ~**-start** *ww.* aan die gang stoot, brandstoot. ~**-stroke** drukstoot. ~ **switch** drukskakelaar. ~ **tap** drukkraan. ~**-up** *n.* opstoot(oefening); *do twenty* ~*s* twintig opstote doen.

push·er *(infml.)* dwelmsmous; stoter, drukker; *(infml.)* indringer, opdringer, indringerige mens. **push·ful** ondernemend, vooruitstrewend, energiek; deurdrywend, haastig; indringerig, opdringerig, voor op die wa. **push·ful·ness** ondernemingsgees; *(fig.)* dryfkrag; indringerigheid, opdringerigheid. **push·i·ness** →PUSHY. **push·ing** *n.* gestoot, stotery; ~ *and shoving* 'n gestoot en gestamp. **push·ing** *adj.* stoot=; ondernemend, fluks, wakker, energiek; indringerig, opdringerig, voor op die wa; voortvarend; *be* ~ *fifty/etc., (infml.)* amper/byna vyftig/ens. (jaar oud) wees.

Push·kin *(Rus. digter en skrywer)* Poesjkin.

Push·tu →PASHTO.

push·y =ier =iest, *adj.*, =**i·ly** *adv., (infml.)* opdringerig, voorbarig, voor op die wa; voortvarend, oormoedig; wilskragtig. **push·i·ness** opdringerigheid, voorbarigheid; voortvarendheid, oormoed(igheid); wilskragtigheid.

pu·sil·lan·i·mous papbroek(er)ig, lamsakk(er)ig, kleinmoedig, lafhartig, kleinhartig. **pu·sil·la·nim·i·ty** papbroek(er)igheid, lamsakk(er)igheid, kleinmoedigheid, lafhartigheid.

puss[1] *(infml.)* kat; meisie; *P~ in Boots* die Gestewelde Kat; *she is a sly* ~ sy is 'n geslepe meisiekind. ~ **moth** hermelynvlinder.

puss[2] *(sl.: gesig)* bakkies, gevreet, tronie.

puss·y =ies, *(infml.)* kietsie(kat), katjie; *(vulg. sl.: vulva)* koek, paddatjie; *(neerh.: vrou as seksuele objek)* flossie, lekker stuk; *(seksuele omgang met 'n vrou)* seks. ~**cat** *(infml.)* kietsie(kat). ~**foot** *ww.* saggies loop; versigtig/dubbelsinnig handel; ~ *around s.t., (fig.)* suutjies/soetjies om iets trap. ~**footed** sagvoetig, sagpotig, met sagte treetjies; versigtig; heimlik. ~**foot(er)** *(Am.)* afskaffer, prohibisionis. ~ **willow** katwilg(er), katwilge(r)boom.

pus·tule *(med.)* puisie(tjie); vratjie; sweertjie. **pus·tu·lar** vol puisies, puisieagtig, puisierig. **pus·tu·late** puisies vorm. **pus·tu·lat·ed** = PUSTULAR.

put *n.* (die) gooi, (die) stoot *(v. 'n gewig)*; *(aandelebeurs)* verkoop=, leweropsie. **put** =*tt*=; *put put, ww.* sit, stel, plaas; lewer; steek; stoot; uitdruk, stel, sê; stel, in stemming bring *('n mosie)*; ~ ***about*** omdraai, terugdraai; ~ *a ship **about*** 'n skip laat omdraai; ~ *s.t. **about*** iets in omloop bring (*of* die wêreld instuur) *('n gerug ens.)*; ~ ***across*** na die oorkant roei; ~ *s.t. **across**, (lett.)* iets oorsit; *(fig.)* iets oorbring (*of* laat inslaan *of* ingang laat vind); ~ *it **across*** (or ***over on***) *s.o., (infml.)* iem. fop/kul (*of* in die nek kyk); ~ *s.t. **against*** ... iets teen ... plaas/sit; iets by ... plaas *(iem. se naam ens.)*; ~ *s.o. **ashore*** iem. ontskeep (*of* aan land/wal sit); ~ *s.t. **aside*** iets opsy sit (*of* wegsit/bêre); iets tersyde (*of* ter syde) laat/stel; iets uitskakel; ~ *s.t. **at*** ... iets op ... skat; ~ *s.t. **away*** iets wegsit/wegpak/bêre; iets spaar *(geld)*; iets opeet, *(infml.)* iets wegslaan *(kos)*; iets van kant maak *('n dier)*; iets laat vaar *('n gedagte, plan, ens.)*; ~ *s.o. **away**, (infml.)* iem. opsluit (*of* agter die tralies sit); iem. uit die weg ruim, van iem. ontslae raak; iem. wegstuur/verstoot *('n vrou)*; ~ ***back**, (sk.)* terugvaar; ~ *s.t. **back*** iets agteruitsit; iets terugsit/terugplaas (*of* weer op sy plek sit); iets agteruit stel *('n horlosie ens.)*; iets uitstel/vertraag; ~ *s.t. **before** s.o.* iets aan iem. voorlê; ~ *s.t. **before** s.t. else* iets bo iets anders stel; *s.o. has* ~ *it **behind** him/her* wat iem. (aan)betref, is dit agter die rug; ~ *s.t. **beyond** doubt* →DOUBT *n.*; *I would not* ~ *it **beyond/past** him/her, (infml.)* hy/sy is kapabel en doen dit; *to ~ it **bluntly*** om dit maar prontuit/reg=uit/ronduit te sê; ~ *s.t.* ***by*** iets opsy sit (*of* wegsit/bêre/spaar); iets verwerp; ~ *and* ***call,*** *(aandelebeurs)* ver=koop en koop *('n opsie)*; ~ *s.t.* ***clearly*** iets duidelik uit=druk/stel; ~ *s.t.* ***down*** iets neersit/neerlê; iets van kant maak *('n dier)*; iets neerskryf/=skrywe; iets indien *('n voorstel)*; iets onderdruk *('n opstand)*; iets deponeer *(geld)*; met iets neerstryk *('n vliegtuig ens.)*; ~ *s.o.* ***down,*** *(infml.)* iem. op sy/haar plek sit (*of* [goed] die waar=heid sê/vertel); iem. afjak; ~ *s.t.* ***down*** *for ...* iets as ... beskou; iets op ... skat; ~ *s.o.* ***down*** *for ...* iem. as ... beskou; ~ *s.o.* ***down*** *for R...* iem. se bydrae op R... stel (*of* vir R... laat teken); ~ *s.t.* ***down*** *to ...* iets aan ... toeskryf/=skrywe; ~ *s.t.* ***forth,*** *(fml.)* iets uitsteek; iets verkondig; iets uitvaardig; iets uitgee; ~ ***forth*** *buds* →BUD[1] *n.*; ~ ***forth*** *leaves* →LEAF *n.*; ~ ***forth*** *all one's strength* alle (*of* al jou) kragte inspan; ~ *s.t.* ***forward*** iets voorstel *('n plan)*; iets indien/voorbring *('n voorstel)*; iets opper *('n gedagte)*; iets aan die hand doen; iets te berde bring; iets verkondig; iets op die voor=grond bring; iets vervroeg *('n vergadering)*; iets vo=rentoe sit *('n horlosie ens.)*; iets aanvoer *('n argument)*; ~ *o.s.* ***forward*** jou op die voorgrond stel; *s.o. is* ***hard*** ~ *to it* →***to;*** ~ ***in*** *an appearance* →APPEARANCE; ~ *s.o.* ***in*** *chains* →CHAIN *n.*; ~ *s.o.* ***in*** *fear of s.t.* →FEAR *n.*; ~ ***in*** *for ...* om ... aansoek doen *(verlof)*; ~ *money* ***in/into*** *an undertaking* geld in 'n onderneming steek; ~ *s.o.* ***in*** *his/her place* →PLACE *n.*; ~ *o.s.* ***in*** *...'s position* jou in ... se toestand verplaas; ~ ***in*** *an hour/etc. on s.t.* 'n uur/ens. aan iets bestee/wy; ~ *s.t.* ***in*** iets insit/insteek; iets ingooi; iets indien/inlewer *('n dokument)*; ~ *s.t.* ***in*** *...* iets in ... sit; iets in ... gooi *(water in 'n ketel, melk in koffie, petrol in 'n motor, ens.)*; ~ ***in*** *a word* 'n woordjie te sê kry/hê; ~ ***in*** *a word for s.o.* vir iem. 'n goeie woordjie doen; ~ *s.o.* ***inside,*** *(infml.)* iem. bêre (*of* in die tronk sit); ~ ***into*** (or ***in at***) *a port* →PORT[1] *n.*; ~ *s.t.* ***into*** *...* iets in ... sit/plaas; iets in ... vertaal/oorsit; iets in ... op=neem/plaas/sit *(d. koerant)*; ~ *s.t.* ***into*** *service/use* iets in gebruik neem; iets in diens stel; *how shall I* ~ ***it?*** hoe sal ek sê (*of* dit uitdruk/stel)?; ~ *s.t.* ***mildly*** iets sag uit=druk/stel (*of* op sy sagste stel); *to* ~ *it* ***mildly*** om dit sag te stel (*of* uit te druk); ~ *s.o.* ***off*** iem. afskrik, by iem. afkeer wek; iem. onthuts; iem. van stryk (af) bring, iem. van slag bring, iem. hinder; iem. van sy/haar wy=sie bring (*of* verbouereerd maak); iem. met 'n kluitjie in die riet stuur; uitvlugte soek; iem. (tydelik) ontslaan; ~ *s.t.* ***off*** iets uitstel; iets op die lange baan skuif/skui=we; iets uittrek *(klere)*; *that won't* ~ *me* ***off,*** *(ook)* ek is nie Vermaak se kind nie; ~ ***on*** jou aanstel, aanstelle=rig (*of* vol aanstellings/aanstellery) wees; tekere (*of* te kere) gaan, tekeregaan; ~ *s.t.* ***on*** iets opsit *('n hoed, bril, ens.)*; iets aansit/omsit *('n das)*; iets aantrek *(klere, skoene)*; iets aansmeer *(salf)*; iets vorentoe sit *('n horlosie)*; iets reël *('n wedren, ekstra vlugte, ens.)*; iets opvoer (*of* op die planke bring) *('n toneelstuk)*; *(kr.)* iets aanteken *(lopies)*; *s.o.'s anger/etc. is all* ~ ***on*** iem. maak (as)of hy/sy (*of* gee maar net voor dat hy/sy so) kwaad/ens. is; ~ *s.o.* ***on,*** *(kr.)* iem. laat boul; ~ *s.t.* ***on*** *...* iets op ... skat; ~ *s.t.* ***on/upon*** *...* iets op ... sit/plaas; iets aan ... oplê; ~ *money* ***on*** *a horse* geld op 'n perd sit/verwed, op 'n perd wed; ~ *s.o.* ***onto*** *s.o. else* iem. met iem. anders in aanraking bring; *(telef.)* iem. met iem. anders verbind; iem. op iem. anders se spoor bring; ~ *s.o.* ***onto*** *s.t.* iem. op iets bring; ~ *o.s.* ***out*** moeite doen, jou inspan; ~ *s.o.* ***out*** iem. ongerief aandoen (*of* ontrief); iem. van stryk (af) bring (*of* uit die veld slaan *of* deurmekaar/verleë maak); iem. bewusteloos maak; iem. onder narkose bring/sit; ~ *s.t.* ***out*** iets uitsit (*of* na buite bring/neem); iets uitsteek *(jou hand)*; iets uitgee/publiseer; iets ver=stuit (*of* uit lit maak) *(jou skouer ens.)*; iets doodmaak/doodblaas *('n kers)*; iets doodmaak/blus/doof *('n vuur)*; iets blus *('n brand)*; iets afskakel *('n lig)*; iets uithang/uitsteek *('n vlag)*; iets gereed sit *(klere)*; iets belê/uit=sit *(geld)*; ~ *s.o.* ***out of*** *temper* →TEMPER *n.*; ~ *s.t.* ***over*** iets oorsit; iets aangeneem kry (*of* laat inslaan *of* in=gang laat vind); ~ *s.t.* ***over*** *...* iets oor/bo ... sit; ~ *it* ***over on*** *s.o.* →***across;*** ~ ***paid*** *to s.t.* →PAID; *I would* ~ *nothing* ***past*** *him/her* hy/sy is tot alles in staat (→***be=yond/past***); ~ *s.o.* ***right*** iem. reghelp/korrigeer; ~ *s.t.* ***right*** iets reg stel; iets in orde bring; iets opknap; iets regmaak/herstel/verhelp; ~ *s.t. to* ***rights*** iets in orde bring; ***stay*** ~ →STAY *ww.*; ~ *things* ***straight*** →STRAIGHT *adj.*; ~ *it* ***there!,*** *(infml.)* vat so!; ~ *s.t* ***through*** iets deurvoer; iets deurloods *('n wetsontwerp)*; iets klaar=maak/voltooi *('n taak)*; ~ *s.o.* ***through*** *school/college/university* iem. laat leer; ~ *s.o.* ***through*** *to ...* iem. na ... deurskakel (*of* met ... verbind); ~ *s.o.* ***through*** *to the wrong number* iem. die verkeerde nommer gee (*of* met die verkeerde nommer verbind); *I* ~ *it* ***to*** *you* ek vra jou; ek gee jou aan die hand (*of* gee jou in/ter oorwe=ging); ek stel dit aan jou; ~ *s.o.* ***to*** *work* →WORK *n.*; ~ *s.t.* ***to*** *s.o.* iets aan iem. stel; ~ *s.t.* ***to*** *(a) good use* →USE *n.*; ~ *s.t.* ***to*** *rights* →RIGHT *n.*; *s.o. is hard* ~ ***to*** *it* dit gaan broekskeur met iem. *(infml.)*, iem. het dit ongemaklik (*of* kry/leef/lewe swaar); ~ *s.t.* ***together*** iets saamstel/bymekaarsit; ~ ***heads together*** koppe bymekaarsit/=steek, saam beraadslaag/besin; ~ *s.t. on* ***top*** *of ...* iets (bo-)op ... sit; ~ *s.o.* ***under*** iem. narkotiseer; ~ *s.t.* ***under*** *...* iets onder ... sit; ~ *a field* ***under*** *wheat/etc.* 'n land onder koring/ens. sit (*of* vol koring/ens. saai); ~ ***up*** *at ...* by ... tuisgaan, by ... oorbly *('n hotel)*, jou intrek by ... neem; ~ ***up*** *with s.o.* iem. verdra/veel; ~ ***up*** *with s.t.* iets verdra/duld (*of* vir lief neem), met iets genoeë neem, in iets berus, jou by iets neerlê, jou iets laat wel=geval; *have to* ~ ***up*** *with s.o./s.t.* met iem./iets opge=skeep sit/wees; ~ *s.o.* ***up*** iem. herberg/loseer/huisves, (aan) iem. onderdak/losies/slaapplek/verblyf gee; ~ ***up*** *a candidate* 'n kandidaat stel; ~ *s.o.* ***up*** *to s.t.* iem. aanhits/ophits/opsteek om iets te doen, iem. tot iets aanhits; ~ *s.t.* ***up*** iets opsit; iets opstoot/verhoog *('n prys ens.)*; iets opsteek *(jou hand ens.)*; iets in die lug steek *(jou hande)*; iets voorstel *('n plan ens.)*; iets hang *(gordyne ens.)*; iets hys *('n vlag ens.)*; iets bou/oprig/optrek *('n huis ens.)*; iets opslaan *('n tent ens.)*; iets aan=teken/behaal/bereik *(lopies)*; iets afkondig *(gebooie)*; iets opkam/opsteek *(hare)*; iets span *(draad)*; iets verskaf/voorskiet *(geld)*; ~ *s.t.* ***up*** *at/to auction* iets opveil; ~ *one's feet* ***up*** →FOOT *n.*; ~ *s.t.* ***up*** *for sale* iets te koop aanbied; ~ *s.t.* ***upon*** *...* →***on/upon;*** *be* ~ ***upon,*** *(infml.)* verdruk/onderdruk word; bedrieg word; ~ *s.t.* ***well*** iets goed uitdruk/stel. **~-and-take** *(spel)* gee-en-neem. **~-down** *n., (infml.)* afjak. **~-in** *n., (rugby)* ingooi. **~-off** *n., (infml.)* ontwyking, uitvlug. **~-on** *n., (infml.)* gek=skeerdery, foppery, kullery, grap; aanstellery. **~-up job** knoeiery, gekonkel. **~-upon** *adj.* misbruik, ver=on(t)reg; *feel* ~ misbruik/veron(t)reg voel.

pu·ta·tive veronderstel(d), vermeen(d), beweer(d); *(jur.)* putatief; ~ *father* vermoedelike vader.

put·log, put·lock *(bouk.)* kort(e)ling. ~ **hole** steier=gat.

pu·to(·pap) →PUTU (PAP).

put-put =*tt*=, *n. & ww.* tuk-tuk, puf-puf.

pu·tre·fy verrot, vrot, bederf, ontbind, vergaan, sleg word; sweer; ontaard. **pu·tre·fac·tion** verrotting, be=derf, ontbinding; (die) vrot, vrotheid. **pu·tre·fac·tive** verrottend, ontbindend; (ver)rottings=. **pu·tre·fy·ing** verrottend, ontbindend. **pu·tres·cence** verrotting. **pu·tres·cent** verrottend, verrottings=. **pu·tres·ci·ble** bederfbaar. **pu·trid** verrot, vrot, stink(end); bederwe, bedorwe; ontaard; ~ *fever* piëmie, etter in die bloed. **pu·trid·i·ty** verrotheid, vrotheid.

putsch staatsgreep.

putt *n., (gh.)* set(hou); →PUTTING; *sink a* ~, *(gh.)* die bal inspeel. **putt** *ww., (gh.)* set, 'n sethou (*of* sethoue) slaan/speel.

put·tee beenband; *(Am.)* kamasband.

put·ter[1] *n., (gh.)* setter; setstok.

put·ter[2] *n.* steller *(v. 'n vraag)*.

put·ter[3] *(Am.)* →POTTER[2].

putt·ing *(gh.)* setwerk, sethoue, setspel. ~ **green** set=perk. ~ **iron** setstok.

put·to *putti, (beeldende kuns)* putto.

put·ty *n.* stopverf. **put·ty** *ww.* stop, met stopverf toe=smeer; *be* ~ *in s.o.'s hands* deeg/klei in iem. se hande wees. ~ **knife** stop(verf)mes. ~ **lime** kalkdeeg. ~ **plas=ter** fynpleister.

pu·tu (pap), pu·to(·pap) *(SA)* poetoe(pap), krum=melpap.

puz·zle *n.* legkaart; sukkelspel; rebus; raaisel, pro=bleem, kopkrapper, enigma; moeilikheid, probleem, dilemma; →CHINESE PUZZLE, CROSSWORD (PUZZLE), MONKEY PUZZLE; *solve a* ~ 'n raaisel oplos. **puz·zle** *ww.* verwar, in die war bring, in verleentheid bring, verbyster, dronkslaan, hoofbrekens gee, moeilikheid oplewer; ~ ***about/over*** *s.t.* oor iets wonder/kopkrap; *(infml.)* jou kop oor iets breek; ***be*** ~*d* dronkgeslaan wees; ***look*** ~*d* dronkgeslaan/verward (*of* uit die veld geslaan) lyk; ~ *s.t.* ***out*** iets oplos/uitpluis/ontsyfer; *be* ~*d* ***over*** *a problem* nie weet hoe om 'n vraagstuk op te los nie; *s.t.* ~*s* ***s.o.*** iets is vir iem. 'n raaisel. ~ **bush, Cape lilac, stamperwood** *(Ehretia rigida)* deurme=kaarbos, stamperhout. **~-head** warkop. **~-headed** verward, deurmekaar, warkoppig, =hoofdig.

puz·zle·ment verleentheid, verbystering, verwarring, hoofbrekens.

puz·zler kopkrapper, tameletjie, probleem, moeilike vraag. **puz·zling** onbegryplik, onverklaarbaar, vreemd, duister, raaiselagtig.

puz·zo·la·na →POZZ(U)OLANA.

py·ae·mi·a, *(Am.)* **py·e·mi·a** *(med.: soort bloedvergiftiging)* piëmie.

pyc·nom·e·ter piknometer, digtheidsmeter.

pye-dog, pi(e)-dog basterbrak.

py·e·li·tis *(med.: vorm v. nierontsteking)* piëlitis.

pyg·my, pig·my *n.* dwerg, pigmee; *(fig., neerh.)* onbe=duidende persoon, nonentiteit, nul. **pyg·my, pig·my** *adj.* dwergagtig, dwerg=; ~ *falcon* →FALCON; ~ *marmoset* dwergaap, klouaap, =apie; ~ *mouse* dwergmuis; ~ *right whale* dwergbaleinwalvis. **pyg·mae·an, pig=mae·an** pigmoïed, dwergagtig, dwerg=.

py·ja·mas, *(Am.)* **pa·ja·mas** *(mv.)* pajamas, slaap=, nagklere; *(i.d. ekv.)* los (Oosterse) broek; *a pair of* ~ 'n slaappak. **py·ja·ma,** *(Am.)* **pa·ja·ma** *bep.* pajama=; *pyjama* ***flower*** patrysblom, bobbejaanskoen; ~ ***jacket/top*** pajamabaadjie; ~ ***suit*** pajamapak; ~ ***trousers*** pa=jamabroek.

pyk·nic *adj., (antr.)* piknies.

py·lon mas; traliemas, vakwerkmas; piloon; spanto=ring, spanmas; *power* ~ kragmas.

py·lo·rus =*lori, (anat.)* pilorus, maagslot, maagsluit=spier. **py·lo·ric** pilories, maagslot=, maagsluitspier=; ~ *end of the stomach* maaguitgang; ~ *gland* portier=klier; ~ *valve* maagslotklep, portierklep; maagslot=kringspier.

py·o·gen·ic *(med.)* ettervormend. **py·or·rhoe·a,** *(Am.)* **py·or·rhe·a** piorree, ettervloed, =afvloeiing. **py·o·sis** *(med.)* ettering.

py·ra·can·tha *(bot.)* vuurdoring.

pyr·a·mid piramide, piramied. ~ **roof** tentdak. ~ **sell=ing** piramied(verkoop)skema.

py·ram·i·dal piramidaal, piramide=, piramiedvormig.

pyre brandstapel.

Pyr·e·nees: *the* ~, *(geog.)* die Pireneë. **Pyr·e·ne·an** *n.* Pirenees. **Pyr·e·ne·an** *adj.* Pirenees; ~ *mountain dog* Pirenese berghond.

py·re·thrum *(bot.)* kwylwortel, vuurplant, bertram=kruid, piretrum; moederkruid; krisant; *(insek[te]doder)* piretrum.

py·ret·ic *(w.g.)* koorswekkend; koors=.

Py·rex *(handelsnaam)* Pyrex. ~ **dish** Pyrexbak.

py·rex·i·a *(teg.)* →FEVER.

pyr·he·li·om·e·ter pirheliometer, (son)warmteme=ter.

pyr·i·dine *(chem.)* piridien.

pyr·i·dox·ine, vit·a·min B$_6$ *(biochem.)* piridoksien, vitamien B$_6$.

pyr·i·form, pir·i·form *(anat., biol.)* peervormig.

py·rite, (i·ron) py·ri·tes *(min.)* (yster)piriet. **py·rit=ic, py·rit·ous** pirietagtig.

py·ro=, pyr= *komb.vorm* pir(o)=.

py·ro·chlore *(min.)* pirochloor.

py·ro·clas·tic *(geol.)* piroklasties.

py·ro·e·lec·tric piro-elektries, piroëlektries. **py·ro·e·lec·tric·i·ty** piro-elektrisiteit, piroëlektrisiteit.

py·ro·gal·lic ac·id, py·ro·gal·lol *(chem.)* pirogallussuur, pirogallol.

py·ro·gen *n., (med.)* pirogeen. **py·ro·gen·ic, py·rog·e·nous** *adj., (med.)* pirogeen; warmtewekkend; koors(ver)wekkend; deur koors veroorsaak.

py·rog·ra·phy, pok·er·work pirografie, brandwerk *(op hout, leer, ens.)*.

py·ro·lig·ne·ous ac·id houtasyn.

py·ro·lu·site *(min.)* pirolusiet.

py·ro·lyse *(chem.)* piroliseer. **py·rol·y·sis** -*yses, (chem.)* pirolise.

py·ro·ma·ni·a *(psig.)* piromanie, brandstigtingsmanie. **py·ro·ma·ni·ac** piromaan.

py·ro·met·al·lur·gy pirometallurgie.

py·rom·e·ter piro-, hitte-, vuurmeter.

py·rone piroon.

py·rope *(geol.)* piroop.

py·ro·sis *(teg.)* →HEARTBURN.

py·ro·sul·phur·ic ac·id piroswa(w)elsuur.

py·ro·tech·nic, py·ro·tech·ni·cal pirotegnies, vuurwerk-; skitterend; ~ *bomb* ligbom. **py·ro·tech·nics** *(fungeer as ekv.)* vuurwerk; vuurwerkkuns, pirotegniek. **py·ro·tech·nist** vuurwerkmaker.

py·rox·ene *(min.)* piroxeen.

py·rox·e·nite *(geol.)* piroxeniet.

py·rox·y·lin *(chem.)* piroxilien.

Pyr·rho·nism Pyrrhonisme *(ook p~)*, skeptisisme.

pyr·rho·tine, pyr·rho·tite *(min.)* pirrotiet.

Pyr·rhus *(318-272 v.C., koning v. Epirus)* Pirros, Pirrius, Pyrrhus. **Pyr·rhic** van Pirros/Pirrius/Pyrrhus; *a ~ victory* 'n Pirros-/Pirrius-/Pyrrhusoorwinning, 'n skynsukses.

pyr·role, pyr·role *(chem.)* pirrool.

Py·thag·o·ras *(Gr. wysgeer)* Pit(h)agoras; *~' theorem, theorem of ~, (wisk.)* stelling van Pit(h)agoras. **Py·thag·o·re·an** *n.* Pit(h)agoreër, volgeling van Pit(h)agoras. **Py·thag·o·re·an** *adj.* Pit(h)agories *(ook p~)*, van Pit(h)agoras; *the ~ proposition/theorem, (wisk.)* die stelling van Pit(h)agoras. **Py·thag·o·re·an·ism** Pit(h)agoreïsme *(ook p~)*.

Pyth·i·a *(Gr. mit.: Apollo se priesteres)* Putia. **Pyth·i·an** *n.: the ~* Apollo; *(Apollo se priesteres)* Putia. **Pyth·i·an** *adj.* Puties *(ook p~)*; *~ Games* Putiese Spele.

Py·thon *(Gr. mit.)* Piton.

py·thon luislang, piton. **py·thon·ic** luislang-.

Py·thon·esque *adj., (Br.)* aweregs, absurd, bisar, geklik.

py·thon·ess *(arg.)* (orakel)priesteres; waarsegster; heks.

py·thon·ic →PYTHON.

pyx *n., (Chr.)* hostiekelk, -dosie, -houer; muntkissie *(i.d. Br. Munt)*. ~ **(chest)** muntkissie.

pyx·id·i·um, pyx·is *pyxidia, (bot.)* dekselvrug.

pyx·is *pyxides* kissie, dosie; →PYX, PYXIDIUM.

pzazz →PIZZAZZ.

Qq

q *q's,* **Q** *Q's, Qs, (17de letter v.d. alfabet)* q, Q; *little ~* q'tjie; *small ~* klein q. **Q fever** Q-koors. **Q-ship** *(oorspr.WO 1: vragskip met versteekte geskut)* Q-skip.

Qa·tar, Ka·tar *n., (geog.)* Katar. **Qa·ta·ri, Ka·ta·ri** *n.* Katarees. **Qa·ta·ri, Ka·ta·ri** *adj.* Katarees; *~ troops/etc.* Katarese soldate/ens..

q.t.: *on the ~, (infml.)* stilletjies, stil-stil, skelm(pies), in die stilligheid.

qua *voegw., (fml.)* as, qua, in die hoedanigheid van.

Quaa·lude *(handelsnaam)* →METHAQUALONE.

quack¹ *n.* gekwaak. **quack** *ww.* kwaak, kwak.

quack² *n.* kwaksalwer, kwak, charlatan; *(infml.: dokter)* kwak. **quack** *adj.* kwaksalwer=; *~ doctor* kwak(salwer); *~ remedy* kwaksalwersmiddel. **quack** *ww.* kwaksalwe; opvysel, ophemel. **quack·er·y** kwaksalwery; charlatanerie. **quack·ish** kwaksalweragtig.

quack³ *n.:* **~ (grass)** *(Am.)* →COUCH (GRASS).

quack·sal·ver *(arg.)* kwaksalwer.

quad *n., (infml. afk.)* →QUADRANGLE, QUADRUPLET; *(druk.)* kwadraat. **quad** *adj., (infml. afk.)* →QUADRAPHONIC. **~ (bike)** vierwiel(motor)fiets, vierwieler.

quad·ra·ge·nar·i·an *n.* veertigjarige. **quad·ra·ge·nar·i·an** *adj.* veertigjarig.

Quad·ra·ges·i·ma *(Chr.)* Vastyd, Vaste. **~ (Sunday)** Quadragesima, eerste Sondag in die Vaste.

Quad·ra·ges·i·mal *adj., (arg., ook q~)* Vas=, Vaste=, van die Vaste; veertigdaags.

quad·ran·gle vierhoek; vierkant; binneplaas, =plein, =hof. **quad·ran·gu·lar** vierhoekig; vierkantig; *~ tournament/etc., (sport)* vierhoekige toernooi/ens..

quad·rant *(geom., teg.)* kwadrant; *(hist.)* kwadrant, hoekmeter, tandboog. **quad·ran·tal** regsydig, kwadrant=; *~ pendulum* kwadrantslinger; *~ triangle* regsydige driehoek.

quad·ra·phon·ic, quad·ro·phon·ic *adj.* kwadrafonies, kwadrofonies. **quad·ra·phon·ics, quad·ro·phon·ics** *n. (fungeer as ekv.)* kwadrafonie, kwadrofonie.

quad·rat *(ekol.)* kwadraat, vierkant; *(druk., arg.)* →QUAD *n.*.

quad·rate *n.* vierkant; *(soöl.)* vierkantbeen. **quad·rate** *adj.* vierkant(ig); *~ number* kwadraatgetal, vierkante getal. **quad·rate** *ww.* kwadreer, kwadrateer; *(arg.)* (laat) ooreenstem/ooreenkom met. **quad·rat·ed** *(astron.)* in kwadratuur.

quad·rat·ic *n., (wisk.)* vierkantsvergelyking. **quad·rat·ic** *adj.* kwadraties, vierkant(ig); *~ equation* kwadraats=, vierkants=, tweedegraads=, tweedemagsvergelyking.

quad·ra·ture *(wisk.)* kwadratuur, vierkantsvoltooiing; *in ~, (elektron.)* haaksfasig.

quad·ren·ni·um =*niums,* =*nia* kwadrennium, (tydperk van) vier jaar. **quad·ren·ni·al** vierjaarliks; vierjarig.

quad·ri= *komb.vorm.* vier=. **~cellular** viersellig. **~foliate** vierblarig, =bladig. **~lateral** *n.* vierhoek. **~lateral** *adj.* vierhoekig, =sydig. **~lingual** viertalig. **~lobate** *(biol.)* vierlobbig. **~locular** *(bot.)* vierhokkig, =sellig. **~nomial** *(wisk.)* viertermig. **~nucleate** vierkernig. **~partite** vierdelig, =ledig. **~plegia** *(med.)* kwadruplegie. **~plegic** *n.* kwadrupleeg. **~plegic** *adj.* kwadruplegies. **~sect** *ww., (w.g., hoofs. med.)* vierendeel, in vier (gelyke) dele sny. **~section** vierendeling. **~syllabic** vierlettergrepig. **~syllable** vierlettergrepige woord. **~valent** *(chem.)* vierwaardig, tetravalent.

quad·ric *(wisk.)* van die tweede graad.

quad·ri·ceps *(anat.)* vierkopspier, kwadriseps.

quad·ri·fid *(bot.)* vierspletig.

quad·rille *(dans)* kadriel.

quad·ril·lion *(10¹⁵; oorspr., hoofs. Br.: 10²⁴)* kwadriljoen.

quad·riv·i·um *(Me. opv.)* quadrivium.

quad·roon *(arg.: pers. v. gemengde afkoms)* kwadroon, kwartnaatjie.

quad·ro·phon·ic →QUADRAPHONIC.

quad·ru·mane *n., (soöl., vero.: aap)* vierhandige. **quad·ru·mane, quad·ru·ma·nal** *adj.* →QUADRUMANOUS. **quad·ru·ma·nous, quad·ru·ma·nous** *(soöl., vero.)* vierhandig *(ape)*.

quad·rum·vi·rate viermanskap.

quad·ru·ped *n.* viervoetige dier, viervoeter. **quad·ru·ped, quad·ru·ped·al** *adj.* viervoetig.

quad·ru·plane viervlakvliegtuig, viervlakker.

quad·ru·ple *n.* viervoud. **quad·ru·ple** *adj.* viervoudig; *the Q~ Alliance, (Eur. gesk.)* die Vierbond; *~ time/metre/rhythm, (mus.)* vierslagmaat, =kwartsmaat, =tydmaat. **quad·ru·ple** *ww.* verviervoudig. **quad·ru·plet, quad·ru·plet** viertal; (een van 'n) vierling; *(i.d. mv.)* 'n vierling; *(mus.: vier note i.d. tyd v. drie)* kwartool; *(w.g.)* vierpersoonsfiets; *they are ~s* hulle is 'n vierling. **quad·ru·plex** viervoudig. **quad·ru·pli·cate** *n.: in ~* in viervoud, in viervoudige afskrif/kopie. **quad·ru·pli·cate** *adj.* viervoudig. **quad·ru·pli·cate** *ww.* verviervoudig, vervierdubbel. **quad·ru·pli·ca·tion** verviervoudiging, vervierdubbeling. **quad·ru·plic·i·ty** viervoudigheid.

quaes·tor *(Rom.)* skatmeester, betaalmeester, kwestor; *Q~ of the Synod* Quaestor Synodi. **quaes·tor·ship** kwestuur.

quaff (met groot slukke) drink, (gulsig) sluk.

quag *(arg.)* moeras, *(vero.)* deurslag. **quag·gy** moerasagtig, moeras=, modder=, *(vero.)* deurslagtig. **quag·mire** moeras, vlei; modderpoel; *(vero.)* deurslag.

quag·ga =*ga(s), (<Khoi)* kwagga.

quail¹ *quail(s), n., (orn.)* kwartel. **~ finch** gewone kwartelvinkie.

quail² *ww.* terugdeins, =skrik, sidder; bang word; moedeloos word; *(w.g.)* bang maak, vrees inboesem; *~ at/before s.t.* vir iets terugdeins.

quaint ouwêrelds, sonderling *('n dorpie ens.)*; eienaardig, vreemd, raar, koddig *(pligsgevoel ens.)*. **quaint·ness** ouwêreldsheid, sonderlingheid.

quake *n.* trilling, siddering, skudding; *(infml.)* aardbewing. **quake** *ww., (d. aarde ens.)* skud, beef, bewe, tril; *(iem.)* beef, bewe, sidder *(v. woede, vrees, ens.)*; →QUAKING; *~ in one's boots, (infml.)* jou broek beef/bewe, beweboude kry, van angs beef/bewe; *~ with ...* beef/bewe/bibber van ... *(d. koue ens.)*. **quak·y** bewerig.

Quak·er *(Chr. beweging)* Kwaker. **~ meeting** Kwakersbyeenkoms; swygsame geselskap.

Quak·er·ism leer van die Kwakers, Kwakerleer, Kwakery.

quak·ing bewend, skuddend, sidderend, trillend, trillerig. **~ bog** drilmoeras. **~ grass** *(Briza spp.)* bewertjiegras, bewertjies, bewegras, trilgras, klokgrassie, klok(kies)gras.

qual·i·fi·ca·tion *(opv.)* kwalifikasie; bevoegdheid, bekwaamheid *(vir 'n werk, taak, ens.)*; vereiste *(vir 'n pos, reg, ens.)*; voorbehoud, beperking, kwalifikasie; wysiging, modifikasie; *electoral ~s* kiesvereistes; *have the necessary ~s for ...* die nodige bevoegdheid/kwalifikasies vir ... hê; *s.t. needs ~* iets moet gekwalifiseer word *('n stelling ens.)*.

qual·i·fied bekwaam, geskik, bevoeg; gediplomeer(d); geregtig; gewysig; getemper(d); verkiesbaar; nie onvoorwaardelik nie, gekwalifiseer(d), voorwaardelik; *~ person* bevoegde; *~ privilege, (jur.)* beperkte bevoorregting; *be well ~* goed onderleg/onderlê wees.

qual·i·fi·er *(sport ens.)* kwalifiseerder; *(gram.)* →MODIFIER.

qual·i·fy *(oorg.)* bekwaam/bevoeg/geskik maak *(vir 'n pos, werk, taak, ens.)*; *(onoorg.)* bekwaam/bevoeg/geskik wees *(vir 'n pos, werk, taak, ens.)*; 'n diploma verwerf, die/jou eindeksamen slaag; in aanmerking kom; aan vereistes voldoen; kwalifiseer, beperk, wysig, matig; *(gram.)* bepaal; *(arg.)* flou maak, meng *(met water)*; ***adjectives*** *~ nouns* adjektiewe bepaal selfstandige naamwoorde; *~* ***as*** *a teacher/etc.* jou as onderwyser/ens. bekwaam, 'n onderwysersdiploma/ens. verwerf, die eindeksamen vir onderwyser/ens. slaag; *~* ***for*** *...* vir ... in aanmerking kom; aan die kwalifikasies/vereistes vir ... voldoen; *~ a* ***statement*** 'n bewering kwalifiseer.

qual·i·fy·ing *adj. (attr.), (sport)* kwalifiserende *(rond[t]e, tyd, wedstryd, ens.)*; *~ examination* eind=, diploma-, graadeksamen; *~ statement* kwalifiserende verklaring.

qual·i·ta·tive kwalitatief; *~ analysis, (chem.)* kwalitatiewe analise.

qual·i·ty *n.* gehalte, kwaliteit; waarde; eienskap, kenmerk, hoedanigheid; *(w.g.)* kapasiteit, rang, stand; *be of the* ***best/finest*** *~* van die beste/suiwerste gehalte/kwaliteit wees; *be of* ***good/high*** *~* van goeie/hoë gehalte/kwaliteit wees; *s.o./s.t.* ***has*** *... qualities* iem./iets het ... eienskappe; *~ of* ***life*** lewensgehalte, =kwaliteit; *be of* ***low/poor*** *~* van lae/slegte/swak gehalte/kwaliteit wees; ***people*** *of ~,* ***the*** *~, (arg.)* die hoëlui; *~ matters more than* ***quantity*** kwaliteit is belangriker as kwantiteit, dit kom meer aan op die hoedanigheid as op die hoeveelheid; *give a* ***taste*** *of one's ~, (w.g.)* jou slag wys, wys wat jy kan doen; *~ of a* ***voice*** toonkleur/timbre van 'n stem. **qual·i·ty** *adj. (attr.): (high-)~* ***article*** kwaliteitsartikel; *~* ***(news)paper*** gehalte=, kwaliteitskoerant; *~* ***wine*** kwaliteitswyn, wyn van gehalte. **~ assurance** gehalte=, kwaliteitsversekering. **~ control** gehaltebeheer. **~ number** spintelling *(v. wol)*. **~ time** gehalte=, kwaliteittyd.

qualm bedenking, twyfel, (gewetens)beswaar, wroeging, angsgevoel; *(arg.)* naarheid, mislikheid; *be* ***beset*** *by ~s* bedenkings kry; *~s of* ***conscience*** gewetenswroeging; ***feel/have*** *~s about s.t.* bedenkings oor iets hê; ***without*** *any ~s,* ***without*** *the slightest ~* sonder die minste kwelling. **qualm·ish** twyfelmoedig, vol bedenkings; *(arg.)* naar, mislik.

quan·da·ry moeilikheid, verknorsing, verleentheid, penarie; *be in a ~* in verleentheid wees, nie mooi weet wat om te doen nie, nie vorentoe/vooruit of agtertoe/agteruit weet nie, in die knyp sit/wees, in die middel van die wêreld wees.

quan·go =*gos, (Br., hoofs neerh., akr.: quasi-autonomous nongovernmental organisation)* sogenaamde outonome nieregeringsorganisasie.

quant *(Br.)* stok, paal.

quan·ti·fy versyfer, hoeveelheid bepaal, kwantifiseer. **quan·ti·fi·ca·tion** hoeveelheidsbepaling, kwantifisering. **quan·ti·fi·er** *(log.)* kwantor, kwantifiseerder; *(gram.)* kwantor, kwantifiseerder, hoeveelheidswoord.

quan·tise, =tize *(fis., elektron.)* kwantiseer. **quan·ti·sa·tion, =za·tion** kwantisering, kwantisasie.

quan·ti·ta·tive, quan·ti·tive kwantitatief; *~ analysis, (chem.)* kwantitatiewe analise/ontleding, hoeveelheidsontleding.

quan·ti·ty hoeveelheid, kwantiteit; dosis; *(wisk.)* grootheid; klomp, menigte; *(fonet.)* lengte, kwantiteit *(v. 'n klinker); in **large** quantities* in groot hoeveelhede; by die groot maat; *s.o./s.t. is a **negligible*** ~ iem./iets kan buite rekening gelaat word; ~ *and **quality*** getal en gehalte; *an **unknown*** ~ 'n onbekende hoeveelheid; *(wisk.)* 'n onbekende grootheid; *s.o. is an **unknown*** ~ ('n) mens weet nie wat jy aan iem. het nie; *s.o.'s share is an **unknown*** ~ dit is onbekend hoeveel iem. bygedra het. ~ **mark** lengteteken, kwantiteitsteken *(v. vokale)*. ~ **surveying** bourekene, *(vero.)* bestekopname, -opmeting. ~ **surveyor** bourekenaar, *(vero.)* bestekopmaker, -opnemer, -opmeter. ~ **theory** *(ekon.)* kwantiteitsteorie.

quan·tum *quanta* hoeveelheid, bedrag, maat, omvang, kwantum, deel; *(fis.)* kwantum, kwant. ~ **chromodynamics** *n. (fungeer as ekv.), (fis.)* kwantumchromodinamika. ~ **leap,** ~ **jump** *(fis. of fig.)* kwantumsprong. ~ **mechanics** *n. (fungeer as ekv.)* kwantum-, kwantemeganika. ~ **number** *(fis.)* kwantumgetal. ~ **physics** *n. (fungeer as ekv.)* kwantum-, kwantefisika. ~ **theory** kwantum-, kwanteteorie.

qua·qua·ver·sal *(geol.)* koepel-; ~ *dip* koepelhelling.

quar·an·tine *n.* kwarantyn, isolering, afsondering; *be in* ~ onder/in kwarantyn wees/bly/staan; *keep s.o./s.t. in* ~ iem./iets onder/in kwarantyn hou; *put s.o./s.t. in* ~ iem./iets onder/in kwarantyn plaas/sit. **quar·an·tine** *ww.* in/onder kwarantyn hou/plaas/sit, isoleer, afsonder.

quark[1] *(fis.)* kwark.

quark[2] *(D.)* kwark, dikmelkkaas.

quar·rel[1] *n.* twis, rusie, uitval, onenigheid, onmin, tweedrag, woorde(wisseling), geskil; vete; geding; *a* ~ ***about/over*** ... 'n rusie/twis oor ...; *the* ~ ***between*** *A and B* die rusie/twis/uitval tussen A en B; ***fight*** *s.o.'s* ~*s for him/her, (w.g.)* vir iem. opkom; *a **good*** ~, *(ook, w.g.)* 'n regverdige saak; ***have*** *a* ~ *with s.o.* met iem. rusie kry/maak, 'n rusie/uitval met iem. hê; *have **no*** ~ *with/against s.o.* niks teen iem. hê nie; *have **no*** ~ *with/against s.t.* niks op iets teë hê nie, geen beswaar teen iets hê nie, niks teen/op iets te sê hê nie, niks teen iets in te bring hê (*of* kan inbring) nie; *an **old*** ~ 'n ou twis; ***pick/seek*** *a* ~ rusie/skoor soek; ***settle*** *a* ~ 'n rusie/geskil besleg/bylê/skik (*of* uit die weg ruim *of* uit die wêreld maak). **quar·rel** *-ll-, ww.* twis, rusie maak, kyf; dwarstrek, skoor; 'n uitval hê; kibbel; *they* ~ ***among*** *themselves* hulle maak onder mekaar rusie; *don't* ~ *with your **bread and butter,** (idm.)* moenie in jou eie lig staan (*of* jou eie ruite stukkend gooi) nie; ~ ***with*** *s.o. about/over s.t.* met iem. twis (*of* rusie maak) oor iets; *nobody can* (or *you can't*) ~ ***with*** *that* daar is niks teen in te bring nie, niemand kan daarteen beswaar hê (*of* daar iets op teë hê *of* daarteen skop) nie, daarteen kan jy nie beswaar hê nie. **quar·rel·ler** rusiemaker, twissoeker, twister. **quar·rel·ling** stryery, rusie, getwis, gekyf, struweling. **quar·rel·some** rusiemakerig, twissoekerig, twissiek, skoorsoekerig, hanerig, kyfagtig, bakleierig. **quar·rel·some·ness** twissoekery, skoorsoekery, skoorsoekerigheid, bakleierigheid, kyfagtigheid.

quar·rel[2] *n., (hist.)* pyl (met 'n vierkantige kop) *(v. 'n kruisboog)*; ruitvormige/vierkantige ruit(jie)/teël; snydiamant.

quar·ri·er = QUARRYMAN.

quar·ry[1] *n.* prooi, slagoffer; buit; wild. **quar·ry** *ww., (w.g.)* agtervolg, opspoor.

quar·ry[2] *n.* steengroef, klipbreekgat, -plek, klipgroef; gruisgat, -groef. **quar·ry** *ww.* (uit)grawe, (uit)breek. ~ **bed** kloofvlak. ~**-faced** haaks gekap. ~**man** *-men* klipbreker, steengroef-, klipgroefwerker. ~ **sap,** ~ **water** klipsap. ~ **stone** breekklip. ~ **tile** kleiteël.

quar·ry·ing steengroef-, klipgroefwerk.

quart[1] *(vero. inhoudsmaat: 1,13 liter)* kwart, kwartgelling, twee pinte; *put a* ~ *into a pint pot, (Br., infml.: d. onmoontlike probeer doen)* water in 'n mandjie probeer dra; *still take one's* ~ nog altyd jou biertjie drink.

quart[2], *(Fr.)* **quarte** *(skermkuns)* vierde parade/pareerposisie.

quar·tan *n., (med.)* vierdedaagse koors, kwartaan(malaria). **quar·tan** *adj.* vierdedaags; ~ *fever/malaria* vierdedaagse/kwartane koors/malaria.

quar·ter *n.* kwart, vierde (deel); *(ekon. ens.)* kwartaal; wyk, buurt; hoek *(v. waar d. wind waai)*; windveer; *(her. ens.)* kwartier; *(hoofs. idm.)* genade, pardon, kwartier *(in 'n stryd); (Br. graanmaat)* quarter, 8 boesel; *(ook, i.d. mv.)* kwartier(e), woonkamer(s), -vertrekke; *(mil.)* verblyf, kwartiering, leëring, huisvesting; *from **all*** ~*s* van alle kante; *from **all*** ~*s of* ... uit alle oorde van ...; ***ask*** *for* ~ (om) genade vra, om genade pleit/smeek; *a **bad/unpleasant*** ~ *of an hour* 'n benoude tydjie; ***by*** *the* ~ per kwartaal; *in **certain*** ~*s* in sekere kringe; *at **close*** ~*s* op kort afstand, van digby/naby; *in **close*** ~*s* in geslote kolonne; *come/get to **close*** ~*s* handgemeen/slaags raak; ***first*** ~ eerste kwartier *(v.d. maan); (her.)* vrykwartier; *the wind blows from all **four*** ~*s* die wind waai uit alle hoeke (*of* van alle kante); *from a **good*** ~ uit goeie bron; *in **high*** ~*s* in hoë kringe; *appeal to **higher*** ~*s* jou op 'n hoër gesag beroep; *a* ~ *of an **hour*** 'n kwartier; →QUARTER-HOUR; *three* ~*s of an **hour*** driekwartier; *give/receive **no*** ~ geen genade betoon/ontvang nie; ***occupy*** ~*s, (mil.)* in kwartier wees/gaan; ~ *of an **orange*** lemoenskyfie, -huisie; *it is a* ~ ***past*** *ten/etc.* dit is kwart oor tien/ens.; ***prepare*** ~*s, (mil.)* kwartier inrig/maak; *for* ~ *the **price*** teen/vir 'n kwart van die prys, teen/vir kwartprys; ***take up*** *one's* ~*s* jou intrek neem; *from **that*** ~ van daardie kant, uit daardie oord; *it is a* ~ ***to*** *ten/etc.* dit is kwart voor tien/ens.; ***what*** ~ *is the wind in?* van watter kant waai die wind?; hoe staan sake?. **quar·ter** *ww.* in vier verdeel; *(her. ens.)* vierendeel; kamp opslaan, leër; inkwartier; *draw and* ~ *s.o., (hist.)* iem. vierendeel *('n veroordeelde)*. ~**back** *n., (Am. voetbal)* quarterback. ~**back** *ww., (Am. voetbal)* quarterback speel; die aanslag lei; *(Am., infml.)* lei, die leiding neem, aan die roer van sake staan; bestuur. ~ **bell** klok wat om die kwartier slaan. ~ **bend** kwadrantpyp. ~ **boot** aankapskoen, -kous(ie) *(vir 'n perd)*. ~**-bound** *adj., (boekbindery)* met rugbinding *(pred.)*, ruggebonde *(attr.)*. ~**-bred** *adj., (hoofs. veeteelt)* met 'n kwart suiwer bloed *(pred.)*. ~ **day** *(Br.)* betaaldag; kwartaaldag. ~**deck** *(sk.)* kwartdek. ~**-evil** *(veearts.)* →BLACKLEG *n.*. ~**final** kwarteind(wed)stryd. ~**-finalist** speler/span wat die kwarteindronde gehaal (*of* tot die kwarteindronde deurgedring) het. ~ **horse** snelloper. ~**-hour,** ~ **of an hour** kwartier; *on the* ~ om kwart oor/voor. ~**light** *(Br., mot.)* syruit, -vensertjie. ~**-line** *(Austr., rugby)* kwartlyn. ~**master** *(mil.)* kwartiermeester. ~**master general** *-s, (mil.)* kwartiermeester-generaal. ~**master sergeant** *(mil.)* sersant-kwartiermeester. ~**-mile** kwartmyl. ~**-miler** kwartmylatleet. ~ **note** *(hoofs. Am., mus.)* kwartnoot; →CROTCHET. ~**staff** *(hoofs. hist.)* skermstok, -knuppel. ~ **tone** *(mus.)* kwarttoon.

quar·ter·age *(arg.)* kwartaalgeld, driemaandelikse betaling/toelaag/toelae.

quar·ter·ing vierendeling; inkwartiering; *(her.)* kwartier; *(her.)* vrykwartier; *(ook, i.d. mv.)* gevierendeelde hout; *drawing and* ~ vierendeling.

quar·ter·ly *n.* kwartaalblad. **quar·ter·ly** *adj.* driemaandeliks, kwartaal-; ~ ***examination*** kwartaaleksamen; ~ ***report*** kwartaalverslag; kwartaalrapport *(i.d. skool)*; ~ ***return/statement*** kwartaalstaat. **quar·ter·ly** *adv.* driemaandeliks, elke drie maande, kwartaalsgewys(e), kwartaalliks, al om die derde maand.

quar·tern *(Br., arg.)* kwart; kwartmaat; kwarthonderd. ~ **loaf** *(arg.)* vierpondsbrood.

quar·tet(te) *(mus. ens.)* kwartet, viertal.

quar·tic *n., (wisk.)* vierde mag, bikwadraat; vierdemagsvergelyking, bikwadratiese vergelyking. **quar·tic** *adj.* van die vierde mag, vierdemags-, bikwadraties.

quar·tile *n., (statist.)* kwartiel. **quar·tile** *adj.* kwartiel-.

quar·to *-tos, (papiergrootte)* kwarto(formaat); *(boek in kwartoformaat)* kwartyn.

quartz *(min.)* kwarts; *milky* ~ melkkwarts; *smoky* ~ rookkwarts. ~ **clock** kwartsklok, -horlosie, -oorlosie. ~ **glass** kwartsglas. ~ **lamp** kwartslamp. ~ **porphyry** *(geol.)* kwartsporfier. ~ **vein** kwartsaar. ~ **watch** kwartshorlosie, -oorlosie.

quartz·ite *(geol.)* kwartsiet.

quartz·it·ic kwarts-.

quartz·ose, quartz·ous, quartz·y kwartsagtig.

qua·sar *(astron., afk. v. quasi-stellar)* kwasar.

quash *(hoofs. jur.)* nietig verklaar, vernietig, verwerp; platdruk, verpletter; ~ *a rumour* 'n gerug die nek inslaan.

qua·si *adv., (<Lat.)* kwansuis, sogenaamd, kastig; ~ *parlando, (It., mus.)* in 'n praatstyl; ~ *recitativo, (It., mus.)* in 'n resitatiefstyl. **qua·si-** *komb.vorm* kwasi-, skyn-, pseudo-; *quasi-scientific* kwasi-, pseudowetenskaplik. ~**-stellar object** *(astron.)* kwasar, kwasisteragtige voorwerp.

Qua·si·mo·do *(Chr., hoofs. hist.)* Quasimodo, eerste Sondag ná Pase.

quass →KVAS(S).

quas·sa·tion *(w.g.)* kneusing, kwassering *(v. medisinale plante)*.

quas·sia bitterhout, kwassie.

qua·ter·cen·te·nar·y vierhonderdste verjaar(s)dag/herdenking, vierhonderdjarige bestaan, vierde eeufees, vier-eeue-fees.

Qua·ter·nar·y *n. & adj., (geol.)* Kwartêr, Kwaternêr. **qua·ter·nar·y** *n.* viertal, vier. **qua·ter·nar·y** *adj.* vierdelig, kwaternêr.

qua·ter·ni·on *(wisk.)* viertal, kwaternion.

qua·ter·ni·ty viertal; *(hoofs. teol.)* vierenigheid.

quat·or·zain, quat·or·zain *(w.g.)* veertienreëlige vers, onreëlmatige sonnet.

quat·rain kwatryn, vierreëlige vers.

quat·re·foil *(bot., argit.)* vierblad.

quat·tro·cen·to *(d. 15de eeu as tydperk i.d. It. kuns & lettk.)* quattrocento. **quat·tro·cen·tist** kunstenaar/skrywer uit die quattrocento.

qua·ver *n., (mus.)* ag(t)ste(noot); triller; trilling *(i.d. stem)*. **qua·ver** *ww.* tril, vibreer, beef, bewe; met 'n trillende stem sing. **qua·ver·y** bewerig.

quay (aanlê)kaai; *free on* ~ vry op kaai. ~ **dues** kaaigeld. ~**side** kaai. ~ **wall** kaaimuur.

quay·age kaairuimte; kaaigeld.

quean *(arg.)* kat(terige meisie/vrou), (klein) snip; slet.

quea·sy naar, mislik, aardig; swak *(maag); (fig.)* ongerus; ongemaklik; met bedenkinge; onaangenaam; *(vero.)* teergevoelig, -hartig; *feel* ~ naar/mislik/aardig voel; *have a* ~ *conscience, (poët., liter.)* gewetensvol wees. **quea·si·ness** naarheid, mislikheid; ongemak(likheid), onbehaaglikheid.

que·bra·chine *(farm., vero.)* kebratsjien, johimbien.

que·bra·chi·tol *(biochem.)* kebratsjitol.

Quech·ua, Kech·ua, Quich·ua *-ua(s), (Sp.)* Quechua(-indiaan); Quechua, die Quechuataal. **Quech·uan, Kech·uan, Quich·uan** *adj.* Quechua-.

queen *n., (ook fig.)* koningin; vorstin; vrou *(in kaartspel)*; dame, koningin *(in skaak); (entom.: bye, miere, ens.)* koningin; wyfiekat; *(neerh. sl.: homoseksueel)* queen; →KING *n.*; *Q~* ***Anne*** *is dead, (fig.)* dis ou nuus; ~ *of **clubs/diamonds/hearts/spades,** (kaartspel)* klawer-/ruite(ns)-/harte(ns)-/skoppe(ns)vrou; *the Q~ in **Council,** (Br.)* die koningin-in-rade; *Q~'s **Counsel** (Br., jur.)* koningins-, ryksadvokaat; *Q~'s **English*** Standaardengels; ~*'s **evidence** (Br., jur.)* gevrywaarde staatsgetuie; ***Mary*** *Q~ of Scots* Maria Stuart; ~ *of the **night,** (poët.: d. maan)* koningin van die nag; ~ *of **puddings*** spogbroodpoeding; *the* ~ *of **roses*** die pragtigste roos, die pronkroos; *think one is the Q~ of **Sheba,** (fig.)* dink jy is kaas, met jou neus in die lug loop, jou wat (wonders) verbeel; *Q~'s **Speech,** (Br.)* troonrede; ***the** Q~, (ook)* die Britse volkslied; ~ *of **trumps,** (kaartspel)* troefvrou; *the **uncrowned*** ~ *of* ... die ongekroonde koningin van ...; *Q~'s **warehouse,** (Br.)* staatspakhuis. **queen** *ww.* tot koningin kroon; *(skaak)* dame/koningin maak *('n pion)*; ~ *it over* ... oor ... baasspeel. **Q~-Anne** *adj. (gew. attr.), (meubelontwerp, argit.)* koningin Anna- *(attr.)*, in die styl van koningin Anna *(pred.)*. ~ **bee** *(entom.)* by(e)koningin, koningin(by), moederby; *(infml.)* voorvrou. ~**-bee jelly** byemelk.

~ **bolt** *(bouk.)* hangstang. ~**cake** (hartvormige) korentekoekie. ~ **consort** gemalin van die koning. ~ **dowager** koningin-weduwee. **Q~ Maud Land** *(geog.)* Koningin Maud-land. ~ **mother** koningin-moeder. ~ **post** *(bouk.)* hangstyl. ~**(-post) truss** *(bouk.)* hangstylkap. ~ **regent** koningin-regentes. ~ **rod** *(bouk.)* hangstang. **Q~'s Birthday** Koninginnedag. ~**'s bishop** *(skaak)* dameloper. **Q~'s Commissioner** *(Ndl.)* kommissaris van die koningin *(in Limburg)*. ~**'s gambit** *(skaak)* koningingambiet. ~**'s highway** *(Br.)* openbare weg. ~**-size(d)** *adj. (attr.)* koningingrootte=, in koningingrootte *(pred.)*. ~**'s knight** *(skaak)* dameruiter. **Q~'s Messenger** *(Br., dipl.)* koninklike koerier. ~**'s metal** witmetaal. ~**'s pawn** *(skaak)* damespion. ~**'s pudding** →QUEEN OF PUDDINGS. ~**'s rook** *(skaak)* damestoring. ~**'s weather** *(w.g.)* sonskynweer, Sondagsweer.

queen·dom koninkryk *(v. 'n koningin)*; koninginskap.

queen·hood koninginskap.

queen·ie *(neerh. sl.: homoseksueel)* queen.

queen·ing (die) koningin speel; inbring van die koninginby; renet(appel).

queen·less koninginloos.

queen·like, queen·ly vorstelik, statig, soos 'n koningin.

Queens·ber·ry rules *(boks)* Queensberry-reëls; geldende reëls.

queen·ship koninginskap.

queer *n., (infml., hoofs. neerh.: homoseksueel)* moffie. **queer** *adj.* vreemd, snaaks, raar, eienaardig; twyfelagtig, verdag; onbetroubaar; nie lekker/goed nie, olik, siekerig, duiselig, dronk, naar; *(infml., neerh.: homoseksueel)* moffie=; eksentriek, anderste(r), mallerig; *(sl.)* nagemaak, vals; nikswerd; ***come over*** ~, *(infml.)* 'n nare gevoel kry; ***feel*** ~ naar/arig voel, nie lekker voel nie; ~ ***fellow/fish*** snaakse kêrel/vent; *be* ~ *in the* ***head,*** *(infml.)* (van lotjie) getik wees; *be in Q~* ***Street,*** *(Br., sl., vero)* in tamatiestraat wees, in die knyp/verknorsing/sop sit/wees. **queer** *ww., (infml.)* bederf, bederwe, verbrou; ~ *the pitch for s.o.* iem. se saak bederf/bederwe, iem. (se planne) in die wiele ry, in iem. se slaai krap; die spul verbrou. ~**-bashing** *(infml.)* gaytreitering.

queer·ish snaakserig.

que·le·a: *redbilled* ~ rooibekkwelea, =vink.

quell onderdruk, oorweldig, bedwing, demp, oorrompel; ~ *a revolt* 'n opstand demp/onderdruk.

quench les *(dors)*; versadig, bevredig *(begeertes)*; blus, doodmaak, (uit)doof *('n vuur)*; onderdruk, bedwing, smoor *(gevoelens)*; *(fis.)* verminder; *(metal.)* afkoel; *(vero.)* tot swye bring, stilmaak. **quench·a·ble** lesbaar; blusbaar. **quench·er** (uit)blusser; *(infml.)* dorslesser(tjie), keelnatmaker(tjie). **quench·ing tub** *(metal.)* smeebak. **quench·less** *(poët., liter.)* onlesbaar; onblusbaar. **quench·less·ness** onlesbaarheid; onblusbaarheid.

que·nelle *(Fr. kookk.)* quenelle.

quer·i·mo·ni·ous *(arg.)* ontevrede, brommerig.

que·rist *(hoofs. arg.)* vraer.

quern handmeul(e). ~**stone** meulsteen.

quer·u·lous ontevrede, klaerig, klaend, iesegrimmig, brommerig, mopperig, klaagsiek; ~ *person* iesegrim. **quer·u·lous·ness** iesegrimmigheid.

que·ry *n.* vraag; navraag; betwyfeling, vraagpunt, twyfelpunt; *(hoofs. tip.)* vraagteken; ~, ...?, *(fml.)* ek sou graag wil weet of ...; *auditor's/audit* ~ ouditeursnavraag, =nota; *raise a* ~ *about s.t.* iets in twyfel trek. **que·ry** *ww.* navraag doen oor; betwyfel, in twyfel trek, bevraagteken, 'n vraagteken sit by; vra, 'n vraag stel; *(hoofs. Am.)* uitvra, ondervra; ~ *s.o. about s.t.* iem. oor iets uitvra/ondervra; ~ *s.t. with s.o.* by iem. oor iets navraag doen; by iem. vasstel of iets in orde is. ~ **(mark)** vraagteken. ~ **sheet** vraelys.

quest *n., (fml., ret.)* (die) soek; soekery; soektog; ondersoek; *in* ~ *of* ... op soek na ... **quest** *ww., (fml., ret.)* soek na; ~ ... *out* ... opspoor. **quest·er** soeker.

ques·tion *n.* vraag; vraagstuk, kwessie; (vraag)punt, saak, probleem; twyfel; →SIXTY-FOUR (THOUSAND) DOLLAR QUESTION; *that is* ***another*** ~ dis 'n (ander) vraag; dis heeltemal iets anders; ***answer*** *a* ~ 'n vraag beantwoord, op 'n vraag antwoord; *the* ~ *has* ***arisen*** *whether* ... die vraag het ontstaan/opgekom of ...; *the* ~ ***arises*** *whether* ... die vraag kom op (*of* ontstaan) of ...; ***ask*** *a* ~ 'n vraag vra/stel; *no* ~*s* ***asked,*** *(infml.)* sonder allerlei vrae; *be* ***assailed*** *with* ~*s* met vrae bestook/oorval word; ***beg*** *the* ~ die punt ontwyk; die bewys vooruitloop; *that is* ***begging*** *the* ~ dit ontwyk die punt; dit neem aan wat bewys moet word, dit is sirkelredenering; *it is* ***beside*** *the* ~ dit is nie ter sake (*of* het niks daarmee te doen/make) nie; ***beyond*** *(all)* ~ sonder/buite twyfel, ongetwyfeld; *be* ***beyond*** *(all)* ~ buite kwessie wees; *a* ***burning*** ~ 'n brandende vraagstuk; ***call*** *s.t. in(to)* ~ iets betwyfel (*of* in twyfel trek); ~ *of* ***fact*** saaklike kwessie, kwessie van feite; *if it is a* ***fair*** ~ ... as ek (dit) mag vra ...; *that's a* ***good*** ~ vra dit!, nou vra jy!, dit mag jy wel vra!; *be* ***in*** ~ in die gedrang wees; *come* ***into*** ~ ter sprake (*of* onder bespreking) kom; van praktiese belang wees; ***invite*** ~*s* →INVITE *ww.*; *the* ~ *(at* ***issue****)* die vraagpunt; ~ *of* ***law*** regspunt, =vraag; *a* ***leading*** ~ 'n voorsêvraag (*of* suggestiewe vraag); *put a* ***leading*** ~ die getuie voorsê; *a* ***loaded*** ~ 'n vraag met 'n angel; *there can be* ***no*** ~ *of it* daar kan geen sprake van wees nie; *there's* ***no*** ~ *about/of it* daar is geen twyfel aan nie, dit staan buite (alle) twyfel; *make* ***no*** ~ *about/of s.t.* iets nie in twyfel trek nie; *there's* ***no*** ~ *that* ... dit ly geen twyfel nie dat ..., daar is geen twyfel dat ... nie; *there's* ***no*** ~ *(but) that s.o. has/will* ... iem. het/sal ongetwyfeld ...; *that is* ***not*** *the* ~ dit is nie die vraag nie, dit gaan nie daaroor/daarom nie; *it is an* ***open*** ~ *whether* ... dit is 'n ope vraag (*of* nog 'n vraag) of ...; *be* ***open*** *to* ~ aan twyfel onderhewig wees; *it is* ***out of*** *the* ~ dit is buite die kwessie (*of* uitgeslote/onmoontlik), daar is geen sprake (*of* kom niks) van nie; *the* ***point*** *in* ~ die saak waaroor/waarom dit gaan; ***pop*** *a* ~, *(infml.)* skielik iets vra; ***pop*** *the* ~, *(infml.)* die jawoord vra; *move the* ***previous*** ~ →PREVIOUS *adj.*; ***put*** *a* ~ 'n vraag stel/vra; ***put*** *the* ~ die voorstel tot stemming bring, tot stemming oorgaan; ***put*** *s.o. to the* ~ iem. onder verhoor neem; *(hist.)* iem. op die pynbank bring; ***raise*** *a* ~ 'n vraag opper/opwerp (*of* ter sprake bring); ***set*** ~*s for an examination* vrae vir 'n eksamen opstel; *that* ***settles*** *the* ~ daarmee is die saak afgehandel/opgelos; ***speak*** *to the* ~*!, (parl. ens.)* bly/hou by die punt (van bespreking)!, kom terug op die saak!; ***spot*** ~*s* vrae raai *(vir 'n eksamen)*; ***spring*** *a* ~ *on s.o.* skielik met 'n vraag op iem. afkom; *a* ***straight*** ~ 'n vraag op die man af; *ask a* ***straight*** ~ iets op die man af vra; ***that*** *is the* ~ dit is die vraag, daaroor/daarom gaan dit, dit is waar dit op aankom; ***that*** *is not the* ~ →***not***; *a* ***ticklish*** ~ 'n netelige kwessie; *it is only a* ~ *of* ***time*** →IT IS ONLY A MATTER/QUESTION OF **TIME**; *a* ***tough*** ~ 'n kwaai vraag; *a* ***tricky*** ~ 'n pootjievraag; *a* ***vexed*** ~ 'n lastige/omstrede vraagstuk; *a* ***vital*** ~ 'n uiters belangrike vraag/vraagstuk; ***without*** ~ sonder twyfel, ongetwyfeld; sonder teen=/teëspraak, sonder meer. **ques·tion** *ww.* vra; ondervra, in verhoor neem; interpelleer; verhoor; betwyfel, in twyfel trek; beswaar maak teen; ~ *s.o.* ***about/on*** *s.t.* iem. oor iets uitvra; *it* ***cannot*** *be* ~*ed (but) that* ... dit is seker dat ..., dit is nie te betwyfel dat ... nie; ~ *s.o.* ***closely*** iem. indringend/skerp ondervra; ~ ***whether*** ... dit betwyfel of ... ~ **mark** vraagteken; *a* ~ ~ *hangs* (or *there is a* ~ ~) *over s.t.* daar bestaan/is (nog) twyfel oor iets. ~ **master** vraesteller. ~ **paper** vraestel. ~ **tag** →TAG QUESTION. ~ **time** *(parl. ens.)* vraetyd.

ques·tion·a·ble twyfelagtig, betwyfelbaar, verdag, aanvegbaar, betwisbaar, dubieus, kwestieus. **ques·tion·a·ble·ness** aanvegbaarheid, betwisbaarheid.

ques·tion·ar·y *n.* →QUESTIONNAIRE. **ques·tion·ar·y** *adj.* ondervraend, deur (middel van) vrae.

ques·tion·er vraesteller, ondervraer, interpellator.

ques·tion·ing ondervraging; betwyfeling; *close* ~ indringende/skerp ondervraging; *without* ~ sonder om vrae te stel, klakkeloos, voetstoots. **ques·tion·ing·ly** vraenderwys(e).

ques·tion·less *(w.g.)* ongetwyfeld.

ques·tion·naire vraelys, questionnaire.

quet·zal *(orn., mv. quetzals)* kwetsal; *(geldeenheid v. Guatemala, mv.:* quetzales*)* kwetsal.

queue *n.* ry, streep, tou *(mense)*; *(rek.)* tou, wag=, volgtou; *(arg.)* haarvlegsel, stert; ***form*** *a* ~ toustaan, op/in 'n ry staan; ***jump*** *a/the* ~ = QUEUE-JUMP; ***stand*** *in a/the* ~ toustaan, in 'n/die tou staan. **queue** *ww.:* ~ *for the* ***bus*** toustaan om die bus te haal; ~ *for* ***tickets*** toustaan om kaartjies te koop; ~ ***(up)*** toustaan, op/in 'n ry staan. ~**-jump** (by die/'n tou) indruk. ~ **jumper** indrukker, tousteler. ~ **processing** *(rek.)* touverwerking. **queu·er** toustaner. **queu·ing** toustanery.

que·zal →QUETZAL.

quib·ble *n.* gekibbel, haarklowery; beuselagtige/kleinlike kritiek; dubbelsinnigheid; uitvlug, ontwyking; woordestryd; *(arg.)* woordspeling, spitsvondigheid. **quib·ble** *ww.* kibbel, hare kloof/klowe, haarkloof, =klowe; vit; ontwyk, uitvlugte soek, jakkalsdraaie maak; *(arg.)* woordspelings maak; ~ *about/over s.t.* oor iets kibbel; oor iets hare kloof/klowe. **quib·bler** haarklower, woordsifter; vitter. **quib·bling** haarklowery, woordsiftery; vittery.

quiche *(Fr. kookk.: soutige vlatert)* quiche. ~ **Lorraine** quiche Lorraine, spek(vleis)-en-kaas-quiche.

Quich·ua →QUECHUA.

quick *n.* lewe *(onder d. nael)*; ***bite one's nails to the*** ~ jou naels tot op die vleis/lewe byt; *the insult* ***cut/stung*** *s.o. to the* ~ die belediging het iem. se gevoelens diep gekwets (*of* iem. tot in die siel geraak); *the* ~ *and the* ***dead,*** *(NT,AV)* die lewendes en die dooies; *a* ***republican/etc.*** *to the* ~ 'n republikein/ens. deur en deur (*of* in murg/merg en been); ... ***touches*** *one to the* ~, *(ret.)* ... gryp in 'n mens se siel. **quick** *adj. & adv.* vinnig, gou, snel, vlug; vlugtig; skielik, haastig; lewendig; hups, fluks, rats; skerp, intelligent, vinnig/vlug van begrip; skerp *(oë, gehoor)*; *s.o. is* ~ ***about*** *it* iem. maak gou daarmee (*of* laat nie op hom/haar wag nie); *be* ~ *(****about*** *it)!* maak gou!, roer jou!; *(as)* ~ ***as*** *a flash* (or *as lightning/thought)* blitsig, blitsvinnig, =snel, soos blits; *be* ~ ***at*** ... vinnig wees met ... *(syfers ens.)*; *a* ~ ***child*** 'n skrander/intelligente kind; *be* ~ *with* ***child,*** *(arg.)* hoogswanger wees; *s.o. is* ~ *on the* ***draw*** →DRAW *n.*; *a* ~ ***ear*** 'n fyn/skerp oor; *a* ~ ***eye*** 'n skerp oog; *be* ~ *of* ***foot*** →FOOT *n.*; ~ ***march!*** voorwaarts mars!; gewone pas mars!; →QUICK MARCH; *be* ~ *to take* ***offence*** →OFFENCE; *a* ~ ***one,*** *(drankie)* 'n kleintjie/blitsie (→QUICKIE *n.*); *have a* ~ ***temper*** liggeraak/prikkelbaar/driftig/opvlieënd (*of* kort van draad) wees (→QUICK-TEMPERED); *s.o.'s* ~ ***thinking*** iem. se teenwoordigheid van gees (→QUICK-THINKING *adj.*); *be* ~ ***to do s.t.*** iets sommer doen, gou klaar wees om iets te doen, nie wag om iets te doen nie; *at a* ~ ***trot*** →TROT *n.*; *be* ~ *to* ***understand*** vinnig/vlug van begrip wees; *be* ~ *on the* ***uptake*** →UPTAKE; *show s.o. a* ~ ***way*** *to do* (or *of doing*) *s.t.* iem. wys hoe om iets gou te doen; *have* ~ ***wits*** skerpsinnig/skrander (*of* vlug van begrip) wees; gevat/slagvaardig/gewiks wees *(in 'n debat ens.)*; →QUICK-WITTED *adj.*; *that was* ~ ***work*** dit het gou gegaan. ~**-acting** snelwerkend. ~**-break circuit** momentsluiting. ~**-cooking** gou-gaar. ~**-eyed** skerp van oog/blik, skerpsiende. ~**-fire** *adj. (attr.)* vinnig/snel opeenvolgende, vinnige *(vrae ens.)*; snelvuur= *(geweer, kanon, ens.)*. ~**-firer** snelvuurgeweer; snelvuurkanon. ~ **fix** *(infml.)* kitsoplossing. ~**-freeze** *ww.* snelvries. ~**-freezing** *n.* snelbevriesing. ~**-frozen** *adj.* snelbevries, =bevrore. ~ **fuse** snelbuis. ~**grass** →COUCH (GRASS). ~**-hardening cement** snelsement. ~**lime** ongebluste/gebrande kalk, bytkalk. ~**-loading** snellaai=; ~ *gun* snellaaier. ~ **march** gewone marspas/=tempo; versnelde pas; *(mus.)* vinnige mars. ~**-reference work** snelnaslaanwerk. ~**sand(s)** dryf=, suig=, wil=, wel=, wille=, vlugsand. ~**-scented** fyn van reuk. ~**-setting** *adj. (attr.)*, *(lym ens.)* wat vinnig droog word *(pred.)*; *(kitspoeding ens.)* wat gou stol *(pred.)*; snelbind= *(sement ens.)*. ~**-sickness** *(veearts.)* gousiekte. ~**-sighted** skerpsiende, skerp van oog/blik. ~**silver** *(chem., simb.:* Hg*)* kwik(silwer) (→MERCURY); *(fig.)* kwiksilwer. ~**silver** *adj. (attr.)*, *(fig.)* kwiksilwer. ~**step** snelpasdans, vinnige jakkalsdraf. ~**-tempered** ligge=

raak, kortgebonde, driftig, opvlieënd. **~-thinking** *adj.* op-en-wakker, slaggereed; →QUICK-WITTED *adj.*. **~thorn** *(bot.)* meidoring; →HAWTHORN. **~ time** *(mil.)* gewone marspas/-tempo. **~ trick** *(brug)* kitswenner. **~-witted** *adj.* skerpsinnig, skrander; gevat, slagvaardig, gewiks *(in 'n debat ens.)*. **~-wittedness** vlugheid van gees; gevatheid, slagvaardigheid, gewikstheid *(in 'n debat ens.)*.

quick·en versnel, verhaas; *(hoofs.fig.)* opwek, aanspoor, aanvuur, aanmoedig; lewendig word; vinniger word; *~ the pace* die pas versnel, aanroer, aanstoot; *s.o.'s pulse ~ed* iem. se polsslag het versnel. **quick·en·ing** versnelling; verlewendiging; lewendmaking, opwekking; herlewing; *(arg.)* lewevoel *(by swangerskap)*.

quick·ie *n.*, *(infml.)*, *(kr.)* blits(bouler); blits-, kitsboek; blitsbesoekie, kitskuiertjie; kort briefie/ens.; *have a ~* gou enetjie (*of* 'n kleintjie) maak, gou 'n dop steek; *(seksueel)* 'n knippie/knypie vang/vat. **quick·ie** *adj. (attr.)* blits-, kits-; *~ divorce* kitsegskeiding; *~ loan* kitslening; *~ sex* vinnige seks.

quick·ly gou, vinnig, snel, vlug, sonder versuim, sitosito; haastig, inderhaas, halsoorkop; rats.

quick·ness vinnigheid, snelheid, vlugheid; ratsheid; *~ of temper* liggeraaktheid, opvlieëndheid.

quick·y = QUICKIE.

quid[1] *quid, (Br., infml.)* pond (sterling); *two ~* twee pond.

quid[2] pruim(pie) *(tabak)*, koutjie, slaaitjie.

quid[3] *(w.g.)* wese; →QUIDDITY; *a ~ pro quo* 'n quid pro quo (*of* teenprestasie). **quid·di·ty** *(hoofs. filos.)* wesen(t)likheid, wese; *(w.g.)* spitsvondigheid; *(w.g.)* haarklowery.

quid·nunc *(arg.)* nuuskierige; nuusdraer, kekkelbek.

qui·es·cent rustig, stil, kalm; sluimerend; rustend; stom *(konsonant in Hebreeus)*; latent *('n siekte)*; *~ state* rustyd, -periode, -stadium; *~ volcano* rustende vulkaan. **qui·es·cence, qui·es·cen·cy** rus, stilte, kalmte; berusting.

qui·et *n.* stilte, rus, kalmte, vrede; *a **deadly** ~* 'n doodse stilte; *do s.t. **on the** ~* iets stilletjies/stil-stil/skelm(pies) (*of* in die stilligheid) doen; iets agteraf doen; ***restore** ~* die rus herstel. **qui·et** *adj. & adv.* stil, rustig, kalm, vreedsaam; ongestoord; gerus; bedaard, stemmig; onopsigtelik; mak; swygend; ***be** ~!* bly stil!, hou jou mond!; ek wil niks van jou hoor nie!; ***deadly** ~* doodstil; *have a ~ **dig** at s.o.* iem. so in die stilligheid 'n steek gee; ***go** ~* stil word; *~ **horse*** mak/geskikte perd; ***keep** ~* stilbly, swyg, jou mond hou; ***keep** ~!* bly stil!; ***keep** s.t. ~, **keep** ~ about s.t.* iets verswyg; iets stilhou/dighou; *(as) ~ as a **lamb*** so mak soos 'n lam(metjie), doodmak; *(as) ~ as a **mouse*** so stil soos 'n muis, doodstil; *~ **resentment*** stille wrok; *~ **time*** stil(te)tyd. **qui·et** *-t-, ww., (hoofs. Am.)* →QUIETEN. **qui·et·en** *(hoofs. Br.)* tot bedaring bring, stilmaak, kalmeer, sus; gerusstel; bedaar, stil word; *~ down* rustig word; *~ s.o. down* iem. kalmeer. **qui·et·ism** *(Chr.)* quiëtisme; berusting, onderwerping. **qui·et·ist** *n., (Chr.)* quiëtis; stil en onderworpe persoon. **qui·et·ist, qui·et·is·tic** *adj., (Chr.)* quiëtisties. **qui·et·ly** stil(weg), stil-stil, stilletjies, soetjies, suutjies; kalmweg. **qui·et·ness** stilte, rus, kalmte, vrede; geruisloosheid *(v. 'n enjin ens.)*. **qui·e·tude** stilte, rus, kalmte, vrede. **qui·e·tus** *-tuses* dood, uitvaart; genadeslag, doodsteek; *(w.g.)* betalingsbewys, kwitansie; *receive one's ~* die doodsteek kry (*of* genadeslag ontvang).

quiff *(hoofs. Br.)* kuif; *(vero.)* spoegkrul(letjie), -lok(kie) *(o.d. voorkop)*.

quill *n.* slagveer, slagpen, skag; penveer; (ystervark)pen; fluit; spoel. **quill** *ww.* plooi; gare/garing om 'n spoel draai. **~ bit** lang lipboor. **~-driver** *(neerh.)* pennelekker, klerk. **~-driving** *(neerh.)* pennelekkery, klerkewerk. **~ (pen)** veerpen.

quil·lai →SOAPBARK (TREE).

quil·let *(arg.)* woordspeling; spitsvondigheid; gekibbel, haarklowery.

quil·ling papierkrulwerk.

quilt *n.* kwilt, deurgestikte/gewatteerde (bed)deken/(bed)sprei; kwilt, dons-, verekombers. **quilt** *ww.* kwilt, deurstik, watteer, met watte (uit)voer. **quilt·ed** gekwilt, deurgestik, gewatteer; *deep-~ mattress* diep deurgestikte matras. **quilt·er** kwilter, kwiltmaker, -werker; kwiltmasjien; deursteekvoetjie. **quilt·ing** kwiltwerk, deurstikwerk *(m.d. masjien)*, deurnaaiwerk *(m.d. hand)*; kwiltstof.

quim *(Br. vulg. sl.: vr. geslagsdele)* koek, poes.

quin *(infml., hoofs. Br.)* →QUINTUPLET.

quin·a·crine *(farm.: malariamiddel)* kinakrien.

qui·na·ry vyftallig, uit vyf bestaande, kwinêr, vyfdelig, vyfledig.

qui·nate *(bot.)* vyftallig.

quince kweper. **~ hedge** kweperheining, -laning. **~ jelly** kweperjellie. **~ leather** kwepersmeer. **~ stick** kweperlat. **~ tree** kweperboom.

quin·cen·te·nar·y *n.* vyfhonderdste gedenkdag, vyfhonderdjarige fees, vyfde eeufees, vyf-eeue-fees. **quin·cen·te·nar·y** *adj.* vyfhonderdjarig.

quin·cunx *-cunxes* vyfpunt. **quin·cun·cial** *adj.*, **quin·cun·cial·ly** *adv.* vyfpuntig.

quin·dec·a·gon *(geom.)* vyftienhoek.

qui·nel·la *(weddery)* dupla.

quin·ic ac·id *(chem.)* kinasuur; →QUININIC ACID.

quin·i·dine *(farm.)* kinidien.

qui·nine *(farm.)* kinien. **~ bush** pienang(bossie). **~ wine** kinawyn.

qui·nin·ic ac·id *(chem.)* kininiensuur; →QUINIC ACID.

quin·o·line *(chem.)* kinolien.

qui·none *(chem.)* kinoon.

qui·no·noid *adj., (chem.)* kinonoïed-.

quin·qua·ge·nar·i·an *n.* vyftigjarige. **quin·qua·ge·nar·i·an** *adj.* vyftigjarig.

Quin·qua·ges·i·ma (Sun·day) *(Chr.)* sewende Sondag voor Pase, Sondag voor As(woens)dag.

quin·que- *komb.vorm* vyf-. **~foliate** *(bot.)* vyfblarig. **~lateral** vyfsydig. **~partite** vyfdelig, -ledig. **~syllabic** vyflettergrepig. **~valent** *(chem.)* vyfwaardig.

quin·quen·ni·um *-niums, -nia* lustrum, vyfjarige tydperk. **quin·quen·ni·al** vyfjaarliks; vyfjarig.

quin·sy *(med.)* mangelsweer, -ontsteking, mangelabses.

quint *(kaartspel)* kwint; vyfkaart; *(mus., ook* quinte*)* kwint.

quin·tain *(hist.)* steekpaal; steekpaalspel.

quin·tal *(gewigsmaat)* sentenaar, kwintaal.

quinte[1] *(Fr., skermkuns)* vyfde parade/pareerposisie.

quinte[2] *(mus.)* →QUINT.

quin·tes·sence kern, beliggaming, kwintessens, essensie. **quin·tes·sen·tial** *adj.*, **quin·tes·sen·tial·ly** *adv.* tipies; fundamenteel, wesen(t)lik, grondig; heeltemal, volkome, totaal, deur en deur.

quin·tet(te) *(mus.)* kwintet; vyftal, groep van vyf.

Quin·til·ian *(Rom. retorikus)* Quintilianus.

quin·til·lion *(10^{18}; vero., hoofs. Br.: 10^{30})* kwintiljoen.

quin·tu·ple *n.* vyfvoud. **quin·tu·ple** *adj.* vyfvoudig. **quin·tu·ple** *ww.* vervyfvoudig, met vyf vermenigvuldig. **quin·tu·plet, quin·tu·plet** vyftal, stel van vyf; (een van 'n) vyfling; *(i.d. mv.)* 'n vyfling; *they are ~s* hulle is 'n vyfling. **quin·tu·pli·cate** *n.* vyfvoud. **quin·tu·pli·cate** *adj.* vyfvoudig. **quin·tu·pli·cate** *ww.* vervyfvoudig. **quin·tu·pli·ca·tion** vervyfvoudiging.

quip *n.* kwinkslag, woordspeling, geestigheid, sêding, spitsvondigheid, grap; *make a ~* 'n kwinkslag maak. **quip** *-pp-, ww.* 'n grap (*of* grappe/kwinkslae) maak, grap. **quip·ster** hekelaar, spotvoël.

qui·pu knoopskrif *(v.d. Inkas)*.

quire[1] *('n aantal [oorspr. 4] inmekaargevoude velle papier; 25 [vroeër 24] velle papier)* katern.

quire[2] *(vero.)* →CHOIR.

Quir·i·nal: *the ~, (een v.d. sewe heuwels v. Rome)* die Kwirinaal/Quirinaal/Quirinalis.

Qui·ri·nus *(Rom. mit.)* Quirinus, Quiryn.

quirk gril, nuk, gier, streek; hebbelikheid; eienaardigheid; streep *(in iem. se karakter)*; kronkel; krul *(in iem. se handskrif ens.)*; *(argit.)* lysgroef; *(mus.)* lopie; *(Shakesp.)* spitsvondigheid, gevatheid, kwinkslag, grap; *(w.g.)* uitvlug; *a ~ of circumstance* 'n toeval(ligheid); *by a ~ of fate ...* dis 'n gril van die noodlot (*of* die noodlot het bepaal) dat ...; *s.o. is full of ~s* iem. is vol (*of* het baie) draadwerk/grille/krulle. **~ bead** groeflys. **~ moulding** groeflys.

quirk·y vol draadwerk/grille/krulle. **quirk·i·ness** grilligheid.

quirt rysweep, peits, karwats.

quis·ling quisling, (land)verraaier.

quit *adj.* vry, ontslae van; *be (well) ~ of ...* (gelukkig) van ... ontslae wees; *go ~, (arg.)* vry gaan. **quit** *-tt-, ww.* verlaat *('n plek)*; vertrek *(uit 'n stad ens.)*; trek, die/jou huur opsê; *(infml.)* bedank; ophou *(rook ens.)*; laat staan/vaar, opgee; *(infml., hoofs.Am.)* tou opgooi, hen(d)sop; *(vero.)* terugbetaal, vergeld; ***death** ~s all scores, (ret.)* die dood besleg alle geskille; *~ **love** with hate, (vero.)* liefde met haat vergeld; *be given **notice** to ~* kennis kry om te trek; *~ the **ranks*** uit die gelid tree; *~ the **service*** die diens verlaat; *~ o.s. **well,** (arg.)* jou goed van jou taak kwyt, jou knap gedra. **~claim** *n., (jur., hist.)* afstand. **~claim** *ww.* afstand doen. **~rent** *(hist.)* erfpag, rekognisie, rekonie; *perpetual ~* ewigdurende erfpag. **~rent tenure** erfpag. **quit·ter** *(infml.)* tou(-)opgooier, hen(d)sopper, slappeling.

quitch (grass) →COUCH (GRASS).

quite taamlik; heeltemal, ten ene male, geheel en al, glad, totaal, absoluut, volkome, volslae, volstrek; skoon; glad en al; ewe; *it's ~ **all right*** dis alles in die haak; *~ **alone/common/content/natural(ly)/simple/etc.*** doodalleen, -gewoon, -tevrede, -natuurlik, -eenvoudig, *ens.*; *~ **another** matter/person* glad 'n ander saak (*of* iemand anders), 'n totaal ander saak/persoon; *~ a **child** still* nog maar 'n kind; *be ~ **cool** about it* ewe ongeërg daaroor wees; *~ **different*** heel anders; *it was ~ a **disappointment*** dit was 'n hele teleurstelling; *~ **enough*** heeltemal (*of* meer as) genoeg, oorgenoeg; *~ a **few*** 'n hele paar; *~ **frankly/honestly,** ...* om heeltemal eerlik te wees, ...; *it was ~ a **good thing** (that ...)* dit was heeltemal goed (*of* glad nie 'n slegte ding nie) (dat ...); *be ~ **happy** to ...* heeltemal bereid/tevrede wees (*of* [glad] nie omgee nie) om te ...; *not ~ **know** what one is saying* nie mooi/reg/bra weet wat jy sê nie; *~ **like** s.o.* nogal van iem. hou; *~ a **lot*** sommer baie; *s.o. is ~ a **man/woman*** iem. is 'n man/vrou honderd/duisend; iem. is nie sommer 'n hierjy nie; ***not** ~ ...* nie eintlik/heeltemal ... nie; *not ~ ten/etc. (years) yet* nog nie heeltemal tien/ens. (jaar) nie; *~ **often*** heel dikwels, sommer baie; *not be ~ **o.s.*** nie goed/lekker (*of* op jou stukke) voel nie; *it is ~ **possible** that ...* →POSSIBLE *adj.*; *~ **possibly*** →POSSIBLY; *it is not ~ **proper*** →PROPER *adj.*; *be ~ **right*** →RIGHT *adj.*; *~ (**so**)!* presies!, net so!, juistement!; *~ **some time*** →TIME *n.*; *be ~ **the thing*** die jongste/nuutste (*of* hoog/erg in die) mode wees; die ware Jakob/jakob (*of* net die regte ding) wees; *not be ~ **the thing*** nie heeltemal die regte ding wees nie; *be ~ **unconcerned** about s.t.* →UNCONCERNED; *it is ~ **warm*** dit is taamlik/nogal warm; *be ~ **willing** to do s.t.* →WILLING; *~ **young*** nog maar jonk.

quits kiets; *we **are** ~* ons is kiets/gelyk; *let's **call** it ~* kom ons sê ons is kiets; ***cry** ~* kopgee; *be ~ **with** s.o.* kiets wees met iem.; *get ~ **with** s.o.* met iem. afreken, iem. kry.

quit·tance *(arg. of poët., liter.)* kwytskelding; kwitering; betaling; vergelding; *give s.o. his/her ~* iem. die deur wys; *omittance is no ~, (Shakesp.)* uitstel van terugbetaling is nog nie kwytskelding nie, uitstel gee is nie kwytskeld nie; uitstel is nie afstel nie.

quiv·er[1] *n.* pylkoker; *have an arrow left in one's ~* nog 'n plan hê, nog nie ten einde raad wees nie; *a ~ full of children, (<Ps. 127:5)* 'n groot huisgesin, 'n tros kinders; →QUIVERFUL. **~ tree** kokerboom.

quiv·er[2] *n.: in a ~* sidderend; *be in a ~* sidder. **quiv·er** *ww.* bewe, tril, ril, sidder; ritsel; dril; →QUIVERING *n.*; *~ with ...* sidder van ... *(vrees ens.)*; tintel van ... *(opwinding ens.)*.

quiv·er·ful *n., (ook, Br., skerts.)* tros kinders.

quiv·er·ing *n.* trilling, siddering; ritseling.

qui vive *(hist.: aanroeping v. 'n skildwag)* werda; wakkerheid; *be on the ~* wakker loop, op jou hoede wees.

Quix·ote: *(Don)* ~ Don Quichot. **quix·ot·ic** buitensporig, oordrewe romanties, dwaas-idealisties, Don-Quichotterig. **quix·o·tism, quix·o·try** Don-Quichotterie.

quiz[1] *quizzes, n.* ondervraery, vasvraery. **quiz** *-zz-, ww.* ondervra, vasvra. ~ **(contest)** vasvra(wedstryd), vasvraery. ~**master** vasvraer, vraesteller. ~ **show** *(rad., TV)* vasvraprogram.

quiz[2] *quizzes, n., (arg.)* sonderlinge persoon/ding; oogglas; spotter, spotvoël; grap, spotterny, bespotting, poets. **quiz** *-zz-, ww., (arg.)* spot, gekskeer (*of* die gek skeer) met, terg; spottend aankyk. **quiz·zi·cal** *adj.* vraend; grappig, snaaks; *(w.g.)* spotlustig, spotagtig, tergerig; *arch a ~ **eyebrow*** 'n wenkbrou vraend lig; *give s.o. a ~ **look*** vraend na iem. kyk, iem. vraend (*of* met opgetrekte wenkbroue) aankyk; *give s.o. a ~ **smile*** skewerig en onseker/ongelowig vir iem. glimlag; *have a ~ **smile** on one's face* glimlag en frons tegelyk. **quiz·zi·cal·ly** *adv.* vraend, met opgetrekte wenkbroue; *look at s.o. ~* vraend na iem. kyk, iem. vraend (*of* met opgetrekte wenkbroue) aankyk; *shrug ~* jou skouers vraend ophaal/optrek.

quod *n., (Br., infml., vero.)* tronk, tjoekie, hok; *be in ~, (infml.)* in die tjoekie (*of* agter [die] tralies) sit/wees. **quod** *-dd-, ww.* in die tjoekie/tronk gooi/stop, agter (die) tralies sit/bêre.

quod·li·bet *(Lat., mus., poët., liter.)* potpourri, keurspel; *(hist.: onderwerp vir filos./teol. debat)* quodlibet.

quod vi·de *(Lat.: sien aldaar, afk.:* q.v.*)* quod vide.

quoin *n.* buitehoek *(v. 'n muur)*; binnehoek *(v. 'n kamer)*; keil, wigstuk. **quoin** *ww.* keil, wig. ~ **(stone)** hoekklip.

quoit *n.* gooiskyf; gooiring; *(i.d. mv., d. spel)* skyfgooi; ringgooi. **quoit** *ww., (arg.)* ringgooi; skyfgooi (speel).

quon·dam *(attr.), (fml.)* gewese, voormalige.

Quon·set (hut) *(Am., mil.)* tenkhut.

quor·um *-rums* kworum. **quor·ate** *adj., (Br.): be ~, ('n vergadering)* 'n kworum hê.

quo·ta kwota, deel, aandeel; *electoral ~* →ELECTORAL.

quot·a·ble siteerbaar, pittig, treffend. **quot·a·bil·i·ty** pittigheid.

quo·ta·tion aanhaling, sitaat; bewysplaas; kwotasie, prysopgawe, (prys)notering; koers; *give s.o. a ~ **for*** ... (aan) iem. 'n kwotasie/prysopgawe vir ... gee; *a ~ **from*** ... 'n aanhaling uit ... *('n geskrif)*; *a **hackneyed** ~* 'n afgesaagde aanhaling. ~ **mark:** *in ~ ~s* tussen aanhalingstekens.

quote *n.* aanhaling; aanhalingsteken; *(infml.)* kwotasie; *in ~s, (infml.)* tussen aanhalingstekens. **quote** *ww.* aanhaal, siteer; kwoteer, opgee, noteer, verstrek *('n prys)*; bybring *(voorbeelde)*; *the shares are ~d **at** ... cents* die aandele word teen ... sent genoteer; ***don't** ~ me (on this/that)* moet asseblief nie herhaal wat ek sê nie; ~ ***from*** ... uit ... aanhaal *('n geskrif)*; *~ s.o. **on** s.t.* iem. oor iets aanhaal; *in reply **please** ~* ... in antwoord meld asseblief ...; *s.o. **said**, ~, "..." un~, (infml.)* iem. het gesê, aanhaal, "...", afhaal (*of* haal aan, "...," sluit die aanhaling); *s.o. is/was ~d as **saying** (that)* ... iem. het glo (*of* het na bewering) gesê (dat) ..., iem. sou (kwansuis) gesê het (dat) ..., volgens iem. ...

quoth *(arg. of skerts.)* sê, het gesê.

quo·tid·i·an *n.* aldagse koors. **quo·tid·i·an** *adj.* daagliks; *~ fever* aldagse koors.

quo·tient kwosiënt, syfer; *(wisk.)* kwosiënt, uitkoms *(v. 'n deelsom)*; *blood ~* bloedsyfer, -kwosiënt; *growth ~* groeisyfer.

Qur'an →KORAN.

qwerty, QWERTY: ~ **keyboard** qwerty/QWERTY-toetsbord.

Rr

r *r's,* **R** *R's, Rs, (18de letter v.d. alfabet)* r, R; ***little*** *r* r'etjie; ***roll*** *one's r's* bry, jou r'e laat rol; ***small*** *r* klein r; *the* ***three*** *R's/Rs* lees, skryf en reken. **R acid** *(chem.)* R-suur. **r months** *(hengel)* r-maande.

Ra *(Eg. mit.: songod)* Ra.

rab·bet, re·bate *n., (houtw.)* sponning, groef; spon=ninglat. **rab·bet, re·bate** *ww.* sponnings (*of* 'n spon=ning) maak, groef; met sponnings verbind; *rebated lock* insteekslot. ~ **(joint)** sponninglas. ~ **(plane)** spon=ning=, ploegskaaf.

rab·bet·ing, re·bat·ing sponningwerk.

rab·bi, *(w.g.)* **rab·bin** *(Hebr.)* rabbi, rabbyn; *chief* ~ opperrabbyn. **rab·bin·ate** rabbinaat. **rab·bin·i·cal** rabbyns. **rab·bin·ism** rabbinisme *(ook R~),* rabbynse leer. **rab·bo·ni** *(Hebr., NT)* rabboeni.

rab·bit *n.* konyn; konynpels; *(infml.)* swak speler; be=ginner, nuweling; →WELSH RABBIT. **rab·bit** *ww.* ko=nyne jag; *go rabbiting* konyne (gaan) jag; ~ *on, (Br., infml., neerh.)* voortbabbel, aanhoudend/aanmekaar/ aaneen babbel, eenstryk (*of* een stryk deur) gesels/ rammel, onafgebroke kwetter; kerm en kwetter. ~ **burrow** →RABBIT HOLE. ~ **food** konynvoer; *(fig., skerts.: blaargroente ens.)* haaskos. ~ **hole,** ~ **burrow** konyngat. ~ **hutch** konynhok. ~ **punch** nekhou, =kap. ~ **warren** konynkolonie.

rab·ble gespuis, gepeupel, skorriemorrie, plebs. ~**-rouser** opsweper, opruier, demagoog. ~**-rousing** op=swepery, opruiery, opruiing, demagogie; opruiend, demagogies, skreeuerig.

rab·bo·ni →RABBI.

Rab·e·lai·si·an *adj.* Rabelaisiaans *(gehekel ens.).*

rab·id woes, rasend, mal, woedend; dol *(hond).* **ra·bid·i·ty, rab·id·ness** woestheid, woede; dolheid.

ra·bies *(patol.)* hondsdolheid, rabies, rabiës.

rac·(c)oon *(soöl.)* (gewone) wasbeer. ~ **dog** wasbeer=hond. ~ **grape** *(Ampelopsis cordata)* winterdruif.

race[1] *n.* wedren, wedloop, re(i)sies; wedvlug; *(fig.)* snelle vaart *(v.d. tyd ens.);* loopbaan; loop; *(meg.)* ring *(vir laers);* waterstroom; stroombed, =voor; *(arg.)* baan *(v.d. son, maan);* →MILLRACE; ***at the*** ~*s* by die perdewed=renne/=re(i)sies; *it is a* ***close*** (or *an* ***even***) ~ dit is baie gelykop; ***enter*** *a* ~ (jou) vir 'n wedloop inskryf/ =skrywe, jou vir 'n wedloop laat inskryf/=skrywe; *be* ***in*** *the ~ for ...* aan die wedloop om ... deelneem; *it is a* ***level*** ~ hulle loop kop aan kop; ***run*** *a* ~ aan 'n wed=ren deelneem; in 'n wedloop hardloop; *ere s.o. had* ***run*** *half his/her* ~, *(ret.)* nog voor iem. die helfte van sy/haar loopbaan afgelê het; *be a ~ against* ***time*** →TIME *n.*. **race** *ww.* hardloop, ja(ag), nael, hol; ren; re(i)sies ja(ag); vinnig loop; vinnig laat loop; →RACING; ~ ***against*** *...* teen ... hardloop; teen ... ja(ag); teen ... re(i)sies ja(ag); ~ ***along/on*** voortsnel; ~ *an* ***engine*** 'n enjin ja(ag), 'n enjin se toere opja(ag); ***go*** *racing* na die wedrenne gaan; *the bill was ~d* ***through*** *(the House), (parl.)* die wetsontwerp is deurgeja(ag). ~**card** (wed)=renprogram. ~**course** ren=, re(i)siesbaan. ~**goer** wed=renganger. ~**horse** ren=, re(i)siesperd. ~ **meeting** wed=renne, wedrenbyeenkoms. ~**track** renbaan. ~**way** toe=voersloot, watergang; leikanaal, meulstroom; renbaan.

race[2] *n.* ras; geslag, stam, familie; soort; afkoms; →HUMAN RACE; *community of* ~ stamverwantskap; *of noble ~, (poët., liter.)* van edele afkoms; *science of ~, (hist.)* rassekunde. ~ **conscious** rasbewus. ~ **con=sciousness** rasgevoel, =bewussyn, =bewustheid. ~ **ha=tred** rassehaat. ~ **mixing** rassevermenging. ~ **prob=lem** rassevraagstuk. ~ **question** rassevraagstuk. ~ **relations** rassebetrekkinge, =verhoudinge. ~ **riot** rasseoproer, =opstand, =onlus. ~ **suicide** rasselfmoord. ~ **superiority** rassewaan.

race[3] *n., (vero.)* (gemmer)wortel.

rac·e·mate *(chem.)* rasemaat.

ra·ceme *(bot.)* (blom)tros, raseem. **rac·e·mose, rac·e·mous** *(bot., anat.)* trosvormig, rasemeus.

ra·ce·mic *(chem.)* rasemies; ~ *acid* druiwesuur; ~ *mix=ture* rasemaat(mengsel). **rac·e·mi·sa·tion,** =**za·tion** rasemisasie, rasemisering. **rac·e·mise,** =**mize** rasemi=seer.

rac·er naelloper; renjaer, motorwedrenjaer, (ren)=motorjaer; renbootjaer; renfietsjaer; ren=, re(i)sies=perd; ren=, re(i)siesduif; ren=, re(i)sieshond; ren=, re(i)siesmotor; ren=, re(i)siesfiets; renmotorfiets; ren=, re(i)siesboot; renjag; *(mil.)* draaiskyf.

Ra·chel *(OT)* Ragel.

ra·chis, rha·chis =*chises,* =*chides, (bot.)* hoofas, bloei-as, bloeispil, ragis; blaarspil; aarspil; *(orn.)* veerskag; *(anat.)* ruggraat, werwelkolom.

ra·chi·tis *(med., vero.)* = RICKETS. **ra·chit·ic** ragities.

Rach·man·ism *(Br.)* (gewete[n]lose) uitbuiting van huurders.

ra·cial *adj.* ras(se)=; ~ ***affairs*** rasseaangeleenthede; ~ ***attack/assault*** rasseaanval; ~ ***characteristic*** ras=eienskap; ~ ***difference*** ras(se)verskil; ~ ***discrimi=nation*** rassediskriminasie; ~ ***distinction*** ras(se)on=derskeid; ~ ***feeling*** ras(se)gevoel; ~ ***group*** ras(se)=groep; ~ ***harmony*** rasseharmonie; ~ ***hatred*** rasse=haat; ~ ***policy*** rassebeleid, =politiek; ~ ***prejudice*** ras=sevooroordeel; ~ ***purity*** ras(se)suiwerheid; ~ ***sepa=ration*** rasseskeiding; ~ ***type*** rastipe. **ra·cial·ism** ras=(se)gevoel; rassehaat; rassewaan. **ra·cial·ist** rassehater. **ra·cial·ly** *adv.* rassisties; ~ ***biased/prejudiced*** rasbe=vooroordeel(d); ~ ***charged*** *subject/etc.* rassisties ge=laaide onderwerp/ens.; ***discriminate*** ~ op grond van ras (*of* op ras[se]grondslag/ras[se]gronde) diskrimineer; ~ ***discriminatory*** ras(se)diskriminerend; ~ ***inspired/ motivated*** rasgedrewe *(doodslag, konflik, ens.);* ~ ***mixed*** *school/etc.* veelrassige/rasgemengde skool/ens.; ***oppress*** *s.o.* ~ iem. op grond van ras onderdruk; ~ ***pure*** ras=suiwer; ~ ***segregated*** *schools, (SA, hist.)* apartheid=skole.

rac·i·ness →RACY.

rac·ing *n.* (wed)renne; jaery. **rac·ing** *adj.* ren=, jaag=; *it's* (or *it is*) *a ~ certainty (that)* ... dit lyk baie waar=skynlik (*of* na 'n uitgemaakte saak) dat ...; dit ly geen twyfel nie dat ..., ... sal beslis/ongetwyfeld/verseker (*of* vir seker) ...; ~ *clouds* drywende/vlieënde wolke. ~ **ace** (bo)baasjaer. ~ **aircraft** jaagvliegtuig. ~ **bicycle** ren=, re(i)siesfiets. ~ **boat** renboot. ~ **car** renmotor. ~ **club** renklub. ~ **colours** *n. (mv.)* renkleure. ~ **com=petition** (wed)renne. ~ **cyclist** renfietsjaer. ~ **driver** renjaer, motorwedrenjaer, (ren)motorjaer. ~ **pigeon** wedvlugduif. ~ **pilot** jaag=, wedvlieër. ~ **stable** renstal. ~ **stick** sitstok. ~ **track** ren=, re(i)siesbaan. ~ **tyres** *n. (mv.)* renbande. ~ **world** wêreld van motor=/perde=(wed)renne. ~ **yacht** renjag.

rac·ism rassisme, rassewaan, ras(se)gevoel, rassehaat. **rac·ist** *n.* rassis. **rac·ist** *adj.* rassisties.

rack[1] *n.* rak; kapstok; balkiesrak; *(meg.)* tandstang; *(meg.)* rooster; *(hist.)* pyn=, folterbank; →RACKING *n.*; *be* ***on*** *the* ~ in die nood (*of* uiterste spanning) wees/verkeer; *put s.o.* ***on*** *the ~, (hist. of fig.)* iem. op die pynbank plaas; ~ *and* ***pawl,*** *(meg.)* tandstang en/met klink/ pal; ~ *and* ***pinion,*** *(meg.)* tandstang en kleinrat; →RACK-AND-PINION *adj.*. **rack** *ww.* folter, pynig, uitrek; uit=trek; martel; afpers; uitput; teister; *(hist. of fig.)* op die pynbank plaas; →RACKING *adj.*, WAR-RACKED; ~ *one's* ***brains*** →BRAIN *n.*; ~ ***up*** *bills* rekeninge laat instroom; ~ ***up*** *huge/mounting losses* enorme/geweldige/yslike/ oplopende verliese ly; ~ ***up*** *a massive 2 003 points* 'n enorme/yslike 2 003 punte opstapel/aanteken; ~ ***up*** *R3 million in sales* (or *sales of R3 million*) R3 miljoen met verkope (*of* verkope van R3 miljoen) behaal; ~ ***up*** *an impressive score* 'n indrukwekkende telling op=bou/aanteken; ~ ***up*** *a victory* 'n puik/stewige oorwin=ning behaal; ~ ***up*** *a whopping 6 859 votes* 'n yslike 6 859 stemme kry/ontvang/trek (*of* op jou verenig); ~ ***up*** *a 74-0 win* met 'n yslike telling van 74-0 wen. ~**-and-pinion** *adj. (attr.):* ~ *jack* (tandrat)domkrag; ~ *steering, (mot.)* tandstang-en-kleinrat(-)stuur. ~ **pinion** tand=stangkleinrat. ~ **railway** tandratspoor. ~ **rent** woeker=huur. ~**-renter** huurafperser, woekerhuurbaas. ~**-rent=ing** die vra van woekerhuur. ~ **saw** wyetandsaag. ~ **wag(g)on** *(hist.)* leerwa. ~ **wheel** kam=, stang=, tandrat. ~ **work** tandstangdryfwerk.

rack[2] *n.* pas, stryk, (trippel/tel)gang *(v. 'n perd).* **rack** *ww.* 'n pas loop, strykloop, stryk, 'n gang(etjie) loop.

rack[3] *n.* ribstuk; ~ *of lamb* lamsribstuk.

rack[4] *n.* ondergang, verwoesting; *go to ~/wrack and ruin* tot niet gaan; te gronde (*of* na die verderf[enis]) gaan, ondergaan.

rack[5] *ww.* (af)tap *(wyn, bier, ens.).*

rack[6] *n., (arg.)* drywende wolke. **rack** *ww., (arg.)* ja(ag), dryf, drywe, uitmekaar ja(ag) *(wolke).*

rack[7] *n.* = ARRACK.

rack·et[1] *n.* raket; *(ook, i.d. mv.)* (soort) muurbal. ~ **cover** raketsloop. ~ **press** raketpers.

rack·et[2] *n.* rumoer, lawaai, geraas; herrie, kabaal; op=skudding, tumult; *(infml.)* afpersbende; afpersing, af=persery, uitbuitery, uitsuiery; swendelary, bedrieëry, bedrogspul; oneerlike bevoordeling/geldmakery; *(infml.)* bedryf; *(hoofs. idm.)* spanning; *(arg.)* ophef, gedoe, ge=doente; *an infernal/unholy ~, (infml.)* 'n woeste lawaai, 'n lawaai van die ander wêreld; *kick up* (or *make*) *a* ~ 'n lawaai maak; *what's your ~?, (infml.)* watse werk doen jy?. **rack·et** *ww.* lawaai maak; ~ *about/around* rond=jakker. **rack·et·eer** afperser, uitsuier. **rack·et·eer·ing** afpersing, afpersery, uitsuiery.

rack·ing *n.* rakwerk. **rack·ing** *adj.* folterend, pyni=gend; →NERVE-RACKING; *a ~ cough* 'n folterende hoes. ~ **stress** *(teg.)* dwarsspanning.

ra·con *n.* →RADAR BEACON.

rac·on·teur, *(vr.)* **rac·on·teuse** *(Fr.)* (baas)verteller.

rac·quet = RACKET[1] *n.*. ~**ball** *(Am. sportsoort)* raketbal.

rac·y geurig, sterk, kragtig; pittig, pikant; oorspronklik; geestig, lewendig; gewaag(d); raseg; ~ *language* pit=tige/sappige taal; ~ *of the soil, (ret., liter.)* raseg, tipies. **rac·i·ness** geurigheid; pittigheid; gewaagdheid.

rad[1] *n., (fis., bestralingseenheid, akr.:* radiation absorbed dose*)* rad.

rad[2] *adj., (Am., sl.)* bak(gat), wonderlik, wonderbaarlik, fabelagtig, fantasties, ongelooflik.

ra·dar *(akr.:* radio detection and ranging*)* radar. ~ **bea=con,** *(hoofs. Am.)* **racon** radarbaken. ~ **control** radar=kontrole, =leiding. ~ **gun** *(spoedmeter)* radarpistool. ~ **operator** radarbediener. ~ **station** radarstasie. ~ **trap** radarstrik.

rad·dle *n. & ww.* →RUDDLE *n. & ww.*. **rad·dled** *(lett.)* rooi gekleur/gesmeer; met rooi gemerk; *(fig.)* onver=sorg, verwaarloos, slonserig, verslons, gehawend; ge=daan, afgerem, lewensmoeg.

ra·di·al straalvormig; straalsgewys; radiaal, straal=;

(anat.) speekbeen=; ~ ***artery*** speekbeen=, polsslagaar; ~ ***axis*** magpunt; ~ ***axle*** *(spw.)* radiale as; ~ ***backsight*** straalvisier; ~ ***bar*** straalstaaf; ~ ***bone*** speekbeen; ~ ***canal*** straalkanaal; ~ ***engine/motor*** stermotor; ~ ***line*** straallyn; ~ ***saw*** hangsaag; ~ ***shake*** straalbars; ~ ***symmetry,*** *(hoofs. biol.)* straalsgewyse simmetrie; ~ ***vein*** polsaar; ~ ***velocity,*** *(hoofs. astron.)* radiale snelheid. ~**(-ply) tyre** straal(laag)band.

ra·di·al·ly straalsgewys(e).

ra·di·an *(geom.)* straalhoek, =boog, radiaal. ~ **measure** boogmaat.

ra·di·ance, ra·di·an·cy glans, skittering, straling; luister, prag.

ra·di·ant *n., (geom.)* straallyn; *(astron.)* uitstralingspunt. **ra·di·ant** *adj.* (uit)stralend; skitterend, luisterryk, pragtig, glansryk; stralings=; ~ ***energy,*** *(fis.)* stralingsenergie; ~ ***face*** stralende gesig; ~ ***health*** blakende/stralende gesondheid; ~ ***heat,*** *(fis.)* stralingswarmte; ~ ***heating*** skuilverwarming; ~ ***point*** uitstralingspunt.

ra·di·ate *adj.* straalvormig, straalsgewys(e); gestraal(d); ~ *animal* straaldier. **ra·di·ate** *ww.* (uit)straal; glinster, skitter; versprei; afstraal; *roads ~ from ...* paaie loop in alle rigtings uit/van ...; *~d light* straallig; *radiating power* stralingsvermoë.

ra·di·a·tion straling; uitstraling, straalwerping; *(med.)* bestraling; ~ *of heat* hitte(uit)straling, warmte(uit)straling; *scattering of* ~ straalstrooiing; *solar* ~ sonstraling. ~ **belt** *(astron.)* stralingsgordel. ~ **chemistry** stralingschemie. ~ **leak(age)** stralingslekkasie. ~ **meter** (uit)stralingsmeter. ~ **sickness** stralingsiekte. ~ **therapy** = RADIOTHERAPY.

ra·di·a·tor (uit)straler, radiator, warmteverspreider, verwarmingstoestel, straalkaggel, (elektriese) verwarmer; send=, seinantenne, send=, seinantenna; radioaktiewe stof; verkoeler *(v. 'n motor)*. ~ **cap** verkoelerdop. ~ **cock** verkoelerkraan. ~ **cowl,** ~ **scuttle** waaierkap. ~ **grill(e),** ~ **grid** verkoelerrooster. ~ **water** verkoelerwater.

rad·i·cal *n., (bot.)* wortel; *(chem.)* grondstof; *(wisk.)* wortelteken; *(ling.)* wortel=, grondwoord; *(pol.)* radikale. **rad·i·cal** *adj.* radikaal, ingrypend; diepgaande; fundamenteel; volkome; oorspronklik, wortel=, stam=; *(bot.)* wortelstandig, grondstandig, wortel=; ~ ***change*** grondige verandering; ~ ***chic*** linkse sjiek; ~ ***hair,*** *(bot.)* wortelhaar; ~ ***idea*** grondgedagte; ~ ***leaf*** wortelblaar; ~ ***quantity/value,*** *(wisk.)* wortelgrootheid; ~ ***reform*** deurtastende/radikale hervorming; ~ ***sign,*** *(wisk.)* wortelteken; ~ ***surgery,*** *(med.)* ingrypende chirurgie/sjirurgie; ~ ***vowel,*** *(ling.)* wortelklinker; ~ ***word,*** *(ling.)* grond=, wortelwoord.

rad·i·cal·ise, =ize radikaliseer.

rad·i·cal·ism radikalisme.

rad·i·cal·ly radikaal, (tot) in die grond; *there is s.t. ~ wrong* daar is iets radikaal verkeerd.

rad·i·cle worteltjie; wortelkiem, kiemwortel(tjie).

ra·di·o =*dios, n.* radio, radio(toe)stel; radio(telegrafie/telefonie); radiowese; radiodiens, omroep; ***by*** ~ per radio; ***commercial*** ~ handelsradio, kommersiële radio; *s.o. was* ***on*** *the* ~ iem. het oor die radio opgetree; *it was* ***on*** *the* ~ dit is oor die radio uitgesaai; *announce/broadcast/hear s.t.* ***on/over*** *the* ~ iets oor die radio aankondig/uitsaai/hoor; *listen* ***to*** *the* ~ na die radio luister. **ra·di·o** *ww.* uitsend, uitsaai; sein *(met 'n radio)*; ~ ***for*** *help* per (*of* oor die/jou) radio hulp ontbied; *a ~ed* ***message*** 'n geseinde boodskap; ~ ***s.o.*** per radio met iem. in verbinding tree; iem. per radio laat weet (*of* in kennis stel). ~ **alarm (clock)** radiowekker. ~ **announcer** radio-omroeper. ~ **astronomy** radioastronomie. ~ **beacon** radiobaken. ~ **beam** radiostraal. ~ **broadcast** radio-uitsending. ~ **car** *(met 'n tweerigting-radio toegerus)* radiomotor. ~ **communication** radioberig; radioverbinding. ~ **compass** radiokompas. ~ **contact** radioverbinding. ~ **control** radioleiding, =reëling; radiobeheer, =besturing. ~ **direction-finder** radiopeiler. ~ **engineer** marconis; radiowerktuigkundige. ~ **fix** *n., (posisiebepaling met radio)* radiobestek. ~ **frequency** =*cies* radiofrekwensie. ~ **galaxy** *(astron.)* radiomelkwegstelsel. ~ **ham** *(infml.)* radioamateur. ~ **licence** radiolisensie. ~ **link** radioverbinding. ~ **mast** radiomas. ~ **operator** radio-operateur, radiobediener. ~ **play** radiodrama, hoorspel. ~ **script** radioteks. ~ **scriptwriter** radioskrywer. ~ **set** radio(toe)stel. ~ **signal** radiosein; radioberig. ~ **source** radiobron. ~ **star** *(astron.)* radioster. ~ **station** radiostasie, omroep. ~ **telescope** radioteleskoop. ~**telex** radioteleks. ~ **time** sendtyd. ~ **valve** radiobuis, =lamp. ~ **wave** radiogolf.

ra·di·o= *komb.vorm* radio=. ~**active** radioaktief; ~ *dating* = RADIOMETRIC DATING; ~ *decay* radioaktiewe verval; ~ *waste* radioaktiewe afval, kernafval. ~**activity** radioaktiwiteit. ~**biological** *adj.,* ~**biologically** *adv.* radiobiologies. ~**biologist** radiobioloog. ~**biology** radiobiologie. ~**carbon** →RADIOCARBON. ~**-cassette player** radiokassetspeler. ~**chemical** *adj.* radiochemies. ~**chemist** radiochemikus. ~**chemistry** radiochemie. ~**-controlled** met radiobeheer. ~**element** radio-element, radioëlement, radioaktiewe element. ~**genic** radiogeen; geskik vir uitsaai; ~ *heat* radiogene hitte. ~**goniometer** *(oriënteringstoestel)* radiogoniometer. ~**gram** = RADIO-GRAMOPHONE, RADIOGRAPH, RADIOTELEGRAM. ~**-gramophone** *(Br., vero.)* radiogrammofoon, gramradio. ~**graph** *n.* röntgenfoto, X-straalfoto *(ook x~)*; →RADIOGRAPHY. ~**graph** *ww.* radiografeer. ~**immunology** radio-immunologie. ~**isotope** *(chem.)* radio-isotoop. ~**location** radio-opsporing, radioplekbepaling, radar. ~**lucent** deurstraalbaar *(vir X-strale)*. ~**nuclide** *(chem.)* radionuklied. ~**pager** radioroeper. ~**paging** radioroep. ~**paque,** ~**-opaque** ondeurstraalbaar *(vir X-strale)*. ~**phone** →RADIOTELEPHONE. ~**phonic** radiofonies. ~**sonde** *(vero.)* radiosonde. ~**telegram** radio(tele)gram, draadlose telegram. ~**telegraph** *n.* radiotelegraaf. ~**telegraph** *ww.* radiotelegrafeer. ~**telegraphic** radiotelegrafies. ~**telegraphy** radiotelegrafie. ~**telemetry** radiotelemetrie. ~**telephone, radiophone** radio(tele)foon. ~**telephonic** radiotelefonies. ~**telephony** radiotelefonie. ~**therapeutic(ally)** radioterapeuties. ~**therapist** radioterapeut. ~**therapy** radioterapie, bestraling, straalbehandeling.

ra·di·o·car·bon *(chem.)* radiokoolstof, radioaktiewe koolstof. ~ **dating** = CARBON DATING.

ra·di·og·ra·phy radiografie, röntgenografie, röntgenondersoek, X-straalondersoek *(ook x~)*. **ra·di·og·ra·pher** radiografis. **ra·di·o·graph·ic** radiografies.

Ra·di·o·lar·i·a *n. (mv.), (soöl.)* Radiolarieë, Straaldiertjies.

ra·di·ol·o·gy *(med.)* radiologie. **ra·di·o·log·ic, ra·di·o·log·i·cal** radiologies. **ra·di·ol·o·gist** radioloog.

ra·di·om·e·ter *(fis.)* radiometer. **ra·di·o·met·ric** radiometries; ~ *dating* radiometriese datering. **ra·di·om·e·try** radiometrie.

ra·di·on·ics *n. (fungeer as ekv.), (alternatiewe med.)* radionika.

ra·di·os·co·py *(fis.)* straalondersoek, radioskopie.

rad·ish radys; *black* ~ ramenas.

ra·di·um *(chem., simb.: Ra)* radium. ~ **emanation** *(chem., vero.)* radiumemanasie; →RADON.

ra·di·us =*dii,* =*diuses* straal, radius; ~ *of action, action* ~ aksieradius, =straal, vlieglengte; ~ *of curvature* krommingstraal; *within a ~ of ...* binne 'n omtrek van ... *(tien kilometer ens.)*. ~ **(bone)** speekbeen. ~ **vector** voerstraal.

ra·dix =*dices,* =*dixes, (fml.)* wortel; *(wisk.)* wortelgetal, grondtal.

ra·dome *(lugv.)* radarkoepel.

ra·don *(chem., simb.: Rn)* radon, *(vero.)* radiumemanasie.

rad·u·la =*lae, (soöl.)* raspertong.

rad·waste *(infml.)* radioaktiewe afval.

raff = RIFFRAFF.

raf·fi·a raffia.

raf·fi·nate *(chem.)* raffinaat, geraffineerde produk.

raff·ish onfatsoenlik, liederlik; losbandig, wild.

raf·fle[1] *n.* uitloting, lotery. **raf·fle** *ww.* loot; uitloot.

raf·fle[2] *n., (dial.)* afval, vuilgoed, vullis, rommel, weggooigoed.

raf·fling (die) uitloot. ~ **board** draaibord.

raft[1] *n.* vlot; dryfhout. **raft** *ww.* vlot, dryf, drywe; op 'n vlot vaar/vervoer. ~ **bridge** vlotbrug. ~ **wood** vlothout.

raft[2] *n., (Am., infml.): a (whole) ~ of ...* 'n duisternis (*of* 'n [hele] klomp/spul/boel/swetterjoel/horde/magdom) ...

raft·er *n.* dakbalk, =spar, kapspar; *filled to the ~s* geen plek vir 'n muis nie, stampvol; *principal* ~ kapbeen; hoofspar; *make the ~s ring* die lug laat dawer/weergalm. **raft·er** *ww.* van dakbalke/=sparre/kapsparre voorsien. ~ **plate** muurplaat.

raft·ing *n.* vlotvaart; *white-water* ~ →WHITE-WATER *adj.*.

rafts·man =*men* vlotter.

rag[1] *n.* flenter, lap(pie), vodjie; *(ook, i.d. mv.)* toiings, flarde(s), vodde, vodde(n)s; vadoek; *(infml., neerh.)* smeerblad(jie), poniekoerant(jie); ***chew*** *the ~, (infml.)* (eindeloos) gesels/klets; *~s of* ***clouds*** los wolkies; ***cook*** *s.t. to ~s* iets fyn/pap kook; *not a ~ of* ***evidence*** geen greintjie bewys nie; ***glad*** *~s, (infml.)* kisklere; ***go*** *in ~s* in verflenterde klere loop; *be* ***in*** *~s* verflenter(d)/vertoiing/flenters (*of* aan flarde[s]) wees; gehawend wees; ***lose*** *one's ~, (infml.)* die hoenders in raak/word; ***not*** *have a ~ to wear, (infml.)* geen draad hê om aan te trek nie; *be like a* ***red*** *~ to a bull* →RED *adj.*; *from ~s to* ***riches*** van armoede tot rykdom, van lompe tot luukse; *in ~s and* ***tatters*** verflenter(d); *feel like a* ***wet*** *~, (infml.)* stokflou/gedaan/kapot/pootuit/vodde wees. **rag** =*gg=, ww.* verflenter; stukkend skeur; →RAGGED. ~**-and-bone man** *(Br.)* →RAGMAN. ~ **baby,** ~ **doll** lappop. ~**bag** lappe=, voddesak; mengelmoes, 'n bont(e) versameling/verskeidenheid, bontspul, allegaartjie, potpourri; *(infml.)* slons(kous), slodderkous, sloerie. ~**bolt** hakkel=, steen=, takbout. ~ **book** lapboek. ~ **dealer** voddekoper. ~ **fair** voddemark; rommelverkoping. ~ **grinding** uitrafeling. ~**man** =*men* voddekoper, lappiesmous; rommelsmous, =handelaar, =verkoper. ~ **paper** lompepapier. ~**picker** *(hist.)* vodderaper. ~ **sorter** voddesorteerder. ~**s-to-riches** *adj. (attr.): a ~ businessman* 'n ryk sakeman wat uit die as van armoede verrys het; *a ~ story/tale* 'n armoede-tot-rykdom-storie, 'n verhaal van armoede tot rykdom. ~**tag** *n.: ~ (and bobtail), (neerh.)* die skorriemorrie, (die) kretie en (die) pletie, Jan Rap en sy maat (*of* Piet, Paul en Klaas). ~**tag** *adj.* verslons; deurmekaar. ~**top** *(infml.)* afslaankap/wisselkap/afslaandak(motor). ~ **trade** *(infml.)* voddehandel; klerebedryf; modebedryf. ~ **wheel** kam=, tandrat; poleerwiel. ~**wort** *(Senecio vulgaris)* kruiskruid; *(S. consanguineus)* bankrotbos, hongerbos(-senecio), *(infml.)* radiatorbossie; *(S. latifolius)* krakerbossie.

rag[2] *n.* jool; *(infml., vero.)* grap. **rag** *ww.* uitskel; treiter, terg, tart; bespot, gekskeer (*of* die gek skeer) met, uitkoggel; skoor met; molesteer; lawaai maak; in rep en roer bring, op horings neem; →RAGGING. ~ **queen** joolkoningin.

rag[3] *n.* leidakpan. ~**(stone)** *(min.)* brokkelklip, growwe sandklip.

rag[4] *n.:* ~**(time)** *(mus.)* ragtime. ~**time music** ragtimemusiek.

rag·a·muf·fin *n.* flenterkous, verflenterde kind/man/vrou; skobbejak, smeerlap; boemelaar, rondloper; *(mus.)* →RAGGA. **rag·a·muf·fin** *adj.* slordig, verflenter(d).

rage *n.* woede, gramskap, toorn; woedeaanval; gier, manie, sug, begeerte; mode; *(poët., liter.)* hartstog, raserny; *be in a* ***blind*** *~* blind van woede wees; *a* ***fit*** *of ~* 'n woedeaanval; *have a ~* ***for*** *s.t.* 'n manie hê vir iets (*of* om iets te doen); *be* ***in*** *a ~* woedend wees, *(infml.)* die josie in wees; *be* ***in*** *a tearing/towering ~* rasend wees van woede; ***in*** *a transport of ~* in 'n vlaag van woede; *fall/fly/get* ***into*** *a ~* woedend word, in woede verval; *give a* ***snort*** *of ~* snuif van woede; *the ~ of the* ***storm*** die woede van die storm; *be (all)* ***the*** *~, (infml.)* hoog in die mode wees; ***vent/wreak*** *one's ~ on ...* jou woede op ... koel; *become/go purple* ***with*** *~* rooi word van woede; *be beside o.s.* ***with*** *~* buite jouself van woede wees; *explode* ***with*** ~ in woede uitbars; *be flushed/red* ***with*** ~ rooi wees van woede; *be livid* ***with*** ~ bleek wees van woede; *seethe* ***with*** ~ siedend (*of* briesend [kwaad]) wees, kook van woede. **rage** *ww.* woed, raas, tier, tekere (*of* te kere) gaan, tekeregaan; ~ ***against*** ... teen ... woed/toorn; teen ... uitvaar; ~ ***against*** *o.s., (ook)* in eie ingewande wroet; ~ ***on*** voortwoed; *the storm ~d itself* ***out*** die storm het (hom) uitgewoed. **rag·ing** *adj.* tierend *('n storm, wind, ens.)*; hewig, verwoed *('n brand)*; woes *('n see, rivier, ens.)*; versengend, ondraaglik *(hitte)*; brandend, straf, vreeslik, verskriklik *(dors)*; onkeerbaar *('n storm, stryd, plaag, ens.)*; *be* ~ rasend (*of* briesend [kwaad]) wees; *a ~ success* 'n dawerende sukses; *a ~ toothache* 'n rasende/ondraaglike/verskriklike tandpyn.

rag·ga *(mus.)* ragga.

rag·ged gerafel(d), geskeur(d), stukkend, toiingrig, verflenter(d); slordig; ru, ongelyk; gebrekkig; onreëlmatig; ~ *cheers* verspreide toejuigings; ~ *play, (hoofs. rugby)* los spel. ~ **robin** *(bot.: Lychnis floscuculi)* koekoeksblom. ~ **school** *(hist.)* arm(e)skool. ~**-tooth shark** *(Eugomphodus taurus)* skeurtandhaai, vaalpenshaai.

rag·ging gekskeerdery, spottery.

rag·gle voegloodgroef.

raggle-taggle *adj.* bontspul, uiteenlopende klomp, klomp uiteenlopende *(skrywers, musikante, ens.)*; onversorg, verwaarloos, slonserig, verslons, gehawend.

rag·lan raglan. ~ **sleeve** raglanmou, aangesnyde mou.

ra·gout *n., (kookk.: sterk gekruide bredie)* ragoût. **ra·gout** *ww.* ragoût maak van.

rah *tw., (infml., hoofs. Am.)* hoera. **rah-rah** *adj., (Am., hoofs. infml.)* voortvarend, grootdoenerig, vertonerig, voor op die wa, rammetjie-uitnek.

raid *n.* inval; *(ook aandelemark)* strooptog; uitval, oorval, aanval; klopjag *(deur d. polisie)*; opruiming; plundering; rooftog; kaapvaart; →AIR RAID ***make*** *a* ~ 'n klopjag hou/uitvoer; 'n inval doen; ***naval*** ~ vlootoorval; kaapvaart; *a* ~ ***on*** ... 'n klopjag op ...; 'n inval in ... **raid** *ww.* inval, 'n inval doen; stroop; 'n klopjag hou/uitvoer; 'n uitval doen; aanval *(uit d. lug)*; kaap *(ter see)*; wegvoer, roof, rowe; *~ed cattle* geroofde beeste. **raid·er** invaller; aanvaller; *(ook aandelemark)* stroper; aanvalsvliegtuig; kaper, kaapvaarder; kaper(skip), kaapvaarder; *corporate* ~ →CORPORATE.

raid·ing invalle; aanvalle. ~ **party** stropersbende. ~ **tower** aanvalstoring.

rail[1] *n.* dwarshout, =paal, =yster, stang, staaf; hangstaaf; reling, leer *(v. 'n wa)*; leuning; riggel; sport *(v. 'n stoel)*; lat(werk); spoorstaaf; →RAILAGE, RAILING[1], RAILWAY; ***by*** ~ per spoor; ***go*** *off the ~s* ontspoor; van die spoor (af) loop/raak; (van lotjie) getik raak; ***jump/leave*** *the ~s, ('n trein)* ontspoor, van die spoor (af) loop; ***keep/stay*** *on the ~s* op die regte pad bly; ***be off*** *the ~s, (iem.)* van die spoor (af) wees, die spoor byster wees; (van lotjie) getik wees. **rail** *ww.* met traliewerk/latwerk toemaak; per spoor reis; per spoor stuur, verspoor; ~ *s.t. in/off* iets met tralies afhok/toemaak. ~**car** spoorbus. ~**card** *(Br., spw.)* konsessiekaart(jie). ~ **chair** *(teg.)* spoorstaaf=, dwarslêerstoel. ~ **fence** paalheining, skutting, staketsel. ~ **flange** spoorstaafflens. ~ **gauge** spoorwydte. ~**head** kopstasie, spoor(weg)hoof, =eindpunt; spoorstaafkop. ~ **joint** spoorlas. ~ **layer** spoorlêer. ~**man** = RAILWAY WORKER. ~ **motor,** ~ **trolley** spoormotor. ~**road** *n., (Am.)* →RAILWAY. ~**road** *ww., (Am.)* valslik tronk toe stuur; *(Am.)* spoorweë bou; *(Am.)* by die spoorweë werk; ~ *s.o. into doing s.t., (infml.)* iem. dwing om iets teen sy/haar sin te doen; ~ *s.t. through, (infml.)* iets deurdryf/=drywe/=ja(ag) *('n wetsontwerp, voorstel, ens.)*. ~ **skid** gly-yster. ~ **stress** spoorstaafspanning. ~ **strike** spoorwegstaking, staking van spoorwegwerkers. ~ **track** spoorbaan. ~ **traffic** spoorverkeer. ~ **warrant** spoorwegorder. ~**worker** →RAILWAY WORKER.

rail[2] *ww.* spot, hoon, smaal; skel; →RAILING[2]; ~ *against/at* ... teen ... uitvaar (*of* tekere gaan *of* te kere gaan *of* tekeregaan); ~ *at s.o.* iem. uitskel/beledig, met iem. raas, op iem. skel. **rail·ler·y** plaery, tergery, gekskeerdery.

rail[3] *n., (orn.)* ral; *African* ~, *(Rallus caerulescens)* grootriethaan.

rail·age spoorvrag, vraggeld.

rail·ing[1] *n.* tralie(werk); *(i.d. mv.)* tralies; reling, leuning; afskutting.

rail·ing[2] *n.* belediging, bespotting, spottery, hoon, gesmaal. **rail·ing** *adj.* honend, spottend, smalend; raserig.

rail·way spoor(weg), treinspoor, spoorbaan. ~ **accident** spoorweg=, treinongeluk. ~ **act** spoorwegwet. ~ **administration** spoorwegadministrasie. ~ **board** spoorwegraad. ~ **bridge** treinbrug, spoor(weg)brug. ~ **carriage** trein=, spoorwa. ~ **commissioner** spoorwegkommissaris. ~ **compartment** (spoorweg)kompartement. ~ **connection** spoorverbinding, spoor(weg)aansluiting. ~ **construction** spoorwegaanleg. ~ **cottage** spoorweghuisie. ~ **crossing** spooroorweg. ~ **disaster** spoorweg=, treinramp. ~ **embankment** spoorwal. ~ **engine** lokomotief. ~ **engineer** spoorwegingenieur. ~ **engineering** spoorwegingenieurswese. ~ **guard** spoor(weg)kondukteur; spoorwegwag. ~ **halt** spoorweghalte. ~ **journey** treinreis. ~ **junction** spoor(weg)knoop, =aansluiting, kruis=/knooppunt van spoorweë. ~ **line** spoor(lyn). ~**man** *(hoofs. Br.)* →RAILWAY WORKER. ~ **management** spoorwegbestuur. ~ **network** spoor(weg)net. ~ **official** spoorwegamptenaar, =beampte. ~ **rate(s)** spoor(weg)tarief. ~ **section** baanvak, spoortrajek. ~ **service** spoorwegdiens. ~ **sleeper** *(teg.)* (spoor)dwarslêer. ~ **station** spoor(weg)stasie. ~ **system** spoorwegstelsel; spoorwegnet. ~ **ticket** treinkaartjie. ~ **timetable** treingids, =rooster. ~ **traffic** spoorverkeer. ~ **train** spoortrein. ~ **tunnel** spoor(weg)tonnel. ~ **warrant** spoorwegmagbrief, spoorwegorder. ~ **worker** spoor(weg)werker, spoor(weg)man. ~ **workshop** spoorwegwerkplaas. ~ **yard** spoor(weg)werf.

rai·ment *(arg. of poët., liter.)* kleding, gewaad, kledy, dos.

rain *n.* reën; *a* ~ *of* ***ashes*** 'n asreën; *a* ~ *of* ***congratulations/etc.*** 'n stortvloed van gelukwense/ens.; ***driving*** ~ swiepende reën; ***during*** *the ~s* in die reëntyd; ***fine*** ~ motreën; *a* ***gust*** *of* ~ 'n reënvlaag; ***heavy*** ~ swaar reën, stortreën; ***late*** *~s* laat reëns; *the roof* ***let*** *the ~ through* die dak het begin lek, dit het deurgereën; ***light*** ~ ligte reën; *it* ***looks*** *like* ~ dit lyk na reën, dit lyk of dit gaan reën; *(in droogtegebied)* die weer is belowend/mooi; ~ *stopped* ***play*** die spel is weens reën gestaak; *it's* (or *it is)* ***pouring*** *with* ~ dit stortreën/giet/stroom, dit reën of jy water met emmers gooi; ***pouring/teeming*** ~ swaar reën, stortreën; *(as)* ***right*** *as* ~ →RIGHT *adj.*; ~ *or* ***shine,*** *(lett.)* reën of mooi weer, reën of sonskyn; of dit reën ofte nie; *(come)* ~ *or* ***shine,*** *(fig.)* in voorspoed en teen=/teëspoed, in lief en leed, in alle omstandighede; *a* ***shower*** *of* ~ 'n reënbui/=vlaag; ***soaking*** ~ deurdringende reën; ***soft, continuous*** ~ sagte, deurdringende reën; *(SA, i.d. laatsomer)* geelperskereën; *the game/etc. was* ***spoiled*** *by* ~ die wedstryd/ens. is deur reën bederf/bederwe/ontwrig; ***the*** *~s* die reën(s); die reënseisoen/=tyd. **rain** *ww.,* reën; laat reën/neerdaal; *it is ~ing* ***cats and dogs,*** *(infml.)* →CAT[1] *n.*; *s.t. ~s* ***down*** *on s.o.* iets reën op iem. neer *(houe ens.)*; *it is* ***going*** *to* ~ dit gaan/kom reën; *it is ~ing* ***heavily*** dit giet/stort(reën); *it ~ed* ***invitations/etc.*** uitnodigings/ens. het ingestroom; *it* ***is*** *~ing* dit reën; *the match/etc. ~ed* ***off/out*** die wedstryd/ens. het doodgereën; ~ *blows* ***on/upon*** *s.o.* houe op iem. laat reën; ~ *gifts/etc.* ***on/upon*** *s.o.* iem. met geskenke/ens. oorlaai; *it has ~ed itself* ***out*** die weer is uitgereën; *it never ~s but it* ***pours,*** *(idm.)* 'n ongeluk kom nooit alleen nie, dis altyd te veel of te min; ***tears*** *~ed down s.o.'s cheeks* trane het oor iem. se wange gerol/gestroom. ~ **belt** reëngordel. ~**bird** *(SA, infml.)* reënvoël (→COUCAL); *(Eur.)* groenspeg. ~ **chart** reënkaart. ~ **check** *(Am.)* nuwe toegangskaartjie *(vir 'n wedstryd/ens. wat doodgereën het)*; *I'll take a* ~ ~, *(infml.)* ek sal anderdag (jou uitnodiging/aanbod aanneem), liewer(s) 'n volgende keer. ~ **cloud** reënwolk. ~**coat** reënjas. ~ **daisy** *(Dimorphotheca pluvialis)* witbotterblom; →CAPE DAISY. ~**drop** reëndruppel. ~**fall** reënval, neerslag ~**fall report** reënberig. ~**forest** reënwoud. ~ **frog** *(Breviceps* spp.*)* reënpadda, *(infml.)* blaasop, janblom. ~ **gauge, udometer** reënmeter. ~ **glass** weerglas. ~ **god** reëngod. ~ **lily** *(Zephyranthes grandiflora)* storm=, reënlelie. ~**maker** reënmaker. ~**making** reënmakery. ~**proof,** ~**tight** reëndig. ~ **queen** *(SA, ook R~ Q~)* reënkoningin. ~ **rill** spoelvoortjie. ~ **shadow** reënskadu(wee). ~ **shower** reënbui. ~ **squall** reënvlaag. ~**storm** reënstorm, onweersbui. ~**-swept** deur reën geteister. ~ **tree** *(Albizia saman)* samanboom. ~**water** reënwater. ~**water head** geutpypkop. ~**water pipe** geut=, reënpyp. ~**wear** reënklere, =drag. ~ **worm** erdwurm.

rain·bow reënboog; *chase the* ~ *of* ... van ... droom, die valse hoop koester dat ...; *in all the colours of the* ~ in alle (*of* al die) kleure van die reënboog. ~ **cactus** *(Echinocereus* spp.*)* reënboogkaktus, veelkleurige kaktus. ~ **chaser** fantas. ~ **coalition** *(oorspr. Am., pol.: koalisie v. minderheids- e.a. benadeelde groepe)* reënboogkoalisie. ~ **grass** = SWEETGRASS. ~ **trout** *(Onchorhynchus mykiss)* reënboogforel.

rain·less reënloos. **rain·less·ness** reënloosheid.

rain·y reënerig, reënagtig, reënryk; souserig; ~ ***day*** reëndag; *provide/save* (or *put away) s.t. for a* ~ ***day*** →DAY; ~ ***region*** reënryke streek, reëngebied; ~ ***season*** reëntyd, =seisoen; ~ ***weather*** reënweer, reënerige/nat weer. **rain·i·ness** reënerigheid, reënagtigheid.

raise *n.* opheffing; verhoging *(v. 'n bedrag)*; *(hoofs. Am.)* salarisverhoging; opdraand(e); *(mynb.)* styggang; *get a* ~, *(hoofs. Am.)* 'n verhoging kry. **raise** *ww.* (op)lig, oprig, optel; (op)hef; ophys; ophelp; laat (regop) staan, *(infml.)* staanmaak; opsteek *(jou hand)*; hys *('n vlag)*; optrek *('n gordyn)*; na bo bring *(erts)*; (op)bou; oprig, optrek *('n gebou)*; verhoog *('n bedrag, belasting, ens.)*; verhoog *(jou aansien ens.)*; verhef *(jou stem)*; bevorder *('n werknemer)*; veroorsaak, aanleiding gee tot; opper, ter sprake bring, opwerp *('n punt, vraag, kwessie, ens.)*; aanvoer *('n argument)*; opper *(bedenkings)*; wek *(verwagtings, twyfel, ens.)*; aanvuur *(moed)*; aanhef *('n kreet, lied, ens.)*; (ver)wek *(gelag, spot, verontwaardiging)*; werf *(rekrute)*; (aan)werf, op die been bring *('n krysgmag)*; insamel *(geld)*; aangaan, verkry, sluit *('n lening)*; hef *(belasting)*; grootmaak *(kinders ens.)*; teel *(diere)*; kweek, verbou *(plante, gewasse, ens.)*; oproep *('n gees)*; ophef *('n blokkade)*; opbreek *('n beleg)*; laat rys *(brood)*; *(metaalwerk)* dryf, in reliëf bring, opwerk *(goud, silwer, ens.)*; *(med.)* trek *('n blaar)*; maak, ontwikkel, opwek *(stoom ens.)*; opjaag *(wild)*; *(jur.)* aanhangig maak; →RAISING; ~ *the* ***alarm*** →ALARM *n.*; ~ ***Cain*** →CAIN; ~ ***the dead*** →DEAD *n.*; ~ *the* ***devil,*** *(infml.)* 'n kabaal maak/opskop, tekere (*of* te kere) gaan, tekeregaan, 'n yslike lawaai maak, die poppe laat dans; ~ *a lot of* ***dust*** →DUST *n.*; ~ *one's* ***eyebrows*** (or *an* ***eyebrow)*** →EYEBROW; ~ *one's* ***eyes*** →EYE *n.*; ~ *a* ***glass*** *to s.o.* →GLASS *n.*; ~ *s.o.'s* ***hair,*** *(fig.)* iem. se hare (te berge) laat rys (*of* orent/regop laat staan); ~ *(or take off) one's* ***hat*** *to s.o.* →HAT *n.*; *s.t. has ~d its* ***head*** →HEAD *n.*; ~ ***hell*** →HELL; ~ *a* ***laugh*** →LAUGH *n.*; ~ *the* ***market*** die pryse verhoog; ~ ***objections*** *to s.t.* →OBJECTION; ~ *s.o. to the* ***peerage*** →PEERAGE; ~ *s.t. to the third/etc.* ***power*** →POWER *n.*; ~ *a* ***roof*** →ROOF *n.*; ~ *the* ***sights*** →SIGHT *n.*; ~ *s.o.'s* ***spirits*** →SPIRIT *n.*; ~ *s.o.* ***to*** ... iem. tot ... verhef; ~ *s.o.* ***to*** *his/her feet* iem. laat opstaan; ~ *s.t.* ***to*** ... iets tot ... verhoog; ~ *o.s.* ***up*** *on one elbow* op 'n elmboog orent kom, jou op 'n elmboog orent druk; ~ *one's* ***voice*** →VOICE *n.*; ~ *the* ***wind*** die wind(e) gebied; *(infml., vero.)* geld in die hande kry; ~ *s.t.* ***with*** *s.o.* iets by iem. opper, iets met iem. bespreek, met iem. oor iets praat. **rais(e)·a·ble** hefbaar, verhoogbaar.

raised verhoog; opgehewe; gelig. ~ **and fielded panel** verhewe kussingpaneel. ~ **beach** strandterras. ~ **figure** opgewerkte figuur. ~ **ground** ophoging, hoogte(tjie), bult(jie). ~ **letters** verhewe letters, reliëfletters. ~ **metalwork** gedrewe metaalwerk. ~ **moulding** verhewe lys.

rais·er heffer.

rai·sin rosyn(tjie). ~ **bread,** ~ **loaf** rosyntjiebrood. ~ **bush** rosyntjiebos. ~ **grape** sultana. ~ **seeder** rosynontpitter.

rais·ing (op)heffing, verhoging, ligting; opneming *(v.*

geld); dryfwerk; plooiing *(v. verf);* verwekking; teling. ~ **agent** rysmiddel. ~ **fee** verkrygingsgeld, openingsgeld, =kommissie. ~ **hammer** dryf=, duikhamer.

rai·son *(Fr.)* rede; *mariage de* ~ verstandshuwelik. ~ **d'être** rede van bestaan, bestaansrede.

rait →RET.

ra·i·ta *(Ind. kookk.: bykos v. fyngekapte komkommer ens. in jogurt)* raïta.

raj *(Hindi)* ryk, heerskappy, bewind.

ra·ja(h) *(vero.: heerser)* radja.

Ra·jas·than *(geog.)* Radjastan.

Raj·poot, Raj·put *(Hind.: krygerkaste)* Radjpoet.

Raj·pu·ta·na *(geog., hist., nou deel v. Radjastan)* Radjpoetana.

rake[1] *n.* hark; skraapyster; roervurk; *as thin as a* ~ plankdun, rietskraal. **rake** *ww.* hark, bymekaarskraap, op 'n hoop hark; omhark; naspeur, deursnuffel, oprakel, deursoek; ~ ***among*** ... ... deursnuffel *(ou manuskripte ens.);* ~ *... with* ***fire,*** *(mil.)* ... met vuur bestryk/kam; ~ *it* ***in,*** *(infml.)* geld soos bossies verdien; ~ *s.t.* ***out*** iets uithark; iets uitkrap; iets doodmaak *('n vuur);* ~ *s.t.* ***over*** iets omhark; ~ *s.t.* ***through*** iets deursoek; ~ ***together*** *s.t.* iets bymekaarskraap/oprakel *(versonne aanklagtes ens.);* ~ ***up/over*** *(old) grievances* (ou) griewe oprakel/ophaal, ou koeie uit die sloot grawe. ~**-off** *(infml.)* buitaandeel, (oneerlike) winsaandeel/kommissie.

rake[2] *n.* losbol, swierbol, pierewaaier; →RAKISH. ~**hell** *(arg.)* losbol, swierbol. ~**helly,** ~**hellish** *(arg.)* sedeloos, ontugtig.

rake[3] *n.* val, helling; hellingsvlak; hellingshoek; →RAKISH. **rake** *ww.* oorhang, oorhel; afhel; ~*d floor* hellende vloer; ~*d joint* diepvoeg.

rak·er[1] harker; skraper; straatskoonmaker; *(teg.)* voegskraper.

rak·er[2] leunstut.

ra·ki *(Turkse likeur)* raki.

rak·ing[1] harkend, skrapend; ~ *fire, (mil.)* bestrykende vuur, enfileervuur, kamvuur.

rak·ing[2] skuins, hellend; ~ *cornice* gewellys; ~ *course, (bouk.)* skuins laag; ~ *shore* leunskoor *(v. 'n muur).*

rak·ish swierig, windmaker(ig); losbandig, ontugtig; snelvarend, rank gebou, kaperagtig *('n skip);* vaart=, stroombelyn, met sportiewe/swiepende lyne *('n motor); at a* ~ *angle, ('n hoed ens.)* windmaker(ig) skeef.

ra·ku *(Jap. erdewerk)* raku.

rale, râle *(med.)* reutel.

ral·len·tan·do =*tandos,* =*tandi, n., (It., mus.)* rallentandopassasie. **ral·len·tan·do** *adj. & adv., (al hoe stadiger)* rallentando.

ral·ly[1] *n.* saamtrek, byeenkoms, reünie, re-unie, hereniging; herstel *(v.d. gesondheid, gemoedere, ens.); (ekon.)* herstel, oplewing *(v.d. mark);* styging, verbetering *(v. aandele); (motorsport)* tydren; hernieude aanval; *(tennis)* sarsie; houereeks, =serie; *party* ~ stryddag, saamtrek. **ral·ly** *ww.* saamtrek, versamel; byeenbring, bymekaarmaak; herenig; bykom, herstel; aansterk; moed skep; moed inpraat; bystaan, te hulp kom; *(ekon.: d. mark)* herstel; *(aandele)* styg, oploop; *(motorsport)* in 'n tydren jaag, aan 'n tydren deelneem; *(tennis)* houe verwissel; ~ *from* ... van ... herstel; *they* ~ *(a)round* ... hulle skaar hulle om ..., hulle kom/snel ... te hulp. ~**cross** veldtydren; →AUTOCROSS, MOTOCROSS. ~ **driver** tydrenjaer, =bestuurder.

ral·ly[2] *ww., (arg.)* spot, korswel/korswil *(of* die spot dryf/drywe) met, terg.

ral·ly·ing point saamtrekpunt.

ram *n.* (skaap)ram; →RAMMISH; *(werktuig)* ram; stormram, muurbreker; (straat)stamper; suier; *(hist.)* ramskip; *the R~, (astrol.)* die Ram, Ariës. **ram** =*mm*=, *ww.* ram; hei; (vas)stamp, instamp; inslaan; instoot, inprop, instop, inbeur; →RAMMER; ~ *(s.t.)* ***against/into*** ... (iets) teen ... stamp; ~*med* ***concrete*** stampbeton; ~ *s.t.* ***down*** iets vasstamp; ~ *s.t.* ***down*** ... iets in ... afdruk *(ook iem. se keel);* ~ *s.t.* ***home,*** *(lett.)* iets vasstamp; *(fig.)* iets inhamer *(of* sterk benadruk) *('n argument ens.);* iem. iets aan die verstand bring; ~ *s.t.* ***in*** iets instop/inpomp/inprop *(ook kennis);* ~ *s.t.* ***into*** ... iets in ... stop. ~ **(block)** ramblok. ~**jet (aircraft)** stustraler, stustraalvliegtuig. ~ **jet (engine)** stustraalenjin, =masjien. ~ **raid** *(Br., infml.)* tref-en-trap(-)rooftog. ~ **raider** tref-en-trap(-)rower. ~ **raiding** tref-en-trap(-)rowery. ~**rod** *n.* laaistok; *(Am.: hardvogtige baas)* slawedrywer. ~**rod** *adj. & adv.* stokstyf *(iem. se rug); s.o. is (as) stiff as a* ~ →S.O. IS (AS) **STIFF** AS A POKER/RAMROD; *sit/stand* ~ *straight* kierts=/pen=/kersregop sit/staan.

Ra·ma *(Ind. godheid)* Rama.

Ram·a·d(h)an *(Islam.)* Ramadan.

ram·ble *n.* wandeling, uitstappie; looptog, staptog; swerftog. **ram·ble** *ww.* 'n uitstappie maak; ronddwaal, =swerf, =swerwe; ~ *(on)* eindeloos/deurmekaar voortpraat, afdwaal, los en vas *(of* hot en haar) praat, bonttrap.

ram·bler omswerwer. ~ **rose** rank=, klimroos.

ram·bling *n.* omswerwing, swerwery; swerftog; bonttrappery; *(ook, i.d. mv.)* deurmekaar pratery. **rambling** *adj.* omswerwend, dwalend; verward, deurmekaar, onsamehangend; *(bot.)* rankend, klimmend, slingerend, rank=, slinger=; onreëlmatig gebou/aangelê; ~ *house, (ook)* kasarm; ~ *story* wydlopige storie.

ram·bunc·tious weerbarstig, wild; rumoerig, lawaaierig.

ram·ee = RAMIE.

ram·e·kin, ram·e·quin *(kookk.)* kaasgereg, =gebak. ~ **(dish)** ramekin(bakkie).

ra·men·tum =*menta* skraapsel; strooiskub.

ram·e·ron (pi·geon), Af·ri·can ol·ive pi·geon *(Columba arquatrix)* geelbekbosduif.

Ram·e·ses, Ram·ses *(Eg. farao)* Ramses.

ram·ie *(plantvesel)* ramie.

ram·i·fy vertak, takke gee, takke uitskiet; in takke verdeel. **ram·i·fi·ca·tion** vertakking.

ram·kie(·tjie) *(SA, snaarinstr.)* ramkie(tjie).

ram·mer stamper, heiblok; laaistok; laaistang.

ram·mish stinkend.

ra·mose →RAME.

ramp[1] *n.* helling, skuinste; hang; oploop, opgang; opswaai; (skeeps)helling; (visier)trap; *(access)* ~ oprit, afrit, op=/afrybaan; *(loading)* ~ laaibrug. **ramp** *ww.* baljaar, wild tekere gaan *(of* te kere gaan *of* tekeregaan); *(arg.)* op die/sy agterpote (gaan) staan, 'n dreigende houding aanneem; →RAMPAGE *ww.*.

ramp[2] *n., (Br., infml.)* bedrogspul, swendelary. **ramp** *ww., (fin.)* die prys opja(ag) *(v. aandele); (Br., infml.)* swendel.

ram·page, ram·page *n.* stormloop; uitgelatenheid, uitbundigheid; wildheid, woestheid; *be on the* ~ amok maak, (woes) tekere gaan *(of* te kere gaan *of* tekeregaan), jou soos 'n besetene gedra; *go on a/the* ~ amok maak. **ram·page** *ww.* rondhardloop, uitgelate wees, raas, baljaar, stoei, rinkink; woed, tekere gaan *(of* te kere gaan *of* tekeregaan). **ram·pa·geous** *(arg.)* uitgelate, uitbundig; wild, woes.

ram·pant wild, woes, verwoed; buitensporig, verregaande; woekerend, geil, welig; (algemeen) heersend, onstuitbaar; ongehinderd; *(her.)* klimmend; ~ *arch, (argit.)* klimboog; *dishonesty/etc. is* ~ oneerlikheid/ens. botvier *(of* vier hoogty *of* is aan die orde van die dag); *lion* ~, *(her.)* klimmende leeu. **ram·pan·cy** uitgelatenheid; woekering; verbreidheid, algemeenheid, toeneming.

ram·part *n.* bolwerk, (vesting)wal, verskansing, skans; verdediging, beskerming. **ram·part** *ww.* verskans.

ram·pi·on *(bot.)* raponsie.

ram·shack·le bouvallig, vervalle; mankoliek, lendelam.

ram·sons *n. (fungeer as ekv.), (Allium ursinum)* wildeknoffel.

ran *ww. (verl.t.)* het gehardloop; →RUN *ww.*.

rance[1] *(teg.)* (skoor)paal, stut.

rance[2] rooi/Belgiese/veelkleurige marmer.

ranch *n.* (groot) bees=/veeplaas; groot boerdery. **ranch** *ww.* met grootvee/beeste boer. ~ **house** *(Am.)* (plaas)opstal; (enkelverdieping-)staandakhuis. ~ **land** beesveld. ~ **wagon** *(Am.)* stasiewa.

ranch·er (groot) veeboer/beesboer.

ran·che·ro =*ros, (<Sp., hoofs. Am.)* vee=, beesboer; plaaswerker.

ranch·ing veldbeesboerdery; →DAIRY RANCHING. ~ **country** beeswêreld.

ran·cid galsterig; rens, suur; goor. **ran·cid·i·ty** galsterigheid.

ran·cour, *(Am.)* **ran·cor** haatdraendheid, vyandskap, wrok, wrewel, bittere haat; *feel no* ~ *against s.o., bear s.o. no* ~ geen wrok teen iem. hê/koester nie. **ran·cor·ous** haatdraend, kwaadaardig, wrewel(r)ig.

Rand *(SA, geog.): the East/West* ~ die Oos/Wes-Rand; *on the* ~ aan die Rand; →WITWATERSRAND. ~ **Show:** *the* ~ ~ die Randse Skou. ~ **Water Board** Randwaterraad, Randse Waterraad.

rand[1] rant, heuwelreeks; *(SA, geldeenheid, afk.:* R*)* rand; ***at*** *R100 a/per square metre* vir/teen R100 per vierkante meter; ***convert*** *... to ~s* ... in rande omreken; ~ ***for*** ~ rand vir rand; ***in*** *~s* in rande; ***many*** *~s* baie rande; ***millions/thousands*** *of ~s* miljoene/duisende rande; *R500 in* ***notes*** R500 in note; *thirty ~s* ***odd*** iets oor die dertig rand; ***twenty/etc.*** *~(s)* twintig/ens. rand. ~**-dollar exchange rate** *(fin.)* rand-dollar-wisselkoers. ~**-for-rand system** rand-vir-rand-stelsel. ~**-hedged stock** *(fin.)* randverskanste aandeel. ~ **note** randnoot.

rand[2] strook/strokie leer.

ran·dan[1] drinkparty(tjie).

ran·dan[2] driemansroeiboot.

ran·dem (soort) drieperdewa.

rand·i·ness →RANDY.

ran·dom *n.: at* ~ lukraak, op goeie geluk (af); los en vas; die eerste die beste, voor die voet, deurmekaar. **ran·dom** *adj.* lukraak, toevallig; willekeurig; ewekansig; onreëlmatig. ~ **access** *(rek.)* →DIRECT ACCESS. ~**-access memory** *(rek., afk.:* RAM*)* lees-en-skryfgeheue. ~ **choice** →RANDOM SELECTION. ~ **error** *(statist.)* ewekansige/stogastiese fout. ~ **masonry** ongelaagde klip=/messelwerk. ~ **rubble** *(bouk.)* ongelaagde ruklip. ~ **sample** *(statist.)* ewekansige steekproef. ~ **selection,** ~ **choice** *(statist.)* ewekansige keuse/seleksie, willekeurige seleksie. ~ **shingles** *(bouk.)* onegalige dakspane. ~ **shot** skoot op goeie geluk (af), blinde/los skoot, dwaalskoot. ~ **test** *(statist.)* steekproef, ewekansige/stogastiese toets; *take a* ~ ~ 'n steekproef neem. ~ **variable** *(statist.)* stogastiese veranderlike, variaat. ~ **walk theory** *(aandelemark)* stogastiese bewegingsteorie.

ran·dom·i·sa·tion, =**za·tion** *(statist.)* verewekansiging. ~ **test** verewekansigingstoets.

ran·dom·ise, =**ize** *(statist.)* ewekansig maak, verewekansig.

ran·dom·ly lukraak.

ran·dom·ness ewekansigheid.

rand·y *(infml.)* jags, katools; *(Sk., arg.)* luidrugtig, lawaaierig, rumoerig, wild. **rand·i·ness** *(infml.)* wellus(tigheid), hitsigheid, sinlikheid, jagsheid, katoolsheid, jeukerigheid.

ra·nee →RANI.

rang *(verl.t.)* →RING[2] *ww.*.

range *n.* ry, reeks, opeenvolging, aaneenskakeling; laag; (berg)reeks; rant; (kook)stoof; skiet=, jagveld; weiveld; skietbaan; veld, ruimte, terrein, (reik)wydte, omvang, perke, speling, grens, bereik, bestek *(v. 'n studie ens.);* meetgebied, =bestek, =grens *(v. 'n instr.);* (verspreidings)gebied *(v. 'n plant, dier, ens.);* verskeidenheid *(v. goedere);* verval *(v. 'n gety);* deining; *(rad. ens.)* afstand; skoot(s)=, trefafstand; *(lett. & fig.)* trefwydte; *(fig.)* draagwydte; vaarbereik; vliegbereik; sendbereik; werkingslengte; visierstand, =hoogte; →CRUISING RANGE; *at close* ~ op kort afstand; ***find*** *the* ~ die afstand bepaal; iem./iets onder skoot kry; jou inskiet; ~ *of* ***flight, flight*** ~ vliegbereik, =lengte, aksieradius; *give* ***free*** ~ *to one's thoughts* jou gedagtes hul vrye loop laat neem; *the **full** ~ of* ... die volledige stel/reeks ...; ***in** ~ with* ... in 'n lyn met ...; *~ of **mountains*** bergreeks; *the ~ **of** politics/etc.* die gebied/terrein van die politiek/ens.; *~ **of** vision* gesigsveld, gesigskring; *~ **of** the voice* stemomvang, =register; ***out of** ~* buite bereik; buite skoot(s)afstand, onder skoot uit; buite hoorafstand; ***take** ~* afstand (op)neem; *a **wide** ~ of* ... 'n groot verskeidenheid (van) ...; *s.o.'s reading is of **wide** ~* iem. is baie belese; ***within** ~* onder skoot, binne skoot(s)afstand; binne trefafstand. **range** *ww.* op 'n ry plaas, (rang)skik; skaar, opstel; plek inneem; reik, (uit)strek; loop, varieer; voorkom, te vinde wees; swerf, swerwe, dwaal, deurkruis; *('n geweer)* dra; in=skiet; vaar, seil; *(rad.)* aftas; *be ~d **against*** ... teen ... opgestel wees; *~ **far**, (iem. se gedagtes ens.)* ver/vêr dwaal; *~ **free*** los loop, in die veld wei; *~ **from** ... to* ... van ... tot ... wissel; *s.o. ~s him=/herself **on** our/their side* iem. skaar hom/haar aan ons/hulle kant; *it ~s **over*** ... dit strek ... ver/vêr; dit omvat ... **~finder** afstand=meter. **~finding** afstandmeting. **~ taker** *(mil.)* afstand=opnemer. **~ wool** veldwol. **~work** gelaagde klipmes=selwerk.

ranged: *~ rubble* gelaagde ruklip; *~ masonry* laagklip=werk.

rang·er swerwer; speurhond; veldwagter; boswagter; berede polisieman; berede soldaat; *(Am.)* komman=dosoldaat.

rang·ing opstelling; omswerwing; *(rad.)* aftasting. **~ pole, ~ rod** *(landm.)* peilpaal(tjie).

Ran·goon *(geog., hist.)* Rangoen; →YANGON.

rang·y slank, (lank en) skraal; rondloperig; ruim; *(Austr.)* bergagtig.

ra·ni, ra·nee *(hist.: Ind. koningin/prinses)* rani.

rank[1] *n.* ry, gelid; rang, stand; graad; (taxi)staanplek; *(skaak)* gelid; *(ook, i.d. mv., mil.)* manskappe; →RANKER; *of **all** ~s* van alle stande; ***break** ~(s)* uit die gelid tree; ***close** (the) ~s, (ook fig.)* die geledere sluit; *~ of **cor=poral*** korporaalsrang, korporaalskap; *with **depleted** ~s* met uitgedunde geledere; *the ~ and **fashion*** die elite (*of* hoë kringe); *the ~ and **file*** die laer range (*of* gewone soldate); die gewone lede; die gewone mense; die laer stande; *give **first** ~ to* ... die eerste plek aan ... toeken; *a player/etc. of the **first** ~* een van die aller=beste spelers/ens.; *in the **front** ~, (lett.)* in die voorste ry; *(fig.)* van die eerste rang; *hold a **high** ~* 'n hoë rang beklee; ***join** the ~s* soldaat word; ***join** the ~s of* ... jou by ... skaar; ***keep** ~(s)* in die gelid bly; *persons **of** ~* mense van stand; ***other** ~s* manskappe, min=deres; ***pull** ~ on s.o.* iem. met jou groter gesag (pro=beer) oordonder/imponeer; ***quit** the ~s* uit die gelid tree; ***reduce** s.o. to the ~s, (mil.)* iem. degradeer; ***rise** from/through the ~s* van onder af opkom; *in **serried** ~s* in aaneengeslote geledere. **rank** *ww.* (rang)skik, in orde stel, in gelid (op)stel; stel, plaas; klassifiseer; beskou/geag word; getel word, tel; op die ranglys plaas; boaan staan, 'n vername plek inneem; →RANKING; *~ **above*** ... in rang bo ... staan; *~ **after/below*** ... in rang op ... volg; *~ **among*** ... onder ... tel (*of* getel word), 'n plek onder ... inneem; *~ **as*** ... as ... beskou word; ... wees; ***first-~ed** player* eerste speler op die ranglys; *~ **off*** in gelid afmarsjeer; *~ **with*** ... met ... gelykstaan, op een lyn met ... staan; *~ s.o./s.t. **with*** ... iem./iets met ... gelykstel, iem./iets op een lyn met ... stel.

rank[2] *adj.* te welig/geil/vet, (te) weelderig; vervuil; gal=sterig, rens, suur, stink(end); walglik, aanstootlik, af=stootlik; *(Shakesp.)* wellustig, wulps, sin(ne)lik; *(attr., gew. pej.)* absolute *(onnoselheid ens.)*; volslae, louter(e), klinkklare, die grootste *(onsin)*; flagrante *(onregverdig=heid ens.)*; ongehoorde *(verwaandheid ens.)*; rou *(ama=teur ens.)*; uiterste *(konserwatief ens.)*; ***grow** ~* woeker; *~ **nonsense*** pure/klinkklare onsin; *be a ~ **outsider*** →OUTSIDER; *it is ~ **treason*** dis niks anders as ver=raad nie. **rank·ness** geilheid, geilte, weligheid; gal=sterigheid *(v. botter)*.

rank·er manskap. **~ (officer)** offisier uit die gelid.

rank·ing *n.* rangskikking, opstelling; rangorde; *list of ~s* ranglys. **rank·ing** *adj., (hoofs. Am.)* hooggeplaas; senior; *~ historian* geskiedskrywer van rang/naam; *~ officer* offisier met die hoogste rang; *~ official* hoog=geplaaste amptenaar. **~ list** ranglys.

ran·kle leed veroorsaak; *(fig.)* knaag, vreet; *(fig.)* skryn; *(vero.)* sweer, ontsteek; *s.t. ~s in the mind* iets knaag aan die siel; *s.t. ~s (with) s.o.* iets krap aan iem..

Rann: *the ~s of Kutch, (geog.: Ind. soutmoeras)* die Ranns van Kutch/Koetsj.

ran·sack *ww.* deursoek, deursnuffel, fynkam; plunder, roof, rowe; beroof.

ran·som *n.* losprys, losgeld; vrylating; *(teol.)* verlossing, bevryding *(v.d. kwaad)*; *hold s.o. to ~* 'n losprys van iem. eis; iem. afdreig; *not for a king's ~* vir geen geld ter wêreld nie. **ran·som** *ww.* los, vrykoop, loskoop, af=koop; *(teol.)* verlos, bevry; boet vir; afdreig; losgeld eis vir.

rant *n.* hoogdrawende taal, bombasme; grootpratery; gebulder. **rant** *ww.* bombastiese taal gebruik; groot=praat; tekere (*of* te kere) gaan, tekeregaan, (uit)bulder, deklameer, oreer, uitvaar; *~ and rave* raas en skel/tier, vloek en skel, vreeslik tekere gaan (*of* te kere gaan *of* tekeregaan). **rant·er** skreeuer; grootprater. **rant·ing** *n.* = RANT *n.*. **rant·ing** *adj.* tierend.

ran·u·la *(med.)* ondertongsist.

ra·nun·cu·lus *=culuses, =culi* ranonkel. **ra·nun·cu·la·ceous** ranonkelagtig.

rap[1] *n.* tik, slag; klop; *(infml.)* berisping; *(mus.)* rap=(musiek), kletsrym; *(infml., hoofs.Am.)* geselsie; *(infml., hoofs. Am.)* aanklag(te); ***beat** the ~, (infml.)* vrykom; *get a **bum** ~, (infml.)* gestraf word oor iets wat jy nie gedoen het nie; *get a ~ on/over the **knuckles*** op die vingers getik word; *give s.o. a ~ on/over the **knuckles*** iem. op die vingers tik; ***take** the ~, (infml.)* die gelag be=taal, die gevolge dra. **rap** *=pp=, ww.* tik; klop; berispe; afkeur; *(mus.)* rap, kletsrym; *(infml., hoofs.Am.)* gesels, klets, praat; →RAPPER, RAPPING; *~ at the door* aan die deur klop; *~ s.o. on/over the knuckles/fingers* iem. op die vingers tik; *~ s.t. out* iets (uit)blaf, iets kortaf uiter *(bevele, woorde, ens.)*. **~ (music)** rap(musiek), kletsrym. **~ sheet** *(Am., infml.)* misdaadrekord.

rap[2] *n.: not care/give a ~, (infml.)* geen/g'n (*of* nie 'n) flenter omgee nie.

ra·pa·cious roofgierig, roofsugtig; hebsugtig, inhalig, (geld)gierig, gulsig. **ra·pa·cious·ness, ra·pac·i·ty** roof=gierigheid, roofsug; hebsug, inhaligheid, (geld)gierig=heid, gulsigheid.

rape[1] *n.* verkragting; skending *(v.d. reg ens.)*; roof, plun=dering *(v. 'n plek)*; *(poët., liter.)* ontvoering, wegvoering; *statutory ~* →STATUTORY. **rape** *ww.* verkrag; skend *(d. reg ens.)*; roof, plunder *('n plek)*; *(poët., liter.)* ont=voer, wegvoer. **rap·er** = RAPIST. **rap·ine** *n., (poët., liter.)* roof, plundering. **rap·ist** verkragter.

rape[2] *n.* koolraap. **~ cake** raapkoek. **~ oil** raapolie. **~seed** raapsaad, kool(raap)saad.

rape[3] *n.* druiwedop; *(i.d. mv.)* druiwedoppe, druiwe=moer.

Raph·a·el *(engel, skilder)* Rafael.

ra·phe *=phae, =phes, (anat.)* naat; *(bot.)* middelnaat; saadaar.

rap·id *n. (gew. i.d. mv.)* stroomversnelling, snelstroom; *shoot the ~s* oor die stroomversnellings heenskiet. **rap·id** *adj. & adv.* vinnig, snel; vlugtig, gou; skielik; fluks *(werktempo ens.)*; *~ rate of fire* hoë vuurtempo; *~ river* snelstromende rivier. **~ eye movement** *(afk.: REM)* vinnige oogbewegings *(tydens d. paradoksale/tweede slaapstadium wanneer d. slaper droom)*. **~ fire** *n.* snel=vuur. **~-fire** *adj., (ook fig., v. vraagstelling/ens.)* snel=vuur=. **~-firing gun** snelvuurkanon; *(i.d. mv.)* snel=vuurgeskut. **~-loading gun** snellaaikanon; *(i.d. mv.)* snellaaigeskut. **~ transit** snelvervoer. **~ transit sys=tem** snelvervoerstelsel.

ra·pid·i·ty snelheid, vinnigheid.

rap·id·ly *adv.* vinnig, snel.

ra·pi·er rapier.

rap·ine, rap·ist →RAPE[1].

rap·pee *(snuif)* rapé.

rap·pel *ww., (<Fr.)* = ABSEIL.

rap·per *(mus.)* rapper, kletsrymer.

rap·ping getik, geklop; *(mus.)* gerap, kletsrym. **~ spirit** klopgees.

rap·port verstandhouding; ooreenkoms; vertroudheid, rapport, (aan)voeling; betrekking, verhouding, ver=band; *be in ~ with s.o.* 'n goeie verstandhouding met iem. hê; *point of ~* punt van ooreenkoms. **rap·por·teur** rapporteur, referent.

rap·proche·ment *(Fr.)* toenadering *(tuss. lande)*.

rap·scal·lion *(arg. of skerts.)* skurk, skobbejak; skelm, rakker.

rapt *(fig.)* weggevoer, meegesleep; verruk, opgetoë; ver=sonke; *listen with ~ attention* met gespanne aandag luister.

rap·tor roofvoël; *(arg.)* verkragter; *(arg.)* plunderaar. **rap·to·ri·al** roof=; roofvoël=; *~ bird* roofvoël.

rap·ture verrukking, vervoering, geesdrif, ekstase; opgetoënheid; *be in ~s, be filled with ~* verruk (*of* in vervoering/ekstase) wees; *go into ~s* in vervoering/ ekstase raak. **rap·tured, rap·tur·ous** verruk, in ver=rukking, opgetoë, ekstaties, in ekstase.

ra·ra a·vis *rarae aves* rara avis, sonderlinge persoon.

rare[1] skaars; buitengewoon, seldsaam; weinig gebruik=lik, ongebruiklik; dun, yl *(atmosfeer ens.)*; pragtig, uiters fraai; →RAREFACTION, RAREFY, RARELY, RARENESS, RARITY; *such people **are** ~* sulke mense is dun gesaai; *have ~ **fun*** →FUN *n.*; *a ~ **sight*** 'n seldsame gesig, iets wat ('n) mens selde sien; *~ **species*** skaars dier/plant. **~ earth** *(chem.)* seldsame aarde. **~-earth element/ metal** *(chem.)* seldsame aardelement/=metaal. **~ gas** *(chem.)* edelgas, inerte/onreaktiewe gas.

rare[2] ongaar, halfrou *(vleis)*; sag gekook, saggekook *(eier)*.

rare[3] *ww., (Am.)* = REAR[2] *ww.*; *be raring to go, (infml.)* baie graag wil gaan/begin/wegspring, jeuk/rondtrip=pel van ongeduld.

rare·bit →WELSH RABBIT.

rar·ee show *(arg.)* kykkas; buitengewone gesig.

rar·e·fac·tion verdunning, veryling, rarefaksie.

rar·e·fy verdun; yl maak; yl word; veredel, verfyn. **rar·e·fi·ca·tion** verdunning; weefselverdwyning. **rar·e·fied** yl, verdun; *~ atmosphere* dun/yl atmosfeer.

rare·ly selde, min, by uitsondering; *very ~* baie/hoogs selde, by hoë uitsondering.

rare·ness seldsaamheid, skaarsheid.

rar·i·ty seldsaamheid, skaarsheid; rariteit; dunheid, yl=heid *(v.d. lug)*.

ras *(<Amhaars, Et[h]iopiese koning, prins of leenheer)* ras.

ras·a·ma·la rasamala(boom).

ras·cal *n., (dikw. skerts.)* rakker, skelm, karnallie, deug=niet, vabond, niksnut(s), kwajong; swernoot, =noter, =kater; skurk; *you **lucky** ~!* jou geluksvoël (*of* geluk=kige blikskottel/blikslaer)!; *a **regular** ~* 'n egte skurk; *the **ruddy** ~, (infml.)* die vervlakste skurk; *you **young** ~!* jou klein skelm/rakker!. **ras·cal** *adj., (arg.)* skurk=agtig, laag, gemeen; *the ~ rout, (arg.)* die gepeupel. **ras·cal·i·ty** skelmagtigheid, skurkagtigheid; skurke=streek, skurkery. **ras·cal·ly** skurkagtig, nikswerd.

rase →RAZE.

rash[1] *n.* (vel/huid)uitslag, brand; *get (*or *break/come out in) a ~* uitslaan, 'n uitslag kry; *a ~ of ..., (infml.)* 'n vlaag/stortvloed/(vloed)golf/stroom (van) ... *(kritiek)*; 'n (hele) rits ... *(boeke, ongelukke, [telefoon]oproepe)*; 'n dramatiese toename in ... *(aanvalle, rooftogte)*.

rash[2] *adj.* onbesonne, roekeloos, vermetel, ondeurdag, onbekook; oorhaastig, voortvarend, voorbarig. **rash·ness** onbesonnenheid; voortvarendheid, oormoedig=heid.

rash·er sny, reep; *a ~ of bacon* 'n reep spek; *a ~ of ham* 'n sny ham.

ra·so·ri·al *(orn.)* hoenderagtig.

rasp *n.* rasper; rasperige geluid. **rasp** *ww.* rasper, skraap; kras, krap; laat gril; →RASPER, RASPING; *~ s.t. out* iets uitkrys. **~ file** raspervyl.

ras·pa·tor·y skraper, rasper, skaafyster; *(med.)* ras=patorium, beenskraper.

rasp·ber·ry *n.* framboos; framboosdrank; framboosrooi; *(Br., infml.)* minagtende proesgeluid; *blow a ~* minagtend proes; *get a ~ from the audience* deur die gehoor uitgejou word; *give s.o. a ~* iem. uitjou. **rasp·ber·ry** *adj.* framboosrooi, -kleurig. ~ **cordial** framboosdrank. ~ **jam** frambooskonfyt.

rasp·er rasper; raspermasjien; *(jag)* swaar hindernis.

rasp·ing: ~ *off* afrasping; ~ *voice* kraakstem, krassende stem.

Ras·ta *(afk. v.* Rastafarian*)* Rasta. ~ **man** Rastaman.

Ras·ta·far·i·an *n.* Rastafariër *(ook r~)*. **Ras·ta·far·i·an** *adj.* Rastafaries *(ook r~)*. **Ras·ta·fa·ri·an·ism** Rastafarianisme *(ook r~)*, Rastafariese geloof *(ook r~)*.

ras·ter raster *(op 'n TV- of rekenaarskerm)*.

rat *n.* rot; *(infml., neerh.)* oorloper, afvallige, renegaat, wegloper; *(infml., neerh.)* onderkruiper; *(infml., neerh.)* skobbejak, skurk; *(infml., neerh.)* verklikker; polisiespioen; →BLACK RAT, CANE RAT, KAROO BUSH RAT, MOLE RAT, RATTY, WATER RAT; *like a* ***drowned*** ~ nat en koud; ***marsh/swamp*** ~ = VLEI RAT; *~s and* ***mice,*** *(Br., rymende sl.)* dobbelstene; *a* ***plague*** *of ~s* 'n rot(te)plaag; ***rats!*** deksels!, gedorie!, verbrands!, demmit, dêmmit!; ***smell*** *a* ~ hond se gedagte kry, lont ruik, onraad merk; ***white-tailed*** ~ = WHITE-TAILED MOUSE. **rat** -*tt*-, *ww.* rotte jag/vang; *(infml.)* afvallig word, oorloop, *(vulg.)* gat omgooi; *(infml.)* onderkruip; *(infml.)* uitlap, verklap, verklik, verraai; *(infml.)* laat vaar; →RATTED, RATTER, RATTING; ~ *on s.o., (infml.)* ontrou teenoor iem. word; iem. verraai. **~-arsed** *(vulg., Br., sl.)* smoor-, stom-, papdronk, lekker/behoorlik/goed gekoring/getrek, hoenderkop, poegaai, gaar, stukkend, hoog in die takke. **~bag** *(Br., sl.)* hond, vark, swernoot, blikslaer, vuilgoed, pes, sleg, vloek, vreksel, skurk; swaap, sot, mamparra. ~ **bite** rotbyt. **~-bite fever** rotkoors. **~catcher** rot(te)vanger. **~fink** *(Am., infml.)* hond, vark, swernoot, blikslaer, vuilgoed, pes, sleg, vloek, vreksel, skurk; (polisie-)informant, impimpi. **~hole** *(infml.)* krot, hool; *(oliebedryf)* vlak boorgat. *pour ... down the ~, (Am., infml.)* ... in 'n bodemlose put stort (*of* laat verdwyn). ~ **kangaroo** *(soöl.)* rotkangaroe. **~pack** *(infml., neerh., joern.)* groep/spul/trop bloedhonde. ~ **plague** rot(te)pes. ~ **poison** rot(te)gif. **~proof** rotdig. ~ **race** *(infml.)* dolle gejaag *(na sukses)*. ~ **run** *(Br., infml.)* woonbuurtstraat. **~'s tail** *(bot.)* hanekam, rotstert. **~-tail** rotstert. **~-tail file** rotstertvyl. **~-tail(ed) spoon** rotstertlepel. ~ **trap** rot(te)val; *(infml.)* getande fietspedaal; haglike situasie, dilemma, penarie, verknorsing; *(infml.)* krot, hool.

rat·a·ble, rate·a·ble belasbaar; belastingpligtig; ~ *value* belasbare waarde. **rat·a·bil·i·ty, rate·a·bil·i·ty** belasbaarheid; belastingpligtigheid.

rat·a·fi·a ratafia, amandellikeur.

ra·tal *n., (Br.)* belasbare bedrag; belasbare waarde. **ra·tal** *adj.* belasbaar; belasting-.

ra·tan →RATTAN.

rat·a·plan, rat·a·plan *n., (<Fr., onom.)* getrommel. **rat·a·plan, rat·a·plan** -*nn*-, *ww.* trommel, tamboer slaan.

rat-(a-)tat, rat-(a-)tat-tat *(onom.)* tok-tok, klopklop.

ra·ta·touille *(Fr., kookk.: groentegereg met eiervrug ens.)* ratatouille, ratjietoe.

ratch·et sperrat, palrat; ~ *and pawl* sperrat en klink, pal en/met sperrat. ~ **(bit) brace** ratelomslag. ~ **drill** ratelboor. ~ **effect** *(ekon.)* (vang)ratwerking, rateffek *(by rentekoerse)*. ~ **gear** palwerk, sper-, palrat. ~ **pawl** ratpal, sperklink. ~ **spanner,** ~ **wrench** ratelsleutel. ~ **wheel** palrat, tandskyf, sperrat.

rate[1] *n.* skaal, tarief; standaard, maatstaf; koers, voet; waarde, prys; spoed, snelheid; tempo; syfer, eenheid; graad, klas; *(gew. i.d. mv.)* eiendoms-, erfbelasting, plaaslike belasting; →RATAL; ***at a*** *~ of ..., (by 'n vaartuig)* met 'n vaart van ...; *(by 'n voertuig)* met 'n snelheid van ...; ***at the*** *~ of ...* teen (die koers/tarief van) ...; ***at any*** ~ in elk/ieder/alle geval, ten minste; ***at a cheap*** ~ goedkoop; ***at a*** *great/rapid/terrific ~,* ***at a*** *~ of knots, (infml.)* in/teen 'n vinnige/geweldige/duiselingwekkende tempo, in (*of* teen 'n) dolle vaart, met 'n (vinnige/vlieënde) vaart, blitsvinnig, blitsig, soos ('n vetgesmeerde) blits, met rasse skrede; *sell s.t.* ***at*** *a* ***high*** ~ iets duur (*of* vir 'n hoë prys) verkoop; ***at*** *that/this* ~ met dié snelheid; op dié voet; op dié manier; *a* ***flat*** ~ 'n eenvormige tarief; ~ ***of*** *acceleration, (fis.)* versnellingstempo; ~ ***of*** *advance, (mil.)* opmarstempo; vorderingstempo; ~ ***of*** *burning* brandtempo; ~ ***of*** *climb, (lugv.)* stygtempo; ~ ***of*** *combustion* verbrandingstempo; ~ ***of*** *cooling* (af)koeltempo, verkoelingstempo; ~ ***of*** *descent, (lugv.)* daaltempo; ~ ***of*** *development* ontwikkelingstempo; ontwikkelingskoers; ~ ***of*** *discount* →DISCOUNT RATE; ~ ***of*** *exchange* →EXCHANGE RATE; ~ ***of*** *fall* valsnelheid, -tempo; ~ ***of*** *feed, (teg.)* (toe)voertempo; ~ ***of*** *fire, (mil.)* vuurtempo; ~ ***of*** *flow* stroom-, vloeitempo; ~ ***of*** *interest* →INTEREST RATE; ~ ***of*** *march, (mil.)* marssnelheid, -tempo; ~ ***of*** *melting* smelttempo; ~ ***of*** *mortality* →MORTALITY RATE; ~ ***of*** *movement, (meg.)* gang; ~ ***of*** *pay/wages* loontarief; ~ ***of*** *progress* vorderingstempo; ~ ***of*** *return* opbrengskoers; ~ ***of*** *savings* →SAVINGS RATE; ~ ***of*** *subscription* →SUBSCRIPTION RATE; ~ ***of*** *taxation* →TAX RATE; ~ ***of*** *work* →WORK RATE; *~s and* ***taxes*** eiendomsbelasting en diensgelde, munisipale belasting(s). **rate** *ww.* skat, waardeer, takseer, valueer; aanslaan; beoordeel, beskou, reken; beraam, bepaal, vasstel; bereken; belas; verdien, in aanmerking kom vir; gereken word; *(Am.)* verdien, waardig wees; →RATABLE, RATED, RATING[1]; ~ *s.o./s.t.* ***among/with*** *...* iem./iets onder ... reken; *s.o./s.t. ~s* ***as*** *...* iem./iets geld as ...; ~ *s.o./s.t.* ***highly*** iem./iets hoog aanslaan; *s.o. does not ~* ***high(ly)*** iem. staan nie hoog aangeskrewe nie. **~payer** (plaaslike) belastingbetaler; belastingpligtige. **~payers' association** belastingbetalersvereniging.

rate[2] *ww., (arg.)* uitskel, slegsê, inklim; →RATING[2]; ~ *at s.o.* teen iem. tekere gaan (*of* te kere gaan *of* tekeregaan), met iem. raas.

rate[3] *ww.* →RET.

rate·a·ble →RATABLE.

rat·ed bereken, beskou; ontwerp-; ~ *capacity* ontwerpvermoë; ~ *load* ontwerpbelasting.

ra·tel ratel; →HONEY BADGER.

rath(e) *(arg. of poët., liter.)* vroeg(ryp); ontydig. **~-ripe** vroegryp.

ra·ther liefs, liewer(s), (veel) eerder, veeleer, by voorkeur, (veel)meer; taamlik, effe(ns), effentjies, nogal, ('n) bietjie, ietwat, bra, enigsins, vry; *orderliness is not the result of law, ~ it is the* ***cause*** *of it* ordelikheid is nie die resultaat van die wet nie, dit is eerder die oorsaak daarvan; *be ~* ***early*** ('n) bietjie vroeg wees; ~ ***good*** nogal goed; ~ ***long*** langerig; ~ ***more*** *than a hundred* ruim/goed honderd; ***much*** ~ baie/veel eerder/liewer(s); ~ ***not*** liefs/liewer(s) nie; ~ ***pretty*** nogal mooi, mooierig; ***rather!****, (Br., vero.)* graag!; alte seker!; hoe anders?; nogal!; ek sou so dink!; *it ~* ***seems*** *to me ...* dit wil my voorkom ...; ~ ***short*** korterig; *be ~* ***surprised*** nogal/ietwat (*of* ['n] bietjie *of* enigsins) verbaas wees; ~ ***than*** ... liewer(s) as (om) ...; in plaas van ...; *s.o. would ~ have died* ***than*** *confess* iem. sou liewer(s) gesterf het as om te erken; ~ *you* ***than*** *me* liewer jy as ek; *I ~* ***think*** *you know him/her* ek dink amper jy ken hom/haar.

raths·kel·ler *(Am.)* kelderkroeg, -taverne, -taphuis; kelderrestaurant, -restourant.

rat·i·fi·ca·tion bekragtiging, goedkeuring, ratifikasie; *subject to* ~ onderworpe aan bekragtiging. ~ **instrument** bekragtigingstuk.

rat·i·fy bekragtig, ratifiseer.

ra·tine →RATTEEN.

rat·ing[1] skatting; aanslag; waardering, taksering, taksasie; waardebepaling, -skatting, beoordeling; tariefbepaling; bedryfsvermoë; groepering, klas, stand, graad; (plaaslike) belasting; matroos, manskap *(ter see)*; *(gew. i.d. mv.), (rad.)* luistersyfer, *(TV)* kyksyfer; *credit* ~ kredietstand, -waardigheid; *top the ~s* die hoogste luister-/kyksyfer behaal. ~ **policy** tarief-, tariewebeleid. ~ **system** tarief-, tariewestelsel.

rat·ing[2] *(vero.)* skrobbering, afjak.

ra·ti·o -*tios* verhouding; verhoudingsgetal; grond, rede, ratio; *in the ~ of 3 to 10* in die verhouding 3 tot 10.

ra·ti·oc·i·nate *(fml.)* redeneer; gevolgtrekkings maak. **ra·ti·oc·i·na·tion** gevolgtrekking; bewysvoering; redenering, denke, nadenke.

ra·tion *n.* rantsoen, porsie; *(ook, i.d. mv.)* proviand, rantsoen(e), voedsel, kos, provisie; *on short ~s* op halwe rantsoen. **ra·tion** *ww.* op rantsoen sit, rantsoeneer; →RATIONING; ~ *s.t. out* iets uitdeel; ~ *s.o. to ...* iem. net ... toelaat. ~ **bag** provisie-, proviandsak.

ra·tion·al redelik, met rede begaaf(d); billik; verstandig, rasioneel; *(wisk.)* meetbaar, rasionaal; ~ *number* meetbare/rasionale getal. **ra·tion·ale** grondrede, ratio, opgaaf/opgawe van redes, logiese/redelike grond, beredeneerde opgaaf/opgawe, (redelike) uiteensetting, beredenering; *the ~ behind/for/of s.t.* die logika agter iets, die grond(e)/grondrede (*of* logiese verklaring) vir iets. **ra·tion·al·i·sa·tion, -za·tion** rasionalisasie; *(ekon.)* rasionalisering, sanering. **ra·tion·al·ise, -ize** rasionaliseer, verstandelik uitlê/verklaar; *(ekon.)* rasionaliseer, saneer; *(wisk.)* rasionaal maak, worteltekens verwyder. **ra·tion·al·is·er, -iz·er** rasionaliseerder; *(ekon.)* rasionaliseerder, saneerder. **ra·tion·al·ism** rasionalisme, redegeloof, redelike godsdiens. **ra·tion·al·ist** *n.* rasionalis. **ra·tion·al·ist, ra·tion·al·is·tic** *adj.* rasionalisties. **ra·tion·al·i·ty** redelikheid; rasionaliteit; denkvermoë.

ra·tion·ing *n.* rantsoenering.

Rat·is·bon →REGENSBURG.

rat·ite *(orn.)* loopvoël.

rat·lin(e), rat·ling *(sk.)* weeflyn; *(ook, i.d. mv.)* touleer.

ra·toon, rat·toon (suikerriet)spruit; *(i.d. mv.)* (suikerriet)spruite/opslag.

rats·bane *(poët., liter.)* rot(te)gif; arseen; *it's ~ to s.o.* dis die pes vir iem..

rat·tan, ra·tan rottang, spaansriet. ~ **(cane)** (rottang)kierie.

rat-tat, rat-tat-tat →RAT-(A-)TAT, RAT-(A-)TAT-TAT.

rat·ted *adj.: get ~, (Br., sl.)* smoor-/stom-/papdronk word, hoenderkop (*of* lekker gekoring/getrek) raak.

rat·teen, ra·tine *(tekst.)* ratyn.

rat·ter rot(te)vanger; *(infml., neerh.)* oorloper, afvallige, droster.

rat·ting rot(te)vangery; *(infml., neerh.)* oorlopery.

rat·tle *n.* ratel; *(speelding)* rammelaar; klopper; geratel, gerammel; geraas; geroggel; gebabbel, geklets, gekekkel; *(arg.)* babbelaar; *(med.)* →RALE; *an agreeable ~, (arg.)* 'n gesellige babbelkous. **rat·tle** *ww.* ratel, raas; rammel; kletter; babbel, klets; roggel; klapper; van stryk (af) bring, verbouereer, verbouereerd maak, onthuts; senuweeagtig maak; ~ ***along/away/on*** voortbabbel, -klets; ***be*** *~d by s.t., (infml.)* deur iets van stryk (af) gebring word; ~ ***down*** *a road/etc., ('n voertuig)* by die straat/ens. aframmel; ***get*** *~d, (infml.)* verbouereerd (*of* van stryk [af]) raak; ~ *s.t.* ***off*** iets aframmel; ~ *the* ***sabre*** →SABRE *n.*; ~ *a bill* ***through****, (parl., infml.)* 'n wetsontwerp deurja(ag); ~ ***up*** *an anchor* 'n anker ophys/ophaal; ~ ***up*** *a good score, (kr., infml.)* vinnig 'n stewige telling opstapel. **~brain, ~head, ~pate** leegkop; warkop; malkop. **~-brained, ~-headed** leeghoofdig; deurmekaar, verwar(d), warkoppig; onbesonne. ~ **bush** klappers, stywe-, styfsiektebos. **~snake** ratelslang. **~trap** *n.* lendelam rytuig/ens.; tjor(rie), rammelkas, skedonk; *(ook, i.d. mv.)* tierlantyntjies. **~trap** *adj.* lendelam.

rat·tler rammelaar; opstopper; *(Am., infml.)* ratelslang.

rat·tling ratelend; *(infml.)* vinnig, snel; *(infml., vero.)* uitstekend, deksels/verduiwels goed; *a ~ good meal* 'n deksels goeie maaltyd; *a ~ pace* 'n vinnige vaart; *a ~ good story/tale* 'n boeiende/opwindende verhaal.

rat·toon →RATOON.

rat·ty vol rotte, rot(te)-; *(infml.)* katterig, iesegrimmig, vieserig, beneukterig.

rau·cous skor, hees, rou; ~ *voice, (ook)* krassende stem, kraakstem, rasperstem. **rau·cous·ness** skorheid, heesheid, rouheid.

raun·chy -*chier* -*chiest, (infml.)* wellustig, sin(ne)lik, seksbehep; prikkelend, uitlokkend, uitdagend; vulgêr, boers, kru, plat, grof; vuil, skurf, smerig, vieslik; *(hoofs. Am.)* slonserig, slordig.

rau·wol·fi·a, rau·vol·fi·a *(bot.)* rauwolfia.

rav·age *n., (dikw. i.d. mv.)* vernieling, verwoesting, plundering, skade; *the ~s of time* die tand van die tyd. **ravage** *ww.* verniel, verwoes, plunder, stroop.

rave[1] *n., (infml.)* ophemeling, lofuiting; geraas; *(Br., infml.)* dansparty(tjie), fuif(party), jollifikasie, makietie, opskop; *(dansbyeenkoms, infml.)* rave; *(mus., infml.)* rave(-musiek); *s.t. is all the ~, (infml.)* iets is hoog in die mode. **rave** *ww.* raas, tekere (*of* te kere) gaan, tekeregaan, uitvaar; yl; *(infml.)* by 'n rave wees, 'n rave bywoon, rave; →RAVER, RAVING; *~ **about** ..., (infml.)* met ... dweep, in vervoering/verrukkking oor ... wees; *~ **against/at** ...* teen ... uitvaar (*of* tekere gaan *of* te kere gaan *of* tekeregaan); *the storm ~d itself **out*** die storm het die (hom) uitgewoed; *~ **it up**, (infml.)* wild jolyt maak. ~ **culture** *(infml.)* rave-kultuur. ~ **notice**, ~ **review** ophemeling, opvyseling. **~-(up)** *n., (infml.)* makietie, opskop.

rave[2] *n.* reling *(v. 'n wa)*.

rav·el *n.* verwarring; knoop; rafel. **rav·el** *-ll-, ww.* verwar, deurmekaar maak; losmaak; *~ s.t. out* iets ontwar; *s.t. ~s out* iets rafel uit. **rav·el·ling** *n.* rafel(draad); uitrafeling.

rave·lin *(hist.: soort verskansing)* ravelyn.

ra·ven[1] *n.* raaf; *whitenecked ~, (Corvus albicollis)* withalskraai. **ra·ven** *adj.* raafswart, pikswart, gitswart.

rav·en[2] *n.* = RAVIN. **rav·en** *ww., (arg.)* plunder, roof, rowe; verslind, opvreet. **rav·en·ing** *adj.* roofsugtig; gulsig, vraatsugtig; wild, woes; onbeheers(d), rasend, siedend. **rav·en·ous** *(infml., gew. skerts.)* dood/vaal van die honger; uitgehonger(d); gulsig, vraatsugtig; verslindend; roofsugtig.

rav·er besetene, waansinnige; *(Br., infml.)* partytjiedier, joller, opskopper, bok vir sports; *(infml.: iem. wat raves toe gaan)* raver.

rav·in *(arg. of poët., liter.)* roof, plundering; →RAPINE.

ra·vine (berg)kloof, skeur, ravyn.

rav·ing *n., (dikw. i.d. mv.)* geraas; yling; *ranting and ~* geraas/gevloek en geskel. **rav·ing** *adj.* ylend, deurmekaar; waansinnig, rasend, dol, koorsagtig; *be a ~ beauty* beeldskoon (*of* asemrowend/ongelooflik/verruklik mooi *of* 'n sonderlinge/uitsonderlike skoonheid) wees; *be a ~ lunatic* stapelgek wees, heeltemal mal (*of* van jou trollie af) wees; *~ mad* →HOPPING/RAVING **MAD**; *stark ~ mad/bonkers* →STARK *adj.*.

ra·vi·o·li *(It. kookk.)* ravioli.

rav·ish *(poët., liter.)* in verrukking bring, bekoor, betower, verruk; *(arg.)* (ontvoer en) verkrag, onteer, ontmaagd; *(arg.)* wegvoer, ontroof. **rav·ish·er** *(arg. of poët., liter.)* ontvoerder; verkragter. **rav·ish·ing** *(ook)* verruklik. **rav·ish·ment** *(arg. of poët., liter.)* ontrowing; verkragting, ontering, maagderoof, ontmaagding; verrukking.

raw *n., (hoofs. fig.)* seer plek; *in the ~*, poedelkaal, -naak, *('n man)* in adamsgewaad/-pak, *('n vrou)* in evasgewaad; primitief, rou; *touch s.o. on the ~* 'n teer plek by iem. aanraak, 'n teer/tere snaar by iem. aanroer. **raw** *adj.* rou, ongekook; ongaar; ru, onbewerk; onbehandel(d); onverwerk; onervare, baar, groen; ongeoefen(d), onopgelei(d); seer, skrynerig; onverbloem(d) *(emosies); (hoofs. Am., infml.)* kru *(taal)*; *~ **brick*** rou steen, rousteen; *~ **coffee*** ongebrande koffie; *~ **day*** gure dag; *a ~ **deal*** →DEAL[1] *n.*; *~ **edge*** ruwe kant; rafelkant, -rand; *~ **linseed oil*** rou lynolie, roulynolie; *~ **material*** grondstof; *~ **milk*** ongepasteuriseerde melk; *~ **product*** ruwe/onbewerkte produk; *~ **recruit*** baar/ongeoefende rekruut; *~ **rock phosphate*** ru-rotsfosfaat; *~ **score*** ruwe telling; *~ **silk*** ru-sy; *~ **taste*** wrede smaak; *~ **water*** ongesuiwerde/onbehandelde water; *~ **weather*** gure weer; *~ **wool*** ru(we) wol. **raw** *ww., (w.g.)* skrynerig maak, skaaf, skawe. **~boned** maer en benerig, vel en been, brandmaer, uitgeteer.

raw·hide ongebreide/ongelooide/rou huid/vel. ~ **hammer** rouvelhamer. ~ **thong** rou riem.

raw·ish rouerig.

raw·ness guurheid; rouheid; baarheid.

ray[1] *n.* straal; ligstreep; rigstreep; *a **bundle** of ~s* 'n stralebundel; *a ~ of **hope*** 'n straal van hoop; *a ~ of **light*** 'n ligstraal; *a ~ of **sunshine*** 'n sonstraal. **ray** *ww.* (uit)straal, deurstraal, strale skiet. ~ **floret**, ~ **flower** rand-, straal-, lintblom. ~ **fungus** straalswam, -skimmel. ~ **gun** *(wetenskap[s]fiksie)* straalpistool. ~ **therapy** bestraling, straalbehandeling, -terapie.

ray[2] *n., (igt.)* rog.

ray[3], **re** *n., (mus.)* re.

ray grass = RYE GRASS.

ray·on *(tekst.)* rayon.

raze, rase sloop, afbreek; uitvee, uitwis, uitkrap, skrap; *s.t. was ~d by fire* iets het platgebrand (*of* plat gebrand); *~ s.t. (to the ground)* iets vernietig/uitwis (*of* totaal verwoes *of* met die grond gelykmaak).

ra·zor *n.* skeermes; *~'s edge* = RAZOR EDGE. **ra·zor** *ww.* skeer; sny. **~back** *(soöl.: Am. wildevark)* spitsrug; *(igt.)* vinwalvis; →FIN WHALE, RORQUAL. **~bill, ~-billed auk** *(orn.)* alk. ~ **blade** skeer(mes)lem(metjie). ~ **cut** *n.* skeersnit. **~-cut** *ww.* skeerknip *(hare)*. ~ **edge** snykant, skerp kant *(v. 'n skeermes)*; skerp skeidslyn; *be on a ~* in 'n netelige toestand verkeer/wees; in lewensgevaar verkeer/wees, aan 'n draadjie hang; op 'n tweesprong staan. **~-edged** vlymskerp. ~ **gang** bek-snyersbende. ~ **grinder** skeermesslyper. **~-keen** vlymskerp. **~-sharp** vlymskerp. **~-shell** knipmesmossel; swaardskede *(v.d. mossel)*. ~ **strop** skeer-, slypriem, aansitriem. ~ **wire** lemmetjiesdraad.

ra·zor-like vlymskerp.

razz *n. (afk.)* →RASPBERRY *(Br., infml.)*. **razz** *ww., (infml., hoofs. Am.)* (uit)koggel, belaglik/bespotlik maak; vir die gek hou; hekel; (uit)jou.

raz·zi·a *(<Arab., hist.)* rooftog.

raz·zle: *be/go on the ~, (infml.)* groot pret maak.

raz·zle-daz·zle, razz·ma·tazz opwinding, gewoel, drukte; grootdoenery; lawaai.

re[1] *(Lat.)* insake, aangaande, na aanleiding van, met betrekking tot, met verwysing na.

re[2] *(mus.)* →RAY[3] *n.*.

re- *pref.* her-, weer; re-; ver-; *~act* reageer; *~build* herbou, weer opbou; *~count* oortel, hertel; *~marry* hertrou, weer trou; *~new* hernu(we), hernieu, vernuwe; hervat, weer begin; *~organise/-ize* reorganiseer, hergroepeer, herskik; *~unite* herenig, weer byeenkom; versoen.

re·ab·sorb herabsorbeer, weer opsuig/absorbeer.

re·ac·cept heraanvaar. **re·ac·cep·tance** heraanvaarding.

reach *n.* bereik; armbereik; mag; omvang, uitgestrektheid, afstand; loop *(v. 'n rivier)*; *be **above** s.o.'s ~, (lett.)* te hoog wees vir iem. om by te kom; *(fig.)* bo(kant) iem. se vuurmaakplek wees; ***beyond** the ~ of the eye* onafsienbaar; *the **lower** ~es* die benedeloop *(v. 'n rivier)*; *be **out of** ~* buite bereik wees; *the **upper** ~es* die boloop *(v. 'n rivier)*; *be **within** ~* binne bereik wees, byderhand/naby wees; ***within** easy ~ of ...* naby ... **reach** *ww.* uitstrek, uitsteek; bereik; bykom; aanreik; strek; reik; deurdring tot; aangee; by die wind seil; *~ **across** s.o./s.t.* oor iem./iets leun; *~ **back*** agteroor leun *(om aan iem. se hand te vat ens.)*; teruggryp *(na tradisionele waardes ens.)*; terugstrek *(tot 1920 ens.)*; *~ **back** into the past* teruggryp na die verlede; *~ s.t. **down** from ...* iets van ... afhaal/aangee; *as far as the **eye** can ~* →EYE *n.*; *~ **for** s.t.* die/jou hand na iets uitsteek/uitstrek; na iets reik; na iets gryp *('n geweer ens.)*; *~ **forward** to an ideal* na 'n ideaal streef/strewe; *s.t. ~es **from** the Cape **to** Cairo* iets strek van die Kaap tot Kairo; *~ **high*** hoog bykom; *the law cannot ~ **it*** dit val buite die (bestek van die) wet; *~ **land*** land bereik; *~ **middle age*** die middelbare/middeljarige leeftyd bereik; *the **number** has ~ed ...* die getal staan op ...; *the boxer could not ~ his **opponent*** die bokser kon nie sy teen-/teëstander bykom nie; *~ **out** for s.t.* jou hand uitsteek om iets te vat; *~ **out** a hand* 'n hand uitsteek; *~ **out** to s.o.* met iem. probeer kommunikeer (*of* kontak maak); *~ a **place*** op 'n plek aankom/uitkom; *your **postcard** never ~ed me* jou poskaart het my nooit bereik nie; *~ **safety*** →SAFETY; *~ one's **target audience**, (rad.)* jou teikengehoor bereik; *~ **to** ...* tot ... reik; tot ... hoorbaar wees; *~ **up**, ('n boom ens.)* opreik; op jou tone staan en jou arms strek (*of* orent kom en jou hand uitsteek) *(om iets te doen)*; op jou tone staan *(en iem. op d. wang soen)*; *~ **up** a hand* 'n hand boontoe (*of* bo jou kop) uitstrek; *every **word** ~ed the audience* elke woord het op die gehoor indruk gemaak (*of* by die gehoor aanklank/byval/inslag gevind). **~-me-down** *n., (dikw. mv.), (Br., vero.)* klaargemaakte/pasklaar kledingstuk; tweedehandse kledingstuk. **~-me-down** *adj.: ~ clothes* klaargemaakte/pasklaar klere, winkelklere; tweedehandse klere; *~ writing/etc.* onoorspronklike/nagebootste skryfwerk/ens..

reach·a·ble bereikbaar; bekombaar; bykombaar.

re·ac·quaint *ww.: ~ o.s./s.o. with ...* weer met ... vertroud raak, iem. weer met ... vertroud maak, weer op (die) hoogte van ... kom, jou/iem. weer op (die) hoogte van ... bring/stel.

re·act reageer; *~ **against** ...* teen ... in verset kom; *~ **(up)on** ...* op ... reageer; deur ... beïnvloed word; *s.o. is **quick/slow** to ~* iem. reageer vinnig/stadig; *~ **to** ...* op ... reageer. **re·ac·tance** *(fis.)* reaktansie. **re·ac·tant** *(chem.)* reaktans. **re·ac·tion** reaksie; uitwerking; teen-, teëstand; ***in** ~* by wyse van reaksie; van die weeromstuit; *~ **sets in*** daar kom 'n reaksie, daar tree 'n reaksie in; *the ~ **to(wards)** ...* die reaksie op ... **re·ac·tion·ar·y** *n., (hoofs. pol.)* reaksionêr. **re·ac·tion·ar·y** *adj.* reaksionêr; terug-, teen-, teëwerkend. **re·ac·ti·vate** reaktiveer, weer in beweging bring. **re·ac·ti·va·tion** reaktivering. **re·ac·tive** reagerend. **re·ac·tor** reaktor; *(rad.)* reaksiespoel, terugkoppelspoel; reaksievat, -ketel; kern-, atoomreaktor.

re-act *(teat. ens.)* weer speel/opvoer.

read *n.* leesstof; *a **beautifully written**, compelling ~* 'n pragtig geskrewe, meesleurende boek; *an **easy** ~* 'n lekkerleesboek; *have a **good** ~* lekker lees; *this book is a **good** ~* dié boek lees lekker. **read** *read read, ww.* lees; voorlees; verklaar, uitlê; raai; lui; studeer *('n vak)*; aflees *('n instrument)*; beoordeel; meet *('n temperatuur)*; deursien *(iem.)*; proeflees, korrigeer *(proewe)*; oplos *('n raaisel)*; →READING; *~ **about** s.t.* oor/van iets lees; *~ **all about it!*** lees alles daarvan!; *~ s.t. **again*** iets oorlees/herlees; *~ **aloud*** hardop lees; *~ s.t. **back** to s.o.* iets vir iem. teruglees; *~ for the bar* →READ/STUDY FOR THE **BAR**; *~ **between** the lines* →LINE[1] *n.*; *the **book** ~s easily* die boek lees maklik (*of* is maklik om te lees); *~ s.o. like a **book*** →BOOK *n.*; *~ the **clock*** →CLOCK *n.*; *~ a **dream*** 'n droom uitlê; *~ **for** ...* vir ... werk *('n graad)*; vir ... studeer *('n eksamen)*; *~ (aloud) **from** a book* uit 'n boek voorlees; *~ the **future*** →FUTURE *n.*; *~ s.o.'s **hand*** iem. se hand lees; *~ ... **in**, (rek.)* ... inlees *(teks, data, ens.)*; *~ too much **into** a report/etc.* te veel uit 'n verslag/ens. aflei; *~ **law*** →STUDY/READ **LAW**; *~ s.o. a **lesson*** →LESSON *n.*; *~ **lips*** →LIP *n.*; *~ s.o.'s **mind/thoughts*** agterkom wat iem. werklik dink, besef wat iem. se ware gevoelens is, iem. deursien/deurgrond; *the secretary ~s the **minutes*** die sekretaris lees die notule voor; *~ the **news*** →NEWS; *~ s.t. **off*** iets aflees; *~ **on*** verder/verder lees; *~ s.t. **out*** iets voorlees/aflees; iets teruglees; *~ s.t. **over*** iets oorlees; *~ a **paper*** →PAPER *n.*; *do not ~ s.o.'s **silence** as consent* moenie iem. se (stil)swye as toestemming uitlê nie; *~ **silently*** →SILENTLY; *~ **s.o.*** →*read s.o.'s **mind/thoughts***; *~ a **subject*** →SUBJECT *n.*; *~ **tea leaves*** die toekoms in teeblare lees; *the **thermometer** ~s 30 degrees* die termometer wys 30 grade; *~ **through** s.t.* iets deurlees; *the **title** ~s ...* die titel lui ...; *~ s.t. **to** s.o.* iets aan/vir iem. (voor)lees; *~ **up** (on) a subject* 'n onderwerp naslaan/bestudeer/nalees, jou in 'n onderwerp inwerk; *~ **widely*** uitgebrei(d) lees. **read** *adj.* gelees; belees; *a **chapter** ~ aloud* 'n voorgelese hoofstuk; *be **deeply** ~* goed belese wees; ***take** s.t. as ~* iets as gelees/gelese beskou; *s.o. is **well** ~* iem. is belese; iem. is gekonfyt *(in iets)*; *a **widely** ~ ...* 'n belese ... *(pers.)*; 'n algemeen gelese ... *(boek)*; 'n veelgelese ... *(blad)*. ~ **head** *(rek.)* leeskop. **~-in** *n., (rek.)* inlesing. **~-only memory** *(rek., afk.: ROM)* lees(alleen)geheue, permanente geheue. ~-**out** *n., (rek.)* uitlesing. ~-**write** *adj. (attr.), (rek.)* lees-skryf-; ~ *head* lees-skryf-kop; ~ *memory* lees-skryf-geheue.

read·a·ble lesenswaardig; (maklik) leesbaar *('n geskrif)*. **read·a·bil·i·ty, read·a·ble·ness** lesenswaardigheid.

re·ad·dress heradresseer; nastuur, nasend.

read·er leser; keurder, (manuskrip)leser; proefleser, reviseur; leesboek; *(Br., univ., ook R~)* medeprofessor; leestoestel, =apparaat; *(ook, i.d. mv.)* lesers(kring); →LAY READER; *s.o. is an avid* ~ iem. is 'n ywerige leser. ~ **ad=vertisement** leesstofadvertensie.

read·er·ship leserskring, leserstal; *(Br. univ., ook R~)* medeprofessoraat.

read·i·ly geredelik, graag; maklik.

read·i·ness gereedheid, paraatheid; bereidheid, be=reidwilligheid, gewilligheid; gemak; vlugheid; vaar=digheid; *be* ***in*** ~ gereed/klaar wees, in gereedheid wees; *hold s.t.* ***in*** ~ iets gereed/klaar hou; ~ *to* ***learn*** gewil=ligheid om te leer; ***military*** ~ militêre paraatheid; *in a* ***state*** *of* ~ in gereedheid; ~ *for* ***war*** strydvaardigheid; ~ *of* ***wit*** gevatheid.

read·ing *n.* lees, lesery; belesenheid; verklaring; ver=tolking, interpretasie; opvatting; lesing *(v. 'n teks)*; voorlesing; lektuur, leesstof, leesstuk; *(parl.)* lesing *(v. 'n wetsontwerp)*; meting, stand, (af)lesing *(v. 'n instr.)*; aanwysing; ~ *of an* ***angle****, (geom.)* hoekaflesing; *the book is* ***dull*** ~ dis 'n droë boek; *what is your* ~ *of the* ***facts?*** hoe sien jy die feite?, wat is jou opvatting van die saak?; *not be* ***fond*** *of* ~ nie graag lees nie; ***light*** ~ ontspanningsleesstof, =lektuur, ligte leesstof/lektuur; *at a* ***second*** ~ by herlesing; *the* ***second*** *~, (parl.)* die tweede lesing *(v. 'n wetsontwerp)*; ***take*** *a thermometer/ etc.* ~ die stand van die termometer/ens. (af)lees; ***wide*** ~ *is good* dis goed om baie te lees; *s.o.'s* ***wide*** ~ iem. se (groot) belesenheid; *a man/woman of* ***wide*** ~ 'n be=lese man/vrou; *s.t. is* ***worth*** ~ iets is lesenswaardig.

read·ing *adj.* lesend; lees=; ~ *public* leserskring, =pu=bliek, lesende publiek. ~ **age** leesouderdom; *a* ~ ~ *of seven* die leesvermoë/leesvaardigheid van 'n seweja=rige (kind). ~ **book** leesboek. ~ **desk** lessenaar. ~ **glass** vergrootglas. ~ **glasses,** ~ **spectacles** leesbril. ~ **knowledge** leeskennis *(v. 'n taal)*. ~ **lamp** studeer=, leeslamp. ~ **list** leeslys. ~ **matter** leesstof, lektuur. ~ **room** leessaal, =kamer. ~ **speed** leessnelheid, =spoed, =tempo.

re·ad·journ nogmaals verdaag; nogmaals uitstel.

re·ad·just verstel, oorstel, weer stel; herreël, herskik; opnuut orden; heraanpas. **re·ad·just·ment** verstelling, oorstelling; herreëling, herskikking; heraanpassing.

re·ad·mit =*tt*= weer toelaat, hertoelaat; heropneem. **re=ad·mis·sion** hertoelating; heropname. **re·ad·mit·tance** hertoelating; heropname.

re·ad·ver·tise weer/opnuut adverteer, heradverteer.

read·y =*ies, n.*: ***at the*** ~ gereed, in gereedheid, oorge=haal; slaggereed; *be* ***at the*** *~, (ook)* gereed staan; ***read=ies*** (or ***the*** ~), *(Br., infml.)* = READY MONEY; *bring a rifle* ***to the*** ~ 'n geweer in aanslag bring. **read·y** *ww.* klaarmaak, gereed maak, in gereedheid bring, voor=berei. **read·y** *adj. & adv.* klaar, gereed; paraat; be=reid, gewillig; oorgehaal; snel, vlug, vinnig; byder=hand, by die hand; geneig; bekwaam *(vir oes)*; gerede=lik (beskikbaar); →READINESS; *be* ~ *for* ***action*** →AC=TION; *be* ***all but*** ~ amper/byna gereed wees; *too* ~ *to get* ***angry*** te geneig om kwaad te word, te gou op jou perdjie; ~ *for* ***battle*** →BATTLE *n.*; *be* ~ *to* ***depart*** op die punt van vertrek staan; *be* ~ ***for*** ... klaar/gereed wees (*of* regstaan) vir ..., klaar wees om te ...; ***get*** ~ klaarmaak, gereed maak, in gereedheid kom, *(infml.)* die/jou vere regskud; ***get*** *s.t.* ~ iets gereed maak; iets in gereedheid bring; ***get/make*** ~ *for ..., (ook)* (jou) reg=maak (*of* gereed maak) vir ...; ***get/make*** ~ *to ..., (ook)* (jou) klaarmaak om te ...; *when s.o. is* ***good*** *and ~, (infml.)* wanneer iem. heeltemal gereed is; *you have to wait until s.o. is* ***good*** *and ~, (ook, infml.)* jy kan iem. nie aanja(ag) nie; ~ ***knowledge*** parate kennis; ***make*** *s.t.* ~ iets klaarmaak (*of* gereed maak *of* in gereedheid bring); ~ *to* ***march*** marsvaardig; ~ ***market*** goeie mark; *s.t. finds a* ~ ***market*** →MARKET *n.*; *have a* ~ ***pen*** vaardig met die pen wees; *be* ~ *for* ***picking*** →PICKING; *be* ***quite*** ~ heeltemal gereed/klaar wees; ~ ***reference work*** handige/nuttige naslaanwerk; ~ *for the* ***road*** reisvaardig; padvaardig; marsvaardig; ~ ***sale*** vinnige verkoop, gerede/vlot afset; *find a* ~ ***sale*** →SALE *n.*; ~ *for* ***sea*** →SEA; ***stand*** ~ gereed wees; ~ *to* ***start*** reisvaardig; vliegvaardig; *~,* ***steady, go!*** op julle/jou merke, gereed, weg!, een, twee, drie!; *be* ~ ***to*** ... gereed wees om te ...; *be much* ***too*** ~ ***with*** *s.t.* glad te kontant wees met iets *(jou vuiste ens.)*; *have a* ~ ***wit*** →WIT[1] *n.*; *always be* ~ ***with*** *s.t.* altyd iets klaar hê, altyd met iets klaar wees *('n antwoord ens.)*. ~ **cash** = READY MONEY. ~-**cooked** *adj. (attr.)* klaargaar, vooraf gekookte. ~-**made** *adj. (attr.)* klaar vir gebruik, pasklaar, klaar ge=maak/gekoop; ~ *suit* winkelpak. ~-**mixed** *adj. (attr.)* aangemaak; ~ *paint* klaar/aangemaakte verf. ~ **money** kontant(geld). ~ **position** gereedheidshouding. ~ **reckoner** kits=, snelrekenaar, snelrekenboek, reken=tafel. ~-**to-eat** *adj. (attr.)* klaargaar. ~-**to-wear** *adj. (attr.)* dragereed. ~-**witted** *adj. (attr.)* gevatte.

re·af·firm herbevestig, opnuut bevestig/bekragtig. **re=af·fir·ma·tion** herbevestiging.

re·af·for·est weer bebos, herbebos, weer met bos be=plant. **re·af·for·es·ta·tion** herbebossing.

re·a·gent *(chem.)* reageermiddel, reagens, teen=/teë=werkende middel. **re·a·gen·cy** reaksievermoë.

real[1] *n.*: *for ~, (infml.)* werklikwaar; *be for ~, (infml.)* eg wees; ernstig bedoel wees; opreg wees; *the* ~ die werk=likheid. **real** *adj.* werklik, waar, wesen(t)lik, eintlik, reëel; daadwerklik; feitlik; aktueel; eg; *(jur.)* saaklik; →REALISE, REALISM, REALISTIC, REALITY, REALLY; *a moment of* ~ ***beauty*** 'n oomblik van ware skoonheid; *grow into a* ~ ***beauty*** tot 'n beeldskone vrou (*of* jong meisie) ontwikkel; *have a* ~ ***chance*** *of winning* 'n uit=stekende kans hê om te wen; *there is a very* ~ ***danger*** *of/that* ... iets loop groot gevaar om te ..., daar is/be=staan 'n wesen(t)like gevaar dat ...; ***get*** *~!, (Am.)* moe=nie besimpeld wees nie!, kry jou kop in rat!, waar kom jy vandaan?, word wakker!; *offer* ~ ***hope*** werklike hoop bied; *a* ~ ***idiot*** 'n regte aap/skaap; *in* ~ ***life*** in die werk=likheid; *the* ~ ***McCoy*** →MCCOY; *it's a* ~ ***miracle*** dis 'n absolute wonderwerk, dis niks minder as 'n won=derwerk nie; *there is a very* ~ ***possibility*** *that* ... daar is 'n besliste (*of* daar bestaan 'n baie sterk) moontlik=heid dat ...; *the* ~ ***reason*** *for s.t.* die werklike rede vir iets; ~ ***silk*** egte sy; *be a* ~ ***Springbok/etc.*** 'n pure (*of* deur en deur 'n) Springbok/ens. wees; *be the* ~ ***thing****, (infml.)* eg (*of* die ware Jakob/jakob) wees; *welcome to the* ~ ***world*** welkom in die werklikheid. **real** *adv.* werklik, regtig; *a* ~ *fine day* 'n regte lekker dag, reg=tig 'n lekker dag; *a* ~ *live tiger/etc.* 'n regte, egte tier/ens.. ~ **ale,** ~ **beer** *(Br.: tap=/vatbier sonder ekstra gas=druk afgetap)* egte bier. ~ **estate,** ~ **property** (vaste/onroerende) eiendom, vasgoed. ~ **income** reële in=komste. ~ **load** *(teg.)* werklike las/belasting. ~ **number** *(wisk.)* reële getal. ~ **right** *(jur.)* saaklike reg. ~ **tennis, royal tennis** *(oorspr. vorm v. tennis, binnemuurs ge=speel)* saaltennis. ~ **time** *(rek.)* reële tyd. ~-**time** *adj. (attr.), (rek.)* intydse *(horlosie, verwerking, stelsel, ens.)*. ~ **wage** reële loon. ~ **yellowwood** *(Podocarpus latifolius)* opregte geelhout.

real[2] *real(e)s, n. (hist. Sp. munt; geldeenheid v. Bras.)* re=aal.

re·al·gar *(min.)* realgar, rooiglas, arseenrooi, robyn=swa(w)el.

re·a·lign weer rig; herskik; hergroepeer; *(mot.)* her=spoor; ~ *o.s. with* ... jou houding jeens (*of* ten opsig=te van) ... verander; jou weer/opnuut agter/by ... skaar. **re·a·lign·ment** herskikking; verskuiwing; *(mot.)* her=sporing.

re·al·ise, =ize besef, bewus wees/word van, weet, insien; verwesen(t)lik, verwerklik, tot werklikheid maak; *(mus.)* realiseer *('n besyferde bas ens.)*; *(fin.)* te gelde (*of* tot geld) maak, realiseer; haal, opbring, oplewer *('n prys)*; maak *('n fortuin, wins)*; likwideer *('n boedel)*; ***make*** *s.o.* ~ *s.t.* iem. iets bybring (*of* aan die verstand bring); ~ ***o.s.*** jou potensiaal bereik; jou ideale verwe=sen(t)lik; jou uitleef; *realising/=izing the* ***risk/etc.*** *s.o.* ... onder die besef van die risiko/ens. het iem. ...; ~ ***that*** ... besef (*of* tot die besef/insig kom) dat ... **re·al=is·a·ble, re·al·iz·a·ble** verwerklikbaar. **re·al·i·sa·tion, =za·tion** besef, bewuswording; realisasie, realisering; verwesen(t)liking, verwerkliking, vervulling; totstand=koming; realisasie, tegeldemaking; *come to the* ~ *that* ... besef (*of* tot die besef/insig kom) dat ...

re·al·ism realisme, werklikheidsin; aanskoulikheid. **re·al·ist** *n.* realis.

re·al·is·tic realisties.

re·al·i·ty werklikheid, wesen(t)likheid; realiteit; ***be=come*** *a* ~ werklikheid word, verwesen(t)lik word; *s.t. is* ***divorced*** *from* ~ iets is ver/vêr van die werklikheid; *the* ***harsh*** ~ die harde/rou/wrede werklikheid; ***in*** ~ in werklikheid, werklik, waarlik, inderdaad; in feite; ***sense*** *of* ~ werklikheidsin, werklikheidsbesef.

re·al·lo·cate hertoewys *(geld ens.)*. **re·al·lo·ca·tion** her=toewysing.

re·al·ly werklik, in werklikheid, waarlik, regtig, inder=daad; waaragtig; tog; darem; bra; *then s.o. became* ~ ***angry*** toe word iem. éérs kwaad; ***(not)*** *~?* werklik?, regtig?, sowaar?, ag/o so?, wat vertel jy my?, haai!, nooit!, ag kom (nou)!; nou toe nou!; ~ *and* ***truly*** wel=deeglik, waarlikwaar.

realm gebied, terrein; *(arg. of poët., liter. of jur.)* ryk, ko=ninkryk; *the* ~ *of the dead* die doderyk; *the* ~ *of nature* die natuurryk; *the* ~ *of poetry* die gebied van die dig=kuns.

re·al·po·li·tik *(D.)* realpolitik.

re·al·ty *(jur.)* vasgoed, vaste eiendom, onroerende goed. **re·al·tor** *(Am.)* eiendomsagent, =makelaar.

ream[1] *n., (hoeveelheid papier)* riem.

ream[2] *ww.* ruim; verwyd, wyer maak; uitboor; *(Am.)* uitpers *(sitrusvrugte)*; *(Am., vulg. sl.: anale seks hê [met])* holnaai, van agter neem; ~*ing machine* ruimmasjien; ~ *s.o. out, (Am., infml.)* iem. uittrap.

ream·er *(stuk gereedskap)* ruimer; ruimnaald; *(Am.)* si=truspers. ~ **bit** ruimboor.

re·an·i·mate weer besiel; laat herleef/herlewe. **re·an=i·ma·tion** herlewing.

re·an·nex heranneskeer; weer/opnuut aanheg. **re·an=nex·a·tion** heranneksasie.

reap maai; oes, inoes; insamel; pluk; ~ *the* ***fruits*** →FRUIT *n.*; ~ *a* ***harvest*** →HARVEST *n.*; ~ *as you have* ***sown*** maai wat jy gesaai het; ~ *where one has not* ***sown*** maai waar jy nie gesaai het nie, voordeel trek uit 'n ander se arbeid. **reap·er** maaier, snyer, oester; sny=masjien; *the (Grim) R~* die Dood.

reap·ing maaiery, oestery, oeswerk, insameling. ~ **hook** sekel. ~ **machine** sny=, maaimasjien, selfbinder, self=bindmasjien.

re·ap·pear weer verskyn, herverskyn. **re·ap·pear=ance** herverskyning.

re·ap·ply weer/opnuut aansoek doen; weer/opnuut aanwend.

re·ap·point weer aanstel; herbenoem. **re·ap·point=ment** heraanstelling; herbenoeming.

re·ap·praise herwaardeer; hersien, heroorweeg. **re=ap·prais·al** herwaardering; hersiening, heroorweging; herbetragting.

rear[1] *n.* agterhoede; rug; agterkant; agtergrond; *(infml.)* agterent, agterstewe; ***at the*** ~ agter, aan die agterkant; ***at the*** ~ ***of*** ... agter ...; ***bring up*** *the* ~ agteraan kom; die agterhoede vorm; ***by*** *the* ~ agter om/langs; ***cover*** *the* ~ die rug dek; ***far in the*** ~ heel agter(aan); ***from*** *the* ~ van agter (af); ***go*** *to the* ~ agtertoe gaan; *(infml.)* 'n draai gaan loop; ***hang*** *on s.o.'s* ~ op iem. se hakke wees; ***in*** *the* ~ agter; *be* ***in*** *the ~, (ook)* agteraan kom; *get a* ***kick*** *in the ~, (infml.)* 'n skop onder die/jou agterstel/sitvlak kry; ***protect*** *the* ~ die rug beskerm; ***second*** *from the* ~ naasagter; ***send*** *s.o. to the* ~ iem. agtertoe stuur; ***take*** *the enemy in the* ~ die vyand van agter (*of* in die rug) aanval. ~ **admiral** *(vloot)* skout-by-nag, *(SA)* skout-admiraal. ~ **area** agtergebied, =terrein. ~ **attack** rugaanval, aanval in die rug. ~ **axle** agteras. ~ **brake** agterrem. ~ **elevation** agteraansig. ~-**engined** *(mot.)* agterenjin=. ~ **entrance** agteringang. ~ **exit**

agter-uitgang. ~**guard** agterhoede. ~**guard action** agterhoedegeveg. ~ **gunner** stertskutter. ~ **lamp** agterlamp. ~ **leg** agterpoot. ~ **light** agterlig. ~ **line** agterste lyn. ~ **man** heksluiter. ~ **projection** = BACK PROJECTION. ~ **sight** visier *(v. 'n geweer).* ~ **surety** agterborg. ~ **view** agteruitsig. ~-**view mirror** truspieël(tjie). ~ **wheel** agterwiel. ~-**wheel drive** *n.* agterwielaandrywing. ~-**wheel-drive** *adj. (attr.)* agterwielaangedrewe. ~ **wind** meewind, rugwind, wind van agter. ~ **window** agtervenster; *(mot.)* agterruit.

rear[2] *ww.* grootmaak; oplei, vorm; teel, kweek; opsteek; steier; (op)lig, optel, ophef, verhef; oprys, jou (op)lig; ~ *a* ***building*** 'n gebou oprig; ~ ***children*** kinders grootmaak; ~ *one's/its* ***head*** jou kop (op)lig; *('n slang)* sy kop lig, regop (gaan) staan; ~ *its (ugly)* ***head*** *(again), ('n onaangename saak)* (weer) kop uitsteek; *the snake ~ed its* ***head*** die slang het sy kop gelig (*of* het regop gaan staan); *the* ***horse*** *~s* die perd steier; ~ ***horses*** perde teel; ~ ***up,*** *('n perd)* steier, op sy agterpote gaan staan; *('n gebou ens.)* uittroon, hoog uitsteek; *(fig.)* jou opruk, op jou perdjie klim; die stryd aanknoop, te velde trek. **rear** *adj.* agterste, agter=.

re·arm weer bewapen, herbewapen, van nuwe wapens voorsien. **re·arm·a·ment, re·arm·ing** herbewapening.

rear·most heel agterste.

rear·mouse, rere·mouse =*mice, (arg. of dial.)* vlermuis.

re·ar·range herrangskik, verander, herskik, anders skik; herreël; herindeel. **re·ar·range·ment** herrangskikking, omskikking, herskikking, verandering; herindeling.

re·ar·rest *n.* herarrestasie. **re·ar·rest** *ww.* weer gevange neem, herarresteer.

rear·ward *n., (arg. of poët., liter.)* agterhoede; *to the ~ of ...* agter ... **rear·ward** *adj.* agterste, agter=; agterwaarts. **rear·ward, rear·wards** *adv.* (na) agtertoe, agterwaarts, agteruit; in die agterhoede.

re·as·cend weer (be)klim/bestyg; weer opstyg.

rea·son *n.* rede *(vir/tot iets);* (die) rede, verstand; dryfveer, motief; oorsaak, aanleiding; grond; redelikheid, billikheid; ***advance*** *a ~* 'n rede aangee/opgee/aanvoer/verstrek; ***against*** ~ strydig met die rede; *the* ***age*** *of ~* die jare van onderskeid; *(A~ of R~, 18de-eeuse tydperk)* die Verligting; *the ~ does not* ***appear*** die rede blyk nie; *be* ***beyond*** *(all)* ~ buitensporig wees; ***by*** *~ of ..., (fml.)* weens/vanweë ...; omrede (van) ...; ten gevolge van ...; op grond (*of* uit krag) van ...; uit hoofde van ...; ***for*** *a ~* om 'n rede; ***for*** *~s* (or *some ~) best known to him=/herself, (dikw. skerts.)* net hy/sy sal weet hoekom; ~ ***for*** *existence* bestaansrede, rede van bestaan; *give ~s* ***for*** *s.t.* iets motiveer; ***for*** *no ~* sonder rede; ***for*** *no particular ~* om geen besondere/bepaalde rede nie, sommer; ***for*** *obvious ~s* om verklaarbare redes; ***for*** *~s of economy* spaarsaamheidshalwe, om te bespaar; ***for*** *~s of State* om staatsredes; ***for*** *the slightest ~* by die geringste aanleiding; ***for*** *some ~ or (an)other* om (die) een of ander rede; ***for*** *that ~* daarom, daaroor, om dié/daardie rede; derhalwe; ***for*** *that very ~* juis om dié/daardie rede; ***for*** *this ~* hierom, hieroor, om dié/hierdie rede; *not* ***for*** *this or that ~* nie hieroor of daaroor nie; ***for*** *whatever ~* om watter rede ook (al); *s.o.* ***has*** *every ~ to ...* iem. het alle rede hê om te ...; ***have*** *~ to ...* rede hê om te ...; ***hear*** *~* →***listen*** *to reason; there is ~* ***in*** *what s.o. says* daar sit waarheid in wat iem. sê; ***in/within*** ~ redelikerwys(e); *s.o. will do anything* ***in/ within*** ~ iem. sal alles doen wat redelik is, iem. sal doen wat redelikerwys(e)/billikerwys(e) verwag kan word; ***listen*** *to ~, come to ~, hear ~* na rede luister, rede verstaan; *s.o. has* ***lost*** *his/her ~* iem. is van sy/haar verstand af; *the* ***main*** *~* die hoofrede, die vernaamste rede; ***no*** *earthly ~* geen rede hoegenaamd (*of* op aarde) nie; *there is* ***no*** *~ to ...* daar is geen rede om te ... nie; ***out of*** *all ~* buitensporig; ***see*** *~* tot besinning kom, rede verstaan; *the ~ is not far to* ***seek*** die rede lê voor die hand; ***speak/talk*** *~* verstandig praat; *no ~ under the* ***sun*** *why ...* geen rede op aarde waarom ... nie; ***talk*** *~* →***speak/talk;*** *bring s.o.* ***to*** *~* iem. tot besinning bring, iem. rede laat verstaan; *come* ***to*** *~* →***listen*** *to reason; give s.o. ~* ***to*** *...* iem. aanleiding gee om te ...; *be open* ***to*** *~* vir oortuiging vatbaar wees; *it stands* ***to*** *~* dit spreek vanself (*of* is vanselfsprekend); dit lê voor die hand; dit is te begrype/verstaan; *it stands* ***to*** *~ that ..., (ook)* uiteraard ...; ***with*** *(good) ~* tereg, met reg; ***with= in*** *~* →***in/within;*** *a* ***woman's*** *~, (neerh., skerts.)* vrouelogika. **rea·son** *ww.* redeneer, argumenteer; beredeneer; bespreek; *~ s.t.* ***away*** iets wegredeneer; *~ s.t.* ***out*** iets uitredeneer; iets bereken *(d. gevolge ens.);* *~ s.o.* ***out of*** *s.t.* iem. iets uit die kop praat, iets uit iem. se kop praat; ~ ***with*** *s.o.* met iem. redeneer. **rea·son·a·ble** billik, redelik, aanvaarbaar; verstandig; bestaanbaar; ~ *doubt* gegronde twyfel; *find s.t. ~* iets redelik ag/vind. **rea·son·a·ble·ness** redelikheid. **rea·son·a·bly** redelikerwys(e), billikerwys(e), redelik; *talk ~* verstandig praat. **rea·soned** beredeneer(d), weloorwoë; *be closely ~* logies beredeneer(d) wees. **rea·son·er** redeneerder. **rea·son·ing** redenering; redenasie; *there's no ~ with s.o.* iem. luister nie na rede nie; *power of ~, ~ power(s)* redeneervermoë. **rea·son·less** ongegrond, sonder rede.

re·as·sem·ble weer versamel/bymekaarmaak; opnuut byeenkom; weer inmekaarsit (*of* inmekaar sit), hermonteer.

re·as·sert herhaal, weer verklaar; *~ authority* gesag herstel.

re·as·sess herwaardeer, opnuut skat; hersien. **re·as·sess·ment** herwaardering; hersiening.

re·as·sign weer/opnuut aanwys, heraanwys; weer/opnuut toewys, hertoewys. **re·as·sign·ment** heraanwysing; hertoewysing.

re·as·sume herneem, terugneem; weer aanneem/aanvaar, heraanvaar; hervat. **re·as·sump·tion** herneming, terugneming; hervatting.

re·as·sure gerusstel; weer verseker; *(versek.)* herverseker. **re·as·sur·ance** gerusstelling; *(versek.)* herversekering. **re·as·sur·ing** *adj.* gerusstellend; *it is ~ to know that ...* dit is gerusstellend om te weet dat ... **re·as·sur·ing·ly** *adv.* gerusstellend.

re·at·tempt *ww.* weer probeer.

Ré·au·mur scale *(vero.)* Réaumurskaal *(vir d. meet v. temperature).*

reave *reft reft, (arg.)* ontroof, ontneem *(van),* beroof; →REFT *ww. (volt.dw.).*

re·a·wak·en *ww.* weer wakker word, weer ontwaak; weer wakker maak, weer wek; weer opwek (*of* wakker maak *of* laat ontwaak/herleef/herlewe) *(nasionalisme ens.);* weer wek *(belangstelling, geesdrif, kommer, ens.).* **re·a·wak·en·ing** *n., (fig.)* herlewing.

re·bap·tise, =tize herdoop, verdoop, oordoop. **re·bap·tism** herdoop, herdoping, verdoping, weerdoop.

re·bar·ba·tive *(fml.)* onaangenaam; afstootlik.

re·bate[1] *n.* afslag, korting, vermindering, rabat; *give a ~* 'n afslag/korting gee. **re·bate** *ww.* korting gee, verminder, afslaan, (op die prys) laat val. ~ **brandy** *(SA)* rabatbrandewyn. ~ **store** kortingspakhuis. ~ **wine** *(SA)* rabatwyn.

re·bate[2] *n.* →RABBET.

re·bate·ment →REBATE[1] *n..*

re·bec(k) *(mus.: Me. snaarinstr.)* rebek.

Re·bek·ah *(OT)* Rebekka.

re·bel *n.* rebel, opstandige, opstandeling; oproermaker, muiter; *a sworn ~* 'n verstokte rebel. **re·bel** *adj.* rebels, opstandig, oproerig. **re·bel** =*ll*=, *ww.* rebelleer, opstaan (teen), oproer maak, in opstand kom, muit, jou teen=/teësit; *~ against ...* teen ... rebelleer/opstaan (*of* in opstand/verset kom); jou teen ... verset. **re·bel·lion** opstand, oproer, rebellie; ***crush*** (or ***put down***) *a ~* 'n opstand/oproer/rebellie onderdruk; *be* ***in*** *~* in opstand wees; *a* ***smouldering*** *~* 'n dreigende/broeiende/smeulende opstand; ***stir up*** *~* opstand aanblaas. **re·bel·lious** oproerig, opstandig, rebels, weerspannig; onregeerbaar, weerbarstig. **re·bel·lious·ness** oproerigheid, opstandigheid, rebelsheid, weerspannigheid; onregeerbaarheid, weerbarstigheid.

re·bel·low hard weergalm.

re·bid hoër bie, 'n hoër bod doen/maak; 'n nuwe bod doen/maak; 'n nuwe aanbod doen/maak.

re·bind *rebound rebound* oorbind, herbind, verbind.

re·birth we(d)ergeboorte; herlewing.

re·boot *(rek.)* (die/'n bedryfstelsel) herlaai.

re·bore *n.* herboring; *(mot.)* herboorde silinder/enjin. **re·bore** *ww.* herboor. **re·bor·ing** herboring.

re·born we(d)ergebore, herbore.

re·bound *n.* terugspringing, =sprong; terugslag, =stoot; weerklank; reaksie; weeromslag; oorreaksie; *on the ~* uit reaksie; *catch/hit a ball on the ~* 'n bal vang/slaan wanneer dit terugspring/opspring; *catch s.o. on/at the ~* van iem. se reaksie gebruik maak; *marry s.o. on the ~* kort ná 'n egskeiding/liefdesteleurstelling met iem. trou. **re·bound** *ww.* terugspring, =stoot, =slaan, =kaats; afstuit; weeromstuit; opwip; *it will ~ (up)on him/her* dit sal op hom=/haarself terugkom. **re·bound·er** wipmatjie, trampolientjie.

re·broad·cast *n.* heruitsending. **re·broad·cast** *ww.* heruitsaai, heruitsend.

re·buff *n.* affront(asie); afjak, klap in die gesig, teen=/teëslag, weiering, afwysing; *meet with a ~* jou kop stamp, 'n teen=/teëslag kry/ondervind; *meet with ~s* stampe en stote kry. **re·buff** *ww.* afjak, afwys, afstoot, terugstoot; vir ... 'n struikelblok in die weg lê, verhinder; weier.

re·build =*built* =*built* herbou, weer opbou; ombou, verbou. **re·build·ing** herbouing; heropbou, weeropbou(ing); ombouing, verbouing.

re·buke *n.* bestraffing, bestrawwing, berisping, teregwysing, brander, skrobbering. **re·buke** *ww.* bestraf, berispe, teregwys, voor stok kry, roskam, katkiseer; *~ s.o. for s.t.* iem. oor iets berispe/kapittel.

re·bur·y =*buries* =*burying* =*buried* herbegrawe. **re·bur·i·al** herbegrafnis.

re·bus =*buses* prentraaisel, rebus.

re·but =*tt*= weerlê; antwoord op, beantwoord, weerspreek; *(arg.)* afweer, stuit. **re·but·ta·ble** weerlegbaar. **re·but·tal** weerlegging; repliek. **re·but·ter** *(jur., arg.)* tweede dupliek.

re·but·ton weer toeknoop; van nuwe knope voorsien.

rec *n., (infml.)* = RECREATION GROUND(S). ~ **hall** *(Am.)* = RECREATION HALL. ~ **room** *(Am.)* = RECREATION ROOM.

re·cal·ci·trate dwarstrek, teen=, teëstribbel, jou verset, teen=, teëspartel, we(d)erstrewig wees. **re·cal·ci·trance** weerspannigheid, weerbarstigheid, balhorigheid, on(ge)willigheid, we(d)erstrewigheid, dwarsheid; verset. **re·cal·ci·trant** *n.* weerspannige. **re·cal·ci·trant** *adj.* dwars, weerspannig, weerbarstig, we(d)erstrewig, balhorig, on(ge)willig; *a ~ witness* 'n weerspannige getuie.

re·cal·cu·late herbereken. **re·cal·cu·la·tion** herberekening.

re·ca·les·cence *(metal.)* rekalessensie. **re·cal·esce** *ww.* rekalesseer, weer warm word. **re·ca·les·cent** *adj.* rekalesseer=, rekalessensie=.

re·cal·i·brate herkalibreer, heryk. **re·cal·i·bra·tion** herkalibrering, heryking.

re·call, re·call *n.* terugroeping *(v. iem.);* herroeping, intrekking *(v. bewerings ens.);* herinneringsvermoë; *be beyond/past ~* onherroeplik wees. **re·call** *ww.* terugroep, weer laat kom *(iem.);* terugbring *('n weggelate speler ens.);* terugroep, weer oproep *('n getuie);* herroep, intrek *('n magtiging, lisensie, ens.);* herroep *(defekte voertuie ens.);* terugdink aan, onthou, jou herinner; laat dink aan, herinner aan, in herinnering bring; *s.o.* ***can't*** *~ s.t.* iem. kan iets nie onthou nie, iets het iem. ontgaan (*of* val iem. nie by nie); ~ ***memories*** herinnerings ophaal; *~ s.t. to* ***mind*** →MIND *n.;* *~ s.o.* ***to*** *s.t.* iem. aan iets herinner *(sy/haar plig ens.).*

re·cant herroep, terugtrek, terugneem, intrek *('n bewering ens.);* jou geloof versaak, jou dwaling openlik erken. **re·can·ta·tion** herroeping, terugtrekking, intrekking.

re·cap[1] =*pp*=, *ww.* versool *(bande);* →RETREAD.

re·cap[2] *n.: give a ~ of s.t., (infml.)* iets kortliks herhaal. **re·cap** =*pp*=, *ww., (infml.)* opsom; →RECAPITULATE.

re·cap·i·tal·ise, =ize herkapitaliseer. **re·cap·i·tal·i·sa·tion, =za·tion** herkapitalisasie, herkapitalisering.

re·ca·pit·u·late opsom, (beknop) saamvat, kortliks herhaal, rekapituleer. **re·ca·pit·u·la·tion** opsomming, samevatting, herhaling, rekapitulasie; *(mus.)* rekapitulasie, terugkeer, reprise. **re·ca·pit·u·la·to·ry** opsommend, samevattend, herhalend, rekapitulerend.

re·cap·ture *n.* herowering, herneming; hergevangeneming. **re·cap·ture** *ww.* herower, herneem; weer gevange neem; herwin; ~ *the past* terugverlang (*of* heimwee hê) na die verlede.

re·cast =*cast* =*cast* hergiet, opnuut giet, weer vorm; wysig, omwerk, verwerk; *(teat., filmk.)* herbeset *(rolle)*; *be* ~ *as* ... voortaan die rol van ... speel.

rec·ce *(infml.)* verkenning(stog); verkenningsoldaat; →RECONNAISSANCE.

re·cede terugtree, (terug)wyk, teruggaan, terugtrek, agteruitgaan; terugloop; daal, sak, afneem; (uit die oog) verdwyn; *the danger/threat of* ... *has* ~*d* die gevaar/bedreiging van ... het afgeneem; ~ *from an opinion, (arg.)* 'n standpunt heroorweeg/terugtrek (*of* laat vaar); ~ *into the background* op die agtergrond raak/tree. **re·ced·ing:** ~ *chin/forehead* skuins ken/voorkop; ~ *colour* wykende kleur, wykkleur; ~ *hairline* halfmaanbles; ~ *tide* afgaande gety.

re·ceipt *n.* ontvangs; inontvangsneming; kwitansie *(vir geld)*; ontvangsbewys *(vir goedere)*; *(kookk., arg.)* resep; *(farm., arg.)* resep, voorskrif; *(ook, i.d. mv.)* inkomste, ontvangste; gelde; ***acknowledge*** *(the)* ~ *of* ... die ontvangs van ... erken; ***clean/clear*** ~ →CLEAN *adj.*, CLEAR *adj.*; *be* ***in*** ~ *of s.t.* iets ontvang het, in besit van iets wees; ***make out*** *a* ~ *for* ... 'n kwitansie vir ... uitskryf/=skrywe *(geld)*; 'n ontvangsbewys vir ... uitskryf/=skrywe *(goedere)*; ***on*** ~ *of s.t.* by ontvangs van iets; ***short*** ~ onvolledige ontvangs, ontvangstekort, tekort by ontvangs *(v. goedere)*. **re·ceipt** *ww. (gew. as volt.dw.)* kwiteer; *this cheque must be endorsed as well as* ~*ed* hierdie tjek vereis sowel endossement as kwitering. ~**s and expenditure account** rekening van ontvangste en uitgawes, ontvangste-en-uitgawe(-)rekening. ~**s and payments account** rekening van ontvangste en betalings, ontvangste-en-betalings(-)rekening. ~ **stamp** kwitansieseël, =reg.

re·ceiv·a·ble aanneemlik, ontvangbaar; invorderbaar; *(jur.)* ontvanklik; (ver)diskonteerbaar; *bills* ~ inbare (*of* te inne/betale) wissels.

re·ceive ontvang, kry; in ontvangs neem, aanneem; toelaat; onthaal, verwelkom; opneem *('n pasiënt)*; *(jur.)* heel, ontvang *(gesteelde goed)*; *(jur.)* resipieer; *(rad.)* opvang; →RECEIVABLE, RECEIVED, RECEIVER, RECEIVING, RECEPTACLE, RECEPTION, RECEPTIVE, RECEPTOR; *s.t. deserves more* ***attention*** *than it* ~*s* iets verdien meer aandag; ~ *s.t.* ***from*** *s.o.* iets van iem. ontvang; ~ *s.o.* ***into*** *the Church* iem. as lidmaat (van die kerk) aanneem; *Roman* ***law*** *as* ~*d in Western Europe* die Romeinse reg soos in Wes-Europa geresipieer; ***news*** *was* ~*d yesterday* berig het gister (in)gekom; ~ *a* ***pension*** →PENSION[1] *n.*; ***tenders*** *will be* ~*d until* ... inskrywings/tenders word tot ... ingewag; ***value*** ~*d* →VALUE *n.*.

re·ceived *adj. (attr.)*: ~ *opinion* geldende mening. **R~ Pronunciation** *(Br.)* standaarduitspraak. **R~ Standard (English)** Britse Standaardengels, Oxfordengels.

re·ceiv·er ontvanger; *(telef.)* gehoorstuk, =buis, *(vero.)* horing; ontvang(s)toestel; vergaarbak; heler *(v. gesteelde goed)*; *(jur.)* kurator *(v. 'n gesekwestreerde boedel)*; *(telegr.)* seinontvanger; *(tennis)* terugslaner; ~ *of revenue* ontvanger van inkomste, belastinggaarder. **re·ceiv·er·ship** *(jur.)* kuratorskap; *be in* ~ onder kuratorskap staan; *go into* ~ onder kuratorskap geplaas word.

re·ceiv·ing ontvangs; heling *(v. gesteelde goed)*; *be on the* ~ *end of s.t.* →END *n.*. ~ **set** ontvang(s)=, opvangtoestel.

re·cen·sion hersiening, hersiene uitgawe.

re·cent onlangs, resent, pas gebeur, met 'n onlangse datum; nuut, vars; modern; *of* ~ ***date*** →DATE[2] *n.*; *the* ~ ***examinations*** die afgelope eksamens; *a* ~ ***issue*** *of the magazine* een van die jongste nommers van die tydskrif; ***most*** ~ jongste; ~ ***settler*** nuwe (*of* pas aangekome) immigrant; ~ ***wound*** vars wond; *in* ~ ***years*** in die laaste jare. **re·cen·cy** onlangsheid, resentheid; nuwigheid. **re·cent·ly** kort (*of* 'n tydjie) gelede, onlangs, nou kort; ***as*** ~ *as 1980* nog pas (*of* selfs nog) in 1980; ***as*** ~ *as last week/month* maar/pas verlede week/maand, verlede week/maand nog; *until* ***as*** ~ *as last year* →UNTIL *prep. & voegw.*; ***just*** ~ so pas, sopas; ***more*** ~ korter gelede; ***quite*** ~ heel onlangs; ***so*** ~ so kort gelede.

re·cep·ta·cle (vergaar)bak, houer, bevatter; bewaarplek; *(elek.)* steeksok; *(bot.)* blombodem, torus.

re·cep·tion ontvangs, onthaal; huweliksonthaal; verwelkoming; ontvangs(toonbank) *(in 'n hotel ens.)*; *(telekom.)* ontvangs; resepsie *(v. 'n nuwe literêre werk ens.)*; *a* ***cordial*** ~ 'n hartlike/warm(e) ontvangs; *a* ~ ***for*** (or *in* ***honour*** *of) s.o.* 'n onthaal vir (*of* ter ere van) iem.; *a* ***frosty/wintry*** ~ 'n yskoue ontvangs; ***give/hold*** *a* ~ 'n onthaal gee; ***give*** *s.o. a* ... ~ iem. 'n ... ontvangs gee; ***meet*** *with a* ... ~ 'n ... ontvangs kry; ~ ***of*** *s.o.* ontvangs van iem. *(afgevaardigdes ens.)*; *the* ~ ***of*** *a hypothesis* die ontvangs/resepsie van (*of* reaksie op) 'n hipotese; die erkenning van 'n hipotese; *a* ***rousing*** ~ 'n geesdriftige ontvangs; *a* ***warm*** ~ 'n hartlike/warm(e) ontvangs; 'n vyandige ontvangs. ~ **centre** ontvangsentrum. ~ **(desk)** ontvangs(toonbank). ~ **hall** ontvangsaal. ~ **office** opneemkantoor. ~ **order** opnemingsbevel. ~ **room** ontvangs=, onthaal=, voorkamer.

re·cep·tion·ist ontvangsdame; ontvangsklerk.

re·cep·tive ontvanklik, vatbaar, opnemings=; ~ *faculties* opnemings=, opneemvermoë; *be* ~ *to* ... vir ... ontvanklik wees. **re·cep·tive·ness, re·cep·tiv·i·ty** ontvanklikheid, vatbaarheid, opnemings=, opneemvermoë, kapasiteit.

re·cep·tor ontvanger; *(fisiol.)* reseptor; transfusieontvanger.

re·cess, re·cess *n.* vakansie, *(t.o.v. 'n parl., hof, ens.)* reses; opskorting; *(hoofs. Am.)* speeltyd, pouse; terugwyking; hoek, alkoof; inbuiging, inham; inlating; wegsnyding; nis; holte, uitholling; uitkeping; versinking; *(dikw. i.d. mv.)* skuilplek, =hoek; *be in* ~ op reses wees; *the innermost* ~*es* die diepste skuilhoeke; *go into* ~ op reses gaan. **re·cess** *ww.* inspring; verdiep; inlaat, versink; uitkeep; uithol; wegsny; *(hoofs. Am.)* op reses gaan; verdaag; op reses stel; ~*ed* ***arch*** sponningboog; ~*ed* ***doorway*** inspringende deuropening; ~*ed* ***joint*** diepvoeg; ingelate las; ~*ing* ***machine*** uitholmasjien; ~*ed* ***switch*** vlakskakelaar.

re·ces·sion *(ekon.)* resessie, (handel)slapte, terugsakking, insinking, terugtrekking, terugwyking; teruggang, agteruitgang; afstand, (die) afsien van. **re·ces·sion·al** *n., (relig.)* slot(ge)sang; slot(musiek)stuk. **re·ces·sion·al** *adj.* reses=; resessie=; ~ *hymn* slotgesang; ~ *work* reseswerk.

re·ces·sive terugtredend, terugwykend, resessief; skuilend; *(genet.)* resessief; ~ *gene/trait* resessiewe geen/kenmerk.

re·charge weer laai, herlaai; weer vul; weer beskuldig; weer aanval; *(fig.)* jou krag(te) herwin. **re·charge·a·ble** herlaaibaar; hervulbaar. **re·charg·er** (battery)=herlaaier.

ré·chauf·fé, ré·chauf·fé *(Fr., lett. & fig.)* opgewarmde kos.

re·check weer kontroleer.

re·cher·ché, re·cher·ché *(Fr.)* uitgesoek, keur=; eksoties, seldsaam; obskuur; vergesog, vêrgesog.

re·chris·ten herdoop, verdoop, oordoop. **re·chris·ten·ing** herdoping, verdoping.

re·cid·i·va·tion *(med.)* terugslag, insinking, herhaling, nuwe aanval.

re·cid·i·vism *(krim.)* residivisme, terugvalling. **re·cid·i·vist** *(krim.)* residivis, terugvaller, *(infml.)* ou sondaar.

rec·i·pe *(kookk. of fig.)* resep; *(arg.)* voorskrif *(v. 'n dokter)*; resep *(vir medisyne)*; *follow a* ~ 'n resep volg; *a* ~ *for* ... 'n resep vir ... *('n koek ens.)*; 'n (sekere) resep vir ... *(rampspoed ens.)*. ~ **book** resepteboek.

re·cip·i·ent *n.* ontvanger. **re·cip·i·ent** *adj.* ontvangend; ontvanklik.

re·cip·ro·cal *n.* omgekeerde; *(wisk.)* resiproke getal. **re·cip·ro·cal** *adj.* wederkerig, wedersyds, onderling; omgekeerd, resiprook; ~ ***action*** wisselwerking; ~ ***love*** wedersydse liefde; ~ ***pronoun*** wederkerige voornaamwoord; *in* ~ ***proportion*** *to* ... →IN INVERSE PROPORTION TO ...; *a* ~ ***visit*** 'n teenbesoek. **re·cip·ro·cal·i·ty** = RECIPROCITY. **re·cip·ro·cal·ly** wedersyds, oor en weer.

re·cip·ro·cate vergoed, terugdoen, op gelyke wyse behandel; 'n wederdiens bewys; vergeld, met gelyke munt betaal, resiproseer; heen en weer gaan; *reciprocating* ***engine*** suierenjin; *reciprocating* ***motion*** wederkerige beweging, heen-en-weer(-)beweging, slingerbeweging; *reciprocating* ***pump*** suierpomp, suigperspomp; *reciprocating* ***table,*** *(mynb.)* skudtafel; *your good* ***wishes*** *are* ~*d* dis wedersyds!, van my/ons kant insgelyks (*of* dieselfde toegewens).

re·cip·ro·ca·tion uitwisseling; wisselwerking; heen-en-weer(-)beweging.

rec·i·proc·i·ty wederkerigheid, wisselwerking; *(vnl. ekon.)* wederkerigheid, resiprositeit.

re·cir·cu·late hersirkuleer; weer in omloop bring.

re·cite opsê, voordra, resiteer; opnoem, vermeld. **re·cit·al** voordrag; *(mus.)* uitvoering; relaas, verhaal; *(jur.)* aanhef *(v. 'n akte)*; *(elocution)* ~ voordragaand; *give a* ~ 'n uitvoering gee; 'n voordrag lewer. **rec·i·ta·tion** voordrag, resitasie; deklamasie; *give a* ~ 'n voordrag gee/lewer. **rec·i·ta·tive,** *(It.)* **re·ci·ta·ti·vo** *n., (mus.)* resitatief. **re·cit·a·tive** *adj.* verhalend; herhalend. **re·cit·er** voordraer; resitasieboek, voordragbundel.

reck *(arg.)* omgee, skeel; raak; *s.o.* ~*s nothing of the consequences* dit kan iem. min skeel wat die gevolge is; *what* ~*s it him/her that* ...? wat raak dit hom/haar dat ...?. **reck·less** roekeloos, onverskillig, onversigtig, waaghalsig; onberade, onbesonne, onbedag; *be* ~ *of danger* jou nie/niks aan gevaar steur nie; ~ *driving* →DRIVING *n.*.

reck·on reken; tel; *(infml.)* beskou, dink, meen; veronderstel; takseer; ~ *s.o./s.t.* ***among*** ... iem./iets onder ... tel; ~ ***by*** ... met ... reken; ***I*** ~ *we'll have finished by this evening, (infml.)* ek skat ons sal teen vanaand klaar wees, ons behoort teen vanaand klaar te wees; ***I*** ~ *it won't rain tomorrow, (infml.)* ek dink nie dit gaan môre/more reën nie, ek twyfel of dit môre/more gaan reën; ~ *s.t.* ***in*** iets bytel; ~ ***on/upon*** ... op ... reken/staatmaak; ~ *s.t.* ***out*** iets uitreken; ~ ***(that)*** ..., *(infml.)* dink/meen (dat) ...; *s.o. is* ~*ed* ***(to be)*** ..., *(infml.)* iem. word as ... beskou/gereken/geag; ~ *s.t.* ***up*** iets uitreken/optel; ***what*** *do you* ~ *our chances are?, (infml.)* hoe dink jy staan ons kanse?; ~ ***with*** ... met ... rekening hou; *s.o./s.t. to be* ~*ed* ***with*** iem. met wie (*of* iets waarmee) rekening gehou moet word, iem./iets om mee rekening te hou; ~ ***without*** *the fact that* ... nie daarmee rekening hou nie dat ...; ~ ***without*** *the/one's host, (idm.)* jou misreken, nie met iets rekening hou nie. **reck·on·er** rekenaar; →READY RECKONER. **reck·on·ing** berekening; (af)rekening; siening, mening, opvatting, opinie; oordeel; *(nav., afk.)* →DEAD RECKONING; ***by*** *my* ~, *(infml.)* soos ek die saak sien, na/volgens my mening/oordeel; *the* ***day*** *of* ~, *(relig., ook fig.)* die dag van afrekening/vergelding; *in the* ***final*** ~ op stuk van sake, per slot van rekening, op die keper beskou; ***leave*** *s.t. out of* ~ iets buite rekening laat; *be* ***out*** *in one's* ~ verkeerd reken, jou vergis.

re·claim *n.* herroeping; *be beyond/past* ~ onherroeplik verlore wees. **re·claim** *ww.* herwin, terugwin; terugeis; terugvorder; terugkry; ontgin, bebou, bewerk; droogle, aanwin; inpolder; red; hervorm, verbeter; verlos *(iem. v. sonde)*; *(arg.)* beskaaf; *(arg.)* mak maak; ~ *s.t. from* ... iets van ... herwin; ~*ed land* drooggelegde gebied; herwonne grond; ~*ed wool* herwonne wol. **re·claim·a·ble** opeisbaar, terugeisbaar; herwinbaar *(grond, papier, ens.)*. **rec·la·ma·tion** herwinning, terugwinning; opeising, eis; terugvordering; ontginning; (land)aanwinning, drooglegging; inpoldering; hervorming, verbetering; *(arg.)* beskawing.

re·clas·si·fy herindeel. **re·clas·si·fi·ca·tion** herindeling.

re·cline lê, leun, rus, agteroor lê; laat rus; *a reclining **figure*** 'n liggende figuur; ~ ***in*** ... in ... agteroor lê; ~ ***on/upon*** ... op ... lê/leun; *a reclining **seat*** 'n stoel met 'n verstelbare rugleuning *(in 'n trein, vliegtuig, ens.)*; →RECLINER. **re·clin·a·ble:** *fully ~ seats* platstelbare (*of* plat stelbare) rugleunings. **rec·li·nate, rec·li·nat·ed** *(bot.)* afhangend; teruggebring, teruggebuig, teruggekrom(d), teruggeboë. **re·clin·er** *(ook* reclining chair*)* lêstoel, verstelbare leun(ing)stoel/gemakstoel.

re·close opnuut/weer sluit.

re·clothe opnuut klee.

re·cluse *n.* kluisenaar, hermiet; *scholarly ~* kamergeleerde. **re·cluse** *adj.* afgesonder(d), eensaam, kluisenaars=. **re·clu·sion** eensaamheid, afsondering. **re·clu·sive** eenselwig; kluisenaaragtig.

re·coat weer verf, oorskilder; *(w.g.)* weer klee, weer 'n baadjie aantrek.

rec·og·nise, =nize herken, eien *(iem.)*; uitken *(iem.)*; erken *(feite)*; erkenning verleen aan *('n regering ens.)*; huldig *('n beginsel)*; insien, besef *(d. waarheid)*; ~ *s.o./s.t.* ***as*** ... iem./iets as ... herken/eien *(wat tevore gesien is)*; iem./iets as ... erken *(d. wettige regering ens.)*; ***be** ~d, ('n woord, uitdrukking, ens.)* burgerreg verkry, gebruiklik word, ingeburger raak; *a ~d **essential*** 'n vasstaande vereiste; *be ~d **for*** ... erkenning vir ... kry. **rec·og·nis·a·ble, =niz·a·ble** herkenbaar, kennelik. **re·cog·ni·sance, =zance** *(jur.)* borgakte; borggeld; verbintenis, verpligting; *enter into ~(s)* 'n borgakte aangaan; *on one's own ~(s)* op eie verantwoordelikheid/borgakte. **rec·og·nis·er, =niz·er** herkenner; erkenner. **rec·og·ni·tion** herkenning; erkenning; besef; waardering, erkentlikheid, dankbaarheid; ***accord** ~ to* ... aan ... erkenning verleen; *change **beyond*** (or ***out of all***) ~ onherkenbaar verander; ***gain*** ~ erkenning verkry; ***in** ~ of* ... ter erkenning van (*of* uit erkentlikheid vir) ...; ***receive*** ~ erkenning verkry; erkenning geniet. **re·cog·ni·zee, =see** *(jur.)* houer van 'n borgakte. **re·cog·ni·zor, =sor** *(jur.)* ondertekenaar van 'n borgakte.

re·coil *ww., (w.g.)* weer oprol.

re·coil *n.* terugslag, terugsprong, terugstoot; weerslag, weerslag; terugdeinsing; *('n geweer)* skop; *('n kanon)* terugloop. **re·coil** *ww.* terugslaan, terugspring, terugstoot; skop *(v. 'n geweer)*; terugloop *(v. 'n kanon)*; terugtree, terugskrik, terugdeins, (terug)stuit; ~ *at* ... vir ... (terug)skrik; ~ *from* ... vir/van ... terugdeins; *s.t. ~s (up)on s.o.* iets kom op iem. self terug. **re·coil·less** skopvry *('n kanon ens.)*.

re·coin hermunt. **re·coin·age** hermunting.

re·col·lect *(w.g.)* weer versamel, herversamel. **re·col·lec·tion** herversameling.

rec·ol·lect onthou, jou herinner, terugdink. **rec·ol·lec·tion** herinnering; *to the **best** of s.o.'s* ~ so ver/vêr iem. (kan) onthou; ***have** a (faint) ~ of s.t.* iets vaagweg kan onthou, 'n herinnering van iets hê, iets sweef/swewe jou voor die gees; *s.t. is **in** s.o.'s* ~ iem. onthou iets, iem. herinner hom/haar iets; ***not** to my* ~ nie so ver/vêr ek kan onthou nie; *s.o.'s ~s **of*** ... iem. se herinnerings aan ... *(mense, dinge, ens.)*; iem. se herinnerings uit/van ... *(d. oorlog ens.)*; *a **vague*** ~ 'n vae/flou herinnering; *have a **vivid** ~ of s.t.* iets nog baie duidelik kan onthou, jou iets nog lewendig herinner, jou iets nog helder/lewendig kan voorstel (*of* voor die gees kan roep), jou nog duidelik/helder voor oë staan; *it happened **within** s.o.'s* ~ iem. kan dit nog onthou, iem. kan hom/haar dit nog herinner.

re·col·o·nise, =nize herkoloniseer.

re·com·bine herverbind; oorbind; weer (laat) bind. **re·com·bi·nant DNA** *(genet.)* rekombinante DNA. **re·com·bi·na·tion** *(genet., fis.)* herkombinasie, herverbinding.

re·com·mence hervat, weer begin, herbegin; heropen. **re·com·mence·ment** hervatting; heropening.

rec·om·mend aanbeveel, aanprys; aanraai; aantreklik maak; *~ a **book/etc.*** 'n boek/ens. aanbeveel; *list of ~ed **books*** 'n lys (van) aanbevole boeke; ~ *s.o.* ***for*** ... iem. vir ... aanbeveel *('n betrekking ens.)*; ~ *s.o./s.t. **highly/strongly*** iem./iets sterk aanbeveel; *a ~ed **hotel/etc.*** 'n aanbevole hotel/ens.; ~ *s.o./s.t.* ***to*** ... iem./iets by ... aanbeveel; ... *has little **to** ~ it* ... is niks besonders nie, ... is nie (juis) watwonders (*of* [eintlik] iets om oor huis toe te skryf/skrywe) nie. **rec·om·mend·a·ble** aanbevelenswaardig, aan te beveel. **rec·om·men·da·tion** aanbeveling; aanrading; preadvies *(v. 'n komitee)*; ***at/on** the ~ of* ... op aanbeveling van ...; *~s of a **commission*** voorstelle/aanbevelings van 'n kommissie; ***letter** of* ~ aanbevelingsbrief; ***make** a ~ to s.o.* 'n aanbeveling by iem. doen. **rec·om·men·da·to·ry** aanbevelend, aanbevelings=.

re·com·mit *=tt=, (parl.)* terugverwys *(wetsontwerp na komitee)*; weer opdra/verwys; weer/opnuut begaan *(fout, misdaad)*; ~ *s.o. (to custody)* iem. in voorarres hou. **re·com·mit·ment, re·com·mit·tal** terugverwysing; hergevangesetting.

rec·om·pense *n.* beloning, vergoeding; skadeloosstelling *(v. iem., vir 'n verlies)*; *(arg.)* vergelding. **rec·om·pense** *ww.* beloon, vergoed; skadeloos stel *(iem., vir 'n verlies)*; *(arg.)* vergeld.

re·com·pose weer opstel, weer saamstel; weer komponeer; gerusstel.

re·con *n., (Am., mil. sl.)* = RECONNAISSANCE. **re·con** *ww., (Am., mil. sl.)* = RECONNOITRE.

rec·on·cile versoen; bevredig; bylê *('n geskil)*; verenig met, ooreenbring (*of* in ooreenstemming bring) met; aanpas, rekonsilieer *(rekeninge)*; ***be** ~d* (met mekaar) versoen wees; ~ *o.s. **to** one's fate* in jou lot berus, jou aan jou lot onderwerp; *be ~d **to*** ... met ... versoen wees, in ... berus *(jou rol/taak/ens.)*; ~ *s.o. **with** s.o. else* iem. met iem. anders versoen; ~ *s.t. **with*** ... iets met ... ooreenbring (*of* in ooreenstemming bring); iets met ... rym *(d. feite ens.)*; iets met ... verenig. **rec·on·cil·a·ble** *(mense)* versoenbaar; *(iets)* verenigbaar *(met beginsels ens.)*; *s.t. is ~ with* ... iets is met ... te rym; iets kan met ... versoen word. **rec·on·cile·ment** →RECONCILIATION. **rec·on·cil·i·a·to·ry** versoenend, versoenings=.

rec·on·cil·i·a·tion versoening, rekonsiliasie; ooreenbrenging; verbroedering; *(rekeningk.)* aanpassing, rekonsiliasie. ~ **statement** *(rekeningk.)* aanpassing=, rekonsiliasiestaat.

re·con·dense herverdig. **re·con·den·sa·tion** herverdigting.

re·con·dite, re·con·dite geheim, geheimsinnig; diepsinnig, geleerd; verborge, duister. **re·con·dite·ness** geheimsinnigheid; duisterheid.

re·con·di·tion opknap, herstel, vernu(we), vernieu; *(psig.)* herkondisioneer; *~ed car/engine* opgeknapte/vernude/vernieude motor/enjin; *~ed tyre* herboude/vernude/vernieude band. **re·con·di·tion·ing** opknapping, herstel, vernuwing; *(psig.)* herkondisionering.

re·con·duct teruglei; uitlei. **re·con·duc·tion** terugleiding; uitleiding.

re·con·fig·ure *(rek.)* hersaamstel. **re·con·fig·u·ra·tion** hersamestelling.

re·con·firm herbevestig; herbekragtig. **re·con·fir·ma·tion** herbevestiging; herbekragtiging.

re·con·nais·sance verkenning, verkenningstog, spioen(eer)tog; →RECONNOITRE. ~ **aircraft,** ~ **plane** verkenningsvliegtuig. ~ **flight** verkenningsvlug.

re·con·nect heraansluit, herverbind, herkonnekteer, herkoppel; weer in verbinding kom/tree *(met langverlore vriende ens.)*; jou verhouding herstel *(met God, d. natuur, ens.)*. **re·con·nec·tion** heraansluiting.

re·con·noi·tre, *(Am.)* **re·con·noi·ter** *n.* verkenning, verkenningstog, spioen(eer)tog; →RECONNAISSANCE. **re·con·noi·tre,** *(Am.)* **re·con·noi·ter** *ww.* verken, spioen(eer).

re·con·quer herower, herwin. **re·con·quer·or** herowéraar. **re·con·quest** herowering, herwinning.

re·con·se·crate herwy. **re·con·se·cra·tion** herwyding.

re·con·sid·er heroorweeg, in heroorweging neem, hersien. **re·con·sid·er·a·tion** heroorweging, hersiening.

re·con·sti·tute omvorm; herstig, opnuut saamstel. **re·con·sti·tu·tion** omvorming; hersamestelling.

re·con·struct her(op)bou, weer bou; rekonstrueer, weer saamstel. **re·con·struc·tion** heropbou, weeropbou; herbouing, rekonstruksie; *R~ and Development Programme, (SA pol., afk.:* RDP*)* Heropbou- en Ontwikkelingsprogram *(afk.:* HOP*)*.

re·con·vene weer belê/byeenroep; weer vergader/byeenkom; hervat. **re·con·ven·tion** *(jur.)* teeneis; *a claim in ~* 'n teeneis; *a plaintiff in ~* 'n teeneiser; *a plea in ~* 'n teenpleit.

re·con·vert opnuut bekeer, herbekeer; terugverander; weer omsit; terugskakel. **re·con·ver·sion** herbekering, weerbekering; terugverandering; heromsetting; terugskakeling.

rec·ord *n.* optekening, aantekening, vermelding; (offisiële) afskrif; dossier; opgawe, staat, register; inskrywing, boeking; gedenkskrif, geskiedrol; oorkonde, skrifstuk, dokument; lys, tabel; relaas; strafregister; notule, verslag; gedenkteken; staat van diens; geskiedenis, verlede, antesedente, loopbaan, prestasies *(v. 'n pers.)*; misdaadagtergrond; *(mus.)* opname, *(vero. tegnol.)* plaat; →GRAMOPHONE RECORD, POLICE RECORD; *(sport)* rekord; *(ook, i.d. mv.)* argief, argiewe, archivalia, (argief)optekeninge; stukke; annale; geskiedblaaie; *s.o.'s ~ is **against** him/her* iem. se verlede tel teen hom/haar; *the **attendance/etc.** was a* ~ daar was nog nooit so 'n opkoms/ens. nie; ***attorney** of* ~ prokureur in die saak (*of* volgens die stukke *of* ten dese); *have a **bad*** ~ 'n swak verlede hê, baie/heelwat op jou kerfstok hê; ***better/break/beat/improve** a ~, (sport ens.)* 'n rekord verbeter/slaan/breek/klop; *a **blot** on s.o.'s* ~ 'n klad op iem. se (goeie) naam; *s.o. with a **clean*** ~ iem. met 'n skoon verlede/lei/rekord; ***court** of* ~ →COURT *n.*; ***criminal*** ~ strafregister, register van strafsake; vorige oortredings/veroordelings; *s.o. has a **(criminal/police)*** ~ iem. het vorige oortredings (*of* is al gevonnis); *s.o. has no **(criminal/police)*** ~ iem. het geen vorige oortredings (*of* is nog nooit gevonnis) nie; *... has/have been **filed** of ~, (jur.)* ... is by die stukke ingedien; ***for** the* ~ om die feite te gee; om dit reg te stel; ***go on*** ~ geboekstaaf/aangeteken word; ***go on** ~ as saying that* ... in die openbaar verklaar dat ...; ***have** a ~ of s.t., have s.t. **on*** ~ 'n rekord van iets (*of* iets op rekord) hê; ***hold** the ~, (sport ens.)* die rekord hou; ***improve** a* ~ →***better/break/beat/improve**; **inside** the ~, (hoofs. sport)* beter as die rekord; ***journal** of* ~ →JOURNAL; ***keep** to the* ~ by die saak bly; ***keep** a ~ of s.t., keep s.t. **on*** ~ 'n rekord van iets (*of* iets op rekord) hou, iets aanteken/opskryf/opskrywe, van iets aantekening hou; *as a **matter** of* ~ as 'n geboekstaafde feit; *there is **no** ~ that it happened* so ver/vêr bekend het dit nie gebeur nie; *it is **of*** ~ dit staan genotuleer; ***off** the* ~ nieamptelik, onoffisieel; *be **on*** ~ op rekord staan, opgeteken/bekend wees; *cases are **on*** ~ daar is gevalle bekend; *have s.t. **on*** ~ →***have** a record of s.t.; keep s.t. **on*** ~ →***keep** a record of s.t.; the biggest/etc. **on*** ~ die grootste/ens. wat bekend is; *the only ... **on*** ~ die enigste bekende ...; *travel **out of** the* ~ afdwaal; ***outside** the ~, (hoofs. sport)* onder die rekord; ***place/put** s.t. on* ~ iets opteken/neerskryf/=skrywe/boekstaaf (*of* op skrif stel); iets te boek stel; ***play** a ~, (vero. tegnol.)* 'n plaat speel/draai; *s.o. has a **(police)*** ~ →***(criminal/police)**; **public** ~s* argiewe; staatsargief; *for ~ **purposes*** vir dokumentasie; ***put** s.t. on* ~ →***place/put**;* ~ *(of **service**)* staat van diens; ***set up** a ~, (sport ens.)* 'n rekord opstel; *the ~ was **shattered**, (infml., hoofs. sport)* die rekord het gespat; *keep the ~ **straight*** by die feite bly; *put/set the ~ **straight*** die (ware) feite gee; *an **unbeaten** ~, (sport ens.)* 'n onoorwonne rekord. **rec·ord** *ww.* opteken, aanteken, noteer, opskryf, =skrywe, neerskryf, =skrywe, op skrif stel, te boek stel, boekstaaf, vermeld; notuleer, registreer; *(mus. ens.)* opneem *(op band, CD, ens.)*; inskryf, =skrywe, boek; *send s.t. by ~ed **delivery**, (Br.)* iets per geregistreerde/aangetekende pos stuur; *s.o.'s **thoughts** have been ~ed by him=/herself* iem. se gedagtes is deur hom=/haarself te boek gestel; *s.o.'s **voice** has been ~ed on tape/etc.* iem. se stem is op band/ens. opgeneem/vasgelê; *~ a **vote*** →VOTE *n.*; *~ a **mental vow*** jou iets heilig voorneem. **rec·ord** *adj.* ongekend, ongeëwenaar(d), onoortroffe; *a ~ price* 'n ongehoorde prys. ~ **album** *(vero.)* (plate)album. ~**-breaker** *(sport ens.)* rekordbreker, oortreffer; *(infml.)* bobaas. ~**-breaking** *adj. (attr.)* rekord= *(attr.)*, wat die rekords laat spat (*of* onder die rekords maai) *(pred.)*; *a ~ five goals in one game* 'n rekordgetal van vyf doele in een wedstryd. ~ **cabinet** *(vero.)* platekabinet, disko=teek. ~ **card** aantekenkaart; kontrolekaart. ~**-changer** *(vero. tegnol.)* platewisselaar. ~ **clerk** registerklerk. ~ **collection** plateversameling. ~ **dealer** *(vero.)* platehan=delaar. ~**-holder** *(hoofs. sport)* rekordhouer. ~**-keeping** optekening. ~ **library** platebiblioteek, *(vero.)* disko=teek. ~**-making** *adj. (attr.)* ongeëwenaarde. ~ **office** registrasiekantoor; *public ~ ~* staatsargief. ~ **player** *(vero. tegnol.)* platespeler. ~ **room** argief, dokumente=kamer. ~ **shop** *(vero.)* platewinkel. ~ **sleeve** plaatom=slag. ~**(s) system** argiefstelsel; optekenstelsel. ~ **time** rekordtyd; *beat the ~ ~* die tyd verbeter, 'n rekord op=stel.

re·cord·a·ble (ver)meldenswaardig.

re·cord·ed opgeteken, aangeteken, genoteer, geboek=staaf; genotuleer; opgeneem; *~ history* (neer)geskrewe/opgetekende geskiedenis; *~ music* opgeneemde mu=siek, *(vero.)* platemusiek.

re·cord·er kroniekskrywer; aantekenaar, optekenaar, opnemer, registreerder; notulehouer; *(Br., hist.)* regter; opname=, opneemtoestel; opvang=, registreertoestel; *(mus.)* blokfluit.

re·cord·ing (musiek)opname; optekening, aanteke=ning; vaslegging; meting; *make a ~* 'n opname maak. ~ **angel** *(ook R~ A~)* engel met die pen. ~ **apparatus** opname=, opneemtoestel. ~ **artist** opnamekunste=naar. ~ **engineer** opname-ingenieur. ~ **head** opneem=kop. ~ **instrument** kontroletoestel; registreertoestel. ~ **machine** opname=, opneemtoestel. ~ **office** argief. ~ **secretary** notulehouer. ~ **session** opname(sessie). ~ **studio** opnameateljee. ~ **tape** klankband. ~ **tele=graph** *(hist.)* skryftelegraaf.

re·cord·ist: *(sound)* ~ opneem=, opnametegnikus.

re-count *n.* oortelling, hertelling, natelling. **re-count** *ww.* oortel, hertel, natel.

re·count *ww.* vertel, meedeel, verhaal.

re·coup *ww.* goedmaak, vergoed, skadeloos stel *('n verlies)*; terughou, aftrek *('n deel v. 'n verskuldigde be=drag)*; herwin *(jou krag[te])*; herstel, aansterk *(ná 'n siek=te)*; *~ a deficit* 'n tekort goedmaak; 'n agterstand inhaal; *~ losses* →LOSS. **re·coup·ment** goedmaking, vergoe=ding, skadeloosstelling; verhaling, terugontvangs; te=rughouding.

re·course toevlug; verhaal, *(jur.)* regres; *have ~ to ...* toegang tot ... hê *('n hof)*; beroep hê op *('n ombuds=man ens.)*; jou toevlug tot ... neem *(onwettige maatreëls ens.)*; *without ~* sonder beroep/verhaal; *do s.t. without ~ to ...* iets doen sonder gebruikmaking van ...

re-cov·er weer toemaak; weer beklee, herbeklee; her=oortrek, weer oortrek; oordek.

re·cov·er *ww.* terugkry, herkry; terugvind; herwin, terugwin; terugneem, herneem; inhaal *(verlore tyd)*; goedmaak *(verliese)*; verhaal, invorder *(skuld)*; ontvang, kry *(skadevergoeding)*; *(iem.)* herstel, genees, aansterk, gesond/beter word; bykom; tot verhaal kom; *(ekon. ens.)* herstel, herlewe; *~ one's* ***appetite*** jou eetlus her=win; *~ one's* ***breath*** →BREATH; *the plaintiff* ***cannot*** *~ (his/her losses), (jur.)* die eiser het geen verhaal nie; *~* ***consciousness*** →CONSCIOUSNESS; *~* ***from*** *illness* ge=sond/beter word, regkom van 'n siekte; *~* ***from*** *..., (ook)* bykom van ... *('n floute ens.)*; tot verhaal kom van ... *('n groot skrik ens.)*; *~ s.t.* ***from*** ... iets uit ... haal *('n lyk uit 'n rivier ens.)*; iets uit ... win *(metaal uit erts ens.)*; iets van/uit ... terugkry; iets uit ... terugvind; *~ s.t.* ***from*** *s.o., (ook)* iets op/van iem. verhaal *(skade)*; *~ one's* ***health*** →HEALTH; *~ one's* ***legs*** →LEG *n.*; *~ one's* ***senses*** weer tot besinning kom; *~ed* ***wool*** herwonne wol. **re·cov·er·a·ble** *(jur.)* verhaalbaar, inbaar; *s.t. is ~ from s.o.* iets is van/op iem. verhaalbaar.

re·cov·er·y terugkryging, herkryging; terugneming, herneming; verhaling *(v. koste)*; invordering *(v. skuld)*; herwinning; ontginning, winning *(v. metaal uit erts)*; *(rek.)* herwinning *(v. inligting)*; herlewing, herstel *(v.d. ekon.)*; herstel, genesing, beterskap *(v. 'n pasiënt)*; *(ook, i.d. mv.)* verhaalde bedrae, terugbetalings; *s.o.'s right of ~* ***against*** *..., (jur.)* iem. se reg van verhaal op ...; *be* ***beyond/past*** *~* reddeloos (*of* onherstelbaar [verlore]) wees; buite hoop wees; ongeneeslik wees; *make a* ***com=plete*** *~* volkome herstel; *make a* ***good*** *~* mooi herstel/regkom; ***make*** *a ~ from s.t.* oor iets (heen) kom; ***right*** *of ~* verhaalreg; *be on the* ***road*** *to ~* aan die herstel wees; *wish s.o. a* ***speedy*** *~* iem. 'n spoedige herstel toewens. ~ **account** dekkingsrekening. ~ **program** *(Am.)* re=habilitasieprogram. ~ **room** *(med.)* herstelkamer. ~ **service** insleepdiens. ~ **vehicle** insleepvoertuig. ~ **ward** saal vir herstellendes.

rec·re·ant *n., (arg.)* afvallige, trouelose; lafaard. **rec·re·ant** *adj., (arg.)* afvallig, troueloos; lafhartig. **rec·re·an·cy** *(arg.)* afvalligheid, troueloosheid; lafhartig=heid.

re-cre·ate herskep, weer skep, omskep. **re-cre·a·tion** herskepping. **re-cre·a·tive** herskeppend.

rec·re·ate *(w.g.)* vermaak, verlustig; ontspanning neem; laat herleef. **rec·re·a·tive, rec·re·a·tive** ontspan=nend, ontspannings=.

rec·re·a·tion ontspanning, vermaak, tydverdryf, re=kreasie, spel. ~ **centre** ontspanning=, rekreasiesen=trum. ~ **ground(s)** ontspanningsterrein; sportterrein; speelterrein, =tuin. ~ **hall** ontspanningsaal, ontspan=ningslokaal. ~ **period** ontspannings=, rekreasietyd *(i.d. gevangenis ens.)*. ~ **room** ontspanningsvertrek, =kamer.

rec·re·a·tion·al ontspannings=, rekreasie=; *~ drug use* dwelmgebruik vir ontspanning; *~ trip* uitstappie; *~ vehicle, (Am.)* motorwoonwa.

rec·re·ment afval; skuim; *(fisiol.)* rekrement, afskei=ding.

re·crim·i·nate teenbeskuldigings inbring, wedersyds verwyt, mekaar (oor en weer) beskuldig. **re·crim·i·na·tion** teenbeskuldiging; *(ook, i.d. mv.)* (wedersydse) ver=wyte.

re·cru·desce *(fml.)* weer uitbreek; herleef, =lewe, (weer) opleef/=lewe, toeneem, vererger. **re·cru·des·cence** her=nude/hernieude uitbreking/uitbarsting; oplewing, her=vatting, herhaling.

re·cruit *n.* rekruut; nuweling; *the* ***latest*** *~ to ...* die nuutste aanwins vir ...; ***raise*** *~s* rekrute werf; *a* ***raw*** *~* 'n baar/ongeoefende rekruut; *a ~* ***to*** *...* 'n nuwe lid/ondersteuner/aanhanger van ... **re·cruit** *ww.* werf, rekruteer; aanvul; versterk; *(arg.)* aansterk, sterk word, jou kragte herwin/terugkry. ~ **drill** rekrutedril. **re·cruit·er** werwer, rekruteerder.

re·cruit·ing werwing, rekrutering. ~ **office** werf=, werwingskantoor. ~ **officer** werf=, werwings=, rekru=teringsoffisier; werwingsbeampte.

re·cruit·ment werwing, rekrutering; *(ekol.)* aanwas, aanteelt, aanvulling. ~ **advertising** werwingsreklame.

re·crys·tal·lise, =lize *(chem.)* herkristalliseer. **re·crys=tal·li·sa·tion, =za·tion** herkristallisasie, =sering.

rec·tal →RECTUM.

rec·tan·gle reghoek. **rec·tan·gu·lar** reghoekig; *~ coordinates* reghoekige koördinate/ko-ordinate; *~ hy=perbola* reghoekige hiperbool.

rec·ti·fy regmaak, herstel, regstel, verbeter, in orde bring; verhelp; suiwer, oorstook, oordistilleer, rekti=fiseer; *(elek.)* gelykrig; *rectified spirit(s)* wyngees, ge=rektifiseerde (*of* dubbel oorgehaalde) spiritus. **rec·ti=fi·a·ble** herstelbaar. **rec·ti·fi·ca·tion** herstelling, reg=stelling, verbetering; teregwysing; oordistillasie, =dis=tillering, rektifisering, rektifikasie; *(elek.)* gelykrigting. **rec·ti·fi·er** *(chem.)* rektifikator; *(elek.)* gelykrigter.

rec·ti·lin·e·al, rec·ti·lin·e·ar reglynig. **rec·ti·lin·e=ar·i·ty** reglynigheid.

rec·ti·tude *(fml.)* opregtheid, eerlikheid; korrektheid.

rec·to =*tos* regterbladsy *(v. 'n boek)*; voorkant *(v. 'n blad)*.

rec·tor *(opv.)* rektor, universiteitshoof; *(Angl., RK)* le=raar. **rec·tor·i·al** rektoraal. **rec·tor·ship** rektoraat, rek=torskap, rektorsamp, rektorale amp/waardigheid; *(Angl., RK)* leraarskap. **rec·to·ry** *(Angl., RK)* pastorie, rek=torswoning; rektoraat.

rec·trix =*trices, (orn.)* stuur=, stertpen.

rec·tum *recta, rectums, (anat.)* rektum, vet=, ners=, en=delderm. **rec·tal** rektaal, nersderm=, endelderm=; *~ feeding* rektale voeding, endeldermvoeding.

re·cum·bent *n.* lêfiets. **re·cum·bent** *adj.* rustend, (agteroor) leunend/liggend; *~ fold, (geol.)* lêplooi. **re=cum·ben·cy, re·cum·bence** rustende/leunende hou=ding, rus.

re·cu·per·ate herstel, aansterk, gesond/beter word, jou gesondheid terugkry; tot verhaal kom; *(fin.)* goed=maak, vergoed *('n verlies)*; *~ from an illness* gesond/beter word, aansterk ná 'n siekte. **re·cu·per·a·tion** her=stel, aansterking, herkryging van jou gesondheid. **re=cu·per·a·tive** herstellend, herstellings=, versterkend; *~ power(s)* herstelvermoë.

re·cur =*rr*= herhaal word, hom=/hul(le)self herhaal, weer voorkom, terugkeer, weer gebeur; *(wisk.)* repe=teer; *s.t. ~s to s.o.'s mind* iets val iem. by (*of* skiet iem. te binne); *~ to a subject* op 'n onderwerp terugkom. **re=cur·rence** terugkeer, herhaling, repetisie; hernude/hernieude aanval *(v. 'n siekte)*. **re·cur·rent** terugke=rend, terugkomend, teruggaande, veelvuldig, (telkens) herhaal(d); *~ fever* wederkerende koors. **re·cur·ring** *adj. (attr.)*: *~ decimal, (wisk.)* repeterende desimaal.

re·cur·sion *n., (ling., wisk.)* rekursie. ~ **formula** *(wisk.)* rekursieformule.

re·cur·sive *adj.*, **re·cur·sive·ly** *adv., (ling., rek., wisk.)* rekursief.

re·curve *(hoofs. biol.)* terugbuig, ombuig, terugkrom. **re·cur·va·ture** terugbuiging, ombuiging. **re·curved, re·cur·vate** teruggekrom(d); omgekrom(d), omge=buig.

re·cuse *(jur., hoofs. Am. en SA: 'n regter)* hom/haar onttrek *(aan 'n saak)*. **re·cus·al** *(jur.)* onttrekking *(deur 'n regter)*. **rec·u·sance, rec·u·san·cy** weerspannigheid, weerbarstigheid, we(d)erstrewigheid; weiering; afval=ligheid. **rec·u·sant, rec·u·sant** *n.* opstandige, weer=spannige; weieraar; afvallige. **rec·u·sant** *adj.* opstan=dig, weerspannig; weieragtig, weierend. **rec·u·sa·tion** weiering; *(jur.)* onttrekking (aan die/'n saak), rekusa=sie.

re·cy·cle hergebruik, herbenut; herwin, hersikleer, weer bruikbaar maak *(glas, papier, ens.)*; hersirkuleer, weer in omloop bring *(geld)*; *~d paper* herwonne pa=pier. **re·cy·cla·ble** herwinbaar, hersikleerbaar *(glas, papier, ens.)*; hersirkuleerbaar *(geld)*.

re·cy·cling herbenutting, hergebruik; herwinning. ~ **plant** herwinningsaanleg.

red *n.* rooie; rooi, rooiheid, rooi kleur; *(biljart)* rooi bal; *(ook R~, infml., hoofs. neerh.)* rooie, kommunis, sosialis; revolusionêr, rewolusionêr, radikaal, linksgesinde; *be* ***in*** *the ~* met 'n verlies werk; in die skuld wees; oor=trokke wees; *be* ***out of*** *the ~* met 'n wins werk; uit die skuld wees; ***see*** *~* woedend word, jou bloedig vererg; *s.t. makes s.o.* ***see*** *~* iets maak iem. woedend, iets ver=erg iem. bloedig. **red** =*dd*=, *ww.* rooi wees; rooi word; bloos; rooi maak; →REDDEN. **red** *adj.* rooi; *(ook R~, infml., hoofs. neerh.)* rooi; kommunisties, sosialisties; revolusionêr, rewolusionêr, radikaal, linksgesind; →RED=DISH, REDLY, REDNESS; *be ~* ***with anger*** rooi van woe=de (*of* woedend kwaad) wees; *(as) ~ as a* ***beetroot/lob=ster/turkeycock*** so rooi soos 'n beet/kreef/kalkoen, bloedrooi; *not have a ~* ***cent*** →CENT; *not care a ~* ***cent*** →CENT; *s.o.'s* ***face*** *is ~* →FACE *n.*; ***go/grow*** *~* rooi word, bloos; *with ~* ***hands*** →HAND *n.*; *the ~* ***one*** die rooie; *be like a ~* ***rag*** *to a bull* soos 'n rooi doek/lap vir 'n bul wees; ***see*** *~* woedend word, jou selfbeheersing verloor; *it made s.o.* ***see*** *~* dit het iem. woedend ge=maak (*of* bloedig vererg); ***staring*** *~* knalrooi; ***turn*** *~* rooi word; *~ and* ***white*** *cattle* rooibont beeste; *~ and* ***white*** *chequered* rooiwit geruit. ~ **admiral** admiraal=skoenlapper, =vlinder. ~ **afrikaner** *(bot.: Homoglossum priorii)* rooiafrikaner, rooipypie. ~ **alder** →ROOI-ELS. ~ **alert** volle staat van paraatheid; *be/put on ~ ~* in 'n volle staat van paraatheid wees/bring. ~ **ant** *(Dorylus* spp.*)* rooimier, (Afrikaanse) swerfmier; →DRIVER ANT. **R~ Army** *(hist.)* Rooi Leër *(v.d. USSR)*. **R~ Army Faction** *(hist.)* Baader-Meinhof-bende. ~**-backed shrike** rooiruglaksman. ~**back (spider)** *(Austr.)* rooi=

rugspinnekop. ~**-bait** rooiaas; →SEA SQUIRT. ~ **biddy** *(Br., infml., vero.)* goedkoop rooi wyn gemeng met brandspiritus. ~**-billed quelea** *(Quelea quelea)* rooibekkwelea. ~**-billed teal** *(Anas erythrorhyncha)* rooibekeend(jie), smee-eend(jie). ~ **bishop (bird)** *(Euplectes orix)* rooivink. ~ **blood cell** →ERYTHROCYTE. ~**-blooded** lewenskragtig, vurig; ~ *man* pure man, vurige man, robuuste kêrel. ~**breast** *(orn., infml., hoofs. Br.)* rooiborsie. ~**brick university** *(Br. univ. i.d. laat 19e of vroeë 20ste eeu gestig)* minder tradisieryke universiteit *(in teenstelling met Oxford en Cambridge)*. ~**bush tea** →ROOIBOS (TEA). ~ **bushwillow** *(Combretum apiculatum)* rooibos. ~ **cabbage** rooikool. ~**cap** *(Br., infml.)* militêre polisieman; *(Am.)* kruier. ~ **card** *(sokker, rugby)* rooi kaart. ~**-carpet treatment** vorstelike behandeling; *give s.o. the ~ ~, (fig.)* iem. met trompetgeskal ontvang; →CARPET *n.* ~ **cedar** *(bot.: Juniperus virginiana)* rooiseder, potloodseder. ~ **cell** →ERYTHROCYTE. ~**-cheeked** *(pred.)* met rooi wange, *(attr.)* rooiwang-. **R~ China** →CHINA. ~ **clay** (diepsee)rooiklei. ~ **clover** rooiklawer. ~**coat** *(hist.: Br. soldaat)* rooibaadjie. ~**-collared widow (bird)** *(Euplectes ardens)* rooikeelflap. ~ **copper ore** = CUPRITE. ~ **corpuscle** →ERYTHROCYTE. ~ **crassula** *(Crassula coccinea)* klipblom, keiserskroon. **R~ Crescent** *(ekwivalent v.d. Rooi Kruis in Moslemlande)* Rooi Halfmaan. ~**-crested korhaan** boskorhaan. ~ **cross** *(nas. embleem v. Eng.)* Sint Joris-/Georgskruis; kruisvaarder(s)kruis; *(R~ C~, int. noodlenigingsorganisasie)* Rooi Kruis. ~**currant** rooiaalbessie. ~**currant jam** rooiaalbessiekonfyt. ~**currant (tree)** *(Rhus chirindensis)* bostaaibos, kieriehout. ~ **deal** (rooi)greinhout. ~ **deer** edelhert. ~ **disa** *(Disa uniflora)* rooidisa, bakkiesblom; →PRIDE OF TABLE MOUNTAIN ~ **duiker** rooiduiker. ~ **duster** *(Br., infml.)* = RED ENSIGN. ~ **dwarf** *(astron.)* rooidwerg. ~ **els** = ROOI-ELS. **R~ Ensign** *(sk.)* Britse handelsvlag. ~ **erica** →ROOIHAARTJIE. ~ **eye** *(fot.)* rooioog. ~**eye** *(Am., sl.)* goedkoop whiskey. ~**-eyed** met rooi/bloedbelope oë; met rooi gehuilde oë. ~**eye (flight)** *(infml., hoofs. Am.)* (laat)nagvlug. ~**-faced** rooi in die gesig; skaamrooi, rooi/blosend van skaamte. ~ **fir** rooispar, greinhout. ~ **flag** rooi vlag. ~ **giant** *(astron.)* rooireus. ~ **grass** →ROOIGRAS. ~ **grouse** *(Br. orn.: Lagopus lagopus scoticus)* korhoender. ~**-haired** rooiharig, rooihaar-, rooikop-. ~**-handed:** *catch s.o. ~* iem. op heterdaad (*of* heter daad) betrap. ~ **hart(e)beest** rooihart(e)bees. ~ **hat** *(RK)* rooi hoed, kardinaalshoed. ~**head** rooikop, voskop. ~**-headed** rooiharig, rooihaar-, rooikop-; *(infml.)* opvlieënd. ~ **heart** = SCENTED THORN (TREE). ~ **heat** rooi gloeihitte. ~ **herring** →HERRING. ~**-hot** rooiwarm, gloeiend (warm); vuurwarm; vurig. ~**-hot poker** *(bot.: Kniphofia* sp.*)* vuurpyl, vlamblom, soldaat(blom). **R~ Indian** *(vero., neerh.)* Rooihuid; →AMERICAN INDIAN. ~ **ivory** *(Berchemia zeyheri)* rooiivoor(houtboom), rooihout(boom). ~ **lead** rooilood, -minie, -menie. ~**-letter day** vierdag, gedenkdag; geluksdag, groot dag. ~ **light** rooi (verkeers)lig; waarskuwingslig; *see the ~ ~* onraad merk. ~**-light district** rooiligbuurt. ~**line** *ww., (infml.) (verbandfinansiering)* rooi omlyn; *(Am., mot.)* die toereteller tot by die rooi merk/streep opja(ag). ~**lining** *n., (infml., verbandfinansiering)* rooiomlyning. ~ **loam soil** *(geol.)* rooigrond. ~**(-winged) locust** *(Nomadacris septemfasciata)* rooi(vlerk)sprinkaan. ~ **man** *(vero., neerh.)* Rooihuid; →AMERICAN INDIAN. ~ **meat** *(bees- en skaapvleis)* rooivleis. ~ **millet** rooimanna. ~ **mite** rooimyt. ~ **mongoose** →YELLOW MONGOOSE. ~ **mud** rooimodder. ~**neck** *(neerh. Am. sl.)* sandtrapper, agtervelder, japie, gawie; verkrampte/bekrompe mens. ~**-nosed** met 'n rooi neus, rooineus-. ~ **ooze** *(geol.)* rooislib. ~ **pear (tree)** *(Scolopia mundii)* rooipeerboom. ~ **pepper** rooi soetrissie; rooi skerprissie; →CAYENNE PEPPER. ~ **poll** *(beesras)* rooipoenskop *(ook R~)*. ~ **roan** *n.* rooiskimmel. ~ **roan** *adj.* rooiskimmel *(perd ens.)*. ~ **rock rabbit** *(Pronolagus* spp.*)* rooiklipkonyn. ~ **roman** *(igt.)* →ROMAN[1] *n.* ~ **salmon** = SOCKEYE (SALMON). ~ **sandalwood** *(Adenanthera pavonia)* rooisandelhout. ~ **scale** *(entom.: Aonidiella aurantii)* rooidopluis. **R~ Sea** *(geog.)* Rooi See. ~ **setter** →IRISH SETTER. ~**shank** *(orn.: Tringa* spp.*)* rooipootruiter, tureluur. ~ **shift** *(astron.)* rooiverskuiwing. **R~ Shirt** *(It. gesk.: Garibaldiondersteuner, 1807-82)* Rooihemp. ~**skin** *(vero. of neerh.)* Rooihuid; →AMERICAN INDIAN. ~ **snow** *(a.g.v. alge)* bloedsneeu. ~ **spider (mite)** *(tuinplaag: Tetranychus cinnabarinus)* rooispinmyt, rooispinnekop. **R~ Spot** *(astron.)* Rooivlek. ~ **star** *(hoofs. hist., embleem v. sommige kommunistiese lande)* Rooi Ster. ~**start** *(orn.)* rooistertjie. ~ **steenbras** *(igt.)* rooisteenbras. ~ **stinkwood** *(Prunus africana)* rooistinkhout, bitteramandel, nuwehout. ~**stone** rooiysterklip. ~ **stumpnose** *(igt.)* rooistompneus. ~**tail** = REDSTART. ~ **tape** (administratiewe/amptelike/burokratiese) rompslomp, (burokratiese) omslagtigheid/formaliteite, burokrasie. ~ **tea** = ROOIBOS (TEA). **R~ Terror** *(Fr. gesk., 1793-94)* Rooi Terreur. ~ **thorn** *(Acacia gerrardii)* rooi(haak)doring, aapkop. ~ **tide** rooigety, rooiwater. ~ **tjor-tjor** *(igt.: Pagellus bellottii natalensis)* rooi-tjor-tjor. ~ **vitriol** *(chem.)* rooivitrioel. ~**water (fever)** *(veearts.)* rooiwater(koors), piroplasmose (by beeste); ooskuskoors. ~ **wine** rooi wyn, rooiwyn. ~**wood** rooihout; rooigreinhout; *California/coast ~* Kaliforniese rooihout; *giant ~* mammoetboom; *(Natal) ~* rooihout(boom).

re·dact *(w.g.)* opstel; redigeer, bewerk, nasien, persklaar maak. **re·dac·tion** opstelling; redaksie; bewerking; nuwe uitgawe. **re·dac·tor** nasiener, redaktor, persklaarmaker.

re·dan *(mil.: soort verskansing)* redan.

redd *(dial.)* in orde bring; skoonmaak; ~ *s.t. (up)* iets aan (die) kant maak.

red·den rooi word, bloos, kleur; rooi maak.

red·dish rooierig, rooiagtig; vos; ~ *brown* rooibruin; ~ *grey* rooiskimmel.

red·dle *n. & ww.* →RUDDLE *n. & ww.*.

rede *(arg.)* raad; plan; verhaal.

re·dec·o·rate herversier, opknap. **re·dec·o·ra·tion** herversiering, opknapping.

re·ded·i·cate hertoewy, opnuut wy. **re·ded·i·ca·tion** hertoewyding.

re·deem *(fin.)* terugkoop; afkoop; delg, (af)los; verkoop, tot geld maak; inlos; boet; goedmaak, vergoed; *(relig.)* verlos, bevry; *(arg.)* vrykoop; →REDEMPTION; ~ *a debt* 'n skuld aflos/delg; ~ *a pledge* 'n pand aflos/inlos; 'n belofte gestand doen; ~ *a promise* 'n belofte vervul/nakom/inlos. **re·deem·a·ble** afkoopbaar; aflosbaar; inlosbaar. **Re·deem·er** *(Chr.)* Verlosser, Heiland. **re·deem·er** losser, afkoper. **re·deem·ing:** ~ *blood, (Chr.)* soenbloed; ~ *death, (Chr.)* soendood; *s.o.'s only ~ feature* al wat ten gunste van iem. gesê kan word, iem. se enigste goeie eienskap.

re·de·fine herdefinieer, herbepaal.

re·de·liv·er weer aflewer; teruggee; *(poët., liter.)* weer in vryheid stel.

re·de·mand terugeis, terugvorder.

re·demp·tion *(fin.)* delging, (af)lossing, amortisasie; afkoop; inlossing; *(relig.)* verlossing, bevryding, vrymaking, redding; *be beyond/past ~* reddeloos (verlore) wees; *s.o. is beyond/past ~, (ook)* daar is vir iem. geen redding meer nie; daar is geen salf aan iem. te smeer nie. ~ **account** delgingsrekening. ~ **fund** delgings-, amortisasiefonds. ~ **money** afkoopgeld, -prys, -som. **re·demp·tive** verlossend, verlossings-. **Re·demp·tor·ist** *(RK)* Redemptoris. **re·demp·to·ry** verlossings-; ~ *price* losprys.

re·de·ploy herontplooi *(troepe)*; heraanwend *(personeel)*. **re·de·ploy·ment** herontplooiing; heraanwending.

re·de·scend weer afdaal.

re·de·sign herontwerp.

re·des·ig·nate hernoem.

re·de·ter·mine herbepaal.

re·de·vel·op herontwikkel. **re·de·vel·op·ment** herontwikkeling.

re·di·al -*ll*-, *(telef.)* weer skakel.

re·dif·fu·sion *(Br., uitsaaiwese)* (radio)distribusie.

red·in·gote redingote, ruiterjas.

red·in·te·grate *(arg.)* = REINTEGRATE. **red·in·te·gra·tion** *(arg.)* = REINTEGRATION.

re·di·rect heradresseer; nastuur, nasend, agterna stuur *('n brief ens.)*; nasein. **re·di·rec·tion** nasending; naseining.

re·dis·count *(fin.)* herdiskonteer.

re·dis·cov·er herontdek. **re·dis·cov·er·y** herontdekking.

re·dis·til -*ll*- herdistilleer, oorstook. **re·dis·til·la·tion** herdistillasie, oorstoking.

re·dis·trib·ute herverdeel, weer verdeel; anders uitdeel/indeel; herindeel. **re·dis·tri·bu·tion** herverdeling, nuwe verdeling; heruitdeling; herindeling.

re·di·vide herverdeel. **re·di·vi·sion** herverdeling.

red·i·vi·vus *(poët., liter.)* herrese.

red·ly *adv.* rooi.

red·ness rooiheid.

re·do -*did* -*done* oordoen, weer/opnuut doen.

red·o·lent geurig, welriekend; *s.t. is ~ of ...* iets ruik na ...; iets herinner aan ... **red·o·lence** (soet) geur, welriekendheid.

re·dou·ble verdubbel; vermeerder, versterk; aangroei, toeneem; *(brugspel)* redoebleer.

re·doubt *n., (<Fr., mil.)* vesting, (veld)skans, redoute.

re·doubt·a·ble *(dikw. skerts.)* gedug, gevrees.

re·dound *(fml.)* bydra, strek; *(arg.)* voortvloei; *(arg.)* terugkom, terugval *(op iem.)*; *the benefits that ~ from ..., (arg.)* die voordele wat uit ... voortvloei; *s.t. ~s to s.o.'s honour/etc.* iets strek iem. tot eer/ens..

re·dox *(chem., afk. v.* oxidation-reduction*)* redoks- *(afk. v.* oksidasie-reduksie*)*. ~ **potential** redokspotensiaal. ~ **reaction** redoksreaksie.

re·draft *n.* omwerking; nuwe ontwerp; retoerwissel, herwissel. **re·draft** *ww.* omwerk, weer opstel, herformuleer; weer ontwerp.

re·draw -*drew* -*drawn* oorteken.

re·dress *n.* herstel, regstelling, vergoeding, verhaal, redres; *s.o. has* **no** ~ iem. het geen verhaal nie; ~ ***of*** ... herstel van ... *(onreg)*; **seek** ~ vergoeding vra; herstel (van onreg) verlang; ***without*** ~ sonder verhaal. **re·dress** *ww.* verhelp; herstel, regstel, vergoed, goedmaak, redresseer. **re·dress·al** = REDRESS *n.*.

re-dress *ww.* weer aantrek, ooraantrek.

reds *(igt.)* dikbekkie; →PANGA[2].

re·duce verminder, verklein, inkrimp, inkort; wegwerk *(laste, oortollighede, ens.)*; *(hoofs. Am.)* verslank; verlaag, verminder, besnoei *(d. prys v. iets)*; terugbring, teruglei *(na 'n eenvoudiger vorm)*; *(wisk.)* herlei *('n vergelyking)*; *(wisk.)* verklein, vereenvoudig *('n breuk)*; *(chem.)* reduseer; *(fot.)* verswak *('n afdruk ens.)*; *(med.)* reponeer *('n breuk)*; *(fonet.)* reduseer *('n vokaal)*; *(mil.)* degradeer *(in rang)*; afdank; verneder, verlaag; *(arg.)* onderwerp, ten onder bring *(d. vyand)*; *(arg.)* (in)neem, verower *('n vesting)*; ~ *s.t.* ***by boiling***, *(hoofs. kookk.)* iets inkook; *be ~d* ***by*** *fever* deur koors verswak wees; *be in ~d* ***circumstances*** →CIRCUMSTANCE; ~ *the* ***establishment*** die saak inkrimp, personeel afdank; ~ *a* ***fraction*** *(to its lowest terms), (wisk.)* 'n breuk verklein; *~d* ***grade***, *(ling.)* reduksietrap; ~ *s.o.'s* ***power*** iem. se mag inkort; *sell (s.t.) at ~d* ***prices*** →PRICE *n.*; ~ ***speed*** stadiger ry; *in a ~d* ***state*** in 'n verswakte toestand; *~d* ***steel*** reduksiestaal; ... *~s the* ***temperature*** ... verminder die warmte; ... laat die koors sak; ~ *s.o.* ***to*** ... iem. tot ... dwing *(onderwerping ens.)*; iem. tot ... bring *(armoede, wanhoop, ens.)*; iem. tot ... dryf/drywe *(wanhoop ens.)*. ~ *s.o.* ***to*** *beggary* →BEGGARY; ~ *s.o.* ***to*** *the ranks, (mil.)* iem. degradeer; ~ *s.o.* ***to*** *tears* →TEAR[2] *n.*; *be ~d* ***to*** *doing s.t.* verplig/genoop wees om iets te doen; *be ~d* ***to*** *poverty* in/tot armoede verval (wees); ~ *s.t.* ***to*** ... iets tot ... herlei; iets tot ... verminder; ~ *s.t.* ***to*** *ashes* →ASH[1] *n.*; ~ *fractions* ***to*** *a common denominator, (wisk.)* breuke gelykmatig maak (*of* tot 'n gemene deler herlei); ~ *s.t.* ***to*** *powder* iets fynmaak/verpoeier/vergruis; ~ *s.t.* ***to*** *writing* iets op skrif stel; ~ ... ***to*** *zero* ... tot niks verminder/verklein (*of* heeltemal uitskakel/verwyder); *(wisk.)* ... op nul herlei; *the facts may all be ~d* ***to*** *three heads* al die feite kan onder drie hoofde gebring word; *~d* ***vowel***, *(fonet.)* reduksievokaal; ~ *one's* ***weight*** verslank, jou gewig verminder/

afbring. **re·duc·er** *(teg.)* reduseerder, verloopsok, =stuk; *(fot.)* verswakker. **re·duc·i·ble** verminderbaar, verkleinbaar; herleibaar; reduseerbaar; ~ *hernia, (med.)* reponeerbare breuk. **re·duc·tive** verminderend; reduksie=.

re·duc·ing: ~ **agent** reduseer=, reduksiemiddel. ~ **compass(es)** herleidingspasser. ~ **cure** verslankingskuur. ~ **diet** verslankingsdieet. ~ **flame** reduseervlam. ~ **furnace** reduksieoond. ~ **pipe** verlooppyp. ~ **socket** verloopsok. ~ **valve** drukverligtingsklep.

re·duc·ti·o ad ab·sur·dum *(Lat.: d. weerlegging v. 'n stelling deur te bewys dat dit tot onsinnige gevolgtrekkings lei)* reductio ad absurdum.

re·duc·tion vermindering, verkleining, inkrimping, inkorting; besnoeiing; afname; verlaging; korting, afslag, rabat; terugbrenging; *(wisk.)* herleiding; *(med.)* setting; *(chem.)* reduksie; *(fot.)* verswakking; degradering *(in rang)*; *(arg.)* onderwerping; *(arg.)* inneming, verowering; *a ~ to normal* normalisering; *sweeping ~s* algemene/kolossale/reusagtige prysverlagings. ~ **division** reduksiedeling. ~ **roller** reduksieroller. ~ **worker** reduksiewerker. ~ **works** reduksiewerkplaas, smeltoond.

re·duc·tion·ism *(dikw. neerh.)* reduksionisme. **re·duction·ist** *n.* reduksionis. **re·duc·tion·ist, re·duc·tion·is·tic** *adj.* reduksionisties.

re·dun·dan·cy oortolligheid, oorbodigheid; oorvloedigheid, weelderigheid. ~ **payment** skeidingspakket.

re·dun·dant oortollig, oorbodig, orig; oorvloedig, weelderig; *be made ~, (werkers ens.)* oortollig verklaar word. **re·dun·dance** = REDUNDANCY.

re·du·pli·cate verdubbel, herhaal; *(gram.)* redupliseer. **re·du·pli·ca·tion** verdubbeling, reduplikasie. **re·du·pli·ca·tive** verdubbelend.

ree·bok = RHEBOK.

re·ech·o *n.* weergalm(ing); weerkaatsing; naklank. **re·ech·o** *ww.* weergalm, weerklink; weerkaats; herhaal; ~ *with* ... van ... weergalm/weerklink.

reed *n.* riet; biesie; rib; mondstuk, rietjie; tongetjie *(v. 'n orrelpyp)*; *(poët., liter.)* herdersfluit; wewerskam; *(ook, i.d. mv.)* matjiesgoed; *a **broken** ~, (fig.)* 'n geknakte riet; *s.o. is a **broken** ~, (ook)* jy kan nie op iem. staatmaak nie; ***common** ~, (Phragmites australis)* gewone fluitjiesriet. **reed** *ww., (gew. volt.dw.)* met riet(e) dek; 'n rietjie insit. ~ **babbler** = MASKED WEAVER. ~ **bird** (Amerikaanse) rysvoël(tjie); →REED WARBLER. ~**buck** *(Redunca arundinum)* rietbok; *mountain ~, (R. fulvorufula)* rooiribbok. ~ **cormorant** *(orn.)* rietduiker. ~ **finch** = MASKED WEAVER. ~ **hen** = CRAKE. ~ **horn** mishoring. ~ **instrument** *(mus.)* fluit=, tonginstrument. ~ **mace** *(kookk.)* rietfoelie. ~ **marsh** rietvlei. ~ **organ** harmonium. ~ **pen** rietpen. ~ **pipe** rietfluit; tongstem *(v. 'n orrel)*. ~ **stop** *(mus.)* tongregister *(v. 'n orrel)*. ~ **warbler** *(orn.: Acrocephalus spp.)* rietsanger.

reed·ed gerib.

re·ed·i·fy weer opbou, herbou.

reed·i·ness →REEDY.

reed·ing ribwerk. ~ **plane** rib=, riffelskaaf.

re·ed·it nog 'n keer/maal/slag persklaar maak *('n manuskrip)*; herredigeer *('n film, band, ens.)*.

reed·like rietagtig; skraal, tingerig, tengerig.

re·ed·u·cate heropvoed, omskool. **re·ed·u·ca·tion** heropvoeding, omskoling.

reed·y rietagtig; vol riet(e); skraal, tingerig, tengerig, swak; krassend, skril; *a ~ voice* 'n dun stem. **reed·i·ness** rietagtigheid; skrilheid.

reef[1] *n., (sk.)* reef, rif *(v. 'n seil)*; *take in a ~* reef, 'n seil verklein; 'n reef inbind/inneem; *(fig.)* besnoei; stadig oor die klippe gaan, met oorleg werk. **reef** *ww.* (in)reef, seile inbind/inrol/oprol; →REEFER[1], REEFING. ~ **bow** dasstrik. ~ **knot** platknoop. ~**point** reefbindsel.

reef[2] *n., (geog., mynb.)* rif; rotsbank, rotslaag; →REEFER[2]; *the R~* →WITWATERSRAND. ~ **width** rifdikte.

reef·er[1] *(sk.)* rewer; platknoop. ~ **(jacket)** jekker, rewersbaadjie.

reef·er[2] *(infml.)* koelkas; koelwa; →REFRIGERATOR.

reef·er[3] *(dwelmsl.), (daggasigaret)* zol; *(dagga)* boom, dagga.

reef·ing *(seilvaart)* (die) reef. ~ **jacket** jekker, rewersbaadjie.

reek *n.* stank; *(hoofs. Sk.)* rook, walm, damp, wasem. **reek** *ww.* stink *(na)*; *(arg.)* rook, wasem, damp; ~ *of* ... stink na ...; ruik na ...; *(fig.)* deurtrek wees van ... *(kruiperigheid, haatdraendheid, ens.)*. **reek·y** *(hoofs. Sk.)* swart gerook, rokerig, vuil.

reel[1] *n.* rol, tol, tolletjie, klos; spoel; katrol; haspel; *do s.t. off the ~* iets vlot (*of* so glad soos seep) doen, iets doen sonder om te haak. **reel** *ww.* optol, opdraai, (op)rol, opwen; ~ *s.t.* ***in*** iets inkatrol; iets inhaal/oprol; ~ *s.t.* ***off*** iets aframmel; iets uitkraam; ~ *s.t.* ***out*** iets afrol/afdraai/uitvier; ~*ed **yarn*** stringgare, =garing. ~**-to-**~ **(tape) recorder** tol(band)opnemer.

reel[2] *n.* wankelende/waggelende gang, slingering; *(volksdans)* riel; warreling; *dance a ~, (ook)* askoek slaan; *without a ~ or a stagger* sonder om te wankel of te struikel. **reel** *ww.* wankel, waggel, slinger; swier, swaai; duiselig word; 'n riel dans; ~ ***back*** terugsteier; *s.t. ~ed before s.o.'s **eyes*** iets het voor iem. gedraai (*of* voor iem. op en neer gedans); ~ ***from/under*** ... onder ... steier *(houe, skok, ens.)*; *s.o.'s **head** ~s* →HEAD *n.*. ***make** s.o. ~, **send** s.o. ~ing* iem. laat steier/waggel; ~ ***to and fro*** heen en weer slinger.

re·e·lect herkies; ~ *as* ... herkies as/tot ... **re·e·lection** herkiesing; *s.o. (is eligible and) offers him=/herself* (*or makes him=/herself available*) *for* ~ iem. (is en) stel hom/haar herkiesbaar; ~ *to the council* herkiesing in die raad.

re·el·i·gi·ble herkiesbaar. **re·el·i·gi·bil·i·ty** herkiesbaarheid.

re·em·bark weer inskeep, weer aan boord gaan. **re·em·bar·ka·tion** herinskeping.

re·e·merge weer bo (*of* te voorskyn) kom. **re·e·mergence** weerverskyning.

re·em·pha·sise, =size herbeklemtoon.

re·em·ploy weer in diens neem. **re·em·ploy·ment** herindiensneming, =name.

re·en·act weer bepaal/vasstel, herverorden. **re·en·actment** herverordening.

re·en·gage weer in diens neem; diens hernu(we)/hernieu; opnuut aanval. **re·en·gage·ment** herindiensneming; diensvernuwing; hernieude aanval.

re·en·ter weer binnekom, terugkom; *(pendeltuig ens.)* weer binnedring *(d. atmosfeer)*; *(kaartspel)* weer aan die slag kom; herinskryf, =skrywe. **re·en·trant** *n., (geom.)* inspringhoek, inspringende hoek; insprong. **re·en·trant** *adj., (geom.)* inspringend; ~ *angle* inspringhoek, inspringende hoek. **re·en·try** terugkeer; herinskrywing; weerintreding; *card of* ~ slag=, trekkaart.

re·e·quip weer/opnuut toerus, hertoerus; herbewapen.

re·e·rect weer oprig, heroprig *('n huis, muur, ens.)*; weer opslaan *('n hut)*; herbou *('n brug)*; weer opstel *('n versperring)*. **re·e·rec·tion** heroprigting; herbouing; heropstelling.

re·es·tab·lish weer oprig, herstel. **re·es·tab·lishment** heroprigting, herstel.

re·es·ti·mate oorskat, weer skat.

re·etch oorets.

re·e·val·u·ate herevalueer, herbeoordeel. **re·e·val·u·a·tion** herevaluering, herbeoordeling.

reeve[1] *n., (Br., hoofs. hist.)* vrederegter, balju.

reeve[2] *n., (vr., orn.)* wyfiekemphaan; →RUFF[1] *n.*

reeve[3] *rove rove, reeved reeved, ww. (sk.)* (in)skeer, reef, tou deur 'n oog/katrol styf trek.

re·ex·am·ine hersien, herondersoek; hereksamineer; *(jur.)* weer ondervra, herondervra. **re·ex·am·i·na·tion** hersiening; nader ondersoek; herondersoek; hereksamen, aanvullingseksamen; herkeuring; *(jur.)* herondervraging.

re·ex·change *n.* herwissel, retoerwissel, geprosteerde wissel; retoerwisselkoste; nuwe verwisseling, uitwisseling. **re·exchange** *ww.* herwissel, weer verwissel.

re·ex·port *n.* heruitvoer. **re·ex·port** *ww.* heruitvoer. **re·ex·por·ta·tion** heruitvoer.

ref *(sport, infml.)* = REFEREE.

re·face weer vlak *('n muur)*; weer omboor *('n kledingstuk)*.

re·fash·ion verander, omvorm, omwerk. **re·fash·ioning, re·fash·ion·ment** verandering, omvorming, omwerking.

re·fec·tion *(poët., liter.)* verversing; ligte maaltyd.

re·fec·to·ry eetsaal, refter. ~ **table** reftertafel.

re·fer =*rr*= verwys, refereer *(na)*; voorlê *(aan)*; opdra *(aan)*; laat sak/dop/druip *('n kandidaat in 'n eksamen)*; jou beroep *(op)*; *(arg.)* toeskryf, =skrywe *(aan)*; ~ *s.t. **back** to* ... iets na ... terugverwys; ~ *to **drawer**, (bankw.)* verwys na trekker; ~ ***to*** ... van ... praat/skryf/skrywe (*of* melding maak), ... vermeld, na ... verwys, 'n verwysing na ... maak, ... bedoel; ... naslaan/raadpleeg *('n woordeboek ens.)*; ~ *o.s. **to** s.o.'s generosity/etc., (w.g.)* jou op iem. se goedhartigheid/ens. beroep; *s.t. ~s **to*** ... iets het betrekking (*of* slaan/sien/doel *of* is bedoel) op ...; *~ring **to*** ... met betrekking tot (*of* met verwysing na) ...; na aanleiding van ...; ~ ***to** s.o. as* ... iem. ... noem; ~ ***to** s.o. as a* ... iem. as 'n ... bestempel; *the person ~red **to*** die betrokkene; *the place/etc. ~red **to*** die genoemde/bedoelde/betrokke plek/ens.; *I would like to ~ you **to*** ... ek wil ... graag aanstip (*of* onder u aandag bring), ek wil u/jou/die aandag graag op ... vestig, let asseblief op (*of* kyk asseblief na) ...; ~ *s.o./s.t. **to** s.o.* iem./iets na iem. verwys *('n pasiënt na 'n spesialis, 'n wetsontwerp na 'n komitee, ens.)*; ~ *s.t. **to*** ..., *(arg.)* iets aan ... toeskryf/=skrywe. **ref·er·a·ble, re·fer·ra·ble** verwysbaar, te verwys *(na)*; op te dra *(aan)*; *(arg.)* toe te skryf/skrywe *(aan)*. **ref·e·ree** *n., (sport)* skeidsregter, *(infml.)* blaser, *(infml., kr.)* witjas; referent *(v. 'n aansoeker om 'n pos ens.)*. **ref·e·ree** *ww.* as skeidsregter optree, skeidsregter wees, *(infml.)* blaas. **ref·e·ree·ing** skeidsregterswerk. **ref·er·en·dum** =*endums,* =*enda* referendum, volkstemming. **ref·er·ent, ref·er·ent** *(ling.)* referent. **ref·er·en·tial** verwysings=. **re·fer·ra·ble** →REFERABLE. **re·fer·ral** verwysing. **re·ferred** verwese; ~ *pain* verwyspyn, verplaaste pyn, straalpyn, uitstralingspyn.

ref·er·ence verwysing; aanhaling, bron, bewysplaas, aanduiding; trefwoord, lemma; aanbeveling, getuigskrif; verband, verhouding, betrekking; (ver)melding, gewag; *(ekon.)* referent, referensie; ***contemporary** ~s* aktuele toespelings/sinspelings; ***frame** of* ~ →FRAME *n.*; *for **future*** ~ vir toekomstige gebruik; *give s.o. a **good*** ~ iem. 'n goeie getuigskrif gee; ***have*** ~ *to* ... op ... slaan (*of* betrekking hê); ***list** of ~s* bronnelys; ***make** (a) ~ to* ... van ... melding maak, na ... verwys, 'n verwysing na ... maak; *A and B have **no** ~ to each other* A en B hou geen verband met mekaar nie; ***no** ~ was made to it* daar is niks van gesê (*of* geen melding van gemaak) nie; *an **oblique** ~ to* ... 'n sydelingse verwysing na ...; *make an **oblique** ~ to* ... sydelings na ... verwys; ***on*** ~ *to* ... by die naslaan van ...; ***point** of* ~ →REFERENCE POINT; *with **special*** ~ *to* ... met besondere aandag aan ...; ***terms** of* ~ opdrag *(aan 'n kommissie)*; *with wide/broad **terms** of* ~ met 'n uitgebreide opdrag; ***with*** ~ *to* ... met betrekking tot (*of* met verwysing na) ...; na aanleiding van ...; in aansluiting by ...; ***without*** ~ *to s.o.* sonder om iem. te raadpleeg (*of* in 'n saak te ken). ~ **Bible** Bybel met kanttekeninge. ~ **book** naslaanwerk, *(liter.)* vraagbaak; *(ook, SA, hist.)* bewysboek. ~ **frame** →FRAME OF REFERENCE. ~ **library** naslaanbiblioteek. ~ **mark** verwys(ings)teken. ~ **number** verwysingsnommer. ~ **point** uitgangspunt; verwysingspunt. ~ **work** naslaanwerk.

ref·er·en·dum →REFER.

re·fight oorveg.

re·fill *n.* hervulling, byvulling, nuwe vulling; (nuwe) inkpatroon *(vir 'n pen)*; hervulloodjie *(vir 'n draaipotlood)*; hervulsakkie, =houer, *ens.*. **re·fill** *ww.* hervul, byvul, opnuut vul, weer volmaak. **re·fill·ing** hervulling, byvulling.

re·film heropneem.

re·fi·nance herfinansie(e)r. **re·fi·nanc·ing** herfinansiering, herfinansiëring.

re·fine verfyn, veredel, beskaaf; suiwer, louter; afdryf, =drywe; fineer; affineer *(metale);* raffineer *(olie, suiker, ens.);* verfraai; suiwer word; beskaaf(d) word; ~ *(up)on s.t.* iets (probeer) verbeter; iets uitspin. **re·fined** verfyn(d); gesuiwer(d); geraffineer(d); ~ ***conversion*** presiese omrekening; ~ ***copper*** gaarkoper; ~ ***cruelty*** geraffineerde wreedheid; ~ ***features*** gedistingeerde trekke; ~ ***gold*** geaffineerde goud; ~ ***iron*** louteryster; ~ ***manners*** beskaafde maniere; ~ ***metal*** keurmetaal; ~ ***morals*** verfynde sedes; ~ ***steel*** louterstaal; ~ ***sugar*** geraffineerde suiker. **re·fine·ment** verfyning, verfyndheid, veredeling, beskawing; suiwering, loutering; distinksie; kiesheid; gesogtheid; geraffineerdheid, raffinement. **re·fin·er** verfyner; beskawer; suiweraar; affineerder *(v. metale);* raffinadeur; haarklower; uitpluiser. **re·fin·er·y** *(metal.)* affineerdery; raffinadery.

re·fin·ing verfyning; suiwering, loutering; affinering *(v. metale);* raffinering. ~ **furnace** raffineeroond, gaaroond. ~ **plant** suiweringsinstallasie. ~ **works** raffinadery; *(metal.)* affineerdery.

re·fit *n.* herstel; nuwe uitrusting. **re·fit** =*tt*=, *ww.* weer aanpas; herstel; repareer, in orde bring, opknap; weer uitrus. **re·fit·ment** = REFIT *n.*.

re·flate *(ekon.)* reflasie bewerkstellig. **re·fla·tion** reflasie. **re·fla·tion·ar·y, re·fla·tion·ist** reflasionêr, reflasionisties.

re·flect weerkaats, terugkaats; *(fig.)* weergee, weerspieël; peins, nadink; *the statement ~s an **amount*** die rekening gee 'n bedrag aan/weer; *s.t. ~s **credit** (up)on s.o.* iets strek iem. tot eer; *~ed **glory*** ontleende luister; *be ~ed **onto** ...* op ... afstraal; *it ~s the true **position*** dit is 'n juiste weergawe; ~ ***(up)on s.o., (arg.)*** jou ongunstig oor iem. uitlaat, iem. in 'n slegte lig stel, 'n refleksie (*of* blaam) werp op iem., op iem. skimp, iem. verdag maak; *s.t. ~s **(up)on s.o.*** iets stel iem. in 'n slegte lig, iets werp 'n refleksie (*of* blaam) op iem., iets tas iem. se karakter aan.; ~ ***(up)on s.t.*** iets oordink/oorweeg/bepeins, oor/omtrent iets besin.

re·flec·tance *(fis.)* weerkaatsings=, refleksiekoëffisiënt, =ko-effisiënt.

re·flect·ing weerkaatsend, (terug)kaatsend; weerspieëlend; peinsend. ~ **paper** glimpapier. ~ **strip** weerkaatsstrook. ~ **telescope** spieëlteleskoop.

re·flec·tion, re·flex·ion weerkaatsing, (terug)kaatsing, weerspieëling, refleksie; weergawe; spieëlbeeld, spieëling; afskynsel; terugbuiging; oorweging, gedagte, gepeins, nadenke, besinning, oordenking; inkeer; blaam, verwyt, afkeuring, verdagmaking, skimp; ***angle** of ~, (fis.)* uitvalshoek, hoek van uitval; ***cast** ~s (up)on s.o.* iem. se karakter aantas, 'n refleksie op iem. werp, iem. in 'n slegte lig stel, op iem. skimp, iem. verdag maak; *cast ~s (up)on s.o.'s **honour*** iem. in sy/haar eer aantas; ***on*** ~ by nadere(e) oorweging, ná verder(e)/vêrder(e) oorweging; *s.t. is a ~ **(up)on s.o.*** iets is 'n belediging vir (*of* 'n verwyt/beskuldiging teen) iem., iets tas iem. se karakter aan (*of* stel iem. in 'n slegte lig), iets werp 'n refleksie (*of* blaam) op iem., iets maak iem. verdag.

re·flec·tive weerkaatsend, terugkaatsend, weerspieëlend; peinsend, denkend; wederkerend; reflektief; ~ *index, (fis.)* brekingsindeks. **re·flec·tiv·i·ty** *(fis.)* refleksie=, weerkaatsvermoë, weerkaatsbaarheid.

re·flec·tor weerkaatser, terugkaatser; spieël, reflektor *(v. 'n golfgeleier);* ligspieël *(v. 'n seinlamp); (astron.)* spieëlteleskoop, reflektor; *tape* ~ glimstrook. ~ **fire** straalkaggel. ~ **(mirror)** loopspieël.

re·flet *(Fr.)* (lig)glans; (metaal)glans.

re·flex *n.* refleks(beweging); *(arg.)* weerkaatsing, weerskyn; *(arg.)* spieëlbeeld, afspieëling, weerspieëling; afstraling; *(arg.)* weerkaatste lig; *(ook, i.d. mv.)* reflekse; *conditioned* ~ aangeleerde/gekondisioneerde refleks; *knee* ~ →KNEE JERK. **re·flex** *adj.* onwillekeurig, outomaties, meganies, impulsief *(reaksie); (geom.)* inspringend; *(arg.)* teruggekaats; *(arg.)* selfondersoekend, (self)bespiegelend; *(arg.)* omgebuig, omgeboë. **re·flex** *ww., (arg.)* weerspieël; →REFLEXED. ~ **(action)** refleks(beweging). ~ **angle** *(geom.)* inspringende hoek. ~ **arc** *(fisiol.)* refleksboog, =baan. ~ **camera** reflekskamera. ~ **reflector** straalkaatser.

re·flexed *(bot.)* omgeboë, omgebuig.

re·flex·i·ble weerkaatsbaar. **re·flex·i·bil·i·ty** weerkaatsbaarheid.

re·flex·ion →REFLECTION.

re·flex·ive *n., (gram.)* refleksief. **re·flex·ive** *adj.* wederkerend, terugwerkend, refleksief; ~ *verb* refleksief.

re·flex·ol·o·gy refleksologie. **re·flex·ol·o·gist** refleksoloog.

re·float vlot maak/kry.

ref·lu·ent *(poët., liter.)* terugvloeiend; →REFLUX. **ref·lu·ence** terugvloeiing.

re·flux terugvloeiing, eb; teenstroom. ~ **condenser** terugvloeikoeler. ~ **valve** *(teg.)* terugslagklep.

re·fo·cus =*s(s)*= herfokus(seer); ~ *one's attention on s.t.* jou aandag weer op iets toespits.

re·for·est = REAFFOREST. **re·for·es·ta·tion** = REAFFORESTATION.

re·forge omsmee.

re·form *ww.* weer vorm; weer opstel; formasie herstel.

re·form *n.* hervorming, verbetering; omskepping. **re·form** *ww.* hervorm, verbeter; omskep; bekeer; jou bekeer, tot inkeer kom, jou verbeter; ~ *an abuse* 'n misbruik afskaf; *the R~ed Church, (SA)* die Gereformeerde Kerk; die Hervormde Kerk; *radical* ~ deurtastende/radikale hervorming. ~ **school** *(hist.)* verbeter(ing)skool.

re·form·a·ble hervormbaar.

re·for·mat *(rek.)* herformateer.

ref·or·ma·tion hervorming, reformasie, verbetering; *the R~, (kerkgesk.)* die Hervorming/Reformasie. **ref·or·ma·tion·ist** hervormingsgesinde.

re·for·ma·tive hervormend, hervormings=, reformatories; verbeterend, verbeterings=.

re·for·ma·to·ry *n., (vero.)* tugskool, verbeter(ing)skool, =huis, =gestig. **re·for·ma·to·ry** *adj.* = REFORMATIVE.

re·form·er hervormer; *(R~, kerkgesk.)* Hervormer, Reformator; *(R~, SA, gesk., i.d. ZAR)* Reformer.

re·form·ing omvorming *(v. gas).*

re·form·ist *n.* hervormer, hervormingsgesinde, reformis. **re·form·ist, re·form·is·tic** *adj.* hervormingsgesind, reformisties. **re·form·ism** hervormingsug.

re·for·mu·late herformuleer. **re·for·mu·la·tion** herformulering.

re·for·ti·fy weer/opnuut versterk.

re·fract *(strale)* breek; *~ing surface* brekingsvlak; *~ing telescope* = REFRACTOR. **re·frac·tion** *(fis.)* (straal)breking, (lig)breking, refraksie; straalbrekingsleer; *angle of* ~ brekingshoek; *double* ~ dubbel(lig)breking. **re·frac·tion·ist** *(med.)* refraksionis, gesigkundige. **re·frac·tive** straalbrekend, brekings=; ~ *index* brekingsindeks. **re·frac·tom·e·ter** refraktometer. **re·frac·tor** refraktor; dioptriese kyker. **re·frac·to·ry** *n., (teg.)* vuurvaste stof. **re·frac·to·ry** *adj., (fml.)* dwarstrekkerig, we(d)erstrewig, weerbarstig, weerspannig, koppig, hardnekkig, onbuigsaam, ongeseglik; *(teg.)* vuurvas; moeilik smeltbaar/reduseerbaar; *(med.)* refraktêr; ***be*** ~ jou verset; ~ ***clay*** vuurklei, vuurvaste klei; ~ ***conduct**, (ook)* versetpleging; *be* ~ ***with*** *s.o.* iem. trotseer.

re·frain[1] *n.* refrein.

re·frain[2] *ww.* jou inhou/bedwing/beteuel; ~ *from doing s.t.* jou daarvan weerhou om iets te doen; *please ~ from ...* moet asseblief nie ... nie.

re·fran·gi·ble breekbaar *(strale);* →REFRACT.

re·freeze =*froze* =*frozen* herbevries, weer bevries.

re·fresh verkwik, verfris, opfris; ververs; verkoel; ~ *s.o.'s **drink*** vir iem. nog 'n drankie skink; ~ ***the inner man**, (infml., vero., skerts.)* die inwendige mens versterk; ~ *one's **knowledge*** →KNOWLEDGE; ~ *one's **memory*** jou geheue opfris/opskerp; ~ ***o.s.** with a drink* jou met 'n drankie laaf/lawe.

re·fresh·er opknappertjie, opfrisser(tjie), verfrissinkie, versterkertjie; herinnering; *(jur.)* ekstra betaling. ~ **course** *(opv.)* herhalingskursus; opknappings=, aanvullings=, opfrissingskursus.

re·fresh·ing verkwikkend; ~ *drink* laafdrank. **re·fresh·ing·ly** verrassend.

re·fresh·ment verversing, verkwikking, lafenis; *(ook, i.d. mv.)* verversings, versnaperings; *serve ~s* verversings bedien/rondbring/rondgee; verversings verskaf; *the sight was a ~ to s.o.* die gesig was vir iem. 'n verkwikking. ~ **room** koffiekamer, verversingskamer. ~ **station** verversingspos. ~ **trolley** buffetwaentjie.

re·frig·er·ant *n.* koelmiddel, =stof. **re·frig·er·ant** *adj.* (ver)koelend, koel=; ~ *gas* koelgas.

re·frig·er·ate (ver)koel, koel/koud maak; koel hou; *~d ship* koelskip. **re·frig·er·at·ing** koelend, koel=; ~ *chamber* koelkamer; yskamer; ~ *hold* koelruim; ~ *installation/plant/works* koelinrigting, =installasie. **re·frig·er·a·tive** koelend. **re·frig·er·a·to·ry** *n.* koel=, yskamer; kondensator. **re·frig·er·a·to·ry** *adj.* koelend, koel=.

re·frig·er·a·tion koeling, verkoeling; koeltegniek. ~ **plant** koelinstallasie.

re·frig·er·a·tor ys=, koelkas; koelvat; koelmasjien, koeler; koelinrigting. ~ **room** koel=, yskamer. ~ **ship** koelskip. ~ **truck,** *(Am.)* ~ **car** *(spw.)* koeltrok, =wa.

re·frin·gent *adj., (fis.)* (straal)brekend, brekings=. **re·frin·gence** brekings=, refraksievermoë.

reft *ww. (volt.dw.)* beroof *(van);* →REAVE.

re·fu·el =*ll*= brandstof inneem/intap/byvul/(by)laai; bunker.

re·fu·el·ling brandstofinname, =intapping; bunkering. ~ **station** vulstasie.

ref·uge *n.* toevlug, beskerming; skuiling, skuilte, skuiloord, =plek, toevlugsoord, wykplaas; heenkome; toeverlaat; *(Br.)* verkeerseiland, vlugheuwel; ***city** of* ~ vrystad *(i.d. Ou Israel);* ***find*** ~ 'n heenkome vind; ***grant** ~ to s.o.* aan iem. skuilplek verleen; ***seek** ~ with ...* by ... skuiling soek, die toevlug tot ... neem; ***take** ~ behind ...* agter ... skuil; ***take** ~ in a country* in 'n land skuiling soek, die toevlug tot 'n land neem, die wyk neem na 'n land. **ref·uge** *ww., (arg.)* beskerm; die toevlug neem tot; skuil (*of* 'n toevlug soek) by.

ref·u·gee vlugteling, uitgewekene. ~ **camp** vlugtelingekamp. ~ **capital** = FLIGHT CAPITAL.

re·ful·gent *(poët., liter.)* skitterend, blink, glinsterend. **re·ful·gence** (lig)glans, skittering.

re·fund *n.* terugbetaling. **re·fund** *ww.* terugbetaal, teruggee, skadeloos stel, vergoed; ~ *s.t. to s.o.* die koste van iets aan iem. terugbetaal. ~ **cheque** tjek ter terugbetaling.

re·fund·a·ble terugbetaalbaar.

re·fur·bish (weer) opknap, opkalfater.

re·fur·nish nuut meubileer/meubeleer.

re·fus·al →REFUSE[2] *ww.*.

ref·use[1] *n.* vullis, vuilgoed, afval, uitskot; *remove* ~ vullis verwyder. **ref·use** *adj.* waardeloos, afgedank; afval=; ~ *parts* afval; ~ *bag* vuilgoed=, vullissak. ~ **bin** vullis=, vuilgoed=, asbak. ~ **chute** vullisgeut. ~ **collection** →REFUSE REMOVAL. ~ **collector** vullisverwyderaar, vullisman. ~ **consumer** vuilverbrandingsoond. ~ **disposal** afvalverwerking. ~ **dump,** ~ **heap** vullis=, vuilgoed=, ashoop. ~ **removal,** ~ **collection** vullisverwydering. ~ **tin** vullis=, vuilgoed=, asblik. ~ **tip** ashoop; stortterrein. ~ **yard** vuilgoed=, vulliswerf.

re·fuse[2] *ww.* weier, van die hand wys, verwerp; ontsê; ~ *s.o. **admission*** iem. wegwys, (aan) iem. toegang weier, iem. toegang ontsê; ~ ***battle**, (w.g.)* die geveg ontwyk; *I ~ **to believe** it* ek laat my dit nie vertel nie; ~ ***bluntly/flatly/point-blank*** (or ***out of hand***) botaf/botweg/vierkant weier; verseg; ~ *a **request*** 'n versoek weier; ~ ***s.o.*** iem. se versoek van die hand wys, iem. iets weier/ontsê, vir iem. nee sê, iem. 'n bloutjie laat loop; ~ ***to** do s.t.* weier om iets te doen; verseg om iets te doen. **re·fus·al** weiering, verwerping; neewoord; ontsegging; afwysing, afwysende antwoord; *a **blunt/flat/point-blank*** ~ 'n botte/direkte/volstandige/volstrekte weiering; ***(first)*** ~ voorkoopreg; ***give** s.o. the ~ of ...* iem. 'n voorkoopreg gee op ...; ***meet with** a ~* iets geweier word.

re·fus(e)·nik *(hist.)* dissidente Sowjetjood; andersdenkende, dissident.

re·fute weerlê; teëspreek, teenspreek. **re·fut·a·ble, re·fut·a·ble** weerlegbaar. **re·fut·al** *(w.g.)* = REFUTATION.

ref·u·ta·tion weerlegging; *in ~ of* ... ter weerlegging van ...

re·gain terugkry, herwin; *~ consciousness* →CONSCIOUSNESS; *~ one's feet/footing* weer op die been kom; *~ a place* 'n plek weer bereik, weer by 'n plek uitkom.

re·gal[1] *n., (mus.)* regaal, tongorreltjie.

re·gal[2] *adj.* koninklik, vorstelik. **re·ga·li·a** *n. (fungeer as ekv. of mv.)* regalieë, regalia; ampsierade; kroonsierade, (koninklike/vorstelike) attribute. **re·gal·i·ty** koningskap; *(hist.)* koninkryk; *(arg.)* koninklike reg/waardigheid.

re·gale *n., (arg.)* feesmaal, onthaal; lekkerny. **re·gale** *ww.* onthaal, trakteer, vergas; genot verskaf; geniet van; *~ o.s.* smul; *~ s.o. with* ... iem. op ... trakteer/vergas. **re·gale·ment** onthaal, traktasie.

re·gard *n.* agting, eerbied, ontsag, respek; aansien; verband; opsig; notisie, aandag; *having ~ to all the* ***circumstances*** met inagneming/inagname van al die omstandighede; *have (a)* ***deep/great*** *~ for s.o., hold s.o. in* ***high*** *~* groot agting/eerbied vir iem. hê, iem. hoogag; ***having*** *~ to ..., (ook)* gelet op ...; *be held in* ***high*** *~* hoog aangeskrewe staan; ***kind*** *~s to* ... beste groete aan ...; *(****kind****) ~s to your family, (ook)* groete tuis; *with* ***kind*** *~s* met beste/vriendelike groete; *have a* ***lingering*** *~ for s.o.* →LINGERING *adj.; have* ***no*** *~ for s.o.'s advice* geen ag op iem. se raad slaan nie; ***out of*** *~ for* ... uit agting vir ...; ***pay*** *~ to* ... op ... let, ... in aanmerking neem, met ... rekening hou; ***pay*** *no ~ to* ... geen notisie van ... neem nie, jou niks aan ... steur nie; *have a* ***sneaking*** *~ for s.o.* →SNEAKING; *in* ***this*** *~* in hierdie/dié opsig; *in/with ~* ***to*** ... in verband met (*of* met betrekking tot *of* insake *of* ten opsigte van) ... **regard** *ww.* bekyk, beskou, gadeslaan; in aanmerking neem; agting hê vir, (hoog)ag, waardeer; omgee; aangaan, betref; *(arg.)* ag slaan op, let op, rekening hou met; ***as*** *~s* ... wat ... (aan)betref/aangaan; *~ s.o./s.t.* ***as*** ... iem./iets as ... beskou; *~ s.o.* ***as*** *one of the greatest/etc.* iem. onder die grootstes/ens. reken; *~ s.o.* ***as*** *a friend* iem. as 'n vriend beskou, iem. onder jou vriende reken/tel; *~ s.o.* ***intently*** iem. aandagtig beskou/betrag; ***not*** *~ s.o.'s advice* nie op iem. se raad ag slaan nie; *not ~* ***s.o.****, (arg.)* jou nie aan iem. steur nie; *~ s.o./s.t.* ***with*** ... iem./iets met ... bejeën *(afkeuring, agterdog, ens.)*. **re·gar·dant** *(her.)* omsiende. **re·gard·ful** *(fml.)* oplettend, aandagtig; *~ of* ... met inagneming/inagname van ...; *be ~ of s.t.* iets in ag neem. **re·gard·ing** betreffende, aangaande, rakende, insake, in verband met, met betrekking tot, ten opsigte/aansien van, na aanleiding van; *~* ... wat ... betref. **re·gard·less** onagsaam, agteloos; ondanks alles; *be ~ of* ***expense*** geen onkoste ontsien nie; *~* ***how/what/where/who*** ongeag/sel(f)de hoe/wat/waar/wie; *~* ***of*** ... sonder om op ... te let; ongeag ... *(d. koste ens.)*; *~ of* ***persons*** sonder aansien van die persoon (*of* des persoons); *~* ***what*** ... ongeag/sel(f)de wat ...; *~ of* ***whether*** ... ongeag of ...

re·gat·ta seil-, vaar-, roeiwedstryd, regatta.

re·gauge weer skat; heryk.

re·ge·late, re·ge·late *(teg.)* aaneenvries. **re·ge·la·tion** aaneenvriesing.

re·gen·cy regentskap; *the R~* die Regentskapstyd. *~* **council** regentskapsraad.

re·gen·er·ate *n., (hoofs. relig.)* we(d)ergeborene. **re·gen·er·ate** *adj., (hoofs. relig.)* we(d)ergebore, herbore. **re·gen·er·ate** *ww.* herskep, laat herlewe, opwek, met nuwe lewe besiel; hernu(we), hernieu; hervorm; herleef; *(biol.)* regenereer; *~d wool* herwonne wol. **re·gen·er·a·tion** herlewing, we(d)ergeboorte; hervorming; regenerasie; vernuwing; *(rad.)* positiewe terugkoppeling. **re·gen·er·a·tive, re·gen·er·a·to·ry** herskeppend. **re·gen·er·a·tor** regenerator.

Re·gens·burg, *(Br., vero.)* **Rat·is·bon** *(geog.)* Regensburg.

re·gent *n.* regent; regentes; ryksbestuurder, bewindhebber. **re·gent** *adj.* regerend, heersend; *prince ~* prins-regent.

re·ger·mi·nate weer ontkiem.

reg·gae *(mus.)* reggae.

reg·i·cide koningsmoord; koningsmoordenaar. **reg·i·cid·al** koningsmoordend.

re·gild herverguld, weer verguld.

re·gime bewind, (regering)stelsel, staatsbestel, regime; geordende/stelselmatige werk(s)wyse.

reg·i·men leefwyse, leefreël, gesondheidsreël; dieet.

reg·i·ment *n., (hoofs. mil.)* regiment. **reg·i·ment** *ww., (gew.* be regimented*)* orden, reglementeer; dissiplineer; *(w.g.)* vorm tot (*of* indeel in) regimente. **reg·i·men·tal** *adj.* regiments-, van die regiment; voorgeskrewe, reglementêr; *~* ***band*** regimentsorkes; *~* ***colours*** regimentsvaandel; *~* ***music*** stafmusiek; *~* ***sergeant major,*** *(afk.:* RSM*)* regiment-sersant-majoor *(afk.:* RSM*)*. **reg·i·men·tals** *n. (mv.)* uniform; (voorgeskrewe) uitrusting. **reg·i·men·ta·tion** reglementering; dissiplinering.

Re·gi·na *(Lat.)* koningin; *Elizabeth ~* koningin Elizabeth; *~ versus* ..., *(Br., jur.)* die Kroon teen ...

re·gion streek; landstreek, kontrei, gewes(te); gebied; lugstreek; *the* ***abdominal*** *~, the ~ of the* ***stomach*** die maagstreek; *a* ***fertile/etc.*** *~* 'n vrugbare/ens. streek; *in* ***higher*** *~s* in hoër sfere; *the* ***lower/nether*** *~s, (arg. of poët., liter.)* die hel/doderyk/onderwêreld; *the ~* ***of*** *metaphysics/etc.* die gebied van die metafisika/ens.; *in the ~* ***of*** ... in die omgewing van ...; ongeveer/sowat/omtrent ... *(100, R100, ens.)*; *the* ***upper*** *~s, (arg. of poët., liter.)* die lug; die hemel. **re·gion·al** gewestelik, streek-, van 'n (land)streek, regionaal; *~* ***art*** kontreikuns; *~* ***assizer*** streekyker; *~* ***authority*** streekowerheid; *~* ***committee*** streekbestuur; *~* ***court*** streekhof; *~* ***culture*** kontreikultuur; *~* ***development*** streek(s)ontwikkeling; *~* ***dialect*** streektaal; *~* ***director*** streekdirekteur; *~* ***grouping*** streekindeling; *~* ***history*** streekgeskiedenis; *~* ***magistrate*** streeklanddros; *~* ***manager*** streekbestuurder; *~* ***news*** streeknuus; *~* ***novel*** streekroman; *~* ***office*** streekkantoor; *~* ***planning*** streek(s)beplanning; *~* ***representative*** streekverteenwoordiger; *~* ***service*** streekdiens; *R~* ***Services Council,*** *(SA, vero.: afk.:* RSC*)* Streekdiensteraad *(afk.:* SDR*)*; *~* ***speech*** streektaal, -spraak; *~* ***television*** streek(s)televisie. **re·gion·al·ism** regionalisme. **re·gion·al·ist** regionalis. **re·gion·al·is·tic** regionalisties, streek-. **re·gion·al·ly** streeksgewys(e).

ré·gis·seur *(Fr.)* (ballet)regisseur.

reg·is·ter *n.* register; lys, rol; indeks; katalogus; inskrywingsboek; inskrywing; besoekersboek; registreerinrigting; kasregister; *(mus.)* orrelregister; *(fonet.)* stemregister; *(ling.)* register; skuif *(v. 'n kaggelpyp)*; *goods* ***as per*** *~* goedere volgens kasstrook; ***keep*** *a ~ of* ... van ... register hou; *~* ***of*** *attendance* presensielys; *~* ***of*** *voters* kieserslys; *be* ***on*** *the ~* op die lys/rol/register staan; ***ton*** *~* = REGISTER TON; *1000/etc.* ***tons*** *gross ~, (sk.)* 1000/ens. bruto registerton; ***vocal*** *~* stemomvang. **reg·is·ter** *ww.* inskryf, -skrywe, registreer; laat inskryf/-skrywe; aanteken, noteer, boek; aanwys *(deur 'n instrument)*; *~ed* ***as*** ... as ... ingeskryf/geregistreer *(handelsbank, liefdadigheidsorganisasie, ens.)*; *~ed* ***at*** *the post office as a newspaper* by die poskantoor as nuusblad ingeskryf; *~ing* ***balloon,*** *(met.)* registreerballon; *be ~ed in the* ***books*** *of* ... in die register van ... staan; *~ed* ***capital*** statutêre/nominale/gemagtigde (aandele)kapitaal; →AUTHORISED SHARE CAPITAL; *~ 80/etc.* ***degrees*** 80/ens. grade (aan)wys; *~* ***fear*** →FEAR *n.; ~ a* ***hit*** →HIT *n.; ~ed* ***letter/parcel/etc.*** aangetekende brief/pakkie/ens.; *~ed* ***mail/post*** geregistreerde pos; *~ed* ***nurse*** geregistreerde verpleegster/verpleër; *~ed* ***office*** geregistreerde kantoor; *~ing* ***officer*** registrasiebeampte; registrasieoffisier; *~ed* ***owner*** geregistreerde eienaar; *~ a* ***protest*** →PROTEST *n.; ~ed* ***shareholder*** geregistreerde/ingeskrewe aandeelhouer; *the* ***shares/etc.*** *are ~ed in s.o.'s name* →NAME *n.; ~ed* ***shares/stock*** geregistreerde/ingeskrewe aandele/effekte; *~ed* ***slip*** bewys van aantekening; *~ed* ***stock,*** *(ook)* stamboekvee; *~ as a* ***student*** (jou) as student inskryf/-skrywe, jou as student laat inskryf/-skrywe; *~ed* ***trademark*** geregistreerde handelsmerk; *s.t. does not ~* ***with*** *s.o.* iets dring nie tot iem. deur (*of* maak geen indruk op iem.) nie. *~* **book** inskrywingsboek; skeepsregister. *~* **office** *(Br.)* registrasie(kantoor); inskrywingskantoor; diensbodekantoor; →REGISTRY (OFFICE). *~* **slip** kasstrook, -strokie. *~* **thermometer** selfregistrerende termometer. *~* **ton** registerton; *(sk.: 2,83 m^3)* skeepston. *~* **tonnage** *(sk.)* registertonnemaat.

reg·is·tra·ble registreerbaar. **reg·is·tra·bil·i·ty** registreerbaarheid.

reg·is·trant geregistreerde; ingeskrewene.

reg·is·trar registrateur; sekretaris; *(med.)* kliniese assistent; *~ of companies/deeds/patents* registrateur van maatskappye/aktes/patente; *~ of the court* griffier; *judge's ~* regtersklerk. **R~ General** hoof-sensusbeampte.

reg·is·tra·tion registrasie, inskrywing; aanmonstering; teboekstelling. *~* **document** registrasiebewys, -dokument, -sertifikaat *(v. 'n voertuig)*. *~* **fee** inskrywingsgeld; registrasiekoste, aantekenkoste. *~* **number** registrasienommer *(v. 'n voertuig)*. *~* **plate** nommerplaat *(v. 'n voertuig)*.

reg·is·try registrasie, inskrywing; argief; register; *of Greek/etc. ~, (sk.)* op die Griekse/ens. (skeeps)register, in Griekeland/ens. geregistreer; *~ of shipping* skeepsregister. *~* **(office)** registrasie(kantoor).

re·gi·us koninklik. **R~ professor** *(Br.)* bekleër/bekleder van 'n leerstoel wat die koning(in) ingestel het; hoogleraar wat deur die Kroon aangestel is.

reg·let *(bouk.)* skeilys, plat lysie; *(druk.)* voegloodgroef; setlyn; reglet.

reg·nal regerings-; *~ year* regeringsjaar; *during her fifth/etc. ~ year* tydens die vyfde/ens. jaar van haar koninginskap.

reg·nant regerend, heersend.

reg·o·lith *(geol.)* regoliet.

re·gorge (weer) vomeer/opbring/opgooi/uitbraak; *(water)* terugstroom, -vloei.

re·grade hergradeer; *(spw.)* verlê. **re·grad·ing** hergradering; *(spw.)* verlegging.

re·gress *n.* teruggang; agteruitgang. **re·gress** *ww.* agteruitgaan; agteruit beweeg.

re·gres·sion teruggang; agteruitgang; terugkeer; regressie. *~* **curve** *(statist.)* regressiekromme.

re·gres·sive terugkerend, regressief; *~ tax* regressiewe belasting.

re·gret *n.* berou; verdriet, hartseer, smart; *(dikw. i.d. mv.)* teleurstelling, spyt, leedwese; verontskuldiging; ***express*** *~ for s.t.* spyt oor iets te kenne gee; ***express*** *one's ~ to s.o. that ..., (ook)* jou leedwese teenoor iem. betuig dat ... *(jy iets moet doen of iets nie kan doen nie, ens.)*; *it is a* ***matter*** *of ~* dit is jammer (*of* te betreur); *it is a* ***matter*** *of deep ~* dit is hoogs betreurenswaardig; *have* ***no*** *~s* jou niks te verwyt hê nie; ***to*** *s.o.'s ~* tot iem. se spyt/leedwese; *much* ***to*** *s.o.'s ~* tot iem. se groot spyt; ***with*** *(deep/great/much) ~* met (innige/groot) spyt; met (diep[e]/groot) leedwese; *hear/learn* ***with*** *(deep) ~ of/that* ... met (diep[e]) leedwese verneem van/dat ... **re·gret** -tt-, *ww.* berou/spyt hê oor; treur oor; betreur; *the* ***error*** *is ~ted* dit spyt my/ons van die fout; *s.o. has* ***nothing*** *to ~* iem. hoef nie spyt te wees nie; *it is ~ted* ***that*** *I/we cannot* ... tot my/ons spyt kan ek/ons nie ...; *I ~* ***to*** *do it* dit spyt my om dit te doen; *I ~* ***to*** *say/state that* ... dit spyt my om te sê dat ...; *he/she* ***will*** *~ it* dit sal hom/haar berou (*of* duur te staan kom *of* suur bekom); *you* ***won't*** *~ it* jy sal nie spyt wees nie. **re·gret·ful** berouvol; smartlik. **re·gret·ful·ly** vol spyt, met leedwese; *most ~* met groot leedwese. **re·gret·ta·ble** betreurenswaardig, spytig. **re·gret·ta·ble·ness** spytigheid, jammerte. **re·gret·ta·bly** tot iem. se spyt, jammer genoeg.

re·groove hergroef.

re·group hergroepeer, opnuut groepeer, herindeel. **re·group·ing, re·group·ment** hergroepering, herindeling.

re·grow -grew -grown, *ww.* hergroei, weer groei. **re·growth** *n.* opslag.

reg·u·la·ble reguleerbaar, reëlbaar.

reg·u·lar *n.* gereelde/vaste besoeker/klant/speler/ens.;

gereelde soldaat; *(Chr. relig.)* ordebroeder, =geestelike; *(ook, i.d. mv.)* gereelde troepe, beroepsoldate. **reg·u·lar** *adj.* gereeld, reëlmatig; vas; gewoon, gebruiklik; ordelik; oppassend; behoorlik, korrek, reglementêr; gekwalifiseer(d), gediplomeer(d); beroeps=; *(wisk., gram., ens.)* reëlmatig; ~ ***army*** staande/gereelde leër, beroepsleër; ~ ***cheat,*** *(infml.)* aartsbedrieër; ~ ***clergy*** ordegeestelikes; *as ~ as* ***clockwork*** so gereeld soos 'n klok; ~ ***flight*** diensvlug; ~ ***fool,*** *(infml.)* regte swaap; ~ ***guy,*** *(Am., infml.)* gawe kêrel; ~ ***habit*** vaste gewoonte; ~ ***hours*** gereelde ure; vaste ure; *at ~* ***intervals*** op gesette/vaste tye; ~ ***(news)paper*** gereelde koerant, gunstelingkoerant; *be a ~* ***nuisance,*** *(infml.)* 'n ware laspos wees; *s.t. is a ~* ***obsession*** *with s.o.* iets is gewoonweg 'n obsessie by iem.; ~ ***octahedron,*** *(wisk.)* reëlmatige ag(t)vlak/oktaëder/okta-eder; ~ ***rascal,*** *(infml.)* egte skurk; ~ ***retreat,*** *(mil.)* ordelike aftog; ~ ***slope*** reëlmatige/konstante helling; ~ ***soldiers/troops*** beroepsoldate, gereelde troepe; *a ~* ***treat,*** *(infml.)* 'n ware genot. **reg·u·lar·i·sa·tion, =za·tion** regularisasie, regularisering. **reg·u·lar·ise, =ize** regulariseer. **reg·u·lar·i·ty** gereeldheid, reëlmatigheid, regulariteit, reëlmaat. **reg·u·lar·ly** gereeld, reëlmatig.

reg·u·late stel, regsit; reël, reguleer; kontroleer; reglementeer; bepaal, verorden; *~ by statute* by wet bepaal. **reg·u·lat·ing:** *~ screw* stel=, reël=, reguleerskroef. **reg·u·la·tive** reëlend, regulerend, regulatief, reëlings=. **reg·u·la·tor** reëlaar; slinger; regulator, reguleerder, reguleerapparaat; *(spw.)* regulateur. **reg·u·la·to·ry** = REGULATIVE.

reg·u·la·tion *n.* reëling, skikking; bestuur; regulering, regulasie; statuut; reglement, reël, voorskrif, bepaling, verordening, regulasie. **reg·u·la·tion** *adj.* gereeld, gebruiklik, voorgeskrewe, reglementêr, volgens voorskrif.

reg·u·lus *=uluses, =uli, (ertssmelting)* regulus; *(astron., R~)* Regulus.

re·gur·gi·tate opbring, opgooi, uitbraak, vomeer; *(fig.)* slaafs herhaal, soos 'n papegaai opsê/weergee; *(med.: bloed)* terugstroom, =vloei, =loop. **re·gur·gi·ta·tion** uitbraking; gekots; terugstroming, =stuwing, =vloeiing.

re·hab *(infml. afk.)* = REHABILITATION.

re·ha·bil·i·tate rehabiliteer; herstel, teruggee *(voorregte, posisie, goeie naam, ens.).* **re·ha·bil·i·ta·tion** rehabilitasie; herstel(ling).

re·hang *=hung =hung* verhang.

re·hash *n., (hoofs. fig.)* opgewarmde kos; blote herhaling; geherkou. **re·hash** *ww.* weer opdis; opwarm.

re·hear herverhoor; opnuut/weer verhoor. **re·hear·ing** herverhoor; herbeoordeling.

re·hearse repeteer; (in)oefen, instudeer; opsê; herhaal, opsom. **re·hears·al** repetisie; (in)oefening, instudering; herhaling; →DRESS REHEARSAL.

re·heat opwarm; oorwarm; weer verhit.

Re·ho·bo·am *(OT)* Rehabeam. **re·ho·bo·am** *(wynbottel 6 maal groter as d. gewone bottel)* rehabeam.

re·house hervestig, opnuut behuis.

re·hy·drate *ww.* rehidreer.

Reich *(D., hist.): the First ~, (962-1806)* die Heilige Romeinse Ryk; *the Second ~, (1871-1918)* die Duitse Ryk; *the Third ~, (1933-1945)* die Derde Ryk. **Reichs·tag** Ryksdag.

re·i·fy *(fml.)* verdinglik, reïfiseer, re-ifiseer, konkretiseer. **re·i·fi·ca·tion** verdingliking, reïfikasie, re-ifikasie, konkretisering.

reign *n.* bewind, bestuur, regering; regeertyd; oorheersing, heerskappy *(v. 'n sportspan ens.); during/in/under the ~ of ...* onder die regering (*of* tydens die bewind) van ...; *~ of terror* skrikbewind. **reign** *ww.,* regeer, *(ook fig.)* heers; *('n sportspan ens.)* koning kraai; *the ~ing* ***champion*** die huidige kampioen; *~ing* ***house*** vorstehuis; *the* ***monarchy*** *~s but does not rule* die monargie heers, maar regeer nie; *~* ***over*** *...* oor ... heers; ***silence*** *~s* stilte heers, alles is doodstil; *s.t. ~s* ***supreme*** iets vier hoogty.

re·ig·nite weer aan die brand steek; weer (laat) opvlam.

re·im·burse terugbetaal, vergoed; *~ s.o. for s.t.* die koste van iets aan iem. terugbetaal. **re·im·burse·ment** terugbetaling, vergoeding.

re·im·port *n.* herinvoer. **re·im·port** *ww.* weer invoer, herinvoer. **re·im·por·ta·tion** = REIMPORT *n.*.

re·im·pose weer oplê. **re·im·po·si·tion** weeroplegging.

re·im·pres·sion (onveranderde) herdruk *(v. 'n boek).*

rein *n. (gew. i.d. mv.)* leisel *(v. 'n tuig);* teuel *(v. 'n toom);* beheer; stuurkabel; ***draw*** *~, ('n ruiter)* stilhou; *(fig.)* jou inhou; *give* ***free*** *~ to ...,* ***give*** *the ~(s) to ...* aan ... vrye teuels gee, ... sy vrye loop laat neem (*of* laat botvier); *assume the ~s of* ***government*** (die teuels van) die bewind aanvaar; *give a* ***horse*** *the ~s* 'n perd die teuels gee (*of* sy gang laat gaan); *with a* ***loose*** *~* met los/slap leisels; ***pull*** *in the ~s* die teuels/leisels stywer trek; *keep a* ***slack*** *~* laks wees, sake hul eie gang laat gaan; ***take*** *over the ~s of office* die leisels/bewind oorneem; *keep s.o./s.t. on a* ***tight*** *~, keep a* ***tight*** *~ on s.o./s.t., hold a* ***tight*** *~ over s.o./s.t.* iem./iets streng in toom hou. **rein** *ww.* stuur, leisels hou; *~ s.o./s.t. in* iem./iets beteuel (*of* in toom hou).

re·in·car·nate weer vlees word, reïnkarneer. **re·in·car·na·tion** reïnkarnasie.

re·in·cor·po·rate weer inlyf, herinlyf. **re·in·cor·po·ra·tion** herinlywing.

rein·deer rendier.

re·in·fect herbesmet. **re·in·fec·tion** herbesmetting, reïnfeksie, re-infeksie.

re·in·force *ww.* versterk; wapen; verswaar; *~ an argument* 'n argument versterk; nuwe bewyse aanvoer; *~ a fortress* 'n vesting versterk.

re·in·forced: ~ **concrete** gewapende beton. ~ **concrete framework** gewapendebetonraamwerk. ~ **joint** versterkte las. ~ **plastic** versterkte plastiek.

re·in·force·ment versterking; wapening; verswaring; *(ook, i.d. mv.)* versterkings(troepe).

re·in·forc·ing steel betonstaal, wapeningstaal.

reins *(arg.)* niere; lende.

re·in·sert weer insteek; herplaas, weer opneem. **re·in·ser·tion** herplasing.

re·in·spire opnuut besiel, weer inspireer.

re·in·state herstel *(in 'n amp);* weer in besit stel. **re·in·state·ment** herstel *(in 'n amp);* inbesitstelling.

re·in·sure herverseker, weer verassureer. **re·in·sur·ance** herversekering.

re·in·te·grate herstel, vernu(we), vernieu; herintegreer. **re·in·te·gra·tion** herstel, vernuwing; herintegrasie.

re·in·ter *=rr=* herbegrawe. **re·in·ter·ment** herbegrafnis.

re·in·ter·pret hervertolk. **re·in·ter·pre·ta·tion** hervertolking.

re·in·tro·duce herinvoer. **re·in·tro·duc·tion** herinvoering.

re·in·vent weer/opnuut uitvind; herskep; *~ o.s.* vir jou 'n nuwe identiteit skep; *~ the wheel, (infml., dikw. neerh.)* die wiel van voor af (*of* weer die wiel) uitvind. **re·in·ven·tion** heruitvinding.

re·in·vest weer belê, herbelê; weer beklee; weer verleen. **re·in·vest·ment** herbelegging; herbekleding.

re·in·ves·ti·gate herondersoek. **re·in·ves·ti·ga·tion** herondersoek.

re·in·vig·o·rate weer krag gee, weer versterk; nuwe lewe blaas in, 'n hupstoot gee.

reis *(ou Port. en Bras. munt)* reis.

re·is·sue *n.* nuwe uitgawe, heruitgawe; heruitsending; heruitreiking. **re·is·sue** *ww.* weer uitgee.

re·it·er·ate herhaal. **re·it·er·a·tion** herhaling. **re·it·er·a·tive** herhalend.

reive *(hoofs. Sk.)* →REAVE.

re·ject *n.* afgekeurde; afgekeurde voorwerp; uitskotstof; *(factory) ~s* (fabrieks)uitskot. **re·ject** *ww.* verwerp *('n leer ens.);* weier *('n versoek ens.);* afwys, van die hand wys *('n appèl ens.);* afkeur; afstem *('n voorstel);* afslaan *('n versoek ens.);* afwys, uitstem *('n kandidaat);* verstoot *(iem.); (med.)* verwerp *('n orgaan).* ~ **sheep** uitkeerskaap.

re·ject·a·ble verwerplik.

re·jec·ta·men·ta *n. (mv.), (Lat., w.g.)* afval; vuilgoed, uitwerpsel(s); uitspoelgoed, strandgoed.

re·ject·ed verworpe.

re·jec·tion verwerping; weiering; afwysing; afkeuring; verworpenheid. ~ **slip** afkeurbriefie.

re·jig *n., (Br., infml.)* omskepping; *(mus.)* herverwerking, nuwe verwerking; (grootskaalse) herskikking, (ingrypende) verandering. **rejig** *=gg=, ww.* (heeltemal) omskep *('n fabriek ens.); (mus.)* herverwerk; (heeltemal) herskik, (ingrypend) verander.

re·joice bly/verheug wees, jou verbly/verheug; *(arg.)* verheug, verbly, bly maak; *~* ***at/over*** *s.t.* oor iets verheug wees, jou oor iets verbly/verheug; *s.o. is ~d to* ***hear*** *that ...* iem. is bly (*of [fml.]* dit verheug iem.) om te hoor/verneem dat ...; *it ~s the* ***heart,*** *(poët., liter.)* dit gee vreugde (*of* verbly die hart); *~* ***in*** *(the possession of) s.t.* jou in/oor iets verheug; *the* ***news*** *~d him/her, (arg.)* die tyding het hom/haar verheug; *~* ***prematurely,*** *(ook)* jou oor 'n dooie rot verheug. **re·joic·ing(s)** blydskap, vreugde, gejuig; vreugdebetoon; verheuging.

re·join[1] weer inhaal; weer bykom; weer aansluit; weer verenig/saamvoeg; jou weer voeg by; *~ a ship* weer aan boord gaan.

re·join[2] antwoord; *(jur.)* dupliseer, dupliek lewer. **re·join·der** *(hoofs. jur.)* antwoord, we(d)erwoord, dupliek.

re·ju·ve·nate verjong, weer jonk maak; *(tuinb.)* verjong, rejuveneer; *rejuvenating cure* verjongingskuur. **re·ju·ve·na·tion** verjonging, verjongingskuur; *(tuinb.)* verjonging, rejuvenasie. **re·ju·ve·nesce** *(w.g.)* verjong; weer jonk word. **re·ju·ve·nes·cence** verjonging. **re·ju·ve·nise, =nize** = REJUVENATE.

re·key *(rek.)* weer intik.

re·kin·dle weer aan die brand maak, weer aansteek; weer aanvuur/aanspoor.

re·knit *=knit =knit, =knitted =knitted* oorbrei; maas.

re·la·bel *=ll=* nuwe etikette aanbring/opplak, heretiketteer; herklassifiseer.

re·laid →RE-LAY *ww.*.

re·lapse *n.* insinking *(v. 'n pasiënt);* terugval *(in slegte gewoontes); have a ~, ('n sieke)* 'n insinking hê, agteruitgaan; terugval. **re·lapse** *ww., ('n pasiënt)* agteruitgaan, 'n insinking hê; terugval, weer verval; weer instort; insink; *relapsing fever* terugvalkoors, spirogetekoors; *~ into ...* in ... terugval, weer in ... verval.

re·late verhaal, vertel; verslag doen van; verband hou met; aansluiting vind by; ***strange*** *to ~, ...* hoe ongelooflik dit ook al is/sy, ...; *A ~s* ***to*** *B* A het betrekking op B, A hou (*of* staan in) verband met B; *s.o. ~s* ***to*** *...* iem. vind aansluiting by ...; *~ s.t.* ***to*** *...* iets met ... in verband bring; iets aan/vir ... vertel; *relating* ***to*** *...* aangaande/betreffende/rakende (*of* met betrekking tot *of* in verband met) ...; *~ s.t.* ***with*** *...* iets met ... in verband bring. **re·lat·ed** (aan)verwant; saamhorig, samehorig; verwant, familie; *be* ***closely*** *~, (mense)* na verwant wees; *(dinge)* nou verwant wees; *they are* ***closely*** *~* hulle is na familie; *be* ***distantly/remotely*** *~* ver/vêr (langs) verwant/familie wees; *be ~* ***to*** *s.o.* aan/met iem. verwant wees, familie van iem. wees; *be ~* ***to*** *s.t.* aan/met iets verwant wees *('n taal ens.).* **re·lat·ed·ness** verwantskap. **re·lat·er, re·lat·or** verhaler, verteller.

re·la·tion verhouding, betrekking, relasie; verband; verwantskap; bloedverwantskap; bloedverwant, familielid, familiebetrekking; vertelling, verhaal, relaas; verslag, berig; *(ook, i.d. mv.)* familie(betrekkinge); *(euf.)* (geslags)gemeenskap, =omgang; ***bear/have*** *~ to ...* op ... betrekking hê, met ... verband hou, in verhouding tot ... staan; *the ~s* ***between*** *two people* die verhouding tussen twee mense; *the ~* ***between*** *two things* die verband tussen twee dinge; ***break off*** *~s* →***sever;*** ***diplomatic/financial/etc.*** *~s* diplomatieke/finansiële/ens. betrekkinge; ***establish*** (or ***enter into***) *~s with ...* betrekkinge met ... aanknoop *('n staat ens.);* ***foreign/external*** *~s* →FOREIGN RELATIONS; ***have*** *business/friendly/etc. ~s with s.o.* sakebetrekkinge (*of* vriend=

skaplike betrekkinge) met iem. hê; ***have*** *~ to* ... →***bear; in/with*** *~ to* ... met betrekking tot (*of* in verband met *of* ten aansien van) ...; in verhouding tot ...; ***intimate*** *~s* geslagsgemeenskap; *~s by* ***marriage*** skoonfamilie, aangetroude familie; *a* ***near*** *~* 'n naasbestaande; *s.o.'s* ***nearest*** *~* iem. se naasbestaande; *s.o. is* ***no*** *~ of* ... iem. is nie familie van ... nie, iem. en ... is nie familie nie; ***out of*** *all ~ to* ... buite alle verhouding tot ...; ***poor*** *~s* arm familie; *s.t. is the* ***poor*** *~ of ..., (fig.)* iets is die arm boetie van ...; ***race*** *~s* →RACE RELATIONS; ***sever*** (*or* ***break off***) *~s* die betrekkinge verbreek/afbreek; *have (****sexual****) ~s, (fml.)* (geslags)gemeenskap/=omgang hê; ***strained*** *~s* 'n gespanne verhouding; *our/their ~s are* ***strained*** ons/hulle lewe/staan/verkeer op gespanne voet (met mekaar); *is he/she any ~* ***to*** ...*?* is hy/sy familie van ...?; ***with*** *~ to* ... →***in/with.*** **re·la·tion·al** verwant; relasioneel; *~ database, (rek.)* relasionele databasis. **re·la·tion·ship** verband, verwantskap; familieskap, bloedverwantskap; *the ~* ***between*** *two people* die verhouding tussen twee mense; die verwantskap tussen twee mense; *the ~* ***between*** *two things* die verband tussen twee dinge; *the ~ of s.o.* ***to*** *s.o. else* die verwantskap van iem. met iem. anders; *the ~ of s.t.* ***to*** ... die verhouding van iets tot ...

rel·a·tive *n.* familielid, familiebetrekking, bloedverwant; betreklike voornaamwoord, relatief; *(ook, i.d. mv.)* familie(betrekkinge); *a* ***close/near*** *~* 'n naasbestaande; ***close/near*** *~s, (ook)* na familie; *s.o. is a* ***distant*** *~ of* ... iem. is ver/vêr (langs) familie van ...; *~s by* ***marriage*** skoonfamilie, aangetroude familie. **rel·a·tive** *adj.* betreklik, relatief; ooreenstemmend; *view s.t. with ~* ***calmness*** iets betreklik kalm beskou/opneem; *the ~* ***facts*** die betrokke/desbetreffende feite; *the facts ~ to the* ***matter*** die feite wat betrekking het op (*of* verband hou met) die saak, die feite verwant aan die saak; *~* ***rank*** ooreenstemmende rang; *~* ***terms*** relatiewe/betreklike terme; *~* ***to*** ... met betrekking tot (*of* in verband met) ... *~* **atomic mass** *(chem.)* relatiewe atoommassa. *~* **clause** *(gram.)* betreklike/relatiewe bysin. *~* **density** *(chem.)* relatiewe/betreklike digtheid. *~* **humidity** relatiewe humiditeit/lugvoginhoud/vogtigheid. *~* **molecular mass** *(chem.)* relatiewe molekulêre massa. *~* **pitch** *(mus.)* relatiewe gehoor. *~* **pronoun** *(gram.)* betreklike/relatiewe voornaamwoord.

rel·a·tive·ly betreklik; na verhouding; *~ speaking* betreklik (gesproke).

rel·a·tive·ness betreklikheid.

rel·a·tiv·ise, =ize relativeer. **rel·a·tiv·i·sa·tion, =za·tion** relativering.

rel·a·tiv·ism *(filos.)* relativisme. **rel·a·tiv·ist** *n., (filos., fis.)* relativis. **rel·a·tiv·is·tic** *adj.,* **rel·a·tiv·is·ti·cal·ly** *adv., (filos., fis.)* relativisties.

rel·a·tiv·i·ty betreklikheid, relatiwiteit; *theory of ~, (fis.)* relatiwiteitsteorie.

re·la·tor →RELATER.

re·launch *n.* herbekendstelling *(v. 'n produk, maatskappy, boek, ens.); (mus.)* hervrystelling *(v. 'n album).* **re·launch** *ww.* weer bekend stel (*of* bekendstel), herbekendstel; weer vrystel, hervrystel; weer op koers kry *(jou loopbaan).*

re·lax *ww. (onoorg.)* ontspan; 'n blaaskans(ie) geniet/neem/vat; *(oorg.)* ontspan, verslap *(jou spiere ens.);* versag; laat skiet, skiet gee; verslap, verflou *(maatreëls ens.); (imp.)* bedaar!, kalmte!, bly kalm!; *~ the* ***attention*** die aandag laat verflou; *s.o.'s* ***endeavours*** *~ed* iem. se pogings het verflou; *don't ~ your* ***grasp*** moenie laat skiet (*of* loslaat) nie; *s.o.'s* ***muscles*** *never ~ed* iem. se spiere het nooit verslap nie. **re·lax·ant** *(med.)* ontspanningsmiddel; spierverslapper. **re·lax·a·tion** ontspanning; verademing; verposing; rustigheid; verslapping, verflouing; *~ of tension* ontspanning; *(pol.)* détente. **re·lax·in** *(biochem., verlosk.)* relaksien. **re·lax·ing** ontspannend.

re·lay *n., (werkers)* aflosspan, aflossers, vars span; *(trekdiere)* vars span, voorspanning; *(telekom.)* heruitsending; herleier, aflosser; *(elek.)* oordraer, relê; *in ~s* aflosgewys(e); *(work/etc.) in ~s* mekaar (in die werk/ens.) aflos. **re·lay** *=layed =layed, ww.* aflos; voorspanning gee; afwissel; heruitsaai, heruitsend; deurstuur, deurgee, oordra; *~ s.t. to* ... iets aan ... oordra. *~* **lever** oordrahefboom. *~* **message** deurgeeberig. *~* **post** aflospos. *~* **race** afloswedloop, =wedren, spanwedloop. *~* **spring** terugkeerveer. *~* **station** heruitsaaistasie.

re·lay *re-laid re-laid, ww.* oorlê, herlê, weer lê; *re-laid sleeper, (spw.)* herlegde dwarslêer.

re·lease *n.* loslating, vrylating, vrystelling, ontslag *(v. 'n gevangene);* verlossing, lossing, bevryding; ontheffing; ontslag *(v. 'n eksekuteur);* kwytskelding *(v. skuld);* afstand, oordrag, oormaking; lossing *(uit 'n doeanepakhuis);* verklaring, mededeling *(a.d. media);* →PRESS RELEASE; vrystelling, uitreiking *(v. 'n nuwe rolprent, album, treffer, produk, ens.);* uitreiking, beskikbaarstelling, openbaarmaking, vrystelling, uitgawe *(v. dokumente, inligting, ens.);* opheffing *(v. druk);* uitlating *(v. stoom);* uitlaat *(v. 'n masjien);* ontspanning *(v. 'n veer); (fot.)* ontspanner; *on general ~, ('n rolprent ens.)* oral(s) te sien. **re·lease** *ww.* loslaat, vrylaat, vrystel, ontslaan, in vryheid stel; verlos, bevry; kwytskeld; afstaan, oordra, oormaak; los; onthef; laat gaan; bekendmaak, bekend/openbaar maak; beskikbaar maak/stel *(personeel ens.);* ophef *(druk);* ontspan *('n veer);* uitlaat *(stoom);* vrystel, uitreik *('n nuwe rolprent, album, treffer, ens.);* uitreik, uitgee, vrystel *(inligting, 'n verslag, ens.); ~d* ***area*** oopgestelde gebied; *releasing* ***catch*** losknip; *~ s.o. from* ***duty*** →DUTY; *~ s.o.* ***from*** ... iem. uit ... ontslaan/vrylaat/vrystel *(bewaring ens.);* iem. van ... losmaak *(pligte ens.); releasing* ***lever*** losser, loshefboom; *~* ***manpower*** (werk)kragte beskikbaar stel/maak; *~* ***names*** name aankondig/bekendstel (*of* bekend stel); *~ s.t. for* ***publication*** iets uitreik/vrystel (*of* openbaar maak *of* beskikbaar stel). *~* **catch** losknip. *~* **cord** treklyn. *~* **date** vrystellingsdatum, datum van vrystelling. *~* **device** losser, lostoestel. *~* **lever** losser, loshefboom. *~* **spring** terugtrekveer. *~* **stamp** fiatstempel. *~* **valve** losklep.

re-lease opnuut huur; opnuut verhuur, herverhuur.

rel·e·gate terugsit; afskuif, =skuiwe, terugskuif, =skuiwe; *(sport)* relegeer; verwys; verplaas; verban; *~ s.o./s.t. to* ... iem./iets na ... afskuif/=skuiwe; *~ s.t. to the scrap heap* (*or wastepaper basket/bin*) iets in die doofpot stop. **rel·e·ga·tion** terugsetting; afskuiwing, terugskuiwing; *(sport)* relegasie; verwysing; verplasing; verbanning.

re·lent toegee, week/vriendeliker word, bedaar, meer gematig word. **re·lent·less** meedoënloos, genadeloos, onversoenlik, onverbiddelik, onbarmhartig, hardvogtig; onvermurfbaar. **re·lent·less·ness** meedoënloosheid, genadeloosheid.

re·let herverhuur, weer verhuur.

rel·e·vant toepaslik, van pas, ter sake, pertinent, tersaaklik, saaklik; bybehorend; betrokke, desbetreffend, van toepassing *(op),* relevant; *~ facts* tersaaklike feite; *be ~ to s.t.* op iets betrekking hê; op iets van toepassing wees. **rel·e·vance, rel·e·van·cy** toepaslikheid; saaklikheid; verband, relevansie, pertinensie; *bear ~ to* ... met ... verband hou, op ... slaan (*of* betrekking hê).

re·li·a·bil·i·ty betroubaarheid, vertroubaarheid; deugdelikheid; soliditeit *(v. karakter).* *~* **trial** betroubaarheidsrit, =toets.

re·li·a·ble betroubaar, vertroubaar; deeglik; solied; →RELY; *on ~* ***authority*** uit gesaghebbende bron; *~* ***person*** staatmaker; *from a ~* ***source*** uit betroubare/gesaghebbende bron. **re·li·a·bly** op betroubare wyse; *be ~ informed* uit goeie bron verneem; *it is ~ reported* van betroubare kant word berig.

re·li·ance vertroue, fidusie; →RELY; *...* ***is*** *s.o.'s ~* iem. maak staat op ...; ***place*** *~ (up)on* ... vertroue in ... hê, op ... vertrou; *s.o.'s ~ is* ***(up)on*** ... iem. se vertroue is op ... **re·li·ant:** *~ on* ... vertrouend op ...

rel·ic oorblyfsel, relik; aandenking; *(RK)* relikwie, reliek; *(ook, i.d. mv.)* oorskiet; oorblyfsels; oudhede; *(arg.)* stoflike oorskot. *~* **mountain** *(geol.)* erosieberg.

rel·ict oorblyfsel, relik; *(arg.)* weduwee.

re·lief *n.* verligting, versagting *(v. pyn, angs, ens.);* opbeuring; verademing, verposing, lafenis; afwisseling; onderstand, steun, noodleniging; regshulp; *(jur.)* herstel *(v. griewe);* aflosser; aflossing; aflossingstroepe; ontsettingstroepe; verlossing, (uit)redding, uitkoms; ontset *(v. 'n vesting); (beeldh., argit.)* reliëf(werk), verhewe beeldwerk; →COMIC RELIEF, DEMIRELIEF, HALF RELIEF, HIGH RELIEF, LOW RELIEF; *it's a ~ to come* ***across*** *..., (ook)* dis 'n aangename afwisseling om ... teë/teen te kom; ***apply*** *for ~* om onderstand vra; ***bring*** *~, (medisyne ens.)* verligting gee; ***bring*** *s.t. out in bold/full ~* iets duidelik laat uitkom (*of* in 'n duidelike lig stel); *with a* ***feeling*** *of ~* met 'n verligte hart; ***get*** *~ from* ... verligting kry van ... *(pyn ens.); ~ of the* ***guard*** aflossing van die wag; ***in*** *~* verhewe; *s.o./s.t. provides* ***light*** *~* iem./iets verlig die spanning/erns; ***profound*** *~* salige verligting; *breathe a* ***sigh*** *of ~* 'n sug van verligting slaak; *s.t.* ***stands*** *out in ~* iets is skerp afgeteken (*of* staan duidelik uit); ***throw*** *s.t. into sharp/stark ~* iets duidelik laat uitkom/uitstaan; *(fig.)* iets op die voorgrond plaas; ***to*** *s.o.'s ~* tot iem. se verligting; *be a ~* ***to*** *s.o.* iem. verlig laat voel, vir iem. 'n verligting wees; *by* ***way*** *of ~* by wyse van afwisseling. *~* **draft** *(mil.)* aflossing, aflosafdeling. *~* **fund** steun=, noodlenigings=, bystandsfonds. *~* **map** reliëfkaart. *~* **road** *(Br.)* verbypad. *~* **sewer** hulpriool. *~* **ship** hulpskip. *~* **train** hulp=, volgtrein. *~* **valve** ontlasklep. *~* **works** onderstandswerke.

re·lieve verlig, versag, lenig *(pyn, stres, ens.);* help, (onder)steun; gerusstel; bevry *(v. 'n las ens.);* uitred, uithelp; aflos; afwissel; *(mil.)* ontset *('n beleërde stad); (fml., euf.)* ontlas; *(arg.)* uitlig, laat uitstaan; *devote o.s. to relieving* ***distress*** jou aan noodleniging wy; *~ one's* ***feelings*** →FEELING *n.; ~ s.o.* ***of*** ... iem. van ... onthef *('n amp ens.);* iem. van ... bevry *('n las);* iem. ... ontneem *(sy/haar geld ens.); ~* ***o.s.,*** *(fml., euf.)* jou ontlas, jou behoefte/gevoeg doen; *~* ***s.o.*** iem. aflos; met iem. afwissel. **re·lieved:** ***feel*** *~* verlig voel; *be/feel* ***profoundly*** *~* hoogs verlig wees/voel; *be ~ of* ***responsibility*** vry wees van verantwoordelikheid; *s.o. is ~* ***to*** *hear it* iem. is bly (*of* dit is vir iem. 'n verligting) om dit te hoor/verneem; *the* ***town*** *was ~* die stad is ontset; *black/etc. ~* ***with*** *white/etc.* swart/ens. afgeset met wit/ens.. **re·liev·ing** verligtend, versagtend, lenigend; helpend, ondersteunend; bevrydend; uitreddend, uithelpend; aflossend; ontsettings=; ontlastend; afwisselend; *~* ***arch,*** *(bouk.)* ontlas(tings)boog, steunboog; *~* ***army*** ontsettingsleër; *~* ***feature*** ligpunt; *~* ***guard*** aflossende wag, opkomende/nuwe wag; *~* ***minister,*** *(relig.)* konsulent; *~* ***officer,*** *(Br., hist.)* armeversorger; *~* ***staff*** aflospersoneel.

re·lie·vo, *(It.)* **ri·lie·vo** *=vos, (beeldh., argit.)* reliëf(werk), verhewe beeldwerk.

re·light *=lit =lit* weer aansteek/opsteek.

re·li·gieuse *(vr.), (Fr.: non)* religieuse.

re·li·gion godsdiens; religie; geloof; ***enter*** *into ~* mon-nik/non word, in 'n klooster gaan; ***get*** *~, (infml.)* meteens erg godsdienstig word; *s.o.* ***makes*** *a ~ of s.t.* iets is vir iem. heilig; iets is vir iem. 'n gewete(n)saak, iem. beskou iets as 'n heilige plig; ***war*** *of ~* godsdiensoorlog. **re·li·gion·ise, =ize** bekeer; godsdiensywer aan die dag lê. **re·li·gion·ism** godsdiensywer, oordrewe vroomheid. **re·li·gion·ist** godsdiensyweraar; dweper. **re·li·gion·less** godsdiensloos, sonder godsdiens. **re·li·gi·ose** oordrewe godsdienstig, skynheilig. **re·li·gi·os·i·ty** godsdienstigheid, religiositeit; dweepsug. **re·li·gious** *n.* geestelike; monnik; non. **re·li·gious** *adj.* godsdienstig, godvresend, vroom; geestelik; religieus; godsdiens=; stip, streng; *~* ***affiliation*** kerkverband; *with ~* ***care*** met die strengste sorg; *~* ***conviction*** geloofsoortuiging, godsdienstige gesindheid; *~* ***denomination*** kerkgenootskap, =verband; *~* ***education/instruction*** godsdiensonderrig, =opvoeding, =onderwys; *~* ***freedom*** →FREEDOM; *~* ***feeling*** godsdienssin; *~* ***holiday*** gewyde vakansiedag/feesdag; *~* ***house,*** *(ook)* klooster; *~* ***instruction*** →***education/instruction;*** *~* ***liberty*** godsdiensvryheid; *~* ***persecution*** godsdiensvervolging, geloofsvervolging; *~* ***scruple*** geloofsbeswaar; *professor of ~* ***studies*** professor in die godsdienswetenskap; *~* ***war*** godsdiensoorlog. **re·li·gious·ly** godsdienstig, op godsdienstige wyse; angsvallig, getrou, stip, streng, met stiptheid/strengheid; *follow an example* ~ jou stip(telik) aan 'n voorbeeld hou. **re·li·gious·ness** godsdienstigheid, godsdienssin.

re·line voering vervang; herbeklee; versool.

re·lin·quish opgee, laat vaar/staan; afstaan; afsien van; loslaat; ophef (*'n beleg*). **re·lin·quish·ment** afstand, afstanddoening; (die) opgee (*of* laat vaar); loslating.

rel·i·quar·y relikwieëkassie, -kissie, reliekhouer, -kissie, reliekskryn. **re·liq·ui·ae** *n. (mv.), (Lat.)* oorblyfsels, relikte; →RELIC.

rel·ish *n.* genot, behae, lus, smaak; genieting; *(kookk.)* (pikante) sous; piekels; suurtjies; voorgereggie; *do s.t. with* **little** ~ iets traag/teësinnig/teensinnig (*of* met lang tande) doen; *s.t.* **loses** *its* ~ iets verloor sy aantrekkingskrag/aardigheid; *have* **no** ~ *for* ... geen sin/smaak vir ... hê nie; geen behae in ... skep nie; *do s.t.* **with** ~ iets met lus doen; iets met lus/smaak doen *(eet ens.)*. **rel·ish** *ww.* behae skep in, hou van, in die smaak val by, geniet; *(arg.)* smaaklik maak; *s.t. ~s* **of** ..., *(arg.)* iets smaak na ...; *s.o. does not ~ the* **prospect** die vooruitsig staan iem. nie aan nie; *s.o. does not* **relish** *the ~ of s.t.*, *(ook)* iem. sien teen iets op; *s.t. ~s* **well,** *(arg.)* iets smaak goed. **rel·ish·a·ble** smaaklik.

re·list hernoteer *(aandele)*.

re·lit *(verl.t. & volt.dw.)* →RELIGHT.

re·live herleef, -lewe, weer opleef/-lewe; her(be)leef, -lewe, weer deurleef/-lewe.

re·load herlaai, weer laai; oorlaai.

re·lo·cate verplaas; hervestig. **re·lo·ca·tion** verplasing; hervestiging.

re·lu·cent *(arg.)* blink(end), skitterend, glansend.

re·luct *(arg.)* weerstand bied, we(d)erstrewig wees, teen-, teëstribbel.

re·luc·tance teen-, teësin, teen-, teësinnigheid, huiwerigheid; onwil(ligheid), we(d)erstrewigheid, teen-, teëstribbeling; ongenoeë; *(fis.)* reluktansie, magnetiese weerstand; *with great* ~ met groot teen-/teësin, baie teen-/teësinnig/onwillig; *show a marked ~ to do s.t.* 'n groot onwilligheid toon om iets te doen. **re·luc·tant** teen-, teësinnig, huiwerig, onwillig; teen-, teëstribbelrig, skoorvoetend, we(d)erstrewig; *be ~ to admit s.t.* iets nie graag wil erken nie. **re·luc·tant·ly** onwillig, langtand, teen jou sin, teen heug en meug, skoorvoetend.

re·lume *(poët., liter.)* weer aansteek; weer verlig/verhelder.

re·ly vertrou; →RELIABLE, RELIANCE; ~ *(up)on* ... op ... staatmaak/reken/steun/vertrou, jou op ... verlaat.

re·main *ww.* oorbly, oorskiet; agterbly; aanbly; bly; *(jur.)* resteer; ~ **behind** agterbly; *~ing* **extent,** *(jur.)* restant, resterende gedeelte *(v. 'n stuk grond)*; **let** *s.t. ~ as it is* iets laat bly/staan soos dit is; **nothing** *~s for s.o. but to* ... al wat iem. nog moet doen, is om te ...; ~ *in* **office,** *(pol.)* aanbly; *it ~s to be* **seen** →SEEN *ww. (volt.dw.)*; ~ **together** aanmekaarbly; bymekaarbly; ~ *for a* **week** 'n week (lank) vertoef; ~ *over for the* **weekend** die naweek oorbly; **what** *~s is soon told* wat volg kan gou vertel word. **re·mains** *n. (mv.)* oorblyfsels, oorskot; oorskiet; stoflike oorskot; ruïne; nagelate werke; reste.

re·main·der *n.* oorskot, oorskiet, oorblyfsel, restant, res, (die) orige; resgetal; oorblywende inhoud; *(publisher's) ~s* oorskot-, oorskietboeke, resvoorraad, restante. **re·main·der** *ww.* as restant(e)/resvoorraad verkoop. ~ **theorem** *(wisk.)* resstelling.

re·make *n.* nuwe weergawe *(v. 'n oorspr. rolprent, treffer, ens.)*. **re·make** -*made* -*made, ww.* oormaak, weer/opnuut maak.

re·man -*nn*- opnuut beman; opnuut beset.

re·mand *n., (jur.)* uitstel; terugsending; verwysing; **bring** *an accused up on* ~ 'n beskuldigde se verhoor hervat, 'n beskuldigde by hervatting vervolg; **grant** *a* ~ uitstel verleen; *be* **on/under** ~ in aanhouding wees terwyl jou saak uitgestel/verdaag is. **re·mand** *ww., (jur.)* uitstel, verdaag *('n saak)*; voorarres verleng, terugstuur *(n.d. gevangenis)*; verwys; ~ *s.o. on* **bail** →BAIL *n.*; ~ *s.o. in* **custody** →CUSTODY; ~ *s.o. for* **trial** →TRIAL. ~ **centre** *(Br.)* plek van (veilige) bewaring, inrigting vir verhoorafwagtendes.

re-mark *ww.* oormerk, weer/opnuut merk.

re·mark *n.* opmerking; aanmerking; uitlating; **address** *a ~ to s.o.* iem. iets toevoeg; *a* **cutting** ~ 'n bitsige/bytende/snydende aanmerking; **drop/make** *a* ~ 'n opmerking maak/kwytraak; *make an* **invidious** ~ 'n haatlikheid kwytraak; **make** *~s about* ..., *(pej.)* aanmerkings op ... maak; **make/pass** *a* ~ 'n aanmerking maak; *a* **snide** ~ 'n kwetsende/honende/snedige aanmerking; *it is* **worthy** *of* ~ dit is opmerklik. **re·mark** *ww.* opmerk; aanmerk; ~ *(up)on* ... 'n opmerking oor ... maak; 'n aanmerking op ... maak; ~ *that* ... opmerk dat ... **re·mark·a·ble** opmerklik, merkwaardig, opmerkenswaardig, buitengewoon, opvallend, frappant. **re·mark·a·ble·ness, re·mark·a·bil·i·ty** opmerklikheid, merkwaardigheid.

re·mar·riage tweede/ens. huwelik, hertroue, nuwe huwelik. ~ **certificate** hertrousertifikaat.

re·mar·ry hertrou, weer trou.

re·mar·shal·ling *(spw.)* heropstel(ling).

re·mas·ter *ww., (mus.)* 'n nuwe (digitale) meesteropname (*of* nuwe [digitale] meesteropnames) van ... maak.

re·match *n., (sport)* tweede wedstryd, herontmoeting.

rem·e·dy *n.* geneesmiddel (teen)middel; (hulp)middel, remedie; raat; redmiddel; *(jur.)* regsmiddel, verhaal; *a ~* **against/for** ... 'n middel teen ...; 'n teen-/teëmiddel teen/vir ...; *(jur.)* 'n regsmiddel teen (*of* verhaal op) ...; *be* **beyond/past** ~ onherstelbaar wees; ongeneeslik wees; *a* **desperate** ~ 'n wanhoopsmiddel; **have** *a* ~ 'n middel hê; *a* **(legal)** ~ 'n regsmiddel; *the ~* **lies in** ... die redmiddel moet in ... gesoek word; *a* **proven** ~ 'n beproefde middel. **rem·e·dy** *ww.* genees, herstel, verhelp, remedieer; regstel; ~ *a deficiency* 'n tekort aanvul. **re·me·di·a·ble** geneesbaar, herstelbaar, te verhelp. **re·me·di·al** heilsaam, genesend, herstellend, batend, helend, verhelpend; *(opv. ens.)* remediërend; ~ **action** remediërende optrede/stappe, verhelping; ~ **education** remediërende onderwys/onderrig; ~ **exercises/gymnastics** heilgimnastiek; ~ **measure** remediërende maatreël/stap, herstelmaatreël.

re·mem·ber onthou, jou herinner; gedenk, dink aan; *s.o. is ~ed* **as** ... iem. se naam leef/lewe voort as ...; **ask/beg** *to be ~ed to s.o.* groete aan iem. stuur; **be it** *~ed that* ..., *(jur.)* nademaal dit blyk dat ...; *s.o.* **cannot** ~, *(ook)* iem. weet (dit) nie meer nie; *if I ~* **correctly/right(ly)** as ek reg onthou (*of* my goed herinner *of* my nie vergis nie *of* dit wel het), as my geheue my nie in die steek laat nie; *s.o. did not ~* **to do** *it* iem. het nie onthou om dit te doen nie (*of* het vergeet om dit te doen); *s.o. does not ~* **doing** *s.t.* iem. kan nie onthou (*of* hom/haar nie herinner) dat hy/sy iets gedoen het nie; iem. kan nie onthou of hy/sy iets gedoen het nie; *not as* **far** *as s.o. can ~* nie so ver/vêr iem. kan onthou nie; *do you ~* **me?** ken jy my nog?; *s.o.* **needs** *to ~ s.t.* iem. behoort iets te onthou; ~ **o.s.,** *(fml.)* jou bedink; *s.o. can* **still** *~ it* dit staan iem. nog voor die gees, dit het iem. bygebly; *s.o. ~s* **that** ... iem. onthou dat ...; dit val iem. by (*of* skiet iem. te binne *of* iem. kry daarvan gedagte) dat ...; *one should ~* **that** ... ('n) mens moet daaraan dink dat ...; *it is a day* **to** ~ dit is 'n gedenkwaardige dag; ~ **to** *do s.t.* onthou om iets te doen; ~ *me* **to** *him/her* sê groete aan/vir hom/haar; ~ *the* **waiter** die kelner 'n fooi gee; ~ *s.t.* **well** iets goed onthou; ~ *s.o. in one's* **will** in jou testament aan iem. dink; ~ *s.t. as if it happened* **yesterday** iets onthou soos die dag van gister. **re·mem·ber·er** onthouer.

re·mem·brance herinnering, geheue; aandenking; gedagtenis; heugenis; *(ook, i.d. mv.)* komplimente, groete, groetnis; **call** *s.t. to* ~ jou iets herinner; **day** *of* ~ gedenkdag, herdenkingsdag; *s.t.* **escaped** *s.o.'s* ~ iets het iem. ontgaan; **garden** *of* ~ gedenktuin; **in** *~ of* ... ter aandenking/herinnering aan ...; **put** *s.t. in* ~ iets in herinnering bring. ~ **day** gedenkdag, herdenkingsdag. **R~ Day, R~ Sunday** *(Br.)* Wapenstilstandsdag.

re·mem·branc·er herinneraar; aandenking, herinnering.

re·mex -*miges, (orn.)* voorvlerkveer.

re·mind herinner, help onthou; **allow** *me to ~ you that* ... mag ek jou daaraan herinner dat ...?; ~ *s.o.* **of** *s.t.* iem. aan iets herinner, iem. iets help onthou; *A ~s s.o.* **of** *B* A laat iem. aan B dink (*of* van B gedagte kry); *be ~ed* **of** *s.t.* aan iets herinner word; van iets gedagte kry; **that** *~s me* nou dink ek aan iets; *please ~ me* **to** ... help my tog onthou om te ...

re·mind·er herinnering; wenk; aanmaning, maanbrief; aandenking; herinneraar; *a gentle ~* 'n aanmaninkie, 'n vriendelike waarskuwing; *give s.o. a ~ to do s.t.* iem. daaraan herinner om iets te doen; op iem. se nommer druk; *send s.o. a sharp/stern ~* 'n brander aan iem. stuur. ~ **notice** aanmaning.

rem·i·nisce herinneringe ophaal. **rem·i·nis·cence** herinnering, *(w.g.)* reminissensie; *(ook, i.d. mv.: lett.)* memoires, lewensbeskrywing; *~s of the war* herinneringe aan/van/uit die oorlog. **rem·i·nis·cent:** *it is ~ of* ... dit herinner aan ... (*of* laat ['n] mens aan ... dink).

re·mint hermunt.

re·mise *n.* betaling, oormaking, remise; *(jur.)* teruggawe, remise; *(skermk.)* remise, nastoot; *(hist.)* koetshuis, remise. **re·mise** *ww., (jur.)* teruggee, opgee, afstand doen van; *(skermk.)* 'n remise uitvoer.

re·miss agte(r)losig, nalatig; slap, flou, traag, lui; *be ~ in the allegiance due* te kort skiet (*of* tekort skiet *of* tekortskiet) in die verskuldigde trou; *be ~ in one's duty* jou pligte verwaarloos. **re·mis·si·ble** verskoonbaar, vergeeflik. **re·miss·ness** laksheid, nalatigheid.

re·mis·sion kwytskelding *(v. 'n boete, vonnis, ens.)*; vermindering, afslag; verslapping, verflouing, afneming, vermindering; *(med.)* afwisseling; *(fml.)* vergif(fe)nis, vergewing *(v. sondes)*; *the cancer is in ~* die kanker is in remissie; *~ of sin(s)* vergewing van sonde.

re·mit -*tt*-, *ww.* oormaak, remitteer *(geld)*; *(jur.)* terugverwys *('n saak)*; verminder, verlig, versag *('n vonnis)*; terugstuur; uitstel; *(teol.)* vergeef, vergewe, kwytskeld *(sonde)*; *(arg.)* afneem, verflou, verslap; ~ *a* **case** *to a magistrate* 'n saak na 'n landdros terugverwys; ~ *a* **fine** 'n boete verminder; 'n boete kwytskeld; ~ **money** geld stuur/remitteer; ~ *a* **sentence** 'n vonnis versag; 'n vonnis ophef/kwytskeld; ~ *s.t.* **to** *s.o.* iets aan iem. oormaak. **re·mit·al** oorsending *(v. 'n betaling)*; *(jur.)* terugverwysing; kwytskelding; *(teol.)* vergif(fe)nis, vergewing *(v. sonde)*; *try a case on* ~ 'n terugverwysde saak verhoor. **re·mit·tee** ontvanger *(v. 'n oorgemaakte bedrag)*. **re·mit·ter** afsender, remittent.

re·mit·tance betaling, oormaking, geldsending, remise, oorgemaakte bedrag. ~ **economy** oormakingsekonomie ~ **man** *(hoofs. hist.)* emigrant wat leef van die geld wat hy uit sy vaderland ontvang.

re·mit·tent afwisselend, remitterend, tydelik afnemend, op- en afgaande *(koors)*.

re·mix *n., (mus.)* her(ver)menging, her(ver)mengde weergawe *(v. 'n liedjie ens.)*. **re·mix** *ww.* her(ver)meng. **re·mix·er** her(ver)menger.

rem·nant oorblyfsel, oorskiet, oorskot; res, restant; stukkie, brokkie; reslap, oorskietstuk, laslap. ~ **day** stukdag. ~ **sale** res(tante)uitverkoping, oorskietuitverkoping.

re·mod·el -*ll*- vervorm, omwerk, verwerk, omvorm; *(spw.)* ombou; weer modelleer; opmaak *('n hoed ens.)*.

re·mold *ww., (Am.)* →REMOULD.

re·mon·e·tise, -tize *(w.g.)* weer in omloop bring, as betaalmiddel herstel *('n metaal)*; weer aanmunt.

re·mon·strate beswaar maak, protesteer, remonstreer; betoog; berispe, teregwys, vermaan; ~ *with s.o. about s.t.* iem. oor iets berispe/teregwys/vermaan. **re·mon·strance** protes, remonstransie; vertoog. **Re·mon·strant** *n., (kerkgesk.)* Remonstrant. **Re·mon·strant** *adj., (kerkgesk.)* Remonstrants. **re·mon·strant** *adj., (w.g.)* protesterend. **re·mon·stra·tive** *adj.* protesterend. **re·mon·stra·tor** protesteerder.

re·mon·tant *n., (bot.)* meerbloeier, remontant(roos). **re·mon·tant** *adj. (attr.)* meerbloeiende, remontant-, remonterende.

rem·o·ra, suck·er·fish, suck·ing fish, shark·suck·er *(igt.)* remora, suigvis, loodsman.

re·morse berou, selfverwyt, (gewetens)wroeging, ge=wetensknaging; *feel* (or *be* ***filled*** *with*) ~ *for s.t.* berou/wroeging hê oor iets; *have* ***no*** ~ geen berou hê nie; ***pangs*** *of* ~ knaende wroeging; *be* ***stricken/stung*** *with* ~ berouvol (*of* deur wroeging gekwel) wees; ~ *is* ***ever too late*** naberou is gal(g)berou; *a* ***twinge*** *of* ~ wroe=ging; *be* ***without*** ~ geen berou/wroeging hê nie; mee=doënloos wees. **re·morse·ful** berouvol, boetvaardig. **re·morse·ful·ness** = REMORSE. **re·morse·less** mee=doënloos, onmeedoënd, hardvogtig, onbarmhartig. **re·morse·less·ness** meedoënloosheid, hardvogtig=heid, onbarmhartigheid.

re·mort·gage *n.* tweede verband. **re·mort·gage** *ww.* met 'n tweede verband beswaar, met 'n verband her=beswaar; 'n tweede verband uitneem.

re·mote afgeleë, afgesonder(d), ver/vêr (vanmekaar), verspreid; eensaam, vergeleë, vêrgeleë, ver/vêr weg, (ver/vêr) verwyder(d); gering, min; *make a* ~ ***allusion*** *to* ... ver/vêr langs sinspeel op ...; *a* ~ ***cause*** 'n ver=wyderde oorsaak; *a* ~ ***chance/possibility*** 'n geringe kans/moontlikheid; *not have the* ~*st* ***conception*** *of* ... nie die geringste idee (*of* flouste benul) van ... hê nie; *s.t. is* ~ ***from*** ... iets is ver/vêr van ... (*d. stad ens.*); iets hou weinig verband met ... (*d. onderwerp ens.*); ***live*** ~ afgesonder(d) leef/lewe; *s.o. has a* ~ ***look*** *in his/her eyes* iem. het die sulke dromerige/peinsende oë; *in* ~ ***parts*** in afgeleë streke; *the* ~*st* ***parts*** *of the earth* die uithoeke van die aarde; *the* ~ ***past*** die gryse/verre verlede; *be a* ~ ***relative*** *of s.o.* ver/vêr langs van iem. familie wees. ~ **control** afstand(s)beheer, =bediening, =reëling; af=stand(s)beheerder, =reëlaar. ~**-controlled** met af=stand(s)beheer/=bediening/=reëling, afstand(s)=. ~ **con=trol switch** afstandskakelaar. ~ **sensing** afstand(s)=waarneming.

re·mote·ly veraf, vêraf; enigsins; indirek; *the subjects are not* ~ *connected* die sake het nie die minste verband (met mekaar) nie; *we are* ~ *related* ons is ver/vêr langs familie.

re·mote·ness afgeleënheid, verheid, vêrheid, groot afstand; verwyderdheid; afgesonderdheid; gereser=veerdheid.

re·mould, *(Am.)* **re·mold** *ww.* hervorm; vervorm, om=vorm; oorgiet, omgiet; omwerk.

re·mount *n.* nuwe omlysting (*vir 'n skildery ens.*); vars perd, remonteperd, nuwe leërperd; (*mil., hist.*) perde=voorsiening, remonte. **re·mount** *ww.* weer opklim/bestyg/beklim; weer omlys (*'n skildery ens.*); (*mil., hist.*) remonteer, van perde voorsien.

re·mov·al verwydering, wegruiming, wegneming, weg=doening; opheffing (*v. beperkings ens.*); verplasing; oor=plasing; ontslag (*uit 'n pos*); trek(kery), verhuising. ~ **contractor** verhuiskontrakteur. ~ **expenses** verhuis=koste. ~ **firm** verhuisingsonderneming, =maatskappy. ~ **order** verwyderingsbevel. ~ **van** meubelwa.

re·move *n.* graad, trap; afstand; verwydering, ver=plasing; (*fml.*) verhuising; (*arg.*) gereg (*aan tafel*); *at a* ~ op 'n afstand; *one* ~ *from* ... een trap van ... **re=move** *ww.* wegneem, verwyder (*skottelgoed v.d. tafel ens.*); verplaas; uit die weg ruim, ontslae raak van (*moei=likhede, twyfel, ens.*); uittrek (*'n kledingstuk*); afhaal (*'n das, hoed, ens.*); ontslaan, afsit, afdank (*'n posbekleër*); ontsetel (*'n politikus*); vervoer, karwei (*meubels*); (*fml.*) verhuis, trek; ~ *s.o.* ***from*** *office* iem. afsit; ~ *s.o.* ***from*** *school* iem. uit die skool haal/neem; *be far* ~*d* ***from*** ... ver/vêr van ... wees; baie anders as ... wees; *not be far* ~*d* ***from*** ... baie na aan ... wees; ~ *s.t.* ***from*** ... iets van ... verwyder; ***have*** *s.o./s.t.* ~*d* iem./iets laat verwyder/wegneem; ~ ***mountains*** berge versit, wonderwerke verrig; *a cousin* ***once*** ~*d* 'n kleinneef/=niggie. **re·mov=a·ble** verplaasbaar; verwyderbaar; vervangbaar; af=neembaar; uitneembaar; afsitbaar. **re·mov·er** ver=wyderaar; verhuiser.

re·mu·ner·ate beloon, vergoed, besoldig, betaal; ~ *s.o. for his/her services* iem. vergoed vir sy/haar dienste. **re·mu·ner·a·tion** beloning, vergoeding, besoldiging, betaling, remunerasie. **re·mu·ner·a·tive** winsgewend, voordelig, lonend. **re·mu·ner·a·tive·ness** voordelig=heid, winsgewendheid, rendabiliteit.

Ren·ais·sance, Ren·ais·sance, *(Am.)* **Ren·ais=sance** *n.* Renaissance. **Ren·ais·sance, Ren·ais=sance,** *(Am.)* **Ren·ais·sance** *adj.* van die Renais=sance, Renaissance=; (*i.d. Renaissancestyl*) Renaissan=cisties. ~ **man,** ~ **woman** (*fig.: hoogs gekultiveerde mens met uitgebreide kennis v.d. natuur- en geesteswetenskap=pe*) Renaissancemens.

ren·ais·sance, ren·ais·sance →RENASCENCE.

Ren·ais·san·cist Renaissancis.

re·nal nier=; ~ ***calculus*** niersteen; ~ ***calyx*** nierkelk; ~ ***cast*** uriensilinder; ~ ***disease*** niersiekte; ~ ***sugar*** nier=suiker; ~ ***tubule*** nierbuisie; ~ ***vessel*** niervat.

re·name hernoem, vernoem (*tot*); verdoop. **re·nam=ing** hernoeming, vernoeming, naamsverandering.

re·nas·cent herlewend, oplewend; (*bot.*) oorblywend. **re·nas·cence, ren·ais·sance** herlewing, oplewing, her=rysing, herrysenis, we(d)ergeboorte, vernuwing; *R*~ = RENAISSANCE.

re·na·tion·al·ise, =ize hernasionaliseer. **re·na·tion=al·i·sa·tion, =za·tion** hernasionalisasie, hernasionali=sering.

ren·coun·ter (*arg.*) toevallige ontmoeting; botsing, ge=veg, skermutseling.

rend *rent rent,* (*poët., liter.*) (stukkend) skeur, losskeur, uiteenskeur, verskeur, uitmekaarruk, uitmekaarskeur, uitmekaar ruk/skeur; verdeel; (*arg.*) uitruk; *a shout rent the* ***air*** 'n geroep het deur die lug weerklink; *be rent* ***asunder*** in twee geskeur wees; ~ *one's* ***garments*** jou klere skeur; ~ *one's* ***hair*** jou hare uit jou kop trek; *a* ~*ing* ***sound*** 'n skeurgeluid; *the nation was rent in* ***two*** die nasie is in twee vyandige kampe verdeel. **rend=ing** (ver)skeuring.

ren·der *n.,* (*bouk.*) raaplaag. **ren·der** *ww.* teruggee, vergeld; oorgee, oorlewer; gee, (op)lewer; maak, be=wys; weergee; (*mus.*) vertolk, speel (*'n rol ens.*); ver=taal, oorsit, oorbring; suiwer; uitbraai (*vet*); (*bouk.: ru bepleister*) (be)raap (*mure*); verleen (*hulp, bystand*); betuig (*dank*); ~ *an* ***account*** →ACCOUNT *n.; to* ***ac=count*** ~*ed* →ACCOUNT *n.;* ***age*** *has* ~*ed s.o. peevish* die ouderdom het iem. iesegrimmig gemaak; ~ *s.t.* ***down*** iets uitsmelt; ~ ***good*** *for evil,* (*poët., liter.*) kwaad met goed vergeld; ~ *s.o./s.t.* ***harmless*** iem./iets onskadelik maak/stel; ~ *s.o.* ***helpless*** iem. lamslaan; ~ *s.t.* ***into*** ... iets in ... vertaal; ~ *s.t. in another* ***language*** iets in 'n ander taal weergee/oorsit/vertaal; ~ *o.s.* ***liable*** *to* ... jou blootstel aan ...; ~, *float and set* ***plaster,*** (*bouk.*) pleis=ter raap, afstryk en afwerk; *for* ***services*** ~*ed* →SERVICE[1] *n.;* ~ *s.t.* ***up,*** (*fml. of poët., liter.*) iets oorgee/afstaan; iets teruggee; iets opstuur (*gebede*); iets prysgegee (*jou siel ens.*); ~ *s.t.* ***void*** →VOID *adj.*.

ren·der·ing (*mus.*) vertolking, weergawe, uitvoering; vertaling; (*bouk.*) beraping; *free* ~ vrye vertaling. ~ **coat** (*bouk.*) raaplaag.

ren·dez·vous =*vous, n.* saamkom=, bymekaarkom=, vergaderplek, rendezvous; afspraak. **ren·dez·vous** =*voused* =*vousing, ww.* bymekaarkom, byeenkom, ren=dezvous hou.

ren·di·tion (*mus.*) vertolking, weergawe, uitvoering; vertaling; (*arg.*) oorgawe, uitlewering.

ren·dzi·na *n.,* (*grondk.*) rendzina.

ren·e·gade *n.* verraaier, oorloper, renegaat; (*arg.*) af=vallige, afgevallene, geloofsversaker. **ren·e·gade** *ww.* oorloop; (*arg.*) afvallig word.

re·nege jou woord (ver)breek; (*kaartspel*) kleur ver=saak; (*arg.*) verloën, versaak, verwerp; ~ *on s.t.* iets (ver)breek (*of* nie gestand doen nie) (*'n belofte ens.*); kop uittrek uit iets (*jou voornemens ens.*).

re·ne·go·ti·ate heronderhandel (oor), weer/opnuut onderhandel (oor). **re·ne·go·tia·ble** heronderhandel=baar. **re·ne·go·ti·a·tion** heronderhandeling.

re·new vernu(we), vernieu, hernu(we), hernieu; her=haal; hervat, weer begin; verlewendig; herstel, laat her=leef/herlewe; versterk; verstel, versien, opknap, heel=maak; ~ *the attack* die aanval hervat; ~ *a correspon=dence* 'n briefwisseling hervat (*of* weer aan die gang sit). **re·new·a·ble** vern(ie)ubaar, hern(ie)ubaar. **re=newed:** ~ ***allegations/attacks/determination/etc.*** hern(ie)ude aantygings/aanvalle/vasberadenheid/ens.; *place* ~ ***emphasis*** *on s.t.* iets opnuut beklemtoon; ***feel*** ~ soos 'n nuwe mens voel; *give s.o.* ~ ***hope*** (aan/vir) iem. nuwe hoop bied/bring/gee, nuwe verwagtings/=tinge by iem. wek; *come under* ~ ***pressure*** hern(ie)u=de druk ervaar, aan hern(ie)ude druk onderwerp word. **re·new·er** vernuwer, hernuwer.

re·new·al vernuwing, hernuwing; verjonging; ver=vanging. ~ **date** hernuwingsdatum; herbeleggings=datum. ~**(s) fund** vernuwings=, vervangingsfonds; delgingsfonds. ~ **part** reservewedeel; vervangdeel.

ren·i·form (*hoofs. bot. en min.*) niervormig.

re·nin (*biochem.*) renien.

re·ni·tis (*med.*) nierontsteking, nefritis.

ren·net stremsel, leb, stremstof; renet(appel). ~ **bag,** ~ **stomach** leb(maag). ~ **curd** dikmelk=, suurmelk=kaas. ~ **ferment** rennien.

ren·nin (*biochem.*) rennien.

re·nos·ter·bos, rhe·nos·ter·bos, rhi·noc·er·os bush (*Elytropappus rhinocerotis*) renosterbos(sie).

re·nounce afsien (*of* afstand doen) van, opgee, laat vaar (*jou regte, slegte gewoontes, ens.*); versaak, verwerp, verloën (*jou geloof, beginsels, ens.*); (*kaartspel*) renonseer; →RENUNCIATION; ~ *one's friendship with s.o.* jou vriend=skapsbande met iem. verbreek; ~ *the world* die wêreld vaarwel sê (*of* die rug toekeer), jou aan die wêreld ont=trek, jou uit die wêreld terugtrek, die wêreld versaak/afsweer. **re·nounce·a·ble:** ~ *letter of application,* (*aan=delemark*) vervreem(d)bare aansoekbrief; ~ *rights,* (*aan=delemark*) afwysbare regte. **re·nounce·ment** afstand; versaking; verloëning; ~ *of the world* wêreldversaking.

ren·o·vate regmaak, vernu(we), vernieu, opknap, ver=sien, herstel; restoureer. **ren·o·va·tion** vernuwing, op=knapping, versiening, herstel; restourasie. **ren·o·va=tor** vernuwer; opknapper; restourateur.

re·nown roem, faam, beroemdheid, vermaardheid; *a* ... *of* ~ 'n beroemde ... **re·nowned** beroemd, ver=maard, befaam(d), gevierd, roemryk, roemvol.

rent[1] *n.* skeur (*in 'n kledingstuk*); bars; opening; →REND.

rent[2] *n.* huur; pag; (*ekon.*) surplus, rente; *for* ~, (*hoofs. Am.*) te huur. **rent** *ww.* huur (*'n huis*); pag (*grond*); ver=huur; verpag; ~*ed accommodation* huurhuisvesting, =verblyf, =kamers; ~*ed house* huurhuis. ~**-a-car** mo=torhuur=, motorverhuringsmaatskappy, motorhuur=, motorverhuringsfirma, motorhuur=, motorverhu=ringsonderneming; gehuurde motor. ~**-a-cop** huur=polisiestelsel, pagwagstelsel; huurpolisiediens; gehuur=de polisieman, gemeenskapspolisiebeampte, pagwag. ~**-a-crowd** (*dikw. skerts.*) gehuurde skare (*vir pol. by=eenkomste ens.*); (*filmk., teat., ens.*) gehuurde figurante/byspelers. ~**-a-mob** gehuurde betogers/oproermakers. ~ **boy** (*Br., infml.*) jong manlike prostituut. ~ **boycott** huurboikot. ~**-collecting** huurinsameling, =invorde=ring. ~**-collector** huurinvorderaar, =insamelaar. ~ **control** huurbeheer. ~**-controlled** huurbeheerde (*attr.*), wat onder huurbeheer val (*pred.*). ~**-free** vry van huur. ~ **review** hersiening van die huurgeld. ~ **roll** huur=register; huuropbrengs, =opbrings. ~ **strike** huur=staking.

rent·a·ble huurbaar; verhuurbaar.

rent·al *n.* huur(geld), huurprys, huuropbrengs, =op=brings. **rent·al** *adj.* huur=. ~ **charge** huurgeld; pag; erfpag. ~**-earning** huurtrekkend. ~**-free** huurvry. ~ **library** (*Am.*) huur=, winkelbiblioteek. ~ **value** huur=waarde.

rent·er huurder; pagter.

ren·tier (*Fr.*) rentenier.

re·num·ber oornommer, hernommer.

re·nun·ci·a·tion afstand; selfverloëning; afswering, versaking; ~ *of the world* wêreldversaking.

ren·voi (*Fr., jur.*) terugverwysing.

re·ob·tain terugkry, herkry.

re·oc·cu·py herbeset, weer beset/inneem; weer intrek neem in. **re·oc·cu·pa·tion** herbesetting; hern(ie)ude bewoning.

re·o·pen heropen, weer oopmaak; weer oopgaan; weer begin; ~ *a subject* 'n onderwerp weer aanroer, (*infml.*) 'n onderwerp opwarm. **re·o·pen·ing** heropening.

re·or·der *n.* herbestelling, nabestelling. **re·or·der** *ww.* herbestel, nabestel; hervorm; reorganiseer.

re·or·gan·ise, -ize reorganiseer, herskik, hergroepeer. **re·or·gan·i·sa·tion, -za·tion** reorganisasie, herskikking, hergroepering.

re·or·i·ent, re·o·ri·en·tate reoriënteer. **re·o·ri·en·ta·tion** reoriëntasie.

rep[1] *n., (infml.)* verteenwoordiger; →REPRESENTATIVE *n.*. **rep** *-pp-, ww.* verteenwoordig *('n mpy.)*; as verteenwoordiger werk/optree *(v. 'n mpy.)*; →REPRESENT.

rep[2] *n., (infml.)* repertoriumgeselskap, repertoire-geselskap; repertoriumteater, repertoire-teater; →REPERTORY.

rep[3] *n., (Am., infml.)* naam, aansien, reputasie; →REPUTATION.

rep[4], **repp, reps** *n., (tekst.: 'n ribstof)* rips. **repped** *adj.* ripsagtig; gerib.

re·pack oorpak, verpak. **re·pack·age** *ww.* herverpak. **re·pack·a·ging** *n.* herverpakking.

re·paint oorverf, oorskilder.

re·pair[1] *n.* herstel(ling), reparasie; *(ook, i.d. mv.)* herstelwerk; *be in* **bad** ~, *be in a* **bad state** *of* ~ vervalle/verwaarloos (*of* in 'n slegte toestand) wees; sleg onderhou wees; **beyond** ~ onherstelbaar, kapot; *be in* **good** ~ in 'n goeie toestand wees; goed onderhou wees; **keep** *s.t. in* ~ iets onderhou (*of* in stand hou); *s.t. is in* **need** *of* ~ iets moet reggemaak/herstel word *('n masjien ens.)*; iets moet opgeknap word *('n huis ens.)*; *be* **out of** ~ onklaar/stukkend (*of* buite werking) wees; vervalle (*of* sleg onderhou) wees; *s.t. is* **under** ~ iets word herstel/reggemaak/gerepareer. **re·pair** *ww.* regmaak, heelmaak, repareer; versien, opknap *('n huis)*; verstel; vergoed *(skade, 'n verlies)*; goedmaak *('n versuim)*; herstel *('n fout)*; opknap; *(sk.)* kalfater; ~ *to ...*, *(fml.)* jou na ... begeef/begewe; jou toevlug tot ... neem. ~ **kit** reparasiestel. ~**man** hersteller, herstelwerker, heelmaker. ~ **outfit** hersteluitrusting. ~ **work** herstelwerk. ~ **(work)shop** herstelwerkplaas, -winkel.

re·pair[2] *n., (arg.)* skuilplek, -hoek. **re·pair** *ww., (fml. of skerts.)*: ~ *to ...* jou na ... begeef/begewe; ... besoek.

re·pair·a·ble = REPARABLE.

re·pair·er hersteller, herstelwerker, heelmaker.

re·pand *adj., (bot.)* gegolf; *a* ~ *leaf* 'n blaar met 'n gegolfde rand.

re·pa·per oorplak, weer plak.

rep·a·ra·ble herstelbaar; verstelbaar.

rep·a·ra·tion reparasie, herstel(ling); *(gew. i.d. mv.)* vergoeding, skadeloosstelling, (skade)herstel, kompensasie; genoegdoening; *make* ~ *for s.t.* iets goedmaak; *make* ~ *to s.o.* iem. skadeloos stel.

rep·ar·tee teenantwoord, gevatte antwoord, we(d)erwoord; gevatheid; *be good/quick at* ~ gevat wees.

rep·ar·ti·tion herverdeling.

re·past *(fml.)* maal(tyd).

re·pat *n., (Br., infml.)* gerepatrieerde (→REPATRIATE *n.*); repatriasie (→REPATRIATION).

re·patch oorlap.

re·pa·tri·ate *n.* gerepatrieerde. **re·pa·tri·ate** *ww.* repatrieer, terugvoer. **re·pa·tri·a·tion** repatriasie, terugvoering.

re·pay *-paid -paid* terugbetaal; vergeld; vergoed, beloon, betaal; ~ *a call/visit* 'n teenbesoek bring/aflê; ~ *a debt* 'n skuld vereffen/aansuiwer; ~ *s.o. for s.t.* iem. vir iets vergeld; iem. vir iets beloon. **re·pay·a·ble** terugbetaalbaar, terug te betaal, opeisbaar; ~ *at call* dadelik opvorderbaar, terugbetaalbaar op aanvraag. **re·pay·ment** terugbetaling; vergoeding, betaling; *in* ~ *of ...* ter vereffening van ... *(skuld ens.)*.

re·peal *n.* herroeping, intrekking; nietigverklaring; afskaffing, opheffing. **re·peal** *ww.* herroep, intrek *('n wet, besluit, ens.)*; nietig verklaar *('n vonnis)*; afskaf, ophef. **re·peal·a·bil·i·ty, re·peal·a·ble·ness** herroepbaarheid. **re·peal·a·ble** herroepbaar, herroeplik, intrekbaar; afskafbaar.

re·peat *n.* herhaling; herhalingsteken; herplasing. **re·peat** *ww.* herhaal; oordoen; nasê; oorvertel; herplaas *('n advertensie)*; ~ *s.t.* **after** *s.o.* iets agter iem. aan sê, iem. iets nasê; *it* **bears** ~*ing* dit kan gerus herhaal word; **history** ~*s itself* die geskiedenis herhaal hom; ~ *it,* **please** sê dit weer (*of* herhaal dit), asseblief; **make** *s.o.* ~ *s.t.* iem. iets laat herhaal; *spicy food tends to* ~ *(on one)* gekruide kos laat dikwels 'n (onaangename) nasmaak; ~ *an* **order** *(for s.t.)* (iets) nabestel; ~ **o.s.** jou herhaal, in herhaling verval, dieselfde oor en oor sê. ~ **broadcast** *(rad., TV)* heruitsending. ~ **mark,** ~ **sign** *(mus.)* herhalingsteken. ~ **order** herhaalbestelling, nabestelling. ~ **performance** herhaling; heropvoering; heroptrede. ~ **prescription** *(farm.)* herhaalvoorskrif.

re·peat·a·ble herhaalbaar.

re·peat·ed·ly herhaaldelik, by herhaling, herhaalde male, oor en oor, *(infml.)* aljimmers.

re·peat·er herhaler; opsêer; *(telef.)* versterker; repeteergeweer, snelvuurgeweer. ~ **(watch)** repetisiehorlosie, -oorlosie.

re·peat·ing *adj.* herhalend; repeterend; ~ **decimal** →RECURRING DECIMAL; ~ **pattern** herhalingspatroon; ~ **rifle** repeteergeweer, snelvuurgeweer; ~ **watch** repetisiehorlosie, -oorlosie.

rep·e·chage, rep·e·chage *n., (kanovaart, fietsry, ens.*, repêchage: *Fr.)*, heruitdun.

re·pel *-ll-* afweer, afslaan; terugdryf, -drywe, -slaan; weerstaan; afstoot; ~ *the* **assailants** die aanvallers terugdryf/-drywe; ~ *a* **blow** 'n slag afweer; *s.o. is* ~*led* **by** *s.t.* iets laat iem. walg; ~ *s.o.* **from** *...* iem. van ... terugdryf/-drywe; ~ *an* **offer** 'n aanbod weier; ~ **temptation** versoeking weerstaan.

re·pel·lent *n.* afweermiddel; afstootmiddel, afstoter; afstotende krag; →INSECT REPELLENT. **re·pel·lent** *adj.* afwerend; terugdrywend; weersinwekkend, afstotend, afstootlik; ~ *ointment* afweersalf.

re·pent[1] *adj.* rankend, rank-; *(biol.)* kruipend.

re·pent[2] *ww.* berou hê; spyt voel; tot inkeer kom; *you shall* ~ *this* dit sal jou (*of* jy sal dit) berou. **re·pent·ance** berou; inkeer; ~ *always comes too late* naberou is gal(g)-berou. **re·pent·ant** berouvol, boetvaardig.

re·peo·ple weer bevolk.

re·per·cus·sion *(gew. i.d. mv.)* nadraai, nasleep, gevolg, reperkussie, weerslag; *(arg.)* terugslag, skop; *(arg.)* terugkaatsing; *cause/have* ~*s* opslae maak, 'n nadraai/nasleep hê; *have* ~*s on ...* 'n uitwerking op ... hê. **re·per·cus·sive** terugkaatsend; terugslaande.

rep·er·toire repertoire, repertorium.

rep·er·to·ry *(teat., mus., ens.)* repertoire, repertorium; lys, register, gids, inligtingsboek, repertorium. ~ **company** vaste toneelgeselskap, repertoriumgeselskap, repertoire-geselskap. ~ **play** repertoriumstuk, repertoire-stuk. ~ **theatre** repertoriumteater, repertoire-teater.

rep·e·tend *(wisk.)* repeterende breuk, repetent; *(fml.)* refrein.

ré·pé·ti·teur *(Fr., mus.: repetisieleier)* repetiteur, hulpdirigent.

rep·e·ti·tion herhaling, repetisie; weergawe, kopie; *(arg.)* voordrag; *it bears* ~ dit kan gerus herhaal word; *in* ~ *of ...*, *(w.g.)* met herhaling van ... ~ **lesson** herhalingsles.

rep·e·ti·tious steeds herhaald/herhalend, eentonig, vol herhaling(e). **rep·e·ti·tious·ness** eentonigheid.

re·pet·i·tive steeds herhaald/herhalend, eentonig, vol herhaling(s). ~ **strain/stress injury** *(med., afk.:* RSI) ooreisingsaandoening.

re·pet·i·tor = RÉPÉTITEUR.

re·phrase →REWORD.

re·pine *(poët., liter.)* treur, knies; kla, murmureer, brom, ontevrede wees.

re·place terugplaas, terugsit; opvolg; vernu(we), vernieu; vervang, in die plek stel van; terugbetaal; ~ *A with/by B* A deur B vervang. **re·place·a·ble** vervangbaar.

re·place·ment vernuwing; vervanging; plaasvervanger; opvolger; vervangdeel; *(ook, i.d. mv.)* vervangingstroepe; vervangingsdele, vervangstukke; ~ *with/by ...* vervanging deur ... ~ **fund** vernuwings-, vervangingsfonds. ~ **value** *(versek.)* vervangingswaarde.

re·plan *-nn-* herbeplan.

re·plant oorplant, herplant. **re·plant·ing** oorplanting, herplanting.

re·play *n.* herhaalwedstryd; herhaling; *(action/instant)* ~, *(TV)* kykweer. **re·play** *ww.* oorspeel; herhaal.

re·plen·ish (weer) vol maak; aanvul. **re·plen·ish·ment** aanvulling.

re·plete vol, gevul(d); versadig; goed voorsien *(van)*; *be* ~ *with ...* versadig wees van ...; sat wees van ...; oorlaai wees met ...; van ... voorsien wees, met ... toegerus/uitgerus wees; *s.t. is* ~ *with ...* iets is (tot oorlopens toe) vol ...; iets is oorlaai met ...; iets is voorsien van (*of* toegerus met) ... **re·ple·tion** volheid; oorlading; satheid, versadigdheid, versadiging.

rep·li·ca replika, duplikaat, presiese weergawe/kopie; faksimilee; nabootsing; ewebeeld; skaalmodel; *(mus.)* replica, herhaling.

rep·li·cate *ww.* kopieer, dupliseer, 'n presiese weergawe maak (van); *(genet.)* repliseer; herhaal. **rep·li·cate, rep·li·cat·ed** *adj., (biol.)* teruggevou *('n blaar ens.)*; gekopieer(d), gedupliseer(d); veelvoudig, herhaal(d). **rep·li·ca·tion** kopie; herhaling; *(genet.)* replisering; *(jur., vero.)* antwoord, repliek. **rep·li·ca·tive** = REPLICATE *adj.*.

re·ply *n.* antwoord, we(d)erwoord; repliek; *a* **crushing** ~ 'n vernietigende/verpletterende antwoord, 'n dooddoener; **in** ~ *to ...* in antwoord op ...; **in** ~, *(ook)* ten antwoord; *say nothing* **in** ~ *to s.t.* niks op iets antwoord nie; **make** *no* ~ nie antwoord nie, geen antwoord gee nie; **pending** *a* ~ in afwagting van 'n antwoord; *a* **witty** ~ 'n gevatte antwoord. **re·ply** *ww.* antwoord, antwoord gee; *(jur.)* repliseer; ~ *to ...* op ... antwoord, ... beantwoord; ~ *to a debate* repliek lewer. ~ **card** antwoordkaart. ~ **coupon** antwoordkoepon. ~**-paid envelope/letter/postcard/etc.** vooruitbetaalde/antwoordbetaalde koevert/brief/poskaart/ens..

re·po *-pos, n., (fin., infml.)* terugkoopooreenkoms; →REPURCHASE *n.*; *(Am., infml.)* terugneming *(v. eiendom, goedere, ens., weens wanbetaling)*; teruggenome eiendom/goedere/ens.; →REPOSSESS. ~ **man** *(Am., infml.)* beslaglêer. ~ **rate** *(bankw., infml.)* terugkoopkoers, repokoers.

re·point *ww., (bouk.)* hervul *(voeë)*.

re·pol·ish weer poleer; weer blink maak.

re·pop·u·late herbevolk. **re·pop·u·la·tion** herbevolking.

re·port *n.* verslag, rapport, mededeling, berig, tyding; opgawe; relaas; gerug; knal, skoot, slag; aangifte, aangewing; (aan)melding; preadvies *(v. 'n komitee)*; **according to** *a* ~ volgens/luidens 'n berig; **according to** ~*s*, *(ook)* na berig word; **carry** *a* ~ 'n berig plaas/uitsaai; *the* ~ **goes** *that ...*, *(fml.)* die gerug lui (*of* die mense sê) dat ...; *be of* **good** ~, *(fml.)* 'n goeie naam hê, goed aangeskrewe wees; *faithful through* **good** *and through evil* ~, *(poët., liter.)* getrou deur dik en dun, getrou in voor- en teen-/teëspoed; ~ *of* **guns** gebulder van kanonne; **mere** ~ *is not enough to go upon* 'n mens kan nie op 'n blote gerug afgaan nie; *a* ~ **of** *...* 'n verslag van ... *('n vergadering ens.)*; *a* ~ **on** *...* 'n verslag oor ... *('n vraagstuk ens.)*; 'n berig oor ...; ~ *of a* **rifle** knal van 'n geweer; **table** *a* ~, *(parl. ens.)* 'n verslag ter tafel lê. **re·port** *ww.* berig, meld, meedeel, vertel; rapporteer, verslag doen/gee/uitbring; (aan)meld, rapporteer; jou aanmeld; verkla, aankla, aangee; ~ **back** terugrapporteer, verslag kom doen; ~ **fit/unfit** jou as geskik/ongeskik aanmeld; ~ **for** *...* jou vir ... aanmeld *(diens ens.)*; verslag doen/gee vir ... *('n koerant ens.)*; ~ **on** *...* van ... verslag doen/gee *('n vergadering ens.)*; verslag oor ... uitbring *('n vraagstuk ens.)*; *it is* **reliably** ~*ed that ...* van betroubare kant word berig dat ...; ~*ed* **speech** = INDIRECT SPEECH; *it is* ~*ed* **that** *...* daar word berig dat ...; daar word gesê dat ...; *it was* ~*ed* **that** ... daar is berig dat ...; ~ *to ...* jou by ... aanmeld; aan ... verantwoordelik wees; ~ *s.o.* **to** *...* iem. by ... verkla; ~ *s.t.* **to** *s.o.* iets by iem. aanmeld; ~ *s.t.* **to** *the police* iets by die polisie aangee; *s.o. is* ~*ed* **to** *have done s.t.* na bewering (*of* volgens berig) het iem. iets gedoen, iem. sou iets gedoen het; ~ ***well/etc.*** *of* ... 'n gunstige/ens. verslag oor ... uitbring; *it is **widely** ~ed that* ... van oral(s) word berig dat ...; algemeen word vertel dat ... **~-back meeting** verslagvergadering. ~ **card** *(Am., SA)* (skool)rapport.

re·port·a·ble rapporteerbaar, aanmeldbaar.

re·port·age verslaggewing, beriggewing.

re·port·ed·ly volgens berig; na bewering, na beweer/berig word, volgens gerug(te).

re·port·er verslaggewer, beriggewer, rapporteur.

re·port·ing verslaggewing, verslaggewery, beriggewing.

rep·or·to·ri·al *adj., (Am.)* verslaggewers= *(attr.)*, van 'n verslaggewer *(pred.)*; ~ *corps* verslaggewerskorps; ~ *curiosity* die nuuskierigheid van 'n verslaggewer; ~ *interest* belangstelling in verslaggewing.

re·pose¹ *n.* rus, verposing, kalmte, stilte; slaap; *angle of* ~ natuurlike helling; *be in* ~ rustig wees. **re·pose** *ww.* rus, uitrus; neerlê; lê; berus; rus gee; *s.o.'s plan ~s on a fallacy, (fml.)* iem. se plan berus op 'n dwaalbegrip. **re·pose·ful** rustig, kalm, stil.

re·pose² *ww.:* ~ *one's confidence/trust in* ... op ... vertrou, jou vertroue in ... stel.

re·pos·it (weg)bêre, bewaar; deponeer; *(med.)* reponeer.

re·po·si·tion *n.* bewaring; deponering; *(med.)* reponering. **re·po·si·tion** *ww.* 'n nuwe houding/plek/posisie inneem; in 'n nuwe plek/posisie plaas; *(han.)* herposisioneer *('n mpy. i.d. mark ens.)*.

re·pos·i·to·ry bewaarplek; pakhuis; vindplek, bron; graftombe; vertroueling; *language is the ~ of thought* taal is die draer van die gedagte.

re·pos·sess terugneem, besit herneem, herinbesitneem *(eiendom ens., weens wanbetaling)*; weer in besit stel *(iem.)*; *~ed goods* teruggenome/herinbesitgenome goedere. **re·pos·ses·sion** terugneming, herneming van besit, herbesitneming.

re·pot *-tt-* verpot *('n plant)*.

re·pous·sé *n., (Fr., metaalw.)* dryfwerk, gedrewe werk, bosseleerwerk. **re·pous·sé** *adj.* gedrewe, gebosseleer(d); ~ *work* dryfwerk, gedrewe werk, bosseleerwerk.

repp, repped →REP⁴ *n.*.

rep·re·hend berispe, teregwys, bestraf, voor stok kry. **rep·re·hen·si·ble** berispelik, afkeurenswaardig, laakbaar, wraakbaar. **rep·re·hen·si·ble·ness** laakbaarheid. **rep·re·hen·sion** berisping, teregwysing, bestraffing.

re-pre·sent weer aanbied; hervertoon, weer opvoer. **re-pres·en·ta·tion** heraanbieding; heropvoering.

rep·re·sent voorstel, weergee, uitbeeld, afbeeld, verbeeld; verteenwoordig; *(fml.)* beweer, voorgee; ~ *o.s. **as*** ... jou vir ... uitgee; *be ~ed as ..., (skilderk.)* soos ... afgebeeld word; ~ *a constituency **in** Parliament* 'n kiesafdeling in die Parlement verteenwoordig; ***not** ~ed, (jur.)* onverteenwoordig, sonder regsverteenwoordiging, in persoon; *(vnl. in strafsake)* onverdedig; ~ *a ward **on** the council* 'n wyk in die raad verteenwoordig; ~ *o.s. **to be*** ... voorgee dat jy ... is. **rep·re·sen·ta·tion** voorstelling, uitbeelding, afbeelding, verbeelding; verteenwoordiging; ; vertoog; bedenking; protes; *a false* ~ 'n valse voorstelling, 'n wanvoorstelling; *make ~s to* ... vertoë tot ... rig; protes by ... aanteken. **rep·re·sen·ta·tion·al:** ~ *art* figuratiewe/weergewende kuns, voorwerpskuns. **rep·re·sent·a·tive** *n.* verteenwoordiger; werwer; saakwaarnemer; stamhouer *(v. 'n gesin)*; saakgelastigde; *a ~ on a body* 'n verteenwoordiger in 'n liggaam; *House of R~s* →HOUSE *n.*. **rep·re·sent·a·tive** *adj.* verteenwoordigend, representatief; voorstellend; kenmerkend, tipies, tekenend; toonaangewend; ~ ***council*** verteenwoordigende raad; *students'* ~ ***council,*** *(afk.:* SRC) studenteraad *(afk.:* SR*)*; ~ ***fraction,*** *(kartogr.)* skaalbreuk; ~ ***government*** verteenwoordigende bestuur/regering; *be ~ **of***... tipies/verteenwoordigend van/vir ... wees, 'n goeie voorbeeld van ... wees.

re·press onderdruk, beteuel, bedwing, in toom/bedwang hou; onderdruk, verdruk, onderwerp *('n volk, regte, ens.)*; onderdruk, opkrop *(gevoelens ens.)*; *(psig.)* verdring. **re·pressed** *adj.* onderdruk; *(psig.)* verdronge. **re·pres·sion** onderdrukking, beteueling; verdrukking; *(psig.)* verdringing. **re·pres·sive** onderdrukkend, onderdrukkings=, beteuelings=; verdrukkend; ~ *measure* dwangmaatreël.

re·prieve *n.* uitstel, opskorting *(v. 'n vonnis)*; begenadiging, grasie, kwytskelding, invryheidstelling; *grant s.o. a* ~ iem. begenadig; iem. grasie verleen. **re·prieve** *ww.* uitstel, opskort *(d. voltrekking v. 'n vonnis)*; begenadig; ~ *the role of ..., (teat., filmk., TV)* weer die rol van ... speel/vertolk, die karakter van ... laat herleef.

rep·ri·mand *n.* teregwysing, bestraffing, bestrawwing, berisping; skrobbering; *receive a severe/sharp* ~ 'n streng/skerp teregwysing kry. **rep·ri·mand** *ww.* teregwys, bestraf, berispe, aanpraat; ~ *s.o. for s.t.* iem. oor iets teregwys; *a ~ing letter* 'n brander.

re·print *n.* herdruk; oordruk *(uit 'n tydskrif)*; nadruk. **re·print** *ww.* herdruk.

re·pri·sal weerwraak, wraakoefening, (weer)wraakmaatreël, vergelding(smaatreël); *a ~ **against*** ... weerwraak teen ...; ***as** a* (of ***in*** of *by **way** of)* ~ uit weerwraak; *a ~ **for*** ... weerwraak vir ...; ***in** ~ **for*** ... uit weerwraak vir ...; ***letter(s)** of marque (and ~)* →LETTER¹ *n.*; ***make** ~s* weerwraak neem. ~ **system** terugvatstelsel.

re·prise *(mus.)* reprise, terugkeer, rekapitulasie; herhaling; hervatting.

re·pro *-pros, n., (infml.)* reproduksie; →REPRODUCTION. ~ **(proof)** reproduksieproef.

re·proach *n.* verwyt, beskuldiging, berisping; oneer, skande; *be **above/beyond*** ~ bo verdenking wees; ***abstain** from* ~ jou van verwyte weerhou, nie verwyte maak nie; ***heap** ~es on s.o.* iem. verwyte toeslinger (*of* beskuldigings voor die kop gooi); *with **mute** ~ in one's eyes* met 'n uitdrukking van stille verwyt in jou oë; ***term/word** of* ~ berisping, verwyt, smaadwoord; *s.t. is a ~ **to** s.o.* iets strek iem. tot oneer/skande; *a knight **without** fear or ~, (oorspr. d. Fr. mil. held Bayard, 1474–1524)* 'n ridder sonder vrees of blaam. **re·proach** *ww.* verwyt, beskuldig, berispe; *his/her **eyes** ~ed me* hy/sy het my verwytend/beskuldigend aangekyk; ~ *o.s. **for** one's* ... jou verwyt oor jou ...; ~ *o.s. **for** not* ... jou verwyt dat jy nie ... nie; ~ *s.o. **for** being miserly/etc.* iem. sy/haar vrekkerigheid/ens. verwyt; ~ *s.o. **for*** ..., *(ook)* iem. die verwyt maak dat hy/sy ... *(iets gedoen of nagelaat het)*; *have nothing to ~ o.s. **for/with*** jou niks te verwyt hê nie; ~ *s.o. **with** s.t.* iem. oor iets berispe. **re·proach·ful** verwytend; skandelik, skandalig, oneervol. **re·proach·less** onberispelik.

rep·ro·bate *n.* sedelose, verdorwene, losbandige, pervert; *(arg., Chr. teol.)* verworpeling, verworpene, uitgeworpene, goddelose. **rep·ro·bate** *adj.* sedeloos, immoreel, verdorwe, losbandig, pervers; *(arg., Chr. teol.)* verworpe, uitgeworpe, verdoem, goddeloos. **rep·ro·bate** *ww., (arg.)* verwerp, uitwerp, afkeur; verdoem, veroordeel. **rep·ro·ba·tion** *(arg.)* verwerping, afkeuring, reprobasie; verdoeming.

re·pro·cess herverwerk. **re·pro·cess·ing** *adj.* herverwerkings=; ~ *plant* herverwerkingsaanleg.

re·pro·duce weer voortbring; voortplant; reproduseer, kopieer; weergee; vermenigvuldig; afdruk. **re·pro·duc·i·bil·i·ty** reproduseerbaarheid. **re·pro·duc·i·ble** reproduseerbaar. **re·pro·duc·tion** reproduksie; voortplanting; weergawe; *(druk.)* plaat, afdruk, prent, kopie; ~ *in colour, colour* ~ kleurplaat, =afdruk. **re·pro·duc·tive** *n., (biol.)* voortplanter. **re·pro·duc·tive** *adj.* reproduktief, voortplantings=; ~ ***cell*** voortplantingsel; ~ ***gland*** voortplantingsklier; ~ ***organ*** voortplantingsorgaan, teeldeel; ~ ***track*** voortplantingskanaal.

re·pro·gramme *-mm=, (hoofs.Am.)* **re·pro·gram** *-m=, (rek.)* herprogrammeer. **re·pro·gram·ma·ble, re·pro·gram·ma·ble** *(rek.)* herprogrammeerbaar.

re·prog·ra·phy reprografie. **re·pro·graph·ic** *adj.* reprografies. **re·pro·graph·ics** *n. (fungeer as ekv.)* reprografie.

re·proof *n.* berisping, skrobbering, bestraffing, bestrawwing, teregwysing, vermaning, verwyt.

re-proof *ww., (Br.)* weer waterdig maak; *(druk.)* nuwe proewe lewer/verskaf/voorsien.

re·prove berispe, bestraf, skrobbeer, teregwys, vermaan; ~ *s.o. for being late* iem. berispe omdat hy/sy laat gekom het. **re·prov·a·ble** berispelik. **re·prov·ing** *adj.*, **re·prov·ing·ly** *adv.* berispend, vermanend, verwytend, afkeurend.

reps →REP⁴ *n.*.

rep·tant *(biol.)* kruipend; →REPENT¹ *adj.*.

rep·tile *n.* reptiel, kruipende dier; *(infml., neerh.)* wurm, gemene kruiper, lae lak. **rep·tile** *adj.*, reptiel=, kruipend; *(infml., neerh.)* laag, veragtelik; kruiperig; *the ~ press* die vuige pers. **rep·til·i·an** *n.* reptiel, kruipende dier. **rep·til·i·an** *adj.* van reptiele; *(infml., neerh.)* veragtelik, gemeen, agterbaks.

re·pub·lic republiek; *the R~ of **China*** →CHINA; *the **French** R~* die Franse Republiek; *R~ of **Korea*** →KOREA; ***proclaim** a* ~ 'n republiek uitroep; ***proclaim** a country a* ~ 'n land tot republiek uitroep/verklaar; *the R~ of **South Africa*** die Republiek van Suid-Afrika. **R~ Day** *(SA gesk.: 31 Mei)* Republiekdag.

re·pub·li·can *n.* republikein, republikeinsgesinde. **re·pub·li·can** *adj.* republikeins. **R~ Party** *(Am. pol.)* Republikeinse Party.

re·pub·li·can·ise, -ize republikeins maak.

re·pub·li·can·ism republikanisme, republikeinse gesindheid, republikeinsgesindheid.

re·pub·lish opnuut/weer uitgee. **re·pub·li·ca·tion** nuwe uitgawe, heruitgawe.

re·pu·di·ate verwerp *(aantygings ens.)*; ontken *(aanspreeklikheid, beskuldigings, verantwoordelikheid, ens.)*; nie erken nie *('n verdrag ens.)*; *(hoofs. jur.)* repudieer *('n kontrak, skuld, ens.)*; verstoot *('n vrou, kind, ens.)*. **re·pu·di·a·tion** verwerping; ontkenning; repudiasie; verstoting.

re·pugn *(arg.)* weerstand bied, bestry, stuit; we(d)erstrewig wees. **re·pug·nance, re·pug·nan·cy** afkeer, weersin; teen=, teëspraak; teenstrydigheid; *s.o.'s ~ for/to(wards)* ... iem. se afkeer/afsku van ...; iem. se weersin/teen=/teësin in ...; iem. se walging van ... **re·pug·nant** aanstootlik, afstootlik, verfoeilik; walglik, stuitend, weersinwekkend; teenstrydig; onverenigbaar, onbestaanbaar, strydig *(met)*; *(arg. of poët., liter.)* we(d)erstrewig, weerspannig, halsstarrig, hardkoppig; *s.t. is ~ **to** s.o.* iets is vir iem. walglik/weersinwekkend; iem. walg van iets; iets stuit iem. teen die bors, iem. is afkerig van iets; *s.t. is ~ **to** s.t. else* iets is onverenigbaar/onbestaanbaar/strydig (*of* in stryd) met iets anders; *be ~ **to** s.t., (ook)* onversetlik teen iets gekant wees.

re·pulse *n.* terugdrywing, terugslag; weiering, afwysing; afstoting; *suffer* (of *meet with) a* ~ afgewys word, 'n bloutjie loop, 'n klap in die gesig kry *(fig.)*; *(mil.)* afgeslaan/teruggeslaan word. **re·pulse** *ww.* terugdryf, =drywe, terugslaan, verslaan; afskrik; afslaan, weier, van die hand wys; afstoot; ~ *s.o. from* ... iem. van ... terugdryf/=drywe. **re·pul·sion** afstoting, terugstoting; *feel (a) ~ for* ... 'n afkeer van (*of* 'n weersin/teen=/teësin in) ... hê. **re·pul·sive** terugstotend; afstootlik, haatlik, weersinwekkend, afskuwelik, walglik.

re·punch oorpons.

re·pur·chase *n.* terugkoop. **re·pur·chase** *ww.* terugkoop, weer koop, herinkoop. ~ **agreement** *(fin.)* terugkoopooreenkoms. ~ **rate** *(bankw.)* terugkoop(tender)koers.

re·pur·i·fy weer suiwer.

rep·u·ta·tion aansien, (goeie) naam, reputasie, eer, faam; *have a **bad*** ~ 'n slegte naam/reputasie hê; ***clear** one's* ~ →CLEAR *ww.*; *have a ~ **for*** ... die naam/reputasie hê dat jy ...; bekend staan as ...; *s.o.'s ~ **for*** ... iem. se reputasie dat hy/sy ...; *have a **good*** ~ 'n goeie naam hê; ***keep up** one's* ~ jou naam/reputasie hoog hou (*of* ophou *of* eer aandoen); ***live on** one's* ~ op jou roem teer; ***live up to** one's* ~ jou naam/reputasie hoog hou (*of* ophou *of* eer aandoen); *s.o. **of*** ~ iem. van aansien/stand (*of* naam en faam); *have the ~ **of being*** ... die naam/reputasie hê dat jy ...; ***raise** one's* ~ jou aansien/reputasie verhoog; *have an **unblemished*** ~

'n onaantasbare naam hê; *have a* ***wide*** ~ algemeen/oral(s) bekend wees; ***win*** *a* ~ *(for o.s.)* naam maak.

re·pute *n.* naam, aansien, reputasie, faam, eer; ***by*** ~ na bewering, volgens gerug; volgens reputasie; *a/an ... of* ***evil*** ~ →EVIL *adj.; be held in* ***high*** ~ hoog aangeskrewe staan, hoog in (*of* in hoë) aansien staan; *be of* ***ill*** ~ 'n slegte naam hê; *house of* ***ill*** ~ →HOUSE *n.;* ***know*** *s.o. by* ~ baie van iem. gehoor het; *a man/woman/dealer/etc.* ***of*** ~ 'n man/vrou/handelaar/ens. van aansien/naam. **re·pute** *ww.* ag, beskou, reken; voorgee. **rep·u·ta·ble** fatsoenlik, agtenswaardig, van goeie naam, geëer, eervol, geag. **re·put·ed** *(attr.)* beweerde, vermeende, sogenaamde, voorgegewe, aangeskrewe; ***highly*** ~ in hoë aansien; *s.o.* ***is*** ~ *(to be) ...* iem. gaan vir ... deur *(ryk ens.);* iem. word ... geag (*of* as ... beskou *of* as/vir ... gereken) *(d. beste ens.); the* ~ ***owner/etc.*** die beweerde/vermeende eienaar; *s.o.'s* ~ ***wife/etc.*** iem. se vermeende/putatiewe eggenote/ens.. **re·put·ed·ly** na bewering; volgens reputasie; *s.o. is* ~ *a good mediator/etc.* iem. het die naam van 'n goeie bemiddelaar/ens..

re·quest *n.* versoek; versoekskrif, petisie; bede; aanvraag; ***accede*** *to a* ~ →***grant*** *a request;* ***address*** *a* ~ *to s.o.* 'n versoek tot iem. rig; ***at the*** ~ ***of ...*** op versoek van ...; ***at*** *s.o.'s* ~ op iem. se versoek; ***by*** ~ op versoek; ***comply*** *with* (or ***consent*** *to) a* ~ →***grant*** *a request;* ***consider/entertain*** *a* ~ 'n versoek oorweeg, op 'n versoek ingaan; *a* ~ ***for*** *...* 'n aanvraag om ...; ***grant*** (or ***comply*** *with* or ***accede/consent*** *to) a* ~ 'n versoek toestaan/inwillig, aan 'n versoek voldoen; *s.o. shall* ***have*** *his/her* ~ iem. se versoek sal toegestaan word; *be* ***in*** *(great)* ~ gesog (*of* in aanvraag) wees, veel gevra word; ***make*** *a* ~ *for ...* 'n versoek om ... doen, om ... aanvraag doen; ***on*** ~ op aanvraag; *by* ***popular*** ~ op algemene aandrang; *by* ***public*** ~ op aandrang van die publiek; ***refuse/reject*** (or ***turn down****) a* ~ 'n versoek weier (*of* van die hand wys). **re·quest** *ww.* versoek, vra; verlang, begeer; aanvraag doen om, aanvra; ~ *the* ***company*** *of ..., (fml.) ...* uitnooi; ~ *an* ***interview*** om 'n onderhoud vra; ~ ***that*** *...* versoek dat ...; ~ *s.o.* ***to*** *...* iem. versoek om te ...; *s.o. is ~ed* ***to*** *...* iem. word versoek om te ... ~ **programme** *(rad.)* versoekprogram. ~ **stop** *(Br.)* halte waar 'n bus slegs op versoek stilhou/stop.

re·quick·en *(poët., liter.)* weer opwek (*of* lewendig maak), verlewendig.

req·ui·em (mass) *(vnl. RK)* dodemis, sielmis, requiem.

req·ui·es·cat *n., (Lat.: gebed/wens vir d. sielerus v. 'n oorledene)* requiescat; ~ *in pace* rus in vrede.

re·quire eis, vereis, verg; eis, voorskryf, =skrywe; begeer, verlang; nodig hê; *s.t. ~s all s.o.'s* ***attention*** iets vra al iem. se aandag; *it ~s to be* ***done*** dit is verpligtend; ***how much*** *does s.o. ~?* hoeveel het iem. nodig?; ***it*** *~s ...* dit vereis ..., daarvoor is ... nodig; ~ *s.t.* ***of*** *s.o.* iets van iem. vereis; *what does s.o. ~* ***of*** *...?* wat wil iem. van ... hê?; ~ ***staff/etc.*** personeel/ens. soek (*of* nodig hê); *s.o.'s work/etc. ~s* ***that*** *he/she ...* iem. se werk/ens. vereis (*of* bring mee) dat hy/sy ...; *the court ~s s.o.* ***to*** *...* die hof eis dat iem. ... **re·quired** nodig; benodig(d); voorgeskryf, verplig, vereis; ***as*** ~ na gelang van behoefte; *be ~ to* ***comply*** *with ...* gehoue/verplig wees om aan ... te voldoen; ***if*** ~ as dit nodig word; as dit vereis/verlang word; desgewens; *staff/etc.* ***is*** ~ personeel/ens. word benodig; *... is ~* ***by law*** *...* word deur die wet voorgeskryf/geëis; ~ ***reading*** voorgeskrewe leeswerk/lektuur; ***s.t.*** ~ die gevraagde/benodigde; *s.o. is ~* ***to*** *deliver/etc.* iem. is verplig om te lewer/ens., lewering/ens. word van iem. vereis. **re·quire·ment** vereiste, eis, voorskrif; lasgewing; behoefte; *~s of an* ***act*** voorskrifte van 'n wet; ***conform*** (or ***come up****) to ~s,* ***meet/satisfy*** *~s* aan vereistes/eise voldoen, vereistes nakom; *~s of* ***war*** oorlogsbehoeftes, =benodig(d)hede.

req·ui·site *n.* vereiste; rekwisiet; *(ook, i.d. mv.)* toebehore; benodig(d)hede. **req·ui·site** *adj.* nodig, vereis.

req·ui·si·tion *n.* aansoek, aanvraag, eis, rekwisisie; opeising, oproep, kommandeerbrief. **req·ui·si·tion** *ww.* aanvraag doen (om), aanvra, 'n rekwisisie uitskryf (vir); (op)eis, verlang; *(mil.)* kommandeer; ~ *s.t. from s.o.* iets van iem. kommandeer. ~ **card** aanvraag=, bestel=, rekwisisiekaart. ~ **number** rekwisisienommer.

req·ui·si·tion·ing kommandering.

re·quite *(fml.)* vergeld, beloon; weerwraak neem, wreek; ~ *like for like* met gelyke munt terugbetaal. **re·quit·al** vergelding, beloning; wraak; *in* ~ as beloning; uit wraak.

re·rail *(spw.)* herspoor. **re·rail·ment** *(spw.)* hersporing.

re·read =*read* =*read* oorlees, herlees. **re·read·ing** herlesing.

re·re·cord heropneem; oorklank. **re·re·cord·ing** heropname.

rere·dos =*doses, (Chr.)* altaarskerm, agterwand.

re·re·fine herraffineer; *~d oil* geherraffineerde olie.

re·re·lease *n.* heruitreiking *(v. 'n rolprent, musiekalbum, ens.).* **re·re·lease** *ww.* heruitreik.

re·ris·en herrese.

re·roof 'n nuwe dak opsit.

re·route omstuur; verlê *('n roete).* **re·rout·ing** omsturing; verlegging.

re·run *n.* hervertoning, heropvoering, heraanbieding, *ens.;* (die) oorhardloop. **re·run** =*nn-;* =*ran* =*run, ww.* hervertoon, heropvoer, heraanbied, *ens. ('n rolprent ens.);* oorhardloop.

re·sad·dle weer opsaal.

res ad·ju·di·ca·ta *(jur.)* = RES JUDICATA.

re·sale, re·sale weerverkoop, herverkoop; *on* ~ by weerverkoop/herverkoop. ~ **price maintenance** prysbinding.

re·saw =*sawed* =*sawed* =*sawn* nasaag.

re·sched·ule *ww.* herskeduleer.

re·scind herroep, intrek, nietig verklaar; ophef, afskaf. **re·scind·a·ble** herroepbaar, intrekbaar.

re·scis·sion *(fml.)* herroeping, intrekking, nietigverklaring; opheffing, afskaffing.

re·screw skroefdraad aansny.

re·script *n.* skriftelike antwoord; beslissing; edik; reskrip.

res·cue *n.* (uit)redding, verlossing; bevryding; *come to the* ~ redding bring; *come to s.o.'s* ~ iem. red; iem. te hulp kom/snel; vir iem. in die bres tree. **res·cue** *ww.* red, te hulp kom, uithelp, in/na veiligheid bring/neem; verlos, bevry; ~ *s.o. from ...* iem. van ... red *(bankrotskap, 'n onwelkome gas, ens.);* iem. uit ... red *('n verleentheid, d. see, ens.).* ~ **home** reddingshuis, asiel; deurgangshuis. ~ **operation** reddingsaksie. ~ **party** reddingspan, =geselskap. ~ **services** reddingsdiens. ~ **train** hulptrein. ~ **work** reddingswerk.

res·cu·er redder, uithelper, verlosser; bevry(d)er.

re·seal her(ver)seël.

re·search, re·search *n.* navorsing, ondersoek(ing); ~ *and* ***development****, (afk.:* R & D*)* navorsing en ontwikkeling *(afk.:* N & O*);* ***do*** ~ navorsing doen; ***field*** *of* ~ navorsingsterrein; ~ ***into/on*** *...* navorsing na/oor ...; ***market(ing)*** ~ →MARKET RESEARCH; ***original*** ~ bronnestudie. **re·search, re·search** *ww.* navors, navorsingswerk doen; ondersoek, naspoor; *meticulously ~ed, (ook)* gedokumenteer; *well ~ed* goed nagevors(te). ~ **assistant** navorsingsassistent. ~ **fellowship** navorsingsbeurs, =genootskap. ~ **project** navorsingsprojek. ~ **student** navorsingstudent. ~ **team** navorsingspan. ~ **work** navorsings=, ondersoekingswerk. ~ **worker** navorser, ondersoeker.

re·search·er navorser, ondersoeker.

re·seat van nuwe sitplek(ke) voorsien *('n bus ens.);* mat *('n stoel);* op ander plekke laat sit *(passasiers ens.);* ~ *o.s.* weer gaan sit.

re·sect *(chir.)* uitsny, wegsny. **re·sec·tion** uitsnyding, wegsnyding, reseksie; *(landm.)* inpeiling.

re·se·da, re·se·da *(bot.)* reseda; resedakleur.

re·seize weer in besit neem, besit herneem.

re·se·lect her(ver)kies. **re·se·lec·tion** her(ver)kiesing.

re·sell =*sold* =*sold* weer verkoop, herverkoop.

re·sem·ble lyk na/op; aard/trek na; ~ *each other, (ook)* met mekaar ooreenkom. **re·sem·blance** ooreenkoms, gelykenis; ***bear*** *a* ~ *to ...* na/op ... lyk; *the* ~ ***between*** *...* die ooreenkoms tussen ...; *a* ***close*** ~ 'n sterk ooreenkoms; *there is* ***no*** ~ *what(so)ever between them* hulle lyk hoegenaamd nie na/op mekaar nie; *there is* ***some*** ~ *between them* hulle lyk 'n bietjie na/op mekaar.

re·sent kwalik neem, geraak/gekrenk/gegrief voel deur, beledig voel (*of* gebelg[d] wees) oor; ~ *s.t. bitterly/strongly* erg gegrief voel oor iets, iem. iets erg kwalik neem. **re·sent·ful** gebelg(d), gegrief, boos, beledig; liggeraak, fyngevoelig; haatdraend, wrokkig, wrewel(r)ig. **re·sent·ful·ness** = RESENTMENT. **re·sent·ment** gegriefdheid, gekrenktheid, geraaktheid, gebelgdheid; haatdraendheid, wrok, wrewel; teensin, teësin, weersin, afkeer; *arouse/cause* ~ aanstoot gee, verontwaardiging wek.

re·ser·pine, re·ser·pine *(farm.)* reserpien.

re·serv·a·ble bespreekbaar.

res·er·va·tion voorbehoud, reserwe; behoud; terughoudendheid; (plek)bespreking; *(Indian) ~, (Am.)* Indiane-reservaat; *mental* ~ versweë/heimlike voorbehoud; *with a* ~ onder voorbehoud.

re·serve *n.* reserwe; noodvoorraad; *(fin.)* surpluskapitaal; reserwespeler; reservaat, gereserveerde terrein; voorraad; voorbehoud; geslotenheid, terughoudendheid, gereserveerdheid, agterhoudendheid, stugheid, teruggetrokkenheid; beskeidenheid, ingetoënheid, stemmigheid; *(ook, i.d. mv.)* reserwe(troepe), reserviste; reserwe(voorraad); reserwespan; →FOREST RESERVE, GAME RESERVE, INNER RESERVE; *have/hold/keep s.t.* ***in*** ~ iets in reserwe/voorraad hou; iets in petto hou; ***Native*** *~, (SA, hist.)* naturellereservaat; →BANTUSTAN, HOMELAND; *the country's ~s* ***of*** *coal/etc.* die land se steenkoolreserwe/ens. (*of* reserwe aan steenkool/ens.); ~ *of* ***officers/etc.****, (mil.)* reserwe van offisiere/ens.; *with all* ***proper*** *~(s)* met die nodige voorbehoud; ***secret*** ~ geheime reserwe; *accept s.t.* ***without*** ~ iets onvoorwaardelik (*of* sonder voorbehoud) aanneem; *sell s.t.* ***without*** ~ iets onvoorwaardelik/voetstoots (*of* sonder voorbehoud/reserwe) verkoop. **re·serve** *ww.* terughou, uithou, agterhou; bewaar; spaar; bespreek; voorbehou, reserveer; bestem; →RESERVABLE, RESERVATION; ~ *a* ***bill****, (parl.)* 'n wetsontwerp agterhou; ~ *a* ***dance*** 'n dans oophou; ~ *s.t.* ***for*** *...* iets vir ... bespreek; iets vir ... hou; iets vir ... in reserwe hou; ~ ***judg(e)ment****, (jur.)* 'n oordeel opskort; uitspraak voorbehou; ~ ***o.s.*** jou lyf spaar; ~ *(to o.s.) the* ***right*** *to ...* die reg behou (*of* jou die reg voorbehou) om te ...; *all* ***rights*** *~d, (kopiereg)* alle regte voorbehou; nadruk verbode. ~ **bank** reserwebank. ~ **currency** reserwemunt. ~ **fund** reserwefonds. ~ **list** *(mil.)* reserwelys. ~ **player** reserwespeler. ~ **powers** →RESERVED POWERS. ~ **price** minimum prys. ~ **tank** reserwetenk. ~ **team** reserwespan.

re·served voorbehoue; bespreek(te) *(plek);* terughoudend, ingetoë, teruggetrokke, stug, agterhoudend, gereserveer(d); *of a* ~ *nature* terughoudend/geslote van aard; ~ *occupation, (Br.)* beroep wat jou van militêre diens vrystel; ~ *powers* voorbehoue bevoegdhede. **re·serv·ed·ly** op ingetoë/terughoudende wyse, ingetoë. **re·serv·ed·ness** ingetoënheid, geslotenheid, terughoudendheid.

re·serv·ist reservis.

res·er·voir *n.* reservoir, opgaardam, opvangdam; opgaartenk; opgaarbak, vergaarbak; *(fig.)* reserwe; bron; voorraad; ~ *of infection* besmettingsbron; ~ *of labour* arbeidsreserwe. **res·er·voir** *ww., (w.g.)* opvang; opgaar. ~ **tank** voorraadtenk.

re·set =*set* =*set, ww., (druk.)* herset, oorset *(teks);* hermonteer *('n edelsteen ens.);* weer spalk *('n been);* oorplant, weer insit *(plantjies);* oorstel, weer stel *('n wekker ens.); (elektron.)* terugstel, op nul stel; *(kookk. ens.)* weer styf word.

re·set·tle weer in orde bring; hervestig. **re·set·tle·ment** hervestiging.

re·shape omvorm, hervorm.

re·ship =*pp*= weer verskeep/inskeep; oorlaai; weer aan boord gaan. **re·ship·ment** herinskeping; oorlaaiing.

re·shoot =*shot* =*shot* heropneem *('n filmtoneel ens.).*
re·shuf·fle *n.* omskommeling *(v. kaarte); (pol.)* skommeling, hervorming, verskuiwing(s) *(in 'n kabinet ens.).* **re·shuf·fle** *ww.* omskommel, weer skud *(kaarte);* skommel, hervorm *('n kabinet);* omvorm, verskuif.
re·side woon; setel; berus; ~ *at/in* ... op ... woon *('n dorp);* in ... woon *('n stad, voorstad, ens.);* by ... woon *('n adres); s.t. ~s in* ... iets *(gesag, regte)* berus by (*of* is gesetel in) ...; iets *(eienskappe, kenmerke, ens.)* word in/by ... aangetref.
res·i·dence woning, verblyf(plek), woonplek; (woon)huis; ampswoning *(v. 'n minister ens.);* residensie *(v. 'n ambassadeur, goewerneur, ens.); (hist.: ampswoning v. 'n landdros)* drosdy; inwoning, verblyf; *be* ***in*** ~ inwoon *(in 'n universiteitskoshuis ens.);* tuis wees *(in 'n ampswoning ens.);* ***men's*** ~ manskoshuis; ~ *is* ***required*** inwoning word vereis; ***royal*** ~ koninklike verblyf; *(hoofs. hist.)* hofstad; ***take up*** ~ *at/in* ... op/in ... kom/gaan woon, jou op/in ... vestig; ***take up*** ~ *with s.o.* jou intrek by iem. neem; ***women's*** ~ dameskoshuis. ~ **permit** verblyfpermit, verblyfsvergunning.
res·i·den·cy inwoning, verblyf; *(Am., med.)* kliniese opleidingsperiode; *(hoofs. hist.)* magistraats=, landdroswoning, residensie.
res·i·dent *n.* inwoner, bewoner; loseerder; hotelgas; *(amptenaar)* resident; *~s' association* inwonersvereniging; *~s' parking* parkering vir inwoners. **res·i·dent** *adj.* woonagtig; inwonend; resident=; *be* ~ ***at/in*** ... op/in ... woonagtig wees; ~ ***bird*** standvoël, voël wat nie trek nie; ~ ***engineer*** resident-ingenieur; *characteristics* ~ ***in*** ... karaktertrekke in die aard van (*of* inherent aan) ...; *s.t. is* ~ ***in*** ... iets *(gesag ens.)* is gesetel in ...; ~ ***magistrate*** resident-magistraat, landdros; *~'s* ***permit*** verblyfpermit, verblyfsvergunning; ~ ***physician*** inwonende geneesheer. **res·i·den·tiar·y** inwonend, woonagtig; met ampswoning. **res·i·dent·ship** residentsamp; residentsgebied.
res·i·den·tial wonings=, woon=; huis=, verblyf=; residensieel, inwonend; ~ ***address*** woon=, huisadres; ~ ***allowance*** (huis)huurtoelae, =toelaag, verblyftoelae, =toelaag; ~ ***area*** woongebied; ~ ***building*** woongebou; ~ ***care*** tuissorg; ~ ***care centre*** (SA), ~ ***treatment facility*** (Am.), *(psig.: inrigting vir d. voltydse versorging v. verstandelik gestremdes)* residensiëlesorgsentrum; ~ ***course*** inwoonkursus; ~ ***density*** woondigtheid; ~ ***hotel*** privaat/private hotel; ~ ***permit*** verblyfpermit, verblyfsvergunning; ~ ***plot*** woonerf, =perseel; ~ ***qualification*** woonbevoegdheid; ~ ***quarter*** woonwyk, =buurt; ~ ***town*** woonstad; ~ ***township*** woondorp; ~ ***zone*** woonstreek.
res·i·due oorblyfsel, res, oorskot; besinksel, residu; *(jur.)* oorskot *(v. 'n boedel).* **re·sid·u·al** *n.* res; residu; afvalproduk; *(wisk.)* verskil. **re·sid·u·al** *adj.* oorblywend, oorgeblewe, resterend, agterblywend, res=; na=; *(teg.)* remanent, residueel; ~ ***air*** oorblywende lug; ~ ***effect*** nawerking; ~ ***liquor,*** *(geol.)* resmagma; ~ ***magnetism*** oorblywende/remanente magnetisme; ~ ***mountain*** losberg; ~ ***product*** afvalproduk; ~ ***spray*** nawerkende spuitmiddel; ~ ***strength*** oorblywende sterkte; ~ ***stress*** naspanning, oorblywende/remanente/residuele spanning; ~ ***value*** reswaarde. **re·sid·u·ar·y** *n.* residu; *(jur.)* erfgenaam. **re·sid·u·ar·y** *adj.* orig, oorblywend; ~ *legatee* universele erfgenaam. **re·sid·u·um** =*ua* besinksel, residu; oorskot; *(sosiol.)* agtergeblewenes.
re-sign weer teken, oorteken.
re·sign bedank; aftree, uittree; neerlê *('n amp);* jou ontslag neem; jou onderwerp *(aan),* jou neerlê *(by),* berus *(in); (w.g.)* afsien (*of* afstand doen) van, afstaan; ~ *one's* ***claim,*** *(w.g.)* afsien van jou eis; ~ ***from*** ... uit ... bedank *('n pos, raad, vereniging, ens.);* ... neerlê *(jou amp ens.); ~ o.s.* ***to*** ... jou by ... neerlê *('n beslissing ens.);* in ... berus, jou aan ... onderwerp *(jou lot ens.); ~ o.s.* ***to*** *the inevitable* jou in die onvermydelike skik. **res·ig·na·tion** bedanking; ontslag; uittreding; gelatenheid, berusting, onderwerping; *(w.g.)* afstand; oorgawe *(a.d. wil v. God); letter of* ~ bedankingsbrief; *hand/send in* (*or tender*) *one's* ~ jou bedanking indien, jou ontslag neem. **re·signed** berustend, onderworpe, gelate; *be* ~ *to* ... in ... berus. **re·sign·ed·ly** gelate, met gelatenheid. **re·sign·ed·ness** berusting, gelatenheid.
re·sile *(fml.)* terugtrek; terugspring, terugdeins; ~ *from* ... uit ... terugtree *('n ooreenkoms).*
re·sil·i·ent veerkragtig, verend; elasties; terugspringend; *(fig.)* sterk, gehard, taai, lewens=, geeskragtig. **re·sil·i·ence, re·sil·i·en·cy** veerkrag, veervermoë; elastisiteit.
re·sil·ver *ww.* oorsilwer.
res·in *n.* harpuis, hars, gom; *synthetic* ~ →SYNTHETIC *adj.*. **res·in** *ww.* met harpuis besmeer/bestryk. ~ **bush** harpuisbos. ~ **canal,** ~ **duct,** ~ **passage** harsgang. ~ **cell** harssel. ~ **disk/disc** harpuiskoek. ~ **gland** harsklier. ~ **oil** harpuisolie. ~ **soap** harpuisseep.
res·in·a·ceous = RESINOUS.
res·in·ate *ww.* resineer.
res·in·ous harpuisagtig, harsagtig, gomagtig; ~ *electricity* harselektrisiteit; ~ *lac* harpuislak.
res·i·pis·cence *(liter.)* inkeer, skulderkenning.
re·sist weerstaan, weerstand/teen=/teëstand bied *(aan),* jou verset *(teen);* jou verweer, teenspartel, teen=, teëstribbel, teen=, teëkant; keer; *s.o. can't* ~ ***a joke*** iem. kan dit (*of* die versoeking) nie weerstaan om 'n grap te maak nie; ~ ***s.o.*** teen iem. opstaan; ~ ***temptation*** die versoeking weerstaan; ~ *s.o.'s* ***will*** jou teen iem. se wil verset. **re·sist·ant** *adj.* bestand, resistent; weerstandbiedend, werend, resistent; *be* ~ *to* ... teen ... bestand wees. =**re·sist·ant** *komb.vorm* =bestand, =vas, bestand teen; *corrosion-~* roes=, korrosiebestand, bestand teen roes/korrosie; *drought-~* droogtebestand; *fire-~* vuur=, brandvas, vuur=, brandbestand, brandvry; *heat-~* vuurvas, hittevas, =bestand, bestand teen hitte; *water-~* waterbestand, =vas, bestand teen water. **re·sist·er** weerstandbieder. **re·sist·i·bil·i·ty** weerstaanbaarheid; weerstandsvermoë. **re·sist·i·ble** weerstaanbaar. **re·sis·tive** *(teg.)* weerstandbiedend, weerstands=; ~ *impedance* werkweerstand. **re·sis·tiv·i·ty** *(fis.)* weerstand, weerstandsvermoë; soortlike weerstand, resistiwiteit; werkweerstand. **re·sist·less** *(arg.)* onweerstaanbaar. **re·sis·tor** *(fis.)* weerstand, resistor.
re·sist·ance teen=, teëstand, weerstand, teen=, teëkanting; verset; verweer; weerstandsvermoë; bestandheid; remming; las; *(fis.)* resistensie; →WEAR RESISTANCE; ~ *of* ***air*** →AIR RESISTANCE; ***break*** *the* ~ die verset breek; ***crushing*** ~, *(teg.)* breukweerstand; *(chem.)* drukweerstand; ~ *of* ***heat*** →HEAT RESISTANCE; *take the* ***line*** *of least* ~ die maklikste weg volg; ***meet with*** ~ teen=/teëstand/weerstand ondervind; ***offer*** ~ *to* ... aan/teen ... teen=/teëstand/weerstand bied; ***offer*** ~, *(ook)* jou teen=/teësit/verset; ***passive*** ~ lydelike verset; ***point*** *of* ~ laspunt; ***put up*** ~ teen=/teëstand/weerstand bied; ***standard*** ~ standaardweerstand, vergelykingsweerstand; ***stiff/stout*** ~ taai teen=/teëstand/weerstand; ~ ***to*** *drought/etc.* bestandheid teen droogte/ens.; ~ ***to*** *impact/shock/etc.* skokvastheid *ens.;* ~ ***to*** *s.o./s.t.* teen=/teëstand/weerstand/verset teen iem./iets; *s.t.'s* ~ ***to*** ... die bestandheid van iets teen ...; *all* ~ *is* ***vain*** alle teen=/teëstand/weerstand is (te)vergeefs. ~ **coil** weerstandspoel. ~ **coupling** weerstandskoppeling. ~ **fighter** versetstryder. ~ **line** *(mil.)* weerstandslinie. ~ **movement** versetbeweging. ~ **spring** weerstandsveer. ~ **test** weerstandstoets. ~ **welding** weerstandsweising, =sweiswerk.
re·sit *n., (Br.)* hereksamen. **re·sit** *ww.* weer aflê, herskryf, herskrywe *('n eksamen).*
re·site verskuif, hervestig. **re·sit·ing** verskuiwing, hervestiging.
re·size *ww.* vergroot of verklein, groter of kleiner maak, verstel, die grootte aanpas/verander *(v. iets).*
res ju·di·ca·ta *(jur.)* gewysde saak.
re·slot·ting hergleuwing *(v. dwarslêers).*
re·sole versool *(skoene);* halfsool *(bande).* **re·sol·er** versoler. **re·sol·ing** versoolwerk, versoling.
re·sol·u·ble *(arg.)* oplosbaar; ontleedbaar; →RESOLVABLE.
res·o·lute vasberade, beslis, onverskrokke, resoluut, standvastig. **res·o·lute·ly** op vasberade/onverskrokke wyse, resoluut. **res·o·lute·ness** vasberadenheid, beslistheid, standvastigheid.
res·o·lu·tion besluit, resolusie; voorstel, beskrywingspunt; voorneme; beslistheid, vasberadenheid, onverskrokkenheid; *(chem., opt.)* skeiding, oplossing; *(med.)* resolusie; *(mus.)* oplossing *(v. 'n akkoord); (TV ens.)* beeldskerpte, resolusie; *(wisk.)* oplossing *(v. 'n vergelyking);* →DRAFT RESOLUTION; ***abandon*** *a* ~ van 'n voorstel/beskrywingspunt afstap; ~ ***of forces*** ontbinding van kragte; ***form*** *a* ~ 'n voorneme opvat; ***good*** *~s, (ook)* goeie voornemens; ***move/propose*** (*or* ***put down***) *a* ~ 'n voorstel/beskrywingspunt indien; ***pass*** *a* ~ 'n voorstel/beskrywingspunt aanneem. ~**s committee** agendakomitee.
re·solve *n.* besluit; voorneme; *keep one's* ~ by jou besluit bly. **re·solve** *ww.* besluit, 'n besluit neem; jou voorneem; laat besluit; oplos; skei, ontbind; ontleed; afhandel; ~ *a* ***crisis*** →CRISIS; ~ ***differences*** geskille bylê (*of* uit die weg ruim); ~ ***doubts*** twyfel wegneem (*of* uit die weg ruim *of* laat verdwyn); ~ *s.t.* ***into*** *various elements, (hoofs. chem.)* iets in verskillende bestanddele oplos; *s.t. ~s* ***into*** *various elements, (hoofs. chem.)* iets los in verskillende bestanddele op; *the House ~s itself* ***into*** *committee, (parl.)* die Raad gaan in komitee; ~ ***that*** ... besluit (*of* 'n besluit neem) dat ...; *s.t. ~s s.o.* ***to*** ... iets laat iem. besluit om te ...; *the* ***tumour*** *is ~d* die gewas is opgelos (*of* het verdwyn). **re·solv·a·ble** oplosbaar; ontbindbaar; herleibaar. **re·solved** *adj.* vasbeslote, beslis; voornemens, van voorneme; *be* ~ *to do s.t.* vasbeslote wees om iets te doen. **re·sol·vent** oplosmiddel. **re·solv·er** oplosser.
re·solv·ing pow·er *(opt.)* oplosvermoë; *(fot.)* skei(dings)vermoë; *(fot.)* skerpheid.
res·o·nance weerklank; *(teg.)* resonansie. ~ **box** klankkas. ~ **cavity** resonansieruimte, =holte.
res·o·nant weerklinkend, weergalmend; klinkend; *be* ~ *with* ... van ... weerklink/weergalm.
res·o·nate weerklink, weergalm, resoneer; *~d* met 'n klankbodem. **res·o·na·tor** resonator; klankbord; klankkas; klankbodem.
re·sorb *(teg., fisiol.)* resorbeer; weer opsuig/absorbeer. **re·sorb·ence** resorpsie. **re·sorb·ent** resorberend; (weer)opsuigend. **re·sorp·tion** resorpsie; insuiging.
re·sort *n.* toevlug, uitvlug, uitweg, redmiddel; oord; *(arg.)* samekoms, sameloop; *(arg.)* bymekaarkomplek; →HEALTH RESORT, HOLIDAY RESORT, PLEASURE RESORT, SEASIDE RESORT; *means of* ***first/last*** ~ allereerste/=laaste middel; *as a* (*or in the*) ***last*** ~ as laaste uitweg, as die nood aan die man kom; *be s.o.'s* ***last*** ~ iem. se laaste toevlug wees; *court of* ***last*** ~ hof van laaste/hoogste instansie; *s.o.'s* ***only*** ~ iem. se enigste uitweg. **re·sort** *ww.:* ~ *to* ... jou toevlug tot ... neem, van ... gebruik maak; na ... gryp *(geweld ens.); (fml.)* na ... gaan.
re-sort weer/opnuut sorteer, oorsorteer.
re·sound weergalm, weerklink, dawer, opklink, naklink; resoneer; uitbasuin; *a* ***shot*** *~s* 'n skoot klap; *a* ~*ing* ***success*** 'n dawerende sukses; *a* ~*ing* ***victory*** 'n klinkende oorwinning; ~ ***with*** ... van ... weergalm/weerklink.
re-sound weer/opnuut klink; weer/opnuut laat klink.
re·source hulpmiddel, hulpbron; redmiddel, toevlug; vindingrykheid; *(ook, i.d. mv.)* (geld)middele, geld; *be at the* ***end*** *of one's ~s* raadop/radeloos (*of* ten einde raad) wees; ***financial*** *~s* →FINANCIAL; *be* ***full*** *of* ~ vindingryk/vernuftig (*of* vol planne) wees; ***legal*** *~s* regsmiddele; ***natural*** *~s* →NATURAL *adj.; ... was s.o.'s* ***only*** ~ ... was iem. se enigste uitweg; *be left to* (*or thrown on/upon*) *one's* ***own*** *~s* self/alleen die mas moet opkom, maar moet sien kom klaar, op jou eie bene moet staan, op jouself aangewese wees, maar jou eie potjie moet krap; *they are* ***pooling*** *their ~s* hulle maak saam; ***reading/etc.*** *is a great* ~, *(arg.)* lees/ens. is 'n uitstekende tydverdryf. **re·source·ful** vindingryk, vernuftig. **re·source·ful·ness** vindingrykheid, vernuf(tigheid). **re·source·less** hopeloos, radeloos; sonder middele; sonder planne.
re·spect *n.* agting, eerbied, ontsag, respek; aansien; onderskeiding; opsig; betrekking; *(i.d. mv.)* hoflikheids=

betuiginge; *in **all** ~s* in alle opsigte; *with **all** due ~ →with (all due) respect; **command/compel** ~* agting afdwing; ***command** ~ from s.o., (ook)* ontsag by iem. inboesem; *in **every** ~* in elke opsig; ***gain/win** (s.o.'s) ~* agting afdwing/inboesem, (iem. se) agting verwerf; *s.t. **gains/wins** s.o. ~* iets laat iem. in mense se agting styg; ***give** ... my/our ~s* (sê) groete aan/vir ...; ***have** ~ for* ... agting/respek vir ... hê; ontsag vir ... hê; ***have** ~ to* ... op ... betrekking hê; *be **held** in (great) ~* (hoog)=geag word, hoog in aansien staan; ***hold** s.o. in ~* agting vir iem. hê; ***in** ~ of* ... ten opsigte/aansien van (*of* in verband met *of* met betrekking tot *of* aangaande) ..., wat ... betref; *pay one's **last** ~s to s.o.* die/jou laaste eer aan iem. bewys/betoon; *a **mark** of ~* 'n eerbewys/eer=betoon; *have **no** ~ for anything* niks ontsien nie; ***out of** ~ for* ... uit eerbied/respek vir ...; ***owe** ~ to* ... agting aan ... verskuldig wees; ***pay** one's ~s to s.o.* jou opwag=ting by iem. maak, iem. gaan begroet/besoek (*of* wel=kom heet); *without ~ of **persons*** sonder aansien des persoons (*of* van die persoon), onpartydig; ***show** ~ to* ... eerbied aan ... betoon; *in **some** ~s* in party/som=mige opsigte; ***win** (s.o.'s) ~ →**gain/win**; **with** (all due) ~* met (alle verskuldigde) agting/eerbied/respek; ***with** (great) ~* met (alle) agting/eerbied/respek; ***with** ~ to* ... wat ... (aan)betref, met betrekking tot (*of* ten op=sigte van) ...; ***without** ~ to* ... sonder om ... in ag te neem. **re·spect** *ww.* (hoog)ag, eerbiedig, respekteer, agting/eerbied/ontsag hê vir; reken; ontsien; *(arg.)* be=trekking hê op; *(jur.)* respekteer; *~ **feelings*** gevoelens ontsien; *~ s.o. **for** s.t.* iem. om iets hoogag/respek=teer; *~ s.o.'s **old age*** iem. se ouderdom ontsien; *not ~ **o.s.*** geen selfrespek hê nie. **re·spect·a·bil·i·ty** ordent=likheid, aansien, fatsoen(likheid), agtenswaardigheid; *(w.g.)* agtenswaardige persoon, iem. van aansien. **re·spect·a·ble** *n., (w.g.)* fatsoenlike persoon, persoon van fatsoen/stand. **re·spect·a·ble** *adj.* ordentlik, fatsoenlik, agtenswaardig; aansienlik; respektabel; solied; *one can never look ~ in a crumpled suit* in 'n verkreukelde pak lyk ('n) mens nooit netjies nie; *a ~ sum* 'n aansienlike som. **re·spect·a·ble·ness** ordentlikheid, aansien, fat=soen(likheid). **re·spect·er** aannemer; iem. wat ontsien; *jackals are no ~s of fences* jakkalse ontsien geen heining nie; *God is no ~ of persons, (AV, NT)* God is geen aan=nemer van die persoon nie *(OAB)*, God maak nie on=derskeid nie *(NAB)*. **re·spect·ful** eerbiedig, beleef(d); *at a ~ distance* op 'n eerbiedige afstand. **re·spect·ful·ly** beleef(d); hoogagtend; *yours ~, (briefslot)* hoogag=tend die uwe. **re·spect·ing** *prep.* aangaande, betref=fende, rakende; met betrekking tot, ten aansien van. **re·spec·tive** respektief, besonder, eie; *put them in their ~ **places*** sit elkeen op sy eie plek; *employees are re=munerated according to their ~ **qualifications*** werk=nemers word besoldig volgens elkeen se besondere kwalifikasie; *A and B contributed the ~ **sums** of R400 and R300* A en B het onderskeidelik/respektiewelik/respektieflik R400 en R300 bygedra. **re·spec·tive·ly** onderskeidelik, respektiewelik, respektieflik; *A and B contributed R400 and R300 ~* A en B het onderskeide=lik/respektiewelik/respektieflik R400 en R300 byge=dra.

re·spell herspel, anders spel.

res·pi·ra·to·ry, res·pi·ra·to·ry respiratories, asem=, asemhalings=; *~ **disease*** asemhalingsiekte; *~ **failure*** asemhalingsversaking, respiratoriese versaking; *~ **or=gan*** asemhalingsorgaan; *~ **quotient,** (fisiol., afk.:* RQ*)* respiratoriese kwosiënt *(afk.:* RK*); serious acute ~ **syn=drome,** (afk.:* SARS*)* ernstige akute respiratoriese sin=droom *(afk.* EARS, ears*)*, ernstige akute lugwegsin=droom *(afk.:* EALS, eals*); ~ **system*** asemhalingstel=sel, lugweë; *~ **tract*** asemhalingskanaal; *~ **tube*** lugpyp.

re·spire asemhaal, respireer; uitasem; inasem; *(poët., liter.)* asemskep, 'n ruskans kry; moed skep. **res·pi·ra·ble, res·pi·ra·ble** inasembaar. **res·pi·ra·tion** asem=haling, respirasie. **res·pi·ra·tor** asemhalingstoestel, respirator; gasmasker.

res·pi·rom·e·ter *(biol., med.)* asemmeter, respiro=meter.

res·pite *n.* verposing, verademing, rus, verligting, stil=stand, pouse, blaaskans; uitstel, respyt; skorsing, op=skorting; *get/have a ~ from work* 'n ruskans kry/hê; *without ~* sonder onderbreking. **res·pite** *ww., (w.g.)* uitstel, verdaag, skors, opskort; *(arg.)* laat rus, verlig=ting gee. **~ days** respytdae.

re·splen·dent skitterend, blinkend, glansend, luis=terryk. **re·splen·dence** skittering, glans; luister.

re·spond *n., (relig.)* teensang, responsorie; *(argit.)* twee=lingpilaster. **re·spond** *ww.* antwoord; reageer *(op)*; respondeer; gevoeligheid/vatbaarheid/belangstelling toon; gehoor gee *(aan)*; *~ to* ... op ... reageer; aan ... ge=hoor gee *('n oproep ens.)*; op ... antwoord, ... beant=woord *('n heildronk ens.)*; *s.o. does not ~ to s.t.* iets maak geen indruk op iem. nie. **re·spon·dent** *n., (jur.)* ge=daagde, respondent; ondervraagde, respondent *(in 'n meningspeiling ens.)*. **re·spon·dent** *adj.* antwoordend; reagerend; gedaag; *be ~ to* ... aan ... gehoor gee; op ... reageer; op ... antwoord gee.

re·sponse antwoord; reaksie, gedrag; *(fig.)* weer=klank; gevoeligheid; *(psig., fisiol.)* responsie, respons; *(relig.)* teensang, responsorie; ***in** ~ to* ... as antwoord op ...; ingevolge ...; *make **no** ~* geen antwoord gee nie; *~ on the **part** of* ... reaksie by ...; ***show** ~ to treatment, (med.)* op behandeling reageer. **re·spon·sive** antwoordend; reagerend; vatbaar; deelnemend, simpatiek; respon=sief; *be ~ to* ... op ... antwoord, aan ... gehoor gee; op ... reageer. **re·spon·so·ry** *(relig.)* teensang, respon=sorie.

re·spon·si·ble verantwoordelik; aanspreeklik; be=troubaar; ***collectively** and individually ~* gesamentlik en hoofdelik aanspreeklik; *the ~ **committee*** die be=trokke komitee; ***criminally** ~* toerekeningsvatbaar; *be ~ **for*** ... vir ... verantwoordelik wees; met ... belas wees; *s.t. is ~ **for*** ... iets is die oorsaak van ...; *several factors were ~ **for** this* verskeie oorsake het hiertoe meege=werk; *~ **government*** verantwoordelike bestuur; ***not** ~ for one's actions* nie toerekenbaar/toerekeningsvat=baar nie; *~ **opinion*** verantwoorde mening; *~ **post*** ver=antwoordelike betrekking; *be ~ **to*** ... teenoor ... ver=antwoordelik/aanspreeklik wees, aan ... verantwoor=ding (ver)skuldig wees. **re·spon·si·bil·i·ty** verantwoor=delikheid, aanspreeklikheid; verantwoording; ***accept/take** ~ for s.t.* vir iets vader staan; iets vir jou rekening neem; ***criminal** ~* toerekeningsvatbaarheid; *s.t. **is** s.o.'s ~* iem. dra die verantwoordelikheid vir iets, iem. is vir iets verantwoordelik (*of* met iets belas), iets is iem. se taak/werk (*of* is aan iem. opgedra), iem. moet vir iets sorg; die verantwoordelikheid vir iets rus op iem.; *on s.o.'s **own** ~* op eie verantwoordelikheid; op eie houtjie; *release s.o. on his/her **own** ~* iem. op eie ver=antwoordelikheid vrylaat; *be **relieved** of ~* vry wees van verantwoordelikheid; *have a **sense** of ~* verant=woordelikheidsgevoel/=besef hê; ***shirk** ~* die verant=woordelikheid van jou afskuif/=skuiwe; ***shoulder** the ~* die verantwoordelikheid op jou neem; ***throw** ~ on/upon s.o.* verantwoordelikheid op iem. laai, iem. met verantwoordelikheid belas. **re·spon·si·bly** op verant=woordelike/verantwoorde wyse.

re·spon·sive →RESPONSE.

re·spray *n.* oorspuit-verfwerk. **re·spray** *ww.* herspuit, oorspuit *('n motor ens.)*.

rest[1] *n.* rus; slaap; kalmte; pouse; ruspouse; respyt; ruspunt, steun(punt) *(v. 'n hefboom ens.)*; stut, steun=(sel); draagesel, bok; *(biljart)* bok; statief, drievoet *(v. 'n instr.)*; *(mus.)* rus(teken); →RESTFUL, RESTLESS; ***ab=solute** ~* volkome rus; *be **at** ~* rustig wees; stil wees; in rus (*of* in die russtelling) wees; ***come** to ~* tot rus kom; tot stilstand kom; *('n vliegtuig)* neerstryk, gaan sit; *a **day** of ~* 'n rusdag; ***give** s.o. a ~* iem. laat (uit)=rus; ***give** s.t. a ~, (infml.)* met iets ophou; ***go** to ~* gaan rus; gaan slaap; ***have/take** a ~* rus, 'n ruskans kry; ***lay** s.o. to ~, (ret.)* iem. ter ruste lê (*of* ter aarde bestel *of* weglê); ***lay** s.t. to ~* 'n end/einde aan iets maak *('n ge=rug ens.)*; iets besweer (*of* uit die weg ruim) *(vrees ens.)*; *have **no** ~* geen rus hê nie; *~ and **recreation,** (afk.:* R & R*)* rus en ontspanning; ***set** s.o.'s mind/heart at ~* iem. gerusstel; ***take** a ~* (gaan) rus; (uit)rus; verpoos; ***without** ~* sonder rus. **rest** *ww.* rus, uitrus; laat rus, rus gee; leun, steun; *~ **against*** ... teen ... leun; *~ a **case,** (jur.)* 'n betoog (af)sluit; *~ in the **churchyard,** (ret.)* in die kerkhof rus (*of* begrawe lê); *~ **from*** ... van ... uitrus *(jou werk)*; *~ on one's **laurels*** →LAUREL *n.*; ***let** s.o. ~* iem. laat (uit)rus; ***let** s.t. ~* iets daarby laat (*of* laat rus); *the **matter** cannot ~ here* die saak kan nie hierby gelaat word nie; *there the **matter** ~ed* die saak het daarby gebly; *waves that **never** ~, (poët., liter.)* die ruste=lose golwe; *~ **o.s.*** ontspan, rus, 'n rus=/blaaskans(ie) kry/hê/geniet; *be **quite** ~ed* heeltemal uitgerus wees; *fire with **rifle** ~ed* dooierus skiet; *the outcome ~s on s.o.'s **shoulders*** dit kom op iem. neer (*of* hang van iem. af *of* lê by iem.) hoe sake verloop; *~ **s.o.*** iem. laat rus; *(God) ~ his/her **soul,** (ret.)* mag sy/haar siel rus; *~ **up,** (infml.)* goed/heeltemal uitrus; *~ **(up)on*** ..., *(vero.)* (jou) vertroue in ... stel; *s.t. ~s **(up)on*** ... iets lê/rus/leun op ...; iets *(iem. se oë/blik)* is op ... gevestig; iets *('n voorstel, bewys, ens.)* berus op ...; *~ s.t. **(up)on*** ... iets *(jou hand ens.)* op ... plaas (*of* [laat] rus/lê); met iets *(jou elmboog ens.)* op ... leun; iets *('n redenasie ens.)* op ... baseer/grond; *be **well** ~ed* goed uitgerus wees; *s.o. **will not** ~ until* ... iem. sal nie rus voordat ... nie; *s.t. ~s **with** s.o.* iets berus by iem. (*of* is iem. se saak *of* hang van iem. af). **~ area,** **~ stop** *(Am.)* rusplek (langs die pad), stilhouplek. **~ camp** ruskamp. **~ cure** ruskuur. **~ day** rusdag. **~ home** rushuis; ouetehuis. **~ house** herberg, rushuis. **~ mass** *(fis.)* rusmassa. **~ room** rus=kamer; *(hoofs.Am.)* openbare toilet.

rest[2] *n.* oorskot, oorskiet, res, restant, (die) orige/origes; reserwefonds; ***among** the ~* onder andere; ***for** the ~* wat die res aangaan/(aan)betref; vir die orige/res, ori=gens, verder, vêrder; *s.o./s.t. is (just) **like** the ~ of them* iem./iets is nes al die ander; *the ~ **of*** ... die orige ... **rest** *ww.* oorbly, oorskiet; →RESTIVE; *s.o. can ~ assured* iem. kan gerus wees; *~ assured!* wees gerus!; *~ satisfied* tevrede/voldaan wees.

re·stage heropvoer *('n toneelstuk)*.

re·start hervat, weer begin; weer aansit (*of* aan die gang sit).

re·state herhaal. **re·state·ment** herhaling.

res·tau·rant restaurant, restourant, eetplek, =huis, =saal. **~ car** *(Br.)* eetsalon, =wa *(op 'n trein)*.

res·tau·ra·teur restaurant=, restouranthouer, restau=rateur, restourateur.

rest·ful rustig, stil, kalm; rusgewend. **rest·ful·ness** rustigheid.

res·ti·form *adj., (anat.)* koord=, touvormig, restiform.

rest·ing place rusplaas, =plek.

re·stip·u·late herbeding. **re·stip·u·la·tion** herbedin=ging.

res·ti·tu·tion *(hoofs. jur.)* teruggawe, restitusie; her=stel, restitusie *(v. huweliksregte ens.)*; vergoeding, resti=tusie; *make ~ of s.t. to s.o.* iets aan iem. teruggee; *~ of property* teruggawe van goed; *~ of rights* herstel van regte. **~ order** herstelbevel.

res·ti·tu·tion·al herstellend.

res·ti·tu·to·ry: *~ interdict* interdik tot herstel.

res·tive weerbarstig, weerspannig, dwars, koppig, on=geduldig; woelig, kriewelrig *('n perd)*. **res·tive·ness** ongeduld; woeligheid.

rest·less rusteloos, onrustig, ongedurig; woelig; ge=jaag(d); *be very ~, (ook)* rus nóg duur(te) hê, geen rus of duur(te) hê nie. **rest·less·ness** rusteloosheid, on=gedurigheid; gejaagdheid.

re·stock opnuut bevoorraad/voorsien; weer van vee voorsien, (vee) heraanskaf.

res·to·ra·tion herstel(ling); teruggawe; opknapping, restourasie *(v. 'n gebou, meubels, ens.)*; *process of ~* her=stelproses *(v. gras, veld, ens.)*; *the R~, (Br.gesk.: [tydperk ná] d. herstel v. d. monargie in 1660)* die Restourasie. **R~ comedy** Restourasieblyspel. **R~ drama** Restou=rasiedrama.

re·store teruggee; *(ook rek.)* herstel; vernu(we), ver=nieu, opknap; genees; terugbring, terugsit, terugbe=sorg; verkwik; restoureer *(kunswerke, geboue, ens.)*; *~ **confidence** in* ... →CONFIDENCE; *be ~d to **favour*** →FAVOUR *n.*; *~ s.o. to **health*** →HEALTH; *~ s.o. to **life*** →LIFE; *~ s.o. to the **throne*** →THRONE *n.*; *~ s.t. **to*** ...

iets aan ... terugbesorg/teruggee. **re·stor·a·ble** herstelbaar. **re·stor·a·tive** *n.* genees=, versterk=, herstelmiddel. **re·stor·a·tive** *adj.* genesend, versterkend, herstellings=. **re·stor·er** hersteller; restoureerder, restourateur *(v. kunswerke)*; opknapper.

re·strain inhou, in toom hou, bedwing, beheers, beteuel, rem, inteuel; verkrop; temper; beperk; belet, weerhou, verhinder; ~ *s.o. from s.t.* iem. van iets weerhou; ~ *s.o. from doing s.t.* iem. verhinder (*of* daarvan weerhou) om iets te doen; ~ *o.s.* jou bedwing. **re·strain·a·ble** bedwingbaar, beteuelbaar, beperkbaar. **re·strained** gematig; ~ *acting* beheerste spel. **re·straint** beperking, remming, bedwang, dwang, verbod; intoming; selfbeheersing; beheerstheid; ***exercise*** ~ beheers wees; matig wees; ***in*** ~ *of* ... tot inkorting van ... *(handelsvryheid ens.)*; *be* ***under*** ~ onder bedwang wees; in aanhouding wees, in hegtenis gehou word; onder dwang verkeer; *be* ***under*** *no* ~ geheel en al vry wees; ***with*** ~ ingehoue, besadig, beheers; ***without*** ~ onbeperk, vry(e)lik; onbeheers.

re·strict beperk; bepaal; inperk *(iem.)*; inkrimp; ~ *s.o./s.t. to* ... iem./iets tot ... beperk. **re·strict·ed** *adj.* beperk *('n keuse, voorraad, ens.)*; ~ ***application*** beperkte toepassing *(v. 'n term, reël, ens.)*; ~ ***area*** beperkte gebied; *(mil.)* spergebied, verbode gebied; *(Br., mot.)* snelheidsperkgebied; *be* ~ ***to*** ... tot ... beperk wees. **re·strict·ed·ness** ingeperktheid. **re·strict·ee** *(pers.)* ingeperkte. **re·stric·tion** beperking, restriksie; voorbehoud, restriksie; inperking; inkrimping; vernouing; *the ~s* ***on*** *s.t.* die beperkings op iets; ***place*** *~s (up)on s.o.* beperkings aan iem. oplê; *be* ***under*** ~ onder beperking(s) staan; ***without*** ~ sonder beperking; sonder voorbehoud. **re·stric·tive** beperkend, bepalend; ~ *practice, (Br., han.)* beperkende praktyk.

re·string *=strung =strung* herbesnaar. **re·string·ing** herbesnaring.

re·strin·gent *adj., (hoofs. med., vero.)* saamtrekkend.

re·struc·ture *ww.* hersaamstel.

re·sub·mit weer voorlê/indien.

re·sult *n.* uitslag, afloop, resultaat; gevolg, uitwerking, uitvloeisel, effek; resultaat, uitkoms, antwoord *(v. 'n rekensom ens.)*; *(sport)* eindtelling, uitslag; *(i.d. mv., han.)* (bedryfs)resultate; →EXAMINATION RESULTS; ***as*** *a ~ of* ... weens/vanweë (*of* as gevolg van *of* ten gevolge van) ...; ***as*** *a ~ of that* gevolglik, ten gevolge daarvan; *payment* ***by*** *~(s)* →PAYMENT; ***get*** *~s* iets bereik; ***get*** *no ~s* niks bereik nie; ***meagre*** *~s* 'n skrale oes, power(e) resultate; *a* ***satisfactory*** ~ 'n bevredigende uitslag; *s.o. wants to* ***see*** *~s* iem. wil hê iets moet bereik word; *the ~ is* ***wide open*** die uitslag is hoogs onseker; ***with*** *the ~ that* ... sodat ...; ***without*** ~ tevergeefs, vrugteloos. **re·sult** *ww.* volg, tot gevolg hê; *s.t. ~s* ***from*** ... iets vloei/kom uit ... voort; iets spruit uit ... (voort), iets ontspruit uit ...; iets word deur ... veroorsaak; *s.t. ~s* ***in*** ... iets lei tot ..., iets loop op ... uit, iets het ... tot gevolg, iets gee ... af; iets veroorsaak ... *(d. dood ens.)*; *s.t. ~s* ***in*** *failure* iets misluk (*of* loop op 'n mislukking uit). **re·sul·tant** *n., (fis., wisk.)* resultante; einduitkoms, resultaat. **re·sul·tant** *adj.* gevolglik, resulterend; ~ *action/equation/force/etc.* resulterende werking/vergelyking/krag/ens.; ~ *from* ... voortvloeiend(e)/voortspruitend(e) uit ...

re·sume *ww.* hervat, herbegin, weer begin, vervat, voortsit; vervolg; weer inneem *(jou sitplek ens.)*; herneem, terugneem; saamvat, opsom, resumeer; ~ *a* ***discourse*** 'n gesprek voortsit/hervat; ~ *a* ***garment***, *(vero., w.g.)* 'n kledingstuk weer aantrek; *the* ***House*** *~d, (parl.)* die Raad het weer vergader; *the* ***House*** *~d its business, (parl.)* die Raad het sy werksaamhede hervat; ~ *one's* ***seat*** →SEAT *n.* ~ *the* ***thread*** *of the conversation* die draad van die gesprek weer opneem; *s.o. ~d his/her* ***training/etc.*** iem. het weer begin oefen/ens.. **re·sump·tion** hervatting; herneming, terugneming. **re·sump·tive** hervattend.

ré·su·mé, *(Am.)* **re·su·mé** opsomming, samevatting, kortbegrip, beknopte oorsig, kort inhoud, resumé, resumee, *(Am.)* curriculum vitae; *make a ~ of s.t.* iets kort saamvat.

re·sum·mon weer oproep/byeenroep; opnuut dagvaar.

re·sump·tion, re·sump·tive →RESUME.

re·su·pi·nate, re·su·pi·nat·ed *adj., (bot.)* onderstebo, omgekeer(d).

re·sup·ply *n.* (die) herbevoorrading, (die) aanvulling van voorrade, (die) verskaffing/voorsiening van nuwe voorrade. **re·sup·ply** *ww.* herbevoorraad, ... se voorrade aanvul, nuwe voorrade aan ... verskaf, ... van nuwe voorrade voorsien.

re·sur·face hervlak; 'n blad vernu(we)/vernieu; weer bokom. **re·sur·fac·ing** hervlakking; bladvernuwing.

re·surge *(w.g.)* herleef, herlewe; herrys, weer opstaan. **re·sur·gence** herlewing; *(w.g.)* herrysing, herrysenis, we(d)eropstanding. **re·sur·gent** *(attr.)* hern(ie)ude *(ywer, nasionalisme, ens.)*; *(w.g.)* herlewend; *(w.g.)* herrysend.

res·ur·rect opwek *(iem.)*; *(fig.)* laat herleef/=lewe *('n ou gewoonte)*; laat opvlam/opflikker *(hoop)*; weer in gebruik neem *(iets buite diens gestel)*; oprakel *('n ou twispunt)*. **res·ur·rect·ed** verrese; *(geol.)* herstelde *(rivier, skiervlakte, ens.)*.

res·ur·rec·tion (weder)opstanding, herrysenis, verrysenis; heringebruikneming; herlewing, oplewing; opwekking; *the R~, (Chr. teol.)* die opstanding *(v. Christus)*. ~ **day** opstandingsdag. ~ **man** *(hist.)* lykrower, =dief. ~ **pie** oorskietpastei. ~ **plant** *(Anastatica hierochuntica)* roos van Jerigo, herlewingsplant.

res·ur·rec·tion·ist *(hist.)* lykdief, =rower; *(vnl. Chr. teol.)* iem. wat in die (weder)opstanding (van die vlees) glo. **res·ur·rec·tion·ism** *(vnl. Chr. teol.)* geloof in die (weder)opstanding (van die vlees).

re·sur·vey *n.* nuwe opmeting; hern(ie)ude ondersoek/besigtiging. **re·sur·vey** *ww.* weer ondersoek/bekyk; weer opmeet.

re·sus·ci·tate laat herleef/=lewe, opwek; bybring, die bewussyn herstel, resussiteer; bykom. **re·sus·ci·ta·tive** opwekkings=. **re·sus·ci·ta·tor** opwekker; opwekkingsmiddel; asemhalingsmasjien, resussitator.

re·sus·ci·ta·tion herlewing, opwekking; bybrenging, resussitasie, resussitering. ~ **bag** asemsak. ~ **ward** bybringsaal.

ret *=tt=*, **rate** *ww., (oorg.)* root, week *(vlas/hennep in water)*; *(onoorg., hooi ens.)* vrot, verrot, vrot word, stik, muf, muf word. **ret·ting** roting, deurweking.

re·ta·ble *=bles*, **re·ta·blo** *=blos, (relig.)* agterstuk (van 'n altaar), retabel.

re·tail *n.* kleinhandel; *sell s.t. at/by ~* iets by die klein maat verkoop. **re·tail, re·tail** *ww.* in die kleinhandel verkoop; kleinhandel dryf; in klein partye verkoop *(effekte ens.)*; in besonderhede vertel; rondvertel, oorvertel *(skinderstories)*; *it ~s at* ... die kleinhandel(s)prys/winkelprys daarvan is ..., jy koop dit in die winkel vir ... **re·tail** *adj. & adv.* kleinhandel(s)=, in die kleinhandel, by die klein maat; *sell s.t.* ~ iets by die klein maat verkoop. ~ **business** kleinhandelsaak. ~ **dealer** kleinhandelaar. ~ **outlet** kleinhandel(s)afsetpunt. ~ **park** *(Br.)* kleinhandelsentrum, =kompleks. ~ **price** kleinhandel(s)prys. ~ **price index** *(afk.: RPI)* kleinhandel(s)prysindeks *(afk.:* KPI*)*. ~ **shop,** ~ **store** winkel. ~ **trade** kleinhandel([s]bedryf). ~ **trader** kleinhandelaar.

re·tail·er kleinhandelaar.

re·tail·ing *n.* kleinhandel.

re·tain hou, behou; agterhou, terughou, teenhou, teëhou; onthou *(i.d. geheue)*; in diens neem, aanhou; retineer *('n advokaat)*; →RETENTION, RETENTIVE; ~ *s.o. as a member/etc.* iem. as lid/ens. handhaaf; *~ed surplus* onaangewende oorskot. **re·tain·er** *(teg.)* knip, (sluit)pen; keerder *(v. 'n masjien)*; bind=, retensiegeld *(v. 'n advokaat ens.)*; toelaag, toelae *(v. 'n agent)*; *(Br.)* bindhuurgeld; volgeling, onderhorige. **re·tain·ing** *n.* agterhouding, teëhouding, teenhouding. **re·tain·ing** *adj.* agterhoudend, teëhoudend, teenhoudend; ~ ***bolt*** klembout; ~ ***catch*** keer=, hou=, vangknip; ~ ***clip*** keer=, hou=, borgklem; ~ ***dam*** stu=, keerdam; ~ ***fee*** bind=, bespreek=, retensiegeld, besprekingshonorarium, vooruitbetaalde honorarium; ~ ***nut*** keer=, borgmoer; ~ ***pay*** waggeld; ~ ***plate*** keerplaat; ~ ***spring*** keer=, vangveer; ~ ***wall*** keer=, stut=, steunmuur.

re·take *n., (filmk., mus.)* heropname. **re·take** *=took =taken, ww.* terugneem, herneem, weer neem; herowe; *(filmk., mus.)* weer opneem.

re·tal·i·ate terugbetaal, vergeld; terugkap; weerwraak neem, met gelyke munt (terug)betaal; ~ *against s.o. by doing s.t.* op iem. weerwraak neem deur iets te doen. **re·tal·i·a·tion** vergelding, wraakneming, weerwraak, wraakoefening; *in ~ for* ... uit weerwraak vir ... **re·tal·i·a·to·ry** wraaknemend, vergeldings=, wraak=; ~ *fire, (mil.)* vergeldings=, straf=, wraakvuur; ~ *measure* vergeldingsmaatreël.

re·tap *=pp=, (teg.)* moerdraad nasny.

re·tard *n., (neerh.)* vertraagde. **re·tard** *ww.* vertraag, ophou, teenhou, teëhou; terugsit, agteruitsit; belemmer; strem, rem; *a (mentally) ~ed* ***child*** 'n agterlike (*of* [verstandelik] vertraagde) kind; *~ed* ***explosion*** na-ontploffing; *~ing* ***valve*** vertraagklep. **re·tar·da·tion** vertraging; *mental* ~ agterlikheid, verstandelike vertraging. **re·tard·ment** vertraging.

retch braakgeluide/=bewegings maak, sukkel om te braak/vomeer, sukkelbraak, kokhals. **retch·ing** sukkelbraking.

re·te *=tia, (anat.)* net(werk) *(v. bloedvate ens.)*.

re·teach oorleer.

re·tell *=told =told* oorvertel.

re·ten·tion behoud; inhouding, terughouding, retensie; weerhouding; onthouvermoë; *(fin.)* inhouding, terughouding *(v. 'n wins ens.)*; ~ *of urine* urienretensie; *right of* ~ retensiereg; *with ~ of* ... met behoud van ... ~ **money** retensie=, bindgeld. ~ **option** aflossingsopsie.

re·ten·tive vashoudend; terughoudend, inhoudend; *have a ~ memory* →MEMORY. **re·ten·tive·ness** vashoudendheid; *(teg.)* behouvermoë. **re·ten·tiv·i·ty** retentiwiteit, houvermoë *(v. 'n magneet)*; terughouding; behoud, bewaring *(v. eienskappe)*.

re·thatch oordek, herdek.

re·think *n.: have a ~ about s.t.* iets heroorweeg. **re·think** *=thought =thought, ww.* heroorweeg, opnuut deurdink, herbedink. **re·think·ing** heroorweging.

re·thread weer ryg; draad opnuut insteek; *(teg.)* skroefdraad nasny.

ret·i·cent terughoudend; swygsaam, stil(lerig). **ret·i·cence** terughoudendheid, swygsaamheid, onmededeelsaamheid; verswyging.

ret·i·cle, *(w.g.)* **ret·i·cule** *(Am.)* = GRATICULE.

re·tic·u·lar netvormig, *(med.)* retikulêr. ~ **formation,** ~ **activating system** *(anat.)* netbou, =struktuur, retikulêre formasie.

re·tic·u·late *ww.* benet, netvormig rangskik/indeel. **re·tic·u·late** *adj., (hoofs. biol.)* netvormig; benet; *(bot.)* netnerwig; *(med.)* retikulaat. **~-rugose** netrimpel(r)ig.

re·tic·u·lat·ed netvormig, netsgewys(e); benet; ~ *vessel* netvat. ~ **python** *(Python reticulatus)* gevlekte luislang.

re·tic·u·la·tion netwerk, netvormige verdeling; benetting; netvorming.

ret·i·cule *(hoofs. hist.)* damestassie; *(w.g.)* = RETICLE.

re·tic·u·lum *=cula* netwerk; *(soöl.)* netpens, kleinpensie, ruitjiespens *(v. herkouers)*.

re·tie *ww.* weer vasmaak/vasbind; weer (vas)knoop; herstrik, weer strik; herverbind.

re·ti·form *adj., (w.g.)* netvormig; netagtig.

re·tile herteël, weer/opnuut teël.

re·time herreël *('n masjien)*.

ret·i·na *=nas, =nae* (oog)netvlies, retina. **ret·i·ni·tis** netvliesontsteking, retinitis.

ret·i·nol →VITAMIN A.

re·tint herkleur, hertint.

ret·i·nue stoet, gevolg.

re·tire aftree, bedank, uit (die) diens tree, uittree; stil gaan lewe, die tuig neerlê, die diens verlaat, op rus gaan; terugstaan *(v. mededinging)*; *(mil.)* (terug)wyk, terugtrek, retireer; jou terugtrek/onttrek/afsonder; jou verwyder; afdank, ontslaan *('n werknemer);* van sy/haar amp onthef; *(fin.)* (af)betaal, vereffen, delg, aflos *(skuld, 'n lening, ens.); (fin.)* vroeg/vooruit betaal *('n wissel); (ekon.)* intrek, uit omloop neem *(banknote ens.); the **batsman** was injured and had to* ~, *(kr.)* die kolwer het seergekry en moes die veld verlaat (*of* van die veld gaan); ~ *(to **bed** or for the **night**)* bed toe gaan, gaan slaap; ~ ***from*** ... uit ... tree, ... verlaat; ... neerlê *(d. praktyk); (ook)* jou onttrek aan ... *(d. openbare lewe);* ~ ***into** o.s.* afgetrokke/stil wees; tot jouself inkeer. **re·tir·al** *(hoofs. Sk.)* terugtrekking; uittreding; →RETIREMENT. **re·tired** gewese, rustende, afgetrede, gepensioeneer(d); emeritus; ampteloos; stil, afgetrokke; afgesonder(d); *a* ~ ***farmer/etc.*** 'n rustende boer/ens.; *s.o. **is*** ~ iem. het afgetree, iem. is rustend/gepensioeneer(d); *the* ~ ***list*** die (lys van) afgetredenes/gepensioeneerdes; ~ ***pay*** pensioen; *(mil.)* russoldy; *a* ~ ***person*** 'n afgetredene/pensioenaris; *in a* ~ ***valley*** in 'n afgeleë vallei. **re·tir·ee** *(Am.)* pensioentrekker, pensioenaris, afgetredene, gepensioeneerde. **re·tir·ing** stil, teruggetrokke, terughoudend, ingetoë; beskeie; sedig; aftredend, uittredend; wykend; ~ ***age*** aftreeleeftyd; ~ ***colour**, (w.g.)* wykkleur, wykende kleur; ~ ***pension*** pensioen; ~ ***room*** toiletkamer; privaat.

re·tire·ment uitdienstreding, uittrede, aftrede, aftreding, pensioenering; onttrekking, terugtrekking, terugtreding; (vrywillige) aftog; afsondering, eensaamheid, teruggetrokkenheid, stil lewe; *(arg.)* stil/afgesonderde plek; ***come out of*** ~ terugkeer; ***go into*** ~ stil gaan leef/lewe; ***live in*** ~ stil leef/lewe; ***on** s.o.'s* ~ by iem. se aftrede. ~ **age** aftree-ouderdom. ~ **annuity** aftreeannuïteit, =jaargeld. ~ **benefit** pensioen=, aftreevoordeel; pensioenuitkering. ~ **home** aftreehuis, =woonstel; aftree-oord, ouetehuis, tehuis vir bejaardes. ~ **pension** ouderdomspensioen. ~ **plan** aftreeplan; pensioenstelsel.

re·ti·tle hernoem, herbetitel.

re·tool met nuwe gereedskap/werktuie toerus, van nuwe werktuie/masjinerie voorsien *('n fabriek ens.); (Am., infml.)* reorganiseer, herskik *(d. ekonomie ens.).*

re·tor·sion = RETORTION.

re·tort¹ *n.* (vinnige/gevatte/bekkige) antwoord, we(d)erwoord; teë=, teenwerping; teregwysing; *a crushing* ~ 'n vernietigende/verpletterende antwoord, 'n dooddoener; *in* ~ as we(d)erwoord. **re·tort** *ww.* vinnig/gevat antwoord gee, terugantwoord, teë=, teenkap, teë=, teenwerp; ~ *sharply* skerp antwoord, terugkap, teëkap, teenkap.

re·tort² *n.* retort *(vir distillering); (hist.)* kolf(fles), kromnek. **re·tort** *ww.* in 'n retort suiwer/kook/verhit/verwarm (*of* warm maak). **re·tort·ed** *(ook)* omgebuig; ~ *gold* gesuiwerde goud.

re·tor·tion *(teg.)* retorsie, ombuiging; *(jur.)* weerwraak, retorsie.

re·touch, re·touch *n., (skilderk., fot., ens.)* bywerking, retoesjering. **re·touch** *ww.* weer aanraak; *(skilderk., fot., ens.)* bywerk, retoesjeer, finale verbeteringe aanbring. **re·touch·er** retoesjeur. **re·touch·ing** *n.* = RETOUCH *n.*.

re·trace naspoor, weer nagaan; weer oortrek; ~ *one's steps* (op jou voetspore) teruggaan.

re·tract intrek; terugtrek, herroep; terugneem; *the snail ~s its horns* die slak trek sy voelhorings in. **re·tract·a·ble** intrekbaar; terugtrekbaar; ~ *undercarriage* intrekbare onderstel, intrekonderstel. **re·trac·ta·tion** herroeping. **re·trac·tile** intrekbaar. **re·trac·tion** intrekking; terugtrekking, herroeping, retraksie. **re·trac·tor** terugtrekker; oophouer; *(chir.)* wondhaak, =spatel; *(soöl., anat.)* krimp=, terugtrek=, optrek=, retraktorspier.

re·train herskool, herbekwaam. **re·train·ing** herskoling.

re·tral *adj., (biol., w.g.)* agter=, agterste.

re·trans·fer *n.* heroorplasing; hertransport, heroordrag; terugverplasing. **re·trans·fer, re·trans·fer** =*rr*=, *ww.* heroorplaas; hertransporteer, heroordra; terugverplaas.

re·trans·late terugvertaal; hervertaal. **re·trans·la·tion** terugvertaling; hervertaling.

re·trans·mit =*tt*= her(uit)send. **re·trans·mis·sion** her(uit)sending.

re·tread *n.* versoolde band. **re·tread** =*treaded* =*treaded, ww.* versool *(bande).* **re·tread·er** (band)versoler. **re·tread·ing** (band)versoling; bandversoolwerk.

re·treat *n., (hoofs. mil.)* terugtog, (gedwonge) aftog, terugwyking; afsondering, eensaamheid, stil verblyfplek; skuilplek, rusplek, toevlugsoord; stil verblyf, (geestelike) afsondering; *(RK)* retraite; tehuis, inrigting *(vir sieklikes, bejaardes, sielsiekes, ens.); (mil.)* vlagstryking; aandsinjaal; ***beat** a* ~ die aftog blaas, terugtrek, wyk; die stryd gewonne gee; ***cover** the* ~ →COVER *ww.; beat a **hasty*** ~ haastig die aftog blaas, haastig terugtrek/wyk; *be **in** (full)* ~ in (volle) aftog wees; ***intercept** the* ~ die terugtog afsny; ***line** of* ~ aftogslyn; ***make good** one's* ~ veilig wegkom, daarin slaag om weg te kom; ***signal** of* ~ aftogsein; ***sound** the* ~ die aftog blaas; die aandsinjaal blaas. **re·treat** *ww.* (terug)wyk, terugtrek, retireer, die aftog blaas; agteruitstaan; aftrek; deins; terugsit *('n skaakstuk);* ~*ing **forehead*** skuins/afdraande voorkop; ~ ***from*** ... uit ... wyk; ~ ***to*** ... na ... uitwyk. ~ **ceremony** (plegtige) vlagstryking. ~ **gun** aandskoot. ~ **house** afsonderingshuis. ~ **march** aftog(s)mars.

re·treat weer/opnuut behandel.

re·trench besuinig, besnoei; *(Austr., SA)* afdank; *(fml.)* inkort, inkrimp, verminder, beperk; *(mil.)* verskans. **re·trench·ment** besuiniging, besnoeiing; *(Austr., SA)* afdanking; *(fml.)* inkorting, inkrimping, vermindering, beperking; *(mil.)* verskansing.

re·tri·al herverhoor; →RETRY.

ret·ri·bu·tion vergelding, straf; *in* ~ as vergelding. **re·trib·u·tive** wraaknemend, vergeldend, vergeldings=; ~ *justice* vergeldende beregting.

re·trieve *n.* herstel; *beyond/past* ~ onherstelbaar. **re·trieve** *ww., (ook rek.)* terugvind, terugkry; goedmaak *('n verlies);* herwin, herstel; red *('n netelige situasie ens.);* opspoor; (terug)bring, aandra; *('n jaghond)* (aan)bring, *(w.g.)* apporteer *('n prooi); ~ a battle, (w.g.)* 'n slag herwin; ~ *s.t. from* ... iets uit ... red. **re·triev·a·ble** herstelbaar; herkry(g)baar, hervindbaar. **re·triev·al** herkryging, (die) terugkry; herstel, vergoeding; *beyond/past* ~ onherstelbaar. **re·triev·er** aanbringer; *(hondeRas)* retriever, *(w.g.)* apporteerhond, apporteur.

ret·ro =*ros, n.* retro(-ontwerp); retro(voorkoms); retro(styl); retro(pop[musiek]), retro(rock); retro(liedjie); tru-vuurpyl. **ret·ro** *adj.* retro-; ~ *jazz* retro-jazz.

ret·ro- *komb.vorm* terug=, agter(uit)=, agterwaarts, tru=, retro=.

ret·ro·act terugwerk. **ret·ro·ac·tion** terugwerking, reaksie; *(rad.)* terugkoppeling. **ret·ro·ac·tive** terugwerkend, van terugwerkende krag, retroaktief.

ret·ro·cede terugtree, terugwyk; teruggee, weer afstaan. **ret·ro·ced·ent** teruggaande; terugtredend, =wykend; teruggewend. **ret·ro·ces·sion** terugtreding, terugwyking; teruggawe, afstand.

ret·ro·choir *(deel v. 'n katedraal/ens. agter d. hoogaltaar)* agterkoor.

ret·ro·fit *ww.* met nuwe onderdele herbou *('n motor, brug, ens.).*

ret·ro·flec·tion →RETROFLEXION.

ret·ro·flex(ed) *adj., (anat., med., biol.)* teruggebuig, agteroor geboë/gekantel; *(fonet.)* retrofleks.

ret·ro·flex·ion, ret·ro·flec·tion terugbuiging, agteroorbuiging, retrofleksie.

ret·ro·grade *n., (w.g.)* verslegte/ontaarde persoon. **ret·ro·grade** *adj.* teruggaande, terugwaarts, agteruitgaande, agteruit=; *(teg., astron., ens.)* agterwaarts, retrogressief, retrograde; verslegtend; ~ *step* stap agteruit. **ret·ro·grade** *ww.* agteruitgaan, (terug)wyk, teruggaan; versleg, ontaard. **ret·ro·gra·da·tion** agteruitbeweging; agteruitgang, ontaarding.

ret·ro·gress agteruitgaan; taan; versleg, ontaard. **ret·ro·gres·sion** teruggang; agteruitgang, verslegting, kreeftegang, teruggang; terugslag. **ret·ro·gres·sive** teruggaande; terugslaande; →RETROGRADE *adj.*.

ret·ro·re·flec·tor trukaatser.

ret·ro·rock·et tru-vuurpyl.

re·trorse *(biol.)* teruggebuig, agtertoe gebuig, agterwaarts gekeer(d)/gerig, haakvormig.

ret·ro·spect terugblik; oorsig; *in* ~ agteraf/agterna (*of* van agter) beskou. **ret·ro·spec·tion** terugblik; (die) terugkyk. **ret·ro·spec·tive** *n.* oorsig=, terugbliktentoonstelling. **ret·ro·spec·tive** *adj.* terugwerkend, met terugwerkende krag; terugblikkend; retrospektief; terug=; *with* ~ *effect* met terugwerkende krag; ~ *(exhibition)* oorsig=, terugbliktentoonstelling. **ret·ro·spec·tive·ly:** ~ *from* ... met terugwerkende krag tot ...

re·trous·sé, re·trous·sé *(Fr.)* opgebuig, omgebuig; ~ *nose* wipneus.

ret·ro·verse, ret·ro·vert·ed *adj., (anat., med.)* teruggebuig, agteroor geboë/gekantel.

ret·ro·ver·sion terugstoting; *(anat.)* terughelling, retroversie *(v.d. uterus ens.).*

ret·ro·vi·rus *(biol.)* retrovirus. **ret·ro·vi·ral** *adj., (med.)* retroviraal, retrovirus=.

re·try *ww.* herverhoor; →RETRIAL.

ret·si·na *(Gr. harswyn)* retsina.

re·tune *ww.* her(in)stem *('n mus.instr.);* herinstel *('n rad. ens.).*

re·turn *n.* terugkoms, =keer, tuiskoms; we(d)erkoms; terugbetaling, =gawe, =sending, =besorging; *(fin.)* voordeel, wins, profyt; opbrengs, opbrings, rendement; staat, statistiek, verslag, opgawe; *(pol.)* verkiesing *(v. 'n verteenwoordiger); (bouk.)* omloop; *(med.)* nuwe aanval; *(ook, i.d. mv.)* statistiek(e), opgawes; opbrengs, opbrings; omset; ontvangste; ***annual*** ~ →ANNUAL *adj.;* ***by*** ~ *(of post/mail)* per kerende pos; ~ *on **capital*** kapitaalopbrengs, =opbrings, opbrengs/opbrings op kapitaal; ***carriage*** ~ (wa)terugloop *(v. 'n tikmasjien);* ***diminishing*** ~*s* afnemende/dalende opbrengs/opbrings; *law of **diminishing*** ~*s* →LAW; ***empty*** ~*s* leë houers; ***financial*** ~*s* →FINANCIAL; *many **happy** ~s of the day!* geluk met die/jou verjaar(s)dag!, nog baie jare!, mag jy hierdie dag nog dikwels beleef/belewe!; ***in*** ~ *for* ... in ruil vir ...; as beloning vir ...; *get nothing **in*** ~ niks vir iets kry nie; *the ~s were **large*** groot winste is behaal; *ask s.o. for the* ~ ***of** s.t.* iem. vra om iets terug te besorg; ***on** s.o.'s* ~ by iem. se terugkeer/terugkoms; ***pending** s.o.'s* ~ totdat iem. terugkom; ***render** a* ~ opgawe doen; ~ *of **service**, (jur.)* relaas van betekening; *(tennis)* terug(speel)hou; ***tax*** ~ = INCOME TAX RETURN; *the* ~ ***to*** ... die terugkeer na ... *('n plek);* die terugkeer tot ... *('n vorige standpunt ens.).* **re·turn** *ww.* terugkom, terugkeer, teruggaan; teruggee, terugstuur, terugbesorg, terugbring, terugbetaal; beantwoord *('n kompliment, groet, saluut, ens.);* teruggooi, =slaan *('n bal); (brug)* terugspeel *(in jou maat se kleur); (gh.)* die laaste nege putjies speel/voltooi; ~ *an **answer*** antwoord; ~ *a **blow*** terugslaan; ~ *a **call*** →CALL *n.;* ~ *to the **charge*** →CHARGE *n.;* ~ *to **dust**, (ret.)* →DUST *n.;* ~ ***from*** ... van ... terugkeer/terugkom; ~ ***good** for evil* →GOOD *n.;* ~ *a **greeting*** →GREETING *n.;* ~ ***home*** →HOME *adv.;* ~*ed **letter*** onafgehaalde brief; ~ *to **life*** →LIFE; ~ ***like** for like* (iem.) met gelyke munt betaal; *the sitting **member** was ~ed, (parl.)* die sittende lid is herkies; ~ *s.o. as an **MP*** iem. tot die Parlement verkies; *s.o. left **never to*** ~ iem. het vertrek en nooit teruggekeer/teruggekom nie; *s.t. ~s a **profit*** iets maak wins (*of* is lonend *of* lewer wins op *of* werp wins af); ~ *a **salute*** →SALUTE *n.;* ~ ***thanks*** →GIVE **THANKS;** ~ ***to*** ... in ... terugkom *('n kamer, vergadering, ens.);* na ... terugkom/terugkeer/teruggaan *('n plek);* tot ... terugkeer *('n metode ens.);* op ... terugkom *('n onderwerp ens.);* ~ ***to** sender, (opdrag a.d. poskantoor)* (stuur) terug aan afsender; ~ *s.t. **to** s.o.* iets aan iem. teruggee/terugbesorg; ~ *a **verdict*** →VERDICT. **re·turn** *adj.* terug=; retoer=. ~ **bend** dubbelbuigstuk. ~ **bout** *(sport)* herontmoeting. ~ **cargo** retoerlading, =vrag, teruglading, =vrag. ~ **catch** terugvang. ~ **crease** *(kr.)* retoer=, systreep. ~ **date,** ~ **day** *(jur.)* keerdag, =datum *(v. 'n bevel).* ~ **fare** retoertarief, prys van 'n retoerkaartjie; terugreistarief, prys van 'n terugreiskaartjie. ~ **fight** *(boks ens.)* herontmoetingstryd. ~ **flight** terugvlug; retoervlug. ~**ing officer** kies=, stembeampte, stem=

opnemer. ~ **journey** tuisreis, terugreis. ~ **key** *(rek.)* = ENTER KEY. ~ **line** terugleiding. ~ **march** terugmars. ~ **match** *(sport)* herontmoeting. ~ **message** antwoord=berig. ~ **pass** *(sport)* terugaangee. ~ **pipe** terugloop=pyp. ~ **spring** *(teg.)* terugslag=, terugtrek=, truveer. ~ **stroke** *(mot.)* terugslag. ~ **ticket** retoerkaartjie. ~ **visit** teenbesoek. ~ **voucher** terugstuurbewys. ~ **voyage** tuisvaart, =reis. ~ **wall** vleuelmuur.

re·turn·a·ble terug te stuur, nie behoubaar; terug=geebaar; inruilbaar; ~ *containers* terugstuurhouers, *(infml.)* leës; ~ *deposit* terugbetaalbare deposito; *the rule is ~ tomorrow, (jur.)* môre/more is die keerdag van die bevel.

re·turn·ee teruggekeerde.

re·turn·er *(tennis)* terugslaner, terugspeler; *(Br.)* vrou/ens. wat weer die arbeidsmark betree.

re·tuse *(bot.)* baie stomp, breedpuntig; ~ *leaf* inge=keepte blaar.

re·type oortik.

Reu·ben *(OT)* Ruben. **Reu·ben·ite** Rubeniet.

re·u·ni·fy herenig. **re·u·ni·fi·ca·tion** hereniging.

re·un·ion hereniging; reünie, re-unie; weerontmoe=ting; *family* ~ familiefees, =byeenkoms.

re·u·nite herenig, weer byeenkom; versoen.

re·use hergebruik, weer gebruik. **re·us·a·ble** vir her=gebruik, weer bruikbaar.

re·u·til·ise, =ize hergebruik, weer gebruik, herbenut.

rev *n. (gew. i.d. mv.), (infml.)* toer, omwenteling, revolu=sie, rewolusie; →REVOLUTION. **rev** *=vv=, ww., (infml.)* vinnig laat draai/loop, ja(ag) *('n enjin)*; ~ *(up) an engine* 'n enjin se toere opja(ag). ~ **counter** *(mot.)* toereteller.

re·vac·cin·ate herent, oorent. **re·vac·ci·na·tion** oor=enting.

re·val·i·date opnuut geldig maak.

re·val·or·ise, =ize herwaardeer, revaloriseer. **re·val=or·i·sa·tion, =za·tion** herwaardering, koersverhoging, waardeverhoging, revalorisasie.

re·val·ue herskat, weer skat, herwaardeer. **re·val·u·a=tion** herskatting, herwaardering.

re·vamp *n.* opknapping, vernuwing, verbetering; op=geknapte/verbeterde weergawe/ens.. **re·vamp** *ww.* opknap, opkikker, verbeter, vernu(we), vernieu; oor=maak, omwerk, oplap.

re·vanch·ism *(pol.)* revanchisme, vergeldingspolitiek. **re·vanch·ist** *n.* revanchis. **re·vanch·ist** *adj.* revanchis=ties, vergeldend, vergeldings=.

re·veal[1] *n., (bouk.)* dagwang, deur=, vensteropening; perspektief *(op 'n toneel)*.

re·veal[2] *ww.* openbaar, uitbring, aan die dag/lig bring, openbaar maak, te voorskyn roep, bekend maak, be=kendmaak, onthul, blootlê; verraai; →REVELATION; ~ *o.s. as ...* (jou) ontpop as ...; *be ~ed* aan die lig kom; *~ed religion* geopenbaarde godsdiens, openbarings=leer; ~ *s.t. to s.o.* iets aan iem. onthul/openbaar. **re=veal·ing** onthullend; ontblotend, skraps *('n kledingstuk)*.

re·veg·e·tate *ww., (plante)* weer uitloop/uitspruit; weer beplant *(grond)*.

rev·eil·le, (Am.) rev·eil·le *(mil.)* môre=, more=, og=gendsinjaal; *(poët., liter.)* wekroep, =stem. ~ **gun** og=gendskoot.

rev·el *n.* fuif, fees; swelg=, drinkparty; luidrugtigheid, pretmakery, uitgelatenheid. **rev·el** *=ll=, ww.* pret maak, vrolik wees, uitgelate/luidrugtig wees; rinkink, fuif; drink, swelg, bras, oordadig eet en drink; ~ *in ...* jou in ... verlustig, ... geniet. **rev·el·ler** pret=, plesiermaker, partytjie=, feesganger, feesvierder; jolige kêrel/meisie, losbol, swierbol, fuiwer, *(infml.)* bok vir sports. **rev·el=ry** gefuif, fuiwery, feesvreugde, pretmakery, joligheid; brassery; rinkinkery, gerinkink, luidrugtigheid, feeste=likheid.

rev·e·la·tion openbaring; ontdekking, bekendmaking, onthulling, ontsluiering; *(R~, NT)* Openbaring; *doc=trine of* ~ openbaringsleer. **rev·e·la·tion·ist** iem. wat in Goddelike openbaring glo.

rev·e·la·to·ry, rev·e·la·to·ry *adj.* onthullend, open=barend.

rev·e·nant *(Fr.)* gees, spook, uit die dode teruggekeerde.

re·ven·di·cate *(jur.)* terugeis, =vorder. **re·ven·di·ca=tion** terugvordering; herkryging, terugkryging.

re·venge *n.* wraak, wraakoefening, wraakneming; wraaksug; ***breathe*** ~ wraak adem; ***brood** on* ~ op wraak sin; ***cry** for* ~ om wraak roep; ***get/have** one's* ~ wraak neem, jou wreek; ***in** ~ for ...* uit wraak vir ...; *~ is **sweet*** die wraak is soet; ***take** ~ on s.o. for s.t.* op iem. wraak neem vir iets. **re·venge** *ww., (hoofs. arg. of poët., liter.)* wreek; wraak neem; *~ o.s. on s.o. for s.t.* op iem. wraak neem (*of* jou op iem. wreek) vir iets. **re·venge·ful, venge·ful** wraakgierig, wraaksugtig. **re=venge·ful·ness** wraaksug. **re·veng·er** wreker; ~ *of blood* bloedwreker.

rev·e·nue inkomste; staatsinkomste, ontvangste; →IN=LAND REVENUE; *receiver of* ~ ontvanger van inkomste, belastinggaarder; *South African R~ Services, (afk.:* SARS*)* Suid-Afrikaanse Inkomstediens *(afk.:* SAID*)*. **~-earning traffic** *(spw.)* inkomsteverkeer. ~ **office** be=lastingkantoor, ontvangerskantoor. ~ **officer** belasting=beampte. ~ **stamp** belastingseël.

re·verb *(mus., infml., afk.:* reverberation*)* nagalm, eggo; nagalmversterker; eggomasjien.

re·ver·ba·to·ry = REVERBERATORY *adj.*.

re·ver·ber·ate weergalm, weerklink; natril, nagalm; reverbereer; *(fig.)* ernstige (na)gevolge hê, 'n ernstige nadraai/nasleep hê; *(arg.)* weerkaats *(klank)*; *reverber=ating furnace* = REVERBERATORY (FURNACE). **re·ver=ber·ant** weergalmend; reverbererend. **re·ver·ber·a=tor** weerkaatser.

re·ver·ber·a·tion weergalming, weerklank; natrilling, nagalm(ing); reverberasie. ~ **time** *(akoestiek)* nagalm=tyd.

re·ver·ber·a·to·ry *adj.* weergalmend; reverbererend. ~ **(furnace)** reverbereer=, vlam=, kaatsoond.

re·vere (ver)eer, eerbiedig, eerbied/ontsag hê vir, hoog=ag, bewonder. **rev·er·ence** *n.* eerbied, ontsag, respek; verering; ***feeling** of* ~ piëteitsgevoel; *~ **for** ...* eerbied vir ...; ***hold** ... **in** ~* eerbied vir ... koester, ... vereer; ***pay** ~ to s.o.* (aan) iem. eer/hulde betoon; ***Your** R~, (vnl. 'n Ier. priester)* U Eerwaarde. **rev·er·ence** *ww.* eerbiedig, vereer, hoogag. **rev·er·end** *n., (infml.)* do=minee, eerwaarde. **rev·er·end** *adj.* eerwaardig; eer=waarde; ***Most** R~ Sir* Hoogwaardige Heer; ***R~ Mother,** (RK)* Eerwaarde Moeder, moederowerste; ***Right** R~, (biskop)* Hoogeerwaarde; *R~ **Sir*** Weleerwaarde Heer; ***the** R~ J. Murray* ds. J. Murray; eerw. J. Murray; ***the** R~ Mr Murray* dominee/ds. Murray; eerwaarde/eerw. Murray; ***Very** R~, (deken)* Seereerwaarde. **rev·er·ent, rev·er·en·tial** eerbiedig.

rev·er·ie mymering, gemymer, gepeins, (dag)dro=mery; *(mus.)* reverie; *(arg.)* hersenskim, illusie; *be lost in (a)* ~ mymer, in gepeins versink/versonke wees.

re·vers *revers, (Fr.)* (baadjie)omslag, lapel, revers. ~ **collar** omslaankraag, lapelkraag.

re·ver·sal omverwerping, omvêrwerping, herroeping, vernietiging; omstelling, om(me)keer, om(me)swaai; *~ of judg(e)ment* kassasie.

re·verse *n.* teenoorgestelde, teengestelde, omgekeer=de; keersy, agterkant; teen=, teëspoed, teen=, teëslag, terugslag, ne(d)erlaag, wederwaardigheid; *(mot.)* keer=koppeling; *(mot.)* trurat, =versnelling; ***in** ~* omgekeerd; *(mot.)* in trurat; *do s.t. **in** ~* iets agterstevoor doen; ***meet with** (*or* ***suffer**) a ~* 'n (hewige) teen=/teë=/te=rugslag kry; *be the ~ **of** ...* alles behalwe ... wees; ***put** a car in ~* 'n motor in trurat sit; *just **the** ~* net/pre=sies die teenoorgestelde. **re·verse** *adj.* teenoorge=stel(d), omgekeerd; *in the ~ direction* in die teen=oorgestelde rigting. **re·verse** *ww.* omdraai, onder=stebo draai, omkeer; omsit, omstel; *(mot.)* agteruit ry, tru; *(jur. ens.)* herroep, vernietig, nietig verklaar, on=gedaan maak; omverwerp, omvêrwerp; *~ **arms!**, (mil. bevel)* keer geweer!; *~ a decision* 'n besluit intrek. ~ **anchor** *(mot.)* tru-anker. ~ **angle** *(fot.)* teen(oor)ge=stelde hoek. ~ **bandage** omslaande verband. ~ **block** *(druk.)* negatiefblok, diapositiefblok. **~-charge call** *(hoofs. Br.)* →**REVERSED** CHARGE CALL. ~ **clutch** *(mot.)* trukoppelaar, keerkoppeling. ~ **current** *(elek.)* teen=, trustroom. ~ **dictionary** retrograde woordeboek. ~ **discrimination** omgekeerde diskriminasie. ~ **engi=neering** omgekeerde ontwikkelingswerk, demonte=ring en rekonstruering; *(rek.)* ontmanteling (van pro=gramkodes). ~ **fire** *(mil.)* rugvuur, agterwaartse vuur. ~ **gear** *(mot.)* trurat. ~ **key** omkeer=, omstelsleutel. ~ **lever** omstelarm, omkeerstang, trustang. ~ **line** *(spw.)* kopspoor; →BAY LINE. ~ **mechanism** *(mot.)* omstel=meganisme. ~ **osmosis** *(chem.)* tru(-)osmose. ~ **pass** *(sport)* terugaangee. ~ **pattern** afstrykpatroon. ~ **shot** *(fot.)* omgekeerde skoot. ~ **side** keersy, agterkant. ~ **slope** *(mil.)* agterhelling. ~ **switch** omskakelaar. ~ **takeover** *(fin.)* omgekeerde oorname. ~ **thrust** *(lugv. ens.)* tru-stukrag, trudrukkrag. ~ **transcriptase** *(bio=chem.)* trutranskriptase.

re·versed: ~ ***arms*** gekeerde geweer; ~ ***call*** terugop=roep; ~ ***charge call,*** *(telef.)* kollekteeroproep; ~ ***image*** omgekeerde beeld.

re·vers·i·ble omkeerbaar, dubbelkantig, tweesydig, tweeledig; alkant selfkant; omstelbaar, omstel=, om=keer=; herroepbaar, herroeplik; ~ ***coat*** omkeerjas; ~ ***lock*** alkantslot; ~ ***pendulum*** reversieslinger; ~ ***plough*** omslagploeg; ~ ***rest*** opklapleuning. **re·vers·i·bil·i·ty** omkeerbaarheid; omstelbaarheid; herroepbaarheid.

re·vers·ing *n.* omstelling; agteruitry, tru. **re·vers=ing** *adj.* omkerend; omstellend, omstel=. ~ **engine gear** omsteller. ~ **lever** omstelarm. ~ **light** trulig. ~ **switch** stroomwisselaar.

re·ver·sion *(jur.)* terugval(ling), reversie *(v. eiendom ens. a.d. skenker of sy erfgename)*; terugkering; omkering, teruggang; terugstelling; *(mil.)* degradasie; *(biol.)* ata=visme; *~ to ...* terugkeer tot ...; terugval(ling) in ...; *~ to type* terugaarding, terugslag, atavisme. **re·ver·sion=ar·y** *(jur., fin.)* terugvallend; *(biol.)* atavisties.

re·vert, re·vert *n., (relig.)* herbekeerde. **re·vert** *ww.* terugkeer, terugkom; teruggaan, terugwend; *~ to ...* tot ... terugkeer; op ... terugkom *('n onderwerp ens.)*; *(jur.)* aan ... terugval/verval *('n ander erfgenaam)*; *~ to type* →TYPE *n.*. **re·vert·i·ble** terugvallend.

re·vet *=tt=, (bouk.)* beklee, bemantel, uitstraat *('n dam=wal, versterking, ens.)*.

re·vet·ment *(bouk.)* bekleding, bekleedsel. ~ **(wall)** bekledings=, keer=, steunmuur.

re·view *n.* hersiening; *(mil.)* wapenskou(ing), inspek=sie, revue; beskouing, oorsig; resensie, beoordeling, beskouing, bespreking, kritiek *(v. 'n boek, film, ens.)*; tydskrif; ***give** a ~ of s.t.* 'n oorsig van iets gee; ***pass** s.t. in ~* 'n oorsig van iets gee; 'n terugblik op iets werp; *~ of **troops*** wapenskou(ing), troepeskou(ing), (militêre) revue; *be/come **under*** (*or* ***up for***) ~ in her=siening (*of* opnuut in oënskou) geneem word; *the year **under** ~* die oorsigjaar, die jaar onder beskouing, die verslagjaar; ***write** a ~ of s.t.* iets resenseer *('n boek ens.)*; 'n beskouing oor iets skryf/skrywe. **re·view** *ww.* hersien, nasien, nakyk, nagaan, deurkyk; terug=kyk op; beoordeel, resenseer; inspeksie hou, inspek=teer *(troepe)*; laat passeer *(d. revue)*; wapenskou(ing) hou; *~ and rescind s.t.* iets herroep. ~ **body,** ~ **panel** ondersoekspan, kommissie van ondersoek, onder=soek=, feitekommissie. ~ **copy, press copy** resensie-eksemplaar. ~ **order** *(mil.)* revue-orde, revue-tenue.

re·view·er resensent, beoordelaar.

re·vile beskimp, verguis, uitskel, uitkryt. **re·vile·ment** beskimping, verguising.

re·vin·di·cate *(jur.)* opnuut regverdig; terugvorder; herneem; →REVENDICATE, VINDICATE. **re·vin·di·ca=tion** herhaalde regverdiging; terugvordering.

re·vise *n.* hersiening; *(druk.)* revisie, tweede drukproef. **re·vise** *ww.* nasien, hersien, verbeter, korrigeer; wy=sig; *~d **edition*** hersiene uitgawe; *revising **officer*** her=sieningsbeampte *(in 'n verkiesing)*; *R~d **Standard Version*** hersiene Amerikaanse Bybelvertaling; *R~d **Version*** hersiene Engelse Bybelvertaling. **re·vis·al** hersiening. **re·vis·er** hersiener, nasiener, reviseur.

re·vi·sion hersiening, revisie; repetisiewerk. ~ **court** hersieningshof.

re·vi·sion·ism *(dikw. neerh.)* revisionisme. **re·vi·sion·ist** *n.* revisionis. **re·vi·sion·ist** *adj.* revisionisties.
re·vis·it *ww.* weer besoek.
re·vi·sor = REVISER. **re·vi·so·ry** hersienings=.
re·vi·tal·ise, =ize nuwe lewe in ... blaas, ... nuwe lewe gee; ... nuwe krag gee. **re·vi·tal·i·sa·tion, =za·tion** om nuwe lewe in ... te blaas.
re·viv·al herlewing, oplewing; opwekking; herstel; hernuwing, vernuwing; renaissance; opbloei; weeropvoering, heropvoering. **~ meeting** *(relig.)* opwekkingsdiens.
re·viv·al·ism opwekkingsbeweging. **re·viv·al·ist** *n.* opwekkingsprediker. **re·viv·al·ist** *adj.* opwekkings=.
re·vive *ww.* herleef, herlewe, weer opleef/oplewe; bykom; opbloei; bybring, bykry; (weer) opwek, verlewendig, weer aanvuur, met nuwe moed besiel; weer in die lewe roep, weer aan die gang sit; heroprig; opnuut onder die aandag bring; hernu(we), hernieu, vernu(we), vernieu; weer opvoer. **re·vived** *(ook)* herrese. **re·viv·er** opwekker; *(skerts.)* opknappertjie, versterkinkie.
re·viv·i·fy weer opwek, met nuwe lewe besiel, weer aanwakker, verlewendig. **re·viv·i·fi·ca·tion** weeropwekking, herlewing.
re·vi·vis·cence oplewing, herlewing. **re·vi·vis·cent** oplewend, herlewend.
rev·o·ca·ble, rev·o·ca·tion →REVOKE.
re·voir *(Fr.): au ~* →AU REVOIR.
re·voke *n., (kaartspel)* renons; *beyond ~* onherroeplik. **re·voke** *ww.* herroep, intrek, terugtrek; ophef; *(kaartspel)* renonseer, nie beken nie, troef, versaak. **rev·o·ca·bil·i·ty, rev·o·ca·ble·ness** herroepbaarheid; intrekbaarheid. **rev·o·ca·ble** herroepbaar, herroeplik; intrekbaar. **rev·o·ca·tion** herroeping; intrekking.
re·volt *n.* opstand, oproer, rebellie; *(Shakesp.)* walging; ***break out** in ~* in opstand kom; *be **in** ~ **against** ...* teen ... in opstand wees; ***quell** a ~* 'n opstand onderdruk; ***stir up** ~* opstand aanblaas. **re·volt** *ww.* rebelleer, opstaan, in opstand kom *(teen)*, opstandig word; muit; jou verset; *~ **against** ...* teen ... in opstand kom, teen ... opstaan; *s.o. ~s **at/against/from** s.t., s.t. ~s s.o., s.o. is ~ed by s.t.* iets walg iem., iets laat iem. walg, iem. walg van iets; iets druis in teen iem. se gevoelens, iets stuit iem. teen die bors; *~ed **subjects**, (arg.)* oproerige onderdane. **re·volt·er** oproerling, opstandeling, rebel. **re·volt·ing** opstandig, oproerig; walglik, weersinwekkend, afskuwelik, afgryslik, afstootlik; afsigtelik; stuitend; *s.t. is ~ to s.o.* iem. vind iets walglik.
rev·o·lute *(bot.)* omgekrul *(blaarrande)*.
rev·o·lu·tion *(teg.)* omwenteling, revolusie, rewolusie, toer, omloop; opstand, revolusie, rewolusie; omwenteling, (radikale) verandering; ***bring about** a ~ in s.t.* 'n omwenteling in iets teweegbring; *~s per **minute**, (afk.:* rpm*)* omwentelings per minuut *(afk.:* o.p.m. *of* o/m*)*; ***number** of ~s* toeretal, =telling; ***period/time** of ~* omwentelingstyd, omlooptyd. **~ counter, ~ indicator** toereteller, tagometer.
rev·o·lu·tion·ar·y, rev·o·lu·tion·ist *n.* oproermaker, oproerling, revolusionêr, rewolusionêr, opstandeling, opstandige. **rev·o·lu·tion·ar·y** *adj.* revolusionêr, rewolusionêr, opstandig; revolusionêr, rewolusionêr, radikaal, vernuwend, innoverend, progressief, avant-garde. **rev·o·lu·tion·ise, =ize** 'n omwenteling teweegbring (in), 'n om(me)keer veroorsaak (in), revolusioneer, rewolusioneer, totaal hervorm. **rev·o·lu·tion·ism** revolusionisme, rewolusionisme.
re·volve draai/wentel om; oorweeg, oordink, oorpeins; *the earth ~s **about/(a)round** the sun* die aarde draai/wentel om die son; *s.o.'s life ~s **around** his/her family* iem. se gesin is die middelpunt van sy/haar lewe, iem. se lewe draai om sy/haar gesin; *~ s.t. **in the mind*** iets oorweeg/oordink/oorlê; *the earth ~s **on its axis*** die aarde draai/wentel om sy as. **re·volv·a·ble** draaibaar. **re·volv·er** rewolwer; *draw a ~* 'n rewolwer uitpluk. **re·volv·ing** draaibaar, draaiend, draai=; *~ **credit*** wentelkrediet, herhaalkrediet, lopende/selfaanvullende/selfvernuwende krediet; *~ **disc*** draaiskyf; *~ **door*** swaaideur; *~ **drum*** draaitrommel; *~ **fund*** wentelfonds, selfaanvullende fonds; *~ **screen*** draaisif; *~ **spit*** draaispit; *~ **stage*** draaitoneel, draaiverhoog; *~ **storm/wind*** werwelstorm, werwelwind, sikloon; *~ **tower*** draaitoring.
re·vote *n.* herstemming. **re·vote** *ww.* herstem, oorstem.
re·vue *(teat.)* revue.
re·vul·sion (heftige) afkeer; *(fig.)* onttrekking; om(me)keer, plotselinge verandering; *(med., hoofs. hist.)* afleiding; *have a ~ against/from ...* 'n (heftige) afkeer van ... hê, van ... walg.
re·ward *n.* beloning, vergoeding; vergelding; ***as** a ~ for ...* as beloning vir ...; ***get** one's (due/just) ~, (gew. pej.)* jou verdiende loon kry; *s.o. has **gone** to his/her ~, (euf.)* iem. is oorlede (*of* ter siele); ***in** ~ for ...* ter beloning vir ...; ***offer** a ~ for s.t.* 'n beloning vir iets uitloof; *a **princely** ~* 'n vorstelike beloning. **re·ward** *ww.* beloon, vergoed; baat; vergeld, terugbetaal; *be ~ed **abundantly*** ryklik/ruimskoots beloon/vergoed word; *be ~ed according to one's (just) **deserts**, (gew. pej.)* jou verdiende loon kry; *a ~ing **experience*** 'n lonende ondervinding; *a ~ing **task*** 'n dankbare taak; *~ s.o. **with** ... for ...* iem. met ... vir ... beloon.
re·wash *ww.* weer was.
re·weigh oorweeg, naweeg.
re·win *rewon rewon* herwin.
re·wind *rewound rewound* weer opwen; terugspoel *('n film, band, ens.)*.
re·wire *(elek.)* herbedraad. **re·wir·ing** herbedrading.
re·word, re·phrase omwerk, herformuleer, weer opstel, anders stel/uitdruk, die bewoording wysig.
re·work oordoen, hersien, wysig; *~ed butter* herdeurwerkte botter.
re·write *n.* omwerking, verwerking. **re·write** *rewrote rewritten, ww.* oorskryf, =skrywe, weer skryf/skrywe, herskryf, =skrywe; omwerk, verwerk, redigeer. **~ man** omwerker, verwerker. **re·writ·ten** herskrewe.
Rex *n., (Lat.)* koning; *Edward ~* koning Edward; *~ versus ..., (Br., jur.)* die Kroon teen ...
Reyn·ard *(Me. lettk.)* Reinaard, Broer Jakkals.
Rey·nolds num·ber *(fis.)* reynoldsgetal.
re·zone hersoneer, herindeel *(grond, eiendom)*. **re·zon·ing** hersonering, herindeling *(v. grond, eiendom)*.
rhab·do·man·cy *(fml.)* wateraanwysing *(met 'n stokkie)*, rabdomansie.
rha·chis →RACHIS.
Rhad·a·man·thus, Rhad·a·man·thys *(Gr. mit.)* Radamantos, Rhadamanthos. **Rhad·a·man·thine** *adj., (poët., liter.)* streng en onomkoopbaar/onkreukbaar; volkome regverdig.
Rhae·ti·a *(geog., hist.)* Retië. **Rhae·tian** *n.* Retiër. **Rhae·tian** *adj.* Reties. **Rhae·tic** *(geol.)* Reties. **Rhae·to-Ro·mance/Ro·man·ic/Ro·mansh** *n. & adj.* Reto-Romaans.
rhap·sode *(hist.: voordraer v.d. gedigte v. Homeros ens.)* rapsodis.
rhap·so·dy *(mus., pros.)* rapsodie; *(fig.)* ekstase, entoesiasme; *go into rhapsodies about ..., (infml.)* in ekstase wees (*of* oorborrel van entoesiasme) oor ... **rhap·sod·i·cal** rapsodies; onsamehangend. **rhap·so·dise, =dize** rapsodieë skryf/skrywe/voordra; *(infml.)* entoesiasties vertel/skryf/skrywe/ens. oor, gaande wees oor. **rhap·so·dist** rapsodis.
rhe·a *(orn.)* nandoe.
rhe·bok, rhe·buck ribbok; *grey ~, (Pelea capreolus)* vaalribbok; *red ~* = MOUNTAIN REEDBUCK.
Rhe·ma Church *(SA)* Rhemakerk.
Rhe·mish van Reims.
Rhen·ish *n.* Rynwyn. **Rhen·ish** *adj.* Ryns, Ryn=; *~ wine* Rynwyn.
rhe·ni·um *(chem., simb.:* Re*)* renium.
rhe·nos·ter·bos →RENOSTERBOS.
rhe·ol·o·gy *(fis.)* reologie, vloei(ings)=, stromings=, stroomleer. **rhe·o·log·i·cal** reologies. **rhe·ol·o·gist** reoloog.
rhe·om·e·ter reometer, stroommeter.
rhe·o·stat *(elek.)* reostaat, weerstandsklos, verstelbare/reëlbare weerstand.
Rhe·sus *(Gr. mit.)* Resos. **r~ baby** resusbaba. **r~ factor, Rh factor** *(patol.)* resusfaktor, Rh-faktor. **r~ monkey** *(Macaca mulatta)* resus(aap). **r~ negative** *adj.* resusnegatief. **r~ positive** *adj.* resuspositief.
Rhe·tic = RHAETIC.
rhe·tor *(hist.)* retor, leraar in welsprekendheid; *(vero.)* redenaar. **rhet·o·ric** retorika, retoriek, welsprekendheid(sleer), redenaarskuns; hoogdrawendheid, bombasme, retoriek, deklamasie. **rhe·tor·i·cal** retories, rederyk, redekunstig; *~ question* retoriese vraag. **rhe·tor·i·cian** retorikus, redekunstenaar; (bombastiese) redenaar; *(hist.)* retor, leraar in welsprekendheid.
rheum *(hoofs. poët., liter.)* verkoue; slym, kwyl, waterigheid *(i.d. oë, neus)*. **rheum·y** klam, vogtig; druipend, druip=; *~ eyes* waterende/waterige oë.
rheu·mat·ic *n.* rumatieklyer; *(ook, i.d. mv., infml.)* rumatiek. **rheu·mat·ic** *adj.* rumaties; *~ fever* rumatiekkoors, sinkingskoors; *~ pains* rumatiek, sinkings. **rheu·mat·ick·y** rumatiekerig.
rheu·ma·tism rumatiek; *a touch of ~* 'n ligte aanval van rumatiek.
rheu·ma·toid rumaties, rumatiekagtig, rumatoïed; *~ arthritis* gewrigsrumatiek, rumatoïede artritis, misvormende gewrigsontsteking.
rheu·ma·tol·o·gy rumatologie. **rheu·mat·ol·o·gist** rumatoloog.
rhi·nal *(anat.)* neus=.
Rhine: *the ~* die Ryn. **~ Palatinate** →PALATINATE, RHINELAND-PALATINATE. **~ Province** *(hist.)* Ryn-Pruise, die Rynprovinsie. **~ wine** Rynwyn, Rynse wyn.
Rhine·land: *the ~* die Rynland. **~ foot** *(hist. maateenh.)* Rynlandse voet. **~-Palatinate** *(D. staat)* Rynland-Palts.
Rhine·land·er Rynlander.
rhine·stone rynsteen.
rhi·ni·tis *(med.)* rinitis, neusslymvliesontsteking; *allergic ~* hooikoors.
rhi·no *(infml.)* renoster; →RHINOCEROS; *(Br., sl.: geld)* malie, pitte.
rhi·no= *komb.vorm* rino=, neus=. **~laryngitis** rinolaringitis. **~laryngology** rinolaringologie. **~pharyngeal** rinofaringeaal, neuskeelholte=. **~rrhagia** rinorragie, neusbloeding. **~rrhoea** rinorree, neusloop, lopende neus.
rhi·noc·er·os *=oses* renoster; *black ~, hook-lipped/prehensile-lipped ~* swartrenoster; *white ~, square-lipped ~* witrenoster. **~ beetle** renosterkewer. **~ bird** = OXPECKER. **~ bull** renosterbul. **~ bush** →RENOSTERBOS. **~ cow** renosterkoei.
rhi·no·plas·ty *(med.)* rinoplastiek, neusoperasie. **rhi·no·plas·tic** rinoplasties.
rhi·nos·co·py *(med.)* neusondersoek, rinoskopie. **rhi·no·scope** neusspieël, rinoskoop.
rhi·zo= *komb.vorm, (biol.)* riso=, wortel=. **~plane** *(bot.)* wortelvlak. **~pod** *(söol.)* risopode, wortelpotige. **~sphere** *(ekol.)* risosfeer, wortelsfeer.
rhi·zoid *n., (bot.)* risoïed. **rhi·zoi·dal** risoïdaal, wortelagtig.
rhi·zome *(bot.)* risoom.
rho die Griekse *r*.
rho·da·mine *(chem.: rooi kleurstof)* rodamien.
rho·da·nate *(chem.)* rodanaat.
Rhode Is·land *(geog.)* Rhode-eiland. **~ ~ Red** *(hoenderras)* Rhode Island Red.
Rhodes[1] *(Gr. eiland)* Rhodus, Rhodos. **Rho·di·an** *n.* Rhodiër. **Rho·di·an** *adj.* Rhodies.
Rhodes[2]**:** **~ scholar** Rhodesbeurshouer. **~ scholarship** *(deur Cecil John Rhodes ingestel, vir buitelandse studente a.d. Univ. v. Oxford)* Rhodesbeurs.
Rho·de·sia *(geog., hist.)* Rhodesië; →ZIMBABWE; *the ~s, (hist.)* Noord- en Suid-Rhodesië. **Rho·de·sian** *n., (hist.)* Rhodesiër. **Rho·de·sian** *adj., (hist.)* Rhodesies; *~ ridgeback, (honderas)* Rhodesiese rifrug.
rho·di·um[1] *(chem., simb.:* Rh*)* rodium.

rho·di·um²: *oil of ~, rosewood oil* rooshoutolie. ~ **wood, rosewood** *(Convolvulus scoparius)* rodiumhout.

rho·do- *komb.vorm, (hoofs.min. en chem.)* rodo=; *~chrosite* mangaanspaat, rodochrosiet; *~lite, (soort granaatsteen)* rodoliet.

rho·do·den·dron *(bot.)* rododendron, bergroos.

rhomb *(geom.)* ruit, rombus; *(krist.)* romboëder, rombo-eder. **rhom·bic** ruitvormig, rombies. **rhom·bo·he·dron** *(vnl. krist.)* romboëder, rombo-eder. **rhom·boid** *n.* romboïed; langwerpige ruit. **rhom·boid, rhom·boi·dal** *adj.* ruitvormig, romboïdaal, romboïed. **rhom·bus** =*buses*, =*bi, (geom.)* rombus, ruit.

Rhône *(geog.)* Rhône(rivier).

rho·ta·cism *(fonet.)* rotasisme.

rho·tic *adj., (fonet.)* roties.

rhu·barb rabarber; *(Br., infml., teat.)* gemompel, (ge)=roesemoes; *(Am., infml.)* rusie, herrie.

rhumb *(sk.)* windstreek, kompasstreek. ~ **line** loksodroom.

rhum·ba →RUMBA.

rhyme *n.* rym; rymwoord; rympie; berymde vers; →NURSERY RHYME; ***alternate*** ~ wisselrym; ***female/feminine*** ~ →FEMININE *adj.*; ***in*** ~ op/in rym; ***male/masculine*** ~ →MASCULINE *adj.*; *without* ~ *or* ***reason*** sonder sin/betekenis; sonder die minste rede. **rhyme** *ww.* rym; laat rym; op rym bring; *(poët., liter.)* verse maak; *~d* ***verse*** berymde verse; *~d* ***version*** *of the Psalms* berymde Psalms; ~ ***with*** ... met/op ... rym. ~ **scheme** *(pros.)* rymskema.

rhyme·less rymloos, onberym(d).

rhym·er, rhyme·ster versemaker, rymer, rymelaar.

rhym·ing *n.* gerymel. **rhym·ing** *adj.* rym=. ~ **couplet** rymende koeplet, rympaar. ~ **dictionary** rymwoordeboek. ~ **slang** rymende slang/sleng.

rhy·o·lite *(geol.)* rioliet.

rhythm maat, ritme; ~ *and blues, (mus., afk.:* R & B*)* rhythm and blues. ~ **method** *(natuurlike geboortebeperking deur onthouding tydens ovulasie)* kalender=, ritmemetode. ~ **section** *(mus.)* ritmeseksie, =afdeling *(v. 'n orkes).*

rhyth·mic, rhyth·mi·cal *adj.* ritmies; gereeld; gelykmatig; *rhythmic gymnastics* ritmiese gimnastiek. **rhyth·mic·i·ty** ritmisiteit. **rhyth·mics** *n. (fungeer as ekv.)* ritmiek.

ri·a *(geog.)* ria, Spaanse fjord. ~ **coast** riaskus.

ri·al *(geldeenh. v. Iran en Oman)* rial; →RIYAL.

ri·ant *(<Fr., w.g.)* vrolik, bly, laggend.

rib *n.* rib, ribbebeen; *(vleissnit)* ribstuk, ribbetjie; *(bot.)* hoof=, middelnerf *(v. 'n blaar); (orn.)* pen *(v. 'n veer); (entom.)* aar *(v. 'n vlerk); (bouk.)* gewelfrib; *(sk., lugv., bouk.)* spant, rib *(v. 'n romp, dak, ens.); (ing.)* brugpyler; speek, balein *(v. 'n sambreel); (breiwerk)* riffel; *(mynb.)* (erts)aar; →RIBBING, FALSE RIB, FLOATING RIB; *dig/poke s.o. in the ~s* iem. in die ribbe(s) pomp/por/stamp. **rib** =*bb*=, *ww.* riffel; van ribbe/spante/pylers voorsien; averegs brei; →RIBBED; ~ *s.o., (infml.)* iem. terg, iem. se siel uittrek, met iem. gekskeer *(of* die gek skeer). ~ **bender** *(infml.)* hewige ribbestoot. ~ **cage** ribbekas. ~ **chop** ribtjop. ~ **cord** ribkoord. **~grass** →RIBWORT. ~ **steak** ribfilet. ~ **stitch** *(breiwerk)* riffelsteek. **~-tickler** *(infml.)* grap; baie snaakse fliek/storie/ens.. **~wort, ~grass** *(Plantago* spp.*)* weeblaar, weegbree.

rib·ald *n.* vuilprater, vuiltong, vuilbek. **rib·ald** *adj.* liederlik, vuil, smerig, onbehoorlik, ongeskik, vuilbekkig, skabreus. **rib·ald·ry** vuil/gemene taal; skabreuse geskryf.

rib·and *(arg.)* lint; *(her.)* skuinsstreep; →RIBBON.

rib·band *(skeepsbou)* spar, lat, sent.

ribbed geriffel(d) *(kledingstuk, materiaal, ens.); (bouk.)* gerib; ~ *arch* rib(be)boog; ~ *fabric* ribstof, geribde stof, riffelstof; ~ *glass* riffelglas.

rib·bing ribwerk, geribde werk; ribverband; *(breiwerk)* rif, riffel(stuk), riffelboord; *(infml.)* uitkoggelry, tergery, gekskeerdery.

rib·bon lint, band; wimpel; strook; dekorasie; strikkie; *(her.)* skuinsstreep; ***in*** *~s* aan flenters/flarde(s)/toiings; ***take*** *the ~s, (infml., vero.)* die leisels/rieme vat; ***torn*** *to ~s* (aan) flenters/flarde(s)/toiings geskeur. ~ **carrier,** ~ **holder** lintdraer. ~ **development,** ~ **building, strip development** *(stadsbeplanning)* strook=, lintbou, lintbebouing. ~ **embroidery** lintborduurwerk. **~fish** *(familie Trachipteridae)* lintvis; *(familie Regalecidae)* sneesvis; *(familie Trichiuridae)* kalkvis. ~ **grass** *(Phalaris arundinacea)* bandgras. ~ **lightning** strookblits, =weerlig. ~ **saw** band=, lintsaag. ~ **seal** *(Phoca fasciata)* gestreepte pelsrob, geelbandrob. ~ **worm** snoerwurm.

rib·bon·like lintagtig.

ri·bo·fla·vin(e), vi·ta·min B$_2$, lac·to·fla·vin riboflavien, vitamien B$_2$, laktoflavien.

ri·bo·nu·cle·ic ac·id *(biochem., afk.:* RNA*)* ribonukleïensuur.

ri·bose *n., (biochem.)* ribose.

ri·bo·some *(biochem.)* ribosoom.

rice rys. ~ **beer** rysbier. **~bird** rysvoël. ~ **bowl** rysbak; rysgebied. ~ **field** rysland. ~ **flour** rysmeel. ~ **flower** rysblom. ~ **growing** rysverbouing. ~ **heath** *(Erica tenuifolia)* witrysheide. ~ **paddy** rysland, =akker. ~ **paper** ryspapier. ~ **pudding** ryspoeding. ~ **starch** rysstysel. ~ **table** *(Indon. kookk.)* rystafel. ~ **water** ryswater. ~ **weevil** ryskalander. ~ **wine** ryswyn.

ri·cer·ca·re, ri·cer·car =*cari*, =*cars, n., (It., mus., hist.)* ricercar(e).

rich *n. (mv.): the* ~ die rykes; *soak the ~, (infml.)* die rykes laat opdok; →RICHES. **rich** *adj.* ryk, welgesteld, vermoënd, bemiddeld *(iem.)*; welvarend *('n land ens.)*; ryk, weelderig, kosbaar, duur *(meubilering, versiering, ens.)*; ryk, warm, diep *(kleure, klanke)*; ryk, vetterig, olierig *(kos)*; ryk, vrugbaar, vet, geil *(grond)*; vet *(klei, kalk, ens.)*; →RICHEN, RICHLY, RICHNESS; *be* ***considered*** ~ vir ryk deurgaan; ***grow*** ~ ryk word; *be* ~ ***in*** ... ryk wees aan ...; *a* ~ ***person*** 'n ryke/rykaard; ~ *and* ***poor*** die rykes en die armes; *be* ***stinking*** *~, (infml.)* stik in *(of* vrot wees van) die geld; ***strike it*** ~ 'n ryk vonds doen/maak; 'n slag slaan; ***that's*** *~!* dis kostelik!; *(iron.)* wil jy nou meer!, dis nou vir jou te sê!; *a* ~ ***uncle,*** *(ook)* 'n erfoom. ~ **rhyme** *(pros.)* dubbelrym, ryk rym.

Rich·ard: ~ **Coeur de Lion,** ~ **the Lionheart** *(Richard I v. Eng., 1157-99)* Richard Leeu(e)hart.

rich·en ryker word; ryker maak.

rich·es rykdom, weelde, vermoë; *the pursuit of* ~ die jag na rykdom.

rich·ly ryklik, dubbel en dwars.

rich·ness rykheid; oorvloed.

Rich·ter scale *(geol.)* richterskaal *(ook R~)*.

ric·in·o·le·ic ac·id ~ kasteroliesuur, risinoleïensuur.

rick¹ *n.* mied. **rick** *ww.* mied pak.

rick² *n.* verrekking *(v. jou nek ens.)*. **rick** *ww.* verrek, verdraai *(jou nek ens.)*.

rick·er¹ miedpakker.

rick·er² spar; steierpaaltjie.

rick·ets *n. (fungeer as ekv. of mv.), (med.)* ragitis, *(infml.)* Engelse siekte.

rick·ett·si·a =*siae*, =*sias, (groep parasitiese mikroörganismes)* rickettsia. **rick·ett·si·o·sis** rickettsiose, vlektifus.

rick·et·y swak, lamlendig, lendelam, onvas, waggelend, wankel(end), lutterig; *(med.)* ragities. **rick·et·i·ness** swakheid, lamlendigheid, onvastheid.

rick·ey *(Am. mengeldrankie)* rickey.

rick·rack, ric·rac *(tekst.):* ~ **(braid)** kartelband, =koord.

rick·sha(w) *(<Jap.)* riksja.

ric·o·chet *n.* opslag; opslagkoeël; opslagskoot. **ric·o·chet** =*chet(t)ed* =*chet(t)ed, ww.* terugspring, opslaan; met 'n opslag raak; *~chet(t)ing bullet* opslagkoeël.

ri·cot·ta *(It. skaapmelkkaas)* ricotta(kaas).

ric·tus =*tus(es)* sperwydte *(v. 'n voël se bek)*; mond=opening; (versteende) grynslag, grimas.

rid *rid rid ridding* bevry, verlos; ***be*** ~ *of* ... van ... ontslae wees; ***get*** ~ *of* ... van ... ontslae raak; ~ *o.s.* ***of*** ... jou van ... vrymaak; *be* ***well*** ~ *of* ... gelukkig van ... ontslae wees. **rid·dance** bevryding, verlossing; *good ~!* dankie tog!; *and good* ~ *too* en (die) gode sy dank, en ek/ons is maar dankiebly.

rid·a·ble →RID(E)ABLE.

rid·den *ww. (volt.dw.)* gery; ~ *by fears* met vrees bevange; ~ *by disagreements/etc.* oorheers deur meningsverskille/ens.. **-rid·den** *komb.vorm: be* ***bureaucracy-*** ~ in die hande van die burokrate wees; *be* ***disease-*** ~ deur siektes geteister word; *be* ***fear-*** ~ vreesbevange wees; *be* ***guilt-*** ~ deur skuldgevoelens gepla word; *be* ***mosquito-*** ~ van die muskiete wemel.

rid·dle¹ *n.* raaisel; *ask/set a ~* 'n raaisel vra/opgee; *speak in ~s* in raaisels praat. **rid·dle** *ww., (arg.)* oplos, raai; raaiselagtig praat; ~ *me this: what ...?* raai, raai wat ...?. **~-me-ree** *tw.* raai, raai, riepa.

rid·dle² *n.* gruissif, growwe sif; graansif. **rid·dle** *ww.* sif, uitsif; vol gate skiet; *(fig.)* ontsenu, met feite weerlê *(argumente)*; peper, oorval, bestook *(met vrae)*; ~ *s.o./s.t. with bullets* iem./iets vol gate skiet; *be ~d with* ... deur ... deurboor wees *(koeëls)*; van ... deurtrek wees, vrot wees van die ... *(siekte)*.

ride *n.* rit, rytog; (pretpark)rit; rypad *(vnl. vir perdry)*; *(infml.)* (saamry)geleentheid; *(vulg. sl.: seksdaad, =maat)* naai; *have* (or *be in for*) *a* ***bumpy*** *~, (infml.)* 'n moeilike tyd beleef/belewe/deurmaak *(of* teegemoetgaan); ***come/go*** *along for the* ~ sommer *(of* vir die lekker[te]) saamkom/saamgaan; *get a* ***free*** ~ verniet saamry; *(fig., infml.)* 'n rugryer *(of* rugryers) wees; *get a* ***free*** ~ *on* ... verniet op ... saamry; *(fig., infml.)* op ... se rug *(of* op die rug van ...) ry; ***give*** *s.o. a* ~ iem. oplaai; ***go*** *for a* ~ ('n entjie) gaan ry; ***hitch*** *a* ~ →HITCH *ww.*; *give s.o. a* •***rough*** *~, (infml.)* iem. hotagter gee; *have a* ***rough*** *~, (infml.)* dit hotagter hê/kry; ***take*** *s.o. for a* ~ met iem. gaan ry; *(infml.)* iem. bedrieg/kul/verneuk *(of* om die bos lei); *(infml.)* iem. ontvoer en vermoor. **ride** *rode ridden, ww.* ry; laat ry; *(vulg. sl.)* naai; →RIDDEN, RIDING¹; *s.o./s.t. ~s* ***again,*** *(infml.)* iem./iets kom weer; ~ *at* ***anchor*** →ANCHOR *n.*; ~ ***around*** rondry; ~ *(a horse)* ***bareback*** ('n perd) bloots ry; ~ ***by*** ... by ... verbyry; ~ *s.t. to* ***death*** →DEATH; ~ ***double*** →DOUBLE *adv.*; ~ *a horse* ***down*** 'n perd flou ry/jaag; ~ *s.o.* ***down*** iem. omry *(of* onderstebo ry); iem. doodry; iem. inry/inhaal *(te perd)*; ~ *for a* ***fall*** →FALL *n.*; ~ *a* ***ford*** 'n drif (te perd) deurgaan; ~ *s.o.* ***hard,*** *(infml.)* iem. met spore ry; *be riding* ***high*** →HIGH *adj. & adv.*; ~ *to* ***hounds*** →HOUND *n.*; ***let*** *s.t. ~, (infml.)* iets daarby laat; *the freighter was riding* ***light*** die vragskip was lig gelaai; ~ ***off*** wegry; ~ ***on*** aanry; ~ ***on*** *s.t.* op iets ry; ~ *s.o.* ***on*** *one's back* iem. abba *(of* op jou rug laat ry); ~ *s.t.* ***out*** veilig deur iets kom, iets trotseer *('n storm ens.)*; ~ *s.o.* ***out of*** *town/etc., (Am.)* iem. die dorp/ens. uitboender; ~ ***over*** *s.t.* oor iets ry; ~ *a* ***punch/blow*** met 'n hou meegee; ~ *a* ***race*** aan 'n wedren deelneem; ~ ***roughshod*** *over* ... →ROUGHSHOD *adv.*; ~ ***shotgun*** →SHOTGUN; ~ *the* ***streets*** *looking for* ... die strate deurkruis/invaar op soek na ...; ~ *and* ***tie*** om die beurt ry; ~ ***up,*** *('n romp ens.)* opkruip; ~ *to* ***victory*** *on promises of* ... 'n verkiesing/ens. wen met beloftes van ...; ~ *the* ***waves*** gier *(met 'n skuit ens.)*. **~-on** *n.* trekker-grassnyer.

rid(e)·a·ble rybaar.

rid·er ruiter, ryer; skuifgewig, ruitertjie *(op 'n skaal)*; *(jur.)* bygevoegde klousule, byvoeging, toevoeging; verlengstuk *(v. 'n wet)*; *(bouk.)* ruiterstut; *unhorsed ~, (infml.)* sandruiter.

ridge *n.* rif, kam, rant, (berg)rug, bult; rif, riffel; *(bouk.)* vors, nok *(v. 'n dak)*; *(met.)* rug, uitloper *(v. hoë druk ens.)*; middelmannetjie, maanhaar *(in 'n pad)*; *(landb.)* hart, bank *(v. 'n omgeploegde akker)*; ~ *(of hair)* pronk. **ridge** *ww.* rimpel, riffel; *(landb.)* walle maak/gooi *(in 'n land)*; operd; akker(tjie)s maak. **~back** →**RHODESIAN RIDGEBACK**. ~ **beam,** ~ **board,** ~ **piece,** ~ **tree** *(bouk.)* nokbalk. ~ **capping** *(bouk.)* nokdekking. ~ **pole** *(bouk.)* nokpaal; tentpaal. ~ **purlin** *(bouk.)* noklat. ~ **rafter** *(bouk.)* ruiterbalk. ~ **roof** *(bouk.)* saal=, geweldak. ~ **rope** (tent)spantou. ~ **tile** *(bouk.)* nok=, vorspan. ~ **turret** *(bouk.)* dakruiter, noktorinkie.

rid·gel, ridg(e)·ling klophings; klopram.

ridg·er operdploeg.

ridg·ing *n., (bouk.)* vors, nokdekking. ~ **plough** operdploeg.

ridg·y ranterig; gerimpel(d); geriffel(d).

rid·i·cule *n.* spot, spotterny, bespotting; *(w.g.)* belaglikheid; ***hold** s.o./s.t. up to ~, **pour** ~ on s.o./s.t., **subject** s.o./s.t. to* ~ iem./iets belaglik/bespotlik maak, met iem./iets die spot dryf/drywe; ***lay** o.s. open to* ~ jou belaglik/bespotlik maak; *be an **object** of* ~ 'n (voorwerp van) spot wees; ***raise*** ~ spot uitlok/(ver)wek. **rid·i·cule** *ww.* belaglik/bespotlik maak, die spot dryf/drywe met, bespot. **ri·dic·u·los·i·ty** *(w.g.)* = RIDICULOUSNESS. **ri·dic·u·lous** belaglik, verspot, absurd, ongerymd; bespotlik, lagwekkend; *be faintly* ~ effens/effe(ntjies) verspot wees; ~ *price* spotprys. **ri·dic·u·lous·ness** belaglikheid, verspotheid, absurditeit; bespotlikheid, lagwekkendheid.

rid·ing[1] (die) ry, gery, ryery; rykuns; rypad. ~ **boot** rystewel. ~ **breeches** rybroek. ~ **club** ryklub. ~ **crop,** ~ **whip** karwats, rysweep, peits, (hand)sambok, horssweep *(<Eng.).* ~ **gear** rygoed. ~ **habit** rypak, =kostuum. ~ **hood** rykap; rymantel. ~ **light** *(sk.)* ankerlig. ~ **master** pikeur. ~ **school** ryskool. ~ **whip** →RIDING CROP.

rid·ing[2] afdeling, distrik.

riem *(Afr.)* riem.

ries·ling *(soort wit wyn)* riesling; riesling(druif).

Rif *Rif(s),* **Riff** *Riff(s),* **Ri·fi** *=fi(s), (lid v. 'n Marokkaanse volk; dialek)* Rif. **Rif·fi·an** *n.* Riffyn. **Rif·fi·an** *adj.* Riffyns.

rife *(gew. pej.)* heersend, algemeen; *be* ~ baie voorkom, algemeen wees, heers; *(gerugte)* oral(s) rondgaan; *be* ~ *with* ... vol van ... wees, van ... krioel/wemel.

riff *(popmus., jazz)* riff.

rif·fle *n., (mynb.)* riffel; *(hoofs. Am.)* stroomversnelling. **rif·fle** *ww., (mynb.)* riffel; skud, skommel *('n pak kaarte);* ~ *through s.t.* vinnig deur iets blaai.

rif·fler[1] *(mynb.)* gleufdeler, verdeler.

rif·fler[2] hobbelvyl, =rasper, riffelaar.

riff·raff gepeupel, skorriemorrie, gespuis, hoipolloi, Jan Rap en sy maat, uitskot, uitvaagsel(s).

ri·fle[1] *n.* geweer; *(ook, i.d. mv.)* (geweer)skutters; skuttersregiment(e); *mounted ~s* berede skutters. **ri·fle** *ww.* trek, spiraalvormig groef *('n geweerloop);* skiet *(met 'n geweer);* ~ *a ball home* (or *into the net*), *(infml.)* 'n bal in die net bêre/ja(ag)/klits/moker/skiet; *~d barrel/bore* getrokke loop. ~ **association,** ~ **club** skietvereniging. ~ **barrel** geweerloop. ~ **butt** geweerkolf. ~ **club** skietklub, =vereniging. ~ **competition** skietkompetisie, =wedstryd. ~ **corps** skutterskorps. ~ **fire** geweervuur. ~**man** =*men* skut(ter). ~ **oil** geweerolie. ~ **pit** skuilplek, skans *(vir skutters);* skutterskuil. ~ **range** skietbaan; drag, skietafstand, skoot(s)afstand *(v. 'n geweer).* ~ **shooting** skietsport; skietoefening. ~ **shot** geweerskoot; skut(ter). ~ **sling** geweerband.

ri·fle[2] *ww.* (be)roof, plunder, leeg/kaal steel; buitmaak; ~ *s.o. of s.t.* iem. van iets beroof.

rift *n.* bars, skeur, spleet; skeuring, onenigheid; *a* ~ ***between*** ... onenigheid tussen ...; ***cause*** *a* ~ onenigheid veroorsaak; ***heal*** *a* ~ onenigheid bylê; *a* ~ ***in*** ... 'n skeuring in ... *('n party ens.); a* ~ *in the **lute**, (fig.)* 'n wanklank(ie). **rift** *ww., (hoofs. geol.)* bars, skeur, splyt, kloof, klowe. ~ **saw** stersaag. ~**-sawn** *adj.* gevierendeel. ~ **valley** sinkdal, slenkdal, skeurdal; *the Great R~ V~* die Groot Sinkdal/Slenkdal/Skeurvallei. **R~ Valley fever** *(veearts., med.)* sinkdal=, slenkdal=, skeurvalleikoors.

rig[1] *n., (sk.)* takelwerk, touwerk, maswerk, (seil)tuig; ekwipasie, kar en perd; *(hoofs. Am. en Austr.)* voorhaker, bastersleepwa; (dirk)kraan; uitrusting, toerusting; gerei; boortoring (→OFFSHORE OIL RIG); *be in full ~, (infml.)* uitgedos/uitgevat wees. **rig** *=gg=, ww.* optuig, optakel *('n skip);* toerus, uitrus; inrig; oprig, opstel, opsit, aanbring, monteer; *(mynb.)* optakel; →RIGGER[1], RIGGING[1]; ~ *s.o. **out*** iem. uitrus; ~ *o.s. **out** in* ... jou in ... uitdos/uitvat; *be ~ged **out** in* ... in ... uitgedos/uitgevat wees; ~ *s.t. **up*** iets optakel *('n skip);* iets opstel *(toerusting);* iets aanmekaartimmer; iets saamflans. ~**-out** *(infml.)* mondering.

rig[2] *n., (arg.)* kullery, bedrog; grap, poets, streek. **rig** *ww.* kul, fop, bedrieg; knoei/konkel met, beknoei, bekonkel; manipuleer *(d. mark);* →RIGGER[2], RIGGING[2].

rig[3] *n., (dial.)* flerrie. **rig·gish** *(Shakesp.)* wellustig, wulps.

rig·a·doon, ri·gau·don *(Fr., hist.: Provensaalse dans vir twee persone)* rigaudon; (musiek vir die) rigaudon.

ri·ga·to·ni *(It. kookk.)* rigatoni, elmboognoedels.

rig·ger[1] touwerker; takelaar; (raamwerk)monteur.

rig·ger[2] swendelaar; manipuleerder *(v.d. mark).*

rig·ging[1] *(sk.)* takelwerk, touwerk, maswerk, (seil)tuig; optuiging, optakeling; uitrusting; montasie; *(mynb.)* takeling; *running* ~ lopende want; *standing* ~ staande tuig/want.

rig·ging[2] kullery, bedrieëry; knoeiery, konkelwerk; beknoeiing, manipulasie.

right *n.* reg; aanspraak; regtersy, regterkant; regterhand; *(boks)* regterhou; *(ook, i.d. mv., fin.)* regte; ~ *of **abode**, (Br.)* verblyfreg; ~ *of **admission*** reg van toegang; ~ *of **appeal*** appèlreg, reg van appèl; ***as of*** ~ regtens; ~ *of **assembly*** →ASSEMBLY; ***assert*** *a* ~ op 'n reg staan; ~ *of **association** and meeting* →ASSOCIATION; ***at/on*** *the* ~ regs, aan die regterkant, op regterhand; *(mil.)* op die regterflank; *have s.o. **bang*** (or [Am.] ***dead***) *to ~s, (infml.)* iem. behoorlik vas hê (*of* geen uitkomkans/wegkomkans bied nie); iem. op heterdaad (*of* heter daad) betrap; ***by*** *~(s)* na regte, eintlik; regtens, van regsweë; ***by*** ~ *of* ... kragtens ..., uit krag (*of* op grond) van ...; ***by*** *the ~, (mil.)* regs gerig; *the ~s of the **case*** die ware/werklike toedrag; ~ *of **coinage*** muntreg; ~ *of **complaint*** reg van beklag; ***cut** across ~s* op regte inbreuk maak, regte skend; ***diminish*** *~s* regte inkort; *by **divine*** ~ by die grasie Gods; *have **every*** ~ *to* ... alle reg hê om te ...; ***exercise*** *a* ~ →EXERCISE *ww.;* ~ *of **existence*** bestaansreg; *on the **extreme*** ~ heel regs; ***forfeit*** *a* ~ 'n reg verbeur; *s.o. **has** the* ~ dit is iem. se reg; *s.o. **has** a* ~ *to s.t.* iem. het reg op iets, iets kom iem. toe; ***have*** *a/the* ~ *to do s.t.* die reg hê om iets te doen; *be **in** the* ~ gelyk/reg hê; ***keep*** *(to the)* ~ regs hou; *s.o. has **no*** ~ *to s.t.* iem. het geen reg/aanspraak op iets nie; ~ *of **occupation*** →OCCUPATION; ***of** the ~* regs *(i.d. pol.);* ***on*** *the* ~ *→**at/on; on** s.o.'s* ~ aan iem. se regterkant; *in his/her **own*** ~ self; uit eie reg; op eie gesag/verantwoording; onafhanklik, selfstandig; *in its **own*** ~ op sigself; *a* ... *in its **own*** ~ 'n volwaardige ... *(taal, sport, ens.);* ~ *of **ownership*** eiendomsreg; ***put/set*** *s.t. to ~s* iets in orde bring; ~ *of **recovery*** →RECOVERY; ***reserve*** *a* ~ 'n reg voorbehou; *all ~s **reserved*** alle regte voorbehou; *a **sacred*** ~ 'n heilige reg; ~ *of **say*** medeseggenskap; ~ *of **search**, (jur.)* deursoekings=, visenteringsreg; *have* ~ *on one's **side*** reg aan jou kant hê; ***stand*** *(up)on one's ~s* op jou regte staan; ~ *of **succession*** opvolgingsreg; ***surrender*** *a* ~ 'n reg afstaan, van 'n reg afstand doen; ~ *to **test*** toetsingsreg; ***the*** *~, (pol., dikw. R~)* die regsgesindes/regses; *s.o.'s* ~ ***to*** *s.t.* iem. se reg op iets; ***to*** *the* ~ regs; na regs, regterkant toe, na die regterkant; op regs; ***to*** *the* ~ *of* ... regs van ...; ~ *of **transfer*** oorgangsreg; ***uphold*** *a* ~ 'n reg handhaaf; *a **vested*** ~ 'n gevestigde/verkreë/onvervreem(d)bare reg; ***violate*** *~s* regte skend; ~ *of **visit*** →RIGHT OF **VISITATION;** ~ *of **visit** and search* →VISIT *n.;* ~ *of **way*** ryreg, ryvoorrang *(vir motors);* voorrang *(vir voetgangers);* deurgangsreg, reg van deurgang/oorpad, reg van weg; *s.o. **is within** his/her ~s* dit is sy/haar reg; ~ *and **wrong*** reg en onreg; *the ~s and **wrongs** of a matter* alle kante van 'n saak. **right** *ww.* herstel, regstel, regmaak, in orde bring, verbeter; regruk; regsit, regop/orent laat staan, staanmaak; *(arg.)* reg laat wedervaar (aan); *s.t. ~s **itself*** iets kom vanself reg; ~ *o.s.* orent kom; ~ *a wrong* 'n onreg herstel. **right** *adv.* reg, presies; regs; behoorlik; regverdig; heel(temal); dadelik; direk; ~ ***about*** *face/turn!, (drilbevel)* regsomkeer!; →RIGHT-ABOUT FACE *n.;* ~ ***after*** →AFTER *adv., prep., voegw.;* ***all*** ~ →ALL *adv.; s.o. will come **all*** ~ →ALL *adv.; are you (feeling) **all*** *~?* →ALL *adv.; s.o. is a* ... ***all*** ~ iem. is 'n ..., dis (nou) maar klaar; ~ ***along*** →ALONG *adv.; turn* ~ ***around*** →AROUND *adv.;* ~ ***away*** →RIGHT/STRAIGHT **AWAY;** ~ *at the **back*** →BACK *n.; s.o. will be* ~ ***back*** →BACK *adv.; the wind was* ~ ***behind*** *s.o.* die wind was reg (van) agter; ~ *at the **bottom*** →BOTTOM *n.;* ***come*** *(out)* ~ →COME; ***do*** ~ *by s.o., (infml.)* iem. billik behandel; ***dress*** ~ goed geklee(d) gaan; behoorlik aangetrek wees; ~ ***enough*** nie sleg nie; inderdaad; ***eyes*** *~!* →EYE *n.; be* ~ *in **front*** →FRONT *n.; be* ~ ***glad*** →GLAD; *s.t. **goes*** ~ iets gaan/verloop goed; ***guess*** ~ →GUESS *ww.;* ~ ***here*** →HERE; *R~ **Honourable*** →HONOURABLE; ***keep*** ... ~ ... op sy plek (*of* in orde) hou; ***know*** ~ *well that* ... →**KNOW** FULL/RIGHT WELL THAT ...; ***left*** *and* ~ (or ***left***, ~ *and centre)* →LEFT[1] *adv.;* ~ *in the **middle*** →MIDDLE *n.;* ~ ***now*** →NOW *adv.; do s.t.* ~ ***off*** →OFF *adj. & adv.;* ~ ***oh!*** →RIGHTO; ~ ***on!**, (infml.)* mooi skoot!, wonderlik!, fantasties!; ditsem!, presies!, absoluut!; →RIGHT-ON *adj.;* ~ ***on top*** heel bo; *if I **remember** ~(ly)* →REMEMBER; *R~ **Reverend*** →REVEREND *adj.;* ~ ***round*** →ROUND *adv.;* ***see*** *s.o.* ~ →SEE[1] *ww.; it/that **serves** s.o.* ~*!* →SERVE *ww.;* ***spell*** ~ reg spel; ~ ***through*** →THROUGH *prep. & adv..* **right** *adj.* reg; regverdig, billik; korrek, juis, reg, gelyk, waar; gesond, reg, beter, fiks; in orde, agtermekaar; regter= *('n arm, oog, hand, ens.);* regs(gesind); *be* ~ ***about*** *s.t.* dit gelyk/reg hê oor iets, iets by die regte ent hê; *be **all*** ~ →ALL *adv.; it is **all*** ~ →ALL *adv.; are you **all*** *~?* →ALL *adv.; be a bit of **all** ~, (infml.)* glad nie sleg wees nie; *I'm **all** ~, Jack, (infml.)* met my gaan dit goed; ~ *you **are!**, (infml.)* goed!, mooi!, reg so!, in die haak!, in orde!; juis(tement)!; afgesproke!; toe maar!, gaan jou gang!; ***be*** *~, (iets)* reg wees; *(iem.)* reg/gelyk hê; *not be* ~ *in one's **head*** →HEAD *n.;* ~ ***hook**, (boks)* regterhaakhou; *s.o. **is*** ~ *in saying so* daarmee het iem. reg/gelyk; ***just*** ~ →JUST *adv.; a* ~ ***line*** 'n reguit lyn; *the* ~ ***man/person*** *for the job* die aangewese man/mens vir die taak; *the* ~ ***man/person*** *in the* ~ *place* die aangewese/regte man/mens op die aangewese/regte plek; *be in one's* ~ ***mind*** →MIND *n.; be a* ~ ***one**, (Br., infml.)* laf/verspot wees; *it is **only*** ~ *that* ... dit is nie meer as reg nie dat (*of* billikheidshalwe behoort) ...; *be **perfectly*** ~ groot/volkome gelyk/reg hê; ***prove*** *s.o.* ~ iem. in die gelyk stel; ***put*** *s.o.* ~ →PUT *ww.; be **quite*** ~ volkome/groot gelyk/reg hê; *(as)* ~ *as **rain*** (or *a **trivet**), (infml.)* so reg soos 'n roer; ***set*** *s.o.* ~ →SET[1] *ww.; is **that*** *~?* is dit reg?; is dit waar?; ***that's*** ~ so is dit, dis waar, presies, juis(tement); dis in orde; dis goed (so); mooi so!; *it is not* ~ ***to*** ... dit is nie reg om te ... nie; *it is* ~ *of s.o.* (or *s.o. is* ~) ***to*** ... dit is reg dat iem. (*of* dit is reg van iem. om te) ...; ~ *or **wrong*** reg of verkeerd. ~ **about** *n., (drilbevel)* regsomkeer; *to the* ~ ~*!* regsomkeer!; *send s.o. to the* ~ ~, *(infml., w.g.)* iem. wegja(ag)/wegstuur. ~**-about face,** ~**-about turn** *n.* regsomkeer; *make a* ~ ~ 'n regsomkeer maak, kort omspring; *(fig.: v. mening verander)* 'n ander deuntjie sing. ~ **angle** regte hoek; *at* ~ *~s* haaks, reghoekig. ~**-angled** haaks, reghoekig; ~ *branch* haakse vertakking. ~**-angled triangle,** *(Am.)* ~ **triangle** reghoekige driehoek. ~ **arm** regterarm; *(fig., infml.)* regterhand, steunpilaar, staatmaker; *(kr.)* regterarmbouler, regsbouler. ~ **ascension** *(astron.)* regte klimming. ~ **back** *(sokker, hokkie, ens.)* regteragterspeler. ~ **bank** regteroewer, =wal. ~ **field** *(bofbal)* regterbuiteveld. ~**-footed** *adj.* regsvoetig *('n sokkerspeler ens.); score a* ~ *goal* 'n doel met die regtervoet aanteken; *a* ~ *shot* 'n skoot met die regtervoet. ~ **half(back)** *(sokker, hokkie, ens.)* regterskakel. ~ **hand** *n., (lett. & fig.)* regterhand. ~**-hand** *adj. (attr.)* regse, regterhandse, regterkants(t)e, regter=. ~**-hand drive** *adj. (attr.)* regterstuur=. ~**-handed** regs, regshandig; met die regterhand; *(gereedskap)* vir die regterhand gemaak. ~**-handedness** regshandigheid. ~**-hander** regse persoon, regshandige; regsspeler; regskolwer; regterhou. ~**-hand man** staatmaker; *s.o.'s* ~ ~, *(fig.)* iem. se regterhand. ~**-hand side** regterkant. ~ **hind** *adj., (vero.)* haaragter= *(trekdier).* ~**-lined** reglynig; →RECTILINEAL. ~**-minded** reggeaard, weldenkend, reggesind, goedgesind. ~**-of-centre,** *(Am.)* ~**-of-center** *adj. (gew. attr.), (pol.)* regs-sentristies *(koalisie, party, ens.).* ~**-on** *adj., (infml.)* gesofistikeerd; eietyds; aktueel; (goed) ingelig; doodreg, heeltemal reg, in die kol; heeltemal waar. ~ **side** regterkant; ~ ~ *(of the **body**)* regtersy; *keep/stay **on** the* ~ ~ *of s.o.* →SIDE *n.;* ***on*** *the* ~ ~ op regs; ***on*** *the* ~ ~ *of forty* →SIDE *n.* ~**s issue**

(effektebeurs) regte-uitgifte. ~**size** *(hoofs.Am.)* regskik, regskaal *('n mpy., instansie, ens.)*. ~**sizing** regskikking, regskaling. ~ **sphere** *(astron.)* loodregte hemelstand. ~-**thinking** regdenkend, reggesind, weldenkend. ~-**to-life** *adj.* pro-lewe- *(drukgroep ens.)*. ~ **triangle** *(Am.)* →RIGHT-ANGLED TRIANGLE. ~ **turn** *n.* regsdraai, draai na regs; *take a ~ ~* na regs draai. ~ **whale:** *southern ~ ~, (Balaena glacialis)* suidelike noordka(p)per/noorkap(p)er. ~ **wing** *n., (pol., sport)* regtervleuel. ~-**wing** *adj., (pol.)* regsgesind. ~-**winger** regsgesinde.

right·eous regverdig, regskape *(pers.)*; (moreel) geregverdig *(houding, optrede, ens.)*. **right·eous·ness** regverdigheid, regskapenheid.

right·ful wettig, regmatig; regverdig; ~ *inheritance* wettige erfenis; ~ *owner* regmatige eienaar, reghebbende; ~ *place/position* regmatige plek/posisie.

right·ist *n., (pol.)* regsgesinde, konserwatief. **right·ist** *adj.* regs(gesind), konserwatief. **right·ism** regsgesindheid, konserwatisme.

right·less regteloos. **right·less·ness** regteloosheid.

right·ly tereg; met reg; regverdig; behoorlik; *not ~ know* →KNOW *ww.; if I remember ~* →REMEMBER; *~ or wrongly, whether ~ or not* tereg of ten onregte, reg of verkeerd.

right·ness korrektheid.

right·o, right·y-ho, right oh *tw., (Br., infml.)* goed, mooi, reg so; afgesproke.

right·ward(s) (na) regs.

rig·id styf, star, stram; onbuigsaam, onbeweeglik, onveranderlik; doktrinêr; vas, nieverend; stewig; streng; stip; ~ *constitution* onbuigsame grondwet; ~ *discipline* strenge/harde tug; ~ *stay* vaste anker. **ri·gid·i·fy** verstyf, verstywe, verstar, verstram, styf/star/stram/onbuigsaam/onbeweeglik word; verstyf, verstywe, verstar, verstram, styf/star/stram/onbuigsaam/onbeweeglik maak (*of* laat word). **ri·gid·i·ty, rig·id·ness** styfheid, styfte, starheid, stramheid; onbuigsaamheid; vastheid; stewigheid; strengheid; stiptheid; *(geol.)* vervormingsvastheid.

rig·let = REGLET.

rig·ma·role *n.* rompslomp, beslommernis, beslommering; onsamehangende/langdradige verklaring/storie/praatjies/gebabbel/geklets. **rig·ma·role** *adj.* onsamehangend, langdradig.

ri·gor *(med.)* kouekoors, koue rillings; rigor, koudheid, styfheid. ~ **mortis** rigor mortis, lykverstywing.

rig·or·ism *(ook RK)* rigorisme. **rig·or·ist** *n.* rigoris. **rig·or·ist, rig·or·is·tic** *adj.* rigoristies.

rig·our, *(Am.)* **rig·or** strengheid, strafheid, hardheid; nougesetheid, stiptheid; *the full ~ of the law* die uiterste strengheid van die wet. **rig·or·ous** streng, straf, hard; nougeset, stip. **rig·or·ous·ness** = RIGOUR.

Rig-Ve·da *(Skt.: oudste Hindoedigbundel)* Rig-Veda.

rile *(infml.)* vererg, irriteer, die hoenders/josie in maak.

Ri·ley: *live the life of ~, (infml.)* (lui)lekker leef/lewe.

ri·lie·vo →RELIEVO.

rill stroompie, beek, lopie. ~ **mark** afloopgroefie.

rill(e) *(astron.)* maanspleet, skeur in die maankors.

rim *n.* kant, rand; raam, lys; (bril)raam; kim; velling *(v. 'n wiel)*; →RIMLESS. **rim** *-mm-, ww.* omraam, omlys, van 'n rand voorsien; 'n velling insit; →-RIMMED. ~ **base** vellingboom. ~ **brake** vellingrem. ~ **lock** oplêslot.

ri·ma *-mae, (Lat., anat.)* spleet, naat, gleuf. ~ **glottidis** stembandspleet. ~ **palpebrarum** oogspleet.

rime[1] *n.* ryp; ruigryp. **rime** *ww.* met ryp bedek. **rim·y** vol ryp, wit geryp.

rime[2] *n.* →RHYME *n.*.

rime[3] *n.* sport *(v. 'n leer)*. **rime** *ww.* ruim, wyer maak; uitboor; →REAM[2] *ww.*. **rim·er** = REAMER.

rim·less sonder rand.

-rim·med *komb.vorm* met 'n ... rand, met ... rande; met ... kringe om; *gold-~ glasses* goueraambril; *red-~ eyes* oë met rooi kringe om; *rubber-~* met 'n rubberrand.

ri·mose *adj., (vnl. bot.)* vol barsies.

rim·ple *n. & ww.* rimpel.

Rim·sky-Kor·sa·kov *(Rus. komponis)* Rimski-Korsakof.

rind *n.* skil; kors; bas, skors; buitenste. **rind** *ww.* (af)skil; ontskors, bas afmaak.

rin·der·pest *(veearts.)* runderpes.

ring[1] *n.* ring; kring; sirkel; krans; gordel; oog *(v. 'n tou)*; ringgeut; kartel, sindikaat, net(werk); *(boks, stoei)* kryt; arena; →RINGLET; ***annual*** ~ →ANNUAL *adj.*; ***blow*** *~s* kringe blaas; ***get into the*** ~, *(boks, stoei)* in die kryt (*of* deur die toue) klim; ***make/run*** *~s (a)round s.o., (infml.)* iem. ver/vêr oortref (*of* die loef afsteek); iem. uitstof/kafloop (*of* onder stof loop); ***put/slip*** *a ~ on s.o.'s finger* 'n ring aan iem. se vinger steek; *the ~s of* ***Saturn*** die ringe van Saturnus; *~s of* ***smoke*** rookkringe; ***the*** ~, *(ook)* vuisvegtery, boks(kuns); weddery; beroepswedders. **ring** *ringed ringed, ww.* omring; omkring; *(orn.)* ring, van 'n ring voorsien, 'n ring aansit; ringel, 'n ring in die neus sit *(v. 'n bul ens.)*; draai-draai hardloop; met draaie vlieg; skywe sny; →RINGED, RINGER[1], RINGING[1]; *~ about/in/round ...* 'n kring om ... maak, ... omsingel/insluit. ~-**a-ring a' roses** *(kinderspel)* patertjie-langs-die-kant. ~ **ball** ringbal. ~**bark** *ww.* ringeleer *('n boomstam)*. ~**barking** *n.* ringelering. ~ **binder** ringlêer. ~**bolt** ringbout. ~**bone** ringbeen. ~ **cartilage** ringvormige kraakbeen. ~ **circuit** *(elek.)* ringbaan, -kring. ~**craft** boksvernuf. ~ **dance** rondedans. ~**dove** *(Streptopelia roseogrisea/risoria)* tortelduif; →WOOD PIGEON. ~ **eelworm** spiraal-aalwurm. ~ **fence** *n.* omheining; *(ook fig.)* ringmuur. ~-**fence** *ww.* omhein *(grond)*; *(fig.)* beskerm, beveilig *(werk)*; *(fig.)* oormerk, reserveer, bestem, opsy sit *(vir 'n bep. doel)*. ~ **finger** ringvinger, naaspinkie, *(infml., <kinderrympie)* fielafooi. ~ **fracture** ringbreuk. ~ **head** ringkop. ~**leader** belhamel, voorbok, voorperd, aanvoerder; kaatjie van die baan. ~ **main** *(elek.)* ringhoofleiding. ~ **man** beroepswedder; *(vero. of dial.)* ringvinger. ~**master** sirkusbaas, pikeur. ~ **neck** *(orn.)* rinkhalsvoël. ~-**neck(ed) cobra,** ~-**neck(ed) snake** = RINKHALS. ~-**neck(ed) pigeon** rinkhalsduif. ~ **ouzel/ousel** *(orn.: Turdus torquatus)* bef-, swartlyster. ~ **plate** oogplaat. ~-**pull** *n.* ooptrekdeksel. ~-**pull** *adj. (attr.)* met 'n ooptrekdeksel *(pred.)*; *~ can/tin* blik met 'n ooptrekdeksel. ~ **road** kringpad, -weg. ~ **rot** ringvrot. ~ **shake** ringbars. ~-**shaped** ringvormig. ~**side** voorry, voorste/beste plekke. ~**side seat** voorry, voorste plek, plek vooraan; *(i.d. mv.)* voorgestoelte. ~ **sight** ringvisier. ~ **spanner** toebek(moer)sleutel. ~ **spring** ringveer. ~-**str(e)aked** met ringe geteken, gering. ~-**tailed** met kringe/dwarsstrepe op die stert. ~ **wall** ringmuur. ~ **wire** ringdraad. ~**worm** ringwurm, douwurm, omloop, kruipseer.

ring[2] *n.* (ge)lui; toon, klank; klokkespel; *give the* ***bell*** *a ~* die klok lui; *there's a ~ at the* ***door*** daar word by die deur gelui, die (voor)deurklokkie lui; *it has a* ***familiar*** ~ dit klink bekend; *give three ~s* ***for*** ... lui/bel drie maal vir ...; ***give*** *s.o. a ~, (infml.)* iem. (op)bel. **ring** *rang rung, ww.* lui, klink; weerklink; *(iem. se ore)* tuit, suis; laat klink, rammel (met) *('n muntstuk ens.)*; bel; beier; →RINGER[2], RINGING[2]; ~ ***back*** terugbel; *~ a* ***bell*** →BELL[1] *n.; it ~s a* ***bell*** →BELL[1] *n.; ~ the* ***changes*** →CHANGE[1] *n.; ~* ***down*** *the curtain, (teat.)* die gordyn laat sak; *~* ***down*** *the curtain on s.t., (fig.)* iets staak/stopsit/opskort *('n projek ens.)*; iets afsluit/beëindig *('n era ens.)*; *s.t. ~s* ***false*** iets klink oneg/onopreg/vals; *~* ***for*** *s.o.* (die klokkie) lui om iem. te roep; *~* ***for*** *s.t.* (die klokkie) lui om iets te kry/bestel *(tee ens.)*; (die klokkie) lui vir iets *(aandete ens.)*; *~ s.t.* ***in*** iets inlui; *~* ***off*** afbel, aflui; *s.t. ~s* ***out*** iets weerklink; iets *('n skoot)* klap; *~ s.t.* ***out*** iets uitlui; *make the* ***rafters*** *~* →RAFTER *n.; s.t. ~s* ***true*** iets klink eg/opreg; *~ s.o. (****up****)* iem. (op)bel; *~ s.t.* ***up*** iets (laat) ophaal *(d. gordyn)*; iets registreer/aanteken *('n verkoop)*; *make the* ***welkin*** *~* →WELKIN; *~* ***with*** ... weergalm/weerklink van ... ~ **circuit** *(telef.)* luiverbinding. ~**(ing) tone** *(telef.)* luitoon.

ringed gering, ring-, met 'n ring, met ringe; omsingel(d); ringnek-; *be ~ about/around by/with ...* deur ... omring wees *(bome ens.)*; *~ bird* geringde voël; *~ seal, (Phoca hispida)* ringkol-, ringelrob.

ring·er[1] (voël)ringer; *(Austr.)* kampioen(skaap)skeerder.

ring·er[2] klokluier; lui-, roeptoestel; *(infml.)* ewebeeld; *(infml., perdewedrenne)* vals perd; *(infml.)* bedrieër, konkelaar, knoeier; *(infml.)* motor/voertuig met vals nommerplate; *be a dead ~ for s.o., (infml.)* op 'n druppel/haar na iem. lyk, die ewebeeld van iem. wees.

ring·ing[1] *n.* (die) ring, ringeling *(v. 'n bul ens.)*.

ring·ing[2] *n.* gelui; getuit, gesuis *(i.d. ore)*; (die) lui, gelui, weergalming, weerklank, gebel. **ring·ing** *adj. (attr.)* (luid) klinkende; *~* ***cheer(s)*** luide toejuiging; *~* ***denunciation*** klinkende veroordeling; *in ~* ***tones*** met luide/galmende stem; *(fig.)* duidelik, onomwonde, sonder om doekies om te draai; *~* ***voice*** skallende/(klok)helder stem.

ring·let (haar)krulletjie; ringetjie.

rink *n.* rolskaatsbaan; ysbaan; rolbalspan; rolbalbaan; rybaan. **rink** *ww.* rolskaats. **rink·er** rolskaatser. **rinking** rolskaats(ery).

rink·hals *(Hemachatus haemachatus)* rinkhals(slang).

rink·y-dink *adj., (Am., sl.)* oes, goor, vrot, sleg, nikswerd, treurig; onbelangrik, onbenullig, nietig; afgesaag, flou.

rinse *n.* spoeling; spoelmiddel, mondspoeling, mondwater; kleurspoel(middel); *give s.t. a good ~* iets goed uitspoel; iets goed afspoel. **rinse** *ww.* (uit)spoel, afspoel, omspoel; kleurspoel *(hare)*; *~ s.t. (out)* iets (uit)spoel; *~ s.t. out of ...* iets uit ... spoel. **rins·ing:** *~ bowl* spoelbak; *~ water* spoelwater.

Ri·o (de Ja·nei·ro) *(geog.)* Rio (de Janeiro).

ri·o·ja *(Sp., soort wyn)* rioja.

ri·ot *n.* oproer, rel(letjie), opstootjie, oploop; opskudding, lawaai, rumoer, tumult; *(infml.)* skree(u)snaakse vertoning/opvoering/ens.; *(arg.)* uitspatting, drinkgelag, buitensporigheid; *(ook, i.d. mv.)* onluste, wanordelikhede; ***cause*** *a ~* oproer verwek; *a ~ of* ***colour*** 'n fees/weelde van kleur(e); 'n bont(e) kleurepraq; *a ~ of* ***joy*** uitbundige vreugde; ***run*** *~* handuit ruk, hand uitruk, amok maak; tekere (*of* te kere) gaan, tekeregaan; hoogty vier; wild groei; *(iem. se verbeelding)* op hol wees. **ri·ot** *ww.* oproer maak, oproerig word; *(arg.)* wild lewe, (woes) tekere gaan (*of* te kere gaan *of* tekeregaan), buitensporighede begaan; *~ against ...* gewelddadig teen ... betoog. **R~ Act** *(Br., jur., hist.)* Oproerwet; *read the ~ ~ to s.o.* iem. streng waarsku, iem. die leviete (voor)lees. ~ **gear** onluste-, oproerdrag; onlustoerusting. ~ **police** onlus(te)-, oproerpolisie. ~ **shield** onlusskild. ~ **squad** oproerafdeling, onlus(te)afdeling. ~ **stave** piksteel, knuppel. ~ **truck** oorvalwa.

ri·ot·er oproermaker, oproerling; rusverstoorder.

ri·ot·ing oproerigheid, onluste.

ri·ot·ous wanordelik, oproerig; wild, losbandig; *~ assembly* sameskoling, oproerige byeenkoms.

ri·ot·ry oproerigheid; losbandigheid.

rip[1] *n.* skeur, sny; klouyster, spykerhaak; **rip** *-pp-, ww.* (oop)skeur, (los)skeur, (af)skeur, oopsny, (los)torring; kloof *(hout)*; met vlieënde vaart gaan, ja(ag), vlieg; →RIPPER, RIPPING; *~* ***along,*** *(infml.)* voortsnel; *~ s.t.* ***apart*** iets uiteenskeur, iets uitmekaar skeur; *~ s.t.* ***down*** iets afskeur/afruk; *~* ***into*** *s.o., (infml.)* iem. 'n skrobbering gee (*of* die leviete voorlees); ***let*** *her/it ~!, (infml.)* laat loop/waai!, gee vet!, steek los!, voet in die hoek!; ***let*** *~, (infml.)* losbrand, lostrek; dit uitkap; ***let*** *~!, (ook, infml.)* kap dit uit!; *~ s.t.* ***off*** iets afskeur/afruk; *~ s.o.* ***off,*** *(infml.)* iem. te veel laat betaal, iem. besteel/bedrieg; *~ s.t.* ***open*** iets oopskeur/oopruk; *~ s.t.* ***out*** iets uitskeur/uitruk; iets uittorring *('n voering ens.)*; *~ s.t.* ***up*** iets opskeur; iets opgrawe *('n ou twispunt ens.)*. ~**cord** trekkoord *(v. 'n valskerm)*; skeurbaankabel *(v. 'n ballon)*. ~-**off** *(infml.)* bedrogspul; goedkoop namaaksel. ~-**roaring** uitbundig, lawaaierig, uitgelate, luidrugtig. ~**saw** kloofsaag, growwe saag, skulpsaag. ~**snorter** *(sl.)* doring, ramkat, bielie; skitterende/uitstekende/manjifieke/fantastiese ..., ... uit die boonste rakke (*of* sonder weerga); *a ~ of a match* 'n bulstryd, 'n wedstryd en 'n half (*of* soos min). ~**stop** *adj. (attr.), (tekst.)* skeurvrye *(nylon ens.)*.

rip[2] *n.* onstuimige water. ~**tide,** ~ **current** trekstroom.
rip[3] *n., (infml., vero.)* losbol; niksnut(s); (ou) knol.
ri·par·i·al = RIPARIAN *adj.*.
ri·par·i·an *n.* oewerbewoner. **ri·par·i·an** *adj.* oewer=, wal=; ~ *land* oewergrond; ~ *owner* oewereienaar; ~ *rights* oewerregte.
ripe ryp; ~ ***age*** ryp(e) leeftyd; *be* ~ ***for*** ... ryp/gereed wees vir ...; *(tyd)* reg/geleë wees vir ...; ~ ***old age*** hoë ouderdom; *soon* ~, *soon* ***rotten*** vroeg ryp, vroeg (v)rot (*of* vroeg wys, vroeg sot); *be* ~ ***with*** ... vol (*of* gevul met) ... wees *(betekenis, geure, ens.)*; *persons of* ~ ***years*** mense op ryp(e)/gevorderde leeftyd. ~ **rot** rypvrot, rypverrotting.
rip·en ryp word; ryp maak, laat ryp word. **rip·en·ing** ryp(word)ing.
ripe·ness rypheid.
ri·poste *n.* gevatte/raak antwoord; *(skermk.)* terugsteek, teenstoot. **ri·poste** *ww.* gevat/raak antwoord; *(skermk.)* riposteer, 'n terugstoot gee, terugsteek.
rip·per (oop)skeurder, oopsnyer; padbreker; skeur=, tandploeg; kloofsaag; klouyster, spykerhaak; torringmes(sie); gruwelmoordenaar; *(infml.)* 'n ... en 'n half (*of* soos min); *(infml.)* doring, haan, ram, bul(perd); *(infml.)* (iets) van die fynste.
rip·ping oopskeurend; *(Br., infml., vero.)* puik, verduiwels goed, heerlik, van die fynste, eersteklas; *a* ~ *good time* 'n allerprettigste tyd. ~ **bar** breekyster; klouyster. ~ **chisel** breekbeitel. ~ **saw** kloofsaag, growwe saag. ~ **tool** breekbeitel.
rip·ple[1] *n.* rimpel(ing), riffel, ribbel; kabbeling, gekabbel; golfie, golwing; *(elek.)* rimpelspanning; ~ *of laughter* gegiggel, borrelende gelag. **rip·ple** *ww.* rimpel, riffel, ribbel; kabbel; golf. ~ **cloth** ribbelstof. ~ **effect** rimpeleffek, =uitwerking, (uit)kringeffek. ~ **mark** (golf)riffel, (sand)riffel. **rip·ply** rimpelrig, gerimpel(d), geriffel(d), geribbel(d).
rip·ple[2] *n.* (vlas)repel, repelkam, vlaskam. **rip·ple, rib·ble** *ww.* repel *(saad uit vlas/hennep)*.
rip·pling comb *(tekst.)* repel(kam).
rip·rap *(Am.)* stortklip *(vir erosiebeheer ens.)*; klipstorting.
rise *n.* opgang, styging; opkoms; toeneming, toename; verhoging, bevordering; (salaris)verhoging, (loon)opslag (→RAISE *n.*); (rivier)oorsprong; opdraand(e); hoogte, bult; verheffing, verhewenheid; styghoogte *(v. 'n trap)*; *(mynb.)* styggang; *a* ***blind*** ~ 'n blinde bult/hoogte; *the* ~ *and* ***fall*** *of* ... die opkoms en ondergang van ... *('n ryk ens.)*; die styging en daling van ... *(pryse, d. seevlak, ens.)*; *the* ~ *and* ***fall*** *of ground* die terreindeining; ***get*** *a* ~ 'n verhoging kry; ***get/take*** *a* ~ *out of s.o., (infml.)* 'n kwaai/verergde/geïrriteerde reaksie aan iem. ontlok; ***give*** ~ *to* ... tot ... aanleiding gee, ... veroorsaak; *the* ~ ***in prices*** die styging van die pryse, die prysstyging; ***on a*** ~ teen 'n bult; *be* ***on the*** ~, *(pryse ens.)* aan die styg wees; *a* ~ *in* ***salary*** 'n salarisverhoging; *a* ***sharp/steep*** ~ 'n skerp/skielike styging *(v. pryse ens.)*; *a* ~ *of* ***stairs*** 'n optree; *a* ***steep*** ~, *(ook)* 'n steil helling/bult/opdraand(e); *a* ***wage*** ~ 'n loonsverhoging; *a* ~ *in* ***wages*** 'n loonstyging. **rise** *rose risen, ww.* opstaan; opkom, opgaan, rys, styg; in opstand kom, opstaan; vooruitgaan; opkom, toeneem; oploop; *('n rivier)* ontspring; ontstaan, begin, voortspruit, afkomstig wees *(uit)*; opvlieg; *(d. wind)* opkom; *(brood)* rys; gis; *(water)* opstoot; →RISING; ~ ***above*** *s.t.* bo(kant) iets uitstyg; bo iets verhewe wees; ~ ***against*** ... teen ... in opstand kom; ~ *up in* ***arms*** →ARMS; ~ ***by*** ... met ... styg *(aantal eenhede)*; *the* ***curtain*** *~s on* ... die skerm/gordyn gaan op/oop voor ...; ~ *to one's* ***feet*** →FOOT *n.*; *be rising* ***fifty/etc.*** vyftig/ens. se kant toe staan; *the* ***fish*** *are rising (to the bait)* die vis byt; ~ ***from*** ... van die ... (af) opstaan *(grond, tafel, ens.)*; uit ... verrys *(d. see ens.)*; uit ... opstaan *(d. dood)*; ~ ***from*** ... *to* ... van ... tot ... styg; *s.t. ~s* ***from*** ... iets ontstaan (*of* spruit voort) uit ...; *the* ***House*** *~s, (parl.)* die Huis verdaag; *s.t. ~s up before one's* ***mind*** iets kom voor die gees; ~ *to the* ***occasion*** →BE EQUAL TO THE **OCCASION** *n.*; ~ *to* ***power*** mag kry, die bewind oorneem; ~ ***sharply/steeply*** skerp/sterk styg; ~ *and* ***shine!***, *(infml.)* opstaan!; ~ ***steeply*** skerp styg; ~ ***to*** ... tot ... styg; tot ... vorder; ~ *in the* ***world*** vooruitkom in die wêreld, opgang maak. **ris·en** opgestaan; verrese, herrese; gestyg; *the* ~ *Christ* die opgestane/herrese Christus.
ris·er opstaner; optree, stygstuk, stootbord *(v. 'n trap)*; *(messelwerk)* klimmer; *(pypwerk)* stygleiding; hangband *(v. 'n valskerm)*; *s.o. is an early* ~ iem. staan vroeg op (*of* is 'n vroegopstaner); *s.o. is a late* ~ iem. is 'n laatslaper. ~ **(pipe)** stygpyp.
rish·i *=i(s), (Skt.)* wysgeer, wyse.
ris·i·ble lagwekkend, belaglik; *(w.g.)* laggerig, laglustig; ~ *muscles, (w.g.)* lagspiere. **ris·i·bil·i·ty** lagwekkendheid, belaglikheid; laglus.
ris·ing *n.* (die) opstaan; opgang; styging; opkoms *(v.d. son)*; opdraand(e), hoogte(tjie), bult(jie), heuweltjie; geswel, swelsel; opstand, oproer; opstanding; verdaging *(v.d. hof ens.)*; *(sk.)* kromhout. **ris·ing** *adj.* opgaande, opkomend, stygend; *the* ~ ***generation*** die opkomende geslag; ~ ***ground*** verhewenheid, opdraand(e), stygende terrein, hoogte, bult; *the* ~ ***sun*** →SUN *n.*; ~ ***tide*** stygende/groeiende/opkomende gety. ~ **arch** *(argit.)* klimboog. ~ **column** stygpyp *(v. 'n pomp)*; stygkolom. ~ **damp** *(bouk.)* stygende klammigheid. ~ **main** *(elek.)* styg(hoof)leiding. ~ **sign** *(astrol.)* opkomende teken.
risk *n.* gevaar, risiko; waagstuk; *be* ***at*** ~ in gevaar wees; ***at the*** ~ *of* ... op gevaar (af) van ...; *s.o. is a* ***bad*** ~ iem. is onbetroubaar; *take too* ***big*** *a* ~ te veel waag; *at* ***buyer's*** ~ →BUYER; ***calculated*** ~ →CALCULATED; *there is the* ~ *of* ***catching*** *cold* daar is die gevaar van verkoue kry (*of* koue vat); *s.o. is a* ***good*** ~ 'n mens kan met iem. iets waag; ***incur*** *a* ~ →INCUR; *at the* ~ *of one's* ***life*** met lewensgevaar; *take too* ***many*** *~s* te veel waag; *at one's* ***own*** ~ op eie risiko; *at* ***owner's*** ~ →OWNER; ***put*** *s.o./s.t. at* ~ iem./iets in gevaar stel; ***run*** *a* ~ 'n risiko loop; ***run the*** ~ *of* ... gevaar loop om te ...; ***take*** *a* ~ 'n risiko loop/aanvaar (*of* op jou neem); jou aan gevaar blootstel; ***take*** *~s* dinge/iets waag, iets in die weegskaal stel; ***take*** *a* ***big*** ~ baie waag; ***take*** *the* ~ *of doing s.t.* dit waag om iets te doen. **risk** *ww.* waag, riskeer, in die weegskaal stel, op die spel plaas/sit; durf; ~ *one's life* →LIFE; ~ *s.t. on* ... iets aan ... waag. ~**(-bearing) capital, venture capital** risikokapitaal, risikodraende kapitaal, waagkapitaal. ~ **management** risikobestuur, =beheer. ~**-taker** waagmoedige; waaglustige. ~**-taking** *n.* waagmoed; waaglustigheid. ~**-taking** *adj.* waagmoedig; waaglustig. **risk·y** *=ier =iest* gevaarlik, gewaag(d), waagsaam; onseker, riskant; *be a (very)* ~ *business* (baie) riskant (*of* 'n [groot] waagstuk) wees.
ri·so·ri·al = RISIBLE.
ri·so·ri·us *=rii, (anat.)* lagspier. ~ **(muscle)** lagspier.
ri·sot·to *=tos, (It. rysgereg)* risotto.
ris·qué (Fr.) gewaag(d), gewaagde, gedurf(de).
ris·sole frikkadel(letjie).
ri·tar·dan·do *n., adj. & adv., (mus.)* = RALLENTANDO.
rite rite, ritus; (kerk)gebruik; plegtigheid, seremonie; *(ook, i.d. mv.)* ritus; *administer the last ~s to s.o.* →LAST RITES; *~s of passage* deurgangsrites.
ri·te·nu·to *=tos, n., (It., mus.)* ritenutopassasie. **ri·te·nu·to** *adj. & adv.* ritenuto, terughoudend, ingehoue, stadiger.
ri·tor·nel·lo *=nellos, =nelli, (It., mus.)* ritornello.
ritt·mas·ter *(hist.)* ritmeester.
rit·u·al *n.* ritueel, ritus; kerkgebruik(e); rituaal, (kerklike) voorskrif; rituaal(boek); *(fig.: stereotipiese gedrag)* ritueel. **rit·u·al** *adj.* ritueel; ~ *murder* rituele moord. **rit·u·al·ism** ritualisme. **rit·u·al·ist** *n.* ritualis. **rit·u·al·ist, rit·u·al·is·tic** *adj.* ritualisties.
ritz *(Am., infml.)*: *put on the* ~ uithang; pronk; met jou neus in die lug loop, neusoptrekkerig/grootdoenerig/pretensieus/aanstellerig (*of* vol aanstellings) wees. **ritz·y** *=ier =iest, (infml.)* weelderig, luuks; peperduur; swierig, spoggerig, deftig, elegant, sjiek.
ri·val *n.* mededinger; *cut out a* ~ iem. se hand in die as slaan, iem. uitsit; *s.o. is without a* ~ iem. is sonder weerga, *(infml.)* iem. se maters is dood. **ri·val** *adj.* wedywerend, mededingend; ~ *candidate* teenkandidaat. **ri·val** *=ll=, ww.* wedywer met, meeding met/teen, konkurreer met, na die kroon steek. **ri·val·ry, ri·val·ship** wedywer, mededinging, konkurrensie.
rive *rived rived/riven, (arg.)* skeur, splyt, splits, kloof, klowe; →RIVING. **riv·en** geskeur, gesplyt, gekloof.
riv·er rivier; stroom; *the* ~ ***burst*** *its banks* die rivier het sy oewers oorstroom; ***down*** *(the)* ~ stroomaf, laer af aan/langs die rivier, stroomafwaarts; *the* ~ *is in* ***flood/spate*** die rivier kom af (*of* lê kant en wal *of* is vol); *the* ~ ***flows*** *north/etc.* die rivier vloei/stroom noordwaarts/ens.; *the town is* ***on*** *the* ~ die dorp lê aan/langs die rivier (*of* is aan/langs die rivier geleë); *row/sail/etc.* ***on*** *a* ~ op 'n rivier roei/seil/ens.; ***sell*** *s.o. down the* ~, *(infml.)* iem. verraai (*of* aan sy/haar vyande oorlewer/uitlewer); ***sell*** *one's own side down the* ~, *(ook, infml.)* jou kant in die steek laat; ***small*** ~ riviertjie, spruit; *the* ~ ***stops*** *flowing/running* die rivier gaan staan; *a* ***swollen*** ~ 'n vol rivier; ***up*** *(the)* ~ stroomop, hoër op aan/langs die rivier, stroomopwaarts. ~ **basin** stroomgebied, rivierkom. ~ **bed** rivierbedding, stroombed(ding). ~ **behaviour** *(geog.)* riviergedrag. ~ **bend** rivierdraai. ~ **blindness** →ONCHOCERCIASIS. ~**boat** rivierboot. ~ **capture** *(geol.)* rivierrowing, =aftapping, stroomrowing. ~ **clay** rivierklei. ~ **crab** rivierkrap. ~ **craft** riviertuig, *(i.d. mv.)* riviertuie. ~ **diggings** rivierdelwery(e). ~ **dweller** oewerbewoner. ~ **fish** riviervis. ~ **god** riviergod. ~**head** oorsprong/bron (van die rivier). ~ **hog** kapibara, watervark; bosvark. ~ **horse** *(infml.: seekoei)* rivierperd. ~ **mouth** riviermond(ing). ~ **plain** riviervlakte. ~ **route** waterweg, rivierroete. ~ **sand** riviersand. ~ **scene** riviergesig. ~**side** rivieroewer, =wal. ~**-side dweller** oewerbewoner. ~ **steenbras** = STEENBRAS, WHITE STEENBRAS. ~ **system** rivierstelsel, =sisteem. ~ **tortoise** waterskilpad. ~ **valley** riviervallei. ~ **wall** rivierkaai; rivierdyk. ~ **warbler** *(Locustella fluviatilis)* sprinkaansanger.
riv·er·ain *n., (w.g.)* oewerbewoner. **riv·er·ain** *adj.* = RIVERINE *adj.*.
riv·er·ine *adj.* rivier=, oewer=. ~ **rabbit** *(Bunolagus monticularis)* oewer=, rivierkonyn, doekvoet(jie), pond=, vlei=, boesmanhaas *(ook B~)*.
Riv·ers·dale *(SA, geog.)* Riversdal. ~ **heath** = LANTERN HEATH.
riv·et *n.* klinknael. **riv·et** *ww.* (vas)klink, opklink; omklink; vasnael; boei; *s.t. ~s the* ***attention*** iets boei die aandag; *~ed* ***bolt*** klinkbout; *~ed* ***joint*** klinklas; *s.o.'s attention is (or eyes are) ~ed* ***on*** ... iem. se aandag/oë is stip op ... gevestig, iem. kyk stip/strak na ...; *s.t. is ~ed* ***on*** iets is aangeklink/opgeklink; *s.t. is ~ed* ***on*** *the mind* iets is op die gemoed gegrif; *be ~ed* ***to*** ... aan ... (vas)genael wees *(d. grond ens.)*; aan ... vassit *(jou pos ens.)*. ~ **buster,** ~ **cutter** klinknaelkapper. ~ **point** setkop. ~ **seam, riveted seam** klinknaat. ~ **set** snapper. ~ **shaft** klinknaelskag. ~ **weld** naelsweislas.
riv·et·er klinkwerker, (nael)klinker; klinkmasjien.
riv·et·ing *n.* klinkwerk. **riv·et·ing** *adj.* meesleurend, pakkend, boeiend. ~ **clamp** klinktang. ~ **hammer** klinkhamer. ~ **machine** klinkmasjien.
riv·i·er·a *(It.)* riviera, warm kusstreek; *the R~* die Riviera *(in S.Fr. en NW.It.)*.
riv·ing: ~ **knife** kloofmes. ~ **machine** kloofmasjien.
riv·u·let lopie, spruitjie, stroompie; *(poët., liter.)* beek, vliet.
rix-dol·lar *(hist.)* riksdaalder.
Ri·yadh *(geog.)* Riad.
ri·yal *(geldeenh. v. Katar, Saoedi-Arabië en Jemen)* rial; →RIAL.
roach[1] *(igt.: Rutilus rutilus)* karper; *(as) sound as a* ~ so gesond soos 'n vis (in die water), perdfris.
roach[2] *(sk.)* (voet)gilling *(v. 'n seil)*.
roach[3] *(hoofs.Am.)* = COCKROACH.
road pad, weg; →ROADSTEAD; ***by*** ~ padlangs, met die pad; per motor/bus; *the* ~ ***crosses*** *the farm* die pad loop deur die plaas; *at the* ***end*** *of the* ~ aan die end van die pad; *s.o. has come to (or reached) the* ***end*** *of the* ~,

(*fig.*) iem. kan nie voortgaan nie; ***gentleman*** *of the* ~ →GENTLEMAN; ***go off the*** ~ van die pad (af) loop; ***go on the*** ~ handelsreisiger word; met 'n toneelstuk toer; *the* ~ ***goes/leads*** *to* ... die pad gaan/lei na ...; *the* ***high*** ~ die grootpad; ***hit*** *the* ~, (*infml.*) in die pad val, die pad vat; ***hog*** *the* ~, (*infml.*) maak of die (hele) pad joune is (*of* aan jou behoort), in die middel van die pad ry; ***hold*** *the* ~ *well*, (*mot.*) padvas wees; ***in*** *the* ~ in die pad; *be* ***in*** *s.o.'s* ~, (*infml.*) in iem. se pad staan; ***keep*** *to the* ~ op/in die pad bly, in die pad hou; ***knight*** *of the* ~ →KNIGHT *n.*; ***leave*** *the* ~, (*'n motor ens.*) van die pad (af) loop; *a* ***narrow*** ~ 'n smal pad; *by the* ***nearest/shortest*** ~ met die kortste/naaste pad; ***on*** *the* ~ op pad, onderweg; *meet s.o.* ***on*** *the* ~, (*ook*) iem. langs die pad ontmoet; *be* ***on*** *the* ~ *to recovery* →RECOVERY; *have* ***one*** *for the* ~, (*infml.*) 'n loopdop maak; *on the* ~ *to* ***perdition*** →PERDITION; ***ready*** *for the* ~ →READY *adj.* & *adv.*; *the* ***royal*** ~ *to* ... →ROYAL ROAD; *the* ***rule*** *of the* ~ die uitwykreël; (*sk.*) die vaarreël; ***rules*** *of the* ~ verkeersreëls; *a bad* ***stretch*** *of* ~ 'n slegte ent pad; ***take*** *the* ~ in die pad val, die pad vat; ***take*** *to the* ~ op reis gaan, gaan reis/swerf/swerwe; ('n) boemelaar word; *the* ~ *is* ***up*** die pad is gesluit/opgebreek; ~ ***up*** pad gesluit; *a* ***wide*** ~ 'n breë pad. ~ **accident** padongeluk. ~ **agent** handelsreisiger; (*Am.*) struikrower. ~ **atlas** padatlas. ~**bed** baanblad. ~**block,** ~ **barrier** padversperring, =afsluiting. ~**(s) board** padraad, paaieraad. ~ **book** padgids, roeteboek, reiswyser. ~ **breaker** padbreker. ~ **bridge** padbrug, verkeersbrug. ~ **builder** padbouer. ~ **building** padbou, =aanleg. ~ **clearance** ashoogte. ~ **company** reisende toneelgeselskap. ~ **construction** padbou, =aanleg; straatbou, =aanleg. ~ **crossing** padoorgang. ~ **curve** padboog, draai in die pad. ~ **deviation** padverlegging. ~ **engineer** padingenieur, paaie-ingenieur, padboukundige. ~ **engineering** padboukunde. ~ **fork** tweesprong, padvertakking. ~ **fund** paaiefonds, padboufonds. ~ **fund licence** (*Br.*) voertuiglisensie. ~ **gang** padwerkerspan, span padwerkers. ~ **grader** padskraper. ~ **head** padeinde, eindpunt van 'n pad. ~ **hog** (*infml., neerh.*) padbuffel. ~**-holding (ability)** padhouvermoë. ~**house** padkafee, inrykafee; herberg. ~ **hump** spoedbult. ~ **indicator** padwyser. ~ **junction** padknoop(punt), padaansluiting, padkruising. ~ **kill** (*Am.*) dier wat doodgery is, doodgeryde dier. ~ **maker** padmaker. ~ **making** padbou, =makery. ~**man** padmaker, =werker; handelsreisiger; tydrenjaer. ~ **manager** toerbestuurder, =organiseerder (*v. 'n rockgroep ens.*). ~ **map** padkaart. ~ **mender** padwerker. ~ **mending** padwerkery, lapwerk aan die pad. ~ **metal** pad=, klipgruis, padverharding. ~ **motor service** padmotordiens. ~ **movie** (*Am. filmgenre*) road movie. ~ **network** paaienet(werk). ~ **plough** padploeg. ~ **post** = SIGNPOST *n.*. ~ **pricing** metropolitaanse tolskema (*om padgebruik te beperk*). ~ **race** padwedren. ~ **rage** padwoede. ~ **repairer** padwerker. ~ **repair(s)** padherstel(werk). ~ **reserve** padreserwe. ~**roller** padwals, padroller. ~ **runner** (*orn.: Geococcyx spp.*) draf=, renkoekoek. ~ **running** padloop. ~ **safety** padveiligheid, verkeersveiligheid. ~**s commission** paaiekommissie. ~ **scraper** = ROAD GRADER. ~ **sense** ryvernuf; padsin, padvernuf. ~**show** promosietoer; (*pol.*) verkiesingstoer; (*mus.*) poptoer; (*rad., TV*) plaaslike uitsending; (*TV*) solusprent; (*teat.*) toeropvoering, =vertoning. ~**side** *n.* kant van die pad. ~**side** *adj.* pad=, langs die pad. ~ **sign** pad=, ryteken. ~ **spring** slagveer. ~**stead, road(s)** (*sk.*) ankerplek, rede. ~ **surface** padvlak, =blad. ~ **sweeper** straatveër. ~ **system** paaienet(werk). ~ **tanker** tenkwa. ~ **tax** tol, padbelasting. ~ **test** *n.* padtoets. ~**-test** *ww.* aan 'n padtoets onderwerp (*'n voertuig*). ~ **traffic** padverkeer. ~ **train** (*hoofs. Austr.: voorhaker met sleepwa[ens]*) padtrein. ~ **transport** padvervoer; padvoertuie. ~ **transport service** padvervoerdiens. ~ **trap** spoedlokval, jaagstrik. ~ **user** padgebruiker. ~**way** rypad, =baan, =vlak; rydek (*v. 'n brug*). ~**work** padwerk; (*sport en ontspanning*) padoefening(e). ~ **worker** padwerker. ~**works** *n.* (*mv.*) padwerk.

road·a·ble padvaardig. **road·a·bil·i·ty** padvaardigheid.

road·ie (*infml.*) toerassistent (*v. 'n rockgroep ens.*).

road·less ongebaan, sonder paaie/weë.

road·ster toermotor; tweesitplekmotor; padfiets; ryperd; (*vero.*) padloper, rondloper, swerwer; (*sk.*) (op die rede) geankerde skip.

road·wor·thy padwaardig. **road·wor·thi·ness** padwaardigheid.

roam swerf, (rond)dool, rondtrek, dwaal, (*poët., liter.*) swalk; ~ *about/around* rondswerf, =swerwe; ronddwaal. **roam·er** swerwer, swerweling.

roan[1] *n.* skimmel(perd); (rooi)skilderbees; (*Hippotragus equinus*) bastergemsbok; →BLUE ROAN, CHESTNUT ROAN, RED ROAN, STRAWBERRY ROAN. **roan** *adj.* (rooi)skimmel=. ~ **(antelope)** bastergemsbok.

roan[2] *n.*: ~ **(leather)** skaapleer.

roar *n.* (ge)brul, (ge)bulk; gebulder, geraas, gedonder, gedreun; gedruis, druising; geloei (*v.d. wind*); geskater; ~ *of guns* kanongebulder; *set the table in a* ~ die geselskap laat skater(lag); ~ *of the waves* gedreun van die golwe. **roar** *ww.* brul, bulk; bulder, raas, donder, dreun; druis; dawer; (*wind*) bulder, gier, loei; (*'n perd met laringitis*) roggel; ~ *at s.o.* teen iem. bulder; ~ *off* met 'n lawaai wegtrek; ~ *with* ... skater/brul van ... (*d. lag*); kerm/brul van ... (*[d.] pyn*). **roar·er** bruller; (*'n siek perd*) roggelaar. **roar·ing** *n.* gebrul; snuiwende dampigheid (*by perde*). **roar·ing** *adj.* & *adv.* brullend; dreunend; dawerend; *have a* ~ ***appetite*** rasend honger wees; *be* ~ ***drunk*** smoordronk wees; *a* ~ ***farce*** 'n dolle klug; *a* ~ ***fire*** 'n knetterende vuur; *the* ~ ***forties***, (*nav.*) die stormbreedtes/westewindgebied; *be in* ~ ***health*** in blakende gesondheid verkeer, blakend gesond wees; *a* ~ ***lion*** 'n briesende/brullende leeu; *a* ~ ***night*** 'n stormagtige nag; ~ ***sand*** brulsand; *a* ~ ***success*** 'n reusesukses; *have a* ~ ***time*** jou gate uit geniet, lekker partytjie hou, groot pret hê; *drive a* ~ ***trade*** voordelige sake (*of* reusesake) doen, geld soos bossies maak; *the R~* ***Twenties***, (*infml.*) die lighartige gees van die twintigerjare/twintigs (*of* jare twintig).

roast *n.* braaiboud, gebraad; braaistuk, braaivleis; braaiery; *rule the* ~ →RULE *ww.*. **roast** *adj.* gebraai, braai=; ~ ***beef*** gebraaide beesvleis, beesbraad; ~ ***chicken*** gebraaide hoender, braaihoender; ~ ***lamb*** gebraaide lamsvleis, lamsbraad; ~ ***mutton*** gebraaide skaapvleis; ~ *leg of* ***mutton*** braaiboud; ~ ***pork*** gebraaide varkvleis, varkbraad; ~ ***venison*** gebraaide wild(s)vleis, wild(s)braad; ~ *haunch of* ***venison*** gebraaide wildsboud. **roast** *ww.* (oond)braai; rooster; brand (*koffie*); roskam, 'n skrobbering gee; die spot dryf met, vir die gek hou; ~*ed coffee* gebrande koffie. **roast·er** braaier; koffiebrander; braai-oond; braaivark; braaihoender; (*infml.*) snikhete dag.

roast·ing (die) braai, braaiery; *a* ~ (*of coffee*) 'n brandsel; *give s.o. a* ~ iem. roskam (*of* 'n skrobbering gee). ~ **ear (of maize)** (*Am.*) braaimielie. ~ **jack** spitdraaier. ~ **tin** oondbraaipan.

rob =*bb*= (be)steel, (be)roof; plunder; ontneem van (*'n geleentheid ens.*); →ROBBER; ~ *s.o. of s.t.* iem. van iets beroof, iem. iets ontroof; ~ *Peter to pay Paul* →PETER.

Rob·ben Is·land (*SA, geog.*) Robbeneiland.

rob·ber rower; *a nest of* ~*s* 'n rowersnes. ~ **band** rowerbende. ~ **baron,** ~ **knight** (*neerh.: gewete[n]lose rykaard*) uitbuiter, plutokraat. ~ **fly** roofvlieg. **rob·ber·y** roof; berowing, roofaanval, =oorval; rowery; *armed* ~ gewapende roof, roofoorval.

robe[1] *n.* mantel, kleed, gewaad; (*jur.*) toga; japon, kamerjas; *the (long)* ~, *the gentlemen of the* ~, (*arg.*) die here van die toga, die advokatuur; ~*s of office, official* ~*s* ampsgewaad, =drag, =kleding. **robe** *ww.* (met 'n toga) beklee; aantrek, aanklee; →ROBING.

robe[2], **'robe** *n.*, (*infml.*) = WARDROBE.

rob·in (*orn.*) rooiborsie; *Cape* ~, (*Cossypha caffra*) (gewone) janfrederik; *chorister* ~, (*C. dichroa*) lawaaimaker(janfrederik); *ragged* ~, (*bot.*) →RAGGED ROBIN. ~ **redbreast** rooiborsie.

rob·ing (die) aanklee. ~ **room** kleedkamer.

Rob·in Hood (*Me. Eng. legende; fig.*) Robin Hood.

ro·bor·ant *n.*, (*w.g.*) versterkmiddel. **ro·bor·ant** *adj.*, (*w.g.*) versterkend, versterkings=, versterk=.

ro·bot robot, masjienmens, outomaat; (*SA*) verkeerslig, robot. **ro·bot·ic** *adj.* robotagtig. **ro·bot·ics** *n.* (*fungeer as ekv.*) robotika. **ro·bot·i·sa·tion,** =**za·tion** robotisering. **ro·bot·ise,** =**ize** robotiseer.

ro·bur·ite (*plofstof*) roburiet.

ro·bust sterk, kragtig, stewig, robuus; gesond, gespier(d), fris (gebou), frisgebou, fors; (*w.g.*) kras; ~ *health* blakende gesondheid; ~ *old man*, (*w.g.*) krasse grysaard. **ro·bus·tious** (*arg.*) luidrugtig, lawaaierig, rumoerig. **ro·bust·ness** robuustheid; stewigheid; gespierdheid.

ro·bus·ta robusta(koffie); robusta(bone); (*bot.*) robusta(plant).

roc (*<Pers.: mitologiese voël*) rok.

ro·caille (*Fr., kuns- of argitektoniese styl v.d. 18de eeu*) rocaille.

roch·et (*Chr.*) koormantel, =hemp.

rock[1] *n.* rots (*ook i.d. see*); klip; (*fig.*) rotssteen, steen(rots); (*infml.*) (edel)gesteente; (*dwelmsl.*) crack-kristal; (*i.d. mv., vulg. sl.: testikels*) balle, knaters; →ROCKERY, ROCKLIKE, ROCKY[1]; *s.t. is* ***built*** *on the* ~ iets is op vaste fondament (*of* op 'n steenrots) gebou; *be* ~ ***firm*** rotsvas wees; *the R~ of* ***Gibraltar***, (*geog.*) die Rots van Gibraltar; *the ship is* ***hard*** *on the* ~*s* die skip is vas op die rotse; *find o.s.* (or *be caught/wedged*) *between a* ~ *and a* ***hard place***, (*infml.*) tussen twee vure sit, tussen hamer en aambeeld (vasgevang) wees, in die knyp wees; *get one's* ~*s* ***off***, (*taboesl.: 'n orgasme kry; ejakuleer*) kom; skiet; *be* ***on*** *the* ~*s*, (*lett.*) op die rotse wees; (*infml., 'n huwelik ens.*) verbrokkel wees; platsak/bankrot wees; *a drink* ***on*** *the* ~*s*, (*infml.*) 'n skoon drankie met ys; ***run*** *(up)on the* ~*s*, (*'n skip*) op die rotse loop, (*ook fig.*) skipbreuk ly; ***throw*** ~*s* (*at s.o./s.t.*), (*Am.*) (iem./iets) met klippe gooi. ~ **alder** (*Canthium mundianum*) klipels. ~ **alum** steenaluin. ~ **ammonia** (*w.g.*) →AMMONIUM CARBONATE. ~ **arch** (natuurlike) rotsbrug. ~ **art** (*argeol.*) rotskuns. ~ **bed** rotsbodem. ~ **borer** (*teg.*) rotsmol. ~ **bottom** diepste bodem; nabank, hardebank, vaste rots/klip; (*fig.*) laaste hoepel; *be at* ~ ~ vasgebrand wees; *reach/touch* ~ ~ die (aller)laagste punt bereik. ~**-bottom price** allerlaagste prys, minimum prys. ~**-bound** *adj.* (*attr.*) deur rotse omring (*pred.*); rotsagtige; ~ *coast* rotskus. ~ **breaker** (*meg.*) rotsbreker. ~**-breaking** rotsbrekery. ~ **bun,** ~ **cake** (*hoofs. Br.*) rotskoekie. ~ **bunting** (*orn.: Emberiza tahapisi*) klipstreepkoppie, klipmossie. ~**burst** rotsbarsting. ~ **carving,** ~ **engraving** (*argeol.*) rotstekening, =gravering, =gravure. ~ **climber** rotsklimmer. ~ **climbing** rotsklim. ~ **cod** (*igt.: Epinephelus spp., Cephalopholis spp.*) klipkabeljou. ~ **cork** (*'n soort asbes*) bergkurk; →MOUNTAIN CORK. ~ **crystal** bergkristal. ~ **dash** grintstrooi. ~ **dassie** (*soöl.: Procavia capensis*) klipdas(sie). ~ **dove** rotsduif. ~ **drill** rots=, klipboor. ~ **dump** rotshoop. ~ **face** rotswand; breekvlak; krans. ~**-faced** randbekap. ~**fall** rots=, klipstorting. ~ **fever** = BRUCELLOSIS. ~ **fill** klipvulling. ~**-fill dam** klipdam. ~ **flint** horingklip. ~ **flour** rotsmeel. ~ **foundation** rotsfondament. ~ **garden** rots=, kliptuin. ~ **goat** (Europese) steenbok. ~ **hammer** kliphamer. ~**-hard** kliphard. ~ **hare** = SCRUB HARE. ~**-hewn** *adj.* (*attr.*) uit klip (*of* uit [die] rots) gekap (*pred.*). ~ **hoist** rotshysmasjien, =hyser. ~**-hopper (penguin)** (*Eudyptes chrysocome*) geelkuifpikkewyn. ~**jumper** (*orn.: Chaetops spp.*) berglyster. ~ **kestrel, common kestrel** (*orn.: Falco rupicolis*) rooi=, kransvalk. ~ **layer** nabank. ~ **leather** = MOUNTAIN LEATHER. ~ **ledge** kranslys. ~ **lichen** steenmos. ~**-living** *adj.* (*attr.*) rotsbewonende. ~ **lizard** = AGAMA. ~ **lobster** (see)kreef. ~ **martin** (*orn.: Hirundo fuligula*) kransswa(w)el(tjie). ~ **meal** (*min.*) diatomiet. ~ **mouse** (*Petromyscus spp.*) klipmuis. ~ **oil** petroleum, ruolie, aardolie. ~ **painting** (*argeol.*) rotsskildering. ~ **phosphate** rotsfosfaat. ~ **pigeon** (*SA: Columba guinea*) krans=, bosduif; (*Eur.: C. livia*) rotsduif. ~ **pipit** (*SA, orn: Anthus crenatus*) klipkoester; (*Eur.: A. petrosus*) rotspieper. ~ **plain** voetvlakte. ~ **plant** rotsplant. ~ **pool** rotspoel. ~ **rabbit** = ROCK DASSIE. ~**-ribbed** (*geol.*) met rotsare; (*fig.*) rotsvas; klipsteenhard. ~ **rose** (*Helianthemum spp.*) sonrosie; (*Cistus spp.*) kliproos. ~ **salt** klip=, lek=, steen=

sout, haliet. ~**shaft** rotsskag. ~ **shelter** rotsskuiling. ~**slide** berg=, rotsstorting, rotsafskuiwing. ~**-solid** *adj. (attr.)* deur en deur betroubaar. ~ **sucker** *(igt.: Chorisochismus dentex)* klipsuier. ~ **sulphur** stukswa(w)el. ~ **temple** rotstempel. ~ **thrush** *(orn.: Monticola* spp.*)* kliplyster. ~ **tomb** rotsgraf. ~ **wall** rotswand, =muur. ~ **wool** →MINERAL WOOL. ~ **work** klip=, rotswerk; klip=, rotstuin.

rock[2] *n.* wiegbeweging; skudding; *(mus.)* rock. **rock** *ww.* wieg, skommel; wiegel; hobbel; wankel, waggel, steier; skud, ruk; laat steier; *(infml.)* rock(musiek) speel; *(infml.)* op rock(musiek) dans; *(sl.: groot opwinding veroorsaak)* vuurwarm (*of* aan die brand) wees; →ROCKER, ROCKING, ROCKY[2]; ~ *the* **boat,** *(fig.)* →BOAT *n.*; ... *was ~ed by an* **earthquake** ... is deur 'n aardbewing geskud; ~ **gently** wiegel; *the* **price** *~ed s.o.* die prys het iem. geruk (*of* laat steier); ~ **slightly** wikkel; ~ *s.o.* **to** *sleep* iem. aan die slaap wieg/sus; ~ **with** ... skud van ... *(d. lag)*. ~**abilly** *(Am., popmus.)* rockabilly. ~ **and roll,** ~ **'n' roll** *(mus.)* ruk-en-rol.

rock·er wieger, *(vr.)* wiegster; wieg; skommelhout *(v. 'n wieg)*; ry=, skommelstoel; hobbelperd; skommelaar, wasmasjien *(vir grond)*; *(masj.)* skudder; *(mot.)* tuimelaar; wiegdraer *(v. 'n kanon)*; *(infml.)* rocker, rock(musiek)aanhanger; rocker, rockmusikant; *be off one's ~, (infml.)* (van lotjie) getik (*of* stapelgek) wees. ~ **arm** *(mot.)* tuimelaararm. ~ **gear** *(mynb.)* skudgerei; *(mynb.)* tuimelgerei.

rock·er·y rotswerk; rots=, kliptuin.

rock·et[1] *n.* vuurpyl; →ROCKETEER, ROCKETRY; *get a ~, (Br., infml.)* kwaai/skerp onder skoot kom, goed deurloop, 'n skrobbering kry, geroskam word; *give s.o. a ~, (Br., infml.)* iem. oor die kole haal (*of* behoorlik voor stok kry *of* goed/behoorlik/deeglik die kop was), iem. se kop (behoorlik/goed/lekker vir hom/haar) was, iem. roskam (*of* 'n skrobbering gee). **rock·et** *ww., (pryse ens.)* in die hoogte skiet, die hoogte inskiet; met vuurpyle beskiet/bestook/aanval; *(infml.)* wegskiet, met vaart wegspring; voortsnel. ~ **aircraft** vuurpylvliegtuig. ~**-assisted** met vuurpyl(hulp). ~ **engine,** ~ **motor** vuurpylmotor. ~ **launcher** vuurpylrigter. ~ **lightning** vertraagde blits. ~ **motor** →ROCKET ENGINE. ~ **plane** = ROCKET AIRCRAFT. ~ **projector** vuurpylwerper. ~**-propelled** *adj. (attr.)* vuurpylaangedrewe *(granaat ens.)*. ~ **propulsion** vuurpylaandrywing. ~ **range** vuurpyllanseerterrein, =gebied. ~ **scientist** vuurpylwetenskaplike; *you don't have to be* (or *it doesn't take/require) a ~ ~ to ..., (infml., hoofs. Am.)* ('n) mens hoef geen (*of* nie 'n) genie te wees om te ... nie.

rock·et[2] *(bot.), (Eruca sativa, ook* garden/salad rocket*)* slaai-eruca; *(Sisymbrium* spp.*)* raket; *(Barbarea* spp.*)* barbarakruid; *(Cakile maritima)* seeraket; *(Hesperis matronalis)* damasblom.

rock·et·eer vuurpylwerker.

rock·et·ry vuurpylwerk, =wetenskap, =tegnologie.

rock·ing skommelend. ~ **chair** ry=, skommel=, wipstoel. ~ **frame** skommelvorm. ~ **grate** skudrooster. ~ **horse** hobbel=, skommelperd. ~ **roller** wiegroller. ~ **screen** skommelsif. ~ **stone** skommel=, wipklip.

rock·like rotsvas, onwrikbaar, onwankelbaar, onversetlik, klipsteenhard.

rock·y[1] rotsagtig, rotsig, rots=; klipperig; steenagtig; klipsteenhard; ~ **bed** rotsbodem; *(geol.)* nabank; klipperige (rivier)bedding; ~ **hill/ridge** kliprant; ~ **ledge/outcrop** klipbank; *the R~* **Mountains,** *the* **Rockies** die Rotsgebergte.

rock·y[2] bewerig, slap.

ro·co·co *(Eur. ontwerpstyl v.d. 18de eeu)* rococo *(ook R~)*.

rod staaf, stang; stafie; trekbout; stok, staf; (tug/gesel)roede; *(maateenh.)* (Engelse) roede; *(Am., infml.: pistool, rewolwer)* yster, twa, rollie; →ADJUSTING ROD, HOT ROD, SQUARE ROD; *make a ~ for one's own* **back,** *(infml.)* 'n lat vir jou eie bas pluk, jouself moeilikheid op die hals haal; *Usher of the* **Black** *R~* →BLACK ROD; *rule with a ~ of* **iron** →IRON *n.*; **kiss** *the ~* →KISS *ww.*; *have a ~ in* **pickle** *for s.o.* nog met iem. sal afreken, 'n appeltjie met iem. te skil hê; **spare** *the ~ and spoil the child* wie sy kind liefhet, kasty hom; wie die roede spaar, bederf die kind. ~ **chisel** steelbeitel. ~ **coupling** stangkoppeling. ~ **fishing** stokvisvangs. ~ **glass** staafglas. ~ **iron** stangyster. ~**man** hengelaar; *(hoofs. Am.)* landmetershulp, kettingdraer; *(sl.)* skieter. ~**-shaped** staafvormig. ~ **stay** stanganker.

ro·dent *n.* knaagdier. **ro·dent** *adj.* knaag=; ~ *ulcer, (med.)* vretende seer, knaagseer, ulcus rodens. ~ **officer** *(Br.)* rottevanger. ~**-proof** rotdig.

ro·den·ti·cide knaagdierdoder.

ro·de·o, ro·de·o =*deos* rodeo.

rod·o·mon·tade *n.* grootpratery, windmakerigheid, spoggery, rodomontade. **rod·o·mon·tade** *adj.* grootpraterig, windmaker(ig), spoggerig. **rod·o·mon·tade** *ww.* grootpraat, spog, bluf.

roe[1] *(soöl.)* ree. ~**buck** reebokram. ~ **deer** reebok.

roe[2] viskuit, viseiers. ~**stone** kuit=, eiersteen, oöliet.

roent·gen, rönt·gen *(bestralingseenheid)* röntgen. ~ **ray** *(gew. i.d. mv., vero.)* röntgenstraal, X-straal *(ook x~)*.

roent·gen·ise, =**ize** *(med.)* met röntgenstrale/X-strale behandel *(ook x~)*.

roent·gen·o·gram *(med.)* röntgenogram, röntgenfoto, X-straalfoto *(ook x~)*.

roent·gen·og·raph·y *(med.)* röntgenografie, röntgenfotografie, X-straalfotografie *(ook x~)*.

roent·gen·ol·o·gy *(med.)* röntgenologie; →RADIOLOGY.

roent·gen·os·co·py *(med.)* röntgenoskopie, fluoroskopie.

roent·gen·o·ther·a·py *(med.)* röntgenterapie.

ro·ga·tion *(Chr.)* smeking. **R~ days** Kruisdae. **R~ Sunday** Sondag voor Hemelvaart. **R~ Week** Hemelvaartsweek.

rog·er *tw., (radiokommunikasie)* roger, boodskap ontvang en verstaan; *(infml.)* goed, reg. **rog·er** *ww., (Br., taboesl., v. 'n man: geslagsgemeenskap hê)* steek, stoot.

rogue *n.* skurk, skelm, skobbejak; vabond, karnallie, deugniet, niksnut(s), rakker, ondeug; *('n olifant ens.)* eenloper, uitgestote mannetjie; *(bot.)* afwyker; *a consummate ~* 'n deurtrapte skurk, 'n aartsskurk; *a pack of ~s* 'n bende/klomp skurke. **rogue** *ww.* van swak plante suiwer, die slegste plantjies uittrek. ~ **elephant** eenloperolifant. ~**s' gallery** *(infml.: versameling polisiefoto's v. misdadigers)* skurkemuseum. ~**s' Latin** →THIEVES' LATIN.

ro·guer·y skelmstreke, skelmery, skurkery; ondeundheid.

ro·guish skelmagtig, skurkagtig; ondeund, guitig, skalks. **ro·guish·ness** ondeundheid, skalksheid.

roil *(poët., liter.)* vertroebel *('n vloeistof)*; versteur; *(Am.)* vererg, irriteer.

rois·ter *ww.* fuif, pret/lawaai maak, raas, luidrugtig wees, tekere (*of* te kere) gaan, tekeregaan. **roist·er·er** lawaaimaker; fuiwer, pretmaker. **roist·er·ing, roist·er·ous** fuiwend; lawaaierig, luidrugtig, uitbundig.

Ro·land: *give s.o. a ~ for his/her Oliver, (arg.)* iem. 'n gepaste antwoord gee.

role, rôle rol; taak; funksie; **dance** *a ~* 'n rol dans; **fill** *a ~* 'n rol beset/vervul; *a* **minor** *~* 'n (ondergeskikte) rolletjie; **play** *a ~* 'n rol speel. ~ **model** rolmodel, toonbeeld, voorbeeld. ~ **player** rolspeler; betrokkene. ~ **play(ing)** *(hoofs. psig.)* rolspel. ~ **reversal** rolwisseling.

roll *n.* rol; register, lys, rol; presensielys; krul; (brood)rolletjie; (karton)silinder; *(teg.)* wals; *(teg.)* windas, wenas; *(lugv.)* rol(vlug); *(gimn., atl.)* rolsprong; klont/stuk botter; *(kookk.)* rollade; rolnaat; gerommel; roffel *(op 'n tamboer)*; slingering; golwing; deining; →BREAD ROLL, BREAKFAST ROLL, DINNER ROLL, SAUSAGE ROLL, SWISS ROLL; **call** *the ~* appèl hou, die name afroep, die presensielys afroep/opmaak, die rol/register lees; *~ of* **court** sakelys; *a ~ of* **drums** →DRUM *n.*; *have a ~ in the* **hay** →HAY *n.*; *~ of* **honour**ererol, =lys; *~ of* **membership** ledelys; **put** *s.o.* (or *s.o.'s name*) *on the ~(s)* iem. (se naam) inskryf/inskrywe; **strike** *s.o.* (or *s.o.'s name*) *off the ~* iem. (se naam) (van die rol) skrap, iem. rojeer; *a ~ of* **thunder** →THUNDER *n.*; *~ of* **tobacco** rol tabak; *~ of* **wire** rol draad. **roll** *ww.* rol; oprol, inrol; uitrol, plat rol, platrol; laat rol; draai; golf; slinger; skommel; baljaar; →ROLLING; ~ **about** rondrol; ~ **against** *s.t.* teen iets vasrol/aanrol; ~ **along** voortrol; ~ **away** wegrol; *(jare)* verbygaan; *(mis, wolke)* wegtrek; ~ **back** terugrol; ~ *s.t.* **back** iets ooprol; iets op die lange baan skuif/skuiwe; ~ **back** *the enemy* die vyand terugdruk; ~ **by** verbyrol; *(d. jare ens.)* verbygaan; ~ *a* **cigarette** 'n sigaret draai; ~ **down** afrol; ~ *s.t.* **down** iets afrol/afstroop *(moue ens.)*; iets neerlaat *('n venster ens.)*; **heads** *will ~* →HEAD *n.*; ~ **in,** *(briewe, geld, ens.)* instroom; *(iem.)* opdaag, aangesit kom; ~ **in** ... in ... rol; *(infml.)* baie ... hê *(geld ens.)*; ~ *s.t.* **in** iets inrol; *a ... and a ... ~ed* **into** *one* 'n ... en 'n ... in een; 'n ... en 'n ... in een persoon verenig; ~ *s.t.* **off** iets afwentel; ~ **on** voortrol; *(d. jare ens.)* verbygaan; ~ **on** *the holidays!, (infml.)* ek wens dit was al vakansie!, die vakansie kan nou maar gerus aanbreek/kom!; *s.t. ~s* **out** iets rol uit; ~ *s.t.* **out** iets uitrol/platrol (*of* plat rol); iets ooprol; iets bekendstel (*of* bekend stel) *('n nuwe produk)*; iets van stapel laat loop *('n program, projek)*; ~ **over** omrol; ~ **over** *s.t.* oor iets rol; ~ *s.t.* **over** iets omrol; iets vernu(we), vernieu *('n lening)*; ~ *and* **pitch,** *(sk.)* slinger en stamp; ~ *one's* **r's** →R; *s.o. ~s* **up,** *(infml.)* iem. daag op; iem. kom aangedrentel; ~ *s.t.* **up** iets oprol *(wol, moue, ens.)*. ~**away** *adj., (Am.)* wegrolbaar; ~ *bed* wegrolbare/mobiele bed, wieletjiesbed. ~**back** *n., (hoofs. Am.)* prysverlaging, =vermindering; loon(s)verlaging, =vermindering; herroeping *(v. 'n besluit)*. ~**bar** *(mot.)* rolstaaf. ~ **call** rollesing, appèl. ~ **cloud** rolwolk. ~ **collar** rolkraag. ~ **film** rolfilm. ~ **fire** *(mil.)* roffelvuur. ~**mop** *(kookk.)* rolmops. ~**neck** *n.* rolhals, =nek, =kraag; rolhals=, rolnek=, rolkraagtrui; rolhals=, rolnek=, rolkraaghemp. ~**neck** *adj. (attr.)* rolhals=, rolnek=, rolkraag= *(trui, hemp, ens.)*. ~**-on** *n.* aanroldeodorant; *(Br.)* elastiese korset. ~**-on** *adj. (attr.)*: ~ *deodorant* aanroldeodorant; ~ *lawn* kitsgrasperk. ~**-on/~-off,** ~**-on** ~**-off** *adj. (attr.), (Br.)*: ~ *ferry* ry-op-ry-af-veerboot; →RO-RO. ~**-out** *n.* bekendstelling *(v. 'n nuwe diens, produk, vliegtuig, ens.)*. ~**-over** *n., (ekon.)* verlenging *(v. 'n lening)*; hernuwing *(v. skuld)*; heruitreiking *(v. 'n staatseffek)*; *(infml.)* die omslaan *(v. 'n voertuig)*. ~ **seam** rolnaat. ~ **sulphur** pypswa(w)el. ~ **tobacco** roltabak. ~ **top** roldeksel, =luik. ~**-top desk** lessenaar met 'n roldeksel, rolluik=, roltoplessenaar. ~**-up,** ~**-your-own** *n., (Br., infml.)* handgerolde sigaret.

rolled gerol(d); opgerol(d); geplet; gewals; gekrul(d); ~ **bar** gewalste staaf, walsstaaf; ~ **beef/pork** rollade; ~ **edge** rolrand, walskant; ~ **gold** goudpleet, geplette goud; oorgeblaasde goud; ~ **meat** rolstuk, rolvleis, rollade; ~ **oats** hawermout; ~ **r,** *(fonet.)* tril-r, tongpunt-r, triller; ~ **sirloin** *of beef* beeslenderol; ~ **steel** gewalste/geplette staal; ~ **stocking** rolkous.

roll·er rol *(v. 'n masjien)*; silinder, wals; skryfrol *(v. 'n tikmasjien)*; *(kookk.)* rolstok; krulpen *(vir hare)*; golf, brander, roller; *(duif)* tuimelaar, roller; *(orn.: Coracias* spp.*)* troupant; →ROADROLLER. ~**ball** rolpuntpen. ~ **bandage** rolverband, windsel. ~ **bearing** rollaer. ~**blade** *n. (gew. i.d. mv.)* rollemskaats. ~**blade** *ww.* rollemskaats. ~**blader** rollemskaatser. ~ **blind** rolgordyn, =blinding. ~ **canary** trilkanarie. ~ **coaster** →BIG DIPPER. ~ **engine** padroller. ~ **feed** roltoevoer. ~ **guide** rolgeleier. ~ **mark** rolmerk *(op vleis)*. ~ **mill** rollermeul(e) *(vir graan)*; pletmeul(e), walsery, walswerk *(vir metaal)*. ~ **press** silinderpers. ~ **race** rollaer. ~ **skate** *n.* rolskaats. ~**-skate** *ww.* rolskaats (ry). ~ **skater** rolskaatser. ~**-skating** rolskaats(ery). ~ **towel** rolhanddoek.

rol·lick *n.* uitgelatenheid, pret, fuif. **rol·lick** *ww.* baljaar, fuif, kattemaai, pret maak, vrolik wees. **rol·lick·ing** dartelend, uitbundig, uitgelate, vrolik.

roll·ing rollend, golwend; ~ **fire,** *(mil.)* roffelvuur; ~ **hills** golwende heuwels; ~ **motion** rolling, rolbeweging; slingering; *send s.o. ~ down the stairs* iem. die trap afsmyt, iem. die trap laat aftuimel; ~ **strike** (uitgebreide) reeks stakings. ~**-ball pen** rolpunt=, bol=

puntpen. ~ **door** skuifdeur. ~ **load** bewegende belasting. ~ **machine** wals(masjien), pletmasjien. ~ **mill** walsery, walswerk, pletmeul(e). ~ **pin** deegroller, rolstok. ~ **press** rolpers. ~ **stage** rolverhoog. ~ **stock** rollende materiaal, spoorvoertuie. ~ **stone** maalklip; *(fig.: rustelose mens)* tolbos, rondvaller, voël op 'n tak; *be a ~ ~* vandag hier en môre/more daar wees, geen vastigheid hê nie, *(infml.)* 'n voël op 'n tak (*of* 'n rondvaller) wees; *a ~ ~ gathers no moss* 'n rollende klip vergaar geen mos nie, 'n swerwer bly 'n derwer.

ro·ly-po·ly *n.* dikkerd, diksak, vetsak. **ro·ly-po·ly** *adj.* mollig, rond en vet, plomp, dik, poffer-. ~ **(pudding)** rolpoeding.

Rom *Roma, n. (ml.)* sigeuner.

Ro·ma·gna: *(the) ~, (It., geog.)* (die) Romagna.

Ro·ma·ic *(vero.)* Nieu-Grieks.

ro·maine (let·tuce) bindslaai; →LETTUCE.

Ro·man *n.* Romein; *(vero.)* Rooms-Katoliek; *(tip.)* romein, romeinse/gewone/Latynse lettertipe; *(i.d. mv., NT sendbrief)* Romeine; *Emperor/King of the ~s, (hist.)* Rooms-keiser/koning. **Ro·man** *adj.* Romeins; *(relig.)* Rooms. ~ **balance,** ~ **beam** = STEELYARD. ~ **blind** Romeinse blinding. ~ **candle** *(vuurwerk)* Romeinse kers. ~ **Catholic** *n.* Rooms-Katoliek. ~ **Catholic** *adj.* Rooms-Katoliek, Rooms. ~ **Catholic Church** Rooms-Katolieke Kerk. **r~ character** romeinse/gewone/Latynse letter. **~-Dutch** *adj., (jur.)* Romeins-Hollands; *~ law* Romeins-Hollandse reg. ~ **Empire** *(hist.)* Romeinse Ryk; *the Holy ~ ~, (hist.)* die Heilige Roomse/Romeinse Ryk. ~ **holiday** leedvermaak. ~ **law** Romeinse reg. ~ **nose** arendsneus; ramskop *(v. 'n perd).* ~ **numeral** Romeinse syfer. **r~ type** romeinse/gewone/Latynse (druk)letter, romein.

ro·man[1] *n., (Afr.): (red) ~, (igt.: Chrysoblephus laticeps)* roman.

ro·man[2] *n., (Fr.): ~ à clef ~s à clef* sleutelroman. **~-fleuve** *~s-fleuves* familieroman; romansiklus.

Ro·mance, Ro·mance *n.* Romaanse tale/taalgroep. **Ro·mance, Ro·mance** *adj.* Romaans; *~ language* Romaanse taal.

ro·mance *n.* romantiek, die romantiese; liefdesverhouding, romanse; liefdesverhaal; *(Me. lettk.)* romanse, verhaal, (ridder)roman; romantiese oordrywing; *full of ~* vol romantiek. **ro·mance** *ww.* romantiseer; fantaseer, romantiese verhale opdis, stories verkoop/opdis; oordryf, oordrywe, vergroot, spekskiet; flikflooi *(met); (vero.)* die hof maak, vry na, vlerksleep by. **ro·man·cer** fabelaar, jokker, spekskieter.

Ro·man·esque *n., (argit.)* (die) Romaanse styl. **Ro·man·esque** *adj.* Romaans.

Ro·ma·ni·a, Ru·ma·ni·a, *(vero.)* **Rou·ma·ni·a** *(geog.)* Roemenië. **Ro·ma·ni·an, Ru·ma·ni·an,** *(vero.)* **Rou·ma·ni·an** *n., (lid v. 'n volk)* Roemeen, Roemeniër; *(taal)* Roemeens. **Ro·ma·ni·an, Ru·ma·ni·an,** *(vero.)* **Rou·ma·ni·an** *adj.* Roemeens.

Ro·man·ic *n. & adj., (w.g.)* →ROMANCE *n. & adj.*.

Ro·man·ise, -ize Rooms word/maak, verrooms; *(hist.)* romaniseer, latiniseer.

Ro·man·ism *(vero.: Rooms-Katolisisme)* Romanisme. **Ro·man·ist** *n., (hoofs. neerh.)* Roomsgesinde; *(filol.)* Romanis.

Ro·ma·no *n.* romano(kaas). **Ro·ma·no-** *komb.vorm* Romeins-; *~-British* Romeins-Brits.

Ro·mansch, Ro·mansh *n. & adj., (Switserse taal)* Reto-Romaans, Romansch.

ro·man·tic *n.* romantikus. **ro·man·tic** *adj.* romanties, romanesk; romanties, idealisties, onprakties, onrealisties; *the R~ Movement* die Romantiek. **ro·man·ti·cal** romanesk; romantiekerig. **ro·man·ti·cise, -cize** romantiseer. **ro·man·ti·cism** *(kunsrigting)* romantiek, romantisme; romantiekerigheid. **ro·man·ti·cist** romantikus.

Rom·a·ny, Rom·a·ni sigeuner; *(sigeunertaal)* Romani.

ro·maunt *(arg.)* ridderroman.

Rome *(geog.)* Rome; die Roomse kerk, die pousdom; die Romeinse Ryk; *~ was not built in a day* môre/more is nog 'n dag, Rome is nie in een dag gebou nie; *when in ~ do as the Romans do* skik jou na die omstandighede; *all roads lead to ~* alle paaie/weë gaan/lei na Rome. **Ro·mish** *(hoofs. neerh.)* Rooms, paaps.

Ro·me·o *-meos, (vurige minnaar)* romeo, Don Juan; *(kodewoord vir d. letter* r*)* Romeo; *~ and Juliet* Romeo en Juliet.

ro·me·ro *-ros, (Sp., igt.: Naucrates ductor)* loodsman; →PILOT FISH.

romp *n.* stoeiery, gejakker, baljaardery; lighartige/speelse fliek/ens.; *(infml.)* maklike oorwinning; *(infml.)* gekafoefel, kafoefelry; *(arg.)* rabbedoe, maltrap, wilde meisie. **romp** *ww.* baljaar, stoei, (ker)jakker, ravot, rinkink; *(infml.)* kafoefel; *~ **ahead/away*** wegsnel, wegskiet, voorloop, los voor wees; *the children have **finished** ~ing* die kinders is uitgebaljaar; *~ **home*** maklik/fluit-fluit/loshand(e) wen, op jou (dooie) gemak wen; *~ **off** with ...* met ... wegloop; *~ **past*** verbysnel, -skiet, -seil, -glip; *~ **through** s.t., (infml.)* iets maklik deurkom *('n eksamen ens.).* **romp·er** baljaarder; *(ook, i.d. mv.)* speelpakkie, -broekie, kruipbroekie, -pakkie. **romp·ing, romp·ish, romp·y** wild, uitgelate, dartel(end).

ron·da·vel *(SA)* rondawel.

ron·deau *-deaus, -deaux, (Fr., gedig)* rondeel, keerdig, rondeau; refrein; *(mus.)* rondeau.

ron·del *(gedig)* rondeel, rondeau.

ron·do *-dos, (mus.)* rondo.

rönt·gen →ROENTGEN.

roo *(Austr., infml.)* kangaroe.

rood kruisbeeld; kruis; *(Br., SA, hist. oppervlaktemaat)* roede; *square ~* vierkante roede; *the ~* kruishout. ~ **loft** kruisgalery. ~ **screen** koorskerm, koorafsluiting.

roof *n.* dak; *(ekon. ens.)* boonste perk; *a **flat** ~* 'n plat dak; *a ~ of **foliage*** 'n blaredak; ***go** through* (or ***hit***) *the ~, (infml.)* die aapstuipe/apiestuipe kry, 'n kabaal maak/opskop, tekere (*of* te kere) gaan, tekeregaan, baie kwaad word; *prices are **going** through the ~, (infml.)* die pryse styg hemelhoog (*of* ruk handuit); *have a ~ over one's **head*** onderdak hê, 'n dak bo/oor jou kop hê; *the ~ of the **mouth**, (anat.)* die verhemelte; *under one's **own** ~* onder jou eie dak, in jou eie huis; ***raise** a ~* 'n dak opsit; ***raise** the ~, (infml.)* 'n yslike lawaai maak, die balke laat dreun; 'n kabaal maak/opskop, tekere (*of* te kere) gaan, tekeregaan; *a **steep** ~* 'n spits/steil dak; *a **thatched** ~* 'n rietdak/grasdak; *a **tiled** ~* 'n teëldak; ***wet** the ~, (infml.: 'n nuwe huis inwy)* die dak natmaak. **roof** *ww.* dak opsit, onder dak bring, oordek; *~ s.t. in/over* 'n dak op iets sit; iets bedek, 'n dak oor iets vorm. ~ **beam** dakbalk. ~ **carrier** →ROOF RACK. ~ **garden** daktuin. ~ **girder** daklêer. ~ **gutter** dakgeut. ~ **house** kapstylhuis. ~ **lamp** kaplamp. ~ **light** daklig, -venster *(in 'n gebou);* daklig *(op 'n ambulans, polisievoertuig, ens.);* daklig(gie) *(in 'n motor).* ~ **line** daklyn. ~ **lining** dakvoering *(v. 'n motor).* ~ **members** dakdele. ~ **plate** muurplaat. ~ **rack,** ~ **carrier** dakrak, -rooster, -reling *(op 'n motor).* ~ **ridge** nok, (dak)vors. ~ **sheeting** dakplate. ~ **slate** daklei. ~ **slater** leidekker. ~ **support** dakstut, -steun. ~ **tie** hanebalk; dakbint. ~ **tile** dakpan. ~ **tiler** pandekker. ~ **timber** bekappingshout, dakhout; *(ook, i.d. mv.)* balkwerk, dakgeraamte, daktimmerasie. **~top** dak; *shout it/s.t. from the ~s, (fig.)* dit/iets uitbasuin (*of* aan die groot klok hang *of* van die dakke verkondig). **~top terrace** dakterras. **~tree** nokbalk, vorsbalk. ~ **truss** dakkap; kapstyl. **~-wetting** dakbegieting, dak natgooi/natmaak.

roof·age dakwerk; dakbedekking; dakoppervlakte.

roofed *volt.dw.* oordek, onder dak. **-roofed** *komb.vorm* -dak-, met die/'n ... dak; *red-~ building* rooidakgebou, gebou met die/'n rooi dak.

roof·er dakdekker.

roof·ing dakwerk; (die) dak opsit, (die) dek; dakbedekking, -materiaal. ~ **contractor** dakmaker. ~ **rafter** dakspar, kapspar. ~ **shingle** dakspaan. ~ **slate** daklei. ~ **tile** dakpan. ~ **timbers** *n. (mv.)* daktimmerasie.

roof·less sonder dak; *(fig.)* dakloos.

roof·let dakkie.

rooi- *adj., (Afr.)* rooi-. **~bos (tea)** rooibos(tee). **~-els, red alder** *(bot.: Cunonia capensis)* rooi-els. **~gras, red grass** *(Themeda triandra)* rooigras. **~haartjie, red erica** *(Erica cerinthoides)* rooihaartjie. **~kat, caracal** *(Felis caracal)* rooikat. **~nek** *(infml., neerh. of skerts.: Engelssprekende)* rooinek.

rook[1] *n., (Eur., orn.: Corvus frugilegus)* roek; *(infml.)* bedrieër, oneerlike speler, kierangspeler. **rook** *ww., (infml.)* bedrieg, kierang/oneerlik speel; geld afpers; *~ s.o. of his/her money* iem. se geld afrokkel. **rook·er·y** kraaines; pikkewynkolonie; robkolonie; *(arg.)* krot-, agterbuurt.

rook[2] *n., (skaak)* kasteel, toring. **rook** *ww., (skaak)* rokeer.

rook·ie, rook·y *(infml.)* (baar) rekruut; nuweling, beginner.

room *n.* kamer, vertrek; lokaal; plek, ruimte, spasie; geleentheid, aanleiding; *there is no* (or *not enough*) *~ to swing a **cat*** →CAT[1] *n.; rather have s.o.'s ~ than his/her **company*** iem. liewer sien gaan as kom; ***do** a ~* 'n kamer aan (die) kant maak; ***find** ~* plek kry; *~ **for** ...* plek vir ...; ruimte vir ...; grond vir ...; *there is no ~ **for** complacency* daar is geen grond vir selfvoldaanheid nie; *there is ~ **for** dispute* →DISPUTE *n.; there is no ~ **for** doubt* →DOUBT *n.; there is always ~ **for** a good one, (idm.)* daar gaan baie mak skape in 'n kraal; *there is ~ **for** improvement* →IMPROVEMENT; ***give** ~ to ...* vir ... plek maak; ***keep** to one's ~* in die/jou kamer bly; ***leave** ~ for ...* vir ... ruimte laat; ***make** ~* plek maak; padgee; ***make** ~ for ...* vir ... plek maak/inruim; *have ~ to **manoeuvre*** →MANOEUVRE *ww.; **plenty** of ~* baie/volop plek/ruimte; ***take up** ~* plek/ruimte inneem (*of* in beslag neem); ***tidy** a ~* 'n kamer/vertrek aan (die) kant maak; *the ~ **is tidy*** die kamer/vertrek is netjies (*of* aan [die] kant); *there is always ~ **at the top**, (idm.)* talent is dun gesaai. **room** *ww.* 'n kamer bewoon; *~ with s.o.* 'n kamer met iem. deel; by iem. inwoon. ~ **companion** kamermaat, kamergenoot. ~ **divider** kamerverdeler, -skeiding. ~ **door** kamerdeur. **~mate** kamermaat, kammie. ~ **service** kamerbediening. ~ **temperature** kamertemperatuur.

-roomed *komb.vorm* -kamer-, -vertrek-, met ... kamers/vertrekke; *three-~ flat* driekamer-, drievertrekwoonstel, woonstel met drie kamers/vertrekke.

room·er *(Am.)* loseerder, kamerhuurder, -bewoner.

room·ette *(Am., spw.)* enkelkompartement, privaat/private kompartement.

room·ful: *a ~ of ...* 'n kamer vol ...

room·ie *(Am., infml.)* kammie, kamermaat.

room·ing house *(hoofs. Am.)* huurkamerhuis, losieshuis.

room·y ruim, breed, wyd. **room·i·ness** ruimheid, wydheid.

roost *n.* slaapstok, stellasie, steier; slaapplek, sitplek *(v. voëls);* houplek; ***at** ~, (voëls)* op stok; *(iem., w.g.)* in die vere; *... will **come** home to ~, (lett.) ...* sal hok toe kom *(hoenders ens.); (fig.) ...* sal op jou eie kop neerkom *(vergrype v.d. verlede ens.); the/s.o.'s chickens will **come** home to ~* →CHICKEN *n.; **go** to ~, (voëls)* op stok gaan; *(iem.)* gaan slaap, bed toe gaan, inkruip; ***rule** the ~* →RULE *ww.*. **roost** *ww.* op stok gaan; gaan slaap. **roost·er** *(hoofs. Am.)* (hoender)haan.

root[1] *n.* wortel; wortelgetal; oorsprong, bron, oorsaak; →ROOTLESS, ROOTLET, ROOTLIKE, ROOTSY; ***at** the ~* in sy kern, in wese; *be/lie **at** the ~ of s.t.* aan iets ten grondslag lê; *~ **and branch*** met wortel en tak, grondig; ***cube** ~* →CUBE ROOT; *the ~ of all **evil*** die wortel van alle kwaad; ***extract/find** a ~, (wisk.)* 'n wortel trek; ***extraction/finding** of ~s* (or *a/the ~*), *(wisk.)* wortel-trekking; *blush to the ~s of one's **hair*** so rooi soos 'n kalkoen word, tot agter jou ore (toe) bloos; *s.t. **has** its ~s in ...* iets spruit uit ... (voort); *get/go to the ~ of a **matter*** tot die kern/grond van 'n saak deurdring, 'n saak grondig ondersoek; ***pull** s.t. up by the ~s, (ook fig.)* iets met wortel(s) en al uittrek; ***pull up** one's ~s, (jou bekende omgewing verlaat)* jou ontwortel; ***push out*** (or ***put down***) *~s* wortelskiet; ***square** ~* →SQUARE ROOT; ***strike** ~* →***take/strike**; **strike** at the ~ of s.t.* die wortel van iets raak/aantas; iets met ondergang bedreig; ***take/strike*** ~ wortelskiet, groei; posvat; ***tear*** *s.t. up by the* ~*s* iets met wortel(s) en al uitruk/uittrek. **root** *ww.* wortelskiet; ingewortel(d) wees; laat wortel vat; →ROOTED, ROOTER[1]; ~ *s.t. out.* iets (met wortel en tak) uitroei; ~ *s.t.* ***up*** iets ontwortel, iets met wortel(s) en al uitruk/uittrek. ~ **beer** *(Am.: soort bruiskoeldrank)* wortelbier. ~ **blight** wortelsiekte. ~**bound** *adj.* potvas *('n plant).* ~ **canal** wortelkanaal *(v. 'n tand).* ~ **cap** wortelmus(sie). ~ **cause** grondoorsaak. ~ **circle** *(meg.)* voetsirkel. ~ **climber** wortelklimmer. ~ **collar** wortelnek. ~ **crop** knol=, wortelgewas. ~ **end** wortelpunt. ~ **form** wortelvorm. ~ **fungus** wortelswam. ~ **hair** wortelhaar. ~ **knot** wortelknoop. ~ **language** stamtaal. ~ **leaf** wortelblaar. ~ **mean square** *(wisk.)* wortel van die gemiddelde kwadraat (*of* tweede moment). ~ **neck** wortelnek. ~ **net** wortelnet. ~ **rot** vrotpootjie, wortelvrot; wortelskimmel. ~ **sign** wortelteken. ~ **stalk** risoom. ~**stock** wortelstok, risoom; onderstam, =stok. ~ **system** wortelstelsel. ~ **timber** wortelhout. ~ **tip** wortelpunt. ~ **vegetable(s)** wortelgroente. ~ **word** wortel=, grondwoord.

root[2] *ww.* vroetel; *(varke)* dowwel; →ROOTER[2], ROOTLE; ~ ***about*** rondvroetel, =snuffel; ~ ***for*** *s.o., (infml.)* iem. aanmoedig/toejuig; vir iem. propaganda maak; ~ *s.t.* ***out*** iets uitsnuffel; ~ *s.t.* ***up*** iets omvroetel/rondvroetel; iets uitsnuffel.

roo·ta·ba·ga = RUTABAGA.

root·ed gewortel(d); ingewortel(d), diepgewortel(d); *s.o.'s* ***deeply*** ~ ... iem. se diepgewortelde ... *(liefde ens.); s.t. is* ~ ***in*** ... iets spruit uit ...; *a* ~ ***objection*** 'n beginselbeswaar; *be/stand* ~ ***to the spot*** aan die grond (vas)genael wees. **root·ed·ly** ingewortel(d); ~ *opposed to* ... radikaal gekant teen ... **root·ed·ness** geworteldheid.

root·er[1] (swaar) tandploeg.

root·er[2] *(Am., infml., sport)* toejuiger, ondersteuner.

root·le *(Br., infml.)* vroetel, omwoel.

root·less wortelloos.

root·let worteltjie.

root·like wortelagtig.

root·sy *adj., (infml., mus.)* outentiek, onkommersieel, eg, suiwer, sonder tierlantyntjies, rou.

rope *n.* tou; lyn; ***ease/let/pay*** *out a* ~ 'n tou laat skiet; *the* ***end*** *of a* ~ die ent/punt van 'n tou; ~*'s* ***end*** timp van 'n tou; *(hist.)* gesel; ***get*** *the* ~, *(infml.)* die strop kry; ***give*** *s.o. (plenty of)* ~ iem. (baie) skiet gee (*of* sy/haar [vrye] gang laat gaan *of* vryheid van beweging gee); *give s.o. enough* ~ *to* ***hang*** *him=/herself* iem. kans gee om sy/haar eie ondergang te bewerk; ***know*** *the* ~*s, (infml.)* touwys/gekonfyt wees, weet wat om te doen, die paadjie (*of* die klap van die sweep) ken; ***learn*** *(or get to* ***know****) the* ~*s* jou inwerk; *a* ***length*** *of* ~ 'n stuk tou; *a* ~ ***of*** ... 'n string ... *(uie);* 'n snoer ... *(pêrels); be* ***on*** *the* ~*s, (lett., boks)* teen die toue wees; *(fig., infml.)* so goed as verslaan wees; *the* ~ ***parts*** die tou breek; *a* ~ *of* ***sand,*** *(poët., liter.)* vals(e) sekerheid; 'n bedrieglike houvas; ***show*** *s.o. the* ~*s* iem. touwys maak (*of* inlig *of* wenke gee). **rope** *ww.* vasmaak, vasbind; (met 'n tou) trek; inhou *('n re[i]siesperd); (Am.)* met die/'n vangriem/lasso vang; draderig/klewerig word; ***be*** ~*d* (met 'n tou) vasgebind wees; ~ *s.o.* ***in*** iem. inspan; iem. (as helper/lid) werf; ~ *s.t.* ***in*** iets (met 'n tou) vang; iets nader trek (*of* binnehaal); *get* ~*d* ***into*** *s.t.* by iets betrek/ingesleep word/raak; ~ *s.t.* ***off*** iets met toue toespan; ~ ... ***together*** ... saambind; ~ *s.o./s.t.* ***up*** iem./iets vasbind. ~ **bridge** toubrug. ~ **dancer** koorddanser(es). ~ **dancing** koorddansery. ~ **ladder** touleer, valreep. ~ **maker** toumaker, =draaier, =slaer. ~ **making** toumakery, =draaiery, =slaery. ~ **moulding** *(argit.)* gedraaide lys. ~ **railway** kabelspoor. ~**-soled shoes** tousoolskoene. ~**-walk** *(hist.)* touslaery. ~**-walker** *(vero.)* koordloper, ekwilibris; →TIGHTROPE WALKER. ~**way** kabelbaan; kabelspoor. ~**work** touwerk. ~ **yard** touslaery. ~ **yarn** kaalgaar, =gare, =garing, tougare, =garing.

rop·er toumaker, =draaier, =slaer; perdevanger.

rop·er·y toumakery, =draaiery, =slaery.

rop·ing *n.* touwerk; *(Am.)* die vang met 'n lasso/gooitou.

rop·y, rop·ey touagtig, toutjiesrig; draderig; rimpelrig; *(infml.)* oes, power; ***bread*** *becomes* ~ brood trek drade; ~ ***bread*** draderige brood; ***feel*** ~, *(infml.)* olik/mislik voel; ~ ***milk*** langmelk; ~ ***wool*** toutjieswol. **rop·i·ness** touagtigheid; draderigheid, leng *(in brood); (infml.)* powerheid; olikheid.

roque *(Am.)* hardebaankroukie, =croquet.

Roque·fort roquefort(kaas) *(ook R~).*

ro·quet *ww., (kroukie)* (skrams) raak, wegskram.

ro-ro *adj. (attr.), (Br., akr.:* roll-on/roll-off*)* ro-ra- *(akr.:* ry-op-ry-af*);* ~ *ferry* ro-ra-veerboot.

ror·qual vinwalvis, vinvis; ***common*** ~ = FIN WHALE; ***lesser*** ~ = MINKE (WHALE); ***northern/Rudolphi's*** ~ = SEI WHALE; ***Sibbald's*** ~ = BLUE WHALE.

Ror·schach test *(psig.)* Rorschach=, inkkladtoets.

ro·sace *(argit.)* rosetpaneel; roosvenster.

Ro·sa·ce·ae *(bot.)* Rosaseë. **ro·sa·ceous** rosig, roosagtig; roosvormig; rosetvormig; rooskleurig.

ros·an·i·line *(chem.)* rosanilien.

ro·sar·i·an rooskweker.

ro·sar·i·um =iums, =ia, *(fml.)* roostuin.

ro·sar·y *(RK: reeks gebede)* rosekrans, paternoster; *(RK ens.)* rosekrans, bidsnoer; roostuin; →ROSERY.

ros·coe *(Am., infml., vero.: pistool, rewolwer)* petro, kettie, (klapper)yster, stuk.

rose[1] *n.* roos; roset; rooskleur; *(med.)* roos; kompasroos; roosvenster; sproeier, sproeikop, broes, gieterkop; →ROSEATE, ROSELIKE, ROSY; *not always a* ***bed*** *of* ~*s* nie altyd sonskyn nie; *his/hers is not a* ***bed*** *of* ~*s, it is not* ~*s all the way for him/her* sy/haar pad gaan nie oor rose nie; ~ *of* ***China,*** *(Hibiscus rosa-sinensis)* Chinese/Sjinese hibiskus/stokroos; *everything is* ***coming up*** ~*s* alles gaan eersteklas (*of* voor die wind); *an* ***English*** ~, *(fig.)* 'n Engelse roos/skoonheid; ***gather*** *(life's)* ~*s* die lewe geniet; ~ *of* ***heaven,*** *(Silene coeli-rosa)* hemelsrosie; →CATCHFLY; ~ *of* ***Jericho,*** *(Anastatica hierochuntica)* jerigoroos; ~ *of* ***May*** witnarsing; ***moonlight*** *and* ~*s* rosegeur en maneskyn; ~ *of* ***Sharon,*** *(Hypericum calycinum)* hertshooi; *(Hibiscus syriacus)* roos-van-Saron; *(OT)* narsing van Saron *(OAB),* affodil van Saron *(NAB); come up/out* ***smelling*** *of* ~*s* met ongeskonde eer deur 'n beproewing kom; jou goed van jou taak kwyt; *s.o.'s path is* ***strewn*** *with* ~*s* iem. se pad is met rose bestrooi, alles gaan vir iem. voor die wind; ***the*** ~ = ERYSIPELAS; *no* ~ *without a* ***thorn*** geen roos sonder dorings nie; ***under*** *the* ~, *(arg.)* in die geheim, stilletjies; onder vier oë. **rose** *adj.* rooskleurig. ~**apple** *(Syzygium* spp.*)* jamboes. ~**bay** *(Nereum oleander)* selonsroos. ~ **bowl** roosbak. ~**bud** roosknop; *(Br., vero.: mooi meisie)* poppie. ~ **bush** roosboom, =struik. ~**-cheeked** met blo(e)sende wange. ~ **colour** rooskleur, pienk. ~**-coloured,** ~**-tinted** rooskleurig; roosrooi; *see/view (or look at) s.t. through* ~ *glasses/spectacles* iets van die ligte kant bekyk (*of* deur 'n gekleurde/rooskleurige bril sien/bekyk), deur 'n gekleurde/rooskleurige bril na iets kyk. ~ **copper** *(metal.)* gaarkoper. ~ **cross** rosekruis. ~**-cut** *adj.* as rosetsteen geslyp; →ROSE DIAMOND. ~ **cutting** roossteggie. ~ **diamond** rosetsteen. ~ **engine** patroondraaibank. ~ **grower** rooskweker. ~ **head** sproeier, sproeikop, broes, gieterkop. ~ **hip** roosbottel. ~ **leaf** roosblaartjie. ~**-lipped** met rosige lippe. ~**maling** *(hoofs. Am.)* blomskilderkuns op hout. ~ **mallow** *(bot.: Hibiscus* spp.*)* stokroos. ~ **moss** posteleinblom. ~ **nail** rosetspyker. ~ **oil** roosolie. ~ **petal** roosblaar. ~**-pink** rosig. ~ **point** roosnaaldkant. ~ **quartz** rooskwarts. ~ **rash** = ROSEOLA. ~**-red** roosrooi, roserooi. ~ **show** roostentoonstelling. ~**-tinted** →ROSE-COLOURED. ~ **tree** roosboom, stamroos. ~ **water** rooswater. ~ **window** roosvenster. ~**wood** rooshout; →RHODIUM[2]; *Brazilian* ~ →BRAZILIAN *adj.*.

rose[2] *ww. (verl.t.)* het opgestaan/opgekom/gestyg/ens.; →RISE *ww.*.

ro·sé *(wynsoort)* rosé.

ro·se·ate rooskleurig.

rose·like roosagtig.

ro·sel·la, ro·selle *(bot.: Hibiscus sabdariffa)* rooisuring.

rose·mar·y roosmaryn.

ro·se·o·la *(med.)* roosuitslag, rooi uitslag; rooihond.

ro·ser·y =ies roostuin; roosbedding.

Ro·set·ta *(geog.)* Rosetta. ~ **Stone** Rosettasteen.

ro·sette roset, kokarde, strikkie; *(bot.)* rosetsiekte. ~ **plant** rosetplant.

Rosh Ha·sha·na(h) Roosj Hasjana, Joodse Nuwejaar.

Rosh·i =is, *(Jap., Zen-Boeddhisteleier, Zen-leermeester)* rosji.

Ro·si·cru·cian *n., (hist.)* Rosekruiser. **Ro·si·cru·cian** *adj.* Rosekruiser(s)=. **Ro·si·cru·cian·ism** Rosekruisersleer.

ros·in *n.* hars; vioolhars. **ros·in** *ww.* (met hars) smeer/bestryk. ~ **oil** harsolie. **ros·in·y** harsagtig, hars=; vol hars.

ros·ol·ic ac·id = AURIN.

ros·o·li·o =os, *(It., soort likeur)* rosolio.

ros·ter (diens)rooster; (naam)lys.

ros·trum =trums, =tra spreekgestoelte, tribune, podium; snawel, bek; snawel(tjie), spits *(v. 'n blom).* **ros·tral** snawelvormig, snawel=; rostraal; ~ *column* snawelsuil. **ros·trate, ros·trat·ed** gesnawel(d).

ros·y rooskleurig, rosig, blo(e)send; ~ *cross* rosekruis.

rot *n.* verrotting, vrotheid, (die) vrot; verderf, ontaarding, agteruitgang; ontbinding; lewersiekte *(by skape); (infml., ook tw.)* bog, twak, snert, kaf, onsin; →DRY ROT; *the* ~ ***has set in*** die agteruitgang/verderf/ontaarding het begin, dit gaan nou alles afdraand(e); ***stop*** *the* ~ 'n end/einde maak aan die verderf; ***talk*** ~, *(infml.)* kaf/twak praat/verkoop; *that's* ***utter*** ~, *(infml.)* dis die grootste onsin. **rot** =tt=, *ww.* (ver)rot, vrot, sleg word, vergaan, bederf, bederwe; wegkwyn; *(Br., infml., vero.)* pla, terg, gekskeer (*of* die gek skeer) met; →ROTTEN, ROTTENLY, ROTTENNESS, ROTTER; *s.t.* ~*s* ***away/off*** iets vrot af; *leave s.o. to* ~ ***in jail*** iem. in die tronk laat wegkwyn; ~ *a* ***plan,*** *(infml.)* 'n plan in duie laat stort/val. ~**gut** *(infml.: sterk alkoholiese brousel)* doringdraad, skokiaan. ~**-proof** verrottingsvry.

ro·ta *(hoofs. Br.)* rooster, lys.

ro·ta·cism = RHOTACISM.

Ro·tar·i·an Rotariër.

Ro·ta·ry Rotariërbeweging. ~ **Club** Rotariërklub.

ro·ta·ry *n.* rotasiemasjien; *(Am.)* verkeersirkel. **ro·ta·ry** *adj.* draaiend, draai=; roterend, rondgaande; rotasie=; ~ *motion* kringloop, kringbeweging, kringvormige beweging, draaibeweging, rotasie. ~ **cultivation** wisselbou. ~ **cultivator** woel-eg. ~ **current** *(elek.)* draaistroom. ~ **engine** draaimotor, =enjin, rotasie-enjin. ~ **hoe** kap-eg. ~ **intersection** *(Am.)* verkeersirkel. ~ **plough** kapploeg; (soort) sneeuploeg. ~ **press** rotasie=, rol=, snelpers. ~ **printing** rotasiedruk. ~ **pump** rotasie=, draaipomp. ~ **table** *(teg.)* draaitafel. ~ **valve** draaiklep. ~ **wing** rotorlem *(v. 'n helikopter).* ~**-wing aircraft** rotorvliegtuig.

ro·tat·a·ble draaibaar. **ro·tat·a·bil·i·ty** draaibaarheid.

ro·tate draai; laat draai; roteer; omloop, omwentel; (af)wissel, beurtelings (op)volg.

ro·tat·ing draaiend, draai=, roterend; ~ ***current*** draaistroom; ~ ***disc*** draaiskyf; ~ ***door*** draaideur; ~ ***drum*** draaitrommel; ~ ***engine*** draaimotor, =enjin, rotasie-enjin; ~ ***grass mower*** draailem-grassnyer.

ro·ta·tion rotasie, rotering, (om)draaiing, (om)wenteling, aswenteling; omgang; omloop(tyd); afwisseling, opvolging; ***angle*** *of* ~ rotasiehoek, draai(ings)hoek; ***axis*** *of* ~ rotasie=, draaias; ***by/in*** ~ beurtelings, om die beurt; ~ *of* ***crops*** = CROP ROTATION; ***time*** *of* ~ →PERIOD/TIME OF **REVOLUTION.** ~ **crop** wisselgewas.

ro·ta·tion·al draaiend, afwisselend; omwentelings=; volgens rooster; ~ *cropping* wisselbou; ~ *grazing* wisselweiding, beurtelingse beweiding.

ro·ta·tive, ro·ta·tive = ROTATORY.

ro·ta·tor omdraaier; *(anat.)* draaispier.
ro·ta·to·ry, ro·ta·to·ry draaiend, draai-, afwisselend; *~ current* draaistroom; *~ movement* draaibeweging; *~ pump* draaipomp.
ro·ta·va·tor, ro·to·va·tor *(handelsnaam, ook R~)* kap(skaar)ploeg, draaiskoffel.
rote gewoonte; *learn s.t. by ~* iets soos 'n papegaai leer. *~* **learning** papegaaiwerk, masjinale leerproses. *~* **subject** geheuevak.
ro·te·none *(chem.)* rotenoon.
ro·ti *-tis, (Mal. kookk.: soort pannekoek)* roti, roetie.
ro·ti·fer *(soöl.)* wiel-, raderdiertjie, rotifeer.
ro·tis·ser·ie *(Fr.)* draaispit, draairooster.
ro·to-: ~gravure rasterdiepdruk, rotasiediepdruk, rotogravure. **~tiller** ghrop.
ro·tor rotor, draaivlerk; *(elek.)* rotor. *~* **blade** rotorlem. *~* **ship** rotorskip.
ro·to·va·tor →ROTAVATOR.
rot·ten vrot, bederwe; vergaan; beroerd, ellendig, sleg, vrotsig; verrot, korrup; *a ~ **apple*** →APPLE; *a ~ **book*** 'n snertboek; *be ~ to the **core*** deur en deur verrot (*of* tot in die grond bedorwe) wees; *s.t. is ~ in the state of **Denmark*** →DENMARK; ***feel** ~, (infml.)* ellendig voel; *have ~ **luck*** →LUCK *n.; soon ripe, **soon** ~* →RIPE. **~stone** skuurklip.
rot·ten·ly beroerd, ellendig; *treat s.o. ~* iem. smerig behandel.
rot·ten·ness vrotheid, voosheid; slegtigheid.
rot·ter *(hoofs. Br., infml., vero.)* deugniet, niksnut(s), vrotterd.
Rott·wei·ler *(honderas)* rottweiler *(ook R~)*.
ro·tund rond, bolvormig; plomp, vet; *(fig.)* klinkend; *(fig.)* deftig. **ro·tun·di·ty** rondheid.
ro·tun·da rotonde; koepelgebou; uitkykkoepel.
rou·ble, ru·ble *(Rus. geldeenh.)* roebel; *two/etc. ~s* twee/ens. roebel.
rou·é *(Fr.)* losbol, pierewaaier, swierbol.
Rou·en *(geog.)* Rouaan.
rouge *n.* (rooi) blanketsel, rooisel; polysrooi(sel). **rouge** *adj.* rooi. **rouge** *ww.* (rooi) verf, blanket. *~* **et noir** *(soort dobbelspel)* rouge-et-noir.
rough *n.* oneffenheid, hobbelagtigheid; *(gh.)* ruveld; *(infml.)* bullebak, buffel; *write a letter **in** ~* 'n brief in klad skryf/skrywe; ***in** the ~* onafgewerk; in die ruwe/natuurlike staat; *(gh.)* in die ruveld; *(fig.)* in die moeilikheid; *the ~ and the **smooth*** lief en leed, die soet en (die) suur van die lewe; *over ~ and **smooth*** oor heg en steg; *take the ~ with the **smooth*** dit neem soos dit val, teen-/teëslae vir lief neem. **rough** *ww.* ru/grof maak; ru bewerk; hard/grof behandel; grof word; 'n ruwe skets/ontwerp maak; *~ s.t. **in*** iets inskets; *~ **it*** ongerief/ontberings deurmaak/verduur (*of* vir lief neem); *~ s.t. **out*** 'n rowwe/ruwe skets/ontwerp van iets maak, iets uitstippel/voorteken; iets ru bewerk; *~ s.o. **up**, (infml.)* iem. karnuffel/mishandel; *~ s.t. **up*** iets deurmekaarmaak *(hare ens.)*. **rough** *adj.* grof, rof, ru *(attr.: ru[we])*, skurf *('n oppervlak ens.)*; ongelyk, hobbelrig, oneffe *('n pad ens.)*; skurf, gebroke *(terrein)*; stormagtig, onstuimig, woes *(see ens.)*; skor, skel, hard *(stem)*; kras, kru *(woorde ens.)*; vrank; onbeskof, ongepoets, ongemanierd *(gedrag, behandeling, ens.)*; onafgewerk, half klaar; *~ **bandage*** noodverband; *get a ~ **deal*** onbillik/onregverdig/skurf behandel word; *~ **draft*** klad, skets, ruwe ontwerp; *~ **edge*** rowwe/ru(we)/onbewerkte rand/kant; *give s.o. the ~ **edge/side** of one's tongue* →TONGUE *n.; a ~ **estimate*** →ESTIMATE *n.; ~ **floor*** primitiewe vloer; ondervloer; *it is ~ **going*** →GOING *n.; ~ **grain*** growwe korrel *(sand ens.); ~ **guess*** rowwe/ruwe skatting; *make a ~ **guess*** min of meer skat; *get a ~ **handling*** ongenadig behandel word; *give a ~ **idea*** ongeveer 'n idee gee; *it is ~ **luck*** →LUCK *n.; be ~ **on** s.o.* iem. hard behandel; iem. swaar laat kry/leef/lewe; *s.t. is ~ **on** s.o.* iets is hard/swaar vir iem.; *~ **play*** (g)rowwe/ruwe spel; *~ **proof*** eerste/ruwe/vuil proef; *~ **remedy**, (fig.)* perdemiddel; *the ~er **sex*** die sterk geslag; *do a ~ **sketch**, (ook)* iets vlugtig skets; *give s.o. a ~ **time*** →TIME *n.; be ~ **with** s.o.* iem. hard behandel. **rough** *adv.* ru, rof; kru; →ROUGHLY. **~-and-ready** *adj.* grof, primitief, onafgewerk; ongeërg; onderdag, oppervlakkig. **~-and-tumble** *n.* stoeiery, gemaal, geharwar, woeling, deurmekaar bakleiery. **~-and-tumble** *adj. (attr.)* slordige, onordelike, wilde; ongereelde, deurmekaar. **~-axed** *adj.* ru-gekap. **~cast** *n.* grintspatpleister, *(infml.)* rofkas; ruwe skets/ontwerp. **~cast** *adj.* ru-gewals; gegrintspat. **~cast** *ww.* grintspat, *(infml.)* rofkas. *~* **coat** *(verf)* eerste laag; *(pleistering)* raaplaag. *~* **copy** klad. *~* **cut** *(filmk.)* eerste/ruwe weergawe. *~* **diamond** *(lett. & fig.)* ruwe diamant. **~-dried, ~-dry** *adj.* wind-, kreukeldroog. **~-dry** *ww.* ongestryk opmaak *(klere)*. *~* **file** growwe vyl. **~-footed/-legged fowl** veerpoothoender. *~* **grazing** onbewerkte weiland. **~-grind** *ww.* grof maal/slyp. **~-ground** *adj.* grof gemaal(d). **~-haired, ~-coated** *adj.* ruharig *('n hond ens.)*. **~-handle** *ww.* hardhandig hanteer. **~-hew** *-hewed -hewed/-hewn* voorkap, ru bekap; 'n ruwe model maak van. *~* **hewer** voorkapper. **~-hewn** *adj.* voorbekap, ru bekap; ru, ongepolys; onafgewerk; *a ~ character* 'n rowwe/ruwe karakter. **~house** *n., (infml., hoofs. Am.)* opskudding, tumult, gedoente, kabaal, herrie, moles, relletjie, bakleiery, onderonsie. **~house** *ww.* hard(handig) aanpak. *~* **justice** hardhandige/haastige beregting, summiere geregtigheid. *~* **music** *(hist.)* ketelmusiek. **~neck** *(infml.)* tor, tang, fieta. *~* **passage** onstuimige oortog; *have a ~ ~* dit opdraand(e) kry/hê. *~* **plane** roffel. *~* **puff pastry** rublaar(tert)deeg. **~rider** *(Am.)* perdetemmer, jongperdryer, pikeur; baasruiter; ongereelde ruiter(soldaat). **~-sawn** *adj.* rof/ru gesaag. **~shod** *adj., (arg.)* skerp beslaan. **~shod** *adv.: ride ~ over ...* oor ... baasspeel *(iem.); ...* vertrap *(iem., iets); ...* nie ontsien nie (*of* totaal veron[t]agsaam) *(iem., iets)*. *~* **sill** ondervensterbank. **~-spoken** *adj.* ru/grof in die mond, met 'n growwe bek. *~* **stuff** *(verf)* onderlaag; *(infml.)* hardhandigheid, karnuffelry. **~-tongued** *adj.* reguit, rondborstig. *~* **trade** *(gaysl.)* vuilpomp(e), straathoer(e), ruwe jongens; gevaarseks. **~-turned** *adj.* voorbewerk. *~* **turning** rudraaiwerk. *~* **work** ru(we)/growwe werk; voorwerk. **~-wrought** *adj.* ru/(g)rof bewerk, onafgewerk, onklaar, half klaar.
rough·age growwigheid, growwe voedsel, ru-kos, ruvoedsel, ruvoer; veselstof, ru(we) stof.
rough·en *ww.* ru/grof maak; ru/grof word; *~ s.o.'s temper* iem. omkrap (*of* uit sy/haar humeur bring).
rough·ish *adj.* growwerig *('n oppervlak ens.)*.
rough·ly *adv.* ru, rof, hardhandig; wild, woes; sketsmatig; globaal; *~ (speaking)* naaste(n)by, ongeveer, min of meer, by benadering, in/oor die algemeen; *~ a hundred meters* sowat honderd meter.
rough·ness rofheid, ruheid; oneffenheid; skurfte *(v. vel)*; stroefheid; hardhandigheid.
rou·lade *(Fr., kookk., mus.)* rollade.
rou·leau *-leaux, -leaus, (Fr.)* rolletjie *(munte)*; stapel *(bloedselle)*; *(naaldw.)* trensie.
rou·lette roulette, roelet.
Rou·ma·ni·a →ROMANIA.
round *n.* kring, sirkel, ring; skyf; silinder; sport *(v. 'n leer)*; rond(t)e, rondgang *(v. 'n wag, afleweraar, bode, ens.)*; *(atl., boks, ens.)* rond(t)e; *(stadium in 'n kompetisie)* rond(t)e; *(mus.)* rondelied; *(ook, i.d. mv.)* stuksteenkool; *a ~ (of **ammunition**)* 'n patroon/koeël; 'n skoot/lading; *a ~ of **applause*** →APPLAUSE; *a ~ of **beef*** 'n beesboud; *a ~ of **bread**, (Br.)* 'n sny brood; *a ~ of **buckshot*** 'n skoot bokhael; *the **daily** ~* die daaglikse roetine/arbeid; die alledaagse/daaglikse sleur; ***do/go/make** the ~s, ('n skildwag ens.)* die rond(t)e doen; *a ~ of **drinks*** 'n rondjie; *a ~ of **festivities*** 'n reeks (van) feestelikhede; *a ~ (of **fire**)* 'n sarsie/salvo (skote); *a ~ of **golf*** 'n rond(t)e gholf; *the **story** goes the ~s that ...* die verhaal doen die rond(t)e (*of* daar word vertel) dat ...; ***timber** in the ~* = ROUND TIMBER. **round** *ww.* rond word; rond maak; afrond; omring, omsluit; omgaan; omseil; *~ s.t. **down*** iets afrond *('n prys ens.); ~ s.t. **off*** iets afrond; iets afwerk/voltooi; *~ **on** s.o.* iem. inklim/invlieg/roskam; *~ **on** one's heel(s), (w.g.)* kort omdraai; *~ **out*** rond word; *~ s.t. **out*** iets uitrond; iets uitbou/aanvul; iets afrond; *~ **up** animals* diere bymekaarmaak/-dryf/-drywe/-ja(ag)/aankeer; *~ **up** people* mense byeenbring; mense aankeer/vang, mense gevange neem. **round** *adj.* rond; sirkel-, kringvormig; bolvormig; vloeiend *(styl)*; vol, welluidend *(iem. se stem)*; rondborstig, openhartig *('n verklaring)*; *a ~ **dozen*** 'n volle dosyn; *a ~ **figure*** 'n ronde syfer; *attain a ~ **hundred**, (kr. ens.)* die volle honderd bereik; *a ~ **number*** 'n ronde getal; *a ~ **oath*** 'n kwaai vloek; *a ~ **sum*** 'n ronde/afgeronde som/bedrag; *a ~ unvarnished **tale*** die volle/reine/onverbloemde/onopgesmukte waarheid, niks anders as die waarheid nie. **round** *adv.* om; rondom; *~ **about*** in die rondte/omtrek; rondom(heen); met 'n ompad; ***all** ~* oral(s) rond; in alle opsigte; vir almal; deur die bank; voor die voet; in/oor die algemeen, in die geheel; ***all (the) year** ~* die hele jaar (deur), heeljaar; *~ **and** ~* om en om; ***ask** s.o. ~* →ASK *ww.;* ***bring** s.o. ~* →BRING; ***come** ~* →COME; ***get** s.o. ~* iem. vermurwe; *s.o. could not **get** ~ to (doing) it* →GET *ww.; s.o. **gets** ~ to s.t.* →GET *ww.;* ***go** ~* →GO *ww.;* ***go** a/the long way ~* 'n groot draai/ompad loop/ry; ***hand** s.t. ~* →HAND *ww.;* ***look** ~* →LOOK *ww.;* ***right** ~* heeltemal om; rondom; ***show** s.o. ~ a place* →SHOW *ww.;* ***talk** s.o. ~* →TALK *ww.*. **round** *prep.* (rond)om; *~ (**about**) a hundred* omtrent/ongeveer/sowat honderd, om en by die honderd; *~ (**about**) eight/etc. (o'clock)* omtrent/omstreeks (*of* om en by) ag(t)uur/ens.; *~ the **back*** →BACK *n.; ~ the **bend*** →BEND *n.; ~ the **clock*** →CLOCK[1] *n.; (just) ~ the **corner*** →CORNER *n.; ~ these/those **parts*** →PART *n.; go **right** ~ the country* deur/oor die hele land gaan; *~ our **way*** →WAY *n.*. **~about** *n., (Br., ook* traffic roundabout*)* verkeersirkel, (verkeers)eiland; *(Br.)* mallemeule; rondedans; *(kinderspel)* wieliewalie, rondomtalie; ompad, draai, omweg; sirkelpad. **~about** *adj.* omslagtig, wydlopig; *a ~ way* 'n ompad/omweg; *in a ~ way* met 'n groot omhaal van woorde; *take a ~ way* 'n draai loop. **~-arm** *adj. (gew. attr.), (kr.)* swaaiarm- *(bouler, boulwerk)*. *~* **bar** rondyster. *~* **beef** boudvleis. *~* **billet** knuppel. *~* **brackets** *n. (mv.)* ronde hakies. **~-cheeked** rondewang- *(attr.)*, met ronde wange(tjies) *(pred.)*. *~* **coal** stukkole, stuksteenkool. *~* **dance** rondedans; wals. **~-eyed** grootoog- *(attr.)*, verwonderd, met groot oë *(pred.)*. **~-faced** rondegesig- *(attr.)*, met 'n ronde gesig *(pred.)*. *~* **file** ronde vyl. *~* **flight** rondvlug, heen-en-terug(-)vlug. *~* **hand** rondskrif. **~head** rondekop; *(R~, Eng. gesk.)* Rondhoof. **~-headed** rondekop-; kortskedelig, -koppig, bragikefaal, -sefaal. **~-headedness** kortskedeligheid. **~house** herstelloods vir lokomotiewe; *(infml.)* swaaihou; *(arg.)* gevangenis, tronk; *(sk., arg.)* agterdekkajuit. **~-leaved kiaat** *(Pterocarpus rotundifolius)* dopperkiaat, blinkblaarboom. *~* **lettuce** kropslaai. *~* **nail** ronde spyker. **~-neck(ed)** *adj. (gew. attr.)* rondenek-, rondehals- *(trui ens.)*. **~-nose(d)** rondeneus-. **~-nose pliers** ronde tang. *~* **plane** rondskaaf. *~* **robin** rondklagskrif; *(sport)* rondomtalietoernooi. *~* **seam** ronde naat. **~-shouldered** krom, geboë, met 'n krom rug. *~* **step** krultree. *~* **stone** keisteen. *~* **table** *(lett.)* ronde tafel; *(fig.)* konferensietafel; *(R~ T~)* Ronde Tafel *(v.d. Arturlegende)*; *(R~ T~, int. diensorganisasie)* Tafelronde. **~-table conference** tafelronde, onderhandelingskonferensie. **~-the-clock** *adj. (attr.)* vier-en-twintig-uur- *(beskerming, bewaking, uitsending, ens.)*; *~ care* vier-en-twintig-uurversorging, dag-en-nag-versorging. **~-the-houses race** *(fietsry)* kermesse. *~* **tile** ronde dakpan. *~* **towel** rolhanddoek. *~* **trip** rondreis; rondvaart; rondvlug; heen-en-terug(-)reis, reis heen en terug. **~-trip ticket** *(Am.)* = RETURN TICKET. **~up** opsomming; aankeerdery, klopjag. **~worm** ronde-, spoel-, draad-, aalwurm, aaltjie.
round·ed gerond, rond; *~ angle* geronde hoek; *a ~ sentence* 'n afgeronde sin; *a ~ spoonful* 'n hoogvol lepel. **round·ed·ness** gerondheid, welwing.
roun·del medalje; medaljon; kenteken *(op 'n mil. vliegtuig)*; skyfie; houtbord; ronde venstertjie; rondeel, ronde vestingtoring; *(pros.)* rondeau, rondeel; *(mus.)* rondedans; *(hist.)* ronde skildjie.
roun·de·lay rondedans; (lied[jie] met 'n) refrein; *(poët., liter.)* voëlgesang, -lied.

round·ers rounders; *horseback* ~ ruiterbal.
round·ing ronding. ~ **machine** rondmasjien. ~ **plane** rondskaaf.
round·ish ronderig, rondagtig.
round·ly kortaf, botweg; ronduit, flink, prontweg, vierkant; in 'n kring; sirkelvormig; vinnig; *tell s.o. ~ that* ... iem. ronduit sê dat ...
round·ness rondheid, rondte.
rounds·man *(Br.)* besteller, afleweraar; rond(t)eman; inspekteur.
roup[1] *n., (veearts.: hoendersiekte)* roep, hemofilusverkoue, aansteeklike katar, *(infml.)* (die) piep; *(Sk.)* heesheid; verkoue.
roup[2] *n., (hoofs. Sk. en N.Eng.)* veiling. **roup** *ww.* (laat) opveil, op 'n veiling verkoop.
rouse wakker maak, wek; wakker word; opwek, aanspoor; opsweep, gaande maak; opja(ag); ~ *s.o. to* ***anger*** iem. kwaad maak (*of* die harnas in ja[ag]); ~ ***o.s.*** wakker word; jou regruk; ~ ***passions/suspicion/ etc.*** hartstogte/agterdog/ens. wek; *s.o. is* ***terrible*** *when ~d* iem. is onregeerbaar as jy hom/haar kwaad maak; ~ *s.o.* ***(up)*** iem. wakker skud. **rous·er** wekker; roerstok; pragstuk, merkwaardigheid; *(infml.: leuen)* yslike kluitjie. **rous·ing** opwekkend, besielend, inspirerend, bemoedigend; kragtig; ~ *applause* dawerende toejuiging; ~ *reception* geesdriftige/warm ontvangs.
roust wakker maak, wek; opwek, aanspoor; uitwis; *(Am., infml.)* stamp, stoot; toetakel, bydam; lastig val, teister.
roust·a·bout handlanger, algemene werk(s)man; olieboorwerker; *(Am.)* dokwerker; *(Am.)* dekmatroos.
rout[1] *n.* wilde vlug, verpletterende ne(d)erlaag; lawaai, rumoer, oproer; *(jur., vero.)* bende, wanordelike klomp; *(Br., arg.)* party, fees; resepsie; *put s.o. to ~* iem. totaal verslaan (*of* op die vlug ja[ag]). **rout** *ww.* totaal verslaan, op die vlug ja(ag).
rout[2] *ww.* uitdiep; verdiep; vroetel; →ROUTER[2], ROUTING[2], ROOT[2] *ww.; ~ s.o. out* iem. uitwoel/uitja(ag)/ opja(ag).
route *n.* weg, koers, roete; (aflewerings)roete, rond(t)e; *(Am.)* hoofpad; ***en*** ~ *to* ... op pad/weg (*of* onderweg *of* op die deurreis) na ...; ***follow*** *a* ~ 'n roete volg; ~ *of* ***march*** marsweg, =roete; ***on*** *the* ~ op die roete; ***take*** *the longest/shortest* ~ die langste/kortste roete/pad kies.; ~ *of* ***travel*** = TRAVEL ROUTE. **route** *ww.* roete(s) bepaal; roeteer, dirigeer *(na)*; →ROUTEING, ROUTER[1]; ~ *s.t. through Kimberley/etc.* iets oor Kimberley/ens. stuur *('n pakket ens.)*; iets oor Kimberley/ens. laat loop *('n trein ens.)*. ~ **book** reiswyser. ~ **map** roetekaart. ~ **march** *(hoofs. mil.)* buitemars, afstand(s)mars.
route·ing, *(Am.)* **rout·ing** roetebepaling; roetering, dirigering *(na)*.
rout·er[1] *(rek.)* roeteerder, versender.
rout·er[2] verdieper. ~ **bit** verdiepboor. ~ **(plane)** verdiepskaaf.
rou·tine *n.* roetine, diensreëling; program; sleur; *the daily* ~ die daaglikse roetine; die alledaagse/daaglikse sleur; *as a matter of* ~ in die gewone loop van sake. **rou·tine** *adj.* gereeld, reëlmatig, daagliks, roetine=; alledaags; ~ *call* vaste besoek; roetine-oproep; *(mil.)* gereelde/daaglikse sinjaal, roetinesinjaal. **rou·tine·ly** volgens die roetine. **rou·ti·ni·sa·tion, =za·tion** roetinering. **rou·tin·ise, =ize** roetineer. **rou·tin·ism** geroetineerdheid. **rou·tin·ist** geroetineerde mens, roetineslaaf.
rout·ing[1] →ROUTEING.
rout·ing[2] verdiepwerk. ~ **plane** verdiepskaaf.
roux *roux, (Fr., kookk.: botter-en-meel-mengsel om sous mee te maak)* roux.
rove[1] *n.* omswerwing; *on the* ~ aan die rondswerf/ =swerwe. **rove** *ww.* (rond)swerf, (rond)swerwe, dwaal; *(oë)* dwaal, rondkyk, =soek. ~ **beetle** dwaalkewer.
rove[2] *n.* voorgaring, =gare; voorspinreep, voorspinsel, omspinsel. **rove** *ww.* voorspin.
rov·er[1] swerwer, swerweling; losspeler; onbestendige minnaar. ~ **ticket** *(Br.)* seisoenkaartjie.
rov·er[2] voorspinner.
rov·er[3] *(arg.)* (see)rower.
rov·ing[1] *n.* swerwery, omswerwing. **rov·ing** *adj.* swerwend, dolend; reisend; ~ ***commission*** uitgebreide opdrag; ~ ***correspondent*** reisende beriggewer; ~ ***disposition*** ongestadige geaardheid, swerflus; ~ ***envoy*** reisende afgesant; *have a* ~ ***eye*** 'n dwalende oog hê; ~ ***guns*** swerfgeskut; ~ ***life*** swerwerslewe; ~ ***position*** swerfstelling; ~ ***shot*** verdwaalde/wilde skoot.
rov·ing[2] *n.* voorgaring, =gare. ~ **frame** voorspinner. ~ **(process)** voorspinproses.
row[1] *n.* (die) roei; roeitog. **row** *ww.* roei; →ROWER, ROWING[1]; ~ *s.o. down* iem. inhaal *(met 'n skuit)*; ~ *on a river* op 'n rivier roei; ~ *a race* 'n roeiwedstryd hou. ~**boat** roeiboot. ~**lock** dol, roeimik, =klamp, =pen.
row[2] *n.* ry; reeks; *have a* ***hard*** ~ *to hoe* 'n swaar/moeisame taak hê; ***in*** *a* ~ op/in 'n ry; op 'n streep, agter mekaar; *(infml.)* na mekaar, aaneen, agtereen(volgens); ***in*** *~s* in rye, ry aan ry; *a* ~ ***of*** ... 'n ry ...; ***stand*** *in a* ~ op/in 'n ry staan; ~ ***upon*** ~ *of seats* rye-rye banke, die een ry banke op die ander. **row** *ww., (w.g.)* op/in 'n ry plaas. ~ **counter** ryeteller. ~ **drill** rysaaimasjien. ~ **house** *(Am.)* skakelhuis. ~**lock** *(messelwerk)* kopkantlaag *(v. stene)*.
row[3] *n., (infml.)* rusie, twis, standjie, struweling; rumoer, lawaai, tumult, kabaal, oploop, herrie, opskudding; skrobbering; ***get into*** *a ~, (infml.)* by/in 'n rusie/twis betrokke raak, in 'n rusie/twis gewikkel raak; ***have*** *a ~, (infml.)* rusie maak, twis; ***kick up*** (or ***make***) *a ~, (infml.)* lawaai (*of* 'n herrie) maak/opskop; ***kick up*** (or ***make***) *a ~ over s.t., (ook, infml.)* oor iets tekeregaan (*of* te kere gaan *of* tekere gaan); ***what's*** *the ~?, (infml.)* wat's hier aan die gang?; *a ~* ***with*** *s.o.* ***over*** *s.t., (infml.)* 'n rusie/twis met iem. oor iets. **row** *ww.* rusie maak; →ROWING[2]; ~ *with s.o., (infml.)* met iem. rusie maak; iem. roskam (*of* 'n skrobbering gee).
ro·wan: ~ **berry** lysterbessie. ~ **(tree)** →MOUNTAIN ASH.
row·di·ness lawaaierigheid, luidrugtigheid; oproerigheid, wanordelikheid.
row·dy =*dies, n.* lawaai=, rumoer=, herriemaker, woesteling, ruwe kêrel. **row·dy** *adj.* lawaaierig, luidrugtig; oproerig, wanordelik, onordelik.
row·dy·dow lawaai, rumoer, kabaal, herrie. **row·dy·dow·dy** lawaaierig, luidrugtig.
row·dy·ism lawaai(makery), herrie, luidrugtigheid; oproerigheid, wanordelikheid.
row·el *n., (rykuns)* spoor(rat), wieletjie *(v. 'n spoor)*. **row·el** =*ll*=, *ww.* spoor, die spore gee *('n perd)*.
row·er roeier.
row·ing[1] (die) roei, roeiery; roeisport. ~ **bench** roeibank. ~ **boat** roeiboot(jie). ~ **club** roeiklub. ~ **machine** roeimasjien.
row·ing[2] rasery, lawaaiery; rusie.
roy·al *n., (infml.)* koninklike. **roy·al** *adj.* koninklik, vorstelik, van die konings=/vorstehuis, konings=, vorste=; rojaal; puik, uitstekend, eersteklas; *a* ***battle*** ~ →BATTLE *n.*; ~ ***couple*** koningspaar; ~ ***favour*** vorsteguns; ~ ***game*** verbode (*of* volstrek beskermde) wild; *Your/Her/ His R~* ***Highness*** U/Haar/Sy Koninklike Hoogheid; *the* ~ ***house*** die konings=/vorstehuis (*of* koninklike huis); ~ ***household*** koninklike huishouding; *in* ~ ***spirits*** uiters vrolik/opgewek; ~ ***throne*** koningstroon; *have a* ~ ***time*** →TIME *n.*; ~ ***visit*** koningsbesoek, koninklike besoek, vorstebesoek. **R~ Academy** Koninklike Akademie. **R~ Air Force** *(Br.)* Koninklike Lugmag. ~ **arch** *(Vrym.)* koninklike gewelf. ~ **assent** koninklike goedkeuring *(v. 'n wetsontwerp)*. ~ **blue** koningsblou. **R~ Canadian Mounted Police** Kanadese Berede Polisie. **R~ Commission** *(Br.)* koninklike kommissie van ondersoek. ~ **eagle** = GOLDEN EAGLE. ~ **family** koningsgesin; koninklike familie. ~ **fern** *(Osmunda regalis)* koningsvaring. ~ **flush** *(poker: hoogste vyf kaarte in een kleur)* suite met 'n aas. ~ **icing** harde (koek)versiersel. ~ **jelly** prinsesselei *(v. bye)*. ~ **mast** *(sk.)* kroonsteng. **R~ Navy** *(Br.)* Koninklike Vloot. ~ **octavo** *(boekformaat: 234 x 156 mm)* grootoktavo. ~ **paper** *(635 x 508 mm)* rojaalpapier. ~ **poinciana** *(bot.: Delonix regia)* flambojant. ~ **road** koninklike weg; maklike weg; *the* ~ ~ *to* ... die maklike weg na ... ~ **sail** kroonseil. ~ **tennis** →REAL TENNIS. ~ **warrant** koninklike besluit/bevelskrif. ~ **water** = AQUA REGIA. ~ **'we'** *(ook skerts.)* koninklike meervoud, pluralis majestatis. ~ **wood:** ~ ~ *(of the Zulus)* = RED IVORY.
roy·al·ist *n.* koningsgesinde, rojalis. **roy·al·ist, roy·al·is·tic** *adj.* koningsgesind, rojalisties. **roy·al·ism** koningsgesindheid, rojalisme.
roy·al·ly op koninklike/vorstelike wyse, koninklik, vorstelik; heerlik.
roy·al·ty koningskap; die konings=/vorstehuis, die koninklike familie, vorstelike persone; winsaandeel; tantième, tantieme; outeursaandeel, =geld, =reg, skrywerspersentasie; vrugreg; patenthouersaandeel, =reg; eienaarsaandeel, =reg; staatsaandeel; mynreg; huurtol; *(ook, i.d. mv.)* lede van die koninklike familie; koninklike regte.
roz·zer *(Br., sl.: polisieman)* platpoot, diener.
Ru·an·da →RWANDA.
rub *n.* (die) vrywe, vrywing; vryf=, smeermiddel; moeilikheid, onaangenaamheid; hinderpaal, knoop; *those who play at* ***bowls*** *must look for ~s, (idm.)* wie kaats, moet die bal (terug)verwag; ***give*** *s.t. a* ~ iets ('n bietjie) opvryf/=vrywe; *the ~ of the* ***green*** 'n ongelukkige toeval; *(gh.)* die toeval op die baan; *there's* ***the*** ~ daar lê die moeilikheid/ding, daar sit die knoop/haakplek; *the ~s and* ***worries*** *of life, (w.g.)* die moeilikhede en kwellings van die lewe. **rub** =*bb*=, *ww.* vryf, vrywe; skuur, skaaf, skawe; poets, opvryf, =vrywe, blink maak; →RUBBED, RUBBING; ~ ***against*** ... teen ... skuur; ~ ***along/on/through*** regkom, deurkom, sien kom klaar; ~ ***along*** *(together* or *with s.o.)* klaarkom (*of* oor die weg kom) (met mekaar/iem.); ~ *o.s.* ***down*** jou afdroog; ~ *s.o.* ***down,*** *(infml.)* (fisiek) visenteer; ~ *s.t.* ***down*** iets afskuur (*of* glad skuur); iets roskam *('n perd)*; ~ *one's* ***eyes*** jou oë uitvryf/=vrywe; ~ *one's* ***hands*** →HAND *n.*; ~ *s.t.* ***in*** iets invryf/=vrywe; ~ ***it in*** dit onder iem. se neus (*of* dit vir iem. onder die neus *of* iem. dit onder die neus) vryf/vrywe; *don't ~* ***it in*** moenie sout in die wond vryf/vrywe nie; moenie (so) daarop hamer nie; ~ *s.o.'s* ***nose*** *in it* →NOSE *n.*; ~ *s.t.* ***off*** iets afvryf/=vrywe; ~ ***off*** *on s.o.* 'n uitwerking op iem. hê, iem. beïnvloed; ~ ***off*** *on s.t.* op iets afgee; ~ *s.o.* ***out,*** *(infml., hoofs.Am.)* iem. uit die weg ruim, iem. van kant (*of* van die gras af) maak; ~ *s.t.* ***out*** iets uitvryf/=vrywe; iets uitvee; *not have two* ***pennies*** *to ~ together* geen (*of* nie 'n) (blou[e]) duit besit nie; ~ ***shoulders*** *with* ... →SHOULDER *n.*; ~ *s.t.* ***up*** iets opvryf/=vrywe/poets/ poleer, iets blink maak; iets opknap/opfris *(kennis)*; ~ *s.o.* ***up*** *the wrong way* →WAY *n.*. ~**down** *n.* afskuring; *give s.t. a* ~ iets afskuur (*of* glad skuur); iets roskam *('n perd)*. ~ **joint** vryflas. ~**stone** vryfsteen. ~**-up** *n.* polering.
rub-a-dub *n., (onom.)* rataplan, getrommel, geroffel. **rub-a-dub** =*bb*=, *ww.* trommel, roffel.
ru·ba·to =*batos,* =*bati, n., (It., mus.: vrye tempo)* rubato. **ru·ba·to** *adv., (in 'n vrye tempo)* rubato.
rubbed gevryf, gevrywe; ~ ***arch*** pasboog; ~ ***brick*** napassteen; ~ ***effect*** mat effek; ~ ***face/surface*** gevryfde vlak; pasvlak *(v. 'n steen)*; ~ ***joint*** vryflas; ~ ***oak*** gevryfde eikehout.
rub·ber[1] rubber, gomlastiek; uitveër, wisser; *(Am., infml.: kondoom)* effie; vryfdoek, =lap, poetslap, =doek, dweil, feil; vryfborsel; *(elek.)* vryfkussing; vrywer; masseur; *(ook, i.d. mv., Am.)* rubber=, waterstewels, oorskoene. ~ **band, elastic band** rekkie. ~ **bullet** rubberkoeël. ~ **cheque** *(infml.)* ongedekte/gedishonoreerde/ geweierde/waardelose tjek. ~**duck** rubberboot. ~**-jointed** slaplittig. ~**neck** *(infml.)* nuuskierige, rondkyker; *(toeris)* ky'daar. ~ **plant** rubberplant. ~ **solution** rubberlym. ~ **stamp** *n.* rubberstempel, =tjap; *(fig.)* rubberstempel. ~**-stamp** *ww.* stempel, tjap; *(infml.)* outomaties goedkeur. ~ **tree** rubberboom.
rub·ber[2] *(sport)* reeks; *square the* ~ die reeks deel.
rub·ber·ise, =ize met rubber/gomlastiek behandel; *~d hair* haarrubber, =gomlastiek. **rub·ber·is·ing, =iz·ing** rubberbehandeling.

rub·ber·y rubberagtig, rubberig; (so taai) soos rubber *(vleis ens.)*; wankelrig *(bene)*.

rub·bing (die) vrywe, gevryf; vryfsel, vryfafdruk, vryfprent; skuring; smeersel. ~ **bed** klipskuurmasjien. ~ **down** afvrywing; afskuring. ~ **post** skuurpaal. ~ **stone** skuurskyf; skuurklip.

rub·bish vuilgoed, vullis, afval; (waardelose) rommel; bog, snert, onsin, kaf(praatjies), twak(praatjies), geklets; gekheid; prulwerk; *the **book/movie/show/etc.** is* ~ die boek/fliek/vertoning/ens. is snert/gemors (*of* 'n spul twak), dis 'n snertboek/-fliek/-vertoning/ens.; ***(oh)*** *~!* (watse) onsin/nonsens/nonsies!, (ag,) twak (, man)!; *it's **so much*** ~ dis pure kaf; ***talk*** ~ bog/kaf/twak praat, kaf/twak verkoop. ~ **bin** vullisblik, -bak, asblik, vuilgoedblik. ~ **chute** vullisgeut. ~ **collector,** ~ **man** vullis-, vuilgoedman, vullis-, vuilgoedverwyderaar. ~ **dump** vullis-, vuilgoed-, afvalhoop, stortterrein. ~ **heap** vullis-, ashoop; *relegate s.t. to the* ~ ~, *(hoofs. fig.)* iets op die ashoop gooi. ~ **removal,** ~ **collection** vullisverwydering. ~ **tin** →RUBBISH BIN. ~ **tip** stortterrein. **rub·bish·y** bogterig, twakkerig.

rub·ble puin, rommel; ru-klip; steenslag. ~ **drain** stapel-, klipriool, sinksloot. ~ **dump** puinhoop. ~ **road** steenslagpad.

rube *(Am., sl.)* (plaas)japie, gawie.

ru·be·fa·cient *n.* rooimaakmiddel; velprikkelmiddel. **ru·be·fa·cient** *adj.* rooimakend; prikkelend *(o.d. vel)*. **ru·be·fac·tion** rooimaking; velprikkeling.

ru·be·fy →RUBIFY.

ru·bel·la *(med.)* rubella, Duitse masels, rooihond.

ru·be·o·la *(med.)* rubeola, masels.

ru·bes·cent *(hoofs. poët., liter.)* rooiagtig, rooiwordend. **ru·bes·cence** rooiheid, blos.

ru·bi·celle *(min.)* geel spinel; →RUBY SPINEL.

Ru·bi·con *(rivier; fig.)* Rubicon; *cross the* ~ die Rubicon oorsteek, die teerling werp, die beslissende stap doen.

ru·bi·cund rooi, blo(e)send. **ru·bi·cun·di·ty** rooiheid, blo(e)sende kleur.

ru·bid·i·um *(chem., simb.:* Rb*)* rubidium.

ru·bi·fy, ru·be·fy rooi maak.

ru·big·i·nous, ru·big·i·nose *(teg. of poët., liter.)* roeskleurig.

Ru·bik('s) cube *(handelsnaam)* Rubik-kubus.

ru·bi·ous robynkleurig.

ru·ble →ROUBLE.

ru·bric rubriek; afdeling; hoofstuk; titel; kanttekening *(in 'n wet)*. **ru·bri·cate** *(hoofs. hist.)* in rubrieke verdeel, rubriseer; rooi merk.

rub-rub ber·ry *(Rhus incisa)* baardbessie.

ru·by *n.* robyn; robynkleur; *be above rubies* onskatbaar wees; *Cape ~, (dieprooi granaatsteen)* piroop; →GARNET, PYROPE. **ru·by** *adj.* robynkleurig. ~ **(glass)** robynglas. ~ **red** robynrooi. ~ **spinel** *(min.)* rooi spinel; →RUBICELLE. ~ **wedding** *(40ste huweliksherdenking)* robynbruilof. ~ **wood** rooisandelhout.

ruche *(naaldw.)* ruche. **ruch·ing** ruchewerk, ruches.

ruck[1] *n.* trop, hoop, klomp, massa; *(rugby)* los-, trapskrum *(waarin d. bal op d. grond lê)*; →MAUL *n.*; mied; *the (common)* ~ die massa (*of* gewone mense). **ruck** *ww.* hurk; saamdrom, saampak, maal; 'n losskrum vorm. **ruck·ing** losskrumspel.

ruck[2], **ruck·le**[1] *n.* kreukel, plooi, vou. **ruck, ruck·le** *ww.* kreukel, plooi, vou; ~ *up, (klere)* opkreukel, -trek, -kruip.

ruck·le[2] *n., (Sk.)* (ge)roggel, gereutel. **ruck·le** *ww.* roggel.

ruck·sack rugsak, knapsak.

ruck·us = RUMPUS.

ruc·ta·tion = ERUCTATION.

ruc·tion *(infml.)* rumoer, lawaai, herrie; relletjie, struweling, bakleiery; *(ook, i.d. mv.)* onenigheid, twis, rusie; moeilikheid; *cause ~s* 'n herrie afgee; *there will be ~s* daar sal 'n herrie wees (*of* moleste kom).

ru·da·ceous *adj., (geol.)* grofklasties, gruisig, gruis- *(gesteente)*.

rud·der roer, stuur; rigtingsroer *(v. 'n vliegtuig); horizontal ~, (lugv.)* hoogteroer. ~ **bar** voetstuur. ~**head** *(sk.)* roerkop. **rud·der·less** stuurloos; ontredder(d), koersloos.

rud·dle, rad·dle, red·dle *n.* rooiaarde, -klei, rooioker; rooisel; rooi merkkryt. **rud·dle, rad·dle, red·dle** *ww.* met rooiaarde kleur/merk *(skape ens.)*; rooisel aansmeer.

rud·dock *(Br. dial.)* rooiborsie.

rud·dy *adj.* blo(e)send, rossig, rooi; *(Br., infml., vero., euf.:* bloody*)* vervlakste, verbrande, vervloekste; ~ *complexion* blo(e)sende (gelaats)kleur; ~ *health* blakende gesondheid; ~ *rascal* vervlakste skurk. **rud·dy** *ww.* rooi maak; rooi verf. ~**-breasted bush shrike** = CRIMSON-BREASTED SHRIKE.

rude onbeskof, ongepoets, ongeskik, ongemanierd, onmanierlik, onbeleef(d); lomp; ongegeneer(d); kru, obseen, vulgêr *(humor, taalgebruik, ens.)*; *(vero.)* ru, grof; woes; *(arg.)* ongeleerd; onbeskaaf(d), primitief; *a* ~ ***answer*** 'n onbeskofte/skewe/dwars antwoord; *a* ~ ***awakening*** 'n ontnugtering; ~ ***health,*** *(hoofs. Br.)* blakende gesondheid; ~ ***passions,*** *(vero., poët., liter.)* onbeteuelde hartstogte; *a* ~ ***shock*** 'n hewige skok; *be* ~ ***to s.o.*** onbeskof wees teenoor iem.. **rude·ly** onbeskof, ongemanierd. **rude·ness** onbeskoftheid, ongemanierdheid.

ru·di·ment grondslag; beginsel; aanleg; half ontwikkelde orgaan; oorblyfsel; rudiment; *(ook, i.d. mv.)* grondslae, eerste beginsels, grondbeginsels. **ru·di·men·ta·ry** begin-, elementêr; onontwikkel(d), onvolkome ontwikkel(d), onvolledig; rudimentêr.

rue[1] *n., (arg.)* berou, leedwese. **rue** *ruing, rueing, ww.* betreur, berou hê oor/van; *he/she'll (live to) ~ it, he/she'll ~ the day* hy/sy sal dit (nog) berou, dit sal hom/haar (nog) berou. **rue·ful** droewig, treurig, bedroef, verdrietig; meewarig. **rue·ful·ness** droewigheid, treurigheid, bedroefdheid.

rue[2] *n.* wynruit; *oil of* ~ = RUE OIL. ~ **oil** wynruitolie.

ruff[1] *n.* plooi-, pypkraag; plooi; kraagduif; *(orn.: Philomachus pugnax)* kemphaan. **ruff** *ww.* plooi; plooie aanbring, van plooie voorsien. **ruffed** gekraag.

ruff[2] *n., (kaartspel)* (die) troef. **ruff** *ww.* troef, aftroef.

ruf·fi·an *n.* booswig, skurk, boef, woestaard, woesteling. **ruf·fi·an, ruf·fi·an·ly** *adj.* skurkagtig, woes, gemeen, boosaardig, beesagtig.

ruf·fle[1] *n.* rimpeling; plooi; valletjie; storing, steurnis, beroering, verwarring. **ruf·fle** *ww.* deurmekaar maak; frommel; plooie aanbring, (in)plooi; valletjies aanbring; vererg, versteur, verstoor; in die war bring; ontstel, ontstem; ~ *s.o.'s feathers* iem. kwaad maak (*of* vererg); *nothing ~s him/her* niks versteur/verstoor hom/haar nie, niks bring hom/haar van stryk (af) nie. **ruffled:** ~ *hair* deurmekaar hare; ~ *petal* gekartelde blomblaar; *s.o.'s temper is* ~ →TEMPER. **ruf·fler** plooier, inplooivoetjie. **ruf·fling** (in)plooiwerk, intrekwerk; valletjies.

ruf·fle[2] *n., (arg.)* twis, rusie. **ruf·fle** *ww.:* ~ *it, (arg.)* verwaand/aanstellerig wees.

ruf·fle[3] *n.* roffel *(op 'n tamboer)*.

ru·fous rooibruin; geelbruin; rooiagtig, rossig, ros; ~*/Burchell's courser, (orn.)* bloukopdrawwertjie.

rug *n.* mat, vloerkleedjie, tapytjie; reiskombers, (reis)deken; →RUGGING; *pull the* ~ *(out) from under s.t.* (*or s.o.['s feet]), (fig.)* die mat onder iets (*of* iem. [se voete]) uitpluk/uitruk/uittrek, iem. pootjie. ~ **making** matwerk, matmakery. ~ **rat** *(Am., infml.)* kruipkind. ~ **strap** gesperiem, kombersriem.

ru·ga -*gae, n. (gew. i.d. mv., anat.)* rimpel; plooi, vou. **ru·gate** = RUGOSE.

rug·by rugby. ~ **ball** rugbybal. ~ **field** rugbyveld. ~ **football** rugbyvoetbal. ~ **league** rugbyliga; *(vero.)* beroepsrugby. ~ **match** rugbywedstryd. ~ **player** rugbyspeler. ~ **score** rugbytelling. ~ **union** rugbyunie, -bond; *(vero.)* amateurrugby.

rug·by·ite *(w.g.)* rugbyspeler; rugbyondersteuner.

rug·ged ru, ruig, ongelyk, hobbelagtig, skurf; stroef, stug, nors, hard, streng; onbeholpe, lomp; kragtig, sterk, grof (gebou), robuus; taai, stoer, gehard; ~ *habits, (ook)* takhaargewoontes; ~ *match* ruwe/taai wedstryd. **rug·ged·ise, -ize** sterk en duursaam maak. **rugged·ness** ruigheid; oneffenheid; stugheid; lompheid; stoerheid; weerstandsvermoë, taaiheid.

rug·ger *(hoofs. Br., infml.)* = RUGBY. ~**bugger** *(SA, sl.)* rugbybuffel; rugby-braaivleis-en-bier-man.

rug·ging vloermatstof.

ru·gose *(hoofs. biol.)* gerimpel(d), rimpel(r)ig, gerif-fel(d); geplooi(d), gevou. **ru·gos·i·ty** gerimpeldheid.

Ruhr: *the ~ (river)* die Ruhr; *the ~ (district)* die Ruhrgebied.

ru·in *n.* ruïne, bouval, murasie; puinhoop; ondergang, ongeluk, verderf, val; ***be the*** ~ ***of s.o.*** iem. se ondergang wees; ***bring** about s.o.'s* ~ iem. se ondergang/val bewerk; ***bring** s.o. to* ~ iem. ruïneer; iem. in die ongeluk stort (*of* in die verderf[enis] bring); *s.o.'s* ~ ***dates** from ...* iem. se ongeluk het met ... begin; ***fall** into ~(s),* ***go** to* ~ verval, bouvallig word, in puin val; ***go** to ~, (ook, fig.)* in duie stort/val; *s.t. is/lies **in** ~s, (lett.)* iets lê/is in puin (*of* is 'n bouval); *(fig.)* iets het in duie gestort/geval; *be a **mere*** ~ *of what one used to be* net 'n skim wees van wat jy was; ***reduce** a building to ~s* 'n gebou in puin lê; *s.t. **spells** ~ to ...* iets beteken die ondergang van ...; ***tumble** in ~s, **tumble** to* ~ verval, in puin stort; *(fig.)* in duie stort/val; ***utter*** ~ volslae ondergang. **ru·in** *ww.* ruïneer, rinneweer, bederf, verniel, verwoes; te gronde rig, tot 'n val bring, in die ongeluk stort; vernietig; ***be** ~ed* ten onder gaan; ~ ***one's eyes*** jou oë bederf; ~ ***a girl,*** *(arg.)* 'n meisie verlei; *s.o.'s **hopes** were ~ed* iem. se verwagtinge is die bodem ingeslaan; ~ ***o.s.*** jou eie ondergang bewerk, self jou ondergang bewerk; ~ ***one's prospects*** jou kanse bederf. **ru·in·a·tion** ongeluk, verderf(enis), ondergang; verwoesting, vernieling, ruïnasie, rinnewasie. **ru·in·ous** verderflik, nadelig, noodlottig; vervalle, bouvallig.

rule *n.* reël, bepaling, reglement, wet; voorskrif; *(jur.)* bevel; lewensreël, leefreël; rigsnoer, stelreël; maatstaf, standaard; bestuur, bewind, gesag, heerskappy, regering; beheer, beheersing; liniaal, maat-, meet-, duimstok; *(tip.)* streep; lyn; *(ook, i.d. mv.)* reglement; ~ *of **action*** gedragsreël, -lyn; ***against*** *the ~s* teen die reëls; ***apply/enforce*** *the ~s* die reëls toepas; ***as a*** *(general)* ~ oor/in die algemeen, gewoonlik, in die reël; ***bear*** *~, (arg.)* heers, heerskappy voer, die septer swaai; ***bend*** *the ~s* die reëls uitlê soos dit jou pas; ***break*** *the ~s* die reëls oortree; ***by*** ~ volgens ('n vaste) reël; ***carpenter's*** ~ duimstok; *in **conflict** with the ~s* teen die reëls; ~ *of **court*** hofreël; ~ *of **evidence/proof,** (jur.)* bewysreël; *the **exception** proves the* ~ die uitsondering bevestig die reël; ~ *of **faith*** geloofsreël; ***(fixed)*** ~ stelreël; rigsnoer; ~ *of **force*** reg aan sterkte; *~s of the **game,** (sport ens.)* speelreëls, reëls van die spel; *(infml.: sosiale/ens. konvensies)* hoe dit hoort (*of* moet wees), hoe dinge gedoen word; *a ~ **to go** by* 'n reël om te volg; *the **golden*** ~ →GOLDEN RULE; *a **hard** and fast* ~ 'n bindende/vaste reël; ***hard** and fast ~s, (ook)* onbuigsame reëls; ***keep/stick*** *to the ~s* die reëls nakom (*of* in ag neem); *a ~ of **law*** 'n regsreël; *the ~ of **law*** regsoewereiniteit, oppergesag van die reg; ***lay down*** *a* ~ 'n reël voorskryf/-skrywe; ***legal*** ~ →LEGAL; *by ~ and **line*** haarfyn, presies; ***make*** *it a* ~ (or *make a ~ of it*) *to ...* 'n reël daarvan maak om te ...; ~ ***nisi*** →NISI; ***observe*** *the ~s* die reëls nakom (*of* in ag neem); ~ *of **play*** spelreël; *~s of **procedure*** →PROCEDURE; *the ~ of **proportion*** →***three/proportion;*** *the ~s and **regulations*** die reglement; *the ~ of the **road*** →ROAD; ***run*** *the ~ over s.t., (Br.)* iets vlugtig bekyk, gou na iets kyk, jou oë oor iets laat gaan/gly; *a **standing*** ~ 'n vaste/vasstaande reël; 'n erkende gebruik; *the **standing** ~s and orders* die reglement van orde; *the ~ of **three/proportion,** (wisk.)* die reël van drie; *a ~ of **thumb*** 'n praktiese reël/metode; *know s.t. by ~ of **thumb*** iets uit die praktyk weet; ***under*** *s.o.'s* ~ onder iem. se bewind; ***work*** *to* ~ presies/streng volgens reël werk, stadig werk, sloerstaak. **rule** *ww.* regeer, bestuur, beheer; bedwing, beheers; heers, heerskappy voer; bepaal, vasstel; beslis;

lyn, linieer, strepe trek; ~ ***against*** *s.t.* teen iets beslis; *be willing to* ***be*** *~d by* ... bereid wees om na ... te luister (*of* jou deur ... te laat lei); ~ *s.t.* ***off*** 'n streep onder/langs iets trek; ~ *s.o./s.t. out of* ***order*** →ORDER *n.*; ~ *s.t.* ***out*** iets uitsluit; iets buite beskouing/rekening laat, iets nie in ag neem nie, iets negeer; *that is ~d* ***out*** dit is uitgeslote; ~ ***(over)*** ... oor ... heers (*of* heerskappy voer), ... regeer; ***prices*** ~ *high/etc.* die pryse is hoog/ens.; ~ *the* ***roost/roast*** baasspeel, die lakens uitdeel. **~book** reëlboek; *go by the ~, (infml.)* streng by die reëls hou.

rul·er heerser, vors, regeerder, maghebber; gebieder; liniaal, duimstok; ~ *of the world* wêreldheerser.

rul·ing *n.* beslissing, uitwysing; liniatuur, liniëring; *form of* ~ liniatuur; *give a* ~ 'n beslissing gee. **rul·ing** *adj.* heersend; geldend; ~ ***grade*** bepalende helling; ~ ***idea*** leidende gedagte, hoofgedagte; ~ ***passion*** oorheersende hartstog; ~ ***price*** markprys, heersende prys. **~ pen** trekpen.

rum[1] *n.* rum. **~ butter** *(kookk.)* rumbotter. **~ punch** rumpons. **~ runner** dranksmokkelaar. **~ shop** *(Am., W.Ind.)* kantien, kroeg.

rum[2] *adj., (Br., infml., vero.)* eienaardig, sonderling, snaaks, vreemd, koddig; *a ~ go* 'n snaakse gedoente/affêre.

Ru·ma·ni·a →ROMANIA.

rum·ba, rhum·ba *(Kubaanse dans)* rumba.

rum·ble *n.* gerommel, gedreun; gebrom; gemor, gemurmureer; *(Am., infml.)* bende-, straatgeveg. **rum·ble** *ww.* rommel, dreun; *(Br., infml.)* blootlê *(iem. se planne)*, aan die kaak stel *(iem.)*; *(Am., infml.)* by/in 'n bende-/straatgeveg betrokke wees; ~ *along* voortdreun, -rommel; *s.o.'s stomach ~s* dit rommel in iem. se maag; *the thunder ~s* die donder rommel. **~ (seat)** agterbak, kattebak; → DICK(E)Y (SEAT). **~ strip** dreunstrook *(op 'n pad)*. **~-tumble** gerammel; rammelkas. **rum·bling** gerommel; gebrom.

rum·bus·tious uitbundig, rumoerig, luidrugtig, lawaaierig; weerbarstig, wild.

Ru·me·li·a, Rou·me·li·a *(geog.)* Roemelië.

ru·men -mens, -mina grootpens. **ru·mi·nant** *n.* herkouer, herkouende dier. **ru·mi·nant** *adj.* herkouend; peinsend, diepdenkend. **ru·mi·nate** herkou; peins, mymer, nadink; ~ *about/on/over s.t.* iets oorpeins, oor iets nadink, diep oor iets dink. **ru·mi·na·tion** herkouing; oorpeinsing, mymering. **ru·mi·na·tive** peinsend, mymerend, nadenkend.

rum·mage *n.* (die) deursoek, deursnuffeling, visentering; rommel. **rum·mage** *ww.* visenteer, (deur)snuffel, deursoek; deurmekaar maak, omkrap; vroetel, snuffel, rommel, skarrel; ~ *in s.t.* in iets snuffel *('n laai ens.)*. **~ sale** rommelverkoping.

rum·mer roemer, wynglas.

rum·my[1] *n., (kaartspel)* rommé, rummy.

rum·my[2] *adj.* = RUM[2] *adj.*.

ru·mour, *(Am.)* **ru·mor** *n.* gerug; riemtelegram; *there is a* ~ ***abroad,*** *a ~ is going* ***around/round*** daar gaan/loop 'n gerug, 'n gerug doen die rond(t)e (*of* is in omloop *of* lê hier rond); *~s are* ***afloat*** gerugte doen die rond(t)e, daar is gerugte in omloop, gerugte lê rond; ***deny*** *a* ~ 'n gerug ontken/weerspreek; ~ ***has*** *it that* ... die gerug wil dat (*of* hulle sê dat *of* volgens die gerug het/is) ...; ***hear*** *a (vague) ~ that* ... 'n voëltjie hoor fluit dat ... *(infml.)*; *an* ***idle*** ~ 'n los gerug; *there* ***is*** *a* ~ daar gaan/loop 'n gerug, daar gaan 'n gerug rond, 'n gerug doen die rond(t)e (*of* is in omloop); ***put*** *about a* ~ 'n gerug in omloop bring; ***quash/scotch/spike*** *a* ~ 'n gerug die nek inslaan, 'n gerug dooddruk/ontsenu; ***spread*** *a* ~ 'n gerug versprei; *a ~ of* ***war*** 'n oorlogsgerug. **ru·mour,** *(Am.)* **ru·mor** *ww.: hear it ~ed that* ... hoor hulle sê dat ...; *it is ~ed that* ... daar gaan gerugte (rond) (*of* hulle sê *of* die storie gaan) dat ... **~-monger** nuus(aan)draer, gerugstrooier. **~-mongering** nuus(aan)draery, gerugstrooiery.

rump kruis, stuit; *(hoofs. skerts.)* stuitjie, agterste; agterste deel; *(vleissnit)* kruisstuk; oorskot, restant; →RUMPLESS. **~ bone** stuitbeen. **R~ Parliament:** *the ~ ~, (Eng. gesk.)* die Rompparlement. **~ steak** kruisskyf.

Rum·pel·stilts·kin *(sprokie deur d. broers Grimm)* Repelsteeltjie.

rum·ple kreukel, vou, verfrommel; deurmekaar maak; verfomfaai; *~d hair* deurmekaar hare; *~d suit* verkreukelde pak. **rum·ply** verkreukel, verfrommel.

rump·less stompstert, stertloos.

rum·pus opstootjie, rusie, bakleiery, tumult, herrie, relletjie, moles, spektakel; *cause a ~, (infml.)* 'n herrie veroorsaak; *kick up* (or *make) a ~, (infml.)* 'n herrie maak/opskop. **~ room** *(Am., Austr.)* speelkelder.

rump·y *n.* stompstertkat; →MANX CAT. **~-pumpy** *(Br., skerts.)* seks, gekafoefel, kafoefelry, katelkaperjolle.

run *n.* hardloop-, drafsessie; wedloop; veldloop; wedren; rit(jie), tog(gie), uitstappie; afgelegde afstand; aanloop *(v. 'n vliegtuig)*; *(mil.)* (vlieg)tog, krygsvlug, vegvlug; bomaanval; *(kr.)* lopie; hardlooppas; stroom-, getyloop; stroompie, loop, lopie, spruitjie; *(mus.)* lopie; vaart, tog *(v. 'n skip)*; vrye gebruik, toegang; *(Austr.)* weiveld; kampie; looppaadjie; loophok, (hoender)kamp; skihelling; geut, voor; *(mynb.)* strook, ertsaar; stuk, lengte *(v. pype ens.)*; leer *(in 'n kous)*; toeloop; (sterk) (aan)vraag; opeenvolging, reeks; klas; serie, reeks *(v. 'n tydskrif ens.)*; skool (visse); (stroomop) migrasie *(v. visse)*; *(teat.)* speelvak; verloop, gang; soort; →CROSS-COUNTRY RUN, RUNLET[1], RUN-OF-(THE-)MINE ORE; *do s.t.* ***at*** *a* ~ iets op 'n draf doen; *a ~ on the* ***bank*** 'n stormloop na (*of* 'n bestorming van) die bank; *the* ***book/etc.*** *is having* (or *has had) a considerable* ~ daar is 'n aansienlike vraag na die boek/ens.; *it was a* ***close*** ~ dit was so hittete; →CLOSE-RUN; *the* ***common/general/ordinary*** *~ of* ... die gewone ..., die deursnee-/deursnit-...; *make a* ***dry*** ~ 'n oefenlopie doen; →DRY RUN; *there is a ~ of* ***fish*** die vis loop; *the* ***general*** *~ of affairs* die gewone loop van sake; ***get/make*** *~s, (kr.)* lopies kry/aanteken; ***go*** *for a* ~ 'n ent gaan draf/hardloop; ***go*** *on the* ~ op loop gaan/sit/slaan; ***have*** *the ~ of a house* oral(s) mag gaan in 'n huis; vrye toegang tot 'n huis hê; *the ~ of the* ***hills*** *is northwest/etc.* die heuwels loop in 'n noordwestelike/ens. rigting; *in the* ***long*** ~ op die lange duur; mettertyd; op lang termyn; *s.o. has a ~ of* ***luck*** dit gaan voor die wind met iem.; ***make*** *~s* ***→get/make;*** ***make*** *a ~ for it* weghardloop, vlug; *have a (good) ~ for one's* ***money*** (goeie) waarde vir jou geld kry; *(infml.)* jou moeite is nie vergeefs nie; *give s.o. a (good) ~ for his/her* ***money*** iem. sterk teen-/teëstand bied; *be* ***on*** *the* ~ op die vlug wees, voortvlugtig wees; *have s.o.* ***on*** *the* ~ iem. op loop ja(ag); *s.o. was shot* ***on*** *the* ~ iem. is in die hardloop geskiet; *a ~* ***on*** *s.t.* 'n groot vraag na iets *(goudaandele, suiker, ens.)*; *the* ***ordinary*** *~ of* ... ***→common/general/ordinary;*** *the* ***play*** *had a long* ~ die stuk is lank aaneen opgevoer; *have a long/extended/uninterrupted ~ of* ***power*** lank/ononderbroke aan die bewind bly; *in the* ***short*** ~ op kort termyn; *a ~ of* ***steps*** 'n aantree; ***the*** *~s, (sl.: diarree)* loopmaag; ***with*** *a* ~ met 'n vaart. **run** *ran run, ww.* hardloop, hol; *(sk.)* (met die wind reg van agter) vaar; *(migrerende vis)* loop; (rond)skarrel; stroom, vloei; *(kleurstof)* vloei; traan, drup; smelt; bestuur; laat loop/werk, bedien, hanteer *('n masjien ens.)*; *('n masjien ens.)* loop, werk, in werking wees, funksioneer; publiseer, plaas *(in 'n blad)*; smokkel; →RUNNER, RUNNING, RUNNY; ~ ***about*** rondhardloop; ~ ***across*** *s.o.* iem. raakloop (*of* op die lyf loop); ~ *an* ***advertisement*** 'n advertensie plaas; ~ ***afoul*** *of s.t.* →AFOUL; ~ ***after*** *s.o.* agter iem. aanhardloop, iem. agternahardloop; iem. agternaloop; ~ ***after*** *s.t.* iets naja(ag); ~ ***aground,*** *('n skip)* strand; ~ ***ahead*** vooruithardloop; ~ ***ahead*** *of things* dinge vooruitloop; ~ ***along!,*** *(infml.)* weg is jy!; ~ ***amok*** →AMOK; *the ship ~s* ***ashore*** die skip strand (*of* loop op die strand); ~ *a ship* ***ashore*** 'n skip laat strand (*of* op die strand laat loop); ~ ***at*** ... op ... afstorm, ... stormloop/bestorm; ~ ***away*** weghardloop, die loop neem; wegloop; dros; ~ ***away*** *from s.o.* vir iem. weghardloop, (onder) iem. uithardloop; ~ ***away*** *from s.t.* iets ontwyk/ontduik; ~ ***away*** *with s.o.* met iem. wegloop; ~ ***away*** *with s.t.* iets maklik wen; ~ ***away*** *with the idea that* ... sommer glo (*of* jou verbeel *of* op loop sit met die gedagte) dat ...; ~ ***back,*** *(vloeistof, 'n bal, ens.)* terugloop; ~ *s.t.* ***back*** iets laat terugloop *('n film, band, ens.)*; *s.o.'s memory ~s* ***back*** ***to*** ... iem. se geheue reik (*of* gaan terug) tot ...; ~ *the* ***ball*** *along the line, (rugby)* die bal langs die agterlyn laat loop; ~ *a* ***bath*** →BATH[1] *n.*; ~ ***behind*** agter wees; *a* ***bill*** *~s, (fin.)* 'n wissel loop; *s.o.'s* ***blood*** *ran cold* →COLD *adj.*; ~ *a* ***business*** →BUSINESS; ~ *s.t.* ***by/past*** *s.o.* iets aan iem. toets; ~ *a* ***car*** →CAR; *s.o. ~s a* ***chance*** *of being* ... →CHANCE *n.*; ~ *s.o.* ***close*** op iem. se hakke wees; iem. amper/byna ewenaar; ~ ***concurrently*** saamval; *the sentences ~* ***concurrently*** die vonnisse is gelyklopend; ~ ***counter*** *to* ... met ... in stryd wees; *allow things to* (or *let things) ~ their* ***course*** →COURSE *n.*; ~ *into* ***difficulties*** →DIFFICULTY; ~ ***down*** agteruitgaan; *('n horlosie, rivier, ens.)* afloop; ~ *s.o./s.t.* ***down*** iem./iets omry; iem./iets slegmaak; iem./iets opspoor; ~ *s.t.* ***down,*** *(ook)* iets afbreek/aftakel; *be ~* ***down*** afgewerk wees; *('n horlosie)* afgeloop wees; omgery word; *s.t. ~s* ***down*** *to* ... iets loop/strek tot by ...; ~ ***dry*** opdroog; leegloop, leeg raak; droogloop; ~ ... *to* ***earth*** →EARTH *n.*; ~ *to* ***extremes*** →GO TO **EXTREMES;** ~ *an* ***eye*** (or *one's* ***eye[s]****) over s.t.* →EYE *n.*; *s.o.'s* ***eyes*** ~ iem. se oë traan; *it ~s in the* ***family*** →FAMILY; ~ ***fast*** vinnig hardloop; ~ *as* ***fast*** *as one can* hardloop so al wat jy kan; ~ *to* ***fat*** →FAT *n.*; *the* ***fish*** *are ~ning* →FISH[1] *n.*; ~ ***for*** ... hardloop om ... te haal *(d. bus ens.)*; ('n) kandidaat vir ... wees *('n amp)*; ~ ***for*** *it* weghardloop; vinnig êrens kom; ~ ***foul*** *of* ... →FOUL *adv.*; ~ ***from*** ... van/vir ... weghardloop; *the period ~s* ***from*** ... *to* ... die tydperk loop van ... tot ...; ~ ***hard*** vinnig hardloop; ~ *one's* ***head*** *against a (brick/stone) wall* →HEAD *n.*; *s.t. ~s in s.o.'s* ***head*** →HEAD *n.*; ~ ***high,*** *(koors ens.)* hoog wees; *(verwagtings ens.)* hooggespanne wees; *(opgewondenheid ens.)* (hoog) styg; *(d. gemoedere ens.)* gaande wees, hoog loop; ~ *s.o.* ***home*** iem. huis toe ry; ~ *a* ***horse*** →HORSE *n.*; ~ ***hot*** →HOT *adj. & adv.*; ~ ***idle*** →IDLE *adj.*; ~ ***in*** inhardloop; inloer *(by iem.)*, 'n vlugtige besoek aflê; ~ ***in*** *among the people* onder/tussen die mense in hardloop; ~ *s.o.* ***in,*** *(infml.)* iem. gevange neem (*of* in die tronk sit); ~ *s.t.* ***in*** iets inry *('n motor ens.)*; iets laat inloop *('n masjien)*; ~ ***in*** *three/etc. tries, (rugby)* drie/ens. keer gaan druk; ~ ***into*** ... teen ... vasloop/bots *(iem., iets)*; in ... beland *(moeilikheid)*; ... raakloop/teëkom/teenkom (*of* op die lyf loop) *(iem.)*; ... raak ry, teen ... vasry *(iem., iets)*; in ... raak *(d. skuld, moeilikheid, ens.)*; ... ondervind *('n probleem ens.)*; *the book ran* ***into*** *four/etc. editions* die boek het vier/ens. drukke beleef/belewe/gesien; *a salary running* ***into*** *six figures* 'n sessyfersalaris, 'n salaris wat ses syfers beloop/bedra; ~ ***into*** *the sand* →SAND *n.*; *water/etc. ~s* ***into*** ... water/ens. loop in ... (in) *('n emmer ens.)*; *let water/etc. ~* ***into*** ... water/ens. in ... laat (in)loop *('n emmer ens.)*; ~ *a car/etc.* ***into*** ... met 'n motor/ens. teen ... vasry *('n boom ens.)*; ~ *for one's* ***life*** vir jou lewe hardloop; *s.o. ~s for dear* ***life*** iem. deel/skeur die wêreld; ~ ***like*** *blazes/hell/mad, (infml.)* hardloop dat dit/jy bars, hardloop dat die stof (so) staan; ~ ***loose*** los loop, vir kwaadgeld rondloop; *s.t. ~s* ***low*** iets word min (*of* raak op *of* is amper/byna op); ~ *to* ***meet*** *s.o.* iem. tegemoethardloop; ~ *to* ***meet*** *s.t.* iets vooruitloop *(moeilikheid ens.)*; ~ ***messages*** →MESSAGE *n.*; ~ *a* ***mile*** →MILE; ~ *the extra* ***mile*** →GO THE EXTRA **MILE;** *s.o.'s* ***mind*** *~s on s.t.* →MIND *n.*; ~ *at the* ***mouth*** →MOUTH *n.*; ~ *off at the* ***mouth,*** *(Am., infml.)* onophoudelik (*of* sonder ophou *of* een stryk deur) babbel/klets; jou mond verbypraat; ~ ***off*** weghardloop; wegloop; afvloei, afloop; ~ *s.t.* ***off*** iets afdruk *(drukwerk)*; iets aframmel *(name, syfers, ens.)*; ~ *s.o.* ***off*** *his/her feet* →FOOT *n.*; ~ ***off*** *with* ... met ... wegloop; saam met ... wegloop; ~ ***on*** voorthardloop; (voort)babbel, eenstryk praat; verbygaan; *text ~s* ***on,*** *(tip.)* teks loop aan; *let text ~* ***on,*** *(tip.)* teks laat aanloop (*of* sonder paragrawe set); ~ ***on*** *petrol, ('n motorvoertuig)* met petrol loop; ~ ***out*** uithardloop, na buite hardloop; *(vloeistof, sand, ens.)* uitloop, uitstroom, opraak; *('n termyn ens.)* verstryk; *('n kontrak ens.)* afloop; *(tyd)* kort/min raak; *let s.t. ~* ***out*** iets laat uitloop *(water ens.)*; ~ *o.s.* ***out*** jou flou/gedaan/pootuit hardloop; ~ *s.o.* ***out,*** *(kr.)* iem. uitloop; ~ *s.t.* ***out*** iets afrol/afwikkel *('n tou ens.)*; *s.o. has ~* ***out*** *of* ... iem. se

... is op (*of* het opgeraak), iem. het nie meer ... oor nie *(sigarette, geduld, ens.)*; ~ ***out** of control* →CONTROL *n.*; ~ ***out** of conversation* →CONVERSATION; *time is ~ning **out*** die tyd raak kort/min; *s.o. is ~ning **out** of* ... iem. se ... is aan die opraak; ~ ***out** on s.o.* iem. verlaat; iem. in die steek laat; ~ ***over,** ('n dam ens.)* oorloop; oorloop; oorry; ~ ***over** s.t.* iets oorgaan/nagaan; ~ ***over** s.o.* iem. omry (*of* onderstebo ry); ~ ***over** to* ... na ... oorloop *('n ander bladsy)*; ~ ***over** with* ... oorloop van ... *(geesdrif ens.)*; ~ ... ***over** s.t.* ... oor iets laat gaan/gly *(vingers ens.)*; ~ ***past** s.o./s.t.* by iem./iets verbyhardloop; ~ *s.t. **past** s.o.* →***by/past;*** *the **play** ran 100/etc. nights* die stuk is 100/ens. aande aaneen opgevoer; ~ *a **race*** →RACE[1] *n.*; *he who ~s may **read,** (idm., <Byb.)* dit is so duidelik soos daglig (*of* die dag *of* as kan kom); ~ *(through) a **red** (traffic) light, (infml.)* deur 'n rooi (verkeers)lig ja(ag); ~ ***riot*** →RIOT *n.*; ~ ***second*** tweede wees/eindig; ~ ***short** of s.t.* iets kortkom; *s.t. ran **short*** iets het skaars geword; iets het opgeraak; ~ *the whole **show*** →SHOW *n.*; *a **stocking** ~s* 'n kous leer; *the **story** ~s that* ... daar word vertel dat ...; ~ ***straight*** reguit hardloop; ~ (or *be running*) *a **temperature*** →TEMPERATURE; ~ ***through** s.t.* iets deursteek; iets deurhaal/uitkrap; iets vlugtig deurlees; iets deurbring *(geld ens.)*; ~ *one's fingers **through** one's hair* jou vingers deur jou hare stoot; *thoughts ~ **through** s.o.'s head* →HEAD *n.*; ~ *s.o. **through** with s.t.* iem. met iets deurboor/steek *('n bajonet ens.)*; *it ~s **to*** ... dit beloop ...; *s.o.'s finances ~ **to** s.t.* iem. kan iets bekostig; ~ ***together*** saam hardloop; inmekaar loop; vervloei; *how your **tongue** ~s!* jy kan darem babbel!; ~ ***true*** suiwer loop; ~ ***true** to form* →FORM *n.*; *the **tune** ~s in s.o.'s head* die deuntjie draai in iem. se kop; ~ *an **undertaking*** →RUN A **BUSINESS;** ~ ***up*** aangehardloop kom; *('n bouler, springer, ens.)* 'n aanloop neem; ~ *s.t. **up*** iets gou/inderhaas maak; iets gou/inderhaas bou; iets maak *(skuld)*; iets laat oploop *(rekenings)*; iets hys *('n vlag)*; ~ ***up** against s.o.* iem. raakloop; ~ ***up** against s.t.* op iets stuit *(teenstand, 'n probleem, ens.)*; ~ *before one can **walk,** (idm.)* loop voor(dat) jy kan kruip; →**WALK** BEFORE ONE CAN RUN; ~ ***wild*** vry (rond)loop; wild tekeregaan (*of* te kere gaan *of* tekere gaan); verwilder; *(plante)* vervuil; *allow children to ~ **wild*** kinders vir wind en weer laat grootword; ~ ***with** s.t.* met iets voortgaan; iets versprei/bemark/bekendstel (*of* bekend stel). ~**about** *n.* rondloper; ligte waentjie; ligte motor, jakkertjie, rondryding. ~**about** *adj.* (rond)swerwend. ~**agate** *(arg.)* droster, deserteur, wegloper; renegaat; rondloper, swerwer; →RENEGADE *n.*. ~**-and-fell seam** platnaat. ~**-around** *n., (infml.)* ontwyking; *give s.o. the ~* iem. (se versoeke/vrae) ontwyk. ~**away** *n.* droster, vlugteling, wegloper, deserteur. ~**away** *adj.* voortvlugtig, *(attr.)* weggeloopte, wegloop=; verlope; op hol/loop, *(attr.)* weghollende, weghol=; ~ ***inflation*** wegholinflasie, onkeerbare inflasie; ~ ***marriage/match*** skelm trouery, trouery van 'n weggeloopte paar; ~ ***points,** (spw.)* veiligheidswissel; ~ ***victory*** reuse=, wegholoorwinning, doodmaklike oorwinning; *score a ~ **victory*** speel-speel/fluit-fluit wen; los voor loop; ~ ***win*** losvooroorwinning, wegholoorwinning. ~**down** *n.* oorsig; verslag; verslapping, teruggang; aftakeling; ontleding; *give s.o. a ~ on s.t.* iem. 'n oorsig van iets gee. ~**-down** *adj.* gedaan, afgewerk, afgeval, afgerem; veragter(d); vervalle; ~ *battery/watch* afgeloopte battery/horlosie/oorlosie. ~**-in** *n.* aanvlug; *(infml.)* rusie; *have a ~ with s.o.* 'n onderonsie met iem. hê. ~**off** *n.* afloop, afvloei; afloopwater; beslissende wedloop. ~**off election** herstemming. ~**-of-the-mill** *adj.* alledaags, gemiddeld, deursnee=, gewoon. ~**-of-(the-)mine ore** onbehandelde erts. ~**-out** *n., (kr.)* uit(hard)loopkans; *(meg.ing.)* waggeling. ~**-through** *n.* repetisie; oefen=, proeflopie; kort oorsig/opsomming/samevatting; *give s.t. a ~* iets vinnig deurlees. ~**-up** *n.* aanloop; aanvlug; proefdraai *(v. 'n motor)*; →RUNWAY; *take a long ~* 'n lang aanloop neem; *in the ~ to* ... in die tyd voor (*of* aan die vooraand van) ...

run·ci·ble spoon lepelvurk.

run·ci·nate haaktandig *('n blaar)*.

rund·let →RUNLET[2].

rune *(ou Germ. letter)* rune; geheimsinnige/magiese teken; runelied. **ru·nic** *n.* rune-inskrif. **ru·nic** *adj.* runies, rune=; ~ ***alphabet*** rune-alfabet; ~ ***cross*** Keltiese kruis; ~ ***letter*** rune; ~ ***writing*** runeskrif.

rung sport; *the lowest ~* die onderste sport.

ru·nic →RUNE.

run·let[1] stroompie, lopie.

run·let[2], **rund·let** *(arg.)* wynvat.

run·nel riviertjie, stroompie, loop; slootjie; geut.

run·ner (hard)loper; boodskapper, (ren)bode; konstabel; werwer, agent; smokkelaar; masjienbediener; loper, gangtapyt; *(bot.)* rank, uitloper; hysdraad; leibalk; skuifring; stutplank; draer *(by steiers ens.)*; draaiende/lopende meulsteen; skaats; snelvarende skip; loopvoël; loper, yster *(v. 'n slee)*; deelnemer *(aan 'n perdewedren)*; gleuf; gietvoor; (tafel)loper; →BLOCKADE-RUNNER. ~ **(bean)** rankboon(tjie), klimboon(tjie); *scarlet ~ (~)* pronk=, sierboon(tjie). ~ **block** hysblok. ~ **bulb** uitloperbol, sinker. ~ **crop** rankgewas. ~ **fuse** snellont. ~ **guide** katrolbaan. ~**-up** naaswenner, naasbeste, tweede pryswenner; *s.o. was the ~* iem. was tweede (*of* nommer twee *of* naasvoor).

run·ning *n.* (die) loop; (die) hardloop; *the ~ **aground/ashore** of* ... die stranding van ...; *s.o.'s ~ **away*** iem. se drostery/drossery; *be **in** the ~ for s.t.* vir iets in aanmerking kom, 'n (goeie) kans hê om iets te kry; ***make** (most of)* (or ***take up***) *the ~* die voortou neem; die toon aangee; *be **out** of the ~* geen kans hê nie, nie in aanmerking kom nie, daaruit wees, uitgesak het; nie meetel nie; ***take up** the ~* →***make.*** **run·ning** *adj.* lopend; deurlopend, ononderbroke, onafgebroke, agtereenvolgens; vlietend; loperig; *three/etc. days ~* drie/ens. dae aanmekaar/aaneen. ~ **account** lopende rekening. ~ **allowance** gebruikstoelaag, =toelae. ~ **battle** lopende geveg. ~ **board** treeplank. ~ **bond** strykverband. ~ **commentary** (deur)lopende kommentaar. ~ **contract** lopende kontrak. ~ **costs** bedryfskoste, lopende koste; loop=, rykoste. ~ **debts** lopende skulde. ~ **dog** *(infml.)* skoothondjie, slaafse volgeling; renhond; sleehond. ~ **end** lopende/los/vry ent *(v. 'n tou)*. ~ **expenses** bedryfskoste; daaglikse/lopende uitgawe(s); *(spw.)* loopkoste. ~ **fault** loopdefek. ~ **fight** lopende geveg; *ours was a ~ ~* ons het vegtende teruggetrek. ~ **fire** onafgebroke vuur. ~ **foreman** *(spw.)* loodsvoorman. ~ **fuse** snellont. ~ **gear** loopwerk *(v. 'n voertuig ens.)*; *(sk.)* lopende tuig. ~ **hand** lopende skrif. ~ **head(line),** ~ **title** *(tip.)* lopende opskrif; kolomhoof, =titel. ~ **hours** *(spw.)* loopure. ~ **joint** streklas. ~ **jump,** ~ **leap** aanloopsprong; *go take a ~ ~, (infml.)* gaan bars (*of* doppies blaas), loop vlieg. ~ **knot** skuifknoop. ~ **length** strekkingte. ~ **light** *(sk.)* navigasie=, vaarlig. ~ **mate** *(hoofs. Am.)* span=, stalmaat; medekandidaat, spanmaat. ~ **measurement** strekmaat. ~ **myrtle** = PERIWINKLE[2]. ~ **noose** lopende lus. ~ **nose** loperige neus. ~ **off** aftapping; →RUNOFF *n.*. ~ **order** werkende toestand/orde. ~ **repairs** *n. (mv.)* lopende herstelwerk, handherstelwerk; *(spw., mynb., ens.)* bedryfsherstelwerk. ~ **sails** voor-die-wind-seile. ~ **sand** loopsand. ~ **shed** loko(motief)loods. ~ **shoe** hardloopskoen. ~ **sore** lopende seer. ~ **stable** loopstal. ~ **staff** treinpersoneel. ~ **start** aanloop. ~ **stitch** voorsteek. ~ **timber** langslêer, langshout. ~ **time** looptyd; draaityd *(v. 'n film)*. ~ **title** →RUNNING HEAD(LINE). ~ **total** lopende totaal. ~ **track** atletiekbaan; drafbaan. ~ **water** lopende water. ~ **weight** skuifgewig.

run·ny lopend *(iem. se neus, maag, ens.)*; vloeibaar; loperig *('n mengsel, omelet, stroop, ens.)*; dun *(room)*; gesmelt *(margarien ens.)*; ~ *eyes* waterige/tranerige oë; ~ *nose* loopneus, lopende neus.

runt kleinste/pieperigste/swakste varkie/ens. *(v. 'n werpsel)*; *(neerh.)* dwerg; *(neerh.)* ghwar, mislike vent; (groot) Spaanse duif.

run·way baan; stygbaan, aanloopbaan, landingsbaan; glyplank; groef; sponning. ~ **channel** vaargeul.

ru·pee *(geldeenh.)* roepee.

Ru·pert: *(Prince) ~'s drop* glastraan.

ru·pes·tri·an rots=; van rots, wat uit rots bestaan *(pred.)*; op rots gegrif/geskilder *(pred.)*.

ru·pi·a *(med.)* korsuitslag.

ru·pi·ah *(geldeenh.)* roepia.

rup·ture *n., (ook med.)* breuk, bars, skeur, ruptuur; splitsing; tweespalt, skeuring. **rup·ture** *ww.* breek, bars, (in)skeur; verbreek; 'n breuk kry.

ru·ral landelik, plattelands, rustiek; landbou=, agraries; ~ *districts* buitedistrikte, platteland; ~ *economy* landbou-ekonomie. **ru·ral·i·ty** landelikheid.

Ru·ri·ta·ni·a *(fiktiewe Sentraal-Europese koninkryk)* Ruritanië. **Ru·ri·ta·ni·an** *n., (taal)* Ruritaans; *(inwoner)* Ruritaniër. **Ru·ri·ta·ni·an** *adj.* Ruritaans.

ruse streek, lis, kunsgreep; oëverblindery; *~(s) of war* krygslis.

rush[1] *n.* biesie, riet; *(ook, i.d. mv.)* ruigte; *bed of ~es* rietkooi; *not care a ~* geen steek omgee nie; *not worth a ~* geen (*of* nie 'n) (blou[e]) duit werd nie. **rush** *ww.* mat *(stoele)*; biesies gooi *(o.d. vloer)*. ~ **carpet,** ~ **mat** biesiemat. ~**light** *(hist.)* vetkers met 'n biesiepit. ~ **matting** biesiematwerk.

rush[2] *n.* vaart, haas; stormloop; toestroming, toeloop; drukte; trek *(v. voëls)*; *(dwelmsl.)* ekstase, euforie, energiegolf, opwelling; *(i.d. mv., filmk.: eerste ongeredigeerde opnames)* snellers, spoed=, vlugafdrukke; →GOLD RUSH; *a ~ of **blood,** (lett.)* 'n bloedaandrang; *(fig., infml.)* 'n bevlieging; *give s.o. the **bum's** ~* →BUM[2] *n.*; ***come** with a ~* met geweld kom; *a ~ **for*** ... 'n groot vraag na ...; ***make** a ~ for* ... na ... toe storm; op ... afstorm; storm om ... te kry; ***what's** the/your ~?* waarheen is die/jou haas?, hoekom/waarom so 'n haas (*of* so haastig)?. **rush** *ww.* hardloop, hol, storm; stroom; snel; yl; oorrompel; bestorm, stormloop; ja(ag), voortsnel; oorhaas; aanja(ag); ~ ***about/around*** rondja(ag), rondjakker; ~ ***at*** ... (na) ... storm, ... stormloop/(be)storm, op ... afstorm; ***be** ~ed* min tyd hê; gejaag(d) wees; *refuse to **be** ~ed* jou nie laat aanja(ag) nie; *the **bill** was ~ed through, (parl.)* die wetsontwerp is deurgeja(ag); *send the **blood** ~ing through one's veins* →BLOOD *n.*; *the **blood** ~es to s.o.'s face* →BLOOD *n.*; ~ *one's **fences*** →FENCE *n.*; ~ *to s.o.'s **help*** →HELP *n.*; ~ ***in*** instorm; sterk invloei; ~ ***into** s.t.* iets instorm/binnestorm *('n kamer ens.)*; iets oorhaastig doen *('n besluit neem ens.)*; ~ ***into** extremes* van die een uiterste na die ander spring; ~ *s.t. **into** print* (met) iets pers toe ja(ag)/haas; iets haastig laat druk; *s.t. ~ed **into** s.o.'s memory* iets het iem. meteens binnegeskiet (*of* te binne geskiet); ~ ***matters*** oorhaastig wees (*of* te werk gaan); *be ~ed **off** one's feet* →FOOT *n.*; ~ ***out*** uitstorm; sterk uitvloei; ~ *s.t. **out*** iets inderhaas uitstuur; ~ ***past*** verbyja(ag); ~ ***past** s.o./s.t.* by iem./iets verbyja(ag); ~ ***s.o.*** iem. aanja(ag); ~ *s.t. **through,** (lett. & fig.)* iets deurja(ag); ~ ***through** s.t.* deur iets ja(ag); deur iets skiet; ~ *s.o. **to*** ... met iem. na ... haas/ja(ag) *(d. hospitaal ens.)*; ~ ***up*** opstorm; nader storm; ~ ***up** to* ... na ... toe storm. ~ **hour** spitsuur. ~ **order** spoedbestelling.

rusk (droë) beskuit.

rus·set rooibruin.

Rus·sia *(geog.)* Rusland. ~ **(leather)** jugleer.

Rus·sian *n.* Rus; *(taal)* Russies; *(kookk.)* Russiese wors. **Rus·sian** *adj.* Russies. ~ **doll** Russiese pop. ~ **eggs** *(kookk.)* Russiese eiers. ~ **Orthodox Church** Russies-Ortodokse Kerk. ~ **roulette** Russiese roulette/roelet. ~ **salad** *(Br. kookk.)* Russiese slaai. ~ **sausage** = RUSSIAN *n. (kookk.)*. ~ **tea** Russiese tee, tee met rum en suurlemoen.

Rus·sian·ise, ·ize, Rus·si·fy russifiseer. **Rus·sian·i·sa·tion, ·za·tion, Rus·si·fi·ca·tion** russifikasie, russifisering.

Russ·ki =*kis,* **Russ·ky** =*kies, n., (neerh. sl.)* Rus.

Rus·so= *komb.vorm* Russo=, Russies-. ~**-Japanese** Russies-Japans, Russies-Japannees. ~**phil(e)** Russofiel. ~**philia** Russofilie. ~**phobe** Russofoob, Russehater. ~**phobia** Russofobie, Russevrees, =haat.

rust *n.* roes; →RUSTLESS, RUSTY[1]; *brown ~* bruinroes. **rust** *ww.* roes, verroes; vasroes; laat roes; sleg word, agteruitgaan; →RUSTING; ~ *away* oproes. ~ **belt** *(Am., infml.)* (kwynende) nywerheidsgordel. ~ **brown** = RUSSET. ~ **bucket** *(infml., skerts.)* skedonk, rammelkas;

geroeste boot/skip/skuit/ens.. ~ **colour** roeskleur. ~-**coloured** roeskleurig. ~-**eaten** verroes. ~ **joint** roes=las. ~ **prevention** roeswering. ~**proof** *adj.* roesvry. ~**proof** *ww.* roesvry maak. ~**proofing** roesvrymaking; roesweerder, roeswerende middel. ~-**red** roesrooi. ~-**resistant,** ~-**resisting** roeswerend. ~ **spot,** ~ **stain** roesvlek.

rus·tic *n.* landbewoner, boer; takhaar, plaasjapie; *(bouk.)* rustieksteen. **rus·tic** *adj.* landelik, plattelands, rustiek; lomp, boers; ongekunsteld, onvervals, eenvoudig; ~ ***brick*** rustieksteen; ~ ***dance*** boeredans; ~ ***furniture*** rustieke meubels; ***go*** ~ verboer(s); ~ ***joint*** rustiek=voeg; ~ ***work,*** *(bouk.)* rustiekwerk. **rus·ti·cate** *(Br.)* skors, wegstuur *('n student); (bouk.)* afskuins *(rustiek=voë); (vero.)* buite gaan woon; *(vero.)* verboer(s), boers raak; ~*d window* rustiekvenster. **rus·ti·ca·tion** buite=verblyf; skorsing; verboer(s)ing; *(bouk.)* rustiekwerk. **rus·tic·i·ty** landelikheid, rustisiteit; boersheid; een=voud, ongekunsteldheid.

rust·ing verroesting.

rus·tle *n.* geritsel, geruis, ritseling; suising. **rus·tle** *ww.* ritsel, ruis; laat ritsel; steel, roof *(vee); (Am., infml.)* woel, wikkel, werskaf; ~ *up a meal, (infml.)* iets te ete saamflans. **rus·tler** veedief, =rower; *(Am., infml.)* deur=drywer, aanpakker, woelwater. **rus·tling** ritseling, ge=ritsel, geruis; veeroof, =diewery.

rust·less roesvry.

rust·y[1] geroes, roes(t)erig, verroes; stram; ouderwets, uit die mode; krassend, skor *(stem);* verwaarloos; roes=kleurig; *grow* ~ verroes; *s.o.'s Latin/etc. is a little* ~ iem. het sy/haar Latyn/ens. al 'n bietjie vergeet. **rust·i·ness** roes(t)erigheid *(v. masjinerie ens.);* verroestheid *(v. 'n sportspan ens.).*

rust·y[2] ransig, galsterig; →REASTY.

rut[1] *n.* wa=, wielspoor, uitgeryde spoor; groef, ('n) moet; (vaste) gewoonte, gewente; roetine, sleur; *be in a* ~ in 'n groef wees, in sleur vassit; *fall/get into a* ~, *(fig.)* in 'n groef raak, in sleur/verstarring verval; *get out of the* ~ uit die groef/sleur kom. **rut** =*tt*=, *ww.* spore trek/uitry. **rut·ted, rut·ty** vol wa=/wielspore, uitgery.

rut[2] *n.* bronstyd. **rut** =*tt*=, *ww.* bronstig/loops wees; ~*ting season* bronstyd. **rut·tish** bronstig, hitsig, loops, speuls, katools, ritsig; *('n bees)* buls; *('n perd)* hingstig; *('n vol=struiswyfie)* kloeks. **rut·tish·ness** bronstigheid, hitsig=heid, loopsheid, speulsheid, ritsigheid.

ru·ta·ba·ga *(Am.)* kool=, knolraap; →SWEDE.

Ruth *(OT)* Rut.

ruth *(arg.)* medely(d)e, mededoë, deernis; smart, ver=driet; →RUTHLESS.

Ru·the·ni·a *(geog.)* Roetenië. **Ru·the·ni·an** *n.* Roeteen; *(taal)* Roeteens, Oekraïns, Klein-Russies. **Ru·the·ni·an** *adj.* Roeteens.

ru·the·ni·um *(chem., simb.:* Ru*)* rutenium. **ru·then=ic** *adj., (chem.)* rutenium=; ~ *acid* ruteniumsuur.

ruth·less meedoënloos, genadeloos, wreed, harte=loos, onverbiddelik. **ruth·less·ness** meedoënloosheid, hardvogtigheid, onbarmhartigheid.

ru·tile *n., (min.)* rutiel.

Rwan·da *(geog., vroeër* Ruanda*)* Rwanda. **Rwan·dan, Rwan·dese** *n. & adj.* Rwandees.

rye rog. ~ **bread** rogbrood. ~ **grass** raaigras; *annual/Italian* ~ ~, *(Lolium multiflorum)* eenjarige/Italiaanse raaigras; *perennial* ~ ~, *(L. perenne)* meerjarige raai=gras. ~ **(whisky)** rogwhisky.

ry·o·kan *(Jap.)* tradisionele Japannese/Japanse her=berg.

ry·ot Indiese boer/pagter.

Rys·wick: *Treaty of* ~, *(1697)* Vrede van Ryswyk/Rijswijk.

Ss

s, S *s's, S's, Ss, (19e letter v.d. alfabet)* s, S; ***little*** ~ s'ie; ***small*** ~ klein s. **S-bend** S-draai. **S level** *(Br. opv.)* spesiale vlak.

-'s *suff.* -'s; se; ***3's*** 3's, 3'e; ***b's*** b's; ***children's*** *clothes* kinderklere; ***father's*** ... pa se ...; *the **grocer's*** die kruidenier(swinkel); ***it's*** ..., *(infml.)* dis (*of* dit is) ...; ***let's*** ..., *(infml.)* kom ons ...; *a **man's** name* 'n mansnaam; ***one's*** ... jou ...; ***she's** here, (infml.)* sy's (*of* sy is) hier; ***where's** he live?, (infml.)* waar woon hy?.

saai·dam *(Afr.)* saaidam.

Saar: *the* ~, *(geog.)* die Saarland; *(rivier)* die Saar. **~land** Saarland. **~lander** Saarlander.

Sa·ba *(geog.)* Saba; *(OT)* →SHEBA. **Sa·bae·an, Sa·be·an** *n.* Sabeër; *(taal)* Sabees. **Sa·bae·an, Sa·be·an** *adj.* Sabees.

Sa·ba·ism sterrediens; →SABIANISM. **Sa·ba·ist** sterredienaar; →SABIAN *n.*.

Sab·a·oth, Sab·a·oth *(Hebr.)* Sebaot; *the Lord of* ~ *(AV), the Lord Almighty* (NIV) die Here van die leërskare *(OAB)*; die Here, die Almagtige *(NAB)*.

Sab·ba·tar·i·an *n.* Sabbatariër. **Sab·ba·tar·i·an** *adj.* Sabbataries. **Sab·ba·tar·i·an·ism** Sabbatarisme.

Sab·bath Sabbat(dag), rusdag; *break the* ~ die Sabbat skend/ontheilig; *keep the* ~ die Sabbat hou/vier/heilig. **~-breaker** Sabbatskender. **~-breaking** Sabbatskending, Sabbat(s)ontheiliging. **~ day** Sabbatdag. **~-day's journey** *(hist., Jud.; fig.: klein, maklike reis)* sabbatsreis. **~-eve service** Sabbatsaanddiens. **~-keeping** Sabbatsheiliging.

Sab·bat·i·cal, *(w.g.)* **Sab·bat·ic** *adj.* Sabbats-.

sab·bat·i·cal *n.* studie-, sabbatsverlof; *take a* ~ met studie-/sabbatsverlof gaan. **sab·bat·i·cal** *adj.* studie-, sabbats-; *be on* ~ *leave* met studie-/sabbatsverlof wees; *take a* ~ *year off* 'n sabbatsjaar (*of* 'n jaar studieverlof) neem.

Sab·bat·ise, -ize *(w.g.)* die Sabbat vier; rus neem.

Sa·be·an →SABAEAN.

Sa·bel·li·an·ism *(Chr.)* Sabellianisme.

sa·ber →SABRE.

Sa·bi·an *n., (lid v. 'n vroeë Chr. sekte in Mesopotamië)* Sabiër; sterredienaar; →SABAIST. **Sa·bi·an** *adj.* Sabies. **Sa·bi·an·ism** Sabisme; sterrediens; →SABAISM.

Sa·bine *n., (lid v. 'n antieke volk)* Sabyn. **Sa·bine** *adj.* Sabyns; *rape of the* ~ *women, (Rom. gesk.)* Sabynse maagderoof.

sa·ble[1] *n., (soöl.)* sabel(dier); sabelpels.

sa·ble[2] *n., (poët., liter. of her.)* swart; donker kleur. **sa·ble** *adj., (poët., liter. of her.)* swart; donker. **~ (antelope)** swartwitpens(bok).

sa·bot klomp, blokskoen, houtskoen; klomp *(v. 'n projektiel)*.

sab·o·tage *n.* sabotasie; *commit* ~ *on s.t.* op iets sabotasie pleeg. **sab·o·tage** *ww.* saboteer. **sab·o·teur** saboteur.

sa·bra sabra, gebore Israeli.

sa·bre, *(Am.)* **sa·ber** *n.* (ruiter)sabel; *rattle the* ~, *(fig.)* met oorlog (*of* militêre geweld) dreig. **sa·bre,** *(Am.)* **sa·ber** *ww., (arg.)* met 'n sabel wond/kap, neersabel. **~-cut, ~-thrust** sabelhou, -kap. **~-rattling** sabelgekletter, swaardgekletter. **~ saw** steek-, sabelsaag. **~tache** *(hist.)* sabeltas. **~tooth, ~-toothed tiger** *(paleont.)* sabeltand(tier).

sa·breur *(Fr.)* sabreur, sabeldraer; sabelskermer.

sab·u·lous *(w.g.)* sanderig, sand-; korrelrig.

sac *(biol.)* sak(kie). **sac·cate** sakagtig, sakvormig; *(med.)* omslote, ingekapsel *('n abses ens.)*.

sac·cha·rase →INVERTASE.

sac·char·ic *(chem.)* suiker-; ~ *acid* suikersuur.

sac·cha·ride *(chem.)* sakkaried.

sac·cha·rif·er·ous *(chem.)* suikervoortbrengend; suikerhoudend *('n oplossing ens.)*.

sac·char·i·fy *(hoofs. brouery)* (ver)suiker, in suiker verander.

sac·cha·rim·e·ter sakkarimeter, suikerpennetjie.

sac·cha·rin, sac·cha·rine *n.* saggarien, sakkarien. **sac·cha·rine** *adj.* suikeragtig; suiker-; *(fig.)* stroperig, stroopsoet. **sac·cha·rin·ic:** ~ *acid* saggarien-, sakkariensuur.

sac·cha·ro- *komb.vorm* suiker-, saggaro-, sakkaro-. **~lytic** *(biochem.)* saggaro-, sakkarolities. **~meter** *(hoofs. brouery)* suiker-, saggaro-, sakkarometer.

sac·cha·rose →SUCROSE.

sac·ci·form sakvormig, buidelvormig.

sac·cule *(vnl. anat.)* sakkie. **sac·cu·lat·ed** sakkievormig.

sac·er·do·cy priesterskap, priesteramp.

sac·er·do·tage *(gew. neerh.)* priesterheerskappy; priestergees.

sac·er·do·tal priesterlik, priester-. **sac·er·do·tal·ism** priesterlike amp, priesterskap; *(dikw. neerh.)* priesterheerskappy.

sa·chem Indiaanse opperhoof; *(hoofs. Am., infml.)* (party)baas.

sa·chet sakkie; reuk-, ruiksakkie, reukkussinkie, *(<Fr.)* sachet.

sack[1] *n.* sak; *(infml.: afdanking)* trekpas; *(hoofs. Am., infml.: bed)* kooi; *(vero.)* hangmat; *(vero.)* slaapbank; →SACKFUL, SACKING[1], SAD SACK; *get the* ~, *(infml.)* in die pad gesteek word, die trekpas kry, afgedank/ontslaan/uitgeskop word; *give s.o. the* ~, *(infml.)* iem. in die pad steek (*of* die trekpas gee *of* afdank/ontslaan/uitskop); *hit the* ~, *(infml.)* in die kooi kruip, (gaan) inkruip, gaan slaap. **sack** *ww., (infml.)* afdank, uitskop, in die pad steek; afsê; in sakke gooi. **~ barrow** saktrollie. **~cloth** saklinne; *be in* ~ *and ashes* in sak en as sit. **~ (dress)** sakrok. **~ race** sakre(i)sies, sak(wed)loop.

sack[2] *n.* plundering; verwoesting. **sack** *ww.* plunder, verwoes; →SACKING[2].

sack[3] *n., (hist.: Sp. wit wyn)* sek.

sack·but *(hist.)* skuiftrompet.

sack·ful: *a* ~ *of* ... 'n sak vol ...

sack·ing[1] sakstof, goiing; *(infml.)* afdanking.

sack·ing[2] plundering, verwoesting.

sack·less *(arg. of Sk.)* onskuldig; swaksinnig.

sa·cral[1] *n., (anat.)* heiligsenu(wee); kruiswerwel; →SACRUM. **sa·cral** *adj., (anat.)* sakraal; ~ ***bone*** kruis-, heiligbeen; ~ ***nerve*** heiligsenu(wee); ~ ***region*** kruisbeen-, heiligbeenstreek; ~ ***vertebra*** kruiswerwel, heiligbeenwerwel; ~ ***vessel*** heilige vat.

sa·cral[2] *adj., (antr., relig.)* sakraal, heilig.

sac·ra·ment sakrament; *administer the last ~s to s.o.* →LAST RITES. **sac·ra·men·tal** gewyd, sakramenteel, sakraments-, van 'n sakrament; Nagmaals-; ~ *death* offerdood; ~ *wine* Nagmaal(s)wyn.

sa·crar·i·um *-ia, (vnl. RK)* sakrarium.

sa·cred heilig; gewyd; onskendbaar; ~ ***duty*** heilige plig; ***hold** s.t.* ~ iets heilig ag; ~ *and profane **love*** hemelse en aardse liefde; ~ *to the **memory** of* ... gewy aan die (na)gedagtenis van ...; ter nagedagtenis van/aan ...; ***nothing** is* ~ *to him/her* niks is vir hom/haar heilig nie; ~ ***right*** heilige reg; *the **tree/etc.** is* ~ *to* ... die boom/ens. is aan ... gewy, dit is 'n heilige boom/ens. van ... *('n godheid)*; ~ ***trust*** onskendbare verpligting. **S~ College:** *the* ~ ~, *(RK)* die Heilige Kollege *(wat d. nuwe pous kies)*. **~ concert** konsert van gewyde musiek. **~ cow** →COW[1] *n.*. **S~ Heart** *(RK)* Heilige Hart *(v. Jesus)*. **~ history** Bybelse geskiedenis, Bybelgeskiedenis. **~ ibis** →IBIS. **~ music** kerkmusiek, gewyde musiek. **~ number** heilige getal.

sac·ri·fice *n.* offerande, offer; slagoffer, offering; opoffering; verlies; ***at** the* ~ *of* ... ten koste (*of* met opoffering) van ...; *sell s.t. **at** a* ~ iets met (groot) verlies verkoop; ~ *of **atonement*** →ATONEMENT; ***fall** (a)* ~ *to* ... die slagoffer van ... word; ***make** ~s* offers bring, opofferings doen/maak; *the* ~ *of one's **principles*** die prysgee van jou beginsels; *a **spirit** of* ~ offervaardigheid; *make the **supreme*** ~ die hoogste offer bring, jou lewe opoffer. **sac·ri·fice** *ww.* offer; opoffer, afstaan; ~ ... *to s.o.'s interests* ... in iem. se belang opoffer; *be ready to* ~ *one's life* jou lewe veil hê. **sac·ri·fi·cial** vol opofferings, offer-; ~ ***banquet*** offermaal; ~ ***death*** offerdood; ~ ***rites*** offerplegtigheid; ~ ***vessel*** offervat.

sac·ri·lege heiligskennis, ontheiliging; *(vero.)* kerkroof, kerkskennis. **sac·ri·le·gious** ontheiligend, heiligskennend. **sac·ri·le·gist** heiligskenner.

sa·cring bell *(RK)* altaar-, misklokkie.

sac·rist, sac·ris·tan sakristein, koster. **sac·ris·ty** sakristie.

sac·ro·il·i·ac *(anat.)* iliosakraal, sakro-iliakaal.

sac·ro·sanct (hoog)heilig, onskendbaar, onaantasbaar. **sac·ro·sanc·ti·ty** (hoog)heiligheid, onskendbaarheid.

sa·crum *sacra, (anat.)* heilig-, kruisbeen, sakrum; →SACRAL[1].

sad treurig, droewig, bedroef, swaarmoedig, droefgeestig, weemoedig, hartseer, neerslagtig, verdrietig, terneergedruk, somber; →SADDEN, SADLY, SADNESS; ***be*** ~ hartseer/treurig wees; ~ ***bread,*** *(vero.)* kluitjiebrood, kluitjierige brood; *a* ~ ***dog,*** *(w.g.)* 'n niksnut(s); 'n losbol/pierewaaier; *in* ~ ***earnest,*** *(arg.)* in volle erns; ***feel*** ~ *about s.t.* hartseer/treurig oor iet voels; *s.t. **makes** s.o.* ~ iets stem iem. treurig; *s.o. writes* ~ ***stuff,*** *(vero.)* iem. se skryfwerk is maar beroerd; ~ ***tidings*** 'n treurmare; *be ~der but **wiser*** gryser maar wyser wees. **~iron** *(hist.)* strykyster. **~ sack** *(hoofs. Am., infml.: sukkelaar): be a* ~ ~ 'n droefheid op note wees.

sadd = SUDD.

sad·den bedroef/treurig stem; somber/droewig word.

sad·dle *n.* saal; saal(stuk); rugstuk; lendestuk; *(geog.)* nek; stut; rug(dakkie); (dak)vors; topsteen; *(meg.)* glystuk; beuel, pypklem; ***cling** to the* ~ saalboom ry; *sit **firmly** in the* ~, *(lett. & fig.)* vas/stewig in die saal sit; ***get into** the* ~ in die saal klim; *lay/put/set the* ~ *(up)on the right/wrong **horse,** (fig.)* die skuld op die skuldige/onskuldige pak, die regte/verkeerde een/persoon blameer; *be **in the*** ~, *(lett.)* in die saal wees; *(fig.)* in die saal (*of* aan die bewind) wees; ***keep the*** ~ in die saal bly; ~ *of **lamb/mutton*** lams-/skaaprug, lendestuk, heupbeenstuk. **sad·dle** *ww.* opsaal; belas (met); ~ *up* opsaal; ~ *s.o. with s.t.* iem. met iets opsaal, iets op iem. pak/skuif/skuiwe; *be ~d with s.t.* met iets opgesaal/opgeskeep sit/wees, met iets sit; met iets belas wees. **~ arch** →SADDLEBOW. **~back** saalrug; *(geol.)* plooirug; ruglas; *(ook* saddleback roof*)* saal-, geweldak. **~backed** holrug; met 'n saaldak; ~ *jackal* = BLACK-BACKED JACKAL. **~bag** saalsak. **~-bar** saalsteeg. **~-billed stork, ~bill** saalbekooievaar. **~ blanket, ~cloth** saalkleedjie. **~bow, ~ arch** *(hoofs. arg.)* saalboom, -boog.

~ **clamp** saalklamp. ~**-fast** saalvas; *be* ~ vas in die saal sit. ~ **flap** saalklap. ~ **girth** buikgord. ~ **horse** ryperd; *(American)* ~ ~ (Amerikaanse) saalperd. ~ **joint** *(anat.)* rugvoeg. ~ **nose** hol=, saalneus. ~ **pillar** saalstang. ~ **roof** saal=, geweldak. ~**-shaped** saalvormig. ~ **shoe** *(Am.: wit skoen met 'n anderskleurige leerband oor d. wreef)* tweekleurskoen. ~ **soap** saalseep. ~ **sore** *n.* saal=seer, skaafplek. ~**-sore** *adj.* deurgery, deur die saal geskawe, gaar, *(infml.)* blikners. ~ **stitch** *n., (naaldw.)* saalsteek; *(boekbindery)* saalhegting. ~**-stitch** *ww., (naaldw.)* saalsteke werk; *(boekbindery)* saalheg. ~ **stone** topsteen. ~ **tree** saalbok, =geraamte.

sad·dler saalmaker, tuiemaker. **sad·dler·y** saalmakery; saaltuig; saalmakersware.

Sad·du·cee, Sad·du·ce·an *n., (hist., Jud.)* Saddu=seër. **Sad·du·ce·an** *adj.* Saddusees. **Sad·du·cee·ism** Sadduseïsme.

sa·dhu, sad·dhu *(<Skt., Hind.: heilige, askeet)* sadhoe.

sad·ism sadisme. **sad·ist** sadis. **sa·dis·tic** sadisties.

sad·ly droewig; meewarig; *be* ~ *lacking* ver/vêr tekort=skiet (*of* te kort skiet *of* tekort skiet); *miss s.o./s.t.* ~ iem./iets deerlik mis.

sad·ness droefheid, hartseer, treurigheid, verdriet, terneergedruktheid, weemoed; *a touch of* ~ iets treu=rigs.

sa·do·mas·o·chism sado-masochisme. **sa·do·mas·o·chist** *n.* sado-masochis. **sa·do·mas·o·chis·tic** *adj.* sado-masochisties.

sad·za *(Shona)* sadza, stywe pap.

sa·fa·ri *n.* safari; (jag)ekspedisie; karavaan; *go on* ~ op safari gaan. **sa·fa·ri** *ww.* op safari gaan/wees. ~ **ant** safarimier. ~ **camp** safarikamp. ~ **lodge** safari=gastehuis. ~ **park** wildpark, = tuin. ~ **suit** safaripak.

safe *n.* brandkas; (brand)kluis; kos=, spens=, vlieëkas; *crack a* ~ →CRACK *ww..* **safe** *adj.* veilig, seker; on=gedeerd; behoue; gevaarloos; *s.o. is a* ~ ***first*** iem. is seker van die eerste plek; *it is* ~ ***for*** *s.o. to* ... dit is vir iem. veilig om te ...; *s.t. is* ~ ***for*** *flight* iets is vlieg=veilig; *be* ~ ***from*** ... teen ... (be)veilig wees; teen ... beskut wees; teen ... gevrywaar wees; ***have*** *s.o.* ~ iem. vas hê, iem. kan jou nie ontsnap nie; *as* ~ *as* ***houses*** →HOUSE *n.*; ***play*** *(it)* ~ →PLAY *ww.*; ~ ***return*** veilige terugkeer; *(vero.)* behoue terugkeer; *it is* ~ *to* ***say*** *(that)* ... ('n) mens kan gerus (*of* met sekerheid) sê (dat) ...; *err on the* ~ ***side*** (alte) versigtig wees; *s.o. is on the* ~ ***side*** iem. kan nie verloor nie (*of* is aan die wenkant); *better (to be)* ~ *than* ***sorry*** spyt kom altyd te laat; ~ *and* ***sound*** veilig/gesond en wel, fris en gesond; *a* ~ ***states-man/etc.*** 'n betroubare staatsman/ens.. ~**-blower,** ~**-breaker,** ~**-cracker** brandkasbreker. ~**-breaking,** ~**-cracking** brandkasbraak. ~ **conduct** vrygeleide; ge=leibrief; versekerde geleide. ~ **custody** versekerde be=waring *(v. persone)*; veilige bewaring *(v. goedere)*. ~ **de=posit** bewaargewing; bewaar=, brandkluis; verseke=ringsloket. ~**-deposit box** bewaarkissie, kleinkluis. ~ **edge** gladde/blinde kant *(v. 'n vyl ens.)*. ~**-edge file** aansitvyl. ~**guard** *n.* beveiliging, beskerming; voor=sorg; waarborg, garansie; sekerheid(stelling); bewa=king; vrywaring. ~**guard** *ww.* beskerm, beveilig; voor=sorg tref; verseker, waarborg; bewaak; ~ *s.o. against s.t.* iem. teen iets vrywaar. ~ **haven** veilige hawe, toe=vlugsoord. ~ **house** skuilhuis, geheime skuilplek *(vir terroriste, geheime agente, ens.)*. ~**keeping** bewaring, vei=ligheid, hoede. ~**light** *(fot.)* donkerkamerlig. ~ **load** *(teg.)* veilige belasting. ~ **period** nievrugbare tyd, veilige dae *(by natuurlike geboortebeperking)*. ~ **seat** *(pol.)* veilige setel. ~ **sex** veilige seks. ~ **stress** *(teg.)* veilige spanning.

safe·ly gerus, veilig, met veiligheid; in veiligheid; ***arrive*** ~ veilig aankom; ~ ***assume*** *(that)* ... gerus (*of* met ge=rustheid) aanneem (dat) ...; *s.o. may* ~ ***do*** *it* iem. kan dit veilig doen; ***drive*** ~ versigtig ry.

safe·ness veiligheid, sekerheid.

safe·ty veiligheid, sekerheid; ~ ***first*** veiligheid/versig=tigheid bo alles, versigtigheid is die moeder van wys=heid; *a* ***haven*** *of* ~, *(fig.)* 'n veilige hawe (*of* toevlugs=oord); ***isle*** *of* ~, *(w.g.)* →TRAFFIC ISLAND; ***margin*** *of* ~ →MARGIN *n.*; *there's* ~ *in* ***numbers*** in 'n groep is dit veiliger; ***place*** *of* ~ veilige plek; veiligheidsoord, oord van bewaring, bewaringsoord; ***play*** *for* ~, *(lett.)* versigtig speel; *(fig.)* versigtig te werk gaan, geen risiko neem nie; ***reach*** ~ in veiligheid kom; ***remove/take*** *s.o./s.t. to* ~ iem./iets in/na veiligheid bring/neem; *for* ~*'s* ***sake*** veiligheids=, sekerheidshalwe; ***seek*** ~ *in flight* jou heil in vlug soek; ***set*** *s.t. at* ~ iets veilig stel. ~ **ap=pliance** veiligheidstoestel. ~ **belt** →SEAT BELT. ~ **bolt** veiligheidsgrendel. ~ **brake** noodrem. ~ **buoy** red=dingsboei. ~ **catch** veiligheidsknip *(v. 'n deur)*; *(meg.)* veiligheidspal; *(hyswerk)* veiligheidsgryper; *the gun's* ~ ~ *is on* die geweer se veiligheidsknip is aan, die ge=weer is op rus. ~ **chain** nagketting; noodketting; vei=ligheidsketting. ~ **curtain** brandskerm. ~ **device** veilig=heidsgerief, =middel, =inrigting, =toestel. ~ **exit** nood=uitgang. ~ **factor** *(ook teg.)* veiligheidsfaktor. ~ **film** *(fot.)* nievlambare film. ~ **fuse** veiligheidslont; *(elek.)* sekering. ~ **glass** veiligheidsglas. ~ **guard** veiligheid=skerm, beskermer. ~ **harness** veiligheidsharnas. ~ **island** *(Am.)* →TRAFFIC ISLAND. ~ **lamp** mynlamp, vei=ligheidslamp. ~ **limit** veiligheidsgrens. ~ **line** veilig=heidslyn, =grens. ~ **lock** nagslot, veiligheidslot; rus *(v. 'n geweer)*. ~ **margin** veiligheidsgrens. ~ **match** (vei=ligheids)vuurhoutjie, (veilige) vuurhoutjie. ~ **meas=ure** veiligheidsmaatreël. ~ **movement** veiligheidsak=sie. ~ **net** veiligheidsnet. ~ **nut** sluitmoer. ~ **pin** haak=, knipspeld. ~ **precaution** veiligheidsvoorsorg. ~ **rail** skutreling. ~ **razor** veiligheidskeermes. ~**-razor blade** skeerlem(metjie). ~ **signal** veiligheidsein. ~ **speed** veilige snelheid. ~ **tread** glyvrye trap. ~ **valve** veilig=heidsklep. ~ **zone** veiligheidsgebied, veiligheidsone, =streek; *(Am.)* verkeerseiland, vlugheuwel.

saf·fi·an saffiaan, fyn marokyn(leer).

saf·flow·er *(bot.: Carthamus tinctorius)* saffloer.

saf·fron *n.* saffraan; saffraankleur, saffraangeel. **saf=fron** *adj.* saffraan(kleurig), saffraangeel. **saf·fron** *ww., (w.g.)* met saffraan kleur. ~ **pear** saffraanpeer. ~**wood:** *common* ~, *(Cassine papillosa)* gewone saf=fraan(hout); *red* ~, *(C. crocea)* rooisaffraan(hout). **saf·fron·y** saffraanagtig, saffraan=.

saf·ra·nin(e) *(chem.)* safranien.

sag *n.* afsakking, deurhanging, deurbuiging, deursak=king; insakking, versakking; verslapping; daling. **sag** =*gg*=, *ww.* uitsak, afsak, afhang, skiet, pap/slap hang; insak, versak; deurhang, deurbuig, deursak; meegee; insink; laat afsak; daal. **sag·gy** uitgesak; afgesak; in=gesak; versak; ~ *breasts* hangborste; ~ *cheeks* hang=wange.

sa·ga *(Noors)* saga; sage, legende; reeks familieromans.

sa·ga·cious skerpsinnig, skrander. **sa·gac·i·ty, sa·ga=cious·ness** skerpsinnigheid, skranderheid.

sag·a·thy →SAY[2].

sage[1] *n.* wyse, wysgeer. **sage** *adj.* wys, verstandig.

sage[2] *n., (kruiesoort: Salvia* spp.*)* salie; *mountain* ~, *(boomsoort: Buddleja loricata)* bergsalie; ~ *and onion (stuffing)* salie-en-uie-vulsel; *wild* ~ bloublomsalie. ~**brush,** ~**bush** *(Artemisia tridentata)* wildeals, (Ameri=kaanse) byvoet. ~ **cheese,** ~ **Derby** saliekaas. ~ **(green)** saliegroen, liggeelgroen, ligte geelgroen. ~ **tea** salie=tee. ~**wood** *(Buddleja salviifolia)* wildesalie; *(Tarchonan=thus camphoratus)* kanfer=, kamferbos(sie), sieriehout.

sag·gar, sag·ger *(pottebakkery)* kapsel.

sag·gy →SAG.

sag·it·tal pylvormig; pyl=; *(anat.)* sagittaal, swaard=(lyn)=.

Sag·it·ta·ri·us *(astron., astrol.)* die Boogskutter, Sagit=tarius. **Sag·it·tar·i·an** *n., (astrol.: iem. gebore onder d. teken v.d. Boogskutter, tuss. 22 Nov. en 21 Des.)* Boog=skutter. **Sag·it·tar·i·an** *adj.* van die Boogskutter *(pred.)*.

sag·it·tate *(bot., soöl.)* pylpuntvormig.

sa·git·ti·form *(w.g.)* pylvormig, =puntig.

sa·go sago. ~ **flour** sagomeel. ~ **palm** sagopalm. ~ **pudding** sagopoeding. ~ **tree** meelboom.

Sa·ha·ra Sahara.

sa·hib *(beleefde Ind. aanspreekvorm)* meneer.

said *ww., (volt.dw.)* gesê; *(verl.t.)* het gesê; →SAY[1] *ww.*; *it can be* ~ *more* ***briefly*** dit kan korter (gesê word); *when all is* ~ *and* ***done*** op stuk van sake, per slot van rekening, alles in aanmerking/ag geneem/genome, op die keper beskou; *easier* ~ *than* ***done*** →EASY; *no sooner* ~ *than* ***done*** →SOON; *it* ***has been*** *truly* ~ ... daar is tereg gesê ...; ***least*** ~, *soonest mended* →LEAST *n.*; *that* ***may*** *be* ~ *of all of us* dit geld (vir/van) ons almal; *there is* ***much*** *to be* ~ *for* ... →MUCH; *there is* ***nothing*** *to be* ~ *for it* →NOTHING; *it is* ~ ***that*** ... daar word beweer/ge=sê dat ..., die mense (*of* hulle) sê ...; *it was* ~ ***that*** ... daar is beweer/gesê dat ..., die mense het gesê ...; *it is being* ~ ***that*** ..., *(ook)* daar is sprake dat ...; ***the*** ~ *X* ge=noemde/gemelde X; *s.o. is* ~ ***to be*** ... iem. is glo ...; *s.o. is* ~ ***to have*** ... iem. het na bewering ..., iem. sou ...; *s.o.* ~ *he/she* ***was*** *glad/etc.* iem. het gesê hy/sy is bly/ens.; ***you('ve)*** ~ *it!*, *(infml.)* presies!, inderdaad!, net so!, ek stem saam!.

saif (dune) = SEIF (DUNE).

sail *n.* seil; seiltog(gie); wiek *(v. 'n windmeul)*; *travel* ***by*** ~ met 'n/die seilskip vaar; *it is (a) ten/etc.* ***days'*** ~ dit duur tien/ens. dae met die skip; *a* ***fleet*** *of twenty* ~ 'n vloot van twintig skepe; *in/under* ***full*** ~ met volle/staande seile; ***get*** *under* ~ onder seil gaan; ***go*** *for a* ~ gaan vaar, op 'n seiltog(gie) gaan; ***hoist*** *all* ~*s* alle seile bysit; ***loose*** ~ die seile span; ***make*** ~ seil bysit; ***set*** ~ uitvaar, onder seil gaan; ***set*** ~*s* seile span; *with all* ~*s* ***set*** met volle/staande seile; ***spread*** ~*s* seile span; ***strike*** ~*s* seile stryk; *the wind* ***swells*** *the* ~*s, the sails are* ***swelled*** *by the wind* die seile bol van die wind, die wind vul die seile; ***take in*** ~ seil (ver)minder, die seile inbind; *(fig.)* stadig oor die klippe gaan, jou matig/inbind; ***trim*** *one's* ~*s (according) to the wind* →TRIM *ww.*; ***under*** ~ onder seil; ***unfurl*** ~*s* seile losgooi/uit=skud/ontplooi. **sail** *ww.* seil; vaar; *(maklik beweeg)* seil, gly, trek; afvaar, (per skip) vertrek; →SAILING, SAILOR; ~ ***along/on*** voortseil, =vaar; ~ ***away*** wegseil, onder seil gaan, wegvaar; ~ *under* ***false*** *colours* →COLOUR *n.*; ~ ***for*** *the Cape/etc.* na die Kaap/ens. vertrek; ~ ***forth*** uitvaar, =seil; ~ ***in*** invaar; ~ ***into*** *a port* 'n hawe binne=vaar; ~ ***into*** *s.o., (infml.)* iem. invlieg; iem. te lyf gaan; ~ *the* ***sea*** die see bevaar; *the* ***ship*** ~*s today* die skip vertrek vandag; ~ ***through*** deurseil, deurvaar; *(fig.)* met vlieënde vaandels deurkom; ~ ***through*** *the air* deur die lug trek; ~ *close to* (or *near) the* ***wind*** →WIND[1] *n.*. ~**board** seilplank. ~**boarding** →WINDSURFING. ~**boat** →SAILING BOAT. ~**cloth** seil(doek); seilstof. ~**fish** *(igt.: Istiophorus* spp.*)* seilvis; →BASKING SHARK. ~ **loft** seilmakery. ~**maker** seilmaker. ~**making** seil=makery. ~ **needle** seilnaald. ~**plane** sweef(vlieg)=tuig. ~**plane pilot** sweefvlieër. ~**planing** sweefvlieg.

sail·a·ble bevaarbaar.

sail·er seilskip.

sail·ing (die) seil; (die) vertrek *(v. 'n skip)*, (die) afvaart; *(ook, i.d. mv.)* (die) vertrek van skepe; *it is plain* ~ dit is maklik genoeg; dit gaan klopdisselboom (*of* so glad soos seep). ~ **boat** *(Br.)*, **sailboat** *(Am.)* seilboot. ~ **competition** wedvaart. ~ **date** vertrekdatum *(v. 'n skip)*. ~ **list** vaartrooster, afvaartlys. ~ **master** skip=per. ~ **orders** afvaartbevele, =orders. ~ **school** seil=skool. ~ **ship,** ~ **vessel** seilskip.

sail·or matroos; seeman; seevaarder; *s.o. is a bad* ~ iem. word gou seesiek. ~ **blouse** matroosbloes(e). ~ **blue** matroosblou. ~ **boy** matroos. ~ **collar** matrooskraag. ~ **hat** matrooshoed. ~**man** =*men, (hoofs. infml.)* seeman. ~**s' home** seemanshuis. ~**'s knot** seemansknoop. ~**s' song** matrooslied. ~ **suit** matroospak.

sail·or·ing matrooswerk; seemanslewe.

sail·or·ly seemansagtig.

Saint *(gew. afgekort tot* St*)* sint, heilige. ~ **Andrew's cross** Sint Andries=/Andreaskruis. ~ **Anthony's fire** *(med.)* Sint Antoniusvuur (→ERYSIPELAS, ERGO=TISM). ~ **Bernard (dog)** sint bernard(hond) *(ook S~ B~)*. ~ **Elmo's fire** Sint Elm(u)svuur. ~ **Gall** *(Switserse stad)* Sankt Gallen. ~ **George's Cross** *(nas. embleem v. Eng.)* Sint Joriskruis. ~ **George's Day** *(23 April)* Sint Jorisdag. ~ **Helena** *(geog.)* Sint Helena. ~ **James** sint Jakobus; *the court of* ~ ~*'s* die Britse hof. ~ **John Am=bulance** St. John Ambulans, St. John-ambulans. ~ **John's bread** johannesbrood; →CAROB (BEAN). ~

John's wort/herb *(bot.: Hypericum* spp.) sint janskruid *(ook S~ J~)*, wonderkruid. ~ **Joseph's lily** sint josefslelie *(ook S~ J~)*. ~ **Lawrence River** Sint Lawrencerivier. ~ **Lawrence Seaway** Sint Lawrencewaterweg. ~ **Nicholas** sint Nikolaas, sinterklaas. ~ **Petersburg** *(geog.)* Sint Petersburg. ~ **Peter's (Church)** Sint Pieterskerk. ~ **Valentine** sint Valentyn; →VALENTINE. ~ **Vitus's dance** *(med., vero.)* →SYDENHAM'S CHOREA.

saint *n.* heilige; *~'s day* heiligedag; *play the ~* jou hoogheilig hou. **saint** *ww.* heilig; heilig verklaar. ~**paulia** usambaraviooltjie, saintpaulia; →AFRICAN VIOLET.

saint·ed vroom; *(arg.)* heilig; salig; *my ~ aunt/etc.* my tante/ens. saliger; *(oh) my ~ aunt/mother!* goeie genugtig!, o my goeiste!.

saint·hood heiligheid; heiliges.

saint·like heilig; vroom.

saint·ly heilig; vroom. **saint·li·ness** heiligheid; vroomheid.

saint·ship heiligheid.

saith *ww., (arg.)* sê.

sa·ka·bu·la, sa·ka·bu·li *(Z., orn.)* langstertflap; →LONG-TAILED **WIDOWBIRD.**

sake[1]**:** *for any ~* in hemelsnaam; *for the ~ of* ***clarity*** duidelikheidshalwe; *for the ~ of* ***convenience, for convenience(')*** *~* →CONVENIENCE *n.; be glad/ashamed* ***for*** *s.o.'s ~* bly wees (*of* skaam kry) vir iem. (se part); *for* ***God's*** *~* →GOD; *for* ***goodness'*** *~* →GOODNESS *tw.;* ***land*** *~s (alive)!, (Am., dial.)* liewe land!, goeie genugtig!; *for the ~ of* ***love*** uit liefde; *for the ~* ***of*** ... ter wille van ...; *for the ~* ***of*** *doing s.t.* om iets te (kan) doen; *for both* ***our*** *~s* om ons albei se ontwil, ter wille van ons albei; *for all* ***our*** *~s* om ons almal se ontwil; *for* ***peace'*** *~, for the ~ of* ***peace*** →PEACE; *for the ~ of* ***religion*** geloofshalwe; *for* ***s.o.'s*** *~* om iem. se ontwil/onthalwe, ter wille van iem.; *for* ***their*** *~s* om hulle onthalwe; *for* ***Thy*** *name's ~, (vnl. in 'n gebed)* om u naams ontwil; *for* ***your*** *~* om jou onthalwe.

sa·ke[2]**, sa·ké, sa·ki** *(Jap.)* rysbier, sake.

Sak·ha Re·pub·lic, Re·pub·lic of Sak·ha *(geog., vroeër* Yakutia*)* Republiek van Sakha.

sa·ki[1] →SAKE[2].

sa·ki[2] *-kis, (S.Am. aap)* saki.

sal *(farm.)* sout. ~ **ammoniac** *(vero.)* salmiak, ammoniaksout, salammoniak; →AMMONIUM CHLORIDE. ~ **soda** wassoda. ~ **volatile** vlugsout.

sa·laam *n., (<Arab.)* groet, buiging, salaam. **sa·laam** *ww.* groet, buig, salaam.

sal·a·ble →SALEABLE.

sa·la·cious wellustig, ontugtig *(iem. [se gedrag] ens.)*; gewaag(d), skurf, onfatsoenlik, obseen, onwelvoeglik *(leesstof, 'n grap, ens.)*; *~ literature* prikkellektuur. **sa·la·cious·ness, sa·lac·i·ty** wellustigheid, ontugtigheid.

sal·ad slaai. ~ **bar** slaaitafel. ~ **bean** slaaiboontjie. ~ **bowl** slaaibak. ~ **cream** *(Br.)* romerige slaaisous. ~ **days** onervare jeug, dom dae. ~ **dish** slaaibak; slaaigereg. ~ **dressing** slaaisous. ~ **oil** slaaiolie. ~ **plate** slaaibordjie. ~ **servers** slaaiiepel-en-vurk. ~ **vegetable(s)** slaaigroente.

sal·a·man·der *(amfibie)* sal(a)mander; *(mit. reptiel)* vuurvreter; *(okkulte filos.)* vuurgees. **sal·a·man·drine** sal(a)manderagtig, sal(a)mander-.

sa·la·mi salami.

sa·lar·i·at salariaat, salaristrekkers, witboordjiewerkers.

sal·a·ried gesalarieer(d), besoldig(de).

sal·a·ry *n.* salaris, besoldiging; traktement *(v. 'n predikant); at/on a ~ of* ... met/op 'n salaris van ...; ***draw*** *a ~* 'n salaris trek; ***earn*** *a* ***good*** *~* 'n goeie salaris kry/verdien; *on/with* ***full*** *~* met volle salaris; met behoud van salaris. **sal·a·ry** *ww.* besoldig, salarieer. ~ **adjustment** salarisaanpassing. ~ **agreement** salarisooreenkoms, -reëling. ~ **cut** salarisverlaging. ~ **increase** salarisverhoging. ~**man** *-men* (Japannese) witboordjiewerker. ~ **package** salarispakket. ~ **scale** salarisskaal.

sal·but·a·mol *(med.: asmamiddel)* salbutamol.

sal·chow *n., (sierskaats)* salchow.

sale *n.* verkoop; verkoping; uitverkoping; →AUCTION SALE, CLEARANCE SALE, LIQUIDATION SALE, REMNANT SALE, SALES, WINDING-UP SALE; ***conditions*** *of ~* →CONDITION *n.;* ***contract*** *of ~* = SALES CONTRACT; ***deed*** *of ~* →DEED; *~ in* ***execution*** →EXECUTION; *be* ***for*** *~* te koop wees; *~ and* ***leaseback*** verkoop en terughuur; →SALE-AND-LEASEBACK *adj.;* ***make*** *a ~* iets verkoop; ***messenger*** *of the court's ~* geregsbodeveiling; ***offer*** *s.t. for ~* iets te koop aanbied; ***on*** *a ~* op 'n uitverkoping; *be* ***on*** *~* verkry(g)baar (*of* te koop) wees; ***public*** *~* →PUBLIC *adj.;* ***put*** *s.t. up for ~* iets te koop aanbied; iets (laat) opveil; *find a* ***ready*** *~* goed verkoop, goeie aftrek kry/vind, gou aftrek kry, vinnig van die hand gaan; *~ or* ***return*** verkoop of terug; *s.t. is* ***up*** *for ~* iets is te koop, iets word te koop aangebied. ~**-and-leaseback** *adj. (attr.): ~ scheme* verkoop-en-terughuur-skema. ~ **pen** vendukraal. ~ **price** uitverkoopprys, uitverkopings-, opruimingsprys; →SELLING PRICE. ~ **ring** kopersring *(by 'n veiling)*. ~**room** *(hoofs. Br.)* verkoop(s)lokaal; veilings-, vendulokaal.

sale·a·ble, *(Am.)* **sal·a·ble** verkoopbaar. **sale·a·bil·i·ty,** *(Am.)* **sal·a·bil·i·ty, sale·a·ble·ness,** *(Am.)* **sal·a·ble·ness** verkoopbaarheid.

sal·ep *(Turks, vnl. kookk.)* salep.

sal·er·a·tus *(Am.)* (onsuiwer) koeksoda. ~ **weed** loogkruid.

sales *n. (mv.)* verkoop, afset, debiet; omset; *the ~ were enormous* die afset was geweldig, daar is ontsaglik baie verkoop, die goed het baie vinnig aftrek gevind; *increase ~* die verkoop/afset uitbrei; *~ increased* die afset het toegeneem. ~ **account** omset-, verkooprekening. ~ **book** verkopeboek. ~ **campaign,** ~ **drive** verkoop(s)-veldtog. ~**clerk** *(Am.)* winkelklerk, verkoop(s)persoon. ~ **contract** verkoop(s)kontrak. ~ **department** verkoop(s)afdeling. ~ **director** verkoop(s)direkteur. ~ **drive** →SALES CAMPAIGN. ~ **duty** aksyns. ~ **engineer** tegniese verteenwoordiger. ~ **figures** *n. (mv.)* verkoopsyfers. ~ **force** verkoop(s)personeel. ~**girl** = SALESWOMAN. ~**lady** = SALESWOMAN. ~ **letter** verkoopbrief. ~**man** *-men* winkelklerk, verkoop(s)klerk; verkoop(s)agent; *high-pressure ~* drang-, drukverkoper; *travelling ~* handelsreisiger. ~ **manager** verkoop(s)-bestuurder. ~**manship** verkoopkuns; *high-pressure ~* drang-, drukverkoop. ~ **note, sold note** verkoopbriefie, -nota. ~ **patter** →SALES TALK. ~**person** verkoop(s)persoon. ~ **pitch** →SALES TALK. ~ **point** trefpunt, attraksie. ~ **promotion** afsetbevordering. ~ **promotion manager** afsetbestuurder. ~ **rep** *(infml.)*, ~ **representative** verkoop(s)verteenwoordiger. ~ **resistance** kopersweerstand. ~**room** = SALEROOM. ~ **slip** *(Am.)* verkoopstrokie. ~ **staff** verkoop(s)personeel. ~ **talk,** ~ **pitch,** ~ **patter** *(infml.)* verkoopspraatjies. ~ **tax** verkoop(s)belasting; *general ~ ~, (afk.:* GST*)* algemene verkoop(s)belasting *(afk.:* AVB*)*. ~ **turnover** verkoop(s)omset. ~ **value** koopwaarde. ~ **volume** afset. ~**woman** *-women* verkoop(s)dame, verkoopster; verkoop(s)agent.

Sa·le·sian *n., (lid v. 'n RK orde)* Salesiaan. **Sa·le·sian** *adj.* Salesiaans.

Sa·li·an[1] *-lians, n., (hist., lid v. 'n Frankiese groep)* Saliër. **Sa·li·an** *adj.* Salies; →SALIC.

Sa·li·an[2] *-lii, n., (Rom. priester)* Saliër. **Sa·li·an** *adj.* Saliër-, van die Saliërs.

Sal·ic *(hist.)* Salies. ~ **law:** *the ~ ~* die Saliese wet.

sal·ic *(geol.)* salies.

sal·i·cyl *(chem.)* salisiel. **sa·lic·y·late** salisilaat. **sal·i·cyl·ic ac·id** *(chem.)* salisielsuur.

sa·li·ent *n.* uitspringende hoek; *(mil.)* uitloper, uitsprong, uitspringer; spits *(v. 'n bastion)*. **sa·li·ent** *adj.* (voor)uitspringend, uitstaande; treffend, opvallend, ooglopend, in die oog lopend, markant; pertinent; *~ angle* uitspringende hoek; spitshoek *(v. 'n bastion); ~ features* hooftrekke, -punte, besondere kenmerke; hoofvorme *(v. 'n terrein); ~ point* hoofpunt. **sa·li·ence, sa·li·en·cy** opvallendheid; uitspringende hoek.

sa·lif·er·ous southoudend.

sal·im·e·ter = SALINOMETER.

sa·li·na soutpan, -meer; soutbron; soutmakery.

sal·i·na·tion soutbehandeling.

sa·line *n., (hoofs. med.)* soutoplossing; *(med.)* soutpurgasie; soutpan, -meer; *(w.g.)* soutafsetting, saline; *normal ~* fisiologiese soutoplossing. **sa·line** *adj.* southoudend; soutagtig, souterig, sout-; *~* ***deposit*** soutneerslag; *~* ***solution*** soutoplossing; *~* ***spring*** soutbron; *~* ***water*** soutwater. **sal·i·ni·sa·tion, -za·tion** versouting. **sal·i·nise, -nize** versout. **sa·lin·i·ty** southeid, soutgehalte. **sal·i·nom·e·ter** sout(gehalte)meter, salinometer.

Salis·bur·y *(geog., hist.)* Salisbury; →HARARE.

sa·li·va speeksel, spuug, spoeg. **sal·i·vant** *n.* speekseldrywmiddel. **sal·i·vant** *adj.* speekseldrywend. **sal·i·var·y, sal·i·var·y** speeksel-, spoeg-; *~ gland* speeksel-, spoegklier. **sal·i·vate** kwyl; *~ at the idea of ..., (infml., fig.)* kwyl by die gedagte aan (*of* gretig/opgewonde uitsien na) ... **sal·i·va·tion** kwyling, (die) kwyl; speekselafskeiding, -vloed.

sal·lend·ers, sel·land·ers, sel·lend·ers *n. (mv.), (veearts.)* rasp *(by perde)*.

sal·low[1]**,** *(dial.)* **sal·ly** waterwilg(er).

sal·low[2] *adj.* bleek, vaal, (sieklik) geel/soel/blas. **sal·low** *ww.* bleek/vaal maak. **sal·low·ness** bleekheid, vaalheid, soelheid, blasheid.

Sal·lust *(Rom. historikus en staatsman)* Sallustius.

sal·ly[1] *n.* →SALLOW[1].

sal·ly[2] *-lies, n., (mil.)* uitval; uitstappie, uittog; kwinkslag, geestigheid, raak gesegde, geestige set/uitval; *make a ~* 'n uitval doen; *a witty ~* 'n geestige inval. **sal·ly** *ww.* uitstorm, 'n uitval doen; *~ forth/out* uitgaan; *(mil.)* uittrek, -breek. ~**port** uitvalpoort(jie) *(in 'n verskansing)*.

Sal·ly Ar·my *(Br., infml.)* Heilsleër.

sal·ma·gun·di *(kookk.)* salmagundi; *(fig.)* mengelmoes, deurmekaarspul.

sal·mi *(kookk.)* voëlpastei, salmi.

sal·mi·ac *(min.)* (gedeë) salmiak; →AMMONIUM CHLORIDE.

sal·mon *-mon(s), n.* salm; *(infml., in KZN)* kabeljou, kob (→KOB[2]); →CAPE SALMON. **sal·mon** *adj.* salmkleurig. ~ **ladder,** ~ **leap,** ~ **pass,** ~ **stair** salmtrap. ~ **pink** *(n.)* salmkleur; *(adj.)* salmkleurig. ~ **trout** →SEA TROUT.

sal·mo·nel·la *(bakterie)* salmonella. ~ **abortion** besmetlike misgeboorte, brucellose.

sal·mo·nel·lo·sis *-loses, (med.)* salmonellose, salmonella-infeksie.

sa·lo·mi *(Mal. kookk.)* salomi(e).

Sal·o·mon·ic, Sal·o·mon·i·an →SOLOMONIC.

sa·lon salon. ~ **music** salonmusiek.

Sa·lo·ni·ca, Sa·lo·ni·ka →THESSALONÍKI.

sa·loon salon, saal; *(Am., vero.)* kroeg; *(Br.)* sedan(motor); *(Br., spw.)* salonrytuig, passasierswa; *dining ~* eetsalon. ~ **(bar)** →LOUNGE (BAR). ~ **(car)** sedan(motor). ~ **car(riage)** *(spw.)* salonwa, -rytuig. ~ **deck** ontspanningsdek. ~ **keeper** *(Am.)* kroegbaas, -eienaar, kantieneienaar. ~ **pistol** kamerpistool. ~ **rifle** kamerbuks.

sa·loop, sa·lop *(Br., hist.)* salepdrank.

sal·o·pettes *n. (mv.), (Fr.)* skibroek.

salp *salps,* **sal·pa** *-pae, -pas, (mariene invertebraat)* salp.

sal·pi·con *(kookk.)* salpikon.

sal·pinx *-pinges, (anat.)* buis van Eustachius, Eustachiusbuis, Eustachiaanse buis; eierleier, Fallopiusbuis. **sal·pin·gec·to·my** *-mies, (med.: verwydering v. 'n eierleier)* salpingektomie. **sal·pin·gi·tis** *(med.)* salpingitis, eierleier-, Fallopiusbuisontsteking.

sal·sa *(Lat.Am. dansmusiek)* salsa; *(Mex. kookk.)* salsa(sous).

sal·si·fy *-fies,* **veg·e·ta·ble oys·ter, oys·ter plant** *(bot.)* bokbaard, sydissel; *black ~* skorsenier.

salt *n., (kookk., chem.)* sout; soutpotjie, -vaatjie; *(poët., liter.)* gevatheid, geestigheid; *(ook, i.d. mv.)* soutpurgasie; →BITTER SALT, EPSOM SALTS, KITCHEN SALT, SALTERN, SALTNESS, TABLE SALT; ***acid*** ~, *(chem.)* suursout; ***Attic*** ~ →ATTIC *n. & adj.*; ***basic*** ~, *(chem.)* basiese sout; ***common*** ~ (growwe) sout; *like a* ***dose*** *of* ~*s* →DOSE *n.*; *the* ~ *of the* ***earth,*** *(idm.: betroubare, opregte mens[e])* die sout van die aarde; ***eat*** *s.o.'s* ~, *(fig.)* iem. se brood eet; iem. se gas wees; ***in*** ~ ingesout; ~ *of* ***lemon(s)/sorrel*** suringsout; *I am not* ***made*** *of* ~, *(infml.)* ek is nie bang ek sal smelt nie; ***(old)*** ~ pikbroek, seerob; *a* ***pinch*** *of* ~ 'n knypie/knippie sout; *take s.t. with a* ***pinch/grain*** *of* ~ iets met 'n korreltjie/greintjie sout neem/opvat; ***rub*** ~ *into the wound* (or *s.o.'s wounds)* sout in die (*of* iem. se) wonde vryf/vrywe, die pyn vererger; ***spirit(s)*** *of* ~ →SPIRIT *n.*; ~ *of* ***tartar*** wynsteen; *a* ***touch*** *of* ~ 'n knypie/knippie sout; *be* ***worth*** *one's* ~ jou loon werd wees, jou sout verdien. **salt** *adj.* sout, gesout, pekel=; soutagtig; brak; *(w.g.)* bitter *(ervaring)*; *(w.g.)* skerp, gekrui(d) *(woorde)*; →SALTISH, SALTLESS, SALTY; ~ *incrustation* soutkors; ~ *smile* →WRY SMILE. **salt** *ww.* sout, insout, pekel; →SALTED, SALTER, SALTING; ~ *s.t. away/down, (infml.)* iets opgaar/wegsteek *(geld ens.)*; ~ *s.t., (ook, infml.)* iets dik maak *('n rekening)*; iets aandik/vervals *(inkomste)*. ~**-and-pepper** *adj.* sout-en-peper, spikkelgrys *(hare)*; →PEPPER-AND-SALT. ~**box** soutvaatjie. ~**bush:** *Australian* ~, *(Atriplex semibaccata)* Australiese brak(bossie), kruipsoutbos, rankbrak; *Cape* ~, *(A. vestita)* vaalbrak, brakbos; *old man* ~, *(A. nummularia)* oumansoutbos. ~ **cake** soutkoek. ~**cellar** soutpotjie. ~ **cod** *(ingesoute vis, vnl. kabeljou)* labberdaan. ~ **collector** soutwinner, =raper. ~ **content** soutgehalte. ~ **farmer** soutwinner, =maker. ~ **flat** soutvlakte. ~ **glaze** soutglasuur. ~ **lake** sout(water)meer. ~ **lick** brak(plek); beeslek; soutlek(plek). ~ **maker** soutboer. ~**-making** soutwinning, =makery. ~ **marsh** brak vlei. ~ **mine** soutmyn; *be back at the* ~ ~*s, (skerts.)* terug in die tuig wees. ~ **pan** soutpan. ~**-rising bread** soetsuurdeegbrood. ~**-rising yeast** soetsuurdeeg. ~ **shaker** *(Am.)*, ~ **sprinkler** *(w.g.)*, ~ **pourer** *(w.g.)* soutstrooier, =potjie. ~ **sickness** *(veearts.)* leksug. ~ **spoon** soutlepeltjie. ~ **water** *n.* sout(erige)/brakkerige water; sout=, pekelwater; seewater; *(infml.)* (die) see; *(skerts.)* trane. ~**water** *adj. (attr.)* soutwater=; ~ *crocodile* soutwaterkrokodil; ~ *fish* soutwatervis. ~**works** soutery, soutmakery, =siedery.

sal·tant *(w.g.)* dansend; springend.

sal·ta·rel·lo =*relli*, =*rellos, (It., lewendige dans met sprongetjies; mus. vir dié dans)* saltarello.

sal·ta·tion *(biol.)* (skielike) mutasie; *(geomorfol.)* saltasie, sprongbeweging *(v. sandkorrels ens.)*; *(arg.)* dansery, springery.

sal·ta·to·ri·al, sal·ta·to·ry *(hoofs. entom.)* springend.

salt·ed gesout; beproef, gehard; immuun; ***be*** ~, *(ook)* aangeklam wees; ~ ***cheek,*** *(kookk.)* gesoute wang *(v. 'n vark)*; ~ ***fish*** soutvis, gesoute vis; ~/*immunised* ***horse*** gesoute perd; ~ ***meat*** soutvleis, (in)gesoute vleis; ~ ***peanuts/almonds/etc.*** sout grondbone/amandels/ens.; ~ ***rib*** soutribbetjie; ~ ***snoek*** soutsnoek.

salt·er *(hist.)* southandelaar, =maker; *(hist.)* (in)souter; soutpotjie, =vaatjie, =strooier; droër. **salt·er·y** soutery, soutmakery, =siedery; vissoutery.

salt·ern *(hoofs. hist.)* soutpan; soutveld; soutmakery, =siedery.

sal·ti·grade *n., (vero.)* springspinnekop. **sal·ti·grade** *adj., (soöl.)* springend.

salt·ing souting. ~ **tub** soutkuip.

sal·tire, sal·tier *(her.)* Boergondiese kruis, Sint Andrieskruis; *in* ~ gekruis. **sal·tire·wise, sal·tire·ways** *adv.* gekruis.

salt·ish soutagtig, souterig, brak, siltig.

salt·less vars, sonder sout.

salt·ness soutigheid, southeid.

salt·pet·re, *(Am.)* **salt·pe·ter** salpeter, kaliumnitraat; →CHILE SALTPETRE, POTASSIUM NITRATE, SODIUM NITRATE; *German* ~ ammoniumnitraat; *purified* ~ soutsteenskuim, gesuiwerde salpeter.

salt·y souterig, brak; *(fig.)* pikant; ~ *language* gekruide taal. **salt·i·ness** sout(er)igheid; *(fig.)* pikanterie.

sa·lu·bri·ous heilsaam, gesond, goed vir die gesondheid. **sa·lu·bri·ous·ness, sa·lu·bri·ty** heilsaamheid, gesondheid.

sa·lu·ki *(soort hond)* saloeki.

sal·u·tar·y heilsaam, goed, voordelig; *(arg.)* gesond; ~ *sentence* heilsame/swaar vonnis. **sal·u·tar·i·ness** heilsaamheid, voordeligheid.

sa·lute *n.* groet, begroeting; hulde(betoon/betoning); *(mil.)* saluut; ereskote, saluutskote; saluuthouding; *(arg.)* kus; ***acknowledge*** *a* ~ 'n saluut beantwoord; ***come*** *to the* ~ in die saluuthouding kom; ***fire*** *a* ~ saluutskote los; ***give*** *the* ~ die saluut bring/gee; *a* ~ *of seven/etc.* ***guns*** *was fired* 'n saluut van sewe/ens. skote is gegee, sewe/ens. saluutskote is afgevuur; ***in*** ~ as groet/begroeting; ***return*** *a* ~ terugsalueer, 'n saluut erken/beantwoord; ***stand*** *at the* ~ in die saluuthouding staan; ***take*** *the* ~ die saluut beantwoord/waarneem. **sa·lute** *ww.* groet, begroet; huldig; salueer, die saluut bring/gee; ereskote los/afskiet; *saluting flag* defileer=, salueervlag; *saluting point* salueerpunt. **sal·u·ta·tion** groet, begroeting, salutasie, aanspreking. **sa·lu·ta·to·ry** (be)groetend.

sal·va·ble redbaar.

Sal·va·dor: *El* ~ →EL SALVADOR; *San* ~ →SAN SALVADOR. **Sal·va·do·ran** *n. & adj.* = SALVADOREAN *n. & adj.*. **Sal·va·do·re·an** *n., (burger v. El Salvador)* Salvadoriaan. **Sal·va·do·re·an** *adj.* Salvadoriaans. **Sal·va·do·ri·an** *n. & adj.* = SALVADOREAN *n. & adj.*.

sal·vage *n.* berging; reddingswerk; *(jur.)* bergloon; wrak=, strandgoed; *right of* ~ strandreg. **sal·vage** *ww.* red, berg; benut; herwin; ~ *s.t. from the ...* iets uit die ... red; ~*d goods* gebergde goed(ere); ~*d wool* herwonne wol. ~ **charges,** ~ **money** bergloon. ~ **operation** bergingsoperasie; *(fig.)* reddingsoperasie. ~ **ship,** ~ **vessel** bergingskip. ~ **train** hulptrein. ~ **tug** bergingsleepboot. ~ **vessel** →SALVAGE SHIP. ~ **(work)** bergingswerk. ~ **yard** skrootwerf.

sal·va·tion redding, verlossing, heil, behoud; *(vnl. Chr. teol.)* saligmaking, sieleheil, saligheid; *doctrine of* ~ heilsleer; *find* ~ redding vind; *(Chr. teol.)* tot bekering kom; *work out one's own* ~ jou eie heil uitwerk. **S~ Army** Heilsleër. **sal·va·tion·ist** *n.* iem. wat in saligmaking glo; *(S~)* Heilsoldaat. **sal·va·tion·ist** *adj.* saligheids=, heils=; *(S~)* van die Heilsleër.

salve[1] *n.* salf, smeersel, smeergoed; balsem. **salve** *ww.* salf, insmeer; genees, heel; versag; ~ *one's conscience* die/jou gewete sus; ~ *one's vanity* die/jou ydelheid streel.

salve[2] *ww., (arg.)* red, berg; →SALVAGE *ww.*.

sal·ver skinkbord.

Sal·ve Re·gi·na, *(Lat.: wees gegroet, Koningin; RK lofsang ter ere v.d. Heilige Maagd)* Salve Regina.

sal·vi·a *(kruiesoort)* salie; →SAGE[2].

sal·vo[1] =*vo(e)s* salvo, sarsie; *a* ~ *of applause* dawerende toejuiging.

sal·vo[2] =*vos, (jur.)* voorbehoud; *(w.g.)* verontskuldiging, uitvlug.

sal·vor berger, redder *(v. wrakgoed)*.

Sal·yut *(<Rus., wentelende ruimtestasie)* Saljoet.

Sam: *stand* ~ trakteer; *(up)on my* ~, *(Br., infml.)* so waar as ek leef, (so) by my kool.

sa·man·go mon·key *(Cercopithecus mitis)* samango-aap.

sa·ma·ra, sa·ma·ra vleuel=, vlerkneut, gevleuelde/gevlerkte neut, sleutelvrug.

Sa·mar·i·a *(geog., hist.)* Samaria. **Sa·mar·i·tan** *n.* Samaritaan; *a good* ~ 'n barmhartige Samaritaan. **Sa·mar·i·tan** *adj.* Samaritaans.

sa·ma·ri·um *(chem., simb.: Sm)* samarium.

sam·ba *(Bras. dans)* samba.

sam·bal *(Mal. kookk.)* sambal.

sam·bo =*bo(e)s, (hist., neerh.)* basterneger.

Sam Browne (belt) *(mil.)* Sam Browne(belt/gordel).

same (die)selfde; einste; genoemde; eenders, eners; gelyk; eentonig; →SAMENESS, SAMEY; *the* ~ ***again,*** *please* nog so een, asseblief; ***all*** *the* ~ tog, nietemin, nogtans, desondanks, desnieteenstaande; *it's* ***all*** *the* ~ *to me* dis vir my om't (*of* om 't/die) ewe (*of* so lank as [wat] dit breed is *of* alkant selfkant); *if it is* ***all*** *the* ~ *to you* as jy nie omgee nie; as dit vir jou om't (*of* om 't/die) ewe is; ***always*** *the* ~ altyd eenders/eners; *s.o./s.t. is the* ~ *as* ***always*** iem./iets het nog niks verander nie; *be the* ~ ***as*** ... net soos (*of* dieselfde as) ... wees; ***both*** *of them look the* ~ *(to me)* hulle lyk (vir my) albei eenders/eners; ***exactly*** *the* ~ presies dieselfde; *powers of the* ~ ***exponent,*** *(wisk.)* gelyknamige magte; ~ ***here!,*** *(infml.)* ook so!; ek ook!; dit dink ek ook!; ***just*** *the* ~ →JUST *adv.*; *... is perhaps a* ***little*** ~ ... is miskien ('n) bietjie eentonig; *(pretty/very)* ***much*** *the* ~ →MUCH; *towns/etc. of the* ~ ***name*** gelyknamige dorpe/ens.; ***one*** *and the* ~ →ONE; ***the*** ~ dieselfde; ewe veel; *it amounts/comes to the* ~ ***thing*** dit kom op dieselfde neer; *it's not the* ~ ***thing*** dis nie dieselfde nie, dis iets anders; *at the* ~ ***time*** →TIME *n.*; *the* ***very*** ~ die einste, presies dieselfde; *the* ***very*** ~ *man* die einste man, die nimlike hy; *the* ~ *to* ***you!*** vir jou ook!. ~**-day service** eendag(s)diens. ~**-sex marriage** gay troue.

sam·el *adj.* sag, halfgebak *(bakstene, teëls)*.

same·ness gelykheid; eentonigheid; eendersheid, enersheid.

sa·mey *adj., (Br., infml.)* eentonig, eenselwig; kleurloos, saai; herhalend.

sam·foo, sam·fu *(<Kant., soort baadjiepak deur Chin. vroue gedra)* samfoe.

Sa·mi·an *n., (bewoner v.d. Gr. eiland Samos)* Samiër. **Sa·mi·an** *adj., (v. Samos)* Samies.

sam·i·sen *(mus.: Jap. langhalsluit)* samisen.

sam·ite *(hist., tekst.)* sameet.

sa·miz·dat *(hist.)* sluikpublikasie *(v. verbode geskrifte in Rusland)*.

sam·let jong salm.

Sam·nite *n., (lid v. 'n antieke It. volk)* Samniet; *(taal)* Samnities. **Sam·nite** *adj.* Samnities. **Sam·ni·um** *(hist., geog.)* Samnium.

Sa·mo·a *(geog.)* Samoa. ~ **Islands** Samoa-eilande. **Sa·mo·an** *n.* Samoaan. **Sa·mo·an** *adj.* Samoaans.

Sa·mos *(Gr. eiland)* Samos; →SAMIAN *n. & adj.*.

sa·mo·sa, *(SA)* **sa·moo·sa** *(Ind. kookk.)* samo(e)sa.

Sam·o·thrace *(Gr. eiland)* Samothrake.

sam·o·var *(Rus. teetoestel)* samowar.

Sam·o·yed *n., (lid. v. 'n Siberiese volk; honderas)* Samojeed *(honderas ook s~)*. **Sam·o·yed** *adj.* Samojeeds. **Sam·o·yed·ic** *n., (taalgroep)* Samojeeds. **Sam·o·yed·ic** *adj.* Samojeeds.

samp *(SA)* stampmielies, (gekookte) gebreekte mielies.

sam·pan *(Oosterse bootjie)* sampan.

sam·phire *(bot.)* seevinkel.

sam·ple *n.* monster, eksemplaar, voorbeeld, proef(ie), proefstuk, staal(tjie); *(statist.)* steekproef; ***buy*** *from* ~ op monster koop; *a* ~ *of* ***cheese*** 'n monster kaas; ***come up*** *to* ~ aan die monster beantwoord; *a* ***random*** ~ 'n ewekansige steekproef; ***take*** *a* ~ *at random* 'n ewekansige steekproef neem. **sam·ple** *ww.* monsters neem; probeer, toets, proe; *(statist.)* 'n steekproef neem. ~ **print** proefafdruk.

sam·pler borduurlap; merk=, letterlap; toetser; *(mus.)* monsternemer, =versamelaar.

sam·pling toetsing; monster; steekproef; *(statist.)* steekproefneming; *(mus.)* monsterneming, =versameling. ~ **error** *(statist.)* steekproeffout. ~ **frame** *(statist.)* steekproefraamwerk.

sam·sa·ra *(Skt., Hind. & Boeddh.: eindelose siklus v. geboorte, dood en we[d]ergeboorte)* samsara.

Sam·son *(fig.: besonder sterk mens)* simson, hercules, herkules, herakles. ~**('s) post** *(sk.)* simsonpaal.

sam·u·rai =*urai, (Jap., hist.: krygerkaste)* samoerai.

San *n., (lid v. 'n volk; taal[groep])* San; →BUSHMAN; *the* ~ die San. ~ **painting** San-skildery, -tekening.

san·a·tive *(arg.)* genesend, geneeskragtig, genees=.

san·a·to·ri·um =*riums,* =*ria* sanatorium, herstel(lings)oord, gesondheids=, geneesinrigting.

san·a·to·ry = SANATIVE.

sanc·ti·fy heilig, heilig maak; wy; regverdig; *the end* *sanctifies the means* die doel heilig die middele. **sanc·ti·fi·ca·tion** heiliging, heiligmaking, wyding. **sanc·ti·fied** heilig, geheilig; vroom; skynheilig; *such ~ airs* sulke hoogheiligheid (*of* skynheilige houdinkies).

sanc·ti·mo·ni·ous skynheilig, skynvroom, hoogheilig, huigelagtig. **sanc·ti·mo·ni·ous·ness, sanc·ti·mo·ny** skynheiligheid, skynvroomheid, hoogheiligheid, huigelary.

sanc·tion *n.* goedkeuring, toestemming, verlof; bevestiging, bekragtiging, sanksie; *(dikw. i.d. mv.)* sanksie, strafbepaling, =maatreël; *apply ~s against ...* sanksies teen ... toepas; *give one's ~ to s.t.* jou goedkeuring aan iets gee/heg, iets toelaat. **sanc·tion** *ww.* goedkeur, bekragtig, sanksioneer.

sanc·ti·tude *(fml.)* heiligheid.

sanc·ti·ty heiligheid; reinheid; onskendbaarheid; *(ook, i.d. mv.)* heilige pligte.

sanc·tu·ar·y heiligdom; toevlugsoord, skuilplek, (veilige) hawe, vry=, wykplaas; asiel; reservaat; *(w.g.)* geslote jagtyd; →BIRD SANCTUARY; *seek/take ~* ('n) skuilplek soek.

sanc·tum heiligdom; private/privaat vertrek, studeerkamer; *~ sanctorum* allerheiligste.

Sanc·tus *(RK, mus.)* sanktus. *~* **bell** *(RK)* sanktusklokkie.

sand *n.* sand; sandkleur; *(Am., infml.)* moed, durf; deursettingsvermoë, stamina; *(ook, i.d. mv.)* sandstreek; sandbank; sand, sandkorrels; →SANDY; *be **built** on ~* op sand gebou wees; *an **expanse** of ~* 'n sandplaat; ***fine** ~* strooisand; *a **grain** of ~* 'n sandkorrel(tjie); ***on** the ~s* op die strand; ***plough** the ~(s)* tevergeefs arbei; ***run** into the ~, (fig.)* versand, op niks uitloop nie; *the ~s are **running** out, (fig.)* die tyd raak kort (*of* is amper/byna om), die uur nader. **sand** *ww.* afskuur; met sand skuur; met sand bedek/bestrooi; onder sand begrawe; met sand meng; →SANDED, SANDER, SANDING; *~ s.t. down* iets glad skuur. *~* **apple** *(Parinari capensis)* sand=, grysappel; *(Pygmaeothamnus zeyheri)* goorappel. *~***bag** *n.* sandsak. *~***bag** *ww.* sandsakke pak; met sandsakke versterk; met 'n sandsak slaan. *~***bank** sandbank, (sand)plaat. *~* **bar** sandbank. *~***-bar shark** *(Carcharhinus plumbeus)* sandbankhaai. *~* **bath** sandbad. *~* **bed** sandbedding; sandbodem. *~***blast** *n.* sandstraal; sandspuit; sandstuiwing. *~***blast** *ww.* sandblaas, =spuit; *~ed glass* sandgeblaasde/=te glas. *~***blaster** sandblaser, =spuit, sandblaastoestel. *~***blasting** sandspuiting, =bestraling. *~***-blind** bysiende; gedeeltelik blind. *~* **bomb** sandbom. *~***box** sandkas, =hok *(vir kinders);* sandstrooier *(v. 'n lokomotief); (hist.)* sandkoker. *~***boy:** *(as) happy/jolly/merry as a ~* so vrolik soos 'n voëltjie. *~* **cake** sandkoek; sandkoekie. *~* **castle** sandkasteel. *~* **crack** horingskeur *(in 'n perdehoef).* *~* **drift** sandstuiwing. *~* **dune** sandduin. *~* **eel,** *~* **lance, launce** *(igt.)* sand-aal, sanddolk. *~***flats** sandvlakte. *~* **flea** →CHIGOE, SAND HOPPER. *~***fly** *=flies, (entom.)* sandvlieg(ie). *~***glass** uurglas, sandloper. *~***grouse** *(orn.: Pterocles* spp.*)* sandpatrys; *Burchell's ~, (P. burchelli)* gevlekte sandpatrys, geelpatrys; *Namaqua ~, (P. namaqua)* kelkiewyn. *~***hill** sandduin; sandbult. *~***hog** *(Am. sl.)* onderwater-konstruksiewerker. *~* **hole** *(vlak syferwatergat)* gora, gorê, gorra. *~* **hopper,** *~* **flea, beach flea** *(entom.)* strand=, seevlooi. *~* **iron** *(gh.)* sandyster. *~* **jet** sandstraal. *~* **lance** →SAND EEL. *~***lot** *(Am.)* speelplek (op 'n leë erf). *~***man** *=men* Klaas Vaak/Vakie, die sandmannetjie. *~* **martin** *(orn.: Riparia riparia)* Europese oewerswa(w)el. *~* **mole** = DUNE MOLE RAT; *star ~ ~* = CAPE MOLE RAT. *~* **painting** sandskilderwerk. *~***paper** *n.* skuurpapier. *~***paper** *ww.* met skuurpapier skuur/vryf/vrywe. *~* **pillar** sandhoos; →DUST DEVIL. *~***piper** *(orn.)* ruiter, steenvink; *common ~, (Actitis hypoleucos)* gewone ruiter; *green ~, (Tringa ochropus)* witgatruiter; *marsh ~, (T. stagnatilis)* moerasruiter. *~***pit** sandput *(vir kinders om in te speel);* sandgroef, =gat, =kuil. *~* **plover** *(Charadrius* spp.*)* strandkiewiet. *~* **shark** honds=, penhaai; sandkruiper; skeurtandhaai. *~***shoe** *(Br.)* seilskoen, *(infml.)* tekkie. *~* **snake** *(Psammophis* spp.*)* sandslang. *~***-spray** *ww.* sandspuit. *~***stone** sandsteen, =klip. *~***storm** sandstorm. *~* **table** *(mil.)* sandtafel. *~* **trap** *(filter)* sandvanger; *(Am., gh.)* (sand)kuil. *~***veld** sandveld. **S~veld** *(geog., SA)* Sandveld. **S~velder** Sandvelder. *~***worm** sand=, see=, borselwurm. *~* **yacht** strandboot.

san·dal[1] *n.* sandaal; skoenriem; *wooden ~* →WOODEN. **san·dal** *=ll=, ww.* sandale aantrek. **san·dalled** met sandale aan.

san·dal[2] *n.* sandelhout. *~* **(tree)** sandelboom. *~***wood** sandelhout. *~***wood oil** sandelolie.

sand·ed sanderig; met sand bestrooi.

sand·er skuurder, skuurmasjien.

sand·er·ling *(orn.: Calidris alba)* drietoonstrandloper.

san·ders(·wood): *red ~* = RED SANDALWOOD.

san·dhi *(<Skt., gram.)* sandhi.

sand·i·ness sanderigheid; →SANDY *adj.*.

sand·ing bedekking/bestrooiing met sand; menging met sand; afskuring. *~* **belt** skuurband. *~* **drum** skuurtrommel. *~* **machine** skuurmasjien.

san·di·ver *(skuim op gesmelte glas)* glasgal.

sand·wich *n.* toebroodjie. **sand·wich** *ww.* invoeg, inskuif, inklem, insluit, tussenin druk/skuif/sit, tussenvoeg. *~* **board** reklamebord. *~* **cake** laagkoek. *~* **course** *(opv.)* stapelkursus. *~* **man** plakkaatdraer. *~* **paper** botterpapier. *~* **spread** broodsmeer, toebroodjiesmeer, groentesmeer.

sand·y *n.* rooikop. **sand·y** *adj.* sanderig; rooierig; →SANDINESS; *~ **beach*** sandstrand; *~ **desert*** sandwoestyn; *~ **hair*** rooierige hare; *~ **region*** sandveld; *~ **road*** sandpad; *~ **soil*** sandgrond; *~ **wool*** sandwol. *~***-coloured** rooierig.

sane gesond (van gees), van gesonde verstand; verstandig, gematig; *s.o. is quite ~* iem. is by sy/haar volle verstand/positiewe.

San·for·ise, =ize *(tekst.)* sanforiseer.

sang het gesing; →SING.

san·gar klipskans.

san·ga·ree *(Sp.)* kruiewyn.

sang-froid *(Fr.)* kalmte, selfbeheersing, koel(bloedig)heid, bedaardheid.

san·go·ma *(Z., tradisionele geneser)* sangoma.

san·gri·a *(Sp., wynpons)* sangria.

san·gui·fi·ca·tion bloedvorming.

san·gui·nar·y *(hoofs. arg.)* bloedig; bloeddorstig, moorddadig, wreed. **san·gui·nar·i·ly** bloedig, met (baie) bloedvergieting.

san·guine *n.* rooi kryt; rooi kryttekening. **san·guine** *adj.* optimisties, hoopvol; opgewek; vurig, hartstogtelik; *(Me. fisiol.)* bloedryk, sanguinies; *(arg.)* bloesend; *(poët., liter. of her.)* bloedrooi; *(arg.)* bloederig, bloeddorstig. **san·guine·ness, san·guin·i·ty** optimisme, hoopvolheid, goeie hoop; opgewektheid. **san·guin·e·ous** *(vero.)* bloed=; bloedkleurig, bloedrooi; bloed(er)ig; bloedryk; sanguinies.

San·hed·rin, San·hed·rim *(Jud.)* Sanhedrin, Joodse Raad.

sa·ni·es *(patol.)* bloedetter; waterige uitskeiding.

san·i·fy *(w.g.)* gesond maak; skoonmaak.

san·i·tar·i·um *=iums, =ia, (Am.)* = SANATORIUM.

san·i·tar·y higiënies; gesondheids=; sanitêr; gesond, heilsaam; *~ **conditions*** higiëniese toestande; *~ **fittings*** sanitêre toebehore; *~ **lane*** nag(kar)steeg, sanitêre steeg; *~ **laws*** gesondheidswette; *~ **measure*** gesondheidsmaatreël; *~ **paper*** toiletpapier; *~ **service*** gesondheidsdiens; reinigingsdiens. *~* **engineer** sanitêre tegnikus. *~* **engineering** sanitêre ingenieurswese. *~* **inspector** gesondheidsinspekteur. *~* **pad,** *~* **towel,** *(Am.) ~* **napkin** sanitêre doekie. *~* **ware** sanitêre ware.

san·i·tate higiënies verbeter.

san·i·ta·tion verbetering van gesondheidstoestande, higiëniese versorging; sanitêre reëlings, sanitasie, gesondheidswese. *~* **worker** *(Am., fml.)* vullisverwyderaar.

san·i·tise, =tize *(Am.)* ontsmet; steriliseer; *(neerh.)* kuis, suiwer *('n boek ens., v. vuil woorde ens.).*

san·i·ty geestesgesondheid, verstandelike/geestelike gesondheid, gesondheid van verstand; verstandigheid, gematigdheid.

san·jak *(hist.: admin. streek i.d. Ottomaanse Ryk)* sandjak.

sank het gesink; →SINK *ww.*.

San Ma·ri·no *(geog.)* San Marino. **San Mar·i·nese, Sam·mar·i·nese** *n. & adj.* San Marinees.

sans *(Fr.; poët., liter. of skerts.)* sonder; *~ pareil* sonder weerga, weergaloos, ongeëwenaard; *~ peur et ~ reproche* sonder vrees of blaam.

San Sal·va·dor *(hoofstad v. El Salvador)* San Salvador.

sans-cu·lotte *(Fr.), (hist.)* sansculotte; *(fig.)* (radikale) revolusionêr/rewolusionêr, oproerling.

san·se·vie·ri·a *(bot.)* sansevieria, slangvel.

San·skrit *n.* Sanskrit. **San·skrit·ic** *adj.* Sanskrities. **San·skrit·ist** Sanskritis.

sans se·rif, san·se·rif *n., (tip.)* skreeflose letter(soort). **sans se·rif, san·se·rif** *adj.* skreefloos.

San·ta Claus sinterklaas, sint Nikolaas, Kers(fees)vader.

san·tal sandelhout.

san·to·nin *(chem.)* santonien.

Sa·nu·si →SENUSSI.

São To·mé e Prín·ci·pe *(geog.)* São Tomé en Príncipe.

sap[1] *n.* sap, sop, vog *(v. 'n plant);* lewenskrag, lewensap; *(infml., hoofs. Am.)* swaap, uilskuiken; →SAPFUL, SAPLESS, SAPPY. **sap** *=pp=, ww.* tap; droogmaak; ondermyn, verswak; *~ s.o.'s energy/health/etc.* iem. se krag-te/gesondheid/ens. ondermyn. *~* **colour** sapverf. *~* **green** sapgroen. *~***head** swaap, uilskuiken. *~* **streak** spintstreep. *~***wood** spint=, jonghout.

sap[2] *n., (hist.)* ingrawing, loopgraaf, myngraaf, sap; ondermyning. **sap** *=pp=, ww., (hist.)* loopgrawe maak, sappeer; *(geol.)* uitkalwe(r); *(arg.)* ondergrawe; *the cliffs were ~ped by the stream* die stroom het die rotse uitgekalwe(r). **sap·per** myngrawer, sappeur; *(i.d. mv.)* genietroepe.

sa·pan →SAPPAN.

sa·pe·le sapele(hout); *~ mahogany* →MAHOGANY.

sap·ful sapryk, sapp(er)ig.

sap·id *(hoofs. Am.)* smaaklik, geurig. **sa·pid·i·ty** smaaklikheid, geurigheid.

sa·pi·ent *(fml.)* wys, verstandig; *(wetenskap[s]fiksie)* intelligent. **sa·pi·ence** wysheid.

sap·less saploos; droog; swak, uitgeput.

sap·ling boompie, jong boom; *(poët., liter.)* opgeskote seun.

sap·o·na·ceous seepagtig, seperig, seep=; glibberig, glipperig.

sa·pon·i·fy *(chem.)* verseep. **sa·pon·i·fi·a·ble** verseepbaar. **sa·pon·i·fi·ca·tion** verseping.

sap·o·nin *(chem.)* saponien.

sap·o·nite *(min.)* saponiet, seepklip, =steen.

sa·por *(w.g.)* geur, smaak.

sap·pan, sa·pan: *~***wood** sapanhout.

sap·phire saffier. *~* **(blue)** *n.* saffier(blou). *~***(-blue)** *adj. (attr.)* saffier(blou). *~* **wedding** *(45ste huweliksherdenking)* saffierbruilof.

sap·phir·ine saffieragtig; saffierblou; saffier=.

Sap·pho *(Gr. digteres)* Sapfo, Sappho. **Sap·phic** *(pros.)* Sapfies, Sapphies. **sap·phic** *(fml. of skerts.)* lesbies. **sap·phism** *(fml. of skerts.)* lesbiese liefde; →LESBIANISM.

sap·py *=pier =piest* sapp(er)ig, sapryk; energiek; lewenskragtig; *(infml., hoofs. Am.)* soetsappig, stroperig, sentimenteel; *(infml., hoofs. Am.)* toe, simpel, dom, onnosel. **sap·pi·ness** sapp(er)igheid.

sap·ro-, sa·pr- *komb.vorm* sapro=.

sap·ro·gen·ic, sa·prog·e·nous *(biol.)* saprogeen.

sa·proph·a·gous *(biol.)* saprofaag.

sap·ro·phyte *(biol.)* saprofiet, rottingskimmel. **sap·ro·phyt·ic** saprofities. **sap·ro·phyt·ism** saprofitisme.

sar·a·band(e) *(mus.)* sarabande.

Sar·a·cen *n., (hist.)* Saraseen. **Sar·a·cen** *adj.* Saraseens. *~* **(tank)** *(mil.)* Saracen(-tenk).

Sa·ra(h) *(OT)* Sara.
Sa·ra·je·vo, Se·ra·je·vo *(geog.)* Sarajevo.
sa·ran·gi -*gis, (Ind. snaarinstr.)* sarangi.
sar·casm sarkasme, bytende spot, skamperheid; *scathing* ~ vlymende sarkasme. **sar·cas·tic** sarkasties, bytend, spottend, skamper.
sarce·net →SARSENET.
sar·code *(biol.)* sarkode, protoplasma. **sar·coid** *n., (med.)* sarkoïed. **sar·coid** *adj., (med.)* sarkoïed, vleisagtig.
sar·co·lem·ma *(fisiol.)* spierskede.
sar·co·ma -*mas,* -*mata, (med.)* sarkoom, kwaadaardige (bindweefsel)gewas.
sar·coph·a·gus -*agi,* -*aguses* sarkofaag, lykkis *(v. klip).*
sar·cous vleis-, spier-.
Sard = SARDINIAN *n.*.
sard = SARDIUS.
sar·dar, sar·dar = SIRDAR.
sar·dine[1] sardien(tjie); *be (packed) like* ~*s* saamgehok wees. ~ **fever** *(SA, fig.: opgewondenheid m.d. jaarlikse sardientjieloop)* sardientjiekoors. ~ **run** *(SA: jaarlikse verskyning v. skole sardientjies a.d. suidkus v. KZN)* sardientjieloop.
sar·dine[2] →SARDIUS.
Sar·din·i·a *(geog.)* Sardinië. **Sar·din·i·an** *n.* Sardiniër; *(taal)* Sardies. **Sar·din·i·an** *adj.* Sardinies; Sardies.
sar·di·us, sar·dine *(edelsteen)* sardius, *(OT)* karneool.
sar·don·ic bitter, sinies, spottend, sardonies; ~ *humour* galgehumor; ~ *laugh* grynslag.
sar·don·yx, sar·don·yx *(min.)* sardoniks.
Sa·rep·ta →ZAREPHATH.
sar·gas·so -*sos,* **sar·gas·sum** *(seewier)* sargasso. **Sar·gas·so Sea** Sargasso-see, Wiersee.
sarge *(infml.)* = SERGEANT.
sa·ri -*ris,* **sa·ree** -*rees, (Ind. vrouekledingstuk)* sari.
sar·kar = SIRKAR.
sar·ky -*kier* -*kiest, adj., (Br., infml.)* sarkasties.
Sar·ma·ti·a *(geog., hist.)* Sarmasië. **Sar·ma·tian** *n.* Sarmaat. **Sar·ma·tian** *adj.* Sarmaties.
sar·nie *(Br.),* **sar·mie** *(SA), n., (infml.: toebroodjie)* toebie.
sa·rong *(Mal.), (kledingstuk i.d. vorm v. 'n doek wat mens om jou lyf bind)* sarong.
sar·rus·o·phone *(mus.: koperblaasinstr.)* sarrusofoon.
sar·sa·pa·ril·la *(bot. Smilax spp.; ook preparaat of stroop v.d. wortel gemaak)* sarsaparilla.
sar·sen *(geol.)* saraseenklip.
sarse·net, sarce·net *(tekst.)* voeringsy.
sar·to·ri·al kleremakers-; klere-.
Sash *(SA, ellips)* = BLACK SASH.
sash[1] serp, lyfband; ~ *of office* ampserp.
sash[2] (skuif)raam, vensterraam. ~ **bar** vensterroei, -balkie. ~ **bolt** raamgrendel. ~ **cord,** ~ **line,** ~ **rope** vensterkoord, raamkoord, -tou. ~ **door** halfglasdeur. ~ **fastener,** ~ **holder,** ~ **lock** raamknip. ~ **frame** vensterraam. ~ **handle** raamligter. ~ **lead** vensterlood. ~ **plane** kosynskaaf. ~ **tool** ruitkwassie. ~ **weight** raamgewig, vensterlood. ~ **window** skuif(raam)venster.
sa·shay *ww., (Am., infml.)* windmakerig/parmantig loop; nonchalant stap/loop; 'n glyende danspas (*of* glyende danspasse) maak; skuins loop; slenter, drentel, kuier; ~ *up to s.o.* nonchalant na iem. toe loop.
sa·shi·mi *n., (Jap. kookk.)* sasjimi.
sass *n., (Am., infml.)* astrantheid, parmantigheid, bekkigheid; →SASSY. **sass** *ww.: ~ s.o., (Am., infml.)* parmantig met iem. wees, astrant met iem. praat.
sas·sa·by -*bies* →TSESSEBE.
sas·sa·fras *(bot.)* sassafras. ~ **oil** sassafras-olie.
sas·sa·tie = SOSATIE.
Sas·se·nach *(Sk. & Ier., dikw. neerh.)* Engelsman, (Skotse) Laaglander; *(hist.)* Sakser.
sas·sy parmantig; →SAUCY.
sas·tru·ga, zas·tru·ga -*trugi, n.* sneeurif *(deur d. wind op 'n poolvlakte gevorm).*
sat (het) gesit; →SIT; *s.o. does not want to be ~ on/upon, (infml.)* iem. laat nie op sy/haar kop sit nie.
Sa·tan Satan, die duiwel; ~ *finds some mischief still for idle hands to do* ledigheid is die duiwel se oorkussing; ~ *quoting Scripture,* ~ *rebuking sin* die vos wat die passie preek. **sa·tan·ic** satanies, duiwels, hels; ~ *ritual* satanistiese ritueel. **sa·tan·i·cal** *(w.g.)* →SATANIC. **Sa·tan·ism** *(ook s~)* Satanisme *(ook s~),* duiwel(s)aanbidding; *(vero.)* boosheid, duiwelstreke, duiwelagtigheid. **Sa·tan·ist** *(ook s~)* Satanis *(ook s~),* duiwel(s)aanbidder.
sa·tay, sa·tai, sa·té *n., (Mal./Indon. kookk.: sosaties)* saté. ~ **sauce** grondboontjiesous.
satch·el tas, sakkie; *school* ~ boeksak, skooltas, -sak.
sate[1] *ww.* versadig; oorlaai. **sat·ed** *(ook)* trommeldik; *be ~/satiated with ...* versadig wees van ...; sat wees van ..., teë wees van/vir ...
sate[2] *ww. (verl.t.), (arg.)* het gesit; →SIT.
sa·teen glanssatyn.
sat·el·lite *(ruimtev.)* satelliet; *(astron.)* satelliet, byplaneet; *(afhanklike dorp, staat, kampus, ens.)* satelliet; volgeling, satelliet, aanhanger, dienaar. ~ **broadcasting** satellietuitsaai; satellietuitsending. ~ **cell** *(neurol.)* bysel. ~ **dish** →DISH (AERIAL). ~ **state** satellietstaat. ~ **television,** ~ **TV** satelliettelevisie, satelliet-TV. ~ **town** satellietdorp. **sat·el·loid** *(ruimtev.)* satelloïde.
sa·tem: ~ **language** satemtaal.
sa·ti·a·ble *(arg.)* bevredigbaar, versadigbaar.
sa·ti·ate *ww.* versadig, bevredig; oorversadig, sat maak. **sa·ti·a·ted,** *(arg.)* **sa·ti·ate** *adj.* versadig, bevredig; *be ~ with ...* →SATED. **sa·ti·a·tion** versadiging; satheid.
sa·ti·e·ty satheid, volheid, versadigdheid; oorversadiging; *to* ~ tot satwordens/walgens toe.
sat·in *n.* satyn. **sat·in** *adj.* satyn-; ~ *finish* satynglans, -afwerking. **sat·in** *ww.* satineer, glad en blink maak. ~**flower** judaspenning. ~ **paper** satynpapier, atlaspapier, velynpapier. ~ **spar** atlasspaat. ~ **stitch** satynsteek. ~**-twill** atlas. ~ **walnut** *(Am.)* amberhout, rooigomhout. ~ **weave** satynbinding. ~**wood** satynhout, atlashout.
sat·ine →SATEEN.
sat·in·et(te) *(tekst.)* kunssatyn, satinet; *(orn.)* satynduif.
sat·in·y satynagtig.
sat·ire satire, spot-, hekelskrif, hekeldig. **sa·tir·ic** satiries, spot-, hekel-; ~ *humour* satiriese humor; ~ *poem* hekel-, spotdig. **sa·tir·i·cal** satiries, bytend, spottend, hekelend. **sat·i·rise, -rize** hekel, spot met. **sat·i·rist** satirikus, hekeldigter; spotter, hekelaar.
sat·is·fac·tion voldoening, bevrediging, tevredenheid, satisfaksie, voldaanheid; tevredestelling; genoeë, genoegdoening; betaling; *have an air of* ~ →AIR *n.*; *a* ***cause*** *for* ~ 'n rede vir tevredenheid; ***demand*** ~ voldoening eis; ***feel*** ~ *at s.t.* tevrede wees oor iets; ***find*** ~ *in* (or ***take*** ~ *from*) *s.t.* voldoening vind in iets; ***give*** ~ bevredig, voldoening gee; ***in*** ~ ***of*** ... ter voldoening van ...; ***receive*** ~ bevredig word; ***to*** *s.o.'s* ~ tot iem. se bevrediging; na (iem. se) goeddunke; *prove s.t.* ***to*** *s.o.'s* ~ iem. van iets oortuig; *s.t. is a great* ~ ***to*** *s.o.* iets is vir iem. 'n groot genoeë, iets gee iem. groot genoeë; ***to*** *the* ~ *of the court* ten genoeë van die regbank; ***to*** *the* ~ *of everybody* tot almal se tevredenheid.
sat·is·fac·to·ry bevredigend; voldoende, genoegsaam, afdoende; ~ *proof* genoegsame/afdoende bewys; ~ *result* bevredigende uitslag. **sat·is·fac·to·ri·ly** bevredigend, genoeg(saam), afdoende.
sat·is·fice *(fml.)* aan die minimum vereistes voldoen; *(vero.)* bevredig, tevrede stel.
sat·is·fy bevredig, tevrede stel; versadig; stil *(honger);* voldoen aan *(eise);* voorsien in *('n behoefte);* oortuig van; gerusstel; weerlê, uit die weg ruim *(besware); not ~ the* ***examiners*** nie slaag nie; ~ ***o.s.*** jou (daarvan) oortuig; ~ ***o.s.*** *as to s.t.* jou van/omtrent iets vergewis; ~ *the court/etc.* ***that*** ... die hof/ens. (daarvan) oortuig dat ... **sat·is·fi·a·ble** te voldoen, bevredigbaar. **sat·is·fied:** *be* ***completely/perfectly*** ~ heeltemal/volkome tevrede wees; *be* ***quite*** ~ heeltemal tevrede wees; ewe tevrede wees; *s.o. can* ***rest*** ~ *that* ... iem. kan gerus/seker wees dat ...; *be* ~ ***that*** ..., *(ook)* (daarvan) oortuig wees dat ...; *be* ~ ***with*** ... tevrede wees (*of* genoeë neem) met ...; jou by ... neerlê. **sat·is·fy·ing** bevredigend *(reaksie, tempo, ens.);* vervullend *(ervaring, lewe, sekslewe, ens.);* versadigend *(kos);* dorslessend *(drankie).*
sat·nav *n.* satellietnavigasie. ~ **system** satellietnavigasiestelsel.
sa·to·ri *(Jap., Zen-Boeddh.)* satori, geestelike insig.
sa·trap *(hist.: provinsiale goewerneur in Ou Persië)* satraap. **sa·trap·y** *(hist.: Persiese provinsie)* satrapie.
sat·su·ma *n., (Jap., soort sitrusboom; vrug v. dié boom)* satsoema. **S~ (ware)** Satsoema-erdewerk; Satsoemaporselein.
sat·u·rate deurweek, deurtrek; versadig; satureer; ~ *o.s. in a subject* jou in 'n vak verdiep; ~ *s.t. with water* iets met water deurdrenk. **sat·u·ra·ble** deurweekbaar, deurtrekbaar; versadigbaar. **sat·u·rat·ed:** *be* ~, *(infml., iem.)* deurnat wees; ~ *fat/market/solution/etc.* versadigde vet/mark/oplossing/ens.; *be ~ with ...* met ... deurdrenk wees, van ... deurtrokke wees. **sat·u·rat·ing:** ~ *tank* weektenk.
sat·u·ra·tion deurweking, deurtrekking; versadiging; deurdrenking; *degree of* ~ versadigingsgraad. ~ **bombing** *(mil.)* die platbombardering *(v. stede).* ~ **coverage** die wyds(te)/groots(te) moontlike dekking *(i.d. media).* ~ **point:** *reach* ~ ~ die versadigingspunt bereik.
Sat·ur·day Saterdag; *do s.t. on* ~ iets Saterdag doen; *on a* ~ op 'n Saterdag; *(on)* ~*s* (op) Saterdag, Saterdae. ~ **issue** Saterdaguitgawe, Saterdagse uitgawe *(v. 'n koerant).* ~ **night special** *(Am., sl.)* goedkoop rewolwer/pistool.
Sat·urn *(astron. en Rom. mit.)* Saturnus. **sat·ur·na·li·a** *(fungeer as ekv. of mv.)* uitbundige pret, uitspattinge, losbandigheid; *the S~, (Rom.)* die Saturnalieë/Saturnusfees. **sat·ur·na·li·an** losbandig, uitspattig, dol. **Sa·tur·ni·an** *n., (astrol.)* onder Saturnus geborene. **Sa·tur·ni·an** *adj.* Saturnies. **sat·ur·nine** somber, swaarmoedig; flegmaties; *(arg.)* saturnies, lood-; ~ *symptoms* tekens van loodvergiftiging. **sat·ur·nism** *(arg.)* loodvergiftiging.
sat·ya·gra·ha *(<Skt., Ind. gesk.)* satjagraha, niesamewerking, lydelike verset. **sat·ya·gra·hi** -*his* satjagrahi, lydelike versetpleger.
sa·tyr *(Gr. mit.)* sater, faun, bos-, veldgod; wellusteling. **sa·ty·ri·a·sis** -*ases, (onbeteuelde seksdrif by 'n man)* satiriase. **sa·tyr·ic** saters-, van saters; ~ *drama* saterspel. **sa·tyr·i·cal** = SATYRIC.
sauce *n.* sous; *(Am.)* gestoofde vrugte; *(infml., hoofs. Br.)* vrypostigheid, astrantheid, parmantigheid; *hunger is the* ***best*** ~ →HUNGER *n.*; *what is ~ for the* ***goose*** *is ~ for the gander* →GOOSE; ***none*** *of your ~!, (infml.)* moet jou nie so astrant hou nie!; ***serve*** *s.o. with the same* ~ iem. met gelyke munt terugbetaal. **sauce** *ww.* smaaklik maak; sous, kruie; ~ *s.o., (infml.)* astrant/parmantig teenoor iem. wees. ~ **boat** souskom(metjie), -potjie. ~**box** *(infml.)* parmant. ~**-ladle** souslepel. ~**pan** kastrol; *small* ~ kastrolletjie. ~**pan stand** potstaander.
sauce·less sousloos, sonder sous.
sau·cer piering. **sau·cer·ful** -*fuls: a ~ of ...* 'n piering (vol) ...
sauc·y *(infml.)* astrant, parmantig, vrypostig; snipperig; piekfyn, windmaker(ig). **sau·ci·ness** astrantheid, parmantigheid; bekkigheid; snipperigheid.
Sau·di -*dis, n.* Saoedi, Saoediër; lid van die Saoedidinastie. **Sau·di** *adj.* Saoedies. ~ **Arabia** *(geog.)* Saoedi-Arabië. ~ **Arabian** *n.* Saoedi, Saoediër. ~ **Arabian** *adj.* Saoedi-Arabies, Saoedies.
sau·er·kraut suurkool.
Saul Saul; ~ *of Tarsus, (NT)* Saulus van Tarsus.
sau·na sauna.
saun·ter *n.* slenter-, drentelgang. **saun·ter** *ww.* slenter, drentel; ~*ing gait* slentergang; ~ *off* wegdrentel. **saun·ter·er** slentenaar, drentelaar.
sau·ri·an *n., (groot reptiel, vnl. 'n dinosourus)* souriër. **sau·ri·an** *adj.* akkedisagtig, souriër-.
saur·is·chi·an *n., (soort dinosourus)* souriskium. **saur·is·chi·an** *adj.* souriskiaties.

sau·ro·pod *(reusagtige plantvretende dinosourus met 'n lang nek en stert)* souropode.

sau·sage wors; →CAMBRIDGE SAUSAGE, COCKTAIL SAUSAGE; *not a* ~, *(Br., infml.)* absoluut/heeltemal/hoegenaamd niks (nie), geen (*of* nie 'n) (blou[e]) duit nie; *small* ~ worsie. **~-casing** worsvlies. ~ **dog** *(infml.)* worshond(jie); →DACHSHUND. **~-filler** worsstopper, =horinkie. ~ **machine** *(lett. & fig.)* worsmasjien. ~ **meat** worsvleis. ~ **roll** worsrolletjie, =broodjie. **~-shaped** worsvormig, allantoïed. **~-skin** worsvel, =derm, =vlies. ~ **tree** *(Kigelia africana)* worsboom.

sau·sag·er worsvark.

saus·sur·ite *(min.)* saussuriet.

sau·té *n.* panbraad; ~ *of lamb* pangebraaide lamsvleis, lamsvleis sauté. **sau·té** *adj.* pangebraai, sauté. **sau·té** =*té(e)d, ww.* soteer, panbraai.

Sau·ternes *(Fr., soet wit wyn)* sauternes(-wyn) *(ook S~)*.

sauve-qui-peut *(Fr.)* wilde vlug.

Sau·vi·gnon Blanc *(witwynsoort)* Sauvignon Blanc.

sav·a·ble redbaar.

sav·age *n.* wilde mens/dier; woestaard, wreedaard; *(in hist./liter. konteks)* barbaar, onbeskaafde. **sav·age** *adj.* wild, woes, barbaars; wreed; boos, woedend; ~ *conduct* barbaarse gedrag; ~ *region* woeste/onherbergsame landstreek; ~ *reverse* hewige teenslag. **sav·age** *ww.* verskeur; byt, knou; toetakel; beseer; *(fig.)* kwaai kritiseer, skerp veroordeel, striem, roskam, afkraak. **sav·age·dom** wilde/barbaarse staat. **sav·age·ness** wildheid, woestheid, ruheid, onbeheerstheid; wreed(aardig)heid, barbaarsheid, gewelddadigheid; meedoënloosheid, onverbiddelikheid, hardvogtigheid; felheid, heftigheid, hewigheid. **sav·age·ry** barbaarsheid, woestheid, wildheid; wreedheid.

sa·van·na(h) grasvlakte, bontveld, savanna, savanne.

sa·vant geleerde.

save[1] *n., (sport)* keerslag; *(rek.)* bewaring, berging, (die) stoor. **save** *ww.* red, verlos; *(vnl. Chr. teol.)* salig maak; behoed, bewaar; *(sport)* verhoed *(doel, drie, ens.)*; (op)spaar, opsysit, wegsit; oorhou; besuinig; *(rek.)* bewaar, berg, stoor; →SAVABLE, SAVER, SAVING; ~ ***appearances*** →APPEARANCE; ~ *one's* ***bacon*** →BACON; ***be*** *~d, (vnl. Chr. relig.)* salig word; ~ *one's* ***breath*** →BREATH *n.*; ~ *the* ***day*** →DAY; ~ *(one's)* ***face*** →FACE *n.*; ~ *(up)* ***for*** ... vir ... spaar; ~ *s.o.* ***from*** *s.t.* iem. uit/van iets red; ***God*** ~ *the Queen/King* →GOD; *s.o. can't do s.t. to* ~ *his/her* ***life*** →LIFE; *(God)* ~ *the* ***mark*** →MARK[1] *n.*; ~ ***money*** →MONEY; ~ *one's* ***neck*** →NECK *n.*; ~ ***on*** *s.t.* op iets besuinig; *you may* ~ *your* ***pains/trouble*** spaar jou die moeite, dit is moeite (te)vergeefs; ~ *the* ***pieces*** red wat (daar nog) te red(de) is; ~ *the* ***situation*** die situasie red; ~ *one's* ***skin*** →SKIN *n.*; ~ *one's* ***strength*** jou kragte spaar; ~ ***time*** →TIME *n.*; ~ ***up*** *s.t.* iets opgaar/oppot; iets bêre/bewaar. **~-all** *n.* lek=, opvangbak.

save[2] *prep & voegw., (fml. of poët., liter.)* behalwe, buiten, behoudens, uitgenome, uitgesonder(d); tensy, behalwe dat; *all* ~ ... almal behalwe ...; ~ *for* ... afgesien van ..., (buite en) behalwe ...; met uitsondering van ...; *the last* ~ *one* die voorlaaste.

sav·e·loy serwelaatwors.

sav·er redder; spaarder.

sav·in(e) *(bot.: Juniperus sabina)* seweboom, sawelboom.

sav·ing *n.* redding, verlossing; *(vnl. Chr. teol.)* saligmaking; besparing; besuiniging; voorbehoud; →SAVINGS; *effect a* ~ bespaar, 'n besparing bewerkstellig; *be past* ~ reddeloos wees. **sav·ing** *adj.* reddend, verlossend; saligmakend; spaarsaam, suinig; ~ *clause* stipulasie, voorbehoud(sbepaling); *have the* ~ *grace of humour/etc.* iem. se humorsin/ens. is sy/haar redding (*of* red hom/haar). **sav·ing** *prep.* behalwe, buiten, uitgenome, uitgesonder(d), buite en behalwe, met uitsondering van; ~ *your presence, (arg.)* met u verlof; ~ *your reverence, (arg.)* met alle verskuldigde eerbied, met alle eerbied (vir u).

sav·ings *n. (mv.)* spaargeld; besparing. ~ **account** spaarrekening. ~ **and loan association** *(Am.)* = BUILDING SOCIETY. ~ **bank** spaarbank. ~ **book** spaarboekie. ~ **certificate** spaarsertifikaat. ~ **fund** spaarfonds. ~ **rate** besparingskoers, spaarkoers.

sav·iour, *(Am.)* **sav·ior** redder, verlosser; *the S~, (Chr. teol.)* die Heiland/Verlosser/Saligmaker.

sa·voir-faire *n., (Fr., vermoë om in enige situasie korrek op te tree)* savoir-faire.

sa·vor →SAVOUR.

sa·vor·y *n., (Satureja spp.)* bonekruid, steentiemie.

sa·vour, *(Am.)* **sa·vor** *n.* smaak; smaaklikheid; geur(igheid). **sa·vour,** *(Am.)* **sa·vor** *ww.* smaak; geniet; *it ~s of* ... dit ruik/sweem/smaak na ..., dit laat dink aan ..., dit verraai ... **sa·vour·i·ness,** *(Am.)* **sa·vor·i·ness** smaaklikheid, geurigheid. **sa·vour·less,** *(Am.)* **sa·vor·less** smaakloos, geurloos, laf. **sa·vour·y,** *(Am.)* **sa·vor·y** *n.* southappie, soutigheidjie, soutgereg(gie); sout nagereggie; snoepgereggie. **sa·vour·y,** *(Am.)* **sa·vor·y** *adj.* smaaklik, geurig, lekker; pikant; gekrui(d), gekrui(e); ~ *mince* gekruide maalvleis; ~ *omelette* soutige omelet; ~ *tart* souttert.

Sa·voy *(geog.)* Savoje. **s~ (cabbage)** savojekool, witkool.

Sa·voy·ard *n.* Savojaard. **Sa·voy(·ard)** *adj.* Savoois.

sav·vy *n., (infml.)* begrip, verstand. **sav·vy** *adj., (infml., hoofs.Am.)* skrander, kundig, vinnig van begrip. **sav·vy** *ww., (infml.)* snap, begryp, verstaan.

saw[1] *n.* spreekwoord, segswyse, spreuk, gesegde; *the old* ~ *that* ... die ou gesegde dat ...; *a wise* ~ 'n wyse spreuk.

saw[2] *n.* saag; →SAWLIKE; ***cross-cut*** ~ treksaag; *a* ***nest*** *of ~s* 'n saagstel; ***set*** *a* ~ 'n saag skerpmaak/aansit; ***snicked*** ~ haasbeksaag. **saw** *sawed sawn; sawed sawed, ww.* saag; →SAWING, SAWYER; ~ ***down*** *s.t.* iets plat saag; ~ ***off*** *s.t.* iets afsaag; ~ ***out*** *s.t.* iets uitsaag; ~ ***through*** *s.t.* iets deursaag; *~n* ***timber*** gesaagde hout; ~ ***up*** *s.t.* iets in stukke saag. ~ **back** saagrug. **~bench** saagbank. **~bill** = MERGANSER. ~ **blade** saagblad; saaglem. ~ **block** saagblok. **~bones** *(infml.)* (sny)dokter. ~ **bow** saagboog. **~buck** *(Am.)* saagbok; *(infml.)* tiendollarnoot. ~ **carriage** saagslee. ~ **cut,** ~ **kerf,** ~ **notch** saagsnit, =kerf. ~ **die** *(teg.)* saagsetter. ~ **doctor** saagherssteller. **~dust** saagsel, saagmeel; *let the* ~ *out of s.o.* iem. se ware karakter ontbloot. **~-edged** getand. **~ed-off** →SAWN-OFF. ~ **file** saagvyl. **~fish** *(Pristis spp.)* saagvis. **~frame,** ~ **gate** saagraam. **~horse,** ~ **trestle** saag=, timmerbok. ~ **jig** afsaagraam. ~ **log** saagblok. **~mill** saagmeul(e). **~miller** saagmeulenaar. **~milling** (die) saagmeulbedryf. **~n-off,** *(Am.)* **~ed-off** *adj. (attr.)* afgesaagde *(haelgeweer ens.)*; *(infml.)* kort, klein *(mannetjie ens.)*. **~pit** saagkuil. ~ **set** *(teg.)* tand=, saagsetter. ~ **setter** tand=, saagsetter. **~shark** *(Pliotrema warreni)* saag(bek)haai. ~ **sharpener** saagslyper; koolmees. ~ **spindle** saagspil. **~tooth** saagtand. **~toothed** saagtand=, saagtandig. **~tooth(ed) roof** saagdak. **~-wing swallow** *(Psalidoprocne spp.)* saagvlerkswa(w)el. ~ **wrest** *(toestel)* handsaagsetter.

saw[3] *ww. (verl.t.)* het gesien; →SEE[1] *ww.*

saw·der →SOFT SAWDER.

saw·ing saery; saagwerk. ~ **block** saagleier. ~ **machine** saagmasjien.

saw·like saagagtig.

saw·yer saer; *(Am.)* drywende boom.

sax[1], **zax** leihamer.

sax[2] *n., (infml., afk.)* = SAXOPHONE. **~horn** *(mus.)* sax=, sakshoring.

sax·a·tile *adj.* rots=, klip=, wat op/tussen rotse groei/leef/hou.

Saxe Sakse; *Marshal (Maurice de)* ~, *(Fr. gesk.)* maarskalk Maurits van Sakse. **s~ (blue)** saksiesblou. **~-Coburg-Gotha:** *the House of* ~, *(Br.gesk.)* die Huis Sakse-Coburg-Gotha.

sax·i·frage *(bot.)* steenbreek.

Sax·on *n., (inwoner v. 'n D. staat)* Sakser; *(D. dial.)* Saksies, Plat=, Nederduits; Engelsman (→ANGLO-SAXON *n.*). **Sax·on** *adj.* Saksies; →ANGLO-SAXON *adj.*. ~ **blue** saksiesblou.

Sax·o·ny *(D.staat)* Sakse; *Lower* ~ Neder-Sakse. **sax·o·ny** *(tekst.)* saksestof.

sax·o·phone saxofoon. **sax·o·phon·ic** saxofonies, saksofonies. **sax·o·phon·ist, sax·o·phon·ist** saxofoon=, saksofoonspeler, =blaser, saxofonis, saksofonis.

say[1] *n.* mening, sê; inspraak, (mede)seggenskap, sê; praat=, sêkans; *have* ***all*** *the* ~ volle seggenskap hê; *have the* ***final*** ~ die laaste woord hê/spreek; ***have/say*** *one's* ~ jou sê sê, sê wat jy te sê het; ***have*** *a* ~ *(in a matter)* seggenskap/sê (in 'n saak) hê, (oor 'n saak) saam=/meepraat; *let s.o.* ***have*** *his/her* ~ iem. sy/haar sê laat sê, iem. kans gee om te praat, iem. laat uitpraat, iem. klaar laat praat; *have* ***no*** ~ *(in a matter)* geen seggenskap/sê (in 'n saak) hê nie, niks (in 'n saak) te sê hê nie; ***say*** *one's* ~ →***have/say.*** **say** *said said, ww.* sê; beweer; opsê *('n les, gebed)*; uitspreek; →SAID, SAYING *n.*; ~ *s.t.* ***about*** ... iets omtrent/oor/van ... sê; ***according*** *to what they* ~ volgens wat hulle sê; ~ *s.t.* ***after*** *s.o.* iets agter iem. aan sê, iem. iets nasê; *you can* ~ *that* ***again!***, *(infml.)* presies!, inderdaad!, net so!, ek stem saam!, daar sê jy iets!, dit kan jy gerus sê!, so moet 'n bek praat!; ~ *s.t.* ***against*** ... iets op ... aanmerk; *I'm not ~ing* ***anything*** ek sê niks; ***as*** *they* ~, *(infml.)* soos (wat) hulle sê; *s.o.* ***begins*** *by ~ing that* ... iem. begin met te sê dat ...; *it ~s in the* ***Bible*** *that* ... in die Bybel staan (*of* die Bybel sê) dat ...; *s.o. can't* ~ ***boo*** *to a goose* →BOO *tw.*; *I* ***cannot*** ~ ek weet nie, ek kan nie sê nie; *never* ~ ***die!*** →DIE[1] *ww.*; *you* ***don't*** ~ *(so)!, (infml.)* regtig?, sowaar?, waarlik?, so?, nou toe nou!, dis (ook) nou te sê!, ag nee!, wil jy glo?, nee tog!, dit kan nie waar wees nie!, ag loop!; ~ *s.t.* ***evenly*** iets rustig/bedaard sê; ~ *in* ***evidence*** *that* ... →EVIDENCE *n.*; *what s.o. ~s* ***goes*** iem. se woord is wet; ~ ***good*** *night* →GOOD NIGHT *tw.*; ~ *a* ***good*** *word for s.o.* →WORD *n.*; ~ ***goodbye*** →GOODBYE *tw.*; ~ ***grace*** →GRACE *n.*; *have a* ***great deal*** *to* ~ *about s.t.* →DEAL[1] *n.*; *it* ***happens,*** ~ *once a month* dit gebeur ongeveer/sowat (*of*, laat ons sê,) een keer per maand; ***I*** *~!, (Br., vero.)* hoor hier!, hêi!; ***I*** *~, what a beauty!* aitsa, maar hy's/sy's/dis mooi!; ***I'll*** *~!, (infml.)* net so!, ek stem saam!; ~ *one's* ***lesson*** →LESSON *n.*; ~ *what you* ***like!*** al sê jy wat!; ~ *what one* ***likes*** sê wat jy wil; *s.t. ~s a* ***lot*** *for s.o.* →LOT *n.*; ~ *s.t. out* ***loud*** iets hardop sê; *that* ***may*** *be said of all of us* →SAID; *you* ***may*** *well* ~ *that* dit kan jy wel/gerus sê; *as you* ***might*** ~ so te sê; ~ *no* ***more!*** genoeg gesê!; *I cannot* ~ ***more*** *(than that)* meer kan ek nie sê nie; *I'll* ~ *that* ***much*** *for* ... →MUCH; *it ~s* ***much*** *for* ... →MUCH; *that is not ~ing* ***much*** dit sê nie baie/veel nie; ***I must*** ~ ... dit moet ek sê, ...; *although I* ~ *it* ***myself*** al sê ek dit self; ~ *s.o.* ***nay*** →NAY *n.*; *one* ***need*** *scarcely* ~ *that* ... →NEED *ww.*; ***needless*** *to* ~ →NEEDLESS; ~ ***no,*** *(ook)* weier; ~ ***no*** *to s.o.* vir iem. nee sê; *I wouldn't* ~ ***no*** *to a* ..., *(infml.)* ek sou nogal van 'n ... hou; ***not*** *to* ~ ... om nie te sê ... nie; amper/byna/selfs ...; *have* ***nothing*** *to* ~ *for o.s.* →NOTHING; *take a* ***number,*** ~ *ten* neem 'n getal, byvoorbeeld (*of* sê nou maar) tien; ~ ***on!,*** *(infml.)* praat maar!; *one ~s* ***one thing*** *and the other another* →ONE *n., pron. & adj.*; ~ *s.t.* ***over*** iets herhaal, iets nog 'n slag sê; ~ *s.t.* ***pat off*** →PAT *adv.*; ***sad*** *to* ~ helaas, jammer genoeg; *it is* ***safe*** *to* ~ *(that)* ... →SAFE *adj.*; ***shall*** *we* ~ ... laat ons maar sê ...; *and* ***so*** ~ *I* en ek stem saam; *and* ***so*** ~ *all of us* en ons stem almal saam; ***so*** *they* ~ so word vertel; ***so*** *to* ~ so te sê, by wyse van spreke; ~ *s.t.* ***straight out*** iets prontuit/reguit/ronduit sê; ***strange*** *to* ~ vreemd genoeg; *there were* ~ ***ten*** *people* daar was 'n stuk of tien mense; ***that*** *is to* ~ ... dit wil (*of* is te) sê ..., met ander woorde ...; ~ ***that*** ... sê dat ...; *it ~s here* ***that*** ... hier staan dat ...; ***they*** ~ ... die mense (*of* hulle) sê ..., daar word vertel ...; ~ ***to*** *o.s.* ... by jouself sê ...; ~ *s.t.* ***to*** *s.o.* iets aan/vir iem. sê; *it/that is for s.o.* ***to*** ~ dit hang van iem. af, dit berus by iem., dit is iem. se saak; ***what*** *did you* ~ *his/her name was?* hoe/wat is sy/haar naam nou weer?; ***what*** *do you ~?* hoe voel jy daaroor?; ***what*** *do/would you* ~ *to a swim?* hoe sal dit wees as ons gaan swem?; ~ ***when!***, *(infml.)* hoeveel?; *~s* ***who?***, *(infml.)* wie sê (so)?; ***why*** *do you* ~ *that?* hoekom/waarom sê jy so?; *~s* ***you!***, *(infml.)* dis wat jy dink!. **~-so:** *(just) on s.o.'s* ~, *(infml.)* (net) op iem. se blote woord.

say[2], **sa·yette, sag·a·thy** *(tekst.)* sajet.

sayest *ww. (2e pers. ekv.), (arg.)* sê.

say·ing *n.* gesegde, spreuk, segswyse, woord, spreekwoord; *as the ~ **goes*** soos die spreekwoord sê, soos die gesegde lui; *there is **no** ~ what/when/who ...* dit is uiters moeilik om te sê wat/wanneer/wie ..., ('n) mens weet nie wat/wanneer/wie ... nie; *it goes **without** ~* dit spreek vanself (*of* is vanselfsprekend); ***witty** ~s* sêgoed.

scab *n.* roof, rofie, kors; skurwigheid, skilfer, skilferroof; brandsiekte *(by skape)*; skurfsiekte, skurfte *(by plante)*; *(infml., neerh.)* onderkruiper, stakingbreker, instaanwerker. **scab** *-bb-, ww.* rofies (*of* 'n rofie) maak/gee. ~ **labour** vervangende arbeid/werk; instaanwerkers. **~wort** *(bot.: Inula helenium)* Griekse alant.

scab·bard skede. **~fish** kalkvis; →FROSTFISH.

scab·by skurf, skurfagtig, brandsiek; *~ mouth* vuilbek *(by skape)*.

sca·bies skabies, jeuk-, brandsiekte, skurfte, *(infml.)* lekkerjeuk, help-my-krap.

sca·bi·ous *n., (bot.)* skurfkruid, speldekussinkie, henen-kuikentjie. **sca·bi·ous** *adj.* skurf, skurfagtig.

sca·brous skurf(agtig), ongelyk, ru, oneffe; skurf, gewaag(d), onfatsoenlik, onwelvoeglik, obseen; lastig, netelig, teer.

scad *(igt.: Decapterus* spp.*)* skad.

scads *n. (mv.), (infml., hoofs.Am.): ~ of ...* hope/massas (*of* 'n groot klomp) ...

scaf·fold *n.* steier, stellasie; *(hist.)* skavot. **scaf·fold** *ww.* van 'n steier/stellasie voorsien; 'n steier/stellasie opsit. ~ **board** steierplank. ~ **pole** steierpaal. ~ **trestle** steierbok.

scaf·fold·er steierbouer.

scaf·fold·ing steierwerk, steiers, stellasie, steierhoute. ~ **board** steierplank. ~ **hole** steier-, skuiwergat. ~ **pole** steierpaal.

scag, skag *n., (Am. dwelmsl.: heroïen)* H.

scagl·io·la *n., (It., bouk.: nagemaakte marmer)* scagliola.

scal·a·ble beklimbaar.

sca·lar *n., (wisk., fis.)* skalaar. **sca·lar** *adj.* skalêr; trapvormig. **sca·lar·i·form** *(bot.)* leer-, trapvormig.

scal·a·wag →SCALLYWAG.

scald[1] *n.* skroeiwond, brandplek, -wond, vogbrand(plek), brandseer; verbruining *(v. vrugte)*. **scald** *ww.* (met klam hitte) brand, skroei; *(byna tot kookpunt verhit)* wel *(melk ens.)*; blansjeer *(tamaties in kookwater om d. skille te laat loskom)*; *(arg.)* broei; *~ing hot* kokend/skroeiend warm; *~ing tears, (poët., liter.)* hete/brandende trane.

scald[2] *n.* →SKALD.

scale[1] *n.* skub *(v. 'n vis)*; dek-, huidskub *(v. 'n soogdier)*; skub *(v. 'n plant)*; skilfer; lagie; dop; tandsteen; ketelsteen; aanslag; →RED SCALE; *armoured ~* pantserdopluis; *the ~s fell from s.o.'s eyes, (fig., <Hand. 9:18)* die skille het van iem. se oë afgeval; *soft ~* sagte dopluis. **scale** *ww.* skubbe afkrap; afskub; (af)skilfer, opskilfer; uitdop; afdop; (af)skraap; tandsteen/ketelsteen verwyder; →SCALER[1], SCALING[1], SCALY; *~ a gun* 'n kanon uitgloei; *s.t. ~s off* iets skilfer af; *s.t. is ~d (up)* iets is verskaal. ~ **armour** *(hist.)* geskubde harnas. ~ **bark** skubbas. ~ **(insect)** dop-, skildluis. ~ **leaf** blaarskub, skubvormige blaar.

scale[2] *n.* skaal; maatstaf; *(mus.)* toonleer; omvang *(v. 'n fenomeen ens.)*; grootte *(v. 'n skip ens.)*; →SCALAR; *if it is done on **any** ~* as dit op aanmerklike/noemenswaardige skaal gebeur; *~ of **charges/fares*** tarief; ***draw** s.t. to ~* iets op skaal teken; ***economy** of ~* →ECONOMY; *~ of **forces*** kragteskaal; *on a **large** ~* op groot skaal, in die groot; *~ of **notation/numbering*** tal-, telstelsel; ***practise** ~s* toonlere oefen; *a **sliding** ~* 'n wisselskaal; *on a **small** ~* op klein skaal, in die klein(e); *the **social** ~* die maatskaplike leer; *~ of **taxation*** belastingtarief; ***to** a ~ of 1 in 50* op 'n skaal van 1 op 50; *~ of **wages*** loonskaal. **scale** *ww.* (be)klim, (op)klouter; klim oor; volgens skaal teken; →SCALABLE, SCALER[2], SCALING[2]; *~ down s.t.* iets afskaal; iets na verhouding verklein (*of* kleiner maak); iets na verhouding verlaag; iets inkrimp; *~ up s.t.* iets opskaal; iets na verhouding vergroot (*of* groter maak); iets na verhouding verhoog; iets uitbrei. ~ **drawing** skaaltekening. ~ **model** skaalmodel.

scale[3] *n., (gew. i.d. mv.)* (weeg)skaal; →SCALER[3]; *hold the ~s **even*** onpartydig oordeel; *(a **pair** of) ~s* 'n (weeg)skaal; ***the** S~s, (astron., astrol.)* die Weegskaal, Libra; ***tip/turn** the ~s* die deurslag gee; ***tip/turn** the ~s at ... kg* ... kg weeg.

sca·lene *adj., (wisk.)* ongelyksydig; *~ triangle* ongelykbenige/ongelyksydige driehoek.

scal·er[1] skraper, tandskraper.

scal·er[2] klimmer; *(fis.)* deler.

scal·er[3] weger, weër.

scal·i·ness →SCALY.

scal·ing[1] afskilfering; afskraping; *~ up* verskaling. ~ **hammer** bikhamer. ~ **tool** bikbeitel.

scal·ing[2] beklimming; gradering. ~ **ladder** stormleer; brandleer.

scall *(med., vero.)* psoriase; ekseem.

scal·la·wag →SCALLYWAG.

scal·lion *(uiesoort)* salot.

scal·lop *n.* kammossel; skulpwerk, uitskulping; pasteiskulp. **scal·lop** *ww.* uitskulp; in die skulp kook. ~ **shell** mantelskulp. ~ **stitch** skulpsteek.

scal·loped: *~ edge* geskulpte rand, skulprand; *~ fish* geskulpte vis(gereg).

scal·lop·ing (uit)skulpwerk.

scal·ly·wag, scal·a·wag, scal·la·wag *(infml.)* niksnut(s), deugniet, skarminkel, jakkals, skelm, skurk, bedrieër; *(Am. gesk.)* verraaier.

scalp *n.* kopvel. **scalp** *ww., (hist.)* skalpeer, die kopvel afsny/afslag; *(infml., fig.)* afslag; *(infml., hoofs.Am.)* 'n vinnige spekulasiewins maak; *(infml., hoofs.Am.)* kaartjies op die swartmark verkoop/verkwansel. ~ **hunter** kopsneller. ~ **massage** kopmassering.

scal·pel ontleedmes, skalpel, lanset.

scalp·er skalpeerder; *(infml., hoofs.Am.)* kaartjiespekulant.

scalp·ing (die) skalpeer. ~ **knife** skalpeermes.

scal·pri·form *(w.g.)* beitelvormig *(snytand v. 'n knaagdier)*.

scal·y *n., (SA, igt.: Barbus natalensis)* Natalse geelvis. **scal·y** *adj.* skubb(er)ig, geskub; skubagtig; skaalagtig; *(infml.)* gemeen, laag, goor; *~ ant-eater* ietermago(g); →PANGOLIN; *~ bark* skurwebas; *~ leg* skurwe poot; *(siekte)* skurwepoot. **scal·i·ness** skubb(er)igheid; skaalagtigheid, skurfheid.

scam *(infml.)* boereverneukery, bedrog(spul), swendelary, skelmstreek. **scam·mer** bedrieër, swendelaar, skelm.

scamp[1] *n., (infml.)* skurk, skelm; kwajong, deugniet; platjie, vabond, abjater, kalant, karnallie.

scamp[2] *ww., (vero.)* afskeep, knoei, halwe werk doen; →SKIMP.

scamp·er *n.* gehol, draf; vlugtige toer; *take a ~ through a book* 'n boek vlugtig deurlees. **scamp·er** *ww.* hardloop, hol; *~ away/off* weghardloop, weghol; *~ through a book/etc.* 'n boek/ens. deurdraf (*of* vlugtig deurlees).

scam·pi *n. (mv.), (It., groot garnale)* scampi.

scan *n., (med.)* skandering. **scan** *-nn-, ww.* bespied *('n gebied, terrein)*; noukeurig bestudeer/ondersoek/bekyk *(inligting ens.)*; deurblaai, vinnig/vlugtig (deur)lees, vluglees *('n boek, koerant, ens.)*; jou oë laat dwaal oor *(d. skare ens.)*; *(pros.)* skandeer, in versvoete verdeel; *(pros.)* die regte versmaat/metrum hê; *(elektron., fis., radar)* aftas; *(rek.)* skandeer *('n dokument, foto, illustrasie, ens.)*; *(med.)* skandeer, aftas; →SCANNING; *~ s.t. in, (rek.)* iets inskandeer *('n dokument, foto, illustrasie, ens.)*. **scan·ner** *(med., rek.)* skandeerder, aftaster, skandeermasjien, -toestel; *(rad., TV, radar)* aftaster.

scan·dal skandaal, skande; aanstoot; kwaadpratery, geskinder, skindery, laster, agterklap; opspraak; *cause (or give rise to) a ~* opspraak (ver)wek, aanstoot gee. **~monger** skindertong, -bek, kwaadprater, skinderaar. **~mongering, ~mongery** skindery, kwaadpratery. ~ **sheet** *(neerh.)* skandaalblad.

scan·dal·ise, -ize belaster; aanstoot gee, beledig, ergernis (ver)wek, ontstig; *be ~d, (ook)* verontwaardig wees.

scan·dal·ous skandelik, skandalig, aanstootlik; lasterlik, verregaande, ergerlik. **scan·dal·ous·ness** skandaligheid, verregaandheid.

scan·da·roon *(soort sierduif)* skanderoen.

scan·dent klimmend; *~ plant* klimplant.

Scan·di·na·vi·a, *(arg. of poët., liter.)* **Scan·di·a** Skandinawië. **Scan·di·an** *n. & adj.* →SCANDINAVIAN *n. & adj.*. **Scan·di·na·vi·an** *n.* Skandinawiër; *(taalgroep)* Skandinawies. **Scan·di·na·vi·an** *adj.* Skandinawies.

scan·di·um *(chem., simb.: Sc)* skandium.

Scan·ia *(Sw. prov.)* Skone.

scan·ning *(med.)* skandering, aftasting; *(rek.)* skandering; *(pros.)* skandering; bespieding *(v. 'n terrein ens.)*; vlugtige deurlees, vluglees *(v. teks)*. ~ **electron microscope** skandeer(-)elektronmikroskoop, aftas(-)elektronmikroskoop. ~ **lens** bespiedingslens.

scan·sion skandering.

scan·so·res *n. (mv.), (orn.)* klimvoëls. **scan·so·ri·al** klimmend, klim-; *~ bird* klimvoël; *~ foot* klimpoot.

scant *adj.* karig, armoedig, skraal, gering; *be ~ of breath* kortasem wees; *with ~ courtesy* met weinig beleefdheid; *do ~ justice to ...* →JUSTICE. **scant** *ww., (hoofs. Am.)* beperk, bekrimp; skraps/knap toemeet. **scant·ness** karigheid.

scant·ling *(houtw.)* balkie, maatplank, lat, kleinhout; *(bouk.)* langklip; *(arg.)* bietjie, stukkie, klein hoeveelheid; *(arg.)* staaltjie, monster.

scant·y skaars, karig, skraal, min, onvoldoende, ontoereikend, gering, skraps, dun; bekrompe, suinig; *~ education* min skool, karige onderwys; *~ means* geringe/karige middele; *~ panties* amper-, einabroekie. **scant·ies** *n. (mv.)* amperbroekie(s), knapbroekie(s). **scant·i·ly** karig, skraal, effentjies, dun, armoedig; knap(pies); *~ clad* karig/skraps geklee(d), met min klere aan, nouliks gekleed; armoedig geklee(d), dun aangetrek; *~ fed* karig gevoed. **scant·i·ness** karigheid, skraalheid; skaarsheid.

scape[1] *n.* skag, vlug *(v. 'n suil)*; *(bot.)* bloeistingel, -spil; *(entom.: basis v. 'n voeler)* skapus.

scape[2] *ww., (arg.)* ontsnap; →ESCAPE *ww.*. **~goat** *n.* sondebok; *be the ~ for s.t.* die sondebok vir iets wees; *make a ~ of s.o.* iem. die sondebok maak. **~goat** *ww.: ~ s.o.* iem. die/tot sondebok maak, van iem. 'n sondebok maak. **~goater** sondeboksoeker. **~grace** *(arg.)* deugniet, niksnut(s).

-scape *komb.vorm* -(land)skap; -gesig; *land~* landskap; *moon~* maanlandskap; *sea~* seegesig.

scaph·oid *(anat.)* skuitvormig, skafoïed, navikulêr; →NAVICULAR *n.*.

scap·u·la *-lae, -las, (anat.)* (skouer)blad, bladbeen. **scap·u·lar** *n., (monnikskleed)* skapulier, skouerkleed, -lap; *(med.)* skouerverband. **scap·u·lar** *adj.* van die skouerblad; *~ region* bladstreek. **scap·u·lar·y** *(monnikskleed)* skapulier, skouerkleed, -lap.

scar[1] *n.* litteken, kwesplek; *(psig.)* letsel. **scar** *-rr-, ww.* (met littekens) merk; *('n wond)* 'n litteken vorm; *a ~red face* 'n gelittekende gesig, 'n gesig vol littekens. ~ **tissue** *(med.)* litteken-, letselweefsel.

scar[2], *(arg.)* **scaur** *n.*, krans, steil rotswand.

scar·ab miskruier, heilige kewer *(v.d. ou Egiptenare)*; *(antieke Eg. juweel)* skarabee.

scar·a·mouch *(arg.)* windlawaai, grootprater, iem. met meer bek as binnegoed.

scarce skaars; ondervoorsien; seldsaam; *make o.s. ~, (infml.)* maak dat jy wegkom, jou uit die voete maak, verdwyn; *very ~* baie/bitter skaars. **scarce·ly** nouliks, ternouernood, skaars; kwalik; nie juis nie; *s.o. had ~ **arrived** when he/she had to leave again* iem. het skaars aangekom of hy/sy moes weer vertrek; *~ **ever*** →EVER; *I ~ **knew** s.o.* ek het iem. byna nie geken/herken nie; *~ **know** s.o.* iem. skaars ken, iem. amper nie ken nie; *one **need** ~ say that ...* →NEED *ww.*; *it is ~ **polite** to ...* dit is nie juis beleef(d) om ... nie; *~ **seventeen/etc.** years old* nouliks/skaars sewentien/ens. jaar oud; *I ~ **think** so* →I HARDLY/SCARCELY THINK (SO). **scarce-**

ness skaarsheid; seldsaamheid; skaarste *(van)*, gebrek *(aan)*. **scar·ci·ty** skaarste *(aan)*; gebrek *(aan)*; seldsaamheid; *a ~ of ...* 'n skaarste aan ...; *a ~ of houses/money/ etc.* 'n woningnood/geldnood/ens..

scare *n.* skrik; vrees, beangstheid; paniek; alarm; →SCARY; ***cause/create** a ~* ('n) paniek veroorsaak; ***get** a ~* skrik, 'n skrik kry; ***give** s.o. a ~* iem. laat skrik; *get the ~ of one's **life*** groot skrik, 'n paniese skrik kry; *give s.o. the ~ of his/her **life*** iem. groot laat skrik, iem. die *(of* 'n groot) skrik op die lyf ja(ag). **scare** *ww.* skrikmaak, bang maak, laat skrik, skrik aanja(ag), die skrik op die lyf ja(ag); verskrik; afskrik; →SCARED; *~ s.o./ s.t.**away/off*** iem./iets wegja(ag)/verwilder; iem./iets op loop ja(ag); iets opja(ag) *(wild); ~ the (living) **daylights** out of s.o.* →DAYLIGHT; *s.o. ~s **easily*** iem. skrik gou, iem. word gou bang; *~ s.o. **off**, (ook)* iem. afskrik; *→**away/off**; ~ s.o. out of his/her **senses/wits*** iem. die *(of* 'n groot) skrik op die lyf ja(ag); *~ **up** a meal, (infml., hoofs.Am.)* raap en skraap om 'n ete voor te sit. **~crow** *(lett. & fig.)* voëlverskrikker; lelikerd. **~head** *(Am., infml.)* sensasionele opskrif *(v. 'n koerantberig)*. **~monger** bangmaker, alarmis, onrus-, panieksaaier. **~mongering** paniekstokery. **~ story** bangmaakpraatjie. **~ tactic** bangmaaktaktiek; afskriktaktiek.

scared bang; *be ~ to **death*** dood(s)bang wees; *be ~ **of** ...* bang wees vir ...; *s.o. is **running** ~, (infml.)* iem. het die skrik op die lyf; *s.o. was ~ **silly/stiff*** (or *out of his/her **senses/wits**), (infml.)* iem. was dood(s)bang, iem. het hom/haar (boeg)lam/kapot/kis *(of* oor 'n mik) geskrik, iem. was so bang dat hy/sy iets kon oorkom.

scare·dy-cat *(infml.)* bangbroek.

scarf[1] *scarves, scarfs, n.* serp, halsdoek; omslagdoek; *head ~* kopdoek. **~ knot** halsknoop. **~ pin** dasspeld. **~ ring** serpring. **~skin** *(arg.)* opperhuid.

scarf[2] *scarfs, n., (houtw.)* lip. **scarf** *ww.* 'n lip(las) maak; afskuins. **~ (joint)** liplas. **~ weld** gesweiste liplas.

scarf[3] *ww., (Am., infml.): ~ s.t. down* iets verorber/verslind.

scarf·ing liplasse.

scar·i·fy[1] *(infml.)* bang maak. **scar·i·fy·ing** skrik-, angswekkend; griesel(r)ig.

scar·i·fy[2] kerf; *(med.)* insnydings in die vel maak; skraap; *(landb.)* eg, losmaak, loswerk; kwel, seer maak; hekel. **scar·i·fi·ca·tion** insnyding, (in)kerwing; skraping; hekeling. **scar·i·fi·ca·tor** *(med.)* skraapmes, snepper; *(landb.)* (mes-)eg, skeurploeg. **scar·i·fi·er** *(padbou)* pad-eg, kors-, bladbreker; *(med.)* skraapmes, snepper; *(landb.)* (mes-)eg, skeurploeg.

scar·i·ose, scar·i·ous *(bot.)* droog, verskrompel(d).

scar·la·ti·na *(med.)* skarlakenkoors, skarlatina; →SCARLET FEVER.

scar·let *n. & adj.* skarlaken(rooi), helderrooi; *the ~* die kardinalaat; *turn ~* vuurrooi word. **~ fever** skarlakenkoors, rooivonk. **~ hat** *(RK)* kardinaalshoed. **~ runner (bean)** pronk-, sierboon(tjie). **~ woman** *(neerh.)* sedelose vrou, vrou van losse sedes, prostituut, straatvrou.

scarp *n.* steilte, skuinste; steil wal/helling; *(geol.)* eskarp. **scarp** *ww.* skuins maak, eskarpeer. **scarped** steil, skuins; *~ plain* bankeveld.

scarp·er *(Br., infml.)* laat spat/spaander, die hasepad kies, jou uit die voete maak; skoert, waai, loop, spore maak; vlug, wegloop.

scar·y *(infml.)* bangerig, skrikkerig; angswekkend, skrikaanjaend.

scat[1] *n.* scat(sang), lalsang; *sing ~* scat, lal. **scat** *-tt-, ww.* scat, lal.

scat[2] *tw.* trap, loop, skoert, weg is jy. **scat** *-tt-, ww.* trap, loop.

scat[3] *n. (massanaamwoord)* kuttels, keutels, mis.

scathe *n., (arg. of dial.)* letsel, besering; skade; *without ~* onbeskadig, sonder letsel, ongedeerd. **scathe** *ww., (w.g.)* afkraak, verguis; *(arg. of dial.)* beskadig, kwes, beseer. **scathe·less** *(w.g.)* ongedeerd. **scath·ing** vlymend, skerp, snydend, vernietigend, verpletterend; *~ criticism* snydende/vernietigende kritiek; *~ sarcasm* vlymende sarkasme.

sca·tol·o·gy *(med., paleont. of beheptheid met uitwerpsels)* skatologie. **scat·o·log·i·cal** skatologies.

sca·toph·a·gous *adj., (soöl.)* skatofaag, misvretend, wat van mis leef/lewe.

scat·ter *n.* spreiding; *(ook statist.)* verspreiding. **scatter** *ww.* strooi; verstrooi, rondstrooi, versprei; uiteenstuif, -vlieg; uiteendryf, -drywe, verdryf, verdrywe, uitmekaar ja(ag); verydel *(hoop); ~ things about/around* goed rondstrooi; *~ a crowd* 'n skare uitmekaar laat spat *(of* laat skarrel/spaander); *~ s.t. with ...* iets met ... bestrooi. **~brain** warkop. **~brained** warhoofdig, warkoppig. **~ cushion** los kussing, sierkussing. **~ diagram, ~gram, ~graph** *(statist.)* spreidingsdiagram. **~gun** haelgeweer. **~ rug** los mat(jie). **~shot** *adj., (Am.)* onoordeelkundig; lukraak, planloos; ondeurdag, onbesonne, halsoorkop, blindelings, roekeloos, wild.

scat·tered *(ook)* onreëlmatig; *~ instances* sporadiese gevalle; *~ showers* verspreide/los buie.

scat·ter·ing verspreiding; verstrooiing; verstuiwing.

scat·ty *(infml.)* ligsinnig; dwaas.

scaur →SCAR[2] *n.*.

scav·enge sif deur *(afval, rommel, vullis, ens.)*; afval/rommel/vullis/ens. deursoek, in afval/rommel/vullis (rond)krap; *('n dier)* aas vreet; *(teg.)* reinig, skoonmaak, (uit)spoel; *(chem.)* opruim; *(metal.)* deoksideer; *(mot.)* afsuig *(verbrandingsprodukte)*.

scav·en·ger aasvreter, -dier; vullisraper; *(chem.)* opruimer; *(teg.)* reinigingsmiddel; spoelpomp; *(Br., arg.)* straatveër, -skoonmaker. **~ beetle** = CARRION BEETLE. **~ cell** *(biol.)* fagosiet, vreet-sel. **~ hunt** aasjag. **~ party** aasparty. **~ pump** *(mot.)* afsuigpomp. **scav·en·ger·y** *(arg.)* skoonmakery, reiniging(sdiens).

scav·eng·ing aasvretery; vullisrapery; *(teg.)* reiniging; *(chem.)* opruiming.

sce·nar·i·o *-ios, (teat., mus.)* scenario *(v. 'n toneelstuk, opera, ens.)*; *(filmk.)* draaiboek; *(fig.: veronderstelde loop v. gebeurtenisse)* scenario. **sce·nar·ist** draaiboekskrywer.

scend, send *n.* golwing, deining, stuwing; *(sk.)* (die) wip, heibeweging. **scend, send** *ww., ('n skip)* wip, hei.

scene toneel; gesig, skouspel; tafereel; landskap; *(infml.)* omgewing, terrein; herrie, relletjie, standjie, scène; uitbarsting; *(teat., mus.)* toneel *(v. 'n bedryf, in 'n opera)*; (toneel)skerm, *(ook, i.d. mv.)* dekor; *(infml.)* belangstelling; *the third ~ of the second **act**, (teat.)* die derde toneel van die tweede bedryf; ***appear/come** on the ~* op die toneel verskyn; ***behind** the ~s* agter die skerms; *a **change** of ~* 'n verandering van omgewing; ***disappear** from the ~* van die toneel verdwyn; sterf, sterwe; *a ~ **in** "Hamlet"* 'n toneel uit "Hamlet"; *the ~ is **laid** in ... →**set/laid**; **make** a ~* 'n baan/herrie opskop, 'n lawaai maak/opskop; *it is **not** s.o.'s ~, (infml.)* dit is nie iem. se gebied nie, iem. weet nie juis iets daarvan nie; iem. stel nie daarin belang nie; *a ~ **of** ...* 'n toneel van ... *(ellende ens.)*; *the ~ of the ...* die toneel van die ... *(ramp ens.)*; *the ~ **of** the accident* die ongelukstoneel; *~s **of** ...,* sketse uit ... *(d. laaste jare rondom 1914 ens.)*; *be **on** the ~* daar wees, op die toneel wees *(v. 'n ongeluk ens.)*; ***quit** the ~* van die toneel verdwyn; sterf, sterwe; ***set** a ~* die toneel skik/monteer; ***set** the ~ for s.t.* iets voorberei; *the ~ is **set*** alles is gereed; *the ~ is **set/laid** in ...* die stuk/verhaal speel (hom) af in ... *(of* het ... as agtergrond) *('n plek/tyd)*; ***steal** the ~, (infml.)* met die applous wegloop. **~ bay** →SCENE DOCK. **~ change** toneelverandering, -wisseling. **~-changer** = SCENESHIFTER. **~-changing** = SCENESHIFTING. **~ dock, ~ bay** *(teat.)* dok. **~ painter** dekorasieskilder; *(teat.)* toneel-, dekorskilder. **~ painting** *(teat.)* dekorskildering. **~shifter** *(teat.)* toneelhandlanger. **~shifting** *(teat.)* dekorwisseling.

scen·er·y natuurtonele, natuurskoon; toneel; toneeldekorasie, dekor.

sce·nic skilderagtig; natuurskoon-; landskap-; dekoratief; dramaties, toneel-; *~ **artist*** dekorskilder; *~ **beauty*** natuurskoon; *~ **drive*** landskapsrit, uitsigrit; *~ **drive/road/path*** landskapspad, uitsigpad; *~ **railway*** panoramaspoor.

sce·nog·ra·phy perspektieftekening; toneelskilderkuns, scenografie. **sce·nog·raph·er** toneelskilder. **sce·no·graph·ic** in perspektief (geteken).

scent *n.* reuk, geur; reukwater, parfuum, laventel, lekkerruikgoed; (reuk)spoor *(wat 'n dier nalaat)*; *(arg.)* reuksin; ***follow** up the ~* die spoor volg; ***get** the ~ of s.t.* die/'n snuf in die neus kry van iets; *s.t. **has no** ~* iets ruik nie *('n blom ens.)*; *be **on** the ~ of ...* op die spoor van ... wees; ***pick up** the ~, ('n hond ens.)* die spoor vind/vat; ***put/throw** s.o. off the ~* iem. van die spoor bring, iem. op 'n dwaalspoor bring. **scent** *ww.* met geur vul, deurgeur; parfumeer; ruik; insnuif; vermoed, in die neus kry; die lug kry van; *the roses ~ the **air*** die rose vul die lug met hul geur; *~ the **air**, (ook)* die lug insnuif; *~ s.t. **out*** iets uitsnuffel/uitruik; *(fig.)* iets uitvis; *~ **treachery/etc.*** verraad/ens. vermoed. **~-bag** reuksakkie. **~-bottle** reuk-, laventel-, parfuumflessie. **~ gland, ~ organ** reuk-, stinkklier *(v. 'n dier)*. **~-spray** spuitflessie, parfuumspuitjie.

scent·ed: *~ed cigarette* geparfumeerde sigaret. **~ heath** *(Erica denticulata)* lekkerruikheide. **~ thorn (tree)** *(Acacia nilotica)* lekkerruikpeul(boom), stinkpeul(boom).

scent·less reukloos.

scep·tic twyfelaar, skeptikus. **scep·ti·cal** skepties, twyfelsugtig, ongelowig. **scep·ti·cism** skeptisisme, twyfelsug, ongelowigheid, skepsis.

scep·tre septer, staf; *wield/sway the ~* die septer swaai.

scha·den·freu·de *(D.)* leedvermaak.

sched·ule *n.* rooster, diensreëling; *(spw.)* looptyd; program, skedule; lys, inventaris, opgawe, staat, tabel; bylae; *s.t. goes **according** to ~* iets verloop/vorder volgens plan/rooster; *s.t. is **ahead** of ~* iets is voor sy tyd, iets is vroeg; ***as per** ~* volgens rooster; *be **behind** ~* agter wees; *s.o. has a **full/tight** ~* iem. het 'n vol program; *be **on** ~* op tyd wees; *be **up** to ~* op tyd wees, by wees; *not be **up** to ~* agter wees; *(infml.)* onvoldoende wees, nie goed genoeg wees nie. **sched·ule** *ww.* skeduleer, reël, beplan; op 'n lys/tabel plaas; 'n lys/staat maak; as bylae voeg by. **sched·uled:** *~ **area*** aangewese gebied; *s.o./s.t. is ~ to **arrive** at ...* iem./iets word om ... verwag; *~ **flight*** lyn-, diensvlug; *s.o./s.t. is ~ to **leave** at ...* iem./iets moet om ... vertrek, iem./iets is bestem(d)/bepaal om om ... te vertrek; iem./iets se vertrek is vir ... gereël; *~ **mine*** ingelyste myn; *~ **service*** gereelde diens, lyndiens; *~ **(stock) disease*** geproklameerde (vee)siekte; *s.t. is ~ to **take place** at ...* iets is vir ... bepaal; *~ **territories*** →STERLING AREA; *~ **time*** aangegewe/bepaalde tyd.

scheel·ite *(min.)* scheeliet.

Sche·her·a·zade *n., (prinses i.d.* Duisend-en-een Nag*)* Sjeherazade.

Scheldt: *the ~, ('n Eur. rivier)* die Skelde.

sche·ma *-mata* skema. **sche·mat·ic** skematies. **sche·ma·tise, -tize** skematiseer.

scheme *n.* stelsel, sisteem, reëling, ordening; plan, skema, program; skets, ontwerp; plan, voorneme, oogmerk; komplot; ***abandon** a ~* 'n plan opgee *(of* laat vaar); ***hatch** ~s* planne smee; *the ~ of **things*** die bestel van die wêreld; ***wildcat** ~s* onbekookte planne, wolhaarplanne. **scheme** *ww.* planne maak/beraam; knoei, konkel, intrigeer; *~ against s.o.* teen iem. saamsweer; *~ for ...* planne beraam vir ... **schem·er** plan(ne)maker; knoeier, konkelaar, intrigant. **schem·ing** *n.* konkel(a)ry, gekonkel, geknoei, intrige; *political ~* politieke draadtrekkery. **schem·ing** *adj.* konkelend, skelm, slinks, geslepe, slu, listig, gewiks; onderduims, agterbaks.

scher·zan·do *-zandi, -zandos, n., (It., mus.)* scherzando(-deel/passasie). **scher·zan·do** *adj. & adv.* scherzando, skertsend, speels, dartelend.

scher·zo *scherzi, scherzos, (It., mus.)* scherzo.

Schie·dam *(Ndl. hawestad)* Schiedam; *(jenewer)* schiedammer.

schil·ling *(Oostenrykse munt)* schilling.

schip·per·ke *(honderas)* skipperke.

schism tweespalt, verdeeldheid; skeuring, skisma, breuk *(in 'n kerk ens.)*. **schis·mat·ic** *n., (hist., vnl. i.d. Chr. kerk)* skeurmaker, skeurder, verdeler. **schis·mat·ic** *adj.* verdelend, skeurmakend, skismatiek; ~ *church* skeurkerk.

schist *(geol.)* skis. **schis·tose** leisteenagtig, skisagtig, skisteus; ~ *structure* skisstruktuur. **schis·tos·i·ty** skistositeit.

schis·to·some *(soöl., med.)* bloedslakwurm, bloedbot, serkaria. **schis·to·so·mi·a·sis** *-ases* skistosomiase, bilharziase, rooiwater.

schiz·o *-os, n., (infml., neerh.: iem. met 'n gesplete persoonlikheid)* skisofreen. **schiz·o** *adj.* skisofreen.

schiz·o·carp *(bot.)* splitvrug.

schiz·oid *n., (psig.)* gesplete persoonlikheid, skisoïed. **schiz·oid** *adj., (psig.)* gesplete, skisoïed.

schiz·o·my·cete *(bot.)* splytswam.

schiz·o·phre·ni·a *(psig.)* skisofrenie, gespletenheid, gesplete/dubbele persoonlikheid. **schiz·o·phrene** *n.* skisofreen. **schiz·o·phren·ic** *n.* gesplete persoonlikheid, skisofreen. **schiz·o·phren·ic** *adj.* skisofreen, gesplete.

schiz·o·thy·mi·a *(psig.: toestand soortgelyk aan skisofrenie, maar v. 'n ligter graad)* skisotimie.

schle·miel *(Am., infml., <Jidd.: slungel; ongeluksvoël; stommerik; sukkelaar)* sjlemiel.

schlep(p) *n., (Am., infml., <Jidd.)* (hele) optog; beslommernis, swarigheid, moeite; mamparra, bobbejaan, pampoen(kop). **schlep(p)** *-pp-, ww.* piekel, karwei; saampiekel, saamsleep; ~ ***along*** aanpiekel; ~ *s.t.* ***along*** iets saampiekel; iets saamsleep; ~ ***around*** rondhang; ~ ***down*** afpiekel. **schlep·per** *(Am., infml.)* mamparra, bobbejaan, pampoen(kop).

Schles·wig *(D. hawestad)* Sleeswyk; *(hist., hertogdom, Deense naam:* Slesvig*)* Sleeswyk.

schlie·ren *n. (mv.), (fis., geol.)* sliere.

schlock *n., (Am., infml., <Jidd.)* gemors. **schlock, schlock·y** *adj.* vrot(sig), sleg, goor, oes, treurig; derderangs, swak; nikswerd.

schmaltz *(infml., <Jidd.)* sentimentaliteit. **schmaltz·y** *-ier -iest* soetsappig, stroperig.

schmo *schmo(e)s, (Am., infml., <Jidd.)* gevrekte ou, jansalie, jandooi; aap, swaap, sot.

schmooze *n., (Am., infml., <Jidd.)* gebabbel, geklets. **schmooze** *ww.* babbel, klets, ginnegaap.

schmuck *(Am., infml., <Jidd.)* ghwar, drel, skepsel, vent; aap, swaap, sot.

schnapps *(sterk drank)* snaps.

schnau·zer *(honderas)* schnauzer.

schnit·zel *(kookk.: dun skyf gepaneerde [kalfs]vleis)* schnitzel.

schnook *(Am., infml., <Jidd.)* aap, swaap, sot.

schnor·kel *n. & ww.* →SNORKEL *n. & ww.*.

schnor·rer *(Am., infml., <Jidd.)* bedelaar, leeglêer; opskeploerder.

schnoz, schnoz·zle *(Am., infml., <Jidd.)* snoet, snawel.

schol·ar skolier, leerling, skoolkind, leerder; geleerde, vakkundige; beurshouer; *a* ***German/Greek/etc.*** ~ 'n Duitse/Griekse/ens. skolier; 'n Duitse/Griekse/ens. geleerde; 'n kenner van Duits/Grieks/ens.; ~*'s* ***mate,*** *(skaak)* herdersmat; *a* ***mere*** ~, *a mere ass, (idm.)* hoe geleerder, hoe verkeerder; ~*s'* ***patrol*** skolierpatrollie; *a* ***Shakespearean*** ~ 'n Shakespeare-kenner. **schol·arch** *(vero.)* skolarg. **schol·ar·ly** geleerd, (vak)kundig, wetenskaplik; ~ *recluse* kamergeleerde. **schol·ar·ship** (vak)kundigheid, kunde, wetenskap, (vak)geleerdheid; studiebeurs; stipendium.

scho·las·tic *n., (filos., teol.)* skolastikus. **scho·las·tic** *adj.* skolastiek; skolasties, skools; akademies, universitêr; pedant(ies); ~ *progress* vordering op skool; ~ *world* skoolwêreld. **scho·las·ti·cism** *(filos., teol., soms S~)* skolastiek; skoolsheid.

scho·li·ast *(hist.)* kommentaarskrywer, verklaarder, uitlegger, uitlêer, skolias. **scho·li·um** *-lia, (hist.)* kanttekening, kommentaar, verklarende aantekening.

school[1] *n.* skool; leer-, oefenskool; fakulteit; rigting, groep, skool *(i.d. lettere, kuns, ens.)*; skoolgebou; →SUMMER SCHOOL; *be* ***absent*** *from* ~ van die skool afwesig wees; *in the* ~ *of* ***adversity*** in die skool van beproewing; ~ *of* ***aeronautics*** lugvaartskool; →AIR SCHOOL; ***after*** ~ →AFTER CHURCH/SCHOOL; ~ *of (fine)* ***art*** kunsskool; →ART SCHOOL; ***at*** ~ op skool; in die skool; ***attend*** ~ skoolgaan; ***before*** ~ voor skool(tyd); *when the* ~*s* ***break*** *up* wanneer die skole sluit; ~ *of* ***dancing*** dansskool; →DANCE SCHOOL; ~ *of* ***engineering*** ingenieurskool; *(mil.)* genieskool; ~ *of* ***flying*** vliegskool; →FLYING SCHOOL; ~ *of* ***forestry*** bosbouskool; ***from*** ~ →FROM; ***go*** *to* ~ skoolgaan; skool toe gaan; *go to the* ~ na die skool toe gaan; ***in*** ~ in die skool; ***keep*** *(a)* ~, ***teach*** ~ skoolhou; ***keep*** *s.o. after* ~ →KEEP *ww.*; ~ *of* ***languages*** taleskool; ***leave*** ~ die skool verlaat; *s.o.* ***left*** *no* ~ ***behind*** iem. het geen skool gestig (*of* navolgers gehad) nie *('n skilder ens.)*; ~ *of* ***military engineering*** genieskool; ~ *of* ***mines*** mynskool; ~ *of* ***mining*** mynbouskool; ~ *of* ***music*** musiekskool; ~ *of* ***musketry*** skietskool; *there will be* ***no*** ~ *today* daar sal vandag nie skool wees nie; *be of the* ***old*** ~, *(fig.)* van die ou skool wees, ouderwets wees; →OLD SCHOOL; ***out*** *of* ~ uit die skool; buite skoolverband; ~ *of* ***painters/painting*** ~ skilderskool; ***put/send*** *a child to* ~ 'n kind in die (*of* op) skool sit; ***stay*** *(in) after* ~ ná skool bly, skoolsit; *tell* ***tales*** *out of* ~ uit die skool klik/klap/praat; ~ *of* ***thought*** (denk)rigting, denkwyse, gedagtegang. **school** *ww.* skool, afrig, oefen, dril; *(fml. of Am.)* leer, onderrig, onderwys; *(arg.)* tug, vermaan, bestraf; →SCHOOLABLE, SCHOOLED; ~ *o.s. to ...* gewoond raak aan ... *('n roetine ens.)*; ~ *o.s. to be ...* leer om ... te wees *(geduldig ens.)*. ~ **administration** skoolbestuur. ~ **age** skoolgaande leeftyd; *of* ~ ~ leerpligtig, skoolpligtig; skoolryp. ~ **attendance** skoolbywoning. **(~) attendance officer** skool(bywonings)beampte. ~ **badge** skoolkenteken, -wapen. ~ **bag,** ~**bag** skoolsak, -tas. ~ **bench** skoolbank. ~ **board** skoolraad. ~**-board office(s)** skoolraadskantoor. ~**book** skoolboek. ~**boy** skoolseun. ~**boyish** skoolseun(s)agtig. ~ **building** skoolgebou. ~ **bus** skoolbus. ~ **case** skooltas, -sak. **S~ Certificate (examination)** Skoolsertifikaat(-eksamen). ~**child** skoolkind. ~**children** *(ook)* skooljeug; skoolgaande jeug. ~ **clothes,** ~ **clothing** skoolklere, -drag. ~ **committee** skoolkommissie, -komitee, -bestuur. ~**day** skooldag; *after the* ~ naskools. ~ **desk** skoolbank. ~ **district** skooldistrik. ~ **doctor** skooldokter, -geneesheer. ~ **edition** skooluitgawe *(v. 'n literêre werk)*. ~ **examination** skooleksamen. ~ **feeding** skoolvoeding. ~ **fees** skoolgeld; leergeld. ~**fellow** skoolmaat. ~ **friend** skoolvriend, -maat. ~ **garden** skooltuin. ~**girl** skoolmeisie, -dogter. ~**girlish** skoolmeisieagtig. ~ **governor** *(Br. opv.)* skoolraadslid. ~ **grounds** skoolgrond, -terrein, -werf. **S~ Higher examination** *(SA, hist.)* Skoolhoër(-eksamen). ~ **holidays** skoolvakansie. ~ **hostel** skoolkoshuis. ~ **hours** skoolure; *during* ~ ~ in skooltyd. ~**house** skool(gebou); skoolhuis, onderwyserswoning. ~ **inspector** skoolinspekteur, inspekteur van onderwys. ~ **knowledge** skoolse geleerdheid. ~ **learning** skoolgeleerdheid; skoolwysheid. ~**-leaver** skoolverlater. ~**-leaving:** *s.o. is of* ~ *age* iem. het sy/haar skoolplig voltooi; ~ *examination* skooleindeksamen. ~ **library** skoolbiblioteek. ~ **magazine** skoolblad. ~**man** *(hist.)* skolastikus; onderwysman, opvoedkundige. ~**marm,** ~**ma'am** *(infml., oorspr. Am.)* skooljuffrou, -juffer. ~**marmish** *adj., (infml.)* oujongnooiagtig, preuts; vitterig, puntene(u)rig. ~**master** onderwyser. ~**mastering** skoolhouery. ~**masterish** skoolmeesteragtig, skoolvosserig. ~**mate** skoolmaat. ~**mistress** onderwyseres, skooljuffrou. ~ **motto** skoolleuse. ~ **nurse** skoolverpleegster. ~ **outing** skooluitstappie. ~ **principal** skoolhoof. ~ **quarter** skoolkwartaal. ~ **report** skoolrapport. ~ **requisites** skoolbehoeftes. ~ **roll** skoolregister. ~**room** klaslokaal, -kamer, skoollokaal, -kamer, -vertrek, leersaal. ~ **ship** skool-, opleidingskip. ~ **song** skoollied. ~ **sports** skoolsportwedstryd. ~**s rugby** skole-rugby. ~**s team** skolespan. ~ **subject** skool-, leervak. ~**teacher** onderwyser(es), opvoeder. ~**teaching** skoolonderwys; skoolhouery. ~ **team** skoolspan. ~ **term** skoolkwartaal. ~ **tie** skooldas; *old* ~ ~, *(Br.)* →OLD SCHOOL TIE. ~**time** skooljare, -tyd. ~ **timetable** skoolrooster. ~ **uniform** skooluniform, -drag. ~**wear** skooldrag. ~**work** skoolwerk. ~**yard** skoolgrond. ~ **year** skooljaar; *after the* ~ ~*s* naskools.

school[2] *n.* skool *(visse)*. **school** *ww.* skole vorm, skool.

school·a·ble *(w.g.)* skool-, leerpligtig.

schooled geskoold; *s.o. will not be* ~ iem. wil hom/haar nie laat leer/reghelp nie; *be well* ~ *in s.t.* goed in iets opgelei/geoefen wees.

school·ing opvoeding, onderwys, onderrig, skool; skoling; skoolgeld; *s.o. had little* ~ iem. het min skoolopleiding gehad.

schoon·er *(sk.)* skoener.

schorl *(min.)* skorl.

schot·tische, schot·tische *(19de-eeuse kringdans)* set(t)ies, Skotse polka.

Schott·ky ef·fect *(fis.)* Schottky-effek.

Schrö·ding·er e·qua·tion *(fis.)* Schrödingervergelyking.

schtum →SHTOOM.

schwa, shwa, in·de·ter·mi·nate/neu·tral vow·el *(fonet.)* sjwa, neutrale/toonlose klinker.

sci·am·a·chy skyngeveg, skaduboksgeveg; *(fig.)* vergeefse stryd.

sci·at·ic *(anat.)* heup-; wat aan heupjig ly; ~ *nerve* heupsenu(wee); ~ *pain* heuppyn. **sci·at·i·ca** heupjig, iskias.

sci·ence wetenskap; natuurwetenskap; *(arg.)* kunde, kennis; →PHYSICAL SCIENCE; ~ *of* ***building*** boukunde; ~ *of* ***language*** →LINGUISTICS; ~ *of* ***law*** regswetenskap; ***linguistic*** ~ →LINGUISTICS; ***man/woman*** *of* ~ wetenskapsmens, man/vrou van (die) wetenskap, wetenskaplike man/vrou; ~ *of* ***method*** metodeleer; ~ *of* ***nutrition*** voedingsleer; ~ *of* ***politics*** staatsleer; ~ *of* ***religion*** godsdienswetenskap; ~ *of* ***war*** krygskunde, krygswetenskap. ~ **building** gebou vir natuurwetenskappe. ~ **fiction** wetenskap(s)fiksie. ~ **master** *(vnl. Br.)* onderwyser in die natuurwetenskap(pe). ~ **park** wetenskap(s)park, navorsingspark.

sci·en·tif·ic wetenskaplik; natuurwetenskaplik; ~ *character/spirit* wetenskaplikheid; *Council for S~ and Industrial Research* →COUNCIL; *the* ~ *world* die geleerde wêreld, die wêreld van die wetenskap.

sci·en·tism sciëntisme, skiëntisme.

sci·en·tist (natuur)wetenskaplike, natuurkundige; navorser.

Sci·en·tol·o·gy *(relig., handelsnaam)* Sciëntologie, Skiëntologie. **Sci·en·tol·o·gist** *(aanhanger)* Sciëntoloog, Skiëntoloog.

sci·fi *(infml.)* = SCIENCE FICTION.

scil·i·cet *adv., (Lat.)* naamlik, te wete, scilicet.

Scil·ly: *the Scillies* (or ~ *Islands* or *Isles of* ~) die Scillyeilande/Sorlinge. **Scil·lo·ni·an** *n.* bewoner van die Scillyeilande. **Scil·lo·ni·an** *adj.* van die Scillyeilande.

scim·i·tar kromswaard. ~**bill:** *common* ~, *(orn.: Rhinopomastus cyanomelas, vroeër* scimitar-billed wood-hoopoe*)* swartbekkakelaar.

scin·ti·gram *(med.)* flikkergram.

scin·tig·ra·phy *(med.)* sintigrafie, flikkergrafie.

scin·til·la vonkie; greintjie; *not a* ~ *of ...* geen (*of* nie 'n) sweempie ... nie.

scin·til·late vonke skiet, flonker, vonkel, sprankel, flikker, skitter(blink). **scin·til·lat·ing** *(lett.)* glinsterend, vonkelend, flikkerend; *(fig.)* skitterend *('n handrughou, debuut, rond[t]e, ens.)*; *(fig.)* boeiend, fassinerend, prikkelend *('n boek ens.)*; *(fig.)* sprankelend, heerlik *(humor)*; ~ *play* skitter-, sprankelspel.

scin·til·la·tion vonkeling, sprankeling, flikkering, flonkering, skittering. ~ **counter** vonketeller.

scin·ti·scan·ner *(med.)* flikkeraftaster, -skandeerder. **scin·ti·scan·ning** *(med.)* flikkeraftasting, -skandering.

sci·o·lism *(arg.)* skyngeleerdheid, halfgeleerdheid. **sci·o·list** skyngeleerde, halfgeleerde. **sci·o·lis·tic** skyngeleerd, halfgeleerd.

sci·om·a·chy = SCIAMACHY.

sci·on ent, entloot, spruit, steggie; afstammeling, spruit, telg.

sci·roc·co →SIROCCO.

scir·rhus -rhi, -rhuses verharde kanker. **scir·rhous** skirreus, verhard; ~ *carcinoma* veselkanker, bindweefselkanker.

scis·sel metaalafknipsel.

scis·sile *(hoofs. biochem.)* snybaar.

scis·sion *(teg.)* (die) sny, snyding; *(hoofs. biochem.)* splitsing, splyting; skeur(ing) *(tuss. mense, partye, ens.)*.

scis·sor *ww.* knip; 'n skêrbeweging uitvoer; ~ *s.t. out* iets uitknip. ~**bill** *(orn.)* skêrbek, waterploeër; →SKIMMER. ~**(s) grinder** skêrslyper; *(orn.)* bokmelker, Europese naguil; *(entom.)* sonbesie, boomsingertjie. ~**(s) hold** = SCISSORS LOCK. ~**(s) kick** *(swem, sokker, ens.)* skêrskop. ~ **tooth** snytand.

scis·sors *n. (mv.)* skêr; *(a pair of)* ~ 'n skêr; ~ *and paste* gekompileer(d), onoorspronklik. ~ **grinder** →SCISSOR(S) GRINDER. ~ **jump** *(vnl. atl.)* skêrsprong. ~ **kick** →SCISSOR(S) KICK. ~ **lock** *(stoei)* skêrklem. ~ **movement** *(vnl. rugby)* skêrbeweging. ~ **truss** skêrkap.

scis·sure skeur, spleet.

sci·u·rine, sci·u·roid *adj., (soöl.)* eekhoringagtig.

scle·ra -ras, -rae, **scle·rot·ic** *n., (anat.)* buiteoogvlies, harde oogrok, sklera. **scle·ri·tis** *(med.)* oogrokontsteking, sklera-ontsteking, skleritis. **scle·rot·ic** *adj.* skleroties, verhard(end); sklera-, oogrok-; *(fig.)* skleroties, rigied, onbuigsaam, verkramp.

scle·rac·tin·i·an *(soöl.)* steenkoraal.

scle·ro·der·ma *(med.)* huid-, velverharding.

scle·ro·ma -mata, *(med.)* weefselverharding, skleroom.

scle·rom·e·ter *(teg.)* hardheidsmeter, sklerometer.

scle·ro·phyll *n., (bot.: houtagtige immergroen plant met klein leeragtige blaartjies)* sklerofil.

scle·ro·pro·tein *n., (biochem.)* skleroproteïen.

scle·rosed *adj., (med.)* verhard; ~ *kidney* verharde nier.

scle·ro·sis -roses, *(med.)* sklerose, verharding (→MULTIPLE SCLEROSIS); *(bot.)* verhouting.

scle·rot·ic →SCLERA.

scle·ro·ti·tis = SCLERITIS.

scle·rous *adj., (anat., patol.)* hard, verhard.

scoff[1] *n.* spot, skimp, bespotting; *(arg.)* voorwerp van spot. **scoff** *ww.* spot, skimp, bespot; ~ *at* ... met ... spot, ... bespot, op ... smaal. **scoff·er** spotter, skimper. **scoff·ing·ly** spottend.

scoff[2] *n., (infml., hoofs. Br.)* eetgoed, kos; maaltyd. **scoff** *ww.* inprop, weglê (aan kos), verorber, opvreet; eet.

scold *n., (arg.)* raasbek, rissie, feeks. **scold** *ww.* (uit)skel, raas met, roskam, beknor, 'n uitbrander gee, inklim, uittrap, skrobbeer; ~*ing tongue* skeltong. **scolding** uitbrander, standjie, raas; *get a* ~ raas kry.

sco·lex -lices, -leces, *(soöl.)* lintwurmkop, skoleks.

sco·li·o·sis -oses, *(med.)* skoliose, sywaartse ruggraat(ver)kromming.

scol·lop *(arg.)* = SCALLOP.

scol·o·pa·ceous *(orn.)* snipagtig.

scol·o·pen·dra *(soöl.)* honderdpoot. **scol·o·pen·drine** honderdpootagtig.

sconce[1] *n.* (arm)kandelaar, muurblaker; muurlamp.

sconce[2] *n., (arg.)* skans, verskansing.

sconce[3] *n., (arg. of dial.)* harspan, kop, skedel.

sconce[4] *n., (vero.)* boete *(a.d. Univ. v. Oxford en Cambridge)*. **sconce** *ww.* straf, beboet.

scone skon, botterbroodjie; *drop(ped)* ~ →DROP SCONE.

scoop *n.* skop(pie), skepbakkie, -lepel, -ding; (kaas)boor; spatel, (skep)lepel; (dam)skrop, -skraper; *(infml.)* gelukslag, (fortuin)slag, meevaller, buitekansie, voordeel, winsslag; *(infml.)* voorspringslag, voorsprong; *(infml., joern.)* scoop, eksklusiewe berig/nuus, nuustreffer; ***get** a* ~ jou opponente met die nuus klop; ***make** a big* ~ 'n groot slag slaan; *three ~s **of** ice cream* drie skeppe roomys; *at **one*** ~ in een slag. **scoop** *ww.* skep; 'n slag slaan, groot wins maak; troef, voorspring, die loef afsteek *(iem.)*; ~ *other newspapers* ander koerante scoop/klop/voorspring *(of* voor wees*) (met nuus ens.)*; ~ *out s.t.* iets uitskep; iets uithol; ~ *up s.t.* iets opskep; iets optel. ~ **bucket** skepemmer. ~ **neck** uitgeholde hals *(v. 'n rok ens.)*. ~ **net** sleep-, skep-, baggernet.

scoop·ful -fuls skep; lepel (vol); emmer (vol); bak (vol).

scoot *(infml.)* laat spat, (laat) spaander, laat vat, weghol, jou knieë dra, die rieme bêre/neersit/neerlê, skoert. **scoot·er** skopfiets, ryplank; *(motor)* ~ bromponie. **scoot·er·ist** bromponieryer. **scoot·ing** *n.* skopfiets ry, plankry.

scope (speel)ruimte, geleentheid, kans; vryheid; bestek, bereik, gebied, omvang; gesigskring; draag-, trefwydte; vooruitsigte; *(arg.)* doel; ***allow** s.o. more* ~ iem. meer vryheid laat; ***ample*** ~ oorgenoeg vryheid/ruimte; *it is **beyond/outside** the* ~ *of* ... dit val buite die bestek van ...; ***give** s.o. ample/free/full* ~ (aan) iem. vry(e) spel laat/gee; *there is* ~ *for **improvement*** dit kan (nog) beter; *of **wide*** ~ van groot omvang; *offer a **wide*** ~ ruim veld bied; ***within** the* ~ *of* ... deel van ... *(iem. se werk ens.)*, binne ... *(iem. se bevoegdheid, vermoë, ens.)*.

-**scope** *komb.vorm (vorm n.)* -skoop; *micro~* mikroskoop. -**scop·ic** *komb.vorm (vorm adj.)* -skopies; *micro~* mikroskopies. -**sco·py** *komb.vorm (vorm n.)* -skopie; *micro~* mikroskopie.

sco·pol·a·mine *(farm.)* skopolamien.

scops owl: *African* ~ ~, *(Otus senegalensis)* skopsuil.

scor·bu·tus *(med.)* skeurbuik, skorbuut; →SCURVY. **scor·bu·tic** *n.* skeurbuiklyer. **scor·bu·tic** *adj.* wat aan skeurbuik ly, skeurbuik-.

scorch *n.* skroeimerk; brandsel(s); skroeihitte; *(landb.)* skroeiroes, -siekte; *(infml.)* jaag-, naelrit. **scorch** *ww.* (ver)skroei, verseng; brand; verdor; *(infml.)* nael, woes/wild ry. ~ **mark** skroeimerk.

scorched: ~ *earth* verskroeide/geskroeide aarde; ~ *flavour/taste* brandsmaak. ~ **earth policy** *(mil.)* verskroeideaardebeleid, afbrandbeleid, verwoestingstaktiek.

scorch·er iets wat skroei; *(fig.)* doodhou, doodsê, kopskoot, snydende antwoord/kritiek; *(infml.)* bloedige/hittige dag; *(infml.)* pragstuk; *(infml., vero.)* naelryer, onverskillige ryer, jaagduiwel.

scorch·ing *adj.* snikheet, bloedig warm, hittig *('n dag, somer)*; bloedig, versengend, fel *(hitte)*; skroeiend *(d. son, temperature)*; skel *('n stem)*; moordend *('n pas, werk)*.

score *n.* (punte)telling, puntestand; (doel)punt; puntetotaal; *(infml.)* stand van sake; twintigtal; *(mus.)* partituur; *(filmk., teat.)* agtergrondmusiek; keep, kerf, groef, krap, skraap, streep, merk; ***by** ~s* (or *the* ~) by hope; ***compile** a* ~ →COMPILE; *the* ~ ***is*** ... die telling is (*of* staan op) ...; ***keep*** ~ die telling hou, die punte opskryf, tel; ***know** the* ~, *(fig., infml.)* weet hoe sake staan (*of* hoe laat dit is); ***lose** (count of) the* ~ die tel(ling) kwytraak; *~s **of*** ... hope ... *(mense ens.)*, 'n duisternis ... *(foute ens.)*; ***on** the* ~ *of* ... op grond van ..., weens ...; ***on** that* ~ wat dit (aan)betref, in daardie/dié opsig; ***pay** one's* ~, *(vero.)* betaal wat jy skuldig is; ***pay off** old ~s against s.o.*, ***settle** old ~s with s.o.*, *(fig.)* met iem. afreken, jou op iem. wreek; *death **pays** all ~s*, *(idm., w.g.)* die dood maak alles gelyk; ***run up** a* ~ 'n rekening laat oploop; ***settle** a* ~ *with s.o.* met iem. afreken, jou op iem. wreek; *(vero.)* jou verpligtinge teenoor iem. nakom; ***what** is the* ~? wat is die telling?; *(infml.)* hoe staan sake?; *~s of a **whip*** sweephoue; ***wipe off** a* ~ 'n skuld vereffen. **score** *ww.* punte (*of* 'n doel) aanteken; sukses behaal; *(infml.)* 'n slag slaan *(met 'n winskopie ens.)*; *(infml.)* dwelms/ens. in die hande kry; *(infml.)* iem. in die bed kry *(vir seks)*; opskryf, tel, (die) telling hou, opteken, boek; *(mus.)* orkestreer; op musiek sit; inkeep, groef; kerf, krap; skrap, deurhaal *(woorde ens.)*; (stukkend) skuur/skawe *(vel ens.)*; *(Am.)* hewig kritiseer, striem, inklim; →SCORING *n.*; *s.t. ~s **against** s.o.* iets tel teen iem.; ~ *s.t. **against** s.o.* iem. uitoorlê/voorspring; iem. iets ten laste lê; ~ ***by** s.t.* deur/by iets wen; ~ ***a century**, (kr.)* →CENTURY; ***fail** to* ~ geen punte/lopies aanteken nie; ~ *music **for** certain instruments* musiek vir bepaalde instrumente orkestreer; ~ ***off** s.o.*, *(infml.)* iem. oortroef; ~ *runs **off** a bowler, (kr.)* lopies teen 'n bouler aanteken; ~ *s.t. **out*** iets skrap/deurhaal *(woorde ens.)*; ~ *(**points**)* punte behaal/aanteken/insamel; ~ ***points** off s.o.* ten koste van iem. skitter; ~ *a **success*** sukses hê/behaal; ~ *a **try**, (rugby)* →TRY *n.*; ~ *s.t. (**up**)* iets opskryf/-skrywe *(skuld, d. telling, ens.)*; *that is **where** s.o. ~s* dit is waar iem. die voorsprong het. ~**board** telbord. ~**book** punteboek; skietboek; tellingboek. ~**card**, ~**sheet** telkaart, puntekaart, keurkaart; puntelys. ~ **draw** gelykopuitslag. ~**line** (punte)telling, uitslag. ~**sheet** →SCORECARD.

scored gegroef(de); ~ *binding* geribde band.

score·less sonder punte; ~*/pointless draw* puntelose uitslag/wedstryd.

scor·er teller, tellinghouer.

sco·ri·a -riae, *(geol.)* vulkaanslak, lawabrokke, lawastukkies; *(metal.)* metaalskuim, metaalslak. **sco·ri·a·ceous, sco·ri·ac** *(geol., metal.)* slakagtig, slakkig.

scor·ing *n.* (punte)telling, -toekenning; orkestrasie; groewing; kerwing. ~ **awl** kerf-els. ~**-board** = SCOREBOARD. ~**-book** = SCOREBOOK.

scorn *n.* veragting, (ge)hoon, versmading; voorwerp van spot/veragting; smadelikheid, skamperheid; ***bitter*** ~ bittere spot; ***heap/pour*** ~ *on s.o./s.t.* iem./iets bespot; ***hold** s.o./s.t. up to* ~ iem./iets bespot (*of* 'n voorwerp van minagting maak); *s.o.'s **intense*** ~ *for* ... iem. se diep(e) minagting/veragting vir ...; ***laugh** s.o./s.t. to* ~ →LAUGH *ww.*; ***think*** ~ *of* ..., *(Br., arg.)* ... verag; *be a* ~ ***to*** ... vir ... 'n voorwerp van minagting wees; ***treat** s.o./s.t. with* ~ iem./iets met minagting behandel. **scorn** *ww.* verag, versmaai, versmaad, benede jou ag; minag; bespot, hoon; ~ *lying/etc.* dit benede jou ag om te lieg/ens.. **scorn·er** veragter; *(Byb.)* spotter. **scorn·ful** minagtend, veragtelik, vol veragting, honend, smadelik, skamper; ~ *laughter* hoongelag; *be* ~ *of s.o./s.t.* iem./iets verag/versmaai. **scorn·ful·ness** minagting, veragtelikheid.

Scor·pi·o, Scor·pi·on *(astron., astrol.)* die Skerpioen, Scorpio.

scor·pi·oid *n., (bot.)* skorpioïed. **scor·pi·oid, scor·pi·oid·al** *adj., (soöl.)* skerpioenagtig; *(bot.)* wisseltakkig; ~ *cyme, (bot.)* skig.

scor·pi·on skerpioen; *(i.d. mv., Byb.: strafwerktuig)* gesel; *book/false* ~, *(ook* pseudoscorpion*)* boek-, valsskerpioen; *the S~, (astrol.)* die Skerpioen, Scorpio. ~ **fish** skerpioenvis. ~ **fly** skerpioenvlieg.

scor·zo·ne·ra *(bot., kookk.)* skorsenier.

Scot Skot; →SCOTCH *n. & adj.*, SCOTLAND, SCOTS *n. & adj.*, SCOTTICISE, SCOTTICISM, SCOTTIE, SCOTTISH *n. & adj.*.

scot: ~ *and lot, (hist.)* munisipale/plaaslike belasting; *pay for (one's)* ~ jou verpligtings nakom. ~**-free** belastingvry; skotvry, ongedeerd, vry, ongestraf; *go/escape (or get off)* ~ vrykom, loskom, ongestraf/skotvry daarvan afkom, skotvry bly.

Scotch *n.* (Skotse) whisky; *(taal, vero.)* Skots; →SCOTS *n.*; *the* ~, *(vero.)* die Skotte; →SCOTTISH *n.*. **Scotch** *adj., (vero.)* Skots; →SCOTTISH *adj.*. ~ **broth** *(Br. kookk.)* Skotse gort-en-groente-sop. ~ **cart** *(SA, hist.)* skotskar. ~ **catch** →SCOTCH SNAP. ~ **egg** eierfrikkadel. ~ **fir** = SCOTS PINE. ~ **hand** *(hoofs. hist.)* botterspaan, -skoppie. ~**man** -men, *(vero.)* = SCOTSMAN; *(SA, hist.: tweesjielingstuk)* floryn. ~ **marriage** *(jur., hist.)* gemeenregtelike huwelik. ~ **mist** mot-, stuif-, misreën. ~ **oath** *(jur., w.g.)* plegtige verklaring. ~ **pancake** plaatkoekie, flappertjie; →DROP SCONE. ~ **pine** = SCOTS PINE. ~ **snap**, ~ **catch** *(mus.)* Skotse knakritme. ~ **tape** *(handelsnaam)* kleeflint. ~**woman** *(vero.)* = SCOTSWOMAN.

scotch[1] *n.* streep *(op d. grond vir eenbeentjie ens.)*; *(arg.)* sny, kerf. **scotch** *ww.* verydel, verongeluk, fnuik, laat skipbreuk ly, 'n stokkie voor ... steek *(planne)*; die nek inslaan *(gerugte)*; uit die weg ruim *(agterdog)*; onderdruk *('n idee)*; *(arg.)* kwes, wond; *(arg.)* kerf, sny, keep; strepe maak; →SCUTCH[1] *ww.*.

scotch[2] *n., (arg.)* wig, keil. **scotch** *ww., (arg.)* (vas)wig, (vas)keil; blokkeer. ~ **block** *(spw.)* keerblok.

sco·ter *(orn.: Melanitta* spp.*)* see-eend.

Sco·tia *(<Lat., poët., liter.)* Skotland.

Scot·i·cism = SCOTTICISM.

Scot·land Skotland. ~ **Yard** *(hoofkwartier v.d. Londense metropolitaanse polisie)* Scotland Yard.

sco·to·ma *-mas, -mata, (med.)* skotoom.

Scots *n., (taal)* Skots. **Scots** *adj.* Skots; →SCOTTISH *adj.* ~**man** *-men* Skot, Skotsman. ~ **pine** *(Pinus sylvestris)* gewone den; rooigreinhout, Europese/Baltiese greinhout. ~**woman** *-women* Skotse vrou.

Scott: *great ~!* goeie/liewe hemel!, goeie genade/genugtig!, maggies!, magtie!, Krismis!.

Scot·ti·cise, -cize verskots.

Scot·ti·cism, Scot·i·cism Skotse gesegde/idioom/uitdrukking; Skotsgesindheid.

Scot·tie, Scot·ty *-ties, (infml.)* Skot. ~ **(dog)** *(infml.)* Skotse terriër.

Scot·tish *n.: the ~* die Skotte. **Scot·tish** *adj.* Skots. ~ **plaid** Skotse geruit. ~ **terrier** Skotse terriër.

scoun·drel skurk, skobbejak, skelm; *a beastly ~* 'n ellendige skurk; *a consummate/thorough(-paced)* (or *an unmitigated*) ~ 'n deurtrapte skurk, 'n aartsskurk, 'n skurk deur en deur, 'n aartsskelm; *you ~!, (ook)* jou lae lak!. **scoun·drel·ism** skurkagtigheid. **scoun·drel·ly** skurkagtig.

scour¹ *n.* (die) skuur, vrywing; spoeling; uitgeskuurde plek; *(veearts., ook scours)* buikloop, diarree, *(plat)* skittery; *give s.t. a ~* iets skuur/skoonmaak. **scour** *ww. (oorg.)* skuur, vrywe; skrop; uitspoel; wegvreet; skoonmaak, suiwer; purgeer; →SCOURER, SCOURING *n.; (beeste ens.)* aan buikloop ly; *~ s.t. out* iets uitskuur; *~ed wool* gewaste wol; *~ed yield* skoonopbrengs. ~ **valve** spoelklep.

scour² *ww.* deurkruis; rondtrek, swerf; hardloop; rondsoek, deursoek; fynkam *('n terrein); ~ the coast* langs die kus vaar; *~ the woods* die bosse deursoek.

scour·er skuurder; wasser; reiniger; reinigingstoestel.

scourge *n.* plaag, kastyding, straf, teistering; *(hist.)* gesel, roede. **scourge** *ww.* kasty, teister; *(hist.)* gesel.

scour·ing *n.* skuring; spoeling; *(i.d. mv.)* uitvaagsel; *(i.d. mv.)* skuursel. ~ **agent** skuurmiddel ~ **cloth** skuurlap. ~ **pad** skuurkussinkie. ~ **powder** skuurpoeier. ~ **soap** skuurseep. ~ **wool** skuurwol.

Scouse *n., (Br., infml.)* Liverpolitaan, Liverpooler, inwoner van Liverpool; *(dial. v. Liverpool)* Liverpolitaans, Liverpools; *(s~, Liverpolitaanse kookk., afk. v.* lobscouse*)* hutspot. **Scouse** *adj.* Liverpolitaans, Liverpools, van Liverpool. **Scous·er** *(Br., infml.)* Liverpolitaan, Liverpooler, inwoner van Liverpool.

scout¹ *n.* verkenner, verspieder; verkenning; verkenningsvliegtuig, -vaartuig; bediende *(a.d. Univ. v. Oxford); Boy S~* Padvinder, Boy Scout; *a good ~, (infml., vero.)* 'n staatmaker; *be on the ~* op verkenning uit wees. **scout** *ww.* verken, verspied, spioen(eer); *~ about/around for s.t.* na iets soek; *~ s.t. out, (infml.)* iets verken. ~ **car** *(hoofs.Am.)* verkenningsvoertuig. ~**craft** verkennerskuns; padvindery. **S~ Leader** Padvinder(s)leier, troepleier. **S~ movement** Padvinder(s)beweging. ~ **patrol** sluippatrollie. **S~ troop** Padvinder(s)groep.

scout² *ww., (arg.)* bespot, met minagting behandel/verwerp; afwys *('n gedagte); ~ at s.o.* iem. hoon.

Scout·er Padvinder(s)leier.

scout·ing verkenning(swerk); verkennerskuns; *(S~)* Padvindery.

scow *(sk.)* skou, praam, platboomskuitjie.

scowl *n.* frons, suur/kwaai gesig. **scowl** *ww.* frons, suur/boos (aan)kyk, swart kyk; *~ at s.o.* iem. boos/kwaad/nors/suur aankyk. **scowl·ing** fronsend, grimmig.

scrab·ble *n.* gekrabbel, gekrap; geskarrel. **scrab·ble** *ww.* krabbel, krap; skarrel; *(hoenders)* skrop.

Scrab·ble *n., (handelsnaam, soort woordspeletjie)* krabbel, Scrabble.

scrag¹ *n.* maer mens/dier; *(arg., infml.)* nek *(v. 'n mens).* **scrag** *-gg-, ww., (hoofs. Br., infml.)* aan die nek gryp/trek; karnuffel; *(Am., infml.)* nek omdraai; ophang. ~**(-end)** *(Br.)* (bo)nekstuk, maer nekstuk *(v. skaapvleis).* **scrag·gly** *(hoofs.Am.): ~ beard* yl baardjie. **scrag·gy** (brand)maer, rietskraal, (speek)benerig, net vel en been.

scrag² *n., (Br.)* boomstomp; knoe(t)s, uitsteeksel.

scram *ww., (infml.)* weghol, trap; *(imp.)* trap!, maak dat jy wegkom!, skoert!, voert!, weg is jy!, loop!.

scram·ble *n.* geklouter; gespook, gestoei, geworstel, oormekaarvallery, gewoel; stormloop; berg-, veldrit; *a ~ for s.t.* 'n stormloop/wedloop om iets. **scram·ble** *ww.* (hande-viervoet) klouter; spook, oor mekaar val, stoei, ruk en pluk, worstel, woel; verwar, omroer, vermeng *('n telefoongesprek, uitsending, ens.);* deurmekaar krap; krabbel; *(bot.)* klouter; *(mil.)* vinnig laat opstyg *('n vegvliegtuig); ~* ***eggs,*** *(kookk.)* eiers roer; *~d* ***egg(s),*** *(kookk.)* roereier; *~ to one's* ***feet*** orent sukkel; *~* ***for*** *s.t.* om iets wedywer; oor mekaar val om iets te kry *('n plek ens.); ~d* ***speech,*** *(telef.)* warspraak. **scram·bler** klouteraar; klouterplant; *(telef.)* wartoestel; veldmotorfiets. **scram·bling** deurmekaar, slordig, haastig; *~ plant* klouterplant.

scran·nel *(arg.)* skraal, swak, dun, maer, pieperig.

scrap¹ *n.* stukkie, brokkie; flenter, vodjie; knipsel; rommel, afval(materiaal), afvalgoed; skroot, skrot, afvalmetaal; *(ook, i.d. mv.)* oorskietkos; →SCRAPPY; *s.o. doesn't* ***care*** *a ~* dit kan iem. niks skeel nie, iem. gee geen flenter/snars/sners om nie; ***every*** *~* elke stukkie/brokkie; *there is* ***not*** *a ~* ***left*** daar is geen krieseltjie oor nie; *a ~ of* ***paper/etc.*** 'n stukkie/flenter papier/ens.; ***sell*** *s.t. for ~* iets vir aftakeling/afbraak verkoop. **scrap** *-pp-, ww.* weggooi; waardeloos ag, afkeur; skrap; aftakel *('n skip);* tot niet maak; uitskakel, verwerp, wegdoen, afskaf, afdank; sloop, aftakel. ~**book** plakboek, knipselboek. ~ **dealer** skroothandelaar; rommel-, afvalhandelaar. ~ **heap** as-, vullis-, afval-, vuilgoedhoop; hoop ou yster; *be thrown on (or consigned to) the ~ ~* weggegooi word, op die ashoop gegooi word; in die doofpot gestop word *('n plan ens.).* ~ **iron** ou yster, afvalyster, skroot, skrot. ~ **merchant** skroothandelaar. ~ **(metal)** ou metaal, skroot, skrot, afvalmetaal. ~ **paper** afvalpapier; krap-, krabbelpapier; rofwerkpapier. ~ **value** rommelwaarde. ~ **wood** afvalhout. ~**yard** skroot-, rommel-, wrak-, sloop-, roeswerf.

scrap² *n.* bakleiery, twis, rusie; *have (a bit of) a ~, (infml.)* baadjie uittrek, ('n bietjie) baklei; haak; *be in a ~, (infml.)* in 'n bakleiery wees. **scrap** *ww.* baklei, twis, rusie maak; →SCRAPPER; *~ with s.o., (infml.)* met iem. baklei *(of* rusie maak).

scrape *n.* gekrap; gekras; krap-, skraap(merk); *(infml.)* moeilikheid, verleentheid; *in a* ***bad*** *~* tussen hamer en aambeeld; ***bread*** *and ~* →BREAD *n.; be* ***in*** *a ~, (infml.)* in die knyp/moeilikheid/nood sit/wees, in die/'n verknorsing sit/wees; *get* ***into*** *a ~, (infml.)* in die moeilikheid beland/kom, in die nood raak. **scrape** *ww.* skraap, krap; kras; polys, skuur; skaaf; skrop *(grond);* raap *(sout); ~* ***acquaintance*** *with s.o., (vero.)* jou by iem. indring, aanpap met iem.; *~* ***against*** *s.t.* teen iets krap/skuur; *~* ***along/by*** *on ...* met ... klaarkom; *~* ***away*** *s.t.* iets afkrap/afskraap; *~ the (bottom of the)* ***barrel*** →BARREL *n.;* ***bow*** *and ~* →BOW¹ *ww.; ~ one's* ***chin*** →CHIN; *~* ***down*** *s.t.* iets afkrap; *~* ***down*** *a speaker* 'n spreker met 'n geskuifel tot swye bring; *~ one's* ***feet*** →FOOT *n.; ~* ***home*** naelskraap(s)/net-net wen; net die paal haal; *~* ***off*** *s.t.* iets afkrap/afskraap; *~* ***out*** *s.t.* iets uitkrap/uitskraap; iets uithol; ***scrimp*** *and ~* →SCRIMP; *~* ***through*** net-net deurglip/deurkom/slaag; net die paal haal; *~* ***together*** *s.t.* iets bymekaarskraap, raap en skraap; *~ (on) the* ***violin,*** *(skerts.)* saag, op die viool kras; ***work*** *and ~* arbei en besuinig.

scrap·er skraper; krapper; skraapmes; skraapyster; rasper; skrop *(vir grond); (soutmakery)* raper; krasser; tekenmes; vrek, gierigaard; baardskeerder. ~**board** mestekenbord. ~**board drawing** wit-op-swart-tekening, mestekening. ~ **ring** oliering.

scrap·ing gekrap; gekras; geskuifel *(v. voete); (ook, i.d. mv.)* snippers, skraapsels. ~ **knife** skraapmes. ~ **tool** skraapyster.

scrap·per bakleier, vegter, twissoeker, rusiemaker.

scrap·py onsamehangend, fragmentaries, in stukkies en brokkies, toiingrig; ongelyk; *have a ~ win* naelskraap(s) wen. **scrap·pi·ness** onsamehangendheid.

scratch *n.* krap, skraap, skrapie; krapmerk; *(gh.)* nul; streep; *(infml.: geld)* malie, pitte; *(i.d. mv., veearts.)* mok(poot) *(by perde);* ***be*** *~ in a race* geen voorgee in 'n resies hê nie; *start* ***from*** *~* met niks *(of* by nul) begin; ***get off*** *with a ~ or two* net 'n paar skrape opdoen; *be/come* ***up to*** *~* aan die eise voldoen, bevredigend wees; *s.o.'s work is not* ***up to*** *~* iem. se werk is onbevredigend *(of* nie van die vereiste gehalte nie); ***without*** *a ~* ongedeerd. **scratch** *adj.* deurmekaar, bymekaargeskraap, saamgeraap; *~ majority* toevallige/onegte meerderheid; *~ team* raap-en-skraapspan, saamgeraapte span; *~ vote* saamgeraapte stemming. **scratch** *ww.* krap, skraap; *(hoenders)* skarrel, skrop; kras; afkrabbel; uitskraap, uithol; terugtrek, skrap; *~* ***about*** *for ...* rondkrap op soek na ...; *~* ***along*** aansukkel, voortsukkel; *you ~ my* ***back*** *and I'll ~ yours* →BACK *n.; ~ s.o.'s* ***face*** iem. in die gesig krap; *~* ***from*** *a race* jou aan 'n wedloop onttrek; *~ one's* ***head*** →HEAD *n.; ~ a* ***horse*** *from a race* 'n perd aan 'n wedren onttrek; *~ s.t.* ***out*** iets uitkrap; iets skrap/deurhaal/doodkrap/doodtrek *(woorde op papier ens.); ~ the* ***surface*** *of s.t.* →SURFACE *n.; ~* ***through*** *s.t.* iets deurhaal/skrap; deur iets sukkel; *~* ***together*** *s.t.* iets bymekaarskraap. ~ **awl** krasser. ~**-back** rugkrapper. ~ **brush** krap-, skuurborsel. ~ **card** krapkaart(jie). ~ **coat** *(bouk.)* kraplaag. ~ **mark** krapmerk, kras; afsitstreep. ~ **pad** *(Am.)* nota-, aantekeningboek(ie). ~ **paper** *(Am.)* krap-, krabbelpapier; rofwerkpapier. ~ **player** *(vnl. gh.)* nullospeler. ~ **race** gelykstaan-wedloop. ~ **test** *(med.)* skraaptoets *(om oorsaaklike allergene te identifiseer).* ~**work** graffiti; *(bouk.)* →SCRATCH COAT.

scratch·er krapper; krasser.

scratch·ing *n.* skrapping, terugtrekking; onttrekking *(aan 'n wedren ens.).*

scratch·y krapperig; krassend; deurmekaar, saamgeraap; sleg geteken, onduidelik, krabbelig.

scrawl *n.* gekrap, gekrabbel, slordige skrif, krabbelskrif, hanepote, poot; haastig geskrewe briefie, krabbel. **scrawl** *ww.* krap, krabbel, onleesbaar/lelik skryf/skrywe.

scrawn·y rietskraal, plankdun, benerig, maer; *~ arms, (ook)* garingbiltonge.

scray(e) →TERN² *n.*.

scream *n.* skree(u), gil, kreet; *a* ***blood-curdling*** (or *an* ***unearthly***) *~* 'n bloedstollende kreet; ***give*** *a ~* 'n skree(u) gee; *~s of* ***laughter*** laggille, uitbundige geskater; *it was a (****perfect****) ~, (infml.)* dit was skree(u)snaaks *(of* baie verspot *of* om jou dood/slap te lag); dit was belaglik; dit was 'n volslae misoes. **scream** *ww.* skree(u), gier, gil, keel opsit; krys; *(sirene ens.)* loei; *~* ***for*** *...* om ... skree(u) *(iets wat jy wil hê);* om ... skree(u)/gil *(hulp ens.); ~ing* ***fun*** vet pret; *~ one's* ***head*** *off, (infml.)* soos 'n maer vark skree(u); *~ s.t.* ***out*** iets uitgil *('n bevel ens.); ~* ***with*** *...* skree(u)/gil/brul van ... *(d. lag, pyn, ens.).* ~ **therapy** →PRIMAL (SCREAM) THERAPY.

scream·er skreeuer; *(infml.)* uitroepteken; *(sokker, hokkie)* allemintige/allamintige skoot; *(kr.)* blitsbal; *(infml.)* skree(u)snaakse komediant/komedie/fliek/ens.; *(Am., infml.)* sensasionele opskrif *(v. 'n koerantberig).*

scream·ing·ly dol, om te gier, skreeuend; *~ funny* om jou slap te lag, allerdols, allersnaaks, skree(u)snaaks.

scream·y *(infml.)* skreeuerig, raserig, lawaaierig; skel, skril; oordrewe.

scree *(geol.)* klippieshelling, glooiingspuin, talus; klippies.

screech *n.* skree(u), gil. **screech** *ww.* gil, skree(u), gier; krys, kras. ~ **owl** nonnetjie(s)uil, kerkuil, steenuil; →BARN OWL.

screed *n.* tirade, lang skryfsel; *(bouk.)* gidspleister; vlaklaag. **screed** *ww., (bouk.)* afvlak.

screen *n.* (kamer)skerm; beskutting, skut; tussenskot; projeksiedoek, -skerm; *(TV)* (beeld)skerm; *(rek.)* skerm, monitor; ligskerm; *(druk.)* raster; doek; sandsif, growwe sif; filter; sifdraad; groot sif; voorruit *(v. 'n motor);* →VIEWING SCREEN; *the* ***big*** *~, (infml.: d. bioskoop)* die wye doek; ***choir*** *~* koorhek *(in 'n kerk);* →CHANCEL SCREEN, ROOD SCREEN; ***revolving*** *~* →REVOLVING;

*the **small** ~, (infml.: televisie)* die kassie; ***throw** s.t. on the* ~ iets op die doek/skerm wys/vertoon/projekteer; ***under** ~ of night* onder die beskerming van die duisternis. **screen** *ww.* beskerm, beskut, verberg; sif; keur, skif; gradeer; ondervra; *(radiologie)* deurlig; vertoon *('n film, video, ens.)*; maskeer; ~ *s.o./s.t. from* ... iem./iets teen ... beskerm; ~ *(off) s.t.* iets afskerm/afskut. ~ **actor** rolprent=, filmakteur. ~ **actress** rolprent=, filmaktrise. ~ **door** gaasdeur. ~ **grid** *(elek.)* skermrooster. ~ **plate** skermplaat. ~**play** *(filmk.)* draaiboek, rolprentteks. ~ **print** skermdruk. ~-**printing** skermdruk. ~ **room** deurligtingskamer. ~ **saver** *(rek.)* skermskut, =beskermer, =beveiliger. ~ **test** film=, rolprenttoets. ~ **version** film=, rolprentweergawe. ~ **wall** skermmuur. ~ **wiper** = WINDSCREEN WIPER. ~ **wire** sifdraad. ~**writer** draaiboekskrywer, rolprent(teks)skrywer.

scr<u>ee</u>n·ing beskerming, beskutting; afskerming; ommanteling; (film)vertoning; sifting; skifting, keuring; gradering; *(druk.)* rasterwerk; *(ook, i.d. mv.)* sifsels, (steenkool)gruis. ~ **effect** skermeffek, skermwerking. ~ **test** keuringstoets. ~ **wire** sifdraad.

screw *n., (teg.)* skroef; *(lugv., sk.)* skroef; *(biljart)* krulstoot; krul, draai-effek *(v. 'n tennisbal ens.)*; trekbal; tolbal; *(tennis)* krulhou; *(infml., neerh.)* sipier, tronkbewaarder; *(vulg. sl.: seks)* naai, knippie, knypie; *(Br., infml., vero.)* salaris, gasie, loon; *(Br., infml., arg.)* gierigaard, vrek; *(Br., infml.: afgeleefde perd)* (ou) knol; ***have** a ~, (taboesl.: seks hê)* naai, pomp; *have a ~ **loose** (somewhere), (infml.)* (van lotjie) getik gewees, nie goed/reg wys wees nie, nie al jou varkies (in die hok) hê nie, 'n krakie hê, daar is 'n skroef los by iem.; *there's a ~ **loose*** daar's iets verkeerd (*of* nie in die haak/pluis nie); ***put/tighten/turn** the ~(s) on s.o., (infml.)* iem. opkeil, vir iem. die duimskroef aansit; ***thread** a* ~ 'n draad insny/aansny; ***tighten** a* ~ 'n skroef aandraai. **screw** *ww. (oorg.)* (vas)skroef; draadsny, 'n skroefdraad (in)sny; *(infml.)* opdruk, opkeil *(iem.)*; *(infml.)* uitsuig, afpers *(iem.)*; *(taboesl.)* naai, steek *(iem.)*; *(infml.)* gierig wees; *~ **around**, (taboesl.)* rondfok, =neuk, =slaap; *~ a **ball*** 'n bal laat krul/tol; effek aan 'n bal gee; *~ **down** s.t.* iets vasskroef; iets toeskroef; *~ one's **face** into wrinkles* jou gesig vertrek (*of* op 'n plooi trek); *~ s.t. **home*** iets vasskroef, iets styf vasdraai; *~ **in** s.t.* iets inskroef/indraai; *~ s.t. **into** ...* iets in ... indraai/inskroef; *~ **off** s.t.* iets afskroef; *~ **on** s.t.* iets aanskroef; *~ s.t. **out** of s.o.* iets van iem. afpers; *~ s.o. **up**, (infml.)* iem. (se lewe) opmors; *~ s.t. **up*** iets toeskroef *('n fles ens.)*; iets opfrommel *('n papier ens.)*; iets bymekaarskraap *(jou moed)*; iets op 'n skrefie trek *(jou oë)*; iets vertrek (*of* op 'n plooi trek) *(jou gesig)*; iets saamtrek *(jou lippe)*; iets rimpel (*of* op 'n plooi trek) *(jou neus)*; *(infml.)* iets verbrou; *~ **you!**, (taboesl.)* fok (*of* te hel met) jou!, jou moer!. ~ **anchor** skroefanker. ~**ball** *n., (hoofs.Am., infml.)* sonderling, mal vent, getikte. ~**ball** *adj., (hoofs.Am., infml.)* dwaas, gek. ~ **bolt** skroefbout; werwel. ~ **burr** klawergras. ~ **cap** skroefdop; holmoer. ~ **conveyor** transportskroef. ~ **coupling** skroefkoppeling. ~ **cup** dopwaster. ~ **cutter** draadsnyer. ~-**cutting** draadsnywerk. ~**driver** skroewedraaier. ~ **eye** skroefogie, oogskroef. ~ **hook** skroefhaak. ~ **jack** (skroef)domkrag, vysel. ~ **joint** skroeflas. ~ **nail** skroefspyker. ~ **nut** moer. ~-**on** *adj. (attr.): ~ cap/top* skroefdop; *~ lid* skroefdeksel. ~ **palm,** ~ **pine** pandaan, skroefpalm; →PANDANUS. ~ **pitch** skroefsteek. ~ **plate** draadsnyplaat. ~ **press** skroefpers. ~ **propeller** skroef *(v. 'n skip)*. ~ **shackle** spanmoer. ~ **stock** draadsnyplaat. ~ **tap** draadsnytap. ~ **thread** skroefdraad. ~ **top** skroefdop. ~-**top(ped)** *adj. (attr.)* met 'n skroefdop *(pred.)*, skroefdop= *(bottel, buis, ens.)*; met 'n skroefdeksel *(pred.)*, skroefdeksel= *(fles, houer, ens.)*. ~-**up** *n., (sl.)* fiasko, deurmekaarspul, knoeispul, gemors. ~ **vice** bankskroef. ~ **wheel** wurmrat. ~ **worm** spykerwurm, beesmaaier. ~ **wrench** moersleutel.

scr<u>e</u>wed *(teg.)* met skroefdraad; *be ~, (infml.: diep i.d. moeilikheid)* kniediep in die dinges wees; *(arg., infml.: dronk)* aangeklam/lekkerlyf/gekoring wees; *s.o.'s head is ~ on the right way*.→HEAD *n.*; *get (all) ~ up about s.t., (infml.)* (heeltemal) op hol raak (*of* die kluts [heeltemal] kwytraak) oor iets. ~-**up** *adj.* opgefrommel, verfrommel *('n stukkie papier ens.)*; *(infml.)* verwar(d), deurmekaar, die kluts kwyt *(iem.)*.

scr<u>e</u>w·y *(infml., hoofs.Am.)* getik, snaaks, dwaas, gek; aangeklam, dronkerig; suinig, gierig; kronkelend *('n paadjie ens.)*; ~ *horse* ou knol. **scr<u>e</u>w·i·ness** getiktheid.

scr<u>i</u>b·ble¹ *n.* gekrap, slegte skrif, (ge)krabbel; skryfsel. **scr<u>i</u>b·ble** *ww.* krap, krabbel, sleg/onduidelik skryf/skrywe; vinnig skryf/skrywe; *(infml.)* vir eie plesier skryf/skrywe. **scr<u>i</u>b·bler** kladboek, =skrif; krapper, krabbelaar; *(infml., neerh.)* derderangse/nikswerd skrywer; *(infml.)* skrywer vir eie plesier.

scr<u>i</u>b·ble² *ww.* grofkaard, skrobbel *(wol)*.

scr<u>i</u>b·bling gekrabbel, gekrap; *(infml.)* skrywery. ~ **book** kladskrif, =boek. ~ **paper** kladpapier.

scr<u>i</u>be *n., (hist.)* sekretaris, skriba; skribent; *(Byb.)* skrifgeleerde; *(infml., dikw. skerts.)* skrywer; kraspen. **scr<u>i</u>be** *ww.* merk *(met 'n kraspen ens.)*; *scribing block* krasblok. ~ **mark** krasmerk. ~ **saw** profielsaag.

scr<u>i</u>b·er kraspen.

scrim voeringlinne, goiingnet; toneellinne; pleisterdoek.

scr<u>i</u>m·mage stoeiery, gestoei, gemaal; *(Am. voetbal)* spelperiode.

scrimp vrekk(er)ig/suinig wees; afskeep; *~ and save/scrape* uiters spaarsaam/suinig leef/lewe. **scr<u>i</u>mp·y** vrekk(er)ig, suinig.

scr<u>i</u>m·shank *(Br. mil. sl.)* lyf wegsteek, lood swaai. **scr<u>i</u>m·shank·er** lyfwegsteker, loodswaaier. **scr<u>i</u>m·shank·ing** lyfwegstekery, loodswaaiery.

scr<u>i</u>m·shaw versier, dekoreer *(skulpe, ivoor, ens.)*.

scrip¹ *(hist.)* sak(kie), tas; *pilgrim's ~* pelgrimstas.

scrip² briefie, bewys; stukkie papier; *(fin.)* (voorlopige) aandelebewys.

script skrif, handskrif; *(tip.)* skryfletters; *(filmk.)* draaiboek; *(Br. opv.)* antwoordstel; *(jur.)* oorspronklike dokument; *(infml., med.)* voorskrif (→PRESCRIPTION); *(afk. v.* manuscript*)* manuskrip; *(afk. v.* typescript*)* tiksel, tikwerk; *Gothic ~, (tip.)* Gotiese skrif; *radio ~* radioteks. ~ **(letter)** skryfletter. ~**writer** draaiboekskrywer. ~**writing** draaiboekskryf.

scrip·t<u>o</u>·ri·um *=ria, =riums, (hoofs. hist.)* skryfkamer.

scr<u>i</u>p·tur·al Skriftuurlik, volgens die Skrif, Bybels; skriftelik, skrif=. **Scr<u>i</u>p·tur·(al·)ist** Skrifkenner, Bybelkenner.

scr<u>i</u>p·ture heilige geskrif; *(infml.)* die heilige waarheid; *(the) S~(s), the Holy S~, (Chr.)* die (Heilige) Skrif, die Bybel. **S~ knowledge** Bybelkennis. **S~ lesson** Bybelles. **S~ reading** Skriflesing. **S~ story** Bybelverhaal.

scr<u>i</u>ve, scr<u>ie</u>ve *ww., (Sk.)* skryf; graveer, ingrif.

scr<u>i</u>ve·ner *(hist.)* klerk, notaris; *(hist.)* makelaar; *~'s palsy* skryfkramp.

scro·b<u>i</u>c·u·late, scro·b<u>i</u>c·u·lat·ed *adj., (biol.)* gestippel(d).

scr<u>o</u>f·u·la *(med., hoofs. hist.)* kliertuberkulose, kliersiekte, skrofulose; limfatiese diatese. **scr<u>o</u>f·u·lous** skrofuleus; *(fig.)* moreel besoedel(d).

scroll *n.* (boek)rol, perkamentrol; lys, krul; krulversiering; krullys; *(her.)* lint; *S~ of the Law, (Jud.)* wetsrol. **scroll** *ww.* oprol, opkrul; met krulle(tjies) versier; *~ down, (rek.)* afrol; *~ed gable, (argit.)* krulgewel; *~ up, (rek.)* oprol. ~ **bar** *(rek.)* rolstaaf. ~ **bone** = TURBINATE BONE. ~ **end** krulkant. ~ **saw** krul=, figuursaag. ~**work** krulwerk.

Scr<u>oo</u>ge *(n.d. gierige karakter in Charles Dickens se* A Christmas Carol*)* vrek, gierigaard, suinigaard, skraalhans.

scr<u>o</u>·tum *=ta, =tums, (anat.)* skrotum, teelsak, balsak. **scr<u>o</u>·tal** skrotaal, teelsak=, balsak=; *~ hernia* (bal)sakbreuk.

scr<u>ou</u>nge *n.: be on the ~* loop en bedel, kyk wat jy kan aas, bakhand staan. **scr<u>ou</u>nge** *ww.* skaai, gaps, debs; bedel; opskeploer; *~ around for s.t., (infml.)* rondkrap/rondsnuffel op soek na iets; *~ s.t. from/off s.o., (infml.)* iets by/van iem. bedel. **scr<u>ou</u>ng·er** gapser, debser; bedelaar; opskeploerder.

scrub¹ *n.* (die) skrop; (stomp) besem/borsel; *it wants a good ~* dit moet terdeë geskrop word. **scrub** *=bb=, ww.* skrop, skuur; poleer *(klip)*; suiwer *(gas)*; *~ s.t. **off*** iets afskrop; *~ s.t. **out*** iets uitvryf; *(infml.)* iets afstel/kanselleer; *~ **round** s.t., (Br., infml.)* iets ontduik/omseil, wegskram van iets; iets veron(t)agsaam/negeer/miskyk, jou oë toemaak vir iets; *~ **round** the rules* die reëls omseil; *~ **up**, ('n snydokter)* (hom/haar) skrop *(voor 'n operasie)*. ~ **board** spatlys. ~ **plane** skropskaaf. ~-**up room** skropkamer. ~**woman** *=women, (vero.)* skropvrou, skoonmaakster.

scrub² ruigte, struikgewas, kreupelhout, fynbos, bossies; *(infml.)* sukkelaar; *(Am.)* pruldier, dwerg. ~ **cattle** prulbeeste. ~ **hare** *(Lepus saxatilis)* kolhaas, ribbokhaas. ~**land** struikveld, =wêreld, struikbegroeide terrein. ~ **oak** dwergeik. ~ **robin** wipstert(jie); *Karoo (~) ~* slangverklikker. ~ **veld** bossie(s)veld. ~ **warbler, Barratt's warbler** ruigtesanger.

scr<u>u</u>b·ber skropper; skroptoestel; gaswasser, =reiniger, =suiweraar.

scr<u>u</u>b·bing geskrop, geskuur. ~ **board** wasplank. ~ **brush** skropborsel. ~ **cloth** skroplap. ~ **room** skropkamer.

scr<u>u</u>b·by met struikgewas begroei, vol struike, ruig; dwergagtig, klein, niksbeduidend.

scruff¹ agternek, nekvel; *take s.o. by the ~ of the neck* iem. agter die nek beetkry, iem. aan die nek pak.

scruff² *(infml.: slordige vrou)* slons(kous); *(infml.: slordige vent)* teertou; *(infml.: ongure vent)* fieta, gommie, gomtor, teertou, tang. **scr<u>u</u>ff·i·ness** slordige voorkoms. **scr<u>u</u>ff·y** slordig, vuil(erig); skurf, goor.

scrum *n., (rugby)* skrum, *(infml.)* oond; →LOOSE SCRUM, SET SCRUM, TIGHT SCRUM; *put the ball in the ~!, (ook, infml.)* sit die brood in die oond!; *a ~ of ..., (infml.)* 'n horde ... *(fotograwe, toeriste, ens.)*. **scrum** *=mm=, ww., (rugby)* skrum, sak. ~ **cap** skrumpet. ~ **half** skrumskakel. **scr<u>u</u>m·mage** skrum. **scr<u>u</u>m·mag·er** skrummer. **scr<u>u</u>m·mag·ing** skrumwerk.

scr<u>u</u>m·my →SCRUMPTIOUS.

scrump *ww., (Br., infml.)* (appels/vrugte) steel/gaps.

scr<u>u</u>mp·tious, scr<u>u</u>m·my *(infml.)* eersteklas, uitstekend, piekfyn, heerlik.

scr<u>u</u>mp·y *(Br.)* sider, appelwyn.

scrunch opfrommel, verfrommel, verkreukel; saamdruk, =pers; kners, knars. **scr<u>u</u>nch·ing** geknars, gekners, gekras. **scr<u>u</u>nch·y, scr<u>u</u>nch·ie** *=ies, n.* frommelhaarband. **scr<u>u</u>nch·y** *adj.* bros, korrelrig, krakerig.

scr<u>u</u>·ple *n.* (gemoeds)beswaar, gewetensbeswaar, aarseling, *(fml. of arg.)* skrupule; *(hist., farm.: 1 296 g)* skrupel; ***have** ~s about s.t.* bedenkings teen iets hê; ***make no** ~ to do s.t.* (dit) nie ontsien om iets te doen nie, iets sonder die minste kwelling doen; *have **no** ~s* niks ontsien nie; *a person of **no** ~s* (or ***without** ~[s])* 'n gewetenlose persoon. **scr<u>u</u>·ple** *ww.* aarsel, swarigheid sien, beswaar hê/maak; *not ~ to do s.t.* (dit) nie ontsien (*of* nie aarsel) om iets te doen nie, iets sonder die minste kwelling doen. **scru·pu·l<u>o</u>s·i·ty, scr<u>u</u>·pu·lous·ness** nougesetheid, noulettendheid, stiptheid; skroomvalligheid. **scr<u>u</u>·pu·lous** nougeset, sorgvuldig, versigtig, stip, noulettend, noukeurig; angsvallig, gewetensvol, *(fml. of arg.)* skrupuleus; *~ honesty* stipte eerlikheid. **scr<u>u</u>·pu·lous·ly** nougeset, met nougesetheid; *~ clean* silwerskoon, van die skoonste. **scr<u>u</u>·pu·lous·ness** →SCRUPULOSITY.

scru·t<u>a</u>·tor = SCRUTINEER.

scr<u>u</u>·ti·nise, =nize betrag, bestudeer, goed deurkyk/bekyk; noukeurig ondersoek, skrutineer; navors; nagaan, natel *(stemme)*. **scru·ti·n<u>ee</u>r** ondersoeker; *(hoofs. Br.)* stemopnemer. **scr<u>u</u>·ti·ny** betragting, bestudering, noukeurige ondersoek/beskouing; die nagaan/natel *(v. stemme)*; ***close** ~* noukeurige ondersoek, skrutinering; *be **subject** to ~* aan ondersoek onderworpe wees; ***subject** s.t. to ~* iets ondersoek, die soeklig op iets werp, iets onder die loep neem; *be **under** ~* ondersoek word, onder die loep wees.

scry in die kristalbal kyk, die toekoms voorspel, waarsê, wiggel.

sc<u>u</u>·ba *(akr.:* self-contained underwater breathing apparatus*)* duiklong. ~ **diver** skuba=, vryduiker. ~ **diving** skubaduik; onderwaterwerk.

scud *n.* vlug, vaart; *(hoofs. poët., liter.)* drywende wolke. **scud** -*dd*-, *ww.* vinnig loop, vlieg, voortsnel, gly, seil, drywe.

scuff skuifel, sleepvoet loop; skuur. ~ **mark** voetmerk.

scuffed nerfaf *(knieë, skoene, ens.)*.

scuf·fle[1] *n.* gestoei, stoeiery, worsteling, gespook, spokery, geharwar, handgemeen. **scuf·fle** *ww.* worstel, baklei, stoei, spook; skuifel; ~ *with s.o.* met iem. handgemeen raak.

scuf·fle[2] *ww.* skoffel. ~ **(hoe)** skoffel(pik). **scuf·fler** skoffelploeg, losmaakploeg.

scull *n.* kort roeispaan; skulriem, wrikriem; skulboot. **scull** *ww.* skifroei, skulroei. **scull·er** skifroeier, skuller; skulboot.

scul·ler·y (op)waskamer, (op)wasplek, opwaskombuis, spoel-, bykombuis. ~ **maid** kombuisbediende.

scul·lion *(arg.)* (manlike) kombuisbediende, skottel-, bordewasser.

scul·pin *(igt., <Ndl.)* donderpadda.

sculp(t) = SCULPTURE *ww.*.

sculp·ture *n.* beeldhoukuns, beeldhouery, skulptuur; beeldhouwerk, skulptuur; *(soöl., bot.)* riffels, insnydings; *(piece of)* ~ beeldhouwerk; *wood* ~ houtsnykuns. **sculp·ture** *ww.* beeldhou, uithou; graveer, uitsny; ~*d frieze* figuurfries. **sculp·tor** beeldhouer; ~*'s plaster* vormgips. **sculp·tress** beeldhou(d)ster, beeldhoueres. **sculp·tur·al** skulptureel, beeldhou-, beeldhouers-. **sculp·tur·esque** geskulptuur.

scum *n.* skuim; kim(laag); vel *(op melk)*; drifsel; *(infml., neerh.)* uitvaagsel, uitskot; *the ~ of the earth, (infml., neerh.)* gespuis. **scum** -*mm*-, *ww.* skuim; afskuim. ~**bag** *(neerh. sl.)* blikslaer, vuilgoed, vloek, pes, vreksel, swernoot. ~ **board** skuimspaan. ~ **cock** skuimkraan. **scum·ming** skuiming, afskuiming. **scum·my** skuimagtig, skuimerig; vol skuim.

scum·ble *n., (kuns)* newelkleur. **scum·ble** *ww.* newelkleur, verdoesel. **scum·bling** newelkleuring.

scup·per[1] *n., (sk., bouk.)* spui(t)gat, skuiwergat.

scup·per[2] *ww.* kelder, laat sink/vergaan *('n skip)*; *(infml.)* dwarsboom, kortwiek, in die wiele ry, fnuik *(planne ens.)*.

scurf skilfers; skurfte; kors, aansetsel, aanpaksel; nerf; ~ *of tripe* pensnerf. **scurf·y** skurf, vol skilfers.

scur·ril·ous laag, gemeen, vuil, plat, grof, beledigend, lasterlik. **scur·ril·i·ty** laagheid, vuilheid, gemeenheid, platheid.

scur·ry *n.* haas; geloop, gejaag. **scur·ry** *ww.* (weg)hardloop, wegtrippel; ~ *for* ... in aller yl ... soek *(skuiling ens.)*.

scur·vy *n.* skeurbuik, skorbuut. **scur·vy** *adj. (attr.), (arg.)* gemene, lae, veragtelike; *play/serve s.o. a ~ trick* iem. 'n smerige/gemene poets bak; *a few ~ votes* 'n paar miserabele stemme.

'scuse *ww., (infml.)*: ~ *me* askies/'skuus (tog); →EXCUSE *ww.*.

scut[1] stompstert(jie).

scut[2] *(infml., hoofs. Ier.)* twak, vrotterd.

scu·tate *(bot.)* skildvormig; *(soöl.)* skubbig, met groot skubbe.

scutch *n.* pikhamer. **scutch** *ww.* uitslaan; suiwer, uitkam *(vlas ens.)*; snoei *('n heining)*; afglad, glad afwerk *('n stuk hout)*; bewerk, afwerk *(stene, klip)*.

scutch·eon *(arg.)* = ESCUTCHEON.

scute *(soöl.)* skildplaat; *(hist. muntstuk)* duit; →SCUTATE, SCUTUM.

scu·tel·lum →SCUTUM.

scu·ti·form →SCUTUM.

scut·ter *(hoofs. Br.)* →SCURRY.

scut·tle[1] *n., (sk.)* luik; valdeur; luikgat. **scut·tle** *ww.* kelder, laat sink *('n skip)*; dwarsboom, kortwiek, in die wiele ry, fnuik *(planne ens.)*. ~**butt** *(sk.)* watervat; drinkfontein *(op 'n skip)*; *(infml., hoofs. Am.)* gerug(te), skinderstorie(s).

scut·tle[2] *n.* haas, vlug, (die) hardloop; aftog; *policy of* ~ weghollery, hen(d)soppery. **scut·tle** *ww.* hardloop, vlug, weghol; ~ *away/off* weghardloop, op loop sit.

scut·tle[3] *n.* kolebak, kole-emmer; mandjie.

scut·tle[4] *n., (w.g.)* = CUTTLE(FISH).

scu·tum *scuta, (soöl.)* skildplaat; skouerskild *(v. 'n bosluis)*; *(Rom. gesk.)* skild *(v. 'n voetsoldaat)*. **scu·tel·lum** -*tella, (biol.)* skildjie; doppie; mieliesaadlob. **scu·ti·form** skildvormig.

Scyl·la *(Gr. mit.)* Skilla; *between ~ and Charybdis, (idm.)* tussen Skilla en Charibdis, tussen twee vure.

scy·phus -*phi, (hist.)* voetlose twee-oor-drinkbeker; *(bot.)* beker.

scythe *n.* sens, seis. **scythe** *ww.* (met 'n sens) maai.

Scyth·i·a *(geog., hist.)* Skit(h)ië. **Scyth·i·an** *n., (inwoner)* Skit(h)iër; *(taal)* Skit(h)ies. **Scyth·i·an** *adj.* Skit(h)ies.

sea see; seewater; golwe, deining; ***arm*** *of the* ~ →ARM[1] *n.*; ***at*** ~ op/ter see, op die see; *be (all)* ***at*** ~ dit mis hê, dwaal, in 'n dwaal wees, (totaal) in die war wees, die kluts (glad) kwyt wees, die spoor byster wees; ***by*** ~ oor see *(reis)*, per skip; ***by/on*** *the* ~ aan/by die see; ***follow*** *the* ~ seeman wees, op see vaar, die see bevaar; *when the ~* ***gives up*** *its dead* by die opstanding; ***go to*** ~ op see gaan, na die see gaan, matroos word; *there is a* ***heavy/high*** ~ die see is onstuimig; *on the* ***high*** ~*s* in die oop/ope see, in volle see; *by ~ and* ***land****, by* ***land*** *and* ~ op see en op land, ter see en te land; *a ~* ***of*** ... 'n see van ... *(vlamme ens.)*, ... sonder end *(terugslae ens.)*; *the town is situated* ***on the*** ~ die stad/dorp lê aan die see; ***put*** *(out)* ***to*** ~, ***stand*** *to* ~, ***take*** *the* ~ uitvaar, van wal steek, die see invaar, see-in gaan/vaar/steek; ***ready*** *for* ~ seevaardig, seeklaar; *the* ***seven*** ~*s* die sewe (*of* al die) oseane; *sail the* ***seven*** ~*s* die wêreld se oseane bevaar; ***ship*** *a* ~ 'n stortsee kry; *on the ~* ***side*** aan die seekant; →SEASIDE *n.*; ***sweep*** *the* ~*s* die see deurkruis; die see skoonvee; ***(up)on*** *the* ~ op see. ~ **acorn, acorn barnacle** *(Balanus* spp.*)* eendemossel. ~ **aerodrome,** ~ **airport** seevliegveld. ~ **air** seelug. ~ **anchor** sleepanker, see-anker. ~ **anemone** see-anemoon, seeroos. ~-**angel** = ANGEL SHARK. ~ **animal** seedier. ~ **bamboo** *(Ecklonia maxima)* seebamboes. ~ **bank** sandbank; duin; seedyk. ~ **barbel** →SEA CATFISH. ~-**based** *adj. (attr.)* see- *(produkte ens.)*; *(missiele ens.)* wat ter see gelanseer word *(pred.)*. ~ **bass** seebaars. ~**bat, batfish** *(Platax* spp.*)* vlermuisvis. ~-**bathing** swem in die see. ~ **battle** seeslag. ~ **beacon** seebaken. ~ **bean** seeboon(tjie). ~ **bear** *(vero.)* ysbeer; pelsrob. ~**bed** seebodem, -bedding. ~**bird** seevoël. ~-**blue** seeblou. ~**board** seekus, kusstreek, -strook, -gebied, -land, -soom. ~ **boat** seeboot; seewaardige skip. ~ **boot** seestewel. ~-**born** *adj.* uit die see gebore. ~**borne** *adj.* oorsees, uit verre lande; oor see vervoer; ~ *troops* seetransporttroepe. ~ **bream** seebrasem. ~ **breeze** seebries, -wind. ~ **cabbage** →SEA KALE. ~ **cadet** seekadet. ~ **calf** *(vero.)* rob, seehond. ~-**calm** seestilte. ~ **canary** *(infml.)* beloega, witdolfyn. ~ **captain** seekaptein, gesagvoerder, skeepskaptein, skipper. ~ **carriage,** ~ **conveyance,** ~ **transport** seevervoer. ~ **catfish,** ~ **barbel** seebarber. ~ **cave** seegrot. ~ **change** *(<Shakesp.)* gedaante(ver)wisseling, transformasie, metamorfose. ~ **chest** seemanskis, matrooskis. ~ **coal** *(arg.)* steenkool. ~**coast** seekus. ~**cock** seeklep, buiteboordskraan; *(igt.)* knorhaan. ~ **coco(nut)** seeklapper. ~ **cook** skeepskok; *son of a* ~ ~, *(neerh.)* skobbejak. ~ **council** skeepsraad. ~ **cow** *(soöl.)* doejo(e)ng, doegong; lamantyn, manatee; *(arg.)* walrus; *(SA, arg.)* seekoei. ~ **cucumber** *(soöl.)* seekomkommer, tripang, holoturiër. ~ **daffodil** see-affodil. ~ **devil** *(igt.)* seeduiwel, horingrog, duiwelvis. ~ **dog** *(infml.: ervare matroos)* (ou) seerob/-rot, pikbroek; seerower; *(igt.)* hondshaai. ~**drome** seevliegveld. ~ **duck** see-eend, duikeend. ~ **eagle** see-arend. ~ **ear** klipkous. ~ **eel** seepaling; seelamprei. ~ **egg** see-egel, -kastaiing; klitsklawer. ~ **elephant** = ELEPHANT SEAL. ~**fare** →SEAFOOD. ~**farer** seevaarder, seeman; skepeling. ~**faring** *n.* seevaart. ~**faring** *adj.* seevarend; ~ *man* seeman, seevaarder, matroos. ~ **fight** seegeveg, -slag, skeepsgeveg. ~ **fish** seevis. ~-**fisher(man)** seevisser. ~-**fisheries,** ~-**fishery,** ~-**fishing** seevissery. ~ **flea** seevlooi. ~ **foam** seeskuim. ~ **fog** seemis. ~**food,** ~**fare** seekos. ~ **fowl** seevoël(s). ~**front** seekant, waterkant *(in 'n stad)*, seeboulevard; *on the* ~ aan die strand/waterkant. ~ **gauge** diepgang; dieptemeter, peiltoestel. ~ **gear** seegerei. ~-**girt** *adj., (poët., liter.)* deur die see omring. ~ **god** seegod. ~**going** *adj. (attr.)* seevarend, see-; ~ *ship* seeskip. ~ **grape** seekraal. ~-**green** seegroen. ~**gull** seemeeu. ~ **hare** *(seeslak: Aplysia* spp.*)* seehaas. ~ **hog** seevark, tornyn, bruinvis. ~ **horse** *(igt.)* seeperdjie; *(arg.)* walrus; *(mit.)* seeperd. ~ **ice** see-ys. ~ **inlet** seegat. ~-**island cotton** *(tekst.)* see-eilandkatoen. ~**jack** *n.* kaping van die/'n skip/boot. ~**jack** *ww.* kaap *('n skip, boot)*. ~**jacker** kaper van die/'n skip/boot, skeepskaper, bootkaper. ~ **kale,** ~ **cabbage** seekool, meerkool. ~-**kale beet** blaarbeet, spinasiebeet. ~ **lane** seeweg, vaargeul. ~ **law** seewet; seereg. ~ **lawyer** *(infml.)* bekkige matroos; korrelkop, skoorsoeker; haai. ~ **leek** see-ajuin. ~ **legs** seebene; *s.o. doesn't have his/her ~ ~ yet* iem. het nog nie sy/haar seebene nie, iem. kan nog nie op 'n skip loop nie. ~ **leopard** = LEOPARD SEAL. ~ **level:** *above/below ~ ~* bo/onder seespieël/seevlak; *at ~ ~* by/op seespieël/seevlak. ~ **life** seelewe. ~ **lily** seelelie. ~**line** horison, kim, gesigseinder; kuslyn; lang vislyn. ~ **lion** seeleeu. ~-**lion calf** klein seeleeutjie, seeleeuwelpie. **S~ Lord** Seelord; *First ~ ~* hoof van die (Britse) vlootstaf. ~**man** -*men* seeman, matroos; seevaarder; ~*'s bag* seemansak; ~*'s home* seemanshuis. ~**manlike** op seemanswyse. ~**manship** seemanskap; stuurmanskap; seevaartkunde. ~**mark** *(sk.)* seebaken, -merk. ~ **mew** seemeeu. ~ **mile** seemyl. ~ **mine** seemyn. ~ **mist** seemis. ~ **monster** seemonster. ~**mount** seeberg. ~ **mouse** *(seewurm: Aphrodite* spp.*)* seemuis. ~ **nymph** seenimf. ~ **onion** see-ajuin. ~ **otter** →OTTER. ~ **parrot** = PUFFIN. ~ **piece** seegesig, seestuk. ~ **pig** *(w.g.)* seevark; dolfyn; doejo(e)ng, doegong. ~ **pike** snoek. ~ **pink** *(bot.)* →THRIFT. ~**plane** seevliegtuig. ~**plane carrier,** ~**plane tender** seevliegtuigmoederskip. ~ **poppy** horingpapawer. ~**port** seehawe. ~ **power** seemag; seemoondheid. ~**quake** seebewing. ~ **reed** = MARRAM (GRASS). ~ **room** seeruimte *(waarin 'n skip kan maneuvreer)*. ~ **route** seeweg, -roete. ~ **rover** swerwer op see; seerower; rowerskip. ~ **salt** seesout. ~ **sand** seesand; *on the ~ ~s* op die strand. ~**scape** seegesig, seestuk. **S~ Scout** *(Br.)* seeverkenner. ~ **sense** seesin. ~ **serpent** *(mit.)* seeslang. ~ **shanty** matroselied. ~ **shell** seeskulp. ~**shore** seestrand. ~**sick** *adj.* seesiek. ~**sickness** seesiekte. ~**side** *n.* see, strand, kus; *at the ~* aan/by die see, aan die kus; op die strand; *go to the ~* see/strand toe gaan. ~**side** *adj. (attr.)* strand-, kus-; ~ *bungalow/house* strandhuis; ~ *city* kusstad; ~ *cottage* strandhuisie; ~ *hotel* strandhotel; ~ *plot* stranderf; ~ *resort* strand-, kusoord; ~ *town* kusdorp; ~ *village* kusdorp(ie). ~ **snail** seeslak; *(igt.)* →SNAILFISH. ~ **snake** seeslang. ~ **snipe** = SNIPEFISH. ~ **song** matroselied. ~ **speed** vaartsnelheid. ~ **squirt** sakpyp; rooiaas. ~ **tangle** seebamboes, growwe seegras. ~ **trade** seehandel. ~ **trout, salmon trout** *(igt.: Salmo trutta)* see-, salmforel. ~ **urchin** see-egel, -kastaiing. ~ **valve** seeklep. ~ **vessel** seevaartuig. ~ **wall** seewering, strandmuur. ~**ward** *adj.* seewaarts; ~ *defence* seeweer, kusverdediging; ~ *defence vessel* seeweerboot, haweverdedigingsboot; ~ *side* seekant. ~**ward(s)** *adv.* seewaarts, die see in, see-in. ~**water** seewater. ~ **wave** see-, windgolf. ~**way** seeweg, -roete; seekanaal; seegang, deining. ~**weed** seegras, seewier. ~ **wolf** *(poët., liter.)* seerower; *(igt.)* →WOLFFISH; JOHN DORY; BASS[2]. ~ **worm** seewurm; paalwurm. ~**worthiness** seewaardigheid. ~**worthy** seewaardig.

seal[1] *n.* rob, seehond; →ELEPHANT SEAL, LEOPARD SEAL; ***bull*** ~ robbul; ***Cape fur*** ~ Kaapse pelsrob, seeleeu; ***club/kill*** ~*s* robbe (dood)slaan; ***cow*** ~ robkoei; ***eared*** ~ →EARED; ***true*** ~ seehond, oorlose rob. **seal** *ww.* robbe vang/jag/slaan, op 'n robbevangs/robbejag wees/gaan; →SEALER[1], SEALING[1]. ~ **bull** robbul. ~ **colony,** ~ **rookery** robbekolonie. ~ **cow** robkoei. ~ **fishery** robbevangs, -jag. ~ **oil** robbetraan. ~**point** Siamese kat met robbruin kleurpunte. ~ **rookery** →SEAL COLONY. ~**skin** rob(be)vel. ~**skin (coat)** rob(be)veljas.

seal[2] *n.* seël; seëlafdruk; stempel; lak; verseëling; (af)sluiting, digting; bevestiging; *(riolering)* waterslot; *the* ***Great*** *S~, (hist.)* die Rykseël, die grootseël; *given un-*

der s.o.'s ***hand*** *and* ~ →HAND *n.; leave one's ~ on s.o., (fig.)* jou stempel op iem. afdruk; ~ *of* ***love*** liefde(s)=pand; ~ *of* ***office, official*** ~ ampseël; *under ~ of* ***secrecy*** onder seël van geheimhouding; ***set*** *one's/the ~ on/to s.t., (fig.: iets bevestig/goedkeur)* jou seël aan iets heg, die stempel op iets druk; ***under*** ~ verseël. **seal** *ww.* seël, verseël, (toe)lak; beseël, bevestig; dig maak, afdig; ~ ***in*** *s.t.* iets insluit; *to ~* ***in*** *the flavour/etc.* sodat (*of* om te sorg/verseker dat) die geur/ens. behoue bly; *~ s.t.* ***off*** iets afdig; *~ s.t.* ***up*** iets verseël; iets toeplak *('n venster ens.)*; iets toesoldeer *('n blik ens.)*; ~ *it* ***with*** ... dit met ... beseël *('n soen ens.)*. ~ **coat** deklaag. ~ **ring** = SIGNET RING.

seal·ant (ver)seëlaar, (ver)seëlmiddel, digtingsmiddel.

sealed *adj. (volt.dw.): be a ~* ***book*** *to s.o.* →BOOK *n.; be ~ for* ***damnation*** vir die verdoemenis (voor)bestem(d) wees; *a ~* ***envelope*** 'n toegeplakte/verseëlde koevert; *s.o.'s* ***fate*** *is ~* →FATE; *a ~* ***letter*** 'n verseëlde/toegeplakte brief; *s.o.'s* ***lips*** *are ~* →LIP *n.; ~* ***lips*** strenge stilswye; *under ~* ***orders*** onder verseëlde orders; *a ~* ***will*** 'n beslote testament. **~-beam** *adj. (attr.), (mot.)* verseëlde *(lamp ens.)*.

seal·er[1] robbevanger, =jagter, =slaner; robbeskip.

seal·er[2] verseëlaar; deklaag; afdiglaag.

seal·ing[1] robbevangs, =jag; ~ *vessel* robbeskip.

seal·ing[2] beseëling, verseëling; digting. ~ **agent** digtingsmiddel. ~ **coat** afdiglaag. ~ **ring** sluitring, digtingsring. ~ **wax** (seël)lak, deklaag.

Sea·ly·ham (ter·ri·er) *(soort kortpotige steekhaarhond)* sealyham(terriër) *(ook S~)*.

seam *n.* naat (→FRENCH SEAM, RUN-AND-FELL SEAM); voeg; las; litteken; laag; aar; *be bursting at the ~s* propvol (*of* tot barstens/oorlopens toe vol) wees; *('n stad ens.)* baie vinnig groei; *~ of coal* →COAL SEAM; *come/fall apart at the ~s, (infml.)* in duie stort/val. **seam** *ww.* aanmekaar werk/stik, 'n naat maak/stik. ~ **ball** *(kr.)* naat=, swaaibal. ~ **bowler** *(kr.)* naat=, swaaibouler. ~ **bowling** *(kr.)* naat=, swaaiboul(werk). ~ **presser** parsyster; naatstryker. ~ **welding** naatsweiswerk.

seamed *(ook)* gerimpel(d); met littekens bedek.

seam·er naattang; *(kr.)* naat=, swaaibouler.

seam·less sonder naat, naatloos.

seam·stress naaldwerkster, klerewerkster.

seam·y met nate; *the ~ side* die keersy/verkeerde kant *(v. 'n rok ens.)*; die lelike kant; *the ~ side of life* die donker kant van die lewe.

Sean·ad (Éire·ann) (Ierse) Senaat/Hoërhuis.

se·ance, sé·ance *(<Fr.)* séance.

sear, sere *adj., (poët., liter.)* (ver)droog, (ver)dor, verwelk. **sear** *ww.* brand, skroei, (ver)seng; *(arg.)* ongevoelig maak, toeskroei; →SEARING; *a ~ed conscience* 'n afgestompte/verstokte gewete.

search *n.* (die) soek; soekery; soektog; ondersoek; nasporing; deursoeking, huissoeking; visentering, visentasie; ***conduct/make*** *a ~ for* ... na ... soek; *the ~* ***for*** ... die soektog/soekery na ... *(iem./iets wat vermis is ens.)*; die soeke na ... *(d. raaisel v.d. lewe ens.)*; ***go*** *in ~ of* ... na ... gaan soek; ***in*** *~ of s.t.* op soek na iets; *a* ***massive*** ~ 'n uitgebreide/omvattende soektog. **search** *ww.* soek; ondersoek, naspeur, navors; nagaan; deursoek, visenteer; *(fig.)* deurgrond *(iem. se hart ens.)*; *(chir.)* peil *('n wond ens.)*; afsoek *(met radar)*; *(arg.)* deurdring; *~* ***for*** *s.t.* na iets soek; *~ s.o.* ***for*** *s.t.* iem. visenteer op soek na iets *(wapens ens.)*; *~ a place* ***for*** ... 'n plek deursoek vir (*of* fynkam op soek na) ...; *~* ***high*** *and low* oral(s) (rond)soek; *~* ***me!****, (infml.)* moenie (vir) my vra nie!, hoe moet/sal ek weet?, (nee,) ek weet nie, nugter (*of* die joos) (alleen) weet!, ek het nie die vaagste benul nie!; *~ s.o.* ***out*** iem. opspoor *(d. skuldige ens.)*; *~ s.t.* ***out*** iets naspoor/vasstel *(d. oorsaak ens.)*; *~* ***through*** *s.t.* iets deursoek; *~* ***through*** *s.t.* ***for*** ... deur iets *(d. puin ens.)* soek na ... *(oorlewendes ens.)*. ~ **coil** *(magnetisme)* peil=, meetspoel. ~ **engine** *(rek.)* soekenjin. ~ **fee** naslaangeld, soekgeld. **~light** soeklig, skynwerper; *bring a ~ to bear (up)on s.t.* 'n soeklig op iets rig. **~light carrier** soekligwa. ~ **party** soekgeselskap. ~ **warrant** visenteringslasbrief, lasbrief vir huis(deur)soeking.

search·er soeker; proefsonde.

search·ing *n.* soekery; ondersoek; *~s of the heart* gewetenskwelling(e). **search·ing** *adj.* ondersoekend; skerp; deurdringend; noukeurig, diepgaande, streng, grondig; *~* ***fire****, (mil.)* soekvuur; ~ ***lamp*** soeklamp; ~ ***look*** skerp/deurdringende blik; ~ ***wind*** snerpende wind. **search·ing·ly:** *look ~ at* ... ... ondersoekend aankyk.

sear·ing *adj. (attr.)* ontsettende, verskriklike, hewige *(pyn)*; bloedige, versengende, fel *(hitte)*; skerp, kwaai, hewige, fel, snydende, striemende *(kritiek)*; volslae, totale, die grootste *(minagting)*. **~-iron** brandyster.

sea·son *n.* seisoen, jaargety; tyd; *(arg.)* geskikte tyd; *(teat.)* speelvak; bronstyd; *at* ***all*** *~s* altyd, te eniger tyd; *the* ***festive*** ~ die feestyd/feesdae; *the* ***football*** ~ die voetbalseisoen; *the* ***four*** *~s* die vier jaargetye; *in* ***good*** *~, (arg.)* van pas, op sy tyd, op sy plek, te(r) geleëner/gelegener tyd; *~ of* ***goodwill*** tyd van welwillendheid; *"S~'s* ***Greetings****"* "Geseënde Kersfees en 'n voorspoedige/gelukkige nuwe jaar"; *at the* ***height*** *of the ~* in die drukte van die seisoen; *the* ***holiday*** ~ die vakansietyd; ***in*** *~ and out* te alle tye; *(arg.)* te pas en te onpas, tydig en ontydig; *fruit* ***in*** ~ vrugte na die seisoen; *cherries/etc. are* (or *snoek/etc. is*) ***in*** (or ***out*** *of*) ~ dit is (nie) nou kersietyd/snoektyd/ens. (nie); *it is* ***not*** *the ~* ***now*** dit is nou nie die tyd (daarvoor) nie; *in the* ***off*** ~ buiten(s)tyds; ***out*** *of ~* buiten(s)tyds; *(arg.)* ontydig; *(arg.)* onvanpas; *the* ***rainy*** ~ die reëntyd; *the* ***shooting*** ~ die jagtyd; *the* ***silly*** ~ →SILLY *adj.; a* ***word*** *in ~, (arg.)* 'n woordjie op sy tyd. **sea·son** *ww.,* smaaklik maak, *(ook fig.)* krui(e); laat ryp word; (laat) droog word, droog (maak) *(hout)*; temper, matig; geskik/bruikbaar maak; gewoond maak aan; akklimatiseer; *let mercy ~ justice* laat geregtigheid deur barmhartigheid getemper word. ~ **ticket** seisoenkaart(jie).

sea·son·a·ble tydig; *(arg.)* geleë, gepas, geskik; *~ aid* tydige hulp; *~ weather* die regte/gewone weer vir die tyd van die jaar. **sea·son·a·ble·ness** tydigheid; *(arg.)* gepastheid, geskiktheid, aktualiteit.

sea·son·al seisoen=, seisoenaal; *~ affective disorder, (psig.: neerslagtigheid i.d. winter; akr.:* SAD*)* seisoenale gemoedsteuring; *~ industry/trade* seisoenbedryf; *~ worker* seisoenwerker, =arbeider. **sea·son·al·i·ty** seisoensgebondenheid, =gerigtheid.

sea·soned *(fig.)* ervare, gebrei, gekonfyt, deurwinter(d); *highly ~* ***food*** sterk gekruide kos; *~* ***iron*** getemperde yster; *~* ***soldiers*** geharde soldate; *~* ***traveller*** ervare reisiger; *~* ***wood*** gedroogde/beleë hout.

sea·son·ing toebereiding; (die) kruie; krui(d)ery, kruimiddel, smaakmiddel; droging *(v. hout)*.

seat *n.* sitplek; (sit)bank; stoel; setel; gestoelte; sitplek, mat *(v. 'n stoel)*; gesit; bedding; toneel; brandpunt; landgoed, buiteplaas; sit, sitvlak; boom *(v. 'n broek)*; →FRONT SEAT; ***all*** *~s!, (op 'n trein ens.)* inklim!, instap!; *take a* ***back*** *~, (infml.)* 'n ondergeskikte plek inneem, op die agtergrond bly; *have a ~ on the* ***board*** sitting (*of* 'n setel) in die raad/direksie hê; ***book*** *~s* plek(ke) bespreek; ***carry*** *a ~, (pol.)* in 'n setel verkies word, 'n setel wen; ***contest/fight*** *a ~, (pol.)* 'n setel betwis; *a* ***contested*** *~, (pol.)* 'n betwiste setel; *be in the* ***driver's*** *~, (fig.)* die hef in die hande hê; *an* ***empty*** ~ 'n oop sitplek; *a chair with a* ***firm*** ~ 'n stoel met 'n stewige sitplek/mat; ***gain*** *a ~ from the opposition, (pol.)* 'n setel van die opposisie wen; *~ of* ***government*** regeringsetel, hoofstad; *s.t.* ***has*** *its ~ in* ... iets setel (*of* het sy oorsprong) in ..., iets is in ... gesetel *('n siekte i.d. lewer, 'n mens se denkvermoë i.d. brein, ens.)*; ***have/take*** *a ~!* sit (gerus)!; kom sit!; *be in the* ***hot*** ~ →HOT SEAT; *~ of* ***infection*** besmettingshaard; ***keep*** *one's ~* bly sit; *('n ruiter)* in die saal bly; jou setel behou *(in 'n verkiesing)*; ***lose*** *one's ~, (pol.)* jou setel verloor, nie herkies word nie; ***lose*** *a ~ to the opposition, (pol.)* 'n setel aan die opposisie afstaan; *~ of a* ***magistrate*** landdros=, magistraatsetel, hoofdorp; *in the ~s of the* ***mighty*** in die voorgestoelte, in die gestoelte van die magtiges; *do s.t. by the ~ of one's* ***pants****, (infml.)* iets op gevoel af doen; *~s* ***please!****, (op 'n trein ens.)* inklim!, instap!; sit asseblief!; ***resume*** *one's ~* weer gaan sit; ***show*** *people to their ~s* plekke aanwys; ***take*** *a ~* gaan sit; 'n setel wen, in 'n setel verkies word; ***take*** *a ~!* →***have/take; take*** *one's ~* gaan sit, jou plek inneem; sitting neem *(i.d. Parlement ens.)*; ***take*** *~s* plekke bespreek; ***uncomfortable*** *~s* ongemaklike sitplekke; *an* ***unopposed*** *~, (pol.)* 'n onbetwiste setel; ***vacate*** *one's ~, (pol.)* afstand doen van jou setel; *the ~ of* ***war*** die oorlogstoneel. **seat** *ww.* laat sit, plaas, plek aanwys; van sitplekke voorsien, sitplek bied; ('n) plek gee; sitting verleen; mat *('n stoel)*; 'n boom insit *(vir 'n broek)*; *~ a candidate* 'n kandidaat 'n setel besorg; *~ a child on s.t.* 'n kind op iets neersit (*of* laat sit); *~ o.s.* gaan sit, plaasneem, plaas neem. ~ **adjuster** banksteller. ~ **back** rugleuning. ~ **belt, safety belt** *(mot., lugv.)* veiligheids=, sitplekgordel. ~ **clay,** ~ **earth** *(grondk.)* vloergrond, worteltelbodem. ~ **cover** sitplekoortreksel; bankoortreksel. ~ **rock,** ~ **stone** *(geol.)* vloerklip, =steen. ~ **stick** sitstok, =kierie, stoelkierie. ~ **width** bankbreedte.

seat·ed *adj., ww. (volt.dw): please* ***be*** *~* (gaan) sit, asseblief; *s.t. is* ***deeply*** *~* iets is diep (in)gewortel; *the hall is ~* ***for*** ... die saal bied sitplek aan (*of* het sitplek vir) ... mense; *s.o.* ***is*** *~* iem. sit; *~* ***passenger*** sittende passasier; ***remain*** *~* bly sit; *~* ***shoe*** hellende hoefyster; *~* ***statue*** sitbeeld.

-seat·er *komb.vorm* =sitplek=, met ... sitplekke; *an eight-~ bus* 'n ag(t)sitplekbus, 'n bus met ag(t) sitplekke.

seat·ing sitgeleentheid; sitplekke; fondament; helling; bedding; *have ~ for 500/etc.* sitplek vir 500/ens. hê. ~ **accommodation,** ~ **capacity,** ~ **room** sitplek, =ruimte, plaasruimte. ~ **arrangements** sitgeriewe; sitplekreëling; sitgeleentheid.

se·bum *(fisiol.)* huid=, velsmeer, huid=, velvet, talg. **se·ba·ceous** vetterig, vetagtig; vet=; olierig; talgagtig; *~ cyst* huid=, velsmeersist; *~ gland* vetklier, (huid/vel)=smeerklier, talgklier. **se·bac·ic:** *~ acid* sebasiensuur. **seb·or·rhoe·a,** *(Am.)* **seb·or·rhe·a** *(med.)* seborree, douwurm, (huid/vel)smeerafskeiding, huid=, velsmeervloed, huid=, velskilfers.

sec *n., (infml., afk. v.* second*): I'll be with you in a ~* ek is nou(-nou) by jou; *just a ~* wag ('n) bietjie, wag net (gou *of* 'n rukkie), (wag) net 'n oomblik.

se·cant *n., (wisk., geom., afk.:* sec.*)* snylyn, sekans *(afk.:* sek.*)*. **se·cant** *adj.* snydend, sny=.

sec·a·teur(s), sec·a·teur(s) snoei=, tuinskêr; draadknipper.

sec·co =cos, *n., (It., kuns: muurskildery/=skildering op droë pleisterwerk)* secco. **sec·co** *adj.* droog *(wyn)*; *(mus.)* secco-, met minimale (continuo-)begeleiding; *~ recitative* secco-resitatief.

se·cede afskei; afstig; terugtrek; *~ from* ... van ... afskei.

se·cern·ent *n., (w.g.)* afskeidingsorgaan; afskeidingsmiddel. **se·cern·ent** *adj.* afskeidend, afskeidings=.

se·ces·sion afskeiding, sesessie; afstigting. **se·ces·sion·ist** *n.* afskeier, sesessionis, voorstander van afskeiding; afgeskeidene. **se·ces·sion·ist** *adj.* afskeidingsgesind.

Sech·u·a·na *(vero.)* →SETSWANA.

se·clude uitsluit, buitesluit; afsonder; *~d place* afgesonderde/afgeleë/afgeslote plek. **se·clu·sion** afsondering; afgeleënheid; afgeslotenheid; stil/eensame plek.

sec·ond[1] *n.* tweede; ander; *(mus.)* tweede stem; *(mus.: interval)* sekunde, tweede; helper, sekundus, sekondant, getuie; plaasvervanger; *(ook, i.d. mv.)* boermeel; *(ook, i.d. mv., infml.)* 'n tweede porsie/bord (kos); *the ~ in* ***command*** die onderbevelhebber; *~/duplicate of* ***exchange****, ~ of a* ***bill****, (fin.)* sekunde, sekundawissel, tweede wissel, wisselafskrif; *the ~ from the* ***front*** die een naasvoor; *be a* ***good*** ~ kort agter die wenner wees; ***have*** *~s, (infml.)* nog daarvan eet, nog 'n porsie kry/eet; *the ~ from the* ***rear*** die een naasagter. **sec·ond** *adj.* tweede; ander; ondergeskik; *S~* ***Avenue/Street*** Tweede Laan/Straat, Tweedelaan/=straat; ***come*** *in ~,* ***gain*** *~* ***place*** tweede wees/eindig, die tweede plek behaal; *every ~* ***day*** →DAY; *it is ~ to* ***none*** dit staan vir niks agteruit/terug nie; *s.o. is ~ to* ***none*** iem. staan vir niemand agteruit/terug nie, iem. is bobaas, iem. doen vir niemand onder nie; *as a ... s.o. is ~ to **none,** (ook)* iem. is 'n ... soos min; *in the ~ **place*** →PLACE *n.; a ~ **time*** →TIME *n..* **sec·ond** *ww.* bystaan, help, steun; sekondeer; →SECONDER; *~ words with deeds* dit nie by woorde laat nie, die daad by die woord voeg. ~ **ballot** herstemming. ~ **base** *(bofbal)* tweede rus. ~**-best** *(attr.),* ~ **best** *(pred.) adj.* naasbeste, op een na die beste; *come off second best* aan die kortste ent trek, jou vasloop, die onderspit delf. ~**-biggest** *adj.* op een na die grootste. ~ **birth** we(d)ergeboorte. ~ **blossom,** ~ **bloom** nabloei. ~ **chamber** *(parl.)* hoërhuis. ~ **childhood** kindsheid, seniliteit. ~ **class** *n.* tweede klas. ~**-class** *adj.* tweederangs, tweedeklas; *~ citizen* tweedeklasburger, tweederangse burger. **S~ Coming:** *the ~ ~, (Chr. teol.)* die Wederkoms (van Christus). ~ **cousin** kleinneef; kleinniggie. ~**-degree burn** tweedegraadse brandwond, brandwond van die tweede graad. ~ **fiddle** *(infml., mus.)* tweede viool; ondergeskikte; *play ~ ~* tweede viool speel, 'n ondergeskikte plek inneem. ~ **floor** tweede verdieping/vloer. ~ **gear** tweede rat. ~**-generation** *adj. (attr.)* tweedegeslag-, van die tweede geslag *(pred.).* ~**-guess** *ww., (Am., infml.)* voorspel *('n strategie, taktiek);* vooruitloop *('n besluit, beslissing); ~ s.o.* iem. agterna kritiseer/veroordeel; iem. een voor wees; te slim wees vir iem.. ~ **hand** *n.: at ~ ~* uit die tweede hand. ~**-hand** *adj.* tweedehands, uit die tweede hand, gebruik, halfslyt; *~ bookseller* antikwaar, tweedehandsboekhandelaar; *~ bookshop* antikwariaat; *~ clothes* tweedehandse klere. ~ **home** tweede huis/woning/blyplek; tweede tuiste. ~ **honeymoon** tweede wittebrood. ~ **language** tweede taal. ~**-last** *adj.* voorlaaste, op een na laaste. ~ **leader** *(joern.)* tweede hoofartikel. ~ **lieutenant** tweede luitenant. ~ **master** *(Br. opv.)* onderhoof; *(sk.)* onderkaptein. ~ **mate** *(sk.)* tweede stuurman, onderstuurman. ~ **moon** bymaan. ~ **mourning** →MOURNING. ~ **name** van, familienaam. ~ **nature** tweede natuur; *habit is ~ ~* gewoonte is 'n (die) tweede natuur. **S~ New Year's Day** *(SA, vnl. i.d.W.Kaap)* Tweede Nuwejaar. ~ **officer** tweede offisier. ~ **person** *(gram.)* tweede persoon. ~**-phase play** *(rugby)* tweedefasespel. ~ **pieces** swak stukke (wol). ~ **pressure** natrek. ~**-rate** *adj.* tweederangs, tweedeklas; minderwaardig. ~**-rater** *n.* tweedeklas/tweederangse kêrel, minderwaardige. ~ **reading** *n.* tweede lesing; herlesing; *at a ~ ~* by herlesing. ~**-reading** *adj.: ~ debate, (parl.)* tweedelesingsdebat. **S~ Reich** →REICH. ~ **self** alter ego. ~ **sight** heldersiendheid; profetiese gawe; ouderdomsbysiendheid. ~ **string** *(Br.)* alternatief, alternatiewe plan; *(Am.)* reserwe(speler). ~ **teeth** blywende tande. ~ **thought** *n. (gew. i.d. mv.): have ~ ~s* bedenkinge kry, jou bedink/besin, iets anders insien; *on ~ ~s* by nader insien/beskouing/oorweging. ~ **wind** tweede asem. **S~ World** *(hist.: Oosbloklande)* Tweede Wêreld. ~**-year** *adj.: ~ class* tweedejaarsklas; *~ student* tweedejaar(student).

sec·ond² *n.* sekonde; oomblik, oogwink, oogwenk; *in a **fraction** of a ~, in a **split** ~* in minder as (*of* 'n breukdeel van) 'n sekonde, in 'n oogwink/oogwenk, blitsvinnig, oombliklik; ***half** a ~!, (infml.)* (net) 'n oomblik!, wag 'n bietjie!; ***in/within** ~s* binne enkele oomblikke; ***wait** a ~!, (infml.)* wag (net) 'n oomblikkie!, (net) 'n oomblikkie!. ~**(s) hand** sekondewyser *(v. 'n horlosie).*

se·cond³ *ww.* afstaan, leen *('n amptenaar); (mil.)* detasjeer; *~ s.o. to ...* iem. (tydelik) aan ... afstaan/leen. **se·cond·ment** detasjering, (die) afstaan/leen.

sec·ond·ar·y *n.* afgevaardigde; *(astron.)* sekondêr, sekondêre liggaam. **sec·ond·ar·y** *adj.* sekondêr; ondergeskik, bykomstig; afgelei(d); minder belangrik; by-, newe-. ~ **accent** →SECONDARY STRESS. ~ **axis** byas. ~ **battery** akkumulator. ~ **cause** byoorsaak. ~ **character** byfiguur. ~ **colour** sekondêre kleur. ~ **education** sekondêre/middelbare onderwys. ~ **effect** newe-effek. ~ **feather** *(orn.)* sekondêre veer. ~ **fermentation** tweede gisting. ~ **industry** *(ekon.)* sekondêre bedryf; sekondêre nywerheid, fabrieksnywerheid. ~ **meaning** bybetekenis. ~ **picketing** sekondêre betooglinievorming. ~ **rainbow** sekondêre reënboog. ~ **school** sekondêre/middelbare skool, hoërskool. ~ **sexual characteristics** *(mv.)* sekondêre geslagskenmerke. ~ **sound** byklank, -geluid. ~ **stream** systroom. ~ **stress,** ~ **accent** *(fonol.)* bytoon, byaksent. ~ **tone** bytoon.

se·conde *n., (Fr., skermkuns)* tweede parade/pareerposisie.

sec·ond·er sekondant.

sec·ond·ly in die tweede plaas/plek, ten tweede, tweedens.

se·con·do -*condi, n., (It., mus.)* secondo, tweede party *(in 'n [klavier]duet).*

se·cre·cy geheimhouding; verborgenheid; heimlikheid; stilligheid; diskresie; *under a **blanket** of ~* agter 'n sluier van geheimhouding; *in the **deepest/greatest** ~* in die diepste geheim, onder die diepste geheimhouding; ***in** ~* in die geheim, heimlik; *there is **no** ~ about it* dit is geen geheim nie, dit word nie geheim gehou nie; *under **pledge** of ~* onder belofte van geheimhouding; ***promise** ~* geheimhouding belowe, belowe om die stilswye te bewaar; ***rely** on s.o.'s ~* daarop reken dat iem. iets geheim sal hou, op iem. se stilswye staatmaak; *be **shrouded/veiled** in ~* in geheimhouding gehul wees; *s.o. was **sworn** to ~* iem. moes 'n eed van geheimhouding aflê.

se·cret *n.* geheim; *(i.d. mv., arg.)* skaamdele; →SECRETIVE; ***confide** a ~ to s.o.* 'n geheim vir iem. vertel, (aan) iem. 'n geheim toevertrou, iem. deelgenoot maak van 'n geheim; *a **dark** ~* 'n diep(e) geheim; ***divulge** a ~* 'n geheim openbaar; ***give away** (or **let out**) a ~* 'n geheim verklap/uitlap; ***have no** ~s from one another* niks vir mekaar wegsteek nie; ***in** ~* in die geheim, stilletjies; *be **in** (on) a ~* in 'n geheim wees, ingewyd wees; ***initiate/let** s.o. into a ~* iem. in 'n geheim inwy; ***keep** a ~* 'n geheim bewaar; ***keep** s.t. a ~* iets geheim/dig hou; ***let** s.o. into a ~ →**initiate/let**; **let out** a ~ →**give away**; **make no** ~ of s.t.* iets nie onder stoele of banke wegsteek nie, geen geheim van iets maak nie; ***it's no** (or an **open**) ~* almal weet dit, dis 'n ope/openbare geheim; ***it's no** (or an **open** ~) that ...* almal weet (*of* dis 'n ope/openbare geheim) dat ...; ***nurse** a ~* 'n geheim sorgvuldig bewaar; *the ~ **of** success/etc.* die geheim/kuns om suksesvol/ens. te wees; *the ~s **of** ...* die geheime(nisse) van ... *(d. natuur ens.); it's an **open** ~ →**no**; the ~ is **out*** die geheim het uitgelek; *s.t. **remains** a ~* iets bly verborge. **se·cret** *adj.* geheim; bedek, verborge, heimlik; onderhands; stil, eensaam, afgesonder(d); →SECRETLY, SECRETNESS; *~ **admirer*** geheime/stille bewonderaar; *~ **characters/code*** geheimskrif; *~ **drinker/smoker*** skelm drinker/roker, iem. wat skelm/stilletjies drink/rook; *~ **gutter*** versteekte geut; *in s.o.'s ~ **heart*** in die binneste/diepste van iem. se hart; *~ **ink*** onsigbare ink; ***keep** s.t. ~ from s.o.* iets vir iem. geheim hou; *he that dwelleth in the ~ **place** of the most High* (AV), *he who dwells in the shelter of the Most High* (NIV), *(Ps. 91:1)* hy wat in die skuilplek van die Allerhoogste sit *(OAB),* hy wat by die Allerhoogste skuiling vind *(NAB); ~ **sin*** verborge sonde; *it is **top** ~* dit is hoogs/uiters geheim; *~ **treaty*** geheime verdrag; *~ **watcher*** afloerder. ~ **agent** spioen, verspieder, geheime agent. ~ **ballot** geheime stemming. ~ **life** verborge lewe. ~ **parts** *(arg.)* skaamdele, geslagsdele. ~ **police** geheime polisie. ~ **service** geheime (inligtings)diens, spioenasiediens. ~ **society** geheime genootskap.

sec·re·taire skryfkas, -tafel.

sec·re·tar·i·al sekretarieel, sekretaris-.

sec·re·tar·i·at sekretariaat, sekretarie; sekretarisskap.

sec·re·tar·y sekretaris; *(VK,VS, ens.)* minister (→SECRETARY OF STATE); *(meubelstuk)* →SECRETAIRE; *(hist.)* geheimskrywer; ***chief** ~* →CHIEF *adj.;* ***Colonial** S~* →COLONIAL *adj.; ~ of **embassy*** ambassadesekretaris; ***(female)** ~* sekretaresse; ***Foreign** S~* →FOREIGN MINISTER; ***general** ~ to ...* hoofsekretaris van ...; ***Home** S~* →HOME SECRETARY; ***honorary** ~* →HONORARY; *~ of **legation*** gesantskapsekretaris; ***private** ~* →PRIVATE *adj.; ~ and **treasurer*** sekretaris-penningmeester. ~ **bird** sekretarisvoël, *(w.g.)* slangvreter. ~ **general** *secretaries general, (dikw. S~ G~)* sekretaris-generaal. **S~ of State** *(VK)* minister *(v. 'n staatsdepartement); (VS)* minister van buitelandse sake; *~ ~ ~ for the **Colonies**, (Br., hist.)* minister van kolonies; *~ ~ ~ for the **Dominions**, (Br., hist.)* minister van dominiale sake; *~ ~ ~ for **Foreign Affairs**, (VK)* minister van buitelandse sake; *~ ~ ~ for **Home Affairs**, (VK)* minister van binnelandse sake; *~ ~ ~ for **India**, (Br., hist.)* minister van Indiese sake; *~ ~ ~ for **War**, (Br., hist.)* minister van oorlog. ~**-treasurer** sekretaris-penningmeester.

sec·re·tar·y·ship sekretarisskap.

se·crete¹ *(biol.)* afskei; →SECRETION¹.

se·crete² wegsteek, versteek, verberg; →SECRETION².

se·cre·tin *(biochem.)* sekretien.

se·cre·tion¹ afskeiding; afgeskeie vog, sekresie; →SECRETE¹.

se·cre·tion² verberging; versteking; →SECRETE²; *~ of stolen goods* heling/verberging van gesteelde goedere.

se·cre·tive geheimsinnig; geslote, geheimhoudend, stil. **se·cre·tive·ness** geheimsinnigheid; geslotenheid, geheimhoudendheid.

se·cret·ly in die geheim, stilletjies, in die stilligheid, in die stilte, onderhands, agteraf.

se·cret·ness geheimhouding.

se·cre·to·ry *n., (w.g.)* afskeidingsklier, -orgaan. **se·cre·to·ry** *adj.* afskeidings-; *~ organ* afskeidingsorgaan; *~ tissue* afskeidings(klier)weefsel.

sect sekte, gesindte. **sec·tar·i·an** *n.* sektariër, sektaris, sekte-aanhanger. **sec·tar·i·an** *adj.* sektaries; *~ movement* sektebeweging. **sec·tar·i·an·ism** sektewese; sektegees, sekte-ywer. **sec·ta·ry** sektariër, sektaris, sekte-aanhanger.

sec·tile snybaar; splytbaar; *(bot.)* gesplits, spletig. **sec·til·i·ty** snybaarheid; splytbaarheid; gesplitstheid, spletigheid.

sec·tion *n.* (onder)afdeling, deel, gedeelte, seksie; vak; verdeling; sny(ding), seksie; deursnee, seksie; profiel; (wets)artikel; *(spw.)* baanvak, trajek; huisie *(v. 'n vrug);* →CROSS SECTION; ***divide** s.t. into five ~s* iets in vyf seksies/afdelings verdeel; ***horizontal** ~* lengte(deur)snee, -(deur)snit; *the **last** ~ of the journey* die laaste deel/ent/skof van die reis; *a ~ of the **people/population*** 'n bevolkingsdeel/volksdeel, 'n deel van die bevolking; ***under** the ~ (of the Act)* ingevolge/volgens/kragtens die artikel (van die wet). **sec·tion** *ww.* in seksies/afdelings verdeel; *(chir. ens.)* sny; *~ s.t. off* iets afsonder; iets afsper. ~ **commander,** ~ **leader** *(mil.)* seksieaanvoerder. ~ **(mark)** *(tip.)* sinjatuur. ~**(s) (rolling) mill** *(metal.)* profielwalsery.

sec·tion·al afdelings-, van 'n seksie/afdeling, seksioneel; seksie-, uit seksies bestaande; geleed; deursnee-; *~ **boiler*** gelede ketel; *~ **drawing*** deursneetekening; *~ **interests*** groepbelange; *~ **language*** groeptaal; *~ **meeting*** seksievergadering; *~ **title*** deeltitel; *sell a property under ~ **title*** 'n eiendom ingevolge deeltitel (*of* op ['n] deeltitelgrondslag *of* ingevolge die deeltitelplan/-stelsel) verkoop; *~ **view*** eensydige beskouing; deursnee-, deursnitaansig. **sec·tion·al·ism** partikularisme. **sec·tion·al·ist** *n.* partikularis. **sec·tion·al·ist** *adj.* partikularisties.

sec·tor *(ekon., opv., mil., rek., ens.)* sektor; *(geom.)* sektor *(v. 'n sirkel of ellips); (geom.)* tandboog; *~ of a sphere, (geom.)* bolsektor. **sec·tor·al** *adj., (ekon.)* sektoraal. **sec·to·ri·al** *n., (soöl.)* skeurtand. **sec·to·ri·al** *adj., (geom.)* sny-; snydend; *~ tooth, (soöl.)* skeurtand.

sec·u·lar *n.* wêreldlike priester, sekulier. **sec·u·lar** *adj.* wêreldlik, tydelik, sekulêr, onkerklik; *(astron.)* sekulêr *(steuring ens.); (ekon.)* sekulêr, langtermyn-, langdurig; honderdjarig *(spele in antieke Rome ens.); ~ **change*** gestadige verandering; *(astron.)* sekulêre verandering; *~ **clergy*** wêreldlike geestelikes, sekuliere; *~ **cooling*** langsame/sekulêre afkoeling; *~ **fame*** blywende roem; *~ **music*** ongewyde musiek; *~ **struggle*** jarelange stryd. **sec·u·lar·i·sa·tion,** -**za·tion** verwêreldliking; *(jur.)* verbeurdverklaring, sekularisasie *(v. kerkeiendom).* **sec·u·lar·ise,** -**ize** verwêreldlik; *(jur.)* kerkeiendom sekulariseer (*of* verbeurd verklaar). **sec·u·lar·ism** sekularisme. **sec·u·lar·ist** *n.* sekularis. **sec·u·lar·ist, sec·u·lar·is·tic** *adj.* sekularisties. **sec·u·lar·i·ty** wêreldsgesindheid, wêreldlikheid.

se·cund *(bot.)* eensydig.

se·cun·de *(SA, hist.: waarnemer i.d. plek v.d. goewerneur)* sekunde.

sec·un·dine *(bot.)* binne(n)ste ei(er)vlies/integument; *(i.d. mv., w.g.)* nageboorte.

se·cure *adj.* veilig, beveilig; seker; geborge; gerus; vas; *be ~ against/from ...* teen ... (be)veilig wees; *~ foundation* vaste/hegte fondament; *be ~ of victory* seker van die oorwinning wees. **se·cure** *ww.* beveilig, beskerm, in/na veiligheid bring/neem, in veiligheid stel; vasmaak, toemaak, sluit; vassit; vrywaar, waarborg, verseker, versekureer; (ver)kry, bereik; aanskaf; *~ s.t.* ***against/from*** *...* iets teen ... beveilig; *~ a* ***debt*** 'n skuld dek/versekureer, sekuriteit gee (*of* sekerheid stel) vir 'n skuld; *~ one's* ***ends*** jou doel bereik; *~ the labourer the* ***fruits*** *of his/her labour* verseker/waarborg die arbeider die vrugte van sy/haar arbeid; *~ two/etc.* ***seats*** twee/ens. (sit)plekke in die hande kry. **se·cur·a·ble** verkry(g)baar; versekerbaar. **se·cur·ance** *(w.g.)* waarborg. **se·cured** gedek; gesluit; verkry; veilig gemaak. **se·cur·ing:** *~ bolt* borgbout; *~ nut* borgmoer.

se·cu·ri·form *(bot.)* bylvormig *('n blaar).*

se·cu·ri·ties *n. (mv.)* effekte; waardepapiere, geld(s)waardige papiere. *~* **rand** *(SA ekon.)* effekterand. *~* **tax** effektebelasting.

se·cu·ri·tise, =tize sekuriteer *(skuld ens.).* **se·cu·ri·ti·sa·tion, =za·tion** *(fin.)* sekuritasie, sekuritering.

se·cu·ri·ty sekerheid, veiligheid, versekerdheid, geborgenheid, vastigheid; beveiliging; veiligheidsmaatreëls, beskutting; voorsorg; *(fin.)* sekerheidstelling, sekuriteit, borgstelling, waarborg, (onder)pand, garansie; vrywaring; obligasie; ***against*** *~* op onderpand/sekuriteit; ***collateral*** *~* →COLLATERAL *adj.;* ***find/furnish*** *~* sekerheid stel; ***in*** *~* in veiligheid; ***in*** *~ for ...* as sekuriteit/pand/waarborg vir ...; as borg vir ...; *~ of* ***justice*** regsekerheid; ***real*** *~* saaklike onderpand; ***social*** *~* →SOCIAL *adj..* *~* **area** veiligheids=, sekuriteitsgebied. *~* **blanket** trooskombersie *(v. 'n kind); (fig.)* sekerheidsnet; *(fig.)* anker (in jou lewe); *(fig., infml.: iets wat gerusstelling verskaf)* fopspeen. *~* **bond** borgakte. *~* **branch** veiligheids=, sekuriteitsafdeling. *~* **check** veiligheidskontrole(ring). **S~ Council** Veiligheidsraad *(v.d. VN).* *~* **firm** sekuriteits=, sekerheidsfirma. *~* **forces** veiligheidstroepe. *~* **guard** veiligheids=, sekuriteitswag. *~* **holding** effektebesit, =portefeulje. *~* **information** geheime inligting(e). *~* **man** = SECURITY GUARD. *~* **measure** sekuriteits=, sekerheidsmaatreël. *~* **officer** sekuriteitsbeampte. *~* **police** veiligheids=, sekerheids=, sekuriteitspolisie. *~* **risk** onbetroubare (persoon); *s.o. is a ~ ~* iem. is onbetroubaar.

se·dan sedan, toe motor. *~* **(car)** sedan(motor). *~* **(chair)** draagstoel.

se·date *adj.* bedaard, stemmig, kalm, besadig, ingetoë. **se·date** *ww.* kalmeer, stil. **se·date·ly** bedaard, kalm. **se·date·ness** bedaardheid, stemmigheid, kalmte, besadigdheid. **se·da·tion** kalmering; *be under ~* onder verdowing wees. **sed·a·tive** *n.* kalmeer=, sus=, stilmiddel. **sed·a·tive** *adj.* kalmerend, sussend, stillend.

sed·en·tar·y *n., (w.g.)* loerspinnekop. **sed·en·tar·y** *adj.* sittend; *(soöl.)* sedentêr; *~ life* sittende lewe; *~ population* gesete bevolking.

sedge *(Cyperus en Scirpus spp.)* biesie, matjiesgoed, watergras; *stunted ~, (Ficinia radiata)* stergras; *sweet ~, (Alepidia amatymbica)* kalmoes. *~* **warbler:** *African ~ ~, (Bradypterus baboecala)* Kaapse vleisanger; *(European) ~ ~, (Acrocephalus schoenobaenus)* Europese vleisanger.

sed·i·ment afsaksel, besinksel, neerslag, sediment; droesem, moer, grondsop; *(geol.)* sediment. **sed·i·men·ta·ry** sedimentêr, afsettings=, afsak=, sink=; *~ rock* afsettingsgesteente, sedimentgesteente.

sed·i·men·ta·tion besinking, afsakking, afsetting, sedimentasie, sedimentering. *~* **rate** (bloed)besinkingstyd.

se·di·tion opruiing, opstoking, ophitsing, oproerstokery; oproer, sedisie.

se·di·tion·ar·y *n.* = SEDITIONIST. **se·di·tion·ar·y** *adj.* = SEDITIOUS.

se·di·tion·ist opruier, oproerstoker.

se·di·tious oproerig; opruiend, ophitsend, sedisieus.

se·duce verlei, verlok. **se·duc·er** verlei(d)er. **se·duc·i·ble** verleibaar. **se·duc·tion** verleiding, verlokking, seduksie; verleidelikheid. **se·duc·tive** verleidelik, aanloklik, verloklik, verlokkend. **se·duc·tive·ness** verleidelikheid; aanloklikheid; onweerstaanbaarheid. **se·duc·tress** verlei(d)ster.

sed·u·lous ywerig, vlytig, naarstig. **se·du·li·ty, sed·u·lous·ness** ywer, vlyt, naarstigheid.

see[1] *saw seen, ww.* sien; aanskou; kyk; bemerk; begryp, insien, verstaan; toesien, sorg, oppas; besoek; spreek; te woord staan; voor(uit)sien, verwag; →SEEING, SEEN *ww. (volt.dw.),* SEER; *~* ***about*** *s.t.* vir iets sorg, werk maak van iets; oor iets dink; *~ s.o.* ***about*** *s.t.* iem. oor iets spreek; *we'll ~* ***about*** *that, (ook)* dit sal ons nog moet sien; *~* ***action*** →ACTION; *~* ***after*** *..., (hoofs.Am. of arg.)* vir ... sorg; *for* ***all*** *to ~* oop en bloot; *~ s.t.* ***as*** *...* iets as ... opneem/opvat; iets as ... beskou; iets ... ag; ***as*** *s.o. ~s it* na/volgens iem. se mening/oordeel; *be glad/pleased to ~ the* ***back*** *of s.o.* →BACK *n.;* *~* ***below*** kyk/sien (hier) onder; *~ s.o. on* ***business*** →BUSINESS; ***come*** *and ~ for yourself!* →***yourself;*** *s.o. will never ~ the* ***day*** →DAY; *~ s.t.* ***differently*** *now* iets nou anders insien; *(****do*** *you) ~?* sien/begryp/verstaan/snap jy?; *~ a* ***doctor*** →DOCTOR *n.;* *~ that s.t. is* ***done*** sorg/toesien dat iets gedoen word; *~ s.o. to the* ***door*** →DOOR; *s.o. ~s* ***double*** iem. sien dubbel; *~* ***eye*** *to eye* →EYE *n.;* *as* ***far*** *as I can ~* so ver/vêr ek kan sien/oordeel; *~* ***fit*** *to do s.t.* dit goed/dienstig/raadsaam/gepas ag/dink/vind om iets te doen; *(come and) ~* ***for*** *yourself!* (kom) kyk self!; *s.o. could not ~ the road* ***for dust*** iem. kon nie die pad deur die stof sien nie, die stof was so erg dat iem. die pad nie kon sien nie; *I ~* ***from*** *your letter ...* ek sien in jou brief ...; *not ~* ***further*** *than (the end of) one's nose* →NOSE *n.;* ***go*** *and ~ s.o.* iem. gaan besoek/opsoek; by iem. gaan kuier; *I saw s.o.* ***grow up*** iem. het voor my grootgeword; *~* ***here!*** kyk hier!; *~ s.o.* ***home*** iem. huis toe bring/vergesel; *~* ***how*** *...* kyk hoe ...; *~* ***how*** *big/etc. it is* kyk hoe groot/ens. dit is; *~* ***how*** *big/etc. it is!* kyk hoe groot/ens. is dit!; *s.o. can't ~* ***how*** *...* iem. kan nie insien (*of* iem. begryp/weet nie) hoe ... nie; ***I*** *~!* ek begryp/verstaan!; nou snap ek dit!; ag so!; ***I*** *~ you are right* ek sien (in) dat jy gelyk/reg het; ***I'll*** (*or* ***I will***) *~* ek sal kyk (*of* daaroor dink); *~ s.t.* ***in*** *s.o.* van iem. hou; *not know what s.o. ~s* ***in*** *...* nie weet waarom iem. van ... hou nie *('n pers.);* *~ the new year* ***in*** die nuwe jaar inlui; *~* ***instructions*** *overleaf* lees/sien die aanwysings op die keersy; *~* ***into*** *s.t., (hoofs.fig.)* iets deurgrond/peil; *~ you later!* →***you;*** ***let me*** *~, (lett.)* laat my sien/kyk; *(fig.)* laat ek sien, laat ek eers dink, wag net so 'n bietjie; ***let me*** *~ it* laat ek/my dit sien, wys dit vir my, wys my dit; *~ the* ***light*** →LIGHT[1] *n.;* ***live*** *to ~ s.t.* →LIVE[1] *ww.;* ***may I*** *~ you?* mag ek u spreek?; ***not*** *~ properly* nie mooi sien nie; *s.o. ~s but does* ***not perceive*** iem. is siende blind; *~ s.o.* ***off*** *at the airport/station* iem. by die lughawe/stasie gaan groet (*of* afsien/wegsien); iem. lughawe/stasie toe wegbring; *~ s.t. for* ***o.s.*** self na iets kyk; *~ s.o.* ***out*** iem. uitlaat, iem. deur toe bring; *~ s.t.* ***out*** tot die end van iets leef/lewe *('n tydperk);* tot die end van iets hou *('n seisoen);* *~* ***out*** *the old year* die ou jaar uitlui; *~* ***over*** *s.t.* iets bekyk/besigtig *('n huis ens.);* *~* ***page*** *15* sien bl. 15, kyk (op) bl. 15; *~ s.t. in the* ***paper*** iets in die koerant lees/sien; *~ a* ***patient*** →PATIENT *n.;* *~ the* ***point*** iets snap/insien/raaksien; *fail to ~ s.o.'s* ***point*** nie begryp wat iem. bedoel nie; *~* ***reason*** →REASON *n.;* *s.o. can ~ no* ***reason*** *why ...* iem. sien nie in waarom ... nie; *~* ***red*** →RED *n.;* ***refuse*** *to ~ s.o.* weier om iem. te ontvang; *~ s.o.* ***right*** iem. weghelp; iem. goed behandel; *~* ***round*** *s.t.* iets bekyk/besigtig *('n huis ens.);* *~* ***service*** →SERVICE[1] *n.;* *~* ***s.o.*** iem. sien; iem. ontvang (*of* te woord staan) *('n afvaardiging, kliënt, ens.);* iem. raadpleeg/spreek *('n dokter, prokureur, ens.); (infml.)* iem. besoek/ontmoet/raakloop, by iem. kuier; *be ~ing* ***s.o.,*** *(infml.)* met iem. uitgaan, 'n ding met iem. aanhê, 'n verhouding met iem. hê; *~* ***stars*** →STAR *n.;* *s.o. ~s* ***that*** *...* iem. sien dat ...; *~* ***that*** *s.t. is done* →***done;*** *s.o. can't ~ a* ***thing*** iem. kan geen steek sien nie; *~* ***through*** *s.o.* deur iem. sien, nie deur iem. mislei word nie; *~ s.o.* ***through*** iem. deurhelp/weghelp; *~* ***through*** *s.t.* begryp wat agter iets skuil, iets deurgrond/deursien/agterkom *('n plan ens.);* *~ s.t.* ***through*** iets deurvoer/deursit/afhandel/klaarmaak; *s.t. will ~ s.o.* ***through*** *the day/etc.* iets sal vir iem. genoeg wees vir die dag/ens.; *~* ***to*** *s.o.* iem. oppas *('n kind ens.);* *~* ***to*** *s.t.* vir iets sorg; op iets let; vir iets oppas; iets opknap/nasien (*of* in orde bring); werk van iets maak; na iets kyk *('n stukkende toestel ens.);* *~* ***to it*** *that ...* sorg/toesien (*of* sorg dra) dat ...; *I will ~* ***to it*** ek sal daarvoor sorg (*of* daarvan werk maak); *~ one's* ***way*** *(clear/open) to ...* →WAY *n.;* *I hope I ~ you* ***well*** gaan dit goed?; *~* ***what*** *can be done* kyk wat gedoen/gedaan kan word; *~* ***what*** *s.o. means* begryp/sien wat iem. bedoel; *~* ***whether*** *...* kyk of ...; *not (be able to) ~ the* ***wood*** *for the trees* →WOOD *n.;* *~* ***you*** *(again/later)!, (I'll) be ~ing* ***you!,*** *(infml.)* tot siens!, (tot) wederom!, ons sien mekaar weer!; *~* ***you*** *later!, (ook, infml.)* tot straks!; *I'll ~* ***you*** *damned first!, (infml.)* voor dit gebeur, kan jy na die duiwel gaan/loop/vlieg!; *~* ***you don't*** *...* pas op dat jy nie ... nie. **~-through** *adj.* deurskynend, deursigtig; *~ blouse* deurskynbloes(e).

see[2] *n.* (aarts)bisdom; (aarts)biskopsetel; *the Holy S~* die Heilige Stoel.

seed *n.* saad; *(ook fig.)* kiem; pit *(v. 'n lemoen); (arg., hoofs. Byb.)* nakomelinge, nakomelingskap, nageslag, kroos, afstammelinge, saad; *(sport)* gekeurde speler; *sow the ~s of* ***discord*** tweedrag saai; ***go/run*** *to ~, (lett.)* saadskiet; *(fig.)* verwaarloos/afgetakel(d)/verslons raak; *let o.s.* ***go/run*** *to ~* jou aan die verwaarlosing oorgee; *plants that are* ***in*** *~* plante wat in die saad staan (*of* saadgeskiet het); *the* ***list*** *of ~s, (sport)* die keurlys; ***raise up*** *~, (AV)* kinders (*of* 'n nageslag) verwek; *the ~s of* ***vice*** die kiem van die kwaad. **seed** *ww.* saadskiet; saai; die saad uithaal; ontpit; *(sport)* keur; *(chem.)* ent *('n oplossing);* *~ed* ***cloud*** bestrooide wolk; *~ed* ***list*** keurlys; *~ed* ***player*** gekeurde speler; *~ed* ***raisins*** ontpitte rosyne. *~* **bead** saadkraal. **~-bearing** saaddraend. **~bed** saadbedding, =akker, kweekbedding; *(bot.)* saaddraer, plasenta; *(fig.)* broeines. *~* **box** saaikas, =pan. *~* **bud** saadknop. **~cake** karwysaadkoek, anyskoek, kruiekoek. *~* **capital** →SEED MONEY. *~* **capsule,** *~* **case** saadhuis(ie). *~* **coat** saadhuid. *~* **cone** saadkeël, =kegel. *~* **corn** saadkoring; *(fig.)* langtermynbate, =belegging. *~* **cotton** kapok. *~* **crop** saadgewas. *~* **crystal** *(chem.)* entkristal. *~* **dispersal** saadverspreiding. *~* **drill** saaimasjien. **~eater** *(orn.)* saadeter. *~* **formation** saadvorming. *~* **head** saadhoof. *~* **leaf** kiemblaar, =lob, kotiel, saadlob. **~-lip** *(Br., hist.)* saadmandjie. *~* **maize,** *~* **mealies** saadmielies. *~* **money,** *~* **capital** *(fin.)* saaikapitaal *(vir d. vestiging v. 'n onderneming).* *~* **oats** hawersaad. *~* **oils** plant(e)olies, saadolies. *~* **pearl** stofpêreltjie; *(ook, i.d. mv.)* pêrelgruis. *~* **plant** saad=, blomplant. *~* **plot** *(vero.)* →SEEDBED. *~* **pod** saadpeul, =dop. *~* **potato** (aartappel)moer. *~* **riddle** saadskudder. *~* **stalk** saadstring, =steel, naelstring. *~* **tick** bosluislarwe. *~* **time** saaityd. *~* **tray** saadkissie. *~* **tuber** moer. *~* **vessel** saadhuis(ie), =dop.

seed·er saaimasjien.

seed·i·ness →SEEDY.

seed·ing saai, besaaiing; *(sport)* keuring; *list of ~s* keurlys. **~-plough** planter. **~-time** saaityd.

seed·less saadloos; pitloos.

seed·ling saailing, saaiplant, kiemplant(jie). *~* **tree** pitboom.

seeds·man saadhandelaar; saaier.

seed·y vol saad, in die saad; onguur, goor, onfris, oes, toiingrig; *(vero.)* siekerig, kaduks, mankoliek, olik; *~ wool* saadwol. **seed·i·ness** onguurheid, toiingrigheid; *(vero.)* mankoliekigheid.

see·ing *n.* (die) sien, sig; gesig, gesigsvermoë; *(astron.)* sig(kwaliteit); *~ is believing* sien is glo; *s.t. is worth ~* iets is (be)sienswaardig (*of* werd om te sien). **see·ing** *voegw.* aangesien, omdat; *~ that ...* aangesien ... **see·ing** *adj.* siende; *~ eye* skouende oog. *~* **eye (dog)** leihond, gidshond.

seek *sought sought* soek; probeer, poog; nastreef, streef na, najaag, beoog, verlang, begeer; versoek, aanvra; →SOUGHT *ww. (verl.t. & volt.dw.);* *~* ***advice*** raad vra;

~ ***after*** *s.t.* iets nastreef/nastrewe, na iets streef/strewe; iets soek *(d. waarheid ens.)*; ~ *s.o.'s* ***aid*** hulp van iem. verlang; ~ *one's* ***bed*** gaan slaap, die bed opsoek; ~, *and ye shall* ***find*** (AV); ~ *and you will find* (NIV), *(NT)* soek, en julle sal vind *(OAB)*; soek, en julle sal kry *(NAB)*; ~ ***for*** *s.t.* (na) iets soek; ~ *s.t.* ***from*** *s.o.* iets by iem. aanvra; ~ *s.o.'s* ***life*** iem. om die lewe probeer bring, dreig om iem. dood te maak; *it is* ***not far*** *to* ~ ('n) mens hoef dit nie ver/vêr te soek nie; dit lê voor die hand; ~ ***out*** *s.o.* iem. opsoek; iem. opspoor; ~ *a* ***quarrel*** rusie soek; ... *is yet* ***to*** ~, *(arg.)* ... ontbreek nog; *s.o. is much to* ~ *in intelligence/etc., (arg.)* iem. het maar bitter weinig verstand/ens.. **seek·er** soeker. **seek·ing** *n.: the* ~ *after* ... die sug na ... *(mag ens.)*; *it was of s.o.'s (own)* ~ iem. het daarna gesoek *(negatiewe publisiteit ens.)*.

seel *(hist.)* die oë toewerk *(v. 'n valk)*; *(arg.)* blinddoek *(iem.)*; *(arg., fig.)* mislei.

seem lyk, skyn, voorkom; die skyn hê van, deurgaan vir; *it ~s* ***as if*** ... dit lyk (as)of ...; *silly/etc.* ***as it may*** ~ hoe dwaas/ens. dit ook (al) mag lyk; *s.o.* ***can't*** ~ *to understand/etc., (infml.)* iem. kan blykbaar nie verstaan/ens. nie, iem. is blykbaar nie in staat om te verstaan/ens. nie; *he/she ~s* ***deaf/etc.*** *today* dit lyk my hy/sy is vandag doof/ens.; *s.o.* ***doesn't*** ~ *to understand/etc., (infml.)* iem. verstaan/ens. blykbaar nie; *it ~s* ***not*** dit lyk nie so nie; *things are* ***not*** *always what they* ~ skyn bedrieg; *it ~s* ***so, so*** *it ~s* dit lyk so, so lyk dit; *it ~s (or it would ~)* ***that*** *s.o. is* ... iem. is blykbaar ...; *s.o. ~s* ***to be*** ... iem. lyk ... *(moeg ens.)*; *the person who ~ed* ***to be*** *the leader/etc.* die persoon wat blykbaar die leier/ens. was; *s.o. ~s* ***to have*** *done s.t.* blykbaar het iem. iets gedoen; *it ~s* ***to me*** ... dit lyk (vir) my ..., dit smaak my ..., dit kom my voor ...; *it ~s funny/etc.* ***(to me)*** dit lyk/klink/is (vir my) snaaks/ens.; *I* ~ ***to see*** *him/her still* dit is of ek hom/haar nog sien; *it* ***would*** ~ *that (or as if)* ... dit lyk amper/byna/half/enigsins (*of* dit wil voorkom) (as)of ... **seem·ing** *n., (poët., liter.)* skyn. **seem·ing** *adj.* skynbaar, oënskynlik; ~ *contradiction* skynbare teenspraak; ~ *death* skyndood. **seem·ing·ly** skynbaar, in skyn, na dit skyn, oënskynlik, glo, op die oog (af). **seem·li·ness** gepastheid, betaamlikheid. **seem·ly** gepas, betaamlik, welvoeglik.

seen *ww. (volt.dw.)* gesien; *be ~* ***as*** ... as ... beskou word; *s.o. has ~* ***better days*** →DAY; *s.t.* ***can*** *be ~* iets is te sien; iets is sigbaar; *as* ***can*** *be ~* soos te sien is; *it* ***can*** *be ~* ***there*** dit is daar te sien; *s.o.* ***cannot*** *be ~* ***now*** iem. is nie nou te spreek nie; ***justice*** *must be ~ to be done* →JUSTICE; *s.o. has ~* ***life*** →LIFE; *it* ***remains*** *to be ~* dit is nog die vraag, dit moet ons nog sien, dit moet nog blyk, dit staan (nog) te besien; *have s.t. ~* ***to*** iets laat nasien *('n motor ens.)*; iets laat ondersoek *(jou oë ens.)*; *s.o. was ~* ***to*** *fall/etc.* hulle het iem. sien val/ens..

seep *n.* fonteintjie. **seep** *ww.* sypel, syfer; ~ *away, (water ens.)* wegsypel, wegsyfer; *(krag)* kwyn; ~ *into s.t., (water ens.)* in iets insypel/insyfer; *(fig.)* in iets inkruip/insypel/insyfer; ~ *out of s.t.* uit iets syfer/sypel.

seep·age (deur)sypeling, lekkery; syfer-, sypelwater. ~ **dam** sypeldam.

seer siener, profeet. **seer·ess** sieneres, profetes.

seer·suck·er *(tekst.)* sirsakar.

see·saw *n.* wipplank. **see·saw** *adj.* op en neer (*of* heen en weer) gaande. **see·saw** *adv.* op en neer, heen en weer. **see·saw** *ww.* wip, wipplank ry; op en neer gaan, skommel.

seethe *seethed seethed, ww. (onoorg.)* kook, sied; gis; bruis; wemel, wriemel, krioel (van); ~ *with rage* kook van woede, briesend (kwaad) wees, siedend wees. **seeth·ing** kokend, siedend; wemelend, krioelend.

seg·ment *n.* segment; afdeling, gedeelte, lit; huisie *(v. 'n lemoen)*. **seg·ment** *ww.* in segmente verdeel. **seg·men·tal, seg·men·tar·y** segmentvormig, segmentaal. **seg·men·ta·tion** segmentasie, segmentering, verdeling (in segmente), kliewing, splitsing.

seg·re·gate *ww.* afsonder, afskei, segregeer, isoleer. **seg·re·gate, seg·re·gat·ed** *adj.* afgeskei, afgesonder(d). **seg·re·ga·tion** afsondering, afskeiding, segregasie; *(genet.)* splitsing. **seg·re·ga·tion·ist** segregasionis.

se·gue *n., (It., mus.: ononderbroke oorgang)* segue. **se·gue** *-gued -gueing, ww., (imp.: speel voort sonder 'n onderbreking)* segue; ~ *into* ... oorgaan in ...

se·gui·dil·la *(Sp., mus., dans, pros.)* seguidilla.

sei·cen·to *(It., kuns en lettk.: d. 17de eeu)* (die) seicento.

seiche *(Switserse Fr.)* seiche, wieging *(v. 'n meer ens.)*.

seif (dune) lengteduin *(i.d. Sahara ens.)*.

seign·eur, seign·ior *(hist., vnl. in Frankryk en Frans-Kanada)* landheer; leenheer; *grand* ~ groot heer; magnaat. **seign·(i)or·age** *(hist.)* muntloon; *(hist.)* (amps)-heerlikheid. **sei·gnio·ri·al, sei·gno·ri·al** here-. **seign·(i)or·y** leenheerskap; domein.

Seine: *the* ~, *(Fr. rivier)* die Seine.

seine *n.* seën, sleep-, treknet. **seine** *ww.* trek, seën, met 'n treknet/seën visvang. ~ **net** = SEINE *n.*.

sein·er trekvisser.

sei·sin, *(Am.)* **sei·zin** *(jur.)* besit; (in)besitneming.

seism *(w.g.)* aardskok, -bewing. **seis·mic** seismies, aardbewings-; ~ *shock* aardbewing, aardskok; ~ *survey* seismiese opname. **seis·mic·i·ty** *(geol.)* seismisiteit.

seis·mo- *komb.vorm* seismo-, aardbewings-.

seis·mo·gram *(grafiese voorstelling v. 'n aardbewing)* seismogram.

seis·mo·graph seismograaf, aardbewingsaanwyser, -meter. **seis·mog·ra·pher** = SEISMOLOGIST. **seis·mog·ra·phy** seismografie.

seis·mol·o·gy seismologie, aardbewingsleer. **seis·mol·o·gist** seismoloog.

seis·mom·e·ter = SEISMOGRAPH.

sei whale *(Balaenoptera borealis)* seiwalvis, Noordse vin(wal)vis, Rudolphi se vin(wal)vis, pollakwalvis.

seize *ww. (oorg.)* vat, gryp, neem; buitmaak; in beslag neem, beslag lê op; konfiskeer; verbeurd verklaar; beset *('n gebied)*; *(sk., arg.)* vasbind; *(onoorg., meg.)* vasbrand; ~ *s.o.* ***by the neck/etc.*** iem. aan die nek/ens. gryp; *be ~d* ***by*** ... deur ... getref word *('n beroerte ens.)*; ~ *the* ***essence*** *of the matter* onmiddellik die kern van die saak begryp; ~ *a* ***fortress*** 'n vesting (in besit) neem; *be ~d* ***of*** ..., *(jur.)* in besit wees van ...; *(arg.)* bewus wees van ...; ~ ***(on/upon)*** *s.t.* iets aangryp *('n geleentheid ens.)*; ~ ***(up)*** vasbrand; vassit; vas raak; *be ~d* ***with*** ... met ... besiel wees *('n ideaal ens.)*; deur ... bevange wees *(skrik ens.)*. **seiz·a·ble** grypbaar, neembaar; vatbaar vir beslag.

sei·zin →SEISIN.

seiz·ing gryping; beslaglegging, inbeslagneming, naasting; (die) vasbrand; *(sk., arg.)* bindsel. ~ **wire** binddraad.

sei·zure beslaglegging (op), inbeslagneming (van); toeval, oorval, (siekte)aanval; stuipe; oorrompeling.

se·jant *(her.)* sittend.

Se·khu·khu·ne *(SA gesk.: 19de-eeuse koning v.d. Bapedi)* Sekoekoeni. ~**land** Sekoekoeniland.

sekt *n., (D., dikw. S~)* Duitse vonkel-/bruiswyn.

se·lah *n., (<Hebr., OT)* sela.

sel·dom selde, min; ~ *if ever* selde of (n)ooit.

se·lect *adj.* uitgekose, uitgesoek, uitgesog, uitverkore, uitgelese, gekeur, uitsoek-, prag-; keurig; vernaam, deftig; ~ *audience* uitgelese gehoor; ~ *committee, (parl., SA)* gekose komitee *(v.d. Nasionale Raad v. Provinsies)*; ~ *neighbourhood* uitsoekbuurt, deftige (woon)-buurt. **se·lect** *ww.* (uit)kies, uitsoek, selekteer; *be ~ed* ***for*** ... as lid van ... aangewys word *('n span ens.)*; gekies word weens/om ... *(sekere hoedanighede)*; *~ing* ***lever*** kieshefboom; *~ed* ***list*** keurlys; *be ~ed* ***on*** *one's good performance* op grond van jou goeie prestasie aangewys/gekies word; *~ed* ***stock*** uitsoekvee; *~ed* ***timber*** keurhout.

se·lect·ee *(Am., mil.)* dienspligtige, troepie, loteling, opgeroepte (weermaglid).

se·lec·tion keuse, seleksie; keur; keuring, seleksie; aanwysing; *(mus.)* keurspel; versameling, seleksie; sortering, seleksie; grepie; teelkuns; *a* ***fine*** ~ *of* ... 'n ruim keuse van ... *(stowwe ens.)*; 'n keurige versameling (van) ... *(kunswerke ens.)*; *a* ~ ***from*** ... 'n keuse uit ...; 'n keur uit ..., uittreksels uit ...; ***natural*** ~ →NATURAL *adj.*; *a* ~ ***of*** ... 'n sortering ... *(goedere ens.)*; *a* ***wide*** ~ *of* ... 'n groot verskeidenheid (van) ... ~ **board** keurraad. ~ **committee** keurkomitee. ~ **list** keurlys.

se·lec·tive selektief; uitsoekerig, kieskeurig; ~ *affinity* keurverwantskap; ~ *breeding* keusteelt. **se·lec·tive·ness, se·lec·tiv·i·ty** selektiwiteit; uitsoekerigheid, kieskeurigheid.

se·lec·tor uitsoeker; keurder. ~ **switch** kiesskakelaar.

sel·e·nite *(chem., min.)* seleniet.

se·le·ni·um *(chem., simb.: Se)* seleen. ~ **cell** seleensel.

se·le·no- *komb.vorm* seleno-, maan-.

se·le·nog·ra·phy maanbeskrywing, selenografie. **se·le·no·graph** maankaart. **se·le·nog·raph·er** maanbeskrywer, selenograaf. **se·le·no·graph·ic** selenografies *(koördinaat-, ko-ordinaatstelsel)*.

se·le·nol·o·gy selenologie, maanwetenskap. **se·le·no·log·i·cal** selenologies. **se·le·nol·o·gist** selenoloog, maankundige.

Se·leu·cus *(genl. onder Alexander d. Grote)* Seleukos. **Se·leu·ci·a** *(geog., hist.)* Seleukië. **Se·leu·cid** *-cids, -cidae, (lid v. 'n dinastie, 312-65 v.C.)* Seleukied.

self *n.* self, eie persoonlikheid, individualiteit; ekheid, (die) ek; selfsug, eie ek; natuurkleurblom; *s.o.'s* ***better*** ~ iem. se beter natuur/inbors; ***care for nothing but*** ~ alleen aan jouself (*of* jou eie ek) dink; ***consciousness*** *of* ~ selfbewussyn; *be one's* ***former/old*** ~ wees wat jy (*of* soos jy vroeër) was; ***love*** *of* ~ eieliefde; *s.o.'s* ***other/second*** ~ iem. se tweede ek, iem. se onafskeidelike helper/vriend. ~**-abandon(ment)** ongebondenheid. ~**-abasement** selfvernedering. ~**-abhorrence** selfveragting. ~**-absorbed** selfbehep. ~**-absorption** opgaan in jouself. ~**-abuse** selfmishandeling; selfbeskimping; *(euf.: masturbasie)* selfbevlekking, onanie. ~**-accusation** selfbeskuldiging. ~**-accusing** selfbeskuldigend. ~**-acting** selfwerkend, outomaties, selfbewegend. ~**-action,** ~**-activity** outomatiese werking; selfwerksaamheid. ~**-actualisation,** **-zation** selfverwesenliking. ~**-addressed:** ~ *envelope* geadresseerde koevert. ~**-adhesive** selfklewend; ~ *paper* kleefpapier. ~**-adjuster** selfsteller, -reëlaar. ~**-adjusting** selfreëlend, -stellend. ~**-administered** selftoegedien(d). ~**-administration,** ~**-adulation** selfbewondering. ~**-advancement** selfbevordering. ~**-advertisement** selfpromosie. ~**-affirmation** selfbevestiging. ~**-aggrandisement,** **-dizement** selfverheffing. ~**-aligning** selfrigtend. ~**-analysis** selfontleding. ~**-analytical** selfontledend. ~**-appointed** selfbenoem; ~ *task* selfopgelegde taak. ~**-appreciation** selfwaardering. ~**-approbation** selfvoldoening. ~**-approval** selfwaardering. ~**-assembly** *n.* selfmontering. ~**-assembly** *adj. (attr.)* selfmonteerbare *(meubels ens.)*. ~**-assertion** aanmatiging; selfhandhawing; *(urge of)* ~ geldingsdrang. ~**-assertive** aanmatigend. ~**-assertiveness** aanmatiging; geldingsdrang. ~**-assurance** selfvertroue, -versekerdheid. ~**-assured** selfversekerd, vol selfvertroue. ~**-aware** selfbewus. ~**-awareness** selfbewussyn. ~**-begotten** selfverwek *('n kind)*; selfveroorsaak *(ellende ens.)*; selfverkreë *(mag ens.)*. ~**-betrayal** selfmisleiding; selfverraad. ~**-binder** selfbinder, selfbindmasjien. ~**-build** *adj. (attr.)* selfbou- *(huis, projek, ens.)*. ~**-built** selfgebou. ~**-catering** *n.* selfversorging. ~**-catering** *adj. (attr.)* selfsorg- *(vakansie, verblyf, oord, ens.)*. ~**-censorship** selfsensuur. ~**-censure** selfkritiek. ~**-cent(e)ring** selfsentrerend. ~**-centred** in jouself opgaande, egosentries, egotisties, selfbehep; selfgerig; selfstandig. ~**-centredness** egosentrisiteit, egotisme, selfbeheptheid, -gerigtheid; selfstandigheid. ~**-chastisement** selfkastyding. ~**-chosen** selfgekose. ~**-cleaning,** ~**-cleansing** *adj.* selfreinigend. ~**-closing** selfsluitend. ~**-collected** selfbeheers, kalm, bedaard, onverstoorbaar, onversteurbaar. ~**-colour** egalige/natuurlike kleur. ~**-coloured** eenkleurig, effekleurig. ~**-command** beheerstheid, selfbeheersing. ~**-communion** selfbetragting. ~**-complacency** selfvergenoegdheid, -ingenomenheid, -voldaanheid, -behaaglikheid. ~**-complacent** selfingenome, -voldaan, -behaaglik, -vergenoeg. ~**-composed** kalm, bedaard. ~**-conceit** verwaandheid, eiedunk, eiewaan, selfoorskatting. **~-conceited** verwaand, vol eiedunk. **~-concept** selfbegrip. **~-concern** eiebelang, selfgerigtheid. **~-concerned** selfsugtig, selfgerig. **~-condemnation** selfveroordeling. **~-condemned** deur jouself veroordeel; *stand* ~ jouself veroordeel. **~-confessed** selferken(d). **~-confidence** selfvertroue. **~-confident** selfversekerd, vol selfvertroue. **~-congratulation** selfvoldaanheid, =genoegsaamheid, =tevredenheid; selfverheerliking, =ophemeling. **~-congratulatory** selfvoldaan, =genoegsaam, =tevrede. **~-conquest** selfoorwinning. **~-conscious** selfbewus; verleë, bedees, ongemaklik, skamerig, skaam(agtig), onseker, skugter. **~-consciousness** selfbewussyn; selfbewustheid; bevangenheid, bedeesdheid; verleentheid. **~-consistency** getrouheid aan jouself, konsekwentheid, beginselvastheid, koersvastheid. **~-consistent** getrou aan jouself, konsekwent, beginselvas, koersvas. **~-constituted** eiemagtig; selfaangestel, =benoem. **~-contained** selfstandig, opsigselfstaande, kompleet, afgesonder(d); selfstandig, selfgenoegsaam, onafhanklik *(pers.)*; teruggetrokke, afgetrokke, stil, koel, ongesellig *(persoonlikheid)*; ~ *engine* vervoerbare enjin; ~ *flat* volledig toegeruste woonstel; ~ *unit* selfstandige eenheid. **~-containment** selfgenoegsaamheid. **~-contempt** selfveragting. **~-content(ed)** selfvoldaan, =genoegsaam, =tevrede, tevrede met jouself, vol selfbehae. **~-content(ment)** selfvoldaanheid, =genoegsaamheid, =tevredenheid, =behae. **~-contradiction** selfweerspreking, bontpratery, bonttrappery. **~-contradictory** met jouself in stryd. **~-control** beheerstheid, selfbeheersing; *lose one's* ~ jou selfbeheersing verloor, nie jou drif beteuel nie; *regain one's* ~ jou selfbeheersing terugkry/herwin. **~-controlled** selfbeheers. **~-convicted** uit eie mond veroordeel. **~-conviction** selfveroordeling. **~-cooling** selfkoelend. **~-correcting** selfkorrigerend. **~-created** selfgemaak, selfgeskep. **~-critical** selfkrities. **~-criticism** selfkritiek. **~-deceit, ~-deception** selfbedrog. **~-defeating** selfverydelend. **~-defence** selfverdediging; *(jur.)* noodweer; *in* ~ uit selfverdediging/noodweer. **~-defence unit** *(SA, hoofs. hist., afk.:* SDU*)* selfverdedigingseenheid *(afk.:* SVE*)*. **~-delusion** selfbedrog, =begoëling. **~-denial** selfverloëning, onselfsugtigheid. **~-denying** selfverloënend, onselfsugtig. **~-dependence** selfstandigheid. **~-dependent** selfstandig. **~-deprecating** selfveragtend, vol selfkritiek. **~-deprecation** selfveragting, =minagting. **~-deprecatory** selfveragtend, vol selfkritiek. **~-depreciating** = SELF-DEPRECATING. **~-depreciation** = SELF-DEPRECATION. **~-despair** selfvertwyfeling. **~-destruct** *ww., (ruimtetuig, bom, ens.)* homself vernietig (*of* tot niet maak). **~-destruct** *adj. (attr.)* selfvernietigings= *(knoppie, meganisme, ens.)*. **~-destruction** selfvernietiging; selfmoord. **~-destructive, ~-destroying** selfvernietigend; selfmoordend. **~-determination** vrye wil, eie keuse; selfbeskikking, =bestemming; *s.o.'s right of* ~ iem. se selfbeskikkingsreg. **~-development** selfontplooiing, =ontwikkeling. **~-devotion** selfopoffering, =toewyding. **~-directing** selfrigtend. **~-direction** selfbepaling. **~-discipline** selftug. **~-discovery** selfontdekking. **~-disgust** selfafkeer. **~-distrust, ~-doubt** gebrek aan selfvertroue, twyfel aan jouself, onsekerheid. **~-duplication** selfduplisering, =vermenigvuldiging. **~-educated** selfonderrig, =opgelei(d). **~-education** selfopvoeding; selfonderrig. **~-effacement** teruggetrokkenheid, oorbeskeidenheid. **~-effacing** teruggetrokke, oorbeskeie. **~-elected** selfgekose. **~-elective** selfaanvullend *('n komitee ens.)*. **~-employed** selfstandig, in eie diens; selfwerksaam. **~-employment** selfwerksaamheid. **~-esteem** selfagting, =respek, gevoel van eiewaarde, selfgevoel. **~-evident** klaarblyklik, vanselfsprekend, voor die hand liggend; *it is* ~ *that* ... dit spreek vanself dat ...; dit behoef geen betoog nie dat ...; dit lê voor die hand dat ...; klaarblyklik ... **~-exaltation** selfverheffing. **~-examination** selfondersoek. **~-existent** onafhanklik, selfstandig. **~-explaining, ~-explanatory** selfverklarend; *the figures are* ~ die syfers spreek vir hulself (*of* is selfverklarend). **~-expression** selfontplooiing; selfuiting; selfuitlewing. **~-faced** ru, ongekap, onbewerk *('n steen)*. **~-feed(er)** selfvoerder; voerhok. **~-feeding** selfvoerend. **~-fertilisation, =zation** selfbevrugting. **~-figured** *(w.g.)* met effe patrone. **~-financed** selfgefinansie(e)r(d). **~-financing** *adj.* selffinansierend, =finansiërend. **~-flagellation** *(lett. en fig.)* selfkastyding. **~-flattering** selfstrelend. **~-flattery** selfstreling. **~-forgetful** onbaatsugtig, selfvergete, =vergetend. **~-forgetfulness** onbaatsugtigheid, selfvergetelheid. **~-fulfilling** selfvervullend. **~-fulfilment** selfverwesenliking. **~-gain** eie gewin. **~-generating** selfgenererend; selfontwikkelend. **~-glorification** selfverheerliking. **~-governing** selfbesturend, met selfbestuur. **~-government** selfbestuur. **~-hate, ~-hatred** selfhaat. **~-help** eiehulp. **~-humiliation** selfvernedering. **~-hypnosis** selfhipnose. **~-idolisation, =zation** selfvergoding. **~-igniting** selfontbrandend. **~-ignition** selfontbranding; *(mot.)* selfontsteking. **~-image** selfbeeld. **~-immolation** selfoffering. **~-importance** verwaandheid, eiedunk, eiewaan. **~-important** verwaand, vol eiewaan/eiedunk. **~-imposed** selfopgeleg. **~-improvement** selfverbetering. **~-incriminating** selfbeskuldigend. **~-indicating** selfaanwysend. **~-induced** *adj. (attr.)* selfveroorsaakte; *(elek.)* selfgeïnduseerde. **~-inductance** *(elek.)* selfinduktansie. **~-induction** *(elek.)* selfinduksie; *coefficient of* ~ selfinduktansie. **~-inductive** selfinduktief. **~-indulgence** selfbevrediging, =verwenning, gemaksug, genotsug. **~-indulgent** gemaksugtig, genotsugtig. **~-inflicted** selftoegedien(d). **~-instruction** selfonderrig. **~-interest** eiebelang, baatsug. **~-interested** baatsugtig. **~-invited** *adj. (attr.)* ongenooide *(gas)*. **~-involved** selfbehep. **~-involvement** selfbeheptheid. **~-justification** selfregverdiging. **~-justifying** selfregverdigend. **~-knowledge** selfkennis. **~-life** selflewe, selfbestaan. **~-loader, ~-loading rifle** selflaaier. **~-locking** selfsluitend; ~ *nut* selfsluitmoer. **~-love** eieliefde, selfsug. **~-lubricating** selfsmerend. **~-lubrication** selfsmering. **~-made** eiegemaak; ~ *man/woman* iem. wat hom=/haarself opgewerk het. **~-maiming** selfverminking. **~-mastery** selfbeheersing. **~mate** *n., (skaak)* selfmat. **~-medication** (mediese) selfbehandeling. **~-mistrust** gebrek aan selfvertroue. **~-mockery** selfspot. **~-mocking** selfspottend. **~-mortification** selfkastyding, =pyniging. **~-motion** spontane beweging. **~-motivated** selfgemotiveer(d). **~-motivating** selfmotiverend, selfmotiverings=. **~-motivation** selfmotivering. **~-moving** selfbewegend. **~-murder** *(vero.)* selfmoord; →SUICIDE. **~-murderer** *(vero.)* selfmoordenaar; →SUICIDE. **~-mutilation** selfverminking. **~-neglect** selfverwaarlosing. **~-observation** selfwaarneming. **~-oiling** selfsmerend, selfsmeer=, selfolie=. **~-opening** oopspringend. **~-operating** selfwerkend. **~-opinion** eiewaan, verwaandheid. **~-opinionated, ~-opinioned** eiesinnig, eiewys, wysneusig; verwaand. **~-parody** selfspot, =parodie. **~-parodying** selfspottend. **~-perfection** selfvolmaking. **~-perpetuating** selfbestendigend; selfvernuwend. **~-pity** selfbejammering, =beklag. **~-poisoning** *n.* selfvergiftiging. **~-poisoning** *adj.* selfvergiftigend. **~-pollinating** selfbestuiwend. **~-pollination** selfbestuiwing. **~-pollution** *(arg.: masturbasie)* selfbevlekking. **~-portrait** selfportret. **~-possessed** kalm, bedaard, koel, selfversekerd, selfbeheers. **~-possession** selfbeheersing, bedaardheid, koelheid, selfversekerdheid, =vertroue, kalmte, aplomb. **~-praise:** ~ *is no recommendation* eie lof/roem stink. **~-preservation** selfbehoud. **~-pride** eietrots. **~-priming** selfvoerend; ~ *pump* self-inspuitpomp. **~-proclaimed** *adj. (attr.)* selfverklaarde *(demokraat, rassis, ens.)*; selfgeproklameerde *(veiligheidsone ens.)*. **~-produced** selfvervaardig; selfgeproduseer; waarvan iem. self die produksie gelei het *(pred.)*. **~-propagating** selfvoortplantend. **~-propelled** selfgedrewe. **~-propelling** selfbewegend; ~ *pencil* draai=, vulpotlood. **~-raising** selfrysend; ~ *flour* bruismeel. **~-realisation, =zation** selfverwerkliking, =verwesenliking, =ontplooiing. **~-recording** selfregistrerend; ~ *instrument* registreertoestel. **~-regard** selfagting. **~-registering** selfregistrerend, =aanwysend. **~-regulating, ~-regulatory** selfreëlend, =regulerend. **~-reliance** selfvertroue, selfstandigheid. **~-reliant** selfstandig, vol selfvertroue. **~-renewing** selfvernuwend, =aanvullend. **~-renunciation** selfverloëning, =ontsegging, onbaatsugtigheid. **~-reproach** selfverwyt. **~-respect** selfagting, =gevoel, =respek, gevoel van eiewaarde; *wound s.o.'s* ~ iem. te na kom, iem. in sy/haar eer krenk/aantas. **~-respectful, ~-respecting** selfrespekterend, met eie waarde *(pred.)*, selfagtend. **~-restraint** selfbeheersing, =bedwang; selfbeperking. **~-reverence** selfagting. **~-revilement** selfverguising. **~-ridicule** selfspot. **~-righteous** selfvoldaan, eiegeregtig, hovaardig, farisees, fariseïes, selfbehaaglik. **~-righteousness** eiegeregtigheid, selfvoldaanheid, selfbehae. **~-righting** *(sk.)* wat vanself regop rol *(pred.)*. **~-rising** selfrysend; ~ *flour, (Am.)* = SELF-RAISING FLOUR. **~-rule** selfbestuur. **~-sacrifice** selfopoffering. **~-sacrificing** selfopofferend. **~-satisfaction** selfvoldaanheid, =voldoening, =ingenomenheid. **~-satisfied** selfvoldaan, =ingenome, verbeelderig, selfgenoegsaam. **~-scorn** selfveragting. **~-sealing** selfdigtend *('n binneband ens.)*; selfklewend *('n koevert ens.)*. **~-seeking** *n.* selfsug. **~-seeking** *adj.* selfsugtig. **~-service** selfbediening; ~ *lift* outomatiese hyser; ~ *shop/store* selfdien=, selfbedienings=, selfhelpwinkel; ~ *system* selfdienstelsel. **~-serving** selfsugtig. **~-slaughter** *(vero.)* selfmoord; →SUICIDE. **~-slayer** *(vero.)* selfmoordenaar; →SUICIDE. **~-sown** opslag=. **~-starter** selfgemotiveerde (persoon), ambisieuse persoon, iem. met eie inisiatief/ondernemingsgees; *(mot., vero.)* (self)aansitter. **~-sterile** *(biol.)* nie selfbevrugtend nie, outosteriel. **~-sterility** selfonvrugbaarheid, outosteriliteit. **~-study** selfondersoek. **~-styled** *adj. (attr.)* kastige, kam(s)tige, sogenaamde, kwasi=, wat hom/haar as ... voordoen (*of* vir ... uitgee) *(pred.)*. **~-sufficiency** selfversorging, selfvoorsiening. **~-sufficient, ~-sufficing** selfonderhoudend, =versorgend; selfstandig, onafhanklik *(v. denke, gees)*. **~-suggestion** = AUTOSUGGESTION. **~-supplier** selfversorger. **~-supplying** selfversorgend, =onderhoudend. **~-support** selfversorging. **~-supporting** selfversorgend, =onderhoudend; selfdraend; selfstandig; ~ *wall* vrystaande muur. **~-surrender** selfoorgawe. **~-sustaining** selfversorgend, =onderhoudend. **~-tapping screw** selfsnyskroef. **~-taught** selfonderrig, =opgelei(d); ~ *man/woman* outodidak. **~-timer** *(fot.)* selfontspanner, automatiese ontspanner. **~-toning** selfkleurend. **~-torment** selfkwelling, =foltering, =pyniging. **~-tormenter, ~-tormentor** selfkweller. **~-tormenting** selfkwellend. **~-torture** selfpyniging, =foltering, =kwelling. **~-treatment** selfbehandeling. **~-tuition** selfonderrig. **~-understanding** *n.* selfinsig, =begrip. **~-will** eiegeregtigheid, eiewysheid, eiesinnigheid. **~-willed** eiegeregtig, eiewillig, =sinnig, eiewys, hardkoppig, halsstarrig. **~-winding watch** outomatiese horlosie/oorlosie.

self·hood selfheid, persoonlikheid, ekheid.

self·ish selfsugtig, baatsugtig. **self·ish·ness** selfsug, baatsug.

self·less onselfsugtig, onbaatsugtig, selfopofferend. **self·less·ness** onselfsugtigheid, onbaatsugtigheid.

self·same einste, presies dieselfde.

Sel·juk *n., (hist., lid v. 'n dinastie, 11-13de eeu)* Seldjoek, Seldjuk. **Sel·juk** *adj.* Seldjoeks, Seldjuks.

sell *sells, n.* verkoop, verhandeling; *(infml.)* teleurstelling; *(arg.)* kullery, foppery, bedrog; *what a ~!* wat 'n teleurstelling!. **sell** *sold sold, ww.* verkoop, van die hand sit; verkoop word, van die hand gaan; afset vind, aftrek kry; aanbeveel; ingang laat vind, aan die man bring; verraai; *(arg.)* kul, fop, bedrieg; →SELLER, SELLING *n.*; ~ *s.t.* ***as is*** iets voetstoots verkoop; *s.t.* ~*s* ***at*** *R50 each* iets verkoop vir/teen R50 stuk; ~ ***by*** ... verkoop voor ... *('n datum)*; ~ *one's* ***country*** jou land verraai; ~ *s.t.* ***for*** *R500/etc.* iets vir R500/ens. verkoop; *it* ~*s* ***for*** ... dit kos ..., die prys is ...; ~ *like* ***hot cakes*** soos soetkoek (*of* vlot van die hand) gaan; ~ *an* ***idea*** →IDEA; ~ *one's* ***life*** *dearly* →LIFE; ~ *s.t.* ***off*** iets uitverkoop *(goedere)*; iets afverkoop *(grond)*; ~ *s.o.* ***on*** *s.t., (infml.)* iem. tot iets oorhaal (*of* van iets oortuig); ~ ***out*** alles verkoop; jou hele voorraad verkoop; uitverkoop, jou saak/plaas verkoop; ~ ***out*** *s.t.* iets verkoop; iets uitverkoop; ~ ***out*** *s.o.* iem. verraai/uitlewer; ~ *the* ***pass*** →PASS *n.*; ~ *s.t.* ***privately*** (*or by* ***private treaty***) iets uit die hand verkoop; ~ *s.o. a* ***pup*** →PUP *n.;* ~ *s.o. down the* ***river*** →RIVER; *s.o.* ~*s* ***short,*** *(aandelemark)* iem. verkoop op daling; ~ *s.o.* ***short*** iem. nie na waarde skat nie, iem. te kort doen; ~ *one's* ***soul*** jou siel ver= koop; ~ *s.t.* ***to*** *s.o.* iets aan iem. verkoop; ~ ***up*** uitver= koop, jou saak/plaas verkoop; ~ ***up*** *s.o.* iem. uitver= koop; *it* ~*s* ***well*** dit kry/geniet/vind goeie aftrek. **~-by date** vervaldatum; *s.t is (long) past its* ~ ~ die ver= valdatum van iets het (lankal) verstryk; *(infml.)* iets is (lankal) uitgedien(d); *s.o. is past his/her* ~ ~, *(infml.)* iem. is oor die muur (*of* op die afdraand[e]), iem. se beste dae is verby (*of* agter die rug), iem. het beter dae geken. **~-off** *n.* uitverkoping. **~-out** *n.* uitverkoping; verraad; prysgewing, uitlewering, oorgawe; *(vnl. SA)* verraaier, kollaborateur, hen(d)sopper, *(Ngu.)* impimpi.

sel·land·ers →SALLENDERS.

sell·er verkoper; →BESTSELLER; ~*s' market* verkopers= mark.

sell·ing *n.* verkoop; *art of* ~ verkoopkuns; *heavy* ~ druk verkope. **~-off** afverkoop. **~-out** uitverkoping. ~ **plate,** ~ **race** *(perdewedrenne)* veilingren. ~ **point** verkoop= argument. ~ **price** verkoopprys; verkoopsom. ~ **value** verkoopwaarde.

Sel·lo·tape *n., (handelsnaam, ook s~)* kleefband, =lint; *a roll of* ~ 'n rol kleefband/=lint, 'n kleefband=/kleef= lintrol. **Sel·lo·tape** *ww., (gew. s~)* met kleefband/ kleeflint vasplak/toeplak/ens..

selt·zer (wa·ter) *(vero.)* selterswater; →SODA WATER.

Se·lu·kwe *(geog., vero.)* →SHURUGWI.

sel·va oerwoud, selva *(vnl. i.d. Amasonekom).*

sel·vedge, *(hoofs. Am.)* **sel·vage** *(tekst., geol.)* self= kant. ~ **thread** sterk=, skering=, lengtedraad.

se·man·teme *(ling.: kleinste betekenisdraende eenh.)* semanteem.

se·man·tic *adj.* semanties, betekenis=. **se·man·ti·cist** semantikus. **se·man·tics** *n. (fungeer gew. as ekv.)* bete= kenisleer, semantiek.

sem·a·phore semafoor, seintoestel, armtelegraaf, seinpaal.

se·ma·si·ol·o·gy *(w.g., ling.)* semasiologie; →SEMAN= TICS. **se·ma·si·o·log·i·cal** semasiologies. **se·ma·si·ol= o·gist** semasioloog.

se·mat·ic *adj., (soöl.)* sematies *(kleuring).*

sem·blance skyn, voorkoms; sweem; ***avoid*** *any* ~ *of ...* alle/elke skyn van ... vermy *(partydigheid ens.);* ***bear*** *the* ~ *of ...* na ... lyk, die voorkoms van ... hê; ***have*** *the* ~ *of ...* die skyn van ... hê; ***not*** *a* ~ *of ...* geen skyn van ... nie *(d. waarheid ens.);* ***put*** *on a* ~ *of ...* maak (as)of jy ... is *(spyt ens.),* jou ... voordoen *(vriendelik ens.);* ***with= out*** *a* ~ *of ...* sonder 'n sweem van ... *(berou ens.).*

se·mei·ol·o·gy = SEMIOTICS.

se·meme *(ling.: betekenisdraende deel v. 'n morfeem)* se= meem.

se·men saad, sperma.

se·mes·ter semester, halfjaar.

sem·i =*is, n., (infml.)* skakel=, tweeling=, koppelhuis, half= vrystaande huis (→SEMIDETACHED HOUSE); halfeind= stryd; *(Am.)* leunwa.

sem·i= *pref.* half=, semi=; deels. **~annual** halfjaarliks. **~aquatic** *(biol.)* halfwaterbewonend. **~arid** halfdor. **~automatic** semi-, half-outomaties; ~ *rifle* semi-outo= matiese geweer, selflaaier. **~autonomous** semi-outo= noom *('n streek ens.);* deels onafhanklik. **~barbarian** halwe barbaar; halfbarbaar. **~basement** gedeeltelik ondergrondse verdieping. **~bold** *adj., (druk.)* halfvet. **~breve** *(mus.)* hele noot. **~chorus** *(mus.)* halfkoor. **~circle** halwe sirkel, halfsirkel, halwe kring, halfmaan. **~circular** halfrond, halfkring=, halfsirkelvormig; ~ *arch* halfronde boog; ~ *canal, (anat.)* halfsirkelkanaal, boog= gang; ~ *vault, (bouk.)* tongewelf. **~civilised, =ized** halfbeskaaf. **~colon** kommapunt. **~conducting** *adj., (elek.)* halfgeleidend. **~conductor** *(elek.)* halfgeleier. **~conscious** half bewusteloos. **~consciousness** half= bewussyn. **~cylindrical** halfsilindries. **~darkness** half= donkerte. **~derelict** halfvervalle, =bouvallig *('n gebou ens.).* **~desert** *n.* halfwoestyn. **~desert** *adj.* halfwoes= tynagtig. **~detached** halfvrystaande, halflos; ~ *house* skakel=, tweeling=, koppelhuis, halfvrystaande huis, deelhuis. **~diameter** *(geom.)* halfdeursnee, =deursnit; straal, halwe middellyn. **~documentary** =*ries, n.* semi= dokumentêr, semidokumentêre film/(rol)prent. **~docu= mentary** *adj.* semidokumentêr. **~dome** halfkoepel. **~double** *adj.* halfdubbel *('n blom).* **~final** halfeind= stryd; halfeindwedstryd. **~finalist** halfeinddeelnemer. **~final round** halfeindronde. **~finished** half afgewerk; ~ *product* halffabrikaat. **~fit** deels geskik. **~floating axle** *(meg.)* halfvry(e) as. **~fluid** *n.* halfvloeibare stof, halfvloeistof. **~fluid** *adj.* halfvloeibaar. **~formal** semi=, halfformeel. **~-independent** semi-onafhanklik. **~-in= finite** *adj., (wisk.)* halfoneindig. **~-invalid** halfinvalide. **~literate** half geletterd. **~lunar** halfmaanvormig; ~ *valve, (anat.)* halfmaanklep. **~lunate** = SEMILUNAR. **~manufactured article** halffabrikaat. **~metal** *(chem.)* halfmetaal. **~monthly** *(hoofs. Am.)* halfmaandeliks. **~mute** *n., (vero.)* halfstomme. **~mute** *adj.* halfstom. **~official** halfamptelik, offisieus. **~opaque** halfdeur= skynend. **~permanent** half=, semipermanent. **~per= meable** halfdeurlatend, =deurdringbaar. **~precious stone** halfedelsteen, siersteen. **~pro** =*pros, (infml., afk.),* **~professional** *n.* semi=/halfprofessionele musikant/ sportmens/ens.. **~pro** *(infml., afk.),* **~professional** *adj.* semi=, halfprofessioneel. **~quaver** *(mus.)* sestiende noot. **~retired** half-uitgetree. **~rigid** halfstyf. **~shrub** = SUB= SHRUB. **~skilled** half geskool(d). **~skimmed milk** half= roommelk. **~smile** *n.* halwe glimlag, skewe/effense/ flou glimlag(gie). **~solid diet** ligte dieet. **~submersible drilling platform** booreiland. **~sweet** halfsoet. **~syn= thetic** *adj., (chem.)* half=, semisinteties. **~tone** *(mus.)* halwe toon. **~trailer** *(hoofs. Am.)* bastersleepwa, leunwa, oplêer. **~transparent** halfdeurskynend. **~tropic(al)** subtropies. **~urban** halfstedelik. **~vowel** halfvokaal, =klinker. **~weekly** halfweekliks.

sem·i·nal saad=; kiem=; ~ ***animalcule/filament*** saad= diertjie; ~ ***book*** gedagteryke/vrugbringende/gedagte= prikkelende (*of* hoogs invloedryke) boek; ~ ***discharge*** saadlosing, =loop, =skieting; ~ ***duct*** saadbuis, =leier; ~ ***fluid*** saadvog, =vloeistof; ~ ***guide*** saadleiers; ~ ***leaf*** saadlob, kiemblaar(tjie); ~ ***mind*** bevrugtende gees; ~ ***receptacle*** saadsakkie; *in the* ~ ***state*** onontwikkel(d), rudimentêr; ~ ***vesicle/vessel*** saadblasie, =sakkie.

sem·i·nar seminaar, studiegroep. **sem·i·nar·i·an, sem= i·nar·ist** seminaris. **sem·i·nar·y** seminarie; *theological* ~ (teologiese) kweekskool.

sem·i·nate *(vero.)* saai; versprei, uitsaai; →DISSEMI= NATE. **sem·i·na·tion** *(vero.)* saadverspreiding; saaduit= storting; →DISSEMINATION.

sem·i·nif·er·ous saaddraend, =voortbrengend.

se·mi·ol·o·gy = SEMIOTICS.

se·mi·ot·ics *n. (fungeer as ekv.)* semiotiek. **se·mi·ot·ic, se·mi·ot·i·cal** *adj.* semioties.

Sem·ite *(lid v. 'n volk)* Semiet. **Se·mit·ic** *n., (taalgroep)* Semities. **Se·mit·ic** *adj.* Semities. **Sem·i·tism** Semi= tisme.

sem·o·li·na griesmeel, semolina.

sem·pi·ter·nal altyddurend, ewigdurend.

sem·pli·ce *adj. & adv., (It., mus.)* semplice, eenvoudig.

sem·pre *adv., (It., mus.)* sempre, deurgaans.

semp·stress = SEAMSTRESS.

sen *(geldeenh.)* sen.

se·nar·i·us =*ii, n., (pros.)* senarius, sesvoetige vers; jam= biese trimeter.

sen·a·ry *n., (w.g.)* sestal. **sen·a·ry** *adj.* sestallig.

sen·ate *(parl.)* senaat; hoërhuis. **sen·a·tor** senator. **sen= a·to·ri·al** senatoriaal, senaats=, van die senaat.

send[1] *sent sent, ww.* stuur, uitstuur, wegstuur, (ver)= send; toestuur; →SENDER; ~ *s.o./s.t.* ***across*** iem./iets oorstuur; ~ *s.o.* ***after*** *s.o. else* iem. agter iem. anders aan stuur; ~ *s.o.* ***ahead*** iem. vooruitstuur; ~ *s.o.* ***along*** *with s.o. else* iem. saam met iem. anders stuur; ~ *s.o./ s.t.* ***away*** iem./iets wegstuur; ~ ***away/off*** *for s.t.* iets laat kom; iets laat haal; iets bestel; ~ *s.o./s.t.* ***back*** iem./ iets terugstuur; ~ *s.o. about his/her* ***business*** →BUSI= NESS; ~ *s.t.* ***down*** iets afstuur, iets ondertoe stuur; iets laat daal *(pryse, d. temperatuur, ens.);* iets verminder *(iem. se koors ens.);* ~ *s.o.* ***down*** iem. ondertoe stuur; iem. uit die universiteit sit; iem. tronk toe stuur; ~ *s.o.* ***flying*** →FLYING *adj.;* ~ ***for*** *s.t.* iets laat kom; iets laat haal; iets bestel; ~ ***for*** *s.o.* iem. ontbied, iem. laat kom; iem. laat haal; iem. laat roep; ~ *s.o./s.t.* ***forth*** iem./iets uitstuur; ~ ***forth*** *buds* →BUD[1] *n.;* ***God*** ~ *..., (vero.)* mag God gee dat ...; ~ *s.o.* ***home*** iem. huis toe stuur; ~ *s.o./ s.t.* ***in*** iem./iets instuur; ~ *s.t.* ***in,*** *(ook)* iets laat inskryf/ inskrywe *(jou naam ens.); s.t.* ~*s s.o.* ***mad/crazy/etc.*** iets maak iem. byna mal/ens.; ~ *a* ***message*** →MESSAGE; ~ *s.t.* ***off*** iets afstuur/wegstuur; ~ *s.o.* ***off*** iem. wegsien, 'n afskeidsgroet aan iem. bring; iem. van die veld stuur *('n speler);* ~ ***off*** *for s.t.* →***away/off;*** ~ *s.t.* ***on*** iets deur= stuur; iets aanstuur; iets vooruitstuur; iets nastuur; ~ *s.o.* ***on*** iem. vooruitstuur; ~ ***out*** *for s.t.* iets laat kom; iets laat haal; iets bestel; ~ *s.t.* ***out*** iets uitstuur/weg= stuur; iets versprei *('n reuk ens.);* ~ *s.o./s.t.* ***over*** iem./ iets oorstuur; ~ *s.o.* ***packing*** →PACK *ww.;* ~ *s.o.* ***rolling*** *down the stairs* →ROLLING; ~ *s.t.* ***round*** iets omstuur/ rondstuur; ~ *s.o. to* ***sleep*** iem. aan die slaap maak (*of* laat raak/val); ~ *s.o./s.t.* ***to*** *...* iem./iets na ... stuur; ~ *s.t.* ***up*** iets opstuur, iets boontoe stuur; iets laat styg *(pryse, d. temperatuur, ens.);* iets verhoog *(iem. se koors ens.);* iets laat opstyg *('n ballon ens.);* ~ *s.o./s.t.* ***up,*** *(infml.)* iem./ iets belaglik maak, met iem./iets die draak steek; ~ *s.o. on his/her* ***way*** iem. weghelp; ~ ***word*** →WORD *n.* **~-off** afskeid; afskeidsfuif, =party; *give s.o. a good* ~ deeglik van iem. afskeid neem. **~-up:** *a* ~ *of s.o./s.t., (infml.)* 'n draakstekery met iem./iets.

send[2] *n. & ww., (sk.)* →SCEND.

sen·dal *(hist.)* dun sy; kledingstuk van dun sy.

send·er sender; afsender; *(telegr.)* seingewer; *(telef.)* mikrofoon; sleutel. ~ **unit** sendeenheid.

se·ne·ci·o: ~ **poisoning** = SENECIOSIS. **se·ne·ci·o·sis** *(veearts.)* dunsiekte *(by perde);* senekiose, senecio-ver= giftiging, sprinkaanbosvergiftiging, skitterysiekte.

Sen·e·gal *(geog.)* Senegal. **Sen·e·ga·lese** *n. & adj.* Se= negalees.

Sen·e·gam·bi·a *(geog.)* Senegambië.

se·nes·cent *(biol.)* verouderend. **se·nes·cence** ver= oudering.

sen·e·schal *(hist.)* hofmeier, hofmeester.

se·nhor =*nhor(e)s, (Port.)* meneer; heer.

se·nho·ra =*ras, (Port.)* mevrou; dame.

se·nho·ri·ta =*tas, (Port.)* juffrou; meisie, jong dame.

se·nile kinds, seniel, afgetakel(d), afgeleef, *(fig.)* af= tands; ouderdoms=; ~ *decay* ouderdomsverval, seniele aftakeling; ~ *dementia* ouderdomsdemensie. **se·nil·i·ty** ouderdomswakte, seniliteit, afgeleefdheid.

sen·ior *n.* senior, meerdere; *(student)* senior; *(sport)* senior (deelnemer); senior, bejaarde, pensioenaris; *s.o. is ... years s.o. else's* ~ iem. is ... jaar ouer as iem. anders; iem. is ... jaar voor/bo iem. anders; *the most* ~ die hoog= ste in rang; die oudste in diensjare. **sen·ior** *adj.* ouer, oudste; hoër in rang; hoog(geplaas), senior; ~ ***deputy chairman*** eerste ondervoorsitter; *the* ~ ***members*** *of the family* die oudste lede van die gesin; ***most*** ~ ver= naamste, hoogs geplaaste, hoogste in rang, oudste in diensjare; ~ ***officer/official*** hooggeplaaste amptenaar; *s.o. is ... years* ~ ***to*** *s.o. else* iem. is ... jaar ouer as iem. anders; iem. is ... jaar voor/bo iem. anders. **S~ Certifi= cate Examination** *(opv.)* Senior Sertifikaat-eksamen. ~ **citizen** *(euf.)* senior burger. **S~ Counsel** *(jur., afk.:* SC*)* Senior Advokaat *(afk.:* SA*),* Senior Consultus *(afk.:* SC*).* ~ **management** →TOP MANAGEMENT. ~ **officer** *(mil.)* hoë offisier. ~ **partner** hoof van die firma, hoof= vennoot. ~ **registrar** *(med.)* senior registrateur (*of* kli= niese assistent). ~ **service** *(Br., ook S~ S~)* Konink= like Vloot.

sen·ior·i·ty voorrang, ansiënniteit; senioriteit; hoër ouderdom; hoër rang; *by virtue of* ~ op grond van diensjare.

sen·na *(Cassia* spp.*)* kassie, kassia, senna(plant), sene= plant; *(purgeermiddel)* senna(blare), seneblare; *Alexan= drian* ~, *(Cassia acutifolia)* Aleksandrynse/Alexan= drynse senna; *Arabian* ~, *(Cassia angustifolia)* Ara= biese senna. ~ **pod** senna=, senepeul. ~ **tea** aftreksel van senna=/seneblare.

Sen·nach·er·ib *(koning v.Assirië, 705-681 v.C.)* Sanherib.

sen·net *(teat., hist.)* trompetgeskal, fanfare.

sen·night *(arg.)* week, ag(t) dae.

sen·nit, sin·net *(sk.)* platting, plat tou.

Se·no·ni·an *n., (geol.)* Senoon. **Se·no·ni·an** *adj.* Senoon=.

se·ñor =*ñor(e)s, (Sp.)* meneer; man.

se·ño·ra =*ras, (Sp.)* mevrou; vrou.

se·ño·ri·ta =*tas, (Sp.)* juffrou; meisie, jong dame.

Se·nous·si →SENUSSI.

sen·sate *adj.* sintuiglik waarnemend; sintuiglik ingestel(d).

sen·sa·tion gewaarwording, gevoel, sensasie, aandoening; sensasie, opskudding, opspraak; *cause/create/produce a* ~ 'n opskudding veroorsaak, opspraak (ver)wek, opsien baar, sensasie maak/(ver)wek; *have a* ~ *of giddiness/etc.* duiselig/ens. voel. ~**-loving** →SENSATION-SEEKING *adj.*. ~ **monger** sensasiewekker. ~ **seeker** sensasiesoeker. ~**-seeking** *n.* sensasiejag. ~**-seeking,** ~**-loving** *adj.* sensasiebelus.

sen·sa·tion·al opsienbarend, sensasiewekkend, sensasioneel, gerugmakend, opspraakwekkend; *(infml.)* sensasioneel, fantasties, ongelooflik; gevoels=, gewaarwordings=; ~ ***news*** sensasieberig; ~ ***novel*** sensasieroman; ~ ***play*** sensasiestuk; ~ ***reading matter*** prikkellektuur; ~ ***story*** sensasieverhaal. **sen·sa·tion·al·ism** sensasiewekkende gedrag/geskryf/ens.; sensasielus, =sug; effek=, sensasiebejag; *(filos.)* sensualisme, sinlike-gewaarwordingsleer. **sen·sa·tion·al·ist** *n.* sensasiesoeker; *(filos.)* sensualis. **sen·sa·tion·al·ist, sen·sa·tion·al·is·tic** *adj.* sensasiebelus, =soekend, sensasie=; *(filos.)* sensualisties.

sen·sa·tion·ism *(filos.)* →SENSATIONALISM.

sense *n.* sin, sintuig; gevoel, gewaarwording; besef, begrip, verstand; betekenis, sin; strekking; ***aesthetic*** ~, ~ *of* ***beauty*** skoonheidsgevoel, skoonheidsin; *be* ***bereft*** *of one's* ~*s* van jou sinne beroof wees; ***bring*** *s.o. to his/her* ~*s* iem. tot besinning bring; ~ *of* ***colour, chromatic*** ~ kleursin, =gevoel; ***come*** *to one's* ~*s* weer by jou sinne kom; ***common*** ~ →COMMON *adj.*; *s.o.'s* ~ *of* ***direction*** →DIRECTION; ~ *of* ***duty*** →DUTY; *have a high* ~ *of* ***duty*** plig(s)getrou wees; *in* ***every*** ~ in elke opsig; in alle opsigte; ~ *of* ***feeling*** →***touch/feeling;*** *the* ***five*** ~*s* die vyf sinne/sintuie; ~ *of* ***form*** vormgevoel; *be* ***frightened*** *out of one's* ~*s* →FRIGHTENED; ***good*** ~ →GOOD SENSE; *have the* ***good*** ~ *to do s.t.* so verstandig wees (*of* die verstand hê) om iets te doen; *it* ***gratifies*** *the* ~*s* dit streel die sinne; ~ *of* ***guilt*** skuldgevoel, =besef; ~ *of* ***hearing*** →HEARING; ~ *of* ***honour*** eergevoel; *have a* ~ *of* ***humour*** →HUMOUR *n.*; ***in a (certain)*** ~ in sekere sin; ~ *of* ***justice*** regsgevoel, =bewussyn; ***knock*** *some* ~ *into s.o.* iem. tot rede bring; *take* ***leave*** *of one's* ~*s* van jou verstand/kop af raak; *s.o. has taken* ***leave*** *of his/her* ~*s* iem. is van sy/haar sinne beroof; *have you taken* ***leave*** *of your* ~*s?* is jy van jou sinne beroof?, is jy van jou kop/wysie af?; ~ *of* ***locality*** →LOCALITY; ***make*** ~ *(out) of s.t.* iets verstaan; *it doesn't* ***make*** ~ *to* ... dit is onsinnig om ..., dit het geen/nie sin om ... nie; *it* ***makes*** ~ dit het sin (*of* is sinvol); *it* ***makes*** *no* ~ dit is sinloos (*of* het geen sin nie); ('n) mens kan niks daaruit wys word nie; *it* ***makes*** ~ *to* ... dit is verstandig om te ...; *be a* ***man/woman*** *of* ~ 'n verstandige man/vrou wees; *in the* ***narrow*** ~ in die beperkte sin; *there is* ***no*** ~ *in it* dit is sinloos, dit het geen sin nie; ('n) mens kan niks daaruit wys word nie; ***of*** *the* ~*s* sin(ne)lik; ***organ*** *of* ~ →SENSE ORGAN; *be* ***out*** *of one's* ~*s* van jou verstand/kop/wysie af wees, van jou sinne/verstand beroof wees; *are you* ***out*** *of your* ~*s?* is jy van jou sinne beroof? (*of* mal? *of* van jou verstand/kop/wysie af? *of* nie by jou volle verstand nie?); *not have a* ***particle*** *of* ~ geen greintjie verstand hê nie; *have a* ~ *of* ***proportion*** →PROPORTION *n.*; ~ *of* ***reality*** →REALITY; ***recover*** (*or* ***return*** *to) one's* ~*s* weer by jou sinne kom; *have a* ~ *of* ***responsibility*** →RESPONSIBILITY; *in the* ***same*** ~ in dieselfde gees; ~ *of* ***shame*** skaamtegevoel; ~ *of* ***sight*** →SIGHT *n.*; ~ *of* ***sin*** sondebesef; *one's* ***sixth*** ~ ('n) mens se sesde sintuig; ~ *of* ***smell*** →SMELL *n.*; *in one's* ***sound*** *and sober* ~*s* by jou volle verstand, in die volle/ongesteurde/ongestoorde besit van jou gees(tes)vermoëns; *in the* ***strict*** ~ in engere sin, in die enge sin; noukeurig beskou; ***take*** *the* ~ *of the meeting* die gevoel(ens) van die vergadering toets; ***talk*** ~, *(infml.)* verstandig praat; ***talk*** ~*!, (infml.)* moenie kaf praat nie!; *now you're* ***talking*** ~*!, (infml.)* nou praat jy!; ~ *of* ***taste*** →TASTE *n.*; ~ *of* ***touch/feeling, tactile*** ~ tassin, gevoel(sin); ~ *of* ***value(s)*** →VALUE *n.*; ~ *of* ***vocation*** roepingsbesef; ***what*** *is the* ~ *of doing a thing like that?* wat baat/help dit om so iets te doen?; *be a* ***woman*** *of* ~ →***man/woman;*** *in the strict/full/proper* ~ *of the* ***word*** in die eintlike/volle/werklike sin/betekenis van die woord; *labour under a* ~ *of* ***wrong*** meen dat jy veron(t)reg/verongelyk is. **sense** *ww.* gewaarword, (aan)voel, besef. ~ **datum** *(filos.)* sintuiglike gegewe. ~ **impression** gewaarwording, gevoelsindruk. ~ **organ** sintuig.

sense·less gevoelloos; bewusteloos; dwaas, verstandeloos, geesteloos; onsinnig, sinloos; *knock s.o.* ~ iem. bewusteloos slaan. **sense·less·ly** dwaas(lik). **sense·less·ness** gevoelloosheid; bewusteloosheid; sinloosheid; dwaasheid.

sen·si·ble waarneembaar, voelbaar, merkbaar; bewus; verstandig; oordeelkundig; *(filos.)* waarneembaar, fenomenaal; *be* ~ *about s.t.* iets verstandig beskou; ~ *heat* waarneembare warmte; *be* ~ *of s.t.* iets besef; van iets bewus wees; vir iets gevoelig wees. **sen·si·bil·i·ty** gevoeligheid, ontvanklikheid, vatbaarheid; fyngevoeligheid; erkentlikheid; *offend s.o.'s sensibilities* iem. se gevoelens kwets. **sen·si·ble·ness** verstandigheid. **sen·si·bly** verstandig; merkbaar, voelbaar, waarneembaar.

sens·ism *(filos.)* →SENSATIONALISM.

sen·si·tise, =tize sensitiseer, sensibiliseer, gevoelig/vatbaar maak; ~*d paper* gevoelige papier. **sen·si·ti·sa·tion, =za·tion** sensitisasie, sensitisering, sensibilisasie, sensibilisering, gevoeligmaking, vatbaarmaking.

sen·si·tive *n.* medium, gevoelige persoon, heldersiende. **sen·si·tive** *adj.* gevoelig, sensitief; fyngevoelig, liggeraak, dunvellig, prikkelbaar; ~ ***drill*** snelboor; ~ ***nerve*** gevoelsenu(wee); ~ ***plant,*** *(Mimosa pudica)* skaamkruid; *(Melianthus* spp.*)* kruidjie-roer-my-nie; *be* ~ ***to*** ... vir ... gevoelig wees. **sen·si·tive·ness** (fyn)gevoeligheid; liggeraaktheid, prikkelbaarheid. **sen·si·tiv·i·ty** gevoeligheid, sensitiwiteit; *(ook, i.d. mv.)* gevoelens.

sen·si·tom·e·ter *(fot.)* sensitometer.

sen·sor sensor.

sen·so·ri·mo·tor, sen·so·mo·tor *adj., (fisiol.)* sensomotories.

sen·so·ri·um =*ria,* =*riums* gevoelsetel, bewussynsentrum, sensorium. **sen·so·ri·al** sensories, sensoriaal.

sen·so·ry gewaarwordend, sintuiglik, sensories, gevoels=; ~ ***cell*** sintuigsel; ~ ***hair*** voelhaar; ~ ***nerve*** gevoelsenu(wee); ~ ***organ*** voelorgaan, gevoels=, sinsorgaan.

sen·su·al sin(ne)lik, vleeslik, sensueel; wellustig; ~ *enjoyment* singenot. **sen·su·al·ise, =ize** versin(ne)lik. **sen·su·al·ism** sin(ne)likheid; wellustigheid; *(filos.)* sensualisme, sin(ne)like-gewaarwordingsleer. **sen·su·al·ist** *n.* sin(ne)like mens; wellusteling; *(filos.)* sensualis. **sen·su·al·ist, sen·su·al·is·tic** *adj.* sensualisties. **sen·su·al·i·ty** sin(ne)likheid, vleeslikheid, sensualiteit; wellus; *wallow in* ~ in wellus/sin(ne)likheid swelg.

sen·sum *sensa, (filos.)* sintuiglike gegewe.

sen·su·ous van die sinne, sintuiglik; sin(ne)lik, sinstrelend, sins=. **sen·su·ous·ness** sintuiglikheid; sin(ne)likheid.

sent (het) gestuur; →SEND[1] *ww.*.

sen·tence *n., (gram.)* (vol)sin; *(jur.)* vonnis, oordeel; *(vero.)* doemvonnis; ~ *of* ***death*** die doodsvonnis; ***deliver*** ~ →***pronounce/deliver;*** ***execute*** *the* ~ *of death* die doodsvonnis voltrek; ***impose*** *a* ~ *on s.o.* iem. 'n vonnis oplê, 'n vonnis aan iem. oplê; ***pass*** ~ *on s.o.* 'n vonnis oor iem. vel/uitspreek, iem. vonnis; ***pronounce/deliver*** ~ die vonnis vel/uitspreek; ~ *for* ***robbery/etc.*** straf vir roof/ens.; ***serve*** *a* ~ 'n vonnis/straftyd uitdien/uitsit; *be* ***under*** ~ *of death* ter dood veroordeel wees; *a person* ***under*** ~ 'n veroordeelde. **sen·tence** *ww.* veroordeel, vonnis; ~ *s.o. to death* iem. ter dood veroordeel; ~ *s.o. to five/etc. years('imprisonment)* iem. tot vyf/ens. jaar tronk=/gevangenisstraf vonnis/veroordeel, iem. vyf/ens. jaar tronk=/gevangenisstraf oplê.

sen·ten·tious orakelagtig, (kamma) diepsinnig; bondig, kernagtig, pittig, sentensieus. **sen·ten·tious·ness** orakelagtigheid; bondigheid.

sen·tient *n.* voelende wese. **sen·tient** *adj.* voelend, met gevoel, waarnemend; ~ *being* voelende/redelike wese. **sen·tience** waarnemingsvermoë, gevoelsvermoë, gevoel.

sen·ti·ment gevoel, sentiment; sentimentaliteit; mening, gedagte, idee; heildronk; ***create*** ~ stemming maak; *these are* ***my*** ~*s* so dink ek daaroor, dit is my mening; ***propose*** *a* ~ 'n heildronk instel; ***share*** *s.o.'s* ~*s on s.t.* dit met iem. oor iets eens wees; *be* ***swayed*** *by* ~ jou deur jou gevoel laat lei. **sen·ti·men·tal** sentimenteel, gevoelerig, oorgevoelig; verliefderig; stroperig; ~ *value* sentimentele waarde. **sen·ti·men·tal·ise, =ize** sentimenteel wees/maak, sentimentaliseer. **sen·ti·men·tal·ism** gevoelerigheid, gevoelsmoraal, sentimentalisme. **sen·ti·men·tal·ist** (oordrewe) gevoelsmens, sentimentalis. **sen·ti·men·tal·i·ty** gevoelerigheid, oorgevoeligheid, sentimentaliteit; *sloppy* ~, *(infml.)* stroperige sentimentaliteit, stroperigheid.

sen·ti·nel *n.* wag, skildwag; brandwag; *stand* ~ skildwag staan. **sen·ti·nel** =*ll*=, *ww.* waghou (*of* wag hou) oor, bewaak; op wag sit.

sen·try skildwag; skildwagdiens; *post sentries* wagte uitsit; *stand* ~, *be on* ~ *duty* (op) wag staan. ~ **box** (skild)waghuisie. ~**-go** *(mil.): be on* ~ op wag wees. ~ **post** wagpos.

Se·nus·si, Se·nu·si, Se·nous·si *(lid v. 'n Moslemsekte)* Senoesi.

Seoul *(geog.)* Seoel.

se·pal *(bot.)* kelkblaar. **se·pal·ine, se·pal·oid** kelkblaaragtig, kelkblaar=.

sep·a·ra·ble skei(d)baar. **sep·a·ra·bil·i·ty** skei(d)baarheid.

sep·a·rate *n., (druk.)* separaat, oordruk (→SEPARATUM); *(ook, i.d. mv.: afsonderlik gekombineerde kledingstukke)* paarstelle. **sep·a·rate** *adj.* afsonderlik, apart, afgesonder(d), geskeie, afgeskei(e); opsigselfstaande; ~ ***development,*** *(SA pol.gesk., euf. vir* apartheid*)* aparte/afsonderlike/eiesoortige ontwikkeling; ~ ***estate*** eie besitting, afsonderlike boedel *(v. 'n eggenote)*; *send by* ~ ***post*** onder afsonderlike omslag stuur; *they live in* ~ ***rooms*** hulle woon in aparte/afsonderlike kamers. **sep·a·rate** *ww.* skei, afskei, verdeel, afsonder; afhok, afkamp; uitmekaar maak; uitmekaar gaan, uiteengaan; *a* ~*d* ***couple*** 'n geskeide paartjie; ~ ***cream*** melk afroom; ~ *s.o./s.t.* ***from*** ... iem./iets van ... losmaak/skei; *separating* ***funnel*** skeitregter; *the* ***ingredients*** *will* ~ die bestanddele sal skif; ~*d* ***milk*** afgeroomde melk, ondermelk; ~ ... ***out*** ... skei; ... afsonder; ... afskei; ... onderskei; ... uitmekaar hou (*of* uitmekaarhou); *s.t.* ~*s* ***out,*** *(teg.)* iets skei (*of* word geskei). **sep·a·rate·ly** afsonderlik, apart. **sep·a·rate·ness** afsonderlikheid, apartheid, geskeidenheid.

sep·a·ra·tion skeiding; afskeiding, afsondering; verwydering; geskeidenheid; *judicial* ~, ~ *from bed and board* geregtelike skeiding, skeiding van tafel en bed; ~ *of goods* boedelskeiding. ~ **allowance** skeidingstoelae. ~ **order** skeidingsbevel.

sep·a·ra·tism separatisme; strewe na onafhanklikheid/afskeiding; *political* ~ (strewe na) politieke onafhanklikheid; *racial* ~ rasseskeiding, =segregasie. **sep·a·ra·tist** *n.* separatis, bevorderaar van separatisme, afskeier; afgeskeidene. **sep·a·ra·tist, sep·a·ra·tis·tic** *adj.* separatisties, afskeidingsgesind; *separatist church* afgeskeie kerk.

sep·a·ra·tive (af)skeidend.

sep·a·ra·tor skeier; afskeier; roomafskeier, roommasjien, afromer. ~ **plate** skeiplaat.

sep·a·ra·trix =*trices,* =*trixes, (druk.)* skuins=, dwarsstreep.

sep·a·ra·tum -rata, *(druk.)* oordruk, afdruk, separaat.
Se·pe·di *(SA taal)* Sepedi.
Se·phar·di -dim, *(Sp./Port. Jood)* Sefardi; →ASHKENAZI. **Se·phar·dic** Sefardies.
se·pi·a sepia(kleur), rooi-, donker-, sjokolade-, swartbruin; sepia(foto); sepia-ink, rooi-/donker-/sjokolade-/swartbruin (water)verf/kleurstof/ink; sepiaskets; *(swartbruin vog v.d. inkvis)* sepia.
se·pi·o·lite *(min.)* = MEERSCHAUM.
se·poy *(hist.: Ind. soldaat onder Br. bevel)* sipoy, sepoy, sipahi.
sep·pu·ku *(Jap.)* seppoekoe, rituele selfmoord; →HARAKIRI.
seps *(sööl.: Chalcides spp.)* (pootlose) skink.
sep·sis *sepses, (med.)* sepsis, bloedvergiftiging, besmetting.
sept *(antr.)* stam, familietak, sibbe *(vnl. in Me. Ier. en Sk.)*; →SEPTAL[1].
sept-, sep·ti- *komb.vorm* sewe-, sept(i)-; *septangular* sewehoekig; *septilateral* sewesydig.
sep·ta·gon = HEPTAGON.
sep·ta·he·dron = HEPTAHEDRON. **sep·ta·he·dral** = HEPTAHEDRAL.
sep·tal[1] stam-.
sep·tal[2] *(anat., biol.)* septaal, septum-, (tussen)skot-, tussenwand-; *(argeol.)* skei(dings)-, tussen-; ~ *cartilage* neuskraakbeen, -septum, -tussenskot.
sep·tan·gle = HEPTAGON. **sep·tan·gu·lar** = HEPTAGONAL.
sep·tate(d) *(anat., biol.)* gekamer(d), met tussenskotte.
sep·tee *(SA, bot.: Cordia caffra)* septee(boom), ouhout.
Sep·tem·ber September; *the month of* ~ Septembermaand. ~ **day** Septemberdag, dag in September.
sep·te·na·ry, sep·te·na·ry *n.* sewe; sewetal; sewejarige tydperk. **sep·te·na·ry, sep·te·na·ry** *adj.* sewetallig; sewevoudig; sewejarig.
sep·ten·ate *(bot.)* sewelobbig, met sewe blaartjies.
sep·ten·nate septennaat, sewejarige tydperk.
sep·ten·ni·al sewejaarliks, om die sewe jaar.
sep·ten·tri·o·nal *(arg.)* noordelik.
sep·tet(te) sewetal; *(mus.)* septet.
sept·foil *(bot., w.g.)* seweblad, tormentil; *(argit.)* seweblaarpatroon.
sep·ti- *komb.vorm* →SEPT-.
sep·tic septies, bederfbevorderend, besmet. ~ **tank** vrotkelder, verteerput, rottingsput, -riool.
sep·ti·cae·mi·a, *(Am.)* **sep·ti·ce·mi·a** bloedvergiftiging, septisemie. **sep·ti·cae·mic,** *(Am.)* **sep·ti·ce·mic** bloedvergiftigend, septisemies.
sep·ti·ci·dal *(bot.)* skotverdelend *(vrug)*.
sep·ti·lat·er·al sewesydig.
sep·til·lion -lion(s), *(Br., vero: 10^{42})* septiljoen; *(Am.: 10^{24})* kwadriljoen; →QUADRILLION.
sep·time *(<Lat., skermk.)* sewende parade/pareerposisie.
sep·ti·syl·la·ble sewelettergrepige woord.
sep·to·ri·a vaalblaarsiekte.
sep·tu·a·ge·nar·i·an *n.* sewentiger, sewentigjarige. **sep·tu·a·ge·nar·i·an** *adj.* sewentigjarig. **sep·tu·a·ge·na·ry** *n. & adj., (w.g.)* = SEPTUAGENARIAN *n. & adj.*.
Sep·tu·a·ges·i·ma (Sun·day) *(3e Sondag voor d. Vaste, 9e voor Pase)* Septuagesima.
Sep·tu·a·gint, Sep·tu·a·gint *(Gr. vertaling v.d. OT)* Septuagint(a).
sep·tum *septa, (hoofs. biol. en anat.)* (tussen)skot, skeidingswand, tussenwand; →SEPTAL[2], SEPTATE(D).
sep·tu·ple *n.* sewevoud. **sep·tu·ple** *adj.* sewevoudig. **sep·tu·ple** *ww.* versewevoudig. **sep·tu·plet, sep·tu·plet** (een van 'n) seweling; *(mus.)* septimool; ~*s* 'n seweling.
sep·ul·chre, *(Am.)* **sep·ul·cher** *n.* graf; *the Holy S~* die Heilige Graf *(v. Christus)*; *ye are like unto whited ~s* (AV), *you are like whitewashed tombs* (NIV), *(Matt. 23:27)* julle is net soos gewitte grafte *(OAB)*, julle is soos witgeverfde grafte *(NAB)*. **sep·ul·chre,** *(Am.)* **sep·ul·cher** *ww., (hoofs poët., liter.)* begrawe. **se·pul·chral** graf-, van die graf; begrafnis-; ~ ***customs*** begrafnisgebruike; ~ ***smell*** graflug; ~ ***stone*** graf-, gedenksteen; ~ ***vault*** grafkelder; ~ ***voice*** grafstem. **sep·ul·ture** *(arg.)* begrafnis, teraardebestelling; graflegging.
se·qua·cious *(fml.)* volgsaam, slaafs, gedwee; samehangend, logies. **se·quac·i·ty** volgsaamheid, slaafsheid, gedweeheid; samehangendheid.
se·quel *(filmk., lettk., ens.)* vervolg, vervolgstuk; gevolg, resultaat, uitvloeisel, nasleep, naspel, nadraai; ***as a*** ~ *to* ... as gevolg van ...; ***in the*** ~, *(Br., fml.)* soos sake later geloop het; *the* ~ ***to*** ... die vervolg op ...; die nasleep van ...; *have an* ***unfortunate*** ~ sleg afloop. **se·que·la** -lae, *(med.)* gevolg, nasleep *(v. 'n siekte ens.)*.
se·quence reeks, opvolging, opeenvolging, (volg)orde, sekwensie; volgreeks; ~ *of* ***cards*** volgkaarte; *a/the* ~ *of* ***events*** 'n/die opeenvolging van gebeurtenisse; ~ *of* ***five cards*** vyfkaart; *give the facts in* ***historical*** ~ die feite in geskiedkundige volgorde aangee; ***in*** ~ in volgorde; ***logical*** ~ logiese volgorde; *in* ***rapid*** ~ kort na/agter mekaar, die een op die ander; ~ *of* ***tenses,*** *(gram.)* ooreenstemming/opvolging van tye. **se·quenc·er** *(mus.)* sekwenseerder; *(rek.)* sorteerder, rangskikker; *(biochem.)* opeenvolgingsbepaler, volgordebepaler. **se·quent** *(arg.)* volgend. **se·quen·tial** opvolgend; daaruit volgend; voortvloeiend; *be* ~ *to/upon s.t.* op iets volg.
se·ques·ter afsonder, isoleer; *(jur.)* in beslag/bewaring neem, sekwestreer; ~*ed estate* gesekwestreerde boedel; ~*ed life* afgesonderde lewe, lewe van afsondering; ~*ed spot* afgeleë/eensame plek. **se·ques·trate** *(jur.)* sekwestreer, beslag lê op, in beslag/bewaring neem. **se·ques·tra·tion** afsondering; *(jur.)* beslaglegging, inbeslagneming, sekwestrasie; *compulsory* ~ gedwonge sekwestrasie. **se·ques·tra·tor** *(jur.)* beslaglegger, -lêer, sekwester.
se·quin blinker(tjie), lowertjie. **se·quin(n)ed** *adj.* wat met blinker(tjie)s versier is *(pred.)*.
se·quoi·a sequoia, mammoetboom.
se·rac gletser-yssmeltkeël, gletser-yspiramied, gletser-yspiramide.
se·ra·gli·o -os harem; *(hist.: Turkse paleis)* serail.
Se·ra·je·vo →SARAJEVO.
se·rang *(Ind. bootsman)* serang.
ser·aph -aphim, -aphs, *(Byb.)* serafyn, seraf, engel. **se·raph·ic** serafies, engelagtig, hemels.
ser·a·phine *(mus.instr.)* serfyn.
Serb, Ser·bi·an *n.* Serwiër; *(taal)* Serwies. **Serb, Ser·bi·an** *adj.* Serwies. **Ser·bi·a** *(geog.)* Serwië. **Ser·bo-Cro·at, -Cro·a·tian** *n. & adj., (taal)* Serwo-Kroaats/Kroaties.
sere[1] *adj.* →SEAR *adj.*.
sere[2] *n., (ekol.)* sere.
ser·e·nade *n.* serenade. **ser·e·nade** *ww.* (vir iem.) 'n serenade sing/speel. **se·re·na·ta** *(mus.)* serenade.
ser·en·dip·i·ty gelukkige toeval; meer geluk as wysheid; die gawe/vermoë om blye, onverwagte dinge te ontdek. **ser·en·dip·i·tous** gelukkig-toevallig.
se·rene kalm, stil; bedaard, rustig; onverstoord, onverstoorbaar, onberoer(d); deurlugtig *('n adellike)*; *(hoofs. poët., liter.)* helder *(lug)*; klaar; *His/Her S~ Highness* Sy/Haar Deurlugtige Hoogheid *(of* Deurlugtigheid). **se·ren·i·ty** kalmte, rus, sereniteit; gemoedsrus, onverstoordheid, onverstoorbaarheid, kalmte *(v. gees)*, sereniteit; deurlugtigheid; helderheid; klaarheid.
serf *(hist.)* lyfeiene, horige, onvrye; slaaf. **serf·dom** *(hist.)* lyfeienskap, horigheid, onvryheid; slawerny.
serge serge, sersje, soort kamstof. **ser·gette** dun serge, sergette, sersjet.
ser·gean·cy, ser·geant·ship sersantskap, sersantsrang.
ser·geant sersant; ~*'s' mess* sersantsmenasie. ~ **(at arms), serjeant at arms** *(parl.)* ampswag; stafdraer; *(hist.)* hofmeester. ~ **major** sersant-majoor; *battery* ~ battery-sersant-majoor; *troop* ~ troep-sersant-majoor.
se·ri·al *n.* vervolgverhaal; tydskrif *(in 'n biblioteek)*. **se·ri·al** *adj.* in (opeenvolgende) aflewerings; serieel; periodiek; reeksgewys, reeks-, serie-; ~ ***killer*** reeksmoordenaar; ~ ***killing*** reeksmoord; ~ ***music*** seriële musiek; ~ ***number*** volg-, reeks-, serienommer; ~ ***publication*** vervolgwerk, periodiek, werk in aflewerings; ~ ***rights*** outeursreg van 'n vervolgverhaal; ~ ***section*** seriesnee; ~ ***story*** vervolgverhaal. **se·ri·al·ly** in aflewerings; reeksgewys(e).
se·ri·al·ise, -ize in aflewerings plaas/uitgee/rangskik. **se·ri·al·i·sa·tion, -za·tion** reeksgewyse plasing/verskyning.
se·ri·al·ism *(mus.)* serialisme. **se·ri·al·ist** skrywer van vervolgverhale; komponis van seriële musiek.
se·ri·ate(d) *(teg.)* reeksgewys(e), in 'n reeks (gerangskik), opeenvolgend.
se·ri·a·tim *(fml.)* agtereenvolgens, een na die ander, in volgorde; puntsgewys(e), punt vir punt.
se·ri·ceous *(bot.)* syagtig, syerig, sy-.
ser·i·cul·ture, *(w.g.)* **ser·i·ci·cul·ture** sywurmteelt; sybedryf.
se·ries *series* reeks, ry, serie; aaneenskakeling, opeenvolging; volgreeks; rits; *a* ~ *of* ***accidents*** 'n aaneenskakeling van ongelukke, die een ongeluk op die ander; *a* ~ *of* ***books*** 'n boekereeks; *a* ~ *of* ***events*** 'n reeks (van) gebeurtenisse; ***in*** ~ agtereenvolgens; ~ *of* ***novels*** romanreeks; ***square*** *the* ~, *(sport)* die reeks deel. ~ **circuit** *(elek.)* seriebaan. ~ **coil** *(elek.)* seriespoel. ~ **connection** *(elek.)* serieskakeling. ~ **motor** *(elek.)* seriemotor. ~ **winding** *(elek.)* seriewikkeling. ~**-wound** *adj., (elek.)* met seriewikkeling, seriegewikkel(d), serie-; ~ *generator* seriegenerator; ~ *motor* seriemotor.
ser·if *(druk.)* skreef; →SANS SERIF.
ser·i·graph *(grafiese kuns: gedrukte ontwerp)* serigrafie, sifdruk. **se·rig·ra·phy** serigrafie, sifdruk(kuns).
ser·in *(Serinus spp.)* (wilde)kanarie. **ser·i·nette** *(<Fr., soort draaiorrel om sangvoëls te leer sing)* serinette.
se·rin·ga *(Melia azedarach)* sering(boom).
se·ri·o·com·ic half-ernstig, half-grappig.
se·ri·ous ernstig; stemmig; belangrik, gewigtig; gevaarlik; deeglik; *s.o. is* ~ ***about*** *s.t.* iets is iem. se erns; iem. bedoel iets in alle erns; *be* ~ ***about*** *s.o.* dit ernstig meen met iem.; ***are you*** ~? meen/bedoel jy dit?, is dit jou erns?; ***deadly*** ~ doodernstig, uiters/hoogs ernstig; *now it's* ***getting*** ~ nou raak dit ernstig; ~ ***illness*** ernstige/gevaarlike siekte; *things* ***look*** ~ sake lyk sleg; *this is a* ~ ***matter*** dis 'n ernstige saak; ~ ***music*** ernstige musiek; *that is no* ~ ***problem*** dis geen swarigheid nie, dis nie doodsake nie; *be* ***quite*** ~ *about s.t.* iets in alle erns bedoel; *and now* ***to be*** ~ alle gekheid/grappies op 'n stokkie. ~**-minded** ernstig (gesind).
se·ri·ous·ly ernstig, in (alle) erns; ~ ***ill*** ernstig siek; ***take*** *s.o.* ~ iem. ernstig opneem *(of* met erns bejeën); ***take*** *s.t.* ~ iets ernstig opneem/opvat; *don't* ***take*** *it so* ~!, *(ook, infml.)* moet dit nie kop toe vat nie!; *not* ***take*** *things too* ~ dit nie te ernstig opneem/opvat/beskou nie; *s.o.* ***takes*** *s.t.* ~, *(ook, infml.)* iem. vat iets kop toe; ***treat*** *s.t.* ~ erns maak met iets.
se·ri·ous·ness erns; serieusheid; *in all* ~ in alle/volle erns; *in dead* ~ in dodelike erns.
ser·jeant: ~ **at arms** →SERGEANT (AT ARMS).
ser·mon *n.* preek, leerrede, predikasie; *(infml.)* vermaning, teregwysing; *book of ~s* predikasieboek; *deliver/hold/preach a* ~ *on* ... 'n preek oor ... hou/lewer; *the S~ on the Mount* die Bergrede/-predikasie *(v. Jesus)*. **ser·mon·ise, -ize** *ww* preek; vermaan; bestraf, bepreek, kapittel. **ser·mon·is·er, -iz·er** sedepreker. **ser·mon·is·ing, -iz·ing** prekery, gepreek.
se·rol·o·gy *(med.)* serologie, weikunde. **se·ro·log·ic, se·ro·log·i·cal** serologies, serum-. **se·rol·o·gist** seroloog.
se·ro·neg·a·tive *(med.: met 'n negatiewe reaksie op serumtoetse)* seronegatief.
se·ro·pos·i·tive *(med.: met 'n positiewe reaksie op serumtoetse)* seropositief.
ser·o·tine *n., (sööl.: Eptesicus spp.)* dakvlermuis. **ser·o·tine, se·rot·i·nal, se·rot·i·nous** *adj., (biol.)* wat

laat in die dag/jaar/seisoen voorkom/ontwikkel/ens.; herfs=; laatbloeiend (*'n blom*).

ser·o·to·nin (*biochem.*) serotonien.

se·rous (*fisiol.*) serumagtig; waterig, wateragtig, wei= agtig; ~ *membrane* weivlies.

Ser·pens (*astron.*) die Slang.

ser·pent (*hoofs. poët., liter.*) slang, adder; (*hist. mus.in= str.*) serpent, slanghoring; (*soort vuurwerk*) voetsoeker; *cherish a ~ in one's bosom* 'n adder aan jou bors koes= ter; *the (old) S~* ou Satan, die slang; *the S~, (astron.)* die Slang; →SERPENS. ~ **aloe** (*Aloe broomii*) slangaal= wyn. ~ **charmer** →SNAKE CHARMER. **ser·pen·tine** *n.*, (*min.*) serpentyn(steen), slangsteen; kronkelpad, =lyn. **ser·pen·tine** *adj.* slangagtig, slang=; slangvormig; kron= kelend; vals, slu; ~ ***course*** kronkelloop; ~ ***dance*** slang=, kronkeldans; ~ ***pattern*** kronkelpatroon; ~ ***verse***, (*pros.: vers wat met dies. woord begin en eindig*) serpentynse vers; ~ ***windings*** kronkel=, slingerdraaie. **ser·pen·tine** *ww.* kronkel, slinger.

ser·pi·go (*med.*) serpigo, kruipseer, douwurm, omloop. **ser·pig·i·nous** kruipend.

ser·ra·dil·la, ser·ra·del·la (*Port., bot.: Ornithopus sativa*) serradilla, serradella, voëlpoot.

ser·rate *adj.*, (*hoofs. bot.*) gesaag. **ser·rate** *ww.* ver= tand; riffel. **ser·rat·ed** *adj.* getand, vertand; tandvormig; saagagtig, saagtandig; ~ *edge* getande rand; ~ *pin* gleuf= kop-pen, riffelpen; ~ *shaft* riffelas. **ser·ra·tion** tand; vertanding, getandheid; riffel; riffeling; veselskub.

ser·ried vas teen mekaar, in digte rye, kompak, (aan= een)geslote; ~ *ranks* aaneengeslote geledere.

ser·ru·late, ser·ru·lat·ed fyngetand, =gesaag (*blare ens.*). **ser·ru·la·tion** fyngetandheid, fyngesaagdheid.

se·rum =*rums*, =*ra* serum, wei; (*blood*) ~ bloedserum, =wei, =vloeistof, =water. ~ **sickness** serumsiekte.

ser·val tierboskat, serval.

serv·ant bediende, (*vero.*) kneg, (*vero.*) dienaar; amp= tenaar, beampte; *civil ~* →CIVIL; *public ~* →PUBLIC *adj.*; *your humble ~* →HUMBLE *adj.*; *your obedient ~* →OBE= DIENT. ~ **at arms** (*hist.*) wapenkneg. ~ **girl** diensmei= sie, bediende. ~**'s room** bediendekamer.

serve *n.*, (*tennis ens.*) (die) afslaan. **serve** *ww.* dien, van diens wees, diens(te) bewys; in diens staan van; krygsdiens verrig; behandel; help, baat; voldoende wees; uitdien; bedien; opdis, voorsit, opdien, opskep (*ete*); ronddien, =bring, =deel, =gee, uitdeel (*verversings ens.*); skink (*drankies*); verskaf; (*tennis ens.*) afslaan; dek (*'n merrie ens.*); ~ *an **apprenticeship*** →APPRENTICE= SHIP; ~ ***as*** ... as/tot ... dien (*bewys ens.*); as ... diens doen; as ... fungeer; ~ ***at table*** aan tafel bedien; *are you **being** ~d?* is u (al) gehelp?; ~ *a **cause*** →CAUSE *n.*; ***dinner** is ~d* →DINNER; ~ *one's own **ends*** →END *n.*; ~ *s.o.**faithfully/loyally/truly*** iem. trou dien; ~ *the **guns*** →GUN *n.*; ~ *s.o. **ill**, (fml.)* iem. sleg behandel; ~ *two **masters*** →MASTER *n.*; *if my **memory** ~s* →MEMORY; ~ ***notice*** *(up)on s.o.* →NOTICE *n.*; ~ *in an **office*** →OFFICE; ~ ***on*** ... in ... dien/sit (*of* sitting hê), lid van ... wees (*'n komitee, raad, jurie, ens.*); ~ ***on** a jury/etc.*, (*ook*) as jurie= lid/ens. dien; ~ *s.t. **on** s.o.*, ~ *s.o. **with** s.t.* iets aan iem. bestel/beteken (*'n dagvaarding ens.*); ~ *s.t. **out*** iets rond= dien (*kos, drank, ens.*); iets uitskep; iets uitdien (*'n ter= myn ens.*); ~ *one's **probation*** →PROBATION; *s.t. ~s a good/useful **purpose*** →PURPOSE *n.*; *s.t. does not ~ the **purpose*** →S.T. DOES NOT ANSWER THE **PURPOSE**; *it/ that ~s s.o. **right!*** dit is iem. se verdiende loon!, dit het iem. verdien!, goed so!, boontjie kry sy loontjie!; ~ ***round*** *s.t.* iets uitdeel/rondgee; ~ *a **sentence*** →SEN= TENCE *n.*; ~ *s.o. **shamefully**, (fml.)* iem. skandelik be= handel; ~ ***time*** →DO/SERVE **TIME**; *it ~s **to** ...* dit strek om ...; ~ ***under*** *s.o* onder iem. dien; ~ ***up*** *s.t.* iets op= skep/opdien/opdis, iets op tafel sit; ~ *s.o. **well**, (fml.)* iem. goed behandel; jou verdienstelik maak teenoor iem.; *s.t. ~s s.o. **well*** iets lewer goeie diens aan iem.; *that excuse **will not** ~ s.o.* dié verskoning/uitvlug sal iem. nie baat/help nie; ~ *s.o. **with** the same sauce* →SAUCE *n.*; ~ ***with*** *s.o.* onder iem. dien (*'n generaal ens.*); ~ *s.o. **with** s.t.* iets vir iem. inskep (*kos*); iem. van iets voor= sien; ~ *s.t. **with** ..., (kookk.)* iets met ... voorsit. ~**-and-volley** *adj. (attr.)*, (*tennis*) afslaan-en-vlughou- (*spel, speler, taktiek, ens.*).

serv·er dienaar; (*rek.*) bediener; tafelbediende, opskep= per; skinkbord; dienwaentjie; koekspaan; (*tennis*) af= slaner; *host a ~*, (*rek.*) 'n bediener huisves. ~ **hosting room** (*rek.*) bedienerkamer.

serv·er·y (*Br.*) buffet; (be)dienluik; dienkamer, opskep= kamer. ~ **hatch** dienluik.

Ser·vi·a (*vero.*) →SERBIA. **Ser·vi·an** *n. & adj.* (*vero.*) →SERB *n. & adj.*.

serv·ice[1] *n.* diens; bediening; diensbetoon; diensver= vulling, =verrigting; versiening (*v. 'n motor*); onderhoud, instandhouding; dekking (*v. diere*); voorsiening (*v. wa= ter ens.*); diensbaarheid; (kerk)diens; formulier; be= stelling, betekening (*v. 'n dagvaarding*); (*breekware*) stel, servies; (*tennis ens.*) afslaan(hou); (*i.d. mv., ekon.*) diens= bedrywe; →BUS SERVICE, CHURCH SERVICE; ***accept= ance** of ~* diensneming; *ace ~, (tennis)* →ACE *adj.*; *on **active*** ~ in aktiewe diens, in krygsdiens, te velde, ak= tief; ***armed** ~s* →ARMED FORCES/SERVICES; *s.t. is **at** s.o.'s* ~ (*or **at** the ~ of s.o.*) iets is tot iem. se diens, iets staan iem. ten dienste; ***at** your ~* tot u diens; ***breach** of ~* diens= verlating; ***break** s.o.'s ~, (tennis)* iem. se afslaan deur= breek (*klem o.d. laaste lettergreep*); ***civil*** ~ →CIVIL; ***Combined** S~s* →COMBINE *ww.*; ***compulsory** (mili= tary)* ~ →COMPULSORY; ***conduct** a (divine)* ~ 'n (kerk)= diens (*of* gewyde diens) lei; ~ *of **dedication*** wydings= diens; ***discharge** s.o. from* ~ iem. uit die diens ontslaan; ***divine*** ~ →DIVINE *adj.*; ***do** s.o. a* ~ iem. 'n diens bewys, iem. van diens wees; ***enlist** s.o.'s ~s* iem. se dienste ver= kry; *be **exempt** from (military)* ~ diensvry wees; *be called to **higher** ~, (idm.: sterf)* tot hoër diens opgeroep word; ***hold** a* ~ 'n diens hou, godsdiens hou; *do s.o. an **ill*** ~ iem. 'n ondiens bewys; *be **in** ~, (iets)* in gebruik wees; *(iem.)* 'n huiswerker wees; ~ *of **intercession*** ge= bedsdiens; ***long*** ~ lang diensjare; *On His/Her **Majesty's** S~, (Br., afk.:* OHMS*)* In Diens van Sy/Haar Majesteit (*afk.:* IDSM/IDHM); *be **of** ~ to s.o.* iem. van diens wees; iem. 'n diens bewys; ***offer/tender/volunteer** one's ~s* jou dienste aanbied; *be **out** of* ~ buite gebruik wees; ***press** s.o. into* ~ iem. inspan; *be **pressed** into* ~ inge= span word; ~ *(of **process**), (jur.)* betekening/bestelling (van prosesstukke); ***public*** ~ →PUBLIC *adj.*; ***put** s.t. into* ~ iets in gebruik neem; ***quit** the* ~ die diens verlaat; ***religious*** ~ godsdiensoefening; *for ~s **rendered*** vir gelewerde/bewese dienste; ***rendering** of* ~ diensbe= toon; ***see*** ~ krygsdiens verrig, in die weermag dien; 'n kampanje/veldtog meemaak; *these chairs have **seen*** ~ dié stoele is al baie gebruik; *render **signal** ~(s)* buiten= gewone dienste bewys; ***take*** ~ diens neem; ***take** a* ~ 'n diens hou/lei/waarneem, 'n godsdiensoefening lei; ***take** a vehicle in for a* ~ 'n voertuig (garage toe) neem vir versiening (*of* om versien te word), (*<Eng.*) 'n voer= tuig vir 'n diens (garage toe) neem; ***take** s.o. into one's* ~ iem. in diens neem; ***take*** ~ *with* ... by ... in diens gaan; ***term** of* ~ dienstyd; ~ ***to** the nation/people* volks= diens; ~ ***to** the nation/state* diens aan die land/staat; ***unstinting*** ~ toegewyde diens; ***whose** ~ is it?, (tennis)* wie moet afslaan?; ***withdraw** s.t. from* ~ iets uit die gebruik neem; iets uit die vaart haal/neem (*'n skip*); ***years** of* ~ diensjare, =tydperk. **ser·vice** *ww.* bedien, besorg, versorg, onderhou; in stand hou, versien (*'n motor*); dek (*'n merrie ens.*); ~ *a debt* delging en rente dek; *be ~d, ('n masjien, voertuig)* versien (*of* [*<Eng.*] ge= diens) word; *have a machine/vehicle ~d* 'n masjien/voer= tuig laat versien (*of* [*<Eng.*] laat diens). ~ **area** diens= stasie(kompleks); (*rad.*) reikwydte. ~ **attendant** be= diener. ~ **book** kerkboek; misboek, missaal. ~ **brake** voetrem. ~ **break** (*tennis*) afslaandeurbraak. ~ **call** diensbesoek; diensgesprek. ~ **cap** uniformpet. ~ **charge** diensgeld, bedieningsgeld; (*mil.*) dienslading. ~ **chiefs** weermagshoofde. ~ **club** diensklub. ~ **connection** ver= bruikersaansluiting. ~ **court** (*tennis ens.*) afslaanblok, =hok. ~ **door** bedieningsdeur. ~ **elevator** (*Am.*) = SERV= ICE LIFT. ~ **engineer** diensingenieur. ~ **entrance** diens= ingang; (*elek.*) aansluitplek. ~ **fee** = STUD FEE. ~ **flat** woonstel met bediening. ~ **fuse** (*elek.*) dienssekering. ~ **game** (*tennis ens.*) afslaanspel. ~ **hatch** (be)dienluik. ~ **industry** diensbedryf. ~ **lift** goederehyser. ~ **line** (*tennis ens.*) afslaanlyn. ~**man** =*men* weermagslid, weer= (mags)man; hersteller, herstelwerker. ~ **medal** diens= medalje. ~ **module** (*ruimtev.*) diensmodule. ~ **pipe** ver= deelpyp, huiswaterpyp, verbruikerspyp. ~ **plate** dien= bord. ~ **provider** diensverskaffer. ~ **revolver** diens= rewolwer. ~ **road** bedieningspad, dienspad. ~ **sector** (*ekon.*) dienssektor, diensverlenende sektor, diensver= leningsektor. ~ **speed** ekonomiese snelheid. ~ **stairs** dienstrap. ~ **station** diensstasie, garage. ~ **switch** hoof= skakelaar. ~ **washer** ru-waster. ~ **wire** inleidraad; dienstelegram. ~**woman** =*women* vroulike weermags= lid.

serv·ice[2] *n.*: ~ **(tree)** (*Sorbus domestica*) peerlysterbes= (sieboom); (*S. torminalis*) elsbes(sieboom).

ser·vice·a·ble nuttig, bruikbaar, dienlik; geskik; ~ *colour* sindelike kleur; *not ~* ondoelmatig. **ser·vice= a·bil·i·ty, ser·vice·a·ble·ness** nut(tigheid), bruikbaar= heid, dienlikheid; doelmatigheid, geskiktheid; stewig= heid; duursaamheid.

ser·vic·ing bediening, besorging; versiening (*v. 'n mo= tor ens.*), onderhoud, instandhouding; ~ *shed, (spw.)* diensloods.

ser·vi·ent (*jur.*) dienend; ~ *tenement* dienende hoewe.

ser·vi·ette servet. ~ **ring** servetring.

ser·vile slaafs, onderworpe, knegs; kruiperig; *the S~ Wars, (Rom. gesk.)* die Slaweopstande. **ser·vil·i·ty** slaafs= heid, onderworpenheid; kruiperigheid.

serv·ing diens; bediening; porsie, skep(pie). ~ **dish,** ~ **platter** opdienskottel, opskepskottel. ~ **hatch** dien= luik. ~**maid** (*arg.*) diensmeisie. ~**man** =*men, (arg.)* be= diende, kneg. ~ **spoon** (op)skeplepel. ~ **tongs** dien= tang. ~**woman** =*women, (arg.)* (vroulike) bediende.

Ser·vite (*monnik/non v. 'n RK orde*) Serviet.

ser·vi·tor (*arg.*) volgeling, dienaar; (*hist.*) vrystudent (*aan Oxford*).

ser·vi·tude slawerny, knegskap, diensbaarheid; ser= wituut; ~ *of **abutment*** serwituut van opdamming; ~ *of **aqueduct*** serwituut van waterleiding; ***penal*** ~ gevangenisstraf, dwangarbeid; ~ *of **storage*** serwi= tuut van opgaring.

ser·vo-: ~**brake** servorem. ~**mechanism** servome= ganiek. ~**motor** servomotor.

Ser·vo-Cro·a·tian (*vero.*) = SERBO-CROAT.

ses·a·me (*bot.: Sesamum indicum*) sesam(plant/kruid); *open ~!, (towerspreuk v. Ali Baba in Die Duisend-en-Een Nag)* sesam, gaan oop!; *an/the open ~ to ...* 'n/die towersleutel tot ... (*rykdom, 'n goeie werk, ens.*). **ses= a·moid** *n.*, (*anat.*) sesambeentjie. **ses·a·moid** *adj.* se= samoïed, knobbelrig; ~ *bone* sesambeentjie.

Se·so·tho (*SA taal*) Sotho.

ses·qui- *komb.vorm* anderhalf=.

ses·qui·cen·te·nar·y =*ies* = SESQUICENTENNIAL *n.*.

ses·qui·cen·ten·ni·al *n.* anderhalfeeufees. **ses= qui·cen·ten·ni·al** *adj.* honderd-en-vyftigjarig.

ses·qui·pe·da·li·an *n.* 'n lang mens/ding; lang woord. **ses·qui·pe·da·li·an** *adj.* polisillabies, veelletter= grepig; ellelank (*pred.*), ellelang(e) (*attr.*); langdradig, omslagtig, wydlopig.

ses·sile (*biol.*) sessiel, sonder steel, steelloos, onge= steel(d), sittend.

ses·sion sitting, sessie; byeenkoms; vertoning (*in 'n bioskoop*); ***bleeding*** ~ bloedtappingsgeleentheid; ***crimi= nal*** ~ strafsitting; ***dance*** ~ dansbyeenkoms; ***parlia= ment** is in* ~ die parlement sit (*of* is in sitting *of* hou sitting); *at/in the **present*** ~ in die huidige sitting; ***train= ing*** ~ oefening.

ses·terce =*terces*, **ses·ter·tius** =*tertii, (antieke Rom. munt)* sestersie.

ses·tet (*pros.*) sekstet, sesreëlige vers; (*mus., w.g.*) seks= tet (→SEXTET[TE]).

ses·ti·na (*pros.: gedig met ses sesreëlige strofes gevolg deur 'n driereëlige slotstrofe*) sestina.

set[1] *set set setting, ww.*, sit, set; plaas, stel; verstel; aan= sit; bepaal, reël, skik; bepaal, vasstel (*'n dag*); opstel (*vrae*); omlys; opdra, oplê (*'n taak*); aangee (*d. toon, 'n mode*); dek (*'n tafel*); set, monteer (*juwele*); (*druk.*) set *(letters);* afwerk *(pleister);* aansit, slyp *('n skeermes);* indraai, set *(hare);* beset; stel *('n saag);* spalk *('n been);* insit *(plantjies);* in die broei sit *(eiers);* laat broei, op eiers sit *('n hen); (onoorg.)* stol, styf word, verstyf; verhard, hard word; *(sement)* bind; *(d. son, maan)* ondergaan; ~ ***about*** *s.o.* iem. aanpak/aanval; ~ ***about*** *s.t.* iets aanpak, met iets begin, aanstalte(s) maak met iets; ~ ***about*** *s.t. (in) the right/wrong way* iets reg/verkeerd aanpak, reg/verkeerd met iets te werk gaan; *be* ~ ***about*** *with ..., (arg.)* omring wees met ...; ~ *s.t.* ***afire*** →AFIRE; ~ *s.t.* ***afoot*** iets aan die gang sit; iets op tou sit *('n beweging, veldtog, ens.);* ~ *s.t.* ***against*** ... iets teenoor ... plaas; ~ *s.o.* ***against*** ... iem. teen ... opstook; ~ *o.s.* ***against*** ... jou teen ... verset, weerstand aan/teen ... bied, teen ... gekant wees; ~ *s.t.* ***alight*** →ALIGHT[2] *adj.;* ~ *s.t.* ***apart*** iets apart hou, iets afsonder; iets opsy sit, iets reserveer; *s.t.* ~*s s.o.* ***apart*** *from* ... iets onderskei iem. van ...; ~ *s.t.* ***aside*** iets opsy sit, iets bêre; iets herroep/vernietig/ophef/verwerp, iets nietig verklaar *('n uitspraak, vonnis, ens.);* iets buite beskouing laat; ~ ***aside*** *a time for* ... 'n tyd vir ... uithou; ~ *the* ***axe*** *to ..., (poët., liter.)* die byl lê aan ..., ... afkap/verniel; ~ *s.t.* ***back*** iets terugsit; iets agteruitsit; iets vertraag; *(druk.)* iets (laat) inspring; *s.t.* ~ *s.o.* ***back*** *R500, (infml.)* iets het iem. R500 gekos *(of* uit die sak [uit] geja[ag]); ~ *s.o./s.t.* ***beside*** ... iem./iets met ... vergelyk; ~ *s.t.* ***by*** iets spaar, iets opsy sit; iets bêre/bewaar; ~ *a* ***cover*** →COVER *n.;* ***darkness*** ~*s in* →DARKNESS; ~ *authority at* ***defiance*** gesag uitdaag/trotseer; →SET S.T. AT **DEFIANCE;** ~ *s.t.* ***down*** iets neersit; iets neerskryf/neerskrywe/opteken; ~ *s.o.* ***down*** iem. neersit; iem. aflaai, iem. laat afklim; ~ *s.o.* ***down*** *as a* ... iem. as 'n ... beskou; *a case is* ~ ***down*** *for a certain day* 'n saak sal op 'n bepaalde dag dien; ~ *a case* ***down*** *for hearing* 'n saak op die rol plaas; ~ *s.t.* ***down*** *to* ... iets aan ... toeskryf/toeskrywe; iets op rekening van ... sit; ~ *people by the* ***ears*** →EAR[1] *n.;* ~ *an* ***example*** →EXAMPLE *n.;* ~ ***eyes*** *on* ... →CLAP/LAY/SET **EYES** ON ...; ~ *the* ***fashion*** →FASHION *n.;* ~ ***fire*** *to s.t.* →FIRE *n.;* ~ *s.t. on* ***foot*** iets aan die gang sit, iets op tou sit *('n beweging, veldtog, ens.);* ~ ***forth*** vertrek, op reis gaan, 'n reis begin; ~ *s.t.* ***forth*** iets bekend/openbaar maak; iets uiteensit, 'n uiteensetting van iets gee; ~ *s.o.* ***free*** →FREE *adj. & adv.;* ~ *a* ***gem*** →GEM *n.;* ~ *s.t.* ***going*** iets aan die gang sit/maak; iets op dreef bring; ~ *one's* ***hand*** *to the task* →HAND *n.;* ~ *one's* ***heart*** (or *have one's* ***heart*** ~) *on s.t.* →HEART; *s.t.* ~*s* ***in*** iets begin; *it* ~*s* ***in*** *to rain/etc.* dit begin (te) reën/ens.; ~ *s.t.* ***in*** *gold/etc.* iets in goud/ens. set/monteer; ~ *s.o.* ***laughing/talking/etc.*** iem. aan die lag/praat/ens. kry/maak/sit; ~ *s.o. at* ***liberty*** →LIBERTY; ~ *people at* ***loggerheads*** →LOGGERHEAD; ~ *a* ***match*** *to s.t.* →MATCH[2] *n.;* ~ *one's* ***mind*** *on s.t., have one's* ***mind*** ~ *on s.t.* →MIND *n.;* ~ *s.t. in* ***motion*** →PUT/SET S.T. IN **MOTION;** ~ *s.t. to* ***music*** →MUSIC; ~ *s.t. at* ***naught*** →NAUGHT *n. & vnw.;* ~ ***off*** vertrek, op reis gaan, 'n reis begin; ~ *s.t.* ***off*** iets aan die gang sit/maak; iets laat ontplof *('n bom, myn, ens.); s.t.* ~*s* ***off*** *..., (ook)* iets versier ... *('n kledingstuk ens.);* iets laat ... uitkom *(d. kleur ens.);* ~ *s.o.* ***off*** iem. aan die praat/lag maak; ~ ***off*** *s.t. to advantage* iets goed laat uitkom/vertoon; ~ ***off*** *s.t. against* ... iets teenoor ... stel; iets teen ... laat opweeg; iets teen ... in rekening bring; iets teen ... verreken *('n bedrag ens.);* ~ *s.t.* ***on*** ... iets op ... plaas/sit; ~ *s.o.* ***on*** iem. aanhits/ophits/aanpor; iem. aanspoor; ~ ... ***on/upon*** *s.o.* ... op iem. loslaat *('n hond ens.);* ~ ***out*** vertrek, op reis gaan; begin; ~ *s.t.* ***out*** iets uitsit; iets uiteensit; iets uitlê; iets afmerk/afpen/afsteek; iets uitplant/verplant; iets ten toon stel; iets aanwys, iets gereed sit *(werk ens.);* ~ *the* ***pace*** →PACE[1] *n.;* ***reaction*** ~*s in* →REACTION; ~ *s.o.'s mind/heart at* ***rest*** →REST[1] *n.;* ~ *s.o.* ***right*** iem. reghelp/korrigeer; ~ *s.t.* ***right*** iets reg stel; iets korrigeer; iets in orde bring; iets opknap; iets herstel/regmaak/verhelp; ~ *s.t. to* ***rights*** iets reg stel; iets in orde bring; ~ ***sail*** →SAIL *n.;* ~ ***sails*** →SAIL *n.;* ~ *a* ***scene*** →SCENE; ~ *one's/the* ***seal*** *on/to s.t.* →SEAL[2] *n.;* ~ *the* ***sponge*** →SPONGE *n.;* ~ *a* ***stone*** →SET A **GEM;** ~ *s.o.* ***talking*** →***laughing/talking/etc.;*** ~ *one's* ***teeth*** op jou tande byt *(om nie jou geduld te verloor nie ens.);* ~ ***to*** begin, iets aanpak; ~ *s.t. in* ***train*** →TRAIN *n.;* ~ *a* ***trap*** →LAY/SET A **TRAP;** ~ ***up*** *as a* ... 'n ... begin *(slagtery ens.);* as ... begin praktiseer *(tandarts ens.);* ~ *o.s.* ***up*** *as a* ... jou vir 'n ... uitgee, jou as 'n ... voordoen; ~ *o.s.* ***up*** *as a scholar, (ook)* aanspraak op geleerdheid maak; ~ ***up*** *for o.s.* (or *on one's own)* 'n eie saak/huishouding begin; ~ ***up*** *in business* 'n saak begin; ~ ***up*** *house* →HOUSE *n.; be well* ~ ***up*** fris gebou wees; →SET-UP *adj.;* ~ *s.o.* ***up*** iem. weer op die been bring; *(infml.)* vir iem. 'n strik/(lok)val stel; *s.t.* ~*s s.o.* ***up,*** *(infml.)* iets maak iem. gesond; ~ *s.t.* ***up*** iets begin/oprig/stig/open, iets op die been bring *('n organisasie, skool, ens.);* iets opstel *('n kamera, rekord, ens.);* iets instel; iets monteer; iets stel *('n masjien);* iets aanhef *('n geskree[u] ens.);* iets opsit *('n keel, gesanik, ens.);* iets opwerp *('n verdediging ens.); (jur.)* iets aanvoer *('n verweer);* iets uitlok/veroorsaak *('n reaksie);* ~ ***upon*** *s.o.* iem. aanval/aanrand; ~ ... ***upon*** *s.o.* →***on/upon;*** ~ *s.t.* ***upright*** iets regop laat staan, iets staanmaak; ~ ***up shop*** →SHOP *n.;* ~ *people at* ***variance*** →SET PEOPLE AT **LOGGERHEADS;** ~ *a* ***watch*** →WATCH *n.;* ~ *to* ***work*** →WORK *n..* ~**back** *n.* teenslag, terugslag, klap, knak, knou; *(med.)* insinking; *(argit.)* inspringing; perspektief *(op 'n toneel); suffer a* ~ 'n terugslag/teenslag kry; *a* ~ *to* ... 'n terugslag/teenslag vir ... ~ **bolt** klembout. ~**-down** *n.* teregwysing, skrobbering; afjak, bitsige antwoord; plasing. ~ **hammer** sethamer. ~**-in** *n.* begin. ~**-in** *adj. (attr.)* ingesitte *(mou, sak).* ~ **net** stelnet. ~ **nut** klemmoer. ~**off** *n.* kontras, teen-, teëstelling; kompensasie, vergoeding; teenwig, teëwig; teeneis; verrekening, skuldvergelyking; versnyding *(v. 'n muur).* ~**-out** *n.* begin, aanvang; vertoning; uitrusting. ~ **pin** stelpen. ~ **rod** maatstok, maatstang. ~**screw** stelskroef, klemskroef. ~ **spanner** oopbeksleutel, moersleutel. ~**-to** *n., (infml.)* bakleiery, bakleislag, vegtery; rusie, twis, woordestryd. ~**up** *n.* instelling; situasie; stelsel; opset; bestel, ordening, reëling, bedeling; *political* ~ staatsbestel. ~**-up** *adj.* gebou(d), ontwikkel(d); *a well* ~ *man* 'n fris geboude man.

set[2] *n.* setting; stel; servies; groep, klompie, reeks, span; kliek, kring; plantjie, steggie; ondergang *(v.d. son);* rigting, neiging; gestemdheid, gereedheid; houding; plasing; ligging; snit *(v. klere); (tennis)* stel; broeisel; spel *(skaakstukke);* installasie, toestel; *(ook, i.d. mv., teat.)* dekor, toneelskikking; *make a dead* ~ *at s.o.* hard probeer om in iem. se guns te kom; 'n hewige aanval op/teen iem. rig, op iem. toeslaan; *things are at a* ***dead*** ~ alles sit vas; *a* ~ *of* ***lectures*** 'n reeks lesings; *a* ~ *of* ***mind*** →MIND *n.; the* ***smart*** ~ →SMART SET; *a* ***stage*** ~ dekor, toneelskikking; *win in* ***straight*** ~*s, (tennis)* in skoon/opeenvolgende stelle wen; *a* ~ *of* ***teeth*** 'n stel tande, gebit. ~ **point** *(tennis)* stelpunt. ~ **theory** versamelingsleer.

set[3] *adj.* vas, bepaal(d), gereeld, vasgestel(d); onbeweeglik; verstrak; gereed; *be (dead)* ~ ***against*** ... (heeltemal/sterk/vierkant) teen ... gekant wees; *be* ***all*** ~ (slag)gereed wees, oorgehaal wees, kant en klaar wees; *a* ~ ***book*** 'n voorgeskrewe boek/werk; *a* ~ ***face*** 'n strak gesig; *the weather is* ~ ***fair*** die weer is bestendig; *be all* ~ ***for*** *the journey* reisvaardig wees; ***get*** ~ in gereedheid kom; ***get*** ~*!* gereed!; ***get*** ~ *for* ... jou vir ... gereed maak; *s.t. is* ***hard*** ~ iets is hard/vas; *s.o. is* ***hard*** ~ iem. is in die moeilikheid/nood; *the* ***house*** *is* ~ *in an acre* die huis staan op 'n acre; *a* ~ ***idea*** 'n vooropgesette mening; ~ ***increases,*** *(ekon.)* periodieke verhogings; *a* ~ ***menu*** 'n vaste spyskaart; *be (dead)* ~ ***on*** *an idea* vasbeslote wees; *a* ~ ***purpose*** 'n bepaalde/vaste doel; *of* ~ ***purpose*** opsetlik, met voorbedagte rade; *with all* ***sails*** ~ →SAIL *n.; the* ***scene*** *is* ~ →SCENE; *at* ~ ***times*** op gesette tye; *be (all)* ~ ***to do*** *s.t.* gereed wees om iets te doen; oorgehaal wees om iets te doen; *have* ~ (or *be* ~ *in one's)* ***ways*** vaste gewoontes hê, 'n gewoontemens wees. ~ **phrase** geykte/vaste uitdrukking. ~ **piece** toonstuk; stelstuk. ~ **scrum** *(rugby)* vaste skrum. ~ **square** *(geom.)* tekendriehoek.

se·ta *-tae, (biol.)* seta, borselhaar, naald. **se·ta·ceous, se·tose** borselharig, borselrig, borselagtig. **se·tif·er·ous, se·tig·er·ous** borselharig, met borselhare.

se ten·ant, se ten·ant *n., (Fr., filat.)* samehangende paar. **se ten·ant, se ten·ant** *adj.* samehangend.

Set(h) *(Eg. mit.)* Set.

Seth *(OT: derde seun v. Adam)* Set.

se·ton *(med., hist.)* dreineerband.

Se·tswa·na *(SA taal)* Tswana, Setswana; →TSWANA.

sett *(arg.)* →SET[2] *n..*

set·tee rusbank, sitbank, leuningbank.

set·ter *(honderas)* setter; steller; versteller; setter; lokvoël; spioen. ~**-on** aanhitser. ~**'s tongs** versteltang.

set·ting setting; stelling; raam, omlysting, montuur, montering; omgewing, agtergrond; broeisel; toonsetting; stolling, verstywing; verharding; binding; ondergaan *(v.d. son, maan);* vrugvorming; ~ ***aside*** nietigverklaring, ongeldigverklaring; ~ ***gauge*** stelmaat; ~ ***hammer*** sethamer; ~ ***lotion*** setmiddel, (haar)kartelmiddel; ~ ***out*** vertrek; uitsetting; (die) uitlê; ~ ***property*** stoleienskap; ***(stage)*** ~ (toneel)skikking, dekor; ~ ***time*** verhardingstyd; ~ ***up*** oprigting.

set·tle[1] *n.* leuningbank, sofa, rusbank.

set·tle[2] *ww.* vestig, plaas; jou vestig, gaan woon; koloniseer *('n land);* tot bedaring/stilstand kom; tot rus/bedaring bring; afspreek, bepaal, beslis, vasstel *('n datum vir 'n geleentheid ens.);* afhandel; reël, in orde bring *(sake);* regmaak, vereffen; gaan sit; *(modder ens.)* afsak; besink; helder word; vassak; versak; ~ *an* ***account*** →ACCOUNT *n.;* ~ *one's* ***account*** *with s.o.* jou rekening by iem. betaal/vereffen; *(fig.)* met iem. afreken; ~ *s.t.* ***amicably*** iets in der minne skik; ~ *an* ***argument*** →ARGUMENT; ~ ***back*** agteroor leun; ~ *a case out of* ***court*** 'n saak buite die hof skik; ~ *a* ***debt*** →DISCHARGE/REPAY/SETTLE (*or* PAY [OFF]) A **DEBT;** ~ *a* ***dispute*** →DISPUTE *n.;* ~ ***down*** rustig gaan sit; jou vestig; tot rus/stilstand kom; bedaar, tot bedaring kom; ~ ***down*** *to a meal* aan tafel gaan sit, aansit vir ete; *let s.t.* ~ ***down*** iets laat bedaar *(d. opwinding ens.);* ~ ***down*** *to work* aan die werk kom; ~ ***down!*** kom tot rus!; ~ *one's* ***feet*** *in the stirrups* jou voete in die stiebeuels steek; ~ ***for*** *s.t.* iets aanvaar, met iets genoeë neem, iets vir lief neem; ~ ***in*** jou vestig; gevestig raak; intrek, jou intrek neem; jou inrig, jou tuismaak *(of* tuis maak); ~ ***in*** *Durban/etc.* jou in Durban/ens. vestig, in Durban/ens. gaan woon; *that* ~*s* ***it*** (or *the* ***matter)*** daarmee is die saak opgelos/afgehandel/afgedaan, dit gee die deurslag, dit bring die saak in die reine; dit is die proef op die som; ~ ***on*** *s.t.* iets kies, tot/op iets besluit; *('n vlieg, voël, ens.)* op iets gaan sit; ~ *s.t.* ***on/upon*** *s.o.* iets aan iem. oormaak/bemaak; ~ *a* ***quarrel*** →QUARREL[1] *n.;* ~ ***s.o.*** met iem. afreken/klaarspeel; *(vero.)* iem. die/se mond snoer; *(vero.)* iem. die doodsteek gee; ~ ***up*** *with s.o.* iem. betaal; ~ ***with*** *s.o.* iem. betaal; ~ ***with*** *s.o. in* ... saam met iem. in/op .. nesskop *(of* huis opsit *of* gaan woon); ~ ***with*** *s.o. on s.t.* met iem. oor iets skik *(of* 'n skikking bereik/tref *of* tot 'n skikking kom *of* 'n ooreenkoms aangaan/bereik/sluit/tref). **set·tled** gevestig; vasgestel; gereeld, bestendig; betaal(d); afgesproke, afgehandel, afgedaan, uitgemaak; ingetrek, ingerig *(in 'n nuwe huis); get* ~ jou vestig; *a* ~ ***matter*** 'n beklonke saak; *a* ~ ***population*** 'n gevestigde/vaste bevolking; *well then,* ***that's*** ~ dit is dan afgespreek/afgesproke. **set·tle·ment** skikking, reëling; plasing, vestiging; volksplanting, nedersetting, kolonie; kolonisasie; gehug, klein dorpie; (die) vassak, versakking *(v. grond);* besinking; *(jur.)* oormaking, oordrag; bemaking; skikking, beslegting, akkoord; verrekening, kwyting, uitbetaling, afrekening *(v. skuld ens.);* →CONVICT SETTLEMENT; ***Act*** *of S~, (Br. gesk.)* Wet op Troonopvolging; ***deed*** *of* ~, *(jur.)* akte van ooreenkoms; ***in*** ~ *of* ... ter vereffening van ... *(skuld ens.);* ***permanent*** ~, *(ook)* volksplanting; ***reach*** *a* ~ ***with*** *s.o.* 'n skikking met iem. tref, tot 'n skikking met iem. kom. **set·tler** setlaar, nedersetter, volksplanter, kolonis, pionier, immigrant; intrekker; afrekenaar; besinkbak; *(fig.)* doodhou, doodsê.

set·tling *n.* vestiging; bedaring; vasstelling; afhandeling; verrekening; besinking; *(i.d. mv.)* besinksel, afsaksel. ~ **day** *(han.)* verrekeningsdag. ~ **tank** besinktenk, suiweringstenk.

set·tlor *(jur.)* trustoprigter.

sev·en sewe; →EIGHT; ~ *of* ***hearts*** harte(ns)-sewe; ~ ***hours*** sewe uur; ~ ***months'*** *baby* sewemaandse kind; ~ ***o'clock*** seweuur, sewe-uur; *the* ~ ***seas*** →SEA; *the* ~ *deadly* ***sins*** →DEADLY *adj. & adv.; the S~* ***Wonders***

of the World die sewe wonders van die wêreld. **~-branched candlestick** sewearmige kandelaar. **~-day** *adj. (attr.)* sewedaags; →IT WAS A NINE DAYS' (*or* ONE-DAY/SEVEN-DAY) WONDER. **~fold** sewevoudig. **~-league(d) boots** *(i.d. sprokie* Klein Duimpie*)* sewemyl=laarse. **S~ Sisters:** *the ~ ~, (astron.)* die Sewegestern=te/Sewester (*of* Sewe Susters); →PLEIADES. **~-weeks' fern** seweweeksvaring. **~-year itch** *(infml., med.)* help-my-krap, lekkerjeuk, lekkerkrap (→SCABIES); *(infml.)* huwelikskriewels (ná sewe jaar van getroude lewe). **~-year-old** *n.* sewejarige. **~-year-old** *adj. (attr.)* sewe=jarig, sewe jaar oue. **S~ Years' War** *(1756-63)* Sewe=jarige Oorlog.

sev·en·teen sewentien; *be sweet ~* 'n nooientjie van sewentien wees.

sev·en·teenth, sev·en·teenth sewentiende; →EIGH=TEENTH; *the ~ century* die sewentiende eeu. **~-century** *adj.* sewentiende-eeus; *~ man* sewentiende-eeuer.

sev·enth *n.* sewende; *(mus.)* septiem. **sev·enth** *adj.* sewende; →EIGHTH; *be in the ~ heaven* →HEAVEN. **S~ Avenue** Sewende Laan, Sewendelaan. **S~-day Adventist** *(lid v. 'n Prot. sekte)* Sewendedag-Adventis, Sab=batariër. **sev·enth·ly** in die sewende plek/plaas, ten sewende.

sev·en·ti·eth sewentigste.

sev·en·ty sewentig; →EIGHTY; *be in one's seventies* in die sewentig (*of* jou sewentigerjare/sewentigs) wees; *it happened in the seventies/Seventies* dit het in die se=wentigerjare/sewentigs (*of* die jare sewentig) gebeur. **~-eight** *(hist.)* kortspeelplaat. **~-four** vier-en-sewen=tig; *(igt.: Polysteganus undulosus)* vier-en-sewentig, streep=vis.

sev·er skei; verbreek, afbreek; afskeur, afkap, afsny; *~ one's **connection*** jou bedanking indien, bedank as lid; *s.o.'s arm was ~ed **from** his/her body* iem. se arm is af=geskeur/afgekap/ens.; *~ o.s. **from** ...* jou van ... afskei *(d. kerk ens.)*; *~ **relations*** die betrekkinge afbreek/ver=breek. **sev·er·a·ble** skei(d)baar.

sev·er·al verskeie, etlike, menige, heelparty, 'n stuk of wat; onderskeie, afsonderlik, respektief, eie; *(jur.)* hoof=delik; *~ others* verskeie (*of* 'n hele paar) ander; *all of us in our ~ stations* elkeen van ons op sy eie plek; *they went their ~ ways* elkeen het sy eie pad gegaan. **sev·er·al·ly** (elkeen) afsonderlik, elkeen op sigself; onder=skeidelik; *~ liable* hoofdelik/afsonderlik aanspreeklik.

sev·er·ance afsnyding; (af)skeiding, skeuring. **~ package** skeidings=, diensbeëindigingspakket. **~ pay** skei=dingsalaris, skeidingsloon, =betaling, =vergoeding.

se·vere straf, hard, swaar, ernstig, skerp; wreed; kwaai; gedug; strak; *~ **attack** of gout* swaar/kwaai/hewige aan=val van jig; *~ **competition*** skerp mededinging/wed=ywer; *~ **frost*** strawwe/skerp ryp; *give s.o. a ~ **look*** iem. streng/kwaai aankyk; *~ **loss*** swaar verlies; *~ **remarks*** skerp aanmerkings; *~ **test*** swaar/sware toets; *~ **treatment*** strenge/harde behandeling; *~ **winter*** strawwe winter. **se·vere·ly** straf, hard, swaar, ernstig, skerp, erg; wreed; kwaai; strak; *leave/let ... ~ alone ...* heelte=mal links laat lê, ... volkome negeer, glad nie van ... notisie neem nie; *~ tried* swaar beproef. **se·ver·i·ty** strengheid, hardheid; hewigheid; felheid; erns.

Se·ville Sevilla. **~ orange** bitterlemoen. **Se·vil·li·an** *n.* Sevilliaan. **Se·vil·li·an** *adj.* Sevilliaans.

Sè·vres *(Fr.)* sèvres(porselein).

sew *sewed sewn/sewed* naai, naaldwerk/naaiwerk doen, met die naald werk; →SEWING, SEWER[1] *n.*; *~ **down** s.t.* iets vaswerk; *s.t. is ~n **in*** iets is ingenaai(d) *('n boek ens.)*; *~ s.t. **on*** iets aanwerk/vaswerk/aannaai/aansit *('n knoop ens.)*; *~ **together** s.t.* iets aanmekaarwerk; *~ s.o. **up**, (Br., infml.)* iem. uitput (*of* pootuit maak); *~ s.t. **up*** iets toewerk; *(infml.)* iets geheel en al oplos; iets be=klink *('n benoeming ens.)*; *have s.t. (all) ~n **up**, (infml.)* volkome beheer oor iets hê; iets in kanne en kruike hê. **sew·a·ble** stikbaar.

sew·age *n.* rioolvuil, =vullis; *(w.g.)* riolering; →SEWERAGE. **sew·age** *ww.* met rioolslyk bemes. **~ disposal** riool=verwydering. **~ disposal plant/works** rioolslykinrig=ting, rioolstortplek. **~ drain** straatriool. **~ ejector** riool=pomp. **~ farm** rioolplaas. **~ pipe** rioolpyp. **~ sludge** rioolslyk. **~ sump** riool(water)put. **~ system** riole=ringstelsel. **~ tank** rioolkelder, =tenk. **~ treatment** riool=watersuiwering. **~ treatment plant** rioolwatersuiwe=ringswerke. **~ water** rioolwater. **~ works** rioolstort=plek.

sew·er[1] *n.* naaldwerker, =werkster.

sew·er[2] *n.* straat=, vuilriool. **sew·er** *ww.* rioleer, van riole voorsien. **~ gas** rioolgas. **~ pipe** rioolpyp. **~ rat** rioolrot. **~ trap** rioolsperder.

sew·er·age riolering. **~ system** rioolstelsel.

sew·ing naaldwerk, naaigoed, naaiwerk. **~ basket** naald=werkmandjie. **~ cotton** (naai)garing, (naai)gare. **~ foot** voetjie *(v. 'n naaimasjien)*. **~ kit** naaldwerkstel. **~ machine** naaimasjien. **~ machinist** naaister. **~ silk** sy=(naai)garing, sy(naai)gare.

sewn genaai(d); →SEW.

sex *n.* geslag; geslagtelikheid; seks, (geslags)omgang, (geslags)gemeenskap; seks, erotiek, geslagsake, ge=slagslewe; →SEXISM, SEXLESS, SEXUAL, SEXY; *the fair/gentle ~* die skone geslag; *have ~ with s.o., (infml.)* seks met iem. hê, met iem. bed toe gaan; *safe ~* veilige seks. **sex** *ww.* seks, die geslag bepaal; →SEXER, SEXING; *be highly ~ed* 'n sterk seksdrang hê. **~ abuse** seksuele misbruik/mishandeling. **~ act** seksdaad, geslagsdaad. **~ aid** sekshulpmiddel. **~ appeal** seksuele aantreklik=heid, geslagsattraksie. **~ bomb** *(infml.)* seksbom. **~ cell** saadsel. **~ change** geslagsverandering. **~-change operation** geslagsveranderingsoperasie. **~ chromosome** geslagschromosoom. **~ crime** seksuele misdryf/mis=daad/oortreding. **~ determination** geslagsbepaling. **~ discrimination** geslagsdiskriminasie. **~ drive** seks=, geslagsdrang, =drif, libido. **~ education** seks=, geslags=voorligting, =opvoeding, seksuele voorligting/opvoe=ding. **~ hormone** geslagshormoon. **~ killing** seks=moord. **~ kitten** *(infml.)* sekskatjie, warm meisie. **~ life** sekslewe, seksuele lewe. **~-linked** geslagsgebonde. **~ mania** erotomanie. **~ maniac** seksmaniak, eroto=maan. **~ object** seksobjek, =voorwerp. **~ offender** seks=misdadiger, =oortreder. **~ organ** geslagsorgaan. **~ pervert** geslagtelik afwykende/verdorwene. **~ pot** *(infml.)* sekspot. **~-ridden** seksbehep. **~ shop** sekswinkel. **~-starved** *(infml.)* uitgehonger vir seks, sekshonger. **~ symbol** sekssimbool. **~ urge** geslagsdrang. **~ worker** *(euf.: prostituut)* sekswerker.

sex=, sexi= *komb.vorm* ses=.

sex·a·ge·nar·i·an *n.* sestigjarige, sestiger. **sex·a·ge·nar·i·an** *adj.* sestigjarig.

sex·ag·e·nar·y *n. & adj.* →SEXAGENARIAN *n. & adj.*.

Sex·a·ges·i·ma *(RK: 2de Sondag voor d. Vaste, 8ste voor Pase)* Sexagesima.

sex·a·ges·i·mal sestigtallig.

sex·an·gu·lar seshoekig.

sex·ca·pade *(infml.)* sekskapade.

sex·cen·te·nar·y *n.* sesde eeufees, seseeue-fees. **sex·cen·te·nar·y** *adj.* seshonderdjarig.

=sexed *komb.vorm* =seksueel; *over~* seksbehep, oor=seksueel; *under~* seksueel onontwikkel(d) (*of* swak ontwikkel[d]).

sex·en·ni·al sesjaarliks; sesjarig.

sex·er geslagbepaler, sekser.

sex·i·ly, sex·i·ness →SEXY.

sex·ing geslagbepaling.

sex·ism seksisme. **sex·ist** *n.* seksis. **sex·ist** *adj.* seksis=ties.

sex·less geslag(s)loos. **sex·less·ness** geslagloosheid.

sex·ol·o·gy seks(u)ologie. **sex·o·log·ic, sex·o·log·i·cal** seks(u)ologies. **sex·ol·o·gist** seks(u)oloog.

sex·par·tite sesdelig.

sex·pert *(infml.)* seksghoeroe.

sex·ploit *ww., (infml.)* seksueel uitbuit. **sex·ploi·ta·tion** (kommersiële) seksuele uitbuiting, (kommer=siële) uitbuiting van seks, seksuitbuiting. **sex·ploit·a·tive** seksueel uitbuitend.

sext *(hoofs. RK, mus.)* sekst.

sex·tain = SESTINA.

sex·tan (fe·ver) *(med.)* sesdaagse koors.

sex·tant *(nav., landm.)* sekstant.

sex·tet(te) *(mus.)* sekstet; *(alg.)* sestal.

sex·tile *(astron., astrol.)* sekstiel.

sex·til·lion *(10^{21}; vero., hoofs. Br.: 10^{36})* sekstiljoen.

sex·ton koster; doodgrawer. **~ beetle** miskruier, dood=grawer. **sex·ton·ship** kosterskap.

sex·tu·ple *n.* sesvoud. **sex·tu·ple** *adj.* sesvoudig. **sex·tu·ple** *ww.* versesvoudig. **sex·tup·let** sestal; (een van 'n) sesling; *(i.d. mv.)* sesling(e).

sex·u·al *adj.* seksueel, geslagtelik, geslags=; *~ **act*** pa=rings=, geslagsdaad; *~ **exploits*** sekskapades; *~ **instinct*** teeldrif; *~ **opening*** geslagsopening; *~ **passion*** ge=slagsdrif; *have ~ **relations*** →RELATION; *~ **urge*** ge=slagsdrang, =drif. **~ cell** saadsel. **~ desire** geslags=drang, libido. **~ discrimination** geslagsdiskriminasie, seksuele diskriminasie. **~ harassment** seksuele teiste=ring. **~ intercourse** geslagsomgang, =gemeenskap, =verkeer, vleeslike gemeenskap. **~ organ** geslagsor=gaan. **~ perversion** seksuele perversie, geslagsafwy=king. **~ pervert** sekspervert, seksuele pervert, geslag=telik afwykende. **~ politics** *n. (fungeer as ekv.)* seksuele politiek, geslags=, sekspolitiek. **~ reproduction** *(biol.)* geslagtelike voortplanting. **~ revolution** seksuele re=volusie/rewolusie, seksrevolusie, =rewolusie. **~ selection** *(soöl.)* teeltkeuse.

sex·u·al·i·ty seksualiteit, geslagtelikheid, die geslags=lewe.

sex·u·al·ly *adv.* seksueel; *~ mature* geslagsryp. **~ transmitted disease** *(afk.: STD)* seksueel oordraagbare siekte *(afk.: SOS)*.

sex·y *=ier =iest, adj.*, **sex·i·ly** *adv., (infml.)* sexy, sen=sueel, eroties, verleidelik, wulps, begeerlik, wellustig, sin(ne)lik, prikkelend. **sex·i·ness** sensualiteit, verlei=delikheid, wulpsheid; seksbeheptheid.

Sey·chelles Seychelle(-eilande).

sfor·zan·do, sfor·za·to *adj. & adv., (It., mus.: met skielike nadruk)* sforzando, sforzato, geforseer(d).

sfu·ma·to *n., (It., kuns: versagting v. omtrekke deur kleur=vlakke of kleurtone geleidelik in mekaar te laat oorgaan)* sfumato(tegniek).

sgraf·fi·to *=fiti, (It., versieringstegniek op 'n muur of keramiek)* sgraffito.

sh *tw.* sjt, sjuut, st.

shab·by armoedig, slordig, verslete, armsalig, sjofel, kaal, skamel, toiingrig, oes; laag, gemeen, veragtelik; *play s.o. a ~ trick* iem. gemeen behandel. **shab·bi·ness** versletenheid, slordigheid, skamelheid; gemeenheid, skunnigheid.

shab·rack *(<D., hist.)* saalkleed, skabrak.

Sha·bu·oth →SHAVUOT.

shack *n.* pondok, krot, hut(jie); houthuisie. **shack** *ww.: ~ up somewhere, (infml.)* êrens 'n lêplek vind; *~ up together, (infml.)* saamwoon sonder om te trou; *~ up with s.o., (infml.)* met iem. saamwoon sonder om te trou. **~land** plakkersgebied, =buurt(e).

shack·le *n.* boei; koppeling; penskakel; *(mot.)* skommel *(v. vere)*; *(teg.)* harp *(v. 'n ketting)*; *(ook, i.d. mv., fig.)* hindernis(se), belemmering(e), beperking(e). **shack·le** *ww.* boei; koppel; aaneenskakel, aanmekaar skakel; belemmer, beperk, hinder; *be ~d with s.t.* met iets op=gesaal sit/wees. **~ bolt** harpbout. **~ joint** harpsluiting.

shad *(SA, igt.: Pomatomus saltatrix)* elf; →ELF(T).

shad·dock pampelmoes, pompelmoes; →POMELO.

shade *n.* skaduwee, skadu; koelte; tint, nuanse, kleur=(skakering); skerm, kap; ligskerm; rapsie, ietsie, tikkie; *(poët., liter.)* skim, gees; *(ook, i.d. mv., infml.)* donker=bril; *a ~ **better*** effens (*of* 'n ietsie) beter; *~s of **blue/green/red/yellow*** skakerings van blou/groen/rooi/geel, bloue, groene, rooie, gele; ***cast/put/throw** ... in(to) the ~, (infml.)* ... in die skadu(wee) stel, ... ver/vêr oortref; *~ of **colour*** kleurskakering; ***in** the ~* in die skadu(wee); *the same colour in a **lighter** ~* dieselfde kleur, maar 'n bietjie ligter, 'n ligter tint van dieselfde kleur; *(delicate) ~s of **meaning*** (fyn) betekenisverskille/(betekenis)=nuanses; *~s of **night**, (poët., liter.)* aandskemer(ing), donkerte, duisternis; *~s of ...* dit herinner ('n) mens aan ...; *different ~s of* **purple/etc.** verskillende skakeringe van pers/ens.; *sit in the ~* in die koelte sit; *the S~s, (poët., liter.)* die skimmeryk/onderwêreld. **shade** *ww.* beskadu, oorskadu; beskerm, beskut, bedek; versomber; skakeer; nuanseer; arseer *('n tekening)*; donker kleur, verdonker; *~ one's* **eyes** *with your hand* jou hand oor jou oë hou; *~ s.o. at the* **finish** iem. net-net klop; *~* **in** *s.t.* iets arseer; *~* **off** *into ...* langsaam in ... oorgaan; *~ an* **opponent** 'n teen-/teëstander in die skaduwee stel; *~d* **pole** afgeskermde pool *(v. 'n elektriese motor)*; *a ~d* **windscreen,** *(mot.)* 'n getinte voorruit. ~ **card** kleur(e)kaart. **~-loving** skadu(wee)liewend. ~ **plant** skaduplant. ~ **rule** *(druk.)* kaderlyn. ~ **tree** koelteboom.

shade·less skaduloos.

shad·i·ness →SHADY.

shad·ing beskaduwing; bedekking; skakering; arsering.

sha·doof *(Eg.)* waterwiel, skepwiel.

shad·ow *n.* skaduwee, skadu; skadubeeld; afbeeldsel; nabootsing; *(fig.)* skadu, somberheid, bedruktheid; *(fig.)* onbekendheid, obskuriteit; verswakte mens/ens.; oorblyfsel; aanduiding, bewys, spoor; naloper; agtervolger; *(poët., liter.)* gees, skim; *(arg. of w.g.)* beskerming; *be* **afraid** *of one's own ~* vir koue pampoen skrik, vir jou eie skadu(wee) skrik; *abide under the ~ of the* **Almighty** (AV), *rest in the ~ of the* **Almighty** (NIV), *(Ps. 91:1)* vernag in die skaduwee van die Almagtige *(OAB)*; die beskerming van die Almagtige geniet *(NAB)*; *a* **cast** *~* 'n slagskadu(wee); *coming events* **cast** *their ~s before* gebeurtenisse kondig hulself aan; **cast** *a ~ on/upon s.t., (lett. & fig.)* 'n skadu(wee) op/oor iets gooi/werp; **catch** *at a ~* na 'n skadu(wee) gryp, die skyn vir werklikheid aansien; *the ~ of* **death** die doodskadu(wee); *beyond/without the ~ of a* (or *without a ~ of*) **doubt** sonder die minste twyfel; *~s under the* **eyes** kringe onder die oë; *be* **in** *~* in die skadu(wee) wees; *be a ~ of one's former* **self** erg afgetakel(d) wees, 'n skim/skadu(wee) wees van wat jy was; *be* **s.o.'s** *~* iem. soos sy/haar skadu(wee) volg; *~ and* **substance** skyn en wese; *there is not a ~ of* **truth** *in it* dit bevat geen (*of* nie 'n) sweem van waarheid nie; **wear** *o.s. to a ~* jou afrem; *be* **worn** *to a ~* afgerem wees. **shad·ow** *ww.* oorskadu, beskadu; dophou, op die voet (*of* stilletjies) volg, in die oog hou; *~* **forth** voorstel, skets, afskadu. ~ **bird** *(infml.)* hamerkop; →HAMERKOP. **~-boxing** skynboks; skyngeveg. ~ **cabinet,** ~ **ministry** *(pol.)* skimkabinet, beoogde kabinet *(v.d. opposisie)*. **~graph** skadubeeld; röntgenfoto; skimmespel. **~land** *(poët., liter.)* skaduland. ~ **minister** *(pol.)* skim-minister *(v.d. opposisie)*. ~ **pantomime,** ~ **play,** ~ **show** *(teat.)* skimmespel. ~ **price** *(ekon.)* skynprys, fiktiewe prys; →IMPUTED PRICE. ~ **work** *(borduurwerk)* skaduwerk.

shad·ow·er volger.

shad·ow·y skadu(wee)agtig, skaduryk; vaag, hersenskimmig, onwerklik, skimagtig.

Shad·rach *(OT)* Sadrag.

shad·y lommerryk, skaduryk; beskadu, duister, twyfelagtig, oneerlik, verdag; *a ~* **character** 'n verdagte vent; *~* **side** skadu(wee)kant; *on the ~* **side** *of forty* aan die verkeerde kant van veertig; *~* **spot** koelte. **shad·i·ness** skaduryheid; dubbelsinnigheid, verdagtheid.

shaft *n.* steel, stok *(v. 'n graaf, besem, pyl, ens.)*; *(orn.)* pen, skag, rib *(v. 'n veer)*; *(anat.)* beenpyp; *(argit.)* suil, pilaar, kolom; spies, pyl; *(meg.)* as; disselboom; ligstraal, bliksemstraal; *(fig.)* gevatte/snedige/kwetsende opmerking; *(vulg. sl.: penis)* piel; (myn)skag, mynput; hyserskag; skoorsteen *(op 'n dak)*; *get the ~, (Am., infml.)* bedroë daarvan afkom; *give s.o. the ~, (Am., infml.)* iem. knel/druk (*of* laat les opsê); *put down* (or *sink*) *a ~* 'n skag grawe/sink. **shaft** *ww.: ~ s.o., (Am., infml.)* iem. druk/knel (*of* laat les opsê); iem. bedrieg; *(vulg. sl., 'n man)* iem. naai. ~ **bush** *(mot.)* asbus. ~ **digger,** ~ **sinker** skaggrawer. ~ **head** pylspits; skagbek. ~ **key** *(mot.)* skagspy. ~ **sinker** →SHAFT DIGGER. **~-sinking** skaggraafwerk, skaggrawery. ~ **tail** pylstert. **~-tailed whydah** *(orn.: Vidua regia)* pylstertrooibekkie, -weduweetjie. ~ **timbering** skagbetimmering. ~ **wall** skagwand.

shaft·ing asleiding; skagbekleding. ~ **lathe** as(se)draaibank.

shag[1] *n.* ruie hare, boskasie; struikgewas; pluis; →SHAGGY. ~ **carpet,** ~ **rug** langhaarmat. ~ **tobacco** kerftabak.

shag[2] *n., (orn.: Phalacrocorax aristotelis)* aalskolwer, (Europese) seeduiker.

shag[3] *n., (Br., vulg. sl.)* knippie, knypie, gekafoefel, kafoefelry; *get/have a ~* kafoefel, 'n knippie/knypie vang/vat. **shag** *ww., (Br., vulg. sl.)* 'n knippie/knypie gee, pomp, stoot, kafoefel met; *be ~ged (out)* pootuit/pê/doodmoeg/gedaan wees.

shag·gi·ness harigheid; ruigheid.

shag·gy wollerig, wolhaar-; ruig(harig); →SHAGGINESS. **~-dog story** wolhaarstorie.

sha·green sagryn(leer).

shah *(<Pers., hist.: koning)* sjah.

Sha·ka, Cha·ka *(SA gesk., 1787-1828)* Tsjaka, Shaka.

sha·ka·ma (plum) *(Hexalobus monopetalus)* shakapruim, bastersuikerappel.

shake *n.* skok, ruk, skudding; bewing, rilling, trilling; (hand)druk; *(infml.)* melkskommel (→MILKSHAKE); *(mus.)* triller; skeur, bars *(in hout)*; kloofdakspaan; *be* **all of a** *~* die bewerasie hê; *get a* **fair** *~, (Am., infml.)* eerlik/billik behandel word, 'n eerlike kans kry; **get** *the ~s, (infml.)* die bewerasie kry; **give** *s.t. a ~* iets (uit)skud; **give** *s.o. the ~s, (infml.)* iem. die bewerasie gee; *s.t. is no* **great** *~s, (infml.)* iets is nie (te) watwonders/waffers nie; *s.o. is no* **great** *~s, (infml.)* iem. is nie watwonders nie, iem. is nie besonders nie, daar steek nie veel in iem. nie; **have** *the ~s, (infml.)* die bewerasie hê; **the** *~s, (infml.)* kouekoors; bewerasie, ritteltit; **in two** *~s (of a duck's/lamb's tail), (infml.)* in 'n kits/japtrap, sommer gou-gou. **shake** *shook shaken, ww.* skud; ruk, skok, verbaas, verstom; uitskud; wankel, skommel; bewe, rittel, bibber, ril, tril; laat tril/wankel; aantas; verswak; *~ a* **carpet** →CARPET *n.*; *~* **down** *(into ...)* aanpas (by ...), tuis raak (met/in ...); *~ s.t.* **down** iets afskud; iets uitsprei; *~ s.o.* **down,** *(infml., hoofs. Am.)* iem. uitskud; →SHAKEDOWN; *~* **hands** *with s.o.* →HAND *n.*; *~ one's* **head** →HEAD *n.*; *~ like a* **leaf** beef/bewe soos 'n riet; *~ a* **leg** →LEG *n.*; *~ s.o./s.t.* **off** iem./iets afskud; van iem./iets ontslae raak *('n laspos, 'n verkoue, ens.)*; *~ s.t.* **out** iets uitskud; iets regskud; *~ s.o.* **rigid** iem. skok, iem. groot laat skrik; *~ s.t.* **up** iets deurmekaarskud, iets opskud; iets opskommel; *~ s.o.* **up** iem. wakker skud, vuur maak onder iem.; *s.t. ~s s.o.* **(up)** iets ontstel/skok/verbaas/verstom iem.; *~* **with** ... bewe/bibber/rittel van ... *(d. koue, angs, ens.)*. **~down** kermisbed; *(infml., hoofs. Am.)* berowing, afpersing; *~ cruise* proefvaart; *~ run* inlooprit. **~-out** uitskudding; regskudding; peildaling *(o.d. beurs)*. **~-up** wakkerskudding; *~ of the whole system* omvorming, reorganisasie van die hele stelsel.

shake·a·ble, shak·a·ble skudbaar.

shak·en geskok, ontdaan; geskud; **badly** *~* baie ontdaan; *be ~ to the* **core** hewig geskok/ontsteld wees; *s.o.'s* **faith** *in ... is ~* →FAITH; *s.t. has been ~ to its* **foundations** iets is tot in sy grondveste geskud.

shak·er skudder; skudgeut; *the S~s, (Am. Chr. sekte)* die Shakers.

Shake·spear·e·an, Shake·spear·i·an *n.* Shakespeare-kenner. **Shake·spear·e·an, Shake·spear·i·an** *adj.* Shakespeariaans. ~ **sonnet** *(pros.)* Shakespeariaanse sonnet.

shak·i·ly, shak·i·ness →SHAKY.

shak·ing skudding, (die) skud; *s.o. deserves a good ~* iem. behoort terdeë deurmekaar geskud te word.

shak·o *-os, (mil. hoed)* sjako.

sha·ku·ha·chi *-chis, (Jap., mus.instr.: bamboesblokfluit)* sjakoehatsji(e).

shak·y onvas, wankel(end), wankelrig; wikkelrig; onbetroubaar; bewerig; swak, onseker; wrak, lendelam; geskeur, gebars, gekraak *(hout)*; *s.o.'s* **courage** *is rather ~* →COURAGE; **feel** *~* bewerig voel; *be on ~* **ground** →GROUND[1] *n.*; *a ~* **house** 'n bouvallige huis; *s.o.'s* **knowledge** *of s.t. is rather ~* →KNOWLEDGE; *s.o.* **looks** *~* iem. sien daar vaal/sleg uit; *make a ~* **start** →START *n.*; *~* **voters** twyfelagtige/onbetroubare kiesers. **shak·i·ly** onvas, onseker, bewerig. **shak·i·ness** bewerigheid.

shale leiaarde, skalie. ~ **oil** lei(klip)olie, skalie-olie. **shal·y** skalieagtig, lei(klip)agtig.

shall *should* sal; moet; mag; *no one ~* **cast** *two votes* niemand mag twee stemme uitbring nie; *the committee of the club ~* **consist** *of five members* die bestuur van die klub bestaan uit vyf lede; *I ~* **do** *it* ek sal dit doen; *thou shalt* **not steal,** *(Byb., AV)* jy mag nie steel nie; *we ~* **win** ons gaan wen; *man ~* **work** *to eat, (arg.)* die mens moet werk om te eet.

shal·loon *(tekst.)* sjalon; →CHALON.

shal·lop *(hoofs. hist.)* sloep.

shal·lot salot.

shal·low *n. (gew. i.d. mv.)* vlak water, vlak plek, ondiepte. **shal·low** *adj.* vlak, ondiep; oppervlakkig; *~* **arch** vlak boog; **become** *~* vlak word; vervlak; *~* **breathing** floue asemhaling; *~* **curl** vlak krul *(v. pels)*; *~* **frying** vlakvet-braai. **shal·low** *ww.* vlak word; vlak maak, vervlak. **~-brained, ~-minded, ~-witted** onnosel, dom, arm aan verstand. **~-lying backs** *(rugby)* vlak staande agterlyn, agterlyn wat vlak staan (*of* min beweegruimte laat). **shal·low·ness** vlakheid; oppervlakkigheid; ondeurdagtheid.

sha·lom *tw., (<Hebr.)* sjalo(o)m.

sha·lot →SHALLOT.

shalt *(arg., 2e pers. ekv.)* →SHALL.

sham *n.* bedrog, foppery, voorwendsel, liemakery, aanstellery, skyn. **sham** *adj.* vals, nagemaak, kastig, voorgewend, geveins, oneg; *~* **attack** skynaanval; *~* **door** blinde deur; *~* **fight** skyngeveg, spieëlgeveg; *~* **illness** skoolsiekte. **sham** *-mm-, ww.* voorgee, veins, jou aanstel (as), jou uitgee vir; liemaak, maak asof; fop, bedrieg; voorwend; *~ deafness* →DEAFNESS; *~ illness* jou siek hou, maak of jy siek is; *s.o. is only ~ming* iem. hou hom/haar maar so, dit is maar aanstellery van hom/haar. **sham·mer** aansteller, bedrieër, fopper, simulant; veinsaard. **sham·ming** veinsing.

sha·man *-mans* sjamaan. **sha·man·ic** sjamaans. **sha·man·ism** sjamanisme. **sha·man·ist** *n.* sjamanis. **sha·man·ist, sha·man·is·tic** *adj.* sjamanisties.

sham·a·teur *(neerh.)* pseudo-amateur.

sham·ble *n.* slofgang, geslof; →SHAMBLES. **sham·ble** *ww.* sleepvoet loop, skuifel, slof; *~ off* wegwaggel. **sham·bles** *(mv., fungeer as ekv.), (infml.)* (uiterste) warboel, gemors; verwoesting; bloedbad, slagting; *(arg.)* slagpale, slagplek; *(arg.)* slagbank; *be a (complete) ~* 'n volslae warboel wees; *be in a ~, ('n kamer ens.)* in (die uiterste) wanorde wees; *make a ~ of s.t.* 'n gemors van iets maak. **sham·bling** *n.* slofgang, geslof. **sham·bling** *adj.* waggelend, sloffend, sleepvoet; *~ gait* slofgang(etjie), waggelende gang.

sham·bol·ic *adj., (infml.)* chaoties, deurmekaar; wanordelik, onordelik, ongeorden(d), ordeloos; ongedissiplineer(d); onversorg, verwaarloos.

shame *n.* skaamte; skande, oneer; skandaal; *it is* **a** *~* dit is 'n skande; dit is gemeen; dit is baie/bitter jammer; *it's* **a** *~ you couldn't ...* dis baie/bitter jammer jy kon nie ... nie; *be full of* **angry** *~* skaamkwaad wees; **bring** *... to ~,* **bring** *~ (up)on ... ...* in die skande steek, ... tot skande strek; **cry** *~ (up)on ...* skande roep oor ...; *a* **crying** *~* 'n skreiende skande; *be* **devoid** *of ~,* **have no** *~, be* **lost** *to ~, be* **without** *~* skaamteloos wees, sonder skaamte(gevoel) wees; **die** *of ~* jou doodskaam; *a* **downright** *~* 'n skreiende skande; **feel no** *~ for one's actions* nie skaam oor jou optrede wees nie; *be* **flushed** *with ~* skaamrooi wees; **(for)** *~!, ~* **on you!** foei!; skande!; skaam jou!, jy moet jou skaam!; sies!; **for/from** *(very) ~* uit (pure) skaamte; *a* **mortal** *~* 'n ewige skande; *have* **no** *~, be* **lost** *to ~* →*be* **devoid** *of shame*; *the ~* **of it!** wat 'n skande!; **put** *s.o. to ~* iem. in die skande steek; iem. tot skande strek; iem. beskaam(d) maak; **think** *~ to ..., (arg. of Sk.)* dit 'n skande ag (*of* jou skaam) om te ...; **through** *~* uit skaamte; *s.o. is a ~* **to** *...* iem. is 'n skande vir ...; **to** *s.o.'s ~* tot iem. se skande; **what** *a ~!* hoe jammer tog!; wat 'n skande!; *be* **without** *~* →*be* **devoid** *of shame*. **shame** *ww.* beskaam, beskaamd maak; laat bloos; oneer aandoen, tot skande strek, in die skande steek; skaam wees; *~ s.o. into doing s.t.* iem.

so beskaam(d) maak dat hy/sy iets doen; *s.t. ~s s.o.* iets laat iem. beskaamd staan, iets steek iem. in die skande. **shame** *tw. (SA, infml.)* foei/fooi/sies tog *(ook as een woord geskryf)*. **shame·faced** bedees, beskroomd, verleë, bedremmeld, skamerig; beskaamd. **shame·fac·ed·ly** skamerig, bedremmeld; beskaamd; soos 'n hond wat vet gesteel het. **shame·fac·ed·ness** skamerigheid, bedremmeldheid. **shame·ful** skandelik, skreiend, skromelik. **shame·ful·ly** met skande, skandelik, skromelik. **shame·ful·ness** skandelikheid. **shame·less** skaamteloos. **shame·less·ly** skaamteloos, sonder skaamte; *lie ~* onbeskaamd/skaamteloos/grof lieg. **shame·less·ness** skaamteloosheid. **sham·ing** *adj.* beskamend.

sham·my (leath·er) *(infml.)* leerlap, seemsleer; →CHAMOIS LEATHER.

sham·poo *n.* sjampoe; harewas, sjampoe; matsjampoe; motorsjampoe. **sham·poo** *ww.* sjampoe, met sjampoe was; *~ and set* hare was en set.

sham·rock klawer. ~ **(leaf)** klawerblaar.

sha·mus *(Am., sl.), (polisieman)* (plat)poot, boer, diener; *(speurder)* goiing=, lapbaadjie.

Shan *Shan(s), (lid v. 'n volk; taal)* Sjan.

Shan·dong, Shan·tung *(Chin. prov.)* Sjandong, Sjantoeng.

shan·dy =*dies, (Am.)* **shan·dy·gaff** =*gaffs, (bier met limonade/gemmerbier)* shandy.

Shan·gaan *(SA, lid v. 'n volk; taal)* Sjangaan.

Shang·hai, Shang·hai *n., (Chin. hawestad)* Sjanghai. **shang·hai, shang·hai** *ww., (infml.)* (deur lis *of* onder dwang) oorhaal, dwing *(tot); (hist.)* pres, ontvoer, ronsel, met geweld aanwerf *(as matroos)*.

Shan·gri-La *(n.d. denkbeeldige vallei i.d. Himalaja beskryf deur James Hilton in sy roman* Lost Horizon*)* Shangri-La, (aardse) paradys, utopie.

shank *n.* been; skeen, maermerrie; skenkel(vleis); steunpyp; skag; steel, doring, angel *(v. gereedskap)*; skag *(v. 'n anker)*; stammetjie *(v. 'n knoop)*; *(gh.)* skeen; skeenhou; *long ~s* ooievaarsbene; *ride (or go on) S~s's/~s's pony/mare, (infml.: te voet)* met dapper en stapper (*of* snaar en st[r]amboel/tamboer) gaan, op die apostelperde ry; *~ and trotter, (varkvleis)* skenkel en pootjie. **shank** *ww., (gh.)* 'n skeenhou slaan; *~ (it), (<Sk., w.g.)* voetslaan; *~ (off), (blomme, blare)* afval. ~ **bone** skeenbeen. ~ **end** *(fig.)* agterkant; uitloopsel; *~ ~ of leg* skenkelkant van boud. **shank·ings** pootjieswol.

shan·ny *(igt.: Blennius pholis)* slymvis.

shan't *(sametr.)* = SHALL NOT.

Shan·tung →SHANDONG. **shan·tung** *(tekst.)* sjantoeng.

shan·ty¹, chan·ty liedjie, matroselied, arbeidslied.

shan·ty² pondok(kie), hut(jie); krot. ~**town** blikkiesdorp, sakdorp, plakkersdorp; onderdorp.

shap·a·ble, shape·a·ble vormbaar, plasties.

shape *n.* vorm, fatsoen; formaat; model, patroon, mal; gedaante, gestalte; *in/of* ***all*** *~s and sizes* in/van alle vorms en groottes; *in* ***any*** *~ (or form)* in watter vorm ook al; *be in* ***bad*** *~* in slegte kondisie wees; ***give*** *~ to s.t.* (aan) iets vorm gee; *be in* ***good*** *~* perdfris wees, fris en gesond wees, in goeie kondisie wees, daar goed uitsien; *in* ***human*** *~* in die gedaante van 'n mens, in menslike gedaante; *be* ***in*** *~* fiks wees; *keep* ***in*** *~* fiks bly; *get/knock/whip s.o.* ***into*** *~, (infml.)* iem. (weer) op peil bring; iem. (weer) fiks kry; iem. regruk; *get/lick/put/throw s.t.* ***into*** *~* iets in orde bring, iets agtermekaar kry; (aan) iets vorm gee; →LICK *ww.*; *a ~* ***loomed*** *through the mist* 'n gedaante het uit die mis opgedoem; *in the ~* ***of*** ... in die gedaante van ...; *come in the ~* ***of*** ... die vorm van ('n) ... aanneem; in die vorm van ('n) ... verkry(g)baar wees; *show one's gratitude/etc. in the ~* ***of*** ... jou dankbaarheid/ens. toon deur middel van ...; *be* ***out of*** *~, (lett.)* uit fatsoen wees; *(fig.)* onfiks wees; ***take*** *~* vorm aanneem/kry; *the ~ of* ***things*** *to come* die toekomsbeeld. **shape** *ww.* vorm, maak; fatsoen gee, fatsoeneer, modelleer; afdraai *(in 'n draaibank)*; uitwerk, uitdink; inrig, reël; jou vorm/ontwikkel; *~d* ***charge****, (mil.)* vormlading; *~ a* ***course*** *for/to ...* →COURSE *n.*; *~d* ***edge*** gefatsoeneerde rand; *~ s.t.* ***into*** *a ...* 'n ... uit iets vorm; *~d* ***iron*** profielyster; *~d* ***like*** ... in die vorm van ...; *be ~d* ***like*** *bells/stars/etc.* klokvormig/stervormig/ens. wees; *~ s.t.* ***roughly*** iets bosseer; *~d* ***steel*** profiel=, vormstaal; *see how* ***things*** *~* die verloop van sake dophou, oplet hoe sake ontwikkel; *~* ***up*** vorm kry/aanneem; ontwikkel; vorder; vertoon; *~ (up)* ***well*** mooi op stryk kom; veel beloof/belowe. ~**-retaining** vormvas.

shape·a·ble →SHAPABLE.

-shaped *komb.vorm* =vormig; *L-~* L-vormig; *pear-~* peervormig.

shape·less vormloos, uit fatsoen; wanstaltig, mismaak. **shape·less·ness** vormloosheid; mismaaktheid, wanstaltigheid.

shape·ly mooi gevorm, goed gevorm, mooi gebou, welgeskape, welgevorm(d). **shape·li·ness** welgevormdheid.

shap·er vormer, formeerder, fatsoeneerder; freesmasjien.

shap·ing vorming, formering.

shard, sherd potskerf; eierdop; *(entom.)* vlerkskild.

share¹ *n.* deel, gedeelte, porsie; aandeel; taks, kwota; *~ and ~* ***alike*** op gelyke voet; ***deferred*** *~* →DEFERRED; ***entitled*** *to a ~* deelgeregtig; *in* ***equal*** *~s* in gelyke dele; *s.o.'s* ***fair*** *~* iem. se regmatige deel; *s.t.* ***falls*** *to s.o.'s ~* iets val iem. ten deel; iets is iem. se lot; ***farm*** *on ~s* om 'n deel boer; *I* ***for my*** *~ ..., (w.g.)* wat my (aan)betref ...; ***get*** *one's ~* jou deel kry; ***give*** *s.o. a ~ in s.t.* iem. in iets laat deel; ***go*** *~s with s.o.* met iem. deel; ***have*** *a ~ in s.t.* deel hê in iets; met iets te doen/make hê, tot iets bydra; ***have*** *~s in s.t.* aandele in iets hê *('n sakeonderneming)*; *I* ***have had*** *my ~ of it* ek het my deel daarvan gehad; ***issue*** *~s* aandele uitreik; ***issue*** *of ~s* →SHARE ISSUE; *it is* ***my*** *~* dit kom my toe; ***place*** *~s* aandele plaas; ***preferred*** *~* →PREFERENCE SHARE; ***registered*** *~s* geregistreerde aandele; ***take up*** *~s* aandele neem. **share** *ww.* deel; verdeel; uitdeel; ('n) deel hê in; →SHARER; *~ and ~* ***alike*** gelykop deel; *a* ***belief*** *~d by ...* iets wat ... glo; *they ~ ...* ***between them*** hulle verdeel ... tussen hulle; hulle deel ... met/onder mekaar; *~ a* ***feeling*** 'n gevoel onderskryf; jou in iets invoel; *~* ***in*** *s.t.* in iets deel *(d. wins ens.)*, deelgenoot in/aan iets wees; iets met iem. deel *(d. koste ens.)*; iem. met iets help *(d. werk ens.)*; *a ~d* ***line****, (telef.)* 'n deellyn; *~ s.o.'s* ***opinion*** →OPINION; *an opinion ~d by ...* 'n mening wat ... huldig; *~* ***out*** *s.t.* iets uitdeel; *~* ***out*** *s.t. among ...* iets onder ... uitdeel; *sharing of* ***power*** →POWER-SHARING; *~d* ***responsibility*** gesamentlike verantwoordelikheid; *~d* ***service*** deeldiens; *~ s.o.'s* ***view*** iem. se beskouing deel; *~ a room/etc.* ***with*** *s.o.* 'n kamer/ens. met iem. deel. ~**broker** = STOCKBROKER. ~ **capital** aandelekapitaal. ~ **certificate** aandeel=, aandelebewys, =sertifikaat. ~**crop** *ww., (hoofs.Am.)* om 'n deel boer/saai. ~**cropper** *(hoofs.Am.)* by=, deelsaaier, bywoner. ~**cropping** deelsaaiery, boerdery om 'n deel. ~**holder** aandeelhouer. ~**holding** aandelebesit; aandeelbelang *(v. 'n mpy.)*; aandeel *(v. 'n mpy. in 'n ander mpy.)*. ~ **index** aandele-indeks. ~ **issue** aandele-uitgifte. ~ **market** aandelemark; →STOCK MARKET. ~ **option** andele-opsie. ~**-out** uitdeling, uitdelery; winsuitkering. ~ **premium** aandelepremie. ~ **pusher** aandelesmous. ~**-pushing** aandelesmousery. ~ **register** aandeleregister. ~**ware** *(rek.)* deelware, deelprogrammatuur. ~ **warrant** koopopsiebewys *(vir aandele)*.

share² *n.* (ploeg)skaar; →PLOUGHSHARE.

shar·er deelhebber, deelgenoot, deelnemer; medebelanghebbende; (uit)deler.

sha·ri·a(h) *(Arab.)* sjaria, Islamitiese wet.

sha·rif →SHERIF.

shark¹ *n.* haai; ***blackfin reef*** *~, (Carcharhinus melanopterus)* swartfin-rifhaai; ***bull/Zambezi*** *~, (C. leucas)* bul=, Zambezihaai; ***copper*** *~, (C. brachyurus)* koperhaai; ***dusky*** *~, (C. obscurus)* donkerhaai; ***great white*** *~, (Carcharodon carcharias)* witdoodshaai, *(w.g.)* blouvinhaai; *be* ***infested*** *with ~s* vol haaie wees; ***lemon*** *~, (Negaprion acutidens)* geelhaai. ~ **diving, cage diving** haai=, hokduik. ~**-jaw spanner** haaibek(sleutel). ~ **net** haainet. ~**skin** haaivel; haaivelstof. ~**sucker** →REMORA.

shark² *n., (infml.)* woekeraar, uitsuier. **shark** *ww., (arg.)* uitsuig, woekerwins neem; swendel; *~ for a living* 'n swendelbestaan voer; *~ ... (up)* ... bymekaarskraap; ... wegsluk/inswelg.

Sha·ron *(geog.)* Saron.

sharp *n., (mus.)* (noot met 'n) kruis; *(infml.)* bedrieër; →SHARPER. **sharp** *adj.* skerp, spits, puntig; skerp, intens, brandend *('n smaak, reuk)*; *(fig.)* bitsig, venynig, vlymend *(kritiek ens.)*; *(fig.)* bytend, snydend *(toon, spot, ens.; koue, d. wind, ens.)*; deurdringend *(klank)*; *(fonet.)* stemloos *('n medeklinker)*; skerpsinnig, oulik, slim, vinnig, skrander, oorlams; geslepe, listig; vinnig, haastig, snel; ***A/etc.*** *~ (major/minor), (mus.)* A/ens. kruis (majeur/mineur); *a ~* ***attack*** 'n hewige aanval; *a ~* ***contest*** 'n hewige/vinnige stryd; *a ~* ***cry*** →CRY *n.*; *a ~* ***curve*** →CURVE *n.*; *~* ***dealing*** skelmstreek, =stuk; *a ~* ***fall*** →FALL *n.*; *a ~* ***fight*** 'n skerp geveg; *a ~* ***flavour*** →FLAVOUR *n.*; *a ~* ***lesson*** 'n gevoelige les; ***look*** *~, (Am., infml.)* baie goed lyk, spiekeries lyk; *keep a ~* ***lookout*** →LOOKOUT; *as ~ as* ***needles****, (infml.)* so slim soos die houtjie van die galg; *a ~* ***pain*** →PAIN *n.*; *as ~ as a* ***razor****, (lett.)* vlymskerp; *(fig., infml.)* so slim soos die houtjie van die galg; *a ~* ***remark*** 'n bitsige/snedige aanmerking; *a ~* ***retort*** 'n skerp antwoord; *~* ***sand*** skerp sand; *a ~* ***tongue*** →TONGUE *n.*; *be* ***too*** *~ for s.o.* te oulik/slim wees vir iem.; *a ~* ***turn*** →TURN *n.*; *take a ~* ***walk*** ('n ent) vinnig gaan stap. **sharp** *adv.* gou; presies; ***look*** *~* →LOOK *ww.*; *at ten/etc.* ***o'clock*** *~* presies om tienuur/ens., om tienuur/ens. op die kop; ***sing*** *~* te hoog sing; *~'s the* ***word!****, (infml.)* roer jou (litte/riete)!, maak gou!, opskud!, skud op!. **sharp** *ww., (mus.)* met 'n kruis merk; *(arg.)* bedrieg, fop; skelm speel. ~**-edged** skerp, met 'n skerp kant, skerpsnydend; skerpkantig. ~ **end** *(Br., skerts.)* boeg *(v. 'n skip)*; *(fig.)* voorpunt, spits; *be at the ~ ~ of s.t.* aan/op die voorpunt (*of* aan die spits) van iets staan/wees; in die brandpunt van iets staan/wees; *feel the ~ ~ of s.o.'s tongue* onder iem. se skerp tong deurloop. ~**-eyed** skerp van blik, skerpsiende. ~**-featured** met gebeitelde gelaatstrekke. ~**-pointed** puntig, spitspunt=. ~ **practice** slimstreke, wanpraktyk(e), oneerlikheid, bedrog, knoeiery, kullery, *(infml.)* verneukery. ~**-set** *(vero.): I am ~* my maag skree(u) van (die) honger, ek is uitgehonger. ~**shooter** skerpskutter. ~**-sighted** skerp van blik, skerpsiende; *(fig.)* skerpsinnig. ~**-tongued** met die/'n skerp tong, bitsig, venynig, snipperig, katterig. ~**-witted** skerpsinnig; gevat.

sharp·en skerp maak, slyp, *(vero., w.g.)* aansit, *(poët., liter.)* wet; (aan)punt; *(hoofs. fig.)* verskerp, opskerp; toespits. **sharp·en·er** skerpmaker.

sharp·er *(infml.)* swendelaar, bedrieër; kaartknoeier.

Sharpe·ville Day *(SA, hist: 21 Maart)* Sharpevilledag; →HUMAN RIGHTS DAY.

sharp·ish skerperig, taamlik skerp; taamlik gou/vinnig.

sharp·ly skerp; *rise ~* vinnig/skerp/sterk styg.

sharp·ness skerpheid, skerpte, spitsheid; stekeligheid; vinnigheid.

shash·li(c)k, shash·li(c)k *(<Rus., kookk.: soort kebab/sosatie)* sjasjlik.

Shas·ta dai·sy =*sies, (bot.: Chrysanthemum maximum)* shastamadeliefie.

shat·ter verpletter, versplinter, verbrysel, vergruis; *(fig.)* ruïneer, vernietig, verwoes, verydel, die bodem inslaan; in stukke val, aan stukke spat/breek, fyn breek; uitmekaar ja(ag), laat spat; knak, skok; *feel ~ed* geskok voel; *that ~ed all s.o.'s hopes* dit het al iem. se verwagtinge die bodem ingeslaan; *s.o.'s nerves were ~ed* iem. se senuwees was kapot/geskok. ~**proof** splintervas.

shat·ter·ing *adj.* vreeslik, verskriklik, ontsettend; skokkend, ontstellend, onthutsend; *a ~* ***blow*** *to the economy* 'n ernstige/geweldige terugslag vir die ekonomie; *be a ~* ***blow*** *to s.o.'s ego* iem. se ego erg kneus; *~* ***effect*** verwoestende/verskriklike uitwerking; *~* ***experience*** nare/traumatiese/verskriklike ondervinding; *~* ***news*** ontstellende/skokkende/verpletterende nuus.

shave *n.* (die) skeer; snytjie, flenter, spaander; skaafmes; *(infml.)* bedrog, foppery, versinsel; →SHAVING *n.*; *it was a* ***close/narrow*** *~, (infml.)* dit was so hittete, dit het min geskeel, dit het naelskraap/broekskeur gegaan; dit was 'n noue ontkoming; *have a* ***close/narrow*** *~,* *(infml.)* 'n noue ontkoming hê; ***have** a* ~ jou (laat) skeer; *he **needs** a* ~ hy moet hom (laat) skeer. **shave** *shaved shaved/shaven, ww.* skeer; skawe; stryk langs, verbyskram, verbyglip; in repies sny; afstroop; *he is shaving* hy skeer hom; *he is not shaving yet* hy skeer nog nie; ~ *s.t. off* iets afskeer *('n baard ens.)*.

shave·ling *(arg., neerh.)* monnik, priester; (jong) snuiter.

shav·en kaalgeskeer *(iem. se kop ens.)*. ~**-headed** *adj. (attr.)* met die/'n kaalgeskeerde kop *(pred.)*.

shav·er skeerder; skeertoestel; *young* ~, *(infml.)* snuiter.

Sha·vi·an *n.* volgeling van G.B. Shaw. **Sha·vi·an** *adj.* van G.B. Shaw.

shav·ing *n.* (die) skeer, skeerdery; (hout)krul, skaafkrul, skaafsel; *(i.d. mv.)* afskaafsel, strooisel(s); ~ *is a nuisance* skeer is 'n las. ~ **basin,** ~ **bowl,** ~ **dish** skeerbakkie. ~ **brush** skeer-, seepkwas. ~ **cream** skeerroom. ~ **foam** skeerskuim. ~ **glass** →SHAVING MIRROR. ~ **horse** *(houtw.)* skaafbank. ~ **kit,** ~ **set** skeergerei. ~ **lotion** (na)skeermiddel. ~ **mirror,** ~ **glass** skeerspieël. ~ **mug** skeerkom(metjie). ~ **set** →SHAVING KIT. ~ **soap** skeerseep. ~ **stick** staaf skeerseep, skeerstaaf. ~ **strop** *(hoofs. hist.)* skeerriem. ~ **things** skeergoed. ~ **water** skeerwater.

Sha·vu·ot, Sha·bu·oth *(Hebr., Jud.)* Sjavuot, (Joodse) Pinksterfees.

shaw *(arg., hoofs. Sk.)* bos.

shawl *n.* tjalie, *(deftiger)* sjaal. **shawl** *ww.* 'n tjalie/sjaal omhang. ~ **collar** sjaalkraag.

shawm *(mus.instr.)* herdersfluit, skalmei.

shay *(infml.)* = CHAISE.

shchi *(Rus. kookk.)* (Russiese) koolsop.

she *n. & pron.* sy; *a he or a* ~ 'n hy of 'n sy, 'n seun of 'n dogter; ~*'s late, (ook)* hy's laat *('n trein, skip, ens.)*.

she- *komb.vorm* wyfie-, -wyfie. ~**-ass** esel-, donkiemerrie, eselin. ~**-bear** beerwyfie, berin. ~**-cat** wyfiekat, katwyfie; *(infml., fig.)* kat van 'n meisiemens, katterige vroumens. ~**-devil** satanse vrou, satan van 'n vrou; *(ook fig.)* duiwelin. ~**-goat** bokooi. ~**-lamb** ooilam. ~**-oak** kasuarisboom. ~**-wolf** *-wolves* wolfwyfie, wyfiewolf, wolvin.

she·a·but·ter galambotter.

sheaf *sheaves, n.* gerf; bondel; bos; *sheaves of corn/wheat* koringgerwe, gerwe koring; *a* ~ *of flowers* 'n gerf blomme; *a* ~ *of papers* 'n bondel/hand vol papiere. **sheaf** *ww.* (in gerwe) bind, opbind; →SHEAVE[2] *ww.*.

sheal·ing →SHIELING.

shear *n.* helfte van 'n skêr; (die) skeer; *(dial.)* snysel; *(dial.)* vag; *(dial.)* geskeerde dier; *(geol.)* skuifskeur; *(fis., meg.)* afskuiwing, skuifwerking; *(i.d. mv., ook* a pair of shears*)* tuin/skaap/plaat/masjien(skêr); *(i.d. mv.)* knipmasjien; *(i.d. mv.)* katrolbok; →SHEERLEGS; *the fatal* ~*s* →FATAL. **shear** *sheared shorn/sheared, ww.* skeer; (af)knip, (af)sny; kaal maak, pluk; *(teg.)* afskuif; ***come back** shorn, (fig.)* kaal daarvan afkom; ~ ***off*** *s.t.* iets afskeer; ~ ***sheep*** (skape) skeer; ~ ***through*** ... deur ... sny. ~**bill** *(orn.)* = SCISSORBILL. ~ **blade** kniplem. ~ **effect** afskuiwing, skuifwerking. ~ **force** skuifkrag. ~**legs** →SHEERLEGS. ~ **mark** skeermerk. ~ **plane** skuifvlak. ~ **plate** skuifplaat. ~ **resistance** skuifweerstand. ~ **strength** skuifvastheid. ~ **(stress)** skuifspanning. ~ **wind** skuifwind.

shear·er skeerder.

shear·ing (die) skeer, skeerdery, skeerwerk; skeersel; knipwerk; *(geol.)* skuifskeuring; *(fis., meg.)* (dwars)afskuiwing, skuifwerking. ~ **force** (af)skuifkrag. ~ **machine** skeermasjien; knipmasjien; plaatskêr. ~ **pen** skeerkraal, -hok. ~ **resistance** skuifweerstand. ~ **season** skeertyd. ~ **shed** skeerhuis, -skuur. ~ **stiffness** skuifsterkte. ~ **strain** skuifvervorming. ~ **strength** skuifvastheid. ~ **stress** skuifspanning. ~ **time** skeertyd. ~ **wire** afskuifdraad.

shear·ling wissellam, een jaar ou(e)/oud skaap. ~ **(wool)** wissellamwol.

shear·wa·ter *(orn.: Puffinus spp.)* pylstormvoël; *sooty* ~, *(P. griseus)* malbaa(r)tjie.

sheath *n.* skede; blaar-, bladskede; koker; huisie; *(entom.)* (vlerk)skild, dop; *(teg.)* mantel, bekleding, huls, omhulsel; kondoom. ~**bill** *(orn.: Chionis spp.)* yshoender. ~ **dress** skedetabberd, -rok. ~ **knife** skedemes. ~**-winged** skildvlerkig.

sheathe *ww.* in die skede steek, insteek; beklee, oortrek, omhul; beplaat; ~*d cable* omhulde kabel.

sheath·ing bekleding; betimmering; beplating; skutbekleding; bemanteling; omhulling, omhulsel; neusbeslag *(v. 'n vliegtuig)*; dubbeling *(v. 'n skip)*. ~ **paper** boupapier.

sheave[1] *n.* katrolwiel, -skyf.

sheave[2] *ww.* bind, opbind *(in gerwe)*; →SHEAF *n. & ww.*.

She·ba *(OT)* Skeba; →SABA; *the queen of* ~, *(1 Kon. 10)* die koningin van Skeba.

she·bang *(Am., arg.)* (plakkers)hut, pondok; *the whole* ~, *(infml.)* die hele affêre/gedoente; die hele boel/spulletjie/katoetie.

she·been smokkel-, sluikkroeg, smokkelhuis, sjebeen, sjebien. ~ **king** *(SA)* sjebien-, sjebeenbaas, sjebien-, sjebeeneienaar. ~ **queen** *(SA)* sjebien-, sjebeenbaas, sjebien-, sjebeeneienares, sjebien-, sjebeenmamma.

shed[1] *n.* skuur, afdak; loods; skuthok; werkwinkel, -plek. ~ **roof** halfsaaldak, afdak.

shed[2] *n., (w.g.)* afwerpsel. **shed** *shed shed, ww.* stort, vergiet; verloor; (ver)sprei, werp; afwerp; laat val *(blare)*; uitstraal; ~ ***blood*** bloed vergiet/stort; ~ ***feathers*** verveer; ~ ***hair*** verhaar; *the tree* ~*s its **leaves*** die boom verloor sy blare, die blare val van die boom af; ~ ***light** on s.t.* lig werp *(of* 'n kyk gee) op iets; *the snake* ~*s its **skin*** die slang vervel; ~ ***tears*** trane stort; ~ ***teeth*** wissel. **shed·der** vergieter; ~ *of blood* bloedvergieter.

she'd *(sametr.)* = SHE WOULD, SHE HAD.

sheen (lig)glans, skynsel, glinstering. **sheen·y** blinkend, glansend, glinsterend, skynend.

sheep *sheep* skaap; →BLACK SHEEP; *a wolf in* ~*'s **clothing*** →WOLF *n.*; *cast/make* ~*'s **eyes** at s.o., (infml., vero.)* iem. verliefderig aankyk, iem. toelonk; ~*'s **fleece*** skaapvag; *a **flock** of* ~ 'n trop skape, 'n skaaptrop; ~ *and **goats**, (ook)* kleinvee; *divide/separate the* ~ *from the **goats*** die skape van die bokke skei; *(s.o.) may/might as well be **hanged** for a* ~ *as for a lamb, (infml.)* doller as kopaf kan dit tog nie; as dit moet, dan maar goed; ~*'s **head*** skaapkop; ***like*** ~ soos 'n trop skape; *the **lost*** ~ die verlore skaap; ~*'s **tongue*** skaaptong; ~*'s **tripe** (and trotters)* skaapafval; ***two/etc.*** ~ twee skape; ~*'s **wool*** skaapwol. ~ **breeder** skaapteler. ~ **breeding** skaapteelt. ~**cote** *(hoofs. Br.)* →SHEEPFOLD. ~ **dip** skaapdip. ~ **dipping** skaapdippery. ~**dog** skaaphond. ~**dog trial(s)** skaaphondkampioenskap(sbyeenkoms). ~**-faced** skaapagtig, dom. ~ **farm** skaapplaas. ~ **farmer** skaapboer. ~ **farming** skaapboerdery. ~**-farming area/country/region** skaapwêreld. ~**fold,** *(Br.)* ~**cote** skaapkraal. ~ **herder** *(Am.)* skaapwagter. ~ **hook** haakstok, -kierie, herderstaf. ~ **ked** skaapluis, skaapluisvlieg. ~ **lick** skaaplek. ~ **lifting** veediefstal. ~ **maggot-fly** skaapbrommer. ~**man** *-men* skaapboer; skaapwagter. ~ **pen** skaapkraal. ~ **pox** skaappokke, vuilbek. ~ **raising** skaapteelt, -boerdery. ~ **run** *(Austr.)* →SHEEPWALK. ~ **scab** brandsiekte. ~**shank** *(sk.)* trompetsteek; *(w.g.)* skaapbeen, -skenkel. ~**shearer** skaapskeerder. ~**shearing** skaapskeerdery. ~**shears** skaapskêr. ~**skin** skaapvel; skaapleer. ~**skin (dance)** *(SA)* bokjol, boeredansparty. ~ **sorrel** *(Rumex acetosella)* (steen)boksuring. ~ **tick** skaapluis, brandsiekteluis. ~**walk** *(Br.)*, ~ **run** *(Austr.)* skaap(wei)veld. ~ **wash** skaapdip. ~ **yard** skaapwerf, staanplek.

sheep·ish skaapagtig, skaap-; onnosel, dom; verleë, bedremmeld, beteuterd. **sheep·ish·ness** skaapagtigheid; onnoselheid; verleentheid, beteuterdheid.

sheep·like skaapagtig; onderdanig, gedwee.

sheer[1] *n.* giering *(v. 'n skip)*; afwyking. **sheer** *ww.* uit die koers raak, gier; laat gier; ~ *away from* ... van ... wegdraai; *(fig.)* van ... wegskram; ~ *off* wegdraai, padgee; van koers verander.

sheer[2] *n.* seeg *(v. 'n skip)*.

sheer[3] *adj.* louter, puur, suiwer, volstrek, volslae, onvermeng, absoluut; loodreg, regaf, steil; ~ ***drop*** onderbroke val; ~ ***fabric*** deurskynende stof; *by* ~ ***force*** deur brute krag; deur brute geweld; ~ ***hose*** ragfyn kouse; *it is a* ~ ***impossibility*** dit is volstrek onmoontlik; *it is* ~ ***impudence*** dis niks anders as onbeskaamdheid nie; ~ ***luck*** pure/stomme geluk; *from* ~ ***necessity*** deur die nood gedrewe; ~ ***nonsense*** klinkklare/pure/louter(e) onsin; *it is* ~ ***propaganda*** dis blote/pure/louter(e) propaganda, dis gewoonweg propaganda; *it is a* ~ ***waste** of time* dit is pure tydverspilling; *by* ~ ***willpower*** deur louter(e) wilskrag. **sheer** *adv.* loodreg, regaf; totaal; reëlreg; *torn* ~ *out by the roots* met wortels en al uitgeruk. **sheer·ness** steilte, steilheid.

sheer·legs, shear·legs, shears katrolbok, maskraan.

sheet[1] *n.* laken, bedlaken; (dun) plaat; vlak, oppervlak; vel *(papier)*; blad, blaadjie, koerantjie; staat; ***between** the* ~*s* in die vere/bed, onder die kombers(e); ***change*** ~*s* skoon lakens oortrek, lakens wissel; *start with a **clean*** ~ met 'n skoon lei begin; *a* ~ *of **corrugated/galvanised iron*** 'n sinkplaat; ~ *of **fire*** vuursee; ~ *of **glass*** glasplaat; ***in*** ~*s* in los velle *(papier ens.)*; *the rain is coming down **in*** ~*s* dit stort(reën), die reën val in strome; ~ *of **iron*** ysterplaat; ~ *of **music*** musiekblad; *a* ~ *of **paper*** →PAPER *n.*; ~ *of **snow*** sneeulaken; ~ *of **water*** watervlak, plas/dam water. **sheet** *ww.* in lakens toedraai, met 'n laken bedek; van lakens voorsien; met blik beklee, beslaan; beplaat. ~ **copper** plaat-, bladkoper. ~ **erosion** oppervlak-erosie. ~ **feeder** *(rek.)* blad-, velskuiwer *(v. 'n drukker)*. ~ **gauge** plaatdikte. ~ **glass** venster-, ruitglas. ~ **iron** plaatyster. ~ **lead** plaat-, deklood. ~ **lightning** weerlig(bundel), weerkaatste weerlig. ~ **metal** plaatmetaal. ~ **music** bladmusiek. ~ **pile** heiplaat. ~ **steel** staalplaat, plaatstaal. ~ **structure** plaatstruktuur. ~ **tin** bladtin. ~ **zinc** bladsink.

sheet[2] *n., (sk.)* skoot; *with flowing* ~*s* met volle seile; *be three* ~*s in the wind, (infml.)* aangeklam wees, hoog in die takke wees, die skoot hoog deur hê, dronk wees. **sheet** *ww.* die seile vasmaak. ~ **anchor** noodanker, pleganker; toeverlaat, behoud. ~ **bend** skootsteek.

sheet·ed *(ook)* platig; bandom- *(bees ens.)*; ~ *rain* stortreën.

sheet·er plaatwerker.

sheet·ing lakenlinne, -stof, -goed; beplating, plaatbekleding.

She·her·a·zade →SCHEHERAZADE.

sheik(h) *(hoof v. 'n Arab. stam)* sjeik; *(godsdienstige Moslemleier)* sjeg; *(vero. sl.)* vroueveroweraar. **sheik(h)·dom** sjeikdom.

shei·la *(Austr., infml.)* meisie, jong vrou; *(SA, infml., vero.)* morrie.

shek·el *(Isr. of hist. Midde-Oosterse munt)* sikkel; *(ook, i.d. mv., infml.)* geld, pitte, duite.

shel·duck *-duck(s), (ml.: sheldrake)* bergeend; *South African* ~, *(Tadorna cana)* koper-, bergeend.

shelf *shelves* rak; plank; laag, bank *(v. 'n krans)*; sandbank; *(geol.)* plat; vooruitstekende rand; ***continental*** ~ →CONTINENTAL *adj.*; ***ice*** ~ →ICE SHELF; *buy s.t. **off** the* ~ iets van die winkelrak koop; *s.t. can be used straight **off** the* ~ iets is gebruiksgereed; *be **on** the* ~ vergete wees; afgedank wees; afgeskryf wees; *('n onjongnooi)* op die rak sit; *put s.t. **on** the* ~, *(fig.: v. iets afstap)* iets aan die kapstok hang. ~ **bracket** rakarm. ~ **cupboard** legkas. ~ **ice** bankys. ~ **life** raklewe, -leeftyd; *s.t. has a* ~ ~ *of ... weeks/months/years* iets het 'n raklewe/-leeftyd van ... weke/maande/jaar. ~ **mark** rakmerk. ~ **room** rakruimte, -spasie.

shell *n.* skulp; dop, peul, skil; mantel, huls, (om)hulsel; huisie *(v. 'n slak)*; patroondop, bomdop; bom, granaat; geraamte; romp *(v. 'n gebou)*; doodkis; ligte roeiboot, snelboot; voering *(v. laers)*; vertoon, skyn; →SHELLY; *s.o. has **come out** of his/her* ~ iem. het uit sy/haar dop/skulp gekruip, iem. het ontpop; ***an empty*** ~ 'n leë dop; ***go/retire** into one's* ~ in jou dop/skulp kruip; ***in** the* ~ in die dop; *be scarcely **out of** one's* ~ nog nat agter die ore wees; ~ *of a **pipe*** pypwand. **shell** *ww.* (uit)dop; (af)pel; bombardeer, beskiet, kanonneer; →SHELLER, SHELLING; ~ ***eggs*** →EGG[1] *n.*; ~ ***maize/mealies***

→MAIZE; ~ ***nuts*** →NUT *n.; s.t. ~s **off*** iets skilfer af; ~ *s.t.* ***out****, (infml.)* iets opdok/betaal *(geld)*; ~ ***out*** *for s.t., (infml.)* vir iets opdok/betaal; ~ ***peas*** →PEA. ~**back** see=skilpad; *(Am., infml.: ervare matroos)* (ou) seerob, pik=broek. ~ **bit** skulpboor. ~ **case,** ~ **casing,** ~ **cover** bom=dop. ~ **company** *(effektebeurs)* dopmaatskappy. ~ **crater** granaattregter, bomkrater. ~ **edge** (Franse) skulprand. ~ **egg** dopeier, eier in die dop. ~**fire** granaat=, artillerievuur. ~**fish** skulpvis, =dier. ~ **fragment** granaat=skerf. ~ **game** *(Am.)* bedrogspel(etjie), oëverblindery, swendel(ary); →THIMBLERIG; *play a* ~ ~ met 'n be=drogspel besig wees. ~ **gland** skulpklier; dopklier. ~ **grit** skulpgruis. ~ **heap,** ~ **mound** *(argeol.)* (primi=tiewe) afvalhoop; →KITCHEN MIDDEN. ~ **hem** (Franse) skulpsoom. ~ **hole** granaattregter, bomkrater, =treg=ter. ~ **jacket** *(mil.)* buisbaadjie, *(skerts.)* bobbejaan=pakbaadjie. ~ **lime** skulpkalk. ~ **pink** skulproos(kleur). ~ **(program)** *(rek.)* interaksieprogram. ~**proof** bomvry, =vas; granaatvry, =vas. ~**-shaped** skulpvormig. ~ **shock** bom=, granaatskok. ~**-shocked** met granaat=/bom=skok. ~ **splinter** granaatskerf. ~ **suit** poliësterpak. ~**work** skulpwerk.

she'll *(sametr.)* = SHE WILL.

shel·lac, shel·lac *n.* skellak, gomlak, vernislak. **shel·lac** *=lacked, ww.* (met skellak) vernis. ~ **cement** lak=sement.

shell·er uitdopper; (af)peller; afmaker; *(maize)* ~ mielie-afmaker.

shell·ing bombardering, bombardement, kanonnade, artillerievuur; (af)skilfering; (die) afdop, uitdop; *with=in* ~ *distance* binne 'n kanonskoot.

shell-like skulpagtig.

shell·y vol skulpe; skulpagtig; skulp=.

shel·ter *n.* beskutting, beskerming; skuiling, skuilplek, skuilte, dekking; asiel; toevlug; onderdak; afdak, skerm; ***give*** ~ ***from*** ... teen ... beskut, beskutting gee teen ...; ***in*** *the* ~ *of* ... onder die beskutting van ...; ***make*** *for* ~ skuiling soek; ***take*** ~ skuiling soek, skuil; *be* ***under*** ~ beskut wees, onder dak wees. **shel·ter** *ww.* beskut, beskerm; skuiling gee aan; onderbring; onder dak bring; *~ed* ***employment*** →EMPLOYMENT; *s.o. ~s* ***from*** ... iem. skuil teen/vir ... *(d. reën ens.)*; ~ *s.o./s.t.* ***from*** ... iem./iets teen ... beskut; *~ed* ***housing*** beskutte huisvesting; ~ ***o.s.*** skuil. ~ **belt** *(bosbou)* skermgordel. ~ **tent** skuiltent, tweemanstent.

shel·ter·less onbeskut, sonder dak.

shel·tie, shel·ty *=ties* shetlandponie *(ook S~)*; shet=landskaaphond *(ook S~)*; →SHETLAND.

shelve op 'n rak plaas; rakke insit; uitstel, op die lang(e) baan skuif; afstel, opsy skuif, in die doofpot stop; skuins afloop, afhel, glooi; *s.t. ~s down/up* iets loop geleidelik af/op.

shelv·ing *n.* rakke; rakplanke; rakwerk; rakruimte; op=syskuiwing, uitstel. **shelv·ing** *adj.* skuins, hellend. ~ **board** rakplank.

Shem *(OT: seun v. Noag)* Sem. **Shem·ite** →SEMITE.

she·moz·zle *(Jidd., infml.)* herrie, bohaai; deurme=kaarspul.

she·nan·i·gan kaskenade; *(i.d. mv.)* spulletjies; kullery.

Shen·yang *(Chin. stad, voorheen* Mukden*)* Sjenjang.

She·ol *(<Hebr.)* Sjeool, die doderyk/onderwêreld; die hel.

shep·herd *n.* skaap=, veewagter, herder; *(fig.: geestelike leier)* herder; *the good ~, (NT: Jesus)* die goeie herder; *be without a* ~ herderloos wees. **shep·herd** *ww.* op=pas; (ge)lei; ~ ... *along* ... aankeer. ~ **boy** skaapwag=tertjie. ~**'s check** →SHEPHERD'S PLAID. ~**'s crook** her=derstaf, herdershaak, haakkierie. ~**('s) dog** skaaphond; *German* ~ ~ Duitse herdershond/skaaphond. ~**'s pie** herderspastei. ~**'s plaid,** ~**'s check** herdersgeruit. ~**'s tree** *(Boscia albitrunca)* witgatboom, deurmekaarboom.

shep·herd·ess herderin.

sher·ard·ise, =ize *(metal.)* sherardiseer.

Sher·a·ton *(Eng. meubelstyl v.d. laat 18e eeu)* Sheraton.

sher·bet sorbet, waterys; vrugtedrank. ~ **(powder)** suursuiker, sorbet.

sherd →SHARD.

she·ri·a *n.* →SHARIA(H).

she·rif, she·reef, sha·rif *(Islam.)* sjerif, sjarif. **sher·if·i·an, she·reef·i·an, sha·rif·i·an** sjerifyns, sjarifyns.

sher·iff *(SA, jur.)* balju, *(hist.)* skout; *(Am.)* sheriff; *~'s sale* baljuveiling, =verkoping; *deputy* ~ onderbalju. **sher·iff·al·ty** →SHRIEVALTY. **sher·iff·dom, sher·iff·hood, sher·iff·ship** baljuskap, *(hist.)* skoutamp.

Sher·pa *(lid. v. 'n Himalajavolk)* Sjerpa.

sher·ry sjerrie. ~ **glass** sjerrieglas(ie).

she's *(sametr.)* = SHE IS, SHE HAS.

Shet·land Shetland, Hitland. ~ **Islands** Shetlandei=lande, Hitland(eilande). ~ **lace** *(kloskant)* shetland=kant *(ook S~)*. ~ **pony** shetlandponie *(ook S~)*, hitlan=der *(ook H~)*. ~ **sheepdog** shetlandskaaphond *(ook S~)*, Skotse herdershond. ~ **wool** shetlandwol *(ook S~)*.

Shet·land·er Shetlandeilander; shetlandponie *(ook S~)*.

shew *(arg.)* →SHOW *ww..* ~**bread** *(OT)* toonbrood.

Shi·a(h), Shi'a *(tak v. Islam)* Sjia; *(navolger)* Sjiïet; →SHIITE *n..*

shi·at·su, ac·u·pres·sure *n.* sjiatsoe, vingerdruk=terapie, drukpuntterapie.

shib·bo·leth sjibbolet; wagwoord.

shield *n.* skild; wapenskild; *(hist.: ronde skild)* rondas; skildvel; beskerming, skerm, skut; ~ *and buckler, (hist.)* rondas en beukelaar. **shield** *ww.* beskut, beskerm, dek; ~ *s.o.* iem. in beskerming neem, iem. die hand bo die hoof hou; ~ *s.o./s.t. from* ... iem./iets teen ... beskerm. ~ **bearer** *(hist.)* wapenkneg, skildknaap, skilddraer. ~ **budding** gewone okulering. ~ **bug** skildluis. ~ **volcano** *(geol.)* skildvulkaan.

shield·ing beskerming; afskerming.

shiel·ing, sheal·ing, shiel *(Sk.)* hut; weikamp.

shift *n.* verskuiwing, verandering, (af)wisseling; ver=plasing, verstelling; verspringing; *(hoofs. Br.)* verhui=sing; *(astron.)* verskuiwing; *(ling.)* klankverskuiwing; *(vioolspel)* posisieverandering; *(geol.)* verlegging; *(rek.)* hooflettertoets *(v. 'n toetsbord)*; *(rek.)* skuif *(v.d. bisse in 'n woord)*; klankverskuiwing; *(Am.)* rathefboom, (rat)=wisselaar, ratstang; skof, werktyd; ploeg *(werkers)*; *(ook:* shift dress*)* slooprok; *(hist.)* onderrok; *(arg.)* foefie, truuk; *be on **day/night*** ~ dag=/nagskof werk; *~s and **evasions**, (vero.)* draaiery en uitvlugte; ***make*** ~ sien kom klaar; ***make*** ~ *with/without s.t.* met/sonder iets klaarkom. **shift** *ww.* beweeg, roer, (ver)skuif, =skuiwe, versit, ver=plaas; verspring; verander; omruil, vervang; vertrek, verkas, verhuis; ~ ***down*** verder/vêrder (weg)skuif/(weg)skuiwe; *(mot.)* laer skakel; ~ ***fire**, (mil.)* die vuur verlê; ~ ***for*** *o.s.* self die mas opkom, self sien om die mas op te kom *(of* reg te kom), self sien kom klaar, jou eie potjie krap; ~ ***gears*** →CHANGE **GEAR(S)**; ~ *one's* ***ground*** →GROUND[1] *n.*; ~ *the* ***helm*** die roer omwend; ~ *one's* ***lodging*** verhuis; ~ *s.t.* ***off*** iets afskuif/afskuiwe *(d. verantwoordelikheid ens.)*; ~ *the* ***scene*** die toneel verander; *the wind ~s* ***to the*** *east* die wind draai oos; ~ ***up*** opskuif, opskuiwe, plek maak; *(mot.)* hoër skakel. **shift** *tw.* trap. ~ **boss,** ~ **foreman** skofbaas. ~ **crops** wisselbou. ~ **rail** skuifstang. ~ **rod** wisselstang. ~ **shaft** skuifas. ~ **system** ploegstelsel. ~**work** skofwerk. ~ **worker** skofwerker.

shift·er manteldraaier, onbetroubare persoon; (ver)=skuiwer; ploegbaas; *(scene-)~* (toneel)masjinis; ~ *valve* skuiwerklep.

shift·ing *n.* verandering, verskuiwing; verplasing; trek, verhuising. **shift·ing** *adj.* veranderlik; ~ ***cultivation*** wisselbou; ~ ***gauge*** kruishout; ~ ***sand*** dryf=, stuif=, vlugsand; ~ ***(sand-)dune*** waaisandduin; ~ ***spanner*** skroef=, stel=, skuifsleutel; skroefhamer; ~ ***square*** stel=driehoek.

shift·less hulpeloos, onbeholpe, onbekwaam; lui. **shift·less·ness** onbeholpenheid; luiheid.

shift·y skelm, onvertroubaar, onbetroubaar; ~ *eyes* skelm/onrustige oë. **shift·i·ness** onbetroubaarheid.

shih-tzu *(<Chin., honderas)* sjitsoe.

shi·i·ta·ke (mush·room) *(Jap.)* sjiïtake(-sampioen), eiksampioen.

Shi·ite, Shi'ite *n., (lid v.d. Sjia-tak v. Islam)* Sjiïet; →SHIA(H). **Shi·ite, Shi'ite, Shi·it·ic** *adj.* Sjiïties. **Shi·ism, Shi'ism** Sjiïsme.

shi·kar *n., (Ind.)* jag, safari. **shi·ka·ree** *=rees,* **shi·ka·ri** *=ris* jagter; opjaer.

shik·sa, shik·se *(Jidd., neerh.)* sjiksa, sjikse, nie=joodse meisie/vrou.

shill *(Am., infml.)* lokvoël; lokaas.

shil·le·lagh, shil·la·lah *(Ier.)* knuppel.

shil·ling sjieling; *take the King's/Queen's* ~ soldaat word, leër toe gaan. **shil·lings·worth:** *a* ~ *of sweets* 'n sjieling se lekkers.

shil·ly-shal·ly *n., (infml.)* weifeling; weifelagtigheid, besluiteloosheid. **shil·ly-shal·ly** *adj.* besluiteloos, weifelend. **shil·ly-shal·ly** *ww.* aarsel, weifel, op twee gedagtes hink, besluiteloos wees. **shil·ly-shal·li·er, shilly-shal·ly·er** weifelaar. **shil·ly-shal·ly·ing** *n.* weifeling; be=sluiteloosheid. **shil·ly-shal·ly·ing** *adj.* weifelagtig; wankel=moedig, wankelbaar.

Shi·loh *(geog., OT)* Silo.

shi·ly →SHYLY.

shim *n.* keil, wig; latoenplaatjie, onderlegplaat(jie), tus=senplaat(jie), stelplaatjie; vulplaatjie *(tuss. spoorstawe)*. **shim** *=mm=, ww.* keil.

shi·mi·ya·na, shi·mi·ya·ne, shi·mi·yaan *(Z.: sterk alkoholiese brousel)* sjimiaan.

shim·mer *n.* glans, glinstering, skynsel. **shim·mer** *ww.* glinster, glans, glim(mer), skyn.

shim·my[1] *n., (infml.)* = CHEMISE.

shim·my[2] *n.* dril=, trildans; wielslingering, =wagge=ling. **shim·my** *ww.* dril=, trildans; slinger, waggel.

shin *n.* skeen, *(infml.)* maermerrie; skenkel *(v. 'n dier)*; skenkelvleis; *bark one's* ~ jou maermerrie nerfaf stamp. **shin** *=nn=, ww.* die skene skop; ~ *down/up s.t.* teen iets af=/opklouter *('n paal, boom, ens.)*; →SHINNY *ww..* ~**bone** skeenbeen. ~ **guard** been=, skeenskut, =bedekking. ~ **pad** skeenskut. ~ **splints** (mediale) skeenpyn.

shin·dig, shin·dy *(infml.)* fuif, partytjie, feestelikheid; bohaai, herrie, moles; *kick up a shindy, (infml.)* 'n her=rie opskop, lawaai maak.

shine *n.* glans, skyn; ***give*** *a* ~ *to* (or ***put*** *a* ~ *on*) *s.t.* iets blink maak/poets (*of* laat blink); *s.t.* ***has*** *a* ~ iets (is) blink; ***rain*** *or* ~ →RAIN *n.*; ***take*** *the* ~ *off* (or *out of*) *s.t.* iets van sy glans beroof; ***take*** *on a* ~ verbeter, op=leef; ***take*** *a* ~ *to s.o., (infml.)* baie van iem. begin hou. **shine** *shone shone, ww.* skyn, blink, glinster; uitblink, skitter, pryk; lig; blink maak, waks, poets; ~ ***down*** neerskyn; ~ ***forth*** *s.t.* iets afstraal; ~ *one's lamp* ***in*** *s.o.'s face* met jou lamp in iem. se gesig lig; ~ ***out*** opval; dui=delik na vore kom; *s.t. ~s **out of** s.o.'s eyes* iets straal uit iem. se oë; ~ ***through*** deurskyn; duidelik waarneem=baar/sigbaar (*of* te sien) wees; duidelik na vore kom; opval; deurskemer; ~ ***with*** ... van ... straal *(vreugde ens.)*; ~ ***with*** *a lantern* met 'n lantern lig. **shin·er** iets blink(s), blinker; poleerder, poetser; *(infml.)* blouoog; *(arg. sl.)* munt(stuk), *(i.d. mv.)* geld, pitte, duite. **shin·i·ness** glans, blinkheid. **shin·ing** *n.* glans, skyn(sel). **shin·ing** *adj.* blink, skitterend, glansend; ligtend; *a* ~ *example* 'n skitterende/ligtende voorbeeld; ~ *light, (fig.)* sieraad *(vir jou familie, gemeenskap, ens.)*, ligtende ster; *s.o. is no* ~ *light* iem. is geen lig (*of* groot gees) nie. **shin·y** glansend, blink, glans=.

shin·gle[1] *n.* dakspaan, dakplankie; *(vero.)* shingle-(haar)=kapsel; *hang out/up one's ~, (infml.)* jou/'n eie praktyk begin *(as dokter ens.)*. **shin·gle** *ww.* met dakspane dek; *(vero.)* skuins knip, shingle *(hare)*; →SHINGLER; *~d roof* spaandak. ~ **roof** spaandak.

shin·gle[2] *n.* ronde klippie(s), spoelklippie(s), spoel=, strandgruis. **shin·gle** *ww.* met gruis bedek. **shin·gly** vol spoelklippies; ~ *beach* klipperige/klippiesrige strand, klippiestrand.

shin·gler (spaan)dekker, dakdekker.

shin·gles *(fungeer as ekv.), (teg.)* **her·pes zos·ter** *(med.)* gordelroos.

shin·ny *ww.:* ~ *down/up s.t.* teen iets af=/opklouter *('n paal, boom, ens.)*; →SHIN *ww..*

Shin·to *(Jap., relig.)* Sjinto. **Shin·to·ism** Sjintoïsme. **Shin=**

to·ist *n.* Sjintoïs. **Shin·to·ist, Shin·to·is·tic** *adj.* Sjintoïsties.

ship *n.* skip; vaartuig; ***abandon*** ~ die skip verlaat; ~ ***ahoy!*** skip ahooi!; ***arrive*** *on/in a* ~ *(or by ~)* op/met 'n skip aankom; *a* ~ ***berths*** 'n skip lê aan; ***board*** *a* ~ aan boord van 'n skip gaan; 'n skip aanklamp/enter; ***by*** ~ met 'n skip, per skip; ***clear*** *a* ~ 'n skip inklaar/uitklaar; *when my* ~ ***comes*** *home/in* as my skip (met geld) kom; ~ *of the* ***desert*** woestynskip, kameel; ***jump*** ~ →JUMP *ww.; a ~ of the* ***line*** →LINE[1] *n.; the ~ was* ***lost*** die skip het vergaan; *a* ~ ***moors*** *(or is* ***moored****)* 'n skip word vasgemeer; ***name*** *a* ~ 'n skip doop; *~s that pass in the* ***night*** oomblikskennisse; ***on board*** ~ aan boord; ***raise*** *a* ~ 'n skip vlot maak; ***sink*** *a ~, send a ~ to the* ***bottom*** 'n skip kelder; ***spoil*** *the ~ for a ha'p'orth of tar* →HALFPENNYWORTH; ***take*** ~ aan boord gaan, skeepgaan, inskeep; *a* ***tall*** ~ →TALL *adj.; run a* ***tight*** ~ streng beheer/dissipline toepas. **ship** *-pp-, ww.* laai, verskeep, (met 'n skip) wegstuur; laai, aan boord neem; inskeep *(mense);* aanmonster, (as matroos) op 'n skip gaan; versend *(goedere); ~* ***oars*** →OAR *n.; ~ s.t.* ***off*** iets verskeep; ~ *s.o.* ***off,*** *(infml.)* iem. wegstuur; ~ ***out*** as matroos skeepgaan; ~ *s.t.* ***out*** iets per skip stuur; ~ *a* ***sea*** →SEA; ~ *s.t. by* ***train*** iets per spoor stuur; *~ped* ***weight*** ingenome gewig, gewig by inskeping. ~ **barnacle** →GOOSE BARNACLE. ~**board** skeepsboord, -dek; *on* ~ aan boord. ~ **borer** →SHIPWORM. ~**borne** per skip vervoer, skeeps-. ~**breaker** skeepsloper. ~**breaker's yard** (skeep)slopery. ~**breaking** skeepslopery. ~**broker** skeepsmakelaar, kargadoor. ~**builder** skeepsboumeester, -bouer. ~**building** skeepsbou; ~ *yard* skeeps(timmer)werf, skeepsbouwerf. ~ **burial** *(argeol.)* skeepsbegraafplaas. ~ **canal** skeepvaartkanaal. ~ **chandler** skeepsleweransier. ~ **chandlery** skeepsleweransie. ~ **channel** vaargeul. ~ **fever** tifus(koors), luiskoors. ~**lap** *ww., (planke ens.)* dakpansgewys(e) oor mekaar lê. ~**load** skeepsvrag, -lading; skip vol. ~**man** *-men* skipper; loods. ~**master** skeepskaptein, gesagvoerder; kaptein-reder. ~**mate** skeepsmaat, -kameraad, boordkameraad, medeopvarende. ~ **money** *(hist.)* vlootbelasting. ~**owner** reder, skeepseienaar. ~**-rigged** *(sk.)* vierkant getuig, met raseile. ~**'s articles** monsterrol, skeepskontrak. ~**'s band** skeepsorkes. ~**'s bell** skeepsklok. ~**('s) biscuit** skeepsbeskuit. ~**'s boat** skeepsboot. ~**'s boy** *(hist.)* skeepsjonge. ~**'s captain** skeepskaptein. ~**('s) carpenter** skeepstimmerman, boordtimmerman. ~**'s company** (skeeps)bemanning; *(hist.)* ekwipasie. ~**'s cook** skeepskok. ~**'s doctor,** ~**'s surgeon** skeepsdokter. ~**'s engineer** skeepsmasjinis. ~**shape:** *be ~ (and Bristol fashion)* agtermekaar wees, in orde wees, netjies wees, in die haak wees, aan (die) kant wees. ~**'s husband** walkaptein; skeepsboekhouer. ~**side** *n.* skeepsy. ~**'s officer** skeepsoffisier. ~**'s papers** skeepspapiere. ~**'s stores** skeepsbehoeftes. ~**-to-shore** *adj. (attr.)* skip-kus-; ~ *call* skip-kus-oproep. ~**way** skeepshelling, sleephelling; skeepvaartkanaal. ~**worm** paalwurm, skeepswurm. ~**wreck** *n.* skipbreuk, stranding; wrak; *(fig.)* vernietiging, ruïnering. ~**wreck** *ww.: be ~ed* strand, skipbreuk ly; *the ~ed* die skipbreukelinge; *s.o. has been ~ed twice* iem. het al twee keer skipbreuk gely. ~**wright** skeepsboumeester; skeepstimmerman. ~**yard** skeeps(timmer)werf, skeepsbouwerf.

-ship *suff. (vorm n.)* -skap; *author~* outeurskap, skrywerskap; *chairman~* voorsitterskap; *friend~* vriendskap; *member~* lidmaatskap.

ship·ment (skeeps)lading, vrag, besending; afsending; verskeping.

ship·pen →SHIPPON.

ship·per verskeper, skeepsagent; invoerder; uitvoerder; geldskieter.

ship·ping inskeping; verskeping; skepe, skeepsmag, (handels)vloot, marine; skeepvaart; skeepsruimte. ~ **agency** skeepsagentskap, -agentuur. ~ **agent** skeepsagent, verskepingsagent, ekspediteur. ~ **articles** skeepskontrak, monsterrol. ~ **board** skeepvaartraad. ~ **business** verskepingsonderneming; skeepvaart(bedryf). ~ **charges** ladingskoste. ~ **clerk** versendings-, verskepingsklerk. ~ **company** skeepvaartmaatskappy, redery. ~ **costs** versendings-, verskepingskoste. ~ **forecast** skeepsvoorspelling. ~ **industry** skeepvaartbedryf. ~ **lane** vaarwater. ~ **line** skeepvaartmaatskappy, redery. ~ **lock** skeepvaartsluis. ~ **mark** vragmerk. ~ **master** koopvaardymeester. ~ **office** verskepingskantoor, skeepsagentskantoor. ~ **papers** skeepspapiere. ~ **service** vaart.

ship·pon, ship·pen *(dial.)* koeistal.

Shi·raz *(Irannese stad)* Sjiras; *(druifsoort, wynkultivar)* shiraz *(ook S~).*

shire graafskap; *S~ (horse)* Shire-perd, Middellandse perd.

shirk *n., (arg.)* →SHIRKER. **shirk** *ww.* ontduik, ontwyk, vermy, van jou afskuif/-skuiwe *(verantwoordelikheid ens.);* versuim veron(t)agsaam *(plig ens.);* lyf wegsteek; ~ *one's work, (ook)* jou lyf spaar. **shirk·er** lyfwegsteker, pligversuimer, pligversaker, werkskuwe.

shirr *n.* rimpelwerk, rimpelplooitjies. **shirr** *ww.* rimpelplooitjies maak, rimpel; *(Am.)* oondbak *(eiers); ~ed eggs* oondeiers, spieëleiers.

shirr·ing rimpelwerk, rimpelplooitjies. ~ **plate** rimpelplaatjie.

shirt hemp; *not have a ~ to one's* ***back*** geen hemp aan jou lyf hê nie, nie 'n hemp hê om aan te trek nie; ***bet*** *one's ~, (infml.)* alles wed wat jy het; ***close/near*** *is my ~, but closer/nearer is my skin, (idm.: eie belange kom eerste)* die hemp is nader as die rok, elkeen is 'n dief in sy nering; ***give*** *away the ~ off one's back, (infml.)* jou baadjie vir iem. uittrek; ***keep*** *your ~ on!, (infml.)* moenie so kwaad word (*of* so vinnig op jou perdjie klim) nie!, bedaar!; ***lose*** *one's ~, (infml.)* alles/baie verloor; ***put*** *one's ~ on s.t., (infml.)* alles op iets verwed; ***stripped*** *to the ~* tot op die hemp uitgetrek; *a* ***stuffed*** *~, (infml.)* 'n opgeblase persoon. ~**-blouse** hempbloes(e). ~ **button** hempsknoop. ~ **collar** hempkraag; hempboordjie *(v. mans).* ~ **cuff** vaste mansjet. ~ **front** hempbors. ~ **grip** binnegordel. ~ **pocket** hempsak. ~**sleeve** hempsmou; *in (one's) ~s* in hempsmoue, sonder baadjie. ~ **stud** boordjieknoop. ~**-tail** hempslip. ~**waist** *(Am.)* hempbloes(e). ~**waister** hemprok.

-shirt·ed *komb.vorm* in die/'n ... hemp/hemde; in die/'n ... trui/truie; *red-~ players, (sport)* spelers wat die rooi trui dra; *a yellow-~ rep/etc.* 'n verteenwoordiger/ens. in 'n geel hemp.

shirt·ing hemdegoed, -stof.

shirt·less sonder 'n hemp (aan), hemploos.

shirt·y *adj., (Br., infml.)* kwaad, omgekrap, vies; *get ~* jou (ver)vies/vererg/opruk, jou (stert) wip, moeilik raak/word; ongeduldig raak/word.

shish ke·bab *(Turkse kookk.)* priem-kebab.

shit *n., (vulg.)* kak, stront; *(dwelmsl.)* dwelms; *(dwelmsl.: dagga)* boom, trompie; *(dwelmsl.: heroïen)* H; →SHITLESS, SHITTY; ***be*** *a ~, (vulg. sl.)* 'n (stuk) stront (*of* 'n kakjas/-gat) wees; ***beat*** *the ~ out of s.o., (vulg. sl.)* iem. opneuk/opdonder, iem. pimpel en pers (*of* bont en blou) slaan; *be in* ***deep*** *~, (vulg. sl.)* in kak-/strontstraat sit/wees; *the ~ will hit the* ***fan*** →FAN[1] *n.;* ***feel*** *like ~, (vulg. sl.)* kaksleg (*of* bleddie goor) voel; *be* ***full*** *of ~, (vulg. sl.)* vol kak/stront wees, jou vol kak/stront hou; *not* ***give/care*** *a ~ (about s.o./s.t.), (vulg. sl.)* nie 'n moer (*of* geen hel) (vir iem./iets) omgee nie, vere (vir iem./iets) voel; ***give*** *s.o. ~, (vulg. sl.)* op iem. se kop kak, iem. uitkak (*of* [op sy] hel gee); ***have/get*** *the ~s, (vulg. sl.)* skitterysiekte/maagwerkings hê/kry; *be* ***in*** *the ~, (vulg. sl.)* in kak-/strontstraat sit/wees; ***kick*** *the ~ out of s.o., (vulg. sl.)* iem. pimpel en pers skop; ***land*** *o.s. in the ~, (vulg. sl.)* in kak-/strontstraat beland; ***scare*** *the ~ out of s.o., (vulg. sl.)* iem. sy maag leeg laat skrik; ***tough*** *~!, (vulg. sl.)* sy/ens. moer!; dan kan hy/ens. in sy/ens. moer vlieg!. **shit** *adj., (vulg. sl.)* kak-; *be up ~ creek (without a paddle)* in kak-/strontstraat sit/wees; *it's a really ~ idea* dis nou vir jou 'n kakgedagte/-idee/-plan. **shit** *shitting shit(ted)/shat, ww., (vulg. sl.)* skyt, kak; *~ bricks* (or *a brick)* klippe kak; *~ o.s.* jou beskyt, in jou broek skyt; skyt-/vrekbang wees; *you're ~ting me!* dis nou stront!, jy lieg vir my!. **shit** *tw., (vulg. sl.)* fok, bliksem, dêm(mit), demmit, verdomp; *oh ~!* o (my [liewe]) fok!, fokkit!. ~**head** *(vulg. sl.: veragtelike mens)* (klein) stront, drol, poephol, bliksem, donder. ~**-hot** *adj., (vulg. sl.)* bakgat. ~**load** *(vulg. sl.): a ~ of ...* 'n helse/moerse klomp/spul/vrag ..., 'n (hele) kakhuis vol ... ~**-scared** *adj. (pred.), (vulg. sl.)* skyt-, vrekbang. ~ **stirrer** *(vulg. sl.)* kwaadstoker, kwaadsteker.

shi·take (mush·room) →SHIITAKE (MUSHROOM).

shite *n. & tw., (dial, skerts. of euf.)* →SHIT.

shit·less *adj. (pred.), (vulg. sl.) be scared ~* skyt-/vrekbang wees; *scare s.o. ~* iem. sy/haar maag leeg laat skrik.

shit·tah *shittim, shittahs, (<Hebr., OT, ook* shittah tree*)* akasia(boom), sittimboom. **shit·tim (wood)** akasia-, sittimhout.

shit·ty *adj., (vulg. sl.)* ingat, mislik, goor, oes, vrot(sig); smerig, vieslik; walglik, aaklig, horribaal, naar; *~ life* ingat/mislike lewe; *be in a ~ mood* befoeter(d)/bedonderd/beneuk wees; *~ world* krom wêreld, hel-wêreld.

Shi·va, Shi·va·ism →SIVA, SIVAISM.

shiv·er[1] *n.* bewerasie, rilling; *s.t. gives s.o. the* ***cold*** *~s* iets laat iem. kouekoors kry; *s.t. sends a* ***cold*** *~ down/up* (or *cold ~s [up and] down) s.o.'s back/spine* iets gee iem. (die) koue rillings, iets stuur (koue) rillings langs iem. se ruggraat af, iets laat (koue) rillings langs iem. se ruggraat afloop; ***get/have*** *the ~s, (fig., infml.)* hoendervleis (*of* die rillings/bewerasie) kry/hê; *s.t.* ***gives*** *s.o. the ~s* iem. kry hoendervleis (*of* die rillings/bewerasie) van iets; ***the*** *s~s* die rillings/bewerasie/ritteltit; *(veearts.)* dril-, dronksiekte. **shiv·er** *ww.* bewe, bibber, sidder, huiwer, ril, gril, ys; *~ with ...* ril van ... *(koue, vrees, ens.).* **shiv·er·y** bewerig; *a ~ morning/etc.* 'n bibberkoue oggend/ens..

shiv·er[2] *n.* stukkie, brokkie, splinter, spaander; stopklip. **shiv·er** *ww.* stukkend/flenters breek, fyngoed maak van, versplinter; *~ me timbers!* →TIMBER *n.*.

shmo *n.* →SCHMO.

shmuck *n.* →SCHMUCK.

shoal[1] *n.* vlak plek, ondiepte, vlak water; (sand)plaat, sandbank; *(ook, i.d. mv.)* verborge gevare. **shoal** *adj., (dial. of Am.)* vlak, ondiep. **shoal** *ww.* vlakker word. **shoal·y** vol sandbanke, vlak.

shoal[2] *n.* skool *(visse); (infml., hoofs. Br.)* menigte, hoop, klomp, trop *(mense ens.); ~ of fish* skool/plaat vis; *~s of people, (Br., infml.)* hope mense. **shoal** *ww.* wemel, saamskool; *(Br., infml., mense)* in hope/klompe bymekaarkom.

shoat, shote *n.* (jong) speenvarkie (*of* gespeende varkie).

shock[1] *n.* skok; geskoktheid; ruk; skudding; botsing; *s.t.* ***comes*** *as a ~ to s.o.* iets is vir iem. 'n skok; ***express*** *~ at s.t.* ontsteltenis oor iets lug; ***get*** *a ~* skrik; *(elek.)* 'n skok kry; ***give*** *s.o. a ~* iem. laat skrik; *(elek.)* iem. 'n skok gee/toedien; *a* ***nasty/rude*** *~* 'n kwaai skok; *get a* ***nasty/rude*** *~* onaangenaam verras word; jou dreuning teëkom/teenkom; *s.t. is a ~* ***to*** *s.o.* iets is vir iem. 'n skok; *be* ***treated*** *for ~* vir/teen skok behandel word. **shock** *adj.* skokkend. **shock** *ww.* skok; aanstoot gee, 'n skok gee, ontstig, teen die bors stuit; *s.o. is ~ed at/by s.t.* iets is vir iem. 'n skok; iets laat iem. skrik; iets ontstig iem.; *be ~ed to hear s.t.* verstom wees om iets te hoor. ~ **absorber** skokdemper, -breker. ~ **absorption** skokbreking. ~ **action** skokwerking; skokgeveg. ~**fish** drilvis; →ELECTRIC RAY. ~**proof** skokvas, -veilig, -vry, -bestand. ~ **resistance** skokvastheid, -weerstand. ~ **tactics** skoktaktiek. ~ **therapy,** ~ **treatment** skokbehandeling. ~ **troops** stormtroepe. ~ **wave** skokgolf.

shock[2] *n.* hopie gerwe. **shock** *ww.* gerwe opper (*of* in oppers sit).

shock[3] *n.* boskasie, kroeskop; *a ~ of (white/etc.) hair* 'n dik bos (spierwit/ens.) hare. ~**-dog** wolhaarhond. ~**head** bossiekop. ~**headed** wolhaar-.

shock·a·ble skokbaar, vatbaar vir skokke.

shocked *(fig.)* geskok, onthuts, verontwaardig.

shock·er *(infml.)* skokaankondiging, -besluit, -ervaring, -gebeurtenis, -nederlaag, -nuus, -uitslag, ens.; skokboek, -fliek, -prent, -roman, -verhaal, ens..

shock·ing skokkend, verskriklik; ongehoord, gruwelik, verstommend; aanstootlik; *~(ly) bad* beroerd sleg; *~ news* skokkende nuus; *~ pink* skel-, skok-, skree(u)-, neon-, knalpienk.

shod (het) geskoei; →SHOE *ww.*.

shod·dy =*dies*, *n.* lompe=, voddewol; prulstof; bog, prulwerk; namaak; *(i.d. mv.)* afval, prulstof. **shod·dy** *adj.* slordig, knoeierig; prullerig, bogterig, bog=; nagemaak; ~ *wool* voddewol, lompewol; ~ *work* knoei=, prulwerk. **shod·di·ness** slordigheid *(v. werk)*.

shoe *n.* skoen; hoefyster; remskoen; onderstuk; geutpypvoet; *(mynb.)* stampervoet; yster; ***cast/throw** a* ~, *('n perd)* 'n hoefyster verloor; *wait for **dead men's** ~s* op 'n erfenis wag; ***fill** s.o.'s ~s* iem. se plek inneem; *if the ~ **fits,** wear it* as die skoen jou pas, trek hom aan; *not wish to be* (or *put o.s.*) ***in** another person's ~s* nie graag in iem. anders se skoene wil staan nie; ***lick** s.o.'s ~s, (infml.)* iem. lek, voor iem. in die stof kruip; *an **odd** ~* 'n enkele skoen; ***odd** ~s* onpaar skoene; *a **pair** of ~s* 'n paar skoene; *that's another **pair** of ~s, (infml.)* dis heeltemal 'n ander saak; *two **pairs** of ~s* twee paar skoene; *~s that **pinch*** skoene wat druk; *that is where the ~ **pinches*** daar lê/sit die knoop; ***pull/put** on one's ~s* jou skoene aantrek; *put the ~ on the **right foot,** (idm.)* die kind by sy regte naam noem, geen doekies omdraai nie, die spyker op die kop slaan; ***shake** in one's ~s* sidder en beef/bewe; ***step** into s.o.'s ~s* iem. se plek inneem; *~s and **stockings*** kouse en skoene; ***take** off one's ~s* jou skoene uittrek; ***throw** a ~ →**cast/throw; tight** ~s* skoene wat druk, nou skoene; ***try** on ~s* skoene aanpas; ***wait** for the other ~ to drop, (Am., infml.)* wag dat die bom bars; *s.o. is **wearing** ~s* iem. het skoene aan; *s.o. seldom **wears** ~s* iem. dra selde skoene. **shoe** *shod shod, ww.* beslaan; skoei, van skoene voorsien; *shod feet* geskoeide voete. **~bill** *(orn.)* skoenbek(-ooievaar). **~black** *(vero., hoofs. Br.)* skoenpoetser. **~-blacking** skoensmeer, =waks. **~box** skoen(e)doos. **~brush** skoen(e)borsel. ~ **buckle** skoengespe. ~ **button** skoenknoop. ~ **cupboard** skoen(e)kassie. **~horn, ~lift** skoenhoring, =lepel. **~lace** skoenveter, =riempie. **~last** (skoen)lees. ~ **latchet** skoenriem. ~ **leather** skoenleer; *as good a man as ever trod ~ ~* so 'n goeie man as jy maar ooit kan kry, een van die beste wat daar ooit was; *save ~ ~* min loop. **~maker** skoenmaker; skoenevervaardiger; skoenlapper. **~making** skoenmakery. **~making punch** holpyp. ~ **plate** draagplaat, oplegplaat. ~ **polish** skoenpolitoer, =waks, =smeer. ~ **rack** skoen(e)rak. ~ **scraper** voetskraper. **~shine** *(hoofs. Am.)* skoenpoets. **~shine boy** *(hoofs. Am.)* skoenpoetser. **~shiner** skoenpoetser. ~ **shop** skoenwinkel. ~ **strap** skoen=, wreefband. **~string** skoenveter; *on a ~, (infml.)* op die goedkoopste (manier), met geringe middele. **~string budget** baie beperkte begroting. **~tree** skoenvorm, =lees.

shoe·ing skoeisel; beskoeiing; (hoef)beslag, (die) beslaan. ~ **hammer** hoefhamer. ~ **horn** skoenlepel, =horing. ~ **pincers** hoeftang. ~ **shed** hoefstal, perdebeslaanplek. ~ **smith** hoefsmid.

shoe·less kaalvoet, sonder skoene.

sho·far =*fars*, =*froth*, **sho·phar** =*phars*, =*phroth*, *(Jud.)* ramshoring.

sho·gun *(Jap., hist.)* sjogoen. **sho·gun·ate** sjogoenaat.

Sho·na *(lid v. 'n volk; taal)* Shona; →MASHONA.

shone →SHINE *ww.*.

shon·go·lo·lo *n.* →SONGOLOLO.

shoo *ww.* ja(ag); ~ *away/off people/animals* mense/diere wegja(ag). **shoo** *tw.* sj.

shoo-in *n., (Am., infml.)* kinderspeletjies; uitgemaakte saak; seker keuse; groot gunsteling.

shook[1] *n., (hoofs. Am.)* duig; duighout; kisplankie; *(~[s])* kissie(s)hout.

shook[2] →SHAKE *ww.*.

shoon *n. (mv.), (dial., hoofs. Sk.)* skoene; →SHOE *n.*.

shoot *n.* skietery; skietwedstryd; skietoefening; *(hoofs. Br.)* jag(party), jagtog; *(infml.)* foto=, filmsessie, filmopname; *(bot.)* spruit, loot, spriet, twygie, skeut, uitspruitsel, uitloopsel, rank, stokkie; stroomversnelling; (gly)geut, glyplank, =gang, =kanaal, stortgeut; val=, vultregter; →CHUTE; *wild ~s* opslag; *the whole (bang) ~, (infml.)* die hele boel/spul. **shoot** *shot shot, ww.* skiet; doodskiet; fusilleer; vuur; losbrand; afneem, fotografeer, verfilm; stort *(vuilgoed)*; uitgooi, uitwerp *('n net)*; *(sport)* skop, slaan, moker *(d. bal n.d. doelhok ens.)*; *(gh.)* aanteken *('n syfer)*; *(houtw.)* reg skaaf/skawe; *(plant)* bot, uitloop, (ont)kiem, uitspruit; *(pyn)* steek; *(ster)* verskiet; vlieg, trek; →SHOT *adj. & ww.*; ~ ***accurately*** net/raak/sekuur skiet; ~ ***ahead*** vooruitskiet; vinnig vooruitgaan; ~ ***at*** ... na/op ... skiet, ... beskiet; ~ ***away*** uitskiet; *~ s.t. **away*** iets wegskiet; *~ a **bolt*** →BOLT[1] *n.*; *~ the **breeze** with s.o.* →BREEZE[1] *n.*; *~ at the **butts*** →BUTT[1] *n.*; *~ the **cat*** →CAT[1] *n.*; *~ s.o. **dead,** ~ and **kill** s.o.* iem. doodskiet; *~ **down** the street* in die straat afpyl; *~ s.t. **down*** iets neerskiet *('n vliegtuig ens.)*; *(infml.)* iets afkeur/torpedeer *('n plan ens.)*; *~ **ears*** →EAR[2] *n.*; *~ o.s. in the **foot,** (infml.)* jou eie saak beduiwel (*of* kwaad aandoen), jouself in die voet skiet; *~ **for** s.t., (infml.)* na iets streef/strewe, iets probeer bereik; *~ s.o. **for** treason/etc.* iem. weens verraad/ens. doodskiet; *~ **forth*** opkom, opskiet, ontspruit; *the **grain** is ~ing* →GRAIN[1] *n.*; *~ and **kill** s.o. →**dead;** ~ to **kill*** skiet om dood te maak, iem. opsetlik doodskiet; *~ a **line*** →LINE[1] *n.*; *~ a **match*** teikenskiet, aan 'n skietwedstryd deelneem; *~ one's **mouth** off* →MOUTH *n.*; *~ **off** a rocket* 'n vuurpyl afvuur/afskiet; *~ **o.s.*** jouself skiet; *~ **out*** uitskiet; uitsteek; uitspring; *~ **out** a team, (kr., infml.)* 'n span uitknikker; *~ it **out,** (infml.)* dit met gewere/rewolwers uitveg; *~ **out** of ...* uit ... skiet; *~ the **rapids*** →RAPID *n.*; *~ **straight,** (lett.)* net/raak/sekuur skiet; *(fig., infml.)* eerlik handel/wees; *~ **through*** deurskiet, deursnel; *~ **through** s.t.* deur iets skiet; deur iets trek; *it ~s **through/across** s.o.'s mind* dit val iem. skielik by, dit skiet iem. te binne; *~ **up*** opskiet; in die hoogte skiet, die hoogte inskiet, skielik styg; *('n kind)* opskiet, vinnig groei; *~ (o.s.) (**up**), (dwelmsl.)* jou inspuit *(met heroïen ens.)*; *~ s.o./s.t. **up*** iem./iets beskiet/bestook; *~ **wide*** mis skiet. **shoot** *tw., (Am., infml., euf. vir* shit*)* demmit, dêmmit, (ag) bliksem; praat/vra (maar), jou beurt. **~-out** skietery.

shoot·er skieter, skutter; *(infml.)* twa, yster, skietding; blaaspyp; ghoen, tooi, ellie.

shoot·ing *n.* (die) skiet, skietery; skietkuns; jag; jagreg; (die) jag. **shoot·ing** *adj.* skietend, skiet=. ~ **accident** skietongeluk. ~ **affair,** ~ **incident** skietery, skietvoorval. ~ **block** *(houtw.)* bankblok. ~ **board** *(houtw.)* skaafplank. ~ **box,** ~ **lodge** jaghuis(ie). ~ **brake** *(Br., vero.)* stasiewa. ~ **club** skietklub. ~ **coat,** ~ **jacket** jagbaadjie. ~ **competition** skietwedstryd. ~ **gallery** skietkraam, =tent; *(Am., infml.)* dwelmhuis. ~ **ground** jagveld, =terrein. ~ **hole** stortgat. ~ **iron** *(infml., hoofs. Am.)* vuurwapen, rewolwer. ~ **lamp** jag=, skietlamp. ~ **licence** jaglisensie. ~ **match** skietwedstryd; skietery; *the whole ~ ~, (infml.)* die hele affêre/gedoente; die hele boel/spulletjie/katoetie. ~ **mirror** skietspieël. ~ **pain** steekpyn. ~ **plane** *(houtw.)* reiskaaf. ~ **range** skietbaan, =terrein. ~ **seat,** ~ **stick** sitstok, =kierie, stoelkierie. ~ **stage** pypstadium *(v. graan)*. ~ **star** *(infml.: meteoor)* skietster, vallende/verskietende ster; *(bot.: Dodecatheon* spp.*)* twaalfgodekruid. ~ **war** skietoorlog.

shop *n.* winkel; werkplaas, werkwinkel; magasyn; →SHOPPY; ***closed** ~* →CLOSED; ***deal** at a ~* by 'n winkel koop/handel; ***keep** a ~* 'n winkel hou; *all **over** the ~, (infml.)* links en regs, hot en haar; ***set up** ~* 'n saak begin; ***set up** ~ as a baker/etc.* 'n bakkersaak/ens. begin; ***shut up** ~* die winkel toemaak/sluit; die hortjies toemaak/sluit; tou opgooi; *they **talk** ~* hulle praat/gesels oor hul werk/vak, hulle hou vakpraatjies. **shop** =*pp*=, *ww.* inkope/inkopies doen, winkel toe gaan, winkel; *(infml., hoofs. Br.)* verklik, klik oor, aan die kaak stel; *(vero. sl.)* opsluit, agter die tralies sit; →SHOPPER, SHOPPING; ~ ***around*** van winkel tot winkel loop, goed rondkyk voor jy koop; *~ **at** ...* by ... koop; *~ **for** a ...* 'n ... soek om te koop; ***go** ~ping* inkopies/inkope gaan doen, winkel(s) toe gaan. ~ **assistant** winkelklerk, =bediende, verkoopklerk, verkoper. **~-bought** *adj. (attr.)* winkel= *(koekies, goed[ere], ens.)*. ~ **boy** loopjonge. ~ **breaker** winkelbreker. **~-breaking** winkel(in)braak. **~fitter** winkelinrigter. **~fitting** winkelinrigting. ~ **fittings** los winkeltoebehore. ~ **fixtures** vaste winkeltoebehore. ~ **floor** winkelvloer; fabrieksvloer; (georganiseerde) werkers/arbeiders. **~front** winkelfront; winkelvenster. **~-gazing** winkelkykery, vensterkykery. ~ **girl** winkelmeisie, =juffrou, =juffer. ~ **hand** winkelbediende. ~ **hours** winkelure. **~keeper** winkelier; *nation of ~s* winkeliersvolk. **~lift** *ww.* winkeldiefstal pleeg, uit die/'n winkel steel. **~lifter** winkeldief. **~lifting** winkeldiewery, =diefstal. **~man** =*men* winkelier; verkoper, verkoopklerk, winkelklerk, =bediende. ~ **owner** winkelier, winkeleienaar. ~ **quarter** winkelbuurt. **~soiled** ongaaf, gevlek, verkleur, verbleik, winkelvuil. ~ **steward** vakbond=, werkersverteenwoordiger. **~talk** vakpraatjies, vakgesels(ery). **~walker** klerk-opsigter, winkelopsigter. ~ **window** winkel=, toon=, uitstalvenster. ~ **work** winkelwerk. **~worn** verkleur(d), verbleik.

shop·a·hol·ic *(infml.)* koopmaniak, =lustige, =verslaafde, kompulsiewe koper, inkopieslaaf.

sho·phar →SHOFAR.

shop·per winkelbesoeker.

shop·ping kopery, inkoop, winkelbesoek; *do one's ~* jou inkope/inkopies doen. ~ **arcade** winkelgalery, =gang, =arkade. ~ **area** winkelgebied. ~ **bag** winkeltas, inkoopsak. ~ **bag lady** →BAG LADY. ~ **basket** handmandjie. ~ **cart** winkelwaentjie, =trollie. ~ **centre** winkelsentrum, inkoopsentrum; winkelwyk. ~ **complex** winkelkompleks. ~ **hours** winkelure. ~ **list** inkooplys. ~ **mall** winkelpromenade, =wandelhal. ~ **precinct** winkelsentrum. ~ **spree** kooptog, =jol, =ekspedisie; *go on a ~ ~* die koopgier kry, jou kooplus bevredig, uiting aan jou kooplus gee. ~ **street** winkelstraat. ~ **voucher** koopbewys. ~ **week** winkelweek.

shop·py winkelrig, winkelagtig; winkel=, vak=.

shore[1] *n.* balk, stut, steun, skoor, steunsel, stutpaal. **shore** *ww.* stut, skoor; *~ up s.t.* iets stut/steun/skoor. **shor·ing** skoring, stutwerk.

shore[2] *n.* kus, strand, oewer; ***in** ~* naby die kus/strand; ***off** the ~* naby die kus; ***on** ~* aan wal, aan/op land; ***on** the ~(s) of ...* op die oewer van ... *('n meer ens.)*; ***these** ~s, (poët., liter.)* hierdie land. ~ **bar** strandwal. **~-based** aan wal. ~ **bird** waadvoël, steltloper. ~ **fish** strandvis. ~ **leave** land=, walverlof *(a.d. bemanning v. 'n skip)*. **~line** kuslyn. ~ **patrol** kuspatrollie. ~ **station** kusstasie. ~ **wind** oewer=, kuswind.

shore[3] *(verl.t.), (arg.)* het geskeer; →SHEAR *ww.*.

shore·less sonder strand; *(poët., liter.)* eindeloos, grens(e)loos.

shore·ward *adj.* landwaarts, aanlandig. **shore·ward, shore·wards** *adv.* landwaarts, na die land/kus toe.

shorn geskeer; →SHEAR *ww.*; *be ~ of ...* sonder ... wees, van ... ontdaan wees.

short *n.* tekort; kortsluiting; kort skoot; kort prent; kort noot; kort klank; kort lettergreep; kort trok; onverdunde drank; *(i.d. mv.)* kortbroek; *(i.d. mv.)* kort wol; *(i.d. mv., filmk.)* kort opnames; *(i.d. mv., voer)* veesemels; *(i.d. mv., fin.)* korttermyneffekte; *for ~* sommer, kortweg, kortheidshalwe; *in ~* kortom, om kort te gaan; kortliks, kortweg, in ('t) kort; *the long and the ~ of it is* dit kom hierop neer. **short** *adj.* kort; kortstondig; klein; kortaf, kortgebonde, nors; bros; beknop; skraps; *~ **back** and sides* →BACK *n.*; ***be** R10 ~, (iem.)* R10 te min hê; *('n bedrag)* R10 te min wees; *be **caught** ~* →CATCH *ww.*; *at ~ **date*** →DATE[2] *n.*; *a ~ **distance*** →DISTANCE *n.*; *of ~ **duration*** →DURATION; *s.t. is ~ **for** ...* iets is die afkorting van ...; *s.o. has a ~ **fuse*** →FUSE *n.*; *get/have s.o. by the ~ **hairs*** (or *by the ~ and **curlies**), (infml.)* iem. in 'n hoek hê; *the ~ **hand*** →HAND *n.*; *win by a ~ **head*** met 'n kort kop wen; ***keep** s.o. ~* iem. korthou/kortvat; *~ **leave*** →LEAVE[1] *n.*; *s.t. is **little** ~ of ...* iets is amper/byna dieselfde as ...; iets is amper/byna ...; *a **little** ~ of ...* 'n bietjie minder as ...; *be **little/nothing** ~ of ...* niks anders/minder as ... wees nie, eenvoudig/gewoonweg (*of* in een woord) ... wees *(verraad, twak, 'n onreg, skandelik, ens.)*; *have a ~ **memory*** →MEMORY; *at ~ **notice*** →NOTICE *n.*; *~ **novel*** →NOVEL[1], NOVELLA; *s.o. is ~ **of** money* iem. kom geld kort, iem. kort geld, geld is skaars by iem., iem. het geldnood, iem. is knap van geld; *3 metres ~ **of** the record* 3 meter duskant/deuskant/buite (*of* korter as) die rekord; *anything ~ **of** ...* alles buiten ... *(geweld ens.)*; *~ **of** war* duskant/deuskant/buiten oorlog; *be ~ **on** ..., (infml.)* sonder veel ... wees, min ... hê; *the ~ **one*** die korte(tjie); *be ~ and to the **point,** ('n spreker, verslag, ens.)* kort en bondig wees;

s.o. is ***rather*** ~ iem. is korterig; ~ ***rifle*** buks; →CARBINE; ~ ***side*** smal kant *(v. 'n kis); be on the* ~ ***side*** korterig (*of* aan die kort kant) wees; *in* ~ ***supply*** skaars; ~ *and* ***sweet*** kort en klaar; *in the* ~ ***term*** →TERM *n.; a* ~ ***time*** →TIME *n.;* ~ ***title*** verkorte titel; *be* ~ ***with*** *s.o.* iem. kortaf behandel; *make* ~ ***work*** *of s.o./s.t.* gou speel met iem./iets, kort proses (*of* kort[e] mette) met iem./iets maak. **short** *adv.* plotseling, skielik; *~er* ***and*** *~er* al hoe korter; ***cut*** *s.o.* ~ →CUT *ww.;* ***fall*** ~ →FALL *ww.; s.o.* ***ran*** ~ *of* ... iem. se ... het opgeraak; *s.t.* ***runs*** ~ iets word skaars; iets raak op; ***sell*** ~ op daling verkoop; ***stop*** ~ skielik stilbly/stilstaan/stilhou; terugdeins; ***take*** *s.o. up* ~ iem. in die rede val; *(fig.)* iem. opruk. **short** *ww.* kortsluit, 'n kortsluiting maak. ~ **biscuit** broskoekie. ~**bread** brosbeskuit. ~**cake** broskoek. ~ **change** *n.* te min kleingeld. ~**-change** *ww.* kul, bedot, fop, te kort doen. ~ **circuit** *n.* kortsluiting; *(med.)* derm-anastomose. ~**-circuit** *ww.* kortsluit, 'n kortsluiting veroorsaak. ~**coming** tekortkoming, gebrek. ~ **course** *(opv.)* kortkursus, kort kursus. ~**crust** broskors. ~ **cut** kortpad. ~**-cut multiplication** *(wisk.)* kort vermenigvuldiging. ~**(-dated) bill** *(fin.)* kortsigwissel, kort wissel, wissel op kort termyn. ~**-dated loan** lening op kort termyn. ~**-day** *adj. (attr.), (bot.)* kortdag= *(plant ens.).* ~ **division** *(wisk.)* kortdeling. ~ **drink** *(Br.)* kleintjie, dop, sopie. ~**fall** tekort, agterstand; *make good the* ~ die tekort aanvul. ~ **game** *(gh.)* kortspel, kort spel. ~**hair** korthaarkat. ~**-haired** kortharig, korthaar=. ~**hand** snelskrif, stenografie; *take s.t. down* ***in*** ~ iets in snelskrif opneem/neerskryf/neerskrywe/aanteken; ~ ***report*** stenogram; ~ ***typist*** snelskriftikster, stenotipiste; ~ ***writer*** snelskrywer, =skryfster, stenograaf; ~ ***writing*** snelskrif, stenografie. ~**-handed** onderbeman(d), kort van personeel. ~ **haul** *n.* kortafstandvervoer. ~**-haul** *adj. (attr.)* kortafstand= *(roete, straler, vliegtuig, vlug, ens.).* ~**head** kortskedelige, =koppige, bragikefaal, =sefaal. ~**-headed** kortskedelig, =koppig, bragikefaal, =sefaal. ~**-headedness** kortskedeligheid. ~**hold tenancy** *(Br.)* korttermynhuur. ~**horn** korthoring(bees). ~ **lease** korttermynhuur. ~ **leg** kort been; *(kr.)* slagyster; *backward* ~ ~, *(kr.)* slagyster agter die kolwer; *forward* ~ ~, *(kr.)* slagyster voor die kolwer. ~**-length ball** *(kr.)* kort bal. ~ **list** *n.* kortlys. ~**-list** *ww.* op die/'n/hul/ens. kortlys plaas. ~**-lived** kortstondig, kort van duur; kort van lewe; verbygaande. ~ **measure** skraps maat; *give s.o.* ~ ~ iem. te kort doen. ~ **order** *n., (Am.)* kitskos; *in* ~ ~, *(Am., infml.)* in 'n japtrap/kits, gou-gou, tjoef-tjaf, tjop-tjop; onmiddellik, dadelik, op die daad. ~**-order** *adj. (attr.), (Am.)* kitskos= *(kok, toonbank, ens.).* ~ **paper** *(fin.)* kort papier/wissel(s), kortsigwissel(s). ~ **pastry** bros deeg. ~**-pitched** *(kr.)* kort *(aflewering, boulwerk);* ~ *ball* kort (geplante) bal. ~**-range** *adj.* kortafstand= *(navigasie, missiel, ens.);* korttermyn= *(beplanning, vooruitsigte, ens.).* ~ **rib** kort/vals rib; →FLOATING RIB. ~**-run** *adj. (attr.)* korttermyn= *(voordele ens.).* ~ **score** *(mus.)* beknopte partituur. ~ **service** *(jur.)* kort bestelling/betekening. ~**-sheet** *ww., (Am.):* ~ *a bed* 'n bed se bolaken terugvou *(sodat iem. daarteen vasskop);* ~ *s.o.* iem. 'n poets bak; iem. aan die kortste ent laat trek. ~**-ship** onderverskeep. ~ **shrift:** *get* ~ ~ *(from s.o.)* onvriendelik/onhoflik/onbeleef(d)/bars (deur iem.) behandel word; *give s.o.* ~ ~ kortaf met (*of* stuurs teenoor) iem. wees, iem. onvriendelik/onhoflik/onbeleef(d)/bars behandel; *give s.t.* ~ ~ gou speel met iets, kort(e) mette maak met iets. ~ **sight** *(lett.)* bysiendheid (→MYOPIA); *(fig.)* kortsigtigheid. ~**-sighted** bysiende; kortsigtig, stiksienig. ~**-sightedly** op kortsigtige wyse. ~**-sightedness** kortsigtigheid; bysiendheid. ~ **sleeve** kort mou. ~**-sleeved dress** kortmourok. ~**-staffed** kort van personeel, onderbeman(d). ~**stop** *(bofbal)* kortby. ~ **story** kortverhaal; kort verhaal; novelle. ~ **suit** *(kaartspel)* kort kleur. ~ **temper:** *have a* ~ ~ opvlieënd/oplopend/kortgebonde wees, kort van draad wees. ~**-tempered** opvlieënd, kort van draad, kortgebonde, kortgebaker(d). ~**-termism** korttermynbenadering. ~**-term loan** korttermynlening, lening op kort termyn. ~**-term paper** *(fin.)* korttermynwissel. ~**-term policy** beleid op kort sig. ~ **time** korttyd, ondertyd, werktydverkorting; *work* (or *be on*) ~ ~ korttyd/ondertyd (*of* korter [werk]ure) werk, verkorte werktyd hê; *put workers on* ~ ~ werkers se tyd inkort. ~**-time working** korttydwerk; *go on* ~ ~ korttyd (*of* korter [werk]ure) werk; *put s.o. on* ~ ~ iem. korttyd (*of* korter [werk]ure) laat werk, iem. se werkure inkort; *be put on* ~ ~ korttyd (*of* korter [werk]ure) moet werk. ~ **ton** Kaapse/klein ton. ~ **truck,** ~ **wag(g)on** *(spw.)* korttrok, kort trok. ~ **view:** *take* ~ ~*s* kortsigtig wees. ~**-waisted** *adj.: be* ~, *(iem.)* 'n kort bolyf hê; *a* ~ *jacket* 'n kort baadjie. ~ **wave** *(rad.)* kortgolf. ~**-wave band** kortgolfband. ~**-wave transmitter** kortgolfsender. ~ **weight** ondergewig; *give s.o.* ~ ~ iem. te kort doen. ~**-winded** aamborstig, kortasemrig. ~**-windedness** aamborstigheid, kortasemrigheid. ~**-winged** kortvlerkig. ~**-witted** dom, onnosel.

short·age tekort; gebrek; *an* ***acute*** (or *a* ***desperate***) ~ 'n nypende tekort; ***experience*** *a* ~ *of* ... 'n gebrek/tekort aan ... hê; *a* ~ ***of*** ... 'n tekort aan ... *(geld, aartappels, ens.);* 'n gebrek aan ...; *a* ~ ***of*** *capital/labour/etc.* 'n kapitaaltekort, 'n arbeidstekort, ens.; *a* ***water*** ~ 'n waternood.

short·en verkort, korter maak; korter word; bekort, afkort, inkort; besnoei; insnoei, knot; ~ *the odds* die kanse verswaar; ~ *sail(s)* seil (ver)minder. **short·en·ing** verkorting, bekorting; bakvet, smeer.

short·ie →SHORTY.

short·ish korterig.

short·ly spoedig, eersdaags, kort voor lank, binnekort, weldra; kortliks; kortaf; ~ *afterwards* kort daarna; ~ *before* ... skuins voor ...; net (*of* 'n rukkie) voor(dat) ...

short·ness kortheid; kortstondigheid; skrapsheid; brosheid; ~ *of breath* aamborstigheid, kortasemrigheid.

short·y, short·ie kortman, kortetjie; kort kledingstuk.

Shos·ta·ko·vich *(Rus. komponis)* Sjostakowitsj.

shot[1] *n.* skoot *(met 'n geweer ens.);* skut(ter); probeerslag; raai(slag/skoot), gissing; *(infml.)* (snedige) opmerking; *(kr., tennis, gh., ens.)* hou; *(rolbal, netbal, ens.)* skoot; *(sokker)* skop; *(sokker, rugby, hokkie, ens.)* doelpoging; *(hamergooi ens.)* gooi; *(gewigstoot)* stoot; *(gewigstoot)* gewig; skroot, lopers; koeël, soliede projektiel; *(fot.)* foto, *(infml.)* skoot; *(filmk.)* opname; *(infml.)* sopie; inspuiting *(met heroïen ens.);* lansering *(v. 'n vuurpyl ens.);* dwarsdraad *(v. 'n sak);* →BIRDSHOT, BUCKSHOT, CRACK SHOT, GRAPESHOT, LONG SHOT, PARTING SHOT, SMALL SHOT; *a* ~ *in the* ***arm,*** *(infml.)* 'n versterking/aansporing/opknapper; *give ... a* ~ *in the* ***arm,*** *(infml.)* ... aanspoor, ... 'n stoot (vorentoe) gee; ... opkikker; *make a* ***bad*** ~ swak skiet; swak raai; *give it one's* ***best*** ~, *(infml.)* jou uiterste bes doen, jou bes doen om dit reg te kry; *a* ***big*** ~, *(infml.)* 'n grootbaas/kokkedoor, 'n groot kokkedoor/kanon/haan; *a* ~ *across the* ***bows*** 'n waarskuwing; ***call*** *the* ~*s* →CALL *ww.; a* ~ *in the* ***dark*** 'n skoot op goeie geluk (af); 'n blinde raai(skoot); ***drop*** ... *with a* ~ ... neertrek; ***exchange*** ~*s* skote oor en weer skiet; *do s.o. a* ~ *in the* ***eye*** iem. 'n kool stowe (*of* 'n lelike poets bak); iem. 'n steek gee; →DO S.O. IN THE **EYE;** ***fire*** *a* ~ 'n skoot skiet; ***(good)*** ~*!* doodhou!, mooi skoot!, skote Pe(r)toors/Pretoors!; ***have/make/take*** *a* ~ *at s.t., (fig., infml.)* iets ('n slag) probeer (doen), 'n poging tot iets waag; ***have*** *another* ~, *(infml.)* nog 'n slag probeer; *a* ~ *in the* ***head*** 'n kopskoot; ***like*** *a* ~, *(infml.)* op die daad/plek, onmiddellik, soos 'n koeël uit 'n roer/geweer; sonder aarseling, alte graag; *it is a* ***long*** ~ dit is ver/vêr om te skiet; *(infml.)* dit is 'n waagstuk; *not by a* ***long*** ~, *(infml.)* lank nie, op verre na nie, verreweg nie; ***make*** *a* ~ *at s.t., (fig., infml.)* →***have/make/take;*** ***out*** *of* ~ buite skoot, te ver/vêr; ***powder*** *and* ~ →POWDER *n.;* ***put*** *the* ~ gewigstoot *(ww.);* ***putting*** *the* ~ = SHOT-PUTTING *n.; a* ~ ***rings*** *out* 'n skoot klap; ~ *and* ***shell*** koeëls en granate; ***take*** *a* ~ 'n skoot skiet; *(fot.)* 'n opname maak; ***take*** *a* ~ *at* ..., *(lett.)* na/op ... skiet; ***take*** *a* ~ *at s.t., (fig., infml.)* →***have/make/take;*** ***within*** ~ onder skoot. **shot** =*tt*=, *ww.* (met skroot) laai; *~ted* met hael beswaar(d); met skroot en koeëls gelaai. ~**-blast** haelstraal; haelspuit. ~**-blasting** haelspuiting. ~**-drill** haelboor. ~**-firer** *(mynb.)* (dinamiet/springstof)skieter, skietwerker; *(toestel)* plowwer. ~**gun** haelgeweer; ~ *with cock/dog/hammer* (or *cocking piece*) haangeweer; *ride* ~, *(hoofs. Am., 'n motorpassasier)* (voor) langs die bestuurder sit; *ride* ~ *for* ..., *(hoofs. Am.)* vir ... opkom; *ride* ~ *with* (or *next to*) *s.o., ride* ~ *at s.o.'s side, (hoofs. Am.)* iem. geleide doen. ~**gun marriage/wedding** *(infml.)* gedwonge huwelik; *it was a* ~ ~ hulle moes trou. ~ **hole** koeëlgat. ~ **lead** korrellood, haelkorrels. ~**-proof** koeëlvry, koeëlvas. ~**-putter** *(atl.)* gewigstoter, gewigstootatleet. ~**-put(ting)** *n., (atl.)* gewigstoot. **shot-tist** *(SA)* skut.

shot[2] *n., (tekst.)* weerskynsy, changeantsy. **shot** *adj. & ww. (volt.dw.)* geskiet (→SHOOT *ww.*); *(infml., iem.)* pootuit, kapot, gedaan, klaar, pê, vodde; *(infml., iets)* kapot, op die koffie; *(tekst.)* met 'n weerskyneffek; *I'll* ***be*** ~ *if* ... mag ek doodval as ...; *have* ~ *one's* ***bolt*** →BOLT[1] *n.; s.o. was* ~ *and* ***killed*** iem. is doodgeskiet; *s.o.'s* ***nerves*** *are* ~ iem. se senuwees is gedaan/klaar/kapot/op; *be* ~ ***of*** ..., *(infml.)* van ... ontslae wees; *get* ~ ***of*** ..., *(infml.)* van ... ontslae raak; *s.o. had his/her arm* ~ ***off*** iem. se arm is afgeskiet/weggeskiet; ~ ***silk*** weerskynsy, changeantsy; *be* ~ ***up*** flenters geskiet wees; *be* ~ *(through)* ***with*** ... met ... deurweef wees; van ... deurtrek wees; *dark hair* ~ ***with*** *grey/silver* donker hare met grys/silwer strepe (daarin).

shot[3] *n., (Br., infml., vero.)* rekening; *pay one's* ~ jou aandeel betaal, die gelag betaal. ~**-free** *(w.g.)* →SCOT-FREE.

shote *n.* →SHOAT.

shott *(geog.)* sjot, soutmoeras.

should sou; behoort; moes, moet; *one* ~***n't do it*** →DO[1] *ww.; s.o.* ~ *be* ***home*** *by now* iem. moet nou al tuis wees; *it* ~ *be* ***interesting*** →INTERESTING; *s.o.* ~ *have* ***known*** *(that ...)* iem. moes geweet het (dat ...); *I* ~ ***like*** *to ..., (ietwat fml.)* ek sou graag ...; *that* ~ *be* ***mentioned*** →MENTION *ww.; not know why s.t.* ~ *be* ***necessary*** →NECESSARY *adj.; it* ~ *be* ***noted*** *that ...* →NOTED; *the* ***population*** ~ *be about 2 million* die bevolking moet omtrent 2 miljoen wees; *I* ~ *not be* ***surprised,*** *(ietwat fml.)* dit sou my nie verbaas nie; *I* ~ ***think*** *so* ek sou so dink; *the* ***total*** ~ *be about* ... die totaal moet sowat ... wees; *this horse* ~ ***win*** hierdie perd sal waarskynlik wen.

shoul·der *n.* skouer; skouerstuk; skof *(v. 'n perd ens.);* blad *(vleis);* skouergewrig; skouer *(v. 'n pad);* neus *(v. 'n berg); s.o. has* ***broad*** ~*s, (fig.)* iem. se skouers/rug is breed, iem. het breë skouers, iem. kan die las/verantwoordelikheid dra; ***brush/rub*** ~*s with* ... met ... omgaan (*of* in aanraking kom); *get the* ***cold*** ~ ***from*** *s.o.* deur iem. veron(t)agsaam word (*of* met die nek aangekyk word); *give s.o. the* ***cold*** ~ iem. met die nek (*of* met/oor die skouer) aankyk, iem. veron(t)agsaam (*of* die rug toekeer); iem. nie wil ken nie; *s.o. wants a* ~ *to* ***cry*** *on* iem. soek troos; *give it to s.o. (straight)* ***from*** *the* ~, *(fig., vero.)* iets padlangs/reguit vir iem. sê, reguit/padlangs (*of* op die man af) met iem. praat; ~ *of* ***lamb*** lamsblad; ***look*** *over one's* ~, *(lett.)* omkyk; *(fig.)* ongerus wees, (jou) bedreig voel; *(fig.)* onseker wees; ~ *of* ***mutton*** skaapblad; ***open*** *one's* ~*s, (fig.)* afhaak, vastrap, lostrek; ~ *of* ***pork*** varkblad; *the responsibility* ***rests*** *on s.o.'s* ~*s* die verantwoordelikheid rus op iem. se skouers; ***rub*** ~*s with* ... →***brush/rub;*** ***shrug*** *one's* ~*s* jou skouers ophaal; ***tap*** *s.o. on the* ~ iem. op die skouer tik; ~ ***to*** ~ skouer aan skouer; *put/set one's* ~ *to the* ***wheel*** skouer aan/teen die wiel sit/gooi, alle kragte inspan, die hande uit die moue steek, hand uit die mou steek. **shoul·der** *ww.* (met die skouer) stoot/stamp; skouer *('n geweer);* op die skouer(s) neem; op jou neem *('n las, verantwoordelikheid);* →COLD-SHOULDER *ww.;* ~ *s.o.* ***aside*** iem. uit die pad stoot/stamp, iem. wegstoot/wegstamp; *s.o.* ~*s the* ***burden*** →BURDEN[1] *n.;* ~ *(one's way)* ***in*** jou inbeur; ~ *s.o.* ***out*** iem. uitstamp/wegstamp. ~ **bag** skouersak. ~ **belt** draagband, bandelier. ~ **blade** skouerblad; skildbeen *(v. 'n bees).* ~ **bone** *(w.g.)* →SHOULDER BLADE. ~ **cord** vangsnoer. ~ **girdle** skouergordel. ~ **guard** skouerskut. ~ **height** skouerhoogte. ~**-high** op skouerhoogte; *carry s.o.* ~ iem. op die skouers dra. ~ **holster** skouerholster, =pistoolsak. ~ **joint** skouergewrig. ~ **knot** skouerbelegsel, =kwas; skouerbedekking. ~**-length hair** hare wat (tot) op die/jou/ens. skouers hang, skouerlengtehare. ~ **note** *(druk.)* skouerhofie. ~ **pad** skouerkussing, =skut. ~**-pegged** boomstyf, boeglam. ~ **piece** skouerstuk. ~ **plane** skouerskaaf. ~ **point** boeg. ~ **seam** skouer=

naat. ~ **season** middelseisoen. ~ **spray** skouerruiker, -takkie. ~ **strap** skouerband, -riem; skouerlus, -klap-(pie); skouerstrook *(v. 'n vlootoffisier).*

shou·ld·n't *(sametr.)* = SHOULD NOT.

shout *n.* kreet, geskree(u), geroep; uitroep; gejuig, gejubel; ***give a*** ~ 'n skree(u) gee; ***give** s.o. a* ~, *(infml.)* iem. roep; met iem. in verbinding tree; iem. bel; ***it's** s.o.'s* ~, *(infml.)* dis iem. se beurt (om drankies te bestel); *a* ~ *of **joy*** 'n juigkreet; *a* ~ *of **surprise*** 'n verbaasde uitroep, 'n (uit)roep van verbasing; *a* ~ *of **triumph*** 'n triomfkreet. **shout** *ww.* skreeu, skree, (hard) roep, uitroep; juig; *it is nothing to* ~ (or *not worth* ~*ing*) ***about*** dis niks om van te praat nie, dis geen ophef werd nie; ~ ***approbation** for* ... ... toejuig; ~ ***at** s.o.* vir iem. skree(u); iem. beskree(u); ~ *s.o. **down*** iem. doodskree(u)/oorskree(u); ~ ***for** s.o.* na iem. roep/skree(u); iem. toejuig; ~ ***for** help* om hulp skree(u)/roep; ~ ***for** joy* juig/jubel van blydskap; ~ *o.s **hoarse*** jou hees skree(u), skree(u) tot jy hees is; ~ *with **laughter*** skaterlag; →ROAR/SCREAM/SHRIEK WITH **LAUGHTER;** *s.o.* ~*s **out*** iem. roep uit; ~ ***to** s.o.* na/vir iem. skree(u)/roep; ~ *at the top of one's **voice*** skree(u) so hard as jy kan. **shout·er** skreeuer; roeper; raasbek. **shout·ing** geroep, geskree(u); gejuig, toejuiging, applous; ~ *distance* roepafstand; *it is all over bar/but the* ~, *(infml.)* dis feitlik alles verby.

shove *n.* stoot, stamp; du, dou; *give s.o./s.t. a* ~ iem./iets 'n stoot gee; *a slight* ~ 'n du'tjie. **shove** *ww.* stoot, stamp; skuif; ~ *s.t. **about/around*** iets rondskuif/-skuiwe/-stoot; ~ *s.o. **about/around**, (infml.)* iem. rondja(ag) (*of* hiet en gebied); ~ *s.o./s.t. **aside*** iem./iets wegdruk/wegstoot, (*of* opsy stoot); ~ *s.o./s.t. **away*** iem./iets wegstoot; ~ *s.o./s.t. **back*** iem./iets terugskuif/-skuiwe; iem./iets terugstoot; ~ *s.t. **down*** iets afdruk; iets afskuif/-skuiwe; ~ *s.t. **in** a drawer, (infml.)* iets in 'n laai gooi/sit/stop/prop; ~ ***off*** van wal steek *(met 'n boot); (infml., iem.)* trap, waai; *let's* ~ ***off**!, (infml.)* kom ons waai!; ~ *s.o./s.t. **out*** iem./iets uitstoot/-stamp; ~ *s.t. **over*** iets oorskuif/-skuiwe. ~**-halfpenny** *(Br. bordspel)* stuiwerbak. ~**-off:** *give s.o. a* ~ iem. aan die gang (*of* op gang) help.

shov·el *n.* skop; skop-, bakgraaf; skep; *mechanical* ~ laaigraaf. **shov·el** *-ll-, ww.* skep; ~ *food into one's mouth, (infml.)* kos inlaai (*of* in jou mond stop); ~ *the sidewalk/etc., (Am.)* sneeu van die sypaadjie/ens. (af) weggrawe. ~**board** *(Br.),* **shuffleboard** *(Am.), (spel)* sjoelbak. ~ **hat** skuithoed *(v. 'n geestelike).* ~**head** *(igt.: Sphyrna tiburo)* graafhaai. ~**nose** →GUITARFISH. ~ **plate** skepplaat. ~ **spade** skopgraaf.

shov·el·ful skop (vol).

shov·el·ler, *(Am.)* **shov·el·er** skepper. **shov·el·(l)er** *(orn.)* slopeend; *Cape* ~ Kaapse slopeend; *northern* ~ Europese slopeend.

show *n.* vertoning; tentoonstelling, skou; voorstelling; uitstalling; skyn; praal, vertoon; onderneming; *it is **all*** ~ dit is alles skyn; *win a prize **at** the* ~ 'n prys op die skou/tentoonstelling wen; ***bad/poor*** ~*!, (infml.)* swak!; ***boss** the* ~ →***run** the whole show; s.t. makes a **brave*** ~, *(infml.)* iets vertoon pragtig; *put on a **brave*** ~, *(infml.)* jou moedig gedra; *give s.o. a **fair*** ~, *(infml.)* iem. 'n billike kans gee; *make a **fine*** ~, *(infml.)* 'n goeie vertoning maak; 'n goeie figuur slaan; *just **for*** ~ net vir die skyn; net om te spog (*of* 'n vertoon te maak); ~ *of **force*** magsvertoon; ***give** the* ~ *away, (infml.)* die aap uit die mou laat, met die (hele) mandjie patats uitkom, die geheim uiblaker/uitlap/verklap, alles uitblaker, jou mond verbypraat; ***go** to a* ~ na 'n tentoonstelling gaan; na die teater gaan, na 'n opvoering gaan, 'n opvoering gaan kyk; *the* ~ *must **go** on!* die spel gaan voort!; ***good*** ~*!, (infml.)* mooi so/skoot!; *make* (or *put on*) *a **good*** ~, *(infml.)* 'n goeie indruk/vertoning maak; *vote by* ~ *of **hands*** →HAND *n.;* ***make** a* ~ *of regret* maak (as)of jy spyt is; *this is **my*** ~, *(infml.)* dit is my saak, hier is ek die baas; *have **no*** ~ *at all, (infml., Am., Austr.)* hoegenaamd geen kans hê nie; *make **no*** ~ *of ..., (infml.)* nie met ... te koop loop nie; *be **on*** ~ vertoon word, uitgestal word; ***on** with the* ~*!* (laat die vertoning) begin!; ***outward*** ~, *(poët., liter.)* uiterlike skyn; *all **over** the* ~, *(infml.)* rond en bont; *make a **poor*** ~, *(infml.)* 'n treurige/armsalige vertoning maak, sleg afsteek; 'n treurige/swak figuur slaan; ***poor*** ~*!* →***bad/poor; put** on* (or ***stage***) *a* ~ 'n vertoning aanbied; 'n tentoonstelling hou; *get the* ~ *on the **road**, (infml.)* aan die gang kom *(met iets);* *run the whole* ~, *(infml.)* die baas wees, die lakens uitdeel; ***steal** the* ~ die meeste aandag trek, die hoofaandag inpalm; ~ *of **strength*** magsvertoon; *the **whole*** ~, *(infml.)* die hele boel/spul. **show** *showed shown/showed, ww.* wys, toon, laat sien; vertoon; ten toon stel; uitstal; aantoon, bewys; aanstip; verduidelik; (aan)wys *(op 'n termometer ens.);* sigbaar wees/word, te sien wees, uitkom, te voorskyn kom; *s.t.* ~*s to **advantage*** iets kom op sy voordeligste uit; ~ ***annoyance*** →ANNOYANCE; ~ *s.o. **around/round** a place* iem. 'n plek wys, iem. deur 'n plek rondlei; ~ ***cause*** →CAUSE *n.; s.o. **did not*** ~, *(infml.)* iem. het nie opgedaag nie; ~ *s.o. the **door*** →DOOR; ~ *(by **example**)* voordoen; ~ *one's **face*** →FACE *n.;* ~ *s.o. a **favour*** →FAVOUR *n.;* ~ ***fight*** →FIGHT *n.;* ~ ***films*** rolprente vertoon; ~ *s.t. the **fire**, (infml.)* iets effens warm maak; *s.o. has nothing to* ~ ***for it*** iem. kan geen resultaat wys/toon nie; iem. hou niks oor nie; *what has s.o. got to* ~ ***for it?*** wat het dit iem. in die sak gebring?; *it/that **goes** to* ~ *that* ... dit wys net (*of* toon *of* [dien om te] bewys) dat ...; ~ *s.o. a clean pair of **heels*** →CLEAN *adj.; I'll* ~ ***him/her!**, (infml.)* ek sal hom/haar leer!; ~ ***how** false it is* aantoon hoe onwaar dit is; ~ *s.o. **in*** iem. binnelaat, iem. laat binnekom; ~ *s.o. **into** the* ... iem. die ... laat binnegaan; ~ ***kindness** to s.o.* →KINDNESS; ~ *a **leg*** →LEG *n.;* ~ *s.o. **mercy*** →MERCY; *s.o.'s **muscles*** ~ iem. se spiere wys; ~ ***new goods*** nuwe ware uitstal; ***now*** ~*ing* draai nou *(i.d. bioskoop);* ~ ***off**, (infml.)* spog, pronk, vertonerig/windmaker(ig) wees, probeer aandag trek; →SHOW-OFF *n.;* ~ *s.t. **off*** iets (duidelik) laat uitkom; *(infml.)* met iets spog (*of* te koop loop); *hardly ever* ~ ***o.s.*** jou amper/byna nooit laat sien nie; baie selde uitgaan; ~ *s.o. **out*** iem. uitlaat; ~ *s.o. **over** a house/factory* iem. 'n huis/fabriek wys, iem. deur 'n huis/fabriek rondlei; ~ ***paintings*** →PAINTING; ~ ***partiality*** →PARTIALITY; ~ *s.o. **round** a place* →***around/round;*** ~*ing **shortly*** draai binnekort *(i.d. bioskoop); s.o.'s **slip** is* ~*ing* iem. se onderrok hang uit; *it* ~*s **that*** ... dit toon/wys dat ...; ~ *s.o. a **thing** or two, (infml.)* iem. (die) een en ander leer; iem. 'n punt wys; *it* ~*s **through** the* ... ('n) mens kan dit deur die ... sien; *(~ your) **tickets** please!* kaartjies asseblief!; ***time** will* ~ →TIME *n.;* ~ *s.t. **to** s.o.,* ~ *s.o. s.t.* iets aan iem. wys, iem. iets wys; *s.t.* ~*s **up*** iets is (duidelik) te sien; ~ ***up** at ..., (infml.)* by ... opdaag; ~ ***up** badly/well* sleg/goed vertoon, 'n slegte/goeie vertoning maak; ~ *s.o. **up** as/for a crook* iem. as 'n skelm aan die kaak stel; ~ *the **way**, (lett.)* die pad wys; *(fig.)* voorloop, die weg (aan)wys; ~ *s.o. the **way**, (fig.)* iem. teregwys; *it* ~*s **white*** dit lyk wit; *that* ~*s **you!*** daar het jy dit!. ~**-and-tell** *n.* wys-en-vertel-aktiwiteit *(op skool);* wys-en-vertel-byeenkoms; wys-en-vertel-tentoonstelling. ~**band** ekstravaganza-(jazz)groep/(jazz)orkes; (jazz)groep/(jazz)orkes wat ander kunstenaars se liedjies speel. ~ **bill** aanplakbiljet. ~**boat** *n., (Am.)* teaterboot; *(Am., infml.)* windmaker, windlawaai, windsak, grootprater, blaasbalk. ~**boat** *ww., (Am., infml.)* spog, pronk, die aandag probeer trek. ~ **business,** *(infml.)* ~**biz** verhoogkuns; die vermaaklikheidsbedryf/verhoogbedryf. ~ **card** *(han.)* reklamekaart, -plakkaat *(v. 'n winkelier ens.).* ~**case** *n.* (ver)toonkas, uitstalkas, glaskas. ~**case** *ww.* vertoon, uitstal. ~ **day** skoudag. ~**down** (beslissende, deurslaggewende) botsing, konfrontasie, kragmeting, eindstryd, beslissende stryd, hard teen hard; *a* ~ *between* ... 'n (beslissende) botsing/konfrontasie tussen ...; *have a* ~ *with* ... 'n (beslissende) botsing/konfrontasie met ... hê. ~**girl** verhoogmeisie; figurante. ~ **glass** →SHOWCASE *n..* ~**grounds** tentoonstellings-, skouterrein. ~ **horse** spogperd. ~ **house** (ver)toonhuis. ~**jump** *ww.* toonspring. ~**jumper** springruiter, perdespringer; springperd. ~**jumping** perdespringsport, ruiterspringsport, toonspring. ~**man** *-men* sirkusbaas; vertoner, windmaker. ~**manship** vertoonkuns; reklamekuns; windmakery, vertoon(sug). ~**-off** *n.* windmaker, druktemaker, aansteller, vertonerige persoon; vertoning. ~ **people** verhoogmense; toneelmense. ~**piece** (ver)toonstuk. ~**place** besienswaardige plek, pronkplek, spogplek. ~ **riding** toonry. ~**room** toonkamer, uitstalkamer; (ver)toonlokaal; modelkamer, monsterkamer. ~ **stopper** *(infml.)* applouStrekker; liedjie/nommer/ens. wat die dak laat lig; spelstopper. ~**-stopping** *adj. (attr.)* wat uitgerekte applous ontvang *(pred.).* ~ **trial** vertoonverhoor. ~ **window** winkelvenster, toonvenster, uitstalvenster.

show·er[1] *n.* stortvloed; stroom; bui, vlaag; stortbad; *a* ~ *of **bullets*** 'n koeëlreën; *a* ~ *of **hail*** →HAIL[1] *n.; **have/take** a* ~ stort, 'n stortbad neem; *letters/etc. came **in*** ~*s* briewe/ens. het ingestroom; ***kitchen*** ~ kombuistee; *a* ~ *of **meteors*** meteoorreën; *a* ~ *of **rain*** →RAIN *n.; **scattered*** ~*s* los buie; *a* ~ *of **snow*** 'n sneeubui; *a* ~ *of **stars*** 'n sterreréën. **show·er** *ww.* reën; neerstroom; stort, 'n stortbad neem; ~ *s.t. on/upon s.o.,* ~ *s.o. with s.t.* iem. met iets oorlaai *(geskenke ens.);* iets op iem. laat reën/hael *(klippe ens.).* ~ **(bath)** stortbad; *take showers* (or *shower baths)* stort, stortbaaie neem. ~ **cap** stortkep(pie). ~ **cubicle** storthokkie. ~ **curtain** stortgordyn. ~ **gel** stortjel. ~**proof** reëndig. ~ **room** stortkamer. **show·er·y** buierig, reënagtig, reënerig.

show·er[2] *n.* vertoner.

show·i·ness →SHOWY.

show·ing *n.* vertoning; bewys, verklaring; ~ *the **flag*** vlagvertoon; *make a **good/poor*** ~ goed/sleg/swak vertoon/vaar; *on s.o.'s **own*** ~ volgens iem. self, volgens iem. se eie verklaring; *on the **present*** ~ soos sake nou staan. ~**-off** aanstellery; pronkery; praalsug, vertoonsug. ~**-up** ontmaskering.

shown gewys; →SHOW *ww.*.

show·y windmaker(ig), spoggerig, vertonerig, pronkerig; opsigtig, opvallend, opsigtelik; ~ *person* uithaler. **show·i·ness** aandagtrekkery, vertoonsug, pronkerigheid.

shrank →SHRINK *ww.*.

shrap·nel (granaat)kartets, skrapnel. ~ **helmet** staalhelm. ~ **shell** granaatkartets.

shred *n.* flenter, stukkie, lappie, repie; greintjie; sweem *(v. 'n bewys);* ***hang** in* ~*s* verflenter wees; ***in*** ~*s* aan flarde(s)/flenters; *s.o.'s reputation is **in*** ~*s* iem. het sy/haar aansien heeltemal verloor; ***not** a* ~ *of evidence* geen (*of* nie 'n) greintjie bewys (*of* sweem van getuienis) nie; ***not** a* ~ *of truth* geen (*of* nie 'n) greintjie waarheid nie; ***tear** s.t. to* ~*s* iets (aan) flenters skeur; ***tear** s.o. to* ~*s, (fig.)* kleingeld maak van iem.; ***without** a* ~ *of clothing (on him/her)* sonder 'n draad klere (aan sy/haar lyf). **shred** *-dd-, ww.* kerf, snipper; stukkend sny/skeur, fynskeur, aan repies sny/skeur. **shred·ded** gekerf(de), gesnipper(de); ~ ***crayfish*** uitgepluisde kreef; ~ ***jam*** snipperkonfyt; ~ ***marmalade*** snippermarmelade; ~ ***wheat*** draadjiesmeel, toutjiesmeel, koringrepies. **shredder** snippermasjien.

shred·ding ma·chine snippermasjien, (papier)versnipperaar.

shrew *(soöl.)* skeerbek(muis), spitsmuis; *(infml.)* wyf, tierwyfie, kyfagtige/wys vrou, duiwelin, feeks, geitjie, rissie, gifpil, raasbek; →MUSK SHREW, SHREWISH. ~**(mouse)** skeerbek(muis), spitsmuis.

shrewd skerpsinnig, skrander, slim, fyn (van begryp); uitgeslape, listig, slu, skelm; *a* ~ ***blow*** 'n gevoelige slag/hou; *make a* ~ ***guess*** veilig raai; *a* ~ ***reply*** 'n slim antwoord; *have a* ~ ***suspicion** that* ... 'n nare voorgevoel hê dat ... **shrewd·ness** skranderheid, slimheid; uitgeslapenheid, sluheid.

shrew·ish kyfagtig, twissiek, rissieagtig, raserig. **shrew·ish·ness** kyfagtigheid; raserigheid.

shriek *n.* gil, skreeu, kreet; *give a* ~ gil, skree(u). **shriek** *ww.* gil, skree(u); ~*ing **headline*** skreeuende opskrif; ~ ***out*** uitgil; ~ ***with*** ... skree(u) van (die) ... *(pyn ens.);* ~ ***with** laughter* →LAUGHTER.

shrie·val·ty *(hoofs. hist.)* baljuskap.

shrift *(arg.)* bieg; absolusie, ontsondiging; →SHORT SHRIFT.

shrike *(orn.)* laksman, fiskaal; →BOUBOU, BUSH SHRIKE, CUCKOO SHRIKE, FISCAL (SHRIKE), HELMET SHRIKE, PUFF-BACK SHRIKE; *brubru (~), (Nilaus afer)* bontroklaksman; *(southern) white-crowned* ~, *(Eurocephalus anguitimens)* kremetartlaksman.

shrill *adj.* deurdringend, snerpend, skerp, skril. **shrill** *ww.* gil, skree(u), snerp, skril. **shrill·ness** skrilheid, deurdringendheid; felheid. **shril·ly** skril, op skrille toon, skerp.

shrimp *n.* garnaal, krewel; *(infml., neerh.)* tingerige/tengerige/pieperige mensie. **shrimp** *ww.* garnale vang. ~ **cocktail** *(kookk.)* garnaalkelkie. ~ **flower** *(Justicia brandegeana)* garnaal=, kreefblom. **shrimp·ing** garnale=vangs.

shrine *n.* heiligdom; pelgrimsoord, bedevaartplek; re=likwieëkissie; graftombe; altaar; tempel. **shrine** *ww., (poët., liter.)* bewaar.

shrink *n.* krimp, (in)krimping; *(infml.: psigiater)* kop=dokter. **shrink** *shrank shrunk(en), ww.* krimp; inkrimp, ineenkrimp; laat krimp; verskrompel; ~ ***back*** terug=deins; ~ ***from*** ... vir ... terugdeins; van ... wegskram; huiwer om te ...; ~ ***into*** *o.s.* in jou dop kruip; ~ *s.t.* ***on,*** *(teg.)* iets aan=/vas=/opkrimp *('n band ens.)*; ~ ***up*** inme=kaar krimp. ~ **fit** krimppassing. **~-proof** krimpvry. **~-resistant, ~-resisting** krimptraag. ~ **wrap** *n.* krimp=plastiek; krimpverpakking. **~-wrap** *ww.* krimpverpak, in krimpplastiek verpak.

shrink·age krimp, (in)krimping; krimpmaat; (krimp)=verlies; (waarde)vermindering, afname; *(mynb.)* krimp=erts. ~ **crack** krimpskeur, =bars. ~ **limit** krimp(ings)=grens. ~ **test** krimptoets.

shrink·ing *n.* (in)krimping; ~ *from* ... terugdeinsing vir ... **shrink·ing** *adj.* bedees, skugter; ~ *violet, (infml.)* skamerige/skugter meisie/ens..

shrive *shrove shriven, (arg., hoofs. RK)* ontsondig, rei=nig van sonde; absolusie gee; die bieg afneem. **shriv·en** ontsondig, gereinig van sonde. **shriv·ing** ontsondiging; bieg; afneming van die bieg.

shriv·el *=ll=* krimp, rimpel, verskrompel, verlep, uit=droë, =droog, verdor; ~ *(up)* verskrompel; *be ~led (up)* verskrompel(d) wees.

shroff *(<Arab., vero.)* geldwisselaar.

shroud *n.* omhulsel; kleed; lykkleed, doodskleed; *(ook, i.d. mv., sk.)* staande want. **shroud** *ww.* omhul; ver=berg, bedek, wegsteek; in 'n doodskleed wikkel/hul; *be ~ed in ...* in ... gehul wees *(geheimsinnigheid ens.)*. ~ **knot** *(sk.)* wantknoop. **~-laid** *adj., (sk.)* vierstring= *(tou)*.

Shrove: **~tide** *(d. drie dae voor Aswoensdag)* Vasteaand. ~ **Tuesday** Vasteaand, Dinsdag voor Aswoensdag.

shrub[1] struik, bossie; *(ook, i.d. mv.)* fynbos. ~ **bush=veld** bossie(s)veld.

shrub[2] rumpons; *(Am.)* vrugtedrank.

shrub·ber·y struikgewas, boskasie; fynbos; struiketuin.

shrub·by struikagtig, ruig, bosagtig, bos=; ~ *tree* boom=struik.

shrub·like struikagtig.

shrug *n.* skouerophaling; *give a* ~ jou skouers ophaal; *with a ~ (of the shoulders)* met 'n skouerophaling. **shrug** *=gg=, ww.* jou/die skouers ophaal/optrek; ~ *s.t. off* iets veron(t)agsaam, jou (met 'n skouerophaling) van iets afmaak.

shrunk, shrunk·en gekrimp; vervalle; →SHRINK *ww.*; *shrunken figure* vervalle gestalte; *shrunken head* skrom=pelkop; *shrunk joint* krimplas.

shtick *n., (<Jidd., Am., infml.)* grapjassery; kenmer=kende humor; komiese toneel; vermaaklikheidsele=ment.

shtoom, shtum, schtum *adj., (<Jidd., infml.): keep ~ about s.t.* jou mond oor iets hou, iets stilhou (*of* ge=heim hou).

shuck *n., (hoofs.Am.)* dop, peul; (mielie)blaar; (oester)=skulp; *(infml.)* niksnut(s), deugniet; *(infml.)* snert, prul, twak. **shuck** *ww.* uitdop; ~ *corn, (Am.)* mielies skoon=maak/afblaar.

shucks *tw.* gits, ga(a)ts, heng, deksels, vervlaks.

shud·der *n.* huiwering, siddering, rilling, gril; *s.o. gives a* ~ iem. ril/gril; *give s.o. the ~s* iem. laat ril/gril; *it gives one the ~s* dit is om van te ril/gril, dit laat ('n) mens ril/gril. **shud·der** *ww.* huiwer, sidder, gril, ril, ys; ~ *at the thought* (*or to think*) *of* ... gril by die gedagte aan ..., gril as jy aan ... dink; ~ *at the thought of what might have happened, (ook)* ys as jy dink wat kon gebeur het; ~ *with* ... van ... sidder *(angs ens.)*. **shud·der·ing** *adj.*, **shud·der·ing·ly** *adv.* sidderend, bewend, rukkerig; hui=werig, angstig; skrikwekkend, verontrustend, onrus=barend; beangstigend; *take a deep, shuddering breath* jou asem diep en hortend intrek; *come to a shuddering halt* sidderend tot stilstand kom.

shuf·fle *n.* geskuifel; geslof, slofgang; (die) skud, (die) deurmekaar maak; (die) skommel/was *(v. kaarte)*; her=rangskikking, skommeling *(v. portefeuljes ens.)*; *(w.g.)* verandering van standpunt; *(arg.)* uitvlug, draai, jak=kalsstreek. **shuf·fle** *ww.* skuifel, slof; (deurmekaar) skud, verwar; herrangskik, skommel; *(arg.)* jakkalsdraaie maak, uitvlugte soek, onderduims wees; ~ ***along*** aan=slof, aansukkel; ~ *the* ***cards*** →CARD[1] *n.*; ~ *one's* ***feet*** →FOOT *n.*; ~ ***into*** *s.t.*, ~ *s.t.* ***on*** iets halsoorkop aan=trek *(klere)*; ~ *s.t.* ***off*** iets afskuif/afskuiwe *(d. verantwoor=delikheid ens.)*; ~ ***out*** *of s.t.* jou uit iets (los)draai/=wik=kel *(d. verantwoordelikheid, 'n taak, ens.)*. **~board** →SHOV=ELBOARD. **shuf·fler** skuifelaar; skommelaar *(v. kaarte)*; *(arg.)* bedrieër, uitvlugsoeker, jakkals. **shuf·fling** *n.* ge=skuifel; geslof; herrangskikking. **shuf·fling** *adj.* sloffend, slof=; skuifelend, sleepvoetend; veranderlik, vol draaie; ~ *gait* slofgang.

shul, schul *(Jidd.)* sinagoge.

shun *=nn=* vermy, sku, ontwyk, links laat lê.

'shun *tw., (mil., infml.)* aandag; →ATTENTION.

shunt *n.* rangering, rangeerwerk; wisseling; *(spw.)* spoor=wegwissel, syspoor; *(elek.)* aftakking, newesluiting, sy=tak; *(med.)* omleiding, aftakking; *(Br., infml.)* ketting=botsing. **shunt** *ww.* rangeer, op 'n syspoor bring; reg stoot, uit die pad stoot; *(elek.)* omtak, aftak; *(fig.)* uit=stel, op die lang(e) baan skuif/skuiwe; afsien van, laat vaar; ~ *... back, (fig.)* ... terugskuif, =skuiwe. ~ **coil** aftak=rol. ~ **line** wisselspoor.

shunt·er rangeerder.

shunt·ing rangeerwerk; rangering. ~ **area** rangeerter=rein. ~ **engine** rangeerloko(motief). ~ **operations** ran=geerwerksaamhede. ~ **switch** rangeerwissel. ~ **yard** rangeerwerf.

Shu·ru·gwi *(geog., vroeër* Selukwe*)* Shurugwi.

shush *ww.* stilmaak; stilbly. **shush** *tw.* sjt, sjuut, (bly) stil.

Shu·shan →SUSA.

shut *n.* naat, voeg; sluitplaat, deksel; (af)sluiting; *(poët., liter.)* einde (van die dag). **shut** *adj. (volt.dw.)* toe; dig; *be ~* ***away*** opgesluit wees, agter tralies sit; *be ~* ***away*** *from society* van die gemeenskap afgesluit wees; *keep s.o. ~* ***away*** *from s.t.* iem. van iets weghou; *be ~* ***away*** *in an institution* in 'n inrigting gestop wees; *be ~* ***fast*** styf toe wees; *be ~* ***in*** ingesluit wees; omring wees; *keep one's* ***mouth*** *~* →MOUTH *n.*; *be/get ~* ***of*** *..., (infml.)* van ... ontslae wees/raak; *be* ***tightly*** *~* dig toe wees; *be ~* ***up*** *in ...* in ... opgesluit wees. **shut** *=tt=; shut shut, ww.* toe=maak, sluit; toegaan; toeslaan *('n boek)*; *s.t. ~s* ***auto=matically*** iets gaan vanself toe; ~ *...* ***away*** ... wegbêre; ... afsonder; *~* ***the door!*** maak toe die deur!; *~* ***the door*** *on s.o.* →BANG/CLOSE/SHUT THE **DOOR** ON S.O.; ***the door*** *~ with a bang* →BANG[1] *n.*; *s.t. ~s* ***down*** iets sluit, iets maak toe; *~ s.t.* ***down*** iets sluit; iets stopsit; *~ one's* ***eyes*** *to s.t.* →TURN A BLIND **EYE** TO S.T.; *~* ***your face/mouth/trap!***, *(infml.)* bly stil!, hou jou bek/mond/sna=ter!; *~ one's* ***finger*** *in the door hinge* jou vinger in die deur knel/vasknyp; *~ s.t.* ***off*** iets afsluit; *~ s.o.* ***off*** *from ...* iem. van ... uitsluit; *~ s.o.* ***out*** iem. uitsluit; *~ s.t.* ***out*** keer dat iets nie inkom nie; *~ one's* ***teeth*** die/jou tande op mekaar byt/klem; *~ s.t.* ***tightly*** iets dig toemaak; ~ ***up,*** *(infml.)* stilbly; ~ ***up!***, *(infml.)* hou jou bek/mond!, bly stil!, skei uit!; *~ s.o.* ***up,*** *(lett.)* iem. opsluit; *(fig., infml.)* iem. stilmaak, iem. die/se mond snoer; *~ s.t.* ***up*** iets toe=sluit; *~* ***up*** *like a clam, (infml.)* tjoepstil bly/raak. **~down** *n.* sluiting, stopsetting. **~-eye** *(infml.)* dutjie. **~-in** *n.* huis=gebondene. **~-off** *n.* afsluiting. **~-off valve** afsluitklep. **~out** *n., (Am., sport)* puntelose beurt/wedstryd/ens.; →LOCKOUT.

shute →CHUTE.

shut·ter *n.* luik, hortjies; sluiting; sluiter *(v. 'n kamera)*; skuif; valkleppie; sluis; *put up the ~s, (fig., infml.)* toe=maak, die saak sluit. **shut·ter** *ww.* die hortjies/luike toemaak; van luike voorsien, hortjies aansit. **~bug** *(Am., infml.)* geesdriftige (amateur)fotograaf, kiekklustige. ~ **catch** windhaak. ~ **release** *(fot.)* ontspanner.

shut·ter·ing luike, beluiking; bekisting.

shut·tle *n.* (skiet)spoel; weefspoel; skuitjie, skoentjie *(v. 'n naaimasjien)*; *space ~* pendeltuig; *vibrating ~* tril=skuitjie. **shut·tle** *ww.* heen en weer skiet/beweeg; heen en weer ry/vaar/ens., pendel. ~ **armature** *(elek.)* H-an=ker. **~cock** *n.* pluim=, kuif=, veer=, raketbal; *battledore and ~* pluimbalspel. **~cock** *ww.* heen en weer gooi. ~ **diplomacy** pendeldiplomasie. ~ **service** heen-en-weer=diens, wisseldiens. ~ **valve** skietklep.

shwa →SCHWA.

shy[1] *n.* (sy)sprong, skrik. **shy** *shyer/shier shyest/shiest, adj.* sku, mensku, bedees, skugter, skamerig, verleë, beskroomd, inkennig, beskimmel(d); wild *(diere)*; wan=trouig, agterdogtig; →SHYLY, SHYNESS; ~ ***bearer,*** *(bot., w.g.)* skraal/slegte draer *(v. vrugte ens.)*; ~ ***breeder,*** *(die=reteelt, w.g.)* swak/slegte teler; ***feel*** ~ skugter wees; ***fight*** *~ of s.t.* →FIGHT *ww.*; *be ~* ***of*** *...* skaam wees vir ...; sku wees vir ... **shy** *ww.* skrik, wegvlie(g), wegspring; →SHYER; *~ at ...* vir ... skrik; *~ away from ...* van ... weg=skram, vir ... terugdeins, kopsku wees vir ...; *~ing horse* skrikkerige perd. **~shark** *(igt.: Haploblepharus* spp.*)* skaamoog.

shy[2] *n.* gooi; probeerslag; *have/take a ~ at s.t., (infml.)* na iets gooi/mik, iets probeer raak gooi; iets probeer (doen). **shy** *ww.* gooi, smyt, slinger.

-shy *komb.vorm* =sku; *camera-~* kamerasku; *work~* werk=sku.

shy·er skrikkerige perd.

Shy·lock *(na 'n karakter in Shakespeare se* Merchant of Venice*)* hardvogtige geldskieter; hartelose skuldeiser.

shy·ly skamerig, bedees.

shy·ness skuheid, verleentheid, beskroomdheid, be=deesdheid; mensskuheid.

shy·ster *(infml.)* knoeier, konkelaar.

si *(mus.)* si.

si·al *(geol.: silikon- en aluminiumryke aardlaag)* sial.

si·al·a·gogue, si·al·o·gogue *(med.)* speekseldrywer.

Si·am, Si·am *(geog., hist.)* Siam; →THAILAND.

Si·a·mese *n.* Siamese kat, siamees *(ook S~)*; *(vero., lid v. 'n volk, taal)* Siamees. **Si·a·mese** *adj.* Siamees. ~ **cat** Siamese kat. ~ **twins** Siamese tweeling.

sib *n., (hoofs. genet.)* broer, suster; *(antr.)* verwantskap; bloedverwant; sibbe. **sib** *adj., (dial.)* verwant; ~ *to* ... verwant aan/met ... **sib·ling** broer, suster. **sib·ship** *(hoofs. genet.)* broers en susters; *(antr.)* bloedverwante; bloedverwantskap.

Si·be·ri·a Siberië. **Si·be·ri·an** *n.* Siberiër. **Si·be·ri·an** *adj.* Siberies.

sib·i·lant *n., (fonet.)* sisklank. **sib·i·lant** *adj.* sissend, sis=. **sib·i·lance, sib·i·lan·cy** sisgeluid, gesis.

sib·i·late sis, sissend uitspreek. **sib·i·la·tion** sisgeluid, gesis.

sib·ling →SIB.

sib·yl *(poët., liter.)* sibille, waarsegster, profetes. **Sib·yl, Sib·yl·la** *(klass. mit.)* Sibylla, Sibylle. **sib·yl·line** profe=ties, sibillyns; *S~ books* Sibillynse boeke.

sic[1] *(Lat.)* sic, net so, woordelik(s).

sic[2] *sics sicking sicked, ww.: ~ a dog on s.o.* 'n hond op iem. loslaat; *~ him!* sa, vat hom!.

sic·ca·tion *(w.g.)* opdroging, verdroging.

sic·ca·tive *n.* droogmiddel, opdroënde middel, sik=katief. **sic·ca·tive** *adj.* (op)drogend, (op)droënd, sikkatief.

sice[1] ses *(op 'n dobbelsteen)*; sikspens.

sice[2] →SYCE.

Si·ci·ly Sisilië; *Kingdom of the Two Sicilies, (hist.)* Ko=ninkryk van die Twee Sisiliës. **Si·cil·ian** *n.* Sisiliaan; *(dialek)* Sisiliaans. **Si·cil·ian** *adj.* Sisiliaans. **si·ci·li·a·no** *=nos, n., (It., dans, mus.)* siciliano.

sick *n.: the ~ and the well* die siekes en die gesondes. **sick** *adj.* siek, ongesteld; krank; mislik, naar; →SICKEN, SICKLY, SICKNESS; ***be*** ~ siek wees; opbring, vomeer;

*be ~ (un)to **death**, (arg.)* doodsiek wees; sterwend wees; *be ~ to **death*** (or *~ and **tired**) of s.t., (infml.)* moeg/sat/ teë wees vir/van iets; *(as) ~ as a **dog*** so siek soos 'n hond, hondsiek; ***fall*** ~ siek word; ***feel*** ~ siek/ongesteld voel; naar/mislik voel; *be ~ **for** ..., (vero.)* na ... smag; ***go*** ~ siek word; *~ at **heart*** →HEART; ***look*** ~ siek lyk; *(infml.)* sleg afsteek; *s.t. **makes** s.o. ~* iets maak iem. naar; iets laat iem. walg, iem. walg van iets; *(infml.)* iets gee iem. die piep; *be ~ **of** s.o., (infml.)* sat/dik/buikvol wees vir iem.; *be heartily ~ **of** s.t., (infml.)* keelvol/maagvol/buikvol (*of* siek en sat) van/vir iets wees; *be ~ **of** a fever, (vero.)* die koors hê; *→**with**; be **off** ~* met siekte tuis/weg wees, met/op siekteverlof wees; ***report*** ~ (jou werk) laat weet jy is siek, jou siek meld; ***take*** (or *be **taken**) ~* siek word; *be ~ and **tired** of s.t., (ook, infml.)* iets hang jou by die keel uit; *be ~ **with** s.t.* siek wees aan iets, aan iets ly. **sick** *ww.: ~ s.t. up* iets opbring/opgooi/uitbraak. ~ **bag** vomeersakkie. ~**bay** siekeboeg, -vak; siekelokaal. ~**bed** siekbed. ~ **benefit** sieke-uitkering. ~-**benefit society** siekefonds. ~ **berth** *(sk.)* siekeboeg. ~ **building syndrome** siekgebousindroom. ~ **call** sieke-appèl; siekesinjaal. ~ **comforter** *(SA, hist.)* sieketrooster. ~ **flag** kwarantynvlag, geel vlag. ~ **fund** siekefonds. ~ **headache** migraine, hoofpyn met mislikheid. ~ **leave** siekteverlof; *be on ~ ~* met/op siekteverlof wees. ~ **list** siekelys. ~-**making** *(infml.)* naar, walglik, aaklig, weersinwekkend; verskriklik, skokkend; afskuwelik, verfoeilik, skandalig. ~ **note** siekbrief(ie); doktersbrief(ie). ~ **nurse** *(vero.)* verpleegster; pleegsuster; diakones. ~**out** *n., (Am.)* siektestaking. ~ **parade** sieke-appèl. ~ **pay** siekeloon, -geld; *(mil.)* siekesoldy. ~ **rate** siektesyfer. ~**room** siekekamer. ~ **ward** siekesaal.

sick·en siek word; mislik/naar word; walg, mislik maak; laat walg; kwyn, verswak; *~ **at** the sight of ...* mislik word by die sien van ...; *~ **for** ..., (arg.)* smag/hunker na ...; *be ~ing **for/with** s.t.* iets onder lede hê *('n siekte)*; *~ **of** s.t.* buikvol/dik/moeg/sat raak van iets; *be ~ed **of** trying to ...* moeg gesukkel wees om ... **sick·en·er** genoeg om van siek te word, genoeg om jou/ens. siek te maak, nare besigheid; wat (maar) swaar is om te sluk; groot teleurstelling; groot terugslag. **sick·en·ing** *adj.*, **sick·en·ing·ly** *adv., (infml.)* naar, walglik, aaklig, weersinwekkend; verstommend, verskriklik, ongelooflik, skokkend; afskuwelik, verfoeilik, skandalig; *to a sickening extent* ad nauseam; *a sickening sight* 'n gesig/skouspel/toneel om van te walg (*of* naar/mislik van te word).

sick·ie *(Am., infml.)* siek/versteurde mens, pervert.

sick·le sekel. ~ **bush** *(Dichrostachys cinerea)* sekelbos. ~ **cell** *(med.)* sekelsel. ~-**cell anaemia** sekelsel-anemie. ~ **hocks** sabelbene *(by beeste, perde, ens.)*. ~ **moon** sekelmaan. ~ **tail** sekelstert.

sick·ly sieklik, swak; bekwaald, ongesond; flou; mislik; walglik; *have a ~ **look*** siek/bleek lyk; *a ~ **smile*** 'n flou glimlag(gie); *~ **sunshine*** flou sonskyn; *~ **sweet*** stroperig/walglik soet; *~ **taste*** nare smaak. **sick·li·ness** sieklikheid, ongesondheid; weeïgheid.

sick·ness siekte; naarheid, mislikheid; ongesondheid. ~ **benefit** *(Br.)* siektevoordeel.

sick·o *-os, (infml.)* siek/versteurde mens, pervert.

side *n.* sy, kant; sy *(v.d. lyf)*; aspek, faset, sy *(v. 'n saak)*; rand; hang, helling; *(biljart)* effek, sywaartse beweging; *(rugby, sokker, ens.)* span; *(rolbal)* kant; *(Br., infml.)* aanstellery; *from **all** ~s* van alle kante; *on **all** ~s* oral(s), allerweë; *study **all** ~s of a question* 'n saak grondig (*of* van alle kante) ondersoek, 'n noukeurige studie van iets maak; ***at/by** s.o.'s ~, (lett.)* langs iem.; *(lett. & fig.)* aan iem. se sy; *~ of **beef*** beeshelfte; *on the **better** ~ of forty/ etc. →**right/better/sunny**; on the **big*** ~ groterig, aan die groot kant; *on/round the **blind** ~, (rugby)* aan/om die steelkant; *on **both** ~s of ...* weerskant(e) (*of* aan albei kante) van ...; *there is much to be said on **both** ~s* daar is baie daarvoor sowel as daarteen te sê; *look on the **bright** ~* →BRIGHT; *(nearly) **burst** one's ~s (with laughter) →**split/burst**; ~ **by** ~* sy aan sy, langs mekaar; ***by** s.o.'s ~ →**at/by**; **change** ~s* plekke (om)ruil; van party/ens. verander; ***choose/pick** ~s* spanne kies; *the **dark** ~, (lett. & fig.)* die donker kant; *(fig.)* die skadu(wee)sy; *on **either** ~ →EITHER bep. & pron.; **err** on the ~ of leniency* eerder te sag wees; *on **every** ~* aan elke kant; *on the **far/opposite/other** ~ of the river/etc.* anderkant/oorkant (*of* aan die ander kant van *of* aan die oorkant van) die rivier/ens.; ***from** ~ **to** ~* heen en weer; *on the **high/etc.** ~* aan die hoë/ens. kant, taamlik hoog/ ens.; ***hold** one's ~s (with laughter)* jou maag vashou van die lag; *→**split/burst**; on the **large*** ~ groterig, aan die groot kant; *on s.o.'s **left-hand*** ~ aan iem. se linkerkant; ***let** the ~ **down*** jou vriende/ens. in die steek laat; *the **light** ~, (lett.)* die ligte kant; *(fig.)* die ligkant/ligsy (*of* ligte kant/sy); *on the **lighter*** ~ in ligte luim; *be on the **losing*** ~ aan die verloorkant wees, geen kans hê om te wen nie; die lydende party wees; *~ of a **mountain*** berghang, -helling; ***no** ~ →NO-SIDE; **on** the ~* aan die kant; as bysaak; agteraf; *bet **on** the ~* byweddenskap(pe) maak; *earn s.t. **on** the ~* 'n byverdienste hê; *be **on** s.o.'s ~* aan iem. se kant wees, op iem. se hand wees; ***on** the ~ of ...* aan ... se kant, aan die kant van ...; *on/to **one*** ~ eenkant, opsy; tersyde, ter syde; skeef; *put s.t. on/to **one** ~* iets opsy sit; *take s.o. on/to **one** ~* iem. opsy neem; *go to **one/the** ~* opsy gaan; *on the **opposite/other** ~ of the river/etc. →**far/opposite/other**; the **other** ~* die keersy, die ander kant; die oorkant; (die) ommesy(de); *on the **other*** ~ anderkant, oorkant, aan die ander kant; ***pass** by on the **other*** ~ verlangs/vêrlangs verbygaan (sonder om te help); ***pick** ~s →**choose/pick**; **put** on ~, (Br., infml.)* jou aanstel, aanstellerig wees, vol aanstellings/houdings/aanstellery wees, jou vernaam hou; *on the **right*** ~ op regs; *on the **right/better/sunny** ~ of forty/etc.* duskant/deuskant/onder die veertig/ens. (jaar); *keep/stay on the **right** ~ of s.o.* iem. se guns behou; ***right** ~ **up*** met die regte kant bo; *on s.o.'s **right-hand*** ~ aan iem. se regterkant; *err on the **safe*** ~ (alte) versigtig wees; *remain on the **safe*** ~ versigtig wees, aan die veilige kant bly; *to be on the **safe*** ~ versigtigheidshalwe; *the **seamy** ~ of life* die donker/lelike kant van die lewe; *the **shady*** ~ die skadu(wee)kant; *on the **shady/wrong** ~ of forty/ etc.* aan die verkeerde kant van veertig/ens., oor die veertig/ens. (jaar); ***shake** one's ~s* lag dat jy skud; *be on the **short*** ~ korterig wees, aan die kort kant wees; *be on the **small*** ~ kleinerig wees, aan die klein kant wees; *(nearly) **split/burst** one's ~s (with laughter)* jou (amper/ byna) 'n boggel(tjie)/papie lag; *on the **sunny** ~ of forty →**right/better/sunny**; the **sunny** ~ of life* die ligte kant van die lewe; ***take** ~s* kant/party kies; *not **take** ~s* onpartydig bly, nie kant/party kies nie; *on **that*** ~ aan daardie kant; *on **this*** ~ aan hierdie kant; ***this** ~ of ...* duskant/deuskant ...; *(infml.)* sonder om te ...; *get/receive the rough/sharp ~ of s.o.'s **tongue** →TONGUE n.; give s.o. the rough/sharp ~ of one's **tongue** →TONGUE n.; ~s of a **triangle*** sye van 'n driehoek; *there are **two** ~s to every question* elke saak het twee kante; *be on the **ugly*** ~ 'n bietjie lelik wees; *this ~ **up*** dié kant bo; *the **wrong** ~, (tekst.)* die agterkant/keersy; *on the **wrong*** ~ aan die verkeerde kant; *on the **wrong** ~ of forty/etc. →**shady/ wrong**; get out of bed on the **wrong*** ~ met die verkeerde been/voet uit die bed klim; *get on the **wrong** ~ of s.o.* by iem. in onguns raak; ***wrong** ~ **out*** binne(n)stebuite. **side** *ww.* party trek, party kies; *~ **against** s.o.* teen iem. kant/party kies, jou teen iem. verklaar; *~d east/etc.* met oostelike/ens. uitsig; *~ **with** s.o.* vir iem. kant/party kies, iem. se kant kies, op iem. se hand wees; vir iem. opkom; die stryd/ens. vir iem. opneem. ~ **aisle** syskip, sybeuk *(v. 'n kerk)*; sybeukpaadjie. ~ **arms** sywapens; *(vroeër)* sabels, bajonette. ~**band** *(rad.)* syband. ~**bar** *(jur.)* sybalie. ~ **bet** byweddenskap. ~**board** buffet, skinktafel; *(ook, i.d. mv., Br.)* bakkebaard, wangbaard, *(indien welig)* wangwolle. ~**bone** (gevurkte) heupbeen *(by pluimvee)*; syverbening *(by perde)*. ~ **box** *(teat.)* syloge. ~ **branch** sytak. ~ **bud** syogie. ~**burns** (kort) bakkebaardjie. ~**car** sywaentjie, syspan(waentjie). ~ **chain** syketting. ~ **channel** sykanaal; *hear through a ~ ~* ver/vêr langs verneem. ~ **corridor** sygang. ~ **dish** tussengereg; bygereg, bykos. ~ **door** sydeur. ~-**draught carburettor** systroomvergasser. ~ **drum** konserttrom, klein trom/tamboer. ~ **effect** newe-effek, newewerking, sydelingse/bykomstige gevolg; *have ~ ~s* newe-effekte hê; *a ~ ~ of ...* 'n newe-effek van ... ~ **elevation** syaansig. ~ **entrance** syingang. ~ **exit** syuitgang. ~ **face** profiel; syvlak. ~ **fillister** boorskaaf. ~ **gallery** sygalery. ~ **glance** sydelingse blik. ~**hill** *(Am.)* (heuwel)hang, (heuwel)helling, skuinste. ~ **hook** bankhaak. ~-**hung window** swaaivenster. ~ **issue** bysaak, ondergeskikte kwessie. ~**kick** *(infml.)* vennoot; helper; maat. ~ **ladder** touleer. ~ **lamp** sylamp. ~**light** sylig, kantlig; syvenster; patrysvenster *(op 'n skip)*; sylantern; beligting, kykie (op); sydelingse inligting/illustrasie; sylig *(fig.)*; *throw a curious ~ on ...* 'n snaakse lig werp op ... ~**line** *n.* sylyn; *(sport)* kantlyn; byverdienste; byvak; liefhebbery; newe-artikel; bysaak; *be on the ~s* toeskouer wees; *on the ~s* (van) buite. ~**line** *adj.* bykomstig. ~ **mirror** syspieël. ~ **note** kanttekening; kantverwysing. ~-**on** *adj. (attr.)* sydelingse *(botsing ens.)*. ~-**on** *adv.* sydelings, van die kant af; *the car hit us ~* die motor het ons sydelings (*of* van die kant af) getref. ~ **order** bygereg. ~**pace** systap, sywaartse stap. ~ **path** sypaadjie. ~ **placket** syslip. ~ **plate** syplaat; klein-, broodbordjie. ~ **play** syspeling. ~ **purpose** bybedoeling. ~ **rail(ing)** syleuning, kantleuning, -reling. ~**road** uitdraaipad; afrit. ~ **rope** valreep. ~ **saddle** vroue-, dame-, dwarssaal. ~ **salad** slaai as bygereg. ~ **scene**, ~ **screen** syskerm, coulisse. ~ **seam** synaat. ~ **shaft** halfas. ~**show** byvertoning; bysaak; kraam(pie). ~**slip** *n.* (die) gly, glips; *(lugv.)* (sy)-slip; loot, spruit; *(vero.)* onegte kind. ~**slip** *-pp-, ww.* uitgly; slip; *(lugv.)* laat slip. ~-**splitting** *(infml.)* skree(u)-, kieliesnaaks, baie snaaks. ~ **step** *n.* trappie; systap; liemaakstappie, swenk. ~**step** *-pp-, ww.* ontduik, ontwyk, verbyspring, koe(t)s. ~ **stream** spruit. ~ **street** systraat, dwarsstraat. ~-**striped jackal** *(Canis adustus)* witkwasjakkals, vaaljakkals. ~**stroke** syslag; kanthou. ~**swipe** *n.* veeghou; *(fig.)* sydelingse hou; skuinsbotsing. ~**swipe** *ww.* skuins bots; 'n veeghou slaan/toedien. ~ **table** sytafel(tjie). ~ **thrust** sydruk. ~-**tip truck** kantelwa. ~**track** *n.* byspoor, wisselspoor. ~**track** *ww.* uitskuif, uitrangeer, op 'n syspoor bring; uitstel, opsy skuif, op die lang(e) baan skuif; koudlei. ~ **trip** bykomende uitstappie. ~ **valve** syklep. ~ **view** profiel; syaansig; *get a ~ ~ of ... ...* van die kant te sien kry. ~**walk** sypaadjie. ~**walk artist** sypaadjiekunstenaar. ~**walk café** straatkafee. ~**wall** symuur; sywand; sywal; wand *(v. 'n buiteband)*. ~ **ward** sysaal. ~-**wheeler** *(Am.)* sywielstoomboot. ~ **whiskers** bakkebaard, wangbaard. ~ **wind** dwarswind, sywind; *hear s.t. by a ~ ~* iets indirek te wete kom, 'n voëltjie hoor fluit. ~**winder** *(Am., soöl.: Crotalus cerastes)* horingratelslang; *(boks)* haakhou; *(S~, mil.)* Sidewinder-missiel. ~-**winding adder, Peringuey's adder** *(Bitis peringueyi)* Peringuey se adder, namibwoestynadder, -duinadder. ~ **window** syvenster; syruit *(v. 'n rytuig)*.

-sid·ed *komb.vorm* -sydig, met ... sye; -kantig, met ... kante; *one-~* eensydig *('n stryd ens.)*; *six-~* seskantig *('n tafel ens.)*; *steep-~, ('n vallei ens.)* met steil hange/hellings.

side·long sydelings, sywaarts.

si·de·re·al sterre-, sideries, sideraal. ~ **angle** sterrehoek. ~ **day** sterredag. ~ **hour** sterreuur. ~ **month** sterremaand. ~ **time** sterretyd. ~ **year** sterrejaar.

sid·er·ite *(min.)* sideriet, ysterspaat, spaatystersteen; aërosideriet, ystermeteoriet; saffierkwarts.

sid·er·og·ra·phy staalgraveerkuns, siderografie.

sid·er·o·scope *(w.g.)* sideroskoop, oogmagneet.

sid·er·o·sis *(med.)* siderose, ysterstoflong, ysterafsetting.

sid·er·o·stat *(astron.)* siderostaat.

sides·man *-men, (Br.)* diaken; onderkerkvoog.

side·ward *adj.*, **side·ward(s)** *adv.* →SIDEWAYS *adj. & adv.*.

side·ways *adj.* skuins, sywaarts, sydelings. **side·ways** *adv.* sywaarts, sydelings, na die sykant; *knock s.o. ~ →KNOCK ww.*.

side·wise →SIDEWAYS.

sid·ing syspoor, sylyn, wisselspoor; (spoorweg)halte; *(Am.)* buitemuurbekleding; *~ with s.o.* partykiesing vir iem..

si·dle *n.* systap, sywaartse beweging. **si·dle** *ww.* skuins/

skeef/dwars loop; skuifel, sluip; ~ *away* wegsluip; ~ *over/up to s.o.* iem. aarselend/huiwerig nader; iem. kruiperig nader.

Si·don *(geog.)* Sidon. **Si·do·ni·an** *n.* Sidoniër. **Si·do·ni·an** *adj.* Sidonies.

siege beleg, beleëring; ***lay*** ~ *to a town* 'n stad beleër; ***raise*** *a* ~ 'n beleg opbreek/ophef, 'n stad/vesting/ens. ontset; *in a* ***state*** *of* ~ in staat van beleg; *declare/proclaim a* ***state*** *of* ~ 'n staat van beleg afkondig. ~ **craft** beleëringskuns. ~ **engine** beleëringswerktuig. ~ **gun,** ~ **piece** beleëringskanon. ~ **mentality** belegmentaliteit. ~ **train** beleëringstrein.

sie·mens *(elek.: SI-eenh. v. konduktansie)* siemens.

Si·en·a *(geog.)* Siëna. **Si·e·nese** *n. & adj.* Siënees.

si·en·na *(soort oker)* Siënese aarde, siënna; *burnt* ~ gebrande siënna; *raw* ~ rou siënna.

si·er·ra *(Sp.)* siërra, getande bergreeks; *(igt.: Scomberomorus regalis)* Spaanse makriel.

Si·er·ra Ne·va·da: *the* ~ ~, *(bergreekse in Sp. en Kalifornië)* die Sierra Nevada.

si·es·ta *(Sp.)* middagdutjie, =slapie, =russie, siësta; *have/take a* ~ 'n middagslapie/=dutjie geniet.

Sie·va (bean) sewejaarsboon(tjie).

sieve *n.* sif; *(try to) carry water in a* ~, *(fig.)* water in 'n mandjie (probeer) dra, sop met 'n vurk (probeer) eet; *have a head/memory/mind like a* ~, *(infml.)* vergeetagtig (*of* kort van gedagte) wees, 'n kop/geheue soos 'n sif hê. **sieve** *ww.* sif. ~ **brush** sifborsel. ~ **cell** sif-sel. ~ **plate** sifplaat. ~ **tube** sifvat.

sieve·like sifagtig.

sift sif; skif; ondersoek, uitpluis, naspeur; ~ *down, (as, stof, kapok, ens.)* neersif, neerstuif, neerdaal; ~ *s.t. out* iets uitsif; iets uitpluis; ~ *through s.t.* iets deurgaan/deursoek. **sift·er** *(kookk.)* (meel)strooier; (suiker)strooier; draaisif. **sift·ing** sifting; skifting; *(i.d. mv.)* sifsel.

sigh *n.* sug; *(poët., liter.)* versugting; *a deep* ~ 'n diep/swaar sug; *breathe/give/heave* (or *let out*) *a* ~ *of relief* 'n sug van verligting slaak. **sigh** *ww.* sug; *(d. wind ens.)* suis; ~ *for ...*, *(poët., liter.)* na ... hunker/smag/verlang; *s.o.* ~*s with ...* iem. sug van ... *(verligting ens.)*. **sigh·er** sugter. **sigh·ing** sugting(e).

sight *n.* (die) sien, gesig; sig; uitsig; vertoning; visioen; skouspel; besienswaardigheid; peiling, waarneming; visier, korrel, rigmiddel; ***at*** ~ op die eerste gesig, by/met die eerste oogopslag; ***at the*** ~ *of ...*, *(teenw.t.)* as iem. ... sien; *(verl.t.)* toe iem. ... sien; ***at/on*** ~ op sig; ***back*** ~ →BACKSIGHT; *the* ~ *was* ***bad*** *in the fog* die sig was sleg/swak in die mis; ***be a*** ~, *('n tuin ens.)* 'n lus wees om te sien; *(iem., infml.)* soos 'n voëlverskrikker lyk; *s.o. cannot* ***bear*** *the* ~ *of s.o. else* →***hates;*** *s.o. cannot* ***bear*** *the* ~ *of s.t.* iem. kan nie na iets kyk nie; *a (long)* ~ ***better/etc.*** *than ...*, *(infml.)* stukke (*of* 'n hele ent) beter/ens. as ...; *know s.o.* ***by*** ~ →***know; catch*** ~ *of s.o./s.t.* iem./iets te sien (*of* in die oog) kry; *as soon as one* ***comes*** *in* ~ *of ...* sodra ('n) mens ... kan sien; *when ...* ***comes*** *in* ~ wanneer ... in sig kom; *s.t.* ***costs*** *a* ~ *(of money), (infml.)* iets kos 'n boel/hoop geld; ***day*** ~ nagblindheid; ***draw*** *s.t. at* ~, *(fin.)* iets op sig trek; ***far*** ~, *(lett.)* versiendheid, vêrsiendheid; *at* ***first*** ~ op die eerste gesig, by die eerste aanblik, by/met die eerste oogopslag; *love at* ***first*** ~ liefde met die eerste oogopslag (*of* op die eerste gesig *of* by die eerste aanblik); ***front*** ~ →FRONT SIGHT; ***get*** *a* ~ *of s.o./s.t.* iem./iets te sien kry; ***(get)*** *out of my* ~*!* weg (*of* gee pad) onder my oë (uit)!, maak dat jy wegkom!; *s.o. has* ***good*** ~ iem. het goeie/skerp oë; *s.o.* ***hates*** (or *cannot* ***bear/stand***) *the* ~ *of s.o. else* iem. kan iem. anders nie uitstaan/veel (*of* onder sy/haar oë verdra) nie; ***have*** *s.t. in one's* ~*s*, ***have/set*** *one's* ~*s on s.t.* na/op iets mik, iets op die oog hê; ***heave in*** ~ in sig (*of* die gesig) kom; ***in/within*** ~ in sig, sigbaar; *s.t. happens* ***in/within*** ~ *of s.o.* iets gebeur waar iem. dit kan sien (*of* voor iem. se oë *of* ten aanskoue van iem.); *find favour* ***in*** *s.o.'s* ~ genade vind in iem. se oë; *s.o. has* ***keen/sharp*** ~ iem. het skerp oë (*of* 'n skerp gesig); ***keep in*** ~ *of s.o.* bly waar iem. jou kan sien; ***keep*** *s.o./s.t.* ***in*** ~ iem./iets in die oog hou; ***keep*** *out of* ~ uit die gesig bly, sorg dat niemand jou sien nie; jou skaars hou; ***know*** *s.o. by* ~ iem. van sien ken; *a* ~ ***less/more*** *than ...*, *(infml.)* 'n hele boel minder/meer as ...; ***line*** *of* ~ →LINE[1] *n.*; ***long*** ~, *(lett.)* versiendheid, vêrsiendheid; *a* ***(long)*** ~ *better/etc. than ...* →***better/etc.;*** *not by a* ***long*** ~, *(infml.)* lank/glad nie; ***look*** *a* ~, *(infml.)* afgryslik/potsierlik/snaaks (*of* soos 'n voëlverskrikker) lyk; ***lose*** ~ *of s.o./s.t.*, *(lett. & fig.)* iem./iets uit die oog verloor; *be* ***lost*** *to* ~ uit die gesig wees; ***love*** *at first* ~ →***first; lower/raise*** *one's* ~*s*, *(fig.)* jou visier laer/hoër stel, laer/hoër mik, minder/groter eise stel; ***make*** *a* ~ *of o.s.*, *(infml.)* jou belaglik maak; ***near*** ~ bysiendheid; ***night*** ~ donkersig; ***old*** ~ ouderdomsversiendheid; ***on/at*** ~ op sig; ***out*** *of* ~ uit sig, uit die gesig/oog, onder die oë uit; *(infml., pryse ens.)* baie hoog; uitstekend; *(get)* ***out*** *of my* ~*!* →***(get); out*** *of* ~, *out of mind* uit die oog, uit die hart; ***pass*** *out of* ~ (uit sig *of* uit die gesig) verdwyn; ***pay*** *at* ~ op sig betaal; ***payable*** *at* ~ op sig betaalbaar; ***play*** *(music) at* ~ (musiek) van die blad speel; *a* ***proud*** ~ 'n trotse/pragtige gesig; ***raise*** *the* ~*s* die visier opklap; ***raise*** *one's* ~*s*, *(fig.)* →***lower/raise;*** *a* ***rare*** ~ 'n seldsame gesig; ***read*** *s.t. at* ~ iets voor die vuis lees; *it is a* ***revolting*** ~ dit is 'n aaklige gesig; dit maak ('n) mens naar; ***second*** ~ heldersiendheid, profetiese gawe; *s.o. has* (or *is gifted with*) ***second*** ~ iem. is heldersiende (*of* met die helm gebore); ***see*** *the* ~*s* die besienswaardighede bekyk/besigtig; *be a* ~ *to* ***see*** pragtig wees; *(infml.)* 'n spektakel wees; ***sense*** *of* ~ gesig(sin); ***set*** *one's* ~*s on s.t.* op/na iets mik, iets op die oog hê; *s.o. has* ***sharp*** ~ →***keen/sharp; shoot*** *at/on* ~ dadelik (*of* op staande voet *of* voor die voet) skiet; ***short*** ~ bysiendheid; *a* ~ *for* ***sore eyes,*** *(infml.)* 'n lus vir die oë; *a* ***sorry*** ~ 'n treurige gesig; *be a* ***sorry*** ~ sleg lyk; *s.o. cannot* ***stand*** *the* ~ *of s.o. else* →***hates;*** ***take*** *careful* ~ *before firing* sekuur korrelvat (*of* korrel vat); ***take*** *a* ~ 'n waarneming doen; *buy s.t.* ~ ***unseen*** iets onbesiens/ongesiens koop; ***within*** ~ →***in/within.*** **sight** *ww.* sien, in die oog/gesig kry, aanskou, te sien kry; beken, waarneem; korrel(vat), korrel vat, mik; in die visier kry; peil; stel, visiervas maak, op skoot bring/sit; *(sport)* uitwys *('n vuilspeler); (fin.)* aksepteer *('n wissel)*. ~ **bar** rigbalk, visierbalk, =yster. ~ **bill,** ~ **draft** *(fin.)* sigwissel. ~ **cap** korreldoppie. ~ **glass** sigglas. ~ **hole** kykgat, =gaatjie; loergaatjie. ~ **length** sigbare lengte. ~**line** riglyn, visierlyn. ~ **rail** korrelhout. ~**-read** *ww.* bladlees. ~**-reading** *n.* bladlees. ~**screen** *(kr.)* sigskerm. ~**seeing** (die) kyk na besienswaardighede; toerisme; *go* ~ op besigtiging gaan; *go* ~ *in the town* die stad gaan bekyk; *be out* ~ die besienswaardighede bekyk/besigtig. ~**seeing tour** besigtigingsreis, =toer, kyktoer, toeristereis. ~**seeing trip** besigtigingsrit, kykrit. ~**seer** toeris. ~**-sing** *ww.* bladsing. ~ **test** oogtoets; visiertoets. ~ **value** sigwaarde. ~**worthy** besienswaardig.

sight·ed *(ook)* siende.

-sight·ed *komb.vorm* =siende; *far-/long-*~ ver=, vêrsiende; *short-*~ bysiende.

sight·er peilskoot; proefskoot.

sight·ing waarneming; korrelvat; visierstelling, visierstand. ~ **angle** korrelhoek; bekenhoek. ~ **bar** rigbalk, visierbalk, =yster. ~ **block** peilblok. ~ **board** peilplank. ~ **gear** rigmiddels. ~ **shot** peilskoot; proefskoot.

sight·less blind. **sight·less·ness** blindheid.

sight·ly mooi, fraai, aangenaam vir die oog.

sig·il *(poët., liter.)* teken, merk, simbool; *(arg.)* seël. **sig·il·late** geblom(d), met figure uitgewerk *(keramiek); (arg.)* verseël. **sig·il·log·ra·phy** seëlkunde.

sig·lum *sigla, n., (Lat.: afkorting, simbool)* siglum.

sig·ma sigma, Griekse *s*. **sig·mate** S-vormig.

sig·moid *n., (anat.)* S-derm; sigmoïedbuig. **sig·moid** *adj.* S-vormig; ~ *colon* S-derm, S-boog; ~ *flexure* sigmoïedbuig, =fleksuur. **sig·moi·dal** S-vormig. **sig·moid·o·scope** *(med. instr.)* sigmoïdoskoop. **sig·moid·os·co·py** =*pies, (med.: visuele ondersoek v.d. S-derm en rektum met 'n sigmoïdoskoop)* sigmoïdoskopie.

sign *n.* teken, merk; aanduiding, beduidenis; voorteken; wagwoord; uithangbord, =teken, reklame(teken); simbool, sinnebeeld; spoor; ***as*** *a* ~ *of ...* as teken van ...; ~*s and* ***countersigns*** geheime afgespreke tekens; *make the* ~ *of the* ***cross*** die kruisteken maak; ~ *of* ***division*** →DIVISION SIGN; ~ *of* ***equality*** →EQUAL(S) SIGN; ***give*** *a* ~ 'n teken gee; ***in*** ~ *of ...* as blyk van ...; ~ *of* ***joy*** vreugdeteken; *no* ~ *of* ***life*** geen teken van lewe nie; ***make*** *a* ~ 'n teken gee; ***show*** ~*s of ...* tekens van ... toon; aanstalte(s) maak om ...; *s.t. is a* ***sure*** ~ *of/that ...* iets is 'n seker teken van/dat ...; *it is a* ~ *of the* ***times*** dit is 'n teken van die tyd; ~ *of* ***weakness*** teken van swakheid; ~*s and* ***wonders*** tekens en wonders. **sign** *ww.* teken, onderteken; 'n teken gee; sinjeer *('n tekening, skildery)*; →SIGNED, SIGNER, SIGNING; ~ *(one's)* ***assent*** toestemmend knik; ~ *s.t.* ***away*** iets wegteken, skriftelik van iets afstand doen; ~ ***for*** *s.o.* namens/vir iem. teken; ~ ***for*** *s.t.* teken dat jy iets ontvang het; teken vir iets *('n bedrag)*; ~ ***in*** inteken, by jou aankoms teken; ~ *one's* ***name*** jou naam teken; ~ *one's* ***name*** *to s.t.* iets onderteken, jou naam onder iets teken; ~ ***off*** uittree; *(rad.)* 'n uitsending afsluit; *(brug)* 'n eindbod maak; ~ *s.o.* ***off*** iem. se diens beëindig; iem. afmonster *('n matroos ens.)*; ~*ing* ***officer*** rekenpligtige amptenaar; ~ ***on*** aansluit; *(rad.)* 'n uitsending begin; ~ ***on*** *the dotted line* →DOTTED; ~ *s.o.* ***on*** iem. in diens neem, iem. se dienste verkry; iem. aanmonster *('n matroos ens.)*; ~ ***out*** by jou vertrek teken; ~ ***over*** *s.t. to s.o.* iets aan iem. oormaak/oordra; ~ ***up*** aansluit; ~ *s.o.* ***up*** iem. in diens neem, iem. se dienste verkry. ~**board** uithangbord, reklamebord; *(caution)* ~ waarskuwingsbord. ~ **language** gebaretaal; *American* ~ ~ →AMERICAN *adj.*. ~ **manual** seinhandboek; handtekening *(v. 'n koning ens.)*. ~ **painter** →SIGNWRITER. ~**-painting** →SIGNWRITING. ~**post** *n.* uithangbord; hand=, weg=, padwyser, naambord. ~**post** *ww.* padwysers/naamborde aanbring; *the roads are well/badly* ~*ed* die padaanwysings is goed (*of* nie alte goed nie). ~**writer,** ~ **painter** sierverwer, dekorateur, dekorasieskilder. ~**writer's brush** letterkwas. ~**writing,** ~**-painting** sierverfwerk.

sign·age aanwysings; reklame=, uithangborde; naamborde.

sig·nal *n.* teken; sein; sinjaal; *(mil.)* berig; ~ *of* ***distress*** noodsein; *s.t. is the* ~ ***for*** *...* iets sit ... aan die gang, iets laat ... begin; ***give*** *s.o. a* ~ iem. 'n sein gee, vir iem. sein; ~ *for* ***retreat*** aftogsein. **sig·nal** *adj.* duidelik, beslis, onmiskenbaar, sprekend; treffend, merkwaardig, voortreflik, skitterend; *render* ~ *service(s)* buitengewone dienste bewys; ~ *success* glansryke sukses; ~ *victory* klinkende oorwinning. **sig·nal** =*ll*=, *ww.* tekens (*of* 'n teken/wenk) gee; aankondig; sein; oorsein; sinjaleer; ~ *with oars* met die spane kringel; ~ *to s.o.* vir iem. sein, iem. die/'n sein/teken gee. ~ **arm** seinarm. ~ **book** seinboek. ~ **box,** ~ **cabin** seinhuis(ie), sinjaalhuis(ie). ~ **corps** seinkorps. ~ **fire** seinvuur. ~ **flag** seinvlag. ~ **flare** seinfakkel. ~ **gun** seinskoot. ~ **horn** seinhoring. ~ **indicator** seinwyser. ~ **lamp** seinlamp. ~ **light** seinlig. ~**man** seiner; *(spw.)* seinwagter. ~ **master** seinmeester. ~ **operator** seinbediener, instrumentseiner. ~ **plan** seinplan, verbindingsplan. ~ **red** sinjaalrooi. ~ **service** seindiens. ~**(s) officer** seinoffisier. ~**(s) regiment** seinregiment. ~ **station** seinstasie, =pos. ~**-to-noise ratio** *(rad.)* sein-(ge)ruis-verhouding. ~ **tower** seintoring. ~ **training school** seinskool.

sig·nal·ise, =ize kenmerk; onderskei; beskrywe, sinjaleer.

sig·nal·ler seiner; seingewer; ~*'s key* seinsleutel.

sig·nal·ling seine, seinwerk; seingewing. ~ **apparatus** seintoestel. ~ **code** seinkode. ~ **device** seintoestel. ~ **disc,** ~ **disk** seinskyf. ~ **flag** seinvlag; aanwysvlag. ~ **instructor** instrukteur-seiner. ~ **key** seinsleutel. ~ **mirror** seinspieël. ~ **officer** offisier-seiner, seinoffisier. ~ **post** seinpos. ~ **school** seinskool. ~ **station** seinstasie.

sig·nal·ly *adv.* duidelik; opmerklik; klaarblyklik, kennelik; glansryk; *s.o.* ~ *failed to do s.t.* iem. het kennelik nie daarin geslaag (*of* kon klaarblyklik nie daarin slaag) om iets te doen nie.

sig·na·to·ry *n.* ondertekenaar; *the signatories to/of a treaty* die ondertekenaars van 'n verdrag. **sig·na·to·ry** *adj.* ondertekenend.

sig·na·ture naam=, handtekening, ondertekening; *(druk.)* teken, sinjatuur; onderskrif; *(mus.)* voorteken(ing);

voorkoms; voorteken; aanduiding, aanwysing; *(Am., med.)* gebruiksaanwysings, =voorskrifte; *affix one's ~ to (or put one's ~ on) s.t.* iets onderteken, jou handtekening aan iets heg; *trace a ~* 'n handtekening nateken. ~ **dish** *(kookk.)* spesialiteitsgereg. ~ **tune** kenwysie.

signed geteken(d); *(jur.)* was geteken(d); *~, sealed and delivered* kant en klaar, volledig afgehandel; in die allerbeste orde.

sign·er ondertekenaar, onderskrywer.

sig·net seël; seëlring; *writer to the ~, (Sk., jur.)* prokureur. ~ **ring** seëlring. ~ **seal** handseël.

sig·nif·i·cance betekenis, gewig, belang; betekenisinhoud, beduidenis, draagwydte; sinrykheid, veelseggendheid; *have **great** ~ for* (or *be of **great** ~ to*) ... van groot belang vir ... wees; *be of **no** ~* onbelangrik wees; onbeduidend wees; *what s.o. does/etc. is of **no** ~* dit kom nie daarop aan wat iem. doen/ens. nie; ***read** ~ into s.t.* betekenis aan iets heg.

sig·nif·i·cant betekenisvol, gewigtig, veelbetekenend, opvallend, sinryk, veelseggend, sinvol; opmerklik; noemenswaardig, beduidend, aansienlik, aanmerklik, belangrik, van betekenis; belangwekkend; *s.t. is ~ of ...* iets is 'n teken van ..., iets dui aan dat ...; iets is kenmerkend vir ... ~ **figures** *(wisk.)* tellende/geldende syfers. ~ **other** *(infml.)* (ou) geliefde, lewensmaat, wederhelf(te).

sig·nif·i·cant·ly aanmerklik, aansienlik; *look at s.o. ~* iem. betekenisvol aankyk.

sig·nif·ics *n. (fungeer as ekv.), (w.g.)* woordbetekenisleer.

sig·ni·fy aandui; beteken; te kenne gee; openbaar, aandui, uitdruk; *it does not ~* dit is van geen belang nie, dit kom nie daarop aan nie. **sig·ni·fi·ca·tion** betekenis; aanduiding. **sig·nif·i·ca·tive** betekenisvol; aanduidend; *be ~ of s.t.* iets aandui. **sig·ni·fied** *n.: the ~, (ling.)* die aangeduide. **sig·ni·fier** *(ling.)* aanduier.

sign·ing ondertekening; *(sport)* kontrakspeler.

si·gnor, si·gnor =*gnors*, =*gnori, (It.)* meneer. **si·gno·ra** =*gnoras*, =*gnore, (It.)* mevrou. **si·gno·ri·na** =*rinas*, =*rine, (It.)* (me)juffrou.

Sikh *(lid v. 'n Ind. godsdiens)* Sikh. **Sikh·ism** Sikhisme.

si·lage *n.* kuilvoer. **si·lage** *ww.* inkuil, ensileer. ~ **cutter** voerkerfmasjien. ~ **harvester** kuilvoer-oesmasjien.

sil·ane *(chem.)* silaan, silikontetrahidried.

sil·crete *(geol.)* kieselkreet, silkreet.

sild *sild, ('n jong haring)* sild.

si·lence *n.* stilte; geluidloosheid; stilswye, stilswygendheid; geheimhouding; vergetelheid; ***break** the ~* die stilte verbreek; ***break** one's ~* jou stilswye verbreek; *~ gives **consent*** wie swyg, stem toe; *there is **dead** ~* doodse stilte heers; *amid a **dead** ~* te midde van 'n doodse stilte; *~ can be **eloquent*** swye/swyg is ook 'n antwoord; ***enjoin** ~ on s.o., **enjoin** s.o. to ~* iem. die stilswye oplê; *a ~ **falls*** dit word stil; *~ is **gold(en)*** swye is goud; →SPEECH IS SILVER, SILENCE IS GOLD(EN); ***in** ~* in stilte; ***keep** ~* swyg, stilbly, die swye bewaar; ***listen** to s.o. in ~* iem. stilswy(g)end aanhoor; *be **met** by ~* met stilswye begroet/beantwoord word; ***observe** ~* stilbly, die stilswye bewaar; *an **ominous/ugly** ~* 'n dreigende stilte; *s.o.'s ~ **on** s.t.* iem. se stilswye oor iets; ***pass** s.t. over in ~* iets stilswy(g)end verbygaan; *s.o. **passed** into ~, (poët., liter.)* iem. se stem het stil geword, iem. is aan die vergetelheid prysgegee; ***pray** ~ for ...* ek vra u aandag vir ...; ***put/reduce** s.o. to ~* iem. stilmaak (*of* laat swyg *of* die swye oplê *of* tot swye bring); *~ **reigns*** alles is (dood)stil, stilte heers; *a **stony** ~* 'n kil (stil)swye; ***swear** s.o. to ~* iem. laat sweer (*of* plegtig laat beloof/belowe) om nie oor/van iets te praat nie; *an **uneasy** ~* 'n gespanne stilte. **si·lence** *ww.* stilmaak, laat swyg, die swye oplê, tot swye bring; dooddruk; *~ s.o., (ook)* iem. die mond snoer, iem. se mond snoer, iem. die domper opsit. ~ **cloth** demperkleed, dempkombers. **si·lenc·er** *(mot.)* (knal)demper, knalpot; geluiddemper; magspreuk.

si·lent stil, geluidloos; swygend, stilswy(g)end, swygsaam; *(fonet.)* onuitgesproke, stom *('n letter)*; *(med.)* simptoomvry; *be ~ **about** s.t.* nie oor/van iets praat nie, oor iets swyg; *~ **area**, (med.)* simptoomvrye deel; *~ **auction*** stille veiling; ***be/keep/remain** ~* stilbly, swyg, die swye bewaar; ***be** ~!* bly stil!; ***become/fall** ~* stil raak/word; *keep **completely** ~* niks (*of* geen woord) sê nie; *as ~ as the **grave*** geslote soos die graf; doodstil; *be as ~ as the **grave*** swyg soos die graf; doodstil wees; ***William** the S~* →WILLIAM. ~ **chain** *(mot.)* stilketting. ~ **film** stilprent, stil prent, stom film. ~ **majority:** *the ~ ~* die swygende meerderheid. ~ **partner** *(Am.)* →SLEEPING PARTNER. ~ **switch** stil skakelaar.

si·lent·ly stil; (stil)swygend; in stilte; *read ~* stil lees.

si·lent·ness swygsaamheid.

Si·le·nus *(Gr. mit.: leier v.d. saters, pleegvader v. Dionisus)* Silenus. **si·le·nus** =*leni, (woudgees, volgeling v. Dionisus)* sileen.

Si·le·si·a *(geog.)* Silesië. **si·le·si·a** Silesiese linne. **Si·le·si·an** *n.* Silesiër. **Si·le·si·an** *adj.* Silesies.

si·lex sileks, kwartsglas.

sil·hou·ette *n.* silhoeët, skadubeeld; profiel. **sil·hou·ette** *ww.* silhoeëtteer, afskadu; *be ~d against ...* teen ... afgeteken staan.

sil·i·ca silika, kieselaarde. ~ **cotton** silikakatoen, slakkewol. ~ **gel** silika=, kieseljel. ~ **glass** silikaglas. ~ **rock** kieselsteen.

sil·i·cane →SILANE

sil·i·cate silikaat, kieselsuursout; *~ of lime* kieselkalk; *~ mineral* silikaatgesteente.

si·li·ceous, si·li·cious silikahoudend; *~ schist* kieselleisteen; *~ sinter* kieselsinter; *~ varnish* waterglas.

si·lic·ic silisies, kiesel=; *~ acid* kieselsuur, silikonsuur.

si·lic·i·fy verkiesel, silisifiseer. **si·lic·i·fi·ca·tion** verkieseling, silisifikasie, silisifisering.

si·li·cious →SILICEOUS.

si·lic·i·um = SILICON.

sil·i·cle →SILIQUE.

sil·i·con *(chem., simb.: Si)* silikon, kiesel. ~ **chip** = MICROCHIP. **~-controlled rectifier, thyristor** *(elektron.)* beheerde silikongelykrigter, tiristor. **S~ Valley** *(d. hart v. Am. se IT-bedryf)* Silikonvallei; *(alg.)* silikonvallei, tegno(logie)park.

sil·i·cone silikoon. ~ *implant* silikooninplanting.

sil·i·con·ic = SILICIC.

sil·i·co·sis *(med.)* silikose, stoflong.

si·lique =*liques, (Lat.)* **sil·i·qua** =*quae*, =*quas, (bot.)* (lang) saadpeul. **sil·i·cle** =*cles, (Lat.)* **si·lic·u·la** =*lae*, =*las, (w.g.)* **sil·i·cule** =*cules, (bot.)* (kort) saadpeultjie.

silk *n.* sy; systof; senior advokaat (→SENIOR COUNSEL); *(ook, i.d. mv.)* syklere; →CORN SILK; *go **in** ~s* in sy geklee(d) gaan; ***swishing** ~* ruisende sy; ***take** ~* senior advokaat word, *(Br.)* konings=/koninginsadvokaat word; ***throw** ~* sy fileer. **silk** *adj.* sy=, van sy. **~bark** →SILKY BARK. ~ **cotton** kapok. **~-cotton tree** *(Ceiba pentandra)* kapokboom; *(Bombax ceiba)* sywolboom, kaasboom. ~ **dress,** ~ **gown** syrok, =tabberd. ~ **fabric** systof. ~ **fibre** syvesel. ~ **gland** spinklier. ~ **grass** *(Stipa comata)* naaldgras; *(Furcraea foetida/gigantea)* Mauritiusvlas. ~ **hat** pluiskeil, hoë hoed. **~man** *(Shakesp.)* syhandelaar. ~ **oak** = SILKY OAK. ~ **paper** sypapier. **S~ Road, S~ Route:** *the ~ ~, (hist.)* die Chinese/Sjinese syroete. ~ **satin** sysatyn. ~ **screen** *n.* syskerm. **~-screen** *ww.* sifdruk. **~-screen (print)** *n.* sifdruk. **~-screen printing, ~-screen process** sifdruk(kuns). ~ **stocking** *n.* sykous; *(Am., fig.)* vrou/ens. van aansien, elegant/deftig geklede (*of* fyn uitgevatte) vrou/ens.. **~-stocking** *adj., (Am.)* elegant, deftig, verfyn(d), sjiek; vernaam, vooraanstaande; ryk, welgesteld, gegoed, vermoënd; florerend. ~ **taffeta** tafsy. ~ **thread** sydraad. ~ **thrower,** ~ **throwster** syspinner, =twynder. ~ **tree** *(Albizia julibrissin)* syboom. ~ **weaver** sywewer. **~-weaving** sywewery. **~weed** *(Asclepias* spp.) watermos. **~worm** sywurm. **~worm breeding** sywurmteelt.

silk·en sy=, van sy; syerig, syagtig; *~ thread* sydraad(jie).

silk·i·ness syagtigheid, syerigheid *(v. materiaal ens.)*; fluweelsagtheid *(v. 'n stem, klanke, ens.)*.

silk-like syagtig, syerig.

silk·y syagtig, syerig, sag; glad, stroperig, vleierig; *a ~ lustre* 'n syglans. ~ **autumn grass** *(Schizachyrium jeffreysii)* harige herfsgras. ~ **bark, silkbark** *(Maytenus acuminata)* sybas. ~ **Bushman grass** *(Stipagrotis uniplumis)* blinkblaarboesmangras. **~-haired** syharig. ~ **marmoset** *(Callithrix humeralifer)* syaap. ~ **oak** *(Grevillea robusta)* silwereik. ~ **willow** *(Salix* spp.) silwerwilg(er).

sill vensterbank; drumpel; voetstuk, =balk; dwarslêer; *(geol.)* (intrusie)plaat; bodem *(in 'n dok)*. ~ **anchor** ankerbout. ~ **brick** drumpelsteen. **~-height** venster(bank)hoogte; drumpelhoogte.

sil·la·bub →SYLLABUB.

sil·ler *(Sk.)* silwer; geld.

sil·li·ma·nite *(min.)* sillimaniet.

sil·li·ness dwaasheid, domheid; lawwigheid, lafheid, verspot(tig)heid; flouheid.

sil·ly =*lies, n.* swaap; dwaas. **sil·ly** *adj.* verspot, laf, stuitig; kinderagtig; onnosel, dom, dwaas; onbenullig; *don't **be** ~!* moenie laf/verspot wees nie!; *you ~ **fool!*** jou aap/bobbejaan/pampoen!; ***look** ~* verspot lyk; op jou neus kyk; *make s.o. **look** ~* iem. op sy/haar neus laat kyk, iem. laat belaglik lyk; *~ **mid-off**, (kr.)* valk; *~ **mid-on**, (kr.)* slagyster 'n bietjie verder/vêrder terug as normaal; *~ **point**, (kr.)* valk; *the ~ **season*** (die) komkommertyd; *~ **talk*** lawwe praatjies; *be **utterly** ~* die verspotheid self wees; *too ~ for **words*** te gek om los te loop. **~(-billy)** *(infml.)* asjas, aspatat. **~-clever** domslim.

si·lo =*los, n.* voer=, kuiltoring, silo; *(pit) ~* voerkuil; graankuil. **si·lo** *ww.* inkuil, ensileer.

silt *n.* slik, slib, aanslibsel, aansliksel, slyk. **silt** *ww.* toeslik, vol slik loop; aanslik, aanslib; *~ up* toeslik, verslik, verslib, toespoel; versand. ~ **box** slikvanger. ~ **pit** slikput. **~stone** sliksteen.

silt·a·tion aanslikking; toeslikking, verslikking; versanding.

silt·ing mynvulling; aanslikking, aanslibbing; *~ up* toeslikking, toespoeling; versanding.

Si·lu·ri·an =*lurians*, =*lures, n., (lid v. 'n antieke Walliese volk)* Siluriër; *the ~, (geol.)* die Siluur(tydperk). **Si·lu·ri·an** *adj.* Siluries; *(geol.)* Siluur=.

sil·van →SYLVAN.

sil·ver *n., (metal., simb.: Ag)* silwer; silwergeld; silwergoed, =ware, tafelsilwer; *leaf ~* bladsilwer; *thirty pieces of ~* (AV), *thirty ~ coins* (NIV), *(Matt. 26:15 ens.)* dertig silwerstukke *(OAB)*, dertig silwermuntstukke *(NAB)*; →SILWERLING. **sil·ver** *adj.* silwer=; silwer(kleurig). **sil·ver** *ww.* wit/grys word; versilwer; verfoelie; *~ s.t. over* iets oorsilwer. ~ **age** silwer eeu. ~ **alloy** silwerlegering. **~back (gorilla)** *(volwasse mannetjie)* silwerrug(gorilla). **~-bearing** *adj.* silwerhoudend. ~ **birch** *(bot.: Betula pendula)* silwerberk. ~ **braid** silwergalon. ~ **bream** blinkvis. ~ **brocade** silwerbrokaat. ~ **chloride** silwerchloried. ~ **cluster-leaf** →SILVER TERMINALIA. ~ **coin** silwermunt, silwerstuk; silwerling. ~ **fern** *(plant)* silwervaring; *(embleem)* silwer varing. ~ **fir** silwerden. **~fish** *(igt.: Argyrozona argyrozona)* kapenaar, silwervis, doppie, rooitjie; *(igt.: Petrus rupestris)* rooi steenbras, silwervis; *(entom.: Lepisma saccharina)* silwervis(sie), silwer=, vis=, papiermot, varkie; →FISH MOTH. ~ **foil** bladsilwer, silwerblad; silwerfoelie; aluminiumfoelie. ~ **fox** *(Am.)* silwervos; *(SA: Vulpes chama)* →CAPE FOX. ~ **frost** ruigryp. ~ **gilt** vergulde silwer. ~ **glance** = ARGENTITE. ~ **grain** *(bot.)* murgstraal. **~-grey** silwergrys. **~-haired** silwerharig, met (die) silwerwit hare. ~ **iodide** silwerjodied. ~ **jubilee** silwerjubileum, kwarteeufees. ~ **leaf** bladsilwer. **~-leaf (tree)** →SILVER TREE. ~ **lining:** *every cloud has a ~ ~* agter die wolke skyn tog die son, daar is altyd 'n geluk by 'n ongeluk, geen kwaad sonder baat. ~ **medal** silwermedalje, =penning. ~ **mine** silwermyn. ~ **moon** silwer maan. ~ **moth** = FISH MOTH. **~-mounted** *adj.* met silwerbeslag. ~ **nitrate** silwernitraat, helsteen. ~ **oak** = SILKY OAK. ~ **oxide** silweroksied. ~ **paper** silwer=, blinkpapier. ~ **pea** *(Priestleya tomentosa)* vaalertjie. ~ **pine** silwerden. ~ **plate** *n.* tafelsilwer, silwerware, =gerei. **~-plate** *ww.* ver=

silwer, oorsilwer. ~**-plate(d)** *adj.* versilwer(d), silwerpleet=. ~**-plating** *n.* versilwering, silwerplatering. ~ **polish** silwerpolitoer. ~ **sand** *(Br.)* suiwer sand *(vir tuinmaak).* ~ **screen** rolprentskerm, silwerdoek; *the* ~ ~ die rolprentbedryf. ~ **service** silwerservies, silwer-eetservies; lepel-en-vurk-bediening. ~**side** *(beesvleis)* dy, biltongvleis, binneboudstuk; *(igt.)* spierinkie; *(igt.)* (Kaapse) ansjovis, assous, assoois. ~**skin** semellaag *(v. 'n koffieboon).* ~**smith** silwersmid. ~ **solder** silwersoldeersel. ~ **solution** silweroplossing. ~ **standard** *(fin., hist.)* silwerstandaard. **S~ Streak:** *the* ~ ~ die Engelse Kanaal. ~ **terminalia,** ~ **cluster-leaf** *(Terminalia sericea)* vaalboom, sandvaalbos, sandgeelhout(boom). ~ **tongue** gladde/welsprekende tong; *have a* ~ ~, *(ook)* welbespraak/welsprekend wees. ~**-tongued** welsprekend, welbespraak. ~ **tree,** ~**-leaf (tree)** *(Leucadendron argenteum)* silwerboom. ~**ware** silwergoed, =ware, =werk, =gerei, tafelsilwer. ~ **wattle** *(Acacia dealbata)* silwerwattel, =bas. ~ **wedding** silwerbruilof. ~**weed** *(Potentilla anserina)* silwerskoon, silwerkruid. ~ **white** *n., (soort witlood wat as grondstof vir verf gebr. word)* franswit. ~**-white** *adj.* silwerwit.

sil·ver·ling *(arg. of poët., liter.)* silwerling; →SHEKEL.

sil·ver·y silweragtig, silwer; silwerkleurig; wit glansend; ~ *moonshine* silwer maanskyn.

sil·vi·cul·ture houtteelt, bosbou, boskultuur; bosboukunde. **sil·vi·cul·tur·al** bosboukundig. **sil·vi·cul·tur·ist** bosbouer; bosboukundige; houtkweker.

si·ma *(geol.: diep aardlaag ryk aan silika en magnesium)* sima.

si·mar *(hist. vrouekledingstuk)* samaar.

Sim·e·on *(OT)* Simeon.

sim·i·an *n.* aap. **sim·i·an** *adj.* aapagtig, aap=.

sim·i·lar *n.* gelyke. **sim·i·lar** *adj.* eenders, (soort)=gelyk, dergelik, ooreenkomstig, gelyksoortig; gelykvormig; ~ ***causes*** ~ ***effects*** gelyke oorsake gelyke gevolge; ~ ***figures/surfaces/etc.*** gelykvormige figure/vlakke/ens.; ~ ***flexure,*** *(teg.)* gelykgerigte buiging; ~ ***fractions,*** *(wisk.)* gelyknamige breuke; ~ ***terms,*** *(wisk.)* gelyksoortige terme; *be* ~ ***to*** ... soortgelyk wees aan ...; gelykvormig wees aan ...; *they are **very*** ~ hulle is baie eenders/eners; *they are **very*** ~ *in appearance* hulle lyk baie eenders/eners. **sim·i·lar·i·ty** eendersheid, ooreenkoms, gelykenis, gelykheid; gelyksoortigheid; gelykvormigheid; *the* ~ *between ... and ...* die ooreenkoms tussen ... en ...; ~ *is not identity* soortgelykheid is nie (noodwendig) identiteit nie; *the* ~ *of ... to ...* die ooreenkoms van ... met ... **sim·i·lar·ly** op dieselfde manier, net so, eweneens, desgelyks, insgelyks. **sim·i·le** vergelyking, beeld. **sim·i·lise,** =**lize** *(w.g.)* vergelyk; deur vergelyking ophelder; beelde gebruik. **si·mil·i·tude** eendersheid, ooreenkoms, gelykenis; *(arg.)* vergelyking; *(arg.)* ewebeeld.

Sim·men·t(h)a·ler Simmentaler(-bees).

sim·mer *n.: s.t. is on the* ~ iets is saggies/effens/effe(n)=tjies) aan die kook, iets prut; *s.o. is on the* ~ dit kook in iem.; *bring s.t. to a* ~ iets laat prut. **sim·mer** *ww.* borrel; *('n ketel)* sing; prut, saggies/effentjies kook; saggies (laat) kook; *(fig.)* gis, kook; borrel van opwinding; *s.o.* ~*s down, (fig.)* iem. koel af *(of* bedaar).

sim·nel (cake) *(hoofs. Br.: vrugtekoek met marsepein)* simnelkoek.

Si·mon: *Simple* ~ →SIMPLE SIMON. ~ **Pure** *n.: the real* ~ ~ die ware Jakob, die egte/onvervalste. **s~-pure** *adj.* eg, suiwer, onvervals, outentiek. ~**'s Bay** Simonsbaai. ~**'s Town** Simonstad.

si·mo·ny *(Chr., hoofs. hist.)* simonie. **si·mo·ni·ac** *n.* simonis. **si·mo·ni·ac, si·mo·ni·a·cal** *adj.* simonisties.

si·moom, si·moon samoem, warm woestynwind.

simp *(Am., infml.)* = SIMPLETON.

sim·pa·ti·co *adj., (It., Am., infml.)* aangenaam, gaaf, vriendelik; simpatiek, warm; *be in* ~ *about many things* oor baie dinge saamstem, dit oor baie dinge eens wees; geesgenote/geesverwante wees.

sim·per *n.* aanstellerige/gemaakte glimlaggie. **sim·per** *ww.* aanstellerig/gemaak glimlag, grynslag. **sim·per·ing** *adj.*, **sim·per·ing·ly** *adv.* aanstellerig, geaffekteerd, pretensieus; selfbewus, selfvoldaan, selfingenome; koketterig; verspot, stuitig, laf.

sim·ple *n., (hoofs. hist.)* heelkruid, medisynebossie; *(arg.)* eenvoudige, onnosele. **sim·ple** *adj.* eenvoudig; enkel, skoon, louter; *(wisk.)* enkelvoudig; opsigselfstaande; onskuldig; onnosel, simpel; *(bot.)* onvertak; ongekunsteld, ongemaak; *as* ~ *as* ***ABC*** doodeenvoudig; *it is as* ~ ***as that*** dit is só eenvoudig; *s.o.'s* ~ ***efforts*** *to please s.o. else* iem. se nederige pogings om iem. anders te behaag; *a* ~ ***farmer*** 'n eenvoudige boer, *(neerh.)* 'n plat boer; *a* ~ ***life*** 'n eenvoudige leefwyse/lewenswyse; *such a deed would be* ~ ***murder*** om so iets te doen, sou niks anders as moord wees nie *(of* sou eenvoudig moord wees); *the **problem** is very* ~ die vraagstuk is baie eenvoudig; *s.t. is **quite*** ~ iets is doodeenvoudig; iets is baie maklik. ~ **addition** *(wisk.)* eenvoudige optelling. ~ **average** *(mariene versek.)* partikuliere awery. ~ **equation** *(wisk.)* lineêre/eenvoudige vergelyking. ~ **eye** *(entom.)* enkelvoudige oog. ~ **fraction** *(wisk.)* eenvoudige breuk. ~ **fracture** *(med.)* gewone beenbreuk. ~**-hearted** opreg, eenvoudig. ~ **interest** *(fin.)* enkelvoudige rente. ~ **interval** *(mus.: interval kleiner as 'n oktaaf)* enkelvoudige interval. ~ **leaf** enkelvoudige blaar. ~ **machine** eenvoudige masjien; *(meg.)* enkelvoudige werktuig. ~ **majority** gewone/blote meerderheid. ~**-minded** onskuldig; eenvoudig (van gees); simpel, onnosel, dom, swaksinnig. ~ **proportion,** ~ **root** *(wisk.)* enkelvoudige verhouding/wortel. ~ **sentence** *(ling.)* enkelvoudige sin. **S~ Simon** Jan Pampoen, uilskuiken. ~ **time** *(mus.)* enkelvoudige tydmaat. ~ **weave** *(tekst.)* effe binding.

sim·ple·ton onnosel(e), lummel, swaap, skaap, uilskuiken, domkop, askoek, oliekoek.

sim·plex =*plexes*, =*plices* simpleks; *(ling.)* enkelwoord.

sim·pli·ci·ter *(hoofs. jur.)* sonder voorbehoud.

sim·plic·i·ty eenvoud; eenvoudigheid, natuurlikheid, onskuld; *it is* ~ *itself* dit is doodeenvoudig; dit is doodmaklik.

sim·pli·fy vereenvoudig. **sim·pli·fi·ca·tion** vereenvoudiging. **sim·pli·fi·ca·tor, sim·pli·fi·er** vereenvoudiger.

sim·plism *(w.g.)* simplisme, gemaakte eenvoudigheid.

sim·plis·tic simplisties.

sim·ply enkel, eenvoudig, louter, niks anders as, puur, gewoon(weg); *it is* ~ *propaganda* dit is gewoonweg/pure propaganda; *quite* ~ doodeenvoudig; ~ *and solely* enkel en alleen.

sim·u·la·crum =*lacra*, =*lacrums, (arg.)* skyn(beeld), beeltenis, namaaksel.

sim·u·late veins, voorgee, voorwend; simuleer, naboots, namaak; fingeer; ~ *indignation/etc.* maak (as)of *(of* voorgee dat) jy verontwaardig/ens. is, verontwaardiging/ens. voorwend. **sim·u·lant** *n.* nabootser, simulant. **sim·u·lant** *adj.* nabootsend; *be* ~ *of* ... na ... lyk, ... naboots. **sim·u·lat·ed** *(ook)* aangeplak; ~ *account* gefingeerde rekening; ~ *smile* aangeplakte glimlag. **sim·u·la·tion** nabootsing; simulasie; voorwendsel, veinsing. **sim·u·la·tor** nabootser *(vir vliegopleiding ens.)*; simulant.

sim·ul·cast *n., (rad., TV)* koppeluitsending. **sim·ul·cast** *ww.* gelyktydig (oor die radio en TV) uitsaai.

sim·ul·ta·ne·ous gelyktydig; ~ *equations, (wisk.)* gelyktydige vergelykings. **sim·ul·ta·ne·i·ty** →SIMULTANEOUSNESS. **sim·ul·ta·ne·ous·ly** tegelyk(ertyd); ~ *with* ... gelyktydig/tegelyk met ... **sim·ul·ta·ne·ous·ness, sim·ul·ta·ne·i·ty** gelyktydigheid.

sin *n.* sonde; oortreding; →SINFUL, SINLESS, SINNER; ***atone*** *for one's* ~*s* boet vir jou sonde; *s.o.'s* ***besetting*** ~ iem. se boesemsonde/gewoontesonde; iem. se hoofgebrek *(of* grootste swakheid); *s.o.'s* ***burden*** *of* ~ iem. se skuld(e)las/sondelas/sondeskuld; *a* ***capital*** ~ 'n hoofsonde; ~ *of* ***commission*** →COMMISSION *n.;* ***commit*** *a* ~ sonde doen; *be* ***conceived*** *in* ~ →CONCEIVE; ***confess*** ~*s* sonde bely/bieg; ***confess*** *one's* ~*s, (ook)* belydenis doen van jou sonde; ***cover*** *a multitude of* ~*s* 'n menigte foute bedek; *the seven* ***deadly*** ~*s* →DEADLY *adj. & adv.; a* ***deadly/mortal*** ~ 'n doodsonde; ***for*** *one's* ~*s* vir jou straf; *s.o.'s* ~*s are* ***forgiven*** iem. se sonde word vergewe; ***forgiveness*** *of* ~*s* vergewing/vergif(fe)=nis van sondes; ***hate*** *s.o. like* ~ →HATE *ww.;* ***live*** *in* ~ in sonde leef/lewe; *a* ~ *of* ***omission*** 'n sonde van versuim/nalatigheid; ***original*** ~ →ORIGINAL *adj.; a* ***secret*** ~ 'n verborge sonde; *it is a* ~ *and a* ***shame*** dit is sonde en skande; *it's a* ~ ***to*** ... dit is sonde om ...; *(as)* ***ugly*** *as* ~ →UGLY *adj.; a* ***venial*** ~ 'n daaglikse sonde. **sin** =*nn*=, *ww.* sonde doen, sondig, jou misgaan; ~ *against* ... teen ... sondig; *s.o. is more* ~*ned against than sinning* iem. is meer versondig as sondig. ~ **bin** *n., (infml., yshokkie, rugby, ens.)* koelkas; *(infml.: tronk)* tjoekie, hok; *(Br., infml.)* strafkamer; strafsentrum. ~**-bin** *ww., (infml., sport)* koelkas toe stuur. ~ **offering** sondoffer.

Si·nai *(geog.)* Sinai; *Mount* ~ Sinaiberg. **Si·na·it·ic** Sinaïties.

sin·a·pism *(teg.)* mosterdpleister.

Sin·bad →SIN(D)BAD.

since *adv.* daarna, van toe af; gelede; *ever* ~ →EVER; *how long is it* ~*?* hoe lank gelede is dit?. **since** *prep.* sedert, sinds, van ... af; *it is **months/years*** ~ *s.o. saw* ... iem. het ... in geen maande/jare gesien nie *(of* maande/jare laas gesien); ~ ***then*** sedertdien; ~ ***time immemorial*** uit jare/eeue her; *s.o. has eaten nothing* ~ ***yesterday*** iem. het van gister af niks geëet nie. **since** *voegw.* nadat, sedert, vandat; aangesien, omdat; *know s.o.* ~ *he/she was twelve/etc.* iem. ken vandat hy/sy twaalf/ens. is/was *(of* van sy/haar twaalfde/ens. jaar af); *what has happened* ~ ...*?* wat het gebeur vandat/sedert ...?; ~ *that is so* aangesien dit so is.

sin·cere openhartig, opreg, eerlik; *(arg.)* suiwer, eg, onvervals; ~ *conviction* heilige oortuiging. **sin·cere·ly** opreg; openhartig; *thank s.o. most* ~ iem. die hartlikste dank betuig; ~ *yours, yours* ~ geheel die uwe. **sin·cer·i·ty** opregtheid, openhartigheid; hartlikheid; *in all* ~ in alle opregtheid.

sin·ci·put *(anat.)* bokop, skedelkruin, bovoorskedel. **sin·cip·i·tal** kruin=, bokops=.

Sind *(geog.)* Sind. **Sin·dhi** =*dhis, (lid v. 'n bevolkingsgroep; taal)* Sindhi.

Sin(d)·bad: ~ *the Sailor* Sindbad die Seeman.

Si·nde·be·le, i·si·Nde·be·le, Nde·be·le *(taal)* Ndebele.

sine[1] *n., (wisk.)* sinus. ~ **curve** sinuskromme.

si·ne[2] *prep., (Lat.)* sonder; ~ *causa* sonder oorsaak; ~ *die* vir onbepaalde tyd; ~ *qua non* sine qua non, noodsaaklike/absolute voorwaarde; noodsaaklike/absolute voorvereiste.

si·ne·cure sinekuur, lui baantjie, amp sonder werk.

sin·ew sening, pees; *the* ~*s of war* die lewensbloed van oorlog. **sin·ew·y** seningagtig; seningrig; sterk, gespier(d), kragtig.

sin·fo·ni·a =*nie, (It., mus.: simfonie; inleiding; ouverture; tussenspel; simfonieorkes)* sinfonia; ~ *concertante, (It.)* konsertante simfonie. **sin·fo·niet·ta** *(It., mus.: ligte, kort simfonie; klein simfonieorkes)* sinfonietta.

sin·ful sondig. **sin·ful·ness** sondigheid.

sing *sang sung* sing; *(infml.)* klik; *(infml.)* bieg, (skuld) beken, met die waarheid uitkom; →SINGER, SINGING, SUNG; ~ ***along*** saamsing; ~ ***away*** lustig voortsing; ~ *s.t. **away*** iets wegsing *(sorge); the **bees** are* ~*ing* die bye gons/zoem; *s.o.'s **ears** are* ~*ing* →EAR[1] *n.;* ~ ***high/low*** hoog/laag sing; ~ *s.t. **in,** (met sang laat begin)* iets insing; ~ *off **key*** vals sing; ~ ***out*** uit volle bors sing, hard sing; ~ ***out*** *for s.t.* roep/skree(u) om iets; ~ *s.t. **out*** iets uitroep; ~ *s.o.'s/s.t.'s **praises*** →PRAISE *n.;* ~ ***small*** in jou skulp kruip; mooi broodjies bak; ~ *the same **song/tune*** ander napraat; ~ ***to*** *s.o.* vir iem. sing; ~ ***to*** *an audience* vir/voor 'n gehoor sing; ~ ***to*** *a piano/etc.* by 'n klavier/ens. sing; ~ *s.o. **to** sleep* iem. aan die slaap sing; ~ ***another*** *(or **a different**)* ***tune*** →CHANGE ONE'S TUNE; ~ ***up*** harder sing; *the **wind*** ~*s in the trees* die wind suis/ruis in die bome. ~**along** *n.* saamsingaand, =geleentheid; saamsingery; saamsingmusiek, =liedjie. ~**song** *n.* eentonige wysie; eentonigheid; amateur(s)konsert; singery, sangoefening; sangaand, liedereaand; *(students')* ~ rasie. ~**song** *adj.* eentonig, temerig; *in a* ~ *tone* op sang=

erige toon. ~**song** =*songed* =*songed, ww.* opdreun, eentonig praat/voordra/ens.. **S~spiel** *(D.)* sangspel.

sing·a·ble singbaar. **sing·a·ble·ness** singbaarheid.

Sin·ga·pore *(geog.)* Singapoer.

singe skroei, seng, afbrand; ~ *one's feathers/wings, (infml.)* jou vingers verbrand; ~ *the hair* die hare skroei; ~ *a pig* die hare van 'n vark afbrand/afskroei. **singe·ing** (die) skroei, skroeiing.

sing·er sanger; *(female)* ~ sangeres. **~-songwriter** sanger-liedjieskrywer.

Sin·gha·lese *n. & adj.* →SINHALESE *n. & adj.*.

sing·ing *n.* sang; singery, (die) sing; getuit, gesuis *(i.d. ore)*; sanglesse; sangkuns; *lead the* ~ die gesang insit; *school of* ~ sangskool; *study* ~ sang studeer. **sing·ing** *adj.* singend; sang=. ~ **bird** sangvoël. ~ **lesson** sangles. ~ **master,** ~ **teacher** sangonderwyser. ~ **mistress** sangonderwyseres. ~ **saw** = MUSICAL SAW. ~ **school** sangskool. ~ **star** sang-ster. ~ **voice** sangstem.

sin·gle *n.* een, eentjie; enkeling; enkelsnit(-CD); *(kr.)* enkellopie; →SINGLES. **sin·gle** *adj.* enkel(d); een; enkelvoudig; ongetroud, ongehuud, eenlopend; alleen(lopend); alleenstaande, opsigselfstaande; afsonderlik; enkel=; eenpersoons=; *(bot.)* enkelblommig, =bloemig; *(arg.)* eerlik, opreg; *there was* ***a*** ~ ... daar was een (enkele) ...; *with a* ~ ***mind/purpose*** met (net) een doel voor oë; *not a* ~ ***person*** niemand; *not speak a* ~ ***word*** geen enkele/dooie woord sê nie. **sin·gle** *ww.: ~ s.o./s.t. out* iem./iets uitkies/uitsoek/aanwys; iem./iets uitsonder; ~ *s.t. out, (ook)* iets uitlig (*of* na vore bring); iets uitdun *(plantjies)*. **~-acting** *adj.* enkelwerkend; ~ *pump* eenslag=, enkelslagpomp. **~-action** *n., (meg.)* enkelwerking. **~-action** *adj. (attr.)*: ~ *pump* eenslag=, enkelslagpomp; ~ *rifle* geweer sonder natrek. **~-barrelled rifle** enkelloop=, eenloopgeweer. ~ **bed** enkelbed. **~-bedded room** enkel(slaap)kamer. ~ **blessedness** vrygesellebestaan. **~-breasted** met een ry knope *(pred.)*, enkelbors= *(baadjie ens.)*. ~ **call** *(telef.)* enkelvoudige oproep. **~-cell protein** enkelselproteïen. **~-chamber** *adj.* eenkamer=. **~-chambered** *(biol.)* eenkamerig. ~ **combat:** *in* ~ ~ in 'n tweegeveg. ~ **cream** *(Br.)* dun room. ~ **crochet** enkelsteek. ~ **cross** enkelkruising. **~-cut file** enkelkapvyl. **~-decker, ~-deck(er) bus** eendekker(bus). **~-engined** eenmotorig. **~-entry (bookkeeping)** enkele boekhouding. **~-eyed** met een oog *(pred.)*, eenoog=; *(fig.)* eerlik, opreg; onselfsugtig; doelbewus. ~ **fabric** enkelstof. **~-family dwelling** eengesin(s)huis. ~ **file:** *in* ~ ~ →FILE[1] *n.*. **~-flight stair** eenarmtrap. **~-furrow plough** eenvoorploeg. **~-handed** *adj. & adv.* met een hand; vir een hand; alleen, man-/vrou-alleen, op jou eie/eentjie; ~ *firearm* vuisvuurwapen; ~ *(round-the-world) race* alleenwedvaart (om die wêreld). **~-handedly** *adv.* met een hand; alleen, man-/vrou-alleen, op jou eie/eentjie. **~-hearted** eerlik, opreg. **~-heartedness** eerlikheid, opregtheid. ~ **hitch** enkele steek. ~ **journey** enkelreis. ~ **knot** enkele/gewone knoop. **~-lane road** enkelbaanpad. **~-lens reflex (camera)** enkel=, eenlensrefleks(kamera). ~ **life** ongetroude lewe. **~-line traffic** eenstroomverkeer. **~-loader, ~-loading rifle** enkellaaier, enkellaaigeweer. ~ **man,** ~ **woman** vrygesel, ongetroude/alleenlopende man/vrou. ~ **market** *(ekon.)* enkele mark, enkelmark. **~-masted vessel** eenmaster. **~-minded** doelgerig; eerlik; opreg. **~-mindedly** met (net) een doel voor oë. **~-mindedness** doelgerigtheid; eerlikheid; opregtheid. ~ **parent** enkelouer. **~-parent family** →ONE-PARENT FAMILY. **~-party** *adj. (attr.)* eenparty= *(stelsel ens.)*. **~-phase** *adj.* eenfasig. **~-pitch roof** vlerkdak. ~ **premium** koopsom, enkele premie. ~ **quarters** enkelkwartier(e). ~ **room** enkelkamer, kamer vir een. ~ **seam** enkele naat. ~ **seat** enkelbank. **~-seater** eenpersoonsrytuig; eenpersoonsmotor; eenpersoonsvliegtuig. **~-sex** *adj. (attr.)* enkelgeslag= *(hostelle ens.)*; ~ *schools* enkelgeslagskole, afsonderlike skole vir seuns en meisies. ~ **state** ongehude/ongetroude staat. **~stick** *n.* batonneerstok. **~stick** *ww.* batonneer. ~ **stitch** enkelsteek. **~-storeyed,** *(Am.)* **~-storied** enkelverdieping=. ~ **stress** eenheidsaksent. ~ **switch** enkelskakelaar. ~ **ticket** enkelkaartjie. ~ **tonguing** *(mus.)* enkeltongslag. ~ **track** enkelspoor. **~tree** = SWINGLETREE.

sin·gle·ness enkelvoudigheid; ongehude staat; ~ *of purpose* doelgerigtheid, doelbewustheid, koersvastheid; *with* ~ *of purpose* doelgerig, met (net) een doel voor oë.

sin·gles *n. (mv.)* ene; *(tennis)* enkelspel; *boys'* ~ seunsenkelspel; *girls'* ~ meisies-enkelspel; *men's* ~ mansenkelspel; *women's* ~ vroue-enkelspel. ~ **bar** alleenloperkroeg. ~ **champion** enkelspelkampioen. ~ **match** enkel(spel)wedstryd. ~ **play** enkelspel. ~ **player** enkelspeler, =speelster.

sin·glet onderhemp, frok(kie).

sin·gle·ton enkeling; eenling; enetjie.

sin·gly een vir een, een-een, afsonderlik, alleen, stuksgewys(e); *sell s.t.* ~ iets per stuk verkoop.

sin·gu·lar *n.* enkelvoud. **sin·gu·lar** *adj.* enkelvoudig; buitengewoon; vreemd, eienaardig, sonderling; seldsaam; *all and* ~ almal en elkeen in die besonder; ~ *form, (ling.)* enkelvoudsvorm, singularis; ~ *fraction, (wisk.)* singuliere breuk. **sin·gu·lar·i·ty** sonderlingheid, eienaardigheid, merkwaardigheid, enkelvoudigheid. **sin·gu·lar·ly** besonder(lik).

Sin·ha·lese, Sin·gha·lese =*lese(s), n., (lid v. 'n volk; taal)* Singalees; →SRI LANKA. **Sin·ha·lese, Sin·gha·lese** *adj.* Singalees.

sin·is·ter onheilspellend, somber; boosaardig; slinks, vals, sinister; noodlottig, rampspoedig; *(arg. en her.)* linker=; ~ *appearance* ongunstige/verdagte voorkoms; *bar/bend* ~, *(her.: 'n teken v. onegte geboorte)* linkerskuinsbalk; *a* ~ *character* 'n ongure karakter. **sin·is·tral** *n.* linkshandige. **sin·is·tral** *adj.* links; linker=; linkshandig; *(soöl.)* na links gedraai *('n skulp)*. **sin·is·tral·i·ty** linkshandigheid.

sink *n.* (op)wasbak, spoelbak; flotteringsbak; poel; moeras; sinkput; →SINK(HOLE); *housemaid's* ~ rioolbak, vuilwaterbak; ~ *of iniquity* poel van ongeregtigheid. **sink** *sank sunk(en), ww., ('n skip, boot)* sink, vergaan; *(d. son)* sak, ondergaan; *(fig.)* verdwyn; kelder, laat sink/vergaan *('n skip, boot)*; laat sak *(jou kop ens.)*; neerslaan *(jou oë)*; *(fig.)* kelder, verongeluk *(planne ens.)*; *(fig.)* vergeet, ignoreer, by ... verbykyk *(verskille ens.)*; (weg)sink, (af/weg)sak, daal, val; afneem, verminder; *(d. wind ens.)* bedaar, gaan lê; *('n pasiënt ens.)* agteruitgaan, verswak, swakker word; inlaat *('n skroef ens.)*; grawe, sink *('n mynskag ens.)*; boor, maak, slaan, sink *('n boorgat)*; *(biljart, snoeker)* in die sakkie skiet/stoot *(die/'n bal)*; *(gh.)* inspeel *(die/'n bal)*; *(infml.)* wegslaan *('n paar biere ens.)*; delg, betaal, vereffen *('n skuld)*; ~ ***away*** wegsink, wegsak; ~ ***back*** terugsink; ~ ***down*** insink, wegsink; neersak, neersink, neersyg; ~ ***in*** insink; deurdring; *(reën ens.)* intrek; ~ ***money in s.t.*** geld in iets belê/steek; ~ *one's own* ***interests*** eie belange op die agtergrond skuif/skuiwe; ~ ***into*** ... in ... wegsink; *s.t.* ~*s* ***into*** *s.o.'s memory* iets bly in iem. se geheue (geprent); ~ *one's teeth* ***into*** ... jou tande in ... vasslaan; ~ ***a putt,*** *(gh.)* →PUTT *n.*; *s.o.'s* ***spirits*** *sank* iem. se moed het hom/haar begewe; ~ *like a* ***stone*** soos 'n baksteen/klip sink; ~ *or* ***swim*** buig of bars, daarop of daaronder. ~ **bib(cock)** kombuiskraan. ~ **grating** spoelbakrooster. **~(hole)** sinkgat, wondergat; *(geol.: tregtervormige insinking)* karsttregter, doline. **~hole** sinkput, afvoerput. **~stone** sinkklip. ~ **trap** stankafsluiter.

sink·a·ble sinkbaar.

sink·age (die) sink, sinking; insinking, agteruitgang; inlaat; mynskag; *(wol)* wasverlies.

sink·er put=, skaggrawer; (sink)lood, sinker *(aan 'n vislyn/visnet)*; *(bot.)* boorwortel, sinker; skagpomp. ~ **nail** draadspyker.

sink·ing *n.* (die) sink, sinking; vergaan, ondergaan; keldering; versinking, inlating; daling, sakking, afsak(king); mynskag; naarheid; beklemming; delging. **sinking** *adj. & ww. (teenw.dw.)* sinkend; afnemend; *a* ~ *feeling* 'n bang (voor)gevoel; ('n gevoel van) naarheid; *be* ~ daal, sak; swak word, agteruitgaan, aan die sterwe wees. ~ **fund** delgingsfonds. ~ **pump** skagpomp. ~ **square** versinkhaak.

sin·less sondeloos, sonder sonde. **sin·less·ness** sondeloosheid.

sin·ner sondaar; *a hardened* ~ 'n verstokte sondaar.

sin·net →SENNIT.

Sinn Fein *(pol. vleuel v.d. Ierse Republikeinse Leër)* Sinn Fein. **Sinn Fein·er** lid van Sinn Fein, Sinn Fein-lid, Sinn Feiner.

Si·no- *komb.vorm* Sino-, Chinees-, Sjinees-. **~-American** *adj.* Chinees-, Sjinees-, Sino-Amerikaans. **~-Tibetan** *n. & adj.* Sino-Tibettaans.

Sin·oi·a *(geog., hist.)* →CHINHOYI.

Si·nol·o·gy Sinologie. **Si·nol·o·gist, Si·no·logue** Sinoloog.

sin·ter *n., (geol.)* sinter; druipsteen. **sin·ter** *ww.* sinter. ~ **glass** sinterglas.

sin·u·ate *(bot., soöl.)* gekartel(d), gegolf; ~ *leaf* gekartelde blaar.

sin·u·ous kronkelend, kronkelagtig, bogtig, vol draaie/bogte; soepel, lenig; ingewikkeld; onbetroubaar, oneerlik. **sin·u·os·i·ty** kronkeling, bogtigheid; bog, kromming, draai; karteling, golwing; soepelheid, lenigheid; ingewikkeldheid. **sin·u·ous·ness** kronkeling, bogtigheid; soepelheid, lenigheid.

si·nus =*nuses, (anat.)* (neus)sinus; holte, opening; sak; aarkuil; *(med.)* fistel, ettergang; *(bot.)* sinus. **si·nus·i·tis** sinusontsteking, sinusitis. **si·nus·oid** bloedholte; *(wisk.)* sinuskromme. **si·nus·oi·dal** sinusoïdaal.

Si·on[1] →ZION.

Si·on[2] *(Switserse stad)* Sitten.

Sioux *n.* Sioux(-indiaan); Sioux(-stam); *(taal)* Sioux.

sip *n.* slukkie, mondjie vol, teugie; *a* ~ *of water/etc.* 'n slukkie (*of* mondjie vol) water/ens.; *take a* ~ *of* ... 'n slukkie (*of* mondjie vol) ... drink. **sip** =*pp*=, *ww.* met klein teugies drink, bietjiesgewyse (*of* met klein slukkies) neem/drink; slurp, insuig; ~ *at s.t.* 'n slukkie (*of* mondjie vol) van iets drink.

sipe *(mot.)* klougroef *(in 'n buiteband)*.

si·phon, sy·phon *n.* hewel, sifon; spuitwaterfles. **si·phon, sy·phon** *ww.* hewel, deur 'n hewel (laat) loop, opsuig, aftap, oortap; ~ *s.t. off* iets afhewel; ~ *s.t. off from* ... *into* ... iets uit ... in ... oorhewel *('n vloeistof)*; iets uit ... in ... oorplaas *(geld ens.)*; ~ *s.t. out* iets uithewel. ~ **bottle** →SODA SIPHON. ~ **cock** hewelkraan. ~ **pipe** hewelpyp.

si·phon·age heweling, hewelwerking.

si·phon·o·phore, si·phon·o·phore *(soöl.)* pypkwal.

si·phun·cle *(soöl.)* suigbuis.

sip·pet (rooster)broodbrokkie, crouton, kroton.

sir *n., (aanspreekvorm)* meneer, *(in briewe)* heer; *(S~, Eng. adellike titel)* sir; *(Dear) S~, (in 'n brief)* Geagte/Waarde Heer. **sir** =*rr*=, *ww.* as meneer aanspreek; *don't* ~ *me!* moenie my meneer (noem) nie!. **sir·rah** *(arg.)* man, kêrel(tjie). **sir·ree** *tw., (Am., infml.)*: *no* ~*!* beslis/glad/hoegenaamd nie!; *yes* ~*!* beslis!, definitief!, vir seker!.

sir·car →SIRKAR.

sir·dar *(Anglo-Ind.)* (opper)bevelhebber, sirdar.

sire *n.* vaar *(v. 'n dier)*; teel=, dekhings; voorvader; vader; *(S~, arg. aanspreekvorm)* sire, majesteit; *like* ~ *like son* 'n aardjie na sy vaartjie; ~*'s wool* ramwol. **sire** *ww., (by diere)* teel, vaar, die vaar wees van; *(by mense, poët., liter.)* verwek, die vader wees van; *siring act* paringsdaad.

si·ren sirene, skril=, stoomfluit; loeier; waarskuwingsein; *(Gr. mit., soms S~)* sirene; verlei(d)ster; *the* ~ *screams* die sirene loei. ~ **call** lokroep. ~ **song** sirenesang. ~ **voice** lokstem.

si·ri·a·sis sonsteek.

Sir·i·us *(astron.)* Sirius, die Hondster.

sir·kar, sir·car *(Anglo-Ind.)* staat, regering, owerheid; provinsie, distrik; hofmeester; klerk, boekhouer.

sir·loin lendestuk, beeslende. ~ **steak** lendeskyf, ribfilet.

si·roc·co, sci·roc·co =*cos* sirokko.

sir·up →SYRUP.

sis *(infml.)* sus(ter).

si·sal sisal. ~ **(hemp)** sisal(hennep). ~ **plant** garingboom, sisalplant, agave.

sis·kin *(orn.)* sysie, vink; *Cape ~* (Kaapse) pietjiekanarie.

sis(s) *tw., (SA)* sies, ga, foei.

sis·sy, cis·sy *n.* sissie, moederskindjie, bangbroek, papbroek; meisieagtige/meisierige/verwyfde seun. **sis·sy, cis·sy** *adj.* sissierig, bangbroek(er)ig, papbroek(er)ig; pieperig; meisieagtig. **sis·si·fied, cis·si·fied** *adj.* meisieagtig, meisierig, verwyf(d).

sis·ter suster; non; verpleegsuster; ***big*** *~* ousus; *~ **in charge*** hoofverpleegster; *~ of **charity/mercy*** liefdesuster; *the **Fatal** S~s* →FATAL; ***little*** *~* kleinsus. ~ **church** susterkerk. ~ **city** susterstad. ~**-in-law** *sisters-in-law* skoonsuster. ~ **parish** sustergemeente. ~ **ship** susterskip. ~ **superior** suster-owerste.

sis·ter·hood susterskap.

sis·ter·ly susterlik.

Sis·tine *adj.* Sixtyns, Sistyns; *~ Chapel* Sixtynse/Sistynse kapel.

sis·trum *sistra, n., (mus.: Ou Eg. ratel, b.d. aanbidding v. Isis gebr.)* sistrum.

si·Swa·ti, Si·swa·ti, Swa·ti, Swa·zi *(taal)* Swazi, Swati.

Sis·y·phus *(Gr. mit.)* Sisufos. **Sis·y·phe·an, Sis·y·phi·an:** *~ labour(s)* Sisufos-arbeid.

sit *-tt-; sat sat* sit; sitting hê/hou; pas; broei; poseer; laat sit; *~ **about/around*** rondsit; *~ **back*** agteroor sit; *~ **by** s.o.* by iem. sit; *~ **down*** gaan sit; *~ **down!*** sit!; *~ s.o. **down*** iem. laat sit; *~ **down** to a **meal*** aansit; *~ **down under** s.t.* iets geduldig verdra; *the **food** ~s **heavy** on the/one's stomach* die kos lê swaar op die/jou maag; *~ **for** s.t.* vir iets sit/poseer *('n portret)*; iets aflê/doen/skryf/skrywe *('n eksamen)*; iets verteenwoordig *('n kiesafdeling)*; *~ **for** a painter* vir 'n skilder sit/poseer; *~ at the feet of **Gamaliel*** →GAMALIEL; *the **hen** wants to ~* die hen is broeis; *~ at **home*** →HOME *n.*; *the **House** is ~ting, (parl.)* die Raad sit; *~ **in*** 'n sitbetoging hou; *~ **in** at/on s.t.* aan iets deelneem, by iets aanwesig wees; *~ **knitting/etc.*** sit en brei/ens.; *s.o.'s **learning** ~s lightly upon him/her* iem. maak geen vertoon van sy/haar geleerdheid nie; *~ too **long*** jou tyd versit; *~ **next to** s.o.* langs iem. sit; *~ o.s. **next to** s.o.* langs iem. gaan/kom sit; jou langs iem. neerplak; *~ **on*** aanhou sit; *~ **on** s.t.* op iets sit; *(infml.)* met iets sloer; *~ **on** a case* in/oor 'n saak sit; *~ **on** a chair* op 'n stoel sit; *~ s.o. **on** a chair* iem. op 'n stoel laat sit; *~ **on** a committee/council/etc.* in 'n komitee/raad/ens. dien/sit (*of* sitting hê), lid van 'n komitee/raad/ens. wees, komiteelid/raadslid/ens. wees; →COMMITTEE; *~ **on** a committee* →BE/SERVE/SIT ON A **COMMITTEE**; *~ **on** a feeling* 'n gevoel onderdruk; *~ **on** the fence* →FENCE *n.*; *~ **on** a question* oor 'n saak beraadslaag; *~ **on/upon** s.o., (infml.)* op iem. se kop sit; iem. kortvat; iem. afjak; *s.o. does not want to be sat **on/upon*** →SAT; *s.o. wants ~ting **on/upon**, (infml.)* ('n) mens moet iem. op sy/haar plek hou, iem. moet kortgevat word; *~ **opposite** s.o.* teenoor iem. sit; *~ **out*** buitekant sit; *~ s.t. **out*** nie aan iets deelneem nie; tot die end/einde van iets bly (sit), iets uitsit *('n opvoering ens.)*; *be ~ting **pretty*** →PRETTY *adv.*; *s.o.'s **principles** ~ loosely on him/her* iem. is nie danig beginselvas nie; *~ **still*** stilsit; bly sit; *~ **through** s.t.* iets uitsit *('n vergadering ens.)*; *~ **tight**, (infml.)* vas/stewig/styf sit; doodstil sit, niks doen nie, jou nie verroer nie; vas in die saal sit; vastrap, hou wat jy het, jou nie laat bang maak nie; jou kans/tyd afwag, die kat uit die boom kyk; *s.t. ~s **tightly*** iets is noupassend (*of* kleef/klou aan iem. se lyf); *~ **under** s.o.* onder die gehoor van iem. wees *('n predikant ens.)*; *~ **up*** regop sit; orent sit; opbly, wakker bly; *(infml.)* skrik, verbaas wees; *make s.o. ~ **up**, (infml.)* iem. laat opkyk; iem. verbaas laat staan; *~ **up** and take notice, (infml.)* belangstelling toon; *~ **upon** s.o.* →***on/upon***; *~ **up with** s.o.* by iem. waak; *s.t. ~s **well** on s.o.* iets pas iem. goed; *~s the **wind** there?* waai die wind uit daardie hoek? (*of* van daardie kant?), staan sake so?. ~**-down** *n.* sitplek; sittende rus. ~**-down** *adj.* sittend; *~ dinner* volledige dinee; *~ meal* aansit-ete; *~ strike* sitstaking, plakstaking. ~**fast** rugeelt *(op 'n perd)*. ~**-in** *n.* sitbetoging; *hold/stage a ~* 'n sitbetoging hou. ~**-up** *n.: do ~s* opsitoefeninge doen. ~**-upon** *n., (infml.)* sitvlak.

si·tar, si·tar *(Ind. mus.instr.)* sitar.

sit·a·tun·ga *(soöl.: Tragelaphus spekei)* waterkoedoe.

sit·com *(infml.)* sitkom; →SITUATION COMEDY.

site *n.* ligging; terrein; vindplek; vergaderplek; *building ~* bouplek, -terrein; *~ and service scheme* erf-en-diens-plan. **site** *ww.* plaas; terrein kies; *~ a position* 'n plek bepaal/aanwys; *(mil.)* stelling kies; *~ a road* 'n pad afsteek; *the story is ~d in India* die verhaal speel in Indië. ~ **map** terreinkaart. ~ **plan** terreinplan. ~ **rating** belasting na liggingswaarde; erfbelasting. ~ **valuation** grondwaardering. ~ **value** liggingswaarde; terreinwaarde. **sit·ing** plasing; aanleg.

sith *(arg.)* aangesien; →SINCE *voegw.*.

si·tol·o·gy, si·ti·ol·o·gy dieetkunde, voedingsleer, sitiologie; →DIETETICS.

sit·rep *(mil., afk. v.* situation report*)* sitrap.

sit·ter sitter; model, poseerder, sitter, geportretteerde; *(infml.)* broeihen; *(Am.)* babaoppasser, baba-, kinderwagter; *(infml.)* maklike vangkans/skoot/ens.; *(infml.)* maklike taak/werkie; *miss a ~* 'n presenthou/-skoot weier; *that's a ~* dit is 'n maklike skoot/hou.

sit·ting *n.* sitting; broeisel (eiers); sitplek; *at a/one ~* in een slag; *give a ~* poseer. **sit·ting** *adj.* sittend; *shoot a ~ bird* (*or bird ~*) 'n voël in die sit (*of* op die grond) skiet; *a ~ hen* 'n broeihen. ~ **duck**, ~ **target:** *... is a ~ ~, (fig.)* ... is 'n doodmaklike skyf/teiken; ... is heeltemal weerloos. ~ **member** *(pol.)* sittende lid. ~ **room** sitkamer, voorkamer, voorhuis; sitplek, -ruimte, -geleentheid. ~ **target** →SITTING DUCK. ~ **tenant** *(Br.)* bestaande/huidige huurder.

si·tu *(Lat.): in ~* op die plek.

sit·u·ate *adj., (jur. of arg.)* geleë. **sit·u·ate** *ww.* plaas; indeel. **sit·u·at·ed:** *be ~ **at** ... te ...* geleë wees; ***awkwardly** ~* ongerieflik geleë; in die moeilikheid/verknorsing, in 'n benarde/moeilike posisie; ***similarly** ~* gelykstandig; ***well** ~* welgeleë.

sit·u·a·tion ligging; stand, posisie, toestand, omstandighede, situasie; betrekking, pos, werkgeleentheid; ***accept** a ~* in 'n toestand berus, met 'n toestand genoeë neem; *in a **difficult/ticklish/tricky** ~* in 'n netelige situasie, in 'n lastige parket; *s.o. has to **face** the ~ that ...* iem. moet die situasie onder die oë sien dat ...; *s.o. cannot **find** a ~* iem. kan nie werk (*of* 'n betrekking) kry nie; *the ~ is **fluid*** die sitasie is veranderlik; ***retrieve/save** the ~* die situasie/toestand red; *an **ugly** ~* 'n gevaarlike/dreigende toestand; *~s **vacant**, (Br.)* vakante poste/betrekkings; *~s **wanted**, (Br.)* betrekkings verlang. ~ **comedy** situasiekomedie. ~ **report** *(mil.)* situasieverslag, toestands-, situasierapport.

sit·u·a·tion·al *adj.* omstandigheids- *(attr.)*, wat met omstandighede verband hou *(pred.)*, situasioneel; *~ factors* omstandigheidsfaktore; *~ problems* situasionele probleme.

sit·u·a·tion·ism situasionisme. **sit·u·a·tion·ist** *n.* situasionis.

sit·u·tun·ga = SITATUNGA.

sitz bath sitbad, heupbad.

Si·va, Shi·va *(<Skt., Ind. relig.)* Siwa, Sjiwa. **Si·va·ism, Shi·va·ism** Siwaïsme, Sjiwaïsme.

six *sixes* ses; *(kr.)* ses, seshou; →EIGHT; *get ~ of the **best**, (infml.)* ses houe kry; *~ of **clubs/diamonds/hearts/spades**, (kaartspel)* klawer-, ruite(ns)-, harte(ns)-, skoppensses; *it is ~ of one and **half a dozen** of the other* dis vinkel en koljander (die een is soos die ander), dis so lank as (wat) dit breed is, dis om 't/die ewe, dit kom op dieselfde neer, dis alkant selfkant; ***hit** a ~, (kr.)* 'n ses(hou) slaan; ***hit** a ball for (a) ~, (kr.)* 'n ses(hou) van 'n bal slaan; ***hit** s.o. (or the bowler) for (a) ~, (kr.)* 'n ses(hou) teen iem. (*of* die bouler) slaan, 'n ses(hou) van die bouler (*of* iem. se boulwerk) slaan/aanteken; ***hit/knock** s.o. for (a) ~, (fig., infml.)* iem. 'n mokerhou toedien, iem. verpletter, iem. platslaan (*of* plat slaan), iem. uit die veld slaan, iem. sprakeloos/spraakloos laat; *do s.t. for ~ **hours*** iets ses uur lank doen; *~ **o'clock*** sesuur; *be at ~es and **sevens**, (iem., iets)* in die war wees, in 'n harwar wees; op losse skroewe wees; onenig wees; *... is ~ **years** old* ... is sesjarig (*of* ses jaar oud). ~**-day week** sesdaagse werkweek, sesdaeweek. ~**-figure** *adj. (attr.)* sessyfer- *(bedrag, salaris, ens.)*. ~**-footer** sesvoeter. ~**-gun** →SIX-SHOOTER. ~ **hundred** seshonderd, ses honderd. ~ **million** sesmiljoen, ses miljoen. ~**-pack** *n., (infml.)* sespak. ~**-panel ball** sespantbal. ~**pence** *(hist.)* sikspens, ses pennies/dubbeltjies/oulap. ~**-shooter,** *(Am.)* ~**-gun** seskamerrewolwer, rewolwer met ses kamers. ~**-sided** *adj.* seskantig, -sydig, -hoekig. ~ **thousand** sesduisend, ses duisend. ~**-year-old** *n.* sesjarige. ~**-year-old** *adj. (attr.)* sesjarig(e), ses jaar oud/oue.

six·ain *(pros.)* sesreëlige strofe/vers/stansa.

six·er *(kr.)* ses(hou).

six·fold *adj.* sesvoudig. **six·fold** *adv.* sesvoud(ig).

six·ish *adv.* (so) teen sesuur, (so) om en by sesuur, teen sesuur se kant.

six·some sestal.

sixte *(Fr., skermk.)* sesde parade/pareerposisie.

six·teen sestien; →EIGHTEEN; *~ hundred* sestienhonderd; *be sweet ~* 'n nooientjie van sestien wees. ~**-hundreds:** *in the ~* in die sewentiende eeu. ~**-pounder** *(mil., hist.)* sestienponder.

six·teenth sestiende; →EIGHTEENTH; *the ~ century* die sestiende eeu. ~**-century** *adj.* sestiende-eeus; *a ~ man* 'n sestiende-eeuer. ~ **note** *(Am., mus.)* sestiendenoot.

sixth sesde; →EIGHTH. **S~ Avenue** Sesde Laan, Sesdelaan. ~ **sense** sesde sintuig. **S~ Street** Sesde Straat, Sesdestraat.

sixth·ly in die sesde plaas (plek), ten sesde.

six·ti·eth sestigste.

six·ty sestig; →EIGHTY; *be in one's sixties* in die sestig (*of* jou sestigerjare/sestigs) wees; *it happened in the sixties/Sixties* dit het in die sestigerjare/sestigs (*of* die jare sestig) gebeur. ~**-four (thousand) dollar question** *(infml.)* kernvraag, belangrike/beslissende/groot/moeilike vraag, maak-of-breek-vraag, waarop dit aankom. ~**-fourth note** *(Am., mus.)* vier-en-sestigste-noot. ~**-one** een-en-sestig, een en sestig. ~**-year-old** *n.* sestigjarige. ~**-year-old** *adj. (attr.)* sestigjarige *(vrou ens.)*.

six·ty·ish *adj.* ongeveer sestig (jaar oud).

siz·ar beursstudent *(aan Cambridge of d. Trinity Kollege, Dublin)*.

size[1] *n.* grootte; omvang; afmetings, maat; nommer *(v. klere)*; formaat *(v. 'n boek, papier, ens.)*; gestalte; ***cut** s.t. down to ~* iets op die ware grootte terugbring; ***cut** s.o. down to ~, (infml.)* iem. op sy/haar plek/nommer sit, iem. hokslaan, iem. se tjank aftrap; ***fight** s.o. your own ~!* baklei met jou portuur!; *~ of **grain*** korrelgrootte; *~ of **mesh*** maasgrootte; *s.t. is the ~ **of** a ...* iets is so groot soos 'n ...; *be (much) **of** a ~, (w.g.)* (omtrent) ewe groot wees; *that's (about) the ~ **of** it, (infml.)* so is dit (ongeveer/naaste[n]by), dit kom daarop neer; *arrange ... in **order** of ~ ...* volgens/na grootte rangskik; *be **quite** a ~* heeltemal/taamlik groot wees; *be of **some** ~* taamlik groot wees; *be **s.o.'s** ~* so groot soos iem. wees; ***take** a ~* 'n maat/nommer dra; *three/etc. ~s **too big/small*** drie/ens. nommers te groot/klein; ***try** s.t. for ~* kyk of iets pas; ***try** that on for ~!, (infml.)* wat dink jy daarvan!; *be **twice** the ~ of ...* twee keer/maal so groot as ... wees; *the ... **vary** in ~* die groottes van die ... wissel; ***what** ~ do you take?* watter maat/nommer dra jy?. **size** *ww.* sorteer, klassifiseer, rangskik; →SIZ(E)ABLE, -SIZE(D), SIZER[1], SIZING[1]; *~ s.o./s.t. up, (lett.)* die grootte van iem./iets skat; *(fig., infml.)* iem./iets deurkyk/skat/takseer/beoordeel, 'n oordeel oor/omtrent iem./iets vorm; *~ up a situation, (infml.)* sake deurkyk, kyk hoe sake staan, poolshoogte neem. ~ **stick** maatstok *(v. 'n skoenmaker)*.

size[2] *n.* planeersel, muurlym; (kleef)pap. **size** *ww.* lym, gom, planeer; pap; grondeer; →SIZER[2], SIZING[2], SIZY; *~d yarn* gepapte garing/gare. ~ **colour** lymkleur; lymverf. ~ **water** lym-, gom-, planeerwater.

siz(e)·a·ble aanmerklik, aansienlik.

-size(d) *komb.vorm: an **average-**~* (or a ***medium-**~*) *garden* 'n middelslagtuin; ***equal-**~ pieces* ewe groot stukke; *a **moderate-**~ house* 'n middelslaghuis (*of* middelgroot huis); *a **pocket-**~ book* 'n boek in sakformaat.

siz·er[1] sorteerder; sorteer-, gradeermasjien.

siz·er[2] planeerder, smeerder, (papier)lymer.

siz·ing[1] skikking na grootte; lengteskikking.
siz·ing[2] planering; planeersel; papping; grondering; ~ *agent* styfmiddel.
siz·y taai, klewerig, lymerig.
siz·zle *n.* knettering, sputtering, braaierigheid. **siz·zle** *ww.* braai, spat, sis, knetter, spetter, sputter; *sizzling hot* snikheet, skroeiend warm/heet. **siz·zler** *(infml.)* snikhete (*of* bloedig warm) dag.
sjam·bok *n., (Afr.)* sambok, aapstert. **sjam·bok** =*kk*=, *ww.* met 'n sambok slaan, 'n pak slae gee.
ska *n., (mus.: voorloper v. reggae)* ska.
skag *n.* →SCAG.
skald, scald skald, oud-Noorse sanger/digter. **skaldic** skalde=; ~ *poetry* skaldepoësie.
skat *(D. kaartspel)* skaat.
skate[1] *n., (igt.)* rog, vleet; *common (grey)* ~, *(Raja batis)* spykerrog, vleet.
skate[2] *n.* skaats; *get/put one's ~s on, (Br., infml.)* jou (litte/riete) roer, gou spring, wikkel, opskud. **skate** *ww.* skaatsry, skaats; ~ *on thin ice* jou op gladde ys (*of* gevaarlike terrein) waag/begewe; ~ *lightly over/round s.t.* lugtig oor iets heengly *('n vraagstuk ens.)*. ~**board** skaatsplank. ~**boarder** skaatsplankryer. ~**boarding** skaatsplankry. ~**park** skaats(plank)park.
skate[3] *n., (infml., vero., SA, neerh.)* uitvaagsel, teertou, gomtor, tang; →CHEAPSKATE.
skat·er skaatser, skaatsryer.
skat·ing skaats(ry). ~ **rink** skaatsbaan; ysbaan.
skean, skene *(<Gaelies, hist.)* dolk, steekmes; *small* ~ steekmessie.
ske·dad·dle *n., (infml.) do a* ~ op loop gaan. **ske·dad·dle** *ww., (infml.)* trap, wikkel, (laat) spaander, laat spat, die spat neem, jou knieë dra, laat vat.
skeet(·shoot·ing) pieringskiet.
skeg *(sk.)* kielhak; roerkiel; steweswaard.
skein string; knoop, warboel; *(sitologie)* spireem; ~ *of wool* string wol. ~ **holder** haspel. ~ **winder** haspelaar. ~ **yarn** stringgaring, =gare.
skel·e·tal van 'n geraamte, geraamte=, skelet=; uitgeteer(d); onuitgewerk *('n plan)*.
skel·e·ton geraamte, skelet; karkas; raamwerk, kader; skets; →FAMILY SKELETON; *be a* ~ uitgeteer wees, 'n wandelende geraamte wees; *there is a ~ in every* ***cupboard*** elke huis het sy kruis; *a ~ in the* ***cupboard/closet*** 'n geheime skande; ~ *at the* ***feast*** pretbederwer, stille kwelling/sorg. ~ **army** kernleër, staatmakers. ~ **case** krat. **S~ Coast** Seekus van die Dood. ~ **construction** raambou, skeletbou. ~ **key** loper, slotoopsteker, passe-partout, diewesleutel. ~ **map** skeletkaart. ~ **service** nooddiens, minimumdiens, beperkte diens. ~ **staff** minimum=, kern=, kaderpersoneel, uitgedunde personeel; *(mil.)* kernstaf.
skel·e·ton·ise, -ize tot 'n geraamte maak, skeletteer.
skelm *(SA, infml.),* **skel·lum** *(arg. of dial.), n. & adj.* skelm.
skene →SKEAN.
skep, skip byekorf; *(arg.)* mandjie.
skep·tic *n. & adj., (Am.)* →SCEPTIC.
sker·ry *(Sk.)* skeer, eilandrots, rotseilandjie.
sketch *n.* skets; ontwerp; krabbel; *make a* ~ 'n skets maak. **sketch** *ww.* skets, (af)teken; ~ *s.t. in* iets inteken; *(fig.)* iets skets/uitstippel (*of* in hooftrekke beskryf/beskrywe); ~ *s.t. out* iets skets/ontwerp. ~ **board** tekenbord. ~**book** sketsboek. ~ **map** sketskaart. ~ **pad** sketsblok. ~ **plan** sketsplan.
sketch·er sketser, tekenaar.
sketch·y sketsmatig, onafgewerk, vlugtig geteken/geskets; los, onsamehangend, onvolledig, vaag; karig, ontoereikend, onvoldoende; ~ *knowledge* oppervlakkige kennis; ~ *outline* vae omtrek. **sketch·i·ly** sketsmatig, oppervlakkig; vaag(weg); onsamehangend. **sketch·i·ness** sketsmatigheid, onafgewerktheid; onsamehangendheid, vaagheid; ontoereikendheid.
skew *n.* skuinste, helling; →SKEWNESS. **skew** *adj.* skeef, skuins, skots; ~ *and crooked* skots en skeef. **skew** *ww.* skeeftrek, verdraai, verwring. ~ **arch,** ~ **bridge** skewe/skuins boog/brug. ~**back** boogstuiter; boogstuitvlak. ~**bald** *n.* bont perd. ~**bald** *adj.* (rooi)bont *('n dier)*. ~ **(bevel) gear** skewetandkeëlrat. ~ **chisel,** ~ **iron** skuinsbeitel. ~**-eyed** skeel. ~**-whiff** *adj. & adv., (infml., hoofs. Br.)* (wind)skeef; skuins.
skew·er *n.* vleispen, sosatiepen; steekpen; opsteekpen; rygpen. **skew·er** *ww.* met 'n (vleis)pen vassteek; insteek.
skew·ness skeefheid, skuinsheid.
skey *(<Afr.)* (juk)skei.
ski *n.* ski, sneeuskaats. **ski** *skis skied/ski'd skiing/ski-ing, ww.* ski, sneeuskaatse ry; →SKIER, SKIING. ~ **boat** skiboot. ~**bob** *n.* skibob. ~**bob** *ww.* skibob ry. ~**bobber** skibobryer. ~ **boot** skistewel. ~ **cap** ski-pet. ~ **cloth,** ~ **suiting** skistof. ~ **flying** ski-vlieg. ~ **goggles** *n. (mv.)* ski-bril. ~ **jump** *n.* ski-sprong; ski-skans. ~**-jump** *ww.* ski-spring. ~ **jumper** ski-springer. ~ **jumping** ski-spring. ~ **lift** hysstoel. ~ **pants** ski-broek. ~**plane** vliegtuig met ski's, ski-vliegtuig. ~ **pole** →SKI STICK. ~ **resort** ski-oord. ~ **run** skibaan. ~ **school** ski-skool. ~ **stick,** ~ **pole** ski-stok. ~ **suit** ski-pak. ~ **touring** ski-loop. ~ **tow** hysstoel.
skid *n.* (die) gly, skuif, skuiwing; glyplek; rem; remskoen, briekblok; *(mynb.)* slee; ***go into a*** ~ aan die gly gaan/raak; ***hit*** *the ~s, (infml.)* op 'n glybaan (*of* die afdraand[e]) beland; *be* ***on*** *the ~s, (infml.)* jou op 'n glybaan bevind, op die afdraand(e) wees; *(loopbaan ens.)* vinnig aan die taan wees; *(aandele ens.)* tuimel, skerp daal/val; ***put*** *the ~s under ..., (infml.)* ... op 'n glybaan plaas (*of* na die verdoemenis help *of* laat misluk); ... laat tuimel (*of* skerp laat daal/val) *(aandele ens.)*. **skid** =*dd*=, *ww.* gly, uitgly, afgly, glip, skuiwe; dwars gly; *(wiele)* sleep; rem. ~ **bar** skermreling. ~ **cage** glyhyshok. ~ **chain** remketting. ~ **lid** *(Br., infml.)* valhelm. ~ **mark** glymerk. ~**pan** remskoen; glybaan. ~ **plate** glyplaat. ~ **resistance** glyweerstand. ~**-resistant** *adj.* glywerend. ~ **road** *(Am.)* sleeppad *(vir boomstamme); (hist.)* onderdorp, agter=, krotbuurt. ~ **row** *(Am., sl.)* onderdorp, agter=, krotbuurt; *be on ~ ~* op straat sit.
skid·doo *ww., (Am., infml.)* skoert, waai, spore maak, padgee.
ski·er skiër, skiloper.
ski·ey →SKYEY.
skiff *n.* bootjie, skuitjie, skif. **skiff** *ww.* skifroei.
ski·ing skisport, skiëry.
skil·ful, *(Am.)* **skill·ful** bekwaam, knap, handig, knaphandig, kundig, kunstig, bedrewe, vaardig. **skil·ful·ness** →SKILL.
skill bekwaamheid, knapheid; (knap)handigheid, behendigheid; vaardigheid, geskooldheid, skoling; *(i.d. mv.)* bekwaamhede; vaardighede; *game of* ~ vaardigheidspel, behendigheidspel; vernufspel; *manual* ~ handvaardigheid, knaphandigheid; *test of* ~ vaardigheidstoets. **skilled** bekwaam, bedrewe; ervare, geskool(d); geroetineer(d); *be ~ in ...* in ... bedrewe/geskool(d)/ervare/gekonfyt wees; ~ *labour* geskoolde arbeid, vakarbeid; ~ *labourer* vakarbeider.
skil·let braaipannetjie; *(Br., hist.)* kookpotjie, kastrolletjie.
skil·ling *(hist. Skand. munt)* skelling.
skil·ly *(Br., hoofs. hist.)* dun/waterige sop, gortwater.
skim *n.* lagie *(op vloeistof)*. **skim** =*mm*=, *ww.* afskep; afroom *(melk)*; afskuim *(konfyt)*; skil *(metaal)*; deurblaai, =kyk, =vlieg, vlugtig lees, blaailees; slinger *('n plat klippie oor 'n wateroppervlak)*; ~ ***along*** *s.t.* langs/oor iets gly/skeer; ~ *a* ***fund/etc.,*** ~ *(money) from a* ***fund/etc.,*** *(infml.)* geld uit 'n fonds/ens. verduister; ~ *the cream* ***off*** *the milk* die melk afroom; ~ ***off*** *the best* (net) die beste afskep; ~ *fat* ***off*** vet afskep; ~ ***over*** *s.t.* oor iets heengly; ~ ***(through)*** *a book* 'n boek vlugtig lees, 'n boek blaailees; ~ *the* ***water*** oor die water skeer/stryk. ~ **milk** →SKIMMED MILK.
skimmed afgeroom. ~ **milk, skim milk** afgeroomde melk. ~ **milk cheese, skim-milk cheese** afgeroomdemelkkaas, maer kaas, weikaas. ~ **milk powder, skim-milk powder** afgeroomdemelkpoeier.
skim·mer skuimspaan, afskuimlepel; *(hoofs. Am.)* glyrok, =tabberd; *African* ~, *(orn.)* waterploeër.
skim·ming afskepping, afskuiming; afroming; skilwerk, (die) skil *(v. metale)*.
skimp suinig/vrekk(er)ig wees; beknibbel, afknyp, skraps(ies)/ontoereikend uitdeel, skraal bedeel, kort hou; afskeep *(werk)*; ~ *on s.t.* op iets besuinig; ~ *and save* suinig leef/lewe, jou bekrimp; ~*ed work* afskeepwerk, knoeiwerk. **skimp·i·ness** skrapsheid, karigheid. **skimp·y** karig, afgeskeep, afskeperig, skraal, skraps.
skin *n.* vel, huid; skil, vlies; kors; huid *(v. 'n skip)*; dop *(v. druiwe)*; *s.o. is (just* or *reduced to) ~ and* ***bone(s)*** iem. is (net) vel en been, iem. is brandmaer; *a snake* ***casts/changes*** *its* ~ →***sheds/casts/changes/throws;*** *s.o. has* ***changed*** *his/her* ~ iem. is totaal 'n ander mens; ***give*** *s.o. some ~, (Am. sl.)* iem. die hand gee, iem. handgee; *do s.t.* ***in*** *one's* ~ iets nakend/kaal doen; *not want to be* ***in*** *s.o.'s* ~ nie in iem. se skoene wil staan nie; ***get into/under*** *the ~ of a part* jou in 'n rol inleef; ***jump/leap*** *out of one's ~, (infml.)* uit jou vel (uit) spring, buite jouself wees *(v. blydskap/vreugde)*; *wear s.t.* ***next*** *to the* ~ iets op die blote lyf/vel dra; *it's no ~* ***off*** *s.o.'s* ***nose,*** *(infml.)* dit traak iem. nie; ***save*** *one's ~, (infml.)* heelhuids daarvan afkom; lyf wegsteek; *(in order) to* ***save*** *one's ~, (infml.)* om jou bas te red; ***save*** *s.o.'s ~, (infml.)* iem. se bas red; *a snake* ***sheds/casts/changes/throws*** *its* ~ 'n slang vervel; *s.o. escaped by the ~ of his/her* ***teeth,*** *(infml.)* iem. het (net) met sy/haar lewe daarvan afgekom (*of* naelskraap[s]/ternouernood ontkom *of* amper/byna in die slag gebly), dit was (so) op 'n nerf na (*of* so hittete) of iem. het in die slag gebly (*of* nie vrygekom nie); *a* ***tender*** ~ 'n gevoelige vel; *have a* ***thick*** ~ dikvellig/onbeskaam(d)/ongevoelig wees, 'n dik vel hê; *have a* ***thin*** ~ dunvellig/fyngevoelig/liggeraak wees; *a snake* ***throws*** *its* ~ →***sheds/casts/changes/throws; under*** *the* ~ in wese; *get* ***under*** *s.o.'s ~, (infml.)* iem. (hewig) irriteer/omkrap; *be* ***wet*** *to the* ~ tot op die/jou vel nat wees; *keep (*or *come off with) a* ***whole*** *~, (arg.)* heelhuids daarvan afkom. **skin** =*nn*=, *ww.* afdop, afskil; afslag; die vel afstroop; *(infml.)* uitsuig, afset, bedrieg, kul; *(arg.)* met 'n vel/rofie bedek; toegroei; ~ *s.o.* ***alive,*** *(infml., fig.)* iem. afslag (*of* oor die kole haal *of* se kop goed/lekker vir hom/haar was); *keep one's* ***eyes*** *~ned, (infml.)* jou oë oophou, fyn dophou; *keep one's* ***eyes*** *~ned for ..., (infml.)* goed op die uitkyk wees vir ...; *fall and ~ one's* ***knee*** jou knie nerf-af/vel-af val. ~ **affection** velaandoening. ~ **cancer** velkanker. ~**care** velsorg, =versorging. ~ **colour** vel=, huidkleur. ~ **complaint** velaandoening. ~ **cream** velroom. ~ **current** *(elek.)* oppervlakstroom. ~**-deep** *adj.* vlak, oppervlakkig, *(Angl.)* veldiep; *beauty is but* ~ mooi vergaan, maar deug bly staan; mooiheid sit maar bo-op. ~ **disease** vel=, huidsiekte. ~ **diver** vry=, swemduiker. ~ **diving** swemduik. ~ **effect** *(fis.)* huid=, skil=, oppervlakeffek. ~ **eruption** (vel)uitslag. ~ **flick** *(sl.)* porno=, seksfliek. ~**flint** vrek, geldwolf, gierigaard, inhalige persoon, suinigaard, taai-oulap. ~**fold cal(l)iper** huidplooimeter. ~**fold thickness** huidplooidikte. ~ **food** voedingsroom, voedende velroom. ~ **friction** *(fis.)* laag=, oppervlakwrywing. ~ **game** *(Am., infml.)* swendelary, bedrogspul. ~ **graft** veloorplanting. ~**head** *(lid v. 'n jeugbende)* poens=, skeerkop; *(Am.)* vlootrekruut. ~ **irritant** huidprikkelstof. ~ **lotion** velmiddel. ~ **pack** masker. ~ **rug** karos. ~ **specialist** dermatoloog, velarts. ~ **test** *(med.)* veltoets. ~**tight** *adj.* styf gespan, baie nou, nousluitend; ~ *trousers* span=, kleefbroek. ~ **wool** velwol. ~ **works** velblotery. ~**worm** velwurm.
skin·ful leersak vol; volle deel/porsie; *have a ~, (infml.)* besope wees.
skink *(soort akkedis)* skink.
skin·less sonder vel; ~ *sausage* vlieslose wors.
-skinned *komb.vorm* met 'n ... vel; =vellig; *dark-~* met 'n donker vel; *thick-~, (lett. & fig.)* dikvellig.
skin·ner afslagter; vilder; velkoper; bont=, pelshandelaar; afsetter, bedrieër.
skin·ning (die) afslag. ~ **knife** slagmes.
skin·ny (brand)maer, plankdun, benerig, rietskraal; ~ *legs* spykerbene, =beentjies. ~**-dip** =*pp*=, *ww.* kaal/naak

swem/baai, in adams-/evasgewaad swem. **~-dipper** kaal-, naakbaaier. **~-dipping** naak-, kaalbaaiery, kaal-swemmery.

skint *adj., (Br., infml.)* platsak.

skin·tled oneffe *(steenwerk).*

skip[1] *n.* sprongetjie, springetjie; sprong *(in hout);* heimlike vlug. **skip** -*pp*-, *ww.* spring, huppel; touspring, riemspring; wip; oorslaan, oorspring; weglaat, uitlaat; →SKIPPER[1], SKIPPING, SKIPPY; ~ *across/over s.t.* oor iets spring; oor iets wip; ~ *across to France* 'n blitsbesoek aan Frankryk bring; ~ *(one's) bail* →BAIL[1] *n.;* ~ *the country* →COUNTRY; ~ *it, (infml.)* met die noorderson vertrek; ~ *it!, (infml.)* los dit!, vergeet dit (maar)!; ~ *off, (Br., infml.)* wegglip; ~ *over s.t.* →*across/over;* ~ *school* stokkiesdraai; ~ *through a book* 'n boek (vinnig) deurblaai. ~ **(ewe)** oorslaanooi. **~jack** *(igt.), (Katsuwonus pelamis)* pensstreeptuna; *(Pomatomus saltatrix)* elf; →ELF(T); *(Elops machnata)* springer, wildevis, tienponder; →CAPE SALMON; *(entom.)* springkewer, kniptor; →CLICK BEETLE. ~ **zone** *(rad.)* stil sone.

skip[2] *n.* hysbak, -emmer, -mandjie, -wa, -hok; stortbak; mynhyser; →SKEP. ~ **box** valkas. **~man** hysbakwagter. **~way** hysbaan.

skip[3] *n., (infml., sport)* kaptein, *(rolbal)* skipper; →SKIPPER[2].

skip·per[1] (oor)springer; *('n vlinder v.d. familie Hesperiidae)* springertjie, dartelaartjie, dikkoppie; kaasmiet; *(igt.: Scomberesox saurus)* saurie, skipper.

skip·per[2] *n.* skipper, kaptein *(v. 'n skip);* kaptein, aanvoerder *(v. 'n sportspan),* skipper *(v. 'n rolbalspan).* **skipper** *ww.* kaptein wees van, die gesag voer oor *('n skip ens.);* aanvoer, die kaptein wees van *('n sportspan).*

skip·ping gehuppel; touspringery, riemspring(ery). ~ **rope** springtou, -riem.

skip·py *n., (igt.)* skipper; →SKIPPER[1] *(igt.).* **skip·py** *adj.* huppelrig.

skirl, skirl·ing *n., (Sk., dial.)* gesnerp, geraas, gekrys; gedoedel. **skirl** *ww.* snerp, raas, krys; doedel.

skir·mish *n.* skermutseling. **skir·mish** *ww.* skermutsel. **skir·mish·er** skermutselaar.

skirr *ww., (w.g.):* ~ *away/off* wegfladder; wegskarrel.

skir·ret suikerwortel.

skirt *n.* romp, half-, heuprok; onderstuk *(v. 'n rok); (infml., neerh.)* vroumens, meisiemens, -kind; *(teg.)* (buite)rand, kant, flank; oorsteeksel *(v. 'n dak);* bekleding, mantel; soom; rok *(v. 'n isolator); (ook, i.d. mv.)* oorstek *(v. 'n dak);* buitewyke *(v. 'n stad);* stiegriem, stiebeuelkleppe; afrandsels; *bit of ~, (sl.: meisie, vrou)* stuk; *divided* ~ broekromp, harembroek. **skirt** *ww.* langs die kant loop/gaan; vermy, ontwyk; vaar/seil langs; begrens, omrand, omsoom; afrand; ~ *around/round s.t.* om iets gaan; *~ed fleece* afgerande vag; ~ *s.t. off* iets afrand. ~ **board** strykplank. ~ **chaser** meisiesgek, vrouejagter. ~ **hanger** romphanger. ~ **placket** rokslip, syslip.

skirt·ing rand, omranding; rokstof, -goed; afranding; *(i.d. mv.)* afrandsel(s). ~ **board** spatlys; vloerlys. ~ **fillet** vloerlyslat. ~ **table** afrandtafel.

skit parodie; paskwil, spotskrif, spotstuk(kie); steek, set; *a ~ on ...* 'n parodie op ...; 'n hekeling van ...

skit·ter skeer, snel, gly, seil *(oor 'n oppervlak);* aas sleep.

skit·tish skrikkerig, kopsku *('n perd);* skigtig; ongestadig, wispelturig, veranderlik, ligsinnig; uitgelate, lewendig, iewerig, dartel(end).

skit·tle *n.* kegel; *(i.d. mv.)* kegelspel; *life is not all beer and ~s* die lewe is nie (net) 'n speletjie nie. **skit·tle** *ww.* omgooi *(soos kegels); (w.g.)* kegel speel; ~ *out a team, (kr.)* 'n span uitknikker. ~ **alley,** ~ **ground** kegelbaan. ~ **pin** kegel. ~ **player** kegelspeler, -speelster. **skit·tler** kegelspeler, -speelster.

skive[1] *(Br., infml.)* ~ *(off)* stilletjies verdwyn; stokkiesdraai *(op skool);* wegbly van die werk/skool.

skive[2] *(teg.)* glad sny, afskil, splits *(leer);* slyp *(edelstene);* skuins kerf. ~ **angle** kerfhoek. **skiv·er** dun leer, nerf; kerfmes; leermes.

skiv·vy[1] *n., (Br. infml., dikw. neerh.)* diensmeisie; kneg, sloof, werkesel. **skiv·vy** *ww., (Br., infml.)* handearbeid verrig; vuil werk doen, sloof-/sleur-/donkiewerk doen.

skiv·vy[2] -*vies, n., (Am. sl.)* kortmou-onderhemp; *(i.d. mv.)* onderklere.

skok·i·aan *(SA)* skokiaan.

skol, skoal *tw., (Skand.)* gesondheid.

skol·ly, skol·lie *(<Afr.)* skollie. ~ **(boy)** skollie.

sko·ro·ko·ro *(<Tsw., SA sl.)* (ou) tjor(rie)/rammelkas/skedonk.

sku·a roofmeeu, skua, skoea; *Arctic ~, (Stercorarius parasiticus)* Arktiese roofmeeu; *Subantarctic ~, (Catharacta antarctica)* bruin roofmeeu.

skul·dug·ger·y, *(Am.)* **skull·dug·ger·y** swendelary, kullery, slenterstreek, verneukery, bedrogspul, gemene praktyk.

skulk loer, sluip, skuil; (werk/diens) ontwyk, lyf wegsteek; ~ *off* wegsluip. **skulk·er** wegkruiper; lamsak, bangbroek.

skull *n.* skedel, kopbeen, harspan; *(gevaarteken)* doodskop; ~ *and crossbones* skedel en doodsbeendere, seerowersvlag; *be out of one's ~, (infml.)* van jou kop/verstand af wees, van jou sinne beroof wees, nie reg (in jou kop) wees nie. **skull** *ww., (infml.)* oor die kop moker. **~cap** skedelpan; kalotjie, mussie; skrumpet; kop-, oorbedekking. ~ **fracture** skedelbreuk. ~ **session** *(Am. infml.)* dinkskrum.

skunk *(N.Am., Memphitis memphitis)* stinkdier; *(SA, Ictonyx striatus)* stinkmuishond; →POLECAT; *(infml.)* stinkerd, smeerlap, skobbejak, vuilgoed, lae hond, lae lak.

Skup·shti·na, Skup·šti·na *(hist.: Joego-Slawiese parl.)* Skoepsjtina.

sky *n.* lug, hemel, uitspansel, firmament; *a clear ~* 'n helder lug; *out of a clear (blue) ~* onverwags, ewe skielik, sonder aanleiding; *if the ~ falls, we shall all catch larks* (or *pots will be broken*), *(skerts.)* as die hemel val, is ons almal dood; *in the ~* in die lug; aan die hemel/uitspansel; *laud/praise s.o. to the skies* iem. hemelhoog prys, iem. ophemel/opvysel; *the ~'s the limit, (infml.)* daar is geen grens(e) nie; *under the open ~* onder die blote hemel; *it's/that's all pie in the ~* →PIE[1] *n.; reach to the skies* na die hemel reik; *sweep the ~, ('n soeklig)* die lug bestryk. **sky** *ww.* in die lug gooi/slaan; hoog ophang; *~ a ball* 'n lughou slaan. ~ **blue** hemelsblou, asuur. **~-born** *adj., (poët., liter.)* van goddelike oorsprong, uit die hemel gedaal. **~-clad** *adj., (paganisme)* naak. ~ **cloth** *(teat.)* horisondoek. **~dive** *(valskermspring)* vryval, 'n vryval doen, vryval (uit 'n vliegtuig) beoefen. **~diver** vryvaller, vryvalkunstenaar. **~diving** vryval. ~ **glow** lugskyn(sel). **~-high** *adj.* hemelhoog; *blow s.t. ~, (infml.)* iets in die lug blaas, iets vernietig; *go ~, (pryse ens.)* die hoogte inskiet. **~jack** lugrowery pleeg. **~jacker** vliegtuigkaper. **~jacking** lugkapery, -kaping. **~lark** *n., (orn.)* lewerkie, lewerik(ie), leeurik. **~lark** *ww., (infml.)* streke uithaal, kattekwaad aanvang, poetse bak, pret maak, 'n plek op horings neem, gekskeer, die gek skeer. **~larking** ruwe spelery, kattekwaad, gekskeerdery. **~light** daglig; dakvenster, daklig, bolig, solderlig, vallig; *(sk.)* koekoek. **~line** kimlyn, silhoeët *(v. 'n stad),* stadsprofiel. ~ **pilot** *(sl.: geestelike, vnl. kapelaan)* hemelloods, -dragonder. ~ **radiation** lugstraling. ~ **railway** lugspoor(weg). **~rocket** *n.* vuurpyl. **~rocket** *ww.* die hoogte inskiet. **~sail** *n., (sk.)* vliegseil. **~scape** luglandskap; luggesig, wolkeskildering. **~scraper** wolkekrabber, toringgebou. **~scraper building** hoogbou. ~ **sign** dakreklame; rookskrif; kimteken. **~typing** lugtikkery; lugtikreklame. ~ **wave** *(rad.)* ionosfeergolf. **~way** vliegroete, lugroete, lugweg. **~writer** lugskrywer. **~writing** rookskrif, lugskrif.

Skye *n., (geog.)* Skye. ~ **terrier** skyeterriër.

sky·er lughou, -skoot.

sky·ey hemelsblou; verhewe.

sky·ward *adj.* hemelwaarts. **sky·ward(s)** *adv.* hemelwaarts, na die hemel.

slab[1] *n.* plat klip/steen, plaat; (plat) blok; blad, plak; aanreg; skaalplank, skaaldeel; ~ *of chocolate* →CHOCOLATE SLAB; ~ *of concrete, concrete* ~ betonblad; ~ *of marble* marmerblad; *a long ~ of misery* 'n lang slungel; ~ *of rock* plat rots; ~ *of slate* leiblad. ~ **cork** plaatkurk. **~-sided** platsydig. **~-sidedness** platsydigheid. ~ **timber** gekante stompe.

slab[2] *adj., (dial., poët., liter.)* taai, klewerig.

slab·ber *(Sk., Iers)* = SLOBBER.

slack[1] *n.* slapte, losheid; slap (hangende) ent *(v. 'n tou);* slap draad; speling; slap tyd, slapte; *(i.d. mv.)* slenterbroek; lang broek; *cut s.o. some ~, (Am. infml.)* iem. 'n bietjie speling/speelruimte gee/toelaat/gun; *take up the ~* iets styf trek *('n tou ens.);* die agterstand inhaal; die daling wegwerk. **slack** *adj. & adv.* slap; los; traag, lui; laks; ~ *fit* ruim passing; wikkelpassing; *grow ~* slap word; laks word; *keep a ~ hand/rein, (fig.)* laks wees, sake hul eie gang laat gaan; ~ *lime* gebluste kalk; ~ *nut* los moer; ~ *rope* slap tou; ~ *season/time* stil tyd, komkommertyd; *trade is ~* die handel is maar slap(pies); ~ *tyre* slap band; ~ *water* stil water *(b.d. kentering/wisseling v.d. gety).* **slack** *ww.* verslap; vertraag; verminder; laat skiet, skiet gee; luier, laat slap lê; rus; ~ *off* verslap; minder bedrywig word; nie so hard werk nie; ~ *off/up* stadiger ry; ~ *s.t. off/up* iets uitvier *('n tou).* ~ **adjuster** aanhaler. **~-baked** *adj.* half gebak/gaar. **~-loined** *adj.* lank in die lies. ~ **pay** slapteloon. **~(s) suit** broekpak, slenterpak.

slack[2] *n.* steenkoolgruis. ~ **coal, small coal** gruiskole.

slack·en slap word; laat skiet; vier; verflou; afneem; verslap, verminder; ~ *speed* (or *the pace*) vaart verminder, stadiger gaan; ~ *off/up* →SLACK OFF/UP.

slack·er luiaard; pligversaker; papbroek, lamsak, slappeling.

slack·ly slap.

slack·ness slapheid; losheid; laksheid; traagheid; slapte.

slag *n., (metal.)* metaalskuim, slak(ke); ysterghwano; slak(ke)meel; uitgebrande steenkool, sintel(s); *(geol.)* vulkaanslak; →SCORIA; *(neerh. Br. sl.: promiskue vrou)* slet; *basic ~* basiese slak. **slag** -*gg*-, *ww.* verslak; ~ *s.o. off, (sl.)* iem. afkraak/afkam/kap/kritiseer; iem. swartsmeer/beskinder/beswadder, kwaadpraat van iem.; aanmerkings maak oor iem.. ~ **brick** slaksteen. ~ **heap** *(mynb.)* slakhoop. ~ **hole** slakgat. ~ **sand** slaksand. ~ **wool** klip-, rotswol, slakkewol.

slain →SLAY; *be ~* sneuwel *(in 'n oorlog);* doodgemaak word; *the ~* die gevallenes/gesneuweldes *(in 'n oorlog);* die slagoffers *(v. 'n moord).*

slake les; blus; laaf; *~d lime* gebluste kalk, bluskalk; ~ *one's thirst* die/jou dors les; *~d thirst* geleste dors. **slaking** lessing; blussing.

sla·lom *(ski, kanovaart)* slalom.

slam[1] *n.* harde slag/klap. **slam** -*mm*-, *ww.* smyt; toesmyt, -klap, -slaan, -gooi *('n deur);* ~ *on the brakes* →BRAKE[1] *n.;* ~ *s.t. down* iets neersmyt/neerplak; ~ *into ...* teen ... bots; ~ *s.t. to* iets toeklap. **~-bang,** *(Am.)* = SLAP-BANG. ~ **dunk** *n., (basketbal)* dompelskoot. **~-dunk** *ww.* dompel. ~ **lock** klapslot.

slam[2] *n., (brug) grand ~* groot kap/slag; →GRAND SLAM; *little ~* klein kap/slag.

slam·mer *n., (sl.: tronk)* tjoekie, hok; *be in the ~* in die tjoekie (*of* agter [die] tralies) sit/wees.

slan·der *n., (jur.)* (mondelinge) laster; *(alg.)* skinderpraatjie(s), geskinder, skindery, kwaadpratery, kwaadsprekery. **slan·der** *ww.* laster; skinder, kwaadpraat, -spreek; swartsmeer; ~ *s.o.* iem. belaster/beskinder/beswadder, van iem. kwaad praat/spreek. **slan·der·er** lasteraar, kwaadprater, skindertong, skinderaar, skinderbek, vuilspuiter. **slan·der·ous** lasterlik, laster-.

slang *n.* sleng; jargon; bargoens, groeptaal. **slang** *ww.* uitskel. **slang·ing:** ~ *match* uitskellery, skelparty, rusie, woordetwis. **slang·y** platterig, gemeensaam, sleng-; ~ *language* sleng, maaktaal, sleurtaal.

slant *n.* skuinste, helling; neiging, rigting; *(druk.)* skuins-, dwarsstreep; *give s.t. a ~* 'n kleur/aksent aan iets gee; *a ~ on a subject* 'n kyk op (*of* opvatting van) 'n saak; *on/at a/the ~* skuins. **slant** *adj.* skuins, skeef. **slant** *ww.* skuins/skeef loop/staan; afhel; skeef trek; ~ *the news* die nuus skeef voorstel; *~ed news* skewe/eensydige/tendensieuse berig(te). **~-eye** *(neerh. sl.)*

Oos-Asiaat. ~-**eyed** met skuins/skewe oë. ~ **height** skuins hoogte. ~ **surface** hellingsvlak.

slant·ed skeef (getrek).

slant·ing *n.* skeeftrekking; skewe voorstelling. **slant·ing** *adj.* skuins, skeef; leunend; hellend; ~ *trellis* skuinsprieel. **slant·ing·ways** *adv., (w.g.)* →SLANTWISE *adv.*.

slant·wise, slant·ways *adj. & adv.* skuins, skeef; leunend; hellend.

slap *n.* klap, slag, veeg; *give s.o. a ~ on the **back*** iem. op die skouer klop; *s.t. is a ~ in the **face** for s.o.* iets is vir iem. 'n klap in die gesig (*of* 'n belediging); *give s.o. a ~ in the **face**, (lett.)* iem. in/deur die gesig klap; *(fig.)* iem. in die gesig vat; *(a bit of) ~ and **tickle**, (Br., infml.)* amoreuse pret, 'n vryery; *receive a ~ on the **wrist**, (infml., fig.)* oor die vingers geraps word, tereggewys word, vermaan word. **slap** *adv.* plotseling; reg; *hit s.o. ~ in the eye* iem. reg in/op die oog slaan; *run ~ into s.o.* reg teen iem. vasloop. **slap** *-pp-, ww.* klap, 'n klap gee, slaan; ~ *s.t. **away*** iets wegslaan; ~ *s.t. **down*** iets neerplak/neersmyt; ~ *s.o. **down*** iem. hokslaan; ~ ***on** sentiment/etc.* aandik, oordryf, oordrywe; ~ *s.t. **on*** iets opplak *(verf ens.)*; ~ *s.t. **on** s.o.* iets op iem. laai *(belasting ens.)*. ~-**bang** *adv.* met geweld; halsoorkop, holderstebolder; pardoems, kaplaks. ~**dash** *n.* agtelosigheid, onverskilligheid, opdonsery. ~**dash** *adj. & adv.* voortvarend; halsoorkop, onverskillig; ongeërg; slordig; ~ *work* afskeepwerk. ~**happy** *(infml.)* verwese, benewelid, deur die wind; uitbundig, uitgelate. ~**head** *(neerh. sl.)* kaal=, poens=, bles=, pankop. ~**jack** *(Am. kookk.)* plaatkoekie, flappertjie. ~**stick** *n.* klugtigheid, growwe humor; harlekynspel, =streke, hanswors(t)ery; lawaai; harlekynslat. ~**stick** *adj.* klugtig; lawaaierig; ~ *comedy/farce* dolle klug. ~-**up** *adj., (infml., vnl. v. 'n maaltyd)* rojaal, ryk, uitgebrei; piekfyn, eersteklas.

slap·ping *(ook)* vinnig; *(dial.)* tamaai, yslik; fors.

slash *n.* hou, sny, kap, slag; split *(in 'n mou ens.)*; skuinsstreep, solidus; *(Am.)* houtkapsels; *have* (or *go for*) *a ~, (Br. sl.: [gaan] urineer)* (gaan) fluit, (gaan) water afslaan. **slash** *ww.* sny; insny; kerf; slaan, kap; afransel, striem, kwaai kritiseer; drasties verlaag *(pryse)*; kwaai besnoei *(uitgawes)*; ~ *s.t. open* iets oopvlek; ~*ed prices* sterk verlaagde pryse; ~*ed sleeve* splitmou. ~-**and-burn** *adj. (attr.)* kap-en-brand- *(landbou, bebouing, metodes, ens.)*. ~ **hammer** mokerhamer. ~ **(mark)** skuinsstreep, dwarsstreep. ~ **pocket** skuins sak. ~ **saw** voorsaag.

slash·er kapper, snyer; kapwapen; mesmaniak; vegjas, vegtersbaas, bek(ke)snyer. ~ **flick**, ~ **movie** *(sl.)* gruwelfliek oor 'n mesmaniak.

slash·ing skerp; kras, vernietigend; ~ *attack* striemende aanval; ~ *criticism* vernietigende kritiek; ~ *reductions* hewige besnoeiings.

slat[1] *n.* lat, plankie; hortjie; *(lugv.)* vleuelneus(klep), neusvlerk. **slat** *-tt-, ww.* belat. ~ **fence** lat(te)heining, skutting. **slat·ted** belat; ~ *shelf* latrak.

slat[2] *ww. (onoorg.), (seil)* klap, slaan.

slate[1] *n.* leisteen, leiklip; lei; daklei; leikleur; *(Am.)* lys *(v. kandidate ens.)*; →SLATY; *start with a **clean** ~* met 'n skoon lei begin; *wipe the ~ **clean*** die dinge van die verlede agterlaat; *s.o. has a ~ **loose**, (infml.)* daar is 'n skroef los by iem.; ***put** s.t. on the ~, (infml.)* iets opskryf/opskrywe *(op 'n rekening)*. **slate** *adj.* lei=; leikleurig; ~ *roof* leidak; ~ *slab* leiblad. **slate** *ww.* 'n leidak opsit; dek; aanwys, op 'n lys plaas; aanteken, inskryf; →SLATER, SLATING[1]; *be ~d for ... vir ...* bestem(d) wees *(bevordering ens.)*; *a ~d roof* 'n leidak. ~ **axe**, ~ **cutter** leidekkersbyl. ~ **blue** leiblou. ~ **club** onderlinge steunfonds. ~ **coal** leikole, swaarkole. ~ **colour** leikleur. ~-**coloured**, ~-**grey** leikleurig. ~ **miner** leiklipbreker. ~ **pencil** griffel, griffie. ~ **pit**, ~ **quarry** leigroef. ~ **work** leiwerk.

slate[2] *ww.* hekel, inklim, striem, afmaak, afbrekend kritiseer; uitskel.

slat·er lei=, dakdekker.

slat·ing[1] leie; leimateriaal; leidekkerswerk.

slat·ing[2] (uit)brander; kwaai kritiek.

slat·tern *(vero.: slordige vrou)* slons, flodderkous, floddermadam. **slat·tern·li·ness** slordigheid, slonserigheid, verslonsdheid, verslonstheid. **slat·tern·ly** slonserig, slordig, verslons, liederlik.

slat·y leiagtig; leiklipagtig.

slaugh·ter *n.* slagting; bloedbad; *like a lamb to the ~* →LAMB *n.*; *a wholesale ~* 'n groot slagting, 'n slagting op groot skaal. **slaugh·ter** *ww.* slag; vermoor; 'n slagting aanrig (onder); *(fig.)* moor. ~ **animal** slagdier, =ding. ~ **cattle** slagbeeste. ~ **hall** slaglokaal. ~**house** slaghuis; slagplaas, =plek, abattoir. ~**man** =*men* slagter, slagplaaswerker; laksman. ~ **pig** slagvark. ~ **stock** slagvee, =goed, =diere.

slaugh·ter·er slagter; bloedvergieter; moordenaar.

slaugh·ter·ing slagtery, slagwerk. ~ **place** slagplek, =pale; →SLAUGHTERHOUSE. ~ **pole** *(vero., w.g.)* slagpaal.

slaugh·ter·ous moorddadig.

Slav *n., (lid v.d. Slawiese volk)* Slaaf. **Slav** *adj.* Slawies. **Slav·ic** *n. & adj.* →SLAVONIC *n. & adj.*. **Slav·ist** *(w.g.)* Slavis.

slave *n.* slaaf, *(vr.)* slavin; werkesel; kneg; →WHITE SLAVE, WHITE SLAVERY; *be a ~ **of** ...* 'n slaaf van ... wees; *be **s.o.'s** ~* iem. se voetveeg wees; *be a ~ **to** ...* aan ... verslaaf wees, die slaaf van ... wees *(drank, luste, ens.)*; *become a ~ **to** ...* 'n slaaf van ... word *(iem.)*; jou aan ... oorgee *(iets)*. **slave** *ww.* slaaf, sloof, swoeg, jou afbeul; ~ *away at s.t.* aan iets swoeg. ~ **bell** slaweklok. ~-**born** in slawerny gebore. **S~ Coast**: *the ~ ~, (hist., W.Afr.)* die Slawekus. ~ **dealer** slawehandelaar. ~ **driver** *(ook infml.)* (slawe)drywer. ~ **holder** slawe-eienaar, slawehouer. ~ **labour** *(ook infml.)* slawearbeid, =werk. ~ **lodge** slawehuis, =losie. ~ **market** slawemark. ~ **owner** slawe-eienaar. ~ **quarters** slawekwartier. ~ **ship** *(hist.)* slaweskip. ~ **state** *(hist.)* slawestaat. ~ **trade** slawehandel. ~ **trader** slawehandelaar.

slav·er[1] *n., (hist.)* slaweskip; slawehandelaar, slawehaler.

slav·er[2] *n.* kwyl; lekkery; *(arg.)* flikflooiery. **slav·er** *ww.* kwyl; ~ *over s.o.* iem. bekwyl.

slav·er·y slawerny; slawearbeid; knegskap.

slav·ey *(Br., infml., vero.)* sloof.

Slav·ic →SLAVONIC.

slav·ish slaafs. **slav·ish·ness** slaafsheid.

Slav·o= *komb.vorm* Slawe=. ~**phil(e)** Slawevriend. ~**phobe** Slawehater.

Sla·vo·ni·a *(Kroatiese streek)* Slawonië. **Sla·vo·ni·an** *n.* Slawoniër; *(taal)* Slawonies. **Sla·vo·ni·an** *adj.* Slawonies.

Sla·vo·nic, *(hoofs.Am.)* **Slav·ic** *n., (O.Eur. taalgroep)* Slawies; *(Old) Church ~* (Ou) Kerkslawies. **Sla·vo·nic,** *(hoofs.Am.)* **Slav·ic** *adj.* Slawies; ~ *scholar* Slavis, Slawis *(also s~)*; ~ *studies* Slavistiek, Slawistiek *(also s~)*.

slaw *(Am.)* koolslaai.

slay *slew slain* doodmaak, vermoor, ombring; →SLAIN; ... ~*s s.o., (infml.)* iem. kan hom/haar oor ... doodlag. **slay·er** doodsla(n)er, doder; moordenaar. **slay·ing** doding, vermoording, moord.

sleaze *n., (infml.)* laakbaarheid; onsmaaklikheid, aanstootlikheid; skandaalpolitiek; *(infml.)* laakbare mens, lae luis. ~**bag**, ~**ball** *(sl.)* teertou, tang, fieta, gommie, gomtor; korrupte politikus/amptenaar/ens.. **slea·zy** laakbaar *(gedrag)*; onsmaaklik, aanstootlik *(gedrag, persoon)*; goor, smerig, onguur, onfatsoenlik *(plek)*; *(tekst., vero.)* dun, swak.

sled →SLEDGE[1], SLEDDING. ~ **dog** sleehond.

sled·ding slee-ry; *have hard ~* swaar kry, dit hotagter kry, les opsê.

sledge[1], *(Am.)* **sled, sleigh** *n.* slee. **sledge,** *(Am.)* **sled** *-dd-*, **sleigh** *ww.* slee ry, met 'n slee ry; met 'n slee vervoer. ~ **bell** →SLEIGH BELL.

sledge[2] *n.* voorhamer. **sledge** *ww., (Austr., infml., kr.)* hekel, koggel, skel, slegsê, beledig, sledge; *(w.g.)* met 'n voorhamer slaan/breek/ens.. ~**(hammer)** voor=, smee(d)=, smidshamer. **sledg·er** *(Austr. infml., kr.)* sledger. **sledg·ing** *n., (Austr., infml., kr.)* hekelary, skellery, (gebruik van) skeltaal (*of* beledigende taal).

sleek *adj.* glad, glansend, blink; sag; slu, geslepe; ~ *hair* sluik hare. **sleek** *ww.* glad/blink maak; glad stryk.

sleep *n.* slaap; vaak; ***catch** up on one's ~* slaap inhaal; *be in a **deep** ~* vas slaap; *fall into a **deep** ~* vas aan die slaap raak; *s.o.'s **foot** has gone to ~* iem. se voet slaap; *try to **get** some ~* probeer om ('n bietjie) te slaap; ***get** to ~ (at ...)* (teen ...) aan die slaap raak; ***go** to ~* aan die slaap raak; gaan slaap; *s.o. can do s.t. **in** his/her ~, (infml.)* iem. kan iets baie maklik (*of* sonder die minste moeite *of* sommer so) doen; *sleep the ~ of the **just*** die slaap van die regverdige slaap, rustig slaap; *a **light** ~* 'n ligte slaap; *not **lose** ~ over s.t., (infml.)* nie oor iets wakker lê nie; ***lull** s.o. to ~* iem. aan die slaap sus; ***put** s.o. to ~* iem. aan die slaap maak; iem. aan die slaap sus *('n kind)*; *(boks, infml.)* iem. uitslaan/uitklop; ***put** an animal to ~, (euf.)* 'n dier uitsit/wegmaak (*of* aan die slaap maak); ***rock** s.o. to ~* iem. aan die slaap sus/wieg; ***send** s.o. to ~* iem. aan die slaap maak (*of* laat raak); ***sing** s.o. to ~* iem. aan die slaap sing; ***sound** ~* vaste slaap; ***start** from one's ~* wakker skrik. **sleep** *slept slept, ww.* slaap; rus; ~ ***around**, (infml.: promisku wees)* rondslaap, rond en bont slaap; ~ *the hours **away*** die tyd verslaap; ~ ***badly*** sleg/onrustig slaap; *let ~ing **dogs** lie* →DOG *n.*; ~ *with one **eye** open* lig slaap, (soos 'n haas) met een oog oop slaap; ~ ***fast*** vas slaap; *... shall ~ with his **fathers*** (AV), *... is laid to rest with his **fathers*** (NIV), *(1 Kon. 1:21)* ... met sy vaders ontslaap het *(OAB)*, ... in die graf gelê is *(NAB)*; ***get** s.o. to ~* iem. aan die slaap kry; ~ ***in*** laat slaap; by die werk slaap; ~ ***lightly*** los(sies) slaap; ~ *like a **log/top*** soos 'n klip/os slaap; ~ ***off** a hangover* 'n roes uitslaap; ~ *it **off**, (infml.)* 'n roes uitslaap; ~ ***on*** voortslaap; ~ ***on/over** s.t.* oor iets slaap *('n besluit ens.)*; ~ ***out*** uitslaap, by ander mense slaap; in die ope lug slaap; ~ ***over*** oorslaap; *the **room** ~s four/etc.* die kamer het slaapplek vir vier/ens.; ~ ***soundly*** vas slaap; *the **sword** ~s in the scabbard* →SWORD; ~ ***through** s.t.* deur iets heen slaap; ~ ***tight!**, (infml.)* lekker slaap!; ~ ***together**, (seksueel verkeer)* saam slaap, by mekaar slaap; →***with***; ~ ***well*** goed/lekker slaap, 'n goeie nagrus hê/geniet; ~ ***well!*** slaap gerus!, lekker slaap!, wel te ruste!; *not ~ a **wink*** nie 'n oog toemaak nie; ~ ***with** s.o., (seksueel verkeer)* by iem. slaap; →***together***. ~-**dispelling** slaapwerend. ~**over** *n.* uitslaapaand; *be on a ~ over* (gaan) uitslaap, by 'n maat (gaan) slaap. ~**walk** *ww.* in jou slaap loop. ~**walker** slaapwandelaar. ~**walking** slaapwandel(ary). ~**wear** slaapklere, =goed.

sleep·er slaper; *(spw.)* slaapwa; *(spw.)* dwarslêer; moerbalk; oorringetjie; *(infml.)* dormante agent/spioen; *(infml., 'n film/boek/ens.)* onverwagse sukses; *a heavy ~* 'n (baie) diep slaper, 'n vaste slaper; *s.o. is a light ~* iem. is 'n ligte slaper, iem. slaap baie los(sies). ~ **couch** bankbed, uittrekbed. ~ **crib** hokstut. ~ **plate** moerbalkplaat. ~ **shark** slaaphaai; →GREENLAND SHARK. ~ **wall** moerbalkmuur.

sleep·i·ness slaperigheid, vaakheid, vaakte, slaapsug; dooierigheid *(v. 'n plek)*.

sleep·ing *n.* slaap. **sleep·ing** *adj.* slapend; *find s.o. ~* iem. aan die slaap kry. ~ **accommodation** slaapplek, =geleentheid. ~ **bag** slaapsak. **S~ Beauty** Doringrosie, die Skone Slaapster. ~ **bud** ogie, slapende knop. ~ **car(riage)** slaapwa. ~ **doll** slaappop. ~ **draught** *(vero.)* slaapdrank. ~ **drug** slaapmiddel. ~ **gown** nagrok, =kabaai. ~ **mat** slaapmat. ~ **partner** *(ook, Am., silent partner)* 'n rustende/stil(le)/naamlose vennoot; slaap=, bedmaat. ~ **pill**, ~ **tablet** slaappil. ~ **place** slaapplek. ~ **policeman** *(Br. infml.)* spoedbult, =hobbel. ~ **porch** slaapstoep. ~ **powder** slaappoeier. ~ **quarters** nagkwartier. ~ **sickness**: *(African)* ~ ~ slaapsiekte. ~ **suit** slaappak, =klere. ~ **tablet** →SLEEPING PILL.

sleep·less slapeloos, slaaploos. **sleep·less·ness** slaap=, slapeloosheid.

sleep·y vaak, slaperig, sluimerig; stil, vervelend, dooierig; →SLEEPINESS; *be ~* vaak wees; *become/get ~* vaak word. ~**head** *(infml.)* slaapkop, slaapkous, langslaper; jandooi. ~ **hollow**, ~ **village** dutjies=, uiltjiesdorp, dooierige/stil dorp. ~ **sickness** *(med.: encephalitis lethargica)* epidemiese ensefalitis/enkefalitis.

sleet *n.* ysreën, sneeuhael, nat sneeu. **sleet** *ww.* sneeu/hael en reën deurmekaar; *it ~s* dit sneeu en reën deurmekaar, 'n ysreën val.

sleeve *n.* mou; huls; mantel; skuif; bus; buis; sok; mof; voering *(v. 'n silinder)*; →RECORD SLEEVE; ***have/keep*** *s.t.* ***up*** *one's* ~ iets in die mou/skild voer, iets in die mou hê, iets agter die/jou hand hê, (geheime) planne hê; *wear one's* ***heart*** *on one's* ~ →HEART; ***laugh*** *up one's* ~ →LAUGH *ww.*; ***roll/turn*** *up one's* ~*s* (jou) moue oprol, jou hande uit die moue steek *(om te werk)*, jou klaarmaak *(om te werk/baklei)*; *a* ***wide*** ~ 'n wye mou. **sleeve** *ww.* van hulse (*of* 'n huls) voorsien; uitvoer, voering insit. ~ **bearing** hulslaer. ~ **board** mouplank. ~ **coupling** hulskoppeling. ~ **garter,** ~ **holder** mou-ophouer. ~ **gear** dubbelrat. ~ **guard,** ~ **protector,** moubeskermer. ~ **hole** mousgat, skouergat. ~ **joint** hulslas. ~ **link** *(Br.)* mansjetknoop. ~ **note** *n. (gew. mv.)* omslagaantekening, -nota, -teks *(v. 'n CD, plaat, kasset)*. ~ **nut** hulsmoer. ~ **opening** mouslip. ~ **valve** hulsklep; skuifklep, glyklep.

-sleeved *komb.vorm* -mou-, met ... moue; *long-~ T-shirt* langmou-T-hemp, T-hemp met lang moue; *short-~ white shirt* wit kortmouhemp, wit hemp met kort moue.

sleeve·less mouloos, sonder moue.

sleev·ing *n., (elek.)* isolasie-, isoleerkous.

slee·zy →SLEAZY.

sleigh *n. & ww.* →SLEDGE¹ *n. & ww..* ~ **bell, sledge bell** sleeklokkie; *(ook, i.d. mv., mus.)* sleeklokkies, *(It.)* sonagli. ~ **ride** sleerit, -tog.

sleight *(arg. of poët., liter.)* handigheid, behendigheid; streek; *the ~ by which s.o. dominated ..., (vero., w.g.)* die handigheid waarmee iem. ... oorheers het; *~ of hand* kunsgreep, kunsie, goëltoertjie, truuk.

slen·der dun, skraal, maer, tingerig; rank, slank; gering, karig, min, armsalig; *~ chance/hope/possibility* geringe kans/hoop/moontlikheid; *hold a ~ lead* net-net/effens voorloop, 'n geringe voorsprong hê/behou. ~-**tailed meerkat** = SURICATE.

slen·der·ise, -ize verslank.

slen·der·ness dunheid, maerheid, maerte, slankheid.

slept geslaap; →SLEEP *ww.*; *this/that/s.o.'s bed has not been ~ in* daar is nie in hierdie/daardie (*of* iem. se) bed geslaap nie.

Sles·vig →SCHLES·WIG.

sleuth *n.* speurhond; speurder. **sleuth** *ww.* speur. ~ **hound** *(lett. & fig.)* speurhond.

slew¹, *(hoofs.Am.)* **slue** *n.* swaai, draai. **slew** *slewed, (hoofs.Am.)* **slue** *slued, ww.* swaai; verskuif; *~* ***around/round*** omswaai; *~ing* ***bar*** swaaikoevoet; *~ing* ***crane*** swaaikraan; *~* ***off*** wegswaai. **slewed** *adj. (pred.), (Br. sl.: besope)* (lekker) getrek, gaar, stukkend, gekait, smoordronk, hoog in die takke.

slew² *ww. (verl.t.)* →SLAY.

slew³ *n., (infml., hoofs.Am.)* (hele) klomp/spul/hoop.

slice *n.* sny, skyf; moot(jie); vislepel; vuurskop; deel; *(gh.)* haar-, snyhou, uitswenker, uitswenkhou; *a ~ of ...* 'n sny ... *(brood ens.)*; 'n stuk(kie) ... *(koek ens.)*; 'n skyf ... *(waatlemoen ens.)*; 'n deel van ... *(d. wins ens.)*; *a ~ of life* →LIFE. **slice** *ww.* skywe sny, dun sny; deursny; (die lug) klief; kerf; *(gh.)* haar(om) slaan, uitswenk; ***any way*** *you ~ it, (infml.)* hoe jy dit ook al bekyk; *a slicing* ***cut*** 'n skilsny; *~* ***into*** *s.t.* 'n sny in iets maak; *~ s.t.* ***off*** iets afsny; *~ s.t.* ***up*** iets sny *(brood ens.)*; iets stukkend sny *(iem. se gesig ens.)*. **sliced** *adj.* (in skywe) gesny; *~ bread/loaf* gesnyde brood; *~ drive, (gh.)* haardryfhou. **slic·er** snyer, skaaf; kerfmasjien; *bread ~* broodsnymasjien.

slick *n.* gladde kol/plek; *(mot.)* gladdevlakband; *(teg.)* breedbeitel; *(Am.)* glanstydskrif; →OIL SLICK. **slick** *adj.* blink, glad, glansend; handig, rats, glad; (alte) vlot, vaardig, gemaklik; gelek, olieagtig; geslepe, onbetroubaar. **slick** *adv.* reg, vlak, mooi, skoon, netjies, glad; *~ in the eye* reg/mooi in die oog; *s.o.'s middle stump was bowled ~ out of the ground, (kr.)* iem. se middelste paaltjie is skoon uit die grond geboul. **slick** *ww.* glad maak/stryk; poets; smeer, verf; *~ s.t. down* iets glad stryk *(jou hare ens.)*. **slick·er** bedrieër, afsetter, gladjas; gladstryker; vormstryktroffel; *city ~* geslepe stadsmeneertjie. **slick·ness** gladheid, blinkheid; handigheid, vlotheid.

slide *n.* (die) gly/glip; glykabel, -draad; glyplank; glybaan; leibaan; skuinste, helling; insinking, (in)storting; grond-, aardverskuiwing, afskuiwing; *(fot.)* skyfie; skuifplaatjie *(v. 'n naaimasjien)*; knip; objekglas, voorwerpglas; preparaat *(vir 'n mikroskoop)*; →COLOUR SLIDE, LANTERN SLIDE. **slide** *slid slid, ww.* gly, glip; skuif; laat gly/glip; *~* ***into*** *s.t.* in iets ingly *(d. water ens.)*; in iets verval *(sonde ens.)*; ***let things*** *~, (infml.)* sake hul gang laat gaan, Gods water oor Gods akker laat loop, dinge aan hulself oorlaat; *~* ***off*** afgly; *~* ***over*** *a matter* 'n saak net effe aanroer, lossies oor 'n saak heen gly; ***prices*** *~* die pryse sak ineen. ~ **block** leiblok. ~ **cal(l)iper(s)** skuifpasser. ~ **fastener,** ~ **fastening** ritssluiter, -sluiting. ~ **film** filmstrook, strook-, strokiesfilm. ~ **fit** skuifpassing. ~ **guitar** *(bluesmus.)* glykitaar, -ghitaar, slide guitar. ~ **lecture** skyfielesing. ~ **plate** skuifplaat. ~ **projector** skyfieprojektor. ~ **rod** skuifstang. ~ **rule** rekenliniaal, -lat, rekenstok. ~ **valve** skuifklep. ~ **viewer** skyfie-, diakyker.

slid·er glyer; skuif; glyplank; glybank.

slid·ing glydend, glippend, skuiwend; gly-; skuif-; wissel-; *~* ***board*** skuifplank; glyplank; *~* ***bolt*** (skuif)grendel; *~* ***cal(l)iper(s)*** skuifpasser; *~* ***chute/shute*** glybaan; *~* ***door*** skuifdeur; *~* ***fit*** skuifpassing; *~* ***gauge*** skuifmaat; skuifpasser; *~* ***gear*** skuifrat; *~* ***hatch*** skuifluik; *~* ***hood*** skuifkap; *~* ***joint*** skuifkoppeling; *~* ***keel,*** *(sk.)* skuifkiel; *~* ***knot*** gly-, skuifknoop; *~* ***motion*** gly-, skuifbeweging; *~* ***pin*** glypen; *~* ***roof*** skuifdak; *~* ***rule*** rekenliniaal, -lat; *~* ***sash*** skuifraam; *~* ***scale*** wisselskaal; *~ wage* ***scale*** wisselende loonskaal; *~* ***seat*** glybank; rolbankie; *~* ***shutter*** skuifluik; *~* ***sight*** skuifvisier; *~* ***sleeve*** skuifhuls; *~* ***square*** swei, swaaihaak; *~* ***surface*** skuifvlak; glyvlak; *~* ***table*** skuiftafel; *~* ***top*** *desk* silinderburo; *~* ***track*** glybaan; *~* ***valve*** skuifklep; *~* ***weight*** skuifgewig; *~* ***window*** skuifvenster.

slight *n.* minagting, geringskatting; aanstoot, kleinering; *not in the ~est* nie in die minste nie; *put a ~ (up)on s.o.* aanstoot gee aan iem.. **slight** *adj.* klein, gering; min, bietjie; slank, tingerig, skraal, tenger *(mens)*; effens; oppervlakkig; *~* ***attack,*** *(med.)* ligte aanval; *~ of* ***build*** klein van persoon, tingerig; *have a ~* ***cold*** effens verkoue wees; *~* ***drizzle*** motreëntjie; *~* ***observation*** oppervlakkige waarneming; *~* ***sea*** ligte see; *~* ***slope*** skotige opdraand(e)/afdraand(e); *~* ***smile*** effense glimlaggie; *not the ~est* ***trace*** *of it* nie die minste sweem (*of* geen spoor) daarvan nie. **slight** *ww.* minag, gering ag, versmaai; (opsetlik) veron(t)agsaam; aanstoot gee, kleineer; *feel ~ed* gekrenk/gegrief/aangekap voel. **slight·ing** minagtend. **slight·ly** effens, effe(ntjies), ('n) bietjie; *~* ***built*** slank, tingerig (gebou); *~* ***injured*** lig beseer; *~* ***more,*** *(ook)* 'n rapsie meer; *~* ***seconds,*** *(w.g., han.)* lig beskadig, onvolmaak *(kledingstukke)*. **slightness** geringheid; tingerigheid.

sli·ly →SLYLY.

slim *adj.* dun, skraal, maer, tingerig; slank; rank; *(infml., dial., vnl. SA)* listig, oulik, geslepe, slu, slim; →SLIMNESS; *~ chance* geringe kans/moontlikheid. **slim** *-mm-, ww.* verslank, vermaer, die slanke lyn gee/kry; →SLIMMER, SLIMMING; *~ down, (iem.)* verslank; *(fig.)* verskraal *('n kabinet, d. staatsdiens, ens.)*. ~**line** *adj. (attr.)* slanke *(voorkoms ens.)*; *(motor ens.)* met (lang,) slanke lyne; *(kledingstuk)* met verslankende lyne; *~ nozzle/etc.* lang, dun spuitkop/ens..

slime *n.* slym; *(fisiol.)* fleim, fluim; *(ook, i.d. mv., mynb.)* slyk. **slime** *ww.* met slym bedek; verslyk; *~ through* deurglip, deur slimmigheid loskom. ~**ball** *(infml., neerh.: veragtelike mens)* luis, lae lak, doos, stront, poephol. ~ **gland** slymklier. ~ **mould** slymswam. ~**(s) dam** slykdam. **slim·i·ness** slymerigheid; glibberigheid; inkruiperigheid. **slim·y** slymerig; glyerig, glibberig, glad; inkruiperig, lekkerig; slykerig.

slim·mer *n.* verslanker.

slim·ming *n.* verslanking, vermaering. ~ **diet** verslankingsdieet. ~ **pill,** ~ **tablet** verslankingspil.

slim·ness skraalheid; slankheid; *(infml., dial., vnl. SA)* geslepenheid, sluheid, slimheid.

sling *n.* slinger; (draag)doek; hangverband, draagband; geweerband; strop; *have one's arm in a ~* jou arm in 'n verband dra/hê. **sling** *slung slung, ww.* swaai; slinger, gooi; in 'n hangverband sit; *~ s.t.* ***across*** *...* iets oor ... span *('n draad oor 'n kloof ens.)*; *~ s.t.* ***at*** *s.o., (infml.)* iem. met iets gooi *('n klip ens.)*; *~* ***ink,*** *(sl.)* vir 'n koerant skryf/skrywe, joernalis wees; *~* ***ink*** *at s.o.* op iem. lostrek, iem. met ink beswadder; *~ s.o.* ***out,*** *(infml.)* iem. uitsmyt; *~ a bag over one's* ***shoulder*** 'n sak oor jou skouer swaai. ~**back (shoe)** oophakskoen, skoen met hakbandjie. ~ **bag** skouersak. ~ **cleat** rakklamp. ~ **dog** gryphaak. ~ **fruit** skietvrug. ~**(shot)** voëlrek(ker). ~ **stay** slingeranker. ~**stone** slingersteen, -klip. ~ **thermometer** slingertermometer.

sling·er slingeraar; werper; *('n werker)* hyser.

slink *n.* vroeggebore kalf/lam/vul. **slink** *slunk slunk, ww.* sluip; kruip; voor die tyd kalwe/jong, dooi(e)vul (af)gooi, dooi(e)kalf/-lam kry; *~ away/off* wegsluip; *~ out* uitsluip. **slink·y** sluipend; slank; tenger; *~ dress* nousluitende rok.

slip¹ *n.* (die) gly, glip, uitgly; glyding; fout, vergissing, abuis, lapsus; (kussing)sloop; oortreksel; onderrok; sleephelling, skeepshelling; ketting/riem *(vir 'n hond)*; strik; *(geol.)* verskuiwinkie; *(lugv.)* slip; *(sk.)* sliphaak; vulstuk; *(kr.)* glip; ***first/second/third/fourth*** *~, (kr.)* eerste/tweede/derde/vierde glip; ***Freudian*** *~* →FREUDIAN *adj.*; ***give*** *s.o. the ~* iem. ontglip; ***give*** *one's captors the ~* uit gevangenskap ontsnap; ***in the*** *~s, (kr.)* in die glippe; ***make a*** *~* 'n flater/fout begaan/maak; *there's* ***many a*** *~ 'twixt the cup and the lip* van die hand na die mond val die pap op die grond, van die hand na die tand val die pap in die sand, tussen lip en beker lê 'n groot onseker; *a ~* ***now and again*** *is inevitable* 'n misstap nou en dan is onvermydelik; *a ~ of the* ***pen*** →PEN¹ *n.*; ***perpendicular*** *~, (geol.)* loodregte glip; *s.o.'s ~* ***is showing,*** *(infml., fig.)* iem. se onderrok hang uit; *a ~ of the* ***tongue*** →TONGUE *n.*. **slip** *-pp-, ww.* gly, glibber, glip; ontglip; 'n fout begaan, jou misgaan; jou vergis/verspreek; laat glip/gly; loslaat; slip; *(lugv., sk.)* laat slip; →SLIPPAGE, SLIPPERY, SLIPPY; *~* ***across*** *to ... na ...* oorwip; *~* ***away,*** *(iets)* wegglip, weggly; *(iem.)* wegsluip, stilletjies weggaan, soos 'n groot speld verdwyn; *(d. tyd)* omvlieg; *~* ***back*** teruggly; *(atleet ens.)* uitsak; *(pryse, aandele, ens.)* terugsak; *~* ***back into*** *bed* weer in die bed glip; *~* ***back into*** *a country* 'n land weer (stil-stil) binneglip; *~* ***back into*** *one's old ways* (*or into old ways of behaving*) weer in jou ou gewoontes verval, na jou ou weë terugkeer; *~* ***by,*** *(iem.)* verbyglip; *(d. tyd ens.)* ongemerk verbygaan; *let a chance/opportunity ~* ***by*** 'n geleentheid/kans laat verbygaan (*of* deur jou vingers laat glip), 'n kans verspeel; *~ a* ***calf,*** *(veearts.: aborteer)* 'n kalf afgooi, dooi(e)kalf afgooi; *a ~ped* ***disc*** →DISC; *~* ***down*** afgly; *~ one's* ***guard,*** *('n gevangene)* jou wag ontglip; *~* ***in,*** *(iets)* inglip, ingly; *(iem.)* insluip; *~ s.t.* ***in*** iets invoeg *('n woord ens.)*; *~* ***into*** *s.t.* iets haastig aantrek, in iets spring *(klere)*; *~ s.t.* ***into*** *s.o.'s hand* iem. iets in die hand stop; ***let*** *s.t. ~* iets laat glip/verbygaan *('n kans)*; iets laat uitglip *('n geheim ens.)*; *s.t. ~ped s.o.'s* ***memory*** →MEMORY; *~* ***off,*** *(iets)* afskuif, afskuiwe; *(iem.)* wegsluip; *~* ***off*** *one's clothes* jou klere afgooi (*of* haastig/gou-gou uittrek), uit jou klere glip/gly; *~ a ring* ***off*** *one's finger* 'n ring van jou vinger afskuif/afskuiwe; *~* ***on*** *s.t.* op iets gly; *~ s.t.* ***on*** iets inskuif/inskuiwe *('n ring ens.)*; iets oorgooi/aansmyt, iets haastig aantrek, in iets spring *(klere)*; iets aanpas *('n kledingstuk)*; *~* ***out,*** *(iets, iem.)* uitglip; *(iem.)* stilletjies uitgaan; *the word ~s* ***out*** die woord ontglip iem.; *~* ***out*** *of s.t.* uit iets glip; iets haastig uittrek *(klere)*; *~ one/s.t.* ***over*** *on s.o., (infml.)* iem. kul/beetneem; *~* ***past*** *... by ...* verbyglip *(d. wagte ens.)*; *~ s.t.* ***past*** *...* iets by ... verbysmokkel; *~* ***s.o.*** *s.t.* iem. iets in die hand stop; *~ped* ***tendon*** geglipte sening; *~* ***through*** deurglip; *~* ***through*** *s.t.* deur iets glip; *the opportunity ~ped* ***through*** *s.o.'s fingers* iem. het die kans laat verbygaan/verloop; *s.t. ~ped from s.o.'s* ***tongue*** →TONGUE *n.*; *~* ***up*** uitgly; *(infml.)* 'n flater/fout/glips begaan/maak. ~ **board** skuifplank, -blad. ~ **bolt** grendel. ~**case** (boek)kasset, boekkoker, foedraal. ~**cover** *(Am.)* los oortreksel *(v. 'n gestoffeerde meubelstuk)*; stofomslag *(v. 'n boek)*. ~ **form** *(bouk.)* glyvorm. ~ **hemming (stitch)** glipsoomsteek. ~ **hook** sliphaak. ~ **joint** skuiflas; skuifkoppeling; aanbouvoeg; *(geol.)* skuifskeurnaat. ~**knot** strik=(knoop); skuifknoop. ~ **mortise** dryftap. ~-**on** oor=rok; oorjas; oorbloes(e); oortrui. ~-**on (shoe)** aanglip=, insteekskoen, plakkie, sloffie. ~**over** oorgooitrui, kort=moutrui, moulose trui. ~ **plane** glipvlak. ~-**resistant** glipvry. ~ **ring** glyring; sleepring. ~ **road** *(Br.)* op=, afrit *(v. 'n snelweg).* ~ **rope** sliptou. ~ **scraper** sleepskrop. ~**sheet** *(druk.)* smetvel. ~**shod** slordig; *(arg.)* sloffig, met afgetrapte skoene; ~ *style* onversorgde styl. ~**slop** →SLIPSLOP. ~ **stitch** glipsteek. ~**stone** oliesteen, hand=slypsteen. ~**stream** *(lugv.)* skroefwind; volg=, suig=stroom; windskadu. ~ **surface** glyvlak. ~-**up** ver=gissing, mistrap, flater. ~**way** skeepshelling; sleep=helling; inglipbaan *(op 'n snelweg).*

slip² *n.* stukkie; strokie; steggie, stiggie; *a ~ of a girl* →GIRL; *~ of paper* papiertjie, strokie/strook papier; *take ~s* steggies/stiggies maak *(om te plant).*

slip³ *n., (keramiek)* slib. ~ **casting** slibgietwerk. ~ **glaze** slibglasuur. ~ **layer** sliblaag. ~**ware** slibkeramiek.

slipe¹ *n., (Sk., dial.)* slee.

slipe² *n., (NS, Austr.)* blootwol; *(vero.)* sny, reep, strook. **slipe** *ww.* stroop; skil; (af)sny, in repe sny; splyt; *(mynb.)* wegvee, ruim; *~d wool* blootwol. ~ **wool** blootwol.

slip·er ruimer.

slip·page gly; glip.

slip·per *n.* pantoffel, slof, oop skoen; vroueskoentjie; *(teg.)* mof, sok; *(mot.)* remskoen, sluitblok; *bedroom ~* muil(tjie). **slip·per** *ww.* wiks, met die pantoffel gee, onder die skoen kry. ~ **animalcule** *(arg.)* →PARAMECIUM. ~ **bath** *(hoofs. hist.)* kuip=, lêbad. ~ **drag** remskoen. ~ **orchid** = LADY'S SLIPPER. ~ **satin** slipper=, swier=, skoeisatyn. ~ **sock** pantoffelsokkie.

slip·pered met pantoffels aan, op pantoffels; *in ~ ease* op jou dooie gemak.

slip·per·y glibberig, glipperig, glyerig, glad; slibberig; onseker; listig, slu; *a ~ **customer*** 'n jakkals, 'n sluwe vos; *s.o. is a ~ **customer*** jy kry geen vat aan iem. nie; *as ~ as an **eel*** so glad soos 'n paling; *~ **wool*** glywol.

slip·py *(infml., dial.)* glibberig; *be/look ~!, (Br. infml., vero.)* maak gou!, roer jou (litte/riete)!.

slip·slop prulwerk, snert; bog=, twak=, kafpraatjies; *(arg.)* soppies; *(i.d. mv.), (SA: plat sandale sonder bandjies om d. enkels)* plakkies, sloffies.

slit *n.* (lang) sny; gleuf, *(w.g.)* sleuf; spleet; skrefie; kier; groef; slip *(in 'n baadjie);* split *(in 'n bloes[e]);* →SLITTY. **slit** *-tt-; slit slit, ww.* aan repe sny, skeur; splits; splyt; kloof, klowe; insny, inknip; →SLITTER, SLITTING; *~ s.o.'s throat* iem. keelaf sny; *~ted eye* skrefie-oog. ~-**eyed** met skrefiesoë/skrefie-oë. ~ **pocket** spleetsak. ~ **skirt** spleetromp. ~ **trench** *(tuinb.)* grip(pie); *(mil.)* skuilsloot.

slith·er gly, glip, glibber; modder-ry, modderpaaie maak. **slith·er·y** glyerig, glibberig, glipperig, slibberig.

slit·ter snyer, klower; kloofmasjien.

slit·ting (die) sny; klowing. ~ **file** gleufvyl. ~ **machine** groefmasjien; kloofmasjien. ~ **saw** vylsaag.

slit·ty *adj.: ~ eyes* skrefiesoë, skrefie-oë.

sliv·er *n.* splinter, spaander, flenter; katoenreep; wol=reep; veselband. **sliv·er** *ww.* aan spaanders breek; (af)=splinter.

sliv·o·vitz sliwowits, pruimbrandewyn.

Sloane (Rang·er) *(Br., infml.: sjiek jong dame/man v.d. hoër stand)* Sloane Ranger.

slob *(infml.)* ploert, slordige vent; twak, ghwar, japie; *(Ier.)* modder, slyk; papper(n)y.

slob·ber *n.* kwyl; (ge)slobber; sentimentaliteit, stro=perigheid. **slob·ber** *ww.* kwyl, slobber; bekwyl, be=mors; *~ over s.o., (infml.)* stroperig wees oor iem.. **slob·ber·y** kwylerig, kwylend, slobberig.

sloe *(Prunus spinosa)* sleedoring(boom); sleepruim, (Amerikaanse) wildepruim. ~ **bush,** ~ **thorn,** ~ **tree** sleedoring(boom). ~-**eyed** donkerogig, donkeroog=. ~ **gin,** ~ **liqueur** sleepruimlikeur.

slog *n.* geswoeg, gesukkel; harde hou; *a hard ~ lies ahead* daar sal nog hard gewerk moet word; daar lê 'n moei=like skof voor. **slog** *-gg-, ww.* swoeg, sukkel, ploeter; beur; hard slaan, moker; *~ **along/on*** jou voortsleep; *~ **away*** vooruitbeur, opdruk, volhou; *~ **away** at s.t.* aan iets voortswoeg; los moker op iets; *~ **it*** met snaar en st(r)amboel *(of* stamper en stoter) reis. **slog·ger** swoeger, ploeteraar; mokeraar.

slo·gan slagspreuk, =woord, =sin, (stryd)leuse, wag=woord; *(Sk. hist.)* stryd=, slagkreet. **slo·gan·eer** *n., (Am., hoofs. pol.)* slagspreukpolitikus; slagspreukskrywer, =skepper. **slo·gan·eer** *ww.* slagspreuke gebruik, slag=spreukpolitiek beoefen; slagspreuke skryf/skep.

sloid, slojd →SLOYD.

sloop *(sk.)* sloep.

sloot *(Afr.)* sloot.

slop¹ *n., (arg., hist.)* oorbaadjie, jas, kiel; *(i.d. mv.)* wye broek; winkelklere, matroosklere; goedkoop/minder=waardige klere. ~ **brick** *(vero., w.g.)* ruwe (bak)steen, handgemaakte steen. ~**work** (goedkoop) klerevervaar=diging; slordige/afgeskeepte werk.

slop² *n.* morsery; *(Am.)* oordrewenheid, sentimentali=teit; →SLOPPY; *(i.d. mv.)* watertjie, spoeling; pappery; sop, slap drank; siekekos, pap kos; waswater; spoel=water. **slop** *-pp-, ww.* mors, stort; *~ about/around, (vloeistof)* rondklots; *(infml., iem.)* rondslof; *~ over* oor=stort; *~ over s.o., (infml.)* stroperig/sentimenteel wees oor iem. ~ **basin,** ~ **bowl** spoelbak, =kom. ~ **bucket,** ~ **pail** kamer-emmer, toiletemmer. ~ **sink** rioolbak, vuilwaterbak. ~ **(water)** spoel=, kombuiswater, vuil water. ~ **wag(g)on** rioolwa.

slope *n.* helling, skuinste, hang; wal; afdraand(e), da=ling, val; steilte, styging, opdraand(e); *~ of **fall*** val=helling; glooiing; ***gentle/slight*** *~* 'n skotige afdraand(e)/opdraand(e); ***grassed*** *~* graswal, =berm; ***longitudi=nal*** *~* langshelling; ***on the*** *~* teen die skuinste; *be on the **slippery** ~* op 'n gevaarlike koers wees; ***steep*** *~* 'n steil opdraand(e)/afdraand(e); ***transverse*** *~* dwars=helling. **slope** *ww.* daal, val, afloop; helling gee; skuins/afdraand loop, (af)hel, glooi; oorhel; skuins hou; skuins maak; *~ **arms*** die geweer oorbring; *~ **arms!*** oor ge=weer!; *~ **away*** skuins na onder loop; *→**off/away;** ~ **down** to ...* na ... afloop/afglooi; *~ **off/away,** (infml.)* wegsluip, jou (ongemerk) uit die voete maak *(veral om werk te vermy); ~ **up*** skuins na bo loop; *~ **upwards*** oploop. **slop·ing** skuins; opdraand; afdraand, dalend, hellend; *~ hand* skuins handskrif; *~ roof* skuins dak; *~ shoulders* hangskouers.

slop·py modderig, nat, morsig; slap, pap(perig); lam=lendig; slordig, gemaksugtig, onnet; huilerig, senti=mentelerig, week, laf; oordrewe; *~ joe, (infml.: groot los=passende oor[trek]trui)* slobtrui; *(Am.)* broodrolletjie met vleissous; *~ sentimentality* weke/stroperige sentimen=taliteit; *~ work* brouwerk, slordige werk. **slop·pi·ness** morsigheid; slapheid, papheid; lamlendigheid; lafheid; weekheid; slordigheid.

slosh *n.* pappery; nat modder; pap kos, pappie; soort biljart; *(Br. sl.)* harde hou, swaar slag; →SLUSH. **slosh** *ww.* ploeter, plas; *(Br. sl.)* (hard) klap/slaan; *~ about* rondplas; *~ s.t. about* iets rondroer; *~ s.t. on ...* iets op ... stort. **sloshed** *adj., (sl.)* (lekker) getrek, gaar, stuk=kend, gekait, smoordronk, hoog in die takke; *be/get ~* getrek/aangeklam/besope/ens. wees/raak. **slosh·y** pap=perig; modderig.

slot¹ *n.* gleuf, *(w.g.)* sleuf; sponning; groef, spleet; uit=snyding, insinking; →SLOTTING; *fill a ~* 'n plek in=neem; 'n plek vul. **slot** *-tt-, ww.* gleuf, van gleuwe *(of* 'n gleuf) voorsien; *~ in s.t.* iets (laat) inpas; vir iets plek vind; vir iets tyd vind; *two things ~ together* twee dinge pas inmekaar; *~ things together* dinge saamvoeg. ~ **borer** langgatboor. ~ **hole** = SLOTTED HOLE. ~ **ma=chine** munt-outomaat. ~ **mortise** dryftap. ~ **screw** = SLOTTED SCREW. ~ **seam** groefnaat. **slot·ted** gegleuf=(de), gleuf=; spleet=; met splete; uitgesny, versink; *~ **hole*** gleufgat; *~ **nut*** gleufmoer; *~ **peg*** gleufpen; *~ **propeller*** spleetskroef; *~ **screw*** gleufkopskroef; *~ **spoon*** gaatjies=, gleuf(ies)lepel; *~ **wing*** spleetvlerk. **slot·ter** groefmaker.

slot² *n.* spoor *(v. 'n dier);*

sloth luiheid, traagheid, vadsigheid; *(soöl.)* luidier, lui=aard; *three-toed ~, (Bradypus* spp.) drievingerige luidier/luiaard, ai; *two-toed ~, (Choloepus* spp.) tweevingerige luidier/luiaard, unau. ~ **bear** *(Melursus ursinus)* lippe=beer. **sloth·ful** lui, traag, vadsig. **sloth·ful·ness** luiheid, traagheid.

slot·ting gleufwerk. ~ **machine** gleufmasjien. ~ **saw** gleufsaag. ~ **tool** steekbeitel.

slouch *n.* slofgang, geslof; slofkous; knoeier; luiaard; *s.o. is no ~, (infml.)* iem. laat nie op hom/haar wag nie; *be no ~ at ..., (infml.)* nogal handig wees met ... **slouch** *ww.* pap hang; jou neerplak, onmanierlik sit; slof, slor=dig/gebukkend loop; slenter; *(vero.)* in die oë trek, af=klap *('n hoed); ~ about/around* rondhang, rondluier; *~ed hat* flaphoed. ~ **(hat)** flaphoed, slaprandhoed, hang=randhoed; toonhoed.

slouch·er slenteraar.

slough¹ *n.* (modder)poel, deurslag, moeras; *be in the S~ of Despond* op moedverloor se vlakte wees/sit. **slough·y** modderig, moerasagtig, deurslagtig.

slough² *n.* vervelsel; slangvel; roof, kors; dooie weefsel. **slough** *ww.* vervel; (laat) afval; weggooi; *(weefsels)* af=sterf, losgaan; *~ s.t. off* iets afwerp *(sorge ens.).*

Slo·vak *n., (inwoner v. Slowakye)* Slowaak; *(taal)* Slo=waaks. **Slo·vak** *adj.* Slowaaks. **Slo·va·ki·a** *(geog.)* Slo=wakye. **Slo·va·ki·an** *n. & adj.* = SLOVAK *n. & adj.*.

slov·en *(vero.)* slons, morspot, sloerie. **slov·en·li·ness** slordigheid; verslonsdheid, verslonstheid; vuilheid. **slov·en·ly** slordig, slonserig; liederlik, verslons, on=versorg; vuil, morsig.

Slo·vene, Slo·ve·ni·an *n., (inwoner v. Slowenië)* Slo=ween; *(taal)* Sloweens. **Slo·vene, Slo·ve·ni·an** *adj.* Sloweens. **Slo·ve·ni·a** *(geog.)* Slowenië.

slow *adj.* stadig, langsaam, tydsaam; traag, lomerig; dooierig, vervelend; agterlik; agter; *it was a ~ **affair*** dit was 'n dooie boel *(of* dooierige spul); *do a ~ **burn,** (Am., infml.)* keelvol begin raak; *be ~ **to learn*** dom/bot wees, swaar van begrip wees, *(w.g.)* hardleers wees; *~ but **sure*** stadig maar seker; *be ~ **to anger**/etc.* nie gou kwaad/ens. word nie; *be ~ **to do s.t.*** iets nie gou/sommer doen nie; in gebreke bly om iets te doen; *s.o. has not been ~ **to** ...* iem. het nie getalm om ... nie; *take the ~ **train*** met die melk=/boemel=/stoptrein ry, die melk=/boemel=/stop=trein neem; *the **watch** is a minute ~* die horlosie/oor=losie is 'n minuut agter; *the **work** was ~* die werk was vervelend/stadig. **slow** *adv.* stadig, suutjies, soetjies, langsaam; ***dead*** *~* doodstadig; ***go*** *~* stadig gaan/loop/ry; rem, sloer; stadig/versigtig te werk gaan; briek aan=draai *(fig.);* sloerstaak; ***go*** *~ with s.t.* spaarsaam met iets wees, suinig met iets te werk gaan; ***take it*** *~, (infml.)* versigtig wees. **slow** *ww.* vertraag, verlangsaam; *~ down/up/off* stadiger gaan/loop/ry; *~ s.o./s.t. down* iem./iets vertraag. ~**coach** draaikous, jandooi, langdae, dren=telaar, trapsoetjies, (ou) derde gelui, harmansdrup; *s.o. is a ~, (ook)* iem. doen alles op sy/haar elf-en-dertigste. ~-**combustion stove** smeulstoof, vulkaggel. ~ **cooker** prutpot. ~ **curve** wye draai/kromming. ~**down** ver=langsaming; vertraging. ~ **fever** binnekoors, sluip=koors. ~ **fire** sagte vuur; *(mil.)* stadige vuur(tempo). ~-**footed,** ~-**gaited** stadig, lomp. ~ **handclap** →HAND=CLAP. ~ **leak** →SLOW PUNCTURE. ~ **march** *(mus.)* lang=same mars; *(mil.)* stadige mars; begrafnis=, seremonie=pas. ~ **match** *(hist.)* lont, vuurkoord. ~ **motion** *n.: in ~* in vertraagde tempo. ~-**motion** *adj. (attr.): ~ film/picture* stadige-aksieprent. ~ **movement** stadige bewe=ging; *(mus.)* langsame deel. ~-**moving,** ~-**paced** stadig (lopend); traag; lomp; *slow-moving stock* trae voorraad. ~ **neutron** *(fis.)* stadige neutron. ~ **pitch** *(kr.)* stadige baan=/kolfblad. ~ **poison** langsaam werkende gif. ~**poke** *(Am., infml.)* = SLOWCOACH. ~ **puncture,** ~ **leak** stadige lek. ~ **reactor** *(fis.)* termiese reaktor. ~-**setting** lang=saam bindend/verhardend; *~ cement* trae sement. ~ **virus** stadige virus. ~-**witted** bot, dom, traag van be=grip.

slow·ly stadig, langsaam; *it is moving, if ~* dit beweeg, hoewel stadig; *~ but surely* stadig maar seker.

slow·ness stadigheid, langsaamheid; traagheid.

slows *n. (fungeer as ekv.): the ~s, (veearts., med.)* = MILK SICKNESS.

slow·worm *(pootlose akkedis)* blindewurm; →BLIND=WORM.

sloyd, sloid, slojd *(Sw.)* houtwerk(opleiding), slöjd. ~ **knife** slöjdmes.

slub *n.* voorspinsel; verdikking. **slub** *-bb-, ww.* voor-spin. ~ **linen** voorspinlinne, ru-linne. ~ **yarn** bultga-ring.

slub·ber[1] *n.* voorspinner; voorspinmasjien.

slub·ber[2] *ww.* = SLOBBER *ww.*.

slub·bing voorspinreep; afdunning.

sludge *n.* modder; slyk; slob, pappery; boorslik; boor-sel; modderas. **sludge** *ww.* verslyk; ~ *... off* ... ontslyk. ~ **cock** slykkraan. ~ **gas** slykgas. ~ **hole** slykgat. ~ **oil** slykolie. ~ **pipe** slykpyp. ~ **pump** slykpomp. ~ **sump** slykput. ~ **trap** slykvanger. ~ **well** sinkput. **sludg·y** modderig, slykerig.

slue *n. & ww.* →SLEW[1] *n. & ww.*.

slug[1] *n.* (naakte) slak, naakslak; luilak; →SLUGGARD, SLUGGISH. **slug** *-gg-, ww.* slakke vang. **~abed** *(hoofs. Am., arg.)* langslaper, laatslaper. ~ **pellets** *n. (mv.)* slak-pille.

slug[2] *n.* loper, ruwe koeël; metaalklomp; *(druk.)* set-reël; prop; brok(kie); homp; *(i.d. mv.)* skroot.

slug[3] *n., (infml., hoofs. Am.)* opstopper. **slug** *-gg-, ww.* slaan, moker, neuk, foeter; ~ *it out* dit uitbaklei; vol-hou, volhard, deurdruk, deurbyt, nie opgee nie. **slug-ger** *(bofbal ens.)* mokerman; *(boks)* (baie) harde slaner.

slug·gard luiaard, luilak, leeglêer. **slug·gard·ly** *adj.* lui, traag.

slug·gish traag, dooierig, lui; stadig vloeiend; ~ *spring* syferfontein. **slug·gish·ness** traagheid, luiheid; dooie-righeid, stadigheid.

sluice *n.* sluis; sluiswater; watervoor; *(mynb.)* skei-trog. **sluice** *ww.* van 'n sluis voorsien, 'n sluis insit; laat uitloop/uitstroom; water gooi op; spoel; ~ *s.t. out* iets skoonspoel/skoonspuit. ~ **box** *(mynb.)* sluistrog. ~ **chamber** sluiskolk, -kamer. **~gate** sluisdeur. ~ **head** sluishoof. ~ **keeper** sluiswagter. ~ **room** spoelkamer. ~ **valve** sluisskuif, -afsluiter. **~way** sluiskanaal. ~ **weir** sluisoorloop. ~ **work** sluiswerk.

sluic·ing spoeling; *(mynb.)* trogwassery.

sluit *(SA)* = SLOOT.

slum *n.* krot(te)buurt, agterbuurt, vuil straatjie, kroek; *(i.d. mv.), (ook)* gopse; →SLUMMY. **slum** *-mm-, ww.* ag-terbuurte besoek; →SLUMMING; ~ *it, (infml.)* soos die armes leef/lewe. ~ **alley** agterbuurtstegie. ~ **dweller** krotbewoner. ~ **dwelling** krot(woning). ~ **landlord** krot-(te)melker. ~ **landlordism** krot(te)melkery. ~ **quarter** agterbuurt, krot(te)buurt.

slum·ber *n. & ww.* sluimer, slaap. ~ **party** *(Am.)* paja-mapartytjie. **~wear** nagklere.

slum·ber·ous, slum·brous *(hoofs. poët.)* sluimerend; dooierig; slaapwekkend.

slum·gul·lion *(Am. sl.)* waterige bredie.

slum·ming krottebesoek, agterbuurtbesoek.

slum·my agteraf, gopserig, kroekerig, krott(er)ig.

slump *n., (fin.)* in(een)storting, depressie, skielike prys-daling, slegte tyd, baisse; in(een)sakking, (weg)sak-king. **slump** *ww.* in(een)stort; in(een)sak, inmekaar sak, inmekaarsak; wegsak; versak; *(pryse)* daal, skielik sak; *be ~ed over a chair* oor 'n stoel hang. ~ **test** sak-toets.

slung →SLING *ww.*.

slunk →SLINK *ww.*.

slur *n.* klad, smet, skandvlek; verwyt, blaam; slordige uitspraak; slegte skrif; *(mus.)* artikulasieboog, legato-boog; *(mus.)* fraserings-, fraseboog; *cast a ~ on s.o.* 'n smet op iem. se naam werp, iem. se naam beklad; *speak with a ~* onduidelik/slordig/diktong praat; *s.t. is a ~ (up)on s.o.'s name/reputation* iets is 'n klad op iem. se naam. **slur** *-rr-, ww.* sleg/slordig/onduidelik uitspreek/skrywe; beklad; sleep, trek, uitrek *('n noot); (mus.)* bind *(note);* ~ *over s.t.* iets agteloos verbygaan, iets opper-vlakkig beskou, iets net aanraak; iets insluk *(klanke); ~red notes, (mus.)* gebinde note; *s.o.'s speech is ~red* iem. praat diktong(ig).

slurp *n., (infml.)* geslurp. **slurp** *ww.* slurp.

slur·ry flodder, pappery, slyk, bry, pap.

slush modder, slyk; sneeumodder, half gesmelte sneeu, ysmodder; flodder, slob; pappery, bry; *(infml.)* ge-klets, kletsery, gesanik, bogpraatjies; sentimentele bog, sentimentelerigheid. ~ **fund** omkoopgeld. ~ **ice** slob-ys. ~ **snow** slobsneeu.

slush·y modderig, slykerig, papperig, morsig; stro-perig, sentimenteel. **slush·i·ness** modderigheid, sly-kerigheid.

slut slons, slordige vrou, sloerie; slet, slegte vrou, hoer, snol; teef. **slut·tish** slordig, verslons, slons(er)ig; mor-sig, vuil; sletterig, ontugtig. **slut·tish·ness** slordigheid, slons(er)igheid, verslonsdheid, verslonstheid; mor-sigheid; sletterigheid, ontugtigheid.

sly *n.: on the ~* stilletjies, in die stilligheid, agteraf, in die geheim, om die hoekie, tersluiks. **sly** *slyer/slier slyest/sliest, adj.* skelm, listig, slu, onderduims, agterbaks, slim, geslepe, oorlams; ~ *dog* platjie, slimmerd, geslepe kêrel. **~boots** *(infml.)* karnallie, skelm, platjie. **sly·ly, sli·ly** onderduims, op listige/skelmagtige wyse, onderlangs, agterbaks, in die stilligheid. **sly·ness** sluheid, skelm-(agtig)heid, geslepenheid, onderduimsheid, deurtrapt-heid.

smack[1] *n.* klap, slag, wiks; *a ~ in the eye/face, (ook fig.)* 'n klap in/deur die gesig; ***get** a ~* 'n klap kry; ***give** s.o. a ~* iem. 'n klap gee; ***have** a ~ at s.t., (infml.)* iets ('n slag) probeer (doen); *a **hearty** ~, (ook)* 'n lekker klapsoen. **smack** *adv.* reg, pardoems; *hit s.o. ~ in the eye, (infml.)* iem. mooi/reg op/in sy/haar oog slaan/tref; *s.o. went ~ into the water* iem. het ploems/pardoems/kerplaks in die water geval; *be ~ up against ..., (infml.)* reg teenaan ... wees. **smack** *ww.* klap, slaan, wiks; *(arg.)* klap *(met 'n sweep);* smak, met die lippe klap; *~ing kiss* klapsoen. **smack·er** harde slag; taai klap; *(sl.)* klapsoen; prag-stuk, 'n mooie; *(sl.)* pond(noot); dollar(noot). **smack-er·oo** *(sl.)* klapsoen; *(sl.)* pond(noot); dollar(noot). **smack·ing** *n.* pak (slae). **smack·ing** *adj. (attr.)* stewige, stywe *(bries); give s.o. a ~ kiss* iem. 'n klapsoen gee.

smack[2] *n.* smakie, geur(tjie); ietsie, tikkie; sweem; *(dwelmsl.: heroïen)* H; *s.t. has a ~ of ...* iets smaak 'n bietjie na ...; *a ~ of ...* 'n tikkie/knypie ... *(peper ens.).* **smack** *ww., (dwelmsl.)* heroïen snuif; *s.t. ~s of ...* iets smaak na ...; iets sweem na ... *(bedrog ens.); be ~ed out, (dwelmsl.)* in 'n heroïendwaal wees.

smack[3] *n., (bootjie)* bakkie, *(w.g.)* smak.

small *n.* dunste/smalste deel; klein advertensie, soeker-tjie; *(i.d. mv.)* geklassifiseerde (klein) advertensies, soe-kertjies; *(Br. infml.)* (sakdoeke en) klein onderklere; ~ *of the back* kruis; ~ *of a butt, rifle stock* kolfgreep. **small** *adj.* klein, gering; weinig, min; niksbeduidend; klein-geestig, bekrompe; ~ ***ads*** geklassifiseerde (klein) ad-vertensies, soekertjies; *a ~ **bottle*** 'n flessie/botteltjie; *a ~ **boy*** 'n seuntjie; *a ~ **enough** sum* →ENOUGH; ***feel*** ~ klein/skaam/nederig voel; *a ~ **girl*** meisietjie, dog-tertjie; *in a ~ **hand**, in ~ **writing*** in klein skrif; *a/the ~ **one*** 'n/die kleintjie; *the ~ **ones*** die kleintjies; *a ~ **part**, (ook)* 'n aks; ~ ***profits** quick returns* 'n klein winsie 'n soet winsie; *have a ~ **pulse*** 'n swak pols hê; *the ~est **room**, (Br. euf.)* die kleinhuisie/gemak(s)huisie/toilet; *on a ~ **scale*** op klein skaal; *a ~ **thing*** 'n kleinigheid; ~ ***things** amuse ~ minds* onbenullighede vermaak nulle; *one's ~ **toe*** jou kleintoontjie; *a ~ **town*** 'n dorp; 'n klein stadjie; →SMALL-TOWN *adj.; in a ~ **voice*** met 'n sagte/fyn stemmetjie; *the still ~ **voice*** die stem van die gewe-te; *in a ~ **way*** in geringe mate; op klein skaal, op be-skeie voet; *they live in a ~ **way*** hulle leef maar een-voudig, hulle leef nie op groot voet nie; ~ ***wonder!*** geen wonder!; *in ~ **writing** →in a small **hand**.* **small** *adv.* klein, fyn; ***chop** s.t. up ~* iets fynkap; ***cut** s.t. ~* iets fynsny; ***feel** ~* klein/skaam/nederig voel; ***look** ~* be-teuterd lyk, op jou neus kyk; ***sing** ~* 'n toontjie laer sing; ***think** ~ of ...* ... geringag. ~ **arms** kleingewere, hand-vuurwapens. **~-arms fire** kleingeweervuur. ~ **beer** →BEER. ~ **bore** klein kaliber. **~-bore rifle** geweer van klein kaliber. ~ **business** kleinsakeonderneming; klein-sakebedryf. ~ **businessman** kleinsakeman. ~ **business sector** kleinsakesektor. ~ **capital** klein hoofletter. ~ **cash** kleingeld. ~ **change** kleingeld(jies); *(infml.)* on-benulligheid, beuselagtigheid, kleinigheid. ~ **circle** *(wisk.)* kleinsirkel. ~ **claims court** hof vir klein eise. **~clothes** *(vero., w.g.)* kniebroek; onderklere; kinder-kleertjies. ~ **coal** →SLACK COAL. ~ **craft** *(sk.)* klein vaar-tuie. ~ **end** kleinkop *(v. 'n dryfstang).* **~-end bush** suierpenbus. ~ **farmer** kleinboer, knapsakboer. ~ **fry** →FRY[2] *n.*. ~ **game** kleinwild. ~ **hail** fyn hael. **~holder** kleinboer. **~holding** (klein) plasie; hoewe. ~ **hours:** *the ~ ~ (of the morning)* die nanag, die ure ná middernag; *in the ~ ~* in die nanag, kleinvannag; in die vroeë môre-ure, vroeg-vroeg. ~ **intestine** dunderm. ~ **letter** klein-letter *(teenoor hoofletter),* minuskel. **~-minded** bekrompe, benepe, kleingeestig, kleinsielig. **~-mindedness** be-krompenheid, benepenheid, kleingeestigheid, klein-sieligheid. **~pox** pokkies, pokke, variola; *pseudo~* pseu-dopokkies, alastrim, amaas, variola minor. ~ **print** →FINE/SMALL PRINT. **~-scale** *adj.* kleinskaals, kleinskaal-; kleinskalig, kleinskaal-; ~ ***farmer*** kleinskaalse boer, kleinskaalboer; ~ ***integration**, (rek.)* kleinskaalse inte-grasie, kleinskaalintegrasie; ~ ***map*** kleinskalige kaart, kleinskaalkaart; ~ ***producer*** kleinskaalse produsent, kleinskaalprodusent. ~ **screen** *(infml.: televisie)* kas-sie, TV; *see s.t. on the ~ ~* iets op die kassie *(of* op TV) sien. ~ **shot** fyn hael, donshael. ~ **stock** kleinvee. **~sword** *(hoofs. hist.)* rapier. ~ **talk** (ligte) geselsery, ge-klets, kletsery, praatjies oor koeitjies en kalfies; *make (or indulge in) ~ ~* oor koeitjies en kalfies gesels/praat. **~-time** *adj.* nietig, klein, onbeduidend; peuterig. **~-town** *adj. (attr.)* kleindorpse *(mense, bestaan, ens.);* klein-dorpse, kleinburgerlike, kleinsteedse, bekrompe, eng *(beskouings, mentaliteit, ens.).* ~ **type** →FINE/SMALL PRINT.

smal·lage *(bot.: Apium graveolens)* wildesel(d)ery.

small·er: ~ *and ~* al hoe kleiner; *be ~ than ...* kleiner as ... wees.

small·ish kleinerig.

small·ness kleinheid, geringheid.

smalt *(hoofs. hist.)* kobaltglas, smalt. **smalt·ite,** *(w.g.)* **smalt·ine** *(min.)* smaltiet.

smarm *n.* flikflooiery, geflikflooi, vleiery; kruiperig-heid, onderdanigheid. **smarm** *ww., (Br., infml.) ~ down one's hair* jou hare plat terugkam; ~ *up to s.o.* iem. heu-ning om die mond smeer, by iem. flikflooi, iem. se guns probeer wen. **smarm·y** flikflooierig; stroperig.

smart *n.* pyn, smart; skrynerigheid, branderigheid. **smart** *adj.* flink, skerp, vinnig; oulik, geslepe, slim; gevat, skrander, knap; flink, fluks; agtermekaar, netjies, viets; piekfyn; modieus, deftig, windmaker(ig), sjiek, swierig; *some ~ **dealing*** slim planne, slimmighede; *a ~ **frock*** 'n deftige rok, 'n tabberd; *a ~ **pace*** →PACE[1] *n.; a ~ **rap** over the knuckles* 'n taai raps op die vingers; *a ~ **retort*** 'n gevatte antwoord. **smart** *adv.: look ~!* →LOOK SMART/SNAPPY!; *play it ~* →PLAY *ww.*. **smart** *ww.* pyn, seer wees, brand, skryn, steek; smart ver-oorsaak; ly; *s.o.'s finger ~s* iem. se vinger brand/pyn/steek; ~ *for s.t.* vir iets boet; ~ *under s.t.* oor iets bitter voel *('n teenslag ens.).* ~ **alec(k)** →ALEC(K). **~-alecky** *adj.* domslim, wysneusig. **~arse, ~ass** *(Am., neerh. sl.)* wysneus, slimjan. ~ **bomb** *(mil., infml.: met 'n teiken-soekende stelsel)* slimbom. ~ **card** slim-, knapkaart. ~ **casual** deftig informeel. ~ **money** slim belegging/wed-denskap; slim beleggers/wedders; roukoop; smart-geld; *the ~ ~ is on ...* die slim wedders het hul geld op ... geplaas. ~ **set:** *the ~ ~* die windmaker klas, die elite.

smart·en opknap, mooimaak; ~ *up* jou beter aantrek, meer aandag aan jou voorkoms gee; ~ *s.t. up* iets op-knap.

smart·ly *adv.* flink, skerp, vinnig; kragtig, met krag; knap; flink, fluks; netjies; windmaker(ig), swierig; →SMART *adj.; ~ dressed* fyn uitgevat; *come ~ to atten-tion* fluks op aandag staan.

smart·ness slimheid, geslepenheid; gevatheid, skran-derheid; netheid; swierigheid, deftigheid; vietsheid.

smart·y, smart·ie *(infml.)* wysneus, slimjan. **~-pants, ~-boots** wysneus, slimjan.

smash *n.* brekery, breekspul; vernieling; botsing, on-geluk, ramp, debakel; bankrotskap; *(tennis)* kishou, mokerhou, doodhou; *go to ~* tot niet gaan; in duie stort/val; *be (involved) in a ~* in 'n botsing (betrokke) wees. **smash** *adv.* reg, vierkant; *go ~, ('n bank ens.)* spring, bankrot gaan; *they went ~ into a train* hulle het vier=kant teen 'n trein vasgery. **smash** *ww.* (stukkend) breek, stukkend slaan, flenters/stukkend gooi, verbry=sel, verpletter; *(druk.)* stamp; totaal verslaan; *(tennis)* moker; *(infml., vero.)* bankrot gaan; *~ s.t.* ***down*** iets afbreek; iets intrap *('n deur ens.)*; *~ in s.o.'s* ***face,*** *(infml.)* iem. se gesig pap slaan; *~ s.t.* ***in*** iets inslaan *('n ruit ens.)*; *~* ***into*** ... teen ... bots; teen ... vasloop; *~ s.t.* ***up*** iets verpletter; iets te pletter slaan; *~* ***up*** *one's car* jou mo=tor in 'n botsing verwoes. **~-and-grab:** *~ attack* gryp=aanval; *~ raid* grypinbraak; *~ thief* gryprower. ~ **hit** mokerhou, doodhou, kishou; groot sukses, voltreffer. **~-up** hewige botsing; vernieling, breekspul; totale mis=lukking, ineenstorting.

smashed *adj., (ook, sl.)* (lekker) getrek, gaar, stukkend, gekait, smoordronk, hoog in die takke; dwelmdof, in 'n dwelmdwaal, op 'n dwelmreis.

smash·er doodhou, kishou, mokerhou; geweldige slag; *(fig.)* doodsê; *(druk.)* stampmasjien; *(infml.)* fantas=tiese ou/meisie; *s.o./s.t. is a ~* iem./iets is 'n pragstuk.

smash·ing verpletterend; buitengewoon, oorweldi=gend; kostelik, heerlik, pragtig, skitterend; *~* ***blow*** dood=hou, mokerhou; *a ~* ***idea*** 'n onbetaalbare/kostelike in=val; *~* ***success*** reuse-sukses; *have a ~* ***time,*** *(infml.)* baie/groot/heerlike/hope/lekker/tonne (*of* die grootste *of* 'n klomp) pret hê, dit gate uit geniet. ~ **machine** *(druk.)* stampmasjien.

smat·ter·ing mondjie vol; oppervlakkige kennis; *have a ~ of French/etc.* 'n paar woordjies Frans/ens. ken, so 'n mondjie vol Frans/ens. ken; *have a ~ of genetics/etc.* so 'n bietjie van genetika/ens. weet.

smear *n.* vlek; vuil kol; veeg; smeer(sel). **smear** *ww.* smeer, bestryk; bemors; besmeer, bevlek; swartsmeer, beklad, beswadder; *~ s.t. on ...* iets aan/op ... smeer; *~ over s.t.* iets toesmeer; *~ s.t. with ...* iets met ... besmeer; iets met ... insmeer. ~ **campaign** beswaddering, swart=smeerdery. ~ **(test)** *(med.)* Papsmeer, =toets, serviks=smeer.

smear·y besmeer, bevlek; klewerig, taai.

smell *n.* reuk, ruik, geur, lug; *~ of* ***death*** doodsreuk, =ruik; *you won't* ***get*** *a ~ of it, (fig.)* jy sal dit nooit eens (*of* nooit daaraan) ruik nie; ***get*** *the ~ of s.t.* iets ruik; *s.t.* ***has*** *a bad/nice ~* iets ruik sleg/lekker; *s.o. has a* ***keen*** *~* iem. het 'n fyn reuk, iem. is fyn van reuk; *live on the ~ of an* ***oil(y) rag*** van omtrent niks leef; *~ of* ***paint*** verfreuk, =ruik, =lug; ***sense*** *of ~* reuksin; ***take*** *a ~ at s.t.* aan iets ruik. **smell** *smelt/smelled smelt/smelled, ww.* ruik; snuif, snuffel; *~* ***about*** rondsnuffel; *~* ***at*** *s.t.* aan iets ruik; *... ~s a bit* ***fishy*** →FISHY; *s.t. ~s* ***good*** iets ruik lekker; *it ~s of the* ***lamp*** →LAMP *n.*; *s.o./s.t. ~s* ***like/of*** ... iem./iets ruik na ...; *~ s.o.* ***out*** iem. opspoor; *~ s.t.* ***out*** iets uitruik; *(fig.)* iets uitsnuffel/uitvis; *~ a* ***rat*** →RAT *n.*; *~* ***strongly*** *of s.t.* sterk na iets ruik; *... could ~* ***victory*** 'n oorwinning/sege het vir ... gewink. **smell·er** ruiker; *(sl.)* neus; *(sl.)* opstopper *(veral o.d. neus)*. **smell·y** stink(end), stinkerig, onwelriekend, sleg ruikend.

smell·ing (die) ruik. ~ **bottle** reuk=, ruikflessie. ~ **salts** reuk=, ruiksout; vlugsout.

smelt[1] *ww. (verl.t.)* →SMELL *ww.*.

smelt[2] *smelt(s), n., (igt.: Osmerus spp.)* spiering.

smelt[3] *ww., (metal.)* (uit)smelt. ~ **house** (uit)smeltery.

smel·ter smelter; smeltery.

smel·ter·y smeltery.

smel·ting smeltery, smelting, smeltwerk. ~ **furnace** smeltoond. ~ **pot** smeltkroes. ~ **works** smeltery.

smew *(orn.: Mergus albellus)* saagbekeend, nonnetjie.

smid·gen, smid·geon, smid·gin *(infml., hoofs.Am.)* titseltjie.

smile *n.* glimlag, laggie; *be* ***all*** *~s* van oor tot oor glim=lag, (die) ene vriendelikheid wees; *a* ***broad*** *~* 'n breë glimlag; *a* ***dazzling*** *~* 'n stralende glimlag; *a* ***feigned*** *~* 'n aangeplakte glimlag; ***force*** *a ~* gedwonge glimlag; *a* ***forced*** *~* 'n gedwonge glimlag; ***give*** *s.o. a ~* vir iem. glimlag; *s.o. has a* ***ready*** *~* iem. glimlag maklik; *a* ***sickly*** *~* 'n flou glimlag; *a* ***vacuous*** *~* 'n onnosele/wesenlose glimlag; *a* ***warm*** *~* 'n vriendelike glimlag; *a* ***wide*** *~* 'n breë glimlag; *a* ***wintry*** *~* 'n suur glimlag; *s.o.'s face is* ***wreathed*** *in ~s* iem. se gesig is (die) ene glimlag; *with a* ***wry*** *~* met 'n wrange glimlag. **smile** *ww.* glimlag; *~ one's* ***approval*** *of s.t.* iets glimlaggend goedkeur; *~* ***at*** *s.o.* vir iem. glimlag; *~* ***at*** *s.t.* oor iets glimlag; *~* ***broadly,*** *~ from* ***ear*** *to ear* van oor tot oor glimlag, breed glimlag; *~* ***faintly*** effens/effe(ntjies) glimlag; ***fortune*** *~s (up)on s.o.* →FORTUNE *n.*; *~* ***thinly*** onwillig/gedwonge glimlag; *~* ***wryly*** grim. **smil·ing** glimlaggend, vol glimlagge; *come up ~, (infml.)* nuwe moed kry; *keep ~* goeie moed hou; *keep ~!* hou goeie moed!, hou die blink kant bo!. **smil·ing·ly** glimlaggend, met 'n glimlag.

smirch *n.* vlek, klad, smet; kol, veeg. **smirch** *ww.* be=smeer; *(hoofs. fig.)* bevlek, beklad, besoedel.

smirk *n.* grimlag, grynslag, selfvoldane glimlag; ge=maakte laggie. **smirk** *ww.* grimlag, grynslag; gemaak glimlag; meesmuil.

smite *n., (arg. of poët., liter.)* slag, hou; poging. **smite** *smote smitten, ww., (arg. of poët., liter.)* slaan; tref; ver=slaan, vernietig; kasty, straf; bots, slaan teen; *s.o.'s* ***con-science*** *~s him/her* iem. se gewete kla hom/haar aan; *~ one's* ***hands*** *together* die hande saamslaan; *~ s.o.* ***hip*** *and thigh* iem. ongenadiglik klop, iem. verpletter, iem. lendelam slaan; *an idea smote s.o.* 'n gedagte het iem. te binne geskiet; *the* ***waves*** *smote upon the cliffs* die bran=ders het teen die rotse geslaan/geklots. **smit·ten** *be ~ with s.o.* smoorverlief wees op iem.; *be ~ with s.t.* met iets ingenome wees; deur iets geteister word *(d. pes ens.)*.

smith smid, smit; →SMITHERY, SMITHING, SMITHY; *~'s tongs* smeetang.

-smith *komb.vorm* =smid; =maker; *gold~* goudsmid; *lock~* slotmaker; *silver~* silwersmid; *word~* woordsmid.

smith·er·eens, smith·ers *n. (mv.), (infml.)* stukkies, flenters, gruis; *in ~* fyn en flenters; *smash s.t. (in)to ~* iets fyn en flenters (*of* kort en klein) slaan.

smith·er·y smedery, smidse, smidswinkel; smidswerk, smee(d)werk.

smith·ing smidswerk, smee(d)werk.

smith·son·ite *(min.)* sinkspaat, sinkkarbonaat, smith=soniet.

smith·y smidswinkel, smidse, smedery. ~ **coal** smid=steenkool, smidskole.

smit·ten →SMITE *ww.*.

smock *n.* oorbloes; oorrok, *(w.g.)* kiel; kraamrok, =jak=kie; jurk; oorbroek. **smock** *ww., (naaldw.)* smok. ~ **frock** *(hist.)* los rok *(v. 'n landbouer)*.

smock·ing *(naaldw.)* smok=, wafelwerk. ~ **(stitch)** smoksteek.

smog rookmis; *(fig.)* waas, newel.

smok·a·ble, smoke·a·ble *adj.* rookbaar. **smok·a·bles, smoke·a·bles** *n. (mv.)* rookgoed.

smoke *n.* rook; damp; skietdamp(e) *(in 'n myn)*; *(i.d. mv.)* rookgoed; →SMOKELESS, SMOKY; *a* ***column*** *of ~* 'n rookkolom; ***end/vanish*** (or ***go up***) *in ~, (lett. & fig.)* in rook opgaan/verdwyn; *(fig.)* op niks uitloop, in duie stort; *(there's) no ~ without* ***fire,*** *where there's ~ there's* ***fire*** geen rokie sonder vuur(tjie) nie (*of* waar daar 'n rokie is, is daar 'n vuurtjie); ***go up*** *in ~* →***end/vanish;*** ***have*** *a ~, (infml.)* 'n dampie maak/slaan, rook; ***inhale*** *~* rook intrek/inasem; *from ~ (in)to* ***smother,*** *(w.g., <Shakesp.)* van die wal in die sloot; ***vanish*** *in ~* →***end/vanish;*** *s.o.* ***wants*** *a ~, (infml.)* iem. wil rook. **smoke** *ww.* rook; damp; berook; uitrook; beroet; →SMOKABLE, SMOKED, SMOKER, SMOKING, SMOKERY; *~ like a* ***chim-ney*** van jou mond 'n skoorsteen maak, rook soos 'n skoorsteen; *~* ***heavily*** kwaai/straf/sterk rook, *(infml.)* kwaai stook; *~* ***opium*** opium skuif; *~ s.o.* ***out*** iem. uitrook; *put that in your* ***pipe*** *and ~ it!* →PIPE *n.*. ~ **abatement** rookbestryding. ~ **alarm** rookalarm. ~ **ball** rookkoeël; rookbom; stuifswam. ~ **black** roet=swart. ~ **bomb** rookbom. ~ **box** rookkas *(v. 'n lokomo=tief)*. ~ **curtain** *(lett.)* rookgordyn, =skerm. ~ **damper** rookdemper. ~ **detector** rookverklikker. **~-dried** *adj.* gerook. ~ **essence** rookgeursel. ~ **flare** rookfakkel. ~ **flue** rookgang, =kanaal. ~ **fog** rookmis. **~-free** *adj.* rookvry; *~ area/zone/etc.* rookvry(e) gebied/omgewing/sone/ens.. ~ **grenade** rookgranaat. **~house** rokery, rookhok. ~ **nuisance** rooklas. ~ **pipe** rookpyp. ~ **pot** rookpot. ~ **ring** rookkring. ~ **room** rookkamer; rook=hok. **~screen** *(lett. & fig.)* rookskerm. ~ **signal** *(lett. & fig.)* rooksein. **~stack** skoorsteenpyp; skeepskoorsteen; fabriekskoorsteen. **~stack industry** *(infml.)* swaarny=werheid. **~-tight** *adj.* rookdig.

smoked gerook; berook; *~* ***bacon*** rookspek; *~* ***glass*** berookte glas; rookglas; *~* ***glasses*** sonbril; *~* ***haddock*** skelvis; *~* ***ham*** rookham, gerookte ham; *~* ***herring*** rookharing; *~* ***meat*** rookvleis; *~* ***sausage*** rookwors.

smoke·less rookvry, rookloos; *~ fuel* rooklose brand=stof; *~ powder* rookswak/rooklose kruit; *~ zone* rook=vry(e) sone.

smok·er roker, damper; rookkoepee, =kompartement, =wa; rookkonsert; *~'s* ***cough*** rokershoes(ie); *~'s* ***heart*** →HEART; *a* ***heavy*** *~* 'n kwaai/strawwe/sterk roker; *a* ***light*** *~* 'n matige roker; *~'s* ***lung*** rokerslong; *~'s* ***re-quisites*** rookartikels.

smok·er·y rookkamer, =huis; rookgerei.

smok·ing *n.* (die) rook, rokery; beroking; *no ~* rook verbode; *no ~ allowed here* hier word nie gerook nie, rook is hier verbode. **smok·ing** *adj.* rokend, rook=; walmend; dampend; *~ gun/pistol, (fig.)* onweerlegbare/onomstootlike/onbetwisbare/vaste bewys. ~ **cap** kalotjie. ~ **carriage** rookwa. ~ **concert** rookkonsert. ~ **habit** rookgewoonte. ~ **jacket** rookbaadjie. ~ **room** rook=kamer, =salon. ~ **tobacco** rooktabak.

smok·y rokerig, rookagtig, rook=; berook; vol rook; rookkleurig; *~ quartz* rookkwarts.

smol·der *ww., (Am.)* →SMOULDER.

smolt jong salm.

smooch *n.* soen; soenery, gesoen, soensessie; *(Br.)* romantiese musiek. **smooch** *ww., (infml.)* vry. **smooch·y** *adj., (Br., infml.),* romanties *(musiek)*; innig, lank, intiem *('n soen)*.

smoor *(Sk., dial.)* smoor; →BRAISE. ~ **fish** smoorvis.

smooth *adj.* glad, sag; gelyk, effe, egalig; kaal, naak, gaaf *('n oppervlak)*; vlot; vloeiend *('n styl)*; soetvloeiend *(klanke, poësie, ens.)*; aangenaam, kalm *('n seereis)*; sag, smeuïg *('n smaak)*; sag *(likeur ens.)*; fyn *(konfyt)*; be=leef(d), vriendelik; vleiend, vleierig, flikflooierig; *~ oper-ator, (infml.)* gladdejan;, *say ~ things to s.o.* iem. vlei, iem. heuning om die mond smeer. **smooth** *adv., (arg.)* →SMOOTHLY. **smooth, smoothe** *ww.* gelyk=maak, glad maak, glad stryk; planeer; skaaf; afglad, glad afwerk; maklik maak; bedek, bewimpel; *~ s.t.* ***away*** iets wegstryk; iets uit die weg ruim *(moeilikhede ens.)*; *~ s.o.* ***down*** iem. paai; *the sea ~ed* ***down*** die see het glad geword; *~ s.t.* ***down*** iets glad stryk; *~ s.t.* ***off*** iets glad afwerk; *~ s.t.* ***out,*** *(lett.)* iets glad stryk, iets uit=stryk; *(fig.)* iets uitstryk, iets uit die weg ruim *(verskille ens.)*; *~ s.t.* ***over*** iets bewimpel/vergoe(i)lik, iets in die beste voue lê; *~ the* ***way,*** *(fig.)* die pad skoonmaak, die weg baan. **~-barked:** *~ yellowwood* = OUTENIQUA YEL=LOWWOOD. **~bore** *n.* gladdeloopgeweer. **~-cut file** soetvyl. **~-faced** baardloos, met 'n gladde gesig; skyn=vriendelik. ~ **file** soetvyl. **~-flowing** gelykvloeiend. **~-haired** glad(de)haar=, gladharig. ~ **hound** *(igt.: Mus=telus spp.)* hondhaai. ~ **muscle** *(fisiol.)* onwillekeu=rige/gladde spier. ~ **plane** soetskaaf. **~-shaven** glad geskeer. **~-spoken, ~-tongued** glad van tong, vleierig. ~ **talk** gladde praatjies, mooi=, slimpraatjies, vleitaal. ~ **talker** gladdemond. **~-talking** *adj. (attr.)* gladdemond=, met 'n gladde mond/tong *(pred.)*.

smooth·en = SMOOTH *ww.*.

smooth·ie, smooth·y =*ies, (infml., gew. neerh.)* gladde=jan; *(infml.)* skommeldrankie; *fruit ~* vrugteskommel.

smooth·ing effening, gladmaking; afvlakking. ~ **board** strykbord. ~ **chisel** vlakbeitel. ~ **harrow** sleepeg. ~ **iron** *(hist.)* stryk=, parsyster; gladstryker. ~ **plane** soet=, blok=skaaf, smoelpleen. ~ **trowel** vormstryktroffel.

smooth·ly *adv.* glad; egalig; vlot; vloeiend; *s.t. goes ~* iets gaan orrelstryk.

smooth·ness gladheid; vlotheid.

smor·gas·bord *(<Sw., Skand. kookk.)* smorgasbord, oopbroodjies, oop toebroodjies; *(fig.)* potpourri, alle=gaartjie, mengelmoes; mengsel, verskeidenheid.

smor·zan·do *-dos, -di, n., (It., mus.: gedeelte wat [stadig] wegsterf)* smorzandopassasie. **smor·zan·do** *adj. & adv.* smorzando, wegsterwend.

smote *ww. (verl.t.)* →SMITE *ww.*.

smoth·er *n.* dik rook, (stof)damp, walm; digte miswolk; stofwolk; smeuling; onderdrukking; verstikking; kolking. **smoth·er** *ww.* (ver)smoor, (ver)stik; doodsmoor; smoor *(vlamme);* smoor, dooddruk *('n bal);* onderdruk *('n gaap ens.);* geheim hou; in die doofpot stop; *~ a curse* binnensmonds vloek. ~ **love** *(infml.)* versmorende (moeder)liefde. ~ **tackle** *(rugby)* smoorvat.

smoth·ered: *be ~* ***in*** ... onder ... begrawe wees, toe wees onder ...; *~* ***mate,*** *(skaak: soort mat met perd/ruiter)* gesmoorde mat; *be ~* ***up*** stilgehou word, in die doofpot gestop word; *be ~* ***with*** ... met ... oorlaai word.

smoth·er·y verstikkend, benoud.

smoul·der *n.* smeulvuur, smeulsiekte. **smoul·der** *ww.* smeul; *~ing rebellion* dreigende/broeiende/smeulende opstand.

smous(e) *(SA, hoofs. hist.)* smous.

smri·ti *(Skt., Hind.: heilige geskrifte wat a.d. Vedas ontleen is)* smriti.

SMS *-('s), n., (selfone, afk.: short message service)* SMS; *send (s.o.) an ~* (vir iem.) 'n SMS stuur, 'n SMS (aan iem.) stuur; *send an ~ to* ... 'n SMS na ... stuur *('n nommer).* **SMS** *-ed, ww.* SMS; *~ (s.t. to) s.o., ~ s.o. (s.t.)* (iets aan) iem. SMS, iem. (iets) SMS *('n boodskap).*

smudge[1] *n.* klad, (vuil) kol; vlek, smet; soldeerroet. **smudge** *ww.* bemors, besmeer; (be)vlek, (be)klad, besoedel, besmet; *it ~s easily* dit klad/vlek gou. **smudg·y** vuil, smerig, bemors.

smudge[2] *n., (hoofs. Am.)* dik rook; muskietrook, -vuur. ~ **(fire)** smeul-, rookvuur. ~ **pot** vuurpot.

smug selfingenome, -voldaan, vergenoeg; alte fatsoenlik; huigelagtig. **~-faced** met 'n uitgestreke gesig. **smug·ly** op 'n selfingenome wyse. **smug·ness** selfvoldaanheid, -ingenomenheid, -vergenoegdheid; oorfatsoenlikheid; huigelagtigheid.

smug·gle smokkel; *~ s.t. in/out* iets in-/uitsmokkel; *~ s.t. past* ... iets by ... verbysmokkel. **smug·gler** smokkelaar, sluikhandelaar.

smug·gling smokkel(a)ry, smokkelhandel. ~ **ring** smokkelring.

smut *n.* roetkol, -vlek, roet; vuil/obsene taal/blad/fliek/ens.; vuiligheid, vieslikheid, liederlikheid, smerigheid, morsigheid; *(plantsiekte)* brand; brandswamme. **smut** *-tt-, ww.* vlek, vuil maak; (laat) brand kry; *~ted grain* brandgraan. ~ **ear** brandaar *(in koring).* ~ **grass** *(Sporobolus poiretti)* vleigras. **smut·ti·ness** morsigheid, vuiligheid, vieslikheid, skurfheid, liederlikheid, smerigheid. **smut·ty** vuil, vieslik, liederlik, smerig, morsig; vol roet; branderig; *a ~ joke* 'n vuil/skurwe grap; *~ muzzle* gevlekte bek *(by skape).*

smutch →SMUDGE.

Smyr·na *(hist. Mid. Oos. hawestad)* Smirna, *(hedendaags)* Izmir; Smirna-mat, -tapyt. ~ **fig** Smirna-vy.

Smyr·n(a)e·an, Smyr·ni·ot(e) *n., (inwoner)* Smirnioot. **Smyr·n(a)e·an, Smyr·ni·ot(e)** *adj.* Smirnioties.

snack *n.* versnapering, (peusel)happie; snoepgereg(gie), ligte maaltyd; *(i.d. mv.)* eet-, peuselgoedjies, kleinkos; *go ~s, (infml.)* deel; *have a ~* 'n happie eet; *mid-morning ~* elfuurtjie. **snack** *ww.: ~ (on s.t.), (infml.)* (aan iets) peusel. ~ **bar** peusel-, snoepkroeg; kitskoskafee, snelkafee, -buffet.

snaf·fle *n., (eenvoudige stang)* trens; *ride s.o. on the ~* mooi met iem. werk, sagkens met iem. handel. **snaf·fle** *ww.* met 'n trens ry; beteuel; *(infml.)* gryp, gaps, skaai. ~ **bit** trens. ~ **bridle** trenstoom.

sna·fu, sna·fu *n., (Am. sl., oorspr. mil. akr.: situation normal: all fouled/fucked up)* chaos, deurmekaarspul, warboel. **sna·fu, sna·fu** *adj.* chaoties, deurmekaar, in ('n) chaos, in 'n warboel.

snag *n.* struikelblok, hindernis, haakplek, vangplek, nadeel, moeilikheid, (val)strik; stomp, knoe(t)s, kwas; uitstekende punt, uitsteeksel; skeurtjie, haakplekkie *(in lap); hit/strike* (or *come upon* or *run into*) *a ~* vashaak, op 'n moeilikheid stuit; *that's/there's the ~* dit is die moeilikheid, daar lê/sit die knoop; *what's the ~?* waar lê/sit die knoop?. **snag** *-gg-, ww.* (vas)haak; *('n lap)* skeur; *(hoofs. Am., boot)* stuit teen 'n verdronke boomstomp; stompe uit-/afkap, knoetse/knoeste afkap; *~ on s.t.* aan iets vashaak. **~tooth** = SNAGGLETOOTH.

snagged kwasterig, vol knoetse/knoeste/uitsteeksels; geskeur(d); *get ~* vashaak.

snag·gle *n.* knoop, deurmekaarspul, warboel, koekerasie. **snag·gle** *ww.* geknoop/gekoek raak; verstrik raak. **~tooth** *-teeth* uitsteektand; *(igt.: Astronesthes spp.)* lostandvis.

snag·gy kwasterig, vol knoetse/knoeste/uitsteeksels.

snail *n.* (skulp)slak; snekrat, slakvormige rat *(in 'n horlosie); at a ~'s pace* voetjie vir voetjie; met 'n slakkegang; *do s.t. at a ~'s pace, (ook)* iets op jou elf-en-dertigste doen. **snail** *ww., (w.g.)* slakke vang/doodmaak. ~ **fever** rooiwater, skistosomiase, bilharziase. **~fish** *(Paraliparis spp.)* slakvis. **~-horn bit** slakboor. ~ **house** slak(ke)huis. ~ **mail** *(skerts.: gewone papierpos gestel teenoor e-pos)* trapsuutjie-, trapsoetjie-, slakkepos. **~-paced** doodstadig, met 'n slakkegang. ~ **wheel** snek-, slakratjie.

snail·like slakagtig; doodstadig.

snake *n.* slang; *~s* ***alive!,*** *(w.g.)* goeie genugtig!, grote Griet!; *be* ***bitten*** *by a ~* deur 'n slang gepik word; ***cherish*** *a ~ in one's bosom* →CHERISH; *there's a ~ in the* ***grass,*** *(infml.)* daar is 'n slang (*of* skuil 'n adder) in die gras, daar skuil gevaar; ***raise/wake*** *~s, (infml., vero., w.g.)* rusie veroorsaak; ***see*** *~s, have ~s in one's* ***boots*** die horries kry; *the ~* ***struck*** die slang het gepik. **snake** *ww.* kronkel, krul, kruip; seil, gly; *~ along* voortseil, -kronkel; *the road ~s through* ... die pad kronkel/slinger deur ... **~bird** slanghalsvoël; →DARTER. **~bite** slangbyt. ~ **charmer** slangbesweerder. ~ **cucumber** →SNAKE MELON. ~ **dance** slangdans. ~ **eagle:** *brown ~ ~, (Circaetus cinereus)* bruin slangarend; *blackbreasted ~ ~, (C. pectoralis)* swartborsslangarend. ~ **eyes** *(dobbelspel)* dubbele een; *(fig.)* ongeluk, teen-, teëspoed. ~ **flower** *(Monsonia speciosa)* slangblom; *(Ornithogalum flavissimum)* oranje tjienkerientjee. ~ **gourd** *(Trichosanthes anguina)* pofadderboontjie. ~ **juice** *(Austr. sl.)* whisky; skokiaan. ~ **lily** *(Haemanthus albiflos)* (wit)poeierkwas, slanglelie. ~ **lizard, grass lizard** *(Chamaesaura spp.)* pootjieslang, sweepslang, grasakkedis. ~ **melon, ~ cucumber, Armenian cucumber** *(Cucumis flexuosus)* komkommerpampoen, slangspanspek. ~ **mongoose** = AFRICAN WEASEL. ~ **oil** *(infml.)* kwakmedisyne; kaf-, twak-, bog(praatjies). ~ **palm, devil's tongue, voodoo lily** *(Amorphophallus rivieri)* duiwelstong. ~ **park** slangtuin, -park. ~ **pit** slangkuil. **~root** *(Polygala seneca ens.)* slangwortel. **~s and ladders** *n. (mv.)* slangetjies-en-leertjies. **~skin** slangvel; slangleer. **~stone** = SERPENTINE *n. (min.).* ~ **venom** slanggif. **~weed** *(Polygonum bistorta)* adderwortel. ~ **worship** slangaanbidder, slangdiens. **snak·y** slangagtig; vol slange; slang-.

snap *n.* klap, knal, slag; hap, byt; knip; slotjie; (harde) beskuitjie; kiekie; (die) breek; snapbreuk; *(gereedskap)* snapper; pit, fut; (veer)krag; *a cold ~* 'n skielike koue; *s.o. doesn't care a ~* →CARE *ww.*. **snap** *adj.* skielik, vinnig, onverwag; blits-, kits- *(debat, verkiesing, inspeksie, ens.);* onvoorbereid, onvoorbedag; verrassend; onverhoeds *('n stemming);* onbedag, onoorwoë *('n beslissing, oordeel, ens.); pass s.t. by a ~ vote, (parl. ens.)* iets by verrassing aanneem. **snap** *-pp-, ww.* hap, snap, gryp; knal, klap; laat klap/knal; ruk, vinnig beweeg; toeklap; knip; byt; (af)breek, (af)knak, afruk; spring; afneem, foto's/kiekies neem, kiek; aftrek; snou; *('n vuurwapen)* kets, nie afgaan nie; *~* ***at*** ... na ... hap/byt; na ... gryp; ... gretig aanneem; *~* ***at*** *s.o., (ook)* iem. afjak/afsnou; iem. toesnou; *~ one's* ***fingers*** →FINGER *n.; ~* ***off*** *s.o.'s head/nose, (fig.)* iem. afsnou/invlie; *~ s.t.* ***(off)*** iets afbreek/afbyt/afknak; *~ s.t.* ***on*** iets aanknip; *~ s.t.* ***out*** iets snou; *~* ***out of it,*** *(infml.)* jou regruk; *~* ***out of it!,*** *(infml.)* ruk jou reg!, komaan!; *the* ***string*** *has ~ped* die snaar het gespring; *s.t. ~ped* ***to*** iets het toegeklap/-knip; *~* ***to it!,*** *(infml.)* skud op!, opskud!, roer jou (litte/riete)!; *~ s.t.* ***up*** iets opraap/oppik/opgryp/inpalm; iets aangryp/beetpak *('n geleentheid ens.).* ~ **beetle** = CLICK BEETLE. ~ **bolt** →SNAP LOCK. **~-down brim** afslaanrand. **~dragon** *(Nemesia spp.)* leeubekkie; *(Antirrhinum majus)* (tuin)leeubekkie. ~ **fastener** knip, drukknoop. ~ **frame** knipbeuel. ~ **gauge** bekkaliber. **~-happy** = TRIGGER-HAPPY. ~ **head** *(teg.)* snap(per)kop. ~ **header** *(messelwerk)* halwe kopsteen. ~ **link, ~ hook** →KARABINER. ~ **lock, ~ bolt** knip-, veerslot *(aan 'n deur).* **~-on** *adj. (attr.)* aanknip- *(blinding, dop, paneel, ens.).* ~ **ring** = KARABINER. ~ **shooting** knakvuur, -skiet. ~ **shot** blinde skoot, knakskoot. **~shot** *n.* foto, kiekie, *(ook fig.)* momentopname; *(rek.)* flitsbeeld. **~shot** *-tt-, ww.* 'n foto/kiekie neem, kiek. ~ **switch** snapskakelaar.

snap·per byter, happer; snouerige mens; snapskilpad. *~ up* opsnapper, oppikker.

snap·ping happend; knallend, klappend; knakkend; bytend; snouend; *~ line* slaglyn; *~ turtle* snapskilpad.

snap·pish vinnig, skerp, bitsig, driftig, snipperig, hanerig, (af)snouerig; byterig. **snap·pish·ness** bitsigheid; byterigheid.

snap·py lewendig, opgewek, fluks, vurig; pittig; viets; kort afgebete *(styl); make it ~!, (infml.)* skud op!, opskud!, roer jou (litte/riete)!.

snare *n.* strik, wip, val; valstrik; vanggat; snaar *(v. 'n trom); lay/set a ~ for* ... 'n strik vir ... span/stel, 'n wip vir ... stel. **snare** *ww.* in 'n strik vang, verstrik. ~ **drum** konserttrom, klein trom. ~ **pit** vangkuil.

snarl[1] *n.* geknor, gegrom; snou. **snarl** *ww.* knor, grom; snou; *~ at s.o.* iem. toesnou/afsnou. **snarl·er**[1] brompot, knorder.

snarl[2] *n.* verwarring, verwardheid; warboel; kinkel; *traffic ~* verkeersknoop. **snarl** *ww.* verwar; deurmekaar raak; deurmekaar maak; *be ~ed (up)* totaal verward wees; in die war wees; opgekinkel wees; *become/get ~ed up in s.t.* in iets verstrik raak; in iets vasgevang raak *(d. verkeer).* **~-up** kinkel, warboel, knoop.

snarl[3] *ww.* uitklop *(metaal).* **snarl·er**[2] uitklopper; klopyster.

snarl·ing: ~ **iron** klopyster.

snatch *n.* gryp, greep, ruk; gryphef *(by gewigoptel); (infml.)* diefstal; stukkie, brokkie; *make a ~* ***at*** ... na ... gryp; *~es* ***from*** ... grepe uit ... *(d. geskiedenis, iem. se lewe, ens.);* ***in/by*** *~es* met rukke en stote; by/met tussenposes; *~* ***of a song*** liedjie, stukkie van 'n lied. **snatch** *ww.* gryp, vat, ruk; gaps; hap; *~* ***at*** ... na ... gryp; ... aangryp *('n aanbod ens.); ~ s.t.* ***away*** iets weggryp; iets wegruk; *~ ...* ***from death*** ... aan die dood ontruk; *~ s.t.* ***from*** ... iets van ... wegruk; *~ s.t. from s.o.'s* ***hands*** iets uit iem. se hande ruk; *~ a* ***kiss*** 'n soen steel; *~ s.t.* ***off*** iets afruk; *~ s.o./s.t.* ***out*** *of* ... iem./iets uit ... red; *~ s.t.* ***up*** iets (op)gryp. ~ **block** *(sk.)* vang-, voetblok, voet-, greepkatrol. ~ **squad** *(Br.)* grypspan.

snaz·zy piekfyn; viets.

sneak *n., (infml.)* sluiper; gluiper(d), agterbakse mens, valsaard; *(hoofs. Br.)* verklikker, klikspaan, nuusdraer. **sneak** *sneaked sneaked* (of, infml., hoofs. Am.) *snuck, ww.* sluip, kruip, stilletjies gaan; *(infml.)* skaai, steel; *(infml., hoofs. Br.)* (ver)klik, verklap; *~* ***away/off*** wegsluip, stilletjies wegloop/wegraak; *~* ***in*** insluip; inkruip; *~ s.t.* ***into*** *the house* iets die huis insmokkel; *~* ***out*** uitsluip; *~* ***up*** *behind s.o.* iem. van agter bekruip; *~* ***up*** *on s.o.* iem. bekruip. ~ **preview** spesiale voorskou *(v. 'n rolprent ens.); be treated to a ~ ~ of* ... 'n lokloertjie na ... kry. ~ **thief** sluipdief.

sneak·er sluiper; *(hoofs. Am.)* seilskoen, tekkie.

sneak·ing kruiperig; gluiperig; geheim; *have a ~ regard for s.o.* (so) in die stilligheid nogal van iem. hou; *have a ~ suspicion that* ... 'n nare vermoede/spesmaas hê (*of* dit aan jou broek [se naat] voel) dat ...

sneak·y sluipend, gluiperig; *~ blow* onverhoedse hou.

sneck *(Sk., dial.)* klink; *(gew. i.d. mv.), (klipwerk)* vulbrok.

sneer *n.* gryns(lag), spot-, hoonlag; spot. **sneer** *ww.* spot (met), hoon; smaal, gryns, grinnik, spottend/honend lag, *(w.g.)* meesmuil; veragting te kenne gee, die/jou neus optrek; *~* ***at*** ... met ... spot, ... bespot; (die/jou) neus optrek vir ... **sneer·ing** smalend; *~ laugh* spot-, hoonlag.

sneeze *n.* nies. **sneeze** *ww.* nies; proes; *(come) coughing and sneezing* al hoestende en proestende (aankom); *not to be ~d at* nie te versmaai nie, glad nie so sleg nie. ~ **gas** niesgas. ~**weed** *(Helenium* spp.*)* nieskruid. ~**wood** *(Ptaeroxylon obliquum)* nieshout. ~**wort** *(Achillea ptarmica)* nieswortel.

sneez·ing: ~ **gas** niesgas.

sneez·y nieserig, proes(t)erig, (swaar) verkoue. **sneez·i·ness** nieserigheid.

snib *n., (hoofs. Sk./Iers)* knip, grendel. **snib** *-bb-, ww.* sluit, grendel.

snick *n.* kerf, keep; deurklink; *(kr.)* tik-, tip-, skramhou; dun plek. **snick** *ww.* 'n kerfie sny, keep; *(kr.)* tik; *~ed saw* haasbeksaag.

snick·er *n.* gegiggel; sagte runnik; →SNIGGER *n.*. **snick·er** *ww.* saggies runnik; giggel; →SNIGGER *ww.*.

snick·er·snee *(arg.)* lang mes, steekmes.

snide smalend; kwaadwillig; *(Am.)* gemeen, laag; vals, oneg; bedrieglik; ~ *remark* honende/kwetsende aanmerking.

sniff *n.* gesnuif, gesnuffel; snuffie. **sniff** *ww.* snuif, snuiwe; snuffel; ~ *the* ***air*** →AIR *n.*; ~ ***at*** ... aan ... ruik/snuffel, ... besnuffel; effens/effe(ntjies) in ... belangstel (*of* belang stel); (die/jou) neus optrek vir ...; *it is* ***not*** *to be ~ed at* ('n) mens kan nie jou neus daarvoor optrek nie; ~ *s.t.* ***out*** iets uitsnuffel; ~ *s.t.* ***up*** iets opsnuif/opsnuiwe.

sniff·er snuiwer *(v. verfverdunners ens.)*; gom-, lymsnuiwer. ~ **dog** *(infml.)* snuffelhond.

snif·fle *n.* gesnuf(fel); *the ~s* gesnuif, verkoue. **snif·fle** *ww.* snuf, snuffel; grens.

snif·fy *(infml.)* minagtend, neusoptrekkerig, smalend; *be ~* 'n ruikie hê; *be a bit ~, (ook)* 'n ligte verkoue hê. **sniff·i·ness** neusoptrekkerigheid.

snift *ww., (vero., dial.)* snuif; stoom afblaas.

snif·ter *(Sk., dial.)* bries; *(infml.)* sopie, dop, regmaker(tjie), skrikmaker(tjie); *(hoofs. Am.)* brandewynglas; *(i.d. mv.), (ook, Sk.)* verkoue; *take a ~, (infml.)* 'n dop(pie) maak/steek. ~ **valve, snifting valve** snuifklep.

snig·ger *n.* gegiggel, gegrinnik. **snig·ger** *ww.* giggel, grinnik, ginnegaap.

snip *n.* sny(tjie), knip, snipper; knipsel; hap; stukkie, brokkie; *(Am., infml.)* ventjie, snuiter, snip, niksnuts, nieteling; *(infml.)* kleremaker, snyer; *(Br., infml.)* winskopie; *(infml.)* seker(e) kans, sekerheid; *(iets makliks)* kinderspeletjies; *(ook, i.d. mv.)* blikskêr. **snip** *-pp-, ww.* (af)sny, (af)knip; ~ *s.t. off* iets afknip. **snip·pet** snipper, stukkie, snippertjie, brokkie; *(ook, i.d. mv.)* stukkies en brokkies. **snip·pe·ty** snipperagtig. **snip·py** snipperig; snipperagtig.

snipe *snipe(s), n., (orn.)* (poen-, water)snip; *Ethiopian ~* Afrikaanse snip; *painted ~* goudsnip. **snipe** *ww.* uit 'n skuilplek skiet, sluipskiet; *(w.g.)* snippe skiet; ~ *at s.o.* uit 'n hinderlaag op iem. skiet, iem. uit 'n hinderlaag beskiet; iem. kap, iem. (geniepsig) aanval. ~**fish** snipvis. **snip·er** sluip-, skerpskutter, verdekte skutter. **snip·ing** sluipskietery.

snit *n., (Am., infml.) be in a ~* die hoenders/josie in wees; dikbek/dikmond/diklip wees; *go into a ~* jou lelik vervies, jou bloedig vererg, jou wip.

snitch *n.* verklikker; *(vero.)* neus. **snitch** *ww.* skaai, gaps; verklik.

sniv·el *n.* gegrens, getjank; snot; huigelary. **sniv·el** *-ll-, ww.* snotter; grens, huil, tjank; femel. **sniv·el·ler** tjank-, skree(u)-, grensbalie, skree(u)bek. **sniv·el·ling** *n.* gesnotter; gegrens, getjank. **sniv·el·ling** *adj.* snotterend; grensend, tjankend.

snob snob, *(vero.)* ploert. ~ **appeal,** ~ **value** snobwaarde. **snob·ber·y** snobisme, *(vero.)* ploertery. **snob·bish** snobagtig, snobberig, *(vero.)* ploerterig. **snob·bish·ness** = SNOBBERY.

snoek *n., (SA, igt.: Thyrsites atun)* snoek; *slice of salted ~* snoekmootjie. **snoek** *ww.* snoek vang. **snoek·er** snoekboot.

snoek·ing snoekvangs. ~ **fleet** snoekvloot.

snog *n., (Br., infml.)* knippie, knypie, gekafoefel, kafoefelry, gevry, vryery. **snog** *ww.* kafoefel, vry; 'n knippie/knypie gee, kafoefel/vry met.

snood hareband, haarlint.

snook[1] *(Karibiese sportvis: Centropomus undecimalis)* (see)snoek.

snook[2]**:** *cock a ~ at s.o., (infml., hoofs. Br.)* iem. uitkoggel, langneus maak vir iem..

snook·er *n., (spel)* snoeker. **snook·er** *ww.* snoeker, blinder; *~ed* gesnoeker, geblinder(d); *(fig.)* gefnuik.

snoop *n.* spioen, (rond)snuffelaar; (af)loerder; kyk-in-die-pot, bemoeial; sluipdief; gluiper(d). **snoop** *ww.* snuffel, rondloer; afloer; neus insteek; ~ *about/around* rondsnuffel.

snoop·er = SNOOP *n.*. ~**scope** *(Am., mil.)* infrarooi-, nagkyker.

snoop·y indringerig, neusinstekerig, snuffelrig, bemoeisiek.

snoot *(sl.)* neus; *(sl.)* snob. **snoot·i·ly** neus-in-die-lug, uit die hoogte. **snoot·i·ness** neusoptrekkerigheid, verwaandheid, aanstellerigheid. **snoot·y** neusoptrekkerig, verwaand, aanstellerig, aanmatigend, neerhalend.

snooze *n.* dutjie, slapie, sluimer(ing); *have/take a ~, (infml.)* 'n uiltjie knip, ('n bietjie) dut. **snooze** *ww.* dut, sluimer, 'n uiltjie knip; leeglê; ~ *the time away* die tyd verdroom (*of* ledig deurbring).

snore *n.* snork, gesnork. **snore** *ww.* snork; ~ *s.o. awake* iem. wakker snork. **snor·er** snorker. **snor·ing** snorkery, gesnork.

snor·kel *n.* snorkel. **snor·kel** *-ll-, ww.* snorkel(duik), met 'n snorkel duik; *go ~ling* gaan snorkel(duik), met 'n snorkel gaan duik.

snort *n.* snork, proes; *(infml.)* regmakertjie, skrikmaker(tjie), dop(pie); *(dwelmsl.)* dosis opgesnuifde/-te kokaïen; *give a ~ of contempt* minagtend snuif; *give a ~ of rage* snuif van woede; *have a ~, (infml.)* 'n dop(pie) maak/steek, 'n kleintjie maak. **snort** *ww.* snork, proes, snuif; met verontwaardiging sê; *(dwelmsl.)* kokaïen snuif; ~ *at* ... (die/jou) neus optrek vir ... **snort·er** snorker; stormwind; mooi skoot, doodhou.

snot *n., (infml.)* snot; *(veragtelike persoon)* snotneus. **snot** *-tt-, ww., (Sk., dial.)* (die neus) snuit; snuif; proes. ~**-nosed** *adj. (gew. attr.), (sl., neerh.: kinderagtig; verwaand)* snotneus-. ~ **sickness,** *(Afr.)* ~**siekte** *(veearts.)* snotsiekte.

snot·ter[1] *(infml., hoofs. Sk.)* snot(ter)bel.

snot·ter[2] *(sk.)* oogtou; touring.

snot·ty *n.* snotneus; *(vlootsl.)* adelbors. **snot·ty** *adj.* snotterig; gemeen, laag; neusoptrekkerig, minagtend. ~**-nosed** *adj. (gew. attr.), (sl.)* snotneus-; neusoptrekkerig.

snout snoet, snuit; neus; tuit, bek. ~ **beetle** *(Am.)* kalander, snuittor, -kewer; →WEEVIL. **snout·ed** met 'n snuit, snuit-, gebek.

snow *n.* kapok, sneeu; *(dwelmsl.)* kokaïen; *(i.d. mv.), (ook)* sneeumassa; sneeuveld; *perpetual ~* ewigdurende sneeu. **snow** *ww.* sneeu, kapok; soos sneeu val; *be ~ed* ***in/up*** toegesneeu wees; *it* ***is*** *~ing* dit sneeu; *be ~ed* ***off*** weens sneeu afgelas word; *be ~ed* ***under*** (met werk) oorlaai wees. ~**ball** *n.* sneeubal; *not have a (~'s) chance in hell* →CHANCE *n.*. ~**ball** *ww.* met sneeuballe gooi; (soos 'n sneeubal) aangroei. ~**ball bush/tree** *(Viburnum opulus)* sneeubal(blom), (wit)balroos. ~**ball effect** sneeubaleffek; *have a ~ ~* 'n sneeubaleffek hê, eskaleer. ~ **bear** = BLUE BEAR. ~**berry, waxberry** *(Symphoricarpus albus)* sneeubessie. ~**bird** sneeugors, -vink; *(infml.)* sneeu(sport)entoesias; *(Am., infml.)* oorwinteraar; *(dwelmsl.)* kokaïensnuiwer. ~**-blind** sneeublind. ~ **blindness** sneeublindheid. ~**blink** sneeuglans, -blink, ysblink. ~**blower** *(masjien)* sneeublaser. ~**board** sneeuplank. ~**boarder** sneeuplankryer. ~**boarding** sneeuplankry. ~ **boot** sneeustewel, oorstewel. ~**bound** vasgesneeu. ~ **broth** sneeuslyk, halfgesmelte sneeu. ~ **bunting** sneeuvink. ~**cap** sneeupiek, -kruin. ~**capped,** ~**-clad,** ~**-crowned** met sneeu bedek, besneeu. ~**cat** *(soort ruspervoertuig vir gebruik op sneeu)* sneeukat. ~ **chain** *(dikw. i.d. mv.)* sneeuketting. ~ **cloth** sneeustof. ~ **cover** sneeudek, -kleed. ~ **crystal** sneeukristal. ~**drift** sneeubank, -wal, -hoop. ~**drop** *(bot.: Galanthus nivalis)* sneeuklokkie. ~**drop tree** *(Halesia* spp.*)* sneeuklokkieboom. ~**fall** sneeuval. ~**field** sneeuveld. ~**flake** sneeuvlok(kie); *(bot.: Leucojum* spp.*)* sneeuvlokkie, -klokkie, lenteklokkie; sneeuvlokstof. ~ **goggles** sneeubril. ~ **goose** sneeugans. ~ **grains** korrelsneeu. ~ **grouse** sneeuhoender. ~**head** *(dwelmsl.)* kokaïenslaaf. ~ **ice** sneeu-ys. ~ **job** *(Am., sl.)* oordondering *(met vleiery, slimpraatjies, ens.)*. ~ **leopard, ounce** sneeuluiperd, -panter. ~ **line,** ~ **limit** sneeugrens. ~ **lump** sneeukluit. ~**maker,** ~**making machine** sneeumasjien. ~**man** sneeuman, -pop. ~**mobile** sneeumobiel. **S~ Mountains, Maoke Mountains** Sneeu-, Maoke-gebergte *(in Nieu-Guinee)*. ~ **owl** sneeu-uil. ~ **pellet** sneeukorrel. ~ **petrel** sneeustormvoël. ~**plough,** *(Am.)* ~**plow** sneeuploeg. ~**scape** sneeulandskap. ~**shed** sneeudak. ~**shoe** sneeuskoen. ~ **slide,** ~ **slip** sneeustorting, lawine. ~**storm** sneeustorm. ~**suit** sneeupak(kie). ~ **tyre** sneeuband. ~**-white** *adj.* sneeu-, spier-, haelwit. **S~-white** *n., (sprokieskarakter)* Sneeuwitjie. ~ **wreath** sneeurosie, -kransie. **snow·y** sneeuagtig, sneeu-; besneeu(d); sneeuwit, spierwit; *S~ Mountains, (Austr.)* Sneeuberge; ~ *owl* sneeu-uil; ~ *weather* sneeuweer.

snub *n.* afjak; snou, berisping, venynige/bitsige antwoord; wipneus; *get a ~ from s.o.* van iem. 'n afjak kry; *give s.o. a ~* iem. afjak. **snub** *adj.* stomp; ~ *nose* wip-, stompneus, mop(s)neus. **snub** *-bb-, ww.* afjak, afsnou, berispe; met minagting behandel; *(sk.)* vasmaak, oppluk, snou; *be ~bed by s.o.* van iem. 'n afjak kry, deur iem. afgejak word. ~**-nosed** wipneus-, stompneus-. ~**-nose pistol** stompneuspistool.

snub·ber afjakker; *(sk.)* skokdemper; *(mot.)* wiegdemper.

snuck *ww. (verl.t. & volt.dw.), (hoofs.Am.)* →SNEAK *ww.*.

snuff[1] *n.* snuif; snuf; snuitsel; *take it* ***in*** *~, (vero., w.g.)* aanstoot neem, gebelg(d)/verontwaardig wees; ***a pinch of*** *~* 'n snuifie, 'n snuifknippie; ***take*** *~* snuif; *be* ***up to*** *~, (infml.)* op peil wees, van die vereiste/gewenste gehalte wees; *(Br. arg.)* nie onder 'n kalkoen uitgebroei wees nie. **snuff** *ww.* snuif, snuiwe; snuffel, ruik aan; *(arg.)* snuif gebruik. ~**box** snuifdoos. ~ **colour** snuifkleur. ~**-coloured** snuifkleurig. ~ **taker** snuiwer. ~**-taking** snuif, die snuifgewoonte.

snuff[2] *ww.* snuit *('n kers)*; *s.o. can ~ a candle with a pistol* iem. kan op 'n trippens skiet; ~ *it, (Br. sl.: doodgaan)* aftjop, bokveld toe gaan, lepel in die dak steek, die emmer skop; ~ *s.t. out* iets uitsnuit/dooddruk *('n kers)*; iets onderdruk *('n opstand ens.)*. ~ **movie,** ~ **film** *(sl.)* pornomoordfliek.

snuf·fer[1] snuiwer.

snuf·fer[2] (kers)snuiter; *(pair of) ~s* kerssnuiter.

snuf·fle *n.* gesnuif, gesnuiwe; pratery deur die neus; *(ook, i.d. mv.)* snuifsiekte, neusverstopping. **snuf·fle** *ww.* snuif, snuiwe; deur die neus praat.

snuff·y snuifagtig, snuif-; met snuif bevlek; snuiwerig; smerig; onaangenaam.

snug *adj. & adv.* knus(sig), behaaglik, lekker, warm; beskut, toe; aangenaam, gesellig; *be as ~ as a* ***bug*** *in a rug, (infml.)* so knus wees soos 'n vlooi in 'n kooi, lekker warm en gemaklik voel; leef/lewe soos 'n koning, dit lekker hê; *a ~* ***fit*** nommerpas, nommer pas; *a ~* ***fortune,*** *(vero.)* 'n redelike fortuin; *a ~* ***job,*** *(vero.)* 'n lekker baantjie; ***lie*** *~* lekker lê; wegkruip; ***make*** *o.s. ~* voorsorg maak; jou behaaglik inrig. **snug** *-gg-, ww.* behaaglik maak/inrig; ~ *down* (lekker) gaan lê; gaan slaap. ~**-fitting** goed passend, nommerpas, nommer pas. **snug·ger·y** lêplek; private kamertjie/hokkie; gelagkamer. **snug·gle** inkruip; knuffel, vasdruk teen; ~ *s.o.* ***close*** *to one* iem. knuffel (*of* teen jou vasdruk) *(jou kind ens.)*; ~ ***down*** lekker gaan lê; ~ ***up to*** *s.o.* jou teen iem. aanvly/nestel; ~ ***up to*** *the fire* nader aan/by die vuur kruip. **snug·ly** behaaglik; →SNUG *adj. & adv.*. **snug·ness** behaaglikheid; geselligheid.

so[1] *adv. & voegw.* so, sodanig; dus, daarom, derhalwe; sodoende; toe; ~ ***and*** ~ dinges; ***(and)*** *~ s.o.* ... (en) toe ... iem.; (en) daarom het iem. ...; ***and*** *~ to bed* en daarmee is iem. bed toe; ~ ***as*** *not to* ... om nie te ... nie; *not ~* ***bad*** →BAD *adj.*; ~ ***be*** *it* laat dit so wees; ~ ***it can be***

dit kan, ja; *that **being** ~* aangesien dit so is, derhalwe; ~ ***big/long/etc.** a* ... so 'n groot/lang/ens. ...; *it is ~ **cold/etc.*** dis so koud/ens.; *s.o. **did** ~* iem. het dit gedoen; ~ ***do** I* ek ook; ***even** ~* →EVEN *adv.; ~ **far*** →FAR *adj. & adv.; ~ **far** as s.o. knows* →FAR *adj. & adv.*; *in ~ **far** as* ... →FAR *adj. & adv.; ~ **far,** ~ good* →FAR *adj. & adv.; and ~ **forth*** →FORTH; *not ~ **good*** →GOOD *adj. & adv.; it ~ **happened** he/she was there* →HAPPEN; *~ s.o. will **have** to* ... iem. moet dus ...; ***how** ~?* hoe so?; hoe dan?; ***if*** ~ so ja, indien wel, as dit so/waar is; *and ~ it **is*** en dit is ook so; ~ ... ***is back?*** ... is dus terug?, dan is ... terug?; ***is** that ~?* so?, waarlik?, regtig?, ag nee!; ***just** ~!* juis!, net so!, presies!, juistement!; ~ ***long** as* ... →LONG *adv.; ~ **long!*** →LONG *adv.; ~ **many*** →MANY *adj. & n.; ~ s.o. **might*** ja, dit sou iem. kan doen; ***more*** ~ nog meer; *(all) the **more*** ~ des te meer; *even **more*** ~ selfs (nog) meer; *only **more*** ~ des te meer, net nog meer; *(just) as fast/etc. or perhaps **more*** ~ ewe (*of* net so) vinnig/ens. of dalk nog vinniger/ens.; *the **more** ~ as/because* ... te meer omdat/aangesien daar ...; ~ ***much*** →MUCH; *it is ~ **much** nonsense/rubbish* →NONSENSE, RUBBISH; *ever ~ **much** better* →BETTER *adj.*; ~ ***much** for that* →MUCH; ~ ***much** the better* →BETTER[1] *n.*; ~ ***much** the more* →MORE; ~ ***much** (~) that* ... →MUCH; *not ~ **much** as a* ... →MUCH; ***not*** ~ glad nie; dis nie so nie; ***not** ~?* nie waar nie?, dan nie?; dit is so, nè?; *and ~ **on*** →ON *adj. & adv.; a day **or** ~* 'n dag of wat; *three days **or** ~* 'n dag of drie, ongeveer drie dae; *half a dozen **or*** ~ (so) 'n stuk of ses; *a hundred **or*** ~ honderd of so, ongeveer/so honderd; *a week **or*** ~ ongeveer (*of* om en by) 'n week; ..., ***or** ~ s.o. said* ..., so het iem. ten minste gesê (*of* ..., [altans] volgens iem.); ***quite** ~!* presies!, juistement!, net so!; *and ~ **say** I* →SAY *ww.; and ~ **say** all of us* →SAY *ww.; you don't **say** ~!* →SAY *ww.; ~ to **say/speak*** →SAY *ww.,* SPEAK; *~ **that** ...* →THAT *voegw.; ~ **then*** →THEN *adv. & voegw.; ~ **there!*** →THERE *adv. & tw.; yes, I **think** ~* →THINK *ww.; ~ **I think** that* ... ek dink dus dat ...; *I **thought** ~* →THINK *ww.; I **told** you ~* →TOLD; *~ **what?*** →WHAT *pron.; ~ are **you!*** (en) jy ook!. ~**-and-so** *-sos, n.* so-en-so, dinges; vent. ~**-and-so** *adv.* taamlik, so-so. ~**-called** sogenaamd. ~**-so** *(infml.)* so-so, so op 'n manier, so op sy elf-en-dertigste, tussen die boom en die bas; *it's going ~* dit gaan so op 'n sukkeldraffie; *it was only ~* dit was maar matig, niks om van te praat nie.

so² *n., (mus.)* →SOH.

soak *n.* (die) week; *(vero., w.g.)* dronknes, drinkparty; *s.t. needs a **good*** ~ iets moet deurweek word; *be **in** the ~* in die week wees/staan; *a (or an **old**) ~, (infml.)* 'n dronklap; *put s.t. **to/in*** ~ iets laat week. **soak** *ww.* (laat) week; deurweek, deurnat; drenk; deurtrek; *(arg.)* drink, suip; deurverhit *(metaal)*; ***be** ~ed* deurnat/papnat wees; *~ o.s. **in*** ... jou in ... verdiep; *s.t. ~s **in*** iets trek in; iets dring deur *(tot iem.)*; *~ s.t. **in*** iets insuig; *be ~ed **in/with*** ... met ... deurweek wees; van ... deurtrek wees; van ... deurdrenk wees; *~ **into** s.t.* in iets indring/intrek *(water i.d. grond ens.)*; *~ s.t. in **lye*** iets uitloog; *~ s.t. **off*** iets af-/losweek; *~ s.t. **out*** iets uitweek *(vlekke ens.)*; *~ the **rich,** (infml.)* die rykes laat opdok; *~ s.t. **up*** iets opsuig. ~**away** *n., (Br.)* dreineerput. ~ **bath** week-, dompelbad. ~ **pit** weekkuil.

soak·er drenker; *(infml.)* suiplap, brandewyn-, drinkvlieg, nathals, drink(e)broer; stortbui; *(bouk.)* onderlood *(om 'n dak reëndig te maak)*.

soak·ing *n.* (deur)weking; drenking; stortbui; *get a ~* deur-/papnat word; 'n nat pak kry. **soak·ing** *adj. & adv.* deurdringend, deurwekend; *~ wet* pap-, deurnat. ~ **solution** bergingsoplossing *(vir kontaklense)*. ~ **tank** weektenk.

soap *n.* seep; →SOFT SOAP; *a **bar** of ~* 'n steen seep; *a **cake** of ~* 'n koekie seep; ***liquid*** ~ vloeiseep; ***powdered*** ~ = SOAP POWDER. **soap** *ww.* inseep, seep smeer; met seep was. ~**bark, quillai bark** seepbas. ~**bark (tree), quillai** *(Quillaja saponaria)* seepboom. ~**berry** *(Deinbollia* spp.*)* seepbessie; seepboom. ~ **boiler** seepmaker. ~**box** seepkis(sie). ~**box cart** kaskar, seepkiskar(retjie), seepkiswaentjie. ~**box derby,** ~**box race** kaskar(wed)ren, -re(i)sies, -derby, seepkisre(i)sies, -wedren. ~**box evangelist** straatprediker. ~**box orator** straatredenaar, seepkisredenaar. ~**box race** →SOAPBOX DERBY. ~ **bubble** seepbel, -blaas. ~ **bush** seepbos. ~ **dish** seepbakkie. ~ **dispenser** seephouer. ~ **flakes** *n. (mv.)* seepvlokkies. ~ **jelly** seepselei. ~ **liniment** seepsmeersel. ~ **lye** *(w.g.)* seeploog. ~ **(opera)** *(infml.)* sepie, strooisage. ~ **plant** seepplant. ~ **powder** seeppoeier. ~ **queen** sepiekoningin. ~ **skimmer** seepspaan. ~**stone** *(min., geol.)* spek-, seepsteen, steatiet. ~**suds** seepwater; seepskuim. ~ **tree** seepboom. ~ **works** seepfabriek. ~**wort** *(Saponaria* spp.*)* seepkruid.

soap·y seepagtig, seperig, seep-, vol seep; vleierig; *~ water* seepwater. **soap·i·ness** seperigheid.

soar sweef, swewe, hoog vlieg, opstyg, seil; *('n gebou ens.)* (hoog) in die lug steek; sweef(vlieg), staties vlieg; *~ above* ... bo ... sweef/swewe/uitstyg; *~ (aloft)* die hoogte inskiet; *prices are ~ing* die pryse styg vinnig (*of* skiet die hoogte in). **soar·ing** *adj. (attr.)* hoogvlieënde *(arend ens.)*; *(pryse)* wat die hoogte inskiet; steeds stygende *(winste, temperature, misdaadsyfers)*; versnellende *(inflasie)*; toringhoë *(wolkekrabber ens.)*; baie hoë *([kerk]toring ens.)*; *('n stem)* wat dra.

sob *n.* snik; *give a ~* snik. **sob** *-bb-, ww.* snik, (hewig) huil; *~ out s.t.* iets uitsnik; *~ with tears* snik van die huil. ~ **singer** sniksanger. ~ **sister** sentimentele skryfster. ~ **story** jammerverhaal. ~ **stuff** tranerigheid, snikke en trane; melodramatiese vertellings, stories om van te snik.

so·ber *adj.* nugter; matig; verstandig, gematig, bedaard, kalm; sober, stemmig, eenvoudig; *in ~ **fact*** sonder oordrywing; *as ~ as a **judge*** so sedig/stemmig soos 'n ouderling; *be a ~ **man/woman*** nie drink nie; ***(stone-) cold*** ~ →STONE-COLD. **so·ber** *ww.* bedaar; kalm/besadig word; tot bedaring bring; ontnugter; nugter maak; *~ down* bedaar, kalm word; *~ up* nugter word, 'n roes uitslaap; *~ s.o. up* iem. nugter maak; iem. ontnugter. ~**-minded** bedaard, kalm, besonne, nugter (denkend), besadig. ~**-mindedness** besadigdheid, besonnenheid, nugterheid. ~**sides** *(infml., hoofs.Am.)* bedaarde mens, stille. ~**-suited** stemmig geklee(d).

so·ber·ing: *a ~ (down)* 'n ontnugtering.

so·ber·ness = SOBRIETY.

So·bran·je *(Bulgaarse parl.)* Sobranje.

so·bri·e·ty soberheid, matigheid, nugterheid; bedaardheid; stemmigheid.

so·bri·quet, sou·bri·quet *(Fr.)* bynaam.

so·ca *(mus.: kalipsomusiek met soul-elemente)* soka.

soc·cer sokker. ~ **ball** sokkerbal. ~ **field** sokkerveld. ~ **game** sokkerspel. ~ **match** sokkerwedstryd. ~ **pool** sokkerpot. ~ **team** sokkerspan.

soc·cer·ite *(w.g.)* sokkerspeler; sokkerondersteuner.

so·cia·ble *n., (hist.)* janplesier(wa); *(hist.)* geselsfiets, driewiel; *(hoofs. Br.)* S-vormige rusbank, geselsbank. **so·cia·ble** *adj.* gesellig, aangenaam in die omgang; *~ weaver, (Philetairus socius)* versamel-, familievoël. **so·cia·bil·i·ty** geselligheid, sosialiteit. **so·cia·ble·ness** = SOCIABILITY. **so·cia·bly** gesellig.

so·cial *n.* geselligheid, gesellige byeenkoms. **so·cial** *adj.* gesellig; maatskaplik, sosiaal; *(biol.)* kolonievormend; *man is a ~ **animal*** die mens is 'n sosiale wese; *~ **anthropology*** sosiale antropologie; *~ **benefits*** bystandsfondse; *~ **blunder*** faux pas, sosiale misstap; *~ **class*** sosiale/maatskaplike klas/stand; *~ **climber,** (neerh.)* aansiensoeker, *(fig.)* klimvoël; *~ **club*** sosiale klub; *~ **column*** sosiale rubriek; *~ **conscience*** sosiale gewete; *the ~ **contract/compact*** die sosiale kontrak; *~ **credit,** (ekon.)* sosiale krediet; *~ **democracy*** sosiale demokrasie; *~ **democrat*** sosiaal-demokraat; *~ **democratic*** sosiaal-demokraties; *~ **disease*** maatskaplike euwel; *(Am.)* veneriese siekte, geslagsiekte; *~ **drinker*** geleentheidsdrinker; *~ **drinking*** gesellige drankgebruik; *~ **duties*** sosiale/maatskaplike pligte; *~ **engineering*** sosiale manipulasie; *~ **equal*** standgenoot; *~ **evil*** maatskaplike euwel; *the ~ **fabric*** die maatskaplike weefsel; *~ **game*** geselskapspel; *the ~ **gospel*** sosiale prediking; *~ **history*** kultuurgeskiedenis; *~ **insect*** samelinsek; *~ **insurance*** sosiale versekering; *~ **intercourse*** gesellige verkeer; *~ **justice*** maatskaplike/sosiale geregtigheid; *~ **life*** sosiale lewe; *the ~ **order*** die maatskaplike bestel; *~ **outcast*** sosiale uitgeworpene; *~ **position*** sosiale stand, stand in die samelewing/maatskappy; *~ **realism,** (kuns)* sosiale realisme; *~ **science*** sosiale wetenskap; *~ **scientist*** sosiaal-wetenskaplike; *~ **secretary*** persoonlike sekretaris/sekretaresse; organiseerdersekretaris, -sekretaresse; *~ **security*** bestaansbeveiliging; bestaansekerheid; bestaansorg; *~ **service*** gemeenskapsdiens; *~ **studies*** sosiale studie; *~ **wasp*** duiwelby; *~ **welfare*** volkswelsyn, maatskaplike welsyn; *~ **welfare officer*** volkswelsynbeampte; *~ **work*** maatskaplike werk, welsynwerk; *~ **worker*** maatskaplike werker/werkster, welsynwerker, -werkster.

so·cial·ise, -ize sosialiseer; *~ized medicine, (Am., dikw. neerh.)* openbare gesondheidsorg; *~ with* ... met ... omgaan. **so·cial·i·sa·tion, -za·tion** sosialisasie.

so·cial·ism sosialisme. **so·cial·ist** *n.* sosialis. **so·cial·ist, so·cial·is·tic** *adj.* sosialisties.

so·cial·ite sosiale vlinder; swierbol, pierewaaier, partytjiepop.

so·ci·al·i·ty geselligheid; gesellige verkeer; gemeenskapsin; *(soöl., antr.)* sosialiteit.

so·ci·e·tal van die samelewing, samelewings-; gemeenskaps-.

so·ci·e·ty *-ties* samelewing, maatskappy; gemeenskap; genootskap, vereniging; omgang, geselligheid, geselskap, verkeer; →BUILDING SOCIETY, FRIENDLY SOCIETY, HIGH SOCIETY; *the **affluent*** ~ die gegoedes, die gegoede gemeenskap; *~ **of arts*** kunsvereniging, -genootskap; ***enjoy** s.o.'s* ~ iem. se geselskap geniet; *S~ **of Friends*** →FRIEND; *S~ **of Jesus,** (RK)* Jesuïeteorde; ***Law** S~* Prokureursorde; ***learned*** ~ geleerde genootskap; *a **menace** to ~* 'n gevaar vir die samelewing; *in **polite*** ~ in beskaafde geselskap. *S~ for the **Prevention** of Cruelty to Animals, (afk.:* SPCA*)* Dierebeskermingsvereniging *(afk.:* DBV*)*. ~ **beauty** salonskoonheid. ~ **column** sosiale rubriek. **S~ Islands** *(geog.)* Geselskapseilande. ~ **lady,** ~ **woman** sosiale vlinder/vrou, glansvrou. ~ **life** sosiale lewe. ~ **(people)** deftige/hoë/vername kringe, die elite/hoëlui, glansmense. ~ **wedding** hoëklasbruilof, -troue.

So·cin·i·an *n.* Sociniaan. **So·cin·i·an** *adj.* Sociniaans. **So·cin·i·an·ism** *(Chr. teol., hist.)* Socinianisme.

so·ci·o- *komb.vorm* sosiaal-; sosio-. ~**economic** sosiaal-ekonomies. ~**graphy** sosiografie. ~**historical** kultuurhistories. ~**political** sosiaal-polities.

so·ci·o·bi·ol·o·gy sosiobiologie. **so·ci·o·bi·o·log·i·cal** *adj.*, **so·ci·o·bi·o·log·i·cal·ly** *adv.* sosiobiologies. **so·ci·o·bi·ol·o·gist** sosiobioloog.

so·ci·o·cul·tur·al *adj.*, **so·ci·o·cul·tur·al·ly** *adv.* sosiaal-kultureel.

so·ci·o·lin·guis·tics *n. (fungeer as ekv.)* sosiolinguistiek. **so·ci·o·lin·guist** *n.* sosiolinguis. **so·ci·o·lin·guis·tic** *adj.*, **so·ci·o·lin·guis·tic·al·ly** *adv.* sosiolinguisties.

so·ci·ol·o·gy sosiologie, gemeenskapsleer. **so·ci·o·log·i·cal** sosiologies. **so·ci·ol·o·gist** sosioloog.

so·ci·om·e·try sosiometrie. **so·ci·o·met·ric** *adj.*, **so·ci·o·met·ric·al·ly** *adv.* sosiometries.

so·ci·o·path *n., (psig.)* sosiopaat. **so·ci·o·path·ic** sosiopaties. **so·ci·op·a·thy** sosiopatie.

sock¹ *n.* sokkie; binnesool; *(teat., hist.)* toneelskoen; *(arg.)* blyspel; *knock s.o.'s ~s off, (Am. infml.)* iem. se voete onder hom uitslaan, iem. (heeltemal/totaal) uit die veld slaan, iem. se mond laat ophang; *pull one's ~s up, (infml.)* jou regruk, wakker skrik; *put a ~ in it!, (infml.)* bly stil!, hou jou bek/mond/smoel/snater!. **sock** *ww.* van sokkies voorsien, sokkies aantrek vir; *be ~ed in, (Am.), ('n lughawe)* weens mis (vir lugverkeer) gesluit wees; *('n vliegtuig)* weens mis nie kan opstyg/vertrek nie. ~ **suspender** kousophouer, sok(kie)-ophouer.

sock² *n., (infml.)* slag, hou; *a ~ in the eye* 'n hou op die oog; *give s.o. ~s* iem. moker; iem. uitvreet. **sock** *ww., (infml.)* smyt, gooi; slaan, moker; *~ it to s.o.* iem. op sy/haar herrie gee; iem. goed die waarheid sê/vertel. **sock·ing** *adv.: a ~ great hole/etc, (Br. infml.)* 'n yslike/massiewe/enorme gat/ens.; *give s.o. a ~ great kiss, (Br. infml.)* iem. 'n groot klapsoen gee.

sock³ *adv., (hoofs. Br. infml.)* vlak, vierkant, reg; *hit s.o. ~ on the jaw, (infml.)* iem. mooi/reg op die kakebeen slaan/tref.

sock⁴ *n., (skoolsl.)* snoepery, lekkergoed, lekkers.

sock·dol·a·ger, sock·dol·o·ger *(Am. sl., ook fig.)* dood=, mokerhou; pragstuk.

sock·et holte; kas *(v. 'n tand, oog);* geledingsholte, potjie *(v.d. heup);* sok, koker, huls, bus; *(elek.)* (kontak)sok, steeksok; klempot; pyp *(v. 'n kandelaar);* mof, buis. ~ **bolt** sokgrendel. ~ **chisel** sok=, tapbeitel. ~ **joint** *(anat.)* koeëlgewrig; sokverbinding. ~ **key,** ~ **spanner,** ~ **wrench** soksleutel. ~ **outlet** *(elek.)* kontaksok ~ **pipe** sok=pyp.

sock·eye (salm·on) *(Oncorhynchus nerka)* blourug=salm.

so·cle *(argit.)* sokkel, voetstuk, suilvoet.

So·co·tra, So·ko·tra, Su·qu·tra *(eiland i.d. Golf v. Aden)* Sokotra.

Soc·ra·tes Sokrates, Socrates. **So·crat·ic** *n.* aanhanger van Sokrates. **So·crat·ic** *adj.* Sokraties; ~ *irony, (filos.)* Sokraticse ironie.

sod¹ *n.* sooi; grassooi; *turn the first* ~ die eerste sooi spit; *under the* ~ onder die sooie/kluite, in die graf. **sod** *=dd=, ww., (w.g.)* besooi, met sooie beklee/belê; →SODDING¹ *n.*. ~ **culture** groesbebouing. ~ **house** sooihuis. ~ **plough** braakploeg.

sod² *n., (vulg. sl., hoofs. Br., afk. v. sodomite), (veragtelike persoon)* donder, wetter, doos; ~ *all* fokkol, bokkerol, bogherol; *poor* ~ arme drommel/sot; *stupid* ~ simpel sot/ding, dik/simpel doos. **sod** *ww., (vulg. sl.):* ~ *it!* fokkit, demmit!, verdomp!; →SODDING² *adj.;* ~ *off!* fokkof!, kry jou ry!, voertsek!; ~ *you!* fok jou!, (gaan vlieg in) jou moer!, jou gat(, man)!, (jy kan) gaan bars!. **S~'s Law** *(infml.)* = MURPHY'S LAW.

so·da soda; soda=, spuitwater; →BAKING SODA, COOKING SODA, WASHING SODA; *bicarbonate of* ~ →BICARBONATE; *caustic* ~ →CAUSTIC *adj.*. ~ **ash** soda-as. ~ **biscuit** sodabeskuitjie, =koekie. ~ **bread** sodabrood. ~ **cake** sodakoek. ~ **cracker** sodakraakbeskuitjie. ~ **fountain** *(hoofs. Am.)* bruisbron, koeldrankbuffet, sodapomp. ~ **lime** natronkalk. ~ **lye** sodaloog. ~ **nitre** natronsalpeter, Chili-salpeter, natriumnitraat. ~ **siphon,** ~ **syphon,** *(Am.)* **siphon bottle** spuitwaterbottel, =fles. ~ **water** soda=, spuitwater.

so·da·lite *(min.)* sodaliet.

so·dal·i·ty *=ties* broederskap, genootskap.

sod·den *adj.* deurweek, deurtrek, gedrenk; deurnat, papnat; dooierig; klam, kleierig *(brood);* *('n dronkaard)* opgeswel, pafferig; *be ~ with ...* met ... deurweek wees; van ... deurtrek wees; *be ~ (with drink)* besope wees. **sod·den** *ww., (arg.)* deurweek, papnat word/maak.

sod·ding¹ *n.* besooiing, sooibekleding.

sod·ding² *adj. (attr.), (vulg. sl., hoofs. Br.)* dêm, vervloek(s)te, vervlakste, blerrie, bleddie, blessit, flippen.

so·dic *(geol.)* natriumhoudend.

so·di·um *(chem., simb.: Na)* natrium. ~ **arsenate** natriumarsenaat. ~ **bicarbonate** koeksoda. ~ **bisulphite** natriumbisulfiet. ~ **carbonate** wassoda. ~ **chloride** natriumchloried, tafel=, kombuissout. ~ **hydroxide** seepsoda. ~ **hydroxide solution** natronloog. ~ **nitrate** natriumnitraat, natronsalpeter, Chili-salpeter. ~ **silicate** natriumsilikaat, natronwaterglas; →SOLUBLE GLASS, WATER GLASS *(chem.).* ~ **sulphate** natriumsulfaat. ~**(-vapour) lamp** natrium(damp)lamp.

Sod·om *(OT, ook fig.: 'n verdorwe plek)* Sodom; *apple of* ~ →APPLE. **Sod·om·ite** Sodomiet, inwoner van Sodom.

sod·o·my sodomie. **sod·om·ise, =ize** sodomiseer. **sod·om·ist** = SODOMITE. **sod·om·ite** sodomiet(er). **sod·om·it·ic, sod·om·it·i·cal** sodomities.

so·ev·er *adv., (arg. of poët., liter.)* ook al; *of what kind/nature* ~ van watter aard ook al. **=so·ev·er** *komb.vorm* ... ook al; *how~* hoe ook al; *what~* wat ook al; *who~* wie ook al.

so·fa rusbank, sofa. ~ **bed** bedbank.

sof·fit *(argit.)* soffiet, binnewelwing *(v. 'n boog).*

So·fi·a, So·fi·a *(hoofstad v. Bulgarye)* Sofia.

soft *n.* papperd; *(ook, i.d. mv.)* voddewol; →SOFTIE. **soft** *adj. & adv.* sag; saf, pap; soel *('n windjie);* pieperig; week; soetsappig; teer, goedhartig, simpatiek; onnosel; *a ~ answer turneth away wrath* →ANSWER *n.*; ***become/go*** ~ pap word, verweeklik; *be ~ in the **head*** →HEAD *n.*; *have a ~ **heart*** →HEART; *a ~ **job*** →JOB¹ *n.*; *a ~ **life*** →LIFE; *be ~ **on** s.o., (infml.)* saggies/sagkens met iem. handel/werk; op iem. verlief wees; *be ~ **on** s.t., (infml.)* saggies/sagkens met iets handel/werk, pap optree teen *(of* in verband met) iets; *the ~(er) **sex,** (ret.)* die swakke geslag; *~ **spot** in the defence* →SPOT *n.*; *have a ~ **spot** (in one's heart) for s.o.* →SPOT *n.*; *know where s.o.'s ~ **spot** lies* →SPOT *n.*; *a ~ **touch*** →TOUCH *n.*; *s.o. is a ~ **touch*** →TOUCH *n.*. ~**ball** *(spel)* sagtebal. ~**board** sagtebord. ~**-boiled** saggekook, sag gekook. ~ **broom** sagte besem, haarbesem. ~**-centred** *(sjokolade ens.)* met 'n sagte kern; *(fig.)* saggeaard, sagmoedig, sagsinnig. ~ **chancre** *(patol.)* sagte sjanker, sjankroïed. ~ **cheese** →CHEESE *n.*. ~ **coal** vetkole. ~ **copy** *(rek.)* sigkopie. ~**-core** *adj. (attr.)* sagteporno= *(fliek, foto, ens.);* ~ *pornography* sagte pornografie. ~ **cover** slap band. ~**cover book** slapbandboek. ~ **currency** sagte valuta/betaalmiddele. ~ **detergent** omgewingsvriendelike skoonmaakmiddel. ~ **drink** koeldrank, alkoholvrye drank, mineraalwater. ~ **drug** *(dagga ens.)* sagte dwelm(middel). ~ **focus** *(fot.)* sagte fokus. ~**-focus lens** *(fot.)* sagtefokuslens. ~ **fruit** sagte vrug(te). ~ **furnishings** →FURNISHING. ~ **goods** *(Br.)* weefstowwe, tekstielstowwe, =ware. ~ **grass** *(Holcus spp.)* heuning=, fluweelgras. ~**-haired** sagharig. ~**hearted** teerhartig, week(hartig). ~**heartedness** teer=, weekhartigheid. ~ **iron** week yster. ~**-land** *ww.* 'n sagte landing doen. ~ **landing** sagte landing. ~ **loan** sagte lening *(op maklike voorwaardes).* ~ **money** papiergeld; maklik verdiende geld. ~**-mouthed** weekbekkig, sag in die bek. ~**-nosed bullet** loodpuntkoeël, dum-dum. ~ **option** *(dikw. neerh.)* weg van die minste weerstand, maklike uitweg; *go for the ~ ~* die weg van die minste weerstand kies, die maklike uitweg kies. ~ **palate** sagte verhemelte/gehemelte. ~ **pedal** *n., (mus.)* sagte pedaal. ~**-pedal** *=ll=, ww.* matig, temper. ~ **porn(ography)** sagte porno(grafie). ~ **roe** *(vnl. kookk.: ryp teelklier v. manlike vis)* hom. ~ **rot** sagte vrot, natvrot. ~ **sawder** *n., (vero., w.g.)* vleiery, mooipraatjies, heuningsmeerdery. ~**-sawder** *ww., (vero., w.g.)* flikflooi. ~ **sell** *n.* vriendelike, oorredende verkoopmetode. ~**-serve ice cream** draairoomys. ~**shelled turtle** sagtedopskilpad. ~ **soap** *n., (med.)* groenseep, sagte seep; *(infml.)* mooipraatjies, vleiery, vleitaal, heuningsmeerdery. ~**-soap** *ww.* flikflooi, vlei, aai en paai, heuning om die mond smeer. ~ **solder** *n.* sagte soldeersel. ~**-solder** *ww.* sagsoldeer. ~**-spoken** sagaardig, minsaam. ~ **steel** week staal. ~ **sugar** *(Br.)* korrelsuiker; strooisuiker. ~ **tack** *(arg.)* gerysde brood. ~ **talk** vleiery, mooipraatjies. ~ **target** maklike teiken. ~ **tissues** *n. (mv.)* sagte weefsels. ~ **top** sagte afslaankap; motor met 'n sagte afslaankap. ~ **toy** sagte speelding, knuffelspeelding. ~**ware** *(rek.)* programmatuur. ~**ware house** programmatuur=, sagtewaremaatskappy. ~**ware package** programmatuur=, sagtewarepakket. ~ **water** →WATER *n.*. ~ **wheat** sagte koring. ~**wood** spint(hout), jonghout; grein=, naaldhout, sagtehout.

sof·ta *(student i.d. Islam. teol.)* softa.

sof·ten week; sag/week maak, verweek; onthard; *(pryse)* daal; sag/week word, versag; temper; ~ *the blow* →BLOW³ *n.*; ~ *s.o. up* iem. mak/week maak; ~ *s.t. up* iets verswak *(d. weerstand ens.).* **sof·ten·er** versagmiddel; onthardingsmiddel.

sof·ten·ing *n.* versagting; sagwording, verweking; verslapping; ~ *of the brain* harsingverweking; ~ *up* makmakery; makskiet(ery). **sof·ten·ing** *adj.* versagtend, versagtings=; ~ *agent* onthardingsmiddel. ~**-point** versagtingspunt.

soft·ie, soft·y *=ies, (infml.)* papperd; goeierd; sukkelaar, stumper, simpel vent, onnosel.

soft·ly *adv.* saggies, sagkens; ~ *hairy* sagharig. ~**-softly** *adj. (attr.)* versigtige, subtiele, oordeelkundige *(benadering).*

soft·ness sagtheid; papheid; weekheid; teerheid.

soft·y →SOFTIE.

sog·gy saf, papnat, deurweek; papperig; drassig; ~ *bread* klewerige brood; ~ *mass* papper(n)y. **sog·gi·ness** papperigheid; deurweektheid.

soh, so *(mus.)* so.

so·ho *tw., (vero.)* hierso; daar's hy; sa.

soi-di·sant *adj., (Fr.)* soi-disant, sogenaamd.

soi·gné, *(vr.)* **soi·gnée** *adj., (Fr., fml.)* (goed) versorg; elegant.

soil¹ *n.* vuilgoed, vullis; *(arg.)* vlek, smet; →SOILURE; *night* ~ nagvuil, drek; mis. **soil** *ww.* vlek, bevuil, vuil maak, besmeer; besmet, besoedel, verontreinig.; →SOILED. ~ **pipe** riool=, vuilpyp; afvoerpyp. ~ **stack** (riool)stampyp. ~ **water** drekwater. ~**(-water) drain** vuil=, gemakriool.

soil² *n.* grond, bodem; aarde; grond(gebied); *(i.d. mv.)* grondsoorte; →SOILLESS; ***cultivate/till*** *the ~* die grond bebou/bewerk; *fall on **fertile** ~* in/op goeie aarde val; *s.o.'s **native** ~* iem. se geboortegrond; *be **native** to the ~* plaaslik gebore (en getoë) wees; ***poor*** ~ skraal grond; ***rich*** ~ ryk/vrugbare grond; *a **son** of the ~* 'n kind van die land, 'n landseun; 'n landman/boer. ~ **air,** ~ **atmosphere** grondlug. ~ **biology** bodembiologie. ~ **cement** grondsement. ~ **chemist** grondskeikundige. ~ **conservation** grondbewaring. ~ **erosion** gronderosie. ~ **expert** bodemkundige. ~ **fertility** grondvrugbaarheid. ~ **fumigation** grondberoking. ~ **map** grondkaart. ~ **mechanics** *n. (fungeer gew. as ekv.)* grondmeganika. ~ **mining** roofbou. ~ **moisture** grondvog. ~ **profile** bodemprofiel, grondgelaagdheid. ~ **science** grondkunde. ~ **survey** grond=, bodemopname. ~ **test** grondtoets. ~ **water** bodemwater. ~ **yield** bodemopbrengs.

soil³ *ww., (w.g.)* met groenvoer voer.

soiled (be)vuil. ~**-linen bag** wasgoedsak.

soil·less sonder grond; ~ *agriculture* waterboerdery, =kultuur, =kwekery.

soil·ure *(arg. of poët., liter.)* besoedeling.

soi·ree, soi·rée *(Fr.)* aandparty, soiree.

so·journ *n., (fml.)* verblyf. **so·journ** *ww., (fml.)* vertoef, verwyl, (tydelik) bly, omwandel. **so·journ·er** reisiger, besoeker, gas.

Sol *(mit., poët.)* die son.

sol¹ *(mus.)* sol.

sol² *(chem.: kolloïdale oplossing, afk. v. solution)* sol. **so·la·tion** solvorming.

so·la *adj.* →SOLUS; ~ *bill (of exchange), (ekon.)* solawissel, enigste wissel.

sol·ace *n.* troos, vertroosting, verkwikking; *find ~ in s.t.* by/in iets troos vind; *seek ~ in s.t.* by/in iets troos soek. **sol·ace** *ww.* (ver)troos, opbeur.

so·lan (goose) *(orn., arg.)* →GANNET.

so·lar *n.* bovertrek, oppersaal. **so·lar** *adj.* son(s)=, van die son; ~ ***altitude*** sonhoogte; ~ ***battery*** sonbattery; ~ ***cell*** sonsel; ~ ***climate*** sonklimaat; ~ ***constant*** sonkonstante; ~ ***corona*** sonkrans; ~ ***cycle*** son(ne)sirkel; ~ ***day*** sonnedag; ~ ***deity*** songod; ~ ***eclipse*** sonsverduistering; ~ ***energy*** son(ne)krag; ~ ***fever*** = DENGUE (FEVER); ~ ***flare,** (astron.)* sonvlam; ~ ***heat*** sonwarmte, =hitte; ~ ***heater*** sonverwarmer; ~ ***month*** sonmaand; ~ ***myth*** sonmite; ~ ***panel*** sonpaneel; ~ ***plexus,** (anat.)* sonnevlegt, buikvleg; ~ ***power*** sonkrag, =energie; *(~) **prominence,** (astron.)* sonwimpel; ~ ***radiation*** sonstraling; ~ ***shield window*** sonkeervenster; ~ ***system*** sonnestelsel; ~ ***time*** son(ne)tyd; ~ ***wind*** sonwind; ~ ***year*** son(ne)jaar. **so·lar·im·e·ter** sonmeter, solarimeter. **so·lar·i·sa·tion, =za·tion** solarisasie, solarisering, sonbeligting. **so·lar·ise, =ize** *(fot. ens.)* aan sonlig blootstel; solariseer.

so·lar·i·um *=iums, =ia* sonbadkamer, solarium.

so·la·tion →SOL².

so·la·ti·um *=tia, (fml., jur.)* vergoeding; troosgeld.

sold *ww. (verl.t. & verl.dw.)* (het/is) verkoop; gefop, gekul, bedroë; →SELL *ww.*; ~ ***again!*** weer gefop!; *s.t. was ~ **for** ..., (ook)* iets het ... opgebring/opgelewer *('n bedrag); be ~ **on** ..., (infml.)* geesdriftig wees oor ..., hoog(s)/baie in jou skik wees met ...; *be ~ **out,** (iets)* uitverkoop wees, nie meer in voorraad wees nie, onverkry(g)baar wees; *(iem.)* nie meer voorraad hê nie; vol bespreek wees. ~ **note** →SALES NOTE. ~**-out** *adj. (attr.)* uitverkoopte *(konsert, toer, ens.)*.

sol·der *n.* soldeersel. **sol·der** *ww.* soldeer; ~*ed* ***joint*** soldeerlas; ~ *s.t.* ***on*** iets aansoldeer; ~*ed* ***pipe*** gesoldeerde pyp; ~*ed* ***seam*** soldeernaat; ~ *s.t.* ***up*** iets toesoldeer. ~ **stick** soldeerstafie.

sol·der·ing soldeerwerk. ~ **bit,** ~ **bolt,** ~ **copper,** ~ **iron** soldeerbout. ~ **flame** soldeervlam, steekvlam. ~ **flux** smeltmiddel. ~ **gun** soldeerspuit. ~ **lamp** soldeerlamp. ~ **tin** soldeertin. ~ **tongs** soldeertang.

sol·dier *n.* soldaat, manskap; militêr; krygsman, veldheer; *(bot.)* vuurpyl, soldaat; →RED-HOT POKER; *(i.d. mv.)*, *(ook)* krygsvolk, =liede *(vero.)*; ~*'s* ***box*** soldatekis; *a* ~ *of* ***fortune*** 'n huursoldaat; 'n avonturier; ~*s'* ***home*** soldatehuis; ***old*** ~*s never die(, they only fade away)* ou strydrosse doodkry is min; *come the* ***old*** ~ *over s.o.* iem. kommandeer; ***play*** *at* ~*s* soldaatjie speel; ***seasoned*** ~*s* geharde soldate; ~*s'* ***song*** soldatelied; ***turn*** ~ soldaat word; ~*'s* ***will*** soldatetestament. **sol·dier** *ww.* as soldaat dien, krygsdiens verrig; ~ *on* voortstry, =beur, in die stryd volhard, die stryd volhou/voortsit; *be tired of* ~*ing* moeg wees vir krygsdiens (*of* die soldatelewe). ~ **(ant)** soldaat, strydmier. ~ **beam** *(bouk.)* staanbalk. ~ **(brick)** *(bouk.)* staansteen. ~ **course** *(bouk.)* staansteenlaag. ~ **(crab)** hermietkreef. ~**-in-the-box** *(bot.: Albuca* spp.*)* geldbeursie, slymstok, =uintjie. **sol·dier·ly** krygshaftig; militêr, soldaat=, krygsmans=; ~ *bearing/carriage* krygshaftige houding, krygsmanshouding, militêre houding. **sol·dier·ship** krygsmanskap; krygskunde; militêre eienskappe; die militêre stand. **sol·dier·y** krygsvolk, soldate; krygmanskap; *rude* ~ soldateska *(It.)*.

sole[1] *n.* sool, skoensool; voetsool; *(igt.)* tong(vis); *(bouk.)* voet; ~ *of a plane* skaafsool. **sole** *ww.* versool; →SOLED, SOLING. ~ **leather** soolleer. ~**plate** *(meg.)* fondamentplaat *(v. 'n enjin)*; *(bouk.)* voetbalk *(v. 'n afskorting)*; *(mynb.)* onderlêplaat.

sole[2] *adj.* enigste, enkel; allenig; ~ ***agency*** alleenagentskap; ~ ***agent*** alleenagent, alleenverkoper; ~ ***authority*** volmag; ~ ***bill*** *(of exchange)* solawissel; ~ ***control/management*** alleenbeheer; *at s.o.'s* ~ ***discretion*** →DISCRETION; ~ ***guardian*** enigste voog; ~ ***guardianship*** uitsluitende voogdy; ~ *and universal* ***heir*** enig(st)e en universele erfgenaam; ~ ***possession*** alleenbesit; *on s.o.'s own* ~ ***responsibility*** enkel op iem. se eie verantwoordelikheid; ~ ***right*** alleenreg; *s.o.'s* ~ ***task*** iem. se enigste/uitsluitlike taak; ~ ***trader*** alleenhandelaar. **sole·ly** alleen(lik), net, uitsluitend, enkel (en alleen).

sol·e·cism solesisme, (growwe) taalfout; onbehoorlikheid, onmanierlikheid; afwyking, vergryp.

-soled *komb.vorm* met ... sole, =sool=; *rubber-~ boots* stewels met rubbersole, rubbersoolstewels; *thick-~ shoes* skoene met dik sole, diksoolskoene.

sol·emn plegtig, ernstig, *(w.g.)* solemneel; deftig, statig; gewigtig; ~ *face* ernstige gesig; ~ *oath* dure eed. **sol·em·nise,** =**nize** vier; voltrek, inseën *('n huwelik)*. **so·lem·ni·ty** plegtigheid; statigheid, deftigheid; gewigtigheid.

so·le·noid *(elek.)* solenoïed, draadspoel. **so·le·noi·dal** solenoïdaal.

sol-fa: *(tonic)* ~, *(mus.)* (tonika-)solfa. **sol·feg·gi·o** =*feggios,* =*feggi (It.)*, **sol·fège** =*fèges (Fr.), n., (mus.)* solfeggio; solmisasie.

sol·fa·ta·ra *(geol.)* solfatara, dampbron.

so·lic·it versoek, vra, smeek; aansoek doen om, aanvra; onsedelike voorstelle (op straat) doen/maak, seksuele dienste (op straat) aanbied, tot onsedelikheid (*of* vir onsedelike doeleindes) uitlok; ~ *orders* →ORDER *n.*; ~ *s.o. for s.t.*, ~ *s.t. of s.o.* iem. om iets vra/smeek. **so·lic·i·tant** *n.* aansoeker; vraer; smekeling; uitlokker. **so·lic·i·tant** *adj.* smekend; bedelend. **so·lic·i·ta·tion** versoek; aansoek; aandrang. **so·lic·i·ting** uitlokking (tot onsedelikheid).

so·lic·i·tor *(Br.)* prokureur. ~ **general** *solicitors general, n., (gew. S~ G~, Br., Am.)* sollisiteur-generaal.

so·lic·i·tous bekommerd, begaan, besorg, sorgsaam; *(arg.)* begerig, verlangend; *be* ~ *about/for/of* ... oor ... begaan/besorg wees. **so·lic·i·tous·ness, so·lic·i·tude** besorgdheid, bekommerdheid, sorg(saamheid).

sol·id *n.* vaste liggaam; vaste stof; ~*s not fat* vetvrye vaste stowwe. **sol·id** *adj.* vas; solied, sterk, stewig, massief; onverdeeld, eenparig; gegrond, deeglik, eg; vasstaande; kubiek; ~ ***angle*** ruimtehoek, liggaamshoek; ~ ***argument*** gegronde argument; ~ ***bullet*** soliede koeël; ~ ***colour*** effe kleur; ~ ***content*** kubieke inhoud; ~ ***floor*** soliede vloer; blokkiesvloer; ~ ***food*** vaste kos/spyse; swaar kos; *be* ~ ***for*** ... eenparig ten gunste van ... wees; ~ ***fuel*** vaste brandstof; ~ ***gas*** vaste gas; ~ ***geometry*** stereometrie, ruimtemeetkunde; ~ ***ground*** vaste grond/aarde; *for a* ~ ***hour*** 'n ronde/volle uur; ~ ***line*** volstreep; ~ ***matter*** vaste stof; ~ ***measure*** inhoudsmaat, kubieke maat; ~ ***person*** iemand uit een stuk; ~ ***piston*** suierskyf; ~ ***solution*** vaste oplossing; ~ ***state*** vaste toestand; ~ ***table*** stewige tafel; *a* ~ ***vote*** →VOTE *n.*; ~ ***wheel*** blokwiel; *put in two hours of* ~ ***work*** twee uur aaneen/aanmekaar (*of* oor een/'n boeg) werk. ~**-drawn** naatloos getrokke. ~**-state** *adj. (attr.)* vastetoestand= *(fisika, laser, onderdeel, ens.)*.

sol·i·dar·i·ty saamhorigheid, solidariteit, eenheid, eensgesindheid; *in* ~ *with* ... uit saam=/samehorigheid met ... **sol·i·da·ry** solidêr, saamhorig.

so·lid·i·fi·ca·tion vaswording; verdigting, stolling; hardwording. ~ **point** stol(lings)punt, =temperatuur.

so·lid·i·fy vas/styf/hard maak/word; verdig, stol; bevries; ~*ing point* stol(lings)punt, =temperatuur.

so·lid·i·ty vastheid, stewigheid; grondigheid, deeglikheid, egtheid; soliditeit; massiwiteit.

sol·id·ly op soliede wyse; aaneen, bankvas; *booked* ~ blokvas bespreek; *vote* ~ →VOTE *ww.*.

sol·id·un·gu·late *n., (soöl.)* eenhoewige dier. **sol·id·un·gu·late, sol·id·un·gu·lous,** *(w.g.)* **sol·id·un·gu·lar** *adj.* eenhoewig.

sol·i·dus =*idi, (druk.)* skuinsstreep; *(hist.: Rom. munt)* solidus. ~ **(curve)** *(chem.)* solidus(kromme).

sol·i·fluc·tion, sol·i·flux·ion *(geol.)* bodemvloeiing, solifluksie.

sol·i·fuge →SOLPUGID.

so·lil·o·quy =*quies* alleenspraak. **so·lil·o·quise,** =**quize** 'n alleenspraak hou; met jouself praat, alleen praat.

sol·ing versoling.

sol·i·ped *(w.g.)* eenhoewige dier; →SOLIDUNGULATE *n.*.

sol·ip·sism *(filos.: leer dat alleen d. self kenbaar is)* solipsisme. **sol·ip·sist** *n.* solipsis. **sol·ip·sist, sol·ip·sis·tic** *adj.* solipsisties.

sol·i·taire, sol·i·taire *(spel)* solitêr(spel), eenmanskaart, wolf en skaap; solitêrsteen *(in 'n ring ens.)*.

sol·i·tar·y *n.* kluisenaar; alleenloper, eenspaaier, eenling. **sol·i·tar·y** *adj.* eensaam, verlate, afgesonder(d), stokalleen, eenselwig, alleenstaande; enkel; *(biol.)* alleenlewend; ~ *bee* aardby; ~ *confinement* eensame opsluiting, selstraf, alleenopsluiting; *one* ~ *instance* een enkele/alleenstaande geval. **sol·i·tar·i·ness** alleenheid, eensaamheid; eenspaaierigheid, eenselwigheid.

sol·i·tude eensaamheid, verlatenheid, afsondering, afgesonderdheid; afgesonderde/eensame plek; *live in* ~ in afsondering leef/lewe.

sol·lar *(mynb. of dial.)* solder.

sol·mi·sate, =**zate** *(mus.)* solmi(s)eer. **sol·mi·sa·tion,** =**za·tion** solmisasie.

so·lo *solos, soli* solo. ~ **climber** soloklimmer. ~ **climbing** soloklim. ~ **flight** alleen=, solovlug. ~ **part** *(mus.)* soloparty, =stem. ~ **stop** *(mus.)* soloregister *(v. 'n orrel)*.

so·lo·ist solosanger, =sangeres; solospeler, =speelster; solis, soliste.

Sol·o·mon *(OT, ook fig.: wyse man)* Salomo; *a judg(e)ment of* ~ 'n Salomo se (*of* Salomoniese) oordeel. ~ **Islands** Salomonseilande.

Sol·o·mon·ic, Sol·o·mo·ni·an Salomonies.

sol·pu·gid, sol·i·fuge ja(a)gspinnekop, haarskeerder(spinnekop), roman, vetvreter.

sol·stice son(ne)stilstand, sonnewende; sonstilstandspunt, sonkeerpunt.

sol·u·ble oplosbaar; ~ *glass* waterglas; →WATER GLASS *(chem.)*; *be* ~ *in* ... in ... oplosbaar wees; *water-~* in water oplosbaar. **sol·u·bi·lise,** =**lize** *(teg.)* (meer) oplosbaar maak. **sol·u·bil·i·ty** oplosbaarheid.

so·lus, *(vr.)* **so·la** *adj. (pred.), (teat., vero.)* alleen.

sol·ute, sol·ute *(chem.)* opgeloste stof.

so·lu·tion *n., (alg., wisk., chem.)* oplossing; *(arg.)* ontbinding; →RUBBER SOLUTION; ***find*** *a* ~ *to s.t.* iets oplos *('n vraagstuk ens.)*; *the* ~ ***for/of/to*** *a problem* die oplossing van/vir 'n vraagstuk; ***in*** ~ in opgeloste vorm; ~ *of* ***salt*** soutoplossing, soutwater. **so·lu·tion** *ww., (w.g.)* met rubber lym. ~ **set** *(wisk.)* →TRUTH SET.

So·lu·tre·an, So·lu·tri·an *adj., (argeol.)* Solutré-.

sol·vate *n., (chem.)* solvaat. **sol·vate** *ww.* solveer.

solve oplos; verklaar, uitlê, ophelder. **solv·a·bil·i·ty** oplosbaarheid. **solv·a·ble** oplosbaar *('n probleem)*. **solv·a·ble·ness** →SOLVABILITY. **solv·er** oplosser.

sol·ven·cy betaalvermoë, solvensie, kredietwaardigheid, solvabiliteit, soliditeit.

sol·vent *n.* oplosmiddel, oplos(sings)vloeistof. **sol·vent** *adj.* oplossend, oplossings=; solvent, kredietwaardig, in staat om te betaal, solied. ~ **abuse** die misbruik van oplosmiddels. ~ **abuser** snuiwer.

Sol·zhe·ni·tsyn Solzjenitsin.

so·ma[1] =*mas,* =*mata, n., (biol.)* soma, liggaam. **so·mat·ic** liggaamlik, somaties, liggaams=; ~ *cell* liggaamsel, somatiese sel.

so·ma[2] *n., (Skt., 'n plant of bedwelmende drank)* soma.

So·ma·li Somaliër, Somali; Somali(-taal). **So·ma·li·a** Somalië. **So·ma·li(·an)** Somalies. **So·ma·li·land** *(hist.)* Somaliland.

so·ma·to- *komb.vorm* somato=, liggaams=. ~**genic** somatogeen, somatogenies. ~**trop(h)in** somatotrofien, groeihormoon. ~**type** somato=, liggaamstipe, liggaamsbouvorm.

so·ma·tol·o·gy somatologie, liggaamsleer, leer van die menslike liggaam.

som·bre, *(Am.)* **som·ber** somber, donker, duister; swaarmoedig, swartgallig, naargeestig; ~ *bulbul, (orn.: Andropadus importunus)* gewone willie, groenpiet, willietiptol. **som·bre·ness,** *(Am.)* **som·ber·ness** somberheid.

som·bre·ro =*ros* sombrero, breërandhoed, sonhoed.

some *adj., adv. & pron.* sommige, party; etlike, 'n paar, iets; ('n) bietjie; enige, enkele; (die) een of ander; sowat, ongeveer, naastenby, omtrent; *(sl.)* net, danig; ~ *days/months/years* ***ago*** 'n paar (*of* enige) dae/maande/jaar gelede; *be* ***annoyed*** ~, *(Am. infml.)* danig vererg wees, omtrent kwaad wees; ~ ***day*** →DAY; ~ *of these* ***days*** een van die dae; *(on)* ~ ***days*** →DAY; ***drink*** ~ *water/etc.* 'n bietjie water/ens. drink; ***eat*** ~ *bread/etc.* 'n stukkie brood/ens. eet; *to* ~ ***extent*** →EXTENT; ***give*** *s.o.* ~ iem. 'n bietjie gee; *think o.s.* ~ ***guy/lady/etc.*** dink jy is wie (*of* wat wonders), reken jy is 'n wafferse kêrel/dame/ens.; ***have*** ~ kry *(suiker ens.)*; 'n bietjie eet/drink; 'n paar *(neute ens.)* neem/kry; ***have*** ~ *of mine!* kry van myne!; stop van myne! *(tabak/twak)*; *may we* ***have*** ~ *tea?* kan ons 'n bietjie tee kry?; *that was* ~ ***joke*** →JOKE *n.*; *at* ~ ***length*** →LENGTH *n.*; ~ *considerable* ***number*** *of* ... etlike ...; ~ ***of*** ... (party/sommige) van ... *(d. mense ens.)*; 'n deel van ... *(d. water ens.)*; ~ ***of the best*** ... van die beste ...; ~ ***of*** *those present were X, Y and Z* onder die aanwesiges was X, Y en Z; ~ ***of*** *them/us/you* (party/sommige) van hulle/ons/julle; ~ ... *or* ***other*** (die) een of ander ...; *bring* ~ ***pens/etc.*** bring 'n paar penne/ens.; ***it's raining*** ~, *(Am. infml.)* dit reën omtrent; ~ *(people)* ***say*** party (mense) sê; *and* ***then*** ~!, *(infml.)* en nog baie meer!; ~ ***time*** *ago* →TIME *n.*; ***try*** ~! probeer daarvan!; proe daarvan!; ~ ***twenty/etc.*** *people* ongeveer/sowat (*of* om en by [die] *of* 'n stuk of) twintig/ens. mense. ~**body:** *think you're* ~ jou (nogal) wat verbeel, dink jy's wie; →SOMEONE. ~**how:** ~ *(or other)* op (die) een of ander manier/wyse, hoe dan ook. ~**one** iemand, (die) een of ander; ~ *else* iemand anders; nog iemand; ~ *like that* so iemand; ~ *or other* (die) een of ander. ~**place** *adv., (Am., infml.)* êrens, iewers, op een of ander plek. ~**thing** iets; *it was* ~ ***awful*** →AWFUL; ***be*** ~ *in the civil service* *etc.* (die) een of ander pos in die staatsdiens/ens. hê; *that will* **be** ~ dit is ten minste iets; **do** ~ *about* ... iets in verband met ... doen; *it* **does** ~ *for s.o., (infml.)* dit staan iem. goed; *it* **does** ~ *to s.o., (infml.)* dit het 'n besondere uitwerking op iem.; *a* **drop** *of* ~, *(ook)* 'n snapsie; →DROP *n.*; ~ **else** iets anders; *(infml.)* iets besonders; ~ *of* **everything** →EVERYTHING; ~ *for the* **eyes** →EYE *n.*; *have* ~ *to* **go** *by/(up)on* →GO *ww.*; ~ **good** iets goeds; *you* **have** ~ *there* nou sê jy iets; *let o.s.* **in** *for* ~ jou iets op die hals haal; *there is* ~ **in/to** *what you say* jy het iets beet, daar sit iets in wat jy sê, daar is iets van waar; ~ **indefinable** iets onbeskryfbaars; ~ **like** ... 'n bietjie soos ...; ~ **like** *a hundred/etc.* so ongeveer (*of* sowat) honderd/ens.; **make** ~ *of* ... iets van ... maak; **make** ~ *of o.s.* êrens in die lewe kom; *do you want to* **make** ~ *of it?, (infml.)* wil jy moeilikheid soek daaroor?; ~ **more** nog iets; *this is not* ~ **new** dit is niks nuuts nie; *it is* ~ *of a disappointment, (infml.)* dit is in sekere mate (*of* enigsins) teleurstellend; *be* ~ **of** *a carpenter/etc., (infml.)* nogal (*of* op jou manier) 'n timmerman/ens. wees, so 'n halwe timmerman/ens. wees; *it is* ~ **of** *a miracle, (infml.)* dit is 'n klein/taamlike wonderwerk; *be* ~ **of** *a sportsman, (infml.)* nogal sportief wees; *s.o. is a* ... **or** ~, *(infml.)* iem. is 'n ... of so iets; *s.o. is ill* **or** ~, *(infml.)* iem. is glo siek; *are you stupid* **or** ~?, *(infml.)* is jy onnosel of wat?; *I'll think of* ~ *or* **other** iets sal my (wel) byval; *be* **quite** ~, *(infml.)* iets besonders wees; *fifty/etc.* **rands** ~, *(infml.)* vyftig/ens. rand en nog wat; *that is* **really** ~, *(infml.)* daar's (vir jou) 'n ding; *and that's* **saying** ~, *(infml.)* en dit wil wat sê; **see** ~ *of s.o.* af en toe met iem. gesels; ~ *of the* **sort** so iets; *be* ~ **special** iets besonders wees; **start** ~, *(infml.)* moeilikheid maak; ~ **tells** *me* ..., *(infml.)* ek vermoed ...; **there's** ~ *for you, (infml.)* daar's (vir jou) 'n ding, dis nou weer te sê; **think** ~ *of s.o.* nogal iets van iem. dink; **think** *o.s.* ~ jou (nogal) wat verbeel, dink jy's wie; *there is* ~ **to** *what you say* →**in/to;** *s.o. has* ~ **to do** *with* ... iem. het iets met ... te doen/make; iem. se werk staan in verband met ... ~**time** *adj. (attr.)* voormalige, vorige, vroeër(e). ~**time** *adv.* soms; eertyds; (op die) een of ander tyd; ~ *between one and two* êrens tussen een- en twee-uur; ~ *or other* eendag, een van die (mooi) dae. ~**times** somtyds, soms, partymaal, partykeer, by tye, bywyle. ~**way(s)** *(infml., hoofs. Am.)* op (die) een of ander manier. ~**what** enigsins, ('n) bietjie, effens, ietwat, bra; enigermate; ~ *cool* koelerig; ~ *like* ... 'n bietjie soos ...; *be more than* ~ ... nie bietjie ... wees nie *(verbaas ens.)*. ~**when** *(infml., dial.)* (op die) een of ander tyd *(verl. of toek.)*. ~**where** êrens, iewers; ~ **about** ... ongeveer ...; ~ **else** êrens anders; elders; **get** ~, *(lett.)* êrens kom; *(fig., infml.)* iets bereik; opgang maak; **or** ~ of so 'n plek; ~ *or* **other** op (die) een of ander plek, êrens, iewers; *I'll see you* ~ *first, (infml.)* voor dit gebeur, kan jy na die duiwel/josie gaan; ~ **there** daar êrens/rond/langs. ~**whither** *(arg.)* êrens heen.

-some[1] *suff., (vorm adj.)* -wekkend; -lik; -erig; -end; -saam; *awe~* ontsagwekkend, verskriklik, vreeslik; *lone~* eensaam; *quarrel~* skoorsoekerig, twissoekerig, rusiemakerig; *tire~* vermoeiend; vervelend; *toil~* swaar, vermoeiend, moeisaam.

-some[2] *suff., (vorm n.)* -tal; *four~* viertal.

-some[3] *komb.vorm* -soom; *chromo~* chromosoom.

som·er·sault *n.* salto, bolmakiesie(sprong), bolmakieslag, duikeling, tuimeling; *turn a* ~ bol(le)makiesie slaan; *turn ~s* bol(le)makiesie slaan. **som·er·sault** *ww.* 'n salto doen, bolmakiesie slaan, buitel.

so·mite, met·a·mere *(soöl.)* somiet, oersegment, metameer.

som·mer *adv., (SA, infml.)* sommer.

som·nam·bu·lism slaapwandelary, somnambulisme. **som·nam·bu·list** *n.* slaapwandelaar. **som·nam·bu·list, som·nam·bu·lis·tic** *adj.* slaapwandelend.

som·ni·fa·cient *n., (w.g.)* slaapmiddel. **som·ni·fa·cient, som·nif·er·ous, som·nif·ic** *adj., (w.g.)* slaapwekkend.

som·nil·o·quism, som·nil·o·quy, *(vero., w.g.)* **som·nil·o·quence** slaappratery. **som·nil·o·quist** slaapprater, iem. wat in sy/haar slaap praat.

som·no·lent vaak, slaperig; slaapwekkend; dooierig.

som·no·lence, som·no·len·cy slaperigheid, slaaplus, vaak(heid); dooierigheid.

som·no·lism *(vero., w.g.)* hipnose.

son seun; →SONNY, SONSHIP; ~ *of* **Anak,** *(OT)* Enakskind; ~ *of* **Belial** →BELIAL; *like* **father,** *like* ~ →FATHER *n.*; *he is his* **father's** ~ hy aard/lyk na sy pa; *the S~ of* **God** die Seun van God; *a real* ~ *of a* **gun** →GUN *n.*; *the S~ of* **Heaven,** *(hist.)* die Chinese keiser; ~ *and* **heir** →HEIR; ~ *of* **man** mensekind; *the S~ of* **Man,** *(Chr. teol.: Christus)* die Menseseun, die Seun van die Mens; ~ *(of a* **mare),** *(poët., liter.)* vul; ~ *of* **Mars,** *(poët., liter.)* krygsman; *the* **prodigal** ~, *(NT)* die verlore seun; *a* ~ *of the* **soil** →SOIL[2] *n.* ~**-in-law** *sons-in-law* skoonseun. ~ **of a bitch** *sons of bitches, (vulg. sl.)* bliksem, donder, bokker, bogher, moerskont.

so·nance, *(w.g.)* **so·nan·cy** klank, geluid.

so·nant *n., (fonet.)* stemhebbende klank, sonans. **so·nant** *adj.* stemhebbend, sonanties.

so·nar *(nav., mil., akr.: sound navigation ranging)* sonar.

so·na·ta *(mus.)* sonate. **son·a·ti·na** sonatine.

sonde *(met.)* sonde.

son et lu·mière, son et lu·mi·ère *(Fr.)* klank-en-lig-vertoning.

song lied, sang; liedjie; chanson; gesang, sangstuk; (voël)sang; *(arg.)* poësie; **book** *of ~s* liederboek, -bundel; **break/ burst** *into* ~ begin sing, aan die sing gaan, 'n lied aanhef, met 'n lied lostrek; **buy/sell** *s.t. for a (mere)* ~, *(infml.)* iets vir 'n appel en 'n ei (*of* 'n oulap en 'n bokstert) koop/verkoop; *make a* ~ *and* **dance** *about s.t., (infml.)* 'n ophef van iets maak; oor iets te kere gaan; **evening** *of* ~ liederaand; **give** *us a* ~! sing iets!, sing 'n stukkie!; **go for** *a* ~, *(infml.)* vir 'n appel en 'n ei verkoop word, baie goedkoop van die hand gesit word; **join** *in a* ~ saamsing; *the S~ of* **Roland,** *(hist. Fr. epiese gedig)* die Roelandslied; *the* **same** *old* ~ die ou liedjie; **sell** *s.t. for a (mere)* ~ →**buy/sell;** *S~ of* **Songs/Solomon,** *(OT)* Hooglied van Salomo; **strike** *up a* ~ 'n lied aanhef/insit. ~**bird** sangvoël, sanger. ~**book** liederboek, -bundel, sangbundel. ~ **box** sangorgaan *(v. 'n voël)*. ~ **cycle** lied-, sangsiklus. ~ **festival** sangfees. ~**smith** *(liedjieskrywer)* liedjieboer, liedjie(s)maker. ~ **thrush** *(orn.: Turdus philomelos)* sanglyster. ~**writer** liedjieskrywer. ~**writing** liedjieskryf.

song·ful sangerig. **song·ful·ness** sangerigheid.

song·less *adj. (attr.)* niesingende *(voël)*.

son·go·lo·lo *(Xh.)*, **shon·go·lo·lo** *(Z.)*, *n.* duisendpoot.

song·ster, *(vr.)* **song·stress** sanger, *(vr.)* sangeres, sangster; digter, *(vr.)* digteres; sangvoël.

son·ic *adj.* sonies; ~ *boom/bang* supersoniese knal, klankgrensknal; ~ *barrier* klankgrens, geluidsgrens; ~ *depth finder* klankdieptepeiler.

son·i·fer *(w.g.)* gehoorpyp. **so·nif·er·ous** *(w.g.)* klankvoortbrengend, klinkend, welluidend.

son·net sonnet, klinkdig. ~ **cycle,** ~ **sequence** sonnettekrans, sonnettesiklus. **son·net·eer** sonnetskrywer, -digter.

son·ny *(infml. aanspreekvorm)* ou seun, jongie, boetie, mannetjie.

so·no- *komb.vorm* sono-, klank-. ~**buoy** sono-, klankboei. ~**gram** *(fis. & med.)* sonogram. ~**graph** sonograaf.

so·nom·e·ter *(mus.)* toon-, geluid-, sono-, klankmeter; gehoormeter.

son·o·rous, son·o·rous klankryk, klankvol, helderklinkend, welluidend, sonoor. **so·nor·i·ty** klankrykheid, welluidendheid, sonoriteit.

son·ship seunskap.

son·sy *(Sk., Ier.)* vet en rond *(iem.)*; vrolik, gesellig, gelukkig, gelukbringend; heilsaam.

soon gou, spoedig, weldra, binnekort, eersdaags, aanstons; ~ **after** →AFTER *adv., prep., voegw.*; *as* ~ **as** ... sodra (*of* so gou as) ...; *s.o. would (just)* **as** ~ ... iem. sou liewer(s) ...; **back** ~ →BACK *adv.*; ~ *s.o. was* **back** →BACK *adv.*; *the* ~ *the* **better** hoe eerder hoe beter; *s.o. would ~er* **die** *than* ... iem. sou liewer(s) sterf/sterwe as ...; *~er or* **later** vroeër of later, môre-oormôre; **no** *~er said than done* so gesê, so gedaan/gemaak; **no** *~er had s.o. said this than* ... skaars het iem. dit gesê of ...; *we had* **no** *~er arrived than* ... ons het skaars aangekom of ...; *as* ~ *as* **possible** so gou (as) moontlik, so spoedig moontlik; **quite** ~ ... dit was nie hoe lank (*of* honderd jaar) nie of ...; *why did you not* **speak** *~er?* hoekom het jy nie eerder gepraat nie?. **all too** ~ veels te gou, (maar) alte gou.

soot *n.* roet. **soot** *ww.* met roet bedek/besmeer. ~ **flue** roetgang. ~ **pocket** roetvanger. **soot·y** roetagtig, vol roet, vuil; roetswart; roet-; ~ *shearwater, (orn.: Puffinus griseus)* malbaartjie.

sooth *(arg.)* waarheid, werklikheid; *in (good)* ~ voorwaar, waarlik. ~**say** *-said -said, (vero.)* voorspel, waarsê. ~**sayer** waarsêer, waarsegster, augur, augure; wiggelaar; dolosgooier. ~**saying** waarsêery, waarsêerskuns, mantiek; waarsegging.

soothe kalmeer, versag, stil; vlei, paai, sus, streel, tevrede stel; gerusstel; ~ *one's conscience* jou gewete sus; **sooth·er** fopspeen, foppertjie, tepeltjie. **sooth·ing** *adj.* kalmerend *('n uitwerking)*; strelend *(musiek, iem. se stem)*; gerusstellend *('n geluid)*; behaaglik, weldadig *(warmte)*; ~ *lotion* streelmiddel; ~ *syrup* kalmeerstroop. **sooth·ing·ly** *adv.* kalmerend; strelend; gerusstellend; behaaglik, weldadig.

sop *n.* sop, geweekte brood; troosmiddel, paaimiddel; omkoopmiddel; *(i.d. mv.)*, *(ook)* broodpap; *throw a* ~ *to Cerberus* iem. (voorlopig) paai; *as a* ~ *to s.o.'s pride* as troos vir iem.. **sop** *-pp-, ww.* week, doop; indoop; papnat maak, sop; ~ *up s.t.* iets opsuig; iets opdroog. **sop·ping** pap-, klets-, waternat; ~ *wet* deurweek. **sop·py** sopperig; papnat; sentimenteel, soetsappig, soetlik; smoorverlief.

soph·ism sofisme, drogrede. **soph·ist** sofis, drogredenaar; *S~, (Gr., hist.)* Sofis. **so·phis·tic, so·phis·ti·cal** sofisties, bedrieglik, misleidend. **soph·ist·ry** drogredenering, sofistery, sofisme.

so·phis·ti·cate *n.* gekunstelde persoon; wêreldwyse persoon. **so·phis·ti·cate** *ww.* gekunsteld maak; kompleks maak; verfyn; *(vero.)* vervals; *(vero.)* mislei, bedrieg; *(arg.)* sofisties redeneer. **so·phis·ti·cat·ed** gekultiveerd, wêreldwys, wêrelds, gesofistikeerd, ervare; op (die) hoogte, (goed) ingelig, lewenswys; fyn, subtiel *(oordeelsvermoë ens.)*; skerpsinnig; intellektueel; fyn, verfyn(d), gesofistikeerd, kieskeurig *(smaak)*; bydertwets, modieus; gevorderd, verfyn(d), gesofistikeerd, hoogs ontwikkel(d), kompleks *('n tegniek, teorie, toerusting, ens.)*; geraffineerd; ingewikkeld; (hiper)-, (ultra)modern; *(vero.)* oulik, ouderwets, vroegryp *('n kind)*; *(vero.)* gekunsteld, gemaak, onnatuurlik; ~ *weapons* (hiper)-/(ultra)moderne wapens. **so·phis·ti·ca·tion** verfyndheid, swierigheid, wêreldwysheid, sofistikasie; bedrewenheid; volwassenheid; moderniteit; geraffineerdheid; *(vero.)* vervalsing; *(vero.)* oulikheid; *(vero.)* onnatuurlikheid, gemaaktheid, gekunsteldheid; *(arg.)* sofisme.

Soph·o·cles *(antieke Gr. dramaturg)* Sophokles, Sofokles. **Soph·o·cle·an** Sophoklessies, Sofoklessies *(ook s~)*; ~ *tragedy* Sophoklessiese/Sofoklessiese tragedie *(ook s~)*, Sophokles-, Sofoklestragedie *(ook s~)*.

soph·o·more *(Am.)* tweedejaar(student).

so·por diep slaap; doodsheid. **sop·o·rif·er·ous** *(w.g.)* slaapwekkend. **sop·o·rif·ic** *n.* slaapmiddel, -drank, hipnotikum, soporatief. **sop·o·rif·ic** *adj.* sussend, slaapwekkend, slaap-, soporatief.

so·pra·ni·no *-nos, (It., mus.)* sopranino(blokfluit); sopranino(saksofoon/saxofoon).

so·pra·no *-pranos, -prani* sopraan, diskant. ~ **clef** *(mus.)* sopraansleutel. ~ **part** eerste stem, sopraanparty; sopraanrol. ~ **recorder** *(Am.)* →DESCANT RECORDER.

sorb *(bot.: Sorbus spp.)* lysterbes(sie), sorbe; sorbeboom, lysterbes(sie)boom; →SERVICE[2] *n.*, MOUNTAIN ASH.

Sorb, Wend *(lid v. 'n Slawiese volk in D.)* Sorb, Wend. **Sorb·i·an, Wend·ish** *n., (taal)* Sorbies, Wendies. **Sorb·i·an, Wend·ish** *adj.* Sorbies, Wendies.

sor·be·fa·cient *n., (med.: middel wat absorpsie bevorder)* sorbefasiënt. **sor·be·fa·cient** *adj.* absorpsiebevorderend.

sor·bet vrugtedrank, sorbet; →SHERBET.

sorb·ic ac·id *(chem.)* sorbiensuur.

sor·bi·tol *(chem.)* sorbitol.

sor·cer·er towenaar, duiwelskunstenaar, heksemeester. **sor·cer·ess** towenares, heks. **sor·cer·y** towery, toordery, heksery, duiwelskunste.

sordes *sordes, (vero., w.g.)* vuilgoed; *(w.g.)* koorsuitslag.

sor·did gemeen, vuil, vuig; morsig; onguur, veragtelik, walglik, laag(-by-die-gronds); vrekk(er)ig, gierig, inhalig; *(biol., w.g.)* vuilkleurig, vuilwit. **sor·did·ness** laagheid; veragtelikheid; gierigheid.

sor·dine *-dines, (It.)* **sor·di·no** *-dini, (mus.)* toondemper, sordino, klankverdower.

sore *n.* seer; wond; →COLD SORE; *a* ***festering/running*** ~ 'n lopende seer; *the* ~ ***gathers*** die seer sweer; *(re)open* ***old*** ~*s* ou wonde oopkrap/oopmaak, ou koeie uit die sloot grawe; *have a* ~ ***on*** *one's finger/etc.* 'n seer aan jou vinger/ens. hê. **sore** *adj. & adv.* seer, pynlik; gevoelig; *(infml., hoofs. Am.)* gekrenk, gekwets, vererg, ergerlik; prikkelbaar; swaar, hewig; *be/feel* ~ ***about*** *s.t., (infml.)* iets erg voel, oor iets gekrenk voel, oor iets vies voel/wees, iets nie kan verkrop nie; gevoelig wees oor iets; *be* ~ ***afraid,*** *(arg.)* in groot angs wees, uiters beangs wees; *be like a* ***bear*** *with a* ~ *head* →BEAR¹ *n.; be* ~ ***distressed,*** *(arg.)* in groot nood verkeer; →DISTRESS *n.; a sight for* ~ ***eyes*** →SIGHT *n.;* ~ ***head*** seer kop; kopseer, hoofpyn; ~ ***mouth*** seer mond; vuilbek(siekte) *(by skape/beeste); touch on a* ~ ***place*** aan 'n teer/gevoelige plek raak; *(fig.)* 'n teer (tere) snaar aanraak/aanroer; *s.t. is a* ~ ***point*** *with s.o.* iets is by iem. 'n gevoelige/teer punt; ~ ***throat*** keelseer, seerkeel, faringitis; *stick/stand out like a* ~ ***thumb*** →THUMB *n.; s.t. is a* ~ ***trial*** *to s.o.* →TRIAL. **~-eye flower** *(Cyrtanthus* spp.*)* seeroogblom, ifafalelie; *(Boophane disticha)* gifbol; *(Brunsvigia* spp.*)* kandelaarblom. **~head** *(Am., infml.)* ontevredene. **sore·ly** seer, ten seerste, erg; *miss ...* ~ *...* deerlik mis; *be* ~ *tempted* in sware versoeking wees; *be* ~ *tried* swaar beproef wees. **sore·ness** seerheid.

so·rex = SHREW. **sor·i·cine** *(soöl.)* skeerbekagtig, spitsmuisagtig.

sor·g(h)o *-g(h)os* soetriet.

sor·ghum sorghum; *grain* ~ brood-, graansorghum. ~ **beer** sorghumbier.

so·ri·tes *(log.)* kettingsluitrede.

sorn *(hist.)* klaploop; ~ *(up)on s.o.* op iem. se nek lê.

So·rop·ti·mist *(lid v. int. beroepsvrou-organisasie, ook s~)* Soroptimis, soroptimis.

so·ror·i·cide sustermoord; sustermoordenaar.

so·ror·i·ty *(Am.)* vrouestudentevereniging; *(w.g.)* susterskap.

so·ro·sis *-roses, (bot.: pynappel, moerbei, ens.)* sorose, veelvoudige/veelvuldige vrug.

sorp·tion *(chem., fis.)* sorpsie.

sor·rel¹ *n., (Rumex acetosa)* suring.

sor·rel² *n.* rooibruin; vosperd. **sor·rel** *adj.* rooibruin; vos.

sor·row *n.* smart, droefheid, verdriet, leed; spyt; *more in* ~ *than in* ***anger*** meer jammer as kwaad; ***cause*** *s.o.* ~ iem. verdriet aandoen/berokken; ***drown*** *one's* ~*s* jou verdriet verdrink, troos by/in die bottel soek; ***express*** ~ *for s.t.* berou oor iets toon; ***feel*** ~ *at s.t.* bedroef voel/wees oor iets; *be* ***in*** ~ verdriet hê; *the* ***Man*** *of S~s, (Christus)* die Man van Smarte; *be a (great)* ~ ***to*** *s.o.* iem. (groot) kommer besorg; ***to*** *s.o.'s* ~ tot iem. se spyt; ***with*** ~ met droefheid. **sor·row** *ww.* treur; ~ *over/at/for s.t.* treur (*of* hartseer wees) oor iets. **~-stricken** diep bedroef, vol smart.

sor·row·ful treurig, verdrietig, droewig. **sor·row·ful·ness** treurigheid, verdrietigheid.

sor·row·ing treurend, bedroef, verdrietig.

sor·ry jammer, spyt; ellendig, treurig, armsalig, droewig, jammerlik; *be* ~ ***about*** *s.t.* oor iets spyt wees/voel/hê; *s.o. is* ~ ***about*** *s.t., (ook)* iets spyt iem.; *s.o. is* ***awfully/terribly*** ~ dit spyt iem. verskriklik; *a* ~ ***excuse*** →EXCUSE *n.; a* ~ ***fellow*** →FELLOW *n.; cut a* ~ ***figure*** 'n patetiese figuur slaan; *be/feel* ~ ***for*** *s.o.* vir iem. jammer wees, iem. jammer kry; *look* ~ ***for*** *o.s.* bekaf lyk; *don't feel so* ~ ***for*** *yourself!* moenie so oor jouself begaan wees nie!; ***(I'm)*** ~*!* ekskuus (tog)!, verskoon my!; ***I'm*** ~ *to hear it* dit spyt my om dit te hoor; ***I'm*** ~ *to say ...* tot my spyt moet ek sê ...; *in a* ~ ***plight*** →PLIGHT¹ *n.; a* ~ ***sight*** →SIGHT¹ *n.;* ***you'll*** *be* ~*!* dit sal jou berou!, jy sal dit berou!.

sort *n.* soort; klas; slag; genre; *(i.d. mv.), (ook)* paswol; ***after*** *a* ~ op 'n manier, enigermate; tot (op) sekere hoogte; *be* ***all*** ~*s* van alle soorte wees; ***all*** ~*s of ...* alle soorte ...; *people of* ***all*** ~*s* alle soorte mense, mense van allerlei soort/slag; ***all*** ~*s of things* allerhande/allerlei dinge, alles en nog wat; *it takes* ***all*** ~*s (to make a/the world)* sulke mense moet daar ook wees; *and* ***all that*** ~ *of thing* en so voort(s); ***anything*** *of the* ~ so iets, iets dergeliks; *not a* ***bad*** ~ nie 'n onaardige mens/kêrel/meisie nie; *be a* ***good*** ~ 'n gawe mens/kêrel/meisie wees; ***nothing*** *of the* ~ niks van die aard nie; ***nothing*** *of the* ~*!, (infml.)* (daar is) geen/nie sprake van nie!; moenie glo nie!; maar wie sê?; *a* ~ ***of*** *...* 'n soort ...; *be* ~ ***of*** *..., (infml.)* taamlik (*of* so half) ... wees; ~ ***of*** *expect s.t., (infml.)* iets so half (en half) verwag; *be a ...* ***of*** ~*s* (*or* ***of*** *a* ~*), (infml.)* op 'n manier 'n ... wees; *feel* ***out of*** ~*s* nie lekker voel nie, olik/kaduks/oeserig/siekerig/terneergedruk (*of* uit jou humeur) voel; ***some*** ~ *of ...* (die) een of ander soort ...; ***something*** *of the* ~ so iets, iets dergeliks; *not be* ***that*** ~ nie daardie soort/slag mens (*of* van dié geaardheid) wees nie. **sort** *ww.* sorteer, uitsoek; orden, rangskik; indeel; klassifiseer; skif; →SORTING; ~ *s.t.* ***out*** iets (uit)sorteer; iets uitpluis *(sake ens.)*; iets uit die weg ruim, iets uitstryk/oplos *(moeilikhede, probleme, ens.)*; ~ *s.o.* ***out,*** *(infml.)* met iem. afreken; ~ *o.s.* ***out*** jou sake in orde kry; met jouself in die reine kom; *things will* ~ *themselves* ***out*** dit/sake sal vanself regkom (*of* koers kry). **sort·a·ble** sorteerbaar. **sort·er** sorteerder.

sor·tie *(mil.)* uitval; stryd-, vegvlug, gevegs-, krygsvlug; *(fig.)* uitstappie; *make a* ~ 'n uitval doen.

sor·ti·lege waarsêery deur loting.

sort·ing sortering; sorteerwerk; rangskikking; indeling; skifting. ~ **belt** sorteerband. ~ **board,** ~ **table** sorteertafel. ~ **room** sorteerkamer. ~ **technique** sorteertegniek.

sor·ti·tion loting, lootjiestrekkery.

so·rus *sori, (bot.)* sporehopie, sorus.

SOS *SOS(')s* noodsein, -kreet, -roep, SOS.

so·sa·tie *(SA kookk.)* sosatie.

so-so →SO² *adv. & voegw.*.

sos·te·nu·to *adj. & adv., (It., mus.)* gedrae, sostenuto. ~ **pedal** *(middelste v. drie pedale)* sostenuto-pedaal *(v. 'n klavier)*; →SUSTAINING PEDAL.

sot *n.* dronklap, suiplap. **sot** *-tt-, ww.* suip. **sot·tish** besope.

so·te·ri·ol·o·gy *(teol.)* soteriologie. **so·te·ri·o·log·ic, so·te·ri·o·log·i·cal** soteriologies.

So·this *n., (Gr., astron.)* Sothis, Sirius, die Hondster. **So·thic** *adj., (astron.)* Sothis-; ~ *cycle, (1 460 jaar)* Sothissiklus; ~ *year, (Eg. kalender: 365¼ dae)* Sothis-jaar.

So·tho *(SA, lid v. bevolkingsgroep, taal)* Sotho. **~-Tswana** *(bevolkingsgroep, taalgroep)* Sotho-Tswana.

sot·to vo·ce *(Lat.)* op gedempte toon; binnensmonds.

sou *(hist.)* stuiwer, sent; *not a* ~ geen (*of* nie 'n) duit nie.

sou·bise *(soort krawat)* soubise. ~ **(sauce)** dik uiesous.

sou·brette *(Fr., hoofs. teat.: parmantige diensmeisie)* soubrette.

sou·bri·quet *(Fr.)* →SOBRIQUET.

sou·chong *(<Chin.)* soetsjong(tee).

Sou·dan →SUDAN. **Sou·da·nese** →SUDANESE.

souf·fle *(med.)* geruis, blaasgeluid.

souf·flé, souf·flé *(kookk.)* soufflé.

sough *n.* gesuis, sug; sugsloot. **sough** *ww.* suis, sug.

sought *ww. (verl.t. & volt.dw.)* gesoek; →SEEK; *it is* ~ *after* dit is gesog/gewild, daar is aanvraag na/om; *others ...* ~ *of him a sign* (AV), *others ... asking for a sign* (NIV), *(Luk. 11:16)* ander het ... van Hom 'n teken ... begeer *(OAB)*, ander wou ... van Hom 'n wonderteken ... vra *(NAB)*. **~-after** gesog, gewild.

souk, suk soek, Arabiese mark.

soul siel; wese, skepsel; *(mus.)* soul(musiek); *with* ***all*** *my* ~ met my hele hart, van ganser harte; ***bare*** *one's* ~ *to s.o.* jou hart aan/teen(oor) iem. uitstort; ***bless*** *my* ~*!* liewe hemel/deug!, op dees aarde!, goeie genade!, nou toe nou!; *the* ***cure*** *of* ~*s* sielesorg; *be a* ***good*** ~ 'n goeie siel/mens wees; *be* ***good*** *for the* ~ salf vir die siel wees; *they are a* ***hundred*** ~*s* hulle is honderd siele; *a* ***kindred*** ~ 'n geesverwant/geesgenoot; *every* ***living*** ~ al wat leef en beef; *like a* ***lost*** ~ soos 'n verlore siel; ***not*** *a (living)* ~ geen sterfling/sterweling (*of* lewende wese/siel) nie, g'n mens nie; *be the* ~ ***of*** *...* uiters ... wees, die ... self wees *(eerlikheid ens.)*, (die) ene ... wees *(diskresie ens.)*, die ... in persoon wees *(deug ens.)*; *s.o. cannot call his/her* ~ *his/her* ***own*** hy/sy het niks te sê nie, hy/sy het geen seggenskap oor hom-/haarself nie; *the* ***poor*** ~ die arme skepsel/ding/drommel; *(the)* ***poor*** ~*!* (die) arme skepsel/ding/drommel!; *..., God* ***rest*** *his/her* ~ *...,* saliger; ***sell*** *one's* ~ jou siel verkoop; ***upon*** *my* ~*!* op my woord!, by my siel/siks!; (so) by my kool!. ~ **brother** *(Am. infml.)* (mede-) swart broer. **~-destroying, ~-killing** sieldodend, geesdodend. ~ **food** *(fig.)* sielskos, sielekos, -voedsel; *(infml.)* tradisionele Afro-Amerikaanse kos. ~ **mate** sielsverwant, sielsvriend(in). **~-moving** sielroerend. ~ **music** soulmusiek. **~-searching** *n.* gewetensondersoek; *do some (or a little)* ~ jou (eie) gewete ondersoek. **~-searching** *adj.* sieldeursoekend, -vorsend. **~-searing** sieltergend. **~-shaking** sielroerend. **~-sick** diep terneergeslae. ~ **singer** soulsanger. ~ **sister** *(Am., infml.)* (mede-) swart suster. **~-stirring** sielroerend, aangrypend, sielverheffend.

soul·ful (siel)verheffend; hartroerend; gevoelvol, sielvol; ~ *eyes* gevoelvolle/sprekende oë.

soul·less sielloos. **soul·less·ness** siellooshheid.

sound¹ *n., (mus., taalk.)* geluid; klank; toon; →SOUNDLESS¹; *s.o. does not* ***like*** *the* ~ *of s.t.* iets klink vir iem. nie goed/lekker/pluis nie; ***make*** *a* ~*, (iets)* 'n geluid gee; *not* ***make*** *a* ~*, (ook, iem.)* doodstil/tjoepstil bly; nie hik of kik nie; *don't* ***make*** *a* ~*!* bly doodstil!; *be of the* ***same*** ~ gelykklinkend wees; ***transmit*** ~ geluid voortplant; *not* ***utter*** *a* ~ nie 'n geluid laat hoor nie; geen (*of* nie 'n) kik gee nie, nie hik of kik nie; *without* ***uttering*** *a* ~ sonder 'n geluid/kik; *hear the* ~ ***of voices*** stemme hoor. **sound** *ww.* klink, lui; laat klink; laat hoor; uitbasuin, verkondig; blaas *(sinjaal)*; *(med.)* ondersoek, beklop; →SOUNDER¹, SOUNDING¹; ~ *the* ***alarm*** →ALARM *n.;* ~ *...* ***to arms*** *...* te wapen roep; *it* ~*s* ***as if*** *...* dit klink/gaan (as)of ...; ~ *the* ***attack*** →ATTACK *n.; that* ~*s* ***good*** dit klink goed; *it* ~*s* ***like*** *a ...* dit klink na (*of* gaan soos) 'n ...; ~ *a* ***note of warning*** 'n waarskuwing (*of* waarskuwende stem) laat hoor; ~ ***off*** hard praat; 'n mening luid verkondig/lug; lawaai maak *(oor iets)*; *a* ~*ing* ***oration*** klinkende/hoogdrawende rede; ~ *s.o.'s* ***praises*** *far and wide* iem. se lof heinde en ver uitbasuin; ~ *the* ***retreat*** →RETREAT *n.*. **~alike** *n.* kunstenaar/sanger/ens. wat nes (*of* net soos) ... klink. ~ **amplification** klankversterking. ~ **barrier** klankgrens. ~ **bite** klankgreep; raak sêding, pittige opmerking, treffende aanhaling. **~board** klankbord; klankbodem. **~box** klank-, geluidgewer, klankkop *(v. 'n platespeler)*; *(mus.)* klankkas, resonansiebodem *(v. 'n snaarinstr.)*. ~ **camera** klankkamera. ~ **card** *(rek.)* klankkaart. ~ **change** klankverandering. **~check** klanktoets. ~ **deadener,** ~ **damper** geluiddemper. **~-deadening** geluiddempend. ~ **distortion** geluids-, klankvervorming. ~ **effect** klankeffek; *(rad.)* byklank. ~ **energy** klankenergie. ~ **engineer,** ~ **technician** klankingenieur, -tegnikus. ~ **film** klank(rol)prent, -film. **~hole** *(mus.)* galmgat, klankgat, -opening *(v. snaarinstr.)*. ~ **impulse** geluidsimpuls. ~ **law** klankwet, -reël. **~-level meter** klankmeter. ~ **locator** geluidsoeker. **~post** *(mus.)* klankgeleier *(v. snaarinstr.)*. **~proof** geluid-, klankdig, geluid-, klankvry. **~proofing** klank-, geluiddigting. ~ **ranging** klankmeting. ~ **recorder** klankopnemer. ~ **recording** klankopname. ~ **recordist** →RECORDIST. ~ **reproduction** klankreproduksie. ~ **shift(ing)** klankverskuiwing. ~ **signal** geluidsein. ~ **spectrograph** klankspektrograaf. ~ **symbolism** onomatopee. ~ **system** klankstelsel. ~ **technician** →SOUND ENGI-

NEER. **~track** klankbaan. ~ **truck** omroepwa. ~ **wave** klankgolf, geluidsgolf.

sound[2] *n.* (proef)sonde, sondeer=, peilstif; peiling; →SONDE, SOUNDLESS[2]. **sound** *ww.* peil *(diepte)*; sondeer; ondersoek; afpeil *('n hawe)*; uithoor, pols, aan die tand voel *(iem.)*; →SOUNDER[2], SOUNDING[2]; ~ *s.o. out about s.t.* iem. oor iets pols.

sound[3] *n.* nou seestraat, sont; *the S~, (geog.: tussen Denemarke en Swede)* die Sont.

sound[4] *adj.* gesond, sterk, goed; gaaf, onbeskadig, ongeskonde, onaangetas, sonder gebrek; gaaf *(stene, hout)*; treksterk *(wol)*; gegrond *('n argument)*; grondig *('n ondersoek)*; gesond *(eetlus, tande)*; betroubaar, deeglik; vas, solied; gedug; deugdelik; onaanvegbaar *('n titel)*; steekhoudend; suiwer in die leer; →SOUNDLY, SOUNDNESS; *(as)* ~ *as a **bell*** fris en gesond, perdfris; kerngesond; ~ *in **body and mind*** →BODY *n.*; *give s.o. a* ~ ***hiding*** →HIDING[1]; ***safe** and* ~ →SAFE *adj.*; *in one's* ~ *and sober **senses*** →SENSE *n.*; ~ ***sleep*** →SLEEP *n.*; *be* ~ *in **wind and limb*** liggaamlik kerngesond wees, gesond van lyf en lede wees.

sound·er[1] klankopvangtoestel, ontvangtoestel; *(telegr.)* klopper.

sound·er[2] peiler; (proef)sonde.

sound·ing[1] geklank. ~ **board** klank=, galmbord, resonansie=, klankbodem; *(fig.: iem. wie se reaksie as maatstaf dien)* klankbord; *(ook)* spreekbuis.

sound·ing[2] (diepte)peiling, loding; *(i.d. mv.)* peiling, diepte, peilbare diepte; *take ~s* iets peil *(d. diepte, menings, ens.)*. ~ **balloon** peilballon. ~ **lead** diep=, werp=, sink=, peillood. ~ **line** skietlood; loodlyn. ~ **pole** lodingspaal. ~ **rod** peilstok.

-sound·ing *komb.vorm* =klinkend; *fine-~* mooiklinkend; *foreign-~* vreemdklinkend.

sound·less[1] geluidloos. **sound·less·ness** geluidloosheid.

sound·less[2] onpeilbaar.

sound·ly terdeë, flink; gaaf, goed; sterk; ~ *beaten* deeglik geklop; *sleep* ~ vas slaap.

sound·ness gesondheid; vryheid van gebreke, gaafheid, onbeskadigdheid; deeglikheid; gegrondheid; soliditeit; treksterkte *(v. wol)*. ~ **test** gaafheidstoets.

soup *n.* sop; ***clear*** ~ helder sop; ~ *of the **day*** sop van die dag; *be/land **in the** ~, (infml.)* in die/'n verknorsing (*of* in die pekel/sop) sit/wees/beland; ***thick*** ~ dik sop; ***thin*** ~ dun sop. **soup** *ww.: ~ s.t. up, (infml.)* iets opwoema/aanja(ag) (*of* warm maak) *('n motor, enjin)*; →SUPERCHARGE. ~ **bone** sopbeen. ~ **bowl** sopbakkie, =kom(metjie). ~ **cup** sopkoppie. **~fin (shark)** *(Galeorhinus galeus)* sopvinhaai. ~ **greens** sopgroente. ~ **kitchen** sopkombuis. ~ **ladle** sopskeplepel. ~ **plate** sop=, diepbord. ~ **powder** soppoeier. ~ **spoon** soplepel. ~ **tureen** sopkom. **soup·y** sopagtig; sopperig; dig bewolk; (ondermis) toegetrek.

soup·çon, soup·çon *(Fr., dikw. skerts.)* tikkie, rapsie, titseltjie, krieseltjie; lekseltjie.

souped-up *(infml.)* warmgemaak, opgewoema, aangejaag *('n motor, enjin)*; →SUPERCHARGE; opgedollie *(kos)*; opgewoema *('n liedjie)*; opgekikker *('n rekenaar ens.)*.

sour *adj.* suur; asynagtig; vrank; rens *(melk)*; stuurs, nors; →SOURISH, SOURLY, SOURNESS; ***feel*** ~ *about s.t.* oor iets verbitter(d) wees; ***go/turn*** *~, (melk ens.)* suur word; *(iem., 'n verhouding, ens.)* versuur; *('n plan ens.)* sleg afloop; ~ ***grapes**, (fig.)* suur druiwe; *the **joke** has gone* ~ dit is nie meer 'n grap nie. **sour** *ww.* suur word; suur maak; insuur; aansuur; versuur; verbitter; →SOURING; *be ~ed by* ... deur ... verbitter word. ~ **cherry** suurkersie; morel. ~ **cream** suurroom. **~cream sauce** suurroomsous. ~ **crout** →SAUERKRAUT. ~ **dock** *(dial.)* = SORREL[1] *n.*. **~dough** suurdeeg. **~dough yeast** suursuurdeeg. **~face** *n.* = SOURPUSS. **~-faced** *adj.* met die/'n suur gesig, suurpruim=, suurgesig=, suurknol=. ~ **fig** *(Carpobrotus edulis)* suur=, perdevy. **~-fig jam** suurvyekonfyt. ~ **grass** suurgras; paspalumgras. ~ **gum** swartgom(boom). ~ **orange** *(Citrus aurantium)* bitterlemoen. ~ **plum (tree)** *(Ximenia caffra)* suurpruim. ~ **porridge** suurpap. ~ **prickly pear** suurturksvy, blinkblaarturksvy. **~puss** *(sl.: iem.)* suurknol, =pruim, pretbederwer. ~ **sap** suursap. **~-sap disease** suursapsiekte. **~sop (tree)** *(Annona muricata)* suursak(boom). **~veld** *(SA)* suurveld.

source *n.* bron; bronaar; oorsprong; segsman; woordvoerder; *(ook, i.d. mv.)* bronnemateriaal; ***at the*** ~ aan die bron; ***draw** on the ~s* uit die bronne put; ~ *of **energy*** energie=, kragbron; ~ *of **food*** voedselbron; ***from** this* ~ uit dié bron; ~ *of **income*** bron van inkomste; ~ *of **infection*** besmettingsbron; ~ *of **information*** bron van inligting; ~ *of **law*** regsbron; ~ *of **light*** ligbron; ~ *of **power*** kragbron; *from a **reliable*** ~ uit betroubare/gesaghebbende bron; *s.o. is a* ~ *of **strength*** daar gaan krag van iem. uit; ~ *of **supply*** toevoerbron; *an **unimpeachable*** ~ 'n onaanvegbare bron; *a **well-informed*** ~ *stated that* ... 'n goed ingeligte woordvoerder het verklaar (*of* uit goed ingeligte bron word verneem) dat ... **source** *ww.* vind, kry; opspoor *(bronne, produkte, ens.)*. **~book** bronnewerk. ~ **code** *(rek.)* bronkode. ~ **criticism** *(hoofs. Byb.studie)* bronnekritiek. ~ **language** *(by vertaling)* brontaal. ~ **material(s)** bronnemateriaal.

sour·ing versuring; insuring; aansuring; verbittering.

sour·ish suuragtig, suurderig; renserig *(melk)*.

sour·ly suur; nukkerig, knorrig, *(vero., w.g.)* gemelik.

sour·ness suurheid.

sou·sa·phone *(mus.: soort tuba)* sousafoon. **sou·sa·phon·ist** sousafoonspeler, =blaser.

souse[1] *n.* pekelsous; *(dial.)* pekelkos; *(dial.)* (onder)=dompeling; *(Am. infml.)* dronkie. **souse** *ww.* (in)pekel; onderdompel, indompel; oorgooi, besprinkel, giet oor. **soused:** *be ~, (infml.)* besope/dronk wees; *get ~, (infml.)* besope raak, dronk word.

souse[2] *adv., (arg. of dial.)* plotseling, skielik.

Sousse, Su·sa(h) *(geog.)* Sousse *(in Tunisië)*.

sou·tache *(Fr., smal sierband vir d. afwerking v. klere)* soutache.

sou·tane *(RK priesterkleed)* soetane.

sou·ter·rain *(Fr., argeol.)* ondergrondse kamer/gang.

south *n.* suide; *the S~ of **France*** Suid-Frankryk; ***from** the* ~ uit die suide, van die suide(kant); *the wind is **from/in** the* ~ die wind is suid; ***in the*** ~ in die suide; ***the** S~, (bepaalde streek)* die Suide; ***to** the* ~ na die suide; ***to the*** ~ *of* ... suid (*of* ten suide) van ..., besuide ... **south** *adj.* suidelik; suid(e)=; ~ *coast* suidkus; ~ *end* suideinde; ~ *latitude* suiderbreedte; ~ *side* suidekant; ~ *wind* suidewind. **south** *adv.* suid, suidwaarts, in suidelike rigting; *the wind **blows*** ~ die wind is suid, die wind kom uit die suide; ~ ***by** east/west* suid ten ooste/weste; ***down*** ~ in die suide; ***due*** ~ reg suid; ***go*** ~ suidwaarts gaan; ~ ***of*** ... suid (*of* ten suide) van ..., besuide ... **south** *ww.* suidwaarts gaan. **S~ Africa** Suid-Afrika. **S~ Africa Act** *(hist.)* Suid-Afrika-Wet, Unie-Grondwet. **S~ African** *n.* Suid-Afrikaner. **S~ African** *adj.* Suid-Afrikaans. **S~ African Communist Party** *(afk.:* SACP*)* Suid-Afrikaanse Kommunistiese Party. **S~ African National Defence Force** *(afk.:* SANDF*)* Suid-Afrikaanse Nasionale Weermag *(afk.:* SANW*)*. **S~ African Police Service** *(afk.: SAPS)* Suid-Afrikaanse Polisiediens *(afk.: SAPD)*. **S~ African War** *(gesk.)* Engelse Oorlog, Driejarige Oorlog, Tweede Vryheidsoorlog. **S~ America** Suid-Amerika. **S~ American** *n.* Suid-Amerikaner. **S~ American** *adj.* Suid-Amerikaans. **S~ Atlantic (Ocean)** Suid-Atlantiese Oseaan. **S~ Australia** Suid-Australië. **~bound** suidwaarts. **S~ Carolina** Suid-Carolina. **S~ China Sea** Suid-Chinese See. **S~ Dakota** Suid-Dakota. **S~ Devon cattle** Suid-Devonbeeste. **~east** *n.* suidooste. **~east** *adj. & adv.* suidoostelik; suidoos(waarts), in suidoostelike rigting; *(wind)* suidoos, uit die suidooste. **~easter** suidoos(ter), suidoostewind. **~easterly** suidoostelik; suidooswaarts; ~ *wind* suidoostewind, wind uit die suidooste. **~eastern** suidoostelik. **~eastward** *adj.* suidooswaarts. **~eastward(s)** *adv.* suidooswaarts. **S~ European** Suid-Europeër. **~-facing** met 'n suidelike uitsig, met uitsig op die suide. **S~ Georgia** *(eiland)* Suid-Georgië. **S~ Holland** *(prov.)* Suid-Holland. **S~ Island** *(NS)* die Suid(er)=eiland. **S~ Korea** Suid-Korea. **S~ Korean** *n.* Suid-Koreaan. **S~ Korean** *adj.* Suid-Koreaans. **~land** *(hoofs. poët.)* suidland, suiderland. **~lander** suidlander, suiderling. **S~ Magnetic Pole** Magnetiese Suidpool. **S~ Pacific (Ocean)** (Stille) Suidsee, Suidelike Stille Oseaan, Suid-Pasifiese Oseaan. **~paw** *n., (Am.)* hotklou; linkskolwer; linksspeler; linksbokser; linkshandige. **~paw** *adj.* links(handig). **S~ Pole** Suidpool. **S~ Sea(s)** (Stille) Suidsee. **S~ Sea Islander** Suidsee-eilander. **S~ Sea Islands** Suidsee-eilande. **S~ Sea rose** selonsroos. **S~ Sotho** *(lid v. bevolkingsgroep, taal)* Suid-Sotho. **~-southeast** suidsuidoos. **~-southwest** suidsuidwes. **S~ Vietnam** *(hist.)* Suid-Viëtnam. **~west** *n.* suidweste; *the S~, (bepaalde streek)* die Suidweste. **~west** *adj. & adv.* suidwestelik; suidwes(waarts), in die suidwestelike rigting; *(wind)* uit die suidweste, suidweste=. **S~ West Africa** *(hist.)* Suidwes-Afrika. **S~ West African** *n., (hist.)* Suidwester. **S~ West African** *adj., (hist.)* Suidwes-Afrikaans. **~wester** suidwester, suidwestewind; *(hoed)* →SOU'WESTER. **S~ Wester** *(hist., infml.)* Suidwester; →SOUTH WEST AFRICAN *n.*. **~westerly** suidwestelik; suidweswaarts; ~ *wind* suidwestewind, wind uit die suidweste. **~western** suidwestelik; *S~ Districts, (afk.: SWD)* Suidwestelike Distrikte *(afk.: SWD)*; →SOUTHERN CAPE. **~westward** *adj.* suidweswaarts. **~westward(s)** *adv.* suidweswaarts.

South·down sheep southdownskaap *(ook S~)*.

south·er suidewind.

south·er·ly suidelik; suidwaarts; ~ *wind* suidewind, wind uit die suide.

south·ern *n.* →SOUTHERNER. **south·ern** *adj.* suidelik, suid=; ~ ***border/boundary/frontier*** suid(er)grens; ~ ***coast*** suidkus; ~ ***extremity*** suidhoek, =punt; ~ ***grampus*** = SOUTHERN RIGHT WHALE; ~ ***lights*** suiderlig; ~ ***side*** suidekant; ~ ***sun*** suiderson. **S~ Africa** Suider-Afrika. **S~ Cape:** *the* ~ ~ Suid-Kaapland. **S~ Cross:** *the ~ ~, (astron.)* die Suiderkruis, Crux. **S~ Crown:** *the ~ ~, (astron.)* die Suiderkroon, Corona Australis. **S~ English** Suid-Engels. **S~ Europe** Suid-Europa. **S~ European** Suid-Europees. **S~ Germany** Suid-Duitsland. **S~ Hemisphere:** *the* ~ ~ die Suidelike Halfrond. **S~ Italy** Suid-Italië. **S~ Ocean** Suidelike Yssee. **S~ Rhodesia** *(hist.)* Suid-Rhodesië. **S~ Spain** Suid-Spanje. **S~ States** *n. (mv.)* Suidelike State *(v.d. VSA)*. **S~ Transvaal:** *the ~ ~, (hist.)* Suid-Transvaal. **S~ Triangle:** *the ~ ~, (astron.)* die Suiderdriehoek, Triangulum Australe. **~wood** *(Artemisia abrotanum)* sitroenkruid, aweruit.

south·ern·er suiderling, mens uit die suide, bewoner van die suide.

south(·ern)·most suidelikste.

south·ing *(sk., kartogr., astron.)* suideliking.

South·ron *n., (arg.)* Suiderling; Engelsman *(by Skotte)*. **South·ron** *adj., (arg.)* Suiderlik; Engels *(by Skotte)*.

south·ward *adj.* suidwaarts. **south·ward, south·wards** *adv.* suidwaarts.

sou·ve·nir, sou·ve·nir aandenking, soewenier, gedenkstuk; *(w.g.)* gedagtenis, herinnering.

sou·vla·ki *=kia, =kis, (Gr. kookk.: soort kebab/sosatie)* soewlaki.

sou'west·er, nor'west·er *('n hoed)* suidwester, seemanshoed; *(infml., wind)* →SOUTHWESTER.

sov·er·eign *n.* vors(tin), heerser(es), soewerein; *(golden)* ~ (goue) pond. **sov·er·eign** *adj.* soewerein, oppermagtig, opper=; voortreflik, uitstekend; ~ *contempt* diep(e) minagting/veragting; ~ *remedy* probate middel. **sov·er·eign·ty** soewereiniteit, oppermag, opperheerskappy; →ORANGE RIVER SOVEREIGNTY.

so·vi·et sowjet; *Union of S~ Socialist Republics, (hist., afk.:* USSR*)* Unie van Sosialistiese Sowjetrepublieke *(afk.:* USSR*)*. **S~ Union:** *the ~ ~, (hist.)* die Sowjetunie.

so·vi·et·ise, =ize *(ook S~)* sowjetiseer. **so·vi·et·i·sa·tion, =za·tion** *(ook S~)* sowjetisering.

so·vi·et·ism sowjetisme.

So·vi·et·ol·o·gist Sowjetoloog.

sov·khoz *=khoz(es), =khozy, (Rus.)* sowchoz, staatsplaas.

sow[1] *sowed sown/sowed, ww.* saai, uitsaai, strooi; versprei; →SOWING; ~ ***discord*** →DISCORD *n.*; *whatsoever* *a man ~s, that shall he also* ***reap*** (AV); *a man* ***reaps*** *what he ~s* (NIV), *(Gal. 6:7)*, wat die mens saai, dit sal hy ook maai *(OAB);* wat 'n mens saai, dit sal hy ook oes *(NAB); be* ***thickly/thinly*** *~n* dik/dun gesaai wees; *~ the* ***wind*** *and reap the whirlwind* →WIND[1] *n.; ~ a field* ***with*** *wheat/etc.* koring/ens. op 'n land saai; *be ~n* ***with*** ... met ... besaai(d) wees. ~ **bag** saaisak. **sow·er** saaier; saaimasjien.

sow[2] *n.* sog; *(neerh.)* slet; *(metal.)* gietvoor; ru-ysterklont; *~ in pig* dragtige sog; *you have got the right/wrong ~ by the ear* jy het dit by die regte/verkeerde ent beet, jy is aan die regte/verkeerde adres. ~**back** *(geol.)* (sand=, kie=sel)rug, =walletjie. ~**bread** *(bot., arg.)* vark(ens)brood, siklamen, alpeviooltjie. ~ **thistle** *(Sonchus oleraceus)* sui=, seidissel, melkdistel, =dissel.

So·we·tan *n.* inwoner van Soweto, Sowetaner. **So·we·tan** *adj.* van Soweto, Soweto=.

So·we·to *(SA, akr.: South Western Townships)* Soweto. ~ **Day** *(infml.)* Sowetodag; →YOUTH DAY.

sow·ing (die) saai, saaiery; aansaaiing; gesaaide; *the second ~* die tweede saaisel. ~ **drill** saaihoring; saai=masjien. ~ **machine** saaimasjien. ~ **plough** saaiploeg. ~ **seed** saaisaad.

sox *n. (mv.), (sl.)* →SOCK[1] *n.*.

soy: ~**bean** *(Am.)* →SOYA BEAN. ~ **(sauce)** sojasous.

soy·a: ~ **bean,** *(Am.)* **soybean** sojaboon(tjie). ~ **meal** sojameel. ~ **milk** sojamelk. ~ **(sauce)** *(Br.)* = SOY (SAUCE).

So·yuz *(bemande Rus. ruimtetuig)* Sojoez.

soz·zled besope, poegaai; *be ~, (infml.)* besope/dronk wees, die skoot hoog deur hê; *get ~, (infml.)* besope raak, dronk word.

spa spa, badplaas, mineraal=, mineralebron, kuuroord; kruitbad.

space *n.* ruimte, plek, spasie; afstand; streek; holte; duur, tyd; die ruimte, die (hemel)ruim, die lugruim; ***after*** *a short ~* na 'n rukkie/tydjie; ***gaze/look/stare*** *into (vacant) ~* voor jou uitstaar; ***in the*** *~ of an hour/etc.* binne 'n uur/ens.; ***infinite*** *~* die oneindige ruimte; *a* ***lack*** *of ~* 'n gebrek aan ruimte; ***limitations*** *of ~* ruim=tebeperkings; ***outer*** *~* die buitenste ruimte; *~ does not* ***permit*** die ruimte ontbreek (*of* laat dit nie toe nie); ***take up*** *~* ruimte/plek inneem (*of* in beslag neem); *a ~ of* ***time*** →TIME *n.;* ***vanish*** *into ~* in die niet verdwyn; in die lugruim verdwyn; *in the* ***wide open*** *~s* in die vrye natuur. **space** *ww.* spasieer; *~ s.t. out* iets spasieer; *houses are ~d out along the highway* hier en daar staan huise langs die grootpad. ~ **age** ruimte-eeu, =tydperk. ~ **bar** spasiebalk *(op 'n toetsbord).* ~ **blanket** ruimte=kombers *(deur bergklimmers/ens. gebruik).* ~ **cadet** *(Am. sl., fig.)* iem. wat in 'n ander wêreld leef/lewe. ~ **capsule** ruimtekapsule. ~**craft** ruimte(vaar)tuig. ~ **flight** ruimtereis; ruimtevaart, =vlug. ~ **heater** ruimtever=warmer. ~ **helmet** ruimtehelm. ~**lab** ruimtelabora=torium. ~**man** =*men* ruimteman, ruim(te)vaarder, =rei=siger. ~ **medicine** ruimtegeneeskunde. ~ **platform** ruim=testasie. ~**port** ruimtevlugsentrum. ~ **probe** (ruimte)=verkenningstuig. ~ **programme** ruimteprogram. ~ **rocket** ruimtevuurpyl. ~-**saving** ruimtebesparend. ~ **science** ruimtekunde. ~ **scientist** ruimtekundige. ~**ship** ruim(te)tuig, ruim(te)skip. ~**ship earth** (die) ruimteskip aarde. ~ **shuttle** pendel=, retoertuig. ~ **station** ruimtestasie. ~**suit** ruimtepak. ~-**time** *(fis.)* ruim=tetyd. ~-**time (continuum)** *(fis.)* ruimte-tydkontinuum. ~ **travel** ruim(te)vaart, =vlug. ~ **traveller** ruim(te)=reisiger, =vaarder. ~ **vehicle** ruim(te)tuig. ~**walk** *n.* ruimtewandeling. ~**woman** ruimtevrou. ~ **writer** *(joer=nalis wat per woord of vlgs. lengte v. artikel betaal word)* korrespondent.

spaced *adj.: ~ (out), (sl.)* deur die blare/mis/wind, in 'n dwaal; in 'n dwelmdwaal/=roes, gedoepa, wes; gerook.

spac·er spasieerder; spasiebalk; skeier; afstandstuk; koggelstok. ~ **bar** spasieerstaaf. ~ **ring** skeiring. ~ **sleeve** skeihuls.

spac·(e)y =*ier* =*iest, adj.* ruim; uitgestrek; wyd; *(Am. sl.)* eksentriek, onkonvensioneel; deur die blare/mis/wind, in 'n dwaal; in 'n dwelmdwaal, gedoepa, wes; gerook.

spa·cial →SPATIAL.

spac·ing spasiëring; spasie; *double ~, (tip.)* dubbele spasiëring; dubbele tussenruimte.

spa·cious ruim; uitgestrek; wyd. **spa·cious·ness** ruim=heid; uitgestrektheid; wydheid.

spa·das·sin *(vero., w.g.)* swaardvegter; (gehuurde) bul=lebak.

spade[1] *n.* graaf, spitgraaf; sperplaat; *call a ~ a ~, (infml.)* die kind (*of* 'n ding) by sy naam noem, nie/geen doe=kies omdraai nie, padlangs/reguit praat; *wield a ~* met 'n graaf werk. **spade** *ww.* spit, omspit. ~ **beard** vier=kant(ig)e baard. ~**work** spitwerk, graafwerk; aanvoor=werk, voorarbeid, baanbrekerswerk; harde werk.

spade[2] *n. (gew. i.d. mv.), (kaartspel)* skoppens; *ace/jack/king/queen of ~s* →ACE *n.*, JACK[1] *n.*, KING *n.*, QUEEN *n.*; *in ~s, (infml.)* omtrent, behoorlik, uiters, uitermate; hope, heelwat, sommer baie; met mening; dubbel en dwars; op groot skaal.

spade·ful graafvol, spit, skep.

spa·dille *(by omberspel)* skoppe(n)aas.

spa·dix =*dices, (bot.)* blom=, bloeikolf.

spa·ghet·ti spaghetti. ~ **bolognese** *(It. kookk.: spaghetti met 'n geurige vleissous)* spaghetti bolognese. ~ **junction** *(Br. infml.)* snelwegknoop(punt). ~ **western** *(infml., gew. neerh.)* Italiaanse cowboyfliek/=prent.

spa·hi *(hist.: Turkse ruiter)* spahi.

Spain Spanje; *castles in ~, (ook)* lugkastele.

spake *ww. (verl.t.), (arg., poët., liter.)* het gepraat; →SPEAK.

spal·ier *n., (w.g.)* latwerk; leiboom; →ESPALIER. **spal·ier** *ww., (w.g.)* oplei; *~ed tree* leiboom.

spall *n.* stukkie, splinter, klipsplinter; *(i.d. mv.), (ook)* brokklip; afvalerts. **spall** *ww.* fynmaak, vergruis, breek; afsplinter; *~ed edge* splinterkant. **spall·a·tion** *(fis.)* ver=splintering.

spall·ing afsplintering; grofbreking. ~ **hammer** *(klip=werk)* splinterhamer; *(metaalwerk)* skroothamer.

spal·peen *(Ier.)* trekarbeider; skurk, skobbejak, vabond; snuiter.

spam *n., (handelsnaam, oorspr. hl.)* ingemaakte ham, blik=kiesham; *(rek.)* rommel=, gemors=, strooipos. **spam** *ww., (rek.)* bestook, toegooi *(met rommelpos).* **spam=ming** *n., (rek.)* bestoking met rommelpos, rommelpos=bestoking.

span[1] *n.* spanwydte; omvang; (oor)spanning *(v. 'n brug ens.);* vak *(v. 'n brug);* kort tyd/duur; *(lengte-eenh., afstand tuss. punt v. duim en pinkie: 23 cm)* span; →SPAN=LESS; *~ of* ***attention*** →ATTENTION SPAN; *~ of* ***life*** le=wensduur, =tyd; *our* ***life*** *is but a ~* ons lewe is maar kort van duur; *~ of* ***tobacco*** span tabak. **span** =*nn*=, *ww.* span, afspan, omspan, omvat; oorbrug, oorspan; →SPANNING. ~ **roof** staandak. ~-**worm** spanruspe(r), landmeter(wurm), spanner.

span[2] *n.: ~ of oxen/etc.* span osse/ens..

span[3] *ww. (verl.t.), (arg.)* het gespin; →SPIN *ww.*.

span·dex *(tekst.: sintetiese rekstof)* spandeks.

span·drel *(argit.)* hoekvlak. ~ **steps** driehoekstree=tjies. ~ **wall** booghoekmuur.

spang *(Am., infml.)* reg, presies, net (mooi); *~ in the middle* reg/mooi in die middel.

span·gle *n.* blinker(tjie), blink stukkie, lowertjie; goud=, silwerversierseltjie; galappel. **span·gle** *ww.* met lo=wertjies/blinkertjies versier; skitter, vonkel; *the ~d sky* die vonkelende sterrelug.

Span·glish *(Am., skerts.)* mengsel van Spaans en Engels.

Span·iard Spanjaard.

span·iel *(honderas)* spanjoel, spaniël; *(fig.)* vleier, krui=per.

Span·ish *n., (taal)* Spaans; *the ~, (mv.)* die Spanjaarde. **Span·ish** *adj.* Spaans; *become ~* verspaans; *make ... ~* ... verspaans. ~ **America** Spaans-Amerika. ~ **American** *n.* Spaans-Amerikaner. ~ **American** *adj.* Spaans-Amerikaans. ~ **Armada** *(hist.)* Spaanse Armada. ~ **fly** spaans=, groenvlieg; →CANTHARIDES. ~ **grass** = ESPARTO (GRASS). ~ **guitar** Spaanse kitaar/ghitaar. ~ **leather** Corduaanse leer. ~ **mackerel** *(Scomberomorus* spp.*)* katonkel. ~ **Main:** *the ~ ~, (hist.)* die Noordkus van Suid-Amerika; die Karibiese See. ~ **Morocco** *(hist.)* Spaans-Marokko. ~ **moss** *(Tillandsia usneoides)* ou=mansbaard, druipmos. ~ **omelette** *(kookk.)* Spaanse omelet *(met groente).* ~ **onion** *(groot soort ui met 'n sagte smaak)* Spaanse ui. ~ **piastre** *(hist. munt)* Spaanse mat. ~ **plaster** *(bouk.)* Spaanse pleister(werk). ~ **reed** *(Arundo donax)* spaansriet. ~ **steps** Spaanse trappe *(in Rome).* ~ **windlass** Spaanse windas/wenas.

spank *n.* klap; sprong. **spank** *ww.* pak gee, looi, wiks, (uit)klop, streepsuiker gee, ransel; vinnig ry/stryk. **spank·er** opstopper; doodhou; strykloperperd, trip=pelaar; knewel, reus, 'n mooie, 'n kolossale; *(sk.)* be=saan. **spank·ing** *n.* pak (slae), loesing, drag slae; *get a ~* pak/klits kry. **spank·ing** *adj., (infml.)* gaaf, eerste=klas, uitstekend; sterk, groot; *~* ***horse*** pronkperd; *~* ***lie*** yslike leuen; *~* ***pace*** vinnige draf; *at a ~* ***pace*** op 'n vinnige draf; met 'n vinnige vaart; *have a ~* ***time*** dit gate uit geniet, groot pret hê, lekker jol.

span·less onmeetlik, nie te oorspan nie.

span·ner moer=, skroefsleutel; →CLAW SPANNER, RATCHET SPANNER *throw a ~ in(to) the works, (infml.)* 'n stok in die wiel steek. ~ **jaw** sleutelbek. ~ **pipe** sleutelpyp.

span·ning oorbrugging.

span·sule *(farm., oorspr. 'n handelsnaam)* vrystelbe=heerde kapsule.

spar[1] *n.* spar, paal; *(sk., lugv.)* spar; rondhout *(v. 'n skip);* (dak)spar, hanskapbeen. ~ **buoy** *(sk.)* sparboei. ~ **deck** *(sk.)* spardek.

spar[2] *n., (min.)* spaat; *brown ~* bruinspaat; *heavy ~* swaarspaat, bariet. **spar·ry** spatig, spaatagtig.

spar[3] *n.* (die) skerm; vuisgeveg; *(boks)* skermoefening; hanegeveg. **spar** =*rr*=, *ww.* skerm *(m.d. vuiste); rede=twis, skermutsel *(met woorde);* →SPARRING.

spar·a·ble *(sametr. v. sparrow bill)* skoenspykertjie.

spar·ax·is *(bot.: Sparaxis grandiflora)* fluweeltjie, fer=weeltjie, botterblom.

spare *n.* onderdeel, reserwedeel, (ver)wisselstuk, ma=sjiendeel. **spare** *adj.* skraal, maer; vry; orig; los; sober; *a person of ~ frame* 'n skraal geboude mens; *a ~ moment* 'n vry oomblik, 'n verlore oomblik; *how to use your ~ time* hoe om jou vrye/ledige tyd te gebruik. **spare** *ww.* spaar, bespaar; klaarkom sonder, mis; ontsien; *s.o.* ***cannot*** *~ ... now* iem. kan nie nou sonder ... klaar=kom nie; *s.o.* ***cannot*** *~ the money for ...* iem. het nie geld vir ... nie; *~ no* ***effort*** →EFFORT; *~ one's* ***energy*** jou kragte spaar; *~ s.o.'s* ***feelings*** →FEELING *n.*; *~ s.o.'s* ***life*** iem. se lewe spaar; iem. begenadig; *can you ~* ***me*** *R10?* kan jy my R10 leen?; *can you ~ me a* ***moment?*** →MO=MENT; *~* ***neither*** *pains nor expense* moeite nóg koste ontsien; *s.o. does* ***not*** *~ him=/herself* iem. spaar hom/haar nie; *~ no* ***pains*** →PAIN *n.*; *~ the* ***rod*** *and spoil the child* →ROD; *~* ***s.o.*** *s.t.* iem. iets spaar *(d. vernedering ens.);* ***s.o.*** *has been ~d* iem. het gespaar gebly, iem. is gespaar; ***s.o.*** *has been ~d s.t.* iets het iem. gespaar gebly *(d. vernedering ens.); there is one* ***to*** *~* daar is een oor; *enough and* ***to*** *~* meer as genoeg; *have a few ...* ***to*** *~* 'n paar orige ... hê; *there is an hour* ***to*** *~* daar is 'n uur oor. ~ **(bed)room** vry=, gaste=, loseerkamer. ~ **cash** los geld. ~ **diet** ryswater, skraal/skrale kos/rantsoen. ~ **part** on=derdeel, reserwedeel, (ver)wisselstuk, masjiendeel, los deel. ~-**part surgery** *(infml.)* oorplanting(s)chi=rurgie, oorplantingsjirurgie. ~**rib** ribbetjie, varkrib. ~-**time** *adj.: ~ occupation* tweede beroep, bynering; lief=hebbery. ~ **tyre** nood=, reserweband, ekstra/orige band; *(fig., infml.)* maagwal(letjie). ~ **wheel** nood=, reserwe=, bywiel, orige/ekstra wiel.

sparge sproei, sprinkel; *(bouk.)* grintspat. ~ **pipe** sproei=pyp.

spar·ing spaarsaam, suinig, karig; *be ~ with/of s.t.* spaarsaam wees met iets; *be ~ with/of words* swygsaam wees. **spar·ing·ly** spaarsaam, suinig, smalletjies; *eat ~* matig eet; *use s.t. ~, (ook)* suinig te werk gaan met iets.

spark *n.* vonk; sprankie, greintjie, tikkie; *(vero.)* swier=bol, windmaker, vryer; →SPARKISH, SPARKLESS, SPARKLET; ***advance*** *the ~, (mot.)* die vonk vervroeg; *s.o. is a* ***bright*** *~, (infml., ook iron.)* iem. is skrander, iem. het 'n skrander kop; ***emit*** (or ***give/throw*** *off*) *~s* vonke afgee; *if s.o. had a ~ of* ***feeling*** *left* as iem. nog 'n greintjie gevoel gehad het; *make the ~s* ***fly,*** *(fig.)* die vonke laat spat; *~s are* ***flying,*** *(fig.)* die vonke spat; ***gay*** *~, (vero.)* swierbol; ***give*** *off ~s →****emit;*** ***lay*** *a ~ to s.t.* iets aan die brand steek; *not a ~ of* ***life*** geen vonkie/sprankie lewe nie; ***retard*** *the ~, (mot.)* die vonk vertraag; ***throw*** *off ~s →****emit;*** *the* ***vital*** ~ die lewensvonk. **spark** *ww.* vonke afgee, vonk; *(vero.,Am.)* windmaak; *(vero.,Am.)* vlerksleep, vry; →SPARKING; *~ off s.t.* iets aan die gang sit, iets veroorsaak, tot iets aanleiding gee, iets uitlok *('n oorlog, 'n stormloop, ens.)*; *~ over, (elek. verbinding)* oorvonk, =slaan, =spring. ~ **action** vonkwerking. ~ **advance** vonkvervroeging. ~ **arrester,** ~ **catcher,** ~ **deflector** vonkvanger. ~ **chamber** *(fis.)* vonkkamer. ~ **circuit** vonkkring. ~ **coil** vonk=, induksiespoel. ~ **control** vonkreëling; vonkreëlaar. ~ **discharge** vonkontlading. ~ **gap** slagwydte; vonkbrug, =baan, =weg. ~ **ignition** vonkontsteking. ~ **lever** vonksteller. ~ **plug,** *(Br.)* **sparking plug** vonkprop, ontstekingsprop.

spark·ing ontsteking. ~ **distance** slagwydte. ~ **plug** →SPARK PLUG.

spark·ish vrolik, windmaker(ig).

spar·kle *n.* glans, flikkering, flonkering, sprankeling, geskitter, gevonkel, vonkeling; lewendigheid; tinteling. **spar·kle** *ww.* vonkel, flonker, sprankel, skitter, flikker, vonke skiet; *(drank)* skuim, bruis; tintel; *~ with ...* van ... vonkel. **spar·kler** *(vuurwerk)* vonkstok; edelsteen; bruis=, skuimwyn. **spar·kling** vonkelend, sprankelend, skitterend; tintelend; geestig; ~ *wine* bruis=, skuim=, vonkelwyn.

spark·less vonkvry.

spark·let vonkie, sprankie, greintjie; koolsuurdoppie.

spar·ring *(boks ens.)* (die) skerm; *verbal* ~ geredetwis. ~ **bout** skermoefening. ~ **match** *(boks)* skermoefening; *(fig.)* stryery, gestry, woordewisseling, woordestryd, getwis. ~ **partner** skerm=, oefenmaat.

spar·row mossie; →COCK SPARROW, HEN SPARROW. ~ **bill** mossiebek; skoenspykertjie. ~**hawk** *(Accipiter* spp.*)* sperwer; *red-breasted* ~ rooibors-sperwer. ~ **weaver:** *white-browed* ~ ~ koringvoël.

spar·ry →SPAR²*n.*.

sparse skaars, versprei(d), yl, dun (gesaai). **sparse·ly** yl, net hier en daar (een), dun (gesaai). **sparse·ness** ylheid.

Spar·ta Sparta. **Spar·tan** *n.* Spartaan. **Spar·tan** *adj., (fig. ook s~)* Spartaans, spartaans.

spasm spasma, spasme, trekking, krampagtige beweging, kramp; vlaag, bevlieging, beroering; *~ of coughing* hoesbui; *~ of grief* opwelling van smart. **spas·mod·ic** rukkerig, spasmodies, krampagtig. **spas·mod·i·cal·ly** rukkerig, met rukke en stote, krampagtig.

spas·tic *n., (ietwat vero./neerh.)* spastikus, krampstarre, serebraal gestremde/verlamde. **spas·tic** *adj.* krampagtig, krampstar, spasties; serebraal gestrem(d); ~ *child* serebraal gestremde kind; ~ *colon* spastiese dikderm/kolon; ~ *gait* spastiese gang. **spas·tic·i·ty** krampagtigheid, spastisiteit, krampstarheid, spierstyfheid, =styfte.

spat¹ *n.* saad *(v. skaaldiere)*; jong oesters. **spat** =*tt*=, *ww.* saadskiet.

spat² *n., ('n enkelskut)* slobkous.

spat³ *n., (infml.)* rusietjie. **spat** =*tt*=, *ww.* rusie maak, stry.

spat⁴ *ww. (verl.t.)* gespoeg; →SPIT⁴ *ww.*.

spatch·cock *n.* spithoender. **spatch·cock** *ww.* aanvul, inlas *(onvanpaste teks)*.

spate vloed, stortvloed, oorstroming; *(fig.)* vloedgolf, stroom; *the river is in ~* die rivier kom af *(of* lê kant en wal *of* is vol); *~ of words* woordevloed.

spath *(w.g.)* →SPAR² *n.*. **spath·ic** spatig, spaatagtig; ~ *ore* spaatystersteen, sideriet. **spath·ose** = SPATHIC.

spathe *(bot.)* bloei=, blomskede.

spa·tial, spa·cial ruimtelik, ruimte=; ~ *research* ruim(te)navorsing.

spa·ti·o·tem·po·ral *adj.*, **spa·ti·o·tem·po·ral·ly** *adv., (fis., filos.)* tydruimtelik.

spat·ter *n.* spatsel; gespat; gekletter. **spat·ter** *ww.* spat, bespat, bemors; beklad; spetter; *~ s.t. on ...,* ~ *... with s.t.* iets op ... spat; iets op ... laat spat. ~**dash** *n., (hist.)* beenbekleedsel, slobkous, oorkous; *(Am.)* grofspatpleister; →ROUGHCAST *n.*. ~**dash** *ww., (Am.)* grof=, grintspat; →ROUGHCAST *ww.*. ~ **finish** grofspat-afwerking.

spat·u·la spatel; tempermes; strykmes; slaplemmes; roerspaan. **spat·u·late** spatelvormig.

spav·in spat, swam *(by perde)*. **spav·ined** *adj., (ook fig.)* afgetakel(d).

spawl *n.* = SPALL *n.*.

spawn *n.* viseiers, kuit; padda-eiers; saad; gebroed=(sel). **spawn** *ww.* kuit skiet; voortbring, uitbroei; ~ *with ..., (w.g.)* wemel van ... ~ **season** broeityd *(v. visse)*.

spawn·er kuitvis.

spay steriliseer, regmaak, sny, onvrugbaar maak *('n vr. dier)*.

spa·za (shop) *(SA)* spaza(winkel), huiswinkel.

speak *spoke spoken* praat, spreek, die woord voer; ~ ***about*** ... oor ... praat; ~ ***against*** ... teen ... praat, jou teen ... uitspreek; ~ ***authoritatively*** met gesag praat; ***call*** *(up)on s.o. to ~* iem. aan die woord stel, iem. die woord gee; *be* ***called*** *(up)on to ~* die woord kry, aan die woord gestel word; *s.o.'s* ***conduct*** *~s him/her generous, (arg.)* iem. se gedrag toon sy/haar grootmoedigheid; ~ ***evenly*** rustig/bedaard praat; *it ~s* ***for*** *itself* dit spreek vanself *(of* is vanselfsprekend); *~* ***for*** *s.o.* namens iem. praat; vir iem. opkom; *it ~s* ***well for*** ... dit getuig/pleit vir ...; ~ ***for*** *yourself!* dit geld nie vir my nie; ***hardly*** ~ *(to each other)* skaars met mekaar praat; ~ ***highly*** *of ...* met lof van ... praat, hoog opgee oor/van ..., jou waarderend oor ... uitlaat; ~ ***like a book*** praat soos 'n boek; ~ ***low*** sag(gies) praat; ~ *one's* ***mind*** →MIND *n.;* ~ ***of*** ... van ... praat; *hear s.o. ~* ***of*** *s.t.* iem. van iets hoor praat; ... *is nothing to ~* ***of,*** *(infml.)* ... is niks besonders/noemenswaardigs *(of* nie [so] waffers *of* nie [juis] iets om van te praat) nie; ~ ***on*** *s.t.* oor iets praat *('n onderwerp)*; ~ ***out*** hard praat; padlangs/reguit praat, (reguit) sê wat jy dink, jou gevoelens lug; ~ ***out*** *against* ... jou uitspreek *(of* jou stem verhef *of* opkom) teen ...; ~ ***out*** *for ...* vir ... opkom; *the* ***photograph/etc.*** *~s* die foto/ens. is sprekend; ~ ***a ship,*** *(arg.)* 'n skip praai; ***so to*** ~ (om) so te sê, by wyse van spreke, om dit so uit te druk; ~ ***to*** *s.o.* met iem. praat; iem. aanspreek; iem. toespreek; *(infml.)* iem. vermaan; ~ ***to*** *s.o. about s.t.* met iem. oor iets praat; iem. oor iets aanspreek; ~ ***to*** *s.o. having done s.t.* (or *been somewhere), (fml.)* getuig dat iem. iets gedoen het *(of* êrens was); ~ ***to*** *s.t.* oor die iets praat *('n voorstel ens.)*; volgens iets praat *('n opdrag)*; *not know s.o. to ~* ***to*** iem. net van sien ken; ~ ***up*** harder praat; *(please)* ~ ***up!*** praat (asseblief) harder!; ~ ***up*** *against ...* teen ... opkom; ~ ***up*** *for ...* vir ... opkom; *s.t. ~s* ***volumes*** →VOLUME; ~ ***well*** *of ...* met lof van ... praat, gunstige dinge van ... sê, jou gunstig oor ... uitlaat; ~ ***well*** *of s.o., (ook)* goed van iem. praat. ~**easy** *(sl.)* skelmkroeg, sluikkroeg.

=**speak** *komb.vorm, (infml., dikw. neerh.)* =jargon, =taal; *computer~* rekenaarjargon.

speak·er spreker, spreekster; redevoerder, referent; luidspreker; →LOUDSPEAKER; *(parl.)* speaker *(in Engelssprekende lande)*, voorsitter *(in nie-Engelssprekende lande)*; ***call*** *(up)on a ~* 'n spreker aan die woord stel; *s.o. is a* ***good*** ~ iem. is 'n goeie spreker *(of* wel ter tale); *the ~s of a* ***language*** die taalgebruikers *(of* spraakmakende gemeenskap); ***Mr/Madam*** *S~, (parl., aanspreekvorm)* meneer/mevrou die Speaker; *a* ***polished*** ~ 'n gladde spreker; *~'s* ***stand*** rostrum. **speak·er·ship** speakerskap; speakersamp.

speak·ing *n.* (die) praat, spreek; *in a manner of ~* by wyse van spreke, (om) so te sê; *public ~* spreekkuns, redenaarskuns. **speak·ing** *adj.* sprekend, pratend; aan die woord; ***Abrahams/etc.*** *~, (telef.)* Abrahams/ens. hier; ~ ***at*** ... in 'n toespraak op ...; ***broadly*** ~ oor die algemeen; ***comparatively*** ~ betreklik; vergelykenderwys(e); ~ ***for*** *myself* wat my (aan)betref/aangaan; ***generally*** ~ oor die algemeen; ***legally*** ~ van 'n regstandpunt beskou; *a ~* ***likeness*** 'n sprekende gelykenis; 'n lewensgetroue beeld; ~ ***of*** *that* wat dít (aan)betref, daarvan gepraat, in verband daarmee; ***practically*** ~ prakties, in die praktyk; ***roughly*** ~ so min of meer; ***strictly*** ~ streng genome, na regte. ~ **acquaintance** oppervlakkige kennis/bekendheid. ~ **clock** praatklok, tydaankondiger, tydmelder. ~ **distance:** *within ~ ~* binne praatafstand. ~ **engagement** spreekbeurt. ~ **terms:** *we are not on ~ ~* ons praat nie met mekaar nie, ons is kwaaivriende. ~ **trumpet** *(hist.)* spreektrompet, roeper. ~ **tube** spreekbuis. ~ **voice** praat=, spreekstem.

-speak·ing *komb.vorm* =sprekend; *French-~ country* Franssprekende land.

spear *n.* spies, speer. **spear** *ww.* (met 'n spies) steek/deurboor, spies; opskiet, vinnig groei. ~**fish** *(Tetrapturus* spp.*)* speervis. ~ **fisherman** visjagter, spiesvisser. ~-**fishing** visjag, spiesvissery, spieshengel. ~ **grass** *(Heteropogon* spp.*)* assegaai=, pylgras. ~ **gun** vis=, spiesgeweer. ~**head** *n.* speer=, spiespunt; *(fig.)* wig, spits. ~**head** *ww.* aan die spits staan van. ~**man** =*men* speerdraer, =vegter, spiesdraer, =vegter. ~**mint** groenment, tuinment. ~-**shaped** spiesvormig. ~ **side** *(geneal.)* manlike kant/linie; vaderskant.

spear·ing spiesing.

spec¹ *n., (infml.)* spekulasie; →SPECULATION; *on ~* by wyse van spekulasie; op goeie geluk (af); *buy/etc. s.t. on ~* iets op spekulasie koop/ens..

spec² *n. (dikw. i.d. mv.), (infml.)* spesifikasie; →SPECIFICATION.

spe·cial *n.* ekstra trein; spesiale pas; ekstra blad; *(infml., han.)* spesiale aanbod/aanbieding; spesiale gereg. **special** *adj.* spesiaal, besonder, buitengewoon; ~ ***agent*** spesiale agent; *pay ~* ***attention*** *to s.o./s.t.* →ATTENTION; *need/require ~* ***care*** spesiale sorg verg *(of* nodig hê); *take ~* ***care*** besonder versigtig wees; besondere moeite doen; ~ ***case*** besondere geval; *(jur., ook stated case)* spesiale/gestelde saak, casusposisie; ~ ***character,*** *(rek.)* spesiale teken; ~ ***constable*** spesiale konstabel; ~ ***correspondent*** spesiale korrespondent *(v. 'n koerant ens.)*; ~ ***delivery*** spesiale aflewering; ~ ***drawing rights,*** *(int. fin., soms S~ D~ R~)* spesiale trekkingsregte; ~ ***edition*** ekstra blad, ekstra uitgawe, buitengewone/spesiale uitgawe, feesuitgawe; ~ ***education*** spesiale onderwys; ~ ***effects,*** *(filmk.)* spesiale effekte; ~ ***entry,*** *(jur.)* spesiale aantekening; ~ ***forces*** spesiale troepe; *have a ~* ***interest*** *in s.t.* 'n besondere belangstelling in/vir iets hê; ~ ***interest group*** spesiale belangegroep; ~ ***licence*** spesiale lisensie; ~ ***meeting*** buitengewone vergadering; ~ ***needs*** spesiale behoeftes *(v. gestremdes ens.)*; ~ ***number*** ekstra nommer/uitgawe; ~ ***offer*** spesiale aanbod/aanbieding; *do/have/run a ~* ***offer*** *on s.t.* iets teen 'n spesiale prys aanbied; ~ ***pleading*** drogredenering, sofistery, spitsvondigheid; ~ ***school*** spesiale skool; *S~* ***Service Battalion*** Spesiale Diensbataljon; *be* ***something*** ~ iets besonders wees. ~ ***steel*** edelstaal; ~ ***train*** ekstra trein. ~-**care** *adj. (attr.)* spesialesorg=; ~ *baby unit* spesialesorg-babaeenheid; ~ *unit* spesialesorgeenheid. ~-**purpose vehicle** eendoelvoertuig.

spe·cial·ise, =**ize** spesialiseer; wysig, beperk; differensieer, onderskei; *~ in ...* spesialiseer in ...; jou op ... toelê; 'n (besondere) studie van ... maak; *~d knowledge* besondere kennis; vakkennis, deskundige/vakkundige kennis. **spe·cial·i·sa·tion,** =**za·tion** spesialisasie.

spe·cial·ism spesialisme.

spe·cial·ist spesialis, vakman, vakkundige. ~ **staff** spesialispersoneel.

spe·ci·al·i·ty *(kookk. ens.)* spesialiteit; vakgebied; besonderheid.

spe·cial·ly spesiaal, besonderlik; uitdruklik.

spe·cial·ty *(jur.)* verseëlde akte; *(med.)* spesialisasie, spesialisgebied; *(Am.)* →SPECIALITY.

spe·ci·a·tion *(biol.)* soortvorming; →SPECIES.

spe·cie spesie, (klinkende) munt, muntgeld *(teenoor papiergeld)*, gemunte goud *(teenoor staafgoud)*; *in ~* in klinkende munt.

spe·cies *(fungeer as ekv. of mv.), (biol.)* soort, spesie(s);

a ~ of animal/plant 'n diersoort/plantsoort; *an endangered* (or *a threatened*) ~ 'n bedreigde/kwynende/uitsterwende/verdwynende soort/spesie; *an extinct* ~ 'n uitgestorwe soort/spesie. ~ **name** *(biol.)* soortnaam.

spe·ci·fi·a·ble →SPECIFY.

spe·cif·ic *n.* spesifieke middel, spesifikum. **spe·cif·ic** *adj.* uitdruklik, bepaald, besonder, spesifiek; soortlik; *have no ~ **aim*** geen bepaalde doel hê nie; *~ **cause**, (med.)* spesifieke oorsaak *(v. 'n siekte)*; *~ **conductivity*** →CONDUCTIVITY; *~ **curvature*** gemiddelde kromming; *~ **gravity*** →GRAVITY; *~ **heat/pressure/volume**, (fis.)* soortlike warmte/druk/volume; *~ **heat capacity**, (fis.)* soortlike/spesifieke warmtekapasiteit; *~ **intent*** besondere opset; *~ **medicine*** spesifieke geneesmiddel; *be **more*** ~ iets presieser stel/beskryf/beskrywe; *~ **name**, (biol.)* soortnaam; *~ **performance**, (jur.)* spesifieke nakoming, reële eksekusie; *s.t. is ~ **to** ...* iets is kenmerkend vir ...; *..., **to be** ~ ...,* om presies te wees. **spe·cif·i·cal·ly** bepaaldelik, uitdruklik, spesifiek, met name, meer bepaald (*of* in die besonder). **spec·i·fic·i·ty** spesifieke hoedanigheid, spesifisiteit. **spe·cif·ic·ness** uitdruklikheid.

spec·i·fi·ca·tion spesifikasie, (noukeurige) opgawe; *(i.d. mv.), (ook, bouk.)* bestek; *to s.o.'s ~s, (ook)* volgens iem. se opdrag.

spec·i·fy spesifiseer, in besonderhede noem/vermeld/aangee; aanwys; opgee; *as specified above* soos hierbo (*of* hier bo) omskryf/aangegee/genoem/vermeld; *specified area* aangewese gebied; *unless otherwise specified* tensy anders aangedui/vermeld/genoem/gespesifiseer. **spec·i·fi·a·ble** te spesifiseer.

spec·i·men monster, proef, toetsstuk, proefstuk, spesimen; staaltjie, voorbeeld; *(biol.)* eksemplaar; *collect ~s* plante/natuurvoorwerpe/ens. versamel; *what a ~!, (infml.)* wat 'n vent!; wat 'n spektakel!. ~ **answer** modelantwoord. ~ **box**, ~ **tin** botaniseertrommel. ~ **copy** proefnommer, =eksemplaar. ~ **page** proefblad. ~ **signature** proefhandtekening.

spe·cious skoonklinkend, =skynend, plousibel; (misleidend) bevallig; *~ argument, (ook)* drogrede, valse argument. **spe·ci·os·i·ty** skoonklinkendheid, =skynendheid, plousibiliteit. **spe·cious·ly** met 'n skyn van waarheid. **spe·cious·ness** = SPECIOSITY.

speck[1] *n.* stippel, spikkel, kolletjie; stukkie, deeltjie; spatseltjie; vlekkie. **speck** *ww.* (be)spikkel.

speck[2] *(Am.)*, **spek** *(Afr.) n.* vet vleis; (vark)spek; *(hist.)* seekoei=, walvisspek, robbespek.

speck·le *n.* spikkel, vlekkie. **speck·le** *ww.* (be)spikkel. ~ **virus** spikkelvirus.

speck·led gespikkel(d), bont, skilder; bespikkeld; *~ bean* skilderboontjie.

specs *n. (mv., infml.)* bril; →SPECTACLE.

spec·ta·cle skouspel, toneel, vertoning; kykspel, spektakel; *(ook, i.d. mv.)* 'n bril; ***dark** ~s* 'n donker bril; ***make** a ~ of o.s.* jou verspot gedra; jou verspot aantrek; *a **pair** of ~s* 'n bril; *(kr., infml.)* 'n dubbele nul; *two **pairs** of ~s* twee brille; ***put on** ~s* 'n bril opsit; *see/view* (or *look at*) *s.t. through **rose-coloured** ~s* →ROSE-COLOURED; *s.o. **wears** ~s* iem. dra ('n) bril, iem. bril. ~ **case** brilhuisie, bril(le)doos. ~ **frame** brilraam. ~ **maker** brilmaker, =slyper.

spec·ta·cled bebril(d), gebril(d), met 'n bril; bril=; *~ bear* brilbeer; *~ cobra* brilslang; *~ weaver* brilwewer.

spec·tac·u·lar pragtig, skitterend; skouspelagtig, kykspelagtig, spektakulêr; opvallend, opsienbarend; toneelmatig; *~ play* kykstuk, =spel; skitterende spel.

spec·tate *ww.* ('n) toeskouer wees, na die/'n wedstryd kyk.

spec·ta·tor toeskouer, aanskouer, toekyker; *be a ~ at ...* ... bywoon *(wedstryd ens.)*. ~ **sport** kyksport.

spec·tre, *(Am.)* **spec·ter** spook(gedaante), gees(verskyning), skim, gedaante, spookbeeld, =gestalte; skrikbeeld *(v. 'n kernoorlog ens.)*. **spec·tral** spookagtig, spook=; *(fis. ens.)* spektraal, van die spektrum; *~ analysis* spektrum(-)analise; *~ colour* spektrale kleur; *~ image* newelbeeld; *~ line* spektrumlyn.

spec·tro= *komb.vorm* spektro=. ~**chemistry** spektrochemie. ~**gram** spektrogram; *(sound)* ~ stemspektrogram, stemgram. ~**heliograph** spektroheliograaf. ~**helioscope** spektrohelioskoop.

spec·tro·graph spektrograaf. **spec·tro·graph·ic** spektrografies. **spec·trog·ra·phy** spektrografie.

spec·trom·e·ter spektrometer. **spec·tro·met·ric** spektrometries. **spec·trom·e·try** spektrometrie.

spec·tro·pho·tom·e·ter spektrofotometer. **spec·tro·pho·to·met·ric** spektrofotometries. **spec·tro·pho·tom·e·try** spektrofotometrie.

spec·tro·scope spektroskoop. **spec·tro·scop·ic**, **spec·tro·scop·i·cal** spektroskopies. **spec·tros·co·pist** spektroskopis. **spec·tros·co·py** spektroskopie.

spec·trum *spectra* spektrum; kleurskifting; kleurebeeld. ~ **analyser** spektrum(-)analiseerder, spektrum(-)ontleder. ~ **analysis** spektrum(-)analise. ~ **colour** spektrumkleur.

spec·u·lar spieël=, soos 'n spieël; *~ iron (ore), specularite, (min.)* spekulariet; *~ surface* spieëlvlak.

spec·u·late bepeins, bereken, uitreken; gis, gissings maak; spekuleer; *~ about/on/upon ...* oor ... bespiegel *(d. aard v.d. heelal ens.)*; oor ... gis *(kanse ens.)*; *~ in ...* met ... spekuleer *(goudaandele ens.)*. **spec·u·la·tion** (be)peinsing, oorpeinsing; berekening; gegis, gissing(s); bespiegeling, spekulasie; spekulasie, onsekere onderneming; ***bear** ~* daalspekulasie; ***bull** ~* stygspekulasie; ***on** ~* by wyse van spekulasie; *buy **on** ~* op spekulasie koop. **spec·u·la·tive** bespiegelend, beskou(e)lik, teoreties; spekulatief, onseker, riskant; *~ builder* spekulasiebouer. **spec·u·la·tor** teoretikus, bespiegelaar; spekulant.

spec·u·lum =*ula*, =*ulums* dokterspieël; *(med.)* tregter; (metaal)spieël; →SPECULAR. ~ **metal** *(koper-tin-legering)* spieëlmetaal, spekulummetaal.

sped →SPEED *ww.*.

speech spraak, taal; toespraak, rede(voering), *(sl., skerts.)* spiets; uitlating; *~, ~!* aan die woord!; ***after-dinner** ~* →AFTER-DINNER; ***colloquial/everyday** ~* omgangstaal, gewone/alledaagse taal/spraakgebruik; ***deliver/give/make** a ~* 'n toespraak hou/afsteek/lewer; ***direct** ~, (gram.)* die direkte rede; ***figure** of ~* →FIGURE *n.*; *s.o. **found** ~* iem. het sy/haar spraak teruggekry; ***free** ~, **freedom** of ~* die vrye woord, vryheid van spraak; ***have** ~ with s.o., (arg.)* met iem. praat/spreek (*of* 'n gesprek voer); ***indirect** ~, (gram.)* die indirekte rede; *s.o.'s **maiden** ~, (parl. ens.)* iem. se nuwelings=/intreetoespraak; ***manner** of ~* spreektrant, =wyse; ***parts** of ~, (gram.)* rededele, woordsoorte; *lose the **power** of ~* jou spraak verloor; *a **set** ~* 'n voorbereide toespraak; *a **short** ~* 'n toespraakie; *~ **is silver**, silence is gold(en), (idm.)* spreek is silwer, swye is goud; *s.o.'s ~ is **slurred*** iem. praat sleeptong, iem. se tong sleep, iem. sleep met sy/haar tong; *a ~ of **thanks*** →THANKS; ***thick** ~* belemmerde spraak; *be **thick** of ~* swaar van tong wees; *the ~ from the **throne*** →THRONE *n.*; *a ~ **to** ...* 'n toespraak voor ...; *a **turn** of ~* 'n segswyse/spraakwending. ~ **act** *(filos., taalk.)* taaldaad, =handeling. ~ **centre** spraaksentrum *(i.d. brein)*. ~ **chorus** spreekkoor. ~ **community** taalgroep, =gemeenskap. ~**craft** spraakleer, spreekkuns. ~ **day** prys(uitdelings)dag. ~ **defect** spraakgebrek, =stoornis. ~ **impediment** spraakgebrek, =belemmering. ~ **island** taaleiland. ~ **lesson** spreekles. ~ **maker** spreker, redenaar, redevoerder. ~~**making** redenaarskuns; oreerdery. ~-**reading** liplees. ~ **recognition** *(rek.)* spraakherkenning. ~ **sound** *(taalk.)* spraakklank; *(telef.)* spraakgeluid. ~ **synthesizer** *(rek.)* spraaksintetiseerder. ~ **therapist** spraakterapeut. ~ **therapy** spraakheelkunde, =terapie. ~ **training** spreekles(se), =onderrig, =oefening; spraakopleiding, =leer. ~ **usage** spraakgebruik. ~ **writer** toespraakskrywer.

speech·i·fy oreer, 'n toespraak afsteek.

speech·less sprakeloos; stom, spraakloos; *in ~ **amazement*** in stomme verbasing; ***be** ~* spraakloos/sprakeloos wees, met die mond vol tande staan; ***render** s.o. ~* iem. verstom; *be ~ **with** ...* spraakloos/sprakeloos wees van ... *(verbasing ens.)*. **speech·less·ness** sprakeloosheid; stomheid, spraakloosheid.

speed *n.* snelheid, vaart; vinnigheid, vlugheid; versnelling; spoed, haas; gang *(v. 'n ratkas)*; *(dwelmsl.)* amfetamien; *do s.t. with **all** ~* iets in aller yl doen; ***at** ~* in die vaart; ***at** a ~ of ...* met 'n snelheid van ... *(km/h)*; in 'n tempo van ... *(lopies per boulbeurt)*; *drive **at** ~* vinnig/hard ry; *at a **breakneck** ~* met 'n dolle/rasende/vlieënde/woeste vaart; *three ~s **forward**, (mot. ens.)* drie gange/versnellings vorentoe; *(at) **full** ~* →FULL SPEED; ***gather*** (or ***pick up***) *~* vaart kry, versnel; ***good** ~!* alle voorspoed/heil!; *do s.t. at **great/high** ~* iets baie vinnig doen; iets in aller yl doen; *(the) more **haste** (the) less ~* →HASTE *n.*; *a **high** ~* 'n hoë snelheid; *at a **high** ~* met 'n groot snelheid, baie vinnig; *a **low** ~* 'n lae snelheid; *~ of **reaction*** reaksiesnelheid; ***reduce/slacken** ~* jou snelheid/vaart verminder, stadiger ry/ens.; *at **top** ~* so vinnig (as) moontlik; *s.o. has a fine/good **turn** of ~* iem. het vaart, iem. beskik oor vaart, iem. kan vinnig hardloop/ry. **speed** *sped/speeded sped/speeded, ww.* snel, spoed, ja(ag); gou maak; bevorder; *('n motoris)* te vinnig ry; *('n motor)* versnel; *~ **along*** voortsnel, =jaag; *~ **an arrow**, (poët., liter.)* 'n pyl afskiet; *~ **away/off*** wegjaag, vinnig wegry; ***God** ~ you!, (arg.)* Gods beste seën!; ***how** have you sped?, (arg.)* hoe het jy gevaar?; *~ **on*** voortsnel; *~ **up*** vinniger ry; *~ s.t. **up*** iets bespoedig/verhaas/versnel; →SPEED-UP *n.*. ~**ball** *(dwelmsl.)* kokaheroïen-mengsel, mengsel van kokaïen en heroïen; *(boks)* spoedbal; *(Am.)* handsokker. ~**boat** snelboot. ~**boating** snelbootvaart. ~ **box** = GEARBOX. ~ **bump**, ~ **hump** spoedbult, =hobbel. ~ **cop** *(infml.)* verkeerskonstabel. ~ **gear** spoedrat. ~ **indicator** vaartmeter, snelheidsmeter. ~ **limit** snelheidsgrens, =perk, snelperk; *exceed the ~ ~* →EXCEED. ~ **limitation**, ~ **restriction** snelheidsbeperking. ~ **merchant** *(infml.)* jaagduiwel. ~ **nut** snelmoer. ~ **range** snelheidsbereik. ~ **reading** snellees. ~ **reduction** vaartvermindering. ~ **skater** snelskaatser. ~ **skating** snelskaats. ~ **trap** snelstrik, spoed(lok)val, jaagstrik. ~ **trapping** spoedbetrapping. ~ **trial** snelheidstoets. ~-**up** *n.* bespoediging, versnelling. ~**way** snelweg; (motor)renbaan, jaagbaan. ~**well** *(bot.: Veronica spp.)* ereprys. ~ **wobble** vaartrukking(s).

speed·er aanjaer; jaagduiwel, (snel)jaer.

speed·ing voortsnelling; jaery.

speed·o =*os, (infml.)* = SPEEDOMETER.

speed·om·e·ter snelheidsmeter; kilometerteller, mylmeter, =teller. ~ **reading** kilometerstand, mylestand.

speed·ster (snel)jaer, jaagduiwel; jaagmotor.

speed·y spoedig; snel, vinnig; haastig; *~ cut(ting)* aankapwond *(aan 'n perd se been)*; *~ recovery* spoedige herstel. **speed·i·ness** snelheid, vinnigheid.

spek·boom *(Afr., bot.: Portulacaria afra)* spekboom.

spe·l(a)e·ol·o·gy spelonkkunde, speleologie. **spe·l(a)e·o·log·i·cal** spelonkkundig, speleologies. **spe·l(a)e·ol·o·gist** spelonkondersoeker, spelonkkundige, speleoloog.

spell[1] *n.* towerspreuk, =formule; bekoring, betowering; aantrekkingskrag; ***break** the ~* die betowering verbreek; ***cast/put** a ~ on s.o.* iem. betower; ***fall** under the ~ of ...* deur ... betower word, onder die bekoring van ... kom; ***lay** s.o. under a ~* iem. betower; ***under the ~** of ...* onder die bekoring/ban van ... ~**bind** *ww.* betower, fassineer. ~**binder** boeiende redenaar, hipnotiese spreker, spreker honderd. ~**binding** boeiend, pakkend, fassinerend; betowerend; verruklik, bekoorlik. ~**bound** *adj. (volt.dw.)* betower(d), verruk, in verrukking; *hold s.o. ~ with one's stories* iem. verluister hom/haar aan jou stories.

spell[2] *spelt/spelled spelt/spelled, ww.* spel; (voor)spel, beteken; →SPELLING; *s.t. ~s ... for s.o.* iets beteken ... vir iem.; *~ s.t. out* iets uitspel; iets uitstippel. ~**check** *n., (rek.)* spel(ling)kontrole, speltoets. ~**check** *ww.* die spelling (van ...) kontroleer/nagaan/toets. ~**checker, spelling checker** *(rek.)* speltoetser, spellingkontroleerder, spelkontroleprogram. **spell·er** speller; spelboek, ABC-boek; spelwoord.

spell[3] *n.* poos, tyd(jie), ruk(kie); beurt; (diens)beurt; ***at** a ~* sonder onderbreking; *a **cold** ~* 'n skielike koue; ***for** a ~* 'n ruk/tyd lank; ***take** a ~ at s.t.* 'n ruk lank iets doen; ***take** ~s at s.t.* iets om die beurt doen. **spell** *ww.* aflos; beurte neem/maak.

spel·ling spelling; spelwyse, spelvorm, skryfwyse. ~ **bee,** ~ **match** spelwedstryd. ~ **book** spelboek. ~ **checker** *(rek.)* →SPELLCHECKER. ~ **error,** ~ **mistake** spelfout. ~ **list** spellys. ~ **pronunciation** spellinguitspraak. ~ **reform** spellinghervorming. ~ **rule** spelreël. ~ **system** skryfwyse, spellingstelsel.

spelt[1], **spelled** *ww. (verl.t. & volt.dw.)* →SPELL[2] *ww.*.

spelt[2] *n., (soort koring)* spelt.

spel·ter staaf=, handelsink, spelter. ~ **(solder)** harde soldeersel.

spe·lunk·er *(hoofs. Am.)* spelonk-ondersoeker, spelonker. **spe·lunk·ing** spelonkery.

spence *(arg.)* spens, dispens.

spen·cer spencer, langmoufrokkie; *(hist.)* jakkie.

spend *spent spent* uitgee; bestee; spandeer; verteer; verkwis, deurbring; →SPENT *adj. & ww.; candles ~ fast in the draught* in die trek brand kerse gou uit; ~ ***everything,*** *(ook)* alles opleef; ~ ***freely*** kwistig wees met geld; *s.t. ~s **itself,** ('n storm ens.)* iets woed hom uit; *(iem. se kwaai bui ens.)* iets is oor; ~ *one's **life*** jou lewe slyt; ~ ***money*** *like water* →MONEY *n.;* ~ *the **night*** →NIGHT; ~ *money **on** s.t.* geld aan iets bestee/uitgee/spandeer; ~ *a **penny*** →PENNY; *how do you ~ your **time?*** hoe bring jy jou tyd deur?. **~thrift** *n.* deurbringer, verkwister, verspiller. **~thrift** *adj.* deurbringerig, verkwisterig, verkwistend.

spend·er spandeerder; verkwister.

spend·ing uitgee, besteding *(v. geld);* spandeer(dery); uitputting. ~ **money** sakgeld. ~ **power** koopkrag. ~ **spree** kooptog, =jol, =ekspedisie; *go on a ~ ~* die koopgier kry, jou kooplus bevredig, uiting aan jou kooplus gee; wild begin geld uitgee.

spent *adj. & ww. (verl.t. & volt.dw.): s.o.'s **ammunition** is (all)* ~ iem. se skietgoed is op; *a ~ **bullet*** →BULLET; ~ ***cartridge*** →CARTRIDGE; *s.o. is a ~ **force*** →FORCE[1] *n.;* ~ ***herring,*** *(wat pas kuit geskiet het)* yl haring; *a ~ **match*** →MATCH[2] *n.; s.o. ~ much **money/time** on it* iem. het baie geld/tyd daaraan bestee (*of* daarvoor gebruik); ***s.o.*** *is* ~ iem. is uitgeput/gedaan/kapot; *the **storm** is ~* →STORM *n.*.

sperm saad, sperma; saaddiertjie; saad, oorsprong; spermaceti. ~ **bank** sperm=, saadbank. ~ **(candle)** spermaceti-kers. ~ **cell** saadsel. ~ **count** sperm=, saadtelling. ~ **(oil)** spermolie, spermaceti-olie. ~ **whale** potvis, spermaceti-walvis; *dwarf ~ ~, (Kogia simus)* miniatuurpotvis; *pygmy ~ ~, (K. breviceps)* dwergpotvis.

sper·ma·ce·ti spermaceti. ~ **oil** sperm(aceti)-olie.

sper·ma·the·ca *=cae, (soöl.)* saadsakkie, spermateek, saadhouer.

sper·mat·ic *(soöl.)* saad=; ~ *cord* saadstring; ~ *fluid* saadvog, =vloeistof.

sper·mat·o·gen·e·sis *(biol.)* spermatogenese.

sper·mat·o·phyte *(bot.)* saadplant, spermatofiet.

sper·ma·to·zo·id, *(vero., w.g.)* **sper·ma·to·zo·oid** *n., (bot.)* spermatosoïed, saaddraad. **sper·ma·to·zo·al, sper·ma·to·zo·an, sper·ma·to·zo·ic** *adj.* spermatosoïes.

sper·ma·to·zo·on *=zoa, (soöl.)* saaddiertjie, spermatosoön, saadsel.

sper·mi·cide *n.* spermdoder. **sper·mi·ci·dal** *adj.* spermdodend.

spew opbring; ~ *s.t. out* iets uitspoeg/uitspu(ug).

Spey·er, *(Br.)* **Spires** *(D. stad a.d. Ryn)* Spiers.

sphag·num *(bot.)* veenmos.

sphal·er·ite *(min.)* (sink)blende, sfaleriet.

sphene *(min.)* titaniet, sfeen.

sphe·nog·ra·phy *(vero., w.g.)* wigskrif.

sphe·noid *n., (anat.)* sfenoïed, wigbeen. **sphe·noid** *adj.* wigvormig, sfenoïed; ~ *bone* wigbeen.

sphere *n.* bol, globe; bal; hemelliggaam; sfeer, (werk)kring; omgewing, gebied; terrein; ryk; omvang; ~ *of **action/labour/work*** arbeidsveld; ~ *of **influence*** invloedsfeer, magsgebied; ~ *of **interest*** belangesfeer; *take s.o. **out of** his/her* ~ iem. uit sy/haar omgewing verwyder. **sphere** *ww., (arg.)* sfeervormig maak, rond; hoog verhef. **=sphere** *komb.vorm* =sfeer; *bio~* biosfeer; *litho~* litosfeer; *strato~* stratosfeer. **spher·ic** *adj.* sferies; *(poët., liter.)* hemels, verhewe. **=spher·ic** *komb.=vorm* =sferies; *strato~* stratosferies. **spher·i·cal** bolvormig, bolrond, sferies; ~ ***aberration*** rondingsafwyking; ~ ***angle*** bolhoek, sferiese hoek; ~ ***bearing,*** *(meg.)* bollaer; ~ ***bush,*** *(meg.)* bolbus; ~ ***cover*** boldop; ~ ***surface*** bolvlak; ~ ***triangle*** boldriehoek; ~ ***trigonometry*** boldriehoeksmeting; ~ ***vault*** bolgewelf; ~ ***washer*** bolwaster. **sphe·ric·i·ty** bolvormigheid. **spher·ics** *n. (mv.), (afk. v.* atmospherics*)* radiosteurings, =storings; *(fungeer as ekv., geom.)* boldriehoeksmeting. **sphe·roid** *n.* sferoïed, afgeplatte bol. **sphe·roi·dal** *adj.* sferoïdaal. **sphe·rom·e·ter** rondingsmeter. **spher·ule** koeëltjie, bolletjie, klein bol.

sphinc·ter *(anat.)* sluit=, ringspier.

sphinx sfinks. **sphinx·like** sfinksagtig.

sphra·gis·tic *adj., (vero., w.g.)* seëlkundig. **sphra·gis·tics** *n. (fungeer as ekv.)* seëlkunde, sfragistiek.

sphyg·mic *(fisiol., w.g.)* pols=.

sphyg·mo= *komb.vorm, (med.)* sfigmo=, pols=. **~gram** sfigmogram, pols(golf)beeld. **~manometer** sfigmomanometer, bloeddrukmeter. **~meter** polsmeter, pulsimeter.

sphyg·mo·graph *(instrument wat d. polsslag registreer)* sfigmograaf, polsmeter. **sphyg·mog·ra·phy** sfigmografie.

spic, spick *n., (Am., neerh. sl.)* Spanjool.

spi·ca koringaar; *(med.)* koringaarverband, =windsel. **spi·cate** *(bot.)* aarvormig.

spic·ca·to *n., (It., mus.)* spiccato. **spic·ca·to** *adv.* spiccato, met springende (stryk)stok.

spice *n.* spesery(e); geur; smakie, sweempie; *(ook, i.d. mv.)* kruie, krui(d)ery; →SPICY; *add ~ to s.t.* iets krui(e); (aan) iets smaak gee; *the ~ of life* die pikante in die lewe. **spice** *ww.* krui(e), smaak gee aan; ~ *s.t. with ...* iets met ... krui(e). **S~ Islands** *(vero.)* Spesery-eilande; →MOLUCCAS.

spiced gekrui(d), gekrui(e); ~ *cake* kruiekoek, kruidkoek; ~ *salad* sambalslaai.

spic·er·y *(arg.)* speserye, krui(d)ery(e); kruiekas; krui(d)erigheid.

spick *n.* →SPIC.

spic(k)-and-span *adj.* piekfyn, agtermekaar, splinternuut; vlekloos, silwerskoon.

spic·ule *(soöl.)* puntjie, spits, naaldjie, sponsnaald. **spic·u·lar** skerp, puntig, naaldvormig. **spic·u·late** stekel(r)ig, gestekel(d).

spic·y speseryagtig, krui(d)erig, spesery=; gekrui(d); geurig, smaaklik; pittig, pikant, skerp; netjies, piekfyn; *(infml.)* gewaag(d), stout. **spic·i·ness** krui(d)erigheid; geurigheid, pittigheid; gewaagdheid.

spi·der spinnekop; *(hist. rytuig)* spa(a)ider; *(teg.)* ster; *(snoeker, biljart)* drievoet. ~ **crab** seespinnekop. ~ **flower** *(Cleome spinosa)* spinnekopblom, krulletjie. ~ **hunt** raagbol. **~man** *=men, (Br., infml.)* toringwerker. ~ **monkey** slinger=, spinaap. ~ **plant** *(Chlorophytum comosum)* hen-en-kuikens, hen-met-kuikens. ~ **spring** sterveer. **~'s web,** ~ **web** spinnerak. ~ **weight** *(boks)* spinnekopgewig.

spi·der·like spinnekopagtig.

spi·der·y *adj.* spinnekop=; spinnekopagtig; spinnerakagtig; vol spinnerakke; wat krioel/wemel van die spinnekoppe *(pred.);* ~ *hand/writing* krapperige (hand)skrif, krapskrif(fie); ~ *legs* spinnekopbene, =beentjies, kieriebene, =beentjies.

spie·gel(·ei·sen), spie·gel (i·ron) *(<D.)* spieëlyster, mangaanyster.

spiel *n., (infml.)* relaas, storie, verhaal; lang verduideliking; stortvloed van woorde, woordestroom, =vloed.

spiff: ~ *s.t. up, (infml.)* iets opdollie. **spif·fy, spif·fing** *(infml.)* deftig; uitstekend.

spif·(f)li·cate *(infml., skerts.)* ransel, kafloop, disnis (*of* vier stewels in die lug) slaan.

spig·ot prop; pen, tap, swik; *(Am.)* kraan.

spik *n.* →SPIC.

spike[1] *n.* skerp punt; (lang) spyker; priem; (grond)pen; (helm)spits; prikkel; piek *(in 'n grafiek); (running) ~s* spykerskoene. **spike** *ww.* vasspyker, (vas)pen; spykers/penne inslaan; op die pen slaan; deursteek; verongeluk, torpedeer; *(infml.)* dokter *('n drankie);* ~ ***a gun,*** *(hist.)* 'n kanon vernael; ~ *s.o.'s **guns*** iem. droogsit; ~ *a **project*** van 'n plan afsien; ~ *a **rumour*** 'n gerug dooddruk. ~ **boot** klimstewel. ~ **box** spykerkas. ~ **harrow** tandeg. ~ **heel** spykerhak.

spike[2] *n.* (blom)aar; (mielie)kop.

spiked *adj.* spyker=; pennetjies=; ~ *club* spykerknuppel; ~ *drink* gedokterde drankie; ~ *hair* pennetjieshare; ~ *tyre* spykerband.

spike·let *(bot.)* aartjie, blompakkie.

spike·nard *(bot.)* nardus; nardus(olie).

spik·ing vaspenning; vernaeling; deursteking.

spik·y skerp, puntig, spits, spigtig; *(infml.)* prikkelbaar, liggeraak, kortgebaken(d), =gebaker(d). **spik·i·ness** spitsheid, skerpheid, puntigheid; *(infml.)* prikkelbaarheid, kortgebakerdheid.

spile *n.* houtpen, =prop; (hei)paal; sirkelstok. **spile** *ww.* 'n gat maak *(in 'n vat).* **spil·ing** paalwerk.

spill[1] *n.* storting; val; →SPILLAGE; *have/take a (nasty)* ~ (lelik) neerslaan/val. **spill** *spilt/spilled spilt/spilled, ww.* stort, mors, uitgooi; *('n perd)* afgooi *('n ruiter);* vergiet, uitstort *(bloed);* →SPILLER; ~ *the **beans*** →BEAN; *it is no use crying over spilt **milk*** →MILK *n.;* ~ ***out*** uitval; uitstort; uitstroom; ~ ***out** of the ...* uit die ... val/stort/stroom; ~ ***over** into ...* na ... oorloop. **~over** *n.* (die) oorloop; oorskot, surplus. **~way** uitloop(voor), oorloop.

spill[2] *n.* brandstokkie; opsteekpapiertjie.

spill·age stortsel; oorloop, uitloopverlies.

spill·er vergieter; ~ *of blood* bloedvergieter.

spil·li·kin splint(er), spaander; *(i.d. mv., fungeer as ekv.)* knibbelspel; →JACKSTRAWS.

spilt →SPILL[1] *ww.*.

spin *n.* (rond)draai; ritjie, toertjie; tolvlug; (rond)draaiing; wenteling; tolling; *(kr.)* draaiboulwerk, *(w.g.)* tolboulwerk; *be in a **flat*** ~, *(infml.)* die kluts kwyt wees, nie weet waar jy is nie *(fig.),* in 'n ligte paniek wees; ***go for*** (*or **take***) *a* ~, *(infml.)* ('n entjie) gaan ry; ***go into** a* ~, *('n vliegtuig)* begin tol; ***go into** a flat* ~ →FLAT SPIN; ***put** ~ on a ball* 'n bal laat draai/tol; *the wicket **takes*** ~, *(kr.)* die kolfblad laat die bal draai. **spin** *=nn=, spun spun, ww.* spin; laat draai; wentel; tol, in die rondte draai; tol(vlieg); →SPINNER, SPINNING, SPUN; ~ *the **ball,** (kr.)* draaiballe boul; *the **blow** sent s.o. ~ning* die slag het iem. in die rondte laat draai/tol; ~ *a **coin*** →COIN *n.; s.t. makes s.o.'s **head*** ~ →S.T. MAKES S.O.'S **HEAD** REEL/SPIN; ~ ***like** a top* rondomtalie draai; ~ ***out** s.t.* iets uitspin; iets (lank) uitrek *('n storie ens.);* ~ ***out** a team, (kr.)* 'n span met draaiballe uithaal; ~ ***round*** in die rondte draai; ~ *a **yarn*** →YARN *n.*. ~ **(ball)** *(kr.)* draaibal. ~ **bowler** *(kr.)* draaibouler. ~ **bowling** *(kr.)* draaiboulwerk. ~ **doctor** *(infml.: woordvoerder wat vir d. "regte" boodskap a.d. wêreld sorg)* beeldpoetser, kopdraaier, woordtowenaar. **~-dry** *-dries -drying -dried, ww.* wentel=, toldroog. **~-dryer, ~-drier** wentel=, toldroër. **~-off:** *a ~ from ...* 'n byvoordeel by ...; 'n nuwe produk van ...

spi·na bi·fi·da *(Lat., med.: kongenitale spleet, gew. i.d. onderste gedeelte v.d. werwelkolom)* spina bifida.

spin·a·ceous spinasieagtig.

spin·ach spinasie. ~ **beet** sny=, blaarbeet.

spi·nal van die ruggraat, ruggraat=; ~ ***bulb*** breinstam, verlengde rugmurg; ~ ***canal*** rugmurgkanaal; ~ ***caries*** rugtering, ruggraatkariës, spinale kariës; ~ ***column*** ruggraat, =string, werwelkolom; ~ ***cord*** rugmurg; ~ ***curvature*** ruggraats(ver)kromming; ~ ***meningitis*** rugmurgvliesontsteking; ~ ***nerve*** rugmurgsenu(wee); ~ ***tap*** = LUMBAR PUNCTURE.

spi·nate *(vero., w.g.)* met 'n ruggraat; doringvormig.

spin·dle *n.* spoel; spil, as; spinspil; *(tekst.)* spindel; *on the ~ side, (geneal.)* in die vroulike linie. **spin·dle** *ww., (w.g.)* lank en skraal opgroei/wees; spits oploop. ~ **bearing** spillaer. ~ **bracket** spilsteun. ~ **chair** tolletjiestoel. ~ **head** spilkop. **~-legged,** *(vero.)* **~-shanked** met speekbene, speekbeen=. ~ **oil** masjienolie. **~shanks** *n. (mv.), (vero.)* speekbene; *(fungeer as ekv.)* prikkebeen, iem. met speekbene. ~**-shaped** spoelvormig. ~ **tree** *(Euonymus* spp.*)* papemus. **spin·dling** *n.* spigtige plant/dier. **spin·dling, spin·dly** *adj.* spigtig; ~ *legs* speekbene, spykerbeentjies.

spin·drift, spoon·drift waaiskuim; waaisneeu.

spine ruggraat, rugstring, werwelkolom; rug *(v. 'n boek);* doring, stekel, pen; lawanaald; doringuitsteeksel; →SPINATE. ~**-chiller** riller; ril(ler)boek, =roman; ril(ler)storie, =verhaal; ril(ler)fliek, =prent; ril(ler)drama, =stuk; ril(ler)video; ens.. ~**-chilling** skrik=, angs=, ysingwekkend.

spi·nel *(min.)* spinel.

spine·less sonder ruggraat; pap, slap, slaprug, papbroek(er)ig; doringloos; ~ *cactus* kaalblaar=, kaalbladturksvy. **spine·less·ness** papheid, slapheid, papbroek(er)igheid.

spin·et *(mus.)* spinet.

spi·nif·er·ous *(hoofs. bot.)*, **spi·nig·er·ous** *(hoofs. soöl.)*, *(vero., w.g.)* doringrig, stekel(r)ig, gestekel(d).

spin·i·form *(biol., vero., w.g.)* doring=, stekelvormig.

spi·nig·er·ous →SPINIFEROUS.

spin·na·ker *(seilvaart)* spinnaker, bolseil.

spin·ner spinner; spinorgaan; spinmasjien; *(kr.)* draaibal; *(kr.)* draaibouler; draaibord; skroefnaafdop, =kap, toldop; *(hengelary)* lepel; ~*'s type of wool* spinwol. **spin·ner·et** *(soöl.)* spinorgaan, =klier, =tepel, spinnertjie; *(tekst.)* spindop.

spin·ney =*neys*, **spin·ny** =*nies*, *(Br.)* klein bos, woudjie; kreupelbos; klompie bome; klein plantasie.

spin·ning spinnery, spinwerk; spinsel; tolling, (rond)draaiing; tolvlieg, =vlug(te); spinning, toltrap *(b.d. gim).* ~ **count** spintelling. ~ **frame** spinmasjien. ~ **gland** spinklier. ~ **house** spinhuis. ~ **jenny** *(hist.)* spinmasjien. ~ **machine** spinmasjien. ~ **mill** spinnery, spinfabriek. ~ **quality** spingehalte. ~ **top** draaitol. ~ **wheel** spin(ne)wiel.

spi·nose, spi·nose, spi·nous *(bot., soöl.)* doringrig, vol dorings, stekel(r)ig, gestekel(d); doringagtig, stekelagtig; *(fig.)* netelig, moeilik, lastig; *spinous process* doringuitsteeksel. **spi·nos·i·ty** doringrigheid, stekel(r)igheid.

spin·ster ongetroude vrou/meisie, *(fml.)* vrygesellin, *(dikw. neerh.)* oujongnooi; *(vero.)* spinster, spinnende vrou; ~ *of this parish, (vero. of skerts.)* jongedogter van hierdie gemeente. **spin·ster·hood** ongehude staat. **spin·ster·ish** oujongnooiagtig.

spin·tha·ri·scope *(fis.)* spintariskoop.

spi·nule, *(Lat.)* **spi·nu·la** *(bot., soöl.)* dorinkie.

spin·y =*ier* =*iest* doringrig, vol dorings; gestekel(d), stekel(r)ig; moeilik, lastig. ~ **cassinopsis** *(bot.: Cassinopsis ilicifolia)* lemoen(tjie)doring. ~ **dogfish** *(Squalus* spp.*)* pen=, doring=, stekelhaai. ~ **mouse** *(Acomys* spp.*)* stekelmuis. ~ **rock lobster** *(Jasus lalandii)* (see)kreef; →CRAYFISH.

spir·a·cle *(soöl.)* luggaatjie, =opening, asemhalingsopening, spirakel.

spi·ral *n.* spiraal, skroefvorm, spiraallyn. **spi·ral** *adj.* spiraalvormig, spiraalsgewys(e); skroefvormig; ~ ***bandage*** spiraalwindsel; ~ ***bit*** spiraalboor; ~ ***chute/shute*** wentelgeut; ~ ***conveyor/conveyer/feeder*** wurm; ~ ***galaxy**, (astron.)* spiraalgalaksie, =galaktika; ~ ***gear/wheel*** spiraalrat; ~ ***hair*** kroes haar; ~ ***line*** krullyn; ~ ***nebula**, (astron.)* spiraalnewel; ~ ***spring*** spring=, spiraalveer; ~ ***staircase*** wentel=, spiraal=, slinger=, draaitrap; ~ ***turn*** spiraaltoer; ~ ***valve*** spiraalklep; ~ ***vault*** tregtergewelf; ~ ***wire*** spiraaldraad. **spi·ral** =*ll*=, *ww.* draai, (op)kronkel, krul, 'n spiraal vorm; (omhoog) wentel, skerp *(of* in 'n spiraal) styg; *s.t.* ~*s up, (rook ens.)* iets kring boontoe; *(pryse ens.)* iets styg al hoe hoër. **spi·ral·ly** spiraalsgewys(e), skroefsgewys(e).

spi·rant *(fonet.)* glyer, spirant.

spire[1] *n.* toringspits, (top van) kerktoring; top; spits punt. **spire** *ww., (w.g., dial.)* opskiet; 'n toring/punt opsit.

spire[2] *n.* spiraal, kronkeling. **spi·reme, spi·rem** *(fisiol.)* spireem.

Spires →SPEY·ER.

spi·ril·lum =*rilla* spiril, skroefbakterie.

spir·it *n.* gees; moed, lewenskrag, energie, geesdrif; opgeruimdheid; siel, inspirasie; aard; *(i.d. mv.), (ook)* sterkwater; sterk drank, spiritualieë; spiritus; stemming; *the* ~ *of the **age/time(s)*** die tydgees; ~*s of **ammonia*** = SAL VOLATILE; ***animal*** ~*s* lewenslus, lewendigheid, natuurlike opgewektheid; *the **animating*** ~ *of a movement* die siel van 'n beweging; *in a **cooperative/co-operative*** ~ in 'n gees van samewerking; ***damp(en)** s.o.'s* ~*s* iem. se geesdrif demp (*of* se stemming bederf); *there is a **dangerous** ~ abroad* daar heers 'n gevaarlike gees; ***enter** into the* ~ meedoen, jou by die stemming aanpas; ***evil*** ~ bose gees; ***exorcise** an evil* ~ 'n bose gees besweer/uitdryf/uitdrywe; ~ *of **falsehood*** leuengees; *the* ~ *is willing but the **flesh** is weak* die gees is gewillig, maar die vlees is swak; *be in **good*** ~*s* in 'n goeie bui (*of* 'n opgewekte stemming) wees; ***high*** ~*s* opgeruimdheid, opgewektheid, uitbundigheid, uitgelatenheid; *be in **high*** ~*s* opgeruimd/opgewek/uitbundig/uitgelate wees; *the **Holy** S~, (Chr. teol.)* die Heilige Gees; ***in*** ~, *(ook, arg.)* te moede; ***in** (the)* ~ in die gees; *be with s.o. **in** (the)* ~ in die gees (*of* jou gedagtes) by iem. wees; *in a* ~ *of* ... aangevuur deur ..., uit ... *(hulpvaardigheid ens.);* ***infuse*** ~ *into s.o.* iem. moed gee, iem. inspireer; ***keep up** one's* ~*s* moed hou; opgeruimd bly; ***killed*** ~*s* soldeersuur, sink(-)ammoniumchloried; *a **kindred*** ~ 'n geesverwant/geesgenoot; *they are **kindred*** ~*s* hulle is geesgenote/geesverwante; ***lack** of* ~ papheid, lamlendigheid; ***life** of the* ~ geesteslewe; *s.t. **lifts** s.o.'s* ~*s* iets beur iem. op; ***low*** ~*s* mismoedigheid, moedeloosheid, neerslagtigheid, terneergedruktheid, verslaen(t)heid; *be in **low/poor*** ~*s* mismoedig/moedeloos/neerslagtig/terneergedruk/verslae wees; ***methylated*** ~*(s)* →METHYLATE *ww.; the* ~ ***moves** s.o.* die gees pak iem. (*of* word oor iem. vaardig); ~*(s) of **nitre*** etielnitriet; ***pick up** one's* ~*s* (weer) moed skep; *be in **poor*** ~*s* →***low/poor; raise** s.o.'s* ~*s* iem. opbeur; ***rectified*** ~*(s)* →RECTIFY; *take s.t. in the **right*** ~ →***take;** s.o.'s* ~*s are **rising*** iem. skep weer moed; *the* ~ *in which s.t. is **said*** die gees waarin iets gesê word; ~*(s) of **salt**, (arg.)* soutsuur, soutgees, chloorwaterstofsuur; *in the **same*** ~ in dieselfde gees; *s.o.'s* ~ ***sinks*** iem. se moed begeef/begewe hom/haar; ***take** s.t. in the right/wrong* ~ iets reg/verkeerd (*of* in die regte/verkeerde gees) opneem/opvat; ***that's** the* ~*!, (infml.)* mooi so!; ~*(s) of **turpentine*** →TURPENTINE *n.;* ~ *of **victory*** wengees, oorwinningsgees; ~*(s) of **wine**, (arg.)* →**RECTIFIED SPIRIT**(S); ***with*** ~ vol vuur; *take s.t. in the **wrong*** ~ →***take.*** **spir·it** *ww., (arg.)* aanmoedig, aanvuur, opbeur; verlewendig; →SPIRITED; ~ *s.o. away/off* iem. heimlik wegvoer; ~ *s.t. away/off* iets laat verdwyn, iets verdonkermaan/wegtoor; ~ *s.o. up, (arg.)* iem. aanmoedig/besiel (*of* moed inpraat). ~ **gum** haargom. ~ **lamp** spirituslamp. ~ **level** (lugbel)waterpas. ~**(-level) tube** waterpasbuisie. ~ **rapper** *(infml.)* klopmedium, geesteklopper. ~ **rapping** *(infml.)* geestekloppery. ~ **ration** drankrantsoen. ~ **stain** spiritusvlek; spiritusbeits. ~ **stove** spiritusstoof, =stofie, snelkoker. ~ **varnish** wyngeesvernis. ~ **world** geesteryk. ~ **worship** geesteverering.

spir·it·ed vurig, opgewek, lewenslustig, lewendig, opgeruimd; moedig, vol gees.

spir·it·ism spiritisme; →SPIRITUALISM. **spir·it·ist** spiritis.

spir·it·less sonder gees, geesteloos, slap, bot, onlustig, lusteloos, dooierig, futloos, lamlendig, papbroek(e)r)ig, jansalieagtig; *a* ~ *fellow* 'n Jan Salie. **spir·it·less·ness** dooierigheid, futloosheid, lamlendigheid.

spir·i·tu·al *n.: (Negro)* ~, *(mus.: geestelike Afro-Am. volksliedjie)* (Negro) spiritual. **spir·it·u·al** *adj.* geestelik, onstoflik, geestes=; spiritueel; ~ *experience* sielservaring; ~ *heir* geesteskind; ~ *life* geesteslewe; geestelike lewe; ~ *trend* geestestroming; ~ *welfare* sieleheil. ~**-minded** geestelik aangelê. ~**-mindedness** geestelike aanleg.

spir·i·tu·al·ise, =**ize** verinnerlik, vergeestelik; verhef; besiel. **spir·i·tu·al·i·sa·tion,** =**za·tion** vergeesteliking, verinnerliking.

spir·i·tu·al·ism *(relig.: verbinding met gestorwenes)* spiritisme; *(filos.)* spiritualisme. **spir·it·u·al·ist** spiritis, geestesiener; *(filosoof)* spiritualis.

spir·i·tu·al·i·ty geestelikheid, geestelike aard; onstoflikheid, spiritualiteit.

spir·i·tu·el, *(vr.)* **spir·i·tu·elle** *(<Fr.)* verfynd, eteries; geestig, pittig.

spir·i·tu·ous *(fml., arg.)* geesryk, sterk, alkoholies; ~ *liquor* sterk/geesryke drank; ~ *liquors* spiritualieë. **spir·i·tu·os·i·ty, spir·i·tu·ous·ness** geesrykheid.

spi·ro·[1] *komb.vorm* spiro=. ~**ch(a)ete** spirocheet, spiraalvormige bakterie. ~**ch(a)etosis** spirochetose. ~**gyra** *(varswateralg)* paddakombers, =slyk, =slym.

spi·ro·[2] *komb.vorm* spiro=; ~*graph* spirograaf, asem(halings)meter; ~*meter* spirometer, asem(halings)meter.

spirt *n. & ww.* →SPURT *n. & ww.*.

spir·y[1] spits, skerppuntig.

spir·y[2] *(poët., liter.)* spiraalvormig.

spit[1] *n.* (braai)spit; landtong, =punt, haakwal, uitham. **spit** =*tt*=, *ww.* aan 'n spit steek, 'n spit steek deur; deurboor, deursteek, spies. ~**-roast(ed meat)** spitbraad. ~**-roast** *ww.* aan/op 'n spit braai, spitbraai.

spit[2] *n.* spoeg, spuug; *be the dead* ~ (or *the* ~ *and image*) *of* ..., *(infml.)* uitgedruk/uitgeknip ... wees, die ewebeeld van ... wees; ~ *and polish* poetswerk. **spit** =*tt*=, *spat/spit spat/spit, ww.* spoeg, spu(ug); →SPITTING; ~ ***blood*** →BLOOD *n.;* ~ ***on/upon*** ..., *(lett.)* op ... spoeg/spu(ug); *(fig.)* op ... spoeg/spu(ug), ... verag; ~ *s.t. **out*** iets uitspoeg/uitspu(ug); ~ ***it out!**, (infml.)* sê dit reguit!, (kom) uit daarmee!, kom vorendag (*of* voor die dag) daarmee!. ~**ball** *(Am.)* gekoude papierbol; *(bofbal: bal met spoeg aan een kant gesmeer)* spoegbal. ~ **box** kwispedoor, spoeg=, spu(ug)bak. ~ **curl** spuuglok, haarkrul *(o.d. voorkop/slape).* ~ **devil** *(fig.)* geitjie, rissie. ~**fire** *n.* kwaaikop, drifkop, heethoof, rissie, geitjie; kanon; woedende kat. ~**fire** *adj.* kwaai, driftig; woedend. **spit·ter** spuwer.

spitch·cock *n.* gebraaide paling. **spitch·cock** *ww.* in mootjies sny en braai.

spite *n.* wrok, haatlikheid, boos=, kwaadaardigheid, nyd, wrewel, rankune; *do s.t. **from*** (or ***out of***) ~ iets kwaadwillig (*of* uit nyd/wrok) doen; ***have** a* ~ *against s.o.* 'n wrok teen iem. hê/koester, iets teen iem. hê; ***in*** ~ *of* ... ten spyte (*of* in weerwil) van ..., ondanks/ongeag ...; ***in*** ~ *of o.s.* teen wil en dank; ***in*** ~ *of that/this* ten spyte daarvan, desondanks, desnieteenstaande, dit ten spyt; ***in*** ~ *of the fact that s.o. did it* al het iem. dit (ook) gedoen, hoewel/ofskoon/nieteenstaande iem. dit gedoen het. **spite** *ww.* vererg; terg, vermaak; dwarsboom; *cut off one's nose to* ~ *one's face* →NOSE *n.*. **spite·ful** haatlik, hatig, nydig, boosaardig, geniepsig, kwaadwillig, vermakerig, katterig; ~ *remark* haatlikheid; *be* ~ *towards s.o.* hatig wees op iem.. **spite·ful·ness** nydigheid, haatlikheid, hatigheid, geniepsigheid, katterigheid.

Spits·berg·en, Sval·bard *(Noorweegse eilandgroep)* Spitsberge.

spit·ting *n.* gespoeg, gespu(ug); spuwing; geproes *(v. 'n vergasser);* afspatting. **spit·ting** *adj.* spuwend; *black* ~ ***cobra**, (Naja nigricincta)* swart spoegkobra; *within a* ~ ***distance** of* ... 'n katspoegie van ... af; *be the* ~ ***image** of* →BE THE DEAD **SPIT** OF ...; ~ ***snake*** = RINKHALS.

spit·tle speeksel, spoeg, spuug. ~**bug** = FROGHOPPER.

spit·toon spoegbak, spu(ug)bak, kwispedoor; *(med.)* spoelfontein.

spitz (dog) spits(hond), keeshond; dwergkees; →POMERANIAN.

spitz·kool spitskool.

spiv *(Br. sl.)* sluikhandelaar, afsetter, opligter, bedrieër. **spiv·vish, spiv·vy** slinks, geslepe, onderduims, slu; windmaker(ig).

splanch·nic ingewands=, van die ingewande.

splash *n.* geplas, gespat, geplons; spat(sel); ~ *of colour* kleurspat; *make a* ~, *(fig.)* uithang, 'n groot vertoon maak; *make a* ~ *of s.t.* 'n ophef van (*of* 'n lawaai oor) iets maak, iets in groot letters druk *(i.d. pers).*

splash *ww.* plas, spat, plons; bespat, nat spat; klets; klots; in groot letters druk, 'n ophef maak van; *~ about* rondplas; *~ down* neerplons; *~ on ...* op ... spat; *~ out on s.t., (infml.)* baie geld aan iets uitgee; iets op groot skaal koop. **~back** spatplaat. **~ block** spatsteen. **~board** spatbord; keerplank; *(mot.)* instrument(e)bord. **~down** neerplonsing. **~ guard, ~ shield** spatskerm. **~ lubrication** spatsmering. **~ mark** spat(sel); *(verf)* kwasmerk. **~-proof** spatdig.

splash·er plasser; modderskerm; spatbord.

splash·y spatterig, bespat, modderig; opsienbarend, gerugmakend; windmaker(ig), piekfyn.

splat[1] dekstrook; ruglat.

splat[2] *n. & adv., (infml.)* kaplaks; *land with a ~ in the mud* kaplaks in die modder beland. **splat** *ww.* kaplaks.

splat·ter plas, spat, spetter. **~ movie** *(sl.)* bloedbespatte gruwelfliek.

splat·ter·dash *(Sk.)* geraas, lawaai, rumoer; grofspatwerk; →SPATTERDASH *n. (Am.)*.

splay *n.* skuinste; uitskuinsing. **splay** *adj.* plat; oopgesprei; na buite gekeer; lomp. **splay** *ww.* oopsprei; skuins maak/bou, uitskuins; *(veearts.)* verstuit, verswik, verrek; *~ s.t. back* iets terugskuins; *~ (back) a corner* 'n (straat)hoek afsny/(af)skuins/(af)rond; *~ s.t. out* iets uitsprei; iets oopvlek. **~ brick** skuinskantsteen. **~ ear** *(skaapmerk)* skuinsoor. **~foot** plat uitstaande voet, plat voet, eendepoot. **~footed** met uitstaande voete, platvoet. **~ knot** kloofkwas. **~ mouth** *(vero., w.g.)* wyd-oop mond, skewe mond.

splayed: *~ arch* tregterboog, uitgeskuinste boog; *~ brick* skuinskantsteen; *~ end* sprei-ent, geskuinste ent; *~ leg* uitstaanpoot; *~ toes* weglêtone.

splay·ing oopspreiding; uitskuinsing; afsnyding, (af)ronding *(v. hoeke)*.

spleen *(anat.)* milt; slegte luim, humeurigheid; *(fig., arg.)* miltsug; *(arg.)* swaarmoedigheid, neerslagtigheid, terneergedruktheid; *a fit of ~* 'n woedebui; *vent one's ~ against/on ...* gal braak/afgaan teen ...; jou ergernis teenoor ... lug. **~wort** *(bot.: Asplenium* spp.) miltkruid.

spleen·ful, *(w.g.)* **spleen·ish,** *(Sk., dial.)* **spleen·y** brommerig, gemelik; swaarmoedig, neerslagtig, terneergedruk.

sple·nal·gi·a *(vero., w.g.)* miltsteek.

splen·dent *(fml.)* glinsterend, blink, skitterend.

splen·did pragtig, skitterend, groots, luisterryk, manjifiek; uitstekend, kostelik; kapitaal; *~!* mooi so!, eersteklas!; *a ~ example* 'n uitstekende voorbeeld; 'n pragseksemplaar; *in ~ isolation* in heerlike afsondering. **splen·did·ness** = SPLENDOUR.

splen·dif·er·ous *(infml., skerts.)* = SPLENDID.

splen·dour, *(Am.)* **splen·dor** prag, luister, praal, grootsheid, glans.

sple·nec·to·my *(med.)* miltverwydering.

sple·net·ic *n.* lyer aan miltkwaal; knorpot, iesegrim; middel teen miltkwaal. **sple·net·ic** *adj.* sleggehumeurd, knorrig, gemelik; milt-, van die milt; miltsugtig; *~ fever* →SPLENIC.

splen·ic milt-, van die milt; *~ artery* miltslagaar; *~ fever, (hoofs. veearts., vero.)* miltsiekte, *(w.g.)* miltvuur; →ANTHRAX; *~ trouble* miltkwaal. **splen·ic·al** = SPLENIC.

sple·ni·tis *(med.)* splenitis, miltontsteking.

sple·no·meg·a·ly *-lies, (med.)* splenomegalie, vergroting van die milt.

splice *n.* splitsing; splitslas *(v. toue)*; *(houtw.)* spalklas. **splice** *ww.* splits, las *('n tou)*, insplits; *(houtw.)* spalk; verbind; las *(films)*; trou; *they are getting ~d, (infml.)* hulle ja(ag) hul(le) skapies bymekaar, hulle gooi hul(le) velletjies bymekaar, hulle trou; *~ the main brace* →BRACE *n.*. **~ bar** spalkstaaf. **~ rod** spalkstang.

splic·er splitser; spalker; lasser; lastoestel.

spliff *n., (sl.: daggasigaret)* zol, skyf, pil(letjie), trompie.

spline *n.* latjie *(v. 'n waaier ens.)*; rib; glyspy; gleuf, groef. **spline** *ww.* gleuf, groef; latjie(s) insit; *~d gear/wheel* ribrat; *~d shaft* groefas; rib-as.

splint *n.* spalk(verband); splint(er); kuitbeen; knoppie, splint *(aan 'n perd se been)*; *be in ~s* gespalk wees; *put s.t. in ~s* iets spalk *('n been ens.)*. **splint** *ww.* spalk. **~ bone** *(anat.)* kuitbeen; griffelbeen *(v. 'n perd)*. **~ coal** matkool, dowwe steenkool. **splint·ing** spalking.

splin·ter *n.* splinter, splint, spaander; skerf *(glas ens.)*. **splin·ter** *ww.* splinter, versplinter; *~ off* afsplinter. **~ bar** swingel(hout). **~ bomb** skerfbom. **~ group** splintergroep. **~-proof** skerfvry, -vas, splintervas.

splin·ter·less skerfvry.

splin·ter·y splinterig, vol splinters, splinter-.

split *n.* spleet; skeur, bars, *(vero.)* reet; splyting; splitsing; klowing; skeuring, tweespalt, verdeeldheid, onenigheid; halfbottel; halfglas; *(drank)* half-om-half; *do the ~s* spreibeen sak; *a ~ in a party* 'n skeuring in 'n party. **split** *adj.* gesplits; gesplete; gebars; geskeur(d); verdeel(d); *~ axle, (teg.)* gedeelde as; *~ bearing, (teg.)* splitlaer; *~ bend, (teg.)* mikbuigstuk; *~ bullet* spleetkoeël; *~ coupling, (teg.)* splitkoppeling; *~ decision, (boks)* nie-eenparige/nie-eenstemmige (punte)beslissing; *~ end, (gew. mv.)* gesplete (haar)punt; *~ fruit* splitsvrug; *~ gear* gesplete rat; *~ hair* gesplete hare; *~ infinitive, (gram.)* geskeie infinitief; *~ link, (teg.)* split-oog; *~ lip* gesplete lip; *~ mealies* breekmielies; *~ nut* splitmoer; *~ peas* split-erte/ertjies; *~ personality, (psig.)* gesplete persoonlikheid; *~ pin* split(s)-, splytpen; *~ pole* kloofpaal; *~ pulley* splitkatrol; *~ ring* splitring; *~ rivet* splitnael; *~ roof* kloofspaandak; *~ screen, (rek.)* deelskerm, verdeelde skerm; *in a ~ second* →SECOND[2] *n.*; *~ shift* onderbroke skof; *~ shot/stroke, (kroukie)* split(s)hou; *~ skirt* spleetrok; *~ ticket, (Am. pol.)* verdeelde stem; *~ timber/wood,* (Austr.) *~ stuff* kloofhout; *~ wheel* gesplete wiel; *~ worm* splytwurm. **split** *-tt-; split split, ww.* splits, splyt; bars; skeur; kloof, klowe; verdeel; verklap, (ver)klik; *~ an atom* →ATOM; *~ a diamond* →DIAMOND; *~ the difference* →DIFFERENCE; *~ hairs* →HAIR; *s.o.'s head is ~ting* →HEAD *n.*; *~ into two* in twee splits; *~ the job* die werk verdeel; *~ off from ...* van ... afbreek; van ... losgaan; van ... wegbreek; *~ on s.o., (infml.)* iem. verklap/verklik; *~ open* oopbars; *~ s.t. open* iets oopkloof/-klowe; iets oopsplyt/-splits; *(nearly) ~ one's sides (with laughter)* →SIDE *n.*; *~ the ticket, (Am. pol.)* vir kandidate van verskillende partye stem; *the party ~ from top to bottom* die party het van bo tot onder geskeur; *~ up* ontbind; uitmekaar gaan; *~ s.t. up* iets splits; iets verdeel; *~ up people/things into groups* mense/dinge in groepe verdeel; *~ the vote* die stemme verdeel. **~-level** tweevlakkig. **~-level house** meervlakhuis, tweevlakhuis. **~-second timing** presisie. **~-up** *n.* skeuring *(in 'n pol. party)*; egskeiding *(v. 'n paartjie)*; breuk *(tuss. vriende)*.

split·ter splyter, splitser; klower; verdeler, skeurder, skeurmaker.

split·ting *n.* splitsing; splyting *(v. atome/rotse)*; klowing *(v. hout/diamante)*; verdeling; afspatting *(v. 'n rots)*. **split·ting** *adj.: ~ headache* barstende hoofpyn. **~ iron** kloofyster. **~ wedge** kloofwig, splytwig.

splodge *(hoofs. Br.)* = SPLOTCH.

splosh *n., (infml.)* plof. **splosh** *adv., (infml.)* kaplaks, plof. **splosh** *ww., (infml.)* (neer)plof.

splotch *(infml.)* vlek, vuil kol, klad. **splotch·y** *(infml.)* gevlek, beklad.

splurge *n., (infml.)* verkwisting; drukte, vertoon. **splurge** *ww., (infml.)* (geld) verkwis; drukte/vertoon maak; *~ on s.t., (infml.)* baie geld aan iets uitgee.

splut·ter brabbel; sputter; spat, spetter; bespat; *cough and ~* hoes en proes; *~ s.t. out* iets vinnig brabbel; *the candle ~ed out* die kers het doodgegaan.

spode *(soms S~)* spode(-porselein).

spod·u·mene *(min.)* spodumeen.

spof·fish, spof·fy *(arg. sl.)* vitterig, bemoeisiek; woelig, doenig, wat drukte maak *(pred.)*.

spoil *n. (gew. i.d. mv.)* buit, roof; *(hoofs. Am., pol.)* voordeel; *~s of the chase* jagbuit; *~s of war* oorlogsbuit. **spoil** *spoilt/spoiled spoilt/spoiled, ww.* bederf, bederwe; *(kos ens.)* bederf/bederwe raak; verniel; verfoes; verhaspel, verknoei, verbrou; verwen, vertroetel, bederf; *(verl.t. & volt.dw.: spoiled spoiled)* plunder, berowe, beroof; *~t ballot/vote* (or *voting paper)* bedorwe (stem)-brief/(stem)briefie; *a ~t child* →CHILD; *be ~t for choice* te veel hê om van te kies; *s.o. is ~ing for a fight* iem. soek skoor/rusie, iem. se hande jeuk om te baklei, iem. is strydlustig/veglustig; *~ed/~t fruit* bedorwe/bederfde vrugte; *~ the fun* →FUN *n.*; *~ing tactics* afbrekende taktiek; *~ s.o. utterly* iem. tot in die (af)grond bederf *(vnl. 'n kind)*. **~sport** pretbederwer, spelbreker, suurpruim. **~s system** *(hoofs. Am., pol.)* buitstelsel.

spoil·age bederf, bederwing; bedorwe goed; misdruk.

spoil·er bederwer; rower, plunderaar; *(lugv. ens.)* (strooms)versteurder.

spoke[1] *n.* speek; *put a ~ in s.o.'s wheel* vir iem. 'n stok in die wiel steek, iem. dwarsboom, iem. in die wiele ry. **spoke** *ww.* speke insit, van speke voorsien; rem (deur 'n speek in die wiel te steek). **~ gauge** speekmaat. **~ key** nippelsleutel *(v. 'n fiets)*. **~shave** skaafmes, speekstaaf, trekmes, stokmes. **~ tightener** speeksleutel. **~ wood** speekhout.

spoke[2] *ww. (verl.t.)* →SPEAK.

spo·ken *(volt.dw.)* gespreek, gesproke; mondeling(s); →SPEAK; *be ~ for* (al) bespreek wees; *the ~ language* →LANGUAGE; *s.o. is well ~ of* iem. geniet groot/hoë agting, iem. het 'n goeie naam; *well ~!* goed gesê!, so moet 'n mond/bek praat!; *the ~ word* die gesproke woord. **-spo·ken** *komb.vorm* -sprekend; *a soft-~ man* 'n man met 'n sagte stem; 'n saggeaarde/sagaardige/sagmoedige man; *well-~* welsprekend, wel ter tale.

spokes·man *-men, (vr.)* **spokes·wom·an** *-women* woordvoerder, redevoerder, tolk, spreekbuis. **spokes·per·son** *-persons, -people* woordvoerder, segspersoon; *a ~ for s.o./s.t.* 'n woordvoerder/segspersoon van/vir iem./iets.

spo·li·ate *(vero.)* plunder, beroof; *(jur.)* spolieer. **spo·li·a·tion** plundering, berowing; afpersing; *(jur.)* spoliasie. **spo·li·a·to·ry** *(w.g.)* plunderend, roof-.

spon·dee *(pros.)* spondee. **spon·da·ic** spondeïes.

spon·du·lic(k)s *(Br., infml.: geld)* malie, pitte.

spon·dyl(e) *(vero., w.g.)* werwelbeen, werwel *(v.d. ruggraat)*. **spon·dy·li·tis** werwelontsteking.

sponge *n., (ook soöl.)* spons; sponsing; sponsbad; wisser; gerysde deeg; *(infml.)* parasiet, klaploper, opskeploerder; *(infml.)* dronklap; *chuck/throw in/up the ~, (infml.)* tou opgooi, dit gewonne gee; *lay/set the ~, (kookk.)* deeg insuur; *let us pass the ~ over it, (vero.)* laat ons daarvan nie meer praat nie, laat ons dit (maar) vergeet. **sponge** *ww.* spons; (met 'n spons) afvee, uitvee; optrek, opsuig; *(infml.)* klaploop, opskeploer; *~ s.o./s.t. down* iem./iets afspons; *~ s.t. from/off s.o., (infml.)* iets by/van iem. afbedel; *~ on s.o., (infml.)* op iem. se nek lê, op iem. teer; *~ s.t. up* iets opdroog; iets opsuig. **~ bag** *(Br.)* toiletsakkie. **~-bag trousers** *(Br.)* geruite broek. **~ bath** sponsbad. **~ biscuit** sponsbeskuitjie. **~ cake** sponskoek; *true ~ ~* suikerbrood. **~ cloth** wisser. **~ diver** sponsvisser, -duiker. **~-down** *n.* afsponsing. **~ finger** sponsbeskuitjie. **~ holder** sponsbak(kie). **~ pudding** sponspoeding. **~ rubber** sponsrubber.

sponge·like sponsagtig.

spong·er *(infml.)* parasiet, neklêer, panlekker, klaploper, opskeploerder; sponsvisser, -duiker.

spon·gi·form *(hoofs. veearts.)* sponsvormig.

spon·go·lite *(geol.)* spongoliet, sponssteen.

spon·gy sponserig, sponsagtig; drassig; *~ gold/lead/silver* sponsgoud, -lood, -silwer; *~ tissue* sponsweefsel; *~ wool* sponswol. **spon·gi·ness** sponserigheid, sponsagtigheid.

spon·sion *(jur.)* borg, waarborg, pand; *(pol.)* ongemagtigde/ongeoorloofde belofte/verbintenis, onbekragtigde ooreenkoms.

spon·son beuling *(v. 'n vaartuig)*.

spon·sor *n.* borg; geldskieter; beskermheer; onderskrywer, ondersteuner; *(pol.)* indiener *(v. 'n wetsontwerp)*; peetvader, -oom, peetmoeder, -tante, doopgetuie; *stand ~ for a child* peetma/-pa van 'n kind wees. **spon·sor** *ww.* borg staan vir, borg, waarborg; (sterk) steun, voorstaan, beskerm, bevorder; naam leen aan, instaan vir, begunstig. **spon·sored** *adj.* geborg; *~ ad-*

vertisement geborgde/gesubsidieerde/ondersteunde advertensie; *s.t. is ~ by* ... iets word geborg deur (*of* staan onder beskerming van *of* gaan uit van) ...; *~ walk/etc.* geborgde pretloop/staptog/ens.. **spon·so·ri·al** van 'n doopgetuie/borg. **spon·sor·ship** borgskap; peetskap.

spon·ta·ne·ous spontaan, vrywillig, ongedwonge; ongesog; instinktief; natuurlik; *~ combustion* selfverbranding; selfontbranding; *~ decomposition* selfontbinding; *~ development* selfontwikkeling; *~ generation* selfontstaan, selfvoortbrenging, abiogenese, spontane generasie; *~ ignition* selfontsteking. **spon·ta·ne·i·ty** spontaneïteit, spontaniteit, vanselfheid, ongedwongenheid, ongesogtheid. **spon·ta·ne·ous·ly** vanself, uit eie beweging, spontaan; *~ generating* selfvoortbrengend. **spon·ta·ne·ous·ness** = SPONTANEITY.

spoof *n.* parodie; kullery, foppery, beetnemery, gekskeerdery, grap; *a ~ on ...,* *(infml.)* 'n parodie op ... **spoof** *adj.* nagemaak, versonne, kastig, kamma=. **spoof** *ww.* parodieer; gekskeer (*of* die gek skeer) (met), die draak steek met; *(w.g.)* kul, fop, beetneem. **spoof·er** gekskeerder.

spook *n., (infml.)* spook; spioen, geheime agent. **spook** *ww., (infml.)* spook by; bang maak, die skrik op die lyf jaag. **spooked** *(ook, Am., infml.)* onthuts, ontmoedig, van stryk af. **spook·i·ness** spookagtigheid. **spook·ish** *(w.g.)* = SPOOKY. **spook·y** spookagtig; vreemd, onheilspellend.

spool *n.* spoel; klos; tol; *~ of thread* tol(letjie)/rol(letjie) gare/garing. **spool** *ww.* opdraai, optol. ~ **pin** spoelpen. ~ **valve** skietklep.

spoon *n.* lepel; *(roei)* lepelspaan; *(gh., vero.)* lepel; *(infml., vero.)* sukkelaar, stumper(d); *(infml., vero.)* been-af kêrel, smoorverliefde; *he who sups with the devil should have a **long** ~* →DEVIL *n.; be ~s **on/with** s.o., (infml., vero.)* smoorverlief wees op iem.; *be born with a **silver** ~ in one's mouth* ryk gebore wees, 'n gelukskind/Sondagskind wees, met 'n silwerlepel (*of* goue lepel) in die mond gebore wees; *get the **wooden** ~* nommer laas wees, onderaan staan. **spoon** *ww.* (met 'n lepel) skep; lepel; *(kr.)* sag slaan, in die lug in opslaan; *(infml., vero.)* vry, opsit; *~ s.t. over* ... iets oor ... skep; *~ s.t. out* iets uitskep/uitlepel; *~ s.t. up* iets oplepel. **~bill** *(orn.)* lepelaar. **~bill duck** lepeleend. ~ **bit** lepelboor. ~ **chisel** lepelbeitel. **~-feed** *ww.* met 'n lepel voer; *(fig.)* voorkou, met die lepel ingee. **~-feeding** *(fig.)* kunsmatige instandhouding. ~ **(lure)** *(hengelary)* lepel. ~ **meat** lepelkos; kinderkos. ~ **rest** lepelbed. **~-shaped** lepelvormig. ~ **tool** vormtroffel. ~ **wood** *(Hartogia schinoides)* lepelhout.

spoon·drift →SPINDRIFT.

spoon·er·ism spoonerisme, grappige omsetting.

spoon·ful *=fuls* (eet)lepel (vol); *by ~s* lepelsgewys(e); *a ~ of* ... 'n lepel (vol) ...; *two/etc. ~s of* ... twee/ens. lepels ...

spoon·y *n., (infml., vero.)* swaap, domkop; lawwe vryer. **spoon·y** *adj., (infml., vero.)* gek, sentimenteel; been-af, verlief.

spoor *n., (Afr.)* spoor. **spoor** *ww.* spoorsny, die spoor volg, op die spoor loop.

Spor·a·des: *the ~, (geog.)* die Sporade.

spo·rad·ic sporadies, versprei(d), hier en daar voorkomend. **spo·rad·i·cal·ly** verspreid, plek-plek, kol-kol, sporadies, hier en daar.

spo·ran·gi·um *=gia, (bot.)* sporekapsel, =houer, sporangium.

spo·ra·tion = SPORULATION.

spore *n., (bot.)* spoor. **spore** *ww., (bot.)* spore vorm/dra/vrystel. **~-bearing** sporedraend. ~ **case** sporekapsel, =houer, sporangium. ~ **formation** sporevorming. ~ **fruit** sporevrug. ~ **sac** sporesak(kie).

spore·less sporeloos.

spore·ling spoorkiemplant.

spo·rif·er·ous sporedraend.

spo·ri·fi·ca·tion sporevorming.

spo·ro=: **~blast** *(biol.)* sporoblast. **~carp** *(bot.)* sporevrug, sporokarp. **~cyst** *(soöl.)* sporosist. **~genesis** *(biol.)* sporevorming. **~gonium** *=nia, (bot.)* sporedosie, sporogonium, mosvrug. **~phore** *(bot.)* sporedraer. **~phyl(l)** *(bot.)* sporofil. **~phyte** *(bot.)* sporofiet, sporeplant. **~phytic** sporofities. **~zoan** *n., (soöl.)* sporosoön. **~zoan** *adj.* sporosoïes. **~zoid** = ZOOSPORE. **~zoite** *(soöl., med.)* sporosoïet. **~zoon** = SPOROZOAN *n.*.

spor·ran sporran, roktassie *(v. 'n Hooglander).*

sport *n.* sport; *(infml.)* sportiewe persoon; pret, korswel, vermaak; speletjie, tydverdryf; *(biol.)* mutasie, afwykende vorm, afwyking; *(i.d. mv.)* sporte, sportsoorte; *(infml.)* pret, vermaak, *(<Eng.)* sports; ***be a** ~* sportief/gaaf/tegemoetkomend wees; ***be a** ~!* moenie naar wees nie!; ***branch** of ~* sportsoort; *a **good** ~* 'n gawe kêrel/meisie; *be **good** at ~(s)* 'n goeie sportman/=vrou wees; ***in** ~* in die sport(lewe); vir die aardigheid/grap/pret; *~ of **kings*** perdewedrenne; ***make** ~ of s.o.* met iem. gekskeer, met iem. die draak steek, iem. vir die gek hou; ***old** ~, (infml.)* ou maat/kêrel; *take **part** in ~* aan sport deelneem; *s.o. is a **real** ~* iem. is 'n gawe/lekker kêrel/meisie; ***take** up a ~* 'n sport aanpak. **sport** *ww.* vertoon, ten toon sprei, spog/pronk met; speel, jou verlustig/vermaak; dartel; *~ a beard* 'n baard laat groei, met 'n baard spog. ~ **fish** sportvis. ~ **lover** sportliefhebber. **~-loving, ~-minded** lief vir sport, sportief (aangelê). **~(s)-mad** sportmal. **~(s)-madness** sportmalheid.

sport·ful *(w.g.)* vrolik, speels, dartel(end).

sport·ing sportief, sport=; sportliewend; spelend; *take a ~ **chance*** 'n kans waag; *~ **enthusiast*** sportliefhebber, =entoesias; *~ **event*** sportgebeurtenis; *~ **fellow*** sportiewe kêrel; *~ **gun/rifle*** jaggeweer; *~ **news*** sportnuus; *~ **offer*** vrygewige/gulle aanbod; *~ **rifle** →**gun/rifle**; ~ **spirit*** sportgees, sportiwiteit; *~ **term*** sportterm; *~ **wear*** sport=, buitedrag; *the ~ **world*** die sportwêreld. **sport·ing·ly** sportief, op sportiewe wyse.

spor·tive vrolik, opgeruimd, dartel(end), spelerig, lewendig. **spor·tive·ness** vrolikheid, spelerigheid.

sports: ~ **car** sportmotor. **~cast** *n., (Am.)* sportuitsending; sportnuus. **~caster** *(Am.)* sportaanbieder, =uitsaaier, =omroeper. ~ **centre** sportsentrum. ~ **clothes** sportklere, =drag. ~ **club** sportklub. ~ **coat,** ~ **jacket** sportbaadjie. ~ **commentator** sportkommentator, =verslaggewer. ~ **complex** sportkompleks. ~ **day** sportdag. ~ **editor** sportredakteur. ~ **field,** ~ **ground** sportveld, =terrein. **~man** sportman, sportliefhebber; sportiewe man. **~man-like** sportief, soos dit 'n sportman pas. **~manship** sportbedrewenheid; sportiwiteit, sportgees; *bad ~* onsportiwiteit, onsportiewe gedrag. ~ **master** *(Br.)* sportonderwyser. ~ **meeting** sportbyeenkoms. ~ **news** sportnuus. ~ **page** sportblad *(v. 'n koerant).* **~person** *=persons, =people* sportmens, =persoon. ~ **programme** sportprogram. ~ **reporter** sportverslaggewer. ~ **scholarship** sportbeurs. ~ **section** sportseksie *(in 'n koerant, tydskrif).* ~ **shirt** sporthemp. **~wear** sportdrag, buitedrag. **~woman** sportvrou, =meisie. ~ **writer** sportskrywer, =verslaggewer.

sport·y lief vir sport; lig=, lughartig; windmaker(ig).

spor·u·late *(biol.)* spore vorm. **spor·u·la·tion** sporevorming.

spor·ule *(biol.)* spoortjie.

spot *n.* plek; plekkie, merkie; kol(letjie), spikkel; puisie; vlek; klad, smet; *(infml., hoofs. Br.)* sopie, drankie, mondjie vol, slukkie, snapsie; happie, stukkie; (radio)=flits, (televisie)flits; *a **blind** ~, (lett. & fig.)* 'n blinde kol; *have a **blind** ~ for s.t.* vir iets blind wees; *a ~ of **bother*** →BOTHER *n.; s.o. **comes out** in ~s* iem. slaan uit, iem. kry 'n uitslag; ***have** a ~, (infml.)* 'n snapsie maak; *the **high** ~* die glanspunt; *(infml.) that **hits** the ~,* dis net die ding (*of* wat nodig is), dis nommerpas; ***in** ~s* hier en daar; plek-plek; af en toe; *be **killed** on the ~* op slag dood wees; ***knock** ~s off s.o.* →KNOCK *ww.; a ~ **of** ..., (infml.)* 'n bietjie ...; 'n effense ...; ***on** the ~* op die plek, ter plaatse, byderhand; dadelik, onmiddellik, sonder versuim, op die daad; in die knyp/nood; *be **on** the ~, (ook)* daar/by wees, op jou pos wees; ***put** s.o. on the ~* iem. in verleentheid bring; *(Am. sl.)* iem. (laat) vermoor; *be **put** on the ~* in die knyp/nood raak; in verleentheid gebring word; *without a ~ on his/her **reputation*** sonder 'n klad op sy/haar naam; *be **rooted** to the ~* aan die grond genael wees; ***soft** ~ in the defence* swak/week plek in die verdediging; *have a **soft** ~ (in one's heart) for s.o.* 'n swak vir iem. hê; *know where s.o.'s **soft** ~ lies* iem. se swak kant ken; *be in a **tight** ~* in die knyp/moeilikheid/noute sit/wees, in die/'n verknorsing sit/wees; *put s.o. in a **tight** ~* iem. in die knyp/moeilikheid/noute laat beland, iem. in die/'n verknorsing laat beland; ***touch** a sensitive/tender ~* 'n teer/tere snaar aanraak/aanroer; *the **very** ~* die presiese/einste plek; *s.t. is s.o.'s **weak** ~* iets is iem. se swak punt. **spot** *adv.: be ~ on time, (infml.)* presies op tyd kom; →SPOT-ON *adj.*. **spot** *=tt=, ww.* merk, bespikkel; beklad; besoedel, besmet; raaksien, (be)merk, opmerk, bespeur, agterkom; uitken; opspoor; waarneem; vooruitsien, (raak/reg) raai *(vrae); ~ s.o. at once as an American/etc.* dadelik sien iem. is 'n Amerikaner/ens.; *~ questions* →QUESTION *n.*. ~ **cash** klinkende munt, kontant betaling, botter by die vis. ~ **check** *n.* steekproef. **~-check** *ww.* 'n steekproef neem. ~ **fine** afkoopboete. ~ **height** punthoogte; hoogtesyfer. ~ **landing** puntlanding. ~ **level** punthoogte. **~light** *n.* soeklig; skietlig; stippellig, draailig; kollig; *in the ~, (fig.)* op die voorgrond, in die middelpunt van die belangstelling; *turn the ~ on s.t.* die soeklig op iets werp; *the ~ is turned on s.t.* die soeklig val op iets. **~light** *=lighted/=lit =lighted/=lit, ww.* uitlig, na vore bring, laat uitkom. ~ **market** *(han.)* lokomark. ~ **news** flitsberig. **~-on** *adj.: be ~, (infml.)* in die kol wees, presies reg wees, op sy kop wees. ~ **price** loko=, kontantprys. ~ **remover** vlekverwyderaar. ~ **sale** onmiddellike/kontant verkoop. ~ **sample** steek=, grypmonster. ~ **stitch** matrassteek. ~ **weave** spikkelbinding. **~-weld** *ww.* puntsweis. **~-welder** puntsweiser. **~-welding** puntsweiswerk. ~ **yarn** knoppiesgaring.

spot·less vlek(ke)loos, smet(te)loos. **spot·less·ly** sonder smet/vlek; *~ clean* silwerskoon. **spot·less·ness** vlek(ke)loosheid, smet(te)loosheid.

spot·ted gespikkel(d), gevlek, gekol, kollerig; bont; skilder= *(bees)*; besoedel(d). ~ **crake** *(orn.: Porzana porzana)* gevlekte riethaan, porseleinhoendertjie. ~ **dick** *(Br. kookk.)* korente=, korintepoeding; rosyntjiepoeding; bontjoubert, doekpoeding. ~ **dog** bont hond; *(kookk.)* →SPOTTED DICK. ~ **fever** vlektifus, =koors; nekkramp. ~ **gum** spikkelgomboom, =hout. ~ **hyena** *(Crocuta crocuta)* gevlekte hiëna, *(vero.)* tier=, weerwolf. ~ **lily** bontlelie. ~ **salamander** vuursalamander. ~ **sandgrouse** = BURCHELL'S **SANDGROUSE.**

spot·ter waarnemer; uitkenner; opspoorder; soeker *(v. 'n soeklig).* ~ **aircraft,** ~ **plane** opsporingsvliegtuig; *(mil.)* vuurleidingsvliegtuig.

spot·ting raaksien; raaiery *(v. vrae).* ~ **aircraft** = SPOTTER AIRCRAFT.

spot·ty gespikkel(d), kollerig, vlekkerig, vol vlekke; kolkol; ongelykmatig, onreëlmatig; verspreid, sporadies. **spot·ti·ness** gespikkeldheid, kollerigheid; onreëlmatigheid, ongelykmatigheid.

spous·al *n. (dikw. i.d. mv.)* bruilof, huwelik. **spous·al** *adj.* bruilofs=, huweliks=. **spouse** *(ml. of vr.)* huweliksmaat, gade, wederhelf(te); *(ml.)* eggenoot, *(fml.)* gemaal; *(vr.)* eggenote, *(fml.)* gemalin; *~ of blood, (Ex. 4:25)* bloedbruidegom.

spout *n.* tuit; spuier; stortgeut; straal (vloeistof); tregter, slurp; hoos; *s.t. is up the ~, (infml.)* iets is niks werd nie; *(vero.)* iets lê by die pandjieswinkel; *s.o. is up the ~, (sl.)* iem. is swanger. **spout** *ww.* spuit, gulp, guts; deklameer, oreer, *(infml.)* spoeg; *(vero. sl.)* verpand; *the blood ~s from the wound* die bloed spuit uit die wond. ~ **adze** geutdissel. ~ **plane** geutskaaf.

spout·er spuiter; spuier; oreerder, deklameerder.

sprag *n.* remblok, speekrem; (myn)stut. **sprag** *=gg=, ww.* speek; rem; stut. ~ **mechanism** sperder.

sprain *n.* verstuiting, verswikking. **sprain** *ww.* verstuit, verswik.

sprang *(verl.t.)* →SPRING *ww.*.

sprat *(igt.: Sprattus sprattus)* sprot; *set/throw/use a ~ to catch a herring/mackerel/whale, (idm.: hoop dat 'n klein beleggingkie groot wins maak)* 'n spiering uitgooi om 'n kabeljou te vang.

sprawl *n.* lui houding; *(w.g.)* gespartel, spartelende beweging; *a ~ of streets* 'n wydstrekkende stratenet. **sprawl** *ww.* uitrek, uitgestrek lê, jou uitstrek, lui lê, arms en bene uitstrek; *('n handskrif)* wyd uiteenloop; (uit)sprei; *(vero., w.g.)* spartel; *~ out* uitgestrek (*of* plat op jou rug) (gaan) lê; *be ~ed out* uitgestrek lê/wees. **sprawl·ing** (wyd) uitgestrek, wydstrekkend, wydverspreid *('n woonbuurt ens.)*; wydlopig *('n gebou)*; *~ on one's back* bene (*of* vier stewels) in die lug; *come down ~* hande-viervoet neerkom; *send s.o. ~* iem. in die grond laat ploeg, iem. plat slaan. **sprawl·y** = STRAGGLY.

spray[1] *n.* takkie, skeutjie, spruitjie, loot; blomtak, bloei(sel)tak; ruiker, boeket(jie); *shoulder ~* skouerruiker, -takkie, -boeket.

spray[2] *n.* sproei-, spuit-, bruiswater; stuifwater; (water)damp, stofreën; skuim; sproeier, spuit; newelspuit, verstuiwer; verstuiwing; spuitmiddel, -stof; sproeisel, sproeimiddel; gasreën. **spray** *ww.* (be)sproei; (be)spuit; bestuif; verstuif; (be)sprinkel; *~ ... on s.t., ~ s.t. with ...* iets met ... (be)spuit. *~* **aircraft** spuitvliegtuig. *~* **application** bespuiting. *~* **can** spuitkan. *~-***dried** spuitgedroog. *~* **drying** spuitdroging. *~* **gun** sproeispuit, spuitpistool; verfspuit. *~* **irrigation** sprinkelbesproeiing, besprinkeling. *~* **lacquer** spuitlak. *~-***on** *adj. (attr.)* spuit- *(politoer ens.)*. *~* **paint** *n.* spuitverf. *~-***paint** *ww.* spuitverf. *~-***painter** spuitverwer. *~-***painting** spuitverfwerk. *~* **plane** spuitvliegtuig. *~* **pump** spuit-, stuifpomp, sproeispuit.

spray·er spuit; (be)sproeier; spuiter; verstuiwer. *~* **valve** sproeiklep.

spray·ing (be)spuiting, spuitwerk; bestuiwing; besprinkeling. *~* **aircraft** spuitvliegtuig; →SPRAY PLANE. *~* **apparatus** spuittoestel. *~* **machine** sproei-, spuit-, stuifmasjien. *~* **nozzle** sproeipyp, -kop, stuifpyp.

spread *n.* omvang; wydte, uitgestrektheid; uitgebreidheid; spreiding; verspreiding; spanwydte; sprei, tafelkleed; fees, maaltyd; smeer; →SANDWICH SPREAD; *arches of equal ~, (argit.)* boë met gelyke spanning; *~ of investments* spreiding van beleggings; *they/we had no end of a ~* dit was 'n etery van die ander wêreld, hulle/ons is van die allerbeste voorgesit. **spread** *spread spread, ww.* sprei, versprei, uitsprei, uitbrei; (rond)strooi, uitstrooi; rondvertel; (uit)strek; ontplooi, ontvou, ooprol, oopsit, oopgooi; smeer *(botter)*; span *(seile)*; uitslaan *(vlerke)*; dek *(tafel)*; *~ s.t. (***abroad***)* iets rugbaar maak, iets rondvertel; *~ing* ***horns*** →HORN *n.*; *~ s.t.* ***on*** *...* iets op ... oopgooi/uitsprei *('n kombers o.d. grond ens.)*; iets op ... smeer *(margarien op brood ens.)*; *~* ***o.s.*** uithang *(fig.)*; uitwei; *~* ***out,*** *('n rivier)* breër word; *('n vlakte ens.)* (hom) uitstrek; *s.t. is ~* ***out*** *on the table/etc.* iets lê oop op die tafel/ens.; *~ s.t.* ***out*** iets oopgooi/uitsprei *('n kombers ens.)*; iets ooprol *('n tapyt ens.)*; iets ontplooi *('n vlag ens.)*; iets uitslaan *(vlerke)*; *the rains were ~* ***over*** *five days* die reën het oor vyf dae geval; ***rumour*** *~ from mouth to mouth* die gerug is rondgestrooi; *the peacock ~s its* ***tail*** die pou pronk; *s.t. ~s* ***to*** *...* iets versprei na ..., iets word na ... versprei, iets slaan ook in/op ... uit; *~ing* ***tree*** wydstrekkende/breedgetakte boom; *~* ***unchecked*** ongehinderd versprei; *~ like* ***wildfire*** soos 'n veldbrand versprei; *be ~* ***with*** *...* met ... bedek/oortrek wees *(blomme ens.)*; met ... belaai wees *('n tafel met lekkernye ens.)*. *~* **eagle** *n.* arend met uitgespreide vlerke; oopgesnyde voël; oopgespreide misdadiger; *(w.g., hoofs. Am.)* grootprater. *~-***eagle** *adj., (w.g., hoofs. Am.)* grootpraterig; chauvinisties. *~-***eagle** *ww.* uitsprei, oopspalk. *~-***eagled** *(ook)* platpens. *~-***eagleism** *(w.g., hoofs. Am.)* chauvinisme; grootpratery, bombasme. *~-***over** spreiding. *~***sheet** *(rek.)* sigblad, (elektroniese) ontledingstaat. *~***sheet (program)** *(rek.)* sigbladprogram.

spread·er verspreier; strooier; rondstrooier, uitstrooier; effenaar; sproeier; spreipyp; ooprekker.

spread·ing (ver)spreiding; verbreiding. *~* **capacity** spreivermoë; strekvermoë *(v. verf)*. *~* **resistance** spreiweerstand.

sprech·ge·sang *(D., mus., dikw. S~)* spraaksang.

sprech·stim·me *(D., mus., dikw. S~)* spreekstem.

spreck·le *(Sk.)* = SPECKLE.

spree *n.* jolyt, *(sl.)* makietie, fuif, drinkparty; *be on the ~, (infml.)* aan die fuif/swier wees; *go on a shopping ~* →SHOPPING SPREE; *go on the* (or *have a*) *~, (infml.)* fuif, jol, kattemaai, pierewaai, rinkink. **spree** *ww.* fuif, jol, rinkink.

sprig[1] *n.* ruitklem. **sprig** *-gg-, ww.* vastik. *~* **(nail)** ruit-, tikspykertjie, skotspyker.

sprig[2] *n.* takkie, loot, spruit; spriet; versiersel; *who is this ~?* wie is hierdie snuiter?; *a ~ of the nobility* 'n adellike spruit. **sprig** *-gg-, ww.* met takkies/blommetjies versier; *~ged muslin* geblomde neteldoek.

sprig·gy takkiesrig, takkiesvormig.

spright·ly vrolik, lewendig, opgeruimd, opgewek, dartel(end), luimig, speels. **spright·li·ness** lewendigheid, opgewektheid.

spring *n.* sprong; lente, voorjaar; bron, fontein; bronaar; spring(ge)ty, springvloed; veer; veerkrag; dryfveer, motief; oorsprong; *(bouk.)* geboorte *(v. 'n boog)*; vlug *(v. 'n pilaar)*; *(vero., dial.)* liesstuk *(v. 'n vark)*; →COIL SPRING; *the* ***advent*** *of ~* die koms/intrede van die lente; *s.t.* ***has its*** *~* ***in*** *...* iets ontstaan (*of* het sy oorsprong) in ...; ***in*** *~* in die lente; *a* ***nest*** *of ~s* 'n verebundel; *have* ***no*** *~* geen veerkrag hê nie; *rise* ***with*** *a ~* skielik opvlie(g). **spring** *sprang sprung,* (hoofs. Am.) *sprung sprung, ww.* spring, opspring; voortkom, ontspruit, ontstaan; *(hout)* krom trek, bars; opja(ag) *(wild)*; *(infml.)* loslaat, -kry *(gevangene)*; van vere voorsien, veer; *~ an* ***arch,*** *(bouk.)* 'n boog begin; 'n boog bou; *~ to s.o.'s* ***assistance*** →ASSISTANCE; *~* ***at*** *s.o.'s* ***throat*** iem. na die keel spring; *~ to* ***attention*** →ATTENTION; *~* ***away*** wegspring; *~* ***back*** terugspring; *~ed* ***cart/wag(g)on*** vere-, veerwa, -kar; *~ to one's* ***feet*** →FOOT *n.*; *~* ***from*** *...* uit ... ontspruit; van ... afstam; uit ... ontstaan/spruit; *where did you ~* ***from?*** waar kom jy so skielik vandaan?; *~ a* ***leak*** →LEAK *n.*; *s.t. ~s to (s.o.'s)* ***mind*** →MIND *n.*; *~ s.t.* ***on*** *s.o.* skielik met iets op iem. afkom; *~* ***out*** uitspring; *~* ***s.t.*** (skielik) met iets vorendag (*of* voor die dag) kom *('n nuwe teorie ens.)*; *~ a* ***surprise*** 'n verrassing besorg; *~ a* ***surprise*** *on s.o.* iem. verras; *s.t. ~s* ***to,*** *('n deur ens.)* iets slaan/spring toe; *~ a* ***trap*** →TRAP[1] *n.*; *~* ***up*** opspring; soos paddastoele opskiet; ontstaan; vorendag kom, verskyn; verrys; *(d. wind)* opsteek; *~ed* ***wag(g)on*** →***cart/wag(g)on;*** *~ a* ***well*** putwater kry. *~* **action** veerwerking. *~* **anchor** veeranker. *~* **back** veerrug. *~* **balance** trek-, hangskaal, veerbalans. *~* **band** veerhoepel. *~* **barley** somergars. *~* **barrel** veertrommel. *~* **beam** veerbalk. *~* **bearing** veerdraer. *~* **bed** binneveermatras; springmatras(bed). *~* **bend** sprongstuk. *~* **blade** veerblad. *~***board** springplank; duikplank; *(fig.)* wegspring-, afspringplek. *~***bok** *-bok(s)* springbok; *(S~: SA rugbyspeler; hist: SA sportman/-vrou)* Springbok. *~* **bolt** veergrendel. *~* **bows** veer-, boogpasser. *~* **box** veerkoker. *~* **bracket** veerstoel. *~* **break** *(Am.)* lentevakansie. *~***buck** *-buck(s)* = SPRINGBOK. *~* **buckle** veerbeuel. *~* **bush** veerbus. *~* **cage** veerkooi. *~* **cap** veerdop. *~* **carriage** veerkoets, -rytuig. *~* **cart** veerkar, verekar. *~* **catch** veerknip. *~* **chicken** jong hoender; *s.o. is no ~* iem. is geen piepkuiken nie. *~* **clamp** veerklamp; spantang. *~-***clean** *ww.* heeltemal skoonmaak, huis skoonmaak. *~-***clean(ing)** huisskoonmaak, groot skoonmaak. *~* **clip** veerklem. *~* **cover** veerdop. *~***cup** veerdop. *~***dividers** = SPRING BOWS. *~* **equinox** = VERNAL EQUINOX. *~* **eye** veeroog. *~* **fashion** lentemode. *~* **fever** lentekoors, -gevoel. *~* **flower** lenteblom. *~* **gaiter** veerkous. *~* **greens** *n. (mv.)* jong blaargroente. *~* **guide** veergeleier. *~* **gun** stelroer. *~***haas, ~hare** *(Pedetes capensis)* springhaas. *~***head** bron, oorsprong. *~* **heel** geligte hak. *~-***heeled** veerkragtig. *~* **hook** veer-, optelhaak. *~* **lamb** jong lam. *~* **latch** veerklink. *~* **leaf** lenteblaartjie; veerblad. *~-***loaded** geveer(d), veer-. *~***(-loaded) lock** veerslot. *~* **mattress** binneveermatras. *~* **mouse** nagmuis. *~* **neck** veerhals, -nek. *~* **needle** geboë naald. *~* **onion** sprietui, steek-ui. *~* **plate** veerblad. *~* **rain** lentereën, voorjaarsreën. *~* **roll** *(kookk.)* Chinese/Sjinese rolletjie. *~* **saddle** veersaal. *~* **seat** veerstoel; veerbedding. *~* **song** lentelied. *~* **steel** veerstaal. *~***tail, earth flea** *(entom.)* springstert, erd-, sandvlooi. *~* **tide** spring(ge)ty, springvloed. *~***time,** *(poët., liter.)* *~***tide** lente(tyd). *~* **trap** slagyster. *~* **valve** veerklep. *~* **vegetables** jong groente. *~* **wag(g)on** verewa, veerwa. *~* **water** bronwater. *~* **weather** lenteweer. *~* **wheat** lentekoring. *~***wood** voorjaarshout, lentehout. *~* **wool** lentewol, voorjaarswol.

springe *n.* strik, val, wip.

spring·er springer; *(igt.: Elops machnata, ook* ladyfish*)* springer, wildevis; veerwerker; *(argit.)* boogstuiter. *~* **(spaniel)** springerspanjoel, -spaniël; *English ~ (~)* Engelse springerspanjoel/-spaniël; *Welsh ~ (~)* Walliese springerspanjoel/-spaniël.

spring·halt = STRINGHALT.

spring·ing groei, toeneming; vering; begindraai *(v. 'n pad ens.)*; *(bouk.)* geboorte *(v. 'n boog)*.

spring·less sonder veer/vere; *~ cart* skotskar, skamelkar, stampkar; *~ wag(g)on* stampwa.

spring·like lenteagtig, lente-, voorjaars-.

spring·y elasties, veerkragtig, verend; *~ wool* veerkragtige wol. **spring·i·ness** veerkrag, elastisiteit.

sprin·kle *n.* sprinkeling; klein buitjie, stofreën. **sprin·kle** *ww.* sprinkel, strooi; besprinkel; bereën; stofreën; *~ washing* wasgoed inspat/inklam; *~ ... on s.t., ~ s.t. with ...* iets met ... besprinkel/bestrooi.

sprin·kler sprinkelaar; bestrooier, strooibus, strooier; spuitkop, sproeier; sproeiwa, waterwa, -kar; sprinkelblusser. *~* **(cart/wagon)** sprinkelwa, waterkar, -wa. *~* **head** spuitkop *(v. 'n tuinslang ens.)*. *~* **irrigation** sprinkelbesproeiing, besprinkeling, bereëning. *~* **system** *(landb., tuinb.)* sprinkelbesproeiingstelsel; *(brandbestryding)* sprinkelstelsel.

sprin·kling sprinkeling; besprinkeling; bereëning; *a ~ of Scots* 'n stuk of wat Skotte, 'n Skot hier en daar. *~* **brush** sprinkelkwas. *~* **can** gieter.

sprint *n.* naelloop; naelrit. **sprint** *ww.* nael, hardloop, sny; naelry; snelroei. *~* **champion** naelrykampioen. **sprint·er** naelloper, sneller; naelryer; snelroeier; *(perd)* hardloper.

sprit *(sk.)* spriet. *~***sail** sprietseil. *~***sail barge** tjalk.

sprite elf, feetjie, (water)gees; *(arg.)* siel, gees, spook.

spritz *ww., (Am.)* (be)spuit; (be)sproei; (be)sprinkel. *~* **(cookies)** sprits, brosgebak. **spritz·er** wit wyn met sodawater.

sprock·et (rat)tand. *~* **chain** skarnierketting. *~* **(piece)** wipstuk *(aan 'n dakrand)*. *~* **(wheel)** kettingrat.

sprog *(Br. sl.)* baba, kleintjie; spruit, kind.

sprout *n.* spruit, loot, uitloper, uitloopsel, uitspruitsel; telg; →BRUSSELS SPROUTS. **sprout** *ww.* opkom, (ont)kiem, uitspruit, uitloop, spruit, uitbot, uitskiet, opskiet; laat groei; *~ed grain* uitgeloopte graan; *~ a moustache* jou snor laat groei, 'n snor kweek.

spruce[1] *n.* spar(den); sparhout. *~* **beer** dennebier. *~* **(fir)** Noorse spar(den).

spruce[2] *adj.* netjies, piekfyn, agtermekaar, viets. **spruce** *ww.* opskik, piekfyn/netjies aantrek, mooimaak; *~ s.t. up* iets netjies aan die kant maak *('n huis ens.)*; *~ o.s. up, get ~d up* jou mooimaak/opskik, jou piekfyn/netjies aantrek.

sprue[1] gietopening, -gaatjie; gegote vulstengel; afval.

sprue[2] *(keelsiekte)* spru, sproei.

sprung geveer(d); →SPRING *ww.*; *~* ***moulding*** oorlêlys; *~* ***seat*** veermat *(v. 'n stoel)*; *the car is* ***well*** *~* die motor is goed geveer(d); *~* ***wheel*** geveerde wiel.

spry lewendig, vlug, wakker, vief, hups; rats; *the old man is still ~* die oubaas is nog pure perd. **spry·ness** hupsheid; ratsheid.

spud *n.* grafie; *(infml.)* aartappel; *(teg.)* koppelstuk; *(sl.)* vetsak, vaatjie; dik stuk. **spud** *-dd-, ww.* skoffel; begin boor *('n olieput)*; *~ s.t. out/up* iets uitskoffel/-steek. *~-***bashing** *(Br., mil. sl.)* kombuisdiens.

spue = SPEW.

spu·man·te *(It.)* spumante, Italiaanse vonkelwyn.

spume *n. & ww., (poët., liter.)* skuim. **spu·mes·cence** skuimerigheid. **spu·mes·cent** skuimerig. **spum·y, spu·mous,** *(w.g.)* **spu·mose** skuimend, skuimerig, skuimagtig.

spun gespin, gesponne; →SPIN *ww.*; *~* ***concrete*** slingerbeton; *~* ***glass*** gesponne glaswol, spinglas; veselglas; ~ ***gold*** gouddraad; ~ ***rayon*** gesponne rayon; ~ ***silk*** sygare, -garing; ~ ***silver*** silwerdraad; ~ ***sugar*** spinsuiker; ~ ***yarn*** skiemansgare, -garing.

spunk *(infml.)* moed, vuur, gees, fut, koerasie, pit; *(Sk., dial.)* vonk; *(w.g.: lig ontvlambare stof)* tontel, swam; *(Br. vulg. sl.: semen)* kom. **spunk·less** jansalieagtig, futloos, sonder durf, lamsakk(er)ig; *a ~ fellow* 'n Jan Salie, jansalie. **spunk·y** vurig, moedig, vol gees.

spur *n.* spoor; spoorslag, aansporing, prikkel; uitloper *(v. 'n berg)*; uitsteeksel; snytand *(v. 'n boor)*; stut; dwergloot; *(spw.)* blinde spoor; ***Battle of the S~s,*** *(1302: Kortrijk, België; 1513: Guinegate, Fr.)* Guldesporeslag; ***clap/put** ~s to a horse* 'n perd die spore gee; *on the ~ of the **moment*** →MOMENT, SPUR-OF-THE-MOMENT; ***win** one's ~s* jou spore verdien. **spur** -*rr*-, *ww.* die spore gee; (aan)spoor, aansit, aanja(ag); van spore voorsien; spore aansit; ~ *s.t. **forward*** iets aanja(ag)/aanspoor; iets vinnig ry; ~ *s.o. **on** to ...* iem. aanspoor/aanpor tot/om ...; *s.t. ~s s.o. **on** to ..., (ook)* iets is vir iem. 'n spoorslag om ...; *be ~red **on** by ...* deur ... aangespoor/aangepor word *(iem.)*; deur ... aangevuur word *(ambisie, vaderlandsliefde, ens.)*. ~ **bit** snytandboor. ~ **box** spoorsok. ~ **fowl** fisant; *Cape/Natal* ~ Kaapse/Natalse fisant. ~ **gear,** ~ **wheel** reguit tandrat. ~**-of-the-moment** *adj. (attr.)* spontane, impulsiewe; onbeplande. ~ **pinion** (reguit) rondsel. ~**-toed frog** = (CAPE) CLAWED **TOAD**. ~ **wheel** groefwiel. ~**-winged** met spoorvlerke. ~**-winged goose** *(Plectropterus gambensis)* wildemakou.

spurge *(bot.: Euphorbia helioscopia)* wolfsmelk, melkbos, -gras, -kruid.

spu·ri·ous oneg, vals, vervals, nagemaak; ~ ***child,*** *(w.g.)* onegte kind; ~ ***fruit,*** *(w.g., ook fig.)* skynvrug; ~ ***labour,*** *(w.g.)* valse kraam; ~ ***vein,*** *(entom.)* vals aar. **spu·ri·ous·ness** onegtheid, valsheid.

spurn *n.* veragting, verwerping, vertrapping, versmading. **spurn** *ww.* versmaai, verag, verstoot, *(fig.)* wegskop, *(fig.)* vertrap, *(fig.)* verskop.

spurred gespoor(d), met spore (aan); *booted and ~* gestewel(d) en gespoor(d).

spur·rey -*reys*, **spur·ry** -*ries, n., (bot.: Spergula spp.)* spurrie.

spur·ri·er *(w.g.)* spoormaker.

spur·ry *adj.* gespoor(d), met spore; soos 'n spoor.

spurt, *(vero.)* **spirt** *n.* uitbarsting, uitspuiting, sterk straal; (vaart)versnelling; naelloop; kragsinspanning, kragtige poging; opwelling, vlaag; *in ~s* met rukke (en stote), by/in/met vlae; *make* (or *put on*) *a ~* (vaart) versnel. **spurt,** *(vero.)* **spirt** *ww.* spat, spuit, spetter; nael, weglê, uithaal, sny, (vaart) versnel; ~ *from ...* uit ... spuit; ~ *out* uitspuit.

sput·nik *(Rus., ruimtev.)* spoetnik.

sput·ter *n.* gesputter; gebrabbel. **sput·ter** *ww.* spat; sputter, spetter; aframmel, brabbel; ~ *out, ('n kers ens.)* sputterend doodgaan; *('n opstand ens.)* doodloop.

spu·tum *sputa* speeksel; fluim.

spy *n.* spioen, bespieder; verspieder; afloerder. **spy** *ww. (onoorg.)* spioeneer, spioen wees; *(oorg.)* bespeur, raaksien, in die oog kry; *(w.g.)* verspied; *(w.g.)* bespied; *(w.g.)* afkyk; *(w.g.)* afloer; *(w.g.)* uitvis, agterkom; *be quick at ~ing s.o.'s **faults*** gou wees om iem. se gebreke agter te kom; ***I*** *~* →I *pron.*; *~ **into** a secret* 'n geheim probeer ontrafel; *~ **on/upon** s.o.* iem. bespied, op iem. spioeneer; iem. afloer, op iem. loer; *~ s.t. **out*** iets uitvis; *~ **out** the land* die land verspied/verken; *(fig.)* die terrein verken; *~ **s.t.*** iets in die oog kry *('n man te perd ens.)*; →ESPY. ~**glass** verkyker. ~ **hole** loergaatjie, kykgat, -gaatjie. ~**master** *(infml.)* spioenasiehoof, -baas. ~ **plane** verkenningsvliegtuig. ~ **ring** spioene-net, spioenasienet, spioenasie-ring. ~ **satellite** spioenasiesatelliet. ~ **story** spioenasieverhaal.

spy·ing spioenasie, bespieding, verspieding; bespeuring; *~ on ...* bespieding van ..., spioenasie teenoor ...

squab *n.* jong duif; rugkussing, opgestopte kussing; ottoman; vetsak, vaatjie. **squab** *adj.* kort, dik, vet; lomp. **squab** *adv.: come down ~ on the floor* woeps op die vloer neerslaan. ~ **chick** jong voëltjie/kuiken. ~ **packing** borspak(metode). ~ **pie** duiwepastei.

squab·ble *n.* rusie, twis, dwarstrekkery, gekibbel. **squab·ble** *ww.* rusie maak, twis, skoor, kibbel, dwarstrek, toutrek; *~ with s.o. about/over s.t.* met iem. oor iets kibbel; *~ over s.t., (ook)* iets toutrek *(infml.)*. **squabbling** getwis, gekibbel, kibbelry, rusiemakery.

squab·by kort, dik.

squac·co (her·on) *(Ardeola ralloides)* ralreier.

squad *n., (mil., polisie)* afdeling; ploeg, span *(werksmense)*; *(sport)* oefengroep *(waaruit finale span gekies word)*; seksie, klompie; *flying ~* blitspatrollie. **squad** -*dd*-, *ww.* in afdelings verdeel. ~ **car** blitsmotor, snelmotor, patrolliemotor, (polisie)vangwa. ~ **ganger** span-, ploegbaas.

squad·die, squad·dy -*dies, (Br., mil., infml.)* troepie.

squad·ron eskadron *(v.d. leër)*; smaldeel, eskader *(v.d. vloot)*; eskader, eskadrielje *(v.d. lugmag)*. ~ **leader** eskaderleier *(i.d. lugmag)*.

squal·id vuil, liederlik, smerig, morsig, goor. **squa·lid·i·ty, squal·id·ness** = SQUALOR.

squall *n., (weerk.)* windvlaag, -bui, val-, rukwind; skreeu, gil; ***hail*** ~ haelwindbui; *you must **look out** for ~s* jy moet op jou hoede wees, jy moet in jou paspoppens bly; ***rain*** ~ reënwindbui. **squall** *ww.* skreeu, gil. ~ **line** *(weerk.)* stormvlaaglyn. **squal·ly** onstuimig, stormagtig, winderig, buierig, vlaerig.

squa·loid *(söol.)* haaiagtig, haai-.

squal·or smerigheid, vuilheid, goorheid, morsigheid, liederlikheid.

squa·ma -*mae, (söol., anat., bot.)* skub; skilfer. **squamate** geskub. **squa·mi·form** skubvormig. **squa·mous,** *(w.g.)* **squa·mose** skubagtig, skubvormig; skubb(er)ig, geskub, met skubbe; plaveisel-; *~ cell* plaveisel-sel.

squan·der verkwis, deurbring, verspil, (ver)mors, opmaak, verboemel. ~**mania** *(infml.)* (ver)spilsug, deurbringery, verkwisting.

squan·der·er verkwister, deurbringer.

square *n.* vierkant; blokkie, vlakkie; blok (huise); ruit; *(skaak)* vak, veld; plein; *(wisk.)* tweede mag, vierkantsgetal, kwadraat; *(vero.)* borsstuk *(v. 'n rok)*; *(infml.: ouderwetse/konvensionele mens)* ou knol; →SET SQUARE, TRY SQUARE; *the ~ **of** the distance* die afstand in die kwadraat; *the ~ **of** 3 is 9* 3 kwadraat is 9; ***on** the ~, (ook)* op die dwarste, reghoekig; gelyk; *(infml.)* eerlik; ***on/in*** *the ~, ('n vergadering ens.)* op die plein; *('n gebou ens.)* aan die plein; *be back to ~ **one,** (infml.)* terug wees waar jy begin het, weer van voor af moet begin; ***out** of ~* nie haaks/reghoekig nie, uit die haak; ***raise** s.t. to the ~, (wisk.)* iets tot die kwadraat verhef. **square** *adj.* vierkantig, reghoekig; haaks, loodreg; kantreg *(hout)*; vierkant; in orde, in die haak; eerlik, billik; gelyk, kiet(s), niks skuldig nie; *(infml.)* oudoos, preuts, styf; ***all*** ~ gelykop; sonder verlies; sonder skuld; *be **(all)** ~ with s.o.* met iem. kiets wees; iem. niks skuld nie; *get ~ **eyes*** vierkantige oë kry, jou oë trek vierkant *(v. lang ure voor d. kassie/TV)*; ***get*** ~ uit die skuld raak; ***get** things ~* sake in orde bring, sake agtermekaar (*of* in die haak) kry; ***get*** *~ **with** s.o.* iem. betaal, met iem. afreken; *have a ~ **head*** 'n bonkige kop hê; →SQUAREHEAD; *a ~ **metre/etc.*** 'n vierkante meter/ens.; *10 **metres** ~* 10 meter in die kwadraat/vierkant; *~ **on** ...* haaks/loodreg op ...; *s.o. is a ~ **peg** in a round hole* →PEG *n.*; *s.o.'s **play** is not always ~* iem. speel nie altyd eerlik nie; *s.o. met with a ~ **refusal*** dit is hom/haar botweg geweier; *~ **to** ...* vlak teenoor ... **square** *adv.* vierkant, reg; *hit s.o. ~ on the jaw, (infml.)* iem. mooi/reg op die kakebeen slaan/tref; *treat s.o. ~, (infml.)* iem. eerlik behandel. **square** *ww.* vierkantig/reghoekig maak, vierkant; haaks maak; *(wisk.)* kwadreer, tot die tweede mag verhef; vereffen, betaal; in orde bring; *(infml.)* omkoop; *~ **accounts** with s.o.* →ACCOUNT *n.*; *~ s.t. **away*** iets in orde bring, iets agtermekaar kry; *try to ~ the **circle*** →CIRCLE *n.*; *~ one's **conduct** with s.o.'s wishes, (fml.)* jou gedrag by iem. se wense aanpas (*of* na iem. se wense voeg); *3 ~d **is** 9* die tweede mag van 3 is 9; *~ **off*** reg staan (om te baklei), in die aanvalshouding kom; *~ s.t. **off*** iets reghoekig maak; *~ **o.s.*** jou lyf regtrek; jou skouers breed maak; *~ the **rubber*** →RUBBER[2]; *~ the **series*** →SERIES; *~ **s.o.** to hold his/her tongue, (infml.)* iem. omkoop om stil te bly; *~ **up*** reg staan (om te baklei), in die aanvalshouding kom; afreken, die rekening betaal; *~ s.t. **up*** iets loodreg plaas; iets reghoekig maak; iets in orde bring; *~ **up** to s.o.* vir iem. reg staan, iem. aandurf, teen iem. in die aanvalshouding kom; *~ **up** to s.t.* iets onder die oë sien; *~ **up** with s.o.* met iem. afreken/regmaak, skuld by iem. betaal/vereffen; *s.t. ~s **with** ...* iets strook/klop (*of* kan versoen word *of* is te rym *of* is in ooreenstemming) met ...; ***x** ~d, (wisk. ens.)* x in die kwadraat. ~ **back** *(mot.)* blokrug. ~ **bar** vierkantstaaf. ~**-bashing** *(Br. mil. sl.)* drillery. ~ **bend** haakse buigstuk. ~ **bit** kruisboor. ~ **bracket** *(tip.)* tekshakie, vierkantige/vierkante hakie. ~**-built** *adj.* vas/sterk/breed gebou; breed van stuk, vierkantig, bonkig. ~ **cut** *n., (kr.)* regkaphou. ~**-cut** *ww., (kr.)* 'n regkaphou slaan, haaks kap. ~ **dance** kadriel. ~ **deal** eerlike/billike behandeling/transaksie. ~ **degree** graadvierkant. ~**-edge(d) chisel** vierkantbeitel. ~**-eyed** *adj., (skerts.)* skeeloog; *get ~* = GET **SQUARE** EYES. ~ **file** vierkantvyl. ~**head** *(sl.)* eerlike/reguit mens; *(neerh.)* Duitser, Skandinawiër. ~**-headed** *adj.* met 'n vierkantige kop; *~-head(ed) bolt* vierkantkopbout; *~ window* reghoekige venster. ~**-jawed** *adj.* met 'n sterk ken. ~ **joint** *(houtw.)* stuiklas; *(sweiswerk)* haakslas. ~ **knot** kruis-, platknoop. ~ **leg** *(kr.)* regby; *backward ~ ~* agterregby, regby effe(ns) terug/agtertoe; *deep ~ ~* regby op die grens; *deep backward ~ ~* wye regby op die grens. ~**-lipped rhinoceros** = WHITE RHINOCEROS. ~ **meal** stewige maal(tyd). ~ **measure** oppervlaktemaat. ~ **mouth** plat bek. ~ **neck** vierkantige hals. ~**-nose(d) shovel** stompneusgraaf. ~ **number** kwadraat(getal). ~ **nut** vierkantmoer. ~ **piano** tafelpiano, -klavier. ~ **rig** *(sk.)* vierkanttuig. ~**-rigged** *adj.* met raseile, vierkant getuig. ~ **rod,** ~ **rood,** ~ **perch** *(meeteenh.)* vierkante roede. ~ **root** *(wisk.)* vierkants-, tweedemagswortel. ~ **sail** raseil. ~ **shooter** *(Am. infml.)* eerlike/reguit mens. ~**-shooting** *adj., (Am. infml.)* rondborstig, reguit. ~**-shouldered** *adj.* breedgeskouer(d); met vierkantige/vierkante skouers. ~ **thread** vierkantige skroefdraad. ~ **timber** vierkanthout. ~**-toed** *adj., (infml.)* ouderwets, preuts, styf; *~ shoe* stompneusskoen. ~ **wave** *(elek. & fis.)* reghoekgolf.

squared geruit; vierkant/sterk gebou; ~ ***map*** vierkantkaart; ~ ***paper*** ruitjiespapier, geruite papier, grafiekpapier; ~ ***splice*** tandspalklas; ~ ***stone*** haakse/gevierkante klip; ~ ***timber*** kanthout, haaks gesaagde hout.

square·ly vierkant; onmiskenbaar; ronduit, openhartig, eerlik; *look s.o. ~ in the face* iem. reg in die gesig (*of* vas/waterpas in die oë) kyk.

square·ness vierkantigheid.

squar·ing (die) haaks maak; kwadrering; vlakte(maat)berekening; *~ of the circle* kwadratuur van die sirkel; die onmoontlike.

squar·ish *adj.* amper vierkantig.

squash[1] *n.* gedrang, samedromming; moes, pap, pulp; muurbal; kwas; →SQUASHY, LEMON SQUASH, ORANGE SQUASH. **squash** *ww.* plat/pap druk; fyn druk, fynmaak, tot pap/moes maak; verbrysel; *(fig.)* doodsê, doodsit, 'n kopskoot gee, doodgooi; *~ s.t. **in*** iets indruk/inprop; *be ~ed into ...* in ... saamgedruk wees; *be ~ed up* saamgedruk wees. ~ **hat** pap/slap hoed. ~ **(rackets)** muurbal.

squash[2] *squash(es), n.* murg-, pasteipampoen, skorsie, patat-bo-die-grond; →GEM SQUASH, HUBBARD SQUASH.

squash·y sag, saf, pap(perig). **squash·i·ness** pap(perig)heid, sagtheid.

squat[1] *n.* gehurkte houding; *(gewigoptel)* hurksit; plakkershut, -huis(ie), -woning. **squat** *adj.* gehurk; kort, dik, geset, platterig, plomp; *~ heel* blokhak, dik hak. **squat** -*tt*-, *ww.* (neer)hurk, gehurk (*of* op die hurke) sit; wegkruip; plak; *~ (down)* op jou hurke gaan sit, (neer) hurk; jou neerplak. ~**-faced** met 'n plat gesig. ~ **thrust** *(soort oefening)* hurkskop.

squat[2] *n.: (diddly-)~, (Am. infml.)* hoegenaamd niks nie.

squat·ter neerhurker; plakker; *(hist.)* kolonis; *(Austr.)* veeboer; *(Austr., hist.)* bywoner; *~s' settlement* plakkersdorp, -buurt.

squat·ting gehurk; plakkery.

squaw *(neerh.)* (Indiaanse) vrou.

squawk *n.* gekrys, geskree(u). **squawk** *ww.* skree(u), krys. ~ **box** *(infml.)* luidspreker; interkom.

squeak *n.* piepgeluid, gepiep; gil(letjie); *a narrow ~* 'n noue ontkoming; *it was a narrow ~, (ook)* dit was so hittete/amper(tjies); *speak in a ~* met 'n piepstem praat. **squeak** *ww.* piep; skree(u), gil; knars; *(infml.)* verkla, verklik; *~ing shoes* skoene wat kraak; *~ through, (infml.)* net-net deurglip/deurkom *('n eksamen)*. **squeak·er** pieper; jong duif; *(infml.)* (ver)klikker, verraaier. **squeak·i·ly** piepend; knarsend. **squeak·y** *=ier =iest* piepend; *~ clean, (infml.)* silwer=, blink=, kraakskoon; *(dikw. effe neerh.)* onberispelik, onbesproke, vlek(ke)loos *(iem. se beeld, reputasie, ens.)*; *~ noise* piepgeluid; *~ voice* piepstem(metjie).

squeal *n.* gil, skree(u), kreet. **squeal** *ww.* gil, skree(u); kerm, tjank; *(infml.)* verkla, verklik; klik; *~ like a stuck pig, (infml.)* soos 'n maer vark skree(u). **squeal·er** skreeuer; *(infml.)* klaer, kermer, kermkous; *(infml.)* grens=, tjankbalie; *(infml.)* verraaier, (ver)klikker. **squeal·ing** geskree(u); *(infml.)* (ver)klikkery.

squeam·ish *n.: the ~, (mv.)* die oorgevoeliges (*of* alte gevoeliges); die angsvalliges, dié/mense wat gou bang word; mense wat vol fiemies is, die puntene(u)riges; die preutses. **squeam·ish** *adj.* gou mislik; angsvallig, oorgevoelig; preuts; kieskeurig, puntene(u)rig. **squeam·ish·ness** angsvalligheid; preutsheid.

squee·gee wisser; skuiwer; waterbesem; *(fot.)* aanstryker. ~ **roller** rubberswabber, rubberrol, gomlastiekrol.

squeeze *n.* druk; afdruk; *(infml.)* gedrang, samedromming; stewige omhelsing, omarming; afpersing; →CREDIT SQUEEZE; ***give** s.t. a ~* iets druk; ***give** s.o. a ~* iem. omhels (*of* 'n drukkie gee); *a ~ of the **hand*** 'n handdruk; *be **in** a (tight) ~* in die klem sit, in die/'n verknorsing sit/wees; *s.o.'s (**main**) ~, (sl.)* iem. se meisie/kêrel; ***put** the ~ on s.o., (infml.)* druk op iem. uitoefen; *it is a **tight** ~, (klere ens.)* dit pas/sit knap; daar is min plek. **squeeze** *ww.* druk; vasdruk; omhels, 'n drukkie gee *(iem.)*; pers; afpers; druk uitoefen op; 'n afdruk maak, afdruk; kruip; knel; *s.o. was ~d to **death** in the crowd* iem. is in die gedrang doodgedruk; *~ s.o.'s **hand*** iem. se hand druk; *~ **in*** inbeur; net-net/ternouernood inkom; *~ s.t. **in*** iets indruk/inprop; *~ **into** a room* in 'n kamer inbeur; *~d **joint**, (teg.)* vryflas, =voeg; *a ~d **orange*** 'n uitgedrukte lemoen; *~/suck an **orange**, (ook fig.)* die laaste sent wins uit 'n onderneming pers/suig; *~ s.t. **out*** iets uitdruk; iets uitpers; iets uitwring *('n nat doek ens.)*; *~ s.t. **out** of s.o.* iets uit iem. pers; *~ money **out** of s.o.* geld van iem. afpers; *~ **through*** net-net deurkom *(deur 'n nou opening ens.)*. ~ **bottle** drukbottel. ~ **box** *(infml.)*, *(konsertina)* krismiswurm, trekorrel(tjie), knorkissie; *(trekklavier)* pensklavier. **squeez·er** drukker; pers. **squeez·y** drukbaar; *~ bottle* drukbottel.

squelch *n.* plasgeluid; *(infml.)* doodhou; *(infml.)* doodsê. **squelch** *ww.* plas, ploeter *(deur modder)*; verpletter; 'n einde maak aan, onderdruk; *(infml.)* tot swye bring, stilmaak, doodsê, doodsit. ~ **(circuit)** *(elektron.)* onderdrukkring. **squelch·y** papperig *('n mengsel, vrug, ens.)*; *~ mud* modderige pappery.

squib *n.* voetsoeker, klapper; ontstekingspatroon; spot=, smaad=, skimpskrif, paskwil; *a damp ~, (infml.)* 'n fiasko/mislukking/misoes. **squib** *=bb=, ww.* spotskrifte skryf/skrywe, hekel.

squid *squid(s), n.* pylinkvis; *common ~* tjokka. **squid** *=dd=, ww.* visvang met pylinkvis *(as aas)*.

squid·gy *(infml., hoofs. Br.)* klam.

squif·fy *(infml.)* besope, dronk, lekkerlyf; skeef, skuins.

squig·gle *n.* krabbel; kronkel(lyn). **squig·gle** *ww.* kronkel, wriemel. **squig·gly** kronkelend; *~ line* kronkellyn.

squil·gee = SQUEEGEE.

squill *(bot.: Scilla spp.)* see-ajuin, sterhiasint; *(soöl.: Squilla spp.)* sprinkaankreef.

squinch *(argit.)* hoekboog.

squint *n.* skeelkyk, skeel oë; *(infml.)* kykie; *(argit.)* hagioskoop *(in 'n kerk)*; *have a ~* oormekaar/skeel kyk; *have a slight ~* soetskeel kyk; *have/take a ~ at s.t., (infml.)* 'n bietjie na iets kyk/loer. **squint** *adj.* skeel; skeef. **squint** *ww.* skeel kyk/wees, oormekaar kyk; die oë vinnig knip; *~ at ...* skuins na ... kyk; na ... loer; *s.o. ~s, (ook, infml.)* iem. se binneleisels is te kort; *~ towards the other side* oorhel na die ander kant. ~ **brick** skewehoeksteen. ~ **eye(s)** skeeloog. **~-eyed** *(ietwat neerh.)* skeel, skeeloog=; *(fig.)* kwaadaardig, kwaadwillig. ~ **window** dakvenstertjie.

squint·ing skeel; *slightly ~* soetskeel.

squire *n.* landheer, =edelman, =jonker; *(hist.)* skildknaap, wapendraer; *~ of dames, (vero.)* kavalier, dameskêrel. **squire** *ww., ('n man)* vergesel, begelei *('n dame)*. **squir(e)·arch** lid van die landadel. **squir(e)·ar·chy** (laer) landadel. **squi·reen** *(w.g.)* klein grondbesitter *(in Ier.)*.

squirl *n., (infml.)* tierlantyntjie; kronkel, krul(letjie).

squirm *n.* gewriemel, gekriewel. **squirm** *ww.* kriewel, krimp, kronkel, wriemel; (ineen)krimp, kruip; skrikkerig/kriewelrig word; *~ out of s.t.* uit iets loskom, jou uit iets loswikkel; *~ with ...* van (die) ... (ineen)krimp *(pyn, verleentheid, ens.)*.

squir·rel *n.* eekhoring, eekhorinkie; eekhoringgrys; *ground ~, (Xerus spp.)* waaierstert(grond)eekhoring. **squir·rel** *ww.: ~ s.t. away* iets opgaar/oppot/wegsit/wegbêre. ~ **cage** eekhoringhok, =kou, trapmeulhok, =kou; *(fig.)* sieldodende alledaagsheid/werk/ens., sleur=, roetinewerk; *(elek.)* kou=, kooianker. ~ **monkey** eekhoringaap.

squir·rel·like eekhoringagtig.

squir·rel·ly eekhoringagtig; *(Am. infml.)* woelig, rusteloos, kriewelrig; senu(wee)agtig, skrikkerig; wispelturig; eksentriek.

squirt *n.* spuit; straal(tjie); woordevloed; *(infml.)* snuiter, windbuks; *a cheap ~, (infml.)* 'n goedkoop ventjie. **squirt** *ww.* spuit; *~ water at s.o., ~ s.o. with water* iem. natspuit; *~ out* uitspuit; *~ out of s.t.* uit iets spuit. ~ **gun** *(Am.)* waterpistool.

squish *n.* swiesj=, sjoepgeluid. **squish** *ww.* swiesj, sjoep; *(infml.)* (plat) druk, (plat)druk; *~ ... together ...* saamdruk. **squish·y** papsag, =saf.

squit *(sl., dial.)* bog(gie), snuiter.

Sri Lan·ka *(geog., vroeër Ceylon)* Sri Lanka. **Sri Lan·kan** *n.* Sri Lankaan; →SINHALESE *n.*. **Sri Lan·kan** *adj.* Sri Lankaans; →SINHALESE *adj.*.

stab *n.* steek, dolksteek, messteek; wond; belediging, belastering; probeerslag; *a ~ in the back* 'n steek in die rug, 'n verraderlike aanval; *give s.o. a ~ in the back, (lett. & fig.)* iem. in die rug steek; *have a ~ at s.t., (infml.)* iets ('n slag) probeer (doen). **stab** *=bb=, ww.* steek; prik; deursteek; wond, grief; *~ **at** ...* na ... steek; *~ s.o. in the **back**, (lett. & fig.)* iem. in die rug steek; *~ s.o. to **death*** iem. doodsteek; *~ s.o. **with** s.t.* iem. met iets steek *('n dolk ens.)*. ~ **hole** dolkgat. ~ **wound** steekwond.

Sta·bat Ma·ter *n., (RK, mus., Lat.: daar staan d. moeder [v. Jesus])* Stabat Mater, Maria-sekwent.

stab·ber (dood)steker, messteker, bek(ke)snyer; sluipmoordenaar.

stab·bing (mes)stekery; *(bouk.)* prikking. ~ **stitch** deurdruksteek.

sta·bile *(abstrakte beeldh.)* vaste sweefwerk.

sta·bi·li·sa·tion, *(Am.)* **sta·bi·li·za·tion** bestendiging, stabilisasie, stabilisering. ~ **fund** stabilisasiefonds.

sta·bi·lise, *(Am.)* **sta·bi·lize** stabiliseer, bestendig. **sta·bi·lis·ing,** *=liz·ing n.* stabilisering.

sta·bi·lis·er, *(Am.)* **sta·bi·liz·er** roldemper, stabilisator; stabiliseerder; stabilisasievlak; stertvlak; *(rad.)* stabilisator(buis). ~ **bar** stabiliseerstaaf.

sta·bil·i·ty stabiliteit, soliditeit, vastheid; standvastigheid, bestendigheid.

sta·ble[1] *n.* stal; (ren)perde; *clean (out) the Augean ~s* →AUGEAN. **sta·ble** *ww.* stal, op stal hou, op (*of* in die) stal sit; *be ~d* op (*of* in die) stal staan. ~ **accommodation** stalling, stalruimte, stalgeleentheid. ~ **bar** latierboom. ~ **bedding** kooigoed. **~boy,** *(Br.)* ~ **lad** staljonge, =kneg. ~ **bucket** stalemmer. ~ **companion** stalmaat; perd uit dieselfde stal; skool=, klubmaat, ens.. ~ **door** staldeur; bo-en-onderdeur; *lock the ~ ~ after the horse has bolted (*or *been stolen)* die put demp as die kalf verdrink het. ~ **duties** staldiens; stalwag. ~ **fly** steek=, stalvlieg. ~ **guard** stalwag. ~ **hand** stalkneg. ~ **horse** stalperd. ~ **keeper** stalhouer. **~man** stalkneg. ~ **mate** stalmaat. ~ **rack** voerrak, ruif. ~ **yard** stalwerf, =kraal. **sta·bling** stalling, stalruimte; stal, staanplek *(vir perde)*; stalgeld.

sta·ble[2] *adj.* stabiel, vas(staande), solied; bestendig; duursaam; standhoudend; standvastig, vasberade; *~ equilibrium/market* bestendige/stabiele ewewig/mark; *~ price* bestendige prys; *~ substance, (chem.)* bestendige stof.

stac·ca·to *=tos, n., (It., mus.)* staccato(gedeelte, =strykwerk, ens.). **stac·ca·to** *adj. & adv.* staccato, geskei. ~ **mark** staccato-teken.

stack *n.* hoop; stapel; oeshoop; mied; skoorsteen(pyp); skoorsteenbundel, groep skoorstene; *(rek.: versameling protokols)* stapel; *~ of corn* koringmied; *~ of wool* stapel wol; *~s of ..., (infml.)* hope ... *(geld, tyd, werk, ens.)*; 'n massa/boel ... *(werk ens.)*. **stack** *ww.* mied pak; (op)stapel, op 'n hoop pak; (op)hoop; *~ **arms*** →ARMS; *~ s.t. **away*** iets wegbêre; *~ ... **(up)*** ... opstapel; *(lugv.)* ... op verskillende hoogtes bo die lughawe/vliegveld laat wag/rondsirkel *(vliegtuie)*; *that is how things ~ **up**, (infml.)* dit is hoe sake staan; *how s.t. ~s **up** against ..., (infml.)* hoe iets met ... meeding. ~ **attendant** rakbediende. ~ **gas** skoorsteengas. ~ **sack** stapelsak. **~-salted hide** natgesoute vel. ~ **stand** miedkraal. ~ **system** stapelstel. **~up** *n.* (lugverkeers)opeenhoping.

stacked *adj.: ~ heel* stapelhak; *be ~ (up), (kiste ens.)* opgestapel wees; *(verkeer)* ophoop; *(vliegtuie)* op landingsinstruksies wag, op verskillende hoogtes bo die lughawe/vliegveld rondsirkel; *be (well) ~, (Br. sl.)* goed bedeel(d) wees.

stack·er *n.* stapelaar, stapelmasjien.

stack·ing (die) pak; stapeling. ~ **area** stapelplek.

sta·di·um *=diums, =dia* stadion; *(lengtemaat)* stadie; *sports at/in the ~* sport in die stadion.

stad(t)·hold·er *(hist.)* stadhouer.

staff *staffs, n.* stok, staf; staaf; paal; stut, steun; sport *(v. 'n leer)*; *(messelwerk)* hoekskutplank; personeel; *(mil.)* staf; *(mus.)* notebalk; →TEACHING STAFF; ***bread** is the ~ of life* sonder brood kan die mens nie leef/lewe nie; ***chief** of ~* →CHIEF *n.*; ***editorial** ~* →EDITORIAL *adj.*; ***general** ~* →GENERAL *adj.*; *the ~s **of** ...* die stawwe van ... *(krygsmagte)*; die personeel/leerkragte van ... *(skole ens.)*; *be the ~ of s.o.'s **old age*** iem. se steun in sy/haar ouderdom wees; *be **on** the ~* ('n) lid van die personeel (*of* ['n] personeellid) wees; *(mil.)* ('n) lid van die staf (*of* ['n] staflid) wees; *be **on** the ~ of a school/etc., (ook)* aan 'n skool/ens. verbonde wees; *the **permanent** ~* die vaste personeel; *s.o.'s ~ and **stay*** iem. se staf en steun. **staff** *ww.* beman, beset, van personeel voorsien; *(mil.)* van 'n staf voorsien; *~ s.t. with ...* iets met ... beset. ~ **angle** *(messelwerk)* hoekskutplank. ~ **association** personeelvereniging. ~ **bead** *(argit.)* hoekkraallys. ~ **canteen** personeelkafee, =kafeteria. ~ **college** *(mil.)* stafkollege. ~ **corps** *(mil.)* stafkorps. ~ **gauge** staafmeter. ~ **map** stafkaart. ~ **notation** *(mus.)* note=, balkskrif. ~ **nurse** stafverpleegster. ~ **officer** *(mil.)* stafoffisier. ~ **problem** personeelprobleem. ~ **room** personeelkamer. ~ **sergeant** stafsersant. ~ **training** personeelopleiding. ~ **turnover** personeelwisseling. ~ **writer** redaksielid, vaste medewerker.

staff·er personeellid.

staff·ing personeelvoorsiening. ~ **costs** personeelkoste. ~ **problem** probleem met personeelvoorsiening.

Staf·ford·shire (bull) ter·ri·er staffordshire(bul)terriër.

stag takbok, hert; ramhamel; *(effektebeurs)* voorspekulant, stigtingspekulant, uitgiftespekulant, premiejaer. ~ **beetle** boktor. ~ **evil** klem *(by perde)*. **~-horn fern** takbokvaring. **~hound** ruigharige hond. ~ **hunt(ing)**

hertejag. ~ **knees** bokknieë. ~ **night,** ~ **party** ram-party(tjie), bokkefuif.

stage *n.* toneel; steier, stellasie; platform, verhoog; speeltoneel; stadium, staat, fase; trap, punt; *(geol.)* etage; skof, trek, trajek; tafel *(v. 'n mikroskoop ens.); (arg.)* poskoets, =wa; →STAGY; *have ~ **ambitions*** na die toneel aspireer, akteur/aktrise/toneelspeler wil word; ***at one*** ~ op een tydstip; in een stadium; ***at that*** ~ toe; op dié/daardie tydstip; in dié/daardie stadium; op dié/daardie punt; ***at this*** ~ tans, op die oomblik; op dié/hierdie tydstip; in dié/hierdie stadium; op dié/hierdie punt; *not **at this*** ~ nou nog nie; ***bring/put** s.t. on the* ~ iets opvoer, iets op die planke/toneel bring; *the patient has passed the **critical*** ~ die pasiënt is oor die krisis; ~ *of **development*** ontwikkelingstadium; *by/in **easy*** ~*s* geleidelik; rus-rus; *travel by **easy*** ~*s* op jou gemak reis, kort skofte reis/ry; ***go** on the* ~ ('n) akteur/aktrise/toneelspeler word, gaan toneelspeel; ***hold** the (centre of the)* ~ alle aandag/belangstelling trek; ***in*** ~*s* trapsgewys(e); stap vir stap; geleidelik; ***leave/quit** the* ~ die teater vaarwel toeroep, die teaterwêreld verlaat; *(fig.)* van die toneel verdwyn; *get down at the **next*** ~ by die volgende halte afklim *(op 'n busroete ens.)*; ***off*** ~ →OFF-STAGE; ***on*** ~ →ONSTAGE; *be **on** the* ~ toneelspeel (*of* toneel speel), ('n) akteur/aktrise/toneelspeler wees; *be **past** that* ~ dié/daardie stadium verby wees; ***put** s.t. on the* ~ →***bring/put***; ***reach** a ~ where* ... 'n punt bereik waar ...; ***set** the* ~ die toneel inrig; alles klaarmaak; ***set** the ~ for* ... die weg vir ... berei; *the ~ was **set** for* ... alles was voorberei (*of* die tyd was ryp) vir ...; ***the*** ~, *(ook)* die toneel(wêreld); ***travelling*** ~ →TRAVELLING CRADLE; ***up*** ~ →UPSTAGE; ***up to** that* ~ tot dan toe, tot op daardie tydstip; tot daardie stadium; *all the **world's** a* ~ die wêreld is 'n speeltoneel. **stage** *ww.* opvoer, op die planke bring; monteer; op tou sit; *(w.g.)* koets ry; *(w.g.)* in trekke reis; →STAGING; ~ *an **attack*** →ATTACK *n.*; ~ *a **comeback*** →COMEBACK; ~ *a **hold-up*** →HOLD-UP; ~ *a **landing*** 'n landing uitvoer; ~ *a **strike*** →STRIKE *n.*; ~ *a **walkout*** →WALKOUT; *the play does not ~ **well*** die stuk speel nie maklik/lekker nie (*of* is moeilik opvoerbaar). ~ **box** *(teat.: losie bokant d. voorverhoog)* prosceniumloge. ~ **character** toneelfiguur. ~**coach** *(hist.)* poskoets, =wa. ~**craft** toneelkuns. ~ **designing** teaterontwerp. ~ **direction** teateraanwysing. ~ **door** artieste-ingang, toneelingang. ~ **effect** teatereffek; knaleffek. ~ **fever** teatermanie, =obsessie. ~ **fright** plankekoors, =vrees. ~**hand** toneelhelper. ~ **hero** teaterheld. ~ **left** *adv.* aan die linkerkant van die verhoog. ~**-manage** *ww.* ensceneer; verhoogbestuur doen; *(fig.)* bekonkel. ~ **management** verhoogbestuur. ~ **manager** verhoogbestuurder, toneelmeester. ~ **name** toneelnaam. ~ **painter** teaterskilder. ~ **play** teater=, verhoogstuk; speeldrama. ~ **properties** teaterbenodigdhede, =rekwisiete. ~ **right** *adv.* aan die regterkant van die verhoog. ~ **rights** *n. (mv.)* opvoerregte. ~ **scaffolding** verdiepingsteier. ~ **scenery** (toneel)dekor. ~ **set** (toneel)dekor. ~ **setting** teaterskikking, =inkleding, mis-en-scène. ~**-struck** *adj.* versot op die toneel, teatermal, behep met die toneel, toneelbehep. ~ **whisper** hoorbare fluistering; *say s.t. in a* ~ ~ iets hoorbaar fluister.

stag·er: *an old* ~ 'n veteraan, 'n ringkop, 'n ou kalant.

stag·fla·tion *(ekon.:* stagnation + inflation*)* stagflasie.

stag·ger *n.* waggelende gang, gewaggel, waggeling; verspringing; *the* ~*s* duiseligheid; malkopsiekte, dronksiekte *(by perde)*; malkopsiekte, draaisiekte *(by skape)*. **stag·ger** *ww.* wankel, waggel, slinger, steier; laat wankel/waggel; aarsel, weifel; oorbluf, verstom, skok; (ver)sprei, laat verspring, verspringend aanbring/inrig, trapsgewyse rangskik/inrig; sprei; ~ *about/around* rondsteier. **stag·gered** verstom, versteld; gesprei(d); getrap, trapsgewyse; verspringend; *be ~ **by** s.t.* verstom/versteld staan oor iets; *s.t. **completely** ~ s.o.* iets het iem. dronkgeslaan (*of* totaal uit die veld geslaan); ~ ***holidays/time***, ~ ***working hours*** gespreide vakansies/werk(s)ure, spreityd; ~ ***lines*** verspringende reëls/lyne; ~ ***rows*** skuins geplante rye. **stag·ger·ing** *n.* waggeling, gewaggel; verspringing; spreiding; *(elek.)* slingering. **stag·ger·ing** *adj.* waggelend; ongelooflik, verbasingwekkend, verstommend, skrikbarend; ~ *blow* doodhou, verpletterende/geweldige/hewige slag/hou.

stag·ing montering, enscenering *(v. 'n toneelstuk)*, opvoer(ing); stellasies, steiering, steierwerk; skofreëling. ~ **area** *(mil.)* skofgebied; *(mil.)* vormingsgebied. ~ **ground** skofterrein. ~ **post** *(mil.)* skofpos.

Sta·gi·rite *(inwoner v.d. hist. Gr. stad Stagira, vnl. Aristoteles)* Stagiriet.

stag·nate, stag·nate stilstaan; lui/traag wees/word; stagneer. **stag·nan·cy** stilstand; traagheid; malaise; stagnasie. **stag·nant** (stil)staande, stil; doods; traag; stagnant; ~ *air* dooie lug; ~ *water* staande water. **stag·na·tion** (die) stilstaan, stilstand, doodsheid, stagnasie, verstarring.

stag·y, stag·ey teatraal, toneelagtig, aanstellerig.

staid bedaard, stemmig, onavontuurlik, oninspirerend; solied, nugter. **staid·ness** bedaardheid, stemmigheid; nugterheid.

stain *n.* vlek; smet, klad, skande, skandvlek; kol; beits, kleurstof, tint; *without a ~ on one's **character*** →CHARACTER *n.*; *be **covered** with* ~*s* vol vlekke wees; *s.t. **leaves** a* ~ iets laat 'n vlek agter, iets vlek; *a* ~ ***on** s.o.'s character/reputation* 'n klad op iem. se (goeie) naam; ***remove*** (*or **take out***) *a* ~ 'n vlek verwyder. **stain** *ww.* bevlek, besoedel; vlek, afgee, vlekke maak; kleur; beits *(hout)*; brandskilder *(glas)*; *guaranteed not to ~ clothes* gewaarborg om klere nie te vlek nie. ~**-proof** vlekvry. ~ **removal** vlekverwydering. ~ **remover** vlekverwyderaar. ~**-resistant,** ~**-resisting** vlekvry, vlekbestand.

stained: ~ ***glass*** kleurglas, gekleurde/beskilderde/gebrandskilderde glas, brandskilderglas, glas-in-lood; ~ ***wallpaper*** gekleurde plakpapier; ~ ***wood*** gebeitste hout; ~ ***wool*** vlekwol. ~**-glass window** kleurvenster, gebrandskilderde venster.

stain·er bevlekker; kleurder; beitser; brandskilder.

stain·ing bevlekking; kleuring; beitsing; brandskildering. ~ **power** beitsvermoë.

stain·less onbevlek, rein, skoon, smet(te)loos, onbesmet, vlek(ke)loos; vlekvry; ~ *steel* vlekvry(e)/roesvry(e) staal. **stain·less·ness** onbevlektheid, vlek(ke)loosheid; vlekvryheid.

stair traptree, trappie, treetjie; *(i.d. mv.)* trap; landingsteier; ***below*** ~*s* ondertoe, na onder; in die kelder; *a **flight** of* ~*s* →FLIGHT *n.*; ***go** down/up the* ~*s* (met) die trap afgaan/opgaan; →DOWNSTAIRS *adv.*, UPSTAIRS *adv.*; ***kick** s.o. down the* ~*s* iem. die trap afsmyt; ***on** the* ~*s* op die trap; *meet s.o. **on** the* ~*s* iem. op die trap teëkom; ***throw** s.o. down the* ~*s* iem. die trap afgooi; *at the **top** of the* ~*s* bo-op die trap; *the **top*** ~ die boonste treetjie; *the **top** ~ but one* die tweede treetjie van bo (af). ~ **builder** trapbouer. ~**-builder's saw** treesaag. ~ **carpet** traploper. ~**case** trap; ~ *with several flights* meerarmtrap. ~**case well** trapkuil, trap(pe)huis. ~ **flight** traparm. ~ **hall** trapportaal. ~**head** trapkop. ~ **landing** (trap)oorloop; (trap)portaal. ~**lift** traphyser *(in 'n verdiepinghuis, vir 'n bejaarde/gestremde)*. ~ **rise** optree *(v. 'n trap)*. ~ **riser** stygstuk. ~ **rod** traproei. ~ **runner** traploper. ~ **step** trappie, treetjie. ~ **wall** trapmuur. ~**way** trap. ~**way riser** stygstuk. ~**well** trapkuil, trap(pe)huis.

stake *n.* paal, stok; blomstok; steekbaken; pen; *(teg.)* bankaambeeld; folterpaal; marteldood; inset, wedgeld, speelgeld; aandeel; *(i.d. mv.), (ook)* pot(geld), speelgeld, inset; *s.t. is **at*** ~ iets staan op die spel, iets is daarmee gemoeid, iets hang daarvan af, dit gaan om iets *(iem. se lewe ens.)*; ***die/perish** at* (*or **go** to*) *the* ~ op die brandstapel sterf/sterwe; ***have** a ~ in s.t.* belang by iets hê; *s.o. plays for **high*** ~*s* iem. plaas/sit baie op die spel; ***pull** (up)* ~*s* verhuis. **stake** *ww.* met pale stut; blomstok(ke) inplant/aanbring, aan 'n stok(kie) bind; ompaal, afbaken, pale omsit; afsteek, afpen; vaspen; waag; wed, inlê, insit, op die spel plaas/sit; trakteer, instaan vir; ~ *(out) a **claim*** →CLAIM *n.*; ~ *one's **future** on s.t.* →FUTURE *n.*; ~ *one's **life*** →LIFE; ~ ***off** s.t.* iets afpen; ~ *s.t. **on** ...* iets op ... verwed; ~ *s.t. **out*** iets afpen; iets aan paaltjies/stokkies opbind *(plante)*; *(infml.)* iets dophou/waarneem *('n gebou ens.)*. ~ **boat** markeerboot *(by 'n wedvaart)*. ~ **body** *(Am.)* leerboombak *(v. 'n vragmotor)*. ~**building** *(fin.)* aandeelbesitvergroting. ~**holder** insethouer, belanghebbende; potbewaarder; *(jur.)* skeidsman. ~ **net** staaknet. ~**out** *n., (infml.)* waarneming(s-diens), observasie(diens); gebou/ens. wat dopgehou/waargeneem word.

stak·ing chis·el stuikyster.

sta·lac·tite stalaktiet, (hang)druipsteen. ~ **cave** druipkelder, druipsteengrot. **stal·ac·tit·ic** druipsteenagtig, druipsteen=, stalaktities.

sta·lag·mite stalagmiet, staandruipsteen. **stal·ag·mit·ic** stalagmities.

stale[1] *adj.* onfris, muf; afgesaag *('n grap ens.)*; bevange *('n atleet, resiesperd, weens ooreising)*; suf, tam, afgerem, afgewerk; oud *(brood, nuus, ens.)*; verouder(d), ou(d)bakke; verjaard, verouderd *('n tjek)*; alledaags; verswak, verflou; verslaan, verskaal(d) *(bier ens.)*; dood *(lug)*; *get* ~, *(iem.)* suf raak; *(iets)* afgesaag raak; *(sport)* bevange raak; *go/turn* ~, *(brood)* muf word; *(bier)* verslaan, verskaal. **stale** *ww.* bevange raak; verswak; oud/muf/afgesaag word. ~**mate** *n., (skaak)* pat, remise; dooie punt, dooiepunt, (punt van) stilstand; *in a position of* ~ op die dooie punt (*of* dooiepunt). ~**mate** *ww.* pat sit; in 'n hoek ja(ag), vaskeer, op die dooie punt (*of* dooiepunt) bring. **stale·ness** mufheid; sufheid; afgesaagdheid; bevangenheid; alledaagsheid.

stale[2] *ww., ('n perd ens.)* water, urineer.

Sta·lin·ism Stalinisme. **Sta·lin·ist** *n.* Stalinis. **Sta·lin·ist** *adj.* Stalinisties.

stalk[1] *n.* bekruipery; deftige stap. **stalk** *ww.* aansluip; bekruip *(wild)*; deftig/hoog stap, (voort)skry; *(spoke)* wandel; →STALKING; ~ *out* (kwaad) uitstap. **stalk·er** bekruiper; sluipjagter; hoogstapper.

stalk[2] *n.* stingel, halm, steel; stronk *(v. kool/mielies/ens.)*; *formed like a* ~ stingelvormig. ~ **borer** stronkboorder, =ruspe(r), =boorwurm, stamruspe(r). ~**-eyed** *(soöl.)* met oë op steeltjies. ~ **raisins** tros=, stingelrosyne, tros=, stingelrosyntjies. ~ **rot** stam=, steelvrot.

stalked gesteeld; ~ *flower* steelblom.

stalk·ing bekruipery. ~ **cap** jagmus. ~ **horse** jag=, skiet=, bekruipperd; *(fig.)* voorwendsel, skuifmeul.

stalk·less stingelloos, steelloos.

stalk·y stingelrig, stokkerig.

stall[1] *n.* stal, hok; hok *(in 'n stal)*; toonbank; stalletjie, kraam(pie), kiosk; kerkbank; koorbank, =stoel; kamer; staking *(v. 'n motor)*; *(lugv.)* staakpunt; vertraging, vertragingsaksie; *(i.d. mv.)* stalles *(in 'n teat.)*. **stall** *ww.* op stal sit; op stal hou; *('n masjien)* staak, gaan staan, steeks raak, *(infml.)* afslaan; in die modder vassit; tyd (probeer) win; ~*ed ox* gemeste/vetgevoerde os; ~*ing speed* staaksnelheid. ~**-fed:** *be* ~ op stal/hok staan; ~ *beef* vetvoer-beesvleis. ~**-feed** *-fed -fed, ww.* op stal/hok voer. ~ **holder,** ~ **keeper** kraameienaar, =houer.

stall[2] *n., (sl.)* handlanger, medepligtige *(v. 'n sakkeroller)*.

stall·age mark=, staangeld; weigeld.

stal·lion hings, dekhings.

stal·wart *n.* staatmaker, *(infml.)* ringkop, getroue, bielie. **stal·wart** *adj.* standvastig, lojaal, betroubaar, onversetlik; flink, dapper; *(vero.)* sterk gebou, fris (gebou), stoer.

Stam·bul, Stam·boul *(ou deel v. Istanboel)* Stamboel, Stambul.

sta·men =*mens,* =*mina, (bot.)* meeldraad. **sta·mi·nate** meeldraad=; ~ *flower* meeldraadblom, manlike blom.

stam·i·na uithouvermoë, weerstandsvermoë, taaiheid, pit, murg *(fig.)*, stamina.

stam·mer *n.* gehakkel, gestotter; gestamel. **stam·mer** *ww.* hakkel, stotter; stamel; haper; ~ *s.t. out* iets mompel/uitstotter *('n verskoning ens.)*. **stam·mer·er** hakkelaar, stotteraar; stamelaar. **stam·mer·ing** →STAMMER *n.*. **stam·mer·ing·ly** *adv.* stotterend, stamelend.

stamp *n.* stempel, seël, tjap; stempelafdruk, tjap; waarmerk; kasjet; keurmerk; soort, aard, karakter; stamper; stamp, trap; →POSTAGE STAMP; *give one's ~ of **approval** to s.t.* jou stempel van goedkeuring op iets plaas; ***bear** the ~ of* ... die stempel van ... dra; ***cancel** a* ~ 'n seël afstempel; ***leave** one's ~ on* ... jou stempel op ... (af)druk; ***of** a certain* ~ van 'n sekere soort/stempel. **stamp** *ww.* stempel, tjap, merk; waarmerk; bestempel; frankeer, seël, 'n posseël sit op; stamp, trap; stans; fynmaak, fyn stamp; trappel; *~ed **addressed** envelope* geadresseerde, gefrankeerde koevert; *~ s.o. **as** a coward/etc.* iem. as 'n lafaard/ens. brandmerk/bestempel; *s.t. ~s s.o. **(as)** a ...* iets stempel iem. tot 'n ..., iets dui aan dat iem. 'n ... is; *~ on the **floor*** op die vloer stamp; *~ one's **foot*** (met) jou voet stamp; *~ed **leather*** goudleer; *s.t. is ~ed on s.o.'s **memory*** →MEMORY; *~ s.t. (up)on the **mind** of ...* iets by ... inprent; *~ **on** s.t.* op iets trap; iets vertrap (*of* plat trap); *~ s.t. **out*** iets uitpons/stans; iets doodtrap *('n vuur ens.)*; 'n end/einde aan iets maak *('n wanpraktyk ens.)*; iets demp/onderdruk *('n opstand ens.)*; iets uitroei/uitwis; *~ s.t. **out** root and branch* iets met wortel en tak uitroei *(dwelmsmousery ens.)*; *~ **out** of ...* uit ... storm *('n kamer ens.)*. ~ **act** seëlwet. ~ **album** posseëlalbum. ~ **battery** stampbattery. ~ **block** stampblok. ~ **collecting** filatelie, posseëlversameling. ~ **collection** posseëlversameling. ~ **collector** posseëlversamelaar, filatelis. ~ **cutter** stempelsnyer. ~ **damper** (pos)seëlbevogter. ~ **dealer** seëlhandelaar. ~ **duty** seëlreg, seëlbelasting. ~ **hinge** *(filat.)* seëlplakkertjie, -plakstrokie. ~ **machine** seëloutomaat. ~ **mill** stampmeul. ~ **office** seëlkantoor. ~ **pad** stempelkussing. ~ **paper** geseëlde papier; posseëlstrokie.

stam·pede *n.* (die) weghol, dolle vlug, plotselinge skrik; toeloop, stormloop. **stam·pede** *ww.* weghol, wegbreek, op loop sit/gaan; op loop ja(ag).

stamp·er stempelaar; stempel; stanser; stamper; klop-pik. **~wood** →PUZZLE BUSH.

stamp·ing (af)stempeling; gestamp; stanswerk; waarmerking; *~ of feet* voetgestamp, gestamp van voete. ~ **ground** *(lett. & fig.)* rolplek; *(fig.)* houplek. ~ **machine** stempelmasjien; stansmasjien. ~ **pad** stempelkussing. ~ **press** stempelpers; muntpers.

stance houding, stand, posisie; standpunt.

stanch[1], staunch *n.* stelping; stuiting; stelpmiddel; myndamp. **stanch, staunch** *ww.* stelp, laat ophou, stopsit; stuit; waterdig maak.

stanch[2] *adj.* = STAUNCH[2] *adj.*.

stan·chion *n.* pilaar, stut; paal; styl; stander; rong; insluitvoertrog. **stan·chion** *ww.* stut, van pilare/stutte voorsien; vassit.

stand *n.* stand, stelling, posisie; stilstand; oponthoud; staanplek, standplaas; stand *(op 'n tentoonstelling)*; standpunt; weerstand; staander; *(fot.)* statief; tafeltjie; rak(kie); stalletjie, kraam(pie); paviljoen, pawiljoen; stellasie; verhoog; ploegsuil; voetstuk; bank *(in 'n werkplaas)*; perseel, standplaas, erf; dikte *(v. 'n oes)*; opstand; →FOREST STAND; *make a ~ **against** ...* jou teen ... verset, weerstand bied aan/teen ...; *~ of **arms*** volledige uitrusting/bewapening; ***bring** s.t. to a ~* iets tot staan/stilstand bring; ***come** to a ~* tot staan/stilstand kom; *take a **(firm)** ~ on/over s.t.* sterk stelling inneem oor iets; *make a ~ **for** ...* opkom vir ...; *make a **gallant** ~* jou dapper weer; ***grand** ~* →GRANDSTAND *n.*; *s.o.'s **last** ~* iem. se laaste verset; *make a **last** ~* tot die laaste (toe) weerstand bied; ***make** a ~* weerstand bied; vastrap, vasskop, standhou, pal staan; stelling inneem; ***take** a ~* 'n standpunt inneem; ***take** (up) one's ~ somewhere* êrens gaan staan; ***take** one's ~ on s.t.* van iets uitgaan *('n beginsel ens.)*; ***take** the ~, (Am.)* in die getuiebank gaan; *~ of **wheat*** stuk/stand/lap koring. **stand** *stood stood, ww.* staan; gaan staan; plaas, opsit, oprig, opstel, laat (regop) staan; neersit; uithou, uitstaan, deurstaan; verdra, verduur, duld, uitstaan; gedoog; veel; bly staan, van krag wees/bly, gehandhaaf bly; jou verkiesbaar stel; →STANDING *n. & adj.*; *~ **about/around*** rondstaan; *~ **against** X* jou teen X verkiesbaar stel; *~ s.t. **against** ...* iets teen ... sit/plaas; *s.o./s.t. ~s **alone*** iem./iets het geen gelyke nie; *~ **aloof*** jou op 'n afstand hou; *~ **apart*** eenkant staan; *~ **apart** from ...* van ... afgesonder(d) wees; *don't ~ there **arguing!*** →ARGUE; *~ **as** a Democrat/etc.* die kandidaat van die Demokrate/ens. wees; *buy s.t. **as** it ~s* iets voetstoots koop; *~ **aside*** opsy (*of* eenkant toe) staan, opsy gaan (staan); *the fund ~s **at** ...* die fonds staan op ...; *~ at/to **attention*** →ATTENTION; *~ **away** from under ...* wegstaan onder ... uit *(stellasie ens.)*; *~ in **awe** of s.o.* →AWE *n.*; *~ **back*** agteruitstaan, terugstaan; *~ **back** from ...* 'n entjie van ... geleë wees; *~ **by*** bystaan; toeskouer wees; klaarstaan, klaar/gereed wees, in gereedheid staan/wees; *~ **by** s.o., (lett.)* by iem. staan; *(fig.)* iem. (onder)steun, iem. bystaan; iem. steun, agter iem. staan *('n leier ens.)*; *~ **by** s.t.* iets gestand doen, iets hou *('n belofte ens.)*; by iets bly, iets handhaaf, aan iets vashou, in iets volhard *('n beleid ens.)*; *s.o. cannot ~ (idly) **by** and let* (*or s.o. will not ~ [idly] **by** and allow*) *s.t. to happen* iem. kan nie toesien hoe (*of* sal nie bystaan en toelaat dat) iets gebeur nie; *~ **by** me!, (lett.)* staan by my!; *(fig.)* steun/help my!, staan my by!; *~ **by** for ...* op/vir ... wag; vir ... gereed wees; *~ **by** for the news!* die nuus sal nou gelees word, die nuus volg net hierna; *s.o. **cannot** ~ ...* iem. kan nie ... verdra/uithou nie *(pyn ens.)*; *~ on/upon **ceremony*** →CEREMONY; *~ a good **chance*** →CHANCE *n.*; *~ **clear*** padgee, opsy staan, wegstaan; *~ **clear** of ...* van ... wegstaan; *~ **clear!*** gee pad!, uit die pad (uit)!; *be **commanded** to ~* bevel kry om (stil) te staan; *~ **comparison** with ...* →COMPARISON; *these **conditions** still ~* hierdie voorwaardes is nog van krag (*of* geld nog); *I ~ **corrected*** →CORRECTED; *~ in **danger** of ...* →DANGER; *~ **defeat*** →DEFEAT *n.*; *~ and **deliver!**, (hist.)* jou geld of jou lewe!; *~ **down*** terugstaan, terugtree, nie meer kandidaat wees nie; uit die getuiebank gaan; *(mil.)* verdaag word; *~ **down** soldiers* soldate laat rus; *~ **down!*** alarm verby!; *~ **drinks*** →DRINK *n.*; *~ to one's **duty*** jou plig uitvoer (*of* gestand doen); *~ at **ease!*** →EASE *n.*; *~ **easy!*** staan in rus!; *~ s.t. on **end*** →END *n.*; *~ or **fall** by s.t.* by/met iets staan of val; *~ **fast/firm/pat*** vasstaan, pal staan, bly staan, standhou, vastrap, onversetlik wees; *~ **fast!*** bly staan!; *~ **first** on the list* bo-aan (op) die lys staan; *~ **for** s.t., (afk., simb., ens.)* iets beteken, iets aandui, vir iets staan; iets voorstaan, 'n voorstander van iets wees, vir iets opkom, iets steun *('n beleid ens.)*; iets beoog/nastreef/nastrewe *(versoening ens.)*; iets duld/gedoog/verdra *(onbeskoftheid ens.)*; vir iets ('n) kandidaat wees *(d. Parl., 'n setel, ens.)*; iets betwis *('n setel ens.)*; *~ **forth*** vorentoe kom; *~ to **gain** by s.t.* →GAIN *ww.*; *~ one's **ground*** →GROUND[1] *n.*; *~ **guard*** →GUARD *n.*; *~ to one's **guns*** →GUN *n.*; *~ **high** with ...* by ... in die guns wees; *~ **in** for s.o.* iem. se plek (in)neem, vir iem. waarneem, as iem. se plaasvervanger optree; *~ **in** towards ..., (sk.)* na ... vaar; *~ **in** with s.o., (vero.)* in die guns staan by iem.; saamspan (*of* kop in een mus wees *of* gemene saak maak) met iem.; *~ a **joke*** →JOKE *n.*; *~ to **lose** s.t.* gevaar loop om iets te verloor; ***make** s.t. ~* iets laat staan *('n besem teen 'n muur ens.)*; *the **matter** ~s thus* die saak staan so; *s.o. ~s ... **metres*** iem. is ... meter lank, iem. meet ... meter; *the paragraph/etc. **must** ~* die paragraaf/ens. moet (onveranderd) bly; *~ in **need** of s.t.* →NEED *n.*; ***not** ~ (for) s.t.* iets nie veel/verdra nie; ***not** ~ s.o.* iem. nie veel/verdra nie; *~ **off*** wegstaan, opsy staan, op 'n afstand bly; *(sk.)* seewaarts hou; *~ s.o. **off*** iem. (tydelik) ontslaan; *~ **off** and on, (sk.)* beurtelings weg van en nader aan die kus vaar; *~ **on**, (sk.)* (dieselfde) koers hou; *~ **on/upon** s.t.* op iets staan *(lett.)*; op iets aandring/staan; op iets berus; op iets gegrond wees; vir iets opkom *('n mens se regte ens.)*; op iets gesteld wees *('n mens se waardigheid ens.)*; *if you ~ **on/upon** it* as jy daarop aandring/staan; *~ **out*** uitblink, skitter, uitmunt; na vore tree; duidelik afgeteken staan; nie meedoen/deelneem nie; *s.o.'s ears ~ **out*** iem. het bakore; *s.t. ~s **out** above ...* iets rys/steek bo(kant) ... uit; *s.o. ~s **out** above ...* iem. troon bo(kant) ... uit; *~ **out** against ...* teen ... afsteek; vasstaan (*of* pal staan) teen ...; *~ **out** for ...* vir ... ywer; ... verdedig; op ... aandring; *s.o. ~s **out** (from the rest)* iem. val op, iem. trek die aandag; *~ **out** to sea, (sk.)* afhou; *s.t. ~s **over*** iets staan oor, iets bly tot later, iets word uitgestel; *let s.t. ~ **over*** iets laat wag/oorbly; *~ **pat** →**fast/firm/pat**; ~ **pat** (up)on s.t.* van niks anders wil weet nie; *~ to one's **post*** op jou pos bly; *~ **ready*** →READY *adj. & adv.*; *it ~s to **reason*** →REASON *n.*; *~ to **sea*** →SEA; *~ or I **shoot!*** staan of ek skiet!; *s.t. ~s s.o. in good **stead*** →STEAD *n.*; *~ **still*** stilstaan; *~ **talking/etc.*** staan en praat/ens.; *fail to ~ a **test*** →TEST[1] *n.*; *~ **to*** klaarstaan, gereed staan; *~ s.o. **to**, (mil.)* iem. gereed laat staan *(soldate)*; *~ **to** s.t.* by iets bly, iets gestand doen, iets handhaaf; standhou, voet by stuk hou; *~ **together*** saamstaan, bymekaarstaan; *~ **treat*** →TREAT *n.*; *~ **up*** opstaan; regop staan; orent staan; geldig bly; vasstaan, pal staan; *~ **up** and be counted* openlik vir/teen iem./iets opkom; *~ s.t. **up*** iets regop sit/plaas, iets regop laat staan; *~ s.o. **up**, (infml.)* iem. verniet laat wag, 'n afspraak met iem. nie nakom nie; *~ **up** for ...* vir ... opkom, ... ondersteun; *only have the clothes one ~s **up** in* net die klere aan jou lyf hê; *~ **up** to ...* weerstand aan/teen ... bied, jou man teen ... staan; *s.t. ~s **up** to ...* iets is teen ... bestand; iets deurstaan ...; *~ **up** under s.t.* iets verduur; *~ **upon** s.t.* →**on/upon**; *~ **well** with s.o.* goed aangeskrewe staan by iem.; *s.o. wants to know **where** he/she ~s* iem. wil weet waar hy/sy staan (*of* wat sy/haar posisie is *of* waar hy/sy aan of af is *of* waar hy/sy aan toe is); *show **where** one ~s* kleur beken; *~ to **win*** kans hê om te wen. **~-alone** *adj. (attr.), (rek.)* losstaande, vrystaande, ongekoppelde *(rekenaar ens.)*; selfstandige, onafhanklike *(program ens.)*. **~-by** *n.* staatmaker, steun, troue hulp; houvas; reserwe; (gevegs)gereedheid; *be on ~* gereed staan, jou gereed hou, in gereedheid (*of* op gereedheidsvoet) wees. **~-by** *adj.* paraat, gereed; plaasvervangend; *~ **arrangement*** voorlopige reëling; *~ **credit*** nood-, hulp-, reserwekrediet; *~ **passengers*** gereedheidspassasiers; *~ **service*** gereedheidsdiens. ~ **camera** staankamera. **~-in** *n.* invaller *(vir iem. anders)*, plaasvervanger; *(rolprentbedryf)* dubbelganger. **~-in** *adj.* plaasvervangend, tydelik, voorlopig. **~off** *n.* dooie punt, dooiepunt. **~-off** *adj.* eenkant; *~ bomb* afstandbom; *~ half, (rugby)* losskakel. **~offish** eenkant, op 'n afstand, ontoeganklik, terughoudend, ongesellig; onvriendelik, neusoptrekkerig. **~offishness** afsydigheid; hooghartigheid. ~ **oil** standolie, verhardende olie. **~out** *n., (Am., infml.)* uitblinker; puik/uitstekende speler/wyn/ens., topspeler, -wyn, ens.. **~out** *adj.* puik, uitstekend, top-; *~ track, (mus.)* topsnit *(op 'n album)*. **~pipe** staanpyp. **~point** standpunt, oogpunt, gesigshoek, -punt. **~still** stilstand; *~ **agreement*** stilhou-akkoord, opskortingsakkoord; *be at a ~* stilstaan; ***bring** s.t. to a ~* iets tot stilstand bring; ***chase** ... to a ~* ... flou ja(ag) *(mens, wildsbok, ens.)*; ***come** to a ~* tot stilstand/staan kom; ***run** s.o. to a ~* iem. kis loop; ***work** o.s. to a ~* jou gedaan/kapot/kis/oordraad/oorhoeks (*of* oor 'n mik) werk. **~-to** oggendparade. **~-up** *adj.* regop; *~ bar* staankroeg; *~ collar* staankraag, opslaankraag; hoë boordjie; *~ comedy* skerpskertsery; *~ comedian* skerpskertser; *~ desk* staanlessenaar; *~ fight* hewige bakleiery; eerlike geveg; *~ lunch/meal/supper* buffet-ete.

stand·ard *n.* standaard, maatstaf, norm; vereiste, rigsnoer; gehalte, peil; *(SA, vero.)* (skool)standerd; standaard *(v. 'n muntstelsel)*; kubieke maat *(v. hout)*; vlag, vaandel, banier; *(mil.)* onderskeidingsvlag, veldteken; standaard, ruiteryvlag; staander; (staan)paal; *(bot.)* hoofstam, hoofstamboom; rong *(v. 'n wa)*; *~ VI pupil* standerdses(ser), st. 6-leerling; ***apply** a ~* 'n maatstaf/norm aanlê; *be **below** ~* benede peil wees; ***by** s.o.'s ~s* volgens iem. se eise/vereistes; ***by** today's ~s* volgens (*of* gemeet aan) hedendaagse (*of* vandag se) standaarde; ***come** up to ~* die gewenste/vereiste peil/gehalte bereik, aan die norm voldoen; *apply **double** ~s* →DOUBLE STANDARD; *a **high** ~* 'n hoë peil/standaard; *be of **low** ~* van lae gehalte wees; ***maintain** a ~* 'n peil/standaard handhaaf; ***maintain** the ~ of s.t., (ook)* iets op peil hou; ***measured** by these ~s* volgens dié maatstawwe; ***moral** ~s* sedelike norme; *a ~ **of** civilisation/comparison/living* →CIVILISATION, COMPARISON, LIVING; *~ **of** coinage* muntvoet; ***reach** the required ~* die vereiste standaard bereik; *be **up** to ~* op peil wees, van die vereiste/gewenste gehalte wees; *come **up** to ~s* aan norme voldoen. **stand·ard** *adj.* normaal, standaard-; *(bot.)* stam-; hoogstammig; staan-; ~ **book** standaardwerk, gesaghebbende werk; ~ **brick** standaardsteen; ~ **deviation**, *(statist.)* standaardafwyking; *S~ **English*** Algemeen Beskaafde/Algemeenbeskaafde Engels/ens.; ~ **gauge** standaardmaat, -meter; *(spw.)* standaard(spoor)breedte; ~ **gauge railway** standaardspoor; ~ **measure** standaardeenheid; ~ **procedure**

standaardprosedure; ~ ***section*** standaardprofiel; ~ ***size*** standaardgrootte; ~ ***speech*** algemeen beskaafde/algemeenbeskaafde taal; ~ ***time*** standaardtyd; ~ ***wage*** standaardloon; ~ ***weave*** grondbinding; ~ ***weight*** standaardgewig, ykgewig. **~-bearer** vaandeldraer; standaarddraer *(by ruitery)*. **~bred** *(Am.)* standaard=ras. **~ gauge** standaardmeter. **~-issue** *adj., (mil.)* standaard=; *(infml.)* (dood)gewoon, alledaags, algemeen, gebruiklik, tradisioneel, ortodoks, konvensioneel, ti=pies. **~ lamp** *(hoofs. Br.)* staanlamp. **~ rose** (hoog)=stamroos. **~ tree** hoogstam.

stand·ard·ise, =ize standaardiseer, normaliseer, na dieselfde afmetinge maak; normeer, gehalte/norm vas=stel. **stand·ard·i·sa·tion, =za·tion** vasstelling, regule=ring, standaardisering, standaardisasie, normering.

stand·ee *(Am.: iem. wat [moet] staan)* staner.

stand·er staner.

stand·ing *n.* (die) staan; stand, rang; naam, posisie, reputasie; duur; staanplek; status; *in **good*** ~ van goeie naam (en faam), van aansien; *a member in **good*** ~ 'n gerespekteerde lid; ***hard*** ~ vaste blad; *s.t. is of **long*** ~ iets bestaan al lank, iets bestaan lanktal; iets is gevestig; *a dispute of **long*** ~ 'n ou twis; *s.o. **of** (high)* ~ iem. van naam/aansien; *a newspaper **of*** ~ 'n invloedryke koerant. **stand·ing** *adj.* staande; vas, bestaande, vasstaande, bepaald, erken(d); blywend; *leave s.o.* ~ iem. ver/vêr ag=ter laat; *remain* ~ bly staan. **~ advertisement** vaste/staande advertensie. **~ army** staande leër. **~ bar** staan=kroeg. **~ charge(s)** vaste/vasstaande koste. **~ committee** vaste/staande komitee; dagbestuur. **~ crop** staande oes; staande houtvoorraad. **~ desk** hoë lesse=naar. **~ joint** stootvoeg. **~ joke** vaste/ou grap. **~ jump** sprong uit die staanspoor. **~ ladder** staanleer. **~ level** *(geol.)* rushoogte. **~ offer** vaste/blywende aanbod. **~ order** vaste bestelling; vaste opdrag; *(mil.)* staande op=drag/order; vaste betaalopdrag *(aan 'n bank)*. **~ orders** *(mil.)* algemene/staande orders; *(parl.)* reglement van orde, prosedurereëls; huishoudelike reglement/reëls. **~ ovation** staande ovasie/toejuiging. **~ passenger** staande passasier. **~ phrase** vaste uitdrukking; geykte uitdrukking. **~ place** staanplek. **~ rigging** *(sk.)* staande tuig/want. **~ room** staanplek; standruimte, groeiruimte; ~ ~ *only* net staanplekke. **~ rule** vaste/vasstaande reël; erkende gebruik. **~ (rules and) orders** *(parl.)* reglement van orde, prosedurereëls; *(mil.)* algemene/staande orders. **~ stone** regop klip, menhir, monoliet. **~ timber** (staande) houtvoorraad. **~ tree** hout op stam. **~ vice** bankskroef. **~ water** staande water, staanwater. **~ wave** *(fis.)* staande golf, staangolf.

stank *(verl.t.)* →STINK *ww.*.

Stan·ley·ville *(geog., hist.)* Stanleystad; →KISANGANI.

stan·na·ry tinmyn; tinfabriek; tingebied. **stan·nate** *(chem.)* stannaat. **stan·nic** *(chem.)* tin=; ~ *acid* tinsuur. **stan·nif·er·ous** tinhoudend. **stan·nite** *(chem.)* stan=niet, tinpiriet.

stan·nous *adj., (chem.)* tin=, stanno=; ~ *oxide* tinok=sied, stanno-oksied.

stan·za stansa, vers, koeplet, strofe.

sta·pe·li·a stapelia, aasblom.

sta·pes *stapes, (anat.)* stiebeuel *(i.d. oor)*.

staph·y·lo·coc·cus stafilokokkus, stafilokok, tros=kiem; *(mv.:* staphylococci*)* stafilokokke.

sta·ple¹ *n.* kram(metjie), hegdraad. **sta·ple** *ww.* (vas)=kram, met 'n kram vassit; draadheg. **~ gun** kramge=weer, =skieter, =masjien. **~ plate** kramplaat.

sta·ple² *n.* vernaamste produk; mark; ruwe materiaal; hoofbestanddeel; *this formed the ~ of the conversation* die gesprek het hoofsaaklik hieroor gegaan; *wool* ~ wol=draad, =vesel; wolgroei, =stapel; *wool of fine* ~ wol van fyn draad. **sta·ple** *adj.* vernaamste, hoof=; ~ *commodity* stapelgoed; ~ *food* hoofvoedsel, volksvoedsel. **~ diet/food** stapeldieet, stapelvoedsel, =kos. **~ length** stapel=, skynlengte *(v. wol)*.

sta·ple² *ww.* klassifiseer, sorteer.

sta·pler¹ draadhegter *(by boekbindery)*; draadhegma=sjien; kramhegter, krammer; krammer, kramdrukker, =skieter; *gun* ~ kramgeweer, =skieter.

sta·pler² wolsorteerder, wolklasseerder; *(hist.)* wol=handelaar.

star *n.* ster (→SHOOTING STAR); asterisk, sterretjie; (film)ster; hooffiguur; kol *(voor 'n perd se kop)*; *(i.d. mv., rubriek in 'n koerant ens.)* sterre (voorspel), horoskoop; *the ~s are **against** s.t.* die noodlot wil iets nie hê nie; *s.o.'s ~ is in the **ascendant**, s.o.'s ~ is **rising*** iem. maak opgang, iem. se ster gaan op; *with ~s in one's **eyes*** in vervoering; *s.o. was born under a **lucky*** ~ iem. is onder 'n gelukkige gesternte gebore; ***navigate/steer** by the ~s* op die sterre stuur; ***see** ~s, (fig.)* sterretjies (*of* vonke voor jou oë) sien; ***studded** with ~s* met sterre besaai(d); *s.o. can **thank** his/her (lucky) ~s* iem. kan van geluk praat/spreek (*of* kan sy/haar sterre dank *of* kan die hemel dank); *an **unlucky*** ~ 'n ongelukster; *s.o. was born under an **unlucky*** ~ iem. is vir die ongeluk gebore; *s.o.'s ~ is **waning*** iem. se ster verbleek/verdof. **star** =rr=, *ww.* bester, met sterre versier; met 'n sterretjie merk; tot hoofspeler maak; 'n/die hoofrol speel, as hoofspeler/=speelster optree; *~ring* ... met ... in 'n/die hoofrol. **~ anise/aniseed** steranys. **~-apple** *(Chrysophyllum* spp.*)* sterappel. **~ billing** sterindeling; sterstatus; *get (or be awarded/given)* ~ ~ as hoofster aangedui word. **~ burr** sterklits. **~burst** steruitbarsting. **S~ Chamber** *(Br. gesk.)* Sterrekamer. **~ chart** sterrekaart. **~ cluster** ster=swerm. **~ coral** sterkoraal. **~-crossed** deur die (nood)=lot vervolg/gedwarsboom; ~ *lovers* gedoemde paartjie. **~ drift** sterwegdrywing. **~ drill** sterboor. **~dust** sterre=hope, =gewemel; *have ~ in one's eyes, (fig.)* sterre in jou oë hê. **~fish** seester. **~fish flower** aasblom. **~flower** *(genus Alsine)* sterblom; *(Stellaria* spp.*)* sewester. **~ fruit** →CARAMBOLA. **~gazer** sterrekyker; (dag)dromer. **~gazing** sterrekykery; (dag)dromery; afgetrokkenheid, ver=strooidheid; dromerigheid. **~ globe** sterrebol. **~ grass** stergras. **~light** ster(re)lig. **~like** soos 'n ster, ster=. **~lit** sterverlig. **~ of Bethlehem** *(bot.)* bethlehemster *(ook B~)*, voëlmelk, tjienkerientjee; kruisblom, passieblom. **S~ of Bethlehem** die ster van Betlehem. **S~ of David** *(Joodse embleem bestaande uit 'n sespuntige ster)* Dawid=ster. **~ part/role** hoofrol. **~ pistol** sterpistool. **S~s and Bars** *(Am., hist.)* vlag van die Gekonfedereerdes. **~ sand mole** = CAPE MOLE RAT. **S~s and Stripes** *(Am. vlag)* Sterre en Strepe, Sterre-en-Strepe-vlag. **~ sapphire** stersaffier. **~-shaped** stervormig. **~ shell** *(mil.)* lig=granaat. **~shine** ster(re)lig. **~ship** *(wetenskap[s]fiksie)* ruimteskip. **~ shower** sterrereën. **~-spangled:** *the S~-S~ Banner* die Amerikaanse volkslied; die Ameri=kaanse vlag. **~-spangled** met sterre besaai(d), ster=belaai(d); →STAR-STUDDED. **~ stone** stersteen; ster=saffier; sterrobyn. **~ stream** *(astron.)* sterrestroom. **~struck** beswymeld; swymelend; in 'n waas. **~-studded** sterbelaai(d); *a ~ cast* 'n sterbelaaide rolverdeling/rolbesetting. **~ trap** sterstrik. **~ turn** glansnommer; hoofrol. **S~ Wars** *(infml.)* Strategiese Verdedigings=inisiatief. **~ wheel** sterwiel. **~ worship** sterrediens. **~ worshipper** sterredienaar. **~wort** see-aster, sterblom.

star·board *(regterkant v. 'n skip)* stuurboord; *on the ~ side* aan stuurboord; *to* ~ na stuurboord.

starch *n.* stysel; setmeel; gemaaktheid, formaliteit, styf=heid. **starch** *ww.* stywe, styf; *a ~ed collar* 'n gestyfde boordjie. **starch** *adj., (fig.)* styf, formeel. **~ cell** stysel=sel. **~ grain** styselkorrel. **~ paste** plakstysel. **~ sugar** dekstrose. **~ wheat** tweekoring.

starch·y styselagtig; setmeelagtig; vol stysel; *(fig.)* styf, stokkerig, formeel; ~ *food(s)* styselkos. **starch·i·ness** styselagtigheid; *(fig.)* styfheid, gemaaktheid.

star·dom sterstatus; *s.o.'s rise to* ~ iem. se verwerwing van roem; *shoot/rise to* ~ (as 't ware oornag) sterstatus verwerf.

stare *n.* getuur; starende blik; *an icy* (*or a stony*) ~ 'n kil/koue/strakke blik; *an **unwinking*** ~ 'n starende blik; *a **vacant*** ~ 'n wesenlose blik. **stare** *ww.* tuur, staar; staroog/stip kyk; ~ ***at** s.o.* iem. aanstaar/aangaap, iem. stip aankyk, na iem. staar; ~ *s.o. **down/out*** iem. laat wegkyk, iem. sy/haar oë laat neerslaan; ~ *s.o. in the **eye/face*** iem. reg(uit)/vas/waterpas in die oë kyk; *s.t. is staring s.o. in the **face*** iets staar iem. in die gesig *('n ne[d]erlaag ens.)*; iets lê/is vlak voor iem. (se neus); iets is so duidelik soos die dag; *s.t. was staring s.o. in the **face**,* (*ook*) as dit 'n slang was, het dit/hy iem. gepik; ~ ***into** space* voor jou uit staar; ~ *s.o. **out of** countenance* iem. so aanstaar dat hy/sy verleë word. **star·ing** sta=rend; skril, skel, opvallend, opsigtelik *(kleure)*; ~ *green* knalgroen; *stark* ~ *mad/bonkers* →STARK *adj.*; ~ *red* knalrooi.

stark *adj.* styf, strak; *(fig.)* skril; verlate, kaal, barre *(land=skap)*; sterk; volslae, bloot, louter; *(arg. of poët., liter.)* onbuigsaam, star; *the ~ facts* →FACT; ~ *madness* →MAD=NESS; ~ *raving/staring mad/bonkers* stapelgek, heelte=mal van jou trollie/wysie af, die kluts heeltemal kwyt; *be ~ and stiff* stokstyf wees, styf en strak wees. **stark** *adv.* gans, totaal, geheel en al; bloot, louter; *be ~ **blind/dead*** →BLIND *adj.*, DEAD *adj.*; ~ *raving/staring **mad*** →STARK *adj.*; ~ ***naked*** →NAKED; ~ ***white*** effe wit.

stark·ers *adj., (infml.)* poedelkaal, poedelnakend, poe=delnaak; stapelgek, heeltemal van jou trollie/wysie af, die kluts heeltemal kwyt.

star·less sonder sterre, ster(re)loos. **star·let** sterre=tjie; *(infml.)* opkomende aktrise/sportster.

star·ling¹ pylerskerm *(by 'n brug)*.

star·ling² *(orn.)* (blinkvlerk)spreeu; ***European*** ~ Eu=ropese spreeu; ***glossy*** ~ kleinglansspreeu; ***long-tailed*** ~ langstertglansspreeu; ***pale-winged*** ~ bleekvlerk=spreeu; ***pied*** ~ witgatspreeu; ***plum-coloured*** ~ wit=borsspreeu; ***red-winged*** ~ rooivlerkspreeu; ***wattled*** ~, *(Creatophora cinerea)* lelspreeu.

star·ry sterbesaai(d), met sterre besaai, sterre=; ster=vormig; ~ ***eyes*** skitterende oë; *the ~ **heavens*** die ster=rehemel/sterreruim; *the ~ **host*** die sterreheer; ~ ***sky/vault*** sterrehemel; ~ ***splendour*** sterreprag. **~-eyed** met stralende oë; alte optimisties, alte idealisties.

start *n.* begin, aanvang; vertrekpunt; skok *(v. verbasing)*; afsit, wegspring; afrit; wegspringplek; voorsprong; voorgee; *(vero.)* verrassing; ***at** the* ~ eers, aanvanklik, by die aanvang, aan/by/in die begin; *s.o. is **at** the ~ of ...* iem. staan aan die begin van ... *(sy/haar loopbaan ens.)*; *a **bad*** ~ 'n slegte begin; *(sport)* 'n slegte wegspring; *make a **false*** ~ →FALSE START; *from ~ to **finish*** van (die) begin tot (die) end/einde, deurgaans; *by/in **fits** and ~s* →FIT² *n.*; ***for** a ~, (infml.)* vir eers, vereers, om mee te begin; *(right) **from** the* ~ van die begin af, uit die staanspoor (uit), van die staanspoor (af), al dade=lik, *(infml.)* (sommer) met die intrap(slag); ***get** a ~ on s.o.* 'n voorsprong op iem. behaal/kry; ***get** off to a slow* ~ stadig begin; *(sport)* stadig wegspring; ***get/be** off to a bad/good* ~ sleg/goed begin; *(sport)* sleg/goed wegspring; ***get/be** off to a good* ~ 'n goeie begin maak; *(sport)* goed wegspring; ***get/be** off to a flying* ~ vinnig wegspring; blitsig begin met 'n voorsprong, dadelik 'n voorsprong hê; ***give** s.o. a* ~ iem. voorgee; iem. laat skrik; ***give** s.o. a ~ (in life)* iem. op die been help, iem. aan die gang help, iem. op dreef help; ***have** a ~ on/over s.o.* 'n voor=sprong op iem. hê; *get/have a **head*** ~ →HEAD START; ***make** a* ~ begin, 'n begin/aanvang maak; vertrek; ***make** a ~ on s.t.* met iets begin *('n taak ens.)*; ***make** a bad* ~ sleg begin; *(sport)* sleg wegspring; ***make** an early* ~ vroeg begin; ***make** a false* ~ verkeerd begin; *(sport)* ongelyk/onklaar wegspring, te gou wegspring; ***make** a fresh* ~ oorbegin, opnuut begin, 'n nuwe begin maak; 'n nuwe lewe begin; ***make** a shaky* ~ swak begin; ***with** a* ~ met 'n ruk; *look up **with** a* ~ verskrik opkyk; *wake **with** a* ~ wakker skrik. **start** *ww.* begin, 'n begin maak, aanvoor, 'n aanvang maak (met), begin met, aan die gang sit; aansit, aanskakel, aan die gang/loop sit; *('n enjin, motor)* vat; aansteek *('n vuur)*; ontketen *('n oorlog)*; stig, oprig, begin *('n onderneming)*; (laat) wegspring, afsit; skrik, opspring; vertrek; opja(ag) *(wild)*; ~ ***afresh/anew*** (*or [all] **over** again*) oorbegin, opnuut begin, weer begin, weer van nuuts/voor af begin, weer van meet af (aan) begin; met 'n skoon lei begin; ~ ***at*** ... by ... be=gin; vir ... skrik; ~ ***at** six/etc.* begin/vertrek om sesuur/ens.; *s.o. ~ed **at** the sound of the shot* iem. het geskrik toe hy/sy die skoot hoor; ~ ***back*** terugskrik; *~ed **chicks*** gevorderde kuikens; ~ ***crying/etc.*** aan die huil/ens. gaan; *don't ~ **crying/etc.** now!* moenie nou (kom) staan en huil nie; ~ ***doing** s.t.*, ~ *to **do** s.t.* iets begin (te) doen, begin om iets te doen; ~ *(out)* ***for*** ... na ... vertrek; ~ ***from*** ... uit ... wakker skrik *('n droom)*; ***get*** *s.t. to* ~ iets aan die gang kry *('n motor ens.)*; ***get*** ~*ed* begin, 'n begin maak, aan die gang kom; ***get*** ~*ed on s.t.* met iets begin, 'n begin met iets maak; ~ ***in*** *on s.t., (infml.)* met iets begin *('n taak ens.)*; aan iets wegval *(kos ens.)*; ~ ***in*** *one's seat/etc.* in jou stoel/ens. opspring; ~ ***off*** begin; *(infml.)* wegval; vertrek; ~ ***off*** *on s.t.* (met) iets begin *('n lang storie ens.)*; op iets vertrek *('n reis)*; ~ *s.o.* ***off*** *on s.t.* iem. met iets laat begin; ~ ***on*** *s.t.* met iets begin; ~ ***out*** vertrek; ~ ***out*** *from* ... van ... uitgaan *(d. veronderstelling ens.)*; ~ ***over,*** *(Am.)* →***afresh/anew;*** ~ ***something,*** *(infml.)* moeilikheid veroorsaak; ~ ***talking/etc.*** begin praat/ens.; ~ ***up*** opspring; skrik; aan die gang kom; ~ *s.t.* ***up*** iets aan die gang sit *('n motor ens.)*; ... ~*s* ***up*** ... kom in die weg *(moeilikheid ens.)*; ... verskyn op die toneel *(mededingers ens.)*; *to* ~ ***with*** vir eers, vereers, om mee te begin, in die eerste plaas/plek; ~ ***working*** aan die werk gaan (spring), begin werk, inval. **~-up** *n.* begin, stigting, vestiging; nuwe onderneming/maatskappy/ens.. **~-up** *adj.* aanvangs- (koste, belegging, kapitaal, ens.).

start·er beginner; deelnemer; voorgereg; aansitter, aanskakelaar *(v. 'n motor)*; *(sport)* afsitter; beginnermeel; giskultuur; *a doubtful* ~ 'n onsekere deelnemer; *for* ~*s*, *(infml.)* om mee te begin; *be under* ~*'s orders* op die afsitter se teken wag; *s.o. is a slow* ~ iem. kom stadig aan die gang. ~ **button** aansitknop. ~ **motor** aansitmotor. **~'s pistol** afsitpistool. ~ **switch** aansitskakelaar.

start·ing (die) begin/wegspring; aansetting; →START *ww.*. ~ **block** wegspringblok. ~ **cable** aansitkabel; lanseerkabel; trekkabel. ~ **capacity** aansitvermoë. ~ **clutch** aansitkoppelaar. ~ **crank** (aansit)slinger. ~ **crew** aansitspan. ~ **gate** wegspringhek. ~ **grid** *(motorwedrenne)* wegspringrooster. ~ **gun,** ~ **pistol** afsitpistool. ~ **handle** (aansit)slinger. ~ **jet** aansitsproeier. ~ **line** uitgangslyn. ~ **magneto** aansitmagneet. ~ **motor** (self)aansitter, aansitmotor. ~ **pen** wegspringhok. ~ **pistol** →STARTING GUN. ~ **place** beginplek, wegtrekplek; afrit. ~ **point** beginpunt; uitgangspunt; staanspoor; wegtrek-, wegspringplek, vertrekpunt, afspringplek. ~ **post** wegspringpaal. ~ **power** aansitvermoë. ~ **price** openingsprys; inset-/insitprys. ~ **resistance** aansitweerstand. ~ **salary** begin-, aanvangsalaris. ~ **signal** wegspringsein; vertreksein. ~ **stall** *(perdewedrenne)* wegspringhok. ~ **switch** aansitskakelaar. ~ **time** begintyd, aanvangstyd; *(sport)* afskoptyd. ~ **valve** aansitklep. ~ **wage** beginloon, aanvangsloon. ~ **wheel** aansitwiel.

star·tle skrikmaak, laat skrik, ontstel, die skrik op die lyf ja(ag); verbaas, verras. **star·tler** skrikmaker; verrassing; ontnugtering. **star·tling** ontstellend, skrikwekkend; verrassend, opsienbarend.

star·va·tion verhongering, uithongering; gebrek, hongersnood; *(mot.)* ondervoering; *die of* ~ van honger sterf/sterwe, die hongerdood sterf/sterwe. ~ **diet** hongerdieet. ~ **wage(s)** hongerloon.

starve verhonger, van honger omkom; honger ly, gebrek ly, verhonger; honger wees; uithonger, gebrek laat ly; kwyn; ondervoer *('n motor)*; *be* ~*d/starving, (infml.)* vergaan van die honger; ~ ***for*** *s.t.* na iets smag/hunker *(liefde ens.)*; ~ ***into*** *surrender* deur honger tot oorgawe dwing; *be* ~*d* ***of*** ... 'n groot behoefte aan ... hê, te min ... kry; ~ ***out*** *s.o.* iem. uithonger, iem. deur uithongering dwing om oor te gee; ~ *s.o. to* ***death*** iem. van honger laat omkom. **starve·ling** *n.* hongerlyer, uitgehongerde/uitgeteerde mens/dier. **starve·ling** *adj.* uitgehonger(d), brandmaer. **starv·ing** *adj.* verhonger(d); uitgehonger(d); *be* ~ →STARVE.

stash *n.* wegsteekplek; geheime voorraad. **stash** *ww.:* ~ *s.t. away, (infml.)* iets wegsteek; iets opberg.

sta·sis *stases, (fml. of teg. en med.)* stuwing, stilstand.

stat[1] *(afk., Am., infml.)* = STATISTIC.

stat[2] *(afk., infml.)* = THERMOSTAT.

stat *komb.vorm* -staat; *helio*~ heliostaat; *rheo*~ reostaat; *thermo*~ termostaat.

state *n.* toestand, staat; gesteldheid; stemming; staat, land; waardigheid; rang; prag, luister; statigheid, staatsie; stand; ***affairs*** *of* ~ →AFFAIR; ***appear*** *in* ~ in staatsie verskyn; *in a manner* ***befitting*** *one's* ~ soos dit by jou stand pas; ~*'s* ***evidence,*** *(Am., jur.)* staatsgetuie; getuienis teen medepligtiges; *turn* ~*'s* ***evidence,*** *(Am., jur.)* staatsgetuie word; ***get*** *into a* ~, *(infml.)* ontsteld/oorstuur(s)/opgewonde/senu(wee)agtig raak, van stryk (af) raak; *the* ***head*** *of* ~ →HEAD *n.*; *be* ***in*** *a* ~, *(infml.)* ontsteld/oorstuur(s)/opgewonde/senu(wee)agtig wees; *s.o. is (quite)* ***in*** *a* ~ *about s.t., (ook, infml.)* iets maak iem. glad opgewonde; ***lie*** *in* ~ in staatsie lê, op 'n praalbed/staatsiebed lê; ***live*** *in great* ~ op ('n) groot voet leef/lewe; ***minister*** *of* ~ minister van staat; *the* ~ ***of*** *affairs* →AFFAIR; *be in a* ~ ***of*** *alert/readiness/preparedness* in gereedheid wees; *be in an advanced* ~ ***of*** ... in 'n gevorderde staat van ... wees; *the* ~ ***of*** *the art* die jongste stand (van sake *of* van die tegnologie/ens.); *S~s* ***of*** *the Church* Kerklike Staat; *declare/proclaim a* ~ ***of*** *emergency* →EMERGENCY; *the* ~ ***of*** *parties* die stand van die partye; ***Provincial*** *S~s, (Ndl.)* Provinsiale State; *in a* ***reduced*** ~ in 'n verswakte toestand; ***robes*** *of* ~ staatsiegewaad; *in/with* ***solemn*** ~ met groot staatsie; *be in a* ***terrible*** ~ *about s.t.* erg/hewig ontsteld wees oor iets, oor iets ontdaan wees; ***the*** *S~s, (infml.)* = UNITED STATES (OF AMERICA); ***what*** *a* ~ *you are in!, (infml.)* kyk hoe lyk jy!. **state** *adj.* staats-, regerings-, owerheids-; staatlik; plegtig, staatsie-. **state** *ww.* (ver)meld, noem, verklaar; konstateer; meedeel; *(jur.)* uiteensit; *(mus.)* voorspeel; sê, aangee, uitspreek, verklaar, opgee; aangee, bepaal *(tyd)*; vasstel; stel, voorlê *('n saak)*; →STATEMENT; ~*d* ***account*** ooreengekome rekening; *s.o.'s* ~*d* ***aim*** →AIM *n.*; *a* ~*d* ***amount*** →AMOUNT *n.*; ***as*** ~*d* soos opgegee; ***as*** *already* ~*ed* soos reeds gesê; ~ *the* ***case*** *clearly* die saak duidelik stel (*of* uiteensit); ~*d* ***case,*** *(jur.)* gestelde saak, casusposisie; ~*d* ***clerk*** skriba; *a condition is* ***expressly*** ~*ed* 'n voorwaarde word uitdruklik gestel; ~ ***in*** *evidence* getuig; *at* ~*d* ***intervals*** →INTERVAL; ~ *an* ***opinion*** →OPINION; *unless* ***otherwise*** ~*d* tensy anders vermeld; ~ *full* ***particulars*** →PARTICULAR *n.*; ~ ***that*** ... verklaar dat ...; ~ *one's* ***views*** jou méning/oordeel gee/uitspreek. ~ **advance** staatsvoorskot. ~ **affairs** staatsake. ~ **aid** staatsteun. **~-aided school** staatsondersteunde skool, skool met staatsondersteuning, deur die staat gesubsidieerde skool. ~ **attorney** staatsprokureur. ~ **ball** staatsbal. ~ **bank** staatsbank. ~ **bed** staatsiebed, praalbed. ~ **call** amptelike besoek; deftige besoek. ~ **capitalism** staatskapitalisme. ~ **carriage** staatsierytuig. ~ **ceremonial/ceremony** staatsplegtigheid. ~ **church** staatskerk. ~ **coach** staatsiekoets. ~ **coffers** staatskas, skatkis, fiskus. ~ **council** staatsraad. **~craft** staatkunde; diplomasie. ~ **criminal** politieke misdadiger. **S~ Department:** *the* ~ ~ →DEPARTMENT. ~ **dinner** staatsdinee. ~ **document** staatsdokument. ~ **education** staatsonderwys, -onderrig, -opvoeding. ~ **employee** staatsamptenaar; *(infml.)* kripvreter. ~ **funeral** staatsbegrafnis. ~ **government** lands-, staatsregering. **S~house** *(Am.)* statesaal; goewermentsgebou. ~ **interference** staatsbemoeiing, staatsinmenging, staatsintervensie, -ingryping. ~ **occasion** staatsgeleentheid; plegtige geleentheid. **~-of-the-art** *adj. (attr.)* hiper-, ultra-, supermoderne; oorsig-; *(pred.)* wat met die jongste/voorste tegnologie toegerus is (*of* oor die jongste/voorste tegnologie beskik *of* die jongste/voorste tegnologie bevat/insluit *of* van die jongste/voorste tegnologie getuig *of* volgens die jongste/voorste tegnologie gebou is); ~ *interdisciplinary report* interdissiplinêre oorsigverslag; ~ *technology* voor-, voorloper-, voorpunttegnologie, die jongste/nuutste tegnologie. **~-owned** van die staat, in staatsbesit, staats-. ~ **paper** staatstuk, staatsdokument. ~ **president** staatspresident; *S~ P~ in Council* Staatspresident-in-Rade. ~ **prison** staatsgevangenis. ~ **prisoner, prisoner of** ~ staatsgevangene, politieke gevangene. ~ **revenue** staatsinkomste. **~room** luukse kajuit/kompartement/ens.; slaapkajuit, private kajuit; praalkamer, staatsaal. **~-run** onder staatsbeheer. ~ **school** staatskool. ~ **secret** staatsgeheim. ~ **secretary** staatsekretaris; →SECRETARY OF STATE. ~ **security** staatsveiligheid. **S~s General** State-Generaal. **~side** *adj. & adv., (Am., infml.)* van/uit/in/na Amerika (*of* die VSA), Amerikaans. ~ **socialism** staatsosialisme. ~ **socialist** staatsosialis. **~-subsidised, -ized** met 'n staatstoelae, deur die staat (*of* van staatsweë) gesubsidieer. ~ **subsidy** staatstoelae, staatsubsidie. ~ **trading** staat(s)handel. ~ **treaty** staatsverdrag. ~ **trial** politieke verhoor. ~ **trooper** *(Am.)* staatspolisieman, -polisiebeampte. ~ **undertaking** staatsbedryf. ~ **university** staatsuniversiteit. ~ **visit** staatsbesoek. **~wide** *adj. & adv., (Am.)* in/oor die hele staat. ~ **witness** staatsgetuie.

state·hood rang/posisie as staat; nasieskap.

state·less staatloos. **state·less·ness** staatloosheid.

state·let (klein) staatjie.

state·ly statig, deftig, waardig, imposant, groots; pragtig, luisterryk; ~ *home* pragwoning, groot herehuis. **state·li·ness** statigheid, deftigheid; luisterrykheid.

state·ment verklaring; mededeling; konstatering; uitlating; stelling *(v. 'n saak)*; bewering; opgawe, staat; rekening, staat; standpunt, aankondiging; ***annual/monthly/weekly*** ~ →ANNUAL *adj.*, MONTHLY *adj.*, WEEKLY *adj.*; ***contest*** *a* ~ 'n verklaring weerspreek/betwis; ***draw*** *up a* ~ opgawe doen; 'n verklaring opstel; ***issue*** *a* ~ 'n verklaring uitreik; ***make*** *a* ~ 'n bewering maak; 'n verklaring doen/aflê; ~ ***of*** *claim* uiteensetting/besonderhede van eis; ~ ***of*** *service* diensstaat; *a* ***sweeping*** ~ →SWEEPING *adj.*; *the* ~ *is* ***unfounded*** die bewering is ongegrond, die bewering is van alle waarheid ontbloot.

sta·ter *(hist. muntstuk)* stater.

states·man *-men* staatsman; politikus; *(i.d. mv.)* staatsmanne, staatslui. **states·man·like** soos dit 'n staatsman betaam; diplomaties, takties; *a* ~ *act* 'n staatsmansdaad, die daad van 'n staatsman, 'n daad van staatsmanswysheid. **states·man·ship** staatkunde; staatsbeleid; staatkundige beleid. **states·per·son** staatsman; staatsvrou; politikus. **states·wom·an** *-women* staatsvrou; politikus.

stat·ic *n.* lugsteuring, -steurnis, -storing, -stoornis; radiosteuring, -steurnis; *(infml., hoofs. Am.)* geharwar, gestry, stryery, geskil, hondegeveg, storm, iets leliks, moddergooiery; *(i.d. mv.)* statika, ewewigsleer. **stat·ic** *adj.* stilstaande, staties, vas; ewewigs-, in ewewig/rus; radiosteurend; ~ ***charge*** statiese lading; ~*(al)* ***electricity*** statiese elektrisiteit; ~ ***energy*** statiese energie; ~ ***line*** treklyn *(tuss. 'n valskerm en 'n vliegtuig)*; ~ ***organ*** ewewigsorgaan; ~ ***warfare*** verstarde oorlog, stellingoorlog(voering).

-stat·ic *komb.vorm* -staties; *hydro*~ hidrostaties.

stat·i·cal →STATIC *adj.*. **stat·i·cal·ly** staties.

stat·i·ce *(Armeria maritima)* strandkruid, Engelse gras; *(Limonium spp.)* lamsore; *pink* ~, *(Limonium perigrinum)* strandroos, papierblom.

sta·tion *n.* stasie; standplaas, staanplek; pos, plek; stand, rang, status, posisie; *(elek.)* sentrale; *(landm.)* punt; dienskamer; *(Austr.)* veeplaas; ***above*** *s.o.'s* ~ bo iem. se stand; ***all*** ~*s from* ... *to* ... elke stasie van ... tot ...; ***below/beneath*** *s.o.'s* ~ benede iem. se stand; ***get*** (*or* ***pick up***) *a* ~, *(rad., TV)* 'n stasie opvang; *of* ***high*** ~ van hoë rang; ~ *in* ***life*** rang in die samelewing; ***men/women*** *of (high/exalted)* ~ hooggeplaaste manne/vroue; ~*s* ***of*** *the Cross, (RK)* stasies van die Kruisweg; ***take*** *up one's* ~ jou plek inneem. **sta·tion** *ww.* plaas, stasioneer, uitplaas; opstel *(soldate)*; *s.o. is* ~*ed at* ... iem. is op/in ... gestasioneer(d), iem. se standplaas is .... **~-bill** *(sk.)* kwartierlys. ~ **break** *(Am., rad., TV)* send-, transmissieonderbreking. ~ **house** *(Am.)* stasiegebou; stasiehuis; polisiekantoor. **~-keeping** *n., (sk.)* poshou. **~master** stasiemeester. ~ **pointer** *(landm.)* reseksiegradeboog; *(sk.)* plekpasser. ~ **sergeant** *(Br.)* stasiebevelvoerder. ~ **wagon** stasiewa.

sta·tion·ar·y (stil)staande, blywend; vas; *(wisk.)* stasionêr; ~ ***bicycle*** oefenfiets; ~ ***boiler*** vaste ketel; ~ ***contact*** vaste kontak; ~ ***crane*** standhyskraan; ~ ***engine*** vaste enjin; standmasjien; standmotor; ~ ***plant*** vaste masjinerie; ~ ***point,*** *(wisk.)* stasionêre punt; *the* ***temperature*** *is* ~ die temperatuur bly onveranderd; ~ ***troops*** vaste troepe; ~ ***vehicle*** stilstaande voertuig; ~ ***wave*** staande golf, staangolf.

sta·tion·er skryfbehoeftehandelaar; *(vero.)* boekhandelaar, uitgewer.

sta·tion·er·y skryfbehoeftes, =goed, =materiaal, =ware, =benodig(d)hede. ~ **clerk** skryfbehoefteklerk.

stat·ism staatsbemoeiing, =ingryping, =inmenging. →STATE *n.*. **stat·ist** voorstander van staatsbemoeiing; *(w.g.)* statistikus; *(arg.)* staatsman; politikus.

sta·tis·tic *n., (syfer)* statistiek; steekproefgrootheid, statistiek; *(i.d. mv., syfers)* statistieke; *(i.d. mv., 'n vak)* statistiek; *vital ~s* →VITAL *adj.*. **sta·tis·ti·cal, sta·tis·tic** *adj.* statisties; ~ *physics* statistiese fisika. **stat·is·ti·cian** statistikus.

sta·tive *adj., (ling.)* toestands= *(werkwoord).*

stat·o- *komb.vorm* stato=.

stat·o·cyst, o·to·cyst *(soöl.)* statosist, otosist, ewewigsorgaan.

stat·o·lith *(soöl.)* statoliet, ewewigsteentjie.

sta·tor stator; turbinehuls.

stat·o·scope statoskoop.

stat·u·ar·y *n.* beeldhouwerke; (stand)beelde; *(arg.)* beeldhoukuns, beeldhouery; *(arg.)* beeldhouer; *piece of ~* beeldhouwerk. **stat·u·ar·y** *adj.* beeldhou=; ~ *marble* beeldmarmer.

stat·ue (stand)beeld; *S~ of Liberty, (Am.)* →LIBERTY. **stat·u·esque** soos 'n (stand)beeld; statig; plasties; ~ *woman* statige vrou. **stat·u·ette** (stand)beeldjie.

stat·ure lengte, gestalte, grootte; liggaamsbou; postuur; *(fig.)* statuur; *of ~* van formaat/kaliber; *of mean ~* onooglik klein; *be short in ~* kort wees, klein van gestalte/postuur/persoon wees.

sta·tus =*tuses* stand, rang, status, posisie; *s.o.* ***has*** *~, (ook)* iem. is 'n man/vrou van aansien; *most favoured* ***nation*** *~* status van mees begunstigde nasie; *~* ***of*** *office* ampswaardigheid; ***of*** *social ~* van goeie stand. **~-conscious** statusbewus. ~ **line** *(rek.)* statusreël. ~ **message** *(rek.)* statusboodskap. ~ **report** verslag oor die stand van sake. ~ **symbol** statussimbool.

sta·tus quo *(Lat.)* status quo, bestaande toestand. ~ **~ ante (bellum)** *(politieke toestand v. 'n staat voor d. oorlog)* status quo ante (bellum).

stat·ute wet, statuut, wetsbepaling; verordening; *by ~* by wet; deur wetgewing; *~ of limitations* →LIMITATION; *S~ of Westminster* Statuut van Westminster. ~ **book** wetboek; *place s.t. in/on the ~ ~* iets in die wetboek opneem *(of* op die wetboek plaas). ~ **law** wettereg, landswette, geskrewe reg/wette. ~ **mile** landmyl.

stat·u·to·ry statutêr, wetlik, volgens wet; wetteregtelik; ~ ***law*** statute, landswette, wettereg; ~ ***meeting*** statutêre vergadering; ~ ***offence*** statutêre oortreding; ~ ***rape****, (Am.)* statutêre verkragting.

staunch[1] *n. & ww.* →STANCH[1] *n. & ww.*.

staunch[2] *adj.* trou, betroubaar, staatmaker=; stoer, onwankelbaar; *(arg.)* waterdig *('n skip)*; ~ *supporter* stoere ondersteuner. **staunch·ly** trou. **staunch·ness** trou, beginselvastheid.

stave *n.* duig, plankie, houtjie, stuik; sport *(v. 'n leer)*; staaf, paal(tjie); stansa, strofe, vers; *(mus.)* notebalk. **stave** *staved/stove staved/stove, ww.* in duie slaan, 'n gat inslaan, indruk; duie insit, van duie/sporte voorsien; stuik *(metaal)*; kalfater *(nate)*; *~ in s.t.* iets inslaan/instamp/instoot; *~ s.t. off* iets afweer/afwend *('n krisis ens.)*. ~ **rhyme** *(pros.)* stafrym, alliterasie. ~ **wood** duighout.

staves·a·cre *(bot.)* stawersaad.

stay *n.* verblyf; kuier; rem; hinderpaal; uitstel, skorsing; opskorting; stuiting; uithouvermoë; stut, anker; korsetpen, balein; stag, mastou; *(ook, i.d. mv.)* korset, borsrok; →STAYING; *~ of execution* uitstel/opskorting van eksekusie; *s.o.'s ~ has been short* iem. het maar kort gebly/vertoef; iem. se kuiertjie was maar kort. **stay** *ww.* teenhou, teëhou, weerhou, stuit; in bedwang hou; tot stilstand bring, stopsit; uitstel, opskort; (onder)steun, stut, (ver)anker; uithou, volhou; bly; vertoef, wag; versuim; verwyl; oorbly; woon; loseer; kuier; *~* ***abreast*** bybly; op (die) hoogte bly; *~* ***ahead*** voorbly; *~* ***ahead of*** ... voor ... bly; *~* ***alive*** →ALIVE; *~* ***at*** ... in ... bly, by/in ... tuisgaan *(of* tuis gaan), by/in ... wees, by/in ... loseer *('n hotel ens.)*; *~* ***away*** weg=, uitbly; *~* ***away from*** *s.t.* van iets wegbly *('n vergadering ens.)*; *be told to ~* ***away*** *from* ... aangesê wees om jou nie met ... te bemoei nie; *~* ***behind*** agterbly; *~* ***clear*** *of s.o./s.t.* iem./iets vermy; iem./iets ontwyk; ***come*** *to ~, (iem.)* kom woon; *(iem.)* kom kuier; *(iets)* bly, ingeburger raak, 'n vaste instelling word, 'n vaste plek verwerf; *it has* ***come*** *(or it is* ***here****) to ~, (ook)* dit sal bly, dit is en bly hier, dit is vir vas hier; *~ the* ***distance*** deurhou, enduit hou, volhard; *~* ***down*** onder bly; bly lê; *(kos)* binne bly; *~* ***for*** ... vir/op ... wag *('n antwoord ens.)*; *~* ***for/to*** *dinner/etc.* vir aandete/ens. bly; *it is* ***here*** *to ~* →*it has* ***come*** *to stay*; *~* ***in*** binne bly; tuisbly; ná skool bly; *~* ***off*** *the bottle/drink/booze, (infml.)* van die bottel gespeen wees, nie meer drink nie; *~* ***off*** *drugs* skoon bly, nie meer dwelms gebruik nie; *~* ***off*** *school/etc.* van die skool/ens. af wegbly, nie skool/ens. toe gaan nie; *~* ***on*** aanbly, aan die brand bly; aanbly, in diens bly; langer bly; *~* ***out*** uitbly; buite bly; 'n staking volhou, met 'n staking voortgaan; *~* ***out*** *late* laat uitbly; *~* ***out of*** ... wegbly van ... *(d. kroeg ens.)*; jou uit ... hou *(ander se twiste ens.)*; *~* ***over*** oorlê, oorstaan; *~* ***put*** op die/een plek bly; bly waar jy is; ***stay!*** wag ('n bietjie)!; *~ one's* ***stomach*** die/jou honger stil; *~* ***to*** *dinner/etc.* →***for/to***; *~* ***up*** opbly; opsit; *~* ***up*** *with s.o.* by iem. waak *('n sieke)*; *~* ***with*** *s.o.* by iem. bly; by iem. woon; by iem. tuis wees; by iem. kuier; by iem. byhou; *(infml.)* verder/vêrder na iem. luister; *~* ***without*** *s.t.* sonder iets bly/klaarkom. **~-at-home** *n., (infml.)* huishen, tuisblyer. **~-at-home** *adj.* huisvas, hokvas; *~* ***strike*** tuisblystaking. **~-away** *n.* wegblyery, tuisblyery; staking. **~-away** *adj.* wegbly=; ~ *vote(r)* wegblystem. ~ **band** *(sk.)* stagband. ~ **bar** ankerstang; dwarsroeisteun *(v. 'n loodglasvenster)*. ~ **bolt** ankerbout; steunbout. **~-in strike** *(Br.)* sitstaking. **~lace** korsetveter, borsrokveter. ~ **maker** korsetmaker. ~ **peg** ankerpen. ~ **pin** dam *(in 'n ketting)*. ~ **pipe** ankerpyp. ~ **pole** ankerpaal. ~ **rod** ankerstang; steunstang. ~ **rope** ankertou. **~sail** stagseil. ~ **wire** ankerdraad.

stay·er aanhouer, volhouer, volharder; langasem; besoeker, gas.

stay·ing verblyf; opskorting; stutting; verankering. ~ **power** uithou(dings)vermoë, volharding, volhardingsvermoë.

stay·less sonder stut/steun; sonder baleine.

stead *n., (w.g.)* plek, posisie; *(vero.)* diens, nut; *in ~ of* ... →**INSTEAD** OF ...; *in s.o.'s ~* in iem. se plek; *s.t. stands s.o. in good ~* iets kom iem. goed te/van pas. **stead** *ww., (arg.)* baat, help; steun. **stead·fast** standvastig; bestendig; onwankelbaar, onwrikbaar. **stead·fast·ness** standvastigheid; onwrikbaarheid.

stead·i·ly voortdurend; kalm; →STEADY *adj. & adv.*. **stead·i·ness** vastheid; egaligheid, gelykmatigheid; bestendigheid; standvastigheid; kalmte, besadigdheid; oppassendheid; maatvastheid; ~ *in flight* vliegvastheid; ~ *on parade* paradevastheid.

stead·y *n.* steun, stut; ondersteuner; teenhouer, teëhouer; vaste vriend(in)/ou/meisie. **stead·y** *ww.* steun, stut, vashou, teëhou, teenhou; bestendig/besadig maak/word; bedaar, tot bedaring bring/kom; gelyk hou; *~ o.s., (ook)* vastrap; *~ing spring* ewewigsveer; *~ing strap* hangband. **stead·y** *adj. & adv.* vas; gereeld, gestadig; konstant *(spoed)*; bestendig; geleidelik; deurlopend; matig *('n pas)*; standhoudend; egalig, gelykmatig; berekenbaar; standhoudend; ferm, standvastig; besadig, kalm; solied; *(as) ~* ***as a rock*** rotsvas; ***go*** *~ (with s.o.), (infml.)* vas (met iem.) uitgaan; ***keep*** *a ship ~* 'n skip reguit stuur; *not ~ on one's* ***legs*** onvas op jou bene; ***make*** *s.t. ~* iets vas laat staan *('n tafel ens.)*; *~* ***(now/on)!*** kalm nou!; stadig!; *(infml.)* stadig oor die klippe!; ~ ***state*** bestendige/stabiele toestand; *(elek.)* ewewigstoestand; *(wisk.)* blywende toestand; *have the ~* ***wind*** *against you* die wind waai (een stryk) van voor. **~-going** kalm, bedaard; ~ *person* soliede persoon. **~-state theory** bestendigetoestandteorie, ewewigstoestandteorie.

steak biefstuk, steak; skyf; (vis)moot; ~ *and eggs* biefstuk met eiers; ~ *and kidney pie* bief(stuk)-en-niertjiepastei; ~ *and kidney pudding* gestoomde bief(stuk)-en-niertjie-pastei. **~house** steakeetplek, =restaurant, =restourant, braairestaurant, =restourant. ~ **knife** biefstuk=, steakmes. ~ **tartare, tartare/tartar** ~ *(kookk.)* Tartaarse biefstuk/steak.

steal *n., (infml.)* winskoop; diefstal; gesteelde goed; bedrieëry, bedrogspul; *s.t. is a ~, (infml.)* iets is spotgoedkoop. **steal** *stole stolen, ww.* steel, vat, *(infml.)* gaps; roof; ontvreem; glip, sluip; →STOLEN; *~* ***away*** wegsluip, stilletjies weggaan; *~* ***everything*** *s.o. possesses* iem. rot en kaal steel; *~* ***from*** *s.o.* iem. besteel; *~ s.t.* ***from*** *s.o.* iets by iem. steel; *~ a* ***glance*** *at* ... →GLANCE[1] *n.*; *~* ***in*** insluip, stilletjies inkom/ingaan; *~ the* ***limelight*** →LIMELIGHT; *~ a* ***march*** *on s.o.* →MARCH[1] *n.*; *~* ***out*** uitsluip, stilletjies uitgaan; *~ a* ***ride*** stilletjies saamry; *~ the* ***scene*** →SCENE; *~ the* ***show*** →SHOW *n.*; *~* ***through*** deursluip; *~ s.o.'s* ***thunder*** →THUNDER *n.*; *~* ***up*** nader sluip; *~* ***up*** *on s.o./s.t.* iem./iets bekruip/besluip.

stealth heimlikheid, geheime handel(s)wyse, geheimhouding; onderduimsheid; *by ~* stilletjies, steels, heimlik; agterbaks, onderduims. **S~ bomber, S~ fighter, S~ plane, B2 bomber** *(Am., mil.)* Stealthbomwerper, sluipbomwerper, B2-bomwerper.

stealth·y skelm, onderduims, slinks, steelsgewys(e), heimlik. **stealth·i·ly** heimlik, stilletjies, steelsgewys(e), tersluiks. **stealth·i·ness** heimlikheid; →STEALTH.

steam *n.* stoom; wasem, damp; ***blow/let/work*** *off ~, (lett. & fig.)* stoom afblaas; *(fig.)* jou gemoed lug gee; *(at)* ***full*** *~* →FULL SPEED; ***get up*** *~, (lett.)* stoom maak; *(fig.)* vaart kry; *get up a* ***head*** *of ~* die ketels opstook; *under one's* ***own*** *~* met/op eie krag; ***raise*** *~* stoom maak/ontwikkel/opwek; ***run*** *out of ~, (fig.)* vaart verloor; fut verloor, moeg/uitgeput raak; ***under*** *~* onder stoom, stoomklaar; ***under*** *one's own ~* met/op eie krag; *with ~* ***up*** onder stoom. **steam** *ww.* stoom; vaar; damp; gaar stoom *(kos)*; uitstoom; *~* ***ahead*** voortstoom, =vaar; *~ed* ***food*** gestoomde kos; *~ed to the* ***gills****, (Br., infml., w.g.)* smoordronk; *be in a ~ing* ***hurry*** →HURRY *n.*; *~ s.t.* ***off*** iets afstoom *('n seël ens.)*; *~ed* ***pudding*** stoompoeding, gestoomde poeding; *~* ***up****, (lett.)* aanwasem, vol wasem raak, beslaan raak; *be/get (all) ~ed* ***up*** *about s.t., (infml.)* briesend/gesteur(d)/vererg/woedend wees/raak oor iets; ~ **age** stoomera. ~ **bath** stoombad. **~boat** stoomboot. ~ **boiler** stoomketel. ~ **brake** stoomrem. ~ **chest** stoomkas *(v. 'n lokomotief)*. ~ **cleaning** stoomreiniging, (die) stoomskoonmaak. ~ **coal** stoom=, ketelsteenkool, ketelkole. ~ **cock** stoomkraan. ~ **coil** spiraalstoompyp, stoomverwarmingskronkel. ~ **cooker** stoomkoker, stoomkookpot. ~ **crane** stoomkraan. ~ **drier** →STEAM DRYER. ~ **drill** stoomboor. **~-driven** stoom(aan)gedrewe, met stoomkrag/=aandrywing; ~ *generator* stoom(aan)gedrewe ontwikkelaar/generator. ~ **dryer,** ~ **drier** stoomdroër. ~ **engine** stoomenjin lokomotief. ~ **gauge** stoomdrukmeter. ~ **generator** stoomgenerator, =ontwikkelaar. ~ **hammer** stoomhamer. ~ **heat** stoomhitte. ~ **heating** stoomverwarming. ~ **iron** stoomyster. ~ **jacket** stoommantel. ~ **kettle** stoomketel. ~ **launch** stoombarkas. ~ **laundry** stoomwassery. ~ **locomotive** stoomloko(motief). ~ **mill** stoommeul(e). ~ **navigation** stoomvaart. ~ **navvy**, ~ **shovel** stoomgrawer, stoomgraafmasjien. **~-operated, ~-propelled** →STEAM-DRIVEN. ~ **organ, calliope** stoomorrel. ~ **pipe** stoompyp. ~ **piston** stoomsuier. ~ **plough** stoomploeg. ~ **power** stoomkrag, =vermoë. ~ **press** stoompers. ~ **pressure** stoomdruk. ~ **pump** stoompomp. **~roller** *n.* stoomroller. **~roller** *ww.* verpletter; deurstoot, =dryf, =ja(ag), (met geweld) deurdruk. ~ **room** stoomkamer. **~ship** stoomskip. **~ship company** stoomvaartmaatskappy. **~ship line** stoomvaartlyn. ~ **shovel** →STEAM NAVVY. **~tight** stoomdig. ~ **tractor** stoomtrekker. ~ **train** stoomtrein. ~ **train enthusiast** stoom(trein)entoesias, stoom(trein)geesdriftige. ~ **trap** kondenseerpot, kondensaatpot, stoomsperder. ~ **tug** stoomsleepboot. ~ **turbine** stoomturbine. ~ **valve** stoomklep. ~ **wagon** stoomwa. ~ **whistle** stoomfluit. ~ **winch** stoomwindas.

steam·er stoomskip, =boot; *(infml.)* stoomlokomotief; stoomketel; stoomkoker; stoombrandspuit; *by ~* per stoomskip/=boot. ~ **chair** dekstoel. ~ **rug** *(Am.)* reisdeken, =kombers.

steam·ing (die) stoom/vaar; stoming.

steam·y *=ier =iest, adj.* stomend, wasemend, dampend; vol stoom; *(infml.)* stomend, warm, eroties, sensueel; ~ *heat* dampende warmte. ~ **yacht** stoomjag.

ste·ap·sin *(biochem.)* steapsien.

stea·rate stearaat. **ste·ar·ic:** ~ *acid, (chem.)* steariensuur. **stea·rin(e)** stearien. **ste·a·tite** steatiet, spek=, seepsteen. **ste·a·tit·ic** speksteenagtig, seepsteenagtig. **ste·a·to·py·gi·a** steatopigie.

steed *(arg. of poët., liter.)* (stryd)ros.

steel *n.* staal; swaard; slypstaal; boorstaal; *flint and* ~ →FLINT; *an opponent worthy of one's* ~ 'n waardige teen=/teëstander. **steel** *ww.* staal, verhard; verstaal; ~ *o.s. against/for* ... jou op ... voorberei; *be ~ed against s.t.* teen iets gehard wees *(teen=/teëspoed ens.)*; ~ *one's heart* die/jou hart verhard; ~ *o.s. to* ... jou(self) dwing om te ... **steel** *adj.* staal=, van staal. ~ **angle** hoekstaal. **~-armoured** staalgepantser(d), met staal gepantser. ~ **band** *(mus.)* staal(trom)orkes. ~ **beam** staalbalk. ~ **billet** staalknuppel. ~ **blue, steely blue** staalblou. ~ **butt** staalskarnier. ~ **casting** staalgietsel, =gietstuk. **~-clad** (met staal) gepantser(d), staalpantser=; met 'n (staal)harnas. ~ **concrete** staalbeton. ~ **construction** staalkonstruksie. ~ **engraver** staalgraveur. ~ **engraving** staalgravure; staalgraveerkuns, =gravering. **~-faced** met staal beklee(d). ~ **facing** staalbekleding. ~ **foundry** staalgietery. ~ **frame** staalraam; staalskelet *(v. 'n gebou)*. ~ **girder** staallêer, =balk. ~ **grey, steely grey** staalgrys. ~ **guitar** staal(snaar)kitaar, =ghitaar. **~-hearted** onverskrokke, moedig; onversetlik; hardvogtig. ~ **helmet** staalhelm. ~ **industry** staalbedryf. ~ **jacket** staalmantel. **~-like** staalagtig, soos staal. ~ **mill** staalpletery, =walsery. ~ **pen** staalpen. ~ **pill** staalpil. ~ **pin** staalpen. ~ **plate** staalplaat. **~-plated** met staal beslaan/beklee, staalplaat=. ~ **reinforcement** staalwapening. ~ **rope** staalkabel. ~ **wire** staaldraad. ~ **wire rope** staaldraadkabel, staaltou. ~ **wool** staalwol. **~worker** staalwerker. **~works** staalfabriek. **~yard** unster, Romeinse balans, massameter.

steel·ing *(lett.)* verstaling; verstewiging; *(fig.)* verharding. **steel·y** staalagtig; *(fig.)* (staal)hard; staal=; ~ ***blue*** →STEEL BLUE; ~ ***colour*** staalkleur; ~ ***determination*** stale wilskrag/vasberadenheid; ~ ***grey*** →STEEL GREY.

steen·bok *=bok(s),* **steen·buck** *=buck(s)* steenbok, vlakbok(kie).

steen·bras *(fungeer as ekv. of mv.), (igt., SA)* steenbras; →RED STEENBRAS, WHITE STEENBRAS.

steen grape *(SA)* steendruif.

steep¹ *n.* steilte, hoogte, helling; afgrond. **steep** *adj.* steil; skerp; kras, kwaai *(prys)*; *that's a bit (or pretty)* ~, *(infml.)* dit is ('n) bietjie erg/kwaai, dit is nogal kras, dit is 'n bietjie (*of* bietjies) te veel gevra/geverg; ~ *hill* remhoogte, steil opdraand(e).

steep² *n.* indoping, indompeling, weking; vloeistof; →STEEPING; *in* ~ in die week. **steep** *ww.* indoop, (in)dompel; deurdrenk; week; *be ~ed in* ... met ... deurtrek/deurweek wees *(wyn ens.)*; in ... gekonfyt wees *('n onderwerp)*; in ... verhard/verstok wees *(misdadigheid)*; in ... gedompel wees *(ellende)*; ~ *o.s. in* ... jou in ... verdiep.

steep·en steiler word; steiler maak.

steep·er weekkuip; loogbak.

steep·ing (die) week, weking. ~ **bowl/tank** weekbak.

stee·ple (spits) toring, kerktoring. **~chase** hinder=nis(wedloop); hinderniswedren *(v. perde)*; hindernisresies. **~chaser** hindernisloper. **~-crowned hat** tuit=, punthoed. ~ **engine** stapelenjin. **~jack** toringwerker, =klimmer.

stee·pled met torings, getoring.

steep·ly steil; ~ *inclined* steil hellend, steil opdraand(e)/afdraand(e); *rise* ~ skerp styg. **steep·ness** steilheid. **steep·y** steilerig.

steer¹ *ww.* stuur; loods; ~ ***away*** *from* ... van ... wegskram; ~ ***by*** *the compass/stars* op die kompas/sterre stuur; ~ ***clear*** *of* ... →CLEAR *adv.*; ~ *a middle* ***course*** →COURSE *n.*; ~ ***for*** ... na ... koers vat.

steer² *n.* bulletjie; tollie, jong os; *give s.o. a bum* ~, *(infml.)* iem. verkeerde inligting gee; iem. slegte raad gee.

steer·a·ble (be)stuurbaar.

steer·age (die) stuur; stuurinrigting; tussendek. ~ **passenger** tussendekpassasier. **~way** *(sk.)* stuurvaart.

steer·ing stuur(wiel) *(v. 'n motor)*; navigasie. ~ **arm** krinkarm; stuurarm, =hefboom. ~ **axle/shaft** stuuras. ~ **box/housing** *(mot.)* stuurkas. ~ **cabin** stuurkajuit. ~ **chain** stuurketting. ~ **column** stuurkolom. ~ **committee** dagbestuur; beheerkomitee; reëlingskomitee. ~ **engine** stuurenjin *(v. 'n skip)*. ~ **gear** stuurwerk, =toestel, =gerei. ~ **handle** stuur(handvatsel). ~ **indicator** stuurwyser. ~ **lever** stuurarm, =hefboom. ~ **lock** *(mot.)* stuurslot; stuursluiting. ~ **orders** roerbevele. ~ **pin** stuurpen. ~ **rod** stuurstang. ~ **wheel** stuurwiel. ~ **worm** stuurwurm.

steers·man *=men* stuurman. **steers·man·ship** stuurmanskap; stuurmanskuns.

steeve *n.* opsteekhoek, boegspriethoek *(v. 'n skip)*. **steeve** *ww.* hel, duik.

steg·o·saur·us, steg·o·saur stegosourus.

stein bierbeker. ~ **wine** steinwyn.

stein·bock *=bock(s)* (Europese) steenbok.

ste·la *=lae,* **ste·le** *(argeol.)* (Oud-Griekse) grafsteen/=suil.

ste·le *(bot.: sentrale silinder)* stele; →STELA. **ste·lar** stelêr.

stel·lar stellêr, ster(re)=; stervormig; ~ ***ganglion,*** *(anat.)* sterknoop; ~ ***lightning*** stervormige blits; ~ ***month*** sterremaand, sideriese maand; ~ ***vault*** stergewelf. **stel·lat·ed** *(teg.)* stervormig; sterbesaai(d), met sterre besaai(d). **stel·lu·lar** stervormig; met sterre(tjies) versier.

stem¹ *n.* stam, stingel; stronk *(v. 'n mielie, tabak)*; (woord)=stam; steel *(v. 'n pyp, klep, ens.)*; skag *(v. 'n veer, pyl, bout, ens.)*; geslag; boeg, voorstewe *(v. 'n skip)*; *from* ~ *to stern* van voor tot agter. **stem** *=mm=, ww.* afstroop *(blare ens.)*; ontstingel *(rosyntjies ens.)*; ~ *from* ... uit ... ontstaan/(voort)spruit. ~ **bud** stingelknop. **~-end browning** steelkantverbruining. **~-end rot** steelkantv(er)rotting. ~ **leaf** stingelblaar. **~-pitting disease** gleufsiekte. ~ **rot** stamverrotting. ~ **stitch** steelsteek. ~ **tendril** stingelrank. ~ **timber** stamhout. ~ **vowel** stamklinker. **~ware** *(Am.)* steelglase, glase met stele. **~-winder** *(vero.)* remontoir(-horlosie/oorlosie).

stem² *ww.* stelp *(bloed)*; stuit, teëhou, teenhou, wal gooi teen; die hoof bied; keer, opdam; stroomop roei.

stem·less stingelloos. **stem·let** stingeltjie.

stem·ma *=mata* stamboom, stamlys, afstamming.

-stemmed *komb.vorm* =steel=, met 'n ... steel/stingel, met ... stele/stingels; *long-~ flowers* langsteelblomme, blomme met lang stele/stingels; *thin-~ goblet* dunsteelbokaal, bokaal met 'n dun steel.

stem·mer ontstingelaar.

Sten →STEN (GUN).

stench stank. ~ **trap** stankskerm, =afsluiter.

sten·cil *n.* stensil; sjabloon; wasvel. **sten·cil** *=ll=, ww.* stensil; sjabloneer; *~led fabric* sjabloonstof, gesjabloneerde stof. ~ **brush** sjabloonkwas. ~ **cutter** sjabloonsnyer, patroonsnyer. ~ **paper** wasvel, =papier, sjabloonpapier. ~ **printing** sjabloondruk. ~ **(sheet)** wasvel.

sten·cil·ling sjabloonwerk, sjablonering, sjabloneerwerk; sjabloondruk.

Sten (gun) stengeweer.

ste·nog·ra·phy *(Am.)* stenografie, snelskrif. **sten·o·graph** stenogram. **ste·nog·ra·pher** stenograaf, snelskrywer, =skryfster. **sten·o·graph·ic, sten·o·graph·i·cal** stenografies.

ste·no·sis *=noses, (med.)* stenose, vernouing.

sten·o·type stenografeermasjien; stenografiese teken. **sten·o·typ·ist** stenotipis(te). **sten·o·typ·y** stenotipie.

sten·tor *(poët., liter.)* stentor; *S~, (Gr. mit.)* Stentor. **sten·to·ri·an** hard, luid, bulderend; ~ *tone(s)/voice* stentorstem, bulderende stem.

step *n.* tree, stap, skrede; pas; voetstap; voetspoor; trap *(in 'n rang)*; treetjie; trappie; optree *(v. 'n trap)*; sport *(v. 'n leer)*; insnyding *(in 'n kraag)*; *a* ~ ***backward/forward*** 'n stap agter=/vooruit; ***break*** ~ →BREAK *ww.*; ~ ***by*** ~ stap vir stap, stapsgewys(e), trapsgewys(e); voetjie vir voetjie, versigtig; ***change*** ~ →CHANGE *ww.*; ***direct/turn*** *one's ~s to* ... jou skrede na ... wend; *a* ~ *in the right/wrong* ***direction*** 'n stap in die regte/verkeerde rigting; ***fall*** *into* ~ *with* ... in die pas met ... loop; dit met ... eens wees; ***fall/get*** *out of (or lose)* ~ uit die pas raak; *take a* ***false*** ~ →MAKE A **FALSE MOVE**; *with a* ***firm*** ~ met vaste tred; ***get*** *out of* ~ →***fall/get***; ***in*** ~ in (die) pas; *be* ***in*** ~ *with* ... met ... tred hou; ***keep*** ~ in die pas bly; ***keep*** *in* ~ *with* ... met ... tred hou; *a* ***light*** ~ 'n ligte/sagte stap/tred; ***lose*** ~ →***fall/get***; ***mind*** *the* ~ →MIND *ww.*; *one has to* ***mind*** *one's ~(s)* →MIND *ww.*; *keep* ***one*** ~ *ahead of* ... net voor ... bly; ***out*** *of* ~ uit die pas; *be* ***out*** *of* ~ *with* ... nie met ... tred hou nie; ***retrace*** *one's ~s* (op jou voetspore) teruggaan; ***take*** *a* ~ 'n tree gee; ***take*** *~s* stappe doen, (handelend) optree; maatreëls tref/neem; ***tottering*** *~s* →TOTTERING; ***turn*** *one's ~s to* ... →***direct/turn***; ***walk*** *in* ~ in die pas loop; *one has to* ***watch*** *one's ~(s)* →MIND *ww.* **step** *=pp=, ww.* stap, tree, loop; trap; ~ ***across*** *s.t.* oor iets loop; oor iets tree; →STEPPED; ~ ***along*** aanstap; ~ ***aside*** opsy staan/stap/tree; ~ ***back*** agteruitstaan, terugstaan, =tree; *(bouk.)* terugspring; ~ ***carefully,*** *(lett.)* versigtig loop/trap; *(fig.)* fyn trap; *s.o. ~s* ***down*** iem. klim/stap af; iem. staan/tree terug, iem. trek hom/haar terug; iem. tree af; ~ ***forward*** vorentoe tree; ~ ***high*** die voete hoog oplig/optel; ~ ***in*** binnestap, =tree; ingryp, intree, tussenbei(de) kom/tree; ~ ***in(side)*** ingaan, inkom, instap; ~ ***into*** *the breach* →BREACH *n.*; ~ ***lively!,*** *(infml.)* roer jou (litte/riete)!; ~ ***off*** afstap; ~ ***off*** *s.t.* van iets afstap; iets aftree *('n afstand)*; ~ ***on*** opstap; ~ ***on*** *s.t.* op iets trap; ~ ***on*** *a thorn* in 'n doring trap; ~ ***on*** *s.o.'s toes* →TOE *n.*; ~ ***on it,*** *(infml.)* gou maak; vet gee; ~ ***on it!,*** *(infml.)* gee vet!, vinniger!; ~ ***out*** uitgaan, uitloop, uitstap, buite(n)toe gaan/loop/stap; (vinnig) aanstap, die treë rek; pret maak; ~ *s.t.* ***out*** iets aftree *('n afstand)*; ~ ***outside,*** *(infml.)* dit met die vuis uitmaak; ~ ***over*** *s.t.* oor iets tree; ~ ***this*** *way* kom hiernatoe/hier langs/hierlangs; ~ ***up*** vorentoe tree; aantree; ~ ***up*** *to s.o.* na iem. toe loop, iem. nader; ~ *s.t.* ***up*** iets opstoot *(produksie ens.)*; iets versnel *(d. pas ens.)*; iets verhoog/vermeerder *(d. spanning ens.)*; iets verskerp *(beheer ens.)*; iets verhewig *(druk ens.)*; *s.o. has to* ~ ***warily*** iem. moet oppas (*of* in/op sy/haar pasoppens bly *of* kyk wat hy/sy doen). **~-by-step:** ~ *progress* stapsgewyse vordering. ~ **dance** stapdans. **~-down transformer** verlagingstransformator. ~ **height** traphoogte. **~-in (girdle)** inklimgordel. ~ **iron** klimyster. **~ladder** trap=, staanleer. ~ **mat** trapmat. ~ **plate** treeplaat. ~ **pyramid** trappiramide. ~ **switch** stapskakelaar. **~-up** *(infml.)* verhoging *(v. lone, spanning)*; *(versek.)* lokpremie; versterking, verhewiging. **~-up transformer** verhogingstransformator. **~wise** trapsgewys(e).

step= *komb.vorm* stief=. **~brother** stiefbroer. **~child** stiefkind. **~daughter** stiefdogter. **~father** stiefvader. **~mother** stiefmoeder. **~motherly** stiefmoederlik. **~-parent** stiefouer. **~sister** stiefsuster. **~son** stiefseun.

steppe steppe, (boomlose) grasvlakte, vlakteland.

stepped trap=, trapvormig; getrap; ~ ***foundation*** trapvormige fondament; ~ ***gable*** trapgewel; ~ ***path*** trappiespaadjie; ~ ***pulley*** trapkatrol. **step·ping stone** stap=, trapklip; *(fig.)* stap, oorgang, middel.

=ster *suff. (vorm n.),* =er, =der, =ling, =aar; *game~* dobbelaar; *prank~* grapmaker, poetsbakker, gekskeerder; *young~* jongeling.

ste·ra·di·an *n., (geom.)* steradiaal.

ster·co·ra·ceous, ster·co·rous mis=, uitwerpsel=, drek=.

stere stère, kubieke meter.

ste·re·o *n.* stereo(klank); stereo(speler), stereo(stel); stereo(fotografie), stereoskopiese fotografie; stereo=(foto), stereoskopiese foto; *(druk.)* stereo(tipie); *in/on* ~ in/op stereo. **stereo** *(afk. v.* stereophonic *of* stereoscopic*), adj.* stereo=. **stereo=** *komb.vorm* stereo=. ~ **press** stereo(tipie)pers. ~ **recording** stereo-opname. ~ **system** stereostel.

ste·re·o·bate *(bouk.)* muurdraer; suildraer.

ster·e·o·chem·is·try stereochemie. **ster·e·o·chem·i·cal** stereochemies.

ster·e·o·chro·my stereochromie, waterglasskildering.

ster·e·o·graph·y stereografie. **ster·e·o·graph** stereograaf. **ster·e·o·graph·ic** stereografies.

ster·e·om·e·try *(geom.)* stereometrie, liggaamsmeting. **ster·e·om·e·ter** stereometer.

ster·e·oph·o·ny stereofonie.

ster·e·o·pho·tog·ra·phy stereofotografie.

ster·e·op·sis stereopse.

ster·e·os·co·py stereoskopie. **ster·e·o·scope** stereoskoop. **ster·e·o·scop·ic** stereoskopies; ~ *photograph* stereofoto, stereoskopiese foto; ~ *photography* stereofotografie, stereoskopiese fotografie.

ster·e·o·spe·cif·ic *(chem.)* stereospesifiek.

ster·e·o·tax·is, ster·e·o·tax·y *n.* stereotakse. **ster·e·o·tac·tic** *adj.*, **-tac·ti·cal·ly** *adv.*, *(biol., med.)* stereotakties.

ster·e·ot·ro·pism = THIGMOTROPISM.

ster·e·o·type *n.* stereotipe, stereotiepplaat, drukplaat; *(fig.)* stereotipe; stereotipedruk; stereotipie; *s.o. is the ~ of the ...* iem. is 'n tipiese ... **ster·e·o·type** *ww.* stereotipeer. **ster·e·o·typed** gestereotipeer(d); geyk, stereotiep, vas, onveranderlik. **ster·e·o·typ·er, ster·e·o·typ·ist** stereotipeur, stereogieter.

ster·e·o·ty·py stereotipie.

ster·ile onvrugbaar, steriel; skraal, maer, dor *(grond);* gus *(dier);* steriel, kiemvry, gesteriliseer(d); ~ *cow/ewe/mare, (ook, w.g.)* kween; ~ *cow/ewe, (ook, w.g.)* guskoei, -ooi. **ster·i·li·sa·tion, -zation** onvrugbaarmaking, sterilisasie, sterilisering; ontsmetting. **ster·i·lise, -lize** kiemvry maak, kieme doodmaak; ontsmet; onvrugbaar maak; steriliseer; *sterilising powder* steriliseerpoeier; *sterilising room* steriliseerkamer. **ster·i·lis·er, -izer** sterilisator; steriliseerder; ontsmetter; ontsmettingsmiddel. **ste·ril·i·ty** onvrugbaarheid, steriliteit; dorheid; kiemvryheid.

ster·let *(igt.)* sterlet.

ster·ling *n., (Br. geld)* sterling; →STERLING SILVER. **ster·ling** *adj.* sterling; eg, onvervals, suiwer; deugdelik, deeglik, verdienstelik; *a ~ fellow* 'n staatmaker; *pound ~* pond sterling. ~ **area,** ~ **bloc, scheduled territories** sterlinggebied, -blok. ~ **silver** sterlingsilwer; sterlingware.

stern¹ *adj.* ernstig, stug, stroef; streng; hardvogtig; *be made of ~er stuff* uit harder hout gesny (*of* van sterker stoffasie gemaak) wees; *speak ~ly, (ook)* jou stem dik maak.

stern² *n.* agterstewe, hek, spieël *(v. 'n skip),* agterskip; agterste, stert; *(infml.)* agterstewe *(v. 'n pers.); the ship is down by the ~* die skip se agterstewe is onder water; *settle down by the ~* agteroor hel, agterswaar raak. ~ **bench** agterbank. ~ **boom** agterboom. **~-chase** teenaanjag. **~-chaser** *(mil.)* jaagkanon *(op 'n skip).* ~ **fast/line/rope** agtertou, meertou, vasmaaktou. ~ **light** agter-, heklig. **~most** *adj., (sk.)* agterste. **~post** agterstewe. ~ **sheet(s)** agterboot. ~ **trawler** hektreiler. **~way** tru-, deinsvaart; *make ~* agteruit vaar. **~wheel** hekwiel. **~-wheeler** *(sk.)* hekwielboot, hekwieler.

ster·nal *n.* borsbeen. **ster·nal** *adj.* borsbeen-, sternaal. **ster·num** -*nums,* -*na* borsbeen; *(orn.)* kambeen; *(entom.)* borsplaat.

ster·nu·ta·tion *(fml.)* (die) nies, niesery. **ster·nu·ta·tive** *n.* niesmiddel, niesverwekker; niesgas; snuif. **ster·nu·ta·tive** *adj.* niesveroorsakend, nies(ver)wekkend, nies-. **ster·nu·ta·tor** niesmiddel. **ster·nu·ta·to·ry** *n. & adj.* = STERNUTATIVE *n. & adj.*.

ster·oid -*oids, (biochem.)* steroïed.

ster·ol *(biochem.)* sterol.

ster·to·rous snorkend; roggelend.

stet *ww., (Lat., tip.: ignoreer d. korreksie; behou d. oorspronklike)* stet.

steth·o·scope stetoskoop. **steth·o·scop·ic** stetoskopies.

stet·son stetson(hoed).

ste·ve·dore stuwadoor, dokwerker.

stew *n.* bredie (→IRISH STEW); stowegereg, gestoofde gereg; *(infml.)* benoudheid; *(arg.)* stoombadinrigting; *(arg.)* bordeel; *be/get in a ~ (about s.t.)* opgewen wees/raak (oor iets); senu(wee)agtig wees/raak/word (oor iets); verbouereerd (*of* van stryk [af]) wees/raak (oor iets); *(infml.)* kook (oor iets); die josie in wees (oor iets); in 'n verknorsing sit/wees, in die knyp sit; *vegetable ~* groentebredie; *the whole ~ of them, (infml.)* daardie hele sous. **stew** *ww.* stowe, stoof; →STEWED, STEWING; *let s.o. ~ in his/her own juice, (infml.)* laat iem. in sy/haar eie sop/vet gaar kook; *~ed meat* stowevleis, gestoofde vleis; *~ed sweet potato* stowepatat(ta). ~ **meat** stowevleis. ~ **pan/pot** stowekastrol, -pot.

stew·ard kelner; opsiener, opsigter; toesighouer, opsigter; rentmeester, saakwaarnemer; buswaard; lugwaard; huismeester, huishoudingsbestuurder; hofkelner; hofmeester *(op 'n skip, trein ens.); (sport)* baanbeampte, baanopsiener, baanopsigter; *chief ~* →CHIEF *adj.; the unjust ~, (Byb.)* die onregverdige/oneerlike bestuurder. **stew·ard·ess** kelnerin; waardin; buswaardin; hof-, huismeesteres; treinkelnerin; *air ~* lugwaardin. **stew·ard·ship** hof-, rentmeesterskap.

stewed baie sterk, wat te lank getrek het *(tee); be/get ~, (infml.)* gekoring/besope/dronk wees/raak; *be completely ~, (infml.)* gaar/poegaai/stukkend/smoordronk (*of* lekker/behoorlik/goed gekoring/getrek *of* hoog in die takke) wees.

stew·ing (die) stowe. ~ **apple** stoofappel. ~ **meat** stowevleis. ~ **pear** stoof-, stowepeer. ~ **steak** stowebeesvleis.

stib·i·um *(vero.)* →ANTIMONY. **stib·nite** stibniet.

sti·chom·e·try *(pros.)* stigometrie; reëltelling; reëlverdeling. **stich·o·myth·i·a** stigomitie. **stich·o·myth·ic** stigomities.

stick¹ *n.* stok; wandelstok, kierie; lat; steel; stuurstok *(v. 'n vliegtuig); (sk.)* spar, paal; *(druk.)* (set)haak; *use/wield the* ***big*** *~* →BIG STICK; *be (caught) in a* ***cleft*** *~* in die knyp/moeilikheid/noute sit/wees, in die/'n verknorsing sit/wees; *as* ***cross*** *as two ~s* →CROSS *adj. & adv.; it is easy to find a ~ to beat a* ***dog*** as jy 'n hond wil slaan, kry jy maklik 'n stok; *a* ***dry*** *old ~, (infml.)* 'n droë ou bokkem/bokkom; *get the dirty* ***end*** *of the ~, (infml.)* aan die kortste ent trek/wees; *s.o. got the dirty* ***end*** *of the ~, (ook, infml.)* iem. het 'n kort lootjie getrek; *s.o. has/got (hold of) the wrong* ***end*** *of the ~, (infml.)* iem. het dit by die verkeerde ent beet, iem. het dit by/aan die stert beet, iem. het die kat aan die stert beet; ***gather*** *~s to make a fire* vuurmaakhoutjies optel; ***give*** *s.o./s.t. (a lot of) ~, (infml.)* iem./iets kwaai kritiseer; ***in the*** *~s, (infml.)* in die gram(m)adoelas; *~* ***of*** *bombs* string bomme; *a ~* ***of*** *dynamite* 'n dinamietkers; *a few ~s* ***of*** *furniture* 'n paar stukkies huisraad; *a* ***poor*** *old ~, (infml.)* 'n arme ou drommel/sukkelaar; ***take*** *a ~ to s.o.* iem. met 'n stok bydam; ***up*** *~s, (infml.)* verhuis. **~ball** *(Am.)* straatbofbal. ~ **bombing** stringbombardering. ~ **cinnamon** pypkaneel. ~ **insect** stokkieduiwel, stokinsek, spooksprinkaan, wandelende tak. ~ **shift** *(Am., mot.)* rathefboom, (rat)kierie; motor met 'n rathefboom/(rat)kierie. ~ **water** vis(afval)water. ~ **work** stokwerk.

stick² *stuck stuck, ww.* steek; vassteek; (vas)klewe, (vas)klou; vassit; vasplak; aanhou; bly voortduur, standhou; bly steek; getrou bly; *(infml.)* verdra, veel; →STUCK; *~* ***about/around,*** *(infml.)* rondhang; in die buurt bly; nie weggaan nie; *~* ***at*** *s.t., (infml.)* met iets volhou; *~* ***at*** *nothing* vir niks stuit/terugdeins nie; tot alles in staat wees; *~* ***at it,*** *(infml.)* vasbyt, volhard, volhou; *~* ***by*** *s.o.* (aan) iem. trou bly, iem. nie in die steek laat nie; *~* ***by/to*** *s.t.* by iets hou *('n argument ens.);* aan iets vashou, aan iets getrou bly *(beginsels ens.);* by iets bly *(jou woord ens.); ~* ***close*** *to ...* na aan ... bly; *~ s.t.* ***down*** iets vasplak/vassteek; *(infml.)* iets neerskryf/neerskrywe; iets toeplak *('n koevert ens.); ~* ***fast*** vassit, bly steek; *~* ***in*** *s.t.* in iets vassit *(modder ens.); ~ s.t.* ***in*** *...* iets in ... steek; *~* ***like*** *a bur(r)/leech/limpet* klou soos klitsgras, (vas)klou, vassit; ***make*** *s.t. ~* iets laat vassit; *(infml.)* iets laat insink; ***not*** *~ s.o., (infml.)* iem. nie verdra/veel nie; ***not*** *~ s.t. any longer, (infml.)* iets nie langer uithou/verdra nie; *~ s.t.* ***on*** iets opplak *('n posseël ens.); ~* ***out*** uitsteek; *~* ***out*** *for s.t.* op iets aandring/staan, iets eis; *~ it* ***out,*** *(infml.)* deurbyt, volhard, volhou, nie opgee nie; *~* ***out*** *like a sore thumb* →THUMB *n.; ~* ***to*** *...* aan ... vassit, aan ... (vas)kleef/(vas)klewe, aan ... (vas)klou; *~* ***to it,*** *(infml.)* vasbyt, volhard, volhou; *~* ***to*** *s.t.* ***→by/to;*** *~* ***together,*** *(infml.)* bymekaar bly; aan mekaar getrou bly; *~* ***together*** *s.t.* iets aanmekaarplak; *~* ***up,*** *(iets)* regop staan; *~ s.o.* ***up,*** *(infml.)* iem. hen(d)sop; *~ 'em* ***up!,*** *(infml.)* hande in die lug!; *~* ***up*** *for o.s.* jou man staan; *~* ***up*** *to ...* jou man teen ... staan, nie vir ... kopgee nie; *~* ***up*** *for s.o.* vir iem. opkom, vir iem. 'n lansie breek; *~ s.t.* ***up*** iets omhoog hou; iets regop sit; iets opsit *('n skyf ens.); ~* ***with*** *..., (infml.)* by ... bly. ~ **grass** *(Aristida* spp.*)* steekgras. **~-in-the-mud** -*muds, n., (infml.)* remskoen, jandooi, agterblyer, sukkelaar, jansalie, twak. **~-in-the-mud** *adj.* dooierig. **~jaw (candy)** tameletjie. **~-on** *adj. (attr.)* (aan)plak-, selfkleef-, selfklewende, selfheg-. **~pin** *(Am.)* dasspeld; →TIEPIN. **~-to-itiveness** *(Am., infml.)* taai(e) volharding, verbete/volgehoue vasberadenheid. **~-up** *n., (infml.)* aanhouding; *this is a ~!, (infml.)* gee jou geld!, jou geld of jou lewe!; →HOLD-UP. **~up** *adj.* opstaande; *~ collar* staankraag, opstaanboordjie, stywe/hoë boordjie; *~ man* straatrower.

stick·a·bil·i·ty *(infml.)* deursettingsvermoë, uithou(dings)vermoë, volhardingsvermoë.

stick·er plakker; aanplakker; plakstrook, plaksel; kleefstrook; plakseël, kleefseël; stapellat; volhouer, aanhouer, volharder; *airmail ~* lugposstrokie; *parking ~* parkeerbewys. ~ **(machine)** freesmasjien *(vir hout).*

stick·i·ness¹ stokkerigheid, houterigheid, styfheid.

stick·i·ness² taaiheid, kleverigheid.

stick·ing (die) kleef/plak/vassit *ens.* (→STICK² *ww.*). ~ **place,** ~ **point** vassteekplek. ~ **plaster** heg-, kleefpleister.

stick·le·back *(igt.)* stekelbaars.

stick·ler puntene(u)rige mens; *be a ~ for ...* 'n voorstander vir ... wees; baie/erg op ... gesteld wees *(presiesheid ens.).*

stick·y¹ stokkerig, houterig, styf.

stick·y² klewerig, taai; klouerig; bedompig, broeierig, benoud *(d. weer); come to (*or *meet [with]) a ~ end* →END *n.; ~ tape* plaklint, kleefband, -lint.

stiff *n., (infml.)* lyk; jandooi, jansalie, slaapkous; niksnuts, nikswerd; papier, dokument; wissel, bewys; geld; *a lucky ~, (infml.)* 'n gelukkige vent. **stiff** *adj.* styf; stram *('n skarnier ens.);* onbuigsaam; stroef, afgemete; moeilik, swaar; sterk; stewig *('n pas ens.);* straf, streng, kwaai; hard *(stamp);* taai *(weerstand);* stroef *(styl); (as) ~* ***as*** *a poker* stokstyf; *s.o. is (as) ~* ***as*** *a poker/ramrod, (ook)* iem. lyk of hy/sy 'n laaistok ingesluk het; *~* ***binding/cover(s)*** harde band; *that's a* ***bit*** (*or* ***pretty***) *~, (infml.)* dit is 'n bietjie erg/kwaai, dit is nogal kras, dit is 'n bietjie te veel gevra/geverg, dit is bietjies te veel gevra/geverg; *be* ***bored*** *~* →BORE² *ww.; a ~* ***breeze*** →BREEZE¹ *n.; ~* ***brush*** harde borsel; *be a ~* ***climb*** →CLIMB *n.; ~* ***collar*** stywe/gestyfde boordjie; *~* ***competition*** →COMPETITION; *meet s.t. with a ~* ***denial*** iets beslis (*of* ten ene male) ontken; *that's* ***pretty*** *~* ***→bit;*** *~* ***price*** hoë/kwaai prys; *charge s.o. a ~* ***price,*** *(ook)* iem. ruk; *s.o. was* ***scared*** *~* →SCARED; *be* ***stark*** *and ~* →STARK *adj.; a ~* ***tot*** →TOT² *n.; keep a ~* ***upper lip*** →LIP *n.; be ~* ***with*** *... styf wees van (die) ... (koue ens.).* **~-necked** hardnekkig, (hard)koppig, halsstarrig, eiesinnig, onversetlik, ontoegeeflik. **~-neckedness** hardnekkigheid, koppigheid, eiesinnigheid. ~ **sickness** *(soöl.)* (driedae)stywesiekte/styfsiekte.

stiff·en styf maak, styf, stywe; styf word; verstar; verstram; verstewig; versterk; *~ed net* stywe net(stof). **stiff·en·er** verstywer; styfmiddel; versterker; regmakertjie.

stiff·en·ing verstywing; versterking; styfgaas; verstyfmiddel. ~ **agent** styfmiddel. ~ **(material)** styfstof. ~ **plate** versterkplaat.

stiff·ish stywerig; taamlik moeilik.

stiff·ness styfheid, styfte; stroefheid; stewigheid; *ens.* (→STIFF *adj.*).

stif·fy -*fies:* ~ **(disk/disc)** *(SA, rek.)* stiffie, starskyf.

sti·fle[1] *ww.* (ver)stik, (ver)smoor; smoor *('n lag);* onderdruk *('n gaap);* doodsmoor; →STIFLING; ~ *s.t. at birth, (fig.)* iets in die kiem smoor.

sti·fle[2] *n., (soöl.)* kniegewrig, agterlit. ~ **bone** knieskyf. ~ **joint** kniegewrig.

sti·fler smoorder; galg; stikwarm dag. **sti·fling** verstikkend; bedompig, broeiend, broeierig, stikkend; ~ *day* stikwarm dag; ~*ly hot* snikheet, =warm.

stig·ma =*mas,* =*mata* stigma; brandmerk, skandvlek, skandteken, skande, smet, klad; litteken; *(i.d. mv.* [stigmata], *relig.)* wondtekens *(v. Christus); (med.)* merk(teken), vlek; *(soöl.)* luggaatjie; *(soöl.)* oogvlek; *(bot.)* stempel. **stig·ma·ti·sa·tion,** =**za·tion** stigmatisasie; *(fig.)* brandmerking. **stig·ma·tise,** =**tize** stigmatiseer; skandmerk, skandvlek; ~ *s.o. as ...* iem. as ... brandmerk/doodverf/bestempel.

stilb *(eenh. v. helderheid)* stilb.

stil·bene *(chem.)* stilbeen.

stil·boes·trol *(biochem.)* stilbestrol.

stile[1] oorklimtrap, oorstap, oorhek, klimhek, traphek, steg; *help a lame dog over a* ~ →DOG *n.*.

stile[2] styl *(v. 'n deur, venster).*

sti·let·to =*to(e)s, n.* stilet, dolkie, priem. **sti·let·to** *ww.* met 'n stilet deursteek/deurboor. ~ **heel** spykerhak.

still[1] *n.* stilbeeld; stilfoto; stilte; *the ~ of the night* die stilte van die nag. **still** *adj.* stil; kalm; stilstaande, roerloos; geluidloos; stil, gedemp; ~ ***air*** stil lug; windstilte; *be **as** ~ as the grave* so stil soos die graf wees; soos die graf swyg; ~ ***birth*** →STILLBIRTH; ~ ***lake*** spieëlgladde meer; ~ ***life,** (skilderk.)* stillewe; *(i.d. mv.,* still lifes*)* stillewes; →STILL-LIFE *adj.;* ~ ***picture*** stilprent; stilfoto; ~ ***small voice*** →VOICE *n.;* ~ *as a **stone*** stokstil; ~ ***water*** staande water; ~ ***waters** run deep* →WATER *n.;* ~ ***wine*** stil wyn. **still** *adv.* nog, nog steeds, nog altyd; (en) tog, nogtans, nietemin; ~ *and **all**, (infml.)* nogtans, tog, desnieteenstaande; *s.o. is ~ **doing** it* iem. doen dit nog (steeds); *s.o. has ~ **got** ten/etc. ...* iem. het nog tien/ens. ...; *s.o. has ~ **not** come/etc.* iem. het nog nie gekom/ens. nie, *(infml.)* iem. kom/ens. nou nog (*of* sal nou nog kom/ens.). **still** *ww.* stil(maak), kalmeer, (laat) bedaar; wegneem *(agterdog ens.).* ~**birth** dood=, stilgeboorte; doodgebore baba/kind. ~**born** *(lett. & fig.)* doodgebore *(baba, plan, ens.).* ~**-life** *adj. (attr.)* stillewe=; ~ *painting* stillewe; stilleweskilderkuns; ~ *photography* stillewefotografie.

still[2] *n.* distilleerketel, stookketel; distilleertoestel, stooktoestel; distilleerdery, stokery. →BRANDY. **still** *ww.* stook, distilleer. ~ **head** stookketelkop, fraksioneerkolom. ~ **room** stookkamer, distilleerkamer; spens. ~ **tube** *(mot.)* kondenseerpyp.

stil·lage stellasie; steier.

still·ness stilte, geluidloosheid; stilte, rustigheid, kalmte; onbeweeglikheid, roerloosheid.

Still·son (wrench) *(handelsnaam)* bobbejaansleutel, bobbejaan(bek).

stil·ly *(poët., liter.)* stil; *the ~ night* die stille nag.

stilt *n.* stelt; steltpoot; ploegstert; draagsilinder; *(black-winged) ~, (orn.)* rooipootelsie; *on ~s* op stelte. **stilt** *ww.* op stelte sit. ~ **bird** steltvoël, =loper. ~ **walker** steltloper.

stilt·ed op stelte; hoogdrawend, bombasties, onnatuurlik, gekunsteld, stokkerig, geswolle *(spraak);* ~ *arch* steltboog; ~ *gait* steltgang. **stilt·ed·ness** hoogdrawendheid, bombasme.

Stil·ton (cheese) stilton(kaas).

stim·u·lant *n.* stimulant, stimuleermiddel; *(fig.)* aansporing, prikkel, stimulans, stimulant, stimulus; alkohol; *take ~s, (ook)* sterk drank gebruik. **stim·u·lant** *adj.* prikkelend, opwekkend, opbeurend. **stim·u·late** stimuleer, prikkel; *(fig.)* aanspoor, aanwakker, aanmoedig; opwek; bevorder; ~ *s.o. to s.t.* iem. tot iets prikkel; *stimulating beverage* opwekkende drankie; *stimulating lecture* gedagteprikkelende lesing. **stim·u·la·tion** stimulasie, stimulering, prikkeling; *(fig.)* aanwakkering, aansporing; aanporring; opwekking. **stim·u·la·tive** *n.* prikkel. **stim·u·la·tive** *adj.* prikkelend, opwekkend. **stim·u·lus** =*uli, (lett. & fig.)* stimulus; *(fig.)* prikkel, aansporing.

sting *n.* steek; angel; *(bot.)* netelhaar; *(infml.)* geheime operasie; prikkel, venyn; →STINGING; *have a ~ **in** it, (d. lug)* skerp/prikkelend wees; *(woorde, boulwerk)* venynig wees; *~s **of** conscience* →CONSCIENCE; ~ ***of** hunger* knaende honger; *take the ~ **out** of s.t.* die angel uit iets haal; *the ~ is in the **tail*** die angel sit in die stert. **sting** *stung stung, ww.* steek, prik; brand; pyn/wroeging/leed veroorsaak; *s.o.'s **conscience** ~s him/her* →CONSCIENCE; ~ *s.o. **for** R100/etc., (infml.)* iem. met R100/ens. ruk; *s.o. **got** stung, (fig., infml.)* iem. is in die nek gekyk; *pepper ~s one's **tongue*** peper brand op die tong; *be stung **with** remorse* →REMORSE. ~ **cell** →STINGING CELL. ~ **fly** steek=, blinde=, perdevlieg. ~ **nettle** →STINGING NETTLE. ~**ray** *(igt.)* pylstert(rog), pylstertvis.

sting·er stekelplant; steekinsek; angel; *(infml.)* taai klap, seer hou.

sting·ing vlymend; stekel(r)ig; snydend; ~ ***attack*** venynige/snydende aanval; ~ ***blow*** taai klap; ~ ***cell*** netelsel, brand-sel, nematosist; ~ ***criticism*** snydende kritiek; ~ ***hair*** brand=, netelhaar; ~ ***insult*** griewende belediging; ~ ***nettle*** brandnetel, brandnekel. **sting·less** *(lett. & fig.)* angelloos; sonder angel/stekel; onaanstootlik; goedaardig.

stin·go *(infml., vero.)* sterk drank; swaar bier.

stin·gy suinig, vrekkerig, gierig, inhalig, krenterig; *be ~ with s.t.* suinig/snoep wees met iets; ~ *crop* geringe/karige oes. **stin·gi·ness** suinigheid, vrekk(er)igheid, gierigheid, inhaligheid, krenterigheid, skraapsug.

stink *n.* stank; *(infml.)* herrie; *kick up* (or *raise*) *a ~, (infml.)* 'n herrie maak/opskop; *... like ~, (infml.) ...* vir die/'n vale, ... dat dit (so) klap, ... soos nog iets. **stink** *stank/stunk stunk, ww., (lett. & fig.)* stink; sleg ruik; afsku inboesem, verafsku word, 'n slegte naam hê; *it ~s to (high) **heaven*** →HEAVEN; *s.t. ~s in s.o.'s **nostrils*** →NOSTRIL; ~ ***of** money* van die geld stink, stinkryk wees; *s.o./s.t. ~s **of** ...* iem./iets stink na ...; ~ *a place **out**, (infml.)* 'n plek stink maak; ~ *s.o. **out** of the house/etc.* iem. deur 'n slegte reuk uit die huis/ens. dryf; ~ ***up*** laat stink. ~ **ball** *(mil.)* stinkkoeël. ~ **bean** stinkboon(tjie). ~ **beetle** stinkbesie, =kewer. ~ **bomb** stinkbom. ~ **bug** stinkbesie, =gogga. ~ **bush** *(Boscia foetida)* stinkbos; *(Azima tetracantha)* byangelbos, speldekussing. ~ **cat** stinkmuishond. ~ **damp** stinkdamp. ~ **fly** stinkvlieg. ~**horn** *(bot.)* stinkswam. ~**pot** stinkpot. ~**stone** stinksteen. ~**weed** *(Datura stramonium)* stinkblaar, doringappel. ~**wood** stinkhout; *black ~* swartstinkhout; *red ~* bitteramandel, rooistinkhout, nuwehout; *white/Camdeboo ~* witstinkhout, Kamdeboo-stinkhout. ~**wood-tree** stinkhoutboom, Kaapse lourier.

stink·ard *(arg.)* stinker(d); stinkdier; stinkpot; vrotterd; →STINKER.

stink·er *(infml.)* stinker(d); stinkdier; stinkstok; vrotterd, nikswerd, lae lak, mislike/nare vent; *the paper was a ~* die vraestel was moeilik.

stink·ing stinkend; *(infml.)* walglik, miserabel; *a ~ **cold**, (infml.)* 'n swaar/kwaai/hewige verkoue; *have a ~ **cold**, (infml.)* vrot van die verkoue wees; *cry ~ **fish*** jou eie goed slegmaak, jou eie neus skend; *write s.o. a ~ **letter*** aan iem. 'n brander (*of* 'n kwaai brief) skryf/skrywe; *be ~ **rich**, (infml.)* stinkryk wees, van die geld stink. ~ **badger** stinkdas(sie); →TELEDU. ~ **camomile** →CAMOMILE. ~ **smut** = BUNT[3]. ~ **Willie** bees(te)blom, jakobsblom, soldatekruid.

stink·o *(infml.)* smoor=, papdronk.

stint[1] *n.* skof, (diens)beurt; deel, rantsoen; karigheid, suinigheid; beperking; *do a ~ at ...* 'n beurt hê/kry om te ...; *do one's daily ~* jou dagtaak verrig; *without ~* sonder beperking, volop, mild, rojaal. **stint** *ww.* beperk; suinig/spaarsaam wees; skraps uitdeel/toemeet, afskeep, karig behandel/voorsien; op rantsoen stel; ~ *o.s.* jouself te kort doen, jouself afskeep; ~ *o.s of food/etc.* jouself nie genoeg kos/ens. gun nie.

stint[2] *n., (orn.)* strandloper(tjie).

stipe *(bot.)* steel; blaarsteel *(v. 'n varing).*

sti·pend besoldiging, salaris; toelae; (studie)beurs, stipendium *(aan 'n student);* soldy, soldateloon. **sti·pen·di·ar·y** *n.* beurshouer, stipendiaat, stipendium, houer; gesalarieerde, salaristrekker. **sti·pen·di·ar·y** *adj.* besoldig, betaal(d); gesalarieer(d), salaristrekkend; ~ *magistrate, (Eng.)* besoldigde magistraat; ~ *report* opsienersverslag *(by wedrenne);* ~ *steward* besoldigde opsiener.

sti·pes =*pites, (soöl.)* bloedlyn; *(bot.)* →STIPE.

stip·ple *n.* stippel; stippelwerk, punteerwerk. **stip·ple** *ww.* (be)stippel; uitstippel, punteer; ~*d glass* stippelglas. ~ **printing** stippeldruk.

stip·pler stippelaar; punteerstif, =penseel, stippelpenseel.

stip·pling stippeling; stippelwerk, punteerwerk. ~ **brush** stippelkwas.

stip·u·late[1] *ww.* bepaal, beding, vasstel, as voorwaarde stel, stipuleer.

stip·u·late[2] *adj., (bot.)* steunblaardraend, met steunblare.

stip·u·la·tion[1] bepaling, voorwaarde, beding, stipulasie.

stip·u·la·tion[2] steunblaarrangskikking.

stip·ule *(bot.)* steunblaar(tjie).

stir *n.* opskudding, opgewondenheid, beroering, sensasie, drukte; gewoel, (ge)roesemoes; →STIRRINGS *n.; **cause/create/make** a ~* opspraak (ver)wek, 'n opskudding veroorsaak; *s.o. is **in** ~, (infml.)* iem. is in die tjoekie/tronk; ***make** a great ~* →***cause/create/make; not** a ~* doodstil. **stir** =*rr*=, *ww.* roer; (ver)roer, beweeg; omroer, in beweging bring; aanpor, opwek; aansit, aanhits; aanstook; rakel *('n vuur);* aangryp; →STIRRING *adj.;* ~ *the **blood*** →BLOOD *n.; not a **breath** is ~ring* →BREATH *n.;* ~ ***early*** (or *at an **early hour***) vroeg opstaan, vroeg op (*of* aan die gang) wees; *not ~ **from** the house/etc.* nie 'n voet uit die huis/ens. sit nie, nie jou neus by die deur uitsteek nie; ~ *the **imagination*** →IMAGINATION; ~ *s.t. **in*** iets inroer; *lead/live a ~ring **life*** →LIFE; *there is no **news** ~ring* daar is geen nuus nie; *s.o. is **not** ~ring yet* iem. is nog nie op nie; ~ ***o.s.*** begin roer; ~ *one's **stumps*** jou litte/lyf/riete roer; ~ *people **up*** mense aanhits/ophits/opruі; ~ *s.t. **up*** iets omroer; iets (ver)wek *(ontevredenheid);* iets gaande maak *(nuuskierigheid);* iets aanblaas *('n opstand);* iets aanwakker *(vyandskap);* ~ ***up** strife, (ook)* kwaad stook; *s.o. needs/wants ~ring **up*** iem. moet wakker geskud (*of* skrikgemaak) word; ~ *s.o.'s **wrath*** iem. boos/woedend maak. ~**-crazy** *(Am. sl.): go ~* bossies (*of* van jou trollie/wysie af) raak. ~**-fried** roerbraai=; ~ *vegetables* roerbraaigroente. ~**-fry** *n.* roerbraai(gereg). ~**-fry** *ww.* roerbraai.

stir·pi·cul·ture (selektiewe) rasveredeling, =verbetering.

stirps *stirpes, (geneal.)* stamvader; stam, familietak; *(soöl.)* bloedlyn, ras.

stir·rer roerder; roerlepel, =spaan; roervurk; roertoestel, roerstok; roerstafie; *(infml.)* kwaadstoker, kwaadsteker, skoorsoeker, rusiemaker; oproermaker, opstoker, onrusstoker, aanhitser, opruier, opsweper.

stir·ring *adj.* (ont)roerend, aangrypend, aandoenlik, treffend *(toespraak, preek, musiek, gedig, toneel, ens.);* opwindend *(tye ens.);* besielend *(toespraak, preek, ens.);* spannend *(verhaal ens.).* ~ **rod** roerspaan, roerstafie.

stir·rings *n. (mv.)* (eerste) tekens *(v. verandering ens.);* gevoelens *(v. wrokkigheid, begeerte, skuld, ens.); sexual ~* seksuele prikkeling; *soul ~* roeringe van die siel (*of* die [menslike] gees).

stir·rup stiebeuel; beuel; hanger; spanlyn. ~ **bar** stiebeuelplaat. ~ **bolt** beuelbout. ~ **cup** loopdop, afskeidsbeker, =glasie, =drankie. ~ **iron** stiebeuel. ~ **leather** stiegriem. ~ **pump** stiebeuelpomp. ~ **strap** stiegriem; beuelband.

stitch *n.* steek; →STITCHING; ***drop** a ~, (breiwerk)* 'n steek laat val; ***be in** ~es, (infml.)* krom lê van die lag; *have s.o. **in** ~es, (infml.)* iem. laat skater/skree(u) van die lag, iem. laat krom lê van die lag; ***not** have a ~ on, **not be wearing** a ~, be **without** a ~ of clothing* geen draad (klere) aanhê nie, *(infml., 'n man)* in adamsgewaad/=pak wees, *(infml., 'n vrou)* in evasgewaad wees; ***not** have a dry ~ on* geen droë draad aan jou lyf hê nie; ***pick up** a ~, (breiwerk)* 'n steek optel; ***put in** ~es* 'n wond heg/

toewerk/toenaai; *a ~ in the **side*** 'n steek in die sy; ***take** out ~es* steke uithaal; *a ~ in **time** saves **nine*** betyds keer, is 'n goeie geweer; werk op tyd maak wel bereid; kleine luiheid groot verdriet. **stitch** *ww.* naai *(m.d. hand);* stik *(met 'n masjien);* draadheg, brosjeer *('n boek); ~ed **book*** gedraadhegte boek; *~ **on** s.t.* iets aanwerk; *~ed **ribbon*** gestikte lint; *~ s.o. **up**, (Br., infml.)* iem. met 'n slap riem (*of* 'n [slim] slenter) vang; iem. onder verdenking bring; *~ s.t. **up*** iets heelmaak/toewerk/vaswerk *('n stukkende plek in 'n kledingstuk);* iets heg/toewerk *('n wond).* **~-up** *n., (Br., infml.)* slim set; *be the victim of* (or *fall victim to) a ~* die slagoffer van 'n slim set wees.

stitch·er stikker; draadhegter; stikmasjien, draadhegmasjien.

stitch·ing naaisel, naaiwerk, steke; hegting; omstiksel; *(machine) ~* stiksel. **~ machine** stikmasjien. **~ needle** stiknaald; boekbindersnaald. **~ wire** hegdraad.

stith·y aambeeld; smidswinkel; smeltoond; →SMITHY.

sti·ver *(hist.)* stuiwer; *not a ~, (fig.)* geen bloue duit nie.

sto·a *-ae, -as, (Gr.)* stoa, portiek, (oordekte) suilegang/kolonnade; *the S~* die Stoa (*of* leer[skool] van die Stoïsyne).

stoat *(soöl.)* wesel; hermelyn.

sto·chas·tic *adj., (statist.)* stochasties, stogasties.

stock *n.* voorraad; aandelekapitaal; *(kookk.)* aftreksel; steel, handvatsel; laai *(v. 'n geweer);* kolf, greep *(v. 'n pistool);* hef *(v. gereedskap);* (boom)stam; stok *(v. 'n snymoer);* skaafblok; skuifblok; ploeglyf, hou-yster *(v. 'n ploeg);* sweepstok; *(geol.)* koepeltjie; afkoms, afstamming; geslag, ras, familie; aansien, prestige; vee(stapel), lewende hawe; onderstam, onderstok, wortelstok; onderstok *(by druiwe);* onderstam *(by geënte bome); (i.d. mv.)* skeepsboustellasie, -steier; effekte; →ROLLING STOCK; ROOTSTOCK; GILLYFLOWER; ***carry** ~s* voorraad aanhou; ***clear** ~s* voorraad opruim; *~ and **dies*** stok en snymoere; *s.o.'s ~ is **falling/rising*** iem. se aansien daal/styg; *be/come of **good** ~* van goeie afkoms wees; *be **in** ~* in voorraad wees; *have s.t. **in** ~* iets in voorraad hê, iets voorradig/voorhande hê; *keep s.t. **in** ~* iets in voorraad hou; ***large** ~* grootvee; *~ **of** an **anchor*** ankerstok; *~ **of** an **anvil*** voet/stok van 'n aambeeld; ***be on** the ~s* in voorbereiding wees; *('n skip)* op stapel wees; *('n boek)* in bewerking wees; *s.o. is **out of** ~* iem. is uitverkoop, iem. het iets nie in voorraad nie; *s.t. is **out of** ~* iets is nie in voorraad nie, iets is onvoorradig; *~ (of **a plane**)* →PLANE STOCK; *s.t. **sends** up s.o.'s ~(s)* iets verhoog iem. se aansien; *~s and **shares*** effekte en aandele; ***small** ~* kleinvee; ***take** ~* (die) voorraad opneem, (die) inventaris opmaak; ***take** ~ of s.o.* iem. opsom/deurkyk, iem. krities in oënskou neem; iem. noukeurig beskou, iem. van kop tot tone bekyk; ***take** ~ of s.t.* iets in oënskou neem, iets betrag; ***the** ~s, (hist.)* (voet)blok. **stock** *ww.* in voorraad hou; in voorraad hê; voorsien van; die nodige aankoop/aanvul; bevoorraad, beset, toerus, uitrus; vee aanskaf; weiding gee; *~ a **dam*** 'n dam bevis; *~ a **farm*** 'n boerdery aan die gang (*of* op tou) sit, al die nodige vir 'n plaas aanskaf; *~ **up** on/with s.t.* voorraad van iets inslaan; *~ ... **with** s.t. ...* van iets voorsien; ... met iets toerus. **stock** *adj.* oud, afgesaag, stereotiep; vas(staande), geyk, gebruiklik; gereeld; uit die voorraad. **~ account** effekterekening; voorraadrekening. **~ analyst** effekteanalis, -ontleder. **~ answer** onveranderlike/gereelde antwoord. **~ board** *(messelwerk)* vormplank. **~ bolt** stokbout. **~ book** effekteboek; voorraadboek, -register. **~breeder** veeteler. **~breeding** veeteelt. **~ brick** pleistersteen. **~broker** aandelemakelaar; effektemakelaar; *~'s loan* effektemakelaarslening. **~broker belt** *(Br., infml.)* rykmansbuurt(e). **~broking** aandelemakelary. **~ brush** sprinkelkwas. **~ car** stampkar, -motor. **~ car racing** stampwedrenne. **~ certificate** *(Am.)* = SHARE CERTIFICATE. **~ character** *(teat.)* geykte karakter; stereotiepe personasie. **~ commodity** stapelartikel, artikel met 'n vaste vraag. **~ company** *(Am.)* aandelemaatskappy; *(teat.)* staande (toneel)geselskap, repertoiregeselskap, repertoriumgeselskap. **~ cube** *(kookk.)* aftreksel-, ekstrakblokkie. **~ dealer** effektehandelaar. **~ distribution** effekteverspreiding. **~ door** standaarddeur. **~ dove** bosduif. **~ exchange** effektebeurs; aandelebeurs; *on the ~ ~* op die (effekte)beurs. **~ fair** veeveiling, vendusie, vandisie. **~ farm** veeplaas. **~ farmer** veeboer. **~ farming** veeboerdery. **~ feed** veevoer. **~fish** stokvis. **~holder** aandeelhouer; effektehouer; voorraadhouer. **~holding** effektebesit; aandelebesit. **~ inspector** vee-inspekteur. **~-in-trade** (handels)voorraad. **~jobber** tussenhandelaar, aandelegroothandelaar. **~jobbery, ~jobbing** windhandel; aandelegroothandel. **~ joke** staande grap. **~list** beursnotering; fondskatalogus *(v. 'n uitgewer).* **~ lock** blokslot. **~man** *(Austr.)* veekneg; *(Am.)* veeboer; *(Am.)* voorraadklerk, magasynklerk, -werker. **~ market** effektemark; aandelemark; veemark. **~ model** standaardmodel. **~ pattern** standaardpatroon; standaardgietvorm. **~ phrase** geykte uitdrukking. **~ piece/play** repertoirestuk, repertoriumstuk. **~ pigeon** teelduif. **~pile** *n.* voorraadstapel, opgegaarde voorraad. **~pile** *ww.* voorrade stapel/opgaar/ophoop. **~piling** voorraadopgaring. **~ population** veestapel. **~pot** aftrekselpot. **~-proof** veedig. **~ rail** vaste spoorstaaf. **~ raising** veeteelt, -boerdery. **~ remedy** veemiddel. **~ rider** berede veewagter. **~room** (voorraad)magasyn, voorraadkamer, pakhuis. **~ seed** moedersaad. **~ seed potato** stammoer. **~ sheet** voorraadstaat. **~ size** standaardgrootte; standaardformaat *(v. papier).* **~-still** dood-, bot-, stokstil, roerloos. **~taker** voorraadopnemer. **~taking** voorraadopname, inventarisasie; *(fig.)* terugblik, oorsig. **~taking sale** inventarisopruiming, -uitverkoop, balansopruiming. **~ theft** veediefstal. **~ thief** veedief. **~ (tie)** stropdas. **~ watering place** veesuiping. **~ whip** ossweep, lang sweep. **~ wood** stapelhout. **~yard** veekraal; slagkraal.

stock·ade *n.* verskansing, skanspale; palissade, paalheining, (paal)skutting; *(Am.)* strafgevangenis. **stock·ade** *ww.* palissadeer, verskans.

Stock·holm *(geog.)* Stockholm. **~ tar** skoonteer.

stock·i·ness bonkigheid, gesetheid.

stock·i·net(te) *(tekst.)* stokkinet.

stock·ing[1] bevoorrading, die inneem van voorraad.

stock·ing[2] *n.* kous; *in one's ~s* op jou kouse, op kousvoete, sonder skoene. **stock·ing** *ww.* van kouse voorsien. **~ cap** kousmus. **~ filler** *(Br.),* **~ stuffer** *(Am.)* Kerskousgeskenkie, -presentjie. **~ foot** kousvoet. **~ mask** (nylon)kousmasker. **~ stitch** koussteek. **~ suspender** kousankertjie. **~ web** kousweefsel.

stock·inged gekous(te/de); *in his ~ feet* op kousvoete.

stock·ish aartsdom, onnosel; saai, oninteressant.

stock·ist leweransier, voorraadhouer; *be ~s of all makes* alle (handels)merke aanhou (*of* in voorraad hê).

stock·y breed/swaar gebou, bonkig, stewig; geset, kort en dik.

stodge *n., (infml.)* swaar/onverteerbare kos; *(fig.)* oninteressante/moeilike stof. **stodge** *ww.* gulsig eet, inprop, wegslaan. **stodg·i·ness** onverteerbaarheid; swaarwigtigheid. **stodg·y** vullend; swaar, onverteerbaar; dik; volgeprop, propvol; oorlaai; swaar op die hand, swaarwigtig; dooierig, oninteressant.

stoep *(Afr.)* stoep.

sto·gy, sto·gey *(Am.: dun sigaartjie)* stinkstok.

sto·ic *n.* stoïsyn; *(filos., S~)* Stoïsyn. **Sto·ic** *adj.* Stoïsyns, Stoïes. **sto·i·cal, sto·ic** *adj.* stoïsyns, gelate, onverstoorbaar. **sto·i·cal·ness** = STOICISM. **Sto·i·cism** Stoïsisme, Stoïsynse leer; *(s~)* stoïsisme, onverstoorbaarheid, gelatenheid.

stoi·ch(e)i·om·e·try stoïgiometrie.

stoke stook; *(infml.)* volstop; *~ (up), (infml.)* wegpak, baie eet; *~ s.t. up* iets opstook *('n vuur).* **~hold** stookruim, -plek. **~hole** stookgat. **stok·er** stoker.

stok·vel *(SA, ekon.: soort informele spaarskema)* stokvel, *(infml.)* gooi-gooi.

sto·la *-lae* stola.

stole[1] *n.* stola, lang serp/pels.

stole[2] *(verl.t.)* het gesteel *ens.* (→STEAL *ww.*). **sto·len** gesteel; geroof; *~ kisses are sweetest* gesteelde vrugte smaak die lekkerste.

stol·id onverstoorbaar, onversteurbaar, flegmaties; ongevoelig, stompsinnig, afgestomp, onaandoenlik, onbewoë; dooierig, traag. **sto·lid·i·ty** onverstoorbaarheid, onversteurbaarheid; ongevoeligheid, stompsinnigheid.

sto·lon *(bot., soöl.)* stolon; *(bot.)* uitloper.

sto·ma *-mas, -mata, (bot., soöl., med.)* stoma; *(bot.)* huidmondjie; *(soöl.)* mondjie; *(med.)* mond. **sto·mal** *adj., (med.)* stomaal. **sto·ma·tal, sto·mat·ic** *(adj.)* huidmond-; *~ cell* sluit-sel.

stom·ach *n.* maag; buik; pens *(v. diere);* eetlus; neiging, sin, lus; *an **empty** ~* 'n leë/hol maag; *on an **empty** ~* op 'n leë/nugter maag; ***fourth** ~, (soöl.)* leb(maag); *on a **full** ~* op 'n vol maag; ***have no** ~ for s.t.* nie/niks lus hê/voel/wees vir iets nie *(baklei ens.); at/in the **pit** of the ~* op die krop van die maag; *food **sits** heavy on s.o.'s ~* kos lê swaar op iem. se maag; *s.o. has a **strong** ~* iem. se maag kan baie verdra; *s.t. **turns** s.o.'s ~* iets maak iem. mislik/naar, iets walg iem., iets laat iem. walg; *s.o.'s ~ is **upset*** iem. se maag is onderstebo/oorstuur(s). **stom·ach** *ww.* sluk; verteer; verkrop; *(fig.)* sluk, verdra; *s.o. cannot ~ s.t.* iem. kan iets nie verdra/sluk nie. **~ache** maagpyn. **~ complaint** maagaandoening. **~ contents** pensmis; →PAUNCH CONTENTS. **~ful** *-fuls* maag vol. **~ poison** maaggif. **~ pump** maagpomp. **~ spasm** maagkramp. **~ staggers** *(veearts.)* dunsiekte. **~ trouble** maagaandoening. **~ tube** maagbuis, -pyp. **~ ulcer** maagseer. **~ upset** →UPSET STOMACH. **~ wall** maagwand. **~ worm** maag-, haarwurm.

stom·ach·er *(hist.)* keurslyf.

sto·mach·ic *n., (med., vero.)* maag(versterk)middel. **sto·mach·ic** *adj.* maag-, spysverterings-; maagversterkend; *~ elixir* maagdruppels.

sto·mal, sto·ma·tal, sto·mat·ic →STOMA.

sto·ma·ti·tis *(med.)* stomatitis, mondontsteking.

sto·ma·tol·o·gy *(med.: kennis v.d. siektes v.d. mondholte)* stomatologie. **sto·ma·to·log·i·cal** stomatologies. **sto·ma·tol·o·gist** stomatoloog, mondsiektekundige.

stom·a·to·plas·ty mondplastiek.

stom·a·to·scope mondkyker, -spieël.

stomp stamp, trap; *~ out, (infml.)* (kwaad) uitstap.

stone *n.* klip, steen; juweelsteen; pit *(v. 'n vrug);* haelsteen; *(druk.)* inslaantafel; *(med.)* (nier/blaas)steen, graweel; *(med.)* (gal)steen; *(Br. gewigsmaat: 14 pond [6,35 kg])* stone; *give ~s for **bread*** klippe vir brood gee; *the ~s will **cry** out* die klippe sal (dit) uitroep; *cast/throw the **first** ~, (<Byb.)* die eerste 'n klip gooi; *~s **fly*** die klippe reën/spat; *(as) **hard** as ~* →HARD *adj. & adv.;* ***harden** into ~* versteen; *the ~ is well and truly **laid*** die steen is heg en deeglik gelê; *a ~ **of** stumbling, (Byb.)* 'n steen des aanstoots (*of* van aanstoot); *~ **of** tin* blok tinerts; ***pelt** s.o. with ~s* →PELT[1] *ww.;* ***precious** ~* edelsteen, edelgesteente; *a **rolling** ~ gathers no moss* →ROLLING STONE; ***throw** ~s at s.o.* iem. met klippe gooi, iem. onder die klippe steek; *(only) a ~'s **throw** (from/to ...)* (net) 'n hanetreetjie/klipgooi (van/na ...); *leave no ~ **unturned** (to ...)* alles in die werk stel (om te ...), niks onbeproef laat (om te ...) nie, hemel en aarde beweeg (om te ...), geen steen onaangeroer laat (om te ...) nie. **stone** *ww.* stenig, met klippe gooi; ontpit, pitte uithaal; uitstraat, uitplavei; →STONED; *~ me* (or *the crows)!, (Br., infml.)* slaan/slaat my dood!; *~d date/etc.* ontpitte dadel/ens.; *~ s.o. to death* iem. stenig, iem. met klippe doodgooi. **S~ Age** Steentyd(perk). **~ bass** *(igt.)* bloubiskop. **~-blind** stokblind. **~ bolt** dookbout. **~ bottle** kruik. **~break** *(bot.: Saxifraga spp.)* steenbreek. **~breaker** klipbreker; klipbreekmasjien. **~-breaker's hammer** kliphamer. **~breaking** klipbrekery, -breekwerk. **~ bream** *(igt.)* pangaljoen; →STONEFISH. **~ breastwork** klipskans. **~-broke** platsak. **~ cap** klipdekstuk. **~ cell** *(bot.)* steensel. **~chat** *(orn.)* gewone bontrokkie. **~ chisel** klipbeitel. **~ coal** antrasiet. **~-cold** yskoud; straalkoud, volkome/totaal koud; *the/a ~ fact* die/'n nugtere waarheid; *s.t. leaves s.o. ~* iets laat iem. yskoud, iets raak nie iem. se koue klere nie; *~ sober* volkome nugter. **~ colour** klipgrys, klipkleur. **~-coloured** klipgrys, klipkleurig. **~crop** *(bot.: Sedum spp.)* vetkruid. **~crusher** klipbreker, klipbreekmasjien, klipmeul(e). **~crushing** klipbrekery. **~ curlew** *(orn.)* dikkop. **~cutter, ~ dresser** klipkapper, steenhouer; klipkapmasjien. **~cutter's chisel** klipbeitel, steenhouersbeitel. **~cutter's yard** steen-

houery, klipkappery, klipkapperswerkplaas. ~**cutting,** ~ **dressing** klipkappery, steenhouery, steenhouersbedryf. ~ **dead** morsdood. ~ **deaf** stokdoof, so doof soos 'n kwartel. ~ **drill** klipboor. ~ **dust** klipstof. ~ **edging** kliprand. ~ **facing** klipvoorwerk. ~ **falcon/hawk** steenvalk, merlyn. ~ **fern** steenvaring. ~**fish** pangaljoen; steenvis; duiwelvis. ~ **flax** steenvlas, asbes. ~ **floor** klipvloer. ~ **fruit** pit=, steenvrug. ~ **gauge** klipmaat. ~**ground flour** steengemaalde meel. ~ **guard** *(bouk.)* klipskut; *(mot.)* klipskerm; spoorruimer *(v. 'n lokomotief)*. ~ **hammer** kliphamer. ~ **hand** *(druk.)* opmaker. ~ **ice** grondys. ~ **implement** klipwerktuig. ~ **jug** kruik. ~-**laying** klipmesselwerk; (hoek)steenlegging. ~ **marten** *(soöl.)* steenmarter. ~**mason** klipmesselaar; steenhouer. ~**masonry** klipmesselwerk. ~-**packing** klipstapeling; klipstapelwerk. ~ **pine** sambreelden, kroonden, wyfiedenneboom. ~ **pit/quarry** klipgat, =groef, steengroef. ~ **plant** *(bot.: Lithops spp.)* toontjies, bokkloutjie. ~ **powder** klippoeier. ~ **saw** klipsaag. ~ **thrower** klipgooier. ~-**throwing** klipgooiery. ~ **tongs** duiwelsklou. ~ **wall** klipmuur. ~**wall** *ww., (kr.)* soos 'n klipmuur (*of* 'n rots) staan; *(pol.)* obstruksie pleeg. ~**waller** *(kr.)* kanniedood; *(pol.)* obstruksionis. ~**walling** *(kr.)* omsigtige kolfwerk; *(pol.)* obstruksie. ~**ware** steengoed, (swaar) erdewerk. ~**washed** klipgewas, met klippe gewas *('n denimbroek ens.)*. ~**work** klipwerk. ~**worker** klipwerker, klipkapper.

stoned *(infml.)* (lekker) gedoepa, wes, ver/vêr heen, dwelmdof, in 'n dwelmdwaal/=waas; (lekker) getrek, gaar, stukkend, gekait, poegaai, ver/vêr heen, hoog in die takke, smoordronk, besope.

stone·less pitloos, sonder pit(te).

ston·ing steniging; klipgooiery; ontpitting.

stonk·ing *adj. & adv., (Br., infml.)* kragtig, vurig; briljant, skitterend, fantasties, manjifiek, ongelooflik.

ston·y klipperig, vol klippe; klip=, steen=; koud, strak; hard; ongevoelig; ~ *silence* kille (stil)swye; ~ *stare* strakke/koue blik. ~-**broke** (totaal) platsak, boomskraap. ~-**faced** uitdrukkingloos, sonder 'n uitdrukking op jou gesig, gevoelloos, emosieloos, onbewoë, kil, koel, koud, strak, stug, stroef. ~-**hearted** hardvogtig, genadeloos, meedoënloos, onmeedoënd.

stood (het) gestaan; →STAND *ww.*.

stooge *(neerh.)* hansie-my-kneg, handlanger, strooipop, marionet; spioen; *(teat.)* voerman.

stool *n.* stoel(tjie); bankie; kruk; sitbankie; *(bot.)* stoel; stoelgang, ontlasting; *s.o. falls between two ~s* iem. wil op twee stoele tegelyk sit; ~ *of repentance* sondaarsbankie. **stool** *ww., (bot.)* stoel; ~ *forth/out* uitstoel. ~ **(pigeon)** *(lett.)* lokvoël, =duif; *(fig.)* polisiespioen, lokvink.

stoop[1] *n.* krom houding; *have* (or *walk with) a* ~ vooroor/krom loop. **stoop** *ww.* buk, vooroor buig, krom loop, vooroor loop; jou verwerdig; ~ *to ...* tot ... afdaal, jou tot ... verneder/verlaag. ~-**shouldered** krom(rug).

stoop[2] *n., (Am.)* stoep; stoepportaal; stoeptrappie; →STOEP.

stooped *adj.* krom. **stoop·ing** gebuk(kend), krom.

stop *n.* einde, end; (die) stilhou, stilstaan, stilstand; halte; stilhouplek; stopplek; aanslag; stuiter; leesteken; klep *(v. 'n blaasinstr.)*; register *(v. 'n orrel)*; (die) opgee *(v. rook, drank)*; *(fonet.)* klapper, ploffer, (eks)plosief; *(fot.)* diafragma; →STOPPING; ***bring*** *s.t. to a* ~ iets tot stilstand bring; ***buffer*** ~ aanslagblok, keerblok, stootblok, ***come*** *to a* ~ tot stilstand kom; gaan staan; stilhou; end kry, eindig, ophou; *come to a* ***dead*** ~ botstil (gaan) staan; in jou vier spore vassteek; *come to a* ***full*** ~ →FULL STOP; ***make*** *a* ~ *somewhere* êrens halt maak/hou; ***pull*** *out (all) the ~s* iets met mening doen, niks agterweë laat nie, jou uiterste bes doen; ***put*** *a* ~ *to s.t.* iets stopsit, 'n end/einde aan iets maak, *(infml.)* 'n stok(kie) voor iets steek; ***without*** *a* ~ sonder ophou, eenstryk, een stryk deur; sonder om stil te staan; sonder om stil te hou. **stop** =*pp*=, *ww.* stop, toestop, digmaak; stelp *(bloeding)*; vul; belet, verhinder; staak, beëindig, 'n end/einde maak aan; skors; (voor)keer; stuit, laat stilstaan; stopsit, stop; keer *('n tjek)*; staak *('n betaling)*; inhou, terughou, agterhou *(iem. se loon/salaris)*; *('n horlosie)* staan; end kry, ophou (met); stilhou, stop, gaan staan; loseer, (oor)bly, vertoef; *(pyn)* oorgaan; opgee *(rook, drank)*; ~ ***at home*** tuis bly; ~ ***at a hotel*** by/in 'n hotel tuisgaan (*of* tuis gaan); ~ ***away from*** ... van ... wegbly; ~ ***behind*** agterbly; ~ *a* ***bullet*** →BULLET; ~ ***by*** aankom; ~ ***by*** *s.o.'s house* by iem. se huis langs gaan; ~ *a* ***cheque*** →CHEQUE; *that ~ped s.o.* ***cold*** →COLD *adv.*; ~ ***dead/short*** skielik gaan staan, skielik stilstaan/vassteek; skielik afbreek/ophou/vassteek; skielik stilhou; skielik stilbly; ~ ***doing*** *s.t.* met iets ophou, ophou om iets te doen; ~ ***down,*** *(fot.)* toemaak, die lensopening verklein; *the river has ~ped* ***flowing*** die rivier het gaan staan; ~ ***for*** *s.t.* vir iets bly; ~ *s.o.* ***from*** *doing s.t.* iem. belet om iets te doen; iem. verhinder om iets te doen; *this* **has (got)** *to ~!* dit moet end kry!; ~ *a* ***horse*** 'n perd keer (*of* tot staan bring); ~ ***it!,*** *(ook)* hou op (daarmee)!, skei uit (daarmee)!, kry nou end (daarmee)!; ~ *s.o.'s* ***mouth*** iem. se mond snoer, iem. tot swye bring; *there is* ***no*** *~ping* ... daar is geen keer aan ... nie *(iem., iets)*; ... is onkeerbaar *(iem.)*; *it will* ***not*** ~ *there* dit sal nie daarby bly nie; ~ *at* ***nothing*** →NOTHING; ~ ***off/over*** *somewhere* 'n reis êrens onderbreek; ~ ***off*** *s.t.* iets toestop/digstop; ~ ***out*** buite bly; 'n staking volhou, met 'n staking voortgaan; ~ ***over*** *somewhere* êrens oorbly/oorstaan/vertoef; êrens oornag; →***off/over;*** *it ~s* ***raining/etc.*** dit hou op met reën/ens.; ~ ***short*** →***dead/short;*** ~ ***short*** *at/of* ... van ... terugdeins; by ... vassteek; ~ ***s.o.*** *(in the street), (ook)* iem. bydam; ~ ***talking/etc.*** ophou met praat/ens.; ~ *a* ***tooth*** →FILL A TOOTH; ~ ***up*** *s.t.* iets toestop; ~ ***with*** *s.o.* by iem. kuier/oorbly/tuisgaan (*of* tuis gaan), by iem. wees. ~ **bit** *(rek.)* stopbis, skeibis. ~ **block** keerblok, stopblok. ~ **brick** vloeisteen. ~ **button** stopknoppie. ~**cock** afsluitkraan, afsluiter. ~ **face** stuitvlak. ~**gap** stopmiddel, stoplap; stopklip; noodhulp; stopwoord. ~**gap measure** oorbruggingsmaatreël, tussentydse maatreël. ~ **knob** *(mus.)* registerknop *(v. 'n orrel, klavesimbel)*. ~ **lamp** *(Br.)* stop=, remlig. ~**light** stoplig. ~ **line** stopstreep. ~ **nut** stuitmoer; borgmoer. ~**off** = STOPOVER. ~**off point** oornagplek, =punt. ~ **order** aftrekorder. ~**over** (die) oorbly, verblyf, oornagting; stilhouplek. ~ **pin** stuitpen; aanslagpen. ~ **plug** stopprop, stopper. ~ **press** laat berig(te). ~ **putty** duikstopsel. ~ **ring** stuit=, aanslagring. ~ **rod** *(mot.)* keerstang. ~ **screw** stuit=, borgskroef. ~ **sign** stopteken. ~ **signal** stopsein. ~ **street** stopstraat. ~ **valve** afsluitklep. ~ **volley** *(tennis)* stopvlughou. ~**watch** stophorlosie, =oorlosie.

stope *n., (gew. i.d. mv., mynb.)* afbouplek, (werk)gang. **stope** *ww.* afbou. ~ **box** afboukas. ~ **face** afboufront.

stop·er afbouer. **stop·ing** afbou(ing).

stop·pa·ble keer=, stuitbaar.

stop·page verstopping; stilstand, staking; belemmering, obstruksie; (die) stilhou, stilstaan; verstopping *(v. 'n riool)*; oponthoud, onderbreking *(v. werk)*; stillegging; skorsing; storing; inhouding, agterhouding, terughouding *(v. iem. se loon)*; aanhouding.

stopped (toe)gestop; gekeer; verstop; ~ ***consonant*** (eks)plosief, klapper, ploffer; ~ ***end*** doodloopent; ~ ***groove*** doodloopgroef; ~ ***pipe*** verstopte pyp. ~-**end gutter** doodloopgeut.

stop·per *n.* prop, stop, stopprop; stopper; kabelprop; sluiting; *(elek.)* stopweerstand; *put a* ~ *to/on s.t.* 'n end/einde aan iets maak, *(infml.)* 'n stok(kie) voor iets steek. **stop·per** *ww.* toestop, beprop, 'n prop opsit.

stop·ping (die) stilhou; stopsel; beëindiging, stopsetting; verstopping, opstopping; vulling; vulsel; lugstop; *s.o. takes a lot of* ~ dis moeilik om iem. te keer; *no* ~ stilhou verbode. ~ **device** stoptoestel; remtoestel. ~ **distance** stilhou=, stopafstand. ~ **fire** stuit=, keervuur. ~ **knife** stopmes, plamuurmes. ~ **place** stilhouplek, stopplek, halte. ~ **tape** keerlint. ~ **train** *(Br.)* stoptrein.

stop·ple *n.* prop, dekseltjie. **stop·ple** *ww.* toeprop, 'n prop opsit.

stor·age bewaring, (op)berging, opslag, wegpak(king); bêre=, berg=, pakplek; (op)bergruimte, pak(huis)ruimte, opslagruimte; opberggeld, =loon, opslaggeld; opgaring, ophoping; →STORE *n.; be in* ~ weggepak/weggebêre wees; *cold* ~ koelbewaring; koelinrigting, koelkamers; *put s.t. into cold ~, (fig.)* iets opsy (*of* op die lange baan) skuif/skuiwe. ~ **battery** akkumulator(battery), sekondêre battery. ~ **bin** spenskis, =bak; opgaar=, opslagbak. ~ **bin/box** opslag=, opgaarkis. ~ **capacity** berg(ings)kapasiteit, berg(ings)vermoë *(v. 'n silo, pakhuis, ens.)*; *(rek.)* geheuekapasiteit, =vermoë. ~ **cell** akkumulatorsel, sekondêre sel. ~ **(charge[s])** opbergloon, =geld, opslaggeld. ~ **cistern** opgaarbak. ~ **dam** opgaar=, opvangdam. ~ **device** *(rek.)* geheuetoestel. ~ **fee** opbergloon, =geld, opslaggeld. ~ **heater** warmteakkumulator. ~ **hygiene** skuurhigiëne. ~ **loft** paksolder. ~ **room** pakkamer; pakruimte. ~ **shed** opslagskuur. ~ **site** opslagplek, =terrein. ~ **space** bergruimte, opslagruimte; pakplek. ~ **tank** opgaar=, bewaartenk. ~ **yard** opslagwerf.

sto·rax, sty·rax *(bot.)* storaksboom; storaks.

store *n.* voorraad; oorvloed; pakhuis, magasyn, bêreplek, opslagplek; pakkamer; skuur; winkel; vetmaakdier, slagdier; *(fig.)* skatkamer *(v. kennis)*; *(ook, i.d. mv.)* voorrade; proviand; *be in* ~ in voorraad wees; *s.t. is/lies* ***in*** ~ *for s.o.* iets staan vir iem. voor die deur, iets is iem. se voorland, iets staan iem. te wagte; *what the future has* ***in*** ~ wat die toekoms sal bring; *there is a surprise* ***in*** ~ *for s.o.* daar wag 'n verrassing vir/op iem., iem. kan 'n verrassing te wagte wees; ***set/put*** ~ *by/on s.t.* op iets gesteld wees, waarde aan iets heg, iets op prys stel; ***set/put*** *great/little* ~ *by/on s.t.* baie/min waarde aan iets heg. **store** *ww.* bêre, bewaar; versamel, opgaar; (op)berg; opslaan; insamel; ~ *away s.t.* iets wegbêre/wegpak; ~ *up s.t.* iets opgaar; ~ *up s.t. in one's heart* iets in die hart bewaar. ~-**bought** *adj., (Am., infml., vero.)* winkel= *(skoene, klere ens.)*. ~ **brand** *(Am.)* huis(handels)merk. ~-**breaker** winkelinbreker. ~-**breaking** winkel(in)braak. ~ **card** winkelkaart. ~ **cattle** vetmaak=, voerbeeste. ~ **detective** winkelspeurder. ~**front** *(Am.)* = SHOPFRONT. ~**house** pakhuis, magasyn, voorraadskuur; *(fig.)* skatkamer. ~**keeper** winkelier; magasynmeester, pakhuismeester. ~**man** =*men* pakhuisman, =opsigter, magasynmeester. ~ **ox** voeros, vetmaak-os. ~ **pig** voer=, vetmaakvark. ~**room** voorraadkamer, (voorraad)magasyn, pakkamer; bêreplek. ~**s clerk** magasyn=, pakhuisklerk. ~ **ship** voorraad=, proviand=, provisieskip; toevoerskip. ~**s list** voorraadlys. ~ **teeth** winkeltande. ~-**wide sale** alomvattende uitverkoping.

sto·rey =*reys, (Am.)* **sto·ry** =*ries* verdieping, vlak; laag; ***first/etc.*** ~ eerste/ens. verdieping; ***lower*** ~ onderverdieping; ***upper*** ~ boverdieping; *a bit weak in the* ***upper*** *~, (infml.)* nie slim nie; *s.o. is wrong* (or *has s.t. wrong) in the* ***upper*** *~, (infml.)* iem. het nie al sy/haar varkies in die hok (*of* bymekaar) nie, dit skeel iem. in sy/haar boonste verdieping. **sto·reyed,** *(Am.)* **sto·ried** met verdiepings; *(double/two-)~ house* (dubbel)verdiepinghuis; *three-~ house* huis van drie verdiepings.

stor·i·at·ed *adj.* versier(d), verlug.

sto·ried[1] beroemd, besonge, in die geskiedenis vermeld; histories; beskilder(d); geriffel(d) *(hout)*; *the ~ past* die historiese verlede.

sto·ried[2] *(Am.)* →STOREYED.

stork ooievaar; *black* ~ grootswartooievaar; *white* ~ witooievaar; *white-bellied* ~ kleinswartooievaar, blouwangooievaar; *yellowbilled ~, (Mycteria ibis)* nimmersat, geelbekooievaar. ~ **party** ooievaarsparty. ~**sbill, heronsbill** *(bot.: Erodium spp.)* muskuskruid.

storm *n.* storm; onweersbui, stortbui; *(mil.)* bestorming, (storm)aanval; *(fig.)* storm, beroering, bohaai; *(bouk.)* →STORM (WINDOW); *a* ~ *is* ***blowing*** *up* (or *is* ***brewing***) 'n storm steek op, die weer steek op, 'n storm is aan die broei/kom, daar is onweer in die lug; *the* ~ ***breaks*** →BREAK *ww.*; *a* ~ ***burst*** *on s.o.'s head* →BURST *ww.*; ***Cape*** *of S~s* Stormkaap; ***eye*** *of a* ~ stormkern; *the* ***lull*** *before the* ~ →LULL *n.*; ~ ***of*** *applause/cheers* dawerende toejuiging; ~ ***of*** *bullets* koeëlreën; ~ ***of*** *indignation* storm van verontwaardiging; *the* ~ ***sinks/subsides*** die storm bedaar (*of* gaan lê); *the* ~ *is* ***spent*** die storm het (hom) uitgewoed; ~ *and **stress*** storm en drang; ***take** s.o./s.t. **by*** ~ iem./iets stormenderhand verower; *a ~ **in** a **teacup*** 'n storm in 'n glas water, 'n aardbewing in 'n miershoop, 'n groot bohaai/geraas/lawaai oor niks; ***weather** the* ~ →WEATHER *ww.*. **storm** *ww.* storm; woed, hard waai; tekere (*of* te kere) gaan, tekeregaan, raas; *(mil.)* (be)storm, stormja(ag), stormloop; ~ ***at** s.o.* teen iem. uitvaar, iem. uitskel/inklim, met iem. raas; ~ ***in*** instorm; ~ ***into** a room* 'n kamer binnestorm; *it **is** ~ing* dit storm; ~ ***out*** uitstorm; *~ing **party**, (mil.)* stormtroep; ~ *and **rave*** tier en raas. ~ **area** stormgebied. ~**-beaten** stormgeteister(d), deur storm(s) geteister, windverwaai(d). ~ **belt** stormgordel. ~ **bird** stormvoël, onweersvoël. ~**bound** deur 'n storm vasgekeer/teengehou. ~ **cellar** *(Am.)* →CYCLONE CELLAR. ~ **centre** stormsentrum. ~ **cloud** stormwolk, onweerswolk. ~ **collar** opslaankraag. ~ **cone** stormkeël. ~ **damage** stormskade. ~ **door** stormdeur. ~ **drain** water-, vloedriool; →STORM-WATER DITCH. ~ **glass** stormglas. ~ **lamp,** ~ **lantern** stormlamp, -lantern. ~ **path** stormbaan. ~ **petrel** →STORM(Y) PETREL. ~**proof** stormbestand. ~ **quarter** stormhoek. ~ **sail** stormseil. ~ **signal** stormsein. ~ **tide** stormgety. ~**-tossed** deur die storm geslinger. ~ **troop** stormtroep. ~ **trooper** stormsoldaat. ~ **warning** stormwaarskuwing. ~ **water** storm-, vloed-, reën-, afvoerwater. ~**-water ditch/drain/furrow/gully** afvoersloot, noodvoor; →STORM DRAIN. ~**-water drainage** stormwater-, vloedwaterdreinering, vloedwaterafvoer. ~**-water pipe** stormwater-, afvoer-, vloedwaterpyp. ~**(-water) sewer** storm-, vloedwaterriool. ~ **wave** stormgolf. ~ **(window)** stormvenster.

storm·i·ness →STORMY.

storm·ing bestorming, stormaanval. ~ **party** *(mil.)* stormtroep.

storm·y stormagtig, onstuimig; hewig, heftig; ~ *interview* onstuimige onderhoud; heftige gesprek; ~ *night* stormnag; ~ *petrel* →PETREL; ~ *weather* stormagtige weer, stormweer, noodweer. **storm·i·ness** stormagtigheid, onstuimigheid.

Stor·t(h)ing *(Noorse parl.)* Storting.

sto·ry[1] *-ries* geskiedenis, verhaal, vertelling; storie, versigsel; sage; leuen(tjie); berig, verslag, relaas; bewering, verklaring; *that is quite **another** ~* dit is glad 'n ander ding; *it is quite **another** ~ now* die saak is nou heeltemal anders; ***concocted** ~* →CONCOCT; *an **eventful** ~* 'n veelbewoë geskiedenis; ***fairy** ~* →FAIRY TALE; *the ~ **goes** that ...* daar word gesê/vertel dat ...; die verhaal lui dat ...; *a **gripping** ~* 'n boeiende/pakkende/spannende verhaal; *that is **his/her** ~* dis wat hy/sy sê; *the **inside** ~* →INSIDE *adj.*; ***know** one's ~* jou sit en opstaan ken; *it's a **long** ~* dis 'n lang geskiedenis; *to cut/make a **long** ~ short* kortom, om kort te gaan; ***long short** ~* novelle; ***make up** a ~* 'n storie uitdink/versin; *the ~ **of** ...* die verhaal van ...; *the **(same) old** ~* dieselfde ou deuntjie; *according to s.o.'s **own** ~* volgens wat iem. self vertel; ***serial** ~* →SERIAL *adj.*; ***short** ~* kortverhaal; *a **tall** ~, (infml.)* 'n wolhaarstorie, 'n kwaai/ongelooflike verhaal; *that's a **tall** ~!, (infml.)* sak, Sarel!; *tell **tall** stories, (infml.)* spekskiet, met spek skiet, kluitjies bak/verkoop, wolhaarstories vertel; ***tell** a ~ to s.o.* aan/vir iem. 'n verhaal vertel; *don't **tell** stories!, (infml.)* moenie jok nie!;*a **true** ~* →TRUE *adj.*; *that is not the **whole** ~* dis nie al nie, dis nie die end/einde nie, daarmee is dit (nog) nie klaar nie. ~**board** *(TV, filmk., advt.)* beelddraaiboek. ~**book** storieboek. ~**book** *adj. (attr.)* sprokiesagtige, sprokies-; ~ *ending* sprokieseinde, sprokiesagtige einde; ~ *marriage* sprokieshuwelik, sprokiesagtige huwelik; ~ *romance* sprokiesromanse. ~ **hour** vertel-uur(tjie). ~**line** intrige. ~**teller** verteller, verhaler, romansier; *(infml.)* spekskieter, jokker. ~**telling** vertelkuns; *(infml.)* spekskietery.

sto·ry[2] *(Am.)* →STOREY.

stoup *(RK)* wywaterbak(kie); *(arg. of hist.)* skinkkan.

stout *n., (Eng. moutbier)* swartbier, donker bier. **stout** *adj.* kragtig, sterk, stewig; dapper, stoutmoedig; geset, swaarlywig, plomp; ~ ***fellow!*** ou bul/bees/perd!, ryperd!; *have a ~ **heart*** onverskrokke/moedig/dapper wees; *keep a ~ **heart!*** →HEART. ~**hearted** onverskrokke, moedig, dapper. ~**heartedness** mannemoed, onverskrokkenheid, moedigheid.

stout·ish moedig; (taamlik) geset, fris; →STOUT *adj.*.

stout·ly dapper; taai, volhardend; **stout·ness** gesetheid, swaarlywigheid.

stove[1] *n.* stoof; (voet)stoof, -stofie; kaggel; droogoond/droogmaakoond; *(Br.)* kweekhuis. ~ **collar** stoofkraag. ~ **enamel** oondemalje. ~**-enamelled** *adj. (attr.)* oondemalje-. ~ **grate** stoofrooster. ~ **hood** stoofkap. ~**pipe** kaggelpyp, skoorsteenpyp. ~**pipe (hat)** kaggelpyp(hoed). ~**pipe trousers,** ~**pipes** noupypbroek. ~ **plate** stoofplaat. ~ **polish** stoofpolitoer. ~ **ring** stoofring.

stove[2]: *the boat was ~ in* daar was 'n gat in die boot (gestamp); →STAVE *ww.*.

stow bêre, wegpak; onderdek plaas; opvul, vul; stou, stu *('n skip, vliegtuig)*; ~ *away* op die/'n skip wegkruip, jou op die/'n skip versteek; ~ *s.t. away* iets wegbêre/wegpak/wegsit; ~ *it!, (infml.)* hou op!, skei uit!, kry nou end!; bly stil!. ~**away** verstekeling.

stow·age bêreplek; stou-, stuwerk, stouing; stou-, stugeld; stou-, stugoed; stouplek, -ruimte; skeeps(laai)ruimte.

stra·bis·mus strabisme, skeelheid. **stra·bot·o·my** strabotomie, oogspiersnyding, skeelheidherstel.

strad·dle *n.* (die) wydsbeen staan/loop/sit; *(ekon.)* wigopsie. **strad·dle** *ww.* wydsbeen staan/sit; wydsbeen loop/ry; weerskante staan, lê; oorvurk; *(fig.)* op twee gedagtes hink. ~ **trench** hurksloot. ~ **truck** buidelwa.

Strad·i·var·i·us Stradivarius(viool).

strafe *n.* lugbombardement. **strafe** *ww.* beskiet, bestook, peper; hewig aanval; *(sl.)* kasty. **straf·ing** →STRAFE *n.*.

strag·gle swerf, swerwe, dwaal; afdwaal, wegdwaal, uitval; agterbly, versprei(d) raak; streep-streep (*of* versprei[d]) loop; hier en daar voorkom; *('n plant)* lank uitgroei; ~ *along behind s.o./s.t.* agter iem./iets aantou. **strag·gler** verdwaalde, swerwer; agterblyer, agteros; *(bot.)* uitloper. **strag·gling** versprei(d), verstrooi(d), uitgestrek, ver/vêr van mekaar; ~ *gait* onreëlmatige gang; stap/loop met uitgespreide bene. **strag·gly** versprei(d), verstrooi(d); →STRAGGLE.

straight *n.* reguit stuk; reguit ent; pylvak; *(kaartspel)* volgkaarte; *(infml.)* koekerige persoon; *(sl.)* hetero(seksueel); *(SA sl.)* hele bottel *(brandewyn, whisky)*; *be on the ~* reglynig wees; ewewydig wees; *keep on/to the ~ and narrow, (fig.)* die smal pad bewandel, op die regte pad bly; eerlik bly; *be out of the ~* skeef/krom wees. **straight** *adj.* reguit; reglynig; direk; opreg, eerlik, reguit, openhartig; glad; in orde; skoon, suiwer, onverdun; ononderbroke; *(sl.)* hetero(seksueel); *(infml.)* koekerig, preuts; ~ ***arrow**, (Am. infml.)* reguit/beginselvaste/deugdelike/onkreukbare (*of* baie korrekte) mens, 'n mens van (*of* met 'n) onbesproke karakter; *(as) ~ **as** an arrow* pylreguit; *(as) ~ **as** a die* →DIE[2] *n.*; ~ ***bat*** regop kolf; →BAT[1] *n.*; ~ ***chain**, (chem.)* reguit ketting; *for the third/etc ~ **day/etc.*** die derde/ens. agtereenvolgende dag/ens.; *for three/etc. ~ **days/etc.*** drie/ens. agtereenvolgende dae/ens., drie/ens. dae/ens. aaneen/agtereenvolgens (*of* agter/na mekaar); *have a ~ **eye*** 'n goeie timmermansoog hê; *keep a ~ **face*** →FACE *n.*; *win four/etc. ~ **games*** vier/ens. potte/spelle op 'n streep (*of* aaneen) wen; die vierde agtereenvolgende spel/pot wen; ***get/put** things ~* sake in orde bring; *s.o. is **perfectly** ~* iem. is volkome betroubaar; *a ~ **question*** →QUESTION *n.*; ~ ***shooter**, (Am., infml.)* eerlike/reguit mens; *give s.o. a ~ **talk*** openhartig met iem. praat; ~ ***thinking*** helder/logiese denke. **straight** *adv.* reg; reguit; regstreeks; reëlreg; dadelik; onmiddellik, direk; ~ ***away*** →STRAIGHTAWAY; *give it to s.o. ~ **from** the shoulder* →SHOULDER *n.*; *go ~, (lett.)* reguit gaan/loop/ry; koers hou; *(fig.)* die regte pad/weg bewandel, die slegtigheid laat staan, jou bose weë verlaat, geen misdaad meer pleeg nie; ***go** ~ for s.o.* iem. trompop loop; ***get/go** ~ to the point* →POINT *n.*; ***keep*** ~ op die regte pad bly, in jou spoor trap; ***keep** ~ on* koers hou; ***look** s.o. ~ in the eye(s)* →EYE *n.*; *do s.t. ~ **off*** →OFF *adj. & adv.*; *I cannot tell you ~ **off**, (infml.)* ek kan jou dit nie op die oomblik sê nie; ~ ***on*** reg deur; ~ ***out**, (infml.)* prontuit, reguit, ronduit, kort en klaar; ***pull*** ~ regruk; ***shoot*** ~ raak/net/sekuur skiet; eerlik wees/handel; ***think*** ~ →THINK *ww.*; ~ ***through*** reg deur, dwarsdeur; ~ ***up*** regop; penorent; *(Br., infml.)* regtig (waar), eerlik waar, rêrig; *(Am., infml.)* skoon; *be unable to **walk*** ~ hoog en laag trap. ~ **angle** *(wisk.)* gestrekte hoek. ~ **arch** plat boog. ~**away,** ~ **away** onmiddellik, dadelik. ~**-backed** regop *(stoel)*; kiertsregop *(iem.)*. ~ **brandy** onverdunde/skoon brandewyn. ~**-bred** opreg (geteel), raseg, rassuiwer. ~ **bridge** haaksbrug. ~ **edge** rei(hout). ~ **eight** *(mot.)* agt-in-lyn. ~**-faced** *adj.* ernstig. ~**-faced** *adv.* sonder om 'n spier(tjie) te verroer/vertrek. ~**-fibred wool** steil wol. ~ **fight** tweekandidaat-verkiesing; *(fig.)* tweegeveg. ~ **flush** vyf volgkaarte in een kleur. ~**forward** eerlik, opreg, rondborstig, onomwonde, openhartig; eenvoudig. ~**forwardly** reguit, padlangs; opreg; →STRAIGHTFORWARD. ~**forwardness** opregtheid, openhartigheid; eenvoud; →STRAIGHTFORWARD. ~**-grained wood** reguitdradige hout. ~ **hair** steil/reguit hare. ~ **hand** vyf volgkaarte. ~**jacket** →STRAITJACKET. ~ **joint** reguit voeg. ~**-laced** →STRAIT-LACED. ~**-line** reguit lyn. ~**-lined** reglynig. ~ **lock** oplêslot. ~ **magnet** staafmagneet. ~ **man** *(teat.)* strooiman. ~ **oil** suiwer olie. ~**-out** *(infml.)* openhartig, eerlik. ~ **play** spreekstuk. ~ **razor** *(Am.)* lemskeermes. ~ **sets** skoon stelle. ~**-sewing guide** regstikstang. ~ **shooting** net skiet. ~**-stemmed** regstammig. ~ **switch** omruiling. ~ **thinking** logiese denkwyse, padlangse denke. ~ **timber** regdradige hout. ~**-up** *adj., (infml.)* eg, suiwer; betroubaar. ~ **up** *adv., (infml.)* rêrig, regtig, wraggies, wragtie, sowaar. ~**-veined** *(bot.)* regarig.

straight·en reguit maak; reg trek; reg buig; glad stryk; *s.t. ~s **out*** iets word reguit *('n pad)*; iets word glad *(hare)*; ~ ***(out)** s.t.* iets reguit maak; iets in orde bring; iets opknap; iets regruk; iets rangskik; iets uitrek/uitstrek *(jou bene)*; iets in die reine bring; *s.t. **will** ~ itself **out*** iets sal vanself regkom; ~ ***out** s.o.* iem. reghelp, iem. die ware toedrag meedeel; iem. op die regte pad bring; iem. iets aan die verstand bring; *s.o. ~s **up*** iem. kom regop.

straight·en·er *(haarkappery)* versteiler.

straight·en·ing jig rigmal.

straight·ly reguit; →STRAIGHT *adj.*.

straight·ness reglynigheid; eerlikheid; steilheid; →STRAIGHT *adj.*.

strain[1] *n.* inspanning, sterk poging, kragtige strewe; spanning; druk; belasting; ooreising, oorspanning; vormverandering, vervorming *(v. materiaal)*; verrekking; →STRESS *n.*; ~ ***on** the **eyes*** oogspanning; *the ~ of modern **life*** die druk/spanning van die hedendaagse lewe; *s.t. is a ~ **on** s.o.* iets eis/verg baie van iem.; *s.o.'s senses are **on** the ~* iem. se sintuie is tot die uiterste gespan(ne); ***put** too much ~ on s.o./s.t.* iem./iets oorspan/ooreis; ***relieve*** ~ spanning verlig; *in the **same*** ~ in dieselfde trant; ***stand** the ~ of s.t.* teen iets bestand wees; ***take** the ~* die spanning verduur; die spanning opneem; *the ~ **tells** on s.o.* die spanning tas iem. aan; ***to** the ~s of ...* onder die klanke/tone van ... *('n lied)*; *be **under** a ~* onder druk verkeer; in spanning verkeer. **strain** *ww.* rek, span, styf trek; oorspan, ooreis, forseer; verrek; vervorm *(materiaal)*; filtreer, deurgiet, -gooi, -syfer, -syg, afgiet, suiwer *(vloeistof)*; span *(draad)*; →STRAINING; ~ ***at** s.t.* hard aan iets beur/trek; ~ *one's **ears*** →EAR[1] *n.*; ~ *one's **eyes*** →EYE *n.*; ~ *at a **gnat** and swallow a camel* →GNAT; ~ *s.t. **into** a can/etc.* iets in 'n kan/ens. (in) deursyg; ~ *the **law*** die wet verdraai; ~ *every **nerve*** →NERVE *n.*; ~ *a/the **point*** te ver/vêr gaan, oordryf, oordrywe; ~ ***under** s.t.* onder iets swoeg *('n swaar las)*; ~ *one's **voice*** jou stem forseer. ~ **burst** spanningsbreuk. ~ **gauge** rekmeter; vervormingsmeter.

strain[2] stam, bloedlyn *(v. vee)*; trant, manier, toon; wysie; neiging, karaktertrek; plantlyn; *come of a good ~* van goeie afkoms wees; *there is a ~ of cruelty/etc. in s.o.* iem. het 'n wrede/ens. trek, daar is 'n trek van wreedheid/ens. in iem.

strained gespan(ne); onnatuurlik, gemaak, geforseer(d); gedwonge *(lag)*; oorspanne *(senuwees)*; gespanne *(verhouding)*; →STRAIN *ww.*; *with ~ **attention***

met gespanne aandag; *a ~ **interpretation*** 'n gewronge uitleg; *their **relations** are ~* hulle verkeer op gespanne voet; *~ **vegetables*** afgegiete groente.

strain·er sif(fie); filtreerder; broes; sygdoek, melkdoek, deurgooidoek; vergiettes; *tea ~* teesiffie. ~ **screen** sifdraad.

strain·ing: ~ **arch** steunboog. ~ **beam** spanbalk. ~ **bolt** spanbout. ~ **piece** spanstuk. ~ **post** trek=, span=, ankerpaal. ~ **screw** spanskroef. ~ **trestle** rek=, spanbok.

strait *n.* (see)straat, (see-)engte; *(geog., S~)* Straat; *(i.d. mv.)* moeilikheid, nood; *be in **dire** ~s* hoog in die nood/verknorsing wees; *the S~ of **Dover*** die Straat van Dover; ***financial** ~s* geldnood; *S~ of **Magellan*** →MAGELLAN; *the ~s **Settlements**, (hist.)* die Straits Settlements; ***the** S~s* die Dardanelle (en die Bosporus); die Straat van Gibraltar; die Straat van Malakka; die Straat van Magellaan. **strait** *adj.* nou, eng; nougeset, bekrompe; streng; *~ gate* enge poort; *the (~ and) narrow path/way* →NARROW *adj.*. **~jacket, straightjacket** dwangbuis. **~-laced, straight-laced** *(fig.)* nougeset, bekrompe, kleingeestig, preuts.

strait·en *(arg.)* nou word; *(arg.)* vernou; beperk; *be ~ed for ...* gebrek aan ... hê, knap van ... wees; *~ed circumstances* armoedige/behoeftige omstandighede.

strake *(sk.)* plaatgang, huidboord, =gang.

stra·mo·ni·um stramonium; →THORN APPLE.

strand[1] *n.* strand, kus. **strand** *ww.* strand; laat strand, op die kus sit; *~ed* gestrand; *be ~ed* nie verder/vêrder kan kom nie; alleen agtergelaat wees; *~ed goods* strandgoed.

strand[2] *n.* string, draad; *(biol.)* bundel, string; *~ of wire* draad. **strand** *ww.* 'n draad afbreek; vleg *(tou); (naaldw.)* versterk; *~ed **cable*** stringkabel; *~ed **conductor*** stringgeleier; *~ed **cotton*** stringgare; *~ed **steel*** veselstaal; *~ed **wire*** stringdraad.

strand·ing[1] stranding.

strand·ing[2] (die) afbreek; (die) vleg, vlegting; versterking.

strange vreemd; onbekend; eienaardig, sonderling, buitengewoon, snaaks; uitheems; *~ **bedfellows**, (fig.)* vreemde bondgenote; ***feel** ~* ontuis voel; naar voel, nie lekker voel nie; *s.o. is very ~ in his/her **manner*** iem. is snaaks, dit lyk of iem. nie heeltemal reg is nie; iem. se handel(s)wyse is regtig eienaardig; *~ **particle**, (fis.)* vreemde deeltjie; ***quite** ~* heeltemal vreemd/onbekend; *a ~ **racket/etc.*** 'n vreemde (*of* 'n ander se) raket/ens.; *s.t. **seems** ~* iets lyk/klink vreemd; *s.t. is ~ **to** s.o.* iem. ken iets nie; *s.o. is ~ **to** s.t.* iets is vir iem. vreemd, iem. is nog nie met iets bekend nie *(werk ens.)*; *~ but* (or *[and] yet) **true*** raar maar waar. **strange·ly** vreemd; eienaardig, snaaks; *~ **enough*** vreemd genoeg.

strange·ness vreemdheid; onbekendheid; →STRANGE.

stran·ger vreemdeling, vreemde, onbekende; uitlander; *(jur.)* derde; ***be** a ~* 'n vreemdeling wees; onbekend wees; *a **complete/perfect** ~* 'n wildvreemde, 'n volslae vreemdeling; *be a **complete/perfect** ~ somewhere* êrens heeltemal vreemd wees; *be a ~ to **fear*** →NOT KNOW (THE MEANING OF) **FEAR**; *he/she is **no** ~ to me* ons twee ken mekaar; *s.o. is **no** ~ to ...*, *(ook)* iem. het baie ervaring van ...; *you are **quite** a ~* ('n) mens sien jou amper/byna nooit; *become a ~ **to*** jou vervreem(d) van; *be a ~ to the **truth*** →TRUTH.

stran·gle (ver)wurg, doodwurg; onderdruk. **~hold** wurggreep; *break a/the ~* jou uit 'n/die wurggreep losruk; *have a ~ on s.o.* iem. in jou greep/mag hê, 'n wurggreep op iem. hê.

stran·gler wurger, wurgrower; *(mot.)* smoorder. ~ **fig** wurgvy.

stran·gles *(veearts.)* droes, nuwesiekte.

stran·gling (ver)wurging. **stran·gu·late** *(med.)* knel, vasbind, toebind; beklem; *(infml.)* (ver)wurg. **stran·gu·lat·ed** *(ook, bot.)* ingesnoer(d); *~ hernia* beklemde breuk. **stran·gu·la·tion** (ver)wurging; knelling; *(med.)* beklemming *(v. 'n breuk)*.

stran·gu·ry *(med.: pynlike waterlosing)* strangurie.

strap *n.* band; riem; (gespe)riem, platriem; (leer)band; strop; gord; skeerriem; lus; beuel; →STRAPPING. **strap** *=pp=, ww.* (vas)gord, vasgespe; vasmaak, (vas)bind; verbind/toeplak *('n wond)*; belat *('n muur)*; slaan, afransel, uitlooi *(met 'n riem)*; span *('n koei)*; *~ s.t. down* iets toegespe; *~ s.t. on* iets aangespe; *~ s.t. up* iets vasgespe; iets stewig verbind *('n wond)*; *~ped (for cash), (infml.)* platsak. **~hanger** *(infml.)* lushanger, staanpassasier. ~ **hinge** tongskarnier. **~-oil** *(sl.)* streepsuiker, sieps-en-braaiboud, siepsop-(en-)braaiboud. **~-shaped** bandvormig. ~ **work** bandversiering.

strap·less bandloos, sonder band; *~ bra* bra sonder skouerbande; *~ gown* skouerlose aandrok; *~ sandal* oop sandaal, plakkie.

strap·pa·do *=do(e)s, n., (hist.)* wipgalg. **strap·pa·do** *ww.* op die wipgalg folter.

strap·per slaner; *(hoofs. Austr.)* stal=, perdekneg; lang sterk man; groot leuen.

strap·ping *n.* (die) vasmaak; loesing, afranseling, pak slae; belatting. **strap·ping** *adj.* groot, sterk, stewig, fris (gebou), hups. ~ **machine** bindmasjien. ~ **saw** bandsaag.

Stras·bourg, *(D.)* **Strass·burg** *(geog.)* Straatsburg.

stra·ta *(mv.)* →STRATUM.

strat·a·gem krygslis; slim plan/streek.

strat·e·gy *n.* strategie. **stra·te·gic, stra·te·gi·cal** *adj.* strategies; *Strategic Defense Initiative, (mil.)* Strategiese Verdedigingsinisiatief. **strat·e·gist** strateeg.

strath *(Sk.)* breë vallei, dal.

stra·tic·u·late *(geol.)* (dun) gelaag, in dun lagies. **strat·i·fi·ca·tion** stratifikasie; laagvorming; gelaagdheid. **strat·i·fied** gelaag; meerlagig. **strat·i·form** *(teg.)* laagvormig, gelaag, laag=. **strat·i·fy** in lae op mekaar lê; in lae indeel, lae vorm; →STRATIFIED.

stra·tig·ra·phy *(beskrywing v.d. aardlae)* stratigrafie. **strat·i·graph·i·cal** stratigrafies.

strat·o= *komb.vorm* strato=.

stra·to·cir·rus *(met.)* stratocirrus.

stra·toc·ra·cy stratokrasie, militêre regering.

stra·to·cruis·er stratostraler, stratokruiser.

stra·to·cu·mu·lus *(met.)* stratocumulus.

stra·to·jet stratostraler.

strat·o·pause *(met.: laag tuss. d. stratosfeer en mesosfeer)* stratopouse.

strat·o·sphere stratosfeer. **strat·o·spher·ic, strat·o·spher·i·cal** stratosferies.

stra·tum *strata, stratums* stratum, laag; aardlaag; *(rock)* ~ rotslaag. **stra·tus** *strati* stratus, wolk(e)laag, wolkbank.

Stra·vin·sky Strawinski.

straw *n.* strooi; strooitjie; strooihalm; strooihoed; kleinigheid, nietigheid; *s.o. doesn't **care** a ~* iets kan iem. niks (*of* g'n sier) skeel nie, iem. gee geen flenter om nie; ***catch/clutch/grasp** at ~s* aan strooihalms vasklou; ***catch/clutch/grasp** at a ~* aan 'n strooitjie vasklou; ***draw** ~s* lootjies trek; ***drink** through a ~* deur 'n strooitjie suig; *this is the **last** ~* dit is die end; nou kan iem. nie meer nie, dit is die druppel wat die emmer laat oorloop; *it's the **last** ~ that breaks the camel's back* die laaste druppel laat die emmer oorloop, die laaste opdraand(e) maak die perd flou; *a **man** of ~* →MAN *n.*; *a ~ in the **wind*** 'n aanduiding/aanwysing; *a ~ shows which way the **wind** blows* 'n klein aanduidinkie kan baie sê; *s.t. is not **worth** a ~* iets is geen duit werd nie. **straw** *adj.* van strooi, strooi=. **~board** strooibord. ~ **boater** (harde) strooihoed. ~ **boss** *(Am., infml.)* assistentvoorman; toesighouer sonder tande/gesag, tandlose/gesaglose toesighouer. ~ **colour** strooikleur. **~-coloured** strooikleurig. ~ **cutter** strooisnyer, strooisnymasjien. **~flower** strooiblom. ~ **hat** strooihoed. ~ **hood** strooivorm. ~ **hut** stroois. ~ **man** *(lett. & fig.)* strooipop. ~ **matting** strooimatwerk. ~ **mattress** strooimatras. ~ **mulch** strooikombers. ~ **poll,** *(Am.)* ~ **vote:** *take a straw vote* 'n (steek)proefstemming hou.

straw·ber·ry aarbei; *strawberries and cream* aarbeie met room. ~ **blond(e)** *n.* rooiblonde hare; vrou/ens. met rooiblonde hare. ~ **blond(e)** *(pred.)*, **~-blond(e)** *(attr.), adj.* rooiblond. ~ **cake** aarbeikoek. ~ **clover** aarbeiklawer. ~ **cream** aarbeiroom. ~ **everlasting** *(Helipterum eximium)* aarbeisewejaartjie. ~ **mark** *(sagte rooi vaskulêre moedervlek)* aarbeivlek. ~ **pie** aarbeipastei. ~ **raspberry** aarbeiframboos. ~ **roan** rooiskimmel, vosskimmel. ~ **rot** aarbeivrot. ~ **shortcake** broskoek met aarbeie. ~ **tomato** jodekers. ~ **tongue** frambosetong. ~ **tree** *(Arbutus unedo)* aarbeiboom.

straw·y strooiagtig, strooierig, strooi=.

stray *n.* verdwaalde/verlore dier; loslopende dier; verwaarloosde/verlate kind; afgedwaalde; rondloper; swerwer, swerweling; *(teg., gew. i.d. mv.)* lugstoring, =steuring. **stray** *adj.* afgedwaal, verdwaal, verlore; loslopend; onbeheer(d); los, sporadies; *~ **bullet*** verdwaalde koeël; *~ **current*** swerfstroom; *~ **dog*** rondloperhond; *~ **horse*** loslopende perd; *~ **thoughts*** los gedagtes; *~ **visitors*** toevallige gaste. **stray** *ww.* dwaal, swerf, swerwe, rondloop; wegloop; afdwaal; afwyk; verdwaal; wegraak; *~ from... van ...* afdwaal *('n paadjie ens.)*; *~ from the subject* (van die onderwerp) afdwaal.

streak *n.* streep; strook; slier; *a **cruel** ~ (in s.o.'s character)* 'n wrede trek (in iem. se geaardheid); *a ~ of **humour*** 'n tikkie humor; *s.o. has a ~ of **insanity*** iem. het 'n streep; *~ of **lightning*** blits(straal), weerlig=, bliksemstraal; ***like** a ~ (of lightning), (infml.)* soos ('n vetgesmeerde) blits, blitsig, blitsvinnig, =snel; *be on a **winning/losing** ~* aan die wen/verloor bly; *black/etc. **with** red/etc. ~s* swart/ens. met rooi/ens. strepe; *s.o. has a **yellow** ~* iem. is 'n taamlike lafaard. **streak** *ww.* streep, merk; snel, ja(ag), nael, hol; flits; *~ along* voortsnel; *~ into* inja(ag)/inskiet in; *~ past* verbyflits. ~ **(disease)** streepsiekte. ~ **lightning** straalblits.

streaked gestreep, streperig. **streak·er** (kaal)naeler, =holler, kaalbas. **streak·i·ness** streperigheid, gestreeptheid. **streak·ing** (kaal)naelery, =hollery. **streak·y** *=ier =iest, adj.* gestreep, vol strepe, streperig; *(geol.)* slierig; geaar(d); *~ bacon* streepspek(vleis), strepiespek; *~ butter* streperige botter.

stream *n.* stroom, lopende water; rivier, spruit; stroming; ***against** the ~* stroomop, teen die stroom (in); *go **against** the ~* teen die stroom ingaan; *~ of **consciousness*** →CONSCIOUSNESS; ***down** (the) ~* stroomaf; →DOWNSTREAM; *be **on** ~* in werking wees, op dreef wees; *come/go **on** ~* begin produseer; ***up** (the) ~* stroomop, teen die stroom (op); →UPSTREAM; *~ of **water*** straal water; ***with** the ~* stroomaf; *go **with** the ~* met die stroom saamgaan/meegaan/dryf. **stream** *ww.* stroom, vloei, loop; laat uitloop; wapper, waai; *~ **down*** afstroom; *~ **in*** instroom; *~ **into** s.t.* iets binnestroom; *~ **out*** uitstroom; *~ **out** of s.t.* uit iets stroom; *~ **past*** verbystroom. ~ **anchor** werpanker. ~ **bed** stroombed(ding). **~flow** stroomvloei. **~line** *n.* stroom=, vaartlyn. **~line** *ww.* stroomlyn; *(fig.)* vereenvoudig, rasionaliseer. **~lined** gestroomlyn, met stroomlyne. **~lining** stroomlynvorm, stroombelyning; *(fig.)* vereenvoudiging, rasionalisering.

stream·er lint, papierlint; banierkop, =opskrif; *(lugv.)* windkous, windsak; *(met.)* straal *(v. weerlig)*; *(astron.)* wimpel; swaar verkoue.

stream·ing: ~ *eyes* betraande/lopende oë; *~ nose* lopende neus. **stream·let** stroompie, spruitjie, lopie, watertjie.

street straat; *be ~s **ahead** of ..., (infml.)* stukke beter as ... wees; *Church **and** Market **Streets*** Kerk- en Markstraat; ***beat/tramp** the ~s* (op straat) rondslenter, die strate afloop/platloop; ***clear** a ~, (fig.)* 'n straat skoonvee; ***cross** the ~* die straat oorsteek; ***down** the ~* straataf, in die straat af; laer af in die straat; onder in die straat; *s.o. lives **down** the ~* iem. woon onder in die straat; *at the **end** of the ~* op die ent/punt van die straat, waar die straat ophou; ***go** on the ~s* op straat gaan; 'n straatvrou word; ***in** the ~* in die straat, op straat; *the **man** in the ~* die gewone man, die groot publiek, die deursneemens/deursnitmens, die (groot) gros (van die mense); ***off** the ~* van die straat af; *a ~ **off** Church Street* 'n straat uit Kerkstraat; *be **on** the ~(s)* dakloos wees; 'n straatvrou wees; *not be in the **same** ~ with s.o., (infml.)* nie naby iem. kom nie, nie by iem. se hakke/stof kom nie, ver/vêr agter iem. staan, nie van dieselfde gehalte as iem. wees nie; ***take** to the ~s* 'n (straat)betoging hou; ***tramp** the ~s →**beat/tramp; turn** s.o. out into the ~* iem. op straat sit; ***up** the ~* in die straat op; bo in die straat; *be (right) **up** one's ~, (infml.)* (so reg) in jou kraal wees; ***walk** the ~s* →WALK *ww.*. ~ **accident** verkeersongeluk. ~ **Arab** *(arg.)* straatkind. ~ **ballad** straatliedjie. ~ **battle** straatgeveg. ~**car** *(Am.)* trem. ~ **cleaner,** ~ **orderly,** ~ **sweeper** straatveër. ~ **clean(s)=ing** straatreiniging. ~ **collection** straatkollekte. ~ **com=mittee** *(SA)* straatkomitee. ~ **corner** straathoek. ~ **cred(ibility)** *(Br., infml.)* ('n hoë mate van) geloof=waardigheid. ~ **cred(ible)** *(Br., infml.)* (absoluut/vol=kome) geloofwaardig. ~ **door** voordeur. ~ **entertainer** straatkunstenaar. ~ **entertainment** straatvermaak. ~ **fight** straatbakleiery, straatgeveg. ~ **fighter** straat=bakleier. ~ **fighting** straatgevegte. ~ **floor** grondver=dieping; *on the ~ ~* gelykvloers. ~ **flower** *(fig.)* nag=vlinder. ~ **furniture** straatmeubels. ~ **furrow** straat=voor. ~**lamp** straatlamp. ~ **level** straatvlak. ~**light** straat=lig. ~**lighting** straatverligting. ~ **line** straatgrens. ~**-lining troops** belyningstroepe. ~ **main** hoofleiding. ~ **map** straatkaart. ~ **market** straatmark. ~ **musician** straatmusikant. ~ **name** straatnaam. ~ **party** straat=party(tjie). ~ **people** *(mv.)* straatmense, dakloses. ~ **plan** straatplan. ~ **scene** straattoneel; *(skilderk.)* straat=gesig. ~ **singer** straatsanger. ~**-smart** *(Am.)* →STREET=WISE. ~ **smarts** *(mv.), (Am., infml.)* = STREET WISDOM. ~ **song** straatlied(jie). ~ **sprinkler** sproeiwa. ~ **theatre** straatteater. ~ **trader** straatsmous, straathandelaar. ~ **traffic** straatverkeer. ~ **tree** straatboom. ~ **urchin** straatkind. ~ **urchins** *(ook)* straatjeug. ~ **value** straat=waarde *(v. dagga, LSD, ens.)*. ~**walker** straatloper, =swerwer; straatvlinder, straatvrou, =meisie, slet. ~ **wis=dom** straatwysheid. ~**wise,** *(Am.)* ~**-smart** *(infml.)* straatwys, =slim.

stre·lit·zi·a →BIRD OF PARADISE (FLOWER).

strength sterkte, krag; mag; (werklike) getalsterkte; (draag)vermoë; vastheid, hegtheid; kragdadigheid; treksterkte *(v. wol)*; *be **below/under** ~* nie op volle krag/sterkte wees nie; ***from** ~* met krag agter jou; *go (on) **from** ~ to ~* van krag tot krag gaan; *at **full** ~* met/op volle sterkte; voltallig; op volle krag/sterkte; ***gain/gath=er** ~* in kragte toeneem; aansterk *(ná 'n siekte)*; ***gather** ~, (ook)* kragte versamel; ***Herculean** ~* →HERCULEAN; ***in** ~* in groot getalle; *in **full** ~* voltallig, met man en mag; ***measure** one's ~ with s.o.* met iem. kragte meet; ***muster** all one's ~* →MUSTER *ww.*; ***negotiate** from (a position of) ~* →NEGOTIATE; ***nurse** one's ~* jou krag=(te) spaar; *~ **of** character* →CHARACTER *n.*; *~ **of** ma=terials* materiaalsterkte; sterkteleer; *~ **of** mind* gees=krag; *~ **of** parties* stand van die partye; *~ **of** will* = WILL=POWER; *be **on** the ~* in diens wees, by die personeel wees; op die monsterrol wees; ***on** the ~ of ...* op grond van ..., kragtens ...; na aanleiding van ...; *be a **pillar** of ~ →**tower/pillar; recover** one's ~* aansterk *(ná 'n siekte)*; *s.t. **saps** s.o.'s ~* iets sloop iem. se kragte; iets ondermyn iem. se energie/kragte; ***save** one's ~* →SAVE[1] *ww.*; *make a **show** of ~* 'n magsvertoon lewer; *s.t. is a **sign** of ~* iets getuig van krag; *s.t. **taxes** s.o.'s ~* →TAX *ww.*; *a **test/trial** of ~ (between ... and ...)* 'n kragmeting (tussen ... en ...); *be a **tower/pillar** of ~* 'n steunpilaar/staatmaker wees; *be **under** ~ →**below/under**; be **up** to ~* voltallig wees; op volle krag/sterkte wees; *bring s.t. **up** to ~* iets voltallig maak. **strength·en** versterk, sterk maak, verstewig; sterker word; verswaar; *(aandele)* styg; *~ the funds* →FUND *n.*; *~ s.o.'s hand(s)* →HAND *n.*; *~ the presumption* die vermoede sterk. **strength·en·er** ver=sterker.

stren·u·ous veeleisend, inspannend; energiek, wak=ker, ywerig, volhardend, onvermoeid, kragtig. **stren=u·ous·ly** met inspanning; kragtig, met krag. **stren·u=ous·ness** inspanning; energie, krag.

stre·pie *(igt.: Sarpa salpa)* strepie, mooinooientjie.

strep throat *(Am., infml.)* keelontsteking.

strep·to= *komb.vorm* strepto=.

strep·to·coc·cus *(med.)* streptokokkus. **strep·to=coc·cal,** *(w.g.)* **strep·to·coc·cic** streptokokke=. **strep=to·coc·ci** *(mv.)* streptokokke.

strep·to·ki·nase *(biochem.)* streptokinase.

strep·to·my·cin streptomisien.

stress *n.* stres, spanningsdruk, druktespanning; werk(s)=druk, werkspanning; inspanning; spanning; strem=ming; klem, nadruk; klemtoon, aksent; ***lay/put** (the utmost) ~ on s.t.* iets (ten sterkste) beklemtoon/bena=druk, (die grootste) klem/nadruk op iets lê; *be **put** un=der ~* aan spanning onderwerp word; *~es and **strains*** spannings *(v.d. lewe)*; *the ~ is on the first **syllable*** die klem(toon) val op die eerste lettergreep, die eerste let=tergreep dra die aksent; ***under** the ~ of ...* onder die drang/druk van ... *(omstandighede ens.)*; deur ... ge=noodsaak *(armoede ens.)*; ***under** ~ of weather* in/weens ongunstige/swaar weer. **stress** *ww.* nadruk lê op, be=klem(toon), klem lê op; na vore bring; onderstreep, aksentueer; ***get** ~ed* stres; *~ **out*** behoorlik stres; *be ~ed **out*** onder geweldige stres/spanningsdruk/druktespan=ning verkeer, aan geweldige stres/druktespanning ly, geweldige stres/spanningsdruk/druktespanning ervaar/ondervind; →STRESSED-OUT *adj.*; *the first **syllable** is ~ed* die klem(toon) val op die eerste lettergreep; *~ a **word/syllable**, (ook)* op 'n woord/lettergreep druk. ~ **crack** spanningskraak. ~ **disease** stressiekte, stres=verwante siekte. ~**ed-out** *adj. (attr.)* gestresde, gestreste *(bestuurder, werkslaaf, ens.)*. ~ **fracture** stresfraktuur. ~ **mark** klemteken. ~**-strain curve** spanningskrom=me. ~ **test** spanningsdruktoets. ~ **threshold** strem=mingsdrumpel.

stress·ful gespanne, spanningsvol, vol spanning.

stretch *n.* uitgestrektheid; streek; vlakte; rek; span=ning; ent, skof, trajek, afstand; ruk, tydperk; ***at** a ~* aaneen, aanmekaar, sonder ophou, oor 'n/een boeg; as dit moet, desnoods; ***do** a ~, (infml.)* 'n tyd sit, tronk=straf uitdien; *at **full** ~* volledig uitgestrek; met inspan=ning van al jou kragte; *not by a **long** ~* lank/glad nie; op verre na nie, verreweg nie; *by no (or not by any) ~ **of** the imagination* nie in jou wildste drome nie; *~ **of** road* ent pad; *~ **of** water* plaat water; ***on** the ~* gespanne. **stretch** *ww.* rek, trek; uitrek; uitstrek; uitsteek; strek; span; oordrywe; *s.t. ~es **from** east to west* iets strek van oos tot wes; *~ s.t. to the **limit*** iets so lank (as) moont=lik uitrek; *s.t. ~es **out*** iets hou; *~ o.s. **out*** jou uitstrek; *~ s.o. **out*** iem. oopspalk; *~ s.t. **out*** iets reik/uitsteek/uit=strek *(jou hand ens.)*; *~ a **point*** oordryf, oordrywe, te ver/vêr gaan; tegemoetkomend wees, 'n uitsondering maak, soepel wees; van die reël afwyk; *don't ~ the **point*** moenie oordryf/oordrywe nie; *~ a **point** for s.o.* iem. tegemoetkom; *~ one's **powers*** jou bevoegdheid te bui=te gaan; jou kragte ooreis; *~ the **truth*** →TRUTH; *~ a **wire** across the road* 'n draad oor die pad span/trek. ~ **limo/limousine** lang, slap motor/kar. ~ **marks** *(mv.)* rekmerke. ~ **pants** *(mv.)* span=, rekbroek. ~ **stocking** rekkous. ~ **yarn** rekgaring.

stretch·er *n.* rekker; draagbaar; veld=, seil=, voubed; voetbankie *(in 'n skuit)*; voetsport *(v. 'n stoel)*; span=stuk(raam); staanstuk; strek=, styksteen; leuen. **stretch=er** *ww.* op 'n draagbaar dra; *~ **away*** op 'n draagbaar wegdra; *~ **off*** op 'n draagbaar afdra. ~ **bond** *(bouk.)* strykverband. ~ **course** *(bouk.)* stryklaag. ~ **frame** span=raam. ~ **plate** spanplaat. ~ **rod** spanstang.

stretch·ing rekking. ~ **bond** = STRETCHER BOND. ~ **course** = STRETCHER COURSE. ~ **force** spankrag. ~ **screw** spanskroef.

stretch·y *adj.* elasties, rekbaar *(materiaal)*.

stret·ta =*te*, =*tas*, **stret·to** =*tos*, =*ti*, *(It., mus.: klimakte=riese afsluiting)* stretta.

stret·to =*tos*, =*ti*, *(It., mus.: afsluitende seksie in vinniger tempo)* stretto; *(oorvleuelende nabootsing in 'n fuga)* stret=to, eng nabootsing.

strew *strewed strewn/strewed* strooi, bestrooi; besaai; *be ~n **with** ... met ...* bestrooi/besaai(d) wees.

strewth *tw., (Br., infml.: gewysigde afk. v.* God's truth*)* (liewe) hemel/vader, alla=, allemagtig, vaderland.

stri·a =*ae*, *(anat.)* groef(ie), strepie, skrapie, skraap; *(teg.)* fyn aar *(in glas, marmer)*; *(bouk.)* skeirib *(in 'n suil)*. **stri·ate** *ww.* groef; skraap. **stri·ate, stri·at·ed** *adj.* ge=groef; geskraap; gestreep; geaar; met skeirib; *~ **muscle*** gestreepte spier. **stri·a·tion** groef; skraap; groewing; skraping; strepie; strepies, gestreeptheid.

strick·en swaar beproef; geslaan, getref; gepla, siek; verslae *(gesig)*; →STRIKE *ww.*; *~ **field*** slagveld; *~ **heart*** gebroke hart; *~ **hour*** volle uur; *be ~ **with remorse*** →REMORSE; *~ **with terror*** uiters beangs, doodver=skrik, vreesbevange, met vrees bevange; *in a ~ **voice*** met diepbedroefde stem; *be ~ **in years*** hoog bejaard (*of* ver/vêr op jou dae) wees.

-strick·en *komb.vorm* =bevange; =geteister, deur ... ge=teister; met ... vervul; *drought-~* droogtegeteister, deur droogte geteister; *horror-~* met afgryse/afsku vervul; *panic-~* paniekbevange; *terror-~* vrees=, angsbevange.

strick·le *(gietery)* vormbord; slypsteen *(vir sense)*.

strict streng; stip, presies, noulettend; eng; *(bot.)* reg=uit, styf; *~ **counterpoint**, (mus.)* streng kontrapunt; *be ~ on s.t.* nougeset op iets wees/let; *in the ~ **sense*** →SENSE *n.*; *be ~ **with** s.o.* streng teenoor iem. wees. **strict·ly** streng; stip(telik); *~ **confidential*** →CONFIDENTIAL; *~ **local*** suiwer plaaslik; *~ **necessary*** →NECESSARY *adj.*; *~ **no parking*** parkeer streng verbode; *s.t. is ~ **prohib=ited*** →PROHIBITED; *~ **speaking*** →SPEAKING *adj.*. **strict·ness** strengheid; stiptheid, presiesheid, noulet=tendheid; nougesetheid; engheid.

stric·ture afkeuring, ongunstige kritiek; *(med.)* ver=nouing, striktuur; *make/pass ~s on/upon ...* aanmer=kings op ... maak, ... kritiseer.

strid·den →STRIDE *ww.*.

stride *n.* stap, skrede, tree; ***at/in** a ~* in een stap; ***get into** (or **hit**) one's ~* op dreef/stryk kom; *with **long** ~s* met lang treë/hale; ***make** great ~s* goeie vordering maak, met rasse skrede vorder; *with **rapid** ~s, (lett.)* met vinnige stappe; *(fig.)* met rasse skrede; ***take** s.t. in one's ~* iets maklik/fluit-fluit doen *(infml.)*, iets doen sonder (om te) sukkel, iets maklik afhandel; jou nie oor iets bekommer nie, jou nie aan iets steur nie; oor iets heen gly *('n struikelblok)*; ***throw** s.o. out of his/her ~* iem. van stryk (af) bring. **stride** *strode stridden, ww.* stap, lang treë gee; *~ **along*** voortstap; *~ **away/off*** wegstap; *s.o. ~s **out*** iem. stap uit; iem. stap vinnig aan, iem. rek sy/haar treë. ~**-legged** wydsbeen.

stri·dent skel, skril, skerp, deurdringend *('n geluid)*. **stri·den·cy** skerpte, skerpheid, deurdringendheid *(v. 'n geluid)*. **strid·u·late** *(insekte)* kras, tjirp, skree. **strid=u·la·tion** gekras, getjirp, geskree *(v. insekte)*.

strife stryd, twis, onenigheid, tweedrag; onvrede, on=min; *be at ~ **with** ...* met ... twis; *create ~* →CREATE; *stir up ~* kwaad steek/stig/stook, twis stook. ~**-torn** vol tweedrag, twistend.

strig·il *(hist.)* velskraper *(deur d. ou Grieke en Romeine gebr.)*; *(entom.)* strigiel, antenna=, antennekam.

stri·gose *adj., (bot.)* styfharig; *(entom.)* gegroef, ge=streep.

strike *n.* (werk)staking; *(mil.)* aanval; aanslag; slag; klap; aanboring; vonds; byt *(v. vis)*; *(geol.)* strekking; →GO-SLOW (STRIKE); ***call** a ~* 'n staking uitroep; ***call off** a ~* 'n staking afgelas; ***go on** ~, **stage** a ~* staak, 'n staking begin, tot 'n staking oorgaan; *make a **lucky** ~* 'n gelukslag kry; ***make** a ~* groot sukses behaal; iets vind (*of* raak boor) *(olie)*; *be **on** ~* staak; *a **wildcat** ~* 'n wilde staking. **strike** *struck struck, ww.* slaan; (werk) staak, begin staak, tot staking oorgaan; slaan *('n bal, munte)*; aanslaan *(klawers)*; stoot, stamp, bots; stryk *('n vlag, seile)*; opbreek *('n kamp)*; afslaan, =breek *('n tent)*; steek; pik; toeslaan; afkom op, teëkom, teenkom; raak boor; opval, tref; trek *('n boog, vuurhoutjie)*; *('n klok)* lui; *('n vis)* byt; lyk, skyn, voorkom; verwyder; *~ **against** s.t.* uit protes teen iets staak; *s.t. ~s s.o. **as** exaggerated/etc.* iets lyk vir iem. oordrewe/ens., iets kom iem. oor=drewe/ens. voor; *s.t. ~s s.o. **as** funny* iem. vind iets grap=pig; *~ **at** ...* na ... slaan; op ... toeslaan *(d. vyand)*; ... aantas, op ... inbreuk maak *(regte)*; *~ an **attitude*** →ATTI=TUDE; *~ **back*** terugslaan; *~ a **balance** between ... and ...* →BALANCE *n.*; *~ s.o. **blind*** →BLIND *adj.*; *s.o. is struck **by** s.t., (lett. & fig.)* iem. word deur iets getref; *(fig.)* iets val iem. op; *~ **me dead!**, (infml.)* nou toe nou!, kan jy nou meer!; *~ **down** s.o.* iem. plat slaan, iem. teen die grond slaan; iem. tot 'n val bring; *~ **for** ...* om ... staak *(hoër lone ens.)*; *~ s.o.('s name) **from** ...* iem. (se naam) van ... skrap *(d. rol)*; *~ **home*** →HOME *adv.*; *an idea ~s* *s.o.* →IDEA; ~ ***into*** ... begin ... *(galop, draf, ens.)*; ... aanhef/insit *('n lied)*; ... inslaan *('n pad)*; ... binnegaan *('n bos)*; ~ ... ***into*** *s.o.* iem. met ... vervul, ... by iem. inboesem *(vrees ens.)*; iem. met ... steek *('n mes ens.)*; ~ *while the **iron** is hot* →IRON *n.*; ***it*** *~s s.o. that* ... dit val iem. op dat ...; *how does **it** ~ you?* hoe lyk dit vir jou?, wat dink jy daarvan?; ~ *a **light*** →LIGHT[1] *n.*; ~ *it **lucky*** →LUCKY[2] *adj.*; ~ *a **mine*** →MINE[2] *n.*; ~ ***off*** *s.t.* iets afkap/afslaan; iets aftik; iets skrap/deurhaal; iets van die rol skrap; ~ ***oil*** →OIL *n.*; ~ ***on/upon*** *s.t.* iets raak/tref, teen iets bots; op iets kom *('n gedagte)*; ~ ***out*** aanstap; 'n hou slaan, die vuis gebruik; kragtig swem; ~ ***out*** *at s.o.* iem. te lyf gaan; ~ ***out*** *on one's own*, ~ ***out*** *for o.s.* jou eie weg baan; ~ ***out*** *for/towards* ... vinnig na ... begin stap/swem; ~ ***out*** *s.t.* iets skrap/deurhaal; ~ *me **pink!*** →PINK[1] *adj.*; ~ *a **pose*** →POSE *n.*; ~ *it **rich*** →RICH *adj.*; ***right*** *to* ~ reg van staking, stakingsreg; *a plant ~s **root*** (or *~s its roots into the ground)* 'n plant skiet wortel; ~ *a **snag*** vashaak; ~ ***terror*** *into s.o. ('s heart)* →TERROR; *the cold ~s **through** s.o.'s clothes* die koue dring (dwars)deur iem. se klere; ~ ***through*** *s.t.* iets deurhaal/skrap; ~ ***up,*** *('n orkes)* inval, begin speel; ~ *s.t. **up*** iets aanknoop *('n gesprek ens.)*; iets aanhef/insit *('n lied)*; ~ ***upon*** *s.t.* →***on/upon;*** *the light ~s **upon** s.t.* die lig val op iets; ~ ***with*** *a dagger/etc.* met 'n dolk/ens. steek; *be struck **with** terror* angsbevange (*of* deur skrik bevange) wees. ~ **action** staking(saksie), staking(soptrede), stakersoptrede. ~ **aircraft** aanvalsvliegtuig. ~ **ballot** stemming oor staking, staking-, staakstemming; *hold a* ~ ~ 'n stakingstemming hou. ~ **board** plankhark. ~**bound** lamgelê deur 'n staking. ~**breaker** stakingsbreker, instaanwerker. ~ **call** oproep tot 'n staking, stakingsoproep, die uitroep van 'n staking. ~ **fault** strek(kings)verskuiwing. ~ **force** aanvalsmag. ~**free** vry van stakings. ~ **fund** stakingsfonds. ~ **leader** staker-, staakleier. ~**out** *n., (bofbal)* uithaal, uitbof. ~ **pay** stakingsloon, stakingstoelae. ~ **plate** aanslagplaat; slagplaatjie *(v. 'n slot)*. ~ **rate** *(kr.)* lopie-, kolftempo *(v. 'n kolwer)*; treftempo *(v. 'n bouler)*; *(sokker)* doeltempo. ~**-slip fault** *(geol.)* strekkingwaartse verskuiwing. ~ **zone** *(bofbal)* gooi-area.

strik·er (werk)staker; slaner; voorslaner; *(rugby)* haker; *(infml., sokker)* doelskopper; *(Br.)* slagpen; slagwerk, hamer *(v. 'n horlosie/oorlosie)*; slaanhorlosie, -oorlosie; harpoen.

strik·ing *n.* (die) slaan *ens.* (→STRIKE *n.*). **strik·ing** *adj.* treffend, opvallend, merkwaardig, sprekend, ooglopend; *be a ~ figure* 'n opvallende figuur wees; ~ *figures* sprekende syfers. ~ **circle** *(hokkie)* skiet-, doelsirkel. ~ **distance** slagwydte, vonklengte; trefafstand, gevegsafstand. ~ **dog** *(mot.)* stuitklou. ~ **force** aanvalsmag. ~ **fork** *(mot.)* skuifvurk. ~ **mechanism** slagwerk. ~ **pin** slagpen. ~ **plate** aanslagplaat; slagplaatjie; boogslaanplaat, boogtrekplaat. ~ **power** slaan-, trefvermoë.

Strine *(infml.)* Australies(e Engels).

string *n.* lyn, tou; koord, band; riempie, veter; snoer; string *(pêrels)*; snaar; ry, reeks; aaneenskakeling; trapboom; *(fig.)* stertjie; *(i.d. mv., mus.)* strykinstrumente, strykers; *have two ~s* (or *a second ~) to one's **bow*** twee pyle op jou boog (*of* in jou koker) hê; *have more than one ~ to one's **bow*** meer as een pyl op jou boog (*of* in jou koker) hê; ***for*** *~s* vir strykorkes/strykers; ***have/keep*** *s.o. on* (or ***have/keep*** *s.o. at the end of) a ~, (infml.)* iem. aan die/'n lyntjie hou; *walk past in a **long*** ~ op 'n streep verbyloop; *there are **no** ~s attached to it* daar is geen voorwaardes aan verbonde nie; *with **no** ~s attached, **without** ~s* sonder (hinderlike) voorwaardes/beperkings; ~ ***of** horses* stoet perde; *a ~ **of** lies* →LIE[1] *n.*; ~ ***of** wag(g)ons* streep waens; *a **piece** of ~* 'n toutjie; ***pluck** the ~s* die snare tokkel; ***pull*** *~s* →PULL *ww.*; *harp on the **same*** ~ →HARP *ww.*; *play **second*** ~ tweede viool speel; ***second*** ~ →SECOND[1]; *the ~ has **snapped*** die snaar het gespring; ***touch*** *a ~* 'n snaar aanroer; ***without*** *~s* →*with **no** strings attached*. **string** *strung strung, ww.* (in)ryg; insnoer; besnaar, snare insit; span; afhaar, (af)draad *(boontjies)*; ~ ***along*** *with ..., (infml.)* met ... saamgaan; ~ *s.o. **along,** (infml.)* iem. aan die sleeptou hou; ***highly*** *strung* →HIGHLY; ~ ***out*** uitryg *(woorde ens.)*; *be strung **out*** uitgerek wees; versprei(d) wees; *be strung **out** along ..., (huise ens.)* al langs ... staan; *be strung **out** on heroin* in 'n heroïendwaal wees; →STRUNG OUT *adj.*; ~ *s.t. **together*** iets aanmekaarryg *(woorde)*; iets saamsnoer/-vleg; *be strung **up*** opgewonde wees; oorgehaal wees; →STRUNG UP *adj.*; ~ *s.t. **up*** iets ophang; ~ *s.o. **up,** (infml.)* iem. ophang. ~ **band** strykorkes. ~ **bass** basviool. ~ **bean** snyboontjie. ~**board** trapskort. ~ **course** bandlaag. ~ **development** lintbou, -bebouing. ~**halt** *(veearts.)* hanespat, krampagtigheid. ~ **instrument** snaarinstrument. ~ **measure** maat-, meetkoord. ~ **music** snarespel. ~ **orchestra** strykorkes. ~ **player** *(mus.)* stryker. ~ **playing** strykerspel. ~**-puller** *(infml.)* toutjiestrekker. ~**-pulling** *(infml.)* toutjiestrekkery. ~ **quartet** strykkwartet. ~ **shades** blonde skakerings. ~ **tie** cowboydas. ~ **vest** gaatjiesfrokkie.

stringed snaar-, besnaar; ~ *instrument* snaarinstrument.

strin·gen·do *adj. & adv., (It., mus.)* stringendo, vinniger, dringender.

strin·gent streng, bindend, nadruklik; knellend, drukkend; skaars, skraps. **strin·gen·cy** strengheid, stiptheid; spanning; bindende krag; skaarste, skaarsheid; ~ *of capital* kapitaalnood; *financial* ~ geldgebrek, -skaarste, -nood.

string·er trapskort; *(spw.)* langslêer; langsverstywer *(v. 'n vliegtuig)*; *(infml.)* (plaaslike) korrespondent *(v. 'n koerant)*; *(geol.)* aartjie.

string·ing besnaring; insnoering, rygwerk; *ens.* (→STRING *ww.*).

string·less: ~ *bean* haarlose boontjie.

string·y draderig; veselagtig, vesel(r)ig; touerig, toutjiesrig; seningrig; (lank en) maer; ~ *biltong* seningrige biltong, garingbiltong; ~ *hair* toutjieshare; ~ *wool* toutjieswol. ~**-bark** *(Austr.)* vesel(bas)bloekom.

strip[1] *n.* ontkleedans; ontkleding; *do a* ~ 'n ontkleevertoning gee. **strip** *-pp-, ww.* afhaal, aftrek *(beddegoed)*; uittrek, ontklee *(vir iem.)*; jou ontklee/uitklee, (jou kaal) uittrek; aftop; afstroop, aftrek, afhaal *(blare ens.)*; stroop *('n kabel ens.)*; ontbloot, kaal maak; uitmelk, droog melk *('n koei)*; plunder, stroop; aftakel, uitmekaarneem, -haal, demonteer *('n masjien)*; aftuig, onttakel *('n skip)*; doldraai, draad afdraai *('n skroef)*; uitskud; uitpak, -laai; ~ ***bark*** *(from a tree)* bas trek/afmaak/afstroop, 'n boom skil; ~ *s.t. **down*** iets stroop; iets uitmekaarhaal; *s.o. ~s **down** to* ... iem. hou net sy/haar ... aan; ~ *s.o. **(naked),** (lett.)* iem. kaal uittrek; *(fig., infml.)* iem. kaal uittrek (*of* uitskud); *be ~ped **of*** ... sonder ... wees, van ... ontdaan/ontdoen wees; ~ *s.o. **of** s.t.* iets van iem. wegneem; *s.o. ~s **(off)*** iem. trek hom/haar (kaal) uit; ~ ***off*** *s.t.* iets afstroop; iets afruk/afskeur/aftrek; iets uittrek *(klere)*; *be ~ped **to** one's pants/etc.* op jou broek/ens. na uitgetrek wees; *be ~ped **to** the skin* poedelnakend wees; *s.o. is ~ped **to** the waist* iem. se bolyf is kaal. ~ **club** ontklee(dans)klub. ~ **joint** *(infml.)* ontklee(dans)klub. ~ **leaf** gestroopte tabak. ~ **poker** ontkleepoker. ~ **search** *n.* fisieke visentering. ~**-search** *ww.* kaal (*of* sonder klere) visenteer. ~ **show** ontklee(dans)vertoning. ~**tease** ontkleedans, lokdans. ~**tease dancing** ontkleedansery, lokdansery. ~**teaser** ontkleedanseres, -meisie.

strip[2] *n.* strook, band, reep, streep; →COMIC STRIP; *tear s.t. to ~s* iets aan flenters/repe skeur; *tear a ~ off s.o., tear s.o. off a ~, (infml.)* iem. 'n skrobbering gee, iem. uittrap. ~ **cartoon** strokiesprent. ~ **cropping** strookverbouing. ~ **development** →RIBBON DEVELOPMENT. ~ **flooring** strookvloer; strookvloerplanke. ~ **iron** band-, strookyster. ~ **light** *(Br.)* strook-, streeplig; buislig. ~ **lighting** strookbeligting. ~ **mill** strook-, bandwalsery. ~ **mine** stroopmyn. ~ **mining** stroopmynbou; strookmynbou. ~ **road** strookpad. ~ **steel** bandstaal. ~**wise** strooksgewys(e).

stripe *n.* streep; baan *(v. 'n vlag)*; *(mil.)* streep, chevron; *(arg.)* slag, hou, striem; *get one's ~s* jou strepe (*of* verhoging) kry; *lose one's ~s* jou strepe verloor, in rang verlaag word. **stripe** *ww.* streep; striem.

striped gestreep, streperig; ~ *material* strepiesgoed; ~ *tie* streepdas; ~ *trousers* streepbroek. ~ **catshark** *(Poroderma africanum)* streep-kathaai, *(infml.)* luihaai. ~ **disease** streepsiekte. ~ **fieldmouse** streepmuis. ~ **mullet** *(igt.)* streepharder. ~ **piggy** *(igt.)* streepvarkie. ~ **polecat** →POLECAT.

strip·ling *(arg. of skerts.)* opgeskote seun.

strip·per (af)stroper; verfstroper; ontkleedanseres, -meisie.

strip·ping (af)stroping; stroopwerk; ontbloting; doldraaiing *(v. 'n skroefdraad)*; aftuiging, onttakeling; ontkleding; berowing; →STRIP[1] *ww.*. ~ **chisel** stroopbeitel. ~ **container** plukkis.

strip·y met strepe, gestreep, streperig, strepies-.

strive *strove striven* strewe, streef; probeer, poog; worstel, sukkel; stry; wedywer; ~ ***after*** *s.t.* iets nastreef/nastrewe; ~ ***against*** ... teen ... stry/veg *('n versoeking)*; jou teen iets verset; ~ ***for*** *s.t.* iets nastreef/nastrewe, na iets streef/strewe; ~ ***to*** ... daarna streef/strewe om te ...; ~ ***with*** *s.o.* met iem. wedywer. **striv·en** gestreef. **striv·ing:** ~ *for* ... najaging van ...

strobe *(Am., fot.)* stroboskopiese flits; *(infml.)* →STROBOSCOPE. ~ **light** stroboskopiese lig. ~ **lighting** stroboskopiese beligting.

strob·i·lus strobilus, keël.

strob·ing *(TV)* strobiese effek.

strob·o·scope *(fis.)* stroboskoop. **stro·bo·scop·i·cal** stroboskopies.

strode *(verl.t.)* →STRIDE *ww.*.

strog·a·noff *(kookk.)* stroganoff.

stroke *n.* hou, slag; stoot; stryk; set; liefkosing, streling; slag *(v. 'n masjien, roeier)*; slaglengte; haal, streep; *(skilderk.)* haal; stoot; slagroeier, agterste roeier; beroerte(aanval), toeval; →FINISHING STROKE; ***at*** *a* ~ in een slag; ***at** the first/etc.* ~ by die eerste/ens. slag; *a **clever*** ~ 'n slim set; *add/apply/give/put the **finishing** ~s to s.t.* →FINISHING TOUCH; ~ ***of** apoplexy* = AN **APOPLECTIC** STROKE/FIT; *a ~ **of** the brush* →BRUSH *n.*; *do a good ~ **of** business* →BUSINESS; *a ~ **of** genius* →GENIUS; *a ~ **of** inspiration* →INSPIRATION; *be killed by a ~ **of** lightning* →LIGHTNING; *have a ~ **of** (good) luck* →LUCK *n.*; *with a ~ **of** the pen* →PEN[1] *n.*; *not do a ~ **of** work* →WORK *n.*; ***on** the ~ of twelve/etc.* op die kop twaalfuur/ens., klokslag twaalfuur/ens.; ***paralytic*** *~, ~ of **paralysis*** →PARALYTIC *adj.*; ***put*** *s.o. off his/her* ~ iem. van stryk (af) bring; iem. van koers bring; ***row*** ~ die slag aangee, slag roei; *s.o. was ordered **six** ~s* iem. is tot ses houe veroordeel; ***vary** the* ~ die slag verander. **stroke** *ww.* streel, liefkoos, stryk; die slag aangee, slag roei; *(infml.)* vlei; ~ *s.o. down* iem. laat afkoel (*of* tot bedaring bring); ~ *s.o.'s hair/etc.* iem. se hare/ens. streel, oor iem. se hare/ens. stryk; ~ *(s.o.'s hair) the wrong way* iem. irriteer/omkrap/vererg (*of* die harnas in ja[ag]). ~ **batsman** stylkolwer, stylvolle kolwer. ~ **oar** slag(roei)spaan. ~ **oar(sman)** slagroeier, slag. ~ **play** *(kr.)* houespel. ~ **player** *(kr.)* stylspeler, stylvolle speler.

stroll *n.* wandeling; *go for* (or *take) a* ~ 'n entjie gaan loop/stap/wandel, 'n wandeling doen/maak. **stroll** *ww.* slenter, loop, drentel; (rond)swerf, -swerwe; ~ *around the town* in die stad rondloop/rondwandel; *~ing player* swerfakteur; ~ *the streets* in die strate (*of* op straat) rondslenter, -drentel, -kuier. **stroll·er** wandelaar, slenteraar; *(Am.)* stootwaentjie, -karretjie; *(SA)* straatkind.

stro·ma *-mata, (anat., biol.)* steunweefsel, weefselbed; *(bot.)* vrugbed.

strong sterk, kragtig; hewig, geweldig; sterk *(wind, wisselwerking, ens.)*; kras *(taal)*; ferm; galsterig *(botter)*; rens *(melk)*; swaar *(sigaar)*; kwaai *(woorde)*; *by the ~ **arm** of* ... met mag/geweld van ...; *(as) ~ **as** a horse* so sterk soos 'n os; ***go*** (or *be **going**) ~* →GO *ww.*; *be a **hundred*** ~ honderd (man) sterk wees; *take a ~ **line*** →LINE[1] *n.*; ~ ***man*** →STRONGMAN; *be a ~ **man** in the party* 'n krag in die party wees; *how **many** are you ~?* hoeveel (man) is julle?; *the **market** is* ~ die mark is vas; *be ~ **meat,** (fig.), (NAB)* vaste kos wees, *(OAB)* vaste spys wees; *(onderhandelings ens.)* taai wees; *(teks ens.)* moeilik verteerbaar wees; *('n boek ens.)* skokkend wees; *('n fliek ens.)* nie vir iem. met 'n swak/brose gestel (*of* vir sensitiewe kykers) wees nie; *be a ~ **party** man* 'n harde/sterk partyman wees; ~ ***phrase*** kragterm; *s.t. is s.o.'s ~ **point/suit*** iem. munt in iets uit, iem. se krag lê in iets, iets is iem. se sterk kant/punt; *have a ~ **point*** 'n goeie argument hê; *... is not s.o.'s ~ **point*** iem. munt nie uit in ... nie, iem. se krag lê nie in ... nie, ... is nie iem. se sterk kant/punt nie; ***pretty*** ~ nogal kras/kwaai; *be **quite** ~ again* weer heeltemal sterk/gesond wees; *have a ~ **stomach*** 'n volstruismaag (*of* 'n maag soos 'n volstruis) hê, klippe kan eet; *(fig.)* nie alte sensitief wees nie, 'n sterk gestel hê; ~ ***suit**, (kaartspel)* sterk kleur; *(infml.)* sterk punt/kant/sy; *give ~ **support** to ...* ... kragtig (onder)steun; ~ ***views*** besliste menings. ~**-arm (man)** *(infml.)* uitsmyter; woesteling. ~**-arm methods/tactics** geweldmetodes, hardhandige metodes. ~**box** brandkas; geldkis. ~ **drink** sterk drank, alkohol, raaswater. ~**-headed** vasberade, ferm, koppig; skrander. ~**hold** vesting, bastion, bolwerk, burg. ~**man** -men, *(lett. & fig.)* kragman, sterk man; leiersfiguur, kragtige figuur. ~**-minded** beslis, vasberade, resoluut, wilskragtig. ~**-mindedness** beslistheid, vasberadenheid, wilskrag. ~ **point** *(mil.)* sterktepunt. ~**room** (brand)kluis; brandkamer. ~ **verb** sterk werkwoord. ~**-willed** wilskragtig; eiewillig; *clash of two ~ people* botsing van twee sterk wille. ~ **wool** sterk wol.

strong·ish sterkerig, taamlik sterk. **strong·ly** sterk, kragtig; ~ ***built*** sterk/fris gebou; ***feel** ~ about s.t.* sterk voel oor iets; jou iets (erg) aantrek; ~ ***marked** features* skerp besnede trekke; ***most*** ~ ten sterkste; ***put** s.t.* ~ iets sterk stel/uitdruk; ***speak*** ~ jou sterk uitspreek; ~ ***worded** letter* skerp bewoorde brief.

stron·ti·an·ite *(min.)* stronsianiet.

stron·ti·um *(chem., simb.: Sr)* stronsium.

strop *n., (sk.)* strop; *(SA)* strop *(vir osse)*; *(razor)* ~ skeerriem, slypriem. **strop** -pp-, *ww.* slyp, skerp maak *('n skeermes ens.)*.

stro·phe strofe. **stroph·ic** strofies.

strop·py *(infml.)* koppig, dwars(trekkerig), halsstarrig, weerbarstig. **strop·pi·ness** koppigheid, dwars(trekkerig)heid, halsstarrigheid, weerbarstigheid.

strove het gestreef/gestrewe; →STRIVE.

struck →STRIKE *ww.*.

struc·ture *n.* struktuur, bou; bouwerk, gebou; bousel; samestelling. **struc·ture** *ww.* struktureer. **struc·tur·al** struktureel, struktuur-, bou-; ~ ***alteration*** bouverandering; ~ ***alteration(s)*** verbouing; ~ ***concrete*** boubeton; ~ ***design*** struktuurontwerp; ~ ***draughtsman*** boutekenaar; ~ ***engineer*** strukturele ingenieur; ~ ***engineering*** strukturele ingenieurswese; ~ ***formula**, (chem.)* struktuurformule; ~ ***glass*** bouglas; ~ ***linguistics*** strukturele taalkunde/linguistiek; ~ ***member/part*** boudeel, konstruksiedeel; struktuurdeel; ~ ***psychology*** strukturele sielkunde/psigologie, struktuurpsigologie; ~ ***section*** bouprofiel; ~ ***steel*** boustaal. **struc·tur·al·ism** strukturalisme. **struc·tur·al·ist** *n.* strukturalis. **struc·tur·al·ist** *adj.* strukturalisties. **struc·ture·less** struktuurloos, sonder struktuur.

stru·del *(D. kookk.)* strudel; *apple* ~ appelstrudel.

strug·gle *n.* stryd, worsteling, geveg; strewe; geploeter, gesukkel, gespartel; *the ~ **for** existence* die stryd om die/'n bestaan, die bestaanstryd; *the ~ **for** liberation/liberty* die vryheidstryd, die stryd om vryheid; ***give up** the* ~ die stryd opgee, die stryd laat vaar, die stryd gewonne gee; *a **hard*** ~ 'n swaar stryd; ***have** a ~ to ...* met moeite ..., sukkel om te ...; ***inner/inward*** ~ →INNER *adj.*; *a **life-and-death*** ~ →LIFE-AND-DEATH *adj.*; *be **locked** in a* ~ in 'n stryd gewikkel wees; *a **tremendous*** ~ →TREMENDOUS; *an **uphill*** ~ 'n opdraande stryd; ***wage** a ~ **against** ...* 'n stryd teen ... voer. **strug·gle** *ww.* worstel; spartel, sukkel; beur, swoeg, jou afsloof; stryd voer, stry, streef, strewe, spook, veg; teenstribbel; ~ ***against*** ... teen ... veg; ~ ***along*** aan-, voortsukkel; ~ ***hard** to ...* spook om te ...; ~ ***and kick*** spartel en skop; ~ ***on*** voortstry; aan-, voortsukkel; ~ ***through*** deurworstel; met moeite deurdring; ~ ***to** do s.t.* iets met moeite doen; spartel om iets te doen *('n bestaan te maak ens.)*; ~ ***with** s.o.* met iem. worstel; ~ ***with** s.t.* teen iets stry/worstel; met iets worstel, met iets te kampe hê *(moeilikhede ens.)*. **strug·gler** stryder, worstelaar, swoeger. **strug·gling** *adj. (attr.)* sukkelende, *(pred.)* wat 'n sukkelbestaan voer.

strum -mm-, *ww.* strum, tokkel; ~ *(on) a guitar* op 'n kitaar/ghitaar tokkel. **strum, strum·ming** *n.* getokkel.

stru·ma -mae, *(med.)* struma, kropgeswel, goiter, skildkliergeswel; *(bot.)* swelsel. **stru·ma·tic, stru·mose, stru·mous** klieragtig.

strum·pet *(arg.)* slet, hoer.

strung *verl.t & volt.dw.* →STRING *ww.*. ~ **out** *adj. (pred.), (infml.)* dwelmverknog; bedwelm(d), dwelmdof, in 'n dwelmdwaal/-waas, ver/vêr heen; afgetakel(d), vermaer, verswak *(weens langdurige dwelmmisbruik)*; pê, pootuit, poegaai, kapot, klaar, uitgeput. ~ **up** *adj. (pred.), (infml.)* gespanne, senu(wee)agtig.

strut *n.* stut, steun(sel), spar; styl *(v. 'n vliegtuig)*; deftige stap, windmakerige loop. **strut** -tt-, *ww.* stut, steun; trots/deftig/windmakerig stap, paradeer, pronk; ~ *about/around* windmakerig rondloop; ~ *one's stuff, (infml.)* wys hoe goed jy is; vertonerig wees. **strut·ting** *(bouk.)* stutte; stutwerk, stutting.

stru·thi·ous volstruisagtig, volstruis-.

strych·nic: ~ *acid* strigniensuur. **strych·nine** strignien, wolwegif.

stub *n.* stompie *(v. 'n sigaret ens.)*; (boom)stomp; teenblad, -blaadjie; *a ~ of candle* 'n entjie kers. **stub** -bb-, *ww.* uitkap; ontwortel; skoon kap; uitgrawe; skoonmaak *(land)*; ~ *s.t. out* iets dooddruk *('n sigaret ens.)*. ~ **axle/shaft** stompas. ~ **file** vlakvyl. ~ **grafting** stompenting. ~ **nail** buksspyker.

stub·bi·ness →STUBBY.

stub·ble stoppel. ~ **(beard)** stoppelbaard. ~ **field** stoppelland.

stub·bly stoppelagtig, stoppelrig, stoppel-; ~ *beard* stoppelbaard.

stub·born hardnekkig, koppig, weerbarstig, halsstarrig, eiewillig, onversetlik, hardekop; taai; *as ~ (as) a mule* so koppig soos 'n donkie/esel/muil; ~ *fellow* hardekop (kêrel/vent). **stub·born·ly** koppig; →STUBBORN. **stub·born·ness** koppigheid *ens.* (→STUBBORN).

stub·by stomp, stompie-, kort en dik, geset. **stub·bi·ness** stompheid; gesetheid.

stuc·co -co(e)s, *n.* pleisterkalk, stukadoorskalk, -pleister. **stuc·co** *ww.* stukadoor, met stukadoorskalk pleister. ~ **(work)** stukadoorswerk. ~ **worker** stukadoor.

stuck (het) gesteek; →STICK² *ww.*; ***be** ~, (iem., iets)* vassit; *('n voertuig)* bly staan, vassit; nie in of uit kan nie; nie vorentoe of agtertoe kan nie; *be ~ **for** s.t.* iets nie hê nie; *be ~ **for** an answer* nie weet wat om te sê nie; ***get*** ~ bly staan/steek, vassit, vassteek, vasval; ***get** ~ in, (infml.)* regtig begin werk; wegval *(aan kos)*; ***get** ~ in s.t.* in iets vasval *(modder, d. verkeer, ens.)*; in iets vassit; ***get** ~ into s.t., (infml.)* iets met mag/mening aanpak, iets met alle mag (en krag) aanpak; aan iets weglê/wegval *(kos)*; *be ~ **on** s.o., (infml.)* op iem. beenaf/verlief wees; *squeal like a ~ **pig*** skree(u) soos 'n maer vark; *be ~ **up**, (infml.)* gehen(d)sop word; *be/get ~ **with** ..., (infml.)* met ... bly sit, met ... opgeskeep sit. ~**-up** verwaand, neusoptrekkerig.

stud¹ *n.* knoop, knopie; knop; nael; stut; paal; tapbout; *(bouk.)* skotstyl; nok *(in 'n masjien)*; *(Am.)* kamerhoogte; (stuit)pen; (sool)knop *(v. 'n sportskoen)*; halsknoop, -knopie, boordjieknoop. **stud** -dd-, *ww.* spykers inslaan; met knoppe versier; van knopies voorsien.

stud² *n.* stoetery; stam; *(infml.)* haan (onder die meisies); *a horse/etc. is/stands at* ~ 'n perd word vir teel gebruik; *put a horse/etc. to* ~ 'n perd vir teel gebruik. ~ **animal** stoetdier. ~**book** stamboek, -register. ~ **breeder** stamboekteler. ~ **ewe** aanteelooi. ~ **farm** stoetery. ~ **farming** stoetboerdery. ~ **fee** dekgeld. ~**horse** dekhings. ~ **mare** aanteelmerrie. ~ **ram** aanteelram, stoetram. ~ **stallion** teel-, stoethings. ~ **stock** aanteelvee, stoetvee.

stud·ding·sail, stun·sail lyseil.

stu·dent student; *(hoofs. Am.)* leerder, leerling, skolier; ondersoeker, kenner, bestudeerder, navorser; beoefenaar; *a ~ of ...* 'n ...student; 'n student in die ... *(regte ens.)*; 'n kenner van ... *(d. politiek, Skrif, ens.)*; 'n waarnemer van ... *(d. weer ens.)*; *register as a* ~ (jou) as student inskryf/-skrywe, jou as student laat inskryf/-skrywe. ~ **body** studenteliggaam. ~ **council/government** studenteraad; *(Am.)* leerlingraad. ~ **days** studentetyd. ~ **instructor** leerlinginstrukteur. ~ **life** studentelewe. ~**-like** studentagtig, studentikoos. ~ **loan** studie-, studentelening. ~ **nurse** leerlingverpleegster. ~ **officer** studentoffisier. ~ **pilot** leerlingvlieër, -vlieënier. ~**(s') hostel/residence** universiteitskoshuis. ~**(s') magazine** studenteblad. ~**(s') prank** studentegrap. ~**(s') (representative) council** studenteraad. ~**(s') song** studentelied. ~**(s') union** studentevereniging; studenteverenigingskantoor; studentebond; studentebondkantoor. ~ **teacher** proef-, studentonderwyser. ~ **teaching** proefonderwys.

stu·dent·ship studentskap; studiebeurs.

stud·ied (wel)oorwoë, weldeurdag; belese, kundig, knap; gekunsteld; opsetlik, moedswillig; →STUDY *ww.*; ~ *insult* opsetlike belediging. **stud·ied·ly** opsetlik, willens en wetens. **stud·ied·ness** opsetlikheid, moedswilligheid; (ver/vêr)gesogtheid; →STUDIED.

stu·di·o -os ateljee; werkkamer, -vertrek, -lokaal. ~ **apartment** ateljeewoonstel, -woning, -suite. ~ **audience** ateljeegehoor. ~ **couch** slaap-, bedbank, bankbed. ~ **flat** ateljeewoonstel; enkelwoonstel, eenkamer-, eenvertrekwoonstel. ~ **orchestra** ateljee-orkes.

stu·di·ous vlytig, ywerig, naarstig, fluks; leergierig; opsetlik; angsvallig; nougeset; *be ~ of ...* na ... streef/strewe, jou beywer om te ...; ... presies/nougeset in ag neem; ~ *avoidance of ...* angsvallige vermyding van ... **stu·di·ous·ness** vlyt, ywer, leergierigheid, leerlus; →STUDIOUS.

stud·y *n.* studie; studeerkamer; etude, studie; skets-(tekening), studie; *be in a **brown*** ~ (diep) ingedagte wees; ***devote** much ~ to ...* 'n diep(e) studie maak van ...; *s.o.'s **face** is a* ~ iem. se gesig is 'n prentjie, dis die moeite werd om iem. se gesig te sien; ***make** a ~ of s.t.* iets studeer; iets bestudeer; iets navors; iets ondersoek; *branch **of*** ~ = SUBJECT OF STUDY; *course **of** ~/studies* studiekursus, leergang; *field **of*** ~ →FIELD *n.*; *subject **of*** ~ →SUBJECT *n.*; *the ~ **of** ...* (die) studie in ... *(d. medisyne, regte, ens.)*; ***pursue** one's studies* jou studie voortsit, verder/vêrder studeer; *s.t. is **under*** ~ iets word ondersoek. **stud·y** *ww.* studeer, bestudeer; strewe na; rekening hou met, in aanmerking neem; ~ *to **be** a doctor* vir dokter studeer/leer; ~ ***for** a degree* vir 'n graad studeer/werk; ~ ***for** the church/ministry* vir predikant studeer; ~ ***for** the bar* →***law***; ~ *one's own **interests*** aan eie belange dink; ~ *s.o.'s **interests*** iem. se belange in ag neem, rekening hou met iem. se belange; ~ *a **language*** 'n taal studeer; ~ ***law** (or **for** the bar)* (in die) regte studeer; ~ *a **matter*** 'n saak bestudeer, 'n studie van 'n saak maak; ~ ***medicine*** (in die) medisyne studeer; ~ ***music*** (in) musiek studeer; ~ *s.t. **out*** iets ontwerp/naspeur; ~ ***under/with** Professor X* by/onder prof. X studeer. ~ **bedroom** studeerslaapkamer. ~ **circle** studiekring. ~ **group** studiegroep. ~ **hall** studeersaal. ~ **hour** studie-uur. ~ **leave** studieverlof. ~ **tour** studiereis.

stuff *n.* stof; goed, materiaal; stoffasie; nonsens, snert; ***all** that/this ~ about ..., (infml.)* al daardie/dié praatjies oor ...; *a **bit** of ~, (infml., neerh.)* 'n meisie; ***do** your ~!, (infml.)* laat ons sien wat jy kan doen!; ***good*** *~, (infml.)* goeie goed, iets goeds; *s.o. has **good** ~ in him/her* daar steek heelwat in hom/haar; *the **hard** ~, (infml.)* hardehout, sterk drank; ***have** the ~ to ...* die talent/vermoë hê om te ...; *be **hot** ~, (infml.)* iets besonders wees; gewaag(d) wees; ***hot** ~!, (infml.)* mooi so/skoot!, ryperd!; ***know** one's ~, (infml.)* die ding (*of* jou werk/vak) ken, weet waarvan/wat jy praat; ~ *and **nonsense*** (alles) pure bog/kaf/twak; *the (very) ~ **of** ...* die grondstof van ...; ***poor/sorry** ~, (infml.)* snert; ***rough** ~, (infml.)* hardhandigheid; *s.o. writes **sad** ~, (Br., infml., vero.)* iem. se skryfwerk is maar beroerd; ***that's** the ~!, (infml.)* ditsem!, ditsit!, so wil ek dit hê!, dis die ware Jakob!, dis net hy!; ***that's** the ~ to give ...!, (infml.)* dis reg!, dons

... op!, steek ... los!; *show what ~ one is made of* wys van watter stoffasie jy (gemaak) is, wys uit watter hout jy gesny is. **stuff** *ww.* stop; opstop; volstop, volprop; *(kookk.)* stop; voorlieg, vol lieg; *~ed animal* opgestopte dier; *~ed apple/egg/fish* gevulde appel/eier/vis; *~ s.t. away* iets wegstop; *~ one's face, (sl., gew. neerh.)* weglê (aan die kos), van jou maag 'n wolsak maak; *get ~ed, (taboesl.)* bogher/bokker (*of* te hel met) jou, (gaan vlieg in) jou moer, jou gat(, man), gaan/loop bars; *~ in s.t.* iets inprop/instop; *~ s.t. into a ...* iets in 'n ... (in)prop/(in)stop/(in)bondel; *if you don't like it, you can ~ it, (infml.)* as dit jou nie aanstaan nie, kan jy dit laat bly; *~ o.s., (infml.)* jou dik eet, smul; *~ed poultry* gestopte pluimvee, pluimvee met vulsel; *~ s.t. up* iets toestop; *be ~ed up* toe wees; *(iem. se neus)* verstop wees; →STUFFED-UP *adj.*; *~ s.t. with ...* iets met ... opstop; iets met ... volprop; iets met ... toestop; *be ~ed with facts* vol feite geprop wees; *~ s.o. with s.t.* iem. met iets volprop/-stop. **~ed shirt** *(infml.)* opgeblase persoon. **~ed-up** *adj. (attr.)*: *~ nose* toe/verstopte neus. **~ gown** *(Br., jur.)* juniorstoga.

stuff·i·ness →STUFFY.

stuff·ing vulsel; opstopwerk; opstopsel; *knock/take the ~ out of s.o., (infml.)* iem. opdons; iem. kleinkry, met iem. afreken. **~ box, packing box** *(teg.)* pak(king)bus; opstopbus. **~ (material)** (op)stopsel. **~ stick** *(mot.)* stopstok.

stuff·y bedompig, benoud *('n vertrek)*; verstop, toe *(iem. se neus)*; bekrompe, benepe, preuts *(mens)*. **stuff·i·ness** bedompigheid; verstoptheid; bekrompenheid, preutsheid.

stull *(mynb.)* skans; stellasie; dwarsbalk; versperring.

stul·ti·fy kragteloos maak; belaglik maak; tot niet maak; *(jur.)* neutraliseer, verydel, kragteloos maak; *~ o.s.* jouself weerspreek; jouself belaglik maak; jouself tot leuenaar maak. **stul·ti·fi·ca·tion** ontkragting; →STULTIFY. **stul·ti·fy·ing** *adj.* sieldodend *('n roetine ens.)*; verlammend *('n uitwerking ens.)*; afstompend *('n invloed, uitwerking, ens.)*; leeg *('n verhouding)*; versmorend *(hitte)*.

stum *n.* mos, ongegiste druiwesap. **stum** *-mm-, ww.* gisting stopsit; tot nuwe gisting bring.

stum·ble *n.* struikeling; flater; misstap, dwaling. **stum·ble** *ww.* struikel; strompel; swik; flaters maak; *~ across/on/upon s.o./s.t.* iem./iets raakloop; *~ along* voortstrompel; *~ over s.t.* oor iets val/struikel; *~ through a speech* 'n toespraak hakkel-hakkel maak. **~bum** *(Am., infml.)* lomperd; vuisvoos bokser.

stum·bling: **~ block, ~ stone** struikelblok, hinderpaal; steen des aanstoots.

stu·mer *(Br., infml.)* vals tjek/munt; namaak(sel); mislukking.

stump *n.* stomp *(v. 'n boom)*; stompie *(v. 'n arm ens.)*; *(kr.)* paaltjie, pen; *(tekenk.)* stompwisser; stompie, entjie *(v. 'n sigaar)*; *at ~s, (kr.)* met uitskeityd; *draw ~s, (kr.)* ophou speel, uitskei, die spel staak; *when ~s were drawn, (kr.)* met uitskeityd; *s.o. is on the ~, (infml.)* iem. hou politieke vergaderings; *s.o. will have to stir his/her ~s, (infml.)* iem. sal hom/haar (*of* sy/haar litte/riete) moet roer, iem. sal moet opskud. **stump** *ww.* swaar stap, strompel; politieke toesprake hou; *(kr.)* stonk; *(kuns)* doesel; vasvra, vaskeer, dronkslaan, verleë/stom (*of* met die mond vol tande) laat staan; *be ~ed* dronkgeslaan wees; (met die) hand(e) in die hare sit, ten einde raad wees, raadop wees; *be ~ed for an answer* nie weet wat om te sê nie; nie weet wat om te doen nie; *~ the countryside* die platteland platloop/platry; *~ for s.o./s.t.* vir iem./iets propaganda maak; *a question ~s s.o.* 'n vraag is bo(kant) iem. se vuurmaakplek; *~ up, (infml.)* opdok. **~nose** *(SA, igt.)* stompneus; *red ~, (Chrysoblephus gibbiceps)* rooistompneus; *white ~, (Rhabdosargus globiceps)* witstompneus. **~-nosed** stompneus-. **~ oratory** politieke redevoering; politieke welsprekendheid. **~-tailed** stompstert-.

stump·er *(kr.)* paaltjiewagter; *(infml.: vraag wat bo jou vuurmaakplek is)* kopkrapper; probleem/ens. wat jou koudsit.

stump·y stomp; kort en dik, geset. **stump·i·ness** stompheid; gesetheid.

stun *-nn-* bedwelm, bewusteloos maak, katswink slaan; oorweldig; verdoof; verbyster, verstom, dronkslaan, oorbluf. **~ grenade** skokgranaat. **~ gun** por-, skokstok, skok-, portoestel.

stung →STING *ww.*.

stunk →STINK *ww.*.

stunned verstom(d), verbyster(d), verwese. **stun·ner** *(infml.)* skoonheid; pragstuk, -eksemplaar; knewel; *s.o. is a ~, (infml.)* iem. is baie aantreklik. **stun·ning** bedwelmend; geweldig, reusagtig; pragtig; puik; verbasend, verbasingwekkend; →STUN; *~ blonde* blonde skoonheid; *~ success* reusesukses.

stun·sail, stud·ding·sail lyseil.

stunt[1] *n.* dwerggroei; dwerg, kwar. **stunt** *ww.* teëhou, groei/ontwikkeling belemmer/belet, knot, verpot maak. **stunt·ed** dwergagtig, verpot, petieterig, in die groei belemmer; *~ animal* dwerg, kwar; *~ growth* dwerg-, wangroei; *~ tree* dwergboom.

stunt[2] *n.* (akrobatiese) toertjie; truuk; kordaatstuk; (krag)toer; kunsvlug; frats, kaskenade, streek, aardigheid, nuwigheid, gier; waagstuk; *do ~s* toere/toertjies uithaal; *publicity ~* reklamefoefie; *pull a ~* 'n streek uithaal. **stunt** *ww.* toere/toertjies uithaal; vliegkunsies/-toertjies uithaal. **~ flyer/pilot** kunsvlieënier. **~ flying** kunsvlieëry. **~man, ~woman** waaghals, waagarties.

stunt·ing vliegkunsies, kunsvlieëry.

stu·pa *(Boeddhisteheiligdom)* stoepa.

stupe[1] *n.* warm kompres. **stupe** *ww.* warm kompresse opsit.

stupe[2] *n., (infml.)* swaap, uilskuiken; →STUPID *n.*.

stu·pe·fa·ci·ent *n., (med.)* verdowingsmiddel. **stu·pe·fa·ci·ent** *adj.* verdowend, bedwelmend.

stu·pe·fac·tion verbasing, verbaasdheid, verwondering, verbystering; bedwelming, verdowing. **stu·pe·fac·tive** *n. & adj.* = STUPEFACIENT *n. & adj.*.

stu·pe·fy bedwelm, verdoof; bot/suf maak, gevoelloos maak; dronkslaan, verstom, verbyster; verdwaas. **stu·pe·fied** verwese. **stu·pe·fi·er** verdowingsmiddel. **stu·pe·fy·ing** *adj.*, *-ly adv.* geweldig, verskriklik, vreeslik, ontsettend; versengend, ondraaglik, onbeskryflik *(hitte)*; onhoudbaar *(stank)*; oorverdowend *('n donderslag ens.)*; ontsaglik, erg *(vervelig ens.)*; ongelooflik *(lui ens.)*.

stu·pen·dous ontsaglik, verbasend, verbasingwekkend, oorweldigend, ontsettend, kolossaal. **stu·pen·dous·ness** ontsaglikheid; →STUPENDOUS.

stu·pid *n., (infml.)* domkop, pampoenkop. **stu·pid** *adj.* dom, onnosel, stom, bot, stompsinnig; dwaas, verspot; *become ~* dom raak/word, verdom; *s.t. makes s.o. ~* iets maak iem. dom (*of* verdom iem.); *not half as ~* lank nie so dom nie; *what a ~ thing!* wat 'n stommiteit!; *what a ~ place to put it in!* hoe dom om dit daar te sit!. **stu·pid·i·ty** domheid, onnoselheid, stomheid, botheid; dwaasheid; *crass ~* →CRASS; *s.t. is the height of ~* iets is die toppunt van dwaasheid.

stu·por (toestand van) bedwelming/gevoelloosheid/bewusteloosheid; verdowing; verbasing, oorbluftheid. **stu·por·ous** bedwelm(d), verdoof.

stur·dy *n., (veearts.)* dronk-, draaisiekte. **stur·dy** *adj.* bonkig, breed gebou; stewig *('n fiets ens.)*; kragtig, gespierd, sterk, fors; vasberade. **stur·di·ly** kragtig, op kragtige wyse. **stur·di·ness** bonkigheid; stewigheid; kragtigheid; →STURDY *adj.*.

stur·geon *(igt.)* steur.

Sturm und Drang *(D., lettk.)* Sturm und Drang, storm-en-drang(-tydperk); Sturm und Drang, storm en drang, onrus en idealisme.

stut·ter *n.* gestotter; *have a bad ~* erg stotter/hakkel. **stut·ter** *ww.* stotter, stamel, hakkel; *~ out s.t.* iets stotterend sê. **stut·ter·er** stotteraar, hakkelaar. **stut·ter·ing** *n.* gestotter, gestamel, stameling, gehakkel, hakkel(ry). **stut·ter·ing** *adj.*, *-ly adv.* stotterend, stamelend, hakkelend; hortend, horterig *('n beweging, aanloop, ens.)*.

St Vi·tus's dance *(med., vero.)* →SYDENHAM'S CHOREA.

sty[1] *n.* varkhok. **sty** *ww., (arg.)* op hok sit.

sty[2], **stye** *(med.)* karkatjie.

Styg·i·an *adj.* Stigies, van die Styx; *(poët., liter.)* pikdonker.

style *n.* styl; skryfstif; styl, skryfwyse, -trant; genre, trant; manier; mode; soort; benaming, naam, titel, betiteling; *(bot.)* styl; *(soöl.)* borselhaar, stilus; graveernaald; ets-, radeernaald; grammofoonnaald; *cramp s.o.'s ~* →CRAMP *ww.*; *have ~* styl hê; *in ~* met styl; windmaker(ig); *do things in ~* alles met styl doen; *a house in the Spanish/etc. ~* 'n huis in die Spaanse/ens. styl; *s.t. is in good/bad ~* iets getuig van goeie/slegte smaak; *in the latest ~* na/volgens die nuutste styl; *live in (grand) ~* op ('n) groot voet leef/lewe; *~ of play* speelstyl, speelwyse; *a polished ~* 'n (goed) versorgde styl; *that's the ~!, (infml.)* so moet dit wees!. **style** *ww.* stileer; betitel, bestempel, noem; *~ hair* hare kap/stileer. **~book** stylboek *(vir joernaliste ens.)*. **~ studies** stilistiek.

-style *komb.vorm* in (die) -styl; *cowboy-~* in cowboystyl; *a Regency-~ stool* 'n stoel(tjie) in die Regentskapstyl.

styled ontwerp; *~ by ...* ontwerp deur ...

sty·let *(med.)* priem, stif; *(soöl.)* stilet, priem. **sty·li·form** stifvormig; *(bot.)* stylvormig; *(soöl.)* borselvormig.

styl·ing stilering; ontwerp; vormgewing, redigering; normalisering *(v. 'n skryfwyse)*. **~ brush** warmborsel, (haar)stileringsborsel, stileerborsel.

styl·ise, -ize stileer. **styl·i·sa·tion, -zation** stilering.

styl·ish stylvol; deftig, nuwerwets, nieumodies, modieus, sjiek, netjies, fyn, swierig, na die mode; in die haak, agtermekaar. **styl·ish·ness** swierigheid; →STYLISH. **styl·ist** stilis; vormgewer. **sty·lis·tic** *adj.* stilisties. **sty·lis·tics** *n.* stilistiek, styleer.

sty·lite *(hist.)* pilaarheilige, suilbewoner.

sty·lo *(infml.)* = STYLOGRAPH.

sty·lo·bate *(bouk.)* suildraer; muurdraer.

sty·lo·graph stilograafpen. **sty·lo·graph·ic, sty·lo·graph·i·cal** stilografies; *stylographic pen* stilograafpen. **sty·log·ra·phy** stilografie. **sty·loid** *(teg.)* soos 'n stif/priem; priem-, stif-, naaldvormig.

sty·lus *styli, styluses* stilus; (skryf)stif; priem; naald *(v. fonograaf)*; wys(t)er; *(bot.)* styl; *(soöl.)* borsel.

sty·mie *n.* hindernis, lastige situasie. **sty·mie** *ww.* dwarsboom, stuit, belemmer; vaskeer, vaslê.

styp·tic *n., (med.)* stelpmiddel, bloedstolmiddel. **styp·tic** *adj.* (bloed)stelpend, -stollend.

sty·rax →STORAX.

sty·rene *(chem.)* stireen.

Sty·ro·foam *(handelsnaam, ook s~)* polistireenskuim.

Styx: *the ~, (Gr. mit.: 'n rivier i.d. onderwêreld)* die Styx; →STYGIAN.

su·a·ble vervolgbaar; →SUE.

sua·sion *(fml.)* oorreding.

suave saggeaard, vriendelik, goed, lief; hoflik, beleef(d); beminlik. **suav·i·ty** vriendelikheid, sagtheid; beleefdheid; →SUAVE.

sub *n., (infml.)* duikboot; intekengeld; ledegeld; sub(redakteur); *(vloot)* onderluitenant; luitenant *(leër)*; ondergeskikte; plaasvervanger; tweede/derde hoofartikel; *~ A/B, (SA, vero.)* sub A/B; leerling in sub A/B, sub A/B-leerling. **sub** *-bb-, ww.* as plaasvervanger optree; redigeer; *(Br.)* voorskot betaal/ontvang.

sub- *pref.* sub-, onder-; *~acetate* subasetaat; *~committee* onder-, subkomitee; *~editor* subredakteur.

sub·ab·dom·i·nal *adj., (med.)* subabdominaal.

sub·ac·id suurderig, surerig *(vrugte)*. **sub·ac·id·i·ty** suurderigheid, surigheid.

sub·a·cute *(med.)* subakuut.

sub·a·dult *n., (soöl.)* halfvolwassene. **sub·a·dult** *adj.* halfvolwasse.

sub·a·gent onder-, subagent. **sub·a·gen·cy** onder-, subagentskap.

sub·al·pine *adj.* subalpyns.

sub·al·tern *n.* ondergeskikte; luitenant. **sub·al·tern** *adj.* ondergeskik, *(w.g.)* subaltern.

sub·ant·arc·tic *adj.* subantarkties.

sub·aq·ua *adj., (sport)* onderwater= *(klub ens.).* **sub=a·quat·ic** onderwater=. **sub·a·que·ous** onder die water (lewend), onderwater=; *(fig.)* waterig, flou.
sub·arc·tic subarkties.
sub·as·tral *adj., (w.g.)* = TERRESTRIAL *adj..*
sub·a·tom·ic *adj.* subatomies.
sub·au·di·tion begrypende aanvulling, (die) lees tussen die reëls.
sub·ax·il·lar·y *adj., (onderkant d. oksel geleë), (bot.)* onderokselstandig; *(anat.)* subaksillêr.
sub·base·ment tweede kelderverdieping.
sub·bing *(infml.)* →SUBEDITING.
sub·branch subtak *(v. 'n bank ens.).*
sub·breed onder=, subras.
sub·cat·e·go·ry *=ries* sub=, onderkategorie.
sub·cau·dal *n., (soöl.)* onderstertskub *(v. 'n slang).* **sub·cau·dal** *adj.* onder die stert.
sub·class onderklas; onderafdeling.
sub·clause *(jur.)* subartikel, =klousule; *(gram.)* bysin.
sub·cla·vi·an *(anat.)* ondersleutel(been)=; ~ *artery* ondersleutelbeenslagaar.
sub·clin·i·cal *(med.)* subklinies.
sub·com·mit·tee sub=, onderkomitee.
sub·con·i·cal halfkeëlvormig, =kegelvormig, amper/byna keël=/kegelvormig.
sub·con·scious *adj.* onderbewus; *the ~ (mind)* die onderbewuste/onderbewussyn. **sub·con·scious·ly** *adv.* onderbewustelik, in jou onderbewussyn/onderbewuste.
sub·con·ti·nent subkontinent.
sub·con·tract *n.* subkontrak. **sub·con·tract** *ww.* subkontrakteer. **sub·con·trac·tor** subkontrakteur, onderaannemer.
sub·con·tra·ry *n., (log.)* subkontrêre proposisie. **sub=con·tra·ry** *adj.* subkontrêr.
sub·cor·date *(bot.)* halfhartvormig, amper/byna hartvormig.
sub·cor·ti·cal *adj., (anat., bot.)* subkortikaal.
sub·cos·tal *(anat., soöl.)* onder die ribbes.
sub·cra·ni·al *adj., (anat.)* subkraniaal.
sub·crit·i·cal *(fis.)* subkritiek.
sub·cul·ture *n.* subkultuur; afkweking. **sub·cul·ture** *ww.* afkweek.
sub·cu·ta·ne·ous *(anat.)* subkutaan, onderhuids.
sub·dea·con hulpdiaken.
sub·de·lir·i·ous *adj., (w.g.)* effens deurmekaar. **sub=de·lir·i·um** *=iums, =ia, n.* subdelirium, effense ylhoofdigheid.
sub·di·vide onderverdeel; ~ *s.t. into ...* iets in ... onderverdeel. **sub·di·vi·si·ble** onderverdeelbaar. **sub·di=vi·sion** onderverdeling; onderdeel; onderafdeling; *(mil.)* onderdivisie.
sub·dom·i·nant subdominant.
sub·duct *(w.g.)* aftrek.
sub·due onderwerp; onderdruk, tem, beteuel, mak maak; versag, demp; →SUBDUED. **sub·du·al** onderwerping, beheersing; onderdrukking. **sub·dued** stemmig; stil, gelate, onderworpe, tevrede; ~ *light(ing)* sagte/gedempte lig; *in a ~ voice* met gedempte stem.
sub·dur·al *(anat.)* subduraal.
sub·e·co·nom·ic subekonomies.
sub·ed·it redigeer, persklaar maak; nasien. **sub·ed=it·ing** redigering, redigeerwerk; nasienwerk. **sub·ed=i·tor** subredakteur; nasiener.
sub·e·rect *(bot.)* byna regop (groeiend); *(soöl.)* halforent, halfregop.
su·be·re·ous, su·ber·ose, su·ber·ic *(bot.)* kurkagtig, kurk=; *suberic acid* kurksuur, suberiensuur. **su=ber·in** suberien, kurkstof. **su·ber·i·sa·tion, =za·tion** kurkstofvorming. **su·ber·ise, =ize** verkurk. **su·ber=ose** *adj.* →SUBEREOUS.
sub·fam·i·ly *(biol.)* subfamilie.
sub·floor ondervloer.
sub·frame *n., (bouk., mot.)* subraam.

sub·fusc *(poët., liter.)* donker, dof.
sub·ge·nus *=genera, (biol.)* subgenus.
sub·gla·ci·al *(geol.)* ondergletsers, subglasiaal.
sub·group subgroep.
sub·head·ing, sub·head onderdeel; tussenkop, =hofie; sub=, ondertitel.
sub·hu·man *n.* diermens. **sub·hu·man** *adj.* dierlik; *(neerh.)* verdierlik.
sub·hu·mid: ~ *climate* hoëveld=, grasveldklimaat.
sub·in·fec·tion newebesmetting.
sub·in·oc·u·late afent. **sub·in·oc·u·la·tion** afenting.
sub·in·spec·tor sub=, onderinspekteur.
sub·ja·cent laer geleë; onderliggend.
sub·ject *n.* onderwerp; vak; vakgebied, =rigting; *(mus.)* tema; voorwerp; *(gram.)* onderwerp; persoon; pasiënt; *(med.)* proefpersoon; proefdier; *(filos.)* ekheid; subjek; *that **brings** me to the* ~ dit bring my op/by die onderwerp; ***broach** a* ~ 'n onderwerp aanroer/opper, 'n onderwerp te berde bring, 'n onderwerp ter sprake bring; ***change** the* ~ →CHANGE[1] *ww.; to **change** the* ~, ... van die os op die esel, ... *(infml.); **debate** (on) a* ~ 'n onderwerp bespreek, oor 'n onderwerp debatteer; ***drop** a* ~ →DROP *ww.; **enter** into a* ~ 'n onderwerp behandel; ~ ***for** dissection* kadawer; *be a* ~ ***for** ridicule* 'n voorwerp van bespotting wees; ~*s of the **king*** onderdane van die koning; ***leave** a* ~ →**DROP** A SUBJECT; ~ ***and object,*** *(metafisika)* subjek en objek; ~ ***of** discussion* onderwerp van bespreking; ~ ***of** study* leervak, studievak; ***on** the ~ of ...* in verband met ..., omtrent ..., wat ... (aan)betref/aangaan; ~ ***and predicate,*** *(gram.)* onderwerp en gesegde; ***read/study** a* ~ 'n vak studeer; ***tackle** a* ~ 'n onderwerp aanpak; ***take** a* ~ 'n vak kies; 'n vak neem/hê/volg/loop/studeer; *a **tender*** ~ →TENDER[3] *adj.; a **topical*** ~ 'n aktuele onderwerp; ***touch** on a* ~ 'n onderwerp aanroer; *merely **touch** (on) a* ~ →TOUCH *ww.; a **touchy*** ~ →TOUCHY; ***what** is the ~ of ...?* waaroor handel ...?. **sub·ject** *adj.* onderworpe; onderhewig; onderhorig; *be ~ to ...* aan ... onderhorig wees *('n land);* aan ... onderworpe wees *(bekragtiging, goedkeuring, wette);* aan ... onderhewig wees *(siektes, storms);* behoudens ... *(goedkeuring, bevestiging);* vir ... vatbaar wees *(siektes);* aan ... blootgestel wees *(storms);* van ... las hê *(verkoue);* ~ *province* onderhorige provinsie. **sub·ject** *ww.* onderwerp; blootstel; ~ *s.o./s.t. to ...* iem./iets aan ... onderwerp *(heerskappy);* iem./iets aan ... blootstel *(kritiek);* iem./iets ... laat ondergaan; ~ *to an experiment* eksperimenteer met. ~ **adviser** vakinspekteur. ~ **catalogue** *(bibl.)* onderwerpskatalogus. ~ **clause** onderwerpsin. ~ **heading** *(bibl.)* onderwerpshoof. ~ **index** saakregister. ~ **matter** onderwerp, stof; inhoud; leerstof.
sub·jec·ti·fy subjektiveer. **sub·jec·ti·fi·ca·tion** subjektivering.
sub·jec·tion onderwerping; onderworpenheid; afhanklikheid. **sub·jec·tive** subjektief; selfwaarneembaar, selfondervindelik; bevooroordeeld; ~ *case, (gram.)* onderwerpsnaamval, nominatief, eerste naamval. **sub·jec=tive·ness** subjektiwiteit.
sub·jec·tiv·ism *(filos.)* subjektivisme. **sub·jec·tiv·ist** subjektivis. **sub·jec·ti·vis·tic** *adj.,* **=ti·cal·ly** *adv.* subjektivisties.
sub·join *(fml.)* byvoeg, aanlas, toevoeg. **sub·joined** onderstaande, ondervolgend.
sub ju·di·ce *(Lat., jur.)* sub judice, hangende, onbeslis.
sub·ju·gate onderwerp, tot onderhorigheid dwing, onder die juk bring, diensbaar maak. **sub·ju·ga·tion** onderwerping; oormeestering.
sub·junc·tive *n., (gram.)* subjunktief, aanvoegende/voorwaardelike wys(e), konjunktief. **sub·junc·tive** *adj.* aanvoegend; ~ *mood* = SUBJUNCTIVE *n..*
sub·king·dom *(biol.)* filum, stam.
sub·lead·er onderleier; subartikel.
sub·lease *n.* onderhuur(kontrak). **sub·lease** *ww.* onderverhuur. **sub·les·see** onderhuurder. **sub·les=sor** onderverhuurder. **sub·let** *n., (infml.)* = SUBLEASE *n..* **sub·let** *=lets =letting =let, ww.* onderverhuur.
sub·lieu·ten·ant onderluitenant.

sub·li·mate *n., (chem.)* sublimaat; *corrosive* ~ →CORROSIVE *adj..* **sub·li·mate** *ww., (chem., psig.)* sublimeer; veredel, verfyn; vergeestelik. **sub·li·mate** *adj.* gesublimeer(d). **sub·li·ma·tion** *(chem., psig.)* sublimering, sublimasie; *(fig.)* veredeling, verfyning; vergeesteliking.
sub·lime *adj.* (hoog) verhewe, heerlik, subliem; geesverheffend; groots; goddelik; *from the ~ to the ridiculous* van die verhewene tot die belaglike. **sub·lime** *ww., (chem.)* sublimeer; *(fig.)* louter, veredel, verfyn, verhef. **sub·lim·i·ty** verhewenheid, sublimiteit.
sub·lim·i·nal *(psig.)* subliminaal, onderbewus; ~ *advertising* subliminale reklame; ~ *perception* onderbewuste waarneming; ~ *self* onderbewussyn, onderbewuste.
sub·lin·gual *(anat., med.)* ondertong=; ~ *gland* ondertongklier.
sub·lit·to·ral *adj., (hoofs. ekol.)* sublit(t)oraal.
sub·lu·nar·y sublunaries, ondermaans, aards.
sub·lux·a·tion *(med.)* subluksasie.
sub·ma·chine gun handmasjiengeweer, sarsiegeweer, masjienpistool.
sub·mar·gin·al *(ekon., landb.)* submarginaal; *(biol.)* binnerands; ~ *nervure* binnerandsnerf.
sub·ma·rine, sub·ma·rine *n.* duikboot. **sub·ma=rine** *adj.* ondersees, ondersee=; ~ ***boat*** duikboot; ~ ***bomb*** dieptebom; ~ ***cable*** onderseekabel; ~ ***earth=quake*** seebewing, onderseese aardbewing; ~ ***mine*** onderwatermyn; ~ ***mountain*** seeberg; ~ ***warfare*** duikbootoorlog. ~ **tender** duikbootmoederskip.
sub·ma·rin·er duikbootvaarder.
sub·max·il·la *=lae* onderkaak. **sub·max·il·lar·y** onderkaak=, submaksillêr.
sub·me·di·ant *(mus.)* submediant.
sub·men·tal *(anat.)* onderken=.
sub·men·u *(rek.)* subkieslys.
sub·merge onderdompel; onder water sit; (laat) oorstroom, oorvloei; verswelg; *(duikboot)* duik; wegsink, laat sink; *(fig.)* verdwyn, verswelg; *remain ~d* onder water bly. **sub·merged:** ~ ***plant*** onderwaterplant; ~ ***rock*** blinde rots/klip; *the ~ **tenth*** die in armoede gedompelde minderheid; ~ ***valley*** verdronke vallei. **sub=merg·ence** →SUBMERSION. **sub·mer·gi·ble** *adj.* →SUBMERSIBLE *adj..*
sub·merse = SUBMERGE. **sub·mers·i·ble** *n.* duikboot. **sub·mers·i·ble, sub·mer·gi·ble** *adj.* dompelbaar; ~ *pump* dompelpomp. **sub·mer·sion, sub·merg·ence** onderdompeling; oorstroming, onderwatersetting; wegsinking, wegsakking.
sub·me·tal·lic submetalliek; ~ *lustre* swak metaalglans.
sub·mi·cro·scop·ic submikroskopies.
sub·min·i·a·ture subminiatuur=; piepklein; ~ *camera* subminiatuur=, dwergkamera.
sub·mit *=tt=* (jou) onderwerp; voorlê, indien *(dokument ens.); (jur.)* betoog, aan die hand doen; *(jur.)* beweer; ~ *s.t. for s.o.'s **opinion*** iets aan iem. se oordeel onderwerp; *s.o. ~s **that** ...* iem. beweer dat ..., iem. hou vol dat ...; ~ ***to** ...* jou aan ... onderwerp; voor ... buig; ~ *s.t. **to** s.o.* iets aan iem. voorlê. **sub·mis·sion** onderwerping; onderdanigheid, gehoorsaamheid, nederigheid; voorlegging, indiening; *(jur.)* betoog; ***deed** of* ~ akte van onderwerping; ***in** my* ~ volgens my betoog; ***make** a* ~ betoog; 'n voorlegging doen; *my ~ is **that** ...* my betoog is dat ..., ek betoog dat ..., ek gee in/ter oorweging dat ... **sub·mis·sive** onderworpe, onderdanig, gehoorsaam, gedwee, nederig. **sub·mis·sive·ness** onderworpenheid, onderdanigheid, gehoorsaamheid, gedweeheid, gedweënheid, nederigheid.
sub·mu·co·sa *=sae, (fisiol.)* onderslymvlies. **sub·mu=cous** onderslymvlies=; ~ *coat* onderslymvlies.
sub·nor·mal ondernormaal, subnormaal.
sub·oc·u·lar *adj., (med.)* subokulêr.
sub·of·fice bykantoor.
sub·op·ti·mal suboptimaal.
sub·or·bit·al *(med.)* suborbitaal; ~ *path/track, (ruimtev.)* deelwenteling, deelwentelbaan, suborbitale baan.

sub·or·der *(biol.)* sub=, onderorde.

sub·or·di·nate *n.* ondergeskikte, onderhorige. **sub·or·di·nate** *adj.* ondergeskik; onderhorig; bykomstig; *be ~ to ...* aan ... ondergeskik wees; van minder belang as ... wees; *~ clause* ondergeskikte sin, bysin. **sub·or·di·nate** *ww.* ondergeskik maak *(aan)*, ondergeskik stel, afhanklik maak *(van)*, subordineer; *subordinating conjunction, (gram.)* onderskikkende voegwoord; *~ s.o./s.t. to ...* iem./iets aan ... ondergeskik maak; iem./iets van ... afhanklik maak; iem./iets by ... agterstel. **sub·or·di·na·tion** ondergeskiktheid; *(gram.)* onderskikking; agterstelling; subordinasie. **sub·or·di·na·tive** onderskikkend.

sub·orn omkoop; aanspoor, oorhaal; verlei; tot meineed uitlok. **sub·or·na·tion** omkopery, omkoping; *~ (of perjury)* uitlokking tot meineed.

sub·ox·ide *(chem.)* suboksied.

sub·par·a·graph subparagraaf.

sub·phy·lum =*phyla, (biol.)* subphylum, onderstam, onderafdeling.

sub·plot subplot, ondergeskikte intrige *(v. 'n roman, toneelstuk, ens.)*.

sub·poe·na *n., (jur.)* subpoena, (getuie)dagvaarding; *serve a ~ on/upon s.o.* iem. dagvaar. **sub·poe·na** =*naed,* =*na'd, ww.* (as getuie) dagvaar. *~* **money** getuiegeld.

sub·po·lar *(met.)* subpolêr.

sub·pro·gram *(rek.)* →SUBROUTINE.

sub·re·gion subgebied.

sub·rep·tion subrepsie, verkryging deur vervalsing/misleiding.

sub·ro·gate *ww., (jur., versek.)* subrogeer, vervang, in die plek stel van. **sub·ro·ga·tion** *n.* subrogasie, vervanging.

sub ro·sa sub rosa, in die geheim, in vertroue.

sub·rou·tine, sub·pro·gram *(rek.)* subroetine, subprogram.

sub-Sa·har·an suid van die Sahara, sub-Sahara= *(lande, streek)*.

sub·scribe onderteken; inteken, inskryf; steun, onderskryf; bydra; opneem, inteken *(aandele)*; *be fully ~ed* volteken wees *('n lening)*; *~ for s.t.* op iets inskryf/inskrywe *(aandele)*; *~ to s.t.* op iets inteken *('n tydskrif)*; tot iets bydra *('n fonds)*; iets onderskryf/onderskrywe, met iets akkoord gaan, met iets saamstem *('n sienswyse)*. **sub·scrib·er** intekenaar, inskrywer; ondertekenaar; onderskrywer; ondersteuner, voorstander, aanhanger; huurder *(v. 'n [tele]foon)*; inskrywer; bydraer; *be a ~ to s.t.* 'n intekenaar op iets wees *('n blad)*; 'n aanhanger van iets wees *('n leer)*; 'n ondertekenaar van iets wees *('n stuk)*; 'n bydraer tot iets wees *('n fonds)*; 'n inskrywer op iets wees *(aandele)*.

sub·script *(wisk., rek.)* onderskrif, voetskrif; *(fis.)* voetteken.

sub·scrip·tion inskrywing, intekening, subskripsie; intekengeld, subskripsie(geld); ledegeld; ondertekening; onderskrywing; bydrae; huur *(v. 'n [tele]foon)*; *cancel/terminate a ~* 'n intekening staak/opsê, vir 'n blad bedank; *by public ~* met bydraes van die publiek; *full ~* volle intekengeld; voltekening *(v. 'n lening)*; *take out a ~ to s.t.* op iets inteken *('n tydskrif ens.)*. *~* **concert** subskripsiekonsert, intekenaarskonsert. *~* **dance** subskripsiedansparty. *~* **list** intekenaarslys, inskrywerslys. *~* **price** inteken(aars)prys, subskripsieprys; inskrywingsprys. *~* **rate** intekengeld, subskripsie; inskrywingskoers, =prys *(v. aandele)*. *~* **rights** inskrywingsregte. *~* **share** bydraers=/subskripsie=/inskrywingsaandeel. *~* **television** →PAY TELEVISION.

sub·sec·tion onderafdeling *(v. 'n dokument)*; onderartikel, subartikel, subklousule; stuk *(v. 'n masjien)*.

sub·se·quence[1] *(fml.)* opvolging.

sub·se·quence[2] *(wisk.)* deelry.

sub·se·quent daaropvolgende, volgende; later; *~ **proceedings*** verdere verrigtinge; *~ **purchaser*** latere koper; *~ **to** ...* na ...; *~ to that* daarna, vervolgens. **sub·se·quent·ly** daarna, naderhand, vervolgens, agterna, daaropvolgend, later.

sub·serve dien, bevorder, diensbaar wees (aan), bevorderlik wees (vir), behulpsaam wees. **sub·ser·vi·ence** bevorderlikheid, dienstigheid; gedienstigheid, onderdanigheid, diensbaarheid, gedweeheid, gedweënheid; kruiperigheid. **sub·ser·vi·ent** dienstig; gedienstig, diensbaar, gedwee, onderdanig; ondergeskik; *be ~ to ...* teenoor ... onderdanig wees; aan ... ondergeskik wees; *make s.t. ~ to ...* iets aan ... diensbaar maak.

sub·set ondergroep; *(wisk., rek.)* deelversameling.

sub·share onderaandeel.

sub·shrub halfstruik.

sub·side sak, daal, sink; insak, ineensak, =sink, wegsak, versak; bedaar, gaan lê, stil word; afneem; uitwoed; wyk; *~ into a chair/etc.* in 'n stoel/ens. neersak; *the storm ~s* die storm bedaar. **sub·sid·ence** daling, versakking; insakking, ineensakking, =sinking, wegsakking; grondversakking; bedaring; sinking.

sub·sid·i·ar·y *n.* hulp, helper, plaasvervanger; ondergeskikte; hulpmiddel; filiaal=, dogtermaatskappy; byvak. **sub·sid·i·ar·y** *adj.* aanvullend, bykomend; bykomstig, ondergeskik; hulp=; filiaal=, dogter=; newe=; *be ~ to ...* aan ... ondergeskik wees. *~* ***account*** hulprekening; *~* ***books,*** *(rekeningk.)* byboeke, hulpboeke; *~* ***cell*** newesel; *~* ***coin*** pasmunt; *~* ***company*** filiaal=, dogtermaatskappy; *~* ***stream*** syloop, takrivier; *~* ***subject*** byvak; *~* ***troops*** hulptroepe.

sub·si·dy toelae, toelaag, subsidie, geldelike steun, ondersteuning; *the ~ on bread/etc.* die broodsubsidie/ens. **sub·si·di·sa·tion, =za·tion** subsidiëring. **sub·si·dise, =dize** subsidieer, 'n toelaag/toelae/subsidie gee (aan), (geldelike) hulp verleen, (onder)steun.

sub·sist bestaan, leef, aan die lewe bly; *(jur.)* bestaan; *(vero.)* van lewensmiddele voorsien; *~ on ...* van ... leef/lewe.

sub·sist·ence bestaan; leeftog, broodwinning; kos, voedsel; onderhoud; *claim for ~ and transport* eis om reis- en verblyfkoste; *a meagre ~* 'n karige bestaan. *~* **allowance,** *~* **money** onderhoudstoelae, =toelaag; verblyftoelae, =toelaag. *~* **and travelling allowance** reis-en-verblyf-toelae/toelaag. *~* **costs** bestaanskoste. *~* **economy** bestaansekonomie. *~* **farmer** bestaansboer, selfversorgende boer. *~* **farming** bestaansboerdery, selfversorgende boerdery. *~* **level** bestaans=, armoedsgrens. *~* **wage** bestaansloon.

sub·soil *n.* ondergrond, onderlaag. **sub·soil** *ww.* woel=, diepploeg. *~* **drain** sugriool, sugleiding. *~* **ice** ondergrondys. *~* **plough** = SUBSOILER. *~* **water** grondwater.

sub·soil·er diepbreker, woel=, dol=, skeur=, molploeg.

sub·son·ic subsonies.

sub·spe·cies *(biol.)* subspesie, ondersoort.

sub·stance stof; middel; selfstandigheid; kern, essensiële; wese, hoofsaak; hoofbestanddeel; (hoof)inhoud; wesen(t)likheid, werklikheid; vermoë; stof, materie, substansie; staankrag *(v. wol)*; ***agree** in ~* in hoofsaak/wese (*of* wesen[t]lik) saamstem; *there is ~ in the **argument*** die betoog dra gewig; *an **argument** of ~* 'n argument van betekenis; ***give** the ~ of s.t.* die (hoof)inhoud van iets gee; iets in breë trekke vertel; ***in** ~* in hoofsaak/wese, wesen(t)lik; *s.t. **lacks** ~, s.t. has* (or is of) ***little*** *~* iets is sonder inhoud; iets het niks om die lyf nie *('n argument ens.)*; *~s that **make up** the universe* stowwe waaruit die heelal bestaan; *the ... has **no** ~* daar is geen grond vir die ... nie *('n klag ens.)*; die ... het niks om die lyf nie *('n argument ens.)*; *a person **of** ~* 'n bemiddelde/vermoënde/welgestelde mens; *the ~ **of** ...* die wese van ... *(d. godsdiens ens.)*; ***shadow** and ~* →SHADOW *n.*; *sacrifice the ~ for the **shadow*** die wese aan die skyn opoffer; ***waste** one's ~* jou goed deurbring.

sub·stand·ard *n., (opv., SA, vero.)* substanderd. **sub·stand·ard** *adj.* substandaard, subnormaal, ondernormaal; minderwaardig; benede peil.

sub·stan·tial substansieel; wesen(t)lik, beduidend, substansieel; aansienlik; belangrik; stewig; sterk, solied; stoflik; kragtig, voedsaam; vermoënd, welgesteld; lywig; *~ food* stewige kos; *do ~ justice* geregtigheid in breë trekke laat geskied; *a ~ meal* →MEAL[2] *n.*. **sub·stan·tial·ise, =ize** *ww.* wesen(t)lik word; wesen(t)lik maak. **sub·stan·ti·al·i·ty** wesen(t)likheid; stoflikheid; vastheid, stewigheid; aansienlikheid; belangrikheid; welgesteldheid. **sub·stan·tial·ly** in hoofsaak, in breë trekke; wesen(t)lik, in wese, naaste(n)by. **sub·stan·ti·ate** bewys, bevestig, staaf. **sub·stan·ti·a·tion** bewys, bevestiging, stawing. **sub·stan·ti·val** *adj., (gram.)* substantiwies, naamwoordelik, selfstandig. **sub·stan·tive** *n., (gram.)* selfstandige naamwoord, substantief; *~ verb* bestaanswerkwoord. **sub·stan·tive** *adj.* substantief; selfstandig; onafhanklik; *(jur.)* wesen(t)lik, essensieel, substantief; aansienlik; effektief; *~ law* materiële/substantiewe reg; *~ pay* substantiewe besoldiging; *~ rank* effektiewe rang. **sub·stan·tive·ly** substantiwies, as substantief; wesen(t)lik, in wese. **sub·stan·tiv·ise, =ize** substantiveer.

sub·sta·tion substasie.

sub·stit·u·ent *(chem.)* substituent, vervanger.

sub·sti·tute *n.* (plaas)vervanger, substituut *(v. 'n pers.)*; surrogaat, substituut, vervangingsproduk *(goedere)*; surrogaat, substituut, vervangingstof; plaasvervanger, sekundus, substituut; *the ~ for ...* die plaasvervanger van ... **sub·sti·tute** *ww.* as plaasvervanger optree, waarnemend optree, vir iem. waarneem; substitueer, in die plek stel; vervang, subrogeer; *~ **for** s.o.* as plaasvervanger van iem. optree, iem. se pligte waarneem, iem. vervang; *~ s.o./s.t. **for** s.o./s.t.* iem./iets deur iem./iets vervang, iem./iets in die plek van iem./iets stel; *~ an **heir*** 'n erfgenaam substitueer (*of* in die plek stel); *~d **service,** (jur.)* vervangende betekening. *~* **teacher** *(Am.)* aflosonderwyser.

sub·sti·tu·tion substitusie; (plaas)vervanging; onderskuiwing; *(jur.)* plaasvervulling; *in ~ for ...* ter vervanging van ... **sub·sti·tu·tion·ar·y** plaasvervangend. **sub·sti·tu·tive** vervangend.

sub·strate =*strates* substraat; onderlaag; *(biol.)* voedingsbodem, bronlaag; *(ling.)* substraat.

sub·stra·tum =*strata* substratum; onderlaag, ondergrond; *(fig.)* fondament, grondslag; *(biol., ling.)* →SUBSTRATE; *a ~ of truth* 'n kern van waarheid.

sub·struc·ture onderbou, fondament.

sub·sume subsumeer; *be ~ed under ...* by ... ondergebring word. **sub·sump·tion** subsumpsie.

sub·sur·face *n.* onderlaag, ondergrond. **sub·sur·face** *adj.* van die ondergrond; onder die oppervlak; ondergronds; *~ drain* sugleiding, =riool; *~ water* ondergrondse water.

sub·sys·tem substelsel, =sisteem.

sub·teen *n., (Am. infml.)* preadolessent; *(i.d. mv. ook)* preadolessente jare. **sub·teen** *adj.* preadolessent.

sub·ten·ant onder=, subhuurder. **sub·ten·an·cy** onderverhuring.

sub·tend *(geom.)* onderspan, teenoorstaan; insluit; *(bot.)* dra; *an arch ~s an angle* 'n boog onderspan 'n hoek; *~ing leaf* draagblaar; *a side ~s an angle* 'n sy staan teenoor 'n hoek. **sub·tense** *n., (wisk.)* koorde. **sub·tense** *adj.* onderspanne.

sub·ter·fuge voorwendsel, skuifmeul; truuk; slenterslag.

sub·ter·ra·ne·an onderaards, ondergronds; *(fig.)* ondergronds, geheim; *~ **cable*** ondergrondse kabel; *~ **clover*** ondergrondse klawer; *~ **fire*** aardbrand; *~ **water*** onderaardse water, grondwater. **sub·ter·ra·ne·ous** = SUBTERRANEAN.

sub·text onderliggende teks; onderliggende tema; onderliggende betekenis.

sub·tile *(w.g.)* →SUBTLE.

sub·til·ise, =ize *ww.* subtiliseer. **sub·til·i·sa·tion, =za·tion** *n.* subtilisering.

sub·ti·tle *n.* ondertitel, subtitel; *(gew. i.d. mv.)* onderskrif *(in 'n rolprent)*. **sub·ti·tle** *ww.* ondertitels/subtitels (*of* 'n ondertitel/subtitel) aanbring; onderskrifte (*of* 'n onderskrif) aanbring. **sub·ti·tled** *(ook)* met die ondertitel.

sub·tle subtiel; fyn; nouliks merkbaar; teer; skerp; spitsvondig; *(arg.)* slu, slim, geslepe, listig; *~ distinctions* fyn onderskeidings. **sub·tle·ty** subtiliteit; fynheid; finesse; spitsvondigheid; *(arg.)* slimheid, listigheid, ge=

slepenheid, sluheid. **sub·tly** subtiel, op subtiele wyse; *mock* ~ fyn spot met.

sub·ton·ic *(mus.)* subtonika.

sub·to·tal subtotaal.

sub·tract aftrek *(van)*, verminder *(met)*; ~ *s.t. from* ... iets van ... aftrek; *it ~s nothing from* ... dit doen niks aan ... af nie. **sub·tract·er** *(rek.)* aftrekker.

sub·trac·tion aftrekking, vermindering. ~ **sum** aftreksom.

sub·trac·tive aftrekbaar; ~ *colour* subtraktiewe kleur.

sub·tract·or kleurfilter.

sub·tra·hend *(wisk.)* aftrektal, aftrekker, subtrahend.

sub·trop·i·cal subtropies. **sub·trop·ics** subtrope.

sub·type ondersoort.

su·bu·late *(bot., soöl.)* priemvormig.

sub·un·ion subunie. **sub·u·nit** subeenheid.

sub·urb voorstad, buitewyk. **sub·ur·ban** voorstedelik; *(effens neerh.)* oninteressant, alledaags. **sub·ur·ban·ite** voorstadbewoner. **sub·ur·bi·a** die voorstede; die voorstadbewoners; die voorstedelike leefwyse.

sub·va·ri·e·ty subvariëteit.

sub·vene *(w.g.)* help, te hulp snel; (geldelik) ondersteun. **sub·ven·tion** toelae, toelaag, subsidie; bydrae; hulptoekenning; hulp, (geldelike) steun, bystand, ondersteuning.

sub·vert omver-, omvêrwerp, omver-, omvêrgooi, omkeer; ontwrig; ontwortel; ondermyn, ondergrawe, -graaf; vernietig. **sub·ver·sion** omver-, omvêrwerping, om(me)keer; ontwrigting; ondermyning, ondergrawing. **sub·ver·sive** ondermynend, ondergrawend, revolusionêr, rewolusionêr; *be ~ of* ... ... ondermyn/ondergrawe/ondergraaf. **sub·vert·er** ondermyner, ondergrawer.

sub vo·ce *(Lat.)* sub voce, onder die woord/artikel.

sub·way tonnel; duikweg, onderaardse deurgang, onderpad; *(Am.)* ondergrondse spoorweg(stelsel). ~ **train** moltrein, ondergrondse trein.

sub·woof·er laebasluidspreker.

sub·zer·o onder die vriespunt.

sub·zone subsone.

suc·ce·da·ne·um -*nea* plaasvervanger, substituut; surrogaat, noodhulp. **suc·ce·da·ne·ous** plaasvervangend.

suc·ceed welslae/sukses behaal; slaag, geluk; die mas opkom; opvolg; erf; volg op; ~ ***admirably*** uitstekend/uitmuntend slaag; ... ~ ***best*** *here* ... aard hier die beste; ***day/etc.*** *~s day/etc.* een dag/ens. volg op die ander; ~ ***each other*** mekaar afwissel *(v. dinge)*; ~ ***in*** ... in ... slaag; *s.o. ~s **in** ..., (ook)* iem. slaag daarin om te ..., iem. kry dit reg om te ..., dit geluk iem. om te ...; ~ ***in*** *achieving one's aim* jou doel bereik; ~ ***in*** *doing s.t., (ook)* iets regkry; *s.o./s.t. **just** ~s* iem./iets slaag net-net; *nothing ~s like **success*** →SUCCESS; ~ ***to*** *s.t.* in iets opvolg *('n amp)*; iets erf *('n titel)*; iets bestyg *(d. troon)*. **suc·ceed·er** *(arg.)* opvolger; presteerder, uitblinker. **suc·ceed·ing** daaropvolgende, volgende; ~ *generations* latere geslagte; *in the ~ weeks* in die daaropvolgende weke.

suc·cen·tor ondervoorsanger, tweede kantor.

suc·cès *(Fr.)*: ~ **fou** *succès fous* reusesukses.

suc·cess sukses, welslae; geslaagdheid; geluk, voorspoed; ***achieve*** ~ →ACHIEVE; ~ ***crowned*** *s.t., s.t. was **crowned** with* ~ iets is met sukses bekroon *(iem. se pogings ens.)*; ***make*** *a ~ of s.t.* in/met iets slaag, iets laat slaag, sukses/welslae met iets behaal; *an **outstanding*** (or *a **resounding/roaring/smashing***) ~ 'n reusesukses (*of* dawerende sukses); *a **pronounced*** ~ →PRONOUNCED; *a **prospect** of* ~ →PROSPECT *n.*; *with **scant*** ~ met min/weinig sukses/welslae; *a **signal*** ~ 'n glansryke sukses; *nothing **succeeds** like* ~ vir die gelukkige loop alles reg; ***taste*** ~ →TASTE *ww.*; *an **unqualified*** ~ →UNQUALIFIED; ***wish*** *s.o.* ~ iem. voorspoed toewens; ***with*** ~ met welslae (*of* goeie gevolg); ***without*** ~ tevergeefs; onsuksesvol. ~ **story** *(infml.)* suksesverhaal, -storie.

suc·cess·ful suksesvol, voorspoedig, geslaag(d); ~ ***applicant*** benoemde aansoeker; ***be*** ~ slaag; sukses behaal; ~ ***candidate*** geslaagde kandidaat; verkose kandidaat; *s.o. is a ~ **practitioner**, (ook)* iem. het 'n goeie praktyk; *it **was*** ~ dit het geslaag. **suc·cess·ful·ly** met welslae/sukses, met goeie gevolg, met vrug. **suc·cess·ful·ness** geslaagdheid, voorspoedigheid.

suc·ces·sion opvolging; erfopvolging; troonopvolging; reeks; (af)wisseling *(v.d. seisoene)*; suksessie; opeenvolging, nakomelingskap; opvolgerskap; ***by*** ~ volgens erfreg; ***in*** ~ na/agter mekaar, agtereen(volgens), aaneen, aanmekaar; *a ~ **of** ...* 'n reeks ... *(nederlae ens.)*; *law **of*** ~ →LAW; *right **of*** ~ →RIGHT *n.*; ***one's*** ~ jou erfgename; *in **quick/rapid*** ~ vinnig ná/agter mekaar, met kort tussenposes; ***settle*** *the* ~ 'n opvolger aanwys; *in ~ **to** ...* as opvolger van ...; ***War*** *of S*~ Suksessie-oorlog. ~ **duty** suksessiereg. ~ **state** opvolgerstaat.

suc·ces·sive agtereenvolgend, opeenvolgend. **suc·ces·sive·ly** agtereen(volgens), ná mekaar, op 'n streep, een ná die ander. **suc·ces·sor** opvolger; ~ *in title* opvolger in titel; regsopvolger; ~ *to* ... opvolger van ...; ~ *to the throne* troonopvolger.

suc·cinct beknop, bondig, pittig, saaklik. **suc·cinct·ness** beknoptheid, bondigheid, saaklikheid, kortheid, pittigheid.

suc·cin·ic *adj.*: ~ *acid, (biochem.)* barnsteensuur, suksiensuur.

Suc·coth, Suk·koth, Feast of Tab·er·nac·les *(Hebr., Jud.)* Soekkot, Loofhuttefees, Fees van die Tabernakels.

suc·cour *n.* hulp, steun, bystand; *(i.d. mv., arg.)* hulptroepe; *give ~ to* ... hulp aan ... verleen. **suc·cour** *ww.* help, te hulp kom, steun; uithelp, verlos.

suc·cu·ba -*cubae*, **suc·cu·bus** -*cubi* sukkuba, sukkubus; *(alg.)* bose gees.

suc·cu·lent *n.* vetplant, sukkulent. **suc·cu·lent** *adj.* sapp(er)ig, sopperig, sapryk; vlesig; vetplantagtig; ~ *plant* sappige/vlesige plant, vetplant, sukkulent; ~ *shoot* suier(loot). **suc·cu·lence** sapp(er)igheid, sopperigheid; vlesigheid; vetplantagtigheid.

suc·cumb swig, toegee, die stryd gewonne gee, ondergaan; beswyk; ~ *to* ... voor ... swig *('n versoeking)*; aan ... beswyk *('n siekte, beserings)*; voor/vir ... wyk/swig *('n oormag)*.

suc·cur·sal *n.* tak, filiaal. **suc·cur·sal** *adj.* ondergeskik, hulp-, by-.

suc·cus·sion *(med.)* sukkussie, skudding.

such *adj.* sodanig; sulke, so; van so 'n aard; *(pron.)* sulkes, sulke mense/dinge; *(adv.)* sulke, so; ~ ***a*** ... so 'n ...; ... ***and*** ~ ... en so, ... en sulkes; ~ ***and*** ~ →SUCH-AND-SUCH; ~ ***are*** ... sodanig is ... *(d. gevare ens.)*; ***as*** ~ as sodanig, op sigself; in dié bevoegdheid; ~ ***as*** ... soos ...; ..., ~ ***as** it is* ..., hoe swak ook al (*of* hoe dit ook [al] is *of* soos dit [nou] eenmaal is); *his/her contribution, ~ **as** it is;* ~ *contribution as he/she makes* die ou bydraetjie wat hy/sy wel lewer; ~ *work **as** he did* die bietjie werk wat hy gedoen het; ***be*** ~ *a nice girl/etc.* 'n alte gawe meisie/ens. wees; *it was ~ an enjoyable **conversation*** dit was tog so 'n aangename gesprek; *to ~ a **degree**, in ~ a manner* dermate; ***have*** *~ a headache/etc.* tog so 'n hoofpyn/ens. hê; *don't be in ~ a **hurry*** moenie so haastig wees nie; *~ **is** the case* so is dit, so staan die saak; *~ **is life*** so is die lewe, so gaan dit in die lewe; ***more*** ~ ... nog sulke ...; *there is **no** ~ person* daar is nie so iemand nie; ***none*** ~ sonder gelyke/weerga; *~ **is not*** ... dit is nie ...; *~ a **one*** so een, so iemand; *I don't want ~ big **ones*** ek wil nie sulke grotes hê nie; ***some*** ~ ... so 'n ...; *~ a **thing*** so iets; *there is **no** ~ **thing*** daar bestaan (*of* is glad) nie so iets nie; *until ~ **time*** ... tot tyd en wyl ... **~-and-such:** *~ a **person*** dié en dié, dié en daardie; *in ~ a **place*** op dié en dié plek; *~ a **thing*** dit en dat; *~ **was not** the intention* dit was nie die bedoeling nie. **such·like** sodanig, dergelik.

suck *n.* (die) suig, gesuig; suiging; ***give*** *~ to* ... ... laat drink; ***have/take*** *a ~ at* ... aan ... suig; *a ~ **of*** ... 'n slukkie (*of* mondjie vol) ...; ***what*** *a* ~ wat 'n misoes. **suck** *ww.* suig; uitsuig; insuig; drink; suip; *(Am. sl.)* vrotsleg wees; goor/oes/ingat/horribaal/mislik wees, jou siek maak; ~ *s.o./s.t. **down/under*** iem./iets insuig; ~ *s.t. **dry*** iets droog suig; ~ *s.o. **dry*** iem. uitsuig; ~ *s.t. **in*** iets insuig/opsuig; iets indrink *(kennis ens.)*; ~ ***in*** *s.o.* iem. insuig; iem. *(by iets)* betrek; ~ *s.o. **off**, (taboesl.)* iem. afsuig; *this **place** ~s* dis 'n gatplek dié; ~ *s.t. **up*** iets opsuig; ~ ***up*** *to s.o., (infml.)* iem. lek, by iem. flikflooi. **~-up** *(infml.)* vleier, flikflooier.

suck·er *n., (alg.)* suier; suigorgaan; *(bot.)* wortelloot, -spruit; *(bot.)* suierloot, (ondergrondse) uitloper; *(bot.)* loot, uitloopsel, uitspruitsel; suigwortel; *(soöl.)* suignappie; suigbuis; suipdier; suipvark(ie); suigvis; suiglekker; suigstokkie, stokkielekker; suigys; *(sl.)* liggelowige; *(sl.)* stommerik, uilskuiken, aap, domoor, onnosel; *be a ~ for s.t., (infml.)* gek wees na iets; *s.o. has been had for a ~, (infml.)* iem. is met 'n slap riem gevang; *make a ~ of s.o.,* [Am.] *play s.o. for a ~, (infml.)* iem. met 'n slap riem vang. **suck·er** *ww., (bot.)* suierlote maak; suierlote verwyder; wortellote maak; wortellote afstroop/verwyder. ~**fish** →REMORA. ~ **lamb** suiplam.

suck·ing *n.* (die) suig, gesuig; suiging. **suck·ing** *adj.* suigend, suig-. ~ **calf** suipkalf. ~ **disc** *(soöl.)* suignappie. ~ **fish** →REMORA. ~ **lamb** suiplam. ~ **pig** speenvark(ie). ~ **root** suigwortel. ~ **stomach** suigmaag.

suck·le soog; voed; laat drink; *(diere)* laat suip. **suck·ling** suigeling; suipdier; suiplam, -kalf, -vark, *ens.*.

su·crase →INVERTASE.

su·cri·er *(Fr.)* suikerpot.

su·crose, sac·cha·rose *(teg., chem.)* sukrose, saggarose, sakkarose, (riet)suiker.

suc·tion suiging. ~ **cleaner** stofsuier. ~ **cup** *(mot.)* suigdop. ~ **dredge(r)** suigbagger. ~ **fan** suigwaaier, afvoerwaaier. ~ **filter** suigfilter. ~ **flask** suigfles. ~ **force** suigkrag. ~ **gas** suiggas. ~ **gauge** suigmeter. ~ **head** suighoogte. ~ **hose** suigslang. ~ **line** suigleiding, -lyn. ~ **pipe** suigpyp. ~ **plant** suiginrigting; suigtoestel. ~ **plough** suigploeg. ~ **pressure** suigdruk. ~ **pump** suigpomp. ~ **ram** pompsuier. ~ **stroke** suigslag. ~ **sweeper** stofsuier. ~ **tube** suigbuis. ~ **valve** suigklep, suierklep.

suc·to·ri·al *(hoofs. soöl.)* suigend, suiend, suig-; ~ ***disc*** suignappie; ~ ***insect*** suiginsek, suigende insek; ~ ***mouth*** suigsnuit; ~ ***organ*** suigorgaan; ~ ***pump*** suigpomp; ~ ***vesicle*** suigblasie.

Su·dan: *the ~, (geog.)* die Soedan. ~ **grass** soedangras. **Su·da·nese** *n. & adj.* Soedannees, Soedanse.

su·da·to·ri·um -*ria* sweetbad; sweetkamer. **su·da·to·ry** *n.* sweetbad, -kamer; sweetdrank, -middel. **su·da·to·ry** *adj.* swetend, sweet-.

sudd opdrifsels.

sud·den *n., (arg.)* skielikheid; *all of a ~* skielik, meteens, opeens, eensklaps, onverwags, plotseling; *on a ~, (vero.) = all of a sudden.* **sud·den** *adj.* skielik, plotseling, onverwags; onvoorsien; onverhoeds; ~ *death* skielike/onverwagse dood; *(sport)* uit(klop)spel, uitspeelwedstryd, *(gh.)* valbyl. ~ *shift of wind* windsprong. ~ **infant death syndrome** skielike-suigelingsterftesindroom; →COT DEATH.

sud·den·ly skielik, eensklaps, plotseling, onverhoeds, meteens, opeens, onverwags. **sud·den·ness** skielikheid, onverwagtheid.

Su·de·ten·land *(geog.)* Sudeteland.

Su·de·ten (Moun·tains), Su·de·tes, Su·de·tic Moun·tains Sudete.

su·dor·if·er·ous sweetverwekkend, -afskeidend; ~ *gland* sweetklier. **su·dor·if·ic** *n., (med.)* sweetmiddel. **su·dor·if·ic** *adj.* sweetverwekkend, sweet(uit)drywend, sweet-.

Su·dra *n., (Skt., Hind.)* Soedra, werkersklas, werkerstand.

suds seepwater; seepskuim; *(Am., infml.)* bier. **suds·y** skuimerig; vol seepskuim.

sue dagvaar, aanspreek, eis, aanskryf, aanskrywe; ~ *s.o.* ***for*** ... iem. vir ... dagvaar *(skadevergoeding ens.)*; iem. weens ... dagvaar *(laster, verlating, ens.)*; ... van iem. eis *(skadevergoeding, 'n bedrag, ens.)*; 'n eis om ... teen iem. instel; ~ ***for*** *s.t., (ook, fml.)* iets vra *(vrede)*; om iets ding;

~ for divorce →DIVORCE *n.; ~ **out** a pardon for s.o., (jur.)* vir iem. genade vra en verkry. **su·er** eiser, eisinsteller.

suede, suède suède, sweedseleer. ~ **(cloth/fabric)** suèdestof, sweedseleerstof.

su·et niervet, hardevet. ~ **pastry** niervetdeeg. ~ **pud·ding** niervetpoeding.

Sue·to·ni·us *(hist.)* Suetonius.

Su·ez *(geog.)* Suez. ~ **Canal** Suezkanaal.

suf·fer ly; swaar kry; uithou, verdra, verduur, uitstaan; toelaat, duld; *~ little **children** to come (un)to me, (Byb.)* laat die kindertjies na My toe kom; *~ the **conse·quences** of ...* →CONSEQUENCE; *~ a **defeat** (at s.o.'s hands)* →DEFEAT *n.; the **engine** ~ed damage* die enjin/masjien is beskadig; *~ **fools** gladly* →FOOL[1] *n.; ~ **for** s.t.* vir iets boet; *~ **from** s.t.* aan iets ly; van iets las hê; met iets gepla wees; onder iets ly; onder iets gebuk gaan; aan iets mank gaan *('n gebrek)*; *~ **greatly/severe·ly*** erg/swaar ly; ***to** ~, (ook)* straf ondergaan; *~ **under** ...* onder ... gebuk gaan. **suf·fer·a·ble** draaglik, uitstaanbaar; duldbaar. **suf·fer·ance** verdraagsaamheid; onderdanigheid; *(jur.)* (stilswyende) toelating/toestemming; lyding; *(arg.)* uithou(dings)vermoë; *on ~* op/uit genade; *(jur.)* met vergunning; *s.o. is somewhere only on ~* iem. word êrens slegs geduld. **suf·fer·er** lyer; slagoffer; *a ~ from ...* 'n lyer aan ... **suf·fer·ing** lyding, swaar(kry), smart.

suf·fice voldoende/genoeg/toereikend wees; *s.t. ~s **s.o.*** iets is genoeg vir iem.; *~ **it** to say ...* dit is voldoende om te sê ..., ek kan volstaan met te sê ...; *that ~s **to** prove it* dit is voldoende bewys; *that **will** ~* dit is voldoende. **suf·fi·cien·cy** voldoende hoeveelheid; toereikendheid, genoegsaamheid, voldoendheid; *(arg.)* bekwaamheid, geskiktheid. **suf·fi·cient** genoeg, genoegsaam, toereikend, voldoende; *~ in law* regsgeldig; *~ unto the day is the evil thereof, (AV)* elke dag bring genoeg moeilikheid van sy eie *(NAB)*, elke dag het genoeg aan sy eie kwaad *(OAB)*. **suf·fi·cient·ly** genoeg, voldoende, toereikend; *~ strong* sterk genoeg; *a ~ strong government/etc.* 'n voldoende sterk regering/ens..

suf·fix *n., (gram.)* suffiks, agtervoegsel; *(wisk.)* suffiks, agterskrif. **suf·fix** *ww.* agtervoeg. **suf·fix·a·tion, suf·fix·ion** *(gram.)* suffigering, agtervoeging.

suf·fo·cate (ver)stik, versmoor. **suf·fo·cat·ing** verstikkend, versmorend; *~ air* stiklug; *~ gas* stikgas; *~ mine* stikmyn. **suf·fo·cat·ing·ly** stikkend; *it is ~ hot* dit is stikkend warm (*of* snikheet). **suf·fo·ca·tion** verstikking, versmoring.

Suf·folk (sheep) suffolk(skaap) *(ook S~)*.

suf·fra·gan *n.* suffragaan(biskop), wybiskop, assistentbiskop. **suf·fra·gan** *adj.* suffragaan, onderhorig; *~ bishop, (bishop)* ~ suffragaan(biskop), wybiskop, assistentbiskop; *~ diocese* suffragane bisdom.

suf·frage stem=, kiesreg; *(arg.)* stem; goedkeuring; *(gew. i.d. mv.)* smeekbede; *universal* ~ algemene stemreg. **suf·fra·gette** *(hist.)* suffrajet. **suf·fra·gist** *(hoofs. hist.)* voorstander van (vroue)stemreg.

suf·fuse sprei oor, oordek; kleur; loop/stroom oor; *be ~ed with ...* vol ... wees *(trane)*, met ... oorgiet wees *(lig)*; *a blush ~d s.o.'s cheeks* 'n blos het oor iem. se wange gesprei. **suf·fu·sion** glans, blos, tint; verspreiding; oorgieting; deurtrekking; onderloping; *(med.)* suffusie; *(med.)* vogverspreiding; bloeduitstorting; vogbegieting; weefselbloeding, onderhuidse bloeding.

Su·fi =*fis* Soefi. **Su·fism** Soefisme.

sug *(sl.)* (aan iem.) onder die skyn van marknavorsing (probeer) verkoop.

sug·ar *n.* suiker; suikerklontjie; *(sl., w.g.)* geld; *(infml.: aanspreekvorm)* suikerklontjie, skat, liefling; →CUBE SUGAR, LOAF SUGAR, SUCROSE; *~ of **lead**, (chem., vero.)* →LEAD ACETATE; *a **little** ~* →LITTLE *adj.; a **lump** of ~* →LUMP[1] *n.; do you **take** ~?* gebruik/neem jy suiker?; ***take** ~ in one's coffee/tea* suiker in jou koffie/tee drink/gebruik/neem. **sug·ar** *ww.* suiker (byvoeg); versuiker; versoet, soet maak; suiker strooi, met suiker bestrooi; →SUGARED; *~ the pill* →PILL[1] *n.* ~ **apple** →SWEETSOP. ~ **bag/pocket** suikersak. ~ **bean** suikerboon(tjie). ~ **beet** suikerbeet. ~**bird** *(SA, orn.)* suikervoël(tjie). ~ **bowl/basin** suikerpot. ~ **bun** suikerbolletjie. ~ **bush** suikerbos; protea. ~ **candy, candy** ~ teesuiker; suikerklontjies. ~ **cane** suikerriet. ~ **caster/castor** suikerstrooier, suikerstrooibus. ~**-coat** *ww., (lett. & fig.)* versuiker, met 'n suikerlagie (*of* 'n lagie suiker) bedek. ~ **content** suikergehalte, =inhoud. ~ **daddy** vroetelpappie, troeteloompie. ~ **diabetes** suikersiekte. ~ **dredger** = SUGAR CASTER/CASTOR. ~ **factory,** ~ **works** suikerfabriek. ~**-free** *adj. (attr.)* suikervrye *(attr.)*, sonder suiker *(pred.)*. ~ **grower** suikerboer, =kweker. ~ **gum** suikerbloekom. ~ **industry** suikerbedryf. ~ **loaf** suikerbrood. ~**loaf hat** punt=, tuithoed. **S~ Loaf Mountain** *(geog.)* Corcovado, Suikerbrood(berg). ~ **lump** suikerklontjie, klontjie suiker. ~ **melon** suikerspanspek. ~ **mill** suikermeul(e). ~ **mite** suikerwurm. ~ **pea** →MANGETOUT. ~ **pine** suikerden. ~ **plantation** suikerplantasie. ~ **planter** suikerplanter, =kweker, =boer. ~**plum** suikerlekker, =balletjie, =klont(jie). **S~plum Fairy** *(ballet)* Suikerfee *(in* Die Neutkraker*)*. ~ **refiner** suikerraffinadeur. ~ **refinery** suikerraffinadery, suikerraffineerdery. ~ **scoop** suikerskoppie. ~ **soap** suikerseep. ~ **spoon** suikerlepel. ~ **sprinkler** suikerstrooier. ~ **stick** borssuiker. ~ **threads** garingsuiker. ~ **tongs** suikertang(etjie). ~ **works** suikerfabriek.

sug·ared versuiker; gesuiker; *~ peanuts* versuikerde grondbone/grondboontjies; *~ water* suikerwater; *~ words* mooipraatjies, vleiery.

sug·ar·less suikerloos.

sug·ar·y suikeragtig, suiker=; suikerig; suikersoet, stroopsoet; vleierig; week; *~ taste* suikersmaak.

sug·gest suggereer; voorstel, aan die hand doen/gee, aanraai; dui op; laat dink aan; te kenne gee; *~ s.t. to s.o.* iets by iem. aan die hand doen/gee; *s.t. ~s itself to s.o.* iets kom by iem. op; *~ that ...* aan die hand doen/gee dat ...; te kenne gee dat ...; beweer dat ... **sug·gest·i·bil·i·ty** beïnvloedbaarheid, vatbaarheid vir suggestie, ontvanklikheid. **sug·gest·i·ble** beïnvloedbaar, vatbaar vir suggestie, ontvanklik.

sug·ges·tion voorstel, raad, plan; aanduiding; tikkie; sweem(pie); bewering; suggestie; ***at** s.o.'s ~* op iem. se voorstel; ***make/offer** a ~, **put** forward a ~* iets aan die hand doen; *a ~ **of** ...* 'n sweem(pie) van ...; 'n tikkie ...; 'n aanduiding van ...; ***throw** out a ~* 'n wenk gee; iets te kenne gee; iets insinueer. ~**(s) box** voorstelbus.

sug·ges·tive suggestief; suggererend; wat 'n wenk/raad/plan gee, wat die gedagte opwek; veelbetekenend; gewaag; *s.t. is ~ of ...* iets suggereer ..., iets laat aan ... dink, iets laat ('n) mens aan ... dink. **sug·ges·tive·ness** suggestiwiteit.

su·i·cid·al *adj.* selfmoord=; *(fig.)* waansinnig; *~ tendencies* selfmoordneigings, neiging tot selfmoord. **su·i·cid·al·ly** *adv.* selfmoordend *(depressief ens.)*.

su·i·cide *(lett. & fig.)* selfmoord; selfmoordenaar; *attempt* ~ selfmoord probeer pleeg; *attempted* ~ poging tot selfmoord, selfmoordpoging; *commit* ~ selfmoord pleeg; *commit political* ~ politieke selfmoord pleeg. ~ **bomber** selfmoordbomaanvaller. ~ **bombing** selfmoordbomaanval. ~ **pact** selfmoordverbond. ~ **squad** selfmoordbende, =eenheid, =groep.

su·i ge·ne·ris *(Lat.)* sui generis, eiesoortig, uniek, enig (in sy soort).

su·i ju·ris, su·i iu·ris *adj. (gew. pred.), (Lat., jur.)* sui juris/iuris, handelingsbevoeg.

su·int wololie.

suit *n.* pak (klere), broek en baadjie; baadjiepak; uitrusting, stel; *(kaartspel)* kleur; (regs)geding, hofsaak, regsaak (→LAWSUIT); (huweliks)aansoek; eis; versoek; ***at** the ~ of ...* op eis van ... ***bring** a ~, (jur.)* 'n aksie instel, 'n geding aanhangig maak; ***costs** of ~* →COST *n.; **follow** ~* →FOLLOW; ***(lady's)*** ~ baadjiepak, pakkie, tweestuk; ***lay** a ~* 'n aksie instel; ***long** ~, (kaartspel)* lang kleur; *(fig., infml.)* sterk punt/kant/sy; *to **make** ~ to ...* om ... beleef(d) te versoek; ***(man's)*** ~ pak (klere); ~ ***of** armour* →ARMOUR *n.; ~ **of** clothes* pak klere; *s.o. **presses** his/her ~, (lett.)* iem. pars sy/haar pak/uitrusting; *(fig.)* iem. vra/versoek met aandrang, iem. bevorder sy/haar saak ywerig; iem. probeer hard om die jawoord te kry; *that is s.o.'s **strong** ~* daarin lê iem. se krag. **suit** *ww.* pas; geskik wees; geleë wees; pas by; voldoen, bevredig; aanstaan; geval; akkordeer met; *~ the **action** to the word* die daad by die woord voeg; *s.t. does not ~ **all** tastes* iets is nie na iedereen se smaak nie; *s.t. ~s s.o.'s **book*** →BOOK *n.; it ~s s.o. **down** to the ground* →GROUND[1] *n.; **s.t.** ~s s.o.* iets pas iem.; iets is vir iem. geleë *(tyd)*; iets is vir iem. geskik *(datum)*; iets staan iem. (goed) *(klere)*; iets is na iem. se sin; *(infml.)* iets is in iem. se kraal; *(infml.)* iem. is vir iets uitgeknip *('n werk/rol)*; *s.t. ~s s.o. to a **T**, (infml.)* iets pas iem. uitstekend/volkome; *it ~s s.o. **to** ...* dit pas iem. om te ...; *~ the punishment **to** the crime* die straf aan/by die misdaad aanpas; *~ **yourself!*** net soos jy wil!, soos jy verkies!. ~**case** (reis)tas, koffer. ~**case cover** kofferoortreksel. ~ **length** paklengte.

suite suite; stel; *(mus.)* suite; *(geol.)* groep; gevolg; *(a bedroom) with bathroom en* ~ ('n slaapkamer) met eie badkamer, ('n slaapkamer) met badkamer en suite; *~ of furniture* (a)meublement; *~ (of rooms)* stel kamers, suite.

suit·ed geskik, gepas; *be ~ for ...* vir ... aangelê wees, vir ... deug; *be (admirably) ~ to ...* (besonder) geskik wees vir ...; (uitstekend) by ... pas. **suit·ing** pakmateriaal, pakstof.

suk *(Arab.)* →SOUK.

su·ki·ya·ki *(Jap. kookk.)* soekijaki.

Suk·koth →SUCCOTH.

sul·cate *(bot., soöl.)* gegroef.

sul·cus *sulci, (<Lat.; anat.)* sulkus, groef, spleet.

sul·fur →SULPHUR.

sulk *n.* nuk, nukkerigheid, slegte bui; *have (a fit of) (*or *be in) the ~s* nukkerig/dikmond/dikbek wees. **sulk** *ww.* dikmond/dikbek/diklip wees, nukkerig/nors wees. **sulk·i·ly** nukkerig, nors. **sulk·i·ness** norsheid, nukkerigheid.

sulk·y[1] *adj.* nukkerig, nors, dikmond, dikbek, diklip, humeurig, rebels; traag.

sulk·y[2] *n.* draf=, snelkarretjie. ~ **race** drafren.

sul·lage vullis, vuilgoed, afval; rioolvuil; slyk; slik; vuiligheid, besoedeling. ~ **pit** slikput.

sul·len stuurs, nors, suur, onaangenaam; ongesellig, somber; traag. **sul·len·ly** stuurs, op 'n stuurs(e) manier. **sul·len·ness** stuursheid *ens.* (→SULLEN).

sul·ly besoedel, bevlek, besmet, skend, beklad; →DEFILE[1] *ww.*.

sul·pha·nil·a·mide *(med.)* sulfanielamied.

sul·phate *n., (chem.)* sulfaat, swa(w)elsuursout; *~ of cobalt* rooivitrioel; *~ of copper* blouvitrioel; *~ of iron* groenvitrioel. **sul·phate** *ww.* sulfateer. **sul·phat·ing** sulfatering. **sul·pha·tise, =tize** sulfatiseer. **sul·phide** *(chem.)* sulfied; *~ of silver* swa(w)elsilwer. **sul·phite** *(chem.)* sulfiet. **sul·phon·a·mide** *(med.)* sulfo(o)namied.

sul·phur, *(Am.)* **sul·fur** *n., (chem., simb.: S)* swa(w)el, sulfer; →ROCK SULPHUR, ROLL SULPHUR; *flowers of ~* →FLOWER *n.; milk of ~* →MILK *n.*. **sul·phur,** *(Am.)* **sul·fur** *ww.* swa(w)el. ~ **bath** swa(w)elbad. ~ **black** swa(w)elswart. ~**-bottom (whale)** blouwalvis. ~ **candle** swa(w)elkers. ~ **cement** swa(w)elsement. ~ **content** swa(w)elgehalte, =inhoud. ~ **dioxide** swa(w)eldioksied, swa(w)eligsuurgas. ~ **dye** swa(w)elkleurstof. ~ **house** swa(w)elhok. ~ **match** swa(w)elhoutjie, =stokkie. ~ **ore** swa(w)elerts. ~ **pan** swa(w)elbakkie. ~ **pit** swa(w)elgat. ~ **rose** kapusynerroos. ~ **shy** swa(w)elsku, =gevoelig. ~ **spring** swa(w)elbron. ~ **vapour** swa(w)eldamp. ~ **yellow** swa(w)elgeel.

sul·phu·re·ous, *(Am.)* **sul·fu·re·ous** swa(w)elkleurig; →SULPHUROUS.

sul·phu·ret, *(Am.)* **sul·fu·ret** *ww.* swa(w)el; *sulphuretted hydrogen,* (Am.) *sulfureted hydrogen* = HYDROGEN SULPHIDE.

sul·phu·ric, *(Am.)* **sul·fu·ric** swa(w)elagtig, swa(w)elhoudend, swa(w)el=; *~ acid* swa(w)elsuur; *~ ether* swa(w)elsuur. **sul·phur·ing,** *(Am.)* **sul·fur·ing** swa(w)eltoediening, swa(w)elbestuiwing. **sul·phu·rise, =rize,** *(Am.)* **sul·fu·rize** sulfureer; swa(w)el; met swa(w)el berook/bleik. **sul·phur·ous,** *(Am.)* **sul·fur·ous** swa(w)elagtig, swa(w)elhoudend; swa(w)elkleurig; swa(w)el=;

~ *acid, (chem.)* swaweligsuur. **sul·phur·y, sul·fur·y** →SULPHUROUS.

sul·tan sultan. **sul·tan·ate** sultanaat.

sul·ta·na *(vorstin)* sultane; sultana(rosyn[tjie]). ~ **loaf** sultanabrood.

sul·try drukkend, bedompig, swoel, broeiend, broeierig, broeiwarm *(weer)*; brandend; hartstogtelik. **sul·tri·ness** drukkendheid, broeierigheid, broeiendheid, bedompigheid; hartstogtelikheid.

Su·lu Soeloe. ~ **Archipelago/Islands** Soeloeargipel, Soeloe-eilande. ~ **Sea** Soeloe-see *(in Stille Oseaan)*.

sum *n.* som; hoeveelheid; bedrag; totaal, som; →LUMP SUM; ***clear** a* ~ 'n bedrag skoon wins maak; ***do*** *~s* somme maak; ***for*** *the ~ of* ... vir die som van ... *(R100 ens.)*; *be **good** at ~s* goed/knap wees (*of* uitmunt) in somme, goed kan reken (*of* somme maak); ***in*** ~ in totaal; kortom, kortweg, om kort te gaan; ***in*** *the ~ of* ... ten bedrae van ...; *a large ~ of **money*** 'n groot bedrag, 'n groot som geld; *the ~ **of** 2 and 3 is 5* die som van 2 en 3 is 5; *a **respectable*** ~ 'n aansienlike bedrag; *the ~ and **substance*** die kern; *a **tidy** ~, (infml.)* 'n aardige/mooi/taamlike bedrag(gie)/som(metjie). **sum** *-mm-, ww.* optel; *to ~ **up*** opsommenderwys(e); *~ s.t. **up*** iets optel *(syfers, bedrae)*; iets opsom/saamvat *('n bespreking)*; *~ s.o. **up*** iem. takseer, 'n oordeel oor/omtrent iem. vorm. ~ **book** rekenboek. ~ **total** (eind)totaal, groot totaal; totaalbedrag; groot geheel, totaliteit, eindresultaat.

su·mac(h) *(bot.)* sumak, looiersboom; *Cape/Transvaal* ~ basbos, -boom, wildegranaat.

Su·ma·tra *(geog.)* Soematra, Sumatra. **Su·ma·tran** *n.* Soematraan, Sumatraan. **Su·ma·tran** *adj.* Soematraans, Sumatraans.

Su·mer *(geog.)* Sumerië, Soemerië. **Su·me·ri·an** *n.* Sumeriër, Soemeriër; *(taal)* Sumeries, Soemeries. **Su·me·ri·an** *adj.* Sumeries, Soemeries.

sum·ma *-mae, (Lat., Me. Chr. teol.: omvattende verhandeling)* summa.

sum·ma cum lau·de *adj. & adv., (Lat.)* summa cum laude, met die hoogste lof.

sum·mar·y *n.* opsomming, samevatting, kort oorsig, resumé, uittreksel; *give/make a ~ of s.t.* 'n opsomming/samevatting van iets gee/maak. **sum·mar·y** *adj.* kort, beknop; *(jur.)* summier; kortaf, sonder omweë; ~ ***account*** saamgevatte/verkorte rekening; ~ ***dismissal*** onmiddellike/summiere ontslag, ontslag sonder kennisgewing, ontslag op staande voet; ~ ***execution**, (jur.)* parate eksekusie; ~ ***judg(e)ment/jurisdiction/trial*** summiere vonnis/jurisdiksie/verhoor; *apply for ~ **judg(e)ment*** in kort geding gaan; ~ ***justice*** →JUSTICE. **sum·mar·i·ly** beknop, kortweg, vlugtig; sonder pligpleginge, op staande voet, sommer(so), sonder meer; *(jur.)* summier, sonder enige vorm van proses; *settle a case ~* 'n saak in kort geding beslis. **sum·ma·rise, -rize** opsom, (kort) saamvat, resumeer.

sum·ma·tion optelling; som, totaal; opsomming, samevatting.

sum·mer¹ *n.* somer; *(gew. i.d. mv., fig.)* somers, (lewens)jare; →HIGH SUMMER, INDIAN SUMMER; *at the **height** of ~* in die hartjie van die somer; ***in*** ~ in die somer; *in the ~ of **life*** →LIFE; *a man/woman **of** sixty/etc. ~s* 'n man/vrou met sestig/ens. somers agter die rug, 'n sestigjarige/ens. man/vrou. **sum·mer** *ww.* die somer deurbring, oorsomer. **sum·mer** *adj.* somers, somer-. ~ **camp** somerkamp. ~ **capital** somerhoofstad. ~ **cereals** somergraan. ~ **clearance (sale)** →SUMMER SALE. ~ **clothes** somer(s)klere. ~ **cloud** somerwolk. ~ **crop** someroes; somergewas. **~('s) day** somer(s)dag. ~ **diarrhoea** somerdiarree, appelkoossiekte. ~ **dress** somer(s)drag; somer(s)rok. **~('s) evening** somer(s)aand. ~ **fallow field/land** somerbraakland. ~ **frock** somer(s)rok. ~ **grape** *(Vitis argentifolia)* somerdruif. ~ **hat** somer(s)hoed. ~ **heat** somerwarmte, -hitte. ~ **holiday(s)** somervakansie. **~house** somerhuisie, tuinhuis(ie); somerverblyf. ~ **lettuce** *(Lactuca sativa)* somer(krop)slaai. ~ **lightning** weerligskynsel. **~-like** someragtig, somers. ~ **month** somermaand. **~('s) morning** somer(s)oggend. **~('s) night** somer(s)nag. ~ **palace** somerpaleis; *S~ Palace* Somerpaleis *(in Beijing)*. ~ **rain** somerreën. ~ **rainfall area** somerreënvalgebied, somerreënstreek. ~ **rash** hitte-uitslag. ~ **residence** somerwoning, -huis; somerverblyf. ~ **resort** somer(vakansie)oord. ~ **sale**, ~ **clearance (sale)** someruitverkoping, -opruiming. **~sault** →SOMERSAULT. ~ **school** somerkursus, vakansiekursus. ~ **sickness** somerdiarree. ~ **solstice** somersonstilstand. ~ **stock** *(Am. teat.)* somertoerstukke. ~ **suit** somer(s)pak. **~tide, ~time** somer(tyd), somerseisoen. ~ **time** *(dagligbesparingstyd)* somertyd. ~ **timetable** somerdiens; somerrooster. ~ **wear** somer(s)drag, somer(s)klere. ~ **weather** somer(s)weer. **~weight** *adj. (attr.), (tekst.)* liggewig-, somer(s)-; *~ clothes* somer(s)drag, -klere. ~ **wheat** somerkoring. **~wood** najaarshout.

sum·mer² *n.* lêerlatei. ~ **stone** kliplatei. **~(-tree)** lêerlatei.

sum·mer·ish someragtig. **sum·mer·ly** somers. **sum·mer·y** someragtig, somers, somer(s)-; *~ clothes* somer(s)klere, -drag; *~ weather* somerse weer.

sum·mit (berg)spits, kruin; *(lett. & fig.)* toppunt, hoogste punt, top; *at the ~* op die kruin *(v.d. berg)*; op die hoogste punt; op die hoogste vlak; *reach the ~* die kruin bereik. ~ **conference/meeting** spitskonferensie, -beraad, leiersbyeenkoms. **S~ Route:** *the ~ ~* die Kruinroete.

sum·mit·eer spitskonferensieganger.

sum·mon oproep, byeenroep, laat roep, ontbied; inroep; daag, dagvaar; opeis; *~ Parliament* die Parlement byeenroep; *~ s.o. to ...* iem. na ... ontbied; *~ up courage* nuwe moed skep, (al) jou moed bymekaarskraap, jou regruk.

sum·mons *n.* dagvaarding; aanskrywing; oproep; *issue a ~ for debt* iem. vir skuld dagvaar; *serve a ~ on/upon s.o.* 'n dagvaarding aan iem. bestel/beteken; *take out a ~ against s.o.* iem. laat dagvaar. **sum·mons** *ww.* dagvaar, aanskryf; *~ s.o. for debt* iem. vir skuld dagvaar.

sum·mum bo·num *(Lat.)* die hoogste goed.

su·mo *n., (Jap., swaargewigstoei)* soemo. ~ **wrestler** soemo-stoeier. ~ **wrestling** soemo-stoei.

sump sinkpunt; opvangbak, -put; *(mynb.)* kuil, dam; opgaartenk; oliebak. ~ **case** krukkas, -bak. ~ **pump** dreineerpomp.

sump·ter (horse) *(arg.)* pakperd.

sump·tu·a·ry *(hoofs. hist.)* weeldebeperkend, weelde-; *~ law* weeldewet, prag-en-praalwet. **sump·tu·os·i·ty** *('n voorwerp)* kosbaarheid, weelde; *('n eienskap)* weelderigheid, kosbaarheid. **sump·tu·ous** weelderig, luuks, luuksueus, kosbaar, skitterend, pragtig. **sump·tu·ous·ness** weelderigheid, kosbaarheid.

sun *n.* son; sonlig, sonskyn; →MOCK SUN; *take the ~'s **altitude*** die son peil; *hold a **candle** to the ~* water in die see dra; *s.o. **catches** the ~* die son brand iem.; ***eclipse** of the ~* →ECLIPSE *n.*; *there is nothing **new** under the ~* daar is niks nuuts onder die son nie; *a **place** in the ~* lewensruimte, 'n kans in die lewe; ***rise** with the ~* douvoordag opstaan; *the ~ **rises*** die son kom op; *the **rising** ~* die opkomende/opgaande son; *s.o.'s ~ is **set*** iem. se son het ondergegaan, iem. se tyd is verby; *the ~ **sets*** die son gaan onder; *on which the ~ never **sets*** waaroor die son nooit ondergaan nie; *the **setting** ~* die ondergaande son; *the ~ is **setting/westering*** die son is aan die ondergaan, die son trek water; *the ~ is **shining*** die son skyn; *the ~ is **sinking*** die son sak; ***take** the ~* in die son sit; *a **touch** of the ~* sonsteek; ***under** the ~* op aarde; wat moontlik is; *the ~ is **up*** die son is op. **sun** *-nn-, ww.* in die son sit/staan/lê/ens.; aan die son blootstel; *~ o.s.* in die son bak/lê/sit. **~-and-planet gear** *(mot.)* planeetrat. **~baked** in die son gebak; *~ plain/bricks/etc.* songebakte vlakte/stene/ens.. ~ **bath** sonbad. **~bathe** 'n sonbad neem. **~bather** sonbaaier. **~beam** sonstraal. ~ **bear** Maleise heuningbeer; →HONEY BEAR. **~bed** sonstoel; sonbed *(vir sonbruin onder 'n sonlamp)*. **S~belt, S~ Belt** *(suidelike & suidwestelike state v.d.VSA)* Songordel. **~bird** *(orn.)* suikerbekkie; *dusky ~, (Nectarinia fusca)* namakwasuikerbekkie; *malachite ~, (N. famosa)* jangroentjie. ~ **blind** *n.* sonblinding, -skerm; vensterluik. ~ **blind** *adj.* sonblind. **~block** sonblok(keerder), sonblokkeermiddel, -room. **~bonnet** kappie. **~bow** reënboog *(in sproeiwater)*. **~burn** sonbrand. **~burnt, ~burned** (deur die son) verbrand, bruin gebrand/verbrand; *s.o. gets ~* iem. word bruin gebrand (deur die son); iem. word deur die son verbrand. **~burst** deurbraak van die son; straalson. ~ **cream** son(brand)room, son(bruin)room. ~ **cross** sonkruis. **~-cured** songedroog; →SUN-DRIED. ~ **dance** sondans. ~ **deck** sondek. **~dew** doublom, slakblom, vlieëvanger. **~dial** son(ne)wyser. ~ **dog** *(astron.)* byson. **~down** sononder, sonsondergang. **~downer** *(infml.)* skemerdrankie; rondloper *(in Australië)*. **~-drenched** sondeurdrenk. **~dress** sonrok. **~-dried** songedroog, in die son gedroog; *~ brick* rousteen; *~ fruit* droëvrugte; *~ skin* ongesoute droë vel. **~-dry** *ww.* sondroog. **~fast** *(Am.)*, **~-resistant** sonvas, sonbestand. **~fish** *(Mola mola)* sonvis; *ocean ~, (Mola mola)* opeseesonvis. **~flower** sonneblom. **~flower oil** sonneblomolie. **~flower seed** sonneblomsaad. **~gazer, giant girdled lizard, giant zonure** sonkyker, skurwejantjie, ouvolk, reusegordelakkedis. ~ **gear** = SUN-AND-PLANET GEAR. **~glass** brandglas. **~glasses** sonbril, donkerbril, donker bril. **~glow** songloed; sonkring. ~ **god** songod. **~hat** sonhoed. ~ **helmet** sonhelm. **S~ King:** *the ~ ~, (Louis XIV)* die Sonkoning *(Lodewyk XIV)*. **~-kissed** sonnig. ~ **lamp** sonlamp. **~light** sonlig. **~lit** sonnig, deur die son verlig, *(attr.)* sonbestraalde. ~ **lounge** sonkamer, -vertrek. ~ **lounger** sonstoel. ~ **lover** sonsitter. ~ **parlor** *(Am.)* →SUN LOUNGE. ~ **pillar** sonsuil. ~ **porch** sonportaal; glasstoep, sonstoep. **~proof** bestand teen die son, sonbestand. **~ray** sonstraal. **~ray lamp** sonlamp. **~ray pleat** straalplooi. **~ray pleated skirt** straalplooirok. **~ray treatment** ultravioletbehandeling. ~ **recorder** sonskynmeter. **~-resistant** →SUNFAST. **~rise** sonsopkoms, sonsopgang; *at ~* (met) sonop. **~rise industry** opkomende bedryf. **~roof** sondak. ~ **room** sonkamer. **~screen** sonskerm(middel), sonskermroom. **~set** sonsondergang; *(fig.)* lewensaand; *at ~* (met) sononder. **~set** *adj.* ~ *clause, (pol.)* oorgangsklousule; ~ *provision, (Am.)* verstrykingsbepaling. **~shade** sonsambreel; sonskerm. ~ **shield** sonskerm. **~shine** sonskyn, sonnetjie; *(fig.)* gelukkigheid, vrolikheid; geluk, voorspoed; *(Br. infml.)* skat(jie). **~shine protea** *(Leucadendron* spp.) geelbos. **~shine recorder** sonskynmeter. **~shine roof** *(Br., vero.)* = SUNROOF. **~shiny** sonnig. ~ **spider** roman, ja(a)gspinnekop. **~-splashed** vol sonkolle. **~spot** sonvlek. **~stone** →AVENTURIN(E). **~stroke** sonsteek, hitteslag. **~suit** sonpak(kie). **~tan** sonbruin, sonbrand. **~tan cream** sonbrand-, sonbruinroom. **~tan lotion** sonbrand-, sonbruinmiddel. **~tanned** bruingebrand; sonbruin. **~tan oil** sonbrand-, sonbruinolie. ~ **thermometer** sontermometer. ~ **time** son(ne)tyd. **~trap** *(Br.)* sonnige hoekie; sonnige, beskutte plek. **~up** *(Am.)* sonop, sonsopgang, sonsopkoms. **~visor** sonskerm. **~ward(s)** na die son. ~ **wheel** = SUN-AND-PLANET GEAR. ~ **worship** sonaanbidding. ~ **worshipper** sonaanbidder.

sun·dae *(roomys met vrugte, neute en stroop)* sundae.

Sun·da Is·lands Soenda-eilande; →SUNDANESE; *Greater ~ ~* Groot Soenda-eilande *Lesser ~ ~, (hist.)* Klein Soenda-eilande (→NUSA TENGGARA).

Sun·da·nese *n. (fungeer as ekv. of mv.), (bevolkingslid; taal)* Soendanees. **Sun·da·nese** *adj.* Soendanees.

Sun·day Sondag; *a month of ~s* →MONTH; *on ~s* (op) Sondae, Sondags. ~ **best** kis-, kerk-, uitgaanklere. ~ **driver** naweekryer. **~-go-to-meeting clothes** *(skerts.)* kisklere. ~ **observance** Sondagsheiliging, -viering. ~ **observance act** Sondagswet. ~ **painter** naweek-, Sondag-, amateurskilder. ~ **paper** Sondagblad. ~ **rest** Sabbatsrus. ~ **school** Sondagskool. **~-school teacher** Sondagskoolonderwyser(es). **~s River** Sondagsrivier. ~ **suit** kis-, kerkpak, Sondagpak.

sun·der *(poët., liter.)* skei, (ver)breek; afkap, afsny.

sun·dry *-dries, n., (gew. mv.)* diverse; *(Austr. kr.)* ekstra lopie. **sun·dry** *adj.* verskillende, diverse, allerhande; gemeng(d); *all and ~* →ALL *pron.*; *~ expenses* diverse/los/algemene uitgawe(s).

Sung *(dinastie)* Soeng.

sung *(volt.dw.)* gesing; gesonge; besonge; →SING *ww.*.

sunk *adj. (volt.dw.)* versonke, versink, ingelaat; →SINK *ww.*; ~ ***bed*** ingelate bed; ~ ***face*** versonke vlak; ~ ***fence*** versonke (om)heining; *s.o.* ***is*** ~, *(infml.)* dit is klaar(praat) met iem.; ~ ***joint*** diepvoeg; ~ ***panel*** versonke paneel.

sunk·en versonke, ingelaat; verdiep; hol, ingeval; →SINK *ww.*; ~ ***bath*** versonke/ingelate bad; ~ ***cheeks*** ingevalle/hol wange; ~ ***eyes*** oë agter in die kop, hol oë; diepliggende oë; ~ ***garden*** dieptuin, uitgegrawe tuin; ~ ***handle*** ingelate handvatsel; ~ ***portion*** verdiepte gedeelte; ~ ***road*** hol pad; ~ ***rock*** blinde klip, blinder; ~ ***treasure*** skat(te) uit die see.

sun·less sonloos, sonder son. **sun·less·ness** sonloosheid.

sunn (hemp) *(bot.)* sunnhennep.

Sun·na *(Arab.)* soenna.

Sun·ni, Sun·nite *n.* Soenniet. **Sun·nism** Soennisme. **Sun·nite** *adj.* Soennities.

sun·ny sonnig; bly, vrolik, opgewek, opgeruimd; ~ ***day*** sonnige dag; ~ ***side*** ***of a house*** sonkant van 'n huis; *the* ~ ***side*** *of life* die ligte/helder kant van die lewe; ~ ***side up***, *(Am. infml.)* net aan die een kant gebak *(eier)*. **sun·ni·ness** sonnigheid; opgewektheid.

Su·o·mi *(Fins, geog.)* Suomi, Finland.

sup[1] *n.* slukkie, mondjie vol; *neither bite nor* ~ niks te ete of te drinke nie. **sup** *ww., (arg.)* 'n slukkie (*of* mondjie vol) neem.

sup[2] *-pp-, ww.* aandete eet; aandete verskaf; →SUPPER; ~ *with the devil* met die duiwel omgaan; *he who* ~*s with the devil should have a long spoon* →DEVIL *n.*.

su·per *n., (Br., infml.)* superintendent; *(teat., vero.)* ekstra, figurant; *(arg.)* ekstra man, botallige; *(infml.)* superfosfaat. **su·per** *adj.* eersteklas, fantasties, puik, prima; superieur.

su·per- *pref.* super-; bo-; oor-; ekstra; ~*human* bomenslik; ~*tax* superbelasting.

su·per·a·ble oorkombaar, oorkomelik, oorkoomlik, oorwinlik. **su·per·a·bil·i·ty** oorkoomlikheid; →SUPERABLE. **su·per·a·ble·ness** →SUPERABILITY.

su·per·a·bound oorvloedig/volop wees. **su·per·a·bun·dance** oormaat, oordaad, volopheid, groot oorvloed; *have a* ~ *of s.t., have s.t. in* ~ 'n oorvloed (*of* meer as genoeg) van iets hê. **su·per·a·bun·dant** oorvloedig, volop, oordadig.

su·per·a·cid·i·ty oorsuurheid.

su·per·add *(w.g.)* nog bysit, meer/ekstra byvoeg. **su·per·ad·di·tion** verdere byvoeging.

su·per·al·tar (los) altaarsteen.

su·per·an·gel·ic hoër as engele verhewe, meer as engelagtig.

su·per·an·nu·ate pensioeneer, met pensioen laat aftree/uittree/gaan; te oud vir gebruik verklaar; *(jur.: 'n hofbevel)* verouder, verjaar.

su·per·an·nu·a·tion pensioen; pensioenering; afdanking; verjaring *(v. 'n hofbevel)*; emeritaat. ~ **fund** pensioenfonds.

su·perb puik, uitnemend, manjifiek, prima, pragtig, skitterend, voortreflik. **su·perb·ness** uitnemendheid, voortreflikheid.

su·per·car·go *-goes* vragsuperintendent; ladingsopsigter, superkarga.

su·per·charge aanwakker; oorverdig; oorverhit; oorversadig; aanja(ag) *('n motor)*; ~*d cabin* drukkajuit; ~*d engine* aangejaagde motor, motor met aanjaer. ~ **valve** aanjaagklep.

su·per·char·ger (druk)aanjaer; kompressieverhogingspomp. **su·per·charg·ing** (druk)aanjaging, kompressieverhoging.

su·per·cil·i·ar·y *(anat.)* wenkbrou-. **su·per·cil·i·ous** verwaand, hooghartig, neerbuigend, aanmatigend. **su·per·cil·i·ous·ly** uit die hoogte. **su·per·cil·i·ous·ness** verwaandheid, aanmatiging; →SUPERCILIOUS.

su·per·class *(biol.)* superklas.

su·per·co·lum·nar *(argit.)* met kolonnades bo-op mekaar; bo(kant) 'n kolonnade/suil. **su·per·co·lum·ni·a·tion** suilverdieping.

su·per·com·put·er superrekenaar.

su·per·con·duct·ing, su·per·con·duc·tive *(elek. & fis.)* supergeleidend, supergelei(dings)-. **su·per·con·duc·tiv·i·ty** supergelei(dings)vermoë. **su·per·con·duc·tor** supergeleier.

su·per·con·scious *adj.* superbewus. **su·per·con·scious·ness** *n.* superbewussyn.

su·per·con·ti·nent *(geol.)* superkontinent, -vasteland.

su·per·cool *(chem., ook* undercool*)* onderkoel, oorverkoel; *(infml.)* superkoel *(iem.)*. **su·per·cooled** onderkoel, oorverkoel, oorafgekoel. **su·per·cool·ing, un·der·cool·ing** *(chem.)* onderkoeling, oorverkoeling, oorafkoeling; superkoeling, superverkoeling.

su·per·crit·i·cal *(fis.)* oorkritiek; *(elek.)* superkritiek.

su·per·du·per *(infml.)* absoluut/eenvoudig fantasties/wonderlik/skitterend/manjifiek/ongelooflik.

su·per·e·go *-goes* superego.

su·per·el·e·va·tion kanting *(v. 'n pad)*.

su·per·em·i·nent uitstekend, uitmuntend, voortreflik, uitnemend, absoluut/eenvoudig merkwaardig. **su·per·em·i·nence** uitnemendheid, voortreflikheid, uitmuntendheid.

su·per·er·o·ga·tion oordrewe pligsbetragting, oorgedienstigheid; origheid; *works of* ~, *(RK)* oordadige (goeie) werke; oortolligheid, oorbodigheid. **su·per·e·rog·a·to·ry** oortollig, oorbodig.

su·per·et·te superette.

su·per·ex·cel·lent buitengewoon voortreflik/uitmuntend. **su·per·ex·cel·lence** buitengewone voortreflikheid/uitmuntendheid.

su·per·fam·i·ly superfamilie.

su·per·fat·ted oorvet *(seep)*.

su·per·fe·ta·tion *(fisiol.)* superfetasie.

su·per·fi·cial oppervlakkig; simplisties; vlak; oppervlak-; ~ ***dimensions*** oppervlakafmetings; ~ ***expansion*** oppervlakuitsetting; ~ ***glance*** oppervlakkige blik/kykie; ~ ***knowledge*** oppervlakkige kennis; ~ ***measure*** vlaktemaat; ~ ***work*** afskeepwerk; ~ ***wound*** vlak wond, oppervlakkige wond, skraapwond. **su·per·fi·cial·i·sa·tion, -za·tion** vervlakking; veruitwendiging. **su·per·fi·ci·al·i·ty** oppervlakkigheid, uiterlikheid; vervlakking. **su·per·fi·cial·ly** oppervlakkig (gesien); aan die oppervlakte, bolangs, uitwendig. **su·per·fi·cial·ness** →SUPERFICIALITY. **su·per·fi·cies** *-cies, (arg.)* oppervlak; oppervlakte; →SURFACE *n.*.

su·per·fine superfyn, ekstra fyn; superkwaliteit, van die allerbeste, prima, eersteklas; haarfyn; ~ *file* dubbelsoetvyl; ~ *wool* superfyn wol.

su·per·flu·id·i·ty superfluïditeit. **su·per·flu·id** *n. & adj., (fis.)* superfluïed.

su·per·flu·i·ty oortolligheid, oorbodigheid; oorvloed; *a* ~ *of* ... te veel ..., 'n teveel aan ...

su·per·flu·ous oorbodig, oortollig; oorvloedig. **su·per·flu·ous·ness** oortolligheid, oorbodigheid.

su·per·fuse *(vero.)* oorgiet; oorgegiet word; oorafkoel, oorverkoel, onderkoel. **su·per·fu·sion** *(fisiol.)* oorgieting; oorafkoeling, oorverkoeling, onderkoeling.

su·per·gi·ant *(astron.)* superreus.

su·per·glue supergom.

su·per·grass *(Br. infml.)* topinformant.

su·per·heat *n.* superhitte. **su·per·heat** *ww.* oorverhit; *(elek.)* superverhit; ~*ed steam* oorverhitte stoom. **su·per·heat·er** oorverhitter; superverhitter *(v. 'n stoomketel)*. **su·per·heat·ing** oorverhitting.

su·per·he·ro *-roes* superheld.

su·per·het·er·o·dyne *n.* swewingstoestel, superheterodine-ontvanger. **su·per·het·er·o·dyne** *adj.* superheterodine-.

su·per·high·way *(Am.: vervoer- en kommunikasiewese)* supersnelweg; *information* ~ inligting-supersnelweg.

su·per·hu·man bomenslik.

su·per·hu·mer·al *(relig.)* amikt; pallium; efod.

su·per·im·pose bo-op sit; sit/plaas op; oplê; *(elek.)* oplê, superponeer; ~ *s.t. on/upon* ... iets oor ... druk; iets (bo-)op ... plaas/lê/sit. **su·per·im·posed** bo-op geplaas, oorheenliggend; opgelê; gesuperponeer(d); ~ *load* opgelegde las; ~ *river, (geol.)* geërfde rivier. **su·per·im·po·si·tion** oplegging, superponering.

su·per·in·cum·bent bo-opliggend, boliggend; ~ *stratum* bolaag, deklaag.

su·per·in·tend toesig hou/hê *(oor)*. **su·per·in·tend·ence** toesig, toesighouding.

su·per·in·ten·dent *n.* superintendent; polisiekommissaris; opsigter, oppasser *(v. 'n gebou)*; opsiener, opsigter *(v. 'n museum)*; toesighouer. **su·per·in·ten·dent** *adj.* toesighoudend. ~**-general** superintendent-generaal. **su·per·in·tend·ing** toesighoudend.

su·pe·ri·or *n.* superieur, meerdere; hoof; (klooster)owerste; *be s.o.'s* ~ iem. se meerdere wees, bo(kant) iem. staan; iem. oortref, iem. oor wees; *mother* ~ →MOTHER[1] *n.*; *have no* ~ *in* ... almal in ... oortref. **su·pe·ri·or** *adj.* superieur; uitstekend, voortreflik, uitmuntend, hoogstaande, puik; *(anat.)* hoër, bo; *(astron.)* boonste, buite-; *(bot.)* bostandig *('n vrugbeginsel)*; *(druk.)* bostandig *(syfer)*, bolyn- *(letter)*; neerbuigend, verwaand, aanmatigend, hooghartig; hoër, beter; groter; meer(der)waardig, hoër staande; verhewe *(bo)*; ~ ***authority*** hoër gesag/instansie; hoër geplaaste, meerdere; ***be*** ~ ***to*** ... bo(kant) ... staan *(iem.)*; ... oortref *(iets)*; bo ... verhewe wees *(iets)*; ~ ***bodies*** meerdere vergaderings; ~ ***court*** hoër hof, hoërhof; ~ ***force*** oormag, sterker mag; ~ ***knowledge*** meerdere kennis; *made of* ~ ***leather/etc.*** van die beste leer/ens. gemaak; ~ ***numbers*** oormag, getalle-, getalsoorwig; ~ ***officer*** hoër offisier, meerdere; ~ ***planet***, *(astron.)* buiteplaneet; ~ ***power*** oormag; ~ ***rank*** hoër rang.

su·pe·ri·or·i·ty superioriteit; hoër rang, hoër gesag; meerderheid, oorwig, oormag, meer(der)waardigheid; (bo)baasskap; voortreflikheid; voorrang; hooghartigheid; ~ *in numbers* →NUMERICAL SUPERIORITY. ~ **complex** *(psig.)* meerderwaardigheidskompleks.

su·per·ja·cent bo(-op)liggend; oordekkend.

su·per·la·tive *n., (gram.)* oortreffende trap, superlatief. **su·per·la·tive** *adj.* voortreflik, buitengewoon, puik, eersterangs, skitterend; *(gram.)* oortreffend.

su·per·lun·ar·y boaards; hemels; bo die maan.

su·per·man *-men* supermens; 'n man duisend.

su·per·mar·ket supermark.

su·per·mod·el supermodel.

su·per·mun·dane *(w.g.)* boaards.

su·per·nal *(poët., liter.)* hemels, goddelik, verhewe.

su·per·na·tant *n., (teg.)* bodrywende stof. **su·per·na·tant** *adj.* (bo)drywend; oordekkend; bo die water; ~ *liquor* bowater; bovloeistof.

su·per·na·tion·al →SUPRANATIONAL.

su·per·nat·u·ral bonatuurlik, boaards. **su·per·nat·u·ral·ism** supernaturalisme. **su·per·nat·u·ral·ist** supernaturalis. **su·per·nat·u·ral·is·tic** supernaturalisties. **su·per·nat·u·ral·ness** bonatuurlikheid.

su·per·nor·mal bonormaal, supernormaal.

su·per·no·va *-vae, -vas, (astron.)* supernova.

su·per·nu·mer·ar·y *n.* ekstra man, botallige. **su·per·nu·mer·ar·y** *adj.* ekstra, orige, reserwe-; bykomstig; botallig, oortollig.

su·per·nu·tri·tion oorvoeding.

su·per·or·der *(biol.)* superorde.

su·per·or·di·nate *n.* meerdere, hoër geplaaste; *(ling.)* algemene noemer, superordinaat. **su·per·or·di·nate** *adj.* oorkoepelend; omvattend; hoër; van 'n hoër orde; met 'n hoër rang; *(ling.)* superordinaat; ~ *command/instruction* opdrag van bo af; oorkoepelende voorskrif; ~ *goal* omvattende doelwit; groter/hoër doelwit; oorkoepelende doel; ~ *term* oorkoepelende/superordinate term.

su·per·phos·phate superfosfaat.

su·per·phys·i·cal bonatuurlik; bosin(ne)lik; metafisies.

su·per·pose →SUPERIMPOSE. **su·per·po·si·tion** oplegging, superponering.

su·per·pow·er supermoondheid. **su·per·pow·ered** versterk.

su·per·pred·a·tor aartskindermisdadiger.
su·per·prime ekstra prima.
su·per·sat·u·rate *(chem.)* oorversadig; *~d solution* oorversadigde oplossing. **su·per·sat·u·ra·tion** oorversadiging.
su·per·scribe van 'n opskrif voorsien; skrywe op; adresseer. **su·per·script** boskrif. **su·per·scrip·tion** opskrif.
su·per·sede vervang, die plek inneem van; verdring; afdank, ontslaan; afskaf; verbygaan *(by bevordering); ~ by* vervang deur. **su·per·ses·sion** vervanging; afdanking, ontslag; afskaffing.
su·per·sen·si·tive oorgevoelig. **su·per·sen·si·tive·ness** oorgevoeligheid.
su·per·sen·sual bosinlik.
su·per·serv·er *(rek.)* superbediener.
su·per·short superkort.
su·per·son·ic supersonies.
su·per·star superster.
su·per·state superstaat.
su·per·sti·tion bygeloof; bygelowigheid. **su·per·sti·tious** bygelowig. **su·per·sti·tious·ness** bygelowigheid.
su·per·store superwinkel.
su·per·stra·tum *-strata* bolaag, boonste laag.
su·per·struc·ture *(bouk.)* drastruktuur; *(gram.)* superstruktuur, oppervlaktestruktuur.
su·per·sub·tle oorsubtiel. **su·per·sub·tle·ty** oorsubtiliteit.
su·per·tank·er supertenkskip.
su·per·tax superbelasting.
su·per·ter·res·tri·al bogronds; boaards.
su·per·ton·ic *n., (mus.)* supertonika.
su·per tube glygeut.
su·per·vene tussenkom, -tree; onverwags gebeur; volg, agterna kom; later intree; tussenin/tussenbei(de) kom/tree. **su·per·ven·ing** *(ook)* nakomend, (op)volgend; *~ circumstance* invallende omstandigheid. **su·per·ven·tion** tussenkoms; onverwagte verandering/wending; opvolging; verrassing.
su·per·vise toesig hê/hou (oor), kontroleer. **su·per·vis·ing** toesighoudend. **su·per·vi·sion** toesig, toesighouding; kontrole; *under the ~ of* ... onder toesig van ... **su·per·vi·sor** opsiener, toesigter, toesighouer, opsigter; inspekteur; studieleier; promotor *(i.v.m. 'n proefskrif)*. **su·per·vi·so·ry** toesighoudend.
su·per·wom·an *-women* supervrou.
su·per-wrin·kly *n.* stokou man/vrou/mens.
su·pi·na·tion *(teg.)* terugbuiging. **su·pi·na·tor** *(anat.)* supinator(spier).
su·pine *n., (gram.)* supinum. **su·pine** *adj.* agteroor; agteroor, op die naat van die rug; traag, lusteloos, onverskillig. **su·pine·ness** traagheid; rugligging.
sup·per *n.* aandete; →LAST SUPPER; ***after/before*** *~* ná/voor die aandete; ***have*** *~* (die) aandete geniet/nuttig; *~ **is served*** die (aand)ete is/staan op (die) tafel, die (aand)ete is gereed; ***what's for*** *~* wat kry ons vanaand te ete?. **sup·per** *ww.* (die) aandete geniet/nuttig; 'n aandete verskaf. ~ **club** *(Am.)* luukse nagklub. ~ **time:** *at ~ ~* met (die) aandete.
sup·per·less sonder aandete.
sup·plant verdring, uitdruk; uitoorlê, onderkruip. **sup·plant·er** verdringer; onderkruiper.
sup·ple lenig, buigsaam, slap; soepel; sag, meegaande, gedwee; flikflooierig, vleierig. ~**jack** wandelstok, kierie.
sup·ple·ment *n.* aanhangsel, byvoegsel, aanvulling; *(geom.)* supplement; bylaag, bylae, byvoegsel; toevoegsel; vervolgwerk; →COLOUR SUPPLEMENT; *a ~ to* ... 'n bylaag/bylae by ..., 'n byvoegsel tot ...; 'n aanvulling van ... **sup·ple·ment** *ww.* byvoeg, aanvul; byverdien; *~ s.t. with* ... iets met ... aanvul. **sup·ple·men·tal** aanvullend; *~ air* reserwelug; *~ instruction* aanvullingsonderwys; *~ to* ... aanvullend by ..., ter aanvulling van ... **sup·ple·men·ta·ry** aanvullend, bykomend; aanvullings-, supplements-; *~ **air*** reserwelug; *~ **angle*** supplementêre hoek; *~ **estimates*** aanvullende begroting; *~ **examination*** aanvullingseksamen; hereksamen; *~ **list*** aanvullingslys; *~ **planting*** byplanting. **sup·ple·men·ta·tion** aanvulling.
sup·ple·ness lenigheid, buigsaamheid; soepelheid.
sup·ple·tion *(ling.)* supplesie. **sup·ple·tive** suppletief, supplesie-.
sup·pli·ant, sup·pli·cant *n.* smekeling, smeker; bidder. **sup·pli·ant, sup·pli·cant** *adj.* smekend, smeek-. **sup·pli·cate** smeek, bid, soebat. **sup·pli·ca·tion** smeekbede, smeekgebed, smeking; smeek-, versoekskrif. **sup·pli·ca·tor** afsmeker; →SUPPLIANT *n.*. **sup·pli·ca·to·ry** smekend, smeek-; versoek-; *~ prayer* smeekgebed.
sup·pli·er verskaffer, leweraar, leweransier; →SUPPLY.
sup·ply *-plies, n.* lewering; leweransie; verskaffing, voorsiening, verstrekking; toevoer, aanvoer, aanvulling; bron, voorraad; bevoorrading, versorging; *(i.d. mv.)* lewerings, leweransies; benodig(d)hede; gebruiksvoorrade, verbruiksvoorrade; kosvoorraad, lewensmiddele; ***Committee*** *of S~* →COMMITTEE; *~ **and demand*** vraag en aanbod; *be **in full*** *~* volop wees; *an **inexhaustible*** *~* 'n onuitputlike voorraad; *a ~ **of*** ... 'n voorraad ...; *~ **of** water* →WATER SUPPLY; *s.t. is in **short*** *~* iets is skaars; ***source*** *of ~* →SOURCE *n.*; ***vote** supplies* middele/gelde bewillig/toestaan. **sup·ply** *ww.* lewer, verskaf, voorsien; aanvoer, toevoer; bevoorraad; verstrek *(inligting)*; aanvul; *s.t. was supplied **by*** ... iets is deur ... verskaf; *~ a **deficiency*** →DEFICIENCY; *~ a **demand*** →DEMAND *n.*; *to **goods** (supplied)* →GOODS *n.*; *~ a **loss*** 'n verlies vergoed; *~ a **need*** →NEED *n.*; *~ s.o.'s **place*** iem. vervang, iem. se plek inneem, vir iem. inval; *~ a **vacancy*** 'n vakature vul; *~ s.o. **with** s.t., ~ s.t. **to** s.o.* iem. van iets voorsien, iets aan iem. lewer/verskaf; iets aan iem. verstrek. ~ **base** *(mil.)* kommissariaatsbasis. ~ **cable** toevoerkabel, aanvoerkabel. ~ **chain** aanvoerketting. ~ **cistern** toevoerbak. ~ **column** *(mil.)* kommissariaatskolonne. ~ **council** leweringsraad. ~ **depot** voorsieningsdepot; *(mil.)* kommissariaatsdepot. ~ **industry** voorsienings-, verskaffingsbedryf. ~ **line** toevoerlyn, toevoerkanaal; *(mil.)* toevoerlinie. ~ **main** hooftoevoer(leiding). ~ **meter** verbruiksmeter. ~ **note** verskaffingsbewys. ~ **officer** *(leër)* kommissariaatoffisier; *(vloot)* voorraadoffisier. ~ **pipe** toevoerpyp; toevoerbuis. ~ **route** aanvoerroete, toevoerroete. ~ **(service)** kommissariaat(diens). ~ **ship** voorraadskip, toevoerskip. ~ **side** *n., (ekon.)* aanbodkant. ~**side** *adj. (attr.):* aanbodkant-; *~ economics* aanbodkant-ekonomie. ~ **station** kragsentrale, kragstasie. ~ **system** toevoer-, aanvoerstelsel. ~ **teacher** aflosonderwyser. ~ **voltage** toevoerspanning.
sup·port *n.* steun, ondersteuning, hulp, bystand, onderskraging; onderhoud; steun(sel), steunstuk; stut, voetstuk, voet; houvas; toevlug; ***accord*** *~ to* ... →ACCORD *ww.*; ***assure*** *... of one's ~* ... jou steun toesê; *be the **chief** ~ of* ... die steunpilaar van ... wees; *my **chief** ~, (ook)* my staf en steun; ***give*** *~ to s.o.* hulp/steun aan iem. verleen; iem. aanmoedig, iem. se hande sterk; *with ... troops **in*** *~* met ... hulptroepe, met ... soldate in reserwe; ***in*** *~ of* ... ten bate (*of* tot steun) van ... *('n goeie saak)*; tot/ter stywing van ... *('n fonds)*; tot/ter stawing van ... *('n bewering)*; *(praat)* tot steun van ..., ter ondersteuning van ... *(iem., iets)*; *(praat)* ten gunste van ... *('n voorstel)*; ***lend*** *~ to* ... steun aan ... verleen; *without* (*or with no visible*) ***means** of ~* sonder bestaansmiddele; ***moral*** *~* →MORAL *adj.*; *be the **only** ~ of s.o.* iem. se enigste sorg wees; ***point** of ~* steunpunt; ***rally** to the ~ of s.o.* iem. te hulp kom/snel; ***require*** *~* bystand/hulp/steun nodig hê; *give **strong** ~ to s.o./s.t.* iem./iets sterk/kragtig (onder)steun. **sup·port** *ww.* (onder)steun, stut, dra, onderskraag, rugsteun; steun, help, hulp verleen aan, bystaan, aanspoor, aanmoedig; versterk, krag gee, laat uithou; verdedig; subsidieer; staaf, bekragtig; onderhou, van die nodige voorsien, in stand hou; dra, stut, hou, vashou, ophou; bewaar, handhaaf; verdra, duld, verduur, uithou; akkoord gaan; →SUPPORTING; *~ an actor* 'n (toneel)speler bystaan; *~ed **by facts*** (deur feite) gestaaf; *unable to ~ a **family*** nie in staat om 'n gesin te onderhou nie; *the foundation ~s **the house*** die huis rus op die fondament; *I can ~ such **insolence** no longer* →INSOLENCE; *~ an **institution*** 'n inrigting ondersteun; *too little food to ~ **life*** te min kos om aan die lewe te bly; *~ a **motion*** 'n voorstel steun, ten gunste van 'n voorstel praat; *~ a **population*** 'n bevolking dra; *~ a **role*** 'n rol speel/vervul; *~ **someone**, (ook)* opkom vir iem.; *~ a **speaker**, (ook)* saam met 'n spreker op die verhoog verskyn. ~ **bar** steunstaaf. ~ **end** dra-ent. ~ **group** ondersteunings-, steun-, bystandsgroep. ~ **plate** steunplaat. ~ **price** steunprys *(v. landbouprodukte)*. ~ **rail** steunreling.
sup·port·a·bil·i·ty draaglikheid; houdbaarheid. **sup·port·a·ble** draaglik, duldbaar; houdbaar, verdedigbaar. **sup·port·a·ble·ness** →SUPPORTABILITY. **sup·port·er** ondersteuner; onderhouer, versorger; onderskrywer, ondersteuner; aanhanger, volgeling; voorstander; helper, stut, steun; kampvegter; aanhanger; volgeling; donateur; *(her.)* skildhouer; *a keen/staunch/strong ~* 'n geesdriftige/vurige ondersteuner, 'n staatmaker.
sup·port·ing (onder)steunend, steun-; bykomend, aanvullend; →SUPPORT *ww.*; *~ **actor*** byspeler; *~ **actress*** byspeelster; *~ **aircraft*** steunvliegtuig; *~ **beam*** steun-, stutbalk; *~ **board*** steunplank; *~ **cast*** byspelers; *~ **document*** stawende dokument/stuk; *~ **film*** voorprent, -film; *~ **fire*** steunvuur; *~ **frame*** draagraam; *~ **moment*** steunmoment; *~ **organisation*** stutorganisasie; *~ **plate*** steunplaat; *~ **player*** byspeler; *~ **programme*** voorprogram; *~ **role*** byrol; *~ **stay*** steunstut; steunanker; *~ **subject*** byvak; *~ **surface*** steun-, draagvlak; *~ **troops*** steuntroepe, ondersteuningstroepe; *~ **wall*** steun-, stutmuur. **sup·port·ive** ondersteunend *('n houding, omgewing, ens.)*; onderskragend *('n rol, tuisskare, ens.)*; *be ~* iem. ondersteun/bystaan/onderskraag; *~ treatment* ondersteunende behandeling.
sup·pose veronderstel, aanneem; vermoed, meen, glo; *you will be there, **I*** *~* jy sal daar wees, nie waar nie?; *I ~ **it is*** ek reken/skat so, dit is seker (maar) so; *~ **it was*** ... gestel dit was ..., laat ons aanneem dit was ...; ***let** us ~* ... sê nou ...; *~ s.o. **saw you*** sê nou iem. sien jou; *I ~ **so*** ek reken/skat so, dit is seker (maar) so; *~ **s.o.*** ... gestel dat iem. ...; *~ **we*** ... kom ons ...; hoe sal dit wees as ons ...?; ***what** do you ~?* wat dink jy; *I ~ s.o. **will*** ... iem. sal seker/vermoedelik ...; ek veronderstel iem. sal ..., iem. sal seker/wel ... **sup·pos·a·ble** veronderstelbaar.
sup·posed veronderstel; sogenaamd; *s.o.'s ~ **brother/etc.*** iem. se vermeende broer/ens.; *the ~ **result*** die vermoedelike uitslag; *be ~ **to*** ... glo ... wees *(iem., iets)*; kamma/sogenaamd ... wees *(iem., iets)*; bedoel as ... *('n kompliment)*; *s.o. is ~ **to do s.t.*** iem. moet iets doen, dit is iem. se plig om iets te doen, iem. behoort iets te doen; iem. kan glo iets doen; iem. doen glo iets; *s.o. is not ~ **to do s.t.*** iem. mag iets (eintlik) nie doen nie; *s.o. is ~ **to get*** ... iem. moet ... kry, ... kom iem. toe; *s.o. is ~ **to help*** ... iem. behoort ... te help, ... verwag hulp van iem.; *s.t. is ~ **to help*** ... iets is bedoel om ... te help; *... is not ~ **to know** it* ... mag dit (eintlik) nie weet nie; ... behoort dit nie te weet nie; *what am I ~ **to laugh** at?* waaroor moet ek nou lag?; *s.o. is not ~ **to say** it* iem. mag dit nie sê nie; *s.o. was ~ **to stay** a month* iem. sou 'n maand bly; *s.o. is ~ **to work** on Saturdays/etc.* iem. behoort Saterdae/ens. te werk; iem. moet Saterdae/ens. werk; iem. werk glo Saterdae/ens.; *s.o. is not ~ **to work**, (ook)* iem. hoef nie te werk nie. **sup·pos·ed·ly** kwansuis, na verneem is/word. **sup·pos·ing** indien, aangeneem, gestel, veronderstel dat; *always ~ that* ... natuurlik in die veronderstelling dat ...; *~ s.o.* ... gestel (dat) iem. ... **sup·po·si·tion** (ver)onderstelling, mening, vermoede, supposisie; gissing; stelling; aanname; *the ~ is that* ... daar word vermoed/veronderstel dat ...; *on the ~ that* ... in die veronderstelling dat ...; *act on the ~ that* ... uitgaan van die veronderstelling dat ... **sup·po·si·tion·al** vermoedelik, hipoteties. **sup·pos·i·ti·tious** nagemaak, oneg, vals. **sup·pos·i·ti·tious·ness** onegtheid.
sup·pos·i·to·ry set-, steekpil.

sup·press onderdruk, smoor, doodsmoor; beëindig, 'n einde maak aan; die nek inslaan; bedwing, inhou; terughou, agterhou; stil hou, verswyg, geheim hou; verbied *('n boek)*; demp *('n opstand)*; *facts ~ed* versweë feite. **sup·pres·sant** eetlusdemper. **sup·pres·sion** onderdrukking; smoring; geheimhouding; verswyging, weglating; verbod *(op 'n boek)*; demping *(v. 'n opstand)*. **sup·pres·sive** onderdrukkend, onderdrukkings=. **sup·pres·sor** onderdrukker; demper.

sup·pu·rate *(patol.: 'n wond, sweer)* (ver)sweer, etter, dra. **sup·pu·ra·tion** verswering, (ver)ettering, ettervorming. **sup·pu·ra·tive** *n.* ettervormende middel. **sup·pu·ra·tive** *adj.* (ver)swerend, ettervormend, etterend.

su·pra *(Lat.)* hierbo *(pron.)*, hier bo *(adv.)*.

su·pra= *pref.* supra=; *~national* supranasionaal.

su·pra·lap·sar·i·an *(Chr. teol.)* supralapsariër. **su·pra·lap·sar·i·an·ism** supralapsarisme.

su·pra·mo·lec·u·lar supramolekulêr.

su·pra·mun·dane →SUPERMUNDANE.

su·pra·na·tion·al supranasionaal. **su·pra·na·tion·al·ism** supranasionalisme.

su·pra·or·bit·al *(anat.)* supraorbitaal.

su·pra·re·nal *(anat.)* suprarenaal; bynier=; *~ gland* bynier.

su·prem·a·cist *n.* heerssugtige. **su·prem·a·cist** *adj.* heerssugtig.

su·prem·a·cy (opper)heerskappy, oppergesag, oppermag, oppermagtigheid; oorhand.

su·preme hoogste, allerhoogste, opperste, uiterste; oppermagtig; grootste, belangrikste; *the S~ **Architect*** die Opperboumeester; *~ **authority*** oppergesag; *the S~ **(Being)*** die Opperwese, Allerhoogste; *~ **command*** opperbevel, opperste/hoogste leërleiding; opperbevelhebberskap; *~ **commander*** opperbevelhebber; *~ **court*** hooggeregshof; *(Am.)* appèlhof, hoogste hof; *the ~ **folly*** →FOLLY; *pay the ~ **penalty** for s.t.* →PENALTY; *the S~ **Pontiff*** die pous; *~ **providence*** albeskikking; *~ **rule*** albestuur; *make the ~ **sacrifice*** →SACRIFICE *n.*; *S~ **Soviet*** Opperste Sowjet; *the ~ **test*** →TEST[1] *n.*; *S~ **War Council**, (hist.)* Opperste Oorlogsraad; *~ **wisdom*** alwysheid. **su·preme·ly** *adv.* uiters *(selfversekerd, talentvol, fiks, ens.)*; hoogs *(begaaf[d] ens.)*; besonder *(elegant ens.)*.

su·pre·mo =*mos, (Br., infml.)* supremo.

Su·qu·tra →SOCOTRA.

su·ra *(hfst. v.d. Koran)* soera.

su·rah soera. *~* **(silk)** soerasy.

su·ral *(anat.)* van die kuit, kuit=; *~ artery* kuitslagaar.

Su·rat *(geog.)* Soerat.

sur·cease *n., (arg.)* einde, staking; *~ from/of sorrow* rus van smart. **sur·cease** *ww.* ophou, eindig; staak.

sur·charge *n.* oorlading; bybelasting, bykomende belasting; ekstra posgeld/port; oorgewigkoste, oorbetaling; *(jur.)* toeslag; *(filat.)* opdruk, oordruk. **sur·charge** *ww.* bybelas, ekstra belas; oorlaai; ekstra laat betaal, ekstra bereken; vergoeding laat betaal; *(filat.)* opdruk, oordruk, van opdrukke/oordrukke (*of* 'n opdruk/oordruk) voorsien, opdrukke/oordrukke (*of* 'n opdruk/oordruk) aanbring; *(jur.)* toeslag laat betaal, toeslag oplê. *~* **(load)** bolas.

sur·cin·gle (buik)gord *(vir 'n perd)*.

sur·coat *(hist.)* oor=, opperkleed.

sur·cu·lose *(bot.)* wortelsuiervormend.

surd *n., (wisk.)* wortelvorm, wortelgetal; *(fonet.)* stemlose medeklinker. **surd** *adj., (wisk.)* onmeetbaar; *(fonet.)* stemloos.

sure *adj.* seker, gewis, vasstaande, wis en seker; onfeilbaar; veilig; *be ~ **and/to** ...!* jy moet beslis ...!; sorg dat jy ...!; moenie vergeet/versuim om te ... nie!; ***are** you ~ of it?* is jy seker daarvan?; *you **can be** ~ of that!* dié/dit moet jy weet!; ***I cannot** be ~ of it* ek is nie seker daarvan nie, ek het geen sekerheid daaroor/daaromtrent nie; *that is a ~ **card*** →CARD[1] *n.*; ***dead** ~* →DEAD *adv.*; ***for** ~, (infml.)* gewis, beslis, (vir) seker, verseker, sonder twyfel; *that's **for** ~* dis (nou) maar klaar; ***I'm** ~ I don't know* ek weet (dit) glad/regtig nie; ***I'm** ~ it is so* ek is (daarvan) oortuig dat dit waar is; ***I'm** not ~ that it isn't ...* miskien is dit ...; ***I'm** ~ I didn't mean to ...* ek het regtig nie bedoel om te ... nie; *God **is** a ~ defence* God is 'n vaste burg; ***make** ~, (<Eng.)* seker maak; ***make** ~ of s.t.* jou van iets verseker/vergewis/oortuig, sekerheid oor/omtrent iets verkry; iets verseker *('n oorwinning ens.)*; *s.o. wants to **make** ~ of it* iem. wil sekerheid daaroor/daaromtrent hê (*of* wil hom/haar daaromtrent/daarvan oortuig); ***make** ~ that ...* verseker dat ..., sorg (dra) dat ..., toesien dat ...; *you **may** be ~ of s.o.'s loyalty/etc.* jy kan op iem. se lojaliteit/ens. staatmaak; *be ~ **of** o.s.* selfversekerd wees, seker van jou saak wees; *be ~ **of** s.t.* van iets seker wees; *you can be ~ **of** it* jy kan daarvan seker wees; *a ~ **place*** 'n veilige plek; *~ **thing**, (Am., infml.)* alte/ja seker, natuurlik, met plesier; *one **thing** is ~* een ding staan vas, een ding is seker; *be ~ **to** ...! →**and/to**; be ~ **to** come!* kom tog seker!; *be ~ **to** dislike s.o.* stellig nie van iem. hou nie; *be ~ **to** get s.t.* sorg dat jy iets aanskaf; *s.o. is ~ **to** ...* iem. sal beslis ... *(slaag ens.)*, ... is iem. se voorland *(verdwaal ens.)*; iem. sal stellig ... *(opdaag ens.)*; ***to be** ~* weliswaar, inderdaad, ongetwyfeld; gewis, waarlik, wraggies, warempel; *well, well, **to be** ~!; well, I'm ~!* nou kyk!, nou toe (nou)!, waarlik!; gewis. **sure** *adv.* seker, stellig, bepaald, waarlik; *as ~ **as** death/fate/nails* (or *a gun* or *God made little apples*), *(as) ~ **as** eggs is/are eggs, as ~ **as** ~ (can be)* so waar as vet/wragtig (*of* padda manel dra), so seker as wat, so seker as (wat) twee maal twee vier is; *s.t. will happen as ~ **as** fate, (ook)* iets sal onvermydelik gebeur; and *~ **enough** ..., (infml.)* en jou waarlik ..., en so warempel ...; *s.t. will happen ~ **enough**, (infml.)* iets sal wis en seker gebeur; ***feel** ~ of ...* (daarvan) oortuig voel dat ...; ***sure!**, (infml.)* ja seker!, bepaald!. **~-fire** *(infml.)* veilig, onfeilbaar, vertroubaar, betroubaar. **~-footed** *(lett.)* vas op die voete, vasvoetig, stewig op die bene; betroubaar, vertroubaar.

sure·ly (vir) seker, verseker, met sekerheid, seer seker, stellig, sonder twyfel, ongetwyfeld, beslis, sweerlik, gewis; tog, seker; *s.o. will ~ **do** s.t.* iem. sal iets beslis doen, iem. sal iets seer seker doen; *~ **I have met you before*** ons het (tog) al kennis gemaak, nie waar nie?; *there is no truth **in it**, ~?* maar dit is tog seker nie waar nie?; *~ **you don't believe that?*** jy glo dit tog seker nie?. **sure·ness** sekerheid.

sure·ty borg; waarborg, pand; *(vero.)* sekerheid; *of a ~* gewis, seker, stellig; *~ for a ~* borg vir 'n borg, tweede borg; *stand ~ for s.o.* vir iem. borg staan/teken. *~* **bond** borg(stellings)akte; waarborgakte.

sure·ty·ship borgstelling; *bond of ~* borg(stellings)akte, akte van borgstelling.

surf *n.* branders; branding. **surf** *ww.* branderry, branderplank ry; →SURFER, SURFIE, SURFING; *~ the Net/Internet, (ook kll.)* op die Net/Internet rondkuier/rondsnuffel/rondrits *(ook kll.)*, die Net/Internet verken *(ook kll.)*, websoektogte doen, in die kuberruimte rondreis. **~board** branderplank. **~boat** platboomskuit. **~ life-saving club** strandreddingsklub. **~rider** →SURFER. **~riding** →SURFING.

sur·face *n.* oppervlakte; vlak, oppervlak; uiterlik(e), buitekant; blad *(v. 'n pad)*; ***below/beneath/under** the ~* onder die oppervlak; ***break** (the)* (or ***rise** to the*) *~* bo (die water) kom, opkom, opduik; *~ **of** contact* = CONTACT SURFACE; *~ **of** fracture* breukvlak; *~ **of** revolution* omwentelingsvlak; *~ **of** separation* skeidingsvlak; ***on** the ~* aan die oppervlak; bo-op; van bo (gesien); van buite (gesien); op die oog (af); oppervlakkig beskou; bolangs; *s.t. is only **on** the ~* iets is maar net skyn/bolangs; ***scratch** the ~ of s.t.* die moontlikhede van iets nie behoorlik ontgin nie; iets oppervlakkig behandel. **sur·face** *adj.* oppervlakkig; bogronds; oppervlak(te)=. **sur·face** *ww.* bokom, opkom, opduik; verhard, blad gee *('n pad)*; (vlak) skaaf, skawe; glad maak; sag maak; verdig; planeer *(papier)*. **~-active** *(chem.)* oppervlakaktief. *~* **(area)** oppervlakte. *~* **bed** beddinglaag. *~* **block/gauge** krasblok, parallelkrasser. *~* **channel** grondgeut. *~* **coat** deklaag *(verf)*; bladlaag *(v. 'n pad)*. *~* **crack** windbars, oppervlakkraak. *~* **craft** bowatervaartuig. *~* **current** oppervlakstroom. *~* **drainage** stormwaterdreinering. *~* **dressing** oppervlakbehandeling, =afwerking. *~* **energy** oppervlak(-)energie. *~* **erosion** oppervlak(-)erosie. *~* **gravel** bogruis. *~* **grinder** vlakslyper. *~* **grinding** vlakslypwerk. *~* **hardener** boverharder. *~* **hinge** oplêskarnier. *~* **layer** bolaag, oppervlaklaag. *~* **mail** landpos; seepos. **~man** bladwerker *(paaie)*. *~* **manager** bogrondbestuurder, bogrondse bestuurder. *~* **measure** landmaat, (opper)vlaktemaat, vierkantmaat. *~* **milling machine** vlakfreesmasjien. *~* **muscle** oppervlakspier. *~* **noise** naaldgeruis, =gekras *(v. 'n grammofoonplaat)*. *~* **plane** plat vlak. *~* **planing** vlakskaaf, vlakskawe, =skaafwerk. *~* **planing machine** vlakskaafmasjien. *~* **printing** vlakdruk, planodruk, planografiese druk, planografie. *~* **rights** oppervlakteregte. *~* **root** vlak wortel. *~* **runoff** terreinafloop. *~* **shake** korsbars. *~* **soil** bogrond. *~* **structure** *(ling.)* oppervlak(te)struktuur. *~* **temperature** oppervlaktemperatuur. *~* **tension** grensvlakspanning, oppervlakspanning. **~-to-air missile** grond-lug-projektiel. **~-to-surface** *adj. (attr.)* grond-tot-grond- *(missiel)*. *~* **trench** oppervlakvoor. *~* **unit** eenheid van oppervlakte. *~* **vessel** bowatervaartuig. *~* **water** oppervlakwater, terreinwater, bogrondse water; boonste waterlaag, bowater. *~* **wave** *(geol.)* oppervlakgolf. *~* **wind** grondwind, bodemwind. *~* **wiring** oppervlakbedrading, bogrondse bedrading. *~* **workings** *(mynb.)* bogrondse delfplekke.

sur·fac·er gladmaker; vlakskawer, =maker; vlakskaafmasjien; vlakslyper, oppervlakslypmasjien; onderlaag *(verf)*.

sur·fac·ing (die) bokom, opduiking; oppervlakbehandeling; vlakwerk, vlakking; vlakskaaf, =skawe; gladmaking; planering; verharding, blad gee *(v. 'n pad)*; →SURFACE *ww.*. *~* **machine** vlakskaafmasjien.

sur·feit *n.* oorversadiging, walging, satheid; *s.o. has had a ~ of ...* iem. is teë van/vir ... **sur·feit** *ww.* jou ooreet, te veel eet/drink, (die maag) oorlaai; *~ o.s. with ...* jou teë eet aan ...; jou aan ... oorversadig.

surf·er branderplankryer. **surf·ie** *(infml., hoofs. Austr.)* branderplankryer. **surf·ing** branderry, branderplank ry.

sur·fi·cial de·pos·it *(geol.)* oppervlakafsetting.

surge *n.* (groot) golf; golwing; stortsee; deining; opwelling; *(elek.)* stuwing. **surge** *ww.* golf, heen en weer beweeg, dein; klots; opwel, oploop, stu, (op)bruis, styg; *('n motor)* met vaarte loop; *(sk.: 'n tou)* uitloop; *(sk.)* laat skiet, vier *('n tou)*; →SURGING; *~ forward* vorentoe beur/dring; vorentoe skiet. *~* **chamber**, *~* **tank** *(watertegnol.)* stutenk.

sur·geon chirurg, sjirurg, snydokter; (skeeps/vloot)dokter; *~'s cap* doktersmus; ***dental** ~* →DENTAL *adj.*; *~'s **hood*** dokterskap; *~'s **knife*** operasiemes, opereermes; *~'s **knot*** chirurgiese/sjirurgiese knoop; ***(ship's)** ~, (hist.)* chirurgyn, sjirurgyn, skeepsdokter; ***veterinary** ~* →VETERINARY *adj.*. *~* **general** *(mil.)* geneesheer-generaal.

sur·ger·y chirurgie, sjirurgie, snykunde; spreekkamer *(v. 'n dokter)*; behandelingskamer, operasiekamer; verbandkamer. **sur·gi·cal** chirurgies, sjirurgies, snykundig; *~ **fever*** wondkoors; *~ **hose*** chirurgiese/sjirurgiese kouse; *~ **intervention*** chirurgiese/sjirurgiese ingreep; *~ **knife*** chirurgiese/sjirurgiese mes, opereermes; *~ **needle*** chirurgiese/sjirurgiese naald, hegnaald; *~ **scissors*** chirurgiese/sjirurgiese skêr, operasieskêr; *~ **shock*** chirurgiese/sjirurgiese skok, ingreepskok; *~ **spirit**, (Br., med.)* ontsmettingsalkohol; *~ **strike**, (mil.)* aanval met chirurgiese/sjirurgiese presisie; *~ **ward*** chirurgiese/sjirurgiese saal/afdeling.

surg·ing golwing; opwelling; stuwing; →SURGE *n. & ww.*.

su·ri·cate *(Suricata suricatta)* (stokstert=, graatjie)meerkat, erdmannetjie.

Su·ri·nam(e) *n., (geog.)* Suriname; *inhabitant of ~* Surinamer. **Su·ri·nam** *adj.* Surinaams; *~ cherry* bosjamboes, Surinaamse kersie. **Su·ri·na·mese, Su·ri·nam·er** *n.* Surinamer. **Su·ri·na·mese** *adj.* Surinaams.

sur·ly nors, stuurs; ~ *answer* dwars antwoord. **sur·li·ly** nors, op 'n nors manier; →SURLY. **sur·li·ness** nors=heid, stuursheid, onbeleefdheid.

sur·mise *n.* vermoede, gissing. **sur·mise** *ww.* ver=moed, gis, raai; *surmising that* ... in die vermoede dat ...

sur·mount te bowe kom, oorkom; oorwin; lê/staan op; *~ed arch* steltboog; *~ed by* ..., *(ook)* met ... bekroon; *~ed with* ... met ... bedek. **sur·mount·a·ble** oorkombaar, oorkomelik.

sur·mul·let *(Am.)* →RED MULLET.

sur·name *n.* van, familienaam; *(arg.)* bynaam; *what is your ~?* hoe/wat is jou van?. **sur·name** *ww.* 'n van/bynaam gee.

sur·pass oortref, uitmunt/uitblink bo; verbystreef; ~ *o.s.* jouself oortref. **sur·pass·a·ble** oortrefbaar. **sur·pas·sing** uitstekend, weergaloos, ongeëwenaard, alles=oortreffend.

sur·plice koorkleed, =hemp. ~ **fees** leges, doop=, be=grafnisgeld(e), *ens.*.

sur·pliced met 'n koorkleed aan.

sur·plus *n.* surplus, oorskot, oorskiet, oormaat, teveel; batige saldo; *have a ~ of* ... 'n oorskot/surplus/teveel aan ... hê *(mielies ens.)*; oortollige ... hê *(energie ens.)*. **sur·plus** *adj.* oorbodig, orig, te veel, oortollig; ~ ***earth*** oorskietgrond; ~ ***energy*** oortollige energie; ~ ***value*** meer=, oor=, surpluswaarde; ~ ***words*** oorbodige woorde. **sur·plus·age** *(jur.)* oorbodigheid; oorskot; oor=tolligheid *(v. woorde)*.

sur·prise *n.* verrassing; verbasing, verwondering; ver=baasdheid; *a ~* ***awaits*** *s.o.* →AWAIT; *a* ***bit*** *of a ~* →BIT[1] *n.*; ***catch*** *s.o. by ~* iem. verras; ***cause*** *~* verbasing wek; *s.t.* ***comes*** *as a ~ to s.o.* iets verras iem., iets is vir iem. 'n verrassing; ***give*** *s.o. a ~* iem. verras; *a* ***pleasant*** *~* 'n aangename verrassing; ***spring*** *a ~ on s.o.* →SPRING *ww.*; ***take*** *s.o. by ~* iem. verras; iem. oorrompel/oor=val *('n vyand)*; ***to*** *s.o.'s (great) ~, (much) to s.o.'s ~* tot iem. se (groot) verbasing; *s.o. got an* ***unpleasant*** *~* iem. is onaangenaam verras; ***what*** *a ~!* dis 'n groot verras=sing!, wat 'n verrassing!. **sur·prise** *ww.* verras; ver=baas, verstom, verwonder; oorrompel, oorval; betrap; *~ s.o. in the* ***act*** *(of doing s.t.)* →ACT *n.*; *be* ***agreeably*** *~ed* aangenaam verras wees; *s.o. is ~ed* ***at/by*** *s.t.* iem. is verbaas/verwonder(d) oor iets, iets verbaas/verwon=der iem., iem. is deur iets verras; ***I shouldn't*** *be ~ed* dit sou my nie verbaas/verwonder nie; *one is ~ed* ***to*** *hear/etc. s.t.* dit verbaas/verwonder jou om iets te hoor/ens. ~ **attack** verrassingsaanval. ~ **move** verrassing=set. ~ **packet** verrassinkie, verrassingspakkie. ~ **party** verrassingsparty(tjie); *(mil.)* oorrompelingstroep. ~ **visit** onverwagte besoek, verrassingsbesoek.

sur·pris·ing verrassend; verbasend, verbasingwek=kend; *it's hardly/not ~ that* ... (dis) geen wonder dat ... nie, dis nie verwonderlik (*of* te verwonder) dat ... nie. **sur·pris·ing·ly** onverwags, verrassend. **sur·pris·ing·ness** onverwagtheid, die verbasende/verrassende, skie=likheid.

sur·ra *(veearts.)* soera.

sur·re·al *adj.*, **-ly** *adv.* onwerklik, droomagtig, sur=reëel; surrealisties.

sur·re·al·ism surrealisme. **sur·re·al·ist** *n.* surrealis. **sur·re·al·ist, sur·re·al·is·tic** *adj.* surrealisties. **sur·re·al·i·ty** surrealiteit.

sur·re·but =*tt*=, *(jur.)* tweede tripliek lewer, die derde maal verweer. **sur·re·but·tal, sur·re·but·ter** *(jur.)* tweede tripliek, derde repliek.

sur·re·join *(jur.)* tripliseer, die tweede maal repliseer. **sur·re·join·der** tripliek, tweede repliek.

sur·ren·der *n.* oorgawe; afstanddoening, prysgewing; boedeloorgawe; afstand; uitlewering; afkoping *(v. 'n polis)*; inlewering, teruggawe *(v. aandele)*; terugstorting; *~ of estate* boedeloorgawe; *unconditional ~* onvoor=waardelike oorgawe. **sur·ren·der** *ww.* oorgee *('n boe=del)*; jou oorgee, hen(d)sop; afgee, afstaan, afstand doen van; laat vaar, prysgee, opgee, afsien van *(eis)*; in=lewer, teruggee *(aandele)*; afkoop, kommuteer *(verlof)*; uitlewer; terugstort *('n oorskot)*; afkoop *('n polis)*; ~ ***arms*** die wapens neerlê; *~ed* ***balance*** teruggestorte saldo; *~ one's* ***estate*** →ESTATE; *the* ***fortress*** *~ed* die vesting het geval; ~ ***hopes*** hoop opgee; *~ a* ***policy*** 'n polis laat afkoop; *~ a* ***right*** →RIGHT *n.*; *~* ***to*** ... jou aan ... oorgee *(d. vyand)*. ~ **value** afkoopwaarde.

sur·rep·ti·tious onderduims, slinks, bedrieglik; heim=lik, steels; oneg. **sur·rep·ti·tious·ly** agteraf, stilletjies, onderlangs, agter die rug, op onderduimse/slinkse ma=nier; heimlik, in die geheim; *enter ~* insluip. **sur·rep·ti·tious·ness** heimlikheid; slinksheid, onderduims=heid.

sur·rey (ligte) perdewaentjie.

sur·ro·ga·cy →SURROGATE MOTHERHOOD.

sur·ro·gate *('n persoon)* plaasvervanger, substituut; *('n stof)* surrogaat. ~ **mother** surrogaatma, =moeder, dra-ma, abba-ma; substituutma. ~ **motherhood, sur=rogacy** surrogaatmoederskap.

sur·ro·ga·tion surrogasie.

sur·round *n.* (sier)omranding; omsingeling. **sur=round** *ww.* omring, omvat, omsluit; omsingel; insluit; *be ~ed by/with* ... deur ... omring wees, tussen ... wees; met ... omwal wees; *~ing circumstances* omringende omstandighede; *the ~ing country* die omliggende land, die omgewing. **sur·round·ings** omgewing, omstreke, milieu.

sur·tax *n.* bybelasting, bykomende belasting. **sur·tax** *ww.* 'n ekstra belasting oplê, ekstra belas.

sur·ti·tle *n.* boskrif. **sur·ti·tle** *ww.* van boskrifte voor=sien *('n opera ens.)*.

sur·veil·lance toesig; bewaking; waarneming; *s.o./s.t. is under ~* iem./iets word dopgehou; iem./iets is onder bewaking/toesig.

sur·vey *n.* opname; oorsig; opmeting; besigtiging, on=dersoek; *geological ~* →GEOLOGICAL; *do/make a ~ of* ... 'n opname van ... maak. **sur·vey** *ww.* 'n opname maak; opmeet; bekyk, beskou, besigtig; ondersoek; opneem; *~ed land* opgemete grond. ~ **flight** opme=tingsvlug. ~ **peg** landmeterspen. ~ **post** opmetings=pos. ~ **ship/vessel** opmetingskip.

sur·vey·a·ble *(ook)* oorsigtelik.

sur·vey·ing opmeting, opname; landmetery, land=meting; landmeetkunde, opmeetkunde. ~ **rod** nivel=leerstok. ~ **ship/vessel** = SURVEY SHIP/VESSEL. ~ **wheel** meetwiel.

sur·vey·or landmeter; opmeter; opsiener, opsigter, toesighouer; inspekteur; opmetingsbeampte; →BUILD=ING SURVEYOR, MINE SURVEYOR, QUANTITY SURVEYOR; *~'s chain* landmeterskettting, meetketting; *~'s level* land=meterswaterpas; *~'s rod* nivelleerstok. ~ **general** land=meter-generaal. ~ **general's office** landmeter-generaals=kantoor.

sur·vey·or·ship landmeterspos.

sur·viv·al oorlewing, voortbestaan, behoud; oorblyf=sel; *~ of the fittest* behoud/standhouding/oorlewing van die geskikste. ~ **force** behoudsmag. ~ **kit** oorlewings=, noodpak(kie).

sur·viv·al·ist *n.* oorlewingskunstenaar, =deskundige. **survivalist** *adj. (attr.)* oorlewings= *(gees ens.)*.

sur·vive oorlewe, nog lewe, voortlewe, voortbestaan, behoue bly, nog bestaan, deurhou; aan die lewe bly; langer lewe as, agterbly; *~ s.o.* ***by*** *a year/etc.* iem. 'n jaar/ens. oorleef/oorlewe; *~ one's* ***contemporaries*** jou tyd=genote oorlewe, langer lewe as jou tydgenote; *~* ***all perils*** →PERIL *n.*; *surviving* ***spouse*** langslewende/agterblywende huweliks=/lewensmaat. **sur·vi·vor** langs=lewende, agtergeblewene, agterblywende; oorblywende, oorlewende, oorgeblewene.

sus *n.*, *(Br. sl.)* verdenking, suspisie; verdagte. **sus** *adj.* verdag, suspisieus. **sus** *ww.* 'n spesmaas hê, dink, vermoed.

Su·sa, *(Byb.)* **Shu·shan** *(geog.)* Susa(n) *(in Persië)*.

Su·sa(h) →SOUSSE.

sus·cep·ti·ble vatbaar, ontvanklik, gevoelig; liggeraak; sensitief; *be ~ to* ... vir ... gevoelig wees *(kritiek ens.)*; vir ... ontvanklik wees *(vleiery ens.)*; vir ... vatbaar wees *(verkoue ens.)*; nie teen ... bestand wees nie *(sjarme ens.)*; *not be ~ to* ... onvatbaar wees vir ...; *s.t. is not ~ of proof* iets is onbewysbaar. **sus·cep·ti·bil·i·ty** vatbaarheid, ontvanklikheid, gevoeligheid; liggeraaktheid; *offend s.o.'s susceptibilities* iem. se gevoeligheid kwets. **sus=cep·ti·ble·ness** ontvanklikheid; →SUSCEPTIBLE. **sus=cep·tive** *(arg.)* →SUSCEPTIBLE.

su·shi *(Jap. kookk.)* soesji.

sus·pect *n.* verdagte; *prime ~* →PRIME *adj.*. **sus·pect** *adj.* verdag. **sus·pect** *ww.* vermoed, verdink, wan=trou; agterdog koester; ~ *the* ***authenticity*** *of* ... twy=fel aan die egtheid van ...; ***begin*** *to ~* die/'n snuf in die neus kry; *~ed* ***case*** *of* ... vermoedelike/vermeende ge=val van ...; *~ s.o. of having* ***done*** *s.t.* iem. daarvan ver=dink dat hy/sy iets gedoen het; ***you, I*** *~, don't care* jy gee vermoedelik/seker nie om nie; *be ~ed* ***of*** ... van ... verdink word *(moord ens.)*; *~ed* ***person*** verdagte; ~ ***that*** ... vermoed dat ...; *~ s.o.* ***to*** *be* ... vermoed dat iem. ... is.

sus·pend ophang, hang; laat hang; uitstel, opskort; onderbreek, staak; skors, suspendeer; *be ~ed* ***from*** ... aan ... hang; as ... geskors wees *(lid v. 'n vereniging)*; in ... geskors wees *('n amp)*; ~ ***judg(e)ment*** →JUDG(E)=MENT; *~ a* ***licence*** 'n lisensie opskort/tydelik intrek; ~ ***payment*** betaling staak. **sus·pend·ed** *(ook, chem.)* in suspensie; ~ ***account*** →SUSPENSE ACCOUNT; ~ ***ani=mation*** skyndood; ~ ***arch*** hangboog; ~ ***balloon*** swe=wende ballon; ~ ***energy*** slapende energie; ~ ***floor*** hangvloer; ~ ***load*** hanglas; ~ ***matter*** swewende stow=we; ~ ***particles*** *of dust* drywende/swewende stofdeel=tjies; ~ ***scaffold(ing)*** hangsteier; ~ ***sentence*** opge=skorte vonnis; ~ ***tax*** opgeskorte belasting; ~ ***water*** ge=suspendeerde water.

sus·pend·er ophanger; kous(op)houer, sok(kie)op=houer; kousband; *(i.d. mv.:Am., Kan.)* kruisbande; *sock ~* sokkieophouer, kousrek; *stocking ~* kousophouer. ~ **belt** kousgordel.

sus·pense spanning, spannende afwagting, onseker=heid, twyfel; opskorting, uitstel; suspensie; *s.o. cannot* ***bear*** *the ~* iem. kan die spanning nie verduur nie; *be* ***fraught*** *with ~* →FRAUGHT; ***keep*** *s.o. in ~* iem. in spanning/onsekerheid laat, iem. in spanning hou; *the ~ is* ***killing*** *s.o.* die spanning word nou vir iem. on=draaglik; *novel* ***of*** *~* spanningsverhaal. ~ **account** tus=senrekening, afwagrekening, voorlopige/transitoriese rekening.

sus·pen·sion (op)hanging; vering; swewende toe=stand; suspensie *(in vloeistowwe)*; uitstel, opskorting; skorsing; onderbreking; staking; →SUSPEND; ***be in*** *~* sweef, swewe, in swewende toestand wees, in suspen=sie wees; *~* ***of*** *a licence* opskorting/(tydelike) intrekking van 'n lisensie; *~* ***of*** *payment* staking/stopsetting van betaling; opskorting van betaling; *point* ***of*** *~, (fis.)* (op)=hangpunt, suspensiepunt; →SUSPENSION POINT. ~ **arm** veringarm. ~ **bolt** hangbout. ~ **bridge** hang=, swaai=, sweefbrug. ~ **bumper** *(mot.)* slagkussing. ~ **cable** hangkabel. ~ **file** hanglêer. ~ **lamp** hanglamp. ~ **point** *(fis.)* (op)hangpunt, suspensiepunt; *(Am.)* weg=latingspunt, *(i.d. mv.)* beletselteken. ~ **railway** hang=spoor. ~ **rod** hangstang. ~ **(system)** *(mot.)* veringstel=sel, hangstelsel. ~ **wire** hangdraad, suspensiedraad.

sus·pen·sive opskortend; onseker; twyfelagtig; *~ power* skorsingsreg.

sus·pen·soid *n.*, *(chem.)* suspensoïed.

sus·pen·sor *(anat.)* →SUSPENSORY *n.*; *(bot.)* kiem=draer.

sus·pen·so·ry *n.*, *(anat., ook suspensor)* draer; *(med.)* draag=, hangverband; →SUSPEND. **sus·pen·so·ry** *adj.* hangend, hang=, draag=, ~ *bandage* draagverband, hangverband; *~ ligament* ophangband, draagligament.

sus·pi·cion agterdog, verdenking, suspisie, argwaan, wantroue; vermoede; tikkie, aanduiding, ietsie, ge=ringe hoeveelheid; sweem(pie); *be* ***above*** *~* bo (alle) verdenking staan/wees; ***arouse/rouse*** *~* agterdog/arg=waan wek; *s.o.'s ~s are* ***aroused/roused*** iem. word ag=terdogtig, iem. kry hond se gedagte *(infml.)*; *not a* ***breath*** *of ~* geen greintjie agterdog nie; ***cast/throw*** *~ on s.o.* iem. verdag maak, iem. in/onder verdenking bring; *~* ***falls*** *on s.o.* iem. word verdink; ***harbour*** *~(s)* agterdog koester; ***have*** *a ~ that* ... vermoed dat ..., 'n suspisie/vermoede hê dat ...; ***incur*** *~* in/onder verdenking kom; ***just*** *a ~ of* ... net 'n titseltjie/krieseltjie ...; ***not*** *a ~ of* ... geen sweem van ... nie, nie 'n sweem van ... nie, nie die minste bewys van ... nie; ***on*** *~ of* ... onder verdenking van ... *(moord ens.)*; *have a* ***shrewd*** *~ that* ... →SHREWD; ***sow*** ~ agterdog/verdenking saai; *be* ***under*** ~ onder verdenking staan/wees. **~-mongering** verdagmakery.

sus·pi·cious agterdogtig, wantrouig, argwanend, kwaaddenkend *(iem.)*; verdag, bedenklik *(omstandighede)*; *there is s.t. ~ about s.t.* iets kom verdag voor; *become ~* agterdogtig raak/word, onraad bespeur/merk; *be ~ of s.o./s.t.* iem./iets wantrou, agterdogtig wees teen/jeens iem./iets, iem./iets met agterdog bejeën. **~-looking** agterdogwekkend.

sus·pi·cious·ness agterdogtigheid; verdagtheid.

sus·pire *(poët., liter. of arg.)* sug; uitasem.

suss *n., (sl.)* vernuf. **suss** *ww., (sl.)* agterkom; *~ s.o. out* iem. deurkyk; iem. aan die tand voel; *~ s.t. out* iets verken *('n roete ens.)*; iets peil *('n reaksie ens.)*; iets vasstel *('n standpunt ens.)*; *~ things out* die kat uit die boom kyk, uitvis hoe die vurk in die hef steek, kyk uit watter hoek die wind waai. **sussed** *adj., (Br. sl.)* goed ingelig; *be pretty ~ about s.t.* baie van iets (af) weet, 'n groot kenner van iets wees, goed in iets onderlê/onderleg wees; *be completely ~ on s.t.* alles van iets (af) weet; *have s.o. ~ as a* ... weet dat iem. 'n ... is; *be politically ~* (in die) politiek bedrewe wees, 'n bedrewe politikus wees.

Sus·sex *(geog.)* Sussex. ~ **cattle** Sussexbeeste, sussexbeeste.

sus·tain dra, (onder)steun; stut; bystaan, help, krag gee, aanmoedig; uithou; deurstaan, verduur *('n aanval ens.)*; aanhou, volhou; handhaaf; ly; bewys, staaf; *~ a* ***broken leg/etc.*** jou been/ens. breek; *s.t. will not ~* ***comparison*** iets kan geen vergelyking deurstaan nie; *~ a* ***defeat*** 'n ne(d)erlaag ly; *~ an* ***injury*** beseer word, 'n besering opdoen; *~ a* ***note*** 'n noot aanhou; *~ an* ***objection*** →OBJECTION; *~ a* ***part/role*** 'n rol speel/vervul; *~ a* ***view*** 'n standpunt stel. **sus·tain·a·ble** *adj.* handhaafbaar, volhoubaar *(ekonomiese ontwikkeling ens.)*. **sus·tained** *(ook)* langgerek; ~ ***defence*** volgehoue verdediging; ~ ***effort*** onafgebroke inspanning; ~ ***experience*** langdurige ondervinding; ~ ***note*** gedrae/lang aangehoue noot; ~ ***pressure*** volgehoue druk; ~ ***wave*** deurlopende golf. **sus·tain·ing** *adj.*: ~ ***food*** voedsame kos; ~ ***pedal, (mus.)*** regterpedaal *(v. 'n klavier)*; ~ ***power*** uithouvermoë; ~ ***program, (Am., rad., TV)*** niekommersiële program. **sus·tain·ment** hulp, bystand, steun, ondersteuning.

sus·te·nance voedsel, kos, lewensmiddele; (lewens)onderhoud, leeftog; *how shall we get ~?* waarvan sal ons lewe?; *there is no ~ in s.t.* iets het geen voedingswaarde nie.

sus·ten·ta·tion *(fml.)* onderhoud, hulp, bystand, steun, ondersteuning. ~ **fund** steunfonds.

su·sur·rate *(liter.)* fluister; murmel. **su·sur·rant** fluisterend; murmelend; ritselend, ruisend. **su·sur·ra·tion, su·sur·rus** fluistering, gefluister; geritsel, geruis; murmeling.

sut·ler *(hist.)* soetelaar, laersmous, marketenter, marketentster.

su·tra soetra.

sut·tee *suttees,* **sa·ti** *satis* weduweeverbranding.

su·ture *n.* naat; *(anat.)* beennaat; wondnaat; hegsteek; hegting; hegdraad, =materiaal. **su·ture** *ww.* vaswerk, (vas)heg, vasnaai, toewerk, toenaai. **su·tur·al** (been)naat=; wondnaat=; *~ bone* naatbeentjie.

Suur·berg cy·cad *(Encephalartos longifolius)* Suurbergbroodboom.

su·ze·rain *n.* susereine staat; *(hist.)* suserein, opperleenheer. **su·ze·rain** *adj.* suserein. **su·ze·rain·ty** susereiniteit, opperheerskappy.

sva·ra·bhak·ti *(fonol.)* svarabhakti.

svelte lenig, soepel, slank.

Sven·ga·li *-lis, ('n karakter i.d. roman* Trilby *v. George du Maurier)* Svengali.

swab *n., (med.)* depper; mop, dweil; *(sl.)* lomperd; *(Am.)* skeepsoffisier; *small ~* pluisie, absorbeerwatte, stukkie gaas. **swab** *-bb-, ww.* dweil, opvee; dep, opneem; droogmaak; *~ down s.t.* iets afdweil. **~(bing) pad** depper.

swab·ber swabber; skropper; skropsoldaat, =matroos.

Swa·bi·a *(geog.)* Swabe. **Swa·bi·an** *n.* Swaab; *(dialek)* Swabies. **Swa·bi·an** *adj.* Swabies.

swad·dle toedraai, toewikkel; *be ~ed in* ... in ... toegedraai/toegewikkel wees; *swaddling clothes, (Byb.)* doeke; bande, belemmering, beperking.

swag *(infml.)* gesteelde goed, roof, buit; *(bouk.)* festoen, gierlande, guirlande; sak, bagasierol. **~man** *(infml.)* smous; landloper.

swage *n.* saal, smee(d)saal *(v. 'n smid)*; staalsmee(d)vorm; stempel; tandsetter *(vir 'n saag ens.)*. **swage** *ww.* saal=, vormsmee; stempel, stans. ~ **block** saalblok, =aambeeld, vormblok; matrysblok. ~ **bolt** keepbout. ~ **head** stuikkop, setkop. ~ **tool** staalsmee(d)vorm.

swag·er saalsmeder; staalsmee(d)vorm; tandsteller; saal, smee(d)saal *(v. 'n smid)*.

swag·ger *n.* windmaker(ige) stap; grootpratery, spoggerigheid, blufpraatjies, aanstellery, aanstellings, houdings, grootdoenery, swier. **swag·ger** *adj., (infml., vero.)* windmakerig, spoggerig, piekfyn. **swag·ger** *ww.* grootpraat, spog; windmakerig wees; windmakerig stap; *~ about* pronk, jou lyf grootman hou; *~ s.o.* iem. oorbluf. ~ **cane/stick** handstok. ~ **coat** swaaijas.

swag·ger·er grootprater, grootdoener, windmaker, spogter, pronker.

swag·ger·ing windmakerig, grootdoenerig, aanstellerig; hoogmoedig, hovaardig, eiegeregtig *(houding)*; aanmatigend *(arrogansie)*; brutaal, onbeskaamd *(aggressie)*; arrogant *(selfvertroue)*.

swag·ing (die) saalsmee, saalwerk, saalsmeding; aansmelting. ~ **machine** saalsmeemasjien.

Swa·hi·li *(lid v. 'n volk; taal)* Swahili.

swain *(arg.)* boerkêrel; *(poët.)* kêrel, vryer.

swal·low[1] *n.* sluk; mond vol; *(sk.)* keel, skyfgat; *(w.g.)* keel, slukderm; *(w.g.)* eetlus. **swal·low** *ww.* sluk, insluk, wegsluk; verswelg; *(fig.)* opvreet; *(fig.)* sluk; *~* ***anything/everything,*** *(infml.)* alles vir soetkoek opeet; *~ s.t.* ***down*** iets afsluk/insluk; *~* ***hard*** swaar sluk; *it is* ***hard*** *to ~, (infml.)* min mense sal dit glo, dit is moeilik om dit te glo; *have to ~* ***insults*** →INSULT *n.*; *~* ***s.t.*** iets inkry; *~ s.t.* ***up*** iets verslind; iets verswelg; *(fig.)* iets inpalm/insluk; *~ s.t.* ***whole,*** *(infml.)* iets vir soetkoek opeet; *~ one's* ***words*** jou woorde terugtrek; *~ the* ***wrong way*** jou versluk. ~ **hole** *(geol.)* sink=, wondergat.

swal·low[2] *n.* swa(w)el, swa(w)eltjie; *European ~* boereswa(w)el(tjie), Europese swa(w)el(tjie); *South African cliff ~* familieswa(w)el(tjie); *one ~ doesn't make a summer* een swa(w)eltjie maak (nog) geen somer nie. ~ **dive** *(duiksport)* swa(w)elduik. ~ **fork** swa(w)elstert. **~tail** swa(w)elstert. **~tail coat** swa(w)elstert(baadjie). **~-tailed** swa(w)elstert=; met 'n swa(w)elstert.

swal·low·er slukker.

swam het geswem; →SWIM *ww.*.

swa·mi *(in Ind.)* swami.

swamp *n.* moeras, vlei. **swamp** *ww.* in 'n vlei/moeras vassit/sink; laat sink, wegspoel, oorstroom, vol water (laat) loop; oorstelp; oorweldig, oorrompel; insluk, verswelg; *be ~ed with* ... met ... oorval word *(navrae ens.)*; toe wees onder ... *(d. werk)*; *be ~ed with work, (ook)* tot oor jou ore in die werk wees. ~ **beaver** bewerrot, moerasbewer. ~ **buggy** *(Am.)* moerasvoertuig. ~ **fever** = MALARIA; EQUINE INFECTIOUS **ANAEMIA**. **~land** moerasland.

swamp·y moerassig, moerasagtig, moeras=, vleierig, vleiagtig, vlei=; *~ soil* moeras=, vleigrond. **swamp·i·ness** vleierigheid, moerassigheid.

swan swaan; *(liter., w.g.)* digter; *the S~, (astron.)* die Swaan, Cygnus; *black ~* swart swaan; *(fig.)* wit raaf. ~ **dive** *(Am.)* →SWALLOW DIVE. ~ **flower** pelikaanblom. ~ **neck** swaannek. **~-neck chisel** swaannekbeitel. **~'s down, ~sdown** swanedons; katoenflanel. ~ **song** swanesang. **~-upping** *n., (Br.)* die merk van jong swane *(op d. Teemsrivier)*.

swank *n., (infml.)* spogter, windmaker, grootprater, grootlawaai; spoggerigheid, windmakerigheid, grootdoenery. **swank** *ww.* spog, jou aanstel, vol aanstellery wees. **~pot** *(infml.)* hoogmoedige/ydele/selfvoldane persoon.

swank·y *(infml.)* windmaker(ig), spoggerig, pronkerig.

swan·like soos 'n swaan.

swan·ner·y *-ies* swaantelery.

swap, swop *n.* ruil; *do a ~ with s.o.* met iem. 'n ruil aangaan/maak; *shall we try a ~?* sal ons ruil? **swap, swop** *-pp-, ww.* ruil, verruil; omruil; *~ s.t.* ***for*** *s.t. else* iets vir iets anders ruil; *(don't) ~* ***horses*** *in midstream* →HORSE *n.*; *~* ***over/round*** plekke (om)ruil; *~* ***places*** plekke ruil; *~* ***tales*** beurt om beurt vertel; *I wouldn't ~* ***with*** *anyone* ek sou nie graag met iemand wil ruil nie. ~ **meet** *n., (Am.)* ruilmark.

swa·raj selfbestuur, onafhanklikheid.

sward grasveld.

sware *(arg.)* het gesweer; →SWEAR *ww.*.

swarf snysels *(v. metaal)*; spaan *(v. 'n grammofoon)*.

swarm[1] *n.* swerm; menigte, swetterjoel; *a ~ of bees/etc.* 'n swerm bye/ens.. **swarm** *ww.* swerm; krioel, wemel, wriemel; *~* ***off*** uitswerm; *~* ***over/through*** ... oor ... uitswerm; *people/etc. ~* ***together*** mense/ens. koek saam; *s.t. ~s (or is swarming)* ***with*** ... iets krioel/wemel van ... *(miere ens.)*.

swarm[2] klim, klouter; *~ up a rope/etc.* 'n tou/ens. opklim/opklouter.

swarm·er trekby; swermkorf; *(bot.)* swermspoor.

swarm·ing swerming; gewemel. ~ **bee** trekby. ~ **season** swermtyd. ~ **stage** saamtrekkingsfase.

swart *(arg., poët.)* = SWARTHY. **S~land:** *the ~* die Swartland.

swarth·y donker, blas, soel. **swarth·i·ness** donkerkleurigheid, blasheid.

swash *n.* geklots, gekabbel, geplas. **swash** *ww.* slaan; klots, kabbel, plas; *~ing blow* taai hou. **~buckler** vuurvreter; baasspeler, grootprater; rusiemaker; bluffer. **~buckling** windmakerig, grootpraterig, blufferig; waaghalsig. ~ **plate** *(mot.)* nokplaat.

swas·ti·ka swastika, hakekruis. ~ **design** swastikaontwerp.

swat *n.* opstopper; *(Br.)* (vlieë)plak; →SWATTER. **swat** *-tt-, ww.* (dood)slaan, klap *(v. vlieë)*. **swat·ter** (vlieë)plak.

swatch monster; monsterkaart; materiaal=, stofmonster.

swath *swaths,* **swathe**[1] *swathes* (wind)strook, windlaning; ry; snywydte; *cut a ~ through s.t.* 'n weg deur iets baan; groot verwoesting in iets aanrig.

swathe[2] *ww.* verbind, vasbind; toedraai, indraai; wikkel; (om)hul; drapeer; *be ~ed in* ... in ... toegedraai/toegewikkel wees; in ... gehul wees.

swath·er platsnyer, rygooier.

Swa·ti, Swa·zi →SISWATI.

sway *n.* heerskappy, gesag, mag; swaai; *hold ~ over* ... oor ... heers/regeer, die heerskappy oor ... voer, die septer oor ... swaai; *under the ~ of* ... onder die bewind van ...; onder die heerskappy van ... **sway** *ww.* swaai, slinger; hanteer; regeer, heers, beheers; *be ~ed by* ... deur ... beheers/gelei word *(haat ens.)*; *~ the sceptre* →SCEPTRE; *~ s.o.* iem. omhaal. **~-back** *(veearts.)* holrug. **~-back (disease)** lamkruis(siekte). **~-back(ed)** holrug. ~ **bar** *(mot.)* kanteldemper. ~ **bracing** windverspanning. ~ **rod** swaaistang, windstang.

Swa·zi *-zi(s) n., (lid v. 'n volk; taal)* Swazi. **~land** Swaziland. **~lander** Swazilander. ~ **print** bedrukte Swazikatoen.

swear *n.* vloek. **swear** *swore sworn, ww., (jur.)* sweer, 'n eed aflê, onder eed verklaar/bevestig; beëdig; vloek, swets, *(infml.)* knoop, boontoe roep; →SWORN *adj.*; *~* ***allegiance*** *to* ... →ALLEGIANCE; *~* ***at*** *s.o.* iem. (uit)vloek, iem. uitskel, op iem. skel; *~ on the* ***Bible*** op die Bybel sweer; *~* ***blind*** →BLIND *adv.*; *~* ***by*** *s.o./s.t.* by iem./iets sweer, volkome op iem./iets vertrou; ~ ***falsely*** →FALSE *adv.*; ~ *by all/everything that's* ***holy*** hoog en laag sweer; ~ *s.o.* ***in*** iem. beëdig; ~ ***like*** *a bargee/lord/trooper* vloek/knoop soos 'n ketter/matroos; ~ ***off*** *s.t.* iets afsweer; ~ ***out*** beëdig; ~ *by all that one holds* ***sacred*** hoog en laag sweer; *will you* ~ ***that*** ...? kan jy sweer dat ...?; ~ ***to*** *s.t.* iets onder eed bevestig, iets besweer; *I cannot* ~ ***to*** *it* ek kan nie daarvoor sweer nie; ~ *s.o.* ***to*** *secrecy/etc.* iem. plegtig laat beloof/belowe om iets geheim/ens. te hou, iem. laat sweer om iets geheim/ens. te hou; ~ *a* ***witness*** 'n getuie die eed afneem. ~ **word** vloekwoord; *use* ~ *words* vloektaal gebruik.

swear·er vloeker, swetser; eedaflegger. ~**(-in)** *swearers(-in)* eedafnemer.

swear·ing vloekery, gevloek, vloektaal; swetsery, geswets. ~ **in** beëdiging.

sweat *n.* sweet; (uit)sweting; inspanning; *(sl.)* harde werk; *(sl.)* sleurwerk; *(hoofs.Am.)* oefenloop *(v. 'n perd)*; →SWEATING; ***bloody*** ~ bloedsweet; *s.o.* ***breaks*** *into a cold* ~ die koue sweet slaan (by) iem. uit; *in/by the* ~ *of your* ***brow/face*** in die sweet van jou aangesig, net deur harde werk; *s.o. is* ***dripping/streaming*** *with* ~ iem. is papnat van die sweet, die sweet loop/tap (van) iem. af; *s.o. shall* ~ ***for it*** iem. sal daarvoor boet; ***get*** *into a* ~ *about s.t., (infml.)* oor iets opgewonde raak; *a* ~ *will do you* ***good*** dit sal jou goed doen om te sweet; *it is a* ***horrid*** ~ dit is sweetwerk; ***in*** *a* ~ nat van die sweet; ***in*** *a (cold)* ~ benoud, bang, in die benoudheid, paniekerig; ~*ed* ***joint*** sweetlas, aangeswete las; ~*ed* ***labour*** slawearbeid; *that's too* ***much*** ~, *(infml.)* dis te veel moeite; ***no*** ~, *(infml.)* geen probleem nie, dis maklik; *an* ***old*** ~, *(infml.)* 'n veteraan, 'n ou soldaat; ***work*** *up a* ~ ... tot jy sweet *(werk, oefen, ens.)*. **sweat** *ww.* sweet; uitsweet, afgee; laat sweet; swaar werk, swoeg; uitbuit, uitsuig, eksploiteer; 'n hongerloon betaal; 'n hongerloon ontvang; ~ ***bullets,*** *(Am., infml.)* bloed sweet; duisend dode sterf/sterwe; ***don't*** ~ *it, (Am.)* moet jou nie daaroor kwel/ontstig/opwen nie, moenie daaroor wakker lê nie; ~ *s.t.* ***out*** iets uitsweet *('n verkoue ens.)*; ~ ***it out,*** *(infml.)* dit verduur; *(iets)* so geduldig moontlik afwag; *s.o. is* ~*ing* ***profusely*** die sweet loop/tap (van) iem. af; *the* ***wall*** ~*s* die muur sweet (*of* slaan deur/uit). ~**band** sweetband. ~ **cloth** sweetdoek. ~ **duct** sweetbuis(ie). ~ **gland** sweetklier. ~ **joint** sweetlas. ~ **locks** sweetlokke. ~ **nose** sweetneus. ~**pants** *(mv.)* sweetpakbroek. ~ **pore** sweetgaatjie, =porie. ~ **secretion** sweetafskeiding. ~**shirt** sweetpaktop. ~**shop** hongerwerkplaas, =fabriek. ~ **sock** *(Am.)* oefenkous. ~ **suit** sweetpak.

sweat·er oor(trek)trui; uitbuiter, bloedsuier.

sweat·i·ness →SWEATY.

sweat·ing (die) sweet; sweetproses; geswoeg; uitsuiery, uitbuiting, uitbuitstelsel; →SWEAT *ww.*. ~ **bath** sweetbad. ~ **disease,** ~ **sickness** sweetkoors, gierskoors; *(veearts.)* sweetsiekte, nat kalwersiekte. ~ **iron** roskam. ~ **pen** sweetkraal. ~ **room** sweetkamer. ~ **shed** sweetskuur.

sweat·y sweterig, besweet, natgesweet; sweet=; ~ *feet* sweetvoete; ~ *smell* sweetreuk, =lug; ~ *wool* sweetwol; vetsweetwol. **sweat·i·ness** sweterigheid; klam hitte/warmte.

Swede Sweed. **Swe·den** *(geog.)* Swede. **Swe·dish** *n., (taal)* Sweeds. **Swe·dish** *adj.* Sweeds; ~ *turnip* knol=, koolraap.

swede kool=, knolraap; →RUTABAGA.

swee *(orn.)* swie; *East African* ~ tropiese swie. ~ **waxbill** suidelike swie.

sween·ey (todd) *(Br. sl. blitspatrollie)* rook-en-rubberseksie.

swee·ny *(veearts.)* spierverswakking.

sweep *n.* vee(g); swaai; draai, kromming, boog; bereik; uitgestrektheid, omvang; insetloting, (inset)lotery; *(kr.)* veeghou; aftasting; lang roeispaan; *(Br.)* skoorsteenveër; dakboogstuk *(v. 'n trein)*; (tas)baan, spoor; *(elek.)* bestryking, voeg; *with a* ~ *of the* ***arm*** met 'n armswaai; ***beyond*** *the* ~ *of* ... buite bereik van ... *(d. oog)*; buite die grense van ... *(d. mens se begrip)*; *a* ~ *of the* ***brush*** 'n kwasveeg; 'n breë penseelstreek; *a* ***clean*** ~ 'n totale opruiming; 'n volslae oorwinning; *make a* ***clean*** ~ alles opruim; skoonskip maak; al die pryse wen, alles wen; 'n groot oorwinning behaal; *make a* ***clean*** ~ *of* ... heeltemal van ... ontslae raak; van al ... ontslae raak; ***give*** *a room a* ~ 'n kamer uitvee; ***make*** *a* ~ 'n boog/draai/kromming maak *('n rivier)*. **sweep** *swept swept, ww.* vee; wegvee, uitvee, skoonvee; opruim; vlieg, storm; trek, stryk, gly; die oë laat gaan oor, vlugtig beskou; bestryk, vee; aftas, skandeer; →SWEPT; ~ ***along*** aanstryk, voortsnel; ~ *s.o.* ***along*** iem. meevoer; *an epidemic swept the* ***area*** 'n epidemie het die gebied geteister; ~ ***aside*** *s.t.* iets wegvee; ~ ***away*** *s.t.* iets wegvee; iets saamsleep; iets meesleur/wegsleur/wegspoel; iets vernietig; iets wegslaan *('n mas)*; *the plain* ~*s* ***away*** *to the sea* die vlakte strek hom tot aan die see uit; ~ *the* ***board*** alles wen, 'n volslae oorwinning behaal; *a party* ~*s the* ***country*** →COUNTRY *n.*; ~ ***down*** *on* ... op ... afstorm, ... (be)storm; *s.t.* ~*s the* ***ground*** →GROUND[1] *n.*; ~ *the* ***horizon*** →HORIZON; ~ ***into*** *a room* 'n kamer statig instap/binnestap; ~ ***mines*** →MINE[2] *n.*; ~ *all* ***obstacles*** *from one's path* →OBSTACLE; ~ *s.t.* ***off*** iets wegvee; iets met swier afhaal *('n hoed)*; ~ ***people off,*** *(d. pes ens.)* mense afmaai; ~ *s.o.* ***off*** *his/her feet* →FOOT *n.*; ~ ***out*** *s.t.* iets uitvee; ~ ***out*** *of a room* 'n kamer statig uitstap; ~ ***past*** verbysnel, =skiet, =stryk, =stuif; statig verbystap; ~ ***round*** omswaai; swenk; (vinnig) om 'n draai kom; ~ *the* ***seas*** →SEA; ~ *the* ***sky*** →SKY *n.*; *the fire* ~*s* ***through*** *the trees/etc.* die brand ja(ag) deur die bome/ens.; *the plague* ~*s* ***through*** *the country* die pes trek deur die land; ~ *s.t.* ***under*** *the carpet* →CARPET *n.*; ~ ***up*** vee; ~ *s.t.* ***up*** iets wegvee/opvee; iets opgryp. ~**back** pylvorm agtertoe. ~**back angle** pylhoek. ~ **hand** sekondewyser. ~ **net** sleepnet. ~ **rake** laaihark. ~ **saw** groot spansaag.

sweep·er veër; baanveër; *(infml., sokker)* veër, kruis=, dekverdediger.

sweep·ing *n.* (die) vee, veëry; veegsel; *(ook, i.d. mv.)* vuilgoed, vullis; vloerafval; *the* ~*s of society* die uitvaagsel (van die maatskappy/samelewing), die skorriemorrie. **sweep·ing** *adj.* veënd; swierig; uitgestrek, wydstrekkend; algemeen, (alles)omvattend, veelomvattend; ingrypend, deurtastend; verregaande, verreikend, vêrreikend; oorweldigend; ~ ***condemnation*** radikale veroordeling; ~ ***reductions*** drastiese/kolossale/reusagtige prysverlagings; *a* ~ ***statement*** 'n veralgemening, 'n gewaagde/verregaande/oordrewe bewering, 'n wilde stelling.

sweep·stake(s) insetgeld, inleggeld; wedlootjie; wedrenne met insetgeld; insetlotery, =loting. ~ **ticket** insetloterykaartjie, lootjie.

sweet *n.* soetheid; soetigheid; lekker; *(Br.)* nagereg, dessert; skat, liefling; *(i.d. mv.)* lekkers, lekkergoed, soetigheid, soet=, snoepgoed, snoepery(e); *the* ~ *and the* ***bitter*** (*or the* ~*s and* ***bitters***) *of life* die soet en (die) suur van die lewe, (die) lief en (die) leed; *the* ~*s of* ***life*** die genietings van die lewe; ***my*** ~ my liefie/skat/soetlief; ***whisper*** ~ *nothings in s.o.'s ear* →NOTHING. **sweet** *adj. & adv.* soet; lekker, aangenaam; lief, lieflik; skatlik, beminlik, dierbaar; vars; *a* ~ ***girl*** →GIRL; *s.o.* ***likes*** *his/her coffee* ~ iem. hou van soet koffie; *is the* ***milk*** *still* ~? is die melk nog vars?, is die melk nog nie suur nie?; *be* ***nice*** *and* ~, *(iets)* lekker soet wees; *(iem.)* lief en dierbaar/gaaf wees; *('n kind)* mooi (*of* lief en) soet wees; *be* ~ ***on*** *s.o., (infml.)* 'n ogie op iem. hê, op iem. verlief wees; ***smell*** ~ lekker/soet ruik. ~**-and-sour** soetsuur; ~ *sauce* soetsuur sous. ~ **bay** *(bot.)* (edel)lourier. ~**bread** sweserik, soetvleis. ~**briar,** ~**brier, eglantine** *(bot.)* eglantier, poprosie. ~ **calamus,** ~ **cane** *(bot.)* soetriet. ~ **clover** →MELILOT. ~ **corn** *(Zea mays saccharata)* suikermielie(s). ~ **course** nagereg. ~ **factory** lekkergoedfabriek, lekker(s)fabriek. ~ **flag,** ~ **sedge** *(bot.)* kalmoes. ~**grass, sweet buffalo grass** *(Panicum schinzii)* soetgras, blousaad(buffels)gras. ~ **gum (tree)** *(Liquidambar styraciflua)* rooigomboom, amberboom, storaksboom. ~**heart** liefling, soetlief, skat, geliefde, skattebol, skatlam, duifie; vriend, kêrel; vriendin, meisie; *(ook, i.d. mv.)* beesklits; *they are* ~*s* hulle is nooi en kêrel. ~**heart agreement/contract/deal** *(infml.: private ooreenkoms tuss. werkgewer & werknemers)* soetliefooreenkoms. ~**heart neckline** hartjiehals. ~**heart rose** dwergroos, =rosie. ~ **maker/manufacturer** lekkergoedmaker, lekkersmaker, lekkergoedfabrikant. ~ **making/manufacturing** lekkergoedvervaardiging, =produksie. ~**meal biscuit** *(Br.)* soet volkoringbeskuitjie. ~**meat** *(arg.)* lekkers, lekkergoed. ~ **melon** spanspek. ~ **milk** vars melk, soetmelk. ~**-milk cheese** soetmelkkaas. ~ **music** soet/strelende musiek. ~**-natured** lief. ~ **oil** →OLIVE OIL. ~ **orange** soetlemoen. ~ **pastry** soet tertdeeg. ~ **pea** pronkertjie, blomertjie, sierertjie. ~ **pepper** soetrissie; →GREEN PEPPER, RED PEPPER. ~ **potato** (soet)patat. ~ **reasonableness** meegaandheid, matigheid, gematigdheid. ~**-scented,** ~**-smelling** welriekend, (soet)geurig, lekkerruik=. ~ **sedge** →SWEET FLAG. ~ **shop** lekkergoedwinkel, snoepwinkel, snoepie. ~ **soil** soet grond. ~**sop, sugar apple** suiker=, kaneelappel. ~ **sorghum** soetriet. ~**-sounding** skoon=, soetklinkend, welluidend, harmonieus. ~**-spoken** vriendelik. ~ **stuff** soetigheid; lekkergoed, lekkers; suikergoed, suikerware. ~ **talk** *n., (infml.)* mooipraatjies, flikflooiery, vleiery. ~**-talk** *ww., (infml.)* die heuningkwas gebruik, mooi broodjies bak; ~ *s.o. into s.t.* iem. in iets inpraat; ~ *s.o. into doing s.t.* iem. ompraat om iets te doen. ~ **temper** saggeaardheid, sagsinnigheid. ~**-tempered** saggeaard, sagsinnig, lieftallig. ~ **thorn** *(Acacia karroo)* soetdoring, karoodoring. ~ **tooth** suikertand; *s.o. has a* ~ iem. hou van soetigheid, iem. is 'n lekkerbek. ~**-toothed** lief vir soetigheid. ~ **water** vars/soet water. ~ **william** *(bot.)* duisendskoon, baardangelier. ~ **willow** lourierwilg(er). ~ **wines** soetwyne.

sweet·en soet maak, versoet; versag; opvrolik; *(infml.)* omkoop; ~*ed condensed milk* versoete kondensmelk; ~ *a loan* beter sekerheid vir 'n lening gee. **sweet·en·er** versoeter, soetmaakmiddel; *(infml.)* omkopery; omkoopgeld; aansporing, aanloklikheid; beloning, (bykomende) vergoeding. **sweet·en·ing** versoeting; ~ *agent* versoet(ings)middel. **sweet·ie** *(infml.)* lekkertjie; *(ook sweetie-pie)* liefie, liefling, skat(jie). **sweet·ing** *(arg.)* →SWEETHEART. **sweet·ish** soeterig. **sweet·ish·ness** soeterigheid. **sweet·ly** liefies, (dood)vriendelik; netjies, glad. **sweet·ness** soetheid; skatlikheid; *be all* ~ *and light* (die) ene redelikheid wees.

swell *n.* deining; golwing; (die) swel, swelling, swelsel; uitswelling, uitbulting; styging; *(infml.)* heer, vername persoon; *(infml.)* windmaker. **swell** *adj., (Am.)* puik, (piek)fyn, windmakerig; voortreflik; heerlik; vernaam; ~ *thing* spogding. **swell** *swelled swollen/swelled, ww.* swel, opswel, uitswel, bol; dein; uitdy; vermeerder, toeneem, groei, groter word; vermeerder, vergroot, versterk, laat toeneem; opblaas; opgeblase/verwaand wees; →SWOLLEN; *s.t.* ~*s the* ***funds*** →FUND *n.*; *get a swollen/*~*ed* ***head*** →HEAD *n.*; ~ ***into*** ... tot ... aangroei *('n gebrul ens.)*; ~ ***out*** uitswel; *the wind* ~*s the* ***sails*** →SAIL *n.*; ~ *the* ***total*** →TOTAL *n.*; ~ ***(up)*** opswel, opsit; *s.o.* ~*s* ***with*** ... iem. swel op van ... *(boosheid, trots, ens.)*, iem. wil bars van ... *(hoogmoed, verontwaardiging, ens.)*. ~ **box** swelkas *(v. 'n orrel)*. ~**head** *(Am., infml.: iem. wat dink hy/sy is kaas [of wat wonders])* grootkop, opgeblaasde padda. ~**headed** *(Am., infml.)* verwaand, opgeblase, selfingenome. ~ **(organ)** *(mus.)* swelwerk, swelorrel.

swell·ing swelsel, geswel, swelling; bommel, bult, knobbel.

swel·ter *n.* smoorhitte. **swel·ter** *ww.* smoorwarm/snikwarm/snikheet (*of* snikkend heet) wees; versmoor, (ver)stik, versmag, vergaan (van hitte); ~*ing heat* smoorhitte; *it is* ~*ing today, it is a* ~*ing day* dit is vandag snikwarm (*of* snikkend warm); *under a* ~*ing sky* in 'n skroeiend warme lug. **swel·try** broeiend, stikkend, drukkend, stikwarm.

swept het gevee; gevee. →SWEEP *ww.*. ~**-back** pylvormig *('n vliegtuigvlerk)*; na agter (*of* agteroor) gekam/geborsel *(hare)*. ~**-back wing** pylvlerk. ~ **hinge** *(mot.)* geswenkte skarnier. ~**-up hair** opgekamde hare. ~**wing (aircraft)** pylvliegtuig.

swerve *n.* swaai; sysprong, systap, swenking. **swerve** *ww.* swenk, opsy spring, verby spring; afwyk, uitwyk; kantel; ~ ***aside*** afswenk; ~ ***from*** ... van ... afry *(d. pad)*;

van ... afdwaal/afwyk; ... uit die oog verloor *(d. doel ens.)*; ~ ***in*** inswenk; ~ ***out*** uitswenk; ~ ***to(wards)*** ... na ... afwyk/swenk.

swift *n., (orn.)* windswa(w)el(tjie); akkedissie; draairaam *(vir gare)*; houthamer; kaardsilinder. **swift** *adj.* vinnig, vlug, gou, rats, snel; *be ~ to anger* opvlieënd wees, gou kwaad word. **swift** *adv.* gou, vinnig; *they that run ~est* dié wat die vinnigste hardloop. **~-flowing** snelvloeiend, =stromend. **~-footed** snel=, vlugvoetig, vinnig, rats. ~ **justice** summiere beregting. ~ **(moth)** spookmot.

swift·let windswa(w)eltjie.

swift·ness snelheid, vlugheid, ratsheid.

swig *n., (infml.)* sluk, teug; *have/take a ~ at/from a bottle* 'n sluk uit 'n bottel neem. **swig** *=gg=, ww., (infml.)* wegsluk, groot slukke gee, met groot slukke drink; ~ *s.t. down* iets wegsluk.

swill *n.* skottel(goed)water, vuil water; kombuisafval; varkkos, spoeling; *give it a ~* spoel dit uit. **swill** *ww.* spoel, uitspoel; suip, gulsig drink. ~ **tub** varkbak.

swim *n.* swem; →SWIMMING; *go for a ~* gaan swem; *be in the ~* op (die) hoogte wees; in die mode wees, met die mode saamgaan, meedoen; *a nice ~* 'n lekker swem. **swim** *=mm=, swam swum, ww.* swem; dryf, drywe; sweef, swewe; draai; ~ ***(across)*** *a river* oor/deur 'n rivier swem; *things ~* ***before*** *my eyes* dit warrel voor my oë; ~ ***for*** *it* uitswem; *s.o.'s* ***head*** *~s* →HEAD *n.*; ~ ***in*** *s.t.* in iets swem *(d. see, geld)*; in iets dryf/drywe *(botter ens.)*; in iets baai *(weelde ens.)*; ~ ***in*** *the air* deur die lug seil/dryf/drywe; *eyes ~ming* ***with tears*** betraande oë, oë wat swem in trane; ~ ***with the tide*** met die stroom saamgaan. ~ **bladder** *(igt.)* = AIR BLADDER. **~suit** swembroek, baaikostuum, swem=, baaipak. **~wear** swemdrag.

swim·mer swemmer. **swim·mer·et** swempootjie.

swim·ming (die) swem, swemmery; swemkuns, swemsport; *go ~* gaan swem. ~ **bath** *(Br.)* swembad. ~ **belt** swemgordel. ~ **bird** swemvoël. ~ **bladder** *(igt.)* = AIR BLADDER. ~ **cap** swempet. ~ **costume** *(Br.)* →SWIMMING SUIT. ~ **drawers** *(w.g.)* →SWIMMING TRUNKS. ~ **foot** swempoot. ~ **gala** swemgala. ~ **hole** swemgat, =kuil. ~ **paddle** swemspaan. ~ **pool** swembad. ~ **ring** swemring. ~ **suit** swembroek, baaikostuum, swem=, baaipak. ~ **trunks** swembroek(ie), baaibroek(ie).

swim·ming·ly glad, fluks, lekker, maklik, vlot; *go ~* vlot/klopdisselboom *(of* so glad soos seep *of* voor die wind) gaan.

swin·dle *n.* bedrog(spul), skelmstuk, kullery, verneukery, swendelary. **swin·dle** *ww.* bedrieg, fop, kul, verneuk, swendel; ~ *money out of s.o.*, ~ *s.o. out of money* iem. uit geld (ver)kul/verneuk. **swin·dler** bedrieër, skelm, swendelaar, verneuker.

swine vark(e), swyn(e); *(fig.)* vuilgoed, vark. ~ **erysipelas** varkerisipel. ~ **fever** varkkoors, =pes. **~herd** *(arg.)* varkwagter. ~ **influenza** varkgriep. ~ **plague** varkpes. **~pox** varkpokke; waterpokkies *(by mense)*.

swin·er·y varkhok; trop varke.

swing *n.* swaai; skommeling; krink, swaai; swaaislag; swaaibeweging; *(kr.)* swaaihou; swaai, skoppelmaai; verskuiwing, omswaai, ommeswaai; *(mus.)* swing(musiek); *be in* ***full*** ~ in volle gang wees; ***get*** *into the ~ of s.t.* met iets op dreef/gang/stryk kom; *it* ***goes*** *with a ~* daar sit beweging/gang/lewe in; dit verloop heeltemal vlot; *let s.o.* ***have*** *his/her ~, (infml.)* hom/haar maar laat begaan, hom/haar die vrye teuels gee; *what you* ***lose*** *on the ~s you gain/make/win on the roundabouts* winste kompenseer gewoonlik vir verliese; *the ~ of the* ***pendulum*** →PENDULUM; ***take*** *a ~ at s.o.* 'n hou na iem. slaan; *a ~* ***to*** *a party* 'n omswaai na 'n party, 'n verskuiwing (van steun) na 'n party. **swing** *swung swung, ww.* swaai; skommel; *(infml.)* omswaai, swaai *('n transaksie, ooreenkoms, ens.)*; krink, swaai; bengel; slinger, draai; bewerkstellig, gedaan kry; *(sl.)* opgehang word; *(kr.)* swaai; ~ ***across*** oorswaai; ~ ***at*** ... na ... slaan; ~ ***back*** terugswaai; *they ~* ***behind*** *their leader* hulle skaar hulle agter hulle leier; *there is no* (or *not enough) room to ~ a* ***cat*** →CAT[1] *n.*; ~ *a* ***deal*** →DEAL[1] *n.*; ~ ***for*** ..., *(infml.)* die strop kry weens ... *(moord)*; ~ ***from*** ... aan ... swaai *('n tak ens.)*; *(infml.)* aan ... hang *(d. galg)*; ~ *a* ***hammock*** →HAMMOCK; ~ ***into*** *action* →ACTION; *s.o. ~s* (or *is ~ing*) *the* ***lead*** →LEAD[2] *n.*; ~ ***off*** wegswaai; ~ ***on*** *s.t.* aan iets swaai *('n tou ens.)*; ~ ***out*** uitswaai; ~ ***over*** om=, oorswaai; ~ *a* ***punch*** →PUNCH[1] *n.*; ~ ***round*** omswaai; ~ ***to/shut*** toeklap, toeslaan, toeswaai *('n deur)*; ~ ***to*** ... na ... oorswaai; na ... oorslaan; ~ ***up(wards)*** opswaai; ~ ***votes*** stemme beïnvloed/(laat) omswaai, kiesers omhaal. ~ **axle** swaai=, krinkas. ~ **band** *(mus.)* swingorkes. ~ **beam** swaaiarm. **~bin** swaaidekselblik. **~boat** skoppelmaaiskuit, skommelbootjie. ~ **bolt** swaaibout. ~ **bowler** swaaibouler, naatbouler. ~ **bridge** draai=, swaaibrug. ~ **door** →SWINGING DOOR. ~ **gate** swaaihek; slagboom. ~ **glass/mirror** draaispieël. ~ **lever** *(mot.)* stuurarm. ~ **link** hangskakel; slinger *(v. 'n lokomotief)*. ~ **music** swingmusiek. ~ **over** omswaai. ~ **plough** wip=, balansploeg. ~ **saw** hangsaag. ~ **scaffold** hangsteier. ~ **set** swaaistel. ~ **shift** *(Am.)* laatmiddag-aand-skof. ~ **sign** uithangbord. **~-up door** opswaaideur. **~-wing** vouvlerk. **~-wing bomber** swaaivlerk=, vouvlerkbomwerper.

swinge *(arg.)* kasty, afransel. **swinge·ing** *(hoofs. Br.)* geweldig; ~ *blow* kwaai hou; ~ *lie* tamaai/yslike leuen; ~ *majority* verpletterende meerderheid.

swing·er *(kr.)* swaaibal, swaaier; *(infml.)* byderwetse persoon.

swing·ing swaaiend, skommelend; *(infml.)* byderwets, modern; *(sl.)* gewaag(d); ritmies, lewendig; ~ ***arm*** swaaiarm; ~ ***blow*** trek=, swaaihou; ~ ***screen*** skommelsif, skud=, wiegsif; *the ~* ***sixties*** die permissiewe sestigerjare; ~ ***table*** swaaiblad. ~ **door, swing door** swaaideur. ~ **room** swaairuimte.

swin·gle *n.* swingel *(vir vlas)*. **swin·gle** *ww.* swingel *(vlas)*. ~ **bar** swingel(hout). ~ **beam** ewenaar *(v. 'n wa)*. ~ **strap** swingelriem. **~tree** swingel(hout).

swing·om·e·ter *(Br., infml.: TV-toestel)* tendensmeter.

swing·y swaai= *(rok, romp)*.

swin·ish *(Br.)* naar, gemeen, laag.

swipe *n., (infml.)* wilde hou; veeg(hou), vee(hou); *(i.d. mv., Br. sl.)* slegte bier; dunbier; *take a ~ at ...* na ... slaan. **swipe** *ww., (infml.)* wild slaan; gaps, skaai; ~ *at* ... na ... slaan. ~ **card** veegkaart.

swirl *n.* warreling, werweling, maling; draaikolk. **swirl** *ww.* draai, warrel, werwel, druis; ~ *about* rond(d)warrel. ~ **chamber** *(mot.)* werwelkamer.

swish *n.* geswiep; ritseling, geruis; hou. **swish** *ww.* swiets, swiep; suis, ruis, ritsel; afransel, pak gee. **swish·y** suisend, ruisend; ritselend; swierig, deftig; *(sl.)* verwyf(d), moffierig.

Swiss *n., (ekv. & mv.)* Switser. **Swiss** *adj.* Switsers; ~ ***bun*** Switserse bolletjie; ~ ***chard*** →CHARD; ~ ***roll*** rolkoek, konfytrol; ~ ***steak***, *(Am. kookk.)* Switserse skyf.

switch *n.* skakelaar; *(telef.)* kieser; omruiling, omskakeling, omwisseling; omswaai, sprong, skielike oorgang/verandering; *(spw.)* wissel; lat; karwats, rysweep; (stert)kwas; vals haarlok/haarvlegsel; oorskakeling; →MAIN SWITCH; *(hair)* ~ vals haarlok/haarvlegsel; *throw a ~* 'n skakelaar aanslaan. **switch** *ww.* skakel; rangeer; omruil; wissel, op 'n ander spoor bring; oorskakel, omskakel; verskuif, verplaas; omspring, omswaai; vinnig swaai/gryp; pak gee, afransel; ~ ***around/round*** plekke (om)ruil; ~ ***around/round*** *s.t.* iets omruil; ~ ***back***, *(elek., rad. & TV)* terugskakel; terugkeer *(na oorspronklike plan ens.)*; weer gebruik *(of* gebruik maak van) *(ou produk ens.)*; weer oorslaan *(na Engels ens.)*; ~ ***in*** inskakel; ~ ***off***, *(infml.)* nie meer luister nie, jou nie meer aan iem./iets steur nie; ~ *s.o.* ***off***, *(infml.)* iem. se tjank aftrap, iem. stilmaak; ~ *s.t.* ***off*** iets afskakel/afsit/uitskakel; ~ *s.t.* ***on*** iets aanskakel/aansit *('n lig ens.)*; *be switched* ***on***, *(fig., infml.)* byderwets wees; ~ *s.t.* ***out*** *of s.o.'s hand* iets uit iem. se hand gryp; ~ ***over*** oorskakel; ~ ***places*** →PLACE *n.*; *the cow ~es her* ***tail*** die koei swaai haar stert, die koei se stert piets heen en weer; ~ *s.o.* ***through*** *to* ..., *(telef.)* iem. na ... deurskakel, iem. met ... verbind; ~ ***to*** ... na ... oorslaan *('n ander taal, produk)*; na ... oorgaan. **~back** sigsagpad, heuwelagtige pad. **~back (railway)** op-en-neer-spoor. ~ **base** skakelaarvoetstuk. **~blade (knife)**, ~ **knife** springmes, flitsmes. **~board** skakelbord. **~board operator** skakelbordoperateur, *(vr.)* =operatrise. **~board panel** skakelbordpaneel. ~ **box** skakel(aar)kas, wisselkas. ~ **cane** bamboesgras. **~gear** *(elek.)* skakeltuig. **~-hitter** *(bofbal)* dubbelhandige kolwer; *(Am. sl.: biseksueel)* baaisiekel, dubbelprop. ~ **lever** *(elek.)* skakelarm, skakel(aar)hefboom; *(spw.)* wisselhefboom. ~ **lock** skakelaarslot; *(spw.)* grendel; wisseltongslot. **~man** *(spw.)* wisselwagter. ~ **over** omskakeling, oorskakeling; oorgang; omswaai. ~ **plate** wisselplaat; skakelaarplaat. ~ **rail** wisseltong, wissel. ~ **tower** seintoring. ~ **yard** *(Am.)* rangeerterrein.

switched-on *(infml.)* by; *(sl.)* op 'n dwelmreis, gedoepa, ver/vêr heen, wes.

Swit·zer·land *(geog.)* Switserland.

swiv·el *n.* werwel; draaiskyf, spil; draaiskakel; koppel. **swiv·el** *=ll=, ww.* (op 'n spil) draai, swaai; ~ *round* omdraai. ~ **arm** *(mot.)* swaaiarm, krinkas. ~ **block** draai=, swaaiblok. ~ **bracket** werwelsteun. ~ **bridge** draai=, swaaibrug. ~ **chair** draaistoel. ~ **eye** draaiskakeloog. **~-eyed** = SQUINT-EYED. ~ **fork** draaivurk. ~ **gun** swaaikanon. ~ **hook** draaihaak. ~ **joint** werwelskarnier; werwelpen; swaailas. ~ **lamp** draailamp. ~ **pin** werwelpen; krinkspil *(v. 'n wa)*. ~ **plate** draaiskyf; krink *(v. 'n wa)*. ~ **(shuttle)** spilspoel. ~ **table** stelblad.

swiv·et *(Am., infml.) in a ~* gejaag(d), koorsagtig, op hol; van stryk (af), verbouereerd; vervaard, beangs, benoud, verskrik.

swiz(z), swiz·zle *(Br., infml.)* boerebedrog, =bedrieëry, bedrog(spul), verneukery; jammerte, teleurstelling.

swiz·zle *n.* yssopie. **swiz·zle** *ww.* (sterk drank) drink, suip. ~ **stick** roer=, mengstokkie.

swob, swob·ber *(w.g.)* →SWAB, SWABBER.

swol·len geswel; verhewe; ~ ***belly***, *(veearts.)* buiksug; ~ ***finger*** (op)geswelde vinger; *get a ~/swelled* ***head*** →HEAD *n.*; *a ~* ***river*** →RIVER. **~-headed** *(infml.)* verwaand, opgeblase, selfingenome.

swoon *n.* floute, beswyming; *go off in a ~* flou val. **swoon** *ww.* flou val/word, beswym; wegsterf, =sterwe; ~ *over* ... oor ... swymel *(of* in vervoering raak).

swoop *n.* (die) neerskiet; duik; oorval, verrassingsaanval; *come down with a ~* neerskiet; *at/with* ***one*** *(fell)* ~ met een (wrede) slag; alles ineens; *in/at* ***one*** *fell ~* →FELL[3] *adj.*; ***police*** ~ (polisie)klopjag. **swoop** *ww.* neerskiet, =stryk; ~ ***down*** neerskiet; ~ *(down)* ***on*** ... op ... afvlieg; op ... neerskiet; op ... afstorm; ~ ***up*** *s.t.* iets opgryp/opraap, iets skielik gryp; ~ ***upon*** ... op ... neerskiet; op ... toesak *(d. vyand)*.

swoosh swoesj.

swop *n. & ww.* →SWAP.

sword swaard; sabel; ***cross/measure*** *~s with s.o.* swaarde met iem. kruis, met iem. kragte meet, *(infml.)* 'n potjie met iem. loop; ~ *of* ***Damocles*** →DAMOCLES; ***draw*** *the ~* die swaard trek, na die swaard gryp; *with* ***drawn*** ~ met ontblote swaard/sabel; ~ *of* ***honour*** eresabel; ***measure*** *~s with s.o.* →***cross/measure***; ***perish*** *by the ~* deur die swaard val; ***put*** *people to the ~* mense met die swaard doodmaak *(of* neersabel); *the ~ sleeps in the* ***scabbard*** die swaard rus in die skede; ***sheathe*** *the ~* die swaard in die skede steek, die oorlog staak; ~ *of* ***state*** rykswaard; ***unsheathe*** *the ~* die swaard trek. ~ **arm** skermarm, sabelarm, regterarm. **~bearer** swaarddraer, wapendraer. ~ **belt** sabelkoppel. ~ **blade** sabellem, swaardlem. ~ **cane** degenstok. ~ **cut** swaardhou, =kap, sabelhou. ~ **dance** swaarddans. ~ **fern** swaardvaring. **~fish** swaardvis; *the S~, (astron.)* die Swaardvis, Dorado. ~ **frog** sabellus. ~ **grass** rietgras; swaardlelie. ~ **guard** stootplaat. ~ **hilt** sabelgreep, =handvatsel. ~ **knot** sabelkwas. ~ **law** swaardreg, militêre diktatuur. ~ **lily** swaardlelie, gladiolus. **~play** skerm(kuns); praat en terugkap, sê en terugsê. **~player** swaardvegter, sabreur. ~ **scabbard** swaardskede. **~-shaped** swaard=, sabelvormig. ~ **sling** sabelband. **~stick** degenstok. **~-swallower** sabelslukker. ~ **thrust** sabelstoot.

swords·man =*men* swaardvegter; skermer, sabelvegter. **swords·man·ship** swaardvegterskuns; skermkuns.

swore het gesweer; →SWEAR *ww.*. **sworn** *adj. (attr.)* gesowre; beëdigde; ~ ***appraiser*** beëdigde taksateur/waardeerder; *I **could have** ~ that it was* ... ek kon sweer dat dit ... was; *be ~ **enemies*** →ENEMY *n.*; *be ~ **friends*** →FRIEND; *a ~ **rebel*** →REBEL *n.*; ~ ***statement*** beëdigde verklaring; ~ ***translator*** beëdigde vertaler; *one **would have** ~ that* ... jy sou sweer dat ...

swot *n.* blokwerk; blokker; *(infml.)* swottery; *it is too much ~* dit vereis te veel blokwerk (*of* te veel inspanning). **swot** =*tt*=, *ww.* blok, inpomp, swoeg; *(infml.)* swot; *~ for ..., (infml.)* vir ... blok *(d. eksamen)*; *s.o. ~s s.t. up, (infml.)* iem. kry iets haastig in sy/haar kop. **swot·ter** blokker.

swum het geswem; →SWIM *ww.*.

swung (het) geswaai; →SWING *ww.*; *~ dash* tilde.

Syb·a·ris *(geog.)* Sybaris. **syb·a·rite** sibariet; wellusteling. **syb·a·rit·ic** sibarities; wellustig; sin(ne)lik.

syc·a·mine *(Byb.)* moerbeiboom.

syc·a·more *(Platanus occidentalis)* Amerikaanse plataan; *(Acer pseudoplatanus)* bergahorn, valsplataan. ~ **fig** *(Ficus sycomorus)* gewone trosvy, geelstamvy, geelriviervy.

syce, sice stalkneg.

sy·co·ni·um =*nia, (bot.)* sikoon.

syc·o·phant kruiper, flikflooier. **syc·o·phan·cy** kruiperigheid, flikflooiery. **syc·o·phan·tic** vleierig, kruiperig, flikflooierig.

sy·co·sis =*coses, (med.)* sikose, baardvin.

Syd·en·ham's cho·re·a *(med.)* Sydenham-chorea, rumatiese chorea, Sint Vitusdans.

sy·e·nite *(krist.)* siëniet.

syl·la·bar·y sillabe=, lettergreepskrif; sillabarium.

syl·lab·ic sillabies; lettergrepig. **syl·lab·i·cate, syl·lab·i·fy, syl·la·bise, =bize** in lettergrepe verdeel; sillabeer. **syl·lab·i(·fi)·ca·tion** vorming van sillabes/lettergrepe; sillabeverdeling, verdeling in sillabes; lettergreepverdeling, verdeling in lettergrepe; afbreking (*of* die afbreek) van woorde.

syl·la·ble *n.* sillabe; lettergreep; *not breathe a ~ of s.t.* nie 'n (dooie/Spaanse) woord oor iets sê nie; *in words of one ~, (fig.)* eenvoudig en duidelik. **syl·la·ble** *ww.* sillabegewys(e)/lettergreepsgewys(e) uitdruk/lees; uiter, uitspreek.

syl·la·bub, sil·la·bub stremmelk met wyn; *mere ~* louter(e) bombasme.

syl·la·bus =*labuses,* =*labi* leerplan, sillabus; *cover the ~* die sillabus/leerplan afwerk.

syl·lep·sis =*lepses, (gram.)* sillepsis.

syl·lo·gism sluitrede, sillogisme. **syl·lo·gise, =gize** sillogiseer. **syl·lo·gis·tic** sillogisties.

sylph luggees, lugnimf, silfe; slanke meisie. **sylph·ic, sylph·ish, sylph·like, sylph·y** silfagtig; slank. **sylph·id** silfide.

syl·van, sil·van *(hoofs. poët.)* bosagtig, bosryk, bos=; woudbewonend; landelik.

sym·bi·ont *(biol.)* simbiont. **sym·bi·o·sis** =*oses, (biol.)* simbiose, saamlewing. **sym·bi·ot·ic** simbioties, saamlewend.

sym·bol simbool, (ken)teken; sinnebeeld; *(wisk., psig.)* simbool; *be a/the ~ of ...* 'n/die simbool van ... wees; *~ of office* ampsteken. **sym·bol·ic** *adj.*: *~ logic* simboliese logika; *~ significance* simboliek. **sym·bol·i·cal** simbolies, sinnebeeldig. **sym·bol·i·sa·tion, =za·tion** simbolisering, versinnebeelding, simboliese/sinnebeeldige voorstelling. **sym·bol·ise, =ize** simboliseer, versinnebeeld, sinnebeeldig voorstel; simbolies wees, as simbool dien. **sym·bol·ism** simboliek, simbolisme. **sym·bol·ist** simbolis.

sym·me·try simmetrie, eweredigheid; gelyksydigheid; *axis **of** ~* simmetrie-as; *~ **of** images* beeld-eweredigheid; *plane **of** ~* →PLANE[1] *n.*. **sym·met·ri·cal** simmetries, eweredig, gelyksydig. **sym·me·trise, =trize** simmetries maak.

sym·pa·thec·to·my =*mies, (med.)* simpatektomie.

sym·pa·thet·ic simpatiek, medely(d)end, deelnemend; meewarig; goedgesind; *(med.)* simpaties; *(med.)* simpateties; *~ **audience*** waarderende gehoor; *~ **nerve*** simpatiese senu(wee); *~ **nervous system*** simpatiese senu(wee)stelsel; *~ **pain*** simpatetiese pyn; *~ **strike*** simpatiestaking, solidariteitstaking; *be ~ **to(wards)** ...* simpatiek staan teenoor/jeens ..., met ... meevoel/saamvoel. ~ **ink** = INVISIBLE INK. ~ **magic** simpatetiese magie.

sym·pa·thy simpatie, meegevoel, medely(d)e, deelneming; meewarigheid; meelewing; goedgesindheid; ***come out in** ~* uit simpatie staak; ***deep** ~* innige meegevoel/simpatie; ***express one's** ~* jou meegevoel/simpatie betuig; ***feel** ~ for* (or ***have** ~ with) s.o.* met iem. meevoel/saamvoel, met iem. meegevoel hê; *be **in** ~ with ...* dit met ... eens wees, ten gunste van ... wees, met iets simpatiseer *('n plan)*; *s.o.'s sympathies **lie** that way* iem. voel daarvoor; *do s.t. **out** of ~* iets uit meegevoel/simpatie doen; *be **out** of ~ with s.t.* nie met iets simpatiseer nie; *a **vote** of ~* →VOTE *n.*; *~ **with** s.o. in a bereavement* deelneming met iem. in 'n verlies, meegevoel met iem. by die heengaan van 'n geliefde. **sym·pa·thise, =thize** meevoel, meegevoel/medely(d)e hê, deelneming betoon, simpatiseer; *~ with s.o.* met iem. meeleef/meelewe/meevoel/saamvoel; deelneming teenoor iem. betuig/betoon. **sym·pa·this·er, =thiz·er** simpatiseerder; goedgesinde, ondersteuner.

sym·pet·al·ous *(bot.)* simpetaal, vergroeidkroonblarig, =bladig.

sym·phon·ic simfonies; *~ poem, (mus.)* simfoniese gedig. **sym·pho·ni·ous** *(liter.)* welluidend. **sym·pho·nist** *(mus.)* simfonikus, simfoniese komponis, simfonis.

sym·pho·ny simfonie. ~ **concert** simfoniekonsert. ~ **orchestra** simfonieorkes.

sym·phy·sis =*physes, (anat.)* simfise; vergroeiing, voeging; *(bot.)* saamgroeiing.

sym·po·di·um =*dia, (bot.)* skynloot, =stingel, basterstingel, simpodium.

sym·po·si·um =*siums,* =*sia* simposium, konferensie; drinkgelag, =party.

symp·tom simptoom, teken, verskynsel, kenteken; voorteken; siekteteken; *a ~ of ...* 'n simptoom van ... **symp·to·mat·ic** simptomaties, aanduidend, kenmerkend; *be ~ of ...* op ... dui, 'n teken van ... wees, simptomaties van/vir ... wees, 'n simptoom van ... wees. ~ **complex** simptomegroep, sindroom.

symp·tom·a·tol·o·gy simptomeleer, simptomatologie.

syn= *pref.* sin=, saam=, same=.

syn·aer·e·sis →SYNERESIS.

syn·aes·the·si·a, *(Am.)* **syn·es·the·si·a** *(fisiol., psig.)* sinestesie.

syn·a·gogue sinagoge. **syn·a·gog·i·cal** sinagogaal.

syn·a·le·pha, syn·a·loe·pha *(ling.)* samesmelting.

syn·apse, syn·ap·sis =*apses* sinaps, senuselbrug.

syn·ap·sis *(biol.: samesmelting v. homoloë chromosome)* sinaps.

syn·ar·thro·sis =*throses, (anat.)* sinartrose, vaste gewrig.

syn·carp *(bot.)* sinkarp, saamgestelde/samegestelde vrug. **syn·car·pous** sinkarp, vergroeidvrugblarig, =blaig.

sync(h) *n., (infml.: afk. v.* synchronisation/=zation*)* sinchronisasie, sinkronisasie; sinchronisering, sinkronisering; *be **in** ~, (filmk., TV, ens.)* sinchroniseer, sinkroniseer; *(iem.)* op dreef wees; *be **in*** (or ***out of**) ~ with s.o.* (nie) op dieselfde golflengte as iem. wees (nie); in/uit voeling met iem wees; *be **in*** (or ***out of**) ~ with s.t., (filmk., TV, ens.)* (nie) met iets sinchroniseer/sinkroniseer (nie); (nie) met iets ooreenstem (*of* in ooreenstemming wees) (nie); in/uit voeling met iets wees; *be **out of** ~, (filmk., TV, ens.)* nie sinchroniseer/sinkroniseer nie; *(iem.)* van stryk af wees, nie op dreef wees nie. **sync(h)** *ww., (infml.: afk. v.* synchronise/=nize*)* sinchroniseer, sinkroniseer.

syn·chon·dro·sis =*droses, (anat.)* sinchondrose, kraakbeengewrig.

syn·chro =*chros, (elek.)* outomatiese sinchroniseerder/sinkroniseerder. ~ **(swimming)** gesinchroniseerde/gesinkroniseerde swem.

syn·chro·cy·clo·tron *(fis.)* sinchrosiklotron, sinkrosiklotron.

syn·chro·mesh *(mot.)* sinchro-inkammer, sinkro-inkammer; sinchro-inkamming, sinkro-inkamming. ~ **gearbox/transmission** gesinchroniseerde/gesinkroniseerde ratkas. ~ **gear(s)** sinchroon=, sinkroonskakeling.

syn·chron·i·c sinchronies, sinkronies, sinchroon, sinkroon; *~ language description* sinchroniese/sinkroniese taalbeskrywing.

syn·chro·nic·i·ty *(psig.)* sinchronisiteit, sinkronisiteit.

syn·chro·nise, =nize sinchroniseer, sinkroniseer; op dieselfde tyd plaasvind, saamval; gelykstel, reguleer, regsit; *~d swimming* gesinchroniseerde/gesinkroniseerde swem; *~ s.t. with ...* iets met ... sinchroniseer/sinkroniseer. **syn·chro·ni·sa·tion, =za·tion** sinchronisasie, sinkronisasie, sinchronisering, sinkronisering; gelykstelling *(v. tyd)*. **syn·chro·nis·er, =niz·er** sinchroniseerder, sinkroniseerder. **syn·chro·nis·ing, =niz·ing:** *~ gear* sinchroniseer=, sinkroniseeruitrusting, sinchroniseer=, sinkroniseertuig; *~ screw* sinchroniseer=, sinkroniseerskroef. **syn·chro·nism** sinchronisme, sinkronisme, tydsamevalling, gelyktydigheid. **syn·chro·nis·tic** sinchronisties, sinkronisties. **syn·chron·o·scope** = SYNCHROSCOPE. **syn·chro·nous** sinchroon, sinkroon, sinchronies, sinkronies, gelyktydig; *~ motor, (elek.)* sinchron(ies)e/sinkron(ies)e motor. **syn·chro·scope** *(elek.)* sinchroskoop, sinkroskoop.

syn·chro·tron sinchrotron, sinkrotron. ~ **radiation** *(fis.)* sinchrotron=, sinkrotronstraling.

syn·cline *(geol.)* plooidal, sinklien. **syn·cli·nal** sinklinaal; *~ fold* sinklinale plooi.

syn·co·pate sinkopeer, saamtrek; *~d notes* gesinkopeerde note. **syn·co·pa·tion** sinkopering, sinkopasie.

syn·co·pe *(med.)* floute, beswyming; *(gram.)* sinkopee.

syn·cret·ic, syn·cre·tis·tic *(filos., teol.)* sinkreties, sinkretisties. **syn·cre·tise, =tize** *ww.* sinkretiseer, laat saamsmelt. **syn·cre·tism** sinkretisme. **syn·cre·tist** sinkretis. **syn·cre·tis·tic** →SYNCRETIC.

syn·cyt·i·um =*ia, (soöl.)* selnetwerk.

syn·dac·tyl, syn·dac·ty·lous *adj., (soöl.)* sindaktiel.

syn·dic sindikus; *the S~s* die Staalmeesters *(v. Rembrandt)*.

syn·di·cal·ism *(pol.)* sindikalisme. **syn·di·cal·ist** *n.* sindikalis.

syn·drome sindroom; simptomegroep, siektebeeld; groep verskynsels.

syne *(Sk.)* = SINCE *adv.*; *auld lang ~* →AULD.

syn·ec·do·che *(stylleer)* sinekdogee.

syn·e·cious →SYNOECIOUS.

syn·e·col·o·gy sinekologie. **syn·ec·o·log·i·cal, syn·ec·o·log·ic** sinekologies. **syn·e·col·o·gist** sinekoloog.

syn·er·e·sis, syn·aer·e·sis =*eses, (chem., ling.)* sinerese; *(ling.)* sametrekking (van klinkers).

syn·er·gist, syn·er·gist sinergis. **syn·er·gis·tic** sinergisties.

syn·er·gy, syn·er·gism sinergie *(v. besighede)*; *(farm.)* sinergisme. **syn·er·get·ic, syn·er·gic** sinergeties, meewerkend.

syn·ga·my *(biol.)* singamie.

syn·od sinode, kerkvergadering. **syn·od·al** sinodaal; *~ board* moderatuur, moderamen. **syn·od·ic, syn·od·i·cal** *(astron.)* sinodies. **syn·od·i·cal** *(w.g.)* →SYNODAL; *~ commission* sinodale kommissie.

syn·oe·cious, syn·e·cious, syn·oi·cous *(bot.)* sinesies.

syn·o·nym sinoniem, sinverwante woord; *a ~ of ...* 'n sinoniem van ... **syn·o·nym·i·cal** sinonimies, sinonimiek. **syn·o·nym·i·ty** sinonimie; sinverwantskap; gelykbeduidenis. **syn·on·y·mous** sinoniem; sinverwant; gelykbetekenend; *be ~ with ...* met ... sinoniem wees. **syn·on·y·my** sinonimie, sinsverwantskap, gelykbeduidenis, sinonimiek.

syn·op·sis =*opses* oorsig, kortbegrip, samevatting, sinopsis. **syn·op·tic** *n.* sinoptikus; *(Byb.: soms S~, i.d. mv.)* sinoptiese evangelies. **syn·op·tic** *adj.* sinopties, oorsigtelik; ~ *chart, (weerk.)* sinoptiese kaart; *S~ Gospels, (NT: Matteus, Markus en Lukas)* sinoptiese evangelies; ~ *table* oorsigtafel. **syn·op·tist** *(skrywer v. een v.d. sinoptiese evangelies)* sinoptikus.

syn·os·to·sis *(anat.)* sinostose.

syn·o·vi·a *(med.)* sinovia, sinoviale vog, gewrigsvog, gewrigsmeer, litwater. **syn·o·vi·al** sinoviaal, gewrigsvog=; ~ *bursa* slymbeurs; ~ *membrane* sinoviale membraan, gewrigsvlies; ~ *sheath* slymskede. **syn·o·vi·tis** *(med.)* sinovitis, gewrigs(vlies)ontsteking.

syn·tagm =*tagms*, **syn·tag·ma** =*tagmata, n., (ling.)* sintagma. **syn·tag·mat·ic** *adj.* sintagmaties.

syn·tax sintaksis, sinsleer; woordvoeging. **syn·tac·tic** sintakties.

syn·the·sis =*theses* sintese, samevatting, samestelling, opbouing. ~ **gas** sintesegas.

syn·the·sise, =size, syn·the·tise, =tize sintetiseer. **syn·the·sis·er, =siz·er** sintetiseerder.

syn·thet·ic *n. (gew. i.d. mv.)*, kunsstof, sintetiese stof. **syn·thet·ic** *adj.* sinteties; kunsmatig, kuns=; ~ ***butter*** kunsbotter; ~ ***cream*** kunsroom; ~ ***detergent*** seeplose wasmiddel; ~ ***diamond*** kunsdiamant; ~ ***fibre*** kunsvesel; ~ ***gem*** vals steen; ~ ***gin*** vervalste jenewer; ~ ***honey*** kunsheuning; ~ ***resin*** kunshars; ~ ***rubber*** kunsrubber; ~ ***silk*** kunssy; ~ ***wool*** kunswol. **syn·thet·i·cal** →SYNTHETIC *adj.*. **syn·the·tise, =tize** →SYNTHESISE.

syn·ton·ic *(psig.)* sintonies.

syph·i·lis sifilis, vuilsiekte. **syph·i·lit·ic** *n.* sifilislyer, =pasiënt. **syph·i·lit·ic** *adj.* sifilities.

sy·phon →SIPHON.

Sy·ra·cuse *(geog.: hawe in Sicilië)* Sirakuse; *(geog.: stad in Am.)* Syracuse.

Syr·i·a *(geog.)* Sirië. **Syr·i·ac** *n. & adj., (dialek)* Siries. **Syr·i·an** *n.* Siriër. **Syr·i·an** *adj.* Siries.

sy·rin·ga *(bot.: Syringa vulgaris)* gewone sering. **sy·rin·gic:** ~ *acid* seringsuur.

sy·ringe, sy·ringe *n., (med.)* spuit; *hypodermic* ~ →HYPODERMIC *adj.*. **sy·ringe, sy·ringe** *ww.* spuit; inspuit; uitspuit.

syr·inx =*inxes*, =*inges, (mus.)* sirinks, panfluit; *(orn.)* sirinks, stemorgaan.

syr·phid (fly) *(entom.)* sweefvlieg.

Syr·tis *(astron.):* ~ **Major** Syrtis Major. ~ **Minor** Syrtis Minor.

syr·tis *syrtes, (vero.)* dryfsand(gebied).

syr·up, *(Am.)* **sir·up** stroop; *golden* ~ gouestroop. ~ **sauce** stroopsous.

syr·up·y, *(Am.)* **sir·up·y** *(lett. & fig.)* stroperig; *(lett.)* stroopagtig.

sys·tal·tic sistalties, vernouend, saamtrekkend *(d. beweging v.d. hart)*.

sys·tem *(ook mus.)* stelsel, sisteem; *(geol.)* sisteem; *(biol., relig.)* stelsel; metode; *(spw.)* net; *(spw.)* afdeling; →RAILWAY SYSTEM; ***according** to a* ~ volgens 'n stelsel; ***administrative*** ~, ~ ***of administration*** bestuurstelsel; *you can't **buck** the* ~, *(infml.)* jy kan jou nie teen die stelsel verset nie; ***get** s.t. out of one's* ~, *(infml.)* iets afskud, van iets herstel; *all ~s **go!*** alles gereed!; ***mountain*** ~ bergformasie; gebergte; ~ ***of courts*** regterlike organisasie; ~ ***of education*** onderwysstelsel; ~ ***of forces*** kragtestelsel; ~ ***of government*** regering=, bestuurstelsel; ~ ***of guilds*** gildewese; ~ ***of law*** = LEGAL SYSTEM; ~ ***of measures/measurement*** maatstelsel; ~ ***of pulleys*** katrolstelsel, takel; ***on** a* ~ volgens 'n stelsel; *work **on** a* ~ →***work; pass** into s.o.'s* ~ deur iem. se hele gestel/liggaam versprei; ***philosophical/theological/scientific*** ~ leerstelsel; ***play** the* ~ die stelsel (tot jou eie voordeel) uitbuit; ***political*** ~ →POLITICAL; ***solar*** ~ →SOLAR *adj.*; ***under** the American/etc.* ~ volgens die Amerikaanse/ens. stelsel; ***what*** ~ *do you go on?* watter metode pas jy toe (*of* volg jy)?, na watter metode handel jy?; ***work** with* (or *on a)* ~ stelselmatig (*of* volgens plan) werk. ~ **manager** *(spw.)* afdelingsbestuurder. ~ **operator** *(rek.)* stelseloperateur. **~s analysis** *(rek.)* stelselontleding. **~s analyst** *(rek.)* stelselontleder. **~s disk** *(rek.)* stelselskyf. **~s software** *(rek.)* stelselprogrammatuur, =sagteware. ~ **switch** stelsel=, netskakelaar.

sys·tem·at·ic, sys·tem·at·i·cal stelselmatig, sistematies; *systematic arrangement* planmatigheid. **sys·tem·at·ics** *(fungeer as ekv.)* sistematiek. **sys·tem·a·ti·sa·tion, =za·tion** sistematisering; sistematisasie. **sys·tem·a·tise, =tize** sistematiseer. **sys·tem·a·tis·er, =tizer, sys·tem·a·tist** sistematikus. **sys·tem·ic** *(med. & bot.)* sistemies; van die gestel; ~ *circulation* liggaamsomloop, groot bloedsomloop; ~ *poison* liggaamsgif. **sys·tem·i·cal·ly** sistemies. **sys·tem·less** stelselloos, sisteemloos; onsistematies, planloos, onmetodies, onstelselmatig; *(biol.)* struktuurloos.

sys·to·le *(fisiol.)* saamtrekking, krimping *(v.d. hart)*, saamtrekkingsfase, sistool, sistole. **sys·tol·ic** sistolies.

sys·tyle *n., (bouk.)* sistyl. **sys·tyle** *adj.* sistiel, nousuilig.

syz·y·gy *(astron.)* samestand; *(wisk., biol.)* sisigie; *(filol.)* dipodie; paar, stel.

Tt

t *t's, (20ste letter v.d. alfabet)* t; *dot the/one's i's and cross the/one's ~'s* →I; *little* ~ t'tjie; *small* ~ klein t.

T *T's, Ts* T; *to a ~, (infml.)* op 'n haar, presies; op 'n druppel water; *have s.t. down to a ~, (infml.)* die kuns om iets te doen haarfyn ken; *s.t. suits s.o. to a ~, (infml.)* iets pas iem. uitstekend/volkome. **~-bar** T-staaf. **~-bolt** T-bout. **~-bone** T-been. **~-bone steak** T-beenskyf. **~-iron** T-stuk/yster. **~-joint** T-las. **~-junction** T-aansluiting. **~-piece** T-stuk. **~-section** T-profiel. **~-shaped** T-vormig. **~-shirt, tee shirt** T-hemp(ie). **~-square** T-haak, tekenhaak. **~-wrench** T-sleutel.

't *(sametr. v.* it*)* 't; *I'll never do~ again* ek sal 't nooit weer doen nie.

ta *tw., (kindertaal: dankie)* ta, da, da(a)i; *~ muchly, (Br., infml.)* baie dankie.

tab[1] *n.* lus(sie); strokie, klappie, (skouer)lus; lip, stoter *(v. 'n gespe)*; sluitband; veterpunt; lip, skouer *(v. 'n gidskaart ens.)*; vlaggie *(aan papiere)*; kenstrokie *(aan klere ens.)*; *(hoofs.Am.)* ringetjie *(v. 'n koeldrankblikkie ens.)*; bierblikringetjie; *(infml., hoofs.Am.)* rekening; *(lugv.)* balansvlak; ***keep** ~s on s.o., (infml.)* iem. in die oog hou *(of* noukeurig dophou); ***keep** ~s (*or *a ~) on s.t., (infml.)* iets noukeurig dophou; ***pick up** the ~ for s.t., (infml., hoofs.Am.)* (die rekening) vir iets betaal; ***put** s.t. on a ~, (infml., hoofs.Am.)* iets op 'n rekening plaas. **tab** *-bb-, ww.* van 'n lussie/ens. voorsien. **~ washer** sluitwaster.

tab[2] *n., (afk. v.* tabulator*)* tabuleerder, tabelleerder; tabuleer-, tabelleermasjien. **~ (key)** *(rek.)* tabuleer-, tabelleertoets. **~ stop** *(rek.)* tabuleer-, tabelleerstop.

tab[3] *n., (infml., afk. v.* tablet*)* tablet, pil; *LSD ~s* LSD-tablette/pille.

tab[4] *(Am., infml.)* →TABLOID ([NEWS]PAPER).

tab·a·nid blindevlieg.

tab·ard rok; mantel; *(hist.)* wapenrok.

tab·a·ret *(tekst.)* gestreepte sy; sybekleding, -behangsel.

Ta·bas·co (sauce) *(soort rissiesous)* tabascosous.

tab·bou·leh, tab·bou·li *(<Arab., Mid.Oos. kookk.: 'n geurige slaai)* taboeli.

tab·by *n., (tekst.)* gewaterde sy, tabyn; *(infml.)* kekkelbek, kletskous; *(infml.)* skinderbek, -tong. **tab·by** *ww., (tekst.)* water, moireer. **tab·by** *adj.* grysbruin, grougestreep. **~ (cat)** grougestreepte/Ciperse/Siperse kat.

ta·be·fac·tion →TABES.

tab·er·nac·le *n., (OT)* tabernakel, tent, (veld)hut *(vir verblyf)*; *(OT)* tabernakel *(vir d. ark)*; *(relig.)* tempel *(vir aanbidding)*; *(RK)* tabernakel; *(bouk.)* tabernakelnis, baldakyn; *(sk.)* maskoker; *Feast of T~s, (Jud.)* →SUCCOTH. **tab·er·nac·le** *ww.* verblyf hou; onder dak bring, beskut.

ta·bes *(med.)* wegkwyning, uittering; *dorsal ~* rugmurgtering. **ta·be·fac·tion** wegkwyning, uittering. **ta·bet·ic** *n.* teringlyer. **ta·bet·ic, tab·id** *adj.* uitgeteer, uitterend, tabeties.

tab·i·net *(tekst.)* tabinet.

Tab·i·tha *(NT)* Tabita.

tab·la *(Hindi, mus.: soort dubbele trom)* tabla.

tab·la·ture beeld, afbeelding; tablatuur.

ta·ble *n.* tafel; dis; blad; plato, hoogland; tabel, lys, register; *(ook, i.d. mv.)* tafels (van vermenigvuldiging); →ROUND TABLE; ***at** ~* aan tafel; *be **at** ~* aan tafel sit; ***clear** the ~* die tafel afdek; *~ of **contents*** inhoudsopgawe; *~ of **dates*** tydtafel; ***drink** s.o. under the ~, (infml.)* iem. onder die tafel drink; ***keep** a good ~* 'n goeie tafel hê/hou, goeie kos voorsit; *s.t. has been **laid** on the ~, (ook, parl.)* iets lê ter tafel; ***lay/set** the ~* (die) tafel dek; ***lay** s.t. on a ~* iets op 'n tafel sit/plaas; ***lay** s.t. on the ~, (parl.)* iets ter tafel lê; ***leave*** (or ***rise from***) *the ~* van die tafel (af) opstaan; *a **nest** of ~s* 'n stel inskuiftafeltjies; *written on the ~s **of** the heart* in die hart geskryf/geskrywe; *~ **of interest*** rentetafel; *~s **of** the Law* die tafele, tafels van die Wet; *~ **of** precedence* voorranglys; *~ **of** reduction* herleidingstafel; *the book is **on** the ~* die boek lê op die tafel; *the food is **on** the ~* die kos is/staan op die tafel; ***put** s.t. on a/the ~* iets op 'n/die tafel sit; ***rise from** the ~ →**leave;*** *get **round** the ~* gaan sit en praat, onderhandel; ***set** the ~ →**lay/set;*** *at the **top** of the ~* aan die bo-ent/koppenent/hoof van die tafel; ***turn** the ~s (on s.o.)* die bordjies verhang; *the ~s are **turned*** die bordjies is verhang, die rolle is omgekeer(d), die wiel het gedraai; ***wait** at ~* aan tafel bedien. **ta·ble** *ww.* ter tafel lê, indien *('n amendement ens.)*; *(hoofs.Am.)* uitstel, opskort; *(sk.)* versterk *('n seil)*; tabuleer, tabelleer; *~ a **motion*** kennis van 'n voorstel gee. **~ allowance** tafelgeld. **~ appointments** tafelversiering, -uitrusting. **~ beer** tafelbier. **~ board** tafelblad. **~ boarder** daggas, dagloseerder, halwe kosganger. **~ boarding** daglosies. **~ centre** tafelloper, -kleedjie, middelkleedjie. **~cloth** tafeldoek; tafelkleed(jie). **~ companion** tafelgenoot. **~ compositor** smoutsetter. **~ cover** tafelkleed, -doek. **~-cut** *adj.* platgeslyp *(edelsteen)*. **~ flap** tafelklap. **~ football** tafelvoetbal. **~ fork** eetvurk, groot vurk. **~ fowl** slaghoender. **~ glass** drink-, tafelglas. **~ grape** tafel-, eetdruif. **~ guest** tafelgas, gas vir ete. **~ hand** tafelwerker, -werkster. **~ knife** tafelmes. **~ lamp** staanlamp. **~land** tafelland. **~ leaf** (los) tafelblad. **~ leg** tafelpoot. **~ licence** *(Br.)* lisensie om kos en drank te verkoop. **~-lifting, ~-moving, ~-tilting, ~-tipping, ~-turning** *(spiritisme)* tafeldans. **~ linen** tafellinne. **~ manners** tafelmaniere. **~ mat** tafel-, bordmatjie. **~ money** tafelgeld. **T~ Mountain** Tafelberg. **~-moving** →TABLE-LIFTING. **~ music** tafelmusiek. **~ napkin** servet. **~ president** tafelheer. **~-rapping** *(spiritisme)* tafelkloppery. **~ runner** tafelloper. **~ salt** tafelsout, fyn sout; *(chem.)* natriumchloried. **~ silver** messegoed; *(lett.)* tafelsilwer. **~spoon** eetlepel. **~spoonful** *-fuls* eetlepel (vol); *a ~ of sugar/etc.* 'n eetlepel suiker/ens.; *two/etc. ~s* twee/ens. eetlepels (vol). **~ stationery** papiertafelgoed. **~ talk** tafelgesprek(ke). **~ tennis** tafeltennis. **~-tennis bat** tafeltennisspaan. **~-tilting, ~-tipping** →TABLE-LIFTING. **~ top** *n.* tafelblad. **~-top** *adj. (attr.)* tafel-; *~ mirror* tafelspieël; *~ sale* tafelverkoping; *~ tripod, (fot.)* tafeldriepoot. **~-turning** →TABLE-LIFTING. **~ vice** bankskroef. **~ware** eetgerei, tafelgerei, -goed, -gereedskap. **~ water** mineraalwater. **~ wine** tafelwyn.

tab·leau *-leaux, -leaus* tablo; lewende beeld. **~ curtains** *(mv.), (teat.)* tablogordyne. **~ vivant** *tableaux vivants, (Fr., teat.: voorstelling v. 'n tafereel deur 'n groep lewende persone)* tableau vivant.

ta·ble d'hôte *(Fr.)* table d'hôte, volle ete; table d'hôte, vaste spyskaart.

tab·let plaat; steen(tjie); tablet, pil; *(bouk.)* paneel; *(Am.)* skryfblok; *memorial ~* gedenkplaat, -steen; *~ of soap, (Br.)* koekie seep.

tab·loid: ~ format ponieformaat. **~ journalism** ponie-, sensasie-, skinderjoernalistiek. **~ journalist** poniekoerantjoernalis, sensasie-, skinderjoernalis. **~ ([news]paper)** poniekoerant, -blad, sensasiekoerant, -blad, skinderkoerant, -blad. **~ press** ponie-, sensasie-, skinderpers, geel pers.

ta·boo *-boos,* **ta·bu** *-bus, n.* taboe, verbod; ostrasisme. **ta·boo, ta·bu** *adj.* taboe, verbode. **ta·boo, ta·bu** *ww.* taboe verklaar, verbied; *(fig.)* in die ban doen.

ta·bor, ta·bour *(mus., hist.)* tamboertjie, tamboeryn.

tab·ou·ret, *(Am.)* **tab·o·ret,** *(Am.)* **tab·o·ret** sitbankie, stoeltjie, taboeret.

Ta·briz *(geog.)* Tebris.

ta·bu →TABOO.

tab·u·lar tafelvormig, tafel-, (afge)plat; tabellaries, in tabelvorm; *~ basalt* tafelbasalt; *~ root* stutwortel; *~ structure* plaatstruktuur. **tab·u·late** tabuleer, tabelleer; plat maak, platmaak, gelykmaak. **tab·u·lat·ed** getabuleer(d), getabelleer(d); tabellaries, in tabelvorm; plat; dun gelaag. **tab·u·la·tion** tabulering, tabellering. **tab·u·la·tor** tabuleer-, tabelleermasjien, tabulator.

tab·u·la ra·sa *tabulae rasae, (Lat., lett. & fig.)* tabula rasa, skoon lei; *(filos.)* tabula rasa, onbevange gemoed.

ta·bun *(soort senu[wee]gas wat in chem. oorlogvoering gebr. word)* taboen.

ta·cet *(<Lat., mus.: dit swyg)* tacet.

tache[1], **tach** *(arg.)* gespe.

tache[2] →TASH.

tach·e·om·e·ter, ta·chym·e·ter *(landm.)* tageometer, tagimeter.

tach·ism(e) *(skilderk.)* tasjisme, vlekkuns.

ta·chis·to·scope tagistoskoop.

tach·o·graph tagograaf, registrerende toereteller. **ta·chom·e·ter** tagometer, snelheidsmeter, toereteller; papierklok.

tach·y·car·di·a hartversnelling, tagikardie.

ta·chyg·ra·phy snelskrif; kortskrif. **ta·chyg·ra·pher, ta·chyg·ra·phist, tach·y·graph** snelskrywer. **tach·y·graph·ic** stenografies, snelskrif-.

ta·chym·e·ter →TACHEOMETER.

tac·it onuitgesproke, versweë, stilswyend; vanselfsprekend; *~ consent* stilswyende instemming/toestemming.

tac·i·turn stil, swygsaam; onmededeelsaam; *~ mood* stilswyende stemming; *William the T~* Willem die Swyger. **tac·i·tur·ni·ty** swygsaamheid, stilswyendheid.

tack[1] *n.* heg-, dwergspyker, tingel; stoffeerspyker, platkopspyker; rygsteek; hals *(v. 'n seil)*; rigting, koers, weg; klewerigheid; kos, ete; *get down to **brass** ~s, (infml.)* by die kern van die saak kom; ***change** one's* (or ***try another***) *~* dit anders aanpak, dit oor 'n ander boeg gooi, 'n ander koers inslaan; *be **on** the right/wrong ~* op die regte/verkeerde koers wees; →BE ON THE RIGHT/WRONG **TRACK;** ***tailor's** ~* snyershegsel; ***take** a ~* 'n koers kies/inslaan. **tack** *ww.* vasspyker, vastik; (aanmekaar)ryg, aanmekaarheg; *(sk.)* laveer, wend; oor 'n ander boeg gaan, van koers verander; 'n saak anders aanpak *(of* oor 'n ander boeg gooi); →TACKING; *~ s.t. **down*** iets vasspyker; *~ s.t. **on*** iets vasryg; iets aanheg; iets aanlas; iets vasspyker; iets met drukspykers vassteek; *~ s.t. **onto*** (or ***on to***) ... iets aan ... (vas)ryg; iets by ... aanlas; *~ed **seam*** rygnaat; *~ A and B **together*** A en B aanmekaarryg; A en B aanmekaarspyker; *~ s.t. **up*** iets opspyker. **~ line** skeilyn *(tuss. seinvlae)*; halslyn *(v. 'n seinvlag)*. **~ rope** halstou *(v. 'n seil)*.

tack[2] *n.* tuig *(v. 'n perd)*. **tack** *ww.: ~ (up)* (op)saal *('n perd)*. **~ room** saal-, tuigkamer.

tack·et platkopspyker; skoenspyker; spykerskoen.

tack·ie, tack·y *-ies, n., (SA, infml.: seilskoen)* tekkie.

tack·ing (die) vastik/-spyker; rygwerk; *tailor's ~* deurslagsteke, (snyers)merksteke. **~ hole** heggat. **~ stitch** rygsteek, deurslagsteek. **~ thread** rygdraad; katderm.

tack·le *n.* takel(werk); hystoestel; gereedskap, gerei;

(rugby) doodvat; *that was a fine ~, (ook, rugby)* hy het hom lekker geplant; *high ~, (rugby)* hoogvat; *low ~, (rugby)* laagvat. **tack·le** *ww.* (aan)pak, aanspreek, bydam, onder hande neem; *(rugby)* (dood)vat, lak, duik, neertrek, vasvat, plant; *~ a job* aan die werk spring; *~ low, (rugby)* duik, laagvat; *~ low!, (rugby)* vat hom laag!; *~ s.o. about/on/over s.t.* iem. oor iets pak. *~* **ball** *(rugby)* smoorbal. *~* **block** takelblok, katrolblok. *~* **fall** takelloper.

tack·ling takelwerk; gereedskap, gerei; tuig; (die) aanpak; *(rugby)* lakwerk.

tack·y[1] *adj.* taai, klewerig, klouerig. **tack·i·ness** klewerigheid, klouerigheid.

tack·y[2] *adj., (infml.)* slordig, slonserig; vuilerig; smaakloos, stylloos; goedkoop, prullerig.

tack·y[3] →TACKIE.

ta·co *-cos, n., (Mex. kookk.: gevulde tortilla)* taco.

tac·o·nite *(min.)* takoniet.

tact takt, slag; *exercise ~* met takt optree. **tact·ful** taktvol, diplomaties. **tact·ful·ness** takt. **tact·less** taktloos, ondiplomaties. **tact·less·ness** taktloosheid.

tac·tic taktiek. **tac·ti·cal** takties; *~* ***error/mistake*** taktiese fout/flater; *~* ***missile/weapon/etc.*** taktiese missiel/wapen/ens.; *~* ***move*** taktiese skuif; *~* ***voting*** taktiese stemming/stemmery. **tac·ti·cian** taktikus. **tac·tics** taktiek.

tac·tile gevoels-; tas-; voelbaar, tasbaar; taktiel; *~ corpuscle* tasliggaampie, -knoppie; *~ hair* voel-, tashaar(tjie); *~ organ* tasorgaan; *~ sense* tassin, gevoel(sin). **tac·til·i·ty** voelbaarheid, tasbaarheid. **tac·tu·al** taktiel, van die tassin, tas-.

tad *(Am., infml.: seuntjie)* kêreltjie, knapie, mannetjie, tjokker(tjie), kannetjie, pikkie; *a ~ ...* ietwat *(teleurstellend, onsmaaklik, frustrerend, lugtig, voorspelbaar, ens.);* 'n bietjie *(oorryp, te gaar, ens.);* 'n titseltjie *(asyn, sout, ens.);* 'n skeut(jie)/skootjie *(asyn, wyn, ens.); a ~ too ...* net te *(voorspelbaar ens.);* effens te *(loperig ens.);* 'n tikkie te *(lank, kort, hard, ens.).*

Ta·djik →TAJIK.

tad·pole paddavis(sie).

Ta·dzhik →TAJIK.

tae·di·um vi·tae *(Lat.)* taedium vitae, lewensmoegheid.

tae kwon do *(Koreaanse verweerkuns)* tae kwon do.

tael *(Chin. gewigs- of munteenheid)* tael.

tae·ni·a, *(Am.)* **te·ni·a** *-niae, -nias, (anat.)* lengtespierlaag van die kolon; *(Taenia* spp.*)* lintwurm; *(bouk.)* kroonlys; *(Gr., hist.)* haar-, kopband. **tae·ni·a·fuge,** *(Am.)* **te·ni·a·fuge** *(med.)* lintwurmmiddel, -drywer.

taf·fe·ta *(tekst.)* taf; *silk ~* tafsy.

taff·rail *(sk.)* agterreling.

Taf·fy *-fies, (Br., infml., dikw. neerh.)* Wallieser.

taf·fy *(Am.)* tameletjie (→TOFFEE); *(infml.)* vleiery, flikflooiery, mooipraatjies.

taf·i·a, taf·fi·a *(Wes-Indiese rum)* tafia.

tag[1] *n.* (hang)etiket, adreskaart(jie), (ken)kaartjie, (ken)strokie, (identifikasie)plaatjie; lus(sie); bandjie *(v. 'n sloop);* merk; *(Am.)* nommerplaat *(v. 'n voertuig); (rek.)* etiket; misklos *(aan 'n skaap);* stertpunt *(v. 'n dier);* aanhangsel; fraiing, rafel; veterpunt; cliché, afgesaagde *(of* holrug geryde) uitdrukking, ou gesegde, gemeenplaas; epiloog *(v. 'n toneelstuk); (mus.)* refrein; slottoespraak; moraal(les); →PRICE TAG. **tag** *-gg-, ww.* etiketteer, merk, 'n kaartjie plak op *(of* aanbring aan); *(fig.)* bestempel; vasbind, vasheg; 'n punt aansit, punt; (wol)fraiings afskeer; *~* ***after*** (or *~* ***along behind****) s.o., (infml.)* agter iem. aandraf/aanloop; *~* ***along,*** *(infml.)* saamgaan; *~* ***along with s.o.,*** *(infml.)* saam met iem gaan, met iem. saamgaan; *~* ***down*** uitsmee; *~ a* ***fish/etc.*** 'n vis/ens. etiketteer; *~ tag o.s.* ***onto*** (or ***on to****) s.o., (infml.)* jou aan iem. opdring. *~* **end** slot, stert, agterpunt. *~***lock** gekoekte stapel *(in wolvag). ~* **question** *(ling.)* einddeelvraag. *~***rag** →RAGTAG.

tag[2] *n., (kinderspeletjie)* frot, aan-aan. **tag** *ww.* frot/aan-aan speel; tik op, aanraak, die frot gee (vir).

Ta·ga·log *-log(s), n., (lid v.d. Filippynse Tagalogvolk)* Tagalog; *(taal)* Tagalog. **Ta·ga·log** *adj.* Tagalog-.

tag·ging game frotspeletjie.

ta·glia·tel·le *(It.)* tagliatelle, lintnoedels.

tag·meme *n., (ling.)* tagmeem. **tag·mem·ic** *adj.* tagmemies. **tag·mem·ics** *n. (fungeer as ekv.)* tagmemiek.

Ta·gus, *(Sp.)* **Ta·jo,** *(Port.)* **Te·jo:** *the ~, ('n rivier)* die Taag.

Ta·hi·ti *(geog.)* Tahiti. **Ta·hi·ti·an** *n.* Tahitiaan; *(taal)* Tahitiaans. **Ta·hi·ti·an** *adj.* Tahitiaans.

tahr, thar *(soort bok)* tahr.

t'ai chi, t'ai chi ch'uan *(Chin., oefeninge vir selfverdediging en meditasie)* tai tji (tjwaan).

tai·ga *(Rus., naaldbos tuss. d. toendra en d. steppe v. Siberië)* taiga.

tail[1] *n.* stert; haarvlegsel; pant, slip; keersy *(v. 'n munt);* agterste punt/ent; gevolg; roei *(v. 'n komeet);* voet; inboudeel; *(mynb.)* streep; bodem *(v. 'n koeël);* swakker kolwers; *(ook, i.d. mv.)* swaelstertpak; *the* ***cow*** *switches her ~* die koei swaai haar stert, die koei se stert piets heen en weer; *the* ***dog*** *wags its ~* die hond swaai *(of* kwispel met) sy stert; *the ~ wags the* ***dog,*** *(fig.: d. mindere regeer d. meerdere)* Klaas is baas; *the ~ of the* ***eye*** die ooghoek; *~* ***first*** agterstevoor; ***have/put*** *a ~ on s.o., (infml.)* iem. laat agtervolg/dophou; ***heads*** *or ~s* →HEAD *n.; tuck one's ~ between one's* ***legs,*** *(infml.)* stert tussen die bene loop; *with one's ~ between one's* ***legs,*** *(infml.)* druipstert, stert tussen die bene; *be* ***on*** *s.o.'s ~* op iem. se hakke wees; ***turn*** *~* →TURN *ww.;* ***tweak*** *the lion's ~* →TWEAK; *have one's ~* ***up*** vol moed wees; *keep one's ~* ***up,*** *(infml.)* (goeie) moed *(of* die blink kant bo) hou. **tail** *ww.* 'n stert aansit, van 'n stert voorsien; aan die stert gryp/sleep; stompstert maak; 'n aanhangsel afsny; agteraan kom; agtervolg, op die voet volg; *~* ***after*** *s.o.* agter iem. aantou; *~* ***off/away*** uitsak, agterbly; (stadigaan) verminder/opraak; (stadigaan) wegraak; *s.o.'s voice ~s off* iem. se stem sterf/sterwe weg. *~* **assembly** *(lugv.)* stertvlakke. *~***back** *(Br.)* verkeersopeenhoping, (lang) string motors. *~* **beam,** *~* **joist,** *~***piece** *(bouk.)* kruppelbalk. *~***board** agterklap *(v. 'n vragmotorbak);* karet, agterskot *(v. 'n kar, wa); (bouk.)* agterplank. *~* **bone** stuit-, stertbeen, stuitjie. *~***coat** swaelstert(baadjie), (aand)manel. *~* **covert** *(orn.)* stertdekveer. *~* **end** (uit)einde, stert(jie), agterste punt, agterkant; *(mus.)* stertstuk *(v. 'n snaarinstr.). ~***-ender** agteros; *(kr.)* stert(kant)kolwer. *~* **feather** stertveer; *long ~ ~* stuurpen. *~* **fin** stertvin. *~***gate** *n.* agterklap *(v. 'n vragmotorbak);* agterklap, vyfde deur *(v. 'n luikrugmotor);* karet, agterskot *(v. 'n kar, wa);* ebdeur *(v. 'n kanaalsluis). ~***gate** *ww., (Am.)* te na(by) aan die voertuig voor jou ry, op iem. *(of* die voorste voertuig) se stert lê/sit, nie 'n veilige volgafstand behou nie; by jou motor *(of* op die parkeerterrein) piekniek hou/maak. *~***gate (party)** *(Am.)* partytjie op die parkeerterrein van die/'n stadion. *~* **gun** agterkanon. *~* **gunner** agterkanonnier. *~***-heavy** agterswaar *(vliegtuig ens.). ~* **joist** →TAIL BEAM. *~* **light,** *~* **lamp** agterlig, -lamp. *~***-off** *n.* afname *(i.d. vraag na iets). ~***piece** stertstuk; *(bouk.)* →TAIL BEAM; slot, slotlyn, (slot)vinjet. *~***pipe** suigpyp *(v. 'n pomp);* uitlaatpyp *(v. 'n voertuig). ~***plane** stertvlak *(v. 'n vliegtuig). ~* **pocket** agtersak. *~* **quill** stertveer. *~***race** afvoerkanaal; *(mynb.)* uitskotgeut, uitskotvoor. *~* **shaft** stertas. *~***skid** stertsteun *(v. 'n vliegtuig). ~***spin** draaiduik. *~***stock** loskop. *~***water** onderloopwater, afloopwater. *~***wheel** stertwiel. *~***wind** mee-, rugwind, wind van agter.

tail[2] *n., (jur., hoofs. hist.)* beperkte eiendom.

-tail·ed *komb.vorm* -stert-, met 'n ... stert; *fat-~ sheep* vetstertskaap; *long-~ lizard* langstertakkedis, akkedis met 'n lang stert; *racket-~ parrot* raketstertpapegaai.

tail·er *(igt.)* elf.

tail·ing *(bouk.)* inbou; binnekop *(v. 'n baksteen); (i.d. mv.)* afval, vuilgoed, oorskiet, uitskot, afsaksel, slyk, spoelsel(s).

tai·lor *n.* kleremaker, snyer. **tai·lor** *ww.* klere (op maat) maak, kleremaker wees; *be ~ed* ***for*** *..., (fig.)* vir ... uitgeknip wees; op ... toegespits wees; *~ed* ***seam*** snyersnaat; *~ed* ***skirt*** snyersromp; *~ s.t.* ***to*** *s.o.'s needs* iets volgens iem. se behoeftes aanpas; *be* ***well*** *~ed, (klere)* goed gesny wees; *(iem., veral 'n man)* goed geklee(d) wees. *~***bird** kwê-kwê; snyervoël. *~***-made** aangemeet, na/op maat gemaak; *~ suit* snyerspak, -kostuum, aangemete pak/kostuum. *~***'s canvas** (snyer)styfgaas. *~***'s chalk** snyerskryt, platkryt. *~***'s dummy** paspop.

tai·lored *(ook)* aangemeet, na/op maat gemaak. **tai·lor·ing** kleremakery, snyersbedryf; snit, styl.

tain bladtin.

taint *n.* vlek, smet, besmetting; spoor, teken, bewys *(v. bederf ens.);* bysmaak, vreemde geur; bederf; blaam. **taint** *ww.* besoedel; besmet; bevlek; *(arg.: kos, water)* bederf; *be ~ed by scandal* deur skandale aangetas/besmet/bevlek wees; *come of ~ed stock, (jur.)* erflik belas wees; *be ~ed with s.t.* met iets besmet wees. **taint·less** vlek(ke)loos, onbevlek, skoon.

tai·pan[1] *(hoof v. 'n buitelandse sakeonderneming in China)* taipan.

tai·pan[2] *(soöl.: 'n Austr. slang)* taipan.

Tai·wan *(geog., vroeër Formosa)* Taiwan. **Tai·wan·ese** *n.* Taiwannees, Taiwanner. **Tai·wan·ese** *adj.* Taiwannees, Taiwans.

Tajik·i·stan, Ta·dzhik·i·stan, Ta·djik·i·stan *(geog.)* Tadjikistan. **Ta·jik** *-jik(s),* **Ta·dzhik** *-dzhik(s),* **Ta·djik** *-djik(s), (inwoner)* Tadjik, Tadjikistanner. **Ta·jik(·i), Ta·dzhik(·i), Ta·djik(·i)** *n., (taal)* Tadjiks, Tadjikistans. **Ta·jik(·i), Ta·dzhik(·i), Ta·djik(·i)** *adj.* Tadjiks, Tadjikistans.

Taj Ma·hal *(Oerdoe, marmerpraalgraf in Indië)* Taj Mahal.

Ta·jo →TAGUS.

take *n.* vangs; buit; opbrengs, opbrings; ontvangste; beurt; opname; *do a double ~, (infml.)* nog 'n slag kyk, verbaas weer kyk. **take** *took taken, ww.* neem, vat; gryp; pak, vang; bring; wen, bemagtig; (in)neem, verower *('n land, vesting);* annekseer; kry, ontvang, trek; verstaan, vat, begryp, snap; (ver)eis, verg; aanneem, aanvaar; opneem; *(naamval)* reageer; veel, verdra, verduur; vang; betrap; *('n toneelstuk ens.)* inslaan; eet, geniet, nuttig *(ontbyt ens.);* drink, (in)neem, sluk *('n pil ens.);* neem, gebruik *(suiker ens.);* neem *('n taxi, trein, ens.);* meet *(iem. se koors, temperatuur); (med.: 'n ent)* groei; inteken op *('n koerant ens.);* wen, kry, behaal, verwerf *('n prys); s.t. ~s s.o.* ***aback*** iets verbaas/verstom/verbluf iem., iets slaan iem. dronk *(of* uit die veld), iets laat iem. oopmond staan; *be ~n* ***aback*** verbaas/verstom/dronkgeslaan/oorbluf/verbluf *(of* uit die veld geslaan) wees, oopmond staan; ontsteld/onthuts wees; *~ s.o./s.t.* ***aboard*** iem./iets oplaai; *~ s.t.* ***abroad*** iets na die buiteland neem; *~ ... into* ***account*** →ACCOUNT *n.; ~ s.o./s.t.* ***across*** iem./iets na die ander kant bring; *~ s.o./s.t.* ***across*** *to ...* iem./iets na ... oorbring; *~* ***action*** →ACTION; *~* ***advantage*** *of s.o.* →ADVANTAGE *n.; ~* ***advice*** →ADVICE; *~* ***after*** *s.o.* na iem. aard; soos/na/op iem. lyk; agter iem. aanstorm; *~* ***aim at ...*** →AIM *n.; ~ the* ***air*** →AIR *n.; ~ ...* ***along*** *(with one) ...* (met jou) saamneem; *~ s.t.* ***amiss*** →AMISS; *~ s.o.* ***apart*** iem. opsy neem; *(infml.)* iem. opdons; *(infml.)* iem. uitmekaartrek *(of* uitmekaar trek *of* hewig/skerp kritiseer); *~ s.t.* ***apart*** iets uitmekaarhaal *(of* uitmekaar haal); *(infml.)* iets uitmekaartrek *(of* uitmekaar trek *of* hewig/skerp kritiseer); *~ s.o.* ***around*** iem. saamneem; iem. rondlei; *~ s.t.* ***as*** *...* iets as ... beskou (→READ *adj.*); *~ s.o.* ***aside*** iem. opsy *(of* eenkant toe) neem; *~ s.t.* ***away*** iets wegneem/wegvat; iets saamneem; *~ s.o./s.t.* ***away*** *from ...* iem./iets van ... wegneem; *~ s.t.* ***away*** *from s.o.* iets van/by iem. afneem/afvat; iem. iets ontneem *(regte ens.); ~ ...* ***away*** *with one ...* met jou saamneem; *s.t. ~s s.o.'s breath* ***away*** →BREATH *n.; ~ s.t.* ***back*** iets terugneem/-vat; iets terugtrek *(woorde ens.); s.t. ~s s.o.* ***back*** *to ...* iets laat iem. aan ... terugdink; *be ~n* ***bad/queer,*** *(vero.)* ongesteld/onwel word; *~ s.t.* ***badly*** iets sleg opneem/opvat; jou iets baie aantrek; *~ a* ***beating*** →BEATING; *~ the* ***biscuit/bun/cake,*** *(infml.)* die kroon span *(of* toppunt wees); *~ s.o./s.t.* ***by*** *...* iem./iets aan ... vat; *be ~n* ***by*** *...* deur ... gevang word *('n krokodil ens.); ~* ***care*** →CARE *n.; ~ a* ***chair*** →CHAIR *n.; ~ a* ***chance*** →CHANCE *n. ~* ***charge*** →CHARGE *n.; ~ a* ***first/second class*** →CLASS *n.; ~* ***coffee*** koffie drink; *~ the* ***count*** →COUNT[1] *n.; ~ a* ***course*** →COURSE *n.; ~* ***cover*** →COVER *n.; ~ the* ***cup*** →CUP *n.; ~ a* ***decision*** →DECISION; *~ a*

degree →DEGREE; ~ *a* ***direction*** →DIRECTION; *it ~s some (*or *a lot of)* ***doing*** →DOING *n.*; ~ *s.o.* ***down*** iem. verneder; ~ *s.o.* ***down*** *a peg or two* →PEG *n.*; ~ *s.t.* ***down*** iets afhaal; iets wegneem; iets neerskryf/-skrywe/opskryf/-skrywe/opteken/noteer/aanteken; iets opneem *('n brief, diktaat)*; iets afbreek/sloop *('n gebou ens.)*; ~ *a* ***draw/puff/pull*** *on* ... 'n skuif(ie)/teug aan ... trek, 'n trek aan ... gee, aan ... trek/suig *('n sigaret ens.)*; ~ *s.t.* ***easy*** →EASY; ~ *s.o.'s* ***evidence*** →EVIDENCE *n.*; ~ *a* ***fall*** →FALL *n.*; *s.t. ~s s.o.'s* ***fancy*** →FANCY *n.*; ~ *a* ***fence*** →FENCE *n.*; ~ *the* ***field*** →FIELD *n.*; ~ *s.o./s.t.* ***for*** ... iem./iets vir ... aansien, dink dat iem./iets ... is; ~ *s.o.* ***for*** *a drive* →DRIVE *n.*; ~ *s.o.* ***for*** *granted* →GRANT *ww.*; ~ *s.o.* ***for*** *a ride* →RIDE *n.*; *what do you ~ me* ***for?*** wat dink jy van my?, waarvoor hou jy my?; ~ *s.t.* ***from*** ... iets van ... wegneem (*of* van/by ... afneem/afvat) *(iem.)*; iets van ... aftrek *(vyf v. dertien ens.)*; iets aan ... ontleen *(d. Bybel ens.)*; ~ *it* ***from*** *here* van hier voortgaan; ~ *it* ***from*** *here!* gaan van hier voort!; ~ *it* ***from*** *me!* glo my!; ~ *it* ***from*** *me that* ... jy kan my glo (*of* van my aanneem) dat ..., ek sê vir jou ...; ~ *it* ***from*** *there* kyk wat gebeur; *s.t. ~s nothing* ***from*** ... iets doen geen afbreuk aan ... nie; ~ *a* ***hand*** *in s.t.* →HAND *n.*; ~ *s.t.* ***hard*** swaar/hard deur iets geslaan word, swaar onder iets ly; ***have*** *s.t. ~n* iets laat neem *('n foto)*; ~ ***hold*** *of* ... →HOLD *n.*; ~ *a* ***holiday*** →HOLIDAY *n.*; ~ *s.o.* ***home*** →HOME *adv.*; ~ *a* ***house*** →HOUSE *n.*; ~ (or *be taken)* ***ill*** →ILL *adj.*; *not ~ it* ***ill*** *of s.o.* →ILL *adv.*; *be ~n* ***in*** *by s.t.* iets sluk (*of* sommer glo *of* vir soetkoek opeet); ~ *s.o.* ***in*** iem. inlei; iem. fop/kul/bedrieg (*of* om die bos lei), *(infml.)* iem. knolle vir sitroene verkoop; iem. 'n rat voor die oë draai; iem. vastrek; ~ ***in*** *boarders* →BOARDER; ~ *s.o.* ***in*** *the act (of doing s.t.)* →ACT *n.*; ~ *s.o.* ***in*** *hand* →HAND *n.*; *a woman ~n* ***in*** *adultery, (arg.)* 'n vrou in egbreuk betrap; ~ *s.t.* ***in*** iets inneem; iets verstaan/begryp/volg; iets raaksien; iets insluit/omvat/inbegryp; iets ontvang; iets (in)laai/inneem/opneem; iets glo/sluk; iets inneem/verklein *(klere)*; iets aanneem *(wasgoed ens.)*; iets (ver)minder *(seil)*; op iets inteken *('n koerant ens.)*; ~ *everything* ***in*** alles noukeurig volg; ~ *s.t.* ***in*** *one's stride* →STRIDE *n.*; ~ *s.t.* ***in*** *a trap* iets in 'n val/wip/slagyster vang; *the tour ~s* ***in*** ..., *(infml.)* die toer gaan by ... langs; ~ ***in*** *water* →WATER *n.*; ~ *s.o.* ***into*** *one's confidence* →CONFIDENCE; ~ *s.t.* ***into*** *one's head* →HEAD *n.*; *s.o. can ~* ***it,*** *(infml.)* iem. kan sy/haar man staan; *s.o. can't ~* ***it,*** *(infml.)* iem. is te swak; ~ *a* ***joke*** →JOKE *n.*; ~ *a* ***journey*** →JOURNEY *n.*; ~ *a* ***knock*** →KNOCK *n.*; ~ *over the* ***lead*** *from s.o.* →LEAD[1] *n.*; ~ *it or* ***leave*** *it!* neem dit (aan) of laat dit staan!, *(infml.)* vat dit of los dit!; ~ ***lessons*** *from s.o.* →LESSON *n.*; ~ *s.o.'s* ***life*** →LIFE; ~ *s.t.* ***lightly*** →LIGHTLY; ~ *a* ***line*** →LINE[1] *n.*; *it ~s* ***long*** →LONG[1] *n.*; ~ *a* ***look*** *at s.t.* →LOOK *n.*; ~ *s.o.'s* ***measure*** →MEASURE *n.*; ~ ***medicine*** →MEDICINE; ~ *s.o.'s* ***name*** →NAME *n.*; ~ *a* ***name*** *in vain* →NAME *n.*; ~ *a* ***nap*** →NAP[1] *n.*; ***not*** ~ *any* ..., *(infml.)* geen ... verdra nie; ***not*** ~ *s.o./s.t. any more, (infml.)* iem./iets nie langer verduur/verdra nie; ***not*** ~ *that sort of thing, (infml.)* so iets nie veel/verdra/verduur nie; ***not*** *to be ~n* vir uitwendige gebruik, nie vir inwendige gebruik nie; ~ ***notes*** →NOTE *n.*; ~ ***notice*** →NOTICE *n.*; ~ *an* ***oath*** →OATH *n.*; ~ ***off*** wegspring; vertrek; *('n vliegtuig ens.)* opstyg; ~ ***off*** *for/to* ... na ... vertrek; ~ *o.s.* ***off,*** *(infml.)* padgee, verkas, maak dat jy wegkom; ~ *s.o.* ***off*** iem. wegvoer; *(infml.)* iem. naboots/na-aap (*of* komieklik voorstel); *(kr.)* iem. vervang/onttrek *('n bouler)*; ~ *s.t.* ***off*** iets uittrek *(klere, skoene, ens.)*; iets afhaal *('n hoed, das, ens.)*; iets uit die diens neem; iets afkap/afsny; iets verwyder; ~ *a day/etc.* ***off*** 'n dag/ens. af/vry neem; ~ ***off*** *one's hat to s.o.* →HAT *n.*; ~ *R25/etc.* ***off*** *the price* R25/ens. van die prys aftrek, R25/ens. met die prys afkom; ~ *a set* ***off*** *s.o., (tennis)* 'n stel teen iem. wen; *it ~s* ***off*** *from the value* dit verminder die waarde; ~ ***offence*** *at s.t.* →OFFENCE; ~ *the* ***offensive*** →OFFENSIVE *n.*; ~ ***office*** →OFFICE; ~ ***on*** *(over s.t.), (infml.)* jou iets aantrek; (oor iets) tekere gaan (*of* te kere gaan *of* tekeregaan); ~ *s.o.* ***on*** iem. aanstel (*of* in diens neem); iem. uitdaag; ~ ***on*** *all comers* almal uitdaag; *s.t. ~s* ***on*** iets slaan in (*of* word populêr); ~ ***on*** *a special interest* van besondere belang word; ~ *s.t.* ***on*** iets aanneem; iets oplaai; iets inskeep; iets aanpak/aandurf; iets op jou neem; iets aangaan *('n weddenskap)*; ~ *(advantage of) the* ***opportunity*** →OPPORTUNITY; ~ *s.o.* ***out*** met iem. uitgaan; ~ *s.o.* ***out*** *for a walk* met iem. gaan stap/loop; ~ *s.t.* ***out*** iets uithaal; iets uitneem *('n biblioteekboek ens.)*; iets verwyder *('n vlek ens.)*; iets neem *('n patent)*; iets sluit/aangaan *('n polis)*; *(mil.)* iets vernietig/verwoes; ~ *it* ***out*** *in* ..., *(infml.)* sorg dat jy ... (in ruil) daarvoor kry; ~ *s.t.* ***out*** *of* ... iets uit ... wegneem/verwyder; iets van ... aftrek; ~ *s.t.* ***out*** *of s.o.* iem. iets afleer *(sy/haar koppigheid ens.)*; *s.t. ~s it* ***out*** *of s.o., (infml.)* iets put iem. uit; *s.t. ~s s.o.* ***out*** *of him-/herself* iets laat iem. sy/haar sorge vergeet; ~ *it* ***out*** *on s.o., (infml.)* iem. kry (*of* dit laat ontgeld); iem. (vir iem. anders) laat boet/opdok, op iem. weerwraak neem; ~ ***over*** (die beheer/bevel) oorneem; die hef in die hande kry; aan die bewind kom; ~ ***over*** *from s.o.* iem. aflos; iem. in 'n betrekking/amp opvolg; ~ *s.t.* ***over*** *(from s.o.)* iets (van iem.) oorneem; ~ *s.o./s.t.* ***over*** *to* ... iem./iets na ... oorbring; *s.o. ~s a year/etc.* ***over*** *s.t.* iem. bly 'n jaar/ens. met iets besig, dit kos iem. 'n jaar/ens. om iets te doen; ~ ***part*** *in* ... →PART *n.*; ~ *one's* ***pick*** →PICK[1] *n.*; ~ ***place*** →PLACE *n.*; ~ *the* ***plunge*** →PLUNGE *n.*; ~ *a* ***point*** →POINT *n.*; *the* ***point*** *is well ~n* →POINT *n.*; ~ ***possession*** *of s.t.* →POSSESSION; ~ *s.o.* ***prisoner*** →PRISONER; ~ ***punishment*** →PUNISHMENT; ~ ***range*** →RANGE *n.*; ~ *a* ***rest*** →REST[1] *n.*; ~ ***root*** →ROOT[1] *n.*; ~ *s.o.* ***round*** iem. rondlei; ~ *s.t.* ***round*** iets ronddien/rondbring *(versings ens.)*; ~ *the* ***salute*** →SALUTE *n.*; ~ *a* ***seat*** →SEAT *n.*; ~ *s.t.* ***seriously*** →SERIOUSLY; ~ *a* ***service*** →SERVICE[1] *n.*; ~ *a* ***shot*** *at* ... →SHOT[1] *n.*; ~ ***sides*** →SIDE *n.*; ~ ***s.o.*** *s.t.* vir iem. iets bring; ~ *a* ***stand*** →STAND *n.*; ~ *a* ***step*** →STEP *n.*; ~ *a* ***subject*** →SUBJECT *n.*; ~ *a* ***swing*** *at s.o.* →SWING *n.*; ~ ***tea*** →TEA *n.*; *I ~ it* ***that*** ... ek veronderstel (*of* neem aan) dat ...; *it ~s* ***time*** →TIME *n.*; ~ ***to*** *bad habits* slegte gewoontes aanleer/(aan)kweek; ~ ***to*** *drink(ing),* ~ ***to*** *the bottle* (te veel) begin drink, aan die drink gaan/raak; ~ ***to*** *one's bed* →BED *n.*; ~ ***to*** *a gun* na die geweer gryp; ~ ***to*** *the hills/mountains/etc.* die berge/ens. in vlug; ~ ***to*** *the road* →ROAD; ~ ***to*** *s.o.* van iem. (begin) hou, tot iem. aangetrokke voel; ~ ***to*** *the water* →WATER *n.*; ~ ***to*** *s.t. like a duck to water* →DUCK[1] *n.*; *it ~s six/etc. weeks/etc.* ***to*** ... dit kos ses/ens. weke/ens. om te ...; *it ~s a* ... ***to*** *do that* net 'n ... kan dit doen, dit kan net 'n ... doen; dit kan/sal net 'n ... doen; ~ *s.o./s.t.* ***to*** ... iem./iets na ... (weg)bring; ~ *s.o.* ***to*** *court* →COURT *n.*; ~ *s.t.* ***to*** *heart* →HEART; ~ *s.t.* ***to*** *pieces* →PIECE *n.*; ~ *letters* ***to*** *the post* briewe pos; ~ *the score* ***to*** ... die telling op ... bring *(honderd ens.)*; *s.o. was ~n* ***to*** *three/etc. sets, (tennis)* iem. moes drie/ens. stelle uitveg; ~ *a stick/etc.* ***to*** *s.o., (w.g.)* iem. met 'n stok/ens. bydam; ~ *s.o./s.t.* ***to be*** ... iem./iets vir ... aansien; iem./iets as ... beskou; ~ *s.t.* ***to be*** ..., *(ook)* iets as ... beskou/opneem/opvat *('n proefneming ens.)*; ~ *a* ***trick*** →TRICK *n.*; ~ *a* ***trip*** →TRIP *n.*; ~ ***trouble*** →TROUBLE *n.*; ~ *a* ***tumble*** →TUMBLE *n.*; ~ *(s.t. in)* ***turns*** →TURN *n.*; ~ *s.o.* ***unawares*** →UNAWARES *adv.*; ~ *s.o.* ***up*** iem. aandagtig bekyk; iem. onder jou beskerming neem; ~ *s.o.* ***up*** *on s.t.* 'n aanbod van iem. aanvaar; *I'll ~ you* ***up*** *on that!* top!; ~ *s.o.* ***up*** *short* iem. in die rede val; iem. opruk *(fig., infml.)*; ~ ***up*** *with s.o.* met iem. bevriend raak; met iem. omgaan/verkeer; ~ *s.t.* ***up*** *with s.o.* iets met iem. bespreek, iets by iem. aanroer (*of* aanhangig maak), iem. oor iets spreek; iem. oor iets aanspreek; ~ *s.t.* ***up*** iets opvat/opneem; iets opneem *(geld, 'n lening, d. draad v. 'n gesprek, ens.)*; iets oplaai/opneem *(passasiers)*; *(sk.)* iets aan boord neem *(passasiers)*; iets hou/opneem *('n kollekte)*; iets opbreek; iets oplig/optel (*of* *[fml.]* ter hand neem) *('n boek, pen, ens.)*; iets in beslag neem *(plek, ruimte, tyd, ens.)*; iets inneem *(plek)*; iets verkort (*of* korter maak); iets aanpak *('n sport ens.)*; iets aanneem/aanvaar *('n pos ens.)*; iets in gebruik neem; van iets gebruik maak *('n aanbod ens.)*; iets uitoefen *('n opsie)*; iets neem *(aandele)*; iets aanhangig maak *(by)*; aandag aan iets gee, van iets werk maak; in iets belangstel (*of* belang stel); *('n spons ens.)* iets absorbeer/opsuig *(water ens.)*; iets oprol *('n spoel)*; ~ ***up*** *one's abode somewhere* →ABODE *n.*; ~ ***up*** *arms* →ARMS; ~ ***up*** *an attitude* →ATTITUDE; ~ ***up*** *a profession* →PROFESSION; ~ ***up*** *residence at/in* ... →RESIDENCE; ~ *s.t.* ***upon*** *one/o.s.* iets op jou neem; ~ *a* ***view*** →VIEW *n.*; ~ *a* ***walk*** →WALK *n.*; ~ *s.t.* ***well*** iets goed opneem/opvat; *have* ***what*** *it ~s, (infml.)* aan die vereistes voldoen; ~ *a* ***wife*** →WIFE; ~ ***wing*** →WING *n.*; *be ~n* ***with*** ... ingenome met ... wees; *be ~n* ***with*** *a fit* stuipe (*of* 'n toeval) kry; ~ *s.o.* ***with*** *one* iem. met jou saamneem; iem. oortuig; iem. meesleep/meevoer; ~ *a crowd* ***with*** *one* 'n skare meesleep/meevoer; ~ *s.t.* ***with*** *one* iets met jou saamneem; ~ *s.o. at his/her* ***word*** →WORD *n.*. **~-all** *(graansiekte)* vrotpootjie, doodgaansiekte, witaarsiekte. **~away** *n.* wegneemete, -kos; wegneemeetplek, wegneemkafee, -restaurant, -restourant. **~away** *adj.* *(attr.)* wegneem-; ~ *food/meal* wegneemete, -kos; ~ *service* saamneemdiens. **~down** *(infml.)* vernedering. **~-home pay** netto salaris; netto loon. **~-in** *(infml.)* bedrieëry, kullery, gekul, swendelary, verneukery, misleiding. **~off** opstyging *(v. 'n vliegtuig)*; begin, vertrekpunt, wegspringplek; staanspoor; *(infml.)* karikatuur, nabootsing; *(meg.)* aftakker. **~off point** opstygplek. **~off run** aanloop. **~out** *(Am.)* = TAKEAWAY. **~over** oorneming, oorname. **~over bid** oornameaanbod. **~-up** *n.* belangstelling; die opneem *(v. aandele ens.)*; (die) gebruikmaking *(v. 'n toelaag/toelae ens.)*. **~-up** *adj.* *(attr.)* oprol-; span-; ~ ***mechanism*** oprolmeganisme *(v. 'n weeftoestel ens.)*; ~ ***nut,*** *(teg.)* spanmoer; ~ ***pulley,*** *(teg.)* spankatrol; ~ ***roller*** spanroller *(v. 'n weeftoestel ens.)*; ~ ***spool*** oprolspoel *(v. 'n bandopnemer)*.

tak·er nemer; koper; wedder; aannemer *(v. 'n weddenskap)*; ontvanger; gryper; dief; *(ook, i.d. mv.)* belangstellendes; *there were no ~s* niemand wou dit hê nie, niemand het belanggestel (*of* belang gestel) nie, niemand wou byt nie.

tak·ing *n.* (die) neem; inneming, verowering; *(ook, i.d. mv.)* ontvangste; →TAKE *ww.*; *it is s.o.'s for the ~* iem. kan dit kry as hy/sy wil; *the ~s are for relief work* die ontvangste gaan aan noodleniging. **tak·ing** *adj.* innemend, bekoorlik, aantreklik, aanvallig, aanloklik; aansteeklik; ~ *ways* innemende maniertjies. **~ lens** opneemlens. **~-off** opstyging.

ta·la *(Skt., tradisionele ritmiese patroon in Ind. mus.)* tala.

ta·lar·i·a *n. (mv.)*, *(<Lat., mit.)* talaria, gevleuelde stewels *(v. Hermes [Gr.] of Mercurius/Merkurius [Rom.] ens.)*.

talc *n.*, *(afk. v.* talcum [powder]*)* talkpoeier; *(min.)* talk(aarde); talkblad, -vel. **talc** *ww.* met talk behandel. **talc·ose, talc·ous** talkagtig, talkhoudend, talk-. **tal·cum (pow·der)** talkpoeier.

tale verhaal, storie, vertelling, vertelsel, sprokie; relaas; leuen; getal, aantal; →OLD WIVES' TALE; ***carry*** *~s* skinder, (skinder)stories vertel; *the ~ is* ***complete*** die getal is vol; *thereby* ***hangs*** *a ~* daar is 'n verhaal/geskiedenis aan verbonde, daar sit iets agter; ~ *of* ***horror(s)*** grieselverhaal; *a* ***stirring*** ~ 'n aangrypende/spannende verhaal; ***tell*** *~s* klik, nuus aandra; ***tell*** *~s out of school* uit die skool klik/klap/praat; *dead men* ***tell*** *no ~s* die dooies klik nie; wat die dooie weet, word met hom begrawe; *s.o. lived* (or *is alive) to* ***tell*** *the ~* iem. het dit oorleef/oorlewe; ***tell*** *one's own ~* jou eie verklaring gee; *it* ***tells*** *its own ~* dit het geen verklaring nodig nie. **~bearer** *(vero.)* (ver)klikker, verklapper, nuusdraer. **~bearing** *n.*, *(vero.)* (ver)klikkery, nuusdraery. **~bearing** *adj.*, *(vero.)* (ver)klikkerig, nuusdraerig. **~teller** verteller; (ver)klikker, verklapper, nuusdraer.

tal·ent talent, gawe, begaafdheid; *(gewig; geldsom)* talent; *make the most of one's ~s* met jou talente woeker; *there is a wealth of ~* daar is 'n oormaat van talent. ~ **contest** talentwedstryd. ~ **scout,** *(Br.)* ~ **spotter** talentsoeker.

tal·ent·ed talentvol, begaaf(d).

tal·i·on *(jur.: straf gelyk a.d. misdryf)* wedervergelding, vergeldingsreg.

tal·i·pes *n.*, *(teg. term vir* club foot*)* (mens met 'n) horrel-/klompvoet. **tal·i·ped** *adj.* horrelvoet-, klompvoet-, met 'n horrel-/klompvoet.

tal·i·pot (palm) waaierpalm.

tal·is·man *-mans* talisman, amulet, gelukbringer(tjie); toor-, towermiddel.

talk *n.* gesprek; samespreking, bespreking; onderhoud; praatjie, voordrag, (voor)lesing, causerie; pratery, gepraat, geselsery; →SMALL TALK, TALKING; *a* ~ ***about/on*** ... 'n praatjie oor ...; *it's* ***all*** ~, *(infml.)* dis net grootpratery/windlawaai (*of* [net] bekpraatjies); *s.o. is* ***all*** ~, *(infml.)* iem. is net bek (*of* het meer bek as binnegoed); ~ *is* ***cheap*** *(but money buys the whisky)* (mooi) praatjies vul geen gaatjies (nie); ***empty*** ~ hol(le) frases; ***give*** *a* ~ 'n praatjie lewer/hou; ***have*** *a* ~ 'n bietjie gesels/praat; ***have*** ~*s* samesprekings voer; ***idle*** ~ sommer praatjies, bog-, kletspraatjies, praatjies vir die vaak; ***meet*** *for* ~*s* samesprekings voer; *there is* ~ ***of*** ... daar is sprake van ...; *it is* ***only*** ~ dit bly by praat; ***sweet*** ~ mooipraatjies; ***tall*** ~ grootpratery; *... is the* ~ *of the* ***town*** almal praat (*of* het die mond vol) van ... **talk** *ww.* praat, gesels; ~ ***about***...! praat van ...!, van ... gepraat!; ~ ***about*** *s.o./s.t.* oor/van iem./iets praat, oor iem./iets gesels, iem./iets bespreek; oor iem. skinder; ~ ***about*** *this and that* (*or nothing in particular*) oor koeitjies en kalfies gesels/praat; *s.o. does not want to be* ~*ed* ***about*** iem. wil nie hê dat die mense (*of* wil nie hê die mense moet) van hom/haar praat nie; *s.o. knows what he/she is* ~*ing* ***about*** iem. weet waarvan hy/sy praat (*of* weet wat hy/sy praat/sê), iem. ken sy/haar onderwerp; *be* ~*ed* ***about,*** *(ook)* in opspraak kom; *they're* ~*ing* ***about*** *emigrating to Australia/etc.* hulle oorweeg dit om na Australië/ens. te emigreer; ~ ***at*** *s.o.* iem. toespreek; ~ ***away*** voortbabbel; ~ ***away*** *the morning/etc.* die oggend/ens. ombabbel; ~ ***back*** teen-, teëpraat; astrant antwoord; ~ ***back*** *to s.o.* teen-/teëpraat wanneer iem. iets sê; ~ ***big,*** *(infml.)* grootpraat; ~ ***books/etc.*** oor boeke/ens. gesels; *you* ***can('t)*** ~!, *(infml.)* hoor wie praat!; ~ *the hind leg off a* ***donkey*** (*or* ***nineteen*** *to the dozen*), *(infml.)* land en sand (aanmekaar) gesels/praat, iem. se ore van sy (*of* die ore van iem. se) kop (af) praat, aanmekaar babbel/klets; ***don't*** ~ *like that!* moenie so praat nie!; ~ *s.o.* ***down*** iem. doodpraat; ~ ***down*** *to s.o.* uit die hoogte met iem. praat, iem. se begripsvermoë onderskat; ~ ***down*** *an aeroplane* 'n vliegtuig binnepraat; *you're a* ***fine one*** *to* ~ →***look*** *who's talking;* ***get*** ~*ing* begin praat, aan die gesels raak, 'n gesprek aanknoop; ~ *s.o.'s* ***head*** *off, (infml.)* iem. se ore van sy (*of* die ore van iem. se) kop (af) praat; ~ *one's* ***head*** *off, (infml.)* jou flou praat; *we* ~*ed our* ***heads*** *off, (infml.)* ons het kopstukke gepraat/gesels; ~ *the* ***hind leg*** *off a donkey* →***donkey;*** ~ *o.s.* ***hoarse*** jou hees praat; ~ ***idly*** in die wind praat; ~ *s.o.* ***into*** *doing s.t.* iem. ompraat om iets te doen; ***keep*** *s.o.* ~*ing* iem. aan die praat hou; ***look*** *who's* ~*ing, you're a* ***fine one*** *to* ~, *(infml.)* kyk wie (*of* jy's 'n mooi een om te) praat; ~ ***low*** saggies praat; ~ ***nineteen*** *to the dozen* →*talk the hind leg off a* ***donkey;*** ~ ***nonsense*** →NONSENSE; ***now*** *you're* ~*ing!, (infml.)* nou praat jy!, só moet 'n mond mos praat!; ~ ***of*** ... noudat ons van ... praat; ~ ***of*** *s.o./s.t.* van iem./iets praat; ~ ***of*** *nothing else, (ook)* jou mond oor/van iets vol hê; ~ ***on*** voortgesels, voortpraat; ~ ***on*** ... oor ... gesels/praat; ~ *o.s.* ***out*** uitpraat; ~ *s.t.* ***out*** iets uitvoerig bespreek; ~ ***out*** *a motion* 'n voorstel doodpraat; ~ *s.o.* ***out of*** *s.t.* iets uit iem. se (*of* iem. iets uit die) kop praat; ~ *s.o.* ***over/round*** iem. ompraat/oorhaal/oorreed; ~ *s.t.* ***over*** iets bespreek; ~ *s.t.* ***over*** *with s.o.* iets met iem. bespreek; ~ *at* ***random*** in die wind praat; ~ *s.o.* ***round*** →***over/round;*** ~ ***round*** *s.t.* al om iets praat; ~ *for the* ***sake*** *of talking* praat net omdat praat praat is; *they* ~ ***shop*** →SHOP *n.;* ~ ***sport/etc.*** van/oor sport/ens. gesels/praat; ~ ***tall*** grootpraat; ~ ***to*** *s.o.* met iem. gesels/praat; iem. aanspreek (*of* onder hande neem *of* [goed] die waarheid sê/vertel); *it's all* ***very well*** *for s.o. to* ~ iem. kan maklik praat; ~ ***with*** *s.o.* met iem. gesels/praat. **~back** *n.* tweerigting-kommunikasietoestel; tweerigting-kommunikasiestelsel. **~back** *adj.* tweerigting-. ~ **show** *(rad., TV)* gesels-, kletsprogram.

talk·a·thon *(infml.)* marat(h)ongesprek; marat(h)ondebat; marat(h)onsamesprekings; ellelange toespraak.

talk·a·tive praterig, kletserig, geselserig, spraaksaam, praatsiek, praatlustig, babbelagtig; *be in a* ~ ***mood*** lus vir gesels wees; ~ ***person*** babbelaar, babbel-, klets-, kekkelkous, babbel-, kekkelbek. **talk·a·tive·ness** spraaksaamheid, praatsug, praatlus.

talked-of *adj. (attr.): much* ~ veelbesproke *(boek, toneelstuk, plan, projek, ens.).*

talk·ee-talk·ee gebabbel; koeterwaals.

talk·er prater, geselser; grootprater.

talk·ie *(infml.)* klank-, praat(rol)prent, klank-, praatfilm, klank-, praatfliek.

talk·ing *n.* gepraat, praat, pratery, geselsery; *do the* ~ die praatwerk doen, die woord voer; *do most of the* ~ die meeste te sê hê, die hoogste woord voer; *it was straight* ~ daar is padlangs/reguit gepraat, dit was 'n openhartige gesprek. **talk·ing** *adj.* pratend, sprekend, praat-; ~ ***bird*** pratende voël; ~ ***book*** boek op band; ~ ***doll*** pratende pop; ~ ***eyes*** sprekende oë; ~ ***film/picture*** klank-, praat(rol)prent, klank-, praatfilm, klank-, praatfliek; ~ ***head,*** *(TV, infml.)* pratende kop; ~ ***machine*** praatmasjien. ~ **point** besprekingspunt, onderwerp/punt van bespreking, gesprekspunt, -onderwerp, onderwerp van gesprek. ~ **shop** *(neerh.)* praathuis. **~-to** skrobbering, teregwysing, kopwassery; *give s.o. a* ~, *(infml.)* met iem. raas, iem. voor stok kry (*of* die leviete [voor]lees *of* laat les opsê *of* [goed] die waarheid sê/vertel *of* se kop [vir hom/haar] was).

tall *adj.* groot, lang *('n mens);* hoog *('n boom, gebou, gras);* rysig *('n gestalte);* spoggerig; ~*er* ***and*** ~*er* al hoe langer; al hoe hoër; ~ ***glass*** lang glas; ~ ***hat*** keil, hoë hoed; *s.o. is 1,8* ***metres*** ~ iem. is 1,8 meter lank; *the* ~ ***one,*** *('n mens)* die lange; *('n boom, gebou)* die hoë; *that's a* ~ ***order*** →ORDER *n.; a* ~ ***ship*** 'n seilskip (*of* skip met hoë maste); *a* ~ ***story*** →STORY[1]; ~ ***talk*** →TALK *n..* **tall** *adv.: talk* ~ →TALK *ww.; walk* ~ →WALK *ww..* **~boy** hoë laaikas, *(infml.)* oubaas.

tall·ish langerig *('n mens);* hoërig *('n boom, gebou, ens.).*

tal·lith -*lithim,* -*liths,* **prayer shawl** *(Jud.)* tallit, gebedsmantel.

tal·low *n.* kersvet, harde vet; vettalk. **tal·low** *ww.* met kersvet smeer, vetsmeer; vet maak/voer *(skape).* ~ **candle,** ~ **dip** vetkers. ~ **chandler** (vet)kersmaker, -handelaar. ~ **chandlery** (vet)kersmakery. **~-face** *n., (Shakesp.)* bleekgesig. **~-faced** *adj.* bleek. ~ **soap** dierlike seep. ~ **tree** *(Sapium* spp.*)* kersvetboom. ~ **wood** *(Eucalyptus microcorys)* kershoutbloekom *(v. Austr. en SA).*

tal·low·ish, tal·low·y vetterig, vetagtig; talkagtig.

tal·ly *n.* kerfstok; rekening; ooreenkomstige deel; merk, keep, kerf; getal; bordjie, plankie, plaatjie; duplikaat; *buy s.t. by the* ~ iets by die (groot) getal koop; *keep a* ~ *of s.t.* iets noteer/kontroleer, van iets aantekening hou. **tal·ly** *ww.* op die kerfstok sit; strook, klop, rym, ooreenstem, ooreenslaan *(met); it tallies with* ... dit strook/klop/rym (*of* stem/slaan ooreen) met ... ~ **board** telbord; kontrolebord. ~ **card** kontrolekaart. ~ **clerk** kontroleklerk; laaimeester. ~ **keeper** kontroleur. **~man** -*men* teller; *(Br.)* winkelier wat op kort krediet verkoop. ~ **sheet** kontroleblad. ~ **stick** kerfstok. ~ **system** *(Br.)* afbetaling-, huurkoopstelsel.

tal·ly-ho -*hos, n.* jagroep. **tal·ly-ho** -*hoes -hoed -hoing, ww.,* aanjaag, sa roep *(vir honde).* **tal·ly-ho** *tw.* sa.

tal·mi gold talmigoud.

Tal·mud *(Jud.)* Talmoed. **Tal·mud·ic, Tal·mud·i·cal** Talmoedies, Talmoed-, van die Talmoed. **Tal·mud·ist** Talmoedis.

tal·on klou *(v. 'n roofvoël ens.);* skieter, tong *(v. 'n slot);* stokkaarte, oorskietkaarte; *(fin.)* laaste strokie *(v. 'n toonderobligasie); (bouk.)* ojieflys, talon. **tal·oned** met kloue.

ta·lus[1] *tali, (anat., nieteg.:* anklebone*)* talus, enkelbeen.

ta·lus[2] *taluses* helling; glooiings-, bergpuin, talus. ~ **cone** puinkeël. ~ **slope** puinhelling. ~ **wall** keermuur.

tal·weg →THALWEG.

tam *(afk.)* = TAM-O'-SHANTER.

tam·a·ble →TAME.

ta·ma·le *(Mex. kookk.)* tamale.

tam·a·rack (tree) tamarakboom.

tam·a·rin *(soöl.)* leeu-apie.

tam·a·rind *(smaakmiddel)* tamaryn. ~ **(tree)** tamarinde, suurdadelboom.

tam·a·risk tamarisk(boom), dawee, davib.

tam·bac →TOMBAC.

tam·boo·kie, tam·bu·ki: ~ **grass** →CUSCUS[2]. ~ **(thorn)** wag-'n-bietjie, tamboekie(doring).

tam·bo·tie (tree) *(SA)* tambotie(boom).

tam·bour *n., (mus.instr.)* tamboer, (groot) trom; *(bouk.)* tamboer; *(borduurwerk)* tamboereerraam; tamboereerdraad; tamboereerwerk; getamboereerde stof. **tam·bour** *ww., (borduurwerk)* tamboereer. **tam·bou·rin, tam·bou·rin** *(18de-eeuse Provensaalse volksdans)* tambourin *(Fr.); (mus.instr.)* tamboeryn. **tam·bou·rine** *(mus.instr.)* tamboeryn. **tam·bou·rine (dove/pi·geon)** witborsduifie.

tam·bour·a *(Persies, Ind. mus.instr.)* tamboera.

tam·bu·ki →TAMBOOKIE.

Tam·bur·laine →TAMERLANE.

tame *adj.* mak, getem; onderdanig, gedwee; suf, slap, tam, swak; dooierig, vervelend. **tame** *ww.* tem, mak maak. **tam(e)·a·bil·i·ty, tam(e)·a·ble·ness** tembaarheid. **tam(e)·a·ble** tembaar. **tame·ly** *adv.* koeltjies; gedwee; papperig; lam; mak. **tam·er** temmer.

Tam·er·lane, Tam·bur·laine *(hist.: Mongoolse veroweraar)* Tamerlan.

Tam·il *n., (bevolkingslid; taal)* Tamil. **Tam·il, Ta·mil·ian, Ta·mil·ic** *adj.* Tamil-. ~ **Tigers, Liberation Tigers of Tamil Eelam** Tamil Tiere, Bevrydingstiere van Tamil Eelam.

tam·is →TAMMY[3].

Tam·ma·ny (Hall) *n., (Am. pol. gesk.: invloedryke Demokratiese organisasie berug om sy wanpraktyke in New York)* Tammany (Hall); *(fig.)* politieke knoeiery. **Tam·ma·ny (Hall)** *adj.* (politiek/polities) korrup; gewete(n)loos.

Tam·muz →THAMMUZ.

tam·my[1] -*mies, (tekst.)* tammie.

tam·my[2] -*mies* →TAM-O'-SHANTER.

tam·my[3] -*mies,* **tam·my cloth, tam·is** -*ises, n., (hoofs. hist.)* tamis, sifdoek, (deur)sygdoek. **tam·my** *ww.* (deur)syg.

tam-o'-shan·ter, tam·my -*mies* (Skotse) baret.

tamp in-, vasstamp; →TAMPING; ~*ed charge* stamplading; ~*ed concrete* stampbeton; ~ *s.t. down* iets vasstamp. **tam·per** stamper.

tam·pan hoenderbosluis, tampan.

tam·per *ww.:* ~ *with s.o.* iem. omkoop; iem. omrokkel; iem. onregmatig beïnvloed *('n getuie);* jou met iem. bemoei *('n getuie);* ~ *with s.t.* aan/met iets knoei/peuter, aan iets torring; iets vervals *(dokumente).* **~-proof** peutervry, -bestand.

tamp·ing vasstamp(ing); opstopstof. ~ **machine** instampmasjien. ~ **pick** stoppik. ~ **rod** stampstok; laaistok, stokyster.

tam·pi·on, tom·pi·on geweerprop, (loop)prop.

tam·pon *n.* tampon, stopsel, (watte)prop. **tam·pon** *ww.* tamponneer, toestop. **tam·pon·ade** *(med.: d. chir. gebr. v. tampons)* tamponade; *cardiac* ~, *(drukking veroorsaak deur oormatige bloed i.d. membraansak om d. hart)* kardiale tamponade.

tam-tam →TOM-TOM.

tan[1] *n.* taan(kleur), geelbruin/bruingeel kleur; sonbruin kleur *(v. 'n sonbaaier);* looibas; taan, looistof. **tan** *adj.* taankleurig, geelbruin, bruingeel; sonbruin. **tan** -*nn*-, *ww.* bruin brand/word, brons *(i.d. son);* looi; *(infml.)* (uit)looi, afransel; ~*ned by the sun* songebruin, gebrons, deur die son gebruin (*of* bruin gebrand). **~bark** looibas. ~ **colour** taankleur. **~-coloured** taankleurig. ~ **pit** looikuip. **~yard** looiery.

tan[2] *(afk.)* →TANGENT.

ta·na (Indiese) polisiepos (*of* militêre pos).

tan·a·ger *(orn.)* koningsvoël.

Tan·a·gra *(geog.)* Tanagra. ~ **figurine** Tanagrabeeldjie.

tan·dem tandem(fiets), tweelingfiets; *(soort rytuig)* tandem, langspan; *in* ~ agter mekaar; *in* ~ *with* ..., *(fig.)* saam/tesame met ...; in oorleg/samewerking met ...; *bowl in* ~ *with* ..., *(kr.)* in tandem met ... boul; *work in* ~ *with* ... saam met ... werk.

tan·door, tan·door -*doors,* -*doori, n., (Hindi)* tandoor, klei-oond. **tan·door·i** *adj., (kookk.)* tandoori= *(gereg, hoender, vis, ens.).*

Tang *(7de- tot 10de-eeuse Chin. dinastie)* Tang.

tang[1] *n.* sterk geur; (by/na)smaak; geur(tjie), sweem; tikkie, eienaardigheid; punt, stiffie, tongetjie, hefpunt, angel, doring *(v. 'n mes, beitel, ens., wat i.d. hef steek);* arend *(v. 'n aambeeld);* stert *(v. 'n geweer).* **tang·y** met 'n sterk smaak/geur, pikant.

tang[2] *n.* metaalklank; onaangename geluid. **tang** *ww.* skel klink.

tang[3] *n.* seebamboes, growwe seegras.

tan·ga tanga, minibikini.

Tan·gan·yi·ka *(geog., hist.)* Tanganjika; →TANZANIA; *Lake* ~ die Tanganjikameer. **Tan·gan·yi·kan** *n.* Tanganjikaan. **Tan·gan·yi·kan** *adj.* Tanganjikaans.

tan·ge·lo *=los* tangelo, pomelonartjie.

tan·gen·cy *(wisk.)* tangensialiteit; *point of* ~ raakpunt.

tan·gent *(wisk.)* raaklyn, tangens; *(mus.)* tangent; ~ *of an angle, (wisk.)* tangens van 'n hoek; *fly/go off at a* ~, *(fig.)* van die os op die esel spring, skielik van koers verander (*of* 'n ander koers inslaan). ~ **galvanometer** tangensgalvanometer. ~ **line** raaklyn. ~ **plane** raakvlak. ~ **point** raakpunt. ~**-sawn** langsgesaag. ~ **sight** opset *(v. 'n vuurwapen).*

tan·gen·tial *adj.* tangensiaal, tangensieel, perifeer, periferies; ~ *point* raakpunt.

tan·ge·rine, tan·ge·rine *n.* (rooi) nartjie; oranjerooi, nartjierooi, nartjiekleur; →TANGIER. **tan·ge·rine, tan·ge·rine** *adj.* oranjerooi, nartjierooi, nartjiekleurig.

tan·gi·ble tasbaar, voelbaar. **tan·gi·bil·i·ty, tan·gi·ble·ness** tasbaarheid, voelbaarheid.

Tan·gier *(geog.)* Tangier. **Tan·ge·rine** *n.* (inwoner van) Tangier. **Tan·ge·rine** *adj.* Tangiers, van Tangier.

tan·gle *n.* verwarring, warboel, deurmekaarspul, knoop; kraaines; *be in a* ~ deurmekaar (*of* in die war) wees; *get into a* ~ onklaar trap *(met wat mens sê).* **tan·gle** *ww.* verwar, deurmekaar maak, knoop; verward (*of* in die war/deurmekaar) raak; *a* ~*d* ***affair*** 'n warboel; *be/become/get* ~*d (up)* ***in*** *s.t.* in iets verstrik wees/raak; *get* ~*d* ***up*** *with s.o.* met iem. deurmekaar raak; ~*d* ***vegetation*** struikgewas; ~ ***with*** *s.o., (infml.)* met iem. bots (*of* te doen kry); *get* ~*d* ***with*** *s.t.* onklaar trap met iets. **tan·gly** verward, in die war, deurmekaar.

tan·go *=gos, n.* tango. **tan·go** *ww.* die tango dans, tango; *it takes two to* ~, *(fig., infml.)* ('n) mens kan nie alleen tiekiedraai nie, die pot kan die ketel nie verwyt nie, daar is nie net een sondebok nie.

tan·gram *(Chin. legkaart met 7 stukke)* tangram.

tank *n.* tenk, (water)bak, vergaarbak; *(pantserwa)* tenk. **tank** *ww.* in 'n tenk bewaar/behandel; in 'n tenk laat loop; ~ *up* volmaak, petrol ingooi, brandstof inneem; *(infml.)* suip; *be* ~*ed up, (infml.)* besope/dronk wees. ~ **car** →TANK WAGON. ~ **engine** tenkmotor; tenderloko(motief). ~ **farm** olietenkplaas. ~ **farming** waterkwekery, =boerdery, =kultuur. ~**ful** *=fuls* tenk (vol). ~**-landing craft** tenklandingsvaartuig. ~ **top** *(moulose laehalstop[pie])* tenktop(pie). ~ **town** *(Am.)* gehuggie. ~ **trap** tenkkuil. ~ **wagon,** *(Am.)* ~ **car** *(spw.)* tenktrok.

tank·age tenkmaat, =inhoud; tenkgeld; vleis=, dieremeel.

tank·ard drinkkan, =beker.

tank·er tenkskip, olieboot; tenkwa. **tank·er air·craft, tank·er plane** tenkvliegtuig.

tan·nage (die) looi.

tanned sonbruin, (son)gebruin, bruin gebrand.

tan·ner[1] looier. **tan·ner·y** looiery.

tan·ner[2] *(Br., infml.)* sikspens.

tan·nic looi=; ~ *acid* looi=, tanniensuur; ~ *acid jelly* looisuurselei. **tan·nin** tannien, looisuur, =stof.

tan·ning looi(ery); looiersbedryf; *(infml.)* pak slae; *get a* ~, *(infml.)* pak (*of* ['n pak] slae) kry; *give s.o. a* ~, *(infml.)* iem. ('n) pak (*of* ['n pak] slae) gee, iem. (uit)looi. ~ **agent** looistof. ~ **extract** looi-ekstrak. ~ **oil** sonbrandolie. ~ **process** looiproses. ~ **salt** looisout.

Tan·noy *(ook t~, Br. handelsnaam)* interkom.

tan·rec →TENREC.

tan·sy *(bot.)* wurmkruid.

tan·ta·lise, =lize tempteer, tantaliseer; laat watertand; verwagtings wek. **tan·ta·li·sa·tion, =za·tion** temptering, tantalisering, tantalisasie. **tan·ta·lis·ing, =lizing** verleidelik, aanloklik, verloklik. **tan·ta·lite** *(min.)* tantaliet. **tan·ta·lum** *(chem., simb.* Ta*)* tantaal.

Tan·ta·lus *(Gr. mit.)* Tantalus. ~ **cup** Tantalusbeker.

tan·ta·lus toesluit-drankkassie; *(orn.)* ibis(soort).

tan·ta·mount dieselfde *(as),* gelyk *(aan),* gelykstaande *(met); be* ~ *to* ... op ... neerkom, gelyk wees aan ..., met ... gelykstaande wees.

tan·tiv·y *n., (arg.)* jagroep; galop. **tan·tiv·y** *adj. & adv., (arg.)* gou, snel, vinnig, haastig.

Tan·tra *(Skt., ook t~, Hind., Boeddh.)* tantra.

tan·trum slegte luim, drifbui, woedeaanval, kwaai bui; *be in a* ~ jou kwaai mus ophê; *throw a* ~ tekere (*of* te kere) gaan, tekeregaan.

Tan·za·ni·a *(geog.)* Tanzanië. **Tan·za·ni·an** *n.* Tanzaniër. **Tan·za·ni·an** *adj.* Tanzanies.

Tao *(Chin. filos.: onbekende beginsel i.d. heelal wat d. wêreld en d. lewe beheers)* Tao. **Tao·ism** Taoïsme. **Tao·ist** *n.* Taoïs. **Tao·ist, Tao·is·tic** *adj.* Taoïsties.

Taoi·seach *(Gaelies)* eerste minister van die Ierse Republiek.

tap[1] *n.* kraan; tap *(in 'n vat);* (draad)snytap; drank; drinkplek, kantien; *(elek.)* aftakking; ~ *and die* snytap en snymoer; *have s.t. on* ~, *(infml.)* iets voorhande (*of* in voorraad *of* geredelik/vry(e)lik beskikbaar) hê; *beer on* ~ tapbier, bier uit die vat; *turn a* ~ *on/off* 'n kraan oop=/toedraai. **tap** *=pp=, ww.* 'n kraan/tap inslaan; (af)tap, uittap; aanboor; uithoor; uitvra; afluister, onderskep; *(elek.)* aftak; 'n moerdraad sny; ~ *s.o.'s* ***brains*** →BRAIN *n.;* ~ *s.o.* ***for*** *s.t.* iets uit iem. kry *(geld, inligting, ens.);* ~ *water/etc.* ***from*** *s.t.* water/ens. uit iets tap; ~*ped* ***hole*** moerdraadgat, skroefgat; ~ *s.t.* ***off*** iets uittap; ~ *a* ***source*** uit 'n bron put; *(fig.)* 'n bron benut; ~ *a* ***subject*** 'n onderwerp aanvoor (*of* ter sprake bring); ~ *s.o.'s* ***telephone*** iem. se (telefoon)gesprekke/oproepe afluister/onderskep; ~ *a* ***telephone wire*** 'n telefoondraad (af)tap. ~ **bolt** tapskroef. ~ **drill** tapgatboor. ~ **hole** tapgat. ~**house** taphuis. ~**-in** *(sport)* intikskoppie; intikhoutjie. ~ **loan** deurlopende lening. ~**room** drinkplek, tappery, tapkamer, gelagkamer; kroeg. ~**root** penwortel. ~ **water** kraanwater. ~ **whirl** kraankousie. ~ **wrench** tapdraaier.

tap[2] *n.* klop, klappie, tikkie, rapsie; *(ook, i.d. mv., Am., mil.)* sinjaal vir "ligte uit"; *hear a* ~ *at the door* iem. hoor klop. **tap** *=pp=, ww.* tik, klop; →TAPPING[2]; ~ ***at/on*** *a door* aan 'n deur klop; ~ *a* ***ball*** 'n bal tik; ~ *one's* ***chest*** jouself op die bors klop; ~ ***on*** *s.t.* op iets klop/tik *('n vensterruit ens.);* ~ *s.o.* ***on*** *the shoulder* iem. op die skouer tik; ~ *with one's fingers* ***on*** *a table* met jou vingers op 'n tafel trommel; ~ ***out*** *a message* 'n boodskap in Morsekode stuur. ~ **dance** klopdans. ~ **dancer** klopdanser. ~**-dancing** klopdanse(ry).

ta·pa *(Polinesies), (bas v.d. papiermoerbei)* tapa; *(tekstielstof)* basdoek.

tap·as *n. (mv.), (Sp. kookk.)* tapas, peuselhappies, peuselkos. ~ **bar** peuselkroeg.

tape *n.* band, lint; band(opname); bindlint; maat=, meetband; papierstrook; (telegrafiese) koersberig; →RED TAPE; *break/breast the* ~ die lint breek *(in 'n wedloop); on* ~ op band. **tape** *ww.* vasmaak, vasbind (met 'n lint); 'n band/lint insit/insteek; met 'n band/lint (af)merk; ~ *s.t.* ***down*** iets (met kleefband/=lint) vasplak; ***have*** *s.o.* ~*d, (infml.)* iem. klaar getakseer hê, 'n opinie oor iem. gevorm hê; ***have*** *s.t.* ~*d, (infml.)* iets onder die knie hê; ~ *s.t.* ***off*** iets afbind; ~ *s.t.* ***on*** *s.t.* iets (met kleefband/=lint) op iets plak; ~ *s.t.* ***up*** iets met lint verbind. ~ **cassette** bandkasset. ~ **deck** kassetdek. ~ **drive** *(rek.)* bandaandrywer. ~**man** *=men* landmetershulp, kettingdraer. ~ **measure, measuring tape** maatband. ~ **reader** *(rek.)* bandleser. ~**-record** *ww.* op band opneem. ~**(-recorded) letter** bandbrief. ~ **recorder** bandspeler, =opnemer, =(opneem)masjien. ~ **recording** bandopname. ~ **streamer** *(rek.)* bandeenheid. ~**worm** lintwurm.

ta·per *n.* fakkeltjie, waspit, dun waskers; tapsheid, spitsheid, tapse/spits vorm. **ta·per, ta·per·ing** *adj.* spits, taps; ~ *bolt* tapse bout; ~ *file* spits vyl; ~ *hole* tapse gat; ~ *tap* voorsnytap. **ta·per** *ww.* spits/taps toeloop, dunloop; spits/taps maak, afdun; verminder; *s.t.* ~*s off* iets word geleidelik dunner/nouer; iets verminder geleidelik; ~ *s.t. off* iets afdun; iets geleidelik minder maak. ~**-pointed** toegespits.

ta·pered spits, taps, konies.

ta·per·ing *n.* spitsheid, tapsheid, tapse vorm/loop; afspitsing, tapsafwerking, afdunning; →TAPER *adj..* ~ **tool** skuinshamer.

tap·es·tried met behangsels (*of* 'n behangsel), behang.

tap·es·try tapisserie, (muur)behangsel, muur=, wandtapyt; tapytwerk, tapisserie. ~ **needle** tapisserienaald. ~ **stitch** tapytsteek.

ta·pe·tum *=peta, n., (biol.)* tapetum.

ta·phon·o·my *n., (argeol.: studie v.d. verwering en verstening v. organismes)* tafonomie. **ta·pho·nom·ic, ta·pho·nom·i·cal** *adj.* tafonomies.

tap·i·o·ca tapioka.

ta·pir *(soöl.)* tapir.

tap·is *(Fr., arg.)* tapyt; *on the* ~ aan die orde, onder bespreking, ter sprake. **ta·pis·sier** tapisseriewewer.

tap·per tapper.

tap·pet *(teg.)* stoter; *(ook* valve tappet*)* klepligter, (klep)stoter. ~ **cover** klepdeksel.

tap·ping[1] (die) tap; →TAP[1] *ww..*

tap·ping[2] geklop, getik; →TAP[2] *ww..* ~ **beetle** toktokkie. ~ **hammer** toetshamer. ~ **screw** draadsnyskroef.

tap·ster *(arg.)* skinker, tapper, kroegman, =kelner.

tar[1] *n.* teer; *(Am., dwelmsl.: heroïen)* H. **tar** *=rr=, ww.* teer, (met) teer smeer; *they're* ~*red with the same* ***brush*** hulle is voëls van eenderse/enerse vere; die een is nie beter as die ander nie; ~ *and* ***feather*** *s.o.* iem. teer en veer; ~*red* ***pole*** teerpaal; ~*red* ***road*** teerpad; ~*red* ***rope*** teertou. ~ **acid** teersuur. ~ **barrel** teervat. ~**brush** teerkwas, =borsel; *have a touch of the* ~, *(neerh.)* gekleurde bloed in jou are hê. ~ **bucket** teerputs. ~**macadam** = TARMAC. ~ **melter** teerketel. ~ **oil** teerolie. ~ **pit** teerput, =gat. ~ **pot** teerpot. ~ **sand** *(geol.)* teersand. ~ **soap** teerseep. ~**water** teerwater.

tar[2] *(infml., vero.: matroos)* pikbroek, seerob.

ta·ra·did·dle, tar·ra·did·dle *(infml., hoofs. Br.)* leuentjie; kaf, twak, onsin.

ta·ra·ma·sa·la·ta, ta·ra·ma *(Gr. kookk.: romerige viseierpatee)* taramasalata.

ta·ran·tass *(Rus., soort vierwielperdewa)* tarantas.

tar·an·tel·la, tar·an·telle *(dans)* tarantella. **tar·ant·ism** *(hist.)* tarantisme, danswoede.

Ta·ran·to, *(It.)* **Ta·ran·to,** *(Lat.)* **Ta·ren·tum** *(geog.)* Tarente, Tarentum.

ta·ran·tu·la tarantula(-spinnekop), tarantel.

tar·boosh fes, kofia.

Tar·de·noi·si·an *(argeol.)* Tardenois=; ~ *culture, (Laat Mesolitiese kultuur)* Tardenoiskultuur.

tar·di·grade *n., (soöl.)* traagloper; beerdiertjie, mosbeertjie. **tar·di·grade** *adj.* traaglopend.

tar·dy traag, stadig, langsaam; laat; onwillig. **tar·di·ness** traagheid, stadigheid, *ens.* (→TARDY).

tare[1] *n.* onkruid; lentewiek, voerwiek; *(ook, i.d. mv.)* drabok; ~*s among the wheat, (AV)* onkruid onder/tussen die koring.

tare[2] *n.* tarra, eiegewig; *average* ~ gemiddelde tarra; ~ *and tret* tarrarekening. **tare** *ww.* die tarra/eiegewig bereken.

Ta·ren·tum →TARANTO.

tar·ga *(sportmotor met 'n afhaalbare kap en veiligheidsrolstaaf)* targa. ~ **roof,** ~ **top** targa-kap.

targe *(arg.)* skildjie.

tar·get *n.* skyf, teiken; *(fig.)* mikpunt, doelwit, trefpunt; taakstelling; *(hist.)* skildjie; ***achieve/reach*** *a* ~ 'n mikpunt haal; ***hit/miss*** *a* ~, *be* ***on/off*** ~ 'n teiken tref/mis; *be* ***on*** ~, *(ook)* goed op pad wees na die mikpunt; ***set*** *s.o. a* ~ vir iem. 'n mikpunt stel; *a* ***sitting*** ~

'n doodmaklike teiken. **tar·get** *ww.* as teikengroep hê, op ... as teikengroep konsentreer; jou visier stel op; *be ~ed at/on* ... op ... gerig wees; *be ~ed by* ... die skyf van ... wees/word. ~ **amount** streefbedrag. ~ **area** teikengebied. ~ **costs** teikenkoste. ~ **date** mikdatum, gestelde datum, voorgenome/beoogde datum. ~ **figure** teikenbedrag; teikenprys; teikengetal. ~ **group** teikengroep. ~ **language** doeltaal *(by vertaling).* ~ **market** teikenmark. ~ **pit** skyfkuil. ~ **practice** skyfskietoefening. ~ **quantity** streefhoeveelheid. ~ **shooting** skyfskiet.

Tar·gum, Tar·gum *(Hebr., OT)* Targoem.

tar·iff *n.* tarief; →CUSTOMS TARIFF; ~ *of charges/fees* kostetarief, geldetarief; *freight* ~ vragtarief. **tar·iff** *ww.* tarifeer, 'n tarief vasstel. ~ **duty** doeanereg, invoerreg, uitvoerreg. ~ **rate** tariefkoers. ~ **reform** tariefhersiening. ~ **union** doeane-unie, tolunie, tolverbond. ~ **wall** tarief-, tolmuur. ~ **war** tariefoorlog.

tar·la·tan *(tekst.)* tarlatan, dun neteldoek.

tar·mac *n.* teermacadam; teerpad; teerblad; teerbaan, aanloopbaan, landingsbaan *(v. 'n vliegveld).* **tar·mac** *-macked -macking, ww.* teer.

tarn bergmeertjie.

tar·nal *(Am., dial.)* vervlaks(te). **tar·na·tion** *(euf. vir damnation)* verdoemenis; *what in* ~ ...? wat te drommel ...?

tar·nish *n.* dofheid, matheid; verbleiking; aanslag *(op metaal); (fig.)* vlek, smet, besoedeling. **tar·nish** *ww.* aanslaan, dof/mat word, verbleik; laat aanslaan, dof/mat maak; *(fig.)* bevlek, besoedel; knou, skend *(iem. se aansien, reputasie, ens.);* beklad *(iem. se naam, beeld, ens.).*

ta·ro *-ros, (bot.)* taro.

ta·roc, ta·rok *(vero.)* →TAROT.

ta·rot *(Fr., kaartspel)* tarot. ~ **card** tarotkaart *(by toekomsvoorspelling).*

tarp *(Am., infml., afk. v.* tarpaulin*)* (teer)seil, bok-, grond-, dekseil.

tar·pau·lin (teer)-, bok-, grond-, dekseil; *(hist.)* matrooshoed; *(arg.)* matroos, pikbroek, seerob.

Tar·pe·ia *(Rom. mit.: een v.d. Vestaalse maagde)* Tarpeja. **Tar·pe·ian** Tarpejies; *the* ~ *rock* die Tarpejiese rots.

tar·pon *(igt.)* tarpoen.

Tar·quin *(koning v. Rome, 616-578 v.C.)* Tarkwinius, Tarquinius.

tar·ra·did·dle →TARADIDDLE.

tar·ra·gon dragon. ~ **vinegar** dragonasyn.

tar·ring (die) teer, teerwerk.

tar·ry[1] *adj.* geteer, teeragtig, teer-; →TAR[1].

tar·ry[2] *ww., (vero.)* wag; vertoef, draal, draai, versuim; uitbly.

tar·sal *n., (anat., soöl.)* voetwortelbeen(tjie); middelvoetbeen(tjie); →TARSUS. **tar·sal** *adj.* tarsaal, voetwortel-; ooglid-; ~ *bone* voetwortelbeen(tjie); ~ *gland* ooglidklier; ~ *joint* sprong-, hakgewrig.

Tar·shish *(geog., OT)* Tarsis.

tar·si·er *(soöl.)* spookdier(tjie), spookapie.

Tar·sus *(geog.)* Tarsus.

tar·sus *tarsi, (anat., soöl.)* voetwortel; *(anat.)* ooglidplaat; →TARSAL. ~ **bone** voetwortelbeen(tjie).

tart[1] *n.* tert. ~ **tin** tertpan.

tart[2] *n., (infml., neerh.)* tert, flerrie, slet, snol, hoer, los meisie/vrou, sloerie; →TARTY. **tart** *ww.:* ~ *o.s. up, (infml.)* jou optakel.

tart[3] *adj.* vrank, suur(derig); pikant; bitsig, skerp, vinnig met die mond. **tart·ness** vrankheid, suur(derig)heid; bitsigheid, skerpheid, skerpte.

tar·tan[1] *n., (tekst.)* tartan, Skotse wolgeruit; Skotse mantel. **tar·tan** *adj.* tartan-. ~ **track** tartanbaan.

tar·tan[2] *n., (sk., hist.)* tartaan(boot).

tar·tar wynsteen; tandsteen; →CREAM OF TARTAR. ~ **emetic** braakwynsteen; *(med., vero.)* grouvomitief. **tar·tar·ic** wynsteen-; ~ *acid* wynsteensuur. **tar·tar·ous** wynsteenagtig. **tar·trate** *(chem.)* tartraat, wynsteensuursout.

Tar·tar *n., (hist., bevolkingslid)* Tartaar; *(fig., t~)* woestaard, kwaaikop; →TATAR *n.; catch a* ~ jou dreuning/moses teëkom/teenkom. **Tar·tar** *adj.* Tartaars; →TATAR *adj..* **Tar·ta·ry, Ta·ta·ry** *(geog., hist.)* Tartarye.

tar·tare, tar·tar *adj.: sauce tartare, tartare/tartar sauce* Tartaarse sous; →STEAK TARTARE.

Tar·ta·rus *(Gr. mit.)* Tartaros, Tartarus, die doderyk/onderwêreld. **Tar·tar·e·an** hels, van die doderyk/onderwêreld/Tartaros/Tartarus.

tart·let (hand)tertjie.

tar·tra·zine *(chem.: geel voedselkleurstof)* tartrasien.

tart·y *(infml.)* sletterig; →TART[2] *n..*

Tar·zan *(soms t~, fig., infml., n.d. held in 'n reeks oerwoudverhale deur E.R. Burroughs: lenige, gespierde man)* tarzan.

tash, tache *(infml., afk. v.* moustache*)* snor(retjie).

Tash·kent *(geog.)* Tasjkent.

task *n.* taak, werk, arbeid; skof; vak; ***apply*** *o.s. to a* ~ jou op 'n taak toelê; *a* ~ ***awaits*** *s.o.* 'n taak lê vir iem. voor; ***carry out*** (of ***fulfil/perform***) *a* ~ 'n taak uitvoer/verrig/vervul; *be* ***equal*** *to a* ~ vir 'n taak opgewasse wees; *a* ***gigantic*** ~ 'n reusetaak (*of* reusagtige taak); *a* ***Herculean*** ~ →HERCULEAN; *an* ***impossible*** ~ →IMPOSSIBLE *adj.;* ***set*** *o.s. the* ~ *of* ... jou tot taak stel om te ...; ***set*** *s.o. a* ~ 'n taak aan iem. opdra/oplê; *s.o.'s* ***sole*** ~ →SOLE[2] *adj.;* ***tackle*** *a* ~ 'n taak aanpak; ***take*** *s.o. to* ~ iem. berispe/roskam/bestraf (*of* die les lees); ***take*** *s.o. to* ~ *for s.t.* iem. oor iets voor stok kry (*of* op die vingers tik *of* laat les opsê); *a* ***thankless*** ~ →THANKLESS; *an* ***uphill*** ~ 'n moeilike taak; ***venture*** *on a* ~ 'n taak aanpak. **task** *ww.* 'n taak oplê, (met 'n taak) belas; (te veel) eis/verg van; op die proef stel. ~ **force,** ~ **group** taakmag. ~**master** baas, werkgewer, opdraggewer; leermeester; opsiener; *a (hard)* ~ 'n verdrukker/onderdrukker. ~**mistress** meesteres, werkgeefster, opdraggeefster.

Tas·ma·ni·a *(geog.)* Tasmanië. **Tas·ma·ni·an** *n.* Tasmaniër. **Tas·ma·ni·an** *adj.* Tasmanies; ~ *devil* Tasmaniese duiwel; ~ *tiger wolf* sebrawolf, buidelwolf.

Tas·man Sea: *the* ~ ~ die Tasmansee (*of* Tasmaanse See).

tass *(Sk., arg.)* (drink)bekertjie; slukkie, sopie; mondjie vol.

tas·sel *n.* tossel, kwas(sie), klos(sie); fraiing; pluim *(v. 'n mielie);* bladwyserlint(jie); *(ook, i.d. mv.)* baard *(v. 'n mielie).* **tas·sel** *-ll-, ww.* 'n tossel/klossie/kwassie (*of* tossels/klossies/kwassies) aansit. ~ **fish** baardman, belvis. ~ **smut** pluimbrand *(v. mielies).*

tas·selled, *(Am.)* **tas·seled** met tossels, tossel-; ~ *cord* tosselkoord; ~ *curtains/cushions/etc.* gordyne/kussings/ens. met tossels.

tast·a·ble, taste·a·ble proebaar; smaaklik.

taste *n.* smaak; voorliefde; sin; happie; slukkie; proefie; voorsmaak; tikkie, sweem, klein bietjie; ***according to*** ~ na smaak; *there is no* ***accounting*** *for (or* ***disputing*** *about)* ~*s* smaak verskil; oor smaak kan ('n) mens nie twis nie; ***acquire*** *a* ~ *for s.t.* 'n smaak vir iets aanleer/ontwikkel; *leave a* ***bad/nasty*** ~ *in the mouth* 'n slegte nasmaak agterlaat/hê; *show* (or *be in*) ***bad/poor*** ~ slegte smaak toon, van slegte smaak getuig, wansmaaklik/smaakloos wees; *a* ~ ***better,*** *(w.g.)* 'n tikkie/effe(ns)/effentjies beter; *leave a* ***bitter*** ~ *in the mouth* 'n bitter nasmaak agterlaat/hê; ~*s* ***differ*** smaak verskil, oor mooi en lelik kan ('n) mens stry; *be too sweet/etc.* ***for*** *s.o.'s* ~ →***to/for;*** *give s.o. a* ~ ***for*** *s.t.* iem. 'n smaak vir iets laat kry; *have a* ~ ***for*** ... van ... hou, in ... sin hê, 'n lus/smaak vir ... hê; *have no* ~ ***for*** *s.t.* nie van iets hou nie; *show* (or *be in*) ***good*** ~ goeie smaak toon, van goeie smaak getuig, smaakvol wees; *be furnished/etc. in* ***good*** ~ met goeie smaak gemeubileer/ens. wees; *have* ***impeccable*** ~ onberispelike smaak hê; *give s.o. a* ~ ***of*** *s.t.* iem. iets laat proe *(kos ens.); a person* ***of*** ~ iem. met smaak; *a* ~ ***of*** *venison* 'n wildsmaak; *be in* ***poor*** ~ →***bad/poor;*** ***sense*** *of* ~ smaaksin; *have a* ***sharp*** ~, *(kos ens.)* 'n skerp smaak hê; ***suit*** *all* ~*s* na elkeen se smaak wees; ***to*** ~ na smaak; *every-one* ***to his*** ~ elkeen na sy smaak; ***to*** *s.o.'s* ~ na iem. se smaak; na iem. se sin; *be* ***to*** *s.o.'s* ~, *(ook)* in iem. se smaak val; *be pleasant* ***to the*** ~ smaaklik wees, 'n aangename smaak hê; *be too sweet/etc.* ***to/for*** *s.o.'s* ~ te soet/ens. na iem. se smaak wees; *leave one with an* ***unpleasant*** ~ *in the mouth* 'n onaangename nasmaak agterlaat/hê; ~*s* ***vary*** smaak verskil. **taste** *ww.* proe; smaak; ondervind; keur; *s.o. has not* ~*d* ***food*** *for three/etc. days* drie/ens. dae het die iem. nie sy/haar mond aan kos gesit nie; *s.t.* ~*s* ***good*** iets smaak/proe lekker; *s.t.* ~*s* ***like/of*** ... iets smaak/proe na ...; ~ ***nothing*** niks proe nie; *s.t.* ~*s* ***of*** ... →***like/of;*** ~ ***success*** sukses behaal; *s.o. has never* ~*d* ***success*** iem. het nooit sukses behaal (*of* ken die woord sukses) nie. ~ **bud,** ~ **bulb** smaakknop-(pie), -beker(tjie), -tepel(tjie) *(o.d. tong).*

taste·a·ble →TASTABLE.

taste·ful smaakvol, artistiek. **taste·ful·ness** goeie smaak.

taste·less smaakloos, laf *(kos);* uitgewerk *(bier); (fig.)* smaakloos, onsmaaklik. **taste·less·ness** smaakloosheid, lafheid; smaakloosheid.

tast·er proeër, proewer; (wyn)proeglas; kaasboor; *(fig.)* voorsmaak, voorsmakie.

tast·i·ness →TASTY.

tast·ing *n.* proegeleentheid, -sessie; proeëry, proe; *a blind* ~ 'n blinde proeëry/proe *(v. wyne).* **-tast·ing** *komb.vorm* met 'n ... smaak; *strong-~ coffee/etc.* koffie/ens. met 'n sterk smaak; *unpleasant-~* onsmaaklik.

tast·y smaaklik, lekker. **tast·i·ness** smaaklikheid.

tat *-tt-, ww.* frivolité(kant)/spoelkant maak; frivolitéwerk doen; →TATTER, TATTING.

ta·ta *(infml.: tot siens)* tatta.

ta·ta·mi *-mi(s), (Jap.):* ~ **(mat)** tatami-mat, Japanse/Japannese strooimat.

Ta·tar·stan *(geog.)* Tatarstan. **Ta·tar** *n., (bevolkingslid)* Tataar; *(taal)* Tataars. **Ta·tar** *adj.* Tataars.

ta·ter, ta·tie *(infml.)* aartappel, ertappel.

tat·ter frivolité(kant)maker, spoelkantmaker; *(ook, i.d. mv.)* toiings, flenters, vodde; →TAT *ww.; be in ~s* flenters (*of* aan flarde[s]) wees; in toiings (geklee[d]) wees. **tat·ter·de·mal·ion** *n., (w.g.)* verflenterde vent/vroumens, voëlverskrikker. **tat·ter·de·mal·ion** *adj., (rare)* verflenter(d).

tat·tered verflenter(d), flenterig, verskeur(d), toiingrig; *be* ~ *and torn, (iets)* flenters wees; *(iem.)* in toiings wees, lyk of die aasvoëls hom/haar beetgehad het.

tat·ter·sall (check) *(tekst.: soort geruite stof)* tattersall.

tat·ting frivolité(kant), spoelkant; frivolité(werk); →TAT *ww..*

tat·tle *n.* gebabbel, geklets, gekekkel. **tat·tle** *ww.* babbel, klets, kekkel; skinder. ~**tale** *(hoofs. Am.)* (ver)klikker, nuusdraer, klikbek *(infml.).*

tat·tler babbelaar, kekkelbek, kletskous; nuusdraer.

tat·too[1] *n.* tatoeëring, tatoeëermerke. **tat·too** *ww.* tatoeëer. **tat·too·er, tat·too·ist** tatoeëerder.

tat·too[2] *n.* taptoe; *beat the devil's* ~ met die/jou vingers trommel. ~ **roll call** taptoe-appèl.

tat·ty[1] *adj., (infml.)* slordig, slonserig; vuilerig; toiingrig. **tat·ti·ness** slordigheid; vuilerigheid; toiingrigheid.

tat·ty[2] *n., (Hindi)* mat, skerm.

tau Griekse t; T-vorm. ~ **cross** *(T-vormige kruis)* taukruis, (Sint) Antoniuskruis.

taught →TEACH.

taunt[1] *n.* smaad, hoon, belediging; verwyt; spot; bespotting, beskimping; uittarting; *be a* ~ *to ..., (w.g.)* die spot van ... wees. **taunt** *ww.* (be)spot, beskimp, smaad, hoon, terg, treiter, uittart; verwyt; ~ *s.o. with s.t* iem. oor iets (be)spot. **taunt·ing** honend, smadelik. **taunt·ing·ly** spottend, honend, op honende wyse.

taunt[2] *adj., (sk.)* hoog *('n mas).*

taupe grysbruin, bruingrys.

Tau·rus *(astrol.)* die Stier/Bul; *the* ~, *(gebergte)* die Taurus. **Tau·re·an** *n., (astrol.)* Stier, Bul. **Tau·re·an** *adj.* Stier-, Bul-; wat onder die sterrebeeld Stier/Bul gebore is *(pred.).* **tau·ri·form** stiervormig. **tau·rine** stier-, bul-. **tau·rom·a·chy** stiervegtery; stier-, bulgeveg.

taut styf, strak, aangehaal, gespanne; in goeie toestand. **taut·en** styf span, aanhaal, stywer trek, aantrek; stywer/strakker word.

tau·to= *komb.vorm* touto=.

tau·tol·o·gy toutologie, woordherhaling. **tau·to·log·i·cal, tau·tol·o·gous** toutologies. **tau·tol·o·gise, =gize** herhaal, in herhaling verval.

tau·to·mer *(chem.)* toutomeer. **tau·to·mer·ic** touto=meries. **tau·tom·er·ism** toutomerie.

tav·ern taverne, kroeg, kantien, taphuis. ~ **keeper** kroegbaas, =houer, kantienhouer.

ta·ver·na *(Gr.)* taverne.

tav·ern·er *(SA)* taverne-eienaar.

taw[1] *n. (albaster)* tooi, ghoen, ellie; albasterspel(etjie); stonkstreep.

taw[2] *ww.* tou, witlooi. **taw·er** witlooier. **taw·e·ry** wit=looiery, aluinlooiery. **taws(e)** *(Sk.)* plak, platriem.

taw·dry opsigtig, bont, prullerig; goedkoop, smaak=loos. **taw·dri·ness** opsigtigheid; smaakloosheid; →TAW=DRY.

taw·ny geelbruin, bruingeel, taan(kleurig); ~ *eagle* →EAGLE; ~ *owl, (Strix aluco)* Europese bosuil.

taws(e) →TAW[2] *ww.*.

tax *n.* belasting; *(fig.)* las, proef; ***after*** *~(es)* ná (aftrek van) belasting; ***direct*** ~ →DIRECT *adj. & adv.* ***impose*** *a* ~ 'n belasting hef/oplê; *pay R10 000* ***in*** *~es* R10 000 aan belasting betaal; ***indirect*** ~ →INDIRECT; ***levy*** *~s on goods* belasting op goedere hef; ***levy*** *~s on people* be=lasting aan mense oplê; *be a heavy* ~ ***on/upon*** *s.o.* iem. swaar op die proef stel, baie/veel van iem. verg; ***raise*** *a* ~ 'n belasting hef; 'n belasting verhoog. **tax** *ww.* belas, belasting hef/oplê; toets, op die proef stel, hoë/swaar eise stel aan; *(jur.)* takseer *(koste)*; →TAXING; *be heavily ~ed* swaar belas wees/word; *~ one's memory* goed nadink, probeer onthou; *s.t. ~es s.o.'s strength* iets verg al iem. se kragte; ~ *s.o. with s.t.* iem. van iets beskul=dig; van iem. rekenskap van iets eis/vra. ~ **abatement,** ~ **allowance** →TAX REBATE. ~ **avoidance** *(wettig)* belastingvermyding, =ontwyking; →TAX EVASION. ~ **bracket** belastingkategorie, =groep. ~ **break** belasting=toegewing, =vergunning. ~ **burden** belastingdruk. ~ **collection** belastinginvordering. ~ **collector,** *(hist.)* ~ **gatherer** belastinggaarder, ontvanger van belas=tings. ~ **consultant** belastingkonsultant. ~ **cut** belas=tingverlaging. **~-deductible** belastingaftrekbaar. ~ **dodge,** ~ **dodging** belastingontduiking. ~ **dodger,** ~ **evader** belastingontduiker. ~ **evasion** *(onwettig)* be=lastingontduiking; →TAX AVOIDANCE. **~-exempt,** **~-free** belastingvry. ~ **exile** belastingvlugteling. ~ **farmer** *(hoofs. hist.)* belastingpagter. ~ **form** belastingvorm. ~ **gatherer** →TAX COLLECTOR. ~ **haven** belasting=toevlugsoord, belastingparadys. ~ **incentive** belas=tingaansporing. **~man** *=men* belastinggaarder; *the* ~, *(infml.)* die belastinggaarder, Jan Taks. **~payer** be=lastingpligtige, =betaler. ~ **rate** belastingkoers. ~ **re=bate,** ~ **abatement,** ~ **allowance** belastingkorting. ~ **relief** belastingverligting. ~ **return** belastingopgawe. ~ **revenue** belastinginkomste. ~ **shelter** belasting=skuiling. ~ **structure** belastingstruktuur. ~ **system** be=lastingstelsel. ~ **year** belastingjaar.

tax·a·ble belasbaar; ~ *limit* belastinggrens. **tax·a·bil·i·ty, tax·a·ble·ness** belasbaarheid.

tax·a·tion belasting; taksering *(v. koste)*; *incidence of* ~ →INCIDENCE.

tax·er belastingheffer.

tax·i *=i(e)s, n.* taxi, huurmotor; →AIR TAXI, HIRE CAR; *hail a* ~ 'n taxi roep/voorkeer; *take a* ~ 'n taxi neem. **tax·i** *=iing, =ying, ww.* rol; *('n vliegtuig)* (op die aan=loopbaan) ry; *('n watervliegtuig)* vaar; in 'n taxi ry. **~cab** taxi. ~ **dancer** huurdanser(es); gehuurde dans=maat. ~ **driver** taxiryer, huurmotorbestuurder. **~man** taximan, =ryer. **~meter** taximeter, afstandsmeter. **~plane** *(Am.)* huurvliegtuig. ~ **rank** staanplek vir taxi's. ~ **strip,** **~way** rolbaan *(vir vliegtuie)*. ~ **war** taxi-oorlog.

tax·i·der·mist diereopstopper, taksidermis. **tax·i·der·my** (diere)opstopkuns, taksidermie.

tax·ing *n.* belasting; *(jur.)* taksering. **tax·ing** *adj.* veel=eisend *('n taak)*. ~ **master,** ~ **officer** takseermeester.

tax·in·o·my →TAXONOMY.

tax·is *(biol.)* taksis; *(med.)* reponering, herplasing, terug=plasing.

tax·on *taxa, (biol.)* takson, taksonomiese groep.

tax·on·o·my taksonomie, sistematiek. **tax·o·nom·i·cal, tax·o·nom·ic** taksonomies. **tax·on·o·mist, tax·on·o·mer** taksonoom.

tax·or →TAXER.

tax·us taksus(boom).

Tay-Sachs dis·ease *(med.: oorerflike breinsiekte)* Tay-Sachs-siekte.

taz·za *(It., vlak wynkelk/vaas op 'n voetstuk)* tazza.

Tchad *(Fr.)* →CHAD.

Tchai·kov·sky *(Rus. komponis, 1840–93)* Tsjaikowski.

tchick tongklap, tsjk.

te, *(Am.)* **ti** *(mus.)* te.

tea *n.* tee; ligte aandete; aftreksel; ***afternoon*** ~ →AF=TERNOON *adj.*; *not for all the* ~ *in* ***China*** vir geen geld ter wêreld nie, om die/de dood nie; *a* ***cup*** *of* ~ 'n kop=pie tee; *(not) be s.o.'s* ***cup*** *of* ~, *(infml.)* (nie) iem. se smaak wees (nie); *that's just s.o.'s* ***cup*** *of* ~, *(infml.)* dis so reg in iem. se kraal; dis so reg na iem. se smaak; *be another* ***cup*** *of* ~, *(infml.)* glad iets anders (*of* 'n glad ander saak) wees; *let the* ~ ***draw*** die tee laat trek; ***have/take*** ~ tee drink; →*take; have/take* ~ *with s.o.* by iem. tee drink; *(Br.)* (ligte/vroeë) aandete by iem. geniet/nuttig; ***high*** ~ →HIGH; ***make*** ~ tee maak; ***one*** ~ een tee, tee vir een; ***stir*** ~ tee (om)roer; ***strong/weak*** ~ sterk/flou tee; ***take*** ~, *(kr.)* 'n teepouse maak; →***have/take;*** *invite/ask s.o.* ***to*** ~ iem. vir tee vra/nooi. **tea** *teaed, tea'ed, ww.* tee drink. ~ **bag** teesakkie. ~ **ball** *(hoofs. Am.)* tee-eier. ~ **basket** piekniekmandjie. **~bread** tee=brood. ~ **break,** ~ **interval** teepouse, elf=, vieruurtjie. ~ **caddy,** ~ **canister** teebus, =blik. **~cake** teekoek; tee=gebak. **~cart** *(Am.)* teetrollie, =waentjie. ~ **ceremony** teeseremonie. ~ **chest** teekis. ~ **cloth** = TEA TOWEL. ~ **cosy** teemus. **~cup** teekoppie; *a storm in a* ~ →STORM *n.*. **~cupful** *=fuls* teekoppie (vol). ~ **dance** *(middagtee waarby gedans word)* teedans. ~ **dealer** teehandelaar. ~ **fight** *(infml.)* teedrinkery. ~ **garden** teetuin; teeplan=tasie. ~ **gown** *(vero.)* middagrok. **~house** teehuis. ~ **interval,** ~ **break** teepouse. **~kettle** teeketel. ~ **lady** tee=dame. ~ **leaf** teeblaar. ~ **napkin** teeservet. ~ **party** tee=party. ~ **picker** teeplukker. ~ **plantation** teeplantasie. ~ **planter** teeplanter. **~pot** teepot. **~room,** **~shop** tee=kamer, kafee. **~room bioscope** koffiefliek, =bioskoop. ~ **rose** teeroos. ~ **service,** ~ **set** teeservies, teestel. **~shop** →TEAROOM. ~ **shower** teenet, =sprei, =sluier; bruidstee. **~spoon** teelepel. **~spoonful** *=s* teelepel (vol). ~ **stain** teevlek. ~ **stand** skinktafel. ~ **strainer** teesiffie. ~ **table** teetafel. ~ **taster** teeproewer. ~ **things** tee=goed, =gerei. **~time** teetyd; vroeë aand. ~ **tips** tee=tippe. ~ **towel** afdroogdoek, tee(goed)doek. ~ **tray** skinkbord. ~ **trolley,** *(Am.)* ~ **wagon** teewaentjie, =trol=lie. ~ **urn** teekan.

teach *taught taught* leer, onderrig; les gee, skoolhou, onderwys/onderrig gee; doseer; skool, dresseer, afrig; bybring *(idees)*; →TEACHER, TEACHING; ~ *one's* ***grand=mother*** *to suck eggs* →GRANDMOTHER; ~ ***Greek/etc.*** les(se)/onderwys in Grieks/ens. gee; Grieks/ens. do=seer; ***I'll*** ~ *him/her!* ek sal hom/haar leer!; ~ *s.o. a* ***lesson*** →LESSON *n.*; *be taught* ***music/etc.*** musiekles(se)/ens. neem, musiek/ens. leer; ~ *s.o. a* ***thing*** *or two* iem. 'n les leer; iem. leer waar Dawid die wortels gegrawe het; ***where*** *does he/she* ~? waar hou hy/sy skool?, waar gee hy/sy les/onderwys?; *that* ***will*** ~ *s.o.!*, *(ook)* dit het iem. daarvan!; *that* ***will*** ~ *s.o. to* ... dit sal iem. leer om te ...

teach·a·ble leergraag, oplettend, fluks om te leer; ontvanklik. **teach·a·bil·i·ty, teach·a·ble·ness** leerlus, oplettendheid; ontvanklikheid.

teach·er onderwyser(es), *(fml.)* leerkrag, *(infml., vr.)* juffrou, *(infml., ml.)* meneer, *(vero.)* (skool)meester; leer=meester; *a* ***college/university*** ~ 'n dosent; *an* ***English/etc.*** ~, *a* ~ *of* ***English/etc.*** 'n Engelsonderwyser/ens., 'n Engelse/ens. onderwyser; *a* ***history/etc.*** ~ 'n ge=skiedenisonderwyser/ens.; *~'s* ***pet,*** *(infml.)* juffrou/me=neer se witbroodjie. **~'s bursary** onderwysbeurs. **~'s certificate** onderwysdiploma. **~'s residence** skool=huis, onderwyserswoning. **~s' (training) college,** **~-training college** onderwyserskollege. ~ **training** on=derwysersopleiding.

teach·ing *n.* onderwys; onderrig, dosering; leer; *the ~s of the Church* die kerkleer, die leer van die kerk; *the* ~ *of Latin/etc.* die onderrig in/van Latyn/ens.. **teach=ing** *adj.* onderwysend, onderwys=. ~ **aids** leermid=dels. ~ **hospital** opleidingshospitaal. ~ **machine** on=derrigmasjien, =rekenaar. ~ **practice** proefonderwys. ~ **profession** onderwysberoep, =amp. ~ **staff** onder=wysende personeel, onderwyspersoneel, onderwys=, leerkragte, onderwysers; doserende personeel, dosente.

teak djatihout; *(Tectona grandis)* djatiboom; Birmaanse kiaat; *Cape* (or *South African*) ~ kiaathout; *Transvaal* ~, *(Pterocarpus angolensis)* kiaat=, lakboom. ~ **oil** meu=belolie.

teal krikeend; *Cape* ~ teeleendjie; →HOTTENTOT TEAL, RED-BILLED TEAL. ~ **(blue)** *n.* blougroen, groenblou. ~ **blue** *(pred.)*, **~-blue** *(attr..), adj.* blougroen, groen=blou.

team *n.* span; ploeg; werkgroep; *(perde ens.)* bespan=ning; bediening *(v. 'n kanon ens.)*; *be* ***in/on*** *a* ~ in 'n span wees/speel; ***make*** *the* ~ die span haal, in die span kom; ***select*** *a* ~ 'n span kies; ***two/etc.*** *~s of foot=ballers/workmen/etc.* twee/ens. voetbalspanne/werkspan=ne/ens., twee/ens. spanne voetbalspelers/werkers/ens.; ***two/etc.*** *~s of oxen* twee/ens. span(ne) osse. **team** *ww.* inspan; ~ *up with s.o.* met iem. saamwerk. ~ **ef=fort** spanpoging. ~ **game** spanspel. **~mate** spanmaat, medespeler, spelmaat. ~ **member** spanlid. ~ **player** spanwerker; *(sport)* spanspeler. ~ **pursuit race** span=agtervolging. ~ **race** spanwedloop. ~ **spirit** spangees, helpmekaargees, gees van samewerking. ~ **teaching** spanonderrig. **~work** spanwerk, samewerking, help=mekaargees; ploegwerk; samespel.

team·ster voerman, drywer *(v. 'n span diere)*; *(Am.)* vervoerwerker.

tea·poy teetafeltjie *(meestal met drie pote)*.

tear[1] *n.* skeur, winkelhaak *(in stof)*. **tear** *tore torn, ww.* skeur; (los)ruk; trek, pluk; vlieg, ja(ag), storm; ~ ***after*** *s.o., (infml.)* iem. agternasit; ~ ***along,*** *(infml.)* voort=storm, nael; *come ~ing* ***along*** aangestorm kom; ~ *s.t.* ***apart*** iets stukkend skeur (*of* verskeur); ~ ***at*** *s.t.* aan iets ruk/pluk; ~ *s.t.* ***away*** iets afskeur/afruk; ~ *o.s.* ***away*** *from* ... jou van ... losskeur; *be unable to* ~ *o.s.* ***away*** nie kan wegkom nie; *a country torn* ***by*** *faction* 'n land deur partyskappe verdeel/verskeur; ~ *s.t.* ***down*** iets afskeur/afruk *('n kennisgewing ens.)*; iets afbreek/sloop *('n huis ens.)*; ~ ***down*** *the hill/street, (infml.)* teen die heuwel (*of* in die straat) afstorm; *s.t. ~s* ***easily*** iets skeur maklik/gou; ~ *o.s.* ***from*** ... jou van losskeur; ~ *s.o.* ***from*** ... iem. van ... wegskeur; ~ *s.t.* ***from*** *s.o.* iets van iem. wegruk; ~ *one's* ***hair*** ***(out)*** →HAIR; ~ *s.t.* ***in*** *half* iets middeldeur skeur; ~ *s.t.* ***in*** *two* iets in twee skeur; ~ ***into*** *s.o., (infml.)* iem. invlieg; ~ ***into*** *s.t.* 'n gat in iets slaan; ~ ***into*** *a room, (infml.)* in 'n kamer in=storm; ~ *s.t.* ***off*** iets afskeur; ~ *s.t.* ***open*** iets oop=skeur; ~ ***out,*** *(infml.)* uithardloop, buite(n)toe storm; ~ *s.t.* ***out*** iets uitskeur *('n blad ens.)*; ***that's*** *torn it, (Br., infml.)* nou is dit klaarpraat, nou is alles (*of* die hele spul) verfoes; ~ *s.t.* ***to*** *pieces/shreds* iets stukkend (*of* aan stukke) skeur; ~ *s.t.* ***up*** iets opskeur (*of* stukkend skeur) *(papier, 'n verdrag, ens.)*; *('n roofdier)* iets verskeur *(sy prooi)*; *the tree was torn* ***up*** *by the roots* die boom is totaal ontwortel (*of* met wortel en al/tak uitgeruk). **~away** *(Br.)* rebel, wilde ou; boef, skobbejak, skollie. **~-off** *adj. (attr.)* afskeur= *(kaart, strokie, ens.)*. **~-proof** skeurvry. ~ **sheet** bewysblad; proefblad. ~ **strength,** **tearing strength** skeursterkte.

tear[2] *n.* traan; ***bitter*** *~s* hete trane; ***burst*** *into ~s* →BURST *ww.*; ***dissolve*** *in(to) ~s* →DISSOLVE; ***draw*** *~s from s.o.* iem. in trane laat uitbars, iem. laat huil; ***dry*** *one's ~s* jou trane afdroog; ***fetch*** *~s* trane trek/voortbring; ***fight back*** *one's ~s* →FIGHT *ww.*; ***force*** *~s from s.o.* iem. tot trane dwing; *~s* ***gather*** *in s.o.'s eyes* trane wel in iem. se oë op; *be* ***in*** *~s* in/onder trane (*of* aan die huil) wees, huil; *be bathed* ***in*** *~s* →BATHE *ww.*; ***Job's*** *~s (bot.: Coix lacryma-jobi)* jobskraaltjies, =krale, =trane, tand(e)krale; *be too* ***late*** *for ~s* te laat vir trane wees; *~s* ***of*** *grief* trane van droefheid; *~s of joy* vreugdetrane; *a vale **of** ~s* 'n tranedal; ***raise** ~s* die trane laat loop, trane te voorskyn bring; *~s **run** down s.o.'s cheeks* trane rol oor iem. se wange; ***scalding** ~s* brandende/hete trane; ***shed** ~s* trane stort; *be **swimming** in ~s* betraan(d) wees; *eyes **swimming** with ~s* betraande oë, oë wat in trane swem; *move s.o. **to** ~s* iem. tot trane beweeg/roer; *s.o. is easily moved **to** ~s, (ook)* iem. het 'n klein hartjie, iem. se hartjie is maar klein; *reduce s.o. **to** ~s* iem. laat huil (*of* aan die huil maak); *~s **trickle** down s.o.'s cheeks* trane biggel oor iem. se wange; ***with** ~s* met/onder trane; ***without** ~s* sonder moeite. ~ **bag,** ~ **gland** traanklier. ~ **bag,** ~ **pit,** ~ **sac** *(soöl.)* traansak(kie). ~ **bomb** traan(gas)bom. ~**drop** traan; traanvormige juweel. ~ **duct** traanbuis. ~ **gas** traangas. ~ **jerker** *(infml.: uiters sentimentele rolprent, boek, ens.)* tranetrekker. ~**-shaped** traanvormig. ~ **shell** traangranaat. ~ **smoke** traanrook. ~**-stained** betraan(d).

tear·er skeurder.

tear·ful betraan(d), tranerig, huilerig; *~ scene* tranedal. **tear·ful·ly** vol trane; →TEARFUL. **tear·ful·ness** tranerigheid.

tear·ing *n.* (die) skeur; →TEAR[1] *ww..* **tear·ing** *adj. (attr.)* skeurende *ens.;* geweldige; rasende; *be in a ~ hurry* →HURRY *n.; a ~ pace* →PACE[1] *n.; be in a ~ rage* →RAGE *n..* ~ **machine** rafelmasjien. ~ **strength** skeursterkte.

tear·less sonder trane, onbetraan(d).

tear·y tranerig.

tease *n., (infml.)* terggees, terger, platjie. **tease** *ww.* terg, pla, versondig, treiter, uitkoggel, vermaak, liemaak; pluis(kam) *(hare);* (uit)kam *(wol);* opkam *(stowwe);* ~ *s.o. **about** s.t.* iem. oor iets terg; *~d **fabric*** pluisstof; *~ s.t. **out*** iets lospluis *('n veselmassa);* iets kaard *(wol); (fig.)* iets ontwar *(gegewens ens.);* iets uitlig *(verskille ens.);* iets oplos *(meningsverskille ens.); ~ **s.t. out of** s.o.* iets uit iem. kry *('n bekentenis ens.); ~ **s.o.,** (ook)* iem. se siel uittrek. **teas·er** *(infml.)* moeilikheid, lastigheid; raaisel, probleem; terggees, terger, platjie; treiteraar; lokprent, =film; lokflits *(uit 'n video);* lokteks, =brokkie, =stuk *(v. 'n boek);* lokaas; soek=, koggelhings; soek=, koggelram; pluismasjien; *(masjien)* skeurwolf; kieliestok, wappertjie.

tea·sel, tea·zle, tea·zel *n., (bot.)* pluisdistel, =dissel; *(tekst.)* wolkam, kammasjien. **tea·sel, tea·zle, tea·zel** *ww.* uitkam. ~ **fabric** pluisstof.

teas·ing *n.* plaery, tergery, koggel(a)ry; (die) uitkam/uitpluis, uitpluising; pluiskam *(v. hare);* pluising. **teas·ing** *adj.,* **teas·ing·ly** *adv.* tergend, tergerig, skalks, ondeund, guitig, speels, stout.

teat tepel *(v. 'n mens);* speen *(v. 'n dier);* tiet *(v. 'n bababottel).*

tea·zle, tea·zel →TEASEL.

tec *(infml., vero.)* = DETECTIVE.

tech *(infml.: tegniese kollege; technikon, tegnikon)* tek.

tech·ie, tek·kie *(infml.)* rekenaarstudent; rekenaarfoendi(e), =fundi.

tech·ne·ti·um *(chem., simb.: Tc)* tegnesium

tech·ni·cal tegnies; vak=; *~ **college*** tegniese kollege; *~ **defeat*** formele nederlaag; *~ **dictionary*** vakwoordeboek, tegniese woordeboek; *~ **difficulty*** tegniese probleem; *~ **drawing*** tegniese tekene; *~ **hitch*** tegniese haakplek, masjiensteurnis; *~ **journal*** vakblad; *~ **knockout,** (boks)* tegniese uitklophou; *~ **language*** vaktaal; *~ **offence*** tegniese oortreding; *for ~ **reasons*** om tegniese redes; *~ **school*** tegniese skool; *~ **term*** vakterm, tegniese term; *~ **terminology*** vaktaal, vakterminologie. **tech·ni·cal·ise,** =**ize, tech·ni·cise,** =**cize** tegniseer. **tech·ni·cal·i·ty** *(jur.)* tegniese punt; tegniese besonderheid; tegniese aard *(v. 'n stelsel ens.); (ook, i.d. mv.)* tegniese aspekte *(v. 'n spel ens.);* vakterm, tegniese term. **tech·ni·cian** tegnikus. **Tech·ni·col·or** *(handelsnaam)* Technicolor. **tech·nics** tegnika. **tech·ni·kon** *(SA, opv.)* tegnikon, technikon. **tech·nique** tegniek.

tech·no *(infml.)* tegnomusiek.

tech·no= *komb.vorm* tegno=. ~**babble** *(infml.)* tegnojargon. ~**fear** tegnovrees. ~**mania** tegnomanie.

tech·noc·ra·cy tegnokrasie. **tech·no·crat** tegnokraat. **tech·no·crat·ic** tegnokraties.

tech·nol·o·gy tegnologie; *university of ~* →UNIVERSITY. **tech·no·log·i·cal** tegnologies. **tech·nol·o·gist** tegnoloog.

tech·no·phil·i·a tegnofilie. **tech·no·phile** tegnofiel. **tech·no·phil·ic** tegnofilies.

tech·no·pho·bi·a tegnofobie. **tech·no·phobe** tegnofoob. **tech·no·pho·bic** tegnofobies.

tech·y →TETCHY.

tec·ton·ic boukundig; *(geol.)* tektonies; *(biol.)* struktureel. **tec·ton·ics** boukuns; *(geol.)* tektoniek.

tec·to·ri·al *(anat.)* dek=; *~ membrane* dekvlies. **tec·trix** =*trices, (orn.)* dekveer.

Ted *(Br., infml.)* = TEDDY BOY

ted =*dd*= omkeer, oopsprei, oopskud. **ted·der** hooiskudder, keermasjien.

ted·dy (bear) teddiebeer, speelgoedbeertjie.

Ted·dy boy *(Br., omstreeks 1950-60)* skorrie.

Te De·um *(Lat.)* Te Deum, danklied; *sing ~* jubel, juig, die Te Deum sing.

te·di·ous vervelend, vervelig, saai, langdradig; vermoeiend, lastig. **te·di·ous·ness** vervelendheid; lastigheid. **te·di·um** verveling.

tee[1] *n.* (letter) T; T-stuk, T-buis. ~ **shirt** = T-SHIRT.

tee[2] *n., (gholf)* bof; *(gholf, ringgooi, ens.)* pen. **tee** *ww.* bof; *~ off, (gholf)* afslaan; *(infml.)* begin; *be ~d off, (Am., sl.)* omgeëllie/omgesukkel/omgekrap/vies (*of* die hoenders/josie in) wees; *~ up, (gholf)* (op)pen; *~ up with s.o., (gholf)* met iem. saamspeel. ~ **shot** *(gholf)* bofhou.

tee-hee, te-hee *n.* gegiggel. **tee-hee, te-hee** *ww.* giggel. **tee-hee, te-hee** *tw.* hie-hie.

tee·ing ground *(gholf)* bof(perk).

teem[1] uitgooi, uitgiet *(gesmelte staal); (reën)* giet; *~ing rain* stortreën.

teem[2] wemel, krioel, wriemel; vervuil; baar, in die wêreld bring; *~ with ... van ...* wemel *(foute, wilde diere, ens.).* **teem·ing** wemelend, krioelend; volop; vrugbaar.

teen[1], **teen·ag·er** *n.* tiener, tienderjarige. **teen, teen·age(d)** *adj.* tienderjarig. **teens** *(mv.)* tienderjare; *be in one's ~* in jou tienderjare wees. **tee·ny·bop·per** *(infml.)* bakvissie, tienerbopper.

teen[2] *n., (vero.)* verdriet; moeilikheid.

tee·ny klein; →TINY. ~**-weeny, teensy-weensy** *(infml.)* klein-klein, piepklein.

tee·pee →TEPEE.

tee·ter wankel, waggel, wiebel; aarsel, huiwer, weifel; *(Am.)* wipplank ry; *~ between ... and ...* tussen ... en ... weifel; *~ on the brink/edge/verge of bankruptcy/collapse/war/etc.* op die rand(jie) van bankrotskap/ineenstorting/oorlog/ens. staan. ~**(-totter)** *(Am.)* wipplank; →SEESAW.

teeth *n. (mv.)* tande; →TOOTH. **teethe** *ww.* tande kry.

teeth·ing tandekry, tande kry. ~ **powder** tandekrypoeier. ~ **ring** tandering. ~ **troubles,** ~ **problems** *(fig.)* aanvangs=, vestigingsprobleme, *(infml.)* kindersiektes.

tee·to·tal afskaffers=; algeheel. ~ **meeting** vergadering van afskaffers/geheelonthouers.

tee·to·tal·ism afskaffing, geheelonthouding. **tee·to·tal·ler,** *(Am.)* **tee·to·tal·er** afskaffer, geheelonthouer.

tee·to·tum *(arg.)* A-al-tolletjie; dobbeltolletjie.

tef(f) tef(gras).

Tef·lon *(handelsnaam: politetrafluooretileen)* Teflon.

teg (die vag van 'n) twee jaar oud/ou(e) skaap.

teg·u·lar teëlagtig, teëlvormig, teël=; dakpanagtig, dakpan=. **teg·u·ment** vel, huid, omhulsel.

te-hee →TEE-HEE.

Teh·ran, Te·he·ran *(geog.)* Teheran.

teind *(Sk., N.Eng.)* tiende; →TITHE.

Te·jo *(Port.)* →TAGUS.

tek·tite *(geol.)* tektiet.

te·la =*lae, (anat.)* weefsel.

tel·aes·the·si·a, *(Am.)* **tel·es·the·si·a** *(parapsig.)* heldersiendheid. **tel·aes·thet·ic,** *(Am.)* **tel·es·thet·ic** heldersiende.

tel·a·mon =*mon(e)s, (bouk.)* atlant.

tel·e= *komb.vorm* tele=.

tel·e·ad tele-advertensie, telefoonadvertensie.

tel·e·bank·ing telebankdienste.

tel·e·cam·er·a televisiekamera, TV-kamera; tele=(foto)kamera.

tel·e·cast *n.* televisie/TV-uitsending, beeldsending. **tel·e·cast** *ww.* beeldsaai, =send. **tel·e·cast·er** beeldsender, televisiesender, TV-sender.

tel·e·cin·e filmaftaster, televisiebeeldprojektor.

tel·e·com *(afk. v.* telecommunication*)* telekommunikasie. **tel·e·coms** *(afk. v.* telecommunications*)* telekommunikasiewese.

tel·e·com·mu·ni·ca·tion telekommunikasie; *(i.d. mv.)* telekommunikasiewese.

tel·e·com·mute, tel·e·work *(v.d. huis af per modem en rekenaarterminaal werk)* telependel. **tel·e·com·mut·er, tel·e·work·er** telependelaar, telewerker. **tel·e·com·mut·ing, tel·e·work·ing** telependel, telewerk.

tel·e·con·fer·ence telekonferensie. **tel·e·con·fer·enc·ing** (die hou van) telekonferensies.

tel·e·con·trol afstandbediening.

tel·e·cot·tage telesentrum *(vir telewerkers i.d. platteland).*

tel·e·du *(soöl.)* stinkdas(sie).

tel·e·e·van·ge·list →TELEVANGELIST.

tel·e·fac·sim·i·le telefaksimilee.

tel·e·fax *n.* telefaks(brief), faks. **tel·e·fax** *ww.* per (tele)faks stuur *('n dokument);* per (tele)faks laat weet *(iem.).*

tel·e·film telefilm.

tel·e·gen·ic *(wat goed lyk op 'n TV-skerm)* telegenies.

te·leg·o·ny *(genet.)* telegonie. **tel·e·gon·ic, te·leg·o·nous** telegonies.

tel·e·gram telegram; *send a ~* 'n telegram stuur. **tel·e·gram·mat·ic, tel·e·gram·mic** telegramagtig, in telegramstyl

tel·e·graph *n.* telegraaf; *(ook, i.d. mv.)* telegraafwese; *posts and ~s* posterye en telegrafie, pos- en telegraafwese. **tel·e·graph** *ww.* telegrafeer. ~ **(board)** *(sport)* telbord. ~ **boy** telegrambode. ~ **cable** telegraafkabel. ~ **company** telegraafmaatskappy. ~ **form** telegramvorm. ~ **key** telegraafsleutel. ~ **line** telegraaflyn. ~ **message** telegram, telegrafiese berig. ~ **messenger** telegrambode, =besteller. ~ **office** telegraafkantoor. ~ **pole,** ~**post** telegraafpaal. ~ **service** telegraafwese, =diens. ~ **wire** telegraafdraad.

te·leg·ra·pher, te·leg·ra·phist telegrafis.

tel·e·graph·ese telegramstyl.

tel·e·graph·ic telegrafies; *~ address* telegramadres.

te·leg·ra·phist →TELEGRAPHER.

te·leg·ra·phy telegrafie.

Tel·e·gu →TELUGU.

tel·e·ki·ne·sis =*neses* telekinese. **tel·e·ki·net·ic** telekineties.

tel·e·mar·ket·er tele(foon)bemarker. **tel·e·mar·ket·ing, tel·e·sales, tel·e·phone sell·ing** tele(foon)bemarking, tele(foon)verkope.

tel·e·me·chan·ics *n. (fungeer as ekv.)* telemeganika.

tel·e·me·ter, te·lem·e·ter telemeter. **tel·e·me·ter·ing** telemeting. **tel·e·met·ric, tel·e·met·ri·cal** telemetries. **te·lem·e·try** telemetrie.

tel·e·ol·o·gy *(filos.)* teleologie, doelleer. **tel·e·o·log·i·cal** teleologies.

tel·e·ost, tel·e·os·te·an *(igt.)* beenvis.

te·lep·a·thy telepatie, gedagteoordrag(ing). **tel·e·path·ic** telepaties. **te·lep·a·thist, tel·e·path** telepaat, gedagteleser.

tel·e·phone *n.* telefoon; →PHONE[1]; ***answer** the ~* 'n (telefoon)oproep beantwoord/ontvang; ***by** ~* oor die (*of* per) telefoon, telefonies; ***cut off** s.o.'s ~* iem. se telefoon afsluit; *be **on the** ~* aan/by die telefoon wees, oor die telefoon praat, met 'n telefoongesprek besig wees; 'n telefoon hê; *s.o. is **on the** ~ for you, you are wanted **on the** ~* daar is 'n (telefoon)oproep vir jou;

on/over** the* ~ oor die (*of* per) telefoon, telefonies; *speak **on/over** the* ~ oor die (*of* per) telefoon praat; ***pick** the ~ **up die telefoon optel; ***put** the ~ **down*** die telefoon neersit; ***put** the ~ **down on** s.o.* die telefoon neersmyt (*of* summier neersit); *the ~ is **ringing!*** die telefoon lui!; *a ~ **rings*** 'n telefoon lui. **tel·e·phone** *ww.* telefoneer, oplui, (op)bel, skakel. ~ **apparatus** telefoontoestel. ~ **book** →TELEPHONE DIRECTORY. ~ **booth,** *(hoofs. Br.)* ~ **box,** ~ **kiosk** telefoonhokkie. ~ **call** telefoonoproep; telefoongesprek. ~ **connection** telefoonverbinding. ~ **dial** skakelskyf. ~ **directory,** ~ **book** telefoongids, =boek. ~ **exchange** telefoonsentrale. ~ **exchange operator** sentrale-telefonis(te). ~ **extension** bylyn; telefoonuitbreiding. ~ **girl** telefoonmeisie, telefoniste. ~ **handset** handtelefoon. ~ **headset** koptelefoon. ~ **line** telefoonlyn. ~ **message** telefoonboodskap. ~ **number** telefoonnommer. ~ **operator** telefonis, *(vr.)* telefoniste. ~ **pole** telefoonpaal. ~ **receiver** telefoon(ge)hoorbuis, =(ge)hoorstuk. ~ **selling** →TELEMARKETING. ~ **service** telefoondiens. ~ **set** telefoontoestel. ~ **shower** handbadsproeier. ~ **system** telefoonnet, =stelsel. ~ **tapping** meeluistering, die afluister van telefoongesprekke. ~ **working** telefoonbedryf.

tel·e·phon·ic telefonies, telefoon=.

te·leph·o·nist telefonis, *(vr.)* telefoniste.

te·leph·o·ny telefonie.

tel·e·pho·to telefoto. ~ **(lens)** tele(foto)lens.

tel·e·pho·to·graph *n.* telefoto. **tel·e·pho·to·graph** *ww.* telefotografeer. **tel·e·pho·to·graph·ic** telefotografies; ~ *lens* tele(foto)lens. **tel·e·pho·tog·ra·phy** telefotografie.

tel·e·point telepunt *(vir koordlose telefone).*

tel·e·port *ww., (wetenskap[s]fiksie)* teleporteer, jou telekineties verplaas; ~ *s.t.* iets teleporteer (*of* verskuif sonder om daaraan te raak). **tel·e·por·ta·tion** teleportasie, telekinetiese verplasing.

tel·e·pres·ence teleteenwoordigheid.

tel·e·print·er teledrukker, telekstoestel, druktelegraaf. ~ **message** teleksberig. ~ **operator** teleksbediener.

Tel·e·promp·ter *(Am., handelsnaam)* telesouffleur; →AUTOCUE.

tel·e·rec·ord vir televisie opneem. **tel·e·re·cord·ing** televisieopname.

tel·e·sales →TELEMARKETING.

tel·e·scope *n.* teleskoop; radioteleskoop. **tel·e·scope** *ww.* teleskopeer, ineenskuif, =druk, saamdruk, =pers; ~ *s.t. into* ... iets in ... indruk. ~ **sight** visierkyker, teleskoopvisier. ~ **table** inskuiftafel.

tel·e·scop·ic teleskopies; inskuifbaar, inskuiwend; ~ *gate/ladder/pipe* teleskoophek, =leer, =pyp; ~ *sight* visierkyker, teleskoopvisier; ~ *star* teleskopiese ster. **tel·e·scop·ing** ineenskuiwing; ~ *of a gut* knoopderm.

tel·e·shop·ping (die doen van) tele-inkopies.

tel·e·soft·ware *(rek.)* telesagteware, =programmatuur.

tel·e·text *(rek.)* teleteks.

tel·e·thon *(TV)* telet(h)on *(om geld vir liefdadigheid ens. in te samel).*

Tel·e·type *(handelsnaam),* **tel·e·type·writ·er** *(hoofs. Am.)* →TELEPRINTER.

te·leu·to·spore winterspoor, teleutospoor.

tel·e·van·ge·list televisie-evangelis, TV-evangelis, televisieprediker, TV-prediker.

tel·e·view·er TV-kyker, televisiekyker. **tel·e·view·ing** TV/televisie kyk, TV-kyk, televisiekyk.

tel·e·vise beeldsaai, =send, oor die televisie/TV uitsaai; →TELECAST *ww.*.

tel·e·vi·sion televisie, beeldradio; ***black and white*** ~ swart-(en-)wit-televisie(stel); ***colour*** ~ kleurtelevisie(stel); *be **on*** ~ op die televisie/TV verskyn; *see s.t. **on*** ~ iets op die televisie/TV sien; *show s.t. **on*** ~ iets oor die televisie/TV uitsaai; ***watch*** ~ televisie/TV kyk. ~ **advertising** televisiereklame. ~ **aerial** televisielugdraad; televisieantenna, =antenne. ~ **camera** televisiekamera. ~ **channel** televisiekanaal. ~ **coverage** televisiedekking. ~ **licence** televisielisensie. ~ **licence fee** televisielisensiegeld. ~ **personality** televisiepersoonlikheid. ~ **picture** televisiebeeld. ~ **play** kykspel. ~ **programme** televisieprogram. ~ **receiver** televisie(stel), televisieontvanger. ~ **rights** *(mv.)* televisieregte. ~ **screen** televisie=, beeldskerm. ~ **serial** televisiereeks. ~ **set** televisiestel. ~ **studio** televisieateljee. ~ **transmitter** televisie=, beeldsender. ~ **viewer** televisiekyker.

tel·e·vis·u·al *adj.,* **-ly** *adv.* televisueel; geskik vir TV/televisie.

tel·e·work →TELECOMMUTE. **tel·e·work·er** →TELECOMMUTER. **tel·e·work·ing** →TELECOMMUTING.

tel·e·writ·er teleskrywer.

tel·ex *n.* teleks(toestel), druktelegraaf. **tel·ex** *ww.* teleks, per teleks stuur. ~ **(message)** teleksberig, tele(drukker)berig. ~ **service** teleksdiens, druktelegraafdiens.

tel·fer →TELPHER.

tell[1] *told told, ww.* vertel, verhaal; meld, meedeel; beveel, (aan)sê; bepaal; onderskei, uitmaak; verseker; (ver)klik; *(arg.)* tel *(geld, stemme, ens.);* →FORTUNE, TALE, TELLING, TOLD; ~ *s.o. **about** s.t.* (vir) iem. (van) iets vertel; *s.t. ~s **against** s.o.* iets strek tot iem. se nadeel; ***all** told* →ALL *pron.;* ~ *me **another!**, (infml.)* dit kan jy (*of* dit laat ek) my nie wysmaak nie; ~ *people **apart*** mense uitmekaarken (*of* uitmekaar ken); ~ *things **apart*** dinge onderskei; *every **blow** told* elke hou was raak; *s.o. is **burning** to ~ s.t.* iets brand op iem. se tong; ~ ***by/from*** ... aan ... sien, uit ... agterkom; *I **can** ~ you* ... ek kan jou verseker ... *(dis nie maklik nie ens.); how **can** they ~?* hoe weet hulle dit?; *you never **can*** (or *you **can** never*) ~ jy (*of* ['n] mens) weet nooit (nie), jy (*of* ['n] mens) kan nooit weet nie; *who **can** ~?* wie weet?; ~ *s.o. s.t. **confidentially*** iets in vertroue aan/vir iem. sê/vertel, iem. iets in vertroue meedeel; ***demand** to be told* wil weet; ***do** as one is told* doen/maak soos jy beveel/gesê word; ***do*** ~ *me!* sê/vertel my tog!; ~ *s.o. to **do** s.t.* vir iem. sê om iets te doen; ~ *s.o. s.t. **flat*** iem. iets sonder doekies omdraai sê; ~ *s.t. **from** s.t. else* iets van iets anders onderskei; ~ ***from*** ... →***by/from;*** ~ *it not in **Gath*** →GATH; ***how** does one ~ ...?* hoe weet jy ...? *([op] watter knoppie jy moet druk ens.);* ~ ***lies*** →LIE[1] *n.;* ~ *that to the (horse) **marines!*** →MARINE *n.; you're ~ing **me!**, (infml.)* nou praat jy!, moenie praat nie!, net so!, of ek dit nie weet nie!; ek sou so dink!; *you **never can*** ~ →***can;*** ~ *s.o. **of** s.t.* (vir) iem. (van) iets sê/vertel; ~ *s.o. **off**, (ook, infml.)* met iem. raas, iem. skrobbeer/roskam (*of* 'n skrobbering gee *of* se kop [vir hom/haar] was *of* [goed] die les lees *of* die leviete [voor]lees *of* [goed] die waarheid sê/vertel); ~ *s.o. **off** for s.t.* iem. aanwys/aansê om iets te doen; *(infml.)* iem. oor iets berispe/skrobbeer/roskam; ~ *s.t. **off*** iets aftel; ~ ***on** s.o., (infml.)* iem. verklik; *s.t. ~s **on/upon** s.o., (fml.)* iets vermoei iem.; iets tas iem. aan *(spanning ens.);* iets druk swaar op iem.; ~ *s.o. s.t. **plainly*** iem. iets onomwonde sê; *I told you **so!*** sien jy nou?, ek het jou mos gesê!, daar het jy dit!; ~ ***s.o.** s.t.* iets aan/vir iem. sê/vertel, iem. iets vertel; ~ *s.o. s.t. **straight*** iem. iets reguit sê; ~ ***tales*** →TALE; *I am told **that*** ... ek verneem dat ...; ~ *s.o. a **thing** or two* iem. roskam (*of* die leviete [voor]lees); ~ *the **time*** →TIME *n.;* ~ ***s.t. to** s.o.* iets aan/vir iem. sê/vertel, iem. iets vertel; ~ *the **truth*** →TRUTH; ~ *s.o. **what** to say* iem. voorsê; ~ *s.o. **what** you think of him/her* hom/haar slegsê; ~ *me **what** you want* sê my wat jy wil hê; ***what** did I ~ you?, (ook)* wat het ek jou gesê?, daar het jy dit!; *s.o. can ~ **whether*** ... iem. weet of ...; ~ *s.t. for what it's **worth*** iets vir dieselfde prys verkoop; *I* ~ (or *I'm ~ing*) ***you*** ... ek sê vir jou ...; *it's* (or *it is*) ..., *I ~ **you!*** sjoe, dis (*of* dit is) ...! *(warm ens.);* maar dis (mos) ...! *(twak, nie waar nie, 'n leuen, ens.).* **~tale** *n.* verklikker; skinderbek; nuusdraer; oorbringer; verklikkend, onthullend, verraderlik. **~tale** *adj. (attr.)* kenmerkende *(simptome);* duidelike, onmiskenbare *(tekens);* veelseggende *(glimlag);* ~ *clock* wagklok, =horlosie, =oorlosie.

tell[2] *n., (argeol.)* heuwel, grondhoop, tel.

tell·er kassier, *(<Eng.)* teller *(in 'n bank);* verteller; stemopnemer *(i.d. parl. ens.).*

tell·ing *n.* (die) vertel/verhaal *ens.; there is no ~ what/when/who* ... ('n) mens weet nie (*of* niemand kan raai) wat/wanneer/wie ... nie, dit is uiters moeilik om te sê wat/wanneer/wie ...; *that would be ~* klik is kierang.

tell·ing *adj.* treffend, pakkend, boeiend, indrukwekkend; tekenend; sprekend; sterk, kragtig, raak; →TELL[1] *ww.*. **~-off** skrobbering, (uit)brander, strafpredikasie; *give s.o. a ~, (infml.)* met iem. raas, iem. skrobbeer/roskam (*of* 'n skrobbering gee *of* se kop [vir hom/haar] was *of* [goed] die les lees *of* die leviete [voor]lees *of* [goed] die waarheid sê/vertel); *s.o. got a severe ~, (ook, infml.)* iem. het lelik verbygekom.

tel·lu·ri·an *n., (fml. of poët., liter.)* aardbewoner. **tel·lu·ri·an** *adj.* aards, aard=, van die aarde, telluries. **tel·lu·ric** aards, telluries; ~ *acid, (chem.)* telluursuur; ~ *current, (elek.)* aardstroom. **tel·lu·ri·on, tel·lu·ri·um** *(toestel om aardbewegings voor te stel)* tellurium. **tel·lu·ri·um** *(chem., simb.: Te)* telluur. **tel·lu·rom·e·ter** tellurometer. **tel·lu·rous, tel·lu·rous:** ~ *acid, (chem.)* tellurigsuur.

tel·ly *(infml.)* →TELEVISION.

tel·o·phase *(biol.)* telofase.

tel·pher sweefbaan, lugkabel(inrigting); lugkabelwaentjie. ~ **line** sweefbaan, =spoor, lugkabellyn.

tel·pher·age lugkabelvervoer.

tel·son *(söol.: stertstuk v. 'n gelede dier)* telson.

Tel·u·gu, Tel·e·gu *=gu(s), (bevolkingslid; taal)* Teloegoe.

tem·blor *(Am.)* aardbewing; aardtrilling, =skudding; →EARTHQUAKE, EARTH TREMOR.

Tem·bu *=(bus), (bevolkingslid)* Temboe, Tamboekie. **~land** *(geog., hist.)* Temboeland.

tem·er·ar·i·ous vermetel, roekeloos, waaghalsig; domastrant. **te·mer·i·ty** vermetelheid, roekeloosheid, waaghalsigheid; domastrantheid.

temp *n., (infml.)* tydelike werker; tydelike klerk; tydelike sekretaresse. **temp** *ww.* tydelik werk, tydelike werk doen.

tem·per *n.* humeur; gemoedstoestand, stemming; aard, geaardheid, gemoedsaard; slegte bui/luim, kwaai bui, drifbui; slegte humeur; mengsel; hardheid, hardheidsgraad *(v. metale); be in a **bad*** ~ in 'n slegte bui/luim wees; *have an **even*** ~ 'n gelykmatige/kalm/rustige geaardheid hê; *have a **fiery*** ~ →FIERY; ***fly (get into)** a* ~ kwaad/boos word, jou humeur verloor; *~s are beginning to **fray*** die humeure raak slegter; *be in a **good*** ~ in 'n goeie bui/luim wees; *be of a **hasty*** ~ driftig van aard/geaardheid wees; *be **in** a* ~ uit jou humeur wees; ***keep** one's* ~ kalm/bedaard bly, jou drif/humeur beteuel; ***lose** one's* ~ jou humeur verloor, kwaad/boos word, jou selfbeheersing verloor; ~ *of **mind*** geestesgesteldheid, denkwyse; *be **out of** one's* ~ uit jou humeur wees; *put s.o. **out of*** ~ iem. omkrap/vererg (*of* kwaad/boos maak); *have a **(quick/short)*** ~ gou kwaad word, kort van draad (*of* gou op jou perdjie *of* kortgebonde/driftig/opvlieënd) wees; *s.o.'s ~ is **ruffled*** iem. is uit sy/haar humeur; *be in an **ugly*** ~ moeilik wees; *an **uneven*** ~ →UNEVEN; *s.o.'s ~ is **up*** iem. is kwaad; *be in a **vile/violent*** ~ woedend (*of* in 'n vreeslike/verskriklike bui/luim) wees. **tem·per** *ww.* temper, matig, versag; tot bedaring bring; aanmaak, brei *(klei);* hard maak, verhard, temper, uitgloei *(metaal);* hard word; meng *(kleure); ~(ing) colour* aanloopkleur; ~ *justice with mercy* reg met genade versag. **tem·per·a** *(skilderk.)* tempera. **tem·per·a·ment** temperament, aard, geaardheid; *(mus.)* tempering. **tem·per·a·men·tal** temperamenteel, temperamentvol; aangebore; onvoorspelbaar, wispelturig, buierig, onberekenbaar; onbeheers. **tem·per·a·men·tal·ly** van temperament/geaardheid/aanleg/nature. **tem·per·ate** matig, gematig; bedaard, kalm; *the ~ zone* die gematigde lugstreek. **tem·pered** getemper(d); *bad/ill-~* sleggehumeurd, kwaai; *good-~* goedgehumeurd, vriendelik.

tem·per·ance matigheid; gematigdheid; (geheel)onthouding. ~ **hotel** afskaffershotel. ~ **movement** matigheidsbeweging; drankbestryding; geheelonthouers=, afskaffingsbeweging. ~ **society** matigheidsbond, =genootskap, =organisasie, =vereniging; afskaffersbond.

tem·per·a·ture temperatuur, warmtegraad; *at the ~ of the body* op liggaamswarmte/-temperatuur; ***at** a certain ~* by 'n bepaalde temperatuur; ***at** a ~ of ... degrees* by 'n temperatuur van ... grade; *a **change** of ~* 'n temperatuurverandering; *a **difference** in ~* 'n temperatuurverskil; *s.o.'s ~ is **down/up*** iem. se koors is af/laer/op/hoër; *a **fall** in ~* 'n temperatuurdaling/-vermindering; *the ~ is **falling/rising*** die temperatuur/kwik daal/sak/styg; *a **fluctuation** in/of ~* 'n temperatuurskommeling; ***have/run** (or be **running**) a ~* koors hê, koorsig wees; ***read** the ~* die temperatuur meet; *be at the **required** ~* op temperatuur wees; *bring s.t. to the **required** ~* iets op temperatuur bring; *a **rise** in ~* 'n temperatuurstyging/-verhoging; ***take** s.o.'s ~* iem. se koors/temperatuur meet; *a **variation** in/of ~* 'n temperatuurwisseling. ~ **chart** koorstabel, temperatuurlys. ~ **curve,** ~ **graph** temperatuurkromme. ~-**humidity index** temperatuur-humiditeit-indeks.

-tem·pered *komb.vorm* -gehumeur(d), -geaard, -aardig; *good-~* goedaardig, goedgeaard; *ill-~* sleggehumeur(d), humeurig; *sweet-~* sagaardig, saggeaard.

tem·pest storm(wind), orkaan. ~-**torn,** ~-**tossed** deur storms (*of* 'n storm) geteister/geslinger.

tem·pes·tu·ous stormagtig, onstuimig; geweldig, hewig, heftig; ~ *weather* stormweer, stormagtige/onstuimige weer. **tem·pes·tu·ous·ness** stormagtigheid ens.

Tem·plar *(hist.)* Tempelier, Tempelheer, -ridder; *(Good/True) ~* (Goeie/Troue) Tempelier; geheelonthouer.

tem·plate, tem·plet sjabloon, mal; maatplaat, patroon(plaat); profielvorm; vormhout; skermplaat; *(bouk.)* draagsteen, draagstuk.

tem·ple[1] *(relig.)* tempel. ~ **dancer** tempeldanseres. ~ **flower** frangipani.

tem·ple[2] *(anat.)* slaap; oorstuk *(v. 'n bril)*.

tem·plet →TEMPLATE.

tem·po -*pos,* -*pi* tempo, maat; *at a rapid/slow ~* in 'n vinnige/stadige tempo; met 'n vinnige/stadige pas.

tem·po·ral[1] *n., (anat.)* slaapbeen. **tem·po·ral** *adj.* slaap-; temporaal; ~ ***artery*** slaapslagaar; ~ ***bone*** slaapbeen; ~ ***epilepsy*** temporale epilepsie; ~ ***lobe,** (anat.)* temporale lob/kwab *(v.d. brein)*.

tem·po·ral[2] *adj.* tyd-; temporeel, wêreldlik; ~ *conjunction* voegwoord van tyd; ~ *power* wêreldlike mag; aardse gesag, staatsgesag *(v.d. pous ens.)*. **tem·po·ral·i·ty** -*ties* lekedom; *(i.d. mv.)* temporalieë, wêreldse goedere/inkomste van die geestelikes. **tem·po·ral·ly** temporeel.

tem·po·rar·y tydelik, voorlopig, temporêr; verbygaande; nood-; waarnemend; ~ ***bridge*** noodbrug; ~ ***dam*** noodwal; ~ ***job*** tydelike werk/pos; ~ ***tooth*** melk-, wisseltand. **tem·po·rar·i·ly** tydelik, voorlopig. **tem·po·rar·i·ness** tydelikheid; verbygaande aard.

tem·po·rise, -rize tyd wen/win, (tot 'n geleë tyd) uitstel; draal, sloer; jou na die omstandighede skik, kompromisse maak, temporiseer. **tem·po·ri·sa·tion, -za·tion** uitstel, verskuiwing, opskorting, temporisasie. **tem·po·ris·er, -rizer** draadsitter, manteldraaier. **tem·po·ris·ing, -rizing** draadsittery, manteldraaiery.

tempt in die versoeking bring, versoek, verlei, verlok, uitlok; beproef; aanveg; ***be/feel** ~ed to do s.t.* in die versoeking wees/kom om iets te doen; *~ s.o. **into** (or **to do**) s.t.* iem. in die versoeking bring om iets te doen; iem. uitlok om iets te doen; *be **sorely** ~ed* in sware versoeking wees; *~ s.o. **strongly*** iem. in ('n) groot versoeking bring; *~ s.o. **with** s.t.* iem. met iets probeer oorreed. **temp·ta·tion** versoeking, verleiding, verlokking; aanvegting; ***fall/yield** to a ~* vir 'n versoeking swig/beswyk; ***fight** against ~* teen die versoeking stry; ***get** into ~* in versoeking kom; ***lead** us not into ~, (NT)* lei ons nie in versoeking nie *(OAB)*, laat ons nie in versoeking kom nie *(NAB)*; ***resist** the ~ to ...* die versoeking weerstaan om te ...; ***wrestle** with ~* teen die versoeking stry. **tempt·er** versoeker, verleier; *the T~* die Verleier/Satan. **tempt·ing** verleidelik, aanloklik, verloklik, verlokkend. **tempt·ing·ly** verloklik. **tempt·ing·ness** verleidelikheid, aanloklikheid, verloklikheid. **tempt·ress** verleidster.

tem·pu·ra *(Jap. kookk.)* tempoera.

tem·pus *(Lat.): ~ fugit* die tyd vlieg (verby).

temse *(dial.)* sif.

ten tien; →TENTH; ~ ***hours*** tien uur; ***nine** in ~* nege uit die tien; ~ ***o'clock*** tienuur; ~ ***of** diamonds, (kaartspel)* ruite(ns)tien; ~ ***of** spades, (kaartspel)* skoppenstien; *they are ~ a **penny*** →PENNY; ~ ***thousand*** tienduisend, tien duisend; ~*s of **thousands*** tienduisende, tien duisende; ~ ***to** one* tien teen een; *(12:50)* tien (minute) voor een; tien teen een, hoogs/baie waarskynlik; *(weddery)* elf rand vir een rand; ~ ***to** one on, (weddery)* elf (rand) vir tien (rand). ~-**day** *adj. (attr.)* tiendaagse *(vakansie ens.)*. ~**fold** *adj.* tienvoudig. ~**fold** *adv.* tienvoud(ig); *increase ~* vertiendubbel. ~-**gallon hat** *(Am.)* (breërand-)cowboyhoed. ~**pence** *(Br.)* tien pennies; *(ook* tenpenny/tenpence piece*)* tienpenniestuk. ~**pin** kegel. ~**pin alley** kegelbaan. ~**pin ball** kegelbal. ~**pin bowling,** *(Am.)* **pins** kegelbal, -spel. ~**pounder** tienponder; *(igt.)* springer, wildevis. ~-**pound note** tienpondnoot. ~-**rand note** tienrandnoot. ~ **thousandth** tienduisendste, tien duisendste. ~-**yard line** *(rugby)* tientreestreep.

ten·a·ble hou(d)baar; verdedigbaar; *the scholarship is ~ for three/etc. years* die beurs word vir drie/ens. jaar toegeken, die beurs geld *(of* is van krag) vir drie/ens. jaar; *the office is ~ for five/etc. years* die dienstyd is *(of* strek oor) vyf/ens. jaar. **ten·a·bil·i·ty, ten·a·ble·ness** hou(d)baarheid.

ten·ace *(brug ens.: kombinasie v. twee hoë kaarte, bv. aas en vrou)* vurk.

te·na·cious vashoudend; volhardend; hardnekkig, taai; sterk; *a ~ memory* →MEMORY; *be ~ of ...* hardnekkig aan ... vashou, ... met hand en tand verdedig. **te·na·cious·ness, te·nac·i·ty** vashoudendheid; volharding(svermoë); hardnekkigheid, taaiheid; sterkte *(v. iem. se geheue)*.

te·nac·u·lum -*ula, (chir.: wondhaak; weefselhaak; veselband)* tenakulum.

ten·an·cy huur; pag; →TENANT; *agreement of ~* huurkontrak, -ooreenkoms; *(period of) ~* huurtermyn.

ten·ant *n.* huurder; pagter; bewoner *(v. 'n huis)*. **ten·ant** *ww.* huur, as huurder bewoon; in huur hê. ~ **farmer** pagter, grondhuurder, huurboer. ~ **in chief** *(hist.)* kroonhuurder. ~ **labourer** plakkerdiensbode.

ten·ant·a·ble verhuurbaar; verpagbaar; bewoonbaar *('n huis)*.

ten·ant·less onverhuur(d), onbewoon(d), leegstaande.

ten·ant·ry *(fungeer as ekv. of mv.* huurders; pagters.

tench *tench, (igt.)* seelt.

tend[1] versorg, oppas, kyk na; *(fml.)* hoed; verpleeg; bedien *('n masjien)*; →ATTEND; *~ a store* 'n winkel hou; *~ to s.t.* iets versorg.

tend[2] gaan, beweeg; geneig wees, neig, die/'n neiging hê; strek, dien; bydra *(tot); ~ to ...* geneig wees *(of* die neiging hê) om te ..., maklik ... word; tot ... bydra. **ten·den·cy** neiging, tendensie, tendens; aanleg *(vir 'n siekte)*; strekking, stemming, gevoel *(op 'n vergadering)*; *a ~ to ..., (ook)* 'n neiging om te *(of* 'n geneigdheid tot) ...; *develop/display a ~ to ...* 'n neiging toon om te ...; *have a ~ to ..., (ook)* na ... oorhel. **ten·den·tious** tendensieus, strekkings-. **ten·den·tious·ness, ten·den·cious·ness** partydigheid; tendensieuse sienings/opvattings.

ten·der[1] *adj.* teer, sag; gevoelig, skrynerig; swak, tenger(ig), tinger(ig); liefhebbend; teergevoelig; delikaat; *at a ~ **age*** in jou prille jeug; *s.o. is of a ~ **age*** (or *of ~ years)* iem. is bloedjonk; *a ~ **heart*** 'n teer hart; *be ~ of one's **honour**, (arg.)* op jou eer gesteld wees; ~ ***meat*** sagte/malse vleis; ~ ***mercies**, (mv., iron.)* genade; ~ ***spot*** gevoelige plek; *(fig.)* teer punt(jie)/saak/sakie, gevoelige onderwerp; *a ~ **subject*** 'n teer saak *(of* delikate onderwerp); ~ ***wool*** breekwol. ~**foot** *(hoofs.Am.)* groene, groentjie, nuweling. ~**hearted** teerhartig, -gevoelig. ~-**hoofed** weekhoewig. ~**loin** beesfilet, -haas.

ten·der[2] *n.* aanbod; inskrywing, tender; *call for* (or *invite) ~s* inskrywings/tenders vra/inwag; *give s.t. out on* (or *put s.t out to) ~* vir iets laat tender, iets aanbestee; *legal ~* wettige betaalmiddel. **ten·der** *ww.* aanbied *(dienste ens.)*; indien; inskryf, inskrywe, tender; *~ **for** s.t.* vir iets tender, op iets inskryf/inskrywe, 'n tender/inskrywing vir iets instuur; *~ one's **resignation*** →RESIGNATION; ~ ***thanks*** →THANKS; *~ed **vote*** aangebode stem. ~ **board** tenderraad. ~ **form** inskrywings-, tendervorm.

ten·der[3] *n.* oppasser, oppaster; versorger; aanhanger; sleepwa; tender(boot); voorraadskip; afhaalboot, verbindingsboot; →COAL TENDER.

ten·der·er inskrywer, tenderaar.

ten·der·ise, -ize sag maak; beuk *(vleis)*. **ten·der·is·er, -izer** sagmaakmiddel; vleisbeuk. **ten·der·ness** teerheid, sagtheid; →TENDER[1] *adj.*.

ten·don sening, pees. **ten·di·ni·tis, ten·do·ni·tis** *(med.)* seningontsteking, tendinitis. **ten·di·nous** seningagtig, seningrig.

ten·dril rankie, hegrank; *shoot ~s* rank. **ten·dril·if·er·ous** hegrankdraend. **ten·drilled** met ranke, rank-.

Ten·e·brae *(mv.), (hist., RK)* donker mette. **ten·e·brif·ic** *(vero.)* verdonkerend, donkermakend. **ten·e·brous** *(poët., liter.)* donker, duister.

ten·e·ment huurkamer(s); huiseenheid; perseel, erf; woning, (woon)huis. ~ **(house)** deel-, (ver)samel-, kasernehuis, huurkamerhuis.

Ten·e·rife *(geog.)* Tenerife.

te·nes·mus *(Lat., med.: pynlike poging om d. blaas/derm te ledig)* tenesmus.

ten·et leerstelling, -stuk, doktrine; beginsel.

teng·ku →TUNKU.

ten·ner *(infml.)* tien rand, tienrandnoot; tien pond, tienpondnoot; tien dollar, tiendollarnoot.

Ten·nes·see *(geog.)* Tennessee.

ten·nis tennis; →LAWN TENNIS, TABLE TENNIS; *court ~* →REAL TENNIS. ~ **arm** *(med.)* tennisarm. ~ **ball** tennisbal. ~ **club** tennisklub. ~ **court** tennisbaan; *(hist.)* kaatsbaan; *Oath of the T~* ~ Eed van die Kaatsbaan. ~ **elbow** *(med.)* tenniselmboog. ~ **match** tenniswedstryd. ~ **player** tennisspeler. ~ **racket** tennisraket. ~ **shoe** tennisskoen.

ten·nish (so) teen *(of* om en by) tienuur, teen tienuur se kant.

Ten·no -*no(s), (titel v.d. Jap. keiser wat op sy goddelike herkoms dui)* tenno.

Ten·ny·so·ni·an *adj.* Tennysoniaans.

ten·on *n.* tap. **ten·on** *ww.* tappe *(of* 'n tap) sny/maak; met 'n pen vasslaan; *(met tap en gat)* las. ~ **and mortise joint** = MORTISE (AND TENON) JOINT. ~ **pin** tappen. ~ **saw** tapsaag.

ten·or[1] *(mus.)* tenoor. ~ **clef** tenoorsleutel. ~ **part** tenoorparty. ~ **recorder** tenoorblokfluit. ~ **violin** tenoorviool.

ten·or[2] koers, gang, rigting, loop; inhoud, strekking; afskrif; *the even ~ of s.o.'s life* die rustige gang van iem. se lewe.

ten·o·syn·o·vi·tis *(med.: ontsteking v. 'n sening en sy skede)* tenosinovitis.

te·not·o·my -*mies, (med.: d. deursny v. 'n sening)* tenotomie.

ten·rec, tan·rec *(soort krimpvarkie)* tenrek.

tense[1] *adj.* styf; gespanne; ingespanne; →TENSION; *become ~* verstrak; gespanne raak; *a ~ **moment*** 'n oomblik van spanning. **tense** *ww.* span; *~ up* verstrak; gespanne raak; *be ~d up* gespanne wees. **tense·ly** gespanne. **tense·ness** spanning; gespannenheid; geladenheid. **ten·si·bil·i·ty** rekbaarheid, spanbaarheid. **ten·si·ble** rekbaar, spanbaar. **ten·sile** rekbaar, spanbaar; ~ ***force*** spankrag, trekkrag; ~ ***range*** treksterktestrek; ~ ***strain*** trekvervorming, trekvormverandering; ~ ***strength*** trekvastheid, treksterkte; breekweerstand *(v. wol ens.)*; ~ ***stress*** trekspanning; ~ ***test*** trektoets. **ten·sim·e·ter** trek-, tensi-, manometer. **ten·si·om·e·ter** spannings-, tensiometer.

tense[2] *n., (gram.)* tyd, tempus. ~ **form** tydvorm.

ten·sion *n.* spanning; gespannenheid; inspanning; span-, trekkrag; trekspanning; rek(king); druk; spanning, opwinding, opgewondenheid; tensie; ***ease** the* ~ die spanning verlig; *~ of the **mains**, (elek.)* netspanning; *~ **mounts*** die spanning styg (*of* neem toe); *~ **prevails*** daar heers spanning. **ten·sion** *ww.* span. ~ **bar** spanstaaf. ~ **member** spandeel. ~ **rod** spanstang. ~ **screw** spanskroef. ~ **spring** spanveer. ~ **stress** trekspanning. ~ **test** trektoets.

ten·sion·er spanner.

ten·son, ten·zon *(hist.)* gedigstryd *(tuss. twee troebadoers voor 'n liefdeshof);* dispuut-, strydgedig.

ten·sor *(wisk.)* tensor. ~ **(muscle)** *(anat.)* span-, rekspier.

tent[1] *n.* tent; kap, tent *(v. 'n rytuig); pitch* (or *put up) a* ~ ('n) tent opslaan; *strike a* ~ 'n tent afslaan/afbreek; *strike one's ~s, (ook)* vertrek, wegtrek. **tent** *ww.* in tente staan/kampeer; van tente (*of* 'n tent) voorsien. ~ **bed** veldbed; *(hist.)* kapbed, kopledekant. ~ **camp** tent(e)dorp, tent(e)kamp. ~ **dress** tentrok. ~ **flap,** ~ **fly** tentklap. **~-maker** tentmaker. ~ **peg,** ~ **pin** tentpen. **~-pegging** *(soort perdesport)* pensteek. ~ **pole** tentpaal. ~ **roof** tentdak. **~-shaped** tentvormig. ~ **stitch** *(naaldw.)* tentsteek, petit point. ~ **tortoise** knoppiesdop(skilpad).

tent[2] *n.* tint(wyn).

tent[3] *n., (chir.)* tent, rekprop. **tent** *ww.* rek, oophou.

ten·ta·cle *(ook fig.)* tentakel; voeler, voelhoring, -draad, -spriet, tasorgaan; vangarm; vanghaar; vangklier.

tent·age tentstof; tent(e)kamp.

ten·ta·tive *n.* proefneming, poging. **ten·ta·tive** *adj.* tentatief, tydelik, voorlopig; eksperimenteel, by wyse van proefneming, proef-; versigtig; weifelend.

tent·ed in tente (*of* 'n tent); tentvormig.

ten·ter[1] *n.* spanhaak; spanmasjien. **ten·ter** *ww.* span, styf trek, uitrek. ~ **(frame)** spanraam; spandroër. **~hook** *(hist.)* spanhaak; *be on ~s* op hete kole sit, in spanning verkeer.

ten·ter[2] *n., (Br., arg.)* opsigter; masjinis.

ten·ter·er *(tekst., hist.)* spanner.

tenth *n.* tiende (deel). **tenth** *adj.* tiende. **~-rate** *(v. baie swak gehalte; uiters minderwaardig)* tienderangs.

tenth·ly in die tiende plaas/plek, ten tiende.

ten·u·is *tenues, (klass. Gr. gram.)* tenuis.

ten·u·ous tinger(ig), tenger(ig), skraal, klein, fyn; dun; yl. **te·nu·i·ty, ten·u·ous·ness** tinger(ig)heid, tenger(ig)heid, skraalheid; dunheid; ylheid; eenvoud.

ten·ure eiendomsreg, besit(reg); ampsbekleding; *~ by long lease* erfpag; *~ of office* dienstyd, ampstermyn, -duur, -tyd, -bediening. **ten·ured:** *be* ~ vas/permanent aangestel wees/word; *a ~ academic/professor/etc.* 'n vas/permanent aangestelde akademikus/professor/ens.; *a ~ job/position/etc.* 'n vaste/permanente werk/pos/ens..

te·nu·to *adj. & adv., (It., mus.: aangehou, gerek)* tenuto.

ten·zon →TENSON.

te·o·cal·li *-lis, n.* tempel, godshuis *(v.d. Asteke).*

te·pal *(bot.)* blomdekblaar, blomblaar.

te·pee, tee·pee, ti·pi *(keëlvormige Indiaanse tent)* tipi.

teph·ra *(geol.)* vulkaniese ejektamenta.

tep·id lou. **tep·e·fac·tion** louwording, (die) lou word; loumaking. **tep·e·fy** lou word; lou maak. **te·pid·i·ty, tep·id·ness** louheid.

te·poy →TEAPOY.

te·qui·la *(sterk Mex. drank)* tequila.

ter- *komb.vorm* drie-, tri-, ter-; *~centenary* driehonderdjarig; *~nary* ternêr, drietallig; *~valent* trivalent, driewaardig.

ter·a- *komb.vorm, (10^{12} of 2^{40})* tera-; *~byte, (rek.: duisend gigagreep of 1 099 511 627 776 bis)* teragreep.

Te·rai *(Hindi, geog.: dig beboste moerasagtige gordel tuss. d. suidelike voet v.d. Himalaja en d. Gangesvlakte)* terai. **t~ (hat)** *(breërandvilthoed met 'n dubbele bol)* terai(hoed).

ter·a·phim *(mv. [fungeer as ekv.])* terafim, huisgode.

ter·at-, ter·a·to- *komb.vorm* terat(o)-.

te·rat·o·gen, ter·a·to·gen *(med., biol.: agens wat wanskapenheid veroorsaak)* teratogeen. **ter·a·to·gen·ic** teratogeen, teratogenies.

ter·a·toid *(med., biol.: m.d. voorkoms v. 'n teratoom)* teratoïed.

ter·a·tol·o·gy *(med., biol.: studie v. wanskapenheid)* teratologie; wonderverhaal; versameling wonderverhale. **ter·a·to·log·i·cal, ter·a·to·log·ic** teratologies **ter·a·tol·o·gist** teratoloog.

ter·a·to·ma *-mas, -mata, (med., biol.)* teratoom, monstergewas.

ter·a·watt terawatt.

ter·bi·um *(chem., simb.: Tb)* terbium.

terce, tierce *(hoofs. RK)* terts.

ter·cel, tier·cel mannetjie(s)valk.

ter·cen·te·nar·y, ter·cen·ten·ni·al *n.* driehonderdjarige gedenkdag, derde eeufees, drie-eeue-fees. **ter·cen·te·nar·y, ter·cen·ten·ni·al** *adj.* driehonderdjarig. **T~ Foundation** Drie-Eeue-Stigting.

ter·cet, ter·cet *(pros.)* terset *(in 'n sonnet);* tersine *(in 'n langer gedig); (mus.)* triool.

ter·e·bene *(chem.)* terebeen.

ter·e·binth *(bot.: Pistacia terebinthus)* terpentynboom; *oil of* ~ terpentynolie. **ter·e·bin·thine** terpentynagtig, terpentyn-; terpentynboom-.

te·re·do *-dos, (soöl.)* paalwurm.

Ter·ence *(Rom. dramaturg)* Terentius.

ter·eph·thal·ic ac·id *(chem.)* tereftaalsuur.

Te·re·sa: *Mother T(h)eresa* moeder T(h)eresa; *St ~ (of Ávila), (1515-82)* sint Teresa (van Ávila).

te·rete *adj., (biol.: silindries en spits)* tereet.

ter·gal *adj., (biol.)* tergaal, dorsaal, rug(kant)-.

ter·gi·ver·sate, ter·gi·ver·sate *ww.* rondspring, uitvlugte soek; afvallig word. **ter·gi·ver·sa·tion** rondspringery, uitvlugte, draaiery; afvalligheid.

ter·gum *terga, (soöl.)* rug; rugskild; rugplaat. **ter·gal** rug(kant)-.

term *n.* perk, grens; tydperk, termyn, term; kwartaal; semester; trimester; sitting; dienstyd, ampstyd, -duur, -termyn; straftyd (→PRISON TERM); term, benaming, uitdrukking; voorwaarde, bepaling; *(ook, i.d. mv.)* tarief; betaal-, betalingsvoorwaardes; verkoop(s)voorwaardes; opgawes; bewoordings; ***abide** by the ~s* die voorwaardes nakom *(v. 'n kontrak, verdrag, ens.); s.o.'s ~s **are** R100 a lesson* iem. vra R100 vir 'n les; ***bring** s.o. to ~s* iem. dwing/noodsaak om (jou) voorwaardes aan te neem; ***come** to ~s* (met mekaar) tot 'n vergelyk kom; (met mekaar) 'n ooreenkoms aangaan/sluit/tref; dit (met mekaar) eens word; ***come** to ~s with o.s.* tot selfkennis kom; ***come** to ~s with s.o.* met iem. 'n vergelyk tref (*of* tot 'n vergelyk kom), 'n akkoord met iem. bereik; dit met iem. eens word; ***come** to ~s with s.t., (ook)* iets aanvaar, in iets berus, jou by iets neerlê; *~s and **conditions*** (bepalings en) voorwaardes; ***discuss** ~s* onderhandel; ***during** the* ~ gedurende die (skool)kwartaal; *in the most **flattering** ~s* in die vleiendste taal/bewoording; *in **general** ~s* in breë trekke; in algemene/vae bewoording/terme; *as the ~ **goes*** soos dit heet (*of* genoem word); *speak of s.o. in the **highest** ~s* met die hoogste lof van iem. praat; ***in*** ~ in die (skool)kwartaal; ***in** ~s of ...* ooreenkomstig/ingevolge/kragtens (*of* uit krag van) ...; luidens ...; uit die oogpunt van ...; ***in** ~s of dollars/etc.* in dollars/ens.; ***in** ~s of which ...* ingevolge waarvan ...; *express a quantity **in** ~s of another* 'n hoeveelheid as deel van 'n ander uitdruk; *not think **in** ~s of concessions/etc.* nie aan toegewings/ens. dink nie; *in the **long*** ~ op lang termyn; op die lange duur; ***make** ~s* tot 'n vergelyk kom; *in the **medium*** ~ op middellang termyn; *~s **monthly/etc.*** maandeliks/ens. betaalbaar; *~ **of** abuse* →ABUSE *n.*; *~ **of** art* kunsterm; vakterm, tegniese term; *serve a ~ **of** imprisonment* →IMPRISONMENT; *s.o.'s ~ **of** office* →OFFICE; *the ~s **of** payment* →PAYMENT; *~ **of** probation* proeftyd; *~s **of** a proportion* terme van 'n eweredigheid; *~s **of** issue* voorwaardes van uitgifte, uitgiftevoorwaardes; *~ **of** notice* opseggingstermyn; *~s **of** reference* →REFERENCE; *~s **of** sale* verkoop(s)voorwaardes; *~s **of** trade* →TRADE *n.*; *be on bad ~s with s.o.* op slegte voet met iem. wees/staan; *buy **on** ~s* op afbetaling koop; ***on** easy ~s* op maklike betaalvoorwaardes/betalingsvoorwaardes; ***on*** *equal ~s* op gelyke voet; *be **on** even ~s* niks op mekaar voorhê nie; *be **on** familar ~s with s.o.* familiêr/familiaar/vriendskaplik met iem. omgaan; *be **on** good ~s with s.o.* op goeie voet met iem. wees/staan; ***on** ~s of intimacy* op intieme voet; *pay **on** monthly/etc. ~s* by die maand/ens. betaal; *not **on** any ~s* glad nie; onder geen voorwaardes nie; *not be **on** speaking ~s with s.o.* nie met iem. praat nie; *they are not **on** speaking ~s* hulle praat nie met mekaar nie (*of* is kwaaivriende); *be **on** visiting ~s with s.o.* 'n huisvriend van iem. wees, by iem. aan huis kom, iem. goed genoeg ken om te besoek; *in **plain** ~s* sonder om doekies om te draai *(infml.),* ronduit; in eenvoudige taal; ***reduce** s.t. to its lowest ~s* iets soveel moontlik vereenvoudig (*of* in sy eenvoudigste vorm weergee); *(wisk.)* iets verklein *('n breuk); **relative** ~s* →RELATIVE *adj.*; ***serve** one's* ~ jou tyd uitdien; ***set** a ~ to s.t.* 'n end/einde aan iets maak; *in the **short*** ~ op kort termyn; binne die nabye toekoms; *~s **strictly** 30 days* stiptelik binne 30 dae betaalbaar; *in the **strongest** ~s* ten sterkste; ***technical*** ~ →TECHNICAL; ***think** in ~s of ...* aan ... dink; *in no **uncertain** ~s* →UNCERTAIN. **term** *ww.* noem. ~ **investment** termynbelegging. ~ **paper** *(Am.)* semesterskripsie; trimesterskripsie. **~time** *n.: in/during* ~ gedurende die kwartaal; in die semester. **~-time** *adj. (attr.)* kwartaal-; semester-.

ter·ma·gant *n.* feeks, heks, rissie(pit), geitjie, tierwyfie, kwaai/kyfagtige vrou. **ter·ma·gant** *adj.* kyfagtig, twissiek, twisgierig; luidrugtig, raserig, lawaaierig. **ter·ma·gan·cy** kyfagtigheid, twissug.

ter·mi·na·ble begrensbaar, bepaalbaar; aflopend *(jaargeld ens.);* opsegbaar; →TERMINATE.

ter·mi·nal *n.* uiterste, eindpunt; eindstasie, terminus; eindlyn; *(mot.)* aansluiter; uiteinde; poolklem, terminaal, klem(skroef); *marine/ocean* ~ skeepsterminus. **ter·mi·nal** *adj.* eind-, grens-; slot-; terminaal; periodiek; termyn-; *(bot.)* eindstandig; *~ **account*** termynrekening; *~ **benefit*** slotuitkering; *~ **bud*** eindknop; *~ **cancer/etc.*** terminale/ongeneeslike kanker/ens.; *~ **disease/illness*** terminale/ongeneeslike/laaste siekte, sterf-, eindsiekte; *~ **figure/statue*** grensbeeld; *~ **leaflet*** eindblaartjie; *~ **phase/stage*** terminale fase/stadium, eindfase, -stadium *(v. 'n siekte); ~ **port*** eindhawe; *~ **rhyme*** eindrym; *~ **shoot*** eindspruit; *~ **station*** eindstasie; *~ **subscription*** termynbetaling, periodieke betaling; *~ **syllable*** slotlettergreep; *~ **value,** (wisk.)* eenvoudigste vorm; *~ **velocity*** eindsnelheid; *~ **vesicle*** eindblasie, -sakkie; *~ **voltage*** klemspanning; *~ **ward*** saal/afdeling vir terminale pasiënte. **ter·mi·nal·ly** *adv.: be ~ ill* ongeneeslik siek wees; *the ~ ill* mense/pasiënte wat ongeneeslik siek is, terminale pasiënte; *a ~ ill patient* 'n pasiënt wat ongeneeslik siek is, 'n terminale pasiënt; *be ~ ill with leukaemia* ongeneeslik siek aan leukemie/bloedkanker wees, 'n terminale leukemielyer/bloedkankerlyer wees.

ter·mi·nate *ww.* eindig, ophou, verstryk, verval; afloop; (af)sluit, beëindig, 'n end/einde maak aan, afbreek; opsê; begrens; *the **contract** ~s* die kontrak loop af; *~ a **contract*** 'n kontrak opsê; *terminating **decimal*** eindigende desimaal; *~ **in** ...* op/met ... eindig; op ... uitloop; op ... uitgaan; *~ **in** a fight* met 'n bakleiery eindig; *the **meeting** ~d* die vergadering het geëindig (*of* is gesluit); *~ a **subscription*** 'n intekening staak/opsê. **ter·mi·na·tion** einde; grens; verstryking, verval; afloop; (af)sluiting, afhandeling, beëindiging; afbreking; opsegging; uitgang; begrensing; *bring s.t. to a* ~ 'n end/einde aan iets maak; iets ten einde laat loop; iets afbreek *('n gesprek, betrekkinge, ens.).* **ter·mi·na·tor** beëindiger; skeidings-, grenslyn; *(astron.)* ligskadugrens *(op 'n planeet).*

ter·mi·nism *(teol.)* terminisme; *(filos.)* nominalisme.

ter·mi·nol·o·gy terminologie; *technical* ~ vaktaal, vakterminologie. **ter·mi·no·log·i·cal** terminologies; *~ inexactitude* onnoukeurigheid, onjuistheid, bewering wat nie in alle opsigte met die feite strook nie. **ter·mi·nol·o·gist** terminoloog.

ter·mi·nus *-mini, -minuses* einde, end; doelwit; eindpunt, -stasie, -halte, terminus; grens; grenspaal, -klip; grensbeeld; *~ ad quem* doelpunt; *~ a quo* beginpunt.

ter·mite termiet, rysmier, witmier. **ter·mi·tar·i·um, ter·mi·tary** termietnes, witmiernes.

term·less onbegrens, onbeperk.

tern[1] *n., (orn.)* sterretjie, seeswa(w)el(tjie), visdief(ie); *lake* ~ meerswa(w)el(tjie).

tern[2] *n., (w.g.)* terne, drietal nommers *(in lotery)*. **tern** *adj.* drieledig, drietallig. **ter·na·ry** *n.* drietal. **ter·na·ry** *adj.* drieledig, drietallig, ternêr; ~ *form, (mus.)* drieledige/ternêre vorm, ABA-vorm. **ter·nate** drietallig, drie-drie.

terne: ~ **(metal)** lood-tin-legering, loodvertinsel. ~ **(plate)** verlode plaat.

ter·pene *n., (chem.)* terpeen.

Terp·sich·o·re *(Gr. en Rom. mit.)* Terpsigore, Terpsichore. **terp·si·cho·re·an** *(fml. of skerts.)* dans=; *the* ~ *art* die danskuns.

ter·ra aarde. ~ **alba** witklei. **~cotta** terracotta. **T~ del Fuego** →TIERRA DEL FUEGO. ~ **di Siena,** *(It.)* Siënese aarde, siënna. ~ **firma** vaste grond. ~ **incognita** onbekende land. ~ **japonica** katesjoe.

ter·race *n.* terras. **ter·race** *ww.* terrasseer, terrasse aanlê/maak, van terrasse voorsien. ~ **house** terrashuis; skakelhuis.

ter·raced terrasvormig, geterrasseer(d), in terrasse aangelê; ~ *roof* terrasdak, plat dak *(vnl. v. 'n Oosterse huis)*.

ter·ra·form *ww., (wetenskap[s]fiksie)* veraards *(d. atmosfeer en ekologie [v. 'n planeet])*.

ter·rain terrein.

ter·ra·ne·ous land=.

ter·ra·pin waterskilpad, moerasskilpad.

ter·ra·que·ous uit land en water bestaande, land-en-water-.

ter·rar·i·um =*iums,* =*ia* terrarium.

ter·raz·zo *(It.)* terrazzo.

ter·rene *(arg.)* aards.

terre·plein *(<Fr., mil., hoofs. hist.)* terreplein *(binne 'n vesting/fort/bastion)*.

ter·res·tri·al *n.* aardbewoner. **ter·res·tri·al** *adj.* aards, ondermaans, aard=; ~ ***animal*** landdier; ~ ***bulbul*** boskrapper; ~ ***deposit*** landafsetting; ~ ***globe*** aardbol; ~ ***magnetism*** aardmagnetisme; ~ ***radiation*** langgolfstraling, aardstraling; ~ ***telescope*** aardteleskoop.

ter·ret, ter·rit saalringetjie, leiselring.

terre verte *(<Fr.)* groenaarde.

ter·ri·ble vreeslik, verskriklik; yslik, ontsettend, geweldig; *it's a* ~ *business* →BUSINESS; *the* ~ *twos* peuterbuierigheid; peuterdrifbuie. **ter·ri·ble·ness** vreeslikheid. **ter·ri·bly** vreeslik, verskriklik.

ter·ri·cole *n., (biol.)* grondbewoner. **ter·ric·o·lous** *adj.* grondbewonend; op/in die aarde groeiend.

ter·ri·er[1] *(soort hond)* terriër.

ter·ri·er[2] *(hist., jur.)* landregister, kadaster.

ter·rif·ic, ter·rif·i·cal·ly verskriklik, skrikwekkend; geweldig, ontsettend, verbasend, wonderbaarlik. **ter·ri·fy** verskrik, laat skrik, die skrik op die lyf ja(ag), bang maak; *be terrified at s.t.* oor iets verskrik wees; *be terrified of ...* dood(s)bang vir ... wees. **ter·ri·fy·ing** *adj.,* =**ly** *adv.* skrikwekkend *(ervaring, gedagte, moontlikheid, siekte, snelheid, wapens, ens.)*; angswekkend *(ervaring, droom, rit, ens.)*; vreesaanjaend *(karakter, voorspelling, ens.)*; ysingwekkend *(avontuur)*; grusaam *(aanval, omstandighede, ens.)*.

ter·rig·e·nous *(geol.)* grond=, aard=, terrigeen.

ter·rine *(kookk.)* terrien(gereg); terrien(bak/vorm).

ter·rit →TERRET.

ter·ri·to·ry =*ries* grond(gebied), landstreek; gebied, gewes, territorium; *(fig.)* terrein; *it comes with the* ~ dis maar alles deel daarvan; *overseas territories* oorsese gebiedsdele; *violation of* ~ gebiedskending. **ter·ri·to·ri·al** *n., (dikw. T~)* landweersoldaat, landweerman; *(ook, i.d. mv.)* landweer, milisie, burgermag. **ter·ri·to·ri·al** *adj.* territoriaal, van 'n grondgebied, gebieds=, land=, landweer=; ~ ***army*** milisie, landweer; ~ ***authority*** gebiedsowerheid; ~ ***expansion*** gebiedsuitbreiding; ~ ***force*** landweer, =mag; ~ ***reserve,*** *(mil.)* landstorm; ~ ***waters*** gebiedswaters, territoriale waters, kussee. **ter·ri·to·ri·al·ise,** =**ize** (die grense) uitbrei, tot grondgebied verklaar. **ter·ri·to·ri·al·i·ty** territorialiteit.

ter·ror skrik, angs, vrees, ontsteltenis; verskrikking; ontsetting; skrikbewind, (politieke) terreur; *(infml., ook holy terror)* gruwel, onnut, onmoontlike kind; onmoontlike mens; *a* ~ *to **evildoers*** die skrik van kwaaddoeners; *s.t. **has/holds** no* ~*s for s.o.* iem. is nie bang vir iets nie; *the **king** of* ~*s, (OT)* die koning van die verskrikkinge *(OAB)*, die groot vrees *(NAB)*; *a **night** of* ~*(s)* 'n nag van verskrikking(e); *s.o./s.t. is the* ~ ***of*** *the neighbourhood/etc.* iem./iets is die skrik van die buurt/ens.; *a **reign** of* ~ 'n skrikbewind; *the **(Reign)** of T~, the **(Red)** T~, (hist.)* die (Franse) Skrikbewind, die Rooi Terreur; *a **reign** of* ~ *rules in a country* daar heers 'n skrikbewind in 'n land; *wage a **reign** of* ~ 'n skrikbewind voer; *be **stricken/struck** with* ~ angs=/skrik=/vreesbevange wees; ***strike*** ~ *into s.o.('s heart)* iem. (se hart) met skrik vervul, vrees by iem. inboesem, iem. skrik aanja(ag); ***to*** *the* ~ *of s.o.* tot iem. se skrik; *be a* ~ *for **work,** (infml.)* 'n werkesel wees. **~-stricken, ~-struck** beangs, dood(s)bang, doodverskrik, angsbevange, vreesbevange.

ter·ror·i·sa·tion, =**za·tion** terreur, skrikaanjaging.

ter·ror·ise, =**ize** skrik aanja(ag), terroriseer.

ter·ror·ism terrorisme, terreur, skrikbewind, skrikaanjaging. **ter·ror·ist** *n.* terroris. **ter·ror·ist, ter·ror·is·tic** *adj.* terroristies, terroriste=, terreur=.

ter·ry =*ries* lussie. ~ **(cloth/fabric/towelling)** handdoekstof. ~ **towel** lussieshanddoek.

terse beknop, bondig, kort, saaklik, pittig, kernagtig; gedronge *(styl)*. **terse·ly** beknop, op beknopte wyse; kort en bondig, sonder omhaal (van woorde). **terse·ness** beknoptheid, bondigheid, saaklikheid, pittigheid.

ter·tian *n.* derdedaagse/anderdaagse koors. **ter·tian** *adj.* derdedaags; ~ *(fever/malaria)* derdedaagse/anderdaagse koors.

ter·ti·ar·y *n., (RK)* tersiaris, lid van die derde orde; *the T~, (geol.)* die Tersiêr. **ter·ti·ar·y** *adj.* tersiêr, van die derde fase/graad/orde; *(geol., T~)* Tersiêr; ~ *education* tersiêre onderwys/onderrig; tersiêre opleiding/opvoeding.

Ter·tul·li·an *(vroeë Chr. teoloog)* Tertullianus.

ter·va·lent →TRIVALENT.

Ter·y·lene *(handelsnaam, tekst., ook t~)* Terylene.

ter·zet·to =*zettos,* =*zetti, (mus.)* terset.

ter·zi·na =*zinas,* =*zine, (pros.)* tersine.

tes·la *(fis.)* tesla. ~ **coil** teslaspoel.

tes·sel·la =*las* mosaïekblokkie, =steentjie. **tes·sel·lar** geruit; ingelê, mosaïekagtig. **tes·sel·late, tes·sel·lat·ed** geruit; mosaïek=. **tes·ser·a** =*ae* teëltjie, (mosaïek)=blokkie, (mosaïek)steentjie; *(hist.)* tessera, blokkie, plaatjie; wagwoord. **tes·ser·al** tesseraal.

tes·si·tu·ra *(It., mus.)* tessituur.

test[1] *n.* toets; toetssteen; keuring; proef(neming); invliegtoets; reagens; smeltkroes; *the **acid** ~ for/of ... is ...* die toetssteen vir ... is ...; ***apply*** (or ***carry out*** or ***do/perform/run***) *a* ~ 'n toets toepas; ***fail*** *a* ~ (in) 'n toets sak (*of [infml.]* dop); →***pass;*** *a* ~ ***for*** ... 'n toets om vas te stel of iem. ... het *('n siekte)*; 'n toets om vas te stel of iets ... bevat *('n gevaarlike stof ens.)*; *s.t. is a* ~ ***of*** ... iets is 'n toets van ... *(iem. se vaardigheid ens.)*; *a* ~ ***of*** *skill* 'n vaardigheids=/behendigheidstoets; *a* ~ ***of*** *strength* →STRENGTH; ***pass*** *a* ~ (in) 'n toets deurkom/slaag; 'n toets deurstaan; →***fail;*** ***put*** *s.o./s.t. to the* ~ iem./iets op die proef stel; *a **severe*** ~ 'n streng toets; 'n swaar toets; ***stand*** *the* ~ die toets/proef deurstaan; *fail to **stand** a* ~ 'n toets/proef nie deurstaan nie; *a **stiff*** ~ 'n strawwe toets; ***subject*** *s.o. to a* ~ iem. aan 'n toets onderwerp; *the **supreme*** ~ die hoogste/swaarste toets; ***take*** *a* ~ 'n toets aflê; *s.t. has stood the* ~ ***of time*** →TIME *n.*; ***write*** *a* ~ 'n toets skryf/skrywe. **test** *ww.* toets, probeer, beproef, op die proef stel; nagaan, ondersoek; keur; invlieg *('n vliegtuig)*; →TESTING; ~ *s.o. **for** ...* (met 'n toets) vasstel of iem. ... het *('n siekte)*; (met 'n toets) vasstel of iem. ... gebruik het *('n middel ens.)*; ~ *s.t. **for** ...* (met 'n toets) vasstel of iets ... bevat *('n gevaarlike stof ens.)*; ~ *s.o. **in** a subject* iem. in (*of* iem. se kennis van) 'n vak toets; ~ *s.o. **on** his/her knowledge of s.t.* iem. se kennis van iets toets; ~ *s.t. **(out)*** iets toets (*of* op die proef stel). ~ **ban** (kern)toetsverbod, verbod op kerntoetse, verbod op die toets van kernwapens. ~ **ban treaty** verdrag oor die verbod op kerntoetse. ~ **bed** proefbed *(vir d. toets v. vliegtuigenjins ens.)*. ~ **board** toetsbord. ~ **card,** ~ **pattern** *(TV)* toetskaart, =beeld. ~ **case** toetssaak, =geval; proefproses; toetskis. ~ **check** steekproef. ~ **drive** *n.* toetsrit. **~-drive** *ww.* toetsbestuur. ~ **flight** toets=, proefvlug. ~ **(match)** toetswedstryd, internasionale wedstryd. ~ **meal** *(med.)* proefmaal. ~ **object** proefvoorwerp. ~ **paper** *(opv.)* eksamenvrae(stel), toetsvrae(stel); *(chem.)* toets=, reageerpapier. ~ **pattern** →TEST CARD. ~ **pilot** toetsvlieënier, toetsloods. ~ **sample** steekproef. ~ **team** toets=, landspan, internasionale span. ~ **tube** proefbuis. **~-tube baby** proefbuiskind, (proef)buisbaba.

test[2] *n., (soöl.)* skulp, dop; *(bot.)* saadhuid. **tes·ta** =*tae, (bot.)* saadhuid. **tes·ta·cean** *n.* skulpdier. **tes·ta·cean** *adj.* skulpdier=. **tes·ta·ceous** skulp=; skaal=; rooibruin.

test·a·ble[1] toetsbaar.

test·a·ble[2] bemaakbaar; in staat om getuienis af te lê.

tes·ta·ment testament, uiterste wil(sbeskikking), testamentêre beskikking. **tes·ta·men·ta·ry** testamentêr.

tes·tate testaat, met nalating van 'n geldige testament. **tes·ta·tion** erflating. **tes·ta·tor** erflater, testateur, testamentmaker. **tes·ta·trix** =*trices* erflaatster, testatrise, testamentmaakster.

test·er[1] toetser; keurder; essaieur; eksaminator; toetsapparaat.

tes·ter[2] baldakyn, kap, hemel *(v. 'n ledekant/hemelbed)*. ~ **bed** kap=, hemelbed.

tes·ti·cle =*cles,* **tes·tis** *testes* testikel, testis, (teel/saad)=bal. **tes·tic·u·lar** (teel)bal=; testikelvormig, (teel)balvormig. **tes·tic·u·late** testikelvormig, (teel)balvormig; met balvormige organe.

tes·ti·fy getuig; getuienis aflê; plegtig verklaar; konstateer; ~ ***against*** *s.o.* teen iem. getuig (*of* getuienis aflê/gee/lewer); ~ *one's **faith*** jou geloof bely, getuienis van jou geloof aflê; *s.o. testifies **that** ...* iem. getuig dat ...; ~ ***to*** *s.t.* van iets getuig. **tes·ti·mo·ni·al** getuigskrif; huldeblyk, eerbewys; dankbetuiging, blyk van waardering; bewys van goeie gedrag; *give s.o. a good* ~ iem. 'n goeie getuigskrif gee. **tes·ti·mo·ni·al·ise,** =**ize** 'n getuigskrif gee; met 'n huldeblyk vereer. **tes·ti·mo·ny** getuienis; bewys; verklaring, betuiging; ***bear*** ~ *to s.t.* van iets getuig; *s.t. is* ~ ***of*** ... iets is 'n bewys van ...; ***on*** *the* ~ ***of*** ... volgens die getuienis van ...; ***produce*** ~ *of* ... van ... bewys lewer; *the **tables** of the* ~ die Tien Gebooie; ~ *(of a/the **witness**)* getuieverklaring.

test·ing toetsing; beproewing. ~ **cloth** toetslap(pie). ~ **ground** toets=, proefterrein. ~ **range** proefskietbaan. ~ **right** toetsingsreg. ~ **sample** proefmonster. ~ **time** toetstyd.

tes·tis →TESTICLE.

tes·tos·ter·one testosteroon.

tes·tu·do =*dos,* =*dines, (hist., mil.)* skilddak; *(soöl.)* skilpad. **tes·tu·di·nal, tes·tu·di·nar·y, tes·tu·din·e·ous** skilpadagtig; skilpad=; skilpaddop=; skilpaddopkleurig.

tes·ty knorrig, prikkelbaar, liggeraak, opvlieënd. **tes·ti·ly** knorrig, op 'n knorrige manier. **tes·ti·ness** knorrigheid, prikkelbaarheid, liggeraaktheid, opvlieëndheid.

tet·a·nus klem-in-die-kaak, kaakklem, tetanus; *traumatic* ~ wondkramp. **te·tan·ic** *adj.* klem=, kramp=, tetanus=; ~ *spasm* rukkramp. **tet·a·ny** rukkramp, tetanie.

tetch·y, tech·y prikkelbaar, liggeraak, opvlieënd. **te(t)ch·i·ness** prikkelbaarheid, liggeraaktheid, opvlieëndheid.

tête-à-tête *n.* private/privaat gesprek, gesprek onder vier oë, tête-à-tête; tweepersoonsrusbank; *have a* ~ *with s.o.* 'n private/privaat gesprek (*of [infml.]* 'n onderonsie) met iem. hê. **tête-à-tête** *adv.* onder vier oë, privaat.

tête-bêche *adj. (attr.), (<Fr., filat.)* kopstaande, kop-aan-punt-; *(pred.)* kop aan punt, tête-bêche.

teth·er *n.* (vasmaak)tou, riem; *(fig.)* gebied, terrein; *be beyond s.o.'s ~* bo(kant) iem. se vuurmaakplek wees; *be at the end of one's ~* raadop (*of* ten einde raad) wees; pootuit/gedaan (*of* aan die einde van jou kragte) wees, nie meer kan nie. **teth·er** *ww.* vasmaak, vasbind; *(fig.)* aan bande lê, kniehalter.

tet·ra *-ra(s), n., (igt.)* tetra. **tet·ra-** *komb.vorm* vier-, tetra-. **~branch, ~branchiate** *n.* vierkiewige, -kieuige. **~branch, ~branchiate** *adj.* vierkiewig, -kieuig. **~chlorethylene** tetrachlooretileen. **~chloride** tetrachloorstof. **~dactyl, ~dactylous** viervingerig. **~gon** vierhoek. **~gram** vierletterwoord; vierhoek. **~hedral** viervlakkig, viersydig, tetraëdries, tetra-edries, tetraëdraal, tetra-edraal. **~hedron** viervlak, tetraëder, tetra-eder. **~petalous** vierkroonblarig. **~pod** *n.* vierpoot; viervoeter. **~pod** *adj.* vierpotig. **~podic** *(pros.)* viervoetig *(vers)*. **~sepalous** vierkelkblarig. **~syllabic** vierlettergrepig. **~syllable** vierlettergrepige woord. **~valent** vierwaardig.

tet·ra·chord *(mus.)* tetrachord.

tet·ra·cy·clic *(chem.)* tetrasiklies *(verbinding)*; *(bot.)* tetrasiklies, vierkransig *(blom)*.

tet·ra·cy·cline *(med.)* tetrasiklien.

tet·rad viertal, tetrade.

tet·ra·eth·yl lead *(mot.)* tetraëtiellood, tetra-etiellood.

te·trag·o·nal, te·trag·o·nous vierhoekig, tetragonaal.

Tet·ra·gram, Tet·ra·gram·ma·ton *(d. vier lettertekens waarmee d. naam v. God in Hebreeus aangedui word, nl. JHVH, YHVH, JHWH of YHWH = Jehova of* Jahwe[h]*)* tetragram, tetragrammaton.

te·tral·o·gy tetralogie.

te·tram·er *(chem.)* tetrameer. **te·tram·er·al, te·tra·mer·ic, te·tram·er·ous** tetrameries; vierdelig.

te·tram·e·ter *(pros.)* viervoetige versreël, tetrameter.

te·tran·drous *(bot.)* met vier meeldrade.

te·tra·phyl·lous *(bot.)* vierblarig.

te·trap·o·dous *(soöl.)* vierpotig.

te·trap·ter·ous *(entom.)* viervlerkig.

te·trarch *n., (hist.)* viervors, tetrarg; een (*of* 'n lid) van 'n viermanskap, tetrarg. **te·trar·chic, te·trar·chi·cal** *adj.* tetrargies. **te·trar·chy, te·trar·chate** viervorstedom, tetrargie; viermanskap, tetrargie.

tet·ra·stich *(pros.)* vierreëlige vers, stansa/strofe van vier reëls, kwatryn.

tet·ra·style *n., (bouk.)* tetrastyl, vierstyl. **tet·ra·style** *adj.* tetrastiel, vierstylig.

te·trath·lon *(atl.)* vierkamp.

tet·ra·tom·ic *(chem.)* tetratomies.

tet·ra·va·lent *(chem.)* tetravalent, kwadrivalent, vierwaardig.

tet·rode tetrode. **tet·ro·don** koeëlvis. **tet·ro·dont** *n. & adj.* tetrodont.

tet·ter *(arg.)* veluitslag, jeuksiekte.

Teu·cer *(Gr. mit.)* Teukros. **Teu·cri·an** *n.* Teukriër, Trojaan. **Teu·cri·an** *adj.* Trojaans.

Teu·ton *(hist.: lid. v. 'n Germ. stam)* Teutoon; *(dikw. neerh.)* Duitser. **Teu·ton·ic** Teutoons; Duits; *a ~ Knight, (hist.)* 'n ridder van die Duitse Orde; *the ~ Knights/Order, (hist.)* die Duitse Orde; *~ thoroughness* eg/tipies Duitse deeglikheid. **Teu·ton·i·cism** *(gram.)* Germanisme *(ook g~)*. **Teu·ton·i·sa·tion, -za·tion** germanisering, verduitsing. **Teu·ton·ise, -ize** germaniseer, verduits. **Teu·ton·ism** Germaansheid; Germaanse kultuur; *(gram.)* Germanisme *(ook g~)*.

tew·el *(dial.)* anus, rektum *(v. 'n perd)*; *(arg.)* rookpyp; *(dial.)* blaaspyp.

Tex·an *n.* Texaan. **Tex·an** *adj.* Texaans, van Texas.

Tex·as *(geog.)* Texas. **~ fever** Texaskoors *(ook t~)*, rooiwater.

Tex·el *(skaapras)* tesselaar, texelaar *(ook T~)*.

Tex-Mex *adj., (Am., infml.)* Texaans-Mexikaans, Texaans-Meksikaans *(kos, musiek, ens.)*.

text teks; uitgawe; handboek, -leiding, leer-, studieboek; teks-, Bybelvers, teks(woord); onderwerp, tema; bron; *depart from one's ~* van jou teks afwyk; *stick to one's ~* jou by jou teks hou. **~book** handboek, -leiding, leer-, studieboek. **~book example** kenmerkende voorbeeld. **~ editing** *(rek.)* teksredigering. **~ editor** *(rek.)* teksverwerkingsprogram, teksredigeerder. **~ hand** grootskrif. **~ processing** *(rek.)* teksverwerking.

tex·tile *n.* weefstof, tekstiel(stof); *(ook, i.d. mv.)* tekstielware. **tex·tile** *adj.* tekstiel-, weef-, geweef(de). **~ fibre** tekstielvesel. **~ industry** tekstiel-, weefbedryf. **~ mill** tekstielfabriek, wewery.

tex·tu·al tekstueel, teks-, in die teks; *~ criticism* tekskritiek; *~ emendation* teksverbetering. **tex·tu·al·ist** skrif-, teksgeleerde, Bybelkenner; iem. wat hom/haar streng by die teks hou. **tex·tu·al·i·ty** tekstualiteit.

tex·ture tekstuur; struktuur, bou, samestelling; *(mus.)* (klank)tekstuur; *(liter.)* substansie, ruimtelike dimensie. **tex·tur·al** *adj.* tekstuur- *(ontwerp, oppervlak, ens.)*; *(med.)* weefsel-. **tex·tured** *adj.* getekstureer(d) *(oppervlak, papier, ens.)*; *have a ~ finish* 'n tekstuurafwerking hê; *~ vegetable protein* getekstureerde plantaardige proteïen; *~ yarn* getekstureerde garing/gare. **-tex·tured** *komb.vorm* met 'n ... tekstuur; *coarse-~* met 'n growwe tekstuur; *fine-~* met 'n fyn tekstuur; *smooth-~* met 'n gladde tekstuur. **tex·tur·ise, -ize** *ww.* tekstuur aan ... gee/verleen. **tex·tur·ised, -ized** *adj.* getekstureer(d).

-th[1] *suff. (vorm n.)* -te; -heid; -ing; *birth* geboorte; *filth* vuiligheid, smerigheid; *growth* ontwikkeling; *length* lengte; *warmth* warmte; hartlikheid; *width* wydte; breedte; breedheid, uitgestrektheid.

-th[2] *suff. (vorm rangtelwoorde)* -(n)de; ste; *fourth* vierde; *ninth* negende, neënde; *thirtieth* dertigste.

Thai *n., (lid v. 'n volk; taal[groep])* Thai(lander). **Thai** *adj.* Thais, Thailands. **Thai·land** *(geog.)* Thailand. **Thai·land·er** Thai(lander).

Tha·ïs *(hist.: minnares v. Alexander d. Grote)* T(h)aïs.

thal·a·mus *-ami, (anat.)* talamus; *(bot.)* blombodem; *(hist.)* binnekamer; *(hist.)* vrouekamer.

tha·las·sic *adj.* see-; binnesee-; oseaan-, oseanies.

thal·as·so·ther·a·py seewaterterapie.

tha·ler *(hist.: Duitse/Oostenrykse silwermunt)* t(h)aler.

Tha·li·a *(Gr. & Rom. mit.: muse v.d. blyspel)* T(h)alia.

tha·lid·o·mide *(med.)* talidomied.

thal·li·um *(chem., simb.: Tl)* tallium.

thal·lus *thalli, (bot.)* tallus. **thal·lo·phyte** tallofiet.

thal·weg, tal·weg *(geog., w.g.)* dalweg.

Thames *('n rivier)* Teems; *s.o. won't (or will not) set the ~ on fire, (Br.)* hy/sy is nie (juis) iemand wat die wêreld aan die brand steek nie, iem. het nie die buskruit uitgevind nie; iem. sal nie veel uitrig nie.

Tham·muz, Tam·muz *(<Hebr.)* Tammoes.

than as, dan; ***better/etc.*** *~* ... beter/ens. as ...; *be a **better** poet/etc. ~ a playwright/etc.* beter as digter/ens. dan as toneelskrywer/ens. wees; ***more*** *~ one can afford* duurder as wat jy (*of* ['n] mens) kan bekostig; ***more*** *~ you think* meer as (wat) jy dink; ***stronger*** *~ that I cannot put it* sterker kan ek dit nie stel nie.

than·a·toid skynbaar dood, soos die dood; dodelik. **than·a·tol·o·gy** *(med.)* tanatologie. **than·a·to·ma·ni·a** doodsdrang. **than·a·to·pho·bi·a** (sieklike) doodsvrees.

thane *(hist.)* leenman, taan *(in Eng.)*; leenheer, clanhoof, taan *(in Sk.)*. **than·age** rang van 'n leenman/leenheer; land/grond van 'n leenman/leenheer.

thank bedank, dank, dankie sê; *~ s.o. **for** s.t.* iem. vir iets bedank; *have s.o. to ~ **for** s.t.* iets aan iem. te danke hê; *s.o. has (only) him-/herself to ~ **for** that* dis (*of* dit is) iem. se eie skuld; *~ing you **for*** ... met dank vir ...; *~ **God/goodness/heavens*** goddank, dank die hemel, God (*of* die hemel) sy dank; *~ you for **nothing!*** dank jou die duiwel!; *~ s.o. **profusely** for s.t.* vir iem. baie, baie dankie sê vir iets; *~ s.o. most **sincerely*** iem. die hartlikste dank betuig; *~ **you*** dankie; *~ **you** kindly* hartlik dank; *~ **you** very much* baie dankie, hartlik dank; *~ **you** very, very (or ever so) much* baie, baie dankie; duisend dankies, baie hartlik dank; *no, ~ **you*** nee, dankie; daarvoor bedank ek; *yes, ~ **you*** ja, dankie; *I'll (or I will) ~ **you** to leave me alone* laat my asseblief met rus. **~-offering** dankoffer. **~ you** *n., (infml.)* dank; dankwoord, woord(jie) van dank, dankbetuiging; dankie. **~-you** *adj. (attr.)* dankie-sê-, bedankings-; *a ~ letter/note/card/etc.* 'n dankiesêbrief(ie)/-kaartjie/ens., 'n bedankingsbrief(ie)/-kaartjie/ens..

thank·ful dankbaar; *be ~ for s.t.* dankbaar wees vir iets, iets op prys stel; *have much to be ~ for* baie rede/stof tot dankbaarheid hê; *be truly ~* opreg dankbaar wees. **thank·ful·ly** dankbaar, met 'n dankbare hart, erkentlik. **thank·ful·ness** dankbaarheid.

thank·less ondankbaar, onerkentlik; *a ~ task* 'n ondankbare taak. **thank·less·ness** ondankbaarheid, onerkentlikheid, ondank.

thanks dank; dankwoord, woord(jie) van dank, dankbetuiging; dankie; ***express** one's ~ to* ... jou dank teenoor ... uitspreek, jou dank aan ... betuig; *~ **for*** ... dankie vir ...; *~ **for** doing it* dankie dat jy dit gedoen het; ***give** ~* dankie sê; aan/oor tafel bid; *one's **heartfelt** ~* jou innigste dank; ***hearty/sincere/warm** ~* innige/hartlike dank; ***letter** of ~* →LETTER[1] *n.*; *~ a **lot*** (or *~ very **much*** or ***many** ~*), *Karen* baie dankie, Karen; ***no,** ~* nee, dankie; *get what one wants, but **no/small** ~ to s.o.* geholpe raak ondanks iem.; ***render/tender** ~* dank betuig/uitspreek; *a **speech** of ~* 'n dankbetuiging; *a **thousand** ~* baie, baie (*of* duisend maal) dankie; duisend dankies; *~ **to** s.o.* deur iem. se toedoen; *~ **to** s.t.* danksy iets; *a **vote** of ~* 'n mosie van dank; *by **way** of ~* by wyse van dank; *receive s.t. **with** ~* iets met dank ontvang; *a **word** of ~* 'n woord van dank, 'n dankwoord. **~giving** danksegging; *~ day, day of ~* dankdag; *T~ (Day), (Am.)* Thanksgiving(-feesdag); *~ service* dank(seggings)diens. **~-offering** →THANK-OFFERING.

thar →TAHR.

that *pron.* dit; dat; wat; →THOSE; ***about*** *~* daarvan; daaroor; daarom(heen); ongeveer soveel; ***above*** *~* daarbo, daar bo; ***after*** *~* daarna; ***against*** *~* daarteen; daarteenoor; *over **against*** *~* daarteenoor; ***all*** *~* dit alles; *and **all*** *~* en so meer, ensovoort(s), en wat daarop volg, en dergelike dinge; ***all*** *~ one has* al wat jy het; alles wat jy het; ***and*** *~ **because*** ... en wel omdat ...; ***and** ~'s ~!* →***that's***; *is it **as** late/etc. as ~?* is dit (al) so laat/ens.?; *not **as** bad/etc. as all ~* nie heeltemal so erg/sleg/ens. nie; *is it **as** much as all ~?* is dit regtig/werklik so baie?; ***as to*** *~* wat dit (aan)betref; ***at*** *~* daarop; daarmee, daarby; *leave s.t. (or let s.t. go) **at*** *~* iets daar(by) laat; *and the ... **at*** *~* en dit nogal die ...; *~ which has **been*** wat verby is, wat was; ***before*** *~* daarvóór; voor die tyd; ***behind*** *~* daaragter, daar agter; ***by*** *~* daardeur; daarby; derhalwe; daarmee; *if it **comes** to ~* →COME; ***fool*** *~ I was* dwaas wat ek was; ***for*** *~* daarvoor; ***for all*** *~* nietemin, desnieteenstaande, nogtans, ondanks dit alles, (en) tog, darem; ***from*** *~* daaruit; daarvan; *in **front** of ~* daarvóór; *~ is **how*** ... so ... *(doen ['n] mens dit ens.)*; *ten/etc. **if*** *~* tien/ens. of nog minder; ***in*** *~ s.o.* ... deurdat (*of* daarin dat) iem. ...; aangesien iem. ...; in sover/sovêr/soverre iem. ...; *there is s.t. **in*** *~* daar sit/steek iets in, daar is iets van waar; *~ **is*** ... dit wil sê ...; ***like*** *~* so; op dié/daardie manier; *(just) **like*** *~* sommer(so); *more than ~, (ook)* boonop, buitendien, daarby; *it is **more than*** *~* dit is meer; *so **much for*** *~* genoeg daarvan; ***of*** *~* daarvan; ***on*** *~* daarop; ***out of*** *~* daaruit; ***over*** *~* daaroor; *~'s **right*** →RIGHT *adj.*; *is ~ **so?*** o so?, regtig?; ***that's** ~!* so ja!; *and **that's*** (or *~ **is***) *~!* dis klaar/al; genoeg daarvan!, en daarmee basta!, en daarmee (is dit) uit en gedaan!, en klaar daarmee!; dis (*of* dit is) tot daarnatoe; dis (*of* dit is) nou verby, daar's (*of* daar is) niks aan te doen nie; *so **that's*** (or *~ **is***) *~!, (ook)* daarop kom dit nou neer; ***this*** *and ~* →THIS; ***to*** *~* daaraan; daartoe; ***under*** *~* daaronder, daar onder; ***upon*** *~* daarop; *~'s **what*** dis wat dit is; ***who** is ~ standing/etc. there?* wie staan/ens. daar?; *~'s **why*** dis waarom; ***with*** *~* daarmee; daarop, met dié, op daardie oomblik; ***without*** *~* daarsonder. **that** *bep.* dié, daardie; soveel; so 'n; *on ~ **account*** →ACCOUNT *n.*; *have ~ **confidence** in s.o./s.t.* soveel vertroue in iem./iets hê; *or words to ~ **effect*** →EFFECT *n.*; *~ **one*** daardie een; *in ~ state* in so 'n toestand; *what is ~ thing?* watse ding is dit?; *~ way* →WAY *n.*; *who is ~ woman/etc.?* wie is daardie vrou/ens.?, wie is die vrou/ens. daar?. **that** *adv.* so; *not all ~ bad/good/important/much* →BAD *adj.*, GOOD *adj. & adv.*, IMPORTANT, MUCH; *be ~ cold/etc.* so koud/ens. wees; *go ~ far* →FAR *adj. & adv.*. **that** *voegw.* dat, toe; sodat, opdat; ***considering** ~ ...* →CONSIDERING; *the **day** (~) s.o. ...* die dag toe/dat iem. ...; ***except** (for the fact) ~ ...* →EXCEPT *voegw.*; ***in** ~ s.o. ...* deurdat iem. ...; aangesien iem. ...; ***not** ~ ..., but ...* →NOT; *it is with great **pleasure** ~ ...* met groot genoeë (*of* dit is met groot genoeë dat) ...; ***so** ~ ...* sodat ... **that·ness** datheid.

thatch *n.* dekriet, =gras, =strooi; riet=, gras=, strooidak; dooie materiaal *(in 'n grasperk); (infml.)* bos hare. **thatch** *ww.* dek; →THATCHING; *~ed house* riet=, gras=, strooidakhuis; *~ed roof* riet=, gras=, strooidak. **~ grass** dekgras. **~ house** riet=, gras=, strooidakhuis.

thatch·er (dak/riet/gras/strooi)dekker.

Thatch·er·ism *(pol.)* Thatcherisme *(ook t~)*. **Thatch·er·ite** *n.* Thatcheris *(ook t~)*, Thatcheraanhanger. **Thatch·er·ite** *adj.* Thatcheristies, Thatcheriaans *(ook t~)*.

thatch·ing (die) dek; dekriet, =gras, =strooi. **~ grass** dekgras. **~ lath** deklat. **~ needle** deknaald. **~ reed(s)** dekriet. **~ spade** dekspaan. **~ straw** dekstrooi.

that'd *(sametr.)* = THAT WOULD.

that'll *(sametr.)* = THAT WILL.

that's *(sametr.)* = THAT IS.

thau·ma·trope wonderwiel.

thau·ma·turge, thau·ma·tur·gist *(w.g.)* wonderdoener. **thau·ma·tur·gy** wonderdoenery.

thaw *n.* dooi(weer); ontdooiing *(v. betrekkings ens.)*. **thaw** *ww., (lett. & fig.)* ontdooi; *(sneeu)* smelt; *~ out, (lett. & fig.)* ontdooi; *~ s.t. out* iets (laat) ontdooi.

the die; *so much ~ **better/worse*** des te beter/erger; *~ **cheetah/etc.** is ...* die jagluiperd/ens. is ... *('n bedreigde spesie ens.)*; *~ **deaf/etc.*** die dowes/ens.; *Pope John/etc. ~ **First/etc.*** pous Johannes/ens. die Eerste/ens.; *~ **impossible/etc.*** die onmoontlike/ens.; *all ~ **more*** des/soveel te meer; *~ **more** ~ better* hoe meer hoe beter; *~ **more** s.o. gets, ~ more he/she wants* hoe meer iem. kry, hoe meer wil hy/sy hê; *~ **Nile/etc.*** die Nyl/ens.; *play ~ **piano/etc.*** klavier/ens. speel; *the country/etc. is ~ **poorer** for his/her death* sy/haar dood laat die land/ens. armer; *~ **President/etc.*** die President/ens.; *~ **sooner** ~ better* hoe eerder hoe beter; *20c **to** ~ litre/etc.* 20c per liter/ens.; *how's ~ **wife?*** hoe gaan dit met jou vrou?.

the·an·dric godmenslik, goddelik en menslik.

the·an·throp·ic godmenslik, goddelik en menslik.

the·ar·chy *=chies* teokrasie.

the·a·tre, *(Am.)* **the·a·ter** teater, skouburg; lesingsaal; gehoorsaal, ouditorium, aula, oula; *(Am.)* bioskoop; teater, operasiekamer (→OPERATING THEATRE); toneel; toneelstukke, drama; *~ **of** the absurd* absurde teater; *~ **of** operations* operasieveld, =toneel; *~ **of** war* oorlogstoneel; ***the** ~, (gebou)* die teater; die toneel(wêreld). **~ company** toneelgeselskap; teatergeselskap; teatermaatskappy. **~ critic** toneelresensent. **~goer** teater=, toneelganger, skouburganger, teaterbesoeker. **~going** *n.* teaterbesoek. **~going** *adj.: the ~ public* teater=, toneelgangers, skouburgangers, teaterbesoekers, die teaterpubliek. **~-in-the-round** *theatres-in-the-round* arena=, kringteater; arenatoneel. **~land** teaterbuurt. **~ nurse** teaterverpleegster. **~ sister** operasiesuster.

the·at·ri·cal *n.* toneelspeler; →THEATRICALS. **the·at·ri·cal, the·at·ric** *adj.* toneelmatig, toneel=, teater=; teatraal, aanstellerig; *~ agent* teateragent; *~ circles* toneelkringe; *~ performance* toneelopvoering; *~ tour* toneelreis. **the·at·ri·cal·ism, the·at·ri·cal·i·ty, the·at·ri·cal·ness** die teatrale, vertoon, effekbejag; teatrale optrede, aanstellery, aanstellerigheid. **the·at·ri·cals** *(mv.)* toneel; teatrale optrede, toneelspel, aanstellery, aanstellerigheid, vertoon; *amateur/private ~* amateurtoneel. **the·at·rics** toneelspelery.

The·ba·id *(geog.): the ~* die T(h)ebaïs.

Thebes[1] *(geog.)* T(h)ebe. **The·ban** *n.* T(h)ebaan. **The·ban** *adj.* T(h)ebaans.

Thebes[2] *(geog., OT)* No.

the·ca *=cae, (biol.)* kapsel; *(bot.)* helmhokkie.

thee *(akk., arg. of dial.)* u.

theft diefstal; diewery, stelery.

thegn →THANE.

the·ine teïen, kafeïen. **the·ic** onmatige teedrinker.

their hul(le). **theirs** hulle s'n; *~ is a large family* hul(le) gesin is groot; *of ~* van hulle.

the·ism teïsme. **the·ist** teïs. **the·is·ti·cal, the·is·tic** teïsties.

The·kwi·ni *(Z., geog.)* Thekwini, Durban.

them *(akk.)* hul(le); *all/both/one of ~* →ALL *pron.*, BOTH, ONE; *John **and** ~* Jan-hulle; *John, Mary **and** ~* Jan-en-Marie-hulle; *they have R80 **between** ~* hulle het tesame R80; *there were **hundreds/etc.** of ~* daar was honderde/ens.; ***two/etc.** of ~* twee/ens. van hulle; *the **two/etc.** of ~* hulle twee/ens.; *~ **and us*** hulle en ons. **them·selves** *(akk.)* hul(le); *(akk.)* hul(le)self; *(nom.)* hulle self; →HIMSELF; ***among** ~* onder mekaar; *they **know** it ~* hulle weet dit self; *they **shot** ~* hulle het hul(le)self geskiet; *they never **wash** ~* hulle was hulle nooit (nie).

the·mat·ic tematies; *~ catalogue, (mus.)* tematiese katalogus.

theme tema, onderwerp; *(mus.)* tema; *(kuns)* tema, motief; *(Am.)* opstel, essay, verhandeling; *(ling.)* stam *(v. 'n woord)*; *(hist.)* provinsie *(i.d. Bisantynse ryk)*. **~ music** temamusiek. **~ park** temapark. **~ song, ~ tune** temalied(jie); kenwysie.

The·mis *(Gr. mit.: godin v.d. regspraak)* T(h)emis.

The·mis·to·cles *(hist.: At[h]eense staatsman)* T(h)emistokles.

then *adj. (attr.)* destydse, toenmalige *(premier ens.)*. **then** *adv. & voegw.* toe, destyds, toentertyd; toe, daarna, vervolgens; dan; verder, vêrder; dus; *~ **again*** aan die ander kant; ***before** ~* voor dié/daardie tyd; ***but** ~* maar dan; (maar) andersyds; dan tog; ***by** ~* teen dié/daardie tyd, toe; ***even** ~* →EVEN[1] *adv.*; ***from** ~ (on)* van toe af; ***just** ~* net toe; ***now** ~* →NOW *adv.*; *(every) **now** and ~* →NOW *adv.*; *~ and **now*** toe en nou/tans; ***only** ~* slegs dan; eers toe, toe eers; ***since** ~* van toe af, sedertdien, sedert dié/daardie tyd, van dié/daardie tyd af; ***so** ~* en toe; so is dit dus; *~ and there, there and ~* op die plek/daad, op staande voet, dadelik, onmiddellik, net daar, terstond, op stel en sprong; ***until/till** ~* →UNTIL *prep. & voegw.*; *~ **why** did you ...?* waarom het jy dan ...?

the·nar *n., (anat.)* (hand)palm; duimbal, (duim)muis. **the·nar** *adj.* handpalm=, van die handpalm; duimbal=, (duim)muis=, van die duimbal/(duim)muis; *~ eminence* duimbal, (duim)muis.

the·nard·ite *(min.)* thenardiet.

thence *(fml.)* daarvandaan, van daar (af); derhalwe, daarom, dus, gevolglik, daardeur; op grond daarvan. **thence·forth, thence·for·ward** *(arg. of poët., liter.)* van toe (*of* daardie oomblik *of* dié tyd) af, sedert dié tyd, daarna.

the·o= *komb.vorm* teo=, god(s)=; *~dicy* teodisee, godsleer; *~logy* teologie, godgeleerdheid.

the·o·bro·mine *(chem.)* teobromien.

the·o·cen·tric teosentries.

the·oc·ra·cy teokrasie, godsregering. **the·o·crat·ic, the·o·crat·i·cal** teokraties.

The·oc·ri·tus *(hist.: Gr. digter)* T(h)eokritos.

the·od·i·cy teodisee.

the·od·o·lite *(landm.)* teodoliet.

The·o·do·ra *(hist.: Bisantynse keiserin)* T(h)eodora.

The·o·dore *(hist.: Bisantynse heerser)* T(h)eodorus, T(h)eodoros.

The·od·o·ric *(hist.: koning v.d. Oos-Gote)* T(h)eodorik.

The·o·do·si·us *(hist.: Rom. keiser)* T(h)eodosius.

the·og·o·ny teogonie.

the·ol·o·gy teologie; geloofsoortuiging; godgeleerdheid; *dogmatic ~* dogmatiek; *practical ~* praktiese teologie; *systematic ~* sistematiese teologie. **the·o·lo·gi·an, the·ol·o·gist** teoloog, godgeleerde. **the·o·log·i·cal** teologies, godgeleerd; *~ college/seminary* teologiese kollege, (teologiese) kweekskool; *~ student* teologiestudent; *~ virtues, (mv.)* goddelike deugde. **the·ol·o·gise, =gize** teologiseer.

the·om·a·chy *=chies, n.* godestryd; stryd teen (die) gode.

the·oph·a·ny teofanie, godsverskyning.

The·oph·i·lus[1] *(krater o.d. maan)* Teofilus, Teofilos, Theophilus, Theophilos.

The·oph·i·lus[2] *(hist.: Bisantynse keiser)* Teofilus, Teofilos, Theophilus, Theophilos.

The·o·phras·tus *(hist.: Gr. filosoof)* Teofrastos, Theophrastos.

the·o·pneust, the·o·pneus·tic teopneusties, goddelik geïnspireer(d).

the·or·bo *=bos, (mus.instr.)* teorbe.

the·o·rem *(fis., wisk.)* stelling, teorema; (grond)beginsel; *~ of Pythagoras* stelling van Pit(h)agoras.

the·o·ry teorie; ***in** ~* in teorie, teoreties, op papier; *~ **of** errors* fouteteorie; *~ **of** evolution* evolusieteorie; *~ **of** knowledge* kennisleer; *~ **of** music* musiekteorie; *~ **of** numbers* getalleleer; *~ **of** probability* waarskynlikheidsteorie; *~ **of** relativity* relatiwiteitsteorie; *~ **of** science* wetenskapsleer; ***on** the ~ that ...* op grond van die teorie dat ... **the·o·ret·i·cal** teoreties; hipoteties; fiktief. **the·o·ret·i·cal·ly** in teorie, teoreties. **the·o·re·ti·cian, the·o·rist** teoretikus. **the·o·ret·ics** *(fungeer as ekv. of mv.)* teorie *(v. 'n wetenskap)*. **the·o·rise, =rize** teoretiseer, teorieë opstel; bespiegel, bespiegelings/bespiegelinge maak; *~ about s.t.* oor iets teoretiseer. **the·o·ris·er, =riz·er** teoretikus. **the·o·rist** →THEORETICIAN.

the·os·o·phy teosofie. **the·o·soph·i·cal, the·o·soph·ic** teosofies. **the·os·o·phist, the·os·o·pher** teosoof.

ther·a·py terapie, behandeling, geneeswyse; (psigo)terapie. **ther·a·peu·tic, ther·a·peu·ti·cal** terapeuties, genesend, geneeskundig. **ther·a·peu·tics** terapie, geneeskunde, geneeswyse, siektebehandeling, geneeskundige behandeling, behandelingsleer, terapeutika. **ther·a·pist,** *(arg.)* **ther·a·peu·tist** terapeut.

there *adv. & tw.* daar; daar(so), *(fml.)* aldaar; daarheen, daarnatoe, soontoe; *(fig.)* op daardie punt, in daardie opsig, wat dit betref; ***I agree with you** ~* daaroor stem ek met jou saam (*of* is ons dit eens); *be **all** ~, (infml.)* weet wat jy doen, nie onder 'n kalkoen uitgebroei wees nie; *not be **all** ~, (infml.)* nie heeltemal reg wees nie, nie reg wys wees nie, nie al jou varkies (*op* hok *of* in die hok) hê nie; ***along** ~* daar langs, daarlangs; *~ **and** ~* daar en daar; *~ and **back*** heen/soontoe en terug; uit en tuis; ***but** ~* maar nouja (*of* nou ja); ***down** ~* daar onder; *~ is ... **for you!*** dit noem ek (nou) ...! *(moed ens.)*; ***from** ~* daarvandaan; van daar (af); ***get** ~* →GET; *you **have** me ~!, ~ you **have** me!* nou het jy my vas (*of* in die hoek), daarop het ek geen antwoord nie!; ***here** and ~* →HERE; ***in** ~* daar binne, daarbinne; *~ s.o./s.t. **is!*** daar is iem./iets!; *but ~ **it is*** so is dit, dit is nou (maar) eenmaal so; ***just** ~* net daar; ***leave** ~* daarvandaan vertrek; ***near** ~* daar naby; *be **nearly** ~* amper/byna (*of* so goed as) daar wees; *~ is **nothing** one can do about it* →DO[1] *ww.*; *~ **now!*** toemaar (*of* toe maar)!, stil maar/nou!; ***out** ~* daar buite; ***over** ~* daarso, daar oorkant/anderkant, aan daardie kant; *some of the **people** ~ were models/etc. and actors/etc.* onder die aanwesiges was modelle/ens. en akteurs/ens.; ***right** ~* net daar, op die plek; ***so** ~!, (infml.)* nou weet jy dit!, daar het jy dit!; en daarmee basta/klaar!; *(infml.)* wê!; *~ **and then, then and** ~* op die plek/daad, dadelik, onmiddellik, net daar, terstond, op staande voet, op stel en sprong; ***there, there!*** toemaar (*of* toe maar)!, stil maar/nou!; *~ are **those** who think that ...* sommige meen dat ...; ***up** ~* daar bo; *~, **what** did I tell you?* sien jy nou?; *~ **you are!*** daar is dit!; daar het jy dit!; sien jy nou?. **~about(s)** daar êrens/iewers/rond, daarlangs (*of* daar langs), daar in die buurt, in dié geweste; ongeveer, omtrent, naaste(n)by; omtrent daardie tyd; *... or ~ ...* of so, so ongeveer/naaste(n)by ... *(20 liter ens.)*. **~after** *(fml.)* daarna, vervolgens; sedertdien. **~anent** *(Sk.)* daaroor, daaromtrent; wat dit betref. **~at** *(arg. of fml.)* aldaar, daar(so); daarom, om dié rede. **~by** daardeur, sodoende, op dié manier; as ge=

volg daarvan; ~ *hangs a tale* →TALE. ~**for** *(arg.)* daar-voor. ~**fore** daarom, dus, gevolglik, derhalwe, om dié rede, bygevolg, dientengevolge. ~**from** *(arg. of fml.)* daarvan; daarvandaan. ~**in** *(arg. of fml.)* daarin. ~**in-after** *(arg. of fml.)* daarna, later, verder/vêrder op. ~**in-before** *(arg. of fml.)* daarvóór, vroeër, eerder (vermeld). ~**of** *(fml.)* daarvan, hiervan. ~**on** *(fml.)* daarop; in verband daarmee, in dié verband. ~**to** *(arg. of fml.)* daaraan; daartoe; daarby, daarnaas, boonop, ook, op die koop toe. ~**under** *(arg. of fml.)* daaronder. ~**unto** *(arg. of fml.)* daartoe. ~**upon** *(fml.)* daarop, daarna, vervolgens. ~**with** *(arg. of fml.)* daarmee. ~**withal** *(arg.)* bowendien, daarbenewens, daarby; daarop, daarna, vervolgens.

there's *(sametr.)* = THERE IS; THERE HAS.

The·re·sa →TERESA.

the·ri·an·throp·ic *(half menslik en half dierlik)* teriantropies.

the·ri·o·mor·phic, the·ri·o·mor·phous *adj., (met 'n dierlike gedaante)* teriomorfies. **the·ri·o·morph** *n.* teriomorf.

therm *(Br.)* warmte-eenheid, term. **ther·mic** termies; warmte-; ~ *fever* sonsteekkoors; ~ *lance* termiese steekvlam, hittepriem.

ther·mae *(mv.), (Lat., hist.)* (Romeinse/Griekse) badhuis.

ther·mal termies, warmte-, hitte-, termaal; ~ ***analysis*** termiese ontleding; ~ ***bath*** warm(water)bad; ~ ***belt*** rypvrye streek; ~ ***capacity*** warmtekapasiteit, termiese kapasiteit; ~ ***conduction*** warmtegeleiding, termiese geleiding; ~ ***conductivity*** warmtegeleidingsvermoë, termiese geleidingsvermoë; ~ ***efficiency*** termiese rendement; ~ ***expansion*** warmteuitsetting, termiese uitsetting; ~ ***imaging*** termiese beeldvorming; ~ ***neutron*** termiese neutron; ~ ***power*** termiese vermoë; ~ ***power plant/station*** termiesekragaanleg, -kragsentrale; ~ ***printer*** termiese drukker; ~ ***radiation*** warmtestraling, termiese straling; ~ ***ray*** warmtestraal, termiese straal; ~ ***reactor,*** *(fis.)* termiese reaktor; ~ ***spring*** warm(water)bron; ~ ***underwear*** termiese onderklere; ~ ***unit*** warmte-eenheid, termiese eenheid.

therm·i·on *(fis.)* termioon. **therm·i·on·ic** termionies; ~ *emission* termioniese emissie/uitstraling; ~ *valve* termioniese buis, gloeikatodebuis. **therm·i·on·ics** *(fungeer as ekv.)* termionika.

therm·is·tor *(elek.)* termistor.

ther·mit(e) *(teg.)* termiet. ~ **welding** termietsweising.

ther·mo- *komb.vorm* termo-, warmte-, hitte-.

ther·mo·ba·rom·e·ter termobarometer.

ther·mo·cau·ter termokouter.

ther·mo·chem·is·try termochemie. **ther·mo·chem·i·cal** termochemies. **ther·mo·chem·ist** termochemikus.

ther·mo·cline *(fis., watertegnol.)* termoklien.

ther·mo·cou·ple termokoppel.

ther·mo·cur·rent termostroom.

ther·mo·dy·nam·ics *(fungeer as ekv.)* termodinamika. **ther·mo·dy·nam·ic, ther·mo·dy·nam·i·cal** termodinamies.

ther·mo·e·lec·tric, ther·mo·e·lec·tri·cal termoëlektries, termo-elektries; ~ *current* termostroom; ~ *power* termokrag. **ther·mo·e·lec·tric·i·ty** termoëlektrisiteit, termo-elektrisiteit.

ther·mo·e·lec·tro·mo·tive termoëlektromotories, termo-elektromotories.

ther·mo·el·e·ment termoëlement, termo-element.

ther·mo·gen·e·sis warmteverwekking, termogenese; selfontbranding. **ther·mo·ge·net·ic, ther·mo·gen·ic, ther·mog·e·nous** warmtegewend, termogeen.

ther·mog·ra·phy termografie. **ther·mo·gram** termogram. **ther·mo·graph** termograaf, selfregistrerende termometer.

ther·mo·la·bile *(chem., biochem.)* termolabiel.

ther·mo·lu·mi·nes·cence *n., (argeol.)* termoluminessensie. **ther·mo·lu·mi·nes·cent** *adj.* termoluminessensie-.

ther·mol·y·sis *(chem., fis., med.)* termolise, warmteverlies.

ther·mom·e·ter termometer, warmtemeter; koorspen(netjie); *clinical* ~ →CLINICAL; *the ~ reads 30/etc. degrees* die termometer wys 30/ens. grade. ~ **bulb** termometerbol. ~ **reading** termometerstand; temperatuurmeting.

ther·mom·e·try termometrie, temperatuurmeting. **ther·mo·met·ric, ther·mo·met·ri·cal** termometries, termometer-.

ther·mo·nu·cle·ar termonukleêr.

ther·mo·phore termofoor.

ther·mo·pile *(fis.)* termosuil.

ther·mo·plas·tic *adj.* termoplasties. **ther·mo·plas·tics** *n.* termoplastika; termoplastiese stowwe.

Ther·mos *(handelsnaam, ook t~)*: ~ **(flask),** *(Am.)* ~ **bottle** termos(fles), vakuumfles.

ther·mo·scope *(fis.)* termoskoop.

ther·mo·set·ting *adj.* termoverhardend *(plastiek ens.)*.

ther·mo·sphere termosfeer.

ther·mo·sta·ble *(biochem.)* termostabiel, hittebestendig.

ther·mo·stat termostaat. **ther·mo·stat·ic** termostaties; ~ *regulator* termostatiese reëlaar; ~ *valve* termostatiese klep, termoklep.

ther·mo·tax·is *n., (biol.)* termotaksie. **ther·mo·tac·tic, ther·mo·tax·ic** *adj.* termotakties.

ther·mo·ther·a·py *(med.)* termoterapie, warmtebehandeling.

ther·mo·tro·pism *n., (biol.)* termotropisme. **ther·mo·trop·ic** *adj.* termotroop, termotropies.

the·ro·pod *(soort dinosourus)* teropode.

the·sau·rus *-sauri, -sauruses, (versameling sinomieme en verwante woorde vlgs. begrippe)* tesourus; *(arg.)* (vak)woordeboek, leksikon; *(arg.)* ensiklopedie.

these *(mv.)* →THIS.

the·sis *theses* stelling, (hipo)tese; verhandeling, (akademiese) proefskrif, tesis, skripsie; *(pros.: niebetoonde lettergreep in 'n versvoet)* tesis; *obtain/receive a doctorate on/with a* ~ op 'n proefskrif promoveer.

Thes·pis *(hist.: Gr. digter)* T(h)espis. **Thes·pi·an** *n., (gew. t~, fml. of skerts.)* toneelspeler, akteur; toneelspeelster, aktrise. **Thes·pi·an** *adj.* T(h)espies; *(gew. t~, fml. of skerts.)* dramaties, toneel-; tragies.

Thes·sa·lo·ni·ans *(NT)* Tessalonisense *(NAB)*, Thessalonicense *(OAB)*; *The First/Second Epistle (of Paul the Apostle) to the* ~ Die Eerste/Tweede Brief (van die apostel Paulus) aan die Tessalonisense/Thessalonicense.

Thes·sa·lo·ní·ki *(Gr.)*, **Thes·sa·lo·ni·ca** *(Lat.)*, **Sa·lo·ni·ca** *(Eng.)*, **Sa·lo·ni·ka** *(Eng.)*, *(geog.)* Thessaloníki *(Gr.)*, Thessalonika *(Afr.)*.

Thes·sa·ly, *(Gr.)* **Thes·sa·lí·a** *(geog.)* Thessalië, Thessalía *(Gr.)*. **Thes·sa·li·an** *n.* Thessaliër. **Thes·sa·li·an** *adj.* Thessalies.

the·ta ag(t)ste letter van die Griekse alfabet.

thet·ic *(pros.)* teties.

the·ur·gy goddelike/bonatuurlike ingryping, goddelike tussenkoms; die doen van wonderwerke; magie, tower-, toorkuns. **the·ur·gic, the·ur·gi·cal** goddelik, bonatuurlik; magies. **the·ur·gist** wonderdoener; towenaar.

thew *(poët., liter.)* spier; *(i.d. mv.)* spiere, gespierdheid; *(i.d. mv.)* (liggaams/spier)krag; *(i.d. mv., fig.)* geesteskrag, sedelike krag. **thew·y** gespier(d), sterk.

they hul(le); ~ *say that* ... die mense sê (*of* daar word gesê) dat ... **they'd** *(sametr.)* = THEY WOULD; THEY HAD. **they'll** *(sametr.)* = THEY WILL. **they're** *(sametr.)* = THEY ARE. **they've** *(sametr.)* = THEY HAVE.

thi·a·min(e), vit·a·min B$_1$, an·eu·rin tiamien, vitamien B$_1$, aneurien.

thick *n.* dikte; hewigste; *in the ~ of the fight* in die hewigste van die geveg; *be in the ~ of it/things* in die middel/hartjie van sake wees; *through ~ and thin* deur dik en dun, in voorspoed en teen-/teëspoed. **thick** *adj.* dik *(plank, sop, weer, ens.)*; breed *(streep ens.)*; vet *(lettertipe)*; dig, dik *(mis)*; dig *(woud ens.)*; *(infml.)* toe, dom, traag van begrip; hees, skor *(stem)*; swaar, sterk *(aksent)*; *be (as) ~* ***as*** *thieves, (infml.)* dik vriende wees, groot maats wees; kop in een mus wees; *be a* ***bit*** *~, (infml.)* (te *of* ['n] bietjie) dik vir 'n daalder/daler wees, ('n) bietjie kras/kwaai/oordrewe wees; *the/a ~* ***one*** die/'n dikke; *the ~* ***ones*** die dikkes; *~* ***speech*** →SPEECH; *be ~ of* ***speech*** →SPEECH; *speak with a ~* ***tongue*** →TONGUE *n.*; *be ~* ***with*** ... vol ... wees; *be ~* ***with*** *s.o., (infml.)* dik bevriend wees met iem., 'n intieme vriend van iem. wees. **thick** *adv.* dik; dig; ***beat*** *~, (hart)* vinnig klop; *come ~ and* ***fast*** vinnig op mekaar volg; *the blows came ~ and* ***fast*** dit het houe (*of* die houe het) gereën; ***lay*** *it on ~* →LAY[1] *ww.*. ~**head** *(infml.)* dom-, klipkop, skaap-(kop), pampoen(kop), bobbejaan, mamparra. ~**headed** dikkoppig; *(infml.)* dom, onnosel, toe. ~**-leaved** dikblarig, met dik blare; dig beblaar, digbeblaar. ~**-lipped** diklippig, met dik lippe, diklip-. ~**-necked** diknekkig, diknek-. ~**-nosed** dikneusig, dikneus-. ~**set** *n., (w.g.)* →THICKET. ~**set** *adj.* bonkig, sterk/stewig/swaar/breed (gebou); dik, geset; dig begroei, digbegroei; *~ hedge/etc.* digte heining/ens.. ~**-skinned** *(lett. & fig.)* dikvellig; *(fig.)* ongevoelig. ~**-skulled** met 'n dik skedel; dom, onnosel, traag van begrip. ~**-sown** dig gesaai, diggesaai. ~**-witted** dom, onnosel, traag van begrip.

thick·en dik(ker) word, verdik; dik(ker) maak, verdik; bind *(sop ens.)*; verstyf, verstywe; aangroei, toeneem; *~ed heel* versterkte hak *(v. 'n kous)*; *the plot ~s* die storie/intrige raak ál ingewikkelder; dit begin ál ernstiger/leliker lyk; *~ed sauce/etc.* verdikte sous/ens.. **thick·en·er** verdikker; verstywer; bindmiddel *(vir sop ens.)*. **thick·en·ing** verdikking; verdikkingsmiddel; bindmiddel *(vir sop ens.)*.

thick·et ruigte, kreupelhout, struikgewas, boskasie, bosgasie.

thick·ie, thick·y →THICKO

thick·ish dikkerig. **thick·ly** dik; dig; met 'n swaar tong; ~ *populated* dig bevolk, digbevolk.

thick·ness *n.* dikte; digtheid. **thick·ness** *ww., (houtw.)* tot die gewenste dikte skaaf/skawe/saag/sny; dikteskaaf. **thick·ness·er** dikteskaaf(masjien).

thick·ness·ing dikteskaafwerk; opdikking *(v. 'n tafelblad ens.)*. ~ **machine** dikteskaaf(masjien).

thick·o *-os,* **thick·ie, thick·y** *-ies, (infml.)* dik-, klip-, domkop, pampoen(kop).

thief *thieves* dief; *thieves' cant* →CANT[2] *n.*; *set a ~ to* ***catch*** *a ~* dit kos 'n dief om 'n dief te vang, diewe vang jy (*of* ['n] mens) met diewe; ***den*** *of thieves* →DEN; ***fall*** *among thieves* →FALL *ww.*; ***like*** *a ~ in the night* soos 'n dief in die nag; *a* ***pack*** *of thieves* 'n spul diewe; ***stop*** *~!* keer die dief!; *be (as)* ***thick*** *as thieves* →THICK *adj..* ~**-proof** inbraak-, diefstalbestand. ~**-resisting** diefwerend.

thieve steel. **thiev·er·y** stelery, diewery. **thiev·ing** *n.* stelery, diewery. **thiev·ing** *adj.* stelend, stelerig, diefagtig. **thiev·ish** stelerig, diefagtig. **thiev·ish·ness** stelerigheid, diefagtigheid.

thigh dy, bobeen. ~**bone** dybeen. ~ **boot** kapstewel. ~**-length** *adj.* dylengte- *(kousbroekie ens.)*. ~ **muscle** dyspier.

thig·mot·ro·pism, thig·mo·tro·pism *n., (biol.)* tigmotropisme. **thig·mo·trop·ic** *adj.* tigmotroop, tigmotropies.

thill *(hist.)* disselboom.

thim·ble *(naaldw.)* vingerhoed(jie); *(elek.)* doppie *(v. 'n kabel)*; huls *(v. 'n mikrometer)*; *(sk.)* kous *(v. 'n tou/kabel)*; *(sk.)* oog-, lusring *(v. 'n anker)*; *hiding the ~, (speletjie)* warmpatat(s). ~**ful** vingerhoed (vol).

thim·ble·rig doppiespel.

thin *adj.* dun *(plank, bloed, bier, sop, lug, ens.)*; maer, skraal *(mens)*; fyn *(skrif)*; smal *(kolom)*; yl *(klank, atmosfeer)*; dun, skraal, swak *(stem[metjie])*; flou(erig), swak(kerig), power *(verskoning)*; swak *(poging)*; skraal, swak *(vermomming)*; *(as) ~* ***as*** *a lath/rake/stick* rietskraal; brandmaer, so maer soos 'n kraai; *~* ***flame*** skraal/dun vlam; *(teg.)* steekvlam, soldeervlam; ***get*** *~, (iem.)* maer word; *a ~* ***house*** →HOUSE *n.*; *be skating/treading on ~* ***ice*** →ICE *n.*; *the/a ~* ***one*** die/'n dunne; *the ~* ***ones*** die dunnes; *~* ***paper*** →PAPER *n.*; *have a ~* ***time*** →TIME *n.*. **thin** *-nn-, ww.* dun/yl/maer word/maak; verdun;

uitdun; →THINNING; ~ ***down*** verdun, dunner word; ~ *s.t.* ***down*** iets verdun (*of* dunner maak); *s.o.'s* ***hair*** *is ~ning* iem. se hare word yl/min, iem. se hare is aan die uitval; ~ ***out*** dunner word; ~ *s.t.* ***out*** iets uitdun *(plantjies)*; iets uitkap/uitdun *(bome)*; iets uitpluk *(vrugte)*. **~-lipped** dunlippig, met dun lippe. **~-skinned** *(lett. & fig.)* dunvellig; *(fig.)* (fyn)gevoelig, sensitief; *(fig.)* fyngevoelig, liggeraak, oorgevoelig.

thine *bes.vnw. & bes.bep., (arg.)* (van) u, u s'n, dyn.

thing ding; iets; saak; voorwerp; *(ook, i.d. mv.)* goed, goeters; *have a ~* ***about*** *s.o./s.t., (infml.)* baie van iem./iets hou, dol oor/op iem./iets wees; niks van iem./iets hou nie, iets teen (*of* 'n afkeer van) iem./iets hê; ***above*** *all ~s* bo alles; *be* ***all*** *~s to all men* vir almal alles wees; ***all*** *~s considered* op stuk van sake, per slot van rekening, alles in aanmerking/ag geneem/genome, op die keper beskou; *in* ***all*** *~s* in elke opsig; *... of* ***all*** *~s* (jou) waarlik (*of* reken/sowaar/warempel *of* [en dit] nogal *of* verbeel jou) ...; ***another*** *~* iets anders; nog iets; *and* ***another*** *~* en nog iets; *and* ***another*** *~ ...* en dan nog ...; *that is* ***another*** *~ altogether* dit is glad iets anders; *one ~ and* ***another*** *→one; taking one ~ with* ***another*** *→one; any old ~* net wat voorkom; *as ~s* ***are*** soos sake nou staan; *~s are looking* ***bad*** dit/sake lyk sleg/gevaarlik; *~s are going* ***badly*** dit gaan/lyk sleg; *~s are not going too* ***badly*** dit gaan skaflik/goeterig (*of* taamlik goed); *a ~ of* ***beauty*** iets moois; *have* ***better*** *~s to do* iets beters te doen hê; *it was a* ***close*** *~ →CLOSE[1] adj.; ~s to* ***come*** die toekoms, toekomstige dinge; *a* ***dear*** *little ~* 'n klein skat; *one can't* ***do*** *a ~* (or *there's not a ~ one can* ***do***) *about it* ('n) mens kan niks daaraan (*of* daar is niks aan te) doen nie; *one can't* ***do*** *a ~ with it* jy kan niks daarmee (*of* jy kan daar niks mee) aanvang nie; *it/that was a foolish/etc. ~ to* ***do*** dit was dom/ens. om so iets te doen; *...* ***does*** *~s to s.o. →DO[1] ww.; the* ***done*** *~, (infml.)* die gewoonte/gebruik; die regte ding; *it's/that's not the* ***done*** *~, (infml.)* dit doen ('n) mens nie; *all (other) ~s being* ***equal*** *→EQUAL adj.; the* ***first*** *~ →FIRST adj. & adv.; as a* ***general*** *~* in/oor die algemeen; *a* ***good*** *~* iets goeds; 'n voordelige saak; 'n geluk; *too much of a* ***good*** *~* te erg; *that's too much of a* ***good*** *~* dis bietjie(s) (*of* 'n bietjie te) erg, moenie die ding oordryf/oordrywe nie, wat te erg is, is te erg; dit gaan te ver/vêr; *one can have too much of a* ***good*** *~* ('n) mens kan van die goeie te veel kry; *the* ***good*** *~s of life* die aangenaamhede van die lewe; *be onto a* ***good*** *~, (infml.)* iets goeds beethê; *it would be a* ***good*** *~ all over* dit sou in alle opsigte goed wees; *do* ***great*** *~s* groot dinge doen; *do the* ***handsome*** *~ by s.o.* iem. rojaal behandel; ***hear*** *~s* jou verbeel jy hoor iets; *not* ***hear*** *a ~* hoegenaamd niks hoor nie; ***how*** *are ~s?, (infml.)* hoe gaan dit?, hoe staan sake?; *the ~* ***is*** *...* die vernaamste is ...; die vraag is ...; *that is* ***just*** *the ~* dis die ware Jakob/jakob; dis net die regte ding; daar lê/sit die knoop; ***know*** *a ~ or two* ouer as tien/twaalf wees, nie vandag se kind (*of* nie 'n pampoen[kop]) wees nie, goed op (die) hoogte wees; ***last*** *~ at night* net voor slaap-/slapenstyd, net voor iem. bed toe gaan (*of* gaan slaap/inkruip); *the* ***latest*** *~ in hats/etc.* 'n hoed/ens. volgens die jongste mode; ***law*** *of ~s, (jur.)* sakereg; *not a* ***living*** *~* geen lewende wese nie; ***make*** *a ~ of s.t., (infml.)* 'n ophef van iets maak; *no* ***mean*** *~* geen kleinigheid nie; *not* ***mean*** *a ~* hoegenaamd niks beteken nie, glad geen betekenis hê nie; *make a* ***mess*** *of ~s* alles verbrou; *be no* ***new*** *~* niks nuuts wees nie; *not a ~* niks (nie); *not* ***notice*** *a ~* niks gewaar/(op)merk nie; ***old*** *~!* ou kind!; *that's* ***one*** *~ about him* dis nou (maar) van hom; *life is just* ***one*** *(damn) ~ after another* hoe meer dae hoe meer dinge/neukery; ***one*** *~ and another* allerlei dinge; *with* ***one*** *~ and another* deur (die) een en ander; *taking* ***one*** *~ with another* alles in aanmerking/ag geneem/genome; *for* ***one*** *~ ...* vereers (*of* vir eers *of* in die eerste plek/plaas *of* om maar een ding te noem) ...; om iets op te noem ...; *it's* (or *it is*) *(just)* ***one*** *of those ~s →****those;*** *the* ***only*** *~ that s.o. can do* al wat iem. kan doen; *the* ***only*** *~ now is to ...* al wat iem. nou kan doen, is om te ...; *the* ***only*** *~ s.o. can do, is to ..., (ook)* daar bly vir iem. niks anders oor nie as om te ...; *among* ***other*** *~s* onder meer/andere; *do one's* ***own*** *~* jou eie gang gaan; *be a ~ of the* ***past*** *→PAST n.; (the)* ***poor*** *~! →POOR adj.; be* ***quite*** *the ~ →QUITE; be the* ***real*** *~ →REAL[1] adj.; do the* ***right*** *~ by s.o. →BY prep.; it amounts/comes to the* ***same*** *~ →SAME;* ***see*** *~s* jou dinge verbeel; *as I* ***see*** *~s* soos ek dit (*of* die saak) sien; *not take ~s too* ***seriously*** *→SERIOUSLY;* ***show*** *s.o. a ~ or two →SHOW ww.; all* ***sorts*** *of ~s →SORT n.;* ***such*** *a ~ →SUCH adj.;* ***sure*** *~ →SURE adj.;* ***teach*** *s.o. a ~ or two →TEACH;* ***tell*** *s.o. a ~ or two →TELL[1] ww.; ~s like* ***that*** sulke dinge; ***those*** *~s* daardie goed/goeters; *it's* (or *it is*) *(just) one of* ***those*** *~s* dis (*of* dit is) nou (maar) eenmaal so; *all ~s taken* ***together*** alles in ag/aanmerking geneem/genome; *an* ***unusual*** *~* iets buitengewoons; *the* ***very*** *~* net die regte ding; *that's* (or *that is*) *the* ***very*** *~ I want/etc.* dis (*of* dit is) net wat ek wil hê/ens.; *not have a ~ to* ***wear*** niks hê om aan te trek nie; *~s are going* ***well*** *→WELL[1] adv.;* ***what*** *a ~ to do/say* hoe kan ('n) mens so iets doen/sê?; ***work*** *~s out* probleme oplos; *~s are going* ***wrong*** *→GO ww..* **thing·a·ma·bob, thing·um·a·bob, thing·a·ma·jig, thing·um·a·jig, thing·a·my, thing·um·my** dinges, watsenaam, hoesenaam, anderding.

think *n., (infml.)* (die) dink, denke; gepeins, bepeinsing; gedagte, mening; *have a ~ about s.t., (infml.)* oor iets dink, iets oorweeg; *have (got) another ~ coming, (infml.)* dit ver/vêr mis hê, jou totaal misreken. **think** *thought thought, ww.* dink; meen, dink, glo, ag, vind; oorweeg, daaraan dink, van gedagte wees, (half) van plan wees; jou indink/voorstel; verwag; *~* ***about/of*** *...* aan ... dink; *~* ***about*** *s.t., (ook)* oor iets dink, iets oorweeg; *s.o. has something to ~* ***about*** iem. het stof tot nadenke; *give s.o. something to ~* ***about*** iem. stof tot nadenke gee; iem. laat kopkrap; *~ twice* ***about*** *s.t.* iets nog 'n slag oorweeg, huiwerig wees om iets dadelik te doen, die kat eers uit die boom kyk; *not know what to ~* ***about*** *...* nie weet wat om van ... te dink nie; *~* ***again*** iets heroorweeg; *make s.o. ~* ***again*** iem. sy/haar planne/oordeel laat heroorweeg; *~* ***ahead*** vooruitdink; *~* ***alike*** eenders/eners dink; *~* ***aloud*** hardop dink; *~* ***back*** terugdink; *~* ***back*** *to ...* aan ... terugdink; *~* ***better*** *of it* van plan/gedagte verander; *~* ***better*** *of s.o.* 'n hoër dunk van iem. hê; *~* ***big*** groot planne hê, iets groots aanpak; *I* ***can't*** *~ ...* ek weet glad nie ...; ***come*** *to ~ of it ...* noudat ek daaraan dink ...; *if you* ***come*** *to ~ of it* eintlik, as jy daaroor nadink; *it is* ***difficult*** *to ~ that ...* ('n) mens kan beswaarlik dink dat ...; *I* ***don't*** *~!, (infml.)* moenie glo nie!; *~* ***fit*** *to do s.t.* dit goed/nodig/raadsaam/dienstig/gepas ag/dink/vind om iets te doen; *if you ~ (it)* ***fit*** as jy dit goedvind/goeddink; *~* ***for*** *o.s.* jou eie oordeel vorm, selfstandig dink; ***give*** *s.o. furiously to ~* iem. diep laat dink; *~* ***hard*** diep (na)dink, goed nadink; *I* ***hardly/scarcely*** *~ (so)* ek glo amper nie; *~* ***highly*** *of ...* baie van ... dink, 'n hoë dunk (*of* 'n goeie opinie) van ... hê; *~* ***ill*** *of s.o.* sleg van iem. dink; *I ~* ***it*** *(is) ...* ek vind dit ...; ***just*** *~!* dink/reken nou net!, dink ('n) bietjie!; nou toe nou!, verbeel jou!; *I ~* ***not*** ek glo nie; *~* ***of*** *it!* dink net (daaraan)!; *~* ***of*** *s.o.* aan iem. dink; *~* ***of*** *s.t.* aan iets dink; van iets gedagte kry, jou iets herinner; iets bedink, 'n plan maak; iets oorweeg; *it is not to be thought* ***of*** dit is ondenkbaar; *I couldn't ~* ***of*** *his/her name* ek kon nie op sy/haar naam kom nie; *~ highly/much/well* (or *a lot* or *the world*) ***of*** *...* baie van ... dink, 'n hoë dunk van ... hê; hoë agting vir ... hê; *~ little/poorly* ***of*** *...* min van ... dink, 'n swak dunk van ... hê, nie 'n hoë dunk van ... hê nie; *~ much* ***of*** *o.s* 'n hoë dunk van jouself hê; *~* ***of*** *doing s.t., ~* ***to*** *do s.t.* dit oorweeg (*of* daaraan dink *of* van gedagte wees) om iets te doen; van plan wees om iets te doen; *s.o. ~s nothing* ***of*** *doing s.t.* om iets te doen, is vir iem. niks; *s.o. wouldn't ~* ***of*** *doing s.t.* iem. sou iets glad nie doen nie; iem. sou nie daaraan dink om iets te doen nie, dit sou nooit by (*of* in iem. se gedagte) opkom om iets te doen nie; *make s.o. ~* ***of*** *...* iem. aan ... laat dink; *what do you ~* ***of*** *...?* wat dink (*of* hoe hou) jy van ...? *(iem. of iets)*; hoe geval ... jou? *(iets)*; *~* ***on*** *..., (vero.)* aan ... dink; oor ... nadink; ***only*** *~!* dink nou net!, dink ('n) bietjie!; *~ s.t.* ***out*** iets uitdink; iets behoorlik oorweeg; *~ s.t.* ***over*** oor iets nadink; *~ s.t.* ***probable*** iets waarskynlik ag; *~ it* ***proper*** dit goedvind; dit geskik ag; *I* ***scarcely*** *~ (so) →****hardly/scarcely;*** *I* ***should*** *~ ...* ek sou dink ...; *I* ***should*** *(jolly well) ~ so!* natuurlik!, ek sou so dink!; *I thought* ***so*** dit kon ek dink, dit het ek gedink; *yes, I ~* ***so*** ja, ek dink so; *(fml.)* ek meen van wel; *I don't ~* ***so*** ek glo nie; ek dink dit nie; ***stop*** *to ~* 'n oomblik nadink; *~* ***straight*** helder/logies dink; *~* ***that*** *...* dink dat ...; *~ s.t.* ***through*** goed oor iets nadink, iets deeglik oorweeg; *s.o./s.t. is thought* ***to*** *be ...* iem./iets is vermoedelik ...; *~* ***to*** *do s.t. →think* ***of*** *doing s.t.; ~* ***to*** *o.s.* by jouself dink; *s.o. is thought* ***to be*** *dead/etc.* iem. is vermoedelik dood/ens.; *~ s.t.* ***up,*** *(infml.)* iets uitdink/bedink; *that's* ***what*** *you ~!* dit dink jy (maar)!; ***what*** *do you ~ you're doing?* wat vang jy nou aan?; ***what*** *do you ~ of ...? →****of.*** **~ tank** *(infml.: groep spesialiste)* dinktenk, =sentrum, =winkel, =bank.

think·a·ble denkbaar. **think·er** denker; peinser.

think·ing *n.* denke, (die) dink; dinkwerk; denkwyse; gedagtewêreld; gedagte, mening, oordeel; *do some* ***hard*** *~ about s.t.* diep oor iets nadink; ***modern*** *~* die moderne denke; *what is your ~* ***on*** *...?* wat dink jy van ...?; ***straight*** *~ →STRAIGHT adj.;* ***to*** *her/their (way of) ~* volgens haar/hulle, na/volgens haar/hul(le) mening/oordeel; ***to*** *his/our (way of) ~* syns/onses insiens, volgens hom/ons, na/volgens sy/ons mening/oordeel; ***to*** *my (way of) ~* myns insiens, volgens my, na/volgens my mening/oordeel; ***way*** *of ~* denkwyse, sienswyse, gedagtegang; *bring s.o. round to one's* ***way*** *of ~* iem. tot jou sienswyse oorhaal; ***wishful*** *~* wensdenkery; ***without*** *~* onnadenkend; onwillekeurig; *do s.t.* ***without*** *~, (ook)* iets doen sonder om na te dink; ***woolly*** *~* verwarde denke. **think·ing** *adj. (attr.)* denkende, redelike. **~ cap:** *put on one's ~ ~, (infml.)* begin dink, planne begin maak, jou gedagtes laat gaan. **~ machine** dinkmasjien. **~ power** denkkrag.

thin·ly dun, dunnerig, dunnetjies; *smile ~* gedwonge/onwillig glimlag. **thin·ner(s)** verdunner, verdunningsmiddel. **thin·ness** dunheid; maerheid, maerte, skraalheid; ylheid. **thin·ning** verdunning; uitdunning; ylwording; *(ook, i.d. mv.)* uitdunsels. **thin·nish** dunnerig, bra dun.

thi·o- *komb.vorm, (chem.)* tio-; *~acid* tiosuur.

thi·ol *(chem.)* tiol.

thi·o·pen·tone so·di·um, *(Am.)* **thi·o·pen·tal so·di·um,** *(handelsnaam)* **Pen·to·thal (so·di·um)** *(med.: soort barbituraat)* tiopentoonnatrium.

thi·o·sul·phate, *(Am.)* **thi·o·sul·fate** *(chem.)* tiosulfaat.

thi·o·u·re·a *(chem., fot.)* tio-ureum, tioüreum.

third *n.* derde (deel); *(mot.)* derde rat; *(mus.)* derde, terts; *~ of exchange, (ekon.)* derde wissel, tertiawissel; *a poor ~* derde en ver/vêr agter. **third** *adj.* derde; *the T~ Age* die goue jare; *T~* ***Avenue*** Derde Laan, Derdelaan; *~* ***base,*** *(bofbal) →BASE n.; ~* ***class*** *→THIRD CLASS n.; give s.o. the ~* ***degree,*** *(infml.)* iem. hardhandig ondervra; *~* ***eye,*** *(Hind., Boeddh.: oog v. insig)* derde oog; *(fig.)* intuïtiewe insig; pineale/derde oog *(by sommige koudbloedige werweldiere)*; *~* ***eyelid*** knip-, winkvlies, derde ooglid; *~* ***force*** derde mag; *~* ***gear*** derde rat; *~* ***last*** derde laaste, derdelaaste, op twee na laaste; *~* ***man,*** *(kr.)* derdeman; *deep ~* ***man,*** *(kr.)* diep derdeman; *short ~* ***man,*** *(kr.)* vlak derdeman; *~* ***party*** *→THIRD PARTY; ~* ***person,*** *(gram., lettk.)* derde persoon; *gain ~* ***place*** derde wees/eindig, die derde plek behaal; *in the ~* ***place*** in die derde plek/plaas, ten derde, derdens; *the T~* ***Reich*** *→*REICH; *~* ***time*** *lucky,* (Am.) *~* ***time*** *is the charm* drie maal (is) skeepsreg, alle goeie dinge bestaan uit drie; *the T~* ***World*** die Derde Wêreld; *a T~* ***World country*** 'n Derdewêreldland. **third** *adv.* derde; ***come*** *~* derde staan/wees *(in 'n klas)*; *(ook:* come in third*)* derde wees/eindig, die derde plek behaal *(in 'n wedloop ens.)*. **~ best** derde beste, derdebeste, op twee na die beste. **~ class** *n.* derde klas. **~-class** *adj.* derdeklas-; derderangs, minderwaardig, goedkoop; *~ compartment* derdeklaskompartement. **~ class** *adv.: travel ~ ~* (in die) derde klas reis. **~-degree burn** *(patol.)* derdegraadse brandwond. **~-hand** derdehands, uit die derde hand. **~ party** *(jur.)* derde (party). **~-party** derde(party)-; *~ insurance* derde(party)versekering; *~ risk* derdepartyrisiko, aanspreeklikheid teenoor derdes; ~ *transaction* driesydige transaksie. **~-rate** derderangs, minderwaardig, goedkoop. **~-reading debate** *(parl.)* derdelesingsdebat.

third·ly derdens, ten derde, in die derde plek/plaas.

thirst *n.* dors; *a ~ **after** s.t.* 'n dors na/vir iets; ***die** of ~* sterf/sterwe van dors; *~ **for** knowledge* dors na kennis, weetgierigheid; *~ **for** revenge* wraaksug; ***have** a ~* dors wees/hê; *be **parched** with ~* vergaan/versmag van die dors; ***quench/satisfy/slake** one's ~* jou dors les; *an **unquenchable** ~* 'n onlesbare dors. **thirst** *ww.* dors wees/hê; *~ after/for s.t.* na iets dors, vurig na iets verlang. **~land** dorsland. **~-quencher** dorslesser. **~-quenching** dorslessend. **thirst·y** dors, dorstig; *be/feel ~* dors wees/hê; *~ land* dorsland; *... is ~ work* ... maak 'n mens dors.

thir·teen dertien. **~-year-old** dertienjarig; *a ~ (boy/girl/etc.)* 'n dertienjarige (seun/meisie/ens.).

thir·teenth *n.* dertiende (deel). **thir·teenth** *adj.* dertiende; *~ century* dertiende eeu. **~-century** dertiende-eeus.

thir·ti·eth *n.* dertigste (deel). **thir·ti·eth** *adj.* dertigste.

thir·ty *=ties* dertig; *be **in** one's thirties* in die dertig (*of* in jou dertigerjare) wees; *be **in** one's early/late thirties* vlak/diep in die dertig wees; *a man/woman **in** his/her thirties* 'n man/vrou van in die dertig; *it happened **in** the thirties* dit het in die dertigerjare (*of* in die jare dertig) gebeur; *be **in** the thirties, (temperatuur)* bo (*of* meer as) dertig grade wees; *be **in** the high thirties, (temperatuur)* diep in die dertig (grade) wees. **~-day fern** seweweeksvaring. **~fold** dertigvoudig. **~-one** →SIXTY-ONE. **~-second note** *(Am.)* = DEMISEMIQUAVER. **~something** *n.* man/vrou van in die dertig. **~something** *adj.: be/reach ~* in jou dertigerjare wees; *a ~ writer/etc.* 'n skrywer/ens. van in die dertig. **~-year-old** dertigjarig; *a ~ (man/woman/etc.)* 'n dertigjarige (man/vrou/ens.). **~-year rule** dertigjaarreël. **T~ Years' War** Dertigjarige Oorlog.

thir·ty·ish *adj.* omtrent/ongeveer dertig (jaar [oud]).

this *these* dit; dié, hierdie; ***about** ~* hierom; hieromtrent; hiervan; ***after** ~* hierna; voortaan, in die vervolg, na dese; *~ **afternoon/morning*** →AFTERNOON, MORNING; ***against** ~* hierteen; *(as) **against** ~* hierteenoor; ***all** ~* dit alles; *I knew **all** ~ **before*** dit het ek alles al geweet; ***all** ~ week* →WEEK; *what's **all** ~?* wat is hier aan die gang?; ***as to** ~* wat dit (aan)betref; ***before** ~* hiervóór, voorheen, tevore; ***behind** ~* hieragter; ***by** ~* hierdeur; *~ **day/month/week/year*** →DAY, MONTH, WEEK, YEAR; *~ **day** year* →YEAR; *these **days*** →DAY; *~ **evening*** vanaand; ***for** ~* hiervoor; ***for** all ~* tog, darem, nogtans, nietemin; ***from** ~* hiervan; hieruit; hiervandaan; *in **front** of ~* hiervóór; *~ **here** is ..., (sl.)* hierdie ding/plek/ou/ens. is ...; *~ **is** the man/woman* dis hy/sy dié; *~ **is** the book I want you to read/etc.* dit is die boek wat ek wil hê jy moet lees/ens.; *~ **is** an interesting/etc. book* hierdie boek is interessant/ens., dit is 'n interessante/ens. boek dié; *~ **is** the highest mountain/etc.* hierdie berg/ens. is die hoogste; ***like** ~* so, op dié/hierdie manier; *it's **like** ~* die ding is so; *~ **much** I know* →MUCH; ***of** ~* hiervan; ***on** ~* hierop; *~ **one*** →ONE; ***out of** ~* hieruit; ***over** ~* hieroor; ***over against** ~* hierteenoor; *on ~ **side*** →SIDE *n.*; *~ **and that*** dit en dat; *talk of ~ and **that*** hieroor en daaroor (*of* hiervan en daarvan *of* oor dit[jies] en dat[jies]) gesels/praat; *of ~, **that** and the other* hiervan en daarvan, van alles en nog wat; *~ **time*** →TIME *n.*; ***to** ~* hieraan; hiertoe; ***under** ~* hieronder; ***upon** ~* hierop; *~ **way*** →WAY *n.*; ***with** ~* hiermee; ***without** ~* hiersonder. **this·ness** ditheid.

this·tle dissel, distel; *Order of the T~* Orde van die Dissel/Distel. **~down** dissel=, disteldons, dissel=, distelpluis. **~ funnel** buistregter, tregterbuis, langbeentregter. **this·tly** disselagtig, distelagtig; vol dissels/distels.

thith·er *(arg. of poët., liter.)* daarheen, soontoe, daarnatoe, derwaarts. **~ward(s)** daarheen, soontoe, daarnatoe.

thix·ot·ro·py *n., (chem.)* tiksotropie. **thix·o·trope** *n.* tiksotroop. **thix·o·trop·ic** *adj.* tiksotropies.

tho, tho' *(infml.)* →THOUGH.

thole (pin) *(sk.)* roei=, dolpen.

tho·los *=loi, (argeol.: koepelvormige tombe)* tolos.

Thom·as Thomas; *a doubting ~* 'n ongelowige Thomas; *Saint ~ Aquinas* →AQUINAS. *~* **converter** *(teg.)* thomaspeer. *~* **slag** *(soort kunsmis)* tomasslakmeel.

Tho·mism *(teol. v. Thomas v. Aquino of sy volgelinge)* Thomisme *(ook t~)*. **Tho·mist** *n.* Thomis *(ook t~)*. **Tho·mist, Tho·mis·tic** *adj.* Thomisties *(ook t~)*.

thong *n.* (bind/leer)riem; voor=, agterslag *(v. 'n sweep); (kledingstuk)* deurtrekker; *(Am., soort sandaal)* plakkie; *dressed ~* gaar riem. **thong** *ww., (arg.)* met die/'n riem/sweep slaan, (uit)looi.

Thor *(Skand. mit.)* Thor, dondergod; *~'s hammer* Thor se hamer; vuursteenbyl.

tho·rax *=races, =raxes, (anat., soöl.)* bors(kas), toraks; *(entom.)* borsstuk, toraks; *(hist.)* borsplaat, (bors)harnas. **tho·rac·ic** bors(kas)=, torakaal; *~ **cavity*** borsholte; *~ **duct*** borskasbuis, torakale buis; *~ **region*** borsstreek; *~ **skeleton*** ribbekas; *~ **surgeon*** borschirurg, borssjirurg.

tho·ri·a *(chem.)* toria, toriumdioksied.

tho·rite *(min.)* toriet.

tho·ri·um *(chem., simb.: Th)* torium.

thorn doring; stekel; →SWEET THORN; *be a ~ in s.o.'s flesh/side* vir iem. 'n doring in die vlees wees; *be/sit on ~s* op hete kole sit; *step on a ~* in 'n doring trap. ~ **apple** *(Datura stramonium)* stinkblaar, olieboom, doringappel; *large ~ ~* grootstinkblaar. **~back (ray)** *(igt.)* stekelrog. ~ **(bush)** doringbos; meidoring. ~ **hedge** doring(tak)heining. ~ **pear** doringpeer, hoenderspoor, wolwedoring. ~ **scrub,** ~ **veld** doringveld. ~ **(tree)** doringboom.

thorn·less doringloos, sonder dorings. **thorn·y** vol dorings, doringrig, doringagtig; netelig, moeilik, lastig *(kwessie)*; *~ amaranth, (bot.: Amaranthus spinosus)* misbredie, rooiduiwel; *~ rope, (bot.: Dalbergia armata)* doringtou, bobbejaantou.

thor·ough *adj.* deeglik; grondig, diepgaande; ingrypend *(verandering ens.)*; deurtastend, omvattend *(ondersoek ens.)*; *(attr.)* volslae *(idioot ens.)*; deurtrapte, opperste, aarts= *(skelm, skurk, ens.)*; regte *(laspos ens.)*; ware *(dame, heer, ens.)*; *catch a ~ chill* 'n hewige verkoue kry/opdoen. **thor·ough** *adv. & prep., (vero.)* deur; →THROUGH. ~ **bass** *(mus.)* besyferde bas. ~ **brace** *(Am.)* veerriem *(v. 'n koets ens.)*. **~bred** *n.* volbloed(perd); welopgevoede/(hoog)beskaafde mens/ens.; eersteklas voertuig/ens.; *T~, (ras)* Thoroughbred, Engelse renperd. **~bred** *adj.* volbloed=, opreg, raseg; welopgevoed, (hoog)beskaaf(d); eersteklas; *~ horse* volbloedperd. **~fare** deurgang, deurloop; hoofstraat, =weg; verkeersweg; *no ~* geen deurgang; *right of ~* deurgangsreg, reg van deurgang. **~going** drasties, radikaal; deurtastend, omvattend; deeglik *(ontleding ens.)*; grondig, grootskaals, verreikend, vêrreikend *(hervorming ens.)*; ingrypend *(verandering ens.)*; *(attr.)* hopelose *(onbevoegdheid ens.)*; volslae *(sjoko[ho]lis ens.)*; ware *(pragmatis ens.)*. **~paced** volleerd; goed gedresseer(d) *(perd)*; volmaak; *(attr.)* deurtrapte, opperste, aarts= *(skelm, skurk, ens.)*; ware *(entoesias ens.)*. **~pin** *(veearts.)* waaigal *(bo 'n perd se hak)*.

thor·ough·ly deeglik, terdeë, behoorlik, grondig, deur en deur; van hoek tot kant, van 'n kant af. **thor·ough·ness** deeglikheid; grondigheid; weldeurdagtheid.

thorp(e) *(vero.)* dorpie.

those dié, diegene; daardie; sommige; →THAT *pron.*; *~ were the **days!*** →DAY; *~ **of** you who ...* dié van julle wat ...; *~ **who** ...* dié/diegene wat ...; *there are ~ **who** ...* daar is mense wat ..., sommige ...; *there are ~ among you **who** ...* sommige/party van julle ...

thou *pron. (nom.)* u. **thou** *ww.* met *u* aanspreek.

though ofskoon, (al)hoewel; al (is dit); ***as** ~ ...* (as)of ...; *s.o. acts **as** ~ he/she were mad/etc.* iem. gedra hom/haar soos 'n mal/ens. mens; ***even** ~ ...* al (*of* selfs as) ...; *~ **it isn't** big/etc. it ...* dis nou (wel) nie groot/ens. nie, maar ...; *s.o. is a **nice/etc.** person, ~* iem. is tog 'n gawe/ens. mens; *~ **I say** it myself* al sê ek dit self; *you could have **told** me, ~* jy kon my mos/darem gesê het.

thought *n.* gedagte; plan, voorneme; inval, idee; mening, opinie; denke; denkwyse; rede, denkvermoë; nadenke; oorweging; aandag; gedagtes, gepeins; hoop, verwagting; bedoeling; *be **absorbed/lost/plunged/wrapped** in ~* in gedagtes/gepeins verdiep/versonke wees; ***at the** ~ of s.t.* by die gedagte aan iets; *the **bare** ~* net die gedagte (alleen), die blote gedagte; ***body** of ~* →BODY *n.*; ***collect** one's ~s* jou gedagtes bymekaarkry; *be **deep** in ~* (diep) ingedagte (*of* in gedagtes verdiep/versonke) wees; *in **deep** ~* in diep(e) gepeins; *s.o.'s **every** ~* al iem. se gedagtes, elke gedagte van iem.; *s.t. gives s.o. **food** for ~* iets gee iem. stof tot nadenke; *have **food** for ~* stof tot nadenke hê; *s.t. is (of gives [one]) **food** for ~* iets laat ('n) mens dink (*of* stem [jou *of* ('n) mens] tot nadenke); *~ is **free*** elkeen kan dink wat hy/sy wil; ***freedom** of ~* vryheid van denke; *take ~ for the **future*** vir die toekoms sorg; ***give** a ~ to ...* aan ... dink; oor ... nadink; ***give** s.t. much* (or *a lot of) ~* goed oor iets nadink, iets baie goed/deeglik oorweeg; *not **give** s.t. a ~* glad nie aan iets dink nie; *a **happy** ~* 'n gelukkige inval; ***harbour** a ~* →HARBOUR *ww.*; *s.o.'s **line** of ~* iem. se gedagtegang; *be **lost** in* →***absorbed/lost/plunged/wrapped;*** *the **mere** ~* net die gedagte (alleen), die blote gedagte; *at the **mere** ~ of it* by die blote (*of* reeds by die) gedagte daaraan; *a ~ **more** considerate/etc.* ('n) bietjie meer bedagsaam/ens.; *take no ~ of the **morrow*** jou nie oor die dag van môre/more bekommer nie; *have **no** ~ of doing s.t.* nie meen om iets te doen nie; nie van plan wees om iets te doen nie; *s.o.'s ~s **on** s.t.* wat iem. van iets dink; *s.o.'s **one** ~ is to ...* al waaraan iem. dink, is om te ...; ***perish** the ~!* →PERISH; *be **plunged** in ~* →***absorbed/lost/plunged/wrapped;*** *(as) **quick** as ~* →QUICK *adj. & adv.*; *a **school** of ~* 'n denkwyse/denkrigting/gedagterigting; *get/have **second** ~s about/on s.t.* bedenkings oor iets kry/hê, iets opnuut oorweeg, jou besin; *on **second** ~s* na verder(e)/vêrder(e) (*of* by nader[e]) oorweging, ná ryper beraad; *after **serious** ~* ná ryp beraad (*of* ernstige oorweging); *have **some** ~s of doing s.t.* half van plan wees (*of* so half en half 'n plan hê) om iets te doen; ***take** ~* goed dink, ernstig nadink, ernstig oorweeg; ***train** of ~* →TRAIN *n.*; *s.o.'s ~s **turn** to s.t.* iem. dink oor iets; *the **very** ~ of it* net die gedagte daaraan, die blote gedagte (daaraan); *act **without** ~* handel sonder om (na) te dink; ***without** a moment's ~* sonder om twee keer te dink, sonder om 'n oomblik na te dink, sonder om jou 'n oomblik te bedink; *be **wrapped** in ~* →***absorbed/lost/plunged/wrapped.*** **thought** *ww. (verl.t. & verl.dw.)* →THINK *ww.*. **~-out** deurdag; *carefully/well ~ plan/etc.* weldeurdagte/goeddeurdagte/fyndeurdagte (*of* goed/fyn deurdagte) plan/ens.; *badly/ill/poorly ~ legislation/etc.* swak deurdagte wetgewing/ens. ~ **process** denkproses. **~-provoking** wat jou (*of* ['n] mens) tot nadenke stem, wat heelwat stof tot nadenke bied, met heelwat stof tot nadenke, diepsinnig. **~-reader** gedagteleser. **~-reading** gedagtelesery. ~ **transference** *(psig.)* = TELEPATHY. ~ **wave** gedagtegolf.

thought·ful ingedagte, peinsend, nadenkend; bedagsaam, sorgsaam; diepsinnig, gedagteryk; *be ~ of others* altyd aan ander dink; *how ~ of you!* hoe vriendelik van jou om daaraan te dink!, baie bedagsaam van jou!. **thought·ful·ness** bedagsaamheid.

thought·less onbedagsaam, selfsugtig; roekeloos, onbesonne; ondeurdag, onnadenkend, onbekook, gedagteloos. **thought·less·ness** onbedagsaamheid *ens.*.

thou·sand duisend; *a ~ ...* duisend ...; *~s **and** ~s of ...* derduisende (*of* duisende der duisende) ...; *for the ~ **and first** time* (vir) die duisend-en-eerste (*of* duisend en eerste) keer/maal; *a ~ **and one*** duisend-en-een, duisend en een; *make a ~ **and one** excuses* allerhande ekskuse/verskonings hê; ***by** the ~* by (die) duisende; *be a man/woman **in** a ~* 'n man/vrou (*of* een uit) duisend wees; ***in** (their) ~s* by (die) duisende; *of a ~ **kinds*** duisenderlei; *~s **of** kilometres/etc.* duisende kilometers/ens.; ***one** ~* eenduisend, een duisend; ***one** in a ~* een uit duisend; *it's a ~ to **one** chance* dis duisend teen een; ***over** a ~* →OVER *prep.*; *it is a ~ **pities*** →PITY *n.*; ***tens** of ~s of ...* tienduisende ...; *a ~*

thanks →THANKS; *a ~ times easier/etc.* →TIME *n.*; *~s upon ~s of ...* derduisende (*of* duisende der duisende) ... **~fold** *n.* duisendvoud. **~fold** *adj. & adv.* duisendvoudig. **thou·sandth** *n.* duisendste (deel). **thou·sandth** *adj.* duisendste.

Thrace *(geog.)* Thracië. **Thra·cian** *n.* Thraciër. **Thra·cian** *adj.* Thracies.

thrall *n., (poët., liter.)* slawerny, knegskap; *(hist.)* slaaf; *be in ~ to ...* die slaaf van (*of* onderworpe aan) ... wees; *hold s.o. in ~* iem. verkneg. **thrall** *adj., (arg.)* verslaaf. **thrall** *ww.* verslaaf, (ver)kneg, tot slaaf maak, onderwerp. **thral·dom,** *(Am.)* **thrall·dom** slawerny, knegskap; diensbaarheid; verdrukking.

thrash slaan, moker, (uit)looi, bydam, toetakel, pak (*of* 'n pak slae) gee, afransel; *(wind)* swiep, slaan; *(branders)* breek, slaan; slaan met *(jou arms)*; *(infml.: verslaan, oorwin)* oorrompel, afransel, verpletter, kafdraf, kafloop, uitstof, 'n groot pak slae (*of* 'n afgedankste/gedugte loesing) gee; *(w.g.)* dors *(graan)*; →THRESH; *be ~ed, (ook)* deurloop; *~ about/around* rondspook; *~ out a matter* 'n saak uitpluis (*of* van alle kante bekyk/beredeneer).

thrash·er[1] slaner; *(arg.)* →THRESHER.

thrash·er[2] *(orn.)* Amerikaanse lyster.

thrash·er[3] *(igt.)* = THRESHER (SHARK).

thrash·ing (afgedankste/gedugte/groot) pak (slae) (*of* loesing), afranseling.

thra·son·i·cal grootpraterig, blufferig.

thread *n.* draad; rafel; garing, gare; *(teg.)* (skroef)draad; *(rek.)* rygskakel; *(rek.)* rygpad; →FEMALE THREAD; *a **ball** of ~* 'n bol garing/gare; *not have a **dry** ~ on one, (infml.)* geen droë draad aan jou lyf hê nie; ***gather*** (or ***pick up***) *the ~s* die drade saamvat; ***hang** by a (single) ~* →HANG *ww.*; *the ~ of **life*** die lewensdraad; ***lose** the/one's ~* (van die punt) afdwaal; die kluts kwytraak; ***male** ~* →MALE; ***pick/take up** the ~s, (ook)* (ou) bande weer hiern(ie)u/hernuwe/opneem/optel; ***pick/take up** the ~(s) of a conversation* 'n gesprek hervat, die draad van 'n gesprek weer opneem; ***pick/take/gather up** the ~s of one's life* jou lewe hervat; *a ~ **runs** through s.t.* 'n draad loop deur iets; *~ and **thrum*** goed en sleg, alles/almal voor die voet; *be **worn** to a ~, ('n kledingstuk ens.)* gaar gedra wees. **thread** *ww.* ('n draad) deursteek/insteek; (in)ryg *(krale)*; *(teg.)* draadsny *(pype ens.)*; →THREADED *adj.*; *~ a **needle*** ('n draad) garing/gare deur 'n naald (se oog) (*of* deur die oog van 'n naald) steek; *a ~ed **pipe*** 'n skroefpyp; *~ a **screw*** 'n (skroef)draad insny; *~ one's way **through** the ...* tussen die ... deurvleg, vir jou 'n weg deur die ... baan; *hair ~ed **with** grey* hare met grys strepe (*of* met [die] strepe grys). **~bare** verslete, verslyt, afgeslyt, afgedra, voddig *(klere ens.)*; afgesaag, holrug gery, verslete *(beeldspraak ens.)*; afgeloop *(tapyt ens.)*; armoedig, armsalig, gehawend *(mens, huis, vertrek, ens.)*; *become ~* skif, verslyt; *wear s.t. ~* iets afdra (*of* voos dra) *('n hemp, rok, ens.)*; iets holrug ry *(beeldspraak ens.)*. **~ cutter** skroefdraadsnyer, draad(sny)mes. **~fin** =fin(s), *(igt.)* draadvin. **~ gauge** skroefdraadmaat. **~ lace** garing=, garekant. **~like** draadvormig. **~ mark** sekerheidstrokie *(in 'n banknoot)*. **~ pitch** skroefdraadhoogte. **~worm** draad=, haarwurm. **~worm (disease)** draadwurm(siekte), haarwurm(siekte).

thread·ed *adj., (teg.)* skroef= *(pen, pyp, ens.)*; *(rek.)* geryg; *~ end* skroefdraadent *(v. 'n bout)*; *~ code/file/tree/etc., (rek.)* gerygde kode/lêer/boom/ens.

thread·er (garing)insteker, (gare-)insteker.

thread·y draderig, veselrig. **thread·i·ness** draderigheid, veselrigheid.

threat dreigement, bedreiging; gevaar, bedreiging; ***carry out** a ~* 'n dreigement uitvoer; *an **empty** ~* →EMPTY *adj.*; ***pose** a ~ to ...* gevaar vir ... inhou, 'n bedreiging vir ... inhou/wees; *be a ~ **to** ...* 'n bedreiging/gevaar vir ... wees; ***under** ~ of ...* onder bedreiging met/van ...; *a **veiled** ~* 'n bedekte dreigement. **threat·en** dreig; bedreig; ***be** ~ing, (gevaar ens.)* dreig; *('n storm)* aan die broei/kom (*of* in aantog) wees; *be ~ed **by** ...* deur ... gedreig word *(iem.)*; deur ... bedreig word *(werkloosheid ens.)*; *a ~ing **letter*** 'n dreigbrief; *a ~ed **species*** →SPECIES; *~ **to** do s.t.* dreig om iets te doen *(bedank ens.)*; *~ing **weather*** onweer, dreigende weer; *~ s.o. **with** ...* iem. met ... dreig *(d. dood, 'n mes, ens.)*.

three drie; *~ days **ago*** naaseergister, drie dae gelede; ***all** ~* al drie; *~ **by** ~, **in** ~s* drie-drie; *~ **cheers*** →CHEER *n.*; *~ **hours*** drie uur; *of ~ **kinds/sorts/types*** drieërlei; *~ **o'clock*** drieuur, drie-uur; *~ **of** them/us/you* drie van hulle/ons/julle; *all ~ **of** them/us* hulle/ons al drie; *the ~ **of** them/us/you* hulle/ons/julle drie; *~ to **one*** drie teen een; *(betting)* vier rand vir een rand; *~ to **one** on, (betting)* vier rand vir drie rand; *~ **parts*** driekwart, drie vierdes; *the ~ **R's*** die lees-, skryf- en rekenkuns; *the **rule** of ~* die reël van drie, die verhoudingswet. **~-act play** drieakter, driebedryf(stuk). **~-ball** *(gh.)* driebal. **~-card trick** driekaartspel. **~-chamber parliament** driekamerparlement. **~-colour printing** driekleurdrukwerk. **~-colour process** *(fot.)* driekleurproses. **~-cornered** driehoekig; *~ contest* driehoekige stryd, driehoekstryd; *~ hat* driekanthoed, steek. **~-D, 3-D** *n.*: *be in ~* driedimensioneel wees. **~-D, 3-D** *adj.* driedimensioneel; *~ glasses* bril met driedimensionele visie. **~-day** driedaags; *~ sickness, (veearts.)* driedae(stywe)siekte. **~-decker** driedekker, driedektoebroodjie; driedekker, driedekskip; *(infml.)* trilogie, roman in drie dele. **~-dimensional** driedimensioneel. **~-eight time** *(mus.)* drie-ag(t)-tydmaat. **~-flowered** drieblommig. **~fold** *n.*: *in ~* in drievoud. **~fold** *adj. & adv.* drievoudig. **~-forked** drietand=; *~ road/waterway* driesprong. **~-four time** *(mus.)* drie-vier-tydmaat. **~-furrow plough** drievoorploeg. **~-gaited horse** *(Am.)* driegangperd. **~-handed** driehandig; vir drie persone *(pred.)*, driehand=; *~ bridge* driemansbrug. **~-lane** *adj. (attr.)* driebaan= *(pad, snelweg)*. **~-leaved** drieblarig. **~-legged** driebenig, driebeen=; *~ race* driebeenre(i)sies, driebeen(tjie). **~-line whip** *(Br., pol.)* dringende oproep. **~-master** *(sk.)* driemaster. **~-part** driedelig; *(mus.)* driestemmig. **~pence** *(hist.)* trippens, tiekie; drie pennies/dubbeltjies/oulap. **~penny (bit/piece)** *(hist.)* trippens, tiekie. **T~penny Opera** *(mus.)*: *The ~, (gekomponeer deur Kurt Weill)* Die driestuiweropera, *(D.)* Die Dreigroschenoper. **~pennyworth** *(hist.)*: *~ of sugar* 'n trippens/tiekie se suiker. **~-phase** driefasig. **~-piece (suit)** driestuk(pak). **~-piece (suite)** *(Br.)* driestuksitkamerstel. **~-pin plug** driepenprop. **~-ply (wood)** drielaaghout. **~-ply (wool)** driedraadwol. **~-point** *adj. (attr.)* driepunt=; *~ landing, (lugv.)* driepuntlanding; *~ turn* driepuntdraai; *~ switch* driepunt=, drieweg=skakelaar. **~-power conference** driemoondhede-konferensie. **~-pronged** drietandig, drietand=; *~ attack, (fig.)* drieledige aanval; *~ fork* drietandvurk. **~-prong(ed) plug** driepenprop. **~-quarter** *n., (rugby)* driekwart, sneller. **~-quarter** *adj. (attr.)* driekwart=; *~ **bed*** driekwartbed, twyfelaar(bed); *~ **brick*** driekwartsteen; *~ **line**, (rugby)* driekwartlyn, driekwarte, snellers; *~ **sleeve*** driekwartmou. **~ quarters** *(mv.)* driekwart, drie vierdes; *~ of an hour* driekwartier. **~-ring circus** *(Am.)* drieringsirkus; *(infml.)* spektakel. **~-roomed flat** driekamerwoonstel. **~score** *(poët., liter.)* sestig. **~-sided** driesydig, =kantig. **~some** drietal, driemanskap, drie mense; *(gh.)* driespel. **~-speed gearbox** driegangratkas. **~-square file** driekantvyl. **~-star** *adj. (attr.)* driester= *(hotel ens.)*. **~-stringed** driesnarig. **~-tier(ed)** drievlakkig, drievlak= *(struktuur ens.)*; drielaag= *(troukoek ens.)*. **~-toed** drietonig, drietoon=; *~ sloth* ai, (drievingerige) luiaard/luidier. **~-volume** *adj. (attr.)* driedelige *(roman ens.)*. **~-way** *adj. (attr.)*: *~ **cock**, (teg.)* driewegkraan; *~ **conversation*** drierigtinggesprek; *~ **cross-ing/intersection*** drierigtingkruising; *~ **play-off*** uitspeel(wed)stryd tussen drie (*of* met twee ander) spelers; *~ **profit split*** winsdeling tussen drie partye; *~ **switch*** driewegskakelaar. **~-wheeler** driewielvoertuig; driewiel(fiets); driewielmotorfiets. **~-year-old** *n.* driejarige (kind). **~-year-old** *adj. (attr.)* driejarige, drie jaar oud/ou(e) *(kind ens.)*.

threm·ma·tol·o·gy vee- en planteteelt.

thren·o·dy, thre·node elegie, treurdig; klaaglied, =sang; lyksang.

thre·o·nine *(biochem.)* treonien.

thresh dors; *~ about/around* →THRASH ABOUT/AROUND; *~ s.t. out* iets uitdors; *~ s.t. over* iets van alle kante bekyk. **thresh·er** dorser; dorsmasjien. **thresh·er (shark)** sambokhaai.

thresh·ing (die) dors, dorsery, dorswerk. **~ flail** dorsvleël. **~ floor** dorsvloer. **~ machine** dorsmasjien.

thresh·old *(lett. & fig.; fisiol. & psig.)* drumpel, drempel; ingang; *(fig.)* vooraand, begin, aanvang; *be at/on the ~ of ..., (fig.)* op die drumpel/drempel (*of* aan die vooraand) van ... staan; *pain ~* →PAIN. **~ costs** drumpel=, drempelkoste. **~ price** drumpel=, drempelprys. **~ value** drumpel=, drempelwaarde.

threw *(verl.t.)* →THROW *ww.*.

thrice *(fml. of poët., liter.)* drie keer/maal; *(arg.)* hoogs, uiters, besonder; waarlik, voorwaar, inderdaad. **~-told tale** afgesaagde storie.

thrift spaarsaamheid, spaarsin; suinigheid; *(bot., ook sea pink)* strandkruid, Engelse gras; *(Am., fin.)* spaar-en-leen-vereniging; *(vero.)* voorspoed. **~ club** spaarklub. **~ movement** spaarbeweging. **~ shop, ~ store** *(Am.)* liefdadigheidswinkel.

thrift·less spandabel, verkwistend, verspillend. **thrift·less·ness** spandabelheid, verkwisting.

thrift·y spaarsaam; suinig; *(arg.)* bloeiend, florerend, gedyend; *(arg.)* welvarend, voorspoedig. **thrift·i·ness** spaarsaamheid, spaarsin.

thrill *n.* sensasie; opwinding, opgewondenheid, ontroering; opwelling *(v. vreugde ens.)*; tinteling *(v. opwinding ens.)*; golf *(v. verontwaardiging ens.)*; siddering *(v. afgryse ens.)*; sterk *(haatgevoel ens.)*; *(med.)* trilling; *(arg.)* klop(ping), slag; *s.o. gets a ~ out of ...* (or *... gives s.o. a ~*) ... is vir iem. opwindend *(iets)*; ... maak iem. se knieë lam (*of* laat iem. se hart spring) *(iem.)*; *do s.t. for the ~ of it* iets vir die lekkerte/plesier daarvan doen; *~s and spills, (infml.)* passie en opwinding. **thrill** *ww.* aangryp, in vervoering bring/hê, ontroer, met ontroering vervul; *(iem. se)* knieë lam maak (*of* hart laat spring); opgewonde/geesdriftig maak; (laat) sidder; *be ~ed about/at/with s.t.* verheug (*of* in die wolke *of* in ekstase *of* in jou noppies *of* baie opgewonde) oor iets wees; *... ~ed the audience/etc.* (or *the audience/etc. ~ed to ...*) ... het die gehoor/ens. aangegryp/ontroer (*of* in vervoering gebring/gehad); *be ~ed to bits* uit jou vel van blydskap/vreugde spring; *fear ~ed through s.o.'s veins* iem. het van vrees gesidder (*of* het angsbevange geraak/geword *of* is deur angs/vrees oorval); *~ s.o. with horror* iem. van afgryse laat sidder. **~ seeker** sensasiesoeker. **~-seeking** sensasielus, =sug, =jag. **~-seeking** sensasiebelus.

thrill·er riller; spannings(rol)prent, =fliek, ril(ler)prent, =fliek; spanningsverhaal, ril(ler)storie, =verhaal; spannings=, ril(ler)drama, spanning=, ril(ler)stuk; spanningsroman, ril(ler)boek, =roman. **thrill·ing** opwindend, spannend, spanningsvol, boeiend, pakkend, meevoerend; aangrypend, ontroerend; sensasioneel; trillend; *~ experience* opwindende/spannende ondervinding.

thrip(s) *thrips, (entom.)* blaaspootjie, trips.

thrive *thrived thrived; throve thriven, (baba, dier, plant)* floreer, gedy, goed aard; *(plant)* geil/welig groei; *(onderneming, taal, ens.)* floreer, gedy, (groei en) bloei; *(sakeman ens.)* voorspoedig wees; *~ on s.t.* op iets floreer. **thriv·ing** bloeiend, florerend, gedyend, welvarend, voorspoedig.

thro' *(poët., liter. of infml.)* →THROUGH.

throat keel; gorrel, strot; noute; ingang; uitgang; *(sk.)* klou *(v. 'n gaffel of boom)*; *(sk.)* klouhoring *(v. 'n gaffelseil)*; *(sk.)* bek *(v. 'n kous)*; sluk *(v. 'n skoorsteen of saag)*; beitelgat *(v. 'n skaaf)*; drup(groef) *(v. 'n venster)*; *be **at** each other's* (or *one another's*) *~s* mekaar aan die keel gryp; mekaar in die hare vlieg, rusie maak; ***clear** one's ~* keelskoonmaak, (jou) keel skoonmaak; ***cut** each other's* (or *one another's*) *~s, (fig.)* mekaar keelaf sny (*of* keel afsny *of* benadeel); ***cut** one's own ~, (fig.)* jou eie keel afsny, jou eie (*of* self jou) ondergang bewerk, jouself benadeel; ***cut/slit** s.o.'s ~, (lett.)* iem. (se) keel afsny, iem. keelaf sny; ***force/ram/shove/stuff/thrust*** *s.t. down s.o.'s ~, (infml.)* iets aan iem. opdwing; ***grab/take*** *s.o. by the ~* iem. aan die keel/bors/strot gryp; ***jump*** *down s.o.'s ~* →JUMP *ww.*; ***lie*** *in one's ~* →LIE[1] *ww.*; ***pour*** *everything down one's ~, (infml.)* alles deur jou keelgat ja(ag); ***slit*** *s.o.'s ~* →***cut/slit; spring*** *at the ~ of s.o.* iem. aan die keel/bors/strot gryp; *the words* ***stick*** *in s.o.'s ~* die woorde bly in iem. se keel steek; *s.t.* ***sticks*** *in s.o.'s ~, (infml.)* iets steek iem. (dwars) in die krop; ***take*** *s.o. by the ~* →***grab/take; thrust*** *s.t. down s.o.'s ~* →***force/ram/shove/stuff/thrust;*** *go down the* ***wrong*** *~* by die verkeerde keel(gat) ingaan. ~ **bolt** hals=, keelbout. ~**-cutting** *n.* moord, keelafsnyery. ~**-cutting** *adj.* moorddadig. ~ **flap** keelklep. ~ **plate,** ~ **sheet** broekplaat *(v. 'n loko).* ~ **specialist** *(med.)* keelspesialis, =arts.

-throat·ed *komb.vorm* =keel=; *a deep-~ DJ/etc.* 'n plate-joggie/ens. met 'n diep, lae stem; *full-~* uit volle bors; *white-~ canary* witkeelkanarie.

throat·y gutturaal, keel=; met 'n dik gorrel; hees, skor *(stem).*

throb *n.* klop, klopping, geklop, gebons, gepols, slag. **throb** =*bb*=, *ww.* klop, bons, pols, palpiteer; bewe, ril, tril; ~ *with* ... bons van ... *(blydskap ens.)*; wemel van ... *(mense ens.).*

throes *n.* *(mv.)* hewige pyn, wee; (doods)angs, doodstryd; weë, barensweë, =nood; *be in the ~ of* ... hard met ... besig wees; *the last ~* die doodstryd.

throm·bin *(med.)* trombien.

throm·bo·cy·to·pe·ni·a *(med.)* trombositopenie.

throm·bose *(med.)* tromboseer, stol, klont(er).

throm·bus *thrombi* bloedklont, trombus. **throm·bo·cyte** bloedplaatjie, trombosiet. **throm·bo·sis** =*boses* trombose, aarverstopping, (bloed)stolling; *coronary ~* →CORONARY. **throm·bot·ic** tromboties.

throne *n.* troon; *s.o.'s* ***accession*** *to the ~* →ACCESSION; ***ascend*** (or ***come to*** or ***mount****) the ~* die troon bestyg; *the ~ of* ***grace,*** *(NT)* die genadetroon (*of* troon van die genade); *the* ***heir*** *to the ~* →HEIR; ***place*** *s.o. on the ~* iem. tot die troon verhef (*of* op die troon plaas/sit); ***restore*** *s.o. to the ~* iem. op die troon herstel; *the* ***speech*** *from the ~* die troonrede; *the* ***succession*** *to the ~* die troonopvolging. **throne** *ww.* troon; op die troon plaas/sit. ~ **room,** ~ **hall** troonsaal.

throng *n.* (mense)massa, (mense)menigte, gedrang, toeloop, horde, gewoel; swerm *(voëls)*; trop *(diere).* **throng** *ww.* saamdrom, toestroom, verdring; *the people ~ed round* die mense het mekaar verdring; *people ~ed the streets, the streets were ~ed with people* die strate het van mense gewemel.

thros·tle *(poët., orn.)* (sang)lyster. ~ **(frame)** *(hist.)* spinmasjien, drossel(masjien).

throt·tle *n., (mot.)* versnelklep; *(mot.)* handversneller; versneller *(v. 'n vliegtuig)*; regulateur *(v. 'n lokomotief)*; *(arg.)* keel(gat), strot, lugpyp; *at full ~* met/op volle krag; in/met volle vaart. **throt·tle** *ww.* (ver)wurg, doodwurg *(iem.)*; *(iem. se)* gorrel toedruk; *(fig.)* demp, smoor, doodwurg *(inisiatief ens.)*; onderdruk *(d. pers ens.)*; *(teg.)* reguleer, smoor; ~ *back/down* vaart verminder. ~ **valve** *(mot.)* versnelklep; regulateur *(v. 'n lokomotief).*

throt·tler wurger. **throt·tling** (ver)wurging.

through *adj., (attr.)* deurgaande, deurlopende, deur=; *(pred.)* deur *(na Londen, 'n oproepontvanger, d. vlg. rond[t]e, ens.)*; *(infml.)* klaar *(met iem./iets)*; klaar(praat) met jou; ~ ***bolt*** deurloopbout; ~ ***carriage*** deurgaande wa; ~ ***connection*** deurverbinding; ~ ***freight*** deurvrag; ~ ***pipe*** deur(loop)pyp; ~ ***road*** deurpad; *no ~* ***road*** geen deurgang, gesluit/toe vir deurverkeur (*of* deurgaande verkeer); ~ ***street*** deurstraat; ~ ***ticket*** deurreiskaartjie; ~ ***traffic*** deurverkeer, deurgaande verkeer; ~ ***train*** deurgaande trein; *be ~* ***with*** *s.o., (infml.)* klaar wees met iem., niks meer met iem. te doen wil hê nie; *I'm ~* ***with*** *you, (ook)* dis uit tussen ons; *be ~* ***with*** *s.t., (infml.)* klaar wees met iets, iets klaar hê *(werk ens.)*; iets deurgelees hê *('n boek ens.).* **through** *prep. & adv.* deur; deur, weens, vanweë, uit; deur middel van, met behulp van, aan die hand van; *(Am.)* tot en met; deur, tot die einde; deur en deur; ~ ***and*** ~ deur en deur, in alle opsigte; *read s.t. ~* ***and*** ~ iets oor en oor lees; ~ ***carelessness*** uit agte(r)losigheid; ***chapters*** *1 ~ 5, (Am.)* hoofstuk 1 tot en met 5; ~ ***diplomatic channels*** →CHANNEL *n.*; *all ~ the* ***evening*** →EVENING; ***fall*** ~ →FALL *ww.*; *~ no* ***fault*** *of one's own* →FAULT *n.*; ***go*** ~ →GO *ww.*; ~ ***it*** daardeur; ***let*** *s.o./s.t. ~* →LET[1] *ww.*; ***live*** *~ s.t.* →LIVE[1] *ww.*; ***Monday*** *~ Friday, (Am.)* van Maandag tot en met Vrydag; ***put*** *s.t. ~* →PUT *ww.*; ***right*** ~ dwarsdeur, regdeur, deur en deur, van voor tot agter; ***see*** *~ s.o.* →SEE[1] *ww.*; *~* ***s.o.*** deur iem. (se toedoen); ***straight*** ~ →STRAIGHT *adv.*; ~ ***that*** daardeur; ~ ***this*** hierdeur; ***wet*** ~ deurnat; ~ ***what?*** waardeur?; ~ ***which*** ... waardeur ...; *the* ***whole*** *day/etc. ~* die hele dag/ens. deur; *(all) ~ the* ***years*** deur (al) die jare heen; *~ ten/etc. long* ***years*** tien/ens. lang(e) jare. ~**out** *prep. & adv.* deurgaans, deurentyd, heeltyd, die hele tyd, steeds, altyddeur, al(maar)deur; deur en deur, heeltemal, geheel en al, in alle opsigte, volkome, volledig; van voor tot agter; *~ the day/evening/month/morning/night/week/world/year* →DAY, EVENING, MONTH, MORNING, NIGHT, WEEK, WORLD, YEAR. ~**put** resultaat; verwerking; produksie; omset; *(rek. ens.)* verwerkingskapasiteit. ~**way** deurpad, weg; *(Am.)* snelweg.

throw *n.* gooi, worp; (oorgooi)doek, kleed, deken, (bed)=sprei; *(Am.)* ligte kombers; *(Am.)* serp, sjaal; *(geol.)* valhoogte; uitslag *(v. 'n wys[t]er, galvanometer, ens.)*; slag *(v. 'n krukas)*; *R50/etc. a ~, (infml.)* R50/ens. elk (*of* [per] stuk); *have a ~ at* ... na ... gooi; *stake all on a single ~* alles op een kaart verwed; *a stone's ~* →STONE *n.*. **throw** *threw thrown, ww.* gooi, werp, smyt; slinger; *(perd)* afgooi *('n ruiter)*; *(perd)* verloor *('n hoefyster)*; slaan *('n [vuis]hou)*; aanslaan *('n skakelaar)*; *(infml.)* opsetlik (*of* met opset) verloor, (opsetlik *of* met opset) weggooi *('n wedstryd ens.)*; *(kr.)* gooi *(pleks v. boul)*; verwar; ontstel; van stryk (af) bring; *(dier)* werp *('n kalf)*; vorm *(pottebakkersware)*; *(houtw.)* draai *('n stoel ens.)*; twyn, vleg, draai *(drade)*; *(tekst.)* fileer *(sy, filamente, ens.)*; *(tekst.)* 'n dwarsslag maak *(by kantvervaardiging en skeringbrei)*; *(spw.)* oorhaal *('n wissel)*; gee, hou *('n partytjie)*; →THROWING; ~ *one's arms* ***about*** *(s.o.)* →ARM[1] *n.*; ~ *s.t.* ***about/around*** iets rondgooi; ~ *money* ***about/around*** →MONEY; *~ one's weight* ***about/around*** →WEIGHT *n.*; ~ *a bridge* ***across*** *a river* →BRIDGE[1] *n.*; ~ *a dam* ***across*** *a river* 'n dam in 'n rivier bou; ~ *one's weight* ***against*** ... →WEIGHT *n.*; ~ *a cordon* ***(a)round*** ... →CORDON *n.*; ~ *s.t.* ***aside*** iets opsy gooi; ~ *o.s.* ***at*** *s.o.* jou teen iem. aangooi/vasgooi/aanwerp/vaswerp; jou aan iem. opdring, agter iem. aanloop; ~ *s.t.* ***at*** *s.o.* iem. met iets gooi *(klippe ens.)*; ~ *the book* ***at*** *s.o.* →BOOK *n.*; ~ *s.t.* ***away*** iets weggooi; iets vermors; iets laat verlore gaan (*of* laat verbygaan/verbyglip *of* [deur jou vingers] laat glip) *('n kans ens.)*; ~ *the enemy/etc.* ***back*** die vyand/ens. terugdryf/terugdrywe/terugslaan/terugwerp; ~ *s.t.* ***back*** iets teruggooi; iets agteroor gooi *(jou kop)*; iets terugkaats *('n aanmerking ens.)*; *be thrown* ***back*** *on/upon* ... op ... aangewese wees; jou op ... moet verlaat; jou toevlug tot ... moet neem; ~ *o.s.* ***down*** platval, plat val, plat gaan lê, jou neergooi/neerwerp; ~ *s.o.* ***down*** iem. neergooi/platgooi (*of* plat gooi); ~ *s.t.* ***down*** iets afgooi; iets neergooi/neerwerp/platgooi (*of* plat gooi); iets omgooi; iets omverwerp/omvêrwerp/omvergooi/omvêrgooi; ~ ***feathers*** →FEATHER *n.*; ~ *a* ***fit*** →FIT[2] *n.*; *be thrown* ***from*** *a horse* (*or the saddle*) deur 'n perd afgegooi word; ~ *a* ***glance*** *backward(s)* →GLANCE[1] *n.*; ~ *the* ***guilt*** *on s.o. else* →GUILT; ~ *the* ***hammer*** →HAMMER *n.*; ~ *s.t.* ***in*** iets ingooi; iets op die koop toegee (*of* toe gee), iets byst (*of* daarby sit/voeg *of* gratis byvoeg); iets terloops opmerk; ~ ***in*** *one's hand* →HAND *n.*; ~ ***in*** *one's lot with* ... →LOT *n.*; ~ *s.t.* ***in*** *s.o.'s teeth* →TOOTH *n.*; ~ ***in*** *the towel* →TOWEL *n.*; ~ ***in*** *one's weight with* ... →WEIGHT *n.*; ~ ***in*** *a word now and again* →WORD *n.*; ~ ***in/up*** *the sponge* →SPONGE *n.*; ~ *o.s.* ***into*** *s.t.* iets met hart en siel aanpak, (met) hart en siel vir iets werk *('n saak ens.)*; ~ *s.t.* ***into*** *the bargain* →BARGAIN *n.*; ~ *s.o.* ***into*** *confusion* →CONFUSION; ~ *a car* ***into*** *gear* →GEAR *n.*; ~ *s.o.* ***in(to)*** *jail/prison* iem. in die tronk gooi/stop/smyt; ~ *s.t.* ***into*** *shape* →SHAPE *n.*; ~ *o.s.* ***into*** *the water* in die water spring/duik; ~ *the* ***javelin*** →JAVELIN; ~ *s.o.* ***off*** iem. ontglip; ~ *s.t.* ***off*** iets afgooi; iets uitpluk *(klere ens.)*; iets oplewer *(wins ens.)*; van iets ontslae raak *('n verkoue ens.)*; iets afgee *(vonke ens.)*; ~ *s.t.* ***on*** iets opgooi; gou-gou/haastig iets aantrek/aanpluk *(klere)*; ~ *light* ***on/upon*** *s.t.* →LIGHT[1] *n.*; *throw o.s.* ***on/upon*** *s.o.'s mercy* →MERCY; *be thrown* ***on/upon*** *one's own resources* →RESOURCE; ~ *responsibility* ***on/upon*** *s.o.* →RESPONSIBILITY; ~ *s.t.* ***open*** iets oopgooi; iets oopmaak/oopstel; ~ ***open*** *the door* →DOOR; ~ *s.t.* ***open*** *to* ... iets vir ... oopstel; ~ *s.o.* ***out*** iem. uitgooi/uitsmyt; iem. deurmekaarmaak (*of* van sy/haar wysie af bring); ~ *s.t.* ***out*** iets uitgooi; iets verwerp *('n voorstel ens.)*; iets uitstoot *(jou bors ens.)*; iets aan die hand doen/gee *('n wenk ens.)*; iets te kenne gee; iets afgee *(warmte ens.)*; iets verkeerd maak *('n berekening ens.)*; ~ *s.o./s.t.* ***out of*** ... iem./iets by ... uitgooi *(d. deur, venster, ens.)*; ~ *a car* ***out of*** *gear* →GEAR *n.*; ~ *s.o.* ***over,*** *(infml.)* iem. verlaat (*of* in die steek laat); iem. afsê *('n kêrel ens.)*; ~ *s.t.* ***over*** iets oorgooi; ~ *s.t.* ***overboard*** →OVERBOARD; *thrown* ***silk*** gefileerde sy; ~ *a* ***switch*** *to "off"* 'n skakelaar afslaan; ~ *a* ***tantrum*** →TANTRUM; *be* ***thrown*** verwar(d) (*of* in die war) wees; onthuts wees; van stryk (af) wees; ~ *people* ***together*** mense saambring; *be thrown* ***together*** op mekaar se geselskap aangewese wees; ~ *s.t.* ***together*** iets gou/inderhaas maak, iets saamflans; ~ *things* ***together*** goed saamgooi; ~ ***up,*** *(infml.)* opbring, opgooi, vomeer; ~ *s.t.* ***up*** iets opgooi; iets opgee (*of* laat vaar); iets opskuif/opskuiwe *('n venster ens.)*; iets oplewer *('n leier ens.)*; iets opsteek *(jou hand ens.)*; iets prysgee *(d. spel ens.)*; *be thrown* ***upon*** *each other* op mekaar aangewese wees. ~**away** *n.* weggooiding. ~**away** *adj.* weggooibaar, weggooi= *(kamera ens.)*; terloops, toevallig *(opmerking ens.).* ~**back** *n.* terugkeer *(na)*; teruggreep *(na)*; herlewing *(van)*; terugslag, terugaarding, (geval van) atavisme. ~**-in** *n., (rugby, sokker)* ingooi. ~**-off** *(jagsport)* begin, wegspring. ~**-out** uitvangdier; *(ook, i.d. mv.)* weggooigoed; weggooiklere; rommel; uitskot. ~**-over switch** *(elek.)* omskakelaar, tweestandskakelaar. ~ **rug** *(Am.)* (los) mat(jie).

throw·er, throw·ster gooier; pottebakker; draaier, fileerder *(v. sy)*; twyner.

throw·ing (die) gooi, gooiery; ~ *the discus/hammer/javelin* →DISCUS, HAMMER, JAVELIN; ~ *of silk* filering *(v. sy).* ~ **stick** gooistok.

thru *(Am.)* = THROUGH.

thrum[1] *n.* getokkel, getrommel; gebrom, gegons; getjingel. **thrum** =*mm*=, *ww.* tokkel, trommel; brom, gons; tjingel.

thrum[2] *n., (tekst.: afvalskering by weef)* traam; rafels, loshangende drade, rafelrand; (los) draad(jie); kwassie; *thread and ~* →THREAD *n.*. **thrum** =*mm*=, *ww.* frai-ings maak.

thrush[1] *(orn.)* lyster; *Cape rock ~* Kaapse kliplyster; *groundscraper ~* gevlekte lyster; *olive ~* olyflyster.

thrush[2] *(med.)* sproei *(i.d. keel of vagina)*; spru *(gekenmerk deur buikswelling en diarree)*; *(veearts.)* (v)rotstraal *(by perde).*

thrust *n.* stoot; stamp; steek; druk(king); stoot=, druk=, stukrag; momentum; beweegkrag; dryfkrag *(v. 'n pers.)*; *(mil.)* stoot; *(lugv.)* stu=, trekkrag; *(bouk.)* horisontale druk; kern *(v. 'n beleid ens.)*; *the ~ of s.o.'s argument* iem. se hoofbetoog; *~ of earth* gronddruk; *the ~ of the finding* die hoofbevinding. **thrust** *thrust thrust, ww.* stoot; steek; ~ *s.o./s.t.* ***aside*** iem./iets opsy stoot; ~ ***at*** *s.o. (with a knife)* (met 'n mes) na iem. steek; ~ *s.t.* ***forth*** iets uitstoot; iets uitsteek; ~ *o.s.* ***forward(s)*** jou vorentoe werp; jou op die voorgrond dring; ~ ***in*** indring; inbeur; ~ *one's way* ***in*** inbeur; ~ *s.o.* ***into*** *jail/prison* iem. in die tronk gooi/stop/smyt; ~ *s.t.* ***into*** ... iets in ... steek; iets in ... stop; ~ *one's nose* ***into*** *s.o.'s business* jou neus in iem. se sake steek, jou met iem. se sake bemoei; ~ *o.s.* ***on/upon*** *s.o.* jou aan iem. opdring; ~ *s.t.* ***on/upon*** *s.o.* iets aan iem. opdring; ~ *s.t.* ***out*** iets uitstoot; iets uitsteek *(jou hand)*; ~ *one's way* ***through*** ... jou/'n weg deur ... baan, deur ... dring; ~ *s.t.* ***through*** ... iets deur ... steek. ~ **bearing** *(teg.)* druklaer. ~ **block** *(teg.)* drukblok. ~ **face** *(teg.)* drukvlak. ~ **(fault)** *(geol.)* stootverskuiwing. ~ **line, line of ~** *(teg.)* stootlyn. ~ **plane** *(geol.)* stootverskuiwingsvlak, oorskuiwingsvlak. ~ **plate**

(teg.) drukplaat. ~ **screw** *(teg.)* drukskroef. ~ **stage** *(teat.)* tongverhoog. ~ **weapon** steekwapen.

thrust·er *n., (dinamiese mens)* deurdrywer; *(ruimtev.)* korreksie=, verniervuurpyl. **thrust·ful** *adj.* energiek, dinamies, ondernemend; kragdadig, daadkragtig. **thrust·ing** *(ook)* deurdrywend; ~ *person* deurdrywer.

thud *n.* plof, doef, dowwe slag/plof. **thud** *-dd-, ww.* (neer)plof, met 'n plof (*of* dowwe slag) val; ~ *into s.t.* iets met 'n plof (*of* dowwe slag) tref; ~ *on s.t.* op iets (neer)plof, met 'n plof (*of* dowwe slag) op iets val.

thug boef, skurk, booswig, boosdoener, kwaaddoener, misdadiger. **thug·ger·y** boewery, skurkery, misdadigheid, gewelddadigheid. **thug·gish** boefagtig, skurkagtig.

Thu·le *(geog.)* Thule; *(ultima)* ~ einde van die wêreld, verste/vêrste punt; *(fig.)* hoogste goed.

thu·li·um *(chem., simb.: Tm)* tulium.

thumb *n.* duim; duimelot *(in vingerrym)*; *s.o. is* **all** *(fingers and)* ~*s* →FINGER *n.*; *give s.t. the ~s* **down**, *(infml.)* iets afkeur/afwys/verwerp (*of* van die hand wys *of* nie aanneem/aanvaar nie); *have a* **green** ~, *(Am.)* →HAVE GREEN FINGERS; **hold** *~s for s.o.* vir iem. duim vashou; *a* **rule** *of* ~ →RULE *n.*; *stick/stand out like a* **sore** ~ erg hinderlik wees; opvallend anders wees; **twiddle/twirl** *one's ~s* met jou duime speel; verveeld wees; niks doen nie; *be* **under** *s.o.'s* ~ onder iem. se duim wees, onder iem. se plak sit/wees; *have/keep s.o.* **under** *one's* ~ iem. onder die/jou duim hê/hou, oor iem. baasspeel; ~*s* **up!** hou moed!, hou die blink kant bo!; *give s.t. the ~s* **up**, *(infml.)* iets goedkeur/aanneem/aanvaar. **thumb** *ww.* met jou duim aanraak/druk/streel/vryf/vrywe/ens.; met jou duim wys; (deur)blaai; beduimel; *a well ~ed* **book/etc.** 'n beduimelde boek/ens.; ~ *a* **lift** ryloop, duimgooi, duimry; ~ *one's* **nose** *at s.o., (infml.)* vir iem. langneus maak; ~ **through** *s.t.* deur iets blaai *('n boek ens.)*. ~ **button** drukknop. ~ **cleat** *(teg.)* eenhoringklamp. ~ **index** *n.* duim=, keepindeks. **~-index** *ww.* van 'n duim=/keepindeks voorsien. ~ **latch** duimknip, =klink, drukklink. ~ **lock** duimslot, druk(veer)slot. ~ **mark** vingermerk; vingervlek. **~-marked** beduimel(d). **~nail** duimnael. **~nail scraper** *(teg.)* duimskraper. **~nail sketch** miniatuurtekening, =skets, tekeninkie, sketsie; *(fig.)* penskets, kort beskrywing/skets. ~ **nut** *(teg.)* vleuelmoer. ~ **plane** *(teg.)* dwergskafie. **~print** duimafdruk. **~screw** *(foltertuig)* duimskroef; *(teg.)* vleuelskroef. **~stall** duimhoedjie, =kappie, =skut. **~tack** *(Am.)* = DRAWING PIN.

Thum·mim →URIM.

thump *n.* stamp, slag, plof; klop *(v.d. hart)*; hou *(m.d. vuis ens.)*. **thump** *ww.* slaan, hamer; moker; stamp; plof; *(hart)* bons, klop; *(infml.: verslaan, oorwin)* oorrompel, afransel, verpletter, kafdraf, kafloop, uitstof, 'n groot pak slae (*of* 'n afgedankste/gedugte loesing) gee; ~ *down on s.t.* op iets neerplof; ~ *s.t. down* iets neerplak; ~ *s.t. out* iets uithamer *('n musiekstuk ens.)*. **thump·er** stamper; slaner; stamp; grote; reusagtige/kolossale/yslike ding; gruwelike/verskriklike/yslike leuen. **thump·ing** *n.* gehamer; gestamp; gebons, geklop. **thump·ing** *adj.* stampend; bonsend, kloppend; yslik, enorm, kolossaal, ontsaglik, geweldig, baie groot; *a ~ headache* 'n barstende hoofpyn; *a ~ (great) lie* 'n gruwelike/verskriklike/yslike leuen; *a ~ majority* 'n klinkende meerderheid.

thun·der *n.* donder; donderweer; donderslag; gedonder, gebulder, gedreun, gedawer, gerommel; *to a ~ of* **applause** onder dawerende toejuiging; **by** ~, *(vero.)* waaragtig; *a* **crack** *of ~* 'n donderslag; *a* **face** *like* (or *[as] black as*) ~ 'n woedende gesig; ~ *and* **lightning** donderweer en weerlig, donder en blitse, swaar weer; **like** ~ soos donderweer; donderend, bulderend *(stem ens.)*; woedend, rasend; *a* **roll** *of ~* 'n dreuning/gerommel van die donderweer; *the ~* **rumbles** die donderweer dreun/rommel; **steal** *s.o.'s ~* iem. se kalklig steel; **what** *in ~?*, *(vero.)* wat d(i)e duiwel/drommel/ongeluk/donder?. **thun·der** *ww.* donder; bulder, dreun, brul, dawer, rommel; woed; ~ **across** ... oor ... dreun; ~ **against** ... teen ... uitvaar; ~ **down** neerstort; **it** *~s* (or *is ~ing*) dit donder, die weer dreun; ~ *s.t.* **out** iets uitbulder/uitbrul *(misnoeë, 'n toespraak, ens.)*; iets uitslinger *('n vloek ens.)*; ~ **past**, *('n trein ens.)* verbydreun. **~-and-lightning** *adj.* peper-en-soutkleurig; skel tweekleurig. **~bird** *(mit.)* onweersvoël. **~bolt** donderslag; weerlig(straal), bliksemstraal, blits(straal); vloek, vervloeking, banbliksem; *hit s.o. like a ~* iem. soos 'n vuishou/voorhamerhou/sweepslag tref; *a ~ of a shot* 'n mokerhou (*of* allemintige hou). **~box** *(Br., infml.)* bos=, veldtoilet. **~clap** donderslag. **~cloud** onweers=, donderwolk. **~flash** *(mil.)* donderslag. **~head** donder(wolk)kop. ~ **peal** donderslag. **~shower** donderbui. ~ **sky** donderweerlug. **~stone** dondersteen; *(arg.)* weerlig(straal). **~storm** donderstorm; *a ~ is brewing* daar is onweer in die lug. **~struck**, **~stricken** stom verbaas, verstom, oorbluf; *(w.g.)* deur weerlig getref.

thun·der·er dondergod; donderaar; woervleël.

thun·der·ing *adj. (attr.)* donderende *(water ens.)*; dawerende *(toejuiging ens.)*; yslike, enorme, kolossale, ontsaglike, geweldige, baie groot; *be a ~ bore* erg/ontsaglik/uiters/verskriklik vervelig/vervelend wees; *a ~ lie* 'n gruwelike/verskriklike/yslike leuen; *be a ~ nuisance* verduiwels lastig wees; *a ~ good read* 'n werklik uitstekende boek. **thun·der·ing·ly** *adv.* erg, ontsaglik, uiters, verskriklik *(vervelig ens.)*; (ver)duiwels, verbasend *(goed ens.)*.

thun·der·ous dreigend, onheilspellend *(wolke)*; donderend *(musiek ens.)*; dawerend *(toejuiging)*; allemintig *(gebrul ens.)*; oorverdowend *(lawaai)*; bulderend *(stem)*; woedend *(gesig)*; hewig *(frons)*; *a ~ shot* 'n mokerhou (*of* allemintige hou).

thun·der·y onweeragtig, onweers=, donder(weer)=; dreigend, onheilspellend; ~ *rain* donderweerreën; ~ *shower* onweersbui; ~ *sky* onweershemel.

thu·ri·ble wierookvat, reukvat. **thu·ri·fer** wierookdraer. **thu·rif·er·ous** wierookvoortbrengend, =bevattend, wierook=. **thu·ri·fi·ca·tion** wierookbranding; bewieroking.

Thu·rin·gi·a *(geog.)* Turinge. **Thu·rin·gi·an** *n.* Turinger. **Thu·rin·gi·an** *adj.* Turings.

Thurs·day Donderdag.

thus *(fml. of poët., liter.)* dus; aldus, op dié manier, so; sodoende; sus; ~ *and ~*, ~ *and so* sus en so, dit en dat; ~ *far* tot dusver/dusvêr/sover/sovêr/hiertoe, tot nou/nog toe; ~ *much* soveel.

thwack →WHACK.

thwart *n.* roeibank(ie). **thwart** *ww.* dwarsboom, kortwiek, verydel, fnuik, in die wiele ry, 'n stokkie steek voor; verhinder, keer, stuit; teen=, teëgaan. **thwart** *prep. & adv., (arg. of poët., liter.)* (dwars) oor. **thwart·ship(s)** *(sk.)* dwarsskeeps.

thy *bes.bep., (arg. of dial.)* u. **~self** *(arg. of dial.)* uself.

thy·la·cine *(soöl.)* buidelwolf, sebrawolf.

thyme *(bot.)* tiemie. ~ **oil** tiemieolie.

thy·mine *(biochem.)* timien.

thy·mol *(chem.)* timol, tiemiekanfer.

thy·mus *=muses, =mi,* **thy·mus gland** timus(klier), sweserik.

thy·ris·tor →SILICON-CONTROLLED RECTIFIER.

thy·ro= *komb.vorm* tiro=, skildklier=; *~toxicosis* tirotoksikose, skildkliervergiftiging.

thy·roid *n.* skildklierekstrak; *(ook* thyroid gland*)* skildklier, tiroïed(klier); *(ook* thyroid cartilage*)* skildkraakbeen, tiroïedkraakbeen. **thy·roid** *adj.* skildklier=, tiroïed=. **thy·roid·ec·to·my** tiroïdektomie, skildklieruitsnyding. **thy·roid·i·tis** skildklierontsteking, tiroïditis. **thy·ro·nine** tironien. **thy·rox·in(e)** tiroksien.

thyrse, thyr·sus *thyrses, thyrsi, (bot.: soort bloeiwyse)* tirse.

thyr·sus *(mit.)* Bacchusstaf; *(bot.)* →THYRSE.

ti[1] *(mus.)* →TE.

ti[2] *tis, (bot.)* tiboom, koolpalm.

ti·ar·a tiara; *(RK)* (pouslike) driekroon, tiara.

Ti·be·ri·as *(geog.)* Tiberias; *Sea of ~* →SEA OF GALILEE.

Ti·be·ri·us *(hist.: Rom. keiser)* Tiberius.

Ti·ber (Riv·er) Tiber(rivier).

Ti·bet *(geog.)* Tibet. **Ti·bet·an** *n.* Tibettaan; *(taal)* Tibettaans. **Ti·bet·an** *adj.* Tibettaans.

tib·i·a *=iae, (anat.)* skeenbeen, tibia. **tib·i·al** skeenbeen=.

tic senu(wee)trekking, spiertrekking.

tich →TITCH.

tick[1] *n.* tik; merkie, strepie; *half a ~!*, *(infml.)* net 'n oomblikkie!; *in (half) a ~*, *in two ~s*, *(infml.)* in 'n kits/japtrap, sommer gou-gou; *to the ~* presies, op die minuut. **tick** *ww.* tik; **make** *s.t. ~*, *(infml.)* iets aan die gang maak/hou; *what* **makes** *s.o. ~*, *(infml.)* hoe iem. se kop werk; ~ *s.o.* **off**, *(infml.)* iem. oor/op die vingers raps/tik, iem. 'n skrobbering gee, iem. berispe/roskam/skrobbeer; ~ *s.t.* **off** iets (af)merk; iets aanstip; ~ **over**, *('n motor)* stadig draai, luier; *(iem.)* net aan die gang bly; ~ **over** *better* beter funksioneer. **~-tack** (ge)tiktak *(v. 'n horlosie ens.)*; *(ook, Br.,* tic-tac*)* (geheime) seine *(v. beroepswedders op 'n renbaan)*. **~-tack-toe, tic-tac-toe** *(Am.)* →NOUGHTS AND CROSSES. **~-tock** (ge)tiktak, (ge)tok-tok *(v. 'n horlosie ens.)*; *(spel)* toktokkie.

tick[2] *n.* bosluis; luisvlieg; →SHEEP KED, SHEEP TICK; *(Br., infml.: veragtelike mens)* luis; *hard ~* skildbosluis. ~ **bean** boerboon(tjie). **~-bird** →OXPECKER. **~(-bite) fever** bosluiskoors. **~-borne gall sickness** *(veearts.)* bosluisgalsiekte.

tick[3] *n., (infml.)* krediet; *buy on ~* op skuld koop. **tick** *ww.* krediet gee/kry.

tick[4] *n.* matrasoortreksel; kussingoortreksel; →TICKING[2].

tick·ber·ry *(Cissus natalitius)* bosbrandbessie.

tick·er *(infml.)* hart; *(infml.)* horlosie, oorlosie; *(iem./iets wat tik)* tikker; *(Am., fin.)* tikker, beurstelegraaf, =teleks. ~ **tape** papierlint; telegraaf=, teleksstrook. **~-tape parade, ~-tape welcome** confetti=, konfettiparade.

tick·et *n.* (adres/toegangs/reis/trein/vlieg[tuig]/teater/ens.)kaartjie; etiket; bewysbrief; verkeerskaartjie; sertifikaat *(v. 'n skeepskaptein ens.)*; *(Br., mil.)* ontslagbrief, =sertifikaat; *(han.)* prysetiket, =kaartjie; *(Am., pol.)* kandidatelys; *(Am., pol.)* partyprogram; **(just)** *the ~*, *(infml.)* die ware Jakob/jakob, net die regte ding; ~ *of* **leave** bewys(brief) van voorwaardelike invryheidstelling; **punch** *~s* kaartjies knip; *not* **quite** *the ~* nie heeltemal die regte ding nie; nie eintlik wat dit moet wees nie; nie heeltemal wat jy verwag (*of* in gedagte gehad) het nie; **run** *on the Democratic/Republican ~*, *(Am., pol.)* ('n) kandidaat vir die Demokratiese/Republikeinse Party wees; **split** *the ~*, *(Am., pol.)* vir kandidate van verskillende lyste stem; *be ~s* **with** *s.o.*, *(SA, infml.)* klaar(praat) met iem. wees. **tick·et** *ww.* etiketteer; 'n kaartjie (*of* kaartjies) heg aan; 'n kaartjie (*of* kaartjies) uitreik aan; 'n kaartjie gee *('n motoris)*; *be ~ed, (motoris[te])* 'n kaartjie (*of* kaartjies) kry. ~ **agent** kaartjieagent. ~ **box** loket. ~ **collector** kondukteur, kaartjiesknipper, =opnemer. ~ **day, name day** tweede verrekeningsdag, dag voor afrekening, naamdag *(op d. aandelebeurs)*. ~ **holder** kaartjiehouer. ~ **inspector**, ~ **examiner** kaartjiesondersoeker. ~ **office** kaartjieskantoor; loket. ~ **punch** *(instr.)* kaartjiesknipper. ~ **tout** kaartjieswendelaar. ~ **window** (kaartjies)loket.

tick·et·ing kaartjie-uitreiking.

tick·e·ty-boo *(Br., infml., vero.)* dooddollies, doodreg.

tick·ey *(SA, hist.)* trippens, tiekie; *(infml.: klein mens)* piekie.

tick·ing[1] (ge)tik.

tick·ing[2], **tick** *(tekst.)* tyk, matrasgoed.

tick·ing-off *(infml.)* uitbrander, skrobbering; *give s.o. a (severe) ~* iem. oor die kole haal (*of* [goed] voor stok kry *of* [goed/hard] oor/op die vingers raps/tik *of* [goed] die leviete [voor]lees *of* [goed] die waarheid sê/vertel *of* se kop [goed/lekker] vir hom/haar was); *get a (severe) ~* oor die kole gehaal (*of* [goed] voor stok gekry *of* [goed/hard] oor/op die vingers geraps/getik) word, 'n uitbrander kry.

tick·le *n.* gekielie; kriewel, kielierige gevoel. **tick·le** *ww.* kielie; prikkel *(iem. se nuuskierigheid ens.)*; streel *(d. sinne)*; *(klere, jou keel, ens.)* krap; *be ~d pink* (or *to death*) **by** *s.t.*, *(infml.)* hoog(s) in jou skik met iets wees; uiters geamuseer(d) oor iets wees; jou (amper/byna) 'n boggel(tjie)/papie oor iets lag, groot lag oor iets kry; *s.t. ~s s.o.'s* **fancy** →FANCY *n.*; *s.o.'s* **foot** *~s* dit kielie onder iem. se voet; ~ *the* **palate** →PALATE; ~

the **soles** *of s.o.'s feet* iem. onder sy/haar voete kielie. ~ **(file)** *(Am.)* memoleêr.

tick·ler iem./iets wat kielie, kielieding; netelige kwessie/probleem/saak; *(mot.)* prikkelaar. **tick·lish** kielierig; netelig, lastig, teer; liggeraak.

tid·al gety=; →TIDE; ~ ***basin*** getykom, =bekken; ~ ***bore*** vloedbrander; ~ ***current*** getystroom; ~ ***flow*** getystroming; ~ ***harbour*** gety=, vloedhawe; ~ ***pool*** getypoel; ~ ***range*** getyverloop; ~ ***river*** getyrivier; ~ ***stream*** getystroom; ~ ***wave*** getygolf; *(lett. & fig.)* vloedgolf; ~ ***wind*** getywind.

tid·bit *(Am.)* →TITBIT.

tid·dler *(Br., infml.)* (klein) vissie; kleintjie; tjokkertjie, kannetjie, pikkie.

tid·dly[1] *adj., (infml.: effens besope)* geswael, aangeklam, lekkerlyf.

tid·dly[2] *(infml.)* (piep)klein.

tid·dly·winks, *(Am.)* **tid·dle·dy·winks** vlooiespel.

tide *n.* gety; *(i.d. mv.)* getye, eb en vloed; *(fig.)* stroom; *(fig.)* kentering, wending; ***against*** *the* ~ teen die stroom (in); *the* ~ *is* ***coming in*** die gety kom op; *work* ***double*** *~s, (w.g.)* nag en dag (*of* dubbelskof *of* dubbele skof) werk; *the* ~ *is* ***going out*** die gety gaan/loop af, die gety verloop; ***high*** ~ hoogwater; *the* ~ *is* ***in*** dis hoogwater; *the* ***incoming*** ~ die opkomende gety; ***low*** ~ laagwater; *the* ~ *is* ***out*** dis laagwater; *the* ***outgoing*** ~ die afgaande gety; ***stem*** *the* ~ die stroom keer; *try to* ***stem*** *the* ~ teen die stroom ingaan; ***take*** *the* ~ *at the flood, (vero., fig.)* die geleentheid aangryp; ***turn*** *the ~, (fig.)* die deurslag gee; *the* ***turn*** *of the* ~ die kentering/wisseling van die gety; *(fig.)* die keerpunt; *the* ~ *has* ***turned,*** *(fig.)* die gety het gekeer, daar het 'n kentering/wending gekom; *the* ~ ***turns*** die gety keer/verander; *go/swim* ***with*** *the ~, (fig.)* die stroom volg, met die stroom saamgaan. **tide** *ww.* met die stroom afdryf/afdrywe/vaar; *~ s.o. over a difficulty* iem. uithelp (*of* verder/vêrder help). ~ **gate** sluisdeur, getysluis. ~ **gauge** getymeter. ~ **lock** keersluis. **~mark** hoogwatermerk; laagwatermerk; hoogwaterlyn; laagwaterlyn; waterlyn. ~ **mill** getymeul(e). ~ **race** getystroom. ~ **rip** getykolk; vloedgolf. ~ **stream** getystroom. ~ **table** getytafel. **~waiter** *(hist.)* doeanebeampte; *(fig.)* opportunis. **~water** getywater; *(Am.)* (laagliggende) kusgebied. ~ **wave** vloedgolf. **~way** stroombed; getystroom.

tide·less getyloos.

ti·di·ly, ti·di·ness →TIDY.

tid·ings *(mv.), (poët., liter.)* tyding, nuus, berig(te); *evil* ~ slegte tyding; *good* ~ goeie tyding.

ti·dy *n.* opruiming; rommelkassie, =houer; rommelsakkie; werk(s)mandjie; *(Am.)* stoelkleedjie, antimakassar. **ti·dy** *adj.* netjies, ordelik, aan (die) kant, agtermekaar; sindelik; *(attr., infml.)* taamlike *(ent, wins, ens.)*; aardige, taamlike, mooi *(bedrag[gie], som[metjie])*; agtermekaar, knap *(span ens.)*; helder *(kop)*; *a ~ fortune* 'n klein fortuin(tjie). **ti·dy** *ww.* aan (die) kant maak, in orde bring, opruim; opknap; *~ s.t.* ***away*** iets wegpak; *~ s.t.* ***out*** iets opruim; *~ o.s.* ***(up)*** jou opknap/regmaak; *~ s.t.* ***(up)*** iets opruim; iets opknap; iets aan (die) kant maak *('n kamer ens.)*. **ti·di·ly** net(jies), ordelik; sindelik. **ti·di·ness** netheid, ordelikheid; sindelikheid.

tie *n.* tou(tjie), band, bindstrokie, draadjie, koord, lint(jie); das; knoop, knopie; strik(kie); *(fig.)* band; verband, verbinding; verbintenis; verpligting; koopverpligting; *(jur.)* regsband; *(bouk.)* bindbalk, bint(balk); verbindingsbalk; *(landm.)* aansluitingslyn; *(Am., spw.)* dwarslêer; *(mus.)* (verbindings)boog/bogie, (bind)boog/bogie; *(kantwerk)* trens(ie); *(Am.)* veterskoen; *(sport)* gelyk(op)spel, =wedstryd; →CUP TIE; staking *(v. stemme)*; bevestiging, vasmaking; *~s of* ***blood*** bloedverwantskap; ***close*** *~s with* ... nou(e) bande met ...; ***cut/sever*** *~s with* ... die bande met ... verbreek; ***establish/form*** *~s with* ... bande met ... aanknoop; ***family*** ~ →FAMILY; *~s of* ***friendship*** vriendskapsbande; ***knot*** *a* ~ 'n das knoop; 'n das strik; ***marital/marriage/matrimonial/nuptial*** ~ huweliksband; ***play off*** *a* ~ 'n beslissende wedstryd speel; ***put on*** *a* ~ 'n das aansit/omsit; *the* ***result*** *was a* ~ die uitslag was gelykop; ***take off*** *one's* ~ jou das afhaal; ***tie*** *a* ~ 'n das knoop. **tie** *ww.* (vas)bind, vasmaak; (vas)knoop; vaswoel; knoop; strik; verbind; *(twee spanne ens.)* gelyk wees, gelykop speel, ewe veel punte behaal; *(fig.)* bind, beperk, belemmer, aan bande lê; *~ s.t.* ***back*** iets vasbind; *~ s.t. in a* ***bow*** iets strik; *~ o.s.* ***down*** *to s.t.* jou tot iets verbind *('n datum ens.)*; *be ~d* ***down*** gebind/gebonde wees; *not want to be ~d* ***down*** nie gebind/gebonde wil wees nie, jou nie wil laat bind nie, jou geen perke wil laat stel nie; *~ s.o.* ***down,*** *(fig.)* iem. se hande bind; iem. besig hou (*of* besighou); *~ s.t.* ***down*** iets vasbind; *~* ***and dye*** knoop-en-doop, knoopkleur; *be* ***fit*** *to be ~d, (idm.)* briesend (*of* die swernoot in) wees; *a ~d* ***house/outlet/etc.*** →TIED; *~* ***in*** *with* ... met ... ooreenkom, by ... (in)pas; *~ s.t.* ***off*** iets afbind; *~ s.t.* ***on*** iets aanbind/vasbind/vasmaak; iets aanknoop/vasknoop; *~ s.t.* ***over*** ... iets oor ... bind; *~ a* ***tie*** 'n das knoop; *~ s.t.* ***to*** ... iets aan ... vasbind/vasknoop; *~ things* ***together*** dinge (aan mekaar) vasbind; *~ s.o.'s* ***tongue*** →TONGUE *n.*; *be ~d* ***up,*** *(geld)* vas belê wees; *(iem.)* druk besig wees; *(iem.)* aan bande gelê wees; *be ~d* ***up with*** *..., (ook)* met ... saamhang (*of* verband hou *of* in verband staan); met ... te doen hê; met ... verbonde wees; *~ s.o.* ***up,*** *(lett.)* iem. vasbind/vasmaak; *(fig.)* iem. druk besig hou (*of* besighou); *(fig.)* iem. aan bande lê; *~ s.t.* ***up*** iets vasbind/vasmaak; iets verbind *('n wond ens.)*; iets opbind *(jou hare ens.)*; iets toebind/toeknoop *('n sak ens.)*; iets vasmeer *('n skip)*; iets vassit *(geld)*; iets afhandel *(reëlings, sake, ens.)*; *~* ***with*** ... met ... gelykop speel. ~ **anchor** bindanker. **~back** *n.* gordynband, =koord. ~ **bar** bindstaaf, =stang. ~ **beam** *(bouk.)* bindbalk, bint(balk); *(mot.)* spanbalk. ~ **bolt** *(bouk.)* bindbout. **~break(er)** *(tennis)* valbyl=, uitklop= pot. ~ **clip** dasknyper. **~-dye, ~-dyeing, ~-and-dye** *n.* knoop-en-doop, knoopkleuring. **~-dye** *ww.* knoop-en-doop, knoopkleur. **~-in** *n.* verband, verhouding; koppelverkoop; koppeladvertensie; koppelproduk. **~-knot** dasknoop. ~ **line** *(telekom.)* privaat/private koppellyn. ~ **piece** bindstuk. **~pin** dasspeld. ~ **plate** bindplaat, verbindingsplaat. ~ **press** daspers. ~ **silk** dassy. **~-up** verband, verbintenis; *(Am., telekom.)* verbinding; *(Am.)* stilstand; *(Am.)* verkeersknoop, =ophoping. ~ **wire** binddraad.

tied *adj. (volt.dw.)* vasgemaak, vasgebind; *(mus.)* (oor)gebind *(note)*; *(sport)* gelykop *(wedstryd)*; *~ cottage/house, (Br.)* gebonde huurhuis; *~ house/outlet/etc., (Br.)* gebonde kroeg/afsetpunt/ens. *(waar slegs produkte v. 'n bepaalde produsent verkoop mag word)*; *~ loan, (Br.)* gebonde lening.

tier[1] *n.* laag; ry; reeks; verdieping; stapel. **tier** *ww.* in lae stapel; in rye/bane oor mekaar aanbring; →-TIERED; *~ed aerial* stapelantenna, =antenne; *~ed seats* sitplekke in traprye; *~ed skirt* dwarsbaanromp.

ti·er[2] binder, vasmaker; *(Am.)* voorskootjie *(vir 'n kind)*.

tierce *(mus.: orrelregister)* terts; *(mus.)* tertstoon *(v. 'n klok)*; *(piket)* drie volgkaarte, driekaart; *(skermk.)* derde parade/pareerposisie; →TERCE.

tier·cel →TERCEL.

tier·cet →TERCET.

-tiered *komb.vorm* =laag=; =vlak=; =verdieping=; *three-~ wedding cake* drielaagtroukoek.

Ti·er·ra del Fue·go *(Sp., geog.)* Vuurland.

tiff[1] *n., (infml.)* rusietjie, standjie; slegte bui; *have a ~, (twee mense)* stry/rusie kry, 'n standjie hê/loop; *have a ~ with s.o.* met iem. stry/rusie kry, 'n standjie met iem. hê/loop. **tiff** *ww.* stry, twis, kibbel, rusie maak, woorde (met mekaar) hê/kry; in 'n slegte bui wees.

tiff[2] *n. (arg.)* slukkie, teugie; sopie. **tiff** *ww.* met klein teugies drink.

tif·fa·ny *(tekst.)* sygaas.

tif·fin *n., (vero. of Ind.)* ligte noenmaal; ligte ete.

tige *(bouk.)* suilskag; *(bot.)* steel, stingel.

ti·ger *(soöl.)* tier; *(fig.: dapper mens)* leeu; *(fig.)* gedugte teen=/teëstander; *(ook tiger economy)* lewenskragtige/dinamiese ekonomie; *(entom.)* →TIGER (MOTH); *(T~s)* →TAMIL TIGERS; *have a ~ by the tail, be riding a ~, (infml.)* (vir jou) 'n wilde perd opgesaal het. ~ **beetle** *(entom.)* sand=, tierkewer. ~ **cat** tierkat; tierboskat; ose= lot, panterkat; (dwerg)tierkat, margay. ~ **cub** klein tiertjie. ~ **fish** tiervis. ~ **lily** tierlelie. ~ **(moth)** tiermot. **~('s) eye** *(halfedelsteen)* tieroog. ~ **shark** *(Galeocerdo cuvieri)* tierhaai. ~ **skin** tiervel. **~wood** tierhout.

ti·ger·ish tieragtig; wreed(aardig).

tight *n., (rugby)* vaste spel; →TIGHTS. **tight** *adj.* styf, vas, stewig, ferm; nou(sluitend), noupassend, knap, te klein/nou; knap *(begroting)*; dig; saamgepak; heg; styf gespan; drukkend; benoud; stroef, stram, stug, strak; streng *(sensuur, veiligheid, ens.)*; taai *([wed]stryd)*; kop-aan-kop- *(uitslag ens.)*; waterdig *(argument)*; bindend *(ooreenkoms ens.)*; nou *(parkeerplek ens.)*; kort *(draai)*; smal *(hoek ens.)*; skaars, skraps *(geld)*; vol *(program)*; *(infml.)* suinig, inhalig, vrekk(er)ig, gierig; *(infml.)* dronk, gekoring, getrek, geswa(w)el, stukkend; *the* ***cork*** *is too* ~ die prop sit te styf; *be in a ~* ***corner*** →CORNER *n.*; *(as) ~ as a* ***drum,*** *(infml.)* so dronk soos 'n hoender/lord/matroos/vark, hoog in die takke; *be a ~* ***fit*** →FIT[1] *n.*; *~* ***forward,*** *(rugby)* vaste voorspeler; *~* ***head,*** *(rugby)* vaskop; *~* ***knot*** stywe knoop; *(houtw.)* vaste kwas; *~* ***loose,*** *(rugby)* vaste los(spel); ***make*** *s.o. ~, (infml.)* iem. dronk/lekker maak; *~* ***play,*** *(rugby)* vaste spel; *keep s.o./s.t. on a ~* ***rein*** →REIN *n.*; *~* ***scrum,*** *(rugby)* vaste skrum; *run a ~* ***ship*** →SHIP *n.*; *~* ***shoes*** nou skoene, skoene wat druk; *be in a ~* ***spot*** →SPOT *n.*; *be in a ~* ***squeeze*** →SQUEEZE *n.*. **tight** *adv.* styf, vas, stewig, ferm; →TIGHTLY; *hold/sit/sleep ~* →HOLD, SIT, SLEEP *ww.*. **~-assed** *(Am., sl.)* bekrompe, verstok; krenterig. **~-fisted** *(infml.)* suinig, inhalig, vrekk(e)r)ig, gierig **~-fitting** nou(sluitend), noupassend. ~ **forward** *(rugby)* vaste voorspeler. ~ **head** *(rugby)* vaskop. **~-head flank** *(rugby)* vaskopflank. **~-head lock** *(rugby)* vaskopslot. **~-head prop** *(rugby)* vaskopstut. **~-head side** *(rugby)* vaskopkant. **~knit, tightly knit** *adj.* heg; *~ community/etc.* hegte gemeenskap/ens.. **~-laced** = STRAIT-LACED. **~-lipped** met saamgeperste/stywe/geklemde/opeengeperste lippe; geslote, swygsaam; *keep/remain/stay ~, keep/maintain a ~ silence* die (stil)swye bewaar, geen (*of* nie 'n) woord praat/rep/sê nie. ~ **loose** *(rugby)* vaste los(spel). ~ **play** *(rugby)* vaste spel. **~rope** spandraad, gespanne koord; *walk a ~, (fig.)* 'n balanseertoertjie/koorddans uitvoer. **~rope act** *(lett. & fig.)* balanseertoertjie, koorddans. **~rope walker** koorddanser, =loper, (span)draadloper. ~ **scrum** *(rugby)* vaste skrum. **~wad** *(Am., infml.)* vrek, gierigaard, suinigaard, geldwolf.

tight·en span, stywer/nouer maak, stywer trek; vasdraai, aandraai *('n skroef ens.)*; aanhaal *('n dryfband ens.)*; verskerp *(maatreëls ens.)*; *~ one's* ***belt*** →BELT *n.*; *~ing* ***bolt,*** *(teg.)* aandraaibout; *~ one's* ***grip*** *on s.o.* →GRIP[1] *n.*; *~ing* ***nut,*** *(teg.)* aandraaimoer; *~ing* ***screw,*** *(teg.)* aandraai=, spanskroef; *~ s.t.* ***up*** iets stywer span; iets strenger maak, iets verskerp/opknap *(reëls ens.)*; *~* ***up*** *control, (ook)* strenger beheer/toesig uitoefen. **tight·en·er** *(teg.)* spanner.

tight·ly styf, stewig; *shut one's eyes ~* jou oë (styf/dig) toeknyp. **tight·ness** styfheid; digtheid; engheid; *~ of the capital market* kapitaalskaarste; *~ of money* geldskaarste, skaarste aan geld.

tights *n. (mv.)* broekiekouse, kousbroekie; span=, kleefbroek.

ti·gon, ti·glon *(soöl.)* tierleeu.

ti·gress *(lett. & fig.)* tierwyfie.

ti·grine, ti·groid tieragtig.

tike →TYKE.

ti·ki =*kis, n., (Maori)* voorvaderamulet; voorvaderbeeldjie.

tik·ka *adj. (pred.), (Hindi, Ind. kookk.)* =tikka; *chicken ~* hoendertikka.

tik·o·losh(e) →TOKOLOSH(E).

ti·lap·i·a *(igt.)* kurper; *Mozambique ~* blou kurper.

til·de *(skryfteken)* tilde, slangetjie.

tile *n.* teël; (dak)pan; blokkie *(by speletjies soos krabbel en mahjong)*; *(infml.)* (hoë) hoed; *interlocking ~* inhaakpan; *have a ~ loose, (infml.)* nie al jou varkies (op hok *of* in die hok) hê nie, (van lotjie) getik (*of* van jou trollie/

wysie af *of* in die bol gepik) wees; *be (out) on the ~s, (infml.)* kattemaai. **tile** *ww.* teël, met teëls bedek/uitlê; bepan, met panne dek; *(rek.)* rangskik/pak sodat hulle nie oorvleuel nie *(vensters); (Vrymesselary)* geheimhouding oplê; →TILED. ~ **batten** panlat. ~ **burner** teëlbakker; panbakker. ~ **floor** teëlvloer. ~ **hanging** *(bouk.)* muurbepanning. ~ **pin** panpen. ~ **roof** teël=, pandak. ~ **works** teëlbakkery; panbakkery.

tiled geteël(d); bepan; ~ *bath* teëlbad; ~ *bathroom* geteëlde badkamer; ~ *floor* teëlvloer; ~ *roof* teël=, pandak.

til·er teëllêer; dakdekker; *(Vrymesselary)* deurbewaarder.

til·ing beteëling; teëlwerk; teëls; (dak)panne. ~ **batten** panlat.

till[1] *prep. & voegw.* →UNTIL.

till[2] *n.* geld=, kontantlaai; kasregister; betaalpunt; *have one's fingers/hand in the ~, (infml.)* die firma se geld steel. ~ **money** kasregistergeld.

till[3] *ww.* bewerk, bebou *(grond).* **till·a·ble** bewerkbaar, beboubaar. **till·age** grondbewerking, =voorbereiding; bewerkte/beboude grond; ploegland.

till[4] *n., (geol.)* keileem.

till·er[1] *n., (sk.)* stuur=, helmstok, roerpen. ~ **chain** stuurketting. ~ **rope** stuur=, roertou.

till·er[2] *n., (bot.)* waterloot, uitloper, uitloopsel, uitspruitsel. **till·er** *ww.* uitloop, uitspruit, waterlote gee.

till·er[3] *n.* landbouer; skoffelploeg, veertandploeg, veertand-eg, korsbreker, ghrop.

till·ite *(min.)* tilliet.

Til·sit (cheese), Til·sit·er tilsit(kaas), tilsiter *(ook T~).*

tilt[1] *n.* skuinste, skewe/skuins ligging, skuins stand; (oor)helling, kanteling; *(hist.)* steekspel, toernooi; →TILT (CAB), TILT (HAMMER); *(at) **full** ~* op/in/met volle vaart, (op/teen) volspoed; *run **full** ~ against ...* volspoed (*of* op/in/met volle vaart) op ... afstorm; *run **full** ~ into s.t.* iets op/teen volspoed (*of* op/in/met volle vaart) tref, volspoed in/teen iets bots; ***give** s.t. a ~* iets skuins/skeef hou, een kant van iets (op)lig. **tilt** *ww.* skuins staan; kantel, (oor)hel, skuins hel; wip; (laat) kantel, laat oorhel, skuins hou, (een kant) (op)lig; laat wip; *(teg.)* slaan, smee *(met 'n smeehamer); (hist.)* deelneem aan steekspel (*of* 'n toernooi); vel *('n lans); ~ **at** s.o.* iem. aanval (*of* te lyf gaan); na iem. steek; iem. bestorm, op iem. afstorm; *~ **at** the ring, (speletjie)* ringsteek; *~ **at** windmills* →WINDMILL; *~ **back** in one's chair* in jou stoel agteroor leun; *~ **back** one's hat* jou hoed agtertoe druk; *~ **back** one's head* jou kop agteroor buig (*of* laat hang); *~ **forward*** vorentoe/vooroor buig; *~ **over*** skeef/skuins staan; omkantel, omgooi; *~ed **plain*** bankeveld; *~ **up*** opwip. ~ **(cab)** wiegkapvoertuig. ~ **cart, tilt·ing cart** stort=, wip=, kipkar. ~ **hammer** smee=, sterthamer. ~**yard, tilt·ing yard** *(hist.)* toernooiveld.

tilt[2] *n.* kap, tent *(v. 'n kar, wa, ens.).* **tilt** *ww.* 'n seil span oor, met 'n seil toemaak. ~ **boat** tentskuit, =boot. ~ **cart** tent=, kapkar. ~ **roof** watentdak, geboë saaldak.

tilth akkerbou, landbou; bewerkte grond, ploeg=, bouland.

tim·bal, tym·bal *(mus., arg.)* →KETTLEDRUM.

tim·bale *(<Fr.), (kookk.)* timbale; *(i.d. mv., Lat.Am. mus.: silindriese tromme)* timbales.

tim·ber *n.* (timmer)hout, werkhout; bos, woud, bome; boomstamme; balk *(v. 'n huis ens.); (bootbou)* rib, spant, sy=, kromstuk; *(fig.)* eienskappe, kwaliteite; *be **managerial** ~* bestuurseienskappe/=kwaliteite hê; *be **presidential** ~* oor die eienskappe/karakter beskik om president te wees/word, presidentsmateriaal (*of* presidensiële materiaal) wees; ***sawn** ~* gesaagde (timmer)hout; ***shiver** me ~s!* die duiwel haal my!; ***standing** ~* (staande) houtvoorraad. **tim·ber** *ww.* stut; beskoei *('n mynskag).* ~**-felling prohibition** kapverbod. ~ **forest** bosplantasie. ~ **frame** houtraam. ~**-frame(d)** *adj. (gew. attr.)* houtraam=; ~ *house* houtraamhuis. ~ **framing** houtraamwerk. ~ **grower** houtkweker. ~ **growing** houtkweking. ~**head** *(sk.)* bolder. ~ **hitch** timmersteek, Duitse knoop. ~**land(s)** *(Am.)* bosland, =wêreld. ~**line** boomgrens. ~**man** *=men* houtkapper; timmerwerker; myntimmerman. ~ **mill** saagmeul(e). ~ **raft** houtvlot. ~ **ring** jaarring, groeilaag. ~ **rot** houtverrotting. ~ **seasoning** houtdroging. ~**-toes** *(pers.)* houtbeen. ~ **trade** houthandel. ~ **wolf, grey wolf** *(soöl.)* gryswolf. ~**work** hout=, timmerwerk; balke. ~**yard** houtwerf.

tim·bered hout=, van hout; bebos. **tim·ber·ing** hout=, timmerwerk, timmerasie; hout; stutwerk; *(mynb.)* beskoeiing.

tim·bre timbre, klanktint, toonkleur *(v. iem. se stem).*

tim·brel *(vero.)* tamboeryn.

Tim·buk·tu, Tim·buc·too, *(Fr.)* **Tom·bouc·tou** *(geog.)* Timboektoe.

time *n.* tyd; tydstip; stonde; skof; termyn; (tyds)duur; keer, maal, slag; *(mus.)* tempo, tydmaat; pas; →TIMES *prep.; ~ **about*** om die beurt; *it's **about/high** ~ (that ...)* dis hoog tyd (dat ...); *be **abreast** of the ~s* op (die) hoogte van die tyd wees; ***after** a ~* naderhand, ná 'n rukkie; *~ **after** ~, ~ and ~ **again*** keer op keer, telkens (weer), slag vir/om slag, herhaaldelik, telkemale; *be a race **against** ~* 'n wedloop met/teen die tyd wees; *ride **against** ~* ja(ag) soos die wind (om betyds daar te kom); *work **against** ~* ja(ag) (*of* alles uithaal *of* werk dat dit klap/bars) om betyds klaar te kom/kry; ***ahead** of ~* vroeg, voor die gestelde tyd; *be **ahead*** (*or **in advance***) *of one's ~* jou tyd vooruit wees; ***all** the ~* die hele tyd, heeltyd, (heeldag en) aldag, al die tyd, deurentyd; deurgaans; *for **all** ~* vir altyd; eenmaal en klaar; *of **all** ~* van alle tye; *have **all** the ~ in the world* volop tyd hê; ***allow** s.o. ~ to ...* iem. tyd gee om te ...; ***another** ~* anderdag; ***any** ~ (you like)* net wanneer jy wil; ***appoint** a ~ for a meeting* 'n tyd vir 'n vergadering aanwys; *at the **appointed** ~* op die bestemde/vasgestelde tyd; ***arrive** on ~* betyds aankom; *when the ~ **arrives*** wanneer die tyd aanbreek/kom; *ten/etc. ~s **as** big/etc. (as ...)* tien/ens. maal/keer so groot (as ...); ***ask** the ~* vra hoe laat dit is; ***ask** for ~* uitstel vra; ***at** ~s* af en toe, (so) nou en dan, soms, by/met tye, by wyle; *two/three/etc. **at** a ~* twee/drie/ens. tegelyk, twee/drie/ens. op 'n keer/slag; ***at** the ~* destyds, toe, toentertyd; ***at** the ~ of ...* ten ty(d)e van ...; ***at** all ~s* altyd, steeds, te alle tye, deurentyd, altoos; ***at** any ~* te eniger tyd; te alle tye; ***at** no ~* nooit; in geen stadium nie; ***at** one ~* vroeër, voorheen, eenmaal; 'n tyd lank *(i.d. verlede);* ***at** one (and the same) ~* gelyktydig, tegelyk, tegelykertyd; *one **at** a ~* een-een; ***at** other ~s* dan weer; ***at** that/the ~* destyds, toe, toentertyd; ***at** the ~ of ...* ten ty(d)e van ...; tydens ...; ***at** the ~ of writing/etc.* terwyl ek skryf/skrywe/ens.; ***at** the ~ of going to press* by die ter perse gaan; ***at** the best of ~s* op sy beste; ***at** the present ~* tans, teenswoordig, deesdae; ***at** the same ~* terselfdertyd, meteen; gelyktydig, tegelyk, tegelykertyd; tewens; daarteenoor; (en) tog, desondanks, nogtans, desnieteenstaande, nietemin; ***at** the same ~ as ...* tegelyk met ...; ***at** this ~* tans, teenswoordig, deesdae; ***at** this ~ of day, (ook)* nou nog; ***at** what ~?* hoe laat?; wanneer?; ***at** a ~ when* op 'n tydstip (*of* in 'n tyd) toe; *have a **bad** ~* swaar kry, dit hotagter kry/hê *(infml.),* 'n swaar tyd deurmaak; *fall on **bad** ~s* teenspoed/teëspoed kry; ***beat** ~* die maat slaan; *a minute **before** ~* 'n minuut voor die bestemde tyd; 'n minuut voor die end/einde *(v. 'n wedstryd); s.t. happened **before** s.o.'s ~* iets het voor iem. se tyd gebeur; *be **before** one's ~* te vroeg wees; jou tyd vooruit wees; *and not **before** ~, (infml.)* en glad nie te gou nie; ***begrudge** o.s. the ~ necessary to ...* jou nie die nodige tyd gun om te ... nie; ***beguile** the ~* die tyd verdryf/verdrywe/kort; ***behind** ~* (te) laat; *be **behind** the ~s* ouderwets (*of* uit die tyd) wees, verouderde opvattings hê; agterlik wees; *for the ~ **being*** voorlopig, tydelik, vir eers, vereers, op/vir die oomblik, solank; *in **between** ~s* tussenin; ***bide/wait** one's ~* jou tyd afwag, 'n geleentheid/kans afwag; *make/hit the **big** ~* →BIG TIME; ***both** ~s* albei (*of* al twee) kere; *~ **will bring** counsel* kom tyd, kom raad; ***by** the ~ s.o. ...* teen die tyd dat iem. ...; ***by** the ~ that ...* wanneer (*of* teen dat) ...; ***by** that ~* toe al/reeds, teen dié/daardie tyd *(i.d. verlede);* dan, teen dié/daardie tyd *(i.d. toekoms);* ***by** that ~ it will be over* dit sal dan (al) verby wees; ***by** this ~* teen dié tyd, nou (al/reeds); ***by** this ~ next week/etc.* aanstaande week/ens. dié tyd; *~s **change*** die tye verander; *~s have **changed*** die tye/wêreld het verander; *the ~ to ... has **come*** die tyd om te ... het aangebreek; *for a **considerable** ~* geruime tyd; *in the **course** of ~* →COURSE *n.; the ~ of **day*** →DAY; *at **different** ~s* meermale; ***difficult** ~s* swaar tye; *give s.o. a **difficult** ~* iem. laat swaar kry; *have a **difficult** ~ (of it)* dit hotagter kry/hê *(infml.),* swaar kry; ***do/serve** ~, (infml.)* 'n straf uitdien/uitsit, agter die tralies sit/wees; *~ **dragged*** die tyd het gekruip; *in **due** ~* op die gesette tyd; te(r) geleëner/gelegener tyd; mettertyd, met verloop van tyd, naderhand; *ten ~s **easier/etc.*** tien maal/keer makliker/ens.; *a thousand ~s **easier/etc.**, (infml.)* oneindig (*of* honderd maal) makliker/ens.; ***employ** one's ~ ...* jou tyd ... bestee; *the train's **estimated** ~ of arrival is ...* die trein word om ... verwag; ***every** ~* elke keer/maal/slag; telkens, altyd, gedurig; ***every** ~ s.o. ...* elke keer/maal dat iem. ...; ***every** (single) ~* altyd, hou vir hou *(infml.),* skoot vir skoot *(infml.); there is a ~ (and place) for **everything*** alles het/op sy tyd, daar is 'n tyd vir alles; *make **fast/good** ~* vinnig vorder; vinnig reis; *a **few** ~s* 'n paar keer/maal; enkele kere/male; ***fill** (up) ~* die tyd vul/omkry; ***find** ~ to do s.t.* die tyd kry/vind om iets te doen; die tyd inruim om iets te doen; ***find** ~ for ...* vir ... tyd kry/vind; vir ... tyd inruim; *not **find** ~ to do s.t., (ook, infml.)* nie jou draai kry nie; *this is a **fine** ~ to ...!* iem. het regtig 'n goeie tyd gekies/uitgesoek om te ...!; *have a **fine/high/rare** old ~, (infml.)* die grootste pret hê, verjaar *(infml.); the **first/etc.** ~* die eerste/ens. keer/maal; *for the **first/etc.** ~* (vir) die eerste/ens. keer/maal; *~ **is fleeting*** die tyd snel verby; *~ **flies*** die tyd vlieg (verby); ***for** a ~* 'n ruk (lank), 'n tyd lank; *it is ~ **for** ...* dit is tyd om te ...; dit is tyd dat ...; *take ~ by the **forelock*** →FORELOCK[1] *n.;* ***from** ~ to ~* (so) nou en dan, van tyd tot tyd; *in the **ful(l)ness** of ~* op die gestelde tyd; in die volheid/voleinding van die tye, op die jongste dag; ***gain** ~* tyd wen; ***get** ~* tyd kry; *(infml.)* tronkstraf kry; *~ **is getting on*** die horlosie/oorlosie stap aan, dit word laat; ***give/tell** s.o. the ~* vir iem. sê hoe laat dit is; *can you **give** me the ~ for it?* kan jy die tyd daarvoor afstaan?; *as ~ **goes on*** mettertyd; *~s **gone by*** vervloë tye; *a **good** ~, (ook)* 'n lekker/plesierige tyd; *a **good** ~ to do s.t.* 'n goeie/geskikte tyd om iets te doen; *have a **good** ~* plesier/pret hê, dit (besonder) geniet, tekere (*of* te kere) gaan, tekeregaan, rinkink, verjaar *(infml.); a **good** ~ was had by all* almal het dit gate uit geniet *(infml.); have **good** ~s* voorspoed geniet; *in **good** ~* ruim betyds; tydig; *all in **good** ~* te(r) geleëner/gelegener tyd; *the **good** old ~s* die goeie ou(e) tyd; *make **good** ~ →**fast/good;** a very **good** ~* 'n heerlike tyd; ***half** the ~, (infml.)* dikwels; *~ hangs heavy on s.o.'s **hands*** die tyd is vir iem. lank/swaar; *fall on/upon **hard** ~s* moeilike tye beleef/belewe; *give s.o. a **hard** ~* iem. swaar laat leef/lewe; dit vir iem. moeilik maak; *have a **hard** ~ (of it)* swaar leef/lewe, harde bene kou *(infml.); have a **hard/rough** ~* dit moeilik hê; ***have** ~ for s.t.* tyd hê vir iets, tyd vir iets kan afstaan; ***have** a ~ doing s.t.* sukkel om iets te doen; ***have** you (got) the ~?* kan jy my sê hoe laat dit is?, het jy die tyd?; ***have** you (got) the ~ (for it)?* het jy die tyd (daarvoor)?, kan jy die tyd (daarvoor) afstaan?; ***have** the ~ to ...* tyd hê om te ...; ***have** no ~ for s.o., (infml.)* niks vir iem. oorhê nie; ***have** no ~ for s.t., (lett.)* geen tyd vir iets hê nie; *(sl.)* niks vir iets voel nie, niks goeds van iets te sê hê nie; *~ **will heal** it* daar sal gras oor groei; *~ is the great **healer*** die tyd is die beste heelmeester (*of* heel alle wonde); *it's **high** ~ (that ...)* →***about/high;*** *have a **high** old ~* →***fine/high/rare;*** *from/since ~ **immemorial*** sedert onheuglike tye, *(infml.)* van toeka se dae/tyd (af) (*of* van toeka af), sedert die jaar nul; ***in** ~* betyds, op tyd; (uit)eindelik; ***in** s.o.'s ~ he/she could/was ...* op iem. se dae/dag (*of* in iem. se tyd) kon/was hy/sy ...; ***in** a week's/etc. ~* in/binne 'n week/ens.; oor 'n week/ens.; ***in** two days' ~* in/binne twee dae; naasoormôre; *win a race **in** a ~ of 24:50/etc.* 'n wedloop/wedren in 24:50/ens. wen; ***in** ~ to come* mettertyd, in die toekoms; *she is far* ***in*** *her ~, (w.g.)* sy is hoogswanger (*of* al ver/vêr in die ander tyd); *first* ***in*** *point of ~* eerste in tydsorde; *just* ***in*** ~ net betyds; *well* ***in*** ~ ruim betyds; *at an* ***inopportune*** ~ op 'n ongeleë tyd; *5 ~s 10* ***is*** *50* 5 maal 10 is 50; ***keep*** ~ die maat hou; die maat slaan; in die pas bly; *('n horlosie)* goed loop; ***keep track*** *of the ~* die tyd dophou; ***keep up*** (or ***move***) *with the ~s* met die tyd saamgaan; ***kill*** ~ die tyd omkry/ombring/verdryf/verdrywe; *because of a* ***lack*** *of ~* omdat die tyd iem. ontbreek, weens tydsgebrek; *with the* ***lapse*** *of ~* met/ná verloop van tyd; *for the* ***last*** ~ vir oulaas; *do s.t. for the* ***last*** ~ vir (ou)laas iets doen; ***last*** *s.o.'s ~* iem. se leeftyd duur, hou/duur so lank as iem. leef/lewe; ***last*** *for some (length of) ~* geruime tyd duur; *have the ~ of one's* ***life*** 'n heerlike tyd beleef/belewe, dit besonder geniet; *s.o.'s ~ is* ***limited*** iem. is aan tyd gebonde, iem. se tyd is beperk; *the ~ for s.t. is* ***limited*** iets is aan tyd gebonde; *have a* ***lively*** ~ jou hande vol hê; *(infml.)* dit hotagter hê/kry; *be (gone for) a* ***long*** ~ lank wegbly (*of* weg wees); *s.o. has been here for a* ***long*** ~ iem. is al lank hier; *s.o. has not done it for a* ***long*** ~ iem. het dit lank laas gedoen; *it is a* ***long*** *~ since s.o. last did s.t.* iem. het lank laas iets gedoen; *it has been the custom for a very* ***long*** ~ dit is van oudsher die gebruik; *it takes a* ***long*** *~ to ...* dit duur lank (*of* dit kos baie tyd) om te ...; ***look*** *at the ~* op die horlosie/oorlosie kyk, kyk hoe laat dit is; ***look*** *at the ~!* kyk hoe laat is dit al!, kyk na die horlosie/oorlosie!; ***lose*** *no ~ in doing s.t.* iets sonder versuim doen; gretig wees om iets te doen; *recover* (or *make up for)* ***lost*** ~ verlore tyd inhaal; ***lots*** *of ~, (infml.)* volop tyd; ***lots*** *of ~s, (infml.)* dikwels, baiekeer, baiemaal; *third ~* ***lucky*** ***→third; make*** ~ tyd wen; betyds aankom; ***make*** *fast/good ~* vinnig vorder; ***make*** *~ for s.t.* tyd vir iets maak; ***make*** *~ with s.o., (infml.)* by iem. aanlê; *what ~ do you* ***make*** *it?, what do you* ***make*** *the ~?* hoe laat het jy dit?; ***make up*** ~ (verlore) tyd inhaal; *other ~s, other* ***manners*** ander tye, ander sedes; ***many*** *(and many) a ~* dikwels, baiekeer, baiemaal, keer op keer; ***many*** *~s* dikwels, baie kere/male; *ever so* ***many*** *~s* hoeveel keer/maal al *(infml.); the* ***march*** *of ~* die verloop van die tyd; *~* ***marches*** *on* die tyd staan nie stil nie; ***mark*** *~, (mil.; alg.)* die pas markeer; *(mus.)* die maat aangee; *it is only a* ***matter/question*** *of ~* dit is net 'n kwessie van tyd, met die tyd sal dit kom; *~ out of* ***mind*** lank gelede, sedert onheuglike tye; *~ is* ***money*** tyd is geld; ***most*** *of the ~,* ***most*** *~s* gewoonlik, mees(t)al; ***most*** *of the ~, (ook)* amper/byna die hele tyd; ***most*** *of s.o.'s ~* die meeste van iem. se tyd; ***move*** *with the ~s* ***→keep up;*** *s.o. hasn't all that* ***much*** ~ iem. het nie soveel tyd nie; *s.o.'s ~ is drawing* ***near*** iem. se tydjie word kort; iem. se einde nader; *in the* ***nick*** *of ~* op die tippie/nippertjie, net betyds, op die laaste oomblik; net op die regte tyd; ***nine*** *~s out of ten* nege uit (die) tien keer/maal; *have* ***no*** *~ for s.o., (infml.)* iem. nie kan veel/verdra nie, geen/nie ooghare vir iem. hê nie *(infml.);* niks vir iem. oorhê nie; *have* ***no*** *~ for s.t., (lett.)* geen tyd vir iets hê nie; *(fig., infml.)* niks goeds van iets te sê hê nie, niks vir iets voel nie; iets nie kan duld nie; *in less than* ***no*** *~, in (next to)* ***no*** *~, in* ***no*** *~ at all* in 'n kits/japtrap/oogwink/oogwenk/ommesientjie, so gou soos blits; *this is* ***no*** *~ to ...* dis nie nou die tyd om te ... nie; *~s without* (or *out of)* ***number*** male sonder tal, tallose kere/male; *any* ***number*** *of ~s* hoeveel keer/maal al *(infml.); at* ***odd*** *~s* op ongereelde tye, af en toe, (so) nou en dan; *the ...* ***of*** *the ~* die ... van destyds *(geleerdes ens.); ~* ***of*** *arrival* tyd van aankoms, aankomstyd; *~* ***of*** *departure* vertrektyd; *~* ***of*** *dispatch* tyd van afsending; *get/have ~* ***off*** tyd vry hê; *take ~* ***off*** ('n) bietjie uitspan (*of* met/op verlof gaan); *in* ***olden*** *~s* in die ou dae/tyd, in die jaar vroeg; ***on*** ~ op (die bepaalde/gestelde) tyd, betyds; *be bang/dead* ***on*** *~, (infml.)* presies op die regte tyd kom; *put* ***on*** *short ~* werktyd inkort; ***once*** *upon a ~* →ONCE *adv.;* ***one*** *more ~* nog een keer/maal; *now is not an* ***opportune*** *~ to ...* dit is ongeleë om nou te ...; ***our*** *~(s)* ons tyd/tye, hierdie tyd; ***out*** *of ~* uit die maat; uit die pas; te laat; *one born* ***out*** *of due ~, (AV)* ontydig geborene *(OAB); since ~* ***out*** *of mind* sedert onheuglike tye, lank gelede; ***over*** *~* mettertyd; *if one could have one's ~* ***over*** *again* as jy jou lewe opnuut kon hê; *in one's* ***own*** ~ in jou vry(e) tyd; *in one's* ***own*** *good ~, (infml.)* wanneer dit jou pas; ***pass*** *the ~* die tyd deurbring; die tyd omkry/kort/verdryf/verdrywe; ***pass*** *the ~ of day with s.o.* →DAY; *~* ***passes*** *(rapidly)* die tyd gaan (gou) om/verby, die tyd vlieg; *~ is* ***passing*** die tyd gaan verby; *be* ***past*** *one's ~* uitgedien(d) wees; *s.o.'s ~ is* ***past*** iem. is uitgedien(d); *for some ~* ***past*** nou al 'n tyd lank; *at the appointed ~ and* ***place*** op die bestemde tyd en plek; ***play*** *for ~* tyd (probeer) wen; *in* ***point*** *of ~* in tydsorde; *(there is) no ~ like the* ***present*** van uitstel kom afstel, die geskikste tyd is nou; *s.o. is* ***pressed*** *for ~* iem. het min tyd, iem. se tyd is baie beperk; iem. is haastig; *~* ***presses*** die tyd raak kort, daar is haas; *be a* ***product*** *of the ~s* 'n kind van jou tyd wees; *the* ***proper*** ~ die regte/geskikte tyd; *it is only a* ***question*** *of ~* ***→matter/question; quite*** *some ~* 'n hele/taamlike ruk/tyd; *have a* ***rare*** *old ~* ***→fine/high/rare;*** *the* ***ravages*** *of ~* die tand van die tyd; ***recover*** *lost ~* verlore tyd inhaal; *at the* ***right*** ~ op die regte tyd; *the ~ is* ***ripe*** *for s.t.* die tyd is ryp vir iets; *give s.o. a* ***rough*** ~ iem. swaar laat kry/leef/lewe (*of* hard behandel), *(infml.)* iem. hotagter/opdraand(e) gee, iem. hardhandig aanpak; *have a* ***rough*** ~ swaar kry/leef/lewe, *(infml.)* dit hotagter/opdraand(e) hê/kry, *(infml.)* les opsê; *have a* ***royal*** ~ dit koninklik hê/geniet; *~ has* ***run*** *out* die tyd is om; *s.o. has* ***run*** *out of ~* iem. se tyd is om; *~ is* ***running*** *out* die tyd raak kort (*of* raak/word min *of* is amper/byna om *of* verloop); ***save*** ~ tyd spaar; *at* ***seasonable*** *and unseasonable ~s* tydig en ontydig; *~s and* ***seasons*** gesette tye; *a* ***second*** ~ andermaal, weer; *happen for the* ***second*** ~ nog 'n (*of* 'n tweede) keer/maal gebeur; ***serve*** *~* ***→do/serve; serve*** *one's ~* jou termyn uitdien; as vakleerling dien; *at* ***set*** *~s* op gesette/vaste tye; ***several*** *~s* verskeie kere/male; *a* ***short*** ~ 'n tydjie/rukkie; *~ is getting* ***short*** die tyd raak/word min; *be/work (on)* ***short*** ~ ondertyd werk, verkorte werktyd hê; *put workers on* ***short*** ~ werkers se tyd inkort; *~ will* ***show*** die tyd sal leer; *it is a* ***sign*** *of the ~s* dit is 'n teken van die tyd; *have a* ***smashing*** ~ →SMASHING; ***some*** *~ ago* 'n hele ruk gelede; *for* ***some*** ~ in 'n lang tyd; 'n tyd lank; *for* ***some*** *~ to come* nog 'n hele/geruime tyd; voorlopig; *s.o. has been here (for)* ***some*** ~ iem. is al 'n ruk (*of* 'n tyd lank) hier; *we must do it* ***some*** ~ ons moet dit op (die) een of ander tyd doen; *quite* ***some*** ~ 'n hele ruk/tyd; *a* ***space*** *of ~* 'n tydsbestek; *in s.o.'s* ***spare*** ~ in iem. se vry(e) tyd; ***spare*** *the ~ for s.t.* tyd aan iets afstaan; *have no ~ to* ***spare*** nie/geen tyd oorhê nie; ***spend*** *one's ~ on ...* jou tyd aan ... bestee; ***spend*** *one's ~ reading/etc.* jou tyd met lees/ens. deurbring; ***spend*** *most of one's ~ on ...* die meeste van jou tyd aan ... bestee; *the* ***spirit*** *of the ~s* die tydgees; ***stacks*** *of ~, (infml.)* hope tyd; ***state*** *a ~* 'n tyd aangee/bepaal; *there is* ***still*** ~ daar is nog tyd; *at a* ***suitable*** ~ op 'n geleë tyd, te(r) geleëner/gelegener tyd; ***take*** *one's ~* jou nie haas nie; ***take*** *one's ~ about/over s.t.* jou tyd vir iets gebruik/neem, jou nie met iets haas nie; lank met iets draai; ***take*** *your ~!* moenie haastig wees nie!, haas jou nie!, daar's baie tyd!, neem die tyd daarvoor!; ***take up*** ~ tyd in beslag neem; *it* ***takes*** ~ dit vereis tyd, hiervoor het ('n) mens tyd nodig; *it* ***takes*** *~ to ...* ('n) mens het tyd nodig om te ...; dit duur 'n ruk voordat ...; *it* ***takes*** *a long ~ to ...* ***→long; tell*** *the ~* op die horlosie/oorlosie kyk, weet hoe laat dit is; sê hoe laat dit is; *be able to* ***tell*** *the ~* op die horlosie/oorlosie kan kyk; ***tell*** *s.o. the ~* ***→give/tell;*** *(only) ~ will* ***tell*** (net) die tyd sal leer; ***ten*** *~s over* tiendubbel; *s.t. has stood the* ***test*** *of ~* iets is beproef (*of* het met die tyd sy betroubaarheid/doeltreffendheid/waarde bewys); *by* ***that*** *~* ***→by;*** *have a* ***thin*** *~, (infml.)* dit sleg tref, 'n moeilike tyd deurmaak; ***third*** *~ lucky* alle goeie dinge bestaan uit drie; ***this*** ~ dié/hierdie keer/slag; *by* ***this*** *~* ***→by;*** *~ and tide wait for no man* jy moet die geleentheid aangryp as jy dit kry; *it is ~* ***to*** *...* dit is tyd om te ...; *there is ~* ***to*** *...* daar is tyd om te ...; *have a* ***tough*** *~, (infml.)* les opsê, dit hotagter hê/kry; *live in* ***troubled/troublous*** *~s* in 'n (veel) bewoë/beroerde tyd leef/lewe; ***two*** *or three ~s* 'n paar keer; *I have told you* ***umpteen*** *~s, (infml.)* ek het jou al hoeveel keer/maal gesê; *for the* ***umpteenth*** *~, (infml.)* die hoeveelste keer/maal; *spend an* ***unconscionable*** *~ on s.t.* verskriklik lank met iets besig wees; *at an* ***unearthly/ungodly*** *~, (infml.)* op 'n onmoontlike/onmenslike tyd, onmenslik vroeg; ***unquiet*** *~s* bewoë tye; ***until*** *such ~ as ...* tot tyd en wyl ...; *~ is* ***up*** die tyd is om/verstreke; *have to* ***wait*** *some ~* 'n rukkie/tydjie moet wag; ***wait*** *one's ~* ***→bide/wait; ~ was*** *when ...* daar was 'n tyd toe ...; ***waste*** ~ tyd verspil/verkwis/mors; *it is a* ***waste*** *of ~* dit is tydverkwisting/tydverspilling; *s.o.'s* ***watch*** *gains ~* iem. se horlosie/oorlosie loop voor; *s.o.'s* ***watch*** *keeps good ~* iem. se horlosie/oorlosie loop goed; *it is ~* ***well spent*** →WELL SPENT; *have a* ***whale*** *of a ~, (infml.)* groot pret hê, dit gate uit geniet; ***what*** *~ is it?,* ***what*** *is the ~?* hoe laat is dit?; ***what*** *~ do you make it?* hoe laat het jy dit?; ***what*** *~ will ... arrive?,* ***what*** *~ is ... coming?* hoe laat kom ...?; *at a ~* ***when*** ... op 'n tydstip toe ...; in 'n tyd toe ...; *the ~* ***(when)*** *s.o. ...* die keer toe iem. ...; *there was a ~* (or *~ was)* ***when*** ... daar was 'n tyd toe ...; *the ~ by* ***which*** ... die tyd waarbinne ...; wanneer ...; ***while away*** *the ~* die tyd omkry/kort/verdryf/verdrywe; *have all the ~ in the* ***world*** volop tyd hê; *the ~ is not* ***yet*** die tyd het nog nie gekom nie; *now is* ***your*** ~ nou is jou kans. **time** *ww.* reël, reguleer; regsit, stel; die regte tyd kies; op die juiste oomblik doen, die tyd afpas; die tyd bereken/bepaal; die tyd opneem; die maat aangee; die maat hou; *one must ~ one's* ***blows*** ('n) mens moet sorg dat jy net op die regte tyd slaan; *it was ~d* ***for*** *one/etc. o'clock* dit sou om eenuur/ens. plaasvind, dit was vir eenuur/ens. bepaal; *~ a* ***fuse*** →FUSE *n.; ~* ***o.s.*** presies na die afgemete tyd hardloop/werk/ens.; vasstel hoe gou jy iets kan doen; meet hoe vinnig jy die afstand geloop/gehardloop het; *s.t. is ~d to take* ***place*** *at ...* iets is vir ... gereël, iets is so gereël dat dit om ... plaasvind; *be* ***well*** *~d* geleë wees, op die geskikte tyd plaasvind; *not be* ***well*** *~d* ongeleë wees, nie op die geskikte tyd plaasvind nie; *('n aanmerking)* nie op die geskikte oomblik kom nie. ~ **and motion expert** tydstudiekundige. ~ **(and motion) study, motion study** tyd-en-beweging-studie, studie van tyd en beweging, tyd-, bewegingstudie. ~ **ball** tydbal. ~ **bargain** termyntransaksie. ~ **bomb** tydbom. ~ **capsule** tydkapsule. ~**card** rooster, werkuurregister, uurkaart. ~ **chart** tydkaart. ~ **check** tydkontrole. ~ **clock** tydklok, stempelklok. ~**-consuming,** ~**-devouring** tydrowend. ~ **deposit** *(fin.)* termyndeposito. ~**-expired** uitgedien(d). ~ **exposure** *(fot.)* tydopname. ~ **factor** tyd(s)faktor. ~**-filling** *n.* tydvulling. ~**-filling** *adj.* tydvullend. ~ **frame** tydraamwerk. ~ **fuse** maatlont; tydbuis. ~**-honoured,** ~**-hallowed** eerbiedwaardig, eeue oud; tradisioneel, aloue. ~**keeper** uurwerk; tydaangeër, -aangewer; tydreëlaar; tydbeampte, tydopnemer; *the watch is a good ~* die horlosie/oorlosie loop goed. ~**keeping** tydreëling; tydopneming. ~ **lag** vertraging; tussenpose. ~**-lapse photography** tydsverloopfotografie. ~ **limit** tydgrens, tydsbeperking; *set a ~ ~ for ...* 'n tydgrens vir ... stel. ~ **lock** klokslot. ~ **machine** tydmasjien. ~ **off** *n.* vrye/af tyd. ~ **office** (werk)tydkantoor. ~**out,** ~ **out** *n., (Am., sport)* (spel)onderbreking, onderbreking in die spel; *take time out* ('n bietjie) rus, 'n blaaskans(ie) geniet/neem/vat. ~ **payment** betaling per uur; termynbetaling. ~**piece** uurwerk, klok, horlosie, oorlosie. ~ **rate** tydloon. ~ **recorder** tydopnemer. ~**saver:** *be a (real) ~* (baie) tyd spaar. ~**saving** *adj.* tydbesparend. ~**scale** tydskaal. ~**server** oëdienaar, verkleurmannetjie, weerhaan; skipperaar; manteldraaier; *s.o. is a ~, (ook)* iem. is soos die wind waai. ~**serving** veranderlik, onbestendig; oëdiens, geskipper, onbestendigheid, bontspringery; *~ soldier* dienende soldaat. ~**share** *n.* tyd(aan)deel, tyddeling, blybeurt(e). ~**share** *adj. (attr.)* tyddeel-, blybeurt- *(oord, ontwikkeling, ens.).* ~ **sharing** *n.* tyddeling. ~**-sharing** *adj. (attr.): ~ operating system, (rek.)* tyddeelbedryfstelsel; *~ scheme* tyddeel-, beurtblyskema; *~ system* tyddeelstelsel. ~ **sheet** uurstaat, werkuurregister. ~ **shift** *n.* tydverskuiwing. ~ **signal** tydsein. ~ **signature** maat(soort)teken. ~ **slot** tydgleuf. ~ **span** (tyds)duur, tyd, tydsbestek, tydspan. ~ **study** →TIME AND MOTION STUDY. ~ **switch** tydskakelaar. ~**table** (diens/tyd)rooster, tydtafel; diensreëling; *(mus.)* maattabel; werkrooster; *railway* ~ spoorboek, treingids, treinrooster; *school* ~ lesrooster. ~ **travel** *n., (wetenskap[s]fiksie)* tydreis, reis deur die tyd. ~ **traveller** tydreisiger. ~ **trial** *(sport)* tydtoets. ~ **unit** →UNIT OF TIME. ~ **warp** tydverwringing; *enter a* ~ ~ in 'n ander tyd verplaas word; *be stuck (*or *caught [up]) in a* ~ ~ in 'n tydverwringing vasgevang wees. ~**-wasting** tydrowend. ~**work** uurloonwerk. ~**worker** uurloner, uurloonwerker. ~**worn** verslete; afgesaag; verouderd. ~ **zone** tydsone.

time·less oneindig; tyd(e)loos. **time·less·ness** tyd(e)loosheid; oneindigheid.

time·ly tydig; aktueel. **time·li·ness** tydigheid; aktualiteit.

time·ous *(hoofs. Sk.)* tydig. **time·ous·ly** betyds.

tim·er *n.* tydtoestel; tydklokkie *(in 'n kombuis ens.)*; tydmeganisme *(v. 'n bom)*; tydhouer; tydopnemer.

-tim·er *komb.vorm: full-*~ heeltydse werker; *part-*~ deeltydse werker; *self-*~, *(fot.)* selfontspanner, outomatiese ontspanner.

times *prep.* maal; *four* ~ *three is twelve* vier maal drie is twaalf.

tim·id skugter, sku, beskroomd, skamerig, bedees; bangerig; bangbroek(er)ig. **ti·mid·i·ty** skugterheid, beskroomdheid, skamerigheid, bedeesdheid; bangerigheid, skrikkerigheid; bangbroek(er)igheid.

tim·ing tydstelling; tydopneming; tydberekening; tydmeting; tydreëling, =vasstelling; tydsbepaling; keuse van tyd; vonkstelling *(v. 'n motor)*; klepreëling; *the* ~ *was perfect* dit was presies op die regte tyd. ~ **device** tydtoestel.

ti·moc·ra·cy timokrasie, besittersregering. **ti·mo·crat·ic** timokraties, deur die besittersklasse geregeer.

Ti·mor *n., (geog.)* Timor. **Ti·mor·ese** *n.* Timorees. **Ti·mor·ese** *adj.* Timorees.

tim·or·ous bedees, sku, skugter, skamerig, bedremmeld, beskroomd, skroomvallig, verleë; skrikkerig, bangerig. **tim·or·ous·ness** bedeesdheid *ens.*; skrikkerigheid, bangerigheid.

Tim·o·thy *(NT)* Timoteus *(NAB)*, Timótheüs *(OAB)*.

tim·pa·ni, tym·pa·ni *n. (mv., fungeer soms as ekv.), (mus.instr.)* keteltrom, pouk. **tim·pa·nist** poukenis.

Ti·mur, Ti·mour →TAMERLANE.

tin *n. (chem., simb.: Sn)* tin; *(metaal)* blik; blikkie, bus(sie); gegalvaniseerde yster, sink; *(infml.)* geld, pitte. **tin** *adj.* tin=; blik=. **tin** =*nn*=, *ww.* vertin; inmaak, inlê, inblik; verduursaam; →TINNED. ~ **ashes** tin-as. ~ **box** blik(doos). ~ **can** *(houer)* blik. ~ **coating** vertinsel. ~ **ear** *(Am., infml.)* toondoofheid; *have a* ~ ~ toondoof wees. ~ **fish** *(sl.)* torpedo. ~**foil** *n.* bladtin, tinfoelie, stanniool; blik=, silwerpapier. ~**foil** *ww.* verfoelie; foelie, in bladtin toedraai. ~ **glaze** tinglasuur. ~ **god** afgodjie. ~ **hat,** ~ **helmet** *(infml.)* staalhelm; *that puts the tin hat on it* dit is die end/toppunt. ~**horn** *n., (Am., sl.)* windmaker, grootbek, grootprater, windlawaai, wintie, windsak. ~**horn** *adj., (Am., sl.)* windmaker(ig), grootbekk(er)ig, grootpraterig. ~ **liquor** tinoplossing. ~ **lizzie** *(Am., infml., vero.)* rammelkas, skedonk, tjor(rie). ~**man** =*men* tingieter; blikslaer; ~*'s mallet* blikslaershamer; ~*'s shears* blikskêr; ~*'s snips* krom blikskêr. ~ **mine** tinmyn. ~ **mining** tinwinning. ~ **mug** blikbeker. ~**-opener** blikoopmaker, =snyer. ~ **ore** tinerts. ~ **pail** blikemmer. **T~ Pan Alley** *(mus., infml., dikw. neerh.)* die pop(musiek)bedryf; die (gekommersialiseerde) pop(musiek)wêreld; popmusiekkringe; die popgeeste; die sentrum van die pop(musiek)bedryf. ~**plate** *n.* blik; blikplaat; blikbord. ~**plate** *ww.* met blik beklee. ~**plater** blikwerker. ~**pot** *adj.* minderwaardig, goedkoop, derderangs; ~ *deity* godjie. ~ **putty** tin-as. ~ **pyrites** tin-kies. ~ **roof** blikdak; sinkdak. ~**-roofed** met 'n blikdak/sinkdak. ~ **shanty** blikhuisie, =pondok(kie). ~**smith** blikslaer; tingieter. ~**smithing** blikslaery, blikslaerswerk. ~**snips** (krom) blikskêr. ~ **solder** tinsoldeersel, soldeertin. ~ **soldier** *(ook fig.)* bliksoldaatjie. ~**stone** tinsteen, kassiteriet. ~ **tack** tinspykertjie. ~ **town** blikkiesdorp; onderdorp. ~**type** metaalfoto, snelfoto. ~**ware** tinware, =goed; blikgoed, =ware, =werk. ~ **whistle** = PENNY WHISTLE.

tin·cal *(chem.)* tinkal, ruwe boraks.

tinc·to·ri·al kleur=, verf=.

tinc·ture *n.* tinktuur, aftreksel; smakie; sweempie, tikkie; tint; ~ *of iodine, (chem., farm.)* jodium=, joodtinktuur. **tinc·ture** *ww.* effe kleur/verf, tint; 'n smakie gee.

tin·der tontel(hout). ~**box** tonteldoos; *(fig.)* kruitvat; *(fig.)* kruidjie-roer-my-nie. ~**-dry** kurk=, horingdroog.

tin·der·y tontelagtig, tontelrig; maklik ontvlambaar.

tine tand *(v. 'n vurk, eg, ens.)*; punt *(v. 'n takbokhoring)*. **tined** getand.

tin·e·a *(med.)* omloop, tinea.

ting *n.* geklingel, tingeling. **ting** *ww.* klingel, tingel, tjingel. **ting-a-ling,** *(rare)* **ting-a-ring** tingeling *(v. 'n klokkie)*.

tinge *n.* tint, kleur; sweempie, ietsie, tikkie; smakie. **tinge** *ww.* tint, kleur; 'n smakie gee; ~*d with* ... met 'n tikkie ...

tin·gle *n.* tingeling; tinteling; prikkeling; (ge)jeuk; gesuis, suising; getuit, tuiting; *(spykertjie)* tingel; lat; *(sk.)* noodlap. **tin·gle** *ww.* tingel; tintel; prikkel; jeuk; tuit; suis; *the reply* ~*d in s.o.'s ears* die antwoord het iem. se ore laat tuit. **tin·gling** tinteling; gesuis; getuit; ~ *of the ears* gesuis/getuit in die ore, oortuiting, oorsuising. **ting·ly** *adj.* prikkelend.

tin·kal →TINCAL.

tink·er *n.* ketellapper, blikslaer; broddelaar; *s.o. doesn't care a* ~*'s curse/cuss/damn* →CARE *ww.*; ~*'s dam* looddam. **tink·er** *ww.* heelmaak, lap; broddel; peuter; *(infml.)* droogmaak; ~ *at* knutsel *(aan)*, peuter *(met)*; ~ *with s.t.* aan/met iets peuter. ~**bird,** ~ **barbet** *(orn.)* tinker.

tink·er·er lapper; broddelaar; klungelaar.

tin·kle *n.* geklink, getingel, geklingel; gerinkel; getokkel; *give s.o. a* ~, *(infml.)* iem. (op)bel, *(<Eng.)* iem. 'n luitjie gee; *have a* ~, *(infml.)* 'n draai loop, fluit, water afslaan. **tin·kle** *ww.* klink, tingel, klingel; laat tingel/klingel; rinkel; tokkel; *(Br., infml.: urineer)* 'n draai loop, fluit, water afslaan. **tin·kler** klokkie. **tin·kling** *n.* getingel, geklingel; gerinkel. **tin·kling, tin·kly** *adj.* tingelend, klingelend; rinkelend.

tinned: ~ ***copper*** vertinde koper; ~ ***fish*** ingemaakte vis, blikkiesvis; ~ ***meat*** blikkiesvleis; ~ ***vegetables*** ingemaakte groente, blikkiesgroente.

tin·ner vertinner; tingieter; blikslaer; tinmynwerker; inmaker.

tin·ning vertinning; inmaak, inmaking, inlê; verduursaming.

tin·ni·tus *(med.)* gesuis, oorsuising, oortuiting.

tin·ny tinagtig; blikkerig.

tin·sel *n.* klatergoud; verguldsel; klaterstringe, gouddrade, silwerdrade, *(infml.)* engelhare; *(fig.)* klatergoud, skynprag, skynskoon. **tin·sel** =*ll*=, *ww.* met klatergoud versier; verguld; 'n vals skyn gee aan. **tin·sel** *adj.* klatergoud=, vals, skyn=. **T~town** *(infml.)* Hollywood.

tint *n.* tint, kleur; tinting, kleuring; kleurmiddel. **tint** *ww.* tint, kleur; ~*ing brush* tintpenseel; ~*ed glass* getinte glas; ~*ed glasses* gekleurde bril. ~ **card** kleurkaart.

tint·ing tinting, kleuring.

tin·tin·nab·u·late *(klokkies ens.)* klingel. **tin·tin·nab·u·la·tion** geklingel, getingel. **tin·tin·nab·u·lous** klingelend. **tin·tin·nab·u·lum** =*ula* klein klokkie.

tint·om·e·ter tint=, kleurmeter.

tint·y slordig getint.

ti·ny baie/heel klein, piepklein; *a* ~ *bit* 'n (baie) klein stukkie; *a* ~ *little kitten* 'n ou klein katjie; *the tiniest one* die kleinstetjie; *a* ~ *tot* 'n ou kleintjie.

=**tion** *suff. (vorm n.)* =(s)ie; =ing; *action* aksie; handeling; *election* verkiesing, eleksie.

tip[1] *n.* punt, top, tip; uiteinde, dun ent; mondstuk; vergulderskwassie; ***from*** ~ ***to*** ~ van punt tot punt; *15/etc. cm* ***from*** ~ ***to*** ~ 15/ens. cm van vlerkpunt tot vlerkpunt *(of* van neus tot stert); ~ ***of the finger*** vingertop; *it is just/only the* ~ ***of*** *the iceberg* →ICEBERG; ~ ***of*** *the nose* punt/tip(pie) van die neus; ~ ***of a leaf*** top van 'n blaar; ~ ***of a veil*** tippie van 'n sluier; ~*s* ***of*** *tea leaves* tippe van teeblare; *be* ***on*** *the* ~ *of one's tongue* →TONGUE *n.*. **tip** =*pp*=, *ww.* 'n punt aansit; *(cork-)*~*ped* gekurk, met 'n kurkmondstuk; ~ *s.t. out* iets uitgiet/uitgooi. ~ **shoe** halfmaanyster. ~**staff** geregsdienaar. ~**-tilted nose** wipneus. ~**toe** *n.: on* ~ op (die punte van) die/jou tone; *stand on* ~ op jou tone staan; *walk on* ~*(s)* (*or [Am.] one's* ~*s*) op die/jou tone loop. ~**toe** *adj. & adv.* op die/jou tone. ~**toe** =*toed, ww.* op die/jou tone loop. ~**top** *n.* toppunt, hoogtepunt; die (aller)beste, die hoogste. ~**top** *adj.* puik prima, eersteklas, beste, mooiste, allerbeste, piekfyn; *a* ~ *fellow* 'n agtermekaar kêrel. ~**top** *adv.* puik, eersteklas, uitstekend, piekfyn.

tip[2] *n.* fooi(tjie); wenk; stootjie, tikkie; oorhelling; stort=, wipkar; storthoop; as=, vullis=, vuilgoedhoop; ***give*** *s.o. a* ~ iem. 'n fooitjie gee; iem. 'n wenk gee *(of* op die spoor van iets bring); ***miss*** *one's* ~ die bal mis slaan; ***(rubbish)*** ~ stortplek, =terrein; *I can give you the* ***straight*** ~ ek kan jou sê net wat jy wil weet; ***take*** *a* ~ 'n wenk aanneem; *why didn't you* ***take*** *my* ~*?* waarom het jy nie na my geluister nie?. **tip** =*pp*=, *ww.* wip; laat wip; skeef/skuins hou; kantel, kip; gooi, stort; 'n fooi(tjie) gee; 'n snuf in die neus gee, 'n wenk gee; *s.o. is* ~*ped* ***as*** ... iem. word as ... genoem, iem. sal volgens die ingewydes ... wees *(d. nuwe kaptein ens.)*; ~ *the* ***balance*** →BALANCE *n.*; ~ *one's* ***hat*** *to s.o.* →HAT *n.*; ~ *s.o./s.t.* ***into*** ... iem./iets in ... gooi; ~ *s.o.* ***off*** iem. waarsku *(of* die wete gee); iem. 'n wenk gee; ~ ***over*** omval, (om)kantel; ~ *s.t.* ***over*** iets omstoot/omgooi; *s.o. is* ~*ped* ***to*** ... iem. gaan volgens die voorspellings ... *(wen ens.)*; ~ *s.t.* ***up*** iets aan die een kant oplig; iets opklap; iets skuins hou; ~ *a* ***waiter*** 'n kelner 'n fooi(tjie) gee *(of* iets in die hand stop); ~ *s.o. the* ***wink*** →WINK *n.*. ~ **and run** *(spel)* stafbal. ~ **cart** stort=, skots=, wipkar. ~**cat** *(spel)* kennetjie. ~ **chute,** ~ **shoot** stort=, wipgeut. ~ **door** wipdeur. ~ **lorry,** ~ **truck,** ~ **wag(g)on** wip(vrag)wa, stortwa, =trok. ~**man** =*men* wipwagter. ~ **mound** *(w.g.)* afval=, as=, storthoop. ~**-off** *(infml.)* wenk, waarskuwing. ~ **truck** *(mynb.)* koekepan; →TIPPER (TRUCK/LORRY). ~**-up bed** opklapbed. ~**-up chair** klapstoel. ~**-up seat** klapstoel; opklapbank.

ti·pi →TEPEE.

tip·per fooigewer; storttoestel; kantelaar; wipper; storter; *side* ~ kantelwa. ~ **(truck/lorry)** wip(bak)vragmotor, wipwa; stort=, kanteltrok.

tip·pet pels=, bontkraag; skouermanteltjie; stola.

Tipp-Ex *n., (handelsnaam)* tippeks, korreksie=, korrigeer=, tiklak. **Tipp-Ex** *ww.: ~ s.t. out* iets uittippeks *(of* met korreksie=/korrigeer=/tiklak uitwis).

tip·ping: ~ **bridge** wipbrug. ~ **bucket** wipemmer. ~ **chute,** ~ **shoot** stort=, wipgeut. ~ **furnace** kanteloond. ~ **gear** wiptoestel. ~ **hook** wiphaak. ~ **plant** storttoestel. ~ **site** stortterrein. ~ **(system)** fooie/fooitjies gee, fooi(e)stelsel. ~ **truck** wip(vrag)wa, stortwa, =trok.

tip·ple[1] *n.* sterk drank. **tip·ple** *ww.* dopsteek, drink, die elmboog lig. **tip·pler** dopsteker, drinkebroer, wynsak, =vlieg, kroegvlieg, droëlewer. **tip·pling** drinkery.

tip·ple[2] *n.* ertshoop. **tip·pler** *(orn.)* tippelaar(duif).

tip·py-toe *n., adj., adv. & ww.* = TIPTOE.

tip·si·fy dronk/lekker maak.

tip·si·ly dronk-dronk; →TIPSY.

tip·si·ness getiktheid, dronkheid; →TIPSY.

tip·staff →TIP[1] *ww.*.

tip·ster wenker.

tip·sy lekkerlyf, aangeklam, gekoring, getrek, geswael, hoenderkop, aangekap, geolie; →TIPSILY, TIPSINESS. ~ **cake** wynkoek, aanklamkoek. ~ **pudding** wynpoeding. ~ **tart** brandewyntert, aanklamtert.

ti·rade tirade; woordevloed.

tir·aill·eur *(hoofs. hist.)* skerpskutter, tirailleur; uitswermer.

tire[1] →TYRE.

tire[2] *n., (vero.)* kleding; (hoof)tooisel. **tire** *ww., (vero.)* uitdos, klee.

tire[3] *ww.* moeg word; moeg maak, vermoei; verveel;

never ~ *of doing s.t.* nooit moeg word om iets te doen nie; *a subject of which one never ~s* iets waaroor ('n) mens nie uitgepraat raak nie; ~ *of s.t.* van/vir iets moeg word; van/vir iets teë word/raak *(kos ens.)*; ~ *o.s.* ***out*** jou vermoei; ~ *s.o.* ***out*** iem. afmat. **tired** moeg; tam, mat; ***become/get*** ~ moeg word; *be* ***bone*** ~ (or ~ *to* ***death***) doodmoeg wees; *be* ~ ***of*** *s.t.* moeg/sat/teë vir/van iets wees; *be* ~ ***out*** uitgeput/gedaan/doodmoeg/pootuit/kapot/afgemat wees. **tired·ness** moegheid, vermoeidheid, vermoeienis; tamheid, matheid. **tire·less** onvermoeid; onvermoeibaar; rusteloos. **tire·less·ness** onvermoeidheid; onvermoeibaarheid; rusteloosheid. **tire·some** vermoeiend, afmattend; moeisaam; vervelend. **tire·some·ness** vervelendheid. **tir·ing** vermoeiend; moeisaam; vervelend.

ti·ro *-ros, n.* →TYRO.

ti·ro·cin·i·um *(Lat.)* leertyd; onbedrewenheid.

'tis *(hoofs. poët., liter.)* dis, dit is.

ti·sane *(Fr.)* gortwater; aftreksel *(v. blare/blomme)*.

tis·sue weefsel; goudlaken; streep, reeks; sneesdoekie, snesie, papiersakdoek(ie); sneespapier; *a* ~ *of crimes* 'n hele reeks misdade; *a* ~ *of lies* 'n aaneenskakeling van leuens. ~ **bank** *(med.)* weefselbank. ~ **culture** *(biol., med.)* weefselkultuur. ~ **paper** sneespapier. ~ **tension** *(biol., med.)* weefselspanning.

tit[1] *(vulg. sl.)* tiet, tet; *(veragtelike mens)* doos, luis, lae lak, wetter; *(mil. sl.)* knoppie; →TEAT. **tit·ty** tietie, (bors)tepel.

tit[2] *(orn.)* mees; →TITMOUSE; *grey* ~ grysmees, piet-tjoutjou; *penduline* ~ kapokvoëltjie. ~**babbler** tjeriktik; bosvoëltjie.

tit[3] tik(kie); ~ *for tat* vergelding; tik jy my dan pik ek jou; *give s.o.* ~ *for tat* iem. met dieselfde/gelyke munt betaal.

ti·tan titan, reus; *the T~s* die Titane. **ti·tan·ate** *(chem.)* titanaat. **ti·tan·if·er·ous** *(min.)* titaanhoudend. **ti·tan·ite** = SPHENE.

ti·ta·ni·a *n.* →TITANIUM DIOXIDE.

ti·tan·ic *adj.* titanies, reusagtig, geweldig; ~ *acid* titaansuur; ~ *oxide* →TITANIUM DIOXIDE.

ti·ta·ni·um *(chem., simb.: Ti)* titaan. ~ **dioxide,** ~ **oxide, titanic oxide, titania** titaan(di)oksied.

tit·bit lekkernytjie, lekker happie/stukkie, versnapering, delikatesse.

titch, tich *n., (Br., infml.)* buksie. **titch·y, tich·y** *adj., -ier -iest* bukserig, kort, klein.

ti·ter →TITRE.

tit·fer *(Br., infml.)* hoed.

tith·a·ble verplig om tiendes te betaal, tiendepligtig, skatpligtig, synsbaar.

tithe *n.* tiende; tiende deel. **tithe** *ww.* tiende/skatting hef. ~ **barn** *(landb., hist.)* heffingskuur. ~ **gatherer** tiendeheffer.

tith·er tiendeheffer. **tith·ing** tiendeheffing.

Ti·tian *(It. skilder)* Titiaan. ~ **hair** goudbruin/goudrooi/rooibruin/kastaiingbruin hare. ~**haired** met (die) goudbruin/goudrooi/rooibruin/kastaiingbruin hare.

tit·il·late kielie; streel. **tit·il·la·tion** kielierige gevoel; streling.

tit·i·vate mooimaak, optooi; ~ *o.s.* jou mooimaak/optooi. **tit·i·va·tion** optooiing.

ti·tle *n.* (ere)titel; opskrif, naam, titel; aanspraak, eiendomsreg, titel; goudgehalte; ***bear a*** ~ 'n titel voer; ***compete*** *for the world* ~ om die wêreldtitel meeding; ***confer*** *a* ~ *on s.o.* 'n titel aan iem. toeken; ***have a*** ~ *to s.t.* op iets geregtig wees; *the* ***holder*** *of a* ~, *(sport)* die houer van 'n titel; *successor* ***in*** ~ →SUCCESSOR; ***mining*** ~ mynreg, mynbrief; ***under*** *the* ~ *(of)* ... onder die titel ... **ti·tle** *ww.* betitel, noem; tituleer; ~*d* getitel(d); betitel(d), met 'n titel. ~ **bout,** ~ **fight** *(boks)* titelgeveg. ~ **deed** grondbrief, eiendomsbewys, transportakte, (kaart en) transport, titelbewys; *(original)* ~ grondbrief. ~**holder** titelhouer. ~ **mania** titelsug. ~ **page** titelblad. ~ **role,** ~ **part** titelrol.

ti·tle·less sonder titel, onbetitel(d).

ti·tling betiteling, titeldruk.

tit·mouse *-mice, (orn.)* mees.

Ti·to·ism Titoïsme *(ook t~)*. **Ti·to·ist** *n.* Titoïs *(ook t~)*. **Ti·to·ist, Ti·to·is·tic** *adj.* Titoïsties *(ook t~)*.

ti·trate *(chem.)* titreer. **ti·tra·tion** titreeranalise, titrasie, titrering.

ti·tre, *(Am.)* **ti·ter** *(chem., med.)* titer, gehalte.

tit·ter *n.* gegiggel. **tit·ter** *ww.* giggel.

tit·ti·vate, tit·ti·va·tion *(arg.)* →TITIVATE, TITIVATION.

tit·tle tittel, stippie; *not one jot or* ~ geen jota of tittel nie, nie die minste nie.

tit·tle-tat·tle *n.* gebabbel, geklets, gekekkel; geskinder, skindery; kekkelbek, skinderbek. **tit·tle-tat·tle** *ww.* babbel, klets, kekkel; skinder.

tit·tup *n.* bokspringetjie, huppeling. **tit·tup** *-p(p)-, ww.* bokspring, huppel. **tit·tup·(p)y** bokspringerig.

tit·ty *-ties, (dim.)* tietie.

tit·u·bate *(med.)* waggel; struikel; stotter. **tit·u·ba·tion** waggeling; struikeling; gestotter.

tit·u·lar *n.* titularis. **tit·u·lar** *adj.* titulêr, in naam; ~ *saint* beskermheilige; ~ *sovereignty* heerskappy in naam alleen.

Ti·tus *(Rom. keiser; Bybelboek)* Titus.

tiz·zy: *be in (or be all of) a* ~, *(infml.)* opgewonde wees; verbouereerd wees; *get into a* ~, *(infml.)* opgewonde raak; verbouereerd raak.

tme·sis *tmeses, (ling.)* tmesis, splitsing.

to *prep.* na; (na) ... toe; tot; aan; vir; voor; in; op; teen; ~ *s.o.'s* ***account*** vir iem. se rekening; ~ ***account*** *rendered* vir gelewerde rekening; ~ *s.o.'s* ***amazement/shame/etc.*** tot iem. se verbasing/skande/ens.; *please* ***apply*** ~ *the secretary* geliewe aansoek te doen by die sekretaris; wend u tot die sekretaris; ~ ***arms!*** te wapen!; ***assistant*** ~ *the editor* assistent van die redakteur; *bring/call s.t.* ~ *s.o.'s* ***attention*** →ATTENTION; *be* ***available*** ~ *s.o.* →AVAILABLE; *go* ~ ***bed*** →BED *n.*; *a child was* ***born*** ~ *them* →BORN; *(as)* ***compared*** ~ ... →COMPARE *ww.*; *s.t. is a* ***credit*** ~ *s.o.* →CREDIT *n.*; ~ *this* ***day*** →DAY; *drink o.s.* ~ ***death*** →DEATH; *correct* ~ *three* ***decimal*** *places* →DECIMAL *adj.*; ~ *a* ***degree*** →DEGREE; ***elect*** ~ *do s.t.* →ELECT *ww.*; *there is no* ***end*** ~ *it* →END *n.*; ~ *a great/large* ***extent*** →EXTENT; *go from one* ***extreme*** ~ *the other* →EXTREME *n.*; *have an* ***eye*** ~ ... →EYE *n.*; ~ *the* ***eye*** →EYE *n.*; ~ *s.o.'s* ***face*** →FACE *n.*; ***from*** ... ~ ... →FROM; *(all)* ~ *the* ***good*** gunstig, voordelig; *be R100/etc.* ~ *the* ***good*** →GOOD *n.*; ~ ***goods*** *(supplied)* →GOODS *n.*; ~ *a* ***hair's-breadth*** →HAIR'S-BREADTH; *s.t.* ***increases*** *from* ... ~ ... →INCREASE *ww.*; *that's all there is* ~ ***it*** dis al; *there's nothing* ~ ***it*** →NOTHING; ***lend*** *s.t.* ~ *s.o.* →LEND *ww.*; *let that be a* ***lesson*** ~ *you!* →LESSON *n.*; *s.t. is* ~ *s.o.'s* ***liking*** →LIKING; ***lose*** *s.t.* ~ *the enemy* →LOSE; ~ *a* ***man*** →MAN *n.*; *perish* ~ *a* ***man*** →MAN *n.*; ~ *my* ***mind*** →MIND *n.*; ~ *the* ***minute*** →MINUTE[1] *n.*; *five/etc.* ***minutes*** ~ *ten/etc.* →MINUTE[1] *n.*; ***next*** ~ *that* →NEXT *adv.*; ***next door*** ~ ... →NEXT DOOR *adv.*; ***nominate*** *s.o.* ~ *a council* →NOMINATE; ***notes*** ~ ... aantekenings by ...; *eggs/etc.* ~ ***order*** →ORDER *n.*; *have a room* ~ ***o.s.*** 'n eie kamer (*of* 'n kamer vir jou alleen) hê; *say* ~ ***o.s.*** ... →SAY[1] *ww.*; *not have a* ***penny*** ~ *one's name* →PENNY; *the ship* ***plies*** ~ ... →PLY[2] *ww.*; ~ *the* ***point*** →POINT *n.*; *the solution* ~ *a* ***problem*** →SOLUTION *n.*; ~ *the* ***purpose*** →PURPOSE *n.*; ~ *good/some* ***purpose*** →PURPOSE *n.*; ~ *no* ***purpose*** →PURPOSE *n.*; ***read*** *s.t.* ~ *s.o.* →READ *ww.*; ***return*** ~ ... →RETURN *ww.*; ***rise*** *from* ... ~ ... →RISE *ww.*; ***say*** *s.t.* ~ *s.o.* →SAY[1] *ww.*; *draw s.t.* ~ ***scale*** →SCALE[2] *n.*; ***speak*** ~ *s.o.* →SPEAK; ***speak*** ~ *a motion* →MOTION *n.*; ~ ***taste*** →TASTE *n.*; ~ *s.o.'s* ***taste*** →TASTE *n.*; ***tell*** *s.t.* ~ *s.o.* →TELL[1] *ww.*; ***tell*** *a story* ~ *s.o.* →STORY[1]; ***ten*** ~ *one* →TEN; ~ *me it is* ***terrible*** vir my is dit vreeslik; ~ ***that*** →THAT *pron.*; ***think*** ~ *o.s.* →THINK *ww.*; ~ ***this*** →THIS; *from* ***time*** ~ *time* →TIME *n.*; *bring s.o.* ~ ***trial*** →TRIAL; ~ *the* ***tune*** *of* ... →TUNE *n.*; ***up*** ~ *and including* tot en met; *a* ***visit*** ~ ... →VISIT *n.*; *a* ***visitor*** ~ *the town* →VISITOR; *on s.o.'s* ***way*** ~ *the station* op iem. se pad na die stasie, op pad (na die) stasie toe; *s.t. is* ***welcome*** ~ *s.o.* →WELCOME *adj.*; ***welcome*** ~ *Cape Town!* →WELCOME *tw.*; ~ ***what?*** waartoe?; ~ ***what/which*** *place?*, ***where*** ~? waarheen?, waarnatoe?; *this is nothing* ~ ***what*** *it might be* dit is niks teen (*of* in vergelyking met) wat dit kon wees nie; ~ ***which*** ... →WHICH *pron.*; ***write*** ~ *s.o.* →WRITE; *what is that* ~ ***you?*** →YOU; *here's* ~ ***you!*** →HERE; *Mr Smith* ~ ***you*** meneer Smith, asb.. **to** *ww. (inf.)* (om) te; *where* ***are*** *we* ~ *go?* waar moet ons heen?; *it is not* ~ ***be done*** dit kan nie (gedoen word nie); dit mag nie (gedoen word nie); ~ ***begin*** *with* →BEGIN; *things* ~ ***come*** die komende dinge; ***decline*** ~ *do s.t.* →DECLINE *ww.*; *the only one* ~ ***do*** *so* →DO[1] *ww.*; *the matter is difficult* ~ ***explain*** →EXPLAIN; *I have never known it* ~ ***fail*** →FAIL *ww.*; *s.o. was seen* ~ ***fall/etc.*** →SEEN *ww.*; *be the* ***first*** ~ *come* →FIRST *n.*; *the only player* ~ ***get*** *hurt* al speler wat seergekry het; ***go*** ~ *sleep* →SLEEP *n.*; ~ ***hear*** *s.o. talk* ... as jy iem. hoor praat ...; *it/that* ***is*** *still* ~ *come* →COME; *s.o. wants* ~ ***know*** →KNOW *ww.*; ~ ***let*** te huur; *s.o. was* ***made*** ~ ... →MADE *(verl.t. & volt.dw.)*; *you* ***promised*** ~ →PROMISE *ww.*; *allow me* ~ ***remind*** *you that* ... →REMIND; ***want*** *s.o.* ~ *do s.t.* →WANT *ww.*. **to** *adv.* toe; ***come*** ~ →COME; ~ ***and fro*** heen en weer; oor en weer; ***pull*** *s.t.* ~ →PULL *ww.*; ***swing*** ~ →SWING TO/SHUT.

toad (brul)padda; skurwepadda, landpadda; *(neerh.)* pes, haatlike mens; *(Cape) clawed* ~ platanna; *a* ~ *under the harrow* 'n swaar verdrukte. ~**eater** *(arg.)* →TOADY. ~**eating** *n., (arg.)* inkruiperigheid, lekkery, witvoetjiesoekery. ~**eating** *adj., (arg.)* inkruiperig, lekkerig, witvoetjiesoekerig. ~**fish** seeduiwel, opblaser. ~**flax** *(bot.)* vlasleeubekkie; vlaskruid, weeskindertjies. ~**-in-the-hole** *(kookk.)* ouvrou-onder-die-kombers. ~ **plant** aasblom. ~ **spit** paddaskuim. ~**stone** paddasteen. ~**stool** (oneetbare) paddastoel, slangkos, duiwelsbrood.

toad·let (klein) paddatjie.

toad·y *n.* (in)kruiper, lekker, witvoetjiesoeker, vleier, rugklopper, pluimstryker. **toad·y** *ww.* (in)kruiperig wees, lek, witvoetjie soek, pluimstryk; ~ *to s.o.*, *(infml.)* by iem. inkruip (*of* witvoetjie soek). **toad·y·ish** (in)kruiperig, lekkerig, witvoetjiesoekerig. **toad·y·ism** (in)kruiperigheid, inkruipery, lekkery, witvoetjiesoekery.

to·a grass *(Aristida* spp.*)* twa-, dwagras.

toast *n.* roosterbrood; heildronk; gehuldigde; ***drink*** *a* ~ 'n heildronk drink; *the* ~ *was* ***drunk*** *in wine* die heildronk is in wyn gedrink; ***give*** *a* ~ 'n heildronk instel; *s.o. was a* ***great*** ~ *in his/her day* iem. was 'n gevierde persoon op sy/haar dae, menige glas is op sy/haar gesondheid geledig; ***have*** *s.o. on* ~, *(Br., infml.)* iem. (heeltemal/volkome) in jou mag hê; ***propose*** *a* ~ *to* ... 'n heildronk op ... instel; *be the* ~ *of the* ***town/day*** die held van die dag (*of* die gevierde vrou/man) wees. **toast** *ww.* rooster, op 'n rooster braai; warm maak; die heildronk instel, die gesondheid drink van; ~ *one's feet* jou voete warm maak. ~**master** seremoniemeester. ~ **rack** broodstaander(tjie).

toast·er (brood)rooster; insteller van 'n heildronk.

toast·ing roostering; heildronke drink. ~ **fork** roostervurk.

toast·y, toast·ie *-ies, n., (infml.)* geroosterde toebroodjie/happie. **toast·y** *-ier -iest, adj., (infml.)* (heerlik/lekker) warm, aangenaam, behaaglik, genotvol; knus, snoesig, gesellig; met 'n geroosterde geur *(wyn)*. **toast·y** *adv.*: ~ *warm* heerlik/lekker/behaaglik warm.

toat handvatsel.

to·bac·co *-co(e)s* tabak; →CHEWING TOBACCO. ~ **curing** tabakdroging. ~ **cutter** tabakkerwer, -kerfmasjien. ~ **dust** tabakstof. ~ **extract** tabakekstrak. ~ **farmer,** ~ **grower** tabakboer. ~ **heart** rokershart. ~ **industry** tabakbedryf. ~ **jar** tabakpot. ~ **juice** tabak-, pruimsop. ~ **leaf** tabakblaar. ~ **pipe** tabakpyp. ~ **plant** tabakstoel, -plant. ~ **pouch** tabaksak. ~ **shed** tabakskuur. ~ **stopper** pypstoppertjie. ~ **tree** tabakboom, boskoorsboom. ~ **water** tabakwater.

to·bac·co·nist tabakhandelaar, -verkoper; tabakwinkel.

-to-be *komb.vorm* aanstaande, toekomstig; *bride/husband-*~ aanstaande bruid/man; *mother-*~ verwagtende moeder.

to·bog·gan *n.* rodelslee, Indiaanse slee. **to·bog·gan** *ww.* rodel.

to·by -*bies, (igt.)* blaasop.

to·by (jug) oumannetjieskruik, -kan.

toc·ca·ta *(mus.)* toccata.

To·char·i·an *n., (lid v. 'n volk)* Togaar; *(taal)* Togaars. **To·char·i·an** *adj.* Togaars.

to·coph·er·ol, vit·a·min E tokoferol, vitamien E.

toc·sin alarmklok, -teken, -gelui; *sound the ~* die alarm blaas, die alarmklok lui.

tod *n.: on one's ~, (Br., infml.)* op jou eentjie, stoksielalleen, vingeralleen.

to·day vandag; teenswoordig; ***from*** *~* van vandag af (aan); ***here*** *~ and gone tomorrow* vandag hier en môre/more daar; *s.o. is* ***here*** *~ and gone tomorrow* iem. is 'n voël op 'n tak; *~* ***week*** vandag oor 'n week (*of* ag[t] dae).

tod·dle *n.* onvaste/waggelende gang. **tod·dle** *ww.* trippel, waggel; *~ along, (infml.)* koers kry, huis toe gaan; *~ round* rondslenter, -kuier; *~ one's way* voortstrompel. **tod·dler** kleintjie, peuter.

tod·dy grok; *(palmsap)* toddy.

to-do ophef, opskudding, konsternasie, gedoente, petalje, omstand, (ge)roesemoes, drukte, drukdoenery, bombarie; *it caused quite a ~, (ook)* dit het 'n spulletjie afgegee; *it was a great ~* dit was 'n gedoente van die ander wêreld, dit was 'n yslike gedoente; *(infml.)* dit was 'n hele herrie ; *make a ~ about s.t.* 'n ophef van iets maak.

toe *n.* toon; voet, onderent *(v. voorwerpe)*; (voor)punt, neus *(v. voorwerpe)*; ***big/large*** *~* groottoon; ***little/small*** *~* kleintoontjie; *be/keep* ***on*** *one's ~s* wakker loop; op jou hoede wees; *keep s.o.* ***on*** *his/her ~s* agter iem. staan, sorg dat iem. sy/haar plig doen; *~ of a* ***plane*** soolpunt van 'n skaaf; *~ of a* ***shoe*** skoenpunt; ***step/tread*** *on s.o.'s ~s, (infml.)* op iem. se tone trap, iem. te na kom (*of* aanstoot gee); ***stub*** *one's ~* jou toon stamp; ***from top*** *to ~* van kop tot tone; ***turn up*** *one's ~s, (infml.)* bokveld toe gaan, afklop, lepel in die dak steek. **toe** *ww.* die toon *(v. 'n skoen, kous, ens.)* heelmaak; skop; *~* ***in****, (voete)* instaan; *s.o. ~s* ***in*** iem. draai (*of* loop met) sy/haar voete na binne; *~ the* ***line/mark*** op die streep staan *(voor 'n wedloop)*; *(fig.)* gehoor gee, in die span trek, in die pas bly, na 'n leier/ens. se pype dans; die partylyn volg; *~* ***out****, (voete)* uitstaan; *s.o. ~s* ***out*** iem. draai (*of* loop met) sy/haar voete na buite. ~ **bone** toonkootjie. ~**cap** neus(leer) *(v. 'n skoen)*. ~ **clip** voethaak *(aan 'n fietspedaal)*. ~-**dance** *ww., (ballet)* op jou tone dans. ~ **dancer** toondanser(es). ~**hold** vastrapklamp; vastrapplek(kie), vatplek, geringe houvas; toongreep. ~-**in** toesporing *(v. wiele)*. ~**nail** toonnael. ~**nailed** *(houtw.)* oorhoeks bespyker(d). ~**nailing** *(houtw.)* oorhoekse bespykering. ~**piece** toon(stuk); soolstuk *(v. 'n trap)*. ~ **puff** toonkussing. ~**rag** *(Br., infml.)* teertou, tang, fieta, gommie, gomtor. ~ **shoe** *(Am.)* puntskoen.

toed oorhoeks bespyker(d).

-toed *komb.vorm* -tonig, met ... tone; -toon-; *five-~ reptile* vyftonige reptiel, reptiel met vyf tone; *open-~ sandal* ooptoonsandaal.

toff *n.* windmaker, grootmeneer, haan. **toff** *ww.: ~ up* jou uitdos/uitvat.

tof·fee, tof·fy toffie; *s.o. cannot do s.t. for ~, (infml.)* iem. kan iets glad nie doen nie. ~ **apple** toffieappel. ~-**nosed** *(hoofs. Br., infml.)* neusoptrekkerig, neus-in-die-lug-, snobisties, hoogmoedig, verwaand.

toft *(Br., w.g.)* werf.

to·fu *(Jap., kookk.: sojaboonwrongel)* tofoe.

tog -*gg-, ww.* mondering/sportdrag aantrek; →TOGS; *~ o.s. out/up, (infml.)* jou uitdos/uitvat; *be ~ged up, (infml.)* uitgedos/uitgevat (*of* in jou kispak) wees. ~ **bag** kleresak.

to·ga toga.

to·geth·er saam, tesame, byeen, bymekaar; (te)gelyk; ***all*** *~* almal saam/tesame; alles op een hoop; ***both*** *~ exclaimed/etc.* albei het (te)gelyk uitgeroep/ens.; ***close*** *~* dig bymekaar; dig opmekaar; ***come*** *~* →COME; ***compared*** *~* met mekaar vergeleke; *for* ***days*** *~* dae aanmekaar/aaneen; ***gather*** *~* →GATHER *ww.; ~* ***with*** ... saam/tesame met ...; tegelyk met ... **to·geth·er·ness** saamwees, samesyn; saam-, samehorigheid.

tog·gle *n.* pen, knewel; dwarspen; dwarsstuk; penknoop; knikker. **tog·gle** *ww.* vaspen; tydelik heg; knik; *(rek.)* (heen en weer) wip. ~ **block** pasblok. ~ **bolt** haakveerbout. ~ **clamp** skarnierklamp. ~ **harpoon**, ~ **iron** dwarspenharpoen. ~ **joint** knieverbinding, hefboomskarnier. ~ **key** *(rek.)* wiptoets. ~ **lever** skarnierhefboom. ~ **press** kniepers. ~ **switch** knik-, knieskakelaar.

To·go *(geog.)* Togo. ~**land** *(hist.)* Togoland.

To·go·lese *n. & adj.* Togolees.

togs mondering; sportdrag, -klere; *football ~* voetbalklere.

togt *(SA)*: ~ **labour** togarbeid. ~ **labourer** togarbeider.

toil[1] *n.* geswoeg, gesloof, geploeter, inspanning, swaar/moeisame arbeid; *unremitting ~* onverdrote arbeid. **toil** *ww.* swoeg, sloof, arbei, sukkel, ploeter, swaar werk; *~ at/over s.t.* aan iets werk/slaaf/slawe; *~ up the hill* teen die opdraand(e) uitbeur; *~ and moil* swoeg en slaaf/slawe/sweet. **toil·er** werkesel, swoeger; sukkelaar, ploeteraar. **toil·ful** moeisaam. **toil·some** swaar, vermoeiend, moeisaam, afmattend, moeitevol. **toil·some·ness** moeisaamheid.

toil[2] *n.* net; *in the ~s of ...* in die strikke van ...; *be taken in the ~s* in die strik gevang wees.

toile *n., (Fr., tekst.)* toile.

toi·let toilet; spieël-, kleedtafel; toiletkamer; toilet, privaat; wassing; *flush a ~* 'n toilet (uit)spoel; *go to the ~* na die toilet gaan; *make one's ~* toilet maak. ~ **attendant** toiletman, -vrou. ~ **bag** toiletsak(kie). ~ **basin** (hande)waskom; *(hist.)* lampetkom, gorletkom. ~ **bowl** toiletbak. ~ **box**, ~ **case** toiletdoos, -dosie. ~ **brush** toiletborsel. ~ **cloth**, ~ **cover** spieëltafelkleedjie, toilettafelkleedjie. ~ **glass**, ~ **mirror** kleedspieël, toiletspieël; kapspieël. ~ **jug** *(hist.)* lampetkan, gorletbeker. ~ **paper** toiletpapier. ~ **powder** toiletpoeier. ~ **roll** toiletrol, rol toiletpapier. ~-**roll holder** toiletrolhouer. ~ **seat** bril. ~ **set** toiletstel, wastafelstel. ~ **soap** bad-, handewas-, toiletseep. ~ **table** *(vero.)* →DRESSING TABLE. ~ **tissue** = TOILET PAPER. ~-**train** *ww.* leer om die toilet te gebruik; *be ~ed at all* self toilet toe gaan, al self die toilet gebruik, al sindelik wees. ~ **training** die aanleer van toiletgewoontes. ~ **water** reukwater, eau de toilette *(Fr.)*.

toi·let·ry toiletartikel; *(i.d. mv.)* toiletware, -artikels.

to·ing and fro·ing *toings and froings* geheen-en-weer.

To·kaj *(geog.)* Tokaj.

To·kay Tokajerwyn *(ook t~)*; Tokajerdruif *(ook t~)*; →TOKAJ.

toke *(infml.)* kos; droë brood.

to·ken *n.* aandenking, gedagtenis; teken; merkteken; kenteken; blyk, bewys; *~ of friendship* vriendskapsbewys; *in ~ of ...* as/ten teken van ...; *by the same ~* om dieselfde rede; op dieselfde manier/wyse; buitendien. **to·ken** *adj. (attr.)* simboliese; skyn-; *~* ***appointment*** simboliese aanstelling, aanstelling wat op tokenisme gegrond is; *be chosen as ~* ***black*** gekies word bloot/net omdat jy swart is, op grond van tokenisme gekies word; *~* ***coin*** tekenmunt; ruilmunt; *~* ***coinage/money*** tekengeld; ruilgeld; *~* ***economy****, (psig.)* tekenekonomie; *~* ***gesture*** leë gebaar; *~* ***payment*** simboliese/formele betaling, betaling vir die vorm; *~* ***resistance*** skynweerstand, simboliese verset; *~* ***strike*** waarskuwingstaking, simboliese staking; *~* ***vote*** begrotingspos pro memorie.

to·ken·ism tokenisme, simboliese gebaar; oëverblindery.

tok·o·losh(e) *(SA folklore)* tokkelos(sie).

To·ky·o *(geog.)* Tokio.

tol·booth →TOLLBOOTH.

told (het) vertel; →TELL[1] *ww.;* ***all*** *~* altesame, altesaam, in totaal; *be ...* ***all*** *~* altesame/altesaam ... wees *('n aantal)*; *s.o.* ***demands*** *to be ~* iem. wil weet; *s.o.* ***does*** *as he/she is ~* iem. doen/maak soos hy/sy beveel/gesê word; *I am ~* ***that*** *...* ek verneem dat ...; *I ~* ***you*** *so!* sien jy nou?, ek het jou mos gesê!, daar het jy dit!.

To·le·dan *n.* Toledaan. **To·le·dan** *adj.* Toledaans.

To·le·do *(geog.)* Toledo. ~ **(blade/sword)** Toledaanse kling/swaard.

tol·er·ate verdra, duld, toelaat, uitstaan, *(fml.)* gedoog. **tol·er·a·bil·i·ty, tol·er·a·ble·ness** draaglikheid. **tol·er·a·ble** draaglik, uitstaanbaar; toelaatbaar, duldbaar; taamlik, redelik, skaflik. **tol·er·a·bly** taamlik, redelik, nogal. **tol·er·ance** verdraagsaamheid, toleransie; dulding; toelating; verdraging; vergunning; *(med.)* toleransie; speling, speelruimte; *~ of s.o.* verdraagsaamheid teenoor/jeens iem.; *~ of/to s.t.* weerstand(vermoë) teen iets; bestandheid teen iets. **tol·er·ant** verdraagsaam; *be ~ of/towards s.o.* verdraagsaam teenoor/jeens iem. wees. **tol·er·a·tion** verdraagsaamheid; dulding; toelating; verdraging; vergunning.

toll[1] *n.* tol(geld); maalgeld; →DEATH TOLL; *take ~* tol hef; *take its/a ~, (fig.)* sy tol eis; *take its/a ~ of (or take a heavy ~ on) ..., (fig.)* sy tol onder ... eis, tot swaar verliese onder ... lei, onder ... maai, 'n verwoestende/vernietigende (*of* uiters nadelige) uitwerking op ... hê. **toll** *ww.* tol betaal; tolgeld eis. ~ **bar** tolboom. ~**booth** tolhuis; *(vero.)* stadhuis; *(vero.)* stadstronk. ~ **bridge** tolbrug. ~ **call** *(Am.)* langafstandoproep. ~ **collector**, ~ **gatherer** tolgaarder, -heffer. ~-**free** tolvry. ~**gate** tolhek. ~**house** tolhuis. ~ **money** tol(geld). ~**road** tolpad.

toll[2] *n.* klokgelui, geklep, getamp. **toll** *ww.* tamp, (stadig) lui, slaan, klep; soos 'n doodsklok lui; die doodsklok lui vir.

toll·a·ble tolpligtig, belasbaar. **toll·age** tol(geld); tolheffing.

toll·er[1] tolgaarder, -heffer, -beampte.

toll·er[2] klokluier.

toll·ing (klok)gelui, geklep, getamp.

tol·ly jongos, tollie.

Tol·stoy *(Rus. skrywer)* Tolstoi. **Tol·stoy·an** *n.* Tolstoiaan *(ook t~)*. **Tol·stoy·an** *adj.* Tolstoiaans *(ook t~)*.

Tol·tec -*tec(s), n., (hist.: lid v. 'n stam in Sentraal-Meksiko/Meksiko)* Tolteek. **Tol·tec, Tol·tec·an** *adj.* Tolteeks.

tol·u·ene, tol·u·ol *(chem.)* tolueen.

Tom: *(every) ~,* ***Dick*** *and Harry* Jan Alleman, Jan en alleman, Jan Rap en sy maat; Piet, Paul en Klaas; *~ and* ***Jerry****, (Am.)* eierpons; ***Long*** *~, (SA, hist.: groot [skeeps]kanon)* Long Tom; *a* ***peeping*** *~, (ook P~ T~)* 'n (af)loerder/loervink; *~* ***Thumb****, (sprokiekarakter)* Klein Duimpie. ~ **Tiddler's ground** Eldorado, ryk niemandsland.

tom mannetjie(s)kat, kater. ~**boy** rabbedoe, wilde/malkop meisie, maltrap. ~**boyish(ly)** seunsagtig. ~**cat** mannetjie(s)kat, kater. ~**fool** *(vero.)* esel, domkop, uilskuiken, swaap, stommerik. ~**foolery** gekkerny, gekkewerk, lawwigheid, gekkestreke, gekskeerdery, sotterny. ~**noddy** swaap, idioot; *(orn.)* papegaaiduiker. ~**tit** *(orn.)* pimpelmees; winterkoninkie.

tom·a·hawk *n.* (Indiaanse) strydbyl, tomahawk. **tom·a·hawk** *ww.* met 'n strydbyl/tomahawk kap/doodmaak.

to·ma·to -*toes* tamatie. ~ **cocktail** tamatiekelkie. ~ **juice** tamatiesap. ~ **red** tamatierooi. ~ **salad** tamatieslaai. ~ **sauce** tamatiesous. ~ **stew** tamatiebredie.

tomb *n.* graf(tombe); grafteken; grafkelder. **tomb** *ww.* begrawe, ter aarde bestel; →ENTOMB. ~**stone** grafsteen.

tom·bac, tom·bak, tam·bac *(legering v. koper en sink)* tombak.

tomb·less sonder graf(steen).

tom·bo·la *(loteryspel)* tombola.

tom·bo·lo -*los, (geog.)* tombolo.

tome foliant, lywige boekdeel.

to·men·tum -*menta, (bot.)* dons. **to·men·tose, to·men·tous** wollerig, dons(er)ig, harig.

Tom·my Tommie, Britse soldaat.

tom·my broodjie; kosloon; mensvreterhaai; *soft ~*

vars brood. ~ **(bar)** knewel; passerkoevoet. ~ **gun** *(infml.)* Thompson-(handmasjien)geweer. ~**rot** kaf, bog, twak; *talk a lot of* ~ 'n spul twak verkoop. ~ **screw** knewelskroef.

to·mo·gram *(med.)* tomogram.

to·mog·ra·phy *(skanderingstegniek)* tomografie.

to·mor·row môre, more; *the day **after** ~* oormôre, oormore; *~ **afternoon/etc.*** môre-/moremiddag/ens.; *~ **evening/night*** môre-, moreaand; *~ **morning*** môre-, moreoggend; *early ~ **morning*** môre/more vroeg; ***see** you ~!* tot môre/more!; *~ **week*** môre/more oor ag(t) dae.

tom·pi·on →TAMPION.

tom-tom *n., (mus.instr.)* tam-tam. **tom-tom** -mm-, *ww.* trommel, op die tam-tam slaan.

-to·my *komb.vorm* -tomie; *anatomy* anatomie; *dichotomy* digotomie, tweedeling; tweeledigheid; *tracheotomy* trageotomie, lugpypinsnyding.

ton ton; *(infml.)* hoop, groot klomp; →CUBIC TON, FREIGHT TON, LONG TON, MEASUREMENT TON, SHORT TON, TONNAGE; *come down on s.o. like a ~ of **bricks*** →BRICK *n.*; *~s of **money*** →MONEY; *~s of **people**, (infml.)* hope mense; *~s of **times*** al honderde male. ~**-mile** tonmyl.

ton·al tonaal, toon-, klank-; →TONE; *~ value* toonwaarde. **to·nal·ist** tonalis. **to·nal·i·ty** tonaliteit; toonaard; kleurafwisseling, kleurnuansering.

to-name *(Sk.)* tweede naam, bynaam.

ton·do *tondi, (It.)* tondo.

tone *n.* toon; geluid, klank; *(fonet.)* klem; kleur(toon), toon, tint, (kleur)skakering; gees, aard; deftigheid; ***adopt/assume/take** a (high/haughty) ~* 'n (hoë) toon aanslaan; *it gave a **different** ~ to the debate* dit het die debat heeltemal 'n ander kleur gegee; *a **flippant** ~* 'n ligsinnige toon; *s.t. is not in keeping with the **general** ~* iets val uit die toon; ***in a** ... ~* op 'n ... toon; *speak in a **low** ~* op sagte toon praat; ***lower** the ~ of a conversation* die gehalte van 'n gesprek laat daal; ***lower** the ~ of a place* die aansien van 'n plek verlaag; *the ~ of the **market*** die stemming op die mark; *in **measured** ~s* op afgemete toon; *the ~ of the **nation*** die volksgees; ***raise** the ~ of a place* die aansien van 'n plek verhoog; *the ~ of a **school*** die gees in 'n skool; ***set** the ~* die toon aangee; ***take** a (high/haughty) ~* →***adopt/assume/take;*** *in a **threatening** ~* op dreigende toon; *in a ... ~ of **voice*** in/met 'n ... stemtoon. **tone** *ww.* stem; die regte toon gee; kleur; tint; harmonieer; pas; *~ **back*** terugskakeer *(hare)*; *~ **down*** bedaar; *~ s.t. **down*** iets versag/temper; iets sagter uitdruk; iets minder skerp kleur; *~ **in** with ...* by ... pas, met ... harmonieer; *~ **up*** sterk(er) word, energie kry; *~ s.t. **up*** iets versterk *(jou spiere ens.)*; iets 'n skerper kleur gee; iets opkikker; *~ **up** a cable* 'n kabel aanhaal. ~ **arm** klankarm. ~**burst** *(rek.)* toonsarsie. ~ **colour** toonkleur, klanktint. ~ **control** toonreëling; toonreëlaar, toonknop. ~**-deaf** musikaal doof, toondoof; *be ~* geen musikale gehoor hê nie. ~ **language** toontaal. ~ **painting** *(mus.)* toonskildering. ~ **poem** *(mus.)* toondig. ~ **range** toonomvang. ~ **scale** toonladder. ~ **study** toonleer. ~ **syllable** betoonde lettergreep. ~ **value** toonwaarde.

-toned *komb.vorm* met 'n ... klank/toonkwaliteit; -kleurig; *a light-~ voice* 'n stem met 'n ligte toonkwaliteit; *olive-~ skin* olyfkleurige vel; *silver-~ trumpets* trompette met 'n silwer klank.

tone·less toonloos. **tone·less·ness** toonloosheid.

ton·eme *n., (fonet.)* toneem. **ton·e·mic** *adj.* tonemies.

ton·er *n.* poeierink *(vir 'n laserdrukker/fotokopieerder)*; opknapper, verfrisser *(vir d. vel)*; *(fot.)* toner. ~ **cartridge** poeierkasset. ~ **powder** poeierink.

ton·ey →TONY.

tong[1] *ww.* met 'n krultang stileer *(hare)*; met 'n tang uithaal *(oesters ens.)*.

tong[2] *n., (Kant., Chin. geheime organisasie)* tong.

ton·ga *(Hindi, ligte tweewielperdekarretjie)* tonga.

Ton·ga, Friend·ly Is·lands *(geog.)* Tonga(-eilande), Vriendskapseilande. **Tong·an** *n., (bewoner v. Tonga)* Tongaan; *(taal)* Tongaans. **Tong·an** *adj.* Tongaans.

Tong·a·land *(SA)* T(s)ongaland.

tongs tang; *(a pair of) ~* 'n tang; *I would not touch it with a pair of ~* ek sou dit nie met 'n tang wil aanraak nie.

tongue *n.* tong; taal, spraak; tong(etjie) *(v. 'n balans, gespe)*; tongstuk; wig; klepel; uitloper; tand *(v. 'n geweerhaan)*; leertjie/tong *(v. 'n skoen)*; messing; gebluf; *a **Babel/confusion** of ~s* 'n (Babelse) spraakverwarring; ***bite** one's ~* op jou lip(pe) byt; *s.o. could have **bitten** off his/her ~, (infml.)* iem. kon sy/haar tong afbyt; *has the **cat** got (or have you **lost**) your ~?, (infml.)* het jy jou tong ingesluk/verloor?, kan jy nie praat nie?; *have (or speak with) one's ~ in one's **cheek*** skertsend/ironies/spottend praat; *keep a **civil** ~ in one's head* beleef(d) bly; *a **confusion** of ~s* →***Babel/confusion;*** ***find** one's ~* begin praat; *s.o. couldn't **find** his/her ~* iem. kon nie woorde kry nie, iem. se tong wou nie los raak nie, iem. kon nie sy/haar spraak terugkry nie; *have a **fluent/ready/smooth** ~* 'n gladde tong hê, nie op jou mond geval wees nie; ***get** one's ~ (a)round a word* 'n (moeilike) woord uitspreek; *the **gift** of ~s* talespraak; ***give** ~, ('n hond)* blaf; *(fig.)* jou mening gee; ***give** ~ to s.t.* iets uitspreek *(twyfel ens.)*; ***and groove*** tong en groef; *s.o.'s ~ is **hanging** out* iem. is dors; iem. lek sy/haar lippe af, iem. is vol verwagting; *have a ~ in one's **head*** nie op jou mond geval wees nie; ***hold** one's ~* jou mond hou, stilbly; ***hold** your ~!* hou jou mond!, bly stil!; ***keep** a civil ~ in one's head* nie onbeskof word nie; *~ (of **land**)* landtong; *s.o. has a **long** ~* iem. praat baie, iem. se tong staan nooit stil nie; ***lose** one's ~* jou tong insluk/verloor; *have you **lost** your ~?* →***cat;*** *it is **on** the ~s of men* almal het die mond daarvan vol; ***put/stick** one's ~ out* jou tong uitsteek; ***put/stick** one's ~ out at s.o.* jou tong vir iem. uitsteek, vir iem. tong uitsteek; *a ~ as keen as a **razor*** 'n tong soos 'n skeermes; *have a **ready** ~* →***fluent/ready/smooth;*** *get/receive the **rough/sharp** edge/side of s.o.'s ~* onder iem. se (vlym)skerp tong deurloop; *give s.o. the **rough/sharp** edge/side of one's ~* iem. met die/jou tong bykom/raps; *a **sharp** ~* 'n skerp tong, 'n tong soos 'n rasper/skeermes; →***razor;*** *have a **silver** ~* →SILVER TONGUE; *a **slip** of the ~* 'n verspreking; *it was a **slip** of the ~ on s.o.'s part* dit was 'n vergissing van iem., iem. het sy/haar mond verbygepraat, iem. het hom/haar verspreek; *s.t. **slipped** from s.o.'s ~* iets het iem. ontglip; *have a **smooth** ~* →***fluent/ready/smooth;*** ***stick** one's ~ out* →***put/stick;*** *speak with a **thick** ~* swaar van tong wees; ***tie** s.o.'s ~* iem. se/die mond snoer; *be on the **tip** of one's ~* op (die punt van) jou tong wees; *an **unbridled** ~* 'n los tong; ***wag** one's ~, (infml.)* los en vas praat; *~s are **wagging** about s.t.* →WAG[1] *ww.*; *set the ~s **wagging**, (infml.)* die tonge laat los raak. **tongue** *tongued tongued tonguing, ww.* die tong gebruik *(by blaasinstrumente)*; 'n tongetjie aansit; →TONGUING. ~**-and-groove** *adj. (attr.)* tong-en-groef-; *~ joint* tong-en-groef-las/voeg. ~ **bone** tongbeen. ~ **file** tongvyl. ~**fish** (jong) tongvis. ~**-in-cheek** ironies. ~**-lash** *(fig.)* uitvreet. ~**-lashing** *n.*: *get a ~ from s.o.* onder iem. se tong deurloop; *give s.o. a ~* iem. onder jou tong laat deurloop; *give s.o. the ~ of his/her life* iem. van 'n kant af uittrap. ~**-shaped** tongvormig. ~ **tie** tongvergroeiing, vergroeide tong. ~**-tied** swaar van tong; *(fig.)* sprakeloos, stom; *(lett.)* met vergroeide tong; gebonde, gemuilband, belet om te praat; *be/feel ~* met die/jou mond vol tande staan. ~ **twister** tongknoper, snelsêer; swaar woord. ~ **worm** tongwurm.

tongued met 'n tong, getong, tong-; *~ joint* tonglas.

-tongued *komb.vorm* met 'n ... tong; *fork-~* met 'n gesplete tong; *sharp-~* met 'n skerp tong, bitsig, venynig, snipperig, katterig.

tongue·less sonder tong; spraakloos.

tongue·let tongetjie.

tongu·ing *(mus.)* tonging. ~ **iron** tongbeitel. ~ **plane** ploeg-, groef-, sponningskaaf.

ton·ic *n.* versterkmiddel, versterker, opknapper, opknapmiddel, tonikum; *(mus.)* grondtoon, tonika; *s.o. is a ~* iem. se opgewektheid is aansteeklik; *gin and ~* jenewer met kinawater. **ton·ic** *adj.* versterkend, tonies; toon-; *~ **accent*** sillabiese aksent; *~ **convulsions/spasm*** toniese kramp; *~ **muscles*** gespanne spiere; *~ **sol-fa**, (mus.)* tonika-solfa, solfanotering, letternote, letternotering, solfège-metode. ~ **water** kinawater.

to·nic·i·ty toon; spanning; spierwerking; gesonde spierkrag, veerkrag.

to·night vanaand; vannag.

ton·ing tinting; skakering *(v. hare)*; *~ back* terugskakering *(v. hare)*.

to·nite *('n plofstof)* toniet.

tonk disnis slaan.

ton·ka (bean) tonkaboon(tjie).

ton·nage tonnemaat, tonnetal, gewig (in tonne); laairuimte, skeepsruimte; tonnegeld. ~ **deck** meetdek. ~ **displacement** waterverplasing.

tonne *tonnes* metrieke ton.

ton·neau -neaus, -neaux, *(Fr.)*: ~ **(cover)** *(mot.)* tonneau-(bak)bedekking, tonneau-(dek)seil.

to·nol·o·gy toonleer, tonologie. **ton·o·log·i·cal** tonologies. **to·nom·e·ter** *(mus.)* toonmeter; *(med.)* spanningsmeter, tonometer; *(chem.)* drukmeter, tonometer.

ton·qua, ton·quin: ~ **bean** →TONKA (BEAN).

ton·sil mangel, amandelklier. **ton·sil·lec·to·my** mangeluitsnyding, tonsilektomie. **ton·sil·li·tis** mangel-, amandelontsteking, tonsilitis. **ton·sil·lot·o·my** mangelafsnyding, tonsilotomie.

ton·so·ri·al *(fml. of skerts.)* skeer-, barbiers-; *~ art* skeerkuns.

ton·sure *n.* tonsuur, kruinskering; priesterkruin. **tonsure** *ww.* die kruin skeer; die tonsuur gee.

ton·tine, ton·tine *(versek.)* tontine.

ton-up *n., (Br., infml.)* jaagtog; jaagduiwel, spoedvraat. **ton-up** *adj. (attr.)*: *~ boy/kid* jaagduiwel, spoedvraat.

to·nus *(fisiol.)* tonus.

ton·y, ton·ey -ier -iest, *(Am., infml.)* stylvol; byder-, nuwerwets, modieus; weelderig, luuks; (peper)duur; swierig, spoggerig, sjiek. **ton·ish** volgens/na die mode, modieus; stylvol.

too te, alte; ook, eweneens; *it is ~ big **a** subject* dit is 'n te groot onderwerp, die onderwerp is te groot; *it is ~ long **a** story* dit is 'n te lang storie, die storie is te lank; *be **altogether** ~ small/etc., be ~ small/etc. **altogether*** heeltemal/veels te klein/ens. wees; *(that's/it's just) ~ **bad*** →BAD *adj.*; *~ **lowly** a name* 'n te nederige naam; *~ **much** of a good thing* →THING; *be **only** ~ glad/etc.* maar alte bly/ens. wees. ~**-too** *adv., (infml.)* alte, veels te *(mooi, spoggerig, ens.)*; net te, oordrewe *(anders, eksentriek, ens.)*.

too·dle-oo *tw.* tatta.

took →TAKE *ww.*.

tool *n.* stuk gereedskap; werktuig; beitel; instrument; *(fig.)* handlanger, werktuig; *(taboesl.: penis)* voël, lat, draad, hout, swingel, roede; *(i.d. mv.)* gereedskap, werktuie; ***be** s.o.'s ~* iem. se werktuig wees; ***carpenter's** ~s* timmer(mans)gereedskap; ***down** ~s* ophou *(of* uitskei met) werk, staak; *... are the ~s of s.o.'s **trade*** iem. werk met ... **tool** *ww.* bewerk; met gereedskap werk; bebeitel, reg kap; bestempel *(leer)*; *~ along* aandraf, aankrui(e), voortrol; *~ up* toerus *('n fabriek)*. ~**bag** gereedskapsak, gereedskap(s)tas. ~**bar** *(rek.)* nutsbalk. ~**box** gereedskap(s)kis. ~**case** gereedskap(s)kissie; gereedskap(s)tassie. ~ **chest** gereedskap(s)kas, gereedskap(s)kis. ~**holder** gereedskaphouer. ~ **house** →TOOL SHED. ~**kit** gereedskapstel; gereedskaphouer, gereedskap(s)tas; stel gereedskap. ~**maker** gereedskapmaker; werktuigmaker. ~ **post**, ~ **stock** beitelhouer. ~ **rest** beitelslee. ~**room** gereedskap(s)kamer. ~ **set** stel gereedskap. ~ **setter** gereedskapsetter. ~ **sharpener** gereedskapslyper. ~ **shed** tuinskuurtjie, gereedskapskuurtjie. ~ **shop** gereedskap(s)winkel; gereedskap(s)magasyn. ~**smith** gereedskapsmid. ~ **steel** werktuigstaal. ~ **store** gereedskap(s)kamer, gereedskap(s)magasyn.

tool·er bewerker; klipbeitel, tandhamer.

tool·ing bewerking; bebeiteling, regkapping; bestempeling, omslagversiering, geperste sierdruk.

toot *n.* toet, blaas. **toot** *ww.* toet, toeter, blaas.

tooth *teeth, n.* tand; vertanding; *(masj.)* kam; vatplek; →TEETHE *ww.; **armed** to the teeth* →ARMED; ***artificial** teeth* →ARTIFICIAL; ***back** teeth* kiestande; *s.o. would give his/her **back** teeth, (infml.)* iem. sou wát wou gee; *be fed up to the **(back)** teeth (with s.o./s.t.)* →FED UP; ***cast/fling/throw** s.t. in s.o.'s teeth* iem. iets verwyt, iem. iets voor die kop gooi, iets voor iem. se kop gooi; *s.o.'s teeth are **chattering*** iem. se tande klap; ***clench** one's teeth* →CLENCH *ww.; **cut** one's teeth on s.t.* ervaring met iets opdoen; *the child is **cutting** (its) teeth* →CUT *ww.; **draw** s.o.'s teeth, (lett.)* iem. se tande trek; *(fig., infml.)* iem. se mag aan bande lê, iem. onskadelik maak; *s.t. sets ones teeth on **edge*** →EDGE *n.; **extract** a ~* 'n tand trek; ***fill** a ~* 'n tand stop/vul; ***fling** s.t. in s.o.'s teeth* →***cast/fling/throw; gnash/grate/grind** one's teeth* (op/met) jou tande kners; ***grit** one's teeth* →GRIT *ww.; **in** the teeth of ...* nieteenstaande (*of* in die aangesig van) ...; ***in** the teeth of the wind* →WIND[1] *n.; **in** the teeth of s.o.'s instructions* lynreg teen iem. se bevele/opdragte in; *get one's teeth **into** s.t.* iets met mening aanpak; *a **kick** in the teeth, (infml., fig.)* 'n terugslag; 'n teleurstelling; 'n vernedering; ***kick** s.o. (or give s.o. a **kick**) in the teeth, (infml., fig.)* iem. 'n kennebak-/kinnebakslag (*of* 'n hou in die gesig) gee; ***lie** in one's teeth* →LIE[1] *ww; be **long** in the ~, ('n perd)* lank in die tand wees; *('n mens)* aan die ou kant wees; *fight ~ and **nail*** met hand en tand veg; *fight s.t. ~ and **nail*** iets (met) hand en tand beveg; ***pick** one's teeth* in jou tande krap, jou tande stook; ***pull** a ~* 'n tand trek; ***put** teeth into a law* 'n wet krag gee; ***show** one's teeth* jou tande wys, 'n dreigende houding aanneem; ***sink** one's teeth into ...* jou tande in ... vasslaan; *s.o. escaped by the **skin** of his/her teeth* →SKIN *n.; have a **sweet** ~* van soetigheid hou, lief wees vir soetigheid; ***throw** s.t. in s.o.'s teeth* →***cast/fling/throw; to** the teeth* tot die tande (toe). **tooth** *ww.* tande aansit; vertand; *(ratte)* ineensluit, ineengryp. **~ache** tandpyn; *get* (or *have [a]*) ~ tandpyn kry/hê. **~-billed** saagbek-. **~brush** tandeborsel. **~brush moustache** kort snorretjie. ~ **caries** →TOOTH DECAY. ~ **chisel** tandbeitel. **~comb** fynkam. ~ **crown** tandkroon. ~ **cusp** tand(kroon)knobbel. ~ **decay** tandbederf. ~ **drawer** tandetrekker. ~ **enamel** tandglasuur. ~ **fairy** tandefee(tjie). **~glass** tandeglas. **~mug** tandebeker. **~paste** tandepasta. **~pick** tandestokkie, -stoker, -skoonmaker. ~ **pitch** *(teg.)* tandsteek. ~ **powder** tandepoeier. ~ **pulp** tandmurg. ~ **socket(s)** tandkas(se). **~wort** *(bot.)* skubwortel.

toothed getand; vertand; ~ ***bar*** tandstang; ~ ***chisel*** tandbeitel; ~ ***plane*** tandskaaf; ~ ***whale*** tandwalvis, tornyn; ~ ***wheel*** kam-, tand-, slagrat, tandwiel.

tooth·ful mondjie vol, slukkie.

tooth·ing tandvorming; tandwerk; vertanding. ~ **plane** tandskaaf.

tooth·less sonder tande, tandeloos; ~ *whale* baard-, baleinwalvis. **tooth·less·ness** tandeloosheid.

tooth·some lekker, smaaklik. **tooth·some·ness** smaaklikheid.

tooth·y getand; met groot tande; *give a ~ grin* wittand glimlag.

too·tle[1] *ww.* blaas *(op 'n fluit ens.).* **too·tling** geblaas.

too·tle[2] *ww., (Br., infml.)* (ewe) rustig ry; *~ around* (ewe) rustig rondry.

toots *tootses,* **toot·sy, toot·sie** *-sies, (Am., infml.)* skattie, jou mooi ding.

toot·sy, toot·sie *-sies, (kindert. of infml.)* toontjie; voetjie.

toot·sy(-woot·sy) voetjie, pootjie.

top[1] *n.* top, hoogste punt, kruin, kop, spits; bokant; bovlak; (tafel)blad; hoof, bo-ent *(v. 'n tafel);* deksel *(v. 'n kastrol);* boleer *(v. 'n skoen);* bostuk *(v. 'n kostuum);* bolyfie; dop; kap *(v. 'n laars/handskoen);* vors *(v. 'n dak);* toppunt, hoogtepunt; mars *(aan 'n mas);* eerste *(in 'n klas); (wol)* kambol; *(ook, i.d. mv.)* bosteenkool; →TOPS *adj.; on ~ of it **all*** tot oormaat van ellende/ramp; ***at** the ~* (heel) bo, boaan; op die boonste/hoogste sport; *to/at the ~ of one's **bent*** met die inspan van alle kragte; ***big** ~* (groot) sirkustent; ***blow** one's ~* →BLOW[1] *ww.; from ~ to **bottom*** van bo tot onder; *~s of **carrots*** wortellowwe; *s.o. is (at the) ~ of the **class*** iem. staan eerste (in die klas); ***come/rise** to the ~* bo uitkom, na bo kom; ***come out** on ~* wen, die beste vaar, almal oortref; *~ and **crop*** →***lop;** at the ~ of one's **form*** eerste in jou klas; (so reg) op jou stukke; ***get** on ~ of s.t.* iets baasraak (*of* onder die knie kry); ***get** to the ~* die boonste/hoogste sport bereik; *s.t. **gets** on ~ of s.o.* iets is iem. oor, iets raak iem. baas *(probleme ens.); at the ~ of the **list*** boaan die lys; *~ and **lop,** ~ and **crop*** snoeisels *(v. 'n boom); the ~ of the **morning** (to you)!* goeiemôre!; *hallo, **old** ~* hallo, ou kêrel/snaar/bees; *be **on** ~* bo(-op) wees; aan die wenkant wees, bo(baas)/voor/boaan (*of* aan die wenkant) wees; ***on** ~ of that* →***that;** be **on** ~ of s.t., (lett.)* bo-op iets wees; *(fig.)* iets baasraak (*of* onder die knie hê) *(jou werk ens.); go **over** the ~, (lett.)* bo-oor gaan; *(fig.)* uitgelate/baldadig word, (wild) tekere gaan (*of* te kere gaan *of* tekeregaan); te ver/vêr gaan; *be ~ of the **pops*** →POP[2] *n.; **reach** the ~* bo uitkom; die kruin bereik; die boonste/hoogste sport bereik; ***right** at the ~* →***very; rise** to the ~* →***come/rise;** s.o. ran at the ~ of his/her **speed*** iem. het genael so vinnig soos hy/sy kon; ***stay** on ~* bo bly; *at the ~ of the **table*** aan die hoof/bo-ent van die tafel; ***take** it from the ~* bo begin; *on ~ of **that*** bo en behalwe dit, afgesien daarvan; boonop, buitendien; tot oormaat van ellende/ramp; *be **thin** on ~, (infml.)* min hare hê, bles word; *from ~ to **toe*** van kop tot tone/toon; *at the ~ of the **tree*** in die top van (*of* bo in) die boom; op die boonste sport; *at the **very** ~, **right** at the ~* heel bo; *at the ~ of one's **voice*** so hard soos jy kan/kon, uit volle bors, luidkeels; *on ~ of the **world,** (sl.)* opgetoë, hoog in jou skik. **top** *adj.* hoogste, boonste; eerste, beste; bo-, top-; vooraanstaande, hoog(geplaas), hoogstaande; maksimaal; puik, eersteklas, *(infml.)* bak; *reach ~ **C*** die hoë C bereik; *~ **class*** topklas; *~ **course*** bolaag *(v. 'n muur); ~ **door*** bodeur; *~ **edge*** boonste rand; kopsnee *(v. 'n boek); (her.)* bokant; *~ **end*** bo-ent; *~ **feed*** kruintoevoer; *on the ~ **floor*** →FLOOR *n.; ~ **layer*** bolaag; *at ~* (or *on the highest*) ***level*** →LEVEL *n.; ~ **line*** bolyn; boonste reël; *the ~ **man*** →MAN *n.; ~ **milk*** topmelk; *the ~ **notch*** →NOTCH *n.; ~ **part/piece*** bostuk; *~ **price*** hoogste prys, topprys; *~ **secret*** streng/hoogs/uiters geheim; *~ **speed*** hoogste snelheid, topsnelheid; *at ~ **speed*** so vinnig (as) moontlik, met die groots moontlike vaart; *~ **spin*** bodraaiing; *~ **storey*** boverdieping, boonste verdieping/vlak; *~ **surface*** bovlak; *~ **view*** boaansig. **top** *-pp-, ww.* (af)knot, top, snoei; *(gh.)* top; 'n kap opsit; 'n punt aansit; die top bereik, tot bo klim; hoër wees as; styg bo(kant), oortref, uitmunt bo, klop; *that ~s it **all*** dit oortref alles; *to ~ it **all*** tot oormaat van ellende/ramp; *~ the **bill*** boaan die program staan; *~ the **league*** boaan in die liga staan; *~ the **list*** eerste op die lys staan; *~ the 100 **mark*** die 100-merk te bowe gaan; *s.o. ~s 2/etc. **metres*** iem. staan 2/ens. meter; *~ s.t. **off** with ...* iets met ... eindig; *~ s.t. **off/up*** iets voltooi; *~ **out*** dak natmaak; *~ all one's **rivals*** al jou mededingers klop/uitstof; *~ **up*** jou petroltenk laat volmaak; *~ s.t. **up*** iets volmaak *('n glas, petroltenk, ens.);* iets byvul *(d. gas ens.); (<Eng.)* iets optop *(iem. se drankie); ~ s.o. **up** with s.t.* vir iem. nog iets skink; *be ~ped **with** ...* met ... bedek wees. ~ **banana** *(Am., sl.)* hoofkomediant; grootkop, topman, -vrou, hoof *(v. 'n organisasie ens.).* ~ **beam** hanebalk. ~ **billing** *get ~ ~* →BILLING[2]. ~ **boot** kapstewel. ~ **brass** *(infml.)* hoëkoppe; topamptenare; *(mil.)* hoë offisiere. **~cap** *-pp-,* halfsool *(bande).* **~-class** *adj.* topklas-, topgehalte- *(rugby, atletiek, ens.);* top-, uithaler- *(vertoning ens.);* ster-, bobaas- *(afrigter, atleet, bouler, doelwagter, ens.);* spog- *(geriewe, hings, vul, ens.).* **~coat** (oor)jas; dek-, bolaag, boonste laag *(verf ens.).* ~ **copy** oorspronklike. ~ **course** koplaag. ~ **dog** *(fig., infml.)* grootbaas; bobaas, oorwinnaar; *be the ~ ~(s)* die sê hê; die oorhand hê. **~-down** van bo na onder; hiërargies. ~ **drawer** *n.* boonste laai; *from* (or *out of the*) *~ ~, (fig.)* uit die boonste rakke, van die boonste rak; uit die hoër/beter kringe. **~-drawer** *adj. (attr.), (infml.)* uitgelese, vooraanstaande, vername, baie belangrike *(gas ens.);* top- *(prys ens.);* voorste *(klub, organisasie, ens.).* **~-dress** bobehandel, bobemesting gee, bobemes; 'n grondkombers aanbring, van 'n grondkombers voorsien, met 'n grondkombers bedek/toemaak. ~ **dressing** bobehandeling, bobemesting; grondkombers; *(fig.)* vernis. ~ **fermentation** bogisting. **~-fermenting yeast** bogis. **~-flight** *adj. (attr.)* eersterangse. ~ **fruit** *(Br.)* boomvrugte. ~ **gear** hoogste rat/versnelling. **~-grossing** *adj.: ~ film* film wat alle loketrekords oortref. ~ **hamper** *(sk.)* botuig; bobou. ~ **hat** keil, hoë hoed, pluiskeil. **~-heaviness** topswaarte, bowigtigheid. **~-heavy** topswaar, bowigtig. **~-hole** *(Br., infml.)* uit die boonste rakke, van die boonste rak; puik, eersteklas. ~ **iron** dekbeitel. **~knot** strik; kuif; bolla, kondee; kuifwol. ~ **lantern,** ~ **light** marslantern, marslig. **~-level** hoogste, mees hooggeplaaste; *~ talks/conference* leiersberaad, -konferensie. ~ **light** bolig. ~ **lighting** boverligting. **~-line** *adj. (attr.)* (aller)beste. **~-liner** bobaas. ~ **loader** bolaai(was)masjien, bolaaier; →FRONT LOADER. **~lofty** *(infml.)* hoogmoedig, hovaardig; grootdoenerig, aanstellerig, pretensieus. **~-maker** kambolmaker. **~man** *(hoofs. hist.) -men* bosaer; bogrondse werker; marsmatroos. ~ **management, senior management** topbestuur, senior bestuur; topbestuurders, senior bestuurders. ~ **manager, senior manager** topbestuurder, senior bestuurder. **~mast** *(sk.)* marssteng. **~most** (heel) boonste, hoogste. **~-notch** *(infml.)* puik, heel beste, allerbeste, piekfyn; →THE TOP **NOTCH.** **~notcher** bobaas, doring. **~-of-the-range** *adj. (gew. attr.)* in die topreeks *(pred.);* in die topprysklas *(pred.).* **~-quality** *adj. (attr.)* topgehalte-, *(pred.)* van topgehalte. **~-ranking** hooggeplaas. **~sail** marsseil, topseil. **~-sawyer** *(hoofs. hist.)* bosaer; bobaas. **~-set bed** *(w.g.)* topkantlaag. **~-sew** oorhands naai/werk. **~-sewing** oorhandse steke. **~side** bokant; bovlak; skeepskant *(bo water); (beesvleis)* binneboud. **~soil** bogrond; *(tuinb.)* boulaag, teellaag. **~spin** *(sport)* bodraai, botol. **~-spinner** *(sport)* bodraaier. **~stitch** *ww.* met bostikwerk afrond; met bosteke afwerk. **~stitching** *n.* bostikwerk; bostiksel. **~stone** dekklip. ~ **ten** *n.: the ~ ~, (mus.)* die toptien; die toptientrefferlys; *make* (or *get into*) *the ~ ~* die toptien haal, 'n toptientreffer hê, 'n toetrede tot die toptien maak. **~-up** *n., (Br.)* aanvulling; *ask for a ~* om nog geld vra; vra dat jou glas weer gevul/volgemaak word.

top[2] *n.* tol; *sleep like a ~* soos 'n klip slaap; *as drunk as a ~* so dronk soos 'n matroos.

to·paz *(min.)* topaas; *(orn.)* topaas(kolibrie). **to·paz·ine** *n.* topaas(kleur). **to·paz·ine** *adj.* topaasagtig; topaaskleurig. **to·paz·ite** *(min.)* topaaskwarts. **to·paz·o·lite** *(min.)* topasoliet, geelgranaat.

tope[1] *n., (igt.: Galeorhinus galeus)* sopvin-, skoolhaai.

tope[2] *n.* (mango)bos *(o.d. Ind. subkontinent).*

tope[3] *ww., (arg. of poët., liter.)* suip, te veel drink. **top·er** dronklap, suiplap, wynvlieg, wynsak, drinkebroer, kroegvlieg.

tope[4] = STUPA.

to·pee *-pees,* **to·pi** *-pis, (Hindi)* topi, helmhoed, kurkhelm.

top·gal·lant: ~ **(mast)** bramsteng. ~ **sail** bramseil.

To·phet(h) *(OT)* Tofet.

to·phus *-phi, (med.)* graweel; jigknobbel.

to·pi·ar·y *n.* snoeikuns; vormboom; vormbome. **to·pi·ar·y** *adj.* snoei-; *~ art* snoeikuns. **to·pi·a·rist** kunssnoeier.

top·ic onderwerp *(v. bespreking); the ~ of the day* die saak waaroor almal praat, die onderwerp van gesprek; *introduce a ~* 'n onderwerp ter sprake (*of* te berde) bring, 'n saak opper. **top·i·cal** plaaslik; aktueel; *~ allusion* toespeling op plaaslike omstandighede; *be of ~ interest* van aktuele belang wees; *~ song* geleentheidslied. **top·i·cal·i·ty** aktualiteit.

top·less bostukloos; *(arg.)* toringhoog.

to·po·ca·das·tral *(geog., geol.)* topokadastraal.

to·pog·ra·phy topografie, plekbeskrywing, terreinleer. **to·pog·ra·pher** topograaf, plekbeskrywer. **to·pog·raph·i·cal** topografies.

to·pol·o·gy topologie. **top·o·log·i·cal** topologies.

to·pon·y·my register van plekname; pleknaamkunde, toponimie. **top·o·nym** pleknaam. **top·o·nym·ic, top·o·nym·i·cal** pleknaamkundig, toponimies. **top·o·nym·ics** pleknaamkunde, toponimie.

top·os *topoi, (Gr., ret. en lettk.)* topos.

top·per *(infml.)* keil, hoë hoed; *(infml.)* gawe kêrel.

top·ping *n.* (die) boaan staan; (die) top/boonste; bo=laag; blad; boslag; *(i.d. mv.)* afgesnoeide takke. **top=ping** *adj., (Br., infml., vero.)* fantasties, wonderlik; heer=lik; skitterend, uitstekend, uitmuntend, puik.

top·ple omval, omkantel, omtuimel; omstoot, om=(ver)gooi, om(vêr)gooi, omverwerp, omvêrwerp, on=derstebo gooi, tot 'n val bring; ~ *down* aftuimel; om=tuimel; ~ *over* omtuimel.

tops *adj., (infml.)* puik, piekfyn, eersteklas, voortreflik, die beste in sy soort, van baie hoë gehalte; *(infml.)* bak.

tops·man =*men, (Br.)* laksman; →TOPMAN.

top·sy-tur·vy, top·sy-tur·vy·dom, top·sy-tur=vi·ness *n.* verwarring, deurmekaarspul. **top·sy-tur·vy** *ww.* onderstebo draai, op sy kop laat staan, omkeer. **top·sy-tur·vy** *adj.* onderstebo. **top·sy-tur·vy** *adv.* onderstebo, been/bene in die lug; deur=mekaar, agterstevoor; *turn everything* ~ alles onder=stebo keer (*of* op sy kop draai).

toque *(<Fr., soort hoed [ook hist.]; kokshoed)* toque.

tor klipkop(pie), rotsheuwel.

To·rah, To·rah: *the* ~, *(Jud.)* die Tora.

tor·ba·nite *(min.)* torbaniet.

tor·bern·ite *(min.)* torberniet, koperuraniet.

torc, torque *(hist.)* halsband.

torch *n.* flits(lig), toorts; fakkel, flambou; ***carry** a ~ for s.o.* hopeloos verlief wees op iem.; ***electric*** ~ →ELEC=TRIC; ***hand on** the* ~ die vuur aan die lewe hou; ***put** s.t. to the* ~ iets aan die brand steek. **torch** *ww.* aan die brand steek. **~bearer** fakkeldraer; *(fig.)* ligdraer. **~cutter** vlamsnyer. **~light** flitslig; fakkellig. **~light pro=cession** fakkeloptog. **~ lily** vuurpyl, vlamblom. **~race** fakkelwedloop. **~ run** fakkelloop. **~ singer** smart=lapsangeres. **~ song** smartlap(liedjie), (hartroerende/melankoliese/melancholiese/sentimentele/soetsap=pige) liefdeslied(jie).

tor·chère *(Fr., hoë ornamentele kersstaander)* torchère.

tor·chon: ~ **board** korrelpapierbord. ~ **lace** torchon=kant. ~ **paper** skurwe papier, korrelpapier.

tore[1] *n., (arg.)* →TORUS.

tore[2] *(verl.t.)* geskeur; →TEAR[1] *ww.*.

tor·e·a·dor, tor·e·a·dor berede stiervegter, torea=dor. ~ **pants** *(fungeer as mv.)* nousluitende/noupassen=de kuitbroek, toreadorbroek.

to·re·ro =*ros* stiervegter te voet, torero.

tor·fa·ceous *(w.g.)* moeras=; ~ *plant* moerasplant.

tor·ment *n.* kwelling, foltering, pyniging, marteling, torment; *the child is a positive* ~ die kind trek 'n mens se siel uit; *suffer (or be in)* ~ groot/baie pyn verduur; jou verskriklik kwel. **tor·ment** *ww.* kwel, folter, pynig, martel, treiter, tormenteer; terg, tempteer, treiter, tart; *be ~ed with neuralgia/etc.* met sinkings/ens. gepla wees. **tor·men·tor** kwelgees, plaaggees; groot vurk; eg. **tor=men·tress** *(vr.)* kwelgees.

tor·men·til *(bot.)* seweblad, tormentil.

torn geskeur(d), verflenter(d), verskeur(d); →TEAR *ww.*; *be ~ between ... dit moeilik vind om tussen ... te kies; be ~ by ... deur ... verskeur(d)/verdeel wees; that's ~ it!, (infml.)* nou is alles bederf/befoeter/verfoes!; nou is dit klaarpraat!.

tor·nad·ic tornado=.

tor·na·do =*does* tornado, werwel=, draaistorm. ~ **cloud** tregter=, tornadowolk, wolkslurp.

to·roid *n., (elek., fis., geom.)* toroïed. **to·roi·dal** *adj.,* =**ly** *adv.* toroïdaal, toroïed=, ring=, ringvormig.

to·rose, to·rose, to·rous gespier(d); uitbultend; knobbelrig; *(bot.)* pêrelsnoervormig; →TORUS.

tor·pe·do =*does, n.* torpedo; knalsinjaal. **tor·pe·do** *ww.* torpedeer. ~ **attack** torpedoaanval. ~ **boat** torpedo=boot. **~-boat destroyer** *(hist.)* torpedo(boot)jaer. ~ **bomber,** ~ **carrier,** ~ **plane** torpedovliegtuig. ~ **(fish/ray)** torpedo(vis), sidderrog, drilvis. ~ **net** *(hist.)* tor=pedonet. ~ **tube** torpedo(lanseer)buis.

tor·pe·do·ist torpedis.

tor·por verstywing, styfheid; verdowing; traagheid; gevoelloosheid, doodsheid. **tor·pid** styf, verstyf; ver=doof; slapend, in die/'n/sy winterslaap; bewegingloos; stadig, traag; ongevoelig. **tor·pid·i·ty, tor·pid·ness** ver=styfdheid, styfheid; traagheid; ongevoeligheid.

tor·quated, tor·quate *(soöl.)* ringnek=.

torque gevlegte halsband; kabelversiering; wringkrag; draaimoment, (moment)koppel, roterende koppel; →TORC. ~ **converter** koppelomsitter. **~-tighten** wring=draai. ~ **tube** wringbuis. ~ **wrench** wringsleutel.

torr *torr,* (chem., fis.: drukeenheid) torr.

tor·re·fy uitdroog. **tor·re·fac·tion** uitdroging.

tor·rent (sterk) stroom; stortvloed; →MOUNTAIN TOR=RENT; *a ~ of **abuse*** 'n stortvloed van vloeke; ***in** ~s* in strome; *it is **raining** in ~s* die reën val in strome, dit reën of jy water met emmers gooi; *a ~ of **words*** 'n woordevloed. **tor·ren·tial** in strome, geweldig; ~ *down=pour* stortreën.

Tor·ri·cel·li·an *(fis.)* van Torricelli; ~ *tube* torricelli-buis *(ook T~)*; ~ *vacuum* torricelli-vakuum *(ook T~)*.

tor·rid versengend, skroeiwarm, brandend; *have a ~ time* 'n benoude/benarde tyd deurmaak; ~ *zone* trope, tropiese/versengende lugstreek. **tor·rid·i·ty, tor·rid·ness** skroeihitte, versenging, dorheid.

tor·ri·fy = TORREFY.

tor·sion gedraaidheid, spiraalvormigheid; wringing, torsie; wringkrag; *angle of* ~ draaiingshoek; ~ *of the gut(s)* dermknoop, knoopderm; *radius of* ~ draaiing=straal. ~ **balance** torsieskaal, =balans. ~ **bar** wringstaaf. ~ **couple** wringkoppel. ~ **pendulum** torsieslinger, ro=terende slinger. ~ **spring** wringveer. ~ **stress** wring=spanning. ~ **wrench** wringsleutel.

tor·sion·al spiraalvormig; wring(ings)=, torsie=; ~ ***mo=ment*** wringmoment; ~ ***spring*** wringveer; ~ ***strain*** wringvervorming, verwringing; ~ ***strength*** wringvast=heid; ~ ***stress*** wringspanning.

torsk *(igt.)* kabeljou.

tor·so =*sos,* (Am.) =*si* bolyf *(v. 'n mens)*; romp, torso *(v. 'n beeld)*; spiraalpilaar.

tort *(jur.)* delik, onregmatige daad, onreg; *law of ~s* deliktereg. **tor·tious** onregmatig.

tor·te =*ten,* =*tes, (D., kookk.: ryk laagkoek)* torte.

tor·tel·li·ni *(It., kookk.: gevulde pastadoppies)* tortellini.

tort·fea·sor *(Br., jur.)* onregpleger, pleger van 'n on=regmatige daad.

tor·ti·col·lis stywe/skewe/verdraaide nek. **tor·tile** ge=draai(d), spiraalvormig.

tor·til·la *(Mex., kookk.: soort ongesuurde brood)* tor=tilla.

tor·toise skilpad; *land* ~ landskilpad, padloper; *ma=rine* ~ seeskilpad, karet; *river* ~ waterskilpad. ~ **berry** *(Mundia spinosa)* duine=, skilpad=, bokbessie. **~-like** skilpadagtig. **~shell** *(stof)* skilpaddop, karet. **~shell (cat)** skilderkat. **~shell spectacles** skilpadbril.

Tor·tu·ga *(geog.)* Tortuga.

tor·tu·ous kronkelend, kronkelrig, gekronkel(d), ge=draai(d); slinks, skelm; ingewikkeld; gewronge *(styl)*; *(geom.)* geboë; ~ *paths* kronkelweë. **tor·tu·os·i·ty** kron=keling, kromming; slinksheid, jakkalsdraaie, skelm=streke. **tor·tu·ous·ness** →TORTUOSITY.

tor·ture *n.* foltering, marteling; pyniging; torment; *suffer death by* ~ 'n marteldood sterf/sterwe; *be put to the* ~ gemartel/gefolter word. **tor·ture** *ww.* martel, pynig, folter, afmartel, afpynig; tormenteer; verdraai, verwring *(betekenis)*. **tor·tur·er** folteraar; pyniger.

to·rus *tori, (geom.)* ankerring, torus; *(bouk.)* torus; *(anat.)* sluitvliesverdikking; *(bot.)* blombodem, torus.

To·ry *n., (Br., pol.)* Tory, Konserwatief; *(t~)* ultrakonser=watief, remskoen. **To·ry** *adj.* Konserwatief, Tory=; *(t~)* ultrakonserwatisme, behoudsug. **To·ry·ism** Konser=watisme.

to·sa *(Jap., soort veghond)* tosa.

tosh[1] *(Br., infml.)* ou/my maat/vriend.

tosh[2] *(Br., infml.)* twak, kaf, bog, onsin, geklets, lawwe praatjies.

toss *n.* (die) opgooi *(v. 'n geldstuk)*; loot, gooi; tuime=ling; →FULL TOSS; ***argue** the* ~, *(infml.)* oor 'n be=slissing stry; *with a ~ of the **head*** met die kop in die lug, met die kop agteroor gegooi; ***lose** the* ~ die loot verloor; ***take** a* ~ van 'n perd afval, baken steek; ***win** the* ~ die loot wen. **toss** *ww.* gooi; opgooi; rondgooi; rondrol, heen en weer rol; hot en haar slinger, heen en weer skud; loot; *(kookk.)* meng *(slaai)*; ~ ***about*** rond=rol *(i.d. bed ens.)*; ~ *s.t. **about*** iets rondgooi/rondsmyt; ~ *s.t. **aside*** iets opsy gooi; ~ *s.t. **away*** iets weggooi/wegsmyt; ~ ***back** a drink* 'n drankie wegslaan; ~ ***back** one's hair/head* jou hare/kop agteroor gooi; *the **bull** ~ed s.o.* die bul het iem. gegaffel (*of* met sy horings ge=skep); ~ ***for** s.t.* oor iets loot; ~ ***for** sides* om kante loot; ~ ***off**, (Br., taboesl.: masturbeer)* draadtrek, jou melk, karring, skommel, hengel; ~ *s.t. **off*** iets gou-gou klaar=maak; iets uitdrink (*of [infml.]* wegslaan) *('n drankie ens.)*; ~ ***out*** uitgooi, uitsmyt; weggooi, wegsmyt; ~ ***pan=cakes*** pannekoeke omgooi/omkeer; *~ed **salad*** men=gelslaai; *the sea ~es the **ship*** die golwe slinger die skip heen en weer; ~ ***s.o.** in a blanket* iem. laat beesvel ry; ~ *and **turn*** rondrol, woel *(i.d. bed)*; ~ ***up*** loot; ~ *s.t. **up*** iets opgooi; iets halsoorkop doen/klaarmaak. ~**pot** *(vero.)* dronk=, suiplap, suiper. **~-up** *n., (infml.)* opgooi; on=sekerheid; *it is a ~ whether* ... dit is hoogs onseker (*of* 'n dubbeltjie op sy kant) of ...

toss·er *(Br., taboesl.)* bliksem, donder; idioot, swaap, sot.

tot[1] *n.* optelsom. **tot** =*tt*=, *ww.* optel, bymekaartel, =trek; ~ *s.t. up* iets optel *(syfers, bedrae)*; *it ~s up to* ... dit be=loop/bedra (*of* die totaal is) ...

tot[2] *n.* kleuter, peuter, kindjie; sopie, dop(pie), slukkie, tweevinger; *have/take a* ~ 'n dop maak/steek *(infml.)*; *a stiff* ~ 'n stywe dop *(infml.)*; *a tiny* ~, *(v. 'n kind gesê)* 'n kleintjie. ~ **measure** sopiemaat, dop. ~ **measure glass** sopieglas. ~ **system, dop system** *(SA)* dop=stelsel.

to·tal *n.* totaal, som; totaalsyfer; optelling; →GRAND TOTAL, SUM TOTAL; ***for** a ~ of* ... vir altesaam/alte=same ...; ***in*** ~ altesaam, altesame, in totaal; in sy ge=heel; ***swell** the* ~ die totaal laat oploop; *a **tidy** ~, (infml.)* 'n aansienlike totaal. **to·tal** *adj.* totaal, (al)geheel; vol=slae, volkome; finaal; ~ ***abstainer*** →ABSTAINER; ~ ***abstinence*** →ABSTINENCE; ~ ***amount*** totaal(bedrag), volle bedrag; ~ ***eclipse*** algehele/totale verduistering; *s.o. was in ~ **ignorance** of it* iem. het totaal/hoege=naamd niks daarvan geweet nie; ~ ***internal** reflection, (fis.)* totale interne weerkaatsing; ~ ***loss*** algehele ver=lies; ~ ***onslaught*** totale aanslag; *T~ **Quality** Manage=ment* totale gehalte=/kwaliteitsbestuur; ~ ***quality con=trol*** totale gehalte=/kwaliteitsbeheer; ~ ***recall*** onfeilbare geheue; *have ~ **recall** of s.t.* iets (tot) in die fynste be=sonderhede (*of* haarfyn) kan onthou; ~ ***solid*** volstrek vaste stof; ~ ***vote*** stemtotaal; ~ ***war*** totale oorlog. **to=tal** =*ll*=, *ww.* optel, bymekaartel, =trek; beloop, bedra, oploop tot.

to·tal·i·sa·tor, =**za·tor** totalisator, toto. ~ **jackpot** woekerpot.

to·tal·ise, =**ize** optel, die totaal bereken; met die to=talisator wed. **to·tal·is·er,** =**iz·er** optelmasjien; totali=sator, toto. **to·tal·i·tar·i·an** *n.* totalitaris. **to·tal·i·tar·i=an** *adj.* totalitêr. **to·tal·i·tar·i·an·ism** totalitarisme. **to=tal·i·ty** totaliteit, (die) geheel, kompleks, geheelheid; *in its* ~ in sy geheel. **to·tal·ly** totaal, geheel en al, vol=kome, volslae, algeheel.

tote[1] *ww., (Am.)* dra; vervoer; sleep. ~ **bag** drasak.

tote[2] *n.* toto; →TOTALISATOR; *double* ~ koppeltoto. ~ **board** totalisator, toto.

tote[3] *n.* skaafhandvatsel.

to·tem totem. ~ **pole** totempaal.

to·tem·ism totemisme. **to·tem·ic, to·tem·is·tic** tote=misties. **to·tem·ist** totemis.

toth·er, t'oth·er *adj. & pron., (arg., dial. of skerts.)* die ander; *be neither one thing nor* ~ (nóg) vis nóg vlees wees; *tell ~ from which* uitmekaar ken.

to·to *adv., (Lat.): in* ~ geheel en al, in sy geheel; *differ ~ caelo* hemelsbreed verskil.

tot·ter *n.* waggeling. **tot·ter** *ww.* (wiggel-)waggel, wankel, slinger, strompel. **tot·ter·er** waggelaar. **tot·ter·ing, tot·ter·y** onseker, onvas, waggelend, wankelend; ~ *steps* waggelende treë.

tou·can *(orn.)* toekan, pepervreter, reënboogvoël.

touch *n.* aanraking; voeling, kontak; tikkie; gevoel; trek; titseltjie, ietsie, bietjie, tikkie, rapsie, sweem(pie); *(mus.)* aanslag; kleurvegie, toets *(in 'n skildery)*; styl; *(rugby)* buitelyn; buiteskop; soldeervet; →FINISHING TOUCH; ***a*** ~ iets(ie); *s.t. opens* ***at*** *a* ~ iets gaan oop as 'n mens net daaraan raak; *be in* ***close*** ~ *with s.o.* →CLOSE[1] *adj.*; *have the* ***common*** ~ →COMMON *adj.*; *s.o. is an* ***easy*** ~, *(infml.)* 'n mens kry maklik iets by iem.; ***find*** ~, *(rugby)* uitskop, die buitelyn haal; *s.o.* ***finds*** *his/her* ~ iem. vind sy/haar slag; ***give*** *s.o. a* ~ *on his/her arm* iem. 'n tikkie op die arm gee; *the ball is* ***in*** ~, *(rugby)* die bal is uit; *be* ***in*** ~ *with* ... met ... in verbinding wees/staan, met ... in aanraking/voeling wees, met ... voeling hê; *get* ***in*** ~ *with* ... met ... in verbinding tree (*of* in aanraking/voeling kom), met ... voeling kry; *keep* ***in*** ~ *with* ... met ... voeling hou (*of* in verbinding/voeling/aanraking bly); *force s.o.* ***into*** ~, *(rugby)* iem. by die kantlyn uitdwing; *kick s.t.* ***into*** ~, *(Br., infml.: iets verwerp)* iets van die tafel/baan (af) vee, iets afmaak; *kick the ball* ***into*** ~, *(rugby, sokker)* die bal by die kantlyn uitskop (*of* oor die kantlyn skop); *a* ***light*** ~ 'n ligte/sagte aanraking; *have a* ***light*** ~ 'n ligte aanslag hê; ***lose*** *one's* ~ jou slag verloor; ***lose*** ~ *with* ... voeling/kontak met ... verloor, buite/uit voeling met ... raak; *a* ***near*** ~ 'n noue ontkoming; *it was a* ***near*** ~ dit was so ampertjies/hittete; *a* ~ ***of*** *colour* 'n kleurvegie; 'n bietjie gekleurde bloed; *a* ~ ***of*** *nature* 'n natuurlike trek(kie); *a* ~ ***of*** *Napoleon/etc.* iets van Napoleon/ens.; *a* ~ ***of*** *rheumatism/etc.* 'n ligte aanval van rumatiek/ens.; *a* ~ ***of*** *sadness* iets treurigs; *a* ~ ***of*** *salt* 'n knypie/knippie sout; *a* ~ ***of*** *the sun* →SUN *n.*; *be* ***out of*** ~ *with* ... geen voeling meer met ... hê nie; *s.t. has the* ***personal*** ~ iets dra die persoonlike stempel; ***play*** ~ aan-aan/frot speel; ***put*** *s.o. in* ~ *with* ... iem. met ... in aanraking bring (*of* in verbinding stel); ***put*** *to the* ~ op die proef stel; ***(sense of)*** ~ tassin; ***a soft*** ~ 'n ligte/sagte aanraking; *(mus.)* 'n ligte aanslag; *s.o. is a* ***soft*** ~, *(infml.)* iem. is alte goed(hartig)/vrygewig; *be cold/warm/soft* ***to the*** ~ koud/warm/sag wees om aan te voel; *the piano is* ***wanting*** *in* ~ die klavier het geen goeie aanslag nie. **touch** *ww.* (aan)raak; raak/vat aan; aanroer; voel aan; tik; aangaan, betref; bykom; tref, aandoen, roer; ontroer; die hand aan iets slaan; →TOUCH AND GO, TOUCHING; ***all but*** ~ ... aan ... vat-vat; ~ ***at*** ... by ... aangaan/aanloop/aanry; ~ ***at*** *a port* 'n hawe aandoen, by 'n hawe aangaan; *I wouldn't* ~ *him/it with a* ***bargepole*** →BARGEPOLE; *s.o. refuses to* ~ ***beer/etc.*** iem. wil sy/haar mond nie aan bier/ens. sit nie; *s.o. can just* ~ *the* ***bottom*** iem. kan net die grond raak/voel; *no one* ***can*** ~ *s.o.* niemand kom naby iem. nie, iem. se maters is dood, iem. moet sy/haar moses nog kry; *s.o.* ***could not*** ~ *the task/etc.* iem. kon nie aan die taak/ens. begin nie; *s.t. ~es s.o.* ***deeply*** iets raak iem. diep; ***don't*** ~ *it/me!* (hou jou) hande tuis!; ~ ***down,*** *('n vliegtuig ens.)* land, neerstryk; *(rugby)* (die bal) druk; *(rugby)* (die bal) dooddruk; ~ *s.o.* ***for*** *s.t., (infml.)* iets uit iem. kry; ~ *s.o.* ***for*** *money/etc., (infml.)* geld/ens. by iem. leen/vra; ~ *one's* ***hat*** jou hoed lig; ***it*** *~es s.o. too* dit raak iem. ook; ***no one*** *can* ~ ... niemand kom naby ... nie; *s.o. does* ***not*** ~ *s.t.* iem. sit nie sy/haar mond aan iets nie *(kos, drank, ens.)*; ~ *s.t.* ***off*** iets laat ontplof *(springstof ens.)*; iets laat afgaan; iets veroorsaak, tot iets aanleiding gee, iets uitlok; ~ *s.o.* ***on*** *the shoulder* iem. op die skouer tik; ~ ***on/upon*** *s.t.* iets aanroer *('n onderwerp ens.)*; *not* ~ ***on/upon*** *s.t.* iets links laat lê; iets onaangeroer(d) laat *('n tema ens.)*; ~ ***pitch*** met pik omgaan, jou hande vuil maak; *merely* ~ *(on) a* ***subject*** 'n onderwerp net aanroer, net aan 'n onderwerp vat-vat; *it ~ed s.o.* ***to*** *the heart* dit het iem. diep geroer; *it ~ed s.o.* ***to*** *the quick* dit het iem. erg/diep geraak; ~ *s.t.* ***up*** iets opknap *(grimering ens.)*; iets retoesjeer *('n foto)*; ~ ***up*** *a horse* 'n perd (aan)piets/raps; ~ ***up*** *one's memory* die geheue verfris; ~ ***upon*** *a subject* 'n saak aanroer; *the flowers are a little ~ed* ***with*** *the east/etc. wind* die oostewind/ens. het die blomme effens geknou; ~ ***wood!*** →WOOD *n.*. ~ **and go** *(pred)*, **~-and-go** *(attr.)* onseker; *it is touch and go whether* ... dit is hoogs onseker of ...; *it was touch and go* dit was so hittete; dit het naelskraap(s) gegaan. **~back** *(Am. voetbal)* dooddruk. ~ **control** raakpuntbeheer; (aan)raaktoets *(v. 'n mikrogolfoond, laserdrukker, ens.)*. ~ **corpuscle** tasliggaampie. **~down** neerstryking, landing *(v. 'n vliegtuig)*; grondvat, landingsoomblik; druk *(v. 'n rugbybal)*. ~ **football** raakvoetbal. **~hole** laaigat, sundgat *(v. 'n ou vuurwapen)*. **~-in-goal** *(rugby)* doelgebied. ~ **judge** lyn-, grensregter. ~ **kick** buiteskop. **~line** *(rugby, sokker)* kant-, grenslyn. **~mark** makerstempel *(op piouterware)*. **~-me-not** *(bot.)* kruidjie-roer-my-nie. ~ **needle** toetsnaald. **~pan** kruitpan *(v. 'n ou vuurwapen)*. **~paper** salpeterpapier. ~ **screen** (aan)raak-, kontakskerm. **~-sensitive** *adj.* raaksensitief; ~ *screen* raaksensitiewe skerm, (aan)raak-, kontakskerm. **~stone** *(fig.)* toetssteen; lidiet, swart jaspis, keursteen. **~-tone phone** druktelefoon. **~-type** *ww.* blind tik. **~-typing, ~-typewriting** blindtik. **~-typist** blindtikker, -tikster. **~-up** opknapping; aanmaninkie. **~wood** *(arg.)* tontelswam; vrot/verrotte hout, molm.

touch·a·ble tasbaar, voelbaar, aan te raak.

tou·ché *tw., (Fr.)* dis raak.

touched aangedaan, bewoë, ontroer; getik.

touch·er aanraker; *that was a near* ~ dit was 'n noue ontkoming, dit was so hittete; *(as) near as a* ~, *(w.g.)* so byna-byna/hittete/naelskraap(s), (so) ampertjies.

touch·ing *adj.* (ont)roerend, hartroerend, aandoenlik, treffend; →TOUCH *ww.*. **touch·ing** *prep.* aangaande, rakende, betreffende, met betrekking tot.

touch·y fyngevoelig, liggeraak, prikkelbaar, kortgebonde, teergevoelig, fyn van nerf; kleinserig; *don't be so* ~ moenie so gou op jou perdjie wees nie; *a* ~ *subject* 'n netelige kwessie. **touch·i·ness** fyngevoeligheid, liggeraaktheid, prikkelbaarheid, kortgebondenheid, teergevoeligheid; kleinserigheid.

tough *n.* boef; ruwe vent, woestaard. **tough** *ww.*: ~ *it out* deurbyt, vasstaan, die storm trotseer, met jou standpunt volhard. **tough** *adj.* taai; hard; star, styf; onbuigsaam, ontoegeeflik, onversetlik, hard, kwaai, streng, ongevoelig; hardekoejawel, balsturig; moeilik, swaar, veeleisend, lastig; kras; gedug; ru; *(as)* ~ ***as leather,*** *(iem.)* so taai soos 'n ratel; *(as)* ~ ***as nails,*** *(iem.)* so taai soos 'n ratel; *(iem.)* klipsteenhard; *(as)* ~ ***as old boots,*** *(iets)* vreeslik taai; *a* ~ ***customer*** →CUSTOMER; ***get*** ~ *with s.o., (infml.)* kwaai/hardhandig teen iem. optree, iem. hard aanpak; *it is* ~ ***going*** dit gaan broekskeur; →GOING *n.*; *a* ~ ***guy*** →GUY[1] *n.*; ***it is*** ~, *(infml.)* dit is swaar/jammer/ongelukkig; *find s.t. a* ~ ***job*** →JOB[1] *n.*; ~ ***luck*** teen-, teëspoed; *it is* ~ ***(luck)*** dit is hard/swaar/jammer, dit is (erg) ongelukkig; ~ ***questions*** kwaai vrae; ~ ***situation*** netelige/benarde toestand; *the ~est* ***steel*** die sterkste staal; *have a* ~ ***time*** les opsê, dit hotagter kry. **~-minded** nugter(denkend), realisties, prakties, onsentimenteel; beslis, vasberade, wilskragtig, sterk.

tough·en taai(er) maak/word; verhard; ~ *s.o. up* iem. gehard maak. ~ *s.t. up* iets sterker maak; iets strenger maak *(reëls ens.)*. **tough·en·ing** verharding; ~ *(up)* harding.

tough·ie *(infml.)* taai kalant, tawwe tienie; *(moeilike probleem)* (taai) tameletjie. **tough·ish** taaierig. **tough·ly** ru, hardhandig, onsagkens. **tough·ness** taaiheid.

tou·pee, tou·pet haarstuk.

tour *n.* rondreis; plesierreis, -tog, vakansiereis, toer; uitstappie; ***concert*** ~ konsertreis; ~ ***de force,*** *(Fr., mv.: tours de force)* kragtoer, kragprestasie, tour de force; ~ ***of duty*** ampsbeurt; diensbeurt; wagbeurt, -rondte; ***educational*** ~ →EDUCATIONAL; ~ ***of inspection, inspection*** ~ inspeksiereis; ~ ***of office*** dienstyd, -termyn; *be* ***on*** ~ op reis wees; *make a* ~ *of the* ***town*** 'n rondrit deur die stad maak. **tour** *ww.* rondreis; deurreis, bereis; 'n (kuns)reis maak; op toer gaan, toer; →TOURING, TOURIST; ~ *a country* deur 'n land reis, 'n land deurreis. ~ **guide** toergids. ~ **operator** reisagent; toerorganiseerder.

tou·ra·co →TURACO.

tour·bil·lion, tour·bil·lon *(w.g.)* spiraalvuurpyl.

tour·er toeris; toermotor.

Tou·rette('s) syn·drome *(med.)* tourette-sindroom *(ook T~)*.

tour·ing (die) rondreis; plesierreise; toerisme; →TOUR *ww.*. ~ **car** reis-, toermotor. ~ **company** reisende geselskap; reisgeselskap. ~ **exhibition** reisende tentoonstelling. ~ **holiday** toervakansie. ~ **model** toermodel. ~ **party** toergroep, -geselskap, reisgroep, -geselskap. ~ **team** toerspan, reisende span.

tour·ism toerisme. ~ **industry,** ~ **trade** toerisme-, toeristebedryf, toerisme.

tour·ist toeris; lid van 'n toerspan; *the ~s, (ook)* die toerspan (*of* reisende span). ~ **agency** reisburo, -agentskap. ~ **attraction** toeriste-attraksie. ~ **class** toeristeklas. ~ **club** toeristeklub. ~ **guide** toergids; *(boek)* reisgids. ~ **hotel** toeristehotel. ~ **industry,** ~ **trade** →TOURISM INDUSTRY. ~ **information centre,** ~ **office** toeriste-inligtingsentrum, toeristekantoor; →TOURIST AGENCY. ~ **office** reisburo. ~ **party** reisgeselskap. ~ **passport** toeristepaspoort. ~ **resort** toeristeoord. ~ **season** toeristeseisoen. ~ **ticket** toerkaartjie. ~ **traffic** toeristeverkeer, vreemdelingeverkeer. ~ **trap** *(infml.)* toeristelokval, -valstrik; toeristetrekpleister, -magneet.

tour·is·tic, tour·ist·y *(infml., dikw. neerh.)* toeristies.

tour·ma·line *(min.)* toermalyn.

Tour·nai *(geog.)* Doornik.

tour·na·ment toernooi, wedstrydreeks; *(hist.)* toernooi, steekspel, ridderspel. **tour·ney** *n. (hist.)* toernooi, steekspel. **tour·ney** *ww.* aan 'n toernooi deelneem, toernooi.

tour·ne·dos *(Fr.: klein, dik, ronde beesfilet)* tournedos.

tour·ni·quet toerniket, aarafbinder, aarpers, skroef-, klem-, knelverband, draaikruis, wurgstrop.

tour·nure *(Fr.)* kromming, ronding; omtrek; *(hist.)* kussinkie, tournure *(om 'n rok agter te laat uitstaan)*.

tou·sle, tou·zle rondruk; deurmekaar pluk; verfrommel; verfomfaai; deurmekaar maak *(hare)*; *~d hair* deurmekaar/verwaaide hare. **~-haired** met (die/sy/ens.) deurmekaar hare.

tou·sy deurmekaar, (wind)verwaaid.

tout[1], tout·er *n.* werwer, klantelokker, lokvoël; smous; *(Br., ook* ticket tout*)* kaartjieswendelaar; *racing* ~ perdespioen. **tout** *ww., (perderenne)* beloer, op die loer lê; smous; kliënte werf; (klante) werf; werk bedel; ware probeer opdring aan; aanprys, opvysel; aanlok; ~ *s.t. about/around* met iets smous. **tout·ing** werwery, werwing; aanprysing; aanlokking.

tout[2] *adj. & adv., (Fr):* ~ *court* bloot, eenvoudig, sonder omhaal; kortliks; ~ *de suite* dadelik, onmiddellik, op die daad, sonder versuim.

tou·zle →TOUSLE.

to·va·ris(c)h, to·va·rich *(Rus.)* kameraad.

tow[1] *n.* (die) trek/sleep; ***give*** *s.o. a* ~ iem. (se motor) insleep; *have/take s.o.* ***in/on*** ~ iem. op sleeptou hê/neem; *have/take s.t.* ***in/on*** ~ iets sleep *('n motor, skip, ens.)*; *with all the ...* ***in/on*** ~ met al die ... (op 'n streep) agterna; ***on*** ~, *(kennisgewing)* op sleeptou. **tow** *ww.* (voort)trek, sleep, op sleep(tou) neem; treil; →TOWING; *~ed* ***aircraft*** gesleepte vliegtuig; *~ing* ***aircraft*** sleepvliegtuig; ~ *s.t.* ***away*** iets wegsleep *('n motor ens.)*; *~ed/~ing* ***flight*** sleepvlug; ~ *s.t.* ***in*** iets insleep *('n motor ens.)*. **~away zone** wegsleepsone. **~bar** sleepstang. **~boat** sleepboot. **~line** treklyn; sleeptou, -tros. ~ **net, towing net** *(biol.)* treknet. **~path, towing path** sleeppad. **~plane** sleepvliegtuig. **~rope, towing rope** sleeptou. ~ **truck** insleepvoertuig, -wa, -vragmotor.

tow[2] *n.* (tou)werk, (growwe) vlas-/hennepvesels; tougaring, -gare; toudoek; pluis; *be like fire and* ~ soos kruit en vuur wees. **~-coloured** vlasblond, -kleurig. **~head** vaalhaarmens; slordige kop. **~headed** vaalhaar-; met deurmekaar hare.

tow·age slepery, sleep(werk); sleepvaart; sleeploon. ~ **service** sleepdiens.

to·ward *adj. & adv., (arg.)* op hande; gaande, aan die gang; volgsaam, gehoorsaam, gewillig, gedwee; leergierig. **to·ward(s), to·ward(s)** *prep.* na (... toe); teen, jeens, teenoor; tot; naby; *s.o.'s* ***attitude*** ~ ... iem. se houding insake (*of* met betrekking tot) ...; *s.o.'s* ***behaviour***

~ ... iem. se gedrag teenoor ...; ***contribute*** *s.t.* ~ ... iets tot ... bydra; ~ *the **end** of the week* teen die einde van die week; ~ ***noon*** teen die middag (se kant).

tow·el *n.* handdoek; →ROLLER TOWEL; *lead* ~ (lood)=koeël; *oaken* ~ kierie, stok; *throw in the* ~, *(boks)* die handdoek ingooi; *(fig.)* tou opgooi. **tow·el** *=ll=, ww.* (met 'n handdoek) afdroog/afvee; *(infml., hoofs.Austr.)* slaan, onder die lat steek, afransel. ~ **horse,** ~ **rack** handdoekrak. ~ **rail** handdoeklat. ~ **roller** handdoek=rol.

tow·el·ette handdoekie; *(klam papierdoekie)* vogdoekie.

tow·el·ling, *(Am.)* **tow·el·ing** afdroging, afvrywing; handdoekstof, =goed.

tow·er *n.* toring; vesting, kasteel; toevlug; *in an **ivory*** ~ in 'n ivoortoring; *the T~ of **London*** die Londense Tower; *the Leaning T~ of **Pisa*** die Skewe Toring van Pisa; *be a* ~ *of **strength*** →STRENGTH. **tow·er** *ww.* toring, hoog uitsteek bo; hoog in die lug vlieg, regop vlieg; ~ *above/over* ... bo(kant) ... uitrys/uittroon/uit=styg/uitsteek. ~ **block** toringgebou, =blok. ~ **clock** to=ringhorlosie. ~ **computer** toringrekenaar.

tow·ered met 'n toring (*of* torings), getoring. **tow·er·ing** toringhoog, baie hoog; geweldig, hewig; *be in a* ~ *rage* →RAGE *n.*. **tow·er·y** met torings.

to-whoo *tw.* hoe-hoe *(v. 'n uil ens.).*

tow·ing (die) sleep/trek, slepery; →TOW[1]. ~ **net** →TOW NET. ~ **path** →TOWPATH. ~ **rope** →TOWROPE. ~ **serv·ice** sleepdiens. ~ **vessel** sleepboot. ~ **wire** sleepdraad.

town stad; dorp; ***about*** ~ in die stad/dorp (rond); *a man **about*** ~ 'n uitgaande/wêreldwyse (*of* veel gesiene) man; 'n losbol/pierewaaier/windmaker; ***do** a* ~, *(infml.)* 'n stad/dorp bekyk; ***down*** ~ →DOWNTOWN *adj. & adv.; ten/etc. kilometres **from*** ~ tien/ens. kilometer uit die stad/dorp; ***go** (out) on the* ~, *(infml.)* fuif; ***go** to* ~ stad/dorp toe gaan; *(infml.)* fuif; tekere (*of* te kere) gaan, te=keregaan; ***go down*** ~ stad/dorp toe gaan; ***in*** ~ in die stad; op/in die dorp; *live **in*** ~ in die stad woon; op/in die dorp woon; *enjoy a **night** (out) on the* ~ die nag=lewe geniet; *be **on** the* ~, *(infml.)* aan die fuif wees; ***out of*** ~ buite(kant) die stad/dorp; *be **out of*** ~ uitstedig wees; ***paint*** *the* ~ *red* →PAINT *ww.;* ***small*** ~ stadjie; dorp(ie); *it is the **talk** of the* ~ die hele dorp het die mond daaroor/daarvan vol; ***toward(s)*** ~ stad/dorp se kant toe; ***up*** ~ →UPTOWN *adv.; a **woman/girl** of the* ~ 'n los/promiskue/sedelose vrou/meisie, 'n vrou/mei=sie met/van los(se) sedes. ~**-bred** in 'n stad/dorp groot=geword; *a* ~ *child* 'n stadskind; 'n dorpskind; *a* ~ *per=son* 'n stedeling. ~ **centre** middestad, stadsentrum, stadskern, binnestad; midde=, binnedorp. ~ **clerk** stads=klerk. ~ **commonage** dorpsmeent, =grond, =veld. ~ **council** stadsraad; dorpsraad. ~ **councillor** stadsraads=lid. ~ **crier** stadsomroeper. ~ **dweller** stedeling, stads=bewoner; dorpenaar. ~ **gas** stads=, liggas. ~ **gate** stads=poort. ~ **guard** dorpswag. ~ **hall** stadhuis; stadsaal *(gew. saal in 'n stadhuis).* ~ **house** meenthuis; *(huis in 'n dorp/stad)* dorpshuis, stadshuis; *(farmer's)* ~ tuishuis, kerk=huis. ~ **lands** dorpsgrond. ~ **major** stadskommandant. ~ **manager** stadsbestuurder. ~ **meeting** *(Am.)* burger=vergadering. ~ **planner** stadsbeplanner, =ontwerper, =uitlêer. ~ **planning** stadsbeplanning; dorpsbeplan=ning; stadsuitleg; dorpsuitleg. ~ **quarter** stadswyk. ~**scape** stadsgesig. ~ **talk** dorpspraatjies. ~ **wear** stads=drag.

town·ie, town·ee *(infml.)* dorpsjapie, dorpenaar; stadsjapie, stedeling, stadsmens.

town·ish steeds.

town·let dorp(ie).

towns·folk stadsmense; dorpenaars; →TOWNSMAN.

town·ship stads=, dorpsgemeenskap; stads=, dorps=gebied; dorpie; (nuwe) dorp; (nuwe) stadswyk, dorps=wyk, =aanleg, =uitleg; *(SA)* township. ~ **company** er=wemaatskappy. **T~s Board** Dorperaad.

towns·man *=men* stedeling, stadsmens; stadsbewo=ner; dorpeling, dorpenaar; burger; medeburger, stad=genoot. **towns·peo·ple** *(fungeer as mv.)* stedelinge *ens.*.

tow·y toutjiesrig.

tox=, tox·i=, tox·i·co=, tox·o= *komb.vorm* toks=, toksi=, toksiko=, tokso=.

tox·ae·mi·a, *(Am.)* **tox·e·mi·a** bloedvergiftiging, toksemie.

tox·ic, tox·i·cal giftig, toksies; gif=; vergiftigings=; ~ ***property*** vergiftigingseienskap; ~ ***substance*** gif(stof); ~ ***symptoms*** tekens van vergiftiging; ~ ***waste*** giftige/toksiese afval. ~ **shock syndrome** *(med.)* toksieseskok=sindroom.

tox·i·cal →TOXIC. **tox·i·cal·ly** giftig, op giftige wyse.

tox·i·cant *n.* gif(stof). **tox·i·cant** *adj.* giftig.

tox·ic·i·ty giftigheid, toksisiteit.

tox·i·col·o·gy toksikologie, gifkunde. **tox·i·co·log·i·cal, tox·i·co·log·ic** toksikologies, gifkundig. **tox·i·col·o·gist** toksikoloog, gifkundige.

tox·i·co·man·iac toksikomaan.

tox·i·co·sis (toksien)vergiftiging, toksikose.

tox·in toksien, (bakterie)gifstof.

tox·oid *(med.)* toksoïed.

tox·oph·i·lite *n., (w.g.)* boogskutter. **tox·oph·i·lite, tox·oph·i·lit·ic** *adj.* boogskutters=. **tox·oph·i·ly** boogskie=tery.

tox·o·plas·mo·sis *(med.)* toksoplasmose, toksoplas=mabesmetting.

toy *n.* speelding(etjie), stuk speelgoed; *(fig.)* speelbal; *(i.d. mv.)* speelgoed; *make a* ~ *of housekeeping* huishou as 'n grap beskou. **toy** *adj.* speel(goed)=. **toy** *ww.* speel; dartel; beusel; vry; ~ ***away** one's time* die/jou tyd ver=beusel; ~ ***with*** ... met ... speel; ~ ***with** the idea of doing s.t.* daaraan dink om iets te doen; ~ ***with** one's food* met lang tande eet, aan jou kos peusel. ~ **box** speelgoedkis. ~ **boy** *(infml.)* katelknaap, =knapie. ~ **dog** speelgoed=hondjie; skoothondjie; dwerghond(jie). ~ **gun** speel=geweertjie. ~ **house** *(lett. & fig.)* pop(pe)huis. ~**maker** speelgoedmaker; speelgoedvervaardiger. ~ **pistol** speel=pistool. ~ **pom** *(honderas)* →POMERANIAN *n.*. ~ **shop** speelgoedwinkel. ~ **soldier** speel=, popsoldaatjie. ~**town** *n.* speelgoeddorpie. ~**town** *adj., (fig.)* bekoorlik; on=beduidend, onbenullig.

toy·ingly speel-speel; beuselend.

toyi-toyi *=toyis, n., (SA)* toi-toi. **toyi-toyi** *=toyied =toyi(i)ng, ww.* toi-toi. **toyi-toy·ing** *n.* getoi-toi, toi-toi=ery. **toyi-toy·ing** *adj.* toi-toiend.

Trab·zon, Treb·i·zond *(geog.)* Trebisonde.

trace[1] *n.* spoor; voetspoor; voetpad; (dowwe) paadjie, ongebaande pad; *(geol.)* snylyn; teken, bewys; sweem=(pie), tikkie, titseltjie, klein bietjie; natrek(sel); lyn, streep, spoor *(v. 'n instrument);* ***cover** one's* ~*s* →COVER *ww.;* ***disappear** without (a)* ~ spoorloos verdwyn; ***leave*** ~*s* spore (agter)laat; ***leave no*** ~ geen spoor (agter)laat nie; ~*s **of** s.t.* spore van iets; *a* ~ ***of** salt* 'n titseltjie sout; *of these buildings no* ~ ***remains*** van hierdie ge=boue is daar geen oorblyfsel meer nie; *not the **slight=est*** ~ *of it* →SLIGHT *adj.*. **trace** *ww.* natrek, aftrek, oortrek, kalkeer; *(met 'n wieletjie)* radeer; afsteek, af=pen, afbaken; traseer; ontwerp, skets, teken; aantoon; nagaan, naspeur, naspoor; opspoor; (die spoor) volg, spoorsny; ~ *s.t. **back to*** ... iets tot ... terugvoer; iets tot ... nagaan; *s.t. was* ~*d **back to** s.o.* dit het geblyk dat iets van iem. afkomstig was; ~ *a **line*** 'n lyn trek; ~ *a **map*** 'n kaart natrek; ~ *s.t. **out*** iets uitstippel; ~ *a **plan,** (ook)* 'n plan ontwerp; ~ *a **signature*** 'n handtekening nateken. ~ **element** spoorelement. ~ **fossil** *(argeol.)* spoorfossiel.

trace[2] *n.* string; trens, strop *(aan 'n vislyn); in the* ~*s* in die tuig; *kick over the* ~*s, (lett.)* onklaar raak/trap; *(fig.)* oor die tou trap, uit die band spring, handuit ruk, hand uitruk, onregeerbaar word. ~**-horse, tracer** *(hist.)* trek=perd.

trace·a·ble opspoorbaar, naspeurbaar; ~ *to* ... terug te bring tot ...

trac·er opspoorder; ondersoeker; natrekker, natrek=tekenaar; kalkeerder; afpenner, afsteker; traseerder; aanwyser, indikator; speurmiddel. ~ **(bullet)** ligspoor=koeël. ~ **element** verklikker(-)element. ~ **gas** speur=gas. ~ **isotope** gids(-)isotoop. ~ **punch** bosseleerpons.

trac·er·y ornamentering; dekoratiewe patroon, trase=ring, maaswerk, netwerk; →TRACER, TRACING; *(bar)* ~ sierroeiwerk.

tra·che·a, tra·che·a *=cheae, (anat.)* (hoof)lugpyp, tragea; *(entom.)* lugvat, =buis, tragee; *(bot.)* (hout)vat. **tra·che·al, tra·che·al** trageaal. **tra·che·i·tis, tra·chi·tis** lugpypontsteking, tragitis. **tra·che·ole** *(entom.)* lug=buisie. **tra·che·ot·o·my** *(med.)* lugpypinsnyding, tra=geotomie.

tra·cho·ma *(med.)* (chroniese) bindvliesontsteking, tragoom.

tra·chyte *(geol.)* tragiet.

trac·ing opsporing; natrek(sel); natrekwerk; nateke=ning. ~ **cloth,** ~ **linen** natreklinne, =doek, teken=, kal=keerlinne. ~ **paper** natrek=, aftrek=, kalkeerpapier. ~ **pen** trekpen. ~ **wheel** radeer=, aftrekwiel(etjie).

track[1] *n.* spoor; spoor(weg), spoorlyn; spoorbaan; spoorwydte; baan *(v. 'n hemelliggaam);* renbaan; at=letiekbaan; (ongemaakte) pad, (dowwe) paadjie, vee=, voetpad; trekpaadjie; voetspoor; trajek; kielwater; koers; *(mus.)* snit *(op 'n laserplaat ens.);* →CART TRACK; *the **beaten*** ~ die gebaande weg; *off the **beaten*** ~ weg van die gewoel, afgeleë; ongewoon, buite die gewone; ***cover** one's* ~*s* →COVER *ww.;* ***double*** ~ dubbele spoor(lyn); *a **faint*** ~ 'n dowwe paadjie; ***follow** in s.o.'s* ~*s* iem. se voetspore volg; ***freeze** in one's* ~*s* in jou vier spore vassteek; ***fresh*** ~*s* vars spore; ***indicate** the* ~ die pad aanwys; *the **inside*** ~, *(lett.)* die binnebaan; *(fig.)* die voordeel; ***keep*** ~ *of* ... op die spoor van ... bly; op (die) hoogte van/met ... bly; ***leave** the* ~, *('n trein)* van die spoor (af) loop; ***lose*** ~ *of s.t.* iets uit die oog ver=loor, die spoor van iets byster raak (*of* kwytraak); *have **lost*** ~ *of s.o.* nie meer weet waar iem. is nie; ***make*** ~*s, (infml.)* spore maak; (die) rieme neerlê/bêre, voet/knie in die wind slaan; ***make*** ~*s for* ..., *(infml.)* spore maak na ...; na ... ja(ag)/ooplê; op ... afpyl; *be **off** the* ~ van die spoor (af) wees, die spoor byster wees; *s.t. is **on*** ~ iets is op dreef (*of* loop/vorder goed) *('n plan ens.); be **on** s.o.'s* ~ op iem. se spoor wees; *be **on** the* ~ *of s.t.* op die spoor van iets wees; *be **on** the **right*** ~ op die reg=te spoor wees; *be **on** the **wrong*** ~ die spoor byster (*of* op die verkeerde spoor) wees; op 'n dwaalspoor wees; die verkeerde pad volg; *put s.o. **on** the (right)* ~ iem. op die (regte) spoor bring; ***pick up** a* ~ 'n spoor vind; 'n paadjie (terug)vind; ***pick up** the* ~, *(ook)* die spoor vat; ***put*** *s.o. on the* ~ *of s.o. else* iem. op iem. anders se spoor bring; ***put/throw*** *s.o. off the* ~ iem. van die spoor (*of* op 'n dwaalspoor) bring; ***single*** ~ enkelspoor; ***stop*** *s.o. (dead) in one's* ~*s* in jou vier spore vassteek; ***stop*** *s.o. in his/her* ~*s* iem. in sy/haar vaart stuit. **track** *ww.* op=spoor; die spoor volg, spoorsny; naspoor, nagaan; van spore voorsien; ~ *s.o. down* iem. opspoor; iem. vang; ~ *s.t. down* iets opspoor *('n fout ens.);* ~ *wheels* wiele (laat) spoor. ~ **and field** *n., (atl.)* baan en veld, baan-en-veld-atletiek. ~ **and field** *adj. (attr.):* ~ ~ ~ ***athletes*** baan- en veldatlete; ~ ~ ~ ***championships*** baan-en-veld-kampioenskapsbyeenkoms, -kampioenskapstoer=nooi; ~ ~ ~ ***events*** baan- en veldnommers; ~ ~ ~ ***meet*** baan-en-veld-byeenkoms; ~ ~ ~ ***team*** baan-en-veld-span. ~ **athlete** baanatleet. ~**ball** *(rek.)* spoorvolg=bal. ~ **cleaner** *(spw.)* baanruimer, =skuiwer. ~ **event** baannommer. ~ **gauge** spoormaat. ~**layer** spoorlêer. ~ **maintenance** spoorbaanonderhoud. ~ **meet** *(Am.)* atletiekbyeenkoms. ~ **mile** baanmyl. ~ **official** baan=beampte. ~ **point** *(rek.)* baanpunt. ~ **race** baan(wed)=ren; baanwedloop. ~ **racing** baan(wed)renne; baan=fietsry; baanwedlope. ~ **record** baanrekord; *(fig.)* pres=tasies van die verlede; *s.o.'s* ~ ~ iem. se prestasies tot dusver/dusvêr; *s.o. has a good* ~ ~ iem. het tot dusver/dusvêr goed/uitstekend gevaar/gepresteer. ~ **rod** spo=ringstang; baan=, spoorstang. ~ **shoe** spykerskoen. ~**suit** sweetpak. ~**walker** *(Am.)* spoorbaaninspekteur. ~**way** voetpad; rydek *(v. 'n brug).* ~ **width** spoorwydte.

track[2] *ww.* trek.

track·age[1] spoorlyne; spoorreg.

track·age[2] (die) sleep.

tracked met rusper=/kruipbande; ~ *vehicle* kruip=bandvoertuig, rusper(band)voertuig.

track·er opspoorder, speurder; spoorsnyer. ~ **dog** speurhond.

track·ing opsporing; spoorsny. ~ **battery** opsporings=battery. ~ **device** volgtoestel. ~ **station** opspoorstasie.

track·less spoorloos, sonder spore; onbegane, on=gebaan; ~ *tram* spoorlose trem, trembus.

tract streek; *(anat.)* bundel, baan; traktaatjie; *alimentary* ~ spys(verterings)kanaal; ~ *of land* landstreek.

trac·ta·ble meegaande, inskiklik, gedienstig, gedwee, gehoorsaam, gewillig, leibaar, volgsaam, handelbaar. **trac·ta·bil·i·ty, trac·ta·ble·ness** meegaandheid *ens.* (→TRACTABLE).

trac·tate verhandeling.

trac·tion trekkrag, (voort)trekking, trekvervoer(krag), traksie; saamtrekking; *(med.)* strekking, trekking; *electric* ~ elektriese trekkrag; *a leg in* ~ 'n been in trek=verband; *steam* ~ stoom(trek)krag. ~ **engine** trek=, straatlokomotief, trekker. ~ **sprayer** sproeimasjien.

trac·tive trek=; ~ *effort/power* trekkrag, =vermoë.

trac·tor trekker; trek=, straatlokomotief; motorploeg. ~ **(aircraft)** trekskroefvliegtuig, trekskroewer. ~**feed** *n., (rek.)* kettingpapiertoevoer. ~**-scraper** skraaptrek=ker. ~**-trailer** *(Am.)* voorhakervragmotor.

trad *n., (Br., infml.)* tradisionele jazz. **trad** *adj.* tradisioneel; ~ *jazz/song/etc.* tradisionele jazz/lied/ens..

trad·a·ble *adj.* →TRADEABLE.

trade *n.* handel; ambag, vak, nering; bedryf; beroep; ruil(ing); passaat(wind); →PASSING TRADE; ***article of*** ~ handelsproduk, =artikel; verbruik(er)sproduk, =artikel; ***Board** of T~, (Br.)* ministerie van handel; *President of the **Board** of T~, (Br.)* minister van handel; ***Board** of T~ and Industries, (SA)* Raad van Handel en Nywerheid; *a **brisk** ~ in ...* 'n lewendige handel in ...; *be a baker/butcher/etc. **by*** ~ ('n) bakker/slagter/ens. van beroep (*of* van [jou] nering/amp/ambag/vak) wees; ***carry** on* ~ handel dryf/drywe; ***carry** on a* ~ 'n ambag uitoefen; handel dryf/drywe; ***do** a brisk/etc.* ~ lewendige/ens. sake doen; *be **good** for* ~ bevorderlik wees vir die handel; *s.o. is a **jack** of all ~s* →JACK[1] *n.*; ***learn** a* ~ 'n vak/ambag leer; *every/each **person** to his/her* ~ skoenmaker, hou jou by jou lees; ***pursue** a* ~ 'n ambag uitoefen; *in **restraint** of* ~ tot inkorting van handelsvryheid; *a **roaring** ~ in ...* 'n bloeiende handel in ...; *have a **roaring*** ~ reusesake doen, *(infml.)* geld soos bossies maak; ***sell** only to the* ~ net in die groot(handel) verkoop; ***take up** a* ~ 'n ambag kies; ***terms** of* ~ handelsvoorwaardes; *(buitelandse han.)* ruil=voet; ***the*** ~ die handel; ***the** ~s* die passaat(wind); die passaatgordel; **trade** *ww.* handel dryf/drywe, handel; (ver)ruil; ~ *on one's own **account*** vir eie rekening handel; *trading **as** ...* →TRADING *adj.*; ~ *s.t. **for** s.t. else* iets vir iets anders ruil; ~ ***in** certain goods* handel (dryf/drywe) in sekere goedere; ~ *s.t. **in** for ...* iets vir ... in=ruil; ~ *on s.o.'s **name*** met iem. se naam smous; ~ ***on/upon** s.t.* van iets misbruik maak, iets uitbuit/eks=ploiteer; met iets smous *(iem. se naam ens.)*; ~ ***to** a country* met 'n land handel dryf/drywe (*of* sake doen); ~ ***with** s.o.* met iem. handel (dryf/drywe); ~ ***with** a certain shop* by 'n sekere winkel handel; ~ *punches/insults **with** s.o.* vuishoue/beledigings met iem. wissel. ~ **acceptance** handelsaksep. ~ **account** handels=rekening; ~ *~s payable* handelskrediteure; ~ *~s receivable* handelsdebiteure. ~ **activity** handelsbedrywig=heid ~ **agreement** handelsooreenkoms, =verdrag. ~ **allowance,** ~ **discount** handelskorting, =afslag, kor=ting aan herverkopers. ~ **balance, balance of** ~ han=delsbalans. ~ **barrier** handelsversperring, =belemme=ring. ~ **bill** handelswissel. ~ **book** →TRADE EDITION. ~**-channel discount** handelskorting. ~ **charge** han=delsonkoste. ~ **circles** die handel/handelstand. ~ **commissioner** handelskommissaris. ~ **conditions** han=delstoestand(e), =voorwaardes. ~ **corporation** han=delsmaatskappy. ~ **coupon** handelskoepon. ~ **credit** handelskrediet, krediet aan weerverkopers. ~ **custom** handelsgebruik. ~ **cycle** konjunktuur; konjunk=tuurgolf, =siklus. ~ **debt** handelskuld. ~ **debtor** han=delsdebiteur. ~ **deficit** handelstekort. ~ **description** handelsbenaming. ~ **directory** handelsgids, =adres=boek. ~ **discount** handelsafslag, =korting. ~ **dispute** bedryfs=, arbeidsgeskil. ~ **edition,** ~ **book** handels=uitgawe. ~ **ethics** handelsetiek. ~ **fair** handelskou; *(hist.)* jaarmark, handelsbeurs. ~ **figures** *(mv.)* handel=syfers. ~ **fluctuations** *(mv.)* handelskommelings. ~ **gap** tekort op die handelsbalans. ~ **guild** (handels)=gilde. ~ **hazard** handelsrisiko. ~**-in** inruiling; (in)ruil=artikel. ~**-in allowance** inruilkorting. ~ **income** han=delsinkomste, inkomste uit die handel. ~**-in price** inruilprys. ~ **intelligence** handelsnuus, =inligting, =be=rigte. ~**-in (value)** (in)ruilwaarde. ~ **inventory** han=delsvoorraad. ~ **journal** vakblad; handelsblad. ~**-last** *n., (Am., infml., vero.)* ruilkompliment. ~**mark** handels=, fabrieksmerk. ~ **mission** handelsending. ~ **movements** *(mv.)* handelsbewegings. ~ **name** merknaam, handelsnaam; firmanaam. ~**-off** ruil; kompromis. ~ **organisation,** =**zation** bedryfsorganisasie. ~ **outlook** handelsvooruitsigte. ~ **paper** vakblad; handelsblad. ~ **plates** *(mv.), (Br.)* tydelike nommerplate. ~ **press** bedryfspers. ~ **price** groothandelprys. ~ **profit** han=delswins. ~ **prohibition** handelsverbod. ~ **promotion** handelsbevordering, =reklame. ~ **prospects** *(mv.)* han=delsvooruitsigte. ~ **recession** handelslapte. ~ **reciprocity** wederkerigheid in die handel. ~ **reference** handelsverwysing. ~ **relations** *(mv.)* handelsbetrek=kinge. ~ **requirements** *(mv.)* handelsvereistes, =voor=skrifte;behoeftes van die handel, handelsbehoeftes. ~ **restriction** handelsbeperking. ~ **returns** *(mv.)* han=delsopgawes; handelstatistiek. ~ **review** handelsoor=sig. ~ **revival** handelsoplewing. ~ **risk** bedryfsrisiko; handelsrisiko. ~ **route** handelsroete, =weg; seeweg. ~ **school** ambag=, vakskool. ~ **secret** vakgeheim, be=dryfsgeheim; fabrieksgeheim. ~ **size** handelsgrootte. ~**-status discount** handelskorting. ~ **stock** handels=voorraad. ~**(s) union, labour union** vakbond, =unie, =vereniging. ~**(s) union congress** vakuniekongres; vakverbond; *Trades Union Congress* (Britse) Vakver=bond. ~**(s) union federation** vakverbond. ~**(s) unionism** vakverenigingswese, vakuniestelsel, vakbondor=ganisasie. ~**(s) unionist** vakunielid, vakbondlid; vak=unieman, vakbondman, voorstander van vakbonde. ~ **surplus** handelsoorskot, handelsurplus, oorskot op die handelsrekening. ~ **test** vaktoets. ~ **theory** vak=teorie. ~**-weighted** *adj. (attr.)* handelsgeweegde *(wisselkoers ens.)*. ~ **wind** passaat(wind).

trade·a·ble, trad·a·ble verhandelbaar.

trad·er handelaar, handelsman, koopman; koopvaar=der, koopvaardyskip, handelskip.

trades-: ~**folk** handelsmense, =lui. ~**man** =*men,* =*folk,* =*people* winkelier; leweransier; ambagsman, hand=werksman; *skilled* ~ vakman. ~**men** *(mv.)* handels=mense, =lui; ~*'s entrance* diensingang. ~**people** han=delsmense, =lui. ~**woman** =*women* koopvrou.

trad·ing *n.* handel(drywe). **trad·ing** *adj.* handelend, handeldrywend; ~ *as ...* handeldrywende/handelende (*of* wat sake doen) as ... ~ **account** handelsrekening. ~ **capital** bedryfskapitaal. ~ **company** handelsmaat=skappy. ~ **concern** handelsonderneming. ~ **country** handelstaat. ~ **estate** *(Br.)* nywerheidsgebied; handels=gebied. ~ **floor** *(effektebeurs)* beursvloer. ~ **hours** *(mv.)* handelsure. ~ **in** inruiling. ~ **licence** handelslisensie. ~ **loss** bedryfs=, handelsverlies. ~ **nation** handelsvolk. ~ **partner** handelsvennoot. ~ **post** handelspos, =ne=dersetting. ~ **profit** bedryfswins. ~ **receipts** *(mv.)* be=dryfsontvangste. ~ **results** *(mv.)* bedryfsresultate. ~ **ship** handelskip. ~ **site** handelsterrein, =perseel. ~ **stamp** inruilseël. ~ **store** handelshuis, winkel. ~ **vessel** koopvaardyskip, koopvaarder, handelsvaartuig.

tra·di·tion tradisie, oorlewering; *according to* ~ volgens (die) oorlewering; *in the ~ of ...* na/volgens die tradi=sie van ...; *be a slave to* ~ aan die tradisie verslaaf wees. ~**-bound** tradisievas.

tra·di·tion·al tradisioneel; konvensioneel; ~ *enemy* erf=vyand; ~ *leader, (SA)* tradisionele leier; ~*/cultural weapon, (SA)* tradisionele/kulturele wapen. **tra·di·tion·al·ism** tradisieverering, tradisionalisme. **tra·di·tion·al·ist** tra=disievereerder, tradisionalis. **tra·di·tion·al·is·tic** tra=disievas. **tra·di·tion·al·ly** tradisioneel, volgens (die) oor=lewering/tradisie, na/volgens gewoonte.

tra·duce belaster, beklad, beswadder, beskinder, ver=keerd voorstel. **tra·duce·ment** belastering, beklad=ding, beswaddering. **tra·duc·er** lasteraar, skindertong, bekladder.

traf·fic *n.* handel; verkeer; vervoer; ***control** the* ~ die verkeer reël; ***heavy*** ~ druk verkeer; *the ~ **in** ...* die han=del in/met ... *(dwelms ens.)*; *have **no** ~ with s.o.* niks met iem. te doen (*of* geen omgang met iem.) hê nie. **traf=fic** =*ficked* =*ficked, ww.* handel dryf/drywe, handel; (ver)kwansel; ~ *in ...* met ... smous, in/met ... handel (dryf/drywe) *(dwelms ens.)*. ~ **accident** verkeersonge=luk. ~ **artery** (hoof)verkeersweg. ~ **block** →TRAFFIC CONGESTION. ~ **calming** verkeersbedaring, =kalme=ring. ~ **calming measure** verkeersbedarings=, ver=keerskalmeringsmaatreël. ~ **circle** verkeersirkel. ~ **circuit** verkeerskring. ~ **code** padkode. ~ **cone** verkeers=kegel, =keël. ~ **congestion** verkeersop(een)hoping, verkeersknoop. ~ **constable,** ~ **policeman** verkeers=konstabel. ~ **control** verkeersbeheer, =reëling; verkeer=sentrale. ~ **cop** *(infml.)* verkeersbeampte, =man, =kon=stabel, =vrou, *(infml., skerts.)* spietkop. ~ **court** *(jur.)* ver=keershof. ~ **density** verkeersdigtheid. ~ **department** verkeersdepartement. ~ **duty** verkeersdiens; *be on* ~ verkeersdiens doen. ~ **indicator** rigtingwyser. ~ **inspector** verkeersinspekteur. ~ **interchange** wissel=kruising, verkeerswisselaar. ~ **island** verkeerseiland. ~ **jam** verkeersknoop, =ophoping. ~ **lane** verkeers=baan. ~ **law** verkeerswet; verkeersreg. ~ **light** verkeers=lig. ~ **line** verkeerstreep. ~ **offence** verkeersoortreding. ~ **officer** verkeersbeampte. ~ **police** verkeerspolisie. ~ **regulation** verkeersreëling; verkeersreël, =voorskrif. ~ **safety** verkeersveiligheid. ~ **sign** verkeers=, pad=teken. ~ **signal** verkeersein.

traf·fic·a·ble verhandelbaar; rybaar.

traf·fi·ca·tor *(Br., vero.)* rigtingwyser.

traf·fick·er handelaar.

traf·fick·ing: ~ *in* handeldrywe met (*of* verhande=ling van) ...; smousery met ...

trag·a·canth tragant(gom), dragant(gom).

trag·e·dy tragedie, treurspel; treurige/droewige ge=beurtenis; *an essay on Greek/etc.* ~ 'n opstel oor die Griekse/ens. tragedie; *the ~ of it is ...* die tragiese daar=van is ... **tra·ge·di·an** tragikus, treurspelskrywer, =dig=ter; treurspelspeler. **tra·ge·di·enne** treurspelspeelster. **trag·ic** tragies, treurig, droewig, hartroerend, vrees=lik; ~ *actor* treurspelspeler; ~ *irony* tragiese ironie; ~ *scene* treurtoneel. **trag·i·cal** tragies. **trag·i·com·e·dy** tragikomedie. **trag·i·com·ic** tragikomies.

trail *n.* (na)sleep; streep; sleepsel; sleep *(v. 'n rok)*; spoor; pad; voet(slaan)pad; rank; *(arms) **at** the* ~ (wapens) in die hand; ***blaze** a/the* ~ die weg baan, die baanbre=ker/pionier/voorloper wees; ***follow** (up) a* ~ 'n spoor volg, spoorsny; ***hit** the ~, (infml.)* in die pad val; ***leave** a* ~ 'n spoor (agter)laat; ***lose** the* ~ die spoor kwytraak (*of* byster raak); ***off** the* ~ van die spoor af; ***on** the* ~ op die spoor; *be hard/hot **on** s.o.'s* ~ kort op iem. se hakke wees; ***pick up** a* ~ 'n spoor (terug)vind; ~ *of **smoke*** streep rook, rookwolkie. **trail** *ww.* sleep; agter=bly, agter raak; trek; 'n (voet)pad trap; plattrap, plat trap; *(agteraan, agterna)* sleep, los hang; opspoor; rank, kruip; ~ ***along*** jou met moeite voortsleep; ~ ***arms*** die geweer (waterpas) in die hand hou/neem; ~ ***away/off**, ('n geluid)* wegsterf, =sterwe; ~ ***behind** ...* agter ... sleep; *s.o. ~s **behind*** iem. sukkel agterna; *s.o. ~s **by** ...* iem. is ... agter *(tien meter, twee punte, ens.)*; ~ *a toy **cart*** 'n speel(goed)karretjie trek; ~ *one's **coat*** →COAT *n.*; ~ ***for** ...* na ... dreg; *s.t. ~s on the **ground*** iets sleep op die grond; ~ ***off*** wegsterf, =sterwe; ~ *a **pike*** 'n piek sleep; krygsdiens doen; ~ ***s.o.*** op iem. se hakke volg, iem. op sy/haar spoor volg. ~ **bike** veld(motor)fiets. ~**blazer** baanbreker; voorloper, voorganger. ~ **fish** treilvis. ~ **mix** droëvrugte en neute. ~ **net** treknet, seën.

trail·er rank=, klimplant, klimop; kruipplant; slinger=plant; sleepwa, =kar, aanhangwa; aanhanger; *(vaartuig)* treiler; lok=, voorprent, voorflitse *(in 'n bioskoop)*. ~ **park** *(Am.)* woonwa=, karavaanpark.

trail·ing slepend, sleep=; →TRAIL *ww.*. ~ **aerial** sleep=antenne, =antenna. ~ **arm** *(mot.)* sleep=, volgarm. ~ **arm suspension** *(mot.)* sleeparm=, volgarmvering. ~ **cable**

sleepkabel. ~ **edge** agterrand. ~ **plant** rank-, klimplant, klimop; kruipplant; slingerplant. ~ **points** *(spw.)* uitrywissel. ~ **wheel** sleepwiel.

train *n.* trein *(op 'n spoor); (mil.)* trein; sleep; nasleep; (lang) stert; gevolg, stoet; reeks, streep, string, rits, ry, opeenvolging, aaneenskakeling; *(masj.)* stel; ***board** a* ~ in/op 'n trein klim; *go/travel **by*** ~ per *(of* met die) trein gaan/ry/reis; ***by*** ~ per spoor; per *(of* met die) trein; *send s.t. **by*** ~ iets per spoor stuur; ***catch** a* ~ 'n trein haal, betyds vir 'n trein wees; ***change*** *~s* oorklim, oorstap; ***in** the ~ of ...* as nadraai van ...; ***in/on** a* ~ in/op 'n trein; *bring s.t. **in** its* ~ iets meebring; *set s.t. **in** ~, (fig.)* iets aan die gang sit; ***mill/roll** ~, (masj.)* walsstraat; ***miss** a* ~ 'n trein mis *(of* nie haal nie), te laat kom vir 'n trein; ~ ***of** artillery* artillerie-, geskuttrein; ~ ***of** camels* karavaan kamele; ~ ***of** events* gebeure, reeks (van) gebeurtenisse; nasleep; ~ ***of** gears* rattestel; ~ ***(of powder)*** loopvuur; ~ ***of** thought* gedagtegang, gedagteloop; ~ ***of** wheels* ratwerk, raderwerk; ***on** a/the* ~ in/op 'n/die trein; ***take** a/the* ~ met 'n/die trein ry, 'n/die trein haal/neem, per trein gaan/ry/reis. **train** *ww.* leer, oplei, oefen, brei, afrig, dril, opvoed, skool; dresseer, afrig, leer *(diere)*; lei, rig *('n instr.)*, snoei, lei *(plante)*, treinry, met die/'n trein reis; *~ed **fine*** goed geoefen(d)/geleer; ~ ***for*** ... vir ... oefen; jou vir ... bekwaam *('n beroep ens.)*; *~ s.o. **for** a profession* iem. vir 'n beroep oplei; ~ ***for** the ministry* vir predikant studeer; ~ *a **gun** (up)on* ... 'n vuurwapen/geweer/kanon op ... rig; ~ ***up*** afrig, brei *('n span ens.)*; oplei *('n animasiekunstenaar ens.)*; oplei *('n plant)*. **~bearer** sleepdraer. ~ **driver** masjinis, treindrywer. ~ **fare** treingeld. ~ **ferry** spoorpont. **~load** treinvrag. **~man** -*men* treinbeampte; *(i.d. mv.)* treinpersoneel. ~ **mile** treinmyl. ~ **service** trein-, spoordiens. ~ **set** (speelgoed)treinstel, treinstelletjie. **~sick** treinsiek. **~sickness** treinsiekte. ~ **spotter** *(Br.)* treinnommerversamelaar. ~ **staff** treinpersoneel. ~ **traffic** spoor-, treinverkeer.

train·a·ble opleibaar; opvoedbaar; leibaar, ontvanklik, leersaam.

trained geoefen(d), opgelei; afgerig; ervare, geskool(d); *be ~ **as** ...* as ... opgelei word; ***be** ~ to do s.t.* opgelei wees om iets te doen; ~ ***dog*** gedresseerde/geleerde hond; ~ ***eye*** geoefende oog; ~ ***horse*** geleerde/geskikte perd; ~ ***nurse*** opgeleide verpleegster.

train·ee (vak)leerling; kwekeling; opvoedeling. ~ **manager** leerlingbestuurder. ~ **nurse** leerlingverpleegster, -verpleër. ~ **pilot** leerlingvlieënier. ~ **settler** leerlingnedersetter. ~ **teacher** proefonderwyser(es).

train·ee·ship kwekelingskap, (vak)leerlingskap.

train·er afrigter, instrukteur; opleier; steller; drilmeester; breier; babapotjie. ~ **(aircraft)** lesvliegtuig.

train·ing (die) brei, afrigting; opleiding; oefening; skoling, dressuur; *be in* ~ geoefen wees; aan die oefen wees; opgelei word; *go into* ~ begin oefen; *undergo* ~ opgelei word, opleiding kry/ontvang. ~ **aircraft** lesvliegtuig. ~ **camp** oefenkamp. ~ **centre** opleidingsentrum. ~ **college** kweekskool, opleidingskollege; normaalskool, -kollege. ~ **course** opleidingskursus. ~ **establishment** opleidingsinrigting. ~ **film** opleidingsfilm. ~ **ground** *(mil.)* opleidings-, oefenterrein. ~ **manual** opleidingshandleiding, -handboek. ~ **period** opleidingstyd(perk), -periode; opleidingstermyn. ~ **plane** lesvliegtuig. ~ **ring** oefenkryt. ~ **run** oefenloop. ~ **scheme** opleidingsplan, opleidingskema. ~ **school** opleidingskool. ~ **session** oefening. ~ **ship** oefenskip; skool-, opleidingskip. ~ **shoes** *(mv.)* oefenskoene. ~ **wall** rigmuur. →TRAIN *ww.*.

train oil (walvis)traan. ~ ~ **merchant** traankoper.

traipse *n.* slons, slofkous; vermoeiende staptog. **traipse** *ww.* (rond)slenter; sleepvoet/slordig loop; rondslof; ~ *after s.o., (infml.)* agter iem. aandrentel.

trait (karakter)trek, eienskap; trek, streep; *a slight ~ of humour* iets humoristies, 'n humoristiese trek.

trai·tor verraaier; *be a ~ to ...* 'n verraaier van ... wees; *turn* ~ verraad pleeg, verraaier word. **trai·tor·ess** →TRAITRESS. **trai·tor·ous** verraderlik. **trai·tor·ous·ness** verraderlikheid. **trai·tress** *(vr.)* verraai(st)er.

Tra·jan *(Rom. keiser)* Trajanus.

tra·jec·to·ry baan; koeëlbaan; *(geom.)* trajektorie.

tra-la(-la) *tw.* tra-la-la.

tram¹ *n.* trem; *(mynb.)* koekepan; *trackless* ~ →TRACKLESS; **tram** -*mm*-, *ww.* trem ry; per trem vervoer; *(mynb.)* met koekepanne vervoer. **~car** tremwa, trem-(rytuig). ~ **driver** trembestuurder. ~ **fare** tremgeld. **~line** tremlyn. **~lines,** ~ **track** tremspoor. ~ **service** tremdiens. ~ **shed** tremskuur. ~ **shelter** tremhuisie. ~ **stop** tremhalte. ~ **ticket** tremkaartjie. ~ **track** tremspoor. **~way** →TRAMWAY.

tram² *n.* dubbele sydraad.

tram·mel *n.* herdhaak; ellipsograaf, ellipspasser; kluister; *(ook, i.d. mv.)* hindernisse, belemmerings, boeie, beperkings; *a ~ (or pair of ~s)* 'n stok-/kruishout-/stangpasser. **tram·mel** -*ll*-, *ww.* belemmer, hinder, bind, kniehalter; kluister; *~led horse, (ook)* witvoetperd. ~ **(head)** stokpasserkop. ~ **net** skakelnet; voëlnet.

tram·mer *(mynb.)* koekepanwerker, -opsigter.

tra·mon·ta·na *(It.)* noordewind, tramontane. **tra·mon·tane** *n., (arg.)* uitlander, vreemdeling. **tra·mon·tane** *adj., (w.g.)* transalpyns, anderkant *(of* noord van) die Alpe.

tramp *n.* gestamp, getrap, voetstap(pe); hoefslag; voetreis, wandeltog; rondloper, landloper, boemelaar; swerweling; *(ocean) ~, ('n skip)* vragsoeker. **tramp** *ww.* swaar stap, stamp; stap, loop, voetslaan; rondloop, swerf, swerwe; vastrap *(grond)*; *~ the whole **country*** die hele land platloop; *~ up and down all day looking for s.o.* die hele dag na iem. loop en soek; *~ s.t. **down*** iets vastrap; ~ ***it*** voetslaan; *~ **mud/etc.** all over the floor/etc.* die vloer/ens. vol modder/ens. trap; *~ **on/upon** s.t.* op iets trap; *~ the **streets*** →STREET. ~ **industry/shipping/trade/traffic** die wilde vaart. ~ **(ship/steamer)** vragsoeker.

tramp·ing (die) stap/trap; rondlopery; staptoere. ~ **box** trapkis.

tram·ple *n.* (die) trap, getrap; vertrapping. **tram·ple** *ww.* trap; vertrap; trappel; *~ s.o. to **death*** iem. doodtrap; *~ s.t. **down*** iets plattrap *(of* plat trap); iets vertrap; *~ **on/upon** s.t.* op iets trap, iets vertrap; *~ **all over** s.o., (fig.)* geheel en al oor iem. baasspeel; *~ s.t. **underfoot*** (or ***under foot***) →UNDERFOOT.

tram·po·line trampolien, wipmat. **tram·po·lin·ing** trampolienspring(ery). **tram·po·lin·ist** trampolienspringer.

tram·way tremspoor, -lyn. ~ **company** tremmaatskappy. **~man** -*men* tremwerker. ~ **staff** trempersoneel. ~ **traffic** tremverkeer.

trance ekstase, (gees)verrukking, (gees)vervoering; beswyming, skyndood, katalepsie; swym; hipnose; *fall/go into a* ~ in 'n beswyming raak.

tranche *(Fr.)* sny; gedeelte, seksie.

tran·ny, tran·nie¹ -*nies, n., (Br., infml.)* transistor-(radio).

tran·ny, tran·nie² -*nies, n., (infml., fot., afk. v.* transparency*)* transparant.

tran·ny, tran·nie³ -*nies, n., (infml., afk. v.* transvestite/transsexual*)* trans.

tran·quil kalm, stil, rustig; *preserve a ~ state of mind* kalm en bedaard bly; *the ~ surface of the pond* die spieëlgladde oppervlakte van die dam. **tran·quil·li·sa·tion, -za·tion,** *(Am.)* **tran·quil·i·za·tion** kalmering, gerusstelling, sussing, bedaring; *(med.)* kalmering. **tran·quil·lise, -lize,** *(Am.)* **tran·quil·ize** kalmeer, stil, sus, gerusstel, (laat) bedaar, tot bedaring bring.

tran·quil·lis·er, -liz·er, *(Am.)* **tran·quil·iz·er** kalmeer-, bedaarmiddel. ~ **dart** doofpyl.

tran·quil·li·ty, *(soms [Am.])* **tran·quil·i·ty** kalmte, rus, stilte; gerustheid.

trans- *pref.* trans-; *~literate* translitereer; *~-Siberian* trans-Siberies.

trans·act afhandel, verrig, doen; onderhandel; ~ *with ...* met ... sake doen. **trans·ac·tion** transaksie, (handels)ooreenkoms; saak; onderhandeling; handeling; skikking, vergelyk; *conclude a* ~ 'n transaksie aangaan; *T~s of the Society* Handelinge van die Genootskap. **trans·ac·tor** verrigter; onderhandelaar.

trans·al·pine *n.* transalpinis. **trans·al·pine** *adj.* anderkant die Alpe, transalpyns.

trans·at·lan·tic transatlanties.

Trans·cau·ca·sia *(geog.)* Transkaukasië.

trans·ceiv·er *(rad.)* sendontvanger.

tran·scend oortref, te bowe gaan; transendeer. **tran·scend·ence, tran·scend·en·cy** voortreflikheid, oortreffing; transendensie. **tran·scend·ent** voortreflik, oortreffend, uitstekend; transendent. **tran·scen·den·tal** transendentaal, bosinnelik, bosintuiglik; *~ meditation* transendentale meditasie; *~ object* reële objek; *~ unity* transendentale eenheid. **tran·scen·den·tal·ism** transendentalisme. **tran·scen·den·tal·ist** *n.* transendentalis. **tran·scen·den·tal·ist, tran·scen·den·tal·is·tic** *adj.* transendentalisties.

trans·code transkodeer. **trans·cod·er** kodeomsetter.

trans·con·ti·nen·tal transkontinentaal.

tran·scribe afskryf, oorskryf; transkribeer; in gewone skrif oorbring. **tran·scrib·er** afskrywer, oorskrywer, kopiïs. **tran·script** afskrif, oorskrif, transkrip, geskrewe kopie, oorskrywing. **tran·scrip·tion** afskrywing, oorskrywing; oorsetting; afskrif, kopie; transkripsie.

trans·cur·rent kruis-.

trans·duc·er *(teg.)* oorvormer, oordraer. **trans·duc·tor** *(teg.)* transduktor.

tran·sec·tion deursnee, deursnit.

tran·sen·na -*nae* traliewerk, kruistralies.

tran·sept dwarsskip, transep, dwarsvleuel *(v. 'n kerk)*.

tran·sex·u·al *n. & adj.* →TRANSSEXUAL.

trans·fer *n.* oordrag, transport; oormaking, oorboeking, oorskrywing; verplasing, oorplasing; verskuiwing; oordrukpatroon; oordruk(prent), oordruksel; afstrykpatroon; verplaaste persoon; *deed of* ~ transportakte, oordrag(s)akte. **trans·fer** -*rr*-, *ww.* oormaak, oordra, transporteer *(eiendom)*; verskuif, oorplaas, verplaas; oorbring, oorboek; oorstap; oordruk, afdruk; afstryk *('n patroon)*; *~ s.t. **to** s.o.* iets aan iem. oordra; *~ s.t. **to** an account* iets op 'n rekening oordra; *~ s.t. **to** the account of ...* iets op rekening van ... oorskryf/oorboek; *~ s.o. **to** ...* iem. na ... verplaas; *~ **to** another section* oorplaas/oorgaan na 'n ander afdeling; *~ ... **to** new ground* ... uitplant/verplant. ~ **bank** bank van oordrag. ~ **book** oordragboek, -register. ~ **dues,** ~ **duty** hereregte. ~ **fee** *(rugby, sokker)* oordragkoste; oordraggeld. ~ **ink** oordrukink. ~ **list** *(rugby, sokker)* oordraglys. ~ **paper** afdrukpapier; oordrukpapier; aftrekpapier. ~ **(picture)** aftrek(prent). ~ **platform** oorstapplatform. ~ **pump** oorvoerpomp. ~ **rate** *(rek.)* oordragtempo. ~ **register** aandeleregister. ~ **secretary** oordragsekretaris. ~ **ticket** oorstapkaartjie. ~ **time** *(rek.)* oordragtyd. ~ **voucher** oorboekbewys; oordragbewys.

trans·fer·ee transportnemer, persoon aan wie iets oorgedra word, nemer, ontvanger; oorgeplaaste, verplaaste.

trans·fer·ence oordrag, oorplasing, verplasing.

trans·fer·or, trans·fer·rer *(jur.)* oordraer, transportgewer.

trans·fer·(r)a·ble oordraagbaar; verhandelbaar; verplaasbaar; *not ~, (op tjeks)* nieoordraagbaar; onverhandelbaar; *~ vote* oordraagbare stem. **trans·fer·a·bil·i·ty** oordraagbaarheid.

trans·fer·ral →TRANSFERENCE.

trans·fer·rin *(biochem.)* transferrien.

trans·fig·ure verheerlik; van gedaante verander/verwissel; omtower. **trans·fig·u·ra·tion** verheerliking; gedaante(ver)wisseling; *Mount of T~* Berg van die Verheerliking.

trans·fix deursteek, deurboor, spies. **trans·fixed** deurstoke, deursteek, deurboor; aan die grond genael, stom van verbasing. **trans·fix·ion** deursteking, deurboring, spiesing.

trans·form *n., (wisk., ling.)* (produk van) transformasie. **trans·form** *ww.* (van vorm) verander, van gedaante verwissel; herskep, omskep, vervorm, omvorm; transformeer; *(wisk.)* herlei; *... has ~ed s.o.* ... het iem. heeltemal (laat) verander; *~ s.o./s.t. from ... into ...* iem./

iets van ... tot/in ... omskep; *~ed into* ... omgeskep tot/ in ... **trans·form·a·ble** vervormbaar, veranderbaar.

trans·for·ma·tion vervorming, verandering; omvorming; gedaante(ver)wisseling, transformasie, metamorfose; vormverandering; struktuurverandering; herskepping, omskepping, omsetting; *(elek.)* transformasie; haarstuk, pruik; *undergo a complete ~* 'n volslae verandering ondergaan; *the ~ of s.o./s.t. from ... into ...* die omskepping van iem./iets van ... tot/in ...; *~ of matter* stofomsetting. *~* **scene** *(teat.)* transformasietoneel.

trans·for·ma·tion·al transformasioneel; *~ grammar, (ling.)* transformasionele grammatika.

trans·form·a·tive herskeppend, transformerend.

trans·form·er *(elek.)* transformator; vervormer, omvormer.

trans·form·ism ontwikkelingsleer.

trans·fuse oorgiet, oorstort; oortap; oorbring; *~ blood* bloed oortap; *~ s.t. into s.o., ~ s.o. with s.t.* iem. met iets aansteek/aanvuur *(entoesiasme ens.)*; *be ~d with ..., (lett.)* van ... deurtrek/deurdring wees; *(fig.)* met ... vervul wees *(vreugde ens.)*.

trans·fu·sion oorgieting, oorstorting; deurtrekking; inprenting; deurdringing; oortapping, transfusie; *give s.o. a (blood) ~* iem. 'n bloedoortapping gee. *~* **cell** deurlaat-sel.

trans·gen·ic *(bot., soöl.)* transgeneties, transgenies.

trans·gress oortree; sondig; oorskry; skend *('n wet)*. **trans·gres·sion** oortreding; sonde; vergryp. **trans·gres·sor** oortreder; sondaar.

tran·ship →TRANSSHIP.

trans·hu·mance veetrek, die trek agter weiding aan.

tran·si·ent verbygaande; kortstondig, verganklik; *the ~ **affairs** of this life* die kortstondighede van ons lewe; *~ **condition*** oorgangstoestand; *~ **glance*** vlugtige blik; *~ **note**, (mus.)* oorgangsnoot; *~ **state*** verbygaande toestand; oorgangstoestand. **tran·si·ence, tran·si·en·cy** verganklikheid, kortstondigheid.

trans·il·lu·mi·nate *(med.)* deurlig.

tran·sis·tor kristalbuis, transistor. *~* **radio** transistorradio.

tran·sis·tor·ise, -ize transistoriseer. **tran·sis·tor·i·sa·tion, -za·tion** transistorisasie.

trans·it *n.* vervoer; deurvoer; transito; deurgang, deurtog; deursending; oorvaart; oorgang; verkeersweg; *be **in** ~* onderweg (*of* in transito) wees; *be damaged **in** ~* gedurende die vervoer beskadig word; *goods **in** ~* deurvoerware, -goedere; *lose quality **in** (the) ~* sleg word met die vervoer; *the ~ **of a** lake/etc.* die vervoer oor 'n meer/ens.; *~ **of a planet*** oorgang van 'n planeet (verby die son); *the ~ **of** Venus* die Venusoorgang. **trans·it** *ww.* oorsteek. *~* **camp** deurgangskamp. *~* **charge(s)** deurgangskoste, deurvoerkoste. *~* **circle**, *~* **instrument** = MERIDIAN CIRCLE. *~* **duty** deurvoerbelasting, -reg, transitoreg. *~* **goods** deurvoergoedere. *~* **lounge** deurgangsaal *(v. 'n lughawe)*. *~* **passenger** deurgaande passasier. *~* **port** deurvoerhawe. *~* **trade** deurvoer-, transitohandel. *~* **visa** deurgangsvisum.

tran·si·tion oorgang; *period of ~* oorgangstyd(perk); *the ~ to ...* die oorgang tot ... *~* **cell** oorgangsel. *~* **element**, *~* **metal** *(chem.)* oorgangselement. *~* **point** omslagpunt, oorgangspunt. *~* **stage** oorgangstadium. *~* **state, state of** *~* oorgangstoestand.

tran·si·tion·al oorgangs-; *~ government* oorgangsregering; *~ period* oorgangstyd(perk); *~ stage* oorgangstadium.

tran·si·tion·ar·y →TRANSITIONAL.

tran·si·tive oorganklik, transitief. **tran·si·tiv·i·ty, tran·si·tive·ness** transitiwiteit.

tran·si·to·ry kortstondig, verganklik, verbygaande, kort van duur, van korte duur; vlugtig. **tran·si·to·ri·ness** kortstondigheid, verganklikheid; vlugtigheid.

Trans·jor·dan *(geog., hist.)* Transjordanië.

Trans·kei *(geog.)* Transkei. **Trans·kei·an** *n.* Transkeier. **Trans·kei·an** *adj.* Transkeis.

trans·late, trans·late vertaal, oorsit, oorbring; verklaar; opvat *(as 'n protes ens.)*; oorplaas, verplaas *('n biskop ens.)*; oorneem; herlei; sein; ten hemel voer; *~ s.t. **freely*** iets vry vertaal; *~ s.t. **from** one language into another* iets uit een taal in 'n ander vertaal; *~ s.t. **from** one art form into another* iets uit die een kunsvorm in die ander oorbring; *~ words **into** action* woorde in dade omsit; ***kindly** ~* vertaal asseblief; sê asseblief wat jy daarmee bedoel; *~ the **remains** of a saint* die stoflike oorskot van 'n heilige oorbring. **trans·lat·a·ble** vertaalbaar. **trans·lat·a·ble·ness** vertaalbaarheid.

trans·la·tion vertaling, oorsetting, oorbrenging; oorplasing, verplasing *(v. 'n biskop)*; *(meg.)* parallelverskuiwing; *a close ~* 'n getroue/noukeurige vertaling; *do/make a ~ of s.t.* iets vertaal, 'n vertaling van iets maak; *a free ~* 'n vry(e) vertaling. *~* **bureau** vertaalburo. *~* **energy** *(fis.)* verplasingsenergie.

trans·la·tion·al vertalend, vertalings-, vertaal-; *(fis.)* verplasings- *(energie, temperatuur, ens.)*.

trans·la·tor vertaler; *(telegr., telef.)* herleier.

trans·lit·er·ate translitereer, transkribeer. **trans·lit·er·a·tion** transliterasie, transkripsie.

trans·lo·cate verplaas, verskuif, verskuiwe; oorplaas; *(fisiol., genet., biochem.)* translokeer. **trans·lo·ca·tion** verplasing, verskuiwing; oorplasing; *(fisiol., genet., biochem.)* translokasie.

trans·lu·cent deurskynend, ligdeurlatend. **trans·lu·cence, trans·lu·cen·cy** deurskynendheid, ligdeurlatendheid.

trans·lu·nar anderkant/verby die maan; na die maan, maan toe, in die rigting van die maan. **trans·lu·nar·y** anderkant/verby die maan; *(fig.)* eteries, hemels, onaards, onwêrelds.

trans·ma·rine oorsees.

trans·mi·grant landverhuiser. **trans·mi·grate** verhuis; oorgaan. **trans·mi·gra·tion** (land)verhuising, oorgang; deurgang; transmigrasie; *(med.)* swerwing; *~ of the soul* sielsverhuising, transmigrasie.

trans·mis·sion oorbrenging; oorseining, oorsending; uitsending; versending, deursending; oorhandiging; oorerwing; deurlating *(v. lig)*; voortplanting *(v. 'n geluid, lig)*; *(elek.)* leiding; sender; transmissie; *(mot.)* gangwissel, ratkas; *~ of heat* oorbrenging/voortplanting van warmte. *~* **factor** →TRANSMITTANCE. *~* **(gear)** *(mot.)* (tussen)dryfwerk, oorbringwerk. *~* **interval** sendpouse. *~* **line** *(elek., telekom., rek.)* transmissielyn; *(elek.)* kraglyn, hoogspanningsleiding. *~* **shaft** *(mot.)* dryfas. *~* **time** sendduur.

trans·mit *-tt-, ww.* oorbring; oorsein, (oor)send; versend, deurstuur, opstuur, oorstuur, oorsend; uitsend; laat erf, nalaat; deurlaat; oorplant; voortplant; *~ a **disease**, (directly)* 'n siekte oordra; *the **disease** was ~ted to ...* ... het die siekte oorgeërf, die siekte is op ... oorgeplant; *~ **light*** lig deurlaat; *~ s.t. to **posterity*** iets aan die nageslag oordra; *~ **sound*** geluid voortplant/gelei. **trans·mis·si·ble** oordraagbaar; erflik. **trans·mit·tal** oorbrenging; oorsending; →TRANSMISSION. **trans·mit·tance, trans·mis·sion fac·tor** *(fis.)* transmittansie, transmissiefaktor. **trans·mit·ter** seintoestel; sender, sendtoestel; sleutel; mikrofoon; voortplanter.

trans·mit·ting: *~* **aerial** sendantenne, -antenna. *~* **agent** oordraer. *~* **apparatus**, *~* **set** sender, sendtoestel; (oor)seintoestel. *~* **equipment** sendapparaat. *~* **key** seinsleutel. *~* **line** oorseinlyn; oorbringlyn. *~* **set** sendtoestel. *~* **station** sendstasie, sender. *~* **van** sendwa. *~* **wave** sendgolf. *~* **wire** senddraad.

trans·mog·ri·fy *(gew. skerts.)* totaal verander, metamorfoseer. **trans·mog·ri·fi·ca·tion** gedaante(ver)wisseling, gedaanteverandering, metamorfose; omtowering.

trans·mute verander, omwissel, omsit. **trans·mut·a·ble** veranderbaar. **trans·mu·ta·tion** verandering, vormwisseling, omsetting, transmutasie.

trans·na·tion·al *n.* transnasionale maatskappy. **trans·na·tion·al** *adj.* transnasionaal.

trans·o·ce·an·ic oorsees, oor(kant) die oseaan; *~ flight* oseaanvlug; *~ flight of birds* trek van voëls oor die oseaan.

tran·som *(bouk.)* latei; *(bouk.)* dwarshout, -balk, kalf; dwarslêer *(v. 'n brug)*; agterbalk, wulf *(op 'n skip)*. *~* **stern** regaf agterstewe. *~* **(window)** *(Am.)* = FANLIGHT.

tran·son·ic, trans·son·ic transsonies *(snelheid)*.

Trans·or·an·gi·a *(SA mil. gesk.)* Transoranje, Transgariep.

trans·pa·cif·ic *adj.* oor die Stille Oseaan.

trans·pa·dane, trans·pa·dane ten noorde van die Po (geleë); *T~ Republic, (It. gesk.)* Transpadaanse Republiek.

trans·par·ent deursigtig, transparant; openhartig, opreg; klaarblyklik; *~ paper* glaspapier. **trans·par·en·cy** deursigtigheid; *(beeld wat deurskyn)* transparant; projeksieplaatjie, dia(positief). **trans·par·ent·ly** klaarblyklik.

trans·per·son·al *adj.* transpersoonlik.

tran·spic·u·ous →TRANSPARENT.

trans·pierce deursteek, deurboor.

tran·spire uitsweet, deursweet, transpireer; *(plante)* uitdamp, uitwasem; uitlek, aan die lig kom, rugbaar word; blyk; plaasvind, gebeur, voorval. **tran·spi·ra·tion** uitsweting, deursweting, transpirasie; uitdamping, uitwaseming *(v. plante)*; uitlekking. **tran·spi·rom·e·ter** verdampingsmeter, transpirometer.

trans·plant *n.* oorplanting, verplanting; oorplanting, oorplantsel, oorgeplante orgaan/weefsel/plant; *cardiac ~* hartoorplanting. **trans·plant** *ww.* verplant, uitplant, oorplant; oorplaas. **trans·plant·a·ble** verplantbaar. **trans·plan·ta·tion** verplanting, oorplanting; oorplasing. **trans·plant·er** verplanter, oorplanter.

trans·po·lar transpolêr, oor die Noordpool/Suidpool/Poolgebied; *~ flight* poolvlug.

tran·spond·er *(rad.)* antwoordsender.

trans·pon·tine oor/anderkant (*of* aan die ander kant van) die brug; *(Br., arg.)* suid (*of* aan die suidekant) van die Teems; *(Br., arg. of fig.)* melodramaties.

trans·port *n.* vervoer, transport; vervoerwese; *(hist.)* gedeporteerde; verrukking, vervoering; vervoermiddel(s); *~ in **bulk*** massavervoer; *be **in** ~s* verruk (*of* in verrukking) wees; ***in** a ~ of ...* in 'n vlaag van ... *(woede ens.)*; *claim for **subsistence** and ~* eis om reis- en verblyfkoste. **trans·port** *ww.* vervoer, transporteer; wegvoer; *(hist.)* deporteer; in vervoering bring; *be ~ed with ...* blind wees van ... *(woede ens.)*; verruk wees van ... *(vreugde ens.)*. *~* **(aircraft/plane)** troepe-, transportvliegtuig. *~* **café** *(Br.)* padkafee. *~* **driver** transportryer. *~* **industry** vervoerbedryf, -wese. *~* **rider** →TRANSPORT DRIVER. *~* **riding** transportry(ery). *~* **(ship)** troepe-, transportskip. *~* **system** vervoerstelsel.

trans·port·a·ble vervoerbaar; *(hist.)* deporteerbaar.

trans·por·ta·tion vervoer, transport; vervoerwese; *(hist.)* deportasie.

trans·port·er vervoerder, transportryer; vervoerwa; tenkwa. *~* **bridge** transportbrug.

trans·pose omruil, omwissel, omsit; *(wisk.)* transponeer, oorbring. **trans·pos·al** omruiling, verwisseling, omsetting. **trans·pos·ing in·stru·ment** *(mus.)* transponerende instrument. **trans·po·si·tion** omsetting; verplasing; oorsetting; *(wisk.)* transposisie, oorbrenging.

trans·put·er *(rek.)* transputer.

trans·sex·u·al *n.* transseksueel. **trans·sex·u·al** *adj.* transseksueel. **trans·sex·u·al·ism, trans·sex·u·al·i·ty** transseksualisme, transseksualiteit.

trans·ship, tran·ship *-pp-* oorskeep; herverskeep; oorlaai; *~ping charge(s)* oorskepingskoste *(v. mense)*; oorlaaikoste *(v. goedere)*. **trans·ship·ment, tran·ship·ment** oorskeping *(v. mense)*; oorlaai *(v. goedere)*.

trans·son·ic →TRANSONIC.

tran·sub·stan·ti·ate van gedaante/vorm verander, transsubstansieer. **tran·sub·stan·ti·a·tion** transsubstansiasie.

tran·sude deursweet; deursypel, -syfer. **tran·su·date** sypel-, syfervog, transudaat, deurgesypelde/deurgesyferde stof. **tran·su·da·tion** deursypeling, deursyfering; deursweting.

Trans·vaal *n.: the ~, (geog., hist.)* Transvaal. **Trans·vaal** *adj.* Transvaals; ~ *daisy* gerbera, Barbertonse madeliefie; ~ *teak* mingerhout. **Trans·vaal·er** Transvaler.

trans·ver·sal *n.* dwarslyn, transversaal. **trans·ver·sal** *adj.* transversaal, dwars=. **trans·verse, trans·verse** *n.* dwarsstuk; dwarsspier. **trans·verse, trans·verse** *adj.* transversaal, dwars; ~ ***beam*** dwarsbalk; ~ ***flute*** dwars=, traversofluit; ~ ***muscle*** dwarsspier; ~ ***piece*** dwarsstuk; ~ ***section*** deursnee, =snit; ~ ***valley*** dwarsdal; ~ ***wave,*** *(fis.)* dwarsgolf, transversale golf.

trans·ves·(ti·)tism transvest(it)isme, transvestie. **trans·ves·tite** transvestiet.

Tran·syl·va·ni·a *(geog.)* Seweburge, Transsilvanië. **Tran·syl·va·ni·an** *n.* Seweburger. **Tran·syl·va·ni·an** *adj.* Seweburgs, Transsilvanies.

trant·er *(dial.)* smous, venter, kramer.

trap[1] *n.* val, strik, stel, wip; val, vanggat, vanghok; slagyster; *(fig.)* valstrik, lokval; valluik, valdeur; vanger, vangtoestel; (water)slot; stankafsluiter; eenperdekar, eenperdkar(retjie); lokvoël, lokvink, polisiespioen; *you will be* ***caught*** *in your own* bou 'n galg vir 'n ander, dan hang jy self daaraan; jy sal in jou eie strik gevang word; ***fall*** *into a* ~ in 'n slagyster trap; in 'n val loop; 'n stel aftrap; ***lay/set*** *a* ~ 'n val/wip stel, 'n strik span/stel; ***lay/set*** *a* ~ *for s.o.* vir iem. 'n (lok)val/wip stel, vir iem. 'n strik span/stel; *keep one's* ~ ***shut,*** *(infml.)* jou mond hou; ***shut*** *your* ~*!, (infml.)* hou jou bek/smoel/snater!; ***spring*** *a* ~ 'n stel aftrap; ***walk*** *(right/straight) into a* ~ (reg) in 'n val loop. **trap** *=pp=, ww.* (in 'n strik) vang, in 'n val lok (*of* laat loop); in 'n strik/lokval loop; 'n strik/lokval stel; betrap; verstrik; *~ped, (ook)* vasgekeer; vasgeval; ~ *s.o. into doing s.t.* iem. deur lis iets laat doen, 'n slim plan maak om iem. iets te laat doen. **~door** valluik, =deur; winkelhaak(skeur). **~door spider** valdeurspinnekop. **~ fall, ~ hole** valkuil. **~ flower** fuikblom. **~ gun** stelroer. **~ hole** looppunt. **~ line** looplyn. **~ mine** fopmyn, verneukmyn. **~ nest** valnes. **~ plant** valplant. **~ shooting** knakvuur, =skiet. **~ tree** valboom. **~ trench** vanggrip.

trap[2] *n.* kleed; →TRAPS. **trap** *ww.* versier, optooi.

trap[3] *n., (geol.)* trapsteen; *(i.d. mv.)* trapleertjie.

tra·pan →TREPAN[2] *ww.*.

trapes →TRAIPSE.

tra·peze sweefstok, hang(rek)stok, trapesium. **~ artist, trapezist** sweefstokarties.

tra·pe·zi·um *=zia, =ziums, (geom., anat.)* trapesium.

tra·pe·zi·us *=zii, =ziuses, (anat.)* monnikskapspier.

trap·e·zoid *n., (geom., anat.)* trapesoïed. **trap·e·zoid, trap·e·zoi·dal** *adj.* trapesoïdaal.

trap·per strikspanner; pelsjagter.

trap·ping betrapping; verlokking; pelsjag. **~ system** lokvalstelsel.

trap·pings *(mv.)* tooisels; tierlantyntjies; uiterlike tekens; (uiterlike) vertoon; praal; (ryklik) versierde perde=/ saalkleed; *(mil.)* rangtekens.

Trap·pist *(monnik)* Trappis.

trap·py *(infml.)* oulik, vol draadwerk; verraderlik.

traps *(mv.), (Br., infml.)* goed, (persoonlike) besittings; (persoonlike) bagasie; *pack up one's* ~ jou goed vat.

trash *n.* weggooigoed, afval, uitskot; snoeisels; prul; bog, kaf, twak, snert; →CANE TRASH; *be* ~ 'n bog(vent) wees; 'n bogspul wees; *talk* ~, *(infml.)* bog/kaf/twak praat. **trash** *ww.* snoei; gedaan maak; verwerp, weggooi. **~ can** *(Am.)* vullis=, asblik, vuilgoedblik. **~ compactor** *(Am.)* vuilgoed=, vullispers.

trash·y niksbeduidend, prullerig, bogterig, bog=. **trash·i·ness** niksbeduidendheid, prulleriegheid.

Tra·si·mene: *Lake* ~ die Trasimeense Meer *(in It.)*.

trass *(bouk.)* tras. **~ concrete** trasbeton.

trat·to·ri·a *(It.)* trattoria, Italiaanse restaurant/restourant/eetplek.

trau·ma *=mas, =mata, (med.)* trauma, trouma, besering, verwonding, wond, (liggaamlike) letsel; *(psig.)* trauma, trouma. **trau·mat·ic** *n., (med.)* wondheelmiddel. **trau·mat·ic** *adj.* traumaties, troumaties, wond=. **trau·ma·ti·sa·tion, =za·tion** verwonding, besering; *(med., psig.)* traumatisering, troumatisering. **trau·ma·tise, =tize** (ver)wond, beseer, seermaak; *(med., psig.)* traumatiseer, troumatiseer. **trau·ma·tism** verwonding. **trau·ma·tol·o·gy** traumatologie, troumatologie.

trav·ail *n., (poët., liter.)* barenswee; trawal, afmattende arbeid; *be in* ~, *(lett. & fig.)* in barensnood verkeer. **trav·ail** *ww.* in barensnood verkeer; swoeg, sukkel.

trav·el *n.* reis(e); beweging, loop, swaai *(v. masjiendele)*; slag(lengte); werklengte, hefhoogte *(v. 'n domkrag)*; vlug *(v. 'n hyskraan)*; rigvryheid, rigbeweging *(v. geskut)*; *(ook, i.d. mv.)* reisbeskrywing, reisverhaal, =verhale; swerftog; *s.o. is much improved by* ~ die reis het iem. baie verbeter; *on s.o.'s* ~*s* op iem. se reise; *change the* ~ *of the valves* die slag van die kleppe verander, die kleppe anders stel. **trav·el** *=ll=, ww.* reis; deurreis, bereis; gaan, beweeg, loop; ja(ag), nael; (laat) trek; afdwaal; ~ ***by*** ... per (*of* met die/'n) ... reis; ~ *a* ***country*** 'n land deurreis/bereis; ~ ***for*** *one's health* om/weens gesondheidsredes (*of* ter wille van jou gesondheid) op reis gaan; ~ *in a* ***groove,*** *(yster ens.)* in 'n groef beweeg; ~ ***in*** *wine/ etc.* in wyn/ens. reis; ~ *a hundred* ***kilometres*** honderd kilometer aflê; ~ ***light*** met min bagasie reis; ***light*** ~*s faster than sound* lig trek vinniger (*of* word vinniger voortgeplant) as klank/geluid; *s.o.'s* ***mind*** *~led over the events of the day* iem. se gedagte het teruggegaan oor die gebeurtenisse van die dag; ~ *out of the* ***record,*** *(w.g.)* van die onderwerp afdwaal; *s.t. does not* ~ ***well*** iets verdra nie om vervoer te word nie; ~ ***widely*** ver/vêr en veel reis; *a* ***(widely)*** *~led man/woman* 'n bereisde/ berese man/vrou. **~ agency** reisagentskap, =buro. **~ agent, ~ consultant** reisagent, =konsultant. **~ book** reisbeskrywing, =verhaal. **~ brochure** reisbrosjure. **~ bureau** reisburo. **~ consultant** →TRAVEL AGENT. **~ diary** reisdagboek, =joernaal. **~ expenses** reisgeld, =koste. **~ industry** toeristebedryf. **~ insurance** reisversekering. **~ literature** reisbeskrywings, reisboeke, =literatuur. **~ route** reisroete. **~ securance** reiswaarborg. **~-sick** reissiek. **~-sickness** reisnaarheid, treinsiekte, *ens.*. **~-sickness pill** pil teen reissiekte. **~-stained** vuil van die reis. **~ time** reistyd; looptyd. **~-worn** moeg ná die/'n/jou (lang) reis.

trav·elled, *(Am.)* **trav·eled** berese, bereis; *less-~ routes* roetes wat nie dikwels gebruik word nie; *a much/well-~ (or widely ~) person* 'n veelberese/=bereisde/welberese/=bereisde mens.

trav·el·ler, *(Am.)* **trav·el·er** reisiger; loopkat *(v. 'n hystoestel)*; *(sk.)* skuifring; skuifgordyn; *(commercial)* ~ handelsreisiger; *a seasoned* ~ 'n ervare reisiger. **~ crane** *(w.g.)* →TRAVELLING CRANE. **~'s cheque** reistjek. **~'s joy** *(Clematis brachiata)* bosrank, klimop. **~'s tale** kluitjie, verdigsel. **~'s tree** *(bot.)* waaierpiesang.

trav·el·ling, *(Am.)* **trav·el·ing** *n.* reis(e). **trav·el·ling,** *(Am.)* **trav·el·ing** *adj. (attr.)* reis=, reisende; bewegende; rondgaande. **~ allowance** reistoelaag, =toelae. **~ bag** reistas, handkoffer. **~ case** reistas; toiletkoffertjie. **~ circus** reisende sirkus. **~ clock** reishorlosie. **~ companion** medereisiger; reisgenoot, =gesel, =maat, =makker. **~ crab** loopkat *(v. 'n hystoestel)*. **~ cradle, ~ stage** loopsteier. **~ crane** loop=, rolkraan. **~ dune** trekduin. **~ exhibition** reisende tentoonstelling. **~ expenses** reiskoste, =geld. **~ fellowship, ~ scholarship** reisbeurs. **~ people, ~ folk** *(Br.)* swerwersgemeenskap. **~ rug** reisdeken, =kombers, kniekombers. **~ salesman** handelsreisiger. **~ stair(s)** roltrap. **~ theatre** reisende teater. **~ trunk** reiskoffer. **~ wave** *(fis.)* loopgolf. **~ way** loopgang. **~ wheel** loopwiel.

trav·e·logue reispraatjie, =beskrywing; reis(rol)prent.

trav·erse, tra·verse *n.* dwarshout, dwarsbalk; dwarsstyl; dwarslyn; dwarsgalery; dwarswal; dwarsgang; dwarsbeweging; dwarsklim; trekmeting; swaai(veld); waarnemingslyn, =roete. **trav·erse, tra·verse** *ww.* aflê; afreis, bereis, deurreis, deurkruis, deurloop; dwarsboom, teenwerk, teëwerk, in die wiele ry; swaai, draai; dwars loop; *(jur.)* weerspreek, ontken; ~ *a vast distance* 'n groot afstand aflê; ~ *a subject* die hele onderwerp bespreek. **~ (survey)** roetepeiling, =opmeting. **~ table** draaiskyf; koppelkoerstafel. **~ wall** dwarswal. **~ wheel** meetwiel.

tra·vers·er draaiskyf; rolbrug.

trav·er·tine *(geol.)* travertyn.

trav·es·ty *n.* belaglike voorstelling, parodie, travestie; bespotting; *a* ~ *of* ... 'n bespotting van ... *(d. gereg ens.)*. **trav·es·ty** *ww.* belaglik voorstel, parodieer, travesteer.

tra·vois *=vois, (<Fr.)* (primitiewe) slee.

trav·o·la·tor, trav·e·la·tor rolgang, bewegende loopgang.

trawl *ww.* treil, met 'n sleepnet visvang, trek; dreg; ~ *for* ... dreg na ... ~ **(line)** *(Am.)* setlyn. ~ **(net)** treil(net), sleep=, trek=, dregnet.

trawl·er *(soort vissersboot)* treiler; *(ook* trawlerman*)* treilvisser, sleepnettrekker.

trawl·ing treilvissery.

tray skinkbord; laai, bak *(in 'n reiskoffer ens.)*; (as)bakkie; pan; platkissie *(vir vrugte)*; droogstellasie. **~ agriculture** waterboerdery, =kultuur, =kwekery. **~ cloth** teekleedjie, skinkbordkleedjie. **~ful** *=fuls* skinkbord (vol).

treach·er·ous verraderlik; vals; ~ *memory* onbetroubare geheue. **treach·er·ous·ness** verraderlikheid. **treach·er·y** verraad; valsheid, troueloosheid; *scent* ~ die snuf van verraad (in die neus) kry, verraad vermoed.

trea·cle (swart)stroop, melasse; *(med., vero.)* triakel. **~ pudding** strooppoeding.

trea·cly stroopagtig, stroperig.

tread *n.* stap, trap; tree, skrede; loopvlak *(v. 'n wiel, band)*; loopstuk; spoorbreedte; *approach with cautious* ~ versigtig nader; *s.o.'s heavy* ~ iem. se swaar voetstappe; *with a velvet* ~ met sagte/onhoorbare tred. **tread** *trod trod(den), ww.* trap, loop, stap; betree; ~ ***delicately*** omsigtig/versigtig te werk gaan; ~ *s.t.* ***down*** iets vertrap/plattrap (*of* plat trap); iets vastrap *(d. grond ens.)*; *fools rush in where angels* ***fear*** *to* ~ →FOOL[1] *n.*; ~ *in s.o.'s* ***footsteps*** →FOOTSTEP; ~ ***grapes*** druiwe trap; ~ ***in*** *s.t.* in iets trap; ~ *s.t.* ***in*** iets (in die grond) vastrap; ~ ***lightly/softly,*** *(lett.)* saggies loop; *(fig.)* omsigtig/versigtig te werk gaan, *(infml.)* katvoet loop; ~ *a* ***measure*** →MEASURE *n.*; ~ ***on/upon*** *s.t.* op iets trap; ~ ***on air*** in die wolke (*of* opgetoë) wees; ~ ***on*** *s.o.'s* ***corns/toes*** op iem. se liddorings/tone trap, iem. te na kom; ~ ***on*** *s.o.'s heels* →HEEL[1] *n.*; ~ ***on*** *s.o.'s neck* →NECK *n.*; ~ *s.t.* ***out*** iets uittrap/blus *('n vuur)*; iets pars *(druiwe)*; iets dors *(graan)*; iets demp/onderdruk *('n opstand ens.)*; ~ *a perilous* ***path*** 'n gevaarlike weg bewandel; ~ *the* ***stage/ boards*** ('n) toneelspeler wees, toneelspeel (*of* toneel speel); op die toneel verskyn; ~ ***under foot*** (met die voete) vertrap; *s.o. has to* ~ ***warily*** iem. moet ligloop (*of* lig loop), iem. moet versigtig (*of* op sy/haar hoede) wees; ~ ***water*** watertrap. **~mill** trapmeul(e); sleur=, roetinewerk, tredmeul(e). **~ rubber** loopvlakrubber. **~wheel** voetwiel, treerat.

trea·dle *n.* trap(per), pedaal; trapplank. **trea·dle** *ww.* trap. **~ machine** trapmasjien.

trea·son verraad; *(an act of)* ~ verraad, 'n verraderlike daad; ***commit*** ~ verraad pleeg; ***(high)*** ~ hoogverraad; *it is* ***rank*** ~ dit is niks anders as verraad nie; *it is* ~ ***to*** ... dit is verraad om te ... **~ felony, ~ proper** hoogverraad.

trea·son·a·ble, trea·son·ous verraderlik; skuldig aan verraad.

treas·ure *n.* skat; kleinood; rykdom; *my* ~, *(infml.)* my skat(jie); *s.o. is a perfect* ~ iem. is 'n juweel. **treas·ure** *ww.* (as 'n skat *of* soos 'n kleinood) bewaar; ~ *s.t. (up)* iets opgaar/vergaar/versamel; iets bewaar. **~ chamber** skatkamer. **~ chest** skatkis. **~ city** skatstad. **~ fleet** silwervloot. **~ house** skatkamer. **~ hunt** skattejag. **~ hunter, ~ seeker** skatsoeker, =grawer; fortuinsoeker. **~ trove** gevonde skat, kosbare vonds.

treas·ured kosbaar.

treas·ur·er penningmeester, tesourier; skatmeester, =bewaarder; rentmeester; *lady* ~ penningmeesteres, tesouriere. **~-general** *treasurers-g.* tesourier-generaal. **treas·ur·er·ship** penningmeesterskap, tesourierskap.

treas·ur·y skatkamer; skatkis; tesourie; departement van finansies. **T~ Bench** *(Br.)* ministersbank. **~ bill**

skatkiswissel, =bewys, =biljet. ~ **bond** skatkisobligasie. **T~ Department** *(Am.)* Departement van Finansies. ~ **note** skatkisnoot, staatsbanknoot. ~ **warrant** skatkis=(betaal)order.

treat *n.* onthaal; traktasie, genot; aardigheid; →DUTCH TREAT; ***be a*** ~ kostelik wees; ***be a*** ~ *to see s.o. act* 'n genot/lus wees om iem. te sien toneelspeel (*of* toneel speel); ***give*** *s.o. a* ~ iem. trakteer; *a* ***real/regular*** ~ 'n ware genot; 'n hele aardigheid; ***stand*** ~ trakteer. **treat** *ww.* behandel; bewerk; onthaal, trakteer, vergas; onderhandel; dokter; gaan oor; ~ *s.o.* ***abominably*** iem. verskriklik sleg behandel; ~ *s.t.* ***as*** ... iets as ... beskou *('n grap ens.)*; ~ *s.o.* ***as if*** *he/she were a child* iem. soos 'n kind behandel; ~ *s.o.* ***for*** ... iem. vir ... behandel; ~ *s.o.* ***gently*** mooi met iem. werk, sagkens/saggies met iem. handel; *it ~s* ***of*** ... dit handel/gaan oor ...; ~ *s.t.* ***seriously*** erns met iets maak; ~ *s.o.* ***shabbily*** iem. afskeep; ~ *s.o.* ***to*** ... iem. op ... vergas/trakteer; *I* ***will*** ~ *you all* ek sal julle almal trakteer; ~ ***with*** *s.o.* met iem. onderhandel; ~ *s.o./s.t.* ***with*** ... iem./iets met ... behandel. **treat·a·ble** behandelbaar *('n siekte ens.)*. **treat·ment** behandeling; kuur; verwerking; *get* ~ *for rheumatism/etc.* behandeling teen rumatiek/ens. kry/ontvang; *severe* ~ strenge/harde behandeling; *undergo* ~ behandel word, behandeling kry/ontvang.

trea·tise verhandeling.

trea·ty verdrag, traktaat; ooreenkoms; ***conclude*** (*or* ***enter into***) *a* ~ 'n verdrag sluit/aangaan; ***denounce*** *a* ~ 'n verdrag opsê; *be* ***in*** ~ ***with*** ... met ... in onderhandeling wees; *sell s.t. by* ***private*** ~ iets uit die hand verkoop; ***under*** *the* ~ ingevolge/kragtens die verdrag. ~ **obligation** verdragsplig. ~ **port** verdragshawe.

Treb·i·zond →TRABZON.

tre·ble *n.* (die) drievoudige, drie maal soveel; *(mus.)* eerste stem, sopraan, diskant; hoë/skel stem; *the* ~ *of it would still be too little* drie maal soveel sou nog te min wees; *double* ~, *(hekelwerk)* dubbelslagsteek; *triple* ~, *(hekelwerk)* drieslagsteek. **tre·ble** *adj.* drievoudig, driedubbel; hoog, sopraan=; ~ *clef, (mus.)* G-sleutel, diskantsleutel, vioolsleutel; ~ *crochet, (hekelwerk)* langbeen; ~ *play, (bofbal)* driekuns. **tre·ble** *ww.* verdrievoudig; ~ *parts* drie rolle (in een stuk) speel. ~ **recorder** →ALTO RECORDER. ~ **rhyme** →TRIPLE RHYME.

tre·bly drievoudig, drie maal.

tre·cen·to *(14de eeu in It. kuns en lettk.)* trecento. **tre·cen·tist** kunstenaar uit die trecento, veertiende-eeuse Italiaanse kunstenaar.

tree *n.* boom; as; swingelhout; lees; saalboom; *(ook, i.d. mv.)* geboomte; ***climb*** *a* ~ (in) 'n boom klim; *a* ***clump*** *of ~s* 'n klompie bome; *know a* ~ *by its* ***fruit*** 'n boom aan sy vrugte ken; *the* ~ *is laden with* ***fruit*** →LADEN *adj.*; ~ *of* ***heaven,*** *(bot.: Ailanthus* sp.) hemelboom; ~ *of* ***knowledge*** boom van kennis; ~ *of* ***life,*** *(Thuja* spp.) lewensboom; *(Byb.)* boom van die lewe; *a* ***tall*** ~ 'n hoë boom; *at the* ***top*** *of the* ~, *(lett.)* bo in die boom; *(fig.)* op die boonste/hoogste sport; *be* ***up*** *a* ~, *(lett.)* in 'n boom wees; *(fig., infml.)* in 'n hoek wees, in die knyp (*of* in die/'n verknorsing *of* in 'n penarie) wees/sit, (met die) hand(e) in die hare sit; *bark up the* ***wrong*** ~ op die verkeerde spoor (*of* by die verkeerde adres) wees. **tree** *ww.* in 'n boom ja(ag); (in 'n boom) vaskeer; op die lees plaas/rek *('n skoen)*. ~ **agate** *(min.)* boomagaat. ~ **aloe** boomaalwyn. ~ **breeding** boomveredeling. ~ **cabbage** beeskool. ~ **calf** boomkalfsleer. ~ **climbing** boomklim(mery). ~ **cricket** boomkriek(ie). ~ **(diagram)** boom(diagram). ~ **dozer** boomstoter. ~ **dweller** boombewoner, boomdier. ~ **feller** houtkapper. ~ **felling** boomkappery, boomsaery. ~**-felling saw** buiktreksaag. ~ **fern** boomvaring. ~ **frog** boompadda. ~ **fuchsia** kinderbessieboom. ~ **heath** boomheide. ~ **house** boomhuis. ~ **hyrax,** ~ **cony** boomstekelvark, =ystervark. ~ **killer** *(bot.)* natou. ~ **line** boomgrens. ~**-lined** omsoom deur/met bome, wat deur/met bome omsoom is/word. ~**nail, trenail** houtpen. ~ **pelargonium** wildemalva. ~ **planter** boomplanter; plantboor. ~ **planting** boomplantery, boomaanplanting. ~ **ring** →ANNUAL RING. ~**-ripe** boomryp *(vrugte)*. ~ **snake** boomslang. ~ **structure** *(rek.)* boomstruktuur. ~ **surgeon** boomdokter, =chirurg, =sjirurg. ~ **surgery** boom=chirurgie, =sjirurgie. ~ **tomato** boomtamatie. ~**top** boomtop, =kruin. ~ **trunk** boomstam. ~ **violet** *(Securidaca longipedunculata)* krinkhout(boom).

tree·less boomloos.

treen *adj., (hoofs. arg.)* hout=, van hout. ~**(ware)** hout=ware.

tref, treif, trei·fa *(<Jidd., Jud.)* onrein, nie kosjer nie.

tre·foil klawer; klawer=, drieblaarpatroon. **tre·foiled** klawervormig; met die/'n klawerpatroon.

trek *n.* trek; *general* ~ volksverhuising; *the Great T~, (SA gesk.)* die Groot Trek. **trek** =*kk*=, *ww.* trek, op trek gaan. ~ **chain** trekketting. ~ **farmer** trekboer. ~ **fever** trekgees. ~ **fisherman,** ~ **netter** trekvisser. ~ **ox** trekos. ~ **path** trekpad. ~ **rope** trektou. ~ **sheep** trekskaap. ~ **wag(g)on** trekwa.

trek·ker *(<Afr.)* (voor)trekker, trekboer.

trel·lis *n.* traliewerk; latwerk, prieel. **trel·lis** *ww.* 'n prieel maak, tralie=/latwerk omsit; oplei *(ranke)*; *~ed* opgelei; *~ed vine* opgeleide wingerdstok; *~ed vines/vineyard* opleiwingerd. ~ **fence** tralieheining. ~ **gate** traliehek. ~ **window** tralievenster. ~**work** latwerk; traliewerk.

trel·lis·ing latwerk; traliewerk.

trem·a·tode *(soöl.)* slakwurm, trematode.

trem·ble *n.* bewing, trilling; *(ook, i.d. mv.)* trekkings; *the ~s* die bewerasie; kalf=, melksiekte; *be all of a* ~ die bewerasie hê, beef/bewe soos 'n riet; *a* ~ *in s.o.'s voice* 'n trilling in iem. se stem. **trem·ble** *ww.* beef, bewe, bibber, ril, tril, sidder; gril; rittel; skud; ~ ***all over*** beef/bewe soos 'n riet; ~ ***at*** ... beef/bewe by ... *(d. aanskou v. iets vreesliks ens.)*; sidder/beef/bewe by ... *(d. gedagte)*; ~ *in the* ***balance*** →BALANCE *n.*; ~ ***for*** ... vir ... vrees *(iem. se veiligheid ens.)*; ***hear*** *and ~!* hoor en beef!; ~ ***with*** ... sidder van ... *(angs ens.)*; beef/bewe van ... *(kwaadheid, vrees, ens.)*; beef/bewe/bibber/ril/rittel van (die) *(koue)*. **trem·bler** bewer; bangbroek; *(igt.)* sidderaal; outomatiese vibrator; *(ook* trembler bell*)* trilklok(kie), elektriese klokkie. **trem·bling** *n.* bewing; skudding; trilling; huiwering. **trem·bling** *adj.* bewend; huiwerend, onseker *(hand)*; ~ ***bell*** trilklok(kie), elektriese klokkie; ~ ***bog*** trilmoeras; ~ ***poplar*** ratel=, trilpopulier; *in* ~ ***uncertainty*** →UNCERTAINTY. **trem·blor** →TEMBLOR. **trem·bly** bewerig.

trem·el·lose trillend, drillerig, seleiagtig.

tre·men·dous ontsaglik, reusagtig, geweldig, yslik; *(arg.)* verskriklik, vreeslik; *a* ~ *region* 'n (wyd) uitgestrekte streek; *a* ~ *struggle* 'n reusestryd. **tre·men·dous·ness** geweldigheid *ens.* (→TREMENDOUS).

trem·o·lant →TREMOLO. **trem·o·lite** *(min.)* tremoliet. **trem·o·lo** =*los, (mus.)* tremolo, triller, trilling; *(ook* tremolant *of* tremulant*)* tremulant, trilregister *(v. 'n orrel)*. **trem·or** bewing, trilling, siddering; rilling, huiwering; skudding. **trem·u·lant** →TREMOLO. **trem·u·lous** bewend, trillend; huiwerend, aarselend, skroomvallig. **trem·u·lous·ness** aarseling, skroom(valligheid); →TREMULOUS.

tre·nail →TREENAIL.

trench *n.* sloot, voor; loopgraaf; skans; grip, groef; trog *(in 'n seebedding)*; *dig a* ~ 'n sloot grawe; 'n loopgraaf grawe/maak; *in the ~es* in die loopgrawe; *(slit)* ~, *(mil.)* skuilsloot. **trench** *ww.* sloot, (slote/'n sloot) grawe; loopgrawe maak; inkerf; diep omspit, omdolf, omdol(we); ~ *down* uitgrawe; ~ *(up)on* ... op ... inbreuk maak; aan ... grens. ~ **board** plankmat; soolplank *(v. 'n sloot)*; dekplank *(v. 'n brug)*. ~ **coat** reënjas, militêre jas, soldatejas. ~ **digger** sloot=, skansgrawer. ~ **fever** loopgraafkoors. ~ **foot,** ~ **feet** *(med.)* slootvoete. ~ **mortar** loopgraafmortier. ~ **plough** *n., (landb.)* diepploeg. ~**-plough** *ww.* diepploeg. ~ **warfare** loopgraafoorlog, stellingoorlog. ~ **work** slootgrawery.

trench·ant skerp, snydend, vlymend; kragtig, beslis. **trench·an·cy** skerpte, skerpheid, snydendheid; krag, deurtastendheid, beslistheid.

trench·er hout=, broodbord; slootgrawer, sloter, loop=graafmaker. ~ **companion** tafelgenoot. ~**man** =*men, (skerts.)* eter; *be a good* ~ goed kan weglê.

trend *n.* loop, verloop, gang; rigting, koers; strekking; stroming; neiging, tendensie, tendens; *a* ~ ***away from*** ... 'n neiging teen ...; *a* ***downward*** ~ 'n daling; 'n dalende neiging; *the* ~ *of* ***events*** die verloop van gebeurtenisse; ***follow*** *a* ~ 'n mode volg; ***set*** *the* ~ die toon aangee; *a* ~ ***towards*** ... 'n neiging in die rigting van ...; *an* ***upward*** ~ 'n styging; 'n stygende neiging. **trend** *ww.* loop, gaan; strek; neig; *the coast ~s towards the south* die kus strek na die suide. ~**setter** toonaangewer, =aangeër. ~**setting** *adj. (attr.)* toonaangewende.

trend·y modieus. **trend·i·ness** modebewustheid *(v. iem.)*; moderniteit *(v. idees ens.)*.

Trent *(D.),* **Tren·to** *(geog.)* Trente; *Council of Trent* Konsilie van Trente. **Tren·tine** Trents.

Tren·ti·no: *the* ~ Suid-Tirol, Trentino.

tre·pan[1] *n., (chir., hoofs. hist.)* trepaan, pan=, trepaneer=, skedelboor. **tre·pan** =*nn*=, *ww.* trepaneer, die skedel deurboor. **trep·a·na·tion** pan=, skedelboring, trepanasie. **tre·pan·ner** pan=, skedelboorder. **tre·pan·ning** →TREPANATION.

tre·pan[2], **tra·pan** =*nn*=, *ww., (arg.)* vang, in 'n strik lok.

tre·pang seekomkommer, tripang.

tre·phine *n., (chir.)* skedelsaag, =boor; →TREPAN[1]. **tre·phine** *ww.* met 'n skedelsaag opereer. **tre·phin·er** *(w.g.)* skedelsaer.

trep·i·da·tion bewerasie, bewing, trilling; ontsteltenis, angs.

tres·pass *n.* oortreding, onregmatige betreding; *(jur.)* betreding; sonde, oortreding; *forgive us our ~es* vergeef ons ons skulde *(OAB)*, vergeef ons ons oortredinge *(NAB)*. **tres·pass** *ww.* oortree, op verbode terrein kom, onregmatig betree; inbreuk maak *(op)*; sondig; misbruik maak van; ~ *on s.o.'s hospitality* van iem. se gasvryheid misbruik maak; ~ *against s.t.* iets oortree *(d. wet ens.)*; iets skend, op iets inbreuk maak *(regte ens.)*; teen iets sondig; ~ *on/upon* ... van ... misbruik maak *(iem. se gasvryheid ens.)*; op ... inbreuk maak *(iem. se eiendom, privaatheid, ens.)*; op ... beslag lê *(iem. se tyd ens.)*. ~ **offering** *(OT, AV)* skuldoffer.

tres·pass·er oortreder; *~s will be prosecuted* oortreders sal vervolg word. **tres·pass·ing** oortreding; *no* ~ *allowed* toegang verbode.

tress *n.* haarlok, =krul, vlegsel; *(i.d. mv.)* lokke, krulle, vlegsels. **tress** *ww.* vleg, krul. **tress·y** gekrul(d), krul=.

tres·tle bok, skraag; ~ *for sawing* saagbok. ~ **bearer** bokstut. ~ **board** tekenbord. ~ **bridge** skraag=, nood=, bokbrug. ~ **table** boktafel. ~**work** (bok)steierwerk, skraag=, stutwerk.

tret *(hist.)* refaksie; vervoerslytasie.

Tre·ve·ri: *the* ~, *(hist.: Galliese volk a.d. Benede-Moesel)* die Treviere.

Trèves →TRIER.

trews *(hoofs. Br.)* broek; Hooglander(s)broek.

trey *treys* drie *(in kaartspel, dobbel)*; drietal; trippens.

tri- *pref.* drie=, tri=; *~angle* driehoek; *~lobate* drielobbig; *~monthly* driemaandeliks; *~morphic* drievormig, trimorf.

tri·a·ble beproefbaar; beregbaar, verhoorbaar; →TRY.

tri·ad drietal, groep van drie, trits, triade; *(mus.)* drieklank.

tri·age (uit)sortering; *(med.: keuring v. pasiënte vlgs. d. aard en erns v. hul beserings/siektes)* triage *(Fr.)*; uitskot *(v. koffie)*.

tri·al toets, proef(neming), eksperiment; *(jur.)* verhoor, proses, geregtelike ondersoek; beproewing; kruis; *be* ***awaiting*** ~ in voorarres wees/sit; ***bring*** *s.o. to* (*or* ***up*** *for*) ~ iem. voorbring/verhoor (*of* voor die hof bring); ~ ***by*** *battle* vuurproef; ~ ***by*** *battle/combat* beslegting deur die swaard; ***come to*** (*or* ***up for***) ~ voorkom, voor die hof kom, teregstaan; ***commit*** *s.o. for* ~ iem. ter strafsitting verwys; *by* ~ ***and error*** deur/volgens die metode van leer en probeer (*of* tref of fouteer), deur/volgens die proefmetode/lukraakmetode; *process of* ~ ***and error*** proefondervindelike/eksperimentele metode, metode van leer en probeer (*of* tref of fouteer); ***find*** *s.o. a (great)* ~ iem. stel jou geduld erg op die proef;

stand (or *be on*) ~ ***for*** ... weens ... teregstaan (*of* verhoor word); ***give*** *s.o. a* ~ iem. op proef aanstel; ***give*** *s.t. a* ~ iets probeer; iets op die proef stel; ***go*** *on* ~, *(iem.)* voorkom, teregstaan, verhoor word; ***go*** *to* ~, *('n saak)* voorkom, verhoor word; *old age* ***has*** *many* ~*s* die ouderdom kom met gebreke; ***make*** *a* ~ *of s.t.* iets probeer (*of* op die proef stel), 'n proef met iets neem; ***be on*** ~ teregstaan, verhoor word; op proef wees; getoets (*of* op die proef gestel) word; *put s.o.* ***on*** ~ iem. verhoor; *put s.t.* ***on*** ~ iets toets (*of* op die proef stel); *take s.t.* ***on*** ~ iets op proef neem; ***pending*** *the* ~ hangende die verhoor; ***put*** *s.t. to further* ~ iets verder/vêrder op die proef stel; ***remand*** *s.o. for* ~ iem. ter strafsitting (*of* vir verhoor) verwys; *a* ***ship*** *is undergoing its* ~*s* 'n skip is op sy proefvaart(e); *s.t. is a* ***sore*** ~ *to s.o.* iets is vir iem. 'n swaar beproewing; ***stand*** ~ teregstaan, verhoor word; *a* ~ *of* ***strength*** 'n kragmeting; ***subject*** *s.t. to* ~ iets aan 'n toets onderwerp; ~*s and* ***tribulations*** beproewings; *be* ***up*** *for* ~ teregstaan. ~ **balance** proefbalans. ~ **balloon** *(fig.)* proefballon; *float a* ~ ~ 'n proefballon opstuur. ~ **batch** proefhoeveelheid; proefaanmaak(sel). ~ **case** *(jur.)* verhoorsaak. ~ **consignment** proefbesending. ~ **court** hof van verhoor. ~ **flight** proefvlug. ~ **judge** verhoorregter. ~ **lesson** proefles. ~ **marriage** proefhuwelik. ~ **(match)** proefwedstryd, kieswedstryd. ~ **order** proefbestelling. ~ **period** proeftyd(perk). ~ **plant** proefaanleg, -installasie. ~ **run** proefrit; proefloop; *give s.t. a* ~ ~ iets op die proef stel; 'n proefrit met iets maak *('n motor ens.)*. ~ **sermon** proefpreek. ~ **shot** proefskoot. ~ **trip** proefrit; proeftog, -vaart.

tri·al·ist, *(Br.)* **tri·al·list** proefspeler; proefkonyn.

tri·an·drous *(bot.)* triandries.

Tri·an·gle: *the* ~, *(astron.)* die Driehoek. **Tri·an·gu·lum Aus·tra·le** *(astron.)* Triangulum Australe, die Suiderdriehoek.

tri·an·gle driehoek; *(mus.instr.)* driehoek, triangel; driepoot, bok *(by lyfstraf)*; ***equilateral*** ~ gelyksydige driehoek; *the* ***eternal*** ~ die ewige (liefdes)driehoek; ***isosceles*** ~, *(geom.)* gelykbenige driehoek; ~ ***of forces*** kragtedriehoek; ***scalene*** ~ ongelykbenige/ongelyksydige driehoek. ~ **formation** driehoeksformasie. **tri·an·gu·lar** driehoekig, driekantig; ~ ***bandage*** driekantverband, doekverband, driekantdoek; ~ ***contest*** driehoekige verkiesing, driehoeksverkiesing; driehoekige kragmeting, driehoekskragmeting; ~ ***file*** driekantvyl; ~ ***gusset*** driehoekstuk; ~ ***notch*** V-keep; ~ ***number*** driehoeksgetal; ~ ***projection*** driehoeksprojeksie; ~ ***scale*** driekantliniaal; ~ ***treaty*** drievoudige verdrag, verdrag tussen drie partye. **tri·an·gu·late** trianguleer. **tri·an·gu·la·tion** triangulasie, triangulering.

tri·an·thous *(bot., w.g.)* drieblommig.

tri·arch[1] *n.* drievors. **tri·ar·chy** driemanskap; triargie.

tri·arch[2] *adj., (bot.)* triarg.

Tri·as·sic, Tri·as *n.: the* ~, *(geol.)* die Trias. **Tri·as·sic** *adj.* Trias-; ~ *formation* Triasformasie.

tri·ath·lon driekamp. **tri·ath·lete** driekampatleet.

tri·ax·i·al *(meg., astron.)* drieassig.

trib·ade tribade, lesbiër. **trib·ad·ism, trib·a·dy** tribadisme, tribadie, lesbiese liefde.

trib·al →TRIBE.

tri·ba·sic driebasies.

tribe stam; geslag, familie; *(biol.)* tribus. **trib·al** stamgebonde, stam-; ~ ***affairs*** stamaangeleenthede; ~ ***authority*** stamgesag; stamowerheid; ~ ***background*** stamverband; ~ ***chief*** stamhoof; ~ ***feud*** stamtwis; ~ ***law*** stamwet; inboorlingreg; ~ ***marriage*** stamhuwelik; ~ ***system*** stamstelsel; ~ ***tenure*** stameiendom. **trib·al·ism** stamwese, -stelsel, -organisasie, -verband. **tribes·man** -*men* stamlid, -genoot. **tribes·peo·ple** *(mv.)* stamlede, lede van die/'n stam.

trib·let *(teg.)* drewel, lees.

tri·bo- *komb.vorm* tribo-, wrywings-.

tri·bo·e·lec·tric·i·ty tribo-elektrisiteit, triboëlektrisiteit, wrywingselektrisiteit.

tri·bol·o·gy tribologie, wrywingsleer. **tri·bol·o·gist** triboloog.

tri·bo·lu·mi·nes·cence triboluminessensie, wrywingsliggewing. **tri·bo·lu·mi·nes·cent** triboluminesserend, wrywingsliggewend.

tri·bom·e·ter tribometer.

tri·brach *(pros.)* tribrag.

trib·u·la·tion beproewing, verdrukking, swaar(kry), wederwaardigheid.

trib·u·lo·sis *(veearts.)* dikkopsiekte, geeldikkop(siekte), bloubek, tribulose *(by skape)*.

trib·une (sprekers)podium, (sprekers)platform, verhoog, tribune, spreekgestoelte; tribuun, volksverteenwoordiger; ~ *of the people* volkstribuun. **tri·bu·nal** regterstoel, regbank, geregshof; beslissingsraad, tribunaal; *(hist.)* vierskaar. **trib·u·nate** tribunaat. **trib·une·ship** tribunaat.

trib·u·tar·y -*ies*, *n.* tak-, syrivier, syloop, spruit; *(hist.)* skatpligtige. **trib·u·tar·y** *adj.* tak-; *(hist.)* skatpligtig, synsbaar; ~ *river* tak-, syrivier.

trib·ute hulde(blyk), eerbewys, -betuiging, -betoon, lofuiting; bydrae; *(hist.)* skatpligtigheid; *(hist.)* heffing, syns, tribuut; *(hist.)* (brand)skatting; *the* ~*s of s.o.'s* ***admirers*** die huldeblyke van iem. se bewonderaars; ***levy*** ~ *upon* synsbaar maak aan; ***pay*** *(a)* ~ *to* ... aan ... hulde bring/betoon/bewys; ... lof toeswaai; ***pay*** *a last* ~ *to* ... die laaste eer aan ... bewys; *be a* ~ ***to*** ... getuig van ...; *be* ***under*** ~, *(hist.)* skatpligtig/synsbaar wees; *lay* ... ***under*** ~, *(hist.)* 'n skatting aan ... oplê, ... skatpligtig maak. ~ **area** *(mynb.)* deelontgingebied.

trib·ut·er, trib·u·tor *(mynb.)* deelontginner; *(hist.)* skatpligtige.

trice *n.* oomblik, kits; *in a* ~ in 'n japtrap/kits/oomblik, gou-gou, een-twee-drie, so gou soos nou. **trice** *ww.*, *(sk., ook* trice up*)* ophaal, (op)hys, optrys; vasmaak, vaskoppel.

tri·cen·ten·ar·y, tri·cen·ten·ni·al →TERCENTENARY.

tri·ceps *n.* driekopspier. **tri·ceps** *adj.* driekoppig, driehoofdig; ~ *muscle* driekopspier.

tri·cer·a·tops *(soort dinosourus)* trikeratops.

tri·chi·a·sis *(med.: ingroeiing v.d. wimpers)* trigiase.

tri·chi·na -*nae* trigine, spiraalwurmpie. **trich·i·no·sis** triginose, spiraalwurmsiekte. **trich·o·cyst** trigosist. **tri·cho·log·i·cal** haarkundig, trigologies. **tri·chol·o·gist** haarkundige, trigoloog. **tri·chol·o·gy** haarkunde, trigologie. **trich·o·schi·sis** *(w.g.)* haarsplyting. **tri·cho·sis** trigose, haarsiekte.

tri·chlo·ro·e·thane *(chem.)* trichlooretaan.

trich·o- *komb.vorm* trigo-, haar-.

tri·chome *(bot.)* trigoom.

trich·o·mo·ni·a·sis *(med.: inflammasie v.d. vagina)* trigomoniase.

tri·chord *n.* driesnarige instrument. **tri·chord** *adj.* driesnarig.

tri·chot·o·my -*mies* trigotomie, drieledigheid, driedeling; *(teol.: liggaam, siel en gees)* trigotomie. **trich·o·tom·ic, tri·chot·o·mous** trigotoom, -tomies, drieledig, driedelig.

tri·chro·ism *n.* trichroïsme, driekleurigheid *(v. kristalle)*.

tri·chro·mat·ic, tri·chro·mic trichromaties, driekleur-, driekleurig; ~ *process, (druk., fot.)* driekleurproses. **tri·chro·ma·tism** trichromasie, driekleurigheid.

trich·u·rid *(w.g.)* sweepwurm.

trick *n.* lis, skelmstreek; behendigheid, kunsie, kunsgreep, toer(tjie), truuk; slenter(slag), verneukslag; gewoonte, aanwen(d)sel, manier(tjie), eienaardigheid; poets, streek; set; hebbelikheid; *(kaartspel)* slag; *(sk.)* diensbeurt; *be* ***at*** *one's old* ~*s again, (infml.)* weer met jou ou laai besig wees; *the whole* ***bag*** *of* ~*s, (infml.)* alles; ***conjurer's*** ~ goëltoer(tjie); ***cure*** *o.s. of a* ~ 'n gewoonte afleer; *a* ***dirty*** ~ 'n gemene/smerige poets/streek, 'n lelike poets; *play s.o. a* ***dirty*** ~ iem. 'n lelike poets bak; ***do*** *the* ~, *(infml.)* werk, die ding doen; ~*s of* ***fortune,*** *(w.g.)* grille van die fortuin; ***how's*** ~*s?, (infml.)* hoe gaan dit?; *I* ***know*** *a* ~ *worth two of that, (Shakesp.)* ek het 'n baie ouliker plan; *s.o.* ***knows*** *all the* ~*s, (infml.)* iem. is uitgeslape (*of* so slim soos die houtjie van die galg); ***learn*** *the* ~ *of s.t.* die slag van iets kry, die slag kry om iets te doen, iets onder die knie kry; ***make*** *a* ~, *(kaartspel)* 'n slag maak; *never/not* ***miss*** *a* ~, *(infml.)* altyd presies weet wat aan die gang is; altyd weet hoe om voordeel te trek; *there is* ***no*** ~ *to it* dit is geen (groot) kuns nie; ***pick up*** *a* ~ 'n streek/slag aanleer; ***play*** ~*s* streke uithaal/aanvang; ***play*** *s.o. a* ~, ***play*** *a* ~ *on s.o.* iem. 'n poets bak (*of* 'n streep trek); ***play*** *s.o. a shabby* ~, *(ook)* iem. gemeen behandel; *a* ***scurvy/shabby*** ~ 'n smerige/gemene/lelike poets; *s.o. will not* ***serve*** *me that* ~ *twice* iem. sal my nie nog 'n keer so fop (*of* so 'n poets bak) nie; ***show*** ~*s* kunsies vertoon; ***take*** *a* ~, *(kaartspel)* 'n slag neem; *the* ~*s of the* ***trade*** die vakgeheime (*of* kunsies van die vak); *know the* ~*s of the* ***trade*** al die knepe ken; ~ *or* ***treat!,*** *(Am.: Allerheiligeaand-slagspreuk)* gee my iets lekkers, of ek bak jou 'n poets!; *be* ***up to*** *...'s* ~*s* jou nie deur ... laat fop nie; *s.o. is* ***up to*** *all kinds of* ~*s, (infml.)* iem. is vol dinge/streke; *get* ***up to*** ~*s* streke uithaal/aanvang. **trick** *ww.* kul, fop, 'n poets bak, 'n streep trek; verneuk, bedrieg, mislei, bedot; streke uithaal; ~ *s.o. into s.t.* iem. deur lis tot iets beweeg; ~ *s.o. out of s.t.* deur skelmstreke iets van iem. verkry, iem. uit iets fop, iets van iem. afrokkel; *be* ~*ed out/up* uitgedos/opgesmuk/(op)getooi/opgetakel wees. **trick** *adj., (Am.)* swak *(knieë ens.)*. ~ **cyclist** kunsfiets(ry)er *(in 'n sirkus ens.)*; *(Br. sl.: psigiater)* kopdokter. ~ **photography** truukfotografie. ~ **question** slinkse vraag. ~ **rider** kunsryer; kunsruiter. ~ **riding** kunsry, rykunsies.

trick·er fopper, bedrieër. **trick·er·y** foppery, kullery; verneukery, bedrog. **trick·ish** bedrieglik; verneukerig. **trick·ster** bedrieër, bedriegster, skelm, verneuker.

trick·le *n.* drupstraaltjie, sypeltjie, syferstraaltjie; *a mere* ~ *of water* 'n dun straaltjie water. **trick·le** *ww.* drup, tap; rol, biggel; sypel, syfer; uitlek; ~ ***down*** neerdrup; neerbiggel; *tears* ~*d* ***down*** *s.o.'s cheeks* trane het oor iem. se wange gerol/gebiggel; ~ ***in*** indrup; insyfer, insypel; ~ ***out*** uitlek; *the information* ~*d* ***out*** die inligting het uitgelek; *water* ~*d* ***through*** *the crevice* water het deur die skeurtjie gedrup/gesypel/gesyfer. ~ **charger** *(elek.)* sypellaaier, sypelaar. ~**-down effect** deursyfer-, deursypel-, deursuureffek.

trick·sy oulik; lewendig; snaaks; wonderlik.

trick·track →TRICTRAC.

trick·y vol streke, bedrieglik, onberekenbaar; oulik, oorlams; vol planne, vindingryk; moeilik, lastig, neteliglig, haglik; *be in a* ~ *position/situation* in 'n netelige posisie/situasie wees; *a* ~ *question, (ook)* 'n pootjievraag. **trick·i·ness** moeilikheid, lastigheid, neteligheid, hagllikheid, *ens.* (→TRICKY).

tri·clin·ic *(geol.)* triklien.

tri·col·our, *(Am.)* **tri·col·or** *n.* driekleur. **tri·col·our,** *(Am.)* **tri·col·or** *adj.* driekleurig.

tri·corn(e) *n.* driekanthoed, steek. **tri·corn(e)** *adj.* driekantig; driehoring-.

tri·cot *(tekst.)* tricot.

tri·cot·y·le·do·nous *(bot.)* driesaadlobbig.

tri·crot·ic *adj., (fisiol.)* trikroties.

tric·trac triktrak(spel).

tri·cus·pid *(anat.)* driepuntig *('n tand)*; drieslippig, drieslip-; ~ *valve* drieslippige (hart)klep, drieslip(hart)klep. **tri·cus·pi·dal, tri·cus·pi·date** →TRICUSPID.

tri·cy·cle *n.* driewiel. **tri·cy·cle** *ww.* (op 'n) driewiel ry.

tri·cy·clic *(chem.)* trisiklies; *a* ~ *compound* 'n drieringverbinding.

tri·dac·tyl(·ous) *(soöl.: met drie tone/vingers)* tridaktiel.

tri·dent drietand; *(Gr. en Rom. mit.)* drietandvurk *(v.d. seegod Poseidon/Neptunus)*.

tri·den·tate, tri·den·tal *(anat., bot.)* drietandig.

Tri·den·tine *adj.* van Trente; →TRENT.

trid·u·um *(RK)* driedaagse tydperk; driedaagse gebedediens; triduüm, triduum.

tried beproef; getoets; →TRY *ww.*; *be* ~ *for* ... weens ... teregstaan (*of* verhoor word); *be severely/sorely* ~ swaar beproef word.

tri·en·ni·al *n.* driejarige plant; driejaarlikse herdenking(sfees); *(driejaarlikse kunsuitstalling/ens.)* triënnale, tri-ennale. **tri·en·ni·al** *adj.* driejaarliks; driejarig. **tri·en·ni·um** *-niums, -nia* driejarige tydperk.
Trier, *(Fr.)* **Trèves** *(geog.)* Trier.
tri·er ondersoeker; aanhouer, volhouer, gewillige persoon, volharder; *(jur.)* verhoorder; proewer; toets, proef(neming); ~ *of fact* beoordelaar van feite.
Tri·este *(geog.)* Triëst.
tri·fec·ta *(perdewedderу)* trifekta.
tri·fid *(hoofs. biol.)* driespletig, in drie gesplyt; driepuntig.
tri·fle *n.* nietigheid, kleinigheid(tjie), beuselagtigheid, onbenulligheid, onbeduidendheid, bagatel, bakatel; krummel; beuseling, beuselary; *(kookk.)* koekstruif; *a ~ better/etc.* effens/effe(ntjies) (*of* ['n] bietjie *of* 'n rapsie) beter/ens.; *waste one's time on ~s* jou tyd met beuselagtighede (*of* peuterige dingetjies) mors. **tri·fle** *ww.* speel, skerts, spot, korswel, korswil; beusel; *~ s.t.* ***away*** iets verkwis/verkwansel *(geld ens.)*; iets verspil *(jou kragte)* ens.; iets verspeel/verbeusel *(tyd ens.)*; *~* ***with*** *s.o.* met iem. speel; met iem. gekskeer (*of* die gek skeer); *~* ***with*** *s.t.* met iets peuter; iets te na kom *(d. waarheid)*; *s.o. is not to be ~d* ***with*** iem. laat nie met hom/haar speel/skerts/gekskeer (*of* die gek skeer) nie, iem. laat hom/haar nie vir die gek hou (*of* is niemand se speelgoed) nie. **tri·fler** beuselaar, knutselaar. **tri·fling** onbeduidend, niksbeduidend, beuselagtig, nietig, klein.
tri·fo·cal *adj., (optom.)* trifokaal. **tri·fo·cals** *n. (mv.)* trifokale bril.
tri·fo·li·ate *(bot.)* driebladig, drieblarig.
tri·fo·ri·um *-ria, (Lat., bouk.)* triforium.
tri·form *(teg.)* driedelig; drievormig.
tri·fur·cate, tri·fur·cat·ed drietakkig; drievurkig.
trig[1] *n., (infml.)* →TRIGONOMETRY.
trig[2] *n., (teg.)* (rem)blok. **trig** *-gg-, ww.* rem; ~ *(up)* staanmaak.
trig[3] *adj., (arg. of dial.)* netjies, viets, agtermekaar.
trig·a·my trigamie. **trig·a·mous** drie maal getroud.
tri·gem·i·nus *-gemini, (anat.)* trigeminus, drielingsenuwee. **tri·gem·i·nal** *n.* drielingsenuwee. **tri·gem·i·nal** *adj.* drieling-; *~ nerve* drielingsenuwee; *~ neuralgia* trigeminusneuralgie.
trig·ger *n.* sneller; trekker; *pull the ~* aftrek, losbrand; *s.o. is quick on the ~* iem. skiet vinnig; iem. reageer vinnig. **trig·ger** *ww.* aftrek; veroorsaak; *~ s.t. off* iets veroorsaak (*of* aan die gang sit), tot iets aanleiding gee. ~ **finger** sneller-, skietvinger. ~**fish** snellervis. ~ **guard** snellerbeuel *(v. 'n vuurwapen)*. ~ **hand** snellerhand. ~**-happy** skietgraag, -lustig. ~ **reaction** snellerreaksie. ~ **release** loslaat van die sneller.
tri·glot *adj.* drietalig *('n woordeboek ens.)*.
tri·glyc·er·ide *n., (chem.)* trigliseried.
tri·glyph *(bouk.)* triglief, driesny, driekloof, -gleuf.
tri·gon *(arg.)* driehoek. **trig·o·nal** driehoekig, trigonaal. **trig·o·no·met·ri·cal** trigonometries; *~ beacon* driehoeksbaken; *~ survey* driehoeksmeting. **trig·o·nom·e·try** driehoeksmeting, trigonometrie.
tri·graph *(ling.)* drieklank, triftong.
tri·he·dron *-hedra, -hedrons* drievlak, triëder, tri-eder. **tri·he·dral** drievlakkig, drievlaks-; *~ angle* drievlakshoek.
tri·hy·dric *(chem.)* driewaardig *(alkohol ens.)*.
tri·i·o·do·thy·ro·nine, T3 *(biochem.)* trijodiumtironien.
trike *(infml.)* →TRICYCLE.
tri·lat·er·al *n.* driehoek. **tri·lat·er·al** *adj.* driesydig, driehoekig.
tril·by *-bies, (Br., sl., i.d. mv.)* voete. ~ **(hat)** *(hoofs. Br.: slap, ingeduikte vilthoed)* trilby-hoed.
tri·lin·e·ar trilineêr, triliniêr.
tri·lin·gual drietalig. **tri·lin·gual·ism** drietaligheid.
tri·lit·er·al drieletterig, drieletter-. **tri·lit·er·al·ism** triliterisme.
tri·lith(·on) *(argeol.)* triliet.
trill *n.* trilling; triller; *r*-klank. **trill** *ww.* met 'n trillende stem praat/sing; tril, vibreer.
trill·ing een van 'n drieling; *(kristal)* drieling.
tril·lion *(1 000 000 000 000 of 10*[12]*; hoofs. Br., vero.: 1 000 000 000 000 000 000 of 10*[18]*)* triljoen.
tri·lo·bate, tri·lo·bate, tri·lo·bat·ed, tri·lobed *(bot.)* drielobbig.
tri·lo·bite *('n uitgestorwe skaaldier)* trilobiet.
tri·loc·u·lar *(bot.)* driehokkig.
tril·o·gy trilogie.
trim *n.* toestand, staat; tooi(sel), drag; belegsel; stouing, stuwing, vragverdeling; *(sk., lugv.)* kop-, stuurlas, trim; ***give*** *s.o.'s hair a ~* iem. se hare top (*of* netjies knip *of* [effens] korter sny), die punte van iem. se hare (*of* iem. se haarpunte) sny; *be* ***in*** *~* in orde (*of* in die haak) wees; netjies geklee(d) wees; *(sk., lugv.)* in die trim wees; *be* ***in*** *fighting ~* slaggereed/strydvaardig wees; topfiks wees; ***in*** *marching ~* marsvaardig; *be* ***out of*** *~* onklaar wees; *(sk., lugv.)* uit die trim wees. **trim** *adj.* netjies, fyn, viets; ordelik, in orde, goed gerangskik, keurig; *a ~ figure* 'n vietse lyfie. **trim** *-mm-, ww.* in orde bring; regmaak; knip, snoei; besnoei; afkant; mooimaak, optooi; top, netjies knip, (effens) korter sny *(hare)*; punt *('n baard)*; afrand *(spekvleis ens.)*; regsny *('n beesfilet ens.)*; opmaak *('n hoed)*; afwerk *('n rok)*; snuit *('n kers)*; fatsoeneer; afwerk, bywerk; reg kap; reg/glad sny; belê; beklee; versier, garneer; stou, stu *(vrag)*; *(sk., lugv.)* trim; skipper, (nóg) vis nóg vlees wees, aan geen party behoort nie; berispe, bestraf; →TRIMMER, TRIMMING; *~ s.t.* ***away*** iets (weg)snoei; *~ s.t.* ***back*** iets terugsnoei/terygsny/terugknip *('n plant ens.)*; iets beperk *(verliese ens.)*; *~ s.t.* ***down*** iets besnoei; *~* ***down*** *one's figure* verslank; *~ s.o.'s* ***jacket,*** *(fig.)* iem. op sy baadjie gee; *~med* ***joist*** kruppelbalk; *~ s.t.* ***off*** iets afknip; iets afskaaf; *~med* ***rafter*** kruppelspar; *~ one's* ***sails*** *(according) to the wind* die/jou seile na die wind hang/span; *~ o.s.* ***up*** jou opknap; *be ~med* ***with*** *...*, *('n kledingstuk)* met ... gegarneer/versier wees; *~ s.t.* ***with*** *lace/etc.* iets met kant/ens. afwerk. ~ **gym** trimgim. ~**park** trim-, oefenpark.
tri·ma·ran *(sk.)* drierompskuit.
tri·mer *(chem.)* drievoud, trimeer. **tri·mer·ic** *(chem.)* drievoudig, trimeer. **trim·er·ous** drietallig; *(bot., soöl.)* driedelig, trimeer.
tri·mes·ter kwartaal, drie maande; trimester *(v. 'n swangerskap of akademiese jaar)*.
trim·e·ter *(pros.)* drievoetige versreël, trimeter.
trim·mer afwerker, bywerker; versierder, garneerder; opmaker, opmaakster; (steenkool)tremmer; (vrag)vereffenaar; stouer *(op 'n skip)*; *(sk.)* trimtoestel; snoeier; knipper; snoeiskêr, -mes; bekleër, bekleder, opstopper; loesing; (politieke) manteldraaier/weerhaan, verkleurmannetjie. ~ **arch** *(bouk.)* raveelboog. ~ **(beam)** *(bouk.)* raveelbalk.
trim·ming afwerking, bywerking; versiering, garnering; versiersel, garneersel, garnituur, tooisel; fraiing; oplegsel, passement; sierbelegsel, randafwerking; belegwerk; bekleding; opstopper(s), loesing; geskipper, draaiery, jakkalsstreke, om-die-bos-springery; *(ook, i.d. mv.)* toebehore, toebehoorsels; *(kookk.)* afrandstukkies; *(kookk.)* afsnysels; snysels; snoeisel(s); oortollighede; uiterlikhede. ~ **axe** snoeibyl. ~ **comb** knipkam. ~ **device** *(sk.)* trimtoestel. ~ **joist** *(bouk.)* raveelsybalk. ~ **machine** afwerkmasjien. ~ **rafter** *(bouk.)* raveelspar.
tri·morph trimorf. **tri·mor·phic, tri·mor·phous** drievormig, trimorf. **tri·mor·phism** drievormigheid, trimorfie.
tri·mo·tor driemotorige vliegtuig.
trine *n.* drietal; *(astrol.)* trigoon. **trine** *adj.* drievoudig. **tri·nal** drievoudig.
trin·gle gordynstang; lang stang; (smal) skeilys.
Trin·i·dad and To·ba·go *(geog.)* Trinidad en Tobago. **Trin·i·dad·i·an** *n.* Trinidadees, Trinidadiër. **Trin·i·dad·i·an** *adj.* Trinidadees.
Trin·i·tar·i·an *n., (Chr. teol.), (belyer v.d. Drie-eenheid)* Trinitariër; *(ordelid)* Trinitaris. **Trin·i·tar·i·an** *adj.* Trinitaries. **Trin·i·tar·i·an·ism** Drie-eenheidsleer.
tri·ni·tro·tol·u·ene, -tol·u·ol *('n plofstof, afk.:* TNT*)* trinitrotolueen, trinitrotoluol.
trin·i·ty drietal; drie-eenheid; *the Holy T~, (Chr. teol.)* die Heilige Drie-eenheid. **T~ Sunday** *(1ste Sondag ná Pinkstersondag)* Drie-eenheidsondag, Drievuldigheidsdag, Triniteitsondag, Trinitatis.
trin·ket sieraad, versierseltjie; snuistery. ~ **box** juwelekissie.
trin·ket·ry sierade, tooiseltjies, versierinkies, versierseltjies; snuisterye.
tri·no·mi·al *n., (wisk.)* trinoom, drieterm. **tri·no·mi·al** *adj. (wisk.)* trinomiaal, drietermig; drienamig; drieledig.
tri·o *-os* drietal, trits; *(mus.)* trio.
tri·ode (valve) *(elek.)* triode.
tri·ole *(mus.)* triool.
tri·o·le·in, o·le·in *(chem.)* trioleïen, oleïen, gliseroltrioleaat.
tri·o·let *(digk.)* triolet.
tri·ox·ide *(chem.)* trioksied.
trip *n.* uitstappie, toer(tjie); rit; tog; passie; struikeling, misstap, val; vangs; bedwelming; *(infml.)* dwelm-, hallusinasiereis, psigedeliese reis; →ROUND TRIP; *experience/have a bad ~* 'n dwelmhel(levaart) deurmaak, 'n dwelmnagmerrie hê; *go on a ~, (infml.)* op 'n dwelm-/hallusinasiereis (*of* psigedeliese reis) gaan; *go* (or *be off*) *on a ~, take a ~* op reis gaan, 'n reis maak/onderneem; 'n uitstappie doen/maak/onderneem. **trip** *-pp-, ww.* trippel, huppel; struikel; 'n fout/misstap begaan; pootjie; betrap; die anker lig; 'n uitstappie doen/maak/onderneem; *(meg.)* klink, uitklink(er); *('n anker)* uithaak; *(elek.)* uitskakel; ***catch*** *s.o. ~ping* iem. op 'n fout betrap; *~* ***(it)*** dans; *~* ***over*** *s.t.* oor iets struikel; *~* ***(up)*** struikel; *~ s.o.* ***up,*** *(lett. & fig.)* iem. pootjie. ~ **gear** klepklink. ~**hammer** *(smeewerk)* sterthamer. ~ **lever** klinkhefboom. ~ **meter,** ~ **recorder** *(mot.)* ritmeter. ~ **mine** *(mil.)* struikelmyn. ~ **switch** *(elek.)* uitskop-, veiligheid-, pootjieskakelaar. ~**wire** struikeldraad.
tri·par·tite driedelig, drieledig; *~ treaty* driesydige verdrag. **tri·par·ti·tion** driedeling, verdeling in drie.
tripe *(kookk.)* pens; *(infml.)* snert, bog, twak, kaf; *(arg.)* ingewande, binnegoed; *talk ~, (infml.)* kaf praat/verkoop; *~ and trotters* pens-en-pootjies; *~, head and trotters* afval.
tri·phib·i·ous *(mil.)* land-see-en-lug-; uit die lug, oor land en uit die see; deur die leër, vloot en lugmag.
triph·thong *(ling.)* drieklank, triftong.
tri·plane *(vero. soort vliegtuig)* driedekker.
tri·ple *n.* drievoud; drietal, trits; *(weddenskap)* tripel. **tri·ple** *adj.* drievoudig; driedubbel; tripel-; *~* ***acrostic,*** *(pros.)* driedubbele akrostigon; *T~* ***Alliance,*** *(hist.)* Drievoudige Verbond; *~* ***bond,*** *(chem.)* driedubbele/drievoudige binding, driebinding; *~* ***crown*** (pouslike) drievoudige kroon; *~* ***jump,*** *(atl.)* driesprong; *~* ***killing/murder*** driedubbele moord; *the* ***number*** *is two ~ one seven five nine, (2111759)* die nommer is twee trippel een sewe vyf nege; *~* ***play,*** *(bofbal: d. uitkry v. drie spelers met een bal)* trippelspel; *~* ***point,*** *(fis.)* drievoudpunt, drievoudige punt; *~/treble* ***rhyme,*** *(pros.)* glydende rym; *~* ***rhythm,*** *(pros.)* trippelmaat; *~* ***time,*** *(mus.)* drieslagmaat; *~* ***tonguing,*** *(mus.)* drievoudige tongslag, trippeltongslag; *~* ***treble,*** *(hekelwerk)* drieslagsteek. **tri·ple** *ww.* verdrievoudig, tripleer. ~ **pole** driepolig.
tri·plet drietal, trits; (een van 'n) drieling; *(mus.)* triool; *be ~s* 'n drieling wees.
Tri·plex *(Br., handelsnaam)* tripleks(glas).
tri·plex driedelig; drievoudig; driedubbel; tripleks.
trip·li·cate *n.* drievoud, triplikaat, drievoudige afskrif; *in ~* in drievoud/triplikaat; *make a ~ of s.t.* 'n triplikaat van iets maak. **trip·li·cate** *adj.* drievoudig; driedubbel; in drievoud/triplikaat. **trip·li·cate** *ww.* verdrievoudig, tripleer. **trip·li·ca·tion** verdrievoudiging.
tri·plic·i·ty *(w.g.)* drievoudigheid.

trip·loid *n., (biol.)* triploïed. **trip·loid** *adj.* triploïed. **trip·loid·y** *n.* triploïdie.

tri·ply *adv.* drie maal; drie maal so.

tri·pod drievoet, -poot, statief. **trip·o·dal** drievoetig. ~ **rest** drievoetbok.

Trip·o·li *(geog.)* Tripoli. **Trip·o·li·tan** *n.* Tripolitaan. **Trip·o·li·tan** *adj.* Tripolitaans. **Trip·o·li·ta·ni·a** *(geog.)* Tripolitanië. **Trip·o·li·ta·ni·an** Tripolitaans.

trip·o·li tripel(aarde).

trip·o·lite *(min.)* tripoliet.

trip·per plesierreisiger, -ganger; danser; *(sl.)* iem. op 'n dwelm-/hallusinasiereis (*of* psigedeliese reis).

trip·ping *adj.*, **-ly** *adv.* glad, vlot; rats, vinnig; *(elek., attr.)* uitklink- *(meganisme ens.)*.

trip·ple *n., (SA)* trippel(gang) *(v. 'n perd)*. **trip·ple** *ww., ('n perd)* trippel. **trip·pler** *('n perd)* trippelaar.

trip·py *(infml.)* psigedelies *(musiek ens.)*.

trip·tych *(kuns)* drieluik, triptiek. **trip·tyque** *(vero.)* motorpas, triptiek.

tri·que·trous *(bot.)* driehoekig.

tri·reme *(sk., hist.)* drieriemsgalei, trireem.

tri·sac·cha·ride *(chem.)* trisakkaried.

tri·sect driedeel, in derdes verdeel. **tri·sec·tion** driedeling, verdeling in drie (gelyke dele). **tri·sec·tor** driedeler.

tri·shaw driesja; →RICKSHA(W).

tris·kai·dek·a·pho·bi·a dertienvrees, triskaidekafobie.

tri·skel·i·on -*skelia*, **tri·skele** -*skeles* driebenige simbool.

tris·mus *(med.)* = LOCKJAW.

tri·some *n.* trisoom. **tri·so·mic** *adj.* trisoom.

tri·so·my *(med.)* trisomie.

triste, trist·ful *(arg.)* treurig, droewig, bedroef.

tri·syl·la·ble drielettergrepige woord. **tri·syl·lab·ic** drielettergrepig.

tri·tag·o·nist *(<Gr., 3de akteur in 'n Gr. drama)* tritagonis.

trite afgesaag, alledaags, uitgedien(d), afgeslete, verslete, banaal, holrug gery, gemeenplasig; ~ *law* uitgemaakte/oorbekende reg, juridiese gemeenplaas. **trite·ness** afgesaagdheid, alledaagsheid, gemeenplasigheid.

trit·i·ate *ww., (chem.)* tritieer.

trit·i·um *(chem.)* tritium.

tri·tol →TRINITROTOLUENE.

Tri·ton *(Gr. mit., astron.)* Triton; *s.o. is a ~ among the minnows* in die land van die blindes is eenoog koning.

tri·ton[1] molg, watersal(a)mander.

tri·ton[2] *(fis.)* triton.

tri·tone *(mus.)* tritonus.

trit·u·rate *n., (teg.)* trituraat. **trit·u·rate** *ww.* tritureer, fynmaak, -vryf, -vrywe, -maal; verpoeier; fynkou. **trit·u·ra·tion** fynmaking, -vrywing, maling; verpoeiering.

tri·umph *n.* triomf, oorwinning, sege; triomftog, segetog; oorwinningsvreugde; *achieve a ~* 'n oorwinning behaal; *in ~* in triomf, triomferend; *s.o. returned home in ~* iem. se terugkeer was 'n (ware) triomftog. **tri·umph** *ww.* seëvier, die oorwinning behaal, triomfeer; koning kraai; ~ *over* ... oor ... seëvier/triomfeer, ... oorwin. **tri·um·phal** sege-, oorwinnings-, triomf-; ~ ***arch*** triomf-, ereboog; ~ ***car*** segewa; ~ ***column*** triomfsuil; ~ ***procession/progress*** triomf-, segetog; ~ ***song*** triomflied. **tri·um·phal·ism** triomfalisme. **tri·um·phant** seëvierend, triomferend, triomfant(e)lik.

tri·um·vir -*virs*, -*viri* drieman, lid van 'n driemanskap, triumvir. **tri·um·vi·rate** driemanskap, triumviraat.

tri·une drie-enig; *the ~ Godhead* die Drie-eenheid.

tri·va·lent, tri·va·lent, ter·va·lent *(chem.)* driewaardig, trivalent.

tri·val·vu·lar *(biol.)* driekleppig.

triv·et drievoet, -poot; *as right as a ~* so reg soos 'n roer. ~ **table** driepoottafeltjie.

triv·i·a *(mv.)* trivialiteite, bogtery. **triv·i·al** onbeduidend, niksbeduidend, beuselagtig, triviaal; oppervlakkig; alledaags; ~ *matters* kleinighede; ~ *name* volksnaam *(vir 'n plant ens.)*; *the ~ round of daily life* die alledaagse sleurgang. **triv·i·al·ise, -ize** as onbelangrik afmaak; (ver)kleineer, afkam. **triv·i·al·i·ty** onbeduidendheid, niksbeduidendheid, beuselagtigheid, beuselary, beuseling, trivialiteit; oppervlakkigheid; alledaagsheid. **triv·i·um** -*ia, (hist.)* trivium.

tri·week·ly drieweekliks.

-trix -*trices*, -*trixes, suff. (vorm n.)* -trise; *executrix* eksekutrise.

Tro·as, the Tro·ad *(geog.)* Troas.

troat *n.* geskree(u), geblêr. **troat** *ww.* skree(u), blêr.

tro·car *(chir.)* driehoeknaald, driehoekige/driesnydende naald, trokar; *abdominal ~* buiktapnaald.

tro·cha·ic →TROCHEE.

tro·chal *(soöl.)* wielvormig; ~ *disc* wielskyf.

tro·chan·ter *(anat.)* dybeendraaier, troganter.

tro·char →TROCAR.

tro·che *(med.)* suigtablet, -pil.

tro·chee *(pros.)* trogee. **tro·cha·ic** trogeïes.

troch·le·a -*leae* katrol; rolvormige deel; rolvlak. **troch·le·ar:** ~ *nerve* (oog)katrolsenuwee.

tro·choid *n., (geom.)* trogoïed. **tro·choid, tro·choi·dal** *adj., (anat., geom.)* trogoïed, trogoïdies, trogoïdaal.

tro·chom·e·ter afstandsmeter.

trod, trod·den →TREAD *ww.*.

trog -*gg*-, *ww., (Br., infml.)*: ~ *along* voort-, aansukkel, voortstrompel, aankrui(e), jou voortsleep; aandrentel, voortslenter.

trog·lo·dyte grotbewoner, spelonkbewoner, troglodiet; *(infml.)* hermiet, kluisenaar. **trog·lo·dyt·ic** grotbewoners-, troglodities; kluisenaars-.

troi·ka *(Rus. perderytuig)* troika; driespan; driemanskap, troika.

troil·ism driepersoonseks.

Tro·jan *n.* Trojaan; →TROY; *fight like a ~* →FIGHT *ww.*; ~ *Horse, (Gr. mit. & fig.)* Trojaanse perd; *(rek.: indringerprogram binne 'n legitieme program)* Trojaanse perd; *work like a ~* →WORK *ww.*. **Tro·jan** *adj.* Trojaans.

troll[1] *n.* katrol(letjie) *(v. 'n visstok)*; deuntjie, wysie, rondsang. **troll** *ww.* visvang; soek; (binne[ns]monds) sing; *(hoofs. Br.)* slenter, drentel.

troll[2] *n.* reus; *(Skand. mit.)* trol, aardmannetjie, dwerg.

trol·ley dienwaentjie, trollie; teewaentjie, trollie; koop-, winkelwaentjie, trollie *(in 'n supermark)*; trollie *(in 'n hospitaal)*; *(hist.)* molwa(entjie); loopkat; rol-, glykontak, kontakrol *(v. 'n trem)*. ~ **bus,** ~ **car** spoorlose trem, trembus. ~ **head** *(spw.)* trolliekop. ~ **jack** roldomkrag. ~ **pole** kontakarm.

trol·lop *(vero. of skerts.)* slons(kous); slet, straatmeisie, -vrou. **trol·lop·ish, trol·lop·y** slonserig; ontugtig.

trol·ly →TROLLEY.

trom·ba *(It.)* trompet.

trom·bone *(mus.instr.)* tromboon, skuiftrompet; *(orrelregister)* basuin. **trom·bon·ist** trombonis, tromboonblaser.

trom·mel draaitrommel, trommel(sif), ertssif, (silindriese) draaisif.

trom·om·e·ter *(toestel wat ligte aardskuddings meet)* tromometer.

trompe l'oeil *(Fr.)* oogbedrog.

-tron *suff. (vorm n.)* -tron; *synchro~* sinchro-, sinkrotron.

troop *n.* trop, klomp, hoop; troep; *(i.d. mv.)* troepe, troepemag, strydkragte; soldate, militêre; *a **concentration** of ~s* 'n troepesametrekking; ***deploy** ~s* troepe (laat) ontplooi; ***get** one's ~* tot kaptein bevorder word; *a ~ **of** ...* 'n trop ... *(perde, takbokke, ens.)*; 'n klomp ... *(mense ens.)*; *a ~ **of** horse* 'n ruitertroep (*of* troep ruitery); *a ~ **of** horsemen* 'n ruiterbende; ***review** ~s* troepe inspekteer. **troop** *ww.* in 'n trop (*of* in troppe) loop; tou; byeenkom; →TROOPING; ~ *away/off* op 'n streep weggaan/-stroom; ~ *the colour(s)* vaandelparade/-vertoning hou, die vaandel vertoon; ~ *together* saamdrom. ~ **carrier** troepedraer; troepewa; troepe-, transportskip; troepevliegtuig. ~**-carrying vehicle** troepevoertuig. ~ **concentration** troepesametrekking. ~ **horse** diens-, kavalleriepperd. ~ **leader** troepleier. ~ **movement, movement of ~s** troepebeweging, -verplasing. ~ **sergeant** troepsersant. ~ **sergeant major** troepsersant-majoor. ~**ship** troepe-, transportskip. ~ **train** troepetrein. ~ **transport** troepevervoer; troepevliegtuig. ~ **transport (ship)** troepe-, transportskip.

troop·er kavalleris, ruiter, berede soldaat; kavallerie-, diensperd; troepeskip, transportskip; troepevliegtuig; *lie like a ~* lieg soos 'n tandetrekker.

troop·ing samedromming; ~ *the colour(s)* vaandelparade, -vertoning.

trope *(ret.)* troop, stylfiguur, figuurlike uitdrukking, wending; →TROPICAL, TROPOLOGY.

tro·pe·ine *(chem.)* tropeïen.

troph·ic *adj.* trofies, voedings-. **-troph·ic** *komb.vorm* -troof; *hetero~* heterotroof.

troph·o- *komb.vorm* trofo-; *~blast* trofoblas(t).

tro·phy trofee, beker, prys; oorwinnings-, segeteken; ereteken; *floating ~* wisseltrofee, -beker.

-tro·phy *komb.vorm* -trofie; *hyper~* hipertrofie.

trop·ic *n.* keerkring; *in the ~s* in die trope; ~ ***of** Cancer* Kreefskeerkring, Noorderkeerkring; ~ ***of** Capricorn* Steenbokskeerkring, Suiderkeerkring; ***the** ~s* die trope/keerkringe. **trop·ic** *adj.* tropies; ~ *movement* tropiese beweging; →TROPICAL.

-trop·ic *komb.vorm* -troop, -tropies; *geo~* geotroop, -tropies.

trop·i·cal tropies; swoel; *(ret., arg.)* figuurlik, sinnebeeldig; ~ ***anaemia*** ankilostomiase, tropiese bloedarmoede; ~ ***bird*** tropevoël, tropiese voël; ~ ***disease*** tropiese siekte, tropesiekte; ~ ***flora*** tropeflora; ~ ***plant*** tropeplant, tropiese plant; ~ ***suit*** tropepak; ~ ***year*** son(ne)jaar.

trop·i·cal·ise, -ize by die trope aanpas; vir die trope inrig; *~d* tropevas. **trop·i·cal·i·sa·tion, -za·tion** aanpassing by die trope.

tro·pism *(beweging)* tropie; *(groeirigting)* tropisme.

tro·pol·o·gy *(ret.)* beeldspraak, figuurlike woordgebruik; →TROPE. **trop·o·log·ic, trop·o·log·i·cal** figuurlik, oordragtelik, beeldspraakig.

trop·o·pause *(met.)* tropopouse.

tro·po·sphere *(met.)* troposfeer. **tro·po·spher·ic** troposferies; ~ *wave* troposfeergolf.

trop·po *adv., (It., mus.)* te veel, troppo; *ma non ~* maar nie te veel nie, ma non troppo.

trot *n.* draf (→FLYING TROT); *(kindjie)* sukkelbeentjies; ***at** a (quick/smart) ~* op 'n (vinnige/stywe) draf; ***at** a slow ~* op 'n drafstap; *go/move **at** a slow ~* drafstap; *win **at** a ~, (infml.)* fluit-fluit/speel-speel wen; ***break** into a ~* in 'n draf oorgaan; *go **for** a ~* 'n entjie gaan ry; die/jou litte ('n) bietjie rek, 'n entjie gaan draf; *be **on** the ~, (infml.)* ronddraf, nie stilsit nie; *keep s.o. **on** the ~, (infml.)* iem. laat ronddraf, iem. gedurig besig hou (*of* besighou); *three/etc. times **on** the ~, (infml.)* drie/ens. keer ná mekaar; *have **the** ~s, (sl.)* buikloop hê. **trot** -*tt*-, *ww.* draf; laat draf, op 'n draf trek; afdraf; ~ ***after** s.o.* agter iem. aandraf, iem. agternadraf; ~ ***along*** aandraf; ~ ***away/off*** wegdraf; ~ ***out*** uitdraf; ~ *s.t. **out*** iets laat draf *('n perd)*; *(infml., neerh.)* iets gebruik/aanbied/aanvoer/opper *(dies. ou verskoning ens.)*; iets opdis *(dies. ou retoriek ens.)*. **trot·ter** drawwer; poot(jie); voet; *pig's ~* varkpootjie; *(ook, i.d. mv.)* varkafval; *sheep's ~* skaappootjie; *(ook, i.d. mv.)* skaapafval. **trot·ting** drawwery, draf.

troth *(arg.)* waarheid; *in ~* regtig, op my (ere)woord (*of* woord [van eer]), sowaar; *s.o. pledges/plights his/her ~* iem. gee sy/haar woord (van eer); iem. verloof hom/haar.

trots →TROT *n.*.

Trot·sky·ism Trotskisme *(ook t~)*. **Trot·sky·ist, Trot·sky·ite** *n.* Trotskis *(ook t~)*. **Trot·sky·ist, Trot·sky·ite** *adj.* Trotskisties *(ook t~)*.

trot·toir *(Fr.)* sypaadjie, trottoir.

trou·ba·dour troebadoer, minnesanger.

trou·ble *n.* sorg, kwelling, verdriet; moeilikheid, moeite, swaarkry, las, ongerief, ergernis, sonde; onraad; rusie, twis; kwaal, aandoening; geskil, onmin, onenigheid, ongenoeë; teen=, teëspoed, oponthoud; beroering; gebrek, steuring, storing, defek, mankement; *(ook, i.d. mv.)* onluste, woelinge, beroeringe, teenhede; sorge; →ENGINE TROUBLE; ***ask*** (or ***be asking***) *for* ~ moeilikheid soek/uitlok; *there is* ~ ***between*** *them* hulle het rusie (met mekaar); ***cause*** ~ moeilikheid veroorsaak; moles maak; kwaad stook, onmin stig/uitlok; ***cause*** ~ *for s.o.* iem. in die moeilikheid bring; ***cause/give*** *s.o. (a lot of)* ~ iem. (baie) moeite/las gee; ***court*** ~ moeilikheid soek; ***get into*** ~ in die moeilikheid kom/raak, in 'n penarie beland, in die knyp beland; vasbrand; ***get*** *s.o. into* ~ iem. in die moeilikheid bring; ***get*** *a girl into* ~, *(infml.)* 'n meisie in die ander tyd sit; ***give*** ~ las gee; moeite gee/veroorsaak; *('n masjien)* onklaar raak, lol; ***give*** *o.s. a lot of* ~ baie moeite doen; ***give*** *s.o. a lot of* ~ iem. baie las gee; iem. baie sonde gee/aandoen; *s.o.'s back/etc. is* ***giving*** *him/her* ~ iem. se rug/ens. tel hom/haar op; *the new system is* ***giving*** ~ die nuwe stelsel haper/lol nog; ***go*** *to a lot of* ~ baie moeite doen; ***go*** *to the* ~ *of* ... die moeite doen om te ...; ***go*** *to the* ~ *of doing s.t.,* ***(ook)*** jou die moeite getroos om iets te doen; ***have*** ~ ***with*** ... moeite met ... hê/kry, met ... sukkel (*of* las kry), sonde met (*of* las van) ... hê; *be* ***in*** ~ in die moeilikheid/knyp (*of* in die/'n verknorsing) wees/sit; in die nood wees; swaar leef/lewe/kry; *be* ***in*** *deep* (or ***in*** *all kinds of)* ~ diep in die moeilikheid wees; *be* ***in*** ~ ***with*** *s.o.* by iem. in onguns wees; ***land in*** ~ in die moeilikheid beland; in die nood raak; *s.t. lands s.o.* ***in*** ~ iets bring iem. in die moeilikheid (*of* laat iem. in die moeilikheid beland); ***invite*** ~ moeilikheid soek/uitlok; ***liver*** ~ 'n lewerkwaal/=aandoening; ***look*** *for* ~ moeilikheid soek; *you're* ***looking*** *for* ~ jy soek moeilikheid, jy soek my; ***make*** ~ moeilikheid veroorsaak, moles maak; kwaad steek/stig/stook, onmin stig/uitlok; onrus stook; ***meet*** ~ ***halfway*** die bobbejaan agter die bult gaan haal *(infml.)*, moeilikhede vooruitloop; *it is too* ***much*** ~ dit is te veel moeite; *be* ***no*** ~ *at all* geen moeite wees nie; ***no*** ~ *at all!* nie te danke!; *s.o. has* ***not*** *been* ~ iem. het geen las gegee nie; *s.o.'s* ***old*** ~ iem. se ou kwaal; *be* ***out*** *for* ~ moeilikheid soek; *get s.o.* ***out*** *of* ~ iem. uit die moeilikheid help; *stay* ***out*** *of* ~ uit die moeilikheid bly; *take* (or *go to) a lot of* ~ ***over*** *s.t.* baie/groot moeite (in verband) met iets doen; *s.o.'s* ~*s are* ***over,*** *(ook)* iem. is deur die drif; ***pick up*** ~ teen=/teëspoed kry/ondervind; ***pour out*** *one's* ~*s to s.o.* jou nood by iem. kla; ***put*** *o.s. to a lot of* ~ baie moeite doen; ***put*** *s.o. to* ~ iem. moeite aandoen (*of* las veroorsaak); *s.o. will* ***run into*** ~ iem. sal teen=/teëspoed kry; iem. sal sy/haar kop stamp; ***save/spare*** *o.s. the* ~ jou die moeite spaar; *you may* ***save/spare*** *yourself (the)* ~ spaar jou die moeite, dis moeite (te)vergeefs; *a* ***sea*** *of* ~*s* teen=/teëspoed sonder end; ***take*** ~ moeite doen, omslag maak; ***take*** *particular* ~ besonder (baie/veel) moeite doen; ***take*** *the* ~ *to* ... die moeite doen om te ...; ***that*** *is the* ~ daar lê/sit die knoop; *s.o. has been* ***through*** *much* ~ iem. het baie swaar gehad; ***what*** *is the* ~? wat makeer/skort?, wat is die fout/skorting?; *there* ***will*** *be* ~, *(ook)* daar sal perde wees. **trou·ble** *ww.* verontrus, kwel; beroer; hinder, pla, lastig val, moeite/las veroorsaak; foeter; ***don't*** ~ *(yourself)* moenie moeite doen/maak nie; laat staan maar, laat dit maar, laat maar staan/bly; ***don't*** ~ *to* ... moenie die moeite doen om te ... nie, dis onnodig om te ...; *can/could/may I* ~ *you* ***for the*** ...? sal jy asseblief die ... aangee?, mag ek asseblief die ... kry?; ~ *one's* ***head*** *about s.t.* →HEAD *n.*; *s.o. does not* ***let*** ... ~ *him/her* iem. bekommer/kwel hom/haar nie oor ... nie; *don't* ***let*** *it* ~ *you!* bekommer/kwel jou nie daaroor nie!; ***not*** ~ *to* ... nie die moeite doen om te ... nie; dit nie die moeite werd ag om te ... nie; *how long has this* ***pain*** *been troubling you?* hoe lank hinder dié pyn jou al?; ~ ***s.o.*** iem. hinder (*of* las gee); ***sorry*** *to* ~ *you* dit spyt my om jou lastig te val; ***sorry*** *you've been* ~*d*, *(ook)* jammer van die moeite/oorlas; *can/could/may I* ~ *you* ***to*** ...? sal jy so goed wees om te ...?; ~ *s.o.* ***to*** *do s.t., (vero.)* iem. uitdaag om iets te doen; *be* ~*d* ***with*** ... van ... las hê; met ... gepla wees; ~ *s.o.* ***with*** *s.t.* iem. met iets lastig val. ~**-free** steuringvry; moeite=, sukkelvry. ~**maker** twis=, rusiesoeker, rusiemaker, skoorsoeker, twister, rusverstoorder, jukskeibreker; onrusstoker, opstoker, opruier, oproermaker, ophitser. ~**making** *n.* beroering, twis=, rusiesoekery, onrusstokery, opstokery, opruiing. ~**making** *adj.* twissoekerig. ~**shooter,** ~**man** *(elek.)* steuringsoeker; *(fig.)* brandslaner. ~ **spot** onrus=, konflikgebied, konflikgeteisterde gebied, kwelkol; konflikpunt; onrus=, konfliktoneel.

trou·bled ongerus, besorg; gepla *(met)*; in die nood; →TROUBLE *ww.*; *a* ~ ***countenance*** 'n bekommerde gelaat; ~ ***sleep*** onrustige slaap; ~ ***times*** bewoë tye; *fish in* ~ ***waters*** →WATER *n.*; *a* ~ ***world*** 'n wêreld vol beroeringe.

trou·ble·some lastig, lollerig, hinderlik, moeilik, neulerig. **trou·ble·some·ness** lastigheid, hinderlikheid.

trou·blous moeilik, beroerd; *live in* ~ *times* →TIME *n.*.

trough bak, trog, bakkis; (drink)bak; *(fig.)* trog, dal; *(geol.)* slenk; ~ *of the sea* golfdal; *water(ing)* ~ drinkbak, =trog. ~ **compass** trogkompas. ~ **conveyer/conveyor** vervoertrog. ~ **gutter** bakgeut.

trounce afransel, 'n loesing (*of* 'n goeie pak slae) gee, (uit)looi, kafloop, kafdraf. **trounc·ing** afranseling, groot loesing (*of* pak [slae]).

troupe geselskap, troep; ~ *of dancers* dansgroep. **trouper** (ervare) toneelspeler/=speelster; staatmaker op die toneel.

trou·ser broekspyp. ~ **button** broeksknoop. ~ **clip** broekknyper, =veer, =haak. ~ **leg** broekspyp. ~ **pocket** broeksak. ~ **press** broekpers. ~ **suit** broekpak.

trou·sered met 'n broek aan, gebroek.

trou·ser·ing broekstof, =goed.

trou·sers *(ook* a pair of trousers*)* (lang)broek, (mans)broek; →BAGGY TROUSERS; *be* ***caught*** *with one's* ~ *down, (infml.)* onvoorbereid betrap (*of* onverwags in verleentheid gebring) word; ***put on*** (or ***take off***) ~ 'n broek aantrek/uittrek; ***wear*** ~ 'n broek dra; ***wear*** *the* ~, *(infml., v. 'n vrou gesê)* die broek dra, baasspeel, die baas wees; ***wide*** ~ 'n wye broek, 'n broek met wye pype.

trous·seau =*seaux*, =*seaus* (bruids)uitset.

trout *trout(s), n., (igt.)* forel. **trout** *ww.* forelle vang. ~**-coloured** forel=, blouskimmel *(perd)*; ~ *horse* forel=, blouskimmel. ~ **farm** forelplaas. ~ **stream** forelstroom, =loop.

trout·let, trout·ling *(igt.)* forelletjie.

trove →TREASURE.

tro·ver *(jur.)* terugvorderingsproses, aanklag weens oneerlike inbesitneming/toe-eiening.

trow *(arg.)* dink, glo, vertrou.

trow·el *n.* troffel; *flat* ~ spatel; *lay it on with a* ~, *(infml.)* dit dik aanmaak, erg oordryf/oordrywe/vergroot; die heuningkwas gebruik. **trow·el** =*ll*=, *ww.* pleister; dik opsmeer, die heuningkwas gebruik. ~ **board** pleisterplank. **trow·el·ling,** *(Am.)* **trow·el·ing** troffelwerk.

Troy *(antieke stad)* Troje.

troy *(stelsel v. gewigte)*: *12 ounces* ~ 12 ons troois. ~ **(weight)** trooisgewig, fyngewig, juweliersgewig.

tru·an·cy stokkiesdraaiery, skoolversuim.

tru·ant *n.* stokkiesdraaier, skoolversuimer; *play* ~ stokkiesdraai. **tru·ant** *adj.* skelm, lui, stokkiesdraaierig; ronddrentelend, dwalend. **tru·ant** *ww.* stokkiesdraai. ~ **officer** skool(besoek)beampte. ~ **school** *(hist.)* tug=, verbeterskool.

truce wapenskorsing, gevegskorsing; gewapende vrede; *(fig.)* wapenstilstand; verposing, rus; ~ *of God* godsvrede; *a* ~ *to tolerance!* basta met verdraagsaamheid!; *the Twelve Years' T*~ die Twaalfjarige Bestand. **tru·cial** verdrags=; *the T*~ *Coast/States, (hist.)* die Verdrags=/Piratekus; →UNITED ARAB EMIRATES.

truck[1] *n.* vragmotor, =wa, lorrie; goedere=, spoorwa, trok; stootwa; draaistel, onderstel *(v. 'n spoorwa ens.)*; *(sk.)* kloot; →TIPPING TRUCK; *light* ~, *(ook)* bakkie. **truck** *ww.* (in 'n trok) laai, *(infml.)* trok, per goederewa vervoer. ~ **driver, truck·er** vragwadrywer, =bestuurder. ~**load** trokvrag. ~**man** *(Am.)* vragmotorbestuurder. ~ **stop** vulstasie en padkafee. ~ **tractor** voorspanmotor.

truck[2] *n. (arg.)* ruilhandel; *(hoofs. arg.)* smousware, negosiegoed; *(infml.)* kaf, bog, onsin; *(Am.)* groente; *have/want no* ~ *with s.o./s.t.* niks met iem./iets te doen wil hê nie; *stand no* ~, *(infml.)* geen bogtery verdra (*of* speletjies maak) nie. **truck** *ww.* handel, (ver)kwansel, (ver)ruil; smous, met smousware rondtrek. ~ **farm** *(Am.)* groenteplaas. ~ **farmer** groenteboer. ~ **farming** groenteboerdery, tuinery. ~ **shop,** ~ **store** dwangkoopwinkel. ~ **system** dwangkoopstelsel.

truck·age *(Am.)* vragmotorvervoer, vervoer per vragmotor; vragmotorvervoerkoste.

truck·ing *(Am.)* vragmotorvervoer.

truck·le *n.* wieletjie, katrolwiel. **truck·le** *ww.* inkruip; ~ *to s.o.* kruiperig teenoor iem. wees, voor iem. kruip, by iem. inkruip/witvoetjie soek. ~ **bed** rolbed. **truckler** kruiper. **truck·ling** *n.* (in)kruipery. **truck·ling** *adj.* kruiperig, slaafs.

truc·u·lent kwaai, (uit)tartend, uitdagend, veglustig; *(arg.)* woes, wreed. **truc·u·lence, truc·u·len·cy** kwaai(ig)heid, uitdagendheid, veglus; *(arg.)* woestheid, wreedheid.

trudge *n.* sukkelgang. **trudge** *ww.* voort=, aansukkel, voortstrompel; *s.o. was trudging along* iem. het hom/haar met moeite voortgesleep, iem. het so sukkel-sukkel geloop.

true *n.*: *in* ~ haaks; waterpas; suiwer; in die spoor; in die juiste posisie; *be out of the* ~ nie haaks wees nie; uit die spoor wees; skeef wees. **true** *truer truest, adj.* waar; juis; eg, suiwer; trou, getrou, standvastig; opreg; haaks; goed gebalanseer, in die spoor, in die juiste posisie; gelykluidend; ~ ***angle*** regwysende hoek; *(as)* ~ ***as*** *Bob/God, (SA, infml.)* so waar as God, so waar as ek leef/lewe; *(as)* ~ ***as*** *I live* so waar as ek leef/lewe; *(as)* ~ ***as*** *steel* volkome getrou; ~ ***as*** *it is,* ... al is dit waar, ...; ~ ***bearing*** geografiese/ware rigting/peiling/ligging; ~ ***believer*** egte gelowige; streng regsinnige; *s.o. is a* ~ ***benefactor/etc.*** iem. is waarlik 'n (*of* is 'n ware) weldoener/ens.; *the prophecy* ***came*** ~ die voorspelling het uitgekom (*of* is bewaarheid/verwesen[t]lik); *s.o.'s words have* ***come*** ~ iem. se woorde is bewaarheid; ~ ***copy*** ware/gelykluidende afskrif; ~ ***course*** ware/geografiese koers/rigting; *be* ~ ***till/until death*** tot die dood (toe) getrou wees; ~ ***discount*** werklike korting; ~ ***east/north/south/west*** ware/geografiese ooste/noorde/suide/weste; ~ ***enough*** volkome juis; dis ook weer waar; ~ ***gas*** ware gas; *too* ***good*** *to be* ~ te goed om te glo; *the* ~ ***heir*** die ware/regte erfgenaam; ***(it is)*** ~, *s.o./it has/is* ... weliswaar het/is iem./dit ...; ~ ***judg(e)ment*** 'n suiwer(e) oordeel; ~ ***love*** ware liefde; *be* ~ ***of*** ... van ... waar wees; *be* ***out of*** ~ nie haaks wees nie; uit die spoor wees; skeef wees; ~ ***plane*** suiwer vlak; ~ ***pole*** ware/geografiese pool; *s.t.* ***proves*** *to be* ~ iets blyk waar te wees; ~ ***religion*** waaragtige geloof; ~ ***rib,*** *(anat.)* ware rib; ~ ***skin*** egte huid, onderhuid; *a* ~ ***story*** 'n waar/ware verhaal; *the* ~ ***story*** *of it is* ... die ware toedrag (van die saak) is ...; ~ ***sun*** ware son; ~ ***time*** ware tyd, sontyd; ~ ***to*** *life* lewensgetrou, =eg, =waar, getrou na die lewe; ~ ***to*** *nature* natuurgetrou; *be/remain* ~ ***to*** *s.o.* aan iem. (ge)trou wees/bly; ~ ***to*** *type* ras=, soorteg; eg, tipies, kenmerkend; *be only* ***too*** ~ maar alte waar wees. **true** *adv.* waar; eg; suiwer; weliswaar, inderdaad; werklik; ***breed*** ~ suiwer kweek/teel; ***hold*** ~ *for/of* ... vir/van ... geld; ***run*** ~ suiwer loop; ***sawn*** ~ suiwer gesaag; ***sing*** ~ nootvas sing. **true** *trued trued truing, ww.* pasmaak, afwerk; reg stel; ~ *s.t. up* iets haaks maak; iets waterpas maak; iets spoor; iets in die regte posisie bring. ~ **blue** *n., (Br.)* lojale Tory; stoere rojalis; egte konserwatief; staatmaker, man/vrou van die ou stempel. ~**-blue** eerlik, opreg, (ge)trou; onvervals, regskape; eg konserwatief. ~**-born** opreg, eg, reggeaard; raseg, =suiwer, volbloed; *a* ~ *Afrikaner/etc.* 'n ware Afrikaner/ens. ~**-bred** opreg, raseg; beskaaf(d). ~ **daisy** dubbele madeliefie. ~**-hearted** trouhartig. ~**-life** *adj. (attr.)* ware *(liefdesverhaal ens.)*. ~**love** ge=

liefde, skatlief, soetlief; *(bot.)* = HERB PARIS. **~love knot, ~-lover's knot** liefdesknoop. ~ **millet** trosgras; voëlsaad, kanariesaad. **~penny** *(Shakesp.)* eerlike kêrel.

true·ness waarheid; egtheid; trou, getrouheid; →TRUE *adj.*; ~ *to type* rasegtheid. **tru·ism** ou bekende waarheid; gemeenplaas, afgesaagde uitdrukking; onomstootlike waarheid, waarheid soos 'n koei. **tru·ly** waarlik, werklik, regtig; sowaar, voorwaar, wraggies; na waarheid, in werklikheid; *be* ~ ***grateful*** →GRATEFUL; *well and* ~ ***laid*** heg en reg, goed en deugdelik gelê; *it has been* ~ ***said*** *(that)* ... daar is tereg gesê (dat) ...; ***serve*** *s.o.* ~ iem. trou dien; ***yours*** ~ die uwe, hoogagtend, met (hoog)agting, geheel die uwe; ***yours very*** ~ hoogagtend die uwe, met die meeste hoogagting.

truf·fle truffel, knolswam.

trug *(Br.)* vlak mandjie van houtstroke.

trull *(arg.)* straatvrou, hoer, slet, sloerie.

trump¹ *n.* basuin, trompet; *the last* ~ die laaste basuin. **trump** *ww.* trompetter, op 'n trompet/basuin blaas; luidkeels verkondig.

trump² *n.* troef; troefkaart; *(infml., vero.)* staatmaker, agtermekaar kêrel; ***draw*** *~s* troewe (uit)vra/uitspeel; ***hold*** *all the ~s, (lett.)* al die troewe/troefkaarte in jou hand hê; ***put*** *s.o. to his/her ~s* iem. dwing om sy/haar troewe uit te speel; iem. raadop maak; ***turn/come up*** *~s, (infml.)* goed uitval, alle verwagtings oortref. **trump** *ww.* troef; 'n troefkaart speel; ~ *s.t.* ***up*** iets versin (*of* uit die/jou duim suig *of* uit die lug gryp) *('n aanklag[te] ens.)*; *a ~ed-up charge* →CHARGE *n.*. ~ **card** troefkaart; *play one's* ~ ~, *(lett. & fig.)* jou troefkaart speel. ~ **suit** troefkleur.

trump·er·y *n.* klatergoud; prulle; kaf, onsin, bog. **trump·er·y** *adj.* waardeloos, bogterig, prul=, skyn=; oppervlakkig.

trum·pet *n.* trompet; trompetgeskal; *blow one's own* ~ jou eie basuin/beuel blaas, jou eie lof/roem verkondig, jou eie lof uitbasuin, jakkals prys sy eie stert; *slide* ~ skuiftrompet. **trum·pet** *ww.* op die trompet blaas; uitbasuin; *(ook 'n olifant)* trompetter; sketter. ~ **blast** trompetstoot. ~ **call** trompetsinjaal; trompetgeskal; *(fig.)* dringende oproep. ~ **fish** trompetvis. ~ **flower** trompet(ter)blom, bignonia. ~ **fly** steekvlieg, blindevlieg. ~ **lily** trompetlelie. ~ **major** trompet-majoor.

trum·pet·er trompetter, trompetblaser; trompetvoël; *be one's own ~, (vero.)* →BLOW ONE'S OWN **TRUMPET**. ~ **hornbill** boskraai.

trum·pet·ing getrompetter *(v. olifante)*.

trun·cal *(anat.)* romp=; *(bot.)* stam=.

trun·cate *ww.* top, snoei; (af)knot, afkap. **trun·cate, trun·cat·ed** *adj.* stomp, afgestomp; afgeknot; getop; ~ *cone* (skeef) afgeknotte keël; ~ *leaf* afgestompte blaar.

trun·cheon knuppel, (moker)stok *(v. 'n konstabel)*; staf.

trun·dle *n.* wieletjie, rolletjie; rolbed; rolwaentjie. **trun·dle** *ww.* rol; aankrui(e); ~ *along* aankrui(e); saamkrui(e); *(fig.)* saamdraf; ~ *on* aankrui(e), voortkrui(e). ~ **bed** rolbed. **trun·dler** gholfsak; stoot=, kinderkarretjie; *(kr.)* (stadige) bouler.

trunk (boom)stam/stomp; romp; skag; hooflyn; kis, trommel, koffer; slurp *(v. 'n olifant)*; koker; blaaspyp; *(ook, i.d. mv.)* baaibroek(ie), swembroek(ie). ~ **call** *(telef.)* hooflyngesprek, =oproep. ~ **drawers** *(vero.)* kort onderbroek. **~fish** *(Ranzania laevis)* rompvis; *(Ostracion* spp.*)* koffervis. ~ **line** hooflyn. ~ **main** hoofpyp. ~ **road** hoofpad, =weg.

trunk·ing *(telekom., elek.)* roetering; langafstandvervoer.

trun·nel →TREENAIL.

trun·nion *(teg.)* draagtap; spil; jukbout.

truss *n.* stut; kap (→ROOF TRUSS); hangwerk; steun; bondel; tros; *(med.)* breukband. **truss** *ww.* stut; versterk; kappe (*of* 'n kap) maak; vasbind, opbind; *(kookk.)* opmaak *('n hoender ens.)*; *~ed* ***beam*** vakwerkbalk; *~ed* ***girder*** vakwerklêer; *~ing* ***needle*** vleisnaald; *~ed* ***roof*** vakwerkdak; ~ *s.o./s.t.* ***up*** iem./iets vasbind. ~ **beam** vakwerkbalk. ~ **bridge** vakwerkbrug. ~ **post** vakwerkstyl. ~ **rod** *(teg.)* ankerstang. ~ **roof** vakwerkdak.

truss·ing versterking; *(bouk.)* vakwerk.

trust *n.* vertroue; geloof; krediet; toevertroude pand; *(jur.)* trust; kartel; →INVESTMENT TRUST; *a* ***breach*** *of* ~ troubreuk; 'n skending van vertroue; *(jur.)* trustbreuk; ***hold*** *s.t. in* ~ iets in bewaring hê; *be* ***in*** ~ in bewaring wees; *be* ***in*** *s.o.'s* ~ onder iem. se toesig wees; *s.o.'s* ~ ***in*** *God* iem. se geloofsvertroue; ***inspire*** ~ *in s.o.* by iem. vertroue inboesem; ***on*** ~ te goeder trou; *(han.)* op krediet; *accept/take s.t.* ***on*** ~ iets op goeie geloof aanneem/aanvaar; iets op gesag aanneem/aanvaar; ***place/put*** *one's* ~ *in s.o.* iem. vertrou, (jou) vertroue in iem. stel; *be in a* ***position*** *of* ~ 'n vertrouenspos beklee; ***repose*** ~ *in s.o.* iem. vertrou, (jou) vertroue in iem. stel; *a* ***sacred*** ~ 'n heilige/onskendbare verpligting. **trust** *ww.* vertrou; toevertrou *(aan)*; reken/staatmaak op; krediet gee; ~ ***me for that*** laat dit (maar) aan my oor; ~ *him/her* ***for*** *that!* dit kan jy van hom/haar verwag!; *I* ~ ***he/she*** *will do it* ek vertrou dat hy/sy dit sal doen; ~ *s.o.* ***implicitly*** iem. blind(weg)/onvoorwaardelik vertrou; ~ ***in*** ... op ... vertrou, (jou) vertroue in ... stel, jou op ... verlaat; ~ ***to luck*** →LUCK *n.*; *I* ~ ***not*** hopelik nie; ... *is* ***not*** *to be ~ed* ('n) mens kan ... nie vertrou nie; ~ ***(that)*** ... hoop (dat) ...; vertrou (dat) ...; ~ ***to*** ... op ... staatmaak, jou op ... verlaat; ~ *s.o.* ***with*** *s.t.* iets aan iem. toevertrou; iem. toelaat om iets te gebruik; ~ ***you!*** dit kan ('n) mens van jou verwag!. ~ **account** trustrekening, bewaar(geld)rekening. ~ **area** →TRUST TERRITORY. ~ **bank** trustbank. ~ **company** trustmaatskappy. ~ **deed** trustakte. ~ **fund** trustfonds. ~ **money** trustgeld, toevertroude geld. ~ **territory,** ~ **area** trustgebied. **~worthiness** geloofwaardigheid, betroubaarheid. **~worthy** betroubaar, vertroubaar, geloofwaardig.

trust·ed *adj.* vertroud *(vriend ens.)*; *tried and ~ method(s)* beproefde en betroubare metode(s).

trus·tee beheerder; vertrouensman; kurator; *(jur.)* trustee; *board of ~s* kuratorium; ~ *of an estate* kurator van'n boedel; *public* ~ openbare trustee. **trus·tee·ship** beheerskap; kuratorskap; voogdy(skap).

trust·ful vertrouend, vol vertroue, goedgelowig, goedvertrouend. **trust·ful·ness** goeie vertroue.

trust·i·fy tot 'n trust maak. **trust·i·fi·ca·tion** trustvorming.

trust·ing = TRUSTFUL. **trust·ing·ly** vol vertroue.

trust·less vals, onvertroubaar. **trust·less·ness** valsheid, onvertroubaarheid.

trust·y *n.* vertrouensman; handlanger. **trust·y** *adj.* trou, betroubaar, vertroubaar, vertrouenswaardig; vertroud; ~ *fellow* staatmaker. **trust·i·ness** getrouheid; vertroubaarheid.

truth waarheid; eerlikheid, trou, getrouheid; *not an* ***atom*** *of* ~ geen greintjie waarheid nie; *the* ***bare/naked/plain*** ~ die naakte/ronde waarheid; ***come/get*** *at the* ~ agter die waarheid kom, die waarheid agterkom; *be completely* ***devoid*** *of* ~ van alle waarheid ontbloot wees; *an* ***element*** (or *a* ***germ/grain***) *of* ~ 'n kern van waarheid; *an* ***established*** ~ 'n uitgemaakte waarheid; ~ *is stranger than* ***fiction*** die waarheid is vreemder as 'n storie (*of* klink soms na 'n fabel); ***get*** *at the* ~ →***come/get***; ***God's*** ~ die reine waarheid; *the* ***gospel*** ~ die heilige waarheid; *tell s.o. a few* ***home*** *~s* iem. goed/kaalkop/vierkant die waarheid sê/vertel; *be ready to tell s.o. a few* ***home*** *~s, (ook)* oorgehaal wees vir iem.; ***in*** ~ in werklikheid, in der waarheid; om die waarheid te sê; *there is* ~ ***in*** *what s.o. says* daar sit iets in wat iem. sê; *the* ~ ***is*** *I forgot to* ... om die waarheid te sê, ek het vergeet om ...; ~ ***is*** *inconvenient* die waarheid wil nie gesê wees nie; ~ ***to life*** (lewens)egtheid, lewensgetrouheid; ***love*** *of* ~ waarheidsliefde; *the* ~ *of the* ***matter*** *is that* ... die saak staan so ...; *the* ***moment*** *of* ~ die oomblik van waarheid/ontnugtering; *the* ***naked*** ~ →***bare/naked/plain***; ~ ***prevailed*** die waarheid het geseëvier; ***recognise*** *the* ~ die waarheid insien/besef; *s.t. has the* ***ring*** *of* ~ *(about/to it)* iets klink eg/opreg; *there is not a* ***shadow*** *of* ~ *in it* dit bevat geen (*of* nie 'n) sweem van waarheid nie; *tell the* ***simple*** ~ die eenvoudige waarheid vertel; *be a* ***stranger*** *to the* ~ 'n leuenaar wees, die waarheid spaar; ***stretch*** *the* ~ die waarheid geweld aandoen, oordryf, oordrywe; ***tell*** *the* ~ die waarheid praat; *to* ***tell*** *the ~,* ~ *to* ***tell,*** *if the* ~ *were/be* ***told*** om die waarheid te sê, eintlik; ***trifle*** *with the* ~ die waarheid te na kom; *an* ***unpalatable*** ~ 'n onaangename waarheid; *the* ***unvarnished*** ~ die reine/onverbloemde/onopgesmukte waarheid; ***violate*** *the* ~ die waarheid geweld aandoen; ***vouch*** *for the* ~ *of s.t.* vir die waarheid van iets instaan; *the* ***whole*** ~ die volle waarheid; *the ~, the* ***whole*** ~ *and nothing but the* ~ die waarheid, die volle waarheid en niks anders as die waarheid nie; *be* ***wide*** *of the* ~ ver/vêr van die waarheid wees; *the* ~ ***will out*** al is die leuen nog so snel, die waarheid agterhaal hom wel; al moet die kraaie dit uitbring; *there is no* ***word*** *of* ~ *in it* daar is geen woord (*of* daar is niks) van waar nie. ~ **drug,** ~ **serum** waarheidsdoepa, waarheidserum. **~-loving, ~-speaking, ~-telling** waarheidliewend. ~ **set, solution set** *(log., wisk.)* oplossingsversameling. ~ **table** *(log., wisk.)* stel-en-hef-tabel.

truth·ful waarheidliewend; waarheidsgetrou, werklik, waar, getrou. **truth·ful·ly** waarlik, in der waarheid. **truth·ful·ness** waarheidsliefde, waarheidliewendheid.

truth·less vals, ontrou.

try *n.* probeerslag, kans, poging; *(rugby)* drie; ***convert*** *a* ~ 'n drie doel; ***give it a*** ~ dit probeer (doen); ***have*** *a* ~ probeer; ***have*** *a* ~ *at s.t.* iets probeer (doen); ***have*** *another* ~ weer probeer; ***save*** *a ~, (rugby)* 'n drie verhoed; ***score*** *a ~, (rugby)* 'n drie druk/aanteken. **try** *ww.* probeer; *(fml.)* poog, trag; toets, probeer, op die proef stel, 'n proef neem; keur; terg; ondersoek; versoek, beproef; jou inspan, jou bes doen; verhoor, in verhoor neem; suiwer, kook, uitbraai; →TRIED, TRIER; ~ ***again*** weer probeer; ~ *one's* ***best*** →BEST *n.*; ~ *and/to* ***come/etc.*** probeer kom/ens.; ~ ***conclusions*** *with s.o.* →CONCLUSION; ~ ***desperately*** wanhopige pogings aanwend; ~ *to* ***do*** *s.t.* iets probeer doen, probeer om iets te doen; ~ ***for*** ... na ... mik, ... probeer kry; ~ ***for*** *white, (SA, hist.)* probeer deurgaan vir wit; *be tried* ***for*** ... weens ... teregstaan (*of* verhoor word); ~ *one's* ***hand*** *at s.t.* →HAND *n.*; ~ ***hard*** hard probeer; *no matter* ***how*** *s.o. tries* hoe iem. ook al probeer; ~ ***how far*** *one can* ... probeer/kyk hoe ver/vêr jy kan ...; ~ *one's* ***luck*** →LUCK *n.*; *there is* ***nothing like*** *~ing* probeer is die beste geweer; ~ *s.t.* ***on*** iets aanpas *(klere)*; iets oppas *('n hoed)*; *(infml.)* iets probeer/waag; *don't ~* ***it on*** *with me!, (infml.)* moenie sulke streke by my aanvang/uithaal nie!; ~ *s.t.* ***(out)*** iets probeer (*of* op die proef stel); iets toets *('n masjien ens.)*; iets uitkook/uitbraai; iets suiwer; ~ *s.t.* ***out*** *on* ... iets by ... toets; ~ *s.o.'s* ***patience*** →PATIENCE; ~ ***some!*** probeer/proe daarvan!; ~ ***something,*** *(ook)* jou aan iets waag; ~ ***to*** *swim/etc.* probeer (om te) swem/ens.; ~ ***in vain*** (te)vergeefs/verniet probeer; ~ ***valiantly*** moedig probeer. ~ **cock** *(teg.)* proefkraan. ~ **house** traankokery *(waar olie uit spek gekook word)*. ~ **line** *(rugby)* doellyn. **~-on** *(Br., infml.)* (die) (aan)pas; probeerslag; bedrogpoging, verneukslag. **~out** proef, toets; proefwedstryd; proefrit; proeftog, =vaart, oefentog; probeerslag. ~ **plane** →TRYING PLANE. **~sail** *(sk.)* gaffelseil, stormgrootseil. ~ **scorer** *(rugby)* driedrukker; *top* ~ ~ voorste driedrukker, top-driedrukker, driedrukkoning. ~ **square** winkelhaak. **~works** traankokery *(waar olie uit spek gekook word)*; steenoond.

try·ing *n.* (die) probeer/strewe; volharding. **try·ing** *adj.* lastig, moeilik; uitputtend, afmattend, inspannend, vermoeiend. **~-on** (die) (aan)pas. **~-on room** paskamer. ~ **plane, try plane** *(houtw.)* reiskaaf.

tryp·a·no·some *(med., soöl.)* tripanosoom, spiraalkiem. **tryp·a·no·so·mi·a·sis** *(med.)* tripanosomiase, nagana.

tryp·sin *(biol.)* tripsien.

tryp·sin·o·gen *(biol.)* tripsinogeen.

tryp·to·phan *(biochem.: 'n essensiële aminosuur)* triptofaan.

tryst *n.* afspraak; wagplek, afgesproke plek, bymekaarkomplek. **tryst** *ww.* afspreek, 'n afspraak maak; *~ing place* wagplek, afgesproke plek, bymekaarkomplek.

tsam·ma, tsa·ma *(SA, bot.: Citrullus lanatus)* tsamma.

tsar, czar *(hist.)* tsaar, (Russiese) keiser; (Bulgaarse) koning; despoot; *(infml.)* grootbaas; ~ *of all the Russians* tsaar van al die Russe. **tsar·dom, czar·dom** tsaredom, tsareryk. **tsar·e·vi(t)ch, czar·e·vi(t)ch** *(oudste seun v. 'n tsaar)* tsarewitsj. **tsa·rev·na, cza·rev·na** *(dogter v. 'n tsaar; vrou v. 'n tsarewitsj)* tsarewna. **tsa·ri·na, cza·ri·na** tsarina, (Russiese) keiserin. **tsar·ism, czar·ism** tsarisme *(ook T~)*. **tsar·ist, czar·ist** *n.* tsaris *(ook T~)*. **tsar·ist, czar·ist** *adj.* tsaristies *(ook T~)*.

tses·se·be, tses·se·bi, sas·sa·by *(soöl.)* basterhart(e)bees, tsessebe.

tset·se (fly) tsetsevlieg.

Tshi·ve·nda *(taal)* Tshivenda, Venda.

Tsit·si·kam·ma *(SA, geog.)* Tsitsikamma.

tsk (tsk) *tw.* ai(, ai).

Tso·nga *Tsonga(s), Vatsonga, ([lid v.] bevolkingsgroep)* Tsonga; *(taal)* Tsonga, Xitsonga.

tso·tsi *-sis, (SA, <Xh.)* tsotsi.

tsu·na·mi *-mi(s), (Jap.)* tsoenamie, seismiese (see)golf, vloed-, stormgolf *(veroorsaak deur 'n aardbewing of vulkaniese uitbarsting)*.

Tswa·na *Tswana(s), Batswana, ([lid v.] bevolkingsgroep)* Tswana; *(taal)* Tswana, Setswana.

tu·an *(Mal.)* toean.

Tua·reg *-reg(s), (lid v. 'n volk)* Toeareg.

tu·a·ta·ra *(soöl.)* tuatara.

tub *n.* vat; balie, kuip; bad(kuip); sponsbad; oefenboot; *(mynb.)* trok, hysemmer, hyshok; *let every ~ stand on its own bottom* elkeen sorg vir hom-/haarself *(of* krap sy/haar eie potjie); *a ~ of margarine/etc.* 'n bak margarien/ens.. **tub** *-bb-, ww.* in 'n kuip bad; in 'n vat plant; in 'n oefenboot roei. **tub·bi·ness** swaarlywigheid. **tub·by** vatvormig; *(infml.)* plomp, rond en dik, swaarlywig; *(w.g.)* dof *('n klank ens.)*. ~ **chair** kuipstoel. **~-shaped** balievormig. **~-thumper** seepkisredenaar, vurige redenaar, skreeuer, sketteraar; opwekkingsprediker. **~-thumping** *n.* seepkisretoriek, skreeuery; opwekkingsprediking. **~-thumping** *adj.* lawaaierig, skreeuerig, sketterend. ~ **wheel** bakkiespomp.

tu·ba *(mus.instr.)* tuba.

tu·bal *adj., (anat.)* buis-; ~ *pregnancy* buiswangerskap; ~ *sterilisation/-zation* sterilisasie van die buise.

tube *n.* buis; pyp; pypie; tube *(vir verf)*; slurp *(v. 'n gasmasker)*; binneband; *the ~, (sl.)* televisie; *a ~ of toothpaste* 'n buis(ie) tandepasta. **tube** *ww.* van 'n pyp/buis voorsien; met 'n pyp/buis omsluit; met die moltrein ry; *~d gunpowder* pypkruit. ~ **blower** roetblaser. ~ **cleaner** pypskraper, -wisser. ~ **colour(s)** buisverf. ~ **cutter** pypsnyer. ~ **flap** vellingvoering. ~ **flower** buisblom. ~ **foot** *(soöl.)* buispoot, suigpoot(jie). ~ **mill** silindermeul(e). ~ **pan** tuitpan, koekpan met 'n tuitvorm. ~ **(railway)** ondergrondse spoorweg. ~ **stay** pypanker. ~ **top** *(Am.)* →BOOB TUBE. ~ **(train)** moltrein, ondergrondse trein, tonneltrein. ~ **valve** bandklep, ventiel. ~ **vice** pypskroef.

tu·bec·to·my *-mies, (med.: verwydering v. 'n eierleier/Fallopiusbuis)* tubektomie.

tube·less: ~ *tyre* lug(buite)band, blootsband, lughoudende/buislose band.

tu·ber knol, bol; aartappel; knop, geswel, knobbel; *lift ~s* knolle uithaal.

tu·ber·cle knoppie, knobbeltjie, knolletjie, tuberkel; vratjie. ~ **bacillus** tuberkelbasil.

tu·ber·cu·lar *n.* teringlyer. **tu·ber·cu·lar** *adj.* knolvormig; knoppiesrig, knobbelrig, knoetserig, knoesterig, vol knoppies; vratterig, vol vratte; tuberkuleus, teringagtig; ~ *weakness* teringagtigheid. **tu·ber·cu·late, tu·ber·cu·lat·ed** knobbelrig; vratterig; →TUBERCULAR *adj.*.

tu·ber·cu·lin *(med.)* tuberkulien. ~ **test** tuberkulientoets. **~-tested milk** tuberkuliengetoetste melk.

tu·ber·cu·lo·sis *(med.)* tuberkulose, tering; *pulmonary ~* longtering. **tu·ber·cu·lot·ic** *n.* teringlyer, tuberkuloselyer. **tu·ber·cu·lous, tu·ber·cu·lot·ic** *adj.* tuberkuleus, teringagtig.

tu·ber·if·er·ous *(bot.)* knoldraend. **tu·ber·ose** *n., (bot.)* soetemaling, soetamaling. **tu·ber·ose** *adj.* knopperig, knopvormig, knolvormig; knoldraend. **tu·ber·os·i·ty** knopperigheid; knop-; knolvormigheid; knop, geswel, knobbel, uitwas. **tu·ber·ous** knolagtig, knol-; ~ *plant* knolgewas; →TUBEROSE *adj.*.

tu·bi·form *adj.* buisvormig.

tub·ing (stuk) pyp/buis; pype, buise, pypwerk; pyplengte.

tu·bu·lar buisvormig; pypvormig; tuitvormig; buis-, pyp-; ~ ***bell*** buisklok; ~ ***boiler*** vlampypketel; ~ ***bone*** pypbeen; ~ ***bridge*** koker-, tonnelbrug; pypbrug; ~ ***drill*** holboor; ~ ***flower*** tuitblom; ~ ***frame*** pypraam; ~ ***gate*** pyphek; ~ ***girder*** kokerlêer; ~ ***lock*** kokerslot; ~ ***nephritis*** nierbuisontsteking; ~ ***pole*** koker-, buispaal; ~ ***shaft*** holas; ~ ***sock/streamer**, (lugv.)* windkous; ~ ***spanner*** kokersleutel; ~ ***steel*** buisstaal, staalpyp(e); ~ ***strut*** pypstut.

tu·bu·late *ww.* tot buise (*of* 'n buis) vorm; van 'n buis voorsien. **tu·bu·late, tu·bu·lat·ed** *adj.* buisvormig, pypvormig; met 'n pyp/buis.

tu·bule buisie, pypie.

tuck *n.* opnaaisel; oprygsel; plooi; omslag; snoeperye, lekkergoed, snoepgoed; *make a ~* 'n opnaaisel maak/insit. **tuck** *ww.* opnaaisels maak/insit; plooi; omslaan, inslaan, oprol; intrek; insteek; ~ *a blanket **around** s.o.'s legs/etc.* 'n kombers om iem. se bene/ens. slaan/vou; ~ *s.t. **away*** iets bêre; iets wegsteek; ~ ***in*** weglê; ~ *s.o. **in*** iem. dig toemaak, iem. toedraai/inrol/invou; ~ *s.t. **in*** iets insteek; ~ ***into*** *s.t.* aan iets wegval/weglê/smul *(kos)*; *~ed **seam*** opnaaiselnaat; ~ *one's **tail** between one's legs* →TAIL[1] *n.*; ~ *one's head **under** s.t.* jou kop onder iets insteek; ~ *s.o. **up*** iem. lekker inrol/toedraai *(of* warm toemaak); ~ *s.t. **up*** iets oprol *(hempsmoue ens.)*. **~-away chairs** inskuifstoele. ~ **box** kostrommel *(v. 'n koshuisleerling)*. **~-in** *(Br., infml., vero.)* lekker/groot etery, smulete, -fees, smullery. ~ **marker** opnaaiselvoetjie. ~ **net** binnenet. **~-out** →TUCK-IN. ~ **shop** snoepwinkel, snoepie.

tuck·er[1] *n.* kantkraag; opnaaiselvoetjie; kos, rantsoen.

tuck·er[2] *ww., (Am., infml.)* klaarmaak, gedaan maak, uitput, vermoei.

tuck·et *(arg.)* trompetgeskal, fanfare.

tuck·ing *(naaldw.)* opnaaiwerk; opnaaisels.

Tu·dor *(lid v.d. Tudor[vorste]huis)* Tudor. ~ **rose** *(versiering)* Tudorroos.

Tu·dor·be·than Tudorbethaans, in die Tudorbethaanse styl *(ook t~)*.

Tues·day Dinsdag.

tu·fa *(geol.)* toefa; *(calcareous) ~* tufkryt; *volcanic ~* tuf(steen); →TUFF. **tu·fa·ceous** tufkrytagtig, toefa-agtig, toefaägtig. **tuff** tuf(steen), asklip; *lithic ~* steentuf; *vitric ~* glastuf. **tuff·a·ceous** tufagtig; ~ *limestone* kalktuf.

tuf·fet bossie *(gras ens.)*; hobbel; lae stoeltjie; sitkussing.

tuft *n.* bossie; haarbossie; klos(sie), kwas(sie); kuif(ie); trossie; pluis; pol; *a ~ of grass* 'n graspol; *a ~ of hair* 'n bossie hare. **tuft** *ww.* klossies/kwassies/ens. aansit; in trossies/bossies groei; deurknoop, -naai, -trek *('n matras)*. ~ **hunter** *(vero.)* flikflooier, vleier, (in)kruiper, rugklopper, pluimstryker.

tuft·ed gekuif, kuifkop-, kuif-; pol-; polvormig; rosetvormig; gekwas; ~ *carpet* pluistapyt; ~ *duck* kuifeend; ~ *rug* pluismat.

tuft·ing deurknoopwerk. ~ **button** kapitonneerknoop.

tuft·y met klosse/klossies/ens., met 'n klos(sie)/trossie/ens., trossierig, kwassieagtig; gekuif, met 'n kuif.

tug *n.* ruk, trek; kragsinspanning, kragtige poging; sleepboot; oog, lus *(v. 'n tuig)*; stoot *(v. 'n gespe)*; *give a ~ at the **bell*** die klok 'n ruk gee; ***have a great** ~ to do s.t., (w.g.)* jou heelwat moeite kos om iets te doen; *a ~ of **love**, (Br., infml.)* 'n toutrekkery oor (die voogdy oor) 'n kind; *~ of **war*** toutrek(kery); kragmeting, beslissende stryd; *then is the ~ of **war**, (vero.)* dan is dit bul teen bul. **tug** *-gg-, ww.* trek, ruk, pluk; sleep; ~ ***at*** ... aan ... ruk/pluk. **~boat** sleepboot.

tu·grik *(Mongoolse geldeenh.)* toegrik.

Tui·le·ries *(Fr.): the ~ (Gardens)* die Tuilerieë *(in Parys)*.

tu·i·tion onderrig, onderwys. **tu·i·tion·al, tu·i·tion·ar·y** onderrig-, onderwys-, leer-. ~ **fee** skool-, klas-, les-, leergeld.

Tuk, Tuk·kie *(infml.: student v.d. Univ. v. Pretoria)* Tuk, Tukkie.

tuk-tuk *(Thai)* toek-toek(-taxi).

tu·la·rae·mi·a, *(Am.)* **tu·la·re·mi·a** *(med.)* tularemie, knaagdierpes, tulare-siekte.

tu·lip *(Tulipa; SA: Homeria)* tulp; *(ook, i.d. mv., sk.)* skoene. ~ **tree** tulpboom. **~wood** tulphout.

tu·lip·o·ma·ni·a *(vnl. in Ndl.)* tulpmanie.

tulle netsy, tulle. ~ **gras** *(Fr.)* paraffiengaas, vetgaas.

tum →TUMMY.

tum·ble *n.* val, tuimeling; bol(le)makiesie(sprong); duikeling; warboel, deurmekaarspul; ***have a ~*** (neer)val, neerslaan; *be **in** a ~* deurmekaar wees; *have/take a **nasty** ~* lelik val; ***take a ~*** (neer)val, neerslaan; *(pryse)* sterk daal. **tum·ble** *ww.* tuimel, val; rol; val-val loop/hardloop; deurmekaar maak; laat omval, onderstebo gooi, rondgooi; neertrek, neerskiet; akrobatiese toere/toertjies doen/uithaal/uitvoer, bol(le)makiesie slaan; duikel; ~ ***about*** rondrol; ~ ***about** one's ears* ineenstort, inmekaarval, inmekaar val; ~ ***down*** neerstort, neerslaan, neerval, omval, omtuimel; ~ ***down from*** (or ***off***) *s.t.* van iets aftuimel; ~ ***into** bed* inkruip; ~ ***off*** afval, aftuimel; →***down***; ~ ***out of** bed* uit die bed rol; ~ ***over*** omval, omtuimel, omkantel; ~ ***to** s.t., (infml.)* iets snap/vat, agterkom hoe sake inmekaarsit (*of* inmekaar sit); *s.o. ~d **up** the stairs* iem. is val-val die trap op. ~ **bug** miskruier. **~down** bouvallig; lendelam; vervalle. ~ **dryer/drier** tuimeldroër. **~weed** rolbos(sie), tolbossie.

tum·bled *(ook)* deurmekaar.

tum·bler tuimelaar; wentelaar; akrobaat; *(duif)* duikelaar, tuimelaar; (drink/water)glas; poetstrommel. ~ **dryer/drier** →TUMBLE DRYER/DRIER. ~ **lock** tuimelaarslot. ~ **switch** tuimelskakelaar.

tum·bling: ~ **barrel,** ~ **box** poetstrommel. ~ **bay** *(hoofs. hist.)* uitloop; reservoir.

tum·bly ongelyk, hobbelagtig, stamperig; bouvallig.

tum·brel, tum·bril *(hist.)* wipkar, stortkar, skotskar; vuilgoedkar; miskar.

tu·me·fac·tion (op)swelling; geswel, swelsel; *(bot.)* galvorming. **tu·me·fy** (op)swel; laat (op)swel. **tu·mes·cence** (op)swelling; geswel, verhewe deel; swellingstoestand. **tu·mes·cent** (op)swellend; (effens) geswel/opgehewe. **tu·mid** (op)geswel, opgehewe; akrobaties; *(fig.)* geswolle, bombasties. **tu·mid·i·ty** (op)swelling; *(fig.)* geswollenheid, hoogdrawendheid, bombasme.

tum·my *(infml.)* magie, maag, pens(ie), buik(ie); boepens. ~ **ache** maagpyn. ~ **button** naeltjie. ~ **tuck** *(infml.)* maagverkleiningsoperasie.

tu·mour, *(Am.)* **tu·mor** swelling; geswel, gewas, tumor, groeisel; *(bot.)* gal; *benign ~* goedaardige gewas; *malignant ~* kwaadaardige gewas; *~ of the udder* uiersweer.

tump *n.* heuweltjie; hoop; grafheuwel; molshoop; mierShoop; bossie *(bome, struike)*. **tump** *ww.* operd, aanerd; met 'n (draag)riem dra; *~ing plough* operd-, aanerdploeg. **~line** *(Am.)* draagriem.

tum-tum[1]**, tum-ti-tum** *n.* getrommel, getokkel; piesanggereg. **tum-tum, tum-ti-tum** *-mm-, ww.* trommel, tokkel.

tum-tum[2] *n.* ligte karretjie.

tum-tum[3] *n.* →TUMMY.

tu·mult opskudding, lawaai, rumoer, tumult, (ge)roesemoes, oploop; *be in a ~* in beroering wees; *~ of war* krygsgedruis; *the ~ within s.o.* die storm in iem. se gemoed. **tu·mul·tu·ous** oproerig, rumoerig, onstuimig, woes; *receive a ~ welcome* →WELCOME *n.*. **tu·mul·tu·ous·ness** onstuimigheid, woestheid.

tu·mu·lus *-muli, (argeol.)* grafheuwel; swelkoepel. **tu·mu·lar** grafheuwelagtig.

tun *n.* vat, ton; giskuip; skag *(v. 'n skoorsteen)*; *(wynmaat)* tun. **tun** *-nn-, ww.* in 'n vat/ton gooi. **~dish** *(Br.)* gietbak; verdeeltrog.

tu·na *(igt.)* tuna; →TUNNY (FISH).

tun·dra toendra, mossteppe.

tune *n.* toon; melodie, wysie, deuntjie, lied(jie); harmonie; stemming; ***call the*** ~ die toon aangee, die lakens uitdeel; *a **catchy*** ~ 'n pakkende wysie; ***change** one's* ~, ***sing** another (or a different)* ~ 'n ander toon aanslaan, van toon verander, 'n toontjie laer sing, 'n ander liedjie/wysie/deuntjie sing; ***dance** to s.o.'s* ~ na iem. se pype dans; ***in*** ~ nootvas; *be **in** ~ with* ... in harmonie met ... wees, met ... harmonieer; *sing **in*** ~ wysie hou; *sing **out of*** ~ vals sing; *be totally **out of*** ~ totaal ontstem(d) (*of* heeltemal van jou wysie af) wees; *be **out of** ~ with* ... nie met ... harmonieer nie; ***pick out** a* ~ 'n paar note van 'n deuntjie speel; ***to** the ~ of* ... op die wysie van ...; *(infml.)* ten bedrae (*of* ter waarde) van ... **tune** *ww.* stem; (laat) harmonieer met; sing *('n lied)*; instem; ~ ***in** to* ... op ... inskakel; ~ ***up**, ('n orkes)* stem; begin speel/sing; ~ *s.t. **up*** iets instel *('n radio ens.)*; iets stel *('n masjien)*; ~ ***with*** ... met ... harmonieer. **~-up** *n.* instemming; instelling *(v. 'n masjien)*; opknapping.

tune·ful melodieus, welluidend, musikaal, sangryk, sangerig. **tune·ful·ness** welluidendheid, sangerigheid.

tune·less onmusikaal; klankloos; wanluidend, onwelluidend; stom, stil. **tune·less·ness** klankloosheid *ens.*.

tun·er *(rad.)* stemmer; instemmer.

tung: ~ **oil** tungolie, Chinese houtolie. **~(-oil) tree** tung(neut)boom, Chinese houtolieboom.

tung·state *(chem.)* wolframaat, wolframsuursout.

tung·sten *(chem.)* wolfram. ~ **carbide** wolframkarbied. ~ **steel** wolframstaal. **tung·stic:** ~ *acid* wolframsuur; ~ *ochre* wolframoker. **tung·stite** *(min.)* wolframiet.

Tun·gus, Tun·gus =*gus(es), (lid v. 'n volk)* Toengoes. **Tun·gus, Tun·gus·ic** *n., (taal)* Toengoesies. **Tun·gus·ic** *adj.* Toengoesies.

tu·nic =*nics, (loshangende kledingstuk)* tuniek; soldatebaadjie; springjurk; *(anat., ook* tunica*)* huls, omhulsel, rok, tunika; *(biol., ook* tunica*)* mantel, tunika; *(söol.)* skede. **tu·nicked** met 'n tuniek aan.

tu·ni·ca =*cae* →TUNIC.

tu·ni·cate *n., (söol.)* manteldier, tunikaat. **tu·ni·cate, tu·ni·cat·ed** *adj., (söol.)* gemantel(d); *(bot.)* gerok; ~ *bulb* bol, gerokte knol.

tu·ni·cle *(hoofs. RK)* tuniek.

tun·ing (in)stemming; (in)stelling. ~ **call** instemoproep. ~ **coil** instemspoel. ~ **cone** stemhoring. ~ **control** instemknop. ~ **fork** stemvurk. ~ **hammer** stemhamer. ~ **key** stemsleutel. ~ **peg,** ~ **pin** klavierskroef. ~ **pipe** stemfluitjie.

Tu·ni·si·a *(geog.)* Tunisië. **Tu·nis** *(hoofstad)* Tunis. **Tu·ni·si·an** *n.* Tunisiër. **Tu·ni·si·an** *adj.* Tunisies.

tun·ku, teng·ku *(Mal.: prins[es])* toenkoe.

tun·nel *n.* tonnel; deurgrawing; skoorsteenpyp; *(med.)* opening, gang; *dig a* ~ 'n tonnel grawe; *drive a* ~ 'n tonnel grawe/boor. **tun·nel** =*ll*=, *ww.* (uit)grawe, uithol; ~ *down* aftonnel; ~ *out of prison* uit die/'n tronk ontsnap deur 'n tonnel buite(n)toe (*of* na buite) te grawe; ~ *through a mountain* 'n tonnel deur 'n berg grawe. ~ **borer** tonnelboor. ~ **kiln** tonneloond. ~ **net** fuik. ~ **vault** tongewelf. ~ **vision** *(med. of infml.)* tonnelvisie.

tun·ny (fish) tuna; blouvintuna.

tup *n., (hoofs. Br.)* ram; *(teg.)* slaankant *(v. 'n stoomhamer)*. **tup** =*pp*=, *ww., (hoofs. Br.: 'n ram)* dek, bespring *('n ooi)*.

Tu·pi =*pi(s)* Tupi(-indiaan); *(taal)* Tupi. **~-Guarani** *(taalfamilie)* Tupi-Guarani.

tup·pence →TWOPENCE.

tup·pen·ny ha'pen·ny →TWOPENNY-HALFPENNY.

tuque *(Kan. Fr.)* kousmus.

tu·ra·co, tou·ra·co =*cos, (orn.)* loerie.

Tu·ra·ni·an *n.* Toeranies, Oeral-Altaïes, die Oeral-Altaïese taalgroep. **Tu·ra·ni·an** *adj.* Toeranies, Oeral-Altaïes.

tur·ban *n.* tulband; tulbandhoed. **tur·ban** *ww.* 'n tulband opsit. **tur·baned** met 'n tulband op, getulband.

tur·ba·ry *(Br., jur.)* turfreg; turfveld.

tur·bid troebel(rig), modderig, vuil; *(fig.)* deurmekaar, verward. **tur·bi·dim·e·ter** troebelheidsmeter. **tur·bid·i·ty** troebelheid, vertroebeling, modderigheid.

tur·bi·nal, tur·bi·nate tolvormig, keëlvormig; skulpvormig; ronddraaiend; *turbinate bone* neusskulp. **tur·bi·na·tion** tolbeweging.

tur·bine turbine. ~ **boat** turbineboot.

tur·bit platkopduif.

tur·bith →TURPETH.

tur·bo= *komb.vorm* turbo=. **~-alternator** turbo-alternator, turbo-wisselstroomgenerator. **~charged** turboaangeja(ag); ~ *engine* turboaangejaagde enjin. **~charger** turboaanjaer. **~(-electric):** ~ *generator* turbogenerator. **~fan** *(lugv.)* turbinewaaierenjin; turbinewaaiervliegtuig; turbinewaaier. **~jet** turbinestraal; turbinestraalvliegtuig, turbinestraler. **~-jet (engine)** turbinestraalenjin. **~prop** skroefturbine. **~prop (aircraft)** turbineskroef=, skroefturbinevliegtuig.

tur·bot *(igt.)* tarbot.

tur·bu·lent onstuimig, in beroering; rumoerig; woelig; oproerig, opstandig; *(lugv.)* stamperig, turbulent; ~ *past* veelbewoë verlede; ~ *priest* weerbarstige priester. **tur·bu·lence** onstuimigheid; woeligheid; woeling, onrus, oproerigheid, opstandigheid; *(lugv.)* stamperigheid, turbulensie.

Tur·co =*cos, (hist., mil.)* Turko. **Tur·co·man** →TURKMEN. **Tur·co·phil** Turksgesinde. **Tur·co·phobe** Turkehater, anti-Turksgesinde.

turd *(vulg. sl.)* drol, mis, drek, kuttel, keutel; bliksem, wetter, swernoot, lae lak/luis, (ou) sleg.

tu·reen sopkom.

turf *n.* (gras)sooi; turf(grond); *(brandstof)* turf; grasbaan; *the* ~ (perde)wedrenne; *be on the* ~ van perdewedrenne leef/lewe. **turf** *ww.* met gras beplant; ~ *s.o. out, (infml.)* iem. uitsmyt/uitgooi. ~ **accountant** *(Br.)* beroepswedder. ~ **club** (wed)renklub. **~man** =*men*, **turf·ite** *(hoofs. Am.)* renbaanliefhebber, wedrenentoesias.

turf·y sooierig, kwekerig; turfagtig.

Tur·ge·nev *(Rus. skrywer, 1818-83)* Toergenjef.

tur·ges·cent *(hoofs. teg.)* swellend; (op)geswel. **tur·ges·cence, tur·ges·cen·cy** (op)swelling; geswollenheid, hoogdrawendheid; swelling, turgor, stuwingswelling.

tur·gid opgeswel; hoogdrawend, bombasties. **tur·gid·i·ty** (op)swelling, uitsetting; hoogdrawendheid, geswollenheid, bombasme. **tur·gor** *(hoofs. bot.)* (op)swelling; vogspanning, selwandspanning, weefselspanning; turgor.

Tu·rin *(geog.)* Turyn.

Tu·ring: ~ **machine** *(rek.)* Turingmasjien. ~ **test** *(rek.)* Turingtoets.

Turk *n.* Turk; Turkse perd; *(neerh., vero.)* hardekop; *(neerh., vero.)* woesteling; →YOUNG TURK; *the Grand/Great* ~ die Sultan. **Turk** *adj.* →TURKISH *adj.*. **~man** =*mans*, =*men*, **~menian** *n.* Turkmeen, Turkoman. **~men** *n., (lid v. 'n volk, mv.* =men[s]*)* Turkmeen, Turkoman; *(taal)* Turkmeens. **~men, ~menian** *adj.* Turkmeens. **~menistan, ~menia** *(geog.)* Turkmenië, Turkmenistan. **~'s head** Turkse knoop. **~s Islands** Turks-eilande. **~'s turban** *(bot.)* buisblom.

Tur·ke·stan, Tur·ki·stan *(geog.)* Turkestan.

Tur·key *n., (geog.)* Turkye. **Tur·key** *adj.* Turks. ~ **carpet** Smirnase tapyt. ~ **corn,** ~ **wheat** mielies. ~ **leather** Turkse leer. ~ **oak** moseik. ~ **red** turksrooi. **~-red oil** turksrooi olie, gesulfoneerde risinus-olie. ~ **stone** turkoois; novakuliet.

tur·key kalkoen; →COLD TURKEY; *talk ~, (Am., infml.)* reguit/ernstig praat. ~ **berry** *(bot.)* bokdrolletjie. ~ **buzzard** bromvoël. ~ **cock** kalkoenmannetjie; *(as) red as a* ~ bloedrooi, so rooi soos 'n kalkoen. ~ **flower** kiepkiepie, kalkoenblom. ~ **hen** kalkoenwyfie. ~ **poult** jong kalkoentjie.

Tur·ki =*ki(s), n., (taalgroep)* Turkies; *(taal)* Oos-Turkies; Turkiessprekende. **Tur·ki** *adj.* Turkies; Oos-Turkies. **Tur·kic** *n., (taalgroep)* Turkies. **Tur·kic** *adj.* Turkies.

Turk·ish *n., (taal)* Turks. **Turk·ish** *adj.* Turks; ~ ***bath*** Turkse bad; *(ook, i.d. mv.)* Turkse badhuis; *take* ~ ***baths*** Turkse baaie neem; ~ ***carpet/rug*** Turkse tapyt/mat; ~ ***coffee*** Turkse koffie; ~ ***delight*** Turkse lekkers; ~ ***millet*** graansorghum; ~ ***tobacco*** Turkse tabak; ~ ***towel*** growwe handdoek.

Tur·ko·man, Tur·co·man =*mans, n.* →TURKMEN *n.*. **Tur·ko·man, Tur·co·man** *adj.* →TURKMEN *adj.*.

tur·mer·ic *(spesery)* borrie; *(bot.)* kurkuma. ~ **paper** kurkumapapier.

tur·moil beroering, gewoel, onrus; verwarring; opwinding; gejaagdheid; rumoer; *be in (a)* ~ in beroering wees.

turn *n.* draai; kromming, *(poët., liter. of vero.)* bog; keerpunt, kentering; om(me)keer, om(me)swaai; swenk; omwenteling *(v. 'n wiel)*; winding; aard; aanleg; wandelinkie; toertjie; dans(ie), draaitjie; kans, beurt, geleentheid; slag; stuk werk; skok; *do s.t. ~ (and ~) **about*** iets (al) om die beurt (*of* beurt om beurt *of* om beurte *of* beurtelings/beurt-beurt/beurtsgewys[e]) doen; →ABOUT-TURN; ***at every*** ~ gereeld, om elke hoek (en draai); ***at** the ~ of the century* by die eeuwisseling; ***at** the ~ of the year* by die wisseling van die jaar; *do s.o. a **bad** (or **an ill**)* ~ iem. 'n ondiens bewys; *put ~ on a **ball*** die bal laat draai/tol; ***by** ~s, **in*** ~ (al) om die beurt, beurtelings, beurt om beurt; na/agter mekaar; *they did s.t. **by** ~s* elkeen het sy/haar beurt gekry om iets te doen, hulle het iets om die beurt gedoen; *the ~ of the **century/month/year*** die wisseling van die eeu/maand/jaar; *one good ~ **deserves** another* as twee hande mekaar was, word albei skoon; ***dizzy** ~, (ook)* duiseling; *be **done** to a ~, (infml., vleis)* goed/reg (*of* net lekker) gaar wees; *do a ~ of **duty*** →DUTY; *have a ~ **for** s.t.* 'n aanleg vir iets hê; ***get** a* ~ 'n beurt/kans kry; ***give** s.o. a* ~ iem. 'n beurt/kans gee; ***give** a (new) ~ to s.t.* →***(new)**; s.t. **gives** s.o. a ~, (infml.)* iets laat iem. skrik (*of* bring iem. van stryk [af] *of* maak iem. verbouereerd); *do s.o. a **good*** ~ iem. 'n guns/diens/vriendskap bewys, vir iem. 'n klip uit die pad rol; *never do a **hand's** ~ (of work)* nooit 'n steek (werk) doen nie; ***have** a* ~ 'n beurt kry; *do s.o. an **ill** ~* →***bad**; **in** ~* →***by** turns; **in** s.o.'s* ~ op iem. se beurt; *a **(new)*** ~ 'n wending; 'n kentering/keerpunt; *give a **(new)** ~ to s.t.* 'n wending aan iets gee; *a single ~ **of the handle*** net een draai van die slinger; *be **of** a ... ~ (of mind)* ... aangelê (*of* van aard) wees; ~ ***of** phrase* spraakwending, uitdrukkingswyse; *a ~ **of** the river* 'n draai in die rivier; *the ~ **of** a sentence* 'n sinswending; ~ ***of** speech* segswyse, spreekwyse; *have a fine ~ **of** speed* goeie vaart hê, oor goeie vaart beskik, vinnig kan hardloop; *the ~ **of** the tide* →TIDE *n.*; ~ ***of** wit* geestigheid; *be **on** the ~, (d.gety)* begin te keer/kenter; *(melk)* rens (*of* aan die suur word) wees; *(fig.)* op die keerpunt staan; *speak/talk **out of** (one's)* ~ uit jou beurt praat; *do a **right-about** ~, (lett. & fig.)* 'n regsomkeer maak; *a ~ in/of the **road*** 'n draai in die pad; *a **sharp*** ~ 'n kort/skielike draai; ***take** a ~, (iem.)* 'n beurt waarneem; 'n dansie doen; 'n entjie gaan stap/loop; draai, om 'n draai gaan; ***take** a ~, (iets)* 'n wending neem; ***take** a ~ to the left/right* links/regs (af)draai; ***take** a sudden ~ (to the left/right)* skielik (links/regs) draai; ***take** the* ~ om die draai gaan; ***take** (s.t. in) ~s, **take** ~s with s.t.* beurte maak, mekaar aflos/afwissel; ***take** a ~ for the better, **take** a favourable* ~ 'n gunstige wending (*of* 'n wending ten goede) neem; ***take** a ~ for the worse, **take** a grave* ~ veel erger word, 'n ernstige wending neem; *it is s.o.'s ~ **to*** ... dit is iem. se beurt om te ...; *it is s.o.'s ~ **to** speak* dit is iem. se spreekbeurt; ***wait** one's* ~ jou beurt afwag.

turn *ww.* draai; laat draai; gaan; keer; wend; laat wend; afdraai; omkeer, omdraai; omspit, omwoel, dolf, dol(we), omdolf, omdol(we); omploeg; oopdraai *('n kraan)*; omgaan; omblaai, omslaan; die deurslag gee; laat weggaan; laat omdraai; omtrek; verander; maak; suur maak/word; ~ ***about*** omdraai; ~ *s.t. to **account*** →ACCOUNT *n.*; ~ *s.o. **adrift*** iem. aan sy/haar lot oorlaat (*of* die

[wye] wêreld instuur); ~ *s.t.* ***adrift*** iets die oseaan instuur *('n boot)*; ~ ***against*** *s.o.* jou teen iem. draai; *be ~ed* ***against*** *s.o.* teen iem. gekant wees; *s.t. ~s s.o.* ***against*** *s.o.* iets laat iem. teen iem. draai; ~ *one's* ***ankle*** jou enkel verstuit/verswik; ~ ***around/round*** jou omdraai; van mening/opinie verander; 'n ander weg inslaan; omdraai; terugkom, -keer; ~ ***aside*** uit-, wegdraai; ~ *s.t.* ***aside*** iets afwend; iets uitkeer *(water)*; ~ ***away*** wegdraai; wegloop, -stap; ~ ***away*** *from* ... jou van ... afwend; ~ *s.o.* ***away*** iem. wegstuur/wegja(ag); iem. wegwys; nie plek vir iem. hê nie; ~ *s.t.* ***away*** iets wegwys; iets afwys (*of* van die hand wys); ~ ***back*** om-, terugdraai; terugkeer; ~ *s.o.* ***back*** iem. laat omdraai; iem. keer/voorkeer/terugdryf/-drywe; ~ *s.t.* ***back*** iets omkeer; iets omslaan *(moue ens.)*; ~ *the clock* ***back*** →CLOCK[1] *n.*; ~ *one's* ***back*** →BACK *n.*; ~ *the* ***balance*** →BALANCE *n.*; ~ ***black/etc.*** swart/ens. word; *s.t. has ~ed s.o.'s* ***brain*** →BRAIN *n.*; ~ ***cattle*** *round* beeste keer; *s.o. knows how to ~ a* ***compliment*** →COMPLIMENT *n.*; ~ *a* ***corner*** →CORNER *n.*; ~ *a* ***deaf*** *ear to s.t.* →EAR[1] *n.*; *s.t. ~s* ***down*** iets vou om; iets klap af; ~ *s.t.* ***down*** iets omvou; iets afklap; iets afdraai (*of* kleiner draai); iets omkeer *('n kaart ens.)*; iets afwys/verwerp/afstem; iets van die hand wys; ~ *s.t.* ***down*** *cold* iets sonder meer afwys/verwerp/afstem; iets sonder meer van die hand wys; ~ *your face this way* draai jou gesig hiernatoe; *be* ***finely*** *~ed, ('n enkel ens.)* mooi gevorm wees; ~ *the* ***flank*** *of an army* →FLANK *n.*; ~ ***from*** *s.t.* iets verlaat *(d. pad ens.)*; van iets afstap *('n onderwerp)*; van iets wegstuur; ~ ***from*** ..., *(ook)* van ... wegdraai, jou van ... afwend; ~ *s.o.* ***from*** *one's door* →DOOR; *not ~ a* ***hair*** →HAIR; *s.o. can ~ his/her* ***hand*** *to anything* →HAND *n.*; *s.o.'s* ***head*** *~s* →HEAD *n.*; ~ *an* ***honest penny*** →PENNY; ~ ***in,*** *(infml.)* gaan lê, inkruip, gaan slaap; *it is time to ~* ***in,*** *(infml.)* dit is slaaptyd/slapenstyd; ~ *s.o.* ***in*** iem. oorlewer; ~ *s.t.* ***in*** iets invou; iets oorhandig/indien/inlewer; ~ ***in*** *a good performance* (goed) presteer; ~ ***in*** *and out* kronkel, met draaie loop; ~ ***in*** *one's toes* met die/jou tone binnewaarts loop; ~ *s.t.* ***inside out*** iets omdop; iets deurmekaargooi; ~ ***into*** ... in ... verander; *('n pad)* in ... indraai; *s.t. ~s* ***into*** ... iets verander in ...; iets slaan oor in ... *(liefde in haat ens.)*; ~ *s.t.* ***into*** ... iets in ... (laat) verander; iets in ... wegkeer; iets in ... oorsit/oorbring/vertaal *('n taal)*; ~ *a* ***key*** *in a lock* →LOCK[1] *n.*; ~ ***left*** links af gaan/loop/ry; ~ ... ***loose*** ... loslaat; ... losmaak; ~ ***off*** af-, uit-, wegdraai; *s.t. ~s s.o.* ***off,*** *(infml.)* iem. het 'n afkeer van iets; ~ *s.t.* ***off*** iets afkeer/aflei; iets afdraai/afsluit *(water, gas, ens.)*; iets toedraai *('n kraan ens.)*; iets afskakel *('n lig, radio, ens.)*; ~ ***on*** *one's heel* →HEEL[1] *n.*; ~ ***on*** *s.o.* iem. aanval; ~ *s.t.* ***on*** iets oopdraai/aandraai; iets aanskakel *('n lig, radio, ens.)*; *the water is ~ed* ***on*** die kraan is oop, die water loop in; ~ ***on*** *the waterworks* →WATERWORKS; *s.t. ~s* ***on*** ... iets hang van ... af; iets *('n gesprek ens.)* gaan/loop oor ...; *s.t. ~s s.o.* ***on,*** *(infml.)* iets prikkel iem.; ~ ***out*** buitekant toe draai; opdaag, verskyn, opkom; *(soldate)* aantree; *(spelers)* op die veld gaan; ~ ***out*** *badly* sleg misloop/uitval; *s.o. ~ed* ***out*** *badly, (ook)* daar het niks goeds van iem. gekom nie; ~ ***out*** *early* vroeg op wees; ~ ***out*** *well* sukses behaal; 'n goeie ... word *(dogter, seun, ens.)*; geslaag(d) wees; goed afloop/uitval; *be well ~ed* ***out*** goed aangetrek/geklee(d) wees; *be smartly ~ed* ***out*** fyn uitgevat wees; *s.o. ~s* ***out*** *a* ... iem. word 'n ...; *as it ~ed* ***out*** op stuk van sake; ~ ***out*** *for* ... na ... uitdraai; vir ... speel/uitdraf *('n span)*; ~ ***out*** *like this* hierop uitloop; *it ~s* ***out*** *that* ... dit blyk dat ... *(iem. nooit daar was nie ens.)*; *s.t. ~s* ***out*** *to be false/etc.* dit blyk dat iets vals/ens. is; *it ~ed* ***out*** *to be* ... dit was toe ...; *it ~ed* ***out*** *not to be* ... dit was toe nie ... nie; ~ *people* ***out*** mense wegja(ag)/uitja(ag)/verdryf/verdrywe; mense op straat gooi (*of* buitekant die deur sit); ~ *soldiers* ***out*** soldate laat aantree; ~ *s.t.* ***out*** iets omdop; iets omkeer/omdraai; iets lewer/maak/vervaardig; iets omkeer (*of* leeg skud) *(jou sakke ens.)*; iets uitkeer *('n skottel)*; iets aan die kant maak *('n kamer)*; iets leegmaak *('n kamer)*; ~ ***over*** omdraai; omslaan, omval, omkantel, omtuimel; ~ *s.o.* ***over*** *(to ...)* iem. (aan ...) oorgee/oorlewer/uitlewer; ~ *s.t.* ***over*** iets omgooi (*of* laat omval/omkantel); iets oormaak; iets omwerk; iets omdolf/omdolwe *(grond)*; ~ *(a page)* ***over*** omblaai, 'n blad omslaan *(in 'n boek)*; *please ~* ***over,*** *(afk.:* PTO*)* sien ommesy(de) *(afk.:* SOS*)*, blaai om, omblaai; *(lett.)* draai asseblief om; *s.o. ~s* ***over*** *R... a week/etc.* iem. se weeklikse/ens. omset is R...; ~ *s.t.* ***over*** *to* ... iets aan ... oordra/oormaak; iets aan ... oorhandig; ~ ***over*** *a new leaf* →LEAF *n.*; *I have ~ed the matter* ***over*** *(and over) in my mind* ek het die saak van alle kante beskou, ek het die saak goed oordink; ~ ***right*** regs af gaan/loop/ry; ~ ***round*** →***around/round;*** ~ *the* ***scales*** →SCALE[3] *n.*; ~ ***soldier*** ('n) soldaat word, leër toe gaan; ~ ***sour,*** *(melk ens.)* suur word; *s.t. ~s s.o.'s* ***stomach*** →STOMACH *n.*; ~ *the* ***tables*** *(on s.o.)* →TABLE *n.*; ~ ***tail,*** *(infml.)* omspring en weghardloop, die hasepad kies, jou uit die voete maak, laat spat; ~ *the* ***tide*** →TIDE *n.*; ~ ***to*** ... jou tot ... wend *(God ens.)*; ... aanpak *(werk)*; ~ ***to*** *s.o. for* ... jou tot iem. om ... wend *(raad, hulp, ens.)*; ~ ***to*** *page* ... kyk op bladsy ...; ~ *one's attention* ***to*** ... →ATTENTION; ~ ***to*** *the front* →FRONT *n.*; *s.o.'s thoughts ~* ***to*** *s.t.* →THOUGHT *n.*; ~ *everything* ***topsy-turvy*** →TOPSY-TURVY *adv.*; ***toss*** *and ~* →TOSS *ww.*; ~ ***traitor*** →TRAITOR; ~ ***turtle*** →TURTLE[1] *n.*; ~ ***twenty/etc.*** twintig/ens. word; ~ ***up*** opdaag, verskyn; te voorskyn kom; opklap; ~ ***up*** *at* ... by ... opdaag; ~ ***up*** *like a bad penny* onwelkom wees, ontydig opdaag; ~ ***up*** *unexpectedly* onverwags opdaag; ~ *s.t.* ***up*** iets opspoor/vind, op iets afkom; iets naslaan/opslaan; iets opklap *('n tafelblad ens.)*; iets uitploeg/uitspit/uitgrawe; iets omkeer *(grond, 'n kaart, ens.)*; iets omslaan *(broekspype)*; iets opslaan *('n kraag)*; iets insit *('n soom)*; iets opdraai *('n lamp)*; ~ *one's nose* ***up*** *at s.t.* →NOSE *n.*; ~ ***up*** *one's toes* →TOE *n.*; *s.t. ~ed s.o.* ***up,*** *(Br., infml.)* iets het iem. mislik gemaak *(d. gesig ens.)*; ~ ***upon*** *s.o.* iem. aanval; *it ~s* ***upon*** ..., *(lett.)* dit draai op ...; *(fig.)* dit hang van ... af; ~ ***upside down*** →UPSIDE DOWN. **~about** om(me)keer. **~around time** heen-en-weer-tyd, omkeertyd. **~back** omslag *(v. 'n mou)*. ~ **bench** draaibank *(v. 'n horlosiemaker)*. ~ **bridge** draaibrug. **~buckle** *(teg.)* spanmoer, draad-, kabelspanner. ~ **button** *(teg.)* werwel. ~ **cap** skoorsteenkap. **~coat** oorloper, manteldraaier, weerhaan, verkleurmannetjie, tweegatjakkals. **~cock** *(teg.)* afsluiter, afsluitkraan. **~down** *n.* verwerping; afwysing, weiering, klap in die gesig; daling. **~down** *adj. (attr.)* omslaan- *(kraag, boordjie)*. **~ed-back collar** lêkraag. ~ **indicator** draaiwyser. **~key** *n., (arg.)* sipier, tronkbewaarder. **~key** *adj. (attr.)* sleutelklaar, wat gebruiksgereed (*of* gereed vir gebruik) is; kant en klaar; alles inbegrepe. **~-off** afdraaipad; uitdraai-, afdraaiplek; *be/prove a ~ for s.o., (infml.)* iem. teen die bors stuit. **~-on** *n., (infml.)*: *be a ~* opwindend/stimulerend wees; seksueel prikkelend wees; *sexual ~* seksuele opwinding. **~out** bywoning, opkoms; deelname; voorkoms; werkstaking; uitrusting; produksie; *(spw.)* uitdraaispoor; *smart ~* knap vertoning; deftige ekwipasie. **~over** →TURNOVER. **~pike** tolhek, tolboom; slagboom. **~pike (road)** *(hist.)* tolpad. ~ **pin** *(teg.)* rekpen, keelprop *(in pype)*. **~plate** *(spw.)* draaiskryf. ~ **plough** *(landb.)* skaarploeg. **~round** omdraaiing, omwending *(in 'n dok)*; omdraaiplek; heen-en-weer *(v. 'n skip)*; heen-en-weer-tyd. **~screw** skroewedraaier. ~ **side** dronksiekte, draaisiekte *(by honde)*. ~ **signal** *(Am.)* rigtingaanwyser. **~sole** *(bot.)* sonneblom; heliotroop; lakmoes. **~spit** *(hist.)* spit(om)draaier. **~stile** draaihek, draaiboom. **~stone** *(orn.)* steenloper. **~table** draaiskyf; skamel *(v. 'n wa)*; draaibord; draaibrug, rangeerskyf; draaitafel *(v. 'n mikrogolfoond)*. **~table ladder, aerial ladder** draai-, skamelleer *(op 'n brandweerwa)*. **~-up** *n.* omslag, opslag; onverwagte/verrassende gebeurtenis; twis, lawaai; *s.t. is a ~ for the book(s), (infml.)* iets is heeltemal onverwag. **~-up** *adj.* omslaan-, opstaan-, opgeslaan(de), omgeslaan(de) *(kraag ens.)*; *a ~ nose* 'n wipneus. **~wrest, ~wrist:** *~ plough* omslaan-, omslag-, keerploeg.

turn·er tuimelaar(duif); panspaan; draaibankwerker, (kuns)draaier; →PRECISION TURNER; *~'s* ***chisel*** houtdraaibeitel; ~ *and* ***fitter*** monteurdraaier; ~ *and* ***machinist*** draaier-masjienwerker; *~s* ***wood*** skrynwerkershout. **turn·er·y** draaiwerk; draaiery.

turn·ing draai; kruispad; (uit)draaiplek; vou, plooi; kronkeling, *(poët., liter. of vero.)* bog; draaiwerk; *(naaldw.)* inslag(gie); *(ook, i.d. mv.)* (af)draaisels, metaalkrulle; houtkrulle; *at the second ~* by die tweede hoek. ~ **ball** draaibal. ~ **basin** draaidok, -kom, -bassin. ~ **bay** draaiplek. ~ **bridge** draaibrug. ~ **chisel** houtdraaibeitel. ~ **circle** krinksirkel. ~ **crane** swaaikraan. ~ **gear** keerkoppeling. ~ **joint** skarnier. ~ **lathe** draaibank. ~ **moment** draaimoment. ~ **point** keerpunt, wendingspunt; *reach a ~ ~, ('n oorlog ens.)* 'n keerpunt bereik. ~ **radius** draaistraal. ~ **saw** (groot) spansaag. ~ **shop** draaiery. ~ **space** draaiplek. ~ **tool** draaibeitel.

tur·nip raap. ~ **seed** raapsaad. ~ **tops** raaplowwe, -stele.

turn·o·ver (om)kanteling, omkering, (die) omslaan; omset; omslag, klap; handtertjie, pasteitjie; *~ of labour, labour ~* arbeidsomset. ~ **collar** omslaankraag. ~ **door** tuimeldeur. ~ **table** klaptafel. ~ **tax** omsetbelasting.

tur·pen·tine *n.* terpentyn; *oil/spirit(s) of ~* terpentynolie. **tur·pen·tine** *ww.* terpentyn aansmeer. ~ **grass** terpentyngras, suurpol, boegoegras; bitterrooigras. ~ **tree** *(Pistacia terebinthus)* terpentynboom; *(Colophospermum mopane)* mopanie(boom), terpentynboom.

tur·pen·tin·ic, tur·pen·tin·ous, tur·pen·tin·y terpentynagtig, terpentyn-.

tur·peth *(bot.)* purgeerwortel.

tur·pi·tude *(fml.)* gemeenheid, laagheid; *moral ~* slegt(ig)heid, verdorwenheid.

turps *(infml.)* →TURPENTINE *n.*.

tur·quoise *n., (siersteen)* turkoois; turkooiskleur, turkooisblou; *South African ~* amasonesteen, amasoniet. **tur·quoise** *adj.* turkoois(kleurig), turkooisblou; turkoois-, van turkoois; *~ blue* turkooisblou; *~ green* turkooisgroen.

tur·ret torinkie; skiet-, geskuttoring. ~ **cloud** toringwolk. ~ **lathe** rewolwerdraaibank.

tur·ret·ed met torinkies, getoring; spits, toringvormig;

tur·tle[1] *n.* (water)skilpad; *sea/marine ~* seeskilpad; *turn ~* omslaan, omkantel, onderstebo val. **tur·tle** *ww.* skilpaaie vang. **~neck** rolhals *(v. 'n gebreide kledingstuk)*; rolhalstrui. ~ **shell** skilpaddop.

tur·tle[2] *n.* tortel(duif). **~dove** tortelduif; *(infml.)* soetlief, tortelduifie.

Tus·ca·ny *(geog.)* Toskane. **Tus·can** *n.* Toskaan; *(dialek)* Toskaans. **Tus·can** *adj.* Toskaans; ~ *straw* Italiaanse strooi *(vir hoede)*.

tush[1] *tw., (arg. of skerts.)* ag, ba.

tush[2] *n.* hoektand *(v. 'n perd/vark)*; klein olifant(s)tand.

tush[3] *n., (<Jidd., Am., infml.)* stert, agterstewe, sitvlak, agterent, agterwêreld, alie.

tusk *n.* slagtand; lang tand; olifant(s)tand. **tusk** *ww.* onder die slagtande kry, met die/sy slagtande steek/oopskeur. ~ **tenon** tandtap.

tusked met slagtande. **tusk·er** (groot) dier met slagtande, (slag)tandolifant. **tusk·less** sonder slagtande; *~ elephant* kaalkop olifant.

tus·sah →TUSSORE.

tus·sive *(med.)* hoes-.

tus·sle *n.* gestoei, stoeiery, geworstel, worsteling; bakleiery; stryd. **tus·sle** *ww.* stoei, worstel; baklei; ~ *with* ... met ... worstel *(probleme ens.)*; in 'n stryd met ... gewikkel wees.

tus·sock (gras)pol; graswalletjie; bossie, kuif; *nassella ~* nassella-polgras. ~ **grass** polgras; stoelgras; vleigras, taaipol.

tus·sore tussah-vlinder; tussah-sywurm. ~ **moth** tussah-vlinder. ~ **(silk)** tussah-sy, wilde sy. ~ **(silk)worm** tussah-sywurm. ~ **wool** sywolstof.

tut[1] →TUT-TUT.

tut[2] *n., (dial.)* (stuk)werk. **tut** *-tt-, ww.* stukwerk doen. ~ **work** stukwerk.

Tut·ankh·a·men, Tut·ankh·a·mun *(Eg. farao, regeertyd: 1361-1352 v.C.)* Toetankamen.

tu·te·lage bevoogding, voogdy(skap); *(jur.)* kuratele; minderjarigheid, onmondigheid. **tu·te·lar** →TUTELARY *adj.*. **tu·te·lar·y** *n.* beskermgod, -godin, -gees. **tu·te·lar·y** *adj.* beskermend, beskerm-; ~ ***angel*** beskermengel, skutsengel; ~ ***authority*** gesag as voog; ~ ***deity*** beskermgod(heid), skutsgod; ~ ***god*** beskermgod; ~ ***goddess*** beskermgodin; ~ ***spirit*** beskermgees.

tu·te·nag Indiese sink.

tu·tor *n.* privaat/private onderwyser, leermeester; opleier; afrigter, breier; dosent; studieleier; voog; tutor *(aan 'n Eng. univ.).* **tu·tor** *ww.* onderrig, leer, privaat les gee. ~ **aircraft** lesvliegtuig. ~ **sister** susterdosente.

tu·to·ri·al *n.* groep=, brei=, studieklas, privaat/private klas; handleiding. **tu·to·ri·al** *adj.* groeps=; ~ *class* groep=, brei=, studieklas, privaat/private klas.

tu·tor·ship leermeestersbetrekking; dosentskap; sorg; voogdyskap.

Tut·si =*si(s), n., (lid v. 'n volk)* Tutsi.

tut·ti =*tis, n., (It., mus.)* tutti, almal. **tut·ti** *adv.* tutti, almal tegelyk.

tut·ti-frut·ti tutti-frutti, vrugteroomys.

tut-tut, tut *ww.* (simpatiek/bejammerend/spytig/ens.) met die/jou tong klik; ~ *about/over s.t.* jou tong (simpatiek/bejammerend/spytig/ens.) oor iets klik. **tut-tut, tut** *tw.* (ag) toe nou, bog, stil.

tut·ty onsuiwer sinkoksied.

tu·tu balletrokkie, tutu.

Tu·va·lu *(geog., vroeër:* Ellice Islands*)* Tuvalu.

tu-whit tu-whoo *(onom.)* hoe-hoe *(v. 'n uil).*

tux *tuxes, (Am., infml., afk. v.* tuxedo*)* aandbaadjie; aandpak.

tux·e·do =*do(e)s, (hoofs.Am.)* dinee=, aand=, stompstertbaadjie; informele aandpak.

tu·yère *(Fr.),* **twy·er** *(teg.)* blaastuit, trekpyp, blaaspyp, blaasmond.

TV TV; *be **on** ~* op die televisie/TV verskyn; ***see** s.t. on ~* iets op die televisie/TV sien; ***show** s.t. on ~* iets oor die televisie/TV uitsaai; ***watch** ~* televisie/TV kyk.

twad·dle *n.* geklets, gesanik, gebabbel, twak(praatjies), kaf(praatjies), bog(praatjies). **twad·dle** *ww.* klets, sanik, babbel. **twad·dler** kletser, bogprater. **twad·dly** kletserig, babbelrig.

twa grass →TOA GRASS.

twain *(arg.)* twee; *be cut in ~* middeldeur gesny wees.

twang *n.* snaarklank; neusklank; nasale tongval. **twang** *ww.* (laat) klink/tril; tokkel; deur die/jou neus praat. **twang·y** *adj.* nasaal *(iem. se stem ens.); sound ~, ('n kitaar ens.)* twêngerig klink.

'twas *(sametr.), (arg. of poët., liter.)* dit was.

twat *(taboesl.: vr. skaamdele)* poes, doos; *(taboesl., neerh.: veragtelike mens)* doos, poephol.

tway·blade *(bot.)* kewerorgidee.

tweak *n. & ww.* knyp; draai; ruk, pluk; ~ *the lion's tail* die leeu aan/in sy stert knyp; ~ *s.o.'s nose* iem. in die gesig vat.

twee alte fyntjies/liefies.

tweed *(tekst.)* tweed; *(i.d. mv.)* tweedpak(ke); tweedklere. **tweed·y** *adj.* tweed=, van tweed; tweedagtig; in tweed geklee(d), tweeddraend; wat lief is vir die buitelug; welvarend en lewenslustig.

twee·dle kweel, (hoog) sing/fluit; flikflooi. **Twee·dle·dum and Twee·dle·dee** vinkel en koljander(, die een is soos die ander).

'tween *(sametr.), (arg. of poët., liter.)* tussen. ~ **decks** *(sk.)* tussendeks.

tween·y (maid) *(arg., infml.)* hulpmeisie.

tweet *n.* getjilp, getjirp. **tweet** *ww.* tjilp, tjirp. **tweet·er** hoëtoon=, diskantluidspreker.

tweeze *ww.* met 'n haartangetjie/pinset uittrek; met 'n doringtangetjie uittrek. **tweez·ers** *n. (mv.): (a pair of) ~* 'n haartangetjie/pinset; 'n doringtangetjie; *two/etc. (pairs of) ~* twee/ens. haartangetjies/pinsette; twee/ens. doringtangetjies.

twelfth *n.* twaalfde (deel). **twelfth** *adj.* twaalfde; *the ~ century* die twaalfde eeu. ~ **century** twaalfde-eeus. **T~ Day** *(Chr.)* Driekoningedag. ~ **man** *(kr.)* twaalfde man, reserwe(speler). **T~ Night** *(Chr.)* Driekoningeaand.

twelve twaalf; *the T~ **(Apostles)*** die Twaalf (Apostels); *the T~ **Apostles**, (ook)* die Gewelberge; *~ **hours*** twaalf uur; *~ **o'clock*** twaalfuur. ~**fold** *n.* twaalfvoud. ~**fold** *adj.* twaalfvoudig. ~**month** *(arg.)* jaar; *this day ~* vandag oor 'n jaar; vandag 'n jaar gelede. ~-**pounder** twaalfponder. ~-**sided** twaalfsydig, =kantig, =hoekig. ~-**tone** *adj. (attr.), (mus.)* twaalftoon=, twaalftonige; *~ composition* twaalftoonkomposisie, dodekafonie; *~ scale* twaalftonige/duodesimale toonleer. ~-**tone** twaalftonig, twaalftoon=, dodekafonies. ~-**tone music** twaalftoonmusiek, dodekafonie.

twen·ti·eth *n.* twintigste (deel). **twen·ti·eth** *adj.* twintigste; *the ~ century* die twintigste eeu. ~ **century** twintigste-eeus.

twen·ty twintig; *the twenties* die twintigerjare/twintigs *(v. 'n mens, eeu);* die jare twintig *(v. 'n eeu); be in one's twenties* in die twintig *(of* in jou twintigerjare/twintigs) wees; *it happened in the twenties* dit het in die twintigerjare/twintigs *(of* in die jare twintig) gebeur. ~-**first** een-en-twintigste, een en twintigste. ~-**five** *(rugby)* kwartgebied. ~-**five-yard line** *(rugby)* kwartlyn. ~**fold** *n.* twintigvoud. ~**fold** *adj.* twintigvoudig. ~-**four-hour period** etmaal. ~-**one** *(soort dobbelspel met kaarte)* een-en-twintig, een en twintig. ~-**twenty vision, 20/20 vision** twintig-twintig-visie, 20/20-visie. ~-**two** *(rugby)* 22-meter-lyn.

'twere *(sametr.)* = IT WERE.

twerp, twirp *(infml.)* bog(vent), nikswerd.

twi·bill *(arg.)* tweesnydende strydbyl, dubbelbyl, hellebaard.

twice twee maal/keer; dubbel; *~ a day* twee maal/keer per *(of* op 'n) dag; *~ a month/week* twee maal/keer per *(of* in 'n) maand/week; *be ~ as big/etc.* dubbel so groot/ens. wees; *~ two is/are four* twee maal twee is vier. ~-**born** *(relig.)* we(d)ergebore.

twid·dle *n.* draaitjie. **twid·dle** *ww.* draai, speel; *~ one's thumbs* met jou duime speel, duimdraai; *~ with s.t.* met iets speel. **twid·dly** *adj.* verwikkeld; *~ bit* stukkie detail.

twig[1] *n.* takkie, lootjie, twyg(ie); waterwysstokkie; *as the ~ is bent, the tree is inclined* ('n) mens moet die boompie buig terwyl hy jonk is; *hop the ~, (infml.)* lepel in die dak steek, bokveld toe gaan/wees, afklop. ~ **blight** takskroei(siekte). ~ **insect** stokkiesduiwel, wandelende tak. ~ **snake** voëlslang. ~ **wilter** stinkbesie.

twig[2] =*gg=, ww., (infml.)* vat, snap, begryp.

twigged met takke/takkies. **twig·ger·y** takwerk, takke, takkies. **twig·gy** vol takkies, takkiesrig.

twi·light *n.* skemer(te), skemerlig, skemering, skemerdonker, halfdonker, skemeraand; vaagheid; *be in the ~ of one's career* in die beseringstyd van jou loopbaan wees; *~ of the gods* godeskemering. ~ **arc(h),** ~ **curve** skemeringsboog, teengloed. ~ **sleep** *(med.)* skemerslaap; pynlose bevalling. ~ **zone** vervallende stadsgebied; oorgangsgebied; skemergebied.

twi·light·ed, twi·lit skemerdonker, dof verlig.

twill *n., (ook* twilled cloth*)* keper(stof), gekeperde stof. **twill** *ww.* keper; *~ed flannel* keperflanel; *~ed goods* keperstowwe, kepers. ~ **weave** keperbinding.

'twill *(sametr.), (arg. of poët., liter.)* = IT WILL.

twin *n.* tweeling, tweelingbroer, =suster; dubbelganger, ewebeeld; tweelingkristal; *(a pair of) ~s* 'n tweeling; *be ~s* 'n tweeling wees; *the (Heavenly) T~s, (astron.)* die Tweeling, Gemini. **twin** *adj.* tweeling=; dubbel; paarpaar. **twin** =*nn=, ww.* saamkoppel, pare vorm; 'n tweeling kry; *~ned crystal* kristaltweeling. ~ **axis** tweelingsas *(v. 'n kristal).* ~-**bedded** met twee enkelbeddens. ~ **beds** tweelingbeddens, paar enkelbeddens. ~**berry** tweelingbessie. ~ **birth** dubbele geboorte. ~ **brother** tweelingbroer. **T~ Brothers/Brethren** *(astron.)* die Tweeling. ~-**cab** *adj. (attr.)* dubbelkajuit= *(bakkie ens.).* ~ **cable** tweelingkabel. ~-**cam** *adj. (attr.)* dubbelnokas= *(enjin ens.).* ~ **carburettor** dubbelvergasser. ~ **city** tweelingstad; *the T~ Cities* Minneapolis en St. Paul *(i.d. VSA).* ~ **crystal** kristaltweeling. ~-**cylinder engine** tweesilinderenjin. ~-**engined** tweemotorig; *~ aircraft, (ook)* tweemotorvliegtuig. ~ **heart** abba=, hulphart. ~ **law** tweelingswet. ~-**lens reflex (camera)** tweelensrefleks(kamera). ~ **plane** tweelingsvlak. ~ **pregnancy disease** *(veearts.)* domsiekte. ~-**screw (vessel)** dubbelskroefskip. ~**set** tweelingstel, paarstel; tweelingtruie. ~ **sister** tweelingsuster. ~ **tenon** *(houtw.)* dubbele tap. ~ **tub** dubbelbaliewasmasjien.

twine *n.* (winkel)tou, dun tou; (bind)lyn, koord; twyn, bindgaring, =gare; seilgaring, =gare; kronkeling; warboel, verwarde knoop; deureenstrengeling. **twine** *ww.* vleg, draai, twyn; strengel; ineendraai, =vleg; rank; *~ about/round* omdraai, omvleg, omstrengel; *~d yarn* twyngaring, =gare. **twin·er** rank=, slingerplant; twynmasjien. **twin·ing** slingerend; *~ bean* klim=, rankboontjie; *~ plant* slinger=, klim=, rankplant.

twinge *n.* steek(pyn), stekende pyn(tjie), stekie, pyntjie; *a ~ of conscience* gewetenswroeging. **twinge** *ww.* steek, 'n skerp pyn veroorsaak.

twin·kle *n.* oogknip; flikkering, flonkering, vonkeling, tinteling; *~ in the eye* tintel(ing)/vonkeling in die oog. **twin·kle** *ww.* flikker, flonker, vonkel, tintel; glinster; knip(oog). **twin·kling** *n.* flikkering, flonkering, vonkeling; skittering; *in a ~, in the ~ of an eye* in 'n oogwink/oogwenk/kits/handomkeer. **twin·kling** *adj.* vonkelend *ens.* (→TWINKLE *ww.*); *~ feet* ratse/vinnige voete.

twin·ning verdubbeling, tweelingvorming; afparing. ~ **axis** tweelingsas. ~ **law** tweelingswet. ~ **plane** tweelingsvlak.

twin·ship tweelingskap.

twirl *n.* draai, krul. **twirl** *ww.* (in die rondte) draai, swaai; *~ one's thumbs* met jou duime speel, duimdraai; *~ up a moustache* 'n snor opstryk. **twirl·er** ronddraaier; *(i.d. mv.)* valpasser.

twist *n.* draai(ing); wringing; ineendraaiing; omdraaiing; verdraaiing; kinkel, kronkel(ing); slag; string, snoer, vlegsel; twynstof; vertrekking, verrekking; tou; seilgaring, =gare; katoengaring, =gare; roltabak; gedraaide broodjie; dermverdraaiing; rinkhals(dans); drankmengsel; neiging; bedrieëry; eetlus; →CHEESE TWIST; *there was a lot of ~ on the **ball**, (sport)* die bal het baie gedraai; ***give** s.t. a ~* iets draai; iets verdraai *(woorde);* ***mental** ~* streep, krakie, geestelike afwyking; *~ of **tobacco*** rol tabak; *be full of ~s and **turns*** vol (kinkels/swaaie en) draaie wees; *have the ~ of the **wrist*** die slag hê. **twist** *ww.* draai; wring; vleg; kronkel; strengel; krul; omdraai; ineendraai; verdraai; verwring; vertrek, verrek; *(dans)* rinkhals; *~ one's **ankle*** →ANKLE; *~ s.o.'s **arm*** →ARM[1] *n.; ~ s.t. **around/round** ...* iets om ... draai; *~ s.o. round one's (little) **finger*** →FINGER *n.; ~ed **intestine*** kronkel in die derm; *~ s.t. **off*** iets afdraai; *~ **out*** uitdraai; *~ **out of** s.o.'s grasp* jou uit iem. se greep draai; *~ with **pain*** van die pyn vertrek; *~ a **rope**, (ook)* tou slaan; *~ **up*** inmekaardraai, inmekaar draai; opkrul; *be ~ed **up** with anguish/pain* van angs/pyn verwring wees; *get ~ed **up*** verstrengel *(of* ineen=/inmekaargestrengel[d]) raak; *~ one's **way** through the crowd* deur die gedrang vleg; *~ **words*** woorde verdraai. ~ **(dance)** rinkhalsdans, kinkeldans. ~ **(disease)** draaisiekte *(by graan).* ~ **drill** spiraalboor. ~ **iron** wringyster. ~ **loaf** gevlegte brood. ~ **twill** *(tekst.)* skuins keper(stof). ~ **yarn** wringgaring, =gare; kleurtwyngaring, =gare.

twist·ed *adj.* inmekaargedraai(de) *(koorde ens.);* krom *(bome ens.);* verrek(te) *(ligamente ens.);* verwronge *(verstand, wrak v. 'n motor, ens.).*

twist·er dwarsbalk; draaier, vlegter; krul=, draaibal; dwarrel=, warrel=, werwelwind, draaistorm; draadklem, =tang; uitvlugsoeker, tweegatjakkals, manteldraaier; verdraaier.

twist·ing draaiing, wringing; draaiery. ~ **moment** wring=, torsiemoment.

twist·y =*ier* =*iest, adj.* kronkelend *(pad);* uitgeslape, skelm, slinks, geslepe *(iem.).*

twit[1] *n., (infml.)* bobbejaan, domkop, idioot, pampoen(kop), skaap(kop), mamparra. **twit·tish** *adj., (infml.)* skaapagtig, dom, onnosel, simpel.

twit[2] =*tt=, (vero.)* verwyt; (be)spot, terg, pla; *~ s.o. about/on/with ...* iem. oor ... terg *(sy/haar gebreke ens.).*

twitch *n.* trek, ruk; spiertrekking, senu(wee)trekking. **twitch** *ww.* trek, ruk; vertrek; stuiptrek. ~ **grass** kweek(gras).

twitch·er iem. wat senu(wee)trekkings het/kry; iem.

wat rukkings/trekkings het/kry. **twitch·y** =*ier* =*iest, adj.* senu(wee)agtig, op jou senuwees, skrikkerig, gespanne; kriewelrig, prikkelbaar; bewerig.

twit·ter *n.* getjilp, getjirp, gekwinkeleer, gekwetter; gegiggel; trilling; *be all of a ~, (infml.)* senu(wee)agtig wees, die bewerasie hê. **twit·ter** *ww.* tjilp, tjirp, kwinkeleer, kwetter; bewe, tril; giggel. **twit·ter·y** *adj.* tjirpend, kwetterend; bewerig; giggelend.

twit-twat *(orn., w.g.)* mossie.

(')twixt *(sametr., poët.)* = BETWIXT.

two *twos* twee; *~ and/by ~, by ~s* twee-twee, in pare; *~'s company* →COMPANY *n.; ~ deep* twee agter mekaar; in twee geledere; *form ~ deep* tweë vorm; *~ can play at that game* →GAME[1] *n.; ~ heads are better than one* →HEAD *n.; ~ hours* twee uur; *cut/tear s.t. in ~* iets middeldeur (*of* in twee) sny/skeur; *in ~ ~s* in 'n kits; *in ~s or threes* twee-twee of drie-drie; *they are ~ of a kind* →KIND[1] *n.; s.o. knows a thing or ~* iem. is goed op (die) hoogte (*of* is ouer as tien/twaalf); *~ o'clock* tweeuur, twee-uur; *~ to one* twee teen een; *(weddenskap)* drie rand vir een rand; *~ to one on, (weddenskap)* drie rand vir twee rand; *one or ~ people* enkele mense; *they are ~ a penny* →PENNY; *put ~ and ~ together* gevolgtrekkings maak; *lend s.o. a rand or ~* iem. 'n rand of twee leen; *Kingdom of the T~ Sicilies* →SICILY; *it takes ~ to ...* twee is nodig om te ...; *it takes ~ to tango* →TANGO *ww.; ~ of them/us/you* twee van hulle/ons/julle; *the ~ of them/us/you* hulle/ons/julle twee; *just the ~ of them/us/you* net hulle/ons/julle twee; *do the work of ~ or three people* 'n paar mense se werk doen; *walk ~ and ~* twee-twee loop. **~-bit** *adj. (attr.), (Am., infml.)* nikswerd; amateuragtige, vrot, vrotsige, onbekwame; middelmatige; oppervlakkige; onbelangrike; goedkoop, waardelose; van 25 sent, wat 25 sent kos. **~-brick wall** tweesteenmuur. **~-by-four** balk met 'n deursnee van twee by vier duim. **~-chamber system** tweekamerstelsel. **~-colour(ed)** tweekleurig. **~-cycle engine** →TWO-STROKE ENGINE. **~-cylinder** *adj. (attr.)* tweesilinder= *(enjin ens.).* **~-day, ~ days'** tweedaags. **~-decker** tweedekker. **~-dimensional** tweedimensioneel. **~-door** *adj. (attr.)* tweedeur= *(kas, motor, model, ens.).* **~-edged** tweesnydend. **~-engined** tweemotorig. **~-faced** dubbelhartig, geveins, vals, onopreg, huigelagtig, dubbelslagtig; *~ rogue, (ook, infml.)* tweegatjakkals. **~-fisted** *adj.* met twee vuiste; wat met albei vuiste ewe goed kan boks; *(infml.)* onhandig; *(Am.)* kragtig, sterk, energiek; geesdriftig, entoesiasties; uitbundig; *~ stroke, (tennis)* dubbelhandhou. **~fold** dubbel, tweevoudig. **~-four time** tweekwartsmaat. **~-furrow plough** tweeskaar=, tweevoorploeg. **~-handed** tweehandig; vir twee hande; tweepersoons=; *~ backhand, (tennis)* dubbelhandrughou. **~-handed saw, ~-man saw** treksaag. **~-handled** met twee handvatsels. **~-horse team** tweespan. **~-leaved** tweeblarig, =bladig. **~-legged** tweebenig, tweebeen=. **~-man** *adj. (attr.)* tweepersoons=; tweeman=; vir twee (mense) *(pred.); a ~ crew* 'n bemanning van twee; *a ~ school* 'n tweemanskool. **~-minute silence:** *observe a ~ ~* 'n stilte van twee minute handhaaf. **~-monthly** tweemaandeliks. **~-part** tweedelig, in twee dele; *(mus.)* tweestemmig; vir twee rolle. **~-party system** tweepartystelsel. **~pence, tuppence** *(Br.)* twee pennies; *(vero.)* twee dubbeltjies/oulap; *not care/give ~, (infml.)* geen (*of* nie 'n) blou(e)/dooie duit omgee nie, geen (*of* nie 'n) flenter/snars omgee nie, vere voel, niks omgee nie; *not worth ~, (infml.)* geen (*of* nie 'n) duit (*of* blou[e]/dooie duit) werd nie, niks werd nie. **~pence-worth** *(hoofs. Sk.)* vir twee pennies. **~penny** *n., (Br.)* goedkoop/dun bier; kop, harspan, klapperdop. **~penny** *adj., (Br.)* goedkoop; *(voor desimalisasie)* twee pennies se. **~penny-halfpenny** *(Br., infml.)* nikswerd. **~-percent milk** tweepersentmelk. **~-phase** tweefasig. **~-piece** *n.* tweestuk(pak[kie]). **~-piece** *adj.* tweestuk=. **~-pin plug** *(elek.)* tweepenprop. **~-pin socket** *(elek.)* tweepensok. **~-ply** tweedraad=, dubbeldraad=; tweelaag=, dubbellaag=; *~ (wood)* tweelaaghout; *~ wool* tweedraadwol. **~-pounder** tweeponder. **~-ranked** tweerygig, tweery=. **~-roomed flat** tweekamerwoonstel. **~-row barley** tweerygars. **~-row cultivator** tweeryskoffel(ploeg). **~-row engine** dubbelgelidmotor. **~-row planter** tweeryplanter. **~-seater** tweesitplekrytuig, =motor, tweepersoonsrytuig, =motor, =vliegtuig, *ens..* **~-sided** tweesydig. **~-speed** met twee versnellings; *~ motor* tweegangmotor. **~-stage** tweetrap=. **~-star** *adj. (attr.)* tweester= *(hotel ens.).* **~-step** tweepas(dans). **~-storey(ed) house,** *(Am.)* **~-storied house** (dubbel)verdiepinghuis. **~-stream policy** tweestroombeleid. **~-stroke engine, ~-cycle engine** tweeslagenjin. **~-stroke motor** tweeslagmotor. **~-thirds majority** meerderheid van twee derdes, tweederdemeerderheid. **~-time** *ww.* verneuk, kul. **~-time** *adj.* dubbel. **~-timer** veinser, huigelaar, *(infml.)* tweegatjakkals. **~-timing** *adj. (attr.): ~ husband/wife* man wat sy vrou (*of* vrou wat haar man) verneuk. **~-tone(d)** tweekleurig. **~-tone fingerfin** *(igt.)* steenklipvis. **~-tone grey** tweetintgrys. **~-tongued** dubbeltongig, dubbelhartig, geveins, huigelagtig, onopreg, vals. **~-tooth(ed) sheep** tweetandskaap. **~-volume** tweedelig, in twee dele. **~-way** *adj. (attr.): ~ cock* tweewegkraan; *~ column* vleuelkolom; *~ communication* wedersydse kommunikasie; *~ joint* dolosskarnier; *~ knuckle joint* doloslas; *~ mirror* tweerigtingspieël; *~ radio (set)* sendontvanger, sendontvang(toe)stel; *~ reinforcement* roosterwapening; *~ road* tweerigtingpad; *~ street* tweerigtingstraat; *be a ~ street, (fig., infml.)* 'n kwessie van gee en neem wees, van twee kante af kom; *~ stretch* inklimgordel; *~ switch, (elek.)* tweewegskakelaar, alkantskakelaar; *~ trade* wederkerige handel, handel van weerskante; *~ traffic* tweerigtingverkeer. **~-wheeled** tweewielig, tweewiel=. **~-year-old** *n.* tweejarige (kind); tweejarige dier; twee jaar oud/ou(e) perd; *be as lively as a ~* so lewendig soos 'n jong seun wees. **~-year-old** *adj.* tweejarig.

two·ness tweeheid, dualiteit. **two·some** paar, tweetal; tweespel, dubbelspel; tweepersoonsdans.

'twould *(sametr.), (poët.)* = IT WOULD.

twy·bill →TWIBILL.

twy·er →TUYÈRE.

=ty[1] *suff. (vorm telw.)* =tig; *nine~* negentig; *six~* sestig.

=ty[2] *suff. (vorm n.)* =heid; =teit; *cruel~* wreedheid; *safe~* veiligheid; *subtle~* subtiliteit.

ty·coon (geld)magnaat, geldbaas.

ty·er, ti·er binder, vasmaker. **ty·ing** (die) bind/vasbind/vasmaking; *~ and dyeing* knoop-en-doop.

tyke, tike *(infml.)* rakker, karnallie; *(vero., hoofs. Br.)* skurk, smeerlap, ploert; brak; *(Yorkshire)* ~Yorkshireman.

tyl·er →TILER.

ty·lo·pod *(söol.)* eeltpotige. **ty·lop·o·dous** eeltpotig.

ty·lo·sis *(med.)* eeltvorming.

tym·bal →TIMBAL.

tym·pan *(druk.)* timpaan, persraam; *(bouk.)* →TYMPANUM. **tym·pan·ic** trommel(vlies)=; *~ bone* gehoorbeentjie; *~ cavity* trommelholte; *~ membrane* trommel=, gehoorvlies; *~ nerve* trommelsenuwee. **tym·pa·ni·tes** *(med.)* timpanites, meteorisme, buikswelling, trommelbuik, opblaas(siekte). **tym·pa·ni·tis** trommelvlies=, middeloorontsteking. **tym·pa·num** =*pana,* =*panums, (bouk.)* gewelveld, timpaan; *(anat.)* oortrommel, middeloor; *(anat.)* trommelvlies; →TYMPANIC.

typ·al *adj., (w.g.)* = TYPICAL.

type *n.* tipe, soort; voorbeeld; sinnebeeld; (druk)letter; drukgrootte; *(druk.)* setsel; *the book is already in ~* die boek is reeds geset; *printed in large ~* in groot letter gedruk; *a rare ~ of ...* 'n seldsame soort/tipe ...; *revert to ~* terugslaan; *people of that ~* daardie klas mense; *true to ~* →TRUE *adj..* **type** *ww.* tipeer, as tipe/voorbeeld dien; tik; *~ s.t. in* iets intik; *~ s.t. out* iets uittik; *~ s.t. up* iets tik; iets netjies uittik. **~case** *(druk.)* set=, letterkas. **~cast** *ww.* net een soort rol gee *('n akteur, aktrise).* **~casting** *(druk.)* lettergiet(werk). **~ cutter** *(druk.)* lettersnyer. **~ designer** letterontwerper. **~face** lettersoort, =tipe, =beeld. **~ founder** *(druk.)* lettergieter. **~ foundry** *(druk.)* lettergietery. **~ letter** drukletter. **~ line** letterlyn. **~ metal** *(druk.)* lettermetaal, drukkersmetaal. **~ page** bladspieël. **~ room** settery. **~script** tikskrif; tiksel, tikwerk. **~set** =*tt*=, *ww., (druk.)* set. **~setter** lettersetter; setmasjien. **~setting** setwerk. **~setting machine** setmasjien. **~ site** *(argeol.)* hoofvindplek, belangrikste vindplek. **~ size** lettergrootte. **~ species** tipesoort. **~ specimen** tipe-eksemplaar, tiperende monster. **~write** =*wrote* =*written* tik. **~writer** tikmasjien; *(vero.)* tikker, tikster. **~writing** tikkery, tikwerk; (die) tik; tiksel, tikskrif. **~writing error** tikfout. **~writing pad** tikblok. **~written** getik.

typh·li·tis *(med.)* tiflitis, sakdermontsteking.

ty·phoid *n., (med.)* buiktifus, ingewandskoors. **ty·phoid** *adj.* tifeus; *~ fever* buiktifus; *~ fly* huisvlieg. **ty·pho·ma·ni·a** *(med.)* ylhoofdigheid. **ty·phus** *(med.)* tifus(koors); luiskoors, vlektifus.

ty·phoon tifoon.

ty·phus →TYPHOID *n..*

typ·i·cal tipies, tiperend, kenmerkend, kensketsend; tekenend; verteenwoordigend; sinnebeeldig; *be ~ of ...* kenmerkend/tiperend/tipies vir/van ... wees, ... kenmerk/tipeer; tekenend van/vir ... wees. **typ·i·cal·ly** *adv.: ~, he/she ...* tipies van (*of* kenmerkend van/vir) hom/haar, het/was hy/sy ...

typ·i·fy tipeer, kenmerk; as tipe/voorbeeld dien, illustreer, teken. **typ·i·fi·ca·tion** tipering.

typ·ing tik(werk); →TYPEWRITING. **~ error** tikfout. **~ pool** tikpoel.

typ·ist tikster, *(ml.)* tikker.

ty·po =*pos, (infml.)* tipograaf; tipografie; tipografiese fout; setfout.

ty·po= *komb.vorm* tipo=. **ty·po·graph** tipograafmasjien. **ty·pog·ra·pher** tipograaf, boekontwerper; (letter)setter; (boek)drukker. **~graphic** tipografies; *~ art* drukkuns. **~graphical** tipografies *(ontwerp ens.); ~ error* setfout; *~ union* tipograwebond. **ty·pog·ra·phy** tipografie; drukkuns; druk. **ty·po·lo·gi·cal** tipologies. **ty·pol·o·gy** tipologie.

ty·ra·mine *(biochem.)* tiramien.

ty·ran·ni·cal, ty·ran·nic tiranniek. **ty·ran·ni·cide** tirannemoordenaar; tirannemoord. **tyr·an·nise, =nize** tiranniseer, baasspeel oor; wreed behandel; soos 'n tiran regeer; *~ (over) s.o.* iem. tiranniseer. **tyr·an·nous** tiranniek. **tyr·an·ny** tirannie, dwingelandy, geweldenary; baasspelery; despotisme; wreedheid.

ty·ran·no·saur, ty·ran·no·sau·rus *(groot tweevoetige vleisetende dinosourus)* tirannosourus, tirannosouriër.

ty·rant tiran, onderdrukker, verdrukker, dwingeland, geweldenaar; *(hist.)* tiran, alleenheerser, despoot. **~ flycatcher** *(orn.)* tiran, Amerikaanse vlieëvanger.

Tyre *(geog.)* Tirus. **Tyr·i·an** *n.* Tiriër. **Tyr·i·an** *adj.* Tiries.

tyre, *(Am.)* **tire** *n.* buiteband; waband, wielband; *a flat ~* 'n pap band; *a spare ~* 'n noodband (*of* ekstra band); *(infml.)* 'n maagwal(letjie). **tyre,** *(Am.)* **tire** *ww.* 'n (wiel)band omsit/aansit. **~ chain** wielketting. **~ failure** bandbreuk. **~ gaiter** binnesool. **~ gauge, ~-pressure gauge** banddrukmeter. **~ lever** bandligter. **~ maker** bandbouer. **~ pressure** banddruk. **~-pressure gauge** banddrukmeter. **~ wall** bandwand.

ty·ro, ti·ro =*ros* groentjie, beginner, nuweling. **~ hooker** *(rugby)* nuwelinghaker. **~ reporter** onervare verslaggewer.

Ty·rol, *(D.)* **Ti·rol:** *the ~, (geog.)* Tirol. **Ty·ro·le·an, Tyr·o·lese** *n.* Tirool. **Ty·ro·le·an, Tyr·o·lese** *adj.* Tirools.

ty·ro·sine *(biochem.)* tirosien.

ty·ro·tox·ism *(med., w.g.)* kaasvergiftiging.

Tyr·rhe·ni·an *adj.* Tirrheens; *~ Sea* Tirrheense See.

Tza·neen dis·ease tzaneensiekte *(ook T~).*

tzar →TSAR.

tzat·zi·ki *(Gr. kookk.: jogurt-en-komkommer-sous met knoffel en kruisement)* tzatziki.

tzi·gane *n.* (Hongaarse) sigeuner. **tzi·gane** *adj.* (Hongaarse) sigeuner=.

Tzit·zi·kam·ma →TSITSIKAMMA.

Uu

u *u's, n. (21ste letter v.d. alfabet)* u; *little ~* u'tjie; *small ~* klein u.

U *U's, Us, n.* U; U-stuk; U-buis; U-keep; U-kram. **~-bar** U-yster. **~-beam** U-balk. **~-bend** U-buiging; U-buig=stuk *(in 'n pyp)*. **~-boat** *(hist.)* (Duitse) duikboot, U-boot. **~-bolt** krambout. **~-clamp** U-klamp. **~-iron** U-yster. **~-magnet** hoefmagneet. **~-section** U-profiel. **~-shaped** U-vormig. **~-tie** U-bint. **~-tube** U-buis. **~-turn** U-draai; *make a ~* 'n U-draai maak.

u·bi·e·ty plaaslike bestaan, plaaslikheid.

u·biq·ui·tar·i·an *(Chr. teol.: gelower i.d. alomteenwoor=digheid v.d. liggaam v. Christus)* ubikwitariër. **u·biq·ui·tous** alomteenwoordig; oral(s) te vinde. **u·biq·ui·ty, u·biq·ui·tous·ness** alomteenwoordigheid.

u·bun·tu *(SA: medemenslikheid, mededeelsaamheid, barm=hartigheid & hulpvaardigheid)* ubuntu.

ud·der uier.

u·dom·e·ter →RAIN GAUGE.

u·fol·o·gy studie van VVV's (*of* vreemde vlieënde voor=werpe). **u·fol·o·gist** VVV-kenner, VVV-deskundige.

U·gan·da *(geog.)* Uganda. **U·gan·dan** *n. & adj.* Ugandees.

U·ga·rit *(geog., hist.)* Oegarit. **U·ga·rit·ic** *n. & adj.* Oe=garities.

ugh *tw.* ga; ba, sies; poe; soe.

ug·li *-li(e)s: ~* **(fruit)** *(kruising v. 'n nartjie, pomelo en lemoen)* ugli(-vrug).

ug·li·fy lelik maak, verlelik. **ug·li·fi·ca·tion** verleliking.

ug·ly *n.* voëlverskrikker, lelikerd. **ug·ly** *adj.* lelik; on=aansienlik; skandelik; naar; haatlik, laag, gemeen; *(as) ~ **as sin*** so lelik soos die nag, skree(u)lelik, hondlelik, baie/bitter/verskriklik lelik; *an ~ **customer*** →CUSTO=MER; ***downright** ~* →DOWNRIGHT *adv.*; *~ **duckling*** lelike eendjie; *make (~) **faces*** skewebek (*of* lelike gesigte) trek; *s.o.'s conduct has an ~ **look*** daar is iets gemeens in iem. se gedrag; *in an ~ **mood*** →MOOD[1]; *an ~ **silence*** 'n dreigende stilte; *an ~ **situation*** →SITUATION; ***turn** ~* 'n dreigende houding aanneem *('n skare)*; dreigend word *(d. weer, 'n situasie, ens.)*; *~ **weather*** stormagtige/onaangename weer. **ug·li·ness** lelikheid; onaansien=likheid; haatlikheid, gemeenheid.

U·gri·an *n.* Oegriër; →UGRIC *n.*. **U·gri·an** *adj.* Oegries.

U·gric, U·gri·an *n., (taalgroep)* Oegries. **U·gric** *adj.* Oegries.

uh-huh *tw., (infml.)* 'm, 'n, è.

uh·lan, u·lan *(hist.)* ulaan.

UHT *(afk. v. ultra heat treated) ~* **milk** UHT-melk, rak=melk.

Ui·g(h)ur *n.* Oeigoer; *(taal)* Oeigoers. **Ui·g(h)u·ri·an, Ui·g(h)u·ric** *adj.* Oeigoers.

uit·land·er *(Afr.)* uitlander.

U·jung Pan·dang *(geog.)* Ujung Pandang.

u·kase *(<Rus., hist.)* oekase, bevelskrif.

U·kraine: *the ~, (geog.)* die Oekraïne; *~ wool* Oekraïnse wol. **U·krain·i·an** *n.* Oekraïner; *(taal)* Oekraïns. **U·krain·i·an** *adj.* Oekraïns.

u·ku·le·le, u·ke·le·le ukulele, ukelele.

ul·cer ulkus, (oop) seer, sweer; *(fig.)* kanker, verrotte plek *(i.d. samelewing)*; *gastric/peptic/stomach ~* →GASTRIC, PEPTIC, STOMACH. **ul·cer·ate** sere (*of* 'n seer/ulkus) vorm, ulsereer, 'n sweer ontwikkel; *(fig.)* bederf. **ul·cer·a·tion** seervorming, ulserasie; ulkus, (oop) seer, sweer. **ul·cer·a·tive** seervormend, swerend. **ul·cer·ous** vol sere/swere; etterend.

-ule *suff., (vorm vkw.),* -ie, -(t)jie, -etjie; *duct~* buisie, pypie; kanaaltjie, gangetjie, geleiertjie.

u·le·ma, u·la·ma *ekv. of mv.* oelema, oelama.

u·lig·i·nous, u·lig·i·nose, *(w.g.)* **u·lig·i·nal** moe=rassig, vleierig; moerasbewonend; *~ plant* moeras=, vleiplant.

ul·lage ontbrekende hoeveelheid; byvulling; byvul=ruimte; lekkasie- en verdampingsverlies.

ul·na *-nae, -nas, (anat.)* ellepyp, ulna. **ul·nar** ulnêr; ulna=, ellepyp=; *~ bone* ellepyp, ulna.

u·lot·ri·chous *adj., (antr.)* wolharig. **u·lot·ri·chy** *n.* wolharigheid.

Ul·pi·an Ulpianus.

Ul·ster *(geog.)* Ulster. **~man, ~woman** *-men, n.* inwo=ner/boorling van Ulster, man/vrou van Ulsterse afkoms.

ul·ster ulster(stof); ulster(jas), winterjas, warm jas.

ul·te·ri·or aan die ander kant; verder, vêrder, later; be=dek, heimlik, verborge; *have an ~ **motive*** →MOTIVE *n.*; *from ~ **motives*** uit eiebelang/baatsug; *an ~ **thought*** 'n bygedagte.

ul·ti·ma *(Lat.)* slotlettergreep, -sillabe.

ul·ti·mate *n.* grondbeginsel; uitkoms; slot; uiterste; *(fig.)* toppunt; *be the ~ in ...* die allernuutste ... wees. **ul·ti·mate** *adj.* uiteindelik, finaal, eind=, uiterste, laaste; fundamenteel, primêr; *~ **aim/object*** einddoel; *~ **analysis**, (chem.)* kenanalise, volledige analise; *~ **load*** breek(punt)las; *~ **principle*** grondbeginsel; *~ **prod=uct*** eindproduk; *~ **resistance*** breekweerstand, breek=vastheid; *~ **result*** einduitslag; uiteindelike gevolg; *~ **strength*** breekvastheid, breeksterkte; *~ **stress*** breek=spanning; *~ **tensile stress*** breektrekspanning. **ul·ti·mate·ly** (uit)eindelik, op die (lange) duur, oplaas, op (lange)laas, ten slotte/laaste, laastens, per slot van re=kening. **ul·ti·ma·tum** *-matums, -mata* ultimatum, laaste eis; finale gevolgtrekking, eindbesluit; *deliver an ~* 'n ultimatum stel; *present s.o. with an ~* aan iem. 'n ulti=matum stel.

ul·ti·mo *(vero.)* ultimo, van die vorige maand, laaslede, jongslede; *on the 30th ~* op die 30ste laaslede/jongslede (*of* van die vorige maand).

ul·ti·mo·gen·i·ture *(jur.)* erfopvolgingsreg van die jongste seun, minoraat.

ul·tra *n.* ekstremis, heethoof, ultra. **ul·tra** *adj.* ekstre=misties, heethoofdig; ongemagtig. **ul·tra-** *pref.* ultra=, hiper=, aarts=. **~centrifuge** *n.* ultrasentrifuge, -swaai=masjien, -swaaier. **~conservatism** verkrampheid. **~conservative** *n.* aartskonserwatiewe, verkrampte, reaksionêr. **~correct** hiperkorrek. **~filtration** *n.* ultra=filtrasie, ultrafiltrering. **~high** ultrahoog; *~ frequency* ultrahoë frekwensie. **~left** ver=, vêrlinks. **~marine** *n., (verfstof)* ultramaryn; *(kleur)* ultramaryn. **~marine** *adj., (kleur)* ultramaryn; oorsees. **~microscope** ultrami=kroskoop. **~microscopic** ultramikroskopies. **~modern** hipermodern. **~montane** *n.* persoon wat anderkant die berge (*of* suid van die Alpe) woon; vreemdeling; *(RK)* pousgesinde, ultramontaan. **~montane** *adj.* ul=tramontaan; ten suide van die Alpe; *(RK)* ultramon=taans, pousgesind. **~montanism** *(RK)* ultramonta=nisme, oordrewe pousgesindheid. **~montanist** *(RK)* ultramontaan, pousgesinde. **~mundane** bowe(n)aards; buiteaards. **~red** ultrarooi. **~right** ver=, vêrregs. **~right=ist** verregse, vêrregse. **~short** *adj., (rad.)* ultrakort *('n golf)*. **~sonic** ultrasonies, ultrasoon *(v. klank)*. **~sonics** *n. (mv.), (fis.)* ultrasonika. **~sound** →ULTRASOUND. **~structure** *n., (biol.)* ultrastruktuur. **~violet** ultravio=let; *~ rays* ultravioletstrale.

ul·tra·ist *n.* ekstremis. **ul·tra·ist, ul·tra·is·tic** *adj.* ekstremisties.

ul·tra·sound *(med.)* ultraklank; ultrasoniese klank=golwe, ultraklankgolwe. *~* **cardiography** →ECHOCAR=DIOGRAPHY. *~* **scan** ultraklankskandering, -aftasting. *~* **scanner** ultraklankskandeerder, -aftaster. *~* **trans=ducer** ultraklankoordraer, -transduseerder.

ul·tra vi·res *adj. (pred.) & adv., (Lat.)* ultra vires, bui=temagtig, buite iem. se bevoegdheid.

ul·u·late ululeer, weeklaag, jammer. **ul·u·la·tion** ulu=lering, geweeklaag, gejammer.

U·lys·ses, U·lys·ses *(Rom.)* Ulysses; →ODYSSEUS.

um *tw.* hm, 'm.

U·may·yad, O·may·yad, Om·mi·ad Umayyad, Omajjade.

um·bel *(bot.)* skerm, bloeiskerm, blomskerm; *compound ~* saamgestelde/samegestelde skerm; *simple ~* enkel=voudige skerm. **um·bel·lar, um·bel·late** skermblom=mig; skermdraend. **um·bel·lif·er** skermblom, umbel=lifeer. **um·bel·lif·er·ous** skermdraend, skermblommig. **um·bel·lule** skermpie.

um·ber *n.* omber, bergbruin; omber(kleur). **um·ber** *adj.* omberkleurig, omberbruin, donkerbruin. *~* **(bird)** hamerkop.

um·bil·i·cus *-bilici, -bilicuses, (soöl.)* nael *(v. 'n skulp)*; *(teg., anat.)* umbilikus; →NAVEL. **um·bil·i·cal** nael=; *~ **belt*** naelgord; *~ **bondage*** naelband; *~ **cord*** nael=string; *~ **hernia/rupture*** naelbreuk; *~ **region*** nael=streek. **um·bil·i·cate** naelagtig; naelvormig. **um·bil·i·form** naelvormig.

um·bles →NUMBLES.

um·bo *-bos, -bones, (anat.)* stulping, knop; skildknop; ronding; *(biol.)* (ronde) uitsteeksel. **um·bo·nate, um·bo·nal, um·bon·ic** stulpend; knopvormig, tepelvor=mig; knopdraend, getepel(d).

um·bra *-brae, -bras* volle skadu(wee), slagskadu(wee), kernskadu(wee).

um·brage aanstoot, belediging, ergernis; *(arg.)* koelte, skadu(wee); *give ~* aanstoot gee, iem. vererg; *one takes ~ about/at s.t.* jy neem aan iets aanstoot, jy voel bele=dig deur iets, jy erg(er) jou oor iets, jy word oor iets kwaad, jy neem iem. iets kwalik. **um·bra·geous** ska=duryk.

um·brel·la sambreel; *under the ~ of ...* onder die seg=genskap/bewind/beskerming van ...; *unfurl an ~* 'n sambreel oopmaak. **~-like** sambreelagtig. *~* **organisa=tion** oorkoepelende organisasie. *~* **pine** sambreelden=(neboom), kroonden(neboom). *~* **roof** sambreeldak. **~-shaped** sambreelvormig. *~* **stand** sambreelstaan=der. *~* **thorn** haak-en-steek(-bos), withaak, sambreel=doring. *~* **tree** sambreelboom, kiepersolboom, nooi=ensboom, waaiboom.

um·brel·laed met 'n sambreel.

Um·bri·a *(geog.)* Umbrië. **Um·bri·an** *n.* Umbriër; *(taal)* Umbries. **Um·bri·an** *adj.* Umbries.

um·faan, um·faan *(SA, Z.)* oemfaan.

u·mi·ak, oo·mi·ak *(<In[n]uïties, soort roeiboot)* oemiak.

Um·kho·nto we Si·zwe *n. (Xh.: d. Spies v.d. Nasie; voormalige militêre vleuel v.d. ANC)* Umkhonto we Sizwe.

um·laut *(D., ling.)* umlaut, vokaalwisseling, -assimi=lasie.

ump *n., (infml.; afk. v. umpire)* skeidsregter.

umph *tw.* hm, hmf, gmf.

um·pire *n., (sport)* skeidsregter, *(infml.)* fluitjieblaser; arbiter, skeidsregter; eindbeslisser, skeidsregter; be=oordelaar; *~ (at arbitration), (jur.)* skeidsregter, eind=beslisser. **um·pire** *ww., (sport)* as skeidsregter op=tree; as beoordelaar optree.

ump·teen *bep., (infml.)* soveel, hoeveel; *I've told you ~ times, (infml.)* ek het jou al hoeveel keer/maal gesê. **ump·teenth** soveelste, hoeveelste.

Um·ta·li *(geog., hist.)* Umtali; →MUTARE.

un- *pref.* on=, nie=, ont=, los=, oop=, uit=, af=.

(')un *vnw., (infml.)* een; *a big/little ~* 'n grote/kleintjie.

un·a·bashed onbeskaamd; onbeskroomd, vrymoedig, ongeërg. **un·a·bash·ed·ly** onbeskroomd, vrymoedig.

un·a·bat·ed onverminder(d), onverswak, onverflou. **un·a·bat·ing** onverpoos, knaend.

un·ab·bre·vi·at·ed onverkort.

un·a·ble onbekwaam, nie in staat nie, nie by magte nie; →ABLE.

un·a·bol·ished nie afgeskaf/herroep nie.

un·a·bridged onverkort, volledig.

un·ab·sorbed ongeabsorbeer(d).

un·ac·a·dem·ic nieakademies; nie akademies aangelê nie.

un·ac·cen·ted ongeaksentueer(d), onbe(klem)toon(d), toonloos.

un·ac·cep·ta·ble onaanneemlik, onaanvaarbaar; onwelkom, verwerplik. **un·ac·cep·ta·ble·ness** onaanneemlikheid, onaanvaarbaarheid.

un·ac·com·mo·dat·ing onvriendelik, ontoeskietlik, ontegemoetkomend, ontoegeeflik, oninskiklik, veeleisend.

un·ac·com·pa·nied alleen, onvergesel; *(mus.)* onbegeleid, sonder begeleiding.

un·ac·com·plished onuitgevoer(d), onvoltooi(d), onvolvoer; sonder talente.

un·ac·count·a·ble onverklaarbaar; onverantwoordbaar; onberekenbaar *(v. persone)*; nie verantwoordelik/aanspreeklik nie; ontoerekenbaar; nie rekenpligtig nie. **un·ac·count·a·bil·i·ty, un·ac·count·a·ble·ness** onverklaarbaarheid; onverantwoordbaarheid; →UNACCOUNTABLE. **un·ac·count·ed:** *be ~ for* vermis wees.

un·ac·cus·tomed ongewoon(d); *be ~ to s.t.* aan iets ongewoond wees. **un·ac·cus·tomed·ness** ongewoon(d)heid.

un·a·chiev·a·ble onbereikbaar; onuitvoerbaar; onbegonne *(taak)*.

un·ac·knowl·edged onerken(d); onbeantwoord.

un·ac·quaint·ed: *be ~ with s.t.* iets nie ken nie, met iets onbekend wees, nie met iets vertroud wees nie; omtrent/van iets onkundig wees.

un·act·a·ble onopvoerbaar, onspeelbaar, ontoneelmatig. **un·act·a·bil·i·ty** onspeelbaarheid; →UNACTABLE.

un·a·dapt·a·ble onaanpasbaar; →INADAPTABLE.

un·ad·dressed ongeadresseer(d), sonder adres.

un·ad·just·ed onaangepas *('n syfer ens.)*.

un·a·dopt·ed nie aangeneem nie; *(Br.)* wat nie deur die/'n plaaslike owerheid in stand gehou word nie *('n pad ens.)*.

un·a·dorned onversier(d), onverfraai, on(op)getooi(d), onopgesmuk; eenvoudig.

un·a·dul·ter·at·ed onvervals, eg, suiwer, skoon.

un·ad·ven·tur·ous onavontuurlik; nie ondernemend nie; nie bereid om te eksperimenteer nie; oninspirerend.

un·ad·ver·tised ongeadverteer(d).

un·ad·vis·a·ble nie raadsaam/gewens/gerade nie; onverstandig; onraadsaam, nie aan te raai nie. **un·ad·vised** ondeurdag, onverstandig, onversigtig; nie deur raad gesteun nie, sonder advies.

un·aes·thet·ic onesteties, lelik.

un·af·fect·ed ongeaffekteer(d), ongekunsteld, ongedwonge, natuurlik, eg; onaangetas, nie geraak nie; *be ~, (ook)* onaangetas bly. **un·af·fect·ed·ness** ongedwongenheid; ongekunsteldheid, natuurlikheid; →UNAFFECTED.

un·af·fec·tion·ate liefdeloos, koel, kil, koud, afsydig.

un·af·fil·i·at·ed ongeaffilieer(d).

un·af·ford·a·ble onbekostigbaar.

un·a·fraid onbevrees, onverskrokke, onvervaard, nie bang nie.

un-Af·ri·kaans onafrikaans.

un·ag·gres·sive nieaggressief, onaggressief.

un·aid·ed sonder hulp, alleen, selfstandig; *with the ~ eye* met die blote oog.

un·aim·ed ongerig *('n skoot)*; *(fig.)* doelloos.

un·a·larmed gerus, onbevrees.

un·al·ien·a·ble = INALIENABLE.

un·a·ligned onverbonde, afsydig.

un·a·like verskillend; anders; *be ~* van mekaar verskil; verskillend lyk.

un·al·le·vi·at·ed nie verlig/bedaar/verminder nie *(pyn)*.

un·al·lied onverbonde, sonder bondgenote; nieverwant.

un·al·lot·ted nie toegeken/toegewys nie.

un·al·low·a·ble ongeoorloof, ontoelaatbaar. **un·al·lowed** ongeoorloof.

un·al·loyed onvermeng(d), suiwer, ongelegeerd *(metaal)*; volkome, volmaakte *(vreugde, genot, ens.)*.

un·al·ter·a·ble onveranderlik, vasstaande, vas, onherroeplik, onveranderbaar. **un·al·ter·a·bil·i·ty** onveranderlikheid. **un·al·tered** onverander(d), ongewysig.

un·a·mazed (glad) nie verbaas nie.

un·am·big·u·ous ondubbelsinnig, eenduidig, duidelik, helder. **un·am·big·u·ous·ness** ondubbelsinnigheid.

un·am·bi·tious sonder ambisie, nie eersugtig nie; slap, traag. **un·am·bi·tious·ness** gebrek aan ambisie; traagheid.

un·a·mend·a·ble onverbeterbaar.

un-A·mer·i·can onamerikaans, in stryd met Amerikaanse gewoontes.

un·a·mi·a·ble onvriendelik, stug, stroef, stuurs, onaangenaam. **un·a·mi·a·bil·i·ty** onvriendelikheid, stugheid, stroefheid; →UNAMIABLE.

un·am·pli·fied onversterk; onvergroot.

un·a·mused ontevrede, ongelukkig; *be ~* dit glad nie snaaks vind nie. **un·a·mus·ing** onprettig, onvermaaklik, vervelend.

un·an·a·lys·a·ble onontleedbaar. **un·an·a·lysed** onopgelos, onontleed.

un·an·i·mat·ed saai, leweloos, onbesiel(d).

u·nan·i·mous eenparig, eenstemmig; eensgesind. **u·na·nim·i·ty** eenparigheid, eenstemmigheid, eensgesindheid; *reach ~ about s.t.* eenstemmigheid oor iets bereik. **u·nan·i·mous·ly** eenparig, eenstemmig, sonder teen=/teëstem; eensgesind.

un·an·nounced onaangekondig, onaangemeld; onverwag, nie bekend gemaak nie.

un·an·swer·a·ble onbeantwoordbaar; onweerlegbaar, onweerspreeklik, onteenseglik. **un·an·swered** onbeantwoord; *go ~* onbeantwoord bly; *leave a statement ~* 'n bewering daar laat.

un·an·tic·i·pat·ed onvoorsien, onverwag.

un·a·pol·o·get·ic *adj.*, **-get·i·cal·ly** *adv.* onberouvol, onboetvaardig; dikvellig, hardvogtig, onbewoë, onverskillig.

un·ap·par·ent onduidelik.

un·ap·peal·a·ble *(jur.)* onvatbaar vir appèl. **un·ap·peal·ing** onaantreklik.

un·ap·peas·a·ble onversoenlik; onbevredigbaar, onversadigbaar. **un·ap·peased** onversoen(d); onbevredig, onversadig.

un·ap·pe·tis·ing, -iz·ing onaptytlik, onaantreklik, onsmaaklik.

un·ap·plied onaangewend; nie toegepas nie; onbewillig *(fondse)*; onbestee, ongebruik *(fondse)*.

un·ap·pre·ci·at·ed ongewaardeer(d), niegewaardeer(d), nie op prys gestel nie. **un·ap·pre·ci·a·tive** niewaarderend, onwaarderend. **un·ap·pre·ci·a·tive·ness** gebrek aan waardering.

un·ap·proach·a·ble ontoeganklik; ongenaakbaar, stug. **un·ap·proach·a·bil·i·ty, un·ap·proach·a·ble·ness** ontoeganklikheid; ongenaakbaarheid.

un·ap·pro·pri·at·ed nie toegeëien nie, sonder baas; nie toegewys nie; nie vir 'n bepaalde doel bestem nie; *~ profits* onverdeelde wins.

un·ap·proved nie goedgekeur nie, verwerp.

un·apt ongeskik; ontoepaslik, onvanpas; onbekwaam; sonder aanleg. **un·apt·ness** ongeskiktheid; ongepastheid; onbekwaamheid.

un·ar·gu·a·ble onbetwisbaar, onweerspreeklik, onweerlegbaar, onaanvegbaar, onteenseglik.

un·arm *ww.* ontwapen. **un·armed** ongewapen(d); ontwapen(d); doringloos *(v. diere, plante)*.

un·ar·moured ongepantser(d), sonder pantser(ing)/pantserbedekking.

un·ar·ranged ongeorden(d); nie gereël nie.

un·ar·rest·ing oninteressant, vervelig, vervelend, futloos, saai, flou, vaal.

un·ar·tic·u·lat·ed ongeartikuleer(d), onduidelik; onverwoord.

un·ar·ti·fi·cial natuurlik, nie kunsmatig nie; ongekunsteld.

un·ar·tis·tic sonder kunssin, nie kunssinnig nie, onartistiek.

u·nar·y eenledig, eenheids=.

un·as·cer·tain·a·ble onbepaalbaar. **un·as·cer·tained** nie seker nie, onuitgemaak, onseker.

un·a·shamed onbeskaamd; skaamteloos; onbeskroomd. **un·a·sham·ed·ly** onbeskaamd; skaamteloos; sonder skroom. **un·a·sham·ed·ness** onbeskaamdheid; skaamteloosheid; onbeskroomdheid.

un·asked ongevraag(d), ongewens, onnodig; ongevra, ongenooi(d); op eie houtjie; *~ question* niegestelde vraag; *s.t. was ~ for* iets was ongevraag *('n opmerking)*.

un·as·sail·a·ble onaantasbaar, onaanvegbaar; onweerlegbaar, onbetwisbaar. **un·as·sail·a·ble·ness** onaantasbaarheid, onaanvegbaarheid. **un·as·sailed** onaangetas.

un·as·ser·tive beskeie, terughoudend, teruggetrokke.

un·as·signed ontoegeken.

un·as·sim·i·la·ble onassimileerbaar, onaanpasbaar. **un·as·sim·i·lat·ed** ongeassimileer(d); onverwerk.

un·as·sist·ed sonder hulp, alleen.

un·as·so·ci·at·ed nieverwant *(onderwerpe ens.)*; *be ~ with ...* nie by ... betrokke wees nie; nie aan ... verbonde wees nie.

un·as·suage·a·ble onstilbaar; onbevredigbaar; onlesbaar.

un·as·sum·ing beskeie, pretensieloos, nie aanmatigend nie. **un·as·sum·ing·ness** beskeidenheid, pretensieloosheid.

un·at·tached los, onverbonde; onafhanklik; nietoegevoeg; ongetroud; nie verloof nie; alleenlopend; alleenstaande; *~ member* los lid, buitelid, eksterne lid; *~ property* onverbonde/vrye eiendom.

un·at·tain·a·ble onbereikbaar.

un·at·tempt·ed onbeproef.

un·at·tend·ed sonder toesig; onversorg; onbewaak; alleen; onbedien *('n masjien)*; *(spw.)* onbedien, onbeman, outomaties; *leave s.t. ~* iets sonder toesig laat.

un·at·test·ed onbeëdig; sonder waarmerk; ongeattesteer, sonder attestasie.

un·at·trac·tive onaantreklik, onooglik, onaanloklik, onaardig. **un·at·trac·tive·ness** onaantreklikheid; →UNATTRACTIVE.

un·at·trib·u·ta·ble ontoeskryfbaar. **un·at·trib·u·ta·bly** *adv.* anoniem, ontoeskryfbaar, sonder toeskrywing. **un·at·trib·u·ted** sonder toeskrywing.

un·au·dit·ed ongeouditeer(d) *(rekeninge ens.)*; ongekontroleer(d) *(uitslae ens.)*.

un·aug·ment·ed nie vermeerder/vergroot/aangevul/uitgebrei nie.

un·au·then·tic nie outentiek nie, oneg. **un·au·then·ti·cat·ed** *adj.* ongestaaf; onbekragtig; onbevestig; nie gewaarborg nie; waarvan die egtheid betwyfel word.

un·au·thor·ised, -ized onwettig; ongemagtig, ongeoorloof; onbevoeg; *~ person* onbevoegde; *~ persons prohibited* geen toegang sonder verlof.

un·a·vail·a·ble onverkry(g)baar, onbekombaar, onbeskikbaar. **un·a·vail·a·bil·i·ty, un·a·vail·a·ble·ness** onverkry(g)baarheid, onbekombaarheid, onbeskikbaarheid.

un·a·vail·ing nutteloos, vergeefs, vrugteloos. **un·a·vail·ing·ly** tevergeefs, vrugteloos.

un·a·void·a·ble onvermydelik, onafwendbaar; onvermybaar *(uitgawes ens.)*. **un·a·void·a·ble·ness, un·a·void·a·bil·i·ty** onvermydelikheid.

un·a·vowed geheim; onbevestig; nie afgekondig/aangekondig/vermeld nie.

un·a·wakened nie gewek/wakker nie.

un·a·ware onbewus, onwetend; *be ~ of s.t.* nie van iets weet nie, van iets onbewus wees; *be blissfully ~ of s.t.* van die hele saak niks weet nie, salig onbewus wees van iets; *be ~ that ...* nie weet dat ... nie. **un·a·ware·ness** onbewustheid, onwetendheid. **un·a·wares** *adv.* onverwags, skielik, onverhoeds; onwetend; *catch/take s.o. ~* iem. verras; iem. oorval; onverwags met iets op iem. afkom; iem. onverhoeds betrap; *drop s.t. ~* iets laat val sonder om dit te merk; *be taken ~ by s.t.* deur iets oorrompel/verras word *('n vraag)*; nie op iets bedag wees nie.

un·awed onverskrokke, sonder vrees.

un·backed sonder hulp/steun; ongedek *(geldeenh.)*; *I told you it was an ~ horse* ek het jou gesê daar word nie op die perd gewed nie.

un·bag *-gg-* uit die sak haal, uitskud.

un·bak·ed ongebak; *~ brick* rousteen.

un·bal·ance *n.* →IMBALANCE. **un·bal·ance** *ww.* onewewigtig maak, die ewewig verstoor; van stryk maak/bring. **un·bal·anced** ongebalanseer(d); onafgeslote *(rekening)*; onewewigtig *(ontwikkeling)*; *~ budget* niesluitende begroting; *one's mind is ~* jou verstand is in die war, jy is nie by jou volle verstand nie.

un·bal·last ballas verwyder.

un·ban *-nn-*: *~ a book/etc.* die verbod op 'n boek/ens. ophef; *~ s.o.* die inperking van iem. ophef.

un·band·age *ww.* die verband(e) om/van ... afhaal. **un·band·aged** onverbind, sonder verband.

un·bap·tised, -ized nie gedoop nie, ongedoop.

un·bar *-rr-* oopmaak, ontsluit, 'n/die versperring weghaal; *(fig.)* oopstel, vrymaak.

un·bash·ful vrymoedig, onbeskroomd.

un·bear·a·ble ondraaglik, on(uit)hou(d)baar, onuitstaanbaar; *find s.t. ~* iets ondraaglik vind. **un·bear·a·ble·ness** ondraaglikheid, on(uit)hou(d)baarheid, onuitstaanbaarheid.

un·beat·a·ble onoortreflik, onoortrefbaar; onoorwinlik; *be ~ at/in s.t.* onoorwinlik/onoortreflik wees in iets. **un·beat·en** onoorwonne, (nog) nooit verslaan nie; onbetree *(v. 'n pad)*; ongeklits *(eiers)*.

un·beau·ti·ful nie mooi nie, sonder skoonheid/mooiheid.

un·be·com·ing onvanpas, ongepas; onbehoorlik, onbetaamlik, onwelvoeglik; onfatsoenlik; *behaviour ~ (to) ...* gedrag wat ... onwaardig is; *clothes ~ to/for ...* klere ongepas vir ...; *s.t. is ~ to/of s.o./s.t.* iets pas (nie by) iem./iets nie. **un·be·com·ing·ness** ongepastheid.

un·be·fit·ting ongepas, onbetaamlik.

un·be·friend·ed vriendeloos, sonder vriende; sonder hulp.

un·be·got·ten ongebore; nie verwek nie.

un·be·hold·en *adj. (pred.)*: *~ to ...* met geen verpligtings/-tinge teenoor ... nie.

un·be·known, *(hoofs. Br.)* **un·be·knownst** onbekend; →UNKNOWN *adj.*; *do s.t. ~ to s.o.* iets sonder iem. se medewete doen.

un·be·lief ongeloof; godloëning; ongelowigheid; *in ~* ongelowig. **un·be·liev·a·ble** ongelooflik; ongeloofbaar. **un·be·lieved** wat geen geloof vind nie; wat in twyfel getrek word; wat nie geglo word nie. **un·be·liev·er** ongelowige; godloënaar; twyfelaar. **un·be·liev·ing** ongelowig.

un·be·lov·ed onbemin(d).

un·bend *unbent unbent* reguit maak *(bene)*; *(infml.)* ontspan; ontdooi; losknoop *(toue)*; afhaal, -slaan *(seile)*; aftuig; ontkoppel, losskakel *('n anker)*. **un·bend·a·ble** *(lett.)* onbuigbaar; *(fig.)* onbuigsaam, onwrikbaar. **un·bend·a·ble·ness** onbuigbaarheid. **un·bend·ing** styf, stroef, afsydig, terughoudend; ontoegeeflik, streng; onbuigsaam, onwrikbaar. **un·bend·ing·ness** stroefheid, stugheid; strengheid; →UNBENDING.

un·be·seem·ing onbehoorlik, onbetaamlik, ongepas.

un·bi·as(s)ed onbevooroordeeld, onpartydig, onbevange.

un·bib·li·cal onbybels, onskriftuurlik.

un·bid·da·ble ongehoorsaam, koppig, onhandelbaar. **un·bid·den** ongevra(ag); ongenooi(d); spontaan, vanself, op eie houtjie, uit eie beweging.

un·big·ot·ed gematig, besadig; nie dweepsiek nie.

un·bind *unbound unbound, ww.* losmaak; loskry; bevry, vrylaat, loslaat.

un·birth·day: *~ present* sommer 'n present.

un·blanched ongeblansjeer(d); nie uitgedop nie, ongepel *(neute)*.

un·bleached ongebleik; *~ calico* ongebleikte kaliko; *~ cotton* ongebleikte katoen.

un·blem·ished onbevlek, vlek(ke)loos, onbesmet, skoon, rein; *~ reputation* vlekkelose/onaantasbare naam/reputasie.

un·bles·sed, un·blest ongeseën(d); vervloek.

un·blink·ing sonder om 'n oog te knip.

un·block *ww.* ontstop, die verstopping in *('n afvoerpyp ens.)* verwyder; *(med.)* die hindernis/versperring/obstruksie in ... verwyder; *(samesprekings ens.)* weer op koers kry; *(alkohol ens.)* afbreek *(inhibisies ens.)*.

un·blood·ed nie bebloed nie; nie raseg nie *(perde)*. **un·blood·ied** nie bebloed nie. **un·blood·y** nie bloederig nie; nie bloeddorstig nie; vreedsaam.

un·blush·ing skaamteloos, onbeskaamd. **un·blush·ing·ly** skaamteloos, sonder blik of bloos (*of* om te blik of te bloos). **un·blush·ing·ness** skaamteloosheid, onbeskaamdheid.

un·bod·ied onliggaamlik, liggaamloos, onstoflik, geestelik.

un·boiled ongekook, rou.

un·bolt oopmaak; losskroef. **un·bolt·ed** ongesif *(meel ens.)*.

un·bone ontbeen, die bene uithaal; →BONE *ww.*. **un·boned** ontbeen; beenloos.

un·bon·net die/jou hoed afhaal, die/jou hoof ontbloot.

un·booked onbespreek, ongereserveer(d).

un·book·ish nieakademies; ongeleer(d).

un·born ongebore.

un·bos·om ontboesem, lug gee aan, die hart uitstort; *~/unburden o.s.* jou hart uitpraat/-stort, jou ontboesem, jou gevoelens lug gee; *(infml.)* alles uitpak.

un·both·ered onbesorg, onbekommerd, ongeërg.

un·bound *(druk.)* ongebonde; los; nie gebonde/gebind nie. **un·bound·ed** grens(e)loos, onbegrens, eindeloos.

un·bowed ongeboë, regop; ongebroke.

un·bow·el *-ll-* die ingewande uithaal, *(w.g.)* ontwei; →DISEMBOWEL.

un·box uit 'n kis haal.

un·brace ontspan, verslap; losmaak, losryg, losgespe.

un·branched onvertak.

un·brand·ed sonder handelsmerk; ongebrand *(vee)*.

un·breach·a·ble onskendbaar; onverstoorbaar.

un·break·a·ble onbreekbaar; onlosmaaklik, onverbreeklik; *~ code* onontsyferbare kode.

un·bred ongeskool(d), onopgelei; *(w.g.)* →ILL-BRED.

un·brib·a·ble onomkoopbaar, onkreukbaar.

un·bridge·a·ble onoorbrugbaar. **un·bridged** sonder brug.

un·bri·dle die toom afhaal; *(fig.)* vrylaat, loslaat. **un·bri·dled** *(lett.)* toomloos; onbeteuel(d), ongebreidel(d), bandeloos, onbeheers(d), onbeheers(t); *~ attack* onbeheersde/onbeheerste aanval.

un-Brit·ish onbrits.

un·bro·ken ongeskonde, heel; onafgebroke, ononderbroke; ongestoord; ongetem, ongeleer(d), wild *(perde)*; ongeskonde *('n kontrak)*; deurlopend *(diens)*; *~ case* vol kis *(wyn ens.)*.

un·broth·er·ly onbroederlik.

un·brushed ongeborsel(d).

un·buck·le losgespe, losmaak.

un·budg·et·ed onbegroot.

un·bun·dle skei; ontbondel *('n mpy.)*.

un·bur·den ontboesem, uitstort *(jou hart)*; lug gee aan *(jou gevoelens)*; van 'n las bevry; *~ o.s.* →UNBOSOM. **un·bur·dened** *(ook)* onbelas.

un·bur·ied onbegrawe.

un·burnt ongebrand, onverbrand; *~ brick* rousteen.

un·busi·ness·like onprofessioneel; onsaaklik; onsaakkundig; onprakties.

un·but·tered ongebotter, ongesmeer(d); droog, sonder botter *(brood)*.

un·but·ton los-, oopknoop.

un·cage uit die hok/kou laat, loslaat, vrylaat.

un·cal·cu·lat·ed onbereken(d). **un·cal·cu·lat·ing** onberekend.

un·called onopgevra, ongestort *(kapitaal)*; onopgeroep, onopgevra, onopgevorder *('n lening)*; onafgelos *('n obligasie)*. **~-for** onvanpas, onnodig, ongevraag; ongeregverdig; ongemotiveer(d); onafgehaal, onopgevra *(goedere)*.

un·can·did onopreg, nie reguit nie, oneerlik.

un·can·ny geheimsinnig, onheilspellend, spookagtig, grillerig, griesel(r)ig, angswekkend; bonatuurlik, buitengewoon; gevaarlik.

un·cap *ww.* oopmaak *('n bottel ens.)*; *(fig.)* laat blyk *(ergernis ens.)*; *~ped* sonder pet; *(sport)* wat nie (sy/haar) nasionale kleure ontvang/gekry het nie. **un·capped:** *~ player* nuwe speler *(in 'n verteenwoordigende span)*.

un·cared-for onversorg, sorgbehoewend; verwaarloos. **un·car·ing** liefdeloos, onverskillig, afsydig, onbelangstellend; onbesorg, onbekommerd.

un·car·pet·ed sonder mat/tapyt, kaal.

un·case uit die sak haal, uithaal; ontplooi *('n vlag)*.

un·cashed ongewissel *('n tjek)*.

un·cas·trat·ed ongekastreer(d), ongesny.

un·cat·a·logued nie in die katalogus nie, ongekatalogiseer(d).

un·catch·a·ble *be/look ~* los voor wees.

un·ceas·ing voortdurend, aanhoudend, onophoudelik, onafgebroke, onbedaarlik, onverpoos, ononderbroke. **un·ceas·ing·ly** *(ook)* heeldag en aldag.

un·cel·e·brat·ed ongevierd, onbekend *('n lewe ens.)*; ongevier *('n geleentheid ens.)*.

un·cen·sored ongesensureer(d).

un·cen·sured ongesensureer(d).

un·cer·e·mo·ni·ous informeel; kortaf, onbeleef(d). **un·cer·e·mo·ni·ous·ly** sonder omhaal/pligpleginge/formaliteit(e), een-twee-drie. **un·cer·e·mo·ni·ous·ness** informaliteit; onbeleefdheid.

un·cer·tain onseker, twyfelagtig; onduidelik, vaag; veranderlik, wisselvallig; wispelturig, onbetroubaar; onbestendig, onvas; *s.o.'s ~ **health*** →HEALTH; *s.o. with an ~ **temper*** 'n wispelturige persoon; *in no ~ **terms*** (baie) duidelik; reguit, sonder om doekies om te draai, sonder doekies omdraai; *~ **weather*** ongestadige weer.

un·cer·tain·ty onsekerheid, twyfelagtigheid, veranderlikheid, ongestadigheid, wisselvalligheid; onbestendigheid, onvastheid, onbepaaldheid; *in trembling ~* in kwellende onsekerheid. *~ **principle** (fis.)* onsekerheidsbeginsel.

un·cer·tif·i·cat·ed ongediplomeer(d); ongesertifiseer(d). **un·cer·ti·fied** ongesertifiseer(d); ongediplomeer(d).

un·chain losmaak; ontketen; *~ed, (ook)* ongeboei(d).

un·chal·lenge·a·ble onaantasbaar. **un·chal·lenged** onbestrede, onbetwis; ongehinder(d); *go/pass ~* nie voorgekeer word nie; sonder beswaar/protes verbygaan; *this should not pass ~* hierteen behoort protes aangeteken te word. **un·chal·leng·ing** *adj.* onuitdagend, sonder uitdaging, wat geen uitdaging bied/inhou nie.

un·change·a·ble onveranderbaar. **un·changed** onverander(d). **un·chang·ing** *adj.* onveranderlik.

un·chap·er·oned sonder 'n chaperone.

un·char·ac·ter·is·tic: *be ~ of ...* nie kenmerkend/karakteristiek van ... wees nie, nie eie aan ... wees nie.

un·charged wat nog nie aangekla is nie; afsydig, onentoesiasties, leweloos; *(arg.)* ongelaai *(vuurwapen).*

un·char·is·mat·ic oncharismaties, nie charismaties nie.

un·char·i·ta·ble harteloos, hardvogtig, liefdeloos, hard, ongevoelig. **un·char·i·ta·ble·ness** liefdeloosheid. **un·char·i·ty** = UNCHARITABLENESS.

un·chart·ed ongekarteer(d), ongekaart, nie in kaart gebring nie, sonder kaart; onbekend, onbetrede *('n streek);* onbevare *(see).*

un·char·tered ongeoorloof, ongemagtig; ongereguleer(d); ongeoktrooieer(d), sonder oktrooi.

un·chaste onkuis. **un·chaste·ness, un·chas·ti·ty** onkuisheid, ontug.

un·check·a·ble onkeerbaar, onstuitbaar; onkontroleerbaar. **un·checked** onbeteuel(d); ongebreidel(d); onbelemmerd, ongehinder(d); ongekontroleer(d).

un·chiv·al·rous laag, gemeen.

un·chris·tened ongekersten; ongedoop. **un·chris·tian** onchristelik; nie-Christelik, niechristelik. **un·chris·tian·ise, -ize** ontkersten. **un·chris·tian·like** *adj.* onchristelik. **un·chris·tian·ly** *adv.* onchristelik.

un·chron·i·cled onbeskrewe.

un·church uit die kerk ban, van die kerk wegja(ag).

un·ci·al *n.* unsiaal(letter); unsiaalskrif. **un·ci·al** *adj.* unsiaal; *~ letter* unsiaal(letter).

un·ci·form *(anat., soöl.)* haakvormig.

un·ci·na·ri·a·sis haakwurmsiekte.

un·ci·nate *(biol.)* krom, haakvormig.

un·cir·cum·cised onbesnede; *the ~* die onbesnedenes.

un·civ·il onbeleef(d), onhoflik, onvriendelik; onbeskof, ongemanierd. **un·civ·i·lised, -ized** onbeskaaf, barbaars.

un·clad ongeklee(d).

un·claimed onopgevra(ag), onopgeëis; *~ goods* onopgevraagde/onopgeëiste/onafgehaalde goedere; *~ letter* onafgehaalde brief.

un·clamp die klamp/klem losmaak.

un·clasp losgespe, oop-, losmaak.

un·clas·si·fi·a·ble onklassifiseerbaar. **un·clas·si·fied** ongeklassifiseer(d), ongegroepeer(d); onuitgesoek.

un·cle oom; *(sl.)* pandjiesbaas; *treat s.o. like a Dutch ~, (infml., hoofs.Am.)* iem. vaderlik vermaan; *cry/say/yell ~, (Am., infml.)* die stryd gewonne gee, jou oorgee. **~-in-law** aangetroude oom. **U~ Sam** *(d.VS[A])* Uncle Sam; *~ ~ regulates her economy* Uncle Sam beheer sy ekonomie. **U~ Tom** *(infml., neerh., hoofs.Am.: onderdanige/gedienstige/kruiperige swart man)* Uncle Tom.

un·clean onrein; vuil; onkuis; *~ spirit* bose gees. **un·clean·li·ness** onsindelikheid. **un·clean·ly** onsindelik. **un·clean·ness** onreinheid; vuilheid; onkuisheid.

un·clear *(fig.)* onduidelik. **un·cleared** onverreken *(geld);* ongeklaar *(vrag).*

un·clench *ww.* oopmaak; ontspan; verslap.

un·climb·a·ble *adj.* on(be)klimbaar. **un·climbed** *adj.* onoorwonne, ongeklim *('n bergpiek).*

un·clipped ongesnoei; ongeknip.

un·cloak *(poët., liter.)* die mantel afhaal; ontmasker; onthul, blootlê.

un·clog *-gg-* oop-, skoonmaak.

un·close oopmaak, ontsluit; onthul, openbaar maak.

un·clothe uittrek, ontklee. **un·clothed** uitgetrek, ontklee(d); ongeklee(d).

un·cloud·ed onbewolk, wolk(e)loos; sorg(e)loos.

un·clut·tered netjies, ordelik, sonder rommel; onbevange *(gees).*

un·co *-co(e)s, n., (Sk.)* wonderlike mens/ding; *(vero.)* vreemdeling; (gew. i.d. mv.) nuus. **un·co** *adj.* vreemd, buitengewoon. **un·co** *adv.* besonder, buitengewoon; *the ~ guid* die klipchristene, die alte vromes.

un·cock afhaal, in die rus sit *('n geweer);* reguit maak *(jou knie, pols, ens.);* die rand *(v. 'n hoed)* afslaan; reg opsit *('n hoed).*

un·cof·fined ongekis.

un·coil los-, afdraai, afrol, afwen, afwikkel.

un·coined ongemunt.

un·col·lect·ed onafgehaal *(goedere);* onopgevra *(skuld ens.);* nie versamel nie; nie ingevorder(d) nie; verward, verbouereerd.

un·col·oured ongekleur(d); kleurloos; onoordrewe, onopgesmuk.

un·combed ongekam(d), deurmekaar.

un·com·bin·a·ble onverenigbaar. **un·com·bined** onverbonde, onverbind.

un·come·at·able *(infml.)* onbereikbaar, ontoeganklik; onbekombaar.

un·come·ly onaantreklik; nie gepas nie.

un·com·fort·a·ble ongemaklik, ongerieflik; ontuis, verleë, nie op jou gemak nie. **un·com·fort·ed** ongetroos.

un·com·mand·ed sonder opdrag.

un·com·mer·cial sonder handelsgees, onkommersieel, niehandeldrywend; teen (*of* in stryd met) die handelsgebruike/-gewoontes.

un·com·mit·ted ongebonde, onverbonde, vry; onsydig, ongekompromitteer(d).

un·com·mon ongewoon, buitengewoon; ongebruiklik, seldsaam. **un·com·mon·ly** buitengewoon, besonder, verbasend, uitermate. **un·com·mon·ness** ongewoonheid, ongebruiklikheid.

un·com·mu·ni·ca·tive stil, swygsaam, gereserveer(d), swygend, terughoudend, teruggetrokke. **un·com·mu·ni·ca·tive·ness** swygsaamheid, terughoudendheid; →UNCOMMUNICATIVE.

un·com·pan·ion·a·ble ongesellig.

un·com·pen·sat·ed ongekompenseer(d); onvergoed *(skade).*

un·com·pet·i·tive onmededingend.

un·com·plain·ing gelate. **un·com·plain·ing·ness** gelatenheid.

un·com·plet·ed onvoltooi(d), onafgehandel(d), ongedaan, onklaar.

un·com·pli·ant oninskiklik.

un·com·pli·cat·ed ongekompliseer(d); eenvoudig; nie ingewikkeld nie.

un·com·pli·men·ta·ry beledigend, neerhalend, onbeleef(d), onvriendelik, onvleiend.

un·com·pound·ed enkelvoudig, nie saam-/samegestel(d) nie; *~ word* simpleks.

un·com·pre·hend·ed onbegryplik, onverstaanbaar. **un·com·pre·hend·ing** begriploos; onbegrypend; onbegryplik.

un·com·pro·mis·ing onbuigsaam, onversetlik, ontoegeeflik, star, ontoegewend; vasberade; beginselvas, kompromisloos. **un·com·pro·mis·ing·ness** onbuigsaamheid; beginselvastheid; →UNCOMPROMISING.

un·con·cealed openlik, onverborge, onbewimpel(d), onverbloem(d); ope, oop.

un·con·cern *n.* onverskilligheid, ongevoeligheid, traakmy-nieagtigheid; ongeërgdheid, onbekommerdheid, kalmte, bedaardheid. **un·con·cerned** onverskillig; onbesorg, ongeërg, (hout)gerus, ewe gerus, traak-mynieagtig; *be quite ~ about s.t.* ewe ongeërg (*of* houtgerus) oor iets wees, jou iets glad nie aantrek nie. **un·con·cern·ed·ly** ongeërg, *ens.;* →UNCONCERNED. **un·con·cern·ed·ness** →UNCONCERN *n.*.

un·con·clud·ed onvoltooi(d); onafgehandel(d); onbeslis.

un·con·demned onveroordeel(d).

un·con·di·tion·al onvoorwaardelik, sonder voorbehoud. **un·con·di·tioned** *adj., (psig.)* ongekondisioneer(d), natuurlik, instinktief; *(metafis.)* onvoorwaardelik, absoluut, onbeperk; *~ reflex* ongekondisioneerde refleks; *~ response* ongekondisioneerde reaksie/respons; *~ stimulus* ongekondisioneerde stimulus.

un·con·fessed nie bely/erken/toegegee nie; ongebieg.

un·con·fi·dent sonder vertroue; onseker, vertwyfeld, vol twyfel; skugter, bedees(d), inkennig, skroomvallig.

un·con·fined onbeperk, grens(e)loos, onbegrens.

un·con·firmed onbevestig, onbekragtig; ongestaaf; nie aangeneem nie *(i.d. kerk).*

un·con·form·a·ble ongelykvormig; strydig, uiteenlopend; ongelyklopend, onewewydig; *~ stratification, (geol.)* diskordante lae; *~ to ...* onbestaanbaar/onversoenbaar/onverenigbaar met ... **un·con·form·i·ty** ongelykvormigheid; strydigheid; onbestaanbaarheid *(met); (geol.)* diskordansie.

un·con·gen·i·al teenstrydig, ongelyksoortig; onaangenaam, onsimpatiek; ongeskik.

un·con·nect·ed onsamehangend, los (van mekaar), sonder verband; alleenlopend, los, sonder familie; *the two things are ~* die twee sake het niks met mekaar te doen nie; *... is ~ with ...* daar is geen verband tussen ... en ... nie. **un·con·nect·ed·ness** onsamehangendheid.

un·con·quer·a·ble onoorwinlik, onoorwinbaar. **un·con·quered** onoorwonne.

un·con·sci·en·tious nie pligsgetrou/nougeset/konsensieus nie; gewete(n)loos; slap, traag.

un·con·scion·a·ble gewete(n)loos; onredelik, glad onbillik; oordrewe; onmenslik.

un·con·scious *n.: the ~* die onbewuste. **un·con·scious** *adj.* onbewus, onwetend; bewusteloos; katswink, buite weste; *be ~ of s.t.* iets nie weet nie, van iets nie bewus wees nie; *~ cerebration* onbewuste breinwerking. **un·con·scious·ly** onbewus; onwetend, onbedoel(d), onopsetlik. **un·con·scious·ness** onbewustheid, onwetendheid; bewusteloosheid.

un·con·se·crat·ed ongewy(d).

un·con·sid·er·ed veron(t)agsaam, ongereken(d), buite rekening gelaat, nie in aanmerking geneem nie; ondeurdag; onbelangrik.

un·con·sol·a·ble = INCONSOLABLE. **un·con·soled** *adv.* ongetroos.

un·con·sti·tu·tion·al onkonstitusioneel, inkonstitusioneel, ongrondwetlik, onwettig.

un·con·strained ongedwonge, vry(willig); spontaan, natuurlik, onbevange. **un·con·straint** ongedwongenheid; onbevangenheid.

un·con·struc·tive negatief, afbrekend, onkonstruktief.

un·con·sumed ongeëet.

un·con·sum·mat·ed nie volvoer/voltrek nie.

un·con·tain·a·ble onbedwingbaar, onbeteuelbaar; onstuitbaar.

un·con·tam·i·nat·ed skoon, rein, onbevlek, onbesoedel(d), onbesmet.

un·con·tem·plat·ed onvoorsien; onverwag; onbedag; onberaam(d).

un·con·ten·tious onbetwisbaar, onaanvegbaar; onomstrede.

un·con·test·ed onbetwis, onbestrede; onomstrede; *~ seat* onbetwiste setel.

un·con·tra·dict·ed nie weerspreek nie; nie teenstrydig nie; onbetwis; *an ~ assertion* 'n onweerlegde bewering.

un·con·trived natuurlik, ongekunsteld; spontaan, ongedwonge, ongeforseer(d).

un·con·trol·la·ble onbeheerbaar, onbeteuelbaar, onkeerbaar, onbedwingbaar, onbetoombaar, wild, woes, onregeerbaar, ontembaar, handuit; onkontroleerbaar; onbedaarlik. **un·con·trol·la·bil·i·ty** onbedwingbaarheid, *ens.;* →UNCONTROLLABLE. **un·con·trol·la·ble·ness** →UNCONTROLLABILITY. **un·con·trolled** onbeteuel(d), onbelemmer(d); bandeloos; ongebreidel(d); teuelloos; onbeheer(d); ongekontroleer(d). **un·con·trol·led·ness** onbeheerstheid, onbeheersdheid, onbeteueldheid.

un·con·tro·ver·sial onomstrede.

un·con·ven·tion·al vry, natuurlik, onkonvensioneel, sonder pligpleginge/formaliteit(e); ongewoon, onkonvensioneel; *~ warfare* onkonvensionele oorlog(voering). **un·con·ven·tion·al·i·ty, un·con·ven·tion·al·ness** natuurlikheid, gebrek aan formaliteit; ongewoonheid.

un·con·vers·a·ble ongesellig, nie spraaksaam nie.
un·con·vert·ed onbekeer(d); ~ *try, (rugby)* ongedoelde/onvervyfde drie.
un·con·vict·ed onveroordeel(d).
un·con·vinced onoortuig. **un·con·vinc·ing** onoortuigend.
un·cooked rou, ongekook.
un·cool *(sl.)* dof, nie kief/koel nie.
un·co·op·er·a·tive nie tegemoetkomend nie, ontoeskietlik, ontegemoetkomend.
un·co·or·di·nat·ed ongekoördineer(d).
un·cork ontkurk, die prop uittrek, oopmaak *('n bottel);* lug gee aan *(gevoelens).*
un·cor·rect·ed onverbeter(d), ongekorrigeer(d); onbestraf, ongedissiplineer(d).
un·cor·rob·o·rat·ed onbevestig, ongestaaf.
un·cor·rupt·ed onbedorwe; onskuldig, rein.
un·count·a·ble ontelbaar, talloos; *(ling.)* nietelbaar *(s.nw.).* **un·count·ed** ongetel(d); ontelbaar, talloos.
un·cou·ple loskoppel, afkoppel, losmaak; ontkoppel; losskakel; afhaak *('n spoorwa).*
un·cour·te·ous onbeleef(d), onhoflik. **un·court·ly** onhoflik.
un·couth onbeskaaf(d), ongepoets, ongeleerd, onbeskof, ongeskik. **un·couth·ness** onbeskaaf(d)heid, ongepoetstheid; →UNCOUTH.
un·cov·e·nant·ed onverbonde; ongebonde deur 'n verdrag; nie inbegrepe in 'n verdrag nie.
un·cov·er oopmaak; blootlê; ontbloot, kaal maak; ~ *(one's head)* jou hoof ontbloot, jou hoed afhaal. **un·cov·ered** oop, bloot, kaal, onbedek; ongedek, onverseker(d); ongedek *(krediet); with ~ head* met ontblote hoof; ~ *wire* kaal/onbeklede draad.
un·cov·et·ed onbegeer(d), ongevra(ag), nie verlang nie.
un·crate ontkrat; uitpak.
un·cre·ate *(liter.)* vernietig, tot niet maak, uitwis, verwoes. **un·cre·at·ed** ongeskape, nog nie geskape nie; ongebore. **un·cre·a·tive** *adj.* onkreatief, nie skeppend nie.
un·cred·it·ed onerken(d).
un·crit·i·cal onkrities; kritiekloos; ongefundeer(d); *be ~ of ...* onkrities wees/staan teenoor ...
un·cross: ~ *one's legs* jou bene langs mekaar sit/plaas. **un·cross·ed** ongekruis; ongehinderd, vry, onbelemmer(d); ~ *cheque* ongekruiste tjek.
un·crowd·ed taamlik leeg.
un·crown ontkroon, van die kroon beroof. **un·crowned** nog nie gekroon nie, ongekroon(d); ontkroon(d).
un·crush·a·ble kreukelvry, kreukelwerend, onkreukelbaar. **un·crush·a·ble·ness** kreukelvryheid; →UNCRUSHABLE.
unc·tion *(RK)* salwing; oliesel; balseming; salf; balsem; olie; vleiery; *extreme* ~ →EXTREME *adj..* **unc·tu·os·i·ty** →UNCTUOUSNESS. **unc·tu·ous** salwend; selfvoldaan; vleiend; olierig, vetterig; galsterig; ~ *rectitude* salwende vroomheid. **unc·tu·ous·ness, unc·tu·os·i·ty** salwing; selfvoldaanheid; vleierigheid; olierigheid, vetterigheid.
un·cul·ti·va·ble onbewerkbaar, onbeboubaar *(grond).* **un·cul·ti·vat·ed** onbewerk, onbebou(d), onontgin; onontwikkel(d), onbeskaaf(d). **un·cul·tured** onverfyn(d), onbeskaaf(d); onontwikkel(d), onbeskaaf(d), kultuurloos.
un·curbed ongetem, onbeteuel(d).
un·cured ongenees, nie genees nie; ongerook; ongesout.
un·curl die krulle uithaal; losdraai, reguit/glad maak. **un·curled** *(ook)* ongekrul.
un·cur·tailed onverkort; nie ingekort nie, onverminder(d).
un·cur·tained sonder 'n gordyn (*of* gordyne).
un·cus·tom·ar·y ongebruiklik; ongewoon; onbekend.
un·cus·tomed belastingvry, vry van invoerregte; waarop invoerregte nog nie betaal is nie.
un·cut ongesny; ongeslyp; onverkort, volledig; onverminder(d); ~ ***diamond*** →DIAMOND; ~ ***hair*** ongeknipte hare; ~ ***hedge*** ongesnoeide heining; ~ ***pile*** luspool.
un·dam·aged onbeskadig; ongeskonde.
un·damped onbelemmer(d), ongehinder(d); *(fis.)* ongedemp; *with ~ ardour* →ARDOUR.
un·dan·ger·ous onskadelik.
un·dat·ed ongedateer(d), sonder datum; *('n publikasie)* sonder jaartal.
un·daunt·ed onverskrokke, onbevrees; nie ontmoedig/afgeskrik nie; *be ~ by ...* nie deur ... afgeskrik word nie. **un·daunt·ed·ness** onverskrokkenheid, onbevreesdheid.
un·dead *n.: the ~* die ondooies. **undead** *adj.* ondood.
un·de·ceive ontnugter, ontgogel, uit die dwaling/droom/waan help. **un·de·cep·tion** ontnugtering, ontgogeling.
un·de·cid·ed onbeslis; onbesleg; besluiteloos; *leave s.t. ~* iets onbeslis (*of* in die midde) laat; ~ *question* onuitgemaakte saak.
un·de·ci·pher·a·ble onontsyferbaar, onleesbaar.
un·de·clared onverklaar(d); onvermeld, versweë; ~ *income* versweë/onvermelde/ongeopenbaarde inkomste; ~ *war* onverklaarde oorlog.
un·dec·o·rated onversier(d).
un·de·cor·ti·cat·ed ongeskil, ongepel.
un·de·feat·ed onoorwonne, onverslaan.
un·de·fend·a·ble *(mil.)* onverdedigbaar *('n grens ens.).* **un·de·fend·ed** onverdedig, weerloos, onbeskerm(d); ~ *action/case* onverdedigde/onbestrede saak, versteksaak.
un·de·filed onbesoedel(d), onbevlek, onbesmet, suiwer, rein; onbedorwe.
un·de·fin·a·ble onomskryfbaar, ondefinieerbaar. **un·de·fin·a·ble·ness** onomskryfbaarheid. **un·de·fined** ongedefinieer(d), onbepaal(d), onomskrewe; onskerp *('n beeld).*
un·de·layed onvertraag.
un·de·liv·er·a·ble onbestelbaar, onaflewerbaar. **un·de·liv·ered** onafgelewer(d), onbestel(d); nie verlos nie.
un·de·mand·ing nie veeleisend nie.
un·de·mar·cat·ed onafgebaken(d).
un·dem·o·crat·ic ondemokraties.
un·de·mon·stra·tive kalm, bedaard, ingetoë, geslote, terughoudend, gereserveer(d).
un·de·ni·a·ble onloënbaar, onteenseglik, onbetwisbaar, onweerspreeklik, onmiskenbaar. **un·de·ni·a·bly** →UNDENIABLE.
un·de·nom·i·na·tion·al niekerklik; niesektaries.
un·dent·ed ongeduik, sonder duike *('n motor ens.); (fig.)* onaangetas, nie geraak nie.
un·de·pend·a·ble onbetroubaar, onvertroubaar.
un·de·plored onbetreur(d), onbeween(d).
un·de·praved onbedorwe.
un·der *adj.* onderste, onderkants(t)e, onder-. **un·der** *adv.* onder, onderkant. **un·der** *prep.* onder, benede; *be ~ the **age** of ...* onder die ouderdom van ... wees; ~ ***arms*** gewapen(d); ***be** ~ arrest/construction/fire/etc.* →ARREST *n.*, CONSTRUCTION, FIRE *n.*, *etc.;* ~ ***cover/duress/sail/this/etc.*** →COVER *n.*, DURESS, SAIL *n.*, THIS, *etc.;* ~ ***Dr X*** onder behandeling van dr. X; *the total **falls/is** ~ what was expected* die totaal is laer/kleiner as wat die verwagting was, die totaal is benede die verwagting; ~ ***foot*** →UNDERFOOT; ~ ***lock and key*** agter slot en grendel; ~ ***nineteen/etc.*** onder negentien/ens.; ~ ***R100/etc.*** onder (*of* vir minder as) R100/ens.; ***right*** ~ ... reg onder ...; ~ *s.o.'s **will*** volgens/ingevolge/kragtens iem. se testament. **un·der-** *pref.* onder-. **~achieve** onderpresteer. **~achievement** onderprestasie. **~achiever** onderpresteerder. **~act** *(teat.)* onderspeel. **~activity** verslapping, verminderde werking. **~age** minderjarig, onmondig; te jonk. **~arm** onder die arm; *(sport)* onderhands, onderdeur; ~ *bowling, (kr.)* onderhandse boulwerk; ~ *measurement* onderarmmaat; ~ *seam* onderarmnaat. **~baked** nie deurgebak nie, ongaar, halfgaar. **~belly** buik *(v. 'n dier); the soft ~ of ...* die Achilleshiel/Agilleshiel/achilleshiel/agilleshiel (*of* die kwesbaarste deel) van ... **~bid** *-dd-; -bid -bid* onderbie, laer bie as; te min bie; minder vra as; laer noteer as. **~bidding** onderbieding. **~blanket** onderkombers. **~body** *-bodies* buik *(v. 'n dier);* onderbak *(v. 'n voertuig).* **~bred** nie goed geteel (*of* rassuiwer/raseg) nie; sleg opgevoed, ongemanierd, ongepoets. **~brush, ~bush** *(hoofs.Am.)* →UNDERGROWTH. **~buy** *-bought -bought* te min koop; onder die prys koop; te min betaal vir. **~capitalise, -ize** *ww.* onderkapitaliseer. **~capitalised, -ized** *adj.* ondergekapitaliseer(d). **~carriage** landingstoestel *(v. 'n vliegtuig); (mot.)* onderstel. **~cart** *(Br., infml.)* onderstel *(v. 'n vliegtuig);* →UNDERCARRIAGE. **~charge** *n.* ondervordering; te lae prys; onderlading, te swak lading. **~charge** *ww.* onderdebiteer; onderbereken, te min laat betaal; onderlaai, te swak laai. **~class** die laere stand, laer klas(se); onder-, subklas, ondergeskikte klas. **~clay** *(mynb.)* vloergrond, wortelbodem. **~cliff** onderkrans. **~clothes, ~clothing** →UNDERWEAR. **~coat** onder-, grondlaag *(verf);* onderbaadjie; →UNDERFUR. **~coating** onderlaag. **~consumption** onderverbruik. **~cook** te kort kook; *~ed* halfgaar. **~cool** *(chem.)* onderkoel, oorverkoel. **~cooling** →SUPERCOOLING. **~cover** onderdak-; klandestien, geheim, verborge; ~ *agent* geheime agent. **~croft** gewelfkelder. **~current** onderstroom; *(fig.)* onderstroming. **~cut** *n.* ondersnyding; insnyding; terugtolhou; filet, onderlendestuk. **~cut** *-cut -cut, ww.* wegsny; (onder) insny; uitkalwe(r); laer prys, pryse afslaan/verlaag/verminder; goedkoper verkoop/werk as; onderbie; onderkruip; 'n terugtolhou speel/slaan. **~cutting** ondersnyding; insnyding; ondergrawing, uitkalwing; onderbieding; (prys)onderkruipery. **~deck** onderdek, benededek. **~developed** *(ook fot.)* onderontwikkel(d); swak/weinig ontwikkel(d), agterlik; ~ *country* onderontwikkelde land; ontwikkelingsland. **~development** onderontwikkeling. **~do** *-did -done* onvoldoende doen; halfgaar kook/bak/braai. **~dog** verdrukte, onderdrukte; persoon aan die kortste ent; lydende party; niegunsteling, (seker) verloorder. **~done** halfgaar, rouerig. **~dose** *n.* te klein dosis, te min. **~dose** *ww.* onderdoseer, 'n te klein dosis gee. **~drain** *n.* sugsloot, ondergrondse afvoersloot. **~drain** *ww.* sugslote maak; met sugslote drooglê; dreineer. **~drawing** *(kuns)* ondertekening. **~dress** *ww.* jou te dun (*of* te eenvoudig) aantrek. **~educated** swak opgevoed; onvoldoende geleerd. **~emphasis** *-phases* onderbeklemtoning. **~emphasise, -size** onderbeklemtoon. **~employed** onderbeset. **~employment** onderindiensneming; onderbesetting. **~estimate** *ww.* onderberaam, te laag beraam; onderskat, te laag skat/aanslaan; te laag begroot; geringskat, te gering ag. **~estimate, ~estimation** *n.* onderberaming, te lae raming; onderskatting; geringskatting. **~expose** onderbelig, te kort belig; *~d photo* onderbeligte foto. **~exposure** onderbeligting. **~fed** ondervoed, uitgehonger(d). **~feed** *-fed -fed* ondervoed, te min kos gee. **~feeding** ondervoeding. **~felt** ondervilt. **~financed** gebrekkig gefinansier. **~-fives** *(mv.), (hoofs. Br.)* kinders onder vyf (jaar). **~fleece** ondervag. **~floor** *adj. (attr.)* ondervloerse *(enjin, verwarming, ens.).* **~flow** *(lett., fig.)* onderstroom; *(rek.)* onderloop. **~foot** onder die/jou voet(e); ondergronds; in die pad; *tread s.t. ~* (or *under foot*), *(fig.)* iets vertrap/onderdruk *(regte ens.); trample s.t. ~* (or *under foot*) iets met die/jou voete vertrap; *be trampled ~* (or *under foot*) vertrap word. **~frame** onderstel. **~fund** *ww.* onderbefonds. **~funded** *adj.* onderbefonds(te). **~funding** *n.* onderbefondsing. **~fur, ~coat** donshare. **~garment** stuk onderklere. **~gird** *ww.* aan die onderkant versterk; ondersteun, onderskraag, sterk. **~glaze** *n.* onderglasuur. **~glaze** *adj.* met ... onderglasuur, onderglasuur- *(blou, swart, ens.).* **~grad** *n., (infml., afk. v.* undergraduate*)* voorgraadse student. **~graduate** *n.* ongegradueerde. **~graduate** *adj.* ongegradueer(d), voorgraads; studentikoos; ~ *humour* studentikose humor. **~ground** *n.* ondergrond; ondergrondse beweging/organisasie; metro, ondergrondse trein, mol-, tonneltrein. **~ground** *adj.* onderaards, ondergronds; geheim, heimlik, klandestien; ~ ***drainage*** sugriolering; ~ ***ice*** grondys; ~ ***movement*** ondergrondse/geheime beweging; ~ ***resistance*** heimlike verset; ~ ***train*** moltrein, metro. **~ground** *adv.* onder die grond, ondergronds; in die geheim, stilletjies, agteraf, heimlik; *go ~, (lett.)* onder die grond gaan; in 'n myn afgaan; *(fig.)* onderduik, wegkruip, in die geheim begin

werk/organiseer, ondergronds begin werk/organiseer. **~grown** nie volgroei(d) nie, onuitgegroei(d), sleg ontwikkel(d). **~growth** kreupelhout, struikgewas, ruigte, onderhout, begroeisel, boskasie, bosgasie; onvolgroeidheid. **~hand** *adj.* agterbaks, slinks, onderduims; gniepsig; heimlik, bedek; *(sport)* →UNDERARM; ~ ***bowling*** →UNDERARM BOWLING; ~ ***contract/will*** onderhandse kontrak/testament; ~ ***dealing*** skelmstreek; ~ ***joint*** onderhandse las; ~ ***service*** onderhandse afslaan; ~ ***stopping*** onderhandse afbouing, omgekeerde trapafbouing; ~ ***stroke*** onderhandse slag. **~hand** *adv.* agteraf, stilletjies, heimlik, in die geheim, onderlangs; *(sport)* onderhands; *throw ~, (ook)* onderdeur gooi. **~handed** →UNDERHAND *adj.;* →SHORT-HANDED. **~hung** vooruitstekend, uitsteek=; →UNDERSHOT; ~ *jaw* uitsteekkken. **~-inflated** (te) pap *('n motorband).* **~-insured** onderverseker(d). **~invest** onderinvesteer, onderbelê, onvoldoende investeer/belê. **~jaw** onderkakebeen, onderkaak. **~lay** *n.* onderlegsel; onderlêer; vloergrond; ondermatras. **~lay** =*laid* =*laid, ww.* stut, steun. **~layer** onderlaag. **~lay rope** ondertou. **~lease** = SUBLEASE. **~let** =*tt*=, =*let* =*let* onder die waarde verhuur; onderverhuur; onderhuur. **~lie** =*lay* =*lain* lê onder; lê ten grondslag aan; →UNDERLYING. **~line** *n.* onderstreping; buiklyn *(v. 'n dier).* **~line** *ww. (lett. & fig.)* onderstreep; *(lett.)* aanstreep; ~ *s.t. heavily, (lett.)* iets dik onderstreep; *(fig.)* iets dik onderstreep, iets sterk benadruk/beklemtoon, nadruk/klem op iets lê. **~linen** *(arg.)* onderlinne, (linne)onderklere. **~lining** onderstreping. **~lip** onderlip. **~lying** onderliggend; fundamenteel, grond=; →UNDERLIE; ~ ***cause*** grondoorsaak; ~ ***idea*** grondgedagte; ~ ***meaning*** werklike betekenis; ~ ***principle*** grondbeginsel, grondslag; ~ ***rock*** grondgesteente, onderlaagrots; ~ ***structure*** *(gram.)* dieptestruktuur, onderliggende struktuur. **~man** =*nn*= onderbeman, te swak beman/beset. **~manned** onderbeman(d), onderbeset. **~master** ondermeester. **~mentioned** onderstaande, ondergenoem(d), ondergemeld. **~mine** *(lett.)* ondermyn, ondergrawe; uitgrawe, uitkalwe(r); *(fig.)* ondergrawe, ondermyn *(gesag); undermining rights* mynregte. **~miner** ondermyner, =grawer. **~named** ondergenoem(d). **~-nineteen team** ondernegentienspan, onder-19-span, o.19-span. **~nourish** ondervoed; *~ed* ondervoed. **~nourishment** ondervoeding. **~occupied** *adj.* met te min werk, wat te min werk het; wat nie genoeg dinge het om hom/haar (mee) besig te hou nie; onderbeset, wat feitlik leeg staan. **~paid** *adj.* onderbetaal(d), sleg betaal(d); te laag besoldig, onderbesoldig; *be overworked and* ~ oorwerk en onderbetaal(d) wees. **~painting** onderlaag *(verf).* **~pants** *(mv.)* onderbroek. **~part** onderste (deel), onderkant; onderdeel; *(teat.)* byrol, ondergeskikte rol. **~pass** duikweg. **~pay** =*paid* =*paid* kort (*of* te min) betaal; te laag besoldig. **~payment** onderbetaling, onvoldoende betaling, kortbetaling; onderbesoldiging, onvoldoende besoldiging. **~peopled** →UNDERPOPULATED. **~perform** onderpresteer; swakker as ... presteer. **~pin** =*nn*= (onder)stut. **~pinning** onderstutting. **~plant** *ww.:* ~ ... *with* ... onder ... plant **~play** *(teat.)* onderspeel; 'n laer kaart speel; te laag skat/aanslaan. **~plot** *(liter.)* ondergeskikte handeling/intrige; geheime plan. **~populated** onderbevolk. **~population** onderbevolking. **~powered** nie kragtig genoeg nie. **~prepared** swak voorberei(d). **~price** *ww.* te min (*of* 'n te lae prys) vra; 'n laer prys vra as. **~pricing** te lae pryse, pryse wat te laag vasgestel is. **~privileged** minderbevoorreg. **~production** onderproduksie. **~proof** onder/benede die vereiste sterkte, te swak *(alkohol).* **~prop** =*pp*= ondersteun, (onder)stut. **~provide** ondervoorsien, te min voorsien; te min dekking verskaf. **~provision** ondervoorsiening, onvoldoende voorsiening; onvoldoende dekking. **~qualified** ondergekwalifiseer(d). **~quote** 'n laer prys opgee; onderbie, laer noteer as. **~rate** onderskat; te laag waardeer/skat/aanslaan. **~report** *ww.* onderrapporteer; *be ~ed, (handelswaardes, 'n misdryf, ens.)* ondergerapporteer(d) wees. **~represented** onderverteenwoordig; ~ *group* onderverteenwoordigde groep. **~ripe** halfryp, nie ryp genoeg nie. **~run** =*ran* =*run* onderdeur loop; *(sk.)* oorhaal; *(druk.)* klein oplaag; te klein opbrengs/opbrings. **~saturation** ondersversadiging. **~score** onderstreep; aanstreep. **~sea** *adj.* ondersees. **~sea, ~seas** *adv.* onder die see. **~secretary** ondersekretaris; *(Br.)* onderminister. **~sell** =*sold* =*sold* goedkoper verkoop/wees (*of* 'n laer prys vra) as; onder die prys/waarde verkoop; te min verkoop. **~seller** prysbederwer; onderbieër. **~set** *n.* onderstroom; onderliggende ertsaar. **~set** =*set* =*set, ww.* (onder)stut. **~sexed** seksueel onontwikkel(d) (*of* swak ontwikkel[d]). **~sheet** onderlaken. **~sheriff** onderbalju. **~shirt** onderhemp. **~shoot** =*shot* =*shot* kort skiet. **~shorts** *(mv.)* kort onderbroek. **~shot** vooruitstekend, uitsteek=; ~ *jaw* uitsteekkken; ~ *wheel* onderslagrat. **~shrub** = SUBSHRUB. **~side** onderkant; ondersy; ~ *of body* onderromp. **~signed** ondergetekende; *the* ~ ondergetekende(s); *I the* ~ ek (die) ondergetekende. **~sized** ondermaats, (te) klein, kleiner as die gewone grootte, onder normaal. **~skirt** onderrok; halfonderrok. **~slung** onderhangend, onder aangebring; ~ *engine* hangmotor; ~ *spring* hangveer. **~spend** *ww.* te min bestee *(aan gesondheid/ens.);* onderbestee. **~spending** *n.* onderbesteding. **~staffed** met te min personeel/kragte. **~staffing** personeeltekort. **~stairs** *adj. (attr.)* onder die/'n trap. **~steer** *n., (mot.)* stuurtraagheid. **~steer** *ww., (mot.)* traag stuur. **~stock** onderbevoorraad, onvoldoende bevoorraad, te min voorraad inkoop/inkry; te min vee hê/aanhou. **~storey** *(ekol.)* onderbos. **~strapper** *(vero.)* →UNDERLING. **~strung** (te) slap gespan. **~study** *n.* (plaas)vervanger; *(teat.)* instaanspeler, dubbelspeler. **~study** *ww.* instudeer *('n rol);* vervang, doebleer *('n akteur);* vir iem. waarneem, inspring, (desnoods) vervang, waarnemend optree. **~subscribed** onvolteken(d), onvolskryf. **~surface** ondervlak. **~tenant** = SUBLESSEE. **~-the-counter** *adj. (attr.)* onwettige, ongeoorloofde *(betaling ens.);* verbode *(tydskrif ens.).* **~things** onderklere. **~tile** onderteël=. **~-timed** *(fot.)* onderbelig. **~tint** sagte tint. **~tone** *n.* grondtoon; fluisterstem, gedempte stem; gedempte toon, ondertoon; dowwe tint; *(fig.)* onderstroming, ondertoon; *in an* ~ met 'n gedempte stem, met 'n fluisterstem. **~tow** terugtrekkende onderstroom. **~trained** met onvoldoende opleiding, wat nie goed genoeg opgelei is nie, onderopgelei; sonder die nodige ervaring; wat nie genoeg geoefen het nie. **~trick** *n., (brug)* afpakkie. **~trump** *(kaartspel)* laer troef, ondertroef. **~use, ~utilisation, =zation** *n.* onderbenutting; swak gebruik. **~use, ~utilise, =lize** *ww.* onderbenut, nie ten volle benut nie; swak gebruik. **~valuation** onderskatting; onderwaardasie, onderwaardering, te lae waardering. **~value** onderskat, te laag aanslaan; onderwaardeer, te laag waardeer. **~vest** onderhemp(ie). **~water** *n.* onderaardse/ondergrondse water, grondwater. **~water** *adj.* onder (die) water; ondersees; onderwater=; ~ *camera* onderwaterkamera. **~wear** onderklere; *change one's* ~ skoon onderklere aantrek, onderklere verwissel. **~weight** *adj.* onder die gewig, te lig, ondergewig. **~whelm** *(skerts.)* nie juis beïndruk nie, koud laat; *be ~ed by s.t.* nie juis beïndruk met iets wees nie, effens onbeïndruk met iets wees, iets laat iem. koud (*of* beïndruk iem. nie juis nie). **~wing** agtervlerk *(v. 'n insek).* **~wired** *adj.: be* ~ met draad ondersteun word; *an* ~ *bra* 'n draadondersteunde bra. **~wood** kreupelhout, struikgewas, ruigte, boskasie, bosgasie; begroeisel, onderhout, onderopstand, opslag; →UNDERBRUSH. **~worked** met te min werk, wat nie genoeg werk het nie. **~world** onderwêreld, doderyk, skimmeryk; boewe=, onderwêreld. **~write** =*wrote* =*written* onder(aan) skryf/skrywe; onderskryf, =skrywe, steun; waarborg, onderskryf, =skrywe *(aandele);* verseker, verassureer; herverseker; keur, beoordeel, takseer; akkoord gaan (met). **~writer** onderskrywer; versekeraar; takseerder; keurder, beoordelaar. **~writing** onderskrywing; waarborg; versekering, assuransie.

un·der·go =*went* =*gone* ondergaan; deurstaan, uitstaan, ly; ~ *an examination* →EXAMINATION; ~ *training* →TRAINING; ~ *treatment* →TREATMENT.

un·der·ling handlanger, ondergeskikte, trawant.

un·der·most onderste; laagste.

un·der·neath *n.* onderkant, onderste. **un·der·neath** *adv.* onder, onderkant. **un·der·neath** *prep.* onder, benede.

un·der·stand =*stood* =*stood* verstaan, begryp; verneem, hoor; →UNDERSTOOD; ***bring*** *s.o. to* ~ *s.t.* iem. iets aan die verstand bring; *what do you* ~ ***by*** *...?* wat verstaan jy onder ...?; ~ ***each other*** mekaar verstaan; *s.o.* ***fails*** *to* ~ *s.t.* iem. verstaan iets nie, iem. kan iets nie verstaan nie; iets is vir iem. duister; ~ ***from*** *s.o. that ...* van iem. verneem dat ...; van iem. verstaan dat ..., iem. so begryp dat ..., uit iem. se woorde aflei dat ...; ~ *s.t.* ***from*** *s.o.'s words* iets uit iem. se woorde aflei; ***get*** *s.o. to* ~ *s.t.* iem. iets bybring, iem. iets aan die verstand bring; ***give*** *s.o. to* ~ *that ...* iem. laat verstaan dat ..., iem. onder die indruk bring dat ..., vir iem. laat deurskemer/deurstraal dat ...; *now* ~ ***me!*** verstaan my nou goed!; ~ ***one another*** mekaar verstaan; ~ *s.o./s.t.* ***properly*** iem./iets reg verstaan; *be* ***quick*** *to* ~ vinnig/vlug/snel van begrip wees; ***quite*** ~ *s.t.* iets (ten volle) begryp; ~ ***that*** ... begryp/verstaan dat ...; verneem dat ...; *I* ~ ***that*** *it is ..., (ook)* dit is glo ...; *do I* ~ ***that*** *...?, am I to* ~ ***that*** *...?* moet ek aanneem dat ...?, moet ek daaruit aflei dat ...?; *s.o. does not* ~ *a* ***thing*** *about it* iem. verstaan niks (*of* geen snars) daarvan nie. **un·der·stand·a·ble** verstaanbaar, begryplik; *it is* ~ *that ...* dit is te begrype dat ... **un·der·stand·a·bly** begryplikerwys(e). **un·der·stand·ing** *n.* verstandhouding, ooreenkoms; skikking; insig, begrip; interpretasie, mening, opvatting; afspraak; ***come*** *to an* ~ tot 'n verstandhouding kom; *on the* ***distinct*** ~ *that ...* op die uitdruklike voorwaarde dat ...; *they* ***have*** *an* ~ hulle het 'n verstandhouding; ***mutual*** ~ →MUTUAL; *people* ***of*** ~ verstandige mense; *s.o.'s* ~ ***of*** *s.t.* iem. se begrip van/vir iets, iem. se insig in iets; *do s.t.* ***on the*** ~ *that ...* iets doen op voorwaarde dat ..., iets doen met/onder die verstandhouding dat ...; ***on this*** ~ op dié voorwaarde; *s.t.* ***passes*** *s.o.'s* ~ iets gaan iem. se verstand te bowe; *(infml.)* iets is bo(kant) iem. se vuurmaakplek; *be* ***slow*** *of* ~ bot/toe wees; *s.o.'s* ***slowness*** *of* ~ iem. se botheid, iem. se stadige begrip; *s.o.* ***without*** ~ iem. sonder verstand. **un·der·stand·ing** *adj.* intelligent, verstandig; begrypend, simpatiek.

un·der·state onderbeklemtoon; te laag opgee, onvoldoende weergee; nie alles meedeel nie; verklein, versag, sag stel, benede die waarheid bly; gedemp skryf/skrywe. **un·der·state·ment, un·der·state·ment** onderskatting, verkleining, versagting; onderbeklemtoning, gedemptheid; gedempte styl; onvolledige (*of* te lae) opgawe; onvoldoende beskrywing/uiteensetting; *that is an* ~ dit is sag gestel, dit sê glad te min, dit is glad te min gesê; *that is the* ~ *of the year* dit is 'n hopelose onderskatting.

un·der·stood *ww. (verl.t.)* het verstaan/begryp; →UNDERSTAND. **un·der·stood** *adj.* (wel) te verstaan; vanselfsprekend; stilswyend ooreengekom; *that* ***is*** ~ dit spreek vanself; dit word stilswyend aangeneem; *it* ***is*** ~ *that ...* daar word verneem dat ..., volgens berig ...; ***make*** *o.s.* ~ jou verstaanbaar maak; *I* ~ *you* ***to say*** ... my indruk was dat jy gesê het ...

un·der·take =*took* =*taken* onderneem; aanneem; aanpak, aanvat; (vas) beloof/belowe; ~ *to do s.t.* onderneem/beloof/belowe om iets te doen; ~ *to do s.t., (ook)* jou verbind om iets te doen; ~ *s.t.* iets onderneem, iets op jou neem. **un·der·tak·er** (begrafnis)ondernemer, lykbesorger; ~*'s business* begrafnisonderneming; ~*'s parlour* = FUNERAL PARLOUR. **un·der·tak·ing** onderneming; verbintenis, vaste belofte, verpligting; lykbesorging; ~ ***business*** begrafnisonderneming; ***give*** *s.o. an* ~ aan iem. 'n belofte doen; *it is a* ***hazardous*** ~ *to ...* dit is 'n waagstuk om te ...; ~ ***parlour*** = FUNERAL PARLOUR; ***run an*** ~ 'n saak (be)dryf/(be)drywe; *an* ~ ***to do*** *s.t.* 'n belofte om iets te doen.

un·de·scend·ed *adj.:* ~ *testicle, (med.)* onafgedaalde/onafgesakte testikel.

un·de·served onverdien(d). **un·de·serv·ed·ly** onverdiend. **un·de·serv·ing** onwaardig, onverdienstelik; *be* ~ *of ...* geen ... verdien nie *(lof, medelye, ens.); s.o. is* ~ *of sympathy* iem. is geen medelye werd nie, iem. verdien geen medelye nie.

un·de·signed onbedoel(d), onopsetlik. **un·de·sign·ed·ly** sonder opset, onopsetlik, onbedoeld.

un·de·sir·a·ble *n.* ongewenste/ongewensde (persoon).

un·de·sir·a·ble *adj.* ongewens; onwenslik; onbegeerlik; onverkieslik. **un·de·sir·a·bil·i·ty, un·de·sir·a·ble·ness** ongewenstheid; onwenslikheid. **un·de·sired** onbegeer(d), ongevra(ag), ongewens, onwelkom. **un·de·sir·ous** onbegerig; *be ~ of* ... nie ... begeer/verlang/wens nie.

un·de·tach·a·ble onafneembaar, onafhaalbaar.

un·de·tect·a·ble onopspoorbaar, onvindbaar; onwaarneembaar, onbespeurbaar. **un·de·tect·ed** onontdek, geheim, verborge.

un·de·ter·mined onbeslis, onbepaald, onseker, onuitgemaak; onbestem(d), nie vasgestel nie.

un·de·terred onverskrokke; nie ontmoedig nie, nie afgeskik nie; *be ~ by* ... nie deur ... afgeskrik wees nie.

un·de·vel·oped onontwikkel(d); ontgonne, onontgin; agterlik.

un·de·vi·a·ting reguit, nie afwykend nie; onwankelbaar, onwrikbaar, onversetlik.

un·de·vout ongodvrugtig.

un·di·ag·nosed ongediagnoseer(d).

un·dies *(infml.)* onderklere.

un·dif·fer·en·ti·at·ed ongedifferensieer(d); amorf.

un·di·gest·ed onverteer(d) *(kos)*; verward, onbekook; onverwerk, ongeassimileer(d) *(inligting)*; vormloos.

un·dig·ni·fied onwaardig, sonder waardigheid; *s.o.'s attitude was rather ~* iem. se houding het nie juis met sy/haar waardigheid gestrook nie.

un·di·lut·ed onverdun(d); onvermeng(d); *~ joy* →JOY *n.*.

un·di·min·ished onverminder(d); onverswak.

un·dimmed onverduister(d), nie verdof nie, helder, skerp.

un·dine waternimf.

un·dip·lo·mat·ic ondiplomatiek; ondiplomaties, ontakties, taktloos.

un·di·rect·ed onbestuur(d); ongerig, ongestuur(d), sonder rigting, rigtingloos, koersloos; ongeadresseer(d), sonder adres. **u·ni·di·rec·tion·al** eenrigting=, in een rigting.

un·dis·cerned onopgemerk. **un·dis·cern·i·ble** onmerkbaar, nie te onderskei nie. **un·dis·cern·ing** onkrities, niekieskeurig; onoordeelkundig, kortsigtig.

un·dis·charged onafgevuur *('n geweer)*; onafbetaal(d), ongedelg, onafgelos *('n lening)*; nie ontslaan nie *('n werker)*; nie vrygespreek nie; onafgelaai *('n vrag)*; *an ~ bankrupt* →BANKRUPT *n.*.

un·dis·ci·plined ongedissiplineer(d); onbestraf; onbeheers(t), onbeheers(d).

un·dis·closed onvermeld, ongeopenbaar(d), versweë *(inkomste ens.)*; ongenoem.

un·dis·cov·ered onontdek.

un·dis·crim·i·nat·ing onkrities; onoordeelkundig; nie diskriminerend nie. **un·dis·crim·i·nat·ing·ly** voor die voet.

un·dis·cussed onbespreek; *remain* (or *be left*) *~* onbespreek bly (*of* gelaat word); *an ~ topic* 'n onderwerp waaroor nie gepraat word nie.

un·dis·guised onvermom, sonder vermomming; openhartig, opreg; onverbloem(d), onbewimpel(d), openlik.

un·dis·mayed onverskrokke, onbevrees; nie afgeskrik nie.

un·dis·posed *~ of, (han.)* onverkoop.

un·dis·put·ed onbetwis, onbestrede.

un·dis·sem·bled opreg, eerlik, ongeveins; onverbloem(d).

un·dis·solved onopgelos; nie ontbind nie; *~ residue* onopgeloste res.

un·dis·tin·guish·a·ble onherkenbaar, nie te onderskei nie, eenders; onwaarneembaar; →INDISTINGUISHABLE. **un·dis·tin·guished** onaansienlik, onbeduidend, onbelangrik.

un·dis·tort·ed onverwronge, onverdraai(d).

un·dis·trib·ut·ed onverdeel(d) *(reserwes)*; nie uitgedeel nie; onuitgekeer, nie uitgekeer nie *(wins)*.

un·dis·turbed ongehinder(d), ongesteur(d), ongestoor(d); onversteurd, rustig, bedaard, kalm, onbewoë, onaangedaan; roerloos, stil *(water)*; *~ ground* ongerepte grond; onbetrede terrein; *leave s.t. ~* iets ongehinderd/ongesteur(d)/ongestoor(d) laat; *~ use* ongesteurde/ongestoorde gebruik.

un·di·ver·si·fied sonder afwisseling, eentonig, eenders, eners; nie gediversifiseer(d) nie.

un·di·vid·ed onverdeel(d), geheel; onverdeel(d), onbestem(d) *(wins)*; *give one's ~ attention to* ... →ATTENTION; *~ profits* winssaldo, onverdeelde wins.

un·di·vorced ongeskei.

un·di·vulged geheim, ongeopenbaar(d), versweë.

un·do *-did -done* losmaak, losknoop, oopmaak; ongedaan maak, tot niet maak; goedmaak, herstel; verwoes, bederwe; *(rek.: d. laaste opdrag kanselleer)* ongedaan maak; *one cannot ~ one's actions* →ACTION; *~ a wrong* 'n onreg herstel. **un·do·er** verwoester, verongelukker; verleier. **un·do·ing** ondergang, val, verderf; vernietiging; (die) losmaak/oopmaak; *s.t. is s.o.'s ~, s.t. leads to s.o.'s ~* iets gee iem. 'n nekslag, iets bewerk iem. se ondergang, iets laat iem. te gronde gaan. **un·done** ongedaan, onverrig, onuitgevoer(d); los(gemaak); ***be ~**, (lett.)* los(gemaak) wees; *(fig.)* verlore/geruïneer(d) wees; ***come** ~* losgaan, los raak; *what's **done** (is done, and) cannot be ~* →DONE; ***leave** s.t. ~* iets ongedaan laat; *s.t. is **left** ~* iets bly agterweë.

un·dock uit die dok bring, uitdok *('n skip)*; ontkoppel, loskoppel *('n ruimtetuig)*.

un·doc·u·men·ted *(Am.)* ongestaaf *(beskuldigings ens.)*; *(immigrante, vreemde werkers, ens.)* sonder die nodige dokumente.

un·do·mes·ti·cat·ed wild, ongetem(d); onhuislik.

un·doubt·a·bly *adv.* ongetwyfeld, sonder (enige) twyfel, klaarblyklik, inderdaad, kennelik, onteenseglik. **un·doubt·ed** ongetwyfeld, ontwyfelbaar, onbetwis, onaangetas. **un·doubt·ed·ly** ongetwyfeld, sonder twyfel, gewis, wis en seker. **un·doubt·ing** vol vertroue, seker.

un·dra·mat·ic ondramaties, nie dramaties nie.

un·draped nie gedrapeer(d) nie; kaal *(vensters ens.)*.

un·dreamed, un·dreamt ongedroom(d); *~ of* ongehoord, ongekend; *things ~ of* dinge waarvan mens nie gedroom het nie.

un·dress *n.* totale naaktheid; informele klere; huisklere; *~ (uniform)* klein tenue; *in a state of ~* ongeklee(d), kaal, naak, nakend. **un·dress** *ww.* ontklee, uittrek; 'n verband afhaal; *~ of* ... ontdoen van ... *undressing cubicle (w.g.)* = CHANGING ROOM. **un·dressed** uitgetrek, ontklee(d); onaangetrek, ongeklee(d); onverbind *('n wond)*; ru, skurf; sonder sous *(slaai, vleis, ens.)*; *get ~* jou (klere) uittrek, (jou) ontklee.

un·dried ongedroog *(vleis)*; klam/nat/onuitgedroog *(hout)*.

un·drilled ongeoefen(d); onafgerig; nie geboor nie.

un·drink·a·ble ondrinkbaar.

un·due buitensporig *(gevaar, risiko, ens.)*; oormatig, oordrewe, onredelik; onbehoorlik; nog nie verval nie, onverval *(skuld)*; *~ haste* →HASTE *n.*; *~ influence, (jur.)* onbehoorlike beïnvloeding; *exert ~ influence on s.o., (jur.)* iem. onbehoorlik beïnvloed; *~ preference* onbehoorlike voorkeur. **un·du·ly** oormatig, uitermate, te erg, alte veel, oordrewe; ten onregte.

un·du·lant *(w.g.)* golwend; *~ fever* maltakoors, brucellakoors, brucellose. **un·du·late** *ww.* golf; onduleer, laat golf. **un·du·late, un·du·lat·ed** *adj.* golwend, gegolf; →UNDULATE *ww.*; *undulated sheet* gegolfde plaat, golfplaat. **un·du·lat·ing** golwend, gegolf; *~ motion* golfbeweging; *~ terrain* golwende terrein. **un·du·la·tion** golwing, deining, styging en daling, golwende beweging, golf(beweging), undulasie. **un·du·la·tor** golfskrywer. **un·du·la·to·ry** golwend, deinend; golf=, golwings=; golfvormig; *~ current, (elek.)* golwende stroom; *~ motion* golfbeweging; *~ theory* golfteorie.

un·du·ti·ful ongehoorsaam; oneerbiedig; nalatig. **un·du·ti·ful·ness** ongehoorsaamheid; oneerbiedigheid.

un·dyed ongekleur(d).

un·dy·ing onsterflik, onverganklik, ewig.

un·earned onverdien(d); *~ income* onverdiende inkomste; stille/arbeidlose inkomste; vooruitontvange inkomste; *~ increment* toevallige waardevermeerdering.

un·earth opgrawe, uitgrawe, uitspit, uithaal; opdiep, aan die lig bring, openbaar maak; opspoor; opja(ag) *(wild)*. **un·earthed** *(elek.)* ongeaard. **un·earth·ly** bonatuurlik, boaards, spookagtig, geheimsinnig, griesel(r)ig; skrikwekkend; *at an ~ hour* op 'n onmoontlike uur; *an ~ scream* →SCREAM[1] *n.*.

un·ease onrus; →UNEASINESS. **un·eas·i·ness** besorgdheid, ongerustheid; onrustigheid, verontrusting; ongemaklikheid, onbehaaglikheid; *cause ~* onrus wek; *cause ~ to s.o.* iem. ongerus maak. **un·eas·y** ongemaklik; onrustig; ongerus, besorg, beangs; verontrus; ontuis, nie op jou gemak nie; gespanne; *be/feel ~ **about*** ... ongerus oor ... wees/voel, jou oor ... ongerus maak; *an ~ **feeling*** →FEELING *n.*; *s.o. **seems** ~* iem. lyk nie gerus nie, iem. lyk nie op sy/haar gemak nie; *an ~ **silence*** →SILENCE *n.*.

un·eat·a·ble oneetbaar. **un·eat·en** ongeëet.

un·e·co·nom·ic onekonomies, verkwistend; onlonend, onvoordelig. **un·e·co·nom·i·cal** onekonomies, verkwistend.

un·ed·it·ed ongeredigeer(d).

un·ed·u·ca·ble onopvoedbaar, onleerbaar. **un·ed·u·cat·ed** onopgevoed, ongeletterd; onontwikkeld. **un·ed·u·ca·tive** onopvoedkundig; onleersaam.

un·ef·faced onuitgewis.

un·e·lec·ta·ble onverkiesbaar. **un·e·lec·ted** onverkose.

un·e·lu·ci·dated onopgehelder(d), nie toegelig nie, onverklaar.

un·em·bar·rassed onbelemmer(d), ongehinder(d); vry(moedig); op jou gemak, nie verleë nie; onbeswaard, los, vry *(v. skuld)*; *an ~ attitude* 'n onbevange houding.

un·em·bel·lished onopgesmuk, onversier(d), on(op)getooi.

un·em·broi·dered ongeborduur(d); onopgesmuk.

un·e·mo·tion·al nie emosioneel nie, sonder gevoel; onbewoë, gelykmoedig, onaandoenlik.

un·em·phat·ic sonder nadruk; swak, flou.

un·em·ploy·a·ble onbruikbaar; ongeskik (vir werk). **un·em·ploy·a·ble·ness** onbruikbaarheid; ongeskiktheid (vir werk). **un·em·ployed** werkloos, sonder werk; ongebruik, onbeset; *the ~* die werkloses.

un·em·ploy·ment werkloosheid. **~ benefit/pay** werkloosheidsuitkering, werkloosheidstoelae, =toelaag. **~ figure** werkloosheidsyfer. **~ fund** werkloosheidsfonds. **~ insurance** werkloosheidsversekering. **~ level** werkloosheidsvlak, omvang van werkloosheid. **~ pay** →UNEMPLOYMENT BENEFIT. **~ rate** werkloosheidskoers, werkloosheidsyfer.

un·en·cum·bered onbeswaar(d), onbelas; vry, los.

un·end·ing eindeloos, oneindig, sonder einde.

un·en·dorsed ongeëndosseer(d), niegeëndosseer(d) *(tjek)*; nie goedgekeur nie.

un·en·dowed onbegiftig, nie begiftig nie; onbegaaf(d), sonder talent.

un·en·dur·a·ble ondraaglik, on(uit)hou(d)baar; onuitstaanbaar *(v. mense)*.

un·en·force·a·ble onuitvoerbaar; onafdwingbaar. **un·en·force·a·bil·i·ty** onuitvoerbaarheid *(v. 'n wet)*. **un·en·forced** onuitgevoer(d); nie toegepas nie; nie afgedwing nie.

un·en·fran·chised nie stemgeregtig nie, sonder stem(reg).

un·en·gaged vry; nie gebonde nie; nie verloof nie; nie besig nie, onbespreek, onbeset; *(mil.)* nie in geveg nie.

un·Eng·lish onengels.

un·en·joy·a·ble nie lekker nie.

un·en·light·ened onverlig; onkundig, oningelig; ongeleerd.

un·en·ter·pris·ing sonder ondernemingsgees/inisiatief, futloos.

un·en·ter·tain·ing vervelend, droog, oninteressant, saai; nie vermaaklik nie.

un·en·thu·si·as·tic sonder geesdrif, onentoesiasties, flou, dooierig, lou; *be ~ about s.t.* langtand aan iets vat, weinig lus hê/voel/wees vir iets.

un·en·vi·a·ble onbenydenswaardig, onbenybaar. **un·en·vied** onbeny(d).

un·e·qual ongelyk, onegalig, verskillend; *be ~ to a task* nie vir 'n taak opgewasse wees nie, nie mans genoeg vir 'n werk wees nie; *~ pulse* onreëlmatige pols(slag). **un·e·qualled** ongeëwenaar(d), weergaloos, onvergelyklik, sonder gelyke.

un·e·quiv·o·cal ondubbelsinnig, onomwonde. **un·e·quiv·o·cal·ly** ondubbelsinnig, onmiskenbaar. **un·e·quiv·o·cal·ness** ondubbelsinnigheid.

un·err·ing onfeilbaar, nimmer falend; feilloos; trefseker; *with ~ aim* →AIM *n.*.

un·es·cap·a·ble →INESCAPABLE. **un·es·cap·a·ble·ness** onontkombaarheid.

un·es·cort·ed onbegelei(d) *('n toer ens.)*; onvergesel *('n meisie ens.)*.

un·es·pied onbespied, ongesien.

un·es·sen·tial *n.* onbelangrike (onder)deel, bysaak. **un·es·sen·tial** *adj.* nie noodsaaklik nie, onwesenlik, onbelangrik, nie essensieel nie.

un·es·tab·lished nie gevestig nie; nie vasgestel nie; nie in vaste diens nie.

un·es·teemed ongeag, ongereken(d).

un·es·ti·mat·ed ongeskat, onbereken(d).

un·eth·i·cal oneties.

un·e·van·gel·i·cal onevangelies.

un·e·vap·o·rat·ed onverdamp.

un·e·ven ongelyk, hobbelagtig, stamperig; skeef; skurf, nie glad nie; oneffe; hakerig, onegalig; onewe *(getal)*; *an ~ temper* 'n wisselvallige geaardheid. **un·e·ven·ness** *n.* ongelykheid, oneffenheid, ruheid, grofheid *(v. 'n oppervlak)*; onegaligheid *(v. kleur)*; onreëlmatigheid *(v. asemhaling ens.)*; wisselvalligheid *(v. pryse ens.)*; ongelykmatigheid *(v. humeur ens.)*; onvastheid *(v. 'n stem)*.

un·e·vent·ful stil, rustig, onbewoë; onbelangrik; *an ~ year/etc.* 'n jaar/ens. waarin nie veel (*of* niks belangriks) gebeur het nie.

un·ex·act·ing nieveeleisend, nie veeleisend/straf nie, maklik; nie streng nie; beskeie.

un·ex·am·ined nie geëksamineer nie; nie nagesien nie; nie ondersoek nie.

un·ex·am·pled weergaloos, ongeëwenaar(d).

un·ex·cep·tion·a·ble onberispelik, voortreflik, sonder fout. **un·ex·cep·tion·al** nie buitengewoon nie; doodgewoon.

un·ex·cit·ing vervelend, saai, nie opwindend nie.

un·ex·e·cuted onuitgevoer, onverrig; onvervul(d) *('n kontrak)*.

un·ex·haust·ed nie uitgeput nie; onuitgeput *('n voorraad)*.

un·ex·pec·ted onverwag, onvoorsien, onverhoeds, skielik, plotseling. **un·ex·pect·ed·ly** onverwags, onverhoeds, skielik, plotseling, eensklaps, onvoorsiens. **un·ex·pect·ed·ness** onverwagtheid.

un·ex·pen·sive nie duur nie, billik, goedkoop.

un·ex·pe·ri·enced wat nie ondervind is nie; onervare; →INEXPERIENCED.

un·ex·pired nie om/verstreke nie; oorblywend; onverstreke, lopend *(versekering)*; onvervalle *(polis)*; *~ value* oorblywende waarde, nawaarde.

un·ex·plain·a·ble onverklaarbaar. **un·ex·plained** onverklaar(d), sonder verklaring, onopgehelder(d); onverantwoord.

un·ex·plod·ed onontplof. **un·ex·plo·sive** onontplofbaar, plofvry.

un·ex·ploit·ed onontgin.

un·ex·plored onbekend, nie nagevors nie, nie ondersoek nie.

un·ex·port·a·ble ongeskik vir uitvoer. **un·ex·port·ed** onuitgevoer.

un·ex·posed beskut, beskerm, nie blootgestel nie; onbelig.

un·ex·pressed onuitgesproke, versweë, onuitgedruk; ongesê. **un·ex·pres·sive** uitdrukkingloos.

un·ex·pur·gat·ed ongekuis, ongesuiwer *('n boek)*.

un·ex·tin·guish·a·ble →INEXTINGUISHABLE. **un·ex·tin·guished** onuitgedoof, on(uit)geblus.

un·fad·a·ble onverbleikbaar, onverkleurbaar; onverwelkbaar; *(fig.)* onverwelklik. **un·fad·ed** onverwelk. **un·fad·ing** kleurvas, kleurhoudend; onverwelklik.

un·fail·ing onfeilbaar; onuitputlik; getrou, gewis, seker; *with ~ courtesy* →COURTESY.

un·fair onbillik, onredelik, onregverdig; oneerlik, skelm; partydig; *~ **argument*** onbillike argument; *~ **competition*** onbehoorlike/onbillike mededinging; *~ **dismissal*** onregverdige/onbillike/onregmatige afdanking/ontslag; *get s.t. by ~ **means*** iets op 'n oneerlike manier kry. **un·fair·ness** *n.* onregverdigheid, onbillikheid, onredelikheid; oneerlikheid.

un·faith·ful ontrou, oneerlik, vals, afvallig; *be ~ to ... aan ...* ontrou wees; *become ~ to s.t., (ook)* van iets afvallig raak/word *('n party ens.)*. **un·faith·ful·ness** ontrou(heid), valsheid, afvalligheid; *s.o.'s ~ to ...* iem. se ontrou aan ...

un·fal·ter·ing onwankelbaar, onwrikbaar, vas, standvastig; sonder hapering, glad.

un·famed onberoemd.

un·fa·mil·iar onbekend, vreemd, ongewoon(d); *be ~ with s.t.* met iets onbekend/onvertroud wees; aan iets ongewoond wees. **un·fa·mil·i·ar·i·ty** ongewoondheid *(aan)*; onvertroudheid, onbekendheid *(met)*.

un·fan·cied ongereken(d).

un·fash·ion·a·ble nie na die mode nie, ouderwets, oudmodies. **un·fash·ion·a·ble·ness** ouderwetsheid; →UNFASHIONABLE. **un·fash·ioned** ongefatsoeneer, ongevorm.

un·fas·ten losmaak; losknoop. **un·fas·tened** los; oop; losgemaak; losgeknoop; *come ~* losgaan, los raak.

un·fa·thered *(fig.)* van onbekende oorsprong. **un·fa·ther·ly** onvaderlik.

un·fath·om·a·ble onpeilbaar, ondeurgrondelik. **un·fath·om·a·ble·ness** onpeilbaarheid, ondeurgrondelikheid. **un·fath·omed** onmeetlik; ondeurgrond.

un·fa·vour·a·ble, *(Am.)* **un·fa·vor·a·ble** ongunstig. **un·fa·vour·a·ble·ness** ongunstigheid.

un·fazed *(infml.)* koelkop, (hout)gerus, (dood)gerus, (dood)rustig, (dood)kalm, (ewe) ongeërg, (ewe) bedaard; *be ~ by s.t.* nie deur iets van stryk (af) gebring word nie.

un·fear·ing onbevrees, vreesloos.

un·fea·si·ble onuitvoerbaar, onmoontlik, ondoenlik, onprakties. **un·fea·si·bil·i·ty, un·fea·si·ble·ness** onuitvoerbaarheid, onmoontlikheid.

un·fed ongevoed; ongevoer.

un·feel·ing ongevoelig, gevoelloos, liefdeloos, harteloos.

un·feigned ongeveins, opreg, eg, waar.

un·fem·i·nine onvroulik.

un·fenced onomhein(d), nie omhein nie; onbeskerm(d), onbeskut.

un·fer·ment·ed ongegis.

un·fer·tile onvrugbaar. **un·fer·ti·lised, -lized** onbevrug *(eier)*; onbemes *(grond)*.

un·fet·ter ontboei, van boeie bevry; ontketen, loslaat, vrymaak. **un·fet·tered** ongeboei(d); vry, ongebonde, onbelemmer(d).

un·fig·ured ongeblom, effe *(materiaal)*.

un·fil·ial onfiliaal, onkinderlik.

un·filled ongevul(d); *~ need* onvervulde behoefte.

un·fil·tered ongefiltreer(d); ongesuiwer; nie deurgesyg nie; filterloos *('n sigaret)*.

un·find·a·ble onvindbaar.

un·fin·ished onafgehandel(d); onvoltooi(d); nie klaar nie; onafgewerk, onafgerond; *~ business* →BUSINESS; *~ worsted* pluiskamstof. **un·fin·ished·ness** onvoltooidheid; onafgewerktheid, onafgerondheid; onklaarheid.

un·fired onafgevuur.

un·fit *adj.* onbekwaam, ongeskik; onbevoeg; ongepas; nie gesond nie; *(sport)* onfiks; *be ~ for s.t.* ongeskik wees vir iets, nie vir iets deug nie; *declare s.o./s.t. ~* →DECLARE. **un·fit** *-tt-, ww., (arg.)* ongeskik maak. **un·fit·ness** ongeskiktheid, ongepastheid; ongesondheid. **un·fit·ted** ongeskik, onbekwaam; nie ingerig/uitgerus/toegerus nie. **un·fit·ting** ongepas, onvanpas; *it is ~, (ook)* dit pas nie.

un·fix losmaak; versteur. **un·fixed** los; nie vasgestel nie *(datum)*; onbepaald, onseker.

un·flag·ging onverflou, ononderbroke, onvermoeid.

un·flam·ma·ble onbrandbaar, on(ont)vlambaar; →NON(-)FLAMMABLE.

un·flap·pa·ble *(infml.)* onverstoorbaar, onversteurbaar. **un·flap·pa·bil·i·ty** onverstoorbaarheid, onversteurbaarheid.

un·flat·ter·ing onvleiend.

un·fla·voured, *(Am.)* **un·fla·vored** ongegeur.

un·fledged kaal, sonder vere; onontwikkel(d); onvolgroei(d); onervare.

un·fleshed *('n jaghond)* wat nog nie bloed geproe het nie; sonder vleis, nie met vleis bedek nie; *(fig.)* onervare.

un·flex·a·ble onbuigsaam; →INFLEXIBLE.

un·flinch·ing onwankelbaar, onversetlik, onwrikbaar; onverskrokke, onbevrees, onvervaard.

un·flus·tered kalm, rustig.

un·fo·cus(s)ed ongefokus; vaag, onduidelik, onskerp; halfhartig, sonder geesdrif.

un·fold oopvou, oopmaak, uitsprei; oopsprei *(vlerke ens.)*; oopslaan *('n koerant ens.)*; ontluik; ontvou; bekend maak, bekendmaak, openbaar maak, blootlê, aan die lig bring; ontplooi, ontwikkel. **un·fold·ing** ontvouing; blootlegging, bekendmaking, openbaarmaking; ontplooiing, ontwikkeling.

un·forced ongedwonge; spontaan.

un·ford·a·ble ondeurgaanbaar *(rivier)*.

un·fore·see·a·ble onvoorspelbaar, nie te voorsien nie. **un·fore·seen** onvoorsien.

un·for·get·ta·ble onvergeetlik.

un·for·giv·a·ble onvergeeflik. **un·for·giv·en** nie vergewe/kwytgeskel nie, onvergewe. **un·for·giv·ing** onversoenlik, onvergewensgesind; meedoënloos. **un·for·giv·ing·ness** onversoenlikheid.

un·for·got·ten onvergete.

un·for·mat·ted *(rek.)* ongeformateer(d).

un·formed ongevorm(d); vormloos, sonder fatsoen; onontwikkel(d).

un·for·mu·lat·ed ongeformuleer(d).

un·forth·com·ing terughoudend.

un·for·ti·fied onversterk; ongefortifiseer(d) *(wyn)*.

un·for·tu·nate *n.* ongelukkige, ongeluksvoël. **un·for·tu·nate** *adj.* ongelukkig; betreurenswaardig; rampspoedig; *the ~ child/etc.* die stomme kind/ens.. **un·for·tu·nate·ly** ongelukkig; *~ I/etc. cannot ...* ek/ens. kan tot my/ens. spyt nie ... nie, tot my/ens. spyt kan ek/ens. nie ... nie; *~ for s.o.* tot iem. se ongeluk. **un·for·tu·nate·ness** ongelukkigheid; rampspoedigheid.

un·found·ed ongegrond, uit die lug gegryp, vals; ongevestig, nog nie gestig nie; *s.t. is utterly ~* iets is heeltemal ongegrond, iets is uit die lug gegryp.

un·framed ongeraam.

un·fran·chised →UNENFRANCHISED.

un·fra·ter·nal onbroederlik.

un·free onvry.

un·freeze *-froze -frozen* ontvries; (die) beheer ophef oor *(pryse)*; →DEFROST. **un·fro·zen** onbevrore; ontvries(de).

un·fre·quent·ed afgeleë, eensaam, stil, verlate; wat min/selde gebruik word *('n pad)*.

un·friend·ed *(w.g.)* →UNBEFRIENDED. **un·friend·li·ness** onvriendelikheid; kwaadgesindheid. **un·friend·ly** onvriendelik, stuurs; vyandig, kwaadgesind; *~ act* onvriendelike daad; *be ~ to(wards) s.o.* onvriendelik wees teenoor iem.; *~ weather* ongunstige weer.

un·frock = DEFROCK.

un·fruit·ful onvrugbaar.
un·ful·filled onvervul(d); onbevredig; onvolvoer.
un·fund·ed: ~ *debt* ongefundeerde/vlottende skuld.
un·fun·ny nie snaaks nie, laf.
un·furl ontplooi, laat wapper *('n vlag);* oopmaak *('n sambreel);* uitsprei *('n waaier);* losgooi, uitskud *('n seil); ('n voël)* (oop)sprei, oopvou, uitsprei, oopmaak *(sy vlerke);* ooprol *('n banier ens.); (blare ens.)* ontvou; ~ *colours* 'n vlag ontplooi.
un·fur·nished ongemeubileer(d).
un·fused ongesmelt; sonder 'n lont, met die lont/buis uitgehaal; *an ~ shell* 'n granaat met 'n uitgehaalde buis.
un·fus·sy onopgesmuk, eenvoudig, sober, sonder tierlantyntjies; nie kieskeurig/puntene(u)rig/vitterig *(of* vol fiemies) nie.
un·gain·ly lomp, onhandig. **un·gain·li·ness** lompheid, onhandigheid.
un·gal·lant onbeleef(d), onhoflik.
un·gar·nished onversier(d), onopgesmuk; ongegarneer(d).
un·gar·ri·soned sonder garnisoen.
un·gen·er·ous hardvogtig; suinig, inhalig.
un·gen·ial onvriendelik, ongesellig, onaangenaam; ongunstig *(d. weer).*
un·gen·tle onbeskaaf, onopgevoed, ongemanierd; grof, ru.
un·gen·tle·man·ly onhoflik, onfatsoenlik, onbeskof, ongemanierd, ongepoets, nie soos dit 'n heer betaam nie; onsportief.
un·get-at-a·ble *(infml.)* onbereikbaar, onbekombaar. **un·get-at-a·ble·ness** onbereikbaarheid, onbekombaarheid.
un·gift·ed onbegaaf, talentloos.
un·gird losgord, -maak.
un·glam·or·ous onaantreklik, onbekoorlik, onaanloklik; onglansryk; onverleidelik; onromanties; alledaags, (dood)gewoon, niks besonders nie.
un·glazed ongeglasuur(d); sonder ruite; ~ *window* venster sonder ruite.
un·glove die handskoen(e) uittrek. **un·gloved** sonder handskoen(e).
un·glued: *come ~, (Am., infml.)* jou selbeheersing *(of* [jou] kop) verloor, die kluts kwytraak, knak; (hewig) ontsteld raak, jou (hewig) ontstel; *(planne ens.)* skeef/verkeerd loop.
un·god·ly goddeloos, godvergete; *(infml.)* skandalig, afgryslik, verskriklik; *at an ~ hour* op 'n onmenslike tyd. **un·god·li·ness** goddeloosheid.
un·gov·ern·a·ble onregeerbaar, onbeheersbaar, wild, woes, onbeteuelbaar, ontembaar, onkeerbaar. **un·gov·ern·a·ble·ness** onregeerbaarheid, woestheid; →UNGOVERNABLE.
un·grace·ful onaantreklik, lomp, lelik. **un·gra·cious** onwelwillend, onvriendelik, koud; onbeleef(d), onhoflik, onaangenaam; onwillig, teensinnig. **un·gra·cious·ness** onwelwillendheid; onbeleefdheid; onwilligheid.
un·graft·ed ongeënt.
un·gram·mat·i·cal ongrammatikaal, nie taalkundig nie.
un·grasp·a·ble onverstaanbaar, onbegryplik, ondeurgrondelik, duister.
un·grate·ful ondankbaar, onerkentlik. **un·grate·ful·ness** ondank(baarheid), onerkentlikheid.
un·grat·i·fied onvergenoeg(d), ongelukkig; ontevrede, geïrriteer(d).
un·greased ongesmeer(d).
un·green ongroen.
un·ground ongemaal; ongeslyp, ongeslepe. **un·ground·ed** ongegrond; *(elek.)* ongeaard.
un·grudg·ing gewillig, gul, rojaal. **un·grudg·ing·ly** gewillig, gul, van harte, sonder voorbehoud. **un·grudg·ing·ness** gewilligheid, gulheid.
un·gual genael; nael-; klouvormig; klou-; unguaal. **un·gui·form** naelvormig; klouvormig. **un·gu·la** *-lae, (w.g.)* →HOOF *n..* **un·gu·lar** hoefvormig. **un·gu·late** *n.* hoefdier. **un·gu·late** *adj.* gehoef.
un·guard·ed onbewaak, onbeskerm(d); onafgeskerm(d); onversigtig, onbedag(saam); kwetsbaar; *in an ~ moment* →IN A RASH MOMENT. **un·guard·ed·ly** onbedag; onverhoeds; in 'n onbewaakte oomblik; →UNGUARDED. **un·guard·ed·ness** onbewaakte toestand; onbedagtheid; →UNGUARDED.
un·guent *(w.g.)* →OINTMENT.
un·guess·a·ble onvoorstelbaar; wat jy *(of* ['n] mens) jou nie kan indink nie; wat jy *(of* ['n] mens) nie kan raai nie.
un·guid·ed onbegelei(d); sonder gids; ~ *missile* ongeleide missiel.
un·guis *-gues n., (soöl.)* nael; *(soöl.)* klou; *(soöl.)* hoef; *(bot.)* klou.
un·gum *-mm-* ontgom. **un·gum·ming** ontgomming.
un·hab·it·a·ble →UNINHABITABLE.
un·hack·neyed nie afgesaag nie, vars.
un·hair onthaar, afhaar, hare afmaak.
un·hal·low *(vero.)* ontheilig. **un·hal·lowed** ontheilig; goddeloos, sondig.
un·ham·pered onbelemmer(d), vry, ongehinder(d), onbeperk.
un·hand *(arg., liter.)* los(laat). **un·hand·i·ness** onhandigheid, lompheid; onhanteerbaarheid. **un·hand·some** lelik; onaardig. **un·hand·y** moeilik om te hanteer, ongemaklik, ongerieflik; lomp, onhandig; onhanteerbaar.
un·hang *-hung -hung* afhaal, -neem.
un·hap·py ongelukkig, hartseer; *be ~ with s.t.* oor iets ontevrede/misnoeg wees. **un·hap·pi·ness** ongelukkigheid, hartseer, verdriet.
un·harmed ongedeerd; onbeskadig, behoue.
un·har·mo·ni·ous onharmonies, onwelluidend.
un·har·ness uitspan, aftuie, aftuig *(perde); (fig.)* ontgord. **un·har·ness·ing** uitspannery.
un·hatched onuitgebroei(d), nog nie uitgebroei nie *('n eier).*
un·hat·ted sonder hoed.
un·heal·a·ble ongeneeslik, ongeneesbaar, onheelbaar. **un·healed** ongenees(d).
un·health·ful ongesond.
un·health·y ongesond; *(infml.)* gevaarlik, onveilig. **un·health·i·ness** ongesondheid.
un·heard nie gehoor nie, onehoor; ongehoord, vreemd, buitengewoon; onverhoor(d). **~-of** ongehoord, verregaande; ongekend.
un·heat·ed onverwarm.
un·hedged onomhein(d), nie omhein nie, sonder 'n heining; onverskans *('n belegging ens.).*
un·heed·ed veron(t)agsaam, in die wind geslaan, geïgnoreer. **un·heed·ful** *adj.: be ~ of ...* sonder om op ... ag te slaan, sonder om ... in ag te neem, sonder om jou aan ... te steur. **un·heed·ing** agteloos, sorgeloos; onoplettend; sonder om te let op, sonder om jou te bekommer oor/om.
un·help·ful onbehulpsaam. **un·help·ful·ness** onbehulpsaamheid.
un·hemmed ongesoom.
un·her·ald·ed onaangekondig; onverwag, verrassings-; onbesonge.
un·he·ro·ic onheroïes.
un·hes·i·tat·ing sonder om te aarsel, beslis, vasberade. **un·hes·i·tat·ing·ly** sonder aarseling/bedenking.
un·hewn ongekap, ru, onbehoue; onbewerk *(klip).*
un·hin·dered ongehinder(d), ongestoord, onbelemmer(d).
un·hinge uithaak, uit die skarniere lig; *(infml.)* van die wysie bring, van stryk bring, deurmekaar maak, verwar; *one's mind becomes ~ed* jy raak van jou verstand/wysie af; *one is quite ~ed* jy is skoon van jou verstand/wysie af.
un·hip *(sl.)* oudoos.
un·his·tor·i·cal onhistories.
un·hitch af-, los-, uithaak; losmaak, -trek *(touwerk);* uitspan *(perde).*
un·ho·ly onheilig; goddeloos; onsalig; *(infml.)* verskriklik, skandelik; *an ~ noise* →AN INFERNAL NOISE.
un·home·ly onhuislik.
un·hon·oured ongeëer(d); *go ~* onopgemerk verbygaan.
un·hook uit-, afhaak, losmaak.
un·hoped(-for) onverwag, ongehoop.
un·horse afgooi, uit die saal gooi/lig; *(w.g.)* uitspan *('n perd).*
un·housed dakloos.
un·hulled on(uit)gedop; ongeskil; ongepel *(amandels ens.).*
un·hu·man onmenslik, barbaars, wreed; bomenslik; niemenslik.
un·hung onopgehang.
un·hur·ried bedaard, langsaam, sonder haas, rustig. **un·hur·ried·ly** sonder haas; →UNHURRIED.
un·hurt ongekwes, ongedeerd, onbeseer(d).
un·husked onafgemaak *(mielies);* ongepel *(rys).*
un·hy·drat·ed ongehidrateer(d); ~ *lime* ongebluste kalk.
un·hy·gien·ic onhigiënies, ongesond.
un·hy·phen·at·ed sonder 'n koppelteken geskryf, nie met 'n koppelteken geskryf nie.
u·ni *-nis, (Br., infml.)* universiteit.
u·ni- *komb.vorm* een-, enkel-, uni-.
U·ni·at(e) *n.* Uniaat. **U·ni·at(e)** *adj.* Uniaties; geünieer(d).
u·ni·ax·i·al eenassig.
u·ni·cam·er·al eenkamer- *(stelsel).*
u·ni·cap·su·lar *(bot.)* eenhokkig.
u·ni·cel·lu·lar eensellig.
u·ni·code eenheidskode.
u·ni·col·oured, *(Am.)* **u·ni·col·ored** effekleurig. **u·ni·col·or·ous** eenkleurig.
u·ni·corn *(mit., her.)* eenhoring; narwal; *(OT)* buffel; driespan; *U~, (astron.)* Eenhoring. ~ **(fish)** eenhoringvis; narwal. ~ **plant** narwalblom.
u·ni·cos·tate *(biol.)* eenribbig.
u·ni·cot·y·le·do·nous = MONOCOTYLEDONOUS.
u·ni·cy·cle eenwielfiets, eenwieler.
un·i·deal nie ideaal nie.
u·ni·den·tate met een tand, eentandig.
un·i·den·ti·fi·a·ble onherkenbaar; onaanwysbaar. **un·i·den·ti·fied** onbekend, nie herken nie; onuitgeken; *an ~ flying object, (afk.: UFO)* 'n vreemde vlieënde voorwerp *(afk.: VVV).*
u·ni·di·men·sion·al eendimensioneel.
un·id·i·o·mat·ic onidiomaties.
u·ni·fi·ca·tion vereniging, eenwording, unifikasie; gelykskakeling. **U~ Church** Unifikasiekerk.
u·ni·flo·rous eenblommig. **u·ni·fo·li·ate** eenblarig.
u·ni·flow *adj. (attr.)* gelykstroom- *(enjin ens.).*
u·ni·form *n.* uniform; tenue; mondering; *be in ~* in uniform wees, 'n uniform aanhê; in die weermag/polisie wees; *out of ~* in burgerdrag. **u·ni·form** *adj.* eenvormig, gelykvormig, egalig, eenders, uniform; homogeen; egalig, gelykmatig; konstant, gestadig; *be ~ with ...* eenvormig met ... wees; ~ ***load*** gelykmatige las; ~ ***mixture*** egalige mengsel; ~ ***motion*** eenparige/egalige beweging; ~ ***pressure*** gelykmatige druk; ~ ***slope*** konstante helling. **u·ni·form** *ww.* eenvormig/ens. maak; 'n uniform aantrek; *~ed services* geüniformeerde dienste; uniformdienste. ~ **allowance** uniformtoelaag, -toelae; eenvormige toelaag/toelae *(vir reis ens.);* eenvormige korting *(op belasting).* ~ **cloth** uniformstof, -materiaal. ~ **greatcoat** uniformjas.
u·ni·form·i·tar·i·an *n., (geol.)* aanhanger van die uniformitarisme. **u·ni·form·i·tar·i·an** *adj.* uniformitaristies. **u·ni·form·i·tar·i·an·ism** uniformitarisme.
u·ni·form·i·ty eenvormigheid, gelykvormigheid, egaligheid, eendersheid, enersheid, uniformiteit, eenselwigheid; eenparigheid; gelykmatigheid, gestadigheid, konstantheid. **u·ni·form·ly** onveranderlik, deurgaans; *(wisk.)* gelykmatig.
u·ni·fy verenig, tot een maak, gelykvormig/ens. maak; *unified field, (fis.)* eenheidsveld.
u·ni·lab·i·ate *(bot.)* eenlippig.
u·ni·lam·i·nate eenlagig.

u·ni·lat·er·al eensydig; ~ *declaration of independence* eensydige onafhanklikheidsverklaring. **u·ni·lat·er·al·ism** eensydigheid.

un·i·lin·gual *n.* eentalige. **un·i·lin·gual** *adj.* eentalig. **un·i·lin·gual·ism** eentaligheid.

u·ni·lit·er·al eenletter=.

un·il·lu·mi·nat·ed onverlig.

un·il·lus·trat·ed sonder illustrasies.

u·ni·loc·u·lar eenhokkig, =vlakkig; *(biol.)* eenkamerig.

un·im·ag·i·na·ble ondenkbaar, onvoorstelbaar; onbegryplik. **un·im·ag·i·na·tive** verbeeldingloos, sonder verbeeldingskrag, fantasieloos.

u·ni·mo·lec·u·lar enkelmolekulêr.

un·im·paired onbeskadig, ongeskonde, onverswak, onaangetas, intakt.

un·im·pas·sioned nie hartstogtelik nie; nugter.

un·im·peach·a·ble onberispelik, onkreukbaar; onaanvegbaar, onaantasbaar, onwraakbaar; *on ~ authority* uit 'n onberispelike bron.

un·im·ped·ed onbelemmer(d), ongestoor(d), ongehinder(d); onvertraag.

un·im·por·tance onbelangrikheid. **un·im·por·tant** onbelangrik, onbeduidend, van weinig belang.

un·im·pos·ing onindrukwekkend, nie indrukwekkend nie, onimponerend; onopvallend; subtiel.

un·im·pressed nie geïmponeer(d)/beïndruk nie, onbeïndruk. **un·im·pres·si·ble** onoorreedbaar. **un·im·pres·sion·a·ble** onvatbaar/ongevoelig vir indrukke, ontvanklik. **un·im·pres·sive** onbeduidend, nie indrukwekkend nie, onaansienlik; saai, oninteressant. **un·im·pres·sive·ness** onbeduidendheid; saaiheid, oninteressantheid.

un·im·prov·a·ble onverbeterbaar, onverbeterlik. **un·im·proved** onverbeter(d); onbewerk.

un·in·cor·po·rat·ed *('n vereniging, bedryf, onderneming, ens.)* sonder regspersoonlikheid, oningelyf; *('n dorp, gebied, ens.)* nie ingelyf nie.

un·in·fect·ed onbesmet; nie aangesteek nie; onbederf.

un·in·fest·ed onbesmet; siektevry.

un·in·flam·ma·ble →NON(-)FLAMMABLE. **un·in·flamed** nie ontsteek nie.

un·in·flect·ed *(gram.)* onverboë, fleksieloos.

un·in·flu·enced onbeïnvloed, onpartydig, onbevooroordeel(d). **un·in·flu·en·tial** sonder invloed.

un·in·form·a·tive onleersaam, nie insiggewend nie. **un·in·formed** oningelig, onwetend, sleg op (die) hoogte, oningewy(d).

un·in·hab·it·a·ble onbewoonbaar. **un·in·hab·it·ed** onbewoon(d).

un·in·hib·it·ed ongeïnhibeer(d), ongebonde, nie ingehou nie; vrymoedig, onbekommerd, uitgelate, uitbundig; vrypostig; ongeërg.

un·in·i·ti·at·ed oningewy(d); nie begin nie.

un·in·jured ongedeerd; onbeskadig, ongeskonde.

un·in·spired ongeïnspireer(d), onbesiel(d); saai. **un·in·spir·ing** vervelend, saai, dor, nie opwindend nie.

un·in·struct·ed onopgelei(d); oningelig; ongeletterd, ongeleerd; onwetend; sonder opdrag. **un·in·struc·tive** onleersaam.

un·in·su·lat·ed ongeïsoleer(d).

un·in·sur·a·ble onversekerbaar. **un·in·sur·a·bil·i·ty** onversekerbaarheid. **un·in·sured** onverseker(d), ongedek.

un·in·tel·li·gent onintelligent, dom, onnosel.

un·in·tel·li·gi·ble onverstaanbaar, onduidelik, onbegryplik; *be ~ to s.o.* vir iem. onverstaanbaar wees. **un·in·tel·li·gi·bil·i·ty** onverstaanbaarheid.

un·in·tend·ed onbedoel(d), onopsetlik. **un·in·ten·tion·al** onopsetlik, onbedoel(d), per abuis/ongeluk. **un·in·ten·tion·al·ly** sonder opset, per abuis/ongeluk, onopsetlik, nie moedswillig nie.

un·in·ter·est·ed sonder belangstelling, onbelangstellend, ongeïnteresseer(d); onverskillig; niebelanghebbend, belangeloos. **un·in·ter·est·ed·ness** gebrek aan belangstelling, onverskilligheid. **un·in·ter·est·ing** oninteressant, vervelend, droog, saai, dor. **un·in·ter·est·ing·ness** oninteressantheid, vervelendheid, saaiheid.

un·in·ter·pret·a·ble onverklaarbaar, oninterpreteerbaar; onvertaalbaar.

un·in·ter·rupt·ed deurgaande, ongestoor(d), ongesteur(d), onbelemmer(d), onafgebroke, ononderbroke, deurlopend, onverpoos. **un·in·ter·rupt·ed·ness** ongestoordheid, ongesteurdheid. **un·in·ter·rupt·i·ble** ononderbreekbaar *(kragtoevoer)*.

u·ni·nu·cle·ar, u·ni·nu·cle·at·e eenkernig.

un·in·ven·tive sonder vindingrykheid/vernuf, onvindingryk, onvernuftig.

un·in·ves·ti·gat·ed ononderzoek, nie ondersoek nie; nie nagevors nie.

un·in·vit·ed ongenooi(d), nie gevra. **un·in·vit·ing** onaantreklik, onaanloklik, afstotend; onsmaaklik.

un·in·volved onbetrokke.

un·ion unie, vereniging; eenwording; samesmelting; huwelik, verbintenis; eensgesindheid; eenheid; verbond; verband, verbinding; aansluiting; aaneensluiting; *(wisk.)* vereniging; koppeling; moerkoppeling *(v. pype)*; heling, herstel *(v. been)*; *(tekst.)* gemengde stof, mengstof; *after/before U~* ná/voor die Uniewording; *be in perfect ~* volkome eensgesind wees; *~ is strength* eendrag maak mag. ~ **bashing** *(Br., infml.)* vakbondtreitering. **U~ Buildings** die Uniegebou. ~ **catalogue** gesamentlike katalogus. ~ **(connection/joint)** moerkoppeling; pypkoppeling. **U~ Day** *(hist.)* Uniedag. **U~ Defence Force(s)** *(hist.)* Unie-Verdedigingsmag. ~ **(fabric)** menggaringstof. **U~ flag** = UNION JACK. **U~ government** *(hist.)* Unieregering; Uniale regering. ~ **hook** koppelhaak. **U~ Jack** *(die Britse vlag)* die Union Jack. ~ **nut** koppelmoer. **U~ of South Africa** *(hist.)* Unie van Suid-Afrika. **U~ of Soviet Socialist Republics** →SOVIET. ~ **shop** *('n bedryf/onderneming waarin werknemers verplig is om lid v. 'n vakbond te word)* vakbondbedryf, =onderneming. ~ **socket** koppelsok. ~ **suit** *(Am.)* frokkiebroek.

un·ion·i·sa·tion, =za·tion vakunievorming; aansluiting by 'n vakunie. **un·ion·ise, =ize** in 'n vakunie organiseer, tot 'n vakbond verenig.

un·ion·ised[1], **=ized** *(verl.dw.)* →UNIONISE.

un·i·on·ised[2], **=ized** *(chem.)* ongeïoniseer(d).

un·ion·ism eenheidstrewe; vakbondwese, =stelsel.

un·ion·ist vakunielid, vakbondman, lid van 'n vakvereniging; *(SA, hist.: gew. U~; aanhanger v. Unionistiese Party)* Unionis. **U~ Party** *(SA, hist.)* Unionistiese Party.

u·ni·ov·u·lar uniovulêr; ~ *twins* = IDENTICAL TWINS.

u·nip·a·rous *(soöl.)* enkelbarend; *(bot.)* eendragtig.

u·ni·ped eenvoetig.

u·ni·pla·nar eenvlakkig.

u·nip·li·cate eenvouig.

u·ni·pod *(fot.)* eenpoot.

u·ni·po·lar eenpolig, enkelpolêr.

u·nique *n., (arg.)* unikum, unieke persoon/plek. **u·nique** *adj.* ongeëwenaard, enig, uniek; *(wisk.)* eenduidig, uniek; *s.t. is ~* iets is enig in sy soort; *~ to ...* alleen eie aan ... **u·nique·ness** enigheid; *(wisk.)* eenduidigheid.

u·ni·ra·cial eenrassig.

un·i·roned ongestryk, gekreukel(d).

un·i·se·ri·al, un·i·se·ri·ate *(bot., soöl.)* eenryig.

u·ni·sex *adj.* uniseks=; ~ *clothes* uniseksklere. **u·ni·sex·u·al** eenslagtig.

u·ni·son *(mus.)* unisoon, eenklank; harmonie, ooreenstemming; eenstemmigheid, eensgesindheid; *be in ~* in harmonie wees; eensgesind/eenstemmig wees. **u·nis·o·nous** saamklinkend; eenstemmig, harmoniërend, gelykluidend.

un·is·sued onuitgegee, onuitgereik *(aandele)*.

u·ni·stra·tose eenlagig.

u·nit eenheid; onderaandeel *(effektetrusts)*; elektriese loko; ~ *of **account*** →ACCOUNT *n.*; ~ *of **area*** oppervlakeenheid; ~ *of **electricity*** elektriese eenheid; ~ *of **energy*** energie-eenheid; ~ *of **force*** krageenheid; ~ *of **heat*** warmte-eenheid; ~ *of **length*** lengte-eenheid; ~ *of **light*** ligeenheid; ~ *of **mass*** massa-eenheid; ~ *of **measure(ment)*** maateenheid; ~ *of **output*** eenheid van vermoë; opbrengseenheid; ~ *of **power*** krageenheid; ~ *of **pressure*** drukeenheid; *~s, **tens** ...* ene, tiene ...; ***thermal** ~* →THERMAL; ~ *of **time**, time unit, (telekom.)* tydeenheid; ~ *of **value*** waarde-eenheid; ~ *of **volume*** volume-eenheid; ~ *of **weight*** gewigseenheid; ~ *of **work*** arbeidseenheid. ~ **cell** *(chem. & fis.)* eenheidsel. ~ **certificate** onderaandelesertifikaat. ~ **consumption** verbruik per eenheid. ~ **cost** eenheidskoste, koste per eenheid; onderaandeelkoste, koste per onderaandeel *(v. 'n effektetrust)*. ~ **costing** kosteberekening per eenheid. ~ **cost rate** kostetarief per eenheid. ~ **fraction** breukeenheid. **~holder** onderaandeelhouer; eenheideienaar *(in 'n woonkompleks)*. ~ **labour cost** arbeidskoste per eenheid. **~-linked** *adj., (versek.)* onderaandeelgekoppel(d), gekoppel aan onderaandele *('n polis ens.)*. ~ **packaging** eenheidsverpakking. ~ **price** eenheidsprys, prys per eenheid; prys per onderaandeel, onderaandeelprys. ~ **square** vierkanteenheid. ~ **trust** effektetrust. ~ **value** eenheidswaarde, waarde per eenheid. ~ **volume** volume-eenheid; omvang per eenheid.

u·ni·tar·i·an *n., (teol., pol.)* monis; voorstander van sentralisasie; *U~, ('n kerklid)* Unitariër. **u·ni·tar·i·an** *adj.* unitaries; *U~* Unitaries *('n kerkgenootskap)*. **U·ni·tar·i·an·ism** Unitarisme. **u·ni·tar·y** unitêr, eenheids=; ~ *constitution, (ook)* uniale/unitêre grondwet; ~ *state* eenheidstaat.

u·nite verenig, verbind; saamsmelt; amalgameer; een word, aaneengroei, jou verenig; tot een maak; saamwerk, saamspan; saamvoeg; trou; ***become** ~d* een word, saamsmelt; *a ~d **front*** →FRONT *n.*; *they ~ **in** doing s.t.* hulle doen iets saam; *~d we **stand**, divided we fall* eendrag maak mag, tweedrag breek krag; *be ~d **with** ...* met ... verenig wees; *oil will not ~ **with** water* olie en water kan nie gemeng word nie.

U·nit·ed: U~ Arab Emirates *(mv.), (geog.)* Verenigde Arabiese Emirate. ~ **Arab Republic** *(geog., hist.)* Verenigde Arabiese Republiek; →EGYPT. ~ **Kingdom** *(geog.)* Verenigde Koninkryk. ~ **Nations** *(fungeer as ekv. of mv.)* Verenigde Nasies. ~ **Provinces** *(mv.), (geog.)* Verenigde Provinsies. ~ **(South African National) Party** *(hist.)* Verenigde (Suid-Afrikaanse Nasionale) Party. ~ **States (of America)** *(fungeer as ekv. of mv.)* Verenigde State (van Amerika).

u·ni·ty eenheid; eendrag, eensgesindheid, harmonie, ooreenstemming; samewerking; *be **at** ~* eensgesind wees, dit eens wees; ~ *of **direction*** eenheid van leiding; *the **dramatic** unities* die dramatiese eenhede; die eenhede van tyd, plek en handeling; *~ is **strength*** eendrag maak mag; *live in ~ **with** ...* in eendrag met ... saamleef/saamlewe.

u·ni·va·lent, u·ni·va·lent *(chem.)* monovalent, eenwaardig.

u·ni·valve *n.* = GASTROPOD *n.*. **u·ni·valve** *adj., (bot.)* eenkleppig; eenskalig *('n skulp)*.

u·ni·ver·sal *n.* algemene begrip/eienskap; universele proposisie; *(dikw. mv.: gram., filos.)* universalia. **u·ni·ver·sal** *adj.* universeel, wêreldomvattend, wêreld=; universeel; algemeen, totaal, algeheel; kosmies; ~ ***agent*** algemene/universele agent; *meet with ~ **approval*** →APPROVAL; ~ ***coupling***, ~ ***(joint)*** kruiskoppeling; ~ ***cross*** koppelkruis; ~ ***donor**, (med.)* algemene bloedskenker; ~ ***franchise*** →FRANCHISE *n.*; ~ ***heir/legatee*** enigste/universele erfgenaam; ~ ***history*** algemene geskiedenis; ~ ***language*** wêreldtaal; ~ ***peace*** wêreldvrede; ~ ***plane*** universele skaaf; *U~ **Postal Convention*** Wêreldposkonvensie; *U~ **Postal Union*** Wêreldposunie; ~ ***recipient**, (med.: ontvanger met bloedgroep AB)* algemene/universele ontvanger; ~ ***square*** universele winkelhaak; ~ ***state*** wêreldstaat; ~ ***suffrage*** →SUFFRAGE; ~ ***time*** universele tyd. **u·ni·ver·sal·ise, =ize** algemeen maak. **u·ni·ver·sal·i·ty** algemeenheid, universaliteit, veelsydigheid. **u·ni·ver·sal·ly** algemeen, oral(s) en altyd; ~ *applicable* algemeen geldend; ~ *known* wêreldkundig. **u·ni·verse** heelal; wêreld.

u·ni·ver·si·ty *n.* universiteit; *at the ~* aan/op die universiteit; *s.o. is **at a** ~* iem. is op universiteit; ***Columbia** U~* die Universiteit Columbia; ***Rhodes** U~* die Rhodes-universiteit; *the U~ of Stellenbosch, **Stellenbosch** U~* die Universiteit van Stellenbosch; ~ *of **technology*** universiteit van tegnologie. **u·ni·ver·si·ty** *adj.* uni=

versitêr, universiteits=; ~ ***career*** studenteloopbaan; ~ ***college*** universiteitskollege; ~ ***education*** akademiese opleiding; ~ ***team*** universiteitspan; ***universities team*** universiteitespan; ~ ***training*** universitêre opleiding.

un·join losmaak, skei. **un·joint·ed** *adj., (teg.)* ongelede; *(anat.)* gewrigloos, sonder 'n gewrig (*of* gewrigte).

un·ju·di·cial onregterlik.

un·just onregverdig, onbillik; *be ~ to s.o.* onregverdig wees teenoor iem.. **un·jus·ti·fi·a·ble** onverdedigbaar, onverskoonbaar, ongeregverdig. **un·jus·ti·fied** ongegrond, ongeregverdig, onverantwoord. **un·just·ly** onbillik, onregverdig; ten onregte. **un·just·ness** onregverdigheid, onbillikheid.

un·kempt ongekam(d), deurmekaar, verfomfaai, verfonkfaai, befomfaai *(hare)*; slordig, onversorg, verwaarloos; *(vero.)* ru, onbeskaaf.

un·kept nie bewaar nie; verwaarloos, sleg onderhou, onversorg.

un·kind onvriendelik, onhartlik; onwelwillend; *the ~est cut* →CUT *n.*; ~ *weather* ongunstige weer. **un·kind·ly** *adv.* onvriendelik, op onvriendelike wyse. **un·kind·ly** *adj.* onvriendelik. **un·kind·ness** onvriendelikheid.

un·king *(arg.)* onttroon; *('n land)* sy koning ontneem.

un·knight·ly onridderlik.

un·knit *-tt-* lostrek.

un·knot *ww.* losknoop.

un·know·a·ble onkenbaar, ondeurgrondelik, onnaspeurlik, onweetbaar. **un·know·a·ble·ness** onweetbaarheid. **un·know·ing** onbewus, onwetend. **un·know·ing·ly** onbewus, onwetend, onwetens. **un·know·ing·ness** onbewustheid, onwetendheid. **un·known** *n.* onbekende. **un·known** *adj.* onbekend; ***be*** ~ *to fame* →FAME; ***be*** ~ *to s.o.* by/vir iem. onbekend wees; ***do*** *s.t.* ~ *to s.o.* iets sonder iem. se medewete doen, iets buite iem. se wete doen; ***person(s)*** *to the prosecutor* ~ onbekende persoon/persone; *an* ~ ***quantity*** →QUANTITY; *the U~* ***Soldier/Warrior*** die Onbekende Soldaat; ~, ***unloved*** onbekend maak onbemind.

un·la·belled, *(Am.)* **un·la·beled** *adj.* etiketloos, sonder etiket(te).

un·la·boured, *(Am.)* **un·la·bored** moeiteloos, gemaklik; ongeforseer(d), natuurlik, spontaan.

un·lace losryg, losmaak.

un·lade *(sk.)* aflaai. **un·la·den** *(skip)* onbelaai, ongelaai, onbevrag; *(vragmotor)* onbelaai, ongelaai; ~ *weight* leeggewig, eiegewig.

un·la·dy·like onvroulik, onfyn, nie soos dit 'n dame betaam nie.

un·la·ment·ed onbetreur(d), onbeween(d), onbejammer(d), onbeklaag.

un·latch die knip afhaal; ontsluit, oopmaak.

un·law·ful onwettig, onregmatig, wederregtelik; ongeoorloof; ~ *detention* wederregtelike aanhouding. **un·law·ful·ness** onwettigheid, onregmatigheid, wederregtelikheid; ongeoorloofdheid.

un·lead·ed *adj.* sonder lood; *(druk.)* ongelood, sonder reëlspasiëring; ~ *petrol* ongelode/loodarm/loodvrye petrol.

un·learn afleer, verleer, vergeet. **un·learn·ed** ongeleerd; onwetend; ongeleer, nie geleer nie. **un·learn·ing** afleer *('n gewoonte)*. **un·learnt** nie geleer nie.

un·leash loslaat; *(fig.)* ontketen.

un·leav·ened ongesuur(d), ongerys, ongegis.

un·led ongelei(d).

un·less *voegw.* tensy, behalwe as, sonder dat, mits ... nie, as ... nie. **un·less** *prep.* behalwe.

un·let·tered ongeletterd, ongeleerd; sonder letters, ongeletter.

un·lib·er·ated ongeëmansipeer(d) *('n vrou)*; onbevry *('n land)*.

un·li·censed ongelisensieer(d).

un·light·ed onverlig.

un·lik·a·ble(·ness) →UNLIK(E)ABLE(NESS).

un·like verskillend van, anders as; ongelykwaardig; *(wisk.)* ongelyksoortig; ***be*** ~ *s.o.* nie na iem. lyk nie; nie na iem. aard nie; van iem. verskil; ***be utterly*** ~ heeltemal onnatuurlik (*of* 'n baie slegte gelykenis) wees *('n portret)*; ~ ***fractions,*** *(wisk.)* ongelyknamige breuke; *it* ***is*** ~ *s.o. to do such a thing* dit is strydig met iem. se aard om so iets te doen, iem. sal nooit so iets doen nie; ~ ***parallel forces*** teenoorgestelde ewewydige kragte; ~ ***poles*** ongelyknamige pole; ~ ***powers,*** *(wisk.)* ongelyknamige magte; *do s.t.* ***quite*** ~ *anyone else* iets heeltemal anders doen as enigiemand anders; ~ ***signs,*** *(wisk.)* teenoorgestelde tekens; ~ ***terms,*** *(wisk.)* ongelyksoortige terme; ~ ***twins*** 'n onpaar tweeling; ***X,*** ~ *Y,* ... X, anders as Y, ...

un·lik(e)·a·ble onbeminlik; onaantreklik. **un·lik(e)·a·ble·ness** onbeminlikheid; onaantreklikheid.

un·like·ly onwaarskynlik; *be highly* ~ hoogs onwaarskynlik wees; *s.o. is* ~ *to* ... iem. sal waarskynlik nie ... nie; *in the most* ~ *places* op die vreemdste plekke. **un·like·li·hood, un·like·li·ness** onwaarskynlikheid.

un·lim·ber uithaak, afhaak *('n kanon)*; *(hoofs.Am.)* gereed maak.

un·lim·it·ed onbeperk, onbegrens, onbepaald; mateloos, geweldig baie/groot; ~ *power(s)* →POWER *n.*.

un·lined¹ sonder rimpels; ongelyn(d), ongelinieer(d), *an* ~ *face* →FACE *n.*.

un·lined² on(uit)gevoer(d); sonder voering.

un·link losskakel, uitskakel; uithaak; losmaak.

un·liq·ui·dat·ed ongelikwideer(d), ongerealiseer(d) *('n eis)*; onafgelos, onbetaal(d); ongetakseer(d) *(skade)*.

un·list·ed ongelys; ongenoteer *(effekte)*; ~ *securities market, (Br.)* mark vir ongenoteerde effekte; ~ *(telephone) number* ongelyste ([tele]foon)nommer.

un·lit onverlig *('n straat ens.)*; onaangesteek *('n sigaret ens.)*.

un·lit·er·ar·y onliterêr. **un·lit·er·ate** ongeletterd.

un·liv·a·ble onbewoonbaar; ondraaglik.

un·lived-in ongesellig; onbewoon(d).

un·load uitpak, =laai; aflaai, uitlaai, ontlaai *('n vrag)*; *(han.)* aflaai; aflaai, aflos *('n skip)*; ontlaai *('n geweer)*; ~ *s.t. from* ... iets van ... aflaai; ~ *s.t. onto s.o.* iets op iem. aflaai. **un·load·ed** afgelaai; ongelaai(d); onbelas. **un·load·er** aflaaier; ontlaaier.

un·load·ing (die) aflaai, aflaaiwerk, aflaaiery, uitlaaiwerk; (die) aflaai/los, lossing *(v. 'n skip)*. ~ **charges** *(sk.)* losgeld. ~ **dock** aflaaidok; aflaaipunt *(by 'n fabriek)*.

un·lock oopsluit; *(lett. & fig.)* ontsluit; aan die lig bring, onthul, openbaar (maak); losmaak, bevry.

un·looked(-for) onvoorsien, onverwag.

un·loose, un·loos·en losmaak; ontspan; ontketen; *(fig.)* bevry.

un·lov(e)·a·ble onbeminlik. **un·loved** ongelief, onbemin(d). **un·love·ly** onaantreklik, lelik, onooglik; onaangenaam; naar, aaklig, afstootlik. **un·lov·ing** liefdeloos.

un·lu·bri·cat·ed ongeolie, ongesmeer(d).

un·luck·y ongelukkig; teenspoedig, teëspoedig; onvoorspoedig; vrugteloos, sonder sukses; *be* ~ dit ongelukkig tref; *an* ~ *day* →DAY; *it is* ~ *for s.o.* iem. tref dit ongelukkig; *an* ~ *number* →NUMBER *n.*. **un·luck·i·ly** ongelukkig. **un·luck·i·ness** ongelukkigheid, onvoorspoedigheid.

un·machined ongemasjineer(d).

un·made →UNMAKE.

un·maimed onvermink, ongeskonde.

un·make *-made -made* tot niet maak, ongedaan maak, vernietig; bederwe; verander. **un·made** ongemaak, nog nie klaar nie; onopgemaak *('n bed)*.

un·mal·le·a·ble onsmee(d)baar.

un·man *-nn-* ontman, kastreer; bemanning wegneem, van bemanning stroop; ontmoedig. **un·man·li·ness** onmanlikheid; →UNMANLY. **un·man·ly** onmanlik; lafhartig. **un·manned** onbemand, sonder bemanning; onbevolk; ontman(d); ontmoedig, verslae; ~ *station* outomatiese stasie.

un·man·age·a·ble onregeerbaar, onbestuurbaar, onhandelbaar, onbeteuelbaar, handuit, onkeerbaar; lastig; *become* ~ onhandelbaar raak; *an* ~ *child* →CHILD. **un·man·age·a·ble·ness** onhandelbaarheid; →UNMANAGEABLE. **un·man·aged** onbeheer(d); in sy natuurlike toestand *('n reservaat ens.)*.

un·man·ner·ly ongemanierd, onbeskof, onbeleef(d), onmanierlik, ongepoets; wild, onbeheers(d), onbeteuel(d). **un·man·ner·li·ness** onmanierlikheid, ongemanierdheid, onbeskoftheid, ongepoetstheid onhebbelikheid.

un·ma·nured onbemes.

un·mapped ongekarteer(d).

un·marked onopgemerk; *(sport)* ongemerk *('n teenstander)*; *(gram.)* ongemarkeer(d); nie bepunt nie; ~ *by* nie onderskei deur; ~ *grave* graf sonder teken/opskrif.

un·mar·ket·a·ble onverkoopbaar, onbemarkbaar, onverhandelbaar.

un·mar·riage·a·ble ontroubaar, onhubaar. **un·mar·ried** ongetroud; alleenlopend; ~ *state* ongehude staat.

un·mar·tial vredeliewend, nie oorlogsugtig nie.

un·mas·cu·line onmanlik.

un·mask *(lett.)* die masker afhaal/afruk; *(lett., fig.)* ontmasker; *(mil.)* die ligging/sterkte verraai; ~ *o.s., (fig.)* jou in jou ware gedaante toon. **un·masked** *(lett.)* ongemasker(d), onvermom.

un·match·a·ble onvergelyklik, uitmuntend. **un·matched** ongeëwenaar(d), weergaloos, sonder weerga/gelyke; uniek; onpaar; sonder teen=/teëstander.

un·mat·ed sonder maat; ongepaar(d).

un·ma·tured onbeleë *(kaas)*.

un·mean·ing betekenisloos, sinloos, sonder (enige) betekenis; sinloos, doelloos; wesenloos, sonder uitdrukking, leeg; niksbeduidend. **un·meant** onopsetlik, onbedoel(d).

un·meas·ur·a·ble onbegrens, onmeetlik, grensloos; onmeetbaar. **un·meas·ured** ongemeet; onmeetlik, onbegrens; onbeheers(d).

un·me·di·at·ed onbemiddel(d).

un·me·lo·di·ous disharmonies; onwelluidend, wanklinkend.

un·melt·ed, un·mol·ten ongesmelt.

un·mem·o·ra·ble vergeetlik, wat nie lank onthou sal word nie.

un·mend·a·ble onherstelbaar, onrepareerbaar.

un·men·tion·a·ble onnoembaar; *(ook, i.d. mv.: hoofs. skerts.)* onderklere. **un·men·tioned** onvermeld, ongerep.

un·mer·chant·a·ble onverkoopbaar.

un·mer·ci·ful onbarmhartig, ongenadig, ongevoelig, wreed, meedoënloos, sonder medelye, hardvogtig. **un·mer·ci·ful·ness** meedoënloosheid, onbarmhartigheid.

un·mer·it·ed onverdien(d); ~ *praise* onverdiende lof. **un·mer·i·to·ri·ous** onverdienstelik.

un·met onbevredig *(behoeftes ens.)*; onvervul(d), onverwesenlik *(beloftes ens.)*; nie nagekom nie *(verpligtings ens.)*; *(eise ens.)* waaraan nie voldoen is nie *(pred.)*.

un·met·alled *(Br.)* onverhard *('n pad)*.

un·me·thod·i·cal sonder metode, onmetodies, onsistematies, onstelselmatig; sisteem=, stelselloos.

un·mil·i·tar·y onmilitêr; onkrygshaftig.

un·mind·ful: *s.o. is* ~ *of* ... iem.let nie op ... nie, iem. dink nie aan ... nie, iem. steur hom/haar nie aan ... nie, iem. is nie aan ... gedagtig nie; *s.o. does s.t.,* ~ *of* ... iem. doen iets sonder om aan ... te dink, iem. doen iets sonder om hom/haar aan ... te steur.

un·min·gled ongemeng(d), onvermeng(d).

un·miss·a·ble wat nie misgeloop moet word nie; *the show/etc. is* ~ die vertoning/ens. moenie misgeloop word nie.

un·mis·tak·a·ble onmiskenbaar, ondubbelsinnig. **un·mis·tak·a·ble·ness** onmiskenbaarheid. **un·mis·tak·a·bly** onmiskenbaar.

un·mit·i·gat·ed ongestil(d); onversag, onverminder(d); *an* ~ *blackguard* 'n deurtrapte skurk, 'n skurk deur en deur.

un·mix ontmeng. **un·mixed** skoon, suiwer, ongemeng(d), onvermeng(d); gelyksoortig. **un·mix·ing** ontmenging.

un·mod·ern·ised, -ized ongemoderniseer(d).

un·mod·i·fied ongewysig.
un·mod·u·lat·ed ongemoduleer(d).
un·mo·lest·ed ongemolesteer(d), ongehinder(d), ongestoor(d), ongesteur(d).
un·mol·ten →UNMELTED.
un·moor die anker lig, meertoue losgooi.
un·mor·al amoreel, sonder sedelikheid.
un·mort·gaged sonder (*of* vry van) verband, onbeswaar(d) *(vaste eiendom);* onverbonde; onbelas.
un·moth·er·ly onmoederlik, stiefmoederlik.
un·mo·ti·vat·ed ongemotiveer(d) *(iem., 'n span, ens.);* ongegrond *(aanvalle ens.).*
un·mott·led ongevlek.
un·mould uitkeer *(poeding ens. uit 'n vorm);* die vorm vernietig; die fatsoen verloor.
un·mount·ed ongemonteer(d) *('n edelsteen, portret, ens.);* onopgeplak *('n portret);* onberede.
un·mourned onbetreur(d), onbeween(d), onbeklaag.
un·moved onbewoë, onaangedaan, kalm, koel; ongeërg; onbeweeglik, onwrikbaar, standvastig; *s.t. leaves s.o.* ~ iets laat iem. koud. **un·mov·ing** bewegingloos, onbeweeglik, roerloos.
un·mown ongesny *('n grasperk ens.).*
un·mur·mur·ing gelate, sonder murmureer.
un·mu·si·cal onmusikaal; wanklinkend, onwelluidend. **un·mu·si·cal·i·ty, un·mu·si·cal·ness** onmusikaliteit; onwelluidendheid.
un·mu·ti·lat·ed onvermink, ongeskonde.
un·muz·zle die muilband afhaal; *(fig.)* bevry. **un·muz·zled** sonder muilband.
un·name·a·ble onnoembaar, onnoemlik; onduidelik, ondefinieerbaar. **un·named** onbekend, nie genoem (*of* bekend gemaak *of* bekendgemaak) nie; naamloos.
un·na·tion·al onnasionaal.
un·nat·u·ral onnatuurlik; gemaak, kunsmatig, gekunsteld, oneg; vreemd; ~ *vice* teennatuurlike ontug.
un·nav·i·ga·ble onbevaarbaar.
un·nec·es·sar·y onnodig, nodeloos, oorbodig. **un·nec·es·sar·i·ly** onnodig, verniet, sonder noodsaak.
un·need·ed onnodig, oortollig, oorbodig, nie noodsaaklik nie.
un·ne·go·ti·a·ble ononderhandelbaar, onverhandelbaar *('n beginsel ens.);* onrybaar *('n pad);* onbruikbaar, ondienlik. **un·ne·go·ti·a·ble·ness** ononderhandelbaarheid, onverhandelbaarheid.
un·neigh·bour·ly onvriendskaplik, nie soos dit goeie bure betaam nie.
un·nerve van stryk bring, ontsenu, afskrik, senuweeagtig/bang maak; ontstel. **un·nerv·ing** *(ook)* angswekkend, skrikwekkend, -aanjaend.
un·no·tice·a·ble onsigbaar, onmerkbaar. **un·no·ticed** ongemerk, ongesien.
un·num·bered ongenommer(d); ongetel(d); ontelbaar, talloos.
un·ob·jec·tion·a·ble aanvaarbaar, aanneembaar; aanneemlik.
un·ob·lig·ing onvriendelik, nie tegemoetkomend nie, ontoeskietlik.
un·ob·scured onbelemmer(d).
un·ob·serv·a·ble onwaarneembaar, onmerkbaar, onsigbaar. **un·ob·serv·ant** onoplettend, onopmerksaam. **un·ob·serv·ant·ness** onoplettendheid. **un·ob·served** ongemerk, ongesien.
un·ob·struct·ed onbelemmer(d), vry.
un·ob·tain·a·ble onverkry(g)baar.
un·ob·tru·sive onopvallend; diskreet, taktvol; onopdringerig, beskeie; **un·ob·tru·sive·ness** beskeidenheid.
un·oc·cu·pied onbewoon(d), ongeokkupeer(d), leeg *('n huis);* onverhuur *(eiendom);* onbeset, ongebruik; vakant *('n pos);* vry, nie besig nie; *(mil.)* onbeset.
un·of·fend·ing onaanstootlik, nie beledigend nie; onskuldig; onskadelik.
un·of·fi·cial onoffisieel, nieamptelik; *an* ~ *strike* 'n los/nieamptelike staking.
un·oiled ongeolie.
un·o·pened onoopgemaak, ongeopen(d), toe.
un·op·posed onbestrede, sonder opposisie; onbetwis; ongehinder(d); *an* ~ ***candidate/election/motion/seat*** →CANDIDATE, ELECTION, MOTION *n.*, SEAT *n.*.
un·or·dained ongeorden(d), onbevestig.
un·or·dered onordelik, ongeorden(d), wanordelik; onbestel(d); onbevole.
un·or·gan·ic onorganies.
un·or·gan·ised, -ized ongeorganiseer(d), onordelik, deurmekaar; ongeorganiseer(d), buite 'n vakbond, vry.
un·o·ri·ent·ed ongeoriënteer(d).
un·o·rig·i·nal nie oorspronklik nie, ontleen(d), afgelei(d); onoorspronklik, geyk, afgesaag.
un·or·na·men·tal onsierlik. **un·or·na·ment·ed** onopgesmuk, onversier(d).
un·or·tho·dox *(relig.)* onortodoks, onregsinnig, ketters, onsuiwer in die leer; onortodoks, onkonvensioneel, nietradisioneel, ongewoon, afwykend.
un·os·ten·ta·tious onopvallend, eenvoudig, beskeie, nie opdringerig nie, rustig.
un·owned sonder eienaar, onbeheer(d).
un·pack uitpak.
un·paged *(druk.)* ongepagineer(d), met ongenommerde bladsye/paginas.
un·paid onbetaal(d); onvereffen, onbetaal(d), onafgelos; ongestort; uitstaande; onbesoldig; ~ ***capital*** onopgevraagde/ongestorte kapitaal; ~ ***interest*** onbetaalde/agterstallige rente; ~ ***leave*** →LEAVE WITHOUT PAY; ~ ***letter*** ongefrankeerde brief.
un·paint·ed ongeverf.
un·paired ongepaar(d); nie in pare gerangskik nie; sonder 'n maat, alleen; ~ *electron, (fis.)* ongepaarde elektron.
un·pal·at·a·ble *(lett. & fig)* onsmaaklik, nie lekker nie; onaangenaam *(ook d. waarheid).*
un·par·al·leled ongeëwenaard, weergaloos, onvergelyklik, sonder gelyke/weerga, uniek.
un·par·don·a·ble onvergeeflik, onverskoonbaar.
un·par·lia·men·ta·ry onparlementêr, ongeoorloof; ~ *language* onparlementêre taal(gebruik).
un·pas·teur·ised, -ized ongepasteuriseer(d).
un·pat·ent·ed ongepatenteer(d), sonder patent.
un·pat·ri·ot·ic onpatrioties, onvaderlands.
un·pat·ron·ised, -ized wat min aftrek kry, met min klante *('n winkel).*
un·paved ongeplavei(d), nie uitgelê nie.
un·pay·a·ble niewinsgewend, niebetalend, onlonend; onbetaalbaar.
un·peeled ongeskil.
un·peg *-gg-* die pen(ne) uithaal; *(han.)* laat sweef *('n geldeenh.);* losmaak, vrymaak; ophef *(beperkings).*
un·pen *-nn-* uit die kraal laat; vrylaat.
un·pen·sioned ongepensioeneer(d); nie pensioengeregtig nie.
un·peo·ple ontvolk. **un·peo·pled** ontvolk; onbewoon(d), onbevolk.
un·per·ceiv·a·ble onmerkbaar, onwaarneembaar. **un·per·ceived** on(op)gemerk, onbemerk; ~ *by anyone* ongemerk deur enigiemand.
un·per·cep·tive onoplettend; sonder insig.
un·per·fo·rat·ed ongeperforeer(d).
un·per·formed onopgevoer, onuitgevoer, nie opgevoer/uitgevoer nie.
un·per·fumed ongeparfumeer(d).
un·per·mit·ted ongeoorloof, nie toegelaat nie.
un·per·son: *be an* ~ *of poetry/etc.* as digter/ens. genegeer/doodgeswyg word.
un·per·suad·a·ble onoorreedbaar, onoortuigbaar. **un·per·suad·a·ble·ness** onoorreedbaarheid, onoortuigbaarheid. **un·per·sua·sive** onoortuigend.
un·per·turbed onverstoor(d), (hout)gerus, ongeërg.
un·phil·o·soph·i·cal, un·phil·o·soph·ic onfilosofies, onwysgerig.
un·phys·i·o·log·i·cal, un·phys·i·o·log·ic onfisiologies.
un·pick lostrek, lostorring; uithaal *('n steek);* oopsteek *('n slot).* **un·picked** ongepluk; nog nie gekies nie.
un·pin *-nn-* die spelde uittrek, losspeld.
un·pit·ied onbeklaag, onbejammer(d). **un·pit·y·ing** onbarmhartig, wreed, meedoënloos.
un·place·a·ble onherkenbaar. **un·placed** ongeplaas, nie geplaas nie, sonder vaste posisie; *(perdewedrenne)* nie geplaas nie, wat geen plek verkry het nie, nie onder die eerste drie/vier nie.
un·plait ontvleg.
un·planned onbeplan; ongeorden(d).
un·plant·ed ongeplant; onbeplant.
un·plau·si·ble = IMPLAUSIBLE.
un·play·a·ble onspeelbaar; *(teat.)* onopvoerbaar, ontoneelmatig; ~ *ball* onmoontlike bal. **un·play·a·ble·ness** onspeelbaarheid; onopvoerbaarheid.
un·pleas·ant onaangenaam, onplesierig, onsmaaklik, aaklig; *s.o. finds s.t.* ~ iets is vir iem. onaangenaam. **un·pleas·ant·ness** onaangenaamheid, onplesierigheid. **un·pleas·ant·ry** *-ries, n.* onaangenaamheid; *(ook, i.d. mv.)* onaangenaamhede, onaangename dinge. **un·pleased** onbevredig, onvoldaan. **un·pleas·ing** onaangenaam, onbehaaglik; onbevredigend.
un·pli·a·ble onbuigbaar, onbuigsaam, ontoegeeflik.
un·ploughed ongeploeg.
un·plug *-gg-, (elek.)* die/'n prop uittrek; die/'n verstopping verwyder uit.
un·plumbed *(fig.)* ondeurgrond.
un·po·et·i·cal ondigterlik, onpoëties.
un·point·ed stomp, sonder punt, puntloos; ongevoeg *(bakstene);* nie gepunt nie *(tone).*
un·pol·ished ongepoleer(d) *('n diamant, houtoppervlak, glas, ens.);* ongepolitoer, nie gepolitoer nie *(skoene);* onbeholpe; onafgewerk *(produkte);* onversorg *(styl ens.);* onbeskaaf, ongepoets.
un·po·lit·i·cal niepolities.
un·polled nie ondervra nie *(in 'n meningspeiling);* wat nie gestem het nie; nie getel nie *(stemme);* ~ *voter* niestemmer.
un·pol·lut·ed onbesoedel(d), onbesmet, onbevlek.
un·pop·u·lar onpopulêr, ongewild, onbemin(d); *make o.s.* ~ jou ongewild/ongelief maak; *be* ~ *with s.o.* ongewild wees by iem. **un·pop·u·lar·i·ty** onpopulariteit, ongewildheid.
un·pop·u·lat·ed onbevolk.
un·posed *(fot.)* ongeposeer.
un·pos·sessed sonder eienaar; onbeheer(d); vry; leeg, onbeset; ongebruik; ~ *of ...* nie in die besit van ... nie, sonder ...
un·post·ed: ~ *effects* ongeboekte effekte; ~ *letters* niegeposte briewe.
un·pow·ered niegemotoriseer(d).
un·prac·ti·cal →IMPRACTICAL.
un·prac·tised ongeoefen(d); onbedrewe, onervare, ongeskool(d); nie uitgevoer nie.
un·praised ongeprys, ongeprese.
un·prec·e·dent·ed ongehoord, ongekend; weergaloos, ongeëwenaar(d); sonder presedent.
un·pre·dict·a·ble onvoorspelbaar; onberekenbaar. **un·pre·dict·ed** nie voorspel nie; onvoorsien, onverwag.
un·prej·u·diced onbevooroordeel(d), onpartydig, onbevange.
un·pre·med·i·tat·ed onopsetlik, onvoorberei(d); spontaan. **un·pre·med·i·tat·ed·ly** onopsetlik. **un·pre·med·i·tat·ed·ness** onopsetlikheid.
un·pre·pared onvoorberei(d), onklaar, nie gereed nie; onbewerk; *be* ~ *for s.t.* onvoorbereid wees vir iets; onbedag/onvoorbereid wees op iets. **un·pre·par·ed·ness** onvoorbereidheid.
un·pre·pos·sess·ing onaantreklik; onduidelik, onopvallend.
un·pre·scribed nie voorgeskryf nie; ~ *medicine* nievoorgeskrewe medisyne.

un·pre·sent·a·ble onaantreklik; onopvallend.
un·pressed ongestryk.
un·pres·sur·ised, -ized *(vliegtuig, kajuit, ens.)* sonder drukreëling; *be ~, (iem.)* nie onder druk verkeer/wees nie.
un·pre·sum·ing beskeie, nederig, pretensieloos.
un·pre·tend·ing, un·pre·ten·tious nie aanmatigend nie; beskeie, sonder pretensies, pretensieloos. **un·pre·tend·ing·ness, un·pre·ten·tious·ness** beskeidenheid, pretensieloosheid.
un·priced ongeprys.
un·prin·ci·pled beginselloos; gewete(n)loos, immoreel, laag; karakterloos. **un·prin·ci·pled·ness** beginselloosheid; gewete(n)loosheid; karakterloosheid.
un·print·a·ble nie geskik vir druk/publikasie nie. **un·print·ed** ongedruk *(boeke)*; onbedruk *(stowwe)*.
un·priv·i·leged onbevoorreg.
un·prob·lem·at·ic onproblematies; *be ~* onproblematies wees, geen probleme skep/oplewer nie.
un·pro·cessed onverwerk *(kos, inligting, ens.)*; ru *(materiaal)*.
un·pro·cur·a·ble onverkry(g)baar, onbekombaar, nie beskikbaar nie. **un·pro·cur·a·ble·ness** onverkry(g)baarheid, onbekombaarheid.
un·pro·duc·tive onproduktief; onvrugbaar, skraal *(grond)*; *~ debt* onproduktiewe/dooie skuld.
un·pro·faned ongeskonde.
un·pro·fes·sion·al onprofessioneel, strydig met die beroepskode; buitekant die vak, nievakkundig, leke-; amateuragtig.
un·prof·it·a·ble nielonend, niewinsgewend, onbetalend; onvoordelig.
un·pro·gres·sive nie vooruitstrewend nie, remskoenagtig, ouderwets; *~ person, (ook)* remskoen.
un·pro·lif·ic nie vrugbaar nie, onvrugbaar; nie oorvloedig nie.
un·prom·is·ing min/weinig belowend, nie belowend/hoopvol nie.
un·prompt·ed spontaan, vanself gegee/gedoen.
un·pro·nounce·a·ble onuitspreekbaar. **un·pro·nounced** onuitgesproke, stom *('n letter)*.
un·prop·er·tied niebesittend.
un·pro·pi·tious ongunstig, onheilspellend. **un·pro·pi·tious·ness** ongunstigheid, onheilspellendheid.
un·pro·por·tion·al oneweredig, nie in verhouding nie.
un·pros·per·ous onvoorspoedig; onwelvarend.
un·pro·tect·ed onbeskerm(d), onbeskut.
un·pro·test·ing sonder protes, gelate.
un·prov·a·ble onbewysbaar. **un·proved** nie bewys nie; ongetoets, onbeproef. **un·prov·en** nie bewys nie.
un·pro·vid·ed onvoorsien; onversorg; *be ~ for* onversorg wees; *leave s.o. ~ for* iem. onversorg agterlaat.
un·pro·voked sonder aanleiding/oorsaak, nie uitgelok nie. **un·pro·vok·ed·ly** goedsmoeds.
un·pruned ongesnoei(d).
un·pub·li·cised, -cized waaraan geen publisiteit gegee/verleen is/word nie, wat geen publisiteit geniet/kry nie. **un·pub·lish·a·ble** onpubliseerbaar. **un·pub·lished** ongepubliseer(d), onuitgegee; ongedruk; ongeplaas *('n advertensie)*; nog onbekend.
un·punc·tu·al nie stip (*of* op tyd) nie, ongereeld, laat. **un·punc·tu·al·i·ty** ongereeldheid, gebrek aan stiptheid. **un·punc·tu·at·ed** *('n sin ens.)* sonder leestekens; ononderbroke, onafgebroke *(geklets ens.)*.
un·pun·ished ongestraf; *go ~* ongestraf bly.
un·pu·ri·fied ongesuiwer(d).
un·put·down·a·ble *(infml.: 'n boek)* wat jy (*of* ['n] mens) nie kan neersit nie.
un·qual·i·fied ongekwalifiseer(d); onbevoeg, onbekwaam, ongeskik; onvoorwaardelik; ongediplomeer(d); onbeperk; algeheel, volslae; *be ~ for a post* onbevoeg wees vir 'n betrekking; *an ~ success* 'n volslae sukses.
un·quan·ti·fi·a·ble onkwantifiseerbaar.
un·quelled onbedwonge, ongedemp, nie onderdruk nie.
un·quench·a·ble onversadigbaar, onbevredigbaar, onlesbaar *(dors)*; on(uit)blusbaar *('n brand)*. **un·quenched** onversadig; ongeles, ongeblus. →QUENCH.
un·ques·tion·a·ble onbetwisbaar, ontwyfelbaar, onteenseglik; onaanvegbaar; seker. **un·ques·tion·a·ble·ness** onbetwisbaarheid. **un·ques·tion·a·bly** onteenseglik, sonder (enige) twyfel, ontwyfelbaar; sonder teenspraak. **un·ques·tioned** onbetwis, onaangetas, ontwyfelbaar; ongevra, nie ondervra nie; *go ~* nie betwyfel (*of* in twyfel getrek) word nie. **un·ques·tion·ing** sonder om vrae te stel; onbeperk, onvoorwaardelik; *~ obedience* blinde gehoorsaamheid.
un·qui·et *n.* onrus, ongerustheid, onrustigheid, beroering, rusteloosheid. **un·qui·et** *adj.* rusteloos, onrustig; lawaaierig; *an ~ mind* 'n ongeruste gemoed; *the ~ sea* die rustelose see; *~ times* →TIME *n.*.
un·quot·a·ble onherhaalbaar, nie siteerbaar/herhaalbaar nie, nie aan te haal nie. **un·quote** ('n) aanhaling sluit; →QUOTE *ww.*. **un·quot·ed** ongenoteer(d) *(aandele)*.
un·ram·i·fied onvertak.
un·rat·i·fied onbevestig, onbekragtig.
un·rav·el *-ll-* uitrafel, lostorring, losrafel, rafelrig word; *(lett., fig.)* ontrafel, ontknoop.
un·ra·zored ongeskeer(d).
un·reach·a·ble onbereikbaar. **un·reached** onbereik.
un·read onbelese *('n pers.)*; ongelees *('n boek)*. **un·read·a·ble** onleesbaar.
un·read·y nie klaar nie, ongereed; traag, besluiteloos. **un·read·i·ness** ongereedheid.
un·real onwerklik, denkbeeldig; kunsmatig, oneg; onwaar, oneg, vals. **un·re·al·is·a·ble, -iz·a·ble** onrealiseerbaar. **un·re·al·ised, -ized** onverwesenlik *(drome, potensiaal, ens.)*; *(fin.)* ongerealiseer(d) *('n wins, verlies, bates, ens.)*. **un·re·al·ism** onrealistiese beskouing. **un·re·al·is·tic** onrealisties. **un·re·al·i·ty** onwerklikheid, onwesenlikheid.
un·rea·son redeloosheid; onsin; chaos. **un·rea·son·a·ble** onredelik, onbillik; onverstandig; redeloos; verkeerd; buitensporig. **un·rea·soned** onberedeneer(d). **un·rea·son·ing** redeloos, blind, irrasioneel *(emosies)*; onnadenkend, impulsief; onberedeneer(d).
un·re·buked onbestraf, onberispe.
un·re·cep·tive onontvanklik; onsimpatiek.
un·re·cip·ro·cat·ed onbeantwoord *(gevoelens)*.
un·re·claimed onontgin *(minerale ens.)*; onopgeëis; onherwonne *(grond)*.
un·rec·og·nis·a·ble, -iz·a·ble onherkenbaar. **un·rec·og·nis·a·ble·ness** onherkenbaarheid. **un·rec·og·nised, -ized** onherkenbaar; onerken(d).
un·rec·on·cil·a·ble onversoenlik, onversoenbaar; onverenigbaar. **un·rec·on·ciled** onversoen(d).
un·re·con·struct·ed nie herbou nie, onherbou; onaangepas *('n politikus ens.)*.
un·re·cord·ed onvermeld, onopgeteken(d), onbeskrewe.
un·re·deem·a·ble onaflosbaar; oninwisselbaar *(papiergeld)*; →IRREDEEMABLE. **un·re·deemed** onvervul(d), nie nagekom/vervul nie *('n belofte)*; nie gelos nie, onafgelos; nie verlos nie, verlore; nie bevry/vrygemaak nie; *an ~ pledge* 'n onopgeëiste/onafgehaalde pand.
un·re·duced onverminder(d).
un·reel afrol, afdraai *(tou)*.
un·reeve *(sk.)* uitskeer; uitgeskeer raak *('n tou)*.
un·re·fined ongesuiwer(d), ongeraffineer(d); onverfyn(d), onfyn, onbeskaaf; *~ gold* ongeaffineerde goud; *~ ore* ongesuiwerde erts; *~ sugar* ongeraffineerde suiker, rusuiker, ruwe suiker.
un·re·flect·ing gedagteloos, onnadenkend.
un·re·form·a·ble onverbeterlik. **un·re·formed** onverbeter(d); onbekeer(d); nie hervorm nie; onhervormd, ongereformeerd *(kerke)*.
un·re·fut·ed onbestrede.
un·re·gal onwaardig; onvorstelik.
un·re·gard·ed veron(t)agsaam, nagelaat, oor die hoof gesien.
un·re·gen·er·ate *n.* niewedergeborene. **un·re·gen·er·ate, un·re·gen·er·at·ed** *adj.* onbekeer(d), nie hervorm/wedergebore nie, verdorwe; koppig, halsstarrig. **un·re·gen·er·a·cy** onverbeterbaarheid; verdorwenheid; sondigheid; koppigheid.
un·reg·is·tered ongeregistreer(d), niegeregistreer(d); oningeskrewe, nie ingeskryf nie; onaangeteken, ongeregistreer(d) *('n brief)*.
un·reg·u·lat·ed ongereguleer(d) *('n mark, bedryf, mededinging, ens.)*; *~ supply, (elek.)* ongereëlde toevoer.
un·re·ha·bil·i·tat·ed ongerehabiliteer(d).
un·re·hearsed onvoorbereid, spontaan; ongerepeteer(d), nie ingestudeer nie.
un·re·lat·ed nieverwant, onverwant; nie vertel nie, onvertel.
un·re·laxed gespanne, onverslap.
un·re·leased wat nog nie uitgereik is nie *('n opname ens.)*.
un·re·lent·ing onverbiddelik, onversetlik, meedoënloos. **un·re·lent·ing·ly** onverbiddelik, sonder ophou.
un·re·li·a·ble onbetroubaar, onvertroubaar; ondeugdelik; ongeloofwaardig. **un·re·li·a·bil·i·ty** onbetroubaarheid, onvertroubaarheid; ongeloofwaardigheid. **un·re·li·a·ble·ness** →UNRELIABILITY.
un·re·lieved eentonig, saai; onafgelos; onversag, onverminder(d).
un·re·li·gious ongodsdienstig.
un·re·mark·a·ble onopmerklik, onopvallend, saai, nie merkwaardig nie. **un·re·marked** *adj.* on(op)gemerk, ongesien; *go ~* on(op)gemerk/ongesien verbygaan.
un·re·mem·bered vergete.
un·re·mit·ting onophoudelik, gedurig, konstant, onverslap, onvermoeid, aanhoudend, onverpoos, voortdurend; *~ attention* onafgebroke aandag; *~ toil* →TOIL[1] *n.*.
un·re·morse·ful onboetvaardig, onberouvol, sonder berou.
un·re·mov·a·ble onverwyderbaar; wat nie ontslaan/afgedank kan word nie.
un·re·mu·ner·a·tive niebetalend, onlonend.
un·re·pair bouvalligheid, verwaarlosing, verval, slegte toestand. **un·re·paired** vervalle, verwaarloos.
un·re·peal·a·ble onherroeplik. **un·re·pealed** onherroep.
un·re·peat·a·ble onherhaalbaar; *~ offer* eenmalige aanbod.
un·re·pent·ant, un·re·pent·ing onboetvaardig, verstok, sonder berou.
un·re·place·a·ble onvervangbaar.
un·re·plen·ished onaangevul(d).
un·re·port·ed onvermeld, ongerapporteer(d), nie berig nie, nie aangegee/opgegee/gemeld nie.
un·rep·re·sent·a·tive onverteenwoordigend. **un·rep·re·sent·ed** onverteenwoordig; sonder regsbystand; *s.o. is ~* iem. verdedig hom-/haarself.
un·re·quit·ed onbeloon(d); *~ love* →LOVE *n.*.
un·res·cued ongered, onverlos.
un·re·sent·ing sonder wrok, sonder om iem. kwalik te neem.
un·re·serve →UNRESERVEDNESS. **un·re·served** onvoorwaardelik, sonder voorbehoud; onbeperk; openhartig; ongereserveer(d), onbespreek *(sitplekke)*; *~ praise* onvoorwaardelike lof. **un·re·serv·ed·ly** sonder voorbehoud. **un·re·serv·ed·ness** openhartigheid, vrymoedigheid.
un·re·sist·ed sonder weerstand. **un·re·sist·ing** weerstandloos.
un·re·solv·a·ble onoplosbaar, wat nie bygelê (*of* uit die weg geruim) kan word nie. **un·re·solved** onopgelos; besluiteloos, weifelend.
un·re·spect·ed nie geag/geëer nie.
un·re·spon·sive onsimpatiek, ontoeskietlik, terughoudend, nie tegemoetkomend nie; stug, sonder reaksie; koel, koud, hard. **un·re·spon·sive·ness** onsimpatiekheid, terughoudendheid; stugheid.
un·rest onrus, rusteloosheid, beroering, oproerigheid.

un·rest·ed onuitgerus. **un·rest·ful** onrustig, rusteloos. **un·rest·ing** onvermoeibaar.
un·re·stored nie gerestoureer nie; nie herstel nie; nie teruggegee nie.
un·re·strained onbeteuel(d), teuelloos, bandeloos, toomloos, onbedwonge; onbelemmer(d), onbeperk, onbelet, ongebreidel(d), spontaan. **un·re·strain·ed·ness** onbeheerstheid; onbelemmerdheid; →UNRESTRAINED.
un·re·strict·ed vry, onbeperk, onbelemmer(d), sonder beperking(s).
un·re·tard·ed onvertraag.
un·re·ten·tive nie vashoudend nie; swak *(geheue)*.
un·re·turned onbeantwoord *(liefde, 'n oproep, groet, ens.); (boeke ens.)* wat nie terugbesorg word nie.
un·re·vealed ongeopenbaar(d).
un·re·venged ongewreek.
un·re·vised onhersien.
un·re·voked onherroep.
un·re·ward·ed onbeloon(d); ongestraf. **un·re·ward·ing** nielonend, nie die moeite werd nie, van weinig nut; *(fig.)* ondankbaar *('n taak)*.
un·rhymed onberym(d); rymloos *(verse)*.
un·rhyth·mi·cal onritmies.
un·rid·den ongery.
un·rid·dle ontsyfer, ontrafel, oplos, uitpluis.
un·rid(e)·a·ble onrybaar.
un·ri·fled glad *('n geweerloop)*.
un·rig -gg- aftakel *('n skip)*, onttakel, aftuig.
un·right·eous onregverdig; sondig, goddeloos, ongeregtig. **un·right·eous·ness** goddeloosheid, sondigheid; onregverdigheid.
un·rip -pp- lostrek, -skeur, -torring.
un·ripe onryp, groen; onvolwasse. **un·ripe·ness** onrypheid; onvolwassenheid.
un·rip·pled spieëlglad.
un·ris·en wat nog nie opgekom het nie *(d. son)*.
un·ri·valled ongeëwenaard, weergaloos, onvergelyklik, sonder gelyke.
un·road·wor·thy onpadwaardig.
un·robe →DISROBE.
un·roll oop-, afrol, ontplooi.
un·ro·man·tic onromanties.
un·roof 'n/die dak afbreek. **un·roofed** sonder dak, dakloos.
un·root →UPROOT.
un·roped *(bergklim)* touloos.
un·round ontrond *('n vokaal)*. **un·round·ed** *(fonet.)* gesprei, ongerond.
un·roy·al onkoninklik.
un·ruf·fled kalm, bedaard, rustig, ongeërg, onverstoord, onaangedaan, onbekommerd, onbewoë, gelykmatig; glad *(d. see)*.
un·ruled nie geregeer nie, sonder leiding; ongelyn(d), ongelinieer(d).
un·ru·ly onhebbelik, weerbarstig, onregeerbaar, bandeloos, onbedwingbaar; wild. **un·ru·li·ness** onhebbelikheid *ens.* (→UNRULY).
un·sad·dle afsaal; afgooi, uit die saal gooi/lig.
un·safe onveilig, gevaarlik, gewaag(d), onbetroubaar; *make/render s.t.* ~ iets onveilig maak.
un·said onuitgesproke, ongesê; →UNSAY; *leave s.t.* ~ iets ongesê laat (bly); ~ *words* ongesegde woorde.
un·sal·a·ried ongesalarieer(d), onbesoldig.
un·sal(e)·a·ble onverkoopbaar.
un·salt ontsout. **un·salt·ed** vars, ongesout.
un·sanc·ti·fied ongeheilig; ongewy(d).
un·sanc·tioned onbekragtig, onbevestig; nie goedgekeur nie, ongeoorloof.
un·san·i·tar·y ongesond, onhigiënies.
un·sa·pon·i·fi·a·ble *(chem.)* onverseepbaar.
un·sat·ed onversadig *(d. mark, 'n vraag, ens.)*; onbevredig.
un·sat·is·fac·to·ry onbevredigend, onvoldoende; ~ *evidence, (jur.)* onoortuigende getuienis. **un·sat·is·fied** onbevredig, onvoldaan; onversadig. **un·sat·is·fy·ing** onbevredigend.
un·sat·u·rat·ed onversadig *('n oplossing)*. **un·sat·u·ra·tion** onversadigdheid.
un·saved ongered, onverlos, verlore; *(rek.)* nie bewaar/geberg/gestoor nie, ongestoor.
un·sa·vour·y, *(Am.)* **un·sa·vor·y,** *(lett., fig.)* onsmaaklik, smaakloos; nie lekker nie; onaangenaam, goor; *an* ~ *fellow* →FELLOW *n.*. **un·sa·vour·i·ness** onsmaaklikheid.
un·say -said -said intrek, terugtrek, herroep *(woorde)*. **un·say·a·ble** onsêbaar; *say the* ~ die onsêbare sê.
un·scal·a·ble onbeklimbaar, onbestygbaar. **un·scal·a·ble·ness** onbeklimbaarheid.
un·scaled[1] nie beklim nie.
un·scaled[2] sonder skubbe.
un·scan·na·ble onskandeerbaar; onmeetbaar.
un·scared onverskrokke.
un·scarred sonder merk/littekens.
un·scathed ongedeerd, veilig, behoue, ongewond; *escape* ~ ongedeerd daarvan afkom; *come out of s.t.* ~, *(ook)* geen letsels van iets oorhou nie.
un·scent·ed ongeparfumeer(d) *(seep ens.)*; geurloos, sonder geur *('n blom)*.
un·sched·uled ongelys *('n nommer)*; ongeskeduleer(d) *(medisyne)*; ongereeld, nie volgens rooster nie *('n vlug)*; ongereeld, onbeplanmatig *(onderhoud)*; onbeplan *('n afskakeling)*.
un·schol·ar·ly onwetenskaplik *('n benadering, opstel, ens.)*; ongeleerd *(iem.)*.
un·schooled ongeskool(d), ongeleerd, onopgelei(d); ongekunsteld; sonder skool.
un·sci·en·tif·ic onwetenskaplik.
un·scoured nie geskrop nie; ~ *wool* ongewaste wol.
un·scram·ble ontsyfer; ontwar; uit mekaar haal; *you cannot* ~ *eggs* →EGG[1] *n.*.
un·scratched ongeskonde, onbeskadig; ongedeerd, heelhuids, sonder letsel.
un·screened sonder skerm; onbeskerm, onbeskut; sonder beeld; afgeskerm *('n kabel)*; nie vooraf gekeur nie *(aansoeke)*; onuitgesoek, ongesif *(dokumente)*; ongesif *(steenkool)*.
un·screw uit-, af-, losskroef, -draai.
un·script·ed *(teat.)* geïmproviseer(d); spontaan *('n oomblik ens.)*; onvoorbereid, uit die vuis *('n toespraak ens.)*.
un·scrip·tur·al onbybels, onskriftuurlik.
un·scru·pu·lous gewete(n)loos, beginselloos. **un·scru·pu·lous·ness** gewete(n)loosheid, beginselloosheid.
un·sculp·tured glad.
un·seal die seël verbreek, oopmaak; losmaak, ontsluit. **un·sealed** nie verseël nie, onverseël(d); oopgemaak.
un·search·a·ble onnaspeurlik, onbegryplik, ondeurgrondelik, verborge.
un·sea·son·a·ble ongeskik, ongeleë, ontydig; buiten(s)tyds; *at an* ~ *time* op 'n ongeleë tyd; *at seasonable and* ~ *times* →TIME *n.*; ~ *weather* abnormale weer. **un·sea·son·al** buiteseisoens, buiten(s)tyds *(hitte, reën, ens.)*; *(warm weer ens.)* buitengewoon/ongewoon vir dié tyd van die jaar; abnormaal *(die weer)*. **un·sea·soned** onervare; klam, onuitgedroog *(hout)*; onvolgroei(d), groen; sonder speserye/sout/peper.
un·seat ontsetel; afgooi; uit die saal lig; ~ *a member* 'n sittende lid lig. **un·seat·ed** sonder sitplek, staande; ontsetel; *remain* ~ bly staan, nie gaan sit nie.
un·sea·wor·thy onseewaardig. **un·sea·wor·thi·ness** onseewaardigheid.
un·sec·ond·ed ongesekondeer(d).
un·sec·tar·i·an *(relig.)* niesektaries; neutraal *('n skool, kollege, ens.)*.
un·se·cured *(fin.)* ongesekureer(d) *('n krediteur, lening, skuldbrief, ens.)*; onbeveilig, nie beveilig nie; ~ *claim* uitstaande vordering; ~ *creditor* konkurrente skuldeiser; ~ *debt* ongedekte skuld.
un·see·a·ble onsienlik. **un·see·ing** onoplettend; blind; sonder om te sien.
un·seed·ed ongekeur(d); ongesaai.
un·seem·ly onbetaamlik, onbehoorlik, ongepas; ongeleë, onmoontlik; onwelvoeglik; onaantreklik, lelik. **un·seem·li·ness** onbetaamlikheid *ens.* (→UNSEEMLY).
un·seen *n.* die onbekende, die ongesiene; *(hoofs. Br.)* onvoorbereide vertaling. **un·seen** *adj.* onsigbaar, ongesien; onbesiens; *buy s.t. sight* ~ →SIGHT *n.*; ~ *translation* onvoorbereide vertaling, vertaling uit die vuis (uit).
un·seg·re·gat·ed sonder (rasse)skeiding, sonder apartheid; sonder onderskeid.
un·se·lect nie uitgekies nie. **un·se·lect·ed** deurmekaar, onuitgesoek. **un·se·lec·tive** nie kieskeurig/uitsoekerig nie; onselektief.
un·self·con·scious vrymoedig, natuurlik, ongeërg, ongedwonge, ongekunsteld, nie selfbewus nie. **un·self·con·scious·ness** vrymoedigheid, natuurlikheid, ongedwongenheid, ongeërgdheid. **un·self·ish** onselfsugtig, onbaatsugtig, belangeloos. **un·self·ish·ness** onselfsugtigheid, onbaatsugtigheid, belangeloosheid.
un·sen·sa·tion·al nie sensasioneel nie, onsensasioneel, sonder opwinding, (dood)gewoon, alledaags.
un·sent ongestuur(d), nie versend nie.
un·sen·tenced ongevonnis.
un·sen·ti·men·tal onsentimenteel, sonder sentimentaliteit, nugter.
un·sep·a·rat·ed ongeskei.
un·se·ri·ous sonder erns, nie ernstig nie; lighartig; onbelangrik.
un·ser·vice·a·ble onbruikbaar, ondienlik; nutteloos. **un·ser·vice·a·ble·ness** onbruikbaarheid, ondienlikheid.
un·set nog nie styf nie, nog vloeibaar, pap, slap; ongemonteer(d) *('n edelsteen)*; nog nie geskryf/geskrywe/opgestel nie *(teks)*; ~ *saw* slap saag.
un·set·tle verwar, deurmekaar maak; ontwrig; verontrus, onthuts; van stryk bring; verstoor. **un·set·tled** deurmekaar, verwar(d); van stryk (af); wisselvallig; veranderlik, onvas, onbestendig *(pryse)*; onafgehandel(d); onbetaal(d), onafgelos, onvereffen, uitstaande *(skuld)*; onseker, nie vasgestel(d) nie; (nog) nie gevestig nie, sonder vaste woonplek; rondtrekkend, (rond)swerwend; onbewoon(d) *('n streek)*; onbesleg *('n geskil)*; onseker *(d. mark)*; onstabiel; ~ ***claim*** onbetaalde/uitstaande eis; ~ ***debt*** uitstaande/onbetaalde/onvereffende skuld; ~ ***prices*** onbestendige/skommelende pryse; ~ ***question*** onuitgemaakte saak; ~ ***weather*** wisselvallige/veranderlike weer. **un·set·tled·ness** onbestendigheid. **un·set·tle·ment** onsekerheid; onvastheid, verwarring; ontwrigting. **un·set·tling** *adj.* verontrustend, onthutsend; ontwrigtend; verwarrend.
un·sew -sewed -sewed; -sewed -sewn lostorring. **un·sewn** ongestik.
un·sex aseksueel maak, vroulikheid/manlikheid ontneem, onvroulik/onmanlik maak; impotent maak; kastreer, ontman; **un·sexed:** ~ *chicks* eendagskuikens, dag oud/ou(e) kuikens, kuikens waarvan die geslag nog nie bepaal is nie. **un·sex·y** nie sexy nie, onsexy.
un·shack·le ontboei, die boeie losmaak, bevry; *(fig.)* vrymaak, bevry; uitskakel. **un·shack·led** *(ook)* ongebonde.
un·shad·ed sonder skadu(wee)/koelte, oop; sonder skerm/kap; ongeskakeer(d).
un·shad·owed sonder skadu(wee)/koelte; onverstoord *(geluk)*.
un·shake·a·ble onwrikbaar, onwankelbaar, onversetlik; onomstootlik. **un·shak·en** onwrikbaar, standvastig, rotsvas; kalm.
un·shape·ly sleg gevorm, misvorm(d); nie mooi gebou nie.
un·sharp *(fot.)* onskerp *('n beeld)*.
un·shaved, un·shav·en ongeskeer.
un·sheathe (uit die skede) trek; ~ *the sword* →SWORD.
un·shed ongestort, ongehuil *(trane)*.

un·shelled onafgedop *(neute, 'n hardgekookte eier, garnale, ens.).*
un·shel·tered onbeskut.
un·shield·ed onbeskerm(d).
un·ship *-pp-* ontskeep, aan land/wal sit, ontlaai; uitlaai; aan land/wal stap/gaan; afgooi, afhaal; los *(roeispane);* wegneem; ~ *the oars* →OAR *n.*.
un·shock·a·ble skokbestand, -vas, nie vatbaar vir skokke nie. **un·shocked** ongeskok.
un·shoe die skoene uittrek; die hoefysters aftrek. **un·shod** sonder skoene, ongeskoei(d); onbeslaan *('n perd);* ~ *feet* ongeskoende/ongeskoeide voete; *an* ~ *hoof/horse* 'n onbeslaande/onbeslane hoef/perd.
un·shorn ongeskeer *('n skaap);* ongeknip.
un·shrink·a·ble krimpvry. **un·shrink·a·ble·ness** krimpvryheid. **un·shrink·ing** onverskrokke, onbevrees, onvervaard.
un·shuf·fled *(kaartspel)* ongewas, nie geskommel nie.
un·sift·ed ongesif.
un·sight verhinder om te sien. **un·sight·ed** ongesien; sonder visier; (nog) nie in sig nie; verhinder om te sien. **un·sight·li·ness** mismaaktheid, afstootlikheid; onooglikheid. **un·sight·ly** lelik, mismaak, afstootlik; onooglik.
un·signed ongeteken(d), ononderteken(d).
un·sing·a·ble onsingbaar.
un·sink·a·ble onsinkbaar.
un·sized[1] ongerangskik *(na grootte),* nie na grootte gerangskik nie; ongesorteer.
un·sized[2] ongegom(d), ongelym(d); ongeplaneer(d); ~ *paper, (ook)* vloeipapier; filtreerpapier.
un·skil·ful onbekwaam, onbedrewe, onervare; onhandig, lomp. **un·skilled** ongeskool(d), ongeoefen(d); onbedrewe, onervare; onvakkundig; ~ *labour* ongeskoolde arbeid.
un·skimmed onafgeroom *(melk).*
un·slak(e)·a·ble onversadigbaar *('n seksdrang);* onbedwingbaar *('n begeerte);* onlesbaar *(dors);* onstilbaar *(honger).* **un·slaked** ongeles *(dors);* ~ *lime* →LIME[1] *n.*.
un·sleep·ing (altyd) waaksaam/wakker, wakend. **un·slept** sonder slaap; ~ *in* nie in geslaap nie.
un·sliced ongesny *(brood ens.).*
un·sling *ww.* (van jou skouer) afswaai/afhaal *('n geweer ens.).*
un·slum·ber·ing wakker, waaksaam.
un·smil·ing sonder 'n glimlag, doodernstig, stug.
un·smoked ongerook.
un·snap *-pp-* die knip losmaak *(van).*
un·snub·bable dikvellig.
un·so·cia·ble ongesellig. **un·so·cia·bil·i·ty** ongeselligheid. **un·so·cia·ble·ness** = UNSOCIABILITY. **un·so·cial** onmaatskaplik, asosiaal.
un·soiled ongevlek; onbevlek, skoon, onbeklad, onbesoedel(d).
un·sold onverkoop.
un·sol·der lossmelt, lossoldeer.
un·sol·dier·ly onmilitêr; 'n soldaat onwaardig.
un·so·lic·it·ed nie versoek nie; ongevra. **un·so·lic·i·tous** onbesorg, onbekommerd, ongeërg.
un·solv·a·ble onoplosbaar. **un·solved** onopgelos; onuitgewerk.
un·so·phis·ti·cat·ed opreg, eerlik, onbedorwe; eenvoudig, naïef, onskuldig, onervare; ongekunsteld, natuurlik, eenvoudig, ongekompliseer(d); ongesofistikeerd.
un·sort·ed ongesorteer(d), deurmekaar; onuitgesoek.
un·sought ongewens, ongevraag.
un·sound ongesond; ondeeglik, ondeugdelik, onjuis, vals, misleidend; ongegrond, ongeldig; onsuiwer; onvas; aangetas, aangesteek; gebrekkig, swak, sleg; lig *(slaap); be of* ~ *mind* →MIND *n.*. **un·sound·ness** ongesondheid; →UNSOUND.
un·sown ongesaai; ~ *land, (ook)* ouland.
un·spar·ing rojaal, kwistig, vrygewig; oorvloedig; meedoënloos, onbarmhartig, ongenadig; *be* ~ *in one's efforts* geen moeite ontsien/spaar nie; ~ *efforts* onvermoeide pogings.
un·speak·a·ble onuitspreeklik; onbeskryflik; verfoeilik; ~ *agony* →AGONY; *be an* ~ *bore*[2] *n.*. **un·speak·ing** *(liter.)* swygsaam, swygend.
un·spe·cial·ised, -ized ongespesialiseer(d); ongedifferensieer(d).
un·spe·cif·ic onbepaald, algemeen, onspesifiek; onnoukeurig, onpresies.
un·spec·i·fied ongespesifiseer(d), onbepaald, nie aangedui (*of* [afsonderlik] vermeld) nie, ongenoem(d).
un·spec·tac·u·lar onopvallend; stemmig.
un·spent onverbruik, onuitgegee, onbestee; nog sterk, onuitgeput; onverbruik; ~ *bullet* onafgeskiete koeël.
un·spike ontspyker.
un·spilled, un·spilt ongestort, nie gemors nie.
un·spir·it·u·al niegeestelik; stoflik *(d. wêreld).*
un·spoiled, un·spoilt onbeskadig; onbedorwe, ongerep.
un·spo·ken ongesê, ongeseg, onuitgesproke.
un·spon·sored ongeborg.
un·spon·ta·ne·ous nie spontaan nie, gemaak, onnatuurlik, geforseer(d).
un·spool afdraai, afrol.
un·sport·ing, un·sports·man·like onsportief.
un·spot·ta·ble vlekvry; onopsigtelik. **un·spot·ted** *(lett.)* ongevlek; *(fig.)* skoon, onbeklad, onbesoedel(d), onbevlek, vlek(ke)loos; onopgemerk, ongesien.
un·sprayed onbespuit *('n boord, wingerd, ens.).*
un·sprung ongeveer(d) *('n gewig, wiele, matras, ens.).*
un·sta·ble onstabiel, onbestendig, onewewigtig, veranderlik, onvas; onstandvastig; wisselvallig; ongedurig, wispelturig; *(fis.)* onstabiel, onvas, labiel, wankelbaar; ~ *equilibrium, (fis.)* onstabiele/onbestendige/labiele ewewig; ~ *ground* onvaste grond. **un·sta·bil·i·ty** →UNSTABLENESS. **un·sta·ble·ness** onvastheid; onbestendigheid, onstabielheid; instabiliteit; →INSTABILITY.
un·stained ongekleur(d), ongeverf; *(fig.)* onbesoedel(d), onbevlek, vlek(ke)loos; onbesmet.
un·stamped ongeseël, ongefrankeer(d), sonder seël; ongestempel(d).
un·starched sonder stysel, ongestyf.
un·star·tled nie verskrik nie, houtgerus, doodbedaard, doodkalm.
un·stat·ed onuitgesproke.
un·states·man·like onstaatkundig; 'n staatsman onwaardig.
un·stead·fast onstandvastig, onbestendig.
un·stead·y onvas, onbestendig, onstabiel; wankel(baar), los; veranderlik, ongestadig, wisselvallig, onseker; *the ladder is* ~ die leer staan nie vas nie; ~ *on one's legs* wankelend; *be rather* ~ 'n bietjie ligsinnig wees, nie solied wees nie *(iem.).*
un·steamed ongestoom(d).
un·steered ongestuur(d).
un·ster·ile onsteriel *(spuitnaalde ens.).*
un·stick *ww.* losmaak; laat loskom; *(Br., infml., 'n vliegtuig ens.)* opstyg.
un·stilled ongestil(d).
un·stint·ed, un·stint·ing ruim, oorvloedig, rojaal, kwistig, onbeperk; *unstinting service* →SERVICE[1] *n.*.
un·stirred *(lett., fig.)* ongeroer(d); onaangedaan, kalm; onaangeraak; ongevoelig.
un·stitch lostrek, -torring, steke uittrek.
un·stop *-pp-* ontkurk, die prop uittrek; oopmaak; uittrek *('n orrelregister).* **un·stop·pa·ble** onkeerbaar, onstuitbaar. **un·stopped:** ~ *consonant* oop medeklinker; ~ *line, (pros.)* enjamberende versreël. **un·stop·per** *ww.* ontkurk; →UNSTOP.
un·strained natuurlik; ontspanne; ongefiltreer(d), nie deurgesyg nie.
un·strap *-pp-* losgespe, losmaak.
un·strat·i·fied *(geol.)* ongelaag.
un·strength·ened onversterk.
un·stressed onbeklemtoon(d), ongeaksentueer(d); toonloos.
un·stri·at·ed ongestreep; nie geriffel(d) nie; ~ *muscle* gladde spier.
un·string *-strung -strung* ontsnaar; die snare losmaak (*of* laat skiet); afryg *(krale);* ontspan, verslap. **un·strung** van stryk (af), senu(wee)agtig, ontsteld.
un·striped ongestreep; →UNSTRIATED; ~ *muscle* gladde spier.
un·struc·tured ongestruktureer(d); onsistematies, ongeorden(d); los, vormloos; informeel.
un·stuck: *come/get* ~ losgaan, los raak; uitmekaar val; *(infml.)* misluk.
un·stud·ied natuurlik, spontaan, ongeaffekteer(d), ongedwonge, ongekunsteld; onkundig, onwetend; ~ *in* ... onwetend van ..., nie bekend met ... nie.
un·stuffed onopgestop. **un·stuff·y** informeel, loslit(tig), ontspanne, gemaklik, natuurlik.
un·styl·ish onstylvol, sonder styl, stylloos; oudmodies.
un·sub·dued ononderworpe, onoorwonne; ononderdruk, onbeteuel(d).
un·sub·ju·gat·ed nieonderhorig.
un·sub·mis·sive ongehoorsaam, opstandig, ononderworpe.
un·sub·si·dised, -dized ongesubsidieer(d).
un·sub·stan·tial nie substansieel nie; onvas, onstabiel; onstoflik; denkbeeldig, onwerklik; swak, nie solied nie; ongegrond, ongeregverdig. **un·sub·stan·ti·al·i·ty, un·sub·stan·tial·ness** onstoflikheid; onwesenlikheid; →UNSUBSTANTIAL. **un·sub·stan·ti·at·ed** ongestaaf, onbevestig.
un·sub·tle onsubtiel, voor die hand liggend.
un·suc·cess mislukking, gebrek aan welslae. **un·suc·cess·ful** onvoorspoedig, onsuksesvol, sonder sukses/welslae/resultaat; nie geslaag nie, vergeefs; vrugteloos; *be* ~ onsuksesvol wees, misluk, nie slaag nie; ~ *candidate* onsuksesvolle kandidaat *(in 'n verkiesing, eksamen);* druipeling *(in 'n eksamen);* verslane/uitgevalle kandidaat *(in 'n verkiesing); return* ~ onverrigtersake (*of* onverrigter sake) terugkeer. **un·suc·cess·ful·ly** sonder welslae/sukses, tevergeefs, sonder gevolg. **un·suc·cess·ful·ness** onvoorspoedigheid.
un·sug·ared onversoet.
un·suit·a·ble ongeskik, ondoelmatig; ongepas; ongunstig; onvanpas *(vir 'n geleentheid); be* ~ nie pas/deug nie; *be* ~ *for hot weather* ongeskik wees vir warm weer. **un·suit·a·bil·i·ty, un·suit·a·ble·ness** ongeskiktheid; ongepastheid. **un·suit·ed** ongeskik; onvanpas; *be* ~ nie pas/deug nie.
un·sul·lied onbeklad, onbevlek, skoon, onbesoedel(d), vlek(ke)loos.
un·sum·moned spontaan, sonder aanleiding.
un·sung nie gesing nie; onbesonge *('n held ens.).*
un·sunned onbeskyn, nie deur die son beskyn nie; bleek.
un·su·per·vised sonder toesig; ongekontroleer(d).
un·sup·plied onvoorsien; ongelewer.
un·sup·port·a·ble onverdedigbaar; onregverdigbaar; onduldbaar. **un·sup·port·ed** nie gesteun/ondersteun nie, ongesteun(d), sonder steun, sonder ondersteuning, alleen; onversterk; ongestaaf, onbevestig. **un·sup·port·ive** nie ondersteunend nie.
un·sure onseker; onbetroubaar; onveilig, gevaarlik; onbestendig, wisselvallig. **un·sure·ness** onsekerheid; →UNSURE.
un·sur·faced ongeteer *('n pad).*
un·sur·pass·a·ble onoortreflik, onoortrefbaar, onverbeterlik, weergaloos. **un·sur·passed** ongeëwenaar(d), uitstekend, skitterend.
un·sur·prised nie verbaas nie; nie verras nie. **un·sur·pris·ing** nie verbasend nie; nie verrassend nie.
un·sur·veyed onopgemeet; ongesien, onbekyk.
un·sus·cep·ti·ble onontvanklik, onvatbaar; *s.t. is* ~ *of proof* iets is onbewysbaar; ~ *to* ... onvatbaar vir ... **un·sus·cep·ti·bil·i·ty** onontvanklikheid, onvatbaarheid.

un·sus·pect·ed onverdag; onvermoed; onopgemerk; onverwag. **un·sus·pect·ing** niksvermoedend, houtgerus; onskuldig, arg(e)loos, sonder argwaan/agterdog/wantroue. **un·sus·pect·ing·ness** houtgerustheid; arg(e)loosheid, onskuldigheid.
un·sus·pend·ed onopgeskort.
un·sus·pi·cious nie wantrouend/agterdogtig nie, arg(e)loos. **un·sus·pi·cious·ness** arg(e)loosheid.
un·sus·tain·a·ble *adj.*, **-a·bly** *adv.* onvolhoubaar; onhandhaafbaar. **un·sus·tained** nie volgehoue nie; sonder steun; ~ *charge* ongestaafde/onbewese aanklag.
un·swayed onbeïnvloed, standvastig.
un·sweet sonder suiker; bitter. **un·sweet·ened** onversoet; ~ *milk* onversoete melk.
un·swept ongevee, nie uitgevee nie.
un·swerv·ing reguit, koersvas, doelgerig; onwankelbaar, onwrikbaar. **un·swerv·ing·ly** padlangs; →UNSWERVING.
un·sworn onbeëdig.
un·sym·met·ri·cal onsimmetries, asimmetries, ongelyk, skeef.
un·sym·pa·thet·ic onsimpatiek; *be ~ to(wards)* ... onsimpatiek staan teenoor/jeens ...
un·sys·tem·at·ic, un·sys·tem·at·i·cal onstelselmatig, onsistematies, sisteemloos, stelselloos; onmetodies.
un·tack losryg, losmaak.
un·tact·ful ontakties, taktloos.
un·taint·ed onbesoedel(d), vlek(ke)loos, smet(te)loos, onbesmet; onaangetas, onbedorwe; suiwer, rein.
un·tal·ent·ed onbegaaf, talentloos, sonder talent(e).
un·tam(e)·a·ble ontembaar; onregeerbaar, onbeteuelbaar, onbedwingbaar. **un·tam(e)·a·ble·ness** ontembaarheid, *ens.*. **un·tamed** ongetem(d), wild, nie mak gemaak nie, ongeleer(d).
un·tamped ongestamp, nie in-/vasgestamp nie.
un·tan·gle ontwar, ontknoop; oplos, ophelder.
un·tanned ongelooi *(leer)*; nie bruin gebrand nie.
un·tar·nished onbesoedel(d), vlek(ke)loos, onbevlek, smet(te)loos, sonder smet.
un·tast·ed nog nie beproef/probeer nie; nie geproe nie; onaangeraak, onaangeroer(d).
un·taught ongeskool(d); ongeletterd; ongeleer(d), onkundig; nie aangeleer nie; ongekunsteld, natuurlik; →UNTEACH.
un·taxed onbelas.
un·teach afleer. **un·teach·a·ble** onleerbaar; onopvoedbaar; onnosel.
un·tear·a·ble on(ver)skeurbaar.
un·tech·ni·cal ontegnies.
un·tem·pered ongetemper(d), onversag *(staal)*.
un·ten·a·ble onhou(d)baar, verwerplik, onverdedigbaar. **un·ten·a·bil·i·ty, un·ten·a·ble·ness** onhou(d)baarheid.
un·ten·ant·a·ble onbewoonbaar; onverhuurbaar. **un·ten·ant·ed** onverhuur(d); onbewoon(d), ongeokkupeer(d), leeg.
un·tend·ed nie opgepas nie, sonder oppasser/oppaster; onversorg, verwaarloos, sleg onderhou; sonder bediening, onbedien.
un·ten·ured tydelik (aangestel); sonder vaste werk.
un·ter·ri·fied onverskrokke, nie bang nie, dapper.
un·test·ed onbeproef.
un·teth·er losmaak. **un·teth·ered** loslopend *(diere ens.)*; ongebonde, vry, los.
un·thanked onbedank. **un·thank·ful** ondankbaar. **un·thank·ful·ness** ondankbaarheid.
un·thatched ongedek *('n dak)*; nie met 'n rietdak nie, nie met riete bedek nie.
un·thaw ontdooi.
un·think·a·ble ondenkbaar; hoogs onwaarskynlik. **un·think·ing** onbedagsaam, onbesonne, onnadenkend, onberedeneerd, gedagteloos; onbedoel(d), onopsetlik, nie aspris/aspres nie. **un·think·ing·ly** sonder om te dink, onnadenkend. **un·think·ing·ness** onnadenkendheid, onbesonnenheid, onbedagsaamheid. **un·thought** →UNTHOUGHT-OF; *be ~ of* ondenkbaar wees; **un·thought-of** ondenkbaar, onverwag, ongehoord; ongehoop; ~ *problems* onverwagte/ondenkbare probleme. **un·thought-out** ondeurdag, onbesonne, onbekook; oorhaastig, voortvarend, halsoorkop.
un·thread die draad uit die naald trek.
un·threat·en·ing niedreigend, onaggressief; wat jou nie bedreig laat voel nie; wat geen bedreiging inhou nie; versigtig, ingehoue; veilig.
un·threshed ongedors, ongetrap *(graan)*.
un·thrift·i·ness verkwisting, spandabelheid. **un·thrift·y** verkwistend, spandabelrig; *(arg.)* wat nie aard nie *(plante)*. **un·thriv·ing** sleg groeiend *(plante)*; nie florerend nie *(diere, mense, ens.)*.
un·throne onttroon.
un·ti·dy slordig, onversorg, agte(r)losig; onordelik, wanordelik, deurmekaar, rommelrig. **un·ti·di·ness** slordigheid, onversorgdheid; onordelikheid.
un·tie losmaak, -knoop.
un·til, till *prep. & voegw.* tot; totdat; voor(dat); *not ~ (after)* ... nie voor ... nie, eers (ná) ...; *nothing ~ **after** six/etc.* niks voor sesuur/ens. nie; *live ~ an advanced **age*** 'n hoë ouderdom bereik; *s.o. did not come/etc. ~ twelve o'clock* iem. het eers twaalfuur gekom/ens.; *~ s.o. **comes*** tot(dat) iem. kom; *~ the **death** of* ... tot die dood van ...; *be true ~ **death*** →TRUE *adj.*; *~ **eight** (o'clock)/etc.* tot agt(uur)/ens.; *~ **lately*** tot kort gelede; *~ **now*** →NOW *n.*; *~ as **recently** as last year* tot verlede jaar nog; *~ **then*** tot dié/daardie tyd, tot dan (toe); vantevore; *not ~ **then*** toe eers, eers toe; *~ **when?*** tot wanneer?, hoe lank?.
un·tilled onbewerk, onbebou.
un·time·ly *adj.* ontydig. **un·time·ly** *adv.* te vroeg; ontydig. **un·time·li·ness** ontydigheid.
un·tinged ongetint, ongekleur(d); onaangetas; *not ~ with* ... nie sonder 'n tikkie ... nie.
un·tint·ed ongekleur(d), ongetint.
un·tipped sonder fooi; ongekurk *(sigarette)*.
un·tired onvermoeid. **un·tir·ing** onvermoeid; onvermoeibaar.
un·tit·led sonder titel, ongetitel(d).
un·to aan; tot; vir; *~ death* tot die dood toe; *do ~ others* ... doen aan ander ...
un·told onvermeld, onvertel, nie vertel/geopenbaar nie; mateloos, onuitspreeklik; *~ misery* →MISERY; *an ~ number* →NUMBER *n.*; *~ wealth* onmeetlike rykdom.
un·torn ongeskeur(d), heel.
un·touch·a·ble *n.*, *(lid v.d. laagste Hindoekaste)* onreine, onaanraakbare. **un·touch·a·ble** *adj.* on(aan)raakbaar; onaantasbaar; *(Hind.)* onrein, onaanraakbaar. **un·touch·a·bil·i·ty** on(aan)raakbaarheid; onaantasbaarheid; *(Hind.)* onreinheid, onaanraakbaarheid. **un·touch·a·ble·ness** →UNTOUCHABILITY. **un·touched** onaangeraak, onaangetas, onaangeroer(d), ongeskonde; ongeroer(d), onbewoë, onaangedaan; *~ by human hand* →HUMAN *adj.*.
un·to·ward, un·to·ward eiesinnig, eiewys, weerbarstig; ongunstig, ongewens, ongelukkig; onbetaamlik, onwelvoeglik.
un·trace·a·ble onopspoorbaar, onnaspeurbaar. **un·traced** onopgespoor; wat spoorloos verdwyn het.
un·tracked onopgespoor; sonder pad/paaie; ongebaan.
un·tra·di·tion·al ontradisioneel; onkonvensioneel.
un·trained onopgelei(d), ongeskool(d) *(werkers)*; onafgerig *(spelers)*; ongedresseer(d), ongeleer(d), onafgerig *(diere)*; ongeoefen(d), onbedrewe; ongedril(d), ongebrei; *~ ox* jongos, ongeleerde os.
un·tram·melled ongehinder(d), ongebonde, onbelemmer(d).
un·trans·fer·(r)a·ble onoordraagbaar.
un·trans·lat·a·ble onvertaalbaar. **un·trans·lat·a·ble·ness** onvertaalbaarheid.
un·trans·par·ent ondeursigtig.
un·trans·port·a·ble onvervoerbaar.
un·trav·elled, *(Am.)* **un·trav·eled** onberese, onbereis(de).
un·tra·vers·a·ble onbegaanbaar, onrybaar *('n pad)*.
un·treat·a·ble onbehandelbaar *('n siekte ens.)*. **un·treat·ed** onbehandel(d).
un·trend·y *(infml.)* uit die mode, oudmodies; uitgedien(d).
un·tried onbeproef, ongetoets; onverhoor(d).
un·trimmed ongesny, ongeknip; ongesnoei; onversier(d), eenvoudig *(klere ens.)*.
un·trod·den onbegaan, onbetree.
un·trou·bled kalm, rustig, stil; ongestoord, onbewoë; onbekommerd, kommerloos.
un·true onwaar; vals; ontrou; onsuiwer.
un·truss losmaak.
un·trust·ing agterdogtig, wantrouig.
un·trust·wor·thy onbetroubaar, onvertroubaar; ongeloofwaardig. **un·trust·wor·thi·ness** onbetroubaarheid, onvertroubaarheid; ongeloofwaardigheid.
un·truth onwaarheid; valsheid; ontrou(heid); leuen; *tell an ~* 'n onwaarheid vertel/verkondig. **un·truth·ful** vals, onopreg, oneerlik; onwaar, leuenagtig. **un·truth·ful·ness** valsheid, onopregtheid.
un·tuck uithaal; uittrek; losmaak.
un·tune ontwrig; ontstem; verwar, van stryk (af) bring; vals maak. **un·tuned** ongestem(d), niegestem(d). **un·tune·ful** onmelodieus.
un·turned onaangeroer(d), nie omgekeer/omgedraai; *leave no stone ~ (to ...)* →STONE *n.*.
un·tu·tored ongeleerd, ongeletter(d); ongeskool(d), onopgelei(d).
un·twine, un·twist losdraai, -maak.
un·typ·i·cal ontipies.
un·un·der·stand·ing onsimpatiek; begriploos. **un·un·der·stood** onbegrepe.
un·us·a·ble onbruikbaar. **un·us·a·ble·ness** onbruikbaarheid. **un·used** ongebruik *('n glas, reserwes, ens.)*; ongebruik, braakliggend *(fondse, kapitaal)*; onbestee, onaangewend *(geld ens.)*; onbeset *('n perseel ens.)*; onbenut *('n geleentheid)*; in onbruik *(klere ens.)*; *be ~ to s.t.* ongewoond wees aan iets, nie aan iets gewoond wees nie.
un·u·su·al ongewoon, buitengewoon, uitsonderlik, besonders; opvallend, merkwaardig; *there is s.t. ~ about it* daar is iets ongewoons aan. **un·u·su·al·ness** ongewoonheid, ongebruiklikheid.
un·ut·ter·a·ble *(lett.)* onuitspreekbaar; *(fig.)* onuitspreeklik, onbeskryflik, naamloos, nameloos; *be an ~ fool* 'n opperste gek wees; *~ joy* onuitspreeklike blydskap. **un·ut·tered** onuitgesproke.
un·vac·ci·nat·ed on(in)geënt.
un·val·ued ongewaardeer(d); ongetakseer(d).
un·van·quished onoorwonne.
un·var·ied onverander(d), eenders, onafgewissel(d), eentonig, ongevarieer(d).
un·var·nished onvernis, sonder vernis *(hout)*; onvervals, suiwer, rein; onverbloem(d); onopgesmuk; *the ~ truth* →TRUTH.
un·var·y·ing onveranderlik; vas; konstant; onafwisselend, sonder afwisseling, eenselwig, kleurloos, saai, eenders, eners.
un·veil die sluier afhaal; onthul *('n monument)*; *(fig.)* ontsluier, onthul, openbaar, aan die lig bring. **un·veiled** *(ook)* ongesluier(d), sonder sluier. **un·veil·ing** onthulling.
un·ven·ti·lat·ed ongeventileer(d), sonder ventilasie.
un·ve·ra·cious nie waar nie.
un·ver·i·fi·a·ble onkontroleerbaar; onbewysbaar; onbevestigbaar, onverifieerbaar. **un·ver·i·fied** ongeverifieer(d), onbevestig; onbewese; ongekontroleer(d); nie nagesien nie.
un·versed onbedrewe *(in)*, rou, onervare, sonder ervaring/ondervinding.
un·vi·a·ble nielewensvatbaar, onlewensvatbaar, lewensonvatbaar.

un·vi·o·lat·ed ongeskonde.

un·vis·it·ed onbesoek, (nog) nie besoek nie.

un·vi·ti·at·ed onbedorwe; onbesmet; onbesoedel(d); suiwer.

un·vit·ri·fied onverglaas.

un·voiced onuitgesproke; *(ling.)* stemloos *(medeklinkers)*.

un·vouched(-for) onbevestig, onbewese; nie gewaarborg nie.

un·waged onbesoldig.

un·walled onbemuur(d); nie omhein nie, onomhein(d).

un·want·ed ongewens, ongevraag; verwerp, verstote; onnodig; *the* ~ die verworpenes/verworpelinge/verstotenes/verstotelinge.

un·war·like onkrygshaftig, vredeliewend, niemilitaristies.

un·warmed onverwarm(d).

un·warned ongewaarsku.

un·warped nie krom/skeef/bak getrek nie *(hout)*; onbevooroordeel(d), onbevange, onpartydig; nie ten kwade beïnvloed nie.

un·war·rant·a·ble onverdedigbaar, onregverdigbaar; onbehoorlik, ongeoorloof. **un·war·rant·ed** ongewaarborg; ongewettig; ongemagtig, onbevoeg; ongeoorloof, verregaande; ongeregverdig, ongegrond, onverantwoord.

un·war·y nie oplettend/versigtig nie, onbehoedsaam, onbedag.

un·wash·a·ble onwasbaar. **un·washed** ongewas; *the great* ~ die skorriemorrie/gepeupel; ~ *wool* ongewaste wol.

un·watch·a·ble onkykbaar. **un·watched** onbewaak, sonder toesig; onbeman. **un·watch·ful** nie waaksaam (*of* op jou hoede) nie; onoplettend.

un·wa·tered ontwater(d); onbesproei(d), nie natgemaak/-gegooi/-gelei nie, droog; drooggelê *('n myn)*; onverdun(d).

un·waved ongekartel(d).

un·wa·ver·ing onwrikbaar, onwankelbaar, onversetlik, standvastig; koersvas, stewig; *be* ~ vasstaan, vastrap. **un·wa·ver·ing·ly** onwrikbaar *ens.* (→UNWAVERING).

un·weak·ened onverswak.

un·weaned ongespeen(d).

un·wear·a·ble ondra(ag)baar.

un·wea·ried onvermoeid; nie moeg nie; onvermoeibaar. **un·wea·ry·ing** onvermoeid, nie vermoeiend/vervelend nie; aanhoudend, volhardend; onvermoeibaar.

un·weath·ered onverweer(d) *(rotse ens.)*.

un·weave uitrafel.

un·wed(·ded) ongehuud, ongetroud.

un·weed·ed vol onkruid.

un·weight·ed onverswaar(d).

un·wel·come onwelkom, ongenooi(d). **un·wel·com·ing** onvriendelik, koud, kil; ongasvry, onhartlik.

un·well onwel, ongesteld, siek(erig), olik; *feel* ~ ongesteld/siek(erig) voel.

un·wept onbetreur(d), onbeween(d), onbeklaag.

un·wet·ted droog.

un·whipped onbestraf.

un·white·washed ongewit.

un·whole·some ongesond, onheilsaam.

un·wield·y onhandig, onhanteerbaar, onbeholpe, lomp; swaar.

un·will·ing onwillig, nie bereid nie; ongeneë, teensinnig, teësinnig; *be* ~ *to* ... geen sin hê (*of* nie geneë wees) om te ... nie. **un·will·ing·ness** onwilligheid, onwil, teensin, teësin, teensinnigheid, teësinnigheid, ongeneigdheid.

un·wind -wound -wound los-, afdraai, afrol; afwen.

un·wink·ing sonder om 'n oog (*of* jou oë) te knip(per); onknipp(er)end *(oë)*; wakker, waaksaam.

un·win·na·ble onwenbaar *('n oorlog ens.)*.

un·wis·dom onverstandigheid, onwysheid. **un·wise** onverstandig, onwys.

un·wished ongewens. ~**-for** onbegeer(d).

un·with·ered onverwelk.

un·wit·nessed ongesien; ongestaaf.

un·wit·ting onbewus, onwetend. **un·wit·ting·ly** onbewus, sonder om te weet, onwetend, onwetens.

un·wom·an·ly onvroulik.

un·wont·ed ongewoon, buitengewoon.

un·wood·ed onbebos, sonder bosse/bome.

un·work·a·ble onprakties, onuitvoerbaar; onbewerkbaar. **un·work·man·like** onhandig, onbekwaam, onbevoeg, onprakties; onervare.

un·world·ly onwêrelds. **un·world·li·ness** onwêreldsheid.

un·worn ongedra, nuut.

un·wor·ried onbesorg, onbekommerd.

un·wor·thy onwaardig; onbehoorlik, onbetaamlik, ongepas; *be* ~ *of credence* →CREDENCE. **un·worth·i·ness** onwaardigheid; ongepastheid.

un·wound *(verl.t.)* →UNWIND.

un·wound·ed ongewond, ongedeerd; ongekwes *(diere)*.

un·wo·ven ongeweef.

un·wrap -pp- oopvou, -maak, ontvou.

un·wrin·kled sonder rimpels/plooie, ongerimpel(d), glad.

un·writ·ten ongeskryf, ongeskrewe; *an* ~ *law* →LAW.

un·wrought ru; onbewerk *(metaal ens.)*.

un·yield·ing onbuigsaam, halsstarrig, koppig, eiesinnig; onwrikbaar, standvastig, onversetlik; ontoeskietlik, ontoegeeflik; wat nie meegee nie. **un·yield·ing·ness** onwrikbaarheid *ens.* (→UNYIELDING).

un·yoke uitspan, die juk afhaal; ophou (werk).

un·zip -pp- ooprits.

up *n.*: ~*s and downs* wisselvallighede, voor- en nadele; wederwaardighede; *one has one's* ~*s and* ***downs*** jy het jou voor- en teenspoed/teëspoed; *(infml.)* dit gaan met jou (so) eenkant op en anderkant af; ***on the*** ~ opwaarts, stygende; ***on*** *the* ~ *and* ~, *(infml.)* aan die opkom. **up** *adj. & adv.* opwaarts; op die been; aan die woord; op; bo; boontoe, na bo; in die saal, te perd; klaar *(kos, drank, ens.)*; hoër *(temperatuur)*; stygend *(d. gety)*; om, verstreke, verby; wakker, uit die bed; aktief, gesond; *s.o. is* ~ *and* ***about*** iem. is op die been, iem. het (van sy/haar siekbed) opgestaan; *be* ~ *and* ***about*** *early* vroeg uit die vere wees *(infml.)*; *be* ~ ***against*** ... teenaan ... wees; *be* ~ ***against*** *a wall* teen 'n muur wees; *be/come* ~ ***against*** *s.t.*, *(ook infml.)* met iets te kampe/doen/make hê/kry, voor iets te staan kom; *find o.s.* ~ ***against*** *s.o./s.t.*, *(infml.)* met iem./iets te doen/make kry; *be* ~ ***against*** *it*, *(infml.)* probleme ondervind; in die nood/verknorsing wees; *it is* ***all*** ~ dit is die end; dit is uit daarmee; *it is* ***all*** ~ *with s.o.* dit is klaar(praat) met iem., iem. is oor die muur; *be* ~ ***in arms*** *about/over s.t.* →ARMS; ***be*** ~ uit die bed wees; aan die woord wees; *be* ~ ***by*** *5%* 5% hoër wees; ~ *and* ***coming*** →COMING *adj. (attr.)*, UP-AND-COMING *adj.*; *be* ~ *and* ***doing*** bedrywig (*of* [op en] wakker *of* aan die werk *of* in die weer) wees *s.o. has to be* ~ *and* ***doing*** iem. moet uitspring; ~ *and* ***down*** op en af/neer; *s.o. is* ~ *and* ***down*** dit gaan soms beter en dan weer slegter met iem.; *look* ~ *and* ***down*** *for* ... oral(s) (rond) na ... soek; *look s.o.* ~ *and* ***down*** iem. van kop tot tone bekyk/beskou; *be* ~ ***early*** vroeg op wees, vroeg uit die vere wees; *the* ***figures*** *are* ~ die syfers het gestyg; *four/etc.* ***floors*** ~ vier/ens. verdiepings hoog, vier/ens. verdiepings (hoër) op; *be* ~ ***for*** *drunkenness* weens dronkenskap voorkom; *be* ~ ***for*** *election* kandidaat wees in 'n verkiesing; *s.t. is* ~ ***for*** *sale* →SALE *n.*; *be* ~ ***for*** *theft* weens diefstal voorkom; *be* ~ ***for*** *trial* →TRIAL; ***further/higher*** ~ hoër op; *the* ***game*** *is* ~ →GAME[1] *n.*; ***high*** ~ *in the air* hoog in die lug; *be well* ~ ***in*** *s.t.* goed in iets tuis wees *('n onderwerp)*; goed op (die) hoogte van/met iets wees; *s.o. is well* ~ ***in*** *history/etc.* iem. is goed onderleg/onderlê in geskiedenis/ens., iem. ken sy/haar geskiedenis/ens.; ~ ***into*** *the wind* →WIND[1] *n.*; *be* ~ ***late*** laat opbly; *be two/etc.* ~ ***on*** *s.o.* iem. twee/ens. voor wees; ***one/etc.*** ~ een/ens. voor; *be* ~ *at* ***Oxford*** in Oxford studeer; ***petrol*** *is* ~ petrol is duurder, die petrolprys (*of* die prys van petrol) is hoër (*of* het gestyg); ***prices*** *are* ~ die pryse het gestyg (*of* is hoër); *the* ***reserves*** *are* ~ die reserwe is groter (*of* het gestyg); *the* ***road*** *is* ~ →ROAD; ~ *and* ***running***, *('n program, rekenaar, ens.)* in werking; *('n fabriek ens.)* in bedryf; *('n projek ens.)* aan die gang; *this* ***side*** ~ →SIDE *n.*; ***something*** *is* ~ daar is iets aan die gang, daar is iets gaande; ~ ***there*** daar bo; ~ ***till*** ... tot ... *('n tyd)*; *(the)* ***time*** *is* ~ →TIME *n.*; ~ ***to*** ... tot ... *('n tyd)*; tot by ... *('n plek)*; *lose* ~ ***to*** *R100/etc.* tot R100/ens. verloor; ~ *to and including* ... tot en met ...; *the date* ~ ***to*** *which* ... die datum tot wanneer ...; *s.t. is* ~ ***to*** *s.o.* iets is iem. se plig; iets berus by iem.; iets is iem. se saak; iets word aan iem. oorgelaat; *it is not* ~ ***to*** *him/her to* ..., *(ook)* dit lê nie op sy/haar weg om te ... nie; *be* ~ ***to*** *s.t.* tot iets in staat wees, vir iets opgewasse wees; iets in die mou hê, iets in die mou/skild voer; iets aanvang; *straight* ~ ***to*** ... reguit na ... toe *(die deur ens.)*; *is X* ~ ***to*** *it?* sal X dit kan doen?, is X daartoe in staat?; is X gesond genoeg om dit te doen?; *one does not feel* ~ ***to*** *it* jy voel jou nie daartoe in staat nie, jy sien nie daarvoor kans nie, jy voel jou nie daarvoor opgewasse nie; *do you feel* ~ ***to*** *it?* sien jy daarvoor kans?; *what is X* ~ ***to?*** wat voer X in die mou/skild?, wat het X in die mou?; wat vang X aan?; *s.t. is not* ~ ***to*** *much* iets beteken nie veel nie; *be* ~ ***to*** *no good* →GOOD *n.*; *what tricks has X been* ~ ***to?*** watter streke/kattekwaad het X aangevang?; *what has X been* ~ ***to*** *now?* wat het X nou weer aangevang?; *be* ~ ***to date*** →DATE[2] *n.*; ~ ***train*** trein na die hoofstasie/boontoe, ingaande trein; *be* ***well*** ~ goed by wees, (goed) op (die) hoogte wees; *be* ***well*** ~ *in s.t.* →***in***; ***what's*** ~*?*, *(infml.)* wat makeer/skort?; wat is aan die gang?; ***what's*** ~ *with s.o.?*, *(infml.)* wat makeer iem.?, wat skeel iem.?; ~ ***(with)*** *the Boks/etc.!* die Bokke/ens. bo!; ~ ***with*** *the flag* hys die vlag, op met die vlag; ~ ***with*** *you!* op is jy, opstaan!; *from* ***youth*** ~ van jongs af. **up** *prep.* op; *the smoke goes* ~ *the* ***chimney*** die rook trek in die skoorsteen op; ~ ***country*** →COUNTRY *n.*; UPCOUNTRY; ~ *and down the* ***country*** oor die hele land; ~ *(the)* ***field*** veld op; →UPFIELD; ~ *the* ***hill*** →HILL *n.*; ~ *(the)* ***river*** →RIVER; *have/keep s.t.* ~ *one's* ***sleeve*** →SLEEVE *n.*; ~ ***stage*** →UPSTAGE; *be* ~ *a* ***tree*** →TREE *n.*; ~ *that* ***way*** daardie kant op, in daardie geweste; ~ *the* ***wind*** →WIND[1] *n.* **up** -pp-, *ww.* (op)lig; opstaan; opspring; verhoog; *then s.o.* ~*ped and hit me*, *(infml.)* toe haak iem. af en slaan my.

up·an·chor *(sk.)* die anker lig.

up-and-com·er *n.* opkomeling. **up-and-com·ing** *adj.* energiek, wakker, vooruitstrewend, vol lewe; ondernemend.

up-and-o·ver opswaai- *(deur)*.

up-and-un·der hoë skop *(in rugby)*.

U·pan·i·shad *(Hind.)* Oepanisjad.

u·pas *(bot.)* oepas(boom); oepasstruik; oepassap; oepasgif; skadelike invloed. ~ **tree** oepasboom.

up·beat *n.*, *(mus.)* opslag. **up·beat** *adj.*, *(infml.)* vrolik, opgewek, opgeruimd; optimisties, positief.

up·bow *n.*, *(mus.)* opstryk.

up·braid verwyt, berispe, roskam; ~ *s.o.*, *(ook)* met iem. raas.

up·bring·ing opvoeding, (die) grootmaak.

up·cast *n.* (die) omhooggooi, (die) opgooi; opwaartse gooi; *(mynb.)* ventilasieskag; optrek. **up·cast** *adj.* opgeslaan, omhoog gerig *(d. oë)*; ~ *air* optreklug. **up·cast** -cast -cast, *ww.* opgooi; opslaan *(d. oë)*.

up·chuck *n.*, *(Am., sl.)* (uit)braaksel, kots. **up·chuck** *ww.* opgooi, opbring, kots.

up·com·ing *adj.*, *(Am.)* komende, naderende *(attr.)*; wat op hande is *(pred.)*.

up·coun·try *n.* binneland. **up·coun·try** *adj.* binnelands. **up·coun·try** *adv.* na/in die binneland.

up·date hersien; bywerk, aanvul; moderniseer.

up·draught, *(Am.)* **up·draft** stygstroom; sterk stygwind.

up·end oprig, regop plaas/sit, orent sit, staanmaak.

up·field *(sport)* veld op.

up·front *adj.* oop, eerlik, opreg, pretensieloos; natuurlik, spontaan, ongedwonge; reguit; prominent, opvallend, treffend; ~ *money* voorskot. **up·front, up front** *adv.* voor; op die voorgrond; vooruit, as voorskot; by voorbaat; *go ~ (*or *~ ~)* vorentoe gaan; *pay ~ (*or *~ ~)* 'n voorbetaling doen; *a payment ~ (*or *~ ~)* 'n voorbetaling.

up·grade *n.* opdraand(e), opwaartse helling; hoër gradering; *be on the ~* aan die toeneem/styg wees; aan die verbeter wees; aan die herstel wees. **up·grade** *adj. & adv.* opdraande. **up·grade** *ww.* hoër gradeer, opgradeer; bevorder, verhoog; die gehalte verhoog; veredel; opteel, (kruis)veredel *(beeste ens.)*. **up·grad(e)·a·ble** *adj.* opgradeerbaar *('n rek. ens.)*.

up·growth groei, (opwaartse) ontwikkeling; opslag.

up·heave *-heaved -heaved; -hove -hove* oplig, ophef. **up·heav·al** omwenteling; *(geol.)* opstoting, opheffing.

up·hill *n.* (opwaartse) helling. **up·hill** *adj.* opdraand(e); opwaarts; moeisaam, moeilik, inspannend, veeleisend, swaar *(werk)*. **up·hill** *adv.* opdraand(e), opdraands; moeisaam.

up·hold *-held -held* hoog hou; ondersteun, aanmoedig; (her)bevestig, bekragtig *('n besluit)*; handhaaf *('n reg)*; voorstaan, verdedig; ophou *(jou eer)*; *~ s.t. sturdily* moedig vir iets opkom. **up·hold·er** ophouer; verdediger, handhawer; voorstander.

up·hol·ster beklee, oortrek; stoffeer. **up·hol·ster·er** bekleër, bekleder, stoffeerder. **up·hol·ster·y** bekleding, bekleedsel, stoffering; stoffeerwerk, stoffeerdery; stoffeersaak, stofferingswinkel, stoffeeronderneming, stofferingsonderneming; *~ fabric* bekledingstof, stoffeerstof.

up·keep onderhoud, versorging, instandhouding; *(cost of) ~* onderhoudskoste.

up·land *n.* hoogland. **up·land** *adj.* in/van/uit die hoogland, hooglands; *~ area* hoogland.

up·lift *n.* verheffing, opheffing. **up·lift** *ww.* ophef; oplig; afhaal *('n dokument ens.)*; **up·lift·ed** *adj.* opgelig, opgehef *('n kop, hand, arm, ens.)*; *(fig.)* opgebeur, bemoedig, besiel(d), opgekikker, verkwik. **up·lift·ing** *adj.* opbeurend, bemoedigend, besielend, opkikkerend, verkwikkend, opheffend. **up·lift·ment** opheffing.

up·light(·er) *n.* lamp/lig wat na bo skyn.

up·load *ww., (rek.)* oordra, oorplaas *(data ens.)*.

up-mar·ket luuks, duur(der); *~ goods* luukse/duur goedere, weeldeartikels; *an ~ house/etc.* 'n huis/ens. in die duurder prysklas.

up·on op, bo-op; by; *s.t. is* ***almost*** *~* ***us*** iets staan voor die deur; →ON *prep.*; ***go*** *~ s.t.* →GO BY/(UP)ON S.T.; *not enough to* ***live*** *~* nie genoeg om van te lewe nie; ***row*** *~ row of ...* rye-rye ..., die een ry ... op die ander; *~* ***that*** →THAT *pron.*; *~* ***this*** →THIS; ***thousands/etc.*** *~ thousands/etc.* duisende der duisende, derduisende; *~* ***what*** *...?* waarop ...?; *~* ***which*** *...* waarop ...

Up·per Bo-, Opper-. ~ **Austria** Opper-Oostenryk. ~ **Bavaria** Opper-Beiere. ~ **Canada** *(hist.)* Bo-Kanada, Opper-Kanada. ~ **Church Street** Bo-Kerkstraat. ~ **Egypt** Bo-Egipte, Opper-Egipte. ~ **Franconia** *(geog., hist.)* Opper-Franke. ~ **Guinea** Opper-Guinee. ~ **House** = HOUSE OF LORDS. ~ **Nile:** *the ~ ~* die Bo-Nyl. ~ **Palatinate:** *the ~ ~* →PALATINATE. ~ **Rhine:** *the ~ ~* die Bo-Ryn. ~ **Silesia** Opper-Silesië. ~ **Volta** *(geog., hist.)* Bo-Volta, Opper-Volta.

up·per *n.* boleer, oorleer *(v. 'n skoen)*; *(dwelmsl.)* opkikker; *be (down) on one's ~s, (infml.)* brandarm wees; in die verknorsing/knyp sit. **up·per** *adj.* hoër; boonste; bo-; *~* ***air*** bolug, hoër luglae; *~* ***arm*** boarm; *~* ***bed,*** *(geol.)* dak, deklaag; *~* ***case*** →UPPER CASE *n.*; *~* ***chamber*** →***house/chamber***; *the ~* ***class(es)*** →CLASS *n.*; UPPER CLASS *n.*; *~* ***clothing*** boklere; *~* ***course*** boloop *(v. 'n rivier)*; bolaag, boonste laag *(stene)*; *~* ***crust*** →UPPER CRUST *n.*; *~* ***deck*** bodek; *~* ***edge*** borand, boonste rand; *~* ***floor*** boverdieping, boonste verdieping; bovloer; *the ~* ***hand*** die oorhand; *get/have the ~* ***hand*** *of/over s.o.* →HAND *n.*; *~* ***house/chamber,*** *(parl.)* hoërhuis, eerste kamer; →LOWER HOUSE; *~* ***jaw*** bokaak; *~* ***layer*** bolaag; *~* ***limit*** bogrens, boonste grens; *~* ***lip*** bolip; *keep a stiff ~* ***lip*** →LIP *n.*; *~* ***part*** bodeel; *~* ***pocket*** bosak; *the ~* ***reaches*** →REACH *n.*; *~* ***register,*** *(mus.)* boonste register; *~* ***room,*** *(ook Byb.)* bokamer; *~* ***shank*** boskenkel; *~* ***slope*** bohelling; waterslag; *~* ***storey*** →STOREY; *~* ***surface*** bovlak; *the ~* ***ten*** die elite, die aristokrasie; *~* ***tile*** bopan; *~* ***topgallant sail,*** *(sk.)* bobramseil; *~* ***topsail,*** *(sk.)* bomarsseil; *~* ***town*** bodorp; *~* ***wind*** bowind, hoogtewind; *~* ***works,*** *(sk.)* bobou; *(infml.)* kop, boonste verdieping. ~ **case** *n., (druk.)* bokas, hoofletters; **~-case** *adj. (attr.)*: *~ letter* hoofletter, bokasletter. **~-case** *ww.* in hoofletters/bokasletters druk; met hoofletters skryf. ~ **class** *n.* rykes, aristokrasie, hoër stand(e). **~-class** *adj. (attr.)* vooraanstaande *(familie, mense, 'n buurt, skool, ens.)*; gekultiveerde *(stem)*; aristokratiese *(agtergrond)*; beskaafde *(aksent)*; elitistiese *(kultuur)*. **~classman, ~classwoman** *(Am.)* senior leerling; senior student. ~ **crust** *n., (lett.)* bokors; *(infml.)* bolaag, hoogste kringe, hoëlui. **~-crust** *adj. (attr.), (infml.)* →UPPER-CLASS *adj.*. **~cut** *n., (boks)* gesighou; *(tennis)* skephou. **~cut** *ww.* 'n gesighou/skephou slaan. **~most** *adj.* hoogste, boonste. **~most** *adv.* bo-op, eerste; *say whatever comes ~* alles uitblaker wat in jou gedagte kom.

up·pish *(Br., infml.)* astrant, verwaand, voor op die wa; uit die hoogte. **up·pish·ness** vrypostigheid; astrantheid, verwaandheid.

up·pi·ty *(infml.)* astrant, voor op die wa, verwaand.

up·raise ophef, -rig, -lig.

up·rate *ww.* verhoog *(voordele, 'n pensioen, ens.)*; die waarde van ... verhoog, opwaardeer *(effekte ens.)*; opgradeer *('n rekenaar ens.)*; verbeter *('n enjin, vering, ens.)*.

up·right *n.* styl, (stut)paal, staander, pilaar; *(rugby)* regoppaal. **up·right** *adj.* regop, (op)staande, staan-, vertikaal, orent; opreg, eerlik, regskape, onkreukbaar; ***bolt*** *~* →BOLT *adv.*; *~* ***collar*** staankraag; *~* ***course*** staan-, rollaag *(stene)*; *~* ***cypress*** kerkhofsipres; *~* ***piano*** regopklavier; ***plumb*** *~* loodreg; *~* ***projection*** vertikale projeksie; ***set*** *s.t. ~* iets regop laat staan, iets staanmaak. **up·right·ness** opregtheid, regskapenheid, onkreukbaarheid, eerlikheid.

up·rise *ww., (arg. of poët., liter.)* opstaan, in opstand kom; opkom *(d. son)*. **up·ris·ing** opstand, oproer; (die) opstaan.

up·riv·er *n.* gebied aan die boloop (van die rivier). **up·riv·er** *adj. & adv.* stroomopwaarts; →UPSTREAM *adj. & adv.*.

up·roar lawaai, geskreeu, geraas, gebrul, rumoer, herrie, opskudding; *cause an ~* 'n opskudding veroorsaak/verwek; *be in ~* in wanorde wees *('n vergadering ens.)*. **up·roar·i·ous** luidrugtig, lawaaierig; wanordelik; lagwekkend, snaaks; uitbundig, uitgelate *(lag)*. **up·roar·i·ous·ly** met lawaai; *laugh ~* →LAUGH OUT LOUD.

up·root ontwortel, uitgrawe, uit die grond trek/ruk; *(fig.)* ontwortel; uitroei.

up·rush opwelling *(v. emosies)*.

up·sa·dai·sy →UPSY-DAISY.

up·scale *adj. (attr.), (Am., infml.)* eksklusiewe *(eetplek, klub, winkel, oord, ens.)*; uitgelese *(gehoor)*; *~ car market* weeldemotormark; *~ clientele/consumers/etc.* klante/verbruikers/ens. uit die hoë inkomstegroep; *~ neighbourhood/suburb* spog-, uitsoek-, rykmansbuurt, duur/gegoede/ryk/luukse/deftige (woon)buurt.

up·set *n.* omverwerping, omvêrwerping; ellende, skok, ontsteltenis; omwenteling; *(infml.)* rusie; verrassende nederlaag *(in sport)*; ommekeer; versteuring, ontwrigting; kneusplek *(in hout)*; *stomach ~* →UPSET STOMACH. **up·set** *adj. (pred.)* onthuts, omgekrap, ontsteld; deurmekaar, oorstuur. **up·set** *adj.* onderstebo *(iem. se maag)*; *~ price* laagste/minimum prys, reserweprys, inset-/insitprys, openingsprys; *~ stomach, stomach ~* omgekrapte maag, maagongesteldheid; *s.o.'s stomach is ~* iem. se maag is omgekrap/onderstebo/ongesteld. **up·set** *-set -set, ww.* omverwerp, omvêrwerp; omgooi, omstoot, omstamp; verwerp; omval, omslaan; ontstel, onthuts, (ver)steur, van stryk (af) bring, omkrap; in duie laat val, laat misluk; ontwrig, in die war stuur, verydel; stuik *(metaal)*; ***be*** *~* ***about*** *s.t.* oor iets ontsteld/omgekrap wees; ***be*** *~* ***by*** *s.t.* deur iets ontstel word; ***one becomes/gets*** *~* jy raak ontsteld, jy ontstel jou; ***the car was*** *~* die motor het omgeslaan; ***the food*** *~* ***him/her*** die kos het hom/haar laat sleg voel *(of* sy/haar maag omgekrap), die kos het nie met hom/haar geakkordeer nie. ~ **victory** verrassende oorwinning.

up·set·ting *adj.* ontstellend, onthutsend.

up·shift *(mot.)* hoër skakeling.

up·shot uitkoms, (eind)uitslag, gevolg, (eind)resultaat, uiteinde, nadraai; *the ~ of it all was that ...* die uiteinde was dat ...

up·side bokant. ~ **down** *adj. & adv.* onderstebo; agterstevoor; in die war, deurmekaar; *turn ~ ~* onderstebo draai; *turn a place ~ ~* 'n plek omkrap *(of* op horings neem); *turn s.t. ~ ~* iets omkeer; iets deurmekaarkrap; iets in verwarring bring. **~-down** *adj. (attr.)*: *~ cake* onderstebokoek.

up·sides: *be ~ with s.o., (infml.)* met iem. kiets wees; *get ~ with s.o., (infml.)* iem. baasraak/uitoorlê/troef.

up·si·lon *(d. Gr. letter y)* upsilon.

up·slope opdraand(e), helling.

up·stage *n.* agterdeel (van die verhoog). **up·stage** *ww., (infml.)* in die skadu stel; *(infml.)* die kalklig steel, al die *(of* die meeste) aandag trek; *(infml.)* uit die hoogte behandel; *(teat.)* spel roof. **up·stage** *adj.* agter (op die verhoog); *(infml.)* hoogmoedig, -hartig, verwaand. **up·stage** *adv.* agter (op die verhoog), agteraan.

up·stairs *adj.* boonste, bo-; *~ hall* boonste saal; *~ room* bokamer. **up·stairs** *adv.* bo, op die boverdieping, op solder; boontoe, na bo, die trap op; *go ~* boontoe *(of* na bo) gaan, (met) die trap opgaan.

up·stand·ing regop; flink, fluks, agtermekaar.

up·start *n.* opkomeling; arrogante/astrante/verwaande persoon. **up·start** *adj.* vrypostig, astrant, aanmatigend, verwaand, snipperig, voor op die wa.

up·state *adj., (Am.)* afgeleë *('n dorpie ens.)*; *in ~ New York* in die noorde van die staat New York; *~ Orlando* Noord-Orlando; *~ voters* plattelandse kiesers. **up·state** *adv.* noord, na die noorde; in die noorde.

up·stream *adj. & adv.* rivier op geleë, hoër op langs/aan die rivier; stroomop, rivierop, stroomopwaarts.

up·stretched *adj.* (omhoog) gestrek *('n arm)*; opgesteek *('n hand)*; gerek *(d. nek)*.

up·stroke opslag, opwaartse beweging, opgaande slag; stygslag *(v. 'n suier)*; ophaal.

up·surge *n.* opwelling, vlaag; toename, oplewing; styging.

up·sweep opswaai; steil helling; (hoog) opgekamde haarstyl. **up·swept** *adj.* (hoog) opgekam *(hare)*; opgeslaan *(oë)*; *('n snor)* met omkrulpunte; opswenk- *('n uitlaatpyp ens.)*.

up·swing opgang(fase), opswaai(fase), opgaande fase, uitbreidingsfase; oplewing, styging.

up·sy-dai·sy, up·sa·dai·sy, ups-a-dai·sy, oops-a-dai·sy *tw.* oepsedysie.

up·take (die) oplig, (die) optel; begrip, verstand; rookvanger *(in 'n skoorsteen)*; *(mynb.)* afvoerventilasieskag; *be quick on the ~, (infml.)* snel/vinnig/vlug van begrip wees; *be slow on the ~, (infml.)* stadig/traag van begrip wees, toe wees.

up·tem·po *adj., ('n liedjie ens.)* met 'n vinnige tempo; *('n wedstryd ens.)* wat teen 'n vinnige pas gespeel word.

up·throw *(geol.)* styging; opgooi. ~ **side** stygkant.

up·thrust opstoting, opwaartse stoot/stukrag; *(geol.)* opstootverskuiwing.

up·tight *(infml.)* gespanne, senu(wee)agtig.

up·time *(rek.)* bedryfstyd.

up-to-date *adj. (attr.)* bygewerk; modern, nuutste, jongste, op (die) hoogte, byderwets; agtermekaar; by; →DATE[2] *n.*; *~ accounts/books, (rekeningk.)* bygeskrewe/bygewerkte rekeninge/boeke; *~ records/statements* bygewerkte stukke/state.

up-to-the-min·ute *adj. (gew. attr.)* mees moderne *(toerusting ens.)*; allerjongste *(inligting, nuus, tegnologie, ens.)*; allernuutste *(modes)*.

up·town *n.* bostad; woonbuurt(e). **up·town** *adv.* in die bostad; in die woonbuurt(e).

up·trend *n., (ekon.)* opwaartse neiging.

up·turn *n.* opswaai; oplewing; kentering, gunstige wending; omgekeerde stuk; beroering, petalje. **up·turn** *ww.* omkeer; omploeg; oplig, ophef. **up·turned** *adj.* omgekeer(d) *('n boot, bak, emmer, ens.)*; opgeslaan *('n* *kraag ens.);* omgeploeg *(grond);* opgedraai, opgehef *(die gesig ens.);* omkrul- *(ken ens.);* ~ *nose* wipneus.

up·ward *adj.* opwaarts; ~ ***current*** stygstroom; ~ ***irrigation*** ondergrondse besproeiing; ~ ***mobility,*** *(sosiol.)* opwaartse mobiliteit; *prices show an* ~ ***tendency*** pryse is aan die styg *(of* toon 'n opwaartse neiging). **up·ward, up·wards** *adv.* opwaarts, boontoe, na bo; *six/etc. years (old)* ***and*** ~ ses/ens. jaar en ouer; *from R5/etc.* ***and*** ~ R5/ ens. en hoër, van R5/ens. af; ~ ***of*** *40/etc.* meer as 40/ens., oor die 40/ens., ruim 40/ens.. **up·ward·ly** *adv.* opwaarts, boontoe, na bo; *be* ~ *mobile* opwaarts mobiel *(of* 'n jappie/yuppie/klimvoël) wees; ~ *mobile professional* jappie, yuppie, klimvoël.

up·warp opbuiging, (op)welwing.

up·wind *adj. & adv.* windop, met die wind van voor, teen die wind (in); bo(kant) die wind.

u·ra·cil *(biochem.)* urasiel.

u·rae·mi·a, u·re·mi·a *(patol.)* uremie.

U·ral: ~**-Altaic** Oeral-Altaïes. ~ **Mountains, Urals** Oeral(gebergte). ~ **River** Oeralrivier.

u·ral·ite oeraliet.

u·ra·nate *(chem.)* uranaat, uraansuursout.

U·ra·ni·a *(geog.)* Urania.

u·ran·ic: ~ *acid* uraansuur; ~ *oxide* →URANIUM OXIDE. **u·ran·i·nite** *(min.)* uraniniet, uraanpikerts. **u·ra·nite** *(min.)* uraniet; →COPPER URANITE. **u·ra·ni·um** *(chem., simb.: U)* uraan; ~ *oxide/trioxide, uranic oxide* uraantrioksied.

u·ra·nog·ra·phy uranografie, beskrywende sterrekunde.

U·ra·nus, U·ra·nus *(Gr. mit., astron.)* Uranus.

Ur·ban *(pous)* Urbanus.

ur·ban stedelik, stads-; ~ ***area*** stadsgebied, stedelike gebied; dorpsgebied; ~ ***district,*** *(Br., hist.)* stedelike distrik; ~ ***dweller*** stedeling, stadsbewoner; ~ ***gue(r)rilla*** stedelike guerrillastryder/-vegter; ~ ***legend/myth,*** *(onge-looflike storie oor 'n aspek v.d. moderne lewe)* stadslegende, hedendaagse mite, straat-, dwaalstorie; ~ ***life*** stadslewe; ~ ***renewal*** stadsvernuwing; ~ ***sprawl*** stadspreiding. **ur·bane** hoflik, wellewend, goed gemanierd, goedgemanierd, fynbeskaaf(d), fyn gemanierd, fyngemanierd. **ur·ban·i·sa·tion, -zation** verstedeliking. **ur·ban·ise, -ize** verstedelik; *an ~d population* 'n verstedelikte bevolking. **ur·ban·ism** urbanisme *(w.g.);* verstedeliking. **ur·ban·ist** stadsbeplanner; dorpsbeplanner; stadsboukundige; urbanis. **ur·ban·ite** *(infml.)* stedeling. **ur·ban·i·ty** hoflikheid, fyngemanierdheid, fyn gemanierdheid.

ur·ce·o·late *(biol.)* kruikvormig.

ur·chin seuntjie, knapie; deugniet, rakker, vabond(jie), kwajong; *(arg., dial.)* krimpvarkie (→HEDGEHOG); elf(ie), feetjie; →SEA URCHIN, STREET URCHIN.

Ur·du *(amptelike taal v. Pakistan)* Oerdoe.

-ure *suff., (vorm n.),* -uur, -ing; *censure* sensuur, veroordeling; berisping, afkeuring, bestraffing; *nature* natuur; *prefecture* prefektuur; prefeksamp.

u·re·a *(biochem.)* ureum.

u·re·a-for·mal·de·hyde res·in *n.* ureumformaldehiedhars.

u·re·din·i·o·spore →UREDOSPORE.

u·re·do -*dos,* -*dines, (bot.)* uredo; *(med.)* →URTICARIA.

u·re·do·spore, u·re·din·i·o·spore *(bot.)* somerspoor, uredospoor.

u·re·mi·a →URAEMIA.

u·re·ter *(anat., soöl.)* ureter, urineleier.

u·re·than(e) uretaan; (etiel)uretaan; →POLYURETHAN(E).

u·re·thra -*thrae,* -*thras, (anat., soöl.)* uretra, urien-, urinebuis; →URINE.

urge *n.* drang, behoefte; prikkel, impuls; *feel/get/have an/the* ~ *to* ... 'n/die drang voel/kry/hê om te ...; *an irresistible* ~ 'n onweerstaanbare drang; *sexual* ~ →SEXUAL *adj.*. **urge** *ww.* aanspoor, aandring (op), versoek; aanja(ag), aandryf; dwing; nadruk lê op, met nadruk wys op, benadruk; ~ ***in vain that*** ... tevergeefs benadruk dat ..., tevergeefs nadruk lê op ...; ~ *s.o.* ***on*** iem. aanspoor; *(fig.)* vuur maak onder iem.; ~ *s.t.* ***(up)on*** *s.o.* by iem. op iets aandring; iem. iets op die hart druk; ~ *s.o.* ***to*** ... by iem. aandring om te ..., iem. aanspoor om te ... **ur·gen·cy** dringendheid, spoed, (dringende) noodsaaklikheid; *a matter of* ~ 'n dringende saak; *be of the utmost* ~ uiters dringend wees. **ur·gent** dringend, gebiedend, noodsaaklik, spoedeisend; *the* ***matter*** *is* ~ dit is 'n dringende/spoedeisende saak; *an* ~ ***need*** →NEED *n.;* ~ ***reason*** dringende rede; *be* ~ ***with*** *s.o. for* ... sterk by iem. aandring op ... **ur·gent·ly** dringend; met aandrang. **urg·ing:** *at the* ~ *of* ... op aandrang van ...

-u·ri·a *komb.vorm, (med.)* -urie; *dysuria* disurie; *pyuria* piurie.

U·ri·ah *(OT)* Urija *(NAB);* Uría *(OAB);* Uria *(Lewende Bybel).*

u·ric urien-, urine-; ~ *acid* urien-, urinesuur; →URINE.

U·ri·el Uriël.

U·rim: *the* ~ *and the Thummim, (OT)* die urim en tummim *(NAB);* die Urim en die Tummim *(OAB).*

u·ri·nal urinaal; urien-, urineglas; openbare toilet, urinaal. **u·ri·nar·y** *n.* = URINAL. **u·ri·nar·y** *adj.* urien-, urine-; ~ ***bladder*** urien-, urine-, waterblaas; ~ ***organ*** urien-, urineorgaan; ~ ***passages*** urien-, urineweë; ~ ***system*** urien-, urinestelsel; ~ ***tract*** urien-, urinekanaal; urien-, urineweë; ~ ***tubule*** urien-, urinebuisie. **u·ri·nate** urineer. **u·ri·na·tion** urinering, urien-, urinelossing. **u·ri·nif·er·ous** urien-, urinevoerend; ~ *tubule* urien-, urinebuisie. **u·ri·no·gen·i·tal** →UROGENITAL.

u·rine urien, urine. ~ **stain** urien-, urinevlek. ~**-stained** met urien/urine gevlek; ~ *wool* urien-, urinewol.

urn *n.* urn, vaas; lykbus; koffiekan, teekan; kook(water)-kan, (elektriese) kooktenk. **urn** *ww., (arg.)* in 'n kruik plaas/bewaar.

u·ro-[1] *komb.vorm* uro-, urien-, urine-.

u·ro-[2] *komb.vorm* stert-; ~*pod* →UROPOD; ~*pygium* →UROPYGIUM.

u·ro·gen·i·tal, u·ri·no·gen·i·tal urogenitaal. **u·ro·lith** *(patol.)* uroliet, urien-, urinesteen. **u·ro·log·i·cal** urologies. **u·rol·o·gist** uroloog. **u·rol·o·gy** urologie, urineleer.

u·ro·pod stertpoot *(v. 'n kreef ens.).*

u·ro·pyg·i·um *(orn.)* stertknobbel.

u·ros·co·py *(med.)* uroskopie, urineondersoek.

Ur·sa: ~ **Major** *(astron.)* Ursa Major, die Groot Beer. ~ **Minor** *(astron.)* Ursa Minor, die Klein Beer.

ur·sine beeragtig, beer-.

Ur·su·line *n., (RK non)* Ursulien. **Ur·su·line** *adj.* Ursuliene- *(klooster ens.).*

ur·ti·car·i·a, u·re·do, hives, net·tle rash *(med.)* urtikaria, netelroos, galbulte.

ur·ti·cate brand, steek *(soos 'n brandnetel),* prik, prikkel; *(met brandnetels)* gesel.

U·ru·guay *(geog.)* Uruguay. **U·ru·guay·an** *n.* Uruguaan, Uruguayaan. **U·ru·guay·an** *adj.* Uruguaans, Uruguayaans.

U·run·di *(geog., hist.)* Urundi; →BURUNDI.

us ons; ***all*** *of* ~ ons almal; ***all*** *of* ~ *do it* ons doen dit almal; *and so say* ***all*** *of* ~ en ons sê almal so; *we have R10/etc.* ***between*** ~ ons het tesame R10/ens.; *two/etc.* ***of*** ~ twee/ens. van ons; *the two/etc.* ***of*** ~ ons twee/ens..

us·a·ble bruikbaar. **us·a·bil·i·ty** bruikbaarheid. **us·a·ble·ness** →USABILITY.

us·age gewoonte; gebruik; taal-, woordgebruik; *trade* ~ handelsgebruik, -gewoonte; *water* ~ waterverbruik.

us·ance gebruik, gewoonte; voordelige gebruik; wisselgebruik, uso; gewone betalingstermyn; *bill at* ~ →BILL[1] *n.*.

use *n.* gebruik, benutt(ig)ing, gebruikmaking; aanwending; toepassing; nut(tigheid), bruikbaarheid; bekendheid; voordeel; gewoonte; *make the* ***best*** *possible* ~ *of s.t.* iets ten beste gebruik; ***bring*** *s.t. into* ~ iets in gebruik neem; ~ *of* ***colour*** kleuraanwending; ***come into*** ~ in swang kom; *be in* ***common*** ~ →COMMON *adj.; be in* ***daily*** ~ elke dag *(of* daagliks) gebruik word *(of* in gebruik wees); *of no* ***earthly*** ~ →EARTHLY; *make* ***effective/good*** ~ *of s.t.* goeie gebruik van iets maak; *for the* ~ *of* ... vir die gebruik van ..., ten dienste van ...; *s.t.* ***has*** *its ~s* iets het sy nut; ***have*** *a* ~ nut hê; *be* ***in*** ~ gebruik word, in gebruik wees; gebruiklik/gangbaar wees, in swang wees; *not be* ***in*** ~ nie gebruik word nie, buite gebruik wees; ongebruiklik *(of* weinig gebruiklik) wees; *for* ***internal*** ~ →INTERNAL *adj.; lose the* ~ *of s.t.* die gebruik van iets verloor *('n arm ens.);* ***make*** ~ *of* ... van ... gebruik maak, ... te baat neem; *be of* ***no*** ~ geen nut hê nie, van geen nut wees nie, nêrens toe dien nie; *it is* ***no*** ~ dit baat/help niks (nie); *it is* ***no*** ~ *talking/etc.* dit help nie om te praat/ens. nie; *s.t. is (of)* ***no*** ~ *to s.o.* iem. kan iets nie gebruik nie; iem. het niks aan iets nie; *s.o. has* ***no*** ~ *for* ... iem. kan ... nie gebruik nie; iem. dink niks van ... nie; iem. kan ... nie veel/duld/verdra nie; *it is* ***not much*** ~ dit help/baat nie veel nie; ~ ***of*** *language* taalgebruik; ~*s* ***of*** *nuclear energy* aanwending van kernkrag; *be* ***of*** ~ *to s.o.* vir iem. nuttig wees, vir iem. van nut wees; vir iem. van diens wees; ~ ***of*** *words* woordgebruik; *be* ***out*** *of* ~ nie gebruik word nie; in onbruik wees; *for* ***private*** ~ →PRIVATE *adj.;* ***put*** *s.t. into* ~ →PUT *ww.;* ***put*** *s.t. to (a) good* ~ goeie gebruik van iets maak; *a* ***variety*** *of ~s* 'n verskeidenheid (van) aanwendings; ***what*** *is the* ~? wat baat/help dit?; ***what*** *is the* ~ *of it?* watter nut het dit?; ***what*** *is the* ~ *of trying/etc.?* wat baat/help dit om te probeer/ens.?; ~ *and wont* vaste gewoonte. **use** *ww.* gebruik, gebruik maak van; verbruik; benut; behandel; uitoefen, aanwend; plaas *(iets in 'n blad);* spandeer, bestee, uitgee *(geld);* ~ ***bad language*** →LANGUAGE; *s.o.* ***could*** ~ *s.t., (infml.)* iem. sou iets graag wil hê, iem. het/is/voel lus vir iets; *s.t.* ***could*** ~ ..., *(infml.)* ... sou iets verbeter; ~ *s.o.* ***ill*** →ILL *adv.; be ~d* ***like a dog*** soos 'n hond behandel word; ~ *every* ***means*** →EMPLOY/USE EVERY **MEANS;** ~ *one's* ***opportunities*** →OPPORTUNITY; ~ *s.t.* ***sparingly*** →SPARINGLY; ~ *s.t.* ***up*** iets opgebruik; *how is the* ***world*** *using you?* hoe gaan dit met jou?. ~**-by date** gebruiksdatum, gebruik-voordatum. ~ **value** gebruikswaarde.

used gebruik; halfslyt; gewoond; →LITTLE-USED; ~ ***car*** tweedehandse motor; ***commonly*** ~ →COMMONLY; *be/get* ~ ***to*** ... aan ... gewoond wees/raak; *s.o. is* ~ ***to*** *s.t.* iem. is aan iets gewoond; *it will take some time getting* ~ ***to*** ('n) mens sal eers daaraan gewoond moet raak; *s.o. does not come as often as he/she* ~ ***(to)*** iem. kom nie so dikwels soos sy/haar gewoonte was nie *(of* soos vroeër nie); *s.o.* ~ ***to be*** ... iem. was gewoonlik ...; vroeër was iem. ...; *s.o.* ~ ***to do*** *s.t.* iem. het iets gewoonlik gedoen; *the bell* ~ ***to ring*** *at one* die klok het gewoonlik om een- (uur) gelui; *s.o.* ~ ***to say*** iem. het dikwels/altyd gesê; *be* ~ ***up*** op(gebruik)/gedaan wees *(iets);* uitgeput/gedaan/kapot/pootuit wees *(iem.).*

use·ful nuttig; bruikbaar, dienlik, dienstig; ~ ***capacity*** nuttige kapasiteit; ***come in*** ~ →**COME** IN HANDY/USEFUL; ~ ***effect*** nuttige effek; ~ ***load*** nuttige vrag/belasting; ***make*** *o.s. (generally)* ~ help (oral[s]) waar jy kan, help met alles; ~ ***player*** bruikbare speler; *be* ***pretty*** ~ *at s.t.* nogal knap/vaardig wees met iets; *s.t. serves a* ~ ***purpose*** →S.T. SERVES A GOOD/USEFUL **PURPOSE. use·ful·ly** tot nut; met vrug. **use·ful·ness** nuttigheid; bruikbaarheid; dienlikheid, dienstigheid; *s.t. has outlasted its* ~ iets is uitgedien(d); *s.o. has outlived his/her* ~ iem. is uitgedien(d). **use·less** nutteloos, sonder nut; vergeefs; uitgedien(d); nikswerd; *be* ~ ***as*** ... nie deug as ... nie; *s.o. is* ~ ***at*** *s.t.* iem. kan iets glad nie doen nie, iem. het geen slag met iets nie; *s.o.* ***feels*** ~, *(ook, infml.)* iem. voel gedaan/pootuit *(of* glad nie op sy/haar stukke nie); *it's* ~ ***to*** ... dit baat/help nie om te ... nie, dis nutteloos om te ... **use·less·ness** nutteloosheid.

us·er *(ook jur.)* gebruiker; *(jur.)* gebruik, genot; *beneficial* ~ genottrekker; *right of* ~ gebruiksreg. ~ **fee** *(Am.)* diensgeld. ~**-friendly** gebruik(er)svriendelik. ~ **identification** *(rek.)* gebruikersidentifikasie. ~ **interface** *(rek.)* gebruikerskoppelvlak.

Ush·ant *(geog.)* Ouessant.

ush·er *n.* plekaanwyser; portier, deurwagter; geregsbode; *(Br., vero.)* hulponderwyser; *gentleman* ~ kamerheer; *(Gentleman) U~ of the Black Rod* Draer van die Swart Roede; *(SA, hist.)* Ampswag van die Senaat. **ush·er** *ww.* as plekaanwyser/deurwagter/seremoniemeester optree; voorgaan; inbring, aankondig; inlei *('n boek);* ~ *s.o. in* iem. binnelei; ~ *in s.t.* iets inlui *('n tydperk);* ~ *s.o. out* iem. na buite (be)gelei *(of* uitlei). **ush·er·ette**

(vr.) →USHER *n.*. **ush·er·ship** *(vero.)* hulponderwysers=pos.

us·que·baugh *(hoofs. Ier. & Sk.)* whisky.

u·su·al gewoon, gebruiklik; alledaags; *as ~* soos gewoonlik; oudergewoonte, ouder gewoonte; op die ou trant; *it goes as ~, (ook)* dit gaan ou stryk; *it is ~ to ...* dit is die gewoonte om te ... **u·su·al·ly** gewoonlik, in die reël, meestal. **u·su·al·ness** gewoonheid, gebruiklikheid.

u·su·cap·(t)ion *(Rom. reg, hoofs. hist.)* besitreg.

u·su·fruct *n., (Rom. reg)* vruggebruik; genot; *life ~* lewenslange vruggebruik, lewensreg. **u·su·fruc·tu·ar·y** *n.* vruggebruiker. **u·su·fruc·tu·ar·y** *adj.* vruggebruikers=, vruggebruiks=.

u·su·rer woekeraar; *(vero.)* geldskieter, gelduitlener.

u·surp wederregtelik/onwettig/onregmatig in besit neem, inpalm, wederregtelik toe-eien, usurpeer; jou iets aanmatig; *~ s.o.'s position* iem. (uit sy amp) verdring. **u·sur·pa·tion** wederregtelike inbesitneming, toe-eiening, usurpasie; verdringing. **u·surp·er** geweldadige inbesitnemer, usurpator; aanmatiger; troonrower; verdringer; indringer.

u·su·ry woekery, (die) woeker; woekerrente. **u·su·ri·ous** woekerend, woeker=; *~ **interest*** woekerrente; *~ **profit*** woekerwins; *~ **spirit*** woekersug; *~ **trade*** woekerhandel.

ut *(Lat., mus.)* ut.

U·tah *n., (geog.)* Utah.

u·ten·sil (stuk) gereedskap; gebruiksvoorwerp; houer; *kitchen ~s* kombuisgereedskap, =goed, =benodig(d)hede.

u·ter·us *uteri, (anat.)* uterus, baarmoeder; moer *(by diere);* →WOMB. **u·ter·ine** baarmoeder=, van die baarmoeder; van dieselfde moeder; *~ brother* →BROTHER UTERINE; *~ cancer* = CANCER OF THE UTERUS/WOMB.

u·ti·lise, =ize gebruik (maak van), benut, aanwend; besteе; benut *(krediet);* beset *(kapasiteit).* **u·ti·li·sa·tion, =zation** gebruikmaking, aanwending, benutting; besteding; besetting.

u·til·i·tar·i·an *n.* utilitaris, utilis, aanhanger van die nuttigheidsleer. **u·til·i·tar·i·an** *adj.* utilit(ar)isties, utiliteits=, nuttigheids=; utilitêr, (prakties) nuttig; *~ value* gebruikswaarde. **u·til·i·tar·i·an·ism** utilisme, utilitarisme, nuttigheidsleer; utiliteitsbeginsel; →UTILITY.

u·til·i·ty nut, nuttigheid, bruikbaarheid, gebruikswaarde, utiliteit; dienlikheid; *(public) ~, ~ (service)* nutsbedryf, nutsdiens, versorgingsbedryf. **~ clothes** draklere. **~ company** nuts=, versorgings=, utiliteitsmaatskappy. **~ man** nutsman, faktotum. **~ music** gebruiksmusiek. **~ program** *(rek.)* nutsprogram. **~ room** nutsvertrek. **~ truck, ~ vehicle** nutsvragmotor, =voertuig.

ut·most *n.* uiterste (bes); *at the ~* op die/sy hoogste/meeste; *one does one's ~* jy doen jou uiterste (bes), jy haal (alles) uit; *to the ~* tot die uiterste; ten sterkste. **ut·most** *adj.* uiterste, verste; meeste, grootste; *the ~ limits* →LIMIT *n.; lay (the ~) stress on s.t.* →STRESS *n.*.

u·to·pi·a utopie; heilstaat, gelukstaat. **U·to·pi·a** Utopia. **u·to·pi·an** *n.* utopis. **u·to·pi·an** *adj.* utopies; idealisties; utopisties. **u·to·pi·an·ism** utopisme.

u·tri·cle *(biol.)* sel; *(bot.)* blaashulsel; *(anat.; ook utriculus)* utrikel, (booggang)sakkie. **u·tric·u·lar, u·tric·u·late** sakkievormig, blaasvormig. **u·tric·u·lus** *=culi* →UTRICLE.

ut su·pra *(Lat.)* soos (hier)bo, soos tevore.

ut·ter[1] *adj.* volkome, totaal, algeheel; volslae, uiters, volstrek, absoluut; *~ **boredom*** →BOREDOM; *~ **darkness*** →DARKNESS; *~ **emergency*** uiterste noodgeval; *an ~ **fool*** →FOOL[1] *n.*.

ut·ter[2] *ww.* uiter, uitdruk, sê, uitspreek; slaak *('n sug);* in omloop bring, uitgee *(vals geld ens.); forge and ~* →FORGE[1] *ww.; one could not ~ a word* jy kon geen woord uitkry nie.

ut·ter·a·ble uitspreekbaar; wat uitgedruk kan word. **ut·ter·ance** uitlating, uiting; uitdrukking; uitspraak; spreekwyse; *give ~ to ...* aan ... uiting/uitdrukking gee; *pulpit ~* kanselrede, uitspraak. **ut·ter·er** uitspreker; *(jur.)* uitreiker. **ut·ter·ing** uiting; *forgery and ~* →FORGERY.

ut·ter·ly heeltemal, uiters, volkome, volslae; →UTTER[1] *adj.; ~ miserable* →MISERABLE; *be ~ silly* →SILLY *adj.*.

ut·ter·most = UTMOST.

u·ve·a uvea, (oog)kleurvlies.

u·vu·la *=lae, =las, (anat.)* kleintongetjie, uvula, huig. **u·vu·lar** *n.* uvulaar, uvulêre klank, huigklank. **u·vu·lar** *adj.* van die kleintongetjie, huig=, uvulêr; *~ r* bry-r, huig-r; *~ consonant* uvulaar, uvulêre konsonant. **u·vu·li·tis** *(inflammasie v.d. kleintongetjie)* uvulitis.

ux·o·ri·al *adj.: ~ memories* herinneringe aan jou/sy vrou/eggenote. **ux·o·ri·cid·al** *adj.: ~ depression* depressie oor die moord op jou/sy vrou/eggenote. **ux·o·ri·cide** *n.* (die) moord op jou/sy vrou/eggenote; man wat sy vrou/eggenote vermoor (het). **ux·o·ri·ous** vrousiek, versot op eie vrou. **ux·o·ri·ous·ness** versotheid op eie vrou.

Uz·bek *n.* Oezbeek, Oesbeek; *(taal)* Oezbekies, Oesbekies. **Uz·bek** *adj.* Oezbekies, Oesbekies; *~ Soviet Socialist Republic, (geog., hist.)* Oezbeekse/Oesbeekse Sosialistiese Sowjet-Republiek; →UZBEKISTAN. **Uz·bek·i·stan, Uz·bek·i·stan** *(geog.)* Oezbekistan, Oesbekistan.

U·zi Uzi(-handmasjiengeweer).

Vv

v *v's, vs, (22ste letter v.d. alfabet)* v; *little* ~ v'tjie; *small* ~ klein v.

V *V's,Vs, (22ste letter v.d. alfabet; Romeinse syfer 5)* V; V-kerf, V-keep.. **~-beam** V-straal. **~-belt** V-band. **~-block** V-blok. **~-formation** V-formasie. **~-gutter** V-geut. **~-joint** V-las; V-voeg. **~-neck** V-hals. **~-neck(ed)** *adj.* met 'n V-hals; ~ *jersey* V-halstrui, trui met 'n V-hals. **~-notch** V-keep, V-kerf; V-oorloop *(by 'n dam)*. **~-pump** V-pomp. **~-roof** V-dak. **~-screen** V-skerm. **~-shaped** V-vormig. **~-sign** *(m.d. handpalm na buite: oorwinnings=/vredesteken)* V-teken; *(m.d. handpalm na binne: onbeskofte teken v. minagting ens.)* bokhorings; *give the* ~ *to* (of *make a* ~ *at/to) s.o.* vir iem. bokhorings maak. **~-thread** V-(skroef)draad. **~-tool** V-beitel. **~-type engine** V-enjin.

Vaal: ~ **River** *(SA, geog.)* Vaalrivier. ~ **Triangle** *(SA, geog.)* Vaaldriehoek.

vac *(infml.)* →VACATION.

va·can·cy *=cies* vakature, opening, vakante betrekking/pos; oop plek; leë ruimte; beskikbare/onbesette kamer; afwesigheid, wesenloosheid; ***fill a*** ~ 'n vakature vul; *a* ~ ***for*** ... plek vir ..., 'n vakature vir ...; ***gaze into*** ~ wesenloos voor jou (uit)staar, die ruimte in (*of* voor jou) uitstaar; *have **no** vacancies* geen vakatures hê nie *(in 'n personeel)*; geen kamers beskikbaar hê nie, vol wees *('n hotel)*; *have a* ~ *on the **staff*** 'n vakature in die personeel hê, 'n betrekking vakant hê.

va·cant vakant; oop; vakant, onbeset *('n pos)*; leeg, onbewoon, ongeokkupeer(d) *('n huis)*; leeg, onbeset *('n stoel)*; leeg, onbebou(d) *('n erf)*; afwesig, leeg, wesenloos; dwaas; ***become*** ~ oopval *('n pos)*; leeg word *('n huis)*; ~ ***land*** →LAND *n.*; *s.o.'s **mind** seems completely* ~ →MIND *n.*; ~ ***possession*** onmiddellike woonreg; *a* ~ ***post*** →POST³ *n.*; *a* ~ ***stare*** →STARE *n.*. **va·cate** afstand doen van, opgee *(pos)*; vakant maak *(pos)*; neerlê *(amp)*; uittrek, ontruim; leegmaak, verlaat *(perseel)*; nietig/ongeldig verklaar/maak.

va·ca·tion *n.* vakansie (→LONG VACATION); rustyd; (die) uittrek, ontruiming; afstand; *(jur.)* nietigverklaring; *be **on*** ~ vakansie hou, met/op vakansie wees; *go **on*** ~ gaan vakansie hou, met/op vakansie gaan; ***spend*** *a* ~ ***somewhere*** 'n vakansie êrens deurbring, êrens gaan vakansie hou; ***take*** *a* ~ gaan vakansie hou. **va·ca·tion** *ww., (Am.)* vakansie neem/hê. ~ **course** vakansiekursus. ~**land** *(Am.)* vakansiegebied; pretpark. ~ **leave** vakansieverlof. ~ **school** →SUMMER SCHOOL.

va·ca·tion·er *n., (Am.)* vakansieganger.

vac·ci·nal (in)entings=, vaksien=, ent=. **vac·ci·nate** (in)ent, vaksineer; ~ *s.o. against a disease* iem. teen 'n siekte inent.

vac·ci·na·tion (in)enting, (in)entery, vaksinasie, vaksinering; →VACCINE *n.*; *give s.o. a* ~ *against* ... iem. teen ... (in)ent; *the* ~ *takes* die ent groei. ~ **scar/mark** ent(merk).

vac·ci·na·tor (in)enter.

vac·cine *n.* entstof, vaksien. **vac·cine** *adj.* (in)entings=, vaksien=. ~ **lymph** entlimf. ~ **therapy** vaksienbehandeling.

vac·cin·i·a *(teg.)* →COWPOX.

vac·il·late aarsel, weifel, talm, hink en pink, op twee gedagtes hink, wik en weeg; onseker/besluiteloos wees; wankel; ~ *between ... and ...* tussen ... en ... weifel. **vac·il·lat·ing, vac·il·lant** weifelend, weifelagtig, besluiteloos, talmend, aarselend, wankelmoedig. **vac·il·la·tion** aarseling, weifeling, geweifel, besluiteloosheid. **vac·il·la·tor** weifelaar.

va·cu·i·ty saaiheid, wesenloosheid; leegheid, leë ruimte, leemte, vakuum; dwaasheid.

vac·u·ole *(biol.)* vakuool, vogselholte.

vac·u·ous leeg; uitdrukkingloos, wesenloos, leeg; doelloos; sonder betekenis/inhoud; *a* ~ *smile* →SMILE *n.*. **vac·u·ous·ness** leegheid; wesenloosheid; doelloosheid.

vac·u·um *vacuums, vacua, n.* vakuum, lugleegte, lugleë ruimte; leemte; *create/leave a* ~ *in* ... 'n leemte in ... veroorsaak/laat; *fill a* ~ 'n leemte (aan)vul; *in a* ~ in 'n lugleegte. **vac·u·um** *ww.* stofsuig. ~ **brake** vakuum=, lugrem. ~ **(cleaner)** stofsuier. ~ **desiccator** lugleë droogtoestel/droër, vakuumdesikkator. ~ **distillation** vakuumdistillasie, =distillering. ~ **duct** vakuumgang, leiding. ~ **extractor** suigdroër. ~ **flask** warm=, isoleer=, vakuumfles. ~ **gauge** vakuummeter; drukmeter. **~-operated** *(mot.)* vakuumgedrewe. **~-packed** *adj.* vakuumverpak. ~ **pipe** vakuumpyp. ~ **pump** vakuumpomp. ~ **tank** vakuum=, suigtenk. ~ **tube** vakuumbuis; vakuumpyp; mengpyp. ~ **valve** vakuumklep.

va·de me·cum vademecum, vademekum, (beknopte) handleiding.

vag·a·bond *n.* swerwer, rondloper; *(infml., vero.)* skelm, deugniet. **vag·a·bond** *adj.* (rond)swerwend, rondtrekkend, rondloper=. **vag·a·bond** *ww.* rondloop, =trek; (rond)swerwe, =swerf. **vag·a·bond·age** rondlopery; rondswerwery.

va·gal *(anat.)* swerfsenu(wee)=, van die swerfsenu(wee); →VAGUS (NERVE).

va·gar·y, va·gar·y gril, gier, luim, nuk, kwint.

va·gi·na *=nas, =nae, (anat.)* vagina; *(biol.)* skede; *(bot.)* (blaar)skede, (blad)skede. **va·gi·nal, va·gi·nal** vaginaal; skede=, van die skede. **vag·i·nant** deur 'n skede omsluit; omhullend. **vag·i·nate** *(vnl. bot.)* skededraend; van 'n skede voorsien. **vag·i·nis·mus** vaginismus, vaginisme. **vag·i·ni·tis** vaginitis.

va·grant *n.* rondloper, (rond)swerwer; daklose. **va·grant** *adj.* rondlopend, (rond)swerwend, rondtrekkend; wild groeiend; los, onsamehangend. **va·gran·cy** rondlopery, (rond)swerwery, rondtrekkery.

vague vaag, onduidelik, onskerp; onseker, onbestem(d), onbepaald; *be* ~ ***about*** *s.t.* vaag wees oor iets; *have a* ~ ***idea*** *of doing s.t.* →IDEA; *not have the* ~*st **notion** of s.t.* →NOTION; *a* ~ ***recollection*** →RECOLLECTION; *hear a* ~ ***rumour*** 'n los gerug hoor, 'n voëltjie hoor fluit. **vague·ly** vaagweg. **vague·ness** vaagheid, onduidelikheid; onbepaaldheid, onbestemdheid.

va·gus: ~ **(nerve)** *(anat.)* vagus=, dwaal=, swerfsenu(wee).

vail¹ *ww., (vero.)* die hoof ontbloot; afhaal *('n hoed)*; buig; agteruitstaan; eerbied betoon *(aan)*.

vail² *n. & ww., (arg.)* →VEIL.

vain nutteloos, vergeefs, ydel; verwaand, ydel; beuselagtig, nietig, sinloos; vrugteloos; *be* ~ ***about/of** one's appearance* jou wat verbeel oor jou voorkoms; *a* ~ ***hope*** →HOPE *n.*; ~ ***imaginings*** →IMAGININGS *n.*; *be **in*** ~ tevergeefs wees; *do s.t. **in*** ~ iets tevergeefs doen; *take a name **in*** ~ →NAME *n.*; ***in*** ~, *(ook)* sonder sukses; vrugteloos; *a **Miss** V*~ 'n ydeltuit; *all **resistance** was* ~ alle weerstand was vergeefs; *it is* ~ ***to*** ... dit help nie om te ... nie.

vain·glo·ry verwaandheid, grootpratery, bluf, ydelheid. **vain·glo·ri·ous** verwaand, grootpraterig, vertonerig, opgeblase, ydel.

vain·ly (te)vergeefs.

vair pels.

Vais·ya *(Hind.: derde v.d. vier hoofkastes)* Waisja; lid van die Waisja.

Va·lais *(Switserse kanton)* Wallis.

val·ance, val·ence valletjie, randjie; drapering; *(mot.)* skerm.

vale *(gew. in plekname gebr.)* vallei, dal; →VALLEY; ~ *of tears* tranedal, jammerdal.

va·le *(Lat.)* vaarwel; tot siens, totsiens. **val·e·dic·tion** vaarwel; afskeidswoord(e), afskeidsgroet, =boodskap, =rede. **val·e·dic·to·ri·an** *n., (Am.)* student wat die afskeidsrede hou (*of* gehou het). **val·e·dic·to·ry** *n.* afskeidsgroet, =rede, =boodskap. **val·e·dic·to·ry** *adj.* afskeids=, vaarwel=; ~ *address* afskeidsrede; afskeidsadres.

va·lence¹ *(Am.)* = VALENCY. ~ **electron** *(chem., fis.)* valensie-elektron.

va·lence² →VALANCE.

Va·len·cia *(geog.)* Valencia. ~ **orange** Valencia/valencia(lemoen).

Va·len·ci·ennes (lace) Valenciennes(kant).

va·len·cy, *(Am.)* **va·lence** *(chem., ling.)* valensie. ~ **bond** valensiebinding. ~ **number** valensiegetal.

val·en·tine Valentynskaart(jie); Valentynsgeskenk; Valentynsmeisie, =nooi; Valentynsmaat; *(St.)* V~*'s day, (14 Feb[r].)* Valentynsdag; →SAINT VALENTINE.

Val·en·tin·i·an *(Rom. keiser)* Valentinianus.

Va·le·ri·an *(Rom. keiser)* Valerianus.

va·le·ri·an *(bot.)* valeriaan, wildebalderjan; valeriaanwortel, koorswortel, balderjanwortel.

val·et *n.* (persoonlike) bediende, lyfkneg, =bediende, lakei; kelner *(in 'n hotel)*. **val·et** *ww.* (lyf)bediende/lyfkneg wees, bedien; skoonmaak *(motor)*. ~ **service** skoonmaakdiens.

va·le·ta →VELETA.

val·e·tu·di·nar·i·an *n.* sieklike persoon, swakke, invalide; hipochondris, hipochonder. **val·e·tu·di·nar·i·an** *adj.* swak, sieklik, sukkelend, invalide. **val·e·tu·di·nar·i·an·ism** sieklikheid. **val·e·tu·di·nar·y** *n. & adj.* = VALETUDINARIAN *n. & adj.*.

Val·hal·la *(mit.)* Walhalla; *(fig.)* stryderSparadys.

val·iant dapper, moedig, onverskrokke, heldhaftig; waardevol. **val·iance, val·iancy** dapperheid, moed, onverskrokkenheid, heldhaftigheid.

val·id geldig, van krag; gegrond, sterk, redelik *('n argument)*; gangbaar; ~ ***for*** *three months/etc.* drie maande/ens. geldig; ~ ***in law*** regsgeldig, regtens gegrond, wettig; ***make*** *s.t.* ~ iets geldig maak; ***remain*** ~ geldig bly. **val·i·date** bevestig, bekragtig, geldig verklaar, staaf, waarmerk. **val·i·da·tion** bevestiging, bekragtiging, geldigverklaring, geldigmaking, stawing. **va·lid·i·ty** geldigheid, gegrondheid; redelikheid *(v. 'n argument)*; *(jur.)* geldigheid, (regs)krag; *(statist.)* geldigheid; *period of* ~ →PERIOD; ~ *of a claim, (jur.)* deugdelikheid/gegrondheid van 'n eis.

val·ine *(biochem.)* valien.

va·lise reistas, =sak; handkoffer, =tas; rugsak.

Val·i·um *(handelsnaam, med.: kalmeermiddel)* Valium.

Val·kyr, Val·kyr·ie, Val·kyr·ie, Wal·kyr·ie, Wal·kyr·ie *(mit.)* Walkure. **Val·kyr·i·an, Wal·kyr·i·an** Walkure=.

val·lec·u·la *=lae, (anat., bot.)* groef; plooi, rimpel.

val·ley vallei, dal; laagte; dal *(in 'n grafiek)*; insinking *(i.d. vraag)*; *(bouk.)* (dak)kiel; →HANGING VALLEY; *a **drowned*** ~ →DROWN; ~ ***of** death, (fig.)* doodsvallei; ~ *of the shadow **of** death, (Byb.)* dal van doodskaduwee *(OAB)*; donker dieptes *(NAB)*; ~ ***of** tears* tranedal. ~ **board** kielplank. ~ **gutter** kielgeut. ~ **hour** slap/stil tyd. ~ **jack rafter** kielkortspar. ~ **line** dallyn. ~ **period** slap/stil tyd. ~ **rafter** kielspar. ~ **roof** kieldak. ~ **shingle** kielspaan. ~ **tile** kielpan.

val·lum *vallums, valla, (argeol.)* wal, bolwerk.

val·or·ise, -ize die/'n prys stabiliseer/aanpas, valoriseer. **val·or·i·sa·tion, -za·tion** prysstabilisering, -stabilisasie, valorisasie, valorisering.

val·our, *(Am.)* **val·or** moed, dapperheid, onverskrokkenheid, heldhaftigheid, krygshaftigheid; *show/display* ~ onverskrokkenheid/dapperheid aan die dag lê. **val·or·ous** moedig, dapper, onverskrokke, heldhaftig.

valse *(Fr.: veral gebr. in titels v. musiekstukke)* →WALTZ *n.*.

val·u·a·ble kosbaar, waardevol; geld(s)waardig; waardeerbaar, te waardeer; →VALUABLES; VALUE *n. & ww.*; ~ *consideration* →CONSIDERATION; *a service not ~ in money* 'n diens nie met geld te betaal nie; ~ *security* geld(s)waardige sekerheid. **val·u·a·bles** kosbaarhede, waardevolle artikels, dinge/voorwerpe van waarde.

val·u·a·tion valuasie, skatting, waardering, waardasie, taksering, taksasie; waardebepaling; *take s.o. at his/her own* ~ iem. se eie skatting van hom-/haarself aanvaar; *set too high a ~ on s.o./s.t.* iem./iets te hoog aanslaan; iem./iets oorskat; *at a low* ~ teen 'n lae prys. ~ **court** waardasiehof. ~ **roll** waardasielys.

val·u·a·tor →VALUER.

val·ue *n.* waarde; prys; betekenis; norm, maatstaf; getal; nut, waarde; *an* ***assessment*** *of* ~ 'n waardebepaling; ***attach*** ~ *to s.t.* waarde aan iets heg; ***determine*** *the ~ of s.t.* die waarde van iets bepaal; *be* ***equal*** *in ~ to ...* →EQUAL *adj.*; ~ *in* ***exchange, exchange*** ~ ruilwaarde; *get (good) ~* ***for*** *one's money* (goeie) waarde vir jou geld kry; *s.t. is* ***good*** ~ iets is die geld/prys werd; *be of* ***great*** ~ baie waardevol/kosbaar wees; *set a* ***high*** ~ *(up)on s.t.* iets hoog waardeer; baie waarde aan iets heg; *s.t.* ***lessens*** *the ~ of ...* iets verminder die waarde van ...; *count ... of* ***little*** ~ →LITTLE *adj.*; ~ *in/of* ***money, money*** ~ geldwaarde, waarde in geld; *be* ***of*** ~ waardevol/kosbaar wees, waarde hê, van waarde wees; *be* ***of*** *no ~ to s.o.* geen waarde vir iem. hê nie, van geen waarde vir iem. wees nie; ***place/put/set*** *a ~ (up)on s.t.* 'n waarde aan iets heg/toeken; *the* ***precise*** ~ *of a word* die juiste betekenis/krag van 'n woord; ~ ***received*** waarde ontvang; ***scale*** *of ~s* waardeskaal; ***sense*** *of ~(s)* waardebegrip; ***system*** *of ~s* waardesisteem; ***thermal*** ~ warmtegehalte, verwarmingsvermoë; ***to the*** ~ *of ...* ter waarde van ...; ***under*** *the* ~ onder die waarde. **val·ue** *ww.* waardeer, op prys stel; waarde heg aan; skat, takseer, waardeer, waarde bepaal; aanslaan; *be ~ed at ...* op ... gewaardeer/geskat/getakseer word; *~d* ***friend*** gewaardeerde vriend; ~ *s.t.* ***highly,*** ~ *s.t. very much* iets hoog op prys stel; iets hoog aanslaan; baie/erg op iets gesteld wees; ~ *o.s.* ***on*** *...* op ... aanspraak maak. ~-**added:** ~ *tax, (afk.: VAT)* belasting op toegevoegde waarde *(afk.: BTW)*. ~-**for-money** *adj. (attr.)* waarde-vir-geld-. ~ **judg(e)ment** waardeoordeel.

val·ue·less waardeloos, nikswerd. **val·u·er, val·u·a·tor** skatter, takseerder, taksateur, waardeerder.

val·vate klepvormig; met kleppe; klep-; *(bot.)* kleppig.

valve *(anat., bot., soöl., elek.)* klep; skuif(ie), afsluiter; (radio)lamp; *(elek.)* buis *(v. 'n radio)*; *(mus.)* ventiel *(v. 'n trompet ens.)*; ~ *of the heart* →HEART VALVE; *sliding* ~ →SLIDING. ~-**adjusting screw** klepstelskroef. ~ **adjustment** klepstelling. ~ **base** *(mot.)* klepvoet; buisvoet *(v. 'n radio)*. ~ **body** klephuis. ~ **box** ventielkas *(v. 'n orrel)*. ~ **cap** klepdop, afsluitdoppie. ~ **casing** klep(om)hulsel. ~ **chamber** klepkamer. ~ **clearance** klepspeling. ~ **cock** klepkraan. ~ **core** *(mot.)* klepkern. ~ **cover** klepkap, -deksel. ~ **disc/disk** klepskyf. ~ **engine** klepenjin. ~ **face** klepvlak. ~ **gasket** kleppakstuk. ~ **gear** klepwerk, -inrigting. ~ **gearing** kleprat-werk. ~ **gland** klepdrukstuk. ~ **grinder** klepslyper. ~-**grinding** klepslyping, kleppe slyp. ~ **guard** klepskerm, -skut. ~ **guide** klepleier. ~ **head** klepkop. ~-**in-head engine** *(Am.)* kopklep-enjin. ~ **key** klepsleutel; klepspy. ~ **lift** kleplighoogte. ~ **lifter** kleplighter; klepstoter. ~ **lock** *(mot.)* klepsluiter. ~ **mechanism** klepmeganisme. ~ **overlap** klepoorslag. ~ **packing** kleppakstuk. ~ **pillar** klepsuil. ~ **plunger** klepdompelaar. ~ **position** klepstand. ~ **seat(ing)** klepbedding. ~ **shaft** klepsteel. ~ **shield** klepskerm. ~ **slam** waterslag. ~ **slot** *(mot.)* klepgleuf. ~ **spindle** klepspil. ~ **spring** klepveer. ~ **stem** klepsteel. ~ **stroke** klepslag. ~ **tappet** klepstoter. ~ **timing** klepreëling.

valved met kleppe *(of* 'n klep). **valve·less** sonder klep(pe). **valve·let, val·vule** kleppie. **val·vu·lar** klepvormig; met kleppe *(of* 'n klep), klep-; ~ *(heart) disease* hartklepaandoening. **val·vu·late** met kleppies. **val·vule** →VALVELET. **val·vu·li·tis** *(med.)* valvulitis, (hart)klepontsteking.

vam·brace *(hist.)* voorarmskut.

va·moose *(hoofs.Am., infml.)* laat spat/spaander, trap, maak dat jy wegkom, skoonveld raak, verdwyn.

vamp[1] *n.* boleer, oorleer, voorstuk *(v. 'n skoen)*; lap(werk); *(mus.)* geïmproviseerde begeleiding; →VAMPER. **vamp** *ww.* nuwe voorstuk/oorleer aansit; lap, heelmaak; improviseer *(begeleiding)*; ~ *up s.t.* iets saamflans; iets oplap.

vamp[2] *n.* verleidster, flankeerder, flirt, femme fatale. **vamp** *ww.* flankeer/flirt(eer)/koketteer met; verstrik, verlei; uitbuit.

vamp·er lapper, heelmaker; improviseerder.

vam·pire vampier; *(fig.)* uitsuier, uitbuiter, woekeraar, afperser; verleidster, flankeerder, flirt; *(teat.)* valdeur. ~ **bat** vampier, bloedsuiervlermuis.

vam·pir·ic vampier-. **vam·pir·ism** vampirisme; bloedsuiery; afpersing.

vam·plate *(hist.)* handskut.

van[1] *n.* vervoerwa; bagasiewa, goederewa *(v. 'n trein)*; *(Br.)* →CARAVAN *n.*; *light (delivery)* ~ bakkie, ligte afleweringswa/-voertuig; →DELIVERY VAN; POLICE VAN. ~**man** -*men* afleweraar; bestuurder van 'n afleweringsvoertuig.

van[2] *n.* voorhoede, spits, voorpunt; leiers, voormanne; →VANGUARD; *in the ~ of ...* vooraan ..., aan/op die voorpunt van ..., in die voorhoede van ...

van[3] *n., (arg.)* wan, uitwanner; wanmasjien; *(arg., poët.)* vlerk *(v. 'n voël)*. **van** -*nn*-, *ww.* (uit)wan, uitkaf *(koring)*; was *(erts)*.

va·na·di·um *(chem., simb.:* V*)* vanadium.

Van Al·len (ra·di·a·tion) belt *n.* Van Allen-(stralings)gordel.

Van·dal *n., (hist.)* Vandaal. **Van·dal·ic** *adj.* Vandaals. ~ **kingdom** Vandaleryk.

van·dal *n.* vandaal, vernieler, verwoester. **van·dal·ise, -ize** skend, verniel. **van·dal·ism** vandalisme, vernielsug; *commit* ~ vandalisme pleeg. **van·dal·ist·ic** vandalisties, vernielsugtig.

Van de Graaff gen·er·a·tor *(elek.)* elektrostatiese generator.

van der Waals *n.*: ~ **equation** *(fis.)* Van der Waals-vergelyking. ~ **forces** *(mv.), (chem., fis.)* Van der Waalskragte.

Van·dyke, van·dyke: ~ **(beard)** puntbaard. ~ **brown** *n.* vandyckbruin, Van Dyck-bruin. ~-**brown:** *(adj.)* attr.: ~ *suit* vandyckbruin pak, Van Dyck-bruin pak. ~ **(collar)/(cape)** vandyckkraag, Van Dyck-kraag.

vane wiek, vlerk *(v. 'n meul)*; vaan; weerhaan, windwyser; klap; skroefblad; *(orn.)* vlag(gie) *(v. 'n veer)*. ~ **sight** windvisier. ~ **wheel** wiekwiel.

va·nette (toe) motorwaentjie.

vang *(sk.)* (gaffel)gaard.

van·guard voorhoede, voorste afdeling, voordekking; voorpunt; *in the ~ of development* aan/op die voorpunt van ontwikkeling. ~ **patrol** voorpatrollie.

va·nil·la *(bot.)* vanielje, vanilla. ~ **essence** vanielje-, vanillageursel. ~ **ice cream** vanielje-, vanillaroomys. ~ **sugar** vanielje-, vanillasuiker.

van·il·lin, van·il·lin *(chem.)* vanillien. **va·nil·lism** vanielje-, vanillavergiftiging.

van·ish verdwyn, wegraak; wegsterf, -sterwe, ophou *(om te bestaan)*; *(wisk.)* nul word; ~ ***completely*** heeltemal verdwyn/wegraak; ~ ***from*** *...* uit/van ... verdwyn; ~ ***into*** *nothing(ness)* in die niet verdwyn; ~ ***into*** *thin air* soos 'n groot speld verdwyn/wegraak. **van·ish·ed** skoonveld.

van·ish·ing: ~ *act/trick* verdwynkuns(ie) *(v. 'n kulkunstenaar)*; *do/perform a/the ~ act/trick, (fig., infml.)* spoorloos *(of* soos 'n groot speld) verdwyn, stilletjies wegraak, ongemerk wegglip; ~ *target* duik-, valskyf. ~ **cream** dagroom; verwyderingsroom. ~ **point** verdwynpunt.

van·i·ty -*ties* leegheid, waardeloosheid; nietigheid, verganklikheid; onwerklikheid, skyn; vrugteloosheid, nutteloosheid; verwaandheid, ydelheid; *all is ~* alles is ydelheid; ~ *of vanities* ydelheid der ydelhede; *s.t. tickles one's* ~ iets streel jou ydelheid/eieliefde. ~ **bag/case/box** grimeersakkie, -tassie; toiletsakkie. **V~ Fair** die wêreld as 'n toneel van ydelheid; ydelheidskermis. ~ **mirror** grimeerspieëltjie. ~ **plate** verpersoonlikte nommerplaat. ~ **press/publisher** *(Am.)* skynuitgewer. ~ **(table)** *(Am.)* spieëltafel. ~ **unit** wasbakeenheid, wasbakkas.

van·quish verslaan, oorwin.

van·tage voordeel, voorsprong; *(tennis)* voordeel; →ADVANTAGE *n.*. ~ **ground** voordelige terrein/posisie/ligging; geskikte/geleë plek. ~ **point** gunstige posisie; uitkykpunt, -pos.

Va·nua·tu *(geog.)* Vanuatu.

vap·id flou, laf, smaakloos; saai, flou, sinloos, geesteloos. **va·pid·i·ty** flou-, lafheid, smaakloosheid; saaiheid, sinloos-, geesteloosheid.

va·po·ret·to -*ti*, -*tos*, *(It.)* vaporetto, waterbus.

va·por·if·ic damp-, verdampings-. **va·por·im·e·ter** dampmeter, vaporimeter. **va·por·i·sa·tion, -za·tion** verdamping, uitdamping, uitwaseming; dampvorming; verstuiwing. **va·por·ise, -ize** (laat) verdamp, uitdamp; vergas; verstuif; opdamp. **va·por·is·er, -izer** verdamper, uitdamper, verdampingstoestel; verstuiwer; vergasser; vaporisator. **va·por·ous** dampagtig, damperig, vol dampe/wasem; damp-, verdampings-.

va·pour, *(Am.)* **va·por** *n.* damp, wasem; stoom; mis; rook; *the ~s, (arg.)* neerslagtigheid, swaarmoedigheid, depressie; *s.o. has the ~s* iem. is vol hipokonders/ipekonders, iem. het dit op sy/haar senuwees. **va·pour,** *(Am.)* **va·por** *ww.* verdamp; wasem (afgee), damp; rook; windmaak, grootpraat, spog. ~ **bath** stoombad. ~ **density** dampdigtheid. ~ **lock** dampslot. ~ **pressure** *(fis.)* dampdruk; gasdruk. ~ **trail** dampspoor, -streep. ~ **vent** *(mot.)* ontdamper.

va·pour·er, *(Am.)* **va·por·er** windmaker, grootprater, spogter, spogger. **va·pour·ish,** *(Am.)* **va·por·ish** *(arg.)* windmakerig, grootpraterig, spoggerig, blufferig. **va·pour·y,** *(Am.)* **va·por·y** dampagtig, wasig; dampend, wasemend.

va·ran *(soöl.: soort likkewaan)* varaan.

var·i·a·ble *n.* veranderlike, veranderlike grootheid/hoeveelheid; *(wisk.)* variant; *(i.d. mv.: sk.)* veranderlike/wisselende winde. **var·i·a·ble** *adj.* veranderlik, onbestendig, wisselend, uiteenlopend, variërend, fluktuerend; wispelturig, onvas, ongestadig; veelvormig; wisselbaar, wysigbaar, veranderbaar; reëlbaar, (ver)stelbaar; ~ ***gear*** reëlbare rat; ~ ***load*** reëlbare las/vrag; *(elek.)* wisselende belasting; wisselende besetting *(v. 'n masjien)*; wisselende las/vrag; ~ ***(star)****, (astron.)* veranderlike ster; ~ ***wind*** veranderlike wind. **var·i·a·bil·i·ty** veranderlikheid, onbestendigheid; wisselvalligheid. **var·i·a·ble·ness** →VARIABILITY. **var·i·ance** verskil; wisseling, afwyking; vryheidsgraad; strydigheid; *(jur.)* teenstrydigheid, teenspraak; meningsverskil, stryd, geskil, twis, onenigheid, onmin; *(wisk., statist.)* variansie; *be at ~ on an issue* oneens wees oor 'n saak; haaks/onenig wees oor 'n saak, oorhoop(s) lê/wees oor 'n saak; *s.t. is at ~ with ...* iets is strydig met ..., iets is in stryd/botsing met ...; iets is in teenspraak met ... *(d. feite ens.)*. **var·i·ant** *n.* wisselvorm, byvorm, variant. **var·i·ant** *adj.* verskillend, afwykend; veranderlik, wisselend; ~ *spelling* dubbelspelling.

var·i·cel·la *(teg.)* →CHICKENPOX.

var·i·co·cele *(med.)* spataarbreuk, varikoseel. **var·i·cose** opgeswel, vergroot; spataar-; ~ ***hernia*** spataarbreuk; ~ ***stocking*** spataarkous; ~ ***ulcer*** spataarseer; ~ ***vein*** spataar, varikeuse vena.

var·i·col·oured, *(Am.)* **var·i·col·ored** veelkleurig, bont gekleur(d).

var·ied gevarieer(d), verskillend; verander(d), afgewissel(d), gewysig; veelsoortig, (af)wisselend; veelkleurig, bont; →VARY; ~ *assortment* verskeidenheid. **var·ie·gate** bont maak/kleur/skakeer, kleurverskille aanbring; verskillend maak; varieer. **var·ie·gat·ed** (onreëlmatig) gekleur(d); veelkleurig; bont (gekleur[d]); gespikkel(d); kollerig, gevlek; meerkleurig, gevlek *('n blom)*; gevarieer(d); ~ ***aloe*** bontaalwyn; ~ ***colours*** mengelkleure; ~ ***tick*** bontbosluis; ~ ***wool*** vlekkerige wol; ~ ***yarn*** vlamgare, =garing. **var·ie·ga·tion** (kleur)=skakering, bontheid, veelkleurigheid; verskeidenheid, gevarieerdheid. **va·ri·e·tal** *adj.* variëteits= *(geur, karakter, wyn, ens.)*.

va·ri·e·ty *=ties* verskeidenheid; afwisseling; veelsydigheid, veelvormigheid; vormafwyking; veelsoortigheid; *(algemeen)* soort; *(biol.)* variëteit; *(mus.)* variété; ***in a ~ of colours/etc.*** in verskeie kleure/ens.; *a ~* ***of*** *toys/etc.* 'n verskeidenheid (van) speelgoed/ens.; *for the* ***sake*** *of ~* vir/ter afwisseling; ~ *of* ***scene*** afwisseling/verandering van omgewing; ~ *is the* ***spice*** *of life* verandering van spys(e) gee (nuwe) eetlus, afwisseling krui(e) die lewe; *by* ***way*** *of ~* vir/ter afwisseling; *a* ***wide*** *~ of ...* 'n groot verskeidenheid (van) ... . ~ **artist** variété-kunstenaar, =arties. ~ **concert** variétékonsert, verskeidenheidskonsert. ~ **show** variétévertoning. ~ **store/shop** *(Am.)* basaar. ~ **theatre** variététeater.

var·i·form met verskillende vorme, veelvormig.

va·ri·o·la *(teg.)* →SMALLPOX; *equine ~* perdepokke. **va·ri·o·la·tion** (in)enting. **var·i·ole** holtetjie, gaatjie, merk. **var·i·o·lite** *(geol.)* varioliet, poksteen. **var·i·o·loid** *n., (ligte vorm v. pokke)* varioloïed. **var·i·o·loid** *adj.* pokkiesagtig, varioloïed.

var·i·om·e·ter variometer, stygmeter.

var·i·o·rum *n. & adj.:* ~ **(edition)** variorumuitgawe.

var·i·ous verskillend; verskeie, talryke; veelsoortig, uiteenlopend; velerlei; meer as een; *of ~ kinds/sorts* van allerlei aard.

var·is·tor *(elek.)* varistor.

var·ix *varices, (med., soöl.)* variks, knop=, spataar.

var·let *(vero.)* bediende; *(hist.)* page; *(vero.)* skelm, vabond.

var·mint *(infml.)* duiwelskind, blikskottel, swernoter, swernoot; onkruid, skelm.

var·na *(Skt.: Hindoekaste)* varna.

var·nish *n.* vernis, lak; glans, blinkheid; *(fig.)* skyn, uiterlike vertoon; *nail ~* →NAIL POLISH. **var·nish** *ww.* vernis, (ver)lak; blink maak; *(fig.)* verbloem, 'n skyn gee. ~ **stain** vernisvlek; vernisbeits. ~ **tree** vernisboom, =plant.

var·nish·ed *(verl.t.)* het vernis; →VARNISH *ww.*; *varnishing day (voorvertoning v. skilderytentoonstelling)* vernissage.

var·si·ty *(infml.)* →UNIVERSITY.

var·us *n., (med.)* varus; hoepelbeen, bakbeen; horrelvoet; X-bene. **var·us** *adj.* varus=; inwaarts/binnewaarts gedraai(d).

varve *(geol.)* warf. **varved** gewarf, met warwe.

var·y varieer; verander, wysig; afwissel; afwyk; verskil; uiteenloop; skommel; →VARIED; *prices ~* ***from*** *...* ***to*** *...* die pryse wissel van ... tot ...; *~* ***greatly/widely*** baie wissel; *the ... ~* ***in*** *size* →SIZE[1] *n.*; *s.o.'s* ***mood*** *varies from day to day* iem. het elke dag 'n ander bui; ***opinions*** *~ on this point* op hierdie punt is daar meningsverskil (*of* verskil van mening); *~ an* ***order,*** *(jur.)* 'n hofbevel wysig/verander. **var·y·ing** uiteenlopend; *in ~ degrees* →DEGREE.

vas *vasa, (Lat.: anat., soöl.)* (bloed)vat, buis; *~ afferens* vas afferens, toevoervat; *~ deferens* vas deferens, saadleier, =buis; *~ efferens* vas efferens, afvoerbuis.

vas·cu·lar vaatryk; vaskulêr, vaat=; ~ ***bundle/strand,*** *(bot.)* vaatbundel; ~ ***cylinder*** murgkoker, sentrale silinder; ~ ***disease*** vaatsiekte; ~ ***plant*** vaatplant; ~ ***ray*** = MEDULLARY RAY; ~ ***system,*** *(bot.)* vaatstelsel; *(anat.)* bloedvaat=, bloedvatestelsel, vaskulêre stelsel; ~ ***tissue,*** *(bot.)* vaatweefsel; ~ ***wall*** vaatwand.

vas·cu·lar·ise, =ize *ww., (med.)* vaskulariseer. **vas·cu·lar·i·sa·tion, =za·tion** *n.* vaskularisasie. **vas·cu·lar·i·ty** *(biol.)* vaatrykheid, vaskulariteit. **vas·cu·lum** *=la* (blik)trommeltjie, botaniseertrommel *(vir botaniese monsters)*.

vas def·er·ens →VAS.

vase vaas, blompot; →FLOWERPOT.

vas·ec·to·my *(verwydering v. saadleier)* vasektomie.

vas ef·fer·ens →VAS.

Vas·e·line, *n. (handelsnaam vir petrolatum)* Vaseline. **Vas·e·line** *ww.* Vaseline aansmeer.

Vash·ti *(OT)* Vasti.

vas·i·form buisvormig; silindries.

va·so- *komb.vorm* vaat=, aar=.

va·so·con·stric·tion vaat=, aarvernouing, vasokonstriksie. **va·so·con·stric·tor** vaatvernouer, vasokonstriktor.

va·so·di·la·ta·tion, va·so·di·la·tion vaatverwyding, =uitsetting, aarverwyding, =uitsetting, vasodilatasie. **va·so·di·la·ting** vaatverwydend. **va·so·di·la·tor** vaatuitsetter, =verruimer, vasodilator.

va·so·mo·tor *n.* vasomotoriese senu(wee). **va·so·mo·tor** *adj.* vasomotories; ~ *nerve* vasomotoriese senu(wee); ~ *spasm* = VASOSPASM.

va·so·pres·sin *(med.)* vasopressien.

vas·o·spasm vaatkramp, vasospasma.

vas·sal *(hist.)* leenman, vasal; dienaar, kneg, slaaf. ~ **state** vasa(a)lstaat, afhanklike staat, leenstaat.

vas·sal·age leenmanskap; ondergeskiktheid, onderhorigheid, diensbaarheid; knegskap, slawerny.

vast *n.: the ~, (hoofs. poët.)* die uitgestrektheid/eindeloosheid; *the ~ of heaven* die onmeetlike lugruim. **vast** *adj.* ontsaglik, geweldig; reusagtig, reuse=; eindeloos, wyd uitgestrek; onmeetlik; *a ~ expanse of water* →EXPANSE; *a ~ multitude* →MULTITUDE; *~ plain* uitgestrekte vlakte. **vast·ly** geweldig, reusagtig, oneindig (→VAST *adj.*). **vast·ness** reusagtigheid; eindeloosheid, uitgestrektheid, ontsaglikheid.

VAT *n., (afk.:* value-added tax) BTW *(afk.:*belasting op toegevoegde waarde*)*. ~**man** *=men, (infml.)* BTW-beampte; BTW-departement.

vat *n.* vat, stukvat; kuip. **vat** *=tt=, ww.* vaat, in 'n vat giet/sit/gooi. ~ **dyeing** kuipkleuring.

vat·ic *(w.g.)* profeties, voorspellend; orakelagtig. **va·tic·i·nate** *(w.g.)* voorspel, voorsê, profeteer. **va·tic·i·na·tion** voorspelling, voorsegging, profesie. **va·tic·i·na·tor** profeet, voorspeller.

Vat·i·can, *n.: the ~* die Vatikaan. **Vat·i·can** *adj.* Vatikaan=; Vatikaans. ~ **City:** *(the) ~ ~* (die) Vatikaanstad. ~ **Council** Vatikaanse Konsilie. ~ **State:** *the ~ ~* die Vatikaanstaat.

va·tic·i·nate, va·tic·i·na·tion, va·tic·i·na·tor →VATIC.

Vaud *(Switserse kanton)* Waadt. **Vau·dois** *n.* Waadtlander; *(dialek)* Waadtlands; →WALDENSES *n.*. **Vau·dois** *adj.* Waadtlands; →WALDENSIAN *adj.*.

vau·de·ville *(ligte komedie; variété)* vaudeville.

vault *n.* gewelf; (graf)kelder; wynkelder; kerker; (brand)=kluis; *(atl.)* paalspring; *(anat.)* ronding, welwing *(v.d. voet ens.)*; *the ~ of heaven* die hemelgewelf. **vault** *ww.* oorwelf, van 'n gewelf voorsien; oorkoepel; (oor)spring; *(atl.)* paalspring; *~ into/on/over s.t.* in/op/oor iets spring; *~ed roof* gewelfde dak.

vault·ing oorwelwing; gewelf; (die) oorspring; paalspring. ~ **horse** *(gimn.)* springperd. ~ **pole** springpaal, =stok. ~ **shaft** gewelfsuil.

vaunt *n.* grootpratery, gespog, spoggery. **vaunt** *ww.* spog, bluf, grootpraat, roem op. **vaunt·er** grootprater, spogger, spogter.

've *sametr., (infml.)* = HAVE *ww.*.

veal kalfsvleis; *neck of ~* kalfsnek. ~ **chop** kalfstjop. ~ **cutlet** kalfskotelet. ~ **loaf** kalfsvleisbrood. ~ **steak** kalfskyf; kalfsteak.

vec·tor *(wisk.)* vektor; *(lugv.)* (vliegtuig)koers; vektor, (oor)draer *(v. 'n siekte)*; →RADIUS VECTOR. **vec·to·ri·al** *adj.* vektoriaal, vektor=; koers=; *~ angle, (wisk.)* poolhoek.

Ve·da *(ekv. & mv.)* Veda. **Ve·dic** Vedies.

Ve·dan·ta *(Hindoefilos.)* Vedanta. **Ve·dan·tic** Vedanties.

V-E Day *(Victory in Europe Day, 8 Mei 1945)* Oorwinningsdag.

ve·dette ruiterwag, berede brandwag, vedette. ~ **(boat)** spioenboot.

Ve·dic →VEDA.

vee *(letter)* v, V; *in a ~* in 'n V-vorm. ~ **roof** V-dak.

vee·jay videoaanbieder.

Veep *(Am., infml.; soms v~)* (Amerikaanse) visepresident.

veer[1] *n.* koerswysiging, draai, wending. **veer** *ww.* draai, van koers verander; van opinie verander, omspring; *~ from the course* van die koers afgaan; *~ round* draai, omslaan; van koers verander; van mening verander; *the wind ~s, (sk., ook)* die wind ruim; die wind draai regs.

veer[2] *ww., (sk.)* vier, uitpalm, uittol, skietgee, laat skiet *('n tou)*; *~ and haul* beurtelings laat skiet en styf trek; kort-kort van mening verander; *~ out s.t.* iets uitvier/uitpalm *('n tou)*.

veg[1] *n. (ekv. & mv.), (Br., infml.)* groente; groentes.

veg[2] *=gg=, ww.: ~ out, (Am., sl.)* ontspan; vegeteer.

ve·ga *(Sp.)* grasvlakte; vlei.

ve·gan *n.* veganis, streng vegetariër. **ve·gan** *adj.* streng vegetaries. **veg·an·ism** *n.* veganisme, streng vegetarisme.

veg·e·burg·er →VEGGIE BURGER.

veg·e·ta·ble *n.* plant, gewas; groente; groentesoort; *(infml., neerh.)* (hulpelose) koolkop; *(ook, i.d. mv.)* groentes, groentesoorte. **veg·e·ta·ble** *adj.* plantaardig, plant(e)=; groente=. ~ **black** plantswartsel. ~ **butter** plantaardige botter. ~ **charcoal** natuurlike/plantaardige houtskool. ~ **disease** groentesiekte. ~ **dish** groenteskottel; groentegereg. ~ **dye** plantaardige kleurstof, plantkleurstof. ~ **earth/mould** teelaarde. ~ **farmer** groenteboer. ~ **farming** groenteboerdery. ~ **fat** plantvet, plantaardige vet. ~ **fibre** plantvesel. ~ **flavour(ing)** plantaardige smaakmiddel. ~ **garden** groentetuin. ~ **gardening** groentekwekery, =teelt. ~ **ivory** plantaardige ivoor; ivoor(palm)neut. ~ **kingdom** →PLANT KINGDOM. ~ **life** plant(e)lewe. ~ **market** groentemark. ~ **marrow** murgpampoen, murg-van-groente, vroeëpampoen; →MARROW. ~ **matter** plantaardige stof. ~ **mincer** groentemeul(e). ~ **oil** plant(e)olie, plantaardige olie; slaaiolie; kookolie. ~ **oyster** →SALSIFY. ~ **parchment** perkamentpapier. ~ **pest** groenteplaag. ~ **refuse** plantafval. ~ **soil** teelaarde. ~ **soup** groentesop. ~ **sponge** luffa(spons). ~ **tallow** plantvet. ~ **tar** houtteer. ~ **wax** plantwas, plantaardige was.

veg·e·tal *adj.* plantaardig, plant(e)=, vegetaal; groei=; vegetatief; *~ cover* plantedek, =kleed.

veg·e·tar·i·an *n.* vegetariër. **veg·e·tar·i·an** *adj.* vegetaries; *~ food* vegetariese kos, plantaardige voedsel. **veg·e·tar·i·an·ism** vegetarisme.

veg·e·tate groei (soos plante), (uit)spruit, vegeteer; *(fig.)* 'n plantelewe lei, vegeteer. **veg·e·ta·tion** plantegroei; plantewêreld, vegetasie, flora; plantedek; *(patol.)* vegetasie, groeisel. **veg·e·ta·tive** vegetatief, plantaardig, plant(e)=, vegetaal; vegetatief, groei=, soos plante groeiend; vegetatief *(iem. se lewensbestaan)*; ~ ***cell*** groeisel, vegetatiewe sel; ~ ***cone*** groeipunt, vegetasiepunt; ~ ***faculty*** groeikrag; ~ ***nervous system*** simpatiese senustelsel; ~ ***nucleus*** buiskern, vegetatiewe kern.

veg·gie *n., (infml.)* groente; vegetariër. **veg·gie** *adj.* groente=; vegetaries. ~ **burger, vegeburger** groentekoekie, =burger.

ve·he·ment geweldig, kragtig, sterk; voortvarend, vurig, hartstogtelik, onstuimig, driftig, heftig. **ve·he·mence** geweld, krag; drif, onstuimigheid, heftigheid, vuur, hartstog.

ve·hi·cle voertuig, rytuig, vervoermiddel; *(fig.)* middel, voertuig, medium; oplosmiddel, verdunningsmiddel *(vir medisyne)*; draer *(v. 'n siektekiem)*; bindstof *(vir verf)*; werktuig; *a ~ for ...* 'n medium vir ...; *a powerful ~* 'n kragtige voertuig; 'n magtige medium. ~ **park** parkeerterrein. ~ **population** voertuigbesit, =tal *(v. 'n land)*.

ve·hic·u·lar voertuig=, rytuig=; vervoer=; *~ traffic* voertuigverkeer.

vehm·ic *(hist.)* veem=; ~ *court* veemgerig.
veil *n.* sluier; gordyn, voorhangsel; skerm, masker; *(bot.)* velum; *(anat.)* velum, sluier; waas; *(fig.)* dekmantel; ***beyond** the ~* aan die ander kant van die graf; ***draw** a ~ over s.t.* die sluier oor iets laat val; ***lift** the ~* die sluier lig; *the ~ **of** the temple, (Byb.)* die voorhangsel van die tempel; ***raise** the ~* die sluier lig; ***take** the ~* die sluier aanneem, non word; ***under** the ~ of ...* onder die dekmantel van ... **veil** *ww.* sluier, met 'n sluier bedek; hul; verberg; verbloem, bedek. **veiled** besluier(d); vermom; gedemp *('n geluid)*; →VEIL *ww.*; ~ ***figure*** gesluierde gedaante; *be ~ **in** secrecy* →SECRECY; *a ~ **threat*** →THREAT. **veil·ing** sluier, bedekking; verhulling; sluierstof; *nun's ~* →NUN.
vein *n., (anat.)* aar; *(bot.)* nerf; ertsaar; bui, stemming, luim; trant, gedagtegang, gees; (karakter)trek, aard, neiging; ***in** one's ~s* in jou are; ***in lighter** ~* in ligter luim; *in the **same** ~* in dieselfde trant/gees; ***in serious** ~* in ernstige luim. **vein** *ww.* aar; beaar. **~stone** →GANGUE.
veined geaar(d); vol are; deuraar(d); *(bot.)* generf. **vein·ing** bearing; *(bot.)* nerwatuur. **vein·let** aartjie; *(bot.)* nerfie. **vein·ous** aar=. **vein·y** arig, vol are.
ve·la·men =*lamina, (bot.)* velum, vlies, membraan; *(anat.)* velum, velamen.
ve·lar *n., (fonet.)* velêre klank, velaar. **ve·lar** *adj.* velêr, sagteverhemelte=. **ve·lar·i·sa·tion, =za·tion** velarisering. **ve·lar·ise, =ize** velariseer.
ve·late gesluier(d); →VELUM.
Vel·cro *(handelsnaam)* Velcro. **Vel·croed** *adj.* Velcro=; met Velcro vasgemaak/(vas)geheg/(aan)geheg; met Velcro-kleefstroke *(pred.)*.
veld *(SA)* veld; *on/in the ~* in die veld. ~ **cover** veldbedekking. **~-craft,** ~ **lore** veldkennis, =kuns, =vernuf. ~ **fire** veldbrand, grasbrand. ~ **grass hay** veldgrashooi. ~ **grazing** veldbeweiding. **~kos** *(Afr.)* veldkos. ~ **management** veldbeheer, =bestuur. ~ **shoe, ~skoen, ~schoen** = VELSKOEN. ~ **sore** brandseer. **~wagtmeester** veldwagmeester.
veldt = VELD. **~schoen** = VELSKOEN.
ve·le·ta, va·le·ta *(Sp., soort baldans in drieslagmaat)* valeta.
vel·le·i·ty *(w.g.)* swak wilskrag, wilswakte; geringe hoop, floue wens.
vel·li·cate *(w.g.)* (saam)trek; knyp. **vel·li·ca·tion** trekking; knyping.
vel·lum fyn perkament, kalfsperkament, velyn; velynmanuskrip. ~ **paper** velynpapier.
vel·o·cim·e·ter snelheidsmeter.
ve·loc·i·pede *(hist.)* rywiel; *(Am.)* driewiel.
ve·loc·i·ty snelheid; gang; ~ *(of **circulation**), (ekon.)* omloopsnelheid; *~ of **flow*** stroomsnelheid; *at the ~ of **light*** met die snelheid van lig; *~ of **sound*** geluidsnelheid. ~ **ratio** snelheidsverhouding; omloopsnelheidskoëffisiënt.
ve·lo·drome fietsrybaan.
ve·lour(s) veloer. ~ **hat** veloerhoed.
ve·lou·té *n., (Fr., kookk.)* velouté(sous), fluweelsous; velouté(sop), fluweelsop.
vel·skoen *(Afr.)* velskoen.
ve·lum *vela, (anat.)* velum, sluier; velum, sagte verhemelte/gehemelte; *(bot., soöl.)* velum.
ve·lure fluweel; fluweelkussinkie, =borsel. **ve·lu·ti·nous** fluweelagtig, fluwelig.
vel·vet *n.* fluweel; *be on ~* aan die wenkant wees; dit koninklik hê; *corded/ribbed ~* koordfluweel. **vel·vet** *adj.* fluweelagtig; fluwelig; *~ **glove** approach/policy* sagte/versigtige/omsigtige benadering/beleid; *an iron fist/hand in a ~ **glove*** →IRON *adj.*; *~ **paws*** fluwelige pote *(v. 'n kat)*; bedekte wreedheid; *with a ~ **tread*** →TREAD *n.*. ~ **bean** fluweelboontjie. ~ **flower** fluweeltjie, fluweelblom. ~ **grass** fluweelgras.
vel·vet·een katoenfluweel. **vel·vet·ing** fluweelstof; pluis, wolleragtigheid *(v. fluweelstof)*. **vel·vet·y** fluweelagtig; fluwelig; fluweel=.
ve·na =*nae, (Lat., teg.: anat., bot.)* →VEIN *n.*. ~ **cava** *venae cavae* vena cava, holaar.

ve·nal omkoopbaar, korrup, veil. **ve·nal·i·ty** omkoopbaarheid, veilheid.
ve·na·tion *n., (bot., entom.)* nervatuur, aarstelsel *(v. 'n blaar/insekvlerk)*.
vend verkoop.
Ven·da[1] *(SA, geog., hist.)* Venda.
Ven·da[2] *(volk; taal)* Venda.
ven·dee *(hoofs. jur.)* koper.
Ven·dée: *the ~, (geog.)* die Vendée.
ven·der →VENDOR.
ven·det·ta vendetta, bloedwraak, bloedvete; vete, vervolging; *carry on a ~ against s.o., conduct a ~ against s.o.* 'n vendetta teen iem. voer, iem. wraaksugtig vervolg.
ven·deuse *n., (Fr.)* verkoopsdame.
ven·di·bil·i·ty verkoopbaarheid.
vend·ing: ~ **machine, vendor, vender** muntoutomaat, verkoopoutomaat, outomatiese verkoopmasjien, smousoutomaat.
ven·dor, *(Am.)* **ven·der** *(hoofs. jur.)* verkoper; venter; →VENDING MACHINE; *~'s share* inbring(ers)aandeel, verkopersaandeel.
ven·due *(Am.)* veiling, vendusie, vandisie, openbare verkoping. ~ **master** *(Am.)* afslaer, vendusiemeester. ~ **roll** *(Am.)* vendusierol, =lys.
ve·neer *n.* fineer(hout), met fineer belegde houtwerk; oplegsel; opleghout; *(fig.)* vernis, (dun/oppervlakkige) lagie; →LIQUID VENEER, VENEERING; *under a ~ of ...* onder 'n dun lagie ... **ve·neer** *ww.* oplê, fineer *(hout)*; *(fig.)* verbloem, bedek; *~ed **brick*** glasuursteen; *~ed **construction*** oplêbou, fineerbou; *~ed **door*** fineerdeur; *~ed **work*** fineerwerk. ~ **knife** fineermes. ~ **saw** fineersaag. ~ **wall** beklede muur. ~ **wood** fineerhout.
ve·neer·ing finering; fineerwerk; fineersel, oplegsel; opleghout. ~ **hammer** fineerhamer. ~ **plane** fineerskaaf.
ven·e·punc·ture, ven·i·punc·ture *(med.)* venapunksie.
ven·er·a·ble eerbiedwaardig, agbaar, hoogwaardig; *(Angl. Kerk)* hoogeerwaarde; *(RK)* eerwaardig. **ven·er·a·bil·i·ty** eerbiedwaardigheid, agbaarheid. **ven·er·ate** vereer, eerbiedig, eer betoon *(aan)*. **ven·er·a·tion** verering, eerbied, eerbetoon, ontsag; *hold s.o. in great ~, have a great ~ for s.o.* iem. hoog vereer, groot verering vir iem. hê. **ven·er·a·tor** vereerder.
ve·ne·re·al veneries, geslags=; ~ *desire* geslagsdrif; ~ *disease* veneriese siekte, geslagsiekte. **ve·ne·re·ol·o·gy** venereologie, geslagsiektekunde.
ven·er·y[1] *(arg.)* jag.
ven·er·y[2] *(arg.)* wellus; geslagsomgang.
ven·e·sec·tion *(med.)* aarsnit, bloedlating, venaseksie; →PHLEBOTOMY.
Ve·net·i *n., (mv.), (antieke volkstam)* Veneters.
Ve·ne·tian *n.* Venesiaan, Venesiër; *(dial.)* Venesiaans, Venesies; *(ook v~)* →VENETIAN BLIND. **Ve·ne·tian** *adj.* Venesiaans, Venesies; ~ ***blind*** Venesiaanse/Venesiese blinding/blinder, sonblinding, =blinder, hortjiesblinding, =blinder; ~ ***chalk*** kleremakerskryt; ~ ***glass*** Venesiaanse/Venesiese glas; ~ ***lace*** Venesiaanse/Venesiese kant; ~ ***mosaic*** Venesiaanse/Venesiese mosaïek; ~ ***pearl*** glaspêrel; ~ ***point (lace)*** Venesiaanse/Venesiese naaldkant; ~ ***shutter*** Venesiaanse/Venesiese luik, hortjiesluik. **Ve·net·ic** *n., (uitgestorwe taal)* Veneties. **Ve·net·ic** *adj., (v.d.Veneters of hul taal)* Veneties.
Ven·e·zue·la *(geog.)* Venezuela. **Ven·e·zue·lan** *n.* Venezolaan. **Ven·e·zue·lan** *adj.* Venezolaans.
venge·ance wraak; ***exact** ~ from s.o.* →EXACT *ww.*; *V~ is **mine**, (AV)* Dit is mý reg om te straf *(NAV)*; Aan My kom die wraak toe *(OAV)*; *s.o. **seeks** ~ for s.t.* iem. wil wraak neem vir iets; ***take** ~ (up)on s.o.* op iem. wraak neem; ***vow** ~* →VOW *ww.*; ***with** a ~* met mening, dat dit (so) gons, dat dit help/kraak; erg, kwaai; *this is punctuality/etc. **with** a ~* dit is vir jou stiptheid/ens., hoor!; ***wreak** one's ~ (up)on s.o.* jou wraak op iem. koel. **venge·ful** wraakgierig, =sugtig, hatig. **venge·ful·ness** wraakgierigheid, =sugtigheid, hatigheid.

ve·ni·al vergeeflik, verskoonbaar; *a ~ sin* →SIN *n.*. **ve·ni·al·i·ty** vergeeflikheid, verskoonbaarheid.
Ven·ice *(geog.)* Venesië. ~ **glass** Venesiaanse/Venesiese glas.
ven·i·son wild(s)vleis; *(vero.)* wild; *a haunch of ~* →HAUNCH *n.*; *roast ~* →ROAST *adj.*.
Venn di·a·gram *(wisk.)* Venndiagram.
ve·nog·ra·phy, phle·bog·ra·phy *(med.)* venografie, flebografie.
ven·om gif; *(fig.)* gif, venyn; →SNAKE VENOM; *spit ~ against s.o.* teen iem. gif spuug. ~ **fang** giftand.
ven·om·ous *(lett. & fig.)* giftig; *(fig.)* venynig; ~ *snake* gifslang.
ve·nos·cle·ro·sis →PHLEBOSCLEROSIS.
ve·nose beaar; →VENOUS.
ve·nous geaar(d), vol are; aar=; veneus; ~ *blood* aarbloed, veneuse bloed; *~ pressure/tension* aardruk, veneuse bloeddruk; ~ *pulse* aarpols.
vent *n.* (lug)gat, (lug)opening (→AIR VENT); krater, vulkaanmonding, opening; *(soöl.)* anus; laaigat, sundgat *(vir 'n kanon)*; uitweg; slip, split, opening *(in 'n jas ens.)*; *give ~ to one's feelings/indignation* uiting/lug gee aan jou gevoel/verontwaardiging. **vent** *ww.* 'n gat/opening maak; lug/uiting gee aan, lug *(gevoelens)*; asemskep; *(teg.)* ontlug, lug uitlaat, afblaas; 'n slip maak *(in 'n baadjie ens.)*; *(mus.)* ontsnap *(lug by blaasinstrumente)*; *~ one's anger/rage on s.o.* jou woede op iem. koel; *the elephant/etc. ~ed its rage* die olifant/ens. het hom uitgewoed; *~ one's spleen against/on ...* →SPLEEN. ~ **hole** (ont)luggat, trekgat, suiggat. ~ **pipe** ontlugpyp. ~ **plug** ontlugprop. ~ **shaft** ontlugskag. ~ **window** *(mot.)* trekvenster.
vent·age luggaatjie; vingergaatjie *(v. 'n blaasinstrument)*.
ven·ter *(anat., soöl.)* buik, abdomen, onderlyf; maag; bult; *(jur.)* baarmoeder; *a son by another ~, (jur.)* 'n seun van 'n ander moeder.
ven·ti·duct *(argit.)* luggang, =kanaal.
ven·ti·fact *(geol.)* windkei.
ven·til *(mus.)* (lug)klep, ventiel. **ven·ti·late** lug, verlug, ventileer, vars lug inlaat; bespreek, ter sprake bring, onder die aandag bring; *~ a grievance* →GRIEVANCE. **ven·ti·la·ted** gelug. **ven·ti·la·ting:** *~ brick* lugsteen; *~ cowl* ventileerkop; *~ tissue* sponsweefsel.
ven·ti·la·tion ventilering; ventilasie, lugversorging; bespreking, diskussie, ventilasie; lugting. ~ **plant** ventilasietoestel. ~ **shaft** ventilasieskag, lugskag. ~ **valve** ventilasieklep, lugklep.
ven·ti·la·tor *(ook med.)* ventilator; luggang, luggat; ventilasiegat, lugrooster. ~ **(fan)** (lug)waaier. ~ **window** *(mot.)* trekvenster.
ven·touse *n., (Fr., verlosk.):* ~ **cap** suigprop. ~ **delivery** suigpropverlossing. ~ **extraction** vakuumekstraksie.
ven·tral ventraal, buik=, van die buik; onder=; ~ ***fin**, (soöl.)* buikvin; ~ ***hernia*** buikwandbreuk; ~ ***side*** onderkant; ~ ***suture*** buiknaat; ~ ***wall*** buikwand.
ven·tri·cle *(anat.)* ventrikel, kamer; holte; ~ *(of the heart)* hartkamer; *cerebral ~, ~ of the brain* harsingkamer. **ven·tri·cose, ven·tri·cous** *(anat., bot., soöl.)* (dik)buikig; *(med.)* (op)geswel; swaar, diklywig; →CORPULENT. **ven·tric·u·lus** =*culi, (soöl.)* kou=, spiermaag; pens; krop; ventrikel.
ven·tril·o·quise, =ize buikspreek. **ven·tril·o·quism** buiksprekery, buiksprekerskuns. **ven·tril·o·quist** buikspreker; *~'s dummy* buikspreekpop, praatpop. **ven·tril·o·quy** →VENTRILOQUISM.
ven·ture *n.* waagstuk, =spel; risiko; onderneming, spekulasie; *do s.t. at a ~* iets op goeie geluk (af) doen, iets lukraak/blindweg doen; *decline a ~* iets nie waag nie; *fail in all one's ~s* in al jou ondernemings misluk. **ven·ture** *ww.* waag, riskeer, op die spel plaas/sit; durf, die vryheid neem; ~ ***boldly*** die stoute skoene aantrek; ~ ***into** the water/etc.* jou in die water/ens. waag; *~ one's **life*** jou lewe waag (*of* op die spel plaas/sit); ~ ***money** on a horse* geld op 'n perd waag; ***nothing** ~d, nothing gained* →NOTHING; *~ an **opinion*** →OPINION; ~ ***out***

jou buite(kant) waag; ~ *to differ from s.o.* jou verstout om met/van iem. te verskil, so vry wil wees om met/van iem. te verskil; ~ ***to do*** *s.t.* waag om iets te doen, iets durf doen; ~ ***to say*** durf sê; ~ ***to stop*** *s.o./s.t.* dit waag/durf om iem./iets te keer; ~ ***(up)on*** *s.t.* iets waag. ~ **capital** →RISK(-BEARING) CAPITAL.

ven·ture·some waaghalsig; avontuurlik; gewaag(d). **ven·ture·some·ness** waaghalsigheid; avontuurlikheid; gewaagdheid.

ven·tu·ri (tube) *(fis.)* venturibuis.

ven·ue plek *(v. 'n gebeurtenis);* ontmoetingsplek; toneel; vergaderplek, byeenkomsplek; wedstrydplek; *(jur.)* regsgebied, sittingsplek, waar 'n saak moet voorkom; *change the* ~ na 'n ander plek verskuif/verskuiwe; op 'n ander plek vergader; *('n hofsaak)* op 'n ander plek laat voorkom, na 'n ander regsgebied verwys.

ven·ule *(anat.)* aartjie.

Ve·nus *(Rom. mit.; astron.)* Venus; *(fig.: baie mooi vrou)* venus, skoonheid; *mountain of* ~, *(anat.)* skaam-, venusheuwel; *the Mountain of* ~ →THE VENUSBERG. **~berg:** *the* ~, *(D. legende, geog.)* die Venusberg. **~'s-fly-trap,** ~ **flytrap** *(bot.)* venusvlieëvanger. **~'s-girdle** *(soöl.)* venusgordel. **~'s looking glass** *(bot.)* venusspieël. **~'s slipper** *(bot.)* venusskoentjie.

Ve·nu·si·an *n., (wetenskap[s]fiksie)* Venusbewoner, bewoner van Venus. **Ve·nu·si·an** *adj., (astron.)* van Venus.

ve·ra·cious opreg, eerlik; waarheid(s)liewend; waar(heidsgetrou). **ve·ra·cious·ness, ve·rac·i·ty** waarheidsliefde, geloofwaardigheid, waarheid(s)liewendheid, waarheidsin; waarheid, juistheid.

ve·ran·da(h) veranda, (oordekte) stoep.

ver·a·trin(e) *(med.)* veratrien.

verb *n.* werkwoord, verbum. **ver·bal** *n., (gram.)* werkwoordelik/verbale selfstandige naamwoord, verbale substantief; *(infml.)* (mondelinge) verklaring; *(infml.)* rusie, woordewisseling; *(i.d. mv., infml.)* lirieke *(v. 'n liedjie);* dialoog *(in 'n fliek).* **ver·bal** *adj.* woordelik(s); mondeling(s), verbaal; letterlik; *(gram.)* werkwoordelik, verbaal; ~ ***diarrh(o)ea*** praat-, babbelsug; *have (got)* ~ ***diarrh(o)ea*** praatsiek wees; ~ ***evidence*** mondelinge getuienis; ~ ***noun*** werkwoordelike/verbale selfstandige naamwoord; *make a* ~ ***promise*** *that/to ...* by monde beloof/belowe dat *(of* om te) ...; ~ ***translation*** letterlike vertaling. **ver·bal·ise,** **-ize** verwoord, verbaliseer, in woorde uitdruk; tot 'n werkwoord maak; met woorde mors. **ver·bal·ism** verbalisme; uitdrukking; cliché. **ver·bal·ist** woordkneg; woordsifter. **ver·ba·tim** *adj. & adv.* woord vir woord, woordelik(s).

ver·be·na, ver·vain *(bot.)* verbena, ysterkruid.

ver·bi·age breedsprakigheid, omhaal van woorde, woordevloed, woord(e)rykheid; *(w.g.)* diksie. **ver·bi·cide** *(skerts.)* woordverdraaier. **ver·bose** woord(e)ryk, omslagtig, breedsprakig, wydlopig. **ver·bos·i·ty** woord(e)rykheid, omhaal van woorde, breedsprakigheid, wydlopigheid.

ver·bo·ten *adj., (D.)* verbode.

ver·dant (gras)groen; grasryk; grasbedek; *(infml.)* groen, onervare. **ver·dan·cy** groen, groenheid; groenigheid; onervarenheid.

verd an·tique groen serpentyn/marmer; kopergroen, koperroes, patina *(op brons); Oriental* ~ ~, *(min.)* groenporfier.

ver·dict *(jur.)* uitspraak; bevinding, beslissing; oordeel; →OPEN VERDICT; ***arrive*** *at* (or ***reach***) *a* ~ oor 'n uitspraak besluit; ***bring*** *in a* ~, ***deliver/give/return*** (or ***hand down***) *a* ~ uitspraak doen/lewer; ***consider*** *a* ~ 'n uitspraak oorweeg; *a* ~ ***for*** *the plaintiff/etc.* 'n uitspraak ten gunste van die eiser/ens..

ver·di·gris kopergroen, koperroes, groenspaan, -roes. **ver·diter** koperkarbonaat. **ver·dure** groen, groenigheid; groen gras; *(fig.)* frisheid, bloei. **ver·dur·ous** groen.

verge *n.* kant, rand; omranding; grens; staf, roede; *(argit.)* gewel-dakrand; (omheinde) gebied; *(bouk.)* skag; *(hor.)* spil; *(Br.)* grasrand; *(Br., hist.)* regsgebied; →GRASS VERGE; *on the* ~ *of ...* aan die rand van ... *(d. graf);* op die rand van ... *(d. dood, 'n hongerdood);* kort by ... *(d. sewentig/ens.);* aan die vooraand van ...; *be on the* ~ *of doing s.t.* op die punt staan/wees om iets te doen; *be on the* ~ *of tears* klaar wees om te huil, amper/byna in trane wees. **verge** *ww.* grens; naby kom; *the road ~s on the edge of the ...* die pad loop op die rand van die ... (langs); *it ~s (up)on ...* dit grens aan ...; dit kom naby aan ... ~ **board** windveer. ~ **course** gewellaag. ~ **mould(ing)** gewellys. ~ **tile** gewelrandpan.

ver·ger *(Br.)* koster; stafdraer; **ver·ger·ship** kosterskap; stafdraersamp.

Ver·gil, Ver·gil·i·an →VIRGIL, VIRGILIAN.

ver·glas yslagie op rots.

ve·rid·i·cal waarheid(s)liewend; *(psig.)* geloofwaardig, waaragtig, eg.

ver·i·fy bewys, bevestig, staaf; verifieer, ondersoek, toets, kontroleer, nagaan; vervul, nakom, gestand doen; bewaarheid. **ver·i·fi·a·ble** bewysbaar; kontroleerbaar, verifieerbaar. **ver·i·fi·ca·tion** bewys, bevestiging, stawing; ondersoek, toets, kontrolering, verifikasie; vervulling, gestanddoening; *in* ~ *of ...* as bewys van ..., tot/ter stawing van ...; *in* ~ *whereof ...* as bewys *(of* tot/ter stawing) waarvan ... **ver·i·fi·er** bevestiger; kontrolepons, verifieerder; nasiener, kontroleerder, verifikateur, verifieerder *(v. data).*

ver·i·ly *(arg.)* voorwaar, waarlik, inderdaad.

ver·i·sim·i·lar waarskynlik. **ver·i·si·mil·i·tude** waarskynlikheid; skynwaarheid.

ver·ism *(kuns, lettk.)* verisme. **ver·ist** *n.* veris. **ver·ist, ve·ris·tic** *adj.* veristies.

ver·i·ta·ble waar, eg, werklik, onbetwisbaar. **ver·i·ty** waarheid; egtheid; algemeen aanvaarde waarheid; *of a* ~ in der waarheid, inderdaad, voorwaar.

ver·juice *n.* groenvrugtesap; *(w.g., ook fig.)* bitterheid, wrangheid. **ver·juice** *ww., (w.g., ook fig.)* versuur.

ver·kramp·te *(Afr.)* verkrampte. **ver·lig·te** *(Afr.)* verligte.

ver·meer·siek·te *(Afr., veearts.)* vermeersiekte.

ver·meil *n.* vergulde silwer; goudbrons, vergulde brons; (goud)vernis; *(min.; kleur)* vermiljoen. **ver·meil** *adj.* vermiljoen(kleurig).

ver·mi·an *(poët., liter.)* wurmagtig, wurm-. **ver·mi·cel·li** *(kookk.)* vermicelli. **ver·mi·cide** wurmgif, -doder, -middel. **ver·mic·u·lar** wurmagtig; wurmvormig; wurm-. **ver·mic·u·late** *ww.* wurmvormig versier/merk. **ver·mic·u·late, ver·mic·u·lated** *adj.* wurmvormig; wurmagtig; wurm-; kronkelend, soos 'n wurm; deur wurms gevreet; vol wurms; ~ *work, (argit.)* wurm(streep)werk. **ver·mic·u·la·tion** *(fisiol.)* wurmagtige/peristaltiese beweging(s), peristalsis; wurmvormige versiering/strepe; beskadiging/vernieling deur wurms. **ver·mic·u·lite** *(min.)* vermikuliet. **ver·mi·form** wurmvormig; ~ *appendix* →APPENDIX; ~ *process* = VERMIFORM APPENDIX. **ver·mi·fuge** wurmmiddel, middel teen wurms; →ANTHELMINT(H)IC *n.*.

ver·mil·(l)ion *n.* vermiljoen, swawelkwik, sinnaber; vermiljoen(kleur). **ver·mil·ion** *adj.* vermiljoen(kleurig). **ver·mil·ion** *ww.* (met) vermiljoen kleur.

ver·min *(fungeer as mv.)* ongedierte, goggas; skadelike gediertes; parasiete; gespuis, gepeupel; skorriemorrie; *be infested with* ~ van die ongedierte/goggas vervuil wees. ~ **destroyer/repellent/killer** insektepoeier, -middel; middel teen ongedierte/parasiete. **~-proof** rotdig, -vry. **~-proofing** rotdigting; rotgaas.

ver·mi·nate *(arg.)* wemel/krioel van ongedierte/goggas/parasiete; ongedierte laat vermeerder, goggas kweek. **ver·mi·na·tion** parasiet(e)besmetting; vermeerdering/plaag van ongedierte/parasiete.

ver·mi·nous ongedierte-, van ongedierte; deur ongedierte/parasiete oorgedra *('n siekte);* vol ongedierte/parasiete; vuil.

ver·miv·o·rous wurmvretend *(v. voëls).*

ver·mouth vermoet *(wyn).*

ver·nac·u·lar *n.* streektaal, dialek; omgangstaal, (daaglikse) spreektaal; groeptaal, sosiolek; vaktaal, jargon; volksnaam *(v. 'n plant/dier).* **ver·nac·u·lar** *adj.* van die landstaal; inheems; lands-, volks-; ~ ***architecture*** volksboukunde; ~ ***architecture*** *society* volksboukundige vereniging; ~ ***language/tongue*** landstaal, volkstaal; moedertaal; vaktaal. **ver·nac·u·lar·ise,** **-ize** in die volkstaal opneem/oorsit; in die volkstaal oorgaan. **ver·nac·u·lar·ism** volksidioom, woord/uitdrukking in die volkstaal; gebruik van die volkstaal.

ver·nal lente-, voorjaars-; *(poët., liter.)* jeugdig; ~ ***equinox*** lentenagewening, voorjaarsnagewening; ~ ***fever*** lentekoors; ~ ***flower*** lenteblom; ~ ***grass,*** *sweet* ~ *(grass)* heuninggras. **ver·na·tion** *(bot.)* knopligging, prefoliasie, ptiksie.

ver·ni·er vernier, nonius. ~ **cal(l)ipers,** ~ **gauge** nonius-, vernierpasser. ~ **coupling** noniuskoppeling, vernierkoppeling. ~ **(depth) gauge** noniusdieptepasser. ~ **rocket** *(ruimtev.)* korreksie-, verniervuurpyl. ~ **scale** noniusskaal. ~ **screw** vernierskroef, noniusskroef.

Ve·ro·na *(geog.)* Verona; →VERONESE *n. & adj..* ~ **brown** veroneesbruin. ~ **green** veroneesgroen.

Ver·o·nal *(oorspr. handelsmerk vir barbital)* veronal.

Ve·ro·ne·se *n., (skilder)* Veronese; *(inwoner v. Verona)* Veronees. **Ve·ro·ne·se** *adj.* Veronees, van Verona; ~ *green* veroneesgroen.

ve·ron·i·ca[1] *(bot.)* veronika, ereprys.

ve·ron·i·ca[2] *(RK: sweetdoek m.d. afbeelding v. Christus se gesig)* veronicadoek.

ver·ru·ca *-cae, -cas, (patol.)* vrat(jie). **ver·ru·cose, ver·ru·cous** vol vratte, vratterig; vratagtig, vrat-.

ver·sa *(Lat.)* →VICE VERSA *adv..*

ver·sant *n.* afdraand(e), skuinste, (berg)helling, hang.

ver·sa·tile veelsydig; ruim toepaslik/toepasbaar; veranderlik; *(bot., soöl.)* beweeglik. **ver·sa·til·i·ty** veelsydigheid; alsydigheid; beweeglikheid.

verse *n.* versreël; Bybelvers; vers, stansa, strofe; poësie, gedigte; vers-, digvorm; rymelary; *in* ~ in verse/digvorm/digmaat. **verse** *ww.* dig, rym, verse maak; berym; ~ *o.s. in ...* jou bedrewe/ervare maak in ..., gekonfyt raak in ... **~monger** rymelaar, rymer, pruldigter, versie(s)maker. **~mongering** rymelary. ~ **play** versdrama. ~ **speaking** koorspraak. ~ **speaking choir** spreekkoor.

versed *adj.* bedrewe, ervare; *be well* ~ *in s.t.* →WELL VERSED.

versed sine *n., (wisk.)* (om)keersinus.

verse·let versie.

ver·set *(mus.: kort orrelstuk)* verset; versetto.

ver·si·cle versie; *(frase/sin waarop gemeente antw.)* versikel.

ver·si·col·our, *(Am.)* **ver·si·col·or** bont, veelkleurig; kleurwisselend, -veranderend.

ver·si·cu·lar *(w.g.)* vers-; ~ *division* verdeling in verse, vers-indeling.

ver·si·fy rym, verse maak; berym. **ver·si·fi·ca·tion** beryming; versbou, -maat, metrum; vers-, rymkuns. **ver·si·fi·er** versemaker, -skrywer, digter; rymelaar.

ver·sion weergawe, interpretasie; versie; vertaling; Bybelvertaling; bewerking; voorstelling; *(verlosk.)* draaiing, kering; *s.o.'s own* ~ *of a matter* iem. se eie voorstelling/verklaring van 'n saak; ~ *of a novel* bewerking van 'n roman.

vers li·bre *(Fr.)* = FREE VERSE.

ver·so *-sos* keersy, agterkant *(v. 'n penning);* linkerbladsy *(v. 'n boek).*

verst *(Rus. lengtemaat, 1,067 m)* werst.

ver·sus *(hoofs. sport en jur.)* teen, versus; teenoor.

vert *n., (Br., jur., gesk.)* reg om groen hout te kap; groen.

ver·te·bra *-brae, -bras* (rug)werwel. **ver·te·bral** gewerwel(d), werwel-, vertebraal; ~ ***canal*** werwelkanaal; ~ ***column*** = SPINAL COLUMN; ~ ***ganglia*** vertebrale ganglia, werwelknope; ~ ***rib*** vals rib. **ver·te·brate** *n.* werweldier, gewerwelde dier, vertebraat. **ver·te·brate** *adj.* gewerwel(d), werwel-. **ver·te·bra·tion** gewerwelde struktuur; werwelverdeling.

ver·tex *-tices, -texes* top, toppunt; *(anat.)* kruin, kroon; *(geom.)* hoekpunt; *(astron.)* top; boogtop; baantop *(v. 'n projektiel).* ~ **angle** *(geom.)* tophoek.

ver·ti·cal *n.* loodlyn; loodregte stand; loodregte/vertikale vlak; tophoek; *out of the* ~ nie loodreg nie, skuins, uit die lood. **ver·ti·cal** *adj.* loodreg, vertikaal; regstandig; regop, staande; van die hoogtepunt/toppunt;

~ ***angle,*** *(geom.)* tophoek, vertikale hoek; *(geom.)* regoorstaande hoek; ~ ***axis*** vertikale as; ~ ***bar*** staanroei *(v. 'n venster);* ~ ***boiler*** staanketel, vertikale ketel; ~ ***curve*** vertikale boog/kromme; ~ ***distance*** hoogteverskil *(op kaarte);* ~ ***engine*** vertikale enjin; ~ ***fin,*** *(soöl.)* vertikale vin; ~ ***interval*** →INTERVAL; ~ ***joint*** stootvoeg *(in messelwerk);* ~ ***line*** vertikale lyn, loodlyn; ~ ***plane*** vertikale vlak; ~ ***rudder*** koersroer *(v. 'n vliegtuig);* ~ ***saw*** vertikale saag; ~ ***shore*** vertikale skoor/stut; ~ ***sliding door*** opskuifdeur; ~ ***(sliding) sash*** opskuifraam; ~ ***takeoff plane*** regopstygvliegtuig; ~ ***thinking*** vertikale denke; ~ ***tiling*** muurbeteëling. **ver·ti·cal·i·ty** loodregtheid, regstandigheid. **ver·ti·cal·ly** vertikaal, loodreg, regaf, regop; ~ *opposite angles, (geom.)* regoorstaande hoeke.

ver·ti·cil *(biol.)* krans. **ver·tic·il·late** *(biol.)* kransstandig.

ver·ti·go *-gos* duiseling, duiseligheid. **ver·tig·i·nous** duiselig, draaierig; duiselingwekkend; wispelturig, veranderlik, onstabiel.

ver·tu →VIRTU.

ver·vain →VERBENA.

verve geesdrif, entoesiasme, vuur, gloed, lewendigheid, energie; *full of* ~ vol geesdrif/gloed/vuur.

ver·vet: ~ **(monkey)** blouaap.

Very: ~ **cartridge** Verypatroon. ~ **light** Verylig, ligfakkel, -koeël, -granaat. ~ **pistol** Verypistool.

ver·y *adj.* uiters, absoluut; presies; eg, waar, opreg; *at the* ~ ***beginning*** →BEGINNING *n.; the* ~ ***best*** →BEST *n.; a year to the* ~ ***day*** →DAY; *be the* ~ ***image*** *of ...* →IMAGE *n.; the* ~ ***man/woman!*** die einste hy/sy!; *be the* ~ ***man*** *for the job* →*be just the* ***man*** *for the job; be the* ~ ***man*** *s.o. is looking for* →*be just the* ***man*** *s.o. is looking for; the* ~ ***mention*** *of the fact* →MENTION *n.; come here this* ~ ***minute!*** →MINUTE¹ *n.; for that* ~ ***reason*** →REASON *n.; consent from* ~ ***shame*** uit pure skaamte toestem; *the veriest* ***simpleton*** die grootste domkop; *this is the* ~ ***spot*** dit is die einste plek; *the* ~ ***thought*** *of it* net die gedagte daaraan, die blote gedagte (daaraan); *because of s.o.'s* ~ ***virtues*** juis om iem. se deugde; *the* ~ ***woman!*** →***man/woman.*** **ver·y** *adv.* baie, heel; besonder, erg, uiters, uitermate, in hoë mate; presies; ~ ***dangerous/good*** →DANGEROUS, GOOD *adj. & adv.; from the* ~ ***first*** →FIRST *n.;* ~ ***high*** *frequency* baie hoë frekwensie; *a* ~ ***important*** *person* →IMPORTANT; ~ ***justly/likely*** →JUSTLY, LIKELY *adj. & adv.;* ~ ***little*** →LITTLE *bep. & pron.;* ~ ***many/much*** heel veel; ~ ***many*** *people* regtig baie mense, 'n menigte mense; *thank you* ~ ***much*** →THANK; *want s.t. for one's* ~ ***own*** →OWN *adj. & pron.; be* ~ ***pleased*** hoog in jou skik wees; ~ ***probably/properly/rarely*** →PROBABLY, PROPERLY, RARELY; *the* ~ ***same*** *man/woman* die einste man/vrou, die nimlike hy/sy; ~ ***well*** →WELL *adv.;* ~ ***well*** *(then)!* →WELL *tw..*

ves·i·ca *-cae, (teg., anat.)* →BLADDER; *(argit.)* visblaas *('n versiering).* **ves·i·cal** blaas-. **ves·i·cant, ves·i·ca·to·ry** *n.* (blaar)trekmiddel, blaartrekker; blaargas. **ves·i·cant, ves·i·ca·to·ry** *adj.* blaartrekkend, (blaar)trek-. **ves·i·cate** blare trek/kry. **ves·i·ca·tion** blaartrekking. **ves·i·cle** *(anat.)* blasie; *(med.)* blaartjie; *(geol.)* gasblasie; *(geol.)* gasholte. **ve·sic·u·lar** blasie(s)rig, vol blasies; blaasagtig; *(geol.)* met gasblasies; ~ *breathing* longblaasasemhaling. **ve·sic·u·late, ve·sic·u·lat·ed** *adj.* blasie(s)rig, vol blasies; blaasagtig. **ve·sic·u·late** *ww.* blasies vorm.

Ves·pa·si·an *(Rom. keiser)* Vespasianus.

ves·per aanddiens; *(arg.)* aand; *(ook, i.d. mv.), (RK)* vesper; *V~, (poët., liter.: Venus)* aandster; *Sicilian V~s* Sisiliaanse Vesper. ~ **bell** vesperklok, klok vir die aanddiens.

ves·per·tine, ves·per·ti·nal *(bot., soöl.)* aand-.

ves·pi·ar·y perdebynes, wespenes. **ves·pine** perdebyagtig, perdeby-, wespe-.

ves·sel vat *(vir vloeistof);* houer; vaartuig; *(anat.)* vat; →BLOOD VESSEL; ***chosen*** ~, *(Byb.)* werktuig *(NAB);* uitverkore werktuig *(OAV);* ***empty*** *~s make the most noise/sound* leë blikke maak die meeste geraas/lawaai; *the* ***holy*** *~s, (Byb.)* die gewyde voorwerpe *(NAB);* die heilige voorwerpe *(OAB); the* ***weaker*** ~, *(Byb.)* die swakker geslag *(NAB);* die swakkere *(OAB); the ~s of* ***wrath,*** *(Byb.)* die voorwerpe van sy toorn *(NAB);* die voorwerpe van toorn *(OAB).*

vest *n.* frok(kie), onderhemp(ie); *(Am.)* onderbaadjie, moulose baadjie; *(vero.)* kleed, gewaad. **vest** *ww.* beklee *(met);* oordra; terugval/oorgaan *(op);* berus *(by),* setel *(in); the* ***funds*** *are ~ed in the committee* die bestuur beskik oor die gelde; *have a ~ed* ***interest*** *in s.t., (ook)* persoonlike belang by iets hê; *~ed* ***interests*** gevestigde/bestaande belange; *the* ***power*** *is ~ed in s.o.* die mag berus by iem.; ~ *s.o. with* ***power(s)*** iem. met mag beklee, mag aan iem. verleen; *a ~ed* ***right*** →RIGHT *n.;* ~ ***upon*** ... oorgaan op ... **~-pocket** onderbaadjiesak. **~-pocket camera** miniatuurkamera.

Ves·ta *(Rom. mit., astron.)* Vesta; *(v~, hoofs. hist.)* kort (was)vuurhoutjie. **ves·tal** *n., (Rom. mit.)* Vestaalse maagd; *(fig.)* maagdelike/kuise/eerbare vrou; *(w.g.)* non. **ves·tal** *adj., (Rom. mit.)* Vestaals; *(fig.)* kuis, rein, maagdelik; ~ *virgin, (Rom. mit.; soms ook V~ V~)* Vestaalse maagd.

vestee *(Am.)* = WAISTCOAT.

ves·ti·bule (voor)portaal; *(anat.)* voorhof, byholte; vestibulum *(v.d. oor);* mondholte.

ves·tige spoor, teken, bewys, oorblyfsel; sweem, greintjie; *(biol.)* rudiment *(v. 'n orgaan); the last ~s of ...* die laaste spore/oorblyfsels van ...; *not a* ~ *of ...* geen spoor/sweem van ... nie, nie 'n spoor/sweem van ... nie; *without a* ~ *of clothing* sonder 'n draad klere. **ves·tig·i·al** oorblywend; rudimentêr, onontwikkeld *('n orgaan).*

vest·ing vestiging, oordra *(v. 'n titel); (erfreg)* oorgang; bekleding *(v. 'n amp);* frokkiemateriaal; *(Am.)* onderbaadjiemateriaal. ~ **date** *(versek.)* vestigingsdatum.

ves·ti·ture *(arg.)* klere, klerasie; bekleding; →VESTURE *n..*

vest·ment *(gew. i.d. mv.)* (priester)gewaad; *(arg.)* kleed, (amps)gewaad.

ves·try konsistorie(kamer); *(RK)* sakristie; kerkraadsvergadering; *(select)* ~ konsistorie; *(Angl. Kerk)* kerkraad. ~ **clerk** skriba-kassier *(v.d. kerkraad).* **~man** *-men* kerkraadslid.

ves·ture *n., (arg.)* kledingstuk; *(arg.)* gewaad, kleding; bedekking. **ves·ture** *ww.* (be)klee. **ves·tur·er** koster; *(RK)* sakristein.

ve·su·vi·an wind-, wasvuurhoutjie, aansteekstok; →VESUVIANITE.

ve·su·vi·an·ite, ve·su·vi·an, i·do·crase *(min.)* vesuviaan, idokraas.

Ve·su·vi·us *(vulkaan)* Vesuvius.

vet¹ *n., (infml.)* = VETERINARY SURGEON. **vet** *-tt-, ww., (hoofs. Br.)* nagaan, keur, kontroleer, ondersoek; behandel *('n dier deur 'n veearts).*

vet² *(Am., infml.)* = VETERAN *n..*

vetch *(bot.)* wiek, wilde-ert(jie); *hairy* ~ →HAIRY.

vet·er·an *n.* veteraan; oudgediende; ringkop; ou/beproefde/ervare soldaat/speler/ens.. **vet·er·an** *adj.* ervare, beproef, gehard, gekonfyt; oud; bejaard; ~ *car* veteraanmotor.

vet·er·i·nar·i·an *n., (Am.)* = **VETERINARY** SURGEON. **vet·er·i·nar·y** *n., (vero.)* vee-, dierearts; veeartsenykundige. **vet·er·i·nar·y** *adj.* veeartsenykundig, veterinêr; ~ *college* veeartsenyskool; ~ *science* veeartsenykunde, dieregeneeskunde; ~ *surgeon* veearts, dierearts.

vet·i·ver(t) = KHUSKHUS.

ve·to *vetoes, n.* veto; verbod, prohibisie; verwerping; vetoreg; ***exercise*** *a* ~ 'n veto uitoefen; ***put*** *a* ~ *on a proposal* 'n voorstel veto, die veto oor 'n voorstel uitspreek; ***put*** *a* ~ *on s.t.* iets verbied/veto; ***right*** *of* ~ vetoreg. **ve·to** *ww.* die veto uitspreek oor, veto; verbied, weier, afkeur, verwerp; ~ *a marriage* 'n huwelik stuit. ~ **power, power of** ~ vetoreg, reg van veto.

vex vererg, treiter, pla, irriteer, erger; verwar; *(arg.)* verontrus, in beroering bring; *be ~ed at s.t.* vererg wees oor iets; →VEXING *adj.; a ~ed question* →QUESTION *n..* **vex·a·tion** ergernis, irritasie; kwelling, las; plaery, geteiter; ~ *of spirit, (Byb.)* gejaag na wind; *(OAB)* verbreking van gees. **vex·a·tious** ergerlik, lastig, hinderlik, plaerig, irriterend, treiterend; geïrriteer(d); *(jur.)* kwelsugtig. **vex·a·tious·ness** lastigheid; *(jur.)* kwelsug; →VEXATIOUS.

vex·il·lol·o·gy vlagkunde, veksilologie.

vex·il·lum *vexilla* vlag, vaandel, banier; standaard, ruiteryvlag; *(orn.)* vlag(gie) *(v. 'n veer); (bot.)* vlag *(v. 'n blom).*

vex·ing *adj.* netelig *('n probleem, kwessie, saak, ens.);* irriterend, vervelend, lastig, hinderlik, ergerlik; moeilik, kommerwekkend, sorgwekkend, senu(wee)tergend.

vi·a *prep.* oor, langs, via.

Vi·a Ap·pi·a: *the* ~ ~, *(Lat.)* = THE **APPIAN** WAY.

vi·a·ble lewensvatbaar; uitvoerbaar, haalbaar; lewensonderhoudend; bestaanbaar; *(med.)* lewensvatbaar; *(bot.)* kiemkragtig. **vi·a·bil·i·ty** lewensvatbaarheid; *(bot.)* kiemkrag; →VIABLE.

vi·a do·lo·ro·sa *(fig.)* lydensweg; *the V~ D~* die Lydensweg.

vi·a·duct oorbrug; viaduk, boogbrug.

vi·al fiool; flessie; *pour out ~s of wrath upon s.o.* fiole van toorn oor iem. uitgiet.

vi·a me·di·a *(Lat.)* midde(l)weg.

vi·and *(gew. mv.)* provisie, proviand, voedsel, lewensmiddele.

vi·at·i·cum *-ca, -cums, (RK)* viatikum, laaste kommunie; *(w.g.)* reiskoste, reisgeld; reisvoorraad, padkos.

vibe *n., (infml., afk. v. vibration, gew. i.d. mv.)* gees, gevoel, atmosfeer, stemming; *(i.d. mv., infml., mus.)* →VIBRAPHONE; ***catch*** *the ~s* gees vang; ***emit/spread*** *(or give off) good/bad/etc. ~s* 'n positiewe/negatiewe/ens. gees uitstraal; ***have*** *good/bad ~s about s.o./s.t.* (nie) 'n goeie gevoel oor iem./iets hê (nie); ***negative*** *~s emanated from s.o.* 'n negatiewe gees het van iem. uitgestraal; ***pick up*** *good/bad ~s, (infml.)* 'n goeie/gunstige/slegte/ongunstige stemming aanvoel.

vi·bran·cy *n.* trilling; lewendigheid; dinamiek. **vi·brant** *n., (fonet.)* stemhebbende klank; triller. **vi·brant** *adj.* trillend, lewendig; vibrerend, trillend; *(fonet.)* stemhebbend.

vi·bra·phone, *(Am.)* **vi·bra·harp** *(mus.)* vibrafoon. **vi·bra·phon·ist** *(mus.)* vibrafonis.

vi·brate tril, vibreer; (heen en weer) skud, swaai, slinger; sidder, beef; *~d concrete* trilbeton; *vibrating reed* triltong; *vibrating screen* trilsif. **vi·bra·tile** *adj.* trillend, vibrerend; tril-.

vi·bra·tion trilling, vibrasie; swaai, slingering; *amplitude of* ~ trillingswydte. ~ **damper** trillingsdemper. ~ **test** triltoets. ~ **time** trillingsduur.

vi·bra·tion·less trilvry.

vi·bra·tive →VIBRATORY.

vi·bra·to *-tos, (It., mus.)* vibrato.

vi·bra·tor, vi·bra·tor vibrator, vibreerder. ~ **table** triltafel.

vi·bra·tor·y trillerig; trillend; vibrerend; tril(lings)-, vibrasie-; ~ *motion* trilbeweging; ~ *test* tril(lings)toets.

vib·ri·o *(med.: bakterie)* vibrio. ~ **abortion, vib·ri·o·sis** *-oses, (veearts.)* vibriose *(by skape ens.).*

vi·bris·sa *-sae, (gew. mv.),* neushaar; trilhaar; *(orn.)* bek-, trilveer. **vi·bros·cope** trillingsmeter, vibroskoop.

vi·bur·num *(bot.)* viburnum; *V~ opulus, (bot.)* sneeubal, balroos.

vic·ar *(RK)* vikaris, plaasvervanger; *(Angl. Kerk)* predikant; plaasvervanger; *the V~ of (Jesus) Christ, (RK)* die stedehouer van Christus, die pous. ~ **apostolic** *(RK)* apostoliese vikaris. **~-general** vikaris-generaal.

vic·ar·age vikariaat; vikariswoning, pastorie. **vi·car·i·al** vikaris-; plaasvervangend, gedelegeer(d). **vi·car·i·ate** vikariaat; vikarisamp; predikantskap. **vi·car·i·ous** plaasvervangend; gedelegeer(d); afgevaardig; indirek; tweedehands; *(med.)* onverwag *(v. 'n maandstonde);* ~ ***authority*** plaasvervangende gesag; ~ ***grace*** plaasvervangende genade; ~ ***responsibility*** middellike aanspreeklikheid; ~ ***suffering*** lyding in die plek van ander. **vi·car·i·ous·ly** plaasvervangend. **vic·ar·ship** vikariaat, vikarisamp, vikarisskap.

vice¹, *(Am.)* **vise** *n.* (bank)skroef (→BENCH VICE); klem. **vice** *ww.* in 'n skroef vasdraai; vasknel, -klem. ~

clamp bankskroefklou. ~ **grip** (bank)skroefbek. ~ **jaws** skroefbek, skroefkloue. ~ **lever** skroefslinger.

vice² *n.* ondeug; gebrek, fout; onsedelikheid, ontug; sedeloosheid; verdorwenheid. ~ **ring** prostitusienet=werk, =sindikaat. ~ **squad** sedepolisie, sedeafdeling *(v.d. polisie)*.

vice³ *prep.* in die plek van; →VICE VERSA *adv.*.

vice⁴ *n., (infml., afk.)* = VICE-ADMIRAL, VICE-PRESIDENT, *etc.*.

vice-ad·mi·ral viseadmiraal.

vice-cap·tain onderkaptein. **vice-cap·tain·cy** onder=kapteinskap.

vice-chairman ondervoorsitter, visevoorsitter; vise=president. **vice-chair·man·ship** ondervoorsitterskap.

vice-chan·cel·lor visekanselier, onderkanselier. **vice-chan·cel·lor·ship** visekanselierskap, onderkanselier=skap.

vice-con·sul visekonsul, onderkonsul. **vice-con·su·lar** visekonsulêr. **vice-con·su·late** visekonsulaat. **vice-con·sul·ship** visekonsulskap, =konsulaat.

vice·ge·rent *n.* plaasvervanger; viseregent; afgesant. **vice·ge·rent** *adj.* plaasvervangend. **vice·ge·ren·cy** plaasvervangerskap; viseregentskap; afgesantskap.

vice-gov·er·nor sekunde.

vice-king onderkoning.

vi·cen·ni·al twintigjaarliks; twintigjarig.

vice-pres·i·dent visepresident; *(Am.)* ondervoorsit=ter; onderhoofbestuurder. **vice-pres·i·den·cy** visepre=sidentskap. **vice-pres·i·den·tial** visepresidents=.

vice-prin·ci·pal onderhoof, viseprinsipaal.

vice·re·gal, vice·roy·al *adj.* onderkoninklik, onder=konings=.

vice-re·gent viseregent. **vice-re·gen·cy** viseregent=skap.

vice·reine onderkoningin; vrou van die/'n onderko=ning.

vice·roy onderkoning. **vice·roy·al** →VICEREGAL. **vice·roy·al·ty** onderkoningskap.

vi·ce ver·sa *adv.* omgekeerd, andersom.

vi·chy·ssoise *(Fr. kookk.)* vichyssoise, koue prei-en-aartappel-roomsop.

vi·chy (wa·ter) *n., (soms V~)* vichywater.

vic·i·nage bure; buurskap; naburigheid, nabyheid; omgewing; →VICINITY. **vic·i·nal** naburig, aangren=send, aanliggend; ~ *position* aangrensende posisie; langs=mekaarstelling.

vi·cin·i·ty nabyheid, naburigheid; (na)buurskap; om=streke, buurt(e), omtrek, omgewing; *in* ***close*** ~ *to town/ etc.* naby die stad/ens.; *in the* ~ ***of*** ... in die omgewing van ... *('n plek)*; naby ..., in die nabyheid van ...; on=geveer/naaste(n)by ... *('n aantal)*; *in* ***s.o.'s*** ~ naby iem.; *in* ***this*** ~ hier rond, in hierdie omgewing.

vi·cious wreed, boosaardig; gemeen, haatlik; hewig *('n hoofpyn)*; destruktief, gewelddadig; sleg, verderflik; gevaarlik; befoeterd *('n perd)*; kwaai *('n hond)*; kwaad=aardig; venynig, geniepsig; *a* ~ ***circle*** →CIRCLE *n.*; ~ ***criticism*** venynige kritiek; ~ ***spiral*** bose spiraal *(v. ge=weld/bloedvergieting/ens.)*; ~ ***tendencies*** kwade/ver=keerde neigings. **vi·cious·ness** wreedheid; gemeen=heid; slegtheid, bedorwenheid, boos(aardig)heid; →VI=CIOUS.

vi·cis·si·tude wisselvalligheid, veranderlikheid, onbe=stendigheid; verandering, afwisseling, opeenvolging *(v. seisoene)*; lotswisseling; *the ~s of life* lotgevalle, die wederwaardighede van die lewe.

vic·tim slagoffer, prooi; offerdier; *fall (a) ~ to ...* die/'n slagoffer van ... word. **vic·tim·i·sa·tion, =za·tion** vik=timisasie; veron(t)regting; (onverdiende) straf; offe=ring, slagting *(v. offerdiere)*. **vic·tim·ise, =ize** die slag=offer maak *(van)*, viktimiseer; weerwraak neem op, laat boet; onreg aandoen, veron(t)reg. **vic·tim·less** *adj.* slagofferloos, sonder 'n slagoffer (*of* slagoffers) *(mis=daad)*.

vic·tor oorwinnaar; wenner. ~ **ludorum** *(Lat., ml.)* vic=tor ludorum, algehele wenner *(by 'n sportbyeenkoms)*; →VICTRIX LUDORUM.

Vic·to·ri·a *(geog.)* Victoria. ~ **Cross** Victoriakruis. ~ **Falls** Victoriawaterval. ~ **sandwich/sponge** *(Br. kookk.: soort laagkoek)* victorialaagkoek, =sponskoek.

vic·to·ri·a *(hist., rytuig)* victoria. ~ **green** malvagroen, malagietgroen. ~ **pigeon** *(orn.)* kroonduif.

Vic·to·ri·an *n.* Victoriaan. **Vic·to·ri·an** *adj.* Victo=riaans.

Vic·to·ri·a·na *n., (mv.)* Victoriana.

vic·to·ri·ous oorwinnend, seëvierend, triomfant(e)=lik; oorwinnings=; *be* ~ die oorwinning behaal, seëvier.

vic·to·ry oorwinning, sege; ***concede*** ~ →CONCEDE; *be* ***flushed*** *with* ~ in die roes van die oorwinning wees; ***gain*** *a* ~ 'n oorwinning behaal; ***gain*** *a* ~ ***over*** ... teen ... wen, die oorwinning oor ... behaal, oor ... seëvier; ***hymn*** *of* ~, *p(a)ean (of ~)* segelied; ***landslide*** ~ →LANDSLIDE *adj.*; ***moral*** ~ →MORAL *adj.*; *a* ***nar=row*** ~ →NARROW *adj.*; *an* ***outright*** ~ 'n algehele/ volkome oorwinning; ***pull off*** *a* ~ die paal haal; *a* ***Pyr=rhic*** ~ →PYRRHIC; *a* ***resounding*** ~ →RESOUND; ***sig=nal*** ~ →SIGNAL *adj.*; *an* ***upset*** ~ 'n skokoorwinning; ***win*** *a* ~ →WIN *ww.*. ~ **roll** *(lugv.)* oorwinningsrol(vlug).

vic·trix *-trices, n., (Lat.: vr. v. victor)* oorwinnares, wen=ner. ~ **ludorum,** *(Lat.: vr. v. victor ludorum)* victrix ludorum, algehele wenner *(by 'n sportbyeenkoms)*.

vict·ual *n., (gew. mv.)* lewensmiddele, voedsel, kos=(ware), provisie, proviand. **vict·ual** *=ll=, ww.* van kos/ lewensmiddele voorsien, proviand verskaf, provian=deer; →VICTUALLING. **vict·ual·ler** verskaffer, (kos)=leweransier; proviand=, provisiemeester; proviand=, provisieskip; *(Br.)* drankhandelaar; *licensed* ~ →LI=CENSED.

vict·ual·ling proviandering, voedselverskaffing, kos=, voedselvoorsiening. ~ **officer** proviandoffisier. ~ **sta=tion** verversingspos. ~ **yard** proviandwerf.

vi·cu·ña, vi·cu·gna, vi·cu·na *(soöl.)* vikoenja. ~ **(cloth)** vikoenja. ~ **wool** vikoenjahaar.

vi·de *(Lat.)* vide, sien.

vi·de·li·cet *adv., (Lat.: afk.: viz.)* naamlik; met name; te wete.

vid·e·o *n.* video; video(kasset); video(film); *(infml.)* beeld(sein) *(v.TV)*; *(Am.)* televisie. **vid·e·o** *adj.* video=; beeld=. **vid·e·o** *ww.* op die/'n video opneem. ~ **ar=cade** videoarkade, videospeletjiesplek, =lokaal. ~ **cam=era** videokamera. ~ **(cassette)** videokasset. ~ **cas=sette recorder** = VIDEO RECORDER. **~conference** vi=deokonferensie. **~conferencing** die hou van video=konferensies. ~ **diary** videorekord. **~disc,** *(Am.)* ~ **disk** videoskyf. ~ **display** videobeeld. ~ **(display) ter=minal** videoterminaal. ~ **(film)** video(rol)prent, video=film. **~fit** *n.* (rekenaar)identikit. ~ **frequency** video=frekwensie. ~ **game** videospel(etjie). ~ **nasty** *n., (Br., infml.)* geweldsvideo, gewelddadige video; harde por=nografiese video. **~phone** videofoon. ~ **recorder** video=opnemer. ~ **recording** video-opname. ~ **screen** video=skerm. ~ **shop** videowinkel. ~ **signal** video=, beeld=sein. ~ **tape** videoband. **~-tape** op videoband op=neem. ~ **tape recording** videobandopname. **V~tex** *(handelsnaam)* Videotex. **~text** video=, beeldskerm=teks.

vid·e·og·ra·phy videografie. **vid·e·og·ra·pher** video=graaf.

vie wedywer, meeding; ~ *with s.o. for/in s.t.* met iem. om/in iets meeding; →VIER.

vielle *n., (Fr., Me. strykinstr.)* vedel; *(Me. snaarinstr.)* draailier.

Vi·en·na *(geog.)* Wene. ~ **sausage** Weense worsie.

Vi·en·nese *n.* Wener; *the* ~, *(mv.)* die Weners.

vi·er strewer, mededinger.

Vi·et·cong, Vi·et Cong *n., (kommunisties gesinde Suid-Viëtnamese guerrillamag)* Viëtkong; Viëtkongsol=daat.

Vi·et·nam *(geog.)* Viëtnam. **Vi·et·nam·ese** *n. & adj.* Viëtnamees.

vieux jeu *adj., (Fr.)* ouderwets, outyds, oudmodies, uit die mode, uit die ou(e) doos.

view *n.* ondersoek, inspeksie; uitsig, gesig; beeld; *(soms mv.)* beskouing, sienswyse, siening, opvatting, mening, opinie; intensie, bedoeling; verwagting; doel, oogmerk, plan; besigtiging; *(jur.)* inspeksie; →BACK VIEW, FRONT VIEW, SIDE VIEW, VIEWING; ***air*** *~s* menings/opinies lug; ***angle*** *of* ~ →ANGLE¹ *n.*; *s.o.'s* ***broad*** *~s* iem. se onbe=krompe sienswyse; *on a* ***closer*** ~ op die keper beskou; by nader(e) beskouing; ***come*** *in* ~ in sig kom, in die gesig kom; ***come*** *round to a* ~ tot 'n sienswyse oor=gehaal word; *have* ***definite/pronounced*** *~s on* ... be=sliste menings oor ... hê; *take a* ***detached*** ~ *of s.t.* →DETACHED; *take a* ***different*** ~ *of s.t.* 'n ander stand=punt oor iets inneem, 'n ander kyk op iets hê, 'n ander mening toegedaan wees; *the two of them hold* ***differ=ent*** *~s* hulle twee verskil van mening; *take a* ***dim*** ~ *of s.t.* →DIM *adj.*; ***exchange*** *~s* gedagtes wissel; ***expose*** *s.t. to* ~ iets ontbloot, iets aan die oog vertoon; ***fall in with*** *s.o.'s ~s* jou met iem. se planne/insigte verenig; *the* ***full*** ~ die geheelbeeld; *in* ***full*** ~ *(of ...)* oop en bloot (voor ...); *s.t. happened in* ***full*** ~ *of* ... iets het ge=beur waar ... dit goed kon sien, ... kon goed sien wat gebeur; *a* ***general*** ~ *of* ... 'n algemene/breë oorsig van ...; *take a* ***gloomy*** ~ *of things* →GLOOMY; *take a* ***grave/ serious*** ~ *of s.t.* iets in 'n ernstige lig beskou/sien; ***have*** *s.t. in* ~ iets beoog, die oog op iets hê, iets ten doel hê; ***have*** *~s (up)on s.t.* menings/beskouings omtrent/oor iets hê; ~ *of* ***history*** geskiedbeskouing; ***hold*** *a* ~ 'n mening/sienswyse hê/huldig, 'n mening/sienswyse daar=op nahou, 'n mening/sienswyse toegedaan wees; *be* ***in*** ~ te sien wees; in sig wees; *with this* ***in*** ~ met die oog hierop; *with this end/object* ***in*** ~ met dié doel voor oë; ***in*** *s.o.'s* ~ na/volgens iem. se mening/oordeel/beskou=ing; ***in*** ~ *of* ... gesien ..., met die oog op ..., gelet op ..., gesien dat ..., ... in aanmerking geneem/nemende; in die lig van ...; *do s.t.* ***in*** ~ *of* ... iets voor ... doen; ***in the*** ~ *of X* volgens X; *with that* ***in*** ~ met die oog daarop, te dien einde; *take a* ***jaundiced*** ~ *of s.o./s.t.* →JAUNDICED; ***keep*** *s.t. in* ~ iets in gedagte hou; iets in die oog hou; *a* ~ *of* ***life*** 'n lewensbeskouing/lewensopvatting; *on a* ***long*** ~ →LONG *adj.*; *take a/the* ***long*** ~ →LONG *adj.*; *be* ***lost*** *to* ~ uit die oog/gesig wees; ***obstruct*** *s.o.'s* ~ iem. se uitsig belemmer; *a* ~ ***of*** ... 'n kyk op ..., 'n opvat=ting van ...; 'n gesig op ... *('n plek)*, 'n uitsig op/oor ... *('n plek)*; *be* ***on*** ~ te sien wees, uitgestal wees; *have/ hold ~s of one's* ***own*** 'n eie mening hê, 'n eie mening daarop nahou; ***pass*** *from* ~ uit die gesig verdwyn; *a* ***photographic*** ~ 'n opname; *a* ***point*** *of* ~ 'n standpunt/ gesigspunt/oogpunt; *assume a* ***point*** *of* ~ 'n standpunt inneem; *from his/my/our* ***point*** *of* ~ syns/myns/onses insiens, na sy/my/ons oordeel/mening/beskouing; *from their* ***point*** *of* ~ uit hulle oogpunt; *take a* ***poor*** ~ *of s.t.* →POOR *adj.*; *a* ***private*** ~ 'n persoonlike sienswyse; *have* ***pronounced*** *~s on* ... →***definite/pronounced;*** *take a* ***serious*** ~ *of s.t.* →***grave/serious;*** ***share*** *s.o.'s* ~ →SHARE *ww.*; *take a* ***short*** ~ kortsigtig wees; ***state*** *one's ~s* →STATE *ww.*; ***strong*** *~s* →STRONG; *a* ***superb*** ~ 'n pragtige uitsig; ***take*** *a* ~ 'n mening/opvatting hê/ huldig, 'n mening daarop nahou, 'n mening toegedaan wees; 'n standpunt inneem; ***take*** *the* ~ *that* ... meen dat ..., van mening/oordeel wees dat ...; die standpunt inneem dat ...; ***with*** *a* ~ *to* ... met die doel/oogmerk om te ..., met die oog op ..., ten einde te ...; ***with*** *a* ~ *to increasing/etc. s.t.* met die oog op die vermeerdering/ ens. van iets. **view** *ww.* bekyk, kyk na, beskou; besig=tig; inspekteer; kyk *(TV)*; ~ *s.t. in the right light* iets reg sien; *order to* ~ →ORDER *n.*. ~ **angle** gesigshoek. **~data** video=, beeldskermteks. **~finder** (beeld)soeker *(v. 'n kamera)*; kerf en korrel *(v. 'n vuurwapen)*. ~ **halloo** *tw., (jagroep)* halali. **~point** gesigspunt, oogpunt, standpunt; gesigshoek; uitkykplek, =punt. ~ **site** uitsigpunt. ~ **win=dow** uitkykvenster.

view·er kyker; toeskouer; TV-kyker; inspekteur; *(toe=stel)* (prente)kyker. **~ship** kykers(publiek); kyker(s)=tal, kyker(s)getal(le).

view·ing besigtiging; televisiekyk, TV-kyk, televisie/ TV kyk; televisiekykery, TV-kykery; *late-night* ~ laat=nag-TV-kykery. ~ **day** kykdag. ~ **room** besigtigings=kamer. ~ **screen** beeldskerm, kykskerm. ~ **time** kyk=tyd.

view·less onsigbaar; uitsigloos, sonder uitsig; sonder 'n mening. **view·y** *(infml.)* windmakerig, spoggerig, vertonerig; dromerig.

vi·ges·i·mal *adj.* twintigdelig; twintigtallig.
vig·il waak, wag; *(RK, Angl. Kerk)* vooraand *(v. 'n feesdag); (RK)* vigilie; *(i.d. mv.)* nagtelike gebede; nagwaak; *keep ~ over s.o.* oor iem. waak/waghou (*of* wag hou).
vig·i·lance waaksaamheid, wakkerheid, oplettendheid; versigtigheid. ~ **committee** waaksaamheidskomitee.
vig·i·lant waaksaam, wakker, oplettend; *a ~ eye* 'n wakende oog. **vig·i·lan·te** vigilante, buurtwaglid; *(Am.)* lid van 'n waaksaamheidskomitee.
vi·gne·ron *n., (Fr.)* wyn=, wingerdboer.
vi·gnette *n.* vinjet; krul(versiering); karaktersketს; woordskildering. **vi·gnette** *ww.* 'n vinjet maak/skilder; met vinjette versier.
vig·our, *(Am.)* **vig·or** krag, forsheid, sterkte; energie, lewendigheid; intensiteit; bloei *(v.d. lewe);* uitdrukkingskrag *(v.d. taal);* vitaliteit; groeikrag; geldigheid *(v.d. wet).* **vig·or·ous** kragtig, sterk, fors; kragtig *('n taal);* energiek, lewendig; lewenskragtig, gesond *(plante);* gespier(d).
vi·ha·ra *n., (Skt.: Boeddh. klooster)* vihara.
Vi·king *(soms v~; hist.)* Wiking, Noorman.
vi·la·yet *(Turkse provinsie)* wilajet.
vile laag, gemeen, sleg; walglik, afskuwelik, skandelik; ellendig, miserabel, beroerd; *in a ~ temper* woedend, in 'n vreeslike bui. **vile·ly** laag, op 'n lae manier (→VILE). **vile·ness** laagheid, slegtheid (→VILE).
vil·i·fy belaster, beswadder, beskinder, slegmaak, kwaadpraat van, swartsmeer. **vil·i·fi·ca·tion** smaad, belastering, beswaddering, slegmakery. **vil·i·fi·er** lasteraar, kwaadprater, skinderbek.
vil·i·pend *(vero.)* minag, met veragting behandel, (ver)kleineer.
vil·la villa; *country ~* villa op die platteland, plattelandse huis.
vil·lage dorp; *in the ~s, (ook)* op die platteland; *small ~* dorpie. ~ **clerk** dorpsklerk. ~ **council** dorpsraad. ~ **green** dorpsmeent, =grond, =veld. ~ **idiot** *(hoofs. arg.)* idioot, swaap, sot, dom=, klip=, pampoen=, skaapkop. ~ **management board** dorpsbestuur.
vil·lag·er *n.* dorpenaar, dorpsbewoner, dorpeling. **vil·lag·er** *adj.* ongesofistikeer(d); agteraf.
vil·lag·i·sa·tion, =**za·tion** *n.* die hervestiging van mense in nuwe dorpe; die oordrag van grond aan gemeenskapsrade, die plasing van grond onder gemeenskapsbeheer.
vil·lain *(vr.: villainess)* boef, skurk, skobbejak, booswig; boosdoener; rakker, deugniet; *you little ~* jou klein skelm, jou deugniet; *the ~ of the piece, (lett.)* die skurk in die stuk; *(fig.)* die skuldige; *play the ~* (die rol van) die skurk speel. **vil·lain·ous** skurkagtig, gemeen, laag, ellendig, sleg. **vil·lain·y** skurkagtigheid, skurkery, gemeenheid, laagheid.
vil·la·nel·le *(It. meerstemmige liedtipe)* villanelle.
vil·lein *(hist.)* lyfeiene, horige. **vil·lein·age** lyfeienskap, horigheid.
vil·li·form *(anat., bot.)* haarvormig. **vil·lose** →VILLOUS. **vil·los·i·ty** *(anat.)* harigheid; fynbehaardheid; fyn beharing; (fyn) behaarde plek. **vil·lous, vil·lose** harig, harerig; *(anat.)* (fyn) behaar(d); *(bot.)* harig.
vil·lus *villi, (anat.)* haarvormige uitsteeksel; haarvlok(kie); *(bot.)* nop; haar *(op 'n blom/vrug).*
vim *(infml.)* pit, fut, krag, energie.
Vim·i·nal: *the ~* die Viminaal.
vim·i·nal tak=, loot=.
vi·na·ceous wyn=; druiwe=; wynrooi, wynkleurig.
vin·ai·grette *(hist.: ook vinegarette)* reuk=, laventelflessie. ~ **(sauce)** *(Fr. kookk.)* vinaigrette(sous), Franse slaaisous.
Vin·cent: *St. ~ de Paul, (priester)* Vincentius a Paulo.
vin·ci·ble *(w.g.)* oorwinlik.
vin·cu·lum =*cula* verbindingstreep; *(anat.: weefselband)* vinkulum; *(wisk.: groepeerteken)* streep.
vin·da·loo *(Ind. kookk.)* vindaloo.
vin·di·cate verdedig, regverdig; van blaam suiwer; bewys; handhaaf; opeis, terugvorder; laat geld; vindiseer, vindikeer; *s.o. has been completely ~ed* iem. is volkome in die gelyk gestel. **vin·di·ca·tion** regverdiging, verdediging *(v. 'n standpunt);* handhawing; *(jur.)* opeising, terugvordering, vindikasie *(v. eiendom); (jur.)* vordering, saakopvolging, eiendomsvordering. **vin·di·ca·tor** verdediger, voorspraak; handhawer (van reg en orde). **vin·di·ca·to·ry** verdedigend; handhawend; straffend, straf=; opeisend; *~ action, (jur.)* saakopvolgingsaksie; vindikasie.
vin·dic·tive wraaksugtig, wraakgierig, haatdraend, vervolgsugtig; *~ damages, (jur.)* bestraffende skadevergoeding. **vin·dic·tive·ness** wraaksug, vervolgsug.
vine wynstok, wingerd=, druiwestok; wingerdrank, =loot; rank; rankplant, slingerplant; *sweet potato ~* patat(ta)rank; *every man under his ~ and under his fig tree, (Byb.)* elkeen met sy eie wingerdstok en sy eie vyeboom *(NAB);* elkeen onder sy wingerdstok en onder sy vyeboom *(OAB).* ~ **bower** druiwepriëel. ~ **culture** wynbou. ~ **cutting** wingerdsteggie, =stiggie. ~ **disease** wingerdsiekte. ~**dresser** wynbouer. ~ **fretter** druifluis, filloksera. ~ **grower** wingerdboer. ~ **growing** wingerdbou; wynbou. ~-**growing area** wyn(bou)streek. **V~land** →VIN(E)LAND. ~ **leaf** druiweblaar; *stuffed ~ leaves, (kookk.)* gevulde druiweblare. ~ **peach** lemoenspanspek. ~ **prop** wingerdstut. ~ **shoot** wingerdrank, =loot. ~ **stake** wingerdpaal. ~ **tendril** druiwerank. ~ **trellis** druiwepriëel, wingerdpriëel. ~ **weevil** (wingerd)kalander. ~**yard** wingerd. ~**yard plough** bankiesploeg.
vin·e·gar *n.* asyn. **vin·e·gar** *adj.* asynsuur, asyn=. **vin·e·gar** *ww.* asyn byvoeg; suur maak, skerp maak. ~ **fly** asynvliegie. ~ **plant** asynkiem.
vin·e·gar·ish, vin·e·ga·ry asynagtig, asyn=; suur, skerp.
Vin(e)·land *(geog.)* Vinland.
vin·er·y wingerdkwekery; wingerd.
vine·yard →VINE.
vi·nho *(Port.)* wyn. ~ **branco** wit wyn, witwyn. ~ **tinto** rooi wyn, rooiwyn. ~ **verde** jong wyn.
vin·i· *komb.vorm* wyn=.
vin·i·cul·ture wynbou. **vin·i·cul·tur·ist** wynbouer.
vi·nif·er·ous wynproduserend. **vi·nif·i·ca·tor** wynmaaktoestel.
vi·no *(<Sp./It.: infml., dikw. skerts.)* (goedkoop/gewone) wyn.
vi·nom·e·ter wynmeter.
vin or·di·naire *(Fr.)* landwyn, gebruik(s)wyn.
vi·nous wynagtig; wyn=; wynkleurig, wynrooi; *~ eloquence* dronkmanswelsprekendheid; *~ fermentation* alkoholiese gisting; *~ flavour* wynsmaak.
vint wyn maak/berei.
vin·tage *n.* parstyd, druiwetyd; druiweoes, wynoes; (goeie) wyn; jaar(gang); datering; soort, merk *(wyn);* rypheid, ervaring, leeftyd; wynjaar; spits(jaar)wyn; *of prewar ~* van voor die oorlog. **vin·tage** *adj.* uitstekend, uitnemend *(v. wyn);* oud. ~ **car** antieke/klassieke motor, noagkar. ~ **festival** wingerd=, wynfees. ~ **wine** spits(jaar)wyn, kwaliteitswyn. ~ **year** uitsoek(wyn)jaar, uitnemende wynjaar, spitswynjaar.
vin·tag·er wynboer, =bouer; wyndruiweplukker.
vint·ner wynhandelaar, =verkoper.
vin·y wynstok=.
vi·nyl viniel. ~ **alcohol** vinielalkohol.
vi·ol *(mus.instr.)* viola.
vi·o·la[1] altviool; viola. ~ **da braccio** *(It., mus.)* viola da braccio. ~ **da gamba** knieviool, gambe. ~ **d'amore** *(It., mus.)* viola d'amore. ~ **player,** *(Am.)* **violist** violaspeler, altspeler, altviolis.
vi·o·la[2] *(bot.)* somerviooltjie; gesiggie.
vi·o·la·ceous violetagtig; violetkleurig.
vi·o·late skend, verbreek, oortree; ontheilig; verkrag, onteer; inbreuk maak op, stoor, steur; oorskry; jou vergryp aan. **vi·o·la·tion** skending, verbreking, oortreding; ontheiliging; verkragting, ontering; inbreuk *(op); in ~ of ...* in stryd met ... **vi·o·la·tor** skender, verbreker; verkragter, onteerder; *~ of the law* wetsoortreder.
vi·o·lence geweld; moord en doodslag; geweldpleging, gewelddadigheid; hewigheid; aanranding; verkragting; →PERSONAL VIOLENCE; ***by*** ~ met geweld; *death* ***by*** ~ 'n gewelddadige dood; *die* ***by*** ~ 'n gewelddadige dood sterf/sterwe, deur geweld sterf/sterwe; ***do*** *~ to s.o.* iem. aanrand, iem. geweld aandoen; iem. verkrag; *a* ***man of*** ~ 'n geweldpleger; ***offer*** *s.o.* ~ →OFFER *ww.;* ***public*** ~ →PUBLIC *adj.; a* ***story*** *full of ~* 'n verhaal van moord en doodslag; ***use*** ~ geweld gebruik.
vi·o·lent gewelddadig; geweldig, hewig, heftig, kwaai, verskriklik; opvlieënd, driftig; woes; onstuimig; ***become*** ~ woes/wild begin word; *~* ***conduct*** gewelddadigheid; *~* ***criticism*** krasse kritiek; *~* ***death*** gewelddadige dood; *in a ~* ***temper*** in 'n verskriklike bui. **vi·o·lent·ly** met geweld; →VIOLENT.
vi·o·let *n., (bot.)* viooltjie; pers, violet(kleur); *African ~* →AFRICAN *adj.; shrinking ~* →SHRINKING *adj.*. **vi·o·let** *adj.* pers, violet(kleurig). ~ **tree** krinkhout(boom).
vi·o·lin *(mus.instr.)* viool; *body of a ~* →BODY *n.; s.o. plays the ~* iem. speel viool; *s.o. plays on an old/etc. ~* iem. speel op 'n ou/ens. viool. ~ **bow** strykstok. ~ **case** vioolkis. ~ **concerto** vioolkonsert. ~ **maker** vioolmaker, =bouer. ~ **part** vioolparty. ~ **peg** vioolpen. ~**-shaped** vioolvormig. ~ **string** vioolsnaar.
vi·o·lin·ist violis, violiste, vioolspeler, =speelster.
vi·ol·ist →VIOLA PLAYER.
vi·o·lon·cel·lo =*los, (mus.instr.)* = CELLO. **vi·o·lon·cel·list** = CELLIST.
vi·o·lone *(mus., lae viola)* kontrabasviola; *(orrelregister)* violon.
VIP *(afk.): a ~* = A VERY **IMPORTANT** PERSON. ~ **treatment** BBP-behandeling.
vi·per *(soöl.)* adder; (giftige) slang; *nourish a ~ in one's bosom* 'n adder aan jou bors koester; *~'s bugloss* = BLUEWEED. **vi·per·ine, vi·per·ish, vi·per·ous** adderagtig, adder=; slangagtig. **vi·per·ous:** *~ brood* addergebroedsel, =geslag.
vi·ra·go =*gos,* =*goes* virago; heks, rissie(pit), feeks, tierwyfie; *(vero.)* amasone. **vi·rag·i·nous** feeksig.
vi·ral virus=; →VIRUS; *~ disease* virussiekte.
vi·res·cent groen; groenwordend. **vi·res·cence** groenheid, groen; groenwording; *(bot.)* vergroening.
vir·ga *(Lat., met.)* virga.
vir·gate dun; regop; staafvormig.
Vir·gil, Ver·gil *(Rom. digter)* Vergilius. **Vir·gil·i·an, Ver·gil·i·an** Vergiliaans.
vir·gin *n.* maagd; *(relig.)* maagd, kloostersuster; *(soöl.)* ongedekte/onbevrugte wyfie; *(entom.)* ongeslagtelik voortplantende wyfie; *the V~* →VIRGO. **vir·gin** *adj.* maagdelik, rein, onbevlek; rou *(grond); ~* ***birth,*** *(relig.)* maagdelike geboorte *(v. Jesus); (biol.: voortplanting sonder bevrugting)* partenogenese; *the* ***(Blessed)*** *V~ (Mary)* die (Heilige) Maagd (Maria); *~* ***forest*** ongerepte oerwoud, oerbos; *~* ***gold*** nuutgoud, nuwe/gedeë goud, maagdegoud; *~* ***honey*** skoon heuning, stroopheuning; *~* ***modesty*** maagdelike beskeidenheid; *~* ***olive oil*** suiwer olyfolie; *the V~* ***Queen,*** *(hist.)* koningin Elizabeth I (van Engeland); *~* ***queen*** onbevrugte koninginby/byekoningin; *~* ***snow*** ongerepte sneeu; *~* ***soil*** rou/nuwe/onbewerkte/onberoerde/onbeboude/ongebraakte grond, driesgrond; *~* ***wool*** nuut=, skeerwol. **V~ Islands** Maagde-eilande, Virginiese Eilande.
vir·gin·al *n., (mus.instr.)* virginaal; *pair of ~s* klein spinet. **vir·gin·al** *adj.* maagdelik; rein, onbesoedel(d), kuis.
Vir·gin·i·a *(geog., VSA)* Virginië; *(geog., SA)* Virginia. ~ **creeper** *(bot.)* (wilde)kanferfoelie/kamferfoelie; Virginiese klimop; wildewingerd. ~ **stock, Viginian stock** *(bot.)* strandviooltjie. ~ **(tobacco):** *(ook soms v~)* Virginiese tabak.
Vir·gin·i·an *n.* Virginiër, inwoner van Virginië. **Vir·gin·i·an** *adj.* Virginies.
vir·gin·i·ty maagdelikheid, maagdelike staat, maagdom; reinheid; kuisheid, sedigheid.
vir·gin·i·um *(arg.)* = FRANCIUM.
Vir·go, Vir·gin *(astron.)* Virgo; *(astrol.)* Virgo, die Maagd. **Virgo cluster** *(astron.)* Virgo-swerm.
vir·gule *(druk.)* →SOLIDUS.

vir·i·des·cent groenerig, groenwordend. **vir·i·des·cence** groen(er)igheid, groenwording; vergroening.

vi·rid·i·ty groen, groenheid; groenigheid.

vir·ile manlik, viriel; potent; kragtig, fors, gespier(d). **vir·i·lism** *(med.: toestand by vroue)* vermanliking, virilisme. **vi·ril·i·ty** manlikheid; krag, forsheid, gespierdheid; virilitiet, teelkrag; potensie.

vi·rol·o·gy *(med.)* virologie, viruskunde; →VIRUS. **vi·ro·log·i·cal** virologies. **vi·rol·o·gist** viroloog, viruskundige.

vir·tu, ver·tu kunssmaak, =liefde, kennis van kuns; *(articles of)* ~ kunsvoorwerpe.

vir·tu·al feitlik, werklik, eintlik; *(fis., rek.)* virtueel, skyn=; ~ ***focus*** virtuele brandpunt; ~ ***image,*** *(opt.)* virtuele beeld, spieëlbeeld; *be the ~ **manager** of a business* feitlik die bestuurder van 'n saak wees; ~ ***reality,*** *(rek.)* skynwerklikheid, virtuele werklikheid/realiteit. **vir·tu·al·ly** feitlik, prakties, vrywel, in die praktyk, in essensie.

vir·tue deug; deugsaamheid; kuisheid, sedelikheid, reinheid; voortreflikheid, doeltreffendheid; krag; ***by/in** ~ of ...* ooreenkomstig ...; kragtens ...; op grond van ...; uit hoofde van ...; ***by** ~ of one's office,* *(ook)* ampshalwe, uit hoofde van jou amp; *a woman of **easy** ~* 'n vrou van losse/ligte sedes, 'n onkuise vrou; ***have** the ~ of ...* die deug hê dat ...; ***in** ~ of ...* →***by/in;*** *make a ~ of **necessity*** van die nood 'n deug maak; ***patience** is a ~* →PATIENCE; *~ is its own **reward*** deug bring sy eie beloning; *be the **soul** of ~* die deug in persoon wees; *because of s.o.'s **very** ~s* juis om iem. se deugde.

vir·tu·o·so =*osi,* =*osos, n.* virtuoos, kunstenaar; kunskenner, =liefhebber. **vir·tu·o·so** *adj.* meesterlik, virtuoos. **vir·tu·os·i·ty** virtuositeit, meesterlikheid, vaardigheid.

vir·tu·ous deugsaam, voortreflik; regverdig; kuis, rein *('n vrou);* ~ *circle* goeie/positiewe kringloop. **vir·tuous·ness** deugsaamheid; →VIRTUE.

vir·u·lence, vir·u·len·cy kwaadaardigheid; venynigheid, bitterheid; hewigheid.

vir·u·lent giftig; boosaardig; kwaadaardig; venynig, heftig, bitter; hewig.

vi·rus =*ruses* virus; smetstof; *(infml.)* virus(siekte); *(fig.)* venynigheid, kwaadaardigheid; *(rek.)* virus.

vis *(Lat.)* krag, vermoë, mag; *(jur.)* dwang, geweld; →VIS MAJOR.

vi·sa =*sas, n.* visum; stempel; handtekening. **vi·sa** *visaed, visa'd, ww.* (af)stempel; afteken.

vis·age *(hoofs. liter.)* gelaat, aangesig; gelaatstrekke; blik.

vis·ard, *(Am.)* **viz·ard** skerm; kykgleuf; masker; vermomming, dekmantel.

vis-à-vis *n., (Fr.)* vis-à-vis, teenoorsittende persoon; teen=, teëhanger. **vis-à-vis** *adv.* teenoor/regoor mekaar, vis-à-vis; onder vier oë. **vis-à-vis** *prep.* regoor, teenoor; in vergelyking met; ten opsigte van.

vis·cer·a *(mv.), (anat.)* ingewande, derms, binnegoed. **vis·cer·al** *(anat.)* van die ingewande, ingewands=; diepgesete; instinktief; liggaamlik.

vis·cid klewerig, vloeitraag; stroperig, taai. **vis·cid·i·ty, vis·cid·ness** kleweriheid, viskositeit; taaiheid.

vis·com·e·ter, vis·co·sim·e·ter viskosimeter.

vis·cose *n.* viskose. **vis·cose** *adj.* →VISCOUS.

vis·cos·im·e·ter →VISCOMETER.

vis·cos·i·ty taaivloeibaarheid, viskositeit; *(fis.)* vloeitraagheid, viskositeit; kleweriheid, taaiheid. **vis·cous, vis·cose** klewerig, taaivloeibaar, taaivloeiend, vloeitraag, dikvloeiend, viskeus.

vis·count *(Br. titel)* burggraaf. **vis·count·cy, vis·count·y** burggraafskap. **vis·count·ess** *(vr.)* burggravin.

vise →VICE[1] *n..*

Vish·nu *(Hind.)* Wisjnoe.

vis·i·bil·i·ty sigbaarheid; sig, uitsig; lig, helderheid; *(conditions of) good* ~ gunstige/goeie sig/sigstoestand; *~ is bad/good* die sig(baarheid)/lig is sleg/goed; *reduced* ~ belemmerde (uit)sig. ~ **meter** sigmeter.

vis·i·ble *n., (han.)* (handels)produk; *(ook, i.d. mv.)* handelsgoedere; sigbare handelsbalansposte. **vis·i·ble** *adj.* sigbaar, waarneembaar; duidelik; beskikbaar; ~ *horizon* →HORIZON; *with no ~ means of support* →SUPPORT *n..* **vis·i·bly** sigbaar; sienderoë.

Vis·i·goth Wes-Goot. **Vis·i·goth·ic** Wes-Goties.

vi·sion *n.* visioen, droombeeld; droom=, geestesverskyning; blik; beeld; gesigsvermoë, gesigskerpte; gesig; beskouing, opvatting, siening; toekomsblik; visie, insig; beeld *(v. 'n TV);* ***beyond** s.o.'s ~* buite iem. se gesig/gesigseinder, onder iem. se oog/oë uit, verder/vêrder as wat iem. kan sien; *s.o.'s **breadth** of ~, s.o.'s **wide** ~* iem. se breedheid/ruimheid van blik/gees, iem. se onbekrompenheid/ruimdenkendheid; ***field** of ~* →FIELD *n.;* ***have** a ~ of s.t.* iets in jou verbeelding sien; ***have/see** ~s* gesigte sien; *be a ~ **of** ...* 'n droom van ... wees; ***range** of ~* →RANGE *n..* **vi·sion** *ww.* in die gees/verbeelding (*of* 'n droom) sien, jou voorstel (*of* voor die gees roep). ~ **mixer** *(TV)* beeldmenger.

vi·sion·al met betrekking tot 'n visioen; in 'n visioen gesien; denkbeeldig, onwerklik, droom=; gesig(s)=. **vi·sion·ar·y** *n.* siener, profeet, visioenêr; dromer, idealis. **vi·sion·ar·y** *adj.* visioenêr; dromerig, idealisties; onrealisties, onverwesenlikbaar; denkbeeldig, hersenskimmig, onwerklik; ~ *eye* sienersblik, oog; ~ *scheme* fantastiese plan.

vis·it *n.* besoek, kuier; *(Am., infml.)* geselsie; *(sk., jur.)* betreding; ***have** a ~ from s.o.* deur iem. besoek word; *s.o.'s ~ lasted **long** enough* iem. is uitgekuier; *the ~ is **off*** die besoek is van die baan; *be **on** a ~ to s.o.* by iem. kuier, by iem. op besoek/kuier wees; *come **on** a ~* kom kuier, iem. kom besoek; *go **on** a ~ to ...* ... gaan besoek; ***pay** s.o. a ~* iem. besoek, 'n besoek aan iem. bring, 'n besoek by iem. aflê, by/vir iem. gaan/kom kuier; ***pay** a flying ~ to ...* 'n vlugtige besoek aan ... bring; ***pay** s.o. a long ~* lank by iem. kuier; ***pay** s.o. a short ~* 'n bietjie/rukkie vir/by iem. gaan/kom kuier; ***return** a ~* 'n besoek beantwoord, 'n teenbesoek bring/aflê; ***right** of ~* →RIGHT OF VISITATION; ***right** of ~ and search, (sk., jur.)* reg van betreding en visentering; *a ~ **to** ...* 'n besoek by ... *(iem.);* 'n besoek aan ... *(iem., 'n plek, ens.).* **vis·it** *ww.* (gaan) kuier/besoek; besigtig, inspekteer; *(veral Byb.)* besoek *(met),* bestraf *(met);* tref, teister, besoek *(v. 'n plaag ens.); (Am., infml.)* gesels, babbel, klets; *be ~ed **by** s.o.* deur iem. besoek word; *the **iniquity** of the fathers (~ed upon the children)* →INIQUITY; *~ing **the sick*** die siekes besoek, siekebesoek bring. ~ ***s.o.*** iem. besoek, by/vir iem. (gaan) kuier; *~ **with s.o.,** (Am.)* met iem. gesels; iem. besoek.

vis·i·tant *n.* gees, spook, gedaante; *(fml.)* besoeker, (kuier)gas; toeris; *(orn., ook* visitor*)* trekvoël. **vis·i·tant** *adj., (arg.)* besoekend, kuier=. **vis·it·a·tion** besoek; huisbesoek; ondersoek, inspeksie; beproewing, bestraffing, ramp; *right of ~, right of visit, visitation right, (jur.)* besoekreg, reg op besoek.

vis·it·ing *n.* kuiery, besoeke (aflê). **vis·it·ing** *adj. (teenw.dw.)* besoekend; →VISIT *ww..* ~ **card** = CALLING CARD. ~ **day** besoekdag. ~ **fireman** *(Am., infml.)* baie belangrike besoeker/gas; besoeker/toeris/kongresganger/ens. met 'n vet beursie, spandabelrige besoeker/toeris/kongresganger/ens.. ~ **hour** besoekuur. ~ **hours** besoektyd, =tye. ~ **professor** gasprofessor, gashoogleraar. ~ **room** besoekerskamer. ~ **terms:** *be on ~ ~ with s.o.* iem. goed genoeg ken om te besoek, aan huis kom by iem., huisvriende van iem. wees.

vis·i·tor besoeker; (kuier)gas; toeris; *(orn., ook* visitant*)* trekvoël; ***Board** of V~s* →BOARD *n.;* *~'s **book*** besoekersboek; gasteboek; *~'s **bureau*** besoekersburo; *~s are **coming*** daar kom mense/besoek(ers); ***expect** ~s* mense/besoek(ers) verwag; ***get** ~s* mense/besoek(ers) kry; ***have** ~s* mense/besoek(ers) hê; *~s **to** the show* besoekers van/by die tentoonstelling; *a ~ **to** the town* 'n besoeker in die stad; 'n besoeker op die dorp. **vis·i·to·ri·al** inspeksie=; →VISITING *adj.;* ~ *power* visitasiereg.

vis ma·jor *(Lat.),* **force ma·jeure** *(Fr.), (jur.)* vis major, force majeure; oormag.

vi·sor, vi·zor visier; sonskerm; *(arg.)* masker; kykgleuf. **vi·sored, vi·zored** met 'n sonskerm/klep/visier; gemasker(d).

vis·ta uitsig; vergesig, vêrgesig; laan; ry; perspektief; herinnering.

Vis·tu·la: *the ~, (geog.)* die Weichsel.

vis·u·al *n.* beeldmateriaal; advertensieontwerp; *(dikw. mv.)* film; foto. **vis·u·al** *adj.* visueel; sigbaar; gesig(s)=, oog=, opties; ~ ***acuity,*** *acuity of vision* gesigskerpte; ~ ***aids*** visuele hulpmiddele, aanskouingsmiddele; ~ ***angle*** gesigshoek; ~ ***arts*** beeldende kunste; ~ ***display unit*** *(rek., afk.: VDU)* vertooneenheid; ~ ***education*** aanskoulike onderwys, aanskouingsonderwys, =onderrig; ~ ***elevation*** optiese elevasie; ~ ***faculty*** gesigsvermoë; ~ ***field*** blikveld; ~ ***flight*** sigvlug; ~ ***hallucination*** gesigswaan, gesigshallusinasie; ~ ***horizon*** sigbare/visuele horison, gesigshorison; ~ ***inspection*** uitwendige/visuele inspeksie; ~ ***instruction*** = VISUAL EDUCATION; ~ ***instrument*** optiese instrument; ~ ***line*** gesigslyn; ~ ***material*** kykstof; ~ ***memory*** ooggeheue; ~ ***nerve*** gesigsenu(wee); ~ ***organ*** gesigsintuig; ~ ***point*** gesigspunt, oogpunt; ~ ***purple*** rodopsien, sigbare purper, netvliespers; ~ ***range*** gesigsveld, =kring, sigafstand; ~ ***ray*** *(opt.)* oogstraal; ~ ***sense*** gesig(sin); ~ ***telegraphy*** optiese telegrafie; ~ ***training*** aanskouingsopleiding; oogskerping.

vis·u·al·ise, =ize visualiseer; jou voorstel, (in die verbeelding) sien, jou voor die gees roep; 'n beeld vorm (*of* 'n voorstelling maak) van; aanskoulik maak; *~ s.o. as ...* jou iem. as ... voorstel. **vis·u·al·i·sa·tion, =za·tion** aanskouingsvermoë; voorstelling, visualisering.

vi·tal *n. (gew. mv.)* lewensorgane; geslagsorgane; essensie, wesenlike punte. **vi·tal** *adj.* lewenskragtig, vitaal; lewens=; noodsaaklik, essensieel, onmisbaar, kardinaal, van lewensbelang; lewensgevaarlik, noodlottig, dodelik; ~ ***capacity,*** *(med.)* vitale kapasiteit, inasemingsvermoë; ~ ***error*** noodlottige fout; *a ~ **fact*** 'n beslissende/deurslaggewende feit; ~ ***force*** lewenskrag; ~ ***function*** lewensfunksie; ~ ***functions,*** *(ook)* lewensverrigtinge; *a ~ **game/match*** 'n beslissende/deurslaggewende wedstryd; *of ~ **importance*** →IMPORTANCE; ~ ***parts*** lewensdele; ~ ***power*** lewenskrag; lewensvatbaarheid; ~ ***principle*** lewensbeginsel; *a ~ **question*** →QUESTION *n.;* ~ ***sign*** lewensteken; ~ ***statistics*** bevolkingstatistiek(e), lewenstatistiek(e), geboortes en sterftes; *(infml.)* liggaamsmate; *be ~ **to** ...* vir ... van die hoogste belang wees; *be ~ **to** s.o.'s purpose* vir iem. se doel onontbeerlik wees. **vi·tal·ise, =ize** lewe gee; verlewendig, lewendig maak, besiel, inspireer. **vi·tal·ism** vitalisme. **vi·tal·ist** *n.* vitalis. **vi·tal·ist, vi·tal·is·tic** *adj.* vitalisties. **vi·tal·i·ty** vitaliteit; lewenskrag; lewensvatbaarheid; groeikrag; *(bot.)* kiemkrag. **vi·tal·ly** essensieel *ens.* (→VITAL *adj.*); ~ *important* →IMPORTANT.

vit·a·min vitamien; *be rich in ~s* vitamienryk wees. ~ **A, retinol** vitamien A, retinol. ~ **B**$_1$ →THIAMIN(E). ~ **B**$_2$ →RIBOFLAVIN(E). ~ **B**$_6$ →PYRIDOXINE. ~ **B**$_{12}$ →CYANOCOBALAMIN. ~ **B complex** vitamien B-kompleks. ~ **C** →ASCORBIC ACID. ~ **D** *D vitamins* vitamien D. ~ **D**$_2$ →CALCIFEROL. ~ **D**$_3$ →CHOLECALCIFEROL. ~ **deficiency** vitamientekort, =gebrek, tekort/gebrek aan vitamiene. ~ **E** →TOCOPHEROL. ~ **G** *(Am.)* →RIBOFLAVIN(E). ~ **H** *(Am.)* →BIOTIN. ~ **K** *K vitamins* vitamien K. ~ **K**$_1$ →PHYLLOQUINONE. ~ **K**$_2$ →MENAQUINONE. ~ **P, bioflavonoid, citrin** vitamien P, bioflavonoïed, sitrien. ~ **pill** vitamienpil.

vit·a·min·ise, =ize vitamineer, vitamiene byvoeg. **vit·a·min·ised, =ized** *adj.* vitamienverryk.

vi·tel·lin *(biochem.)* vitellien, dooierproteïen. **vi·tel·line** *adj., (embriol., soöl.)* geel soos 'n eier; dooier=; vitellien; ~ *duct* dooierbuis; ~ *membrane, (embriol.)* dooiervlies. **vi·tel·lus** =*telluses,* =*telli, n., (embriol.)* eiergeel, dooier.

vi·ti·ate bederf, bederwe, besmet, besoedel, verontreinig; skend, skaad; ongeldig maak *('n kontrak);* *~d **air*** ou lug, verpeste lug; *a word may ~ a **contract*** 'n woord kan 'n kontrak ongeldig maak; *~d **judg(e)ment*** gebrekkige oordeel; *~d **mind*** onrein(e) gemoed. **vi·ti·a·tion** besmetting, besoedeling, verontreiniging; ongeldigmaking *(v. 'n kontrak).*

vit·i·cul·ture wingerdbou; wynbou. **vit·i·cul·tur·al** wingerdbou(ers)=; wynbou(ers)=. **vit·i·cul·tur·ist** wingerdboer; wynbouer, =boer.

vit·i·li·go, leu·co·der·ma, *(Am.)* **leu·ko·der·ma,** *(med.)* vitiligo, leukoderma.

vit·re·ous *adj.* glasagtig, glasig; glas=; van glas; ~ ***body/humour*** glasvog, glasliggaam *(v.d. oog)*; ~ ***chamber*** glasliggaamholte *(v.d. oog)*; ~ ***china/porcelain*** glasporselein; ~ ***electricity,*** *(elek.)* positiewe elektrisiteit; ~ ***enamel*** glas(uur)emalje, brandemalje; ~ ***lustre*** glasglans; ~ ***rock*** glasige gesteente; ~ ***sand*** smalt; ~ ***silica*** = SILICA GLASS.

vi·tres·cence verglasing. **vi·tres·cent** verglasend. **vit·ric** glasagtig, glas=; ~ *tuff* glastuf.

vit·ri·fy verglaas, in glas verander, glasagtig word. **vit·ri·fac·tion** →VITRIFICATION. **vit·ri·fi·a·ble** verglaasbaar. **vit·ri·fi·ca·tion, vit·ri·fac·tion** verglasing. **vit·ri·fied** verglaas; ~ *brick* verglaasde steen; ~ *tile* verglaasde teël/(dak)pan. **vit·ri·form** *adj.* glasagtig.

vit·ri·ol *(chem., arg.)* vitriool; *(fig.)* venynige opmerking; sarkasme; →BLUE VITRIOL, GREEN VITRIOL, RED VITRIOL; *oil of* ~ = SULPHURIC ACID; *white* ~ = ZINC SULPHATE. **vit·ri·ol·ic** vitrioelagtig, vitrioel=; *(fig.)* snydend, skerp, bitsig, venynig. **vit·ri·ol·ise, =ize** in vitriool verander; met vitriool verbrand.

vi·tro *adj. & adv.: in* ~ →IN VITRO.

Vi·tru·vi·us *(Rom. argitek)* Vitruvius. **Vi·tru·vi·an** Vitruviaans.

vit·ta *vittae, (biol.)* (kleur)streep, band; *(bot.)* oliekanaal.

vi·tu·line kalfagtig, kalwer=, kalf=.

vi·tu·per·ate (uit)skel, slegmaak, uitkryt, beskimp. **vi·tu·per·a·tion** skeltaal, uitskellery, geskel, slegsêery. **vi·tu·per·a·tive** honend, skerp, skellend, skimpend.

vi·va[1] *tw., (It., Sp.: lank lewe ...; in SA deur bevrydingsgroepe gebr.)* viva.

vi·va[2] *ww., (Lat., Br.)* mondeling(s) eksamineer, 'n mondelinge eksamen laat aflê/doen.

vi·va·ce *adv., (It., mus.: opgewek en lewendig)* vivace.

vi·va·cious lewendig, lewenslustig; vrolik, opgewek. **vi·vac·i·ty, vi·va·cious·ness** lewenslus, lewendigheid; vrolikheid, opgewektheid.

vi·van·dier *(Fr., hist.)* laersmous, marketenter, soetelaar. **vi·van·dière** *(vr.)* marketentster.

vi·var·i·um *=ria, =riums* vivarium, dieretuin, ; visdam, akwarium.

vi·va vo·ce *(Lat.)* mondeling(s); mondeling(s)e eksamen; →VIVA[2].

viv·id helder, skerp, intens *(lig, kleur, ens.)*; lewendig, sterk; skitterend; *give a* ~ ***description*** *of ...* →DESCRIPTION; ~ ***green*** helder groen; *have a* ~ ***imagination*** →IMAGINATION; ~ ***lightning*** verblindende weerlig; *have a* ~ ***recollection*** *of s.t.* →RECOLLECTION; **viv·id·ness** helderheid; lewendigheid; →VIVID.

viv·i·fy verlewendig, lewendig maak; laat herleef; besiel, inspireer. **viv·i·fi·ca·tion** verlewendiging; besieling.

vi·vip·ar·ous *(soöl.)* lewendbarend, vivipaar; *(bot.)* vivipaar.

viv·i·sect, viv·i·sect lewendig ontleed/oopsny *(diere)*. **viv·i·sec·tion** *(oopsny/ontleding v. lewende diere)* viviseksie. **viv·i·sec·tion·ist** beoefenaar van viviseksie; voorstander van viviseksie. **viv·i·sec·tor, viv·i·sec·tor** beoefenaar van viviseksie, vivisektor.

vix·en jakkalswyfie, wyfiejakkals, wyfievos; *(fig.)* heks, helleveeg, rissie(pit), geitjie, tierwyfie, gifpil, feeks. **vix·en·ish** boosaardig, heks=, feeksagtig, duiwelagtig.

viz. *(afk. v. videlicet)* naamlik, te wete; met ander woorde.

viz·ard *(vero.)* →VISOR.

vi·zier visier; *grand* ~ grootvisier. **vi·zier·ate** visierskap.

vi·zor →VISOR.

V-J Day *n., (afk.:* Victory over Japan Day, *15 Aug. 1945)* dag van die oorwinning oor Japan.

Vlach, Walach *(bewoner v. Walachye)* Walacher; →WAL(L)ACHIAN *n.*.

Vla·di·mir, Vla·di·mir Wladimir.

vlei *vleis, (Afr.)* vlei. ~ **rat** *(Otomys* spp.*)* vleirot.

Vl·ta·va *(Tsjeg., rivier)* Moldau, Vltava.

vo·ca·ble *n., (gram.)* woord; woordvorm; spraakklank; vokaal, klinker. **vo·ca·ble** *adj.* uitspreekbaar.

vo·cab·u·lar·y woordeskat, woordvoorraad, taalskat, leksikon; woordelys; terminologie; naamlys; *s.o.'s* ~ *is limited* iem. het 'n beperkte woordeskat.

vo·cal *n.* (pop)liedjie; *(gew. mv.)* sang; *(fonet.)* klinker, vokaal. **vo·cal** *adj.* vokaal, stem=; mondeling(s); *(fonet.)* stemhebbend; *(fonet.)* klinker=, vokaal=; luidrugtig, gonsend; *(mus.)* vokaal, sang=; welsprekend; ***become*** ~ jou stem laat hoor; ~ ***consonant*** stemhebbende medeklinker; ~ ***cords*** →CORD *n.*; ~ ***item*** sangnommer; ~ ***line*** vokale lyn *(in sang)*; ~ ***music*** sangmusiek, vokale musiek; ~ ***organs*** stemorgane; ~ ***part*** stemparty; ~ ***performer*** sanger(es); *s.o. is rather* ~ iem. praat graag, iem. verhef graag sy/haar stem; ~ ***register,*** *(mus.)* stemregister; ~ ***sac,*** *(soöl.)* keelsak; ~ ***score,*** *(mus.)* stem=, sangpartituur.

vo·cal·ic *adj., (fonet.)* vokalies, vokaal=, klinker=. **vo·cal·i·sa·tion, =za·tion** vokalisasie, vokalisering. **vo·cal·ise, =ize** *(fonet., mus.)* vokaliseer; uitspreek, 'n klank vorm; as 'n klinker uitspreek; stemhebbend maak; die vokaaltekens aanbring; praat, jou stem laat hoor; sing; uiting gee aan, uit(er). **vo·cal·ism** vokalisme; stemgebruik; sangkuns; *(fonet.)* vokaal; *(fonet.)* vokaalstelsel. **vo·cal·ist** sanger; *(female)* ~ sangeres.

vo·ca·tion beroep, betrekking, professie; roeping; ambag, werk; taak, rol; aanleg, talent; geroepenheid; ***feel*** *a* ~ *for ...* 'n roeping vir ... voel; ***little or no*** ~ *to literature* weinig of geen letterkundige aanleg; ***miss*** *one's* ~ jou roeping mis; ***mistake*** *one's* ~ die verkeerde beroep kies. **vo·ca·tion·al** beroeps=, vak=; ~ ***education*** beroepsonderwys; ~ ***guidance*** beroepsleiding, beroepsvoorligting; ~ ***guidance officer*** beroepsvoorligter; ~ ***school*** ambag=, vakskool; ~ ***training*** beroepsopleiding; vakopleiding. **vo·ca·tion·al·ly** ten opsigte van 'n beroep; ~ *directed* beroepsgerig.

voc·a·tive *n. & adj., (gram.)* vokatief.

vo·cif·er·ate raas, skreeu, lawaai, luidrugtig/lawaaierig wees, uitroep, uitvaar. **vo·cif·er·a·tion** geraas, geskreeu, lawaai, luidrugtigheid. **vo·cif·er·ous** luidrugtig, skreeuend, lawaaierig, uitbundig. **vo·cif·er·ous·ness** luidrugtigheid, lawaaierigheid, uitbundigheid.

vo·cod·er *(mus.)* spraakkodeerder.

vod·ka vodka, wodka.

voe baaitjie, inham.

vogue mode; populariteit, gewildheid; ***bring*** *s.t. into* ~ iets in swang bring; ***come into*** ~ in swang kom; in die mode raak; ***have a great*** ~, *(rare)* baie/danig/erg in die mode wees; 'n groot aanhang hê; *be* ***in*** ~ in die mode wees; in swang wees; *be* ***out of*** ~ uit die mode wees; *s.t. is* ***the*** ~ iets is in die mode. ~ **word** modewoord.

voice *n.* stem; spraak; stemhebbende klank; geluid *(v. 'n voël)*; *(mus.)* sang; uitdrukking, uiting; roepstem; seggenskap; *(gram.)* vorm; ***active*** ~ →ACTIVE; *his* ~ *is* ***breaking*** →BREAK[1] *ww.*; *s.o.'s* ~ ***broke*** iem. se stem het deurgeslaan; *in a* ***clear*** ~ hardop; *s.o.'s* ~ ***cracks*** iem. se stem breek; ***drop*** *one's* ~ →DROP *ww.*; *in a* ***feeble*** ~ met 'n swak stem; ***find*** *one's* ~ weer jou woorde vind; *in a* ***flat*** ~ met 'n toonlose stem; ***for*** *~s* meerstemmig; ***give*** ~ *to ...* aan ... uiting/uitdrukking gee, ... vertolk; *be in* ***good/poor*** ~ goed/sleg by/in stem wees; ***have*** *a* ~ *in a matter* seggenskap in 'n saak hê; 'n woordjie saampraat oor 'n saak; *make one's* ~ ***heard*** van jou laat hoor; *be* ***in*** *good/poor* ~ goed/sleg by stem wees *(v. 'n sanger)*; ***lift*** *(up) one's* ~ jou stem verhef; *s.o. has* ***lost*** *his/her* ~ iem. se stem is weg, iem. is sy/haar stem kwyt; *in a* ***loud*** ~ met luide *(of* 'n harde) stem, hard, hardop; *in a* ***low*** ~ sag(gies) *(praat)*; laag *(sing)*; ***lower*** *one's* ~ →LOWER[1] *ww.*; *speak in a* ***nasal*** ~ deur jou neus praat; *s.o. has* ***no*** ~ *in the matter* iem. het niks daaroor te sê nie, iem. het geen seggenskap daaroor *(of* in die saak) nie; *with* ***one*** ~ eenstemmig, eenparig; (soos) uit een mond; ***passive*** ~ →PASSIVE *adj.*; *the* ***popular*** ~ die volkstem; ***raise*** *one's* ~ harder praat, jou stem verhef, jou stem dik maak; *in a* ***raised*** ~ met luide stem; *no one* ***raised*** *his/her* ~ niemand het 'n woord gesê nie, niemand het sy/haar stem verhef nie; *~s are* ***raised*** *in favour of ...* stemme gaan op ten gunste van ...; ***sepulchral*** ~ →SEPULCHRAL; *a* ***sharp*** ~ 'n skerp stem; *in a* ***small*** ~ →SMALL *adj.*; *a* ***steady*** ~ 'n vaste stem; ***still small*** *~, (Byb.)* 'n fluistering in die windstilte *(NAB)*; die gesuis van 'n sagte koelte *(OAB)*; ***strain*** *one's* ~ →STRAIN *ww.*; ***study*** ~ sang studeer; *a* ***thin*** ~ 'n dun/skraal stemmetjie; *a* ***throaty*** ~ 'n keelstem; *a* ~ *like* ***thunder*** 'n donderende/bulderende stem; *at the* ***top*** *of one's* ~ →TOP[1] *n.*; *speak with* ***two*** *~s* met/uit twee monde praat; *a* ~ *crying in the* ***wilderness*** 'n stem roepende in die woestyn. **voice** *ww.* uitspreek, uiting/uitdrukking/lug gee aan; verklank; stemhebbend maak; stem, intoneer *(orrel)*; van 'n klankbaan voorsien; ~ ***concern*** →CONCERN *n.*; ~ ***misgivings*** →MISGIVING; ~ *an* ***opinion*** 'n mening uit(er); ~ *the general* ***sentiment*** die algemene gevoel vertolk/uitdruk. ~ **box** = LARYNX. ~ **compass** stemomvang. ~ **control** stembeheer. **~-leading** stemvoering, =leiding. ~ **mail** stempos. **~-over** agtergrondstem. ~ **part** sangparty. ~ **pipe** spreekbuis. **~print** stemafdruk. ~ **production** stemproduksie; *teacher of* ~ ~, *(ook)* spraakonderwyser(es). ~ **recognition** *(rek.)* stem=, spraakherkenning. ~ **response** *(rek.)* stemreaksie, =respons. ~ **training** stemoefening. ~ **vote:** *by (a)* ~ ~, *on* ~ *~s* sonder hoofdelike stemming, by akklamasie.

voiced deur (middel van) die stem; *(fonet.)* stemhebbend.

-voiced *komb.vorm* met 'n ... stem; *loud-~* met 'n harde stem.

voice·less spraakloos, stom; sonder stem, stemloos; sonder seggenskap; *(mus.)* stemloos, afonies; onuitgesproke, versweë; ~ *consonant* stemlose medeklinker. **voice·less·ness** spraakloosheid, stomheid; stemloosheid.

void *n.* leegte, leemte, vakuum; holte, (leë) ruimte; holheid; (die) niet; *fill a* ~ 'n leemte vul. **void** *adj.* leeg; vakant, onbeset; *(jur.)* ongeldig, nietig; kragteloos; nutteloos, waardeloos, sinloos; vry; ***declare*** *s.t.* ~ iets nietig verklaar; *be* ~ ***in law*** →LAW; *be* ***null*** *and* ~ →NULL; *be* ~ ***of*** *...* sonder (enige) ... wees; vry van ... wees; *s.o.'s style is* ~ ***of*** *affectation* daar is niks onnatuurliks in iem. se styl nie; ***render*** *s.t.* ~ iets nietig maak *('n kontrak ens.)*. **void** *ww.* ongeldig/nietig maak/verklaar; ontlas; urineer; leegmaak; *(vero.)* uitskei, =werp; *(arg.)* uittrek uit, ontruim; uit die weg ruim; verwerp. **void·a·ble** vernietigbaar; ontruimbaar. **void·a·ble·ness** vernietigbaarheid; ontruimbaarheid. **void·ance** vernietiging *(v. 'n kontrak)*; ontruiming *(v. 'n huis ens.)*; vakature; afsetting, ontslag; lediging. **void·ness** ongeldigheid, nietigheid; kragteloosheid; leegheid.

voile *(tekst.)* voile.

vo·lant vlieënd; rats, vinnig.

Vol·a·puk, Vol·a·pük *(taalnaam)* Volapük.

vo·lar *(anat.)* (hand)palm=; sool=.

vol·a·tile *n.* vlugtige stof/bestanddeel; *(w.g.)* voël; gevleuelde dier. **vol·a·tile** *adj.* vlugtig; lig=, lughartig, lewendig, vrolik; onstabiel, veranderlik; *(effektebeurs)* ongestadig, wisselvallig, sterk fluktuerend *(d. mark)*; *(rek.)* vlugtig *(geheue)*; gevoelig, liggeraak; kortstondig, verganklik; ~ ***acid*** vlugtige suur; ~ ***alkali*** ammoniak; ~ ***fuel*** vlugtige brandstof; ~ ***oil*** = ESSENTIAL OIL; ~ ***salt*** = SAL VOLATILE. **vol·a·til·i·sa·tion, =za·tion** verdamping; vlugtigmaking, vervlugtiging. **vol·a·til·ise, =ize** verdamp; vlugtig maak, vervlugtig. **vol·a·til·i·ty** lewendigheid, opgewektheid; veranderlikheid; *(effektebeurs: mate waarin pryse/koerse skommel)* ongestadigheid, wisselvalligheid, onbestendigheid; *(rek.)* vlugtigheid; ~ *of margins* ongestadigheid/wisselvalligheid van *(of* skommeling in) marges; gevoeligheid; verganklikheid.

vol-au-vent *(Fr. kookk.)* vol-au-vent.

vol·can·ic, vul·can·ic vulkanies, vulkaan=; lawa=; ~ ***ash*** vulkaanas, vulkaniese as; ~ ***bomb*** lawabom, vulkaniese bom; ~ ***dome*** lawakoepel; ~ ***dust*** vulkaanstof; ~ ***glass*** lawaglas; ~ ***neck*** vulkaniese suil; ~ ***pipe*** vulkaanpyp; ~ ***rock*** ekstrusiegesteente; ~ ***vent*** kraterpyp. **vol·can·ic·i·ty** = VOLCANISM. **vol·can·ism, vul·can·ism** vulkanisme. **vol·can·ist** →VOLCANOLOGIST.

vol·ca·no *=noes* vulkaan, vuurspuwende berg; *active/extinct* ~ →ACTIVE, EXTINCT; *the* ~ *erupts* die vulkaan bars uit.

vol·can·ol·o·gy, vul·can·ol·o·gy vulkanologie. **vol·can·o·log·i·cal, vul·can·o·log·i·cal** vulkanologies. **vol·can·ol·o·gist, vul·can·ol·o·gist** vulkanoloog.

vole[1] *n., (kaartspel)* vole. **vole** *ww.* al die trekke wen.

vole[2] *n., (soöl.)* vleirot; waterrot; →BANK VOLE.

Vol·ga: *the ~, (rivier)* die Wolga.

Vol·go·grad *(geog.)* Wolgograd.

vol·i·tant vlieënd, (rond)fladderend.

vo·li·tion wil; wilskrag; wilsuiting; wilsbesluit; *(act of)* ~ wilsdaad, wilshandeling, wilsuiting; *of one's own* ~ vrywillig, uit eie beweging, uit vrye wil. **vo·li·tion·al** wils=, van die wil, wilskragtig. **vol·i·tive** wils=, van die wil; opsetlik; *(gram.)* →DESIDERATIVE *n. & adj.*.

vol·ley *n.* sarsie, salvo; *(fig.)* stroom, (stort)vloed; *(tennis)* vlughou; *discharge/fire a* ~ 'n salvo/sarsie afvuur; *a* ~ *of oaths* 'n stortvloed van vloeke. **vol·ley** *ww.* sarsies/salvo's skiet; losbrand, lostrek; *(tennis)* 'n vlughou (*of* vlughoue) slaan. **~ball** vlugbal.

vol·ley·er *(tennis)* vlughouspeler; *serve and* ~ afslaan-en-vlughou-speler.

vol·plane *n., (lugv.)* sweef=, glyvlug. **vol·plane** *ww.* sweef(vlieg). **vol·plan·ist** sweefvlieër.

Vol·sci·an *n.* Volsker; *(taal)* Volskies. **Vol·sci·an** *adj.* Volskies.

volt[1], **volte** *(dressuur, skermkuns)* draai, swenking, wending.

volt[2] *(elek., afk.: V)* volt; →VOLTAGE; *a hundred/etc.* ~*s* honderd volt. **~ameter** = COULOMETER. **~ammeter** →VOLTAMMETER. **~-ampere** *(afk.: VA)* voltampère. **~meter** voltmeter.

volt·age *(elek.)* (stroom)spanning; →LOW VOLTAGE. ~ **balance** spanningsbalans. ~ **coil** spanningspoel. ~ **control** spanningsbeheer. ~ **divider** spanningsdeler. ~ **grade** spanningsgraad. ~ **indicator** spanningsaanwyser. ~ **range** spanningsbestek, spanningstrek. ~ **regulation** spanningsreëling. ~ **regulator** spanningsreëlaar, spanningstabiliseerder.

vol·ta·ic = GALVANIC; ~ **arc** voltaboog; ~ **battery** voltaïese/galvaniese battery; ~ **electricity** voltaïese/galvaniese elektrisiteit; ~ **pile** voltaïese stapel. **vol·ta·ism** = GALVANISM.

vol·tam·e·ter *(elek.)* = COULOMETER.

volt·am·me·ter, volt·am·me·ter *(elek.)* voltammeter, voltampèremeter.

volte = VOLT[1].

volte-face *n., (hoofs. fig.)* volte face, om(me)keer, omswaai; *make a* ~ omspring, 'n regsomkeer maak. **volte-face** *ww.* omspring, omswaai.

vol·u·ble vlot/glad praat, woord(e)ryk; *(neerh.)* praatsiek; *(bot.)* slingerend, klimmend; ~ *climber, (w.g.)* welige klimplant; ~ *plant* klimop, slingerplant. **vol·u·bil·i·ty** vlotheid, gladheid, woord(e)rykheid.

vol·ume (boek)deel, volume; band; bundel; *(hist.)* (papirus/perkament)rol; volume, kubieke inhoud; grootte, sterkte; hoeveelheid; omvang; geluidsterkte; ***(annual)*** ~ jaargang; ***by*** ~ volgens inhoud/volume; ***gather*** ~ in omvang toeneem; ***in*** *three/etc.* ~*s* in drie dele; ***odd*** ~*s* los dele, 'n paar dele *(uit 'n reeks boeke)*; ~ ***of*** *business* omset; ~ ***of*** *poems/poetry* digbundel, bundel gedigte; ~*s* ***of*** *smoke* rookwolke, rookmassas; ~ ***of*** *stories* verhalebundel; ~ ***of*** *traffic* verkeersomvang; ~ ***of*** *voice* stemomvang; volheid van stem; *s.t.* ***speaks*** ~*s* iets spreek boekdele, iets is baie betekenisvol; *it* ***speaks*** ~*s for ...* dit spreek boekdele vir ... ~ **content** volume-inhoud. ~ **control** *(rad.)* volumebeheer, =kontrole.

vol·u·met·ric volumetries; ~ ***analysis,*** *(chem.)* maatanalise, volumetriese analise; ~ ***change*** volumeverandering, volumetriese verandering; ~ ***efficiency*** vullingsgraad, volumetriese rendement; ~ ***flask*** meetfles, volumetriese fles. **vo·lu·mi·nous** omvangryk, lywig, dik, groot; wyd *(klere)*; uit baie (boek)dele bestaande; produktief, vrugbaar *('n skrywer)*; *(vero.)* slingerend, kronkelend.

vol·un·tar·y *n.* (geïmproviseerde) orrelstuk; voor=, tussen=, naspel *(op 'n orrel)*; fantasiestuk; vrywillige bydrae/diens; *(vero.)* vrywilliger. **vol·un·tar·y** *adj.* vrywillig; ongedwonge; *V~* ***Aid Detachment,*** *(hist.)* Vrywillige Hulpdiens; ~ ***gift*** vrywillige skenking; *a* ~ ***misstatement*** 'n opsetlike/moedswillige onjuistheid/verdraaing (*of* verkeerde voorstelling); ~ ***muscle*** willekeurige/gestreepte spier; ~ ***school*** vry(e) skool. **vol·un·tar·i·ly** vrywillig, uit vrye wil, uit eie beweging. **vol·un·tar·i·ness** vrywilligheid. **vol·un·tar·ism, vol·un·tar·y·ism** *(filos.)* voluntarisme.

vol·un·teer *n.* vrywilliger; *call for* ~*s* om vrywilligers vra; *serve as a* ~ as vrywilliger diens doen. **vol·un·teer** *adj.* vrywilligers=. **vol·un·teer** *ww.* vrywillig diens neem; vrywillig onderneem; jou vrywillig aanbied; as vrywilliger dien; ~ *assistance* hulp aanbied; ~ *for a task,* ~ *to do s.t.* aanbied om iets te doen. ~ **corps** vrywilligerskorps, =eenheid. ~ **crop** opslagoes. ~ **growth** opslag(plante). ~ **officer** vrywilliger-offisier. ~ **potato** opslagaartappel. ~ **reserve** vrywilligersreserwe. ~ **system** vrywilligerstelsel.

vol·un·teer·ism *(Am.)* vrywilliger(s)diens, vrywillige dienslewering.

vo·lup·tu·ar·y *n.* wellusteling. **vo·lup·tu·ar·y** *adj.* wellustig. **vo·lup·tu·ous** wellustig, sin(ne)lik. **vo·lup·tu·ous·ness** *n.* sin(ne)likheid, sensualiteit, wellus, wulpsheid, weelderigheid, rykheid, oorvloed.

vol·ute, vol·ute *n., (bouk.)* krulversiering, voluut; krullys; spiraal. **vol·ute, vo·lut·ed** *adj.* krulvormig, krul=, gekrul(d); *(bot.)* opgerol; spiraalvormig. ~ **spring** voluutveer; krulveer.

vo·lu·tion spiraaldraai.

vol·vu·lus =*luses, (med.)* volvulus, dermknoop.

vo·mer *(anat.)* ploegskaarbeen *(v.d. neus)*.

vom·it *n.* vomeersel, (uit)braaksel; *(plat)* kots; braakmiddel; →VOMITIVE *n.*. **vom·it** *ww.* vomeer, (uit)braak, opbring, opgooi; *(plat)* kots; ~ *out* uitbraak; *(fig.)* uitspoeg, uitspu(ug) *(rook, vonke, ens.)*; ~ *up* opgooi, opbring. **vom·it·ing** vomering; *(plat)* gekots. **vom·it·ing sickness** vomeersiekte. **vom·i·tive** *n.* braak=, vomeermiddel, vomitief; →VOMITORY *n.*. **vom·i·tive** *adj.* braak(ver)wekkend, braak=; ~ *nut* braakneut. **vom·i·to·ry** *n.* braakmiddel, vomitief; *(ook vomitorium)* deur, ingang, uitgang. **vom·i·to·ry** *adj.* = VOMITIVE *adj.*. **vom·i·tu·ri·tion** vrugtelose braakpogings.

voo·doo *n., (magies-relig. kultus)* voedoe; voedoeïs *(ook V~)*, voedoe-beoefenaar, towenaar, heks. **voo·doo** *ww.* toor, beheks, onder voedoe-betowering bring. ~ **(doctor)** toordokter.

voo·doo·ism voedoeïsme *(ook V~)*, voedoekultus, toordery.

=**vo·ra** *komb.vorm* =vore, =vora, =eters, =etende diere; *Carni~* →CARNIVORA.

vo·ra·cious *(lett. & fig.)* gulsig, vraatsugtig. **vo·ra·cious·ness, vo·rac·i·ty** gulsigheid, vraatsug.

=**vore** *komb.vorm* =voor, =eter, =vreter; *insecti~* →INSECTIVORE.

=**vo·rous** *komb.vorm* =voor, =etend, =vretend; *insecti~* →INSECTIVOROUS.

vor·tex =*tices,* =*texes* vorteks, draaikolk, werwel; dwarreling, warreling; (d)warrelwind, werwelwind; *(ook fig.)* maalstroom, draaikolk. ~ **column** werwel=, vorteks-kolom. ~ **motion** werwel=, vorteksbeweging. ~ **ring** werwelring.

vor·ti·cal werwelend, draaiend, draai=, maal=.

vor·ti·cism *(Br. kunsbeweging)* vortisisme *(ook V~)*. **vor·ti·cist** vortisis *(ook V~)*.

vor·tig·i·nous warrelend, draaiend, malend.

Vosges: *the ~, (geog.)* die Vogese.

vo·ta·ry *(vr.: votaress)* aanbidder, vereerder, (geesdriftige) volgeling, aanhanger.

vote *n.* stem; stemming; stemreg, kiesreg; stembrief(ie), stembiljet; mosie; (begrotings)pos, bewilliging; →FLOATING VOTE, VOTING; ***canvass*** *(for)* ~*s* stemme werf; ***carry*** *a proposal by a hundred/etc.* ~*s* 'n voorstel met 'n meerderheid van honderd/ens. stemme aanneem; ***cast*** *a* ~ →CAST *ww.;* ~*s* ***cast/polled*** uitgebragte stemme; *have a* ***casting*** ~ 'n tweede/beslissende stem hê; *a* ***casting*** *of* ~*s* 'n stemopneming; *try to* ***catch*** ~*s* →CATCH *ww.;* ***close/deliberative*** ~ →CLOSE[1] *adj.,* DELIBERATIVE; *a* ***dissentient*** ~ 'n teenstem/teëstem; *without a* ***dissentient*** ~ sonder teenstem/teëstem, eenparig, eenstemmig; ***draw*** *many* ~*s* baie stemme op jou verenig; ***equality*** *of* ~*s* →EQUALITY; ***gain*** *many* ~*s* →GAIN *ww.;* ***get*** *the* ~ die stemreg verkry; ***give*** *... the* ~ die stemreg aan ... gee/verleen; ***give/record/return*** *a* ~ 'n stem uitbring, stem; ***have*** *a* ~ 'n stem hê; ***have*** *the/a* ~ stemgeregtig/kiesgeregtig wees, die stemreg/kiesreg hê; *a* ~ ***of*** *censure* 'n mosie van afkeuring/sensuur; ~ ***of*** *condolence with s.o.* →CONDOLENCE; *a* ~ ***of*** *confidence, a confidence* ~ 'n mosie van vertroue; *a* ~ ***of*** *no confidence, a no-confidence* ~ 'n mosie van wantroue; *a* ~ ***of*** *sympathy* 'n mosie van deelneming; *a* ~ ***of*** *thanks* →THANKS; ***poll*** *many* ~*s* →POLL *ww.; be chosen by* ***popular*** ~ (by-na) eenparig verkies word; ***proceed*** *to the* ~ tot stemming oorgaan; ***propose*** *a* ~ *of confidence/etc.* 'n mosie van vertroue/ens. voorstel; ***put*** *s.t. to the* ~ iets tot stemming bring, oor iets laat stem; ***record/return*** *a* ~ →***give/record/return;*** *a* ***secret*** ~ 'n geheime stemming; *a* ***solid*** ~ 'n eenparige/bankvaste/blokvaste stem; ***split*** *the* ~ →SPLIT *ww.;* ***spoilt*** ~ →SPOIL *ww.; take a* ***straw*** ~ →STRAW POLL; ***swing*** ~*s* →SWING *ww.;* ***take*** *a* ~ *on the question* 'n stemming oor die saak hou, oor die saak (laat) stem, tot stemming oorgaan oor die saak; *be* ***without*** *a* ~ sonder stem wees; *approve/etc. s.t.* ***without*** *a* ~ iets goedkeur/ens. sonder om te stem, iets sonder stemming goedkeur/ens. **vote** *ww.* stem, 'n stem uitbring; kies; voorstel; bewillig, toestaan *(geld)*; ~ ***against*** *s.o./s.t.* teen iem./iets stem; ~ ***by ballot*** →BALLOT *n.;* ~ *s.o.* ***best*** *actor/etc.* iem. as die beste akteur/ens. aanwys; ~ *s.o.* ***chairman*** */etc.* iem. tot voorsitter/ens. (ver)kies; ~ ***down*** *s.t.* iets afstem/uitstem/doodstem/verwerp; ~ *the* ***estimates*** →ESTIMATE *n.;* ~ *s.t. a* ***failure/success*** iets as 'n mislukking/sukses bestempel; ~ ***in favour*** *of s.t.* →FAVOUR *n.;* ~ ***for*** *s.o./s.t.* vir iem./iets stem; ~ *money* ***for*** *...* geld vir ... bewillig; ~ *by show of* ***hands*** stem deur die opsteek van hande, stem deur hande op te steek; ***I*** ~ *we do s.t.* ek stel voor ons doen iets, kom ons doen iets; ~ *s.o.* ***in*** iem. instem/verkies; ~ *s.o.* ***into*** *the chair* iem. tot voorsitter verkies; ~ ***on*** *s.t.* oor iets stem; ~ *s.o.* ***out*** iem. uitstem; ~ ***solidly*** bankvas/blokvas stem; ~ ***with*** *the government/opposition* vir die regering/opposisie stem, aan regeringskant/opposisiekant stem. ~ **catcher** stemjagter, =vanger, steunjagter. ~ **catching** stemmejag, =vangery, steunjag.

vote·less stemloos, sonder stem(reg), niestemgeregtig, niekiesgeregtig. **vote·less·ness** stemloosheid. **vo·ter** kieser, stemgeregtigde; stemmer; ~*s' roll* kieserslys.

vot·ing stemming, stemmery, (die) stem; bewilliging *(v. geld)*; ***abstain*** *(from ~)* →ABSTAIN; ~ *by secret* ***ballot*** →BALLOT *n.;* ***compulsory*** ~ stem=, kiesplig; stemdwang; *the* ~ *was equal* (or *a tie*) die stemme was gelykop (*of* het gestaak), daar was 'n staking van stemme. ~ **age** stemgeregtigde ouderdom. ~ **booth** stemhokkie. ~ **cattle** stemvee. ~ **district** stemdistrik. ~ **machine** *(vnl. i.d.VSA)* stemmasjien. ~ **paper** stembrief(ie). ~ **power/strength** stemkrag. ~ **right** stemreg. ~ **stock** stemgeregtigde/stemdraende aandele.

vo·tive votief, op grond van (*of* ingevolge) 'n gelofte, gelofte=; ~ *Mass, (RK)* votiefmis; ~ *offering* dankoffer; votiefgeskenk; ~ *tablet* geloftetafel, =steen, votieftafel, =steen.

vouch bevestig, staaf, bewys lewer; *(jur.)* die egtheid waarborg, instaan/goedstaan *(vir)*; staaf *(met)*; as bewys(stuk) dien; getuig; →VOUCHER; ~ *for s.t.* vir iets goedstaan/instaan *(d. waarheid)*; ~ *for s.o.* vir iem. goedstaan.

vouch·er koepon; bewys(stuk); kwitansie, ontvangsbewys; *(jur.)* bewysstuk, teenblad; →WARRANT VOUCHER. ~ **clerk** bewysklerk. ~ **copy** bewyseksemplaar, =nommer. ~ **register** register van bewysstukke.

vouch·safe vergun, toestaan, inwillig; ~ *no reply* jou nie verwerdig om te antwoord nie. **vouch·safe·ment** vergunning, inwilliging.

vous·soir *n., (Fr., bouk.)* boogsteen, =klip.

vow *n.* gelofte, eed; ***make/take*** *a* ~ *to do s.t.* 'n gelofte aflê/doen om iets te doen; ***monastic*** ~ →MONASTIC *adj.;* ***take*** *one's* ~*s* die (klooster)gelofte aflê, 'n kloosterling word, 'n monnik word *('n man)*, 'n non word *('n vrou)*; *be* ***under*** *a* ~ *to do s.t.* deur 'n gelofte gebind word om iets te doen. **vow** *ww.* sweer, 'n gelofte doen, plegtig belowe; plegtig verklaar; (toe)wy *(aan); ~ vengeance* wraak sweer.

vow·el *(ling.)* klinker, vokaal. ~ **chart** klinkerkaart, vokale=, vokaalkaart. ~ **gradation** = ABLAUT. ~ **harmony** vokaalharmonie. ~ **mutation** = UMLAUT. ~ **point** vokaalteken. ~ **rhyme** = ASSONANCE. ~ **system** vokalestelsel, =sisteem, vokaalstelsel, =sisteem.

vow·el·ise, =ize vokale/klinkers aanbring; tot 'n klinker/vokaal maak; vokaliseer.

vox *voces, (Lat.)* stem; geluid, klank.

vox hu·ma·na vox humana, stemregister *(v. 'n orrel).*

vox pop *n., (Br., rad., TV; afk. v.* vox populi*)* openbare meningspeiling; onderhoude met mense op straat; *conduct/do a ~ ~* onderhoude met mense op straat voer. **vox po·pu·li:** *the ~ ~* die volkstem (*of* stem van die volk).

voy·age *n.* (see/lug/boot)reis; seevaart, skeepsreis, skeepstog; *go on a ~* op 'n seereis gaan; *a ship's maiden ~* 'n skip se eerste vaart, 'n skip se inwydingsvaart; *make a ~* op 'n seereis gaan, 'n seereis onderneem; *~ outward, (on) the ~ out* (op) die heenreis. **voy·age** *ww.* vaar, op 'n seereis gaan, 'n seereis onderneem; reis. **voy·ag·er** reisiger; seevaarder.

vo·yeur voyeur, afloerder, loervink. **vo·yeur·ism** voyeurisme, afloerdery. **vo·yeur·is·tic** *adj.*, **vo·yeur·is·ti·cal·ly** *adv.* voyeuristies.

vroom *n., (onom.)* gewroem, wroemgeluid *(v. 'n enjin ens.).* **vroom** *tw.* wroem.

vug(g), vugh *(mynb.)* kristalholte. **vug·gy, vug·hy** vol kristalholtes.

Vul·can *(Rom. mit.)* Vulkanus, Vulcanus.

vul·can·ic →VOLCANIC. **vul·can·ic·i·ty** = VOLCANISM.

vul·can·ise, =ize vulkaniseer; *~d rubber* gevulkaniseerde rubber; *vulcanising/=izing cement (mot.)* vulkaniseergom. **vul·can·i·sa·tion, =za·tion** vulkanisasie, vulkanisering. **vul·can·is·er, =iz·er** vulkaniseerder; vulkaniseerapparaat. **vul·can·ism** →VOLCANISM. **vul·can·ist** →VOLCANOLOGIST.

vul·ca·nite, eb·on·ite vulkaniet, eboniet.

vul·can·ol·o·gy, vul·can·o·log·i·cal, vul·can·ol·o·gist →VOLCANOLOGY, VOLCANOLOGICAL, VOLCANOLOGIST.

vul·gar *n.: the ~* die massa, die plebs. **vul·gar** *adj.* plat, platvloers, onfyn; onbeskof, ongepoets, grof; laag, vulgêr; gewoon; algemeen, alledaags, volks; *~* ***abuse*** →ABUSE *n.; the ~* ***era*** die Christelike jaartelling; *~* ***error*** algemene dwaling; *~* ***expression*** plat/vulgêre uitdrukking; *~* ***fraction,*** *(wisk.)* gewone breuk; *~* ***speech*** plat taal; *~* ***superstition*** volksbygeloof; *the ~* ***tongue,*** *(vero.)* die volkstaal. **vul·gar·i·an** buffel, ordinêre vent; *(<Fr.)* parvenu. **vul·gar·i·sa·tion, =za·tion** vulgarisasie. **vul·gar·ise, =ize** gemeengoed maak, te bekend/alledaags maak, populariseer; verlaag; vulgariseer. **vul·gar·ism** vulgarisme, plat uitdrukking; platheid.

vul·gar·i·ty plat uitdrukking, growwe opmerking; onbeskoftheid, ongepoetstheid; laag=, platheid, onfynheid, vulgariteit; vulgêre gedrag.

Vul·gate: *the ~* die Vulgaat/Vulgata.

vul·ner·a·ble *(fig.)* kwe(t)sbaar, gevoelig; wondbaar; aantasbaar, trefbaar; vatbaar; *be ~ to ...* vir ... vatbaar wees *(vleiery);* vir ... kwesbaar wees *(aanvalle);* vir ... gevoelig wees *(kritiek); ~ point, (mil.)* gevaarplek. **vul·ner·a·bil·i·ty** *(fig.)* kwe(t)sbaarheid, gevoeligheid; wondbaarheid; trefbaarheid; vatbaarheid. **vul·ner·a·ble·ness** →VULNERABILITY.

vul·ner·ar·y *n., (med.)* wond(heel)middel; wondsalf. **vul·ner·ar·y** *adj.* genesend, helend, geneeskragtig; *~ plant* geneeskragtige plant; *~ remedy* wond(heel)middel.

vul·pine vosagtig, vos=; jakkalsagtig, jakkals=; skelm, slu, slim, uitgeslape.

vul·ture *(orn.)* aasvoël; gier; roofsugtige, skraper, uitsuier; →BEARDED VULTURE, BLACK VULTURE; ***Cape*** *~* kransaasvoël; ***Egyptian*** *~* Egiptiese aasvoël; ***hooded*** *~* monnikaasvoël; ***white-backed*** *~* witrugaasvoël; ***white-headed*** *~* witkopaasvoël.

vul·tur·ine aasvoëlagtig, aasvoël=; roofsugtig; *~ fish eagle* →FISH EAGLE; *~ guinea fowl* aasvoëltarentaal. **vul·tur·ish, vul·tur·ous** aasvoëlagtig; roofsugtig.

vul·va *=vae, =vas, (anat.)* vulva, *(meestal i.d. mv.)* skaamdeel, skaamlip(pe). **vul·val, vul·var** vulva=, skaamdeel=, skaamlip=, van die vulva/skaamdeel/skaamlip. **vul·vi·form** vulvavormig, skaamdeel=, skaamlipvormig. **vul·vi·tis** *(med.)* vulvitis, skaamdeel=, skaamlipinfeksie. **vul·vo·vag·i·ni·tis** *(med.: inflammasie v.d. vulva en d. vagina)* vulvovaginitis.

vy·ing wedywerend; →VIE.

Ww

w, W *w's, W's, Ws, (23ste letter v.d. alfabet)* w, W; *little ~* w'tjie; *small ~* klein w.

Waaf *(Br., hist., akr.)* lid van die Women's Auxiliary Air Force.

wab·ble = WOBBLE.

wack·o *-os, n., (Am., infml.)* malkop, anderste(r)/eksentrieke entjie mens. **wack·o** *adj.* malkop, mallerig, (van lotjie) getik, anderste(r), snaaks(erig), eksentriek.

wack·y *(infml.)* dwaas, mal, verspot.

wad[1] *n.* prop, stopsel, vulsel, pluisie *(v. watte ens.); (med.)* tampon; rol, pakkie *(banknote); (infml.)* hoop *(geld ens.).* **wad** *-dd-, ww.* 'n pluisie/proppie maak/insteek; watteer, met watte (uit)voer; toestop, opvul; *well ~ded with conceit, (w.g.)* opgeblase van verwaandheid. **wad·ding** watte; kapok; vulsel.

wad[2] *n., (dial.)* mangaanaarde.

wad·dle *n.* gewaggel, gestrompel, waggelende gang. **wad·dle** *ww.* waggel, strompel.

wad·dy *(Austr.)* knopkierie, knots.

wade *n.* (die) loop in/deur water/ens., (die) deurwaad; geswoeg, gesukkel. **wade** *ww.* waad, in die water loop, inloop; deurwaad, deurloop, oorgaan; *wading **bird*** waadvoël, steltloper, moerasvoël; *~ **in*** in die water inloop; *(infml.)* met mening begin; indons *(in 'n debat); ~ **into** s.o., (infml.)* iem. inklim; *~ **into** a task, (infml.)* 'n taak met mening aanpak; *~ **through*** deurwaad, deurloop, oorgaan, deur die water loop; *~ **through** s.t., (lett.)* deur iets waad/loop; *(fig.)* iets deurworstel, deur iets worstel *('n verslag ens.).* **wad·a·ble, wade·a·ble** deurwaadbaar. **wad·er** wader; moerasvoël, steltloper, waadvoël; *(gew. i.d. mv.)* kapstewel, waterlaars, -skoen, -stewel.

wa·di *-dis,* **wa·dy** *-dies, (Arab.)* wadi; (droë) rivierbedding, (droë) loop *(v. 'n rivier);* rivierkloof, diepsloot, donga; rivier *(in droë lande).*

wa·fer *n.* wafel; ouel; *(RK: misbrood)* hostie; *(rek.)* skyfie; *rolled ~, (kookk.)* oblietjie. **wa·fer** *ww., (hist.)* (met 'n ouel) toeplak/verseël *('n brief ens.).* ~ **biscuit** oblietjie. ~ **iron** oblietjiepan, -yster. ~ **seal** *(hist.)* ouelseël. **~-thin** *adj.* papier-, rafeldun.

waf·fle[1] *n.* wafel. ~ **iron** wafelpan, -yster. ~ **weave** wafelweefwerk.

waf·fle[2] *n., (infml.)* gegorrel; geklets, kletspraatjies, bog-, kaf-, twak(praatjies); *talk ~, (infml.)* twak praat/verkoop. **waf·fle** *ww., (infml.)* gorrel; klets, twak praat. **waf·fler** gorrelaar; bogprater.

waft *n.* luggie; vlagie; swaai, vleuelslag. **waft** *ww.* waai, sweef, swewe; dryf, drywe; wuif, wuiwe; meevoer, toevoer.

wag[1] *n.* swaai, skud; *play ~* stokkiesdraai; *a ~ of the tail* 'n swaai van die stert. **wag** *-gg-, ww.* swaai; kwispel; skud; *~ one's **head*** die/jou kop skud; *the dog ~s his **tail*** die hond kwispel (met sy stert) (*of* swaai sy stert); ***tongues** are ~ging about s.t., (infml.)* die tonge is los oor iets; *how ~s the **world**?, (arg.)* hoe staan sake?. **~tail** *(orn.: Motacilla spp.)* kwikkie, kwikstertjie; skeistrook *(tuss. vensterkoorde).*

wag[2] *n., (infml.)* spotvoël, terggees, grapmaker, platjie, karnallie; →WAGGERY, WAGGISH.

wage *n.* loon; verdienste; besoldiging; ***at** a ~ of ...* vir 'n loon van ...; ***earn/get** a good ~* 'n goeie verdienste hê, 'n goeie loon kry/trek/verdien; *a **fair day's** ~ for a fair day's work* loon na werk; ***freeze** ~s* lone vaspen; *a **living** ~* 'n bestaansloon, 'n bestaanbare loon; ***pay** s.o. a good ~* iem. 'n goeie loon betaal; *the ~s of **sin** is death, (AV & NIV, Rom. 6:23)* die loon van die sonde is die dood *(OAB);* die loon wat die sonde gee, is die dood *(NAB); **stop** s.o.'s ~s* iem. se loon agterhou/inhou. **wage** *ww.* voer; *~ a struggle* ('n) stryd voer; *~ war* oorlog voer/maak. ~ **act** loonwet. ~ **agreement** loonooreenkoms. ~ **award** loonbeslissing, -vasstelling. ~ **board** *(dikw. W~ B~)* loonraad. ~ **demand** looneis. ~ **determination** loonvasstelling. ~ **dispute** loongeskil. ~ **earner** loontrekker, -arbeider; broodwinner. ~ **freeze** loonvaspenning. **~-fund theory** loonfondsteorie. ~ **gap** loongaping. ~ **increase** loon(s)verhoging. ~ **negotiations,** ~ **talks** loononderhandelings, -linge. ~ **packet** loongeld. ~ **rate** loontarief. ~ **regulation** loonreëling. ~ **scale** loonskaal. **~s clerk** loonklerk. ~ **settlement** loonskikking. **~(s) fund** loonfonds. ~ **slave** *(infml.)* loonslaaf. **~(s) sheet** loonstaat, -lys. ~ **work** loonarbeid. ~ **worker** loonarbeider, -trekker.

wa·ger *n.* weddenskap; *~ of battle, (hist.)* tweegeveg; *lay/make a ~* wed, 'n weddenskap aangaan. **wa·ger** *ww.* wed; verwed; *~ s.t. on ...* iets op ... verwed.

wag·ger·y *(infml.)* tergery, korswel, grapmakery, streke, ondeundheid.

wag·gish *(infml.)* ondeund, vol streke, grapperig, skalks, tergerig.

wag·gle *n.* gewikkel, gekwispel; beweging; geswaai. **wag·gle** *ww.* wikkel *(jou ore, heupe, tone, ens.);* beweeg *(jou kaak ens.); (dier)* kwispel *(met sy stert); ~ one's finger at s.o.* jou vinger vir iem. swaai. ~ **dance** sidderdans *(v. bye).*

wag·(g)on wa; vragwa; *(spw.)* goederewa, trok; *be **off** the (water) ~, (infml.)* weer (begin) drink; *s.o. is **on** the (water) ~, (infml.)* iem. drink nie meer nie, iem. het die drank gelos (*of* laat staan/vaar); *hitch one's ~ to a **star*** op 'n sterkere staatmaak; 'n hoë ideaal nastreef/nastrewe, hoog mik; ***the** W~, (astron.)* die Groot Beer. ~ **bed** wabuik. ~ **boiler** *(hist.)* koffer(stoom)ketel *(v. 'n lokomotief).* ~ **box** wakis. ~ **builder** wamaker. ~ **building** wamakery. ~ **driver** wadrywer. ~ **house** waenhuis. ~ **leader** touleier. **~load** wavrag. ~ **pole** wadisselboom. ~ **roof** tonneldak, watentdak. ~ **seat** voorbok. ~ **shed** waenhuis; *(spw.)* waloods. ~ **shop** trokwerkplaas. ~ **stage** *(teat.)* rolverhoog. ~ **track** waspoor, -pad. ~ **train** leërbagasie, leërtros. ~ **vault** *(argit.)* tonnelgewelf.

wag·(g)on·er wadrywer, voerman; *the W~, (astron.)* die Voerman, Auriga.

wag·(g)on·ette waentjie.

Wag·ne·ri·an *n.* Wagneriaan. **Wag·ne·ri·an** *adj.* Wagneriaans.

Wag·ner·ite = WAGNERIAN *n.*. **wag·ner·ite** *(min.)* wagneriet.

Wag·ner tu·ba *(mus.instr. ontwerp vir Wagner se siklus* Der Ring*)* wagnertuba *(ook W~).*

wag·on →WAG(G)ON.

wa·gon-lit *-lits, (Fr.)* slaapwa.

Wa(h)·ha·bi, *(w.g.)* **Wa(h)·ha·bite** *n., (lid v. 'n Moslemsekte)* Wahabiet. **Wa(h)·ha·bism** Wahabisme. **Wa(h)·ha·bite** *adj.* Wahabities.

wa·hoo, wa·hoo *(bot. en igt.)* wahoe.

wah-wah, wa-wa *n., (mus., onom.)* wha-wha. ~ **pedal** wha-wha-pedaal.

waif daklose/verwaarloosde kind; swerwer, verlatene; wegloopdier; goed sonder baas; strandgoed, opdrifsel; *~s and strays* daklose/hawelose/verlate kinders; stukkies en brokkies, rommel.

wail *n.* weeklag, jammerklag, gehuil, gekerm, sugting. **wail** *ww.* weeklaag, huil, kerm; *there shall be ~ing and gnashing of teeth* (AV), *there will be weeping and gnashing of teeth* (NIV), *(Matt. 13:42 ens.)* daar sal geween wees en gekners van die tande *(OAB),* daar sal hulle huil en op hulle tande kners *(NAB); the W~ing Wall* die Klaagmuur *(in Jerusalem).*

wain *(arg.)* wa; *Charles's W~, (astron., arg., hoofs. Br.)* →THE PLOUGH. **~wright** *(hist.)* wamaker.

wain·scot *n., (binneargit.)* beskot, paneelwerk, lambrisering, houtbeskot. **wain·scot** *ww.* lambriseer, met houtwerk beklee. **wain·scot·(t)ing** = WAINSCOT *n.*.

waist middel(tjie), middel(lyf); lyfie; *(kleremakery)* taille, talje; band *(v. 'n broek ens.);* kuil *(v. 'n seilskip);* sydek *(v. 'n skip).* **~band** broek(s)band; gordel; rok(s)band; middelband *(v. 'n voertuig).* ~ **belt** lyfband, gord(band), gordel. **~cloth** lendedoek. **~coat** onderbaadjie; *sleeved ~* onderbaadjie met moue, mou-onderbaadjie. **~-deep, ~-high** tot aan/by die middel; *(by diere)* pensdiep. ~ **gunner** middel(boord)skutter. **~line** middellyn, taille, talje. ~ **nipper** spanlyfie, perdebykorset. ~ **piece** middelstuk.

-waist·ed *komb.vorm* met 'n ... middellyf; *a high-~ dress/etc.* 'n rok/ens. met 'n hoë middellyf.

wait *n.* (die) wag, wagtery; versuim, oponthoud; hinderlaag; *(ook, i.d. mv., Br., arg.)* Kerssangers, -musikante; *lie in ~* op die loer lê; *lie in ~ for s.o.* iem. voorlê, na/vir iem. op die loer lê; *s.o. will have a long ~* iem. sal lank moet wag. **wait** *ww.* wag; versuim; vertoef; afwag; (aan tafel) bedien; oorlê; *it is better to ~ **before** speaking* dit is raadsaam om te wag met praat; *~ a **bit/minute**!* wag 'n bietjie!; *s.o. **cannot** ~ to do s.t.* iem. is haastig om iets te doen; *s.o. **cannot** ~ for s.t. to happen* iem. kan nie wag dat iets gebeur nie; *~ one's **chance/opportunity*** jou kans afwag; *don't ~ **dinner** for me, (w.g.)* moenie met die ete vir/op my wag nie; *~ **for** s.o.* op/vir iem. wag; *~ **for** it!, (infml.)* wag net 'n bietjie!; ***just** you ~!* wag maar!, eendag is eendag!; ***keep** s.o. ~ing* →KEEP *ww.;* ***make** s.o. ~* iem. laat wag; *~ a **minute**!* →**bit/minute**; *~ **on/upon** s.o.* iem. bedien; wag totdat dit iem. pas; *~ s.t. **out*** vir iets wag om oor/verby te gaan; *~ **and see*** kyk wat gebeur; *follow a policy of ~ **and see*** 'n afwagtende houding aanneem, 'n beleid van afwagting volg; *~ one's **turn*** →TURN *n.;* *~ **up** for s.o.* vir iem. opbly/opsit. **~person** *(hoofs. Am.)* kelner; kelnerin. ~ **state** *(rek.)* wagtoestand.

wait·er kelner, tafelbediende; afwagter; skinkbord, presenteertafeltjie. **wait·ress** kelnerin, (tafel)bediende; kafeemeisie. **wait·ress·ing** kelnerinwerk, -diens. **wait·ron** kelner; kelnerin.

wait·ing *n.* wagtery; bediening *(deur 'n kelner);* opwagting; *be in ~* klaar/gereed staan, byderhand wees; *no ~* geen wagtery nie; wag verbode; *officer in ~* plaasvervangende offisier. **wait·ing** *adj.* wagtend; bedienend; *play a ~ game* die kat uit die boom kyk, jou kans afwag, 'n afwagtende houding aanneem. ~ **list** waglys. ~ **room** wagkamer. ~ **woman** *(arg.)* kamenier, kamerjuffer.

waive afsien van, laat vaar, afstand doen van, opsysit, opgee; *~ payment* betaling kwytskeld. **waiv·er** (verklaring van) afstand; kwytskelding; akte van afstand.

wake[1] *n.* lykwaak; *(hist.)* herdenkingsfees *(v.d. beskermheilige v. 'n kerk); (gew. i.d. mv., Br., hoofs. hist.)* (dorps)kermis. **wake** *woke woken, ww.* wakker word; ontwaak, opstaan; opwek, wakker maak; wakker skud, aanwakker, aanvuur; *in his/her waking **hours*** as hy/sy nie slaap nie; *~ **(up)*** wakker word; *~ s.o. **(up)*** iem. wakker maak; *~ **up**!* word wakker!, maak oop jou oë!; *~ **up** to s.t.* van iets bewus word, wakker word/skrik wat iets betref, agterkom/begryp wat gaande is; ~ ***up*** *to the fact that* ... skielik agterkom dat ... **wake·ful** wakker, wakend, slapeloos, slaaploos; waaksaam; ~ *night* slapelose nag. **wake·ful·ness** slapeloosheid, slaaploosheid; waaksaamheid. **wak·en** wakker maak, wek; wakker word. **wak·ey-wak·ey** *tw., (infml.)* word wakker!, wakker word!, opstaan!. **wak·ing** *adj. (attr.):* ~ ***centre***weksentrum, wekkern *(i.d. brein);* ~ ***consciousness*** wakker bewussyn; *have a* ~ ***dream*** dagdroom, 'n dagdroom hê; *one's* ~ ***hours*** heeldag, die hele dag, van vroeg tot laat; ~ ***life*** wakker bestaan; ~ ***reality*** klinkklare werklikheid; ~ ***state*** wakker stand; ... *fills/occupies s.o.'s* ~ ***thoughts*** iem. dink heeldag (*of* die hele dag *of* van vroeg tot laat) aan ...; ~ ***time*** wakker tyd; ~ ***visions*** wakker visioene.

wake[2] *n.* kielwater, (kiel)sog; volgstroom *(v. 'n skip);* warrelgebied, volgstroom *(v. 'n vliegtuig);* spoor; *in the* ~ *of* ... ná ...; kort agter ..., op die hakke van ...; in die voetspore van ...; *it followed in the* ~ *of* ... dit het onmiddellik op ... gevolg.

wake-up call *(Am.)* wakkerbeloproep; *(fig.)* wekroep.

Wa·la·chi·a →WAL(L)ACHIA.

Wal·den·ses, Vau·dois *n. (mv.), (relig. sekte)* Waldense. **Wal·den·si·an, Vau·dois** *n.* Waldenser. **Wal·den·si·an, Vau·dois** *adj.* Waldensies.

Wal·dorf sal·ad *(Am. kookk.)* waldorfslaai.

wale *n., (tekst.)* riffel, ribbel, koordjie *(v. koordferweel); (sk.)* dolboord; boordsel *(v. 'n gevlegte mandjie); (Am.)* striem, streep *(v. 'n sweepslag);* →WEAL[1] *n.*. **wale** *ww.* met boordsel versterk; *(Am.)* striem; →WEAL[1] *ww.*.

Wales *(geog.)* Wallis; →NEW SOUTH WALES; *the Prince of* ~ →PRINCE.

Wal·fish Bay *(hist.)* = WALVIS BAY.

Wal·hal·la = VALHALLA.

walk *n.* gang, pas, loop; wandeling; wandelweg, -pad, promenade, laan, wandelplek, looppad; paadjie; rondte; ***at*** *a* ~ op 'n stap; *never get* ***beyond*** *a* ~ nooit verder/vêrder as op 'n stappie kom nie; *know s.o.* ***by*** *his/her* ~ iem. aan sy/haar loop/stap ken; ***go for*** *a* ~ →***take;*** *win* ***in*** *a* ~, *(infml.)* fluit-fluit/loshand(e)/maklik wen; *in all* ~*s of* ***life*** →LIFE; ***take*** (or ***go for***) *a* ~ ('n entjie) gaan stap/loop/wandel, 'n wandeling maak/doen. **walk** *ww.* loop, stap; wandel; betree; voetslaan; *(kr.)* padgee; trap, waai; *(geeste)* rondwaar, spook; ~ ***about*** rondloop, -stap, -slenter, -drentel; ~ *on* ***air*** →AIR *n.;* ~ ***along*** aanloop, aanstap; ~ ***away*** wegloop, wegstap; ~ ***away*** *from s.o.* onder iem. uitloop, iem. ver/vêr agterlaat; ~ ***away*** *from s.t.* iets uitlos, niks met iets te doen wil hê nie; ~ ***away*** *from an accident* niks in 'n ongeluk oorkom nie; ~ ***away/off*** *with s.t., (infml.)* iets fluit-fluit/loshand(e)/maklik wen; iets steel/skaai/gaps; ~ *the* ***boards*** →TREAD THE **BOARDS;** ~ ***by*** verbystap, -loop, -gaan; ~ *the* ***chalk,*** *(infml.)* reguit loop, op een been staan *(om te wys jy is nugter);* ~ ***close*** *to s.o.* teen iem. loop; ~ *a* ***dog*** →DOG *n.;* ~ ***down*** *s.t.* met iets afloop *('n straat ens.);* ~ *on* ***eggs*** →EGG[1] *n.;* ~ *with* ***God*** met God wandel; ~ *s.o.* ***home*** met iem. huis toe stap; ~ *a* ***horse*** →HORSE *n.;* ~ *the* ***hospitals*** →***wards/hospitals;*** ~ ***in*** binnekom, inloop, instap, binnestap; ~ ***in*** *on s.o.* by iem. ingestap kom; ~ ***into*** *s.o., (ook, infml.)* iem. aanval/inklim/invlie(g); ~ ***into*** *s.t.* iets binnekom/binnestap *('n vertrek ens.);* teen iets bots/vasloop *('n boom ens.); (infml.)* in iets vasloop *('n hou ens.);* in iets (in)loop *('n lokval ens.); (infml.)* iets verorber/wegslaan, weglê aan iets *(kos, drank);* ~ ***it*** voetslaan; *(infml.)* fluit-fluit/maklik wen; ~ *s.o. off his/her* ***legs*** →LEG *n.;* ~ ***off*** wegstap, wegloop; ~ ***off*** *with s.t.* →***away/off;*** ~ *s.o.* ***off*** iem. weglei/wegbring; ~ *s.t.* ***off*** iets afskud deur te loop/stap; ~ ***on*** aanstap, aanloop, verder/vêrder loop/stap; *(akteur, aktrise)* vlugtig op die planke (*of* voor die kameras) verskyn, 'n klein/onbeduidende rolletjie hê *(met min/geen woorde);* →WALK-ON (PART/ROLE); ~ ***out*** uitloop, uitstap; *(werkers)* staak; →WALKOUT; ~ ***out*** *on s.o., (infml.)* iem. in die steek laat; *(infml.)* 'n verhouding met iem. verbreek; ~ ***out of*** ... verlaat, uit ... loop *('n kamer, vergadering, ens.);* uit ... bedank *('n vereniging ens.);* ~ ***out*** *with s.o., (Br., infml., vero.)* met iem. uitgaan; ~ ***over*** oorloop, oorstap; ~ *(all)* ***over*** *s.o., (infml., fig.)* iem. maklik klop; iem. plat trap, iem. vermorsel; ~ ***over*** *s.t.* oor iets loop; ~ ***past*** ... by ... verbyloop; ~ *the* ***plank*** →PLANK *n.;* ~ *the* ***rounds,*** *(vero., 'n skildwag ens.)* die/jou rond(t)e doen; ~ *before one can* ***run,*** *(idm.)* kruip voor(dat) jy kan loop; →**RUN** BEFORE ONE CAN WALK; ***sing/etc.*** *while one* ~*s,* ~ *along* ***singing/etc.*** loop en sing/ens.; ~ *the* ***streets,*** *(haweloses ens.)* die strate platloop, op straat rondslenter; *(vnl. 'n prostituut)* op die gladde baan gaan, ('n) nagvlinder wees; ~ *the* ***talk*** daad by die woord voeg; ~ ***tall*** jou kop hoog hou, jou bors uitstoot, fier (en trots) beweeg; ~ ***through*** *a part* die bewegings van 'n rol repeteer; ~ *s.o.* ***through*** *a part* iem. die bewegings van 'n rol laat repeteer; ~ ***up*** oploop, boontoe loop; aangestap kom; ~ ***up*** *to* ... na ... toe loop, op ... afstap; ~ *the* ***wards/hospitals,*** *(vero., med. studente)* kliniese opleiding ontvang; ~ ***with*** *s.o.* met iem. saamloop/saamstap. **~about** *n., (infml.)* rondwandeling; *go (on a)* ~ met die mense meng; rondwandel, -stap, -loop; *(Austr. inboorling)* deur die wildernis trek. **~away** *n., (Am., infml.)* = WALKOVER. **~-in** *adj. (attr.)* instap- *(kas ens.).* **W~man** *-mans, -men, (handelsnaam)* Walkman, draagbare stereostel/(radio)kassetspeler. **~-on (part/role)** *(teat., filmk.)* klein/onbeduidende rolletjie, rolletjie met min/geen woorde. **~out** (werk)staking; uitstappery; *stage a* ~ uitstap. **~over** *(infml.)* maklike oorwinning, wegholoorwinning; gewonne spel, oorwinning sonder speel; onbestrede verkiesing; *have a* ~ wen sonder speel; fluit-fluit/loshand(e)/maklik wen; *it was a* ~ die wedstryd is prysgegee; *it was a* ~ *for s.o.* iem. het fluit-fluit gewen (*of* sy/haar tee-/teënstander[s] kafgeloop), dit was kinderspeletjies vir iem.. **~-up** *n., (Am., infml.)* woonstel-/kantoorgebou sonder 'n hyser/hysbak; woonstel/kantoor in 'n gebou sonder 'n hyser/hysbak. **~way** looplys; →CATWALK; wandelpad.

walk·a·ble loopbaar *('n berg, paadjie, oppervlak, ens.);* wat te voet afgelê kan word *('n afstand);* wat te voet besigtig kan word *('n stad ens.).*

walk·a·thon stapmarat(h)on.

walk·er wandelaar, loper, stapper, voetganger; loopvoël; loopraam; loopring; *(masj.)* skudder. **~-on** *(teat.)* figurant.

walk·ies *n. (mv.), (infml.)* stappie; *go* ~ ('n entjie) gaan stap/loop; *s.t. has gone* ~ iets is weg (*of* het voete gekry); *take the dog(s)/kids/etc. (for)* ~ met die hond(e)/kinders/ens. gaan stap, die hond(e)/kinders/ens. vir 'n stappie neem. **walk·ies** *tw., (aan 'n hond)* loop; kom ons gaan stap/loop.

walk·ie-talk·ie geselsradio, handradio, handsender.

walk·ing *n.* loop (die) stap, stappery, *ens..* **walk·ing** *adj.* lopend, loop-. ~ **bass** *(jazz)* walking bass. ~ **bird** loopvoël. ~ **chair** stootstoel, loopwaentjie. ~ **delegate** vakbondafgevaardigde. ~ **dictionary,** ~ **encyclop(a)edia** *(infml.)* alweter, wandelende woordeboek. ~ **doll** looppop. ~ **dress** loop-, wandelrok. ~ **frame** loopraam *(vir 'n gestremde/bejaarde).* ~ **gentleman** *(teat.)* figurant. ~ **holiday** voetslaan-, stap-, wandelvakansie. ~ **leaf (insect)** = LEAF INSECT. ~ **line** klimlyn. **~-on part** *(teat., filmk.)* onbeduidende rol. ~ **orders,** ~ **papers,** ~ **ticket** *(Am., infml.)* ontslag, afdanking, trekpas, bloupas. ~ **patient** ambulante pasiënt. ~ **plough** stootploeg. ~ **race** stapwedstryd. ~ **ring** loopring *(vir peuters).* ~ **shoe** loop-, stapskoen. ~ **stick** kierie, wandelstok; *(entom.)* = STICK INSECT. ~ **tour** staptoer, voetreis, wandeltog. ~ **wounded** gewonde(s) wat nog kan loop.

Wal·kyr·ie = VALKYR.

wall *n.* muur; wal; →HANGING WALL, HOOF WALL, WALLING, WALL-LESS; *have one's* ***back*** *to the* ~ →BACK *n.;* *a* ***blank*** ~ 'n kaal muur; 'n soliede/blinde muur; *come up against a* ***blank*** ~, *(fig.)* voor 'n klipmuur te staan kom; ~ *(of* ***bore****)* sielwand *(v. 'n vuurwapen);* ***city*** ~*s* stadsmure; *s.t.* ***drives/sends*** *s.o. up the* ~, *(infml.)* iets gee iem. die aapstuipe/apiestuipe/horries/papelellekoors, iem. kry die aapstuipe/apiestuipe/horries/papelellekoors oor iets, iets maak iem. rasend; *(even the)* ~*s have* ***ears*** (die) mure het ore; ***go to the*** ~, *('n onderneming ens.)* te gronde (*of* ten onder) gaan, ondergaan; *the picture* ***hangs*** *on the* ~ die prent hang aan/teen die muur; *bang/knock/run one's* ***head*** *against a (brick/stone)* ~ →HEAD *n.;* ***hit*** *the* ~, *(infml., 'n langafstandatleet ens.)* teen 'n muur vashardloop, nie 'n tree verder kan hardloop nie; ***(inner)*** ~ wand *(v. 'n buis ens.); s.t. is* ***off*** *the* ~, *(infml.)* iets is eksentriek/anders/raar/sonderling; →OFF-THE-WALL *adj.; the cat/etc. is* ***on*** *the* ~ die kat/ens. is op die muur; ~ *(of* ***partition****)* = PARTITION WALL; ~ *(of a* ***pipe****)* = PIPE WALL; ***safe*** *within the* ~*s* veilig binne die mure; *s.o. can* ***see through*** *a brick* ~, *(fig.)* iem. is besonder skerpsinnig; ~ *of* ***shame*** skandmuur; *s.t. drives/sends s.o.* ***up*** *the* ~ →***drives/sends;*** *the* ***Wailing*** *W*~ →WAIL *ww..* **wall** *ww.* ommuur, 'n muur bou (om); →WALLED *adj.;* ~ *s.t.* ***in*** iets toemessel; iets ommuur; ~ *s.t.* ***off*** iets afhok; *(fig.)* iets afkamp; ~ *s.t.* ***up*** iets toebou/toemessel. ~ **anchor** muuranker. ~ **bars** *(gimn.)* muursporte. ~ **base** muurvoet. ~ **beam** muurbalk. ~ **bed** klapbed. ~ **bench** muurbank. **~board** bekledingsbord. ~ **box** balkstoel. ~ **bracket** muurarm. ~ **chisel** steenbeitel. ~ **clamp** verbandstuk. ~ **clip** muurklem. ~ **clock** hangklok. **~covering** muurbedekking. ~ **cramp** muurkram. ~ **creeper** *(orn.: Tichodroma muraria)* rotskruiper, muurvoël. ~ **cress** *(bot.: Arabis* spp.*)* skeefkelk. ~ **cupboard** muurkas. ~ **face** muurvlak; muurvoorwerk. ~ **flag** muurteël. **~flower** *(bot.: Cheiranthus cheiri)* muurblom; *(infml.)* randaster, muurblommetjie *(by 'n dansparty).* ~ **fruit** vrugte van opgeleide bome. ~ **hanging** muurbehangsel. ~ **iron** muursteun. ~ **line** bougrens, -lyn. ~ **lining** muurbekleding. ~ **map** muurkaart. **~-mounted** *adj., dikw. attr.* (wat) teen die/'n muur aangebring/gemonteer (is); muur- *(klok, rak, stuk, [tele]foon, verwarmer, ens.).* ~ **outlet** muursok. ~ **painting** muurskildering. **~paper** muur-, plak-, behangselpapier; *(rek.)* skermpatroon, -beeld, agtergrondspatroon, -beeld. **~(paper) paste** plakpap. ~ **pass** *(sokker)* dubbelaangee. ~ **pepper** *(bot.: Sedum acre)* muurpeper. ~ **piece** muurbalk; skoorplaat. ~ **pin** muurpen. ~ **plate** muurplaat; langbalk *(in 'n skag).* ~ **plug** *(elek.)* muurprop. ~ **pocket** skuiwergat. ~ **post** muurstyl. ~ **rock** wandgesteente. ~ **rue** *(bot.: Asplenium ruta-muraria)* muur-, klipvaring. ~ **safe** muurkluis. ~ **slab** muurblad. ~ **socket** muursok. ~ **space** muurvlak. ~ **stay** muuranker. ~ **strap** muurband. **W~ Street** Wall Street, die Amerikaanse geldwêreld. ~ **tie** muurbint. ~ **tile** muurteël. **~-to-wall carpet** volvloertapyt.

wal·la·by *(soöl.)* kangaroetjie, wallaby; *(W~: lid v.d. Austr. rugbyspan)* Wallaby.

Wa(l)·la·chi·a *(geog., hist.)* Walachye. **Wa(l)·la·chi·an** *n.* Walacher. **Wa(l)·la·chi·an** *adj.* Walachys.

wal·la(h) *(Ind., infml.)* mens, ou, kêrel; *(infml.)* amptenaar; *(vero.)* bediende; *the medical/music/etc.* ~*s* die mediese/ens. mense/ouens, die musiekmense/-ouens/ens..

wal·la·roo *(soöl.: Macropus* spp.*)* groot kangaroe, walaroe.

walled *adj.* ommuur; ~ *garden/etc.* ommuurde tuin/ens.

wal·let (note)beursie; *(arg.)* kos-, knap-, saalsak.

wall·eye *-eye(s), (med.)* ondeurskynendheid van die horingvlies; *(med.)* divergente strabisme; *(veearts.)* witoog, glasoog *(by perde).* **wall·eyed** met 'n ondeurskynende horingvlies; met divergente strabisme; met witoë/glasoë (*of* 'n witoog/glasoog).

wall·ing muurwerk; mure; muurklippe; klipmure; ommuring.

wall knot duiwelsklou, rafelknoop.

wall-less sonder muur/mure; nie ommuur(d) nie.

Wal·lo·ni·a *(geog.)* Wallonië. **Wal·loon** *n., (inwoner)* Waal, *(vr.)* Walin; *(dialek)* Waals. **Wal·loon** *adj.* Waals; ~ *church* Waalse Kerk.

wal·lop *n., (infml.)* opstopper, hou, taai klap; *(Br. sl.)* bier; *give/fetch s.o. a* ~, *(infml.)* iem. 'n taai klap gee. **wal·lop** *ww.* uitlooi, foeter, donder, (af)ransel. **wal·lop·ing** *n.* loesing, afranseling, pak slae; *give s.o. a* ~, *(infml.)* iem. 'n loesing gee. **wal·lop·ing** *adj.* tamaai, yslik, fris gebou(d); *a* ~ *fellow* 'n knewel van 'n vent.

wal·low *n.* rolplek; moddergat, -kuil, -poel; rollery. **wal·low** *ww.* rol *(in modder, water, ens.);* rondwoel; swelg; ~ *in s.t.* in iets swem *(d. geld ens.);* in iets rol *(d. modder ens.);* in iets swelg *(wellus ens.).*

wal·ly ⁼*lies, (Br., infml.)* japie, gawie, domjan, doffel.

wal·nut okkerneut; okkerneuthout, neuthout; *across the ~s and the wine, (<Tennyson)* by die nagereg. ~ **oil** okkerneutolie. ~ **tree** okkerneutboom.

Wal·pur·gis Night *(nag v. 30 Apr. op 1 Mei: i.d. D. volksgeloof d. feesnag v.d. hekse o.d. Bloksberg)* Walpur⁼gisnag.

wal·rus walrus. ~ **(moustache)** breë hangsnor.

waltz *n.* wals. **waltz** *ww.* wals; ~ *off with the prize, (infml.)* die prys fluit-fluit/maklik verower; ~ *round* rondwals, ⁼dans, passies maak. ~ **king** *(Johann Strauss jr., 1825-99)* walskoning.

Wal·vis Bay Walvisbaai.

wam·pum *(hist.)* skulpkrale *(v. N.Am. Indiane); (Am., infml.)* geld. ~ **belt** skulpgordel.

wan bleek, blekerig, (as)vaal; naar; dof; donker.

wand staf; *magic* ~ towerstaf. ~ **flower, hairbell** *(Dierama* spp.*)* grasklokkie.

wan·der swerf, swerwe, dwaal, (rond)dool; verdwaal, wegraak; ~ ***about*** ronddwaal; *s.o.'s* ***mind*** ~*s* →MIND *n.*; ~ ***off*** *somewhere* êrens heen verdwyn; ~ *from the* ***straight path,*** *(fig.)* van die regte pad afwyk; ~ *from/off the* ***subject*** van die onderwerp afdwaal. ~ **plug** *(elek.)* dwaal⁼, versitprop.

wan·der·er swerwer, swerweling; ronddoler.

wan·der·ing *n.* dwaling; omdwaling, omswerwing(e), swerftog, ronddoling; afdwaling; *(ook, i.d. mv.)* yl⁼hoofdigheid, deurmekaarpratery. **wan·der·ing** *adj.* swerwend, dwalend, (rond)dolend; rondtrekkend; af⁼dwalend; ~ ***abscess*** kruipsweer; ~ ***albatross,*** *(Diomedea exulans)* grootmalmok, ⁼albatros, swerweralba⁼tros; ~ ***fire/light*** dwaallig; ~ ***heart*** *(poët., liter.)* slin⁼gerhart; ~***Jew,*** *(bot.: Tradescantia* spp.*, Zebrina pendula)* wandelende Jood; *the W~* ***Jew,*** *(Me. legende)* die Wandelende Jood; ~ ***kidney*** wandelende/los nier; ~ ***lead*** dwaalleiding; ~ ***minstrel*** swerwer-sanger; ~ ***sailor,*** *(poët., liter.)* verlope matroos; *(bot.)* = MONEYWORT; ~ ***spirit*** dwaalgees; ~ ***star,*** *(poët., liter.)* dwaalster.

wan·der·lust *(<D.)* swerflus, treklus.

wan·der·oo *(soöl.: Macaca silenus)* wanderoe, baard⁼aap; *(Presbytis entellus)* slankaap; →LANGUR, LION-TAILED MACAQUE.

wane *n.* verbleking; vermindering, verswakking, af⁼neming; *be on the* ~ aan die afneem/verswak wees; aan die taan wees, in verval wees. **wane** *ww.* taan, ver⁼bleek; verminder, verswak, afneem, verflou. ~ **edge,** ~ **side** wankant. **wan·ey, wan·y** wankantig; ~ *edge* wankant *(v. 'n plank ens.)*. **wan·ing** *n.* verbleking; ver⁼flouing; afneming; *at the ~ of the moon* by afnemen⁼de maan; *the ~ of the Middle Ages* die herfsty van die Middeleeue. **wan·ing** *adj.* tanend; afnemend; ~ *moon* afnemende/afgaande maan.

wan·gle *(infml.)* konkel, knoei; vervals; beknoei, mani⁼puleer; losslaan, (slinks) in die hande kry; skipper; ~ *a case* 'n saak plooi. **wan·gler** *(infml.)* manipuleerder, (be)knoeier, konkelaar.

wank *n., (taboesl.): have a ~, (masturbeer)* draadtrek, skommel, met jouself speel, jouself aftrek. **wank** *ww., (taboesl.): ~ (off), (masturbeer)* draadtrek, skommel, met jouself speel, jouself aftrek; *~ s.o. (off)* iem. se draad trek, iem. aftrek. **wank·er** *(taboesl.: veragtelike mens)* poep⁼hol, bliksem, donder; *(masturbeerder)* draadtrekker.

Wan·kie *(hist.)* = HWANGE.

wan·na *ww., (infml., sametr. v.* want to*)* wil. **wan·na·be** *n., (infml., neerh.)* na-aper.

want *n.* gebrek, skaarste; behoefte; nood, nooddruf, armoede; ontbering; *~ of* ***appreciation*** miskenning; *the* ***direst*** ~ die grootste armoede, die uiterste gebrek; ***for/from*** *~ of ...* by/uit/weens gebrek aan ...; *live* ***in*** ~ gebrek/armoede ly, in armoede leef/lewe; *be* ***in*** *~ of s.t.* iets nodig hê, aan iets behoefte hê; *be* ***in*** *~ of money* in geldnood verkeer; *there was* ***no*** *~ of ...* daar was 'n oorvloed (van) ...; *a ~* ***of*** *...* →A LACK OF ...; ***satisfy/supply*** *a* ~ in 'n behoefte voorsien; *~ of* ***sense*** = SENSELESSNESS; *it was not for ~ of* ***trying*** dit was nie omdat iem. nie (ge)probeer het nie. **want** *ww.* nodig hê, behoefte hê aan; kortkom, kortskiet, makeer, ont⁼breek; gebrek ly; begeer, verlang, wil hê; wil; *~ s.t.* ***badly*** iets baie graag (*of* dolgraag) wil hê; verleë wees oor iets; *~ s.o.* ***badly*** iem. baie graag wil hê; sterk na iem. verlang; *this ~s* ***careful handling*** dit moet sorg⁼vuldig aangepak word; *s.o.* ***doesn't*** *~ to* iem. wil nie; *s.o.* ***doesn't*** *~ to do s.t.* iem. wil iets nie doen nie, iem. het/is/voel nie lus om iets te doen nie; *I* ***don't*** *~ your ...* ek wil nie jou ... hê nie *(besittings ens.)*; ek het/is/voel nie lus vir jou ... nie *(grappe ens.)*; *you* ***don't*** *~ to do that, (infml.)* dit moet jy (liewer/liewers) nie doen nie; *not ~* ***for*** *s.t.* geen gebrek aan iets hê nie; *s.o. ~s* ***for*** *nothing* dit ontbreek iem. aan niks; *please tell my assistant* ***I*** *~ him/her* sê asseblief vir my assistent ek roep hom/haar; *s.o. ~s* ***in,*** *(Am., infml.)* iem. wil inkom; iem. wil deel⁼neem (*of* 'n aandeel hê); *s.o. ~s to* ***know*** →KNOW *ww.*; *what* ***more*** *does s.o. ~?* wat wil iem. nog hê?; ~ ***none*** *of s.o./s.t.* niks met iem./iets te doen/make wil hê nie; *whether s.o. ~s to or* ***not*** of iem. wil of nie; *it* ***only*** *~s repairing/etc., (infml.)* dit moet net reggemaak/ens. word; *s.o. ~s* ***out,*** *(Am., infml.)* iem. wil loop/padgee/weg⁼gaan/uittrek; iem. wil kop uittrek; *s.o. ~s a* ***stern reprimand*** iem. verdien 'n skrobbering, iem. het 'n skrob⁼bering nodig, iem. moet goed die waarheid vertel word; *if s.o. ~s* ***to*** as iem. wil; *s.o. ~s* ***to*** *go/etc.* iem. wil gaan/ens.; *~ s.o.* ***to do*** *s.t.* wil hê dat iem. iets doen, wil hê iem. moet iets doen; *know* ***what*** *you ~* weet wat/waar⁼heen jy wil; *what do they ~* ***with*** *me?* wat wil hulle van my hê?. ~ **ad** *(Am., advt.)* soekertjie. **want·ed** beno⁼dig, gevra; begeer word; deur die polisie gesoek; *want to* ***be*** ~ welkom wil voel; *~ to* ***buy*** te koop gevra; *call me* ***if*** ***I*** *am ~* roep my as julle my nodig kry (*of* as my teenwoordigheid vereis word); ***not*** ~ onnodig; onge⁼wens; *be ~* ***by the police*** deur die polisie gesoek word, 'n voortvlugtige wees. **want·ing** sonder; ***all*** *that is ~* al wat kortkom/ontbreek/skort; *be* ***found*** ~ te lig bevind word; in gebreke bly; ~ ***honesty,*** *nothing can be done* sonder eerlikheid kan niks uitgevoer word nie; *s.o. is ~* ***in*** ... dit ontbreek iem. aan ... *(moed ens.)*; *s.o. made a century ~* ***one run,*** *(kr.)* iem. het op een na honderd lopies gemaak.

wan·ton *n., (vero.)* uitgelate/spelerige kind, rabbedoe; *(arg.)* wellusteling; *(arg.)* slet, flerrie. **wan·ton** *adj.* wellustig, losbandig, sedeloos, promisku, wulps; on⁼gebreideld, toomloos *(besteding ens.)*; wild, roekeloos, woes; kwaadwillig, moedswillig *(wreedheid, geweld, ens.)*; onverantwoordelik; ongeregverdig, onverskoon⁼baar *(verwoesting ens.)*; *(arg. of poët., liter.)* spelerig, speels, uitgelate, dartel(end), vrolik; *(arg.)* geil *(plantegroei)*. **wan·ton** *ww., (arg. of poët., liter.)* baljaar, jakker, uit⁼gelate wees. **wan·ton·ly** roekeloos; moedswillig; son⁼der aanleiding/oorsaak; ligsinnig; *kill ~* roekeloos (*of* voor die voet) doodmaak. **wan·ton·ness** roekeloos⁼heid; moedswilligheid; ligsinnigheid.

wan·y →WANEY.

wap = WHOP.

wap·en·take *(Br., jur., hist.)* afdeling, wyk, distrik.

wap·i·ti wapiti(hert), Amerikaanse elk.

war *n.* oorlog; stryd, veldtog; oorlogvoering; →WAR⁼LIKE; *~ of* ***aggression*** aanvalsoorlog; →OFFENSIVE *adj.*; ***art*** *of ~* →ART[1] *n.*; *be* ***at*** *~ with ...* met ... in oorlog verkeer/wees; *~ of* ***attrition*** →ATTRITION; *(a) ~* ***broke*** *out between England and France* daar het 'n oorlog tus⁼sen Engeland en Frankryk uitgebreek; *the ~* ***broke*** *out in 1939* die oorlog het in 1939 uitgebreek; ***carry*** *the ~ into the enemy's camp/territory* aanvallend optree; *the* ***chances*** *of ~* die oorlogskanse; ***civil*** *~* →CIVIL; ***council*** *of ~* →COUNCIL; ***declare*** *~ on a country* →DECLARE; *the* ***dogs*** *of ~, (poët., liter.)* die verskrikkings van die oorlog; ***enter*** *a ~* tot 'n oorlog toetree, aan 'n oorlog deelneem; *~ of* ***extermination*** →EXTERMINATION; ***fight*** *a ~* 'n oorlog voer; ***foreign*** ~ buitelandse oorlog; ***go to*** *~* ***against*** *...* 'n oorlog teen ... begin, teen ... ten stryde trek; ***go to*** *the ~s, (arg.)* na die oorlog ver⁼trek; ***in*** ~ in 'n oorlog; ***in*** *the ~* in die oorlog; *s.o. has* ***been in*** *the ~s, (infml.)* iem. is lelik toegetakel; *~ of* ***independence*** →INDEPENDENCE; *be* ***involved*** *in a ~* in 'n oorlog gewikkel wees; *a ~ to the* ***knife*** →KNIFE *n.*; *~ of* ***liberation*** →LIBERATION; ***make*** *~* oorlog voer; ***make/wage*** *~ against/(up)on/with ...* teen ... oorlog voer/maak; *~ of* ***masses,*** *(mil., w.g.)* massa-oorlog; *~ of* ***movement,*** *(mil.)* bewegingsoorlog; →***position;*** *~ of* ***nerves*** senu(wee)oorlog; *there is a ~* ***on*** dit is oorlog; ***plunge*** *a country into ~* 'n land in oorlog dompel/stort; *~ of* ***position,*** *(mil.)* stellingoorlog; →***movement;*** *be* ***prepared*** *for ~* strydvaardig wees; *a* ***private*** *~* 'n per⁼soonlike vete; *~ of* ***religion*** →RELIGION; *W~s of the* ***Roses,*** *(Eng. gesk.: 1455-85)* Rose-oorloë; ***Secretary*** *(of State) for W~* →SECRETARY OF STATE; *the* ***sinews*** *of ~, (poët., liter.)* die lewensbloed van oorlog; ***start*** *a ~* 'n oorlog ontketen; *be in a* ***state*** *of ~* in staat van oor⁼log verkeer; *the* ***tumult*** *of ~* die oorlogs⁼/krygsgedruis; ***wage*** *~ against/(up)on/with ...* →***make/wage;*** **war** ⁼*rr*⁼, *ww.* oorlog voer; stryd voer; *~ring factions* stry⁼dende partye. ~ **artist** tekenaar te velde. ~ **axe** stryd⁼byl. ~ **baby** oorlogskind(jie). ~ **bond** oorlogsobligasie. **~-bound** deur die oorlog vasgekeer/opgehou. ~ **bride** oorlogsbruid. ~ **chariot** strydkar, ⁼wa. ~ **chest** krygs⁼kas; strydkas. ~ **cloud:** *the ~ ~s are gathering* die oor⁼logswolke pak saam. ~ **club** knopkierie, strydknots. ~ **college** *(hoofs. Am.)* krygskool, krygsakademie. ~ **contribution** *(hist.)* brandskatting. ~ **correspondent** oor⁼logskorrespondent. ~ **council** oorlogsraad. **~craft** krygskuns, ⁼kunde; oorlogskip, oorlogsbodem; oor⁼logsvliegtuig; oorlogsvaartuie. ~ **crime** oorlogsmis⁼daad. ~ **criminal** oorlogsmisdadiger. ~ **cry** oorlogs⁼, strydkreet. ~ **damage** oorlogskade. ~ **dance** oorlogs⁼, krygsdans. ~ **debt** oorlogskuld. ~ **effort** oorlogvoe⁼ring, oorlogspoging. ~ **establishment** oorlogsterkte, sterkte op voet van oorlog. **~fare** oorlog, stryd; oorlog⁼voering. **~faring** oorlogvoering, stryd. ~ **fever** oor⁼logskoors. ~ **footing:** *be on a ~ ~* op oorlogsvoet wees; *bring/put a country on a ~ ~* 'n land op oorlogsvoet bring. ~ **game** oorlogspel. ~ **gas** strydgas. ~ **grave** oorlogsgraf. ~ **guilt** skuld aan die oorlog. **~head** plof⁼kop *(v. 'n missiel)*; torpedokop. ~ **hero** krygs⁼, oorlogs⁼held. **~horse** oorlogsperd, strydros; *(old) ~, (ook)* vete⁼raan, ysterbyter. ~ **loan** oorlogslening. **~lord** krygs⁼heer; opperste krygsman. ~ **medal** oorlogsmedalje. ~ **memorial** oorlogsgedenkteken. **~-minded** krygsug⁼tig, oorlogsugtig. **~monger** oorlogstoker, ⁼sugtige, ⁼soeker. **~mongering** oorlogstokery. ~ **museum** oor⁼log⁼, krygsmuseum. **W~ Office** *(Br., hist.)* departe⁼ment/ministerie van oorlog. ~ **paint** krygsverf; grime⁼ring; opskik; volle mondering. **~path** oorlogspad; *be/go on the ~* op die oorlogspad wees/gaan; die stryd aan⁼knoop, te velde trek; stryd⁼/veglustig/kwaai/bakleie⁼rig (*of* op oorlog uit) wees. ~ **pension** oorlogspensioen. **~plane** krygs⁼, oorlogsvliegtuig. ~ **poet** oorlogsdigter. **~-racked** deur oorlog geteister. ~ **risk** oorlogsrisiko. **W~ Secretary** *(Br., hist.)* minister van oorlog. **~ship** oorlogskip, oorlogsbodem. ~ **song** krygslied. ~ **strength** oorlogsterkte. ~ **talk** oorlogspraatjies. **~time** oorlogs⁼tyd; in oorlogstyd, oorlogs⁼. **~-torn, ~-racked** oor⁼loggeteisterd, deur (die) oorlog geteister. ~ **veteran** oudgediende, oorlogsveteraan, ou krygsman. ~ **weariness** oorlogsmoegheid. **~-weary** oorlogsmoeg, moeg van oorlog, strydensmoeg. ~ **whoop** oorlogskreet, strydkreet. ~ **widow** oorlogsweduwee. **~-worn** deur oorlog gehawend/uitgeput. ~ **zone** oorlogsone, ⁼streek, ⁼strook.

war·ble[1] *n.* gesing, gekweel; lied. **war·ble** *ww.* sing, kweel. **war·bler** *(orn.)* sanger, fluiter, sangvoël; *(infml.)* singer, sanger; ***African marsh*** *~, (Acrocephalus baeticatus)* klein rietsanger; ***African sedge*** *~, (Bradypterus baboecala)* Kaapse vleisanger; ***Barratt's*** *~, (B. barratti)* ruigtesanger; ***bleating*** *~, (Camaroptera brachyura)* kwê-kwêvoël; ***Cape reed*** *~, (A. gracilirostris)* Kaapse rietsanger; ***garden*** *~, (Sylvia borin)* tuin⁼sanger; ***icterine*** *~, (Hippolais icterina)* spotvoël; ***rufous-eared*** *~, (Malcorus pectoralis)* rooioorlangstertjie; ***willow*** *~, (Phylloscopus trochilus)* hofsanger. **war·bling** voëlgesang.

war·ble[2] *n.* rugsweer, skaafplek; vliegsteek. ~ **(fly)** per⁼devlieg.

ward *n.* (stads)wyk; afdeling *(in 'n hospitaal)*, (sieke)⁼saal; pleegkind, bevoogde, beskermling; voogdy(skap); bewaking; beskerming, bewaring; baardkeep *(v. 'n sleu⁼*

tel); *(ook, i.d. mv.)* (slot)werk; →WARDSHIP; ***hospital*** ~ siekesaal; ***put*** *s.o. in* ~ iem. onder kuratele stel; *be* ***under*** ~ onder voogdy(skap) wees; *keep* ***watch*** *and* ~ *over s.o.* →WATCH *n.*. **ward** *ww., (arg.)* bewaar, beskerm; ~ *s.t.* ***off*** iets keer/afweer/afwend; iets verhoed. **(~) heeler** *(Am., infml., pol., neerh.)* partywerker. ~ **maid** *(vero.)* saalbediende. ~ **master** *(vero.)* saalmeester; siekeboegmeester. ~**mote** *(hist.)* vergadering van die wyk(s)bestuur. ~**room** offisiersbak, =kajuit. ~ **round** *(med.)* saalrond(t)e. ~ **sister** saalsuster.

=ward *suff.* →=WARD(S).

ward·en opsiener, (hoof)opsigter; *(Br.)* hoof, direkteur *(v. 'n skool, kollege, tehuis, ens.)*; voog; *(hoofs. Am.)* bewaarder, (hoof)sipier; *(vero.)* wykmeester; ~ *of an orphanage* wees(huis)vader, weesmeester.

ward·er sipier, (gevange)bewaarder, tronkbewaarder; oppasser, oppaster, wagter. **ward·ress** (gevange)bewaarster, tronkbewaarster, bewaarderes.

ward·robe klerekas, hangkas; (voorraad) klere, garderobe; rekwisietekamer. ~ **mistress** kostumier. ~ **trunk** koffer=, reishangkas, hangkaskoffer.

=ward(s) *suff. (vorm adv.)*, =waarts, na (die) ..., =toe; *down~* ondertoe, na onder, afwaarts; *land~* landwaarts; *left~* (na) links; *sky~* hemelwaarts, na die hemel; *west~* weswaarts, na die weste.

ward·ship voogdy(skap); beskerming.

ware[1] *n.* goed, ware; *(w.g.)* waar; *(ook, i.d. mv.)* koopware; →WAREHOUSE *n.*; *cry one's ~s* goed uitvent.

ware[2] *adj., (arg.)* versigtig; gereed; →WARY. **ware** *ww., (arg.)* oppas vir; vermy; →BEWARE; ~ *hounds* pas op vir die honde.

=ware *komb.vorm* =ware, =goed, =werk, =gerei, =benodigdhede; *earthen~* erdewerk, =goed; breekgoed; *glass~* glasware, =werk, =goed; *kitchen~* kombuisware, =benodigdhede, =goed, =gerei; *silver~* silwerware, =gerei, =goed, =werk, tafelsilwer.

ware·house *n.* loods, pakhuis; winkel; magasyn; *bonded* ~ →BONDED; *King's/Queen's* ~ →KING *n.*, QUEEN *n.*. **ware·house** *ww.* (in 'n pakhuis) bêre/opberg/wegpak. ~ **loft** paksolder. ~**man** =*men* pakhuishouer, =eienaar; magasynmeester, pakhuisopsigter; *bonded* ~ entrepot-houer. ~ **party** reuseopskop.

ware·hous·ing *(effektebeurs)* bewaring *(v. aandele)*. ~ **business** pakhuisbedryf. ~ **costs** pakhuiskoste.

war·fa·rin *(chem., med.)* warfarien.

war·i·ly, war·i·ness →WARY.

war·like oorlogsugtig; krygshaftig; krygs=, oorlogs=; ~ ***act/action*** oorlogs=, krygsdaad; ~ ***attitude*** strydbare houding; ~ ***preparations*** voorbereidsels vir oorlog, krygstoerusting; ~ ***spirit*** strydlus; ~ ***threat*** oorlogsdreiging.

war·lock towenaar, heksemeester, manlike heks.

warm *n.: have a ~ first, (infml.)* jou eers ('n) bietjie warm maak. **warm** *adj.* warm; vurig, hartstogtelik, emosioneel; hartlik, innig; vars *(spoor)*; *(infml., vero.)* ryk, welgesteld; ~ ***bath*** warm bad; ~ ***colour*** warm kleur; *s.o. is in a* ~ ***corner*** iem. kry dit benoud, dit gaan broekskeur met iem.; ~ ***front***, *(weerk.)* warmtefront; *you are* ***getting*** ~, *(infml., in 'n speletjie)* jy word warm; ***grow*** ~ warm word; ***make*** *it/things* ~ *for s.o., (infml.)* die wêreld vir iem. benoud maak; *be* ***nice and*** (or ***pleasantly***) ~, *(d. weer ens.)* lekker warm wees; *be* ~ *in* ***office*** heeltemal tuis in die werk wees; gevestig in jou amp wees/sit; *it is* ***quite*** ~ dit is taamlik/nogal warm; *a* ~ ***reception*** →RECEPTION; ~ ***spring*** warm bron/fontein; ~ ***thanks*** →HEARTY/SINCERE/WARM **THANKS**; *be (as)* ~ *as* ***toast*** heerlik/lekker warm kry; ~ ***water(s)*** warm water(s); *be* ~ *with* ***wine***, *(euf.)* deur wyn verhit wees, lekkerlyf wees; ~ ***work*** harde werk, werk wat jou (*of* ['n] mens) laat sweet; gevaarlike werk; *it was* ~ ***work***, *(ook)* dit het daar warm toegegaan. **warm** *ww.* warm maak/word, verwarm; *look like* ***death*** *~ed over, (Am., infml.)* soos 'n opgewarmde lyk lyk; *one's* ***heart*** *~s to s.o.* →HEART; ~ *s.o.'s* ***jacket*** →JACKET *n.*; ~ ***to*** *one's* ***subject*** geesdriftig raak oor jou onderwerp; ~ ***to/towards*** *s.o.* jou aangetrokke voel tot iem.; ~ ***up*** warm word; op stryk/dreef kom, aan die gang kom; *an athlete ~s* ***up*** 'n atleet maak litte los; *the room ~s* ***up*** die kamer word warm; ~ *o.s.* ***(up)*** *at the fire* jou by die vuur warm maak; ~ *s.o.* ***up***, *(lett.)* iem. warm maak; *(fig.)* iem. warm maak (*of* in die regte stemming bring); ~ *s.t.* ***up*** iets warm maak; iets verwarm *('n kamer ens.)*; iets opwarm *(kos)*; iets warm draai *('n enjin)*. ~**-blooded** warmbloedig; vurig; passievol. **W~ Bokkeveld:** *the* ~ ~, *(geog.)* die Warm Bokkeveld. ~**-hearted** goedhartig, hartlik. ~**-heartedness** goedhartigheid, hartlikheid. ~**house** *(w.g.)* kweekhuis. ~**-up** *n.* opwarming. ~**-up** *adj. (attr.)* opwarming(s)=, opwarm=; ~ *exercise* opwarm(ings)oefening; ~ *match* opwarm(ings)wedstryd; ~ *session* opwarm(ing)sessie.

warmed-up, *(Am.)* **warmed-o·ver** *adj. (attr.)* opgewarmde *(kos)*; *(fig.)* uitgediende *(idees ens.)*, muwwe *(feite ens.)*, onoorspronklike *(storie, uitvoering, ens.)*.

warm·er (ver)warmer.

warm·ing verwarming; *(w.g.)* afranseling, loesing, pak/drag slae. ~ **oven** lou oond. ~ **pan** *(hist.)* bed(ver)warmer; *(arg. sl.)* plektoestaner, plaasvervanger. ~**-up** opwarming.

warm·ish warmerig.

warm·ly warm.

warmth warmte; hartlikheid.

warn waarsku; in kennis stel, aansê, verwittig; vermaan; ~ *s.o.* ***about*** *s.t.* iem. teen iets waarsku; ~ ***against*** ... teen ... waarsku; ***be*** *~ed* gewaarsku wees; *you have* ***been*** *~ed!* wees gewaarsku!; ~ *s.o.* ***of*** *s.t.* iem. teen iets waarsku *(gevaar ens.)*; iem. op iets opmerksaam maak; ~ ***off*** *s.o.* iem. aansê/beveel om weg te bly; ~ *the accused* ***to*** *appear in court* die beskuldigde aansê/beveel om voor die hof te verskyn; ~ *s.o.* ***to*** *do s.t.* iem. dringend aanraai om iets te doen. **warn·er** waarskuwer. **warn·ing** *n.* waarskuwing; vermaning; vingerwysing; aansegging; opsegging; kennisgewing; ***give*** ~, *(vero.)* kennis gee; huur opgee; ***give*** ~ *that* ... waarsku dat ...; ***give/issue*** *a* ~ 'n waarskuwing gee/uitspreek/uiter (*of* laat hoor); *a* ***grim*** ~ 'n somber waarskuwing; ***heed*** *a* ~ op 'n waarskuwing ag gee/slaan; *at a* ***moment's*** ~ oombliklik; ***sound*** *a (note of)* ~ 'n waarskuwende stem laat hoor; ***take*** *~ from s.t.*, ***take*** *s.t. as a* ~ deur iets gewaarsku wees, 'n waarskuwing ter harte neem; *a* ***timely*** ~ 'n tydige waarskuwing; *s.t. is a* ~ ***to*** *s.o.* iets dien vir iem. as waarskuwing; *a* ***word*** *of* ~ 'n waarskuwing. **warn·ing** *adj.* waarskuwend; afskrikwekkend; ~ ***bell*** waarskuwingsklok; ~ ***board*** waarskuwingsbord; ~ ***call*** alarmroep; ~ ***cross*** waarskuwingskruis; ~ ***device*** waarskuwingstoestel; ~ ***instrument*** verklikker, alarmtoestel, waarskuwingstoestel; ~ ***letter*** (ver)maanbrief; ~ ***light*** kliklig, waarskuwingslig; ~ ***pipe*** klikpyp; ~ ***shot*** waarskuwingskoot; ~ ***sign*** waarskuwingsteken; ~ ***signal*** waarskuwingsein.

warp *n.* kromtrekking, skeefheid; *(fig.)* ontaarding, verdorwenheid, perversiteit; *(weefwerk)* skering; *(sk.)* sleep=, werptou; *(arg.)* slik, slyk, afsaksel; ~ *and woof* skering en inslag. **warp** *ww.* krom/skeef/bak trek, krom/skeef word; bederf, (laat) ontaard, versleg; bevooroordeel; verdraai; trek, sleep *('n skip)*; (laat) toeslik; *become ~ed, ('n plank)* krom/skeef trek; *(iem.)* ontaard, versleg; *(iem. se oordeel ens.)* verwronge raak; *(iem. se gees ens.)* verdorwe raak. ~ **lace** skeringkant. ~ **length** spanlengte. ~ **thread,** ~ **yarn** kettingdraad, =garing, =gare, skeringgaring, =gare. ~ **wool** skeringwol.

warp·ing kromtrekking; kettingskering; *(geol.)* verbuiging. ~ **machine** skeringmasjien.

war·rant *n.* volmag; versekering, waarborg; betalingsmandaat; *(jur.)* mag=, lasbrief, bevelskrif; dwangbevel; magtiging, order; adjudant-offisiersakte; *(infml.)* adjudant(-offiser); →RAILWAY WARRANT; ***dividend*** ~, *(fin.)* dividendbewys; ***issue*** *a* ~ *for s.o.'s arrest* 'n lasbrief/bevel uitreik tot/vir iem. se aanhouding/arres/inhegtenisname/=neming; *have* ***no*** ~ *for doing* (or *to do*) *s.t.* geen reg hê om iets te doen nie; *a* ~ *is* ***out*** *against s.o.* 'n lasbrief is teen iem. uitgereik. **war·rant** *ww.* magtig, volmag gee; waarborg, verseker, garandeer; regverdig; *I('ll)* ~ *(you), (vero.)* dit kan jy my glo, dit kan ek jou verseker; *nothing can* ~ *such behaviour* niks kan sulke gedrag regverdig nie. ~ **master-at-arms** *(hist.)* adjudant-provoos. ~ **officer** adjudant-offisier. ~ **rank** adjudant-offisiersrang. ~ **voucher** skatkisorder.

war·rant·a·ble gewettig, geoorloof, verdedigbaar.

war·ran·ty volmag; waarborg, garansie; bewys; magtiging; *(arg.)* regverdiging, grond; *the new car/etc. is still under* ~ die nuwe motor/ens. is nog onder waarborg. **war·ran·tee** ontvanger van 'n waarborg, gevolmagtigde. **war·ran·tor, war·ran·ter** waarborger; borg; volmaggewer.

war·ren konynenes, boer=/houplek van konyne; konyn(e)kolonie; krottebuurt; broeines. **war·ren-like:** ~ *conditions* saamhok-toestande.

war·ri·or *n.* krygsman, kryger, soldaat, stryder, vegsman. **war·ri·or** *adj.* krygshaftig, krygsmans=. ~ **ant** vegmier, amasonemier.

War·saw *(hoofstad v. Pole)* Warskou.

wart vrat(tjie); kwas, knoe(t)s; *~s and all* met gebreke en al, net soos iem./dit is. ~ **grass** = WARTWEED. ~**hog** vlakvark. ~**hog boar** vlakvarkbeer. ~**hog sow** vlakvarksog. ~**-immune** *adj.* vratvry. ~**weed,** ~**wort** melkgras, wolfsmelk; →SPURGE. **wart·y** vratterig, vol vratte, vratagtig.

war·y versigtig, omsigtig, behoedsaam; *be ~ of ...* lig loop (*of* lugtig wees *of* oppas) vir ... **war·i·ly** versigtig, omsigtig; lugtig; *walk* ~ opletloop. **war·i·ness** omsigtigheid, versigtigheid, behoedsaamheid.

was *ww. (verl.t.)* was; is; →BE; *s.o. ~* ***angry/etc.*** iem. was kwaad/ens.; *s.o. ~* ***born*** *in 1923* iem. is in 1923 gebore; *it ~* ***done*** dit is gedoen; *s.o. ~ to have* ***done*** *it* iem. sou dit doen (*of* gedoen het); *s.o. ~* ***here/there*** *yesterday* iem. was gister hier/daar; *Mrs A* ***(Miss B*** *that ~)* mev. A (gebore mej. B); *it ~* ***printed/etc.*** *in Cape Town/etc.* dit is in Kaapstad/ens. gedruk/ens.; *s.o.* ***said*** *it ~ too early/etc.* iem. het gesê dit is te vroeg/ens.; *our neighbour* ***that*** ~ ons gewese/vroeëre buurman.

wash *n.* (die) was; spoeling; wasgoed; geklots, golfslag; volgstroom *(v. 'n skip)*; spoel=, dryfgrond; (af)spoelsel; vlei; *(Am.)* (rivier)lopie, diepsloot; flou/slegte tee/drank/ens.; waterige sop/wyn/ens.; waterverf; waterverflaag; *(med. ens.)* wasmiddel; *(w.g.)* skottel(goed)water; →WASHY; *have a ~ and* ***brush-up*** →BRUSH-UP *n.*; *it* ***came out*** *in the ~, (lett.)* dit het in die was skoon geword; *(fig., infml.)* dit het agterna geblyk; ***do*** *the* ~ (die wasgoed) was; ***give*** *s.t. a good* ~ iets deeglik was; ***have/take*** *a* ~ jou was; *s.t. is* ***in*** *the* ~ iets is in die was; *put s.t.* ***in*** *the* ~ iets in die was gooi; *this soup is* ***mere*** ~ hierdie sop is pure water. **wash** *ww.* was; uitwas; afwas; (af)spoel; uitspoel; bespoel; met 'n lagie goud bedek *(goedkoop metaal)*; *s.t. ~es* ***ashore*** iets spoel op die strand uit; ~ ***away*** uitwas; wegspoel; verspoel; ~ *and* ***brush up*** jou opknap; *the water has ~ed a* ***channel*** die water het 'n sloot gespoel; ~ *s.t.* ***clean*** iets skoonwas; ~ *one's* ***dirty linen*** *in public* →LINEN *n.*; ~ *s.t.* ***down*** iets afspoel; iets afwas; ~ ***down*** *one's food with ...* ... by die ete drink, jou kos met ... afsluk; ~ *one's* ***hands*** *of s.o.* →HAND *n.*; ~ *s.t.* ***off*** iets afwas *(modder, bloed, ens.)*; ~ *s.t.* ***off*** ... iets van ... afwas; *the rain ~ed the pesticide* ***off*** die gif het afgereën; ~ ***o.s.*** jou was; ~ *s.t.* ***out*** iets uitwas; iets uitspoel; iets wegspoel; *(infml.)* iets uitwis; iets kanselleer; *the waves ~ed ...* ***overboard*** die golwe het ... oorboord gespoel; *the* ***sea*** *~es the shore* die see bespoel die strand; ~ ***up*** skottelgoed/borde (op)was; *(Am.)* jou hande was; *s.t. ~es* ***up*** *(on the beach)* iets spoel (op die strand) uit, iets spoel aan land; *that* ***won't*** ~, *(infml., 'n verskoning ens.)* dit gaan nie op nie, dit sal nie aanvaar/geglo word nie; *('n verduideliking ens.)* dit hou nie steek nie, dit kan nie die toets weerstaan nie. ~**-and-wear** *adj. (attr.)* kreukeltrae *(klere, materiaal, ens.)*. ~**away** verspoeling; wegspoeling. ~**bag** toiletsakkie. ~**basin** wasbak. ~ **bay** wasvak. ~ **bear** = RAC(C)OON. ~**board** wasplank; spatlys. ~ **boiler** wasketel. ~ **bottle** *(chem.)* wasfles. ~**bowl** waskom. ~**cloth** vadoek; *(Am.)* waslap. ~**day** wasdag. ~**-deck** *adj., (sk.)* spoeldek=. ~ **drawing** getinte tekening, waterverftekening. ~ **house** washuis. ~ **leather** seemsleer, seemlap, wasleer. ~**out** uitspoeling; verspoeling; wegspoeling; *(infml.)* misoes, fiasko, mislukking; nikswerd kêrel, inkoejawel vent. ~ **pot** *(hist.)* waspot, =kom. ~**rag** *(Am.)* waslap. ~**room** was=

kamer; *(euf.)* toilet. ~ **silk** wasegte sy. ~**stand,** ~ **table** *(hoofs. hist.)* wastafel. ~**tub** wasbalie, =kuip, =vat. ~**-up** *n.* = WASHING-UP *n.*. ~**-up room** waskombuis, bykom=buis.

wash·a·ble wasbaar. **wash·a·ble·ness** wasbaarheid.

washed: ~ *coal* gewaste steenkool; *be ~ out, ('n wed=stryd)* doodgereën wees; *feel ~ out, (infml.)* uitgeput/pootuit/gedaan voel; *s.o. is (all) ~ up, (infml.)* dit is uit en gedaan met iem. ~**-out** *adj. (attr.)* verbleikte *(kleur, kledingstuk);* verswakte, afgetakelde, vermaerde *(pers.);* bleek *(gesig, voorkoms);* doodgereënde *(wedstryd);* oor=stroomde *(pad); ~ feeling* gevoel van uitputting. ~**-up** *adj. (attr.)* uitgespoelde *(voorwerp op d. strand); (fig.)* uitgediende *(huurmoordenaar ens.); (fig.)* oor die muur, wie se dae getel is, wat beter dae geken het *(bokser, ak=trise, ens.).*

wash·er wasser; *(teg.)* wasser, waster, druk=, sluitring, moer=, tussenplaatjie, pakkingring; *(mechanical)* ~ was=masjien. ~**-dryer,** ~**-drier** was-en-droog-masjien. ~**-up** bordewasser. ~**woman** wasvrou; *~'s itch* seep-ekseem.

wash·er·y wassery; wastoestel.

wash·ing *n.* (die) was, wassery; wasgoed; *do the ~* (die wasgoed) was. **wash·ing** *adj.* wassend. ~ **board** was=plank. ~ **day** wasdag. ~ **line** wasgoeddraad, was(goed)=lyn, =tou, drooglyn. ~ **machine** wasmasjien. ~ **place** wasplek. ~ **plant** wassery. ~ **powder** waspoeier. ~ **prepa=ration** wasmiddel. ~ **rag** vadoek; waslap. ~ **room** was=kamer. ~ **soda** wassoda, kristalsoda, natron. ~ **stand** wastafel. ~ **stone** wasklip, klopsteen. ~ **trough** was=trog, =bak. ~ **tub** waskuip, =balie, =vat. ~**-up** *n.* skottel=goedwas(sery), opwaswerk; skottelgoed; *do the ~* die skottelgoed was, opwas. ~**-up** *adj. (attr.)* (op)was=, skottelgoed=; ~ *bowl, (Br.)* opwasbak; ~ *brush* (op)was=borsel; ~ *liquid* opwasmiddel, skottelgoedwasmiddel.

Wash·ing·ton na·vel (or·ange) washington-nawel=(lemoen) *(ook W~).*

wash·y waterig, slap, dun; flou; swak, kragteloos, be=roerd; bleek, kleurloos. **wash·i·ness** waterigheid; flou=heid; swakheid; bleekheid.

was·n't *(sametr.)* = WAS NOT.

wasp perdeby, wesp; *~('s) nest* perdebynes; *(fig.)* bye=, wespenes. ~ **waist** perdebylyfie.

Wasp, WASP *(hoofs. Am., neerh., akr.:* White Anglo-Saxon Protestant*)* WASP, Wasp *(akr.:* Wit Angel-Sak=siese Protestant*).*

wasp·ish wespagtig; stekerig; stekel(r)ig; venynig; prik=kelbaar, kortgebonde, opvlieënd, bitsig, skerp; ~ *remark* venynige aanmerking.

was·sail *n., (arg.)* drinkparty, fuif; heildronk. **was=sail** *ww., (arg.)* fuif, vrolikheid hou, op die drink uit=gaan; toedrink. ~ **bowl,** ~ **cup** bokaal, drinkbeker.

Was·ser·mann *(med.):* ~ **reaction** wassermannreak=sie *(ook W~).* ~ **test** *(diagnostiese toets vir sifilis)* wasser=manntoets *(ook W~).*

wast *ww. (verl.t., 2de pers. ekv.), (arg.)* was; →WERE; *thou ~* u was.

wast·age verspilling, verkwisting, vermorsing; afval; slytasie.

waste *n.* verspilling, vermorsing; verkwisting; uitskot, oorskiet, rommel; afval; verweringspuin; verminde=ring, afneming; verbruik; slytasie, (af)slyting, verwaar=losing; verval; woesteny, wildernis; woestyn; →COT=TON WASTE; ***atomic*** ~ →ATOMIC, NUCLEAR WASTE; ***go*** *to ~* vermors/verkwis/verspil word, verlore gaan; ***lay*** *s.t. to ~* iets verwoes; *this water* ***runs*** *to ~* dié water loop ongebruik weg; *it is a* ***sheer*** *~ of time* dit is pure tydverspilling; ***wanton*** ~ moedswillige vermorsing; *a ~ of* ***waters/etc.,*** *(poët., liter.)* 'n eindelose watervlak/ens.; ***wilful*** *~ makes woeful want, (idm.)* vandag ver=morsing, môre verknorsing; vandag verteer, môre ont=beer. **waste** *adj. & adv.* oortollig, ongebruik; afval=; onbebou(d), onbewerk; woes, verlate; woestynagtig; *lay s.t. ~* iets verwoes; *it lies ~* dit lê onbewerk/onbebou; *the ~ periods of history* die oninteressante tydperke in die geskiedenis. **waste** *ww.* verspil, (ver)mors *(tyd ens.);* verkwis, deurbring *(geld ens.);* verniel, verwoes; verminder, afneem; (weg)kwyn; laat verval; *~* ***away*** wegteer; *~* ***breath/words*** woorde verspil, tevergeefs praat; *...* ***is*** *wasting, (water ens.)* ... gaan verlore; *(mid=dele ens.)* ... is (vinnig) aan die opraak; *~* ***not,*** *want not, (idm.)* as jy vandag spaar, sal jy môre/more hê; *~ s.t.* ***off,*** *(w.g.)* iets voorbekap *('n stuk hout); s.t. is ~d* ***on*** *s.o.* iets beteken vir iem. niks, iem. het niks aan iets nie. ~ **bin** afvalblik, =houer. ~ **book** kladboek. ~ **disposal** afvalverwerking. ~ **disposal unit** afvalmeul, =verwer=ker. ~ **drain** vuilwaterriool. ~ **dump** afvalhoop, as=hoop. ~ **gate** afvoersluis, morssluis. ~ **ground** onbe=boude (stuk) grond. ~ **heat** afvalwarmte, =hitte; ver=lore warmte/hitte. ~**land** woesteny, onherbergsame landstreek; *(fig.)* woesteny. ~ **management** afvalbe=stuur. ~ **material(s)** afval(materiaal). ~ **mould** *(beeldh.)* breekvorm. ~ **pack** *(mynb.)* afval(rots)stapel. ~**paper** skeurpapier. ~**paper basket,** ~**basket** papiermand=jie, snippermandjie. ~ **pipe** afvoerpyp, =buis; stort=, morspyp. ~ **product** afvalproduk. ~ **reprocessing** afvalherverwerking. ~ **reprocessing plant** afvalher=verwerkingsaanleg. ~ **space** verlore ruimte. ~ **trap** vuil=watersperder. ~ **water** afval=, afloop=, rioolwater. ~ **water pipe** vuilwaterpyp.

wast·ed *adj.* oorbodig, oortollig; vermaer, uitgeteer, af=getakel(d); vervalle; *(infml.)* pê, pootuit, poegaai, ka=pot, klaar, doodmoeg, vodde; *(infml.)* (lekker) getrek, gaar, stukkend, poegaai, smoordronk; *(dwelmsl.)* (lek=ker) gedoepa, wes, ver/vêr heen; ~ *effort* vergeefse poging; ~ *opportunity/time/etc.* verspilde/verkwiste/ver=morste geleentheid/tyd/ens..

waste·ful verkwistend; verkwisterig, spilsiek, deur=bringerig, spandabel. **waste·ful·ness** verkwisting; span=dabelheid, spilsug, deurbringerigheid.

wast·er deurbringer, verkwister, verspiller; niksnut(s), misbaksel.

wast·ing *n.* verkwisting; verspilling; kwyning, uitte=ring; *(w.g.)* voorbekapping. **wast·ing** *adj.* verkwistend; kwynend; uitterend; ~ *asset* slytende/verdwynende bate; ~ *disease* uitterende siekte; ~ *industry* doodloopbe=dryf, doodlopende bedryf.

wast·rel *(poët., liter.)* versonkene, deugniet, niksnut(s); deurbringer, verkwister; *(arg.)* straatkind.

watch *n.* horlosie, oorlosie; waak; waaksaamheid; wag; *(hist.)* brandwag; *this ~ is five minutes* ***fast*** dié horlo=sie/oorlosie is vyf minute voor; *s.o.'s ~* ***gains*** iem. se horlosie/oorlosie loop voor; ***go on*** ~ gaan wag staan, die wag betrek; ***keep*** ~ wag hou/staan, uitkyk, (op) wag staan; ***keep*** *~ for ...* na ... op die uitkyk wees; ***keep*** *~ on s.o.* iem. dophou; ***keep*** *(a) careful/close ~ on s.o./s.t.* iem./iets fyn/goed dophou; ***look*** *at one's ~* op jou horlosie/oorlosie kyk; *set a ~ before one's* ***mouth*** 'n wag voor jou mond sit; *in the ~es of the* ***night,*** *(poët., liter.)* in die nagtelike ure; in die slaaplose/slapelose ure van die nag; *pass as a ~ in the* ***night,*** *(ret., <Ps. 90:4)* gou vergeet wees; *be* ***on*** *the ~* op die wag wees; op die uitkyk wees; op die loer wees; *be* ***on*** *the ~ for ...* na ... op die uitkyk wees; ***relieve*** *the ~* die wag aflos; ***set*** *a ~* 'n horlosie/oorlosie stel; ***set*** *a ~ on s.o./s.t.* iem./iets laat bewaak; *this ~ is five minutes* ***slow*** dié horlosie/oorlosie is vyf minute agter; *s.o.'s ~ has* ***stopped*** iem. se horlosie/oor=losie het gaan staan; *keep ~ and* ***ward*** *over s.o., (ret.)* iem. bewaak, oor iem. waghou (*of* wag hou); ***wind*** *(up) a ~* 'n horlosie/oorlosie opwen. **watch** *ww.* waak; wag hou, waghou, (op) wag staan; bewaak; bespied; dop=hou, in die oog hou, 'n wakende oog hou oor; loer; gadeslaan; oplet, let op; toekyk; *(vero.)* afwag; *~ (help=lessly)* ***as/while*** *s.t. happens* (magteloos) toekyk hoe iets gebeur; *~ the* ***boat/etc.*** *leaving* die skip/ens. sien vertrek, kyk hoe die skip/ens. vertrek; *~* ***by*** *s.o.('s side) all night* die hele nag by iem. waak; *~* ***football/etc.*** (na) voetbal/ens. kyk; *~* ***for*** *s.t.* uitkyk na iets, op die uitkyk/loer wees na iets; ***have*** *s.o. ~ed* iem. laat dophou, iem. in die oog laat hou; *~ s.o. like a* ***hawk*** iem. fyn dophou; ~ ***it/out!,*** *(infml.)* pas op!, oppas!; *s.o. has to ~* ***out*** *for ...* iem. moet op die uitkyk wees na ...; iem. moet oppas vir ..., iem. moet op sy/haar hoede wees teen/vir ...; ~ ***out*** *if you ...!, (infml.)* bewaar jou (siel) (*of* die hemel bewaar jou) as jy ...!; ~ ***over*** *s.o./s.t.* oor iem./iets waak (*of* wag hou); *~ and* ***pray*** waak en bid; *~ the* ***press*** *for s.t.* →PRESS *n.; one has to ~ one's* ***step(s)*** →MIND *ww.; ~ the* ***time*** die horlosie dophou. ~**band** = *(Am.)* WATCH=STRAP. ~**case** horlosie=, oorlosiekas. ~ **chain** horlosie=, oorlosieketting. ~ **committee** *(Br., hist., ook W~ C~)* waaksaamheids=, aksiekomitee. ~ **dial,** ~ **face** wyser=plaat. ~**dog** waghond. ~ **fire** wagvuur, kampvuur. ~ **glass** horlosie=, oorlosieglas. ~ **guard** horlosie=, oor=losiesnoer. ~ **hand** horlosiewyser. ~ **house** waghuis. ~**keeper** waghouer. ~ **key** horlosie=, oorlosiesleutel. ~**maker** horlosiemaker. ~**making** horlosiebedryf. ~**man** =*men* wagter; nagwag; *~, what of the night?* (AV); *~, what is left of the night?* (NIV), *(Jes. 21:11)* wagter, hoe ver is dit in die nag? *(OAB);* wag, wanneer is die nag verby? *(NAB); ~'s clock* wagklok, =horlosie, =oorlosie. ~ **night** *(Prot.)* Oujaarsnag(kerkdiens). ~ **spring** horlo=sie=, oorlosieveer. ~**strap** horlosie=, oorlosieband. ~**tow=er** wagtoring, kykuit. ~ **turret** wagtorinkie. ~**word** wag=woord, leuse.

watch·er (be)waker; wag; spioen, bespieder; waarne=mer.

watch·ful waaksaam, op die hoede; *be ~ for ...* op die uitkyk wees na ... **watch·ful·ness** waaksaamheid.

watch·ing brief *(jur.)* waaksaamheidsopdrag; *keep/maintain a ~ ~ on s.t.* iets (fyn/goed) dophou, 'n ogie oor iets hou.

wa·ter *n.* water; →HARD WATER, HEAVY WATER, HIGH WATER, LOW WATER, SWEET WATER; ***above*** ~ bo wa=ter; ***aerated*** ~ →AERATE; *a* ***body*** *of ~* 'n watermassa; *~ on the* ***brain,*** *(med., infml.)* hoofwatersug, waterhoof; →HYDROCEPHALUS; *cast one's* ***bread*** *on/upon the ~s* →BREAD *n.;* ***break*** ~ die water breek; *a lot of ~ has flowed/passed/gone under the* ***bridge,*** *(idm.)* daar het baie water in die see geloop; *it is ~ under the* ***bridge*** dit is gedane sake (*of* behoort tot die verlede); *her/the ~s have* ***broken,*** *(verlosk.)* haar water het gebreek; *~ of* ***capil=larity,*** *(fis.)* kapillêre water; *pour/throw* ***cold*** *~ on/over s.t., (lett.)* koue water op iets gooi; *(fig.)* koue water op iets gooi, iets doodpraat/afkeur, die demper op iets plaas/sit; *a* ***column*** *of ~* 'n watersuil; *~ of* ***crystalli=sation*** →CRYSTALLISATION; *be in* ***deep*** *~(s)* in die moei=likheid wees, hoog in die nood wees, in benarde om=standighede verkeer/wees; op gevaarlike terrein wees; swaar beproef wees; *get into* ***deep*** *~(s)* in die moeilik=heid raak; *s.o. has been through* ***deep*** *~s, (ook)* iem. het al harde bene gekou; *~ of* ***dilation*** →DILATION; ***draw*** ~ water put/skep; *the ship* ***draws*** *five/etc. metres of ~* →DRAW *ww.; like ~ off a* ***duck's back*** soos water op 'n eend se rug, so goed soos vet op 'n warm klip; *of the* ***first*** ~ van die eerste water, van die beste/fynste; ***fish*** *in troubled ~s, (idm.)* in troebel water vis(vang); *~* ***flows/ runs*** water vloei/loop; *the ~ of* ***forgetfulness,*** *(ret.)* die vergetelheid; ***fresh*** ~ vars water; *come* ***hell*** *or high ~* →HELL; ***hepatic*** ~ →HEPATIC; *it does not* ***hold*** *~, (ook, 'n argument ens.)* dit gaan nie op nie; *s.t.* ***holds*** *~, (lett.)* iets is waterdig; *(fig.)* iets is geldig (*of* hou steek) *('n ar=gument ens.);* ***hot*** *~, (lett.)* warm water; *get into* ***hot*** *~, (infml.)* in die moeilikheid/pekel beland; *s.o. is in* ***hot*** *~, (infml.)* iem. is/sit in die pekel/moeilikheid; *~ of* ***hydra=tion,*** *(chem.)* hidraatwater; ***in*** *the ~* in die water; *~ on the* ***knee*** →KNEE *n.;* ***lay*** *on ~* water aanlê; *~ of* ***life,*** *(Byb. en fig.)* water van die lewe; *(w.g.)* whiskey, whisky; *in* ***low*** *~* →LOW WATER; ***make*** *~, ('n vaartuig)* lek, water inkry/maak; →***pass*** *water;* ***mineral*** ~ →MINERAL *adj.; spend* ***money*** *like ~* →MONEY *n.; it brings the ~ to one's* ***mouth*** dit laat ('n) mens se mond water, dit laat ('n) mens watertand; *pour* ***oil*** *on troubled ~s* →OIL *n.;* ***on*** *the ~* op die water; ***ordeal*** *by ~* →ORDEAL; ***over*** *the ~* oor die water (heen); oor(kant) die see; ***pass*** ~ water, wa=ter afslaan, urineer, *(infml.)* fluit; ***running*** ~ lopende water; *~* ***runs*** →***flows/runs;*** ***saline*** ~ →SALINE *adj.,* SALT WATER *n.; the boat* ***ships*** *~* die boot lek; *(try to) carry ~ in a* ***sieve*** →SIEVE *n.; be back in* ***smooth*** *~, (infml.)* oor al jou moeilikhede heen wees, weer vry kan asemhaal; ***soft*** ~ sagte water; *in* ***South African etc.*** *~s* in Suid-Afrikaanse/ens. waters; ***stagnant*** ~ staande water; ***still*** *~s run deep, (idm.)* stille waters diepe grond (, onder draai die duiwel rond); *a* ***stretch*** *of ~* 'n plaat water; ***take*** *the ~s, (hoofs. hist.: 'n spa besoek)* die baaie gebruik; ***take in*** ~ water inneem, water aan boord neem; *('n vaartuig)* lek; ***take** to the* ~ in die water spring; van stapel loop; ***take** up* ~, *('n spons ens.)* water absorbeer/opsuig; ***tread*** ~ watertrap; *s.o.'s **turn** to use* ~ iem. se leibeurt; ***under*** ~ onder (die) water; *an area is **under*** ~ 'n gebied staan onder water; ***writ(ten)** in* ~ verganklik, kortstondig. **wa·ter** *ww.* natmaak, natgooi, nat spuit, nat sprinkel; natlei, besproei; verdun, verwater; water gee, laat suip *(diere)*; gaan suip; *('n vaartuig)* water inneem; *(mond, oë)* water; *(oë)* traan; verwater *(kapitaal)*; moireer *(sy)*; ~ *s.t. down* iets verwater *(bier, beginsels, ens.)*; *s.o.'s mouth* ~*s* iem. se mond water, iem. watertand; *it makes one's mouth* ~ dit laat ('n) mens se mond water, dit laat ('n) mens watertand. ~ **action** waterwerking. **W~ Affairs:** *Minister/Department of* ~ ~ Minister/Departement van Waterwese. ~ **allocation** waterverdeling. ~ **anchor** sleepanker, seeanker. ~ **bag** watersak. ~ **bailiff** *(hoofs. SA)* waterfiskaal, -skout. ~ **bar** waterkeerder. ~**-based** *adj., (verf, smeermiddel, ink, ens.)* met 'n waterbasis; water- *(sport, aktiwiteite, ens.)*. ~ **bear** *(soöl.: phylum Tardigrada)* beerdiertjie, mosbeertjie; *(Kan.)* ysbeer. **W~ Bearer, W~ Carrier:** *the* ~, *(astrol.)* die Waterman, Aquarius. ~**-bearing** *adj. (attr.)* waterhoudend. ~ **bed** waterlaag; waterbed. ~ **beetle** *(entom.)* waterkewer. ~ **berry, umdoni** *(Syzygium cordatum)* waterbessie. ~ **(berry) tree** = AFRICAN/CAPE HOLLY. ~ **bird** watervoël. ~ **birth** watergeboorte. ~ **biscuit** waterbeskuitjie. ~ **blast** drukwaterspuit; drukwaterspuiting. ~ **blister** waterblaas. ~**blommetjie** *(Afr., Aponogeton distachyos)* waterblommetjie. ~ **blue** bremerblou. **W~ Board** Waterraad. ~ **boatman** *(entom.)* bootmannetjie. ~**borne** drywend; oor die water vervoer, water-, skeeps-; ~ *drainage/sewerage* spoelriolering; ~ *traffic* watervervoer. ~ **bottle** waterkraf(fie); water-, veldfles. ~ **brash** *(med.)* sooibrand, suur in die maag. ~ **bubble** waterblasie. ~**buck** waterbok, kringgat(bok). ~**buck bull** waterbokram. ~**buck cow** waterbokooi. ~ **buffalo** waterbuffel. ~ **bug** waterwants. ~ **bus** waterbus. ~ **butt** watervat. ~ **cannon** waterkanon. ~ **capacity** waterhouvermoë; waterinhoud. ~ **carriage** watervervoer. ~ **carrier** waterdraer; *the W~ C~, (astrol.)* →WATER BEARER. ~ **cart** sproeiwa, waterkar. ~ **cell** watersel. ~ **chestnut** *(bot.: Trapa natans)* waterkastaiing; *Chinese* ~ ~, *(kookk., bot.: Eleocharis dulcis)* Chinese/Sjinese waterkastaiing. ~ **chute** glygeut. ~ **clock** wateruurwerk. ~ **closet** *(vero., afk.:* WC*)* watersekreet, -kloset, spoelkloset, -sekreet, -latrine. ~ **cloud** waterwolk. ~ **cock,** ~ **faucet** waterkraan. ~**colour** waterverf; akwarel, waterverfskildery; waterverftekening; *box of ~s* verfdoos. ~**colour painter,** ~**colourist** waterverfskilder. ~ **column** waterkolom; standpyp. ~**-conducting** *adj. (attr.)* watergeleidend. ~ **conduit** waterleiding. ~ **content** watergehalte, -inhoud. ~**-cool** *ww.* waterkoel. ~**-cooled** *adj. (attr.)* waterverkoel, -gekoel, *(pred.)* met waterkoeling. ~ **cooler** waterverkoeler. ~**-cooling** *n.* waterkoeling. ~**course** (water)loop, lopie; watervoor; stroom, spruit; stroombed; kanaal. **W~ Court** *(jur., hist. in SA)* Waterhof; →WATER TRIBUNAL. ~ **crassula** waterklipblom. ~**cress** bronkors, -gras, -slaai, waterkers. ~ **culture** *(tuinb.)* waterkultuur. ~ **cure** waterkuur, hidropatie. ~ **cycle** waterkringloop, -siklus. ~ **development** waterontginning. ~ **diviner** waterwyser, -soeker. ~ **dog** *(jaghond)* waterhond; *(Am., Necturus* spp.*)* salamander; *(infml.)* ou matroos, pikbroek; *(infml.)* watergeesdriftige, -liefhebber. ~ **drill** waterboor. ~ **drip** (dak)drup. ~ **economy** waterhuishouding. ~**fall** waterval. ~ **feed** watertoevoer. ~ **finder** waterwyser. ~ **fountain** waterfontein; drinkfontein(tjie). ~**fowl** waterhoender(s); watervoël(s). ~**front** waterkant; *on the* ~ aan die waterkant; *the W~* die Waterfront *(in Kaapstad)*. ~ **furrow** watervoor, -sloot. ~ **gall** *(dial.)* flou reënboog. ~ **gap** (water)poort, waterkloof. ~ **garden** watertuin. ~ **gas** *(chem.)* watergas. ~ **gate** sluis, vloeddeur; waterpoort. ~ **gauge** waterpeiler, -meter, peilglas; waterdrukmeter; waterdruk. ~ **glass** water-, drinkglas; wateruurwerk; waterpeiler, peilglas; *(chem.)* waterglas. ~**glass egg** kalkeier. ~ **hammer** waterslag. ~ **hammer pulse** stootpols. ~ **hardening** waterharding. ~ **head** oorsprong; waterdrukhoogte. ~ **heater** waterverwarmer. ~ **hen** waterhoender. ~ **hold** waterruim. ~ **hole** watergat; drinkgat, -plek, -poel, suiping, suipgat. ~ **hose** water-, spuitslang. ~ **hyacinth** *(Eichhornia crassipes)* waterhiasint. ~ **hydrant** brandkraan. ~ **ice** *(kookk.)* sorbet; *(geog.)* waterys. ~**-insoluble** *adj. (attr.)* onoplosbaar in water *(pred.)*. ~ **intake** wateropneming. ~ **jacket** water-, koelmantel. ~ **jet** waterstraal; waterstraaltuit. ~ **joint** waterdigte verbinding; rugvoeg. ~ **jump** *(hinderniswedrenne, -wedlope)* watersprong. ~ **law** waterreg. ~ **leaf** waterblaar. ~ **level** waterpeil, -vlak, -hoogte; waterstand; waterpas. ~ **lily** waterlelie; *blue* ~ ~, *(Nymphaea capensis)* kaaiman(s)blom, blouwaterlelie. ~ **lime** waterkalk. ~ **line** waterlyn; waterpeil, -hoogte. ~**-lined paper** waterlynpapier. ~**logged** *(grond)* deurslagtig, deurdrenk, deurweek, versuip; *(vaartuig)* vol water geloop; *(hout)* deurweek. ~**loggedness** deurslagtigheid, deurweektheid. ~ **loss** waterverlies. ~ **main** hoofwaterpyp, -leiding. ~**man** *-men* (gehuurde) roeier; veerman; waterdraer; *a good* ~ 'n bedrewe roeier. **W~man** *(hist.)* Strandloper. ~**mark** *n.* watermerk, papiermerk; waterpeil, -lyn. ~**mark** *ww.* die watermerk afdruk op, van 'n watermerk voorsien. ~ **meadow** vloeiweide. ~**melon** waatlemoen; →WILD WATERMELON. ~ **meter** watermeter. ~ **mill** watermeul(e). ~ **mint** *(bot.)* waterment, kruisement. ~ **mole** *(Austr.)* eendbek-, voëlbekdier. ~ **mongoose** *(Atilax paludinosus)* kommetjiegatmuishond. ~ **monkey** *(w.g.)* koelkan, -kruik, waterkruik; *(mit.)* waterbobbejaan. ~ **nymph** *(mit.)* waternimf, najade. ~ **ordeal** *(hist.)* waterproef. ~ **outlet** wateruitlaat. ~ **ouzel,** ~ **ousel** *(orn.: Cinclus cinclus)* waterspreeu. ~ **oven** wateroond. ~ **paint** waterverf. ~ **parting** waterskeiding. ~ **pear** waterpeer. ~ **pipe** waterpyp; (Turkse) waterpyp, nargileh. ~ **pistol** waterpistool. ~ **plane** seevliegtuig; watervlak. ~ **plant** waterplant. ~ **plate** warmwaterbord. ~ **pocket** waterholte; waterkelder, ondergrondse waterpoel. ~ **polo** waterpolo. ~ **pore** waterporie. ~ **power** waterkrag. ~**proof** *n.* reënjas, -mantel; waterdigte stof; waterlaken, rubberlaken, bedseiltjie. ~**proof** *adj.* waterdig; ~ *sheet* rubberlaken. ~**proof** *ww.* waterdig maak. ~**proofing** *n.* waterdigting. ~ **pump** waterpomp. ~ **rail** *(orn.: Rallus aquaticus)* waterral. ~ **ram** waterpers, waterram, hidrouliese ram/suier. ~ **rat** *(Dasymys incomtus)* waterrot. ~ **rate** waterbelasting. ~**-repellent** *adj. (attr.)* waterwerend. ~ **resistance** waterweerstand, -bestandheid. ~**-resistant,** ~**-resisting** *adj. (attr.)* watervas. ~ **resource** watervoorsiening; waterbron. ~ **reticulation** waternet. ~ **right** waterreg. ~ **run** waterloop; waterkering. ~**scape** watergesig. ~ **scheme** water(leidings)plan. ~ **seal** waterslot. ~**shed** waterskeiding; afloophelling; stroomgebied; *(fig.)* wending, kentering, keerpunt. ~ **shoot** waterloot; dakgeut, afwaterpyp. ~**side** waterkant. ~**side worker** dokwerker. ~**-ski** waterski. ~**-skier** waterskiër. ~**-skiing** waterskisport. ~ **skin** leerwatersak. ~ **slide** waterglybaan. ~ **snake** waterslang. ~ **softener** waterversagmiddel; waterversagter, waterversagtingstoestel, -eenheid, -aanleg. ~**-soluble** *adj.* wateroplosbaar, in water oplosbaar. ~ **spaniel** waterhond. ~ **splash** *n., (Br.)* drif. ~ **sports** *n. (mv.)* watersport. ~**spout** waterhoos; geutpyp, waterspuier. ~ **sprinkler** sproeier; sprinkelwa. ~ **sprite** watergees. ~ **stain** watervlek; waterbeits. ~ **still** distilleertoestel. ~ **supply** watervoorraad; watervoorsiening, -aanvoer, -toevoer; suiping *(vir diere)*. ~ **surface** watervlak; wateroppervlakte. ~ **table** grondwaterspieël, -vlak, -stand; fondamentdrup. ~ **tank** watertenk. ~ **tap** waterkraan. ~ **taxi** watertaxi. ~ **tender** waterkar. ~**tight** *adj., (lett. & fig.)* waterdig. ~**tightness** waterdigtheid. ~ **tissue** waterweefsel. ~ **tortoise** waterskilpad. ~ **torture** waterfoltering, -marteling. ~ **tower** watertoring. ~ **transport** watervervoer; vaartuie. ~ **trap** watervanger. ~ **tree** →WATER (BERRY) TREE. **W~ Tribunal** *(jur.)* Watertribunaal. ~ **trough** drinkbak, -trog. ~ **valve** waterklep. ~ **vapour** waterdamp. ~**-vascular system** watervaatstelsel. ~ **vole** *(Arvicola* spp.*)* waterrot. ~ **wag(g)on** waterkar; *s.o. is on the* ~ *wag(g)on* →WAG(G)ON. ~**way** waterweg, vaarwater; bevaarbare rivier/kanaal; watergang *(v. 'n skip)*. ~ **wheel** skep-, waterwiel; waterrat. ~ **willow** waterwilg(er). ~ **wings** *n. (mv.)* swemvlerkies *(vir iem. wat leer swem)*. ~ **witch** *(mit.)* waterheks; *(Am.)* waterwyser. ~ **witching** wateraanwysing. ~**works** waterwerke; waterkering; waterleiding; *turn on the* ~, *(infml.)* aan die grens/huil gaan, begin huil, die krane oopdraai. ~**worn** deur water verweer.

wa·tered gewater(d); verwater(d); ~ *capital* verwaterde kapitaal; ~ *silk* moiré, gewaterde sy, weerskynsy. ~**-down** *adj.* (met water) verdun(d); *(fig.)* verwater(d), afgewater(d) *(weergawe, plan, ens.)*.

Wa·ter·ford glass Waterfordglas *(v. Ier.)*.

wa·ter·ing (die) natmaak; verdunning; verwatering. ~ **bag** suipsak. ~ **bucket** suipemmer. ~ **can** gieter. ~ **cart** waterkar, sproeiwa. ~ **hole** drinkpoel. ~ **hose** spuitslang, waterslang. ~ **place** (water)suipplek, waterplek, suiping, drinkplek; waterplek *(vir skepe)*; badplaas. ~ **pot** gieter. ~ **system** natleistelsel. ~ **trough** drinkbak, -trog, suiptrog, -krip.

wa·ter·ish waterig, wateragtig; verwater(d).

wa·ter·less sonder water; ~ *region* dorsveld.

Wa·ter·loo: *meet one's* ~ jou rieme styfloop, jou dreuning/druiwe/kaiings/moses teë-/teenkom.

wa·ter·y waterig; waterhoudend; (pap)nat; pap gekook; vogtig *(oë)*; dun, flou, verdun, wateragtig; laf, smaakloos; bleek, asvaal; ~ *grave* graf in die golwe, watergraf; ~ *sky* reënlug, reënerige lug; ~ *wool* waterige wol. **wa·ter·i·ness** waterigheid, wateragtigheid.

wat·son·i·a *(bot.: Watsonia* spp.*)* watsonia, suurknol, (was)pypie.

watt *(fis.: SI-eenh. v. krag, simb.:* W*)* watt. ~**-hour** *(elek. energie-eenh.)* watt-uur. ~**meter** wattmeter.

watt·age wattverbruik.

wat·tle[1] *n.* lat-, vlegwerk; paalwerk; lat, spar; looibas; *(bot.: Akasia* spp.*)* wattel(boom), basboom, Australiese akasia; *African/weeping* ~, *(Peltophorum africanum)* huilboom, -bos; ~ *and daub hut* hartbeeshuis(ie), paal-en-klei-huis. **wat·tle** *ww.* latwerk/paalwerk maak, met latte/sparre toemaak. ~ **bark** wattel-, looibas. ~ **work** lat-, paalwerk; vlegwerk.

wat·tle[2] *n.* lel, bel *(v. 'n kalkoen ens.)*; *turkey's* ~ kalkoenslurp, -lel, -bel. **wat·tled:** ~ *crane, (Bugeranus carunculatus)* lelkraan(voël); ~ *starling, (Creatophora cinerea)* lelspreeu.

waul, wawl *n. & ww.* mia(a)u; tjank, skreeu.

wave *n.* golf, brander; golflyn, golwende lyn; golwing; karteling; swaai, (die) wuif/waai; →PERMANENT WAVE, WAVY *adj.*; *the ~s **beat*** die golwe klots; *be/ride on the **crest** of a/the* ~ →CREST *n.*; ***give** s.o. a* ~ iem. toewuif, vir iem. wuif/waai; *with a* ~ *of the **hand*** met 'n wuif van die hand; ***make** ~s, (infml.)* 'n beroering veroorsaak; *a* ~ ***of** ...* 'n vlaag van ... *(inbrake ens.)*; 'n stroom/vloed van ... *(aansoeke ens.)*; 'n opwelling van ... *(geesdrif ens.)*; 'n golf van ... *(verontwaardiging ens.)*; *be **tossed** by the ~s* deur die golwe heen en weer geslinger word. **wave** *ww., (d. see, 'n koringland, ens.)* golf, golwe; waai, wuif *(m.d. hand)*; wapper; swaai *('n vlag)*; golf, golwe, kartel *(hare)*; water, moireer *(sy)*; →WAVING; ~ *... **aside*** ... beduie om eenkant toe te beweeg *(iem.)*; *(fig.)* ... van die tafel (af) vee *(besware ens.)*; ~ *s.o. **away/off*** iem. wegwys, vir iem. beduie om (weg) te gaan; ~ *s.o. **down*** vir iem. beduie om te stop (*of* stil te hou); ~ *s.o. **near**er* vir iem. wink om nader te kom; ~ *s.o. **on*** vir iem. beduie om aan te loop/stap/ry (*of* voort te gaan); vir iem. beduie om nader te kom; ~ *(one's hand) **to** s.o.* (met die hand) vir iem. wuif/waai/wink. ~ **action** golfwerking. ~ **aerial** golfantenne. ~**band** *(rad.)* golfband. ~ **centre** *(fis.)* golfmiddelpunt. ~ **changer,** ~ **change switch** *(rad.)* (golf)bandskakelaar. ~ **crest** golfkruin, -top. ~ **equation** *(fis., wisk.)* golfvergelyking. ~**form** *(fis.)* golfvorm. ~ **front** *(fis.)* golffront. ~ **function** *(fis.)* golffunksie. ~**guide** *(elektron.)* golfleier. ~**length** *(fis.)* golflengte; *they are on the same* ~, *(infml.)* hul(le) koppe werk eenders/eners, hulle is op dieselfde golflengte; *they are not on the same* ~, *(infml.)* hulle is nie op dieselfde golflengte nie, hulle verstaan mekaar verkeerd. ~ **line** *(fis.)* golflyn. ~ **machine** brandermasjien. ~ **mark** golfriffel.

~ **mechanics** *n. (fungeer as ekv.), (fis.)* golfmeganika. ~**meter** golf(lengte)meter; frekwensiemeter. ~ **motion** golf-, trilbeweging. ~ **moulding** golflys. ~ **number** *(fis.)* golfgetal. ~ **offering** *(OT)* beweegoffer. ~ **power** golfkrag. ~ **theory** *(fis., hist.)* golfteorie. ~ **train** *(fis.)* golfreeks. ~ **trough** golfdal.

waved twill *(tekst.)* sigsagkeper.

wave·less spieëlglad, stil, kalm, golfvry.

wave·let golfie.

wave·like golwend, golfagtig; ~ *motion* golfbeweging.

wa·ver aarsel, weifel; op twee gedagtes hink, besluiteloos wees; begin te wyk/padgee, begin moed opgee; *(vlam)* flikker, bewe; ~ *between ... and ...* nie kan besluit of jy moet ... of ... nie. **wa·ver·er** weifelaar, wankelmoedige. **wa·ver·ing** *adj., (ook)* weifelagtig, onbeslis, besluiteloos, twyfelmoedig, aarselend.

wa·vey *(orn., Kan.)* sneeugans.

wav·i·ness golwing, gegolfdheid; →WAVY *adj.*.

wav·ing *n.* (die) wuif; gewapper; golwing. **wav·ing** *adj.:* ~ *grass* waaigras; ~ *motion* swaaiende beweging; swaaibeweging.

wav·y *adj.* golwend, gegolf, krulgolfdradig; veranderlik; golf-; →WAVINESS; ~ ***fibre*** golfvesel; ~ ***grain*** golfdraad; ~ ***hair*** golwende hare; ~ ***line*** kartellyn. ~**-grained** golfdradig.

wawl →WAUL.

wax[1] *n.* was; (bye)was; lak; oorwas, -smeer; →WAXEN, WAXLIKE, WAXY[1]; *mineral* ~ →OZOCERITE; *mould s.o. like* ~ →MOULD *ww.*; *seal s.t. with* ~ iets toewas. **wax** *ww.* met was smeer/opvrywe/bestryk; →WAXED *adj.*, WAXER, WAXING. ~**berry,** ~ **myrtle** *(Myrica serrata)* wasbessie, glashout; sneeubessie; →SNOWBERRY. ~**bill** *(orn.):* ***black-cheeked*** ~, *(Estrilda erythronotos)* swartwangsysie; ***blue*** ~, *(Uraeginthus angolensis)* gewone blousysie; ***common*** ~, *(E. astrild)* rooibeksysie, rooibekkie; ***orange-breasted*** ~, *(Sporaeginthus subflavus)* rooiassie; ***violet-eared*** ~, *(U. granatinus)* koningblousysie. ~ **candle,** ~ **light,** ~ **taper,** ~ **wick** waspit, -kers. ~ **chandler** waskersmaker, -verkoper. ~ **cloth** wasdoek; olie-kleedjie. ~ **coating** waslaag. ~ **creeper** *(bot.: Microloma tenuifolium)* kannetjies, skilpadkos. ~ **doll** waspop. ~ **end** pikdraad. ~ **figure** wasbeeld. ~ **gourd** waspampoen. ~ **heath** *(Erica ventricosa)* washeide; →HEATH. ~ **impression** wasafdruk. ~ **light** waslig; waskers. ~ **modelling** wasboetseerkuns. ~ **moth** wasmot; →BEE MOTH. ~ **mould** wasvorm. ~ **myrtle** →WAXBERRY. ~ **painting** wasskildery; wasskilderwerk, -kuns, enkoustiek. ~ **palm** *(Ceroxylon alpinum)* waspalm(boom); *(Copernica prunifera)* carnaubapalm. ~ **paper** waspapier. ~**plant** wasplant. ~ **pocket** waskliertjie *(v. 'n by)*. ~**pod (bean)** spersieboon(tjie). ~ **scale** *(entom.)* wasdopluis, -skildluis. ~ **tablet** wastafeltjie. ~ **tree:** *(Japanese)* ~ ~, *(Rhus succedanea)* (Japannese/Japanse) wasboom. ~**wing** *(orn.: Bombycilla* spp.*)* pesvoël. ~**work** waswerk; wasbeeld; wasmodellering; *(i.d. mv.)* wasbeelde; wasbeeldemuseum. ~**worker** waswerker; wasby.

wax[2] *ww., (maan)* was, groei, aanwas, toeneem; *(ret.)* raak, word; ~ ***indignant/etc.*** verontwaardig/ens. raak/word; ~ ***lyrical*** *about/on s.t.* liries oor iets raak/word; ~*ing* ***moon*** groeiende/wassende maan; ~ *and* ***wane*** groei en afneem.

wax[3] *n., (Br., infml., vero.)* woede, kwaadheid, boosheid; →WAXY[2]; *s.t. put s.o. in a* ~ iets het iem. geweldig boos/kwaad gemaak, iem. het die hoenders in geword oor iets.

waxed *adj.:* ~ *end* pikdraad; ~ *jacket* waskatoenbaadjie; ~ *paper* waspapier.

wax·en wasagtig; wasbleek; met was bedek; *(arg. of poët., liter.)* was-, van was; ~ *cell* was-sel; ~ *tablet* wastafeltjie.

wax·er wassproeier.

wax·ing wasbehandeling.

wax·like wasagtig.

wax·y[1] wasagtig; gewas(te); was-; ~ *coating* waslaag. **wax·i·ness** wasagtigheid.

wax·y[2] *(Br., infml., vero.)* boos, opvlieënd.

way *n.* weg, pad; rigting; wyse, manier; metode; opsig; gewoonte, gebruik; beroep; toestand; *(sk.)* vaart; *(ook, i.d. mv., sk.)* slee, smeerhoute; →LAUNCHING WAYS, PERMANENT WAY; ***across*** *the* ~ oorkant; ***all*** *the* ~ die hele ent/pad, heelpad; tot die end/einde toe; *go* ***all*** (*or* ***the whole***) ~, iets behoorlik/ordentlik doen, enduit gaan/volhou; *(infml.)* volle seks hê; *agree/be with s.o.* ***all*** *the* ~ geheel en al (*of* volkome) met iem. saamstem; *I'm with you* ***all*** *the* ~, *(ook)* ek sal jou enduit steun; *run/etc.* ***all*** *the* ~ *to* ... die hele ent/pad ... toe (*of* na ... [toe]) hardloop/ens.; ***all*** *the* ~ *down/up* tot heel onder/bo; *in* ***another*** ~ andersins; *in* ***any*** ~ in enige opsig, op enige wyse; *in* ***any*** ~ *(whatever)* hoe ook al, op enige wyse; *(in)* ***any*** ~ *s.o. likes* net soos iem. wil; *not in* ***any*** ~ hoegenaamd/volstrek nie, geensins; ***around*** *our* ~ by ons rond/langs; ***ask*** *s.o. the* ~ by/vir iem. pad vra, iem. (na) die pad vra, (vir) iem. vra hoe die pad loop (*of* hoe om daar [uit] te kom); *the* ~ ***back*** die terugpad/terugweg; *round the* ***back*** ~ agter om/langs; *s.o. is in a* ***bad*** ~ dit gaan sleg (*of* is sleg gesteld) met iem.; *things are in a* ***bad*** ~ sake staan sleg, dit lyk (maar) sleg; ***bar*** *s.o.'s* ~ iem. voorkeer, iem. se pad versper; *make the* ***best*** *of one's* ~, *(arg.)* so gou (as) moontlik maak; →MAKE *ww.*; *in a* ***big*** ~ →BIG WAY; *back a horse* ***both*** ~*s* →BOTH; *s.o. wants to have it* ***both*** ~*s* iem. wil sy/haar mes na albei kante laat sny; *s.o. cannot have it* ***both*** ~*s* iem. moet een van die twee kies (*of* die een of die ander doen); *it cuts* ***both*** ~*s* →***cuts;*** ***break*** *a* ~ 'n weg baan; ***by*** *the* ~ langs die pad, onderweg; terloops, tussen hakies, *(infml.)* van die os op die esel/jas; *come/go* ***by*** ~ *of* ... oor/via ... kom/gaan; *be* ***by*** ~ *of being a farmer/etc.* 'n soort boer/ens. wees, op jou manier 'n boer/ens. wees; *that is* ***by*** ~ *of being a joke* dit is 'n soort grap, dit moet 'n grap wees; ***by*** ~ *of thanks* by wyse van dank; ***change/mend*** *one's* ~*s* 'n beter weg inslaan, jou lewe verbeter; jou verbeter; jou beter gedra; ***clear*** *the* ~ die pad skoonmaak, die weg baan/berei; padgee, opsy staan; *s.t.* ***comes*** *s.o.'s* ~ iets val iem. te beurt; *(fml.)* iem. word iets deelagtig; *W~ of the* ***Cross*** →CROSS *n.*; *it* ***cuts*** *both* ~*s*, *(lett.)* dit sny na twee kante; *(fig.)* dit het sy voordele en nadele; dit bevoordeel geen kant nie, dit slaan na weerskant(e); dit geld vir albei kante; ***down*** *s.o.'s* ~ in iem. se buurt; ***down*** *Mexico* ~ daar onder in Mexiko; *take the* ***easy*** ~ *out of s.t.* die maklikste uitweg kies; *the result can go* ***either*** ~ →EITHER *bep. & pron.*; ***elbow*** *one's* ~ *through* vir jou 'n pad oopstamp; *see the* ***error*** *of one's* ~*s* jou dwaling insien; ~ *of* ***escape*** →ESCAPE *n.*; *in* ***every*** ~ in elke opsig; ***every*** *which* ~ in alle rigtings; oral(s) rond; *be in a* ***fair*** ~ *to win/etc.* goed op pad wees (*of* 'n goeie kans hê) om te wen/ens.; *be in the* ***family*** ~ →FAMILY WAY; ***feel*** *one's* ~ →FEEL *ww.*; ***fight*** *one's* ~ 'n weg baan; ***fight*** *one's* ~ *out* 'n pad oopveg; ***find*** *the* ~ die pad kry; regkom; ***find*** *one's* ~ *back* die/jou pad terug kry; ***find*** *one's* ~ *to* ... die pad na ... kry; by ... uitkom; ***find*** *a* ~ *to do s.t.* dit regkry om iets te doen; *go the* ~ *of all* ***flesh*** →FLESH *n.*; ***force*** *one's* ~ *through* ... →FORCE[1] *ww.*; ***gather*** ~, *(sk.)* vaart kry; in beweging kom; *in a* ***general*** ~ oor die algemeen; ***get*** *in the* ~ in die pad wees, hinder; ***get*** *in each other's* ~ oor mekaar val; ***get*** *in the* ~ *of doing s.t.* daaraan gewoond raak om iets te doen; in die gewoonte verval om iets te doen; ***get/have*** *one's (own)* ~ jou sin kry; ***get*** *under* ~ →***under;*** ***get*** *out of the* ~ padgee, uit die pad staan; ***get*** *s.t. out of the* ~ iets opruim/afhandel; ***give*** ~ padgee; agteruitstaan, (terug)wyk; meegee; ***give*** ~ *to* ... vir ... plek maak, deur ... vervang word; voor ... swig *(d. oorwinnaar ens.)*; ***give*** ~ *to one's emotions* aangedaan raak; *s.t.* ***gives*** ~ *under* ... iets gee mee onder ...; ***go*** *one's* ~ vertrek, weggaan; jou gang gaan; ***go*** *out of one's* ~, *(lett.)* uit die pad gaan; ***go*** *out of one's* ~ *for* (*or to do*) *s.t.* moeite doen vir iets, jou vir iets inspan; iets opsetlik doen; jou op iets toelê, daarop uit wees om iets te doen; ~ *to go!*, *(infml.)* ditsem!, ramkat!, skote Pe(r)toors/Pretoors!, bakgat!; *things are* ***going*** *s.o.'s* ~ sake loop vir iem. reg; *s.o. has come a* ***good*** ~ iem. het ver/vêr gekom; ***grope*** *one's* ~ iets voel-voel doen; *if s.o.* ***had*** *his/her* ~ as iem. sy/haar sin kon kry; as dit van iem. afgehang het; *do s.t. the* ***hard*** ~ iets op die moeilike manier doen; *learn s.t. the* ***hard*** ~ iets deur bittere ervaring leer; *s.o.* ***has*** *a* ~ *with children* iem. het die slag om met kinders te werk, iem. het 'n slag met kinders; ***have*** *a* ~ *with one* innemend wees; ***have*** *one's (own)* ~ →***get/have;*** ***have*** *one's* ~ *with s.o.* iem verlei, iem. in die bed kry; *let s.o.* ***have*** *his/her* ~ iem. sy/haar sin gee; iem. sy/haar (eie) gang laat gaan, iem. laat begaan; ***have*** *a* ~ *of* ... die manier/gewoonte hê om ...; ***have*** ~ *on*, *(sk.)* vaart hê/loop; ***hew*** *one's* ~ jou pad oopkap/deurslaan; jou weg baan; ***in*** *a* ~ op 'n manier; in sekere sin; enigsins; *be* ***in*** *the* ~ in die pad wees/staan; hinder; steur; ***in*** *the* ~ *of* ..., *(ook, vero.)* ten opsigte van ...; in verband met ...; ***keep*** *out of the* ~ uit die pad (uit) bly; jou stil hou; ***keep*** *out of s.o.'s* ~ uit iem. se pad bly; ***keep*** *s.o. out of the* ~ iem. uit die pad hou; ***know*** *one's* ~ *about* jou pad ken, jou weg kan vind; ***lead*** *the* ~ voorgaan, -loop; die pad wys; leiding gee; die toon aangee, die voorbeeld stel; ***lead*** *the* ~*!* gaan voor!; *a* ~ *of* ***life*** →LIFE; ***light*** *the* ~ *for s.o.* vir iem. lig *(waar hy/sy moet loop)*; *a* ***little*** ~ 'n (klein) entjie; *s.o.'s* ***little*** ~*s* iem. se maniertjies; *s.o.* ***lives*** *Stellenbosch/etc.* ~ iem. woon in die buurt van Stellenbosch/ens., iem. woon êrens by Stellenbosch/ens. (rond); *s.o.'s* ~ *of* ***living*** →LIVING *n.*; *a* ***long*** ~ 'n stywe/ver/vêr ent, 'n groot afstand; *s.o. has come a* ***long*** ~, *(lett.)* iem. het van ver/vêr af gekom; *(fig.)* iem. het ver/vêr gevorder; *it comes a* ***long*** ~ dit kom van ver/vêr (af); *it goes a* ***long*** ~ dit hou lank; *it goes a* ***long*** ~ *to/towards* ... dit help baie (*of* dra baie daartoe by) om ...; *it is a* ***long*** ~ *(off)* dit is 'n hele ent (daarnatoe), dit is ver/vêr; *s.t. can be heard a* ***long*** ~ *off* iets kan ver/vêr (*of* wie weet waar) gehoor word; *it is a* ***long*** ~ *off perfection/etc.* dit is op verre na (*of* nog lank) nie volmaak/ens. nie; *it is a* ***long*** ~ *about/round* dit is 'n groot ompad/omweg; *s.o. has a* ***long*** ~ *to go*, *(lett.)* iem. moet nog ver/vêr gaan; *(fig.)* iem. moet nog baie leer, iem. het nog baie om te leer; *it is a* ***long*** ~ *to go* dit is ver/vêr; *not by a* ***long*** ~ op verre na nie, verreweg nie, (nog) lank nie; *not finished/etc. by a* ***long*** ~ nog lank nie klaar/ens. nie; *it* ***looks*** *that* ~ dit lyk so, so lyk dit; ***lose*** *one's/the* ~ verdwaal, afdwaal, van die pad afraak; ***lose*** ~, *(sk.)* vaart verminder/verloor; ***make*** ~ vorder, vooruitgaan; *(sk.)* vaart loop; ***make*** *one's* ~ (voort) beweeg, gaan; jou weg baan/vind; vooruit kom (in die wêreld); ***make*** ~ *for s.o.* vir iem. padgee; *s.t.* ***makes*** ~ *for* ... iets maak vir ... plek, iets word deur ... vervang; ~*s and* ***means*** (weë en) middele; *committee of* ~*s and* ***means,*** *(parl.)* middelekomitee; ***mend*** *one's* ~*s* →***change/mend;*** ***miss*** *one's* ~ verdwaal, verkeerd loop/ry; *do it* ***my*** ~*!* doen dit soos ek!; doen dit soos ek dit wil hê!; *I will do it* ***my*** ~ ek sal dit op my manier doen; ~ *of* ***necessity,*** *(jur.)* noodweg; *(in)* ***no*** ~ hoegenaamd/volstrek nie, geensins; *in* ***no*** ~, *(ook)* op geen/generlei wyse; *that is* ***no*** ~ *to behave* dit is geen/g'n manier nie; *the* ***obvious*** ~ die aangewese weg; ***on*** *the* ~ op pad, onderweg; langs die pad; *s.t. is* ***on*** *the* ~ iets is aan die kom (*of* op koms); *have a baby* ***on*** *the* ~, *(infml.)* verwagtend/swanger wees; *I'll be* ***on*** *my* ~ ek moet nou gaan (*of* [my] koers kry); *be* ***on*** *one's* ~ vertrek; in die pad val; *it is* ***on*** *my* ~ dit is op my pad; ***on*** *the* ~ *to* ... op pad na ..., op pad ... toe; *be* ***on*** *the* ~ *to* ..., *(ook)* na ... op reis (*of* onderweg) wees; ***on*** *the* ~ *to school* op pad skool toe; *see s.o.* ***on*** *his/her* ~ iem. wegsien; *the* ***one*** ~ die een manier; die enigste manier; *in* ***one*** ~ in een opsig; in sekere sin; *in* ***one*** ~ *and another* op allerlei maniere; in allerlei opsigte; *in* ***one*** ~ *or another, in* ***some*** ~ op (die) een of ander manier; ***one*** ~ *or the other* hoe ook al; *the* ***only*** ~ *s.o.* ... al manier waarop iem. ...; *it's the* ***only*** ~, *(ook)* dis al plan *(om 'n doel te bereik)*; dis al genade; *in the* ***ordinary*** ~ normaalweg, in die gewone loop van sake; *look the* ***other*** ~ wegkyk, anderkant toe kyk; maak (as)of jy iem. (glad) nie sien nie; *the* ***other*** ~ *about/(a)round* omgekeerd; andersom; *a* ~ ***out*** 'n uitgang; 'n uitkomkans; *on the* ~ ***out*** op pad buite(n)toe; *be on the* ~ ***out,*** *(ook, infml.)* aan die verdwyn wees; ***out*** *of the* ~ uit die pad; afgeleë; buitengewoon, buitenissig; ***out*** *of the* ~*!* gee pad (voor)!; *put o.s.* ***out*** *of the* ~ jou die moeite getroos, jouself ontrief (*of* ongerief aandoen); ***out*** *that* ~ daardie kant uit; *it is nothing* ***out*** *of the* ~ dit is niks ongewoons/buitengewoons nie; *that is* ***out*** *of the* ~ dit is afgehandel (*of* agter die rug); *the house* ***over*** *the* ~ die huis (aan die) oorkant, die oorkants(t)e huis; *go one's **own** (sweet)* ~ jou eie gang gaan, jou eie pad loop, jou nie aan ander (*of* die wêreld) steur nie, maak soos jy lekker kry; *s.o. has it (all) his/her **own*** ~ iem. (kan) maak/doen net wat hy/sy wil, iem. kan sy/haar eie sin volg; *have it your **own*** ~*!* (net) soos jy wil!, nes jy wil!, maak dan maar so!, doen/maak soos jy verkies!; ***part** of the* ~ 'n ent; *be at the **parting** of the* ~*s* staan waar die paaie/weë uitmekaar loop, op die tweesprong staan; *we have come to the **parting** of the* ~*s* hier loop ons paaie/weë uitmekaar, hier skei ons weë; ***pave** the* ~ *for* ... die pad vir ... oopmaak, die weg vir ... baan/berei; ***pay** one's* ~ →PAY *ww.*; ***pick** one's* ~ versigtig loop/stap; *the **proper*** ~ die juiste/regte manier; die aangewese weg; ***put** s.o. in the* ~ *of ..., (vero.)* iem. in die geleentheid stel om ...; ***put** s.o. out of the* ~*, (vero.)* iem. verwyder, iem. uit die weg ruim; van iem. ontslae raak; iem. onskadelik maak; iem. van kant maak, iem. van die gras af maak; iem. in die tronk sit; *show s.o. a **quick*** ~ *to do s.t.* iem. wys hoe om iets gou te doen; *the **right*** ~ *to go about it* die regte manier om dit te doen; ***right** of* ~ →RIGHT *n.*; ***round** our* ~ by ons langs; by ons rond; *a **roundabout*** ~ 'n ompad/omweg; *in a **roundabout*** ~ met 'n ompad/omweg; met 'n groot omhaal van woorde; *approach s.t. in a **roundabout*** ~ iets met 'n ompad/omweg benader *('n onderwerp, vraagstuk, ens.)*; *take a **roundabout*** ~*, (ook)* 'n draai loop/ry; *(infml.)* by die Kaap gaan draai; *take a **roundabout*** ~ *home* met 'n ompad/omweg huis toe gaan; *s.o. goes the **same*** ~*, (fig.)* iem. gaan dieselfde weg op; *s.t. goes the **same*** ~ iets het dieselfde verloop; *in the **same*** ~ op dieselfde manier/wyse; net so; ***see** one's* ~ *(clear/open) to* ... kans sien (*of* in staat wees) om ...; ***be set** in one's* ~*s, have **set*** ~*s* 'n gewoontemens wees, vaste gewoontes hê; ***show** the* ~*, (lett.)* die pad wys; *(fig.)* die weg (aan)wys; *in a **small*** ~ in geringe mate; op klein skaal, op beskeie voet; *start in a **small*** ~*, (ook)* klein begin; ***smooth** the* ~*, (fig.)* die pad skoonmaak, die weg baan; ***smooth** the* ~ *for s.o. to ..., (ook)* dit vir iem. maklik maak om te ...; *in **some*** ~ op (die) een of ander manier; *in **some*** ~*s* in party/sommige opsigte; *s.t. goes **some*** ~ *to(wards)* ... iets help om ... *('n probleem op te los ens.)*, iets dra by tot ... *(d. oplossing v. 'n probleem ens.)*; ***stand** in s.o.'s* ~ in iem. se pad staan; *let nothing **stand** in one's* ~ niks in jou pad laat staan nie; ***step** this* ~*!* kom hiernatoe!, kom hier langs!; ***take** the* ~ *to/towards* ... die pad na ... vat, die weg na ... inslaan; *that's the* ~ *to **talk!**, (infml.)* so moet 'n man/mens/bek (mos) praat!, nou praat jy!; ***that*** ~ daarheen, daarnatoe, soontoe; daarlangs, solangs; dié/daardie kant toe, in daardie rigting; so, op daardie/dié manier; *up **that*** ~ in daardie geweste; ***that** is the* ~ *to do it* so moet dit gedoen word, dit is die manier om dit aan te pak; *let us keep it **that*** ~ laat ons dit so hou; ***that's** the* ~ *it is* so is dit, dit is nou (maar) eenmaal so; *it's awful **the*** ~ *s.o.* ... iem. ... dat dit 'n naarheid is *(skinder ens.)*; *it's disgraceful/sad **the*** ~ *s.o.* ... dis 'n treurigheid soos iem. ... *(d. kinders behandel ens.)*; ~ *of **thinking*** →THINKING *n.*; ***this*** ~ hierheen, hiernatoe; in hierdie/dié rigting; solangs, hierlangs; *it is **this*** ~ ... die ding is so ...; *(in) **this*** ~ op dié/hierdie manier/wyse, so; in dié/hierdie opsig; sodoende; *if s.o. carries on in **this*** ~*, (ook)* as iem. op dié/hierdie trant voortgaan; ***thread/thrust/twist** one's* ~ *through the* ... tussen die ... deur vleg, vir jou 'n weg deur die ... baan, deur die ... dring; *the* ~ ***to** unity* die weg na eenheid; ***train** s.o. to one's* ~*s* iem. na jou hand leer; *there are no **two*** ~*s about it* dit ly geen twyfel nie, dis (nou) nie altemit(s) nie, dis (nou) maar klaar; *be **under*** ~ onderweg wees; aan die gang wees, in beweging wees; *(sk.)* aan die vaar wees; *get **under*** ~ in beweging kom, aan die gang kom; koers vat; op dreef/stryk kom; *(sk.)* begin vaar; ***wend** one's* ~ *to* ... jou na ... begeef/begewe, die weg na ... inslaan; *in **what*** ~*?* hoe?, hoe so?, op watter manier?; ***which*** ~*?* waarheen?; waarlangs?; ***which*** ~ *shall we go?* watter kant toe (*of* waarlangs) sal ons gaan?; *s.o. does not know **which*** ~ *to turn* iem. weet nie vorentoe of agtertoe nie; iem. trap klei; die wêreld het vir iem. te nou geword; ***work** one's* ~ *through s.t.* iets deurwerk; deur iets worstel; ***work** one's* ~ *up from messenger to manager* jou opwerk van bode tot bestuurder; *that/such is the* ~ *of the **world*** →WORLD; *make one's* ~ *in the **world*** vooruitkom in die wêreld; *(in) the **wrong*** ~ op die verkeerde manier/wyse; *go the **wrong*** ~ *about it, set about it the **wrong*** ~ dit verkeerd aanpak/aanlê, agterstevoor/verkeerd te werk gaan; *s.o.'s food goes the **wrong*** ~ iem. se kos beland/gaan in die verkeerde keel; *the **wrong*** ~ *round* verkeerd, binne(n)stebuite; agterstevoor; onderstebo; *rub s.o. up* (or *stroke s.o.*) *the **wrong*** ~ iem. irriteer/omkrap/vererg (*of* verkeerd aanpak), iem. kwaad/boos (*of* die hoenders in) maak, iem. die harnas in (*of* in die harnas) ja(ag). **way,** *(vero.)* **'way** *adv.* ver, vêr; ~ ***back** in 1900, (infml.)* daar in 1900 reeds; *s.o. from* ~ ***back,** (Am., infml.)* iem. uit die gramadoelas; *from* ~ ***back** (when), (infml.)* van doerie tyd af (al); *we/they go* ~ ***back,** (infml.)* ons/hulle ken mekaar al donkiejare (*of* baie jare) (lank); *pull/push/etc. s.t.* ~ ***back,** (infml.)* iets ver/vêr/heeltemal/heelpad terugtrek/terugstoot/ens.; ~ ***behind*** ver/vêr agter; ~ ***down*** ver/vêr onder; ~ ***down** south* (daar) ver/vêr in die suide; ~ ***off*** ver/vêr weg; ~ ***out*** ver/vêr buite; ~ ***out** ahead* (or *in front*) los voor. **~bill** geleibrief. **~bread, ~bred** *(bot.: Plantago spp.)* weegbree, wee(g)blaar. **~fare** *ww., (arg.)* reis; (te voet) gaan. **~farer** *(poët., liter.)* reisiger; voetganger. **~faring** *n., (poët., liter.)* (rond)reis, (rond)trekkery. **~faring** *adj., (poët., liter.)* (rond)reisend, (rond)trekkend, swerwend; ~ *man* reisiger; swerwer. **~lay** ~*laid* ~*laid, ww.* op die loer lê vir, inwag, voorstaan, voorlê; in 'n hinderlaag lok; onderskep. **~mark** *n.* weg=, rigtingwyser, roetebaken. **~mark** *ww.* weg=/rigtingwysers aanbring langs, met roetebakens merk. **~marker** = WAYMARK *n.*. **~-out** *(infml.)* snaaks, eksentriek, sonderling; uitstekend. **~point** halte, stopplek, stilhouplek; *(lugv., sk.)* roetepunt. **~side** *n.* kant van die pad; pad; *by the* ~ langs die pad; *fall by the* ~ uitsak, uitval. **~side** *adj.* aan die kant van (*of* langs) die pad; ~ *flowers* blomme langs die pad, veldblomme; ~ *station* spoorweghalte. ~ **station** tussenstasie. **~worn** *(w.g.)* vermoeid, moeg van reis.

wa·yang *(Indon./Mal. teat.)* wajang.

=ways *suff. (vorm adv.), length*~ in die lengte, oorlangs; *side*~ sydelings, skuins.

way·ward eiesinnig, onberekenbaar, wispelturig; verkeerd, eiewys, dwars, weerspannig. **way·ward·ness** eiesinnigheid; eiewysheid.

wayz·goose *(Br., hist.)* perspiekniek; (jaarlikse) drukkersuitstappie, =piekniek.

we *(nom.)* ons; *the editorial* ~ die redaksionele meervoud; die beskeidenheidsmeervoud; *the royal* ~ die deftigheidsmeervoud (*of* pluralis majestatis).

weak swak; tingerig; flou; kragteloos; slap; sieklik; ~ ***current,** (elek.)* swakstroom; *there is a* ~ ***demand** for s.t.* daar is geringe (aan)vraag na iets; ~ ***ending,** (pros.)* dowwe uitgang; *have* ~ ***eyes*** slegte/swak oë hê; ***grow*** ~ swak word; verswak; *have a* ~ ***hand*** →HAND *n.*; *have a* ~ ***heart*** 'n swak hart hê; *be* ~ ***in** s.t.* swak wees in iets *(wisk. ens.)*; ~ ***interaction,** (fis.)* swak wisselwerking; *as* ~ *as a **kitten*** kuikenswak; *feel* ~ ***at/in** the **knees*** →KNEE *n.*; *the* ~*(est) **link,** (lett. & fig.)* die swak(ste) skakel; *a* ~ ***mixture*** 'n flou mengsel; 'n maer mengsel; *in a* ~ ***moment*** in 'n oomblik van swakheid, in 'n swak oomblik; *s.t. is s.o.'s* ~ ***point/side*** iets is iem. se swak punt/sy/kant; *the* ~*er **sex/vessel,** (vero., skerts.: d. vrou)* die swakke(re) geslag/vat; *the* ~ ***sister,** (Am., infml.)* die swak/onbetroubare lid van 'n groep/span; *a* ~ ***solution*** 'n flou/verdunde oplossing; ~ ***tea*** flou tee; *have a* ~ ***will*** 'n swak wil hê. **~-eyed, ~-sighted** *(w.g.)* swak/sleg van gesig. **~-headed, ~-brained** *(w.g.)* swak van verstand, swakhoofdig. **~-kneed** swak in die knieë; *(infml.)* slap, lamsakk(er)ig, papbroek(er)ig, flouhartig. **~-minded** simpel, swaksinnig. **~-mindedness** simpelheid, swaksinnigheid. **~-willed** wilswak, swak van wil, met geringe wilskrag.

weak·en verswak; verslap; flouer maak; flouer word, verflou; verwater, verdun; ontkrag. **weak·en·ing** verswakking; verslapping; verflouing; verdunning.

weak·ish swakkerig.

weak·ling swakkeling, sukkelaar; papbroek, lamsak.

weak·ly swak, tingerig, sieklik.

weak·ness swakheid; swak, swakte; swak punt/sy/kant; swak plek; *have a* ~ *for s.t.* 'n swak hê vir iets; ~ *of will* wilswakte, geringe wilskrag.

weal[1], **wheal** *n., (hoofs. med.)* haal, merk, striem, streep, latmerk, moet; swelling, swelsel. **weal, wheal** *ww.* striem, pimpel en pers slaan.

weal[2] *n., (vero.)* welvaart, voorspoed; welsyn, geluk; *the common/general/public* ~*, (fml.)* die algemene welsyn; ~ *and/or woe, (vero.)* voor- en/of teenspoed/teëspoed, wel en/of wee; *come* ~ *come woe* wat ook al gebeur, laat kom wat wil.

weald *(poët., liter.)* vlakte; hoogvlakte; beboste streek; →WOLD; *the W*~ *(of Kent)* die Weald.

wealth rykdom, vermoë; weelde; magdom, oorvloed; *Namaqualand's* ~ *of **flowers*** Namakwaland se blommeprag; *a **man** of* ~ 'n rykaard; *a* ~ ***of*** ... 'n magdom (van) ..., ... in oorvloed *(vrugte ens.)*; 'n rykdom aan ... *(minerale, inligting, ens.)*; 'n skat van ... *(kennis ens.)*; 'n oormaat van ... *(talent ens.)*; volop ...; ***untapped*** ~ ontgonne rykdom; ***untold*** ~ onmeetlike rykdom; ~ *of **words** is not eloquence* woord(e)rykheid is nog nie welsprekendheid nie. **~-creating** welvaartskeppend. ~ **tax** welvaart(s)=, vermoënsbelasting.

wealth·y ryk, welgesteld, gegoed, vermoënd.

wean speen; afleer, afwen; ~ *s.o. (away) from s.t.* iem. iets afleer; *(just)* ~*ed* speenoud. **wean·er** gespeende lam/kalf/varkie, speenlam, =kalf, =varkie; speenling; speenplank, =halter, kopplank. **wean·ing** (die) speen, spening. **wean·ling** gespeende kind; gespeende dier; speenling.

weap·on wapen, strydmiddel; magsmiddel; ~ *of mass destruction, (afk.: WMD)* massavernietigingswapen. **weap·on·less** ongewapen(d). **weap·on·ry** wapens, bewapening, wapentuig, krygstuig.

wear[1] *n.* (die) dra; (klere)drag; kleding, klerasie; mode; verwering; slyting, slytasie; *not **fit** for evening* ~ nie geskik om in die aand te dra nie; *s.t. is in **general*** ~ iets is in die mode; *have s.t. **in*** ~ iets gewoonlik dra; *s.t. will **stand** a lot of* ~*, (skoene, 'n kledingstuk, ens.)* iets sal lank dra; ~ *and **tear*** slytasie; *fair* ~ *and **tear*** redelike slytasie; *under conditions of fair* ~ *and **tear*** by normale slytasie; *be the **worse** for* ~ verslete/verslyt/gehawend/afgedra wees. **wear** *wore worn, ww.* dra; (af)slyt, uitslyt, wegslyt; uitput, afmat; →WEARABLE, WEARER, WEARING, WORN; *s.t.* ~*s **away*** iets slyt af/weg, iets verslyt; iets verweer; iets gaan stadig om *(d. tyd)*; ~ ***away** one's youth etc.* jou jeug ens. verbeusel/slyt; ~ *s.t. **down*** iets aftrap *('n skoen se hak ens.)*; ~ *s.o. **down*** iem. uitput; ~ *a **flag*** →FLAG[1] *n.*; *s.o.* ~*s **glasses/spectacles*** →GLASS *n.*, SPECTACLE; ~ *one's **heart** on one's sleeve* →HEART; ~ *s.o. in one's **heart*** →HEART; ~ ***in** a **groove*** 'n groef inslyt; *have **nothing** to* ~ niks hê om aan te trek nie; *s.t.* ~*s **off*** iets slyt af/weg, iets verdwyn, iets gaan oor/verby; *s.t.* ~*s **on*** iets sleep voort, iets gaan langsaam verby; *s.t.* ~*s **out*** iets slyt uit/af, iets verslyt; ~ *s.t. **out*** iets opdra *(skoene, 'n kledingstuk, ens.)*; iets uittrap *('n tapyt)*; iets uitry *('n pad)*; ~ *s.o. **out*** iem. uitput/afmat, iem. gedaan maak; ~ *a **smile*** vriendelik wees, in 'n opgeruimde stemming verkeer; ~ ***stripes,** (hoofs. hist.: gevangenisdrag)* hoenderspoor dra; *s.t. is* ~*ing **thin*** iets is aan die opraak *(iem. se geduld ens.)*; ~ *out s.o.'s **threshold,** (idm.)* iem. se drumpel plat loop (*of* aftrap *of* hol trap); *s.t.* ~*s **through*** iets slyt deur; ~ *s.t. **through*** iets deurslyt; ~ ***through** the day* die dag op (die) een of ander manier omkry; ~ *out one's **welcome** with s.o.* →WELCOME *n.*; *s.t.* ~*s **well*** iets hou goed/lank, iets slyt nie gou nie, iets dra goed, iets is duursaam/sterk *(materiaal, skoene, ens.)*; ~ *one's **years** well* nog goed daar uitsien, nog heeltemal jonk lyk (vir jou jare), jou jare goed dra. ~ **resistance** slytweerstand, =vastheid, =bestandheid. **~-resistant** slytbestand. ~ **test** dra(ag)toets.

wear[2] *wore worn, ww., (sk.)* draai, wend, hals.

wear·a·ble dra(ag)baar.

wear·er draer.

wear·ing *n.* (die) dra, gebruik; slyting; verwering. **wearing** *adj.* vermoeiend, afmattend, uitputtend. ~ **apparel** *(arg.)* klerasie, kleding, klere. ~ **course,** ~ **crust** slytlaag. ~ **(sur)face** slytvlak.

wea·ry *adj.* vermoeid, moeg; afgerem, tam, mat; sat;

afmattend, vermoeiend, vervelig, vervelend; *be **bone** ~* doodmoeg wees; ***grow** ~* moeg word; *be ~ **of** s.t.* moeg wees van iets; sat wees van/vir iets; *~ **work*** vermoeiende/uitputtende werk. **wea·ry** *ww.* afmat, vermoei, moeg maak, uitput; verveel; *~ for ..., (hoofs. Sk.)* na ... verlang; *~ of s.t.* sat/moeg raak/word van/vir iets. **wea·ried** afgemat, vermoeid, tam, afgesloof. **wea·ri·less** onvermoeid; onvermoeibaar. **wea·ri·ness** moegheid, vermoeidheid, tamheid, matheid; verveling. **wea·ri·some** moeitevol, vermoeiend, afmattend; moeisaam; vervelend, vervelig. **wea·ri·some·ness** moeisaamheid; verveligheid.

wea·sand *(anat., vero.)* lugpyp; gorrel(pyp), slukderm; keel, strot; →TRACHEA.

wea·sel *n.* wesel; *African (striped) ~, (Poecilogale albinucha)* slangmuishond; *catch a ~ asleep* 'n nugter wakker persoon 'n rat voor die oë draai. **wea·sel** *ww.* hare kloof; om 'n saak heen draai; *~ out of s.t.* iets ontduik. **~-faced** met 'n skerp gesig. **~ word** *n. (gew. i.d. mv.), (infml.)* leë woord; vae woord; dubbelsinnige woord.

wea·sel·ly *adj., (fig.)* slinks, slu, skelm, geslepe, listig, onderduims; vals, onopreg, geveins, huigelagtig.

weath·er *n.* weer; *in **all** ~s, in **all** kinds/sorts of ~* in wind en weer, ongeag die weer; ***bad** ~* onweer, slegte weer; ***beastly** ~, (infml.)* hondeweer; ***bleak** ~* guur/gure weer; *a **change** in the ~, a **change** of ~* 'n weersverandering; ***changeable** ~* onseker/onbestendige weer; *the ~ is **clearing** (up)* die weer trek oop (*of* klaar op); ***dirty/foul/nasty/ugly** ~* ellendige/gure/onaangename/slegte weer; ***dismal** ~* triestige weer; ***fair** ~* mooi weer; *the ~ is **fair*** die weer is mooi; *if the ~ is **favourable*** as die weer saamspeel (*of* gunstig is); ***fine** ~* mooi weer; ***foul** ~ →**dirty/foul/nasty/ugly**; in **good** ~* met/by goeie weer; *make **heavy** ~ of s.t., (infml.)* (dit) opdraand(e)/swaar kry met iets; *if the ~ **holds*** as die weer goed bly; ***make** bad/etc. ~, (sk.)* slegte/ens. weer tref; ***mild** ~* sagte/aangename weer; ***nasty** ~ →**dirty/foul/nasty/ugly**; ~ **permitting*** as die weer daarna is, met/by gunstige weer; ***seasonable** ~* net weer vir die tyd van die jaar; *under **stress** of ~* weens stormagtige weer; ***sultry** ~* bedompige/drukkende/swoel/broeiende weer; ***threatening** ~* onweer, dreigende weer; ***ugly** ~ →**dirty/foul/nasty/ugly**; be **under** the ~, (infml.)* ongesteld wees; ***unfriendly/ungenial/unkind** ~* ongunstige weer; ***unseasonable** ~* ontydige weer; ***unsettled** ~* ongestadige weer; ***wintry** ~* winterweer. **weath·er** *ww.* aan wind en weer blootstel; *(rotse)* verweer, verbrokkel, verkrummel; *(sk.)* loefwaarts seil; *(bouk.)* afloop gee *(teëls, planke)*; *~**ed boards/tiles**, (bouk.)* planke/teëls met afloop; *~**ed joint*** drupvoeg; *~ the **storm*** veilig deurkom, die storm deurstaan/trotseer; *~**ed wool*** verweerde wol. **~ balloon** weerballon. **~ bar** waterkeerder. **~-beaten** deur storms geteister; *~ face* verweerde gesig. **~-bitten** verweer(d). **~board** waterslagplank; waterdrumpel; skutplank; muurbeplanking; *(sk.)* loefsy, =kant. **~boarding** waterslagbeplanking; waterslagplanke. **~-bound** *adj. (attr.)* deur slegte weer opgehou/vasgekeer *(pred.)*. **~ box** weerhuisie. **~ bureau** weerburo, weerkundige/meteorologiese instituut. **~ change** weersverandering. **~ chart, ~ map** weerkaart. **~ coat** reënjas. **~cock** weerhaan, windwys(t)er; *(fig.)* manteldraaier, verkleurmannetjie. **~ conditions** weersgesteldheid, =omstandighede, =toestand. **~ deck** *(sk.)* oop dek. **~ drip** (dak)drup. **~ eye:** *keep one's ~ ~ open* 'n oog in die seil hou, goed uitkyk. **~ forecast** weervoorspelling. **~ forecaster** weervoorspeller. **~ forecasting** weervoorspelling. **~ gall** *(dial.)* flou reënboog. **~ gauge** *(sk.)* loefposisie. **~ glass** *(vero.)* weerglas, barometer; →BAROMETER. **~ helm** *(sk.)* loefroer. **~ joint** *(bouk.)* drupvoeg. **~ line** stormtou. **~ lore** weerkennis. **~man** =*men*, **~woman** =*women*, *(infml.)* weerkenner, =kundige; weervoorspeller. **~ map** →WEATHER CHART. **~ modification** wysiging van die weersgesteldheid. **~ moulding** (steen)druplys. **~person** *(rad., TV)* weeraanbieder. **~proof** *adj. (attr.)* weervas *(kleure)*; bestand teen die weer *(pred.)*. **~ prophet** *(infml.)* weerprofeet. **~ report** weerberig. **~ service** weerdiens, weerkundige/meteorologiese diens. **~ ship** weerskip. **~ side** *(sk.)* windkant, loefsy. **~-side anchor** loefanker. **~ stain** verweerde plek. **~ station** weerwag. **~ strip** weerstrook *(aan 'n deur, venster)*. **~tight** *adj.* weerbestend, =vas. **~ tiling** muurbepanning. **~ vane** weerhaan, windwyser. **~worn** *adj.* verweer(d).

weath·er·ing verwering; afloop(helling); waterslag.

weath·er·ly *(sk.)* loefwaarts beurend/vorderend, loefgierig. **weath·er·li·ness** loefwaartse vermoë.

weath·er·wise *adv.* weerkundig.

weave *n.* wewing, weeftrant; binding; weefsel. **weave** *wove woven, ww.* weef; vleg; dwaal *(op 'n pad)*; heen en weer swaai; →WOVEN, WOVE PAPER; *~ in and out of the ...* deur die ... vleg *(verkeer ens.)*; *~ s.t. into a story/speech* iets in 'n toespraak/verhaal inweef. **~ pattern** weefpatroon.

weav·er wewer; *(orn.)* wewer(voël), vink; ***forest** ~, (Ploceus bicolor)* bosmusikant, =wewer; ***golden** ~, (P. xanthops)* goudwewer; ***masked** ~, (P. velatus)* swartkeelgeelvink; ***sociable** ~, (Philetairus socius)* versamel=, familievoël; ***spectacled** ~, (Ploceus ocularis)* brilwewer; ***spotted-backed** ~, (P. cucullatus)* bontrugwewer; ***yellow** ~, (P. subaureus)* geelwewer, kanarievink. **~bird** wewervoël. **~'s beam** wewersboom. **~'s guild** wewersgilde. **~'s hitch/knot** wewersknoop, skootsteek.

weav·ing wewing, wewery; weefkuns; weefwerk; *no ~* hou reguit. **~ mill** wewery. **~ yarn** weefgaring.

wea·zand = WEASAND.

wea·zen *(w.g.)* →WIZENED.

web web; weefsel; spinnerak; spinsel; swemvlies; bindvlies; groot rol papier; (growwe) seil; (middel)rib, stutwand; *(bouk., mot.)* rib; *(bouk.)* web; baard, vlag *(v. 'n voëlveer)*; baard *(v. 'n sleutel)*; *~ of lies* weefsel van leuens; *spider's ~* spinnerak; *the (World Wide) W~, (d. Internet)* die (Wêreldwye) Web. **~ belt** seil(lyf)band; seil(patroon)band. **~ bracing** ribverspanning. **~ browser** webleser. **~cam** *(Internet)* webkamera. **~cast(ing)** *n., (Internet)* webuitsending. **~ eye** *(med.)* (nael)vlies op die oog, pterigium. **~foot** swempoot. **~-footed** met swempote, swempotig; *~ bird* swemvoël. **~ girth** seil(buik)gord. **~master** *(Internet)* web=, werfmeester. **~page** *(Internet)* webblad. **~ plate** rib(plaat); webplaat *(in 'n skip)*. **~ server** *(Internet)* webbediener. **~site** *(Internet)* webtuiste, =ruimte, =werf. **~-toed** met swemvliese. **~wheel** blok=, skyfwiel.

webbed met swemvliese; met vlieghuid.

web·bing smal seildoek, seilband; (growwe) seil; singelband; touweefsel.

web·by soos 'n web; met (swem)vliese; *~ wool* spinnerakwol.

we·ber *(SI-eenh. v. magnetiese vloed)* weber.

web·ster *(arg.)* wewer; →WEAVER.

wed *wed(ded) wed(ded)* trou; verenig, paar, verbind; →WEDDED; *~ efficiency to economy* doeltreffendheid aan/met spaarsaamheid paar.

we'd *(sametr.)* = WE WOULD; WE HAD.

wed·ded: *~ **bliss*** huweliksgeluk; *~ **husband*** eggenoot, wettige man; *take s.o. to be one's **lawful** ~ husband/wife* →LAWFUL; *~ **life*** getroude lewe, huwelikslewe; *~ **love*** huweliksliefde; *be ~ to one's **opinions*** onwillig wees om van 'n mening af te sien, verknog aan jou eie insigte/menings wees, styfkoppig wees; *~ **pair*** egpaar.

wed·ding bruilof, huweliksfees, huwelik, troufees, troue, trouery, trouplegtigheid; aaneensluiting; →DIAMOND WEDDING, GOLDEN WEDDING, SILVER WEDDING. **~ anniversary** troudag. **~ band** *(Am.)* = WEDDING RING. **~ bell** huweliksklok; *(bot.: Dierama spp.)* grasblom, =klokkie; →WAND FLOWER; *~ ~s are ringing for ...* huweliksklokkies lui vir ..., ... het trouplanne. **~ breakfast** bruilofsmaal. **~ cake** bruidskoek, troukoek. **~ card** troukaartjie. **~ celebration, ~ feast** bruilof(sfees), huweliksfees. **~ day** troudag. **~ dress** trourok, bruidsrok. **~ flight** →NUPTIAL FLIGHT. **~ garment** bruilofskleed, =gewaad. **~ group** bruidsgroep. **~ guest** bruilofsgas. **~ journey** huweliksreis. **~ march** troumars, bruilofsmars. **~ night** bruidsnag. **~ outfit** uitset. **~ present** troupresent, huweliksgeskenk. **~ ring** trouring. **~ song** bruilofslied.

wedge *n.* wig, keil; puntstuk; *(gh.)* wigstok, *(soms)* kuilstok; *angle of ~* →ANGLE[1] *n.*; *drive a ~ between ...* 'n wig tussen ... indryf/indrywe; *draw up ... **in** a ~* ... wigvormig opstel; *~ of a **plane*** skaafwig; *the **thin end** of the ~, (fig.)* die eerste (klein) begin, die eerste toegewing, die eerste stappie. **wedge** *ww.* keil, 'n keil inslaan; oopklowe; vaswig, =keil; *be ~d (in) **between** ...* tussen ... vasgeknel wees; *~ **in*** indruk, inbeur; *~ s.t. **in*** iets indruk/=dryf; *~d **joint*** wiglas; *~ s.t. **off*** iets wegdruk/=stoot; *~ s.t. **out*** iets uitwig; *~ s.t. **up*** iets opwig/=keil. **~ bolt** wigbout. **~ heel** wighak. **~-shaped** wigvormig. **~-tailed** met 'n spits stert. **wedg·ing** keilwerk.

wed·lock huwelik, eg; *be born in ~* uit 'n huwelik gebore wees; *be born out of ~* buite-egtelik wees, buite die huwelik/eg gebore wees.

Wednes·day Woensdag; *~'s lecture* Woensdag se lesing; *a ~ lecture* 'n Woensdagse lesing; *on ~s* Woensdae, Woensdags.

wee[1] *adj., (hoofs. Sk.)* (baie) klein, piepklein; *a ~ bit* 'n klein bietjie, 'n krieseltjie, 'n rapsie; *the ~ folk* die feë; *~ hours* →SMALL HOURS.

wee[2] *n. & ww.* →WEE(-WEE) *n. & ww.*.

weed[1] *n., (poët., liter.)* gewaad; *widow's ~s, (arg.)* weduweedrag, rougewaad, =kleding, klere.

weed[2] *n.* onkruid; *(infml.)* sigaar; *(infml.)* skrale, slappe, slappeling; gaip, lummel; *(infml.)* knol, nikswerd perd; pruldier, kwar; *(ook, i.d. mv.)* onkruid, vuilgoed, bossies; →INDIAN WEED; *ill ~s grow apace* →ILL *adj.*; *be **infested** with ~s* vervuil wees van die onkruid; ***Jimson** ~, (Datura stramonium)* olieboom; →THORN APPLE; ***(the)** ~, (dwelmsl.: dagga)* boom. **weed** *ww.* onkruid uittrek/verwyder/uitroei, bossies uittrek; skoffel, skoonmaak *('n tuin, bedding, ens.)*; *~ out the ...* die ... uitsoek/uitgooi, van die ... ontslae raak *(slegtes, swakkes, ens.)*; die ... uitdun; die ... uitroei. **~ eater** *(oorspr. W~ E~, 'n handelsnaam)* rand=, rantsnyer. **~-grown** vervuil, vol gras/onkruid. **~-killer, ~ eradicator** onkruidmiddel, =doder, =verdelger.

weed·er skoffelaar; onkruidverwyderaar, skoffel(masjien).

weed·i·cide onkruidmiddel.

weed·ing skoffelwerk; onkruid uittrek. **~ fork** tuinvurk. **~ hoe** skoffelpik. **~ hook** skoffelyster.

weed·y vol onkruid/gras, vervuil; *(infml.)* slungelagtig, lank opgeskote, skraal, slap; *(infml.)* niksbeduidend, gaiperig, lummelagtig.

week week; →FIVE-DAY WEEK; *... **a/per** ~ ...* per week; *~ and ~ **about**, (w.g.)* al om die ander week; *~s **ago*** weke gelede; *some ~s **ago*** 'n paar weke gelede; ***all** ~* die hele week, heelweek; ***every** ~* elke week; weekliks; ***for** ~s* weke (lank); weke aaneen; ***for** three/etc. ~s* al drie/ens. weke (lank); *I have not seen s.o. **for** ~s* ek het iem. in geen weke gesien nie, dis weke dat ek iem. laas gesien het; *~ **in**, ~ **out*** week na week, weekin en weekuit; ***in** three/etc. ~s, **in** three/etc. ~s' time* oor/binne drie/ens. weke; ***inside** (of) a ~* binne 'n week, in minder as 'n week; ***last** ~* verlede week; *the **last** ~* die laaste week *(v. 'n tydperk)*; die afgelope week; *on Monday/etc. of **last** ~* verlede week en Maandag/ens.; ***Monday/etc.** ~* Maandag/ens. oor ag(t) dae (*of* 'n week); ***next** ~* aanstaande/volgende week; *the **next** ~* die volgende week; die week daarop; *every **other/second** ~* al om die ander week; *the **previous** ~* die vorige week; die week tevore; *a ~ of **Sundays*** sewe weke; *(fig.)* 'n eindelose tyd; →A MONTH OF SUNDAYS; ***this** ~* dié/hierdie week, vandeesweek; *all **this** ~* al die hele week, die hele week al; ***throughout** the ~, the **whole** ~* die hele week (deur), heelweek; ***today** ~* vandag oor ag(t) dae (*of* 'n week). **~day** weekdag, werkdag; *on ~s* in die week. **~day evening** week(s)aand. **~end** *n.* naweek; *at the ~* in die naweek; *during the ~* in die naweek; *spend a ~ somewhere* 'n naweek êrens deurbring, êrens naweek hou. **~end** *ww.* naweek hou, 'n naweek deurbring. **~ender** naweekgas; naweekhouer. **~-long** weeklange. **~night** week(s)aand. **~-old** weekoud.

week·ly *n.* weekblad. **week·ly** *adj.* weekliks, week=; *~ **magazine/paper*** weekblad; *~ **return/statement*** weekstaat; *~ **ticket*** weekkaart(jie); *~ **wage(s)*** weekloon. **week·ly** *adv.* weekliks, elke week.

ween *(arg.)* meen, van mening wees, dink.

wee·nie, wie·nie *(Am., infml.)* Weense worsie; →WIENER; *(vulg. sl.: penis)* tottie, pieletjie; *(infml.: veragtelike/dom mens)* bokker, boggher, wetter, doos, trut.

wee·ny piepklein; →TEENY. **~-bopper** *(Br., infml.)* bloedjong bakvissie.

weep *n.* gehuil, huilery. **weep** *wept wept, ww.* ween, huil, trane stort; treur; *('n wond)* dra, etter, vog afskei; drup; sweet; ~ ***bitterly*** bitter(lik) huil; *s.o. ~s **for** ...* iem. huil van ... *(blydskap ens.)*; ~ ***for/over*** *s.o./s.t.* iem./iets beween; ~ *one's eyes/heart **out*** jou doodhuil; ~ *o.s. **out*** jou uithuil. ~ **hole** sypel=, syfergat.

weep·er huiler, (be)wener; *(hist.)* rouklaer; klaagvrou; *(hist.)* lanferband, rouband; rousluier; *(ook, i.d. mv., hist.)* roumansjette, handboordjies *(v. 'n weduwee)*.

weep·ie, weep·y =ies, *(infml.: uiters sentimentele rolprent, boek, ens.)* tranetrekker.

weep·ing *n.* wening, geween; gehuil, huilery; gedrup; gesweet; sypeling (syfering). **weep·ing** *adj.* wenend, huilend; ~ ***ash**, (Fraxinus excelsior)* treur-es; *a ~ **audience*** 'n wenende gehoor; ~ ***beech**, (Fagus sylvatica)* treurbeuk; ~ ***birch**, (Betula pendula)* treurberk; ~ ***boerbean**, (Schotia brachypetala)* huilboerboon; *Chinese ~ **cypress**, (Cupressus funebris)* treursipres; ~ ***eczema*** nat ekseem; ~ ***eye*** traanoog; ~ ***love-grass**, (Eragrostis curvula)* ouland(s)gras; ~ ***oak**, (Quercus robur pendula)* treureik; ~ ***rock*** traanklip; ~ ***willow**, (Salix babylonica)* treurwilg(er).

weep·y *n.* →WEEPIE. **weep·y** *adj.* huilerig, tranerig. **weep·i·ness** huilerigheid, tranerigheid.

wee·ver (fish) *(Trachinus draco)* pieterman.

wee·vil *(entom.)* kalander. **wee·vil·y, wee·villed** vol kalanders.

wee(-wee) *n., (infml., kindert.)* piepie, plassie. **wee(-wee)** *ww., (infml., kindert.)* piepie, plassie maak.

weft inslag; dwarsdraad; weefsel; →WARP. ~ **yarn** inslaggaring, =draad.

weigh *n.* (die) weeg. **weigh** *ww.* weeg; oorweeg; geld; *s.t. ~s (heavily) **against** ...* iets tel (erg) teen ...; *~ one argument **against** another* die een argument teen die ander opweeg; ~ ***anchor*** →ANCHOR *n.*; *~ the **consequences*** →CONSEQUENCE; *~ s.t. **down*** iets neerdruk/afdruk, swaar op iets druk; *the fruit ~s **down** the branch* die tak buig onder die vrugte; *one good argument ~s **down** six bad ones, (w.g.)* een gegronde argument weeg op teen ses swakkes; *be ~ed **down** with ...* swaar met ... belaai wees; onder ... gebuk gaan *(sorge ens.)*; ~ ***in*** inspring, *(tot 'n bakleiery)* toetree, tussenbei(de) kom/tree; *~ s.o. **in*** iem. inweeg *('n bokser voor 'n geveg, 'n jokkie ná 'n wedren)*; ~ ***in** with s.t., (infml.)* iets bydra; ~ ***in** with an argument* met 'n troefkaart vorendag *(of* voor die dag) kom; ~ ***on/upon** s.t.* swaar op iets druk; *s.t. ~s **on/upon** s.o.* iem. gaan onder iets gebuk; *~ s.t. **out*** iets afweeg *('n kilogram wors ens.)*; *~ s.o. **out*** iem. uitweeg *('n jokkie voor 'n wedren)*; *~ s.t. **up*** iets deurkyk/takseer *('n situasie ens.)*; iets (teen mekaar) opweeg *(argumente, alternatiewe, ens.)*; *~ s.o. **up*** iem. (goed) deurkyk; ~ ***upon** s.t.* →***on/upon***; *s.t. ~s **with** s.o.* iem. heg gewig aan iets, iets weeg swaar by iem.; *~ one's **words*** →WORD *n.*. ~ **beam** unster, Romeinse balans. **~bridge** weegbrug, voertuigskaal, brugbalans. ~ **house** weeghuis. **~-in** *n.* inweging.

weigh·a·ble weegbaar.

weigh·age weeggeld, =loon.

weigh·er weër, weger.

weigh·ing (die) weeg, wegery, weëry. ~ **bottle** weegfles. ~ **machine** weegtoestel.

weight *n.* gewig, swaarte; las; druk(king); belang; ***attach/give/lend** ~ to s.t.* gewig aan iets heg, op iets nadruk lê; ***by** ~* volgens gewig; *s.t. **carries** (great/much) ~ with s.o.* iem. heg baie gewig aan iets, iets dra baie gewig *(of* weeg swaar) by iem.; ***carry** ~, (iem. se mening ens.)* gesag/gewig/invloed hê; *give **due/full** ~ to s.t.* iets ten volle in aanmerking neem; ~ ***empty*** leeggewig; *the ~ **of evidence*** die oorwig van die bewyse; ***excess** ~* oorgewig; *get/take the ~ off one's **feet/legs**, (infml.)* gaan sit; ***gain** ~* swaarder word, gewig aansit, in gewig toeneem; *s.t. is worth its ~ **in gold*** →GOLD *n.*; ***lay** ~ upon s.t., (fig.)* gewig heg aan iets; nadruk lê op iets; ***lift** ~s* gewigte optel; ***lose** ~* afval, gewig verloor, ligter word; maer word, vermaer; *a **man/woman** of ~* 'n man/vrou van gewig/invloed/gesag/betekenis; *~s and **measures/dimensions*** mate en gewigte; *it is a ~ off s.o.'s **mind*** dit is 'n las/pak van iem. se hart af, iem. voel baie verlig; ***office** of ~s and measures* ykkantoor; *what they say, is **of no** ~* wat hulle sê, tel nie; *the ~ **of opinion** is ...* →OPINION; ***over** ~* →OVERWEIGHT; ***pick up** ~* swaarder word, groei, bykom, gewig aansit; *the ~ of **probabilities** is that ...* →PROBABILITY; ***pull** one's ~* jou kant bring, jou deel doen, jou plek vol staan, jou sout verdien; *not **pull** one's ~* laat slap lê/hang; ***put on** ~* swaarder word, groei, bykom, gewig aansit, dik/vet word; ***reduce** ~* verslank, jou gewig verminder, jou gewig afbring; *give s.o. **short** ~* →SHORT WEIGHT. ***throw** one's ~ about/around* baasspeel, baasspelerig wees, grootmeneer speel; gewigtig doen; ***throw** one's ~ **against** ...* jou gewig teen ... ingooi/=werp; ***throw** in one's ~ **with** ...* jou steun gee aan ..., jou inspan vir ..., jou gewig in die skaal gooi/werp vir ... *(of* by ... ingooi/=werp), jou kragte leen aan ...; *be **twice** s.o.'s ~* twee maal so swaar wees as iem.; ***under** ~* →UNDERWEIGHT *adj.*. **weight** *ww.* gewig opsit; verswaar, swaarder maak; gewig gee aan; beswaar, belas, (be)laai. **~-conscious:** *be ~* jou figuur dophou. ~ **distribution** gewigsverdeling. ~ **gain** gewig(s)toename. **~lifter** gewigopteller. **~lifting** gewigoptel. ~ **limit** gewigsgrens. ~ **loss** gewig(s)verlies. ~ **note** gewignota. ~ **reduction** verslanking. ~ **training** gewig(s)oefening(e). ~ **watcher** figuur=, gewig(s)bewuste. **W~ Watchers** *(handelsnaam v. 'n gewigsbeheerklub)* Weight Watchers.

weight·ed: ~ ***average/mean*** beswaarde/aangepaste gemiddeld(e); *be ~ **down** with ...* swaar met ... belaai wees; ~ ***index** figure* gelaaide indekssyfer; ~ ***silk*** verswaarde sy; ~ ***vote*** gelaaide stem.

weight·ing verswaring.

weight·less sonder gewig, gewigloos. **weight·less·ness** gewigloosheid.

weight·y swaar; gewigtig; belangrik; invloedryk, gesaghebbend; weldeurdag; ~ *consideration* belangrike oorweging. **weight·i·ness** gewig, belang, belangrikheid, gewigtigheid.

Weil's dis·ease *(med.)* →LEPTOSPIROSIS.

Wei·mar·an·er *(honderas)* weimaraner *(ook W~)*.

weir keerwal, =muur, stuwal, =dam, dwarsmuur, =wal, waterkering *(in 'n rivier)*.

weird *n., (arg., hoofs. Sk.)* (nood)lot; towenaar, heks; *(S~, i.d. mv., mit.)* skikgodinne. **weird** *adj.* bonatuurlik, geheimsinnig, spookagtig, grillerig; griesel(r)ig; onheilspellend; eienaardig, raar, vreemd, vreemdsoortig, wonderlik, onbegryplik; *the ~ sisters, (mit.)* die skikgodinne; *~ and wonderful* wonderlik vreemd. **weird·ie, weird·o, weird·y** *(infml.)* getikte, sonderling, eksentriek.

welch →WELSH.

wel·come *n.* welkom, verwelkoming; ***bid** s.o. ~* iem. welkom heet; ***outstay/overstay** one's ~* te lank bly, langer bly as wat jy welkom is; ***receive** an enthusiastic/etc. ~* geesdriftig/ens. verwelkom/ontvang word; *receive a **tumultuous** ~* luidrugtig verwelkom word; *give s.o. a **warm** ~, extend a **warm** ~ to s.o.* iem. hartlik verwelkom *(of* welkom heet); ***wear out** one's ~ with s.o.* van iem. se gasvryheid misbruik maak. **wel·come** *adj.* welkom; ***make** s.o. ~* iem. hartlik ontvang; iem. tuis laat voel; ~ ***news*** gawe/verblydende nuus, welkom(e) nuus; *as ~ as **snow** in harvest, (w.g.)* allesbehalwe welkom; *be ~ **to** s.o.* welkom by iem. wees; *s.t. is ~ **to** s.o.* iets is vir iem. welkom; ***you** are ~ to ...* jy kan gerus ...; jy word uitgenooi om ...; dit staan jou vry om ...; ***you** are ~ to it* jy kan dit gerus kry, vat dit maar vir jou; ek gun jou dit; ***you're** ~!* nie te danke (nie)!, tot u diens!. **wel·come** *ww.* welkom heet, verwelkom; ~ *s.o. **back*** iem. terugverwelkom; *~ in the **new year*** die ou jaar uitsit; ~ ***s.t.**, (ook)* iets toejuig; iets geredelik aanvaar. ~ *s.o. **to** a **town*** iem. in 'n stad verwelkom; iem. op/in 'n dorp verwelkom. **wel·come** *tw.* welkom; ~ *home!* welkom tuis!; ~ *to Cape Town!* welkom in Kaapstad!. **~-home** *adj. (attr.)* verwelkomings= *(geskenk, parade, party[tjie], ens.)*.

wel·com·ing *adj.* verwelkomend *(atmosfeer, lig, arms, ens.)*; vriendelik, goedig, innemend, warm *(glimlag ens.)*; gemoedelik, wellewend *(gasheer ens.)*; aangenaam *(weer)*; behaaglik *(klimaat)*; ~ *address/speech* verwelkomingstoespraak, =rede; ~ *committee* verwelkomingskomitee.

weld *n.* sweislas, =plek; lasplek; naat. **weld** *ww.* sweis, (aaneen)smee, las *(metaal)*; *(fig.)* aaneensmee, verbind; *it ~s **easily*** dit kan maklik gesmee word; *~ s.t. **together*** iets aanmekaarsweis; iets saamsmee. **weld·a·bil·i·ty** sweisbaarheid. **weld·a·ble** sweisbaar. **weld·ed** gesweis(te); *(all-)~ joint* sweislas; *~ seam* sweisnaat. **weld·er** sweiser. **weld·less** naatloos.

weld·ing sweising; sweiswerk; sweisery. ~ **arc** sweisboog. ~ **flame** sweisvlam. ~ **heat** sweishitte. ~ **machine** sweismasjien. ~ **rod** sweisstaaf. ~ **set** sweistoestel. ~ **shop** sweisery, sweiswerkplaas. ~ **torch** sweispyp, =brander. ~ **wire** sweisdraad. ~ **works** sweisery, sweiswerkplaas.

wel·fare welsyn; welvaart, voorspoed; welsyn(s)diens(te). ~ **officer** welsyn(s)beampte; *(mil.)* welsyn(s)offisier. ~ **organisation, =zation** welsyn(s)organisasie. ~ **service** welsyn(s)diens. ~ **state** welsynstaat. ~ **work** welsyn(s)werk, maatskaplike werk. ~ **worker** welsyn(s)werker. **wel·far·ism** welsynisme.

welk *(vero.)* verwelk.

wel·kin *(poët., liter.)* (die) lug, uitspansel, firmament, hemel(gewelf); *make the ~ ring* die lug laat weergalm; die saal laat dawer.

well[1] *n.* die goeie; *leave ~ alone* iets laat rus, iets met rus laat, nie slapende honde wakker maak nie, nie krap waar dit nie jeuk nie; *leave ~ alone!* moenie slapende honde wakker maak nie!, laat dit met rus!, los dit (net) so!; moenie krap waar dit nie jeuk nie!; *wish s.o. ~* iem. die beste toewens. **well** *better best, adj.* goed; wel; gesond; ***all** is ~* alles (is) in orde; ***all** is not ~* dis nie alles pluis nie; ***all** ~ at home?* alles wel tuis?; ***all** will be ~* alles sal regkom; ***all's** ~ that ends ~* end/eind(e) goed, alles goed; *that is **all very** ~, but ...* dit is alles goed en wel, maar ...; dit is alles baie mooi, maar ...; *that is just **as** ~* dit is (ook) maar goed; *it is just **as** ~ that ...* dit is (ook) maar goed dat ...; *it is just **as** ~ to ...* dit is maar goed *(of* raadsaam) om ...; *it may be (just) **as** ~ to ...* dit is dalk raadsaam om ...; *it would be (just) **as** ~ to ...* dit sou raadsaam wees om tog maar ...; *it is ~ **enough*** dit is goed genoeg; dit is gangbaar/taamlik *(of* nie [te] sleg nie); *s.o. is as ~ as **ever*** iem. is so gesond as ooit; ***get** ~* beter/gesond word; ***get** ~ soon!* spoedige/goeie/alle beterskap!; *that is ~ and **good*** dit is alles goed en wel; *is s.o. ~ **or ill?*** is iem. gesond of siek?; *not be a ~ **man/woman*** nie 'n gesonde man/vrou wees nie; *s.o. is **not** ~* iem. is ongesteld/onwel; *it is **not** ~ to do such a thing, (arg.)* so iets is verkeerd; *s.o. is not **over** ~* iem. is nie (al)te gesond nie; *I hope I **see** you ~* →SEE[1] *ww.*; *the **sick** and the ~* →SICK *n.*; *I am **very** ~* dit gaan heeltemal goed (met my); *be ~ **where** one is, (w.g.)* goed af/geplaas wees waar jy is. **well** *better best, adv.* goed, wel; deeglik, terdeë; ~ ***above/over** a hundred/etc.* ruim/goed honderd/ens.; ~ ***in advance*** →ADVANCE *n.*; *be ~ **advanced*** →ADVANCED; ***as** ~* ewe goed; ewe-eens, eweneens; ook; *s.o. gave him/her ... **as** ~* iem. het hom/haar ook/boonop ... gegee; *s.o. may **as** ~ go/etc.* iem. kan gerus (maar) gaan/ens.; iem. kan ewe goed maar gaan/ens.; *s.o. might just **as** ~ have gone/etc.* iem. kon ook/eintlik maar gegaan/ens. het; *that one **as** ~* daardie een ook; *s.o. can sing/etc. (just) **as** ~ **as** ...* iem. kan net so goed as/soos ... sing/ens.; *regarding the ... **as** ~ **as** the ...* sowel wat die ... as die ... (aan)betref, wat die ... sowel as die ... (aan)betref; *s.o./s.t. **as** ~ **as** ...* iem./iets asook ...; *women **as** ~ **as** men* sowel vroue as mans, vroue sowel as mans; *be ~ **away*** ver/vêr wees, 'n hele ent weg wees; los voor wees; *(infml.)* goed af wees; *it could ~ **be** so* →BE; ~ ***before** ...* →BEFORE *prep.*; *s.o. didn't **behave** very ~ in that respect* daar het iem. nie mooi gehandel nie; ~ ***below** ...* →BELOW *prep.*; ***darned** ~, (infml.)* deksels goed; *s.o. is ~ **dead*** →DEAD *adj.*; *s.o. **did** ~ to come/etc.* dit was goed dat iem. gekom/ens. het, iem. het reg gehandel deur te kom/ens.; ***do** ~* →DO[1] *ww.*; ***do** ~ by s.o.* →DO[1] *ww.*; ***do** o.s. ~* →DO[1] *ww.*; ***do** ~ and have ~, (idm.)* wie goed doet, goed ontmoet; *s.o. cannot very ~ **do** it* →DO[1] *ww.; s.o. would* ***do*** *~ to ...* dit sou vir iem. raadsaam wees om ...; *~* ***done!*** →DONE; *be ~* ***done*** →DONE, WELL DONE *adj.; s.t. is ~* ***down*** →DOWN *adj. & adv.; ~ over the* ***fast!*** →FAST[2] *n.;* ***feel*** *~* →FEEL *ww.;* ***go*** *~* goed gaan; vlot; na wens(e) verloop; *(motor ens.)* goed loop; *everything is* ***going*** *~* alles gaan voorspoedig (*of* na wens[e]); *things are* ***going*** *~* dit gaan goed (*of* voor die wind); sake loop goed; *s.o. might* ***just*** *as ~ have gone/etc.* →***as;*** ***look*** *~* goed (uit)kyk; goed lyk; mooi lyk; gesond lyk, goed daar uitsien; →WELL-LOOKING *adj.; s.o./s.t.* ***may*** *~ be ...* →MAY[2] *ww.; s.o.* ***may*** *(very) ~ come/etc.* →MAY[2] *ww.; that* ***may*** *(very) ~ happen* →MAY[2] *ww.; be ~* ***off*** welgesteld wees, goed/warmpies daarin sit, dit breed/goed hê, goed af (*of* daaraan toe) wees; →WELL OFF *adj.; be ~* ***on*** *in one's fifties/etc.* →ON *adj. & adv.; s.o. is ~* ***out*** *of it* →OUT *adj. & adv.; not do s.t.* ***over*** *~* iets nie te/danig goed doen nie; *~* ***over*** *an hour* →OVER *prep.; ~* ***over*** *a hundred/etc.* →***above/over;*** *it is ~* ***over,*** *(ook)* gelukkig dat dit verby is; ***pretty*** *~ ..., (infml.)* amper/byna (*of* so goed as) ... *(verby ens.); you may ~* ***say*** *that* →SAY[1] *ww.;* ***sleep*** *~* →SLEEP *ww.; s.o. is ~* ***spoken*** *of* →SPOKEN; ***take*** *s.t. ~* →TAKE *ww.; ~ in* ***time*** →TIME *n.; ~ and* ***truly*** deeglik; *~ and* ***truly*** *laid* heg en reg/deeglik gelê, goed en behoorlik gelê *('n hoeksteen); s.o. is ~* ***up*** *in history/etc.* →UP *adj. & adv.;* ***very*** *~* baie/heel goed; uitstekend; blakend gesond, fris en gesond; *s.o. does s.t.* ***very*** *~* iem. doen iets baie/besonder goed; *s.o. cannot do it* ***very*** *~* iem. kan dit nie juis goed doen nie. **well** *tw.* wel; *~* ***I never!*** nou toe nou!, goeie genugtig(heid)!; *~* ***now!*** nou toe nou!; *~* ***then,*** ... nou ja (*of* nouja), ...; nou goed/toe, ...; *~* ***then,*** ...? en/dus, ...?; ***very*** *~ (then)!* (nou) goed!, goed dan!, in orde!, gaan jou gang!; toe (dan) maar!, nou ja (*of* nouja) dan!; ***well!,*** *(sk., w.g.)* genoeg!, goed so!; ***well, well!*** wel, wel!; nou toe nou!. ~ **adjusted** *(pred.),* **~-adjusted** *(attr.), adj.* goed aangepas. ~ **advised** *(pred.),* **~-advised** *(attr.), adj.* verstandig; *s.o. would be well advised to ...* iem. sou verstandig optree deur te ..., dit is vir iem. gerade om te ... ~ **affected** *(pred.),* **~-affected** *(attr.), adj.* goedgesind. ~ **aimed** *(pred.),* **~-aimed** *(attr.), adj.* goed gemik; *(fig.)* trefseker. ~ **appointed** *(pred.),* **~-appointed** *(attr.), adj.* goed ingerig, goed voorsien/toegerus, volledig toegerus, van alles voorsien. ~ **argued** *(pred.),* **~-argued** *(attr.), adj.* goed beredeneer(d) *('n berig, bespreking, pleidooi, ens.).* ~ **attended** *(pred.),* **~-attended** *(attr.), adj.* goed bygewoon *('n seminaar, vergadering, ens.).* ~ **balanced** *(pred.),* **~-balanced** *(attr.), adj.* goed gebalanseer(d) *(dieet, span, ens.);* ewewigtig saamgestel(d) *(kommissie, program, ens.);* ewewigtig, gebalanseer(d), nugter, verstandig. ~ **behaved** *(pred.),* **~-behaved** *(attr.), adj.* gehoorsaam, soet, goed gemanierd, goedgemanierd, welopgevoed, fatsoenlik, manierlik, van goeie gedrag. **~-being** *n.* welsyn; welstand; behaaglikheid. **~-beloved** *n.: s.o.'s ~* iem. se liefste/geliefde/liefling. **~-beloved** *adj. (attr.)* dierbare. ~ **born** *(pred.),* **~-born** *(attr.), adj.* hooggebore, van goeie afkoms/ouers/familie. ~ **bred** *(pred.),* **~-bred** *(attr.), adj.* beskaaf(d), welopgevoed; volbloed, van goeie ras. ~ **brought up** *(pred.),* **~-brought-up** *(attr.), adj.* goed/mooi grootgemaak, welopgevoed, goed opgevoed *('n kind ens.).* ~ **built** *(pred.),* **~-built** *(attr.), adj.* fris gebou(d); deeglik gebou(d). ~ **chosen** *(pred.),* **~-chosen** *(attr.), adj.* goed gekose/gekies. ~ **conditioned** *(pred.),* **~-conditioned** *(attr.), adj.* goedaardig; in 'n goeie staat/toestand. ~ **conducted** *(pred.),* **~-conducted** *(attr.), adj.* van goeie gedrag; goed bestuur; goed gedirigeer. ~ **connected** *(pred.),* **~-connected** *(attr.), adj.* van goeie familie; met goeie konneksies. ~ **considered** *(pred.),* **~-considered** *(attr.), adj.* deurdag, besonne, weloorwoë. ~ **constructed** *(pred.),* **~-constructed** *(attr.), adj.* stewig gebou(d) *('n huis ens.);* goed gemaak *('n paadjie ens.);* goed vervaardig *(toerusting ens.);* goed saamgestel(d) *('n program ens.);* goed gekonstrueer(d) *('n verhaal ens.);* goed geformuleer(d) *('n pleidooi ens.).* ~ **cut** *(pred.),* **~-cut** *(attr.), adj., ('n broek, baadjie, pak, ens.)* met 'n goeie snit; goed gesnyde *(hare).* ~ **defined** *(pred.),* **~-defined** *(attr.), adj.* skerp *(gelaatstrekke);* skerp afgeteken(d) *('n beeld ens.);* duidelik gedefinieer(d) *(doelwitte ens.);* duidelik omskrewe *(reëls ens.);* duidelik omlyn(d) *('n strategie ens.);* duidelik afgebaken(d) *('n gebied ens.);* duidelik *('n grens ens.);* spesifiek *('n taak ens.);* beslis *(menings ens.);* kenmerkend *('n identiteit ens.); (attr.)* eie kenmerkende *(styl); (attr.)* bepaalde *(raamwerk, rol); (attr.)* presiese *(reaksie);* deurdringend *('n klank ens.).* ~ **deserved** *(pred.),* **~-deserved** *(attr.), adj.* welverdiend. ~ **developed** *(pred.),* **~-developed** *(attr.), adj.* goed ontwikkel(d) *(spiere, 'n stelsel, infrastruktuur, ens.).* ~ **disposed** *(pred.),* **~-disposed** *(attr.), adj.* vriendelik gesind, vriendskaplik, welgesind, goedgesind; *be well disposed towards s.o.* iem. goedgesind wees. ~ **documented** *(pred.),* **~-documented** *(attr.), adj.* goed gedokumenteer(d) *('n feit ens.).* **~-doer** *n.* weldoener. **~-doing** *n.* weldoen; regskapenheid. ~ **done** *(pred.),* **~-done** *(attr.), adj.* goed gaar *('n biefstuk ens.).* ~ **dressed** *(pred.),* **~-dressed** *(attr.), adj.* goed geklee(d) *(pred.),* goed geklede *(attr.).* ~ **earned** *(pred.),* **~-earned** *(attr.), adj.* welverdien(d); eerlik verdien(d). ~ **educated** *(pred.),* **~-educated** *(attr.), adj.* geletterd, goed opgevoed. ~ **endowed** *(pred.),* **~-endowed** *(attr.), adj.* goed bedeel(d) *('n man, vrou);* goed toegerus *('n inrigting ens.);* voorspoedig *('n land ens.).* ~ **equipped** *(pred.),* **~-equipped** *(attr.), adj.* goed toegerus *('n gimnasium, klaskamer, kombuis, ens.).* ~ **established** *(pred.),* **~-established** *(attr.), adj.* goed/stewig gevestig. ~ **favoured,** *(Am.)* ~ **favored** *(pred.),* **~-favoured,** *(Am.)* **~-favored** *(attr.), adj.* mooi, aanvallig. ~ **fed** *(pred.),* **~-fed** *(attr.), adj.* welgevoed; goed in die vleis; *the well-fed horse/etc.* die uitgevrete perd/ens.; *the horse/etc. is well fed* die perd/ens. is uitgevreet. **~-fitting** *adj. (attr.), (skoene, baadjie, ens.)* wat goed pas *(pred.).* ~ **formed** *(pred.),* **~-formed** *(attr.), adj.* welgeskape, =gevorm(d). ~ **founded** *(pred.),* **~-founded** *(attr.), adj.* gegrond, verantwoord. ~ **groomed** *(pred.),* **~-groomed** *(attr.), adj.* (goed) versorg, welversorg. ~ **grounded** *(pred.),* **~-grounded** *(attr.), adj.* gegrond, verantwoord; *be well grounded in ...* goed in ... onderleg/onderlê wees. ~ **grown** *(pred.),* **~-grown** *(attr.), adj.* fris, goed/flink ontwikkel(d); rysig (van gestalte); goed/mooi uitgegroei(d). ~ **heeled** *(pred.),* **~-heeled** *(attr.), adj., (infml.)* welgesteld; welvoorsien. ~ **hung** *(pred.),* **~-hung** *(attr.), adj., (infml.: met groot geslagsdele)* goed bedeel(d). ~ **informed** *(pred.),* **~-informed** *(attr.), adj.* goed ingelig, (goed) op (die) hoogte; *be well informed about s.t.* goed oor iets ingelig wees. ~ **intended,** ~ **intentioned** *(pred.),* **~-intended, ~-intentioned** *(attr.), adj.* goed bedoel(d), met goeie bedoelinge, welgemeend, welmenend, goedgesind. ~ **judged** *(pred.),* **~-judged** *(attr.), adj.* goed beoordeel *('n hou ens.);* oordeelkundig *('n wedloop ens.);* taktvol *('n toespraak ens.).* ~ **kept** *(pred.),* **~-kept** *(attr.), adj.* agtermekaar, goed onderhou; *a well-kept secret* 'n goed/streng bewaarde geheim. ~ **knit** *(pred.),* **~-knit** *(attr.), adj.* sterk, gespier(d), stewig/fris gebou(d). ~ **known** *(pred.),* **~-known** *(attr.), adj.* welbekend; *be well known among ...* (wel)bekend wees by ...; *be well known to ...* (wel)bekend wees aan/by ... ~ **liked** *(pred.),* **~-liked** *(attr.), adj.* gewild. **~-looking** *adj.* mooi, aansienlik, aanvallig; met 'n gesonde voorkoms. ~ **loved** *(pred.),* **~-loved** *(attr.), adj.* baie/uiters gelief *('n akteur, troeteldier, roman, ens.).* ~ **made** *(pred.),* **~-made** *(attr.), adj.* goed/sterk/knap gebou(d); welgeskape. ~ **maintained** *(pred.),* **~-maintained** *(attr.), adj.* goed onderhou *('n skoolgebou ens.).* ~ **mannered** *(pred.),* **~-mannered** *(attr.), adj.* goed gemanierd, goedgemanierd, welgemanierd, beleef(d). ~ **marked** *(pred.),* **~-marked** *(attr.), adj.* duidelik, onmiskenbaar. ~ **matched** *(pred.),* **~-matched** *(attr.), adj., ('n paartjie)* wat goed by mekaar pas *(pred.); (twee spanne)* wat goed teen mekaar opweeg *(pred.).* ~ **meaning** *(pred.),* **~-meaning** *(attr.), adj.* welmenend, goedwillig. ~ **meant** *(pred.),* **~-meant** *(attr.), adj.* goed bedoel(d)/gemeen(d), welgemeen(d). ~ **merited** *(pred.),* **~-merited** *(attr.), adj.* welverdien(d). **~-nigh** *adv., (hoofs. poët., liter.)* byna, bykans, haas, amper. ~ **off** *(pred.),* **~-off** *(attr.), adj.* welgesteld, goed af, goed daaraan toe. ~ **oiled** *(pred.),* **~-oiled** *(attr.), adj.* goed geolie/gesmeer; glad (van tong); *(infml.: dronk)* gekoring, getrek, hoenderkop. ~ **ordered** *(pred.),* **~-ordered** *(attr.), adj.* ordelik; welgeorden(d); goed gereël. ~ **organised,** =**ized** *(pred.),* **~-organised,** =**ized** *(attr.), adj.* goed georganiseer(d) *('n bende ens.);* goed gereël *('n toernooi, wedloop, ens.);* goed beplan *('n taktiese beweging ens.);* solied *(verdediging ens.);* gedugte, goed gedril *('n span ens.);* agtermekaar *('n huis ens.).* ~ **paid** *(pred.),* **~-paid** *(attr.), adj.* goed betaal(d) *(werk, 'n pos, politici, ens.).* ~ **placed** *(pred.),* **~-placed** *(attr.), adj.* goed geplaas *('n hou, skop, ens.);* goed geleë *('n parkeergebied, woning, ens.); (informant, beampte, ens.)* in 'n goeie/gunstige posisie *(pred.).* ~ **planned** *(pred.),* **~-planned** *(attr.), adj.* weldeurdag. ~ **pleased** *adj. (pred.)* hoog in jou skik. ~ **pleasing** *(pred.),* **~-pleasing** *(attr.), adj.* welgevallig. ~ **posted** *adj. (pred.)* goed ingelig, op (die) hoogte. ~ **prepared** *(pred.),* **~-prepared** *(attr.), adj.* goed voorberei *('n ete, grond, preek, toeris, ens.);* goed opgelei *('n soldaat ens.).* ~ **preserved** *(pred.),* **~-preserved** *(attr.), adj.* goed bewaar(d). ~ **proportioned** *(pred.),* **~-proportioned** *(attr.), adj.* welgevorm(d). ~ **proved,** ~ **proven** *(pred.),* **~-proved, ~-proven** *(attr.), adj.* beproef. ~ **provided** *(pred.),* **~-provided** *(attr.), adj.* goed voorsien, welvoorsien. ~ **qualified** *(pred.),* **~-qualified** *(attr.), adj.* goed gekwalifiseer(d) *(personeel ens.).* ~ **read** *(pred.),* **~-read** *(attr.), adj.* belese. ~ **received** *(pred.),* **~-received** *(attr.), adj., ('n artikel ens.)* wat 'n goeie ontvangs gekry het *(pred.).* ~ **regulated** *(pred.),* **~-regulated** *(attr.), adj.* goed/deeglik gereguleer(d)/georden(d), welgeorden(d). ~ **reputed** *(pred.),* **~-reputed** *(attr.), adj.* van goeie naam/faam. ~ **rounded** *(pred.),* **~-rounded** *(attr.), adj.* afgerond *(pers., opvoeding, tegniek, uitvoering, ens.);* vol *(figuur); (vrou)* met 'n vol figuur *(pred.);* bultend *(maag);* volrond *(wyn, geur).* ~ **scrubbed** *(pred.),* **~-scrubbed** *(attr.), adj.* deeglik geskrop/gewas. ~ **seasoned** *(pred.),* **~-seasoned** *(attr.), adj.* goed gekrui(d); goed gedroog. ~ **set** *(pred.),* **~-set** *(attr.), adj.* stewig/fris gebou(d), gespier(d); goed geplaas/gevestig, in 'n gepaste/geskikte posisie; knap berei; *the batsmen are well set, (kr.)* die kolwers is stewig in die saal. ~ **set-up** →SET-UP *adj..* ~ **shaped** *(pred.),* **~-shaped** *(attr.), adj.* welgevorm(d). ~ **situated** *(pred.),* **~-situated** *(attr.), adj.* gunstig/goed geleë. ~ **spent** *adj. (hoofs. pred.)* goed bestee; *it is money/time ~ ~* dit is geld/tyd wat goed bestee is, dis geld/tyd goed bestee. ~ **spoken** *(pred.),* **~-spoken** *(attr.), adj.* welbespraak, wel ter tale; beskaaf(d) van spraak, beskaafsprekend. ~ **sprung** *(pred.),* **~-sprung** *(attr.), adj.* met goeie vere, goed verend; *well-sprung ribs* goed gewelfde ribbe(s). ~ **stacked** *(pred.),* **~-stacked** *(attr.), adj., (Br., sl., v. 'n vrou)* goed bedeel(d). ~ **stocked** *(pred.),* **~-stocked** *(attr.), adj.* goed/volledig toegerus, ruim bevoorraad, goed voorsien, welvoorsien. **~-stored:** *a ~ mind, (poët., liter.)* 'n ryke gees; →WELL STOCKED. ~ **structured** *(pred.),* **~-structured** *(attr.), adj.* goed gestruktureer(d) *('n program, wyn, ens.).* ~ **taken** *(pred.),* **~-taken** *(attr.), adj.* puik *(doel ens.).* ~ **thought out** *(pred.),* **~-thought-out** *(attr.), adj.* weldeurdag *('n beleid, plan, ens.);* weloorwoë *('n besluit ens.).* ~ **thumbed** *(pred.),* **~-thumbed** *(attr.), adj.* beduimel(d) *('n boek, bladsye, ens.).* ~ **timbered,** ~ **wooded** *(pred.),* **~-timbered, ~-wooded** *(attr.), adj.* bosryk, bosagtig, (dig) bebos. ~ **timed** *(pred.),* **~-timed** *(attr.), adj.* tydig; *that was well timed* dit het net betyds gebeur, dit is net op die regte tyd gedoen. **~-to-do** *adj.* ryk, welgesteld, welaf, vermoënd. ~ **trained** *(pred.),* **~-trained** *(attr.), adj.* goed geleer/geoefen/gebrei. ~ **travelled,** *(Am.)* ~ **traveled** *(pred.),* **~-travelled,** *(Am.)* **~-traveled** *(attr.), adj., (pred. & attr.)* berese, *(pred.)* bereis, *(attr.)* bereisde *(pers.); (attr.)* goed gebruikte *(paadjie ens.); (attr.)* druk besoekte *(gebied ens.).* ~ **tried** *(pred.),* **~-tried** *(attr.), adj.* (dikwels) beproef. ~ **trodden** *(pred.),* **~-trodden** *(attr.), adj.* goed gebruik *('n paadjie ens.).* ~ **turned** *(pred.),* **~-turned** *(attr.), adj.* mooi gevorm(d); mooi uitgedruk, netjies gesê. **~-turned-out** *adj. (attr.)* goed geklede *(pers.).* ~ **upholstered** *(pred.),* **~-upholstered** *(attr.), adj.* goed gestoffeer(d) *(meubels); (skerts.)* gesette, plomp *(pers.).* ~ **used** *(pred.),* **~-used** *(attr.), adj.* goed gebruik *('n paadjie, sin, ens.).* ~ **versed** *(pred.),* **~-versed** *(attr.), adj.: be well versed in s.t.* in iets bedrewe/ervare/onderlê/onderleg/gekonfyt wees. ~ **watered** *(pred.),* **~-watered** *(attr.), adj.* waterryk. **~-wisher** *n.* goedgesinde, begunstiger, (welwillende) vriend/vriendin. **~-wishing** *n.* welmenendheid. **~-wishing** *adj. (attr.)* welmenende, toegeneë, goedgesinde. **~-woman clinic** vroukliniek.

~ **wooded** →WELL TIMBERED. ~ **worded** *(pred.)*, ~-**worded** *(attr.)*, *adj.* goed/raak gestel. ~ **worn** *(pred.)*, ~-**worn** *(attr.)*, *adj.* verslete, verslyt; *(fig.)* afgesaag. ~ **written** *(pred.)*, ~-**written** *(attr.)*, *adj.* knap geskrewe, stylvol. ~ **wrought** *(pred.)*, ~-**wrought** *(attr.)*, *adj.*, *(pred.)* goed geskryf, *(attr.)* goed geskrewe *(versdrama ens.)*; goed geformuleer(d) *('n pleidooi ens.)*; treffend *('n grafskrif ens.)*.

well[2] *n.* bron, fontein; put; kuil, lensput *(in 'n skip)*; (trap)kuil, trappehuis; (hyser)skag, (hyser)koker; (ink)koker, (ink)pot; ~ *of the* ***court/etc.*** vloer van die hofsaal/ens.; *the ~ ran* ***dry*** die put het opgedroog; ~ *of* ***knowledge*** bron van kennis; ***sink*** *a ~* 'n put grawe; ***small*** ~ putjie. **well** *ww.* (op)wel, ontspring, ontspruit; ~ *up* opwel. ~ **bucket**, ~ **pail** putemmer. ~ **deck** kuildek. ~**head** bron; bek van 'n put. ~ **hole** put; trappehuis; hyserskag. ~ **hook** puthaak. ~ **house** puthuise. ~ **room** kuursaal *(v. 'n badplaas)*; puthuisie; drinkhal. ~ **sinker** putgrawer. ~ **sinking** graaf van putte, putgrawery. ~**spring** bron, fontein; *a ~ of ...* 'n ryk(e) bron van ... *(kennis, stories, ens.)*. ~ **staircase** kuiltrap. ~ **truck** puttrok. ~ **wag(g)on** puttrok. ~ **water** putwater; bronwater.

well·ing (op)welling; ~ *up* opwelling, opborreling.

wel·ly *-lies, (infml.)* water-, rubberstewel. ~ **(boot)** water-, rubberstewel.

Welsh *n., (taal)* Wallies; *the ~, (mv.)* die Walliesers. **Welsh** *adj.* Wallies, van Wallis. ~ **corgi** →CORGI. ~ **dresser** toonbuffet. ~**man** *-men*, ~**woman** *-women* Wallieser. ~ **rabbit**, **(~) rarebit** *(kookk.)* braai-, roosterkaas, roosterbrood met kaassous. ~ **springer spaniel** →SPRINGER (SPANIEL).

welsh, welch laat spat (sonder om te betaal), met die noorderson vertrek; ~ *on a promise* jou woord breek, jou belofte skend. **welsh·er, welch·er** bedrieër, jakkals.

welt *n.* rand, strokie (leer), kantstrook, stormrand; *(metal.)* fels; *(tekst.)* riffelstuk; striem, dik hou. **welt** *ww.* 'n rand/kantstrook aanwerk; *(metal.)* fels, 'n fels aanbring; dik houe slaan, pimpel en pers slaan, uitlooi. **welt·ed** gefels(te), met 'n rand/fels; ~ *edge* felsrand; ~ *joint* felsnaat; ~ *shoe* buitenaatskoen.

Welt·an·schau·ung *-ungen, -ungs, (D.)* wêreldbeeld, -beskouing; lewensopvatting, -beskouing.

wel·ter *n., (poët., liter.)* (die) rol; warboel, verwarring, beroering, deurmekaarspul, harwar; maalstroom, maling; chaos; ~ *of sin* poel van sonde. **wel·ter** *ww.* rol, wentel; ploeter.

wel·ter·weight *(boks, stoei)* weltergewig; *(hindernis-wedrenne)* ekstra gewig.

Welt·schmerz *(D.)* Weltschmerz, wêreldsmart, melancholiese pessimisme.

wel·witsch·i·a *(bot.)* welwitschia.

wen vetgewas, mol, huid-, velsmeergewas; uitwas.

wench *n., (arg. of skerts.)* meisie, meisiemens, nooi; *(arg.)* slet; *a buxom ~* 'n fris (geboude) nooi. **wench** *ww., (arg., 'n man)* hoer(eer), ontug pleeg. **wench·er** *(arg.)* hoereerder, ontugtige. **wench·ing** *(arg.)* hoerery, ontug.

wend gaan; ~ *one's way to ...* jou na ... begewe, op weg gaan (*of* die weg inslaan) na ...

Wend →SORB.

Wen·dy house *(dikw. w~), (Br.)* speelhuisie *(vir kinders)*; *(SA)* tuinhuisie.

Wens·ley·dale *(geog.)*: ~ **(cheese)** wensleydale(kaas) *(ook W~)*. ~ **(sheep)** wensleydale(skaap) *(ook W~)*.

went *ww. (verl.t.)* het gegaan; →GO *ww.*.

wen·tle·trap *(<Ndl., seeslak: Clathrus clathrus)* wenteltrap.

were *ww. (verl.t. [alle perss. aanvoegende wys(e) & 2e pers. ekv. plus alle perss. mv. aantonende wys(e)])* was; →BE; *as it ~* as't (*of* as 't) ware; *neighbours that ~* gewese/voormalige bure. **weren't** *(sametr.)* = WERE NOT. **wert** *ww. (verl.t. [2e pers. ekv.]), (arg.)* was; *thou ~* u was.

we're *(sametr.)* = WE ARE.

were·wolf, wer·wolf *-wolves* weerwolf.

Wer·the·ri·an *adj., (na Goethe se* Die Leiden des jungen Werthers*)* Wertheriaans, Wertheragtig. **Wer·ther·ism** *(sieklike/morbiede sentimentaliteit)* Wertherisme, Wertheriaanse lewensbeskouing.

Wes·ley·an *n., (Chr. teol.: volgeling v. John Wesley)* Wesleyaan. **Wes·ley·an** *adj.* Wesleyaans.

Wes·sels·bron dis·ease *(hoofs. veearts.)* wesselsbronsiekte *(ook W~)*.

west *n.* weste; westewind; ***from*** *the ~* uit die weste, van die weste(kant); *the wind is* ***from/in*** *the ~* die wind is wes; ***in*** *the ~* in die weste; ***the*** *W~* die Weste; ***to*** *the ~* weswaarts, na die weste; ***to*** *the ~ of ...* wes (*of* ten weste) van ...; *the* ***Wild*** *W~* die Wilde Weste. **west** *adj.* westelik, weste-, wes-; ~ ***coast*** weskus; ~ ***end*** weseinde; ~ ***frontage*** westelike front/uitkyk, front na die weste; ~ ***side*** westekant; ~ ***wind*** westewind; *the* ***wind*** *is ~* die wind is wes, die wind kom uit die weste. **west** *adv.* wes, na die weste(kant); ~ ***by*** *north/south* wes ten noorde/suide; ***due*** ~ reg wes; ***go*** ~ na die weste gaan, weswaarts gaan; *(infml.)* bokveld toe gaan; ***gone*** ~ na die weste gegaan, weswaarts gegaan; *(infml.)* bokveld toe wees; oor die muur wees; ~ ***of*** *...* wes (*of* ten weste) van ... **W~ Africa** Wes-Afrika. **W~ African** *n.* Wes-Afrikaan. **W~ African** *adj.* Wes-Afrikaans. **W~ Bank** *(geog.)* Wesoewer *(i.d. Mid.Oos.)*. **W~ Berlin** *(geog., hist.: 1945-90)* Wes-Berlyn. ~**bound** weswaarts, na die weste. **W~ End:** *the ~ ~* die Weseinde *(v. Londen)*. **W~ Germanic** *(taalgroep)* Wes-Germaans. **W~ Germany** *(hist.)* Wes-Duitsland. **W~-Indiaman** *(hist., handelskip)* Wes-Indiëvaarder. **W~ Indian** *n.* Wes-Indiër. **W~ Indian** *adj.* Wes-Indies. **W~ Indies:** *the ~ ~* die Wes-Indiese Eilande. ~**-north-west** wesnoordwes. **W~ Prussia** *(geog., hist.)* Wes-Pruise. **W~ Prussian** *n., (hist.)* Wes-Pruis. **W~ Prussian** *adj., (hist.)* Wes-Pruisies. **W~ Rand:** *the ~ ~* die Wes-Rand. ~**-south-west** wessuidwes. **W~ Virginia** Wes-Virginië. **W~ Virginian** *n.* Wes-Virginiër. **W~ Virginian** *adj.* Wes-Virginies.

west·er *n., (infml.)* westewind; westerstorm. **west·er** *ww., (poët., liter.)* weswaarts draai/beweeg; *(d. son)* daal. **west·er·ing** *(poët., liter.)* na die weste gerig; dalend, ondergaande *(son)*.

west·er·ly westelik, weste-; weswaarts; uit die weste; ~ *(wind)* westewind.

west·ern *n., (filmk., dikw. W~)* Wilde Weste-prent; *(W~)* Westerling. **west·ern** *adj.* westelik, westers, weste-, wes-; weswaarts; uit die weste; ~ ***border/boundary/frontier*** wesgrens, westergrens; ~ ***coast*** weskus; ~ ***front*** westerfront; wesfront; *W~* ***India*** die Weste van Indië; ~ ***longitude*** westerlengte; *W~* ***medicine*** Westerse medisyne; Westerse geneeskunde; *W~* ***powers*** Westerse moondhede; ~ ***roll***, *(hoogspring)* westerse rol; ~ ***side*** westekant; ~ ***wind*** westewind. **W~ Australia** Wes-Australië. **W~ Cape:** *the ~ ~ (Province)* die Wes-Kaap(provinsie). **W~ Desert, Libyan Desert:** *the ~ ~* die Westelike/Libiese Woestyn. **W~ hemisphere** *(ook W~ H~): the ~ ~* die westelike halfrond (*of* Westelike Halfrond). **W~ Isles/Islands** = HEBRIDES. **W~ Province** *(sportspan)* Westelike Provinsie. **W~ (Roman) Empire:** *the ~ (~) ~, (hist.)* die Wes-Romeinse Ryk. **W~ Sahara** Wes-Sahara. **W~ Samoa** Wes-Samoa. **W~ Transvaal:** *the ~ ~, (hist.)* Wes-Transvaal.

west·ern·er *(soms W~)* Westerling.

west·ern·ise, -ize verwesters. **west·ern·i·sa·tion, -za·tion** verwestersing.

west·er(n)·most *adj.* westelikste.

west·ing *(nav.)* westelike deklinasie.

West·min·ster *(Br. parlement[sgebou])* Westminster.

West·phal bal·ance westphal-skaal *(ook W~)*, westphalmassameter *(ook W~)*.

West·pha·li·a *(geog., hist.)* Wesfale; *Peace of ~, (1648)* Vrede van Münster. **West·pha·li·an** *n.* Wesfaler. **West·pha·li·an** *adj.* Wesfaals.

Wes·tra·li·a *(infml.)* Wes-Australië. **Wes·tra·li·an** *n.* Wes-Australiër. **Wes·tra·li·an** *adj.* Wes-Australies.

west·ward *adj.* weswaarts. **west·ward, west·wards** *adv.* weswaarts. **west·wardly** *adj. & adv.* westelik, weswaarts.

wet *n.* nattigheid, vogtigheid; reën, reënagtigheid, reënerigheid; *(Br., infml.)* sopie, opknappertjie, keelnatmakertjie; *(infml.)* swakkeling, slappeling, jandooi, jansalie; *in the ~* in die nat(tigheid). **wet** *adj.* nat; vogtig; reënerig, reënagtig; *(infml.)* sonder drankverbod; →WETTISH; *let this be a ~* ***bargain***, *(idm.)* laat ons op die koop drink; ***dripping*** ~ druipnat, sopnat; ***get*** ~ nat word; *s.o. will* ***get*** *his/her feet/etc. ~* iem. se voete/ens. sal nat word; ~ ***paint*** nat verf; *(op 'n kennisgewing)* pas geverf; *be ~ to the* ***skin*** geen droë draad aan jou lyf hê nie, deurnat wees; ***soaking/sopping*** ~ deurweek, -nat, pap-, water-, kletsnat; ~ ***through*** deurnat, deur en deur nat; ***wringing*** ~ papnat, sopnat. **wet** *ww.* bevog(tig), benat, natmaak; →WETTABLE; ~ *the bargain* op die koop drink; ~ *one's bed* jou bed natmaak; →ENURESIS; ~ *one's whistle* →WHISTLE *n.*. ~**-and-dry (abrasive) paper** nat-droogskuurpapier. ~**back** *n., (Am., neerh. sl.)* onwettige Meksikaanse/Mexikaanse gasarbeider. ~ **battery**, ~ **cell** *(elek.)* nat battery/sel. ~ **blanket** *(infml.)* droogstoppel, pretbederwer, jandooi. ~ **bridge** brug oor water. ~ **canteen** (tap)kantien. ~ **concrete** slap beton. ~ **dock** waterdok. ~ **dream** nat droom. ~ **ewe** suipooi, lammerooi. ~ **fish** *(Br.)* vars vis. ~ **fly** *(hengel)* kunsvlieg. ~ **goods** *n. (mv.)* vloeistowwe, nat ware; drank. ~**land(s)** moerasland. ~ **look** *n.* nat voorkoms. ~**-look** *adj. (attr.)* natvoorkoms-. ~ **nurse** *n., (hoofs. hist.)* voedster, soogvrou. ~**-nurse** *ww., (hoofs. hist.)* soog; *(infml.)* vertroetel. ~ **pack** *(med.)* koue/warm kompres. ~ **rot** natvrot. ~**-salted** natgesout. ~ **suit** duik-, natpak. ~ **weather** *n.* nat/reënerige/reënagtige weer. ~**-weather** *adj. (attr.)* reën- *(klere, bande, ens.)*.

weth·er hamel. ~ **wool** hamelwol; vagwol.

wet·ta·ble benatbaar.

wet·ting *n.*: ~ **agent** *(chem.)* benattingsmiddel. ~ **solution** bevogtigingsoplossing *(vir kontaklense)*.

wet·tish natterig, klam.

we've *(sametr.)* = WE HAVE.

whack *n.* slag, harde hou; *(Br.)* porsie; ***do*** *one's ~, (infml.)* jou deel doen; ***get*** *one's ~, (infml.)* jou (aan)deel kry; ***give*** *s.o./s.t. a ~* iem./iets 'n hou gee; ***have*** *a ~ at s.t., (infml.)* iets probeer (doen); *be* ***out*** *of ~, (infml.)* buite werking wees; skeef wees, verkeerd ingestel wees; ***pay/stand*** *one's ~* jou (aan)deel betaal/bydra. **whack** *ww.* moker, geweldig slaan, (af)ransel, klop; verdeel, saam deel; ~ *off, (taboesl.: masturbeer)* draadtrek, skommel, met jouself speel, jouself aftrek. **whacked:** *be completely ~ (out), (infml.)* doodmoeg/stokflou/gedaan/kapot/pootuit/vodde wees; *(Am., sl.)* (van lotjie) getik (*of* van jou trollie/wysie af *of* in die bol gepik) wees; *(Am., dwelmsl.)* (lekker) gedoepa (*of* wes *of* ver heen *of* dwelmdof *of* in 'n dwelmdwaal/dwelmwaas) wees. **whack·er** knewel, reus, tamaai grote. **whack·ing** *n.* loesing, pak (slae), drag slae; *get a ~, (infml.)* 'n loesing kry; *give s.o. a ~, (infml.)* iem. 'n loesing gee. **whack·ing** *adj.* tamaai, reusagtig, kolossaal. **whack·o** *tw., (Br., infml., vero.)* bak(gat), fantasties, wonderlik. **whack·y** *-ier -iest, (infml.)* = WACKY.

whale *whale(s), n.* walvis; →RIGHT WHALE; ***Bay*** *of W~s* Bay of Whales *(by Antarktika)*; *very* ***like*** *a ~, (iron., <Shakesp.)* inderdaad, dis nes jy sê ja; *a ~ of a ..., (infml.)* 'n yslike ...; *have a ~ of a* ***time*** →TIME *n.*. **whale** *ww.* op walvisvangs gaan. ~**boat** *(hoofs. hist.)* walvisboot. ~**bone** balein, walvisbaard; walvisbeen. ~**bone whale** baleinwalvis. ~ **bull** walvisbul. ~ **calf** walviskalf, klein/jong walvissie. ~ **catcher**, ~ **chaser** *(skip)* walvisjagter. ~ **catching** walvisvangs. ~ **cow** walviskoei. ~ **fin** walvisvin; balein. ~ **fisher(man)**, ~ **hunter** walvisjagter. ~ **fishing**, ~ **hunting** walvisjag. ~**man** *-men* walvisvanger. ~ **meal** walvismeel. ~ **meat** walvisvleis. ~ **oil** (walvis)traan, traan(olie). ~ **shark** walvishaai.

whale-like walvisagtig.

whal·er *(skip)* walvisvaarder; walvisboot; walvisvanger.

whal·er·y walvisvangs, -vaart; walvisfabriek.

whal·ing walvisvangs, walvisvaart. ~ **gun** harpoenkanon. ~ **industry** walvisbedryf. ~ **master** walvisbaas. ~ **season** walvisseisoen. ~ **ship** walvisvaarder. ~ **station** walvisstasie. ~ **trade** walvisvaart, -bedryf.

wham *n., (infml.)* mokerhou. **wham** *-mm-, ww., (infml.)* moker; vasry-, -jaag, -hardloop *(teen iets)*. **wham** *tw.* boem, bam. **wham·my** *-mies, (Am., infml.)* paljas, vloek;

put a/the ~ on s.o. iem. paljas/toor, 'n vloek oor iem. uitspreek; *deliver a double ~* 'n dubbele uitklophou plant; *be hit by a double ~* deur 'n dubbele terugslag getref word.

whang *n., (infml.)* mokerslag, -hou. **whang** *ww., (infml.)* moker, slaan, met 'n slag tref.

wharf *wharfs, wharves, n.* kaai. **wharf** *ww.* (vas)meer. ~**man** -*men* dokwerker. ~**master** →WHARFINGER. ~ **rat** *(Rattus norvegicus)* bruinrot. ~**side** kaaimuur.

wharf·age kaaigeld; kaairuimte.

wharf·ie *(Austr., infml.)* dokwerker, stuwadoor.

wharf·in·ger, wharf·mas·ter kaaimeester.

wharve spilkatrol.

what *pron.* wat; hoe; hè?; *~ **about** it?* wat daarvan?; hoe lyk dit (daarmee)?; *~ is it **about**?* waaroor gaan/handel dit?; *~ is it all **about**?* wat beteken dit alles?; *~ are you **about**?* waarmee is jy besig?; wat vóer jy uit?; ***after** ~?* waarna?; *programmes **being** ~ they are* omdat programme nou so is; *not a day **but** ~ it rains* geen dag dat dit nie reën nie; *lend s.o. ~ you **can*** iem. leen wat (*of* soveel as) jy kan; *~ are we **coming** to?* waar moet dit heen?; *~ is the **date** (today)?* die hoeveelste is dit (vandag)?; *~ **ever** ...?* wat op aarde ...?; *~ **ever** have you got there?* →WHATEVER HAVE YOU GOT THERE?; *~ **for**?, for ~?* waarvoor?; *(infml.)* waarom?, vir wat?; *give s.o. ~ **for**, (infml.)* iem. uittrap, met iem. se gal werk; *feel like giving s.o. ~ **for**, (infml.)* lus hê/voel/wees vir iem.; *~'s **for** dinner/lunch?* wat eet ons vanaand/vanmiddag?; *just ~ **happened**?* wat het presies gebeur?; *~ s.o. **has** suffered!* wat iem. nie al gely het nie!; *and/or ~ **have** you, (infml.)* en wat ook al, en wat nie al nie; en wat alles; *~ **if** it is so?* waarom nie?; wat daarvan?; *~ **if** ...?* sê nou ...?; *~ **if** we (were to) try?* hoe sal dit wees as ons probeer?; ***in** ~?* waarin?; *I **know** ~, I'll **tell** you ~* ek het 'n plan, ek sal (vir) jou sê; *s.o. **knows** what's ~, (infml.)* iem. weet hoe die vurk in die hef steek (*of* hoe sake staan); iem. is goed op (die) hoogte, iem. is goed ingelig; *come ~ **may*** wat ook al gebeur, laat kom wat wil; *to ~ it **might** have been* in vergelyking met wat dit kon gewees het; *~ **more** does s.o. want?* wat wil iem. meer hê?; *~ is your **name**?* →NAME *n.*; *~ **next**?* →NEXT *adv.*; ***no matter** ~* ongeag/sel(f)de wat, dit kom nie daarop aan wat nie; *and ~ **not*** ensovoort(s), en so meer, en wat nie al nie; ***of** ~?* waarvan?; *~ **of** it?* waarom nie?; wat daarvan?; ***so** ~?, (infml.)* en dan?; en waarom nie?; en wat daarvan?; *~ is your **surname**?* →SURNAME *n.*; *have ~ it **takes*** →TAKE *ww.*; *~ **the** ...?* wat de/die ...?; *~ **then**?* wat dan?; *~ **though** we are poor* al is ons arm, wat maak dit saak dat ons arm is?; *~ is the **time**?* →TIME *n.*; ***to** ~?* waartoe?; *~ is that **to** s.o.?* wat gee iem. om?, wat kan dit iem. skeel?; *~ is the **trouble**?* →TROUBLE *n.*; ***with** ~?* waarmee?; *~ **with** ...* vanweë/weens ...; *~ **with** (it being) ...* deurdat dit ... is/was; *~ **with** this, that and the other ...* deels hiervan, deels daarvan ... **what** *bep.* watter, wat, welke; *~ **apples** you pick up you may keep* enige appels wat jy optel, mag jy hou; *~ **books** have you read?* watter boeke het jy gelees?; *~ a **din** there was!* →DIN *n.*; *~ a **fool** s.o. is!* →FOOL[1] *n.*; *~ **good** will it do?* →GOOD *n.*; *give s.o. ~ **help** is possible* iem. alle moontlike hulp verleen; *s.o. **knows** ~ difficulties there are* iem. ken die moeilikhede; *~ a **man/etc.**!* wat 'n man/ens.!, dis vir jou 'n man/ens.!; *~ **manner** of man/woman is he/she?* →MANNER; *~ **matter**?* →MATTER *n.*; *~ (is the) **news**?* →NEWS; *~ **nonsense**!* →NONSENSE; *~ a **pity**!* →PITY *n.*; *to ~ **place**?* waarheen?, waarnatoe?; *~ a **thing** to do/say!* →THING; *~ **time** is it?* →TIME *n.*. **what** *tw.: come along, ~!, (infml., vero.)* kom ons loop, wat (bog)!; *~ ho!, (arg.)* hallo!, haai!, hêi!; *some ..., ~?, (infml., vero.)* arrie, maar dis vir jou 'n ...!; maar kyk so 'n ...!, ek sê jou (net) niks!. **what·cha·ma·call·it, what·d'you·call·it, what·sit, whats·its·name** *(infml.)* dinges, watsenaam, anderding. **what·ev·er,** *(poët., liter.)* **what·e'er** wat ook (al); al wat; hoegenaamd; *is there any **chance** ~?* →CHANCE *n.*; *~ s.o. may **do*** al staan iem. op sy/haar kop; *there is no **doubt** ~* →DOUBT *n.*; *~ **for**?, (infml.)* maar waarvoor dan?, waarvoor dan tog?; maar waarom dan?, waarom dan tog?; *~ **happens*** wat ook al gebeur; *~ **have** you got there?* wat op aarde het jy daar?; *~ I **have** is yours* al wat ek het, is jou(n)e; *do ~ one **likes*** maak net wat jy wil; *~ **measures** are considered necessary* watter maatreëls ook al nodig geag word; ***none** ~* →NONE[1] *pron.*; ***or** ~, (infml.)* of wat ook al; *for ~ **reason*** →REASON *n.*. **what'll** *(sametr.)* = WHAT WILL. **what·not** rakstander; *(infml.)* snuistery; *(infml.)* iets, dinges. **what's** *(sametr.)* = WHAT IS. **whats·his·name** *(ml.),* **whats·her·name** *(vr.), n., (infml.)* dinges, watsenaam, hoesenaam. **what·so, what·so·ev·er** *vnw. & bep., (arg.)* = WHATEVER. **what·so·ev·er,** *(poët., liter.)* **what·so·e'er** *adv.* hoegenaamd.

wheal[1] *n. & ww.* →WEAL[1] *n. & ww.*.

wheal[2] *n., (Cornies)* (tin)myn.

wheat koring; ***bearded** ~* baardkoring; ***separate** the ~ from the chaff* die kaf van die koring skei; *a **stand** of ~* 'n lap/stand/stuk koring; *put a field **under** ~* 'n land onder koring sit (*of* vol koring saai). ~ **belt** koringstreek. ~ **bran** koringsemels. ~ **bread** koringbrood. ~ **corn** koringkorrel. ~ **crop** koringoes. ~ **farmer** koring-, graanboer. ~ **farming** koring-, graanboerdery, koring-, graanbou. ~ **field** koringland. ~ **flake** graan-, koringvlok. ~ **flour** meelblom. ~ **germ** koringkiem. ~ **grass** *(Agropyron* spp.*)* kweek(gras). ~ **meal** koringmeel. ~ **midge** koringgalmuggie. ~ **rust** koringroes. ~ **scab** koringskurfsiekte. ~ **shovel** koringskop. ~ **straw** koringstrooi.

wheat·ear[1] koringaar.

wheat·ear[2] *(orn.): capped ~, (Oenanthe pileata)* Hoëveldskaapwagter, koggelaar; *European ~, (O. oenanthe)* tapuit, Europese skaapwagter.

wheat·en koring-; koringkleurig; *~ **bran*** koringsemels; *~ **bread*** koringbrood; *~ **flour*** koringmeelblom; *~ **loaf*** koringbrood; *~ **straw*** koringstrooi.

Wheat·stone('s) bridge *(elek.)* wheatstonebrug *(ook W~).*

whee *tw.* jippie, hoera, hoerê, lekker.

whee·dle vlei, flikflooi, soebat, lek, pamperlang, mooipraat, mooi broodjies bak; *~ s.o. into doing s.t.* iem. (met mooipraatjies) omhaal/oorhaal om iets te doen; *~ s.t. out of s.o.* iets van iem. afsoebat. **whee·dler** vleier, flikflooier. **whee·dling** *adj., (ook)* katvriendelik.

wheel *n.* wiel; rat; *(Am.)* fiets; stuur(wiel); spin(ne)wiel; (pottebakker)skyf; wenteling; kring; omwenteling; draaibeweging; swenking; *(ook, i.d. mv., infml.)* kar, ryding, wiele; ***at** the ~* aan/agter die stuur *(v. 'n motor),* agter die wiel; *the **big** ~* die sirkuswiel; *s.o. is a **big** ~, (infml.)* iem. is 'n grootkop/kokkedoor; ***break** s.o. on the ~, (hist.)* iem. ledebraak/radbraak; *break a **butterfly** on the ~* →BUTTERFLY; *a **fifth** ~* 'n vyfde wiel aan die wa; *~ of **fortune*** loteryswiel; ***Fortune's** ~* die rat van die fortuin; *everything **goes** on (oiled) ~s, (infml.)* alles gaan so glad soos seep; *~ of **life*** lewensrat; *the ~s of **life*** die lewensgang; *the **man** at the ~* die bestuurder; *set the ~s in **motion**, (fig.)* sake/iets aan die gang sit; ***oil** the ~s* die wiele smeer; sake glad laat loop; *everything goes on oiled ~s* →***goes; on** ~s* op wiele; ***small** ~* wieletjie; ***take** the ~* bestuur *('n motor); the ~ has **turned** full circle* ons is terug waar ons was; die rolle is omgekeer; *~s **within** ~s* magte agter die skerms; ingewikkelde masjinerie; 'n duistere saak. **wheel** *ww.* swenk; laat swenk; krink, draai; rol, stoot; *(Am.)* fiets(ry); draaie maak; in 'n sirkel voortbeweeg; *~ **about*** omdraai; *(mil.)* keertswenk; *~ **(a)round*** (heeltemal) omdraai; *~ a **baby** in a pram* 'n baba in 'n waentjie stoot; *~ a **bicycle*** 'n fiets stoot; *~ and **deal*** knoei; *~ s.t. **in*** iets instoot; *~ **left/right*** links/regs swenk; *~ **upon** s.o.* jou na iem. draai. ~ **about** *n., (mil.)* keertswenking. ~ **alignment** sporing. ~ **and axle** windas, wenas, wen. ~ **animal(cule)** →ROTIFER. ~ **arch** wielnis. ~ **axle** wielas. ~**back (chair)** wielrugstoel. ~**barrow** kruiwa. ~**barrow race** kruiwastoot. ~**base** asafstand; wielbasis, -stand *(v. 'n kanon).* ~ **boss** wielnaaf. ~ **brace** wielomslag. ~ **brake** wielrem. ~ **camber** wielvlug. ~**chair** ry-, rol-, stootstoel. ~**chair athlete** rystoelatleet. ~ **chock** wiel-, stopblok. ~ **clamp** wielklamp. ~ **drag** remskoen; wielremming. ~ **flange** wielflens. ~ **harness** agtertuig, -tuie. ~ **horse** agterperd; staatmaker. ~**house** stuurhuis (→PILOT HOUSE); wielnis. ~ **hub** wielnaaf. ~ **load** wiellas. ~ **lock** wielslot. ~ **man** -*men, (hoofs.Am.)* (motor)bestuurder; *(sk.)* stuurman; fietsryer, fietser. ~ **pit** wielkuil. ~ **rein** agterleisel. ~ **rim** wielvelling. ~ **roller** rolwieletjie. ~ **scraper** wielskrop. ~ **seat** wielbedding. ~ **set** agtertuie. ~**sman** *(Am.)* = HELMSMAN. ~ **spanner** wielsleutel. ~**spin** wieltolling. ~ **stop** wielrem. ~ **strut** wielstut. ~ **stud** wieltapbout. ~ **support** ploegwielsteel. ~ **suspension** wielvering. ~ **tapper** wielproewer. ~ **tapping** wielproef. ~ **team** agterspan. ~ **trace** agterstring. ~ **tread** draaitree. ~ **trim** wielbeslag. ~ **turner** wieldraaier. ~ **valve** wielklep. ~ **well** *(mot.)* wielholte. ~ **window** roosvenster. ~**work** ratwerk. ~**wright** *(hoofs. hist.)* wielmaker; wamaker.

wheeled *adj.* wiel-, met wiele; *~ chair* ry-, rol-, stootstoel. **-wheeled** *komb.vorm* -wiel-; *four-~ vehicle* vierwielvoertuig.

wheel·er agterperd; agterdier; wamaker; *(artillerie)* agterste stukryer. ~**-dealer** konkelaar. ~**-dealing** gekonkel, konkel(a)ry.

wheel·ie *(infml.)* opskop-wegtrek; *do a ~* voorwiel in die lug wegtrek; jou voorwiel in die lug laat spring. ~ **bin, wheely bin** *(infml.)* wieletjiesblik.

wheel·ing draaiing, draaibeweging; swenking, swenkbeweging; *~ and dealing* gekonkel, konkel(a)ry, knoeiery.

wheel·less sonder wiele.

wheel·y bin →WHEELIE BIN.

wheeze *n.* gehyg; gefluit *(i.d. keel);* aamborstigheid; *(Br., infml.)* speletjie, spulletjie, plannetjie; *(infml.)* afgesaagde segswyse/grap. **wheeze** *ww.* hyg, swaar asemhaal; *(iem. se keel)* fluit. **wheez·i·ness** aamborstigheid. **wheez·y** kortasem, kortademig, aamborstig, hygerig, hygend.

whelk[1] *n., (soort seeslak)* wulk.

whelk[2] *n., (arg.)* puisie.

whelm *(arg. of poët., liter.)* oorrompel; oorlaai; oorstelp; verswelg.

whelp *n., (hoofs. arg.)* klein hondjie; welp, kleintjie *(v. 'n leeu, tier, beer, wolf, ens.); (skerts.)* rakker, stout kind; ongepoetste lummel. **whelp** *ww.* jong, kleintjies kry; *(fig.)* begin, aan die gang sit.

when *n.* wanneer; *the ~ and the how of it* hoe en wanneer alles gebeur het, alle besonderhede daarvan. **when** *pron.* wanneer; *from ~?* van wanneer (af)?, sedert wanneer?; *since ~ things have been better* vandat/sedert dit beter gaan; *till ~* →UNTIL *prep. & voegw.*. **when** *adv.* wanneer; en toe; toe; *~ s.o. **arrived*** (or ***got there***) toe iem. daar (aan)kom; *~ did it **happen**?* wanneer het dit gebeur?; *just ~ it **happened*** net toe dit gebeur; *s.o. did it I don't **know** ~, (infml.)* iem. het dit vergeet/vergete al gedoen; ***no matter** ~* sel(f)de/ongeag wanneer, dit kom nie daarop aan wanneer nie; *~ all is **said** and done* →SAID. **when** *voegw.* wanneer; toe; as; terwyl; *s.o. **died** ~ he/she fell 100 metres* iem. het omgekom deurdat hy/sy 100 meter geval het; *I had **hardly/scarcely** arrived ~ s.o. ordered me to go* ek het pas aangekom toe beveel iem. my om te loop; *s.o. was **killed** ~ his/her car overturned* iem. het omgekom deurdat sy/haar motor omgeslaan het; *how could you ~ you **knew** that ...?* hoe kon jy terwyl jy geweet het dat ...?; *~ it **rains** s.o. stays at home* as dit reën, bly iem. tuis; *s.o. set a new record ~ he/she **ran** the 100 metres in ... seconds* iem. het 'n nuwe rekord opgestel deur die 100 meter in ... sekondes te hardloop; *s.o. stopped ~ he/she **saw** me* iem. het gaan staan toe hy/sy my sien; *s.o. **was** crossing the street ~ a car knocked him/her over* 'n motor het iem. omgery toe hy/sy oor die straat loop. **when·as** *voegw., (arg.)* wanneer, toe; aangesien; terwyl. **when·ev·er,** *(poët., liter.)* **when·e'er,** *(fml.)* **when·so·ev·er** wanneer ook (al); elke keer as/dat/wanneer, telkens as.

whence *n.* waarvandaan; *know neither one's ~ nor one's whither* nie weet van (waar jy) kom of (waarheen jy) gaan nie. **whence** *pron.* waarvandaan; *from ~ is s.o.?* waarvandaan kom iem.?, waar kom iem. vandaan?. **whence** *adv.* waarvandaan, van waar; en daarom; *no one knows ~ he/she **comes*** niemand weet waarvandaan hy/sy kom nie (*of* waar hy/sy vandaan kom nie); *~ **comes** it that ...?* hoe is/kom dit dat ...?; *take it (from)*

~ *it comes* van 'n esel moet jy 'n skop verwag; *the restaurant is in Wolfe Street,* ~ *the* ***name*** *Lupo's* die restaurant is in Wolfestraat en daarom is sy naam Lupo's. **whence** *voegw.* waarvandaan, van waar. **whence·so·ev·er** *adv., (fml. of arg.)* van waar ook al, waar ook al vandaan.

when's *(sametr.)* = WHEN IS.

where *n.* (die) waar; *the ~s and whens are important* die waar en wanneer is van belang. **where** *pron.* waar; *not know ~ to* ***find*** *s.o.* nie weet hoe om iem. in die hande te kry nie; *that's ~* ***it is,*** *(ook)* daar lê die knoop; *not* ***know*** *~ one is* nie weet waar jy is nie; nie weet waar jy staan (*of* hoe jy dit het) nie; ***no matter*** ~ ongeag/sel(f)= de waar, dit kom nie daarop aan waar nie. **where** *adv.* waar; waarso; waarvandaan, waarheen, waarnatoe; ~ *will s.o.* ***be if ...?*** wat word van iem. as ...?; ~ *does s.o.* ***come*** *from?* waarvandaan kom iem?, waar kom iem. vandaan?; ~ ***else?*** waar anders?; waar nog?; ~ *do we* ***go*** *from here?* wat maak ons nou?; wat nou gedaan/ge=maak?; ~ *is s.o.* ***going*** *(to)?* waarheen/waarnatoe gaan iem.?; ~ ***to?*** waarheen, waarnatoe?; ~ *is the* ***use*** *of trying?* wat help/baat dit om te probeer?. **where** *voegw.* waar; waarheen; terwyl; ~ *you go I will go* waar jy gaan, sal ek gaan. **where·a·bouts** *n. (fungeer as ekv. of mv.)* verblyfplek; hou=, loop=, boerplek; *know s.o.'s ~* weet waar iem. is (*of* hom/haar bevind); ~ *unknown* verblyf=(plek) onbekend. **where·a·bouts** *adv.* waar omtrent/ongeveer, waar êrens, waarlangs, waar langs. **where·af·ter** *(fml.)* waarná. **where·as** *(ook jur.)* aangesien, nademaal; terwyl, daar, waar. **where·at** *(arg. of fml.)* waarop. **where·by** waardeur, waarby; waarvolgens. **wher·e'er** →WHEREVER. **where·fore** *(arg.)* waarom, hoekom; waarvoor; daarom, dus, weshalwe. **where·in** *(fml.)* waarin. **where·in·to** *(arg.)* waarin. **where·of** *(fml.)* waarvan. **where·on** *(arg.)* waarop. **where·so·ev·er** *(fml.),* **where·so·e'er** *(poët., liter.)* waar ook al; →WHEREVER. **where·to** *(arg. of fml.)* waarnatoe, waartoe; waarom, waarvoor, met watter doel. **where·up·on** waarop, waarná. **wher·ev·er,** *(poët., liter.)* **wher·e'er** waar ook (al); oral(s) waar. **where·with** *(fml. of arg.)* waarmee. **where·with·al** middele; *not have* (or *lack*) *the ~ to ...* nie die middele hê (*of* oor die middele beskik) om ... nie.

where's *(sametr.)* = WHERE IS.

wher·ry ligte roeibootjie; roeiskuit; veerboot.

whet *n.* (die) slyp, skerpmaak, aansit; *(arg.)* slukkie, sopie, opknappertjie; happie. **whet** *-tt-, ww.* slyp, aansit, skerp maak; verskerp; prikkel, wek *(aptyt, belangstelling),* opwek. ~ **slate** oliesteen. ~**stone** slypsteen, stryksteen. **whet·ter** slyper; slypsteen.

wheth·er *pron. & bep., (vero.)* watter (een). **wheth·er** *voegw.* of, hetsy; *not know ~ one may* ***do*** *it* nie weet of jy dit mag doen nie; ~ *it was ...* ***or*** *...* of dit ... en of dit ... was; ~ ***... or no(t),*** ~ ***or not*** ... of nie, of ... al dan nie; ~ *s.o. is ...* ***or not*** ongeag of iem. ... is of nie, of iem. nou ... is of nie.

whew *tw.* sjoe, maggies, allawêreld.

whey wei, dikmelkwater; *curds and ~* dikmelk. ~ **butter** weibotter. ~**face** bleek gesig. ~**faced** bleek; vaal geskrik.

whey·ey, whey·ish weiagtig.

which *pron.* watter; wie, wat; ***about*** *~ ...* waaroor/waarvan ...; ***above*** *~ ...* waarbo ...; ***after*** *~ ...* waarna ...; ***against*** *~ ...* waarteen ...; ***behind*** *~ ...* waaragter ...; ***for*** *~ ...* waarvoor ...; ***from*** *~ ...* waarvandaan ...; ***in*** *~ ...* waarin ...; ***know*** *~ is ~* mense/dinge uitmekaar ken; ***of*** *~ ...* waarvan ...; *~* ***of us/them/you*** *...?* wie van ons/hulle/julle ...?; ***on*** *~ ...* waarop ...; ***opposite*** *~ ...* waarteenoor ...; ***out of*** *~ ...* waaruit ...; ***over*** *~ ...* waarbo ...; ***round*** *~ ...* waarom ...; waaromheen ...; ***tell*** *~ is ~* mense/dinge onderskei, die onderskeid tussen mense/dinge agterkom; ***that*** *~ has been* →THAT *pron.;* ***through*** *~ ...* waardeur ...; ***to*** *~ ...* waarheen/waarnatoe ...; waartoe ...; ***under*** *~ ...* waaronder ...; ***upon*** *~ ...* waarop ...; *s.o. said ..., ~* ***was a lie*** iem. het gesê (dat) ..., wat 'n leuen was; ***with*** *~ ...* waarmee ...; ***without*** *~ ...* waarsonder ... **which** *bep.* watter; *~ way shall we go?* watter kant toe sal ons gaan?. **which·ev·er,** *(arg.)* **which·so·ev·er** wat/watter ook (al); *..., ~ is the larger/etc. ...,* na gelang van wat die grootste/ens. is.

whick·er *(dial.), ('n perd)* (sag) runnik; *(iem.)* giggel.

whid·ah →WHYDAH.

whiff[1] *n.* luggie, vlagie; (rook)wolkie; geurtjie; stankie; trekkie; sarsie; sigaartjie; roeibootjie; *catch/get a ~ of s.t.* iets ruik; *s.o. wants a ~ of fresh air* →AIR *n.; a ~ of ..., (ook)* 'n sarsie ... *(skroot ens.).* **whiff** *ww.* uitblaas. **whif·fle** fladder, flikker; *(d. wind)* saggies waai, stoot. **whif·fy** *(Br., infml.)* stinkerig, slegruikend.

whiff[2] *(igt.: Lepidorhombus whiffiagonis)* platvis.

whif·fle·tree = WHIPPLETREE.

Whig *(Br., pol., hist.)* Whig, Liberaal.

while *n.* tydjie, ruk, wyle; ***after*** *a ~* naderhand; ***all*** *the ~* die hele tyd; ***between*** *~s* van tyd tot tyd; ***for*** *a (little) ~ s.o. helped/etc.* iem. het 'n rukkie gehelp/ens.; *I have not seen X* ***for/in*** *a long ~* ek het X lank nie gesien nie; *rest/etc.* ***for*** *a ~* 'n rukkie rus/ens.; *a* ***good*** *~* 'n hele/taamlike ruk/tyd(jie); ***in*** *a (little) ~* binnekort, spoedig, aanstons, oor 'n rukkie; *(every)* ***once*** *in a ~* →ONCE *adv.;* ***quite*** *a ~* 'n hele/taamlike ruk/tyd(jie); *s.o.* ***takes*** *a ~* iem. bly 'n tydjie besig/weg; *s.t.* ***takes*** *a ~* iets duur 'n tydjie, iem. moet 'n tydjie vir iets wag; ***the*** *~ s.o. ...* intussen/ondertussen het iem. ...; *it is not* ***worth*** *one's ~* dit is nie die moeite werd nie; *make it* ***worth*** *s.o.'s ~* sorg dat dit iem. die moeite loon; sorg dat iem. goed betaal word. **while** *ww.* verdryf, verdrywe *(d. tyd);* ~ *away the time* die tyd omkry. **while** *voegw.* terwyl, solank (as), onderwyl; (al)hoewel; *all is well ~ you* ***pay*** alles is in die haak solank jy betaal; *get cramp ~* ***swimming*** in die swem 'n kramp kry; *repairs ~ you* ***wait*** blitsherstelwerk; *hum ~ you* ***work*** neurie terwyl jy werk. **whilst** *voegw., (hoofs. Br.)* = WHILE *voegw.*.

whi·lom *(arg.)* vroeër, eertyds.

whim gril, nuk, gier, streek; bui, luim; *s.o.'s* ***every*** *~* elke gril van iem.; ***full*** *of ~s* buierig, vol kwinte/kure; ***humour*** *s.o.'s ~s* aan iem. se grille toegee; *a* ***passing*** *~* 'n tydelike gril. ~ **(gin)** *(arg., hoofs. mynb.)* perdekaapstander.

whim·ber·ry = WHORTLEBERRY.

whim·per *n.* huilstem, gekreun; gekerm, gegrens. **whim·per** *ww.* sanik, met 'n huilstem praat; kreun, kla, grens; *('n hond)* tjank; *(d. wind)* ruis, suis; *('n stroompie)* murmel; *~ for s.t.* om iets soebat. **whim·per·ing** grenserig, klaerig.

whim·sy *-sies,* **whim·sey** *-seys, n.* gier, gril, nuk; grilligheid. **whim·si·cal** vol nukke/grille, wispelturig, vol draadwerk, kaprisieus; vreemd, raar. **whim·si·cal·i·ty** wispelturigheid, nuk(ke), gril(le).

whim·wham *(arg.)* versierseltjie, snuistery; gril, nuk, gier.

whin[1] *(N.Eng., bot.)* brem(struik); →GORSE.

whin[2], **whin·stone** basaltiese klip; vuursteen.

whine *n.* gehuil, gegrens; getjank; gekla, gekerm. **whine** *ww.* huil, grens, tjank; met 'n huilstem praat, kla, kerm. **whin·ing** huilerig; *in a ~ voice* met 'n huilstem.

whinge *n., (infml.)* gekerm, kerming, geneul, neulery, gesanik, geseur, geteem, temery; kerm=, neulkous, neul=, sanikpot. **whinge** *ww.* kerm, neul, sanik, seur, teem. ~ **bag** kerm=, neulkous, neul=, sanikpot.

whing(e)·ing *n.* gekerm, kerming, geneul, neulery, gesanik, geteem, temery. **whing(e)·ing** *adj.* kermend, neulend, sanikend, temend; neulerig, sanikerig, temerig.

whing·er[1] kerm=, neulkous, neul=, sanikpot.

whing·er[2] →WHINYARD.

whing(e)·y *adj.* neulerig, sanikerig, temerig.

whin·ny *n.* (sagte) gerunnik. **whin·ny** *ww.* (sag) runnik.

whin·yard, whing·er[2] *(hist.)* dolk, lang mes.

whip *n.* sweep; sambok; peits, karwats; koetsier; hystoestel; (trekdier)katrol; *(parl.)* sweep; skuim(na)gereg; ruk-en-plukker *(in 'n pretpark);* ***accept/take*** *the ~, (parl.)* jou aan die partytug onderwerp; ***crack*** *a ~* met 'n sweep klap, 'n sweep (laat) klap; ***crack*** *the ~, (fig.)* die sweep klap, jou stem dik maak, jou gesag laat geld; *get a fair* ***crack*** *of the ~, (infml.)* 'n billike/regverdige kans kry; billik/regverdig behandel word; *give s.o. a fair* ***crack*** *of the ~, (infml.)* iem. 'n billike/regverdige kans gee; iem. billik/regverdig behandel; *~* ***and derry,*** *(mynb., hist.: hystoestel)* wipper; *be a* ***good/poor*** *~* 'n goeie/slegte koetsier wees; *ride ~* ***and spur,*** *(arg.)* soos 'n besetene (*of* die duiwel) jaag. **whip** *-pp-, ww.* piets, raps, met die peits gee, wiks, slaan; 'n pak gee; uitklop, pak gee; (weg)=spring, wip; gryp; *(naaldw.)* kriel; vasdraai; →WHIPPING, WHIPPY, WHIPSTER; ~ *s.t.* ***away*** iets weggryp; ~ ***cream/eggs/etc.*** room/eiers/ens. klits; *it ~s* ***creation*** →IT LICKS **CREATION**; ~ ***... in*** ... reg piets; ... bymekaarja(ag) *(jaghonde ens.);* ~ *s.t.* ***off*** iets uitpluk *('n baadjie ens.);* iets afpluk *('n hoed ens.);* ~ *the horses* ***on*** die perde onder die peits kry; ~ *s.t.* ***out*** iets uitpluk *('n mes ens.);* ~ *s.t.* ***out of*** *s.o.* iets uit iem. (uit)klop *(streke, d. waarheid, ens.);* ~ *a* ***rope-end*** 'n tou se punt beset; ~ ***round*** omvlieg; ~ *s.t.* ***up*** iets in 'n kits maak/berei *('n ete);* iets (gou) gryp; ~ ***up*** *a* ***crowd*** 'n skare opsweep. ~**cord** voorslag(riem); ribkoord, koordkamstof, olifantkoord. ~ **graft** *(tuinb.)* skuinsent. ~ **hand** regterhand, hand wat die sweep hanteer; *have the ~ ~* die hef in hande hê; *have the ~ ~ over s.o.* iem. in jou mag hê, die oorhand oor iem. hê, baas wees oor iem.. ~ **handle** sweepstok; sweephandvatsel. ~ **holder** sweepkoker. ~**lash** sweepslag, voorslag. ~**lash injury** *(med.)* sweepslagbesering. ~**-round:** *have a ~, (infml., hoofs. Br.)* met die hoed rondgaan, die hoed laat rondgaan, haastig 'n kollekte hou. ~**saw** kuilsaag. ~**stick,** ~**stock** sweepstok. ~**stitch** *n.* kriel(steek), omslaansteek. ~**stitch** *ww.* kriel. ~**worm** *(Trichuris* spp.) sambokwurm.

whipped: ~ *cream* slagroom; ~ *stitch* omgekapte steek.

whip·per slaner; koetsier. ~**-in** *whippers-in, (jag)* pikeur; *(parl.)* sweep. ~**snapper** ventjie, mannetjie; snuiter; snip, japsnoet, verwaande klein niksnuts, meneertjie.

whip·pet renhond, klein windhond; *(mil.)* klein tenk. ~ **race** hondewedren.

whip·ping pak (slae), drag slae, loesing, afranseling; lyfstraf; besetting *(v. 'n tou se punt).* ~ **boy** *(fig.)* sondebok. ~ **cream** slag=, kloproom. ~ **post** gesel=, slaanpaal. ~ **(stitch)** kriel(steek), omslaansteek. ~ **top** sweep=, draaitol.

whip·ple·tree = SWINGLETREE.

whip·poor·will *(orn.: Caprimulgus vociferus)* bokmelker, nagswa(w)el.

whip·py buigsaam; veerkragtig; swiepend; lenig.

whip·ster *(arg.)* snuiter, japsnoet.

whirl *n.* vinnige draai, draaiing, (d)warreling, gewarrel; spilkatrol; *give s.t. a ~, (infml.)* iets probeer doen; *s.o. is in a ~* dit gaan dol met iem.; *s.o.'s head is* (or *thoughts are*) *in a ~* iem. se kop draai, alles draai in iem. se kop. **whirl** *ww.* (rond)tol, (in die rondte) draai, vinnig draai, (d)warrel, werwel, kolk; *~ing dervish* draaiende derwisj. ~**pool** maalstroom, =kolk, =gat, draaikolk. ~ **window** draaivenster.

whirl·i·gig draaitol; woer-woer; mallemeule; draaibeweging; kringloop, sirkelgang; *the ~ of time* die lotswisselinge, die beloop van die lewe. ~ **(beetle)** warrelkewer, draaikewer, waterhondjie.

whirl·wind warrelwind, windhoos; *sow the wind and reap the ~* wie wind saai, sal storm maai. ~ **courtship** blitsvinnige vryery. ~ **tour** warrelwind=, blitstoer.

whirl·y (rond)draaiend, draaierig. ~**bird** *(infml., hoofs. Am.)* helikopter.

whir(r) *n.* gegons, gedruis. **whir(r)** *ww.* gons, 'n gedruis maak.

whish·ing: ~ *sound* swiepende geluid; →SWISH *n.*.

whisht *tw., (hoofs. Sk. & Ier.)* sjuut; →HIST *tw.*.

whisk *n.* stoffer, besempie; klopper, klitser; wappertjie; swaai, veeg. **whisk** *ww.* (af)vee, (af)stof, (af)borsel; swaai, draai; wip; klop *(eiers, room, ens.);* ~ ***around,*** *(ook)* rondrits; ~ *s.t.* ***away/off*** iets weggryp; ~ *s.o.* ***away/off*** iem. vinnig weghaal; iem. vinnig wegbring; ~ ***into*** *s.t.* in iets (in)wip/=glip; ~ *s.o.* ***into*** *a car* iem. in 'n motor instop; ~ *s.t.* ***off*** iets afpluk; ~ *s.t.* ***out*** iets uitpluk; ~ *s.t.* ***out of sight*** iets wegmoffel; ~ ***round*** jou vinnig omdraai; ~ *s.t.* ***up*** iets klop *(eiers ens.).*

whisk·er snor *(v. 'n kat ens.); (ook, i.d. mv.)* wangbaard, bak(ke)baard; →SIDE WHISKERS; *win/lose/etc.* ***by*** *a ~,* *(infml.)* net-net wen/verloor/ens.; ***grow*** *~s* 'n baard kweek; *s.t.* ***has*** *~s* iets het al baard (*of* is al baie oud) *(infml., 'n storie, 'n grap, ens.); come* ***within*** *a ~ of achieving s.t., (infml.)* so amper-amper/byna-byna (*of* op 'n nippertjie na) iets bereik/behaal/ens.. **whisk·ered** met 'n snor, gesnor(d); met 'n bak(ke)baard, gebak(ke)baard.

whis·ky¹, ** *(Ier., Am.)* **whis·key whisky, whiskey; *~ and soda/splash* whisky/whiskey met soda(water).

whisk·y² *(hist.)* tweedisselboomkar.

whis·per *n.* gefluister, fluistering, fluisterstem; geruis, geritsel; *talk in a ~* fluister, met 'n fluisterstem praat. **whis·per** *ww.* fluister; ruis, ritsel; *~ s.t. to s.o.* vir iem. iets fluister; iem. iets toefluister/influister; *~ s.t. in s.o.'s ear* iets in iem. se oor fluister; *it is ~ed that ...* daar word gefluister dat ... **whis·per·er** fluisteraar; verklikker.

whis·per·ing *n.* fluistering, gefluister. **whis·per·ing** *adj.* fluisterend, fluister=. ~ **campaign** fluisterveldtog. ~ **gallery** fluistergewelf, =galery. ~ **tube** spreekbuis.

whist¹ *n., (kaartspel)* whist.

whist² *tw.* = WHISHT.

whis·tle *n.* fluit, gefluit; fluitjie; ***blow*** *(on) a ~* (op) 'n fluitjie blaas; ***blow*** *the ~ on s.o., (infml.)* iem. se doppie laat klap, iem. aan die kaak stel; ***blow*** *the ~ on s.t., (infml.)* aan iets 'n end/einde maak; *the ~* ***blows*** die fluitjie blaas; *have a* ***dry*** *~, (infml.)* droëlewer wees; ***give*** *a ~* 'n fluit gee; *you will have to* ***pay*** *for your ~* dié nuk/gril sal jou duur te staan kom; ***wet*** *one's ~, (infml.)* keel natmaak, 'n doppie wegslaan. **whis·tle** *ww.* fluit; verklik; *~* ***at/to*** *s.o.* vir iem. fluit; *~ in the* ***dark*** by die kerkhof fluit; *s.o. can/may* (or *will have to*) *~* ***for*** *it, (infml.)* dis neusie verby (met iem.), iem. kan dit op sy/haar maag skryf/skrywe (en met sy/haar hemp afvee); *let s.o.* ***go*** *~, (infml.)* jou glad nie aan iem. steur nie; *~ for the* ***wind,*** *(bygeloof v. matrose)* na die wind fluit *(om 'n briesie te kry); ~ down the* ***wind*** 'n valk loslaat; *(fig.)* iets laat vaar, iets opgee. ~ **blast** fluitstoot, fluit. **~-blower** *(infml.)* oopvlekker, onthuller; hokaairoeper, sweepklapper. **~-stop tour** blits=, warrelwindtoer.

whis·tler fluiter.

whis·tling *n.* gefluit, fluitery. **whis·tling** *adj.* fluitend; *~ kettle* fluitketel; *~ noise* fluitgeluid; *(rad.)* fluittoon.

Whit = WHITSUNTIDE. ~ **Monday** Pinkstermaandag. ~ **Sunday** Pinkstersondag.

whit iets, 'n ietsie; *every ~ as good/etc. as ...* net so goed/ens. as ...; *not a ~* glad nie, nie (in) die minste nie.

white *n.* wit; witheid; *(i.d. mv.)* wit (klere/drag); *(i.d. mv.)* wit uniform; *(i.d. mv.)* wit wasgoed; *(infml.)* wit (wyn); *(skaak, dambord, ook W~)* wit, die witte, die wit speler; *(snoeker, biljart)* wit bal; *(anat.)* (oog)wit; *(ook W~)* wit mens, witte, blanke (→POOR WHITE); *(skoenlapper: Pieris* spp.*)* witjie; *(med., w.g.)* witvloed, leukorree (→LEUCORRHOEA); *~ of an* ***egg*** wit van 'n eier, eierwit; albumien, eiwit; *~ of the* ***eye*** wit van die oë, oogwit; *dressed* ***in*** *~* (in) wit geklee(d); ***Large*** *W~* →LARGE WHITE PIG. **white** *adj.* wit; blank; bleek; rein, vlek(ke)loos, onskuldig; ***gleaming*** *~* kraakwit; ***go/turn*** *~* wit word; bleek word; *a/the ~* ***one,*** *(iets)* 'n/die witte; *the ~* ***ones,*** *(dinge)* die wittes; *as ~ as a* ***sheet,*** *(iem.)* doodsbleek; *turn as ~ as a* ***sheet,*** *(ook, infml.)* jou asvaal skrik; *as ~ as* ***snow*** sneeuwit, spierwit. **white** *ww.* wit maak, wit; afwit; *~d sepulchre, (poët., liter.: skynheilige; <Matt. 23:27)* witgepleisterde graf; →SEPULCHRE *n.*. ~ **afrikaner** *(bot.)* →AFRIKANER. ~ **alkali** witbrak. ~ **alloy** wit legering/allooi; (goedkoop) namaaksilwer. ~ **ant** *n.* rysmier, witmier, termiet; →TERMITE. **~-ant** *ww., (Austr., sl.)* ondermyn, ondergrawe, rysmier. ~ **arsenic** *(gifstof)* witarseen, arseentrioksied. ~ **ash** wit as; *(bot., Fraxinus americana)* (Amerikaanse) wit-es(boom); *(Platylophus trifoliatus)* witels. ~ **babbler** = (SOUTHERN) PIED BABBLER. **~-backed duck** witrugeend. **~-backed vulture** →VULTURE. **~bait** *(igt.: Hypoatherina temminckii)* witaas; spierinkie; ansjovis, assous. **~beam** *(bot.: Sorbus aria)* meelbessie, Italiaanse haakappel. ~ **bear** = POLAR BEAR. ~ **beer** witbier. **~-bellied stork** →STORK. ~ **blister,** ~ **rust** *(plantsiekte)* witroes. ~ **blood cell/corpuscle** = LEUCOCYTE. **~-blooded** witbloedig. **~board** witbord. ~ **book** *(parl., dikw. W~ B~)* witboek. ~ **bread** witbrood. ~ **cabbage** witkool. **W~ Canon** *(lid v. 'n RK orde)* Norbertyn, Premonstratenser. **~cap** *(brander)* skuimkop. ~ **cedar** wit-seder; dwergsipres. **~-chinned petrel** bassiaan, witken(pyl)stormvoël. ~ **Christmas** wit Kersfees. ~ **cleaner** witsel. ~ **clover** witklawer; stinkklawer. ~ **coal** wit steenkool, waterkrag. ~ **coffee** koffie met melk. **~-collar crime** witboordjie=, kantoormisdaad. **~-collar worker** witboordjiewerker, kantoorwerker, gesalarieerde. **~-crested** witgekuif(de), witkuif=. ~ **currant** witaalbessie. **~damp** witdamp *(in steenkoolmyne).* ~ **deal** without, witgreinhout. ~ **death** tering. ~ **duck** wit eend; wit seildoek; →DUCK³ *n.*. ~ **dwarf** *(astron.)* witdwerg. ~ **egret** *(orn.): great ~ ~, (Egretta alba)* grootwitreier, =silwerreier. ~ **elephant** wit olifant, olifant op die solder. **W~ Ensign** Britse vlootvlag. **~-eye** *(orn.: Zosterops* spp.*)* glasogie, kersogie, kraalogie, wit-ogie. **~face** wit grimering *(v. 'n verhoogkunstenaar).* **~-faced duck** nonnetjie-eend. **W~ Fathers** *(RK orde)* Wit Paters. ~ **feather** *(teken v. lafhartigheid)* wit veer; *show the ~ ~* lafhartig wees, jou lafhartig gedra. ~ **fetlock** *(perdesiekte)* witlit. ~ **fir** silwerspar. ~ **fish** =*fish(es), (alg.)* wit vis. **~fish** =*fish(es), (Eur.: Coregonus oxyrinchus)* houting. ~ **flag** *(ook fig.)* wit vlag; *hoist/raise the ~ ~* die wit vlag hys/opsteek (*of* omhoog hou). **~fly** *(tuinplaag)* witvlieg. **W~ Friar** *(lid v. 'n RK orde)* Karmeliet. ~ **frost** →HOARFROST. ~ **gardenia** *(bot.: Gardenia thunbergia)* wit=, wildekatjiepiering. **~-glazed** witgeglans(de). ~ **gold** witgoud. ~ **goods** *(mv.), (lakens, tafeldoeke, ens.)* linnegoed, witgoed; *(wasmasjiene, yskaste, ens.)* witgoedere. ~ **grape** witdruif. ~ **grub** *(ook)* miswurm. **~-haired, ~-headed** met wit hare, grys; blond; *~ boy, (fig.)* witbroodjie. **W~hall** *(Br. regering[skantore])* Whitehall. **~-handed** met wit/onbesoedelde hande. **~head** *(infml.)* witkoppie *(by velprobleme).* **~-headed** met 'n wit kop, witkop=; *~ boy, (fig.)* witbroodjie; *~ vulture* →VULTURE. **~heads** *(plantsiekte)* vrotpootjie, dowweaarsiekte. ~ **heat** witgloeihitte. **~ heels** wit hoëhakskoene. ~ **hemp** ongeteerde/wit hennep. ~ **Holland turkey** Hollandse wit kalkoen. ~ **hope** groot hoop; *(great) ~ hope, (boks ens.)* (groot) wit hoop. ~ **horses** *(ook)* skuimkoppe, golfkoppe, skuimende golwe. **~-hot** witgloeiend. **W~ House:** *the ~ ~, (VS)* die Withuis; *(fig.)* die Amerikaanse president. ~ **knight** *(infml.: organisasie/ens. wat 'n mpy. v. 'n ongewenste oornamelens. red)* goeie ridder. **~-knuckle** *adj. (attr.), (infml.)* witkneukel=, angs=, angswekkende, naelbyt=, naelkou= *(rit ens.).* **~-knuckled** *adj.* beangs, vreesbevange, verskrik; angswekkend; *~ fist/hand* witkneukelvuis, =hand. ~ **lead** witlood. ~ **leather** aluinleer, witleer. ~ **leg** *(med.)* = MILK LEG. ~ **lie** onskuldige leuen(tjie), noodleuen. ~ **light** wit lig. ~ **lightning** *(sl.: tuisgemaakte drank)* witblits. ~ **lime** *n.* witkalk; witsel. **~-lime** *ww.* afwit. ~ **line** wit streep; wit tou; *(tip.)* witreël, blanko reël. **~-lipped** met bleek lippe, dood(s)bang. **~-livered** lafhartig. ~ **lupin(e)** saailupien, wolfsboon(tjie). ~ **maize,** ~ **mealie(s)** witmielie(s). ~ **man** *(lett.)* wit man; *(vero.)* wit mens, blanke; *(fig., infml.)* man honderd, gawe kêrel, eerlike/ordentlike man. ~ **matter** *(anat.)* witstof *(v.d. brein en rugmurg).* ~ **mealy bug** wolluis. ~ **meat** *(kalfsvleis, hoender, ens.)* wit vleis. ~ **metal** witmetaal. ~ **money** silwergeld. **W~ Monk** *(lid v. 'n RK orde)* Cisterciënser. ~ **mouse** witmuis; *(Dicrostonyx torquatus)* sneeulemming. ~ **muzzle** *(hondesiekte)* melk=, witbek. **~-naped weasel** = AFRICAN (STRIPED) WEASEL. ~ **night** slapelose/slaaplose nag; wit nag *(wanneer d. middernagson d. lug ophelder en dit nie behoorlik donker word nie).* **W~ Nile:** *the ~ ~* die Wit Nyl. ~ **noise** *(rad., TV)* wit geruis, witruis. ~ **oak** wit-eik. ~ **olive, false olive** *(Buddleja saligna)* witolienhout. ~ **opal** melkopaal. **~out** *n., (weerverskynsel i.d. poolgebiede ens.)* witsig. **~-owned** in wit/blanke besit. **W~ Pages** *(mv.), (wit deel v.d. telefoongids)* Witbladsye, witbladgids. ~ **paper** *(lett.)* wit papier; *(parl., dikw. W~ P~)* witskrif. ~ **paper heath, papery heath** *(Erica papyracea)* lemoenbloeisels. ~ **pear** *(Apodytes dimidiata)* witpeer(boom). ~ **pepper** witpeper. ~ **pine** witden. ~ **poplar** abeel, wit=, silwerpopulier. ~ **rage:** *in a ~ ~* kokend van woede. ~ **rat** witrot. ~ **rhinoceros** witrenoster, breëliprenoster. ~ **rose** *(Br. gesk.: embleem v.d. huis v. York i.d. Oorlog v.d. Rose)* wit roos. **W~ Russia** *(hist.)* Wit-Rusland; →BELARUS. **W~ Russian** *n., (hist.), (lid v. 'n volk)* Wit-Rus (→BELARU(S)SIAN *n.*); *(reaksionêr)* Wit Rus. **W~ Russian** *adj.* Wit-Russies, Belo-Russies; →BELARU(S)SIAN *adj.*. ~ **rust** *(plantsiekte)* witroes. ~ **sage** *(bot.: Artemisia* spp.*)* byvoet. ~ **sale** uitverkoping van linne=/witgoed. ~ **salt** tafelsout. ~ **sauce** witsous. ~ **scourge** *(tering, tuberkulose)* wit dood. **W~ Sea:** *the ~ ~* die Wit See. ~ **seringa** *(Kirkia acuminata)* witsering. ~ **sheet** wit laken; boetekleed. **W~ Sisters** *(RK orde)* Wit Susters. ~ **slave** blanke/wit slavin. ~ **slaver** vrouehandelaar. ~ **slavery, ~-slave traffic** vrouehandel. **~smith** blikslaer; metaalbewerker. ~ **smoke** *(ook)* witblits. ~ **smut** *(plantsiekte)* witbrand. ~ **space** *(tip.)* wit spasie. ~ **speck** *(plantsiekte)* witstippel. ~ **spirit** wit spiritus. ~ **squall** wit windbui. ~ **steenbras** *(igt.: Lithognathus lithognathus)* witsteenbras. ~ **stinkwood** *(Celtis africana)* witstinkhout, kamdeboo-stinkhout *(ook K~).* ~ **stork** →STORK. ~ **stumpnose** *(igt.: Rhabdosargus globiceps)* witstompneus. ~ **sugar** witsuiker. ~ **supremacist** wit heerssugtige. ~ **supremacy** wit heerskappy/oppermag. **~-tailed:** *~ gnu* swartwildebees; →BLACK WILDEBEES(T); *~ mouse, (Mystromys albicaudatus)* witstertmuis. **W~ Terror** *(pol., gesk.)* Wit Terreur. **~thorn** *(Acacia polyacantha)* witdoring. **~throat** *(orn.: Sylvia communis)* witkeelsanger. ~ **tie** *n.* wit strikdas *(v. 'n aandpak)*; aandpak. **~-tie** *adj. (attr.)* formeel; *a ~ affair* 'n formele aangeleentheid. ~ **trash** *(Am., infml., neerh.)* wit gemors/skuim/skollie(s). ~ **vitriol** = ZINC SULPHATE. **~wall (tyre)** witwandband. ~ **walnut** *(Juglans cinerea)* grysneut(boom); →BUTTERNUT. **~wash** *n.* witkalk, witsel; *(sport)* verpletterende ne(d)erlaag; *suffer a 5-0 ~* 'n verpletterende neder=/neerlaag met/van 5-0 ly (*of* op die lyf loop). **~wash** *ww.* wit, afwit; oorkalk; verontskuldig, skoon was, van skuld vryspreek, van blaam suiwer *(iem.)*; goedpraat *(iets)*; *(sport)* verpletter, afransel, kafloop, kafdraf, totaal oorrompel; *~ s.o. 5-0* iem. met 5-0 verpletter/afransel/kafloop/kafdraf. **~wash brush** witkwas. **~washer** witter; goedprater. ~ **water** *n., (ook, papierbedryf)* witwater. **~-water** *adj. (attr.)* witwater= *(vlotvaart, kanovaart, ens.).* ~ **wax** witwas. ~ **whale** beloega, witdolfyn; →BELUGA. ~ **willow** witwilg(er). ~ **wine** wit wyn, witwyn. **~-winged** met wit vlerke, witgevlerk, witvlerk=; *~ tern, (orn.: Chlidonias leucopterus)* witvlerkmeerswawel, witvlerksterretjie; *~ widow (bird), (Euplectes albonotatus)* witvlerkflap. **~wood** without; kurkhout.

whit·en bleik, wit word; wit maak, verbleek, bleik; verwit, wit. **whit·en·er** bleikmiddel. **whit·en·ing** witsel; (die) wit word/maak; verbleking.

white·ness witheid.

whit·ey =*eys,* **whit·y** =*ies, n., (neerh. sl.: wit mens)* bleekvel, la(r)nie, boer. **whit·ey, whit·y** *adj.* witterig, wit=.

whith·er *(arg. of poët., liter.)* waarheen, waarnatoe.

whit·ing¹ *(igt.: Merlangius merlangus)* wyting.

whit·ing² witsel; fyn kryt. ~ **line** witstreep.

whit·ish witterig.

whit·leath·er aluinleer, witleer.

whit·low fyt, omloop; klou-ontsteking. ~ **grass** *(Draba* spp.*)* hongerblommetjie. ~ **wort** *(Geum* spp.*)* naelkruid.

Whit·sun Pinkster. **~tide** Pinkster, die Pinkstertyd, =dae; *at ~* met Pinkster. ~ **week** Pinksterweek.

whit·tle *n., (Br., dial.)* lang mes, slagtersmes, slagmes. **whit·tle** *ww.* sny, afsny *(hout)*; houtjies sny; *~ s.t. away/down* iets afsnipper; iets inkort/verminder *(regte ens.)*; *~ s.t. off* iets wegsny; *~ s.t. up* iets opsny/opkerf.

whit·y *n. & adj.* →WHITEY *n. & adj.*.

whizz, whiz *n.* gegons, gefluit, gesis; *(infml., ook* wiz*)* foendi(e), fundi, ghoeroe, meester, virtuoos; puik ding; →GEE¹ *tw.*; *be a ~* ***at*** *..., (infml.)* 'n uitblinker in ... wees *(tennis, skaak, ens.)*; *be a ~* ***at*** *one's work* (or *at what one does*) briljant in jou werk wees; ***computer*** *~* rekenaarfoendie; ***guitar*** *~* kitaarmeester, =virtuoos, =sensasie, =towenaar, =ghoeroe. **whizz, whiz** *ww.* gons, fluit, sing, sis; *~ past* verbygons. **~-bang** *adj. (attr.), (infml.)* uiters slim/knap/vernuftige; uiters indrukwekkende; uiters geesdriftige/entoesiastiese/dinamiese;

uiters geslaagde/suksesvolle/doeltreffende; blitsvinnige, blitsige. ~ **kid, wiz kid** *(infml.)* jong ster.

who *betr.vnw.* wat; →WHOM, WHOSE; ~ ***comes/goes*** *there?* wie is daar?, werda?; ~ ***else?*** wie anders?; wie nog?; *you and ~ **else?*** jy en wie nog?; ~ ***ever** can it be?, (infml.)* wie kan dit tog wees?, wie in die wêreld kan dit wees?; ~*'s **for** ...?* wie wil ...?; wie wil ... hê?; ***know** ~'s* ~ al die mense ken; ouer wees as tien/twaalf; ***no matter*** ~ ongeag/sel(f)de wie, dit kom nie daarop aan wie nie; *the **person** ~* ... die persoon wat ... ***s.o.*** ~ *tries/etc.* ... wie (*of* iem. wat) probeer/ens. ...; ~ ***wants*** ...? wie wil ... hê?; ~ ***wants** to ...?* wie wil ...?; ***who?*** wie?. **~dunnit,** *(Am.)* **~dunit** *(infml.)* speurverhaal. **who·ev·er,** *(poët., liter.)* **who·e'er,** *(arg.)* **who·so,** *(fml.)* **who·so·ev·er,** *(poët., liter.)* **who·so·e'er** wie ook (al).

whoa *tw.* ho(nou), hanou, hook(haai), hokaai.

who'd *(sametr.)* = WHO WOULD.

whole *n.* geheel; alles; *nature/etc. is **a** ~* die natuur is 'n eenheid (*of* een [geheel]); ***as** a ~* in die/sy geheel; *the country **as** a ~* die hele land, die land in sy geheel; *the ~ **of** Africa* die hele Afrika; *tell s.o. the ~ **of it*** iem. alles vertel; ***on the*** ~ oor die geheel, in/oor die algemeen. **whole** *adj.* heel; vol; onbeskadig, ongedeerd, veilig; gesond; ~ ***blood,*** *(med.: soos gebr. in bloedoortappings)* volle bloed; *the ~ **city/etc.*** die hele/ganse stad/ens.; ~ ***cloth,*** *(Am., infml.)* duimsuiery, storie, onwaarheid, versinsel, verdigsel; *create s.t. out of ~ **cloth,** (Am., infml.)* iets versin (*of* uit die/jou duim suig); ***come back*** ~ veilig en gesond terugkom/-keer; *the ~ **day*** heeldag, die hele dag; *three ~ **days*** drie volle dae; ~ ***gale*** hewige stormwind; *a ~ **lot of** nonsense* 'n hele boel kaf; *go the ~ **nine yards,** (infml., hoofs.Am.)* dit behoorlik doen; enduit hou; ~ ***number*** heelgetal; *(skoolwisk.)* telgetal; ~ ***slice*** rondomsny (brood); *the ~ **year** (round), through the ~ **year*** die hele jaar (deur), heeljaar. **~-coloured** *adj. (attr.)* eenkleurig, van een kleur, egalig gekleur. **~food** *n. (soms mv.)* rukos, onverwerkte kos. **~food** *adj. (attr.):* ~ ***diet*** rukosdieet; ~ ***products,*** *(bruin rys, volkoringmeel, vars vrugte, ens.)* onverfynde/onverwerkte produkte; ~ ***restaurant*** gesondheidsrestaurant, -restourant; ~ ***shop/store*** gesondheids(kos)winkel. **~grain** *adj. (attr.)* volgraan- *(brood, kos, produkte, ens.)*; ~ *breakfast cereal* volontbytgraan. **~hearted** *adj. (attr.)* hartlik, hartgrondig; onverdeeld, algeheel; volmondig; *depend on s.o.'s ~ support* daarop reken dat iem. jou met hart en siel sal steun. **~heartedly** *adv.* van ganser/heler harte, (met) hart en siel; volmondig. **~-hogger** deurvoerder, deurdrywer, iem. wat end toe beur. **~-hoofed** *adj.* eenhoewig *(perde, donkies, ens.)*. **~-length** *adj. (attr.)* van kop tot tone, tot die voete uit, van (die) volle lengte *(pred.)*; in volle lengte *(pred.)*. **~-life insurance** lewenslange versekering, helelewensversekering. **~meal** *n.* ongesifte/growwe meel. **~meal bread, ~-wheat bread** volkoringbrood, growwebrood, sakbrood. ~ **milk** soetmelk, volmelk. **~-milk cheese** volmelkkaas. ~ **note** *(Am., mus.)* = SEMIBREVE. **~sale** *n.* groothandel; ~ *and retail* groot- en kleinhandel. **~sale** *adj.* groothandel-; op groot skaal, grootskaals, grootskeeps; ~ ***dealer*** groothandelaar; ~ ***licence*** groothandelslisensie; ~ ***manufacture/production*** massaproduksie; ~ ***price*** groothandelprys; ~ ***slaughter*** grootskaalse slagting, slagting op groot skaal. **~sale** *adv.* in die groot, by die groot maat; op groot skaal; grootskeeps; *buy* ~ by die groot maat koop, in die groothandel koop. **~saler** groothandelaar. ~ **spice** heel speserye. **~-time** *adj. & adv.* heeltyds. **~-tone scale** *(mus.)* heeltoon-toonleer. **~-wheat** *n.* korrelmeel. **~-wheat bread** →WHOLEMEAL BREAD.

whole·ness heelheid, ongeskondenheid; geheelheid; volkomenheid; onverdeeldheid.

whole·some gesond, heilsaam, opbouend. **whole·some·ness** gesonde aard; heilsaamheid.

who'll *(sametr.)* = WHO WILL.

whol·ly heeltemal, geheel (en al), volkome; *agree* ~ volmondig saamstem; ~ *owned* in volle besit, ten volle besit; ~ *yours* geheel die uwe. **~-owned subsidiary** volle filiaal, volfiliaal.

whom wat; vir/aan wie; ***about*** ~ ... oor/van wie ...; ***against*** ~ ... teen wie ...; ***by*** ~ ... deur wie ...; ***for*** ~ ... vir wie ...; ***from*** ~ ... van wie ...; ***of*** ~ ... van wie ...; ***the leader** (~) s.o. follows* die leier wat iem. volg; ***through*** ~ ... deur wie ...; ***to*** ~ ... aan wie ...; vir wie ...; *the official **to** ~ s.o. should send it* die amptenaar aan wie iem. dit moet stuur; ***under*** ~ ... onder wie ...; ***with*** ~ ... met wie ...; ***without*** ~ ... sonder wie ...

whoop *n.* geskreeu, geroep, gehoe. **whoop** *ww.* skreeu, roep, hoe; optrek *(by kinkhoes)*; ~ *it up, (infml.)* fuif, pret maak; tekere (*of* te kere) gaan, tekeregaan.

whoo·pee *n.* pret, jolyt, fuiwery, gefuif; *make ~, (infml.)* fuif, pret maak; *(euf.)* kafoefel, liefde maak. **whoo·pee** *tw.* jippie, hoera. ~ **cushion** afblaaskussing.

whoop·ing: ~ **cough** kinkhoes. ~ **crane** *(Grus americana)* trompetkraanvoël.

whoops, whoops-a-dai·sy *tw., (infml.)* oeps(ie).

w(h)oosh *n.* geruis *(v. water ens.)*; gesis *(v. stoom ens.)*; gesuis *(v.d. wind, 'n voertuig, ens.)*; geswiesj *(v. ruitveërs ens.)*. **w(h)oosh** *ww.* ruis; sis; suis; swiesj; swiep *(deur d. lug)*; ~ *the curtains open* die gordyne met 'n geruis/geswiesj ooptrek. **w(h)oosh** *tw.* swiesj.

whop *-pp-, (hoofs.Am., infml.)* afransel, klop; oes, kafloop. **whop·per** *(infml.)* knewel, bielie, yslike/tamaai ding; yslike kluitjie, groot leuen; *a ~ of a ..., (infml.)* 'n yslike ...; 'n bielie van 'n ...; *tell a ~, (infml.)* 'n yslike kluitjie bak. **whop·ping** *n.* afranseling, pak (slae), loesing. **whop·ping** *adj.* yslik, tamaai, 'n knewel van 'n ...; ~ *lie* yslike kluitjie.

whore *n., (neerh.)* hoer. **whore** *ww.* hoereer. **~house** *(infml.)* hoerhuis, bordeel. **~master, ~monger** *(arg.)* hoereerder, hoer(e)jaer.

whore·dom hoerery.

whor·ish hoeragtig.

whorl *(soöl.)* winding, draai *(v. 'n skulp)*; *(bot.)* krans; blom *(in hout)*; draaikolk; *(teg.)* spilwiel(etjie). **whorled** *(bot.)* kransvormig, kransgewys(e) (gerangskik), kransstandig; gedraai(d).

whor·tle·ber·ry bloubes(sie), blou bosbes(sie); →BILBERRY.

who's *(sametr.)* = WHO IS.

whose van wie, wie se, wie s'n; waarvan; *the farmer ~ fruit they stole* die boer wie se vrugte hulle gesteel het; *a game ~ rules we know* 'n spel waarvan ons die reëls ken; ~ *is it?* wie s'n is dit?.

who·so, who·so·ev·er →WHOEVER.

whump doef, plof, dowwe slag.

why *n.* (die) waarom; *the ~s and wherefores* die hoes/hoekoms en die waaroms. **why** *adv.* waarom, hoekom, *(infml.)* vir wat; ~ ***are you crying?*** hoekom/wat huil jy?; ~ ***ever,*** *(infml.)* waarom tog?; ***for** ~?, (infml., vero., dial.)* waarom?; ***just*** ~ ...? waarom presies ...?; ***no matter*** ~ ongeag/sel(f)de waarom, dit maak nie saak waarom nie; ***oh** ~?* waarom tog?; ~ ***poke** your nose in?* waarvoor (*of* [vir] wat) steek jy jou neus in?; ~ ***so?*** hoe so?; ***that is*** ~ ... dis dié dat (*of* dit is waarom) ...; ~*?, **that's** ~!* waarom?, daarom!; *s.o. is lazy, **that's** ~* iem. is lui, dis dié. **why** *tw.* wel, tog, mos; raai; nou kyk!; ~*, it's Peter!* maar dis mos Piet!.

whyd·ah, whid·ah *(orn.)* paradysvink, rooibekkie, weduweetjie; *paradise ~, (Vidua paradisaea)* (gewone) paradysvink; *pin-tailed ~, (V. macroura)* koningrooibekkie, -weduweetjie; *shaft-tailed ~, (V. regia)* pylstertrooibekkie, -weduweetjie.

wick[1] pit *(v. 'n lamp, kers)*; *(med.)* tampon; →WICKED[1]. ~ **end** snuitsel.

wick[2] *(vero.)* dorpie, gehug(gie).

wicked[1] met pitte, met 'n pit.

wick·ed[2] sleg, boos, goddeloos, sondig, onsalig, onheilig; ondeund, onnutsig, stout *(kind)*; boosaardig, vals *(dier)*; *(infml.)* briljant, uitstekend, oulik, bakgat, kwaai. **wick·ed·ness** slegt(ig)heid, boosheid, goddeloosheid, sondigheid, sonde; onnutsigheid, ondeundheid, stoutigheid *(v. 'n kind)*; boosaardigheid, valsheid *(v. 'n dier)*.

wick·er *n.* wilgerloot, -twyg; vlegriet; rottang; vlegwerk, mandjiewerk; rottang-, rietmandjie, gevlegte mandjie. **wick·er** *adj.* gevleg; rottang-, riet-; ~ *basket* gevlegte mandjie, rottang-, rietmandjie; ~ *bottle* mandjiefles, korffles; karba; ~ *chair* gevlegte stoel, rietstoel, rottangstoel. **~work** mandjiewerk, mandjie(s)goed, vlegwerk, rottangware.

wick·et hekkie, deurtjie, poortjie; loket; draaisport; onderdeur; *(kr.)* paaltjie; *(kr.)* kolfblad; ***at the** ~, (kr.)* voor die paaltjies/penne; ~*s **fall/tumble,** (kr.)* paaltjies val/kantel/spat; *a **good** ~, (kr.)* 'n goeie kolfblad; *be on a **good** ~, (infml.)* goed af wees; ***keep** ~, (kr.)* paaltjiewagter wees; *a **plumb** ~, (kr.)* 'n mak kolfblad; *be/bat on a **sticky** ~, (kr.)* op 'n moeilike kolfblad speel; *(infml.)* in die/'n penarie/verknorsing sit/wees; ***take** a ~, (kr.)* 'n paaltjie kry. ~ **door** poortdeurtjie. ~ **gate** paaltjieshek. **~keeper** *(kr.)* paaltjiewagter.

wid·der·shins *adj. & adv., (hoofs. Sk.)* teen die klok in, agteruit, verkeerdom; →ANTICLOCKWISE.

wid·dle *n.: have a ~, (infml.: urineer)* 'n draai loop, fluit, water afslaan. **wid·dle** *ww., (infml.: urineer)* 'n draai loop, fluit, water afslaan.

wide *n., (kr.)* wydloper. **wide** *adj. & adv.* wyd; breed; ruim; ver, vêr; uitgestrek; verreikend, vêrreikend; verstrekkend; ruim gestel; uitgebrei(d), algemeen, veelomvattend; wyd vertak; wyd versprei(d); hemelsbreed *(verskil)*; dik *(rif)*; *over a ~ **area*** →AREA; *be ~ **awake*** →AWAKE *adj.*; *a ~ **band*** →BAND[2] *n.*; *give s.o. a ~ **berth*** →BERTH *n.*; *a ~ **choice*** →CHOICE *n.*; *a ~ **circle** of friends* →CIRCLE *n.*; *have ~ **experience** of s.t.* →EXPERIENCE *n.*; ***far** and ~* →FAR *adj. & adv.*; *from **far** and ~* →FROM FAR AND NEAR/WIDE; *on a ~ **front*** →FRONT *n.*; ~ ***horizons*** →HORIZON; *a ~ **knowledge** of s.t.* →KNOWLEDGE; *a ~ **lead*** →LEAD[1] *n.*; *be ~ of the **mark*** →MARK[1] *n.*; *a ~r **meaning*** →MEANING; *be ~ **open*** →OPEN *adj.*; *the result is ~ **open*** →RESULT *n.*; ~ ***opposition*** →OPPOSITION; ~ ***range** of ...* →RANGE *n.*; *s.o.'s ~ **reading*** →READING *n.*; *have a ~ **reputation*** →REPUTATION; ***shoot** ~* →SHOOT *ww.*; *a ~ **sleeve*** →SLEEVE *n.*; *a ~ **smile*** →SMILE *n.*; *a ~ **street*** 'n breë straat; *a ~ **target*** 'n groot teiken; ~ ***trousers*** →TROUSERS; *s.o.'s ~ **vision*** →S.O.'S BREADTH OF VISION; *the ~ **world*** die wye wêreld. **~-angled** *adj. (attr.):* ~ *lens* wyehoeklens. ~ **area network** *(rek., afk.: WAN)* wyearea-netwerk *(afk.: WAN)*. **~awake** *n.* breërandhoed. **~-band** *adj. (attr.), (rad.)* breëband- *(versterker ens.)*. **~-body, ~-bodied** *adj. (attr.)* wyeromp-, met 'n wye romp *(pred.)*; ~ *aircraft* wyerompvliegtuig. ~ **boy** *(Br., infml.: slinkse pers.)* jakkals. **~-brimmed** *adj. (attr.)* breërand-, met 'n breë rand *(pred.)*; ~ *hat* breërandhoed. **~-eyed** *adj.* met groot oë, grootoog, verbaas. **~-gauge railway** breë spoor(lyn). **~-mouthed** *adj.* met 'n oop mond, oopmond; met 'n oop bek, oopbek *('n dier)*; ~ *jar* wyebekfles. **~-open** *(attr.),* ~ **open** *(pred.), adj.* groot oop *(mond)*; *(pred.)* wye oop *(ruimtes)*; *(venster, deur, ens.)* wat (wa)wyd oop staan; wyd oopgesprei *(bene)*; *look at s.o. with ~ eyes* grootoog (*of* met groot oë) na iem. kyk, iem. grootoog (*of* met groot oë) aankyk. **~-ranging** *adj.* uitgebrei(d); omvattend; *a ~ discussion* 'n omvattende bespreking. **~-reaching** *adj.* verstrekkend. **~-screen** *adj. (attr.)* wyedoek- *(formaat ens.)*; ~ *TV* wyeskerm-TV. **~spread** *adj.* wydversprei(d), uitgestrek; wydvertak; verbrei(d), algemeen, oral(s) bekend. **~spreading** *adj.* wydstrekkend, wyd uitgestrek; ~ *wings* uitgespreide vlerke.

wide·ly *adv.* wyd; breed; ruim; algemeen, allerweë, in ruim(e) mate, in breë kring; *be ~ **advertised*** →ADVERTISE; *it is ~ **believed*** baie mense glo dit; ***differ** ~* →DIFFER; *be ~ **discussed*** →DISCUSS; *be ~ **known*** →KNOWN; ~ ***phrased*** ruim/breed gestel; *a ~ **read** ...* →READ *adj.*; ***read** ~* →READ *ww.*; *it is ~ **reported** that ...* →REPORT *ww.*; ***travel** ~* →TRAVEL *ww.*.

wid·en verbreed, breër maak/word, wyer maak/word, verwyd, verruim; uitbrei; ~ *out, ('n rivier ens.)* breër word; *('n mou ens.)* wyer word. **wid·en·ing** verwyding; verbreding.

wide·ness wydheid, wydte, uitgestrektheid; breedheid, breedte.

wid·geon →WIGEON.

widg·et = GADGET.

wid·ow *n.* weduwee; *(orn.)* flap; *(tip.)* kort reël *(boaan 'n bl.)*; →ORPHAN *n.*; ~*'s **cruse*** →CRUSE; *he **leaves** a ~* hy laat 'n weduwee na/agter; *she was* (or *has been*) ***left***

a ~ sy het as weduwee agtergebly, sy het 'n weduwee geword, haar man is dood; ~ *and **orphan** fund* weduwee-en-wese-fonds; ~*'s **peak*** gepunte haarlyn; ~*'s **pension*** weduweepensioen; ~*'s **weeds*** →WEED[1] *n.*. **wid·ow** *ww. (hoofs. as volt.dw.)* tot weduwee/wewenaar maak; ~*ed father* wewenaar-vader, *(ret.)* beroofde vader; ~*ed mother* weduwee-moeder. ~**bird:** *long-tailed* ~, *(Euplectes progne)* langstertflap; *red-shouldered* ~, *(E. axillaris)* kortstertflap; *yellow-rumped* ~, *(E. capensis)* Kaapse flap. ~**finch** *(Vidua* spp.*)* blouvinkie. ~ **woman,** ~ **lady** *(arg. of dial.)* = WIDOW *n.*.

wid·ow·er wewenaar. **wid·ow·er·hood** *(w.g.)* wewenaarskap.

wid·ow·hood weduweeskap, weduweestaat.

width wydte *(v. 'n ruimte);* breedte *(v. 'n voorwerp);* dikte *(v. 'n rif);* breedheid, veelomvattendheid, uitgestrektheid; ~ *of **body*** rompbreedte; ~ *of **mesh*** maaswydte; ~ *of a **sleeve*** wydte van 'n mou; ~ *of a **street*** breedte van 'n straat. **width·wise, width·ways** *adv.* in die breedte.

wield swaai; hanteer; uitoefen; beheer, bestuur; ~ *the **axe/sjambok*** (or *one's **fists***) die byl/sambok/vuiste inlê; →AXE *n.*, FIST *n.*; ~ *the **pen*** die pen voer; ~ ***power*** mag uitoefen; ~ *the **sceptre*** →SCEPTRE; ~ *a **spade*** →SPADE[1] *n.*. **wield·er** swaaier; hanteerder; ~ *of the pen* penvoerder.

wie·ner *(Am., ook* wienerwurst*)* Weense wors(ie). **W~ schnitzel** *(kookk.)* Wiener schnitzel.

wie·nie →WEENIE.

wife *wives* vrou, eggenote, gade; *make ... one's* ~, (arg.) *take ... to wife* met ... trou (*of* in die huwelik tree), *(fml.)* ... tot vrou neem; →LAWFUL; *take a* ~, *(fml.)* trou, 'n vrou neem/vat. ~ **beater** vrouslaner. ~ **swapping** *n., (infml.)* vrouruilery. ~**-swapping** *adj. (attr.)* vrouruil- *(partytjie)*.

wife·hood staat van getroude vrou, huisvroulike staat.

wife·less sonder vrou; ongetroud.

wife·like, wife·ly vroulik, huisvroulik; *that is* ~ dit is soos dit 'n huisvrou pas/betaam.

wife·y *(infml.)* vroutjie, vroulief.

wif·ie *(Sk.)* vrou.

wig *n.* pruik; *there'll* (or *there will*) *be* ~*s on the green, (infml., w.g.)* die poppe sal dans, daar sal gespook word, hulle sal mekaar opdons. **wig** =*gg*=, *ww., (Br., infml., vero.)* roskam, inklim, skrobbeer; 'n skrobbering gee, goed die waarheid sê; 'n pruik opsit, van pruike/'n pruik voorsien. **wigged** met 'n pruik, gepruik. **wig·ging** *(Br., infml., vero.)* skrobbering, uitbrander; *(NS)* (die) oopskeer van ('n skaap se) oë; ~*(s)* oogwol. **wig·let** haarstuk, pruikie.

wi·geon, wid·geon *(orn.: Anas penelope)* smiert.

wig·gle *n.* geskommel, gewikkel, gewiebel; kronkel(ing). **wig·gle** *ww.* skommel, wikkel, wiebel; kronkel; ~ *one's ears* jou ore beweeg/roer; ~ *out of ..., (infml.)* jou uit ... (los)draai/-wikkel. **wig·gly** *adj.* wikkelend *(sangeres ens.);* wriemelend *(wurm ens.);* kronkelend *(lyn, slang, ens.);* bewerig *(handskrif ens.);* wankelrig *(bene ens.)*.

wig·gle-wag·gle *n. & ww., (infml., dial.)* = WIGGLE *n. & ww.*.

wight *(arg. of dial.)* skepsel, mens; *the poor* ~ die arme drommel.

wig·wam wigwam, Indiaanse tent/hut/woning.

wil·co *tw., (rad., afk. v.* will comply*)* maak so.

wild *n.* wildernis, woesteny, wilde wêreld; *be in the* ~ wild wees; *(out) in the* ~*s, (infml.)* in die wildernis/gram(m)adoelas. **wild** *adj.* wild; woes; dol, rasend; skrikkerig, sku, bang; woedend; roekeloos, onverskillig; losbandig; stormagtig, geweldig, heftig; verwilderd; ongetem(d), ongeleer(d); onbebou(d); →WILDING[1], WILDLY; *be* ~ ***about*** *..., (infml.)* dol wees op/oor ...; woedend wees oor ...; *a* ~ ***animal*** 'n wilde dier; ***be*** ~, *(ook, sl.)* vuurwarm wees; ~ ***beast*** →BEAST; *African* ~ ***cat*** →AFRICAN *adj.; be beyond one's* ~*est **dreams*** →DREAM *n.;* ***drive*** *s.o.* ~, *(infml.)* iem. dol/gek/rasend maak; *a* ~ ***fellow*** 'n onverskillige kêrel; *a* ~ ***flower*** →FLOWER *n.;* ***go*** ~ wild word; *(infml.)* tekere (*of* te kere) gaan, tekeregaan, woed; ***go*** ~ *with delight* jou te buite gaan van blydskap; *a* ~ ***guess*** →GUESS *n.; s.t. is beyond s.o.'s* ~*est **hopes*** →HOPE *n.; a* ~ ***life*** 'n wilde/woeste lewe; *s.o.'s* ~ ***locks*** iem. se deurmekaar/verwaaide hare; *a* ~ ***man*** 'n woestaard, 'n woesteling; 'n heethoof, 'n ekstremis; *(vero.)* 'n barbaar; *(the)* ~ ***man*** *of the woods, (infml., dated)* orangoetang; ***run*** ~ →RUN *ww.; a* ~ ***shot*** 'n wilde skoot; *a* ~ ***tale*** 'n wolhaarstorie; 'n fantastiese verhaal; *the W~* ***West*** →WEST *n.;* ~ ***with*** *excitement* dol van opwinding; ~ *and* ***woolly*** ru, wild. **wild** *adv.* wild, halsoorkop, blindweg; los en vas *(praat)*. ~ **almond** *(Brabejum stellatifolium)* wilde-amandel, amandelhout. ~ **asparagus** *(Asparagus* spp.*)* wilde-aspersie, katdoring, =stert. ~ **ass** wilde-esel. ~ **balsam** wildebalsem. ~ **barley** *(Hordeum murinum)* wildegars. ~ **boar** *(Sus scrofa)* wildevark. ~ **bottlebrush (tree)** *(Greyia sutherlandii)* baakhout. ~ **buchu** →BUCHU. ~ **card** *(sport)* promotorskeuse; *(rek.)* oorheersstring; *(infml.)* onbekende faktor. ~**cat** *n., (soöl.: Felis silvestris)* wildekat; *(infml.)* feeks, geitjie, rissie(pit); *(infml., hoofs. Am.)* swendelaar, wilde spekulant; swendelfirma, =bank. ~**cat** *adj.* onbesonne, halsoorkop; onbekook; wolhaar=, dol, mal; ongereeld; bedrog=, swendel=; ~ *strike* wilde/los staking. ~**cat** *ww., (Am.)* proefboorgate (*of* eksperimentele boorgate) sink, lukraak/spekulatief boorgate sink *(vir olie, gas, ens.)*. ~**catter** *(Am.)* spekulatiewe oliesoeker/prospekteerder; *(by uitbr.)* wilde/dwase spekulant, swendelaar. ~**catting** swendelary; wilde oliesoekery. ~ **cattle** wilde beeste. ~**-caught** *adj. (attr.)* wat wild gevang is *(pred.);* van diere wat wild gevang is *(pred.)*. ~ **chestnut** = CAPE CHESTNUT. ~ **coffee** *(Coffea racemosa)* inheemse koffie, wildekoffie, swartbas. ~ **cotton** *(Asclepias* spp.*)* wildekapok. ~ **cucumber** *(Cucumis anguria)* wildekomkommer, -agurkie. ~ **dagga** *(Leonotis leonurus)* duiwelstabak, wilde dagga. ~ **dog** *(Lycaon pictus)* wildehond. ~ **duck** = MALLARD. ~**-eyed** verwild(erd). ~ **fig** *(Ficus natalensis)* wildevy. ~**fire** *(mil., hist.)* Griekse vuur; woeste brand; weerlig(skynsel); dwaallig (→WILL-O'-THE-WISP); *(tabakblaarsiekte)* wildvuur, verterende roes; *spread like* ~ soos 'n veldbrand versprei, soos 'n lopende vuur versprei. ~ **flax** →FLAX. ~**-flower garden** veldblommetuin. ~**fowl** wilde voël(s); waterwild. ~ **fruit** veldvrug(te), wilde vrug, veldkos; ~ **gardenia** *(Rothmannia capensis)* wildekatjiepiering, stompdoring; →WHITE GARDENIA. ~ **goose** = GREYLAG (GOOSE). ~**-goose chase** sinlose tog, gejaag agter skimme; dwase/onbesonne onderneming; *lead s.o. a* ~ ~, *send s.o. on a* ~ ~ iem. verniet laat soek, iem. op 'n dwaalspoor bring. ~ **hemp** *(Leonotis ocymifolia)* klipdagga. ~ **horse** wilde/ongeleerde perd; (Mongoolse) wildeperd, Przewalskiperd; ~ ~*s would not drag s.o. there* →HORSE *n.*. ~ **hyacinth** →HYACINTH. ~ **jasmine** *(Jasminum multipartitum)* wildejasmyn. ~ **lemon** = LEMONWOOD. ~ **medlar** *(Vangueria infausta)* wildemispel. ~ **millet** *(Digitaria sanguinalis)* kruis(vinger)gras, mannagras. ~ **mustard** *(Sisymbrium thellungii; Rapistrum rugosum)* wildemosterd. ~ **oat** *(Avena fatua)* wildehawer; *sow one's* ~ ~*s* →OAT. ~ **olive** →OLIVE (TREE). ~ **orange** = MONKEY ORANGE. ~ **pansy** *(Viola tricolor)* gesiggie. ~ **peach** →PEACH[1] *n.*. ~ **pear** *(Dombeya rotundifolia)* drolpeer, dikbas. ~ **pepper** *(Piper capense)* wilde=, bospeper; *(Kirkia wilmsii)* bergsering, wildepeperboom. ~ **pink** *(Dianthus* spp.*)* wildeangelier. ~ **plum** *(Harpephyllum caffrum)* wildepruim. ~ **pomegranate** *(Burchellia bubalina)* wildegranaat; *(Rhigozum obovatum)* driedoring, wildegranaat. ~ **quince** *(Cryptocarya liebertiana)* wildekweper. ~ **rose** veldroos, wilderoos; →DOG ROSE, SWEETBRIAR. ~ **rosemary** *(Eriocephalus* spp.*)* wilderoosmaryn, kapokbossie. ~ **rye** *(Elymus* spp.*)* wilderog; *(E. arenarius)* sandhawer, helm(gras). ~ **sage** →SAGE[2] *n.*, SAGEWOOD. ~ **sheep** wildeskaap. ~ **silk** wildesy; →TUSSORE (SILK). ~ **stock** *(Brachycarpaea juncea)* blouriet, bergviool(tjie). ~ **strawberry** *(Fragaria vesca)* bosaarbei. ~ **syringa, red syringa** *(Burkea africana)* wilde=, rooisering. ~ **type** *(genet.)* wilde/natuurlike soort. ~ **watermelon** *(Citrullus lanatus)* waatlemoen, tsamma, maketaan, karkoer. ~**wood** natuurbos.

wil·de·bees(t) =*beests*, =*bees(t)* wildebees; *black* ~ swartwildebees; *blue* ~ blouwildebees.

wil·der·ness wildernis, woesteny; woestyn; *a **howling*** ~ 'n huilende woesteny; *be in the **(political)*** ~ in die (politieke) woestyn wees; ***the*** *W~, (SA, geog.)* die Wildernis; *a voice crying in the* ~ →VOICE *n.*. ~ **area** wildernisgebied.

wild·ing[1] wilde plant/blom; wildeappel; wilde dier.

wild·ing[2] *(Am., infml.)* rampokkery, geweldvlaag.

wild·life natuur=, veldlewe; diere- (en plante)wêreld; wilde diere, wild. ~ **fund** natuurfonds. ~ **park,** ~ **reserve** natuurpark, =reservaat.

wild·ling = WILDING[1].

wild·ly wild, woes, in die wilde (weg).

wile *n.* (skelm)streek, lis; geslepenheid. **wile** *ww., (arg.)* verlok, aanlok. **wil·i·ness** listigheid, sluheid, slimheid, geslepenheid. **wil·y** listig, slu, skelm, geslepe, slim, oulik.

wil·ful moedswillig, opsetlik; eiesinnig, eiewillig, eiewys; ~ *killing* opsetlike doodslag; ~ *misconduct* opsetlike wangedrag; ~ *murder* moord met voorbedagte rade. **wil·ful·ly** opsetlik, met opset; moedswillig, willens en wetens; ~ *deaf* horende doof. **wil·ful·ness** opsetlikheid; moedswilligheid.

will[1] *modale hulpww.* wil, begeer; wens; *(toekomende tyd)* sal; →WILLING; *it shall be **as you*** ~ u kan u sin kry, u wens sal vervul word; *I* ~ ***be*** *glad if you* ~ *come* ek sal bly wees as jy kan kom; *boys* ~ ***be*** *boys* seuns bly maar seuns; *that* ~ ***be*** *James on the phone* dis nou seker James wat daar bel; *s.o.* ~ ***do*** *s.t.* iem. sal iets doen; ~ ***do!***, *(infml.)* ja goed!, ek sal!; *s.o.* ~ ***eat*** *anything* iem. eet alles; *accidents* ~ ***happen*** →ACCIDENT; *s.o.* ~ ***have*** *it that ...* iem. meen dat ...; *you* ~ ***hear*** *soon enough* jy sal gou genoeg hoor; *whether s.o.* ~ *or **no**, (poët., liter.)* of iem. wil of nie; *s.o.* ~ ***not*** *do s.t.* iem. sal iets nie doen nie; *s.o.* ~ ***sit*** *there for hours* daar sit iem. (dan) ure lank; ***what*** *wilt thou?, (arg.)* wat wil u hê?, wat is u begeerte?.

will[2] *n.* wil; wilskrag; wens, begeerte; willekeur; testament; →FREE WILL, WILL-LESS; ***after*** *one's* ~, *(arg.)* na eie begeerte; ***against*** *s.o.'s* ~ teen iem. se sin; ***at*** ~ willekeurig, na willekeur/wens/keuse/goeddunke, (net) wanneer iem. wil; ***at*** *one's own sweet* ~ na iem. se eie sin en wil; ***at*** *the* ~ *of ...* na goeddunke/goedvinde van ...; ***bend*** *s.o. to one's* ~ jou wil aan iem. opdring; ***break*** *a* ~ 'n testament omverwerp/omvêrwerp; ***break*** *s.o.'s* ~ iem. se wil breek; ***force/power/strength*** *of* ~ = WILLPOWER; ***get/have*** *one's* ~ jou sin kry; *men of **good*** ~ manne van goeie wil; ***have*** *one's* ~ *of s.o., (arg.)* iem verlei; *an **iron*** ~ 'n wil van staal, 'n stale wil; ***last*** ~ *and testament* testament, laaste/uiterste wil, uiterste wilsbeskikking; ***leave*** *s.t. by* ~ iets by testament bemaak; ***make*** *one's* ~ 'n testament maak; *have a* ~ *of one's **own*** 'n eie wil hê, weet wat jy wil; *this child has a* ~ *of its **own*** die kind het 'n eie willetjie; *of one's **own free*** ~ uit vrye wil, uit eie aandrang/beweging; *s.o.'s **own sweet*** ~ iem. se eie goeddunke; *the* ~ *of the **people,** the **people's/popular*** ~ die volkswil; ***remember*** *s.o. in one's* ~ in jou testament aan iem. dink; ***submit*** *to God's* ~ jou aan die wil van God onderwerp; ***take*** *the* ~ *for the deed* die wil vir die daad neem; ***tenancy*** *at* ~, *(jur.)* opsegbare huur; ***Thy*** ~ *be done, (vnl. relig.)* laat u wil geskied; ***under*** *a* ~ volgens/ingevolge/kragtens 'n testament; *where there's a* ~ *there's a **way*** waar 'n wil is, is 'n weg; wie wil, dié kan; 'n boer maak 'n plan; ***with*** *a* ~ met lus, (met) hart en siel; ***work*** *one's* ~ sorg dat jy jou sin kry, jou sin deurdryf/=drywe; *with the best* ~ *in the **world*** met die beste wil ter (*of* van die) wêreld; *what is **your*** ~*?, (arg.)* wat verlang u?, wat is u begeerte?. **will** *ww.* vermaak, bemaak, nalaat; *(fml. of poët., liter.)* dwing; *one can* ~ ***o.s.*** *into accepting s.t.* as jy wil, kan jy iets aanvaar; *have no **power** to* ~ geen wilskrag hê nie; ~ *o.s. **to** do s.t.* jouself (met wilskrag) dwing om iets te doen; ~ *s.t. **to** s.o.* iets aan iem. bemaak/nalaat/vermaak. ~**power** wilskrag; *by sheer* ~ deur louter(e) wilskrag.

Wil·liam: ~ *the Conqueror* →CONQUEROR; *Emperor* ~ keiser Wilhelm; ~ *the Silent* Willem die Swyger. **Willie:** *Wee* ~ *Winkie* Klaas Vakie.

wil·lie →WILLY.

wil·lies *n. (mv.): s.t. gives s.o. the* ~, *(infml.)* iets maak iem. kriewelrig.

will·ing (ge)willig, bereid, fluks, bereidwillig; *God* ~

→GOD; *a ~ horse* →HORSE *n.*; *be (quite) ~ to do s.t.* (heeltemal) bereid/gewillig wees om iets te doen. **will·ing·ly** gewillig, bereidwillig, goedwillig. **will·ing·ness** gewilligheid, fluksheid; bereidvaardigheid, bereidwilligheid; *s.o.'s ~ to do s.t.* iem. se gewilligheid om iets te doen.

wil·li·waw rukwind.

will-less willoos.

will-o'-the-wisp dwaallig, blinkwater; glibberige mens, rondspringer, iem. wat nou hier en dan daar is; *be a ~,* *(ook)* soos 'n voël op 'n tak wees.

wil·low *n.* wilg, wilgeboom, wilger(boom); (skeur)wolf, pluismasjien; (krieket)kolf; →GOLDEN WILLOW; *bush ~, (Combretum* spp.) vaderlandswilg(er), vaarlandswilg(er); *Cape ~, (Salix mucronata)* Kaapse wilger, wildewilger; *handle/wield the ~, (kr., infml.)* die kolf swaai; *wear the ~, (arg.)* treur om 'n geliefde; *weeping ~* →WEEPING *adj.*. **wil·low** *ww., (tekst.)* uitpluis, uitkam *(katoen ens.)*. ~ **gum** *(Eucalyptus viminalis)* treur-, wilgerbloekom. ~**herb** *(Epilobium* spp.) wilge(r)rosie. ~ **oak** *(Quercus phellos)* wilgereik, wilgblarige eik. ~ **pattern** wilge(r)patroon *(op erdewerk)*. ~ **rust** *(plantsiekte)* wilge(r)roes. ~ **tree** *(Salix* spp.) wilg, wilgeboom, wilger(boom). ~ **warbler,** *(Br.)* **wren** *(Phylloscopus trochilus)* hofsanger.

wil·low·ing ma·chine (skeur)wolf, pluismasjien.

wil·low·y met wilge(r)bome begroei; soos 'n wilge(r)boom; slank, lenig.

wil·ly, wil·lie *(infml.: penis)* tollie, totterljie, totterman-netjie, slurpie, gog(gie).

wil·ly-nil·ly *adv.* of hy/sy/hulle/ens. wil of(te) nie, teen wil en dank, goedskiks of kwaadskiks, nolens volens.

wil·ly-wil·ly *n., (Austr.)* (tropiese) sikloon; stofstorm.

wilt[1] *n., (plantsiekte)* verwelk-, verlepsiekte. **wilt** *ww.* (laat) verlep/verwelk/kwyn, verlep (word); (laat) afhang/verslap, (laat) slap hang; *liable to wither or ~* verwelkbaar. ~ **disease** verlep-, verwelksiekte.

wilt[2] *ww. (2de pers. ekv.), (arg.)* wil; →WILL[1] *modale hulpww.*.

wil·y →WILE.

wim·ble hout-, krukboor; frik(ke)boor, swikboor; grondboor. ~ **brace** booromslag.

wimp *n., (infml.)* drel, jansalie, jandooi, trut. **wimp** *ww.: ~ out, (infml.)* kop uittrek. **wimp·ish** *adj., (infml.)* gevrek, dooierig, droog, vaal.

wim·ple *n.* sluier; (bo)kap; nonnekap. **wim·ple** *ww.* sluier; met 'n kap bedek.

Wims·hurst ma·chine *(soort elektrostatiese generator)* wimshurstmasjien *(ook W~)*.

win *n.* oorwinning; wenslag; →WINLESS; *an outright ~* 'n algehele/volkome oorwinning; *s.o. has had three/etc. ~s* iem. het drie/ens. maal gewen. **win** *won won, ww.* wen; behaal; verdien; bereik; verwerf; verkry; →WINNABLE, WINNER, WINNING, WON; *s.t. ~s s.o.'s* **approval** →APPROVAL; *~ s.t.* **back** iets herwin; *how one ~s one's* **bread** →BREAD *n.*; *~* **by** *nine points to six* met nege punte teen ses wen; *~* **by** *9-6* met 9-6 wen; *you* **can't** *~, (infml.)* dit help (alles) niks; *you* **can't** *~ them all, (infml.)* ('n) mens kan nie altyd wen nie; *~ in a* **canter,** *(infml.), ~* **easily** (or *with* **ease**), *~* **hands down,** *(infml.)* maklik/fluit-fluit/loshand(e) wen; *~ the* **field** →FIELD *n.*; *~* **friends** →FRIEND; *~ s.t.* **from** *s.o., (kaartspel ens.)* iets van iem. wen; *~ territory* **from** *a country* gebied op 'n land verower; *~* **hands down** →**canter**; *~ on a* **knock-out** met 'n uitklophou wen; *~ or* **lose,** *you ...* of jy wen of verloor, jy ...; *~ s.o.'s* **love** →LOVE *n.*; *~ by a wide* **margin** ver/vêr wen; *~* **minerals** delfstowwe win/ontgin; *~ a* **name** *for o.s.* →NAME *n.*; *~ s.t.* **off** *s.o.* iets van iem. wen; *~* **out/through** *(all difficulties)* bo uitkom, alle moeilikhede oorwin (*of* te bowe kom); *~* **outright** voluit wen; *~ s.o.* **over** iem. omhaal/ompraat/oorhaal/oorreed; *~ on* **points** met punte wen; *~ a* **prize** 'n prys wen/verwerf; *be* **set to** *~* oorgehaal wees om te wen; *this horse/team/etc.* **should** *~* dié perd/span/ens. moet (*of* sal waarskynlik) wen; *~ one's* **spurs** →SPUR *n.*; *s.o.* **stands** *to ~* iem. het 'n kans om te wen; *~ the* **summit** die top behaal/bereik; *~* **through** *(all difficulties)* →**out;** *~ in a* **time** *of* ... in ... wen; *~ s.o.* **to** *do s.t., (arg.)* iem. oorhaal om iets te doen; *~ the* **toss** →TOSS *n.*; *s.t. that ~s* **upon** *one, (vero., w.g.)* iets waaraan 'n mens al hoe meer begin (te) glo; *~ a* **victory** wen, 'n oorwinning behaal; *~ one's* **way** vooruit beur. **~-win** *adj. (attr.), (infml.)* wen-wen- *(attr.)*, waarby almal baat, wat almal tevrede stel, wat niemand benadeel (*of* aan die kortste ent laat trek) nie *(pred.)*; *a ~-~ situation/agreement/etc.* 'n wen-wen-situasie/-ooreenkoms/ens..

wince *n.* krimping, terugdeinsing; gril, huiwering, trekking. **wince** *ww.* (ineen)krimp; terugdeins; gril, huiwer, ril; *(spiere)* trek; *~ under pain* (ineen)krimp van pyn; *without wincing* sonder om 'n spier te vertrek.

win·cey *(Br.)* wolkatoen, -linne. **win·cey·ette** *(Br.)* winceyette.

winch *n.* slinger, handvatsel; windas, wenas, wen, lier, hystoestel. **winch** *ww.* (op)hys; *~ s.t. up* iets opkatrol. ~ **barrel,** ~ **drum** wentol.

Win·ches·ter: ~ **disk** *(rek.: soort hardeskyf)* winchesterskyf. ~ **disk drive** *(rek.: soort hardeskyfaandrywer)* winchester-skyfaandrywer *(ook W~)*. ~ **(rifle)** *(soort repeteergeweer)* winchester(geweer) *(ook W~)*.

win·ches·ter *(chem., soms W~)* winchesterfles *(ook W~)*.

wind[1] *n.* wind; lug; reuk, ruik; asem; *(ook i.d. mv., mus., fungeer as ekv. of mv.)* die blasers/blaasinstrumente; →WINDAGE, WINDLESS, WINDWARD, WINDY; *the ~* **abates/drops/falls/sinks** die wind bedaar (*of* gaan lê); **against** *the ~* windop, teen die wind (in); *have the ~* **against** *one* die wind van voor kry/hê; **before** *the ~* windaf, voor die wind (uit), met die wind van agter; *a* **bleak** *~* 'n skraal windjie; *the ~* **blows** die wind waai; *what ~* **blows** *you here?* wat voer jou hierheen?; *see how the ~* **blows,** *find out how* (or *which way*) *the ~* **blows** kyk uit watter hoek die wind waai, die kat uit die boom kyk; **break** *~* 'n wind laat/los; **cast/fling/throw** *s.t. to the (four) ~s* iets oorboord gooi *(versigtigheid ens.)*; *the ~(s) of* **change** die wind van verandering; *sail* **close to** *the ~* →**sail;** *the ~* **comes on** die wind kom op; *a* **contrary** *~* 'n teenwind; **down** *the ~* windaf, voor die wind (uit), met die wind van agter (*of* in die rug), saam met die wind; onder(kant) die wind; *the ~* **drops** →**abates/drops/falls/sinks;** *the ~ is* **easterly/etc.,** *the ~ is (from/in the)* **east/etc.** die wind is oos/ens., die wind kom uit die ooste/ens.; *in the ~'s* **eye** vlak teen die wind; *the ~* **failed** die wind het gaan lê; *a* **fair** *~* 'n gunstige wind; *the ~* **fell** die wind het bedaar (*of* gaan lê); die wind het afgeneem; **fling** *s.t. to the (four) ~s* →**cast/fling/throw;** *from the* **four** *~s* uit alle hoeke/rigtings; *the ~* **freshens** die wind word fris (*of* begin stoot); **get/have** *~ of s.t.* iets agterkom, die/'n snuf in die neus kry van iets, lug kry van iets, 'n voëltjie hoor fluit oor iets; **get/have** *the ~ up, (infml.)* verskrik wees, die skrik op die lyf hê, lelik in die nood wees, in die knyp raak, vrek bang wees/word; *s.o. has a* **good** *~* iem. het 'n lang asem; *a* **gust** *of ~* 'n windvlaag, 'n rukwind; *the ~ is blowing* **hard** die wind waai sterk/hard; *a* **high** *~* 'n stormwind, 'n sterk wind; **high/huge** *~s blow on high hills, (sprw.)* die hoogste bome vang die meeste wind; *it's an* **ill** *~ that blows nobody any good, (sprw.)* geen kwaad sonder baat, by elke ongeluk 'n geluk, daar is altyd 'n geluk by 'n ongeluk, geen ongeluk nie of daar is 'n geluk by; *there is s.t.* **in** *the ~* daar is iets gaande (*of* aan die gang), daar broei iets; daar is iets aan die kom (*of* op koms); **into** *the ~* teen die wind (op); **knock** *the ~ out of s.o., (lett.)* iem. se wind uitslaan; *(fig.)* iem. se asem laat wegslaan; *go* **like** *the ~* (so vinnig) soos die wind gaan; *sound in ~ and* **limb** liggaamlik kerngesond, gesond van lyf en lede; **lose** *one's ~* uitasem raak; *the ~* **picks up** die wind word sterker; *the* **prevailing** *~* die heersende wind; **put** *the ~ up s.o., (infml.)* iem. bang maak, iem. die (*of* 'n groot) skrik op die lyf ja(ag); **raise** *the ~* →RAISE *ww.*; **recover** *one's ~* (weer) asem kry; *the ~ is* **rising** die wind word sterker; *the ~* **rose** die wind het opgekom; **sail** *close to* (or *near*) *the ~* skerp by (*of* soveel moontlik teen) die wind seil; *(infml.)* op die kantjie af wees *(v. welvoeglikheid ens.)*; *take the ~ out of s.o.'s* **sails** die wind uit iem. se seile haal, iem. se wapen uit sy/haar hand slaan; iem. die loef afsteek; *get one's* **second** *~* jou tweede asem kry; *the ~* **shifts** *round to the east/etc.* die wind draai oos/ens.; *be* **short** *of ~* uitasem wees; *the ~* **sinks** →**abates/drops/falls/sinks;** **sits** *the ~ there?* waai die wind uit daardie hoek? (*of* van daardie kant?), staan sake so?; **sow** *the ~ and reap the whirlwind, (sprw.)* wie wind saai, sal storm maai; *a* **strong** *~* 'n sterk wind; *have one's ~* **taken** wind-uit geslaan wees; *in the* **teeth** *of the ~* reg teen die wind (in); *God* **tempers** *the ~ to the shorn lamb, (sprw.)* God gee krag na kruis; **throw** *s.t. to the (four) ~s* →**cast/fling/throw;** *be* **troubled with** *~s, (fisiol.)* las van winde hê; *the ~ is* **up** die wind het opgesteek; *get/have the ~* **up** →**get/have;** **up into** *the ~* (met die kop) teen die wind (in); *find out which* **way** *the ~ blows* →**blows;** *~ and* **weather** wind en weer; **whistle** *down the ~* iets laat vaar, iets opgee; **with** *the ~* windaf. **wind** *winded winded, ww.* winduit slaan; *(hoofs. as volt.dw.)* uitasem raak; die winde uitklop/-vryf van *('n baba)*; laat asemskep/blaas *('n perd ens.)*; ruik, die reuk/lug kry van; *(poët., liter., verl.t./volt.dw. ook* wound wound) blaas *('n trompet ens.)*; **be** *~ed* uitasem wees; winduit wees; *the hounds ~ the* **fox** die honde kry die reuk van die vos; *give a* **horse** *a gallop to ~ him* 'n perd sy litte laat losmaak (*of* op 'n galop ry vir oefening); *~ s.o.'s* **tobacco** iem. se tabak ruik. ~**bag** *(infml.)* grootprater, windsak, windlawaai, windbuks, grootbek, raasbek. ~ **band** *(mus.)* blaasorkes. ~**blown** *adj.* aangewaai(d); (wind)verwaaid; *~ sand* waaisand. ~**-borne** *adj.* aangewaai(d). ~**bound** *adj.* deur teenwinde opgehou; deur wind vasgekeer. ~**break** windskerm, -skut, -heining, -laning. ~**breaker,** *(hoofs. Br.)* ~**cheater** windjekker, -jak. ~**charger** windlaaier. ~ **chest** blaasbalk, lugkas; windkas, -laai *(v. 'n orrel)*. ~ **chill** wind(ver)koeling. ~**-chill factor** windverkoelingsfaktor. ~ **chimes** *n. (mv.)* windklokkies. ~ **colic** windkramp *(by babas)*. ~ **cone** = WIND SLEEVE. ~**-dried** *adj.* winddroog. ~**drift** winddrif. ~**-drying** *n.* winddroging. ~**-egg** windeier; vrot eier. ~ **energy** windenergie. ~**fall** *n.* wat afgewaai/omgewaai is; afgewaaide vrug(te); geluk, meevaller; *get a ~* 'n geluk/meevaller kry. ~**fall tree** voorloperboom. ~ **farm** windkragaanleg. ~**flower** anemoon, windblom, -roos. ~ **force** windkrag, krag van die wind; windsterkte. ~ **furnace** lugoond. ~**gall** (steen)gal *(aan 'n perd se been)*; flou reënboog. ~ **gap** droë poort. ~ **gauge** windmeter, anemometer; windskuif *(v. 'n geweer)*. ~ **gust** windvlaag, -stoot. ~ **indicator** windwyser. ~ **instrument** *(mus.)* blaasinstrument. ~ **instrumentalist** *(mus.)* blaser. ~ **intensity** windsterkte. ~**jammer** *(hist.)* seilskip. ~ **layer** windlaag. ~ **machine** *(teat. ens.)* windmasjien. ~**mill** *n.* windmeul(e); windpomp; meulskroef *(v. 'n vliegtuig)*; *fight* (or *tilt at*) *~s, (fig.: denkbeeldige vyande/euwels bestry)* teen windmeule(ns) veg; *fling/throw one's cap over the ~, (vero.)* onverskillig/onkonvensioneel handel/optree. ~**mill** *ww.* soos 'n windmeul(e) draai; met die vliegwind laat draai. ~**mill palm** *(Trachycarpus fortunei)* (egte) houtpalm. ~**mill plane** *(lugv.)* outogiro. ~**pipe** *(anat.)* gorrel(pyp), (hoof)lugpyp. ~**-pollinated** *adj.* windbestuif. ~ **power** windkrag. ~ **pressure** winddruk. ~**-proof** *adj.* winddig. ~ **quintet** *(mus.)* blaaskwintet. ~ **resistance** windweerstand. ~**-rode** *adj., (sk.)* windreg. ~ **rose** *(weerk.)* wind-, kompasroos. ~**row** oesry, swad; skuinswal *(langs d. pad)*. ~**rower** rygooier; platsnyer. ~**sail** *(hist.)* koelseil; windmeulvlerk. ~ **scale** windskaal. ~ **scoop** windskepper. ~ **scorpion** = WIND SPIDER. ~**screen,** ~**shield** windskerm; voorruit *(v. 'n motor)*. ~**screen washer** ruitspuit. ~**screen wiper** ruit-, reënveër. ~ **section** *(mus.)* blasers *(v. 'n orkes)*. ~ **shake** ringbars, windbars. ~**shield** →WINDSCREEN. ~ **shift** windsprong. ~ **sleeve,** ~**sock** windkous, -sak. ~ **speed** windsnelheid. ~ **spider** ja(a)gspinnekop, roman; →SOLPUGID. ~ **spout** *(warrelwind)* wind-, waterhoos. ~ **stop** trekstrook; →DRAUGHT EXCLUDER. ~**storm** *(hoofs. Am.)* windstorm. ~**surf** *ww.* seilplankry. ~**surfer** seilplankryer. ~**surfing, boardsailing, sailboarding** *n.* seilplankry. ~**-swept** *adj.* winderig; (wind)verwaaid. ~ **tee** *(weerhaan)* wind-T. ~**-tight** *adj.* winddig. ~**toy** *(igt.: Spicara axillaris)* windhaan. ~ **tunnel** windtonnel. ~ **vane** weerhaan, windvaan; windmeulvlerk; wind-T. ~ **velocity** windsnelheid; rigtingsnelheid (van wind). ~ **zone** windsone, -streek.

wind[2] *n.* draai, kronkeling; hysing. **wind** *wound wound,* *ww.* (op)draai, (op)rol, wind; *(elek.)* (be)wikkel; *(sk.)* (om)krink; *(hout)* krom trek; *('n pad ens.)* slinger, kronkel, met draaie loop; →WINDER, WINDING, WOUND² *ww.;* ~ *s.o. in one's **arms,*** ~ *one's arms **around/round** s.o.* jou arms om iem. vou/slaan; ~ *a bandage **around/round** s.o.'s finger* 'n verband om iem. se vinger draai; ~ *s.t. **back*** iets terugdraai; ~ *a **blanket** round s.o.* iem. in 'n kombers toedraai; ~ ***cotton*** *on a reel* garing/gare op 'n tolletjie draai; ~ ***down,*** *(iem.)* ontspan; *(iets)* afloop; ~ *s.t. **down*** iets laat sak; ~ *s.t. **in*** iets inkatrol; ~ *o.s. **into** s.o.'s affections* jou in iem. se guns (in)dring; ~ *s.t. **off*** iets afdraai/afrol/afwen/losdraai; ~ *s.o. **round** one's (little) finger* →FINGER *n.; the road* ~*s **through** ...* die pad kronkel/slinger deur ...; ~ ***up*** *paying for the damage* op die ou end die skade moet vergoed; *s.o.* ~*s **up** by saying/etc. ...* iem. sê/ens. ten slotte ...; ~ ***up*** *with ..., (infml.)* met ... bly sit; ~ *o.s. **up** to do s.t.* al jou kragte inspan om iets te doen; ~ *s.t. **up*** iets oprol; iets aandraai; iets ophys/ophaal; iets afwikkel *(sake);* iets likwideer *('n mpy.);* iets afsluit *('n vergadering);* iets tot 'n einde bring; ~ *(up) a **watch*** 'n horlosie/oorlosie opwen. **~-down** *n., (infml.)* ontspanning; afloop. **~lass** *n.* windas, wenas, wen. **~lass** *ww.* opwen, ophys, optrek, ophaal *(met 'n wenas).* **~-up** *n.* afsluiting, beëindiging; einde; →WINDING-UP.

wind·age speling, speelruimte *(tuss. 'n projektiel en sielwand);* windinvloed *(op 'n projektiel);* windtoegewing, =kompensasie *(v.d. visier v. 'n vuurwapen);* turbulensie *(v. 'n snel bewegende voorwerp);* lugweerstand; *(sk.)* windkant, loefkant, =sy.

wind·er winder, wenner, draaier, slinger; hysmasjien; draaitree; spanrol, haspel; *(elek.)* wikkelaar; slingerplant.

wind·ing *n.* winding, kronkeling, draai; optolling, opwen(ning); hysing, hyswerk; *(elek.)* wikkeling. **wind·ing** *adj.* kronkelend, kronkel=, draai=; ~ *road* kronkelpad; ~ *stair(case)* wenteltrap. ~ **diagram** wikkeldiagram. ~ **drum** hystrommel. ~ **engine** hysmasjien. ~ **engine driver** hysmasjinis. ~ **gear** hystoestel, =gerei; opwentoestel, opwenner, optoller. ~ **rope** hys=, wentou. ~ **sheet** doods=, lykkleed. ~ **staircase** wentel=, spiraaltrap. ~ **tackle** hysgerei, =werk, =tuig, wentuig. **~-up** *n.* afsluiting, beëindiging, einde; afwikkeling *(v. sake);* likwidasie *(v. 'n mpy.).* **~-up address/speech** slotrede. **~-up sale** sluitingsuitverkoop.

wind·lass →WIND².

wind·less windstil, windloos. **wind·less·ness** windstilte.

win·dow *n.* venster; ruit; opening; *(rek.)* venster; *(fig.)* geleentheid, kans; kritieke periode; *(W~s, fungeer as ekv., handelsnaam, rek.)* Windows(bedryfstelsel/omgewing/ens.); *appear at the* ~ voor die venster verskyn; *... went out (of) the* ~, *(infml.)* dis neusie verby (met ... *of* wat ... betref); *the* ~*s of the soul, (poët., liter.: d. oë)* die vensters van die siel. **win·dow** *ww.* bevenster, van vensters (*of* 'n venster) voorsien; →WINDOWED. ~ **apron** vensterskort. ~ **arch** vensterboog. ~ **bar** vensterroei; tussenstyl; venstertralie, diewetralie; venster(ver)steler. ~ **bay** vensteruitbou. ~ **blind** vensterblinding, =blinder, rolgordyn. ~ **box** vensterbak, =tuin; kosynkoker. ~ **catch,** ~ **lock** vensterknip. ~ **cleaner** ruitwasser, =poetser; ruitwasmiddel. ~ **display** vensteruitstalling. ~ **dresser** vensterversierder, (venster)uitstaller, etaleur. ~ **dressing** vensterversiering, (venster)=uitstalling, uitstalkuns, etalering, etaleer(kuns); vensterversiering, uiterlike vertoon. ~ **envelope** vensterkoevert. ~ **frame** vensterkosyn, =raam. ~ **frost** vensterryp, ysblomme op ruite. ~ **garden** venstertuin. ~ **glass** venster=, ruitglas. ~ **ledge** vensterbank. ~ **level** vensterhoogte. ~ **lift** ruit=, raamligter. **~pane** vensterruit. ~ **peeper** afloerder, loervink. ~ **plant** vensterplant; *(bot.: Fenestraria spp.)* vensterplant, babatoontjies. ~ **pull** raamligter. ~ **recess** vensternis. ~ **sash** venster=, skuifraam. ~ **seat** venster(sit)bank. ~ **shade** blinding, blinder. **~-shop** *ww.* winkels kyk. **~-shopper** kyk=, loerkoper, winkelkyker. **~-shopping** *n.* winkelkykery, wenskopery; *do* ~ winkels kyk; *go* ~ gaan winkels kyk. ~ **shutter** vensterluik. **~sill** vensterbank. ~ **stop** *(bouk.)* skeistrook; *(mot.)* vensterstuiter. ~ **wiper** ruit=, reënveër.

win·dowed met vensters, bevenster(d).

win·dow·ing *(rek.)* venstertegniek; venstergebruik, die gebruikmaking van vensterprogrammatuur/=sagteware; vensterskepping, die skep van vensters. ~ **environment** *(rek.)* vensteromgewing. ~ **system** *(rek.)* vensterstelsel.

wind·ward *n., (hoofs. sk.)* loefsy, windkant; *get to* ~ *of ...* bo die wind van ... kom; *(fig.)* ... die loef afsteek; *lay/cast an anchor to* ~ sorg vir die maer jare. **wind·ward** *adj.* na/bo die wind, loefwaarts, na die loefsy; *W~ Islands, (geog.)* Bowindse Eilande; *the* ~ *side* die loefsy, windkant.

wind·y winderig; opgeblaas; opblasend; *(infml.)* windmaker(ig), grootpraterig, bombasties; opgeblase; *(fig.)* leeg, hol; *(Br., sl.)* senuweeagtig, bang; wind=; ~ *corner* waaihoek; *(mil.)* gevaarlike hoek; ~ *rhetoric* holle retoriek. **wind·i·ness** winderigheid.

wine *n.* wyn; →DRY WINE, RED WINE, SWEET WINES, WHITE WINE; ***Adam's*** ~ →ADAM'S; *be **flushed** with* ~ deur wyn verhit wees; ***good*** ~ *needs no bush* goeie wyn het geen krans nodig (*of* behoef geen krans) nie; *be **in*** ~, *(vero.)* aangeklam/lekker wees; ***judge/connoisseur** of* ~ →JUDGE *n.,* CONNOISSEUR; ***labourers'*** ~ volkwyn; ~ *of **origin*** wyn van oorsprong/herkoms; ***spirit(s)*** *of* ~, *(arg.)* wyngees (→RECTIFIED SPIRIT[S]). **wine** *ww.* op wyn onthaal; *(w.g.)* wyn drink; *(w.g.)* wyn lewer; ~ *and dine s.o.* iem. gul/feestelik (*of* op spys en drank) onthaal. ~ **bag** wynsak; *(infml.)* wynsuiper, dronkaard, dronklap. ~ **bar** wynkroeg. **~berry** wyn=, suurbessie; rooi-aalbes(sie), bloubessie, blou bosbes(sie). **~bibber** *(arg. of poët., liter.)* wynvlieg, =suiper, =sak, drinkebroer. **~bibbing** *(arg. of poët., liter.)* wynsuipery. ~ **bottle** wynbottel. ~ **box** wyndoos, =boks; doos=, bokswyn; doos/boks wyn. ~ **cellar** wynkelder. ~ **chemist** wynchemikus. ~ **cooler** wynkoeler, =koelvat. ~ **cup** wynbeker, =kelk; bowle. ~ **farmer,** ~ **grower** wynboer, =bouer, wingerdboer. ~ **farming,** ~ **growing** wynbou, =boerdery. **~fat** *(arg., AV: Jes. 63:2 en Mark. 12:1)* = WINEPRESS. ~ **fly** *(lett.)* wynvlieg. **~glass** wynglas, =kelkie. **~glassful** =*fuls* wynglas (vol). ~ **house** wynhuis; wynhandel(shuis). ~ **industry** wynbedryf. **W~land** = VIN(E)LAND. ~ **lees** wynmoer. ~ **list** wynkaart, =lys. **~maker** wynmaker, =bereider. **~making** wynbereiding. ~ **merchant** wynhandelaar. ~ **palm** *(bot.: Caryota urens)* wynpalm. ~ **pit** stikgat. **~press** pars=, trapbalie, parskuip, druiwepers, wynpersbak. ~ **red** wynrooi. **~skin** wynsak. ~ **stain** wynvlek. ~ **steward,** ~ **waiter** wyn=, drankkelner. ~ **store,** ~ **warehouse** wynpakhuis. **~-taster** wynproewer. **~-tasting** *n.* wynproe, =proewery, =proef. ~ **trade** wynhandel. ~ **vault** wynkelder. ~ **vinegar** druiwe=, wynasyn. ~ **writer** wyn(rubriek)skrywer, wynjoernalis. ~ **yeast** wyngis.

win·er·y wynmakery, =kelder.

wine·y →WINY.

wing *n.* vlerk *(v. 'n voël, vliegtuig, ens.);* vleuel *(v. 'n gebou, lugmag, ens.);* flank, vleuel *(v.d. leër); (pol.)* vleuel *(v. 'n party);* vlerk, wiek *(v. 'n windmeul);* spatbord, modderskerm; omslaanpunt *(v. 'n boordjie); (mil.)* skouerkap; *(teat.)* sy=, skuifskerm, coulisse; breë arm *(v. 'n leunstoel); (sport)* vleuel; *(versamelnaam, w.g.)* vlug *(voëls); the **bird** beats/flaps its* ~*s* die voël klap met sy vlerke; ***clip*** *s.o.'s* ~*s* iem. kortvat/kortwiek, iem. se vlerke knip; ***get*** *one's* ~*s* jou vleuels/vlerkies/vliegbewys kry; ***give/lend*** ~*s to s.o.* iem. aanspoor om gou te maak; ***give/lend*** ~*s to s.t.* iets bespoedig/verhaas; ***in the*** ~*s* agter die skerms; →***wait** in the wings;* ~ *of the **nose,** (anat.)* neusvleuel; ***on** the* ~ in die vlug; *(sport)* op die vleuel; ***play*** *(on the)* ~ (op die) vleuel speel; *on a* ~ *and a **prayer*** met skrale hoop; ***singe*** *one's* ~*s, (fig.)* jou vingers verbrand; ***spread/stretch*** *one's* ~*s, (fig.)* jou vlerke uitslaan; ***take*** ~ opvlieg; wegvlieg; ***take*** *s.o. under one's* ~ iem. onder jou beskerming/vlerke/vleuels neem; ***wait*** *in the* ~*s* gereed wees, jou kans afwag; *on the* ~*s of the **wind*** op die vleuels van die wind. **wing** *ww., ('n voël, vliegtuig)* vlieg; kwes, in die vlerk skiet *('n voël);* in die arm skiet *(iem.); (arg.)* van vlerke/vleuels voorsien, bevleuel; *(arg.)* aanvuur, aanspoor; ***ambition*** ~*s s.o.'s spirit, (ret.)* iem. se gees word deur sy/haar eersug aangevuur; ~ ***away*** wegvlieg; *the **bird*** ~*s the air, (poët., liter.)* die voël deurklief die lug; ~ ***forward*** voortvlieg; ~ ***it,*** *(infml.)* improviseer, iets uit die vuis uit doen. ~ **beat** vleuel=, vlerkslag. ~ **cal(l)ipers** kwadrantmeetpasser. ~ **case** *(entom.)* dekskild, dopvlerke. ~ **chair** orestoel. ~ **collar** wegstaanboordjie. ~ **commander** vleuelbevelhebber; *(Br. rang)* vleuelkommandeur. ~ **compasses** kwadrantpasser. ~ **cover** *(entom.)* dopvlerke, dekskild. ~ **covert** *(orn.)* dekveer. ~ **feather** vlerkveer. ~ **flap** vlerkklap. **~-footed** *adj., (poët., liter.)* gevleuel(d), snel, lig=, vlugvoetig. ~ **forward** *(rugby)* flank(voorspeler), kantman. ~ **game** *(Br.)* veerwild, gevleuelde wild. ~ **half** *(sokker, vero.)* buiteskakel. ~ **mirror** syspieël. ~ **nut** vleuelmoer. ~ **play** vleuelspel. ~ **rib** voorrib. ~ **screw** vleuelskroef. **~-shaped** *adj.* vlerkvormig. ~ **shell** *(entom.)* vlerk=, dekskild. **~span,** **~spread** vlerkspan(ning). ~ **stroke** vleuel=, vlerkslag. ~ **strut** vlerkstyl. ~ **tip** vlerkpunt, =spits, =tip. ~ **transom** *(sk.)* wulfbalk. ~ **valve** pootjiesklep.

winged gevleuel(d), gevlerk; vleuellam; *the* ~ *horse, (mit.)* die gevleuelde perd, Pegasus; ~ *words, (ret.)* gevleuelde woorde.

wing·er *n.* vleuel(speler). **-wing·er** *komb.vorm (pol.)* =gesinde; *(sport)* =vleuel; *left-*~ linksgesinde; linkervleuel.

wing·less ongevlerk, ongevleuel(d), sonder vlerke; ~ *locust* voetganger(sprinkaan).

wing·let vlerkie; *(entom.)* skildvlerkskub.

wink *n.* (oog)wink; knipogie; *have/take **forty*** ~*s, (infml.)* 'n uiltjie knip, 'n slapie maak/vang, 'n dutjie doen/geniet/maak/neem/vang; ***give*** *s.o. a* ~ vir iem. knik/knipoog; ***in*** *a* ~ in 'n oogwenk/oogwink; *not **sleep*** *a* ~, *not get/have a* ~ *of **sleep*** nie 'n oog toemaak nie; ***tip*** *s.o. the* ~, *(infml.)* iem. waarsku, iem. op sy/haar hoede stel; iem. 'n wenk gee. **wink** *ww.* oë knip, knipoog; (met die/jou oë) wink/knik/knipper; flikker; ~ *at s.o.* vir iem. knik/knipoog; ~ *at s.t.* maak of jy iets nie sien nie, iets deur die vingers sien. ~ **(beacon) buoy** flikker(baken)boei.

wink·er (oog)knipper; oogklap(pie). ~ **brace** oogklap *(v. 'n perd).*

wink·ing *n.* oogknip; *(as) easy as* ~ →EASY; *like* ~ in 'n oogwenk/oogwink. **wink·ing** *adj.* knippend, knipogend; knip=; ~ *light* kniplig.

win·kle *n.* alikreukel, arikreukel. **win·kle** *ww.:* ~ *s.o./s.t. out of ...* iem./iets uit ... kry; ~ *s.t. out of s.o.* iets uit iem. kry. **~-picker** *(Br., infml.)* skerppuntskoen.

win·less *(span ens.)* wat 'n wendroogte beleef, wat nog geen oorwinning kon behaal nie, wat nog nie een (*of* 'n/geen enkele) wedstryd kon wen (*of* gewen het) nie *(pred.);* ~ *run/streak* wendroogte.

win·na·ble wat gewen kan word, wenbaar.

win·ner wenner, oorwinnaar; *be onto a* ~, *(infml.)* 'n blink plan hê/kry; 'n belowende onderneming aanpak; *the **overall*** ~ die algehele wenner; ***pick/spot*** *the* ~ die wenner kies; *... is a **sure*** ~ ... sal beslis wen; ***tip*** *the* ~ die wenner voorspel.

win·ning *n.* (die) wen, oorwinning; verowering; winning *(v. delfstowwe); (ook, i.d. mv.)* wins(te); prysgeld. **win·ning** *adj.* (oor)winnend, wen=; bekroon(d); innemend, bevallig, vriendelik; ~ ***candidate*** verkose kandidaat; ~ ***essay*** bekroonde opstel; ~ ***hit*** beslissende hou; ~ ***manners*** innemende maniere; ~ ***side/team*** wenspan; *on the* ~ ***side*** aan die wenkant; ~ ***try*** wendrie, beslissende drie; ~ ***ways*** innemende maniere, beminlikheid, aanminlikheid, lieftalligheid. ~ **post** wenpaal.

win·now *n.* wan; (die) uitwan. **win·now** *ww.* (uit)=wan, uitwaai, uitkaf, skoongooi; (uit)sif, skei. **win·now·er** wanner; wanmeul, =masjien.

win·now·ing uitwanning; *(fig.)* uitsifting. ~ **basket** wanmandjie. ~ **fan** jaagbesem. ~ **fork** wangaffel. ~ **machine** wanmasjien.

win·o =*os, (infml.)* wynvlieg, =suiper.

win·some innemend, bevallig, vriendelik, beminlik, bekoorlik, aantreklik, lieftallig. **win·some·ness** innemendheid, beminlikheid, bekoorlikheid, lieftalligheid.

win·ter *n.* winter; *in the **dead/depth** of* ~ in die hartjie van die winter; *a **hard/severe*** ~ 'n strawwe/kwaai winter; ***in*** ~ in die winter; *a **man/woman** of fifty/etc.* ~*s* 'n man/vrou van vyftig/ens. jaar; *a **mild*** ~ 'n sagte winter; ***pass** the* ~ *somewhere* êrens oorwinter. **win·ter** *adj.* winters, winter=. **win·ter** *ww.* oorwinter, die winter deurbring; laat oorwinter, deur die winter voer, in die winter versorg *(vee, plante).* ~ **apple** winterappel. ~ **barley** wintergars. ~ **cereal(s)** wintergraan. ~-**chapped skin** gebarste vel *(vanweë koue).* ~ **cherry** *(bot.: Physalis alkekengi)* rooi appelliefie, jodekers; →CHINESE LANTERN. ~ **clothing,** ~ **dress,** ~ **wear** winterklere, =kleding, =drag, =goed. ~ **coat** winterhare. ~ **cress** *(bot.: Barbarea* spp.*)* winterkers, barbarakruid. ~ **dress,** ~ **frock** winterrok, =tabberd. ~ **garden** wintertuin; broeikas, glashuis. ~ **grape** *(Vitis vulpina)* winterdruif. ~**green** *(bot.: Pyrola* spp.*)* wintergroen. ~**green oil, oil of wintergreen** wintergroenolie. ~ **holidays,** ~ **vacation** wintervakansie. ~ **house** winterhuis, =verblyf. ~ **moth** *(Operophtera* spp.*)* wintermot. **W**~ **Olympics** *n. (mv.)* Winter(-) Olimpiese Spele, Olimpiese Winterspele. ~ **palace** winterpaleis. ~ **pasture** winterweiding. ~ **quarters** winterkwartier(e). ~ **rain** winterreën. ~ **rainfall** winterreën(val). ~ **rainfall area** winterreënstreek. ~ **residence** winterverblyf. ~ **saffron pear** wintersaffraanpeer. ~ **scene** wintergesig. ~ **season** winterseisoen. ~ **sleep** *n.* winterslaap. ~ **solstice** wintersonstilstand. ~ **spore** winterspoor, rustende spoor. ~ **sports** *n. (mv.)* wintersport; wintersport(soort)e. ~**time,** *(poët., liter.)* ~**tide** wintertyd, winter(seisoen). ~ **wheat** winterkoring.

win·ter·i·ness →WINTRY.

win·ter·ing oorwintering; deurwintering; inwintering; uitwintering.

win·ter·ise, -ize vir die winter geskik maak.

win·ter·ish winteragtig.

win·ter·li·ness →WINTRY.

win·ter·scape wintergesig.

win·try, win·ter·y, win·ter·ly winteragtig, winters, winter=; koud, ysig; *(fig.)* koel; ~ *reception* yskoue ontvangs; ~ *smile* suur glimlag; ~ *weather* winterweer. **win·tri·ness, win·ter·i·ness, win·ter·li·ness** winteragtigheid, wintersheid; *(fig.)* kilheid, troosteloosheid, doodsheid.

win·y, wine·y wynagtig, wyn=.

winze *n., (mynb.)* daalgang, tussenskag. **winze** *ww., (w.g.)* aftonnel.

wipe *n.* veeg, vee, hou, klap; sakdoek; *give s.t. a* ~ iets afvee; *take/fetch a* ~ *at s.o.* iem. met die plat hand byloop. **wipe** *ww.* vee, afvee; uitvee, skoon vee; ~ *s.t. **away*** iets afvee; iets wegvee; ~ *s.t. **clean*** →CLEAN *adv.*; ~ ***dishes*** →DISH *n.*; ~ *s.t. **down*** iets skoonvee; iets afdroog; ~ *s.o.'s **eye*** →EYE *n.*; ~ *one's **eyes*** →EYE *n.*; ~ *one's **face*** →FACE *n.*; ~ *the **floor*** →FLOOR *n.*; ~ *the **floor** with s.o.* →FLOOR *n.*; ~ *people **from** the face of the earth* →EARTH *n.*; *be ~d **from** the face of the earth* →FACE *n.*; ~*d **joint,** (loodgietery)* veeglas; ~ *s.t. **off*** iets afvee/wegvee; iets skoonvee; iets afskryf/afskrywe *('n verlies ens.)*; iets delg/vereffen *(skuld)*; ~ **out,** *(infml.)* van jou branderplank/fiets/ens. afval; ~ *s.t. **out*** iets uitvee; iets delg *(skuld)*; iets goedmaak *('n tekort)*; iets inhaal *('n agterstand)*; iets uitskakel *('n moontlikheid ens.)*; iets uitwis *('n skande ens.)*; ~ ***out** people* mense uitdelg/uitroei/uitwis/vernietig; ~ *s.t. **up*** iets opvee; iets afdroog *(skottelgoed).* ~**out** *n.* uitwissing; neutralisering, uitskakeling; uitroeiing, vernietiging; wegholoorwinning, =sege; *(rad.)* uitdowing.

wip·er veër, doek, skoonmaker; *(elek.)* kontakarm.

wire *n.* draad; elektriese kabel/draad; telefoondraad; staalkabel, =tou; *(infml.)* meeluisterapparaat *(vnl. a.d. liggaam)*; *(infml., vero.)* telegram; →LIVE WIRE; ***by*** ~ telegrafies; ***coil** of* ~ →COIL[1] *n.*; *have one's ~s **crossed*** →CROSS *ww.*; *s.t. is going **down** to the* ~, *(infml., sport)* iets stuur op 'n naelbyteinde/naelkou-einde af; ***drawn*** ~ getrokke draad; *a **naked*** ~ 'n kaal draad; ***pull*** ~*s* toutjies trek, knoei, agter die skerms werk, in die geheim invloed uitoefen; ***put** up a* ~ ('n) draad span; ***send** a* ~, *(infml., vero.)* 'n telegram stuur; *get in **under** the* ~, *(Am., infml.)* net-net (*of* net betyds *of* so op die nippertjie) aankom (*of* met iets klaarmaak). **wire** *ww.* met draad vasmaak; draad span; bedraad, drade (aan)lê/insit, van drade voorsien; draadhindernisse aanlê; met draad versterk/beveilig; inryg, aan 'n draad ryg; in 'n strik vang; *(infml., vero.)* telegrafeer, sein; ~*d **edge*** draadrand; ~ *a **house for** electricity* 'n huis vir elektrisiteit bedraad; ~*d **for** an electric stove, ('n kombuis)* met elektriese geleiding vir 'n stoof; ~*d **glass*** draadglas; ~ ***in,** (infml.)* entoesiasties inklim, geesdriftig te werk gaan; met lus wegval *(aan jou kos ens.)*; ~ *s.t. **in*** iets omhein; ~ ***into** s.t., (infml.)* iets geesdriftig (*of* met mening) aanpak; ~ ***s.o.** about s.t.* 'n telegram aan iem. stuur oor iets; ~ *s.t. **to** s.o.* iets telegrafies aan iem. laat weet; *be ~d **up,** ('n huis ens.)* bedraad wees; *(fig., iem.)* opgeskroef wees; *be ~d **up** to a machine* aan 'n masjien gekoppel wees. ~-**adjusting screw** draadspanskroef. ~ **balloon** bolrooster. ~ **bracing** draadverspanning. ~ **brad** skoenspyker. ~ **bridge** hangbrug. ~ **brush** draad=, staalborsel. ~ **cable** staal=, draadkabel. ~ **cage** draadhok, =kou. ~ **clip** draadklem. ~ **cloth** metaalgaas. ~ **coil** rol draad. ~-**cut brick** sny(bak)steen. ~ **cutter** *(pers.)* draadsnyer, =knipper; *(also* wire cutters*)* draadskêr, draad(knip)tang. ~-**cutting pliers** draad(knip)tang. ~ **dancer** koorddanser(es). ~ **die** draadvormer. ~**draw** *ww.* draadtrek, tot draad trek *(metaal)*; (uit)trek; *(fig., arg.)* vit, op fyn besonderheidjies/kleinigheidjies aandring, haarklowe, hare kloof; verdraai. ~**drawer** draadtrekker. ~ **dropper** loper. ~ **edge** *(metal.)* braam. ~ **entanglement** draadhindernis, =versperring. ~ **fence** draad(om)heining. ~ **fuse** draadsekering. ~ **gauge** draadmaat; draaddikte; draadnommer. ~ **gauze** metaalgaas, gaasdraad, draadgaas, fyn sifdraad. ~ **glass** draadglas. ~ **grass** *(Elionurus muticus)* koperdraad(gras); *(Eragrostis curvula)* oulands=, fyn=, renostergras; *(Aristida junctiformis)* Gongoni-steekgras; *Cape* ~ ~, *(Merxmuellera stricta)* Kaapse koperdraad(gras); *mountain* ~ ~, *(M. disticha)* bergkoperdraad(gras). ~ **grate** draadrooster. ~ **hair** steekhaar(foks)terriër. ~-**haired** *adj.* ruharig, steekhaar=. ~ **hawser** staalkabel, =wanttou. ~ **lead** draadleiding. ~**man** =*men* draadwerker. ~ **mesh** draadmaas; maasdraad. ~-**meshed** *adj.* met 'n draadskerm *(pred.).* ~ **nail** draadnael, =spyker. ~ **netting** sifdraad, ogiesdraad, metaalgaas. ~ **nippers** draad(knip)tang. ~**photo** telegrafiese foto. ~ **pliers** draadtang. ~**puller** konkelaar, intrigant, knoeier, toutjiestrekker, man/vrou agter die skerms. ~ **pulley** kabelkatrol. ~**pulling** konkel(a)ry, gekonkel, geknoei, knoeiery, intriges, gemaneuvreer, toutjiestrekkery. ~ **recorder** klankdraadtoestel, draadopnemer. ~ **rod** draadstang. ~ **rope** staaltou, draadkabel. ~ **ropeway** kabelbaan, sweefspoor. ~ **screen** draadskerm. ~ **service** *(hoofs. Am.)* nuusagentskap. ~ **shears** draadskêr. ~ **slide** glydraad. ~ **staple** draadkram. ~ **stitch** draadheg. ~-**stitched** *adj.* gedraadheg. ~ **stitcher** draadhegter. ~ **stitching** draadhegting, =hegwerk. ~-**straightening machine** draadrigmasjien. ~ **strainer** draadspanner. ~ **straining** draadspannery. ~ **stretcher** draadtrekker. ~ **stripper** *(dikw. mv.)* draadstroper. ~**tap** *n.* die aanbring van meeluistertoerusting (*of* 'n meeluisterapparaat/=toestel; meeluisterapparaat, =toestel; meeluistering, meeluistery. ~**tap** *ww.:* ~ *s.o.'s phone* 'n meeluisterapparaat/=toestel aan iem. se (tele)foon koppel, iem. se telefoongesprekke afluister. ~**tapper** (elektroniese) afluisteraar; draad(af)tapper. ~**tapping** draad(af)tappery, draad(af)tapping; (telefoniese) afluister(der)y. ~**walker** koorddanser, =loper, (span)draadloper. ~**walking** koorddansery. ~**way** draadbaan; draadleiding. ~**wheel** draad(speek)wiel. ~**wool** draadwol. ~**work** draadwerk; *(ook, i.d. mv.)* draadfabriek. ~**worker** draadwerker; draadtrekker. ~**worm** haarwurm *(by skape)*; *(plantplaag)* draadwurm. ~-**wound** *adj. (attr.), (elek.)* draadwikkel= *(attr.)*, met draadwikkeling *(pred.).* ~-**wove(n)** *adj. (attr.)* draaddeurvleg; van geweefde draad *(pred.).* ~-**wove paper** draadvelynpapier.

wire·less *n., (vero.)* radio, draadloos; draadlose telegrafie; draadlose telefonie; →RADIOTELEGRAPHY, RADIOTELEPHONY. **wire·less** *adj.* draadloos; radio=. **wireless** *ww., (w.g.)* 'n radioberig stuur, draadloos telegrafeer. ~ **aerial** antenne. ~ **(apparatus),** ~ **(set)** draadloos(stel), draadloostoestel, radio(stel), radiotoestel. ~ **call** draadloosoproep, radio-oproep. ~ **interception** radio-onderskepping. ~ **operator** radiobediener. ~ **telegraphist** marconis, draadloos=, radiotelegrafis. ~ **telegraphy** draadlose telegrafie, radiotelegrafie, draadloos; →RADIOTELEGRAPHY. ~ **telephony** draadlose telefonie, radiotelefonie; →RADIOTELEPHONY. ~ **transmission** radio-oorseining.

wir·ing draadwerk; draadspanwerk; draadaanleg, bedrading; geleiding; aanlê van draadhindernisse/=versperrings. ~ **diagram** draadskema, bedradings=, leidingsdiagram. ~ **machine** draadhegmasjien. ~ **party** draadspanners. ~ **post** trekpaal.

wir·y draadagtig, draad=; taai, gespier(d), sterk; seningrig; ~ *wool* draadwol.

wis *(arg.)* goed weet, terdeë bewus wees van.

Wis·con·sin *(geog.)* Wisconsin.

wis·dom wysheid; verstand; *in one's* ~ ***decide** to do s.t.* dit goed ag om iets te doen; ***doubt** the* ~ *of doing s.t.* twyfel of dit verstandig is om iets te doen; ***show** great* ~ *by doing s.t.* baie verstandig optree deur iets te doen; *W*~ *of **Solomon,** (apokriewe Bybelboek)* Wysheid van Salomo. ~ **tooth** verstandskies, verstand(s)tand.

wise[1] *n., (arg.)* manier, wyse; *in no* ~ hoegenaamd nie, op generlei wyse; *in this* ~ op hierdie wyse, op dié manier, so.

wise[2] *n.* (die) verstandiges/wyses; *a word to the* ~ *is enough* 'n goeie begryper/begrip/verstaander het 'n halwe woord nodig. **wise** *adj.* verstandig, wys; *without **anyone** being any the* ~*r* sonder dat iem. iets daarvan weet; *it is easy to be* ~ *after the **event*** dis maklik om nou/agterna te praat, dis geen kuns om nabetragtinge te hou nie; ***get*** ~ *to s.o./s.t., (infml.)* agterkom hoe iem./iets werklik is; *a* ~ ***guy*** →GUY[1] *n.*; *a* ~ ***man*** verstandige/wyse man; *(infml.)* raadgewer, kundige; *(dial.)* wyse, wysgeer; *(dial.)* towenaar; *s.o. is **none** the* ~*r* iem. is nog net so wys (*of* in die duister) as hy/sy was, iem. het niks te wete gekom nie; ***no one** will be the* ~*r* niemand sal (iets) daarvan weet nie, geen haan sal daarna kraai nie; *it would **not be*** ~ dit sou nie raadsaam/verstandig wees nie; ***put** s.o.* ~, *(infml.)* iem. reghelp, iem. uit die droom help; iem. op (die) hoogte bring, iem. die regte inligting gee; *a* ~ ***saw*** →SAW[1] *n.*; *be* ~ ***to** s.o., (infml.)* goed weet wat agter iem. se planne steek; *be* ~ ***to** s.t., (infml.)* goed weet wat agter iets steek; *s.o. is* ~ (*or it is* ~ *of s.o.*) ***to** ...* iem. tree verstandig op deur ...; ~ ***woman*** verstandige/wyse vrou; *(dial.)* towenares; *(dial.)* waarsegster. **wise** *ww.:* ~ *up, (infml.)* wakker word, agterkom wat aan die gang is; ~ *up to s.t., (infml.)* iets agterkom. ~**acre** alweter, weetal, slimprater, slimjan, wysneus. ~**crack** *n.* kwinkslag, sêding, puntigheid, epigram; *(ook, i.d. mv.)* sêgoed; *make a* ~ *about ...* 'n kwinkslag oor ... maak/kwytraak. ~**crack** *ww.* kwinkslae (*of* 'n kwinkslag) maak.

-wise *suff. (vorm adv.)* =gewys(e); wat ... betref; *business*~ sakegewys(e); *clock*~ regs om; *length*~ in die lengte, oorlangs; *money*~ wat geld betref.

wish *n.* wens, begeerte, verlange; ***best/good** ~es* beste wense, seënwense, heilwense; *with **best** ~es* met beste wense, met seënwense, met heilwense, alles van die beste; ***contrary** to s.o.'s ~es* teen iem. se sin; *s.o.'s **earnest*** ~ iem. se innige wens; ***express** a* ~ 'n wens uitspreek (*of* te kenne gee); *s.o.'s **expressed*** ~ iem. se uitdruklike wens; *s.o. **gets** his/her* ~ iem. se wens word vervul; iem. kry sy/haar sin; *with every **good*** ~ met alle goeie wense; ***grant** s.o.'s* ~ iem. se versoek toestaan/inwillig, aan iem. se versoek voldoen; *if ~es were **horses,** beggars would ride* wens in die een hand, spoeg/spu(ug) in die ander en kyk in watter een het jy die meeste; ***make** a* ~ iets wens; *a **pious*** ~ 'n vrome wens; *the* ~ *is father to the **thought*** die wens is die vader van die gedagte. **wish** *ww.* wens; begeer; verlang; ~ *s.t. **away*** iets wegwens; *one could not* ~ *it **better*** beter kon ('n) mens dit nie wil hê nie; *I* ~ *I had never been **born!*** was ek tog maar nooit gebore nie!; ~ ***for** s.t.* na iets verlang, iets begeer; *all that one could* ~ ***for*** al wat ('n) mens se hart kan begeer; ~ *s.t.* ***on*** *s.o.* iem. iets toewens *(gew. iets slegs);* ~ ***s.o.*** *s.t.* iem. iets toewens *(geluk ens.);* ~ *s.o.* ***success*** →SUCCESS; ~ ***that*** ... wens dat ...; ~ ***to*** *go/etc.* (graag) wil gaan/ens.. ~**bone** vurkbeentjie, geluksbeentjie. ~**bone suspension** *(mot.)* mikvering. ~ **fulfilment** *(ook psig.)* wensvervulling. ~ **fulfilment dream** *(psig.)* wensdroom. ~ **list** *(infml.)* verlanglys(ie).

wish·ful verlangend; ~ *thinking* wensdenkery.

wish·ing (die) wens. ~ **bone** = WISHBONE. ~ **cap** towerhoedjie. ~ **well** wensput.

wish-wash *(infml.)* flou drinkgoed, water; kletspraatjies, gesanik. **wish·y-wash·i·ness** *(infml.)* flouheid, waterigheid; lafheid. **wish·y-wash·y** *(infml.)* dun, flou, waterig; laf; ~ *talk* kletspraatjies.

wisp bossie, toutjie, hopie *(strooi ens.);* ~ *of beard* yl baardjie; ~ *of smoke* dun rokie; ~ *of a man/woman* tingerige mannetjie/vroutjie. **wisp·y** in bossies; dun; tingerig; ~ *beard* yl baard.

wist *ww. (verl.t & volt.dw.), (arg.)* (het) geweet; →WIT[2] *ww.*.

wis·te·ri·a, wis·ta·ri·a *(bot.: Wisteria spp.)* blouреën, wisteria, wistaria.

wist·ful verlangend, hunkerend; peinsend; weemoedig; ~ *for ...*, *(ook)* smagtend na ... **wist·ful·ness** verlange, hunkering; weemoed.

wis·ti·ti, *(Fr.)* **ouis·ti·ti** *(soöl.: Callithrix jacchus)* penseelapie; →MARMOSET.

wit[1] *n.* vernuf, verstand; wysheid; gees, geestigheid; geestige mens; →WITLESS, WITLING, -WITTED, WITTICISM, WITTY; *have/keep one's ~s* ***about*** *one* al jou positiewe bymekaar hê, jou sinne bymekaar hou, nie aan die slaap wees nie, weet wat jy doen; *be at one's ~'s/~s'* ***end*** raadop wees, ten einde raad wees, (met die) hand(e) in die hare sit; *have ~* ***enough*** *to ...* genoeg verstand hê om ...; *the* ***five*** *~s, (vero.)* die vyf sinne; *be* ***frightened/scared*** *out of one's ~s* dood(s)bang wees, jou (boeg)lam/kapot/kis (*of* oor 'n mik) skrik, so bang wees dat jy iets kan oorkom; ***live*** *by one's ~s* op (die) een of ander manier 'n bestaan voer; van skelmstreke leef/lewe; *be* ***out*** *of one's ~s* van jou kop/verstand af wees, van jou sinne beroof wees, nie reg wees nie; *... is* ***past*** *the ~ of man, (<Shakesp.) ...* gaan die menslike verstand te bowe; *have* ***quick/sharp*** *~s* vlug/snel/vinnig van begrip wees, skerpsinnig/skrander wees, 'n skerp verstand hê; *have a* ***ready*** *~* gevat wees; *s.o.'s* ***ready*** *~* iem. se gevatheid; *have* ***slow*** *~s* bot/dom wees; →SLOW-WITTED.

wit[2] *wist wist, ww., (arg.)* weet; →WITTING, WOT; *to ~ ...* te wete ..., dit wil sê ..., naamlik ...

wit·an *(hist.)* (lid van die) witenagemot; →WITENAGEMOT(E).

witch[1] *n.* (tower)heks, towenares; *(infml.)* bekoorster; *(infml.)* heks, lelike wyf; *~es' besom/broom, (fitopatologie)* heksebesem *(in 'n boom ens.); ~es' cauldron* hekseketel. **witch** *ww.* toor; betower; bekoor; *~ing hour* spookuur, geeste-uur. ~**craft** toordery, towery; toorkuns, towerkuns; heksery; bekoring. ~ **doctor** toordokter. ~**-hunt** *n. (hist.)* heksejag, -vervolging; *(infml.)* hekse-, ketterjag, vervolgery. ~**-hunter** hekse-, ketterjagter. ~**weed** *(Striga* spp.*)* rooiblom, -bossie, mieliegif.

witch[2]**, wych** *n.:* ~ **elm** *(Ulmus glabra)* bergiep, bergolm. ~ **hazel** *(Hamamelis virginiana; middel v.d. bas en blare)* hamamelis; bergiep, bergolm.

witch·er·y toordery, towery; bekoring, betowering.

witch·like heksagtig.

wite *n., (vero. of Sk.)* skuld, blaam. **wite** *ww., (dial.)* blameer, die skuld gee van.

wit·e·na·ge·mot, wit·e·na·ge·mot *(hist.: Angel-Saksiese adviesraad)* witenagemot.

with[1] →WITH(E).

with[2] *prep.* met; (saam) met; by; van; ***be*** *~ s.o.* by iem. wees; met iem. wees, iem. steun; ***bring*** *... ~ one* →BRING; *be ~* ***child*** →CHILD; ~ ***no children*** sonder kinders; ***come*** *~ s.o.* →COME; *the* ***deal*** *is ~ ...* →DEAL[1] *n.;* ~ ***ease*** →EASE *n.;* ~ *the* ***exception*** *of ...* →EXCEPTION; *tremble ~* ***fear*** →FEAR *n.; be down ~* ***fever*** →FEVER *n.; s.o. fought ~ the Irish/etc.* →FIGHT *ww.;* ~ ***God*** *all things are possible* →GOD; *be faint ~* ***hunger*** →HUNGER *n.; be* ***identical*** *~ ...* →IDENTICAL; *be ~* ***it,*** *(infml.)* byderwets wees; →WITH-IT *adj.; get ~* ***it,*** *(infml.)* saam vrolik/ens. wees; ***lie*** *~ s.o.* →LIE[2] *ww.;* ***live*** *~ s.o.* →LIVE[1] *ww.; are you ~* ***me?*** steun jy my?; volg/begryp jy my?; *have* ***no money*** *~ one* geen geld by jou hê nie; *be* ***popular*** *~ ...* →POPULAR; ***put up*** *~ s.o.* →PUT *ww.; s.t.* ***rests*** *~ s.o.* →REST[1] *ww.; be* ***sick*** *~ longing* →LONGING *n.;* ***sleep*** *~ s.o.* →SLEEP *ww.;* ***stay*** *~ s.o.* →STAY *ww.; ~ the* ***stream*** →STREAM *n.;* ***study*** *~ Professor X* →STUDY *ww.;* ***take*** *s.t. ~ one* →TAKE *ww.;* ~ ***tears*** →TEAR[2] *n.; do s.t. ~* ***that*** iets daarmee doen; ~ ***that*** ... daarop ..., met dié ..., op daardie oomblik ...; *who is not ~* ***us,*** *is against us* wie nie met/vir ons is nie, is teen ons; ***vote*** *~ the government/opposition* →VOTE *ww.; what does s.o.* ***want*** *~ ...?* wat wil iem. van ... hê?; *who* ***was*** *s.o. ~?* by wie was iem.?; wie was by iem.?; *~ the* ***wind*** →WIND[1] *n.; no pen to* ***write*** *~* geen pen om mee te skryf/skrywe nie; *I am ~* ***you*** *there* daar(oor) stem ek (met jou) saam. **~-it** *adj. (attr.)* byderwetse *(pers., tydskrif, ens.); be the ~ thing to do* die in ding wees om te doen. **~-profit(s)** *adj. (attr.): ~ policy, (versek.)* winsdelende polis, polis met winsdeling.

with·al *adv., (arg.)* boonop, bowendien, buitendien, terselfdertyd. **with·al** *prep., (arg.)* mee; *a bow to shoot ~* 'n boog om mee te skiet.

with·draw *-drew -drawn* wegtrek, opsy trek; wyk; afsonder; terugstaan; uittree; onttrek; wegvat, wegneem; opsy gaan, eenkant toe gaan, weggaan; *(troepe)* terugtrek, die terugtog aanvaar; intrek, terugtrek, herroep *('n wetsontwerp, regulasie, ens.);* opvra, uittrek, terugvorder *(geld);* uit die vaart neem *('n skip); ~* ***from*** *...* jou onttrek aan ... *('n verkiesing, wedstryd, regering, ens.);* uit ... tree *(d. regering ens.); ~* ***from*** *company* jou terugtrek/verwyder uit die geselskap; *~/scratch a horse* ***from*** *a race* 'n perd aan 'n wedren onttrek; *~* ***from*** *society* jou afsluit; *~ troops* ***from*** *an area* troepe uit 'n gebied onttrek; ~ *a* ***motion*** →MOTION *n.;* ~ ***s.t.*** *from circulation* iets uit die omloop haal (*of* aan die omloop onttrek) *(geld ens.).* **with·draw·a·ble** intrekbaar; opsegbaar. **with·drawn** teruggetrokke; onttrokke; *a ~ look* 'n afgetrokke voorkoms.

with·draw·al terugtrekking; intrekking; herroeping; onttrekking *(aan);* verwydering; terugtog; terugvordering, opvraging; *~ of capital* afvloei(ing) van kapitaal; *cover the ~* →COVER *ww..* ~ **slip** opvrastrook, -strokie. ~ **symptoms** onttrekkingsimptome, onthoudingsverskynsels.

with(e) *with(e)s,* **with·y** *-ies* lat; loot; wilgerloot, -twyg.

with·er (laat) verwelk, verlep, verflens; verskrompel; verdor, verdroog; uitteer, kwyn, agteruitgaan, vergaan; *~* ***away*** kwyn; *~ing* ***fire,*** *(mil.)* moordende vuur; *~ s.o. with a* ***look,*** *give s.o. a ~ing* ***look*** →LOOK *n.;* ~ ***up*** verskrompel, verdor, uitdor.

with·er·ing verwelking; verdorring, verdroging; droging *(v. tee).* ~ **floor** droogvloer.

with·ers *n. (mv.)* skof *(v. 'n perd); s.o.'s ~ are unwrung, (idm., na Shakesp.)* dit kan iem. nie skeel nie, iem. trek dit hom/haar nie aan nie.

with·er·shins = WIDDERSHINS.

with·hold *-held -held* weerhou, onthou, agterhou; agterweë hou; weier; *~ s.t. from s.o.* iem. iets weier/ontsê; *~ payment* (uit)betaling agterhou. **with·hold·ing tax** terughoubelasting.

with·in *adv.* binne, binnekant, daar binne, hier binne; van binne; ***from*** *~* van binne, van die binnekant; ***go*** *~* binnegaan; ***is*** *Mr A ~?* is mnr. A tuis?; ***stay*** *~* in die huis bly, binne bly; *clean ~* ***and without*** skoon van binne en (van) buite. **with·in** *prep.* binne, in, binnekant; *s.o. came/was ~ an* ***ace*** *of victory/winning/defeat/losing* →ACE *n.;* ~ ***bounds*** →BOUND[1] *n.;* ~ ***doors*** →DOOR; *~ an* ***hour*** →HOUR; *be beaten ~ an* ***inch*** *of one's life* →INCH[1] *n.;* ***keep/live*** *~ one's income* →INCOME; *true ~* ***limits*** →LIMIT *n.; ~ a* ***month/etc.*** *of ...* binne 'n maand ná ...; *do s.t. ~* ***o.s.*** iets doen sonder om al jou kragte in te span; *a task well ~ s.o.'s* ***powers*** →POWER *n.;* ~ ***range*** →RANGE *n.;* ~ ***reason*** →REASON *n.;* ~ ***seconds*** →SECOND[2] *n.; safe ~ the* ***walls*** →WALL *n..*

with·out *adv.: do ~* →DO[1] *ww.; from ~, (arg. of poët., liter.)* van buite, van die buitekant; *go ~* →GO *ww..* **with·out** *prep.* sonder; ontbloot van; *~ the* ***city/etc.,*** *(arg. of poët., liter.)* buite(kant) die stad/ens.; ***do*** *~ s.t.* →DO[1] *ww.;* ~ ***doubt*** →DOUBT *n.;* ~ ***fail*** →FAIL *n.;* ***go*** *~ s.t.* →GO *ww.;* ~ *a* ***hat*** sonder 'n hoed; ~ ***him/her*** sonder hom/haar; ~ ***it*** daarsonder; ***leave*** *~ pay* →LEAVE[1] *n.;* ~ ***number*** →NUMBER *n.;* ~ ***obligation*** →OBLIGATION; *it goes ~* ***saying*** →SAYING *n..* **with·out** *voegw., (arg. of dial.)* tensy.

with·stand weerstaan, weerstand bied aan/teen, die hoof bied aan; jou verset teen.

with·y →WITH(E).

wit·less onnosel, simpel; laf, sout(e)loos. **wit·less·ness** onnoselheid, simpelheid; lafheid, sout(e)loosheid.

wit·ling *(arg., gew. neerh.)* lawwe vent, flou grapmaker.

wit·loof witlof, witloof, Brusselse lof.

wit·ness *n.* getuie; getuienis; →CROWN WITNESS; ***bear*** *~* getuig, getuienis aflê/gee/lewer; ***bear*** *~ to s.t.* van iets getuig; ***call*** *a ~* 'n getuie oproep; ***call*** *s.o. as a ~* iem. as getuie oproep; ***call*** *s.o. to ~* iem. tot getuie roep; *~ for the* ***defence*** getuie vir die verdediging, verligtende getuie; ***in*** *~ of ..., (fml.)* as blyk/bewys van ...; *(jur.)* ten getuie/bewyse van ...; ***lead*** *a ~* 'n getuie voorsê; ***produce*** *~es* getuies bring; *~ for the* ***prosecution*** getuie vir die vervolging, beswarende getuie; *~ for the* ***state*** →STATE WITNESS; *be a ~* ***to*** *s.t.* getuie van iets wees *('n ongeluk ens.); leave o.s. not* ***without*** *~* jou nie onbetuig laat nie. **wit·ness** *ww.* getuig, getuienis aflê; attesteer, as getuie (onder)teken; (deur getuienis) staaf; getuie wees van, aanskou, sien, bywoon; *~* ***against*** *...* getuienis aflê teen ...; ***(as)*** *~ ...* waarvan ... die bewys is; *~ a* ***signature*** 'n handtekening waarmerk; *~* ***to*** *s.t.* van iets getuig. ~ **box,** ~ **stand** getuiebank. ~ **fee** getuiegeld.

wits *n. (mv.)* →WIT[1] *n.*.

Wit·sen·berg Witsenberg *(i.d.W.Kaap).*

-wit·ted *komb.vorm* -sinnig, ... van begrip/verstand; *dim-/dull-/slow-~* stompsinnig, stadig/traag van begrip, (baie) dom, onnosel, simpel; *half-~* stompsinnig, stadig/traag van begrip, (baie) dom, onnosel, simpel; swaksinnig; *quick-/sharp-~* skerpsinnig, vlug van begrip/verstand, gevat; *razor-~ MP/etc.* LP/ens. met sy/haar vlymskerp verstand.

wit·ter *n., (Br., infml.)* gebabbel, geklets, kletsery, kletspraatjies, (gedurige) gekekkel/gekwetter. **wit·ter** *ww., (Br., infml.)* (aanmekaar/aanhoudend/aaneen/onafgebroke *of* een stryk deur) babbel/klets/kwetter/rammel; *~ on* te veel praat; voortbabbel; *~ on about ...* te veel oor ... praat; oor ... aangaan. **wit·ter·ing** = WITTER *n.*.

wit·ti·cism kwinkslag, geestigheid, geestige gesegde; *(ook, i.d. mv.)* sêgoed.

wit·ting *adj.* (doel)bewus, voorbedag; moedswillig. **wit·ting·ly** *adv.* met voorbedagte rade, opsetlik, bewus, willens en wetens; *~ or unwittingly* bewus of onbewus.

wit·ty *adj.* geestig, gevat; *~ sayings* sêgoed. **wit·ti·ly** *adv.* geestig, gevat, op gevatte wyse. **wit·ti·ness** geestigheid.

Wit·wa·ters·rand *(geog., <Afr.): the ~/Rand/Reef* die Witwatersrand/Rand.

wive *(arg.)* tot vrou neem, trou.

wi·vern →WYVERN.

wiz *(infml.)* →WHIZZ.

wiz·ard towenaar; waarsêer; *s.o. is a ~ at playing the piano* iem. is 'n baasklavierspeler; *s.o. is a ~ with s.t.* iem. toor met iets *(syfers, 'n rekenaar, ens.).* **wiz·ard·ry** towery, towerspel, -kuns, betowering, toordery, toorkuns, toordoktery.

wiz·ened, *(arg.)* **wiz·en,** *(w.g.)* **weaz·en** verrimpel(d), uitgedroog, verskrompel(d). **wiz·en-faced** plooierig, plooigesig-, rimpelgesig-.

wo = WHOA.

woad *(bot.: Isatis tinctoria; kleurstof)* wede.

wob·ble *n.* geslinger, waggeling; waggelende gang; onsekerheid, onvastheid. **wob·ble** *ww.* slinger; skommel; waggel, strompel; wikkel, wiebel; aarsel, weifel, onseker wees; ~ *about/around* rondwaggel. ~ **saw** slingersaag, dolsaag. **wob·bli·ness** wankel(rig)heid; drilleri gheid; bewerigheid; onvastheid. **wob·bly** slingerend, waggelend; drillerig; wipperig, wikkelrig, wankel(rig), waggelrig; bewerig; onvas; *throw a ~, (Br., infml.)* die piep kry, die (aap/bobbejaan)stuipe kry, ontplof.

Wo·den →ODIN.

wodge *(Br., infml.)* homp; stuk, klont; klomp, spul, hoop; *a ~ of ...* 'n klomp/spul *(papiere ens.)*; 'n (dik) rol *(note)*; 'n (dik) bos *(hare)*; 'n homp *(materie)*; 'n kop vol *(idees ens.)*.

woe *(poët., liter. of skerts.)* wee, smart; nood, ellende; *(i.d. mv.)* moeilikhede, ellende(s), rampe, teleurstellings; ~ ***betide*** *s.o. if ...* die hemel bewaar iem. as ...; ~ ***betide you*** →BETIDE; ~ *is **me!*** wee my!; ***pour** out one's ~s* van al jou ellendes vertel; *a **tale** of ~* 'n jammerverhaal; ~ *be **to** s.o.* wee iem.; ***weal** and/or ~* →WEAL[2] *n.*. **woe·be·gone** treurig, armsalig. **woe·ful** treurig, droewig. **woe·ful·ness** treurigheid, droewigheid.

wog *(Br., neerh. sl.)* nieblanke.

wog·gle nekdoekring.

wok *(Chin. kookk.: groot rondeboom-roerbraaipan)* wok.

woke *ww. (verl.t.)* →WAKE *ww.*.

wold *(dikw. as 2e lid v. 'n Br. pleknaam)* vlakte; hoogvlakte; heiveld; *(i.d. mv.)* rûens; →WEALD.

wolf *wolves, n. (soöl.: Canis lupus)* wolf; vraat, gulsigaard; *(infml.)* vrouejagter; *(mus.)* wanklank, wolf; →WOLFISH, WOLVE; ***cry*** ~ (onnodig) alarm maak; ***cry** ~ too often* een keer te veel alarm maak; *keep the ~ from the **door*** die honger op 'n afstand hou, sorg dat daar genoeg is om van te leef/lewe; ***have/hold** a ~ by the ears* nie hot of haar kan nie, nie voor- of agteruit kan nie; *a **lone** ~* 'n alleenloper; *have a ~ in **one's inside*** 'n rasende honger hê; *a **pack** of wolves* 'n trop wolwe; *set the ~ to keep the **sheep*** wolf skaapwagter maak; *a ~ in **sheep's** clothing* 'n wolf in skaapsklere; ***throw** s.o. to the wolves* iem. vir die wolwe gooi. **wolf** *ww.: ~ s.t. (down)* iets verslind/verorber, iets gulsig sluk. ~ **cub** klein wolfie; *(W~ C~, Br., vero.)* leerling-padvinder (→CUB [SCOUT]). ~ **dog** *(soort hond vir vroeëre wolwejag; kruising v. 'n wolf en 'n huishond)* wolfhond; . ~**fish** *(Anarhichas* spp.*)* seewolf. ~ **herring** *(Chirocentrus* spp.*)* wolfharing, parang. ~**hound** wolfhond; →IRISH WOLFHOUND. ~ **moth** *(Nemapogon granella)* koringmot. ~ **pack** trop wolwe. ~**'s claw,** ~**'s foot** *(mossoort: Lycopodium* spp.*)* wolfsklou. ~ **skin** wolfsvel, wolwevel. ~**'s milk** *(bot.: Euphorbia* spp.*)* wolfsmelk; →SPURGE. ~ **spider** ja(a)g-, wolfspinnekop. ~ **trap** wolwehok, wolfhuis; wolfyster. ~ **whistle,** ~ **call** mannetjiesfluit, vryfluit.

wolf·ish wolfagtig, wolf-; gulsig.

wolf·ram *(chem.)* = TUNGSTEN. ~ **ochre** wolfram-oker, tungstiet. ~ **steel** = TUNGSTEN STEEL.

wolf·ram·ate = TUNGSTATE.

wolf·ram·ic ac·id = TUNGSTIC ACID.

wolf·ram·ite *(min.)* wolframiet.

wolfs·bane *(bot.: Aconitum lycoctonum)* akoniet, (geel) monnikskap; *(Eranthis hyemalis)* winterakoniet, wolfswortel; *(Arnica montana)* valkruid.

wol·las·ton·ite *(min.)* wollastoniet, tafelspaat.

wolve *(w.g.)* soos 'n wolf maak, wolf speel; *(mus.)* 'n wanklank/wolf uitstoot.

wol·ver·ine, wol·ver·ene *(soöl.: Gulo gulo)* veelvraat.

wom·an *women, n.* vrou; vroue, die vrou; vroulikheid; werkster, diensmeisie; *(infml.)* vrou, geliefde; →WOMEN; *she is **all** ~* sy is deur en deur vrou; *be tied to a ~'s **apron strings*** niks kan doen sonder 'n vrou nie; →APRON STRING; *make an **honest** ~ of s.o.* →HONEST; *there's a ~ **in it*** 'n vrou sit daaragter; *a **kept** ~* 'n bywyf/houvrou; *a ~'s **name*** 'n vrouenaam; *be a **new** ~* 'n ander/nuwe mens wees; *the **other** ~* die ander vrou in die driehoek; *she is her **own** ~* sy is haar eie baas; *a ~ with a **past*** 'n vrou met 'n verlede; ***play** the ~, (w.g.)* huil, jou gedra soos 'n vrou; ~ *of **pleasure*** wulpse/sensuele/wellustige vrou; *(euf: prostituut)* vrou van losse sedes; *a **single** ~* 'n ongetroude vrou; *~'s **size*** vrouegrootte; *~ of the **streets/town,** (vero., euf.: prostituut)* straatvrou, nagvrou, -blom; ***the** ~ in her* die vrou in haar; *the **very** ~* die einste sy; *~'s **wit*** vroulike intuïsie; *~ of the **world*** vrou van die wêreld, wêreldse vrou. **wom·an** *adj.* vroulik; ~ ***clerk*** vroulike klerk; ~ ***doctor*** vroulike dokter; ~ ***saint*** heilige vrou; ~ ***worker*** werkster. **wom·an** *ww., (w.g.)* vervroulik; soos 'n vrou maak/optree; met "vrou" aanspreek. ~**-hater** vrouehater.

wom·an·hood vroulikheid, vroulike staat; vroue, die vrou.

wom·an·ise, -ize *('n man)* losbandig/onsedelik leef/lewe, ontug pleeg, *(infml.)* rondslaap; verwyf(d) maak. **wom·an·is·er, -iz·er** losbandige, ontugtige; vrouejagter.

wom·an·ish vrouagtig, damesagtig. **wom·an·ish·ness** vrouagtigheid, verwyfdheid.

wom·an·ist *(vnl. Am.)* swart feminis.

wom·an·kind vroue(ns), die vroulike geslag.

wom·an·like vroulik, soos 'n vrou.

wom·an·ly vroulik. **wom·an·li·ness** vroulikheid.

womb *(anat.)* baarmoeder, *(poët., liter.)* moederskoot; *(soöl.)* moer; *in the ~* in die moederskoot; *in the ~ of time, (ret.)* in die skoot van die tyd.

wom·bat *(soöl.: Vombatus ursinus)* wombat, buidelmuis.

wom·en vroue, vrouens, vroumense. ~**folk** vroue(ns), vroumense. ~ **police** vrouepolisie. ~**'s agricultural association** vroue-landbouvereniging. ~**'s agricultural union** vroue-landbou-unie. ~**'s association** vrouevereniging. ~**'s auxiliary** sustersvereniging. ~**'s champion** vrouekampioen. ~**'s club** vroueklub. ~**'s doubles** *(tennis)* vrouedubbelspel. ~**'s hostel** damestehuis, -koshuis. **W~'s Institute** Vroue-instituut. ~**'s lib** *(infml., afk.)* = WOMEN'S LIBERATION. ~**'s libber** *(infml., dikw. neerh.)* kampvegter vir vroueregte, vroueregvegter, vroueregteaktivis, vrouebevrydingstryder. ~**'s liberation** *(dikw. W~ L~)* vrouebevryding. ~**'s (liberation) movement** *(dikw. W~ [L~] M~)* vroue(bevrydings)beweging. ~**'s page** vroueblad(sy). ~**'s paper** vroueblad, -tydskrif. ~**'s refuge** vrouetoevlugsoord, toevlugsoord vir vroue. ~**'s rights** vroueregte. ~**'s room** *(Am.)* vrouetoilet, -kleedkamer, damestoilet, -kleedkamer. ~**'s section** vroue-afdeling *(in 'n winkel ens.)*. ~**'s singles** *(tennis)* vroue-enkelspel. ~**'s suffrage** vrouestemreg, -kiesreg. ~**'s team** vrouespan. ~**'s ward** vrouesaal. ~**'s wear** vrouekleding, -klere.

won *ww. (verl.t. & volt.dw.)* (het) gewen; →WIN *ww.*; *s.o.'s dearly ~ ...* iem. se swaar verkreë ... *(vryheid ens.)*; iem. se duur bevogte ... *(oorwinning)*; *s.t. is to be ~* iets is te wen.

won·der *n.* wonder; wonderwerk; mirakel; verwondering; verbasing; *~s (will) never **cease,** (dikw. iron.)* dis 'n wonder, dit gaan seker reën; *the **child** is a ~* dit is 'n wonderkind; ***for** a ~* wonderlik/vreemd genoeg; *be ... **for** a ~* waarlikwaar ... wees *(betyds ens.)*; ***it's** a ~ that ...* dis 'n wonder dat ...; *(it's) **little/no/small** ~ that ...* (dis) geen wonder (*of* dis nie te verwonder) dat ... nie; *it was a **nine days'** (*or ***one-day/seven-day****) ~* dit was die/'n ag(t)ste wêreldwonder; ***no** ~!* geen wonder nie!; *and (it is) **no** ~* en dit is geen wonder nie; *... is a **perpetual** ~ to s.o.* iem. verwonder hom/haar altyd oor ...; *the **Seven** W~s of the World* →SEVEN; ***signs** and ~s* →SIGN *n.*; *in **silent** ~* met stomme verbasing; *~ of **wonders*** wonder bo wonder; ***work** ~s* wonders doen; 'n wonderlike (*of* 'n verbasend goeie) uitwerking hê; *a ~ of the **world*** 'n wêreldwonder. **won·der** *ww.* jou verwonder; wonder; graag wil weet, nuuskierig wees; verbaas wees; *s.o. ~s **about** ...* iem. sou graag wil weet wat ...; iem. twyfel aan ... *(iem.)*; iem. betwyfel ... *(iets)*; *~ **at** ...* jou verwonder oor ...; *can you ~ **at** it?, that's hardly/not to be ~ed **at*** is dit 'n wonder?, kan jy jou daaroor verwonder?, dis nie te verwonder nie; *never **cease** to ~ at s.t.* jou altyd oor iets verwonder; ***I** ~ why s.o./s.t. didn't ...* dis vir my vreemd dat iem./iets nie ... nie; ***I** ~ what/who ...* ek wonder wat/wie ...; ek vra my af wat/wie ...; ek sou graag wil weet wat/wie ...; *s.o. ~ed **to** hear ..., (vero.)* dit het iem. verbaas om ... te hoor; *~ **whether** ...* wonder of ...; jou afvra of ... ~ **boy** wonderseun. ~ **drug** wondermiddel, -medisyne. ~ **grass** *(Enneapogon brachystachyus)* wondergras. ~**land** wonderland, towerland. ~**stone** *(geol.)* wondersteen. ~**-struck,** ~**-stricken** *adj.* verstom, stomverbaas, stom van verbasing, dronkgeslaan. ~**-worker** wonderdoener. ~**-working** *adj.* wonderdadig, wonderdoende.

won·der·ful wonderlik, wonderbaarlik, uitsonderlik, vreemd(soortig); merkwaardig, verbasend; heerlik, pragtig, skitterend; lieflik; wondermooi, -skoon; ***perfectly*** ~ gewoonweg wonderlik; *a ~ **person*** 'n wonderbaarlike/merkwaardige persoon; 'n wondermens; *it is ~ **that** ...* dit is wonderlik dat ...; *it is ~ **to** ...* dit is wonderlik om ...; ***weird** and ~* →WEIRD *adj.*; *a ~ **world*** 'n wonderwêreld. **won·der·ful·ly** wonderlik; ~ *well* wonderwel.

won·der·ing *adj.*, **won·der·ing·ly** *adv.* verwonder(d), vol verwondering; verbaas; vraend.

won·der·ment verwondering, verbasing.

won·drous *(poët., liter.)* wonderlik, wonderbaarlik; verbasend.

won·ga *(Br., infml.: geld)* pitte, malie.

wonk *(Am., infml., neerh.)* boekwurm.

won·ky *(infml.)* wankelrig *('n stoel ens.)*; onvas *(treë ens.)*; bewerig *(iem. se bene ens.)*; skeef *(iem. se neus ens.)*; swak, gebrekkig *(iem. se oordeel ens.)*.

won't *(sametr. v.* will not*)* wil nie; sal nie; *the "~-work" problem* die probleem van werkweieraars/werkskuwes.

wont *n., (fml. of skerts.)* gewoonte, gebruik; *according to s.o.'s ~, as is s.o.'s ~* volgens (iem. se) gewoonte. **wont** *adj., (poët., liter.)* gewoond, gewend; *be ~ to do s.t.* iets gewoonlik doen. **wont·ed** *(poët., liter.)* gewoon, gebruiklik.

won ton *(Chin. kookk.)* won ton. ~ ~ **(soup)** won ton(-sop).

woo die hof maak, vry na, vlerksleep by; bearbei, probeer omhaal/ompraat, flikflooi, pamperlang; *~ s.o. away* iem. weglok/afrokkel. **woo·er** vryer, vryersklong; minnaar. **woo·ing** hofmakery, vryery, vryasie; bearbeiding.

wood *n.* hout; bos, woud; *(gh.)* hout(stok); (rol)bal; *cut out the **dead** ~* van die nuttelose werkers/dele/ens. ontslae raak; *in the ~, (wyn ens.)* in die vat; ***knock** on ~!* →**touch;** *a **log** of ~* 'n stomp hout, 'n houtblok; *this/that **neck** of the ~s, (infml.)* hierdie/daardie kontrei; *be **out** of the ~(s)* uit die moeilikheid/verleentheid wees; buite gevaar wees; *a **piece** of ~* 'n (stuk) hout; ~ *in the **round*** saaghout, onbekapte hout, rondehout; *not (be able to) **see** the ~ for the trees, (idm.)* vanweë die bome nie die bos (kan) sien nie; ***the** ~s, (ook)* die bos(se); ***touch*** (*or* ***[Am.] knock** on*) *~!, (infml.)* hou duim vas!. **wood** *adj.* hout-, van hout; bos-. ~ **acid** = WOOD VINEGAR. ~ **alcohol,** ~ **spirit** houtgees, metanol, metielalkohol. ~**-and-iron building** hout-en-sink-gebou, gebou van hout en sink. ~ **anemone** *(Anemone nemorosa)* bosanemoon. ~ **apple** *(Limonia acidissima)* olifantsappel. ~ **ash** houtas. ~ **beetle** houtkewer. ~**bine,** *(w.g.)* ~**bind** (wilde)kanferfoelie/kamferfoelie; *(Am.)* wildewingerd. ~ **block** houtblok. ~**-block floor** blokkiesvloer. ~**borer** boorkewer. ~**carver** hout-, beeldsnyer. ~**carving** hout-, beeldsnywerk; hout-, beeldsnykuns. ~**carving gouge** houtkerfguts. ~ **cell** hout(-)sel. ~ **charcoal** houtskool. ~**chip** houtspaander. ~ **chopper** houtkapper. ~ **coal** bruinkool, ligniet. ~**cock** *(orn.: Scolopax rusticola)* houtsnip. ~**craft** houtbewerking; woudkennis; jagvernuf. ~**cut** houtsnee. ~**cutter** boswerker, houtkapper, *(vero.)* houthakker; houtsnyer, -graveur; *~'s axe* kapbyl. ~**cutting** houtkappery, houtaankap; houtsneekuns, -graveerwerk. ~ **dust** houtpoeier. ~ **engraver** houtgraveur. ~ **engraving** houtgravure; houtgraveerkuns. ~ **fibre** houtvesel(s). ~ **file** houtvyl. ~ **flour** houtstof. ~**free** *adj.* houtvry; ~ *paper* houtvry(e) papier. ~ **gas** houtgas. ~ **grain** *n.* houtvlam. ~**-grain** *adj. (attr.)* houtvlam-; *fake ~ table* tafel met 'n kunsmatige houtvlamafwerking/-afronding. ~**-hoopoe** *(orn.)* kakelaar; *green ~,* (vroeër) *red-billed ~* rooibekkakelaar; *scimitar-billed ~* →COMMON SCIMITARBILL; *violet ~* perskakelaar. ~ **horse** saagbok. ~ **ibis,** ~ **stork** *(Mycteria americana)* Amerikaanse nimmersat; →YELLOWBILLED STORK. ~ **industry** houtbedryf. ~**land** boswêreld, bosland. ~**land choir** sangers van die woud. ~**lark** *(orn.: Lullula arborea)* boomlewerik, =leeurik. ~ **lily** *(Trillium* spp.*)* Philadelphia-lelie. ~**louse** =*lice* houtluis; keldermot. ~**man** =*men* boswagter, =opsigter; houtkapper. ~ **miller** saagmeulenaar. ~ **mite** houtmyt, =miet. ~**note** *(poët., liter.)* bosgeluid; *(ook, i.d. mv.)* spontane/soetvloeiende verse, ongekunstelde poësie. ~ **nymph** *(mit.)* bosnimf. ~**pecker** *(orn.)* houtkapper, speg. ~ **pigeon** *(Columba palumbus)* woudduif. ~**pile** houtstapel. ~ **plane** houtskaaf. ~ **preservation** houtverduursaming. ~ **pulp** houtpap, =pulp. ~ **right** kapreg, reg op hout. ~ **rot** vermolming, houtvrot. ~**-rotting fungi** houtverrottingswamme. ~ **saw** boksaag. ~**screw** houtskroef. ~ **shaving** houtkrul. ~**shed** houtskuur, =loods; houtpakhuis. ~ **smoke** houtrook. ~ **sorrel** *(bot.: Oxalis* spp.*)* bos=, klawersuring. ~ **spirit** →WOOD ALCOHOL. ~ **stain** houtbeits. ~ **stork** →WOOD IBIS. ~ **sugar** houtsuiker, xilose. ~ **tar** houtteer. ~ **technology** houttegnologie. ~ **turner** houtdraaier. ~ **turning** houtdraaiwerk. ~ **vinegar** houtasyn; verdunde asynsuur, namaak asyn. ~ **wind** houtblaasinstrumente; houtblasers. ~ **wool** hout=, boomwol, skaafsels. ~**work** houtwerk. ~**worker** hout(be)werker. ~**working** houtbewerking. ~**working saw** houtwerksaag. ~**working tools** houtwerkgereedskap. ~**worm** houtwurm. ~ **yard** houtwerf.

wood·chuck *(soöl.: Marmota monax)* aard=, bosmarmot.

wood·ed bosryk, met bosse begroei, bosagtig, bebos; *(rolbal)* in die bos; *be thickly* ~ dig bebos wees.

wood·en hout=, van hout; houterig, stokkerig, styf, lomp, stokstyf; *(infml.)* dom, bot, suf, wesenloos; ~ ***fence*** skutting; ~***floor*** houtvloer; ~ ***head,*** *(infml.)* domkop, klipkop; ~ ***horse*** houtperd; Trojaanse perd; saagbok; ~ ***plough*** houtploeg; ~ ***sandal*** kaparrang, kaparring; ~ ***shoe*** klomp; ~ ***smile*** meganiese glimlag; ~ ***spoon*** houtlepel; *(fig.)* poedelprys; *take the* ~ ***spoon*** nommer laas wees, onderaan staan; ~ ***walls,*** *(poët., liter.)* ou oorlogskepe. ~**headed** *(infml.)* dom, onnosel. ~**headedness** *(infml.)* domheid, onnoselheid. **wood·en·ly** bot. **wood·en·ness** houterigheid; botheid; stokkerigheid, styfheid.

woods·man =*men* bosbewoner; veld(s)man.

woods·y *(Am.)* van die bosse, bos=, woud=.

wood·y bosagtig, bosryk; houtagtig, hout=; *(bot.)* houtig; stokkerig; ~ *fibre* houtvesel; ~ *plants* houtagtige plante. **wood·i·ness** houtagtigheid; bosagtigheid; stokkerigheid.

woof[1] *n.* weefsel; inslag, dwarsdraad, werpgaring; *warp and* ~ →WARP *n.*.

woof[2] *tw.* woef.

woof·er basluidspreker, laetoonluidspreker.

woof·ter *(Br., infml., neerh.)* poefter, moffie.

wool wol; wolhare; wolklere; *a **bale** of* ~ 'n baal wol; *a **ball** of* ~ 'n bol wol; *great/much **cry** and little* ~ →CRY *n.*; ***extract*** ~ = WOOL EXTRACT; *pull the* ~ *over s.o.'s **eyes,** (idm.)* iem. vet om die oë smeer, sand in iem. se oë strooi, iem. sand in die oë strooi, iem. kul/mislei; ~ *in the **grease*** vetwol; *go for* ~ *and come home **shorn*** met die kous oor die kop terugkom; ***wear*** ~ wol(klere) dra. ~ **auction** wolveiling. ~ **bale** wolbaal. ~**-bearing** *adj.* woldraend; ~ *sheep* wolskaap. ~ **bin** wolbak. ~ **blender,** ~ **mixer** wolmenger. ~ **broker** wolmakelaar. ~ **buyer** wolkoper. ~ **card** wolkaard(e). ~ **carder** wolkaarder. ~ **carding** wolkaardery. ~ **cheque** woltjek *(a.d. wolboer)*. ~ **classer** wolklasseerder. ~ **classing,** ~ **grading** wolklassering. ~ **clip** wolskeersel; woloes. ~ **cloth** wolstof. ~ **comb** wolkam. ~ **comber** wolkammer. ~ **combing** wolkammery. ~ **crêpe** wolkrep. ~ **dealer** wolhandelaar. ~ **dress** wolrok, =tabberd. ~ **dresser** wolbereider. ~**-dyed** *adj.* in die wol geverf. ~ **exchange** wolbeurs. ~ **expert** wol(des)kundige. ~ **extract** ekstrakwol. ~ **fabric** wolstof. ~ **farmer** wolboer. ~ **farming** wolboerdery. ~ **fat,** ~ **grease** wolvet. ~ **fatty acid** wolvetsuur. ~**fell** *(vero.)* langwolvel. ~ **flock** wolvlokkie. ~**gathering** afgetrokkenheid; *go* ~ sit en droom, verstrooid wees. ~ **grader** wolklasseerder. ~**grower** wolkweker. ~**growing** wolkwekery. ~ **industry** wolbedryf. ~ **lace** wolkant. ~ **levy** wolheffing. ~ **line** wolklas. ~ **liquor** wolwasmengsel. ~**man** =*men, (hoofs. hist.)* wolbaas; wolkoper. ~ **market** wolmark. ~ **moth** kleremot. ~ **oil** wol-olie, vetsweet; invet-olie. →LANOLIN(E); ~**pack** *(hist.)* wolsak; baal wol; skaapwol. ~**packer** wolpakker; woltafel. ~**packing** wolsakstof. ~ **picker** uitklopper. ~ **pieces** stukkies (wol). ~ **press** baal=, wolpers. ~ **producer** wolprodusent. ~ **production** wolopbrengs. ~ **puller** velbloter. ~ **pulling** velbloting. ~**sack** wolsak; *the W~, (Br., parl.: voorsittersstoel i.d. Hoërhuis)* Lord-Kanselier-setel; *reach the W~, (Br., parl.)* Lord-Kanselier word. ~ **sale** wolveiling. ~ **scouring** wolwassery. ~ **shed** wolskuur. ~ **sorter** wolsorteerder. ~ **sorting** wolsortering. ~ **staple** wolstapel. ~ **stapler** wolhandelaar. ~ **store,** ~ **warehouse** wolpakhuis. **(~) suint** wolsweet. ~ **suit** wolpak. ~ **table** woltafel. ~ **top** kambol. ~ **trade** wolhandel. ~ **twine** woltou. ~ **washery** wolwassery. ~ **waste** wolafval. ~ **wax** wolwas, wolvetwas; wolvet. ~ **yarn** wolgaring. ~ **yolk** = WOOL OIL.

woolled, *(Am.)* **wooled** *adj.* woldraend; ~ *mutton breed* wol-vleis-(skaap)ras; ~ *sheep* wol=, mofskaap.

wool·len, *(Am.)* **wool·en** *n.* kaardstof, (kaard)wolstof; *(i.d. mv.)* wolklere, wolgoed. **wool·len,** *(Am.)* **wool·en** *adj.* wol=, van wol; wollerig; van kaardstof. ~ **cloth,** ~ **fabric,** ~ **material** wolstowwe, kaard(wol)stof. ~ **draper** *(hist.)* verkoper van wolgoed, wolgoedhandelaar. ~ **dress,** ~ **frock** wolstof=, kaardstoftabberd. ~ **goods** wol=, kaardstowwe. ~**-headed** *(dikw. neerh.)* wolharig, wolhaar=, kroeskop=. ~ **industry** kaardstofnywerheid. ~ **knitting yarn** kaardbreiwol. ~ **manufacturer** kaardstoffabrikant. ~ **mill** kaardstoffabriek. ~ **plush** wolpluche. ~ **suit** wolpak, kaardstofpak. ~ **wool** kaardwol. ~ **yarn** kaard(wol)garing, =gare.

wool·li·ness wollerigheid; vaagheid; wolkerigheid; onduidelikheid.

wool·ly =*lies, n.* wolkledingstuk; *(ook, i.d. mv.)* wolonderklere. **wool·ly** *adj.* wollerig, wol=; wolhaar= *(hondjie ens.)*; vaag, wolkerig; onduidelik *(klank)*; verward *(denke)*; *have a* ~ *face, (dikw. neerh.)* 'n wolgesig hê; *a* ~ *flock, (Austr., infml.)* 'n skaap=/woltrop *(voor skeertyd)*; *wild and* ~ *words* →WORD *n.*. ~ **aphid** *(Eriosoma lanigerum)* bloed=, appelluis. **(~) finger grass** *(Digitaria eriantha)* (wol)vingergras. ~**head** *(oorspr. Am., neerh.)* kroeskop. ~**-headed,** ~**-minded** *adj.* warkoppig, =hoofdig.

wool·sey *n., (vero., w.g.)* wolkatoen; →LINSEY-WOOLSEY.

woosh *n., ww. & tw.* →WHOOSH.

wootz *(metal.)* Indiese gietstaal.

wooz·y *(infml.)* duiselig, lighoofdig, beneweld, dronkerig; wollerig, suf, versuf, dof. **wooz·i·ness** duiseligheid, lighoofdigheid, beneweldheid, dronkerigheid; wollerigheid, sufheid, versuftheid, dofheid.

wop *(oorspr. Am., neerh.)* Italianer; donkerkleurige arbeider.

wop =*pp*=, *ww.* = WHOP.

Worces·ter(·shire) sauce worcestersous.

word *n.* woord; berig, boodskap, tyding; erewoord, woord van eer; wagwoord; opdrag, bevel; *translate* ~*s into **action*** woorde in dade omsit; ***at** a* ~ onmiddellik; *a **bad*** ~ 'n lelike woord, 'n vloekwoord; ***bandy*** ~*s with s.o.* met iem. woorde hê (*of* redekawel/stry); *not **believe** a* ~ *of it* niks (*of* geen woord) daarvan glo nie; *one can't **believe** a* ~ *of what s.o. says, (ook)* iem. is van leuens aanmekaar gesit; ***beyond*** ~*s* onuitspreeklik; ***big*** ~*s* groot woorde; grootpratery; *s.o.'s* ~ *is (as good as) his/her **bond*** jy kan op iem. se woord reken (*of* op iem. staatmaak), iem. se woord is sy/haar eer; →BOND[1] *n.*; ***break** one's* ~ jou woord (ver)breek/skend; *not **breathe** a* ~ *to s.o.* geen woord teenoor iem. laat val nie; ~ ***came** that ...* daar het tyding/berig gekom dat ...; ***clip** one's* ~*s* jou woorde afbyt; ***coin*** ~*s* woorde maak; *a* ~ *of **command*** →COMMAND *n.*; *in* ~ *and **deed*** met woord en daad; ~*s cannot **describe** it* ('n) mens kan dit nie met woorde beskryf/beskrywe nie; *a **dirty*** ~ 'n smerige woord; *to s.o. ... is a **dirty*** ~, *(infml.)* iem. verafsku ...; *a* ~ *in s.o.'s **ear*** 'n vertroulike mededeling, 'n woordjie privaat; *have a* ~ *in s.o.'s **ear*** vertroulik/privaat met iem. praat; ***eat/swallow** one's* ~*s* jou woorde terugtrek; ***empty*** ~*s* →EMPTY *adj.*; ***exchange*** ~*s with s.o.* →EXCHANGE *ww.*; ~*s **fail** me* ek kan geen woorde vind nie, woorde ontbreek my; ***fair/fine*** ~*s butter no parsnips* (or *break no bones* or *are but wind*) (mooi) praatjies vul geen gaatjies (nie), praat en doen is twee; ***famous** last* ~*s!* →FAMOUS; *a man/woman of **few*** ~*s* 'n man/vrou wat min praat; *be a man/woman of **few*** ~*s* min praat, 'n man/vrou van min woorde wees; ~ ***for*** ~ woordelik(s), woord vir woord; ***get** a* ~ *in (edgeways)* 'n woord tussenin kry; *not **get** a* ~ *out of s.o.* geen woord uit iem. kry nie; ***give** the* ~ *to do s.t.* die bevel/sein gee om iets te doen; ***give/pledge** one's* ~ jou woord gee, plegtig beloof/belowe; ***go back** (up)on one's* ~ 'n belofte verbreek; ***God's** W~, the W~ of God* Gods Woord, die Woord van God; *be as **good** as one's* ~ jou woord hou; *s.o.'s* ~ *is as **good** as his/her bond* →***bond;*** *have a **good*** ~ *for ...* 'n goeie woord vir ... oorhê; *say* (or *put in*) *a **good*** ~ *for s.o.* vir iem. 'n goeie woordjie doen; *not have a **good*** ~ *(to say) for s.o.* iem. uitmaak vir al wat sleg is; ***hang** (up)on s.o.'s* ~*s* iem. se woorde indrink, aan iem. se lippe hang; *a **hard*** ~ →HARD *adj. & adv.*; ***hard*** ~*s* →HARD *adj. & adv.*; ***have*** ~ *of ...* tyding/berig van ... ontvang; ***have** a* ~ *with s.o.* met iem. praat; ***have*** ~*s with s.o.* met iem. woorde hê/kry/wissel, 'n onderonsie met iem. hê; *may I **have** a* ~ *with you?* mag ek 'n oomblik(kie) met jou praat?; ***have** a* ~ *to say* 'n woordjie op die hart hê, iets te sê hê; ***hold** s.o. to his/her* ~ iem. aan sy/haar woord hou; *s.o.'s* ~ *of **honour*** iem. se erewoord (*of* woord van eer); →***on/upon;*** *s.o.'s name is a **household*** ~ almal ken iem. se naam; ***in*** ~*s* in woorde; ***in** a/one* ~ in/met een woord, kortom, om kort te gaan; *there you have it **in** a* ~ met die een woord is alles gesê; ***keep** one's* ~ woord hou, jou woord gestand doen; *have the **last*** ~ die laaste woord hê/spreek; *it is the **last*** ~ *in microwaves/etc.* dit is die allernuutste/allerbeste mikrogolfoond/ens.; *the **last*** ~ *in luxury* die hoogste weelde; *the **last*** ~ *on s.t.* die finale uitspraak oor iets; *s.o.'s* ~ *is **law*** iem. se woord is wet; *one* ~ ***leads** to another* (dit is) die een woord op die ander, die een woord lok die ander uit; ***leave*** ~ *of s.t.* 'n boodskap oor iets laat; ***leave*** ~ *that ...* 'n boodskap laat dat ...; ***leave*** ~ *with s.o.* 'n boodskap by iem. laat; *the W~ of the **Lord*** die Woord van die Here; ***lose** a* ~ 'n woord nie hoor nie, 'n woord verloor; *not be at a **loss** for* ~*s* nie op jou mond geval wees nie; ~*s of **love*** liefdewoorde; *be a **man/woman** of one's* ~ 'n man/vrou van jou woord wees, woord hou; *in so **many*** ~*s* met soveel woorde, uitdruklik; *put it in so **many*** ~*s* met soveel woorde sê; ***mark** my* ~*s!* let op my woorde!; ***mince** one's* ~*s* doekies omdraai; gemaak praat; *not **mince** one's* ~*s* →MINCE *ww.*; *by* ~ *of **mouth*** mondeling(s); *put* ~*s into s.o.'s **mouth*** iem. woorde in die mond lê; *take the* ~*s out of s.o.'s **mouth*** die woorde uit iem. se mond haal/neem; ***mum's** the* ~*!* →MUM[2] *n.*; ***never** a* ~ geen stomme woord nie; *s.o. said **never** a* ~, *(ook)* iem. sprak geen sprook; ***not** a* ~ geen woord nie; ***not** a* ~*!* ek wil niks van jou hoor nie!; ***not** one* ~ geen enkele woord nie; *that is **not** the* ~ *for it* dit is nie die (juiste/regte) woord daarvoor nie; dit is nog baie erger, dit is nog nie sterk genoeg (uitgedruk) nie; ***on/upon** my* ~ *(of honour)* op my woord (van eer); *the **operative*** ~ die beslissende woord; *in **other*** ~*s* met ander woorde; ***plain*** ~*s* eenvoudige taal; ***pledge** one's* ~ →***give/pledge; plight** one's* ~ jou woord gee/verpand, trou sweer; ***put** in a* ~ ook 'n woordjie sê, 'n woordjie te sê kry/hê; ***put** in a (good)* ~ *for s.o.* →***good; put** s.t. into* ~*s* iets in woorde uitdruk, iets onder woorde bring, iets verwoord; ***say** the* ~ die sein gee; toestemming gee; *just **say** the* ~*!* sê net (ja)!; ***say** a few* ~*s* 'n paar woorde sê, 'n toespraakie hou/afsteek/lewer; ***say** a good* ~ *for s.o.* →***good;*** *not **say** a* ~ geen woord sê nie, nie 'n woord sê nie, doodstil bly; *a* ~ *in **season*** 'n woordjie op sy tyd; ***send*** ~ van jou laat hoor; ***send*** ~ *to s.o.* iem. laat weet, berig/tyding aan iem. stuur; *not say a **single*** ~ geen (*of* nie 'n) enkele/dooie woord sê nie; *give one's **solemn*** ~ *that ...* plegtig (*of* [met] hand en mond) beloof/belowe dat ...;

be sparing of ~s swygsaam wees; *a spate/torrent of ~s* 'n woordevloed; *the spoken ~* die gesproke woord; *stick to one's ~* (by jou) woord hou; *(the) ~ on the street is* (or *has it*) *that ..., (infml.)* (die) mense sê (dat) (*of* daar word vertel dat) ...; *suit the action to the ~* →SUIT *ww.*; *swallow one's ~s* →*eat/swallow*; *take s.o. at his/her ~* iem. op sy/haar woord glo, op iem. se woord (af)gaan; iem. letterlik opneem; *take s.o.'s ~ for s.t.* glo wat iem. sê; dit van iem. aanneem; *you can/may take my ~ for it* daarvan kan ek jou verseker, ek sal daarvoor instaan, daarop kan jy reken; ek gee jou my woord (van eer); *the W~, (Chr.: d. Byb.)* die Woord; *the ~s stick in s.o.'s throat, (infml.)* die woorde bly in iem. se keel steek; *throw in a ~ now and again* (so) nou en dan 'n woordjie tussenin sê; *not have a ~ to throw at a dog* nie boe of ba kan sê nie, altyd met jou mond vol tande sit, nooit jou mond oopmaak nie; *s.o./s.t. is too ... for ~s* iem./iets is baie/te/verskriklik ...; *too beautiful/funny/lazy/silly for ~s* →BEAUTIFUL, FUNNY[1] *adj.*, LAZY, SILLY *adj.*; *it was too ... for ~s* ek kan nie sê hoe ... dit was nie, dit was onbeskryflik; *a torrent of ~s* →*spate/torrent*; *twist ~s* woorde verdraai; *unsaid ~s* ongesegde/versweë woorde; *upon my ~ (of honour)* →*on/upon*; *upon my ~!* op my woord!, by my siel!; nou toe nou!, goeie genugtig(heid)!; *s.o. could not utter a ~* iem. kon geen woord uitkry nie; *s.o.'s very ~s* iem. se eie woorde; *s.o. is wasting ~s* iem. praat verniet, iem. verspil woorde; *without wasting ~s* sonder omhaal van woorde; *weigh one's ~s* jou woorde weeg (*of* sorgvuldig kies); *wild and woolly ~s* (wilde) wolhaarpraatjies; *winged ~s* →WINGED; *~s of wisdom* wyse woorde; *a ~ to the wise is enough* →WISE[2] *n.*; *withdraw ~s* woorde terugtrek; *without a/another ~* sonder om 'n woord (*of* iets) te sê. **word** *ww.* onder woorde bring, verwoord; uitdruk, stel, bewoord, formuleer; *be strongly ~ed* kragtig/sterk gestel/uitgedruk wees; *a strongly ~ed letter/etc.* 'n skerp gestelde/bewoorde brief/ens.. **~ association** woordassosiasie. **~-blind** *adj.* woordblind. **~ blindness** woordblindheid, aleksie; →ALEXIA. **~book** woordelys; woordeboek; *(mus.)* libretto. **~-building** *n.* woordvorming. **~ combination** woordverbinding. **~ count** *(rek.)* woordtelling. **~ couple** woordpaar. **~craft** woordkuns. **~-deaf** *adj.* woorddoof. **~ deafness** woorddoofheid. **~ division** woordafbreking. **~ ending** woorduitgang. **~ form** woordvorm. **~ formation** woordvorming. **~ game** woordspeletjie. **~ heading** trefwoord, lemma. **~ list** woordelys. **~lore** woordkennis; woordstudie. **~monger** *(w.g.)* woordekramer, woordryke persoon. **~ order** woordorde. **~ painter** woordkunstenaar. **~ painting** woordskildering, -kuns. **~-perfect**, *(Am.)* **letter-perfect** *adj.* woordgetrou, tot op die letter getrou; *(teat.)* woordvas. **~ picture** woordskildering, plastiese beskrywing. **~play** woordspeling. **~ processing** *(rek.)* woord-, teksverwerking. **~ processor** *(rek.)* woord-, teksverwerker. **~search** *n.* woordsoekspeletjie; woordsoektog. **~smith** woordsmid. **~ splitter** haarklower. **~ splitting** haarklowery. **~ square** woordvierkant.

word·age woordgebruik; woorde; woordetal, getal woorde.

word·ing uitdrukking; bewoording; redaksie; bewoordinge; formulering; *the ~ is as follows* die bewoording(e) lui as volg; *the ~ of the resolution is faulty* die bewoording van die voorstel/besluit is gebrekkig.

word·less *adj.* sprakeloos, spraakloos; woordeloos, sonder woorde; onuitgesproke. **word·less·ly** *adv.* sprakeloos, spraakloos; (stil)swygend, sonder 'n woord.

word·y omslagtig, langasem-, breedsprakig, wydlopig, woord(e)ryk; *(arg.)* woorde-. **word·i·ness** woordrykheid, breedsprakigheid.

wore *ww. (verl.t.)* →WEAR[1] *ww.*.

work *n.* werk, arbeid; opus; →WORKS; *be absorbed in one's ~* in jou werk opgaan; *after ~* ná die werk; *a ~ of art* →ART[1] *n.*; *be at ~* by die werk wees; in die werk wees; aan die werk wees; *be at ~ on s.t.* met iets besig wees; *back to ~* weer aan die werk; *before ~* vóór die werk; *come from ~* van die werk af kom; *contract for ~* werk aanneem; *have one's ~ cut out (for one)* jou hande vol hê (met iets), 'n swaar taak voor jou hê, jy sal moet wikkel (*of* jou moet roer); *have one's ~ cut out to ..., (ook)* jy moet bakstaan om te ...; *it's all in a/the day's ~* →DAY; *~(s) of the devil* duiwelswerk; *dirty ~* →DIRTY *adj.*; *be up to one's/the ears/elbows/eyebrows/eyes/neck in ~, (infml.)* onder die werk toegegooi wees, tot oor die/jou ore in die werk sit/wees; *fall to ~* aan die werk gaan/spring; *find/get ~* werk kry; *give s.o. ~* iem. werk gee; *go to ~* gaan werk, werk toe gaan, na die werk gaan; aan die werk gaan/spring; *go/set to ~ on s.o.* iem. onder hande neem, iem. aanpak; *good/nice ~!* knap/goed gedaan!, mooi so!, dis fluks (van jou)!; *keep up the good ~!* doe so voort!; *~ on hand* onvoltooide werk; *many hands make light ~, (sprw.)* baie/vele hande maak ligte werk; *hard ~* swaar/harde werk; *make hard ~ of s.t.* met iets sukkel; *be hard at ~* hard aan die werk wees; *keep s.o. from his/her ~* iem. uit die werk hou; *look for ~* werk soek; *s.o. is looking for ~* iem. soek werk; *a man of all ~* 'n hansie-my-kneg, 'n algemene werk(s)man; *a nasty bit/piece of ~, (infml.)* 'n ongure mens; 'n gevaarlike kalant; *s.o. is a nasty bit/piece of ~, (ook, infml.)* iem. is naar/onaangenaam; *be up to one's/the neck in ~* →*ears/elbows/eyebrows/eyes/neck*; *nice ~!* →*good/nice*; *on with the ~!* werk voort!; *be out of ~* werkloos wees, sonder werk wees, nie werk hê nie; *all ~ and no play makes Jack a dull boy, (sprw.)* die boog kan nie altyd gespan bly nie; *plunge into one's ~* jou in jou werk verdiep; *~ in progress* onafgehandelde werk; *s.o. must put in some ~* iem. moet werk (*of* iets gedoen kry); *put s.o. to ~* iem. aan die werk sit, iem. in die werk steek; *that was quick ~* dit het gou gegaan; *scamp ~* werk afskeep; halwe werk doen; *set to ~* aan die werk gaan/spring; *shirk ~* lyf wegsteek; *shoddy ~* knoeiwerk, prulwerk; *make short ~ of s.o./s.t.* →SHORT *adj.*; *go to sleep over one's ~* by jou werk aan die slaap raak; *sloppy ~* slordige werk; *put in two hours of solid ~* twee uur aaneen/aanmekaar (*of* oor 'n boeg) werk; *~ has started* die werk het begin; *stop ~* ophou werk, ophou/uitskei met werk; die werk staak; *not do a stroke of ~* geen steek werk (doen) nie, geen steek (werk) doen nie; *never do a stroke of ~* nooit 'n steek werk (doen) nie, nooit 'n steek (werk) doen nie; *it is thirsty ~* dit maak ('n) mens dors; *throw s.o. out of ~* iem. werkloos maak; *it was warm ~* dit het daar warm toegegaan; *what ~ does s.o. do?* wat werk hy/sy?. **work** *ww.* werk, arbei; bewerk; laat bewerk; beheer, (be)stuur; hanteer; beweeg; 'n uitwerking hê; bedien, werk met, laat werk *('n masjien ens.)*; *(mynb.)* ontgin, eksploiteer; teweegbring, veroorsaak; in werking stel; *(suurdeeg ens.)* gis, rys, werk; oplos, uitwerk, bereken, uitreken; knee/knie; brei; deurwerk *(botter ens.)*; *~ against s.t.* iets teenwerk/teëwerk; *~ among ...* onder ... werk; *~ around/round to s.t.* iets met 'n ompad/omweg bereik; *~ (away) at s.t.* met iets besig wees, aan iets werk *('n versoek ens.)*; aan iets arbei; *~ away* aan die werk bly; *~ like a beaver* ywerig werk; *s.t. is ~ed by electricity/etc.* iets word deur elektrisiteit/ens. aangedryf; *~ a change* →CHANGE[1] *n.*; *s.t. ~s like a charm/dream, (infml.)* iets werk perfek/uitstekend; *~ o.s. to death* →DEATH; *s.o. ~s an entire district/etc.* iem. beheer 'n hele distrik/ens., 'n hele distrik/ens. staan onder iem.; *s.t. ~s down* iets sak af *('n kous ens.)*; *some influences ~ downwards* sommige invloede werk nadelig; *be easily ~ed* maklik bewerkbaar wees; *s.o.'s face ~ed* →FACE *n.*; *the machine is ~ed with the foot* die masjien word getrap; *~ for s.o.* by/vir iem. werk; *~ for a cause* vir 'n saak werk, jou vir 'n saak beywer; *~ for a degree* vir 'n graad studeer/werk; *s.t. is ~ing for s.o.* iets begunstig/bevoordeel iem.; *~ like fury, (infml.)* werk dat dit (so) gons, werk dat dit klap/kraak; *~ one's guts out, (infml.)* jou gedaan/kapot/kis/oordraad/oorhoeks (*of* oor 'n mik) werk; *~ hard* hard werk; *~ s.o. too hard* iem. te hard laat werk; *~ like a horse, (infml.: hard werk)* soos 'n esel werk; *~ s.t. in* iets inbring; iets inwerk; *~ in with s.o.* met iem. saamgaan; *~ o.s. into a rage* al hoe kwater word; *~ one's audience into enthusiasm* jou gehoor tot geesdrif opwerk (*of* geesdriftig maak); *s.t. ~s loose* iets raak los; *~ mischief* →MISCHIEF; *s.t. does not ~* iets is buite werking *('n masjien ens.)*; iets slaag nie *('n plan ens.)*; *~ s.t. off* van iets ontslae raak *(energie, opgekropte gevoelens, ens.)*; iets bywerk *(d. agterstallige)*; *~ s.t. off on s.o.* iets op iem. uithaal *(jou frustrasie)*; iets by iem. (gaan) verkoop *(afgesaagde grappe ens.)*; *it will ~ off* dit sal oorgaan/verbygaan; *one can't ~ ... off* ... gaan nie oor van werk nie *(tandpyn ens.)*; *~ on* aanhou werk, deurwerk, voortwerk; *~ on s.t.* aan iets werk; *the wheel ~s on an axle* die wiel draai om 'n as; *~ on/upon s.o.* iem. bearbei, aan iem. arbei; invloed op iem. uitoefen; 'n invloed/uitwerking op iem. hê; *~ out, ('n bokser ens.)* oefen; *(sake)* regkom; *('n huwelik ens.)* slaag; *('n som)* uitkom; *not ~ out, (ook, 'n huwelik ens.)* skipbreuk ly, misluk; *the thorn eventually ~ed out from s.o.'s finger* die doring het naderhand self uit iem. se vinger gekom; *it ~s out at R150* dit kom uit op R150, dit kom op R150 te staan; *~ o.s. out* (jou) uitwoed; *~ s.t. out* iets uitwerk *('n plan ens.)*; iets uitreken/bereken/uitwerk *(d. totaal ens.)*; iets oplos *(probleme ens.)*; *things ~ themselves out* sake kom vanself reg; *be ~ed out, ('n myn)* uitgeput/uitgewerk wees; *~ s.o. over, (infml.)* iem. hardhandig behandel; *~ overtime* →OVERTIME *adv.*; *~ one's passage* →PASSAGE[1] *n.*; *~ a pattern* 'n patroon uitwerk; *~ round to s.t.* →*around/round*; *s.t. ~s round* iets skuif/beweeg om; iets draai *(d. wind)*; *~ and scrape as you may* arbei en besuinig soveel as jy wil; *~ o.s. to a standstill* jou gedaan/kapot/kis/oordraad/oorhoeks (*of* oor 'n mik) werk; *start ~(ing)* begin werk, inval, aan die werk spring/gaan; *stop ~ing* ophou (met) werk; *~ s.t. through* iets deurwerk; *~ to ...* volgens ... werk *('n rooster ens.)*; *~ together* saam werk; *~ towards s.t.* iets probeer bereik/verkry; *~ like a Trojan* 'n bars werk, baie hard werk, jou nie spaar nie; *~ a typewriter* tik, met 'n tikmasjien werk; *~ under ...* onder ... werk; *~ s.t. up* iets kry *(eetlus)*; iets bywerk; iets deeglik bestudeer; *~ s.o. up* iem. aanhits/aanspoor; iem. opgewonde maak; *s.t. ~s up to ...* iets styg tot ... *('n klimaks, hoogtepunt)*; *~ up to s.t.* op iets afstuur; *~ o.s. up about s.t.* jou oor iets opwen, oor iets opgeskroef raak; *be/get (all) ~ed up about s.t.* opgewonde wees/raak/word oor iets; *~ upon s.o.* →*on/upon*; *~ one's will* sorg dat jy jou sin kry; *~ with s.t.* met iets werk; *~ with s.o.* saam met iem. werk; *~ wonders* →WONDER *n.*; *it won't ~* dit sal nie deug nie. **~bag** werksak. **~ basket** werkmandjie. **~bench** werkbank. **~book** werkboek. **~box** werk-, naaikissie. **~ camp** werkkamp. **~day** werkdag. **~ dodger** werkskuwe, werksku mens. **~ edge** werkrand. **~ end** werkent. **~ ethic:** *(Protestant) ~ ~* (Protestantse) werk(s)etiek. **~ experience** werk(s)ondervinding, -ervaring. **~face** werk(s)vlak. **~fare** werk(s)welsyn. **~fellow** werkmaat. **~flow** *n.* werk(s)vloei. **~folk(s)** werksmense, arbeiders. **~force** werkmag, arbeids-, werkkragte. **~ gang** werkspan. **~ girl** werkmeisie, fabrieksmeisie. **~ group** werk(s)groep. **~hand** werker, werk(s)man; handlanger. **~horse** werk-, trekperd; *(fig.)* werkesel, gewillige werker. **~house** *(hist.)* arm(e)huis, armegestig. **~-in** *n.* fabrieksbesetting. **~-in-progress** onvoltooide werk; *~ account* onvoltooidewerkrekening. **~load** arbeidslas. **~man** *-men* werk(s)man; vakman; arbeider, werkkrag; *(i.d. mv.)* werk(s)mense, werk(s)lui; *an ill ~ quarrels with his tools* 'n slegte ambagsman gee sy gereedskap die skuld. **~manlike** vakkundig, handig, deeglik, knap, saaklik; prakties. **~manship** vakmanskap, vakkennis, vakkundigheid; vakvernuf, handigheid, knapheid; vakwerk; afwerking, uitvoering, maaksel; makely; faktuur *(v. 'n kunswerk)*; *we are (of) God's ~* ons is Gods handewerk; *the ~ cannot be improved upon* dit is volmaak afgewerk, die afwerking kon nie beter gewees het nie. **~ master** opsigter, voorman, werkmeester. **~mate** werkmaat. **~men's compensation** vergoeding vir 'n beroepsbesering/beroepsiekte. **~men's compensation insurance** ongevalleversekering. **~-out** *n.* oefening; toets, toetsing. **~ party** (werk)span. **~people** werksmense, arbeiders, werkvolk. **~ permit** werk(s)permit. **~piece** *(meg.)* werkstuk. **~place** werkplek. **~ rate** werk(s)tempo; werkspoed. **~ reservation** werkafbakening. **~room** werkkamer. **~seeker** werksoeker. **~seeking** werksoekery. **~seeking pass** werkpas. **~sheet** werkstaat. **~shop** *n.* werkplaas, werk(s)winkel; werkplek; werksessie, -byeenkoms; slypskool; werkgroep. **~shop**

ww. 'n werksessie/slypskool hou oor *('n toneelstuk ens.).* ~**shy** *adj.* werk=, arbeidsku. ~**shyness** werkskuheid. ~ **song** arbeidslied. ~**space** werkplek, =ruimte, =spasie; *(rek.)* = WORKING STORAGE. ~ **station** werkplek; *(rek.)* werkstasie. ~ **stoppage** werkstaking. ~-**study** werk=studie. ~ **surface,** ~**top** werk(s)vlak, =blad. ~**table** werktafel; tekentafel. ~ **ticket** werk=, tydkaart; werk=brief. ~**top** →WORK SURFACE. ~-**to-rule** *n.* werk-volgens-die-boek-protes/staking. ~**wear** werk(s)klere. ~**week** werk(s)week. ~**woman** =*women* werkster, werkvrou. ~-**worn hand** werkhand.

work·a·ble bewerkbaar; verwerkbaar; ontginbaar; bruikbaar; prakties, uitvoerbaar; ~ *proposition, (ook)* lonende onderneming. **work·a·bil·i·ty, work·a·ble·ness** bewerkbaarheid; uitvoerbaarheid; bruikbaar=heid; ontginbaarheid.

work·a·day gewoon, alledaags; saai, vervelend; ~ *clothes* weeksklere.

work·a·hol·ic werkslaaf, =verslaafde. **work·a·hol·ism** werkverslawing.

work·er werker, werk(s)man, arbeider. ~ **(ant)** werk=mier. ~ **(bee)** werkby. ~ **priest** *(RK: priester wat [gew. deeltyds] sekulêre werk doen)* tentmaker('s)priester. **W~s' Day** *(SA: 1 Mei)* Werkersdag; →LABOUR DAY.

work·ing *n.* (die) werk, werkery; werking; verwerking; vervaardiging; bewerking; *(i.d. mv., wisk.)* uitwerking, berekening, oplossing; uitgrawing, ontginning, eks=ploitasie; bedryf; myn; steengroef; gisting; ~ *of a face* trekking van 'n gesig; *opencast* ~ oop delfplek. **work·ing** *adj.* werkend, arbeidend; werk=; bedryfs=; *not* ~ buite werking; *('n trein ens.)* loop nie. ~ **account** be=dryfsrekening. ~ **breakfast** werk(s)ontbyt. ~ **cap** werk(s)pet. ~ **capital** bedryfs=, werk(s)kapitaal. ~ **class(es)** arbeidersklas, arbeider=, werkerstand. ~ **clothes** werk(s)klere. ~ **committee** voorbereidings=komitee. ~ **condition** werkende toestand; *(i.d. mv.)* arbeidsvoorwaardes; werk(s)omstandighede, bedryfs=omstandighede. ~-**cost account** eksploitasierekening. ~ **costs,** ~ **expenses** bedryfs=, eksploitasiekoste. ~ **day** werk(s)dag. ~ **depth** werkdiepte. ~ **dog** diens=, werk(s)hond; trekhond. ~ **drawing** konstruksie=, werk=tekening. ~ **dress** werk(s)rok; werk(s)klere; *(mil.)* werk(s)tenue. ~ **edge** werk(s)rand. ~ **expenditure** be=dryfsuitgawes. ~ **face** *(houtw.)* werk(s)vlak; *(mynb.)* werk(s)front. ~ **girl** werkende meisie; *(infml.: prostituut)* dame van die nag, snol, lyfsmous. ~ **group** werk(s)=geselskap; studiegroep. ~ **horse** werk(s)=, trekperd. ~ **hours** werk(s)ure, werk(s)tyd, arbeidstyd. ~ **hypoth=esis** werk(s)hipotese. ~ **instructions** bedryfsvoor=skrifte. ~ **knowledge** basiese kennis; *have a* ~ ~ *of a language* 'n basiese/elementêre/gangbare/praktiese ken=nis van 'n taal hê/besit, genoeg van 'n taal ken om oor die weg te kom (*of* jou te behelp). ~ **language** werk(s)=taal. ~ **life** werk(s)lewe; werksame lewe. ~ **light** loop=, werklig. ~ **load** werk(s)vrag; werklas, bedryfsbelasting, toelaatbare belasting. ~ **lunch** werk(s)middagete. ~ **majority** *(pol.)* effektiewe/regeerkragtige meerderheid. ~ **man** =*men* werk(s)man, arbeider, werker. ~ **model** werkende model. ~ **order:** *in* ~ ~ in goeie orde, ag=termekaar. ~-**out** *n.* uitwerking; berekening, raming. ~ **paper** konsep. ~ **part** bewegende/werkende deel. ~ **party** werkspan, werk(s)groep; studiegroep; werk(s)=geselskap, =gemeenskap. ~ **place** werk(s)plek. ~ **plan** werk(s)plan, bedryfsplan. ~ **plane** werk(s)vlak. ~ **point** aangrypingspunt. ~ **practices** *n. (mv.)* werk(s)=praktyke. ~ **pressure** werk(s)druk; bedryfsdruk. ~ **profit** bedryfswins. ~ **storage** *(rek.)* werkgeheue. ~ **stress** werkspanning, toelaatbare spanning. ~ **suit** werk(s)pak. ~ **surface** werk(s)vlak; draagvlak, wry=wingsvlak. ~ **time** werk(s)tyd, arbeidstyd; bedryfs=duur. ~ **voltage** bedryfspanning. ~ **week** werk(s)=week. ~ **woman** ~ *women* werk(s)vrou, werkster; wer=kende vrou.

work·less werkloos, sonder werk. **work·less·ness** werkloosheid.

works werke; fabriek(e); werkplaas, =plase; bedryf, inrigting; vestingwerke; oeuvre, werke *(v. 'n skrywer)*; ratwerk *(v. 'n horlosie, meul[e], ens.)*; *clerk of* ~ →CLERK; *give s.o. the* ~, *(infml.)* iem. mishandel; iem. alles ver=tel; iem. van kant maak (*of* uit die weg ruim *of* bok=veld toe stuur); ***good*** ~ goeie werke, liefdadigheid; ***gum up the*** ~, *(infml.)* 'n stok in die wiel steek, alles bevark; *it's **in** the* ~, *(infml.)* daar word aan gewerk (*of* werk van gemaak); ***mighty*** ~ →MIGHTY *adj.*; ***public*** ~ →PUBLIC *adj.*; ~ *of **supererogation,** (RK)* oortollige goeie werk; ***the*** *(whole)* ~, *(infml.)* alles en alles; al die moontlike; ~ *of a **watch*** uurwerk, (rat)werk van 'n horlosie/oor=losie. ~ **accountant** bedryfsrekenaar, =rekenmeester. ~ **chemist** fabriekskeikundige. ~ **council** bedryfsraad. ~ **driver** fabrieksryer. ~ **engineer** bedryfsingenieur. ~ **foreman** fabrieksvoorman. ~ **manager** bedryfsleier; fabrieksbestuurder. ~ **officer** *(mil.)* offisier van werke. ~ **order** fabrieksopdrag.

world wêreld; streek, kontrei; gebied, terrein, sfeer; ***all the*** ~ die hele wêreld; ... *is **all** the* ~ *to s.o.* ... is vir iem. alles; ***all** the* ~ *and his wife* almal, die laaste een; *for **all** the* ~ *as if* ... presies (as)of ...; *for **all** the* ~ *alike* presies so eenders soos twee druppels water; ***alone** in the* ~ alleen op die wêreld; *be* ~*s **apart*** hemelsbreed verskil; *the* ~ *of **art*** →ART[1] *n.*; *the **best** in the* ~ die beste op aarde (*of* ter wêreld *of* in die wêreld); *get/have the best of **both*** ~*s* dubbel bevoorreg wees; ***bring** a child into the* ~, *('n moeder)* die lewe aan 'n kind skenk; *('n dokter, vroedvrou)* by 'n kind se geboorte help; ***come down** in the* ~ agteruitgaan in die lewe; ***come into** the* ~ ge=bore word, in die wêreld kom; *the* ~ *to **come*** die hier=namaals; *what is the* ~ ***coming** to?* waar gaan/moet dit heen?, wat word van die wêreld?; *be **dead** to the* ~ vas aan die slaap wees; *a* ~ *of **difference*** →DIFFERENCE; *a* ~ *of **dreams*** 'n droomwêreld; →DREAMWORLD; *the* ~*'s **end*** die einde van die wêreld; *it's not the **end** of the* ~ dis nie die ergste nie; *it wouldn't be the **end** of the* ~ *if* ... die wêreld sal nie vergaan as ... nie; ~ ***without end*** tot in (alle) ewigheid; *not **for** (all) the* ~ vir niks (*of* vir geen geld) ter wêreld nie; *s.o. would **give** the* ~ *to* ... iem. sou wát wil gee om ...; ***go out into** the* ~ die wêreld ingaan; *how **goes** the* ~ *with you?, (infml.)* hoe staan die lewe?; *it does s.o. a* ~ *of **good*** dit doen iem. baie (*of* die wêreld se) goed, iem. vind groot baat daarby; *the* ~ *of **ideas*** die ideëwêreld; *what/where/who **in** the* ~ *is it?* wat/waar/wie op aarde is dit?; *s.o. who has **knocked** about/around the* ~ →KNOCK *ww.*; *the* ~ *of **literature*** die letterkun=dige wêreld; *s.o. is not **long** for this* ~ iem. sal dit nie meer lank maak nie; *the **lower/nether*** ~ die onder=wêreld; *a **man/woman** of the* ~ 'n man/vrou met er=varing; *the **next/other*** ~ die ander wêreld, die hierna=maals; *it is **out** of this* ~, *(infml.)* dit is hemels/manjifiek; *live **out** of the* ~ soos 'n kluisenaar leef/lewe; *all **over** the* ~, *the* ~ ***over*** die hele wêreld deur, oor die hele wêreld, die wêreld oor; *the* ~ *is s.o.'s **oyster*** die wêreld staan vir iem. oop; *put/set the* ~ *to **rights*** die wêreld in orde bring; ***rise** in the* ~ opgang maak in die wêreld; *what will the* ~ ***say** about it?* wat sal die mense daarvan sê?; ***see** the* ~ die wêreld bereis; baie ondervinding opdoen; *let the* ~ ***slide*** sake (maar) hul gang laat gaan, maar opdons; *it's a **small*** ~, *the* ~ *is a **small place*** die wêreld is (baie) klein; *the* ~ *of **sport*** die sportwêreld; →SPORTING; *in the* ~ *of **sport*** op sportgebied; *all the* ~*'s a **stage*** die wêreld is 'n speeltoneel; ***tell** the* ~ alles uitblaker; ***think** the* ~ *of* ... →THINK *ww.*; ***this*** ~ die ondermaanse; ***throughout** the* ~ oor die hele wêreld, oral(s) in die wêreld, die wêreld oor; *have all the **time** in the* ~ →TIME *n.*; *be on **top** of the* ~, *(infml.)* die wêreld is joune, hoog(s) in jou skik (*of* opgetoë *of* in jou glorie *of* baie bly) wees; *the* ~ *is* (or *has turned*) ***topsy-turvy,** (infml.)* die wêreld is onderstebo; *a **troubled*** ~ →TROUBLED; *how is the* ~ ***using** you?* hoe gaan dit met jou?, hoe staan die lewe?; *how **wags** the* ~*?* →WAG[1] *ww.*; *that/such is the **way** of the* ~ so gaan dit maar, so gaan dit in die (ou) wêreld, dit is die (ou) wêreld se beloop; *the **whole*** ~ die hele wêreld; *the **wide*** ~ die wye wêreld; *all the* ~ *and his **wife*** →**all.** **W~ Bank** Wêreldbank. ~-**beater** wêreld=kampioen. ~ **champion** wêreldkampioen. ~ **cham=pionship** wêreldkampioenskap; *(dikw. i.d. mv.)* wêreld=kampioenskapsbyeenkoms, =kompetisie, =toernooi, =gala, =geveg, =(wed)ren, =(wed)vaart, *ens.*. ~-**class:** *the fight placed s.o. in* ~ die geveg het iem. wêreldrang be=sorg. **W~ Court** Wêreldhof; →INTERNATIONAL COURT OF JUSTICE. **W~ Cup** *(sokker)* Wêreldbeker. ~ **domi=nation** wêreldoorheersing. ~ **fair** *(dikw. W~ F~)* wê=reldskou, =tentoonstelling. ~-**famous** *adj.* wêreldbe=roemd, =vermaard. **W~ Heritage Site** Wêrelderfe=nisgebied. ~ **history** algemene geskiedenis. ~ **language** wêreldtaal. ~ **line** *(fis.)* wêreldlyn. ~ **music** wêreld=musiek. ~-**old** *adj.* so oud soos die wêreld, eeue-oud, oeroud. ~ **order** wêreldorde. ~ **peace** wêreldvrede. ~ **picture** wêreldbeeld. ~ **power** wêreldryk, =moond=heid; wêreldse mag. ~ **rankings** wêreldranglys. ~ **record** wêreldrekord. ~ **record holder** wêreldrekord=houer. ~-**shaking** *adj.* aardskuddend *('n aankondiging, ontdekking, ens.)*; groot, gewigtig, baie belangrik *('n oom=blik ens.)*; *of* ~ *import* van aardskuddende/kardinale (*of* van die allergrootste) belang. ~ **standing:** *of* ~ ~ van wêreldformaat. ~ **state** wêreldstaat; wêreldmoond=heid. ~ **view** wêreldbeskouing. **W~ War I/II** die Eerste/Tweede Wêreldoorlog. ~-**weariness** lewensmoegheid, lewenstamheid. ~-**weary** *adj.* lewensmoeg. ~**wide** *adj.* oor die hele wêreld bekend/versprei(d); wêreldwyd, wêreld=; ~ *fame* wêreldberoemdheid; ~ *reputation* wêreldnaam, alombekendheid; ~ *success* wêreldsuk=ses. **W~ Wide Web** *the* ~ ~ ~ →WEB.

world·li·ness wêreldsheid.

world·ling wêreldling.

world·ly wêrelds, aards; wêreldsgesind; onkerklik; mon=dain; ~ *wisdom* wêreldwysheid. ~-**minded** wêrelds=gesind. ~-**wise** ervare, prakties, verstandig, wêreldwys.

worm *n.* wurm; ruspe(r); *(rek.)* rekenaarwurm, wurm=virus; *(infml.: veragtelike pers.)* drel, druiloor, pateet, tor, misbaksel; *(teg.)* skroefdraad; *(hist., mil.)* koeëltrekker; slang *(v. 'n brandewynketel)*; *it's a **can** of* ~*s, (infml.)* enigiets kan daar uitpeul; →CAN[2] *n.*; *the* ~ *of **conscience*** gewetensknaging, =wroeging; ***s.o.** is a* ~ ***today*** iem. is vandag geen pyp tabak werd nie, iem. kan vandag geen hond haar-af maak nie; *(even) a* ~ *will **turn*** selfs 'n lam skop. **worm** *ww.* kruip; kronkel; van wurms suiwer, wurms uitroei; *(sk., arg.)* trens *('n tou)*; *s.t.* ~*s it's way **along/forward,** (verkeer ens.)* iets beweeg kruip-kruip voort/vorentoe; ~ *one's way **in*** inkruip, jou inwoel; ~ *o.s.* (or *one's way*) ***into*** ... jou indring in ... *(iem. se guns, vertroue, ens.)*; ~ *s.t. **out** of s.o.* iets uit iem. kry *('n geheim ens.)*. ~ **bearing** *n., (teg.)* wurmlaer. ~**cast** wurmho=pie. ~ **charming** wurmbeswering. ~ **drive** *(teg.)* wurm=aandrywing. ~-**eaten** *adj.* deur wurms gevreet, wurm=stekig; muf, verouderd. ~ **gear** *(teg.)* wurmrat; wurm=aandrywing. ~**hole** wurmgat. ~**holed** *adj.* vol wurm=gate, wurmstekig, vermolm, vergaan. ~**hole dust** boormeel. ~ **infestation** wurmbesmetting. ~**seed** *(bot.)* wurmsaad, artemisia. ~**'s eye view** wurmperspek=tief. ~ **shaft** *(teg.)* wurmas. ~ **wheel** *(teg.)* wurmrat. ~**wood** *(bot.)* als(em)kruid, absint; *(bot.)* byvoet, ar=temisia; *(fig.)* verbittering, verbitterdheid, bittere smart. ~**wood oil** (wilde)alsolie, absintolie. **worm·y** wurm=agtig; vol wurms, wurmstekig; kruiperig, laag.

worn moeg, vermoeid; verslete, verslyt, afgeslyt; *be* ~ *with **age*** →AGE *n.*; *the rock has been* ~ ***away*** die rots is uitgehol/uitgevreet; *be **badly*** ~, *('n kledingstuk ens.)* erg verslete wees; *('n tapyt ens.)* erg uitgetrap wees; *these trousers have* ~ *into **bagginess*** hierdie broek het al bok=knieë; *be* ~ *to a **frazzle,** (infml.), (iets)* verslete wees; *(iem.)* afgemat/uitgeput wees; *a* ~ ***joke*** 'n afgesaagde/ou grap; *s.o. is* ~ ***out*** →WORN-OUT *adj.*; *be* ~ *to a **shadow*** net 'n skadu(wee) wees van wat jy vroeër was; *be* ~ *to a **shadow** with care* na 'n geraamte lyk van al die bekommernis; *be* ~ *to a **thread*** verslete wees, gaar ge=dra wees. ~-**out** *(attr.),* **worn out** *(pred.), adj.* afge=leef(de); verslete, verslyt(e), uitgeslyt(e), afgedra, afge=draagde; tam, uitgeput(te), gedaan; *s.o. is worn out* iem. is afgemat/uitgeput, iem. se blus is uit; *s.t. is worn out* iets is verslete *('n kledingstuk ens.)*; iets is op (*of* het op=geraak) *(iem. se geduld)*.

wor·ried bekommerd; *be* ~ *to **death*** (or ***sick/silly***) *about* ... jou doodbekommer/=kwel oor ...; *s.o. wears a* ~ ***look*** dit lyk of iets iem. kwel; *be **much*** ~ baie bekommerd wees, jou erg bekommer/kwel; baie lastig geval word; *be* ~ ***that** s.t. could happen* jou daaroor bekommer dat iets kan gebeur.

wor·ri·er selfkweller, tobber; knieser, kniesoor; kwelgees.

wor·ri·ment *(Am., arg. of skerts.)* las; kwelling, bekommernis; →WORRY *n.*.

wor·ri·some *(hoofs. Am.)* lastig; kwellend; geneig tot kommer.

wor·rit *n. & ww., (Br., arg.)* = WORRY *n. & ww.*.

wor·ry *n.* kwelling, besorgdheid, sorg, kommer, bekommernis, getob; moeite, las; gelol, gepeuter, getorring, plaery; gebyt, gehap *(v. 'n hond); s.t.* ***causes*** ~ iets wek kommer; *s.t. is a* ***great*** *~ to s.o.* iem. bekommer hom/haar baie/erg oor iets; ***have*** *worries* bekommernisse hê; *... is the* ***least*** *of s.o.'s worries* oor ... bekommer iem. hom/haar nog die minste; *it is a ~ to s.o. that ...* iem. bekommer hom/haar daaroor dat ... **wor·ry** *ww.* jou kwel/bekommer, knies, tob; kwel, bekommer, lastig val, nie met rus laat nie; peuter, lol, terg, pla, torring aan; *('n hond)* karnuffel, byt, hap, heen en weer ruk *(m.d. tande); ~* ***about/over*** ... jou bekommer/kwel (*of* ongerus maak) oor ..., ongerus voel/wees oor ...; *~* ***along*** aansukkel, voortsukkel; *s.o. worries* ***because*** ... dit bekommer iem. dat ...; *~ o.s. to* ***death*** (*or* ***sick/silly***) jou doodbekommer/-kwel; ***don't*** *~ (yourself)!* moenie bekommerd wees nie!, bekommer/ontstel/kwel jou nie!; ***don't*** *~!, (ook)* moenie moeite doen nie!; laat maar staan!, laat staan maar!; ***not*** *to ~!, (infml.)* moenie bekommerd wees nie!; *~ the life* ***out*** *of s.o.* iem. se lewe versuur/vergal; *~ a problem* ***out*** met 'n probleem worstel totdat dit opgelos is; *~ s.o.* ***with*** *s.t.* iem. met iets lastig val. ~ **beads** *n. (mv.)* kommerkrale. **~guts,** *(Am.)* **~wart** *(infml.)* kwelgees, kommerkous, -pot. ~ **lines** *n. (mv.)* kommerplooie.

wor·ry·ing *adj.* kommerwekkend, onrusbarend, sorgwekkend, verontrustend.

worse *n.* erger/slegter dinge, iets ergers; →WORST *n.*; *from* ***bad*** *to ~* →BAD *n.*; *a* ***change*** *for the ~* 'n agteruitgang; 'n verslegting; 'n verswakking; *there is ~ to* ***come*** dit word nog erger; *but ~* ***followed*** maar die ergste moes nog kom. **worse** *adj. & adv.* erger; slegter; *a* ***deal*** ~ baie/veel erger; baie/veel slegter; *the ~ for* ***drink*** →DRINK *n.*; *it is* ***getting*** ~ dit word erger; ***grow*** ~ erger word, vererger; slegter word; *~* ***luck*** →LUCK *n.*; ***make*** *s.t. ~* iets vererger, iets erger maak; *to* ***make*** *things ~* tot oormaat van ellende/ramp; *that* ***makes*** *it all the ~* dit maak dit des te erger; ***much*** ~ baie/veel erger; baie/veel slegter; *so* ***much*** *the ~* des te erger; *s.o. is* ***none*** *the ~ for it* dit het iem. geen kwaad gedoen nie, iem. het niks daarvan oorgekom nie; *be* ***none*** *the ~ for the accident* ongedeerd daarvan afkom, niks van die ongeluk oorhou nie; *be ~* ***than*** ... slegter as ... wees; erger as ... wees; *be the ~ for* ***wear*** →WEAR[1] *n.*. **wors·en** erger/slegter maak, vererger; erger/slegter word, agteruitgaan, versleg. **wors·en·ing** verergerend.

wor·ship *n.* verering, aanbidding, verheerliking; erediens, godsdiens; *(arg.)* agting, aansien; *~ of the* ***dead*** dodeverering; ***(form of)*** ~ religie; *His/Her W~ the* ***Mayor/Mayoress,*** *(fml.)* die agbare Burgemeester/-meesteres; ***men/women*** *of ~, (arg.)* manne/vroue van aansien; ***place*** *of ~* →PLACE *n.*; ***public*** *~* →PUBLIC *adj.*; *look at ...* ***with*** *~ in one's eyes* met oë vol aanbidding na ... kyk; ***Your*** *W~, (fml. aanspreekvorm)* agbare Heer/Dame; u Edelagbare. **wor·ship** *-pp-, ww.* vereer, aanbid; verafgo(o)d, 'n afgod maak van; kerk/moskee/ens. toe gaan; *~ God* die Here aanbid/dien; *~ s.o.* iem. aanbid (*of* op jou hart dra); *where does s.o. ~?* na watter kerk/moskee/ens. gaan iem.?. **wor·ship·ful** *adj.* agbaar. **wor·ship·per** vereerder, aanbidder; kerk-, moskeeganger, -besoeker, ens..

worst *n.* slegste; ergste; swakste; ***at (the)*** ~ op sy ergste, in die ergste geval; *see s.o.* ***at*** *his/her ~* iem. op sy/haar slegste/ergste/swakste sien; *the ~ is yet to* ***come*** die ergste lê nog voor, "hef aan" lê nog voor; *if the ~* ***comes*** *to the ~* as die nood aan die man kom, in die allerergste geval; ***do*** *one's ~* dit so erg moontlik maak; *let s.o.* ***do*** *his/her ~* laat iem. maak wat hy/sy wil; ***fear*** *the ~* die ergste vrees; ***get/have*** *the ~ of it* verloor, die slegste daarvan afkom, aan die kortste ent wees/trek, jou vasloop, die onderspit delf; *the ~ of it* ***is*** *that ...* die ergste is dat ...; ***much*** *the ~* verreweg die slegste; verreweg die ergste. **worst** *adj. & adv.* slegste; ergste; swakste; *~ developed settlement* slegs ontwikkelde nedersetting. **worst** *ww. (gew. as volt.dw.)* verslaan, oorwin, wen, klop, uitstof; *be ~ed* die onderspit delf. **~-case scenario** nagmerrie-scenario; die (heel) ergste wat (met iem.) kan gebeur; *in the ~ ~* op sy ergste, in die ergste geval. **~-dressed** *adj. (attr.)* swaks geklede, swaksgeklede.

wor·sted kamstof. ~ **cloth,** ~ **fabric,** ~ **material** kamstof. ~ **flannel** kamflanel. ~ **mill** kamstoffabriek. ~ **yarn** kamgaring, -gare.

wort *n., (arg.)* krui(d); wort *(by bier).* **-wort** *komb.vorm* -kruid; *butter~* vetkruid; *fig~* helmkruid; *lung~* longkruid; *milk~* melkkruid; *money~* penningkruid.

worth *n.* waarde; ***men/women*** *of ~* verdienstelike manne/vroue; *get one's* ***money's*** *~* →MONEY *n.*; *be of* ***no*** *~* waardeloos wees; *show one's* ***true*** *~* wys wat (regtig/werklik) in jou steek. **worth** *adj.* werd; ***all*** *s.o. is ~* alles wat iem. besit; *for* ***all*** *he/she is ~, (infml.)* so (al) wat hy/sy kan, met/uit alle mag, so hard/vinnig/ens. soos hy/sy kan, vir die/'n vale, vir die vales; *s.o. ... for* ***all*** *he/she is ~, (ook, infml.)* iem. ... dat dit 'n naarheid is *(flikflooi ens.)*; *it is ~* ***hearing*** dit is die moeite werd om te hoor; *it is ~* ***it*** dit is dit werd; *(infml.)* dit is die moeite werd; *it is ~* ***mentioning*** dit is noemenswaardig; *s.o. is ~ a* ***million*** *rands/etc.* iem. is 'n miljoen rand/ens. sterk; ***not*** *~ a bean/cent/straw* (*or a brass button*), *(infml.)* nie 'n (bloue) duit (*of* 'n stuiwer) werd nie; *be ~* ***nothing*** niks werd wees (nie); *it is ~* ***preserving*** dit is bewarenswaardig; *be ~ one's* ***salt*** →SALT *n.*; *be ~ s.t.* ***to*** *s.o.* vir iem. iets werd wees; *it is ~ the* ***trouble*** dit is die moeite werd; ***what*** *is it ~ to me?* wat steek daar vir my in?, wat kry ek (daaruit)?; ***what*** *is the house/etc. ~?* wat is die huis/ens. werd?, wat is die waarde van die huis/ens.?; *for* ***what*** *it is ~* wat dit ook al werd mag wees; *take it for* ***what*** *it is ~* daarvan glo wat jy wil; *sell s.t. for* ***what*** *it is ~* iets vir dieselfde prys verkoop; *it is ~ (one's)* ***while*** dit is die moeite werd; →WORTHWHILE; *it is ~ one's* ***while*** *going/etc.* jy kan gerus gaan/ens.; →WORTHWHILE. **worth** *ww., (vero.): woe ~ the day* vervloek sy die dag, wee die dag. **wor·thi·ly** waardig. **wor·thi·ness** waardigheid; agtenswaardigheid; verdienstelikheid. **worth·less** *adj.* waardeloos, nikswerd, niks werd nie. **worth·less·ness** waardeloosheid. **worth·while** waardevol, lonend, verdienstelik. **worth·while·ness** verdienstelikheid. **wor·thy** *n., (dikw. neerh. of skerts.)* waardige persoon, man/vrou van aansien/betekenis; (plaaslike) beroemdheid/held; *this ~* hierdie snaar/kêrel. **wor·thy** *adj.* waardig, werd; agtenswaardig; verdienstelik; *the honour/etc. is ~ of s.o., s.o. is ~ of being honoured/etc.* die eer/ens. is iem. waardig, iem. verdien om vereer/ens. te word; *such integrity is ~ of the office* sulke integriteit is die amp waardig. **-wor·thy** *komb.vorm* -waardig, -baar, -lik; *blame~* laakbaar, afkeurenswaardig, berispelik; *credit~* kredietwaardig; *praise~* prysenswaardig, lofwaardig, loflik; *road~* padwaardig.

wot *ww. (teenw.t., 2e pers. ekv.), (arg.)* weet; →WIT[2] *ww.*; *God ~* God weet.

Wo·tan →ODIN.

would wou; sou; *s.o. ~* ***be*** *alone, (poët., liter.)* iem. sou alleen wil wees; iem. wil alleen wees; *~ s.o.* ***be*** *able to do it?* sou iem. dit kan doen?; *who ~ this* ***be?*** wie kan dit wees?; *who ~* ***be*** *hungry?* wie sou wil honger ly?; *s.o. ~* ***break*** *it!* iem. moes dit mos breek!; *s.o. ~ not* ***do*** *it for less than ...* iem. sou dit nie vir minder as ... doen nie; *s.o. ~* ***go*** *home early* iem. was gewoond om vroeg huis toe te gaan; *s.o. ~* ***have*** *done it* iem. sou dit gedoen het; *s.o. ~* ***have*** *me do it* iem. wil hê ek moet dit doen (*of* dat ek dit moet doen); *the wound ~ not* ***heal*** die wond wou nie genees nie; *~* ***it*** *were otherwise!, (arg. of poët., liter.)* was dit (tog) maar anders!; *s.o. ~* ***like*** ... iem. wil ... hê, iem. verlang ...; *s.o. ~* ***like*** *to know* iem. sou (graag) wil weet; *it ~* ***seem*** *as if ...* dit wil voorkom (as)of ...; *~* ***to God*** *that ...* mag God gee dat ...; *~* ***to God*** *I were dead!, (arg. of poët., liter.)* was ek (tog) maar dood!; *do* ***what*** *he/she ~, nothing succeeded* wat iem. ook al gedoen het, niks het geslaag nie. **~-be** *adj. (attr.)* kastig, kam(s)tig, sogenaamd; toekomstig, aanstaande, aspirant-; *~ writer* aspirantskrywer, graagskrywer.

wouldn't *(sametr.)* = WOULD NOT.

Woulfe bot·tle *(chem.)* woulfe-fles *(ook W~)*.

wound[1] *n.* wond, kwesplek, letsel, besering; ***dress*** (*or put a* ***dressing*** *on or apply a* ***dressing*** *to*) *a ~* 'n wond behandel/verbind; ***lick*** *one's ~s, (fig.)* jou wonde lek; ***receive*** *a ~* gewond word; ***stop*** *a ~* die bloed stelp. **wound** *ww.* wond, verwond; kwes *('n dier)*; seermaak, grief, kwets, leed veroorsaak; →WOUNDING *adj.*; *be* ***badly*** *~ed* swaar gewond wees; ***be/get*** *~ed* gewond word; *a ~ed* ***buck*** 'n gekweste bok; *~ s.o.'s* ***self-respect*** →SELF-RESPECT; *a ~ed* ***soldier*** 'n gewonde soldaat; ***the*** *~ed* die gewondes. **~wort** *(Anthyllis vulneraria)* wondkruid, -klawer; *(Stachys spp.)* andoring.

wound[2] *ww. (verl.t., volt.dw.)* →WIND[2] *ww.*; *be/get ~ up* opgewonde wees/raak; *expectations were ~ up to a high pitch* die verwagtings was hooggespan.

wound·ing *adj.* kwetsend *('n opmerking, woorde, ens.)*.

wo·ven geweef(de); gevleg(te); *~ fabric* weefsel, weefstof; *~ felt* vervilte weefstof.

wove pa·per velyn-, satynpapier.

wow *n., (infml.)* treffer, reusesukses, iets geweldigs. **wow** *ww., (infml.)* indruk op iem. maak. **wow, wow·ee** *tw., (infml.)* haai, joe, hete, hede, hene, jene, jitte, jislaaik, gits, heng, maggies, magtie.

wow·ser *(Austr., sl.)* suurpruim, pretbederwer.

wrack[1] *ww., (hoofs. fig.)* martel, folter, pynig; teister; *~ one's brains* →BEAT/CUDGEL/RACK ONE'S **BRAINS.**

wrack[2] *n.* ramp, ondergang; *go to ~ and ruin* →RACK[4] *n.*.

wrack[3] *n., (arg. of dial.)* wrak; wrakgoed; oorblyfsel.

wrack[4] *n., (bot.: Fucus spp.)* seegras; onkruid.

wraith gees, skim, dubbelganger. **wraith·like** eteries.

wran·gle *n.* stryery, (ge)twis, gekyf, rusie. **wran·gle** *ww.* stry, twis, kyf, rusie maak; uitvaar; *(Am.)* byme-kaarja(ag) *(vee ens.)*; *~ about/over ...* oor ... twis. **wran·gler** stryer, rusiemaker; *(horse) ~, (Am.)* perdekneg, -hanteerder. **wran·gling** *adj., (ook)* stryerig.

wrap *n.* tjalie, sjaal, omslagdoek, halsdoek, serp; mantel; (om)hulsel; reisdeken; *keep s.t. under ~s* iets geheim hou; *take the ~s off s.t.* iets onthul; iets bekend stel; *be a ~, (infml.)* in kanne en kruike wees. **wrap** *-pp-, ww.* toemaak, toedraai; inpak; (om)hul; *~ s.t.* ***around/round*** *...* iets om ... wikkel; *~ s.t.* ***in*** *...* iets in/met ... toedraai; *~ s.t.* ***in paper*** iets in papier toedraai/indraai; *~ (it)* ***up!,*** *(Br., infml.)* bly stil!; *~ s.t.* ***(up)*** iets toedraai; iets inpak; *~ s.t.* ***up,*** *(ook)* iets afhandel; met iets klaarspeel; aan iets beslag gee; *~* ***up*** *well when one goes out* jou goed toemaak wanneer jy uitgaan. **~(around)** *n.* omhangsel, strandjas, -mantel, kamerjas, japon. **~(a)round, ~over** *adj. (attr.)* oorslaan- *(bloes, rok, romp, ens.)*; omvou- *(buffer, sonbril, ens.)*; panoramiese *(voorruit)*.

wrap·page = WRAPPING.

wrapped *ww. (volt.dw.): be ~* ***in*** *...* in ... toegedraai wees *(papier ens.)*; in ... gehul wees *(duisternis, geheimsinnigheid, ens.)*; toe wees onder ... *(d. mis ens.)*; in ... versonke wees *(gedagtes, gepeins, ens.)*; *have s.t. ~* ***up*** iets suksesvol afgehandel hê; *s.t. is ~* ***up*** *in ...* iets is in ... vervat; iets hang ten nouste met ... saam; *the mother is ~* ***up*** *in her child* die moeder leef/lewe net vir (*of* gaan heeltemal op in) haar kind; *be ~* ***up*** *in the subject* al jou aandag aan die vak gee/skenk/wy, (heeltemal) in die vak opgaan; *be ~* ***up*** *with ...* ten nouste by/in ... betrokke wees.

wrap·per omslag; omhulsel; kaf; adresband; *(hoofs. Am.)* dekblad *(v. 'n sigaar)*; *(hoofs. Am.)* japon; reisdeken.

wrap·ping (die) toedraai; omslag; (om)hulsel; verpakking. ~ **paper** pakpapier.

wrasse *wrasse(s), (igt.: familie Labridae)* lipvis.

wrath toorn, gramskap, vergramdheid, woede, kwaadheid, boosheid; ***incur*** *s.o.'s ~* jou iem. se toorn op die hals haal; *s.t.* ***kindles*** *s.o.'s ~* iets laat iem. se toorn ontsteek; ***stir*** *s.o.'s ~* iem. boos maak, iem. tot toorn verwek;

vent one's ~ uitdrukking aan jou toorn gee. **wrath·ful** toornig, woedend, boos. **wrath·ful·ness** = WRATH.

wreak wreek, wraak uitoefen op, wraak neem op; ~ *havoc* verwoesting aanrig; ~ *one's rage upon* ... jou woede koel op ...

wreath krans; kring, ring; wrong *(hare)*; guirlande, gierlande; *lay/place a* ~ *at* ... 'n krans by ... lê. **wreathe** omkrans, bekrans; vleg, draai *('n krans)*; kronkel; omstrengel; ~ *one's arms round s.o., (poët., liter.)* jou arms om iem. slaan; *be* ~*d in* ... deur ... omkrans wees; in ... gehul wees; *s.o.'s face is* ~*d in smiles* iem. se gesig is (die) ene glimlag.

wreck *n.* wrak, gestrande skip; skipbreuk, vergaan *(v. 'n skip)*; vernieling, verwoesting; ondergang, vernietiging; strandgoed, wrakgoed; *the gale caused many* ~*s* die storm het baie skipbreuke veroorsaak; *the* ~ *of s.o.'s life* die verwoesting van iem. se lewe; *s.o. is a nervous* ~ iem. is 'n senu(wee)wrak. **wreck** *ww.* strand, skipbreuk ly, vergaan; skipbreuk laat ly; laat verongeluk; laat misluk; te gronde rig, verniel, verwoes; afbreek, aftakel, demonteer; vernietig; ... *has* ~*ed s.o.'s* ***chances*** *(to ...)* ... het iem. se kanse beduiwel/verongeluk (*of* in die wiele gery) (om te ...); ~*ed* ***goods*** wrak=, strandgoed; ~*ed* ***sailors*** skipbreukelinge; *the* ***ship*** *was* ~*ed* die skip het gestrand (*of* skipbreuk gely). ~ **master** strandvoog.

wreck·age wrak, wrakhout; wrak=, strandgoed; wrak=stukke, oorblyfsels *(v. 'n wrak)*.

wreck·er verwoester, vernieler; *(hoofs.Am.)* afbreker, sloper; strandjutter, stranddief; berger *(v. strandgoed)*; bergingskip.

wreck·ing verongelukking; verwoesting, vernieling; afbraak, aftakeling; berging; wrakgoed. ~ **ball** *(bouk.)* sloop=, slopingsgewig. ~ **bar** breekyster, stootkoevoet.

wren *(orn.)* winterkoninkie; →JENNY WREN.

wrench *n.* ruk, pluk; draai, verdraaiing, verstuiting, verrekking; sleutel; →MONKEY WRENCH, SCREW WRENCH; *adjustable* ~ →ADJUSTABLE; *s.o.'s departure was a great* ~ dit was vir iem. baie swaar om weg te gaan, iem. se vertrek/weggaan was baie pynlik. **wrench** *ww.* ruk; draai; verdraai, verwring, verrek; ~ *s.t. away* iets wegruk; ~ *s.t. off* iets afruk; ~ *s.t. open* iets oopruk/oopbreek *('n deur ens.)*. ~ **hole** sleutelgat.

wrest *n., (arg.)* stemsleutel. **wrest** *ww.* draai; ~ *s.t. from s.o.* iets uit iem. se hande ruk; iets met moeite uit iem. kry; iets van iem. afpers; ~ *words* (or *the law*), *(arg.)* woorde (*of* die wet) verdraai; ~ *a living from* ... met moeite 'n bestaan uit ... maak. ~ **pin** stempen.

wres·tle *n.* stoeiery; geworstel, worsteling, harde stryd. **wres·tle** *ww.* worstel, stoei; ~ *with* ... met ... worstel *('n probleem ens.)*; teen ... stry *(d. versoeking ens.)*; ~ *with God* met die Here worstel *(in gebed)*. **wres·tler** stoeier.

wres·tling *n.* (die) stoei, stoeiery, stoeikuns, =sport. **wres·tling** *adj.* worstelend, stoeiend. ~ **match** stoeiwedstryd, =geveg. ~ **ring** stoeikryt.

wretch sukkelaar, (arme) drommel; ellendeling, skelm, skurk. **wretch·ed** ellendig, ongelukkig; miserabel, armsalig, erbarmlik; vervlakste, vervloekste. **wretch·ed·ness** ellende; ellendigheid, ongelukkigheid; armsaligheid; jammerlikheid.

wrick *n., (hoofs. Br.)* verrekking; →RICK[2] *n.*; *have a* ~ *in one's neck* 'n stywe nek hê. **wrick** *ww., (hoofs. Br.)* verrek, verdraai; →RICK[2] *ww.*.

wrig·gle *n.* gekronkel; kronkeling, draai. **wrig·gle** *ww.* kronkel, draai, wring, wriemel; woel, vroetel; wikkel; ~ *out of ..., (infml.)* jou uit ... (los)draai/=wikkel. **wrig·gler** draaier; larwe; flikflooier. **wrig·gly** wriemelend *('n wurm ens.)*; spartelend *('n vis ens.)*; woel(er)ig *('n kind ens.)*; kronkelend *('n lyn ens.)*.

wright *n., (arg.)* maker, vervaardiger; *(Sk., N.Eng.)* timmerman, skrynwerker. =**wright** *komb.vorm* =maker; *cart*~ wa=, karmaker; *play*~ toneelskrywer, dramaturg; *ship*~ skeepsboumeester; skeepstimmerman; *wheel*~ wielmaker; wamaker.

wring *n.* (die) wring, draai; wringing; *give s.t. a* ~ iets uitwring *(klere ens.)*; iets styf druk *(iem. se hand)*. **wring** *wrung wrung, ww.* wring, (om)draai; druk, pers; *s.o.'s soul was wrung with* ***agony*** →AGONY; ~ *(out)* ***clothes*** klere uitwring, klere (droog) uitdraai; ~ *s.t.* ***from*** (or ***out of***) *s.o.* met moeite iets uit iem. kry; iets van iem. afpers *(geld ens.)*; ~ *s.o.'s* ***hand*** →HAND *n.*; ~ *one's* ***hands*** →HAND *n.*; ~ *a bird's* ***neck*** →NECK *n.*; ~*ing* ***wet*** →WET *adj.*; ~ ***words*** *from their true meaning, (vero., w.g.)* die betekenis van woorde verdraai. **wring·er** verdrukker; afperser; wringer, wringmasjien; *put s.o. through the* ~, *(infml.)* iem. hotagter gee; iem. laat les opsê. **wring·ing** wringing.

wrin·kle *n.* plooi, rimpel; kreukel *(in weefstof)*; *(infml.)* wenk; *(infml.)* kunsie, plannetjie, kunsgreep; *give s.o. some* ~*s, (infml.)* iem. 'n paar wenke gee (*of* plannetjies leer); *screw one's face into* ~*s* jou gesig op 'n plooi trek, jou gesig vertrek. **wrin·kle** *ww.* plooi, rimpel; verrimpel; (ver)kreukel; *be* ~*d with age* gerimpel(d) (*of* vol rimpels) wees van ouderdom; ~ *one's forehead* jou voorkop op 'n plooi trek. **wrin·klie** →WRINKLY *n.*. **wrin·kling** *n.* verrimpeling, plooivorming. **wrin·kly, wrin·klie** =*klies, n., (Br., infml., skerts. of neerh.: bejaarde)* verrimpelde; →CRUMBLY *n.*. **wrin·kly** *adj.* vol rimpels, gerimpel(d), verrimpel(d).

wrist pols, handgewrig; *slap s.o. on the* ~ iem. teregwys/vermaan; *slash one's* ~*s* jou polsare afsny. ~**band** manchet; armband. ~ **bone** handwortelbeen. ~ **drop** *(med.)* voorarmverlamming, polsverlamming. ~**lock** *(stoei)* gewrigsklem. ~ **shot** *(gh.)* polshou. ~**watch** polshorlosie, =oorlosie, arm(band)horlosie, =oorlosie.

wrist·let armband; polsband, =skerm; handboei. ~ **watch** = WRISTWATCH.

wrist·y *adj.* pols=; *(kolwer ens.)* met 'n paar behendige polse; ~ *action* polsbeweging.

writ *n., (jur.)* lasbrief, bevelskrif; dagvaarding; dwangbevel; *(arg.)* skrif; ~ *of* ***attachment*** lasbrief vir beslaglegging; ***Holy*** *W*~ →HOLY SCRIPTURE; *s.o.'s* ~ *does not* ***run*** *here* iem. het/besit geen gesag hier nie; ***serve*** *a* ~ *on s.o.* 'n dagvaarding aan iem. bestel; ~ *of* ***subpoena*** aanskrywing as getuie. **writ** *ww. (volt.dw.), (arg.)* geskryf; *it has* ... ~ *large on it* dit is duidelik dat dit 'n ... is.

write *wrote written* skryf, skrywe; →WRIT, WRITTEN, WRITING; ~ ***about*** *s.t.* oor iets skryf/skrywe; ~ ***back*** terugskryf, =skrywe; ~ *a* ***cheque*** →CHEQUE; ~ *s.t.* ***down*** iets opskryf/opskrywe/neerskryf/neerskrywe/opteken; iets afbrekend kritiseer; ~ ***down*** *capital, (rekeningk.)* kapitaal afskryf/afskrywe, op kapitaal afskryf/afskrywe; ~ *to* ***each other*** aan/vir mekaar skryf/skrywe; ~ ***for*** *the papers* in die koerante skryf/skrywe; ~ *a good* ***hand*** 'n duidelike handskrif hê; ~ ***home*** huis toe skryf/skrywe; *nothing to* ~ ***home*** *about* niks waffers/watwonders (*of* om oor te kraai) nie; ~ ***illegibly/legibly*** onleesbaar/leesbaar skryf/skrywe; ~ *s.t.* ***in*** iets inskryf/inskrywe/inlas/opneem; iets byvoeg/invoeg; iets instuur; ~ ***(in) for*** *s.t., (ook)* om iets skryf/skrywe, skryf/skrywe om iets te bestel; ~ *in* ***ink*** met ink skryf/skrywe; ~ *s.t.* ***into*** ... iets in ... inskryf/inskrywe/opneem; ~ *s.t.* ***off*** iets afskryf/afskrywe *(skuld, 'n verlies, ens.)*; iem. iets kwytskeld; ~ *s.o.* ***off*** *as* ... iem. as ... afskryf/afskrywe; ~ ***off*** *for s.t.* skryf/skrywe om iets te bestel; ~ ***on*** *s.t.* op iets skryf/skrywe *(papier ens.)*; oor iets skryf/skrywe *('n onderwerp)*; ~ *s.t.* ***out*** iets uitskryf/uitskrywe; iets voluit skryf/skrywe; iets kopieer; ~ *three/etc.* ***pages*** drie/ens. bladsye (vol) skryf/skrywe; ~ *with a* ***pen*** met 'n pen skryf/skrywe; ~ ***s.o.*** *the result* aan/vir iem. skryf/skrywe wat die uitslag is; ~ ***to*** *s.o.* aan/vir iem. skryf/skrywe; ~ ***to*** ... na ... skryf/skrywe *('n adres)*; ~ *s.t.* ***up*** iets behandel/beskryf/beskrywe; iets byhou/byskryf/byskrywe/bywerk *(boeke)*; 'n bespreking/resensie van iets skryf/skrywe; vir iets reklame maak, iets opvysel. ~**-down** *n.* afskrywing; verlaging van die boekwaarde, afwaartse waardasie. ~**-in** *n., (Am.)* stem vir 'n niekandidaat. ~**-off** *n.* afskrywing; kwytskelding; *(infml.)* totale wrak *('n ongeluksvoertuig ens.)*. ~**-protect** *ww., (rek.)* skryfbestand maak; *be* ~*ed* skryfbestand wees. ~**-protect** *adj. (attr.), (rek.)* skryfbestande *(slapskyf ens.)*; skryfbeveiligings= *(keep, plakker, ens.)*. ~ **protection** *(rek.)* skryfbeveiliging. ~**-up** *n.* beskrywing; berig; opvyseling, opkamming; *(fin.)* hoër waardasie *(v. bates ens.)*; *(boekh.)* byboeking, byskrywing.

writ·er skrywer, outeur; opskrywer; letterskilder; versekeraar; *(hist.)* skribent; *(Br., arg.)* klerk; ~*'s* ***block*** skryfstremming, skrywersblok, =kramp; ~*'s* ***cramp/palsy/spasm*** skryfkramp; *be a* ***poor*** ~ 'n arm skrywer wees; 'n swak skrywer wees; geen groot briefskrywer wees nie; *the* ***present*** ~ skrywer hiervan; ~ *for the* ***press*** koerantskrywer, joernalis; ~ *to the* ***signet*** →SIGNET. **writ·er·ly** *adj.* skryfkundig; skryfmatig *(teks)*; skryf= *(kuns ens.)*. **writ·er·ship** skrywerskap; *(Br., arg.)* klerkskap.

writhe (ineen)krimp; jou verdraai, (ver)wring; wriemel; ~ *at/under an insult* ineenkrimp by/onder 'n belediging; ~ *with* ... krimp van (die) ... *(pyn ens.)*.

writ·ing (die) skrywe; beskrywing; (hand)skrif; geskrif, skrifstuk; skrywery, geskryf; *(i.d. mv.)* geskrifte, werke; ***commit/consign*** *s.t. to* ~ iets op skrif stel; ***in*** ~ skriftelik, op skrif; ***put*** *s.t. in* ~ iets op skrif stel, iets neerskryf/neerskrywe, iets swart op wit gee; ***put*** *an objection in* ~ 'n beswaar skriftelik indien; *the* ~ *is on the* ***wall***, *(idm.; <Dan. 5)* die skrif is aan die muur. ~ **board** skryfplank. ~ **book** skryfboek. ~ **brush** letterkwas. ~ **case** skryfmap; skryfkissie. ~ **copy** skryfvoorbeeld. ~ **desk** skryftafel, lessenaar. ~ **materials** skryfware, =behoeftes, =gerei. ~ **pad** skryfblok. ~ **paper** skryf=, briefpapier. ~ **room** skryfkamer. ~ **table** skryftafel, lessenaar.

writ·ten geskrewe; skriftelik; ~ ***answer*** skriftelike antwoord; *s.t. is* ~ ***by*** ... iets is deur ... geskryf/geskrywe; ~ ***constitution*** →CONSTITUTION; *a* ~ ***examination*** →EXAMINATION; *s.t. is* ~ *all over* (or *across/in/on*) *s.o.'s* ***face*** →FACE *n.*; ~ ***law*** geskrewe reg; *be* ~ ***off***, *(skuld, 'n verlies, ens.)* afgeskryf/afgeskrywe wees; *('n ongeluksvoertuig)* heeltemal verwoes (*of* 'n wrak) wees; *s.o. has* ~ *him=/herself* ***out*** iem. is uitgeskryf/uitgeskrywe, iem. weet nie meer wat om te skryf/skrywe nie; *it is* ~ ***that*** ... daar staan geskryf/geskrywe dat ...

wrong *n.* kwaad; onreg; onregmatige daad; grief; veron(t)regting, verongelyking; ***do*** ~ kwaad doen; oortree; sonde doen, sondig; ***do*** ~ *to* ... ... veron(t)reg/verongelyk (*of* onreg aandoen); *s.o. is* ***in*** *the* ~ iem. het dit mis (*of* is verkeerd); iem. het nie reg aan sy/haar kant nie; *s.o. is clearly* ***in*** *the* ~ iem. het dit klaarblyklik mis; iem het klaarblyklik nie reg aan sy/haar kant nie; *s.o. can do* ***no*** ~ iem. is onskendbaar; ***put*** *s.o. in the* ~ iem. in die ongelyk stel; ***redress/right/undo*** *a* ~ 'n onreg herstel; ***two*** ~*s don't make a right* twee maal verkeerd is nie reg nie. **wrong** *adj. & adv.* verkeerd; mis; foutief; onjuis; nie in die haak nie; awergs; *it's* ***all*** ~ dis heeltemal verkeerd; ***all*** *that is* ~ al wat skort; ***be*** ~, *('n antwoord ens.)* verkeerd/foutief wees; *(iem.)* dit mis/verkeerd hê, mistas; *in the* ~ ***box*** →BOX[1] *n.*; *s.o. has/got (hold of) the* ~ ***end*** *of the stick* →STICK[1] *n.*; *s.o. is not* ***far*** ~ iem. het dit nie ver/vêr mis nie; *catch s.o. on the* ~ ***foot*** →FOOT *n.*; *get/start off on the* ~ ***foot*** →FOOT *n.*; ***get*** *s.o.* ~ iem. verkeerd begryp/verstaan; *don't* ***get*** *me* ~ moenie my verkeerd verstaan nie; ***get*** *s.t.* ~ iets verkeerd begryp; iets glad mis hê; ***go*** ~ →GO *ww.*; *you can't* ***go*** ~ *with it* →GO *ww.*; *things are* ***going*** ~ →GO *ww.*; *be* ~ *in the* ***head*** →HEAD *n.*; *there is s.t.* ~ ***here*** hier is fout, hier skort iets; *s.o. is* ~ ***in*** *doing s.t., it is* ~ ***of*** *s.o. to do s.t., s.o. is* ~ ***to*** *do s.t.* dit is verkeerd van iem. om iets te doen, iem. handel verkeerd (*of* tree verkeerd op) deur iets te doen; *there is* ***nothing*** ~ *with that (if you want to do it)* daar is niks op teë nie; ***prove*** *s.o.* ~ iem. in die ongelyk stel; *there is something* ***radically*** ~ daar is iets radikaal verkeerd; *it is* ~ *to* ***say*** *that* ... dit is onjuis dat ...; *the* ~ ***side***, *(tekst.)* →SIDE *n.*; ~ ***side*** *out* →SIDE *n.*; *on the* ~ ***side*** *of forty/etc.* →ON THE SHADY/WRONG SIDE OF FORTY/ETC.; *get out of bed on the* ~ ***side*** →SIDE *n.*; *there is* ***something*** ~, ***something*** *is* ~ *(with s.o.)* daar skort iets (met iem.); *it is* ~ ***to*** ... dit is verkeerd om ...; *be on a* ~ ***track*** →TRACK[1] *n.*; ***what*** *is* ~? wat makeer?; ***what*** *is* ~ *here?* wat skort hier?; ***what*** *is* ~ *with the ...?* wat makeer die ...?; ***what*** *is* ~ *with you?* wat makeer jou/jy?; hoe het ek dit met jou?; *and* ***what*** *is* ~ *with that?* en waarom nie?; *s.t. is* (or *there is s.t.*) ~ ***with*** *s.o.* iem. makeer iets, daar skort iets (*of* daar is fout) met iem., dis nie alles pluis (*of* in orde) met iem. nie; *there is something ~ **with** it* dit makeer iets, daar skort/skeel iets aan/mee. **wrong** *ww.* onreg aandoen, veron(t)reg, verongelyk; in die ongelyk stel; *~ a woman, (ook)* 'n vrou verlei. **~doer** kwaaddoener, oortreder; misdadiger. **~doing** kwaaddoen(ery), oortreding, misdryf; sonde. **~-foot** *ww., (sport of fig.)* op die verkeerde voet betrap; onverhoeds betrap/vang. **~-headed** dwars(koppig), beduiweld, befoeterd, verkeerd, eiewys, onredelik, stroomop. **~'un** *n., (Br., infml.)* skurk, swernoot, skobbejak; *(kr.)* goëlbal.

wrong·ful onregverdig, onbillik; wederregtelik, onregmatig; *~ arrest* wederregtelike inhegtenisneming. **wrong·ful·ly** verkeerdelik; *~ and unlawfully* wederregtelik. **wrong·ful·ness** onregverdigheid, onbillikheid; onregmatigheid, wederregtelikheid.

wrong·ly verkeerdelik, ten onregte; by vergissing, per abuis.

wrong·ness verkeerdheid.

wrot *(bouk.)* geskaafde timmerhout; →WROUGHT *adj.*.

wrote *ww. (verl.t.)* het geskryf/geskrywe; →WRITE.

wroth *adj., (arg.)* toornig, ontstoke.

wrought *adj., (metal.)* gesmee; gedrewe; verwerk; geborduur(d); geskaaf; *~ **copper*** smee(d)koper; *~ **iron*** smee(d)yster, gesmede yster; *~ **silver*** gedrewe silwer; *~ **steel*** smee(d)staal. **wrought** *ww. (verl.t & volt.dw.), (arg.)* (het) bewerk (→WORK *ww.*); *be ~ up* gespanne/oorspanne wees; opgewonde wees; *be ~ up over s.t.* oor iets opgewonde wees; *get ~ up* gespanne raak; opgewonde raak. **~-iron** *adj. (attr.)* smeeyster- *(hek ens.)*. **~-up** *adj. (attr.)* gespanne; opgewonde.

wrung *ww. (verl.t & volt.dw.)* →WRING *ww.*.

wry skeef; verkeerd, verdraai(d); wrang; ironies; *make a ~ face* 'n suur/lelike gesig trek, skewebek trek; *~ smile* grimlag, wrange glimlag; *give s.o. a ~ word* iem. 'n verkeerde woord toevoeg. **~mouth** *n., (igt.: Cryptacanthodes maculatus)* skeefbek(vis). **~-mouthed** *adj.* skewemond, -bek. **~neck** *n.* skewe nek; *(iem.)* skeefnek; *(med.)* skewe nek; *(orn.: Jynx ruficollis)* draaihals. **~-necked** *adj.* met 'n skewe nek.

wry·ly skeef; gemelik; *~ comic* wrang-komies; *smile ~* grim(lag).

wry·ness wrangheid; skeefheid; verdraaidheid.

Wu *(Chin. dial.)* Woe.

wul·fen·ite *(min.)* wulfeniet.

wun·der·kind -*kinds*, -*kinder, (D.)* wonderkind.

wurst *(D.)* wors(ie).

Würt·tem·berg *n., (geog., D.)* Wurtemberg. **Würt·tem·berg** *adj.* Wurtembergs. **Würt·tem·berg·er** Wurtemberger.

wurt·zite *(min.)* wurtziet.

Wy·an·dotte Wyandotte(-hoender).

wych →WITCH[2] *n.*.

wye letter Y; (Y-vormige) gaffel/vurk; Y-vorm; Y-stuk; Y-pyp.

wynd *(Sk., N.Eng.)* straatjie, stegie.

Wy·o·ming *(geog.)* Wyoming.

wyte = WITE.

wy·vern, wi·vern *(her.)* gevleuelde draak.

x *x's,* **X** *X's, Xs, (24ste letter v.d. alfabet, Rom. syfer 10)* x, X; *little x* x'ie; *small x* klein x. **x-axis** X-as, x-as. **X chromosome** *(genet.)* X-chromosoom. **X-piece** kruis=stuk. **X-rated** *adj. (gew. attr.) (rolprent, video, ens.)* met 'n X-klassifikasie/-gradering, vol seks en/of geweld. **X-ray** →X-RAY.

xan·thate *(chem.)* xantaat.

xan·thene *(chem.)* xanteen.

xan·thic: *~ acid, (chem.)* xantogeensuur.

xan·thine *(biochem.)* xantien.

Xan·t(h)ip·pe *(vrou v. Sokrates)* Xantippe; *('n kwaai vrou)* xantippe.

xan·tho= *komb.vorm* xanto=.

xan·tho·ma *=mas, =mata, (med.)* xantoom.

xan·tho·phyll *(biochem.)* xantofil, bladgeel.

xan·thyd·rol *(chem.)* xantidrol.

Xan·tip·pe →XANT(H)IPPE.

Xa·vi·er Xaverius.

xe·bec, ze·bec(k) *(hist., sk.)* sjebek.

xen·o= *komb.vorm* xeno=, vreemd=, vreemdelinge=.

xen·o·cryst xenokris.

xe·nog·a·my *(bot.)* xenogamie, kruisbevrugting.

xen·o·graft *(biol.)* xeno-oorplanting.

xen·o·lith *(geol.)* xenoliet.

xe·no·ma·ni·a *(psig.)* xenomanie.

xen·o·mor·phic *adj.* xenomorf(ies), vreemdvormig.

xen·on *(chem.; simb.: Xe)* xenon.

xen·o·phobe *(psig.)* vreemdelingehater. **xen·o·pho·bi·a** xenofobie, vreemdelingehaat, =vrees. **xen·o·pho·bic** *adj.* xenofobies.

xen·o·time *(min.)* xenotiem.

xe·ro= *komb.vorm* xero=.

xe·rog·ra·phy xerografie.

xer·o·phil·ous *(bot., soöl.)* xerofiel, droogtebestand. **xer·o·phile** xerofiel.

xe·roph·thal·mi·a *(med.)* xeroftalmie.

xe·ro·phyte woestyn=, droogteplant, xerofiet, dorplant, dorslandplant. **xe·ro·phyt·ic** xerofities, woes=tyn=, dorsland=.

xe·ro·sis *(med.)* xerose, veldroogheid.

Xe·rox *n., (handelsnaam)* xerox(masjien); xerox(ko=pie); *(losweg)* fotokopie. **xe·rox** *ww.* xerox; *(losweg)* fotokopieer.

Xho·sa *n., (SA, bevolkingsgroep)* Xhosa; *(taal)* Xhosa. **Xho·sa** *adj.* Xhosa=.

xi *(14de letter v.d. Gr. alfabet)* ksi *(transliterasie: x).*

xiph·i·ster·num, xiph·oid pro·cess *(anat., soöl.)* xifisternum, ensiforme kraakbeen.

xiph·oid *adj., (biol.)* swaardvormig, swaard=, xifoïed; *~ process* →XIPHISTERNUM.

Xi·tso·nga *(taal)* Tsonga.

X·mas *(infml.)* = CHRISTMAS.

xo·a·non *=ana, (Ou Gr. houtgodsbeeld)* xoanon.

X-ray, x-ray *n.* x-straal *(ook X~)*, röntgenstraal. **X-ray, x-ray** *ww.* (x-straal)plate neem *(ook X~)*. ~ **astronomy** x-straalsterrekunde *(ook X~)*. ~ **crystal=lography** x-straalkristallografie *(ook X~)*. ~ **machine** x-straalmasjien *(ook X~)*. ~ **(photograph)** (x-straal)=plaat, x-straalfoto, röntgenfoto *(ook X~)*. ~ **radiation** röntgenstraling. ~ **tube** x-straal=, röntgenbuis *(ook X~)*.

XTC →ECSTASY.

xy·lem xileem, houtweefsel.

xy·lene, xy·lol *(chem.)* xileen.

xy·lo= *komb.vorm* xilo=, hout=.

xy·lo·carp *n., (bot.)* xilokarp. **xy·lo·car·pous** *adj.* xilokarpies, xilokarp=.

xy·log·ra·phy xilografie, houtgraveerkuns, houtdruk=(kuns). **xy·lo·graph** xilografie, houtgravure, houtdruk. **xy·log·raph·er** xilograaf, houtgraveur. **xy·lo·graph·ic, xy·lo·graph·i·cal** xilografies.

xy·loid *(bot.)* houtagtig.

xy·lol →XYLENE.

xy·lol·o·gy xilologie, leer van die houtsoorte.

xy·lon·ic: *~ acid, (chem.)* xiloonsuur.

xy·loph·a·gous xilofaag, houtvretend.

xy·lo·phone *(mus.)* xilofoon.

xy·lose *(chem.)* xilose, houtsuiker.

xyst = XYSTUS.

xys·ter *(med.)* raspatorium, beenskraper.

xys·tus *xysti, (gesk.)* xistus; *(gesk.)* tuinpad, laning.

Yy

y, Y *y's, Y's, ys, Ys, (25ste letter v.d. alfabet)* y, Y; →UPSILON; *little y* y'tjie; *small y* klein y. **Y-axis** Y-as, y-as. **Y chromosome** *(genet.)* Y-chromosoom. **Y-connector** *(elek.)* Y-verbinder. **Y-fronts** *(mv.), (Br. handelsnaam)* (mans/seuns)onderbroek. **Y-pipe** Y-pyp. **Y-shaped** Y-vormig.

-y[1], -ey *suff. (vorm adj.)*, -(er)ig, -agtig; ***clayey*** kleierig, kleiagtig; ***gooey*** klewerig, taai; ***icy*** ysig; ysagtig; ***sandy*** sanderig; ***smoky*** rokerig, rookagtig; ***sunny*** sonnig.

-y[2], -ey, -ie *suff. (vorm dim.)* -ie, -jie, -tjie; ***bunny*** konyntjie; ***Charlie/Charley*** Kal(l)ie; ***doggy/doggie*** hondjie, woefie; ***kitty*** katjie; ***mummy*** mammie, mamsie, mammatjie; ***sweetie*** lekkertjie; liefie, skatjie.

-y[3] *suff. (vorm n.)* -ie, -heid, -ary, -ery, -ing; ***beggary*** bedelary; ***blasphemy*** (gods)lastering, vloektaal, geswets, lastertaal, vloekery; ***courtesy*** hoflikheid, beleefdheid; vriendelikheid; ***glory*** glorie; roem; eer; heerlikheid; ***laundry*** wassery; wasgoed; strykgoed; ***liturgy*** liturgie; ***orthodoxy*** regsinnigheid, ortodoksie; ***victory*** oorwinning, sege.

yacht *n.* (seil)jag; *sailing ~* seiljag; *steam ~* stoomjag. **yacht** *ww.* met 'n (seil)jag vaar, in/met 'n jag seil. ~ **club** seil(jag)klub.

yacht·er seiljagvaarder.

yacht·ing seil(jag)sport, jagvaart. ~ **basin** seiljaghawe. ~ **circles** *(mv.)* seil(jag)kringe. ~ **club** seil(jag)klub. ~ **cruise** (seil)jagvaart.

yachts·man *-men, (vr.)* **yachts·wom·an** *-women* seiljagvaarder, vaarder, seiler.

yack →YAK[2].

yack·e·ty-yak = YAK[2] *n. & ww.*.

Ya·gi aer·i·al *n., (rad. & TV)* Yagi-antenna, -antenne.

yah *tw.* ja; wê.

ya·hoo[1] *(infml.)* buffel.

ya·hoo[2] *tw.* joegaai.

Yah·weh, Yah·veh, Jah·weh, Jah·veh *(OT)* Jahwe(h); →JEHOVAH. **Yah·wism, Yah·vism, Jah·wism, Jah·vism** *(veral OT)* Jahwisme. **Yah·wist, Yah·vist, Jah·wist, Jah·vist** *(Byb.)* Jahwis. **Yah·wis·tic, Yah·vis·tic, Jah·wis·tic, Jah·vis·tic** *(Byb.)* Jahwisties.

yak[1] *(soöl.)* jak, knorbuffel.

yak[2], yack, yack·e·ty-yak *n., (infml., dikw. neerh.)* gebabbel, geklets, kletsery, kletspraatjies, (gedurige) gekekkel/gekwetter. **yak, yack, yack·e·ty-yak** *ww.* (aanmekaar/aanhoudend/aaneen/onafgebroke *of* een stryk deur) babbel/klets/kwetter.

ya·ki·to·ri *(Jap. kookk.)* jakitori.

Ya·kut *n.* Jakoet; *(taal)* Jakoeties. **Ya·kut** *adj.* Jakoeties. ~ **Republic** *(geog., hist.)* Jakoetië, →SAKHA REPUBLIC.

Ya·kut·i·a = SAKHA REPUBLIC. **Ya·kutsk** *(geog.)* Jakoetsk.

Yale: ~ **lock** *(handelsnaam)* yaleslot.

Yal·ta *(geog.)* Jalta. ~ **Conference** *(gesk.)* Konferensie van Jalta.

yam jam(swortel); *(Am.)* patat.

yam·mer *(infml.)* kerm; *(dier)* tjank, huil.

Yang *(Chin. filos.)* Jang; →YIN.

Yan·gon *(geog.)* Jangon.

Yang·tze (Riv·er), Yang·tze Jiang, Chang (Jiang) Jangtse(rivier), Jangtse Jiang, Chang Jiang.

Yank *(infml., dikw. neerh. vir Amerikaner)* Yank; →YANKEE.

yank *n.* ruk, pluk; *give s.t. a ~* iets ruk/pluk/trek (*of* 'n ruk gee), 'n pluk aan iets gee. **yank** *ww.* ruk, pluk, trek; *~ at s.t.* aan iets ruk/pluk; *~ off s.t.* iets afruk; *~ out s.t.* iets uitruk/-pluk.

Yan·kee *n., (infml., dikw. neerh. vir Amerikaner)* Yankee; *(Am. vir Nieu-Engelander)* Yankee; *(gesk.: soldaat)* Yankee; *(ekon., dikw. mv.)* Yankee-effekte; *(radio, kodewoord vir die letter y)* yankee. **Yan·kee** *adj., (infml., dikw. neerh.)* Yankee-. ~ **(jib)** yankeevoorseil.

Yan·kee·dom *(infml. dikw. neerh.)* Yankees. **Yan·kee·fy** *(infml., dikw. neerh.)* veramerikaans. **Yan·kee·ism** *(infml., dikw. neerh. vir Amerikanisme)* Yankeeïsme.

Yan·kee Doo·dle *(Am. volksliedjie)* Yankee Doodle; *(Amerikaner)* Yankee.

Yap →YAP (ISLANDS).

yap *n.* gekef, geblaf; *(infml.)* gebabbel, geklets, kletsery. **yap** *-pp-, ww.* kef, blaf; babbel, klets. **yap·per** keffer, blaffer. **yap·ping** gekef, geblaf; gebabbel, geklets, kletsery. **yap·py** *adj.* kefferig, blafferig; *a ~ little dog* 'n kefferhondjie.

Yap (Is·lands) Jap(eilande).

yapp *(Br.)* oorhangband *(v. 'n boek)*.

yar·bor·ough *(brug & whist)* nulpunter.

yard[1] *n.* erf; werf; *(SA, Am.)* tuin; agterplaas, *(<Eng.)* jaart; terrein, veld, plek, ruimte; *(back) ~* →BACKYARD; *play in the ~* in die tuin speel; *(ship) ~* →SHIPYARD; *the Y~, (Br., infml.)* Scotland Yard. **yard** *ww.* kraal; *(Am.)* bewaar, (op)stapel *(hout)*. **~bird**, *(Am., sl.)* (baar) rekruut; tronkvoël. ~ **broom** buite-, werfbesem. ~ **sale** *(Am.)* werfverkoping.

yard[2] *n., (lengtemaat, afk.: yd)* jaart; *(sk.)* ra; tree; *hundred ~s* honderd tree; *~ of ale, (Br.)* jaartglas (bier). **~arm** *(sk.)* ranok, nok van die ra. ~ **goods** stukgoedere. ~ **measure** jaart-, maat-, meetstok. **~stick** maatstaf; jaart-, maatstok; *apply a ~* met 'n maatstaf meet, 'n maatstaf gebruik; *(measured) by this ~* volgens dié maatstaf; *use s.t. as a ~* iets as maatstaf gebruik.

yard·age[1] werf-, bewaar-, bêregeld.

yard·age[2] jaartmaat. ~ **goods** →YARD GOODS.

yar·dang *(geol.)* windkam.

yard·man *-men* rangeerder; terreinopsigter.

yare *(arg.)* gereed; vinnig; *(sk.)* maklik stuurbaar.

yar·mul·ka, yar·mul·ke (Joodse) kalotjie.

yarn *n.* gare, garing, draad; storie, verhaal; *spin a ~, (lett.)* 'n draad spin; *(infml., fig.)* 'n storie vertel, 'n verhaal/verskoning opdis. **yarn** *ww.* (stories) vertel. **~-dyed (fabric)** kleurgare-, kleurgaringstof. ~ **reel** haspel.

yar·row *(Achillea millefolium)* duisendblad; *(Achillea ptarmica)* nieskruid, -wortel.

yash·mak, yash·mac Moslem-sluier, (gesig)sluier, jasjmak.

yat·a·ghan *(hoofs. hist.)* jatagan, kromswaard.

yaw *n., (alg.)* gierbeweging; *(sk.)* slingering. **yaw** *ww., (alg.)* gier; *(sk.)* afwyk (van die koers), slinger, skeef/skuins loop. ~ **angle** gierhoek.

yawl[1] *n., (sk.)* jol(boot). ~ **rig** joltuig.

yawl[2] *n. & ww.* →YOWL.

yawn *n. & ww.* gaap; *smother/stifle a ~* 'n gaap onderdruk; *a smothered/stifled ~* 'n onderdrukte gaap. **yawn·er** gaper. **yawn·ing** *n.* gegaap, gapery. **yawn·ing** *adj.* gapend; *~ chasm/hole/mouth/etc.* gapende afgrond/gat/bek/mond/ens..

yawp *n.* skree(u); gekef, geblaf. **yawp** *ww.* skree(u); kef, blaf.

yaws *(fungeer as ekv.)*, **fram·boe·sia,** *(Am.)* **fram·be·sia** *(med.)* framb(o)esie.

y·clept *(vero.)* genaamd, genoem.

ye[1] *(arg. of dial.)* u; jul(le); *go it, ~ **cripples*** toe nou, julle ou mankes!; *how d'~ **do?*** hoe gaan dit?; aangename kennis, bly te kenne; *~ **gods!*** liewe vader!, allemastig!, grote Griet!; *~ **gods** and little fishes!* goeie genade!, allemapstieks!.

ye[2] *lw., (pseudo-oud)* die; *Ye Olde Elizabethan Coffee Shop* Die Ou Elisabethaanse Koffiewinkel.

yea *n.* →AYE[1] *n.; ~s and nays, (mv.)* ja- en nee-stemme. **yea** *adv., (arg., fml.)* ja; *say ~ or nay* ja of nee sê.

yeah *(infml.)* ja; *(oh) ~?* o so?, regtig (waar)?.

yean *ww., (arg., 'n bok of skaap)* lam. **yean·ling** lammetjie.

year jaar; ... ***a/per*** *~* ... per jaar; *~ **after/by*** *~* jaar ná jaar; elke jaar; *be ten/etc. ~s of **age**, be ten/etc. ~s **old*** tien/ens. jaar (oud) wees; *~s **ago/back*** jare gelede; *some ~s **ago/back*** 'n paar jaar gelede; *~s and ~s **ago*** jare der jare gelede; *until a few ~s **ago*** tot 'n paar jaar gelede; *do s.t. for ~s **and** ~s* iets jare der jare lank doen; *~s **back** →**ago/back**; some ~s **back** →**ago/back**; have many ~s **behind** one* baie jare agter die rug hê; *~ **by** ~ →**after/by**; **carry/wear** one's ~s **well*** jou jare goed dra, nog (heeltemal) jonk vir jou jare lyk; *for many ~s to **come*** nog baie jare, tot in lengte van dae; *in ~s to **come*** in die jare vorentoe, in die toekoms; *a ~ **and** (a) **day**, (jur.)* jaar en dag; *this **day** ~* vandag oor 'n jaar; vandag 'n jaar gelede; *the ~ **dot**, (infml.)* toeka (se dae/tyd), die jaar toet; ***down** the ~s* deur die jare heen; *from ~'s **end** to ~'s **end*** van jaar tot jaar; ***every*** *~* elke jaar; aljare; jaarliks; *go to ... **for** a ~* vir 'n jaar ... toe gaan; *a ~ **from** today/etc.* vandag/ens. oor 'n jaar; *be **full** of ~s* bejaard (*of* baie oud *of* gevorderd in jare) wees; *~ **in**, ~ **out*** jaarin en jaaruit; *in **the** ~ of grace* (*or our Lord*) *1838/etc.* in 1838/ens. na Christus, in die jaar van onse Here 1838/ens.; *boxer/etc. **of the*** *~* bokser/ens. van die jaar; ***every other/second*** *~* al om die ander jaar; ***over** the ~s* deur (*of* in die loop van *of* met die verloop van) die jare; ***put** on ~s* jare ouer word; *s.t. **puts** ~s on s.o.* iets maak iem. jare ouer, iets laat iem. jare ouer word; iets laat iem. jare ouer lyk; *s.t. **takes** ~s off s.o.* iets maak iem. jare jonger; iets laat iem. jare jonger lyk; *s.t. **takes** ~s off one's life* iets kos jou jare van jou lewe; ***this*** *~* vanjaar, vandeesjaar, dié/hierdie jaar; ***this day** ~ →**day**; **throughout** the ~, the **whole** ~ (round)* die hele jaar (deur), heeljaar; ***throughout** those ~s* gedurende al daardie/dié jare; ***two** or more ~s* twee jaar of langer/meer; ***wear** one's ~s well →**carry/wear**.* **~book** jaarboek. ~ **end** *n.* jaareinde; *at the ~* by/met die afsluiting (*of* aan die einde) van die boekjaar; *by the ~* teen die jaareinde. **~-end** *adj. (attr)* jaareind- *(resultate, syfers, ens.)*. **~-long** *adj. (attr.)* jaar lang(e). **~-old** *adj. (attr.)* eenjarige, jaar ou(e); *a ~ friendship* 'n jaar lange/ou(e) vriendskap. **~-on-year** *adj. (attr.)* jaar-tot-jaar- *(verhoging, groei, ens.)*. ~ **planner** beplanningskalender. **~-round** heeljaarse.

year·ling *n.* jaarling, jaar oud/ou(e) dier, eenjarige; tweetandskaap; *(ekon.)* jaarobligasie. **year·ling** *adj. (attr.)* jaar oud/ou(e), eenjarige *(kalf ens.)*.

year·ly *adj.* jaarliks. **year·ly** *adv.* jaarliks, elke jaar.

yearn smag, hunker, sterk verlang; *~ after/for s.t.* na iets smag; *~ for s.o.* na iem. verlang; *~ to ...* brand van verlange om te ... **yearn·ing** *n.* hunkering, smagting, smagtende verlange, sterk begeerte. **yearn·ing·ly** *adv.* reikhalsend; →YEARN.

yeast *(biol.)* gis; suurdeeg; skuim *(op bier ens.)*; *a **cake** of ~* 'n koekie suurdeeg, suurdeegkoekie; ***instant*** *~ →INSTANT adj.; **prepare** ~* insuur; ***pressed*** *~* = COMPRESSED YEAST; *the ~ **begins** to **work*** die suurdeeg begin rys/werk. ~ **cake** giskoekie; suurdeegkoek. ~ **cell** *(biol.)* gissel. ~ **extract** suurdeegekstrak. ~ **fungus**

(biol.) gisswam. ~ **granules, granulated** ~ giskorrels, korrelgis. ~ **infection** *(med.)* sproei. ~ **pastry** suurdeegtert. ~ **plant** = YEAST CELL. ~ **starter** suurdeegplantjie.

yeast·y suurdeegagtig; gistend, skuimerig, skuimend; oppervlakkig. **yeast·i·ness** suurdeegagtigheid; gisting, skuimerigheid; oppervlakkigheid.

yec(c)h *tw., (infml.)* ga, sies, jig, jêg.

yegg(·man), *(Am., sl.)* inbreker; brandkasbreker.

yelk *(dial.)* →YOLK.

yell *n.* gil, skreeu; *(Am.)* kreet; *give a ~, let out a ~* skree(u). **yell** *ww.* gil, skree(u); *~ at s.o.* op iem. skree(u); *~ out* uitskree(u); *~ with ...* skree(u) van ... *(pyn ens.)*; brul/gil van ... *(d. lag ens.)*.

yel·low *n.* geel; eiergeel, dooier/door; geel mot; geel vlinder; *the ~s (fungeer as ekv.), (bot.)* vergeling; *(veearts.)* →JAUNDICE *n.*; *a/the ~ one* 'n/die gele; *the ~ ones* die geles. **yel·low** *adj.* geel; *(neerh. verw. na Oosterlinge n.a.v. hulle velkleur)* geel; *(infml.)* lafhartig, bang; *(arg.)* jaloers; agterdogtig; *(v. 'n boek, koerant, ens.)* sensasie=. **yel·low** *ww.* vergeel, geel word; geel maak; *turn ~* geel word. ~ **amber** geel amber. ~ **ant** *(Lasius flavus; Acanthomyops flavus)* geelmier. **~back** *(hoofs. vero.)* goedkoop roman. **~-belly** *(infml.)* lafaard. **~bill** geelbek. **~-billed duck** geelbekeend. **~-billed kite** *(Milvus migrans)* geelbekwou, kuikendief. **~-billed stork** →STORK. **Y~ Book** *(soms ook y~ b~)* geelboek; *French ~ ~* Franse blouboek. **~cake** *(fis.)* ammoniumdiuranaat. ~ **canary** *(Serinus flaviventris)* geelkanarie. ~ **card** *(sokker, rugby)* geel kaart. ~ **copper** geelkoper. ~ **dog** *(Am.)* geel brak/basterhond; *(infml.)* veragtelike mens. **~-eyed canary** *(Serinus mozambicus)* geeloogkanarie. ~ **fever** geelkoors. ~ **flag** *(sk.)* geel vlag, kwarantynvlag; *(motorwedrenne)* geel vlag; *(Eur., bot.)* geel iris. **~-grey** geelgrys; *(perd)* geelskimmel. ~ **ground** geelgrond. **~hammer** *(orn.: Emberiza citrinella)* geelgors. ~ **jack** geel vlag, kwarantynvlag; geelkoors; sonkieltjie. ~ **jersey** *(fietsry)* geel trui. ~ **line** geel streep *(op 'n pad)*. ~ **maize,** ~ **mealies** geelmielies. ~ **metal** *(min.: legering v. 60% koper & 40% sink)* geelmetaal; geel metaal, goud. ~ **mongoose, red meerkat** *(Cynictis penicillata)* witkwasmuishond, geel=, rooimeerkat. **~-nosed albatross** geelbekmalmok. **Y~ Pages** *(mv.)* Geelbladsye, Geel Gids. ~ **peril** geel gevaar. ~ **pine** *(Am. houtsoort)* Wymouthden. ~ **press** geel pers, sensasiepers. ~ **rice** geel=, borrie=, begrafnis=, vendusie=, vandisierys. **Y~ River,** *(Chin.)* **Huang He/Ho, Hwang Ho** Geelrivier, Hwang Ho. ~ **rocket** *(bot.: Barbarea vulgaris)* winterkers, barbarakruid. **~-rumped widow** Kaapse flap. ~ **rust** geelroes. **Y~ Sea,** *(Chin.)* **Huang Hai, Hwang Hai** Geel See. ~ **sorrel** geelsuring. ~ **spot** →MACULA LUTEA. ~ **streak:** *s.o. has a ~ ~* iem. is lafhartig/papbroek(er)ig. ~ **stripe** geelstreep(siekte). ~ **sugar** geelsuiker. **~tail** geelstert; halfkoord; ***Cape*** ~ Kaapse geelstert; ***giant*** ~ reusegeelstert; ***greater*** ~ groot geelstert. ~ **weaver** geelwewer. **~wood** geelhout; ***Outeniqua*** *~, (Podocarpus falcatus)* outeniekwageelhout, kalanderboom, bastergeelhout; ***real*** *~, (Podocarpus latifolius)* opregte geelhout.

yel·low·ing *n., (bot.)* vergeling. **yel·low·ish** gelerig. **yel·low·ness** geelheid. **yel·low·y** →YELLOWISH.

yelp *n.* (ge)tjank, gekef. **yelp** *ww.* tjank, kef.

Yem·en: *(Republic of)* ~ (Republiek van) Jemen. **Yem·e·ni, Yem·en·ite** *n.* Jemeniet. **Yem·e·ni, Yem·en·ite** *adj.* Jemenities, Jemeens.

yen[1] *yen, (geldeenh. v. Jap.)* jen.

yen[2] *(infml.)* drang; begeerte, verlange, hunkering; *have a ~ for ..., (infml.)* 'n drang/begeerte na ... hê; *have a ~ to ..., (infml.)* 'n drang/begeerte hê om te ...

Ye·ni·sei Jenisei(rivier).

yeo·man *=men, (hist.)* grondeienaar; *(hist.)* hofbediende; berede vrywilliger/soldaat; *(sk.)* onderoffisier; *Y~ of the Guard, (Br.)* koninklike lyfwag, →BEEFEATER; *render ~ service* kragtige/onskatbare steun/hulp verleen. ~ **Warder** *(Br.)* hellebaardier by die Londense Tower.

yeo·man·ry grondbesitters; land=, burgermag.

yep *(infml.)* ja.

yer *bes.vnw., (sl. & dial.)* jou; jul(le).

yes ja; *~ and no* ja en nee; *~ or no* ja of nee; ***oh*** *~?* regtig (waar)?; ***say*** *~* ja sê, instem; ***say*** *~ to s.t.* iets beaam; iets aanvaar; iets toestaan *('n versoek ens.)*. **~-man** *(infml.)* naprater, jabroer.

ye·shi·va *=vahs, =voth, (Hebr., Jud.: teol. kollege; Joodse skool)* Jesjiwa.

yes·ter·day gister; *~ **afternoon/etc.*** gistermiddag/ens.; *the day **before** ~* eergister; *as **late as** ~* gister nog; ***only*** ~ nog (pas) gister. **~-today-and-tomorrow** *(Brunfelsia pauciflora)* verbleikblom.

yes·ter·year *n., (fml., liter.)* die vorige jaar; die verlede; *of ~* uit die verlede. **yes·ter·year** *adv.* verlede jaar; in die verlede.

yet *adv. & voegw.* nog; al; tog, nogtans, nietemin, ewe(n)wel; tot nog toe; immers; (en) tog, maar; *~ **again*** →AGAIN *adv.*; *~ **another** accident/etc.* al weer 'n ongeluk/ens.; ***as*** ~ tot nog/nou toe, tot dusver/dusvêr; *I'll **get even** with him/her ~* ek sal nog met hom/haar afreken; *has it **happened** ~?* het dit al gebeur?; ***not*** ~ nog nie; nou nog nie; ***not just*** ~ nog nie, vir eers nie, nie nou al nie; *there is ~ **time*** daar is nog tyd; *s.o. has ~ **to** ...* iem. het nog nie ge... nie; *strange (and) ~ **true*** raar maar waar, vreemd maar tog waar.

yet·i, A·bom·i·na·ble Snow·man jeti, verskriklike sneeuman.

yew: ~ **(tree)** (gewone) taksis(boom). ~ **(wood)** taksishout.

Ye·zi·dis, Ye·zi·dee *(mv.)* Jesides, Duiwel(s)aanbidders.

Yg(g)·dra·sil, Ig·dra·sil *(Noorse mit.)* Igdrasil.

Yid *(sl., neerh.)* Jood. **Yid·dish** Jiddisj. **Yid·dish·er** *n.* Jood; Jiddisjsprekende. **Yid·dish·er** *adj.* Jiddisj, Joods. **Yid·dish·ism** *n.* Jiddisjisme.

yield *n.* opbrengs, opbrings, produksie; oes; lewering; *(chem.)* swigting; vloei *(v. 'n fontein)*; *give a high ~* 'n goeie opbrengs/opbrings lewer. **yield** *ww.* (op)lewer, opbring, voortbring, produseer; inbring; lewer; opgee, afstaan, oorgee; toegee *(op 'n punt)*; verleen; meegee, swig, jou oorgee/gewonne gee; *(chem.)* swig; wyk; terugstaan; *~ **consent*** toestemming gee/verleen; *~ up **the ghost*** →GIVE UP THE **GHOST**; *this piece of **ground** ~s poorly* hierdie stukkie grond dra maar swak; *~ **to** ...* vir ... terugstaan *(iem.)*; vir ... swig *('n versoeking ens.)*; voor ... beswyk *('n versoeking ens.)*; ... toestaan *('n versoek ens.)*; voor ... swig/wyk *('n oormag ens.)*; *~ s.t. **to** s.o.* iets aan iem. afstaan; iem. iets toegee; *~ **(up)** s.t.* iets oplewer. ~ **pattern** opbrengs=, opbringspatroon. ~ **point** *(fis.)* vloeipunt; elastisiteitsgrens; meegeepunt, strekpunt, swigsterkte *(v. staal)*. ~ **sign** toegeeteken, voorrangteken.

yield·ing *adj.* toegewend; buigsaam; produktief; renderend; *~ ability* skietvermoë *(v. koring)*; *(bedrag)* rendementsvermoë, =potensiaal; *(persentasie)* rentabiliteitsvermoë, =potensiaal.

yikes *tw., (infml.)* jisla(a)ik, joe, heng, (o) gits/gaats.

Yin *(Chin. filos.)* Jin; *~ and Yang* Jin en Jang.

yin *n., lw., bep., (Sk.)* 'n; een.

yip *=pp=* →YELP.

yip·pee *tw.* jippie, hoera, hoerê.

yips *(mv.) (infml., sport)* jips; *contract/develop the ~* iem. se senuwees begin knaag, die bewerasie (*of* 'n hol kol op die/jou maag) kry, oorspanne raak.

=yl *suff. (vorm n.) (chem.)* =iel; *ethyl* etiel; *methyl* metiel.

y·lang-y·lang, i·lang-i·lang *(bot.)* ilang-ilang; ilang-ilang-olie.

yo *tw., (infml.)* haai.

yob *yobs,* **yob·bo** *=bo(e)s, (Br., infml.):* barbaar; onnut, niksnut(s). **yob·bish** *adj., (Br., infml.)* barbaars.

yo·del *n.* (ge)jodel. **yo·del** *=ll=, ww.* jodel. **yo·del·ler** jodelsanger. **yo·del·ling** (ge)jodel.

yod(h) *(10de letter v.d. Hebr. alfabet)* jod.

yo·dle →YODEL. **yo·dler** →YODELLER.

yo·ga joga. **yo·gi** *=gis* jogi.

yo·g(h)urt jogurt. ~ **culture** jogurtkultuur.

yo·him·bine *(chem.)* johimbien.

yo-ho, yo-ho-ho *tw.* joehoe.

yoicks, hoicks *(jagroep)* sa, st; ha.

yoke *n.* juk; dwarsbalk; *(naaldw.)* skouerstuk; *(mot.)* juk, magneet; *(sk.)* juk, stuur=, roerjuk; *(Ier.)* dinges, affêrenkie; (huweliks=/liefdes)band; ***bear the*** *~* die juk dra; ***in the*** *~* in die juk; ***send under the*** *~* die juk oplê; ***submit to the*** *~ of ...* onder die juk/gesag van ... buig; ***throw off the*** *~* die juk afgooi. **yoke** *ww.* die juk oplê; inspan *(osse)*; verenig; saamwerk, =trek; *~ the oxen to the wag(g)on* die osse voor die wa span; *be ~d together, (NT)* in dieselfde juk trek; *~ well* mooi saamtrek. ~ **bone** = ZYGOMATIC BONE. **~fellow** *(NT)* medewerker *(NAB)*; metgesel *(OAB)*. **~mate** = YOKEFELLOW. ~ **pin/skey** jukskei. ~ **sleeve** jukhuls.

yo·kel *(neerh.)* plaasjapie.

Yo·ko·ha·ma *(geog.)* Jokohama.

yolk eiergeel, geel van 'n eier; *(soöl.)* dooier/door; vetsweet, wololie *(in skaapwol)*; →DOUBLE-YOLKED EGG; *the ~s of six eggs* ses eiergele, die geel/gele van ses eiers; *wool in the ~* ongewaste wol. ~ **bag/sac** *(soöl.)* dooier=/doorsak. ~ **gland** *(soöl.)* dooier=/doorklier.

yolk·y dooieragtig; vetterig.

Yom Kip·pur/Kip·pur, Day of A·tone·ment *(Jud.)* Jom Kippoer, Groot Versoendag.

yomp *n., (Br., infml.)* geswoeg, gesukkel, geploeter; uitputtende tog. **yomp** *ww.* swoeg, sukkel, ploeter, jou moeisaam voortsleep.

yon(d) *bep. & pron., (Sk., Eng., poët., dial.)* daardie. **yon(d)** *adv.* →YONDER *adv.*; *hither and ~* →HITHER AND THITHER.

yon·der *adj., (arg. of dial.)* daardie. **yon·der** *adv.* daar(so); *over ~* daar oorkant.

yo·ni *=nis, (Skt., Hind.)* joni.

yonks *n. (mv.), (infml.): ~ ago* jare/jarre/donkiejare (*of* baie/verskriklik lank *of* 'n ewigheid) gelede; *for ~* eeue/donkiejare lank; *know s.o. for ~* iem. (al) van toeka (se dae) af ken.

yoo-hoo *tw.* joehoe.

yore *(vero.)* die ou tyd, vanmelewe, vanslewe; *of ~* in toeka/vanmelewe/vanslewe se tyd/dae, vanmelewe, vanslewe, vergange se dae, weleer, (in) vroeër dae, toeka; *from days of ~* uit vergange se dae; *(in days) of ~ (ook)* vanmelewe, vanslewe, van ouds, toeka *(infml.)*, in vanmelewe/vanslewe se dae/tyd.

york *(kr.)* met 'n streepbal (uit)boul. **york·er** *(kr.)* streep=, duikbal.

York·shire *(geog.)* Yorkshire. ~ **pudding** yorkshirepoeding. ~ **terrier** yorkshireterriër.

Yo·ru·ba *(stam)* Joroeba; *(taal)* Joroeba.

you jy; jou; julle; *(beleefdheidsvorm)* u; ('n) mens; *~ ...!* jou ...! *(swaap, verraaier, ens.)*; *~ **and** I* u en ek; ek en jy; *~ **and** yours* jy en jou mense/gesin, jy en al wat jy het; *~ **fool!*** jou swaap!; *(now) there's ... **for** ~* dit noem ek (*of* 'n mens) (nou) ... *(goeie diens ens.)*; ***get*** *~ gone* maak dat jy wegkom; ***if I were*** *~* →I; *~ **never** can tell* →TELL[1] *ww.*; *two/etc. **of** ~* twee/ens. van julle; *the two/etc. **of** ~* julle twee; ***what** is that to ~?* wat gaan dit jou aan?, wat raak dit jou?, wat kan dit jou skeel?, wat het jy daarmee te doen/make?; ***what are** ~ to do with ...?* wat moet ('n) mens met ... aanvang?. **~-know-what** *(infml.)* jy-weet-wat. **~-know-who** *(infml.)* jy-weet-wie.

you'd = YOU WOULD; YOU HAD.

you'll = YOU WILL.

young *n. (mv.), (veral v. diere)* kleintjie(s); *the ~* die jeug, (die) jong mense, jongmense; *be in/with ~* dragtig wees; *~ and old* oud en jonk. **young** *adj.* jong *(attr.)*; jonk *(pred.)*; jeugdig *(oortreders ens.)*; klein *(rakker ens.)*; onervare; *(geol.)* jeugdig; *be ~ **at heart*** →HEART; *~ **marrieds**, (mv.)* pasgetroudes, pas getroudes, pasgetroude (*of* pas getroude) paartjie; *the **night** is still ~* die aand is nog jonk, dis nog vroeg; *~ **people*** jong mense, jongmense, die jeug; *be ~ **in this sort of thing*** nog rou/onervare wees in dié soort sake; *~ **thing**, (infml.)* jong dingetjie; *be ~ **for one's years*** jonk wees vir jou jare, jou jare goed dra. ~ **offender** *(jur.)* jeugdige oortreder.

~ **person** *(jur.)* jeugdige; jong persoon; jong mens, jongmens. **Y~ Turk** *(pol. of hist.)* Jong Turk.

young·ber·ry youngbessie.

young·er jonger; jongste *(v. twee)*; *the ~ generation* die jong geslag, die jongeres, die jeug; *the ~ set* die jongspan. **young·ish** jongerig, nog (maar) jonk. **young·ling** *(liter.)* jong kind; jong dier. **young·ness** jonkheid, jeug. **young·ster** kind, snuiter, jongeling; *s.o. is only a ~* iem. is nog maar jonk. **youn·ker** *(vero.)* kind, snuiter; jong kêrel, jongkêrel.

Young's mod·u·lus *(fis.)* Young-modulus, elastisiteitsmodulus.

your *bes.bep.* jou; u; *~ taxpayer etc.* die belastingbetaler ens. (in die algemeen).

you're = YOU ARE.

yours *bes.vnw.* jou(n)e; van jou; van u; *~* ***affectionately/faithfully/truly/etc.*** →AFFECTIONATELY, FAITHFULLY, TRULY, *etc.*; *it's* ***all*** *~* dit behoort alles aan jou; sien jy maar kom klaar *(infml.)*, snork jy nou maar daarmee op *(infml.)*, kyk jy maar wat jy daarmee kan uitrig; *you* ***and*** *~* →YOU; *it* ***is*** *~* dit is jou(n)e; dit is julle s'n; ***of*** *~* van jou; *~* ***of*** *the 11th* u brief/skrywe van die 11de; *no friend etc.* ***of*** *~* nie jou vriend ens. nie; ***what's*** *~?*, *(infml.)* wat sal jy drink?.

your·self *-selves, pron.* jou(self), u(self); self; *you* ***brought*** *it (up)on ~* jy het dit oor jouself gebring; ***by*** *~/yourselves* alleen; *why are you sitting* ***by*** *~?* waarom sit jy so alleen/allenig (*of* op jou eentjie)?; *you cannot do it* ***by*** *~* jy kan dit nie alleen (*of* sonder hulp) doen nie; ***do it*** *~* doen dit self; ***enjoy*** *~/yourselves!* geniet dit!; *come and see* ***for*** *~!* kom kyk self!; *have you* ***hurt*** *~?* het jy jou seer gemaak?, het jy seergekry?; *you are* ***not*** *(quite) ~ tonight* jy is vanaand nie op jou stukke nie; ***pull*** *~ together!*, *(infml.)* ruk jou reg!; *you* ***said*** *so ~* jy het dit self gesê; ***see*** *for ~* kyk self; *go and* ***wash*** *~* gaan was jou.

youth jeug, jonkheid; jeugdigheid; jong mens, jongmens; jong man, jongman; *(ekv. of mv.)* jong mense, jongmense, die jong geslag, die jeug; *the ~* die jongmense/jong mense/jeug/jong klomp; *in s.o.'s (early) ~* in iem. se (prille) jeug; *s.t. is in its ~* iets *('n projek ens.)* is nog in sy kinderskoene. ~ **centre** jeugsentrum. ~ **club** jeugklub. ~ **culture** jeugkultuur. **Y~ Day** *(SA: 16 Junie)* Jeugdag. ~ **hostel** jeugherberg. ~ **hostelling** *(Br.)* verblyf in jeugherberge; *go ~ ~* gaan reis en in jeugherberge oorbly. ~ **movement** jeugbeweging.

youth·ful jeugdig; *~ dream* jeugdroom. **youth·ful·ness** jeugdigheid, jonkheid.

you've = YOU HAVE.

yowl *n.* gekerm, gehuil, (ge)skreeu, (ge)skree. **yowl** *ww.* tjank, huil, kerm, skree(u).

yo-yo *-yos, n.* jojo, klimtol; *(Am./Kan. sl.)* dwaas. **yo-yo** *ww.* jojo, klimtol.

Y·pres *(geog.)* Ieper.

Ys·sel →IJSSEL.

yt·ter·bi·um *(chem.; simb.: Yb)* ytterbium.

yt·tri·um *(chem.; simb.: Y)* yttrium.

yu·an *(Chin. geldeenh.)* joean. **Y~ (Dynasty)** Joean(dinastie).

yuc·ca palmlelie, adam-se-naald, adamsnaald.

yu(c)k *tw., (infml.)* ga, sies, jig, jêg. **yuck·y** *-ier -iest,* **yuk·ky** *-kier -kiest, adj., (infml.)* gagga, walglik, aaklig, vieslik, horribaal, jiggierig; soetsappig, stroperig, (oordrewe) sentimenteel *('n liedjie ens.)*.

Yu·go·slav *n.* Joego-Slaaf. **Yu·go·slav** *adj.* →YUGOSLAVIAN. **Yu·go·sla·vi·a** *(hist.)* Joego-Slawië. **Yu·go·sla·vi·an** Joego-Slawies.

Yule *(liter., arg.)* Kersfees; Kerstyd; *(hist.)* Joelfees. ~ **log** Joelblok. ~**tide** Kers(fees)tyd.

yum·my, yum(-yum) *tw., (infml.)* mm, njam-njam, lekker.

Yun·nan *(geog.)* Yunnan.

yup *adv., (infml.)* 'n, 'm, ja.

yup·pie, yup·py *-pies, (akr. vir* young urban [*or* upwardly mobile] professional*)* yuppie, jappie, klimvoël. **yuppie disease/flu** *(infml. vir* myalgic encephalomyelitis; *afk.:* ME*)* yuppie-, jappiegriep, chroniese-, kroniese-uitputtingsindroom, chroniese-, kroniese-moegheidsindroom. **yup·pie·dom** *n.* yuppie-, jappiedom. **yup·pi·fi·ca·tion** *n.* yuppiefikasie, jappiefikasie. **yup·pi·fied** *adj.* geyuppiefiseer(d), gejappiefiseer(d). **yup·pi·fy** *ww.* yuppiefiseer, jappiefiseer.

yurt *(tent v. nomades)* joert.

Zz

z *z's*, **Z** *Z's, Zs, (laaste letter v.d. alfabet)* z; *little z* z'tjie; *small z* klein z. **Z-bar** Z-stang, Z-staaf. **Z-iron** Z-yster.

za·ba·glio·ne *n., (It. kookk.: skuimnagereg)* zabaglione.

Zac·chae·us *(AV, NIV)* Saggeus *(NAB)*, Saggéüs *(OAB)*.

Zach·a·ri·ah, Zach·a·ri·as, Zach·a·ry *(NT)* Sagaria; →ZECHARIAH.

Za·dok *(OT)* Sadok.

zaf·fre, zaf·fer kobaltoksied.

zag *n.* skerp draai. **zag** *ww.* →ZIG *ww.*.

Za·ire, Za·ïre *(geog., hist. [1971-97])* Zaïre; →CONGO. **Za·ir·e·an, Za·ir·i·an, Za·ïr·e·an, Za·ïr·i·an** *n. & adj.* Zaïrees.

za·ire *(geldeenheid)* zaïre.

Zam·be·zi, *(Port.)* **Zam·be·se:** ~ **(River)** Zambezi(rivier).

Zam·bi·a *(geog.)* Zambië. **Zam·bi·an** *n.* Zambiër. **Zam·bi·an** *adj.* Zambies.

za·ny *n.* malkop, maltrap, eksentrieke (entjie) mens; grapjas, platjie; *(hist.)* nabootsende grapjas/nar/hanswors. **za·ny** *adj.* aweregs *(humor, karakter, komedie, ens.)*.

Zan·zi·bar, Zan·zi·bar *(geog.)* Zanzibar. **Zan·zi·ba·ri** *n.* Zanzibari. **Zan·zi·ba·ri** *adj.* Zanzibars, Zanzibaries.

zap *n., (infml.)* fut, krag; *an extra ~ of ...* 'n ekstra bietjie ... *(woema ens.)*; 'n ekstra skeut ... *(spanning ens.)*. **zap** *-pp-, ww., (infml.)* neerskiet; afmaai; bestook, bombardeer; kort(e) mette maak met; *(haastig beweeg)* rits; *(rek.)* uitwis, skoonmaak; *(TV)* aanspoel *(advertensies, handelsflitse, ens. op videoband)*; *(met 'n afstandbeheerder)* zits *(televisie, garagedeur, ens.)*; ~ ***along** the streets of ...* deur die strate van ... rits; ~ ***from** one channel to another, (TV)* met die knoppie van (die) een kanaal na die ander spring, TV-roelet/roulette speel; ~ *s.t.* ***from** s.o.'s hands* iets uit iem. se hande gryp/ruk; ~ *s.t.* ***into** the microwave oven* iets in die mikrogolfoond stop/steek; ~ ***past**, (motors ens.)* verbyflits, -blits, -skiet, -snel, -vlieg.

za·pa·te·a·do *-dos, (soort Sp. dans of danstegniek)* zapateado.

zap·ped *adj., (infml.)* poegaai, pê, pootuit, stokflou, doodmoeg, vodde.

zap·per *n., (infml.), (afstandbeheerder vir 'n TV ens.)* zitser; knoppiedrukker.

zap·ping *n., (infml., TV: voortdurende kanaalverwisseling)* TV-roelet/roulette.

zap·py *adj., (infml.)* lewendig, energiek *(iem.)*; blitsig *('n motor)*; prettig *('n program, advertensie, ens.)*.

Zar·a·thus·tra →ZOROASTER.

zar·a·tite *(min.)* zaratiet.

za·re(e)·ba, za·ri·ba *(<Arab.)* takkraal, verskansing, omheining.

Za·reph·ath *(OT: AV, NIV; NT: NIV), (Gr.)* **Sa·rep·ta** *(NT: AV)* Sarfat *(OT, NT: NAB, OAB)*.

zar·zue·la *(Sp., mus., kookk.)* zarzuela.

zax →SAX[1].

zeal ywer, geesdrif, vuur, entoesiasme, besieling; ***damp-(en)** s.o.'s ~* 'n demper op iem. plaas/sit; *be **full** of ~ for s.t.* met ywer vir iets vervul wees *('n saak, hervorming, ens.)*; ***show** great ~* groot ywer aan die dag lê; *with **unflagging** ~* met onverminderde/onvermoeide/onverdrote ywer; ***work** with ~* ywerig (*of* met ywer) werk. **zeal·ot** fanatikus, heethoof, yweraar, dweper, geesdrywer, seloot; *(Z~, hist.)* Seloot. **zeal·ot·ry** fanatisme, heethoofdigheid, dweepsug, geesdrywery, selotisme. **zeal·ous** ywerig, geesdriftig, vurig; *be ~ for s.t.* vir iets ywer *('n saak ens.)*.

Zea·land *(geog.: Deense eiland)* Seeland, *(Deens)* Sjælland.

ze·bec(k) →XEBEC.

Zeb·e·dee *(NT)* Sebedeus *(NAB)*, Sebedéüs *(OAB)*.

ze·bra *(söol.)* sebra; *(igt.: Diplodus cervinus hottentotus)* wildeperd; ***Burchell's/common*** ~ bontsebra; ***Cape mountain*** ~ Kaapse bergsebra; ***Grevy's*** ~ Oos-Afrikaanse sebra; ***Hartmann's mountain*** ~ Hartmann se bergsebra. ~ **crossing** sebraoorgang. ~ **wolf** sebra-, buidelwolf. ~**wood** sebrahout.

zeb·ra·no = ZEBRAWOOD.

ze·brine sebra-agtig, sebraägtig, sebra-.

ze·bu *(soort os)* seboe.

Zeb·u·lun *(AV, NIV)*, **Zeb·u·lon** *(Douaivertaling)* Sebulon *(OAB, NAB)*. **Zeb·u·lun·ite, Zeb·u·lon·ite** Sebuloniet.

Zech·a·ri·ah *(OT)* Sagaria; →ZACHARIAH.

zed, *(Am.)* **zee** *(d. letter z)* zet.

Zed·e·ki·ah *(OT)* Sedekia *(NAB)*, Sedekía *(OAB)*.

Zee·land *n., (geog.)* Seeland; *of ~* Seeus. **Zee·land** *adj.* Seeus; ~ *dialect* Seeus. **Zee·land·er** Seeu.

Zee·man ef·fect *(fis.)* Zeemaneffek.

ze·in *(biochem.)* seïen.

Zeit·geist *(D.)* tyd(s)gees.

Zen (Bud·dhism) Zen(-Boeddhisme).

Zend *(vero.)* Zend; →AVESTAN *n.*. ~**-Avesta** Zend-Avesta.

Ze·ner[1] *n.:* ~ **cards** *(mv.), (parapsig.)* Zenerkaarte, ESP-kaarte.

Ze·ner[2] *n.:* ~ **diode** *(elektron.)* Zenerdiode.

ze·nith toppunt, hoogste punt, senit; *at the ~ of s.o.'s career* op die toppunt van iem. se loopbaan. ~ **distance** *(astron.)* hoogtekomplement, hoogtepuntafstand, senitafstand.

ze·nith·al *adj.* senitaal, senit-; ~ *projection* senitale projeksie.

ze·o·lite *(min.)* seoliet.

Zeph·a·ni·ah *(OT)* Sefanja.

zeph·yr *(poët., liter.)* sefier, windjie, luggie. ~ **(cloth)** sefier(stof).

zep·pe·lin *(soms Z~)* zeppelin, lugskip.

ze·ro *-ros, n.* nul, zero; nulpunt; vriespunt; *absolute ~* →ABSOLUTE; *at/on ~* op nul; *six/etc. degrees above/below ~* ses/ens. grade bo/onder nul. **ze·ro** *-roed, ww.* op nul bring/stel *('n instrument)*; die visier instel *(v. 'n geweer ens.)*; *~ a gun at 350 metres* die visier van 'n geweer op 350 meter instel; *~ in* op nul bring; *~ in on ...* na ... mik; jou aandag op ... toespits. ~ **hour** *(mil.)* nul-uur, zero-uur, aanvalsuur; *(infml.)* beslissende/kritieke oomblik/tydstip. ~ **line** nullyn. ~ **mark** nulmerk. ~ **meridian** nulmeridiaan. ~ **option** zero-opsie *(in int. kernwapenonderhandelings)*. ~ **(point)** nulpunt. ~ **rate** *n.* nultarief. ~**-rate** *ww.* van BTW vrystel. ~**-rated** wat van BTW vrygestel is, BTW-vry. ~ **reading** nulstand, -lesing, zerolesing. ~**-sum** *adj.* wen-verloor- *(formule, uitkoms, ens.)*; *~ game* nulsomspel. ~ **temperature** nultemperatuur.

zest lus, vuur, entoesiasme, gretigheid; smaak, geur; iets pikants; stukkie lemoen-/suurlemoenskil *(in 'n drankie)*; *add/give ~ to s.t.* iets interessant/boeiend maak, lewe in iets sit; meer smaak/geur aan iets gee, iets pikanter (*of* meer pikant) maak; *lose one's ~ for life/living* jou lewensvreugde/-blyheid verloor; *do s.t. with ~* iets met lus (*of* vol vuur/entoesiasme) aanpak. ~**ful** besiel(d), begeester(d), vurig, entoesiasties.

zest·er *(kookk.)* sitrusskiller.

ze·ta *(sesde letter v.d. Gr. alfabet)* zeta.

Zet·land *(geog., hist.)* →SHETLAND.

zeug·ma *(stylfiguur)* zeugma. **zeug·mat·ic** *adj.* zeugmaties.

Zeus *(Gr. mit.)* Zeus.

zib·e·line *(söol.)* sabel(dier); sabel(pels); *(tekst.)* sibelien.

zib·et →CIVET.

zi·bi *n., (<Z.): ~* **can** *(ook Z~, SA: vullisblik)* zibiblik.

zi·do·vu·dine *(med.)* asidotimidien.

zig *n.* skerp draai; *~s and zags* skerp draaie. **zig** *ww.: ~ and zag* heen en weer swenk.

zig·gu·rat, zik·ku·rat *(hist.)* ziggoerat.

zig·zag *n.* sigsag; sigsagpatroon; kronkel-, slinger-, sigsagpad. **zig·zag** *adj.* sigsagsgewys, sigsag-, kronkelend, slingerend; ~ ***braid*** kartelband, sigsagkoord; ~ ***lightning*** sigsagblits; ~ ***line*** sigsaglyn; ~ ***path*** kronkel-, slinger-, sigsagpad; kronkel-, slinger-, sigsagpaadjie; ~ ***stitch*** sigsagsteek; ~ *chain* ***stitch*** sigsagkettingsteek; ~ *double running **stitch**, double running ~ **stitch*** sigsagdubbelvoorsteek. **zig·zag** *adv.* sigsag, sigsagsgewys(e); draai-draai. **zig·zag** *-gg-, ww.* sigsag, kronkel, slinger, sigsagsgewys(e) loop.

zilch *n., (infml.)* (absoluut/heeltemal/hoegenaamd *of* net mooi) niks (nie).

zil·lion *n., (infml.)* ziljoen; *~s of ...* ziljoene/massas (*of* 'n duisternis) ... **zil·lion·aire** ziljoenêr. **zil·li·onth** *n. & adj.* ziljoenste.

Zim *(afk., SA sl.)* Zimbabwe; Zimbabwiër.

Zim·bab·we *(geog.)* Zimbabwe. ~ **ruins** Zimbabweruïnes.

Zim·bab·we·an *n.* Zimbabwiër. **Zim·bab·we·an** *adj.* Zimbabwies.

Zim·mer (frame) *(handelsnaam)* Zimmerraam *(ook z~)*, loopraam.

zinc *n., (chem., simb.: Zn)* sink. **zinc** *ww.* versink, galvaniseer, met sink oortrek/beklee. ~ **blende** →SPHALERITE. ~ **box** sinkekstraksiekas. ~ **ointment** sinksalf. ~ **oxide** sinkoksied. ~ **phosphide** sinkfosfied. ~ **sulphate** sinksulfaat, witvitriool, sinkvitriool. ~ **white** sinkwit *(as pigment vir verf)*.

zinc·if·er·ous sinkhoudend.

zinc·ite *(min.)* sinkiet.

zinck·en·ite →ZINKENITE.

zinc(k)·y →ZINKY.

zinc·o *-os, (afk.)* sinkblok.

zin·co·graph sinkblok; sinkgravure. **zin·cog·raph·er** sinkgraveur. **zin·cog·ra·phy** sinkografie, sinkdruk.

zin·cos·ite →ZINKOSITE.

zing *n., (infml.)* (ge)fluit, gesuis; fut, krag, energie, vitaliteit; lus, drif, vuur, entoesiasme. **zing** *ww.* fluit, suis.

zin·ga·ra *-gare, (It.)* sigeunerin.

zin·ga·ro *-gari, (It.)* sigeuner.

zing·er *(Am., sl.)* vinnige/gevatte/pittige/bekkige antwoord/ens..

zin·ken·ite, zinck·en·ite *(min.)* zinkeniet.

zin·kos·ite *(min.)* sinkosiet.

zink·y, zinc(k)·y sinkagtig; sinkhoudend; sink-.

zin·ni·a *(bot.)* jakobregop, zinnia.

Zi·on, Si·on Sion. **Zi·on·ism** Sionisme. **Zi·on·ist** *n.* Sionis. **Zi·on·ist, Zi·on·is·tic** *adj.* Sionisties.

zip *n.* rits(sluiter); gegons, gefluit; fut, krag, energie; →ZIPPER. **zip** *-pp-, ww.* blits, zits, jaag, skiet; flits; *(koeël)* fluit, suis; *~ along* voortsnel, -spoed; *~ through s.t.* deur iets blits/jaag/skiet *('n rooi lig ens.)*; vinnig deur iets draf/zits *(winkels ens.)*; deur iets flits *(jou gedagtes)*; ~ *s.t. (up)* iets toerits. ~ **code** →ZIP CODE. ~ **fastener** rits(sluiter). ~ **fastening** ritssluiting. ~ **gun** *(sl.)* tuis-/eie-/selfgemaakte geweer/vuurwapen. ~**-up** *adj. (attr.)* toerits= *(baadjie, sak, ens.)*.

ZIP code, zip code *(Am.)* poskode.

zip·per *(Am.)* rits(sluiter).

Zip·po·rah, Zip·po·rah *(OT)* Sippora *(NAB)*, Sippóra *(OAB)*.

zip·py *(infml.)* lewendig.

zir·con *(min.)* sirkoon.

zir·co·ni·a, zir·co·ni·um ox·ide *(chem.)* sirkonia, sirkoniumoksied. **zir·co·ni·um** *(chem., simb.: Zr)* sirkonium.

zit *(infml.)* puisie.

zith·er *(mus.)* siter.

zizz *n., (Br., infml.)* gezoem; gesis; dutjie, slapie; *have/take a* ~ 'n uiltjie knip, 'n slapie maak/vang, ('n bietjie) dut, visvang. **zizz** *ww.* zoem; sis; 'n uiltjie knip, 'n slapie maak/vang, ('n bietjie) dut, visvang.

zlo·ty *-ty(s), -ties, (Poolse geldeenh.)* zloty.

Zo·ar *(geog., OT)* Soar.

zo·di·ac *(astrol.)* diereriem, sodiak. **zo·di·a·cal** diereriem-, sodiak-; ~ *light* sodiaklig.

zo·e·trope *(hist., speelding)* wonderwiel.

zo·ic diere-; *(geol.)* fossielhoudend.

Zo·i·lus *(Gr. retorikus)* Zoïlus.

zoi·site *(min.)* zoisiet.

zol *zols, zolle, (SA, daggasigaret)* (dagga)zol.

Zo·la Budd *(SA, infml.)* Zola Budd, minibustaxi.

zom·bie, zom·bi zombie.

zon·al sonaal, sone-; *(wisk.)* sonaal; ~ *wind* streekwind.

zo·nate, zo·nat·ed gesoneer(d). **zo·na·tion** sonering, sonasie; sonevorming.

zon·da *(Sp., warm bergwind)* zonda.

zone *n.* gebied, streek, area, deel, terrein, sone; *(fig.)* gebied; *(mil.)* strook, streek, sone; *(geog.)* strook, gordel; aardgordel; lugstreek; *(geol., wisk.)* sone; tydsone; *(bot., soöl.)* ring, kring, streep; *(arg. of liter.)* gordel, band; ~ ***of action*** gevegstrook; ~ ***of advance*** aanmarsstrook; ~ ***of fire*** vuurstrook; ~ ***of silence***, *(rad.)* stiltestreek, stil streek; *the **temperate*** ~ →TEMPERATE; ***torrid*** ~ →TORRID. **zone** *ww.* in sones verdeel, soneer; afbaken, indeel; aanwys *(as, vir)*; ~ *an area as an industrial area (or for industry)* 'n gebied as nywerheidsgebied (*of* vir nywerhede) aanwys. ~ **time** sonetyd.

zon·ing verdeling in sones, sonering, (streek)indeling; aanwysing *(as, vir)*; sonebou, -struktuur.

zonk *ww., (infml.)* moker, hard slaan; *be ~ed out* poegaai/pê/pootuit/vodde wees; 'n dooie hou slaap; poegaai/gaar/stukkend/smoordronk/papdronk (*of* hoog in die takke *of* lekker/behoorlik/goed gekoring/getrek) wees; bedwelm(d)/dwelmdof (*of* in 'n dwelmdwaal/-waas *of* ver/vêr heen) wees. **zonk** *tw.* boem, doef, ghwarra.

zo·nure →GIRDLED LIZARD.

zoo dieretuin. ~**keeper** dieretuinopsigter; dieretuindirekteur; dieretuineienaar.

zoo- *komb.vorm* soö-, diere-.

zo·o·ge·og·ra·phy soögeografie, dieregeografie.

zo·og·ra·phy soögrafie, dierebeskrywing. **zo·og·ra·pher** soögraaf, dierebeskrywer. **zo·o·graph·ic, zo·o·graph·i·cal** soögrafies, dierebeskrywend.

zo·oid *(soöl.)* soöïed.

zo·ol·a·try diereaanbidding.

zo·ol·o·gy soölogie, dierkunde. **zo·o·log·i·cal** soölogies, dierkundig; ~ *garden, (vero.)* = ZOO. **zo·ol·o·gist** soöloog, dierkundige.

zoom *n.* (ge)zoem; *(fis.)* strekking. **zoom** *ww.* zoem; ~ *in on s.o./s.t., (fot.)* op iem./iets inzoem; ~ *out, (fot.)* uitzoem. ~ **(lens)** *(fot.)* skuif-, zoemlens. ~ **shot** zoemskoot.

zo·o·mor·phic soömorf(ies). **zo·o·mor·phism** soömorfisme.

zo·on *zoa, zoons* →ZOOID.

zo·on·o·sis *-oses, (patol.)* soönose.

zo·o·phyte *(soöl., vero.)* soöfiet, plantdier. **zo·o·phyt·ic** soöfities.

zo·o·plank·ton soöplankton.

zo·o·plas·ty *(med.)* soöplastiek. **zo·o·plas·tic** soöplasties.

zo·o·spore *(biol.)* soöspoor.

zo·ot·o·my soötomie, diereontleedkunde. **zo·ot·o·mist** soötomis.

zoot suit *(sl.)* spogterspak.

zo·ril·la, zor·ille *(soöl.)* stink-, streep-, bontmuishond.

Zor·o·as·ter *(Lat.)*, **Zar·a·thus·tra** *(Avesties)* Zoroaster, Zarathoestra. **Zo·ro·as·tri·an, Maz·da·ist** *n.* Zoroastris, Mazdaïs. **Zo·ro·as·tri·an, Maz·da·ist** *adj.* Zoroastristies, Mazdaïsties. **Zo·ro·as·tri·an·ism, Zo·ro·as·trism, Maz·da·ism** Zoroastrianisme, Zoroastrisme, Mazdaïsme.

zos·ter *(med.: afk. v.* herpes zoster*)* →SHINGLES.

Zou·ave *(hist., mil.)* Zoeaaf.

zuc·chet·to *-tos, (It., RK)* kalotjie, skedelpet.

zuc·chi·ni *-chini(s), (Am.)* →COURGETTE.

zug·zwang *(D., skaak)* zugzwang.

Zui·der Zee, Zuy·der Zee Suidersee.

Zu·lu *n., (lid v. 'n volk; taal)* Zoeloe, Zulu. **Zu·lu** *adj.* Zoeloe-, Zulu-.

Zun·ga·ri·a →JUNGGAR PENDI.

Zu·rich, *(D.)* **Zü·rich** *(geog.)* Zürich.

Zwing·li·an *n., (relig.)* Zwingliaan. **Zwing·li·an** *adj.* Zwingliaans. **Zwing·li·an·ism** Zwinglianisme.

zwit·ter·i·on *(fis.)* zwitterioon.

zy·de·co *(Afro-Am. dansmus.)* zydeco.

zy·go- *komb.vorm* sigo-.

zy·go·dac·tyl *n., (orn.)* sigodaktiel. **zy·go·dac·tyl, zy·go·dac·tyl·ous** *adj.* sigodaktiel.

zy·go·ma *-mata,* **zy·go·mat·ic arch** *(anat.)* sigoom, sigomatiese boog, jukbeen-, wangbeenboog. **zy·go·mat·ic** sigomaties; ~ *bone* sigomatiese been, juk-, wangbeen.

zy·go·mor·phic, zy·go·mor·phous *(bot.)* sigomorf, monosimmetries. **zy·go·mor·phism** sigomorfie.

zy·go·spore *(biol.)* sigospoor.

zy·gote *(biol.)* sigoot.

zy·mase *(biochem.)* simase.

zy·mol·o·gy *(biochem.: wetenskap v. gisting/fermentasie)* simologie. **zy·mo·log·ic, zy·mo·log·i·cal** simologies. **zy·mol·o·gist** simoloog.

zy·mol·y·sis, zy·mo·sis *(med.)* simolise, simose, gisting, fermentasie.

zy·mo·sis *-moses, (med.: aansteeklike siekte veroorsaak deur 'n swam)* simose. **zy·mot·ic** *adj.* simoties; besmetlik; aansteeklik.

zy·mur·gy *(chem.)* simurgie.

Abbreviations

See point 10 on p. xvi

A

A ampere(s) ♦ ampère **A**

a atto= ♦ atto= **a**

a., adj. adjectival; adjective ♦ adjektiwies(e) **adj.**, byvoeglik(e) **byv.**; adjektief **adj.**, byvoeglike naamwoord **b.nw.**

a. *annum* year ♦ *annum* jaar **a.**

Å, A ångström(s), angstrom(s) ♦ ångström **Å**

AA Alcoholics Anonymous ♦ Alkoholiste Anoniem **AA**

AA anti-aircraft *(battery etc.)* ♦ lugafweer= **LA**

AA Automobile Association (of South Africa) ♦ Automobiel-Assosiasie (van Suid-Afrika) **AA**

AAA American Automobile Association, Automobile Association of America ♦ Amerikaanse Automobiel-Assosiasie **AAA**

AAA Amateur Athletic Association ♦ Amateuratletiekvereniging **AAV**

AAM Anti-Apartheid Movement ♦ Anti-Apartheidsbeweging **AAB**

AAM air-to-air missile ♦ lug-(tot-)lug-missiel **LLM**

a.a.r. against all risks ♦ teen alle risiko **t.a.r.**

AAWU, Aawu Ammunition and Allied Workers' Union ♦ **AAWU, Aawu**

AB able(-bodied) seaman ♦ bevare seeman **BeS**

AB ♦ Afrikanerbond **AB**

abbr., abbrev. abbreviation ♦ afkorting **afk.**

ABC American Broadcasting Company ♦ **ABC**

ABC Audit Bureau of Circulation ♦ Ouditburo van Sirkulasie **ABC**

ABC Australian Broadcasting Corporation ♦ Australiese Uitsaaikorporasie **ABC**

ABC alphabet ♦ alfabet **ABC**

ABET, Abet adult basic education and training ♦ volwassene(-) basiese onderwys en opleiding **VBOO**

abl. ablative ♦ ablatief, =tiewe **abl.**

ABM antiballistic missile (system) ♦ antiballistiese missiel(stelsel) **ABM**

Abp, abp archbishop ♦ aartsbiskop

abr. abridged ♦ verkort **verk.**

ABS antilock braking system ♦ sluitweerremstelsel **ABS**

ABS acrylonitrile-butadiene-styrene ♦ akrilonitriel-butadien-stireen **ABS**

abs. absolute(ly) ♦ absoluut, =lute **abs.**

abs. abstract ♦ abstrak(te) **abstr.**

ABSA, Absa Amalgamated Banks of South Africa ♦ Amalgameerde Banke van Suid-Afrika **ABSA, Absa**

ABW Anglo-Boer War ♦ Anglo-Boereoorlog **ABO**

AC *Anno Christi* in the year of Christ ♦ *Anno Christi* in die jaar van Christus **AC**

AC, ac alternating current ♦ wisselstroom **WS, ws.**

a/c, a.c. air conditioning ♦ lugversorging **LV, lv.**

a/c, acc. account ♦ rekening **rek.**

Acad. Academy ♦ Akademie **Akad.**

acad. academic ♦ akademies(e) **akad.**, universitêr(e) **univ.**

acc. accounting; accounting ♦ rekeningkunde; rekeningkundig(e) **rek.**

acc. accused ♦ beskuldigde **besk.**

acc. acceptance ♦ akseptasie **aks.**

acc. accusative ♦ akkusatief, =tiewe **akk.**

acc., a/c account ♦ rekening **rek.**

acc. to according to ♦ volgens **vlgs.**

AC/DC alternating current/direct current ♦ wisselstroom/gelykstroom **WS/GS, ws./gs.**

ACDP African Christian Democratic Party ♦ **ACDP**

ACE Advanced Certificate in Education; →ACE ♦ Gevorderde Onderwyssertifikaat **GOS**; Gevorderde Sertifikaat in Onderwys **GSO**

ACE Association of Consulting Engineers ♦ Vereniging van Raadgewende Ingenieurs **VRI**

ACF Active Citizen Force ♦ Aktiewe Burgermag **ABM**

ACP (States) African, Caribbean and Pacific (States) ♦ Afrika-, Karibiese en Pasifiese (state) **AKP(-state)**

ACSV ♦ Afrikaanse Christen-Studentevereniging **ACSV**

actg acting ♦ waarnemend(e) **wnd.**

ACVV ♦ Afrikaanse Christelike Vrouevereniging **ACVV**

AD air defence ♦ lugverdediging **LV**

AD, A.D. *Anno Domini* in the year of our Lord ♦ *Anno Domini* in die jaar van ons Here **AD**, ná Christus **n.C.**

a.d. *ante diem* before the day ♦ *ante diem* voor die dag **a.d.**

a.d. *a dato* from date ♦ *a dato* vanaf datum **a.d.**

a/d, a.d. after date ♦ ná datum **n.d.**

ad. *adagio* slow ♦ *adagio* stadig **ad.**

ADC, a.d.c. aid(e)-de-camp ♦ aide de camp, aide-decamp **ADC**

add. address(ed) ♦ geadresseer(de), geadresseerd(e) **geadr.**

ad fin. *ad finem* to the end ♦ *ad finem* tot die einde **ad fin.**

ADHD attention deficit hyperactivity disorder ♦ aandag(s)gebrek-hiperaktiwiteitsindroom **AGHS**

ad inf. *ad infinitum* to infinity ♦ *ad infinitum* tot die oneindige **ad inf.**

ad int. *ad interim* provisional(ly), for the mean time/present ♦ *ad interim* voorlopig, tussentyds **a.i.**

adj., a. adjectival; adjective ♦ adjektiwies(e) **adj.**, byvoeglik(e) **byv.**; adjektief **adj.**, byvoeglike naamwoord **b.nw.**

adj., adjt, adjt. adjutant ♦ adjudant **adjt.**

ad lib. *ad libitum* at one's pleasure, as one wishes ♦ *ad libitum* na (eie) goeddunke **ad lib.**

ad loc. *ad locum* to/at the place ♦ *ad locum* op hierdie plek **ad loc.**

Adm. Admiral ♦ admiraal **adm.**

adm., admin. administration; administrative; administrator ♦ administrasie; administratief, =tiewe; administrateur **admin.**

adv. *adverbium* adverb; adverbial ♦ *adverbium* bywoord **bw., byw.**; adverbiaal, =biale **adv.**, bywoordelik(e) **bw., byw.**

adv. advocate ♦ advokaat **adv.**

ad val., a.v., A/V *ad valorem* in proportion to the value ♦ *ad valorem* volgens die waarde **ad val.**

advs. advocates ♦ advokate **advv.**

advt advertisement ♦ advertensie **advt.**

A.D., AD *Anno Domini* in the year of our Lord ♦ *Anno Domini* in die jaar van ons Here **AD**, ná Christus **n.C.**

a.d., a/d after date ♦ ná datum **n.d.**

a.d.c., ADC aid(e)-de-camp ♦ aide de camp, aide-decamp **ADC**

AEB Atomic Energy Board (*hist.*) ♦ Raad op Atoomkrag **RAK**

AEC Atomic Energy Corporation of South Africa *(hist.)*; →NECSA, NECSA ♦ Atoomenergiekorporasie van Suid-Afrika **AEK**

aeron. aeronautic(al); aeronautics ♦ lugvaartkundig(e); lugvaart(kunde) **lugv.**

aet., aetat. *aetatis* at the age of, of the age ♦ *aetatis* oud, in die ouderdom van **aet.**

AF audio frequency ♦ oudiofrekwensie **o.f., OF**

AFB Air Force Base ♦ lugmagbasis **LMB**

AFC automatic frequency control ♦ outomatiese frekwensiekontrole **OFK**

aff. affix ♦ affiks **aff.**

AFM Apostolic Faith Mission ♦ Apostoliese Geloofsending **AGS**

AFP Agence France-Presse ♦ **AFP**

Afr. Africa, African, Afrikaans *(lang.)* ♦ Afrika; Afrikaans(e); Afrikaans **Afr.**

AG auditor general ♦ ouditeur-generaal **OG, oudit.genl.**

AG Administrator General ♦ administrateur-generaal **AG**

AG Attorney General ♦ advokaat-generaal **AG**; prokureur-generaal **PG, prok.genl.**

AG Adjutant General ♦ adjudant-generaal **AG**

AGM annual general meeting ♦ algemene jaarvergadering **AJV**

AGOA, Agoa African Growth and Opportunity Act ♦ **AGOA, Agoa**

agr., agric. agriculture; agricultural ♦ landbou(kunde); landboukundig(e) **landb.**

AHI ♦ Afrikaanse Handelsinstituut **AHI**

AI artificial intelligence ♦ kunsmatige intelligensie **KI**

AI artificial insemination ♦ kunsmatige bevrugting **KB**

AID Agency for International Development ♦ Agentskap vir Internasionale Ontwikkeling **AIO**

AID artificial insemination (by) donor *(obs.)*; →DI ♦ kunsmatige inseminasie (deur) skenker **KIS**

AIDS, Aids acquired immune deficiency syndrome; →HIV ♦ verworwe immuniteitsgebreksindroom/immunogebreksindroom/immuungebreksindroom **VIGS, Vigs**

AIH artificial insemination (by) husband ♦ kunsmatige inseminasie (deur) man **KIM**

AIO African Insurance Organisation ♦ **AIO**

AJK ♦ Algemene Jeugkommissie **AJK**

AKA, a.k.a., aka *alias* also known as ♦ *alias* anders genoem **al.**

AKE ♦ Afrikaanse Kinderensiklopedie **AKE**

AKLAS, Aklas ♦ Algemene Kommissie vir Leer en Aktuele Sake **AKLAS, Aklas**

Al artificial insemination ♦ kunsmatige inseminasie **KI**

Ald., Aldm. alderman ♦ raadsheer **rdh.**

alg. algebra; algebraic ♦ algebra **alg.**, stelkunde **stelk.**; algebraïes(e) **alg.**, stelkundig(e) **stelk.**

allo *allegro* at a brisk speed ♦ *allegro* lewendig, vinnig **allo.**

ALSSA Association of Law Societies of South Africa ♦ Vereniging van Wetsgenootskappe van Suid-Afrika **VWGSA**

alt. alternate ♦ sekundus **s., sek.**

ALU arithmetic and logic unit ♦ rekenlogika-eenheid **RLE**

ALV ♦ Afrikaanse Letterkundevereniging **ALV**

AM, am, am. amplitude modulation ♦ amplitudemodulasie **AM**

Am Amos ♦ Amos **Am.**

Am., Amer. America; American ♦ Amerika; Amerikaans(e) **Am., Amer.**

a.m. *ante meridiem* before noon ♦ voormiddag **vm.**

AMDG *ad majorem Dei gloriam* to the greater glory of

God ♦ *ad majorem Dei gloriam* tot groter eer van God **AMDG**

Amer., Am. America; American ♦ Amerika; Amerikaans(e) **Am., Amer.**

AMPS, Amps All Media and Products Survey ♦ Alle(-)media-en-produkte(-)studie **AMPS, Amps**

amt amount ♦ bedrag **bedr.**

anal. analyse; analysis ♦ ontleed; ontleding **ontl.**

ANC African National Congress ♦ **ANC**

and. *andante* at a moderately slow tempo ♦ *andante* in 'n matige tempo **and.**

Angl. Anglican ♦ Anglikaans(e) **Angl.**

Angl., angl. Anglicism, anglicism; Anglicist(ic), anglisist(ic) ♦ Anglisisme, anglisisme; Anglisisties(e), anglisisties(e) **Angl., angl.**

ANLB Afrikaans National Language Body ♦ Nasionale Taalliggaam vir Afrikaans **NTLA**

anon. anonymous ♦ anoniem(e) **anon.**

ans. answer ♦ antwoord **antw.**

ANSI, Ansi American National Standards Institute ♦ **ANSI, Ansi**

ANV Algemeen Nederlands Verbond ♦ **ANV**

ANZUS, Anzus Australia, New Zealand, and the United States ♦ **ANZUS, Anzus**

a/o account of ♦ rekening van **rek. van**

AP Associated Press ♦ **AP**

APEC, Apec Asia-Pacific Economic Co(-)operation ♦ Ekonomiese Samewerking in die Asië-Stille Oseaangebied **ESASOG**

APEX, Apex Advance Purchase Excursion ♦ vooruit betaalde ekskursie **APEX, Apex**

APK ♦ Afrikaanse Protestantse Kerk **APK**

APLA, Apla Azanian People's Liberation Army ♦ **APLA, Apla**

app. appendage ♦ aanhangsel **aanh.**

app. appellant ♦ appellant **app.**

app. appendix ♦ bylaag, bylae **byl.**

appl. applicant; application ♦ applikant; applikasie **appl.**

APR annual(ised) percentage rate ♦ geannualiseerde persentasiekoers **GPK**

Apr. April ♦ April **Apr.**

Arab. Arabia; Arabian; Arabic *(lang.)* ♦ Arabië; Arabies(e); Arabies **Arab.**

ARC Agricultural Research Council ♦ Landbounavorsingsraad **LNR**

arch. archaic; archaism; archaistic ♦ argaïes(e); argaïsme; argaïsties(e) **arg.**

arch. architectural; architecture ♦ argitektonies(e) **argit.**, boukundig(e) **bouk.**; argitektuur **argit.**, boukunde **bouk.**

archaeol. arch(a)eology; arch(a)eological ♦ argeologie **argeol.**, oudheidkunde **oudhk.**; argeologies(e) **argeol.**, oudheidkundig(e) **oudhk.**

ARCM Associate of the Royal College of Music ♦ **ARCM**

Arg. Argentina; Argentine, Argentinian ♦ Argentinië; Argentyns(e) **Arg.**

arith. arithmetic; arithmetical ♦ rekenkunde; rekenkundig(e) **rekenk.**

ARMSCOR, Armscor Armaments Corporation of South Africa ♦ Krygstuigkorporasie van Suid-Afrika **KRYGKOR, Krygkor**

arr. arrival ♦ aankoms **aank.**

art. article ♦ lidwoord **lw.**

art. article ♦ artikel **a., art.**

art., arty. artillery ♦ artillerie **art.**

ARTSA Association of Round Tables in Southern Africa ♦ Vereniging van Tafelrondes in Suidelike Afrika **VETSA, Vetsa**

A/S account sales ♦ verkope op rekening **V/R, VR**

AS Anglo-Saxon ♦ Angel-Saksies(e) **As.**

AS, A/S, a.s. after sight ♦ na sig **NS, n.s.**

ASA Athletics South Africa ♦ Atletiek Suid-Afrika **ASA**

ASA Advertising Standards Authority ♦ Gesagsvereniging vir Reklamestandaarde **GRS**

a.s.a.p., ASAP as soon as possible ♦ so gou (as) moontlik **SGM, s.g.m.**

ASB ♦ Afrikaanse Studentebond **ASB**

ASCII American Standard Code for Information Interchange ♦ Amerikaanse Standaardkode vir Inligtingsuitruiling **ASCII**

ASEA, Asea African Stock Exchanges Association ♦ **ASEA, Asea**

ASEAN Association of Southeast Asian Nations ♦ Vereniging van Suidoos-Asiatiese Nasies **VSAN**

ASM air-to-surface missile ♦ lug-(tot-)grond-missiel **LGM**

ASP active server pages ♦ aktiewe bedienerbladsye **ABB**

ass. assessor ♦ assessor **ass.**

ASSA Astronomical Society of Southern Africa ♦ Sterrekundige Genootskap van Suider-Afrika **SGSA**

assn, assoc. association; →SOC. ♦ vereniging **ver.**

assoc. associate ♦ assosiaat **ass.**; medewerker, medewerkster **medew.**

ASSOCOM, Assocom Association of Chambers of Commerce and Industry ♦ Verenigde Kamers van Koophandel **VKK**

ASSR Autonomous Soviet Socialist Republic *(hist.)* ♦ Outonome Sosialistiese Sowjetrepubliek **OSSR**

asst assistant ♦ assistent **asst.**

assts assistants ♦ assistente **asste.**

asst sec. assistant secretary ♦ assistentsekretaris **asst.sekr.**

Assyr. Assyria; Assyrian *(lang.)*; Assyrian ♦ Assirië; Assiries; Assiries(e) **Ass.**

AST Atlantic Standard Time ♦ Atlantiese Standaardtyd **AST**

astr., astron. astronomy; astronomical ♦ sterrekunde; sterrekundig(e) **sterrek.**

astrol. astrology; astrological ♦ astrologie; astrologies(e) **astrol.**

astron., astr. astronomy; astronomical ♦ astronomie; astronomies(e) **astron.**

ASV ♦ Afrikaanse Skrywersvereniging **ASV**

ATA ♦ Afrikaanse Taalatlas **ATA**

ATC air-traffic control ♦ lugverkeerbeheer **LVB**

ATC Advanced Technical Certificate ♦ Gevorderde Tegniese Sertifikaat **GTS**

athl. athletics ♦ atletiek **atl.**

ATKB ♦ Afrikaanse Taal- en Kultuurbond **ATKB**

ATKV ♦ Afrikaanse Taal- en Kultuurvereniging **ATKV**

ATM automated/automatic teller machine ♦ outomatiese tellermasjien **OTM**

atm. atmosphere; atmospheric ♦ atmosfeer; atmosferies(e) **atm.**

ATP Association of Tennis Professionals ♦ Vereniging van Beroepstennisspelers **ATP**

att. attorney ♦ prokureur **prok.**

attrib. attributive ♦ attributief, -tiewe **attr.**

AU African Union ♦ Afrika-unie **AU**

Aug. August ♦ Augustus **Aug.**

Aust. Australia; Australian ♦ Australië; Australies(e) **Austr.**

auth. author ♦ skrywer, skryfster **skr.**

auto. automatic ♦ outomaties(e) **out.**

aux. v. auxiliary verb ♦ hulpwerkwoord **hulpww., hww.**

AV Authorised Version (of the Bible) ♦ (Engelse) Statevertaling **AV**

AV ♦ Afrikaner(-)volkswag **AV**

Av. Avenue ♦ laan

av. average ♦ gemiddeld(e) **gem.**

av., avdp., avoir. avoirdupois weight ♦ avoirdupois(gewig) **avdp.**

a.v., A/V, ad val. *ad valorem* in proportion to the value ♦ *ad valorem* volgens die waarde **ad val.**

avdp., av., avoir. avoirdupois weight ♦ avoirdupois(gewig) **avdp.**

AVF ♦ Afrikaner(-)volksfront **AVF**

avoir., avdp., av. avoirdupois weight ♦ avoirdupois(gewig) **avdp.**

AWACS, Awacs airborne warning and control system ♦ lugwaarskuwing-en-beheerstelsel **AWACS, Awacs**

AWB ♦ Afrikaner(-)weerstandsbeweging **AWB**

AWL absent with leave ♦ afwesig met verlof **AMV**

AWOL, A.W.O.L. absent without leave ♦ afwesig sonder verlof **ASV**

AWS ♦ *Afrikaanse woordelys en spelreëls* **AWS**

AZAPO, Azapo Azanian People's Organisation ♦ **AZAPO, Azapo**

AZASM, Azasm Azanian Students' Movement ♦ **AZASM, Azasm**

AZT azidothymidine ♦ asidotimidien **AZT**

B

B *Baccalaureus* Bachelor ♦ Baccalaureus **B., B**

B, b bel(s) ♦ bel **B**

B., b. breadth ♦ breedte **b.**

b. bowled ♦ geboul **b., geb.**

b., br., bro. brother ♦ broeder, broer **br.**

b. bye *(cr.)* ♦ loslopie **ll.**

b. born; →N. ♦ gebore **geb.**

b., B. breadth ♦ breedte **b.**

b. & b. bed and breakfast ♦ bed en ontbyt **b.o., b.&o.**

b, B bel(s) ♦ bel **B**

BA *Baccalaureus Artium* Bachelor of Arts ♦ Baccalaureus in (die) Lettere en Wysbegeerte **B.A., BA**

BA bank(er's) acceptance ♦ bankaksep(te) **BA**

bacteriol. bacteriological; bacteriology ♦ bakteriologies(e); bakteriologie **bakteriol.**

BA(Cur) *Baccalaureus Artium (Curationis)* Bachelor of Arts in Nursing Science ♦ Baccalaureus Artium in (die) Verpleegkunde **B.A.(Cur.), BA(Cur)**

BAdmin *Baccalaureus Administrationis* Bachelor of Administration ♦ Baccalaureus in (die) Administrasie **B.Admin., BAdmin**

BAdminHons *Baccalaureus Administrationis-Honneurs, Baccalaureus Administrationis Honores* Bachelor of Administration (Honours), Honours Bachelor in Administration; →HONSBADMIN ♦ Baccalaureus in (die) Administrasie (Honneurs), Honneursbaccalaureus in (die) Administrasie **B.Admin.Hons., BAdminHons**

BA(Ed) *Baccalaureus Artium in Educatione, Baccalaureus Artium (Educationis)* Bachelor of Arts in Education ♦ Baccalaureus Artium in (die) Opvoedkunde **B.A.(Ed.), BA(Ed)**

BAET basic adult education and training ♦ basiese volwassene-onderwys en -opleiding **BVOO**

BAgric *Baccalaureus Agriculturae* Bachelor of Agriculture ♦ Baccalaureus in (die) Landbou **B.Agric., BAgric**

BAgricAdmin *Baccalaureus Agriculturae Administrationis* Bachelor of Agricultural Administration ♦ Baccalaureus in (die) Landbou-administrasie, Baccalaureus Agriculturae in (die) Administrasie **B.Agric.Admin., BAgricAdmin**

BAgricEd *Baccalaureus Agriculturae (Educationis)* Bachelor of Agriculture in Education, Bachelor of Agriculture (Education) ♦ Baccalaureus in (die) Landbou (Opvoedkunde), Baccalaureus Agriculturae in (die) Opvoedkunde **B.Agric.(Ed.), BAgricEd**

BAHons, BA(Hons) *Baccalaureus Artium-Honneurs, Baccalaureus Artium Honores/Honoris, Baccalaureus Artium cum Honoribus* Bachelor of Arts (Honours), Honours Bachelor of Arts; →HONSBA ♦ Baccalaureus Artium (Honneurs), Honneursbaccalaureus Artium **B.A.Hons., BAHons, B.A.(Hons.), BA(Hons)**

bal. balance ♦ balans **bal.**, saldo **s.**

BA(Law) Bachelor of Arts in Law ♦ Baccalaureus Artium in (die) Regte **B.A.(Regte), BA(Regte)**

BA(Mus) *Baccalaureus Artium Musicae* Bachelor of Arts in Music ♦ Baccalaureus Artium in (die) Musiek **B.A.(Mus.), BA(Mus)**

BAOR British Army of the Rhine
BAP, Bap ◆ Burgerlike Alliansie vir die Parlement **BAP, Bap**
Bap. Ch., Bapt. Ch. Baptist Church ◆ Baptistekerk **BK**
bar. barometer; barometric ◆ barometer; barometries(e) **bar.**
BArch *Baccalaureus Architecturae* Bachelor of Architecture ◆ Baccalaureus in (die) Argitektuur **B.Arch., Barch**
barit. baritone ◆ bariton **bar.**
Bart., Bt Baronet ◆ baronet **Bt.**
BArt et Scien *Baccalaureus Artium et Scientiae* Bachelor of Arts and of Science ◆ Baccalaureus in (die) Lettere en Wetenskap **B.Art. et Scien., BArt et Scien**
BASA, Basa Business and Arts South Africa ◆ **BASA, Basa**
BASE, Base bridges, antennas, structures and elevations ◆ brûe, antennas, strukture en elevasies **BASE, Base**
BASIC Beginners' All-purpose Symbolic Instruction Code ◆ **BASIC**
BASoc *Baccalaureus Artum Societatis* Bachelor of Arts in Social Sciences ◆ Baccalaureus Artium in (die) Sosiale Wetenskappe **B.A.Soc., BASoc**
BA(SocSc) *Baccalaureus Artium (Socialis Scientiae)* Bachelor of Arts in Social Sciences ◆ Baccalaureus Artium in (die) Sosiale Wetenskappe **B.A.(Soc.Sc.), BA(SocSc), B.A.(S.W.), BA(SW)**
BA(SW) Bachelor of Arts in Social Work ◆ Baccalaureus Artium in (die) Maatskaplike Werk **B.A.(M.W.), BA(MW)**
batt., btry battery ◆ battery **batt.**
BBC British Broadcasting Corporation ◆ Britse Uitsaaikorporasie **BBC**
bbl. barrels; →BL. ◆ vate
B.C., BC before Christ ◆ voor Christus **v.C.**
BCAWU, Bcawu Building Construction and Allied Workers' Union ◆ **BCAWU, Bcawu**
BCE Before the Common Era ◆ voor die huidige jaartelling **VHJ**
BCEA Basic Conditions of Employment Act ◆ Wet op Basiese Diensvoorwaardes
BCh *Baccalaureus Chirurgiae* Bachelor of Surgery ◆ Baccalaureus in (die) Chirurgie **B.Ch., BCh**
BChD *Baccalaureus Chirurgiae Dentium* Bachelor of Dental Surgery ◆ Baccalaureus in (die) Tandheelkunde **B.Ch.D., BChD**
BCL *Baccalaureus Civilis Legis* Bachelor of Civil Law ◆ Baccalaureus in (die) Burgerlike Reg **B.C.L., BCL**
BCom *Baccalaureus Commercii* Bachelor of Commerce ◆ Baccalaureus in (die) Handel **B.Com., BCom**
BCom(Ed) *Baccalaureus Commercii in Educatione, Baccalaureus Commercii (Educationis)* Bachelor of Commerce in Education, Bachelor of Commerce (Education) ◆ Baccalaureusgraad in (die) Handel (Opvoedkunde), Baccalaureus Commercii in (die) Opvoedkunde **B.Com.(Ed.), BCom(Ed)**
BComHons, BCom(Hons) *Baccalaureus Commercii-Honneurs, Baccalaureus Commercii Honores/Honoris, Baccalaureus Commercii cum Honoribus* Bachelor of Commerce (Honours), Honours Bachelor of Commerce; →HONSBCOM ◆ Baccalaureus in (die) Handel (Honneurs), Honneursbaccalaureus in (die) Handel **B.Com.Hons., BComHons, B.Com.(Hons.), BCom(Hons)**
BCompt *Baccalaureus Computationis* Bachelor of Accounting ◆ Baccalaureus in (die) Rekeningkunde **B.Compt., BCompt**
BCur *Baccalaureus Curationis* Bachelor of Nursing Science ◆ Baccalaureus in (die) Verpleegkunde **B.Cur., BCur**
BCur(Ed et Adm) *Baccalaureus Curationis in Educatione et Administratione* Bachelor of Nursing Science in Education and Administration ◆ Baccalaureus in (die) Verpleegkunde (Opvoedkunde en Administrasie), Baccalaureus Curationis in (die) Opvoedkunde en Administrasie **B.Cur.(Ed. et Adm.), BCur(Ed et Adm)**
BCur(I et A) *Baccalaureus Curationis (Institutionis et Administrationis)* Bachelor of Nursing Science (Management and Administration), Bachelor of Nursing Science in Management and Administration ◆ Baccalaureus in (die) Verpleegkunde (Bestuur en Administrasie), Baccalaureus Curationis in Bestuur en Administrasie **B.Cur.(I. et A.), BCur(I et A)**
BD *Bilingual Dictionary* ◆ *Tweetalige Woordeboek* **TW**
BD *Baccalaureus Divinitatis* Bachelor of Divinity ◆ Baccalaureusgraad in (die) Godgeleerdheid **BD, B.D.**
b/d brought down ◆ afgebring **a/b**, afgedra **a/d**
Bde, bde brigade ◆ brigade **bde., brig.**
BDiac *Baccalaureus Diaconiologiae* Bachelor of Diaconiology ◆ Baccalaureus in (die) Diakoniologie **B.Diac., BDiac**
Bdr bombardier ◆ bombardier **bdr.**
BE, B/E bill of exchange ◆ wissel **W.**
BEcon *Baccalaureus Economiae* Bachelor of Economics ◆ Baccalaureus in (die) Ekonomie **B.Econ., BEcon**
BEcon(Ed) *Baccalaureus Economiae (Educationis)* Bachelor of Economics in Education, Bachelor of Economics (Education) ◆ Baccalaureus in (die) Ekonomie (Opvoedkunde), Baccalaureus Economiae in (die) Opvoedkunde **B.Econ.(Ed.), BEcon(Ed)**
BEconSc *Baccalaureus Economiae Scientiae* Bachelor of Economic Sciences ◆ Baccalaureus in (die) Ekonomiese Wetenskappe **B.Econ.Sc., BEconSc**
BEd *Baccalaureus Educationis* Bachelor of Education ◆ Baccalaureus in (die) Opvoedkunde **B.Ed., BEd**
BEdPh *Baccalaureus Educationis Physicae* Bachelor of Physical Education ◆ Baccalaureus in (die) Liggaamlike Opvoedkunde **B.Ed.Ph., BEdPh**
Bel., Belg. Belgian; Belgium ◆ Belgies(e); België **Belg.**
BEMAWU, Bemawu Broadcasting, Electronic, Media and Allied Workers Union ◆ **BEMAWU, Bemawu**
BEng *Baccalaureus Ingeneriae* Bachelor of Engineering ◆ Baccalaureus in (die) Ingenieurswese **B.Ing., BIng**
BER Bureau for Economic Research ◆ Buro vir Ekonomiese Ondersoek **BEO**
BET Board for Education and Training ◆ Raad vir Onderwys en Opleiding **ROO**
BETA basic education and training for adults; →ABET, ABET; BAET ◆ basiese onderwys en opleiding vir volwassenes **BOOV**
B/F, b/f brought forward ◆ oorgebring **o/b, ob.**
BFBS British and Foreign Bible Society ◆ Britse en Buitelandse Bybelgenootskap **BBBG**
Bfn. Bloemfontein ◆ Bloemfontein **Bfn.**
BHE Board for Higher Education ◆ Raad vir Hoër Onderwys **RHO**
BHome Econ Bachelor of Home Economics ◆ Baccalaureus in (die) Huishoudkunde **B.Huish., BHuish**
bhp brake horsepower ◆ remperdekrag **rpk.**
BHS Boys' High School ◆ Hoër Jongenskool **HJS**
BHS boys' high school ◆ hoër seunskool **HSS**
Bib. Bible; Biblical ◆ Bybel; Bybels(e) **Byb.**
b.i.c. built-in cupboard(s) ◆ ingeboude kas(te) **ig.k.**
BIFAWU, Bifawu Banking, Insurance, Finance and Assurance Workers Union ◆ **BIFAWU, Bifawu**
BIFSA, Bifsa Building Industries Federation South Africa *(hist.)*; →MBSA ◆ Bou-industrieë Federasie Suid-Afrika **BIFSA, Bifsa**
BInf *Baccalaureus Informatalogia* Bachelor of Information Science ◆ Baccalaureus in (die) Inligtingswetenskap **B.Inf., BInf**
BInstAgrar(Hons) *Baccalaureus Honores Institutionis Agrariae* Bachelor of Agricultural Management (Honours), Honours Bachelor's degree in Agricultural Management; →HONSBINSTAGRAR ◆ Baccalaureus in (die) Landboubestuur (Honneurs), Honneursbaccalaureus in (die) Landboubestuur **B.Inst.-Agrar.(Hons.), BInstAgrar(Hons)**
biochem. biochemical; biochemistry ◆ biochemies(e); biochemie **biochem.**
biol. biological; biology ◆ biologies(e); biologie **biol.**
biophys. biophysical; biophysics ◆ biofisies(e); biofisika **biofis.**
BIOS, Bios Basic Input/Output System ◆ basiese invoer-/afvoer-stelsel **BIOS, Bios**
BIPM *Bureau International des Poids et Mesures* International Bureau of Weights and Measures ◆ Internasionale Buro vir Mate en Gewigte **IBMG**
BIS Bank for International Settlement ◆ Bank vir Internasionale Verrekening **BIV**
BIur, BIuris *Baccalaureus Iuris* ◆ **B.Iur., BIur, B.Iuris, BIuris**
BJur, BJuris *Baccalaureus Juris* ◆ **B.Jur., BJur, B.Juris, BJuris**
bk bank ◆ bank **bk.**
bk book ◆ boek **bk.**
bkk., bookk. bookkeeping ◆ boekhou; boekhouding **boekh.**
BL, B/L bill of lading (*ships*), →FB ◆ ladingsbrief **LB**, vragbrief **VB, V/B**
bl. barrel; →BBL. ◆ vat
bldg building ◆ gebou **geb.**
BLitt *Baccalaureus Litterarum* Bachelor of Literature ◆ Baccalaureus in (die) Letterkunde **B.Litt., BLitt**
Blvd boulevard ◆ boulevard **bd.**
BM *Baccalaureus Medicinae* Bachelor of Medicine ◆ Baccalaureusgraad in (die) Medisyne **B.M., BM**
BMI body mass index ◆ liggaamsmassa-indeks **LMI**
BMil *Baccalaureus Militaris* Bachelor of Military Science ◆ Baccalaureus in (die) Krygskunde **B.Mil., BMil**
BMT bus and minibus taxi ◆ bus en minibustaxi **BMT**
BMus *Baccalaureus Musicae, Baccalaureus Musicologiae* Bachelor of Music; →MUSB ◆ Baccalaureus in (die) Musiek **B.Mus., BMus**
BMX bicycle motocross ◆ **BMX**
Bn, bn Battalion ◆ bataljon **bat., bn.**
bn billion ◆ biljoen **b., bn.**
BO box office ◆ loket
BO body odour ◆ lyfreuk, liggaamsreuk
bookk., bkk. bookkeeping ◆ boekhou, boekhouding **boekh.**
Bop. Bophuthatswana *(hist.)* ◆ Bophuthatswana **Bop.**
BOptom *Baccalaureus Optometriae* Bachelor of Optometry ◆ Baccalaureus in (die) Optometrie **B.Optom., BOptom**
Bot. Botswana ◆ Botswana **Bot.**
bot. botanical; botany ◆ botanies(e) **bot.**, plantkundig(e) **plantk.**; botanie **bot.**, plantkunde **plantk.**
BP blood pressure ◆ bloeddruk **BD**
BP, B/P bill(s) payable ◆ betaalbare wissel(s) **BW**, wissel(s) betaalbaar **WB**
BPaed *Baccalaureus Paedagogiae* Bachelor of Pedagogy ◆ Baccalaureus in (die) Pedagogiek **B.Paed., BPaed**
BPharm *Baccalaureus Pharmaciae* Bachelor of Pharmacology ◆ Baccalaureus in (die) Farmakologie **B.Pharm., BPharm**
Bphil *Baccalaureus Philosophiae* Bachelor of Philosophy ◆ Baccalaureus in (die) Filosofie **B.Phil., BPhil**
BPrimEd *Baccalaureus Primae/Primariae Educationis* Bachelor of Primary Education ◆ Baccalaureus in (die) Primêre Onderwys **B.Prim.Ed., BPrimEd**
B.Proc., BProc *Baccalaureus Procurationis* ◆ **BProc**
Bq becquerel ◆ becquerel **Bq**
B/R, br bill(s) receivable ◆ ontvangbare wissel(s) **OW, o.w.**
Br., Brit. Britain; British ◆ Brittanje; Brits(e) **Br.**
br., bro., b. brother ◆ broeder, broer **br.**
BRad Bachelor of Radiography ◆ Baccalaureus in (die) Radiografie **B.Rad., BRad**
Braz. Brazil; Brazilian ◆ Brasilië; Brasiliaans(e) **Bras.**
Brig. Brigadier ◆ brigadier **brig.**
Brig. Genl. Brigadier General ◆ brigadier-generaal **brig.genl.**

Brit., Br. Britain; British ◆ Brittanje; Brits(e) **Br.**

bro., br., b. brother ◆ broeder, broer **br.**

Bro. in X Brother in Christ ◆ broeder in Christus **br. in X**

bros. brothers ◆ broeders, broers **brs.**; gebroeders **gebrs.**

BS British Standard(s) ◆ Britse standaardspesifikasie **BSS**

bs balance sheet ◆ balansstaat **bls.**

BSA Business South Africa ◆ Besigheid Suid-Afrika **BSA**

BSc *Baccalaureus Scientiae* Bachelor of Science ◆ Baccalaureus in (die) Natuurwetenskappe **B.Sc., BSc**

BScAgric *Baccalaureus Scientiae Agriculturae* Bachelor of Agricultural Science ◆ Baccalaureus in (die) Landbouwetenskappe **B.Sc.Agric., BScAgric**

BScAgricHons *Baccalaureus Scientiae Agriculturae Honores* Bachelor of Agricultural Science (Honours), Honours Bachelor's degree in Agricultural Science; →HONSBSCAGRIC ◆ Baccalaureus in (die) Landbouwetenskappe (Honneurs), Honneursbaccalaureus in (die) Landbouwetenskappe **B.Sc.Agric.Hons., BScAgricHons**

BSc(Ed) *Baccalaureus Scientiae in Educatione, Baccalaureus Scientiae (Educationis)* Bachelor of Science in Education, Bachelor of Science (Education) ◆ Baccalaureus in (die) Natuurwetenskap (Opvoedkunde), Baccalaureus Scientiae in (die) Opvoedkunde **B.Sc.(Ed.), BSc(Ed)**

BScHons., BSc(Hons) *Baccalaureus Scientiae-Honneurs, Baccalaureus Scientiae Honores/Honoris, Baccalaureus Scientiae cum Honoribus* Bachelor of Science (Honours), Honours Bachelor's degree in Science; →HONSBSC ◆ Baccalaureus in (die) Natuurwetenskappe (Honneurs), Honneursbaccalaureus in (die) Natuurwetenskappe **B.Sc.Hons., BScHons., B.Sc.(Hons.), BSc(Hons)**

BSE bovine spongiform encephalopathy ◆ **BSE**

BSecEd *Baccalaureus Secundae Educationis* Bachelor of Secondary Education ◆ Baccalaureus in (die) Sekondêre Onderwys **B.Sec.Ed., BSecEd**

BSocSc *Baccalaureus Societatis Scientiae* Bachelor of Social Sciences ◆ Baccalaureus in (die) Sosiale Wetenskappe **B.Soc.Sc., BSocSc**

BSSA Bible Society of South Africa ◆ Bybelgenootskap van Suid-Afrika **BGSA**

Bt, Bart. Baronet ◆ baronet **Bt.**

BTh, BTheol *Baccalaureus Theologiae* Bachelor of Theology ◆ Baccalaureus in (die) Teologie **B.Th., BTh, B.Theol., Btheol**

btry, batt. battery ◆ battery **batt.**

BUCTER, Bucter Bureau for Continuing Theological Education and Research ◆ Buro vir Voortgesette Teologiese Opleiding en Navorsing **BUVTON, Buvton**

BUVO, Buvo ◆ Buro vir Universiteits- en Voortgesette Onderwys **BUVO, Buvo**

BVSc *Baccalaureus Veterinariae Scientiae* Bachelor of Veterinary Science ◆ Baccalaureus in (die) Veeartsenykunde **B.V.Sc., BVSc**

C

C Celsius; →°C ◆ Celsius **C**

C *centum* Roman numeral 100 ◆ *centum* Romeinse 100 **C**

C coulomb(s) ◆ coulomb **C**

c cent(s) ◆ sent **c**

c centi= ◆ senti= **c**

c centilitre(s) ◆ sentiliter **c**

c, c., ca, ca. *circa* about, approximately ◆ *circa* ongeveer, omstreeks **c., ca.,** plus-minus **p.m.**

c. carat(s) ◆ karaat **kar.**

c. case ◆ naamval **nv.**

c. caught (*cr.*) ◆ gevang **gev., v.**

c., cent. century ◆ honderdtal **h.**

c., ch., chap. *caput* chapter ◆ *caput* hoofstuk **cap., hfst.,** kapittel **kap.**

°C degrees Celsius ◆ grade Celsius **°C**

CA chartered accountant ◆ geoktrooieerde rekenmeester **GR**

CA Constitutional Assembly (*hist.*) ◆ Grondwetlike Vergadering **GV**

CA, C/A capital account ◆ kapitaalrekening **KR, K/R**

CA, C/A credit account ◆ kredietrekening **kt.rek.**

C/A current account ◆ lopende rekening **LR, l.r.**

ca centiare(s) ◆ sentiaar **ca**

ca, ca., c, c. *circa* about, approximately ◆ *circa* ongeveer, omstreeks **c., ca.,** plus-minus **p.m.**

CAA Civil Aviation Authority ◆ Burgerlugvaartowerheid **BLO**

cad. *cadenza* cadenza ◆ *cadenza* cadenza **cad.**

CAD computer-aided design ◆ rekenaargesteunde ontwerp **CAD**

CADCAM, cadcam computer-aided design and (computer-aided) manufacture ◆ rekenaargesteunde ontwerp en vervaardiging **CADCAM, Cadcam**

CAE computer-aided education ◆ rekenaargesteunde onderrig **RGO, RO**

CAF Confederation of African Football ◆ Konfederasie van Afrika-sokker **CAF**

CAFDA, Cafda Cape Flats Development Association ◆ **CAFDA, Cafda**

cal. calibre ◆ kaliber **kal.**

cal. calorie(s) ◆ kalorie(ë) **kal.**

CAM, Cam computer-aided manufacturing ◆ rekenaargesteunde vervaardiging **CAM, Cam**

Can. Canada; Canadian ◆ Kanada; Kanadees, =dese **Kan.**

c. and b. caught and bowled (*cr.*) ◆ gevang en geboul **gev. en geb., v. en b.**

CANSA, Cansa Cancer Association of South Africa ◆ Kankervereniging van Suid-Afrika **KANSA, Kansa**

Cant. Song of Songs/Solomon, Canticles ◆ Hooglied (van Salomo) **Hoogl.**

cap. capital ◆ hoofstad **hst.**

cap. capital ◆ kapitaal **kap.**

cap. capital letter ◆ hoofletter **hl.**

CAPAB, Capab Cape Performing Arts Board (*hist.*) ◆ Kaaplandse Raad vir die Uitvoerende Kunste **KRUIK, Kruik**

Capt. Captain ◆ kaptein **kapt.**

car., ct carat(s) ◆ karaat **kar., ct**

Card. Cardinal ◆ kardinaal **kard.**

carr. pd. carriage paid ◆ vragvry **vv.**

CA(SA) Chartered Accountant (South Africa) ◆ Geoktrooieerde Rekenmeester (Suid-Afrika) **GR(SA)**

CAT computerised axial tomography; →CT ◆ gerekenariseerde aksiale tomografie **CAT**

cat. catalogue ◆ katalogus **kat.**

cav. cavalryman ◆ kavalleris **kav.**

CB Citizens' Band ◆ burgerband

C/B cash-book ◆ kasboek **KB**

C/B, CB, c/b credit balance ◆ kredietsaldo **ks.**

CBD central business district ◆ sentrale sakebuurt **SSB,** sentrale sakegebied **SSG,** sentrale sakekern **SSK**

CBD, c.b.d. cash before delivery ◆ kontant voor aflewering **k.v.a., KVA**

CBO community-based organisation ◆ gemeenskapsgebaseerde organisasie **GBO**

CBS Columbia Broadcasting System ◆ **CBS**

CC Cape Colony (*hist.*) ◆ Kaapkolonie **KK**

CC close corporation ◆ beslote korporasie **BK**

cc cubic centimetre(s) ◆ kubieke sentimeter **cc**

cc, c.c. carbon copy/copies ◆ afskrif(te) aan **a.a.**

CCB Civil Co(-)operation Bureau (*hist.*) ◆ Burgerlike Samewerkingsburo **BSB**

CCE chartered civil engineer ◆ geoktrooieerde siviele ingenieur **GSI**

CCMA Commission for Conciliation, Mediation and Arbitration ◆ Kommissie vir Versoening, Bemiddeling en Arbitrasie **KVBA**

CCTV closed-circuit television ◆ geslotekringtelevisie **GKTV**

CD compact disc ◆ kompakskyf **CD,** laserskyf **LS**

CD *Corps Diplomatique* Diplomatic Corps ◆ *Corps Diplomatique* diplomatieke korps **CD**

cd candela ◆ kandela **cd**

Cdr, Comdr Commander ◆ kommandeur **kdr.**

CD-ROM compact disc read-only memory ◆ kompakskyf-leesalleengeheue **CD-ROM**

Cdre Commodore ◆ kommodoor **kdoor.**

CDU *Christlich-Demokratische Union* Christian Democratic Union ◆ *Christlich-Demokratische Union* Christen-Demokratiese Unie **CDU**

CDV compact-disc video ◆ kompakskyfvideo **CDV**

CE Common Era; →AD ◆ Algemene Era **AE,** huidige jaartelling **HJ**

CED Corporation for Economic Development ◆ Ekonomiese Ontwikkelingskorporasie **EOK**

CEF Central Energy Fund ◆ Sentrale Energiefonds **SEF**

Celt. Celtic, Keltic (*lang.*); Celtic, Keltic ◆ Kelties; Kelties(e) **Kelt.**

CEMAC, Cemac *Communauté Économique et Monétaire de l'Afrique Centrale* Economic and Monetary Community of Central Africa ◆ *Communauté Économique et Monétaire de l'Afrique Centrale* Ekonomiese en Monetêre Gemeenskap van Sentraal-Afrika **CEMAC, Cemac**

CEng chartered engineer ◆ geoktrooieerde ingenieur **G.Ing., GIng**

cent. century ◆ eeu **e.**

cent., c. century ◆ honderdtal **h.**

CEO chief executive officer ◆ hoof(-) uitvoerende beampte **HUB**

CEPPWAWU, Ceppwawu Chemical, Energy, Paper, Printing, Wood and Allied Workers' Union ◆ **CEPPWAWU, Ceppwawu**

CER Council for Educational Research ◆ Raad vir Opvoedkundige Navorsing **RON**

cert. certificate ◆ sertifikaat **sert.**

cert. certified ◆ gesertifiseer(de), gesertifiseerd(e) **gesert.**

cet. par. *ceteris paribus* other things being equal ◆ *ceteris paribus* ander dinge gelyk synde **cet.par.**

cf., cp. *confer(atur)* compare ◆ *confer(atur)* vergelyk **cf., vgl.**

CFA *Communauté Financière Africaine* African Financial Community ◆ *Communauté Financière Africaine* Finansiële Gemeenskap van Afrika **CFA**

CFC chlorofluorocarbon ◆ chloorfluoorkoolstof **CFK**

CG consul general ◆ konsul-generaal **KG, kons.genl.**

cg centigram(s) ◆ sentigram **cg**

CGH Castle of Good Hope Decoration ◆ Casteel de Goede Hoop-dekorasie **CGH**

cgs centimetre-gram-second ◆ sentimeter-gram-sekonde **cgs,** gram-sentimeter-sekonde **gcs**

CGT capital gains tax ◆ kapitaalwinsbelasting **KWB**

CH community health ◆ gemeenskapsgesondheid **GG**

ch. chain ◆ ketting **k**

ch., chap., c *caput* chapter ◆ *caput* **cap.,** hoofstuk **hfst.,** kapittel **kap.**

chap. chaplain ◆ kapelaan **kpln.**

ChB *Chirurgiae Baccalaureus* Bachelor of Surgery ◆ Baccalaureus in (die) Chirurgie **Ch.B., ChB**

CHE Christian Higher Education ◆ Christelike Hoër Onderwys **CHO**

chem. chemical; chemistry ◆ chemies(e) **chem.,** skeikundig(e) **skeik.**; chemie **chem.,** skeikunde **skeik.**

Chessa Chess South Africa ◆ Skaak Suid-Afrika **Chessa**

Chin. Chinese (*lang.*); Chinese ◆ Chinees (*taaln.*); Chinees, =nese **Chin.**

ChM *Chirurgiae Magister* Master of Surgery ◆ Meester in (die) Chirurgie **Ch.M., ChM**

Chr. Christ; Christian ◆ Christus; Christelik(e), christelik(e) **Chr.**

Chron. Chronicles ♦ Kronieke **Kron.**
Ci curie ♦ curie **Ci**
CIA Central Intelligence Agency ♦ Amerikaanse Intelligensiediens **CIA**
CID city improvement district ♦ stadsverbeteringsgebied **SVG**
CIF, c.i.f. cost, insurance, freight ♦ koste, assuransie, vrag **k.a.v., KAV**
CIM computer integrated manufacture ♦ rekenaargeïntegreerde vervaardiging **RGV**
C in C, C.-in-C. Commander-in-Chief ♦ opperbevelhebber
CIS Crime Information Service ♦ Misdaadinligtingsdiens **MID**
CIS Commonwealth of Independent States ♦ Gemenebes van Onafhanklike State **GOS**
Cis. Ciskei; Ciskeian (*hist.*) ♦ Ciskei; Ciskeis(e) **Cis.**
CITES Convention on International Trade in Endangered Species of Wild Fauna and Flora ♦ Konvensie oor Internasionale Handel in Bedreigde Spesies van Wilde Fauna en Flora **CITES, Cites**
CJ Chief Justice ♦ hoofregter **HR**
CJD Creutzfeldt-Jakob disease ♦ Creutzfeldt-Jakobsiekte **CJS**
cl. class ♦ klas **kl.**
class. classic(al) ♦ klassiek(e) **klass.**
Cllr, Cr. Councillor ♦ raadslid **rdl., rdsl.**
cm centimetre(s) ♦ sentimeter **cm**
cm² square centimeter(s) ♦ vierkante sentimeter **cm²**
cm³ cubic centimeter(s) ♦ kubieke sentimeter **cm³**
CMC Cape Metropolitan Council (*hist.*) ♦ Kaapse Metropolitaanse Raad **KMR**
cmd., comd. command ♦ kommandement **kmdmt.**
Cmdr commander ♦ bevelvoerder **bev.**
CME chartered mechanical engineer ♦ geoktrooieerde meganiese ingenieur **GMI**
CMEA, COMECON, Comecon Council for Mutual Economic Assistance (*hist.*) ♦ Raad vir Onderlinge Ekonomiese Bystand **ROEB, Roeb**
cmg centimetregram ♦ gram-sentimeter **gcm**
CMR ♦ Christelike Maatskaplike Raad **CMR**
CNC Cape Nature Conservation ♦ Kaapse Natuurbewaring **KNB**
CNE Christian National Education ♦ Christelik-nasionale (*of* christelik-nasionale) onderwys **CNO**
CNN Cable News Network ♦ **CNN**
cnr, cor. corner ♦ hoek van **h.v.**
CO Commanding Officer; →OC ♦ bevelvoerende offisier **BO**
Co. Company ♦ Maatskappy **Mpy., My.**, Kompanjie (*obs.*) **Kie.**
c/o care of ♦ per adres **p.a.**
c.o. candidate officer ♦ kandidaatoffisier **k.o.**
COBOL, Cobol common business(-)oriented language ♦ **COBOL, Cobol**
COD *Concise Oxford Dictionary* ♦ **COD**
COD, C.O.D. cash on delivery ♦ kontant by aflewering **k.b.a., KBA**, betaling by aflewering **b.b.a., BBA**
CODESA, Codesa Convention for a Democratic South Africa (*hist.*) ♦ Konvensie vir 'n Demokratiese Suid-Afrika **KODESA, Kodesa**
C of C Chamber of Commerce ♦ Kamer van Koophandel **KVK**
C of E Church of England ♦ **C of E**
Col. Colonel ♦ kolonel **kol.**
Col. (Epistle to the) Colossians ♦ (Brief aan die) Kolossense **Kol.**
col. column ♦ kolom **k., kol.**
COLA cost of living allowance ♦ lewenskostetoelaag, -toelae **LKT**
coll. collective(ly) ♦ kollektief, -tiewe **koll.**
coll. college ♦ kollege **koll.**
com., comm. committee ♦ komitee **kom.**
comb. combination ♦ kombinasie **komb.**
comd., cmd. command ♦ kommandement **kmdmt.**
Comdr, Cdr Commander ♦ kommandeur **kdr.**
Comdt Commandant ♦ kommandant **kmdt.**
COMECON, Comecon, CMEA Council for Mutual Economic Assistance (*hist.*) ♦ Raad vir Onderlinge Ekonomiese Bystand **ROEB, Roeb**
COMESA, Comesa Common Market for Eastern and Southern Africa ♦ Gemeenskapsmark vir Oos-en Suider-Afrika **COMESA, Comesa**
Cominform Communist Information Bureau ♦ Kommunistiese Informasieburo **Kominform**
COMINT communications intelligence ♦ kommunikasie-inligting **KOMINT**
Comintern Communist International ♦ Kommunistiese Internasionale **Komintern**
comm. commerce ♦ koophandel **kooph.**
comm. commission; commissioner ♦ kommissie; kommissaris **komm.**
comm. communication ♦ kommunikasie **komm.**
comm., com. committee ♦ komitee **kom.**
comp. comparative ♦ komparatief, -tiewe **komp.**
comp. compiler ♦ samesteller **samest.**
comp. compound ♦ samestelling **ss.**, verbinding **verb.**
comp. deg. comparative degree ♦ vergrotende trap **verg.tr.**
comp. sc. computer science ♦ rekenaarwetenskap **rek.wet., RW**
Comsat communications satellite ♦ Kommunikasiesatelliet **Komsat**
con. connection ♦ koppeling **kopp.**
con. *contra* against ♦ *contra* teen **c., con.**
cond. conducted by ♦ onder leiding van **o.l.v.**
conj. conjugation ♦ vervoeging **verv.**
conj. conjunction; conjunctive; conjuncture ♦ voegwoord **vgw., voegw.**, konjunksie; konjunktief, -tiewe **konj.**; konjunktuur **konj.**
Cons. Conservative; Conservative ♦ Konserwatief; Konserwatief, -tiewe **Kons.**
cons. consignment ♦ besending **bes.**
cons. consonant ♦ konsonant **kons.**
const. constable ♦ konstabel **konst.**
cont. contents ♦ inhoud **inh.**
cont. continue ♦ vervolg **verv.**
CONTRALESA, Contralesa Congress of Traditional Leaders of South Africa ♦ Kongres van Tradisionele Leiers van Suid-Afrika **KONTRALESA, Kontralesa**
coop., co-op. co(-)operation; co(-)operative ♦ koöperasie, ko-operasie; koöperatief, -tiewe, ko-operatief, -tiewe **koöp., ko-op.**
Cor. (Epistles to the) Corinthians ♦ (Briewe aan die) Korint(h)iërs **Kor.**
cor., cnr corner ♦ hoek van **h.v.**
Corp., Cpl Corporal ♦ korporaal **kpl.**
corp. corporal ♦ liggaamlik(e) **ligg.**
corp. corporation ♦ korporasie **korp.**
corr. correspondence; correspondent ♦ korrespondensie; korrespondent **korr.**
corr. correction ♦ verbetering **verbet.**
corr. *corrigenda* corrections ♦ *corrigenda* verbeterings **corr.**
cos cosine ♦ cosinus **cos**, kosinus **kos**
COSAS, Cosas Congress of South African Students ♦ **COSAS, Cosas**
COSATU, Cosatu Congress of South African Trade Unions ♦ **COSATU, Cosatu**
cosec, csc cosecant ♦ cosecans **cosec**, kosekans **kosek**
cot cotangent ♦ cotangens **cot**, kotangens **kot**
COTT, Cott Central Organisation for Technical Training ♦ Sentrale Organisasie vir Tegniese Opleiding **SOTO, Soto**
Coy. company (*mil.*) ♦ kompanie **komp.**
CP Cape Province (*hist.*) ♦ Kaapprovinsie **KP**, Kaapland **Kaapl.**
CP Conservative Party ♦ Konserwatiewe Party **KP**
cP centipoise ♦ sentipoise **cP**
cp candlepower ♦ kerskrag **kk.**
cp., cf. *confer(atur)* compare ♦ *confer(atur)* vergelyk **cf., vgl.**
CPA Cape Provincial Administration (*hist.*) ♦ Kaapse Provinsiale Administrasie **KPA**
CPAU Cape Province Agricultural Union (*hist.*) ♦ Kaaplandse Landbou-unie **KPLU**
CPI consumer price index ♦ verbruikersprysindeks **VPI**
Cpl, Corp. Corporal ♦ korporaal **kpl.**
cps characters per second ♦ karakters per sekonde **k.p.s.**
cps cycles per second ♦ siklusse per sekonde **s.p.s., s/s**
CPU central processing unit ♦ sentrale verwerk(ings)eenheid **SVE, CPU**
CPU Child Protection Unit ♦ Kinderbeskermingseenheid **KBE**
c.q. *casu quo* in which case ♦ *casu quo* in welke geval **c.q.**
Cr., Cllr Councillor ♦ raadslid **rdl., rdsl.**
cr. credit; creditor ♦ krediet **kt.**; krediteur **kr.**
cres., cresc. *crescendo* gradual increase in loudness ♦ *crescendo* toenemend in toonsterkte **cresc.**
crit. criticism ♦ kritiek **krit.**
cryst., crystall crystallography ♦ kristallografie **krist.**
c.s. *cum suis* and associates/partners/collaborators/friends ♦ *cum suis* en vennote/medewerkers/vriende **c.s.**
csc, cosec cosecant ♦ cosecans, kosekans **cosec, kosek**
CSE chartered structural engineer ♦ geoktrooieerde struktuuringenieur **GSI**
CSIR Council for Scientific and Industrial Research ♦ Wetenskaplike en Nywerheidnavorsingsraad **WNNR**
CSR Council for Social Research ♦ Raad vir Sosiale Navorsing **RSN**
CSS Central Statistical Services (*hist.*) ♦ Sentrale Statistiekdiens **SSD**
cSt centistokes ♦ sentistokes **cSt**
CT computerised/computed (*or* computer-assisted) tomography; →CAT ♦ rekenaartomografie **RT**
ct cent ♦ sent **c**
ct, car. carat(s) ♦ karaat **kar., ct**
CTICC Cape Town International Convention Centre ♦ Kaapstadse Internasionale Konferensiesentrum **KIKS, Kiks**
CTN coastal transfer note ♦ kusvragtransitobrief **KVTB**
cu. cubic ♦ kubiek(e) **kub.**
cum div. *cum dividendo* with dividend ♦ *cum dividendo* met dividend **cum div.**
cur. currency ♦ valuta **val.**
cusec cubic foot per second ♦ kubieke voet per sekonde **kusek**
CV *curriculum vitae* ♦ *curriculum vitae* **CV, cur.vit.**
CWO, c.w.o. cash with order ♦ kontant met bestelling **k.m.b., KMB**
cwt hundredweight ♦ sentenaar **cwt**
C.W.U Chemical Workers' Union ♦ **C.W.U.**
CWU Communication Workers Union ♦ **CWU**

D

D Roman numeral 500 ♦ Romeinse 500 **D**
d deci- ♦ desi- **d**
d decilitre(s) ♦ desiliter **d**
d, d. daughter ♦ dogter **d.**
d. date ♦ datum **dat.**
d. day ♦ dag **d.**
d. *denarius* penny, pennies ♦ *denarius* pennie(s) **d.**
d. died; →OB. ♦ gestorwe **gest.**, oorlede **oorl.**
d. diesel ♦ diesel **d.**
DA Democratic Alliance ♦ Demokratiese Alliansie **DA**
DA district attorney ♦ distriksprokureur
D/A, d.a. deposit account ♦ depositorekening **D/R, d.r.**

D/A, d.a. documents against acceptance ♦ dokumente teen akseptasie **D/A, d.a.**

da deca- ♦ deka- **da**

DACST Department of Arts, Culture, Science and Technology ♦ Departement van Kuns, Kultuur, Wetenskap en Tegnologie **DKKWT**

DAdmin *Doctor Administrationis* Doctor of Administration ♦ Doktor in (die) Administrasie **D.Admin., DAdmin**

DALRO, Dalro Dramatic, Artistic and Literary Rights Organisation ♦ Dramatiese, Artistieke en Letterkundige Regte-organisasie **DALRO, Dalro**

dam, dkm decametre(s) ♦ dekameter **dam**

Dan. Daniel ♦ Daniël **Dan.**

Dan. Danish *(lang.)*; Danish; →DEN. ♦ Deens *(taaln.)*; Deens(e) **De.**

daN decanewton ♦ dekanewton **daN**

D and C dilatation and curettage ♦ dilatasie en kuretering **D en K**

DAP draw-a-person test *(psych.)* ♦ persoontekentoets **DAP**

DArch *Doctor Architecturae* Doctor of Architecture ♦ Doktor in (die) Argitektuur **D.Arch., DArch**

DAT digital audio tape ♦ digitale oudioband **DAT**

dat. dative ♦ datief **dat.**

DB detention barracks ♦ detensiekaserne, detensiekwartier **DK**

dB, db decibel(s) ♦ desibel **dB**

DBA Doctor of Business Administration ♦ Doktor in (die) Bedryfsadministrasie **DBA, D.B.A.**

DBibl *Doctor Bibliothecologiae* Doctor of Library Science ♦ Doktor in (die) Biblioteekkunde **D.Bibl., DBibl**

DBL Doctor of Business Leadership ♦ Doktor in (die) Bedryfsleiding **D.B.L., DBL**

DBMS database management system ♦ databasisbestuurstelsel **DBMS**

Dbn. Durban ♦ Durban **Dbn.**

DBS direct broadcasting by satellite; direct broadcasting satellite ♦ regstreekse satellietuitsending; regstreekse-uitsaaisatelliet

DBSA Development Bank of Southern Africa ♦ Ontwikkelingsbank van Suider-Afrika **OBSA, Obsa**

DC *da capo* repeat from the beginning ♦ *da capo* herhaal van die begin af **DC**

DC direct current ♦ gelykstroom **GS, gs.**

DC, D.C. District of Columbia ♦ Distrik Columbia **DC**

DCD Department of Correctional Services ♦ Departement van Korrektiewe Dienste **DKD**

DChD *Doctor Chirurgiae Dentium* Doctor of Dentistry ♦ Doktor in (die) Tandheelkunde **D.Ch.D., DChD**

DCL *Doctor Communis Legis* Doctor in Civil Law ♦ Doktor in (die) Siviele Reg **D.C.L., DCL**

DCM Distinguished Conduct Medal ♦ Medalje vir Voortreflike Diens **MVD**

DCom, DComm *Doctor Commercii* Doctor of Commerce ♦ Doktor in (die) Handel **D.Com., DCom**

DCompt *Doctor Computationis* Doctor of Accounting Science ♦ Doktor in (die) Rekeningkunde **D.Compt., DCompt**

DCur *Doctor Curationis* Doctor of Nursing ♦ Doktor in (die) Verpleegkunde **D.Cur., DCur**

DD *Doctor Divinitatis* Doctor of Divinity ♦ Doktor in (die) Godgeleerdheid **D.D., DD**

d.d. *de dato* dated ♦ *de dato* gedateer **d.d.**

DDG deputy director-general ♦ adjunk-direkteur-generaal **ADG**

DDiac *Doctor Diaconiologiae* Doctor of Diaconiology ♦ Doktor in (die) Diakoniologie **D.Diac., DDiac**

DDT dichlorodiphenyltrichloroethane ♦ dichloordifenieltrichlooretaan **DDT**

DE Director of Education ♦ Direkteur van Onderwys **DO**

DEAFSA, Deafsa Deaf Federation of South Africa ♦ Dowe Federasie van Suid-Afrika **DEAFSA, Deafsa**

Dec. December ♦ Desember **Des.**

dec. declared *(cr.)* ♦ beurt gesluit **b.g.**, verklaar **verkl.**

dec. declination ♦ deklinasie **dekl.**

dec. decrease ♦ verminder **vermin.**

dec., decd deceased ♦ oorledene **oorl.**

dec., decl. declension *(gram.)* ♦ verbuiging **verb.**

DEcon *Doctor Economiae* Doctor of Economics ♦ Doktor in (die) Ekonomie **D.Econ., DEcon**

DEd *Doctor Educationis* Doctor of Education ♦ Doktor in (die) Opvoedkunde **D.Ed., DEd**

def. defendant ♦ verweerder **verw.**

def. definite ♦ bepaald(e) **bep.**

def. definition ♦ bepaling **bep.**, definisie **def.**

def. art. definite article ♦ bepaalde lidwoord **bep.lw.**

deg. degree(s) ♦ graad **gr.**

DEIC Dutch East India Company *(hist.)* ♦ Nederlandse Oos-Indiese Kompanjie **NOIK**, Vereenigde Oost-Indische Compagnie **VOC**

del. *deleatur* delete ♦ *deleatur* skrap **del.**

del. *delineavit* drawn by ♦ *delineavit* het dit geteken **del.**

Dem. Democrat; Democratic ♦ Demokraat; Demokraties(e) **Dem.**

dem. demonstrative; demonstrative ♦ aanwyser **aanw.**, demonstratief **dem.**; aanwysend(e) **aanw.**, demonstratief -tiewe **dem.**

dem. (pron.) demonstrative (pronoun) ♦ aanwysende voornaamwoord **aanw.vnw.**

Den. Denmark; →DAN. ♦ Denemarke **De.**

DEng *Doctor Ingeneriae* Doctor of Engineering ♦ Doktor in (die) Ingenieurswese **D.Ing., DIng**

DENOSA, Denosa Democratic Nursing Organisation of South Africa ♦ **DENOSA, Denosa**

dent. dental; dentist; dentistry ♦ tandheelkundig(e); tandheelkundige; tandheelkunde **tandh.**

dep. deposit ♦ deposito **dep.**

dep. depot ♦ depot **dep.**

dep. deputy ♦ adjunk **adj.**

dep. dir. deputy director ♦ adjunkdirekteur **AD, adj.dir.**

dep. min. deputy minister ♦ adjunkminister **adj.min.**

dept department; departmental ♦ departement; departementeel, -tele **dept.**

der. derivation; derivative ♦ afleiding **afl.**; ontlening **ontl.**

Deut. Deuteronomy ♦ Deuteronomium **Deut.**

DFB Deciduous Fruit Board *(hist.)* ♦ Sagtevrugteraad **SVR**

DG *Deo gratias* thanks be to God ♦ *Deo gratias* God sy dank **DG**

DG director-general ♦ direkteur-generaal **DG, dir.genl.**

D.G. *Dei gratia* by the grace of God ♦ *Dei gratia* deur Gods genade **DG**

dg, dg. decigram(s) ♦ desigram **dg**

DHQ Defence Headquarters ♦ Verdedigingshoofkwartier **VHK**

DI donor insemination ♦ donorinseminasie **DI**

di., dia., diam. diameter ♦ diameter **diam.**

dial. dialect; dialectal, dialectical ♦ dialek **dial.**; dialekties(e) **dial.**, gewestelik(e) **gewest.**

dict. dictionary ♦ woordeboek **wdb.**

diff. difference; different ♦ verskil; verskillend(e) **versk.**

dim. *diminuendo* decreasing in loudness ♦ *diminuendo* afnemend in toonsterkte **dim.**

dim., dimin. diminutive ♦ diminutief **dim.**, verkleinwoord **verklw., vkw.**

DIN *Deutsche Industrie-Norm* German Industry Standard ♦ *Deutsche Industrie-Norm* Duitse nywerheidstandaard **DIN**

DInstAgrar *Doctor Institutionis Agrariae* Doctor of Agricultural Management ♦ Doktor in (die) Landboubestuur **D.Inst.Agrar., DInstAgrar**

Dip., dip. diploma ♦ diploma **dipl.**

DipPsychNurs Diploma in Psychiatric Nursing ♦ Diploma in (die) Psigiatriese Verpleegkunde **Dipl.-Psig.Verpl., DiplPsigVerpl**

DipSW Diploma in Social Work ♦ Diploma in (die) Maatskaplike Werk **Dipl.M.W., DiplMW**

dir. director ♦ direkteur **dir.**; regisseur **reg.**

disc. discount, rebate, ♦ diskonto **disk.**, rabat **rab.**

dist. district ♦ distrik **dist.**

div. dividend ♦ dividend **div.**

div. division ♦ afdeling **afd.**, divisie **div.**

DIY, d.i.y. do-it-yourself ♦ doen-dit-self

DJ, dj dinner jacket ♦ dinee-, aandbaadjie

DJ, dj disc jockey ♦ plattejoggie

dkm, dam decametre(s) ♦ dekameter **dam**

DLitt *Doctor Litterarum* Doctor of Literature ♦ Doktor in (die) Lettere **D.Litt., DLitt**

DLitt et Phil *Doctor Litterarum et Philosophiae* Doctor of Literature and Philosophy ♦ Doktor in (die) Lettere en Wysbegeerte **D.Litt. et Phil., DLitt et Phil**

DM *Deutsche Mark, Deutschmark* German mark; →M ♦ *Deutsche Mark, Deutschmark* Duitse mark **DM**

dm decimetre(s) ♦ desimeter **dm**

DMA direct memory access ♦ direkte geheuetoegang **DMA**

DMD defective mental development ♦ vertraagde verstandelike ontwikkeling **VVO**

DME Department of Minerals and Energy ♦ Departement van Minerale en Energie **DME**

DMedVet *Doctor Medicinae Veterinariae* Doctor of Veterinary Science ♦ Doktor in (die) Veeartsenykunde **D.Med.Vet., DMedVet**

DMil *Doctor Militaris* Doctor of Military Science ♦ Doktorsgraad in (die) Krygskunde **D.Mil., DMil**

DMS Decoration for Meritorious Service ♦ Dekorasie vir Voortreflike Diens **DVD**

DMus *Doctor Musicae* Doctor of Music; →MUSD ♦ Doktor in (die) Musiek **D.Mus., DMus**

DN delivery note ♦ afleweringsbrief **AB**

D/N, d.n. debit note ♦ debietbrief **D/b**

DNA deoxyribonucleic acid ♦ deoksiribonukleïensuur **DNS**

do. *ditto* the same ♦ *ditto* dieselfde **do.**

DOA dead on arrival ♦ dood by aankoms **DBA**

d.o.b. date of birth ♦ geboortedag, -datum

doc. document ♦ dokument **dok.**

DoD, DOD Department of Defense ♦ Departement van Verdediging

dol. *dolce* with soft, sweet tone ♦ *dolce* met sagte, soetklinkende toon **dol.**

dol. dollar(s) ♦ dollar **dol.**

DOS disc operating system ♦ skyfbedryfstelsel, skyfgebaseerde bedryfstelsel **SBS, DOS**

DOTS directly observed treatment shortcourse ♦ **DOTS, Dots**

doz. dozen ♦ dosyn **dos.**

D/P, d.p. documents against payment ♦ dokumente teen betaling **D/B, d.b.**

DP data processing ♦ dataverwerking **dv.**

DP Democratic Party ♦ Demokratiese Party **DP**

DPA Doctor of Public Administration ♦ Doktor in (die) Publieke Administrasie **D.P.A., DPA**

dpa Deutsche Presse-Agentur ♦ **dpa**

DPharm *Doctor Pharmaciae* Doctor of Pharmacology ♦ Doktor in (die) Farmakologie **D.Pharm., DPharm**

DPhil *Doctor Philosophiae* Doctor of Philosophy ♦ Doktor in (die) Filosofie **D.Phil., DPhil**

DPI disposable personal income ♦ besteebare persoonlike inkomste **BPI**

DPW Department of Public Works ♦ Departement van Openbare Werke **DOW**

DR Dutch Reformed ♦ Nederduitse Gereformeerd(e) **Ned.Geref., NG**

Dr Doctor; →DRS, MED. PRAC. ♦ dokter; doktor **dr.**

dr debtor ♦ debiteur **dr.**

dr. drachma(s) *(Gr. monetary unit)* ♦ dragma, dragme **dr.**

dr. drachm(s), dram(s) *(weight)* ♦ dragme **dr.**

DRC Democratic Republic of Congo ◆ Demokratiese Republiek Kongo **DRK**

DRC Dutch Reformed Church ◆ Nederduitse Gereformeerde Kerk **NGK**

DRCA Dutch Reformed Church in Africa ◆ Nederduitse Gereformeerde Kerk in Afrika **NGKA**

DrMed *Doctor Medicinae* Doctor of Medicine; →MD ◆ Doktor in (die) Medisyne **Dr.Med.**

Drs doctors; →DR ◆ dokters; doktore **drs.**

Drs doctorand(us) ◆ doktorandus **drs.**

Dr Th, DTh *Doctor Theologiae* Doctor of Theology ◆ Doktor in (die) Teologie **D.Th., DTh, D.Theol., DTheol**

DSC Distinguished Service Cross ◆ **DSC**

DSc *Doctor Scientiae* Doctor of Science ◆ Doktor in (die) Natuurwetenskappe **D.Sc., DSc**

DScAgric *Doctor Scientiae Agriculturae* Doctor of Agricultural Science ◆ Doktor in (die) Landbouwetenskappe **D.Sc.Agric., DScAgric**

DSM Distinguished Service Medal ◆ **DSM**

DSO Distinguished Service Order ◆ **DSO**

DSocSc *Doctor Societatis Scientiae* Doctor of Social Science ◆ Doktor in (die) Sosiale Wetenskappe **D.Soc.-Sc., DSocSc**

DST Daylight Saving Time ◆ somertyd

DStv digital satellite television ◆ digitale satelliettelevisie **DStv**

dt debit; debit ◆ debiet; debiteer **dt.**

DTA Democratic Turnhalle Alliance ◆ Demokratiese Turnhalle-alliansie **DTA**

DTE Diploma in Tertiary Education ◆ Diploma in Tersiêre Onderwys **D.T.O., DTO**

DTI Department of Trade and Industry ◆ Departement van Handel en Nywerheid **DHN**

DTP desktop publishing ◆ lessenaarsetwerk, tafelpublikasie, kantoorpublikasie **DTP**

DTs, DT's delirium tremens ◆ delirium tremens **d.t., DT**

Du. Dutch *(lang.)*; Dutch; →NETH. ◆ Nederlands **Ndl.**, Hollands **Holl.** *(taaln.)*; Nederlands(e) **Ndl.**, Hollands(e) **Holl.**

DUA Democrat Union of Africa ◆ **DUA**

dup. duplicate ◆ duplikaat **dupl.**

DV *Deo volente* God willing ◆ *Deo volente* as die Here wil **DV**

DVD digital video disk, digital versatile disk ◆ digitale videoskyf, digitale veelsydige disket **DVD**

DVSc *Doctor Veterinariae Scientiae* Doctor of Veterinary Science ◆ Doktor in (die) Veeartsenykunde **D.V.Sc., DVSc**

DWAF Department of Water Affairs and Forestry ◆ Departement van Waterwese en Bosbou **DWB**

dwt, dwt. pennyweight ◆ **dwt**

E

E ecstacy *(drug sl.)* ◆ ecstacy **E**

E exa- ◆ eksa- **E**

E, E. east; east; east(ern) ◆ oos; ooste; oostelik(e) **O.**

ea. each; →P.P. ◆ per persoon **p.p.**

E. Afr. East Africa; East African ◆ Oos-Afrika; Oos-Afrikaans(e) **O.Afr.**

E&OE errors and omissions excepted ◆ behoudens foute en weglatings **BFW**

EBBS electronic bulletin board system ◆ elektroniese bulletinbordstelsel **EBBS**

EBITDA, Ebitda earnings before interest, taxes, depreciation and amortisation ◆ verdienste voor rente, belasting, waardevermindering en amortisasie **EBITDA, Ebitda**

EBRD European Bank for Reconstruction and Development ◆ Europese Bank vir Heropbou en Ontwikkeling **EBHO**

EC Eastern Cape ◆ Oos-Kaap **OK, O-Kaap**

EC European Community *(hist.)* ◆ Europese Gemeenskap **EG**

e.c. *exempli causa* for example; →E.G. ◆ *exempli causa* byvoorbeeld **e.c., bv.**

ECA Economic Commission for Africa ◆ Ekonomiese Kommissie vir Afrika **EKA**

ECB European Central Bank ◆ Europese Sentrale Bank **ESB**

Eccl., Eccles. Ecclesiastes ◆ Prediker **Pred.**

Ecclus. Ecclesiasticus ◆ Jesus Sirag **J.Sir.**

ECE Economic Commission for Europe ◆ Ekonomiese Kommissie vir Europa **EKE**

ECG electrocardiogram ◆ elektrokardiogram **EKG**

ECNA, Ecna Eastern Cape News Agency ◆ **ECNA, Ecna**

econ. economic; economy ◆ ekonomies(e); ekonomie **ekon.**

ECOSOC, Ecosoc Economic and Social Council ◆ Ekonomiese en Maatskaplike Kommissie **ECOSOC, Ecosoc**

ECOWAS, Ecowas Economic Community of West African States ◆ Ekonomiese Gemeenskap van Wes-Afrika-state **EGWAS, Egwas**

ECT electroconvulsive therapy ◆ elektrokonvulsiewe terapie **EKT**

ECU, Ecu, ecu European Currency Unit ◆ Europese geldeenheid **ECU, Ecu, ecu**

ed. *editio* edition ◆ *editio* uitgawe **uitg.**, edisie **ed.**

ed. editor ◆ redakteur, redaktrise **red.**, bewerker **bew.**

ed. by edited by ◆ onder redaksie van **o.r.v.**

EDF European Development Fund ◆ Europese Ontwikkelingsfonds **EOF**

EDP economic development programme ◆ ekonomiese ontwikkelingsprogram **EOP**

EDP electronic data processing ◆ elektroniese dataverwerking **EDV**

educ. education; educational ◆ opvoedkunde; opvoedkundig(e) **opv.**

EEA European Economic Area ◆ Europese Ekonomiese Gebied **EEA**

EEC European Economic Community *(hist.)* ◆ Europese Ekonomiese Gemeenskap **EEG**

EEG electroencephalogram ◆ elektroënkefalogram, elektro-enkefalogram, elektroënsefalogram, elektro-ensefalogram **EEG**

E. Eur. Eastern Europe; Eastern European ◆ Oos-Europa; Oos-Europees, -pese **O.Eur.**

EEZ Exclusive Economic Zone ◆ eksklusiewe ekonomiese sone **EES**

EFL English as a foreign language ◆ Engels as ('n) vreemde taal

EFT electronic funds transfer ◆ elektroniese fondsoorplasing **EFO**

EFTA European Free Trade Association ◆ Europese Vryhandelsvereniging **EVHV**

EFTPOS electronic funds transfer at point of sale ◆ elektroniese fondsoorplasing by verkoop(s)punt **EFTPOS, Eftpos**

eg., e.g. *exempli gratia* for example; →E.C., F.I. ◆ *exempli gratia* byvoorbeeld **e.g., bv.**

EGM extraordinary general meeting ◆ buitengewone algemene vergadering **BAV**

EGmc East Germanic *(lang.)*; East Germanic ◆ Oos-Germaans *(taaln.)*; Oos-Germaans(e) **O.Germ.**

Eg. Egypt; Egyptian; →EGYPT. ◆ Egipte; Egipties(e) **Egip.**

Egypt. Egyptian; →EG. ◆ Egipties(e) **Egip.**

EI East Indies; East Indian *(hist.)* ◆ Oos-Indië; Oos-Indies(e) **OI**

EIA environmental impact assessment ◆ omgewingsimpakstudie **OIS**

EL East London ◆ Oos-Londen **OL**

ELC Evangelical Lutheran Church ◆ Evangelies(-)-Lutherse Kerk **ELK**

elec., elect. electric(al); electricity ◆ elektries(e); elektrisiteit **elektr.**

electron. electronic; electronics ◆ elektronies(e); elektronika **elektron.**

electrotech. electrotechnical; electrotechnics, electrotechnology ◆ elektrotegnies(e); elektrotegniek **elektrotegn.**

ELINT, Elint electronic intelligence ◆ elektroniese intelligensie **ELINT, Elint**

Eliz. Elizabethan ◆ Elisabethaans

E. long. eastern longitude ◆ oosterlengte **OL**

Em exameter ◆ eksameter **Em**

Em. Eminence ◆ Eminensie **Em.**

embryol. embryological; embryology ◆ embriologies(e); embriologie **embr.**

emer. emeritus ◆ emeritus **em.**

emf, EMF electromotive force ◆ elektromotoriese krag **EMK, e.m.k.**

EMS European Monetary System ◆ Europese Monetêre Stelsel **EMS**

EMU European Monetary Union ◆ Europese Monetêre Unie **EMU**

EMU, e.m.u. electromagnetic unit ◆ elektromagnetiese eenheid **EME, e.m.e.**

encl. enclosure; →APP. ◆ bylaag, bylae **byl.**

ENE east-northeast; east-northeast ◆ oosnoordoos; oosnoordoostelik(e) **ONO**

ENG electronic news gathering ◆ elektroniese nuusinsameling

Eng. England; English *(lang.)*; English ◆ Engeland; Engels *(taaln.)*; Engels(e) **Eng.**

eng. engineer; engineering ◆ ingenieur **ing., ir.**; ingenieurswese **ing.**

ENT ear, nose and throat ◆ oor, neus en keel **ONK**

entom. entomological; entomologist; entomology ◆ entomologies(e) **entom.**, insektekundig(e) **insekt.**; entomoloog **entom.**, insektekundige **insekt.**; entomologie **entom.**, insektekunde **insekt.**

e.o., ex off. *ex officio* by right of position/office ◆ *ex officio* ampshalwe **e.o.**

EP Eastern Province ◆ Oostelike Provinsie **OP**

EPG Eminent Persons Group ◆ Statebondsafvaardiging, Statebondsending

Eph., Ephes. (Epistle to the) Ephesians ◆ (Brief aan die) Efesiërs **Ef.**

EPNS electroplated nickel silver ◆ geëlektroplateerde nikkelsilwer **EPNS**

EPOS electronic point of sale ◆ elektroniese verkoop(s)punt **EVP**

EPROM erasable programmable read-only memory ◆ uitwisbare programmeerbare leesalleengeheue **EPROM**

ER Eduardus Rex ◆ koning Eduard

ER Elizabeth Regina ◆ koningin Elizabeth

ER, exch. rate, XR exchange rate ◆ wisselkoers **WK**

ERM Exchange Rate Mechanism ◆ wisselkoersmeganisme

e.s. en suite ◆ en suite **e.s.**

ESA Environmentally Sensitive Area ◆ omgewingsensitiewe gebied

ESA European Space Agency ◆ Europese Ruimteagentskap **ESA**

ESCOM, Escom Electricity Supply Commission *(hist.)* ◆ Elektrisiteitsvoorsieningskommissie **EVKOM, Evkom**

ESE east-southeast; east-southeast; east-southeast ◆ oossuidoos; oossuidooste; oossuidoostelik(e) **OSO**

ESL English as a second language ◆ Engels as ('n) tweede taal

ESP extrasensory perception ◆ buitesintuiglike waarneming **BSW**

esp. especially ◆ met name **m.n.**, insonderheid **ins.**

ESPU Endangered Species Protection Unit ◆ Beskermingseenheid vir Bedreigde Spesies **BEBS**

Esq. esquire ◆ Weledele Heer **W.Ed.Hr.**

ESSA English-speaking South African ◆ Engelssprekende Suid-Afrikaner **ESSA**

EST Eastern Standard Time ◆ oostelike standaardtyd **OST**

est. estate ◆ boedel
est. estimated ◆ verwagte
est. estuary ◆ riviermonding, estuarium
est., estab. established ◆ gestig; gevestig
Esth. Esther ◆ Ester **Est.**
ET electronic transfer ◆ elektroniese oorplasing **EO**
ET extraterrestrial ◆ buiteaardse wese
ETA estimated time of arrival ◆ verwagte aankomstyd
et al. *et alibi* and elsewhere ◆ *et alibi* en elders **e.e.**
et al. *et alii* and others ◆ *et alii* **et al.**, en ander(e) **e.a.**
ETC Elementary Technical Certificate ◆ Elementêre Tegniese Sertifikaat **ETS**
etc. *et cetera* and so forth ◆ *et cetera* **etc.**, ensovoorts **ens.**, en dies/dergelike meer **e.d.m.**, en dergelike **e.d.**
ethnol. ethnological; ethnology ◆ etnologies(e) **etnol.**, volkekundig(e) **volkek.**; etnologie **etnol.**, volkekunde **volkek.**
et seq. *et sequens* and the following (*sing.*); →SEQ., FF., FOL. ◆ *et sequens* en die volgende **et seq., e.v.**
et seqq. *et sequentes, et sequentia* and the following (things), and those that follow (*pl.*); →SEQQ. ◆ *et sequentes, et sequentia* en die volgendes **et seqq., e.vv.**
ety., etym., etymol. etymological; etymology ◆ etimologies(e); etimologie **etim.**
EU European Union ◆ Europese Unie **EU**
euph. euphemism; euphemistic ◆ eufemisme; eufemisties(e) **euf.**
Eur. Europe; European ◆ Europa; Europees, -pese **Eur.**
EURATOM, Euratom European Atomic Energy Community ◆ Europese Atoomenergiegemeenskap **EURATOM, Euratom**
eV electronvolt ◆ elektronvolt **eV**
Ex., Exod. Exodus ◆ Eksodus **Eks.**
ex. example ◆ voorbeeld **vb.**
ex. exercise ◆ oefening **oef.**
ex., exc. exception ◆ uitsondering **uits.**
Exc. Excellency ◆ Eksellensie **Eks.**
exch. rate, ER, XR exchange rate ◆ wisselkoers **WK**
excl. exclamation ◆ uitroep **uitr.**
excl. excluding; exclusive (of) ◆ met uitsondering van **m.u.v.**, uitsluitend **uitsl.**
Exco executive committee ◆ uitvoerende komitee **UK**
Ex. Council Executive Council ◆ Uitvoerende Raad **UR**
ex div. *extra dividendum* without dividend ◆ *extra dividendum* sonder dividend **ex.div.**
Exod., Ex. Exodus ◆ Exodus **Ex.**
ex off., e.o. *ex officio* by right of position/office ◆ *ex officio* ampshalwe **e.o.**
exp. experiment ◆ eksperiment **eksp.**
ext. extension ◆ uitbreiding **uitbr.**, verlenging **verl.**
Ez. Ezra ◆ Esra
Ezek. Ezekiel ◆ Esegiël **Eseg.**

F

F Fahrenheit; →°F ◆ Fahrenheit **F**
F farad(s) ◆ farad **F**
F faraday(s) ◆ faraday **F**
F fermi(s) ◆ fermi **F**
°F degree(s) Fahrenheit ◆ graad/grade Fahrenheit **°F**
f femto- ◆ femto- **f**
f fine ◆ fyn **f.**
f focal length ◆ fokuslengte **f.**
f *forte* loud ◆ *forte* hard **f**
f, fl. guilder ◆ floryn **f., fl.**
f., fem. *femininum* feminine ◆ *femininum* vroulik(e) **f., fem., v., vr.**
FA Football Association ◆ **FA**
FAI *Fédération Aéronautique Internationale* International Aeronautical Federation ◆ *Fédération Aéronautique Internationale* Internasionale Lugvaartfederasie **FAI**
FAK ◆ Federasie van Afrikaanse Kultuurverenigings **FAK**
fam. family ◆ familie **fam.**
FAO Food and Agriculture Organisation ◆ Voedsel- en Landbou-organisasie **VLO**
FAS, f.a.s. free alongside ship ◆ vry langs skip **VLS, v.l.s.**
FAS, Fas f(o)etal alcohol syndrome ◆ fetale alkoholsindroom **FAS, fas**
FAWU, Fawu Food and Allied Workers Union ◆ **FAWU, Fawu**
FB, F/B freight bill (*air, rail, road*); →BL ◆ laaibrief **LB**
FBI Federal Bureau of Investigation ◆ Amerikaanse Federale Speurdiens **FBI**
FBPW Federation of Business and Professional Women ◆ Federasie van Sake- en Beroepsvroue **FSBV**
FC Field Cornet ◆ veldkornet **vk.**
FC Football Club ◆ voetbalklub **VK**
FCI Federated Chamber of Industries (*hist.*); →SACOB ◆ Gefedereerde Kamer van Nywerhede **GKN**
FCL full container load ◆ vol houervrag **v.hv.**
FCPSA Fellow of the College of Physicians of South Africa ◆ Lid van die Kollege van Interniste (SA) **LKI(SA)**
FDA Food and Drug Administration ◆ **FDA**
FDE Further Diploma in Education ◆ Verdere Diploma in die Onderwys **V.D.O., VDO**
Feb. February ◆ Februarie **Feb., Febr.**
fec. *fecit* he/she made it; *fecerunt* they made it ◆ *fecit* hy/sy het dit gemaak; *fecerunt* hulle het dit gemaak **fec.**
FEDHASA, Fedhasa Federated Hospitality Association of South Africa ◆ **FEDHASA, Fedhasa**
FEDSAL, Fedsal Federation of South African Labour Unions ◆ Federasie van Suid-Afrikaanse Vakbonde **FEDSAL, Fedsal**
FEDSAW, Fedsaw Federation of South African Women ◆ **FEDSAW, Fedsaw**
FEDUSA, Fedusa Federation of Unions of South Africa ◆ **FEDUSA, Fedusa**
fem., f. *femininum* feminine ◆ *femininum* vroulik(e) **f., fem., v., vr.**
FEST, Fest Foundation for Education, Science and Technology ◆ Stigting vir Onderwys, Wetenskap en Tegnologie **SOWT**
FF Freedom Front ◆ Vryheidsfront **VF**
FF, f.f. freight free ◆ vragvry(e) **VV, vv.**
ff. folios; →FOL. ◆ folio's **fols.**
ff., fol., foll. following, next; →ET SEQ., SEQ. ◆ volgende **vlg.**; eerskomende **ek.**, eersvolgende **ev.**; onderstaande **ost.**
ff *fortissimo* very loud ◆ *fortissimo* baie hard **ff**
FFC Financial and Fiscal Commission ◆ Finansiële en Fiskale Kommissie **FFK**
FFD, f.f.d. free from damage ◆ vry van beskadiging **VVB, v.v.b.**
fff *fortississimo* as loud as possible ◆ *fortississimo* so hard moontlik **fff**
f.i. for instance; →EG. ◆ byvoorbeeld **bv.**
FIDE, Fide *Fédération Internationale des Échecs* International Chess Federation ◆ *Fédération Internationale des Échecs* Internasionale Skaakfederasie **FIDE, Fide**
FIFA, Fifa *Fédération Internationale de Football Association* International Football Federation ◆ *Fédération Internationale de Football Association* Internasionale Sokkerfederasie **FIFA, Fifa**
FIFO first in, first out; →LIFO ◆ eerste in, eerste uit **EIEU**
fig. figurative(ly); figure ◆ figuurlik(e) **fig.**; afbeelding **afb.**, figuur **fig.**, tekening **tek.**
Fin. Finland ◆ Finland **Fin.**
fin. *finitum* finish ◆ *finitum* **fin.**
FINA *Fédération Internationale de Natation* International Swimming Federation ◆ *Fédération Internationale de Natation* Internasionale Swemfederasie **FINA, Fina**
FIRI Fishing Industry Research Institute ◆ Visserynavorsingsinstituut **VNI**
Fl. Flanders; Flemish (*lang.*); Flemish ◆ Vlaandere; Vlaams (*taaln.*); Vlaams(e) **Vl.**
fl. floor ◆ verdieping **verd.**, vlak, vloer **vl.**
fl., f guilder ◆ floryn **f., fl.**
FLEC *Frente para Libertaçao do Exclave de Cabinda* Front for the Liberation of the Enclave of Cabinda ◆ *Frente para Libertaçao do Exclave de Cabinda* Front vir die Bevryding van die Cabinda-enklave **FLEC, Flec**
FLOPS, flops floating-point operations per second ◆ wisselpuntoperasies per sekonde
fl. oz. fluid ounce ◆ vloeistofons **vloz.**
FM field marshal ◆ veldmaarskalk **veldm.**
FM frequency modulation ◆ frekwensiemodulasie **FM**
FM, fpm, ft/min. feet per minute ◆ voet per minuut **v/m, v.p.m.**
fm femtometre ◆ femtometer **fm**
FMR Fine Music Radio ◆ Fynproewersmusiekradio **FMR**
FMS financial management system ◆ finansiële bestuurstelsel **FBS**
FNLA *Frente nacional de Libertação de Angola* National Front for the Liberation of Angola ◆ *Frente nacional de Libertação de Angola* Nasionale Front vir die Bevryding van Angola **FNLA**
FO Field Officer ◆ hoofoffisier
FO Flying Officer ◆ vliegoffisier
FO Foreign Office ◆ Ministerie van Buitelandse Sake
FOB, f.o.b. free on board ◆ vry aan boord **VAB, v.a.b.**
fol. folio; →FF. ◆ folio **fol.**
fol., foll., ff. following, next; →ET SEQ., SEQ. ◆ volgende **vlg.**; eerskomende **ek.**, eersvolgende **ev.**; onderstaande **ost.**
FOQ, f.o.q. free on quay ◆ vry op kaai **VOK, v.o.k.**
FOR, f.o.r. free on rail ◆ vry op spoor **VOS, v.o.s.**
for. forestry ◆ bosbou **bosb.**
FOS, f.o.s. free overside ◆ vry uit skip **VUS, v.u.s.**
FOSKOR, Foskor Phosphate Development Corporation ◆ Fosfaatontginningskorporasie **FOSKOR, Foskor**
FOT, f.o.t. free on truck ◆ vry op goederewa **VOG, v.o.g.**
FP, fp freezing point ◆ vriespunt **VP, vp.**
FPJ Foundation for Peace and Justice ◆ Stigting vir Vrede en Geregtigheid **SVG**
fpm, ft/min., FM feet per minute ◆ voet per minuut **v/m, v.p.m.**
Fr. Father (*relig.*) ◆ vader **vr.**, pater **p.**
Fr. France; French (*lang.*); French ◆ Frankryk; Frans (*taaln.*); Frans(e) **Fr.**
fr. franc(s) ◆ frank **fr.**
fr. of; from ◆ van **v.**
fr. above from above ◆ van bo **v.b.**
Frank. Frankish ◆ Frankies (*taaln.*); Frankies(e) **Frk.**
fr. below from below ◆ van onder **v.o.**
FRD Foundation for Research Development ◆ Stigting vir Navorsingsontwikkeling **SNO**
FRELIMO, Frelimo *Frente de Libertação de Moçambique* Front for the Liberation of Mozambique ◆ *Frente de Libertação de Moçambique* Front vir die Bevryding van Mosambiek **FRELIMO, Frelimo**
freq. frequency; frequentative ◆ frekwensie; frekwentatief **frekw.**
FRG Federal Republic of Germany (*hist.*) ◆ Bondsrepubliek Duitsland **BRD**
FRI Fuel Research Institute ◆ Brandstofnavorsingsinstituut **BNI**
Fri. Friday ◆ Vrydag **Vr.**
FRN floating-rate note ◆ swewendekoers-effek **SKE**
FRV, f.r.v. freight received voucher ◆ vragontvangsbewys **VOB, vob.**
FSC Financial Services Council ◆ Raad op Finansiële Dienste **RFD**

ft. foot, feet ◆ voet **vt.**

ft/min., FM, fpm feet per minute ◆ voet per minuut **v/m, v.p.m.**

FTP, ftp file transfer protocol ◆ lêeroordragprotokol **LOP**

FTSE Financial Times Stock Exhange ◆ **FTSE**

fur. furlong(s) ◆ furlong **fur.**

fut. *futurum* future ◆ *futurum* **fut.**, toekomende tyd **toek.t.**

FWD, f.w.d. four-wheel drive ◆ vierwielaandrywing **VWA**

fwd forward (*vb.*) ◆ aanstuur

FX (sound/special) effects ◆ (klank)effekte; (spesiale) effekte

FXI Freedom of Expression Institute ◆ **FXI**

G

G gauss ◆ gauss **G**

G giga- ◆ giga- **G**

G., g. guinea(s) (*hist.*) ◆ ghienie **ghn.**

g gram(s) ◆ gram **g**

Gael. Gaelic *(lang.)*; Gaelic ◆ Gaelies *(taaln.)*; Gaelies(e) **Gael.**

Gal. (Epistle to the) Galatians ◆ (Brief aan die) Galasiërs **Gal.**

gal., gall. gallon(s) ◆ gallon, gelling **g., gall., gell.**

Gall. Gallic *(lang.)*; Gallic; Gallicism ◆ Gallies (*taaln.*) **Gall.**; Gallies(e) **Gall.**, Gallisisme **Gall.**, gallisisme **gall.**

gar. garage ◆ garage **gar.**

GATT, Gatt General Agreement on Tariffs and Trade ◆ Algemene Ooreenkoms oor Tariewe en Handel **AOTH**

GB Great Britain ◆ Groot-Brittanje **GB**

Gb, GB. gigabyte(s) ◆ gigagreep **GG**

GBH grievous bodily harm ◆ ernstige letsel/besering

GC George Cross ◆ **GC**

GCB Knight Grand Cross of the Bath ◆ **GCB**

gcd, g.c.d. greatest common devisor; →GCF, G.C.F.; HCF, HCF, H.C.F. ◆ grootste gemene deler **GGD**

gcf, g.c.f. greatest common factor; →GCD, G.C.F.; HCF, HCF, H.C.F. ◆ grootste gemene deler **GGD**

GCIS Government Communications and Information System ◆ Regeringskommunikasie-en-inligtingstelsel **RKIS**

GDE gross domestic expenditure ◆ bruto binnelandse besteding **BBB**

Gdns Gardens ◆ Tuin, Tuine

GDP gross domestic product ◆ bruto binnelandse produk **BBP**

GDR German Democratic Republic (East Germany) (*hist.*) ◆ Duitse Demokratiese Republiek (Oos-Duitsland) **DDR**

GDS gross domestic saving ◆ bruto binnelandse besparing **BBB**

GDS growth and development strategy ◆ groei-en-ontwikkelingstrategie **GOS**

GEAR Growth, Employment and Redistribution Strategy ◆ Strategie vir Groei, Werkverskaffing en Herverdeling **GEAR, Gear**

GEIS, Geis General Export Incentive Scheme ◆ Algemene Uitvoeraansporingskema **AUAS, Auas**

Gen. General ◆ generaal **genl.**

Gen. Genesis ◆ Genesis **Gen.**

gen. genitive ◆ genitief **gen.**

gen. general ◆ algemeen, -mene **alg.**

geneal. genealogic(al); genealogy ◆ genealogies(e); genealogie **geneal.**

geod. geodesic, geodetic; geodesy, geodetics ◆ geodeties(e); geodesie **geod.**

geog. geographic(al); geography; ◆ aardrykskundig(e) **aardr.**, geografies(e) **geogr.**; aardrykskunde **aardr.**, geografie **geogr.**

geol. geologic(al); geology ◆ geologies(e); geologie **geol.**

geom. geometric(al); geometry ◆ meetkunde **meetk.**, geometrie **geom.**; meetkundig(e) **meetk.**, geometries(e) **geom.**

Ger. German (*lang.*); German; Germany ◆ Duits **D.**; Duits(e) **D.**; Duitsland **Dl.**

geriatr. geriatric; geriatrics ◆ geriatries(e); geriatrie **geriat.**

GESTAPO, Gestapo *Geheime Staatspolizei* Secret State Police (*hist.*) ◆ *Geheime Staatspolizei* Geheime Staatspolisie **GESTAPO, Gestapo**

GET general education and training ◆ algemene onderwys en opleiding **AOO**

GeV giga-electronvolt(s) ◆ giga-elektronvolt **GeV**

GFR German Federal Republic (West Germany) (*hist.*) ◆ Duitse Bondsrepubliek (Wes-Duitsland) **DBR**

GG Government Garage(s) ◆ goewermentsgarage **GG**

GG Government Gazette ◆ Staatskoerant **SK**

GG Governor General ◆ goewerneur-generaal **GG**

GHA ◆ Genootskap vir die Handhawing van Afrikaans **GHA**

GGE Government Gazette Extraordinary ◆ Buitengewone Staatskoerant **BS**

GHQ General Headquarters ◆ groot hoofkwartier **GHK**

GHS Girls' High School ◆ Hoër Meisieskool **HMS**

GI government issue

GIFT gamete intrafallopian transfer ◆ gameet-intrafallopiusoorplanting **GIFT**

GIGO, Gigo garbage in, garbage out ◆ gemors in, gemors uit **GIGU, Gigu**

GIS geographic information system ◆ geografiese inligtingstelsel **GIS**

GJ gigajoule(s) ◆ gigajoule **GJ**

GLA Gay and Lesbian Alliance ◆ **GLA**

gloss. glossary ◆ glossarium **glos.**

GM general manager ◆ hoofbestuurder

GM genetically modified (*food etc.*); →GMO ◆ geneties gemodifiseer(de)/gemanipuleer(de) **GM**, geneties aangepas(te) *(voedsel ens.)* **GA**

GM grandmaster ◆ grootmeester **GM**

Gmc Germanic *(lang.)*; Germanic ◆ Germaans (*taaln.*); Germaans(e) **Germ.**

GMO genetically modified organism ◆ geneties gemodifiseerde organisme **GMO, GGO**

GMT Greenwich Mean Time ◆ Middelbare Greenwichtyd **MGT**

GN Government Notice ◆ Goewermentskennisgewing **GK**

GNC Griqua National Conference ◆ Griekwa(-) Nasionale Konferensie **GNK**

GNI gross national income ◆ bruto nasionale inkomste **BNI**

GNP gross national product ◆ bruto nasionale produk **BNP**

gnr. gunner ◆ skutter **skr., sktr.**

GNSA ◆ Genootskap Nederland-Suid-Afrika **GNSA**

GNU Government of National Unity ◆ Regering van Nasionale Eenheid **RNE**

GOC General Officer Commanding ◆ bevelvoerende generaal **BG**

GOP Grand Old Party

Goth. Gothic *(lang.)*; Gothic ◆ Goties (*taaln.*); Goties(e) **Got.**

gov. governor ◆ goewerneur **goew.**

gov., govt government ◆ regering **reg.**, goewerment **goewt.**

GP general practitioner ◆ algemene praktisyn

GPA Gauteng Provincial Administration ◆ Gautengse Provinsiale Administrasie **GPA**

GPO general post office ◆ hoofposkantoor **HPK**

GPS global positioning system ◆ globale posisioneringstelsel **GPS**

Gr. Greece; Greek *(lang.)*; Greek ◆ Griekeland; Grieks *(taaln.)*; Grieks(e) **Gr.**

gr. grain(s) ◆ grein **gr**

gr., gro. gross ◆ bruto **bro., bt.**

GRA ◆ Genootskap van Regte Afrikaners **GRA**

gram. grammar; grammatical ◆ grammatika; grammaties(e), grammatikaal, -kale **gram.**

GS general staff ◆ generale staf **GS**

GSC General Synodical Committee ◆ Algemene Sinodale Kommissie **ASK**

GST General Sales Tax ◆ algemene verkoopbelasting **AVB**

GT *gran turismo* ◆ *gran turismo* **GT**

GTOW gross take-off weight ◆ bruto kombinasiemassa **BKM**

GUI graphical user interface ◆ grafiese gebruikerskoppelvlak **GUI**

GVW gross vehicle weight ◆ bruto voertuigmassa **BVM**

GW gigawatt(s) ◆ gigawatt **GW**

GW Griqualand West ◆ Griekwaland-Wes **GW**

Gy gray(s) (*phys.*) ◆ gray **Gy**

gym gymnasium; gymnastic; gymnastics ◆ gimnasium; gimnasties(e), gimnastiek **gimn.**

gynaecol. gynaecological; gynaecology ◆ ginekologies(e); ginekologie **ginekol.**

H

H hardness (*of pencil lead*) ◆ hardheid **H**

H henry(s), henries (*electron.*) ◆ henry **H**

H., h. hundred ◆ honderdtal **h.**

H., h., h *hora* hour ◆ *hora* uur **h, u.**

H., h., hgt height ◆ hoogte **h.**

h hecto- ◆ hekto- **h**

ha hectare(s) ◆ hektaar **ha**

Hab. Habakkuk ◆ Habakuk **Hab.**

Hag. Haggai ◆ Haggai **Hag.**

h & c hot and cold (water) ◆ warm en koue water **w.k.w.**

HAT ◆ *(Verklarende) Handwoordeboek van die Afrikaanse Taal* **HAT**

HBP high blood pressure ◆ hoë bloeddruk **HBD**

HC *Honoris Crux* Cross of Honour ◆ *Honoris Crux* Erekruis **HC**

h.c. *honoris causa* honorary (*degree*) ◆ *honoris causa* eershalwe **h.c.**

HCD Honoris Crux Diamond ◆ Honoris Crux Diamant **HCD**

HCF, hcf, h.c.f. highest common factor; →GCD; GCF ◆ grootste gemene deler **GGD**

HCG Honoris Crux Gold ◆ Honoris Crux Goud **HCG**

HCS Honoris Crux Silver ◆ Honoris Crux Silwer **HCS**

HDE, HED Higher Diploma in Education, Higher Education Diploma ◆ Hoër Onderwysdiploma **H.O.D., HOD**

hdqrs, HQ headquarters (*mil.*) ◆ hoofkwartier **HK**

HDTV high-definition television ◆ hoëdefinisie-televisie **HDTV**

HE higher education ◆ hoër onderwys **HO**

HE Her Excellency; His Excellency ◆ Haar Eksellensie **H.Eks.**; Sy Eksellensie **S.Eks.**

HE His Eminence ◆ Sy Eminensie **S.Em.**

Heb., Hebr. (Epistle to the) Hebrews ◆ (Brief aan die) Hebreërs **Heb.**

Heb., Hebr. Hebrew (*lang.*); Hebrew ◆ Hebreeus *(taaln.)*; Hebreeus(e) **Hebr.**

HED, HDE Higher Education Diploma, Higher Diploma in Education ◆ Hoër Onderwysdiploma **H.O.D, HOD**

helminthol. helminthological; helminthology; ◆ helmintologies(e); helmintologie **helmintol.**

Her. Herero (*lang.*) ◆ Herero *(taaln.)* **Her.**

her. heraldic; heraldry ◆ heraldies(e); heraldiek **her.**

HF, h.f. high frequency ◆ hoë frekwensie **HF**

HG higher grade ◆ hoër graad **HG**

HG High German *(lang.)*; High German ◆ Hoogduits (*taaln.*); Hoogduits(e) **Hd.**

hg hectogram(s) ♦ hektogram **hg**

hgt, h., H. height ♦ hoogte **h.**

HGV heavy goods vehicle ♦ swaar voertuig

HH Her Highness; His Highness ♦ Haar Hoogheid **H.H., HH**; Sy Hoogheid **SH**

HH His Holiness ♦ Sy Heiligheid **SH**

hhl hectolitre(s) ♦ hektoliter **hhl**

HIH Her Imperial Highness; His Imperial Highness ♦ Haar Keiserlike Hoogheid **H.K.H., HKH**; Sy Keiserlike Hoogheid **S.K.H., SKH**

Hind. Hindustani (*lang.*) ♦ Hindoestani (*taaln.*) **Hi.**

His Hon. His Honour ♦ Sy Edelagbare **S.Ed.Agb.**, Sy Edelgestrenge **S.Ed.Gestr.**

hist. historic(al); history ♦ geskiedkundig(e) **gesk.**, histories(e) **hist.**; geskiedenis **gesk.**

HIV human immunodeficiency virus; →AIDS, AIDS ♦ menslike immuniteits-/immuno-/immuungebreksvirus **M.I.V., MIV**

HM heavy metal (*mus.*) ♦ **HM**

HM Her Majesty; His Majesty ♦ Haar Majesteit **H.M., HM**; Sy Majesteit **S.M., SM**

hm hectometre(s) ♦ hektometer **hm**

HMC Historical Monuments Commission (*hist.*) ♦ Historiese Monumentekommissie **HMK**

HMS Her/His Majesty's Ship

HNP ♦ Herstigte Nasionale Party **HNP**

HOD Head of Department ♦ departementshoof **DH**

Hon. Honourable; →VEN. ♦ Agbare **agb.**, Edele **Ed.**, Edelagbare **Ed.Agb.**

Hons. *Honores, Honoribus, Honoris* Honours ♦ Honneurs **Hons., Hons**

HonsB in PublAdmin Honours Bachelor's degree in Public Administration, Bachelor of Public Administration (Honours) ♦ Honneursbaccalaureus in Publieke Administrasie, Baccalaureus in Publieke Administrasie (Honneurs) **Hons.B. in Publ.Admin., HonsB in PublAdmin**

HonsBA →BAHONS, BA(HONS)

HonsBAdmin →BADMINHONS

HonsBChD *Honneurs-Baccalaureus Chirurgiae Dentium* Honours Bachelor's degree in Dental Surgery, Bachelor of Dental Surgery (Honours) ♦ Honneursbaccalaureus in (die) Tandheelkunde, Baccalaureus in (die) Tandheelkunde (Honneurs) **Hons.B.Ch.D., HonsBChD**

HonsBCom →BCOMHONS, BCOM(HONS)

HonsBCompt *Honneurs-Baccalaureus Computationis* Honours Bachelor's degree in Accounting, Bachelor of Accounting (Honours) ♦ Honneursbaccalaureus in (die) Rekeningkunde, Baccalaureus in (die) Rekeningkunde (Honneurs) **Hons.B.Compt., HonsBCompt**

HonsBCur *Honneurs-Baccalaureus Curationis* Honours Bachelor's degree in Nursing Science, Bachelor of Nursing Science (Honours) ♦ Honneursbaccalaureus in (die) Verpleegkunde, Baccalaureus in (die) Verpleegkunde (Honneurs) **Hons.B.Cur., HonsBCur**

HonsBDiac *Honneurs-Baccalaureus Diaconiologiae* Honours Bachelor's degree in Diaconiology, Bachelor of Diaconiology (Honours) ♦ Honneursbaccalaureus in (die) Diakonologie, Baccalaureus in (die) Diakonologie (Honneurs) **Hons.B.Diac., HonsBDiac**

HonsBEcon *Honneurs-Baccalaureus Economiae* Honours Bachelor's degree in Economics, Bachelor of Economics (Honours) ♦ Honneursbaccalaureus in (die) Ekonomie, Baccalaureus in (die) Ekonomie (Honneurs) **Hons.B.Econ., HonsBEcon**

HonsBInstAgrar →BINSTAGRAR(HONS)

HonsBMus *Honneurs-Baccalaureus Musicae, Honneurs-Baccalaureus Musicologiae* Honours Bachelor's degree in Music, Bachelor of Music (Honours) ♦ Honneursbaccalaureus in (die) Musiek, Baccalaureus in (die) Musiek (Honneurs) **Hons.B.Mus., HonsBMus**

HonsBSc →BSCHONS, BSC(HONS)

HonsBScAgric →BSCAGRICHONS

HonsBSocSc *Honneurs-Baccalaureus Societatis Scientiae* Honours Bachelor's degree in Social Sciences, Bachelor of Social Sciences (Honours) ♦ Honneursbaccalaureus in (die) Sosiale Wetenskappe, Baccalaureus in (die) Sosiale Wetenskappe (Honneurs) **Hons.B.Soc.Sc., HonsBSocSc**

HonsBTh *Honneurs-Baccalaureus Theologiae* Honours Bachelor's degree in Theology, Bachelor of Theology (Honours) ♦ Honneursbaccalaureus in (die) Teologie, Baccalaureus in (die) Teologie (Honneurs) **Hons.B.Th., HonsBTh**

Hon. Sec. Honorary Secretary ♦ eresekretaris **eresekr.**

hort. horticulture ♦ tuinbou **tuinb.**

Hos. Hosea ♦ Hosea **Hos.**

hosp. hospital ♦ hospitaal **hosp.**

HOSPERSA, Hospersa Health and Other Service Personnel Trade Union of South Africa ♦ **HOSPERSA, Hospersa**

HP, h.p. high pressure ♦ hoë druk, hoogdruk **HD**

HP, h.p. hire-purchase ♦ huurkoop **hk.**

HP, h.p. horsepower ♦ perdekrag **pk.**

HPED Higher Primary Education Diploma ♦ Hoër Primêre Onderwysdiploma **H.P.O.D., HPOD**

HQ, hdqrs headquarters (*mil.*) ♦ hoofkwartier **HK**

HR human resources ♦ menslike hulpbronne

HRC Human Rights Commission ♦ Menseregtekommissie **MRK**

HRD human resource development ♦ menslikehulpbronontwikkeling

HRE Holy Roman Empire ♦ Heilige Romeinse Ryk **HRR**

HRH Her Royal Highness; His Royal Highness ♦ Haar Koninklike Hoogheid **H.K.H., HKH**; Sy Koninklike Hoogheid **S.K.H., SKH**

HRM Her Royal Majesty; His Royal Majesty ♦ Haar Koninklike Majesteit **H.K.M., HKM**; Sy Koninklike Majesteit **S.K.M., SKM**

HRT hormone replacement therapy ♦ hormoonvervangingsterapie **HVT**

HSED Higher Secondary Education Diploma ♦ Hoër Sekondêre Onderwysdiploma **HSOD**

HSH Her Serene Highness; His Serene Highness ♦ Haar Deurlugtige Hoogheid **H.D.H., HDH**; Sy Deurlugtige Hoogheid **SDH**

HSRC Human Sciences Research Council ♦ Raad vir Geesteswetenskaplike Navorsing **RGN**

HTML hypertext markup language ♦ **HTML**

HTTP hypertext transfer protocol ♦ **HTTP**

Hung. Hungarian (*lang.*); Hungary; Hungarian ♦ Hongaars (*taaln.*); Hongarye; Hongaars(e) **Hong.**

HV, h.v. high voltage ♦ hoë spanning, hoogspanning **HS**

Hz hertz ♦ hertz **Hz**

I

I Roman numeral 1 ♦ Romeinse 1 **I**

I., Is. island, isle ♦ eiland **eil.**

i.a. *inter alia* among other things, among others ♦ *inter alia* **i.a.**, onder andere **o.a.**, onder meer **o.m.**

IAAF International Amateur Athletic Federation (*hist.*) ♦ Internasionale Amateuratletiekfederasie **IAAF**

IAAF International Association of Athletics Federations ♦ Internasionale Vereniging van Atletiekfederasies **IAAF**

IAEA International Atomic Energy Agency ♦ Internasionale Atoomenergieagentskap **IAEA**

IALC International Association of Lions Clubs ♦ Internasionale Vereniging van Lions Clubs **IVLC**

IATA, Iata International Air Transport Association ♦ Internasionale Lugvervoervereniging **ILVV**

IAWPR International Association for Water Pollution Research ♦ Internasionale Genootskap vir Navorsing oor Waterbesoedeling **IGNWB**

ib., ibid. *ibidem* in the same place ♦ *ibidem* aldaar **ib., ibid.**

IBA Independent Broadcasting Authority (*hist.*) ♦ Onafhanklike Uitsaai-owerheid **OUO**

IBB International Bowling Board ♦ Internasionale Rolbalraad **IRR**

IBF International Boxing Federation ♦ Internasionale Boksfederasie **IBF**

ibid., ib. *ibidem* in the same place ♦ *ibidem* aldaar **ib., ibid.**

IBRD International Bank for Reconstruction and Development (World Bank) ♦ Internasionale Bank vir Heropbou en Ontwikkeling (Wêreldbank) **IBHO**

IBSA, Ibsa Insurance and Banking Staff Association ♦ **IBSA, Ibsa**

i.c. *in casu* in this case ♦ *in casu* in hierdie geval **i.c.**

i/c in charge (of), in command ♦ in bevel (van) **i.b.**

ICAO International Civil Aviation Organisation ♦ Internasionale Burgerlugvaartorganisasie **IBLO**

ICASA, Icasa Independent Communications Authority of South Africa ♦ Onafhanklike Kommunikasie-owerheid van Suid-Afrika **OKOSA, Okosa**

ICBM intercontinental ballistic missile ♦ interkontinentale ballistiese missiel **IBM, IKBM**

ICC International Chamber of Commerce ♦ Internasionale Kamer van Koophandel **IKK**

ICC International Cricket Council ♦ Internasionale Krieketraad **IKR**

ICD Independent Complaints Directorate ♦ Onafhanklike Klagtedirektoraat **OKD**

ICD Internal Complaints Directorate ♦ Interne Klagtedirektoraat **IKD**

ICRC *Comité international de la Croix-Rouge* International Committee of the Red Cross ♦ *Comité international de la Croix-Rouge* Internasionale Komitee van die Rooi Kruis **CICR, IKRK**

ID identification (*comp.*) ♦ identifikasie **ID**

ID identification document ♦ identiteitsdokument **ID**

ID Independent Democrats ♦ Onafhanklike Demokrate **OD**

id. *idem* the same ♦ *idem* **id.**, dieselfde **dies.**

IDA International Development Association ♦ Internasionale Ontwikkelingsvereniging **IOV**

IDASA, Idasa Institute for Democracy in South Africa ♦ Instituut vir Demokrasie in Suid-Afrika **IDASA, Idasa**

IDB illicit diamond buying ♦ onwettige diamanthandel **ODH**

IDC Industrial Development Corporation ♦ Nywerheidsontwikkelingskorporasie **NOK**

IDP integrated development plan ♦ geïntegreerde ontwikkelingsplan **GOP**

IDSEO, Idseo Investigating Directorate: Serious Economic Offences ♦ Ondersoekdirektoraat: Ernstige Ekonomiese Misdrywe **ODEEM, Odeem**

IE Indo-European (*lang.*); Indo-European ♦ Indo-Europees (*taaln.*); Indo-Europees, -pese **IE**

i.e. *id est* that is; in other words ♦ *id est* **i.e.**, dit is **d.i.**; dit wil sê **d.w.s.**

IEC Independent Electoral Commission ♦ Onafhanklike Verkiesingskommissie **OVK**

IFC International Finance Corporation ♦ Internasionale Finansiekorporasie **IFK**

IFP Inkatha Freedom Party ♦ Inkatha Vryheidsparty **IVP**

i.f.p. *in forma pauperis* in the character of a pauper ♦ *in forma pauperis* as behoeftige **i.f.p.**

IG Indo-Germanic (*lang.*); Indo-Germanic ♦ Indo-Germaans (*taaln.*); Indo-Germaans(e) **IG, Idg.**

IG inspector general ♦ inspekteur-generaal **IG, insp.-genl.**

IGB illicit gold buying ♦ onwettige goudhandel

IGY International Geophysical Year ♦ Internasionale Geofisiese Jaar **IGJ**

ill., illus., illust. illustrated; illustration ♦ geïllustreer(de), geïllustreerd(e) **geïll.**; illustrasie **ill.**

ILH Imperial Light Horse (*hist.*) ♦ **ILH**

ILO International Labour Organisation ♦ Internasionale Arbeidsorganisasie **IAO**

illus., illust., ill. illustrated; illustration ♦ geïllustreer(de), geïllustreerd(e) **geïll.**; illustrasie **ill.**

IMATU, Imatu Independent Municipal and Allied Trade Union ♦ **IMATU, Imatu**

IMF International Monetary Fund ♦ Internasionale Monetêre Fonds **IMF**

IMO International Meteorological Organisation ♦ Internasionale Meteorologiese Organisasie **IMO**

imp. imperative ♦ imperatief, -tiewe **imp.**, gebiedende wys **geb. wys**

imp. *imprimatur* imprimatur, let it be printed ♦ *imprimatur* laat dit gedruk word **impr.**

imp., imperf., impf. imperfect ♦ onvolmaak(te) **onvolm.**, onvoltooid(e) **onvolt.**

imp., imperf., impf. imperfect (tense) ♦ imperfektum, imperfek **impf.**

impers. impersonal ♦ onpersoonlik(e) **onpers.**

IMR Institute for Medical Research ♦ Instituut vir Mediese Navorsing **IMN**

in. inch(es) ♦ duim **dm**

Inc. Incorporated ♦ Geïnkorporeer **Geïnk.**

incl. including, inclusive ♦ insluitend(e) **insl.**, inklusief, -siewe **inkl.**, met inbegrip van **m.i.v.**

incog. *incognito* unknown ♦ *incognito* onbekend **incog.**

IND *In Nomine Dei/Domini* in the name of Jesus ♦ *In Nomine Dei/Domini* in Naam van die Here **IND**

Ind. India; Indian (*lang.*); Indian ♦ Indië; Indies *(taaln.)*; Indies(e) **Ind.**

ind. independent ♦ selfstandig(e) **selfst.**

ind. index ♦ indeks **ind.**

ind. industrial; industry ♦ industrieel, -triële; industrie **indust.**

ind., indic. indicative (mood) ♦ indikatief, -tiewe **ind.**

indef. indefinite ♦ onbepaald(e) **onbep.**

indef. art. indefinite article ♦ onbepaalde lidwoord **onbep.lw.**

indic., ind. indicative (mood) ♦ indikatief, -tiewe **ind.**

Indon. Indonesia; Indonesian (*lang.*); Indonesian ♦ Indonesië; Indonesies *(taaln.)*; Indonesies(e) **Indon.**

INF intermediate-range nuclear forces ♦ tussenafstandkernmagte

Inf., inf. infantry ♦ infanterie **inf.**

inf. infinitive ♦ infinitief **inf.**

inf. *infra* below, further on ♦ *infra* onder **inf.**

in loc. *in loco* in the place ♦ *in loco* ter plaatse, op die plek **i.l.**

in mem. *in memoriam* in memory of ♦ *in memoriam* ter nagedagtenis van **I.M.**

inorg. inorganic ♦ anorganies(e) **anorg.**

INRI *Iesus Nazarenus Rex Iudaeorum* Jesus of Nazareth, King of the Jews ♦ *Iesus Nazarenus Rex Iudaeorum* Jesus van Nasaret, koning van die Jode **INRI**

ins. insurance ♦ assuransie **assur.**

insp. inspection; inspector ♦ inspeksie; inspekteur **insp.**

inst. instant, the present month ♦ deser

inst. institute ♦ instituut **inst.**

instr. instruction; instructor ♦ instruksie; instrukteur **instr.**

instr. instrument ♦ instrument **instr.**

instr. instrumental (*gram.*) ♦ instrumentalis **instr.**

int. interest ♦ interes, rente **int.**

int. interior ♦ interieur **int.**

int. international ♦ internasionaal, -nale **int.**

int. interval ♦ interval **int.**

Intelsat International Telecommunications Satellite Consortium ♦ Internasionale Telekommunikasiesatellietkonsortium **Intelsat**

intens. intensive ♦ intensief, -siewe **intens.**

interj. interjection ♦ tussenwerpsel **tw.**

Interpol International Criminal Police Organisation ♦ Internasionale Misdaadpolisie-organisasie **Interpol**

intr., intrans. intransitive ♦ intransitief, -tiewe **intr.**, onoorganklik(e) **onoorg.**

intro., introd. introduction; introductory ♦ inleiding; inleidend(e) **inl.**

inv. invoice ♦ faktuur **fakt.**

I/O input/output ♦ inset/uitset **I/U**

IOC International Olympic Committee ♦ Internasionale Olimpiese Komitee **IOK**

IPA International Phonetic Alphabet ♦ Internasionale Fonetiese Alfabet **IFA**

IPI International Press Institute ♦ Internasionale Persinstituut **IPI**

IPO initial public offering ♦ aanvanklike openbare aanbod **AOA**

IQ intelligence quotient ♦ intelligensiekwosiënt **IK**

IRA Irish Republican Army ♦ Ierse Republikeinse Leër **IRL**

Iran. Iran; Iranian (*lang.*); Iranian ♦ Iran; Iraans *(taaln.)*; Irannees, -nese, Irans(e) **Ir.**

IRB International Rugby Board ♦ Internasionale Rugbyraad **IRR**

IRBM intermediate-range ballistic missile ♦ tussenafstand(-) ballistiese missiel

IRC International Red Cross ♦ Internasionale Rooi Kruis **IRK**

i.r.o. about, concerning, regarding, in respect of; →W.R.T. ♦ insake **is.**, in verband met **i.v.m.**, ten aansien van **t.a.v.**

IRR Institute of Race Relations ♦ Instituut vir Rasseaangeleenthede **IRV**

Is. Isaiah ♦ Jesaja **Jes.**

Is., I. island, isle ♦ eiland **eil.**

ISAP Index to South African Periodicals ♦ Repertorium van Suid-Afrikaanse Tydskrifartikels **RSAT**

ISBN International Standard Book Number ♦ Internasionale Standaardboeknommer **ISBN**

ISCOR, Iscor South African Iron and Steel Industrial Corporation (*hist.*) ♦ Suid-Afrikaanse Yster en Staal Industriële Korporasie Beperk **YSKOR, Yskor**

ISHR International Society for Human Rights ♦ Internasionale Vereniging vir Menseregte **IVM**

ISO International Organisation for Standardisation ♦ Internasionale Standaarde-organisasie **ISO**

ISP Internet service provider ♦ internetdiensverskaffer **ISP**

Isr. Israel; Israeli; Israelite ♦ Israel; Israelies(e), Israels(e); Israelities(e) **Isr.**

ISS Institute for Security Studies ♦ Instituut vir Sekerheidstudies **ISS**

ISSN International Standard Serial Number ♦ Internasionale Standaardserienommer **ISSN**

ISU Internal Stability Unit (*hist.*) ♦ Binnelandse Stabiliseringseenheid **BSE**

IT information technology ♦ inligtingstegnologie **IT**

It. Italian (*lang.*); Italian; Italy ♦ Italiaans *(taaln.)*; Italiaans(e); Italië **It.**

i.t. *in transito* in transit ♦ *in transito* gedurende vervoer **i.t.**

ital. italic; italicisation; italicise ♦ kursief, -siewe; kursivering; kursiveer **kurs.**

ITF International Tennis Federation ♦ Internasionale Tennisfederasie **ITF**

i.t.o. in terms of ♦ in terme van **i.t.v.**

ITU International Telecommunication Union ♦ Internasionale Telekommunikasie-unie **ITU**

IU(C)D intrauterine (contraceptive) device ♦ intrauteriene (kontraseptiewe) apparaat **IU(K)A**

i.v. *in verbo/voce* under the word ♦ *in verbo/voce* by daardie woord **i.v.**

IVF in vitro fertilisation ♦ in vitro-bevrugting **IVB**

IWC International Whaling Commission ♦ Internasionale Walviskommissie **IWK**

IWS International Wool Secretariat ♦ Internasionale Wolsekretariaat **IWS**

J

J joule(s) ♦ joule **J**

J. judge ♦ regter **R., regt.**

JA judge of appeal ♦ appèlregter **AR**

Jan. January ♦ Januarie **Jan.**

Jap. Japan; Japanese *(lang.)*; Japanese ♦ Japan; Japannees *(taaln.)*; Japannees, -nese, Japans(e) **Jap.**

Jas. James ♦ Jakobus **Jak.**

Jav. Javanese *(lang.)*; Javanese ♦ Javaans *(taaln.)*; Javaans(e) **Jav.**

JC Junior Certificate ♦ Junior Sertifikaat **J.S., JS**

J.C. Jesus Christ ♦ Jesus Christus **J.C., JC**

JCD John Chard Decoration ♦ John Chard-dekorasie **JCD**

Jer. Jeremiah ♦ Jeremia **Jer.**

Jhb Johannesburg ♦ Johannesburg **Jhb.**

JIT just-in-time *(comm.)* ♦ net/knap betyds **NB**

JMB Joint Matriculation Board (*hist.*) ♦ Gemeenskaplike Matrikulasieraad **GMR**

JOASA, Joasa Judicial Officers' Association of South Africa ♦ Vereniging van Regsprekende Beamptes van Suid-Afrika **JOASA, Joasa**

Josh. Joshua ♦ Josua **Jos.**

jour. journalism; journalistic ♦ joernalistiek; joernalistiek(e) **joern.**

JP judge president ♦ regter-president **RP**

JP Justice of the Peace ♦ vrederegter **VR**

Jr, jr junior ♦ junior **jr.**

JSC Joint Services Council ♦ Gesamentlike Diensteraad **GDR**

JSC Judicial Services Commission ♦ Regterlike Dienskommissie **RDK**

JSE JSE Securities Exchange South Africa; (*hist.*) Johannesburg Stock Exchange ♦ JSE Sekuriteitebeurs Suid-Afrika **JSE**; Johannesburgse Effektebeurs **JE, JEB**

Jud. Judas ♦ Judas **Jud.**

JUDASA, Judasa Junior Doctors' Association of South Africa ♦ Junior Doktersvereniging van Suid-Afrika **JUDASA, Judasa**

Judg. (Book of) Judges ♦ Rigters **Rig.**

Jul. July ♦ Julie **Jul.**

Jun. June ♦ Junie **Jun.**

junc. junction ♦ aansluiting **aans.**

jurisp. jurisprudence; jurisprudent ♦ regsgeleerdheid **regsg.**, jurisprudensie **jur.**; regsgeleerd(e) **regsg.**

K

K kelvin(s) ♦ kelvin **K**

K, KB, Kb, kbyte kilobyte ♦ kilogreep **KG, Kg, kgreep**

K., Kh. Khoi (*lang.*) ♦ Khoi *(taaln.)* **K., Kh.**

k kilo- ♦ kilo- **k**

kA kiloampere(s) ♦ kiloampère **kA**

KANU, Kanu Kenya African National Union ♦ **KANU, Kanu**

KBE Knight (Commander of the Order) of the British Empire ♦ Ridder van die Britse Ryk **KBE**

kbyte, K, KB, Kb kilobyte ♦ kilogreep **KG, Kg, kgreep**

kC kilocoulomb(s) ♦ kilocoulomb **kC**

kc kilocycle ♦ kiloperiode **kp**

keV kilo-electronvolt ♦ kilo-elektronvolt **keV**

kg kilogram(s) ♦ kilogram **kg**

KGB *Komitet Gosudarstvennoi Bezopasnosti* Russian secret police (*hist.*) ♦ *Komitet Gosoedarstwennoi Bezopasnosti* Russiese geheime polisie **KGB**

kgm kilogram-metre ♦ kilogrammeter **kgm**

Kh., K. Khoi (*lang.*) ♦ Khoi *(taaln.)* **Kh., K.**

kHz kilohertz ♦ kilohertz **kHz**

kJ kilojoule(s) ♦ kilojoule **kJ**

KJA ♦ Kerkjeugaksie **KJA**

KJV ♦ Kerkjeugvereniging **KJV**

KKK Ku Klux Klan ♦ Ku-Klux Klan **KKK**

KKNK ♦ Klein Karoo Nasionale Kunstefees **KKNK**

***kl*, kl** kilolitre(s) ♦ kiloliter ***kl*, kl**
KLM Royal Dutch Airlines ♦ Koninklijke Luchtvaartmaatschappij **KLM**
km kilometre(s) ♦ kilometer **km**
km/h kilometres per hour ♦ kilometer per hora/uur **km/h**
km/l kilometre(s) per litre ♦ kilometer per liter **km/l**
kN kilonewton ♦ kilonewton **kN**
kn knot(s) (*naut.*) ♦ knoop, knope **kn**
KO, k.o. knockout; →TKO ♦ uitklophou **UH**
kp kiloperiode ♦ kilocycle **kc**
kPa kilopascal(s) ♦ kilopascal **kPa**
k.p.b. kitchen, pantry, bathroom ♦ kombuis, spens, badkamer **k.s.b.**
KR Krugerrand ♦ Krugerrand **KR**
kr. krona (*coin*); krone (*coin*) ♦ krona; kroon, krone **kr.**
kS kilosiemens ♦ kilosiemens **kS**
ks kilosecond(s) ♦ kilosekonde **ks**
kV kilovolt(s) ♦ kilovolt **kV**
kVA kilovolt-ampere(s) ♦ kilovolt-ampère **kVa**
kW kilowatt(s) ♦ kilowatt **kW**
KWANALU, Kwanalu KwaZulu-Natal Agricultural Union ♦ KwaZulu-Natal Landbou-unie **KWANALU, Kwanalu**
kWh kilowatt-hour(s) ♦ kilowatt-uur **kWh**
KWV ♦ Koöperatiewe Wynbouersvereniging **KWV**
KZN KwaZulu-Natal ♦ KwaZulu-Natal **KZN**

L

L large ♦ groot **gr.**
L learner driver ♦ leerlingbestuurder **LB**
L Roman numeral 50 ♦ Romeinse 50 **L**
L. Licentiate ♦ lisensiaat **lis.**
L., l. Lake, lake ♦ Meer, meer **M., m.**
L., l. left ♦ links **l.**
L., l. line; →LL. ♦ lyn **l.**, reël **r.**
L., l., lgth length ♦ lengte **l.**
L., Linn. Linnaeus ♦ Linnaeus **Linn., L.**
l litre(s) ♦ liter **L, l., l, *l***
l. *alinea* line ♦ *alinea* reël **al.**
l. lira ♦ lira **l.**
£ *libra* pound (*money*) ♦ *libra* pond **£**
LA Legislative Assembly ♦ Wetgewende Vergadering **WV**
LA Los Angeles ♦ Los Angeles **LA**
Lab. Labourite ♦ Arbeider **Arb.**
lab. laboratory ♦ laboratorium **lab.**
lab. labour ♦ arbeid **arb.**
Lam. (Book of) Lamentations ♦ Klaagliedere **Klaagl.**
LAN local area network ♦ lokale-areanetwerk **LAN**
Lat. Latin (*lang.*); Latin; Latinate, latinate; Latinism, latinism ♦ Latyn (*taaln.*) **Lat.**; Latyns(e) **Lat.**; Latinisties(e), latinisties(e) **Lat., lat.**; Latinisme, latinisme **Lat., lat.**
lat. (degree of) latitude ♦ breedte(graad) **br.**
lb, lb. *libra* pound (*weight*) ♦ *libra* pond **lb., pd.**
LBO leveraged buyout ♦ hefboomuitkoop **HU**
l.b.w. leg before wicket (*cr.*)• been voor paaltjie **b.v.p.**
L/C, l/c, lc letter of credit ♦ kredietbrief **KB**
l.c., lc lower case ♦ kleinletter **kl.**, onderkas **ok.**
lc, loc. cit. *loco citato* in the place cited ♦ *loco citato* op die aangehaalde plek, ter aangehaalde plaatse **l.c., loc.cit.**
LCD liquid-crystal display ♦ vloei(stof)kristalvertoon
LCD, lcd lowest/least common denominator ♦ kleinste gemene/gemeenskaplike noemer **KGN, k.g.n.**
LCM, lcm lowest/least common multiple ♦ kleinste gemene veelvoud **KGV**
L/Cpl lance corporal ♦ onderkorporaal **o.kpl., okpl.**
LD *Laus Deo* praise be to God ♦ *Laus Deo* ere aan God **LD**
LDV light delivery vehicle ♦ ligte afleweringswa **LAW, l.a.w.**
Leb. Lebowa (*hist.*) ♦ Lebowa **Leb.**
LED light-emitting diode ♦ ligemissiediode **LED**, liguitstraaldiode **LUD**
leg. legal ♦ juridies(e) **jur.**
Legco legislative council ♦ wetgewende raad **WR**
Les. Lesotho ♦ Lesotho **Les.**
Lev. Leviticus ♦ Levitikus **Lev.**
LF low frequency ♦ lae frekwensie **LF**
LG lower grade ♦ laer graad **LG**
LG Low German (*lang.*); Low German ♦ Nederduits (*taaln.*); Nederduits(e) **Ned.**
lgth, L., l., length ♦ lengte **l.**
LGU Ladies' Golf Union ♦ Vrouegholfunie **VGU**
LH luteinizing hormone ♦ luteïniseringshormoon **LH**
LH, lh left hand ♦ linkerhand **lh.**
lhd. left-hand drive ♦ linkerstuur **LS, ls.**
Lib. Liberal; Liberal (*Party*) ♦ Liberaal; Liberaal, -rale **Lib.**
lib. library ♦ biblioteek **bibl.**
lib. sc. library science ♦ biblioteekkunde **bibl.**
lic. licence ♦ lisensie **lis.**
LIFO last in, first out ♦ laaste in, eerste uit **LIEU**
ling. linguistic; linguistics ♦ taalkundig(e) **taalk.**, linguisties(e) **ling.**; taalkunde **taalk.**, linguistiek **ling.**
Linn., L. Linnaeus ♦ Linnaeus **Linn., L.**
Lith. Lithuania; Lithuanian (*lang.*); Lithuanian ♦ Litaue, Litoue; Litaus, Litous (*taaln.*); Litaus(e), Litous(e) **Lit.**
lit. literal(ly) ♦ letterlik(e) **lett.**
lit. literary; literature ♦ letterkundig(e) **lettk.**, literêr(e) **lit.**; letterkunde **lettk.**, literatuur **lit.**
litho., lithog. lithographic; lithography ♦ litografies(e); litografie **litogr.**
Lit(t)D *Litterarum Doctor* Doctor of Letters/Literature ♦ Doktor in die Lettere **Litt.D., LittD**
ll. lines; →L. ♦ reëls **rr.**
LLB *Legum Baccalaureus* Bachelor of Laws ♦ Baccalaureus in (die) Regte **LL.B., LLB**
LLD *Legum Doctor* Doctor of Laws ♦ Doktor in (die) Regte **LL.D., LLD**
LL.M., LLM *Legum Magister* Master of Laws ♦ Meester in (die) Regte **LL.M., LLM**
lm lumen(s) (*phys.*) ♦ lumen **lm**
LMS London Missionary Society (*hist.*) ♦ Londense Sendinggenootskap
loc. locative ♦ lokatief, -tiewe **lok.**
loc. cit., lc *loco citato* in the place cited ♦ *loco citato* op die aangehaalde plek, ter aangehaalde plaatse **l.c., loc.cit.**
log. logic; logical ♦ logika; logies(e) **log.**
long. (degree of) longitude ♦ lengtegraad **L.**
LP Labour Party ♦ Arbeidersparty **AP**
LP long player, long-playing record ♦ langspeelplaat **LS**
LP, lp. low pressure ♦ laagdruk, lae druk **LD**
LPG liquefied petroleum gas ♦ vloeibare petroleumgas **VPG**
LRA Labour Relations Act ♦ Wet op Arbeidsverhoudinge **WAV**
LS *Lectori Salutem* hail to the reader ♦ *Lectori Salutem* Heil die Leser **LS**
L.S., ls *locus sigilli* place of the seal ♦ *locus sigilli* plek van die seël **l.s.**
LSD lysergic acid diethylamide ♦ lisergiensuurdiëtielamied, lisergiensuurdi-etielamied **LSD**
L.S.D., l.s.d., £.s.d. *librae, solidi, denarii* pounds, shillings, pence ♦ *librae, solidi, denarii* ponde, sjielings, pennies **£.s.d.**
LSE London School of Economics ♦ **LSE**
LSED Lower Secondary Education Diploma ♦ Laer Sekondêre Onderwysdiploma **L.S.O.D., LSOD**
Lt. Lieutenant ♦ luitenant **lt.**
LTA Lawn Tennis Association ♦ **LTA**
Lt Cdr lieutenant commander ♦ luitenant-kommandeur **lt.kdr.**
Lt Col lieutenant colonel ♦ luitenant-kolonel **lt.kol.**
Ltd Limited ♦ Beperk **Bpk.**
Lt Gen lieutenant general ♦ luitenant-generaal **lt.genl.**
l. to r., l.t.r. left to right ♦ van links na regs **v.l.n.r.**, links na regs **l.n.r.**
Luth. Lutheran ♦ Luthers(e) **Luth.**
LW long wave ♦ lang golf
LWD Louw Wepener Decoration ♦ Louw Wepenerdekorasie **LWD**
lx lux(es) (*phys.*) ♦ lux **lx**

M

M mark(s) (*currency*); →DM ♦ mark **M**
M mega- ♦ mega- **M**
M million(s) ♦ miljoen **m.**
M Roman numeral 1000 ♦ Romeinse 1000 **M**
M, M. Monsieur ♦ monsieur **m.**
M. Majesty ♦ Majesteit **M.**
M. Master ♦ jongeheer **jhr.**
m metre(s) ♦ meter **m**
m milli- ♦ milli- **m**
m, mi. mile(s) ♦ myl **m.**
m, min. minute(s) ♦ minuut **m., min.**
m. married ♦ getroud **getr.**
m., masc. masculine ♦ manlik(e) **m., ml.**
m., mo. month ♦ maand **md.**
m² square metre ♦ vierkante meter **m²**
MA *Magister Artium* Master of Arts ♦ Magister in (die) Lettere en Wysbegeerte **M.A., MA**
MA mega-ampere(s) ♦ mega-ampère **MA**
mA milliampere(s) ♦ milliampère **mA**
MAC Ministerial Advice Committee ♦ Ministeriële Advieskomitee **MAK**
Macc. Maccabees ♦ Makkabeërs
mach. machine; machinery; →MECH. ♦ masjien; masjinerie **masj.**
MA(Cur) *Magister Artium (Curationis)* Master of Arts (Nursing Science) ♦ Magister in (die) Lettere (Verpleegkunde) **M.A.(Cur.), MA(Cur)**
MAdmin *Magister Administrationis* Master of Administration ♦ Magister in (die) Administrasie **M.Admin., MAdmin**
mag. magnetism; magnetic ♦ magnetisme; magneties(e) **magn.**
MAGO, Mago Muslims Against Global Oppression ♦ **MAGO, Mago**
MAgricAdmin *Magister Agriculturae Administrationis* Master of Agricultural Administration ♦ Magister in (die) Landbou-administrasie **M.Agric.Admin., MAgricAdmin**
MAIL Muslims Against Illegitimate Leaders ♦ **MAIL, Mail**
Maj. Major ♦ majoor **maj.**
Maj. Gen. Major General ♦ generaal-majoor **genl.-maj.**
Mal. Malay (*lang.*); Malay(an) ♦ Maleis (*taaln.*); Maleis(e) **Mal.**
Mal. Malachi ♦ Maleagi **Mal.**
MAO monoamine oxidase ♦ monoamienoksidase **MAO**
MAOI monoamine oxidase inhibitor ♦ monoamienoksidase-inhibeerder **MAOI**
MAP Millennium African Renaissance Plan ♦ Millennium-Afrika-renaissanceplan **MAP**
Mar. March ♦ Maart **Mrt.**
MArch *Magister Architecturae* Master of Architecture ♦ Magister in (die) Argitektuur **M.Arch., MArch**
MArt et Scien *Magister Artium et Scientiae* Master of Arts and Science ♦ Magister in (die) Lettere en Wetenskap **M.Art. et Scien., MArt et Scien**
MARV manoeuvrable re-entry vehicle ♦ maneuvreerbare terugkeertuig

MASA, Masa Medical Association of South Africa ♦ Mediese Vereniging van Suid-Afrika **MVSA**

masc., m. masculine ♦ manlik(e) **m., ml.**

MASoc *Magister Artium Societatis* Master of Social Sciences ♦ Magister in (die) Sosiale Wetenskappe **M.A.Soc., MASoc**

math. mathematics; mathematical ♦ wiskunde; wiskundig(e) **wisk.**

Matt., Mt Matthew ♦ Matteus, Mattheüs **Matt.**

max. maximum ♦ maksimum **maks.**

MB *Medicinae Baccalaureus* Bachelor of Medicine ♦ Baccalaureus in (die) Medisyne **M.B., MB**

MB, mbyte megabyte ♦ megagreep **MG**

MBA Master of Business Administration ♦ Magister in (die) Bedryfsadministrasie **M.B.A., MBA**

mbar millibar(s) ♦ millibar **mbar**

MBE Member (of the Order) of the British Empire ♦ **MBE**

MBibl *Magister Bibliothecologiae* Master of Library Science ♦ Magister in (die) Biblioteekkunde **M.Bibl., MBibl**

MBL Master of Business Leadership ♦ Magister in Bedryfsleiding **M.B.L., MBL**

MBO management buyout ♦ bestuursuitkoop

MBSA Master Builders South Africa ♦ **MBSA**

mbyte, MB megabyte ♦ megagreep **MG**

MC master of ceremonies ♦ seremoniemeester **SM**

MC megacoulomb(s) ♦ megacoulomb **MC**

MC metropolitan council ♦ metropolitaanse raad **MR**

MC Military Cross ♦ **MC**

mC millicoulomb(s) ♦ millicoulomb **mC**

m.c. marginal cost ♦ marginale koste **MK**

Mcal megacalorie(s) ♦ megakalorie **Mcal**

MCC Marylebone Cricket Club ♦ Marylebone-krieketklub **MCC**

MChD *Magister Chirurgiae Dentium* Master of Dentistry ♦ Magister in (die) Tandheelkunde **M.Ch.D., MChD**

MCom *Magister Commercii* Master of Commerce ♦ Magister in (die) Handel **M.Com., MCom**

MCompt *Magister Computationis* Master of Accounting ♦ Magister in (die) Rekeningkunde **M.Compt., MCompt**

MCP male chauvinist pig ♦ manlike chauvinis(tiese swyn/vark)

MCSA Mountain Club of South Africa ♦ Bergklub van Suid-Afrika **BKSA**

MCT minimum company tax ♦ minimum maatskappybelasting **MMB**

MCur *Magister Curationis* Master of Nursing Science ♦ Magister in (die) Verpleegkunde **M.Cur., MCur**

MD Managing Director ♦ besturende direkteur **BD**

MD *Medicinae Doctor* Doctor of Medicine ♦ Doktor in (die) Geneeskunde **M.D., MD**

MD mentally deficient ♦ swaksinnig

MD Middle Dutch *(lang.)*; Middle Dutch ♦ Middelnederlands *(taaln.)*; Middelnederlands(e) **Mnl.**

m/d months after date ♦ maande na datum **m.d.**

MDC Movement for Democratic Change ♦ Beweging vir Demokratiese Verandering **BDV**

MDDA Media Development and Diversity Agency ♦ Media-ontwikkelings-en-diversifiseringsagentskap **MODA, Moda**

MDiac *Magister Diaconiologiae* Master of Diaconiology ♦ Magister in (die) Diakoniologie **M.Diac., MDiac**

MDipTech Master's Diploma in Technology ♦ Meestersdiploma in (die) Tegnologie **M.Dip.Tech., MDipTech**

MDiv *Magister Divinitatis* Master of Divinity ♦ Magister in (die) Godgeleerdheid **M.Div., MDiv**

MDM Mass Democratic Movement ♦ **MDM**

MDMA methylenedioxymethamphetamine ♦ metileendioksimetamfetamien **MDMA**

MEC Member of the Executive Committee ♦ Lid van die Uitvoerende Komitee **LUK**

MEC Member of the Executive Council *(hist.)* ♦ Lid van die Uitvoerende Raad **LUR**

ME Middle English *(lang.)*; Middle English ♦ Middelengels *(taaln.)*; Middelengels(e) **Meng.**

ME myalgic encephalomyelitis ♦ mialgiese enkefalomiëlitis/ensefalomiëlitis **ME**

mech. mechanical; mechanics; →MACH. ♦ meganies(e); meganika **meg.**

MEcon *Magister Economiae* Master of Economics ♦ Magister in (die) Ekonomie **M.Econ., MEcon**

MEd *Magister Educationis* Master of Education ♦ Magister in (die) Opvoedkunde **M.Ed., MEd**

Med. Middle Ages; Medi(a)eval ♦ Middeleeue; Middeleeus(e) **Me.**

med. medical, medicinal; medicine ♦ geneeskundig(e) **geneesk.**, medies(e) **med.**; geneeskunde **geneesk.**, medisyne **med.**

med. medium ♦ medium **med.**

med. prac. medical practitioner; →DR ♦ geneesheer **geneesh.**

MEDUNSA, Medunsa Medical University of Southern Africa *(hist.)* ♦ Mediese Universiteit van Suider-Afrika **MEDUNSA, Medunsa**

MEng *Magister Ingeneriae* Master of Engineering ♦ Magister in (die) Ingenieurswese **M.Ing., MIng**

MEP Member of the European Parliament ♦ Lid van die Europese Parlement **LEP**

Mesdames, Mmes, Mrs Mistresses ♦ mevroue **mevv.**

MESHAWU, Meshawu Municipality, Education, State, Health and Allied Workers' Union ♦ **MESHAWU, Meshawu**

Messrs Misters, Messieurs; →MR ♦ menere **mnre.**, here **hh.**

met., meteor., meteorol. meteorological; meteorology ♦ meteorologies(e) **meteor.**, weerkundig(e) **weerk.**; meteorologie **meteor.**, weerkunde **weerk.**

metal., metall. metallurgic(al); metallurgy ♦ metallurgies(e); metallurgie **metal.**

metaph. metaphor; metaphorical; →FIG. ♦ metafoor; metafories(e) **metaf.**

metaph. metaphysical; metaphysics ♦ metafisies(e); metafisika **metafis.**

meteor., meteorol., met. meteorological; meteorology ♦ meteorologies(e) **meteor.**, weerkundig(e) **weerk.**; meteorologie **meteor.**, weerkunde **weerk.**

meton. metonymical; metonymy ♦ metonimies(e); metonimie **meton.**

meV mega-electronvolt(s) ♦ mega-elektronvolt **meV**

MEWUSA, Mewusa Metal and Electrical Workers' Union of South Africa ♦ **MEWUSA, Mewusa**

MF medium frequency ♦ mediumfrekwensie **MF**

MF Minority Front ♦ **MF**

mF millifarad(s) ♦ millifarad **mF**

mf *mezzo forte* moderately loud ♦ *mezzo forte* halfhard **m.f.**

mfd manufactured ♦ vervaardig

MG machine gun ♦ masjiengeweer **MG**

Mg magnesium ♦ magnesium **Mg**

Mg megagram(s) ♦ megagram **Mg**

mg milligram(s) ♦ milligram **mg**

Mgr manager ♦ bestuurder **best.**

Mgr Monsignor ♦ monseigneur **mgr.**

mH millihenry(s) ♦ millihenry **mH**

MHC managed health care ♦ bestuurde gesondheidsorg **BGS**

MHG Middle High German *(lang.)*; Middle High German ♦ Middelhoogduits *(taaln.)*; Middelhoogduits(e) **Mhd.**

MHome Econ Master of Home Economics ♦ Magister in (die) Huishoudkunde **M.Huish., MHuish**

MHz megahertz ♦ megahertz **MHz**

MI Military Intelligence ♦ Militêre Inligting **MI**

mi., m mile(s) ♦ myl **m.**

MIA Member of the Institute of Architects ♦ Lid van die Instituut van Argitekte **LIA**

MICE Member of the Institute of Civil Engineers ♦ Lid van die Instituut van Siviele Ingenieurs **LISI, Lisi**

microbiol. microbiological; microbiology ♦ mikrobiologies(e); mikrobiologie **mikrobiol.**

Mid. midshipman ♦ adelbors **adb.**

MIF Motor Industries Federation ♦ Motorindustrieëfederasie **MIF**

MIKE Monitoring the Illegal Killing of Elephants ♦ **MIKE**

mil. military ♦ militêr(e) **mil.**

Mil. Acad. Military Academy ♦ Militêre Akademie **Mil.Akad.**

mil. sc. military science ♦ krygskunde **krygsk.**

Min. Minister ♦ minister **min.**

Min. Minister (of religion) ♦ predikant **pred.**

min. minimum ♦ minimum **min.**

min. mining ♦ mynwese **mynw.**

min., m minute(s) ♦ minuut **m., min.**

min., mineral. mineralogical; mineralogy ♦ mineralogies(e); mineralogie **miner.**

MInstAgrar *Magister Institutionis Agrariae* Master of Agricultural Management ♦ Magister in (die) Landboubestuur **M.Inst.Agrar., MInstAgrar**

MINTEK, Mintek Council for Mineral Technology ♦ Raad vir Mineraaltegnologie **MINTEK, Mintek**

MIRV, Mirv multiple independently targeted re-entry vehicle *(mil.)*

MIS management information systems ♦ bestuursinligtingstelsels **BIS**

misc. miscellany ♦ diverse **div.**

MIT Massachusetts Institute of Technology ♦ **MIT**

MJ megajoule(s) ♦ megajoule **MJ**

mJ millijoule(s) ♦ millijoule **mJ**

MJC Moslem Judicial Council ♦ Moslem(-) Juridiese Raad **MJR**

MK Umkhonto weSizwe ♦ Umkhonto weSizwe **MK**

ml, ml millilitre(s) ♦ milliliter ***ml*, ml**

MLA Member of the Legislative Assembly *(hist.)* ♦ Lid van die Wetgewende Vergadering **LWV**

MLC Member of the Legislative Council *(hist.)* ♦ Lid van die Wetgewende Raad **LWR**

Mlle *mademoiselle* Miss ♦ *mademoiselle* mejuffrou **mlle.**

MM Mälzel's metronome ♦ metronoom van Mälzel **MM**

MM Military Medal ♦ Militêre Medalje **MM**

mm millimetre(s) ♦ millimeter **mm**

mm *mutatis mutandis* with the necessary changes ♦ *mutatis mutandis* met die nodige veranderinge **m.m.**

Mme *madame* Mistress, Missus; →MRS ♦ *madame* mevrou **mme.**

Mmes, Mesdames, Mrs Mistresses ♦ mevroue **mevv.**

MMed *Magister Medicinae* Master of Medicine ♦ Magister in (die) Medisyne **M.Med., MMed**

MMedVet *Magister Medicinae Veterinariae* Master of Veterinary Science ♦ Magister in (die) Veeartsenykunde **M.Med.Vet., MMedVet**

MMF Multilateral Motor Vehicle Accident Fund *(hist.)* ♦ Multilaterale Motorvoertuigongelukkefonds **MMF**

mmf magnetomotive force ♦ magnetomotoriese krag **MMK, m.m.k.**

MMil *Magister Militaris* Master of Military Science ♦ Magister in (die) Krygskunde **M.Mil., MMil**

MMilMed *Magister Militaris Medicinae* Master of Military Medicine ♦ Magister in (die) Militêre Geneeskunde **M.Mil.Med., MMilMed**

MMus *Magister Musicae* Master of Music ♦ Magister in (die) Musiek **M.Mus., MMus**

MN meganewton(s) ♦ meganewton **MN**

mN millinewton(s) ♦ millinewton **mN**

MO magnetic observatory ♦ magnetiese observatorium **MO**

MO Medical Officer ♦ mediese offisier **MO**

MO *modus operandi* manner of working ♦ *modus operandi* werk(s)wyse **MO**

MO, m.o. money order ♦ poswissel **PW**

mo., m. month ♦ maand **md.**

mod. *moderato* moderate tempo ♦ *moderato* matige tempo **mod.**

mod. modern ♦ modern(e) **mod.**

mod. cons. modern conveniences ♦ moderne geriewe **mod.ger.**

Mod. Du. Modern Dutch *(lang.)*; Modern Dutch ♦ Nieu-Nederlands *(taaln.)*; Nieu-Nederlands(e) **Nnl., N.Ndl.**

mol. molecular; molecule ♦ molekulêr(e); molekule, molekuul **mol.**

Mon. Monday ♦ Maandag **Ma.**

MOTH Memorable Order of Tin Hats ♦ **MOTH**

MP Member of Parliament ♦ Lid van die Parlement **LP;** *(hist.)* Lid van die Volksraad **LV**

MP Military Police ♦ militêre polisie **MP**

mp *mezzo piano* moderately soft ♦ *mezzo piano* halfsag **m.p.**

MPA Master of Public Administration ♦ Magister in (die) Publieke Administrasie **M.P.A., MPA**

MPa megapascal(s) ♦ megapascal **MPa**

MPC Member of the Provincial Council *(hist.)* ♦ Lid van die Provinsiale Raad **LPR**

MPD Institute for Multi-Party Democracy ♦ Instituut vir Veelpartydemokrasie **MPD**

mpg miles per gallon ♦ myl per gelling **m.p.g.**

MPh, MPhil *Magister Philosophiae* Master of Philosophy ♦ Magister in (die) Wysbegeerte **M.Phil., MPhil**

mph miles per hour ♦ myl per hora/uur **m/h, m.p.u.**

MPharm *Magister Pharmaciae* Master of Pharmacology ♦ Magister in (die) Farmakologie **M.Pharm., MPharm**

MPL Member of the Provincial Legislature ♦ Lid van die Provinsiale Wetgewer **LPW**

MPLA *Movimento Popular de Libertação de Angola* Popular Movement for the Liberation of Angola ♦ *Movimento Popular de Libertação de Angola* **MPLA**

MPO Milk Producers Organisation ♦ Melkprodusente-organisasie **MPO**

MPP Member of the Provincial Parliament ♦ Lid van die Provinsiale Parlement **LPP**

MPS Member of the Pharmaceutical Society ♦ Lid van die Aptekersvereniging **LAV**

mps metres per second ♦ meter per sekonde **m.p.s., m/s**

MPV multipurpose vehicle ♦ meerdoelvoertuig **MDV**

Mr Mister; →MESSRS ♦ meneer **mnr.**, heer **hr.**

MRA Moral Rearmament ♦ Morele Herbewapening

MRad Master of Radiography ♦ Magister in (die) Radiografie **M.Rad., MRad**

mrad milliradial(s) ♦ milliradiaal **mrad**

MRC Medical Research Council ♦ Mediese Navorsingsraad **MNR**

MRI magnetic resonance imaging ♦ magnetieseresonansiebeelding **MRB**

Mrs Mistress, Missus; →MME ♦ mevrou **mev.**

Mrs, Mmes, Mesdames Mistresses ♦ mevroue **mevv.**

MS motor ship ♦ motorskip **ms.**

MS multiple sclerosis ♦ multipele/verspreide sklerose **MS**

MS, ms manuscript; →MSS ♦ manuskrip **ms.**

MS, m.s., m/s months after sight ♦ maande na sig **MS, m.s.**

Ms *(sing.)* title before a woman's name; →Mss ♦ titel voor 'n vrouenaam **me., me**

Mss *(pl.)* title before women's names; →Ms ♦ titel voor vrouename **mee., mee, mes., mes**

mS millisiemens *(phys.)* ♦ millisiemens **mS**

ms millisecond(s) ♦ millisekonde **ms**

MSB ♦ Manne-Sendingbond **MSB**

MSc *Magister Scientiae* Master of Science ♦ Magister in (die) Natuurwetenskappe **M.Sc., MSc**

MScAgric *Magister Scientiae Agriculturae* Master of Agricultural Science ♦ Magister in (die) Landbouwetenskappe **M.Sc.Agric., MScAgric**

MSF *Médecins Sans Frontières* Doctors Without Borders ♦ *Médecins Sans Frontières* Dokters sonder Grense **DSG, MSF**

MSG monosodium glutamate ♦ mononatriumglutamaat **MNG**

Msgr Monsignor ♦ monseigneur **mgr.**

MSocSc *Magister Societatis Scientiae* Master of Social Sciences ♦ Magister in (die) Sosiale Wetenskappe **M.Soc.Sc., MSocSc**

MSS, mss manuscripts; →MS ♦ manuskripte **mss.**

MT mean time ♦ middelbare tyd **MT**

Mt Mount; →MTN. ♦ berg

Mt, Matt. Matthew ♦ Matteus, Mattheüs **Matt.**

mT millitesla ♦ millitesla **mT**

MTB motor torpedo boat ♦ motor-torpedoboot **MTB, m.t.b.**

mtg meeting ♦ vergadering **verg.**

MTh *Magister Theologiae* Master of Theology ♦ Magister in (die) Teologie **M.Th., MTh, M.Theol., MTheol**

mtn. mountain; →MT ♦ berg

mun. municipal; municipality ♦ munisipaal, -pale; munisipaliteit **mun.**

mus. music; musical ♦ musiek; musikaal, -kale **mus.**

MusB, MusBac *Musicae Baccalaureus* Bachelor of Music; →BMUS ♦ Baccalaureus in (die) Musiek **Mus.B., MusB**

MusD, MusDoc *Musicae Doctor* Doctor of Music ♦ Doktor in (die) Musiek **Mus.D., MusD**

MV motor vessel ♦ motorvaartuig **MV**

MV megavolt(s) ♦ megavolt **MV**

m.v. *mezza voce* with half voice ♦ *mezza voce* met halwe stem **m.v.**

mV millivolt ♦ millivolt **mV**

MVSc *Magister Veterinariae Scientiae* Master of Veterinary Science ♦ Magister in (die) Veeartsenykunde **M.V.Sc., MVSc**

MW medium wave ♦ mediumgolf **MG**

MW megawatt(s) ♦ megawatt **MW**

mW milliwatt ♦ milliwatt **mW**

MWASA, Mwasa Media Workers' Association of South Africa ♦ **MWASA, Mwasa**

mWb milliweber ♦ milliweber **mWb**

MWU Mine Workers Union *(hist.)* ♦ Mynwerkersunie **MWU**

Mx maxwell ♦ maxwell **Mx**

mycol. mycological; mycology ♦ swamkundig(e); swamkunde **swamk.**

N

N newton(s) ♦ newton **N**

N, No., Nor. north; north; northern ♦ noord; noord(e); noordelik(e) **N.**

N. Norse *(lang.)*; Norse; →NOR. ♦ Noors *(taaln.)*; Noors(e) **N.**

n nano- ♦ nano- **n**

n normal *(chem.)* ♦ normaal **N**

n. *natus* born; →B. ♦ gebore **geb.**

n. note(s) ♦ aantekening **aant.**, aantekeninge **aantt.**

n. noun ♦ nomen **n.**, (selfstandige) naamwoord **(s.)nw.**

n., neut. neuter ♦ neutrum **n.**, onsydig(e) **o., ons.**

NA National Assembly ♦ Nasionale Vergadering **NV**

nA nanoampere(s) ♦ nanoampère **nA**

n/a not applicable ♦ nie van toepassing nie **NVT, n.v.t.**

NAAMSA, Naamsa National Association of Automobile Manufacturers of South Africa ♦ Nasionale Vereniging van Motorvervaardigers van Suid-Afrika **NAAMSA, Naamsa**

NACTU, Nactu National Council of Trade Unions ♦ **NACTU, Nactu**

NACTWUSA, Nactwusa National Clothing and Textile Workers Union of South Africa ♦ **NACTWUSA, Nactwusa**

NAFCOC, Nafcoc National African Federated Chamber of Commerce and Industry ♦ **NAFCOC, Nafcoc**

NAFTA, Nafta North American Free Trade Agreement ♦ Noord-Amerikaanse Vryhandelsooreenkoms **NAFTA, Nafta, NAVHO**

NAFTO, Nafto National African Federated Transport Organisation ♦ **NAFTO, Nafto**

Nah. Nahum ♦ Nahum **Nah.**

NALEDI, Naledi National Labour and Economic Development Institute ♦ Nasionale Arbeids- en Ekonomiese Ontwikkelingsinstituut **NALEDI, Naledi**

N.Am. North America; North American ♦ Noord-Amerika; Noord-Amerikaans(e) **N.Am., N.Amer.**

Nam. Namibia; Namibian ♦ Namibië; Namibies(e) **Nam.**

NAM Non-Aligned Movement ♦ Beweging van Onverbonde Lande **BOL**

NAMPSWU, Nampswu National Municipal and Public Service Workers Union ♦ **NAMPSWU, Nampswu**

NAPAC Natal Performing Arts Council *(hist.)* ♦ Natalse Raad vir die Uitvoerende Kunste **NARUK, Naruk**

NAPTOSA, Naptosa National Professional Teachers' Organisation of South Africa ♦ Nasionale Professionele Onderwysersorganisasie van Suid-Afrika **NAPOSA, Naposa**

NASA, Nasa National Aeronautics and Space Administration ♦ **NASA, Nasa**

Nat. National; Nasionalist ♦ Nasionaal, -nale; Nasionalis **Nas.**

nat. national ♦ nasionaal, -nale **nas.**

NATIS, Natis National Traffic Information System ♦ Nasionale Verkeersinligtingstelsel **NAVIS, Navis**

NATO, Nato North Atlantic Treaty Organisation ♦ Noord-Atlantiese Verdragsorganisasie **NAVO, Navo**

NAU Natal Agricultural Union *(hist.)* ♦ Natalse Landbou-unie **NLU**

naut. mi. nautical mile ♦ seemyl **seem.**

NAWBO, Nawbo National Association of Women Business Owners ♦ **NAWBO, Nawbo**

N.B., NB, n.b., nb *nota bene* note well ♦ *nota bene* **NB**, Let Wel, Let wel **LW**

nb no-ball *(cr.)* ♦ foutbal **fb.**

NBC National Broadcasting Company *(Am.)* ♦ **NBC**

NBESR National Bureau for Educational and Social Research ♦ Nasionale Buro vir Opvoedkundige en Maatskaplike Navorsing **NBOMN**

NBRI National Building Research Institute ♦ Nasionale Bounavorsingsinstituut **NBNI**

nC nanocoulomb(s) ♦ nanocoulomb **nC**

NCACC National Conventional Arms Control Committee ♦ Nasionale Komitee oor Beheer oor Konvensionele Wapens **NKBKW**

NCD negotiable certificate of deposit ♦ verhandelbare depositosertifikaat **VDS**

NCHE National Commission for Higher Education ♦ Nasionale Kommissie vir Hoër Onderwys **NKHO**

NCHM National Cultural History Museum ♦ Nasionale Kultuurhistoriese Museum **NKHM**

NCO non(-)commissioned officer ♦ onderoffisier

NCOH National Centre for Occupational Health ♦ Nasionale Sentrum vir Bedryfsgesondheid **NSBG**

NCOP National Council of Provinces ♦ Nasionale Raad van Provinsies **NRP**

NCPS national crime prevention strategy ♦ nasionale misdaadvoorkomingstrategie **NMVS**

NCSR National Council for Social Research ♦ Nasionale Raad vir Sosiale Navorsing **NRSN**

NCVV ♦ Natalse Christelike Vrouevereniging **NCVV**

NCW National Council of Women ♦ **NCW**

ND New Dutch ♦ Nieu-Nederlands **N.Ndl., Nnl.**

N.D., n.d. no date ♦ sonder jaartal **s.j.**

NDB National Diploma in Building Science ♦ Nasionale Diploma in die Boukunde **NDB**

NE northeast; northeast; northeastern ♦ noordoos; noordooste; noordoostelik(e) **NO**

NEB National Energy Board ♦ Nasionale Energieraad **NER**

NEC National Education Certificate ♦ Nasionale Onderwyssertifikaat **N.O.S., NOS**

NEC national executive committee ♦ nasionale uitvoerende komitee **NUK**

NECC National Education Co-ordinating Committee ♦ Nasionale Onderwyskoördineringskomitee **NOKK**

NECSA, Necsa South African Nuclear Energy Corporation ♦ Suid-Afrikaanse Kernenergiekorporasie **NECSA, Necsa**

NED National Education Diploma ♦ Nasionale Onderwysdiploma **N.O.D., NOD**

NEDLAC, Nedlac National Economic, Development and Labour Council ♦ Nasionale Ekonomiese, Ontwikkelings- en Arbeidsraad **NEDLAC, Nedlac, NEOAR**

NEF National Economic Forum ♦ Nasionale Ekonomiese Forum **NEF**

neg. negative ♦ negatief, -tiewe **neg.**

Neh. Nehemiah ♦ Nehemia **Neh.**

NEHAWU, Nehawu National Education Health and Allied Workers Union ♦ **NEHAWU, Nehawu**

nem. con. *nemine contradicente* no-one contradicting, unanimously ♦ *nemine contradicente* sonder teenstem/teëstem **nem.con.**

nem. dis. *nemine dissentiente* no-one dissenting ♦ *nemine dissentiente* sonder afwyking **nem.dis.**

NEPAD, Nepad New Partnership for Africa's Development ♦ Nuwe Vennootskap vir Afrika-ontwikkeling **NEPAD, Nepad**

Neth. Netherlands; →DU. ♦ Nederland **Ndl.**

neut., n. neuter ♦ neutrum **n.**, onsydig(e) **o., ons.**

NF National Forum ♦ Nasionale Forum **NF**

NF National Front ♦ Nasionale Front **NF**

nF nanofarad(s) ♦ nanofarad **nF**

NFL National Football League (*Am.*) ♦ Nasionale Voetballiga **NFL**

NG National Guard (*Am.*) ♦ Nasionale Burgermag

N.Gmc North Germanic *(lang.)*; North Germanic ♦ Noord-Germaans (*taaln.*); Noord-Germaans(e) **N.Germ.**

NGO nongovernmental organisation ♦ nieregeringsorganisasie **NRO**

NH ♦ Nederduitsch Hervormd(e) **Ned.Herv., NH**

nH nanohenry(s) ♦ nanohenry **nH**

NHK ♦ Nederduitse Hervormde Kerk **NHK**

NHLS National Health Laboratory Service ♦ **NHLS**

NHN National Hospital Network ♦ Nasionale Hospitaalnetwerk **NHN**

NHS National Health Service (*Br.*) ♦ Nasionale Gesondheidsdiens

NI national income ♦ nasionale inkomste **NI**

NIA National Intelligence Agency ♦ Nasionale Intelligensieagentskap **NIA**

NIC National Intermediate Certificate ♦ Nasionale Intermediêre Sertifikaat **N.I.S., NIS**

NICOC, Nicoc National Intelligence Co(-)ordinating Committee ♦ Nasionale Intelligensiekoördineringskomitee **NIKOK, Nikok**

NICRO, Nicro National Institute for Crime Prevention and Reintegration of Offenders ♦ **NICRO, Nicro**

NIM National Institute of Metallurgy ♦ Nasionale Instituut vir Metallurgie **NIM**

NIPR National Institute for Personnel Research ♦ Nasionale Instituut vir Personeelnavorsing **NIPN**

NIS National Intelligence Service (*hist.*) ♦ Nasionale Intelligensiediens **NI**

NITRR National Institute for Transport and Road Research ♦ Nasionale Instituut vir Vervoer- en Padnavorsing **NIVPN**

NITS, Nits new income tax system ♦ nuwe inkomstebelastingstelsel **NIBS, Nibs**

NIWR National Institute for Water Research ♦ Nasionale Instituut vir Waternavorsing **NIWN**

NJC National Junior Certificate ♦ Nasionale Junior Sertifikaat **N.J.S., NJS**

nl *non licet* it is not permitted ♦ *non licet* dit is ontoelaatbaar **n.l.**

n.l. new line ♦ nuwe reël **NR**

N.lat. north latitude ♦ noorderbreedte **N.Br.**

NLP New Labour Party ♦ Nuwe Arbeidersparty **NAP**

NLTA ♦ Nasionale Taalliggaam vir Afrikaans **NTLA**

NLU national lexicographical unit ♦ nasionale leksikografie-eenheid **NLE**

nm nanometre(s) ♦ nanometer **nm**

nm nautical mile ♦ seemyl **sm.**

NMC National Monuments Council ♦ Raad vir Nasionale Gedenkwaardighede **RNG**

NMR nuclear magnetic resonance ♦ kernmagnetiese resonansie **KMR**

NNE north-northeast; north-northeastern ♦ noordnoordoos; noordnoordoostelik(e) **NNO**

NNP New National Party ♦ Nuwe Nasionale Party **NNP**

NNRI National Nutrition Research Institute ♦ Nasionale Voedingsnavorsingsinstituut **NVNI**

NNW north-northwest; north-northwestern ♦ noordnoordwes; noordnoordwestelik(e) **NNW**

No., Nor., N north; north; northern ♦ noord; noord(e); noordelik(e) **N.**

No., no. number; →NOS. ♦ nommer **no., nr.**

n.o. *nomine officii* in his/her official capacity ♦ *nomine officii* ampshalwe **n.o.**

n.o. not out *(cr.)* ♦ nie uit nie **n.u.n.**

NOCSA, Nocsa National Olympic Committee of South Africa ♦ Nasionale Olimpiese Komitee van Suid-Afrika **NOKSA, Noksa**

nom. nominal ♦ nominal, -nale **nom.**

nom. nominative (case) ♦ nominatief **nom.**

Nor., No., N north; north; northern ♦ noord; noord(e); noordelik(e) **N.**

Nor., Norw. Norway; Norwegian, Norse; →N. ♦ Noorweë; Noorweegs(e), Noors(e) **Noorw.**

Nos., nos. numbers; →NO. ♦ nommers **nos., nrs.**

NOSA, Nosa National Occupational Safety Association ♦ Nasionale Beroepsveiligheidsvereniging **NBVV**

Nov. November ♦ November **Nov.**

NP National Party (*hist.*) ♦ Nasionale Party **NP**

NP noun phrase ♦ naamwoordstuk **NS**

np new paragraph ♦ nuwe paragraaf **NP**

NPA National Prosecuting Authority ♦ Nasionale Vervolgingsgesag **NVG**

NPC National Preliminary Certificate ♦ Nasionale Preliminêre Sertifikaat **N.P.S., NPS**

NPFL National Professional Football League ♦ Nasionale Beroepsokkerliga **NBSL**

NPI National Productivity Institute ♦ Nasionale Produktiwiteitsinstituut **NPI**

NPT Nuclear Non-Proliferation/Nonproliferation Treaty ♦ Kernsperverdrag **KSV**

NPU Newspaper Press Union (*hist.*) ♦ Nuusblad-Persunie **NPU**

NPV no par value ♦ sonder pariwaarde **SPW**

NQF National Qualifications Framework ♦ Nasionale Kwalifikasieraamwerk **NKR**

nr near ♦ naby

NRA National Road Agency ♦ Nasionale Padagentskap **NPA**

NRDC Natural Resources Development Council (*hist.*) ♦ Raad vir die Ontwikkeling van Natuurlike Hulpbronne **RONH**

NRF National Research Foundation ♦ Nasionale Navorsingstigting **NNS**

NRIMS National Research Institute for Mathematical Sciences ♦ Nasionale Navorsingsinstituut vir Wiskundige Wetenskappe **NNIWW**

NRIO National Research Institute for Oceanology ♦ Nasionale Navorsingsinstituut vir Oseanologie **NNO**

NRP New Republic Party (*hist.*) ♦ Nuwe Republiekparty **NRP**

NRSC National Road Safety Council ♦ Nasionale Verkeersveiligheidsraad **NVVR**

NS New Style ♦ Nuwe Styl **NS**

ns nanosecond(s) ♦ nanosekonde **ns**

NSA Netball South Africa ♦ Netbal Suid-Afrika **NSA**

NSC National Sports Council ♦ Nasionale Sportraad **NSC**

NSF, N/S/F not sufficient funds ♦ onvoldoende fondse **OF, o.f.**

NSL National Soccer League ♦ Nasionale Sokkerliga **NSL**

NSO National Symphony Orchestra (*hist.*) ♦ Nasionale Simfonieorkes **NSO**

NSRI National Sea Rescue Institute ♦ Nasionale Seereddingsinstituut **NSRI**

NSW New South Wales ♦ Nieu-Suid-Wallis **NSW**

NT New Testament; New Testament ♦ Nuwe Testament; Nieu-Testamenties(e), Nuwe-Testamenties(e) **NT**

nT nanotesla(s) ♦ nanotesla **nT**

NTC National Technical Certificate ♦ Nasionale Tegniese Sertifikaat **N.T.S., NTS**

NTO National Theatre Organisation (*hist.*) ♦ Nasionale Toneelorganisasie **NTO**

NTP normal temperature and pressure; →STP ♦ standaardtemperatuur en -druk **STD**

NUF National Union of Farm Workers ♦ **NUF**

NUFAW, Nufaw National Union of Furniture and Allied Workers ♦ **NUFAW, Nufaw**

NUFBSAW, Nufbsaw National Union of Food, Beverages, Spirit and Wine ♦ **NUFBSAW, Nufbsaw**

NULAW, Nulaw National Union of Leather and Allied Workers ♦ **NULAW, Nulaw**

NUM National Union of Mineworkers ♦ Nasionale Unie van Mynwerkers **NUM**

Num. (Book of) Numbers ♦ Numeri **Num.**

num. numeral ♦ telwoord **telw.**

NUMSA, Numsa National Union of Metalworkers of South Africa ♦ Nasionale Unie van Metaalwerkers van Suid-Afrika **NUMSA, Numsa**

NUPSAW, Nupsaw National Union of Public Service and Allied Workers ♦ **NUPSAW, Nupsaw**

NUSAS, Nusas National Union of South African Students ♦ Nasionale Unie van Suid-Afrikaanse Studente **NUSAS, Nusas**

NW ♦ *Nasionale Woordeboek* **NW**

NW northwest; northwest; northwest(ern) ♦ noordwes; noordwes(te); noordwestelik(e) **NW**

nW nanowatt(s) ♦ nanowatt **nW**

NWGA National Wool Growers Association of South Africa ♦ Nasionale Wolkwekersvereniging van Suid-Afrika **NWKV**

NWU North-West University ♦ Noordwes-Universiteit **NWU**

NY, N.Y. New York (*city and state*) ♦ New York **NY**

NYC New York City ♦ **NYC**

NYSE New York Stock Exchange ♦ New Yorkse Effektebeurs **NYSE**

NZ, N. Zeal. New Zealand; New Zealand ♦ Nieu-Seeland; Nieu-Seelands(e) **NS**

NZASM ♦ Nederlandsche Zuid-Afrikaansche Spoorweg-Maatschappij (*hist.*) **NZASM**

NZAV ♦ Nederlandsch Zuid-Afrikaansche Vereeniging (*hist.*) **NZAV**

O

O & M organisation and methods ♦ organisasie en metodes **O. en M., O&M**

OAS Organisation of American States ♦ Organisasie van Amerikaanse State **OAS**

OAU Organisation of African Unity (*hist.*)♦ Organisasie vir Afrika-eenheid **OAE**, Organisasie vir Eenheid in Afrika **OEA**

OB ♦ Ossewa-Brandwag (*hist.*) **OB**
o.b. on board ♦ aan boord **a.b.**
ob. *obiit* he/she died; →D.• *obiit* **ob.**, hy/sy is oorlede **oorl.**, gestorwe **gest.**
Obad. Obadiah ♦ Obadja **Ob.**
obdt obedient ♦ dienswillig(e) **dw.**
obdt serv. obedient servant ♦ dienswillige dienaar **dw.dnr.**
OBE Officer (of the Order) of the British Empire ♦ Orde van die Britse Ryk **OBE**
OBE Outcomes-based Education ♦ uitkomsgebaseerde/uitkomsgerigte onderwys **UGO**
obj. object; objective ♦ objek **obj.**, voorwerp **voorw.**; objektief, =tiewe **obj.**
obs. obsolete ♦ verouderd(e) **veroud.**
obstet. obstetric(al); obstetrics ♦ verloskundig(e); verloskunde **verlosk.**
OC officer commanding ♦ offisier in bevel **OIB**
OC *Ordo Fratrum Beatae Mariae Virginis de Monte Carmelo* Order of our Lady of Mount Carmel, Order of the Carmelites ♦ *Ordo Fratrum Beatae Mariae Virginis de Monte Carmelo* Orde van ons Dame van die berg Karmel **OC**
oceanog. oceanographical; oceanography ♦ oseanografies(e); oseanografie **oseanogr.**
OCR optical character recognition ♦ optiese karakterherkenning **OKH**
Oct. October ♦ Oktober **Okt.**
oct., 8vo octavo ♦ oktavo **okt.**
OE Old English *(lang.)*; Old English ♦ Oudengels, Ou Engels (*taaln.*); Oudengels(e) **OE**
Oe oersted ♦ oersted **Oe**
OECD Organisation for Economic Cooperation and Development ♦ Organisasie vir Ekonomiese Samewerking en Ontwikkeling **OESO, Oeso**
OED *Oxford English Dictionary* ♦ **OED**
OF Old French *(lang.)*; Old French ♦ Oudfrans (*taaln.*); Oudfrans(e) **OFr.**
off. officer ♦ offisier **off.**
OFM *Ordo Fratrum Minorum* Order of Minor Friars ♦ *Ordo Fratrum Minorum* Orde van Minderbroeders **OFM**
OFS Orange Free State *(hist.)* ♦ Oranje-Vrystaat; Oranje-Vrystaats(e) **OVS**
OFSAU Orange Free State Agricultural Union ♦ Oranje-Vrystaatse Landbou-unie **OVSLU**
OGmc Old Germanic *(lang.)*; Old Germanic ♦ Oudgermaans (*taaln.*); Oudgermaans(e) **Ogerm.**
OHG Old High German *(lang.)*; Old High German ♦ Oudhoogduits, Ou Hoogduits (*taaln.*); Oudhoogduits(e) **OHD**
OHMS On His Majesty's Service (*hist.*) ♦ In Diens van Sy Majesteit **I.D.S.M., IDSM**
OHMS On Her Majesty's Service (*hist.*) ♦ In Diens van Haar Majesteit **I.D.H.M., IDHM**
OIC Organisation of Islamic Conferences ♦ Organisasie van Islamitiese Konferensies **OIK**
OLFrank. Old Low Franconian/Frankish *(lang.)*; Old Low Franconian/Frankish ♦ Oudnederfrankies, Ou Nederfrankies *(taaln.)*; Oudnederfrankies(e) **ONFrk.**
OM Order of Merit ♦ **OM**
ON Old Norse *(lang.)*; Old Norse ♦ Oudnoors, Ou Noors (*taaln.*); Oudnoors(e) **ON**
on acc. on account ♦ op rekening **o.r.**
o.n.o. or near(est) offer ♦ of naaste aanbod **o.n.a.**
OP *Ordo Praedicatorum* Order of Preachers ♦ *Ordo Praedicatorum* Orde van Predikers **OP**
op. *opus* work ♦ *opus* werk **op.**
op. cit. *opere citato* in the work cited ♦ *opere citato* in die aangehaalde werk **op.cit.**
OPEC, Opec Organisation of Petroleum Exporting Countries ♦ Organisasie van Petroleumuitvoerlande **OPUL, Opul**
opp. opposite ♦ teenstelling **teenst.**
opt. optative (mood) ♦ optatief **opt.**
opt. optic; optics ♦ opties(e); optika **opt.**
ORC Orange River Colony (*hist.*) ♦ Oranjerivierkolonie **ORK**
ord. Ordinary; →COM. ♦ gewoon, =wone **gew.**
ord. order ♦ bestelling **best.**
ord. ordinance ♦ ordonnansie **ord.**
org. organic ♦ organies(e) **org.**
org. organisation ♦ organisasie **org.**
ORI Oceanographic Research Institute ♦ Oseanografiese Navorsingsinstituut **ONI**
orig. origin; original; originally ♦ oorsprong; oorspronklik(e); oorspronklik **oorspr.**
ornith., ornithol. ornithological; ornithology ♦ voëlkundig(e); voëlkunde **voëlk.**
OS Old Saxon *(lang.)*; Old Saxon ♦ Oudsaksies (*taaln.*); Oudsaksies(e) **OS**
OS outsize ♦ (ekstra) groot grootte
OS Old Style ♦ Ou Styl **OS**
OS Ordinary Seaman ♦ ligmatroos, gewone seeman
o.s. only son ♦ enigste seun
OSA *Ordo Sancti Augustini* Order of Saint Augustine ♦ *Ordo Sancti Augustini* Orde van die Heilige Augustinus **OSA**
OSB *Ordinis Sancti Benedicti* Order of Saint Benedict ♦ *Ordinis Sancti Benedicti* **OSB**
OSCE Organisation for Security and Co-operation in Europe ♦ Organisasie vir Veiligheid en Samewerking in Europa **OVSE**
OSEO Office for Serious Economic Offences (*hist.*) ♦ Kantoor vir Ernstige Ekonomiese Misdrywe **KEEM, Keem**
OT Old Testament; Old Testament ♦ Ou Testament **OT**, Ou Verbond **OV**; Ou-Testamenties(e) **OT**
OVSB ♦ Oranje-Vrouesendingbond **OVSB**
OVV ♦ Oranje-vrouevereniging **OVV**
OXFAM, Oxfam Oxford Committee for Famine Relief ♦ **OXFAM, Oxfam**
oz, oz. *onza* ounce(s) ♦ *onza* ons **oz**

P

P parking ♦ parkering **P**
P peta= ♦ peta= **P**
P. pastor ♦ pastoor **past.**
p *piano* softly ♦ *piano* sag **p**
p pico= ♦ piko= **p**
p. pro ♦ pro **p.**
p. page ♦ *pagina* **p.**, bladsy **bl.**
p. *poco* a little ♦ *poco* effens **p.**
p. per ♦ per **p.**
PA private account ♦ privaat/private rekening **priv.rek.**
PA power of attorney ♦ prokurasie **prok.**
PA press/publicity agent ♦ reklameagent
PA personal assistant ♦ persoonlike assistent **PA, pers.asst.**
PA public address system ♦ luidsprekerstelsel
Pa pascal(s) ♦ pascal **Pa**
p.a. *per annum* yearly ♦ *per annum* **p.a.**, per jaar **p.j.**
pA picoampere(s) ♦ pikoampère **pA**
PAC Pan Africanist Congress ♦ **PAC**
PACOFS, Pacofs Performing Arts Council of the Orange Free State (*hist.*) ♦ Streekraad vir die Uitvoerende Kunste in die Oranje-Vrystaat **SUKOVS, Sukovs**
PACT, Pact Performing Arts Council of the Transvaal (*hist.*) ♦ Transvaalse Raad vir die Uitvoerende Kunste **TRUK, Truk**
PADAV, Padav People against Drugs and Violence ♦ **PADAV, Padav**
PAGAD, Pagad People Against Gangsterism and Drugs ♦ **PAGAD, Pagad**
palaeontol. palaeontological; palaeontology ♦ paleontologies(e); paleontologie **paleont.**
PANSALB, Pansalb Pan South African Language Board ♦ Pan-Suid-Afrikaanse Taalraad **PANSAT, Pansat**
PAP Pan-African Parliament ♦ Pan-Afrika-parlement **PAP**
par. paragraph ♦ paragraaf **par.**
Parl. Parliament ♦ parlement **parl.**
parl. parliamentary ♦ parlementêr(e) **parl.**
part. participle ♦ deelwoord **dw.**
PAS personnel administration standard ♦ personeeladministrasiestandaard **PAS**
PAS para-aminosalicylic acid ♦ para-aminosalisielsuur, paraminosalisielsuur **PAS**
PASA Publishers Association of South Africa ♦ Uitgewersvereniging van Suid-Afrika **UVSA**
PASO, Paso Pan Africanist Students Organisation ♦ **PASO, Paso**
pass. passive ♦ passief, =siewe **pass.**, lydend(e) **lyd.**
pat. patent ♦ patent **pat.**
pat. patented ♦ gepatenteer(de), gepatenteerd(e) **gepat.**
path., pathol. pathological; pathology ♦ patologies(e); patologie **patol.**
PAWC Provincial Administration Western Cape ♦ Wes-Kaapse Provinsiale Administrasie **WKPA**
PAWE, Pawe Performing Arts Workers Equity ♦ **PAWE, Pawe**
PAWUSA, Pawusa Public and Allied Workers' Union of South Africa ♦ **PAWUSA, Pawusa**
PAYE pay as you earn ♦ lopende betaalstelsel **LBS**
PB, p.bag private bag ♦ privaat/private sak **p.s.**
P/C, p/c, p.c. petty cash ♦ kleinkas **KK, kk.**
PC personal computer ♦ persoonlike rekenaar **PR**
PC political correctness; politically correct ♦ politieke korrektheid; polities korrek **PK**
PC Privy Council ♦ Geheime Raad **GR**
PC President's Council (*hist.*) ♦ Presidentsraad **PR**
PC Provincial Council (*hist.*) ♦ Provinsiale Raad **PR**
pc postcard ♦ poskaart **posk.**
pc, pct per cent ♦ persent **ps.**
PCE private consumption expenditure ♦ private verbruiksbesteding **PVB**
PCP phencyclidine ♦ fensiklidien
PD *pro Deo* for God's sake ♦ *pro Deo* om Godswil **PD**
PD., pd *per diem* per day ♦ *per diem* per dag **p.d.**
pd potential difference ♦ potensiaalverskil **PV**
pd. paid ♦ betaal(de), betaald(e) **bet.**
PDI personal disposable income; →DPI ♦ persoonlike besteebare inkomste **PBI**
pdq pretty damn quick
PE Port Elizabeth ♦ Port Elizabeth **PE**
PE physical education; →PT ♦ liggaamlike opvoeding/opvoedkunde **LO, ligg.opv.**
PEMWU, Pemwu Port Elizabeth Municipality Workers Union ♦ **PEMWU, Pemwu**
PEN Poets, Playwrights, Essayists, Editors, Novelists ♦ **PEN**
pen. peninsula ♦ skiereiland **skiereil.**
per cap. *per capita* for each person ♦ *per capita* per hoof **cap., per cap.**
perf. perfect ♦ volmaak(te) **volm.**
perf. perfect (tense) ♦ perfektum **perf.**, voltooide teenwoordige tyd **volt.teenw.t.**
per pro., pp *per procurationem* by procuration ♦ *per procurationem* by volmag **per pro., p.p.**
Pers. Persia; Persian *(lang.)*; Persian ♦ Persië; Persies (*taaln.*); Persies(e) **Pers.**
pers. person; personal(ly) ♦ persoon; persoonlik(e) **pers.**
PERSAL, Persal Personnel and Salary Information System ♦ Personeel- en Salarisinligtingstelsel **PERSAL, Persal**
pers. pron. personal pronoun ♦ persoonlike voornaamwoord **pers.vnw.**
Pet. (Epistles of) Peter ♦ (Briewe van) Petrus **Pet.**

PETA, Peta People for the Ethical Treatment of Animals ♦ Mense vir die Etiese Behandeling van Diere **PETA, Peta**

PEU Professional Educators' Union ♦ **PEU**

PF Permanent Force ♦ Staande Mag **SM**

pF picofarad(s) ♦ pikofarad **pF**

PFP Progressive Federal Party ♦ Progressiewe Federale Party (*hist.*) **PFP**

p.ft per foot ♦ per voet **p.vt.**

PG parental guidance ♦ ouerleiding

PGA Professional Golfers' Association ♦ Beroepsgholfspelersvereniging **BGV**

PGCE Postgraduate Certificate in Education ♦ Nagraadse Onderwyssertifikaat **NGOS, NOS**

p.h. per hour ♦ per uur **p.u.**

pH picohenry(s), picohenries ♦ pikohenry **pH**

pH acidity, alkalinity ♦ suur-, alkaligehalte **pH**

pharmacol. pharmacological; pharmacology ♦ farmakologies(e); farmakologie **farm.**

PHC primary healthcare ♦ primêre gesondheidsorg **PGS**

PhD *Philosophiae Doctor* Doctor of Philosophy ♦ Doktor in (die) Wysbegeerte **Ph.D., PhD**

PhDAgric *Philosophiae Doctor Agriculturae* Doctor of Agriculture ♦ Doktor in (die) Landbou **Ph.D.Agric., PhDAgric**

PhD(AgricAdmin) *Philosophiae Doctor (Agriculturae Administrationis)* Doctor of Agricultural Administration ♦ Doktor in (die) Landbou-administrasie **Ph.D. (Agric.Admin.), PhD (AgricAdmin)**

Phil. (Epistle to the) Philippians ♦ (Brief aan die) Filippense **Fil.**

phil. philosophical ♦ filosofies(e) **filos.**

phil. philosophy ♦ filosofie **filos.**, wysbegeerte **wysb.**

Philem. (Epistle to) Philemon ♦ (Brief aan) Filemon **Filem.**

philol. philological; philology ♦ filologies(e); filologie **filol.**

phon., phonet. phonetic; phonetics ♦ foneties(e); fonetiek **fonet.**

phon., phonol. phonological; phonology ♦ fonologies(e); fonologie **fonol.**

photog. photographic; photography ♦ fotografies(e); fotografie **fotogr.**

phys. physical; physical ♦ fisies(e) **fis.**, liggaamlik(e) **ligg.**; natuurkundig(e) **nat.**

phys. physics ♦ fisika **fis.**, natuurkunde **nat.**

physiol. physiological; physiology ♦ fisiologies(e); fisiologie **fisiol.**

phytopathol. phytopathological; phytopathology ♦ fitopatologies(e); fitopatologie **fitopatol.**

PIMS, Pims Parliamentary Information and Monitoring Service ♦ Parlementêre Inligtings- en Moniteringsdiens **PIMS, Pims**

PIN personal identification number ♦ persoonlike identifikasienommer **PIN**

Pl. Place ♦ Plek

pl. plural ♦ meervoud **mv.**, *pluralis* **pl.**

PLA Palestine Liberation Army ♦ Palestynse Bevrydingsleër **PBL**

PLC, plc public limited company ♦ ope/publieke maatskappy

PLO Palestine Liberation Organisation ♦ Palestynse Bevrydingsorganisasie **PBO**

PM Prime Minister ♦ Eerste Minister **EM**

PM Postmaster ♦ posmeester **PM**

Pm petametre(s) ♦ petameter **Pm**

p.m. *post meridiem* after noon ♦ namiddag **nm.**

p.m. *per mensem* per month ♦ *per mensem* per maand **p.m.**, maandeliks(e) **mdl.**

p.m. per minute ♦ per minuut **p.m.**

pm picometre(s) ♦ pikometer **pm**

Pmb. Pietermaritzburg ♦ Pietermaritzburg **Pmb.**

PMD Pro Merito Decoration ♦ Pro Merito-dekorasie **PMD**

PMG Postmaster General ♦ posmeester-generaal **PMG**

PMM Pro Merito Medal ♦ Pro Merito-medalje **PMM**

PMS premenstrual syndrome ♦ premenstruele sindroom **PMS**

PMT premenstrual tension ♦ premenstruele spanning **PMS**

PN Provincial Notice ♦ Provinsiale Kennisgewing **PK**

PN, P/N, pn promissory note ♦ promesse **prom.**

PO petty officer ♦ onderoffisier **oo.**

PO Post Office ♦ poskantoor **Pk.**

PO, p.o. postal order ♦ posorder **PO**

PO Box Post Office Box ♦ Posbus

poet. poetry ♦ digkuns **digk.**

pol. political; politics ♦ staatkundig(e); staatkunde **staatk.**

pol. sc. political science ♦ staatsleer **staatsl.**

pop. population ♦ bevolking **bev.**

POPCRU, Popcru Police and Prisons Civil Rights Union ♦ **POPCRU, Popcru**

Port. Portugal; Portuguese *(lang.)*; Portuguese ♦ Portugal; Portugees *(taaln.)*; Portugees, -gese **Port.**

poss. possessive ♦ besitlik(e) **bes.**

poss. possible, possibly ♦ moontlik(e) **mntl.**, eventueel, -tuele **ev.**

poss. pron. possessive pronoun ♦ besitlike voornaamwoord **bes.vnw.**

POTWA, Potwa Post Office and Telecommunications Workers Association ♦ Pos-en-telekommunikasiewerkersvereniging **POTWA, Potwa**

PP Progressive Party (*hist.*) ♦ Progressiewe Party **PP**

p.p. per person; →EA. ♦ per persoon **p.p.**

p.p., per pro. *per procurationem* by procuration ♦ *per procurationem* by volmag **p.p., per pro.**

pp past participle ♦ verlede deelwoord **verl.dw.**, voltooide deelwoord **volt.dw.**

pp *pianissimo* very quietly ♦ *pianissimo* baie sag **pp**

PP, pp post-paid ♦ gefrankeer(de), gefrankeerd(e) **gefr.**

pp. pages ♦ *paginas* **pp.**, bladsye **ble.**

ppc *pour prendre congé* to take leave ♦ *pour prendre congé* ten afskeid **p.p.c.**

PPI producer price index ♦ produsenteprysindeks **PPI**

PPK ♦ Pinkster-Protestantekerk **PPK**

ppm parts per million ♦ dele per miljoen **DPM, d/m**

ppp *pianisissimo* extremely soft ♦ *pianisissimo* uitermate sag **ppp**

p.p.p.d. per person per day ♦ per persoon per dag **p.p.p.d.**

PPS, pps *post postscriptum* additional postscript ♦ *post postscriptum* bykomende naskrif **PPS**

PR public relations ♦ skakelwerk

PR poste restante ♦ poste restante **PR**

PR proportional representation ♦ proporsionele verteenwoordiging

p.r. *pro rata* in proportion ♦ *pro rata* eweredig **p.r.**

PRAAG, Praag ♦ Pro-Afrikaanse Aksiegroep **PRAAG, Praag**

pred. predicate; predicative ♦ predikaat; predikatief, -tiewe **pred.**

pref. prefix ♦ prefiks **pref.**, voorvoegsel **voorv., vv.**

pref. preface ♦ voorwoord **voorw.**

prelim. preliminary ♦ propedeuties(e) **prop.**

Pr. Eng. professional engineer ♦ professionele ingenieur **Pr.Ing.**

prep. preposition; prepositional ♦ preposisie **prep.**, voorsetsel **voors., vs.**; preposisioneel **prep.**

Pres. President ♦ president **pres.**

pres. president ♦ voorsitter **voors.**

pres. present ♦ teenwoordig(e) **teenw.**

pres. present tense ♦ presens **pres.**, teenwoordige tyd **teenw.t.**

Presb. Presbyterian ♦ Presbiteriaans(e) **Presb.**

pret. preterite ♦ preteritum, onvoltooide verlede tyd **pret.**

PrGmc Proto-Germanic ♦ Gemeengermaans **GG**

prim. primary ♦ primêr(e) **prim.**

PrimEd Primary Education ♦ Laer Onderwys **LO**

PRISA, Prisa Public Relations Institute of South Africa ♦ Openbare Skakelinstituut van Suid-Afrika **OSISA, Osisa**

priv. private ♦ manskap **mskp.**

PRO public relations officer ♦ skakelbeampte

prob. probable, probably ♦ waarskynlik(e) **wsk.**

proc. process; processing; processor ♦ verwerk; verwerking; verwerker **verw.**

Prof. Professor ♦ professor **prof.**, hoogleraar **hoogl.**

Prog. Progressive; **prog.** progressive ♦ Progressief **Prog.**; progressief, -siewe **prog.**

pron. *pronomen* pronoun ♦ *pronomen* **pron.**, voornaamwoord **vnw.**

pron. pronominal; pronoun ♦ voornaamwoordelik(e) **vnw.**, pronominaal, -nale **pron.**; voornaamwoord **vnw.**

pron. pronunciation ♦ uitspraak **uitspr.**

prop. proper ♦ eintlik(e) **eint.**

prop. property ♦ eiendom

Prot. Protestant; Protestant ♦ Protestant; Protestants(e) **Pr., Prot.**

pro tem *pro tempore* for the time being ♦ *pro tempore* tydelik **pro tem.**

Prov. (Book of) Proverbs ♦ Spreuke **Spr.**

prov. province; provincial ♦ provinsie; provinsiaal, -siale **prov.**

prox. *proximo* in the next (month) ♦ *proximo* **prox.**, aanstaande **as.**

PRT personal rapid transit ♦ persoonlike snelvervoerstelsel **PSV**

PS, ps. *Post Scriptum* postscript ♦ *Post Scriptum* **PS**, naskrif **NS, Ns.**

Ps., Psa. Psalm ♦ Psalm **Ps.**

p.s. power steering ♦ kragstuur **ks.**

ps. pseudonym ♦ pseudoniem **ps.**

PSA Public Servants Association ♦ Vereniging van Staatsamptenare **VSA**

pseud. pseudonym ♦ skuilnaam **sk.**

PSL Premier Soccer League ♦ Premier Sokkerliga **PSL**

PST Pacific Standard Time *(Am.)* ♦ Pasifiese Standaardtyd **PST**

psych. psychiatric; psychiatry ♦ psigiatries(e); psigiatrie **psigiat.**

psych., psychol. psychological; psychology ♦ psigologies(e); psigologie **psig.**, sielkunde; sielkundig(e) **sielk.**

psychopathol. psychopathological; psychopathology ♦ psigopatologies(e); psigopatologie **psigopatol.**

PT Posts and Telecommunications ♦ Pos- en Telekommunikasiewese **PT**

PT postal telegraph ♦ postelegraaf **PT**

PT physical training; →PE ♦ liggaamlike opvoeding/opvoedkunde **LO, ligg.opv.**

PT physical therapy ♦ fisioterapie

pt part ♦ gedeelte **ged.**

pt part; →VOL. ♦ volume **vol.**

pt point ♦ punt **pt.**

pt. pint(s) ♦ pint **pt.**

PTA Parent-Teacher Association ♦ ouer-onderwyservereniging, ouer-onderwysersvereniging **OOV**

Pta Pretoria ♦ Pretoria **Pta.**

PTD Primary Teachers Diploma ♦ Primêre Onderwysdiploma **P.O.D., POD**

Pte private ♦ weerman **wmn., wrn.**

PTO please turn over ♦ blaai om **b.o.**, sien ommesy(de) **SOS**

PTSD posttraumatic stress disorder ♦ posttraumatiese/posttroumatiese stresversteuring **PTSV**

Pty Proprietary ♦ Eiendoms **Edms.**

pub. public ♦ publiek(e) **publ.**, openbaar, -bare **openb.**

publ. publisher ♦ uitgewer **uitg.**

PU (for CHE) Potchefstroom University (for Christian Higher Education) (*hist.*) ◆ Potchefstroomse Universiteit (vir Christelike Hoër Onderwys) **PU (vir CHO)**

PV par value ◆ pariwaarde **PW**

PVC polyvinyl chloride ◆ polivinielchloried **PVC**

PVS postviral syndrome ◆ postvirale sindroom **PVS**

p.w. per week ◆ per week **p.w.**

PWV Pretoria, Witwatersrand, Vereeniging ◆ Pretoria, Witwatersrand, Vereeniging **PWV**

p. yd., p. yd per yard ◆ per jaart **p.jt.**

Q

Q., QM quartermaster ◆ kwartiermeester **KM**

q., ql quintal ◆ kwintaal **q.**

q., quart. quarter; quarter; quarter; quarterly ◆ kwart; kwartier (*mil.; v.d. maan*); kwartaal; kwartaalliks(e) **kw.**

q.a. *quod attestor* to which I am witness ◆ *quod attestor* waarvan ek getuie is **q.a.**

QANTAS, Qantas Queensland and Northern Territory Aerial Services ◆ **QANTAS, Qantas**

QC Queen's Council ◆ **QC**

q.e. *quod est* which is ◆ *quod est* wat beteken **q.e.**

QED, Q.E.D. *quod erat demonstrandum* which was to be demonstrated/proved/shown ◆ *quod erat demonstrandum* wat te bewys was **q.e.d.**

QEF, Q.E.F *quod erat faciendum* which was to be done ◆ *quod erat faciendum* wat te doen was **q.e.f.**

QEI, Q.E.I *quod erat inveniendum* which was to be found ◆ *quod erat inveniendum* wat gevind moes word **q.e.i.**

q.h. *quaque hora* around the hour ◆ *quaque hora* al om die uur **q.h.**

q.l. *quantum libet* as much as you please ◆ *quantum libet* soveel as wat 'n mens wil **q.l.**

qlty quality ◆ kwaliteit **kwal.**

QM, Q. quartermaster ◆ kwartiermeester **KM**

QMG Quartermaster General ◆ kwartiermeester-generaal **KMG**

q.q. *qualitate qua* in the capacity of ◆ *qualitate qua* in die hoedanigheid van **q.q.**

qqv, qq.v. *quae vide* which see (*pl.*); →QV, Q.V. ◆ *quae vide* sien aldaar (*mv.*) **qq.v.**

QS quantity surveying ◆ bourekenkunde **BR, bourek.**

qs, q.s. *quantum sufficit* as much as will suffice ◆ *quantum sufficit* soveel as wat nodig is **q.s.**

qt., qty quantity ◆ kwantiteit **kwant.**, hoeveelheid **hoev.**

qto, 4to quarto ◆ kwarto **qto**

qty, qt. quantity ◆ kwantiteit **kwant.**, hoeveelheid **hoev.**

quot. quotation ◆ aanhaling **aanh.**

qv, q.v. *quod vide* which see (*sing.*) ◆ *quod vide* sien aldaar (*ekv.*) **q.v., s.a.**, sien daar **s.d.**

R

R rydberg ◆ rydberg **R**

R roentgen, röntgen ◆ röntgen **R**

R Réaumur ◆ Réaumur **R**

R rand(s) ◆ rand **R**

R Rankine(s); →°R ◆ Rankine **R**

R. Royal ◆ koninklik(e) **kon.**

R. river ◆ rivier **r.**

R., r. radius ◆ radius **r.**

R., r. right ◆ regs **r.**

R., Rep. Republican ◆ Republikeins(e) **Rep.**

°R degree(s) Rankine ◆ graad/grade Rankine **°R**

r. read ◆ lees **l.**

r. run (*cr.*) ◆ lopie **l.**

r. *recto* on the right-hand page (of a book) ◆ *recto* op die regterkant (van 'n boek) **r.**

r. rare ◆ ongewoon, -wone **ong.**

RA rear admiral ◆ skout-admiraal **s.adm.**

R&B rhythm and blues ◆ **R&B**

R&D research and development ◆ navorsing en ontwikkeling **N. & O., N&O**

RADA, Rada Royal Academy of Dramatic Art ◆ **RADA, Rada**

RAF Road Accident Fund ◆ Padongelukfonds **POF**

rall. *rallentando* becoming slower ◆ *rallentando* stadiger wordend **rall.**

RAM random-access memory ◆ lees-en-skryf-geheue **LSG**, random-access memory **RAM**

RAMS Representative Association of Medical Schemes ◆ Verteenwoordigende Vereniging van Mediese Skemas **VVMS**

RAU Rand Afrikaans University (*hist.*); →UJ ◆ Randse Afrikaanse Universiteit **RAU**

RC Red Cross ◆ Rooi Kruis **RK**

RC Roman Catholic ◆ Rooms-Katoliek **RK**

RCC Roman Catholic Church ◆ Rooms-Katolieke Kerk **RKK**

RCMP Royal Canadian Mounted Police ◆ **RCMP**

RD, rd refer to drawer ◆ verwys na trekker **VT**

Rd Road ◆ weg

Rd. rix-dollar (*hist.*) ◆ riksdaalder **Rd**

rd rod ◆ roede **rd.**

RDA regional development association ◆ streekontwikkelingsvereniging **SOV**

RDA recommended daily/dietary allowance ◆ aanbevole dieettoelaag **ADT**

RDAC regional development advisory committee ◆ streek(s)ontwikkelingsadvieskomitee **SOAK**

RDB ◆ Reddingsdaadbond (*hist.*) **RDB**

RDP Reconstruction and Development Programme ◆ Heropbou- en Ontwikkelingsprogram **HOP**

rec. receipt ◆ kwitansie **kwit.**

rec. receipt ◆ ontvangs **ontv.**

recd. received ◆ ontvang **ontv.**

redupl. reduplicating; reduplication ◆ reduplikerend(e); reduplikasie **redupl.**

Ref. Reformed ◆ Gereformeer(de), Gereformeerd(e) **Geref.**; Hervormd(e) **Herv.**

ref. referee ◆ skeidsregter **sk.**

ref. reference; reference ◆ referensie; referent **ref.**

ref. reference ◆ verwysing **verw.**

refl. reflexive ◆ refleksief, -siewe **refl.**, wederkerend(e) **wederk.**

reg. regulation ◆ regulasie **reg.**

reg. register; register; registration ◆ register; registreer; registrasie **reg.**

regd registered ◆ geregistreer(de), geregistreerd(e) **gereg.**, aangeteken(de) **aanget.**

Regt Regiment ◆ regiment **regt.**

rel. relative ◆ relatief, -tiewe **rel.**, betreklik(e) **betr.**

rel. pron. relative pronoun ◆ betreklike voornaamwoord **betr.vnw.**

REM rapid eye movement ◆ vinnige oogbewegings **REM**

Rep. Republic ◆ Republiek **Rep.**

Rep., R. Republican ◆ Republikeins(e) **Rep.**

rep. republic; republican ◆ republiek; republikeins(e) **rep.**

repr. represent; representation; representative ◆ verteenwoordig; verteenwoordiging; verteenwoordigend(e) **vert.**

RES Reformed Ecumenical Synod ◆ Gereformeerde Ekumeniese Sinode **GES**

resp. respondent ◆ respondent **resp.**

resp. respective ◆ onderskeie **ondersk.**

resp. respectively ◆ respektieflik, respektiewelik **resp.**, onderskeidelik **ondersk.**

ret. return ◆ opgawe **opg.**

ret. retired ◆ gepensioeneer(de), gepensioeneerd(e) **gep.**

Rev. Revelation ◆ Openbaring **Op.**

Rev., Revd Reverend; →REVS, REVDS ◆ eerwaarde **eerw.**; *dominus* dominee **ds.**

rev. revised; reviser, revisor ◆ hersien(e); hersiener **hers.**

Revd, Rev. Reverend; →REVS, REVDS ◆ eerwaarde **eerw.**; *dominus* dominee **ds.**

Rev(d). (Mr) Reverend (Mister) ◆ Weleerwaarde Heer **W.Eerw.Hr.**

Rev(d). (Mr) Reverend (Mister) ◆ Sy Eerwaarde **S.Eerw.**

Revs, Revds (the) Reverends; →REV,. REVD ◆ *domini* dominees **di.**

RFC Rugby Football Club ◆ rugbyvoetbalklub **RVK**

RH relative humidity ◆ relatiewe humiditeit **RH**

RH, rh right hand ◆ regterhand **rh.**

Rh rhesus ◆ resus, rhesus **Rh.**

RHD, rhd right-hand drive ◆ regterstuur **RS, rs.**

Rhod. Rhodesia; Rhodesian (*hist.*); →ZIM ◆ Rhodesië; Rhodesies(e) **Rhod.**

RI *Regina et Imperatrix* Queen and Empress ◆ *Regina et Imperatrix* Koningin en Keiserin **RI**

RI *Rex et Imperator* King and Emperor ◆ *Rex et Imperator* Koning en Keiser **RI**

RI *Romanum Imperium* Roman Empire ◆ *Romanum Imperium* Romeinse Ryk **RI**

RI Royal Institute/Institution ◆ Koninklike Instituut

RIBA, Riba Royal Institute of British Architects ◆ **RIBA, Riba**

RICO, Rico Racketeer Influenced and Corrupt Organisations Act ◆ **RICO, Rico**

RIDP regional industrial development programme ◆ streeknywerheidsontwikkelingsprogram **SNOP**

RIND Research Institute for Nutritional Diseases ◆ Navorsingsinstituut vir Voedingsiektes **NIVS**

RIP *requiescat in pace* may he/she/they rest in peace ◆ *requiescat in pace* mag hy/sy/hulle in vrede rus **RIP**, rus in vrede **RIV**

RISC reduced instruction set computer ◆ rekenaar met 'n beperkte opdragversameling/-stel

rit. *ritardando* becoming slower ◆ *ritardando* stadiger wordend **rit.**

R/kg rand per kilogram ◆ rand per kilogram **R/kg**

rly. railway(s) ◆ spoorweë, spoorweg **spoorw., spw.**

rm room ◆ vertrek **v., vert.**

r/min., r.p.m., rpm revolutions per minute ◆ revolusies/rewolusies per minuut **r/min., r.p.m.**

RMPO Red Meat Producers' Organisation ◆ Rooivleisprodusenteorganisasie **RPO**

RMS Road Motor Service ◆ padmotordiens **PMD**

rm(s) room(s) ◆ kamer(s) **k.**

rms root mean square ◆ wortel van die gemiddelde kwadraat **WGK, w.g.k.**

RNA ribonucleic acid ◆ ribonukleïensuur **RNS**

ROM read-only memory ◆ lees(alleen)geheue **LAG, ROM**

Rom. (Epistle to the) Romans ◆ (Brief aan die) Romeine **Rom.**

rom. roman (*type*) ◆ romein (*lettertipe*) **rom.**

ROV remotely operated vehicle ◆ afstandbeheerde voertuig **ABV**

RP Received Pronunciation ◆ standaarduitspraak **SU**

RP, R/P *réponse payée* reply paid ◆ *réponse payée* antwoord betaal(de)/betaald(e) **RP, antw.bet.**

r.p.m., rpm, r/min. revolutions per minute ◆ revolusies/rewolusies per minuut **r/min., r.p.m.**

rpm revolutions per minute ◆ omwentelings per minuut **o/m, o.p.m.**

r.p.s., rps, r/s revolutions per second ◆ revolusies/rewolusies per sekonde **r.p.s., r/s**

rps revolutions per second ◆ omwentelings per sekonde **o.p.s., o/s**

RQ respiratory quotient ◆ respirasiekwosiënt, respiratoriese kwosiënt **RK**

RR Right Reverend ◆ Weleerwaarde **W.Eerw.**

r.r. *reservatis reservandis* with the necessary reservations ◆ *reservatis reservandis* met die nodige voorbehoud **r.r.**

r/s, r.p.s., rps revolutions per second ◆ revolusies/rewolusies per sekonde **r.p.s., r/s**

RSA Republic of South Africa ♦ Republiek van Suid-Afrika **RSA**

RSC Regional Services Council ♦ streekdiensteraad **SDR**

RSFSR Russian Soviet Federative Socialist Republic (*hist.*) ♦ Russiese Sosialistiese Federatiewe Sowjetrepubliek **RSFSR**

RSI repetitive strain injury ♦ ooreisingsbesering

RSM regimental sergeant major ♦ regiment-sersant-majoor **RSM**

RSVP *répondez, s'il vous plaît* please reply ♦ *répondez, s'il vous plaît* antwoord asseblief **RSVP**

Rt Hon. Right Honourable ♦ Hoogedele **H.Ed.**

r. to l. right to left ♦ van regs na links **v.r.n.l.**

Rt Rev., Rt Revd Right Reverend ♦ Hoogeerwaarde **H.Eerw.**

RU Rhodes University ♦ Rhodes-universiteit **RU**

RUC Royal Ulster Constabulary ♦ Koninklike Ulster-polisiemag

Rus., Russ. Russia; Russian *(lang.)*; Russian ♦ Rusland; Russies (*taaln.*); Russies(e) **Rus.**

RV Revised Version (of the Bible) ♦ **RV**

RWB Rand Water Board *(hist.)* ♦ Randwaterraad **RWR**

rwd rear-wheel drive ♦ agterwielaandrywing **AWA**

S

S siemens ♦ siemens **S**

S, So. south; south; south(ern) ♦ suid; suide; suidelik(e) **S.**

S, s. shilling ♦ sjieling **s.**

S., Sat. Saturday ♦ Saterdag **Sa.**

S., Sun. Sunday ♦ Sondag **So.**

s, sec. second(s) ♦ sekonde(s) **s, s., sek.**

s., S shilling ♦ sjieling **s.**

s., sect. section ♦ artikel **a., art.**

s., sing. singular ♦ *singularis* **sing.**, enkelvoud **ekv.**

SA Salvation Army ♦ Heilsleër

SA South Africa; South African ♦ Suid-Afrika; Suid-Afrikaans(e) **SA**

SA senior advocate; →SC ♦ senior advokaat **SA**

SA, S.Am. South America; South American ♦ Suid-Amerika; Suid-Amerikaans(e) **S.Am., S.Amer.**

s.a. *sine anno* without date ♦ *sine anno* **s.a.**, sonder jaartal **s.j.**

SAA South African Airways ♦ Suid-Afrikaanse Lugdiens **SAL**

SAAA South African Association of Arts ♦ Suid-Afrikaanse Kunsvereniging **SAKV**

SAAAU South African Amateur Athletic Union ♦ Suid-Afrikaanse Amateuratletiekunie **SAAAU**

SAAF South African Air Force ♦ Suid-Afrikaanse Lugmag **SALM**

SAAME South African Association of Municipal Employees ♦ Suid-Afrikaanse Munisipale Werknemersvereniging **SAMWV**

SAAPAWU, Saapawu South African Agricultural, Plantation and Allied Workers Union ♦ **SAAPAWU, Saapawu**

SAAPIL, Saapil South African Association of Personal Injury Lawyers ♦ **SAAPIL, Saapil**

SAAU South African Agricultural Union ♦ Suid-Afrikaanse Landbou-unie **SALU, Salu**

SABA South African Bowling Association ♦ Suid-Afrikaanse Rolbalvereniging **SARV**

SABC South African Broadcasting Corporation ♦ Suid-Afrikaanse Uitsaaikorporasie **SAUK**

SABRA, Sabra South African Bureau for Racial Affairs (*hist.*) ♦ Suid-Afrikaanse Buro vir Rasseaangeleenthede **SABRA, Sabra**

SABS South African Bureau of Standards ♦ Suid-Afrikaanse Buro vir Standaarde **SABS**

SACBC Southern African Catholic Bishops Conference ♦ Suid-Afrikaanse Katolieke Biskoppekonferensie **SAKBK**

SACBOC, Sacboc South African Cricket Board of Control *(hist.)* ♦ Suid-Afrikaanse Krieketbeheerraad **SAKBR**

SACC South African Council of Churches ♦ Suid-Afrikaanse Raad van Kerke **SARK**

SACCAWU, Saccawu South African Commercial Catering and Allied Workers Union ♦ **SACCAWU, Saccawu**

SACOB, Sacob South African Chamber of Business ♦ Suid-Afrikaanse Besigheidskamer **SABEK, Sabek**

SACP South African Communist Party ♦ Suid-Afrikaanse Kommunistiese Party **SAKP**

SACS, Sacs South African College School ♦ Suid-Afrikaanse Kollegeskool **SAKS, Saks**

SACTU, Sactu South African Congress of Trade Unions ♦ Suid-Afrikaanse Vakbondkongres **SAVK**

SACTWU, Sactwu South African Clothing and Textile Workers' Union ♦ Suid-Afrikaanse Klere- en Tekstielwerkersunie **SACTWU, Sactwu**

SACU, Sacu South African Communications Union ♦ **SACU, Sacu**

SACU, Sacu South African Cricket Union ♦ Suid-Afrikaanse Krieketunie **SAKU, Saku**

SACU, Sacu Southern African Customs Union ♦ Suider-Afrikaanse Doeane-unie **SADU, Sadu**

SACWU, Sacwu South African Chemical Workers Union ♦ **SACWU, Sacwu**

SAD seasonal affective disorder ♦ seisoenale gemoedsteuring

SADC Southern African Development Community ♦ Suider-Afrikaanse Ontwikkelingsgemeenskap **SAOG**

SADF South African Defence Force (*hist.*); →SANDF ♦ Suid-Afrikaanse Weermag **SAW**

SADNU, Sadnu South African Democratic Nurses Union ♦ **SADNU, Sadnu**

SADTU, Sadtu South African Democratic Teachers Union ♦ Suid-Afrikaanse Demokratiese Onderwysersunie **SADOU, Sadou**

SADWU, Sadwu South African Diamond Workers Union ♦ **SADWU, Sadwu**

s.a.e. stamped addressed envelope ♦ geadresseerde, gefrankeerde koevert

SAFA South African Football Association ♦ Suid-Afrikaanse Sokkervereniging **SASV**

SAFARI South African Fundamental Atomic Research Installation ♦ Suid-Afrikaanse Basiese Atoomnavorsingsinstallasie **SAFARI**

SAFCI South African Federated Chamber of Industries ♦ Suid-Afrikaanse Gefedereerde Kamer van Nywerhede **SAGKN**

SAFCOL, Safcol South African Forestry Company ♦ Suid-Afrikaanse Bosboumaatskappy **SAFCOL, Safcol**

SAFPU, Safpu South African Football Players' Union ♦ **SAFPU, Safpu**

SAFSAS, Safsas South African Federation of State-Aided Schools ♦ Suid-Afrikaanse Federasie van Staatsondersteunde Skole **SAFSOS, Safsos**

SAGA, Saga South African Gunowners' Association ♦ Suid-Afrikaanse Geweereienaarsassosiasie **SAGA, Saga**

SAGU, Sagu South African Golf Union ♦ Suid-Afrikaanse Gholfunie **SAGU, Sagu**

SAHPSWU, Sahpswu South African Health and Public Service Workers Union ♦ **SAHPSWU, Sahpswu**

SAHRA, Sahra South African Heritage Resource Agency ♦ Suid-Afrikaanse Erfenishulpbronagentskap **SAEHA, Saeha**

SAIB South African Institute of Building ♦ Suid-Afrikaanse Bou-instituut **SABI**

SAICA South African Institute of Chartered Accountants ♦ Suid-Afrikaanse Instituut vir Geoktrooieerde Rekenmeesters **SAIGR**

SAICE, Saice South African Institute of Civil Engineers ♦ Suid-Afrikaanse Instituut van Siviele Ingenieurs **SAISI, Saisi**

SAIIA South African Institute of International Affairs ♦ Suid-Afrikaanse Instituut vir Internasionale Aangeleenthede **SAIIA**

SAIMR South African Institute for Medical Research *(hist.)*; →NHLS ♦ Suid-Afrikaanse Instituut vir Mediese Navorsing **SAIMN**

SAIRR South African Institute of Race Relations ♦ Suid-Afrikaanse Instituut vir Rasseverhoudinge **SAIRV**

SAITINT, Saitint South African Institute of Translators and Interpreters (*hist.*); →SATI ♦ Suid-Afrikaanse Instituut van Vertalers en Tolke **SAIVERT, Saivert**

SALA South African Library Association ♦ Suid-Afrikaanse Biblioteekvereniging **SABV**

SALGA, Salga South African Local Government Association ♦ **SALGA, Salga**

SALT Southern African Large Telescope ♦ Suider-Afrikaanse Groot Teleskoop **SALT**

S.Am., SA South America; South American ♦ Suid-Amerika; Suid-Amerikaans(e) **S.Am., S.Amer.**

Sam. Samuel ♦ Samuel **Sam.**

SAMA, Sama South African Medical Association ♦ Suid-Afrikaanse Mediese Vereniging **SAMV**

SAMC South African Medical Corps ♦ Suid-Afrikaanse Geneeskundige Diens **SAGD**

SAMDC South African Medical and Dental Council (*hist.*) ♦ Suid-Afrikaanse Geneeskundige en Tandheelkundige Raad **SAGTR**

SAMRO, Samro South African Music Rights Organisation ♦ Suid-Afrikaanse Musiekregte-organisasie **SAMRO, Samro**

SAMWU, Samwu South African Mineworkers Union ♦ Suid-Afrikaanse Mynwerkersunie **SAMWU, Samwu**

SAMWU, Samwu South African Municipal Workers' Union ♦ Suid-Afrikaanse Munisipale Werkersunie **SAMWU, Samwu**

SAN South African Navy ♦ Suid-Afrikaanse Vloot **SAV**

SANA South African Nursing Association ♦ Suid-Afrikaanse Verpleegstersvereniging **SAVV**

SANAB, Sanab South African Narcotics Bureau ♦ Suid-Afrikaanse Narkotikaburo **SANAB, Sanab**

SANAE, Sanae South African National Antarctic Expedition ♦ Suid-Afrikaanse Nasionale Antarktiese Ekspedisie **SANAE, Sanae**

SANB South African National Bibliography ♦ Suid-Afrikaanse Nasionale Bibliografie **SANB**

SANCA, Sanca South African National Council on Alcoholism and Drug Dependence ♦ Suid-Afrikaanse Nasionale Raad vir Alkoholisme en Afhanklikheid van Verdowingsmiddels **SANRA, Sanra**

SANCB South African National Council for the Blind ♦ Suid-Afrikaanse Nasionale Raad vir Blindes **SANRB**

SANCCOB, Sanccob South African National Foundation for the Conservation of Coastal Birds ♦ Suid-Afrikaanse Nasionale Stigting vir die Beskerming van Kusvoëls **SANKUB, Sankub**

SANCCW South African National Council for Child Welfare ♦ Suid-Afrikaanse Nasionale Raad vir Kindersorg **SANRKS**

SANCD South African National Council for the Deaf *(hist.)*; →DEAFSA, DEAFSA ♦ Suid-Afrikaanse Nasionale Raad vir Dowes **SANRD**

SANCO, Sanco South African National Civic Organisation ♦ **SANCO, Sanco**

SANDF South African National Defence Force ♦ Suid-Afrikaanse Nasionale Weermag **SANW**

SANEF, Sanef South African National Editors' Forum ♦ Suid-Afrikaanse Nasionale Redakteursforum **SANEF, Sanef**

SANF South African Nature Foundation ♦ Suid-Afrikaanse Natuurstigting **SANS**

SANG South African National Gallery ♦ Suid-Afrikaanse Nasionale Kunsmuseum **SANK**

SANGOCA, Sangoca South African National Coalition of Non(-)governmental Organisations ♦ Suid-

Afrikaanse Nasionale Koalisie van Nieregeringsorganisasies **SANGOCA, Sangoca**

SANLAM, Sanlam ◆ Suid-Afrikaanse Nasionale Lewensassuransiemaatskappy **SANLAM, Sanlam**

SANOC, Sanoc South African National Olympic Committee ◆ Suid-Afrikaanse Nasionale Olimpiese Komitee **SANOK, Sanok**

SANPO, Sanpo South African National Homing Pigeon Organisation ◆ Suid-Afrikaanse Nasionale Posduiforganisasie **SANPO, Sanpo**

SANROC, Sanroc South African Non-Racial Olympic Committee (*hist.*) ◆ **SANROC, Sanroc**

SANTAM, Santam ◆ Suid-Afrikaanse Nasionale Trust- en Assuransiemaatskappy **SANTAM, Santam**

SAP South African Party (*hist.*) ◆ Suid-Afrikaanse Party **SAP**

SAP South African Police (*hist.*); →SAPS ◆ Suid-Afrikaanse Polisie **SAP**

SAPA, Sapa South African Press Association ◆ Suid-Afrikaanse Pers-Assosiasie **SAPA, Sapa**

SAPF South African Permanent Force ◆ Suid-Afrikaanse Staande Mag **SASM**

SAPOA, Sapoa South African Property Owners Association ◆ Vereniging van Eiendomseienaars van Suid-Afrika **VEESA, Veesa**

SAPOHR, Sapohr South African Prisoners' Organisation for Human Rights ◆ **SAPOHR, Sapohr**

SAPS South African Police Service ◆ Suid-Afrikaanse Polisiediens **SAPD**

SAPTU, Saptu South African Parastatal and Tertiary Institutions Union ◆ **SAPTU, Saptu**

SAPU, Sapu South African Police Union ◆ **SAPU, Sapu**

SAQA South African Qualifications Authority ◆ Suid-Afrikaanse Kwalifikasieowerheid **SAKO, Sako**

SAR South African Railways (*hist.*) ◆ Suid-Afrikaanse Spoorweë **SAS**

SAR South African Republic (*hist.*) ◆ Zuid-Afrikaansche Republiek **ZAR**

SAR & H South African Railways and Harbours (*hist.*) ◆ Suid-Afrikaanse Spoorweë en Hawens **SAS&H**

SARB South African Reserve Bank ◆ Suid-Afrikaanse Reserwebank **SARB**

SARFU, Sarfu South African Rugby Football Union ◆ Suid-Afrikaanse Rugbyvoetbalunie **SARVU, Sarvu**

SARS South African Revenue Service ◆ Suid-Afrikaanse Inkomstediens **SAID**

SARS, Sars severe acute respiratory syndrome ◆ ernstige akute respiratoriese sindroom **EARS, ears**

SARU, Saru South African Rugby Union (*hist.*); →SARFU ◆ Suid-Afrikaanse Rugbyunie **SARU, Saru**

SAS South African Ship ◆ Suid-Afrikaanse skip **SAS**

SASAWU, Sasawu South African State and Allied Workers Union ◆ **SASAWU, Sasawu**

SASCO, Sasco South African Students' Congress ◆ **SASCO, Sasco**

SASO, Saso South African Student Organisation ◆ Suid-Afrikaanse Studente-organisasie **SASO, Saso**

SASOL, Sasol South African Coal, Oil and Gas Corporation ◆ Suid-Afrikaanse Steenkool-, Olie- en Gaskorporasie **SASOL, Sasol**

SASS South African Secret Service ◆ Suid-Afrikaanse Geheimediens **SAGD**

SAST South African Standard Time ◆ Suid-Afrikaanse Standaardtyd **SAST**

Sat., S. Saturday ◆ Saterdag **Sa.**

SATA South African Teachers' Association ◆ **SATA**

SATAWU, Satawu South African Transport and Allied Workers Union ◆ **SATAWU, Satawu**

SATI, Sati South African Translators' Institute ◆ Suid-Afrikaanse Vertalersinstituut **SAVI, Savi**

SATOUR, Satour South African Tourist Corporation (*hist.*) ◆ Suid-Afrikaanse Toeristekorporasie **SATOER, Satoer**

SATS South African Transport Services ◆ Suid-Afrikaanse Vervoerdienste **SAVD**

SATU, Satu South African Teachers' Union ◆ Suid-Afrikaanse Onderwysersunie **SAOU**

SATU, Satu South African Typographical Union ◆ Suid-Afrikaanse Tipografiese Unie **SATU, Satu**

SATU, Satu South African Tennis Union ◆ Suid-Afrikaanse Tennisvereniging **SATV**

SAUJ South African Union of Journalists ◆ Suid-Afrikaanse Unie van Joernaliste **SAUJ**

SAUVCA, Sauvca South African Universities Vice-Chancellors' Association ◆ Visekanseliersvereniging van Suid-Afrikaanse Universiteite **VKVSAU**

SAWAU South African Women's Agricultural Union ◆ Suid-Afrikaanse Vroue-Landbou-Unie **SAVLU**

SAWF South African Women's Federation ◆ Suid-Afrikaanse Vrouefederasie **SAVF**

Sax. Saxon *(lang.)*; Saxon ◆ Saksies (*taaln.*); Saksies(e) **S.**

SAYHA, Sayha South African Youth Hostels Association ◆ Suid-Afrikaanse Jeugherbergvereniging **SAYHA, Sayha**

sb stilb(s) ◆ stilb **sb**

SBA ◆ Stigting vir die Bemagtiging deur Afrikaans **SBA**

SBDC Small Business Development Corporation *(hist.)* ◆ Kleinsake-ontwikkelingskorporasie **KSOK**

SC *Senior Consultus* Senior Counsel; →SA ◆ *Senior Consultus* senior advokaat **SC**

sc. *scilicet* namely ◆ *scilicet* te wete, naamlik **sc.**

SCA Students' Christian Association ◆ Christenstudentevereniging **CSV**

Scan., Scand. Scandinavia; Scandinavian ◆ Skandinawië; Skandinawies(e) **Skand.**

SCM Student Christian Movement ◆ **SCM**

SCOPA, Scopa Standing Committee on Public Accounts ◆ Staande Komitee oor Openbare Rekeninge **SKOOR, Skoor**

SCR shipper's certificate of receipt ◆ verskeper se sertifikaat van ontvangs **VSO, v.s.o.**

scr. *scripsit* he/she wrote it ◆ *scripsit* hy/sy het dit geskryf/geskrywe **scr.**

Script. (Holy) Scripture ◆ Heilige Skrif **HS**

sculp. sculpture ◆ beeldhoukuns **beeldh.**

sculp., sculpt. *sculpsit* he/she carved it ◆ *sculpsit* hy/sy het dit gebeeldhou/gegraveer **sc.**

SD sight draft ◆ sigwissel **sw.**

sd, s.d. *sine die* indefinitely ◆ *sine die* vir onbepaalde tyd **s.d.**

SDG *soli Deo gloria* to God alone be the glory ◆ *soli Deo gloria* aan God alleen die eer **SDG**

SDI Strategic Defense Initiative ◆ Strategiese Verdedigingsinisiatief

SDP Social Democratic Party ◆ Sosiaal-Demokratiese Party **SDP**

SDR special drawing right ◆ spesiale trekkingsreg **STR**

SDU self-defence unit ◆ selfverdedigingseenheid **SVE**

SE southeast; southeast(ern) ◆ suidoos(te); suidoostelik(e) **SO**

SEATO, Seato South-East Asia Treaty Organisation ◆ Suidoos-Asiatiese Verdragsorganisasie **SOAVO**

sec secant ◆ sekans **sek**

sec., s second(s) ◆ sekonde(s) **s, s., sek.**

sec., secy, sec'y secretary ◆ sekretaresse **sekre.**, sekretaris **sekr.**

sect., s. section ◆ artikel **a., art.**

SED Secondary Education Diploma ◆ Sekondêre Onderwysdiploma **S.O.D., SOD**

SEIFSA, Seifsa Steel and Engineering Industries Federation of South Africa ◆ Federasie van Staal- en Ingenieursbedrywe van Suid-Afrika **SEIFSA, Seifsa**

Sel. Com. Select Committee ◆ Gekose Komitee **GK**

SEM scanning electron microscope ◆ skandeerelektronmikroskoop **SEM**

Sen., Snr, Sr senior ◆ senior **sr.**

Sen., sen. senate; senator ◆ senaat; senator **sen.**

Sep., Sept. September ◆ September **Sep., Sept.**

Sep., Sept. Septuagint ◆ Septuagint(a) **Sep., Sept.**

sep. separate ◆ afsonderlik(e) **afs.**

seq. *sequens* the following (one) (*sing.*); →ET SEQ., FF., FOL. ◆ *sequens* wat volg **seq.**

seqq. *sequentes* the following (ones) (*pl.*); →ET SEQQ. ◆ *sequentes* wat volg **seqq.**

SERTEC, Sertec Certification Council for Technikon Education ◆ Sertifiseringsraad vir Technikononderwys **SERTEC, Sertec**

serv. servant ◆ dienaar **dnr.**

SESA, Sesa Standard Encyclopaedia of Southern Africa ◆ **SESA, Sesa**

SETA, Seta Sectoral Education and Training Authority ◆ Sektorale Onderwys- en Opleidingsowerheid **SOOO**

SETI, Seti Search for Extraterrestrial Intelligence ◆ **SETI, Seti**

SE Tvl Southeastern Transvaal; Southeastern Transvaal (*hist.*) ◆ Suidoos-Transvaal; Suidoos-Transvaals(e) **SO.Tvl.**

SF science fiction ◆ wetenskap(s)fiksie

sf, sf., sfz, sfz. *sforzando, sforzato* with sudden emphasis ◆ *sforzando, sforzato* aanswellend **sfz.**

SG Secretary General ◆ sekretaris-generaal **SG, sekr.-genl.**

SG Standard Grade ◆ Standaardgraad **SG**

SG surgeon-general ◆ geneesheer-generaal **GG**

sg, sp. gr. specific gravity ◆ soortlike gewig **s.g.**

sgd signed ◆ geteken(de) **get.**, was geteken **w.g.**

SGE superintendent-general of education ◆ superintendent-generaal van onderwys **SGO**

SGML standard generalized mark-up language ◆ **SGML**

Sgt Sergeant ◆ sersant **sers.**

Sgt Maj., SM sergeant major ◆ sersant-majoor **SM, sers.maj., s.maj.**

SHAPE Supreme Headquarters Allied Powers Europe

SI ◆ *Système International (d'Unités)* **SI**

SIDS sudden infant death syndrome ◆ skielike-suigelingsterftesindroom

sin sine ◆ sinus **sin**

sing., s. singular ◆ *singularis* **sing.**, enkelvoud **ekv.**

SITE standard income tax on employees ◆ standaardinkomstebelasting op werknemers **SIBW**

SJ *Societas Jesu* Society of Jesus ◆ *Societas Jesu* Genootskap van Jesus **SJ**

s.j. *sub judice* still undecided ◆ *sub judice* nog onbeslis **s.j.**

SJAA St John Ambulance Association ◆ St. John-ambulansvereniging **SJAV**

SJAB St John Ambulance Brigade ◆ St. John-ambulansbrigade **SJAB**

SJP special justice of the peace ◆ spesiale vrederegter **SVR**

Skr., Skt Sanskrit *(lang.)*; Sanskritic ◆ Sanskrit (*taaln.*); Sanskrities(e) **Skt.**

S.lat. south latitude ◆ suiderbreedte **S.Br.**

Slav. Slavic, Slavonic *(lang.)*; Slavic, Slavonic, Slavonian ◆ Slawies (*taaln.*); Slawies(e) **Slaw.**

SLBM submarine-launched ballistic missile ◆ duikbootgelanseerde ballistiese missiel **DBM**

SLCM sea-launched cruise missile ◆ seegelanseerde kruismissiel **SKM**

SM Southern Cross Medal ◆ Suiderkruismedalje **SM**

SM stationmaster ◆ stasiemeester **SM**

SMS short message service ◆ kortboodskapdiens **SMS**

sn. son ◆ seun **sn.**

SNA system network architecture ◆ sisteemnetwerkargitektuur **SNA**

SNOBOL, Snobol String Oriented Symbolic Language ◆ **SNOBOL, Snobol**

Snr, Sr, Sen. senior ◆ senior **sr.**

So. Sotho *(lang.)* ◆ Sotho (*taaln.*) **So.**

So., S south; south; south(ern) ◆ suid; suide; suidelik(e) **S.**

s.o.b. son of a bitch

soc. social ♦ maatskaplik(e) **maatsk.**

soc. socialist ♦ sosialis **sos.**

soc. society; →ASSN, ASSOC. ♦ vereniging **ver.**

sociol. sociological; sociology ♦ sosiologies(e); sosiologie **sosiol.**

SOEKOR, Soekor Southern Oil Exploration Corporation ♦ Suidelike Olie-Eksplorasiekorporasie **SOEKOR, Soekor**

SOF Strategic Oil Fund ♦ Strategiese Oliefonds **SOF**

sop. soprano ♦ sopraan **sopr.**

SOS *save our souls* distress signal ♦ *save our souls* noodsein **SOS**

SP State President ♦ Staatspresident **SP**

Sp. Spain; Spanish *(lang.)*; Spanish ♦ Spanje; Spaans *(taaln.)*; Spaans(e) **Sp.**

sp. species ♦ spesie **sp.**

SPCA Society for the Prevention of Cruelty to Animals ♦ Dierebeskermingsvereniging **DBV**

SPCK Society for Promoting Christian Knowledge

spec. special ♦ spesiaal, -siale **spes.**, besonder(e) **bes.**

spec. speculation ♦ spekulasie

spec. specification ♦ spesifikasie

SPF sun protection factor ♦ sonbeskermingsfaktor **SBF**

sp. gr., sg specific gravity ♦ soortlike gewig **s.g.**

sp. ht specific heat ♦ soortlike/spesifieke warmte **SW, s.w.**

SPQR *Senatus Populusque Romanus* Senate and People of Rome ♦ *Senatus Populusque Romanus* Senaat en Volk van Rome **SPQR**

sq *status quo* the pre-existing state of affairs ♦ *status quo* soos dit was, onveranderd **s.q.**

sq. square ♦ kwadraat **kw.**

sq. square; square ♦ vierkant; vierkantig(e) **vk.**

s.q.n. *sine qua non* an indispensable condition ♦ *sine qua non* noodsaaklike vereiste **s.q.n.**

sqn squadron ♦ eskader **esk.**; eskadron **eskn.**

SR Southern Rhodesia; Southern Rhodesia *(hist.)* ♦ Suid-Rhodesië; Suid-Rhodesies(e) **SR**

Sr, Snr, Sen. senior ♦ senior **sr.**

SRC Students' Representative Council ♦ Studenteraad **SR**

SRS satellite radar station ♦ satellietradarstasie **SRS**

SS steamship ♦ stoomskip **ss.**

SS Schutzstaffel *(hist.)* ♦ Schutzstaffel **SS**

SSA Star of South Africa ♦ Ster van Suid-Afrika **SSA**

SSC State Security Council *(hist.)*♦ Staatsveiligheidsraad **SVR**

SSE south-southeast; south-southeast(ern) ♦ suidsuidoos; suidsuidoostelik(e) **SSO**

SSgt, S.Sgt staff sergeant ♦ stafsersant **s.sers.**

S.So. South Sotho *(lang.)* ♦ Suid-Sotho *(taaln.)* **S.So.**

SSW south-southwest; south-southwest(ern) ♦ suidsuidwes; suidsuidwestelik(e) **SSW**

S&T subsistence and travelling/transport ♦ reis- en verblyfkoste **R&V, RV**

St Saint ♦ Sint **St.**, Heilige **H.**

St., str. strait ♦ seestraat **s.str.**

st. stumped *(cr.)* ♦ gestonk **st.**

st., str. street ♦ straat **str.**

sta. station ♦ stasie **sta.**

stat. statistical; statistics ♦ statisties(e); statistiek **statist.**

stat. statute(s) ♦ wetboek **wetb.**

Stats SA Statistics South Africa ♦ Statistieke Suid-Afrika **SSA**

STC secondary tax on companies ♦ sekondêre belasting op maatskappye **SBM**

STD sexually transmitted disease ♦ seksueel oordraagbare siekte **SOS**

Std standard *(hist.)* ♦ standerd **st.**

std standard ♦ standaard **st.**

std standard *(speech)* ♦ Algemeen Beskaaf(de), algemeen beskaafd(e), Algemeenbeskaaf(de), algemeenbeskaafd(e) *(taal)* **AB**

STD(s) sexually transmitted disease(s) ♦ geslagsoordraagbare siektes **GOS**

stg sterling ♦ sterling **stg.**

STOL short takeoff and landing

STP standard temperature and pressure; →NTP ♦ standaardtemperatuur en -druk **STD**

stud. student ♦ student **stud.**

sub. subscription ♦ subskripsie **subs.**

sub. substitute *(cr.)* ♦ plaasvervanger **pv.**

subj. subject; subjective ♦ subjek **subj.**, onderwerp **ondw.**; subjektief, -tiewe **subj.**

subj. subjunctive ♦ subjunktief, -tiewe **subj.**

suff. suffix ♦ suffiks **suff.**

Sun., S. Sunday ♦ Sondag **So.**

sup. *supra* above ♦ *supra* hierbo **sup.**

superl. superlative ♦ oortreffend(e) **oortr.**, superlatief, -tiewe **sup.**

superl. superlative (case) ♦ oortreffende trap **oortr.tr.**

supp., suppl. supplement ♦ byvoegsel **byv.**

supt. superintendent ♦ superintendent **supt.**

surg. surgery; surgical ♦ heelkunde **heelk.**, chirurgie **chir.**; heelkundig(e) **heelk.**, chirurgies(e) **chir.**

surv., survey. (land-)surveying; surveying ♦ landmeetkunde; landmeetkundig(e) **landm.**

SUV sports utility vehicle ♦ sportnutsvoertuig **SNV**

Sv sievert ♦ sievert **Sv**

sv *sub verbo, sub voce* under the word/voice ♦ *sub verbo, sub voce* onder/by die woord **s.v.**

s.v.p. *s'il vous plaît* if you please ♦ *s'il vous plaît* **s.v.p.**, asseblief **asb.**

SW southwest; southwest(ern) ♦ suidwes(te); suidwestelik(e) **SW**

SWA South West Africa; South West Africa(n) *(hist.)* ♦ Suidwes-Afrika; Suidwes-Afrikaans(e) **SWA**

SWAPO, Swapo South West Africa People's Organisation ♦ **SWAPO, Swapo**

Swaz. Swaziland ♦ Swaziland **Swaz.**

SWD Southwestern Districts ♦ Suidwestelike Distrikte **SWD**

SWOT strengths, weaknesses, opportunities and threats ♦ sterk punte, swakhede, geleenthede en bedreigings **SWOT**

syl., syll. syllabic; syllable ♦ sillabies(e) **sill.**; lettergreep **letg.**, sillabe **sill.**

syl., syll. syllabus ♦ sillabus **sill.**

syn. synonym; synonymous ♦ sinoniem; sinonimies(e) **sin.**

sz. size ♦ grootte **gr.**

T

T tesla(s) ♦ tesla **T**

T absolute temperature ♦ absolute temperatuur **T**

T tera- ♦ tera- **T**

T. time ♦ tyd **t.**

t metric ton(s), tonne ♦ metrieke ton **t**

t. tempo ♦ tempo **t.**

t. tare ♦ tarra **t.**

t. ton(s) ♦ ton **t.**

t., tsp. teaspoon ♦ teelepel **t.**

t., ten. tenor ♦ tenoor **ten.**

tab. table(s) ♦ tabel **tab.**, tafel **taf.**

TABEMA, Tabema ♦ Taakgroep vir die Bemagtiging van Afrikaans **TABEMA, Tabema**

tan tangent ♦ tangens **tan**

TAU Transvaal Agricultural Union ♦ Transvaalse Landbou-unie **TLU**

TAWU, Tawu Transport and Allied Workers Union ♦ **TAWU, Tawu**

TB, tb tuberculosis ♦ tuberkulose **TB**

tbs., tbsp. tablespoon ♦ eetlepel **e.**

TBVC Transkei, Bophuthatswana, Venda, Ciskei *(hist.)* ♦ Transkei, Bophuthatswana, Venda, Ciskei **TBVC**

TCR temperature coefficient of resistance ♦ temperatuurkoëffisiënt/temperatuurko-effisiënt van weerstan **TKW**

TD technical drawing ♦ tegniese tekene **TT**

TEC Transitional Executive Council *(hist.)* ♦ Uitvoe rende Oorgangsraad **UOR**

tec., tech. technical; technician ♦ tegnies(e); tegniku **tegn.**

tech., technol. technology ♦ tegnologie **tegnol.**

technol. technological ♦ tegnologies(e) **tegnol.**

TED Transvaal Education Department *(hist.)* ♦ Trans vaalse Onderwysdepartement **TOD**

tel. telephone ♦ telefoon **tel.**

tel., teleg. telegram; telegraphic ♦ telegram; telegrafies(e) **telegr.**

tel. add. telegraphic address ♦ telegrafiese adres, tele gramadres **tel.ad.**

telecom telecommunication ♦ telekommunikasie **tele kom.**

teleg. telegraphy ♦ telegrafie **telegr.**

tel., teleg. telegram; telegraphic ♦ telegram; telegrafies(e) **telegr.**

temp. temperature ♦ temperatuur **temp.**

ten., t. tenor ♦ tenoor **ten.**

Teut. Teuton(ic)ism, Germanism; Teuton(ic), Ger manistic ♦ Germanisme, germanisme; Germanis ties(e), germanisties(e) **Germ., germ.**

TFR total fertility rate ♦ totale fertiliteitsyfer **TFS**

TG transformational grammar ♦ transformasionel grammatika **TG**

TGG transformational-generative grammar ♦ trans formasioneel-generatiewe grammatika **TGG**

TGIF thank God it's Friday ♦ dank Vader dis Vryda **DVDV**

TGWU Transport and General Workers' Union ♦ **TGWU**

Th., Thurs. Thursday ♦ Donderdag **Do.**

ThB *Theologiae Baccalaureus* Bachelor of Theology ♦ Baccalaureus in (die) Teologie **Th.B., ThB, Theol.B., TheolB**

ThD *Theologiae Doctor* Doctor of Theology ♦ Dokto in (die) Teologie **Th.D., ThD, Theol.D., TheolD**

the Hon. the Honourable ♦ Sy Edele **S.Ed.**

theol. theological; theology ♦ teologies(e); teologi **teol.**

the RR, Rt Rev. the Right Reverend ♦ Sy Weleer waarde **S.W.Eerw.**

the Rt Hon. the Right Honourable ♦ Sy Hoogedel **S.H.Ed.**

the Rt Rev(d). the Right Reverend ♦ Sy Hoogeer waarde **S.H.Eerw.**

Thess. (Epistles to the) Thessalonians ♦ (Briewe aan die) Tessalonisense **Tess.**

ThM *Theologiae Magister* Master of Theology ♦ Magister in (die) Teologie **Th.M., ThM, Theol.M. TheolM**

Thos. Thomas ♦ Thomas **Thos.**

Thurs., Th. Thursday ♦ Donderdag **Do.**

THz terahertz ♦ terahertz **THz**

TIC Technical Intergovernmental Committee ♦ tegniese interregeringskomitee **TIK**

Tim. (Epistles to) Timothy ♦ (Briewe aan) Timoteus **Tim.**

TIS Transport Information System ♦ Vervoerinligtingstelsel **VIS**

Tit. (Epistle to) Titus ♦ (Brief aan) Titus **Tit.**

TJ terajoule ♦ terajoule **TJ**

TK ♦ Taalkommissie **TK**

TKO technical knockout; →KO, K.O. ♦ tegniese uitklophou **TUH**

TLC tender loving care ♦ liefdevolle aandag

TLC Transitional Local Council *(hist.)* ♦ plaaslike oorgangsraad **POR**

TM transcendental meditation ♦ transendentale meditasie **TM**

tng training ♦ opleiding **opl.**

TNP Television News Productions ♦ Televisienuusproduksies **TNP**

TNT trinitrotoluene ♦ trinitrotolueen **TNT**

TOWU, Towu Transport and Omnibus Workers' Union ♦ **TOWU, Towu**

TPA Transvaal Provincial Administration *(hist.)* ♦ Transvaalse Provinsiale Administrasie **TPA**

TPC total permissible catch ♦ totale toelaatbare (vis)vangs **TTV**

Tr. Transkei; Transkeian ♦ Transkei; Transkeis(e) **Tr.**

tr., trans. transitive ♦ transitief, -tiewe **tr.**, oorganklik(e) **oorg.**

trans., transl. translate(d); translation; translator ♦ vertaal(de); vertaling; vertaler **vert.**

transf. transfer ♦ oordrag **oordr.**

TRC Truth and Reconciliation Commission *(hist.)* ♦ Waarheids-en-versoeningskommissie **WVK**

treas. treasurer ♦ tesourier **tes.**, penningmeester **penm.**

TRH Their Royal Highnesses ♦ Hulle Koninklike Hooghede **HH.KK.HH., HH KK HH**

trig. trigonometric(al); trigonometry ♦ trigonometries(e); trigonometrie **trig.**, driehoeksmeetkundig(e); driehoeksmeting **drieh.**

trs. transpose ♦ transponeer **trs.**

TSA Tennis South Africa ♦ Tennis Suid-Afrika **TSA**

TSA Technikon South Africa ♦ Technikon Suid-Afrika **TSA**

tsp., t. teaspoon ♦ teelepel **t.**

Tsw. Tswana *(lang.)* ♦ Tswana *(taaln.)* **Tsw.**

TT telegraphic transfer ♦ telegrafiese oorplasing **TO**

t.t. *totus tuus* faithfully yours ♦ *totus tuus* geheel die uwe **t.t.**

Tu., Tues. Tuesday ♦ Dinsdag **Di.**

TUCSA, Tucsa Trade Union Council of South Africa ♦ Vakverbondraad van Suid-Afrika **VAKSA, Vaksa**

TV television ♦ televisie **TV**

Tvl. Transvaal; Transvaal *(hist.)* ♦ Transvaal; Transvaals(e) **Tvl.**

TW terawatt ♦ terawatt **TW**

U

UAE United Arab Emirates ♦ Verenigde Arabiese Emirate **VAE**

UAR United Arab Republic ♦ Verenigde Arabiese Republiek **VAR**

u.c. upper case, capital letter ♦ bokas, hoofletter **b.k.**

UCBSA United Cricket Board of South Africa ♦ Verenigde Krieketraad van Suid-Afrika **VKRSA**

UCDP United Christian Democratic Party ♦ Verenigde Christen-Demokratiese Party **VCDP**

UCOR, Ucor Uranium Enrichment Corporation ♦ Uraanverrykingskorporasie **UKOR, Ukor**

UCT University of Cape Town ♦ Universiteit van Kaapstad **UK**

UDF United Democratic Front ♦ **UDF**

UDI unilateral declaration of independence ♦ eensydige onafhanklikheidsverklaring **EOV**

UDM United Democratic Movement ♦ Verenigde Demokratiese Beweging **UDM**

u.d.o. under direction of ♦ onder leiding van **o.l.v.**

UDW University of Durban-Westville ♦ Universiteit van Durban-Westville **UDW**

UED University Education Diploma ♦ Universiteitsonderwysdiploma **UOD**

UFO unidentified flying object ♦ vreemde vlieënde voorwerp **VVV**

UFS University of the Free State ♦ Universiteit van die Vrystaat **UV**

UHF ultrahigh frequency ♦ ultrahoë frekwensie **UHF**

UHT ultra heat treated ♦ ultrahoë temperatuur **UHT**

u.i. *ut infra* as below ♦ *ut infra* soos hier onder **u.i.**

UIF Unemployment Insurance Fund ♦ Werkloosheidversekeringsfonds **WVF**

UJ University of Johannesburg ♦ Universiteit van Johannesburg **UJ**

UK United Kingdom ♦ Verenigde Koninkryk **VK**

ult. *ultimo* in/during the previous month ♦ *ultimo* **ult.**, laaslede **ll.**

UME united municipal executive ♦ verenigde munisipale bestuur **VMB**

UN University of Natal ♦ Universiteit van Natal **UN**

UN United Nations ♦ Verenigde Nasies **VN**

UNCTAD, Unctad United Nations Conference on Trade and Development ♦ Verenigde Nasies se Konferensie oor Handel en Ontwikkeling **UNCTAD, Unctad**

UNEP, Unep United Nations Environment Programme ♦ Verenigde Nasies se Omgewingsprogram **UNEP, Unep**

UNESCO, Unesco United Nations Educational, Scientific and Cultural Organisation ♦ Verenigde Nasies se Opvoedkundige, Wetenskaplike en Kulturele Organisasie **UNESCO, Unesco**

UNHCR United Nations High Commissioner for Refugees ♦ Verenigde Nasies se Hoëkommissariaat vir Vlugtelinge **VNHKV**

UNIBO, Unibo University of Bophuthatswana *(hist.)*; →NWU ♦ Universiteit van Bophuthatswana **UNIBO, Unibo**

UNICEF, Unicef United Nations Children's Fund ♦ Verenigde Nasies se Kinderfonds **UNICEF, Unicef**

UNIDO United Nations Industrial Development Corporation ♦ Verenigde Nasies se Nywerheidsontwikkelingsorganisasie **VNNO**

UNIDO, Unido United Nations Industrial Development Organisation ♦ Verenigde Nasies se Nywerheidsontwikkelingsorganisasie **UNIDO**

UNIN University of the North ♦ Universiteit van die Noorde **UNIN**

UNIPSA, Unipsa United National Public Servants Association of South Africa ♦ **UNIPSA, Unipsa**

UNISA, Unisa University of South Africa ♦ Universiteit van Suid-Afrika **UNISA, Unisa**

UNITA, Unita *União National para a Independencia Total de Angola* National Union for the Total Independence of Angola ♦ *União Nacional para a Independencia Total de Angola* Nasionale Unie vir die Algehele Onafhanklikheid van Angola **UNITA, Unita**

UNITRA, Unitra University of Transkei ♦ Universiteit van Transkei **UNITRA, Unitra**

univ. universal ♦ universeel, -sele **univ.**

univ. university ♦ universiteit **univ.**

UNIZUL, Unizul, UZ University of Zululand ♦ Universiteit van Zoeloeland/Zululand **UNIZUL, Unizul, UZ**

UNO United Nations Organisation *(hist.)* ♦ Verenigde Volke-Organisasie **VVO**

UNW University of Northwest *(hist.)*; →NWU ♦ Universiteit van Noordwes **UNW, UNIWES, Uniwes**

UOFS University of the Orange Free State *(hist.)* ♦ Universiteit van die Oranje-Vrystaat **UOVS**

UP United Press ♦ **UP**

UP United Party *(hist.)* ♦ Verenigde Party **VP**

UP University of Pretoria ♦ Universiteit van Pretoria **UP**

UPE University of Port Elizabeth ♦ Universiteit van Port Elizabeth **UPE**

UPS uninterruptible power supply *(comp.)* ♦ ononderbroke/deurlopende kragtoevoer **OKT**, uninterruptible power supply **UPS**

up to & incl. up to and including ♦ tot en met **t.m., t.e.m.**

UPU Universal Postal Union ♦ Wêreldposunie **WPU**

URC Uniting Reformed Church ♦ Verenigende Gereformeerde Kerk **VGK**

URCSA Uniting Reformed Church in Southern Africa ♦ Verenigende Gereformeerde Kerk in Suider-Afrika **VGKSA**

URL universal resource locator *(comp.)* ♦ bronadres **BA**, universal resource locator **URL**

US University of Stellenbosch ♦ Universiteit van Stellenbosch **US**

u.s. *ut supra* as above ♦ *ut supra* soos hier bo **u.s.**

USA United States of America ♦ Verenigde State van Amerika **VSA**

USAid United States Agency for International Development ♦ Amerikaanse Agentskap vir Internasionale Ontwikkeling **USAid**

USS United States Ship ♦ **USS**

USSALEP US-SA Leadership Exchange Programme ♦ **USSALEP**

USSASA, Ussasa United Schools Sports Association of South Africa ♦ Verenigde Skolesportvereniging van Suid-Afrika **VSSVSA**

USSR Union of Soviet Socialist Republics *(hist.)* ♦ Unie van Sosialistiese Sowjetrepublieke **USSR**

usu. usually ♦ gewoonlik **gew.**

UT universal time ♦ universele tyd **UT**

UTATU, Utatu United Transport and Allied Trade Union ♦ **UTATU, Utatu**

UW, Wits University of the Witwatersrand ♦ Universiteit van die Witwatersrand **UW, Wits**

UWC University of the Western Cape ♦ Universiteit van Wes-Kaapland **UWK**

UZ, UNIZUL, Unizul University of Zululand ♦ Universiteit van Zululand/Zoeloeland **UZ, UNIZUL, Unizul**

V

V Roman numeral 5 ♦ Romeinse 5 **V**

V volt ♦ volt **V**

v. verse ♦ vers **v., vs.**

v. verso ♦ verso **v.**

v. *vide, videatur* see ♦ *vide, videatur* kyk, sien **v.**

v., vb., vb *verbum* verb ♦ *verbum* **verb., v.**; werkwoord **ww.**

v., vid. *vide* see ♦ *vide* sien, kyk **v., vid.**

v., vs., vs *versus* against ♦ *versus* **v., vs.**; teen **t.**

v, v. very ♦ baie **b.**

v., ver. version ♦ bewerking **bew.**

VA volt-ampere(s) ♦ voltampère **VA**

VAD Voluntary Aid Detachment ♦ Vrywillige Hulpafdeling **VHA**

var. variant ♦ wisselvorm **wv.**

VAT value-added tax ♦ belasting op toegevoegde waarde **BTW**

vb., vb verbal; →V., VB., VB ♦ werkwoordelik(e) **ww.**

vb., vb, v. *verbum* verb ♦ *verbum* **verb., v.**; werkwoord **ww.**

VC Vice Consul ♦ visekonsul **VK**

VC vice-chair(man/woman) ♦ ondervoorsitter, ondervoorsitster **onderv., o.voors.**

VC Vice Chancellor ♦ visekanselier **VK**

VC Victoria Cross ♦ **VC**

vCJD variant Creutzfeldt-Jacob disease ♦ variant Creutzfeldt-Jakobsiekte **vCJS**

VCR video cassette recorder ♦ videokassetopnemer **VKO**

VD venereal disease ♦ geslagsiekte

VDM *Verbi Dei/Divini Minister* preacher of the Word of God ♦ *Verbi Dei/Divini Minister* bedienaar van die Goddelike woord **VDM**

Ven. Venerable; →HON. ♦ Agbare **agb.**, Edele **Ed.**, Edelagbare **Ed.Agb.**

Ven. Venda ♦ Venda **Ven.**

ver., v. version ♦ bewerking **bew.**

vet. veterinary; veterinary science ♦ veeartsenykundig(e); veeartsenykunde **veearts.**

VG Vicar General ♦ vikaris-generaal **VG**

v.g. *verbi gratia* for the sake of the word ♦ *verbi gratia* ter wille van die woord **v.g.**

VGA video graphics array ♦ **VGA**

VHF very high frequency ♦ baie hoë frekwensie **BHF**

VHS video home system ◆ **VHS**
vid., v. *vide* see ◆ *vide* sien, kyk **v., vid.**
VIP very important person ◆ baie belangrike persoon **BBP**
viz. *videlicet* namely ◆ naamlik **nl.**, te wete **t.w.**
VLF very low frequency ◆ baie lae frekwensie **BLF**
voc. vocative (case) ◆ vokatief, -tiewe **vok.**
vol. volume ◆ deel **dl.**
vol. volume ◆ jaargang **jg.**
vol. volume ◆ volume **vol.**
VP, V. Pres. vice(-)president ◆ visepresident **VP**, adjunkpresident **adj.pres.**, ondervoorsitter, ondervoorsitster **onderv., o.voors.**
VRD Van Riebeeck Decoration *(hist.)* ◆ Van Riebeeckdekorasie **VRD**
VRM Van Riebeeck Medal *(hist.)* ◆ Van Riebeeckmedalje **VRM**
vs, vs., v. *versus* against ◆ *versus* **v., vs.**, teen **t.**
VSB ◆ Vroue-Sendingbond **VSB**
Vulg. Vulgate ◆ Vulgaat, Vulgata **Vulg.**
vulg. vulgar ◆ vulgêr(e) **vulg.**
v.v. *viva voce* by word of mouth ◆ *viva voce* mondelings **v.v.**
v.v., vv *vice versa* with the order/meaning reversed ◆ *vice versa* omgekeerd **v.v.**

W

W west; west; westerly, western ◆ wes; weste; westelik(e) **W.**
W watt(s) ◆ watt **W**
w. week ◆ week **w.**
w. wicket ◆ paaltjie **p.**
WAA Women's Agricultural Association ◆ Vroue-Landbouvereniging **VLV**
WAG ◆ *Woordeboek van Afrikaanse Geneeskundeterme* **WAG**
WAN wide area network ◆ wyearea-netwerk **WAN**
WAP wireless application protocol ◆ draadlosetoegangsprotokol **DTP**, koordlosetoegangsprotokol **KTP**, wireless application protocol **WAP**
WARC World Alliance of Reformed Churches ◆ Wêreldbond van Gereformeerde Kerke **WBGK**
WASP, Wasp White Anglo-Saxon Protestant ◆ Wit Angel-Saksiese Protestant **WASP, Wasp**
WAT ◆ *Woordeboek van die Afrikaanse Taal* **WAT**
WAU Women's Agricultural Union ◆ Vroue-Landbouunie **VLU**
WB World Bank ◆ Wêreldbank **WB**
Wb weber(s) ◆ weber **Wb**
WBA World Boxing Association ◆ Wêreldboksvereniging **WBV**
WBC World Boxing Council ◆ Wêreldboksraad **WBR**
WC World Cup ◆ Wêreldbeker **WB**
WC water closet ◆ waterkloset **WK, wk.**
WCC World Council of Churches ◆ Wêreldraad van Kerke **WRK**
WCED Western Cape Education Department ◆ Wes-Kaapse Onderwysdepartement **WKOD**
wd word ◆ woord **wd.**
WECCO Western Cape Community Organisation ◆ Wes-Kaapse Gemeenskapsorganisasie **WEKGO**
Wed. Wednesday ◆ Woensdag **Wo.**
w.e.f. with effect from ◆ met ingang van **m.i.v.**
WEU Western European Union ◆ Wes-Europese Unie **WEU**
W.Eur. Western Europe; Western European ◆ Wes-Europa; Wes-Europees, -pese **W.Eur.**
W.Ger. West Germanic *(lang.)*; West Germanic ◆ Wes-Germaans *(taaln.)*; Wes-Germaans(e) **W.Germ.**
WHO World Health Organisation ◆ Wêreldgesondheidsorganisasie **WGO**
Whr watt-hour ◆ watt-uur **Wh**
WI West Indian; West Indies ◆ Wes-Indies(e); Wes-Indië **WI**
WIPO, Wipo World Intellectual Property Organisation ◆ Wêreldorganisasie vir Intellektuele Eiendom **WIPO, Wipo**
Wits, UW University of the Witwatersrand ◆ Universiteit van die Witwatersrand **Wits, UW**
wk weak ◆ swak **sw.**
wkly (pub.), wkly (publ.) weekly (publication) ◆ weekblad **wbl.**
W. long. west(ern) longitude ◆ westerlengte **WL**
WMO World Meteorological Organisation ◆ Wêreld Meteorologiese Organisasie **WMO**
WNT ◆ *Woordenboek der Nederlandsche Taal* **WNT**
WNW west-north-west; west-north-west ◆ wesnoordwes; wesnoordwestelik(e) **WNW**
WO Warrant Officer ◆ adjudant-offisier **AO, ao.**
w/o without ◆ sonder
WOS wine of origin superior ◆ wyn van oorsprong superieur **WOS**
WP, w.p. weather permitting
WP Western Province ◆ Westelike Provinsie **WP**
WP word processor ◆ woordverwerker **WV**
w.p., WP weather permitting
wpm words per minute ◆ woorde per minuut **w/m, w.p.m.**
WPRU Western Province Rugby Union ◆ Westelike Provinsie-rugbyunie **WPRU**
WRNS Women's Royal Naval Service ◆ **WRNS**
w.r.t. with reference to ◆ na aanleiding van **n.a.v.**
w.r.t with regard to; →I.R.O. ◆ met betrekking tot **m.b.t.**
WSW west-south-west; west-south-westerly ◆ wessuidwes; wessuidwestelik(e) **WSW**
wt. weight ◆ gewig **gew.**
WTO World Trade Organisation ◆ Wêreldhandelsorganisasie **WHO**
WTvl Western Transvaal; Western Transvaal *(hist.)* ◆ Wes-Transvaal; Wes-Transvaals(e) **W.Tvl.**
w/V weight/volume ◆ gewig/volume **gew./vol.**
WW World War ◆ Wêreldoorlog **WO**
WWF Worldwide Fund for Nature ◆ Wêreld-Natuurfonds **WWF**
WWF World Wrestling Federation ◆ Wêreldstoeifederasie **WWF**
WWW World Wide Web ◆ Wêreldwye Web **WWW**, wêreldwye web **www**
WYSIWYG what you see is what you get *(comp.)* ◆ wat jy sien, is wat jy kry **WYSIWYG**

X

X Roman numeral 10 ◆ Romeinse 10 **X**
XDC Xhosa Development Corporation *(hist.)* ◆ Xhosa-ontwikkelingskorporasie **XOK**
Xh. Xhosa *(lang.)* ◆ Xhosa *(taaln.)* **Xh.**
XL extra large ◆ ekstra groot
XR, ER, exch. rate exchange rate ◆ wisselkoers **WK**

Y

Y2K the year 2000 ◆ die jaar 2000 **J2K**
yd, yd. yard(s) ◆ jaart **jt.**
YMCA Young Men's Christian Association ◆ Young Men's Christian Association **YMCA**, Christelike Jongmannevereniging **CJMV**
yr year ◆ jaar **j.**
yrs years ◆ jare
yrs yours ◆ die uwe
YWCA Young Women's Christian Association ◆ Young Women's Christian Association **YWCA**, Christelike Vereniging vir Jong Dames **CVJD**

Z

Z. Zulu *(lang.)* ◆ Zoeloe, Zulu *(taaln.)* **Z.**
Zam. Zambia; Zambian ◆ Zambië; Zambies(e) **Zam.**
ZANU, Zanu Zimbabwe African National Union ◆ **ZANU, Zanu**
ZANU (PF), Zanu (PF) Zimbabwe African National Union Patriotic Front ◆ **ZANU (PF), Zanu (PF)**
ZAPU, Zapu Zimbabwe African People's Union ◆ **ZAPU, Zapu**
ZARP, Zarp ◆ Zuid-Afrikaansche Republiek, Polite *(hist.)* **ZARP, Zarp**
ZCC Zion Christian Church ◆ **ZCC**
Zech. Zechariah ◆ Sagaria **Sag.**
Zeph. Zephaniah ◆ Sefanja **Sef.**
Zim Zimbabwe; Zimbabwean ◆ Zimbabwe; Zimbabwies(e) **Zim**
zool. zoological; zoology ◆ soölogies(e); soölogie soöl., dierkundig(e); dierkunde **dierk.**
ZPG zero population growth ◆ nul-, zerobevolkingsgroei **NBG**